"十五"国家重点图书出版规划项目

Kants Werke
Akademie Textausgabe

康德著作全集 第1卷

前批判时期著作 I
(1747—1756)

李秋零 主编

中国人民大学出版社

目录

中译本序

哲学的开普勒改革

苗力田

德国古典哲学同于古希腊哲学，其主流都是思辨的，theooreetikee或spekulativ。这两个词形式虽然不同，但根本意思却是一致的。在古希腊语中，这个词的主干horan的意思是观看，在现代德语以及其他一些西方语言中，这个词来源于拉丁文的specula，其含义同样也是观察。总之，在西方古代人看来，观看是各种感觉中最细密、精确的，它是思想的直观形象，一切思想也都离不开观察。由于思辨这个词其古希腊语的名词形式theooria被转拼为西方现代语Theorie后，解为理论，所以思辨和理论思维实际上是同根词、不同时代的同义语。可以说过去的思辨即今日的理论思维，今日所说的理论思维也就是过去的思辨。所谓思辨哲学就是运用理论思维，探索理论思维，以理论思维为主体的哲学，它以理性为中心，无疑是锻炼理论思维的理想操场。

王山[①]教授康德(Immanuel Kant，1724—1804)是德国古典

① 哲人的故乡Kønigsberg在大多数文献中都音译为哥尼斯堡，很容易误导，因为Berg原义为山岗，而非城堡Burg，把Berg译解为堡，一个字母之差，意义却相去甚远；而Kønig本义为君王，似可仿意译牛津者，译作王山。前译虽通行成俗，今就《康德著作全集》发行之便，借以正之，岂多事乎？(但在正文的翻译中，为了既纠正“哥尼斯堡”译法的失误，又不致因“王山”译法而惊世骇俗，采用了中庸的译法“哥尼斯贝格”——李秋零)

哲学创始人，他以彻底的德意志精神探讨了思辨理性的来源、范围和客观有效性。思辨哲学存在两种思想方式（Denkart）：一种是实体论（ousiaology）的，一种是现象学(phainomenology)的。实体论的思想从对象的存在 Sein 入手，而思辨它们的存在方式。现象学的思想则就对象的显现 scheinen 来探索它们显现的表象。在德国古典哲学中，黑格尔哲学是实体论思想方式的典范。他从最单纯的存在出发到绝对理念为止，描述思辨理性、概念运行的整个历程。而20世纪在西方哲学中成为主流的现象学的思想方式，则把康德公认为其先驱。思辨哲学爱智慧，尚思辨，以科学为目的。它把人首先当做理智存在，当做理性实体，是人类一切活动的主导。但在强调理智的主导的同时，传统的思辨哲学却忽视了感觉，排斥了感觉，认为感性认识是错误的道路，至多不过是可是可否，或是或否的意见 doksa；只有理智的思维才能保证走上真理的道路。但是，感觉经验是人们知识的来源，离开了感觉经验，知识没有其他来源，否定了感觉，就必然陷于怀疑主义，否认一切认识的确定性。近代经验哲学，强调感觉经验，认为它是知识的惟一来源，一切知识莫不来自经验，即使科学上的概念和规律，也不过是经验的集合而已。感觉是个别和偶然的，所以经验哲学否定规律的普遍必然性，破坏纯粹哲学，毁灭一切科学。

在康德看来，传统的思想方式，不论是理性主义，还是经验主义，都妨碍了近代科学的发展，不利于认识的扩大和加深，这样的思想方式必须加以改革，Umänderung der Denkart。上述传统的思想方式，一概被称为独断论，它是片面的，专制的，空话连篇，不着边际，必须以思辨哲学在以理性为中心的前提下加以改革，在提出什么学说和论断之前，对认识能力自身加以批判和清理，确定认识的来源、范围和客观有效性。其基本方案和理念，就是：

作为预定的方案，必须首先指出，人类的认识（Erkenntnis）具有两个主干，它们也许出自共同的，尚不为所知的根基，这就是感性（Sinnlichkeit）和知性（Verstand）。通过前者对象被给予我们，通过后者它们被思想。（B29）

对这两支主干（Stämme），后来他又更加详尽地解说道：

我们的本性自身就是如此，直观只能是感性的，也就是只能包含于我们对象所刺激的方式。与此相反的（dagegen）是思想感性直观对象的能力，知性。对这两种特性（Eigenschaften）任何一个都不能偏爱。没有感性，对象就不会被给予我们；没有知性，就不能思想对象。思想没有内容是空洞的，直观没有概念是盲目的。……这两种能力不能相互代替。知性不能进行直观，感觉不能进行思想，只有把两者结合在一起，认识才能发生。（B75）

为什么只有把感觉和思想结合起来，认识才能发生呢？王山教授这里所说的认识是西方实验科学已呈辉煌时代的认识，是出现了伽利略（1564—1642）、开普勒（1571—1630）和牛顿（1643—1727）之后的认识。这个时代的科学认识，不但要求普遍必然，还要求开拓创新。对于这样的要求，单纯的理智是不能满足的，因为理智的功能是概念推论，从大前提到结论，其结论当然是普遍必然的，但不能扩大人们的认识，加入新的内容。因为在概念推论中的结论已经包括在前提概念之中了。正如教授指出的，科学如仅靠概念推论，甚至连“两点之间直线最短”这样的命题也得不出来。因三和两是量的概念，而长和短是质的概念，从量的概念无论如何是推不出质的概念来的。反过来，感性直观虽然有能力直接接受表象，从而扩大认识的范围，丰富认识的内容，但是，这些表象都是个别的、杂乱的、偶然的，如不经过思想的关联调整，便形成不了概念。据说，牛顿万有引力定律是由看到苹果堕地引发的，但如果不加思想，每次苹果的落地都是个别偶然的，即使看到亿万次，终生终世也得不出一个普遍必然的万有引力定律来。所以，要求不断扩大、不断加深、不断更新的普遍必然的科学必须有两个主干，认识的能力必定有两种特性，思辨理性的运行轨迹虽然以理性为中心，但应该有两个焦点：感性和知性，直观和思想。像我们所栖息的星球一样，要循着椭圆形。那些唯什么单一中心的主义，不过是上帝创世一神教的反刍而已。

这样思辨哲学自身也被扩大了，它把原本拒之门外、视为异类的感觉接纳回来，浪子回头金不换，因而感觉立刻成为离开它认识就不能发生、思辨理性亦无法运转的焦点了。感觉经验之所以能够成为思辨理性运行的焦点，生成普遍必然的认识，在康德看来这就证明着非经验的东西，它们的普遍必然的有效性，所依据的并不是经验而是一切经验背后的、直观的先天原理，这就是空间和时间的一般概念。凡是空间和时间的科学，几何学和算术学都少不了空间和时间概念，它们是直观的纯形式，或者称为先天直观。因为无限空间和无限时间的概念，绝不来自有限空间和时间的经验直观的结合，无中不能生有，集有也不能成无，而是来自共存或相续的属性。个别的空间和时间只显现为整个空间和时间的部分，没有一般的空间在先，就不能表象个别的空间。由于空间和时间只与个别的、特殊的对象相关，所以它们自身只能是直观的先天形式，它在一切经验直观的背后，一切个别偶然之先前，所以是普遍必然的。空间是外感觉的形式，一切外在经验中的对象都在空间中排列着，伸延着。时间是内感觉的形式，一切思想和概念的活动都先后连续着在时间中运行。所以，空间和时间这样的纯直观先天形式，只有在经验中、相对经验对象而言才有实在的意义，因而专门称之为经验的实在性（die empirische Realität）。这些形式一旦离开经验，离开了经验对象就百无一用，完全成为观念，脱离了实际想出来的，故而称之为先验理想性（die transzendentale Idealität）。进一步说，空间和时间这些先天形式，只能在直观中、在经验中才具有普遍必然性、客观有效性。如果离开了直观，离开了经验，数学也就没有普遍必然的命题，人们连 7+5=12 都没法判定。它们更不是事物本身的属性，如果它们是事物本身的属性，那么作为存在者，上帝也就难免在空间和时间中而属于有死之伦了。因为，它们既然是一切存在者的属性，作为一种存在者的上帝当然也应在空间和时间的变灭之中。这样，独断论不但被戴上了怀疑主义的帽子，还被加上了无神论的帽子。

不但感性直观以先天的形式成为思辨理性的一支主干，在知性上这一原则同样适用。思想也有着自己的先天形式范畴。应该说明 Verstand 这个词解作知性，只有在康德的专业用语中，也就是只有当它相对于感性（Sinnlichkeit）和理性（Vernunft）而言时，作为认识能力之一才是有效的。当然也可以解译为理智、理解，但这样在词组上就不相搭配了。知性的功能是思想，思想和直观不同，直观因受刺激而发生，是接受的，被动的，而思想的对象只是由自身而生成，所以是主动的。由于这种思想的主动性，先验逻辑的范畴也与普通逻辑的范畴不同。普通逻辑的范畴是传统实体论思想方式的产物，是独立于认识主体之外的实体，或者是实体的属性。概念乃是实体的模仿，这样的逻辑只能用于概念推理。它虽然可以头头是道，无懈可击，它们推论所得的命题可以是普遍必然的，但结论已在前提之中，没有新内容，无助于扩大认识的领域。而先验逻辑的范畴，应该与直观形式一样，是先天的，既不来自经验，也不是作为实体对象的属性。它们是思想判断的先天概念。因为思想即是判断，把主语和谓语联结起来，范畴就是把感觉经验所提供的杂多材料调整、联结为普遍必然规律的先天概念。所以，范畴的数目应该与判断的类别相适应。如若判断分为量的、质的、关系的和程式的四种，再将每种判断分为三类，这样就得出了思想的十二种先天概念、范畴。虽然王山教授对自己这方面的创新性非常自信，并当做以后研究的框架，但200年的历史证明，这套逻辑的范畴，实在不过是现象学思想方式、先天论的一种表述而已。所谓的先验逻辑终究没有能够将亚里士多德的逻辑取而代之。这些范畴被认为是普遍必然的有效原理，是一切自然科学的最高前提，它们是思想的先天概念，所以其普遍必然有效性，不需任何经验加以证明。但是，一切认识都从经验开始，先于经验我们没有认识，自然科学也不例外，将范畴应用于感性经验所给予的自然对象，就必须通过数学公式。因为自然是在空间和时间形式中感性表象的体系，并且须按照范畴来调整，加以规律化，所以，自然形而上学的诸要素，也就在范畴和直观纯形式的基础上，全部被当做普遍必然的运动规律。

现象学是思辨哲学的开普勒改革的必然结果。把感觉经验看做认识的一支主干，是思辨理性运行的一个焦点。感觉经验不但是认识的开始，并且伴随着全部认识的始终。以人为理智的存在，思想实体，本身即具有先天论的性质。所以，空间和时间这样的直观形式虽然是感性的，却不来自感觉经验，而是先天的。对感觉来说，它们是不变的，对一切感觉经验都具有普遍有效性。一切概念，一切原理，都不能离开经验直观，即使是先天的，也与感性直观相联系，与可能的经验材料相联系。思想就是把所与的直观与对象相联系的活动，感性直观是我们惟一可能的直观，抽象出一切感性直观的条件，纯范畴就不能规定任何对象。这样，先验逻辑的原理只不过是现象规律的揭示罢了。科学是普遍和出于必然的判断。

现象（Phaenomenon）这个词在西方哲学文献中出现很早。在柏拉图和亚里士多德的著作中就提出爱智慧的人要追随现象，哲学的目的是拯救现象。在古希腊语里，这个词本是动词显现（phainein）的被动式现在中性分词，意思是被显现出来的。在其他场合王山教授也用这个词的德语形式 Erscheinung，它出自动词 scheinen，意思同样是显现。从这个词的本身，就可以看出，把认识的诸对象称做 phaenomena，称做 Erscheinungen，这表明它们并非独立于主体的存在，而是依赖于主体被显现出来的东西。关于现象，他作如下界定：

> 当我们为对象所作用时，对象能力的结果就是感觉（Empfindung），通过感觉对对象的直观（Anschauung）叫做感性直观，一种感性直观的未被规定的对象，叫做现象（Erscheinung）。（B34）

有的场合 Erschauungen 和 Paenomena 在一起用，那就似乎不能不加以区别了，如：

> 显现（Erscheinungen）就它们作为依范畴统一性而思想的对象而言，就成为现象（Phaenomena）。（A249）

总而言之，不论就感觉直观而言，还是就思想而言，在先验逻辑里认识对象都不是独立于主体的实体，而是一种被给予而显现的现象，或者叫做感性本质（Sinnenwesen）。人的认识，可以提其神于太虚而俯之，但它仍脱离不了感觉，脱离不了现象。如若把范畴仅作先验的运用，也就是仅运用于推理，实际上是没有运用，它没对对象作任何规定。范畴也是现象的形式，现象是它们惟一的对象，故而纯知性只有经验的运用，从未有先验的运用。一切知识必须来自经验，理性脱离经验只能产生矛盾、怀疑，漠不关心，自相分裂。传统的实体论思想方式没有对自身进行批判反思，完全是古老的野蛮作风，各行其是，称王称霸，把哲学变成了一个内争不休的战场（Kampfplatz），最后过渡到破坏一切的无政府主义、怀疑主义。而纯粹理性即是思想自身，须在自身之内把握它。先天的即是彻底必然的，是尺度。要把思维（zu denken）和认知（zu erkennen）加以区别，两者是完全不同的。思维的原则是自由，以不相矛盾为标准，认知的标准是必然。所以前者与预设相类似，思想则应保持其自由，百家争鸣，各有主张。除了无休止的战场以外，形而上学又是一本理性财产的清单（Inventarium）。

传统形而上学，完全是孤立的思辨理性，在概念中打圈子，即使经验主义也一样，也没有涉及认识的来源，认识的能力，以及客观有效性。使认识服从对象，就不能提供先天的东西，不能扩大它。实验是按事先设计的策划而进行的，实践是检验真理的标准，真理已经先在了，实践是为着检验这个既定东西而策划出来的。如若概念的规定服从对象，难以得到先天的、普遍必然的知识，那么对传统的思想方式进行改革，反转过来对象只是现象，它们在经验中被给予，超出一切可能经验便不可能有与之相应的对象。所以，认识能力纯粹运用的标准，首先是普遍性，因为认识不但出于（aus der）经验，从经验开始，而且伴随（mit der）经验前进。在经验中，普遍与特殊的区别是显而易见的，在经验外，严格的普遍与随意摆布也不难区分。与此同时，也就出现了必然性的概念。因为严格的普遍，就表示着亘古如一，不能或此或彼，或是或非。既然经验的东西都是个别和偶然的，是后天的（a posteriori），那么由普遍性而取得必然性，也就当然是非经验的 a priori，是先天的了。普遍、必然和先天是三位一体的，这才是认识的根源（Ursprung）。感觉经验到的首先是物体，物体是个体，是偶性。如若抽去这一切的个别和偶然，所剩余的就是必然，也就是物体所占有的空间，这种必然性是认识先天所具有的。普遍性是空间，外感觉的本性，由空间过渡到时间，内感觉的必然性。空间和时间是感性直观的形式，它们都出于认识能力的纯粹运用，是先天的。

但是，王山教授特别指出认识能力的这些纯形式，并不像柏拉图用理念的翅膀飞翔在无空气阻力的纯粹真空中。纯粹理性的先天认识，并不脱离尘俗世界，并不抛弃后天经验，没有感觉经验的支撑，认识能力就无以发挥，思辨理性就不能运转。先天的认识，科学的判断，不能单纯来自概念分析，概念分析不能扩大人的认识，更新人的知识。人们所追求的认识，不但是普遍和必然的，更要扩大它，更新它，这就离不开经验。如若认识所追求的仅是普遍必然性，那概念分析就是最方便、最可靠的了。从存在概念甚至可以分析出一个创造宇宙万物的上帝来。判断是认识表示其断定的基本形式，如若谓语先天地潜存在主语之中，这个判断必定是必然的，不需任何实践经验的证明。例如，断定物体是广延的，不需任何经验就可以知晓这是必然的。因为，广延概念本已包含在物体概念中，广延概念就是从物体概念中分析出来的。就是闭着眼睛也可断定这个判断是必然的真。进一步说，断定物体是重的就不一样了，就必须用手去托一托，用秤去称一称，不然就难以断定这一判断是否为真。只有经验才能向主体提供新事物，扩大认识的领域。虽然经验的东西都是个别的，既没有普遍性，更没有必然性，但经验却似一张无远不及的无形大网，把对象的一个部分和另一个部分联结起来，大漠孤烟直，长河落日圆，形成综合联结，一个总体表象。知识因之更新，认识由此扩大。总之，认识不但因经验而开始，并且在整个进程中还要不断伴随着经验。认识必须以经验为对象，以经验为范围，感性认识是这样，知性认识亦是如此。所以，

这样看来，知性的纯概念绝不允许有先验的运用，只能是经常作经验的运用。纯知性原理只能应用于可能经验的在普遍条件下的感觉对象，永远不应用于那些物一般，而不顾及我们对它们可能直观的样式。(B303)

关于知性和感性的关系，在以下这段文章里，王山教授有着更明确的交代：

在我们，知性和感性只有在它们联合运用的时候，才能规定对象。如若把它们分开，我们就有无概念的直观或无直观的概念。在这两种情况下，我们不能把表象与任何规定对象相联系。(B314)

认识对象必须与认识主体相关联，对象是主体的对象，离开主体就没有对象，这个现象学的基础命题，反而百分之百是概念分析，同语反复，并成就其普遍必然的真。那些反复追问着在人存在前地球是否存在的人们，正是割裂了对象和主体的认识关系，脱离了认识主体而泛论对象的。对象即对象，主体即主体，鸿沟万丈，非此即彼，使对象成为无规定的对象，主体成为非认识的主体，这反倒是典型的形而上学和繁琐哲学了。实体论思想方式就是这样提问题的，圆凿方枘，当然难以找到共同语言。如若对象离不开主体，我们所认识的对象只是

现象，它们只与可能经验相联系。认识的感性来源使知性也必须以感性对象为材料，这样就把认识限制在感性天地里，被封闭着。空间和时间仅仅是感性直观的形式，仅仅是显现物的存在条件。由于概念是与直观相应被给予的，所以，此外我们也没有更广的知性概念，也就是说，对事物的认识，我们也没有其他要素。这一切道理实际上已经包括在对象（Gegenstand）这个词之中，全部命题都可以从对象概念分析出来。因为它既相对地（gegen）站立着（stand），当然是离不开主体的，离开了主体，它就失去了对立物，无所 gegen，也就无处可站，无地自容了。对主体来说，它们不是观念的集合，为主体所派生，理所当然，只是些被显现的。但对象作为被显现的、作为现象，并不像那些粗陋见识所理解的那样，就不存在了。恰恰相反，在先验论学说中，对象惟有在经验中，才能实实在在地被空间和时间所规定，成为看得见，摸得着，在运动中，站出来的存在（existenz）。这也就是空间、时间经验实在性真正意义之所在。离开了经验，摆脱了主体，譬如说人类出现前的地球，当然存在，但只是个未被规定，花非花，雾非雾，不是什么的是，也就是黑格尔的那个纯存在，词典上那个不定式的存在 Sein，不能说它是什么的存在。存在和是，在西方哲学里，自古希腊哲人始就是同一个词。而认识的任务，思辨理性的概念，恰恰就在于规定对象，说它是什么，赋予知识以内容，开拓知识的领域，推动科学的发展。改革思辨哲学，以现象学思想方式补充实体论的方式，实在是科学发展时代的需要。

然而，人无完人，法无成法，放之四海而皆准，历万世而不变的理论，同样是没有的。这里，思辨理性、理论思维虽然赋有了实在意义，推动了科学的发展，但王山教授自己也指出了它的消极的（negativ）方面，因为按照这种现象论，认识只限于经验范围，这就缩小了理论活动的场地。更有甚者，甚至于可以使人以此为依据陷于狭隘的经验主义，短浅的功利主义，使纯粹的理性活动面临被扼杀、被取消的危险。而认识的王国是普遍必然的王国，如果把它无限地扩大了，处处是普遍必然，人人是手段工具，个性就要被取消，自由就要被剥夺，也就没有德性伦理学了。但在另一方面，这种对认识的限制也有积极的（positiv）方面。因为这种限制使思辨理性见到了自己能力的应用范围，不再妄自尊大，以为无所不知，而有所止，为纯粹理性让出更大的空间，这是更实在的空间。对于人类这是绝对必要的，因为认识如若是理性的，也就是说在认识上应该有着先天性。这种认识与对象的关系并不是单一的，而是双重的，它不但通过思辨理性，从理论上将对象加以规定（zu bestimmen），还要使认识成为现实（wirklich zu machen），这后一种功能就是实践理性了。如果我们只承认思辨理性的权威，把认识不断扩大，把一切对象都当做是可能经验的，这样把本来不是经验对象的东西当做现象，而宣布纯粹理性扩大不可能，人们的一切活动，认识的一切对象都在普遍必然的控制中，就会剥夺自由，没有信仰，没有思想，没有道德，回到野蛮和愚昧。所以，为了给信仰留余地，就必须限制知识了。

在过去几十年间，这是给王山教授招致许多非议的命题，按照批判者所持分量的轻重，帽子尺寸的大小，对 das Wissen aufheben 中的 aufheben 即可作不同分量的译解，从消灭、扬弃以至限制。其次对信仰 Glauben 一词，是对什么的信仰，是上帝，还是自由和真理，还是三者都是也各取所需。首先，把被马克思主义奠基者与法国政治革命相提并论，尊为德国哲学的革命者的康德，说成是必须取消知识的蒙昧主义者，似乎是责之过重了一些。从语境的上下文看来，似乎以译限制为恰当些。因为限制了知识是将认识锁定在现象世界，以保持科学判断的普遍必然性，不断扩大，不断更新。与此同时也给纯粹理性，精神生活，特别是实践理性保留了更广阔的天地，使它不为普遍必然所拘束，不为外界因素所宰制，自由驰骋。所谓Glauben，从上下文可以判断，实际并非专指对万能上帝的信仰，而是一般的道德信仰，对天上森罗星空和胸中庄严道德律的信仰。所以，纯粹理性有一种绝对必然的实践应用，在应用于实践的时候，它不可避免地要越出感性界限和必然的宰制。

当纯粹理性摆脱了感性的羁绊，冲破了现象的罗网时，它就完全是自由的了。在现象世界里，对象是通过表象与主体相联的，它是一个被显现的物，与他物相关的物。在摆脱了感性之后，它就割断了尘缘，消除了所有外在束缚，单纯地就自身而存在着，成为自在物（Ding an sich）。如若把由显现物构成的世界称为现象（Phainomena）的世界，那么由自在物构成的这个世界就称为本体（Noumena）的世界。两种物在认识上完全对峙着，互不相容。一种是感性对象显现的，与他物、与主体相互依存，本体则超乎空间时间之外，不依存于任何感觉经验，而是纯粹理性的思想对象。而本体 Noumenon 这个词出于古希腊语思想 noein，是 noein 的被动式现在中性分词，本义是被思想的。这样看来，现象和本体，依他物和自在物在认识上虽属不同世界，在存在上却不是两个物。任何一个对象，在感性直观可以捕捉到的范围内，它是现象。然而，当眼睛看不见，双手也摸不着，任何扩大感性能力的工具都无能为力，只有凭理性去思想它的时候，它就成为被思想的，就是自在物了。一花一世界，一叶一如来，任何对象，既是现象的，也是本体的，既是依他的，也是自在的，既是可知的感性本质（Sinnenwesen），又是仅可思的知性本质（Verstandeswesen）。按照先验论的一切对象只能通过直观被给予的根本原则，可以断言，知性本质作为被思想的对象，纯粹理性也必定有某种非感性的直观，那就是理智直观（die intellektuelle Anschauung)。理智直观本身在空间和时间之外，直接把握自己的对象，就只能是本质和整体，被称做理性的理念。理性理念有三个，作为外感觉的总体，它是世界；作为内感觉的总体，它是灵魂；作为内外综合感觉的整体，它是上帝。如若我们在这里暂且不去批判其从后门放进上帝的不彻底性，换个角度窥测一下，从上帝理念也不过是综合感觉的整体来看，不是更应该断定，即使在纯粹理性领域，感觉经验仍然是一个不可缺少的运转焦点，王山教授是思辨哲学的改革家，现代西方现象学方法的先驱吗？

伊曼努尔·康德

1747 年

活力的真正测算

1747 年

关于

活力的真正测算

的思想

以及对莱布尼茨先生和其他力学家在这一有争执的问题上所使用的证明的评判

包括一些主要涉及物体的力的先行性考察

伊曼努尔·康德

李毓章　郭大为　李秋零　译

李秋零　校

献词

献给

尊贵、博学、经验丰富的

约翰·克里斯托夫·伯留斯先生

医学博士

哥尼斯贝格科学院及王家人体医学院

次席编内教授

我至堪敬慕的保护人

〔5〕 **尊贵的先生**

博学的、经验丰富的博士先生

至堪敬慕的保护人!

要为像本书这样一种蹩脚的东西谋求所有的好处,除了尊贵的阁下您之外,我还能向谁求助才更好呢?遵循同样的人已向我显示过的善意的特别征兆,我斗胆希望,尊贵的阁下您也把这种冒昧当做我的感激之情的证明来接受。这本小册子的特性,自身并不具备任何东西能够让我引以为据建立起这方面的一些自信心;因为以尊贵的阁下您的大名来包装自己的文章,这种荣誉并不是人们可以用来向尊贵的阁下您赠礼的出发点。我能够呈献给尊贵的阁下您的一切,就是一大堆不完善的想法,也许本身就是不正确的,或者由于其作者的水平低下而失去了所有价值,它们最终使我充分地确信,不配把它们赠献给您。我不顾这一点,凭借对您的善意的完全理解,使自己产生了希望,即希望这些思想将为我提供我最珍视的服务,也就是让尊贵的阁下您认识到我对这种善意的感激之情。今后我将不止一次有机会想起我对您应尽的义务;只
〔6〕 是当前的机会却将是我公开承认我对您永怀崇敬的一次最佳机会。

此致

尊贵的先生,

博学的、经验丰富的博士先生,

至堪敬慕的保护人!

尊贵的阁下

您最忠实的仆人伊曼努尔·康德

1747年4月22日 于哥尼斯贝格

前言 〔7〕

Nihil magis praestandum est, quam ne pecorum ritu sequamur antecedentium gregem, pergentes, non qua eundum est, sed qua itur.

Seneca de vita beata. Cap Ⅰ.

［最需要遵循的是，我们不要按照牲畜的习惯追随前面的畜群，走的不是应当走的路，而是他人走过的路。

塞涅卡：《论幸福生活》，第1章］

一

我相信，我有理由就我利用这几页纸对世界所作的判断而言得出一个如此之好的看法，以至我擅自批驳伟大人物们的那种冒昧，不会被解释为我的罪过。曾经有过一个时代，人们在如此胆大妄为的时候不得不有很多担忧；但我想，这个时代从此已经结束了，人的知性已经幸运地摆脱了昔日无知和惊赞所加给它的桎梏。从现在起，倘若**牛顿**和**莱布尼茨**的声望与真理的发现相悖，人们也能够敢于大胆地认为它一文不值，并且除了知性的牵引之外，不服从任何其他的劝说。

二

即便我着手摈弃诸如**莱布尼茨**、**沃尔夫**、**赫尔曼**、**贝努**

利、比尔芬格这样一些先生以及其他人的思想，并把优越性赋予我自己的思想，我也不愿意有比这些人更糟糕的仲裁者；因为我知道，这些人的判断即便是摈弃我的意见，也不会谴责这些意见的意图。在这些人物面前大胆地指摘所有的意见，并且不把他们的意见当做例外，除此之外，人们不可能赋予他们更杰出的颂
〔8〕词了。虽然那是在另一种场合，但这种方式的克制毕竟曾对古代的一位伟人来说是非常值得赞扬的。**提谟来翁**虽然对叙拉古的自由立下了汗马功劳，但有一次仍然被传唤到法庭。法官们对他的控告者们的傲慢感到愤怒。但提谟来翁却以完全不同的态度看待这一偶然的事件。对于一个把自己的全部欢乐都建立在看到自己的祖国处在最美满的自由之中的人物来说，这样一种举动是不会使他反感的。他保护了这些利用他们自己的自由甚至来反对他本人的人们。整个古代都对这一讼案大唱赞歌。

在诸多最伟大的人物为了人类知性的自由作出了如此巨大的努力之后，难道人们还有理由要担心，自由的成果会使他们反感吗？

三

为了我的利益，我将利用这种克制与公正。不过，只有在功绩和一流知识的标志显而易见的地方，我才会遇到它们。除此之外，剩下的就是一大群至今仍被成见和伟人的声望无情地统治着的人。这些乐于被视为学问仲裁人的先生们，显得很擅长于没有读过一本书就对它作出判断。为了对一本书指手画脚，人们只需要向他们出示书名就行了。假如作者不出名，没有个性和功绩，那么这本书也就不值得为此花费时间了；更不用说这位作者还要干大事，要指摘著名的人士、改进科学、宣传他自己的宇宙思想。如果在各门科学的审判席前关键是出席

人数，那我的事情就没有一点指望了。不过，这种危险并没有使我心神不安。这就是如人们所说住在帕尔纳索斯山下的人，他们没有财产，也没有选举权。

四

成见让人感到惬意，助长安逸和自负，这是人们离开人类就摆脱不了的两种品性。受成见支配的人把某些通常必定被轻 〔9〕
视、使其屈就自己的人提高到所有其他人之上，达到一种不可攀的高度。这种优越感以完全等同的假象掩盖了其余的一切，使他意识不到至今仍在上述人们中间普遍存在的差别，这种差别通常会使他陷入不愉快的观察，看到有人经常被尚处于中等水平的人们超越。

于是，只要人的心灵的虚荣心还是强有力的，成见就也会保持下去，也就是说，它绝不会消失。

五

在进行这一探讨的过程中，如果一位如此著名的人士的定理在我的知性看来是错误的，我将毫不犹豫地予以摈弃。这种冒昧将给我带来非常可恨的后果。世人非常倾向于认为，相信在这一件或者那一件事情上比一位伟大的学者认识更为正确的人，在其自负方面也超过后者。我敢说，这种假象是不真实的，而它在这里确实是在骗人。

在人的知性的完善性方面，不存在像人的身体结构中那样的比例和相似。就人的身体结构而言，从这一或者那一肢体的大小推论出整体的大小是可能的，但对于知性的能力来说就完全是另一回事了。知识是一个不循规蹈矩的物体，没有匀称和类似。一个低级学者常常在知识的这一或者那一部分胜过另一个就其知识的全部范围而言远远比他杰出的学者。从种种现象来看，人的虚荣心还不至于走得如此之远，以至发现不了这种区别，把对这一或者那一真理的洞识同杰出知识的博大总汇混为一谈；至少我知道，如果有人对我提出这种指责，那他可是冤枉我了。

〔10〕

六

世人不会如此荒唐地设想，一个有名望的学者根本不再有犯错误的危险。不过，一位伟大人物的全部洞察力都不能将他从中解救出来的这些错误，一位末流的、不知名的作家却避开了，这是不可能轻而易举地领悟的困难。在下面的话语中包含着很多放肆：**最伟大的人类知识大师们徒劳地谋求的真理，首先呈现给我的知性。**我不敢为这一思想辩护，不过我也不愿意放弃它。

七

我自负地认为，对自己的力量建立某种无私的信任，有时并不是没有益处的。对方法的深信不疑激活了我们的全部努力，并赋予这些努力以某种非常能够促进真理研究的热情。如果有人处于一种心态中，能够说服自己，相信自己的考察有一些价值，相信诸如**莱布尼茨**这样一位先生有可能犯错误，那么，他就会尽一切努力来使自己的猜想成真。就一件大胆的行为而言，在上千次的失误之后，真理的认识所获得的收益依然要比总是墨守成规更为巨大得多。

我就以此为基础。我已给自己标出了我要遵循的道路。我将踏上自己的征程，任何东西都不应阻碍我继续这一征程。

八

还有一个人们将对我提出的新指责，看来我必须抢在它之前采取行动。人们有时会听到我说话的口气是一个对自己定理的正确性非常自信、不担心自己会遭到反驳或者自己的结论会欺骗自己的人。我的虚荣心还没有到自认为这是事实的地步，我也没有理由如此精心地为我的定理消除一种失误的外表；因 〔11〕
为在人的知性于所有时代都曾经发生过如此之多的失误之后，再发生失误也不是什么遗憾。在我的做法中蕴含着一个迥然不同的意图。这几页纸的读者在研究我的论文之前，毫无疑问已经通过现在流行的关于活力的学说做好了准备。他知道在莱布尼茨宣布自己对世界的力的测算之前人们所想的东西，这位人物的思想他必定也已经熟知。他肯定使自己通过两个学派之一的结论而有所收益，根据种种迹象，这就是莱布尼茨学派；因为现在整个德国都信奉这一学派。他是在这一心态下读这几页纸的。对活力的各种辩护以几何学证明的形态抓住了他的整个灵魂。于是，他把我的思想仅仅视为怀疑，假如我非常幸运，也不过是视为交给时间去解答的表面上的、尽管如此却不会阻碍真理的怀疑。与此相反，我必须运用我的全部技巧，以便使读者的注意力更长久地集中在我这儿。为了促使他注意那些引起对我自信的理由，我必须用我的证明赋予我的全部信念之光向他展示我自己。

如果我仅仅以怀疑的名义说明我的思想，那么，本来就倾向于把我的思想看做是一点也不更好的世人，就会轻率地把这些思想扔到一边。因为一种人们相信曾经得到过证明的意见，即便攻击它的怀疑是如此显而易见，不可能轻而易举地得到解答，它也仍将长时间地获得赞同。

一个作者通常不知不觉地将他的读者一道带入他在创作自己作品时自身所处的那种心态。因此如果可能的话，我更乐意向读者传递确信的心态，而不是怀疑的心态。因为对我来说，也许对真理来说也是一样，前者要比后者更为有利。这是一个小小的机谋，为了还能够重建如此向伟大人物们的声望倾斜的天平的平衡，我现在绝不能轻视这种机谋。

〔12〕

九

我还要克服的最后一个困难，乃是人们由于我的不礼貌而加给我的。看起来，我能够以比我实际所存更多的恭敬来对待我敢于反驳的那些人士。我应当以更温和得多的口气说出我对他们的定理所作的判断。我似乎不应当把他们的定理称为谬误、赝品或者迷乱。这些表述的尖锐性显得对它们所涉及的伟大名字有所不恭。区分的时刻也是道德上粗鲁的时刻，此时似乎已经作出了回答：必须把定理与其倡导者的所有个人优点分别开来予以评判。但是，本世纪的礼貌给我加上了一种迥然不同的规律。如果我的表述方式冒犯了伟大人物们的功绩要求我作出的敬重，我就会是不可原谅的。不过，我断定不会这样的。既然我们除了极伟大的发现之外还经常地遇到失误，那么，这与其说是人们的错误，倒不如说是人性的错误；如果要把失误与学者们完全隔离开来，那就未免给予学者们身上的人性以太多的荣誉了。一位建立起原理大厦的伟大人物，不可能同样强有力地将他的注意力转向所有可能的方面。他特别地深入到某项考察之中，如果他在这种情况下逃脱了任一别的方面的错误，那也不是什么奇迹；假如他除了这项活动之外只把自己的注意力集中在这方面，他肯定能避开这错误的。

我只想直截了当地承认真理。我不会反对把在我的考察中以谬误和赝品的形态出现的定理视为真正的谬误和赝品；我为什么应当强制自己在自己的作品中如此小心翼翼地掩藏这一思想，以便显示出我并未考虑、但世人却希望我考虑的东西呢？

总而言之，我将会很难符合礼仪，赋予我关于伟大人物所说出的所有判断一种恭维的激情，灵活地缓和一下表达方式，〔13〕处处都让人看到恭敬的标记；由于选择此类的语词，这种努力会时常将我置于令人烦恼的困境，屈服于从各方面离开哲学考察小道的必然性。**因此，我想利用前言的机会，对恭敬和尊重作出公开的解释，对于我们知识的这些我如今有幸称为自己敌手的各位大师，我在任何时候都心怀恭敬和尊重，我冒昧作出的蹩脚判断不可能对他们造成丝毫伤害。**

十

然而，在我如今努力清除了各种不同的成见之后，最终还剩下某种合理的成见；在我的作品中兴许还可以发现某种令人信服的东西，我要把它特别归功于这种成见。既然诸多具有可靠的洞察力和判断力的伟大人物都部分地通过不同的途径，部分地通过同一条途径，被引导到宣布同一个定理，那么，设想他们的证明是正确的，与设想某一位蹩脚作家的知性更为精确地考察了这些证明中的正确性相比，就具有更大得多的可能性。因此，后者有重大的理由，特别清晰地、平稳地提出自己考察的主题，对它进行剖析和阐明，以致即便他也许作出了错误的推论，这错误也必定会马上就闪现在他眼前；因为这里的前提是，即使研究同样错综复杂，在洞察力方面优越于他人的人，也会先一步发现真理。因此，他必须尽可能地使自己的研究简单明了、易于理解，以便他能够在自己的考察中根据自己的判断力的尺度，与另一个人在一个错综复杂得多的研究中根据自己的判断力的尺度相比，猜想有同样多的光明和正确性。

在实施我的计划时，就像人们马上将要觉察到的那样，我让这种遵循对我来说成为一个法则。

〔14〕

十一

在结束这一前言之前，我们希望再简明扼要地说明一下关于**活力**的争论当前的状况。

根据种种迹象，在**莱布尼茨**先生率先向世人描述活力的所有事例中，都不是他第一个发现了活力。一种见解，尤其是带有某种大胆的、奇特的东西的见解，其开端通常比按照平方进行测算的见解要更为简单。人们有某些共同的经验，凭借这些经验我们知道，一种现实的运动，比如打击或者碰撞，总是要比惰态的压力具有更多的力量，尽管后者同样强劲。这一观察也许是一个思想的胚胎，它在莱布尼茨先生手下不可能依然不结果实，经过加工它发展壮大为最著名的理论之一。

十二

总而言之，活力的事情似乎可以说被恰当地解释为：过去，在某个任意的时间，知性必定受到了活力的诱惑。**被克服了的重力障碍、被移动的物质、被压迫的弹簧、被运动的质量、在复合的运动中产生的速度，**这一切都以奇妙的方式协调一致地完成了按照平方进行测算的假象。有一个时期，证明的多样性被看做是在另一个时期达成证明的精确性和清晰性的东西。如今，这个时期就现存于活力的一些辩护者中间。即使他们对自己的这一个或者那一个证明很少感到确信，相比之下从更多的方面表现出来的真理假象也巩固了他们的赞同，并使这种赞同不致发生动摇。

十三

迄今为止在活力的争论中，要说出得胜的推测最多地表现在哪一方面，是比较困难的。身为自己民族的哲学家中间的顶尖人物的两位**贝努利**先生、**莱布尼茨**先生和**赫尔曼**先生，不可能被欧洲其他学者的声望超过。惟有这些掌握了几何学的所有武器的人物，才有能力支持一种如果处在一个不怎么知名的辩护者手中也许就无法显示出来的意见。 〔15〕

无论是**笛卡尔**的学派，还是**莱布尼茨**先生的学派，都对自己的意见感到人们通常在人类知识中所能够获得的所有确信。双方都只为敌手的成见感到遗憾，每一学派都认为，只要自己意见的敌手愿意花费点力气，以一种平衡的心灵倾向看待这种意见，这种意见就根本不可能被置疑。

然而，在活力学派试图借以维护自己的方式和笛卡尔的测算借以为自己辩护的方式之间，却表现出某种值得注意的区别。后者仅仅援引真理和谬误的判定在其中简单明了、确定无疑的简单事例，与此相反，前者却把自己的证明尽可能地弄得错综复杂、晦涩难懂，可以说是借助黑夜从一场战斗中撤退；假如在光天化日之下，它也许每一次都要败北的。

莱布尼茨学派在自己这方面也几乎拥有所有的经验；这也许是他们惟一超过笛卡尔学派的地方。**波莱尼**先生、**格拉维桑德**先生和**穆森布罗克**先生为他们提供了这种服务，如果人们更为正确地加以利用的话，这方面的成果也许是很出色的。

在这篇前言里，我将不讲述我在本文中打算就活力问题提供的东西。除了立足于简明扼要之外，本书也就不抱希望还有人来读它了；因此对读者来说，弄明白它的整体将是件轻而易举的事情。

倘若我可以信赖我自己的自负，我就会说，我的见解能够
〔16〕 产生一些并不令人厌烦的供参考的成果，来调解众多极为重大的分歧中目前流行于欧洲几何学家中间的一个分歧。不过，这种劝说是无济于事的；一个人的判断在任何地方所起的作用都不小于在他自己的事情上。我并不会如此偏爱自己的事情，为了它而听从自负的成见。但无论如何我都敢于自信地预言：这场论争要么很快就被终结，要么永远也不会停止。

第一章 论物体的力 〔17〕

第 1 节　每一物体都有一种本质的力

由于我相信，某种东西有助于实现我所怀的意图，即明确无疑地说明一番关于活力的学说，所以，既然我在事先已经确定了关于物体的力的一些形而上学概念，我就从这里开始。

人们说，一个处于运动中的物体有一种力。因为克服障碍、压紧弹簧、移动质量，所有的世人都称这为起作用。人们如果看得并不比感官告诉我们的更远，就会把这种力视为某种完全从外面传递给物体的东西，而如果物体处于静止中，它在这方面就一无所有。在**莱布尼茨**之前，所有的世俗智者都持这一见解，惟有**亚里士多德**一人例外。人们认为，亚里士多德那隐晦的隐德莱希就是物体起作用的秘密。总的来说，所有追随亚里士多德的学校教师都没有理解这个谜，也许，它被提出来就不是为了让某人理解的。人类理性有许多东西要归功于莱布尼茨，他首先教导说，物体具有一种本质性的力，它属于物体，甚至在广延之前。Est aliquid praeter extensionem imo extensione prius [除了广延之外、甚至在广延之前，还有某种东西]；这就是他的原话。

第 2 节　莱布尼茨把物体的这种力称为作用力 〔18〕

发明者用作用力这个普遍的名称来称谓这种力。人们似乎只应当在形而上学的体系中紧追发明者；但是，人们力图更为精确地规定这种力。据说，物体有一种运动的力；因为人们发现物体除了产生运动之外就无所事事。假如物体施压，它就是在追求运动；但在这种情况下，如果运动是现实的，力就存在于实施中。但是我断言，如果把一种本质性的力(vim motricem [运动力])赋予物体，以便了结对运动原因问题的回答，那么，人们就在一定程度上玩弄了学校教师所使用的一种手腕；后者在研究热和冷的根据时，就求助于一种 vi calorifica [产生热的力]或者 frigifaciente [产生冷的力]。

第3节　应当合理地把本质性的力称为 vim activam [作用力]

假如把运动当做一种作用，并由此而赋予它一种同名的力，这种说法是不正确的。一个极少遭遇到阻力、从而几乎根本不起作用的物体，却拥有最多的运动。运动只是物体状态的外在现象，此时物体虽然不起作用，但还是在致力于起作用；然而，在它由于一个对象而突然失去自己运动的时候，即在它静止下来的时刻，它还在起作用。因此，人们不应当用一个根本不是作用的东西来给一个实体的力命名，更不要谈论在静止状态中起作用的物体（例如谈论一个放在桌子上的球通过其重力对桌子施压）说，它们有自己运动的努力。这是因为，由于这些物体在自己运动的情况下似乎不起作用，于是人们不得不说：一个物体在起作用的时候，就具有了一种陷入它不起作用的状态的努力。因此，人们应当宁可把一个物体的力称为 vim activam [作用力]，而不是称为一种 vim motricem [运动力]。

〔19〕

第4节　何以能够从作用力出发解释运动

但是，再没有比从作用力的普遍概念推导出我们称为运动的东西的起源更容易的事情了。实体 A 的力是注定要向外起作用的（也就是说，改变另一个实体的内在状态），它要么在其努力的第一瞬间就马上找到了承受其全部力量的对象，要么找不到这样一个对象。如果所有的实体遇到的是第一种情况，那我们也许根本不认识运动；因此，我们也不能用运动来称谓物体的力。但是，如果实体 A 在它努力的瞬间并不能运用自己的全部力量，那它就只运用了自己的部分力量。然而，它以其剩余的部分力量并不能始终无所事事。毋宁说，它必须以其全部力量发挥作用；因为如果力量不被完全运用，它也就不再叫做力量。由于在世界的共存状态中找不到这种实施的结果，所以人们不得不在对它的第二种测算中，即在事物的渐进序列中找到这些结果。因此，物体不是突然地，而是逐渐地使用它的力。但在前后相继的各瞬间中，它不可能总是作用于它一开始就作用的同一些实体；因为这些实体承受的只是它的力的第一部分，其余的东西它们没有能力接受；因此，A 逐渐地总是作用于别的实体。但是，它在第二个瞬间所作用的实体 C，相对于 A 必须与它一开始所作用的 B 在地点和位置上关系截然不同，因为若不然，就无法解释 A 为什么不在一开始就一下子既作用于实体 C 又作用于 B。同样，它在前后相继的各个瞬间所作用的各个实体，每一个相对于物体 A 的第一地点都有不同的位置。这就是说，A 通过逐渐地起作用，改变了自己的位置。

第 5 节　如果仅仅把 vim motricem[运动力]赋予物体，由此将会在肉体作用于灵魂的学说中产生什么样的困难

由于我们不清楚一个物体在静止状态下起作用时造成了什么，所以我们总是回想到在将阻力忽略不计时所产生的运动。〔20〕

利用运动，似乎就足以使人们对在物体中所发生的东西、对我们不能看到的东西拥有一种外在的特征。但通常，运动被看做力在充分地突然释放时所造成的东西，被看做力的惟一结果。由于从这个小小的歧路重新返回正确的概念是如此轻而易举的事情，人们也就不应当设想这样一种失误会造成什么后果了。不过，这一失误虽然在力学和自然学说中不是失误，但事实上却是失误。原因在于，正是由于这一点，设想物质何以能够以一种事实上有效的方式（即借助物理的影响）在人的灵魂中产生表象，在形而上学中是一件如此困难的事情。人们要说，除了引起运动之外，物质还会做别的什么呢？因此，物质的全部力量所导致的结果将是，它至多把灵魂从它所在的地方移开。然而，仅仅造成运动的力，居然产生出表象、理念，这怎么可能呢？这可是如此不同种类的事物，一个怎么能够是另一个的源泉，这是不可理解的。

第 6 节　在谈到灵魂作用于肉体时由此产生的困难以及如何能够通过命名一种 vis activae［作用力］来克服这一困难

如果问题在于灵魂是否也能够使物质产生运动，就会表现出同样的困难。但是，如果人们不是把物质的力计入运动，而是计入对其他不能更为精确地规定的实体的作用，那么，两个困难就都消失了，物理的影响也就没有得到一点说明。因为灵魂是否能够引起运动，也就是说灵魂是否有一种运动力的问题，就变成了这样的问题：它的本质性的力是否能够被规定为一种向外的作用呢？也就是说，它是否能够在自身之外作用于其他存在物并且造成变化？人们可以用一种斩钉截铁的方式回答这一问题：灵魂从这一理由出发必定能够向外起作用，因为

它在一个地点。原因在于，如果我们分析我们称为地点的东西 〔21〕
的概念，人们就会发现，地点暗示着诸实体相互之间的作用。因此，除了这种小小的概念混乱之外，再也没有任何东西阻碍一个有洞察力的作家来完善物理影响对预定和谐的胜利了；而人们只要把自己的注意力集中在这方面，很容易就能够找到摆脱这种概念混乱的出路。

只要把物体的力称为一种作用力，就很容易理解物质何以能够促使灵魂产生某些表象

关于物质人们只能想象，它除了运动之外什么也不能引起，而物质将某些表象和映像印入灵魂是怎样可能的，理解这种悖谬的定理，同样也是很容易的。因为被置于运动之中的物质作用于所有在空间上同它联结的东西，因此也作用于灵魂，这就是说，它改变了灵魂的内部状态，只要这种内部状态与外部的东西有关。既然灵魂的整个内部状态不外是它的所有表象和概念的总括，这种内部状态只要同外部的东西有关联，也就叫做 status repraesentativus universi［整体的显现状态］；因此，物体借助它在运动中拥有的力，改变了灵魂借以表象世界的状态。人们就是用这种方式来理解物质何以能够把表象印入灵魂的。

第 7 节　有些事物能够真实存在；尽管如此却能够不在世界上任何地方现存

在一个范围如此广泛的题材中，要想不跑题是很困难的；然而，我必须再次转向我关于物体的力已经说明了的东西。由于彼此存在于外部的实体的所有联结和关系都来源于相互的作用，这些作用把它们的力相互施加给对方，所以就让我们看一看，从力的这一概念中可以推导出什么样的真理。一个实体要

么同它之外的其他实体处在某种联结和关系中，要么不是这样。由于任何一个独立的存在物都在自身中含有它的所有规定
〔22〕的全部起源，所以，同其他事物处于联结之中，这并不必然属于它的此在。因此各个实体能够存在，尽管如此却与其他实体根本没有外在的关系，或者与它们处于一种现实的联结之中。由于没有外部的连接、位置和关系就无所谓地点，因此，有一事物真实存在，但并不现存于整个世界上的任何地方，这是完全可能的。这个悖谬的定理，虽然是些极为熟悉的真理的一个结果，而且是一个非常易于理解的结果，但据我所知却还没有被任何人觉察到。不过，还有另外一些定理出自这同一个源泉，它们同样地奇特，可以说是违背知性的意愿而吸引了知性。

第 8 节　不止一个世界能够存在，这在真正形而上学的知性中是真实的

由于某种东西如果与其余部分根本没有联结，就不能说它是整体的一个部分（因为若不然，在一个现实的结合与一个想象的结合之间就找不到区别了），而世界是一个真正复合的存在物，所以，一个在整个世界上不与任何事物相联结的实体也就根本不属于这个世界，除非它存在于思想中，也就是说，它不是世界的一个部分。如果诸如此类不与世界上的任何事物相联结、但彼此之间又有关系的存在物很多，由此也就产生了一个极其特殊的整体；它们构成了一个极为特殊的世界。因此，人们在世俗智慧的课堂上总是讲，在形而上学的意义上只可能存在一个惟一的世界，这话是不正确的。即便是在真正形而上学的意义上说，上帝也创造了数百万个世界，这确实是可能的；因此，这些世界是否确实存在，这依然是有区别的。人们在此所犯的错误之所以产生，无疑是由于人们认真地关注对世界

的解释。因为定义只是把与其余事物有一种现实联结的东西归属世界①，但是，定理忘记了这一限制，谈论起所有存在的事物。〔23〕

第 9 节　倘若实体都没有在自身之外起作用的力，那就既没有广延，也没有空间

很容易就可以证明：倘若实体都没有在自身之外起作用的力，那就既没有广延，也没有空间。因为没有这种力也就没有联结，没有联结也就没有秩序，没有秩序最终也就没有空间。不过，要看出如何从实体的这种力在自身之外起作用所遵循的规律产生出空间度量的多样性，却更为困难一些。

空间三维度的根据尚未被认识到

莱布尼茨先生在《神正论》的某个地方曾根据从一个点相互垂直地引出的直线的数目作出了一个证明；由于我在这一证明中觉察到循环论证，所以我就想到，从人们在数的乘方那儿觉察到的东西出发来证明广延的三维度。数的前三次乘方是十分简单的，不能够还原为另一次乘方，惟独第四次乘方，作为平方的平方，不外是第二次乘方的重复。尽管数的这一特性在我看来如此适宜于由此解释空间的三维度，它在运用中却并不是无懈可击的。因为在我们凭借想象力关于空间所能够想象的所有东西中，第四次乘方都是一件极不合乎情理的事情。在几何学里，人们不可以用平方自乘，也不可以用它的根来乘立方；因此，三维度的必然性的基础，并不是如果人们设定更多的度量，则此举无非是重复先前的度量（如同数

① Mundus est rerum omnium contingentium simultanearum successivarum inter connexarum series［世界是所有相邻、相似、相继、相互联结的事物的序列］。

的乘方那样），而毋宁说是我还不能解释的另一种必然性。

〔24〕

第 10 节　空间的三维度很可能来自实体的力相互起作用所遵循的规律

由于在一个事物的特性中所出现的一切，都必须能够从自身包含着该事物的完备根据的东西推导出来，所以，广延的特性、从而还有广延的三维度，也将建立在实体就与之联结的事物而言所拥有的力的特性之上。一个实体与另一个实体联合发挥作用所凭借的力，不能被设想为没有某个在它起作用的方式中表现出来的规律。由于实体相互起作用所遵循的规律的方式也必然规定着许多实体结合与复合的方式，所以，度量一大批实体（即一个空间）所遵循的规律或者广延的维度，就产生于各实体凭借自己本质性的力追求结合所遵循的规律。

三维度之所以产生，似乎是由于各实体在实存的世界中如此相互作用，以致作用的强度与距离的平方成反比

据此我认为：各实体在我们作为一个部分的实存世界中具有这样的本质性的力，以致它们在相互的结合中按照距离的双倍反比从自身扩展其作用；其次，由此形成的整体凭借这一规律而具有三重维度的特性；再次，这一规律是随意的，上帝也可能选择另一个规律，例如三倍的反比；最后，从另一个规律也可以引申出具有另一些特性和度量的广延。关于所有这些可能的空间类型的科学，显然是有限的知性所能够从事的最高级的几何学。我们在自己这儿发现不可能想象一个多于三维度的空间，这种不可能性之所以产生，在我看来乃是由于我们的灵魂同样按照距离的双倍反比规律接受从外部来的印象，由于灵魂的本性自身

〔25〕注定不仅仅如此承受，而且也以这种方式向自身之外起作用。

第 11 节　之所以可能存在多个世界的条件

如果存在着具有不同度量的广延是可能的，那么，上帝确实把它们安置在某个地方就也是可能的。因为上帝的作品都具有它们能够容纳的大小和多样性。这种类型的空间不可能与本质迥然不同的空间相结合；因此，诸如此类的空间根本不属于我们的世界，而是必然构成独特的世界。在前面我已指明，就在形而上学的知性中来说，可能有多个世界一起存在；然而在这里，条件同时也如同对我表明的那样，是多个世界确实存在之所以可能的惟一条件。因为如果只有惟一的空间样式（它只能承受一次三元测算）是可能的，那么另一些世界（我把它们安排在我们生存的世界之外）在空间上也许能够同我们的世界联结，因为它们是另一类型的空间。因此就要问一问，上帝究竟为了什么要把这个世界与另一个世界分开，因为上帝通过它们的联结而赋予它的作品一种更大的完满性；联结越多，世界上的和谐和一致也就越多，因为相比之下，空隙与分离将损害秩序和完满的规律。因此，多个世界的存在是不可能的（尽管这本来是可能的），除非我在这里所谈的多种多样的空间是可能的。

这些想法可以是我留待自己作的一项考察的提纲。不过我不能否认，我怎样想到它们，也就怎样说出来，并没有通过长期的研究来赋予它们确定性。因此我准备，一旦更为成熟的判断向我揭示了它们的弱点，我就又摈弃它们。

第 12 节　一些形而上学家断言，物体由于自己的力而致力于向所有方位运动

最近的世俗智慧关于物体本质性的力确定了某些当然不能

〔26〕赞同的概念。人们把这些概念称为一种持续的运动追求。除了这一概念像我一开始指出的那样自身带有的错误之外，还有另一个我现在要谈到的错误。既然力是一种持续的起作用的努力，那么，假如人们想说就外部事物而言力的这种努力根本是不确定的，就明显地自相矛盾。因为根据它的定义，它确实是致力于在自身之外作用于其他事物；的确，根据已被接受的最新形而上学教师们的学说，它确实是作用于其他事物。因此，那些认为力与其说就方向而言根本不确定，倒不如说力指向所有方位的形而上学家，似乎说得最为正确。所以，著名的**汉姆贝格**先生断言，单子实体性的力同时致力于向所有的方位运动，并因此而像一个天平那样由于反作用力的平衡而保持静止。

第13节　对这种意见的第一个反驳

根据这个体系，当两个对立的趋势之间的平衡消失，物体因较大趋势保持着超过较小趋势的力的优势而沿着较大趋势的方向运动时，运动就产生了。在运动的物体与被运动的物体总是同时向前移动的情况下，这种解释也就满足了想象力。因为这种情况与某人用手托着两个重量相等的天平盘中的一个、从而造成了另一个天平盘的运动那种情况是类似的。不过，一个通过撞击获得了自己运动的物体，即便推动力不再对它起作用，它也将无限地继续这一运动。但是根据上述学说体系，它将不能继续自己的运动，而是一旦推动的物体不再对它起作用，它就也突然静止下来。这是因为，由于物体的力指向所有方位的趋势与其主体是不可分离的，所以，一旦外部与某一趋势对立的力停止起作用，这两种倾向的平衡一瞬间就重新建立
〔27〕起来了。

第14节 对这种意见的第二个反驳

但是,这还不是惟一的困难。由于一个事物一般来说必须是确定的,所以各实体向所有方位施加的运动追求必然有一定程度的强度。因为它不可能是无限的;然而,起作用的有限努力没有某种大小的追求是不可能的。由于强度的程度是有限的、确定的,所以人们假定,具有同等大小质量的物体 A 以上述物体在其实体的本质性的力中所拥有的全部运动努力3倍强的力量撞上它,那么,它将由于自己的 vim inertiae [惰性力]只能获取碰撞者的1/3速度;但它自己也将不能达到比相当于运动物体的1/3速度更大的速度。因此,在完成撞击之后,应当是 A 作为撞击物体以2个单位的速度,而 B 则以1个单位的速度在同一个方向上向前移动。由于此时 B 妨碍了物体 A,并且没有得到它为了阻碍物体 A 的运动所必需的那么多速度;由于它尽管如此并不能阻止物体 A 的运动,所以 A 确实地沿 AC 方向① 以2个单位的速度,妨碍物体 A 的 B 以1个单位的速度沿着这同样的方向运动,而两方面的运动尽管如此却不受阻挡地进行。不过这是不可能的,除非人们要假定 B 被 A 穿透,但这是一种形而上学的无稽之谈。②

第15节 运动的双重划分 〔28〕

现在是我结束这一形而上学的准备的时候了。但是,我不

① 图1。(所有插图见文后——译者)

② 如果考虑到,在完成撞击之后,物体 A 在 B 尚未越过平分 AC 线的 D 点时,就已经到达 C 点,对这一点就可以有更清晰的理解了;所以,A 必须穿透 B;因为若不然,它就不可能领先 B。

得不再附加一点我认为要理解以下的东西就必不可少的说明。在我的读者那里，我预设了在力学中出现的惰态压力及其尺度的概念，无论如何，用这几页纸我也无法陈述关于所有属于活力和惰力学说的东西的完备探讨；而是仅仅勾画出一些微不足道的思想，它们在我看来是新颖的，并且有助于我的基本意图，即改进莱布尼茨的力的尺度。因此，我把所有运动都划分为两个基本类型。第一个类型具有这样的特性，它被赋予某个物体，并保持在该物体自身中，如果没有一个障碍与它对抗，它将无限地继续。另一种运动是一种始终在推动着的力的持续作用，对它来说甚至不需要一种阻力来抵消它，相反，它仅仅建立在外部的力之上，而且一旦外部的力不再维持它，它就立刻消失。第一种运动的事例是射出的子弹和所有被抛出的物体；第二种运动的事例则是一个用手轻轻推动的球，或者所有被支撑或者以一般的速度被牵引的物体。

第 16 节　第一种运动与惰态压力没有区别

无须从事形而上学的深入研究，人们就可以轻而易举地理解，与第二种力相比，在第一种运动中表现出来的力具有某种无限的东西。因为一旦推动的力撤掉，第二种力就会部分地消失，并突然地自己停下来；因此人们可以这样看待它，似乎它在每一瞬间都会消失，但也同样经常地重新产生，而与此相反，第一种力是一种自身不会消失的、在持续的时间里完成自己作用的力的内在源泉。因此，它与前者的关系就像瞬间与时间的关系，或者就像点与线的关系。所以，就像沃尔夫男爵先生在他的宇宙学中已经指明的那样，这种方式的运动与惰态压力没有区别。
〔29〕

第 17 节　第二种运动以一种与速度的平方相等的力为前提

由于我原本要谈在空荡荡的空间中永远保持自己的运动，所以我想按照形而上学的概念，稍稍考察一下运动的本性。如果一个自由运动的物体在无限精细的空间中移动，那么，它的力就可以按照他在永恒中所起的全部作用的总和来测算。因为如果这一集合不等于它全部的力，那么，人们为了找到一个与力的全部强度相等的总和，就必须假定一个比无限的时间更长的时间，而这是荒谬的。如果比较一下两个物体 A 和 B，其中物体 A 的速度为 2，物体 B 的速度为 1，那么，物体 A 从其运动一开始就永恒地以 2 倍于 B 的速度压迫着它所通过的空间无限小的质量，不过，它在这个无限的时间里所通过的空间也 2 倍于 B；因此，A 所完成的作用的全部大小，是与它同空间的小微粒相遇所用的力和这些微粒的量的乘积成正比的；B 的力也具有同样的性质。这样，二者对空间的小分子的作用与其速度是成正比的，而且，这些微粒的量也与其速度成正比；因此，一个物体的全部作用与另一个物体的全部作用相比的大小，就与它们速度的平方成正比，因而它们的力也处在这一比例中。①

第 18 节　这方面的第二个根据

为了更好地理解活力的这一特性，可以回想一下第 16 节

① 由于我在本作品中原本是要对莱布尼茨先生的意见提出某些反驳的，所以看起来我在自相矛盾，因为我在这一节中提供了一种证明来证实他的意见。但是在最后一章我将指明，如果莱布尼茨先生的看法仅仅局限在一定的方式上，则它确实是成立的。

〔30〕 已讲过的东西。除了简单的速度之外，惰态压力不可能再以任何东西为尺度；这是因为，由于它的力并不以它所作用的物体为基础，而是借助一个外部的力量完成的，所以，就这种力力图在物体中维持自身所利用的强度而言，克服它的阻力并不需要某种特别的努力（因为力并不以任何方式植根于起作用的实体并且致力于在它里面维持自身），它只需要消除物体改变地点所利用的仅有的速度。不过，对于活力来说就完全是另外一回事了。由于实体在自由运动中以某种速度前进时所处的状态，完全以内在的规定性为依据，所以，这一实体同时也就致力于维持自身在这一状态中。因此，外部的阻力除了它用来与该物体的速度保持平衡的力之外，还需要一种特殊的力量，来克服物体内部的力致力于维持自己在这种运动状态之中的努力，而要使处于自由运动之中的物体静止下来的阻力的全部强度，也必须从速度和物体致力于在自身中维持这种努力的状态所借助的力的比例出发，处在复合的关系之中。也就是说，由于两个比例彼此相等，所以阻力所需要的力是移动物体的速度平方。

第 19 节

我并不可以允诺在一项纯粹形而上学的考察中获得某种决定性的、无可争议的东西，因此，我转向下一章，通过运用数学，这一章也许可以要求有更多的确信。与其他很多科学一样，我们的形而上学实际上只是处于一种相当缜密的知识的门槛前；谁知道何时看到这个门槛被跨越。在形而上学所从事的某些东西中，发现它的弱点并不是难事。人们经常把成见当做是它的〔31〕证明的最大强项。除了力图扩大人类知识的人们的流行倾向之外，再也没有什么东西应当为此负责了。这些人很乐意拥有一种伟大的世俗智慧，但似乎应当希望它也是一种缜密的世俗智慧。对一个哲学家来说,如果他能够在一项艰难的研究之后最终安心地拥有一种相当缜密的科学,这差不多就是对他的努力的惟一报答。因此,要求他极少信赖他自己的赞同,要求他在自己的发现中不隐瞒他自己不能改善的缺陷,要求他从来不那么爱好虚荣地将对一种缜密的科学的自负所造成的愉悦置于认识的真正收益后面,则未免太过分了。知性非常喜欢赞同,长久地克制赞同当然是很困难的;不过,为了把所有自身有一种广泛诱惑力的东西奉献给言之有据的认识,人们最终还是应当克制自己。

第二章 〔32〕

对莱布尼茨学派活力学说的研究

第 20 节

我在比尔芬格先生递交给彼得堡科学院的论文中发现一种观点,我在任何时候都把它当做真理研究的一条规则来利用。如果在具有健全知性的人们那里,要么在一方要么在双方都找不到对他人意图的猜测,他们都在维护着大相径庭的意见,那么,将自己的注意力集中在某个一定程度上让两个学派都有点道理的中间定理,是符合概率的逻辑的。

第 21 节

我不知道,我通常是否幸运地以这种方式思维过;不过,我希望在关于活力的这场争论中是这样的。世人在某些见解上,从来没有像在涉及被运动物体的力的尺度的见解上如此平分秋色。从所有迹象上看，两个学派都是同样坚定，同样合理。这当然可能是对立面的观点相互混同，然而，人们能够说哪一学派与对方的观点毫不相干呢？因此，我选择最可靠的道路，采用一种两个伟大学派都能在其中得到考虑的见解。

〔33〕

第 22 节　莱布尼茨和笛卡尔对力的测算

在**莱布尼茨**之前，世人推崇笛卡尔的惟一定理，它将单纯的速度赋予物体，作为其力的尺度，即便是处在现实运动中的物体也是如此。没有人想到对这一定理提出质疑；惟有莱布尼茨，通过宣告一个新的规律突然使人类理性亢奋起来；随着时间的推移，这一规律成为那些为学者们提供极大的知性竞赛的诸规律中的一个。笛卡尔完全根据速度来测算被运动的物体的力，而莱布尼茨先生则把其速度的平方作为力的尺度。他并不是像人们可以设想的那样，在某些容许先前的规则保留一些地盘的条件下阐明自己的规则的；不，他是绝对地、毫无保留地否定笛卡尔的规律，并且立刻以自己的规律取而代之。

第 23 节　莱布尼茨力的尺度的第一个错误

原本我认为**莱布尼茨**先生的规则有两点值得指摘。我现在将讨论的一点，在活力问题上并不会引起重要的结果；但尽管如此，却不可以不对它作出说明，以便就一个如此伟大的定理而言，不致错过能够使它摆脱人们可能对它提出的任何小小责难的东西。

在任何时候，**莱布尼茨**力的尺度都是以这一公式陈述的：**如果一个物体处在现实的运动中，则它的力就与它的速度的平方成正比。**因此，根据这一定理，力的这一尺度的标志无非是**现实的**运动。但是，即使一个物体的力并不大于它单纯凭借压力以这种初始速度施加的力，它也能够**现实地**运动。这一点，我在上一章已经表明，此处再次重复。我在光滑的平面上缓缓地向前推动一个球体，如果我抽回手，该球体就立刻停止向前运动。因此，物体的力在这样一种运动中每一瞬间都会消失；但它同样经常地通过一种新的压力重新产生。所以，在物体遇到对象的同 〔34〕 一瞬间，它还具有的力并不是来自先前的运动，不是的，这样一种力已经被完全抵消了；物体仅仅拥有推动的力量在恰好是它碰到对象的同一瞬间传递给它的力。因此，人们可能认为它好像根本不运动，好像只在静止状态中对阻力施压。于是，这样一个物体就与施加一种**惰态压力**的物体没有区别，从而它的力也就不是它的速度的平方，而是速度本身。这就是我对莱布尼茨的规律所作出的第一个限制。他也许不应当仅仅把一种**现实**的运动看做活力的标志；补充一种**自由的**运动也是必要的。因为如果运动不是自由的，那么，物体就根本没有活力。按照这一规定，莱布尼茨的规律**要想是正确的**，就必须以这一公式出现：**一个处于现实的、自由的运动之中的物体，具有与……平方成正比的力。**

第 24 节　什么是一种现实的运动

现在我作第二点说明，它将向我们披露这场声名不佳的争论的起源，也许还提供了重新调停这场争论的惟一方法。

活力新测算的辩护者们在这一点上与笛卡尔学派还是意见一致的，即如果物体的运动只是处在开始，物体就具有一种与其单纯的速度成比例的力。但是，一旦能够把运动称为**现实的**，那么，按照他们的看法，物体就以速度的平方为尺度。

现在让我们探讨一下，究竟什么是一种**现实的**运动。因为这个词曾是人们离开笛卡尔的原因，但也许这一原因也能够成为重新联合的一个原因。

〔35〕 不仅在某一运动处于开端的那一点上的情况下，而且在由于该运动的持续而一段时间流逝掉的情况下，人们都称该运动为**现实的**。其实，就是这段在运动的开端和物体起作用的那一瞬间之间流逝掉的时间，使得人们能够把运动称为**现实的**。

但是人们也许会发现，这段时间①并不是某种具有已确定、已测量的长短的时间，相反，它是完全未确定的，可以任意规定的。这就是说：如果需要用它来表示一个**现实的**运动，就可以假定它是任意短的。因为并不是时间的这种和那种长短使运动真正成为**现实的**，不是，它是时间自身，时间可以任意地或长或短。

第 25 节　莱布尼茨力的尺度的第二个基本错误

据此，在运动中用掉的时间是活力真正的和惟一的特征；惟有它才是活力相对于惰力借以获得一种特殊尺度的东西。

现在，让我们借助从 A 发端的直线 AB② 来说明从运动开端直到物体碰到一个它所作用的对象为止所流逝掉的时间。于是，物体在 B 拥有了活力，但是在开端的点 A 它并没有活力；因为在这儿，它仅仅以一种运动的努力来向与它相对立的支点施压。不过，让我们继续考察以下的情状。

第一，时间 AB 是处于 B 的物体的这样一种规定，借助它，活力得以被设定在物体中，而始点 A（也就是说，如果把物体设置在点 A）则是作为惰力根据的一种规定。

① 在莱布尼茨力的尺度的公式中。
② 图 2。

第二，如果我设想把借助直线 AB 表达的这一规定缩小，那么，我也就使物体更为接近始点；则很容易就可以理解，如果我继续这样做，物体最终就会处在 A 自身；因此，规定 AB 〔36〕 通过缩小而被设定得越来越接近在 A 处的规定；因为如果它根本不接近这一规定，那么，物体就根本不能在我无限继续做下去的情况下，通过时间的缩短抵达 A 点，而这是很荒谬的事情。因此，物体在 C 点的规定要比在 B 点更接近惰力的条件，在 D 点又比在 C 点更为接近，依此类推，直至物体在 A 点自身拥有惰力的全部条件，而达到活力的条件完全消失为止。但是，

第三，如果某些规定是一个物体的一种特性的原因，这些规定逐渐地转化为另一些规定，后者是物体另一种对立特性的根据，那么，曾是前一种条件的一种结果的特性，也就必然同时改变，并逐渐地转变为作为后一种条件的一种结果的特性。① 因为现在，如果我设想缩短时间 AB（它是在 B 点的一种活力的条件），活力的这一条件必然被设定得比它先前在 B 点更接近于惰力的条件，那么，物体在 C 点就必定确实有一种比在 B 点更接近惰力的力，而如果我将它设定在 D 点，那就更为接近了。据此，一个在时间流逝的条件下具有活力的物体，并不是在任何可能任意短暂的时间中都拥有一种活力的；不是的，这个时间必须是确定无疑的；因为如果它更为短暂，物体就不再具有这种活力。因此，莱布尼茨关于力的测算的规律就不能成立；因为它不加区别地把一种活力赋予一般有一段长度的时间运动（这无非就是说**现实地运动**）的物体，这段时

① 根据 posita ratione ponitur rationatum［被说明的东西借已设定的理由被设定］这一规则。

间可以任意地短或长。①

〔37〕

第 26 节　从连续律出发对它的证明

我现在所证实的东西，是从**连续律**得出的完全精确的结果，人们也许还没有充分地认识到连续律广泛的好处。连续律的发明者**莱布尼茨**先生把它当做使笛卡尔的规律经不起检验的试金石。我认为，它差不多独自就提供了一种手段，来正确地揭示并以真正的形象表现整个力学可靠的规律，这就是它的优越性的最伟大证明。

人们可以把自己的注意力专注于莱布尼茨先生针对笛卡尔利用这一原理的方式，这样一来，人们就可以轻而易举地觉察到，这一原理在此是怎样必然地被使用。它证明，当一个物体朝一个运动着的物体撞去时成立的规则，在该物体背着一个静止的物体运动时就必然失效；因为静止同一种非常小的运动没有区别。在不相等的物体相对运动时有效的东西，在物体相等时也必然有效；因为一种很小的不相等可以混同于相等。

我也以这种方式进行推论：在一个物体运动一段时间的情况下有效的东西，即便运动仅处于开始时也必然有效；因为运动的一个非常短暂的持续期与其单纯的开端没有区别，或者人们能够有理由把它们混同起来。我由此得出：如果物体在运动一段时间（哪怕它任意地短）的情况下拥有一种活力，那么，它在刚开始运动的时候也必然有活力。因为是它刚开始运动还

① 这一证明的简要内容如下。处在运动开始和物体碰撞瞬间之间的时间，可以比任意的时间还短得多，由此不可以理解为活力的条件因此而消失（第 24 节）；但现在，这种缩短是能够理解下面这一点的根据，即如果这种缩短继续下去，物体最终将处在始点上，在那里，活力确实消失了，并相反地获得成为惰力的条件；因此，这一时间的缩短并不是使活力的条件失去某种东西的根据，同时又是它的根据，这是自相矛盾的。

是已经开始运动了极短一段时间，都是一回事。因此我得出结论：由于从莱布尼茨的力的测算规律中得出了这种荒谬，即甚至在运动的始点力也是活的，所以人们可以不附和它。

很容易就可以发现，如果这一规律是清楚明白地提供给知性的，知性就会如何与它相对立。说服自己相信一个在 A 点上有一种惰力的物体，在它只离开这个点一段难以察觉的距离后，就具有了一种比惰力无限大的活力，这是不可能的。这一思想跳跃太突然了，它并不是一条使我们从这一规定过渡到另一规定的道路。 〔38〕

第 27 节　在运动中流逝的时间以及运动的现实性，并不是物体具有一种活力的条件

人们应当留意由此产生的东西。流逝掉的时间如果表现得不确定,就不可能是活力的条件,这一点我在前面已经证明过了;但是,即便它表现得是确定的,并且限定在一定的长度上,它也不可能提供活力的真正条件,现在我以如下的形式证明这一点。

假定人们能够证明，一个具有这种速度的物体在 1 分钟之后将拥有活力，而且这 1 分钟就是它获得这种力的条件，那么，如果这一时间的长度翻个倍，则所有先前仅仅就单数而言已经将活力置于物体之中的东西，也将在物体中翻倍。但是，第 1 分钟的长度为物体的力附加了一个新的维度（per hypothesin［根据假定］）；因此，2 分钟的长度由于以 2 倍的方式在自身中包含着第 1 分钟在自身中所包含的条件，就又为物体的力附加了 1 个维度。所以，自由地继续其运动的物体，在运动的始点虽然只有 1 个维度的力，并在过了 1 分钟之后有 2 个维度的力；但在第 2 分钟，它的力就有了 3 个维度，在第 3 分钟有 4 个维度，在第 4 分钟有 5 个维度，并如此继续下去。这就

是说：它的力在整齐划一的运动中时而以速度自身，时而以速度的平方，时而以其立方，时而以其 4 次方为尺度；这样的越
〔39〕出常规，没有一个人会为之辩护。

对这一推理的正确性不可有所怀疑。因为如果要求，从一个物体运动的开端直到某个点上所流逝的一个具有确定长度的时间，完全在自身中包含着活力的条件，那么，也就不能否认，在一个 2 倍长的时间里也有 2 倍多的这种条件；因为时间除了其长度之外没有其他的规定。因此，如果一个单一的时间是把 1 个新的维度引入物体的力的充足理由，那么，一个 2 倍的时间将设定 2 个这样的维度（根据 rationata sunt in proportione rationum suarum [被说明的东西与其理由成正比]）。还可以补充说，时间之所以能够是活力的一个条件，只是因为物体在时间的流逝中离开了存在于开始那一刻的惰力的条件，这个时间之所以必须具有一定的长度，乃是因为物体在很短的时间内将不能像活力的大小所要求的那样足够地远离惰力的规定。因为物体如今在一个更长的时间里越来越远离开始的那一刻，也就是远离惰力的条件，所以物体运动的时间越长，即便它的运动是整齐划一的，它的力也必将无限地获得越来越多的维度，而这是无稽之谈。

因此，首先，运动现实性的缺乏并不是把简单速度的测算赋予一个物体的力的真正的、正确的条件。

其次，无论是运动自身的现实性和与此相关对流逝掉的时间所作的一般的、不确定的考察，还是规定的、设定的时间长度，都不是活力和根据平方对活力的测算的充足理由。

〔40〕

第 28 节　数学不能证明活力

我们要从这一考察得出两个重要的结果。

第一个结果是,数学从来不能为有利于活力而提供一些证明,而且以这种方式测算的力即便通常是同时发生的,也至少是处在数学考察的领域之外的。每一个人都知道,即便是要在这一科学中测算一个以一定速度被运动的物体的力,人们也不受制于在运动中流逝的时间的任何固定的瞬间,相反,就这种限制来说,一切都是不确定的、无关紧要的。因此,数学提供的对运动物体力的测算是这样一种测算,它涉及所有的运动自身,而在这上面流逝的时间可以任意地短,它在这方面没有给我们设置任何界限。但是,这种测算也涉及物体处在开端的运动(第 25、26 节),因而这运动是惰态的、以其简单的速度为其尺度。由于不可能同时将活力与惰力一起在同一种测算中来把握,所以人们很容易看出,活力完全被数学考察排除掉了。

此外,数学在一个物体的运动中所考察的无非是速度、质量,如果人们愿意的话,也许还有时间。速度绝不是活力的根据;因为物体尽管按照莱布尼茨的看法拥有活力,但却并不能在其运动的每一瞬间都能够拥有活力,而是在其运动开始之后一段时间才拥有,尽管所有的速度都已经现存在它里面,但它在运动的开始还没有活力(第 25、26 节)。质量就更不是活力的根据了。我们最终从时间出发证明了这一点。因此,特别地说,每一个物体的运动在自身之内都不包含任何在数学的考虑中显示运动所固有的活力的东西。由于现在关于一个运动中的物体对运动所做的事情的所有推论,都必然是从在对速度、质 〔41〕
量和时间的考察中所把握的 Notionen [概念] 中推导出来,所以它们如果是正确地得出的,就不会提供确认活力的结论。即便看起来它们给活力提供了这种服务,人们也不信赖这一表面现象;因为在这种情况下,结论中所包含的东西多于原理自身所包含的东西,也就是说,rationatum [被说明的东西] 大于 ratio [理由]。

在这两个世纪的几何学家们作出如此多方面的伟大努力，借助数学学说来解决笛卡尔和莱布尼茨先生的争论之后，我却开始否认这门科学对这场争论的裁定权，这看起来是很奇怪的。尽管一段时间以来人们就在争论，这门科学是对笛卡尔的规律有利，还是保护了莱布尼茨先生的学派，但鉴于这一分歧，每一个人在下面这一点上还是一致的，即为了正确地解决力的测算的争论，就必须使之取决于数学的裁决。如此伟大的推理大师们会走上岔路，却没有觉察到，或者哪怕是想到，这是否也是能够引导他们拥有自己所追求的真理的道路，这件事真是够奇怪了。不过我在此觉得，我找到了迫使我把所有这些奇怪的东西当做耳边风的根据，然而按照它们的裁决我应该继续转向何方呢？

数学就自己的本性而言已经证实了笛卡尔的规律

我从前面的考察得出的第二个结果是：**数学的理由不利于活力，毋宁说总是要证实笛卡尔的规律。**根据第 21 节的定理，这必定是早已清楚明白的，而且我还可以补充说，数学的量、线、平面等等无论多么小，与它们谁也不知道有多大时一样，都具有这同一些属性；因此，从最小的数学量，从最小的平行四边形，从一个物体通过最短路线的下落，必然能够引申出与从这些类别的最大值所引申出的同样一些属性和结果。如果运动
〔42〕刚一开始所显示的那样的路线，与运动在开始之后很久所显示的路线具有同样的规定和属性，也具有同样的结果，那么，人们在对一个物体运动的数学考察中所得出的力，就决不会与在极短的时间里，即在无限短的时间里，在开始的瞬间就存在于物体之中的力具有不同的属性。由于这是一种惰力，从而自身就具有简单速度的尺度，因此所有的、每一种在数学上衡量的运动都不会说明任何别的测算，而只能说明按照单纯的速度进行的测算。

第 29 节

据此，早在我们对事情作出进一步的研究之前，我们就知道，**莱布尼茨**的追随者们由于用这样一些远离他们问题本性的武器来为自己辩护，因而在反对笛卡尔的名声不佳的争论中失败了。在这一般的考察之后，我们要特别考虑莱布尼茨学派主要在这一争论中使用的一些证明。

莱布尼茨先生首先是被人们在物体因其重量而下落时感知到的东西引导到他的看法的。不过，正是不适当地运用了笛卡尔的原理，把他引向了错误；随着时间的流逝，这错误也许成为当时潜入人类理性的最明显的错误。也就是说，它确认了以下的定理：将一个 4 磅重的物体举高 1 尺与将一个 1 磅重物体举高 4 尺，需要同样的力。

第 30 节　最初将莱布尼茨先生引向活力的定理

由于莱布尼茨依据的是他那个时代所有力学家的赞同，所以我觉得，他是从**笛卡尔**用来解释杠杆本性的一条规则推论出这一定理的。笛卡尔假定，挂在杠杆上的砝码穿越了诸多可以就其与静止点的距离来描述的无限小的空间。现在，如果这些空间相互之间与物体的重量成反比，那么，两个物体就处于平衡中；因此，**莱布尼茨**推论说，把 1 磅重的物体举到 4 个单位的高度，并不比把另一个质量为 4 的物体举到 1 个单位的高度需要更多的力。人们很容易察觉，只有在运动的各个时间相等的情况下，才能从笛卡尔的基本规则得出这一结论。因为就天平而言，砝码穿越其无限小的空间所用的时间是彼此相等的。莱布尼茨先生 〔43〕

不考虑这一条件，并且推论到时间彼此不相等的运动。

第 31 节　赫尔曼先生关于力等同于物体借助力所能够达到的高度的证明

这位人物的辩护者们似乎注意到了人们因时间而可能对他提出的反驳。因此他们力图这样来建立自己的证明，似乎就物体因下降而获得的力而言，时间的区别可以完全忽略不计。

假如有一根无限的弹簧 AB①，它表现出从 A 到 B 的持续下落中跟随物体的重力，于是**赫尔曼**先生说，重力将在空间的每一个点上把同样的压力传递给物体。他借助共同构成了矩形 AF 的直线 AC、DE、BF 等等来描摹这些压力。于是按照他的看法，当物体到达 B 点时，它就具有了一种等于所有这些压力之总和、即等于矩形 AF 的力。因此，D 点的力与 B 点的力的比例，就如同矩形 AE 与矩形 AF 的比例，也就是说，如同穿越过的空间 AD 与空间 AB 的比例，因而也就是如同 D 点和 B 点的速度平方。

赫尔曼先生就这样作出了推论，他断言，重力在自由下落的物体中所起的作用，视物体下落时经过的空间而定。

与此相反，一些笛卡尔分子断言，重力的作用不是与在被
〔44〕终止的运动中已经过的空间成比例，而是与物体或者下落或者复升所用的时间成比例。现在，我提供一个使笛卡尔学派的意见免除怀疑的证明，人们由此也将同时学会领悟到，赫尔曼先生的虚假证明错在哪里。

① 图 3。

第 32 节　反驳赫尔曼先生事例的证明

将 5 根具有同样张力的弹簧[①] A、B、C、D、E 中的惟一一个在 1 秒钟长的时间里压紧，与在同样的时间里逐一将 5 根弹簧压紧，所需要的是同样多的力。因为人们把作为物体 M 维持将弹簧 A 压紧的时间的这 1 秒钟分成了 5 等份；如今物体 M 并不是经过这 1 秒钟的所有 5 等份对弹簧 A 施压的，人们假定，它仅仅在这 1 秒钟的第一部分将弹簧 A 压紧，而在这 1 秒钟的第二部分则不是将弹簧 A 压紧，而是下移到另一个弹簧，即弹簧 B，后者具有同样程度的张力；这样，由于这种混淆，在物体 M 用来压紧的力中看不到任何区别。因为弹簧 B 和弹簧 A 在所有方面都是完全相等的，因而在这 1 秒钟的第二部分仍是这个弹簧 A 被压紧还是弹簧 B 被压紧，都是一回事。同样，物体 M 在这 1 秒钟的第三部分是压紧第三根弹簧 C 还是在这同一时间等份中仍然压紧前面的弹簧 B，也是一回事；这是因为，由于各个弹簧没有区别，人们也就能够把一根弹簧放置在另一个位置上。因此，物体 M 在整整 1 秒钟长的时间里维持将惟一的弹簧 A 压紧所用的力，与它在同样的时间里逐一将 5 根这样的弹簧压紧所用的力同样多。恰恰这一点是可以说的，人们尽可以把弹簧的数量增多到无限，只要施压的时间是相等的。因此，测算物体压紧所有这些弹簧的力，所根据的不是这些被压紧的弹簧的数量，相反，施压的时间才是真正的尺度。

现在，让我们接受**赫尔曼**先生在弹簧的作用与重量的压力之间所作的比较，这样我们就会发现，是物体的力能够反抗重 〔45〕

① 图 4。

力多久的时间，而不是已经过的空间，才是测算物体的全部作用所必须依据的东西。

因此，这就是第一个试验，它如我所相信，证实了我在上面所说的东西，即**笛卡尔**的意见在数学的证明中胜过了**莱布尼茨**先生的规律。

第33节 笛卡尔学派在维护同一件事情上的错误

查泰勒侯爵夫人曾以优美的辞令阐明了**笛卡尔学派**与活力的辩护人的争论；我在这场争论中发现，为了使**莱布尼茨学派**关于物体下落的推论失效，笛卡尔学派也利用时间的区别。不过，在她从**马兰**先生反对力的新测算的著作所引证的东西中，我看出此人并不知道他能够从时间的区别得出的真正好处；我相信在上一节已经指出了这种好处，它无疑是十分简单明了的，以致人们必然感到惊奇的是，虽然有这样的理智之光居然没有发现好处。

这些人士在探究大自然的真正规律,即重力从一个物体夺去的力是与时间,而不是与空间成比例的时候,如此严重地陷入迷途,这肯定是非常奇怪的事情。在他们走得如此之远,以至他们承认莱布尼茨学派的观点,即一个物体能够以2倍的速度发挥4倍的作用之后,在他们据我看来如此败坏了自己的事情之后,他们不得不求助于一种相当糟糕的遁词,即物体虽然发挥了4倍的作用,但却仅用了2倍的时间。因此他们非常认真地坚决要求,两个物体的力必须按照它们在同样时间内所发挥的作用来测算，而且人们根本不可能留意它们在不同时间内能够达成的东西。人们无比清晰地看到了这种遁词，而我不理解的是，进一步抵制真理的强制在当时究竟是如何可能的。

但是我们由此还看到，正是笛卡尔学派的错误推论才使得莱布尼茨学派庆贺胜利的，他们根本不是因为自己事情的弱点才输掉争论的。如果他们能够掌握事情的本性原本为他们提供的正确武器，他们会始终占据优势的。 〔46〕

第 34 节　利希特沙伊德先生的怀疑被解除

我已经证明，重力所产生的作用、重力在上升过程中所造成的阻力，是与物体在运动中所花费的时间成正比的。不过，我想到一种情况，它也许足够明显，能够使一些人对这一定理产生怀疑。**利希特沙伊德**先生在《教育年鉴》中提到，如果让一个钟摆①从 D 以这样一种方式下落，即摆绳固定在支点 E，钟摆通过从 B 又升高到 C，划了一个较小的圆弧，这样，它凭借自己在 B 获得的速度重新达到高度 CF，这一高度与它下降的出发点高度 DG 是相等的。但是，钟摆在下落时通过圆弧 DB 所用的时间，要比它重新升高达到 C 所用的时间更长。因此，重力在前者要比在后者对钟摆起作用的时间更长。现在人们应当想一想，我在前面曾经证明过，重力在更多的时间内产生的作用也更大；如果这是正确的，那么，物体在 B 所获得的速度必然大于重力在从 B 到 C 的运动中能够又从它夺走的速度。因此，它凭借这一速度必定能够超越 C 点，然而，按照利希特沙伊德先生的证明，这是错误的。

但是，只要人们思考一下，摆绳 AB 在物体从 D 向 B 运动时，要比摆绳 EB 或者 EC 在物体从 C 到 B 下落时对物体有更强烈的抵抗，通过重力更多地阻碍下落，那么就很容易理解，

① 图 5。

在从 D 下降到 B 的所有瞬间里积聚在物体中的力的元素，要
〔47〕小于在物体从 C 下落到 B 时重力反过来在每一瞬间带进物体 C 的基本力。这是因为，由于是一个固定在一根绳上的物体为定点 A 所迫使经过圆弧 DB 或者 CB，还是它在一个同样的曲面 BD、CB 上自由地向下滚动，这都是一回事，所以人们可以想象，仿佛我们所谈的下落真的发生在两个这样凹进去的、彼此连在一起的曲面上。如今，曲面 DB 比另一个曲面，即曲面 CB 更趋向于水平线，因此虽然物体在曲面 DB 上比在曲面 CB 上更长时间地蒙受重力的推动，但该曲面也比另一个曲面，即曲面 CB 阻止了致力于合并到物体中去的重力的一个更大的部分。

我可能用不着来释解这一责难了，因为莱布尼茨先生的支持者们好像已经觉察到了这一责难自身的弱点，我在任何地方都没有发现他们利用这一责难。不过，被利希特沙伊德先生选为自己论文评判人的莱布尼茨先生，给予这篇论文一种溢美性的赞同，正是莱布尼茨先生的威望，能够使他具有一些影响。

第 35 节

在我离开关于**物体由于重力而下落**这个题材之前，我还想给活力的辩护者们提供一种事例来解答。我觉得，这一事例应当足以表明，决不能像莱布尼茨先生及其辩护者至今要劝告我们的那样，把对时间的考察排除在对重力带入一个物体的力的测算之外。

第 36 节　新的事例表明，在对由于重力而产生的力的测算中，必须一并考虑到时间

这一事例如下：我以**笛卡尔学派**和**莱布尼茨学派**都习惯的

方式，借助无限多的金属弹簧 AB、CD、EF、GH 来设想从高度 ab 开始直到水平线 bc 传送给物体的重力的压力。[①] 此外，我把一个物体 m 放在斜面 ac 上，让另一个物体 l 自由地由 a 下落到 b。如今，物体 m 被弹簧的压力驱动沿斜面 ac 下落，在这一倾斜下落结束时，莱布尼茨学派将如何测算它的力呢？他们只能把若干将物体由 a 驱动到 c 的弹簧与每一弹簧对物体沿着 ac 方向施压的力量的乘积规定为尺度；因为他们的理论要求这样，就像我们从赫尔曼先生的事例看到的那样（第 31 节）。同样，他们也不得不借助一批向前驱动物体的弹簧与每一根弹簧向前驱动物体所用的强度的乘积，来测算存在于另一个从 a 自由下落到 b 的物体 l 之中的力。但是，两方面不仅经过斜面 ac、而且经过高度 ab 的弹簧总数都是一样的，因此，只剩下每一根弹簧在两种情况下带进其物体的力的强度来做物体 l 和 m 在 b 和 c 中产生的力的真正尺度了。这些金属弹簧中的每一根沿着斜面 ac 的方向对物体 m 施压所用的强度，如同力学首要的原初根据教导我们的那样，与同一根金属弹簧沿着物体 l 运动的方向 ab 对物体 l 压力的强度的比例，等于 ab 与 ac 的比例。因此，物体 l 在垂直下落结束时在 b 处拥有的力与物体 m 在倾斜下落结束时在 c 处拥有的力的比例，等于 ac 与 ab 的比例；但这是荒唐无稽的，因为两个物体在 b 和 c 处具有同样的速度，从而也具有同样的力。 〔48〕

笛卡尔学派通过将时间一并考虑来逃避这一责难。因为尽管每一根弹簧在斜面 ac 上带进物体 m 的力都更少（因为一部分力被斜面的阻力消耗掉了），但这些弹簧对物体 m 作用的时间要比对物体 l 作用的时间长得多，后者只有一个短得多的时

① 图 6。

间蒙受这些弹簧的压力。

第 37 节

在我已经证明对因重力而下落的物体的考察不以任何方式
〔49〕对活力有利之后，就是考虑另一类证明的时候了；活力的辩护者们任何时候都以这一类证明自豪。这是一些似乎为他们提供关于弹性物体运动的学说的证明。

第 38 节

就莱布尼茨先生的力的测算在世人中引起的分裂而言，在几何学家们中间产生的迷惑和歧途之多，令人对这些推理大师们几乎难以猜想。人们关于这场名声不佳的争论的所有事件向我们公开的消息，有朝一日将在人类知性的历史上占有一种很有裨益的地位。除了最有洞察力的几何学大师们在一项应当在他人面前对他们保证清晰无误的研究中也无法逃避的这些诱惑，没有任何考察更能战胜这些如此提高了我们理性推理的正确性的人们的自负了。

如果莱布尼茨学派的先生们愿意花费点力气，把自己的注意力集中在他们如今视为活力不可推翻的证据的证明本身的构造上，就不可能陷入这样的歧途了。

第 39 节　从弹性物体的运动得出的所有证明的大全

几乎所有的证明，至少是人们为了活力而从**弹性物体通过碰撞发生的运动**借用的那些证明中最显而易见的证明，都是以如下方式产生的。人们把碰撞发生之后处在这些物体之中的力同碰撞之前的力进行比较。如果按照质量与速度的乘积来测算这些力，就会发现前一种力比后一种力更大；只有不用简单的速度，而是用速度的平方，才会表现出完全的相等。莱布尼茨学派的先生们由此推论出，只要一个弹性物体的力完全与它的速度成正比，那么，该物体决不能像实际发生的那样给予它碰 〔50〕
撞的物体那么多运动；因为按照这一尺度，原因总是小于所起的作用。

第 40 节　莱布尼茨学派用自己的力学体系反驳自己的推论

这一推论遭到了使用它的那些人自己的学说体系的全面反驳。我并不想列举**雷恩**、**沃利**、**惠更斯**和其他一些人的力学发现。政府顾问**沃尔夫**男爵先生应当是我的担保人。看一看他那众所周知的力学，就会发现不容置疑的证据，即弹性物体都完全按照**作用与原因相等**的规律把运动给予其他物体，人们没有必要在它们里面设定一种不同于单纯速度的力。我还可以补充说，人们根本不可以认识活力，也不可以按照名称认识它，这一点也不应当有碍于认识如下的事情，即从一个弹簧状物体在向其他同类物体的撞击中所拥有的力，产生出这样那样的运动，它们每一个都是由这种力产生的。在一个几何学的证明中，人们发现按照单纯的速度测算的力足以从中推演出其他物体中的运动的一定大小，我要说的是，按照这样一个证明，还会产生一种想法，即这种力对此并不是足够大的，这难道不是很奇怪吗？这不是意味着收回先前极为严格地证明了的东西，仅仅由于一种微不足道的外表就转向了反面？我请读这几页书的人们把我所引证的力学与此进行对照，他们只会感觉到极大的信心，即为了极为严格地发现人们习惯于归给弹性物体的那些结果和运动，他们根本不需要按照平方进行测算的概念。因此，我们不想让自己被任何诱惑从这条小路上引开。因为在几何学证明中被认定为真的东西，也将永远是真的。

〔51〕

第 41 节　赫尔曼先生关于三个弹性物体碰撞的事例

让我们在一个特殊的事例中来阐明我们已经完全证实的东西。**赫尔曼**先生在一篇他为活力辩护而作的论文里，让一个质量为 1、速度为 2 的物体 *A*①在完全平滑的平面上撞击一个质量为 3 的静止球体 *B*，然后由于 *A* 从球体 *B* 弹开并以 1 个单位的速度返回来，就又撞到质量为 1 的球体 *C*。球体 *A* 把 1 个单位的速度传递给球体 *B*，也把 1 个单位的速度传递给物体 *C*，随后就处于静止中。赫尔曼先生由此推论道，如果力只与速度成正比，那么 *A* 在撞击前就会有等于 2 的力，而撞击后在物体 *B* 和 *C* 里面一共有 4 个单位的力，这在他看来是荒唐无稽的。

我们要研究一下，物体 *A* 是怎样能够以等于 2 的力把 4 个单位的力带入物体 *B* 和 *C*，而又不借助奇迹，或者不需要求助于活力。请借助弹簧 *AD* 设想一下物体 *A*②因碰撞而起作用的弹性力，并借助弹簧 *DB* 设想球体 *B* 的弹性。从力学的首要根据我们知道，物体 *A* 借助弹簧一直把新的压迫和力带入球体

① 图 7。
② 图 8。

B，直到 B 和 A 以同样的速度继续运动，而这是在这些物体的速度与球体 A 撞击之前速度的比例等于 A 的质量与 A 和 B 两个质量总和的比例的情况下发生的，也就是说在目前的情况下，如果它们以 1/2 速度继续向 BE 方向运动的话。没有人否认，这里还可以按比例发现根据速度测算的力的作用。不过，让我们再研究一下，当物体 A 借助于弹簧 AD 和 DB 作用于球体 B 的时候，弹簧 AD 和 DB 到底发生了什么。由于弹簧 AD 在 D 点对弹簧 DB 所施加的力，必定与弹簧 DB 〔52〕 对物体 B 施加的压力同样多；而球体 B 同样强烈地阻抗在它里面发生的作用，所以很清楚的是，弹簧 DB 由于另一根弹簧的努力而以与它带入球体 B 的同样程度的力受到压迫。与此同时，球体 A 也以它在 D 点上作用于弹簧 DB 的同样程度压迫它的弹簧 AD；因为弹簧 DB 强烈地对抗弹簧 AD，与弹簧 AD 在它里面起作用一样强烈，从而也就与球体 A 致力于压迫它的这根弹簧一样强烈。此时，由于弹簧 DB 被压紧所用的力与球体 B 的阻力、从而与这个球体由此感受到的力相等；而弹簧 AD 的压迫力与前者也是相等的，所以，二者也就与物体 B 在此获得的力同样大，也就是说，与物体 B 以 3 个单位的质量和 1/2 单位的速度运动的力同样大。因此，如果这两根弹簧弹开，那么，弹簧 DB 就给予球体 B 一个与弹开之前的速度相等的速度，即 1/2 的速度；而由于物体 A 是物体 B 质量的 1/3，弹簧 AD 也就把 3 倍之多的速度，即 1+1/2 单位的速度给予物体 B；因为如果力是相等的，那么，速度 per hypothesin［根据假定］就与质量成反比。因此，球体 B 就从物体 A 的撞击、然后又从它的弹簧的弹击一共获得了在 BE 方向上 1 个单位的速度。但是，球体 A 由于在 AE 方向上的撞击之后还剩下的 1/2 速度必然被弹簧的弹击朝 AC 方向带给它的速度拉回，从而也获得了使它在 AC 方向继续运动的 1 个单位的速度①，这恰恰是赫尔曼先生认为不可能按照笛卡尔的规律解释的情况。

我由此推论：物体 A 能够以 2 个单位的速度、也能够以 2
〔53〕 个单位的力完满地发挥赫尔曼先生要否认它的那种作用；如果有人断言，它拥有 4 个单位的力，但却只造成了它以 2 个单位的力就能够造成的结果，也就违背了**原因和作用相等**的规律。

第 42 节 赫尔曼先生的结论中错误的原因

我们还要在赫尔曼先生的推理中寻找谬误的真正关键，它同时出现在人们为了活力而要利用弹性物体的几乎所有地方。因此，人们曾经作出推论，物体在碰撞之后的力必然与碰撞之前的力相等；因为作用与耗尽自身造成作用的原因一样大。我由此发现，他们认为惟有发生碰撞之后力的状态和大小才是碰撞前存在于撞击物体之中的力的作用。这是一种失误，其后果我们已经看到了。因为原本完全来源于撞击物体 A 的力的运动，不外是 A 和 B 以弹簧受到压迫的方式都以 1/2 的速度继续向前运动，对弹簧的压迫既不是 A 朝 B 移动所用的力的一种特殊作用，也不是两个物体惯性力的一个结果。因为如果 B 不同样强烈地反作用于施压的弹簧 DB，就不能获得 1＋1/2 的力，因此，如果压力与反压力相等的状态不同时压紧弹簧 BD 的话，弹簧 AD 也不可能把力带入 B。此外，如果弹簧 AD 不由此以同等程度的强度被压紧的话，物体 A 也不可能借助它的

① 我在这里没有同时混入物体 C；原因在于：由于它的速度和质量在任何一点都与球体 B 的质量和速度没有区别，所以它被赫尔曼先生毫无困难地添加进去取代物体 B。

弹簧 AD 对弹簧 DB 施压。人们不必对两个此前并不单独存在于 A 里面的全新的力以这种方式来到自然界感到惊奇。即便是一个非弹性物体作用于另一个非弹性物体，这一点也确实是随时发生的，只不过在这种情况下，这种新力的后果并不像对弹簧状物体那样被保存下来，而是消失了。

即便在非弹性物体相互碰撞的瞬间，实施中也有多于碰撞之前的力 〔54〕

因为在物体 A 以力 x 作用于物体 B 的瞬间，并不仅仅物体 B 接受了这一朝向 BE 方向的力，而是 B 同时还以 x 的强度反作用于 A。因此第一，有两个 x 现存于大自然中：即球体 A 对 B 施压之前的 x，以及同样是球体 B 反施压之前的 x；第二，还有作为从 A 沿着 BE 方向转到 B 的力的 x。前两种力量在弹性物体的碰撞中被用于压紧两根弹簧，它们在随后弹开时把自己的力传递给自己的物体。因此，弹性物体是自然界中的这样一类机械装置，它们具有保存在碰撞的瞬间处于自然界中的力的全部大小的性质；因为如果没有弹性物体，物体的碰撞所带给世界的力就会丧失一部分。

第 43 节

我在解析**赫尔曼**的事例时，没有说过任何这位哲学家就证明的根据而言可能不知道的东西，或者活力可敬的辩护者们在涉及他们应当作出表白的时候会要求予以否认的东西。赫尔曼先生必定知道，人们怎样能够从弹性物体的单纯速度推导出来出自弹性物体碰撞的运动；因为若不然，他就不可能先验地知道，1 个质量的球体在以 2 个单位的速度与 3 倍质量的球体的碰撞中产生 4 个单位的力。我要说的是，没有我们所提供的这种解决方式，他本人就不可能知道这一事例；因为每一个人都知道，人们是在一种力学研究中发现一个弹性物体因碰撞而产生的运动的，人们首先特别地寻找物体在没有其弹力时所造成的东西，然后为此加上弹性的作用，但却是根据它按照自己的质量和自己的简单速度的比例能够造成的东西来确定二者的。以这种人们称为 argumentum ad hominem［对人辩论式］的推理，人们提不出任何更强有力的东西来反对赫尔曼先生和莱布尼茨学
〔55〕派了。因为他们要么必须承认他们迄今为止一致地为产生于弹性物体碰撞的运动提供根据的所有证明都是错误的，要么他们必须承认，单是这样一个物体用总的来说与质量和速度成比例的力就产生了运动；因此之故，他们相信物体需要速度的平方。

第 44 节　查泰勒夫人不知道这一解析

我将通过**查泰勒侯爵**夫人与**马兰**先生的争论说明，现在对弹性物体如何通过碰撞带给世界比碰撞前更大的运动量的方式作出一种详细的阐述，并不是多余的。因为马兰先生说：**弹性力是自然界的一部真正的机械装置……要想通过把弹性物体在两个对立的方向上提供的东西当做正的加在一起，来特别考察弹性物体碰撞的所有作用，那么，就必须绝对地不把似乎由此在自然界形成并通过碰撞表现出来的新力归结到碰撞物体的活动，好像是它把这种力转让给了被碰撞的物体，而是归结于力的外来源泉……总而言之，归结于弹性的某种物理原因，无论这种原因是什么样的，都是碰撞释放出它的效能，可以说是对弹簧施压……**——我要说的是，当马兰先生说这些话的时候，查泰勒夫人回答他说：**在这一看法的发明者花费力气将他在这里要断言的东西建立在一些证明上面之前，研究这种东西没有什么用处。**我荣幸地代替马兰先生承受这份辛劳，而且这是我

用来原谅自己在这个主题上唠叨不休的辩解。

第 45 节　尤林先生对两个非弹性且不相等的物体相互碰撞的异议　〔56〕

对莱布尼茨学派来说，**尤林**先生和其他人还提出了这一异议：两个以与其质量成反比的速度相遇的非弹性物体，在碰撞之后保持静止。按照活力的学说，这里有两个力，人们可以任意地使它们不相等，但尽管如此它们却彼此保持平衡。

贝努利先生借助与压迫弹簧的比较来驳斥这一异议

我在**查泰勒**夫人的自然学说中发现了对这一异议的回答，就像我从引证中看到的那样，这一回答以著名的**贝努利**先生为发明人。贝努利先生未曾顺利地为自己的意见找到与他的名声匹配的防御武器。他说道，非弹性物体借助其各个部分的压力而相互之间施加出它们在压迫处于它们之间的弹簧时所施加出的相同作用。因此，他假定有一根弹簧 R，它在同一时间内向两面伸展，并从两面推动质量不相等的物体。① 他证明，通过这根弹簧传递给两个物体的速度，与它们的质量成反比，因此，如果球体 A 和球体 B 以这样的速度返回，它们又会使弹簧处于最初的压迫状态。一切都是如此正确，与笛卡尔学派的原理完全一致。不过，让我们看一看他是如何进行自己的推论的。弹簧的各个部分通过相互弹开，有的朝 A 面运动，有的朝 B 面运动，但分界点却是在 R 点，该点按照 A 和 B 质量的反比将弹簧一分为二。因此，弹簧 R 的 RB 部分作用于质量为 3 的物体 B，而另一部分 RA 则把自己的

① 图 9。

力传递给质量为 1 的球体 A。但是,被带给这些物体的力,是与将自己的压力用于它们的弹簧的数目成正比的;因此,尽管球体 A
〔57〕和 B 的速度与其质量成反比,但它们的力是不相等的。现在,如果弹簧 R 充分伸展开,而物体则以它伸展时传递给它们的同样速度向它返回,那么人们就很容易看到,一个物体就会借助对弹簧的压迫使另一个物体处于静止状态。如今它们的力是不相等的,人们由此就认识到,力不相等的两个物体相互使对方处于静止状态是如何可能的。他把这运用于非弹性物体的碰撞。

第 46 节　贝努利先生的思想受到反驳

在这一推论中,我并没有认出**贝努利**先生,他习惯于用完满得多的清晰度来形成自己的证明。无可争议的是,彼此弹开的弹簧分配给物体 A 和 B 中的一个的力,必然与分配给另一个的力同样多。因为它带给球体 A 的力,等于它用来顶撑另一个球体 B 的强度。如果它根本不顶撑在任何一个支点上,那么它就根本不会把力分配给球体 A,因为在这种情况下,它根本没有弹出任何作用。因此,如果不从运动球体 B 的另一面施加同等程度的压力,这根弹簧就不能向 A 用力。所以,球体 A 和 B 的力彼此相等,而不是像贝努利先生错误地要人们相信的那样,和长度 AR 与 RB 一样成正比。

很容易就可以看出贝努利先生推论中的错误是如何产生的。莱布尼茨学派如此坚持的定理是这一错误的根源,亦即,一个物体的力与作用于它的弹簧数目成正比。① 我们在上面已反

① 因此,物体 A 和 B 之所以有相等的力,乃是因为弹簧 RA 和弹簧 RB 作用于物体的时间同样久,因为这些弹簧的各部分具有同样强度的张力。

驳了这一定理，贝努利先生的事例证实了我们的想法。

第47节 贝努利先生的想法证实了我们的意见 〔58〕

人们可能不无高兴地发现，有人想要用来为活力辩护的这一说明是怎样出色地成为我们反过来完全打消这种辩护的武器。这是因为：由于肯定无疑的是，弹簧 R 分配给质量分别为1和3的两个物体的力是相等的（第46节），此外如莱布尼茨学派自己也承认的那样，质量为1的球体速度为3，而另一个球体的速度为1，所以，由此产生了两个直接与活力相矛盾的结果。第一，一个物体通过弹簧的压力获得的力，并不与将它推开的弹簧的数目成正比，而是毋宁说与弹簧作用的时间成正比；第二，一个质量为1速度为3的物体，并不比另一个质量为3但速度为1的物体拥有更多的力。

第48节 借助在世界上持久地维持力的同样大小来为活力辩护

迄今为止我们已经看到，**莱布尼茨**的追随者们是如何利用弹性物体的碰撞来为活力辩护的。不过，对弹性物体的利用仅仅是数学的。但是，他们自以为在运动学的这个部分中为自己的见解也找到了一种形而上学的根据。**莱布尼茨**先生甚至就是这一根据的发明者，他的声望使这一根据产生了不小的影响。

他心甘情愿地接受了**笛卡尔**的基本定理，即世界上力的大小始终保持不变，只不过它是这样一种力，它的量必须按照速度的平方来测算。他指出，力的旧尺度并不容许这一出色的规则。因为如果人们接受了这一点，那么，在物体相互之间的位置变化之后，自然界中的力就会不断减少或者增多。莱布尼茨相信，让上帝被迫像**牛顿**先生想象的那样不断地更新他赋予自己作品的运动，有损于上帝的权能与智慧；这促使他寻求一种
〔59〕有助于他克服这一困难的规律。

第 49 节　对这一异议的第一个解析

由于我们在上面已经证明，活力在其辩护者自己如何利用它们的方式中，也就是说在数学意义上，任何地方都找不到位置，所以，上帝的权能和智慧在这里已经通过对问题的完全不可能性的考察拯救了自己。即便我们在对这一异议的另一种回答方式中遭到失败，我们也能总是隐藏到这一防护堡垒之后。因为即使按照我们所断定的运动定律，宇宙随着自己力的逐渐耗尽而最终完全陷入无序是不可避免的，这一打击也仍然不会触及上帝的权能和智慧。因为人们从来也不能抱怨上帝的权能和智慧，说它没有把一种我们知道绝对不可能、因而不能以任何方式施行的规律带给世界。

第 50 节　对上述异议的第二个回答

不过，请稍安毋躁。我们还没有被迫如此绝望地逃遁。这也许叫做斩断死结，但我们宁可解开死结。

既然莱布尼茨学派认为为了维持世界机器，按照平方测算物体的力是绝对必要的，所以我们也可以承认他们的这一小小的要求了。凡是我迄今已经证明以及到本章结尾还想证明的东西，都是要使他们确信，无论是在抽象的考察中，还是在大自然中，物体的力都不以莱布尼茨学派采取的这样一种方式，即在数学上作出权衡，来提供按照平方进行的测算。但我并没有

因此就完全否认活力。在本文的第三章中我将阐明，在自然界中确实可以找到其尺度是其速度平方的力；只是要加上一条限制，即人们以迄今为止所采取的方式永远不能发现它；面对这 〔60〕一类考察（即数学的考察）它们将永远隐藏自己；任何东西，无论是一种形而上学的研究还是一种特殊的经验，都不能使我们认识它们。因此，我们在这里原本不是否认事情本身，而是否认 modum cognoscendi［认识的方式］。

据此，我们在要点上与莱布尼茨学派是一致的；所以，我们也许还能够在他们的结论中与他们一致。

第 51 节　莱布尼茨关于保持同样大小的力的推论的来源

但是，对**莱布尼茨**先生的指责是建立在一个错误的前提之上的，这一前提长期以来就已经给世俗智慧带来了诸多不便。也就是说，下面的命题已经成为自然学说的一个原理：除了借助一种也处在现实运动中的物质之外，大自然中就没有运动发生；因此，除非是通过另一个现实的运动，或者是上帝直接插手，在世界的一个部分中消失的运动就不能被重建起来。这一命题在任何时候都给赞同它的人们惹来了麻烦。他们被迫以人为地编造出来的混乱使自己的想象力疲惫不堪，把一个假说建立在另一个假说之上；他们不是最终把我们引向世界大厦的一幅简明易懂、足以从中推导出大自然的所有复合现象的蓝图，而是以无限多的奇特运动让我们困惑不已，这些运动与它们应当被用来说明的所有东西相比，要更为离奇和不可理解得多。

如何才能消除这一困难

据我所知，**汉姆贝格**先生首先提供了消除这一弊端的方法。他的想法很好，因为它简单，因而也符合自然。它表明(但还是一个很不完善的草图)，一个物体如何能够通过一种自身只是处在静止中的物质而获得一种现实的运动。这就预防了无数的弯路，甚至经常是预防了与对立的意见伴生的奇迹。确
〔61〕实，这一想法的根据是形而上学的，因此也不合当前自然学说的胃口；然而，同样显而易见的是，自然作用的第一源泉必然不折不扣地是一个形而上学的题目。汉姆贝格先生未能实现他的意图，为世人指示出一条更便捷的新路，把我们引向对大自然的认识。这一领域尚未建设，人们还不能离开老路，斗胆踏上新路。人们把自己交付给一个离题和想象力任意虚构的大海，而不重视简单明了、但正因如此也是自然的方法，这难道不是不可思议的吗？然而这已经成了人类知性的流行瘟疫。人们还将在很长时间里受这一潮流的吸引。人们将以复杂而做作的思考为乐，知性由此领略到其自身的力量。人们将拥有一种充满了洞察力和想象力的出色实验的物理学，但却没有大自然本身及其作用的蓝图。但是，最终占据统治地位的，将是这样一种物理学，它依照大自然本来的样子，也就是说简单地、不必无穷无尽绕弯子地描述大自然。大自然的道路只不过是一条舍此无他的道路。因此，人们在成功地踏上正确的道路之前，必定早已尝试过无数条歧路。

莱布尼茨学派应当比其他人更多地利用汉姆贝格先生的意见。因为正是他们断言，一种惰态的压力被传递给物体并保持在该物体中，如果没有一种不可克服的障碍再来消除它，就会形成一种现实的运动。因而，他们也不可能否认，一个悬浮在包围着它的液体各部分之上的物体，倾向于一个方向甚于另一个方向，如果这一液体的性质使它不能凭借自己的阻挡重新消除物体的力，那么物体就获得了一种现实的运动。这必然使他们相信我现在断言的东西，即：一个物体能够从本身处在静止

中的物质获得一种现实的运动。

对莱布尼茨先生提出的异议的裁定 〔62〕

那么，我们将如何避开**莱布尼茨**先生要通过对上帝智慧的考察给予笛卡尔定律的打击呢？一切都取决于一个物体能够获得一种现实的运动，哪怕是凭借一种处在静止中的物质的作用。我就是以此为根据的。世界大厦中最初的运动并不是由一个被推动的物质的力造成的，因为否则的话它们就不是最初的运动了。但是，只要它们还能够通过一种处在静止状态中的物质的作用而产生，它们就也不是由上帝或者任何一种智慧的直接力量引发的。因为上帝是在不损害世界机器的情况下尽自己所能地避免起作用，相比之下，他又尽可能地使大自然成为积极能动的。如果运动是通过本身是静止的、非被推动的物质的力量首先引入世界的话，那么，它也将能够通过同一种力量保持自身，并且在丧失的地方恢复自身。因此，虽然在物体的碰撞中丧失了某些原来存在于物体中的力，但世界大厦却并不蒙受任何损失；当人们对相信这一点还心存疑虑的时候，必定对怀疑抱有巨大的兴趣。

第52节　按照莱布尼茨定律，在一个小的弹性物体与一个较大的物体的碰撞中，力在碰撞前后是相等的。

话题扯远了，偏离了我在这里着力处理的主题，我要重新言归正传。我已经注意到，活力的辩护者们特别对这样一种观察非常自以为是，通过这一观察他们发现：如果按照**莱布尼茨**先生的定律来测算物体的力，那么在弹性物体的撞击中，力的大小在碰撞前后总是同样的。这种看上去以一种奇特的方式倾

向于活力的想法，毋宁说对于我们驳倒活力大有帮助。让我们作出如下的总结：**如果按照某个定律，在一个较小的弹性物体**
〔63〕**与一个较大的物体的碰撞中，碰撞后的力并不大于碰撞前的力，那么，这个定律就是错误的。如今，莱布尼茨的定律就是这样的。如此等等。**

第 53 节　莱布尼茨学派的上述观察是与活力完全相悖的

在这一结论的前提中，只有大前提需要得到证明。我们想以下面的方式做到这一点。当球体 A①撞击一个较大的球体 B 时，在 A 实施撞击并压迫我们称为弹力的弹簧的那一瞬间，物体 B 所获得的力，并不多于它通过自己的惰性在 A 中所消除的力，而另一方面，物体 A 由于质量 B 借助它压紧的弹簧的强度而传递给它的阻力所丧失的力，也不多于它传递给这一球体的力。假如人们要否认这一点，那也就再也不能肯定：传递给一个物体的作用与该物体的反作用是相等的。因此，弹簧被压紧了，而两个物体中力的总和与此前单独存在于球体 A 中的力是一样的。如果现在这些具有双向弹力的弹簧松开，它们会以同样的强度朝两个球体伸展。显而易见，如果 A 沿 AE 方向压迫弹簧之后还具有的力与附属于它的弹簧借以弹开的力同样大，那么，这一弹簧的弹开能够从球体 A 所夺走的力，就会与另一方面弹簧 DB 带入 B 的力同样大；因此，在所有这一切都完成之后，无论是由于碰撞还是由于弹性，在物体 A 与 B 中所存在的力，都不会多于此前单独存在于 A 中的力。然而，以这为前提条件是徒

① 图 8。

劳的。如果发生碰撞，弹簧受到压迫，那么，A 沿 AE 方向具有与 B 同样的速度，但是质量较小，因而比弹簧在弹开时释放的力也小；因为弹簧具有一种张力，与球体 B 的力一样大。由此得知，弹性从存在于 A 中的力所能够夺取的，不如它传递给物体 B 的那么多。因为 A 没有这么多的力，所以也不能从它夺走这么多的力。据此，通过弹力的作用，必定在 B 中产生一个新单位的力，为此并没有在另一方丧失同样多的力；甚至在 A 中也同样产生了一种新的力。这是因为，由于弹性在力这方面再也找不到它在 A 中消除的东西，所以，球体只能以惰性来与它对立，并获得了弹簧超出球体 A 在自身还具有的力的力量单位，从而向 C 弹回。 〔64〕

显然，在一个较小的弹性物体撞击一个较大的物体的事例中，碰撞之后存在的力必定大于碰撞之前存在的力。现在，人们却必须设定相反的东西，即如果莱布尼茨关于力的测算是正确的话，碰撞之后所存在的力与碰撞之前同样大小。所以，我们要么必须否定这一定律，要么就取消这一节提供给我们的所有信念。

第 54 节　如果设想一个较大的弹性物体碰撞一个较小物体的事例，上面所说的将表现得更为清晰

如果我们把上面的事例倒过来想，假定质量较大的球体 B[①] 撞击较小的 A，我们就将完全相信现在所说的东西的正确性。因为，首先，球体 B 通过撞击 A 所丧失的力，既不多于、也不少于它恰恰由此在 A 中所产生的力（也就是说，如果我们

① 图 8。

只考虑弹性爆发前发生的情况的话)。因此，在弹力发挥作用之前，这两个物体中的力既没有增多，也没有减少。如今，弹力以物体 A 移向 C 的单位被压紧，它的强度小于 B 中沿 BC 方向剩余的力；因此，当它弹开时，它决不会耗尽后者的力，尽管它使尽了自己的全部力量。所以，当在碰撞中被压紧的弹
〔65〕簧弹开的时候，它虽然给予物体 A 一种新的力，但它也在 B 中消除了与它传递给 A 的同样大小的力。因此，即便是由于弹力，整个的力也不会变大，因为在任何时候，被另一方夺走的力都与这一方获得的力是同样多的。

由此我们看到，惟有在一个较大的物体碰撞一个较小质量的物体的情况下，才在碰撞中保持着同样单位的力；而在弹力在一方面所能够消除的力并不与它在另一方面产生的力一样多的所有其他情况下，任何时候碰撞之后的力都大于碰撞之前的力；这就破坏了莱布尼茨的定律。因为在莱布尼茨定律中，在任何哪怕仅仅是可能的情况下，大自然中的力总是保持同样的大小，既不减少、也不增加。

第 55 节　这一计算证实，在一个较大的物体碰撞一个较小物体的事例中，按照笛卡尔定律，总是保持着同样大小的力

因此，如果**莱布尼茨学派**能够的话，他们应当向我们展示一种情况，其中一个较大的弹性物体撞击一个较小的物体，并且与笛卡尔的测算相冲突，那样的话,就没有人能够指责什么。因为这样一种情况之所以是决定性的、没有例外的，乃是因为人们在它里面于碰撞后肯定总是发现碰撞前力的全部大小。然而，从来没有任何一个活力的辩护者敢于在这种碰撞中攻击笛

卡尔的定律；因为他将必然毫不费力地认识到，力学规则在这里与笛卡尔的测算是完全吻合的。例如，人们可以假定：物体 B 的质量是 3，A 的质量是 1，B 以 4 个单位的速度撞击 A。在这种情况下，根据已知的运动学规则，人们论证道：球体 B 在碰撞后的速度与碰撞前的速度的比例，正如 A 和 B 的质量与其总和的差别一样。因此，它具有 2 个单位。进一步说：球体 A 在碰撞后的速度与碰撞前球体 B 的速度之间的比例，就是 $2B$：$(A+B)$。因此，A 获得了 6 个单位的速度。这样，根据笛卡尔的测算，碰撞后在两个球体中的力一共是 12；碰 〔66〕
撞前它也是 12。而这，也就是人们所盼望的东西。

第 56 节　较小的球体从较大的球体那里反弹回来的力带有负号

如果要测量一个力的量，就必须在它的作用中来追查它。但是，人们必须事先把那些虽然与这些作用结合在一起、但却并不是这里要予以测算的力的结果的现象与此区分开来。

如果一个弹性物体碰撞另一个质量较大的弹性物体，根据运动的定律我们知道，撞击后质量较小的物体以某个单位的力弹回。从上一节我们还知道，较小的物体从较大的物体那儿弹回所用的力，等于激活的弹性的努力超出物体 A 的力所拥有的那种力的剩余；在弹力作用于两个球体之前，物体 A 就以这种力与球体 B 一起沿 AE 方向移动。如今（按照事先已经证明的东西），只要弹力在物体 A 中还遇到一种朝向 AD 的、它在与带给物体 A 的力同样的程度上消除的力，——我就要说，在两个物体中总的来看，没有任何东西不是此前作为原因仅仅存在于 A 中的力的那个量已经在自身所包含的；因此，两个物体的状况也就可以看做碰撞前 A 所具有的力的正常作用。

因为这种作用在任何时候都既不大于、也不小于原因。但除此之外我们还知道：如果弹力已经消除了 A 中朝 AE 方向还剩下的所有的力，那么，它就给 A 和 B 这两个物体带来了新的力，这些力超过了构成球体 A 本来的全部作用的那些力。因此，如果我们从物体 A 那儿减去它在碰撞之后用以返回的力，也从球体 B 所获得的力中减去同样多，我们以这种方式就能
〔67〕 够从两个球体的运动中得出上述这种力。由此很容易看出，小的弹性球体从其所撞击的较大球体弹回所用的力是一种否定性的力，本身带有负号。例如，如果一个球体 A 以 2 个单位的速度撞击质量为 3 的球体 B 时，碰撞之后它以 1 个单位的速度弹回，并且也给球体 B 以 1 个单位。如要获得 A 所实施的作用的全部大小，就不能把碰撞之后 A 用以返回的力添加到球体 B 的力上。不能，必须不仅从物体 A 中扣除它，而且也从存在于 B 里面的力中扣除它。剩余的 2 就将是由球体 A 的力所完成的全部作用。所以，一个质量为 2、速度为 1 的球体与另一个质量为 1、速度为 2 的球体具有同样的力。

第 57 节　查泰勒夫人不合时宜地对此给予嘲笑

因而，恍然大悟的**查泰勒侯爵**夫人乐意不合时宜地嘲笑**马兰**先生。她回答他的，就是我们刚刚援引的观察：**她认为，他不会愿意轻易地作出一种尝试，面对一个带着负号的标记、以 500 或 1 000 个单位的力回摆的物体。**我也这样认为；假如我担心马兰先生会以这种方式来澄清真理，我就是在严重地愚弄自己。不过，事情的关键并不在于像侯爵夫人似乎由此推论的那样，标有负号的力并不是现实的力。马兰先生想说的无疑不是这点。它实际上是一种现实的力，如果人们想检验一下，它

也会发挥现实的作用。只是这一点将由此得到说明：无论是这种力，还是球体 B 与其相等的力中的一个部分，都不能被看做球体 A 的全部作用；相反，毋宁说人们必须这样来看它，就好像它根本不存在于 A 中，也不是从 B 中得来的，冲撞之后余下的力在这种情况下就首先表现为碰撞之前力的全部作用。但是，如果要这样看待一种大小的话，它在相加时被看做是小于无的，因而需要一个否定的符号。〔68〕

第 58 节　莱布尼茨学派借助非弹性物体的碰撞来回避对活力的研究

我的读者们现在会猜想，即便是从**关于非弹性物体因碰撞而产生的运动的学说**中，也可以找到某些证明来引用，莱布尼茨测算的追随者们已经使用过这些证明来为活力作辩护。不过，他们是在欺骗自己。这些先生并不认为这种类型的运动对于他们的观点来说非常有利，于是他们试图将这种运动从研究中完全排除出去。这就使这些正直体面、从事认识真理的智者们在此病魔缠身。可以说，他们在看来与他们已经置入头脑中的定理相冲突的东西面前闭上了眼睛。当问题取决于消除一个妨碍他们所赞成的意见的困难时，一个微不足道的托辞、一个冷漠而平淡的借口就能让他们满意。人们如果在这个部分愿意约束一些自己的话，在哲学中就可以为我们避免许多错误。既然愿意找来知性为了证明人们先前假设的一种观点所提供的所有理由，那就应当以同样的专心和努力去致力于用各种各样只是以某种方式表现出来的证明方法来证明反面的情况，就像人们在对待一个喜欢的观点时总是能够做的那样。人们不应当忽视任何哪怕看起来对反面情况只是稍稍有利的东西，并尽最大努力为它辩护。在知性的这样一种平衡中，通常被看做不可能有错误的观点常常遭到拒斥，而真理如果最终出现，就将更为令人信服。

〔69〕

第59节 从考察活力这一目的来说，非弹性碰撞比弹性碰撞更具有决定性的意义

人们曾常常提醒活力的辩护者们：要澄清活力是否成立，非弹性物体因碰撞而产生的运动比弹性物体的运动更为合适得多。因为在弹性物体的碰撞中，总有弹力混杂其中并带来无尽的混乱；相反，对于非弹性物体的碰撞来说，物体的运动仅仅是由作用和反作用决定的。毫无疑问，由于这种思想的清晰性，只要它不将活力的整个大厦颠覆，莱布尼茨学派就会被说服。

第60节 莱布尼茨学派在从非弹性物体的碰撞出发对他们提出的异议方面的托词

因此，他们不得不把一种例外当做自己的避难所，这也许是人们曾经利用过的最糟糕的避难所了。也就是说，他们宣称：在非弹件物体的碰撞中，总是有一部分力消失了，因为这部分力被用来压迫物体的各个部分。因此，当一个非弹性物体撞击另一个质量相同、处于静止中的物体时，它所具有的力的一半就消失了，在压迫物体的各个部分时耗尽了。

第61节 这一错误想法的根源

这一想法并不只有一个糟糕的方面。我们来考察它们中的

一些。

乍一看，我们马上会觉得发觉这种错误的来源并非难事。部分是凭借经验，部分是凭借自然学说的各种根据，人们知道：一个在碰撞中其形状只有少许改变、甚至根本没有改变的坚硬物体，肯定是有弹性的；相反，非弹性物体的各个部分是如此拼合的，它们在碰撞中变软并被撞凹。大自然一般来说是把这些特性结合在一起的；只不过在数学考察中，我们并不必须把它们联结在一处。

活力的追随者们在此错误百出。他们想象，由于大自然中 〔70〕
一个非弹性物体通常具有这样一种结构，即它的各个部分在碰撞中变软并被撞凹，所以，对这样物体的运动的纯数学考察所呈现出的规则在不具备这种特点时也不可能存在。这就是我们在第60节中所见到的那些困难的根源，正如我们现在将要看到的那样，这是完全没有道理的。

第62节　对莱布尼茨学派的例外情况的第一个回答

在数学中，人们把一个物体的弹力无非是理解为这样一种特性，借助这一特性，当另一个物体撞击它时，它又以后者撞击它的同样单位的力来反弹后者。所以，一个非弹性物体就是一个不具备这一特性的物体。

数学并不关心这种特性如何在大自然中表现出来的方式和方法。但是，弹性是否来自形状的改变或者形状的突然恢复，抑或一种隐秘的隐德来希、一种 qualitas occulta［隐秘的质］、或者天知道还有什么原因是它的源泉，这都是并且仍将是完全不清楚的。既然人们在力学中发现是这样描述弹性的，即它产生自一个物体的各个部分的压迫和反弹，那么人们就会认识到，利用这一说明的数学家们插手了与他们无关、与他们的目的毫不相干、本来是自然学说的课题的事情。

据此，如果在数学中对一个非弹性物体的考察仅仅以它自身不具有把一个撞击它的物体又反弹回去的力为前提条件，并且如果这惟一的规定就是非弹性物体运动的整个核心建立于上面的东西，那么，宣称这些运动的规则之所以是这样的，乃是因为相互碰撞的物体的各个部分的压迫允许这样的规律而不允许其他的规律，就是荒唐无稽的了。因为在人们得出这些规律的基本原理中，找不到各个部分压迫的任何迹象。人们将这些
〔71〕规律建立于其上的所有概念就这些限制而言都是不确定的，以致人们可以在不损害上述规律的情况下把在碰撞中其形状没有改变的物体与承受其各个部分被压缩的物体同样看做非弹性物体。如果人们在构造这些规律的时候，为了按照它们来建立运动的规则，完全不考虑这种压迫，或者根本也不以蕴含着这种压迫的这样一些概念为基础，那么，把上述规律在现实中表现出的样子的责任推诿给这些概念，就是非常奇怪的了。

第 63 节　第二个回答：因为尽管一个物体完全坚硬，也可以称它为非弹性的

我们已经说过，在数学关于非弹性物体的运动呈现给我们的考察中，也可以把这些物体看做完全坚硬的，就好像它们的各个部分并不被碰撞所压迫似的。大自然还向我们展现出这样的例证，即并非一个物体的各个部分比另一个物体的各个部分更多变软，就必定是非弹性的，相反，一个物体的各个部分由于碰撞与另一个物体相比几乎没有被压迫，但与另一个各个部分更容易变软的物体相比，却常常更少是弹性的。因为，让一

个木球落向铺石路面，它远远不会像一个充气的、但却很容易会被压迫的球反弹得那么高，而与后者相比，前者可以被称为非常坚硬。由此我们看出：甚至在大自然中，物体是非弹性的，也并非因为其各个部分被压迫，而只是因为它们没有以它们被压迫的同样单位的力使自己复原。因此，我们也可以设定一些物体，它们的各个部分在碰撞中变软非常少，但同时却具有这样的性质，即它们也不从这一非常小的压缩中恢复自己，或者它们虽然得到一点恢复，但却远远没有以它们被压挤的那种单位的速度恢复；就像如果人们可以将一个小东西与一个大东西进行比较的话，一个木球所表现的那样。诸如我所说的这类物体，或许是完全坚硬的①，但却是非弹性的。因此，人们或许不能将它们当做非弹性物体碰撞规律的例外，而且它们的 〔72〕
各个部分或许尽管如此也不会被压挤。在此，莱布尼茨学派先生们的例外情况将如何存在呢？

第 64 节　第三个回答：各个部分受到压挤并不是非弹性物体碰撞中失去一部分力的原因

我们还可以给予**莱布尼茨学派**他们的前提条件，即非弹性物体总是承受到对其各个部分的压挤，但这对我们没有丝毫损害。一个物体在另一个运动着的、它通过撞击压迫其各个部分的物体中所产生的作用，与它在两个物体之间有一个弹簧、它通过冲力压迫弹簧的时候所产生的作用是一样的。我可以自由地利用这一思想，这不仅是因为它简单明了、令人信服，而且

① 因为一个只能非常少地被压挤的物体，可以无误地被称为完全坚硬的。

还因为它也为活力的一位伟大的守护神**贝努利**先生在同样的情况下使用过。如果现在一个球体 A① 向另一个球体 B 运动，并在碰撞中压迫弹簧 R，那么我就说，所有被用来压缩弹簧的微小单位的力，都转入到物体 B 中，并积聚起来，直到它们将弹簧被压缩所用的全部力都带入上述物体 B 中。因为物体 A 并没有丧失任何单位的力，而且一点也不会受到压迫，除非弹簧支撑在物体 B 上。但是，它支撑在这一球体上所用的力量，等于球体突然消失的时候它向这一面弹开时所用的力，也就是说，是 A 从另一面压迫弹簧所用的力，是该物体在压缩它时使用和耗尽的力。显而易见，正是弹簧致力于向 B 伸展、球体 B 的惰性所反抗的这个单位的力，必然进入球体 B。因此，B 获得了沿 BE 方向运动的全部的力，这些力在 A 压缩弹簧 R 时在 A 中耗尽了。

〔73〕这一应用简便易行。因为弹簧 R 表示着非弹性球体 A 和 B 由于碰撞而被压迫的部分。因此，当物体 A 在它向 B 的碰撞中从两方面压迫那些部分时，它在这一压迫中并没有耗尽自己力量中物体 B 没有得到、使物体 B 在碰撞之后运动起来的东西。所以，没有一个部分丧失掉，更不用说一个像莱布尼茨学派所错误地预定的那样大的部分了。

第 65 节

要穷尽**莱布尼茨学派**在非弹性物体碰撞这一事情上想给我们制造的这种困难所包含的所有错误与矛盾，我会疲惫不堪的。我惟一还想列举的，就足以使这一困难失去效力。

① 图 9。

第四个回答：论非弹性物体的硬度与在莱布尼茨学派的例外特殊情况中必须得到确定的撞击力单位之间的比例

即使人们容忍我们的敌手其他的一切，也不可以原谅他们在下述要求中包藏的胆量。这要求就是：在非弹性物体的碰撞中，由于压迫各个部分所消耗的力既不多于、也不少于、而是恰好等于他们按照自己的测算认为甚至在任何情况下都必然消耗的那么多。这是一种难以理喻的放肆：有人想抛开所有的证明而强迫我们相信，由于压迫各个部分，一个物体在与相等的物体的碰撞中必定正好丧失一半的力，在与三倍于己的物体的碰撞中必定正好丧失 3/4 的力，如此等等，而不能向我们说明为何恰恰是这么多、不是更多或者更少的原因；因为，即使假定一个非弹性物体的概念必然要求在压迫时丧失一些力，我还是不明白，人们究竟是从哪里推论出：弹性的这种阙失要求必定恰好消耗这么多而不是更少的力。莱布尼茨学派却无法否认：与撞击物体的力相比，非弹性物体质量的硬度越小，在压迫各个部分时所消耗的力也就越多；但是，两个物体越是坚硬，力的损失也就必定越少；因为如果它们是完全坚硬的，力 〔74〕
就不会有任何损失。因此，如果要在碰撞中恰恰消耗和消除撞击物体的一半的力，为此就要求两个相等的非弹性物体的硬度有某种确定的比例关系。没有这一比例，在人们使相撞的物体变得更软或者更硬之后，结果就会更多或者更少。在莱布尼茨学派寻找例外情况时所违背的非弹性物体运动规则中，非弹性物体的硬度、甚至还有它与撞击强度的比例是完全不确定的，因而从它们出发根本就无法理解：对各个部分的压迫是否会发生，由此一种力是否会被消耗掉以及究竟会失去多少；不过，他们至少提供了一些理由，使人们能够理解，在一个球体与另一个重量相同的球体的撞击中恰好有一半的力丧失掉。因为，在这些物体的硬度与撞击的力量之间如果没有某种完全精确地规定的比例的话，这种情况就不会发生。由于在派生出自身包含着力的一种确定损失的任意一种根据的非弹性物体碰撞规律的基本原理中，不可能发现这样一种规定，所以，这些规则具有这种性质而不是别种性质的原因，就不能设定在对各个部分那种任何情况下所造成力的损失都恰如莱布尼茨学派认为应完全抵消的那么多的压迫中。

我们的结论的应用

在活力的辩护者想借以避开所有非弹性物体碰撞的规律给予他们的打击的托辞不仅以一种方式被认为无效之后，就再也没有什么能够阻挡我们利用这些规律，来达到它们总是非常出色地为我们提供的服务了，也就是说，将活力从其以非法的方式侵入的数学领域中排除出去。

〔75〕

第 66 节　非弹性物体的碰撞完全取消了活力

但是，在此详尽地分析非弹性物体的运动取消活力的方式和方法，是多余的。人们所提到的任何一种情况，都可以没有丝毫例外或困难地做到这一点。例如，如果一个非弹性物体 A 撞击另一个处于静止之中的同样种类、相同重量的物体 B 时，二者在碰撞之后就会以相撞之前速度的 1/2 单位运动。因此，按照莱布尼茨的测算方式，实施碰撞后在每一个物体中都有 1/4 的力，从而总共有 1/2 个单位的力，而在碰撞之前大自然中存在着 1 个完整单位的力。因此，有一半的力没有产生与之相等的作用就损失了，或者说，也没有遇到任何会消耗它的阻抗。甚至我们的敌手也不得不承认，这是人们可能做出的最大的荒唐事情之一。

第 67 节　一般的证明：物体的相撞必定总是与活力相悖的

如果不事先附加上一种自身包含着人们以此方式反对活力总会说的一切的一般性考察，我还不想结束用物体的相撞来反驳活力的这一章。在这一考察中，我将阐明：即使人们承认莱布尼茨学派对力的测算，要从物体的相撞出发证明这一测算，也是与事情的本性完全相悖的；而且，除了简单的速度之外，这一测算决不会、也不可能表现出一种别的尺度，尽管按照平方来测算将是一种完全正确的和毋庸置疑的事情。我要说的是，不可能从物体的相撞出发认识这一测算，尽管它通常在千百次别的场合中像人们一直希望的那样明显地表现出来。

第 68 节　这一证明的阐述 〔76〕

我的证明建立在以下理由上。

人们在这一点上是一致的：人们不能为了我们所说的最终目的以任何其他方式来利用物体因碰撞而产生的运动，除非把一个运动着的物体由于碰撞而带给另一个物体的力看做作用，人们必须借助这种作用来测算为产生这种作用而耗尽的原因的量。也就是说，人们是在作用中探求原因的大小，作用就是原因的一个结果。因此不言而喻的是：在此必须特别注意，在被撞击的物体中所得到的力，实际上不外就是由另一个物体的撞击直接产生的作用；因为否则的话，人们所寻找的整个尺度就是骗人的和无用的。但显而易见的是：紧接着撞击物体在被撞击物体中产生其作用的那一瞬间，所有此后在被撞击物体中存在的力都是碰撞的一种无可置疑的作用。因此，人们必须利用这一作用而不是其他东西，把它用作撞击物体在产生作用时所使用的力的尺度。于是，一个借助另一个物体的撞击获得自己运动的物体，紧接着碰撞将力带给它的那一瞬间，而且在它与撞击物体的接触尚不能拉开一个有限距离的时候，虽然已经具有了这一碰撞所能够传递给它的所有的力，只是还不具有现实的运动，因为人们还没有给予它运动的时间，而只是给予它一种单纯的运动努力，从而是一种静止的、以简单速度为其尺度的力。因此，曾存在于撞击物体中的力被消耗掉，从而在另一个物体中唤起一种力，对于这种力的完全准确的测算永远不外是单纯的速度本身，尽管人们还想通过假设在撞击物体中设定一种力，它作为尺度的，我不愿说是速度的平方，而是甚至立方、四次方，天晓得是速度的多少次乘方。

如果人们想设定，一种要求按照平方来测算的力被用于产生另一种仅仅按照速度来测算的力，这将是荒谬无稽的，它将
〔77〕完全颠倒**作用与原因相等的规律**。这是因为，由于前者比后者大无数倍，所以，这就完全像是人们想说一个平方的全部面积被用于产生一条线，确切地说是产生一条有限的线。因此显而易见的是，无论弹性物体还是非弹性物体，其所有规律都决不能提供另外一种不同于简单速度测算的证明，它们就其本性而言必定总是与活力相悖的，即使人们挖空心思编造出一些表面上看来有利于活力的情况。

第 69 节

在上一节中，一切都取决于下面的情况：人们只是把被撞开物体的那种力当做撞击物体的力的尺度，后者紧接着传递作用的一瞬间就出现在前者中，而且恰在此时它脱离开与撞击物体的接触，但尽管如此，还是在运动已经现实地发生之前；因

此，我毫不怀疑，这将是我如今有幸称为我的敌手的先生们最为反对的一点。我愿意能有幸先以下面的陈述答复这些先生。

继续证明：在物体的碰撞中不必考虑像被撞击物体的初始速度之类的东西

被撞击物体在它离开撞击物体之前的瞬间所具有的力要么是等于、要么是不等于它在已经现实地运动起来并且离开撞击物体之后所拥有的力。如果是第一种情况，那就连我的限制也不需要；相反，人们可以在任意一个运动瞬间来设想被撞物体的力，但将在任何地方都发现它是符合速度自身的①；因为这 〔78〕
种力与它在自己的运动成为现实之前所具有的力是相等的。如果它不等于这种力，那么人们在此想说的无非是：在被撞物体已经离开撞击物体之后，存在于被撞物体中的力大于接触时的力。但如果是这样，我就承认，这正是我不能用它来测算撞击力的原因。因为在被撞击物体中，由于它在碰撞后已经离开撞击物体，如果比原来它还接触撞击物体时在它里面的力多出 1 个单位，那么，这 1 个新单位的力也不是撞击物体的作用，因为物体之间只有在它们还相互接触时才能相互作用；相反，只有前一种情况才是这样。所以，人们也可以最正当不过地运用那种力去测算为产生它而已经消耗掉的力。

第 70 节

我们已经成功地克服了物体的相互碰撞可能会给老的笛卡

① 因为只要被撞物体的运动还没有成为现实（也就是说，只要它还没有离开撞击物体），按照莱布尼茨学派所承认，它的力自身就还是惰态的。

尔定律所造成的困难。我认为，我现在可以大胆地说：**莱布尼茨**先生的一派从这方面并不会占它的什么便宜。我们要致力于使自己也能够从其他方面为此而自豪。

第 71 节　论通过运动的复合为活力所作的辩护

现在，让我们来考察一下活力的辩护者们为支持自己的测算从物体的**复合运动**借来的那些事例。糟糕的事情总是具有这样的特征，即它喜欢隐藏在模糊不清、混乱不堪的事例后面；同样，活力一派也想利用人们在考察复合运动时很容易会陷入其中的混乱。我们要致力于揭掉迄今为止惟一有利于活力的这些运动的昏暗盖子。**比尔芬格**先生已经围绕这类证明作出了极大
〔79〕 的贡献，因而他的思想应当率先成为我们将加以检验的思想。

他的论文刊于《彼得堡科学院评论》第一卷。作为他的整个体系基础的定理如下[①]：一个物体 A 同时获得两种运动，一种沿 AB 方向以速度 AB 运动，另一种沿与前者垂直相连的方向以速度 AC 运动，在它分别穿过每一条边的时间里，它运动过这个直角的平行四边形的对角线。但是，指向平行四边形各条边的力并不是相互对立的，因而其中的任何一个都不给另一个造成任何损失，所以，当物体顺应这两种运动，也就是说当它在对角线上运动时，它所拥有的力等于沿着各条边的力的总和。若按笛卡尔的测算，这是不成立的。因为对角线 AD 总是小于 AB 和 AC 两边的总和；然而，除了仅仅在按照二者速度的平方来测算它们的力这一惟一的事例中之外，在所有其他

① 图 10。

可能的测算中，物体以速度 AD 所拥有的力永远也不会等于以速度 AB 和 AC 拥有的力的总和。比尔芬格先生由此推论说：一个处在现实运动中的物体的力只能用它的速度的平方来测算。

第 72 节

比尔芬格先生在他的证明中并没有完全弄错。他的推论在事情的根本上是正确的；然而，这一推论的应用严格说来毕竟存在着缺陷，并且自身带有判断轻率的特征。

比尔芬格的证明在什么意义上是正确的

如果人们像通常那样来看待物体沿 AC 边所具有的运动①，也就是说，物体以这一运动垂直地撞上平面 CD，那么确定无疑的是，另外在直线 AB 中的侧运动**就此**而言完全不与前一运动相互对立，因为后者是与 CD 平面平行运动的；所以，它既没有使物体朝向这一平面，也没有使它离开这一平面。同样，**就物体以另一条边 AB 上的运动致力于朝平面 BD 产生的作用来说**，侧运动 AC 与 AB 上的运动也根本不相互对立，因为它同样是与平面 BD 平行运动的。但是由此得出什么结论呢？它不外是：如果物体同时顺应这两个侧运动，并且穿过对角线，那么，它将对平面 CD 和 BD 一下子产生与它在分别通过边的运动中所产生的同样的作用。因而，**就 CD 和 BD 这两个平面来说**，物体在通过对角线的运动中自身有一种力，这种力等于沿两个边所具有的力的总和。然而，只有在我曾讲过的这种条件下，在它里面才能发现这一等式。 〔80〕

① 图 10。

第 73 节　比尔芬格先生已经超出了争论问题的内容

比尔芬格先生并没有注意到这一条件，尽管他由于自己的证明的本性而应当发现自己不得不这样做。他恰恰是这样作结论的：**所以，物体在通过对角线的运动中具有一种等于两个侧力总和的力。**

这一如此不受限制地提出的定律正式地接受了与比尔芬格证明中结论的内容相去甚远的一种意义。因为如果有人说：一个具有这样或者那样速度的物体自身就具有这种或者那种力，人们是把它理解为物体在其运动的直线方向上并且朝一个它垂直地撞击的对象施加的力。因此，如果以一种如此有局限性的方式来讨论一个物体的力，那么，人们就必须力图仅仅在这种意义上来规定它的大小；否则人们就是在认为，物体在其运动的直线方向上自身具有某种力，但物体鉴于它所撞击对象的某个位置却只能将这种力施加到一边。无视这一点的比尔芬格先生由此便遭受到 fallaciae ignorationis elenchi［盲目论证错误］的指责。因为他已
〔81〕经离开了有关争论问题的内容，他本应当证明：物体在穿过对角线的运动中将碰撞**一个与它的这种运动方向垂直相对的对象**，所用的力相当于它通过分离的侧运动撞击到它下面的两个平面所用的力的总和；但他却证明：物体虽然施加了这些力的集合，但只是朝向 *CD* 和 *BD* 两个侧平面，而不是朝向恰与其运动相对的垂直面。

第 74 节　同一证明在有争议的一点上是有缺陷的

因此，一切都仅仅取决于我的如下证明：一个沿对角线 *AD*

运动的物体，本身在笔直方向 AD 上并不具有两个侧力的总和。为此我需要做的不外是：就像数学家通常所做的那样，把每一个侧运动都看做是复合的。[①] 据此，侧运动 AB 是由运动 AF 和 AH 复合而成的，相反，侧运动 AC 是由运动 AE 和 AG 复合而成的。由于如今无论是运动 AF 还是运动 AE，都恰好是相互对立的，从而由于彼此相等而互相抵消，所以，剩下来的就只有物体在对角线方向上继续移动所用的速度为 AH 的运动和速度为 AG 的运动了；所以，并不是两个侧运动全部的力都存在于对角线方向上，而是在这个角度只能发现其中的一部分。此外，由于运动 AF 和 AE 本来就与物体在对角线运动中垂直撞击的 BH 平面平行运动，所以这两个运动中没有一个能碰到它，因此，无论是从这一点还是从前面一点都可以看出，物体并不是用 AC 和 AB 边上的力的总和撞击与它通过 AD 的运动垂直相对的对象的。

第 75 节　由此得出的结论 〔82〕

现在，一切都得到了解决。因为从现在起我们知道：一个物体在沿对角线向一个垂直相对的对象运动时，并没有施加它以自己朝着同样与它垂直相对的平面所做的两个侧运动所拥有的两个侧力的全部总和。由此必然得出结论：在穿过对角线的运动中，力小于两个侧力的总和；因此，一个物体的力不能按照其速度的平方来测算，因为以这种测算方式必然会发现事实上不能发现的上述等式。

① 图 11。

第76节　从比尔芬格的事例出发，活力本身将被驳倒

我们不想仅仅满足于此。我们并不惧怕**比尔芬格**先生的推论，相反，我们更愿意利用这些推论来证明**笛卡尔**的定律。一件好的事情本身总是具有这样的特征，即甚至敌手的武器也必定有利于为自己辩护，而且我们不止一次看到，我们的推论也可以自夸具有这样的优点。① 按照现在已经证明的东西，侧运动 AB 带入对角线方向上的不是别的速度，而是物体在分离的运动中与 BH 平面垂直相遇所用的速度 AH。此外，另一个侧运动 AC 独自带入对角线方向的也只是物体垂直撞击 CG 平面所用的速度 AG。AH 和 AG 这两种运动自身所携带的力如今复合成为对角线上全部的力，所以没有出现在前两者中的，也不会存在于后者中；因为否则的话，在和中所包含的就会大于两个加数的相加。因此，速度为 AD 的力就应当等于速度为 AH
〔83〕的力加上速度为 AG 的力；问题是，必须选取 AH、AG 和 AD 的多少次幂，才能使前两者的和与后者相等。在这里，从算术最简单的理由就可以清楚地看出：如果人们想要通过线段 AH、AG 和 AD 的一个大于一次方的乘方来测算各种力的话，那么，速度为 AD 的物体以这种方式测算出的力就会大于速度为 AH 和 AG 的力的总和；但是，如果人们要选取一个比简单速度的**函数**更小的**函数**（像比尔芬格先生自己所说的那样），那么，各个分力的集合就会大于整个由此产生的、以速度 AD 为标记的力；相反，如果一切都仅仅按照速度来测算的话，将

① 图11。

会发现它们是相等的。由此可见，人们必须要么按照速度 AH、AG 和 AD 的比例来设定力，要么承认这一集合小于或大于各个因数的相加。

第 77 节　以另一种方法作出同样的反驳

我们也可以用另一种方式来说明同样的东西。我们像**比尔芬格**先生那样假定：由于两个速度分别为 $ba = AB$ 和 $ca = AC$ 的相等球体的碰撞，侧力 AB 和 AC 被传递给了物体 a①，这两个同时发生的推动造成了穿过对角线的运动和力。但是，由于这是一回事，我们想假定这两个球体从 C 和 B 离开并以速度 $CD = ba$ 和 $BD = ca$ 在 D 点与物体 a 相撞。不可否认的是，物体 a 在这个位置上从上述球体将获得的力，与它在 A 点能够获得的力同样多；位置根本不造成任何差别，因为所有其他的东西都是一样的。因此问题是：球体 a 在 D 点上从 BD 和 CD **对垂直平面** FE 同时发生的两个撞击中获得了怎样一种力？我的回答是：球体 B 以运动 BD 就对这个平面的作用而言所给予物体 a 的，本来也只是速度 BE，而从速度为 CD 的球体 C 的撞击中，同一物体 A 只获得了它用以在 D 点上对平面 FE 起作用的速度 CF。因为 a 此时从这一双重碰撞中所获得的另外两个运动 Bg 和 Ch 是与平面平行的，因而它们并不与这个平面相遇，而宁可说它们相互抵消，因为它们相互对立又大小相等。所以，两个侧力 BD 和 CD，或者说 AC 和 AB 也一样，就物体沿对角线运动垂直遇到的平面而言给予物体的这样一种力，只是等于速度为 BE 和 CF 的力的总和；因而首先它不是它 〔84〕

① 图 12。

们全部的力，其次它是这样一种力，关于它这里和上一节一样显而易见的是：它与复合成它的那些力的比例，等于速度 AD 与速度 CF 和 BE 的比例，而不与它们的平方成正比。

第 78 节　对角线上笔直的力并不等于两边上的力的总和

我们从迄今为止的考察中看到：如果人们假定，在对角线运动中沿平行四边形的各边施加的力总起来等于对角线方向上的力，那么由此得出的结论就是，人们必须按照速度的平方来测算这些力。然而，我们同时已经证明：这种假定是错误的，并且一个物体在斜线运动中施加的作用，直至它在其中所有的力消耗殆尽，总是大于它通过垂直碰撞所造成的效果。

这一考察具有一个悖论命题的外观。因为由此可以得出，对于某些以一种特殊的方式与它相对的平面来说，一个物体能够施加的力要比人们假定它本身具有的力更大。因为人们所说的一个物体所具有的力，与它通过垂直撞向一个无法克服的障碍所用的力是一样多的。

〔85〕由于以形而上学的方式解决了这一困难，我们毕竟可以无忧无虑了；因为无论事情是怎么样的，数学总是要作出判决的，而在数学作出判断之后，人们就不会再怀疑了。

第 79 节　在莱布尼茨对力的测算中，斜线方向上施加的力的总和等于对角线的力；但在笛卡尔的测算中，前者通常大于后者无数倍

从对运动的分解中可以清楚地看到：当一个物体沿斜线方

向相继朝许多个平面撞击时，如果所有 Sinuum angulorum incidentiae［入射角的弦］的平方的总和等于其运动的第一个速度所指示的 Sinus totius［整弦］的平方的话，那么它将完全失去自己的运动。迄今为止，所有的力学家都意见一致，笛卡尔学派也不例外。然而对于莱布尼茨学派来说，却尤其是由此得出了如下的结论：如果使按照平方进行的测算成立，当沿斜线方向施加的力加起来等于直线运动中物体固有的力时，这一物体就失去了它所有的运动。与此相反，按照笛卡尔的测算，情况就完全不同。物体通过许多前后相继的碰撞在斜线方向上施加的力，直到它所有的运动被耗尽，按照笛卡尔的测算，加起来要比它在直线运动中拥有的那一惟一未分解的力大得多。因此，当在分解开的运动中施加的所有力的总和与其整个未分解的力相等时，物体还没有失去自己的运动。因为一个物体对多个斜面所能够造成的结果要远远多于对它在直线方向上垂直碰撞的那个平面所造成的结果，而且达到如此程度，以致（如果人们假定，碰撞的斜度都以同样的角度发生在所有的斜面上）在此为借助一个斜对的障碍消耗掉一个物体的力所必需的力的大小与在直线方向抵消它的那种力的大小的关系，就等于整弦与入射角的弦的关系。因此举例来说，如果整弦与一个入射角的弦的比例等于 2∶1 的话，那么，前一种力就是后一种力的 2 倍；如果是 8∶1 的话，它就是 8 倍；如果这个比例是无限〔86〕小的话，那么，前一种力就无限大于足以在直对的方向上消耗掉它的全部运动的障碍的力量。因此，按照莱布尼茨的测算，某种障碍会完全夺去一个物体的力，而按照笛卡尔的测算，同样的障碍在同样的方向上消耗该物体的力只能是无限小的；也就是说，如果移动物体已经克服的所有障碍的全部力量是有限的，那么，无论物体是在怎样任意倾斜的运动中克服这些障碍的，按照平方来测算，该物体力的损失也是有限的；相反，按照速度来测算，一个物体所施加作用全部的力可以是有限的，但只要它克服所有阻碍的那个角是无限小的，物体力的损失也就是无限小的。

这种区别令人惊讶。在大自然的某个地方必然有一种作用；无论它在哪里，都值得花费力气把它找出来。因为它的结果不仅仅是人们可以决定一个物体在一个直角平行四边形的对角线上的力是否等于各个侧力的总和，而且还能够决定是莱布尼茨先生的测算正确，还是笛卡尔的测算正确；因为这一问题是与另一个问题不可分割地联系在一起的。

第80节　活力被一个新的事例所驳斥

我们所寻找的事例是一个物体被自己的重力引向中心、围绕中心在一个圆周线上的运动（行星运动就是这种方式）。

让我们假定一个物体获得了足够的离心力，足以围绕地球做圆周运动。除了重力之外，还让我们抽象掉所有可能减缓其运动的障碍；这样，可以确定的是：首先，它的运动速度是有限的；其次，该速度以同样的单位在同一条线上没有任何减损
〔87〕地持续到无限。我将这两条定理看做是基础；因为无论是莱布尼茨学派还是笛卡尔学派，两派都赞同这两条定理。此外第三点，我设定为基础的是：重力在一个自由运动的物体中在一个有限的时间里产生了一种有限的力，或者，当物体固有的力与重力用以施加压力的力作用相互对立时在其中消耗掉一种有限的力。这个假定围绕给定的中心做圆周运动的物体不断地遭受重力的压迫，并且根据第三条假设，由于所有无限小的重力压迫的总和而在一个有限的时间里承受着一个驱使它趋向其环绕运动中心的有限的力。然而，物体凭借自己特有的力，通过总是与圆心保持同样的距离而使所有在它里面发生的压力保持平

衡。因此，在克服重力的障碍方面，物体在任一有限的时间里都施加着一个有限的力。从我们在第 79 节已经了解到的东西出发可以清楚地认识到：如果一个物体在斜线方向上已经克服了一定量的障碍，这些障碍总计为一个有限大小的力，那么，它在此同时（如果人们承认莱布尼茨的测算的话）必定在自己固有的力上蒙受一个有限量的损失。所以，由于克服重力，假定的物体在其圆周运动的任一时间里都损失一个有限的力，从而在某一确定的时间失去它的所有的力与速度；因为，根据第一条假设，它在圆周运动中所拥有的速度只是有限的。

因此，它要么根本不能做圆周运动，除非它具有无限的速度，要么必须承认：一个物体通过所有斜线作用的总和所能够造成的结果无限大于它在直线撞击中所拥有的力；莱布尼茨学派的力的尺度不承认这一点，是错误的。

第 81 节

由于我们在这里阐述的思想会带来非常丰富的结果，所以我们想排除所有围绕着这一思想的小难题，尽可能使这一思想清楚明白、没有纰漏。

证明：一个做圆周运动的物体对重力施加的影响等于它碰撞一个斜面时所施加的影响 〔88〕

首先，人们必须学会清楚地理解，运动着的物体在圆周运动中用以与重力保持平衡的力，施加了一种斜线作用，并且如我们在上一节中确实指出的那样，可以与一个物体撞击一个斜面相比。

正如人们在数学中通常也把圆看做是一个具有无限多条边

的多角形一样①，为了这一最终目的，可以把物体在其圆周运动中经过的无限小的弧设想为无限小的直线。当重力没有给穿过无限小的直线 *ab* 的物体造成任何阻碍的时候，这一物体将继续这一运动的直线方向，并在第二个无限小的时间段里到达 *d*。然而，由于重力的抵抗，它被迫离开这一方向，并画出无限小的线 *be*。因此，重力的这种障碍 per resolutionem virium［通过各种力的分解］使它失去了侧运动 *ac*，后者是由落到延长至 *c* 的线段 *bd* 之上的垂直线 *ac* 来表示的。所以，物体由于重力的障碍而在点 *b* 上承受着与它从自已以角 *abc* 撞击的平面 *cd* 所承受的同样的抵抗；因为这个平面给它造成的障碍在这里同样是由小的垂直线 *ac* 来表示的。所以，人们完全可以把一个物体在其圆周运动中对把它向下拉的重力施加的力与它对斜面的撞击相比，也可以用测算后者的同样方式测算它。如例所示。

第 82 节

其次，第 80 节中所假定的我们证明的第三个基本定理似乎还需要作出一些证实；至少当人们与这样的敌手打交道时，就最显而易见的真理而言还不能足够谨慎；因为关于活力的争论已经充分地向我们证明：就某些意见而言的党派性可能是多
〔89〕么强大和受人欢迎，甚于真理不加掩饰的力量，人类的知性自由又伸展得如何辽远，直至在最显而易见的真理面前还要满腹狐疑，或迟迟不作判断。

① 图 13。

圆周运动的物体在克服重力阻碍的每一个有限的时间里都施加了一个有限力的作用

自由运动物体的重力在每一个给定的有限时间里也产生了一种有限的力，鉴于这样一条定理，我本来可以援引第 32 节；然而，这条定理在活力的辩护者们那里已经有了自己的敌手，最好是用他们自己的武器来打败他们。假定在其圆周运动中在一个有限的时间里穿过 af 弧的物体，接受了它在整个有限空间 af 中不断地蒙受的所有重力弹簧的压力。如今，甚至按照莱布尼茨学派所承认，存在于某个有限空间中的具有重力材料的弹簧连续地把自己的压力传递给一个物体，并传递给它一个有限的力，因此，等等。

第 83 节　结论

据此，如果与直角平行四边形各边的平方成比例地测算在分离的运动中施加的力，那么，这种力的存在就根本用不着物体做圆周运动的最众所周知的规律以及造成这种运动的向心力。所以，在任何一种复合运动中，侧力都并不像莱布尼茨的测算所要求的那样，与其速度平方成比例；也正因为如此，结论也就是人所共知的：按照平方进行测算是完全错误的；因为，从力学首要的基本学说可知，任何一种运动都可以被看做复合的。

第 84 节　笛卡尔的测算是如何消除这一困难的

还必须注意，笛卡尔对力的测算是如何出色地消除莱布尼茨的测算如我们现在看到的那样所遇到的困难的。

从数学中可以得知，与无限小的弧 ab 的对弦 bi 平行且相

〔90〕等的短线 ac①是一个第二等的无限小，因而小于无限短的线段 ab 无限多倍。但是，ac 是物体在其圆周运动中时时处处用以对重力的压迫产生反作用的角的弦，而 ab 作为物体绝对运动自身的一个无限小的部分，则是其整弦。但从前面证明过的第 79 节中可以得知，如果一个物体在斜线运动中如此作用于某一障碍，以致从整弦来看入射角的弦完全是无限小的，那么，按照笛卡尔的测算，由于障碍而失去的力与所有被克服的障碍的全部力量相比就是无限小的。所以，物体在对重力的所有克制的全部总和中克服一个无限大的力之前，它在圆周运动中不会由于重力的压迫而损失一个有限的力。但是，经过一个有限时间的所有重力压迫的总和只是一个有限的力（第 80 节，第 3 条假定），因而并不是在过去一个无限的时间之前有一个无限的力；所以，围绕一个被自己的重力引向的中心作圆周运动的物体由于重力的障碍只是在一个无限的时间中损失一个有限的力，从而在任何一个有限的时间里所损失的都是无限少的。与此相反，按照莱布尼茨的测算，在同样的条件下任何有限时间内的损失都将是某种有限的东西（第 80 节）；因此，笛卡尔的测算在这种情况下并没有遇到莱布尼茨的测算如我们已经看到的那样总要遇到的困难。

第 85 节　活力在此还遇到的一个新矛盾

我们现在对活力已经作过的反驳同时在按照平方对力进行的测算中揭示了一种奇特的矛盾。由于每个人都同意，按照速度自乘的直角三角形来测算的力肯定比仅仅由速度的简单尺度表示的那种力具有无限更多的力量，它与后者的关系就是面与

① 图 13。

线的关系。然而这里表现出来的正好相反，也就是说，在我们已经看到的两类力被设定为在完全相同的条件下起作用的事例中，莱布尼茨的测算要无限地小于笛卡尔的测算，并且被无限少于后者的障碍消耗掉；这是一个不可能设想得更大的矛盾。 〔91〕

第 86 节

对复合运动中与简单运动中存在着同样大小的力的普遍原理的摧毁，同时也就推翻了活力的辩护者们建立在同一基础之上的事例。

反驳贝努利关于四个同样弹簧的张力的事例

沃尔夫先生在其力学中所援引的**贝努利**的事例就是这些事例中最引人注目的事例之一。他假定有 4 个弹簧，它们全都需要同样的力才能被压紧。此外，他让一个具有 2 个单位速度的物体以其弦为 1 的 30 度角垂直撞击第一个弹簧，之后让它用剩下来的运动以其弦同样为 1 的角度垂直撞击第二个弹簧，并如此这般撞击第三个弹簧，最后撞击第四个。现在，这个物体压紧了每一个弹簧；因此它以 2 个单位的速度施加了 4 个单位的力；所以，它早已具有了这种力，因为否则的话，它就不可能施加它。由此看来，这一物体的力并不与其速度 2 成正比，而是与其速度的平方成正比。

我并不要求断言：一个具有 2 个单位速度的物体在任何条件下都不能施加 4 个单位的力。然而，它只有在斜线撞击中才能施加这种力，并且我们已经充分证明了，它在直线撞击中的力任何时候都只等于 2，而它在斜线运动中的力总是大于它在垂直运动中的力。但是，每一个人都是按照在垂直撞击中出现在物体里的力量来测算一个物体的力的。因此，笛卡尔一方相

〔92〕对于活力学派的优越之处，就在于这一类作用，它没有任何含混性，所有的敌手都同意它就是力的真正尺度。

第87节

最终建立在运动的复合之上的，还有一个人们可以称为我们敌手们的阿基里斯的事例。

马兰先生对赫尔曼事例提出的反对意见

这一事例在于：一个质量为1、速度为2的物体 A，以60度角突然撞击两个质量均为2的物体 B 和 B。撞击后，撞击物体 A 处于静止状态，而物体 B 和 B 每一个都以1个单位的速度运动，因而二者总共是以4个单位的力运动。

马兰先生已经非常清楚地认识到：力的测算如果是正确的，就必须毫无差别地在所有的、任何的条件下表现出来；而说一个特殊的、只有局限于特定条件下的事例会证明一种新的测算，这是十分奇怪的，也是自相矛盾的。莱布尼茨学派任何时候都大胆地要求：如果一个物体施加4个单位的力，那么，无论以怎样的方式，人们总是能够肯定地说，该物体即使是在垂直方向上也将施加同样的力。然而，在当前这一事例中显而易见的是：一切都取决于一定数量应被推动的元素，取决于这些元素相对于撞击物体的一定位置；因此，如果这些规定发生变化的话，情况就会完全不同；所以，如果人们作出结论说，物体在这些条件下施加了这种或者那种力，从而也必定（根本谈不上任何限制）具有这种或者那种力，而且只要人们愿意，也在垂直作用中释放出这些力，那么，人们就是在自己欺骗自己。

我现在只想致力于把马兰先生在回答查泰勒夫人于其自然学说中对他提出的异议时用以反对赫尔曼事例的想法的意思表

达出来。然而我觉得，借助于我们迄今为止在力的复合与分解方面所说明的东西，整个事情将能够得到更为简明和更为令人信服的解决，而且它绝大部分也已经由此得到了解决；因此我 〔93〕 相信，通过联系我在此提请注意的东西，本文的读者很容易使我免除作进一步详尽的阐述。

第 88 节

马兰先生是笛卡尔的辩护者们中间惟一一位通过对莱布尼茨学派将力的一种新测算建立于其上的理由进行选择而作出一些考察的人；然而，他也只是在我们于上一节里面已经提到的惟一事例中这样做的。粗看起来，这类研究似乎意义不大，然而实际上，它却像艺术中任何一种哪怕是仅仅可设想的方法一样，具有极其出色的益处。

马兰先生的这种方法的实用性

人们必须具有一种方法，借助它，通过对某种意见建立于其上的基本原理所作的普遍思考、通过将这些基本原理与从它们得出的结论进行比较，人们在每一个事例中都可以得知，前提的本性是否也包含了就由此推导出的学说而言所要求的一切。如果准确地说明依附于结论本性的那些规定，并且清晰地注意到在建构证明的时候是否也已经选择了局限于蕴含在证明中的特殊规定上的那些原理，就会出现这种情况。如果不是这样做的，那么，即使人们还不能揭示错误究竟何在，即使这一点可能永远不为人所知，人们也只会确信，以此种方式尚有缺陷的推论没有证明任何东西。因此，例如，我从对弹性物体运动的普遍思考得出结论：通过物体的相互碰撞而产生的现象不可能证明一种不同于笛卡尔对力的测算的新测算。因为我记

得，所有这些现象都被力学家们连同弹性一起从质量与速度的
〔94〕乘积的惟一源泉中排除掉了，对此，人们可以向莱布尼茨学派展示上百次检验，它们都是由最伟大的几何学家所做的，并且人们无数次地看到这些伟大的几何学家们以自己的赞同来证实它们。所以我的结论是：仅仅由按照速度的简单尺度来测算的力所造成的东西，除了从按照速度进行的测算出发之外，不能从其他任何测算出发作出证明。我原本还不知道，究竟在何处去寻找莱布尼茨学派关于弹性物体相互碰撞的推论中的错误；但在我以上述方式证明，无论多么隐蔽，在这些推论中的某处一定隐含着一个错误的推理之后，我全神贯注地查找它，而且我认为，我曾在不止一处遇到过它。

这种方法是这整篇论文的主要源泉

一言以蔽之：这整篇论文可以被看做是这种方法的一个产物。我想坦率地承认：我相信，我现在完全把握住了赞同活力的所有那些证明的弱点；但一开始的时候，我把它们看做是如此众多的几何学证明，我在其中设想不出哪怕极微小的错误，而且如果对莱布尼茨先生的测算得以确立的那些条件所作的普遍思考没有给予我的观察提供一种迥然不同的推动的话，我或许永远也不会发现一处错误。我看到，运动的现实性是这种力的尺度的条件，它构成了人们不应当像测算追求运动的物体的力那样来测算推动物体的力的真正原因。然而，当我思考这一条件的本性时，我轻而易举地认识到，人们可以把它与惰力的条件归为一类，它只是在大小上与后者有区别，而不可能具有一种结果与惰力条件的结果完全不同，并且虽然作为这一结果之原因的条件被设定得如此接近另一条件，以至于几乎与之混杂起来，却依然与后者保持着无限多的区别。所以，我以一种不亚于几何学的确定性认识到：运动的现实性并不能是充分的

根据，使人推论出物体的力在这种状态下必然与其速度的平方成正比，因为在一个持续时间无限短的运动中，或者换句话说也一样，在对运动的单纯追求中，物体的力不以速度之外的任何东西为尺度。由此我得出结论：如果数学仅仅把运动的现实性作为按照平方来进行测算的根据，除此之外什么都不用，那么，其推论必定是非常不恰当的。由于对莱布尼茨所有的证明都抱有这种持之有据的怀疑，我抨击这种测算的辩护者们的推论，以便除了从现在起知道在它们里面必定存在错误之外，还知道这些错误存在于何处。我自忖，我的计划并没有完全落空。 〔95〕

第89节 缺乏这一方法是某些明显的错误长久以来秘而不露的原因之一

人们如果在任何时候都致力于这种思维方式，那就能够在哲学中避免许多错误，至少它会是早得多地摆脱这些错误的一种方法。我甚至要大胆地说：错误对人类知性有时持续数百年之久的专制主要来自缺乏这种方法或者与它关系密切的其他方法，因而为了今后防止那种弊端，从现在起人们要与其他方法相比更关注这种方法。让我们来证明这一点。

既然人们相信借助于某些在某处隐含着一个非常明显错误的推论已经证明了某种观点，在此之后除非首先发现其中隐含的错误，否则就没有其他办法来认识这一证明的无效性；因而既然在能够说证明中存在着一个错误之前，必须事先就知道是一个什么样的错误使证明被摈弃，既然像我所认为的那样除此之外没有其他方法，那么我断言，错误将很长时间未被揭穿，在骗局真相大白之前，这一证明仍会无数次地蒙骗人。原因如下。我假定，如果在一个证明中出现的定理与推论都是显而易

〔96〕见的，本身就具有人人皆知的真理的外观，那么知性就会赞同这一证明，而不会去在它里面花费心力没完没了地查找一个错误；因为在这种情况下，就知性因此而产生的确信而言，证明就如同一个具有一种几何学的明晰性与正确性的证明一样有效，而隐藏在推论中的错误由于未被察觉，就好像在证明中根本不存在错误似的，从而也不会产生减低赞同的作用。因此，知性要么永远也不赞同一种证明，要么当它在证明中没发现任何看起来像是错误的东西，也就是说，即便证明中有一个错误它也猜想不出的时候，就必须赞同这一证明。因此在这样一种情况下，知性从来不会付出特别的努力去查找一个错误，因为它没有这样做的动因；所以，这一错误将只会借助一种幸运的巧合表现出来，从而在被发现之前，一般说来将很长时间依然隐而不露；因为这种幸运的巧合可能很多年、甚至通常是数百年也不会出现。这差不多就是作为人类知性的耻辱持续许多时代、此后一种非常简单易行的考察就揭穿了的那些错误的最主要根源。因为隐藏在一个证明中某个地方的错误初看起来很像人所共知的真理，因而证明也被看做是完全清晰明确的，人们不会猜想其中有任何错误，当然也就不会去查找错误，人们只是以巧合的方式才会发现它。

人们预防错误长期存在的方法必须是什么样的

由此可以轻而易举地得出：应在何处寻找秘密，什么可以预防这一困难，什么有助于我们揭示人们所犯的错误。我们必须掌握从前提出发猜测以某种方法建立起来的证明就结论而言究竟是否包含着充分和完备的基本原理的艺术。以这种方式我们将得出，在证明中是否肯定存在着一种错误，即使我们没有在任何地方发现它，但是我们随后会考虑查找它，因为我们有充足的原因去猜想它。所以，这将是一堵防止那种危险的赞同

意向的城墙，没有这种动因，赞同会使知性的一切活动远离对 〔97〕
于一个对象的研究，因为它根本找不到怀疑和不信任的理由。这一方法已经在第 25、40、62、65 和 68 节中帮助过我们，它还将继续为我们效力。

第 90 节

倘若有人想把这一方法解说得更清楚一些，并指示出其运用的规则，这将是一项效益不菲的考察；然而，这种研究方式并不属于这篇论文本来应当完全具备的那种数学的权限。但是，我们还是想在对从运动的复合中借来的有利于活力的那些推论的反驳中说明对其有用性的一种检验。

惰态的压力，例如沿斜线方向画出一个交点的重力，在其复合中如果这些方向包含了一个直角，那么其初始速度也是由作为一个直角平行四边形的各边的线段来表示的，由此产生的压力则由对角线来表示。虽然在这里对角线的平方同样等于各边平方的和，但决不能由此得出结论说：复合的力与各简单的力中的一个的比例等于表示初始速度的各条线段的平方；相反，世上所有的人都一致认为：尽管如此各个力在这一事例中仍然只处在速度的简单比例中。如今，仍像借助数学所设想的那样以现实运动的复合为例，并把它与数学进行比较。构成平行四边形各边与对角线的各条线段无非是沿各方向的速度，与惰态压力的复合的事例中完全一样。对角线与各边的比例与它在后者中的比例一样，而且角也是同一个角。因此，注入复合的现实运动的数学观念中的那些规定，与人们在同一科学中用 〔98〕
以表达惰态压力的复合的那些规定没有什么不同。所以，既然从后者得不出按照速度的平方对力进行的测算，从前者就也不能得出它来；因为它们是同样的基本概念，所以它们也就拥有同样的结论。人们还会反对说:在它们之间确实可以发现明显的差别,因为人们假定,它们中的一种是**现实**运动的复合,另一种则只是**惰态**压力的复合。然而,这种假定是空洞无用的。它并不一起进入构成定理的那些基本概念的方案,因为数学并不表达运动的现实性。作为考察主题的各线段只是表达各个速度间的关系。所以,对于运动**现实性**的限制在此只是一个死的、多余的概念,它只是被顺便想到的,从它出发在数学考察中产生不了什么结果。由此得出,从复合运动的这种探究方式中推不出任何有利于活力的东西,反而必定是某种我们现在并不想谈论的混杂的**哲学**结论。以这种方式,凭借我们受到称赞的方法,我们认识到,从运动的复合出发对活力作出的数学证明必定是不正确的、充满错误的;但我们还不知道这是些什么样的错误,然而我们毕竟有一种持之有据的猜测,或者毋宁说是某种确信,即它里面肯定有错误。因而,我们可以不怕麻烦地去认真寻找它们。我已经使我的读者们摆脱了这种麻烦,因为我认为自己已经找到了这些错误,并且在刚刚过去的几节中指出了这些错误。

第 91 节

最后,对于**比尔芬格**先生想针对自己的敌手能够对他提出的责难来保护自己迄今为止已被我们驳倒的结论所用的所有吹毛求疵的辩解和区分之死结来说,我们的方法还是一把利剑。
〔99〕对于我们来说,能够斩开这个死结大有好处,因为否则的话,解开这个死结是要大费力气的。

比尔芬格先生想用来逃避马兰先生责难的区分就是借助这种方法完成的

比尔芬格先生非常清楚地注意到:人们将责备它说,他的证明倘若是正确的，就必须也为惰态压力的复合证明同样的东西。但是，他已经从这方面凭借他善于作出的错综复杂的形而上学区分之堡垒来设防了。他注意到：惰力的作用必须借助强度与其所选路径的乘积来测算，而这一乘积又是由这一线段的平方来表示的；因此，人们虽然可以向笛卡尔学派承认：在惰态压力的复合中各种作用是相等的，然而并不能由此得出结论说，各个力由此也必定是相等的。他补充道：in motibus isochronis solum actiones sunt ut vires, non in nisu mortuo [只有在等时运动中，活动才与力成正比，在惰态支撑中并非如此]。在一场数学争论中，形而上学研究起着一种特殊的作用。数学行家相信，他并不擅长这种吹毛求疵的辩解，即便他没有能力解决它，离由此而犯错误也还相去甚远。他沿着几何学的导线继续前进，所有其他的路径对他来说都是可疑的。在对待比尔芬格先生的借口时，几何学家们同样是如此行事的。据我所知，还没有人与他为伍使用这些武器。人们通过事先的深思熟虑而免除了这一辛劳；因为，一种形而上学的研究，尤其是一种如此错综复杂的综合性的研究，还总是向四面八方留下无数避难所，让敌手中的某一个能够躲避，别的人却不能追捕他或者把他抓出来。我们已经做得很好，一开始就从比尔芬格先生自己承认惟有数学才作出断言的那一方面来进攻他的推论。然而，正如我说过的那样，借助于我们的方法，即便这些区分还隐藏在如此无法穿透的阴霾笼罩之下，我们也掌握了它们。

我们的方法可以预防比尔芬格先生的区分 〔100〕

在此问题主要是：比尔芬格先生的区分是否能够使他从现实运动的复合中对角线与各边线段的比例出发所作的有利于活力的数学证明有效，或者，这一数学证明是否尽管这一切仍不能提供对新测算的任何保护。这本来就是争论的焦点；因为如果比尔芬格先生的大厦只是建立在形而上学的基本原理之上，没有得到运动之复合的数学概念的支持，那么，即便我们不从事这一章的研究，它的意图也已经为我们作了辩解。但是，从人们同样在惰态压力的复合中推导出对角线速度与边线速度的比例的同一理由出发，在**现实运动**的复合中这一比例也得到了证明。事实的确如此，即便在复合的现实运动中所发现的性质和规定无异于惰态压力中的性质和规定，因为这可以得到充分的证明，除了在复合的惰态压力中也必须作为前提条件的东西之外，人们为此不需要任何别的东西。因此，从现实运动中对角线速度的比例不能得出结论说：复合的力必定具有不同于惰态压力的本性与测算方式；因为，即使复合的力的本性与惰态压力根本没有区别，同样的比例也依然出现，因为要证明这一点，除了在此也需要的那些理由之外，人们并不需要别的理由。比尔芬格先生想利用这些理由，从中得出结论说这些力不是与速度成比例，而是与速度的平方成比例，这是白费力气。

据此，这位哲学家所运用的形而上学区分或许能提供让进一步的哲学思考会从中得出有利于活力的一些理由的东西；然而，要弘扬我们所说的那个数学证明，这些区分还是不充分
〔101〕的，因为那个证明仅就其本性而言，就已经使人们想由此得出的规则所要求的东西不确定了。

第92节 莱布尼茨先生的一个特别的复合事例

在我们已经向活力的辩护者们指出所有这些不同的错误证明类型之后，我们终于遇到了以活力之父**莱布尼茨**先生自己为首创者、并且也表现出他的洞察力特征的那个证明。他首先借

解决修道院长**卡特兰**的责难之机在《教育年鉴》① 上将该证明公之于世。此后，每当他想阐发自己对力的测算时，他都特别地援引这一证明，因此我们要把它看做是活力的主要支柱并予以清除。

一个质量为 4 的球体 A② 在一个高度 $1AE$ 为 1 的倾斜曲面上从 $1A$ 下落到 $2A$，并以它通过下落获得的单位为 1 的速度在水平面 EC 上继续运动。此外人们设定：它将自己具有的全部的力都传递给一个质量为 1 的球体 B，在此之后它停在点 $3A$ 上。如果质量为 1 的球体 B 的力应当由此与具有 4 倍质量和 1 个单位速度的球体 A 所拥有的力相等，那么，球体 B 会从球体 A 那里获得怎样的速度呢？笛卡尔学派说：其速度必定是 4 倍。因此，物体 B 以 4 个单位的速度在水平面上从 $1B$ 运动到 $2B$，在它于此同倾斜曲面 $2B3B$ 相遇后，将沿此倾斜曲面向上运动，并因此而在它上面凭借它拥有的速度达到其垂直高度 $3BC$ 为 16 的点 $3B$。人们进一步假定一个倾角台秤 $3A3B$ 在点 F 运动，它的一个秤臂 $F3B$ 长达 4 倍于另一个秤臂 $3AF$ 多一点，尽管如此它们相互仍保持着平衡。现在，如果物体 B 达到点 $3B$，并在那里登上台秤的秤臂，那么显而易见，由于秤臂 $F3B$ 与另一个秤臂 $3AF$ 之比大于 $3A$ 的球体质量与 $3B$ 的球体质量之比，所以平衡被打破，物体 B 从 $3B$ 下降到 $4B$，同时球体 A 从 $3A$ 上升到 $4A$。但是，高度 $4A3A$ 差不多是高度 $3BC$ 的 1/4，也就是说为 4；因此物体 B 以此方式将球体 A 推升到差不多 4 倍的高度。只要借助简单的力学技巧就能够做到：球体 A 从 $4A$ 重返 $1A$，并以其通过回落所获得的力施 〔102〕

①《1690 年教育年鉴》。

② 图 14。

加某些力学作用，但此后再次从点 $1A$ 沿斜面 $1A2A$ 下落，将一切置入先前的状态，也像以前一样把自己所有的力传递给可以凭借平面 $2B4B$ 难以察觉的倾斜而重返点 $1B$ 的球体 B，并再次重复所有这一切。莱布尼茨先生继续推论说：因此，从笛卡尔的力的测算可以得出，只要人们利用一个物体的力，它就会无限地产生越来越多的作用，推动机器、压紧弹簧、克服障碍，它进一步不间断地做到这一点的能力不会有所损失；因此，作用会大于其原因，而所有力学家都认为荒唐无稽的永恒运动是可能的。

第 93 节　这一证明中错误推论的要点

这一证明是活力的所有辩护中惟一一个其显明能够使人原谅莱布尼茨学派在其测算的辩护理由方面表现出的草率的证明。贝努利先生、赫尔曼先生和沃尔夫先生没有说过任何在发明与明显的实力方面可以与它媲美的话。如果不是甚至引诱莱布尼茨先生去犯错误的想法对于他来说也必定是值得赞扬的，一位像他这样伟大的人物是不会犯错误的。对于这一证明，我们想说的是维吉尔笔下赫克托自诩的话：

〔103〕 ... Si Pergama dextra
defendi possent, etiam hac defensa fuissent.

Virg. Aeneid.

［……如果能用我的右手保卫佩尔加姆的话，
它就会得到我的右手的保卫的。

维吉尔：《伊尼特》］

我想简明扼要地表述我对于这一证明的判断。莱布尼茨先生不应当说：球体 A 在借助台秤被提升到 4 倍的高度 $4A3A$，并从 $4A$ 重新返回斜面 $1A$，但此前曾施加过力学的力之后，其回落无论看起来如何，都是传递给球体 B 的力的一种作用。如我们马上就会看到的那样，所施加的力学的力虽然是机械装置中借助传递给 B 的力引发的一个后继状态，但尽管如此，它却不是这个力的作用。我们必须非常谨慎地避免这两种意义的混淆；因为这里正是莱布尼茨证明中出现的所有假象引为根据的错误推论的要点。如果所有这些力学结果不是物体 A 传递给另一物体 B 的力的真正作用，那么，即使人们说，在机械装置后继状态中所包含的比先行状态中的多，一个荒谬思想的所有声望也一下子就消失了。由此尚不是作用大于其原因，而且永恒运动本身在这一事例中也不是荒谬的事情，乃是因为所造成的运动并不是本来仅仅引发这一运动的力的真正作用，因而也就无论如何都会大于这个力，人们并没有违背力学的基本规律。

第 94 节　A 通过机械装置的安排获得的力并不是物体 B 的力所产生的作用

人们把球体 A 所有的力传递给物体 B，物体 B 在沿斜面 $2B3B$ 上升时将之消耗殆尽。因此，在点 $3B$ 上它已经实现了自己的全部作用，也耗尽了所有传递给它的力。现在，当它落到台秤的秤臂上时，它用来将 $3A$ 上的物体抬高的力，就不是先前的力，而只是重力新生的力量造成了这一作用，而 B 从球体 A 所获得的力根本没有参与这一作用。此外，如果球体 〔104〕
A 由此被抬升到 $4A$，球体 $3B$ 的压力就也以这种方式施加了它的全部作用，而物体 B 在从 $4A$ 返回 $1A$ 时所获得的力又是一个新原因的作用，这个新原因与秤臂的活动截然不同，而且也比它大得多，这就是在自由降落中传递给物体的重力的压力。因此，在物体 A 重新到达点 $1A$ 之前，它用来施加力学作用的力是某种虽然由球体 B 的力所引发、即被给予某些力学原因、但却不以它们为产生的原因的东西。

第 95 节　这一点将得到证实

如果莱布尼茨学派设定大自然中产生的后继状态中的力，总是恰恰等于先行状态自身包含的力，那么我很想知道，他们究竟想如何避开人们从他们自己的证明出发可能向他们提出的责难。如果我将 $3B$ 上的球体 B 放在台秤上，从而它在这里向下压迫秤臂，并将物体 A 从 $3A$ 抬升到 $4A$，那么，这就是大自然的先行状态，而 A 此后在从 $4A$ 重新下落时所获得的力就是由先行状态引发的后继状态。但是后一状态所包含的力远远多于前一状态包含的力。因为 $3B$ 上的物体超出 $3A$ 上的物体的部分对于它们固有的重量来说是无与伦比的小，所以物体从 $3A$ 被抬升的速度相对于它通过从 $4A$ 的自由回落在 $1A$ 所获得的速度来说也可能是极其小的；因为重量未曾减弱的压力在此处聚积，而在彼处只有相对于它来说极其小的压力。因而，力在大自然中的后继状态无可争议地大于引发它的先行状态。

〔105〕

第 96 节　对此同样可以从连续律得到证明

这里的一切都首先取决于：人们确信，B 以 4 个单位的速度所拥有的力并不像莱布尼茨学派想在笛卡尔的规律中指出其荒诞不经时必定假设的那样，是此处出现在机械装置中的结果的原因。因为如果是这样的话，那么，只要人们稍稍减弱这一原因，结果就也会稍稍变小。然而这在此处的机械装置中表现完全不同。如果我们设定，$1B$ 上的物体所拥有的速度略小于

4 个单位，那么，它将仅仅上升到曲面 $2Ba$ 上的 a 点；在那里，一个秤臂的长度 $3AF$ 与另一个秤臂的长度之比正好是 4，因而物体 B 的重量既没有使秤臂运动，也没有使 $3A$ 上的物体从其位置上向外移动丝毫。所以，如果 B 减少一部分力，这部分力可以看做如此之小，以至于差不多可以忽略不计，$3A$ 上的物体在这种情况下也根本不再获得任何力了；相反，一旦增加少许，$3A$ 上的物体不仅会重新获得它开始时具有的力，而且远远不止如此。显然，如果 $3B$ 上的物体的力就是出现在机械装置中的那种状态的真正产生性原因，这种飞跃就不会发生。

第 97 节　先行状态中充足理由的全部大小

如果人们就各个物体的比例关系来思考机械装置中杠杆的布置及其几何学规定的话，如果人们此外还附加上高度 $3B4B$ 与高度 $1AE$ 之比大于物体 B 的质量与 A 的质量之比的部分的话（因为高度 $3B4B$ 与高度 $1AE$ 之比是 16 比 1，而质量 A 与 B 的比只是 4 比 1），那么，人们就具有了在 A 中造成力的那些规定的全部大小；此外，如果人们还设想借助几何学规定的有利布置而变得更为有效的重力的压迫，那就具有所有充足理 〔106〕由的完整概括，其中人们将完全是重新发现在 A 中产生的力的大小。如果人们把物体 B 惟一的力与此分离开来，那么，将会发现它太小，不足以在它里面说明进入 A 的力的理由，也就不奇怪了。物体 B 在此所做的一切，就是它在克服重力的抑制的同一时间获得了某种态势，即某个大于按照其速度、从而也按照其质量的比例来说的高度。

这样一来，物体 B 的力并不是在 A 中被产生的力的真正起作用的原因，因而就此来说，力学的伟大规律 effectus quilibet aequipollet viribus causae plenae [任何结果都与其全部原因的力相等］就没有效力了；而且，总是能够以这种方式来产生一种**永恒运动**，丝毫无损于这一基本规律。

第 98 节　惟一还可能隐藏在莱布尼茨证据中的困难

莱布尼茨先生以他的证据能够提出来反对我们的一切都在于：即便人们不能说明事情的完全不可能性，但下述情况仍然是不合规则的、违背自然的，即一种力唤起了另一种比它自己更大的力，而无论这是以什么方式发生的。莱布尼茨先生转向了这一页①：Sequeretur etiam causam non posse iterum restitui suoque effectui surrogari；quod quantum abhorreat a more naturae et rationibus rerum facile intelligitur. Et consequens esset：decrescentibus semper effectibus，neque unquam crescentibus，ipsam continue rerum naturam declinare，perfectione imminuta，neque unquam resurgere atque amissa recupcrare posse sine miraculo. Quae in physicis certe abhorrent a sapientia constantiaque conditoris［可以得出，原因不能被重新恢复并取代其结果；很容易就可以理解，这与自然的规律和事物的理由是多么不一致。合乎逻辑的结论是，由于结果总是有所亏损，从不会有所增加，事物的本性不断地变化，在完美性受损之后，如果没有奇迹，就永不能恢复，不能失而复得。在物理学中，这些肯定是与创造者的智慧和稳定性相悖的］。如果他没有看到事物的本性强迫他作出这种缓和的话，他的措辞是不会如此婉转的。人们可以肯定的只是：如果他的敏锐机智没有认识到这一弱点

①《1691 年教育年鉴》，442 页。

的话，他就会以其几何学魅力的全部雷霆和数学的所有力量来反对自己的敌人。然而，他发现自己被迫求助于上帝的智慧，〔107〕这是某种标志，说明几何学并没有给他提供强有力的武器。

Nec Deus intersit, nisi dignus vindice nodus
Incideril —

Horat. de arte poit.

[倘若不是出现值得保护的关联，
上帝也就不会出场——

贺拉斯：《论诗艺》]

答复

然而，就连这些小小的防御也不能持久。在此讲的只是通过数学而为人所知的对力的测算，而如果这并不能让上帝的智慧完全满意，那也毫不奇怪。这是一门从所有认识的手段中抽取出来的科学，它自身并不是充分地以端正和相称的规则存在的，如果要把它完全运用到大自然，就必须把它与形而上学的学说结合起来。处于各种真理之下的和谐犹如一幅画卷中的协调一致。如果人们特别地抽取出一部分，端正、优美与精巧就会消失不见；然而，要想感受到同样的东西，就必须同时看到端正、优美与精巧。笛卡尔的测算违反了自然的目的：因此，它并不是真正大自然的力的尺度，但这并不妨碍它不应是真正而合理的数学的力的尺度。因为数学关于物体及其力的特性的概念与大自然中遇到的那些概念仍有很大的差别，而我们已经看到笛卡尔的测算并不与前者相悖，这就足够了。但是，为了确定真正大自然的力的尺度，我们必须把形而上学的规律与数学的规则结合在一起；这将裨补缺漏，更好地满足上帝智慧的意图。

第 99 节 帕品先生的责难

活力最臭名昭著的反对者之一**帕品**先生曾非常不成功地利用笛卡尔的事情来反对莱布尼茨先生的这一证据。他已经为自己的敌手清理了战场，并经过了长途跋涉，为的是在某个地方布置一个保护他的岗哨。他向莱布尼茨先生承认：如果假定物体 A
〔108〕把它全部的力传递给了物体 B，那么，按照笛卡尔的测算，就会产生一种永恒运动；并且慷慨大度地向他承认，这种运动是荒唐无稽的事情：Quomodo autem per translationem totius potentiae corporis A in corpus B juxta Cartesium obtineri possit motus perpetuus, evidentissime demonstrat atque ita Cartesianos ad absurdum reductos arbitratur. Ego autem et motum perpetuum absurdum esse fateor, et Cl. Vir. demonstrationem ex supposita translatione esse legitimam [他极为清晰地证明，按照笛卡尔的说法，以什么方式通过把整个物体 A 的力量传递给物体 B，就能够保持永恒的运动；而且他相信已经给笛卡尔学派指出了他们的谬误。不过我也承认，不仅永恒的运动是荒唐无稽的，而且这位著名的人物从假定的传递出发所作出的证明也是合理的]。他在用这种方法败坏了自己的事情之后，却这样来寻找自己的托词：他否认自己的敌手只构成其论证的一个非常偶然部分的假设，并向他提出挑战，要求他解开这一死结。下面的话表明了他的意见：Sed hypothesis ipsius possibolitatem translationis nimirum totius potentiae ex corpore A in corpus B pernego, etc —[但是，我坚决否认他关于全部力从物体 A 传递到物体 B 的假设的可能性，等等——]①。

①《1691 年教育年鉴》，9 页。

第 100 节

莱布尼茨先生一下子就解除了自己敌手的武装，并且没有给他留下一丝一毫的借口。他向自己的敌手指出，力的现实传递并不是自己的证明中的核心部分，而且把能被 A 中的力替换的一种力置于 B 中就已经足够了。在他已经收入到《年鉴》中、而且我们已经援引过的论文中，人们可以看到一切都得到了证明。但是，我不能不举出莱布尼茨先生的一个过失，它会在公开的辩论中使自己的敌手胜券在握的。这一过失就在于：如他提请人们注意的那样，为了说明论证中的一种附带的情况，他承认了某种本来与主旨无关的东西，但这种东西一旦被接受，虽然附带的条件就得到了证明，但却完全颠倒了证明中的要点。

莱布尼茨先生的一个过失

事情是这样的：除了一个物体不可能将其全部的力传递给另一个物体，**帕品**先生本打算在对其敌手的反驳中不留下任何其他例外；他力图使莱布尼茨先生自认为能够证明这一点的所 〔109〕
有机巧都值得怀疑。因此，他竭尽全力反驳莱布尼茨这一点：一个质量为 4 的物体 $1A$[①] 在点 $1A$ 撞击极为坚硬的杠杆 $1ACB$，点 $1A$ 到支点 C 的距离与距离 CB 之比为 4，物体 $1A$ 通过撞击将其全部的力传递给质量为 1 的物体 B；因为莱布尼茨先生在维护其我们已经讨论过的那一力学事例中把自己引向了这一点。当帕品先生利用这一解析并从中得出不利于活力的

① 图 15。

结论时，他并没有发现自己的事情可能包含的长处。他开始进行解析，但他所持的理由却如此孱弱，反而给他的敌手增加了勇气来坚持维护活力。所以，莱布尼茨坚持其手段的正确性，他相信能够利用这一手段通过惟一一次撞击而将一个物体全部的力置入另一物体中。他满怀感激之情地接受了帕品为指出活力的虚假性所援引的理由，并排除了帕品误以为会反过来破坏这些理由的困难。我相信，他说出下面这些话是非常认真的：Cum Florentiae essem，dedi amico aliam adhuc demonstrationem pro possibilitate translationis virium totalium etc. corpore majore in minus quiescens，prorsus affinem illis ipsis，quae Clariss. Papinus ingeniosissime pro me juvando excogitavit，pro quibus gratias debeo，imo et ago sinceritate eius dignas［当我在佛罗伦萨的时候，我曾给一位朋友作出全部力从较大的物体传递到较小的静止物体的可能性的另一种证明，总之是与著名的帕品为了支持我而极为出色地想出来的东西有关的证明，我对此心怀感激之情，而且我表达这种谢意是与他的慷慨相配的］。我们现在要看一看，莱布尼茨由于顽固地坚持维护这一定理，从而给予他的事情以一个非常差劲的推动；他倒是应当承认这一定理属于他的敌手；因为在这种情况下，他虽然失去了次要的事情（但这种损失根本不会给他带来什么不利），却会赢得主要的事情。帕品先生能够而且应当以下面的方式进行论证，以便根据自己的敌手的供认捉住他。

证明：一个质量为 4 的物体通过撞击一个杠杆能够给一个质量为 1 的物体传递 4 个单位的速度

如果一个质量为 4 的物体 1*A* 以 1 个单位的速度撞击 1*A* 上的杠杆，那么显而易见的是：通过这一撞击，它将把自己全
〔110〕部的力与速度传递到与它质量相同、距离杠杆的支点同样远的

另一物体 2A 中。但是，由于撞开 2A 所用的这种速度是杠杆在撞开物体后返回经过无限小的空间 2A2a 时所用的运动的继续，所以这一无限小的运动的速度就等于被撞开的物体 2A 的速度，因而也就等于 1A 撞击杠杆的速度；所以，球体 1A 在其撞击时把杠杆下压一个无限短的线段 1A1a，确切地说，是以 1A 撞击时相同的速度返回经过这一线段。现在用球体 B 来代替物体 2A，球体 B 的质量比为 A 的 1/4，距支点 C 的距离则为 4；并且看一看，物体 B 在物体 1A 致力于向 1a 下压杠杆时会给它制造一个什么样的阻碍。众所周知，vis inertiae［惰态的力］或一个物体借助其惰态的力阻挡另一个物体运动的阻力与其质量是成正比的；但是，一个到支点的距离为 4 的 1 个质量可以被测算为等于距离为 1 的 4 个质量：因而 B 上的 B 给予物体 1A 对杠杆的撞击的阻力正好与物体 2A＝1A 在 2A 上会给予的一样多。所以，即便是在球体 B 而不是球体 2A 处在杠杆上的这种情况下，物体 1A 也与杠杆同时穿过了无限短的线段 1A1a，而且是以与前此情况中相同的速度，即与其撞击点 1A 所用的速度相等。但是，物体 1A 并不能把杠杆从 1A 压向 1a，却不同时把 B 处的另一端从 B 抬升到 b；但是，无限短的线段 Bb 却 4 倍于 1A1a；因此，物体 B 通过杠杆的这一撞击获得的速度是 1A 用以撞击的速度的 4 倍。

以另一种方法作出的同样的证明

还可以用另一种方式对此加以阐明。我们可以把所有坚硬的物体都想象为弹性的，也就是说，想象为被撞凹又重新弹回的；这样，我们也可以赋予坚硬的杠杆 1ACB 以这样一种弹力。〔111〕因此，以 1 个单位的速度撞击杠杆的物体 1A，在它压紧弹簧 1AC 并将它压下 1A1a 这样一段空间时用尽了自己全部的力。现在，这个弹簧在这一受压的全部时间里借助自己的阻力在物体 1A 中所消耗的速度的元素，与弹簧 C2A 作为杠杆延长的臂在同样的时间里借助这种张力弹开通过 2A2a 的空间所用的元素是相等的；因此，如果这一坚硬的线段被延长到 B，那么弹簧 CB 在杠杆 1aCB 重新恢复为直线 1aCb 时用以弹开的速度的元素，就 4 倍于它在点 2A 上摆回所用的元素（因为点 B 在同样的时间里返回经过的空间 bB 乃 4 倍于 2A2a）。然而，由于点 B 距支点 C 的距离为 4，而弹簧 CB 的硬度却是弹簧 C2A 的硬度的 1/4；因此，必须相应地使 B 中的阻力是 2A 中的阻力的 1/4，在这种情况下弹簧 CB 带入质量为 1 的物体 B 中的速度的元素依然为 4，因为与之相反，弹簧 C2A 用在质量为 4 的物体 2A 上面的元素为 1。现在，弹簧 CB 起作用的时间与弹簧 C2A 弹开所用的时间一样大，而两个物体 2A 和 B 通过两个作用时间同样长的两根弹簧 C2A 和 CB 的作用所获得的速度，就等于这些弹簧带给各自物体的速度的元素，因而在物体 B 中 4 倍于在 2A 中；但由于 2A 从弹簧 C2A 的撞击所获得的速度与 1A 在点 1A 撞击所用的速度是相等的，所以，物体 B 通过物体 1A 对杠杆的这一撞击所获得的速度就 4 倍于 1A 用以完成其撞击的速度。如例所示。

帕品先生何以能够由此出发进行论证反对莱布尼茨

我们从这一双重的证明看到：一个质量为 4 的物体凭借这惟一一次撞击能够将等于 4 的速度传递给一个质量为 1 的物体。按照活力最热情的辩护者也不可能怀疑的那些力学基本原理，这是正确的。帕品先生如果很好地利用自己的长处的话，他会由此将自己的敌手狠狠逼入墙角的。他应当告诉自己的敌
〔112〕手：你们向我承认，一个质量为 4 的物体借助一个杠杆就可以将自己全部的力带入一个质量为 1、与支点距离为 4 的物体中；我还可以向你们阐明：它在这种情况下给予那个物体 4 个

单位的速度；所以，一个质量为 1、拥有 4 个单位速度的物体具有一个质量为 4、拥有 1 个单位速度的物体的全部的力；不过，这正是争论的焦点，也是你们要否定我的。

第 101 节

这样，在活力用来威胁笛卡尔的测算的所有打击中，最可怕的一击也落空了。从此，活力在这一击之后还要寻找手段维护自己，恐怕是没有什么希望了。

> ... vires in ventum effudit，et ultro
> Ipse gravis graviterque ad terram pondere vasto
> Concidit：ut quondam cava concidit aut Erymantho
> Aut Ida in magna radicibus eruta pinus.
>
> Virg. Aen. Lir. V.
>
> [他白白地浪费力气，此外
> 他自己有多重就多么重地以巨大的重量摔倒在地上，
> 就像埃里曼索斯山或者高高的伊达山上的一棵巨松，
> 被挖掉了根而倒了下来。
>
> 维吉尔：《伊尼特》，第 5 卷]

第 102 节　我们已经反驳了莱布尼茨学派最主要的几种理由

至此，我们已经援引了活力的新论证最可观和最著名的理由，并且处心积虑根据一报还一报的权利向这个学派偿还了他们经常向笛卡尔的学生们提出的所有异议与指责。人们可能会无理地要求我们：为了使我们这一方从中获得全面的胜利，我们应当将所有在这一问题上站在莱布尼茨先生一边所写下的东西都抓取过来。这将意味着：为了能够充实自己的著作，从黎巴嫩的雪松到墙中长出来的海索草，什么东西都不放过。我们甚至还可以再在我们敌手的领域里攫取一块地盘，抢夺他们的财物，为笛卡尔的追随者建立起众多的胜利纪念物和凯旋门；
〔113〕但我相信，我的读者对此并没有多大的要求。如果人们在任何时候都有理由说一部巨著就是一场巨大的灾难的话，那么，对于像本书这样一部著作，人们也可以这样说；这本书除了纯粹是对同一件事情、即一件非常抽象的事情的不同辩护之外，很少吸收别的东西，最后，吸收它们也只是为了一个惟一的目的，即将它们全部驳倒。

不过，我们还不能完全取消对详尽性的滥用，以至于我们不应当有理由还要提出一个证明；我们争论的问题的所有敌对者和辩护者都会原谅我们避而不谈这一证明。只是因为其作者的地位，这一证明才有资格在本文中占据一席之地；不过，就他在两派的追随者那里享有的声望来说，这一证明并没有丝毫地位。莱布尼茨学派未曾相信过这一证明会对他们的意见有什么用，而且尽管它们经常被逼入困境，人们也没有看到过他们曾求助于它。

第103节　沃尔夫先生的一个论证

我们就是从**沃尔夫**先生那儿获得了这一证明，他用极为奢华的方法装点这一证明，发表在《彼得堡科学院评论》第一卷中。人们可以说：用一长列借助一种严格的方法非常精确地分开和复制的先行定理贯穿自己的定理，可以与一支军队的谋略媲美，这支军队为了给自己的敌人制造假象，隐蔽自己的弱点，而把自己分成许多支队，远远地张开自己的双翼。

任何一个会在科学院上述著作中读到他的论文的人都会发

现，很难从中找出在它里面构成一个真正证明的东西，由于在这里表现出来的分析爱好，所有的一切都大大扩展，并被弄得无法理解。我们想在一定程度上解释他的论证的情况。

第 104 节　这一论证的主要原理

〔114〕

帕品先生曾断言：如果一个物体根本没有克服任何阻碍，没有移动任何质量，没有压紧任何弹簧，等等，人们就不能说它做了什么。在这一点上，**沃尔夫**先生与他意见相左，而且是出于这样一个理由：如果一个人运载一个重物穿越某个空间，那么，每一个人都一致同意，他已经**做**了某事并取得了某种效果；现在，一个物体借助它在现实运动中所拥有的力运载自己的质量穿越一个空间；它的力由此同样已经**做**了某事并实施了某种东西。沃尔夫先生在他的论文一开始就许诺要放弃这一理由并且不依赖于这一理由来证明自己的定理；不过，他并没有信守自己的诺言。

在他已经说明了他所理解的**未受损失的作用**（effectus innocuos）、即在其产生中力没有消耗掉的那种作用之后，他将一个命题设定为基础，他的整个大厦都仅仅建立在这个基础上，而我们只要从他那里夺走这个基础，他这部作品的所有努力就都会化为乌有。Si duo mobilia per spatia inaequalia transferuntur, effectus innocui sunt ut spatia［如果两个运动物穿过不同的空间，未受损失的结果就与这些空间成正比］。这就是我们所说的定理。[①] 让我们看一看，他是如何开始证明这一定

① 因此，沃尔夫先生在一个物体通过不受任何阻碍的空间、即通过一个空的空间的运动中赋予物体某些作用；然后他又把这些作用用做物体力的尺度；因此，他没有履行自己的承诺。

理的。他以如下方式进行推论：如果通过空间 A 的作用是 e，那么在同样的空间或同一空间 A 中产生的作用也是 e；因此，在空间 $2A$ 中作用就是 $2e$，在空间 $3A$ 将是 $3e$，也就是说这些作用是与空间成正比的。

因此，他的证明建立在这样的假设上：**如果物体穿过同一个空间，那么，它也就施加了同样的未受损失的作用。**这就是真正的误导和失误之点，后来扩展到他的整部作品。如果由同一物体在空间中所施加的作用应当是同一作用的话，那么，仅
〔115〕仅空间是同一空间是不够的；这里还必须考虑到物体用以穿过这一空间的速度。如果这一速度不同样是相同的，那么，无论空间如何相等，未受损失的作用还将是不同的。要理解这一点，我们必须像在第 17 节中已经做过的那样，把物体所穿过的空间不是设想为完全虚空的，而是设想为充满了物质的，只不过是充满了非常稀薄的、因而阻力非常小的物质。这种情况之发生，只是为了我们有一种真正的作用和这种作用的某个主体；因为在其他情况下，正如沃尔夫的论证中的情形一样，依然是一种未受损失的作用。因此，如果物体像另一个与它相等的物体一样穿过了一个同样大小的空间，那么二者都使同样多的物质产生了位移，但因此却并没有总是产生同样的作用。因为如果一个物体以 2 倍的速度穿过它的空间，那么他的空间的所有微粒都由于他的作用而从它那里获得的速度，就 2 倍于另一物体以 1 倍的速度穿过的空间的微粒，因此，第一个物体施加了更大的作用，尽管质量和穿过的空间在二者那里是相等的。

第 105 节　沃尔夫的纲要的又一主要根据

这样，**沃尔夫**先生所有推论的原理显然是错误的，并且与

人们从作用和运动的概念出发能够最清晰最确定地证明的东西相矛盾。人们一旦犯了错误，后果无非就是一个错误的链条。沃尔夫先生从他的基本原理中得出另外一个原理，这一原理为他的体系真正提供了所有令读者出乎意料地惊奇并感到奇怪的重大推论。这就是：由于**在相同的运动中，空间处于速度和时间的复合关系中，所以未受损失的作用就与质量、时间和速度的总和成正比。**在此之上他建立起这样一个定理：Actiones, quibus idem effectus producitur, sunt ut celeritates [产生同一结果的那些活动与它们的速度成正比]。〔116〕

反驳

在这一原理的证明中存在着一个错误的推论，它也许比我们几乎没有发现过的错误推论还要严重。他证明，如果两个同样的物体在不同的时间中产生同样的作用，而它们的速度则与产生这同样的作用的时间成反比，这就意味着：在一半时间中就完成其作用的物体拥有 2 个单位的速度，而另一个为此必须使用全部时间的物体则相反，只拥有 1 个单位的速度。他由此推论说：**由于每一个人都承认，在以另一个运动的 1/2 时间完成其作用的活动是 2 倍大，所以，这一事例中两个活动与时间成反比，即与速度成正比。**之后他继续前进，思考了两个不同的物体在同样的时间中产生同样的作用的事例。他指出，在这一事例中速度与质量成反比，并进一步推论道：Quoniam hic eadem est ratio massarum, quae in casu priori erat temporum, ratio vero celeritatum eodem modo sese habet: perinde est, sive massae sint eaedam et tempus diversum, sive massae diversae et tempus idem etc [由于这里质量的比例就是上一事例中时间的比例，而速度的比例则保持老样子；所以是质量相同而时间不同，还是质量不同而时间相同，这都是一回事，等等]。这个推论是一个怪物，但却不是一个人们在数学论文中应当看到的论证。人们记得，在前面的事例中，之所以说两个在不同的时间中完成同样作用的相同物体，其活动与时间成反比，乃是因为在较短时间内产生这一作用的活动正因为如此并且在同等程度上大于为此用去较多时间的另一个活动。因此，这一推论之所以成立，乃是出自这一理由，即由于完成一个作用的时间之短，任何时候都是由一个更大的活动产生的。然而，如果我像在这里第二个事例中那样，用质量的不相等来替换时间的不相同，而使时间成为相等的，那么人们就很容易看出，质量不相等的结果并不是时间不相等的结果。因为在第一个事例中，在较短时间内完成其作用的物体，**正因为时间较短**，而产生一种较大的活动；然而在这里，质量较小并以这一质量在与另一物
〔117〕体相同的时间里完成同样多的作用的物体，就不是**因为其质量小**就具有了**更大的活动性**。这样说是荒唐无稽的；因为质量的小毋宁说是活动性的小由以建立的真正的、本质性的根据，而如果一个物体尽管质量如此小却依然还像另一个物体一样在相同的时间里产生同样多的作用，那么人们就只能推论说：它的活动由于质量小而缺少的东西，通过一个较大的速度得到补偿，并由此而与另一个物体的活动相匹敌。因此，如果质量不相等，时间与作用却相等，那就不能说：两个物体的活动与其质量成反比，即使在时间与质量相等的事例中就时间和活动来说这一比例成立。**因此，是质量不同而时间相同，还是时间不同而质量相同，并不是一回事。**

这样，沃尔夫论文中的一个主要定理建立于其上的证明就是无效的、无用的；因此，活力在这里将找不到能够滋养它的土地。

在一部作品中，偶尔会有某些可以容忍的错误，这些错误扩展得并不广泛、并不完全损害主体部分的有效性。然而在我们谈的这篇论文中，这些依靠方法的定理就命悬一线；因而一

两个错误就使得整个体系应予拒斥、毫无用处。

第 106 节　我们还没有动力学

沃尔夫先生在他的论文中本打算为我们提供一门动力学的最初基础。他的努力不幸失败了。这样,我们到现在还没有动力学的基本原理,使我们能够有理由在它们上面进行建设。我们这篇允诺要说明活力的真正测算的论文应当弥补这一缺憾。第三章应当从事这方面的尝试;然而,人们可以期望击中目标吗?因为各种尝试中的一个毕竟以这种考察方式未能达到目标。〔118〕

第 107 节　穆森布罗克先生的论证

刚才，当我正在用前面的事例结束对极为著名的莱布尼茨学派由以建立自己力的测算的理由进行反驳的时候，我收到了由戈特谢德教授先生翻译的、**彼得·冯·穆森布罗克**先生的**《自然科学基本学说》**，它是在这个 1747 年的复活节书展上面世的。这位伟大的人物是当代自然研究者中间最伟大的一位，他的意见中成见和学派热情的成分要少于其他任何一个人的学说；这位如此著名的哲学家率先使莱布尼茨先生的测算经受他的数学研究，之后又经受他如此巧妙地进行的试验，并认为它在二者中都得到了证实。他所采用的后一种方法，并不属于当前这一章的内容，但第一种方法却是与此相关的。本文的目的要求我思考这位著名的作者在这里给笛卡尔的测算制造的困难，而且可能的话使它们避开我们应当维护的对象。但是，这几页书的狭小篇幅，或者坦率地说，这里表现出来的惊人的不平等，难道不会给我设置无法逾越的障碍吗？

让我们看一看，他认为在数学思考中证明了莱布尼茨规律的，究竟是一些什么样的理由。①假定有某个与被施压的物体一起运动的外部原因，例如一根固定在立柱 *AS* 上、并弹开物体 *F* 的弹簧 *BC*，那么，如果物体 *F* 是处在静止中的，弹簧 *BC* 将给予该物体1个单位的速度。但是，一旦该物体已经拥有了这个单位的速度，那么，要给它第2个单位的速度，就要求有2倍的弹簧。因为如果一根弹簧再次独自伸展，那么，已经在以弹簧展开的那个单位的速度现实运动的物体，就会避开
〔119〕弹簧、不接受它的压力。因此，必须再加上第二根弹簧 *DB*②，它使得支撑弹簧 *BC* 的点 *B* 以物体逃逸的速度追击物体，以这种方式物体 *F* 就像开始一样相对于弹簧 *BC* 是静止的，以便它在弹簧 *BC* 伸展时获得单位为1的速度。同样③，要使已经拥有2个单位速度的物体 *F* 获得第3个单位的速度，就要求有3根弹簧 *ED*、*DB*、*BC*。一个已经拥有100个单位的物体，要给予它一个新的单位，就要求101根弹簧，余者依此类推。因此，给予一个物体某个单位的速度所需要弹簧的数目等于物体的全部速度所分解成的单位的数目，也就是说，给一个物体传递1个单位速度的所有弹簧全部的力，等于该物体在拥有这个单位的情况下所拥有的全部速度。现在，在三角形 *ABC* 中④，它的直角边 *AB* 被等分为各个部分，线段 *DE*、*FG*、*HI* 等等分别等于线段 *AD*、*AF*、*AH*，因此，人们可以利用线段 *DE* 表示给予物体第1个单位速度 *AD* 的弹簧；利用2倍长的线段 *FG* 表示产生第2个单位速度 *DF* 的2倍的弹簧；利用线段 *HI* 表示唤起第3个单位速度 *FH* 的3倍的弹簧；等等。如果人们

① 图16。
② 图17。
③ 图18。
④ 图19。

设想这些线段 DE、FG 等等无限接近，那么，按照卡瓦列里引入测量术的无限小方法，它们就构成了三角形 ABC 的全部面积。因此，在一个物体中产生速度 AB 的所有弹簧的总和就等于平面 ABC，即速度 AB 的平方。但是，这些弹簧表示一起在物体中产生所说的速度的那些力，而**对一个物体起作用的各种力的数目怎么样，在它里面产生的力也就是怎么样**；因此，一个物体的力与他所拥有的速度的平方成正比。 〔120〕

第 108 节　对这一论证的研究

我相信，一个笛卡尔的追随者将对这一证明提出以下的异议：

如果要根据某些弹簧的总和测算传递到一个物体中的力，那就必须仅仅计算现实地把自己的力量带入物体的那些弹簧；然而，那些根本没有对物体起作用的力，人们也不可为了在物体中设定一个与它们相等的力就加以利用。这一定理是力学最清晰的定理之一，没有一个莱布尼茨学派的人对它提出过质疑。穆森布罗克先生本人在他的证明的结尾也承认这一定理；因为这就是他的原话：**对一个物体起作用的**各种力的数目怎么样，在它里面产生的力也就是怎么样。但是，如果一个已经以 1 个单位的速度运动的物体 F 通过两根弹簧 DB、BC 的伸展获得了第 2 个单位，那么，在这两根弹簧中只有 BC 才对它发生了作用，DB 没有把自己的张力中的任何东西带入它。因为弹簧 DB 是以 1 个单位的速度伸展的；而物体 F 也已经现实地以1 个单位在运动；因此，F 避开了这根弹簧的压力，这根弹簧在自己的伸张中够不着它，无法把自己的张力传递给它。它所做的无非是使支撑弹簧 BC 的立柱 B 以物体 F 运动的同样速度追赶物体 F，以便立柱相对于该物体来说是静止的，而弹簧 BC 把它等于 1 的全部力带入该物体。因此，它不是以这种

方式在 F 中附加给前一种力的力的作用因，而仅仅是一种偶因；而惟有弹簧 BC 才是这种力的作用因。此外，如果这个物体已经拥有 2 个单位，那么，在 3 根同样的弹簧 ED、DB、BC 中，惟有弹簧 BC 才把自己的力以及速度的第 3 个单位给予它，余
〔121〕者依此类推，以至无穷。因此，如果 DE①是第一根把自己的力带入物体 F 并在它里面唤起第 1 个单位的速度 AD 的弹簧，那么，与它相等的弹簧 fG 则给予该物体第 2 个单位的速度并把自己的力传递给它，弹簧 hI 给它第 3 个单位，等等；所以，弹簧的总和 $DE+fG+hI+kM+lN+rO+bC=BC$ 构成了从其静止状态开始运用于物体 F、并在它里面唤起速度 AB 的力的全部大小。但是，BC 与 AB 成正比，而 BC 是力，AB 却是速度；因此，力与速度成正比，而不是与速度的平方成正比。

第 109 节　证实笛卡尔力的尺度的新事例

从现在起，我们已经越过了在维护笛卡尔规律的时候能够与我们对立的所有困难。但我们还不想满足于此。对于一种曾经拥有声望、甚至拥有成见的意见，人们必须穷打猛追，把它从所有的避难所里赶出来。这样一种意见就如同那个多头怪兽，每砍一次它都长出新头来。

Vulneribus foecunda suis erat ille: nec ullum
De centum numero caput est impune recisum,
Quin gemino cervix haerede valentior esset.

Ovid. Metam.

① 图 19。

[它因自己的伤口而是能生产的，但在数以百计的头颅中，
不会平安无事地被砍掉哪一个，
毋宁说，他的头颈因双倍的后来者而更强大。
奥维德：《变形记》]

如果有人指责这部作品，说它多余地、使用比需要更多的理由来反驳莱布尼茨力的测算，我认为这对我来说是非常光彩的；但是，如果我让它缺乏这些理由，我会感到羞愧的。

假定一个倾角台秤 ACB① 的一个秤臂是另一个秤臂的 4 倍，而对 4 倍的秤臂终端施压的物体 B 是另一个物体 A 的1/4。〔122〕这些东西将在我们设定它们所处的状态中静止，并相互完全处于平衡中。如果给物体 A 再附加上一个小重量 e，那么，物体 B 就会被抬高通过弧 Bb，与此相反，物体 A 则通过弧 Aa 下落，但物体 B 将在这一运动中获得 4 倍于 A 的速度。如果去掉重量 e，与此相反把一个 1/4 的重量 d 加给秤臂 Cb 终端的物体 b，那么，b 被下压通过弧 bB，而 a 则被抬高通过弧 aA；但与 B 是一回事的 b 由此获得了与第一种场合中同样多的速度，同样，与 A 是一回事的 a 也同样获得了在第一种场合中带入它里面的速度；区别只是运动的方向颠倒了。由于添加的重量 e 所施加的作用存在于物体 A 和 B 一起具有的力中，而 1/4 的 d 所完成的作用同样被设定在 $b=B$ 和 $a=A$ 由此一起获得的力中，所以很清楚，这两个重量 e 和 d 施加了同样大的作用，因而必须使用、从而也曾经具有过同样多的力。但是，这两个重量 e 和 d 起作用所用的速度（也就是说，既包括

① 图 20。

其初始速度，也包括它们通过所有这些压力的积累所获得的有限速度）与它们的质量是成反比的，因而两个速度与其质量成反比的物体具有同样的力；这驳倒了按照平方进行的测算。

第 110 节　莱布尼茨的怀疑之结

在**尤林**先生发现一种事例，通过它人们简单明了地认识到速度的倍增在任何时候都只是设定力的倍增之前，笛卡尔学派从未能以如此多的自信来对抗力的新尺度的辩护者们。莱布尼茨先生拒绝这一点，特别是在他发表于《年鉴》① 的动力学论文中的试验里。人们只是听到他如下的说法：Cum igitur com-
〔123〕 parare vellem corpora diversa aut diversis celeritatibus praedita，equidem facile vidi：si corpus *A* sit simplum，et *B* sit duplum，utriusque autem celeritas aequalis，illius quoque vim esse simplam，huius duplam，cum praecise，quicquid in illo ponitur semel，in hoc ponatur bis. Nam in *B* est bis corpus ipsi *A* aequale et aequivelox nec quicquam ultra. Sed si corpora *A* et *C* sint aequalia，celeritas autem in *A* sit simpla et in *C* dupla，videbam non praecise，quod in *A* est，duplari in *C*，etc [因此，当我想把不同的物体、确切地说是具有不同速度的物体进行比较的时候，我确实很容易看出：如果物体 *A* 为 1，物体 *B* 为 2，二者的速度却是相同的，那么前者的力同样为 1，后者的力为 2，因为非常明确，无论在前者中设定什么，在后者中都要设定 2 倍。原因在于，在 *B* 中有双倍的自身相等、速度相等的物体 *A*，

①《1695 年教育年鉴》，155 页。

除此之外没有别的。但是，如果物体 A 和 C 相等，而速度在 A 中为 1，在 C 中为 2，我就不能明确地看出，在 A 中的东西在 C 中就加倍，等等]。尤林先生借助世界上最简易的事例解开了这个死结。

尤林先生的解决

他假定了一个运动的平面，例如①一条驳船 AB，该船沿 BC 方向以速度 1 运动，并以同样的运动携带着球体 E。因此，这个球体通过平面的运动具有为 1 的速度，也具有为 1 的力。此外，他假定在这个平面上有一根弹簧 R，该弹簧在立柱 D 上弹开，给予上述球体自身再加 1 个单位的速度，从而也给予 1 个单位的力。因此，这个球体一共获得了 2 个单位的速度，并与这 2 个单位的速度同时获得 2 个单位的力。因此，速度的倍增并没有造成比力的倍增更多的东西，并没有像莱布尼茨学派错误地劝说的那样，造成力的 4 倍。

这一证明是非常清晰的，并且根本不容许逃避；因为平面的运动除了给予物体一个与它相同的速度、即给予它一个为 1 的速度并从而给予它一个为 1 的力之外，什么也不能做。而弹簧 R 由于与平面和球体同时有一个共同的运动，除了自己的张力之外也不能以别的任何东西起作用。如今，这张力恰如它给予一个物体——例如我们这里的物体——的那么多，即不多于 1 个单位的速度、从而也仅仅 1 个单位的力。因此，在进入这个问题的设计的所有东西中，无论人们向何处求助，都只能发现 2 个单位的力的原因，在物体中现实地存在着 2 个单位的速度。

① 图 21。

〔124〕

第 111 节　查泰勒夫人对尤林的论证提出的异议

查泰勒侯爵夫人反对**尤林**先生的论证，但却是以这样的方式，要是对一种曾经选择的意见的爱好不会给予一件糟糕的事情以最美好的色彩的话，她的洞察力是足以发现这种方式的弱点的。

她提出了以下的异议。驳船 AB 并不是一个不动的平面；因此，既然弹簧 R 是由立柱 D 支撑的，那么，它将给驳船带入某些力，因此，人们将在驳船的质量中又发现 2 个单位的力，这是人们按照莱布尼茨的测算在物体 E 中没有找到的。

第 112 节

在这一逃避中，存在着人们称为 fallaciam ignorationis elenchi［盲目论证错误］的那种谬见的错误。她并没有真正在自己敌手的证明要害之处攻击其论证，而是关心一个看起来对自己的意见有利、但并不必然附属尤林证明的偶然附带情况。我们很容易就可以把这块绊脚石从道路上清除出去。没有任何东西阻碍我们设想驳船是由一种不允许它借助弹簧向 D 使劲而沿方向 AF 稍稍后退的力推动的。为此目的只能设想它具有无限大的质量。在这种情况下，驳船由于弹簧 R 的有限力量只是无限少地后退，即根本没有后退；因此，物体从弹簧获得的力，与弹簧朝一个完全不动的立柱伸展时弹开所获得的力同样多，即它将获得全部的力。

第 113 节　李希特先生对尤林论证的异议

在为树立力的新尺度而作出自己贡献的人们的名册中没有

丝毫地位的**李希特**先生，却对尤林的论证提出了一种更有点徒有其表的异议。①

他认为，恰恰这种力在与不同事物的关系中非常不同。虽然就与驳船同时以一个方向和速度运动的事物而言，弹簧 R 给予球体 E 一个为1的力，但是，就在驳船之外现实地静止的对象而言，弹簧给予球体的就不是1个单位的力，而是3个单位的力。 〔125〕

我很想知道，按照李希特先生的意见物体 E 在与静止对象的关系中获得的2个单位的力究竟是从哪里来的；因为它不可能由于一种空洞的抽象或者一种休闲的思想就能够从它产生，而是必须绝对有活动的原因和力，应当由它们来产生它。但是，如果一切都对外在的事物处在绝对的静止中，而驳船开始以1个单位的速度运动，那么，在物体 E 中就由此产生出1个单位的绝对的力。由此开始，驳船已经不再对物体起作用了；因为它相对于物体是静止的，而弹簧的张力开始释放其活动。这种活动所拥有的，也恰恰只有产生1个单位的力所要求的那么多；再在它里面寻找更多的，那是白费力气。因此，除了归入2个单位的力的这么多之外，在物体中并没有施加更多的绝对作用。如果在与静止事物的关系中，即在绝对的理解中，据说在物体中产生了4个单位的力，但尽管如此在物体中所施加的绝对作用却不多于2个单位，那么，就必然有2个单位是偶然地、没有原因地产生的，或者是从无中生出的。

既然在一件如此清晰的事情中还出现了一些疑虑，那么，为了完全避免一切疑虑，我们可以这样安排尤林先生的事例：如果一切都处在绝对静止中，那么，物体 E 首先从弹簧获得1

①《1735年教育年鉴》，511页。

个单位的速度，此时驳船还处在静止中，这样，物体 E 的这个获得的力就毫无争议地是一个绝对的力。现在，如果驳船在这种情况下也开始以 1 个单位运动，那么，这又是一个绝对的
〔126〕运动，因为它之前对一切事物都是静止的。因此，它传递给所有属于它的质量的东西 1 个单位的力，从而也给物体 E 又传递 1 个单位的力，而由于产生这个单位的原因是在绝对运动中起作用的，所以物体从这个原因得到的力不会多于 1 个单位。因此，即便是以这种方式，在一切中为物体 E 产生的也不多于 2 个单位的力。

李希特先生还试图用另一个从弹性物体的碰撞得出的借口来逃避。然而，他的辩护是建立在莱布尼茨学派的共同假设之上的，即人们在弹性物体的碰撞后必然发现恰恰如同碰撞前的力。我们反驳过这一假定；因此，这里特别与李希特先生进行纠缠是不必要的。

第 113a 节　涉及本章一些部分的补充和说明

一、对第 25 节的说明

对第 25 节更清晰的阐述

由于这一节的定理是我们当前的考察最重要的基础，所以我们想再以一种更为清晰些的形态阐述它。

一种现实的运动的标志是运动有限的持续期。但这个持续期或者从运动的开端所流逝的时间是不确定的，因而是可以任意地假定的。据此，如果线段 AB① 表示运动期间流逝掉的时间，

① 图 2。

那么，物体在 B 有一种现实的运动，此外在作为半程的 C、在作为 1/4 点的 D、在此后这段时间的所有更小部分上、哪怕人们无限地使它任意小，物体都有一种现实的运动；因为是它大小不确定的概念允许这样的。因此，我可以设想这段时间无限小，而不会由此使运动现实性的概念损失什么。但是，如果这段持续期的时间是无限小，那么，它就可以被计算为无，而物 〔127〕体就仅仅处在初始点，即处在单纯的运动努力中。因此，物体的力在任何现实的运动中都以平方为尺度，如果这一点不用其他的限制——例如**莱布尼茨**规律所要求的——就是正确的，那么，它即使在单纯的运动努力中也就已经如此了；而这必然自己否定自己。

有限时间不确定的概念何以自身包含了无限小的时间

乍一看，似乎莱布尼茨规律通过附属于它的有限流逝时间的限制得到了充分的保障，以致不可能被引导到其持续期无限小的运动上来；因为有限的时间是一个表示与无限小的时间完全不同的类的概念，因此看起来，由于这一限制，仅仅在有限时间的条件下允许的东西，根本不可能被引导到无限小的时间上来。即使人们如此谈论有限的时间，即人们假定，如果把它作为条件，从它引申出这种或者那种属性，它就必须是确定的，它的大小必须被规定，这一点也依然有其正确性。但是，如果要求一个有限的时间，同时却允许人们可以任意地假定其大小，那么，在这种情况下，无限小的时间就也被包括进它的类了。对于莱布尼茨学派来说，这一点并不是不为人知的。因为他们必然知道，他们的祖师就是把连续律建立在这个基础之上的，也就是说，如果假定 A 比 B 大，但究竟大多少却是不确定的，那么，人们不用损害在这一条件下正确的规律，就可以说，A 与 B 相等，或者如果人们让 A 撞击 B，并且假定 B 也在运动，那么，假如它的这种运动的单位是不确定的，人们就也可以假定，B 是静止的，而不会由此取消在那个条件下确定的东西；在其他事例中还可以举出很多。

莱布尼茨的测算在有限速度的条件下也不适用

最后，如果有人还想说，莱布尼茨的测算虽然不能在有限
〔128〕时间的条件下、但却依然能在有限速度的前提下是正确的（尽管这显然是违背他们的学说的），就会发现，无论是有限的速度，还是有限的时间，人们都可以用线段 AB 来表现，在这种情况下，同样将证明，如果他们的规律在速度有限的情况下完全有效，那么，它也必须在速度无限小的情况下有效，而这是他们自己不能不否认的。

二、对第 31～36 节的补充

一个物体压迫所有的弹簧，直到它的全部运动都被夺去，而这些弹簧被压迫的时间则可以是随意的；这样，该物体正好拥有所有这些弹簧的力；我们的敌手把这列入人们仅能够拥有的最清晰的概念。关于那些不仅仅满足于被压迫的弹簧的数量，而且还总是追问压迫的时间的人，**约翰·贝努利**先生说，这就和一个人想测量一个杯中的水，但却不满足于他眼前拥有的现实尺度，即杯子的容量，而是认为还必须知道该杯子被装满所用的时间一样荒唐。他满怀信心又不满地补充说：Desine igitur quaerere nodum in scirpo［不要在鸡蛋里面挑骨头了］①。**查泰勒侯爵**夫人也准备好一种同样幽默的想法了；不过，他们两个都错了，而且恕我直言，都受声名所累，与他们在这一错误中让人看到的信心一样大。

①《1735年教育年鉴》，210页。

时间何以必须在有重力障碍时被考虑到

如果弹簧 A、B、C、D、E 中的每一个都具有这样的性质，即它只对抗物体 M 的惟一压力，同时由此失去自己的全部活动，所以在此之后就不再在物体 M 中起作用了，而不管物体 M 承受它随意多长时间，那么我自己就承认，无论物体压迫弹簧是1个单位的时间还是4个单位的时间，它所施加的 〔129〕
都是同一种力；因为在它压迫弹簧之后，它就在弹簧那里无所事事地浪费时间了。如果与此相反，物体在克服弹簧的压力时，它的力并没有同时取消弹簧的活动，那么，每一时刻都在从弹簧向反作用的物体中传递着新的单位的力；因为这根弹簧在第一时刻就是逐渐消失在物体中的单位的力的原因，它的作用在第二时刻、此外在第三时刻以及在此后无限的所有时刻中都依然存在，而且同样强。在这些条件下，克服这些弹簧压力的物体是在较短的时间里还是较长的时间里做到这一点的，就不是一回事了；因为在较长的时间里，它要比在较短的时间里承受更多的压力。但如今，重量的压力就是这种类型。它的每一根弹簧都在所有的时刻里以同样的活动起作用，而在第一时刻克服它们压力的物体却因此而尚未在随后的所有时刻里都做到这一点。它将为第二个时刻需要同样多的力，依此类推。因此，一个物体用来对抗造成重力的物质惟一一个部分的压力的力，不仅与重量压力的强度成正比，而且与它同时间的乘积成正比。

还有一个不利于活力的证明

为并非弹簧的数量而是时间才是施加的作用的尺度这一定理的多余证明，人们还可以再附加上这一点。一个斜着抛出的物体的运动是抛物线状的，该物体必然不仅由于下落而快得多地通过某个高度，而且也在下落的终点获得一种比从同样高度垂直下落能够给予它的大得多的速度和力。因为当它划出曲线的时候，它直到下落的终点比它垂直下落经过了一个更大的空间。但在那个更大的空间中，它必须承受比它在短的直线中能够碰到的更多的重力弹簧；因为造成重力的物质是向所有方向同等地扩散的；因此，根据莱布尼茨的定理，它必须在前者中比在后者中获得更多的力和速度；这是荒唐无稽的。

〔130〕 对查泰勒侯爵夫人和马兰先生关于活力的争论的想法

马兰先生考虑按照**未被克服的障碍、未被压迫的弹簧、未被位移的物质**来测算一个物体的力，或者像**查泰勒**夫人所说的那样，按照它不曾作过的事情来测算它的力。这位女敌手认为在这一思想中发现了某种奇怪的东西，她认为自己可以引证它来寻开心。尽管这位著名的人物给他的思想附加了一个本来是一切的关键的限制，即：**即使人们借助一个假说假定它保持或者一再接受自己的力，这些弹簧也依然受到压迫，**但他的女敌手依然在这一假说中发现了某种未被允许、未被授权的东西，以致她因此而对他提出一个更为严厉得多的责难。我将简明扼要地指出，这位杰出人物的思想是多么确定无疑、多么可靠，除了我们已经援引过的尤林先生的思想之外，在这一事情上不是那么容易就能够想出某种更为重要的、更为缜密的东西的。

针对查泰勒夫人为马兰先生的测算方式辩护

如果人们接受在某些障碍被一个物体的力克服的时候该物体的力所损失的部分，如果人们——用我的话说——测算这种损失，那么，人们就会最确定无疑地知道，被克服的阻抗的全部力量究竟有多大；因为物体如果不用掉一个与这种阻抗或者障碍相等的单位的力，就不能克服它们，而这个在物体中被抵消、被消耗的力究竟有多大，夺走该物体这个力的障碍也就有多大，以这种方式施加的作用也就有多大。

〔131〕 假定有一个物体以 5 个单位的速度自地平线垂直升空，并

且像通常那样用三角形 ABC 的面积表示它所达到的空间或者高度①；在这个三角形中，线段 AB 表示流逝的时间，BC 则表示它升到这个高度所用的速度。相等的线段 AD、DF、FH 等等应当表示整个时间 AB 的元素，从而复合构成大三角形平面的各小三角形都与 ADE 一样大，就是整个空间的各元素或者物体在时间 AB 里所压迫的弹簧的数目。据此，我们的物体在开始升空的第一个时间段 BK 里压迫了它在空间 $KLBC$ 中遇到的 9 根弹簧。但是，如果这些弹簧的收缩在它里面没有消耗力，或者这种损失总是从别的地方得到补偿，那么，它就还会压迫弹簧 LlC，它现在未能压迫它，乃是因为它在压迫其他弹簧时所支出的力恰好等于它为此必须拥有的那么多。因此，弹簧 LlC 就是被压迫的 9 根弹簧的阻抗在我们的物体中所消耗的那种力的尺度。在它完成这一步之后，它以上述损失之后还给它留下的残余力量继续升空，在第二个时间段里压迫在空间 $HIKL$ 中遇到的 7 根弹簧。这里又一次清楚易见的是，如果我们的物体能够压迫这 7 根弹簧并且还完全给它留下它的力量，那么，它在这同一时刻还要压迫并克服弹簧 IiL；然而，由于它并没有这样做，所以可以得出，它通过压迫其余的 7 根弹簧失去的那个单位，其补充将使它能够还克服 IiL；因此，这根弹簧就表示出 7 根弹簧的阻抗给它的力带来的损失的大小。以同样的方法，弹簧 GgI 将表示第三个时间段由于压抑重力而造成的力的损失，依此类推。这样，自由升空的物体由于克服重力的障碍所蒙受的损失就是未被压迫的弹簧 LlC、IiL、GgI、EeG、AaE 的总和，〔132〕
从而也就是它所克服的障碍自身的平方，因而它的力也就处在这个比例之中。由于未受压迫的弹簧与时间或者速度成比例关

① 图 22。

系，所以物体的力也等于这些比例关系。如例所示。

此外，由此可以看出，马兰先生为什么有权利通过一个假说假定物体克服了障碍却完全保持住自己的力，这最初显得是违背运动的第一基本原理的。因为障碍当然夺走了它一部分与它们相等的力；但尽管如此，还是可以总是在思想中从别处补充这一损耗，保持物体不受损失，以便看一看它在以这种方式不减少力的情况下，比障碍消耗的部分丧失掉的情况下将多做多少事情。在这种情况下，这就提供了阻抗现实地从物体夺走的那种力的整个尺度，因为可以认识到，要使物体不损失任何东西，就必须添加一个怎样的单位。

我不得不在这里对侯爵夫人攻击其敌手的定理所用的方式再加以说明。我觉得，她未能选择比她忙于给他的推论一种奇怪和荒唐的特征更好的办法来触及他的最痛之处。一种严肃的介绍将吸引读者作出相关的注意和研究，并使灵魂对所有可能从这一面或者那一面进入它的所有理由开放。但是，她让自己的敌手的意见出现所用的那种奇怪的形态，却立刻抓住了读者弱的一面，在读者心中毁掉了更详尽思考的兴趣。统治判断和反思的那种灵魂力量具有一种懒散和清静的本性；它乐于找到自己的退隐之处，愿意在使它免除一种费力的反思的东西那里流连忘返；因此，它很容易被那些把两种意见中的一种突然置于可能性之下、并宣布进一步研究的辛劳没有必要的观念所俘
〔133〕获。因此，如果我们的女哲学家的敌手不能拥有严肃的理由的话，她本来能够以更多的合理性或者还以更好的成果来运用她的 ridendo dicere verum［笑谈真理］或者笑对她的敌手谈真理的念头，而人们也想让他感到自己的可笑。我在这里所作的说明，会对她那个性别的其他任何人来说都具有一种不合礼仪的品行和某种人们称为学究气的举止的样子；然而，在我所说的这个人物身上表现出的知性和科学的优势，使她超越了她那个性

别其他所有人,也超越了另一个性别的大多数人,同时使她失去了人类更美的一半的真正特权,即奉承和以奉承为基础的赞美。

马兰先生的选择之所以杰出，还由于在他的方法中作为被用掉的力的尺度的弹簧不仅是相等的，而且还在同样的时间里受到压迫；因此，无论是莱布尼茨学派还是笛卡尔学派都感到高兴；要是莱布尼茨学派承认力是相等的，他们就坚决要求空间是相等的；而笛卡尔学派则在时间方面要求这一点。

三、对第 45、46、47 节的补充

我觉得，除了一根弹簧如果不以与它在另一面用张力撞击物体同样大的力量支撑在一个立柱上并且同样强劲地顶住它，就不可能撞开一个物体之外，我不能讲出任何更确定无疑、更无矛盾的东西了；因此，由于在**贝努利**先生的事例中除了物体 B 之外并没有别的立柱，它必须对物体 B 使用与它对 A 使用的力量同样大的力量；因为如果 B 不在阻抗弹簧的伸张时在张力中获得那种力，弹簧就根本不能弹开物体 A；因此，由于物体 B 不是不动的立柱，所以它同样接受了弹簧带给 A 的所有力。尽管整个世界都是以同样的方式思考的，但约翰·贝努利先生却在对立中找到了一种我也不知道什么样的亮光，他就 〔134〕
在此之上建立起一种不可战胜的信心。他说道：Non capio，quid pertinacissimus adversarius，si vel scepticus esset，huic evidentissimae demonstrationi opponere queat［我不理解，即便最固执的敌手是怀疑论者，他又究竟能用什么来反对这个最清晰的证明］；接着他又说道：Certe in nostra potestate non est，aliquem eo adigere，ut fateatur，discere，quando videt solem horizontem ascendere［我们肯定没有能力如此逼迫某个人让他承认，一看到太阳升上地平线就是白天］。让我们不要冷漠地看待人类理性在一位如此伟大的人物人格中发生的这种巧合，而是要从中学会也给我们最大的信念植入一种明智的怀疑，并且总是猜想即便在这种情况下我们也没有摆脱欺骗我们自己的危险，以便知性至少能够如此长久地保持自己的平衡，直到它获得时间在充分的检验中认识事态、证明和对立面。

正是在我们所说的这篇论文中，贝努利先生指出，人们怎样能够在较短的时间里借助同样多的弹簧的压力给予一个物体同样多的力。我已经在它与我们的事情相关的程度上对它给予了充分的回答。但在这里，我还想再附加一个考察；这个考察虽然与我们的计划无关，但尽管如此却可能有其独特的用处。他在那里说道：无论 4 根弹簧 a、b、c、d 是像图 23 那样排成一条线，还是像图 24 那样排成相邻的两部分，还是像图 25 那样排成这样的 4 份，球体 F 都通过它们获得同样多的力。

就贝努利先生认为能把多根弹簧全部的力带入一个物体的方式引起的回忆

在这里，请注意以下保留条件。只有在前后连贯的弹簧 a、b、c、d①还没有给予物体比这些弹簧中的一个单独弹开所用的速度更大的一个速度的情况下，贝努利先生的思想才是正确的；因为一旦是这种情况，人们想按照贝努利先生的估算借助彼此相邻地结合起来的弹簧②给予物体与它们按照先后顺序
〔135〕所能够给予它的同样大的速度，就会落空。也就是说，在图 23 中一列弹簧直到它们完全伸展开所给予物体的速度是 10，而这些弹簧中的一个，例如 a，独自伸展开，即是说，不弹开一个物体，所用的速度是 8，这样就很清楚，在图 25 的方法中，这 4 根弹簧将只能给予物体 8 个单位的速度。因为一旦物体获

① 图 24。
② 图 25。

得这 8 个单位的速度，它就拥有与应当弹开它的弹簧在自由弹开时自己所拥有的相同的速度；因此，它们在这种情况下将再也不能带入物体任何东西。然而无可争议的是，如果这个物体 *F* 应当通过碰撞又压迫图 25 中的 4 根弹簧，那么，它为此与在图 23 中和图 24 中一样，需要 10 个单位的力。但是，由于恰恰这个图 25 可以是每一个物体的弹性力的写照，所以由此说明，一个完全弹性的物体能够以某个速度撞击一个不动的立柱，尽管如此它弹回所用的速度会比它撞击所用的速度小得多，这是可能的。但是，如果人们乐意让这 4 根弹簧把自己全部的力都传递给它们撞击的物体，那么，人们就必须给质量 *F* 再加上 2/10；因为在这种情况下，这 4 根弹簧将就物质的量而言补偿它们用速度不能带入的东西。

四、对 105 节的说明

详细阐述沃尔夫证明中的错误

当我在第 116 页想指出**沃尔夫**男爵先生的论证中非同一般的错误时，我并没有作出足够清晰的阐述。乍一看，这就好像其中的推论在数学上，即依照 aequales rationes sibi substitui invicem possunt［相同的比例可以互相替代］的规则，还足以得出似的；然而，它事实上与这一规则毫无共同之处。前面的事例是：Tempora，quibus duo mobilia，si sunt aequalia，eos- 〔136〕
dem effectus patrant，sunt reciproce ut celeritates［两个运动物如果相等，则产生同一种结果所用的时间与其速度成反比］。紧随其后证明的第二点是：Massa corporum inaequllium，quae eosdem effectus patrant，sunt reciproce ut celeritates［产生同一种结果的**不相等物体**的质量也与其速度成反比］。沃尔夫先生由此得出（因为如果人们对它的论证作出适当的分解的话，它就是这样的）：由于在两个事例中时间和质量的比例等于速度的比例，所以，它们彼此相等。这可以得到赞同，但只是不要忽视它们彼此相等所依的规定，即产生同一结果的不相等物体的质量，其比例完全等于（请注意！）**同样的物体**施加同样的作用所用的时间；因为这如人们所看到的那样，是与这些比例相联系的限制。然而，沃尔夫先生的结论却是：因此，物体质量的比例等于**这些不同的物体**施加其相同的作用所用的时间；这是对既定比例关系的明显歪曲。

如果我们的作者只是想到把他想彼此引导出的两个定理相互加以比较，那么，他就必定清楚地看到，它们不仅不能相互引导出，而且甚至还是正好互相矛盾的。也就是说，第一个定理是：Actiones，quibus corpora aequalia eosdem effectus patrant，sunt ut celeritates［相同的物体产生同一种结果所用的活动与其速度成正比］。他想从中引导出证明第二点的结果，即 Actiones，quibus corpora inaequalia eosdem effectus patrant，sunt etiam ut ipsorum celeritates；celeritates autem eorum sunt reciproce ut masse［不相同的物体产生同一种结果所用的活动，也与它们的速度成正比；但它们的速度却与其质量成反比］。

如果我们按照第一个定理的尺度假定两个相同的物体 A 与 B，使 B 的速度 2 倍于 A，那么，按照这一规则，B 产生与 A 相同的结果所用的活动就 2 倍于物体 A 的活动，因为前者由于其更大的速度就以 1/2 的时间完成这一结果。然而，按照第二个规则，我就能使 B 变成 1/2，而尽管速度仍与先前一样大，所说的活动却也与先前一样大。但显而易见的是，如果 B
〔137〕是先前的 1/2，它的速度仍是同样的速度，它就不可能以与它的质量 2 倍大的时候同样的时间里作出既定的结果，而是为此需要更多的时间；因此，由于为同样的结果所使用的时间越大，活动就越小，所以在这种情况下，活动就必然比 B 的质量以同样的速度 2 倍大的时候更小；而这与第二点相矛盾。

但是，即便人们免除沃尔夫引以为基础的那个定理，即活动可以不相等其结果却相等，所有这些矛盾也依然可以在他计划的证明中发现。一个有死的人从来不会让自己想起予以维护的这一定理，是一个具有人们能够想得出的最佳形式的矛盾。因为活动这个词是一个相对的词，就另一个事物包含着它的理由而言，它表示一个事物中的作用或者结果。因此，结果与活动是同一种东西，含义上的区别仅仅在于，我时而是与那个作为理由的事物相联系考察它，时而在那个事物之外考察它。因此，这无非就是说：一个活动可以与它自身不相等。此外，它之所以有活动的名称，乃是因为一个结果取决于活动，如果在这一活动中能够有一个部分并没有一个与它相等的结果取决于它，则这个部分就不能还有活动的名称。即使产生这些结果的时间是不相等的，被用于它们的活动却可以是相等的，这只能从中得出，在时间相等的情况下，结果以及与结果对应的活动将是不相等的。

简单地说：显而易见的是，在这篇与作者尽人皆知的、备受赞颂的、在作者的财富中最突出抢眼的洞察力根本不一致的论文中出现如此不正常的错误，必定有极其特殊的原因。不难判断，莱布尼茨的荣誉当时被视为整个德国的荣誉，挽救这一 〔138〕
荣誉的光荣要求引起了这一努力，并使得证明以比它们在其首创者的光照之外显现出来更为有利得多的形态被阐述。事情本身具有如此可疑的性质，以致为它作的辩护不可能没有错误；但是，对它的巩固却是如此诱人，以致它就没有给冷静的研究留下位置。诸如赫尔曼先生、贝努利先生等等这些著名人物的作为，我要么是已经指出过，要么是将要指出，在这一主题之外人们几乎是根本不可能在他们身上遇到诸如此类的东西的；关于它们，我要说的也正是这些。因此，我谈到的这位人物的荣誉依然是有保障的。我冒昧地如此对待他的防护性文章，如同对待一件不属于他所有的事情似的。此时，他可能会大声告诉我一位年长的哲学家即便在一件事情更准确地涉及他的时候也会叫出的话：**你只是击中了阿那克萨库斯的外壳。**

〔139〕

第三章
什么把活力的一种新测算表现成为大自然真正的力的尺度

第114节　在数学中被认为错误的那个规律缘何能够在大自然中成立

我们据此已经详细地说明，按照平方对力进行测算在数学中被认为是错误的，除了老的或者笛卡尔主义的力的尺度之外，数学不允许其他力的尺度。然而，在上一章的不同地方，我们已经使读者建立了尽管如此仍将平方测算引入大自然的希望，现在是兑现我们的承诺的时候了。这种冒昧将使我们的大部分读者感到诧异，因为从这里似乎可以得出，数学并不是不会骗人的，对它的陈述提出上诉也是可以的。然而，事情并非确实如此。如果数学陈述自己关于所有物体的规律，那么，大自然的规律也将包括在内；而且，希望有一种例外，那是徒劳的。然而，它却借助于各种公理确定了自己关于物体的概念；对于这些公理它要求，人们就它的物体而言必须以这些公理为前提条件，但这些公理却具有这样的性质，即它们就数学的物体而言并不允许并排除某些特性，但在大自然的物体那里却必
〔140〕然遇到这些特性；因此之故，数学的物体是与大自然的物体迥然不同的事物。所以，某种东西对前者来说可能是真的，但却不可转用到后者身上。

第 115 节　数学物体与大自然物体之间的区别以及与双方都相关的规律

我们现在要看一看，在大自然的物体中所遇到、而数学就自己的物体而言不允许的特性，究竟是一种什么样的特性；此外究竟是什么原因使得前一种物体成为与后一种物体完全不同类的事物。数学不允许自己的物体拥有一种不是完全由作为它的运动的外部原因的东西产生的力。因此，它不允许物体中有别的力，除非这种力是从外部在物体里面造成的；就它的运动的原因而言，人们每一次都精确地、以同样的尺度再次遇到这种力。这是力学的一个基本规律，但其前提条件却也不允许除笛卡尔主义的测算之外的其他测算成立。不过，我们马上就会证明，大自然的物体完全是另一种情况。大自然的物体自身就有一种能力，自动地在自己里面增大由其运动的原因从外部在它里面唤起的力，以致在它的运动里面，就能够有并非从运动的外部原因产生的、甚至大于这种原因的单位的力；因此，这种单位的力不能用度量笛卡尔主义的力的同样尺度来度量，也可以有另一种测算。我们要以一件如此重要的事情所要求的那种极为精确缜密的态度来探讨大自然物体的这种特性。

第 116 节　速度不是一种力的概念

一如我们在第 3 节已经看到的那样，速度自身并不包含一种力的概念。因为它是运动的一种规定性，也就是说，它是物体的这样一种状态的规定性，在这种状态中，物体并不运用 〔141〕
自己拥有的力，而是拥有这种力却什么也不做。但它原本就是物体在静止时所拥有、即物体以无限小的速度所拥有的那种力的数目；也就是说，它是这样一个数目，其中物体在速度无限小的时候所拥有的力就是单位。这一点，根据尤林那个杰出事例（第 110 节）的提示，也就是说如果我们按照类似的方式，像他把速度看做是由两个相同的部分构成的那样，就其无限小的各部分来衡量它，就可以最清晰地由剖析的方式得到解释。

第 117 节　如果没有在自身中保持状态的努力，就没有力

为了精确地知道究竟是什么规定了力的概念，我们必须以下面的方式进行。力被正确地凭借终止它并在物体中消解它的障碍来测算。由此得出，一个物体，如果在它里面没有一种在自身中保持障碍要消除的那种状态的努力，就会根本没有力。因为如果不是这样，那么，障碍要终止的那种东西就会像是一个零。

什么是强度

运动是力的外部现象，而保持这种运动的努力则是能动性的基础，而速度则表明，为了拥有全部力，就必须假设速度是多少倍。这里我们想把那种努力称为强度；因此，力等于速度与强度的乘积。

对这一概念的说明

为了有一个能够更为清晰地说明这些概念的例子，且假设有一根 4 段的弹簧 a、b、c、d。[1] 如果我们确定，这 4 段中的每一段单独开始伸展的速度是 1，那么，由 4 段这样的弹簧组合而成

① 图 23。

的整根弹簧 *ad* 在自由伸展时的初始速度就是 4;看起来好像可以由此得出,这根 4 段的弹簧施加给一个物体的初始速度比 1 段的弹簧造成的初始速度大 4 倍。然而,强度在 4 段的弹簧中是在 1 段的弹簧中的 1/4;正是以某种尺度向一个不动的支点压迫这 4 段弹簧中的 1 段的力量,也成 4 倍多地压迫 4 段的弹簧,因为单个弹簧如果以这种方式与其他 3 段联在一起,它的支点就是可动的支点,从而 4 段的弹簧的坚硬度,或者换句话说也一样,4 段的弹簧的强度,也就失去了传递它们速度的那种东西。因此就发生了这样的事情:4 段的弹簧虽然在自由伸展时其初始速度要大于 1 段的弹簧 4 倍,但它给予一个物体的初始速度却并不大于该物体从 1 段的弹簧能够获得的初始速度。这一点可能有助于解释强度的概念,并说明,缘何在测算力的时候必须把强度考虑在内。 〔142〕

第 118 节　如果强度就像是一个点，那么，力就像是一条线，也就是说如同速度

如果一个物体的力是这样的，即它只是在一个时刻致力于保持运动的状态，至于速度则随它的便，那么，这种努力或者强度对所有的速度来说都是同样的；因此，这样一个物体的全部力都仅仅与它的速度成比例；因为因数中的一个始终是相同的，所以，显示力的量的乘积与第二个因数成比例。

第 119 节　如果强度是有限的，即如同一条线，那么，力就如同平方

对于这样一种运动来说，不断地从外部补偿在物体中每时每刻都在消失的力是必要的，而如果物体要以这种方式作出不断的运动的话，力就永远只是一个不断的外部推动的结果。不

过由此也可以清楚地看出：如果与此相反，物体的力是这样的，即它在自身包含着足够的努力，以给定的速度始终如一
〔143〕地、不断地从自身出发不需要外部援力保持运动，那么，这种力就必然是迥然不同的，必然也极为完善得多。

这是因为：由于对前一种力来说，其强度对所有的速度都是相等的，即是无限小的，只是通过大量各种单位的速度才多样化的，所以，后一种力与此相反，在大量各种单位的速度中总是与速度成比例，并与之相乘，其乘积则是力的真正尺度。因为其强度无限小的有限速度提供了一种力，其中恰恰这种强度在速度无限小的情况下形成的力就是单位。因此，如果一个物体要在自身中充分地确立这种速度和力，以便拥有完整的努力持久地在自身中保持它们，那么，它的强度就必须与这种速度或者力成比例。在这种情况下，由此就产生出一种全新的力量，它是与速度成比例的力与相等于速度的强度的乘积；因此，这乘积也就等于速度的平方。也就是说很容易就可以理解，由于物体以无限小的强度在速度有限的情况下所拥有的力如同表现这种速度的一条线，而强度则如同一个点，所以如今强度同样如同一条线，而由此产生的力则如同一个从前一条线的运动产生的面，而且是如同平方，因为所说的这些线相互之间是成比例的。

人们可能会觉察到，我在这里完全没有考虑质量的差别，或者把质量设想为相等的；其次，就我所说的运动而言，我把空间看做是空荡荡的。

第 120 节　自身具有自由地、持久地保持其运动的内在努力的物体，具有一种与速度的平方成正比的力

据此，一个物体，在自身中充分地确立自己的运动，以致

从它的内在努力出发就可以充分地理解，它将自由地、持久地、不受阻碍地在自身中把这运动保持到无限，这样的物体就具有一种以其速度的平方为尺度的力，或者如我们想称谓的那样，具有一种活力。与此相反，如果它的力并不是在自身中拥有保持自己的根据，而是仅仅以外部原因的在场为基础，这种力就与单纯的速度成正比，也就是说，它是一种惰力。 〔144〕

第 121 节　物体从其内部的动力出发把来自外部的压力无限地提高并使它成为一个迥然不同的类别

但如今，我们要衡量一个物体的力，看它在通过一个外部原因的作用而在物体里面最先产生时是什么样子。在这种情况下，它肯定是以外部原因的在场为依据，并且在外部原因未唤起推动的那个时刻，它并不存在于物体里面。因此，在它依据外部原因的时刻，它具有这样的性质，即如果外部原因不在场，它就会马上消失。这是因为，物体是否能够在这个时刻之后在自身中确立在它里面唤起的这种力，以及在此之后从中产生出什么，我们现在不谈这个问题。所以在这个时刻，力的强度无限地小，因而仅仅以外部推动为依据的力自身和单纯的速度一样，也就是说是惰态的。但是，如果在此之后这个物体将赋予它的这种力确立在自己内部的力中，从它的努力中产生出对运动的一种持久自由的保持，那么，它在这种情况下就不再是一种惰力，而是一种以平方为尺度的活力，与惰力的关系就像一个面与一条线的关系。由此也就很清楚，一个物体以这种方式，当它自己自由地继续施加给它的速度时，就自动地在自身中无限地加大它从外部的机械原因获得的力，并把它提高为一个迥然不同的类别，因而我们在第 115 节所作的说明在此得

〔145〕到了证明，活力被完全排除在数学的审判权之外。

物体不能从外部获得任何活力

此外，人们由此看出，活力不能由一个外部的力——无论它多么地大——在一个物体中造成；因为只要一个力依赖外部的原因，那么它就总是像我们已经证明的那样，与自己的简单速度成正比；相反，它必须从物体自然力的内在源泉获得与平方尺度相应的规定性。

第 122 节　在惰力与活力之间有无限多的中间单位

我们已经证明，如果一个物体在其自身中充分完备地说明自己运动的原因，以致从其力的性质出发就能够理解，这种力在物体中将不变地、自由地永远得到维持，那么它就具有一种活力；但如果它在自身中根本不能说明自己的力，而是由此而依赖于外部，那它就具有一种惰力；后者无限地小于前者。这马上就得出了结论：如果这个物体虽然有一些、但却不能完备地在自身中说明自己的力，那么它的力就有一些接近活力，并且与惰力有一些区别；在这两个终极的界限即完全的惰力和完全的活力之间，必然还存在着无限多从前者向后者过渡的中间单位。

活力仅仅在运动开始后的一个有限的时间里产生

此外，由此还可以借助连续律得出：一个物体，它在开始的瞬间拥有一种惰力，并且在此之后获得一种活力，后者与惰力的关系如同一个面与产生它的线的关系，则这个物体只是在一个有限的时间里获得这种活力的。因为如果要设定，它不是在开始瞬间的一个有限的时间里，而是直接在开始瞬间之后无限小的时间质点中获得后一种力的，那么这无非是说，它在开始瞬间自身中就已经拥有了活力。因为连续律、甚至数学都证明，无论我说物体处在其运动的开始瞬间还是说它处在开始瞬间之后无限小的时间质点上，这都是一回事。但是，力在运动开始的点上是惰态的。因此，人们不可能说在此之后它是活力，同时断定运动中的这种活力只是在外部原因起作用后经过一个有限的时间才能在运动中找到。 〔146〕

对此的解释

也就是说，物体的自然力在自身之中延续着从外部接受来的压力，并且由于它借助一种得到延续的努力而将事先像一个点的强度在自身中积累起来，直到它变得像一条线，这条线与从外部在它里面激发的与速度成正比的力也是成正比的，这样，它就由此而将从外部获得的、事先也仅仅像一条线的力自身积累起来，以致它如今像一个平面，在这个平面中，外部给予的速度和力表现为一条边，而从物体内部自己生成的强度构成另一条边，后者与前者成正比。

第 123 节　什么是活化

物体的力虽然还不是活力、但却在朝着这个目标前进的那种状态，我称之为力的变活或者**活化**。

强度在力的活化期间是什么状况

因此，力上升为活力的那段时间位于两个端点之间，即始点与力完全成为活力的那个点之间；在这段时间里，物体在自身中还没有充分地确立自己的力。在此，也许我的读者会想到发问，物体在这段时间里究竟是怎样能够自由并且一致地维持和继续自己被给予的速度，因为在这种情况下它在自身中还没有充分地确立自己的力和运动，从而还不能自己来维持它。对
〔147〕此我的答复是：力在这段时间里虽然还不具备这样的性质，使得从它出发就可以理解一种永远自由且不减弱的运动，即使它不凭借内在的努力而继续得到提高。不过，力维持自己的努力在这种方式中是否不完备，在此暂不讨论。要问的只是：尚未如此增长、以致能够不减弱且不断地维持运动的力，其强度却至少能够经历直到完成活化所必需的这段时间而维持运动。至于这种情况不仅是可能的，而且事实上也是如此，这一点由此也得到了说明，因为在这整个时间段里，每一瞬间都有强度的新元素在物体中产生，这个新元素在一个无限小的时间质点里维持着既定的速度，从而这一强度经过整个时间段在物体中产生的所有元素就在这整个时间段的所有瞬间里维持着同一速度，从与第 19 节的对照中就可以清晰地说明这一点。

如果活化在完成之前中止，在这种情况下，运动会怎么样呢？

但是如果我们假定，在活化尚未完成的时间段里，物体突然停止进一步积累强度的元素，停止使力完全成为活的，在这种情况下，会发生什么事情呢？显而易见，在这种情况下，物体将仅仅在自身中确立并在自己的运动中继续不断地维持与它在活化的这段时间里已经获得的那种强度成正比的速度单位，而为了达到完全活化就要求比现实存在更大强度的其他单位的速度，就必然突然消失和中止。因为现存的强度在自身只能确立这种速度的一个部分，并且也不再在每一瞬间都产生强度的新元素来在所有的瞬间维持既定的速度，因此其余的部分必然自动地消失。

在这种情况下，力会是什么样子呢？

因此，如果一个自由运动的物体遇到一个阻力，它在以自己的全部速度达到完全活化之前运用自己的力量来克服这一阻 〔148〕力，那么，它所使用的这种力量就如同它所达到的强度与之成正比、并与之相适应的速度单位的平方，因而这种力量能够在给定的时间里成为活的，或者这种力量也如同它所达到的这种强度的平方；物体并不以其他的单位做什么事情，或者仅仅按照简单速度的尺度起作用，但相对于其他的力，这一点并不值得注意。

第 124 节　对力的新测算

据此，一个在自由运动中将自己的速度毫不减弱地维持到无限的物体，就具有一种活力，即具有一种以速度的平方为尺度的力。

这种力的条件

然而，这也是与这一规律相联系的条件。

1. 物体自身必须包含着在一个畅通无阻的空间中不变地、自由地并且持久地维持其运动的根据。

2. 从以上所证明的已经看出：物体并不是从将它置于运动之中的外部原因获得这种力的，相反，这种力是在外部刺激之后从物体自身内部的自然力产生的。

3. 这种力在物体中是在一个有限的时间里产生的。

第 125 节

这一规律是力的新测算的主要根据；关于这种新测算我要

说，如果我的判断与我所论及的如此伟大的人物相比的微不足道性允许我以这样的权威性说话，那么，我要用它来取代笛卡尔和莱布尼茨的测算。此时，我并非不乐意使自己相信：这一规律也许能够规定这样一个目标，而未切中这一目标在所有民族的哲学家中间造成了分裂和争论。活力在被从数学中放逐之
〔149〕后，被接纳入了自然界。人们将绝对不能责难两位伟大的世俗智者中的任何一个——无论是莱布尼茨还是笛卡尔——犯有错误。即便是在自然界中，莱布尼茨的规律也不会不同于经过笛卡尔的测算缓和之后的样子。如果人们在不同的机敏人物的人格中把人类理性与自身统一起来，并且即便在他们相互矛盾的情况下也找出这些人物的缜密决不会完全错过的真理，这在某种意义上叫做捍卫人类理性的荣誉。

第 126 节　由于存在着自由运动，所以也存在着活力

问题的关键在于，世界上存在着自由运动，如果没有外部的阻力，这种自由运动将持久而且毫不减弱地维持自身。这样问题就清楚了，在自然界中肯定存在着活力。行星自由持久的运动，以及证明自由运动的物体仅仅按照阻力的规定而丧失自己的运动、没有这种规定就将永远维持这种运动的无数其他经验，都提供了这种保证，断定了自然界中活力的存在。

数学不容许任何自由运动

然而由此还可以清楚地看出：数学根据其判断的明晰性不容许其物体有自由运动。因为它不容许必然使运动自由和持久的东西，也就是说，不容许物体从其内部产生一种既不是从外部原因产生也不能来源于外部原因的努力和力。因为除了从是

其运动原因的物体中产生的力之外，数学不承认一个物体中还有别的力。

第 127 节　利用这些考察的更便捷方法

尽管迄今的考察和证明具有这样的性质，即无非是仅仅就事情的本性所允许而比得上数学的概念及其明晰性，但我还是 〔150〕 想满足那些认为凡是仅仅具有一种形而上学外表的东西都值得怀疑的人们；他们绝对要求一种经验，使经验成为推论的基础，显示出一种使他们能够更为满意地利用这些考察的方法。也就是说，我将在这一章的结尾从一个经验出发以数学的明晰性说明：在自然界中确实能够发现拥有速度之平方的力。

这些先生们可以从第二章所有证明的结果过渡到这一点：一个诸如此类的力不可能是外部机械原因的一个作用，因为如果允许力仅仅是造成运动的那个原因的作用，那么，除了按照单纯的速度进行的测算之外，就不可能进行任何别的测算。这将把测算引导到这种力何以能够从物体的内在自然力产生的方式，并逐渐地使它过渡为我关于活力的本质所进行的那些考察。

第 128 节　贝努利已经拥有了这些概念

我曾经说过，力的自由的、从物体内部出发得到继续的持续期是真正的标志，人们只有从这标志出发才能得出力是活力并且以平方为尺度的结论。我非常高兴的是，在我上面援引的**贝努利**先生的文章中极为精确地发现了这一思想。作为一位单纯的几何学家，他虽然不是以地道的形而上学语言，但却完全清楚明白地表述了自己的见解。他说道：Vis viva est aliquid reale et substantiale，quod per se subsistit，et quantum in se est， non dependet ab alio; —Vis mortua non est aliquid absolutum et per se durans etc. etc. [活力是某种实在的、实体性的东西，它凭借自身存在，且它如何自己存在，并不依赖于他物。——惰力并不是某种独立的、凭借自身而持久的力……]

这一引述给我的考察带来不少好处。这位数学行家通常带
〔151〕着某种怀疑看待他相信是出自吹毛求疵的形而上学区分的推论，这种怀疑迫使他拒绝给予他的赞同；我不得不担心，他对我的推论也会这样做；但在这里，事情是如此显而易见，以至于它会自动地显现在最严厉的几何学家的数学思考中。

但他并不是以卓绝的理由发现这些概念的

我惊讶的是，由于贝努利先生在活力的概念中有这种醒悟，他已经有可能在他要证明这种力的方式上如此误入歧途。他很容易就能够得出，在就这种 realis et substantialis, quod per se subsistit et est absolutum aliquid [实在的、实体性的、凭借自身存在的、绝对的某物] 而言不确定的事例中、在不能发现应当引导到此的那些规定性的事例中，他将发现不了这种力；因为如他自己所看到的那样，这样的东西是活力的类标志，而就这种特性而言不确定的东西，也不能把人引导到活力上去。不过，他指的是在两个不相等的物体之间伸展开的弹簧的事例中发现活力，在这一事例中，不仅发现不了与其说应当引向所谓的惰力、倒不如说引向由上述区分标志说明的活力的任何东西，而且甚至所有在他确立自己的证明时所出现的力，都是某种 quod non est aliquid absolutum, sed dependet ab alio [并非绝对的，而是依赖于他物的东西]。

我们由此再次被引导到，在一个复合的、明显的证明中听凭于单纯喝彩声的结果，离开我们在第 88、89、90 节称颂并收益颇丰地利用的方法的导线，该是多么危险；也就是说，事

先考虑必然地附属于作为证明主题的事物的概念，然后研究证明的条件是否也在自身中包含着以确立这些概念为目的的相关规定性，该是多么绝对地必要。

第 129 节　活力具有偶然的本性

我们已经证明，活力在自然界中的存在仅仅建立在这样的前提条件之上，即自然界中存在着自由的运动。但现在，从一 〔152〕
个物体根本的、几何学的属性出发，却难以找到应当使人根据我们在前文已经阐明的东西认识到像为了提供一种自由的、不变的运动而要求的这样一种能力的证据。

就连莱布尼茨学派也认识到了这一点

因此可以得出，活力并不是被认做一种必然的属性，而是某种有条件的、偶然的东西。如莱布尼茨先生特别地在《神正论》中所承认，他自己已经认识到了这一点；而丹尼尔·贝努利先生则通过据他认为人们证明活力所必须利用的方式证实了这一点。也就是说，人们必须预设一个基本的等式，即 $dv=pdt$；在这个等式中，dv 表示速度的元素，p 表示造成速度的压力，dt 则表示压力造成无限小的速度所用的时间的元素。他说，这是人们必须接受的某种有条件的东西。

尽管如此，他们还是在几何学上必然的真理中寻找活力

活力的其他辩护者们对作出不同于莱布尼茨先生的判断感到不安，于是就众口一词。尽管如此，他们还是在绝对是几何学上必然的事例中寻找活力，并且自认为可以在其中找到；这毫无疑问是极为令人惊异的。

赫尔曼先生的特殊失误

赫尔曼先生以同样的方式尝试这样做，但却没有因活力的偶然性而把自己搞糊涂。不过，作为前提条件的关于莱布尼茨思想的良好评价以及绝对作为目的的意图使他陷入了一种无疑值得注意的错误结论。我觉得，并不能轻而易举地找到某个人物，让他想到作出这样的推论：人们必须把 a 和 b 两个量合并起来，在其结合中予以考察，因此人们必须把它们一起相乘；但尽管如此，这却是完全按照赫尔曼先生这样一位如此伟大的推理大师发生的。他说，“在下落时获得力的一个新元素的物体，却已经有了一个速度，于是必须把这个速度一起予以考
〔153〕察。因此，人们必须把它已经拥有的速度 u、它的质量 M 和速度的元素或者——这是一回事——重力 g 和时间的乘积——即 gdt——合在一起。**因此，dV 或者活力的元素等于 $gMudt$，也就是说，等于这里标出的量的乘积**”。

第 130 节　经验证实了逐渐的变活

我们的学说体系自己就包含着，一个自由地、不变地运动的物体在其运动的开始并不拥有其最大的力，相反，如果它已经运动了一段时间，它的力就会更大。我觉得，每一个人都有某些能够证实这一点的经验。我自己就发现，在一杆火枪装得完全同样满的情况下，在其他条件都完全相同的情况下，如果我在离目标几步远的地方点燃火枪，则其枪弹就比我在离目标仅仅几寸远的地方向一块木头射击时射入木头更深得多。那些比我有更好的机会做试验的人们，有可能对此作出更为精确的、得到更好测定的检验。不过，经验教导我们，一个不变地、自由地运动的物体，其强度是按照我们在这里证明的定理在物体中产生，并且只有在一段确定的时间之后才获得其充足的量的。

第 131 节

如今，在我们奠定了力的一种新测算的基础之后，我们应当致力于指明那些与这种新测算特别关系密切的规律，它们似乎是构成了一门新动力学的脚手架。

我有能力阐述力的活化或者变活所遵循的一些规律，不过，由于本文致力于勾勒出力的这些如此新颖、如此出乎意料的属性的第一套方案，我不得不理所当然地担忧，我的那些特别渴望了解主要本质的读者们，会发现自己心烦意乱地卷入了 〔154〕
对一件次要事情的深入研究，尤其是因为如果主要的东西首先得到保证并通过经验得到证实，是有足够的时间研究次要的事情的。

根据这一点，我将致力于仅仅尽可能清晰地揭示最普遍的、最值得考察的规律，它们与我们对力的测算密切相关，离开了它们就不能很好地理解这种测算的本性。

第 132 节

以下的说明阐述了一个完全未知的动力学规律，在力的测算中具有不凡的意义。

力的活化并不是对所有速度都有效

我们学到过：一个在静止中起作用的物体，只施加了一种惰态的压力，它与活力的种类截然不同，仅仅以一种简单的速度为尺度；在这一点上，无论是笛卡尔的所有追随者，还是莱布尼茨的学生们，都是意见一致的。但是，一个速度无限小的物体，本来就根本不运动，从而具有一种处于静止状态的力；

因此，它具有单纯速度的尺度。

因此，如果我们要规定属于活力类别的运动，那么，我们就必须不把它们延伸到所有其速度可以任意大或者小的运动，也就是说，其速度在此不确定的运动。因为在这种情况下，对所有无限更小的速度单位来说，同一规律都将是真的，而物体也将能够在速度无限小的情况下拥有一种活力，这在前文不远处已被认定是错误的。

速度在此必须是确定的

据此，按平方测算的规律不能不考虑其速度而对所有的运动有效，相反，速度在此是被一并考虑的。因此，就一些单位的速度而言，与它们相关的力并不能成为活的，只有速度达到一定的大小，力才能获得活化。在这个大小之下，就所有更小的单位而言，直到无限小的单位，这种情况都不会发生。

因此，也不是毫无区别地对所有速度而言都可能有一种自由运动

〔155〕此外，由于力的完全变活是自由地、持久地维持运动的原因，因此可以得出，这种运动也不是对所有的速度来说都毫无限制地可能的，相反，它在这里同样必须是确定的，也就是说，如果物体要以某种速度提供一种持久的、不变的、自由的运动，则该速度必须具有某种确定的大小；在这个确定的单位之下，对所有更小的单位来说，这都是不可能的，直到对无限小的速度单位来说这种属性完全消失，运动的持续只是某种暂时的东西。

因此，运动自由的、不减弱的延续的规则并不是绝对地、而是仅仅从某个单位的速度开始有效，在这个单位之下，所有

更小的单位都自动地消耗殆尽而消失，直到对无限小的单位来说运动仅仅持续一个瞬间，需要外部不断的补偿。所以，牛顿的规则在其不确定的意义上并不适用于自然界的物体：Corpus quodvis pergit in statu suo，vel quiescendi，vel movendi，uniformiter，in directum，nisi a causa externa statum mutare cogatur［任何物体，除非被外部原因迫使改变其状态，都将保持其状态，或者是静止，或者是不变的、直线的运动］。

第 133 节　经验证实了这一点

经验证实了这一说明；因为如果无限小的速度能够变活，那么它由于同有限力的变活成正比，就必须在无限小的时间里变活（第 122 节），因此，两个物体在仅仅施加重力的压力时，虽然仅仅拥有与其速度成正比的力，但一旦它们从哪怕是完全不可觉察的微小高度下落，它们的力就必然立即如同速度的平方；这是违背连续律和经验的。因为如同我们已经提到的那样，一个凭自己的重量没有压碎一块玻璃的物体，即便让它从一段极小的距离落到玻璃上，它也不具有击碎玻璃的力量；两个重量彼此相等的物体，如果有人让它们两个同样地向天平秤盘稍稍下落，它们也仍然保持着平衡，因为如果发生上述那种〔156〕情况，这里就必然要产生严重的偏重现象。

在 medio resistente［有阻力的中间空间］中的运动方面的运用

因此，在规定关于物体在其中自由运动的中间空间的阻力的规则方面，这一规则必须被一并考虑在内。因为如果速度已经开始变得很小，中间空间就不再像以前那样多地促使运动的减弱，相反，运动将部分地自动消失。

第134节　变活和自由运动是否就所有较大乃至无限的速度单位而言都是可能的

我们正处在最典型的任务的中心，抽象的力学以前从来不可能完成这一任务。

我们提出一个这样的问题：物体是否就所有**任意小的**速度而言都能够达到力的完全变活，并且不变地自由地继续其运动。如今我们要研究一番，物体是否就所有较高的速度单位而言都能够提供同样的运动，也就是说，物体是否无论其被赋予的速度任意地大，都能够自由地继续并毫不减弱地维持其被赋予的运动，从而达到力的完全变活。

由于变活和以此为基础的运动毫不减弱的自由继续是物体内在自然力的一个结果，从而始终以后者能够在自身内产生前者并且自动地达到所要求的强度单位为前提条件，因而就提供所有更高乃至无限的活力单位而言，仅仅取决于这种自然力的大小和能力。但是，自然界没有任何大小确实是无限的，形而上学以一种清晰无误的方式阐明了这一点；因而每一个物体的所谓自然力都必然具有一个确定的有限的量。所以，它的作用
[157] 能力也局限于一个有限的尺度。由此得出，它将自己在速度单位越来越大的情况下从自身产生活力的能力仅仅延伸到某个有限的目标，也就是说，物体不能直至无限地就所有的速度单位而言都以这种能力在自身中使力变活，从而使它在自由运动中无限地、毫不减弱地延续下去，相反，物体的这种能力在任何时候都仅仅有效到速度的某个大小，以致在高于这个大小的所有单位上，物体的能力都不再足以完成与该单位相符合的活化，并从自身中产生如此大的力。

第 135 节　就自由运动而言由此产生了什么

由此得出，如果这个单位是确定的，那么，物体在一个外部的原因以更大的速度推动它时虽然顺从这一原因，并且只要外部的推动还在持续就接受这一运动速度，但一旦那个外部原因停止作用，就必然也立刻自动失去那个超过确定尺度的单位，而只保留下并自由地、毫不减弱地继续物体按照其自然力的尺度在自身中能够使其变活的那个单位。

物体在这方面的能力是各不相同的

此外由此得出，在自然界形形色色的物体中，这一些物体的自然力在不同的物体中将具有不同的大小，因而其中一个物体有能力自由地继续某种速度，而另一个物体却不足以达到这一点。

小结

因此，这就是使某一个物体的力的活化能够进行的那种速度被包含在内的两个界限，在一个之下，在另一个之上，变活和自由运动不再能得到维持。

第 136 节　活力可能部分地在不起作用的情况下消失 〔158〕

我们在第 121 节就已经知道，一个物体的力如果变活，就会比赋予它全部运动的那个力学原因大得多；因此，尽管一个物体运动的外部原因按照尤林方法的规定（第 110 节）仅仅以

2 个单位的力在它里面起作用，但该物体却以 2 个单位的速度拥有 4 个单位的力。现在我们想说明，一个障碍的力量比物体所拥有的力小得多，但尽管如此却能够夺走该物体的全部运动，因此，**如同活力在前一种场合部分地由自己产生一样，在第二种场合在克服一个比它小得多的障碍时也会由自己消耗殆尽。**

证明

要证明这一点，我们只需要回到尤林的例子（第 110 节）。也就是说，驳船 AB 以等于 1 的速度自 C 向 B 运动。此外我们要设定，球体 E 沿着同样的方向，即沿着方向 CB 运动，但这是一种自由运动，利用的是活力，其速度等于 2，因而这个球体仅仅以 1 个单位的速度与此处一根弹簧表现出来的、其力等于 1 的障碍 R 相遇；原因在于，就另一个单位的速度而言，它对于这个障碍来说并不以该单位运动，因为这一障碍同样有沿着同一方向的这种运动，从而物体在与这一障碍的关系中仅仅剩下 1 个单位的运动。但就 1 个单位的运动而言，力也仅仅等于 1，所以球体是以等于 1 的力与同样只有 1 个单位的力的障碍相撞的，从而由于这个障碍而失去了它的这个单位的速度和力。在这种情况下，它仅仅剩下了 1 个单位的绝对运动，从而也只剩下了 1 个单位的力，可以再让另一个等于 1 的障碍来消除；因此，我们设定有一种活力、从而以 2 个单位的速度拥有 4 个单位的力的物体，将被两个障碍归于静止；这两个障碍中的每一个都只有 1 个单位的力，因而按照这种方式必须有 2 个单位
〔159〕在这个物体中自己消失，不需要被外部原因抵消或者克服。

第 137 节

因此，一个物体浪费自己的一部分活力不起作用的情况如

下：两个或者多个障碍相继以这样一种方式阻挡它，这些障碍中的每一个都不是对抗运动物体的全部速度，而是像上一节的分析所说明的那样，仅仅对抗它的一个部分。

按照我们的活力概念对这一命题作出的解释

这一点如何与我们关于活力的概念相一致，可以按照以下的方式毫不困难地得到理解。如果一个物体的速度被分解为它的各个单位，那么，在这些单位中的一个单位上与其他单位相分离所发现、因而物体在不用其他单位而单独利用这个单位起作用时也使用的活力，就与这个单位的平方成正比；但如果物体以其全部速度不分解地同时起作用，那么，全部的整体力就与这速度的平方成正比，从而力的属于上述速度单位的那个部分就与该单位同整个速度的 Rectangulum［乘积］成正比，它形成了一个比在前一种场合更大得多的量。因为例如，如果我们假定整个速度由 2 个单位构成，这 2 个单位相继被赋予物体，那么，在速度依然是 1 的时候，活力只能提高到一个等于 1 的大小；但在加上第二个单位之后，在物体中就不是仅仅又产生出只与第二个速度单位成正比的 1 个单位的力，而是自然力还以速度产生的那个比例将强度提高，使活力就整个速度而言达到 4 倍，因为力在所有分离开的单位上的总量只是 2 倍，这样，每一个单位在相关的作用中都能够与其他单位一起实施 2 个单位的力，因为每一个单位自身在单独的作用中只有 1 个单位的力。所以，如果一个具有活力、从而以 2 倍的速度具有 4 个单位的力的物体不是同时地、而是一个单位接一个单位地运用它的全部速度，那么，它就仅仅实施了 2 倍的力，物体就全部速度而言所拥有的其余 2 个单位的力则在自然力停止维持它之后，就像它在产生时自动地从自然力中产生出来一样，也自动地消失了。 〔160〕

第 138 节

这一说明以重要的结论来酬劳我们的努力。

结论

1. 除了障碍同时阻挡以活力侵犯的物体的全部速度并一起承受这缩短的所有单位之外，我们在任何地方都无法发现活力的全部作用。

2. 与此相反，在障碍仅仅对抗速度的一个单位、从而无非是在分解开的各单位中逐次承受全部速度的地方，一大部分活力将自动丧失，而不是被障碍消除。如果有人相信障碍以这种方式消耗掉全部运动，也抵消了全部的力，那就大错特错了。在任何时候，障碍所承受的速度单位相对于运动物体的全部速度越小，这种损失就越可观。举例来说，物体拥有其活力所在的速度被分解为 3 个同等的单位，障碍每次都只能单独地对抗它们中的某一个，这样，虽然物体在这些单位的每一个上面都拥有活力，每一个单位的力却都等于 1，因而相继克服这 3 个单位的障碍的力量也就等于 3；但这个物体的全部活力却等于 3 的平方，即等于 9。因此，这种方式，就有 6 个单位的力，即整体的 2/3，没有外部的阻力而自己丧失了。与此相反，如果我们假定另一个障碍，它一次承受的不是上述全部速度的三分之一，而是其一半，因而不是把全部运动分解为 3 个，而是分解为 2 个单独的单位，那么，活力除了这一障碍消耗的东西之外，所承受的损失就仅仅等于 2，即整体的 1/2，
〔161〕因而就比前一种场合更小。以同样的方式，如果障碍一次对抗的单位是全部速度的 1/8，那么，物体所浪费的就是全部力的 7/8，其原因是不能在障碍中寻找的；依此类推，乃至无限。

3. 如果障碍在每一瞬间所对抗的速度单位都无限小，那么在这种情况下，在被克服的障碍中就再也找不到活力的任何痕迹；相反，由于在这种情况下，每个个别的单位都仅仅与其直接假定的速度成正比地起作用，而全部速度的所有单位的总和又是相等的，所以物体的力无论是不是活的，其全部作用都仅仅与其简单速度成正比，而活力的全部大小都将自己消失殆尽，不会造成一种与它相符合的作用。也就是说，由于它本来等于一个由表示速度的直线的运动产生的平面，因此这第二个向度的所有元素都逐渐地自己消失，除了仅仅与产生者直线即速度自身成正比的之外，在作用中没有表现出一种力的任何其他痕迹。

4. 因此，即使物体确实具有一种活力，也在任何地方都不能在所施加的作用中或者在被克服的障碍中发现一种活力的痕迹，除非障碍用来进行对抗的速度元素大小是有限的；但即使在这种情况下，也不能没有这一重要的条件，即速度的大小也不是可以任意小的，因为我们从第 132 节得知，速度要有一定的量，才能使以该速度运动的物体具有一种活力，而如果障碍阻挡的元素按照上述的量过于小，那么在它里面也不能感受到活力的任何作用。

我们将特别在本章结尾处看到这一说明极为显著的益处，在那里，它将有助于正确地说明和证实证明活力的重要经验。

第 139 节　物体克服重力的现象并不证明活力，但尽管如此也不否定活力 〔162〕

由于重压的元素仅仅以无限小的速度发生，所以借助上一节第 3 条就可以非常清楚地知道，一个利用自己的运动克服重力障碍的物体，虽然力自身与速度的平方成正比，对障碍却只能施加与其速度自身成正比的作用，这完全是依照即便是这方面的经验也使人认识到的东西，我们在上一章已经详细地并且不仅仅按照一种方式看到了这一点。

因此，这里甚至表现出一种经验，它似乎仅仅认可**笛卡尔**的规律，而这事实上本来也除了这种测算之外，自身并没有显示出其他任何一种测算的征兆，但尽管如此，仔细想来却并不与按照平方进行测算——如果在其正确的意义上接受它的话——相抵触，反倒是给它留下了地盘。

所以，垂直升高的物体在克服重力的障碍时所产生的作用虽然无可争议地驳倒了**莱布尼茨**的测算，然而，它虽然没有真正地证明我们的活力，但尽管如此也没有取消它们。不过，如果我们把自己的注意力完全集中在这方面，那么，我们甚至还会在这里发现我们的测算的一些闪光。因为物体在它不能从自身中产生出同时作为其自由运动乃至活力的基础的内在努力或者强度的地方，它也不能自由地继续其固有的运动，并把该运动一直维持到外部的对抗逐渐地从它那里夺走为止。

第 140 节　以此为基础的试验

从迄今所证明的东西，我们同时看到了那个极为著名的特技的原因，有人借助极小的障碍就能够抵消几乎无法制服的力量。也就是说，当要制服的力量建立在活力的基础之上时，人〔163〕们并不是以一个一次性地作出对抗并且突然被制服的障碍来与它相对立的，因为这个障碍通常必须极为巨大，相反，毋宁说是以一个在其无限小的速度单位中逐渐地承受并消耗力的障碍与它相对立的；因为以这种方式，人们是凭借微不足道的对抗来挫败大得惊人的力量的，这就好像例如人们用羊毛袋来抵消攻城槌的撞击，如果攻城槌直接撞击到城墙上，就会把城墙撞毁。

第 141 节 柔性物体并不以其全部力量起作用

此外可以得知，柔软的、在撞击时很容易压缩的物体，长时间并不通过撞击运用自己的全部力，毋宁说，它们仅仅施加很小的作用，而如果力和质量相同，但硬度却更大，这些作用就会大得多。我清楚地知道，这方面还有其他一些原因，除了我们谈到的那些原因之外，它们也为上述损失起到了自己的作用，或者毋宁说使得它显得是一种损失，但我们所列举的原因无可争议地是最重要的原因，而且是一种真正的损失的原因。

第 142 节 提出的问题：物体的作用是否无论其质量的差别都能够与其活力成正比

如今我们想研究一番，一个拥有活力、其质量被设想为无限小的物体，其作用究竟会是什么样的，因为这将使人认识到：在同样的条件下，如果两个物体的力都是活的，那么，假如人们把它们置于同样的条件下，一个物体的质量也任意地小，它们是否都能够施加与这些活力成正比的作用；或者毋宁说，每一个物体的质量都必须具有一定的大小，以致如果人们使它的质量更小，它所施加的作用就不能与它的活力成正比。

这是确定无疑的：如果一个质量有限的物体具有一种活 〔164〕
力，那么，它的每一个部分无论多么小，也都必然具有一种活力，而且即便是它与其他部分分离开来运动，也都会具有一种活力；但这里的问题是，这样一种微小的、或者如我们在这里要假定的那样无限微小的粒子，如果把它置于一个更大的粒子与其活力成正比地起作用的同样条件下，它是否也能够独自在自然界造成一种与其活力成正比的作用。我们将发现，这是不可能发生的，一个具有活力的物体，如果它的质量小于按照我们要证明的规则必须具备的质量，在自然界中是不能起到与它的这种活力成正比的作用的，相反，质量越小，物体也就越不接近这一比例，直到当质量无限小时，物体虽然具有活力，但却以这种质量也只能与其简单速度成正比地起作用，而另一个具有同样的速度和活力、但却具有适当大的质量的物体，在同样的条件下将起到随其质量增长符合其速度的平方的作用。

第 143 节　回　答

事情仅仅取决于，自然界中所有应当被某种力制服的障碍，都不是立即就在接触点上以一种有限单位的对抗，而是先以一种无限小的单位来阻挡这种力，然后，在经过推动力所穿过的无限小的空间之后，推动力所遇到的阻力才变成有限的。凭借与真正的自然学说的一致，我把这一点作为前提条件，不打算在此列举证实它的一些根据。因此，牛顿的学生们抓住机会说，物体即便尚未相互接触，也对其他物体起作用。据此，即便我们不重视本来任何时候都存在于两个质量不同的物体的力之间的差异，而是仅仅考虑从我们的活力概念产生的差异，
〔165〕我们在一个质量无限小的物体向自然界的这样一些障碍施加的作用和它的质量达到某种有限的大小时所起的作用之间也发现了一种特别的差异。

也就是说，我们已经知道，即便物体具有一种活力，但这种活力被用来克服重压的障碍，物体的作用也仅仅与其简单速度成正比，作为活力标志的所有强度都不起作用地消失掉。但

如今，重力的反压以无限小的外力一直作用到其质量的内部，即直接作用于推动物体的无限小的部分，因此，它的这种状态与虽然有活力、但质量无限小而向着自然界的某个障碍运动的物体相同，因为后者如我们已经说明的那样，也在这里总是承受着一种恰如就具有无限小外力的重力而言直接地对抗它的阻力；因此，这样一种无限小的质量也以同样的方式在自身消耗着自己的活力，并且对自然界的任何障碍都仅仅按照其速度的比例起作用。

由此可以清晰地得出，只有无限小的物体会遇到这种情况，相反，一个质量有限且确定的物体能够对同样的障碍施加一种符合其活力的作用，因为如我们所假定的那样，障碍只能从外部施加其阻力，不像重力作用到内部；因此，有限的物体在无限小的质量由于障碍继续不断的无限小的对抗而失去了自己全部速度的地方，只失去了无限小的东西，即什么也没有失去，相反，它的力仅仅用来克服无限小的质量不能达到的有限单位的对抗；所以就达到了如我们在第138节第4条所看到的那样，应当运用自己的活力来实现一种与自己成正比的作用的物体必然身处其中的条件。

第144节　一个物体能够施加与其活力成正比的作用所借助的质量必须是确定的；在这一大小之下，更小的质量不能做到这一点 〔166〕

如今，由于以有限的力、但却无限小的质量运动的物体在自然界的任何地方都不是与速度的平方、而是仅仅与速度自身成正比，所以，依据我们已经通过经常的运作必然已经熟知的那种推理方式可以得出，这个物体具有一种活力，因而在适宜的条件下①，哪怕质量是任意地小，它的速度也将与其活力成正比；相反，要使人们能够这样说，就要求质量达到某个量，而在这个尺度之下，这样一个物体对自然界的障碍的任何作用都不能与其活力成正比，无论这些障碍是什么样的；但是，质量的量越是低于这个确定的尺度，作用就越是偏离活力的比例，而就它之上的所有大小而言，关于它们都已经不言而喻，根本不会发现这种偏离。

第 145 节

由此可以得出以下的说明：

结论

1. 一小块物质在与一个具有活力的大质量的牢固结合中，能够施加一种完全不同的、比它独自地与该质量分离时能够作出的大得出奇的作用。

2. 尽管如此，这一区别却不是必然的，而是建立在自然界偶然的属性之上的；按照连续性规则，自然界的所有障碍早在以其有限的对抗与运动过来的物体对立之前，就远远地以无限小的单位开始了，或者说，尽管如此，自然界已经不允许有别的作用。

〔167〕 3. 这并非毫无区别地都是真的：两个物体的力都是活的，它们的速度相等，它们的作用在同样的条件下与它们的质量成正比；因为如果它们的质量中的一个小于按照上述的规则应当

① 也就是说，在另一个质量更大的物体以同样的速度完全运用其活力的条件下。

具有的质量，那么，它的作用就会偏离速度的平方，从而比它仅仅按照质量的比例所应有的小得多。

4. 甚至物体形状的改变也能够在没有质量变化的情况下就导致，尽管力与速度的平方成正比，但它们的作用在所引起的条件下却与其速度成正比；因此，一个具有活力的物体，之所以能够造成一种小得多的作用，乃是因为它的形状变化了，而无论是它的质量还是速度、活力或者障碍的性状都没有发生一点变化。举例来说，一个具有活力的金球要比同样的含金质量以同样的速度和力撞上同样的障碍产生的作用大得多，但问题是后者事先已被锻造成一张又薄又宽的金箔。因为尽管在这里就力而言没有发生任何变化，但形状的改变已经使它的极小的微粒在这里遇上障碍，与它们彼此孤立地撞上障碍完全一样，因此根据刚刚证明的东西，它们早已不能以其活力并与活力成正比地起作用了，相反，它们所起的是一种或者接近简单速度之尺度的作用，或者是一种与简单速度一致的作用。在此恰恰相反，如果质量以一个坚硬的球的形状撞上障碍，在该球如此之小的面积上与它接触，以致该球在如此之小的空间里遇到的抵抗的无限小的元素，不能消耗掉质量的运动，从而活力就完好地保存下来，仅仅被用来克服这一障碍有限单位的对抗；同样，显而易见的是，它以前一种形状覆盖了障碍绝对大的面积，从而虽然质量相同，却蒙受到在障碍每一个点上遇到的无限小的外力的更大得 〔168〕
难以置信的阻挡，所以必然更容易能够被该障碍消耗殆尽，活力或者完全丧失，或者丧失大部，而这在前一种情况是不会发生的。

第146节　液体与速度的平方成正比地起作用

然而，我从现在证明的规律得出的最重要的结论是完全以自然的方式从中产生的结论，即液态物体通过撞击与其速度的平方成正比地起作用，尽管它们即使作用在此应当与其活力成正比，也依然不一定按照其速度的平方①、而是按照其速度的立方的尺度来起这种作用；虽然这一点像尤林先生已经清楚地说明了的那样，否定了莱布尼茨先生的活力，但它与我们的活力力量却并不抵触。

如何从前面的东西得出这一点

因为液体分散为可以视为无限小的极精细部分，并不结合成为连在一起的固态物体，而是所有的部分前后相继地、都独立地、与其他部分分离地起作用的；因此，当它们撞上自然界的任意一个障碍时，它们承受着无限小的物体如我们已经说明的那样总是承受的那种活力的损失，因而尽管它们的力与其速度的平方成正比，但却仅仅与其速度成正比地起作用。

李希特先生白白地耗费大量精力来避开尤林的这一打击。他的事情一筹莫展，因为它是与以下规则相结合的：力所处的比例，无异于作用所处的比例。

论中间空间的阻力

最后，每一个人也都能够轻而易举地理解，具有自由运动和活力的物体在一个液态的中间空间中为何仅仅与其速度的平方成正比地承受阻力，而不由此损害我们的活力；尽管这与莱
〔169〕布尼茨的测算相抵触，按照他的测算，这一阻力必然与速度的立方成正比。

① 如马里奥特先生通过试验已经阐明的那样。

第 147 节　凭借经验来证实

有无数的经验来证实我们迄今所谈论的这一规则。尽管这些经验并没有得到精确的测定，但它们依然是真实无误的，拥有普遍一致的赞同。

因为如果我们不给自己的规则留下地盘，我们就必须设定：一个物体，即便它是那么微小，在同样的条件下也能通过碰撞产生出与一个大的质量在人们使它们的速度与其质量的平方根成反比、或者按照笛卡尔的规则在它们的速度与这些质量成反比的时候同样大的作用。然而，经验与此相抵触。因为每个人都一致认为，即便人们给予一根羽毛或者阳光下的一粒浮尘如同人们自己所要求的那种单位的速度，它们也不能通过一种自由运动来产生一颗炮弹的作用；我相信，也没有人会猜测如果它们以如此大的速度在自由运动中遇上一团固态的物质或者墙壁，它们中的某一个能够击碎这团物质或者穿透墙壁。这一切虽然不能通过任何安排妥当的试验予以检验和证实，但无数这方面在类似的场合——尽管不是以如此之大的程度——出现的经验，导致没有人怀疑所引起的结果。

但如今却不能否认，所说的小物体在上述对其速度的规定中必然与大物体具有同样的力，无论是按照笛卡尔的、或者莱布尼茨的、还是按照我们的力的尺度都是如此：所以，除了小物体必定施加一种比按照它的力所应当发生的那样更小的作用之外，没剩下别的方法来解释这一点；小物体的活力绝大多数都没起作用就被抵消了，这恰恰就像我们在第 143、144、145 节关于小物体所证明的那样。〔170〕

第 148 节　弹性物体的运动否定了莱布尼茨的测算，但并不否定我们的测算

属于那些除了笛卡尔主义的测算之外不给其他测算留下踪迹、从而显得与我们力的尺度相抵触的经验的，最终还有弹性物体通过碰撞产生的运动；我们在上一章已经详细地讨论过这些运动，它们都在完全真实无误的试验中被认定为真的。它们也在事实上凭借与此不可分割地结合在一起的前提条件否定了莱布尼茨先生的平方测算：也就是说，在其产生中力消耗殆尽的那些作用，总是与力相等。我们的测算拥有理由充足的优越性，不服从这一规律，因而避开了这一打击。

我们从以上所说已经知道：活力并不是某种从外部借助一个外在的原因、例如借助一次撞击能够在一个物体中产生的东西；这已经能够向我们说明：我们将不把被撞击物体的活力视为撞击物体的作用，并力图用前者来测量后者。但是，全部困难的现实解决，如果人们确实认为能够在这里找到一种现实解决的话，就存在于下文之中。

第 149 节　证　明

所有力学专家都必定知道：一个弹性物体以其全部速度并不是一下子就作用于另一个物体，而是通过它在该物体中相继产生的诸多无限小单位的连续积累。我没有必要讨论这方面的特殊原因；对我来说，获得我这方面的一致赞同就够了；而且每一个人都认识到，没有这一前提条件，就不能解释任何运动规律。这方面的真正原因也许是：因为按照一根弹簧的本性，

弹性仅仅与足以绷紧它的那个单位的速度相对抗；因此，就它 〔171〕
所承受的任何无限小单位的压力而言，都总是只承受撞击物体的一个无限小单位的速度，从而在任何时刻都不是对抗全部速度，而是仅仅对抗无限小单位的速度，并把它接纳入自身，直到逐渐的积累将全部速度都以这种方式过渡到承受物体之中。

根据上文由此可以得出，由于撞击物体在此只是相继地以其速度的逐个无限小的单位起作用，它也仅仅简单地与其速度成正比地起作用，对它尽管如此却能够拥有的活力没有损害。

第 150 节

莱布尼茨先生关于一成不变地维持世界上力的某个大小的常用规律，还是一个显得在此需要仔细检验的题目。因此显而易见的是：即便在迄今的考察中有某种得到论证的东西，它在通常被接纳的意义上也无法成立。但是，我们的测算在这一章中究竟将引入什么，它怎样才能满足使得上述莱布尼茨规律如此值得赞扬的普遍和谐与秩序的规则，尽管我有能力就此提出一些纲要，但我们的计划的性质和我在一个如此生硬未经处理的题材上理所应当担心我的博学读者的注意力出现的疲倦，却不允许我作出相应的勾画；我不得不担心，也许已经过于伤害这种注意力了。

第 151 节

我们如今处在经验的国土上；但在我们能够于此有所收获之前，我们必须确定借口对此拥有理由充分的权力并想把我们

〔172〕排挤出去的那些要求已经被根除了。如果我们忽视以著名的**穆森布罗克**先生为创始人、因而富有说服力和洞察力的那个试验以及力学证明，不对此维护我们采纳的力的学说的话，我们迄今为止所作的努力就会是不完备的。穆森布罗克先生想借助这一试验在莱布尼茨的意义上捍卫活力，因而我们就有义务检验这一试验。

通过仔细地衡量这一试验我们得知：它并没有产生预期的结果，毋宁说是证实了笛卡尔的力的尺度。而这一点也重新证实了我们经常提到的那个说明：只要人们认为只能在外部原因中找到一种按照平方测算的力的起源，那就发现不了它的任何痕迹，真正的活力不是由外部在物体中产生的，而是在有外部力量的情况下在物体中从内部的自然力产生的努力的结果；因此，所有仅仅承认外部起作用的原因、以便由此出发规定承受物体中力的尺度的人们，即便他们正确地作出判断，也永远不会发现不同于笛卡尔的测算的东西。

第 152 节　穆森布罗克对活力的力学证明

穆森布罗克先生的证明如下：

假定有一个中空的圆柱，上面固定一根弹簧。从圆柱中必须伸出一根布满洞孔的棍子，它通过一块硬铁皮的开口插在上面。如果用力将钢制的弹簧压向这块铁皮并且压紧，以致棍子进一步从铁皮的开口伸出，那么，通过在铁皮突出的一面将一根钉子插入棍子的某个洞孔里，就可以将弹簧固定在这种张力中。最后，如果将圆柱当做一个钟摆悬挂在某一个机器的两根绳子上，在此之后抽出钉子，那么，弹簧就将迅速弹开，并给予圆柱某个速度，通过达到的高度就可以认识这个速度。且称〔173〕这个速度为 10。然后通过在圆柱中装入所需要的重量，使它比事先重两倍，并和之前一样压紧弹簧。如果在这种情况下再使它弹开，则借助它所达到的高度可以发现，速度有 7.07 个单位。由此穆森布罗克作出了如前的论证。①

弹簧两次都同样地被压紧，因而在两个场合拥有同样的力，由于它每一次都运用自己全部的力，所以它两次带给圆柱的力是相等的；因此，一个物体以 1 倍的质量和 10 个单位的速度所拥有的力必然等于在另一个拥有 2 倍的质量和 7.07 个单位的速度的物体中所发现的力。但是，这无论如何都是不可能的，除非按照质量与速度平方的乘积来测算力；因为速度所有其他可能的函数都不允许这一等式，但惟独按照平方的测算数字 10 和 7.07 的平方 quam proxime［极为接近地］与质量 1 和 2 成反比，因此，它们与对方质量的乘积相等。

因此他得出结论，应当不是按照速度的尺度，而是按照速度的平方来测算力。

第 153 节

我有义务将我针对这一论据所要阐述的提醒不致弄得过于庞杂；因此，我就不再提及我在这里还能够提出的理由充分的质疑，即伸展开的弹簧压力的元素即便是按照莱布尼茨学派所承认也仅仅是惰力，因而无论是这种力还是由此赋予物体的力的元素，都必须仅仅按照速度来测算，从而作为这些元素之总和的全部力也是如此；相反，我想按照一种每个人都熟悉的、

① 本证明未像通常那样提示参见插图。按文本共有 26 幅插图，其中 25 幅均在正文中有明确提及，惟第 26 幅图从未提及。根据内容推测，图 26 似应为本节插图。——译者注

自身具有几何学的清晰性的力学方式行事，但同时也详细地阐释某种东西，不是像在事情不足够容易，只能更简略地把握它
〔174〕的时候那样，而是为了一劳永逸地完全根除就弹簧的作用而言迄今为止在力的测算的争论中流行的一切混乱。

第154节

穆森布罗克先生说道：弹簧在两种场合都同样地被压紧，因而它在两种场合里具有同样的力，但它每次都把自己全部的力传递给圆柱，因而它也在两次伸展时都给予其圆柱同样的力。这既是证明的基础，但也是失误的基础，尽管这种失误不仅是穆森布罗克先生个人的，而且宁可说是莱布尼茨力的测算的所有捍卫者共有的。

一个同样被压紧的弹簧给予一个较大的物体的力比给予一个较小的物体的力更大

如果谈到一个弹簧全部的力，那么，这无非是指它的张力的强度，它等于自己所作用的物体在一瞬间从弹簧的压力所获得的力。就这种力而言，人们当然可以说，无论弹簧所作用的物体是大还是小，这种力都是同样的。然而，如果人们留意弹簧在某段时间里通过连续的施压带给一个物体的力，则显而易见：以这种方式带给物体的力的大小取决于同样的压力在物体中积累所用的时间的长短；时间越长，同样被压紧的弹簧在这段时间里赋予物体的力也就越大。但如今，人们可以把弹簧在推动一个物体、直到它完全伸展开来时所用的时间任意地延长，也就是说，如果人们把这里应当被推动的质量像无人不知的那样增多的话；因此，人们还可以根据被同一根弹簧推动的质量被增多还是被减少，任意地使弹簧在张力相同的情况下通

过其伸展时而给予更多的、时而给予更少的力。由此可以看出，说弹簧通过其伸展将它全部的力都给予它所推动的物体，这种表述是多么违背自然。因为它给予物体的力不仅是一个取决于弹簧的力的结果，而且根据被撞击的物体处在这根弹簧的压力下的时间是长还是短，也就是说，根据这个物体的质量是 〔175〕 大还是小，它还是一个取决于被撞击物体的性状的结果；弹簧的力就其自身来看，无非就是其伸展的元素。

第 155 节　穆森布罗克之困难的解决

从现在起，很容易就可以防止穆森布罗克证明中的混乱。

2 倍重的圆柱在弹簧伸展时比另一个具有 1 倍质量的圆柱更长时间地蒙受弹簧的压力。与前者相比，弹簧以同样的张力更快地推动后者，并与后者一起以更短的时间通过其伸展的空间。但由于弹簧在每一瞬间压迫圆柱的力的元素是相等的（因为其速度的元素与其质量成反比），所以，较重的圆柱通过弹簧的推动比较轻的圆柱获得了更多的力。因此，认为力在两种场合相等的那种测算是错误的，也就是说，力不能按照速度的平方来测算。

第 156 节　为什么圆柱速度的平方与质量成反比

如果人们还想知道圆柱从同一根弹簧所获得的速度究竟为什么恰恰如此成比例，以致速度的平方与质量成反比（这一比例本来就是诱引莱布尼茨先生的辩护者们的那个比例）的原因，我们也可以毫无困难地澄清这一点，用不着因此就求助于不同于笛卡尔尺度的另一种原因。

因为从力学的首要根据出发就可以得知：在均匀加速度运动（motu uniformiter accelerato）中，所达到的速度的平方与所通过的空间成正比；因此，如果两个都处在 motu uniformiter accelerato［均匀加速度运动］中的物体速度的元素不相等，那么，它们在这样的运动中所达到的速度的平方就处在由空间和这些元素构成的复合关系之中。但现在，在穆森布罗克的试验中，同样被压紧的弹簧传递给每一个圆柱的运动是 motu uniformiter accelerato［均匀加速度运动］，而它们以这样的加速度运动在弹簧伸展到其最大扩张的点期间所通过的空间是相等的，因此，在此获得的速度的平方与弹簧的压力赋予每一个圆柱的速度的元素成正比，也就是说，与圆柱的质量成反比。

〔176〕

第 157 节

从现在开始，我着手阐述无可争议地证明了自然界中按照速度的平方测算的力的现实性和存在的那些试验和经验，它们将以一种成功的说服来酬报我的亲爱的读者，感谢他们如今让蹩脚的文章引起了所有煞费心机的注意。

证明活力的试验

我只同足够熟悉关于活力的争论性质的那些人们打交道。因此，我预先假定，我的读者们对**里乔卢斯、格拉维桑德、波莱尼和**穆森布罗克先生的声名狼藉的试验有足够的认识，这些人通过测量物体借助碰撞在柔软物质中造成的压力来研究物体的力。我只是想略微提及：大小与质量相等的球体从不同的高度自由地下落到柔软的物质中，例如下落到动物油脂中，在动物油脂中砸出坑洞，坑洞与球体下落出发的高度成正比，也就是说，与其速度的平方成正比；而如果他们的大小相等，但质量却不同，他们下落出发的高度则与质量成反比，在这种情况下在柔软物质中砸出的坑洞被发现是相等的。对于这些试验的正确性，笛卡尔学派不会提出任何异议，有争议的仅仅是由此得出的结论。

莱布尼茨学派由此出发以如下方式作出了完全正确的论证。柔软物质对抗侵入物体的力的障碍，无非就是其各个部分的联系，因此，物体在侵入柔软物质的时候所要作的惟一事情就是分开它的各个部分。但是，这一贯穿全部柔软质量的联系是到处相同的，因此，阻力以及物体为征服柔软物质所必须使用的力的量与被分开的各个部分的总和成正比，也就是说，与砸出的坑洞的大小成正比。但根据以上引证的试验，坑洞的大小与侵入物体速度的平方成正比，因此，这些物体的力与其速度的平方成正比。 〔177〕

第 158 节　笛卡尔学派的质疑

笛卡尔的辩护者们不能对此提出任何有力的质疑。然而，由于他们之前曾以无可置疑的确定性发现，活力已受到莱布尼茨学派同样援引的数学的谴责，因此他们打算尽自己所能摆脱困难，因为他们毫不怀疑，那个看起来确认了几何学所不允许的某种东西的试验必定是骗人的。对此，我们在上文已经作了必要的提醒，现在我们只是想看一看，笛卡尔学派用来使上述试验无效的，究竟是一种什么样的托词。

他们指责说，莱布尼茨学派在这里又一次没有注意造成这些坑洞所用的时间。就克服这种柔软物质的障碍而言，与克服重力一样，时间同样是一个症结。被压出的坑洞并不是在同样的时间里造成的。简而言之，他们相信，就克服重力障碍而言

〔178〕根据时间提出的质疑是有效的（事实上它也确实有效），而现在，他们想，人们在这里可以再次将它引入轨道，同样成功地用来反对活力。

第 159 节　遭到反驳

我清楚地知道，莱布尼茨学派简单地打发了这一控诉，他们除了别的东西之外，还让两个底面积不同的圆锥下落到柔软物质中去，此际造成坑洞的时间必须是相等的，尽管如此结果却同前面的一样；然而，我还是想抛弃这种好处，从根本上清除笛卡尔学派造成的困难。

就重力的作用而言，时间也被考虑在内

除了考虑一个物体应当克服的重压的阻力为什么不与空间、而是与时间成比例的原因之外，人们下一步也就没有该做之事了。但是，根据也就在于此。当物体克服一根重力弹簧时，它并不是由此清除了它的效用，而是仅仅给它提供了一个平衡力量，但它尽管如此却仍毫不减弱地继续保持其对抗，以便在物体承受其对抗的期间一直以同样的单位作用于物体。如果物体要通过制服来同时可以说是击溃每一根重力弹簧并消除它的力，那么毫无疑问，由于每一根弹簧都具有同样的力，所以物体所承受的阻力就等于所有被击溃的弹簧的总和而时间则可以是任意的。但是，每一根弹簧即使被物体所克服，也都保持着自己的压力，并且在物体仍处于这种压力之下期间继续向物体施压，从而就单独一根弹簧所起的作用来说不能被视为一个个别的、不可分的压力，相反，它施加的是一系列相互依赖的压力，物体处在这些压力之下的时间越长，这些压力就越大；举例来说，在空间的各部分中，当物体的运动比较慢时，在每一个点上停留的时间就比在运动比较快时更长，因此，物体在前一种场合要比在后一种场合承受一个更长系列的相同压力。

这在柔软物质那里完全是另一种情况 〔179〕

然而，就柔软物质的分离而言，这完全是另一种情况。柔软物质的每一个元素都有一种相同的相互联系的力，由此它也从分离它们的物体夺走了一个相等单位的力，但也正是由此，它也同时被分离开，从而不再继续作任何抵抗，物体在柔软物质处逗留的时间在此之后却可以是任意长的。因为在这里，弹簧同时被与其阻力相等的作用所粉碎，因而不能继续起作用，就像自身不可毁坏的重力弹簧一样。所以，柔软物质对侵入物体的阻力与它所击溃的弹簧的总和成正比，也就是说，与该物体砸出的坑洞成正比，在这里与时间没有一点相干。

第 160 节

莱布尼茨学派有理由庆祝相当令人满意地战胜了笛卡尔学派重要的失误。这一巧合通过其敌手们遇到的同样命运报复了指出如此众多的失误所带给他们的辱骂。莱布尼茨学派自认为在这样一些没有活力的场合里能够发现活力，但究竟是什么妨碍了这种发现？笛卡尔学派却在确实有活力的场合里不能看到活力，而在这些场合里，没有任何人能够大受蒙蔽却无视活力。

第 161 节

因此，上述试验证明了自然界中这样一些以速度的平方为尺度的力的存在；然而，我们先行的考察说明了在什么样的条件下这样的力不能成立，以及什么样的条件是这样的力能够获得地盘的惟一条件。如果按照我们的说明来利用这一切，人们就不仅会对活力获得一种足够的确定性，而且还会对活力的本性获得一个比以往所有或者所能有的概念不仅更正确、而且也
〔180〕更完备的概念。这一有计划的试验的特殊性质还提供了一些能够引起特别注意的非同寻常的特征；然而，在有兴致的读者的注意力被如此众多复杂的研究搞得疲劳不堪，也许除了结束这些考察之外再也没有别的愿望之后，我绝对不能再探讨这些特征了。

不过，还有惟一一点我不能不提及，因为它印证并清晰地说明了先行的规律。我们所计划的试验证明了按照速度自身的平方测算的力，因此，按照第138节第4点，本试验中障碍的任何元素对抗的速度都必须以有限的单位产生；因为如果它们像重力的压迫那样以无限小的单位产生，那么，对重力的克服就和在重力那里一样很少能使人看到一种按平方测算的力（第139节）。因此我们想证明，柔软质量的每一个元素的对抗都不是像重力那样以无限小的速度，而是以一个有限的单位产生的。

第162节　柔软物质障碍的元素以有限的速度产生

如果把球状物体在柔软物质中砸出的圆柱形坑洞分成诸多重叠的圆盘，它们的厚度无限小，那么，这些圆盘中的每一个都表现出被移动质量的元素。因此，这些圆盘中的每一个都从侵入物体夺走了其速度的一个无限小的部分，因为它们加起来夺走了该物体的全部速度。但由于每一个圆盘相对于

球体质量的量都是无限小的，因此可以得出，为了能够凭借自己的阻力从物体夺走其运动的一个无限小的部分，它的对抗速度必须是大小有限的。因此，柔软物质的每一个元素都以一种具有速度有限尺度的努力给砸入物体提供了阻力。等等。

第 163 节 〔181〕

这样，我们已经完成了自己的事情，鉴于它所指向的题材，只要阐述符合这一大胆妄为，这件事情就是足够大的。我自夸特别就主题而言，可以说达到了一种无可争议的确定性。就我自认为拥有的这种优越性而言，如果不是事先考虑到我的债主们的博学和明见，我是不会结束当前的论文的。按照笛卡尔学派的机敏努力，不难以数学防止平方测算的混乱；而按照莱布尼茨学派的巧妙安排，在自然界中不可能没有平方测算。对这两个极端界限的认识必然规定双方的真理共同归属的那个点。发现这个点，一点也不需要巨大的洞察力，它只需要稍稍去掉党派的激情，需要心灵倾向的短暂平衡，这样的话，不舒服的感觉立刻就被排除了。尽管我成功地在莱布尼茨先生的事情上发现了一些失误，我在这里也依然是这位伟大人物的负债者，因为如果没有我们应当归功于这位不朽发明者的杰出的连续律的导线，我将一事无成；连续律是找到走出这一迷宫的出路的惟一方法。简而言之，尽管事情的结果最有利于我，但留给我的荣耀份额却是如此之小，使我并不担心，名誉心会如此自贬身价，竟然妒忌我获得这种荣耀。

图 1

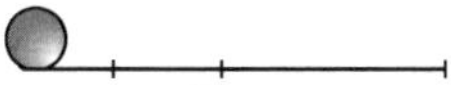

图 2

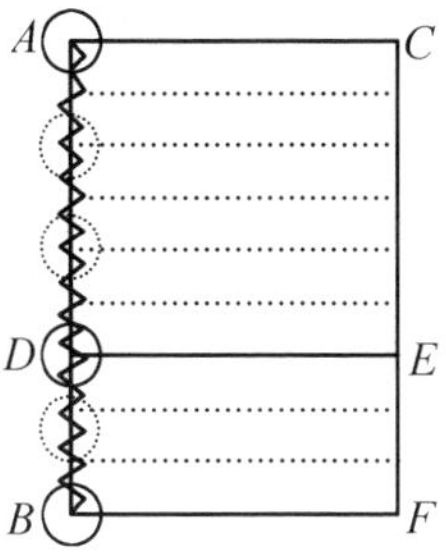

图 3

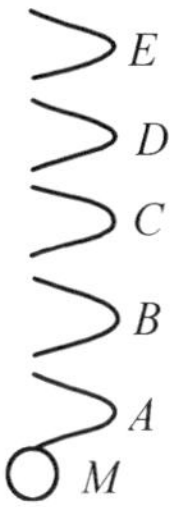

图 4

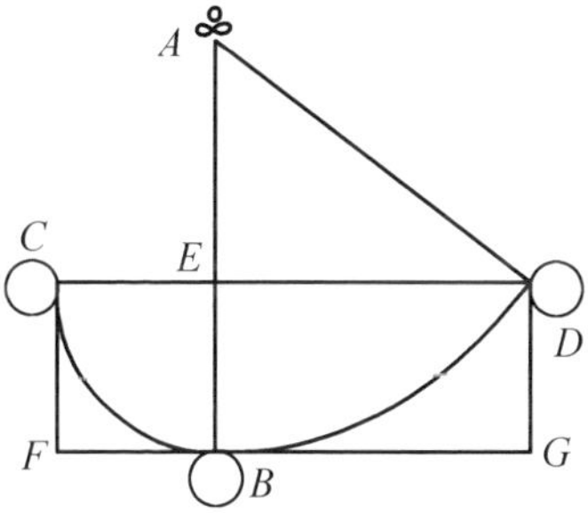

图 5

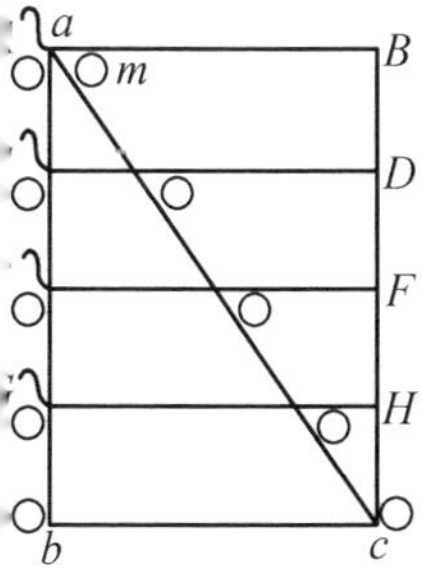

图 6

图 7

图 8

图 9

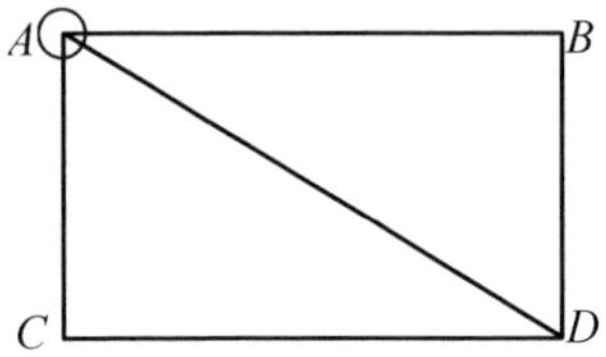

图 10

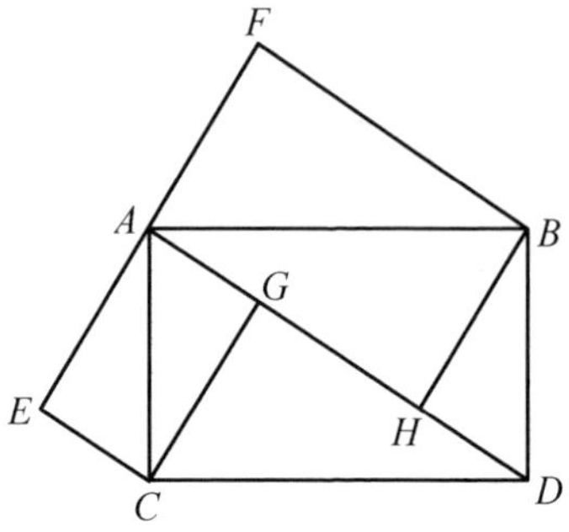

图 11

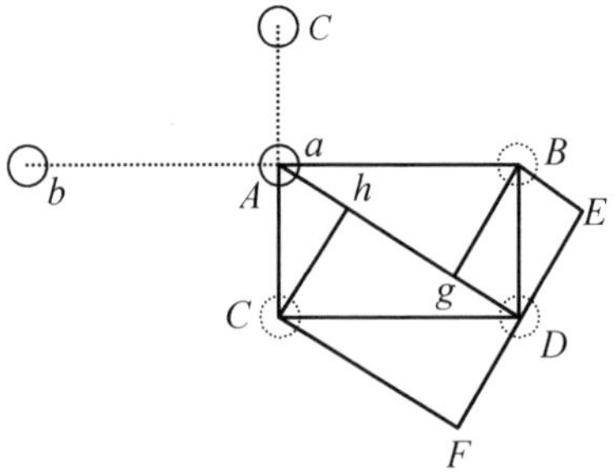

图 12

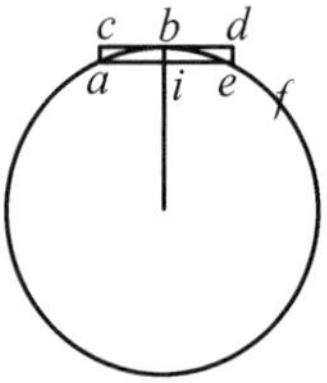

图 13

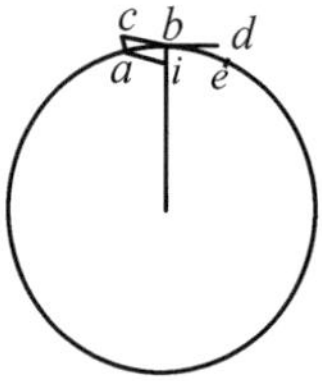

图 13（a）

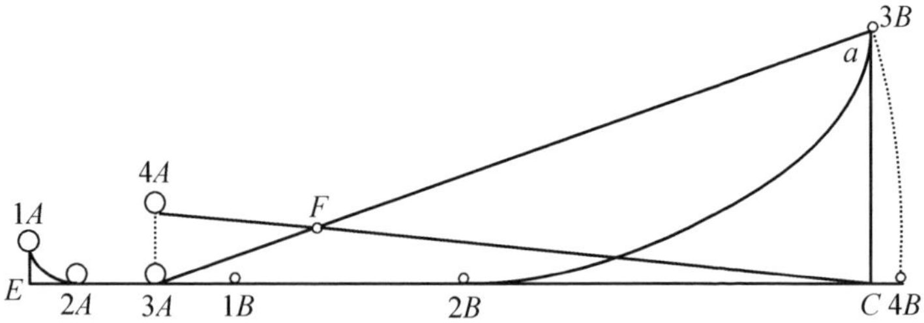

图 14

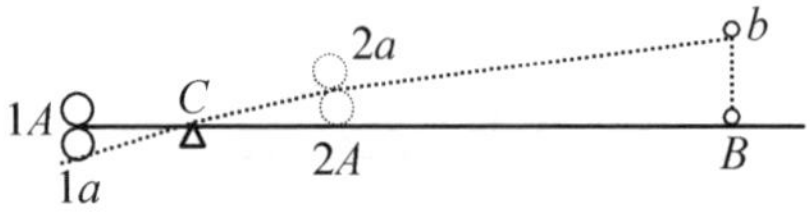

图 15

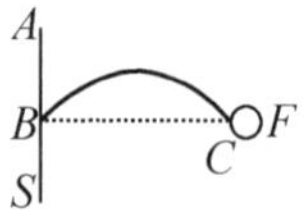

图 16

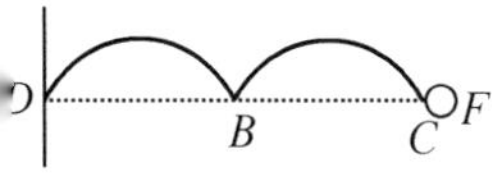

图 17

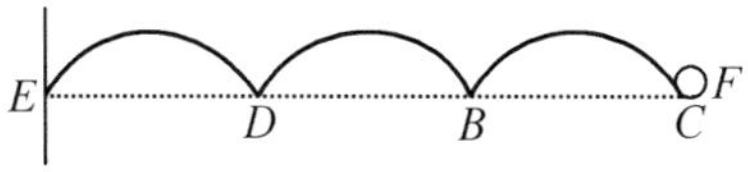

图 18

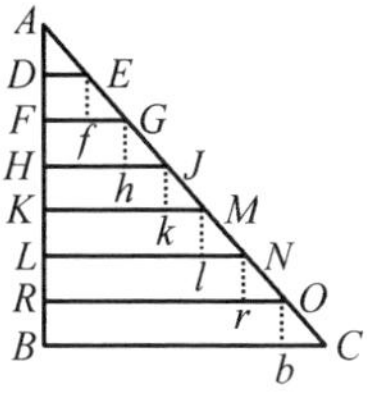

图 19

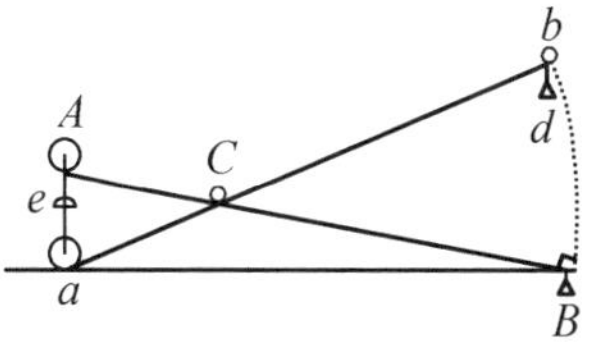

图 20

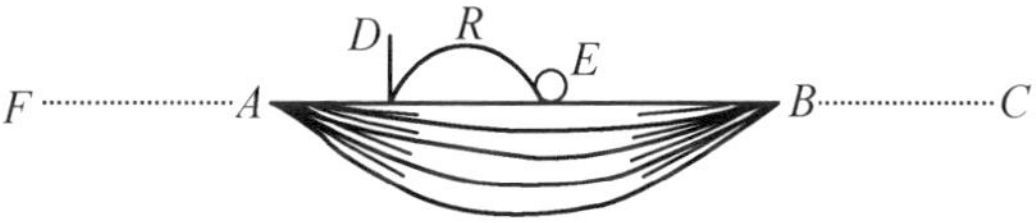

图 21

图 23

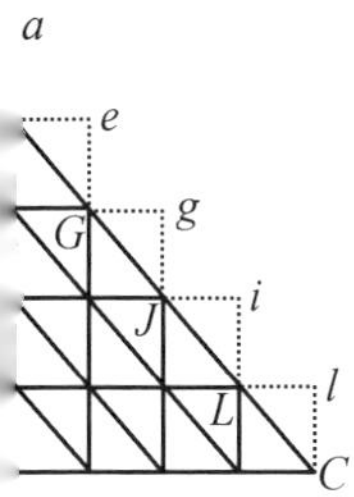

图 22

图 24

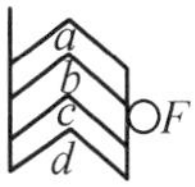

图 25

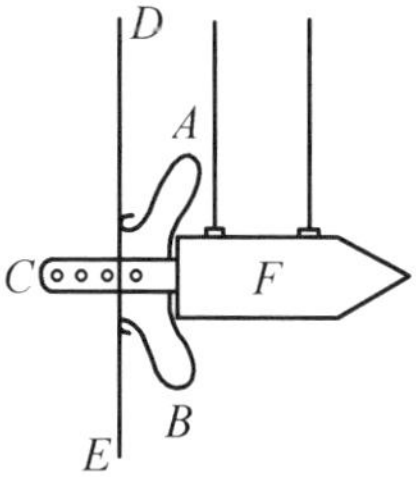

图 26

伊曼努尔·康德

1754 年

地球绕轴自转问题研究

地球是否已经衰老

1754 年

柏林王家科学院本年度有奖征文

地球绕轴自转问题研究

——就造成昼夜交替的地球绕轴自转而言，地球是否从其生成的最初时代以来就经历了一些变化，以及从何处可以确认这些变化？

李秋零　译

关于王家科学院今年征文之际争取获奖的那些文章，王家科学院所作的裁断不久就将公之于世。我对这个主题作了一些考察。由于我仅仅考虑了它的物理学方面，因此，在认识到就其本性而言在这方面尚不能达到那种希望获奖的论文所必备的完善程度之后，我打算仅仅简要地勾勒出我对此的想法。〔185〕

科学院的征文如下：**就造成昼夜交替的地球绕轴自转而言，地球是否从其生成的最初时代以来经历了一些变化，变化的原因是什么，以及从何处可以确认这些变化。**人们可以历史地探究这一问题，把出自最遥远时代有关当时一年的长度和为了防止一年的开端在所有的季节里游移而必须采用的闰余的古代文献，与我们的时代所规定的一年的长度进行比较，看一看一年在最古老的时代里比现在是多几天或者几小时，还是少几天或者几小时。如果是多了，那么绕轴自转的速度就减慢了；如果是少了，那么绕轴自转的速度就加快了。我在自己的主题中不打算借助历史的辅助材料来加以说明。我认为，这种文献〔186〕
是如此地模糊不清，它的信息对于当前的问题来说是如此地不可信赖，以至于要使可能构思出的理论与大自然的根据保持一致，它就很可能颇有点杜撰的意味。因此，我想直接求助于大自然；大自然的联系可以清晰地表现出结果，并提供把出自历史的说明引导到正确方面上来的理由。

地球不停地以一种自由运动围绕其轴自转；在这种运动于某个时候与地球形成同时被赋予地球之后，如果不存在延缓或加快这运动的障碍或外部原因，那么，这运动就会自此以后恒定不变地以同样的速度和方向在一切无限的时代里继续下去。我开始着手说明：确实存在着外部原因，而且是一种逐渐地减缓地球运动、致力于在极为漫长的岁月后完全取消地球自转的外部原因。这个有朝一日将会发生的事件是如此之重要，如此之奇特，以至尽管它得以实现的那个不幸时刻被设定得那么遥远，甚至地球的可居住性和人类的持存也许还不到这段时间的十分之一，但哪怕仅仅是这种命运将会降临的确定性和大自然向这种命运的不断逼近，也依然是惊赞和研究的重大对象。

如果天空充满了在某种意义上起阻挡作用的物质，那么，地球每日的自转就会受到这种物质的不断阻碍，由此自转的速度就必然逐渐地减耗，并最终耗尽。但是，**牛顿**以一种令人信服的方式说明，即便是允许稀薄的彗星云有一种自由的、不受阻碍的运动的天空，也充满了起极小的阻挡作用的物质；在此之后，人们已不用再担心这种阻挡了。且不说这种无法测度的阻碍，除了月球和太阳的引力之外，没有别的外部原因能够对地球的运动造成影响。由于引力是大自然普遍的动力，牛顿用它来以一种十分清晰和不可置疑的方式揭示大自然的奥秘，因此，它在此处也提供了一种可以信赖的根据，人们可以借助它
〔187〕来进行一种可靠的检验。

如果地球是一个没有任何流质的完全固体的团块，那么，无论是太阳的引力还是月球的引力，都不会改变地球的自由绕轴自转；因为它们是以同样的力量吸引着地球的东半球和西半球，由此既不会造成向这一边的倾斜，也不会造成向另一边的倾斜；因此，它们使地球就像没有任何外部影响一样，完全自由地、不受阻碍地继续这种自转。但是，如果一个行星的团块包含着数量可观的流体元素，那么，月球和太阳的联合引力就会使这种流体物质运动起来，从而强加给地面一部分这种波动。地球正是处在这样的境况之中。大洋的水域至少覆盖着地球表面的三分之一，并且由于上述天体的引力而处在不停的运动之中，确切地说，是朝着与绕轴自转截然相反的一面运动。因此，这种原因是否能够导致自转的一些变化，是值得予以考虑的。月球的引力占这种作用的绝大部分，它使大洋的水不断地涨潮，从而无论是朝着月球的一面，还是背对月球的一面，

水都尽力涌向正处在月球之下的地方，并且使水面升高。由于涨起的地方是从东向西移动的，所以，它们也就使海水全都不断地向这一地区涌流。航海家的经验早就确定无疑地证实了这种普遍的运动。在海峡和海湾，可以最清晰地觉察到这种运动。在那里，海水由于必须流经一个狭窄的通道，从而加快了速度。由于这种涌流是与地球的自转截然相反的，我们由此也就有了一个可以准确无误地信赖的原因，它尽其所能地致力于削弱和减缓地球的自转。

的确，如果把这种运动的缓慢与地球的迅快、把水量的微小与这个球体的庞大、把前者的轻与后者的重加以对照，似乎 〔188〕
就可以把这种运动的作用视为无。但反过来，如果考虑到这种推动是持续不断的，是亘古以来恒常不变的，并将一直持续下去的，而地球的自转又是一种自由的运动，在这种运动中，它所失去的极微小的运动量将永远得不到补偿，与此相反，起减缓作用的原因又是不停顿地以同样的强度在生效，那么，宣称一种虽然微小、但却通过不断的积累最终必然耗尽极大的运动量的作用不值一提，对于一位哲学家来说，这是一种很不合乎身份的偏见。

为了能够在某种程度上估量大洋自东向西的不间断运动对地球的绕轴自转所造成的反面影响的大小，我们只需要计算一下海洋对美洲大陆东海岸的冲击；我们把美洲大陆的绵延一直延长到两极，因为用非洲的突出尖角和亚洲的东海岸来补偿欠缺的部分是绰绰有余的。让我们假定，上面所说的海洋运动的速度在赤道上是每秒1尺，到两极则按照纬圈的运动递减；最后，陆地任海水冲击的那些地面的高度按垂直深度估算，假定为100寻（法国6尺长的杆）。这样，我们就可以发现，海洋通过自己的运动加给相对的地面的力量等于这样一个几何体的水的重量，这个几何体的底面等于上述从一极到另一极的全部面积，其高度等于 1/124 尺。地球的大小则超过这个计有 110 万立方寻的水几何体 123 兆倍。由于这个水几何体的重量总是压抑着地球的运动，人们可以轻而易举地发现，到这种障碍耗尽地球的全部运动，究竟需要多少时间。如果假定海水涌流的
〔189〕速度始终是同样的，土块与水的质料具有同样的密度，那么，为此也许需要 200 万年。基于此，在有限的岁月之后，上述减缓还不太多；例如在 2 000 年的时间之后，减缓将导致一年必然由此比过去减少 8.5 小时，因为绕轴自转减慢了这么多。

如今，每日运动的递减还受到很大的限制，因为：(1) 整个地球的密度并不像这里假定的那样与水的比重相同。(2) 涌流的海水在海洋开阔地带的速度似乎比每秒 1 尺要小得多。但虽然如此，相比之下，这种欠缺所得到的补偿却绰绰有余，因为：(1) 此处，地球的力量是在以赤道上某一点的速度进行的连续运动中计算的，它只是一种要小得多的绕轴自转；此外，在一个自转的球体表面上所产生的障碍，也由于它到中点的距离而具有杠杆的优势，它综合了两种原因，把海水冲击所造成的减缓加大了 5/2。(2) 但最重要的是，运动着的大洋并不仅仅对突出于海底之上的凸凹不平处、陆地、岛屿和礁石产生影响，而是在整个海底产生影响。它虽然在每一点上都比在前一种计算的垂直冲击中要小得多，但相比之下，却由于其发生范围的广大（比前面提到的面积还要大 12.5 万倍），而必然得到极为绰绰有余的补偿。

此外，依此来说毋庸置疑，海洋自西向东的持续运动由于是一种现实的、巨大的力量，而对地球绕轴自转的减缓总是有所增进。在悠长的岁月之后，这种减缓的后果必然是可以明白无误地察觉到的。如今，应当合理地利用历史的见证来支持假说。然而，我不得不承认，我并不能找到一件如此极为可能的事件的任何踪迹，因而把在可能的时候弥补这一缺陷的功绩留

给其他人。 〔190〕

如果地球以连续不断的步伐接近它自转的停顿，那么，这种变化的周期将在它的表面相对于月球来说处于相对静止时，即在它以月球围绕它自转的同样时间绕轴自转、因而总是以同一面朝着月球时完成。这种状态是由仅仅以微不足道的深度覆盖着地球表面的一部分的流体物质的运动给地球造成的。如果地球直到其中心都完全是流体的，那么，月球的引力就会在极短的时间里使地球的绕轴自转只剩下均匀的残余。这马上就为我们清晰地说明了迫使月球在其绕地球的运行中总是以同一面朝着地球的原因。不是朝着地球的部分比背对地球的部分更重，而是月球绕自己轴所作的千篇一律的自转恰恰等于它绕地球运行一周的时间，才使它始终如一地只显现着同一半。由此可以准确无误地推论出，地球对月球的引力在月球最初形成的时候，即在月球的团块还是流体的时候，以上述方式使这个卫星当时可能以较大速度进行的绕轴自转只剩下了这种均匀的残余。由此也可以看出，月球是一个在地球已经摆脱了流体状态并且成为固体之后才附加给地球的一个较晚的天体。若不然，月球的引力肯定会在短时间内使地球遭受月球从地球那里遭受的同样的命运。人们可以把后一种说明看做是某种天体自然史的尝试；在这一自然史中，大自然的原初状态，即天体的产生以及它们的系统联系，必须从宇宙结构的状态自己所显示的特征出发来规定。这种考察在宏观上，或者毋宁说在无限中，就是地球的历史在微观上所包含的那种东西。它在这样的宽广范 〔191〕
围内，可以和人们在我们的时代力求作出的对地球的考察一样被看做是可靠的。我将对这一主题进行一系列的考察，并把这些考察综合在一个体系中。这个体系不久就将发表，其标题是：**宇宙生成论，或者按照牛顿的理论从物质运动的一般规律推演出世界大厦的起源、天体的形成及其运动的原因的尝试。**

1754年

地球是否已经衰老

——对该问题的物理学考察

李秋零 译

要想知道是否可以称一个事物已经变老，是否可以称它很 〔195〕
老或者尚年轻，就必须不是通过它持存的年代的数字，而是根据这个数字与它应当持存的时间的比例来对它作出评价。对于一种造物来说可以称为高龄的那种持存期，对于另一种造物来说就不然了。在一只狗变得衰老的同样时间里，人却几乎还没有超出自己的童年。当黎巴嫩的椴树或者冷杉已经衰老并且干枯时，橡树和雪松还没有进入自己的成熟期。就上帝的这一伟大作品来说，如果人把在这段时间里已经逝去的人类世代作为年龄的标准，那么，他大多是要犯错误的。令人担忧的是，人的判断方式恰恰就像封德耐尔所说的蔷薇花的判断方式一样。蔷薇花们猜测其园丁的年龄，它们说：**我们的园丁是一个很老的人。自蔷薇花们所能回想的时刻以来，他一直就是他所是的那个样子。他实际上不会死，他甚至就连变化也不会。**如果考虑到创世的安排而在其整体的重大环节上所发现的那种接近于无限的持久性，那么，人们就会被打动而相信，对于地球注定的持存来说，5 年或者 6 000 年的进程也许还不到对于一个人的生命来说的 1 年。

说真的，我们在启示中找不到任何征兆可以使我们能够得
出，地球如今可以被看做是年轻的或者衰老的，即理解为达到 〔196〕
其完善的全盛期或者其各种力量已经衰退。虽然它向我们揭示了地球形成的时间和它的童年的时刻，但是，我们却不知道它如今更为接近它的持存的两个端点中的哪一个，是更为接近它的始点还是更为接近它的终点。事实上，确定地球是否已经衰老并且由于其力量的逐渐衰退而接近于毁灭，它如今是否处在这种日渐衰竭之年的时期，或者它目前是否仍然状态良好，或者也许根本还没有达到它应当发展成为的那种完善性，因而也许还没有超出自己的童年，这似乎是一个值得研究的课题。

我们如果听一听年迈老人的悲叹，就会获悉自然界在明显

地老化。人们甚至可以觉察到自然界走向衰亡的步伐。据老人们说，气候不再像过去那样好了。自然界的各种力量已经消耗殆尽，自然界的美和正确性减退了。人既不再像过去那样强壮，也不再像过去那样长寿。据说，这种退化不仅可以在地球的自然状态方面觉察到，它还一直扩展到道德状况。古老的德性已不复存在，新的罪恶取代了它们。虚伪和欺诈占据着古老的正直的地位。这种不值一驳的幻觉既不是失误的结果，也不是虚荣心的结果。真诚的老人们如此自负，以致相信老天在照料他们，使他们在最兴盛的时代里降生到世上，也就不能相信他们死后世界会和他们出生前一样美好。他们喜欢想象自然界与他们自己同时衰老，以便不致为离开一个已经接近于衰亡的世界而感到懊恼。

尽管像要按照仅仅一个世代的尺度来衡量自然界的年龄和持存这样一种自负毫无根据，但另一种猜测初看起来却似乎并不同样荒谬绝伦，即数千年之后，也许可以在地面状况中觉察
〔197〕到一些变化。在这方面，仅仅像封德耐尔那样说明过去的树木并不比现在的更高大，过去的人既不比现在的人更强壮，也不比现在的人更长寿，还是不够的。我认为，这远远不足以从中推论出自然界没有衰老。这些特性自有本质规定性为它们确立的界限，即便是自然界最优越的特性和最兴盛的良好状态，也不能超越这些界限。就此而言，在所有的地区都没有差别。肥沃的、处于最佳地带的地区对于贫瘠的不毛之地来说，在这方面没有任何优势。然而，如果人们能够在过去时代的可靠信息和当代的精密观察之间进行一番比较，那么，是否可以在这些地区的出产能力方面发现一些差别，土地在过去为供养人类所需要的照料是否更少一些呢？倘若对此可以作出断定，那么，似乎也就为解决眼前的问题带来了指望。这就仿佛是面前有一个漫长的前进过程的最初一些环节，借助它们，可以认识到地

球在其年龄的长时间进展之后逐渐接近了什么样的状态。但是，这种比较是颇没有把握的，或者毋宁说是不可能的。人的勤劳对地球的出产能力的影响是如此之大，以至于根本不可能澄清，对于那些过去曾经是繁荣昌盛的国家而如今却荒无人烟的地区来说，最应当为它们的荒芜负责任的，究竟是人的疏忽，还是地区出产能力的下降。我想建议那些对按照两种条件在历史文献中考察这一问题具有更多的技巧和爱好的人来从事这一研究。我只想作为一个自然研究者来探讨这一问题，以期尽可能在这一方面达到全面的认识。

大多数提出地球理论的自然研究者的见解如下：地球的出产能力逐渐下降；它以缓慢的步伐接近着那变得荒无人烟的状态；要看到自然界完全衰老并且就其力量的减退来说渐渐死亡，只是需要时间而已。这一问题很重要，也许值得花费力气，去小心谨慎地接近这一结论。

不过，让我们事先就对人们关于一个借助各种自然的力量达到完善并借助各种元素的力量修正自己的物体的衰老应当形〔198〕
成的概念加以规定。

一个存在物的衰老在其变化的过程中不是一个以外部强制原因为根据的阶段。而恰恰是使一个事物达到并维持在完善状态的那些原因，使该事物通过无法察觉的变化阶段又重新接近它的衰亡。这是它的存在延续中的一种自然退化，是那些致使它生成的原因的结果，这使它最终必然要衰亡。所有的自然事物都服从这一规律，即一开始有助于它们达到完善的那种机制，在它们达到那个完善的点之后，由于这种机制继续改变事物，就又使该事物逐渐地离开昌盛状态的那些条件，最终以不可察觉的步伐使它归于毁灭。自然界的这种行为方式清楚地表现在植物界和动物界的运营上。恰恰是使树木生长的那种动力，在树木完成了成长之后，就给它们带来了死亡。如果纤维和管道再也不能扩张，那么，营养的汁液由于继续输入各部分，就会开始堵塞各通道的内部，最终由于汁液的运动受阻碍而使植物渐渐死亡并枯萎。恰恰是动物或者人得以生存和生长的那种机制，当生长完成之后，最终给动物或者人带来了死亡。因为当供养动物的营养汁液不再同时扩张它们黏附的渠道，并在体积上增多起来时，它们就使其内部的穴道变得狭窄，汁液的循环受到阻碍，动物就佝偻起来，变得衰老并且死亡。同样，地球的昌盛状态的逐渐丧失，也被归入那些最初造成它的完善性的变化的后果，这种丧失只有在长期的进程之后才能够看出。因此，我们必须浮光掠影地看一看自然界从其开始直到其终结所上演的那些变化无常的戏剧，以便综观那些后果的整个链条；其中，衰亡是最后的一环。

〔199〕当地球从混沌中产生时，它在此之前毋庸置疑是处在流质状态中。不仅是它的球状形体，而且尤其是由于地表朝着被旋转力改变了的重力方向在所有的点上都采取一种垂直的姿态所造成的旋转椭球体形状，都证明它的团块曾有能力自动地作出顺应，成为均衡状态在这种情况下所要求的形体。它从流质状态转化为固体状态，而且我们看到了无可指摘的迹象，说明地表首先硬化，此时各种元素在团块中按照均衡的规律继续彼此分离，团块的内部总是把灵活的气体元素混合了的微粒送到硬化了的地表下，在地表下造成了广阔的空穴，由此导致地表以各种各样的凹坑下陷，造成地表的凸凹不平，造成坚硬的大陆、山脉，造成海洋辽阔的低凹，造成干地与水域的分离。我们同样有自然界无可置疑的遗迹，它们使人认识到，这种巨变在很长的历史时期之后并没有完全停止，它与一个庞大的流质团块是相符的；我们地球的内部曾经并且在很长时间里都是这样的流质团块。在地球里面，元素的分离和在普遍的混沌中混合在一起的气体的离析并不是一下子完成的，而是使产生出来

的地穴逐渐加大，辽阔拱顶的地基重新动摇并坍塌。但这样一来，淹没在大海深处的所有区域都裸露出来了，与此相反，其他区域却沉陷下去。在地球的内部达到了一种较为固定的状态、坍塌停止之后，这个球体的表面才稍稍平静了一些，然而这离一种生成的完成状态还相差很远；还必须为各种元素设立某些界限。这些界限通过防止所有的混乱来维持这整个地面上的秩序和美。海洋自己通过卷起来的物质加高了陆地的海岸，通过卷走这些物质加深了自己的海底。它堆积起沙丘和堤岸来防止泛滥。理应带走陆地水流的江河还没有被纳入应有的河床，它们淹没过平原，直到自己最终被限制在适当的渠道中，〔200〕并且从它们的源头直到大海形成一个齐一的斜坡。在自然界达到这种秩序状态，并在其中固定下来之后，地球表面上的所有元素都处在均衡之中。出产能力在所有的方面都扩充着自己的财富；它是生机勃勃的，处于其力量的巅峰状态，或者如果可以这样说的话，处于其成熟的年龄。

我们地球上的自然界在其年龄的进步中并没有在其所有部分上都达到同一阶段。它的一些部分是年轻的，生机勃勃的，但它在另一些部分中却显得退化和衰老。在某些地区它是原始的，仅仅是半开化的，而另一些地区则处在其昌盛状态的巅峰，还有一些地区在经历了其幸运的时期之后已经逐渐地接近着衰亡。总而言之，地面的较高地区是最先从混沌中产生、并达到其生成之完成的最古老的地区，较低地区则是较年轻的，较晚才达到其完善性的阶段。因此，按照这一顺序，前者首先遇到重新接近衰亡的命运，而后者离这种命运则还很远。

人们首先居住在地面的最高地区。他们只是后来才来到平原，并且必须着手加速对自然界的改造；对于人的迅速增多来说，自然界的发展太慢了。埃及这个尼罗河的恩赐，过去在其最高部分是有人居住的，而且人口众多。而半个下埃及，即整个三角洲和尼罗河由于泥浆的沉积而加高了其入海口的地面并堆积起使河床变窄的河岸的地方，还是一片沼泽。如今，古忒拜地区似乎很少再拥有过去曾使它如此不寻常地富裕的那种特别的出产能力和繁荣了。相反，自然界的美已经下降到这片国土的较低、较年轻的部分，它们如今相对于较高部分来说保持着出产能力方面的优势。作为莱茵河的一个产物的下德意志地
〔201〕区、下萨克森的最平坦部分、普鲁士部分（由于维斯瓦河分成如此众多的支流，并且仿佛在追求自己的永恒权力那样，常常把人们的勤劳部分地从它夺取的地区淹没在它的洪水之下）似乎比这些河流发源的最高地区更年轻、更肥沃、更繁荣。当前者还是一片沼泽和海湾时，后者就已经有人居住了。

自然界的这种变化是值得作一番说明的。这些河流并没有在干地脱离海洋的一开始就找到了现成的河道和它们的流程所利用的现成的、齐一的斜坡。它们漫过了许多地方，造成了使土地变得无法利用的死水。逐渐地，它们在新形成的、松软的土地上侵蚀出河道。通过冲刷走充满河道的泥浆，它们在其最大的水流两旁筑起了河岸。在水位低时，河岸能够容纳并且限制水流。但在水位上涨严重时，河岸却由于泛滥而逐渐地被加高，直到这些河流完善地形成的河床能够把周围地区输送给它们的水以齐一的斜坡引入海洋。最高的地区是第一批可以享受到自然界的这种必然发展的地区，因而也首先有人居住，而较低的地区则在一段时间内还要与混乱作斗争，较晚时才达到完善。自此以后，较低地区通过掠夺较高地区而充实自己。在水位高涨时携带着冲刷来的泥浆的河流，在泛滥时把这些泥浆沉淀在其出口附近，抬高了它们所淹没的地面，从而造成了干地。在河流把自己的河岸加高到相应的高度之后，干地就可以居住了。而且由于用较高地区的肥沃物质来施肥，干地比较高地区要有更高的出产能力。

由于地球的形貌所经受的这种不断发展的构造和变化，当较高地区有时不再可以居住时，较低地区却变得可以居住了。然而，这种交替只是特别地涉及一些地区。这些地区苦于缺乏降水，从而如果河流通过自己加高河岸而限制了周期性的泛滥，它们就由于没有这种泛滥而缺少必要的水源，必然成为一片无法居住的荒野。埃及就是这种变化的一个显明例证。就其 〔202〕
状况来说，埃及的变化是如此强烈，以至于根据希罗多德的证词，在他那个时代之前 900 年，只要河水上涨 8 尺，就会全部淹没整个陆地；而在他那个时代，要全部淹没整个陆地，河水就必须上涨 15 尺；而在如今我们这个时代，要达到这一点就要求上涨 24 尺了。由此可以看出由于不断的接近而日益严重地威胁着这一地区的恶化。

但是，由于自然界的这种变化，就其仅仅局限于地表的一些地区而言，是不显著的、微不足道的，所以关于地球衰老的问题必须从总体上来加以规定。最后，首先要考察这样一些原因，大多数自然研究者把上述结果归咎于它们，认为从它们出发，就足以事先宣布这个星球上的自然界的衰亡。

第一种原因出自那些把海洋的含盐性归咎于江河的那些人的见解。江河把从土地中渗出的、由雨水带入江河的盐带到海洋中。由于淡水的不断蒸发，盐也就留在了海里，积聚起来，海洋以这种方式得到了它所包含的所有的盐。由此很容易就可以得出：由于盐是生长的最重要的动力和出产能力的源泉，因此，按照这种假说，被逐渐地剥夺力量的土地必然会被置于一种没有生机的、没有出产能力的状态。

第二种原因可以假定为雨水和江河在冲刷土地、并把土携带到海洋里面时所起的作用。由此，土似乎越来越多地被冲走，而陆地的高度也就不断地降低，以致令人担忧的是，海洋由于越升越高，最终必然被迫重新淹没过去摆脱了它的统治的干地。

第三种见解是这样一些人的猜测，他们由于觉察到海洋在
〔203〕很长的时间里明显地从大多数海岸后退，使过去在海底的大量地段转变为干地，因而或者担心这种流体元素通过一种转换为固体状态的方式而真正地耗尽，或者担心其他原因妨碍从海洋的蒸发产生的雨水重新回到海洋从而使海水升高。

第四种、也是最后一种见解，可能是这样一些人的见解，他们把一种普遍的世界精神，一种无法感知的、但到处起作用的原则设想为自然界的隐秘动力，其精细的物质由于永无止息的生育而被不断地消耗掉，因而自然界也就处在危险之中，即由于这种隐秘动力的减少而在逐渐的衰弱中衰老和死亡。

这些见解就是我想首先简明扼要地考察的见解。然后，我想论证那些我觉得正确的见解。

假如第一种见解是正确的，那么就可以得出：大洋和一切陆间海的海水所包含的所有的盐在此之前都是与覆盖着陆地的土壤混合在一起的，并且由于盐被雨水从土壤中冲洗出来，被江河带走，从而也就不断地被以同样的方式带进海洋。然而，对于地球来说幸运的、对于那些打算利用这样一种假说、借助一种简单的说明使人理解海洋的含盐性的人来说难以克服的是：通过精确的考察，人们发现这种猜测毫无根据。因为假定地球上一年的中等降水量是 18 寸，这是在温带所观察到的降水量；假定所有的江河都是产生自雨水并由雨水补给的；同样，假定降到陆地上的雨水中有 2/3 通过江河又重新回到海洋，但有 1/3 部分地被蒸发掉，部分地被用于植物的生长；最后，假定海洋只占地球表面积的一半，这是人们所能设想的最小的量；这样，人们就把上述见解置于最有利的条件之下了。但尽管如此，地面上的所有江河每年带入海洋的水也只不过是
〔204〕1 尺水。即使设想海洋的中等深度只有 100 寻，在蒸发用 600

年的时间使海洋完全干枯之后，这些河流也可以在同样的时间里把海洋注满。按照这一计算，自创世以来，大洋已经由于所有的小溪和河流的流入而被注满了 10 次。但是，来自这些江河而在蒸发之后存留下来的盐只能比海洋天然地拥有的盐多 10 倍。由此必然可以得出：为了知道海洋的含盐量，只要蒸发 10 次 1 立方尺的河水，在此之后存留下来的盐就与 1 次蒸发同量的海水之后存留下来的盐一样多。这与可能性的距离太远了，以致就连一个无知识的人也不能说服。因为按照瓦列利的计算，在北海只有少数江河注入海洋的地方，海水的含盐量为 1/10，有时为 1/7；在海水被江河的大量淡水稀释的波的尼亚湾，水的含盐量仍有 1/40。因此，土地在此基础上有足够的保证，不因雨水和江河而失去它的盐和出产能力。毋宁说还可以猜测：海洋并没有掠夺陆地的含盐成分，而是向它传递自己的含盐成分。因为虽然蒸发把粗糙的盐留下来了，但海洋还提炼出一部分变得具有挥发性的盐，它连同水蒸气一起被带到陆地上，并赋予雨水那种出产能力。在这方面，雨水甚至比江水更为适宜。

另一种见解具有更高程度的可信性，能更多地自圆其说。**曼弗雷德**在博洛尼亚学院的备忘录中曾讲到过这种见解，并对它进行了严谨的探讨。他的详细阐释在一般的自然杂志上就可以找到。在对自然界进行考察时，曼弗雷德可能只赞同这种见解。他注意到，拉文纳大教堂那在新地基下面发现的被瓦砾掩埋的旧地基，比海水涨潮时的海平面还低 8 寸。因此，如果在建造教堂的时代海水不比现在更低，那它在每次涨潮时都必然被淹没在水下，因为古代的材料证明，海洋在当时一直进逼到这座城市旁边。为了证实自己的见解，即海洋的高度在不断地增长，他提到了威尼斯圣马可教堂的地基。该地基现在是如此〔205〕
之低，以至于如果泻湖上涨，不仅圣马可广场有时会被淹没，而且该地基自身也会被淹没于水下。然而，在此又不能猜测建造该教堂时就是如此。同样，他援引了环绕圣马可市政厅的大理石长凳。它也许是为乘船者修建的，为的是让他们能够步行登上自己的船。就这一目的来说，它现在却毫无用处，因为它在正常的潮水时就已经处在水下半尺深。从上述征兆就可以看出，海洋现在已经达到了比过去时代更高的高度。为了说明这种见解，他宣称，江河把它们涨水时所满带的、雨流从陆地的高处冲刷下来的泥浆裹挟入海洋，从而抬高了海底。这样，海洋就被迫以它的海底被逐渐填满的规模升高。为了使海洋的这种升高的幅度与现实的征兆所说明的升高相一致，他试图通过在 2 月底提取流过波诺尼亚的河水来估算河流在浑浊时所携带的泥浆的量。他在让土沉淀之后，发现土占含有泥浆的水的 1/174。由此出发，根据江河在一年内流入海洋的水量，他确定出海洋由于这一原因逐渐增长的高度，即在 348 年内必然增高 5 寸。

由于我们以上就环绕威尼斯圣马可市政厅的大理石长凳所引证的考察，由于有一种尺度来确定他的其他说明的重要性的要求，**曼弗雷德**被打动，大大增加了前面提到的海平面的升高，以致使它在 230 年内将达到 1 尺。因为如他所宣称，除了使江河的水变得浑浊的松软的泥土之外，江河还把沙子、石头和其他诸如此类的东西裹挟入海洋。基于此，尽管曼弗雷德对地球的探讨要比哈特雪克尔更为谨慎，地球的不幸也将以相当
〔206〕快的步伐降临。**哈特雪克尔**曾从对莱茵河的相同考察出发，预言了地球的命运。在 10 000 年之内，地球的可居住部分必然被冲刷掉，海洋必然将淹没一切，只有冰冷的岩石从海洋中露出。由此出发，人们就可以轻而易举地估算出在较短的一段时间里——例如在 2 000 年的时间里——衰亡的程度。

这种见解的真正错误仅仅在于过度或者不足。若不然，它

就会在根本上是正确的。雨水和江河冲刷地表，并把土带入海洋，这的确是事实。但是，要说它们在像作者所猜测的那么大的程度上造成这种情况，那就大错特错了。作者任意地假定，河流终年都像山区的融雪造成了有充分威力侵蚀地面的湍急溪流、地面本身也完全湿透并由于过去冬日的寒冷而变得足够松软、以便尽可能容易地被冲刷走的那些日子里一样浑浊。在江河中间，那些由山区养育的江河由于汇入它们的急流的威力，而比那些由平原养育的山河带有更多的掠夺来的泥土。如果他把上述谨慎与对这些江河的差别应有的注意同时结合起来，那么，他的估算就会大大地降低，以致他也许会放弃在此基础上论证关于观察到的变化的那些说明的打算。最后，如果人们在这里还考虑到，通过那种使人们断言海洋不容忍任何死物的运动，即由于把一切不具有同等运动性的物质带到海边，海洋并没有使这些泥浆在海底堆积起来，而是立即使它们沉淀在陆地边上，并由此扩大陆地，那么，对看到海洋的凹坑被由此填满的恐惧，就会转化为对通过掠夺高地而在海岸边不断造成新陆地的有根据的希望。因为事实上在所有的海湾，例如在名为红海的海湾，同样，在威尼斯海湾，海洋正在逐渐地从尖端后退，干地则不断地从尼普顿的王国得到新的收获，而不是—— 〔207〕
假如上述自然研究者的猜测是有根据的——水越来越漫过海岸，干燥的地面被淹没在潮湿的元素之下。

但是，就亚得里亚海岸确实下沉的原因来说，我（假如这并非总是如此，但却具有其正确性）因此而宁可援引意大利与其他许多地区相比所特有的那种陆地特性。因为我们知道，这片陆地的根基是成拱形的，地震虽然主要是在下意大利肆虐，但在上意大利也发泄着它们的威力，并通过延伸到辽阔的地区，甚至一直延伸到海洋，而使人们认识到相互连通的地下空穴。如果现在地下燃烧所造成的波动能够使这些空穴的根基动摇，并且已经常常使它动摇，那么，难道不能猜测，地壳在许多次剧烈的爆发之后有点下降，并且对海平面来说可能变得更低吗？

第三种见解把地面上干地的增多与水域的减少看做是地球衰亡的征兆，同前一见解一样从考察中得出了似是而非的根据，但却很少解释它们的可理解的原因。因为毋庸置疑，尽管海洋一方面在它逐渐地使陆地变得干燥的时候，事先就又占据了它所侵入的另一些地区，从总体上来说并没有受到损失；但仔细想来，毕竟从海洋中裸露出来的地段要比海洋漫没的地段更大。特别是海洋离开了较低的地区，冲击着高高的海岸，因为海岸任凭海洋的发作，而较低的地区则通过轻微的倾斜挫败了海洋的发作。然而，这只能为海平面根本没有日益升高提供证明。因为人们在海岸处可以最清晰地感受到差别。在有些地方，陆地以微不足道的下降逐渐地成为海底，在那里，海水只要上涨 10 尺就能从陆地夺去许多东西。在另一些地方情况却
〔208〕完全相反，海洋如今再也达不到它过去堆砌的、毫无疑问当时曾翻越过的堤岸。这证明，海洋自那时以来变低了。例如，两个普鲁士岬角、荷兰海岸和英国海岸的沙滩就无非是海洋过去堆砌的沙丘。但是现在，在海洋再也达不到过去它曾翻越过的高度之后，它们却成了防御海洋的设施。

但是，为了使这种现象保持完全的效力，我们难道应当乞灵于流体元素的真正消失及其转化为一种固体状态，或者乞灵于雨水全部渗入地球内部，或者乞灵于海底通过无休无止的运动而不断地日益加深吗？第一种理由可能极少有助于造成一种显著的变化，尽管它并不像显现的那样与一种正常的自然科学相矛盾。因为其他流体物质有时也采取一种固体状态，但并不因此而失去它的本质。例如水银在**布尔哈维**的试验中呈现出一种红色火药的形象，**哈勒斯**在所有的植物产品中，尤其是在酒

石中，都发现了作为一种固态物体的空气。与此相同，水毫无疑问也能够如此。水的一部分在植物的生成中似乎放弃了其流动性，以致极干燥的碎木屑在作化学分解时还始终能够释放出水。由此可见，地面上的水的一部分被用于植物的生长，永远不再回到海洋中，这并非不可能。但至少这种减少是无法察觉的。第二种理由同样不能在绝对的意义上加以否认。土地吸收入自身的雨水虽然渗入土地到一定深度，直到它遇到某种更为密实的地层为止；它无法穿透这一地层，并被迫沿着这一地层的斜坡寻找出路，从而滋生出源泉。然而，雨水中任何时候都有一些穿过所有地层，一直下降到岩层，并在岩层中穿透它们的缝隙，积聚成地下水，借地震之机有时突然冒出地面，淹没陆地。①海水的这种损失也许颇为可观，值得更详细地考虑。然而，第三 〔209〕
种理由似乎更多地、并且最无可争议地参与了海洋高度的降低。海洋越是加深自己的海底，它的高度就必然日益降低，虽然以这种方式，并不需要为导向地球衰亡的极微小步骤担忧。

究竟什么是对迄今指出的几种见解所进行的考察的结果呢？我们已对前三种见解作出了否定性的裁断。土地并不由于雨水和溪流的冲洗失去盐分。肥沃的土壤并不因为江河而蒙受无法弥补的损失，被裹挟入海洋，最终填满海洋，使海洋的水重新升高到人所居住的陆地之上。事实上，江河给海洋带来了来自较高地区的猎获物。然而，海洋利用这些猎获物，却是为了把它们沉积在陆地的岸边。植物的滋养和生长要求海洋真正支付蒸发出来的水，其中可观的一部分似乎放弃了其流体状态，使土地的损失由此而得到补偿。最后，关于大洋的水的现

① 参见《巴黎王家科学院物理学论文集》，施泰因韦尔译，第 2 卷，246 页。

实减少的猜测虽然具有可能性，但为了使一种可靠的假说成为一项重大的论断，却还不具备充分论证了的可信赖性。因此，就地球形貌的改变来说，只剩下惟一一个人们可以期待其确定性的原因，它就是：雨水和溪流不断地侵蚀土地，把土从较高的地区冲刷到较低的地区，从而力图逐渐地敉平高原，并尽其所能剥夺地球形貌的高低不平。这种作用是确实无疑的、可信的。只要地球在较高地区的斜坡上提供可以被雨水侵蚀和冲刷走的材料，它也就连续不断地遭受着这种变化。而在随着松软
〔210〕地层被冲刷走，地球的岩层基础构成惟一不再遭受变化的高度之前，地球也不能摆脱这种变化。并不仅仅是由于最肥沃的地层被深埋在毫无生机的地层之下的那种地层升降，而毋宁说，由于取消了陆地分为高原和低谷这种有益的划分，上述变化才是地球所面临的衰亡的那种令人担忧的原因。只要人们看一看陆地目前的分布，就会惊奇地发现隆起地区与低凹地区的一种有规律的关系。大面积的土地以适度的斜坡向一河流的洼地倾斜，河流占据了低谷的最深处，随着河流的延伸，一道均匀地展开的斜坡一直通向海洋，在那里，河流把它的水全部倒空。这种使陆地不致雨水过量的良好态势正是建立在倾斜的程度之上的。它既不使一种过陡的斜坡把应该用来增强出产能力的水过快地泄走，又不使一种过缓的斜坡把水过久地滞留在土地上并积聚起来从而造成对土地的损害。然而，这种有益的规定却由于雨水的持久作用而受到不断的损害，因为雨水削低高地，并通过把冲刷下来的材料带到低地，使土地的形貌接近地表的所有差异都消失之后它们将会具有的那种形态。雨带到地面上的水无从宣泄而积聚起来，将完全浸透土地的怀抱，毁掉可居住的状态。我已经说明，地球衰老的完成虽然在很长时间内几乎是无法察觉的，但却是哲学考察的一个有根据的、值得认识的题材。在这里，微不足道的东西不再是微不足道的或者不值

一提的，它通过永不停顿的积累不断接近地造成一种重大的变化，而为了完成衰亡，所需要的也只不过是时间而已。在此我们并不能说，导致这种变化的步骤是根本无法察觉的。如果高地不断地降低，那么，滋育陆地湖泊或者还有河流的那种水向低地的补给就会越来越少。湖泊和河流的大小的减退就提供了这样的变化的证据。事实上，对于所有的陆地湖泊来说，人们 〔211〕
都可以找到它们过去具有更辽阔的面积的征兆。普鲁士的高地部分是一块真正充满湖泊的陆地。当人们没有觉察到与这些湖泊毗邻的大片平原的时候，很难看到这些湖泊中的任何一个。这些平原是如此地像水面般平整，以至人们简直不能怀疑，它们过去也是属于湖泊的，只是在湖泊由于水逐渐减少而大大后退之后，才逐渐地变成了干地。举例来说，根据古老的文献，**德洛伊曾湖**过去曾一直抵达普鲁士荷兰市附近，并为那里的航运提供了方便，现在已往后退了 1 里，但尽管如此，它当时的湖底仍由于一块长长的、几乎像水面一样平整的平地以及在两边可以见到的它当时隆起的湖岸而清晰可见。因此，这种逐渐的变化可以说是一种前进着的关系的一部分，它的最后一环距离开端几乎无限远，也许永远不能达到，因为我们所居住的地球的启示预告了一种突发的命运，它的发生将打断地球在良好状态中的持存，不给它留下时间来通过不可察觉的变化阶段而逐渐衰老，或者说是接受一种自然的死亡。

在这里，对于人们就地球的衰老所能提出的种种不同见解来说，我还欠缺对第四种见解的评断，即那在某种程度上造成了自然界的生命、尽管肉眼不可见但却在大自然所有三界的繁育和运行中都起着作用的、始终有效的力量，是否会逐渐地消耗殆尽，并由此造成地球的衰老。那些在这种意义上设想一种普遍的世界精神的人，并不把它理解为一种非物质的力量，理解为世界的灵魂或者可塑的物类、大胆的想象力的创造，而是理解为一种精细的、但到处都起作用的物质，它在自然界的生成中构成了积极的原则，并且作为一个真正的普洛透斯，准备采取一切形象和形式。这样一种观念并不像人们想象的那样，与一种正常的自然科学和观察相悖。如果人们考虑到，大自然
〔212〕在植物界中把最强有力的、精神性的部分置于某种油中，油的黏性把自己的挥发性稳定下来，无论是借助蒸馏还是借助化学手段来榨油，都不会在重量方面造成明显的损耗，虽然在这种情况下，留下来的无非是一堆毫无生机的东西；如果人们考虑到这种化学家所说的精神统帅，这种构成每一种植物的特殊区别标志的第五本质，看它是如何在所有地方都同样容易地由同样的养料，即由纯粹的水和空气产生；如果人们考虑到在空气中到处扩散的如此能力巨大的挥发性酸，它构成了大多数盐类的积极原则、硫的本质性部分和火的可燃物中的最主要部分，它的引力和斥力在电中如此清晰地表现出来，它是如此地适宜于抑制空气的弹力和促进生成；如果考虑到自然界的这个普洛透斯；那么，人们就会被打动，大致地猜测一种到处起作用的精细的物质，一种所谓的世界精神，但还会担忧无休无止的生育对这种东西的消耗，也许总是要比自然生成物的毁灭所归还给大自然的更多，也许由于这种物质的消费，自然界在不断地失去自己的一些力量。

当我把古代各民族从事伟大事业的动力，即以崇高的概念激励他们、使他们超越自己本身的那种荣誉感、美德和自由之爱的狂热，与我们时代的中庸、冷淡的特性进行比较时，我虽然找到了理由来祝福我们的世纪发生了这样一种无论是对于道德学说来说还是对于各门自然科学来说都同样有益的变化，但却情不自禁地猜测，这也许是赋予人性以生机、其激烈性无论是在放荡不羁方面还是在美好的结果方面都富有成效的那种激情有了某种消退的征兆。相比之下，我在考虑政府类型、传授

和榜样对心灵状态和道德有多么重大的影响的时候，却怀疑诸如此类模棱两可的征兆是否能够提供大自然确实发生了变化的 〔213〕
证据。

据此，我并不是像一个大胆的自然研究者有事业心的精神所要求的那样以作出判定的方式，而是像题材自身的特性所造成的那样以审视的方式，来探讨地球衰老的问题的。我力图对人们关于这种变化所形成的概念作出更为正确的规定。可能还有其他一些原因，能够通过突然的变化来造成地球的毁灭。因为且不说人们自一些时间以来很方便地用以解释所有异常命运的彗星，在地球内部，似乎也隐藏着火神的王国，蕴藏着大量燃烧着的、火一般的物质。这种物质在地壳最上层的下面也许越聚越多，蓄积起火的存量，侵蚀着最上面的拱顶的基础，而这拱顶也许灾难性的塌陷将可能把燃烧着的元素带到地面，在一片大火中造成它的毁灭。不过，诸如此类的偶发事件不属于地球衰老的问题，就像在思考一座建筑物如何衰老时不考虑地震和火灾一样。

伊曼努尔·康德

1755年

一般自然史与天体理论

论火

形而上学认识各首要原则的新说明

1755年

一般自然史与天体理论

或根据牛顿定理试论整个世界大厦的状态和力学起源

李秋零　译

献词

敬献给

最尊贵、最强大的国王和君主

普鲁士国王

勃兰登堡侯爵

神圣罗马帝国大臣和选帝侯

西里西亚君王和大公爵

等等、等等、等等

我最仁慈的国王和君主

弗里德里希陛下

最尊贵、最强大的国王
最仁慈的国王和君主！

自身微贱的感觉和王位的辉煌并不足以使我自惭形秽，畏缩不前，因为最仁慈的君王一视同仁普降给他所有臣民的恩宠给我以希望：我所冒昧采取的大胆行为将不会被不屑一顾。我满怀恭顺的敬畏将一种勤奋精神的最渺小尝试之一献给国王陛下；陛下的科学院正是以这种勤奋精神凭借其贤明君王的鼓舞和庇护来与其他国家在科学上争雄的。倘若目前这些尝试能够使最卑微、最敬畏的臣民持之以恒地作出的努力对自己的祖国略效绵薄，并博得其君王的最大欢悦的话，我将会感到多么幸福啊！不胜恭顺之至

国王陛下

您的最忠诚的仆人作者
1755年3月14日
于哥尼斯贝格

前　言 〔221〕

我选择的这样一个课题，不仅内容艰深，而且涉及宗教，所以可能会在开始就以一种不利的成见吸引住大部分读者。要在整个无穷无尽的范围内揭示把造化的各个巨大环节联结起来的系统性，要运用力学规律从大自然的初始状态推演出天体自身的形成及其运动的起源，这样的认识似乎远远超出了人类理性的能力。而另一方面，也有宗教对这种大胆行为提出郑重斥责的危险，因为居然有人敢于把这样的结果归于自行发展的大自然，而实际上人们理应在这些结果中发现至高无上存在者的直接干预；宗教的斥责是由于担心在这些考察的好奇心中会发现无神论者的辩护词。我清楚地看到了所有这些困难，但我并不胆怯。我感觉到所面临的这些障碍的强大，但我并不气馁。凭借一种微不足道的猜测，我斗胆作了一次危险的旅行，而且已经看到了新大陆的海岸。有志于继续探索的人们将登上这些大陆，并用自己的名字命名它们而后快。

我是在看到自己的宗教义务得到保障之后，才决定开始这种探索的。在我看到每当自己前进一步就迷雾四散时，我就热情倍增。在那朦胧的迷雾后面，好像隐藏着一个巨大古怪的东西。而在这迷雾散去之后，至高无上的存在者的庄严就以夺目 〔222〕
的光辉显现了出来。由于我知道这些努力不会受到任何惩处，所以我愿意忠实地阐述一番善意的人们或者哪怕是懦弱的人们在我的计划中可能认为有失体统的东西。我也准备坦然地服从正统宗教法庭的严厉制裁，这种坦然是心地正直的标志。因此，信仰的监护人们也该先听听它的理由。

如果秩序井然且美好的世界结构只是服从其普遍运动规律

的物质的一种结果，如果各种自然力的盲目机械性能从混沌中如此美妙地发展出来，并自动地达到如此的完善性，那么，人们在观察世界大厦之美时所得出的神性创造者的证明就完全失效了。大自然本身就够了，神的统治是不必要的。伊壁鸠鲁就又在基督教里面复活了，一种非神圣的世俗智慧就会把信仰踩在脚下，而信仰本来奉献给世俗智慧一片灿烂的明光，照耀着世俗智慧。

即便我认为这一课题是持之有故的，我对神圣真理的无误性所持有的信念，也能够使我把一切与它们相矛盾的东西都视为已被它们充分驳倒而予以拒斥。不过，正是我在自己的体系和宗教之间所发现的这种协调一致，把我对付一切困难的信心提高成为一种无所畏惧的镇定自若。

人们为确证一个最为睿智的创造者而从世界结构的美和完
〔223〕善安排得出种种证明，我承认这些证明的全部价值。人们只要不是蓄意地反对一切信念，就必须承认各种如此无可辩驳的理由已经取得了胜利。但是我要说：宗教的捍卫者们由于笨拙地使用这些理由而与自然主义者们争吵不休，他们毫无必要地把弱点暴露给自然主义者们。

人们已经习惯于发现和强调大自然中的和谐、美、目的以及手段与目的的完善关系。然而，人们在这一方面抬高大自然，却又在另一方面试图贬低大自然。人们说，大自然没有和谐，它如果听任自己普遍的规律支配，就只会造成紊乱。和谐显示着外来的干预，它能够把不具有任何合规则性的物质强行纳入一个睿智的计划之内。不过我要回答说：如果物质的普遍作用规律同样是出自最高设计的一个结果，那么，这些规律除了力求自动完成至高无上的智慧所规定的计划之外，大概不可能有别的使命。或者，如果不是这样，人们岂不就会陷入诱惑，认为至少物质及其普遍的规律是独立的，而且如此可赞地利用它们的那种至高无上的智慧的力量，固然是大的，但却并非无限；固然是强的，但却并非无以复加的？

宗教的捍卫者担心：从物质的自然倾向得到说明的这种和谐，会证明大自然与神明天意无关。他毫不含糊地承认：如果人们能够为世界结构的所有秩序都发现自然的根据，这些自然根据能够从物质最一般的、根本的性质出发造成世界结构的所有秩序，那么，就没有必要诉诸最高的统治了。自然主义者在此有自己的算盘，并不反驳这一假设。他举出一些例子，证明普遍的自然规律能够产生出尽善尽美的结果，并借助在正统信仰者手中能够成为战无不胜的武器的根据，来使正统信仰者陷入困境。我想列举一下这些例子。人们曾经多次提到一个例子，把它当做对监护人们的一种善意安排所作出的最清晰的检验：在最热的地带，正当受热的地面最需要变凉的时候，海风就仿佛是被召唤来似的吹过陆地，使陆地凉爽。例如在牙买加岛，每当太阳高高升起，将灼人的热投向地面的时候，恰在上午 9 点之后，就开始从大海起风，向陆地上四面八方吹来；而且太阳越高，风力也就越大。大约下午 1 点，天气自然也就最热，风力也就最大，而且又随着太阳的下落而逐渐减弱，到傍〔224〕晚时就和太阳升起时一样平静了。如果没有这种理想的安排，这个岛将会无法居住。热带陆地的所有海岸都享受到这种幸福。它们也最需要这种幸福，因为它们是干旱陆地的最低地区，承受着最严重的热。陆地上地势较高、因而海风吹不到的地区，肯定也需要海风较少，因为它们较高的地势使得它们处于一个较凉爽的气区中。这不是都很好吗？不都是凭借机智运用的手段所达到的明显目的吗？然而作为对立面，自然主义者必然要在空气的最一般特性中寻找它的自然原因，因而不打算猜测特殊的安排。他正确地发现，即使没有人居住在这样的岛上，这些海风必定还是要作这样的周期性运动；并且这不是凭借别的特性，即便不是为了上述目的，空气的特性仅仅对于植物的生长来说也是必不可少的；而是凭借空气的弹性和重力。太阳的热破坏了空气的平衡，使陆地上的空气变得稀薄，由此使凉爽的海洋空气离开自己的位置乘虚而入。

总之，风对地球的好处是多么有用啊！人的聪明又是多么可以利用风啊！然而，要造成风，却不需要别的安排，只需要空气和热的一般特性，而空气和热必然存在于地球上，与这些目的无关。

无神论者在这里会说：如果你们承认，人们能够从最一般的、最简单的自然规律引申出有益的、旨在某些目的的状态，不需要至高无上的智慧的特别主宰，那么，这里就出现了根据你们自己的承认将困住你们的证明。整个大自然，特别是无机自然，到处都有这样的证明。它们使人认识到，凭借其力量的
〔225〕机械性规定自己的物质，就其结果而言具有某种正确性，并且能自然而然地满足合理性的规则。如果一个善意的人为了挽救宗教的美好事业，要否认一般自然规律的这种能力，那么，他将会自陷窘境，以一种拙劣的辩护给无神论者制造取胜的契机。

不过让我们看一看，人们所担心的敌对者手中的这些有害的根据，却如何成为反驳敌对者的有力武器。根据其最一般的规律来规定自己的物质，凭借其自然而然的活动，或者说——如果人们愿意这样说的话——凭借一种盲目的机械性，造成了合理的结果，这结果看起来是一个至高无上的智慧的设计。空气、水和热产生了——如果把它们看做是自行发展的话——风和云、湿润着陆地的雨水和河流以及其他一切有益的结果，如果没有它们，大自然必定依然是凄凄惨惨、荒无人烟、寸草不生的。不过，它们造成这些结果，却不是由于单纯的偶然或者同样能够很容易造成有害结果的巧合；相反人们看到，它们被自己的自然规律所限制，只能以这种方式而不能以别的方式起作用。人们该如何看待这种和谐呢？不同性质的事物相互结合，如此致力于造成杰出的和谐与完美，甚至是为了在某种程度上处于死物

质范围之外的事物的目的，即有益于人和动物，如果它们没有一个共同的起源，即没有一个有联系地设计所有事物的本质特性的无限理智，这又怎么可能呢？倘若它们的本性是各自独立、互不相干地必然的，那么，它们以自己的自然活动如此相互契合，仿佛有一种深思熟虑的睿智选择把它们协调起来，这该是一种多么惊人的偶然啊！或者更正确地说，这该是多么不可能啊！

现在我放心大胆地转向我目前的冒险行为了。我假定所有世界的物质都处于一种普遍的分散状态，并用这些物质构成一种完全的混沌。我看到材料按照已揭示的引力规律形成，又看到斥力改变着它们的运动。看到不需要借助任意的虚构，按照〔226〕已揭示的运动规律的安排就可以产生出一个井然有序的整体，这整体与我们眼前所看到的世界体系如此相似，以至我情不自禁地把它们视为同一个东西，此时，我感到愉快满足。大自然的秩序在总体上的这种出乎意料的发展，起初也使我感到怀疑，因为它竟然建立在如此简单质朴的根据之上。最终，我从上述的考察中获得了教益，知道大自然的这样一种发展在它来说并不是什么稀罕的事情，而是它的根本努力必然造成这样的发展，而这正是它依赖于一个原始存在者的绝好证明；那个原始存在者甚至在自身中就已经包含着各种存在者的源泉及其最初的各种作用规律。这一认识使我对自己所作的设想信心倍增。每向前迈进一步，我的信心都有所增加，而怯懦也就完全消失了。

但人们会说，你为自己的体系辩护，同时也就是在为伊壁鸠鲁的意见辩护，后者与你的体系极为相似。我不想一概否认与伊壁鸠鲁的一致。许多人就是由于这些理由的表面现象而成了无神论者，但如果更仔细地考虑，这些理由仍然能够最强有力地说服他们来确信至高无上的存在者。即便是从无可非议的原理出发，一种颠倒的理解所得出的结论也常常是值得怀疑的。伊壁鸠鲁的结论就是这样，虽然他的设想与一个大思想家的聪颖是相称的。

因此，我并不否认卢克莱修或他的先驱伊壁鸠鲁、留基波和德谟克利特的理论与我的理论有许多相似之处。与那些世俗智者一样，我也认为大自然的初始状态是所有天体原初材料——或者如他们所说的那样是原子——的普遍分散状态。伊壁鸠鲁认为有一种重力驱使这些基本微粒下沉，而这种下沉显得与我所接受的牛顿所讲的吸引区别不大；他也认为那些基本微粒与下降的直线运动有某种偏离，尽管他在这种偏离的原因及其结果
〔227〕方面有些荒唐的想法：这种偏离在一定程度上与我们从微粒的斥力中推论出来的直线下降的变化是一致的；最后，从原子的混乱运动中产生的旋涡是留基波和德谟克利特学说中的核心部分，而在我们的学说中人们也将看到这种旋涡。然而，虽然与古代真正的无神论学说有如此之多的相似之处，这却没有使我的学说犯与他们同样的错误。即便在那些可能博得人们喝彩的最荒唐的意见中，也可以随时发现某种真实的东西。一个错误的原理或者一些不假思索的推论使人离开真理的道路，通过不易察觉的邪径把人一直引向深渊。然而，虽然有上述的相似性，在古代的宇宙生成论和当前的宇宙生成论之间还是有着根本的区别，从后者可以得出迥然不同的结论。

上述主张世界结构以力学方式产生的学者们，从偶然的巧合推演出可以从世界结构感知到的一切秩序，这种偶然的巧合使原子如此幸运地汇合在一起，以至构成了一个井然有序的整体。伊壁鸠鲁甚至如此厚颜无耻，竟然要求原子无须任何原因就偏离其直线运动，以便能够碰撞到一起。他们都把这种荒唐发展到如此地步，以至把一切有生命的造物的起源都归于这种盲目的汇合，真要从无理性中派生出理性。我的学说则相反，我认为物质是受某些必然规律制约的。我发现，从物质彻底的分离和分散中能够完全自然而然地发展出一个美好的、井然有序的整体。这种情况之所以发生，并不是由于一种巧合和偶然，

相反可以看到，大自然的特性必然造成这种状况。难道人们不会为此所打动而追问：物质究竟为什么必然具有这样一些旨在秩序与合理性的规律呢？性质各不隶属的众多事物，居然如此自行相互规定，以至从中产生出一个井然有序的整体，这难道是可能的吗？而且如果是这样，难道不是无可辩驳地证明了它们有一个共同的原初起源，这起源必然是一个充足的至高无上的理智，按照统一的目的来设计万物的本性吗？〔228〕

因此，万物的初始材料，即物质，是受某些规律制约的，物质听凭这些规律支配，必然产生出美好的结合。物质没有偏离这种完美设计的自由。由于物质服从一个至高无上智慧的目的，所以它必然被一个支配它的初始原因置于这样协调的关系之中；而且**正因为大自然即使在混沌中也只能按照规则井然有序地行事，所以有一个上帝存在。**

我从一些人的正直信念中获得了许多很好的意见，他们赏光审核了这一设想，这使我觉得可以保证，我所列举的理由虽然不能消除关于我的体系会产生有害结果的所有顾虑，却至少使我的目的的纯洁性不容置疑。即便还有一些恶意的狂热分子，不顾这一切仍把对最无辜的意见加以有害的解释视为自己神圣职责的崇高义务，我也坚信，他们的判定在有理性的人们那里，恰恰会造成与他们的目的截然相反的结果。此外，人们也不会从我这里剥夺当笛卡尔敢于从纯粹力学的规律出发解释天体的形成时，在公正的法官那里所享有的那种权利。所以，我要引用《宇宙通史》① 作者们的话说："然而我们只能相信，这位世俗智者力图仅仅以一度引起的运动的延续来解释世界由混乱的物质形成，并把这归结成为少数几条简易的、普遍的运

① 第 1 部，88 页。

动规律，他的尝试和其他**自此之后试图从物质原始的、天赋的特性出发来作出解释、并获得众多掌声的人们一样，**都不是应予惩处的或者藐视上帝的，正如某些人所想象的那样，这是因为**由此毋宁说得出了上帝的无限智慧的更高概念”。**

〔229〕我曾经力图消除似乎从宗教方面威胁着我的命题的那些困难。就事情自身而言的确有一些不小的困难。人们会说，虽然上帝确实将一种从混沌中自行形成完善的世界状态的隐秘艺术置入了自然的力量，但在最通常的对象上尚且如此愚钝的人类理智，难道就有能力在如此重大的课题中研究隐秘的特性吗？这样一种大胆的行为恰像有人说：**只要给我物质，我就要给你们造出一个世界来。**你的洞察力在天天近在咫尺发生在你面前的事情上尚且如此蒙羞，其孱弱难道不能教导你，要揭示深不可测的东西以及还没有一个世界之前在大自然中发生的事情，是徒劳无益的吗？我消除了这一困难。我清晰地指出，在自然学说里面所能进行的种种研究中，正是这种研究能够使人们最容易、最有把握地一直追溯到起源，就像在自然研究的所有课题中，再也没有一个课题比大范围内的世界结构的真实状态、所有行星的运动规律及其公转的内在动力机制更能得到正确、可靠的解决了。在这方面，牛顿的世俗智慧具有这样的洞察力，类似的东西在世俗智慧的其他部分中是见不到的。正因为此，我认为，在人们探索其初始原因的所有自然事物中，世界体系的起源和天体的产生以及它们运动的原因是人们可望首先彻底、可靠地认识的事物。这方面的原因是很容易看出来的。天体是球形的团块，因而其形态最为简单，这是人们在探讨一个物体的起源时所常见的一种形态。天体的运动同样不是混杂的。它们的运动无非是一次引起的推动的自由延续。这种推动与中心天体的引力相结合，就成为圆周运动。此外，天体运动的空间是空的，把诸天体相互隔离开来的间距大得惊人，因而

这一切最清晰地说明了不仅它们可以有条不紊地运动，而且人们可以清晰地发现它们的运动。我觉得，在这里可以在某种意义上毫不夸张地说：**给我物质，我就要用它造出一个世界来！**这就是说，给我物质，我就要向你们指出，世界是怎样由物质形成的。因为如果有了具有一种根本性引力的物质，那么就不难规定在大范围内看能够有助于建立世界体系的那些原因。人们知道，要有什么才能使一个物体获得球形；人们懂得，要有什么才能使自由悬浮的圆球围绕吸引它们的中心作圆周运动。圆周相互之间的位置、方向的协调一致、向心率，这一切都可以归结为最简单的力学原因；人们也自信可望发现这些原因，因为可以从最简易、最清晰的理由出发来确定它们。但是，人们能够自夸，在极微小的植物或者昆虫身上也有这样的有利条件吗？难道人们能够说：**给我物质，我将向你们指出，一个幼虫怎样能够产生吗？**难道人们在这里不是由于不知道客体的真正内在性质和客体中存在的复杂多样性，而一开始就寸步难行吗？因此，如果我敢于说，在清楚完备地用力学理由说明一棵草、一个幼虫的生成之前，却能够认识一切天体的形成、它们运动的原因，简言之，能够认识世界结构的整个当前状况，人们大可不必对此感到惊诧。 〔230〕

这就是我相信世界学的物理学部分将来可望臻于完善所根据的原因。**牛顿**已经提出了世界学的数学部分。除了世界结构得以保持现状所遵循的规律之外，也许在整个大自然研究中没有比世界结构的产生所遵循的规律更适宜于进行这样的数学规定了。毫无疑问，一个勇于探索的测量师在这里是不会一无所获的。

在我致力于介绍我所考察的课题以使它能够受到欢迎之后，请允许我就自己探讨这个课题的方式作一番说明。第 1 部分涉及世界大厦在大范围内的一个新体系。我在 1751 年的《汉堡自由判断》上看到了**达勒姆的赖特**先生的论文，是他首先启发我不把诸恒星看做一个杂乱无章的集合，而是看做一个 〔231〕

系统,它与一个行星系统非常相似,以至正如在行星系中诸行星十分接近地分布在一个共同的平面上一样,诸恒星也分布在某个被设想必然通过整个天宇的平面上,尽可能接近地彼此相关,并且由于它们密集在这平面上而表现为一条光带,这条光带被称为银河。我深信,由于这个被无数颗太阳照耀的区域非常精确地拥有一个圆的方向,我们的太阳必然与这个巨大的联系平面同样非常接近。在我探索了这种规定性的原因之后,我认为,很可能这些所谓恒星或者固定不动的星本来是属于一个更高级秩序的缓慢移动的行星。为了证实人们在自己的位置上将发现的东西,我在这里只想引证**布拉德莱**先生作品中关于恒星运动的一段话:"如果要把我们目前最好的观察与在此之前具有相对程度正确性的观察加以比较,并根据比较的结果作出判断,那么就可以明白,一些恒星确实改变了相互之间的位置,而且可以看到,这与我们行星系里的运动毫不相干,而只能归于这些星体自身的运动。关于这一点,大角星提供了强有力的证明。因为如果把这颗星现在的赤纬同**第谷和弗拉姆斯蒂德**所测定的位置加以比较,就可以发现,其差别比可想从他们二人观察的不确切性中得出的差别要更大。人们有理由推测,在大量可见的星体当
〔232〕中,必然还有其他具有相同性质的例子,因为它们相互之间的位置可能由于某些原因发生了变化。如果设想,我们自己的太阳系改变了它在世界空间中的位置,那么,经过一段时间之后,这将引起诸恒星角距离的一种显现上的变化。而由于在这样的事例中,上述情况对距离最近的星体的位置比对距离远的星体的位置有更大的影响,即便这些星体自身确实保持不动,它们的位置也显得发生了变化。而如果情况相反,我们自己的行星系保持不动,一些星体实际上在运动,那么,这也同样会改变它们显现上的位置;而且它们离我们越近,变化也就越大;或者运动的方向越是能够为我们所感知,变化也就越大。因此,在观察极其遥

远的距离——肯定有一些星体处于这样的距离中——的时候，由于星体的位置可能因种种原因而改变，所以哪怕是确定一个星体显现上的变化的规律，也将需要许多世代的观察。因而要确定所有最值得注意的星体的规律，必然要更困难得多。”

我不能精确地规定在**赖特**先生的体系和我自己的体系之间所能发现的界限，也不能确定在哪些地方我只是因袭了他的设想，在哪些地方我作了进一步的发展。然而，我掌握了一些值得接受的根据，在一个方面把它大大扩展了。我考察了一些云状星体的性状，**德·马保梯**先生在《论星体的形状》① 一文中曾提到

① 由于手边没有所引用的论文，所以我想在此摘引 1745 年《学术公报》上引用德·马保梯先生论文的有关部分。第一个现象是天宇的那些**光亮方位**，这些方位被称为云状星体，并且被认为是一群小恒星。但天文学家们用高质量望远镜发现，它们只是一些大的椭圆形光点，比天宇的其他部分更亮一些。**惠更斯**首先在猎户座遇到了这种现象。**哈雷**在《英国科学报告汇编》中提到有 6 个这样的光点：1. 在猎户座的剑上；2. 在人马座上；3. 在半人马座上；4. 在安提诺斯的右脚前；5. 在武仙座上；6. 在仙女座的带上。如果用一个 8 尺长的反射望远镜观察这些光点，就会看到，这些光点中只有 1/4 可以被认为是一群星体；其余的除了一个更圆、另一个更椭圆之外，都只不过表现为没有显著差别的白亮光点。此外就第一种情况来说，用望远镜可见的小星体也似乎不能发出白亮的微光。**哈雷**认为，这些现象可以说明摩西《创世记》开头所说的：光在太阳之前已被创造出来。**德勒姆**把它们比做洞孔，另一个不可测度的天域、也许是净火天就是通过它们显现出来的。他认为自己已经能够说明，与这些光点一起被看到的星体要比光亮方位离我们近得多。作者还为它们附上了一个从**赫维留**那里得来的云状星体表。他把这些现象看做是巨大的光亮团块，它们由于猛烈的旋转而变得扁平。如果它们与其他的星体具有同样的发光能力，那么，构成它们的物质的量必须非常巨大，以使它们从比其他星体距离更远的地方在望远镜中仍表现出显著的形状和大小。但是，如果它们在大小上与其他恒星差不多相等，那么，它们就必然不仅离我们更近得多，而且发出的光也更弱得多，因为它们以如此近的距离和显现上的大小仍然发出如此淡白的光。因此，如果它们有视差，就值得花费力气把这视差揭示出来。因为否认它们有视差的人也许会以偏赅全。人们在这些光点中间，例如在猎户座（或者举一个更好的例子，在安提诺斯右脚前的那个光点中，这个光点看起来无非是一个有一团云雾环绕的恒星），所遇到的那些小星体，如果它们离我们更近，那么，或者可用投影到这一光点的方式来看到它们，或者它们透过那些团块，就像透过彗星的尾部那样映现出来。

它们，它们呈现出或多或少具有椭圆形空漏的形状。我很容易
〔233〕就可以确定，它们只能是一群许许多多的恒星。这些形状任何时候都是匀称的圆形告诉我，这是一个数目多得不可思议的星群，而且必然是围绕着一个共同的中心排列的，因为若不然，它们彼此之间的自由定位将会呈现出无规则的形状，而不是匀称的形状。我还看出，它们统一处在一个系统之中，必定主要限制在一个平面上，因为它们并不构成一个圆形，而是构成一个椭圆形；由于它们发出的那种淡白的光，它们离我们远得不可思议。我从这些类比中得出的结论，将在正文中提供给没有
〔234〕成见的读者研究。

第二部分包含了这篇论文最根本的内容。在这部分中，我试图只用力学规律从大自然的最简单状态出发阐明世界结构的状态。如果我可以冒昧地建议那些对这种大胆作为感到愤怒的人们，在赏光审核我的思想时遵循某种顺序的话，我想请他们先通读第八章；我希望，这一章能够为使他们的判断成为正确的洞识做好准备。然而，当我邀请有兴致的读者审核我的意见时，我却有理由担心：由于这一类假设通常不会比哲学梦想得到更高得多的声望，决定仔细地研究本身就是设想出来的自然史，耐心地跟随作者为了避开所遇到的困难而千折百转，这对一位读者来说是一种酸涩的盛情，也许到头来他会像伦敦市场上叫卖商人的观众①那样，嘲笑自己的轻信。不过我敢于作出允诺：如果读者——但愿如此——被我建议的准备性一章所说服，敢于对如此可能的猜测作出这样一种物理学的探险，那么，他在前进的道路上将不会遇到像开始时所担心的那样多的弯路和不可逾越的障碍。

① 参见格勒特的寓言《汉斯·诺德》。

事实上，我十分谨慎地放弃了一切任意的虚构。我在把世界置于最简单的混沌中之后，除了引力和斥力之外，不再运用别的任何力量来说明大自然的伟大秩序；这两种力量是同样确定、同样简单，而且也是同样原始、同样普遍的。二者都是借用自牛顿的世俗智慧。第一种力是一条如今已无可置疑的自然规律。至于第二种力，牛顿的自然科学也许不能像对第一种力那样予以清晰的说明，我在这里只是在这样的意义上接受了它，即没有人能够否认它，哪怕是在物质分解得最细微时，例如云雾。从这些最简单的理由出发，我自然而然地得出了以下 〔235〕
的体系，除了读者完全自动地注意的那些结论之外，没有杜撰别的结论。

最后，请允许我对下述理论中的命题的有效性和所谓价值作出简短的说明。我希望，这一理论将根据这些命题在公正的法官面前得到审核。人们是根据作者在自己的商品上加盖的印章来公正地对作者作出判断的，因此我希望，人们在这篇论文的各个部分中不要要求对我的意见作出比按照我自己赋予它们的价值更严格的辩解。总之，决不能要求这样一篇论文具有极大的几何学的精密性和数学的准确性。既然体系是按照可信性和一种正确的思维方式的规则建立在类比和协调一致基础之上的，那么，它就已经满足了自己对象的一切要求。我认为，在这篇论文的一些章节中，例如在恒星系的理论中，在云状星体的性质的假设中，在世界结构按照力学方式产生的一般设想中，在土星环以及其他一些东西的理论中，已经达到了这种干练程度。阐述中的一些特殊部分尚欠信心，例如对偏心率各种关系的确定、行星质量的比较、彗星各种各样的偏离以及其他一些东西。

因此，当我在第七章中被体系的成就以及人们能够设想的最伟大、最值得惊赞的对象的胜景所吸引，虽然始终遵循类比和一种合理的可信性的导线，但却有点大胆地尽可能发挥这一学说的结论时；当我向想象力阐明整个造化的无限性、新世界的形成和旧世界的没落、混沌的无限空间时；我希望，人们会
〔236〕因对象的引人入胜和看到其理论在最大范围内保持协调一致所获得的愉悦而赐予宽容，不按照极大的几何学严格性对它作出判断。这种方式的考察本来就不具备这种严格性的。在第三部分中，我也期望得到这样的公正对待。不过，人们在这里遇到的东西虽不全是纯粹的臆造，但也并非在任何时候都无可置疑。

全书内容提要 〔237〕

第一部分

综述从银河的各种现象推论出的恒星中普遍的系统状态。这种恒星系和行星系的相似之处。在天宇远处发现许多这样的星系以椭圆形状呈现出来。整个造化系统状态的新概念。

结束语。从星系偏心率随距离而递增的规律出发对土星外可能还有许多行星的推测。

第二部分

第一章

关于世界具有一种力学起源的学说的根据。反面的根据。在各种可能概念中惟一满足这两方面的概念。大自然的初始状态。所有物质元素在整个世界空间中的散布。由吸引所造成的最初骚动。天体在引力最强的地方开始形成。元素普遍地向这个中心天体降落。物质分解而成的最微细部分的斥力。由这种力与前一种力结合所造成的降落运动的方向变化。所有这些运动的方向都千篇一律地朝向同一天域。所有的微粒都涌向一个共同的平面，并这样集聚起来。它们运动的速度减缓下来，与它们所在位置的距离上的重力达到平衡。所有的微粒沿着圆形轨道围绕中心天体自由公转。由这些被推动的元素形成行星。〔238〕
由这些元素聚合而成的行星在共同的平面上以同样的方向作自由运动，接近中心点的差不多是作圆周运动，离中心点远的偏心率随之递增。

第二章

探讨各行星的不同密度以及它们的质量情况。近距离行星比远距离行星更密的原因。牛顿解释的不足之处。中心天体比邻近围绕它运行的星球质量轻的原因。各行星质量的情况依其距离比例而定。从产生的方式得知中心天体质量最大的原因。对世界物质元素分布稀疏程度的计算。这种稀疏的可能性和必要性。从**德·布丰**先生的一个值得注意的类比得出的天体产生方式的重要证明。

第三章

论行星轨道的偏心率和彗星的起源。偏心率随着与太阳的距离逐渐递增。从宇宙生成论得出这一规律的原因。彗星轨道自由地偏离黄道的原因。彗星由质量最轻的一类材料构成的证明。关于北极光的附带说明。

第四章

论卫星的起源和行星的绕轴运动。产生卫星的材料都已包含在该行星把各部分集聚起来时自身形成的天域里。这些具有一切规定性的卫星运动的原因。大行星拥有卫星的原因。论行星的绕轴自转。月球以前是否曾有过更快的绕轴自转？地球的旋转速度是否在减缓？论行星的轴对其轨道平面的位置。其轴的移动。

第五章

论土星环的起源和从土星环的情况计算土星的每日自转。
〔239〕土星初始状态与彗星情状的比较。土星大气层的微粒借助由其自转而引起的运动形成一个环。根据这一假说对其绕轴自转的时间的确定。对土星形状的考察。论天体以回转椭圆体的方式

变扁。对土星环情状的进一步确定。洪水期之前地球是否也曾有过一个环?

第六章

论黄道光。

第七章

论无限时空整个范围内的造化。一个大恒星系的起源。位于星系中央的中心天体。造化的无限性。其总体内部普遍的系统关系。整个大自然的中心天体。造化通过新世界的不断形成而在无限时空中的逐渐延续。对未成形自然的混沌的考察。世界结构的逐渐没落和衰亡。这样一个概念的合理性。没落了的大自然的复兴。

第七章的补充

太阳的一般理论与历史。一个世界结构的中心天体是一个火质天体的原因。对太阳本性的进一步考察。关于环绕太阳的空气各种变化的想法。太阳的熄灭。对太阳形状的详细观察。**赖特**先生关于整个大自然的中心的意见。对这意见的改进。

第八章

关于世界结构布局之力学学说的正确性、尤其是关于当前力学学说的可靠性的一般证明。事物本性自行升华为秩序和完善的根本能力是上帝存在的最好证明。针对自然主义的责难所作的辩护。

世界结构的状态是简单的，没有超出大自然的力量。能确凿证明世界的力学起源的一些类比。这一点也可以从偏离得到证明。诉诸神的直接安排不能令人满意地回答这些问题。促使 〔240〕

牛顿放弃力学学说的一些困难。对这些困难的解决。这里提出的体系是所有可能的体系中惟一能够满足双方根据的体系。此外，从星系的密度、质量和间隙的情况也可以证明这一点以及它们的规定性的层次联系。上帝进行选择的动因不能直接决定这些情况。神直接安排的学说中出现的一些困难。

第三部分　各星体上的居民的比较

是否所有的行星都有居民？怀疑的原因。不同行星的居民之间自然关系的根据。对人的考察。人的本性不完善的原因。有生命的造物依其与太阳的距离不同其身体特性上的自然比例关系。这种比例关系在其精神能力方面的后果。不同天体上能思维的物种的比较。从他们的住所的某些情况得出的验证。从神意赐福这些物种的安排得出的进一步证明。简短的离题。

结束语

人未来生活的情状。

第一部分

恒星中一般性系统状态的综述
兼论
这样的恒星系的众多

看那伟大的神奇链条，
把这个世界的所有部分连在一起，
并保持着巨大的整体。

——蒲柏

为理解后面的内容所必需的牛顿宇宙学基本概念简述[①]。 〔243〕

6 个行星中的 3 个有卫星，这 6 个行星就是：水星、金星、地球及其卫星、火星、木星及其 4 个卫星、土星及其 5 个卫星。他们都以太阳为中心，围绕太阳作圆周运动，并与来自四面八方、沿着很长的轨道运动的彗星一起构成一个星系；这个星系人们称之为太阳系，或者也称之为行星世界。所有这些天体的运动由于都是圆形的、周而复始的，都以两种力为前提条件，这两种力无论对于哪一种学说都是同样必要的；这就是

① 这一简短的引论对于大部分读者来说也许是多余的，我想把它事先介绍给那些对牛顿的原理不够通晓的读者，为认识以下的理论作准备。

一种发射力，由于这种力，如果不是**另一种力**——无论它是什么样的——不断地迫使它们离开笔直的方向并沿着以太阳为中心的曲线轨道运行的话，它们在其曲线运动的任何一个点上都会继续其笔直的方向，并远离至无限。这第二种力，如几何学自身无可置疑地揭示的那样，到处都以太阳为目标，因而被称为降落力、向心力，或者也被称为重力。

〔244〕 如果天体的轨道是个精确的圆，那么，对这种曲线运动的合成作出最简单的分析就可以表明，必须有一种朝向中心的持续推动；不过，虽然无论是所有的行星还是彗星，它们的轨道都是椭圆，太阳位于它们的共同焦点上，但是，高等几何学同样能够借助**开普勒**的类比（按照这一类比，矢径或者由行星向太阳划出的直线总是从椭圆轨道上切下这样一块空间，其大小与时间成正比）确凿无疑地说明，必然有一种力量在整个圆周运动中不断地把行星拉向太阳这个中心。因此，这种支配着整个行星系空间、以太阳为目标的降落力是一个明显的自然现象，并且也令人信服地证明了这种力量从中心出发延伸到遥远的地方所遵循的规律。这种力量总是随着与中心距离的平方的增加而成反比地减小。从各行星以不同的距离进行其公转所需要的时间中，可以同样确实可靠地得出这一规则。这些时间总是与行星离太阳的平均距离的三次方的平方根成正比的；由此可以得出：把这些天体拉向它们旋转的中心的力，一定与距离的平方成反比地减小。

当行星绕太阳运行时支配着它们的那个规律，也同样适用于小的星系，即适用于围绕其主行星运动的卫星所构成的星系。它们的公转时间同样与距离成比例，并且规定对行星的降落力的比例关系与该行星对太阳所服从的比例关系是同样的比例关系。所有这些都从最确实可靠的几何学出发借助无可争议的观察一再地得到证明。此外还有一种观念，认为这种降落力也正是在行星表面上被称为重力的那种推动力，它随着与行星的距离的增加而按照前面引述的规律逐渐地减小。从地球表面上的重力的平方与把月球引向它的轨道的中心的那种力量的比较中可以看出这一点。它们相互之间的这种力完全与整个世界大厦中间的引力一样，与距离的平方成反比。这就是人们把经常提到的向心力也称为重力的原因。 〔245〕

由于除此之外也极为可能的是，如果一种作用只是当某个物体在场的时候并且按照与该物体接近的比例发生，作用的方向又极为精确地与这个物体相关，那么就可以相信，无论这个物体是哪一种物体，它都是这种运动的原因；因此之故，有充分的理由可以认为，行星向太阳的这种普遍的降落应当归于太阳的一种吸引力，并且这种吸引的能力应当普遍地归于所有的天体。

因此，如果让一个天体自由地听凭这种使它向太阳或者任何一个行星降落的推动力支配，那么，该天体就总是要以加速度向后者掉落，并在短时间内与后者的团块合为一体。但如果该天体受到向旁边的撞击，那么，倘若这撞击尚未足以与降落的力达到平衡，它就会以曲线的运动向中心天体降落；而如果它受到的推动如此强有力，至少使它在与中心天体的表面接触之前就偏离垂直线的距离超过中心天体的半径，那么，它就不会接触中心天体的表面，而是在它从靠近中心天体的地方掠过之后，再以下降所要求的速度重新升高到降落时的高度，以围绕它不断地作圆周运动来继续自己的运行。

因此，彗星运行轨道与行星运行轨道之间的差别就在于侧向运动与促使它们降落的力的平衡。这两种力越是接近于相等，轨道就越像圆圈；它们越是不相等，发射力越是比向心力弱，轨道就越是被拖长，或者如人们所说的，就越是偏心，因为天体在它轨道的一个部分上要比另一部分更为接近太阳。

〔246〕 由于整个大自然中没有任何东西如此精确地平衡，所以也没有一个行星拥有完全圆形的运动。但彗星偏离圆形运动最多，因为迫使它偏向一边的推动与它的初始距离的向心力之比最小。

我在论文中将经常用到**世界结构的系统状态**这一表述。为使人们不难清晰地想象它指谓的是什么，我想对此稍加说明。本来，所有属于我们这个世界结构的行星和彗星由于都围绕一个共同的中心天体运转，已经构成了一个**系统。**但我是在更狭的意义上使用这一称谓的，我指的是更为精确、使它们的相互结合合乎规则、形式相同的关系。行星的轨道尽可能接近地与一个共同的平面相关，即与太阳的延长了的赤道面相关；对这一规则的偏离只能在星系的最外边缘才能发现，那里的所有运动都将逐渐停止。因此，如果有一定数量的天体被安排在一个共同的中心周围，并围绕这个中心运动，同时又被限制在某个平面上，以致它们尽可能少地拥有从该平面向两边偏离的自由；如果偏离只是在距中心最远、因而比其他天体更少分有这些关系的天体那里才逐步出现；那么我就说，这些天体相互结合地处在一个**系统的状态**中。

〔247〕

第一部分　关于恒星中的系统状态

关于世界结构普遍状态的学说从惠更斯时代以来就没有显著进展。目前人们所知道的，并不多于那时已经知道的，即 6 个行星连同 10 个卫星，差不多都在一个平面上作圆周运动，并与永恒的、向四面八方横冲直撞的彗星构成了一个星系，其中心就是太阳；它们都降落，围绕太阳运动，并被太阳照亮、变热和给予生机；最后，各恒星作为同样多的太阳，是类似的星系的中心，在这些星系中，一切都可能安排得与我们的星系一样宏伟，一样井然有序；无限的世界空间充满了各种世界大厦，它们的数目和杰出是与其创造者的无可比拟性相关的。

在环绕其太阳运行的行星的结合中出现的系统性东西，在恒星群中完全消失了。看起来，在小范围内发现的那种合规律的关系，在大范围内的宇宙各成员中并不占支配地位；诸恒星并没有得到任何限定其相互位置的规律，人们看到它们毫无秩序、毫无目的地充满所有的天宇和众天之天。自从人的求知欲 〔248〕
给自己设定了这些界限以来，人们就无所事事，只是由此接受和惊赞在如此不可思议的伟大作品中启示自己的那一位的伟大。

成功的一步是留待**达勒姆的赖特**先生这位英国人迈出的。他提出了一种说明，不过他自己似乎并没有利用它来达到什么特异的目的，他并没有充分地看到这一说明的有益用处。他不是把诸恒星看做一种杂乱无章的、毫无目的地散乱的汇集，而是发现了整体上的一种系统状态，发现了这些星体与它们所在空间的主平面有一种普遍的关系。

我们打算对他提出的思想加以改进，赋予它一种变化，使它能够在重要的结论方面获得成果，而全面的验证则有待于将来。

任何人在晴朗的夜晚观看繁星密布的天宇，都会看到一条明亮的光带。那里比别的地方汇聚了更多的星体，由于遥远而无法认清，从而呈现出一种单调的光，人们称之为**银河**。奇怪的是，天宇的观察者从未被天宇这一显著不同的区域所打动，从中得出恒星位置的特殊规定性。因为人们看到这条光带有一个最大圆周的方向，并且绵延不断地环绕整个天宇。这两个条件说明它具有一种精确的规定性，具有与偶然的不确定性显著不同的特征。留意的天文学家自然而然应当由此受到启发，留心探索对这样一种现象的解释。

由于星体并不是位于显现上的天球凹面上，而是离我们的视点一个比一个更远，消失在天宇的深处，所以从这一现象可以得出，在它们一个比一个更远地离开我们的距离中，它们并
〔249〕不是随便地向四面八方分散的，而是必然主要地与某个平面相关，这个平面通过我们的视点，而且星体都必定尽可能地与它接近。

这种关系是一个无可置疑的现象，甚至不包括在银河这个白色光带之内的其他星体，其位置越接近银河圈，就越是密集、紧凑，从而天宇中仅用眼睛就能发现的2 000个星体，绝大部分都是在以银河为中心的一个不甚宽阔的区域里发现的。

如果我们在想象中画一个贯穿星空延伸到无限远处的平面，并且假定所有的恒星和星系的位置都与这个平面有一种普遍的关系，与其他天域相比离它更近，那么，处在这个关系平面之上的眼睛，在瞭望天穹凹球面上的星域时，就会看到星体最密集的汇聚沿着这个画出的平面的方向，表现为一个由许多发光体照亮的天域。这个光带沿着一个大圆的方向延伸出去，因为观察者的位置就在这个平面本身上面。在这个天域中繁星密布，由于这些亮点小得看不到，无法分辨，而且看起来又很密集，所以表现出一片白茫茫的微光，一言以蔽之，这就是银河。其他星群虽然就其汇聚而言也与画出的平面相关，但与这个平面的关系却逐渐减小，或者尽管它们离观察者的位置更近，但看起来却更分散。最后可以由此得出，由于我们是从太阳系出发沿着一个极大的圆的方向观看这个恒星系的，所以太阳系也一起处在这同一个大平面上，并与其他太阳系一起构成一个系统。

为了更好地了解支配着世界结构的普遍联系的情况，我们想力图揭示使恒星的位置与一个共同的平面发生关系的原因。

〔250〕太阳并不将自己的引力范围限定在一个行星系的狭小范

围。从各种迹象来看，引力是无限延伸的。远远超出土星轨道的彗星，由于太阳的引力又被迫返回，沿着环形轨道运行。因此，尽管认为力是不受限制的，要更为符合似乎被赋予物质本质的力的本性，接受了牛顿定理的人们也确实认为是这样的，但我们却只打算承认，太阳的吸引大约延伸到最近的恒星，各恒星作为如此众多的太阳在同样的范围内对周围发生作用，因而整个恒星群都力求通过吸引而彼此接近；这样，所有的世界系统都处在这样一种状态中，即通过不断的、不为任何东西所阻挡的相互接近而迟早落到一起，成为一团，除非像在我们这个行星系的各个星球那样，由于离心力而避免了这场灾难。离心力使天体偏离了直线的下落，与吸引力相结合造成了永恒的圆周运动，从而保证了造化的大厦不致毁灭，能够永远地存在下去。

因此，天穹的所有太阳都有公转运动，要么是围绕一个共同的中心，要么是围绕许多中心。人们在这里可以与在我们的太阳系里所发现的情况加以类比。也就是说，同样的原因赋予行星离心力，确立了它们的公转，也同样确立了它们的运行轨道，使它们与一个平面发生关系，因而也是这个原因，无论它是一种什么样的原因，给予世间作为更高世界秩序的诸多行星的各个太阳以运转的力量，尽可能多地使它们的轨道处在一个平面上，并竭力不让它们从这平面上偏离出去。

根据这种想象，如果把行星系无限地扩大，就可以在某种程度上用行星系来描摹恒星系。因为如果我们假定不是有 6 个行星及其 10 个卫星，而是有数千个行星和卫星，不是有已观察到的 28 个或者 30 个彗星，而是把它们增多到 100 倍或者 〔251〕
1 000倍；如果我们设想这些星体都是自己发光的；那么，对于从地球上观察它们的观察者的眼睛来说，就会产生与银河的恒星一样的外貌。因为这些假想的行星由于靠近它们关联的同一平面，我们的地球又处在同一个平面上，在我们看来它们就是一个由无数的星体密集地照亮的区域，它的方向是朝向那个最大的圆的；虽然根据假说这些星体都是行星，因而并不固定在一个位置上，但这条光带却是到处都繁星密布。这是因为，由于星体的位移，虽然其他的星体改变了这个位置，但任何时候都有足够的星体朝向某一边的。

这个被照亮的区域仿佛是一条黄道带，其宽度取决于上述游离的星体从它们关联的平面偏离出去的不同程度，取决于它们的轨道与这个平面形成的倾角。由于大多数星体靠近这一平面，所以它们越是远离这个平面，就越是显得分散。但是不加区别地占据所有天域的彗星会从两边来遮满天空。

所以，恒星天的形状没有任何别的原因，它像小范围的行星世界的系统状态一样是由大范围的系统状态造成的；所有的太阳都构成了一个系统，银河系就是普遍的关系平面；在边上可以看到那些与这个平面最少关联的星体，它们也正是因此而不够密集，更分散得多，为数也少得多。可以说，它们就是各个太阳中间的彗星。

但是，这个新学说给各个太阳附加了一种向前的运动，而每个人都把太阳看做是不动的，一开始就固定在它的位置上的。恒星也就是由此获得这一称谓的，这似乎已为历来的观察所证实，成为无可置疑的事情。如果这一称谓是有道理的，那么这种困难就将摧毁上述学说。然而全面地来看，这种运动的阙失只是某种表面的东西。这或者是由于它们与自己公转的共同中心距离越远就越是运动缓慢，或者是由于同观察地点距离
〔252〕太远而根本无法察觉。让我们来计算一下靠近我们太阳的一个恒星的运动，以衡量上述概念是否可能。假定我们的太阳是这个恒星的环形轨道的中心。如果按照惠更斯的看法，假定它的距离比太阳与地球的距离大21 000倍，那么，根据已经阐明

的公转时间的规律，时间与同中心距离的立方的平方根成正比，则它绕太阳运行一周所必需的时间将是150多万年，而这将使它在4 000年期间仅仅把自己的位置移动一度。也许极少有恒星像惠更斯推算的天狼星那样离太阳如此之近，其余的星群的距离也许要远远超过天狼星，因而周期性运转就需要更长得多的时间了。此外，星空中各个太阳的运动很可能是在围绕一个共同中心进行的，它们的距离又是无比之大，因此星体的位移可能极为缓慢。由此可以得出，很可能自从人们开始观察天宇以来的全部时间，也许还不足以察觉它们在位置上所发生的变化。然而，不要放弃将来总有一天会发现这种变化的希望。这需要敏锐细致的有心人，此外还需要在相距很远的观察之间进行比较。必须把这些观察尤其对准银河中的星体①，银河是一切运动的主要平面。**布拉德莱**先生差不多已经观察到星体难以察觉的位移了。古人在天宇的某些位置上看到了一些星体，我们则在别的位置上看到了新的星体。谁能知道，这只不过是过去的星体变化了位置呢？出色的仪器和完善的天文学使我们有理由希望发现特别值得注意的事情。② 这事情出于大自 〔253〕
然和类比的理由而具有的可信性支持着这一希望，能够使它引起自然研究者们的注意而去实现它。

可以说，银河也是一些新星体的黄道带，这些新星体几乎是在这个天宇里交替地显现和消失。如果它们的时隐时现是由于它们周期性地远离和接近我们，那么，从这些星体以上所述

① 同样要对准这样的星群，它们中间有许多都是共同处在一个狭小的空间之中的，如昴星团就是这样。它们也许在一个较大的系统中构成了一个小系统。

② 德·拉·伊尔在1693年的《巴黎科学院备忘录》中写道，从他自己的观察和他的观察与李西奥鲁斯的观察的比较中，他发现昴星团中各个星体的位置有了显著的变化。

的系统状态看来，这样一种现象必定大多是仅仅在银河区看到的。因为这里是些以扁长的轨道像卫星围绕其主行星一样围绕其他恒星运行的星体，所以就要求与我们的行星世界进行类比；在我们的行星世界中，只有靠近运动的共同平面的天体才有围绕自己运行的卫星，也只有处在银河之中的星体才有围绕它们运行的太阳。

现在，我要讲到上述学说的那个由于表述了关于创世计划的崇高观念而使该学说极为引人入胜的部分。把我引导到这一学说的思想系列很简单，也很自然。这种思路如下：如果一些恒星就其位置而言与一个共同的平面相关，如我们关于银河所设想的那样，其构成的星系离我们如此遥远，以至构成它的那些个别星体即便用望远镜也不再能辨别清楚；如果它的距离与银河各星体的距离之比，恰正是它的距离同太阳与我们的距离之比；简而言之，如果这样一个恒星世界以如此无法测度的距离被处在这个世界之外的观察者的眼睛看到，那么，这个世界
〔254〕从一个小的视角来看就表现为一个被微弱的光照亮的小空间；如果它的平面垂直呈现给眼睛，它的形状就是滚圆的；如果从一边来看它，它就是椭圆的。如果存在这样一种现象，那么，光的微弱、形状和直径可见的大小就会把这样一种现象与所有分别看到的星体清晰地区分开来。

在天文学家们的各种观察中间，人们不必花很长时间来寻觅这种现象。不同的观察者都清晰地看到过它。人们对它的奇异性感到诧异，作出过猜测，有时提出奇怪的想象，有时提出与前者同样没有根据的肤浅的概念。云状星体就是我们所指的东西，或者毋宁说是**德·马保梯**先生描述过的那一类星体①：

① 关于星体的形状的论文。

它们是**微小的、比空洞的天宇空间的黑暗更多受到照亮的点，它们的一致之处在于，它们都呈现出或多或少空漏的椭圆，但它们的光却比人们在天宇看到的任何一种光都微弱。**《天文神学》的作者设想它们是天穹的洞孔，相信可以通过它们看到净火天。一位思想开明的哲学家，即上面已经提到的**德·马保梯**先生，在考察它们的形状和可认识的直径时，把它们看做大得惊人的天体，由于它们被旋转力造成的严重的扁平，它们从一边看来呈现出椭圆形状。

很容易就可以证明，这后一种解释同样站不住脚。由于这种云状星体毫无疑问必须至少与其他恒星离我们同样遥远，所以它们不仅要大得惊人，必须比最大的恒星还要大上几千倍，而且最奇特的是，它们虽然具有这种非同寻常的大小，但即便作为自己发光的天体和太阳，它们发出的光也是非常黯淡、微弱的。

更为自然、更易于理解得多的是，它们并不是单个的巨大星体，而是由许多星体构成的系统，它们的距离使它们呈现在一个如此狭小的空间之中，以至由于它们数目多得无法计量，〔255〕
每颗星单独发出的难以觉察的光就转化成为白茫茫一片微光了。与我们所在的星系的类比、它们那在我们的学说看来必定恰恰如此的形状、假定无限遥远的距离所要求的光线的微弱，这一切都完全协调一致，使人把这些椭圆形状视为同样的世界秩序，可以说是视为我们刚才已经讨论过其状态的银河。如果在各种推测中类比和观察完全一致，相互印证，从而各种推测具有与严格的证明一样的价值，那么，就必须认为已经揭示了这些体系的确实存在。

如今，天宇观察者们已经有了充分的根据把自己的注意力集中在这个课题的研究上。我们知道，各个恒星都与一个共同的平面发生关系，并由此构成一个协调的整体，它是许多世界中间的一个世界。人们看到，在无法测度的距离上还有着更多这样的星系；在其宏大到无限的整个范围内，造化处处都是系统的，彼此相关的。

人们还可以猜测，这些更高级的世界秩序也不是彼此没有关联的，它们通过这种彼此的关系又构成了一个更加无法测度的系统。事实上人们看到，**德·马保梯**先生所列举的这些云状星体的椭圆形状与银河的平面有着非常密切的关系。在这里，有一个广大的领域尚待发现，观察必然为此提供钥匙。那些本来已经这样称谓的云状星体和人们对如此称谓它们尚有争议的星体，都必须在这个学说的指导下得到研究和检验。如果人们有目的地按照一种已经揭示的设想来考察大自然的各个部分，某些特性就会显示出来；否则，如果没有指导地在所有的对象上分心，这些特性就会被忽视，依然是隐秘的。

我们所阐述的学说使我们看到了造化的无限领域，提供了
〔256〕关于上帝作品的一种表象，这种表象与伟大造物主的无限性是相称的。地球在一个行星世界中只是沧海一粟，难以察觉，如果这个行星世界的宏大已经使知性感到惊异，那么，当人们看到无限多的世界和星系充满整个银河时，人们该会多么惊诧啊！然而，如果人们意识到，所有这些无法测度的星体秩序又构成了统一体，它们的数目有多大我们不知道，也许和前者一样大得不可思议，并且又构成了一个新的数目组合的统一体时，这种惊诧又该如何增加啊！我们看到了各个世界和星系的递进关系的第一批成员，而这无限递进的第一个部分就已经使我们认识到，对整体应当作出什么样的推测。这里没有终结，而是一个真正无法测度的深渊，人的概念的所有能力尽管可以凭借数学的帮助而提高，也还是沉没在这深渊之中。已经启示出来的智慧、美善和力量是无限的，而且也是无限富有成果的、无限活跃的；因此，启示它们的计划必然与它们自身一样

是无限的、没有边界的。

然而，不仅要在大范围内作出重要的发现，它们有助于扩展人们关于造化之伟大所形成的概念。在小范围内也有不少尚未被发现的东西，即便在我们的太阳系里，我们也看到这个系统的各个成员彼此相距极远，在它们之间还有一些中间部分尚未发现。土星是我们认识的行星中间最外面的一个，偏心率最小的彗星也许从 10 倍远或者更远的距离向我们下落，在土星和偏心率最小的彗星之间，难道就不再有行星，其运动接近于彗星的运动更甚于接近土星的运动？难道就没有其他更多的星体，由于其规定性的接近而凭借一系列中间环节，使行星逐渐地转化为彗星，从而使后一类与前一类联系起来？

行星轨道的偏心率与它同太阳的距离之间有一种比例关系，这一规律支持着上述的推测。各行星运动中的偏心率随着与太阳的距离而递增，从而那些远距离的行星也就接近于彗星的规定性。因此可以推测，在土星之外还有其他行星，它们的 〔257〕
偏心率更大，从而也就更接近于彗星，并凭借一个不间断的阶梯使行星最终变成彗星。金星的偏心率是其椭圆形轨道半轴的 1/126，地球是 1/58，木星是 1/20，而土星是 1/17；所以偏心率显然是随距离而递增的。当然，水星和火星是这一规律的例外，它们的偏心率要比与太阳的距离所允许的大得多；但我们下面将会看到，正是使一些行星在形成时分得的质量较小的原因，也造成它们缺乏作圆周运动所需要的推动，从而造成偏心现象，使它们在这两方面都不完备。

根据这种情况，难道不可能在土星之外最靠近它的天体，其偏心率的减小大致与下面的行星程度相同，行星通过不怎么突然的蜕变而同彗星的品性接近吗？因为肯定正是这种偏心率造成了彗星和行星之间的根本区别，而彗星的尾巴和气状球体则不过是偏心率的结果；此外，正是这个使天体作圆周运动的原因，无论它究竟是什么样的，在距离较大时不仅变弱，使旋转运动与降落力平衡，并由此使运动偏心，而且也正是因此而很少能够使这些星球与土星以内的星球在同一个平面上运动，从而使彗星向所有的天域横冲直撞。

根据这一推测，人们也许还可以期望在土星之外发现新的行星，它们的偏心率比土星大，因而更接近于彗星的特性；但也正是因此之故，人们只能在较短的时间里，即在它们处于近
〔258〕日点时看到它们。这种情况，再加上它们离得远，发光弱，至今仍妨碍着发现它们，即便到将来也必定难以发现。最后一个行星和第一个彗星（如果人们愿意，也可以这样叫它）的偏心率会如此之大，以至它在自己的近日点将横贯最接近它的行星的轨道，因而也许就是土星的轨道。

第二部分

论大自然的初始状态、天体的形成、天体运动的原因以及它们的系统关系，既特别就行星系而言，也涉及整个造化

请看，那**形成着的**大自然向它的伟大目标挺进，
每一个太阳**微粒**都向另一个**微粒**移近，
每一个被**吸引**的，又把另一个向**自身吸引**，
致力于重新包容邻近的，并且**塑造**它们，
请看，物质千方百计，
涌向普遍的中心。

——蒲柏

第一章 论行星系的起源及其运动的原因

〔261〕

对世界结构的考察，就它的各部分彼此之间所拥有以及它们表现自己由以产生的原因所借助的相互关系而言，显现出两个方面，这两个方面都同样可能、同样可取。从一方面来说，如果人们考虑到：6个行星及其10个卫星都以太阳为中心，围

绕它作圆周运动，都向一边运动，而且是向太阳自己的旋转作为方向的那一边运动，它们的所有公转都受到吸引力量的支配；它们的轨道都偏离一个共同的平面、即偏离延伸开来的太阳赤道平面不远；就太阳系最遥远的天体而言，它们共同的运动原因据推测不如在中心附近那样强，因而出现了与上述几种规定的精确性的偏差，这些偏差与欠缺所引起的运动有着充分的关系；我要说，如果考虑到所有这种联系，那么，人们就会被打动，从而相信有一种原因，无论它是什么样的，都曾经在这个系统的整个空间中产生过普遍的影响，而行星轨道的方向
〔262〕和位置方面的协调一致则是所有行星由于这种使它们运动起来的物质原因而必定有过的协调一致的结果。

另一方面，当我们考虑我们这个系统的行星在其中运转的这个空间时，就会发现它完全是空的①，没有任何能够对这些天体产生共同影响并造成其运动的协调一致的物质。这种情况已被无可置疑地揭示出来，并且也许超过了前一种可能性。牛顿被这一理由所打动，不可能允许有这种弥漫在行星系空间维持共同运动的物质原因存在。他断言：上帝的手直接做好了这种安排，不需要利用大自然的力量。

只要作出公正的考虑，人们就会看到，这两方面的理由应被视为同样强有力的、同样完全可靠的。然而同样显而易见的是，必须有一个概念能够而且应当把这两种表面上相互冲突的理由统一起来；应当在这个概念中寻找真正的体系。我们想简明扼要地阐述这一概念。在整个行星世界的各星球运行于其中

① 在此我不讨论这个空间是否可以在真正的意义上叫做空的。因为只要提到以下事实就够了：在这个空间中可能遇到的所有物质，能力都太微弱了，以致与问题所涉及的运动着的团块相比，不可能产生什么作用。

的空间的现在状态里面，并不存在一种能够引起或者确立它们的运动的物质原因。这个空间完全是空的，或者至少也和空的一样；因此它以前必然是另一个样子，必然充满了有足够能力的物质，将运动传到处在这空间的所有天体，使天体的运动与它们的运动相同，从而使一切运动彼此之间协调一致；在引力清扫了上述空间，使所有散布的物质聚集成为特殊的团块之后，行星从此就必然以一度被引起的运动在一个没有障碍的空间中自由地、不断地继续自己的运行。上述第一种可能性的理由绝〔263〕对需要这一概念，并且由于在两种情况之间不可能有第三种情况，所以这个概念能够受到重视，获得崇高的赞扬，使它胜过一种假说的表面性。如果愿意详尽一些的话，人们可以通过一系列相互印证的推论，按照数学方法的方式以它所具有的全部奢华，甚至以它在自然物质中的运行方式通常所具有的更伟大的外观，最终达到我关于世界大厦的起源所要阐述的那种设想；不过，我宁愿以一种假说的方式讲述我的意见，把检验它的价值留给读者的洞察力，而不愿借助一种骗人的论证来造成假象，使人怀疑它的有效性，由于赢得无知者而失去专家们的赞许。

我假定：构成属于我们太阳系的各星球——所有行星和彗星——的所有物质，在万物之初都分解成基本的物质微粒，充满着世界大厦的整个空间，如今这些已形成的天体就在这个空间中运行。即便人们根本无意把大自然的这种状态视为一个自在自为的系统，它也显得只是可能继虚无之后的最简单的状态。当时，它们还没有形成任何东西。相互有间距的天体的形成、它们相互之间由吸引所规定的距离、它们由聚集起来的物质的平衡产生的形状，都是后来的状态。直接与造化衔接的大自然极为粗糙，根本不成形。然而，即便是在构成混沌的元素的根本特性中，已经可以觉察到一种完善性的迹象；这种完善性是它们从其起源获得的，因为它们的本质是出自神圣理智的永恒理念的一种结果。这些似乎是盲目地设计出来的最简单、最普遍的特性，这种似乎纯粹是被动的、需要形式和部署的物质，在其最简单的状态中已经有一种通过大自然的发展而形成一种完善的状态的追求。然而，**元素种类的不同**为整理大自然
〔264〕和形成混沌贡献了最重要的东西，由于一种普遍的相同而支配着分散元素的静止被由此取消，混沌在吸引力较强的微粒所在的地方开始形成。根据大自然在所有方面表现出来的无法测度性，这些基本材料的种类毫无疑问是无限多样的。密度和引力最大的那些种类，自然而然占据的空间也较小，也比较罕见，因此同样在世界空间中分布时，就比较轻的种类更为分散。与轻的元素相比，比重大1 000倍的元素，其分散程度也要大1 000倍，甚至大 100 万倍。由于必须设想这些分离是尽可能无限的，所以可能有一类天体成分在密度上超过另一类的程度，就像一个用行星系的半径画出的圆球超过在直径上只有一条线的 1/1 000 的圆球一样；因此，前一种分散的元素也就比后一种元素彼此之间的距离更大得多。

在以这种方式被充满的空间里，普遍的静止只能持续一个瞬间。这些元素具有彼此之间运动起来的根本力量，自身就是一个生命的源泉。物质立即就致力于形成自己。密度较大的分散元素凭借吸引而从自己周围的天域里把所有比重较轻的物质聚集起来；它们自身连同它们与自己结合在一起的物质又聚集在密度更大的微粒所在的地方，而这些微粒又同样地聚集到密度还要更大的微粒那里，如此一直继续下去。因此，当人们在思想中通过整个混沌的空间探索这个形成着的大自然时，就会很容易觉察到：这种作用的所有结果最终就在于不同团块的产生，它们在形成完成之后就由于引力的相等而静止下来，并且永远静止不动。

不过，大自然还储备有别的力量，尤其是当物质分解为细

微的微粒，它们相互排斥，并且通过它们与引力的斗争而造成了仿佛是大自然的永恒生命的那种运动时，这些力量就表现出来了。在云雾的弹性、有强烈气味的物体的挥发、所有含酒精 〔265〕 物质的扩散中，显示出这种斥力，它是大自然的一个无可争议的现象。由于这种斥力，向引力中心下降的元素就会被杂乱地从直线运动引向一边，使垂直下降转变成围绕降落中心的圆周运动。为了清晰地把握世界结构的形成，我们想把自己的考察从大自然的无限总和限制为一个特殊的星系，即这个属于我们的太阳的星系。在我们考察了这个星系的产生之后，就可以用类似的方式继续考察更高的世界秩序的起源，并在一个学说中概括整个造化的无限性。

因此，如果在一个非常大的空间中有一个点，在那里，同样在此存在的元素的引力比周围所有地方都更强，那么，分布在这整个范围内的元素微粒的基本材料就会向这个点降落。这种普遍降落的第一个作用就是在这个引力的中心形成一个物体，它可以说是从一个无限小的胚芽迅速成长壮大，这种质量越增加，它也就成长得越快，也就以更大的力量推动周围的部分与它结为一体。如果这个中心物体的质量增加到如此程度，以至它吸引远距离微粒的速度由于这些微粒相互阻碍的微弱斥力而偏向一边，转化为能够凭借离心力沿着一个环形轨道围绕中心物体的侧向运动，那么，就产生了这些微粒的一个巨大旋涡，这些微粒中每一个都由于引力和侧向偏离的旋转力的叠加而作曲线运动；这是什么样的环形轨道啊！它们相互交错，在这个空间中非常分散，因而它们有足够的位置。不过，这些以各种各样的方式相互冲突的运动自然而然地趋向于达到平衡，即达到一个运动尽可能地不干扰另一个运动的状态。这种情况 〔266〕 之所以发生，首先，是由于这些微粒中一个制约另一个的运动，直到所有的微粒都朝一个方向运动；其次，这些微粒制约自己接近引力中心的垂直运动，直到它们都沿水平方向运动，即平行地以太阳为中心围绕它作圆周运动，彼此不再交错，并通过离心力与下降力的平衡而在它们悬浮的高度上永远保持自由的圆周运动。最后，只有那些通过其下降获得一种速度并通过其他微粒的抵抗而获得一个能够继续作**自由圆周运动**的微粒，才能够在这空间的范围内保持悬浮。在这种状态里，由于所有的微粒都朝向一个方向、并以相互平行的轨道，即以自由的圆周运动，通过已达到的离心力围绕中心天体运转，元素的冲突和聚集就消失了，一切都处在相互影响最小的状态中。这就是一种被卷入相互冲突之中的物质到处都必然被置入的自然结果。因此显而易见，在分散的微粒群中，有一大群会由于力图相互达成这种状态的阻力而必然达到这样精确的规定性，但还有更大的群尚未达到，只会下降到中心物体，使其团块增大，因为它们不能自由地保持在它们悬浮的高度，而是穿过下面的群的轨道，最终由于后者的阻力而失去一切运动。处于中心的物体就是太阳，它据此通过大量聚集的物质而成为行星系的主要部分。此时，它还没有在完全形成之后它的表面上突然出现的火焰。

还要说明的是：由于如以上所证明，形成着的大自然的所有元素都朝着一个方向围绕太阳这个中心运动，就这些朝向一个惟一的天域所作的、仿佛是朝着一个共同的轴发生的公转而言，它的物质的旋转不可能在于这种方式，因为根据向心运动的规律，所有公转都必然以其环形轨道的平面穿过引力的中
〔267〕心；但在所有这些围绕一个共同的轴朝着一个方向运转的圆中，只有一个圆穿过太阳的中心，因而这个在思想中画出的轴两侧的所有物质都涌向这个恰好在共同降落的中心通过旋转的轴的圆上来。这个圆就是所有飘游元素的关系平面，这些元素要尽可能在这个圆周围聚集起来，而远离这个平面的天域就会成为空的；因为那些不能如此接近它们所涌向的这个平面的元

素，也将不能永远保持在它们悬浮的地方，而是通过和四周飘游的元素碰撞，最终落在太阳上。

因此，如果在世界物质的这种四周飘游的基本材料由于吸引和阻力的普遍规则的力学结果而被置入的这样一种状态中考察它们，那么，我们就看到在两个相距不远的平面之间有一个空间，共同的关系平面就处在它的中央；这个空间从太阳的中心开始向未知的远处扩展开去，在它里面，所有被包括在内的微粒都分别按照自己的高度和支配着那里的引力的大小，在自由的公转中作适当的圆周运动。因此，由于在这样的状态里它们都尽量不相互阻碍，假如这些基本材料的微粒彼此之间的吸引不开始发生作用并由此形成新的东西，即形成要产生的行星的胚芽，那么它们将永远停留在这种状态之中。因为围绕太阳以平行的圆周运动的元素，在它们与太阳的距离差别不太大的时候，由于其平行运动相同，彼此之间几乎处于相对的静止之中，所以那里引力特别大的元素就会马上产生一种可观的作用①，开始聚集起最近的微粒，形成一个天体，这个天体又随 〔268〕
着其团块增长的程度将自己的引力扩展得更远，把更广大范围内的元素都吸引来与它合一。

对于任何一种可能的学说来说，这个系统中行星的形成都以下面这一点为前提条件：团块的起源同时也表示着运动的起源和轨道在同一时刻的位置；甚至无论是对这些规定性中的极大精确性的偏离还是一致，都能一眼就看出来。行星是由在其

① 形成着的行星的开端不应当仅仅在牛顿的引力中去寻找。对于一个特别微细的质点来说，这种引力也许太缓慢、太微弱了。倒不如说，在这个空间里最初的形成是因一些由一般的联系规律合为一体的元素的汇聚而发生的，直到形成由此产生的团块，并逐渐地增大，以致牛顿的引力也变得能对它发生作用，并通过其作用扩展到远处而越来越使它增大。

悬浮的高度精确地作圆周运动的微粒形成的；**因此，由这些微粒汇聚而成的团块也朝着同样的方向，在同样的程度上继续作同样的运动。**这就足以使人们看到，为什么行星的运动大致上是圆形的，它们的轨道是在一个平面上的。如果聚集起来形成行星的元素来自很小的范围，因而它们运动的差别不大，那么，这些轨道就会是非常精确的圆周。①但由于要从在天空中如此非常分散的微细基本成分形成一个行星的密度大的团块，就需要有一个较大的空间范围，所以这些元素与太阳的距离的差别，此外还有它们的速度的差别，就都不可等闲视之了。因此，要在有这种运动差别的情况下保持行星各种向心力和圆周运动速度的平衡，从不同的高度以不同的运动聚集在它上面的
〔269〕微粒就必须用一种力量来补偿另一种力量的不足，实际上，这也是相当精确地发生的。②但尽管如此，由于达不到这种完满的补偿，就造成了这种圆周运动上的偏离和偏心率。同样容易说明的是：尽管所有行星的轨道都应当合理地处在一个平面上，但在这方面还可以遇到微小的偏离，因为如上所述，基本微粒虽然都尽可能地趋向它们共同的运动存在平面，但在平面两侧还是包括了一些空间；如果所有的行星都能十分准确地在这两侧的中间的关系平面上开始形成，那就真是非常幸运的巧合了。尽管微粒都致力于尽可能从两侧来限制这种偏离，只给

① 这种准确的圆周运动实际上仅仅涉及离太阳近的行星：因为对于最遥远的行星或者彗星在那里形成的远距离来说，很容易推测出，由于基本材料在那里的下降运动要弱得多，它们散布的空间也更大，所以元素在那里本来就已经偏离了圆周运动，从而也必然是由此形成的天体的原因。

② 因为微粒在靠近太阳的地方所具有的公转速度比它们聚集在行星上的地方为作圆周运动所需要的公转速度更大，所以它们补偿了距离太阳较远、并入同样星体的微粒在速度上的不足，以便在行星的距离上作圆周运动。

它狭窄的范围，但这已经造成了行星轨道相互之间的一些倾斜。因此，这里和大自然的所有事物一样，很少能遇到极其精确的规定性，也就不足为奇了，因为关系到每一种事物本性的情况极为繁多，不容许精确的合规则性。

第二章

论行星的不同密度以及它们质量的关系

我们已经指出，基本材料的微粒由于本来是均匀地分布在世界空间之中的，所以通过向太阳的降落而在降落时所获得的速度恰恰与引力达到平衡的地方停留下来，悬浮在那里，而方 〔270〕
向也像它们作圆周运动时应当的那样，变成与圆周的矢径相垂直。但是，如果我们设想在与太阳距离相等的地方有不同类型密度的微粒，那么，比重较大的微粒就会突破其他微粒的阻力更深入到太阳附近，不像较轻微粒那样立刻从其轨道上偏离出去，因而只有在更为接近太阳的地方才使其运动成为圆周运动。与此相反，较轻的元素在深入到中心之前就从直线下降偏离出去，转化成圆周运动,从而在离太阳较远的地方停留下来，悬浮在那里。它们也不能如此深地穿透充满元素的空间，使其运动不被这些元素的阻力所减弱，而且它们也不可能达到要在接近中心的地方运转所需要的那样大的速度。因此，在运动达到平衡之后，比重较轻的微粒就在离太阳较远的地方运转，而在离太阳较近的地方则只能发现较重的微粒；因此，由这些微粒构成的行星，离太阳较近的要比离太阳较远由这些原子的汇聚形成的行星密度更大。

所以，这是一条静力学的规律，它规定世界空间的物质的高度与其密度成反比。尽管如此，同样易于理解的是：并不是每一个高度都一定只接纳密度相同的微粒。就某些特殊种类的微粒而言，那些从较远的距离向太阳降落的微粒才在离太阳较远的地方悬浮，并达到它们为不断作圆周运动所要求的降落在长距离中的减缓。与此相反，那些在物质的普遍分布尚处于混沌之中的时候其原初位置就已经接近太阳的微粒，尽管它们的密度并不是较大，却在接近太阳的地方达到其圆周运动。因此，由于物质相对于其降落中心的位置不仅仅取决于它的比重，而且也取决于它在大自然最初静止状态中的原初位置，所以很容易看到，在离太阳的任何距离上，都有不同种类的物质
〔271〕集合在一起，悬浮在那里，但在中心附近比在离它远的地方更经常遇到密度较大的物质；因此，尽管行星是极不相同的物质的混合，但一般说来，它们离太阳越近，其团块就必然越是密度大，而在它们的距离增大之后，其密度就较小了。

就这条支配着各行星的密度的规律而言，我们的体系是人们关于密度的原因所得出或者可能得出的所有概念中具有特别完善性的一个。**牛顿**曾经计算过一些行星的密度，他认为，行星密度随距离而变的原因可以在上帝的合理选择和他的终极目的的动因中找到；因为离太阳近的行星必然经受更多来自太阳的热量，而较远的行星要不多少热就应当能够对付过去；离太阳近的行星不是密度较大，离太阳远的行星不是由较轻的物质汇聚而成的，这似乎是不可能的。然而，要看出这样一种说明的不足，并不需要作出多少思索。一个行星，例如我们的地球，是由种类极不相同的物质汇聚而成的；在这些物质中，那些较轻的物质更多地被太阳的同样作用所穿透、所激动，它们的组合与太阳的光线起作用的热量有关，所以它们必然散布在表面上；但由此却根本不能说明，在团块的整体中其他物质的混合也必然具有这种关系；因为太阳对行星的内部根本不起任

何作用。牛顿担心如果地球直达水星附近落到太阳的光线之中，它就会像一个彗星那样燃烧起来，它的物质没有足够的耐火能力，以致被这种热量所驱散。然而，太阳自己的物质要比构成地球的物质轻 4 倍，岂不更必然地要被这种炽热所摧毁吗？或者说，月球与地球在与太阳相同的距离上悬浮，为什么它的密度却是地球的 2 倍呢？因此，人们不能把密度的比例归 〔272〕
于与太阳热的关系，使自己陷入极大的矛盾之中。人们倒是看到，一种按照其团块的密度分配行星位置的原因，必定与它的物质的内部相关，而与它的表面无关。尽管它造成了这种结果，但它必然还是允许在同一个天体中有不同的物质，而只是在它们汇聚的整体中才规定了这种密度关系。至于是否有另一条不同于我们的学说所讲述的静力学规律能够满足这一切，我把它留待读者的洞察力去作判断。

各行星密度之间的这种关系还带来了一种情况。由于这情况与前面所设想的解释完全协调一致，所以它也证明了我们的学说的正确性。一般来说，处在其他围绕自己运行的星球中心的天体，比离它最近围绕它运行的天体要更轻。地球与月球相比、太阳与地球相比，都呈现出它们密度的这样一种比例关系。根据我们已经阐述的设想，这样一种性质是必然的。因为下面的行星主要是由筛选出来的基本物质构成的，它们由于其密度的优势能够以必要的速度一直深入到中心附近。与此相反，处于中心自身的天体则不加区别地是由所有现存种类的物质汇聚而成的，它们未能获得自己合规律的运动；在它们中间，由于绝大部分是较轻的物质，所以就很容易看出：由于最接近中心运行的那个或者那些天体仿佛是密度较大品种的筛选，而中心天体则是所有物质不加区别的混合，前者的物质将比后者的物质密度更大。事实上也的确如此，月球的密度是地球的 2 倍，地球的密度是太阳的 4 倍，而根据各种推测，更在下面的星球，即金星和水星，其密度将比太阳更大得多。

现在，我们的目光要移向根据我们的学说各天体的质量与
〔273〕它们的距离相比的关系，以便根据牛顿的正确计算来检验我们体系的结果。无须多说就可以理解，中心天体在任何时候都是它那个星系的主要部分，因此太阳的质量必定比所有的行星加在一起还要大。这一点，也同样适用于木星与它的卫星、土星与它的卫星的关系。中心天体是由它整个引力范围内的所有微粒下落而形成的，这些微粒不能获得最精确的圆周运动的规定性，也不能获得与共同平面的接近关系，它们在数量上毫无疑问必定比其他微粒多得多。让我们把这种考察主要运用于太阳：如果要估量作为行星基本材料的、作圆周运动的微粒偏离共同平面最远空间的宽度，可以假定它大约比行星轨道相互之间偏离最大的宽度更大一些。现在，当它们向两侧偏离共同的平面时，它们相互之间的最大倾斜几乎不到7.5度。因此，可以想象构成行星的所有物质都是散布在这个夹在从太阳中心出发、彼此构成7.5度角的两个平面之间的空间之中的。但是，一个沿最大圆方向运转的、宽为7.5度的区域，约略多于球面积的1/17，因此以上述角的宽度切割球体空间的这两个平面之间的天体空间，也约略多于整个球体体积的1/17。所以，根据这一假说，所有被用来形成行星的物质就大约等于太阳为汇聚成它自己而从两侧最外面一颗行星所处的宽度搜集来的物质的1/17。不过，这中心天体的团块超过了所有行星的总体积。它与后者的比例不是17∶1，而是如牛顿所测度的那样是
〔274〕650∶1。当然也很容易看出，在土星之外的空间里，行星的形成要么已经停止，要么已经非常稀少，那里只是形成了少数几个彗星天体，而且那里基本材料的运动由于不像在中心附近区域那样能够达到与向心力的合规律的平衡，只是转化为向中心的普遍降落，使太阳从如此辽阔的空间中得到所有的物质而增

长，所以我说，太阳的团块必定是由于这些原因才获得如此巨大的质量的。

但要对行星就其质量进行相互对比，我们就首先要注意到，按照已经说明的形成方式，组成一个行星的物质的量，主要取决于它与太阳距离的远近，这是因为：(1) 太阳以自己的引力限制了行星的引力范围，但在同样的情况下，它对较远的行星的限制不及对近处的行星；(2) 聚合起来形成一个较远行星的所有微粒来自半径较大的圆，这些圆比较小的圆包含着更多的基本材料；(3) 正是由于这后一种理由，最大偏离的两个平面之间的宽度在角度不变的情况下，在高的地方比在低的地方更大。与此相反，较远的行星相对于较低的行星所具有的这种优势，固然由于离太阳较近的微粒比距离较远的微粒密度更大、无论怎么看都更少分散而受到限制，但人们很容易就可以估计出，前面那些为形成大的质量而具有的优势远远超过了后面的限制，因而在离太阳较远地方形成的行星必然获得比近处的行星更大的质量。如果人们设想一个行星在只有太阳在场的情况下形成，就会发生这种情况。但是，如果人们设想好几个行星在不同距离上形成，那么，一个行星就会以自己的引力范围限制另一个的引力范围，而这种限制就会使上述规律出现例外。因为如果一个行星离另一个质量特别大的行星很近，它的形成范围就会受到很大损失，从而变得比它与太阳距离的关系单独要求的更小。因此，虽然在整体上，行星离太阳越远，其 〔275〕
质量也就越大，例如我们星系的两颗主要的行星，即土星和木星，就是因为它们离太阳最远，所以其质量也就最大。尽管如此，还是存在着与这种类比相偏离的情况。但在这些偏离中，毕竟任何时候都显现出我们关于天体所断言的一般形成的特征：也就是说，一个特别大的行星夺去了它两侧最邻近的行星按其与太阳的距离应当享有的质量，把后者在形成时应当拥有的一部分物质据为己有。事实上，根据其位置应当大于地球的火星，就由于邻近它的巨大的木星的引力而在自己的质量上受到了损失。就连土星自己，虽然由于它的高度而对火星拥有优势，但仍然不能完全免除由于木星的吸引而蒙受相当大的损失。我觉得，水星的质量之所以特别小，并不仅仅是因为邻近它的巨大的太阳的引力，而且还是因为它与金星为邻。如果人们把通过推测得知的金星的密度与它的大小相比较，就会知道它必定是一个质量相当大的行星。

由于在世界结构和天体的起源方面，一切都像人们能够期望的那样美好地协调一致，证实了一种力学学说的充分性，所以我们要通过对行星的基本材料在行星形成前散布于其中的空间作一估测，来衡量当时充满这一中心空间的物质的稀薄程度，以及飘游微粒能够以什么样的自由或者在怎样小的阻力下在这空间中作合规律的运动。如果囊括了各行星的所有物质的空间被包含在以土星为界限的这样一个部分中，这个部分从太阳中心出发，被包括在两个大约 7 度宽、在所有的高度上彼此分开的平面之间，从而是以土星的高度为半径所能画出的整个球体的 1/17，那么，为了计算出行星的基本材料在其充满这个空间时的稀
〔276〕薄程度，我们想将土星的高度假定为地球直径的 10 万倍；这样，土星轨道的整个球体将超过地球体积的 1 000 万亿倍。如果我们不是假定为 1/17，而是仅仅假定为1/20，则这原始基本材料悬浮于其中的空间也仍然必将超过地球体积的 50 万亿倍。如果我们根据牛顿假定所有行星及其卫星的所有质量为太阳团块的 1/650，那么，只有太阳质量的1/169 282的地球，与所有行星物质的总质量之比将是 1∶276.5。所以如果把所有这些物质的密度视为与地球相同，那么，将由此产生一个占有相当于地球 277.5 倍空间的天体。因此，如果我们假定地球在其整个团块中的密度并不大于在地球表层下面发现的固体物质的密度，就

像地球形状的特性不得不如此要求的那样，而且这种上面的物质密度大约相当于水的4倍或5倍，而水又比空气重1 000倍，那么，所有行星的物质如果扩张到空气的稀薄度，就会占据一个差不多比地球大140万倍的空间。这个空间与按照我们的假定行星的所有物质散布于其中的空间相比，要小3 000万倍。因此，行星物质在这个空间中的分散要比我们大气层中的微粒稀薄好多倍。事实上，这样大的分散程度无论显得多么难以置信，却既不是不必要的，也不是不自然的。这种分散程度必须尽可能地大，才能允许悬浮的微粒几乎就像是在真空中一样享有一切行动的自由，并无限地减小它们相互之间所能造成的阻力。但这些微粒是能够自行采取这样一种稀薄状态的。只要人们稍稍知道物质在转化为气体时就会扩散，或者只要人们——还是谈天空吧——考虑到彗星尾部物质的稀薄程度，就不应对上述情况有丝毫怀疑。虽然彗星尾部的截面其厚无比，竟超过地球 〔277〕
直径百倍，但它仍然如此透明，以至能够透过它看到小的星体。这是我们的空气在小上千倍的高度上被太阳照射时所不能允许的。

我用附加一个类比来结束这一章。这一类比能把当前关于天体以力学方式形成的理论从假说的可能性提升为严格的确定性。如果太阳是由形成行星的同样基本材料的微粒汇聚而成的；如果差别仅仅在于所有种类的物质在前者中是不加区别地堆积在一起的，在后者中则是在不同的距离上按照其各品种的密度性状分布的，那么，在把所有行星的物质结合在一起考察时，就必将在其全部的混合中发现一种密度，它与太阳的密度是几乎相等的。如今，我们的理论的必然结论在**德·布丰**先生的比较中得到了成功的证实。这位遐迩闻名的哲学家在全部行星物质的密度和太阳的密度之间进行了比较。他发现，这两种密度非常接近，大约在640和650之间。如果从一种学说得出的自然的、必然的结论在大自然的现实状况中得到如此成功的证明，那么，人们难道还会相信，纯粹是一种巧合造成了理论与观察之间的这种协调一致吗？

第三章
论行星轨道的偏心率和彗星的起源

人们不能把彗星看做是一类与行星性质完全不同的特殊天体。在这里和在别处一样，大自然是通过一些不显著的变化起
〔278〕作用的。当它经历变化的所有阶段时，它借助一根有诸多中间环节的链条把较远的特性与较近的特性联系了起来。在行星那里，偏心率是大自然力图使行星运动完全成为圆形方面有欠缺的结果。由于中间出现了各种各样的情况，它不能完全达到这一点，但在较远的地方要比在近处偏离这一点更多。

这种规定通过一架连续的阶梯，借助偏心率所有可能的阶段，从行星最终一直通向彗星。虽然这种联系在土星那里似乎被一道巨大的鸿沟切断了，它把彗星的品类与行星完全分离开来了，但我们在第一部分已经说明，很可能在土星之外还有其他行星，由于更多地偏离圆形的轨道而接近于彗星的运转；只是由于观察的缺陷或者观察的困难，这种接近关系才不像早已呈现给知性的那样对眼睛也清晰可见。

在这一部分的第一章中，当我们假定飘游着的基本材料在其所有位置上都恰巧具有作圆周运动所需要的各种力量时，我们已经阐述了一种使这些基本材料所形成的天体的轨道产生偏心现象的原因。由于行星是从相距很远的不同高度上把这些基本材料聚集起来的，在那里，圆周运动的速度各不相同，所以它们是以不同的固有运动程度聚集在行星上的，这些运动与行

星的距离所应有的速度有偏差，而且由于微粒的不同压力不能完全补偿别的偏离的压力，而使行星产生了偏心率。

如果偏心率没有别的原因，那么它在任何地方都将是适度的。因为如果假定基本材料的微粒以前确实有过精确的圆周运动，那么，小并且离太阳远的行星的偏心率就比近而大的行星更大。如今，由于这些规定与观察并不一致，如前面已经说 〔279〕
明，偏心率随与太阳的距离而递增，而质量小则如同我们在火星那里看到的那样，毋宁说是构成了偏心率增长的一个例外，所以，我们不得不对关于基本材料的微粒作精确的圆周运动的假说作出这样的限制：它们在接近太阳的区域里虽然非常接近这种规定的精确性，但这些基本的微粒悬浮得离太阳越远，就越是偏离这种精确性。对基本材料作自由的圆周运动这一原理作出这样一种修正，要更为符合大自然。因为尽管空间的稀薄似乎使它们有相互限定在向心力完全达到平衡的地点的自由，但阻碍大自然完全实现这一目的的各种原因却也不可轻视。原初材料分散的部分离太阳越远，使它们下降的力量也就越弱。下面部分的阻力使它们的下降偏向一旁、迫使它们下降的方向与圆周矢径保持垂直；它们越是往下落，这种阻力就越是减弱，最后要么是与太阳合为一体，要么是在附近的天域运转。这种较高的物质特别轻，因而不允许它们以必要的力量作自己的下降运动——这是一切的根据——，迫使挡路的微粒让开；而且，这些距离远的微粒也许还互相限制，在一个长的周期之后最终达到协调一致；这样，在它们中间已经形成了一些小的团块，作为众多天体的开端。这些天体因为是由运动较弱的材料聚集而成的，所以只能作偏心运动；它们以这种运动向太阳下降，在途中又并入了运动较快的成分，越来越偏离了垂直的下降；最后，如果它们的形成所在的那些空间由于向太阳的下降或者由于汇聚成特别的团块而被清扫一空的话，那么剩下来

的就是彗星了。这就是行星和那些所谓彗星的偏心率随与太阳
〔280〕的距离而递增的原因。这些天体之所以被称为彗星，就是因为它们在这种性质上远远超过了行星。虽然还有两个例外破坏了偏心率随与太阳的距离而递增的规律，即在我们星系两颗最小的行星即火星和水星上所察觉到的情况，但就火星而言，可能是因为与如此巨大的木星相邻的缘故。木星凭借引力在自己这一边夺取了形成火星的微粒，只给火星留下了主要向太阳一边发展的余地，由此导致了向心力和偏心率的增加。至于行星中最下面的、但也是偏心率最大的水星，很容易就能够看出，由于太阳在其绕轴自转方面远远比不上水星的速度，所以太阳给予其周围空间中的物质的阻力不仅夺去了邻近微粒的向心运动，而且也能够轻而易举地把这种阻碍一直扩展到水星，从而大大地减小了它的运转速度。

偏心率是辨别彗星的主要标志。彗星在最接近太阳时由于受热而扩张的大气层和尾部，虽然在蒙昧的时代被用作非同寻常的可怕景象来向愚民宣扬臆想的命运，但却只不过是偏心率的结果。天文学家们注意运动的规律要更甚于注意其他的形状，它们说明了彗星区别于行星的第二个特性，即彗星不像行星那样只在黄道带区域，而是自由地在所有天域运行。这个特点与偏心率原因相同。如果行星之所以把自己的轨道锁定在黄道带的狭小区域里，乃是因为基本物质在太阳周围的近处获得了圆周运动，这种运动在每一次绕行时都力图穿过关系平面，不让已形成的天体偏离这个所有物质都涌向的平面，那么，离中心很
〔281〕远的空间中的基本材料由于受引力推动较弱，不能作自由的圆周运动，就必定由于造成偏心率的同样的原因，不能在这个高度上汇聚到所有行星运动的关系平面上，使那里形成的天体主要保持在这条轨道上。毋宁说，分散的基本材料由于不像在下面的恒星上那样被限制在一个特殊的区域，所以既可以在关系平

面的这一边,也可以同样轻而易举地在另一边,既可以在远离关系平面的地方,也可以同样经常地在关系平面附近形成天体。因此,彗星将会无拘无束地从所有天域向我们降落过来;不过,那些其最初形成的地方在行星轨道之外不远的彗星,既不会偏离其轨道范围太远,也不会表现出太多的偏心率。随着与星系中心距离的增加,彗星在其偏离方面的无规律的自由也会增加,并一去不复返地迷失在天穹的深处,而使最外面形成着的天体自由地听凭自己向太阳的下降,为系统状态设定一个最后的界限。

在设想彗星的运动时,我假定:就其运动方向而言,它们绝大多数都与行星的运动方向相同。对于距离近的彗星来说,我觉得这一点是无可置疑的。而且这种一致性只会消失在天穹的深处。在那里,基本材料在极度衰竭的运动中作着由于下降而产生的向各个不同天域的转动,因为要通过下面的共同运动使它们在方向上一致起来所需要的时间,由于距离遥远而过长,以致它们不能在下面区域中形成大自然的时间里达到这一点。因此,也许有一些彗星是朝着相反的一面,即自东向西的方向运转的,尽管出自种种原因——要把这些原因都列举出来我尚有顾虑——我几乎相信,在人们已经发现这种特征的19颗彗星中,也许有几颗是由视觉的假象引起这种特征的。

我必须再谈一谈彗星的质量和它的材料的密度。照理来说, 〔282〕
出自上一章已经列举的理由,在形成这种天体的上层区域里,应当总是距离越增加,形成的质量也就越大。而且还可以相信,一些彗星比土星和木星还大。但不可相信的却是,质量的大小总是这样增加。基本材料之分散、其微粒之特别轻,使世界空间最遥远区域里的形成变慢;基本材料在整个不可测度的遥远范围里不确定的分布,又没有使它汇聚在某个平面上的规定性,就使它不是形成了惟一一个巨大的天体,而是形成了诸多较小的天体;向心力的不足使绝大部分微粒向太阳降落,不能汇聚成为团块。

形成彗星的材料的特殊密度，与彗星质量的大小相比更值得注意。由于彗星是在世界大厦的最高区域里形成的，所以组成彗星的微粒也许是最轻的一类。毋庸置疑，这是显著不同于其他天体的彗星气态球和尾部的最主要的原因。人们不能把彗星物质分散成雾气这种情况归因于太阳热的作用；一些彗星在接近太阳时还几乎达不到地球轨道的深度。许多彗星停留在地球轨道和金星轨道之间，并马上转了回去。如果这样温和的热带就能使这些天体表面上的物质分解和蒸发起来，那么，它们必定是由最轻的材料构成的，这种材料比整个大自然中任何一种物质都更容易被热所蒸发。

人们也不能把这种常常从彗星上升起的雾气，归于其星体从当时与太阳接近时所获得而剩下来的热；因为固然可以猜测，彗星在形成时曾经以较大的偏心率作过一些公转，这种偏心率只是逐渐地变小了，但我们也可以对其他行星作出这样的
〔283〕猜测，而它们却没有表现出这种现象。不过，如果在这些行星的组合中所包含的最轻物质的品类和在彗星中一样可以经常看到，那么它们也会表现出这种现象的。

地球自身也有某种东西可与彗星云雾及其尾部的扩张相比的东西。[①]当太阳在地球的一个半球上作半圆周运动时，太阳的作用从地球表面上吸引起来的最精细的微粒，就汇聚在地球的两个极中与该半球相背的那一个周围。在地球炽热地带升起来的最精细、最活跃的微粒，当它们达到大气层的某个高度之后，就会被太阳光线的作用所迫，退却到此时已经背对太阳、陷入到漫长黑夜之中的区域里并汇聚起来，给冰带居民缺少伟

① 这就是北极光。

大的光作出补偿，即便距离如此遥远也给他们带来光热的作用。正是造成北极光的太阳光线的这种力量，如果在地球上也像在彗星上那样可以如此经常地发现最精细、最容易挥发的微粒的话，也将会造成一个拖着一条尾巴的云雾圈。

第四章
论卫星的起源和行星的绕轴运动

一个行星从基本物质的范围中形成的努力，同时也是它绕轴自转的原因，并且还产生了环绕它运行的卫星。在大范围内太阳与它的行星发生的关系，在小范围内一个具有广阔的引力范围的行星，也就是说作为一个星系的主要部分，也表现出来了；这个星系的各部分都由于中心天体的引力而被运动起来。正在形成着的行星，当它推动整个范围的基本材料微粒以形成自己时，也将从所有这些下降运动中，凭借它们的相互作用造成圆周运动，并且最终使这些运动转化为一个共同的方向，它们中 〔284〕
间的一部分得到了相应的控制而作圆周运动，并在这些限制中处在一个共同的平面附近。在这个空间里，就像主行星在太阳周围形成一样，如果主行星的引力为卫星的产生提供了有利的条件，就也有卫星在这些天体周围形成。此外，就太阳系的起源所说过的东西，也不折不扣地适用于木星和土星的系统。卫星都朝着一边运转，而且它们的轨道几乎都处在一个平面上。虽然这些都出自在大范围内决定着这种类比的同样原因，但是，为什么这些卫星就其共同方向而言都是朝着行星运行所朝着的这一边转，而不是朝着任何别的一边转呢？事实上，它们的公转并不是由圆周运动产生的：它们只以主行星的引力为原因，而就这种原因而言，所有的方向都是无所谓的；材料的下降运动在转化为圆周时，究竟在所有可能的方向中选择哪一个，纯粹是出自偶然。事实上，主行星的圆周运动，对于推动在它周围形成卫星的材料绕它旋转，并不起什么作用；行星周围的所有微粒都与它一道以相同的运动环绕太阳运动，从而与行星处于相对的静止之中。这一切都只是行星的引力造成的。不过，由引力所产生的这种圆周运动，由于它对所有方向来说都是无所谓的，所以只需要一种微小的外部决定，就足以使它转向这一边而不是另一边；而它是从一些基本微粒的超前运动得来这种微小程度的导引的，这些微粒同样也围绕太阳运动，但运动的速度更快，进入了行星的引力范围。因为这种吸引从很远的地方就迫使较靠近太阳的、以更快的速度运转的微粒离开其轨道的方向，以扁长的曲线轨道升到行星之上。这些微粒由于具有比行星自身更快的速度，当它们被行星吸引而下降时，就给它们的直线下降和其他微
〔285〕粒的下降造成了一种自西向东的偏转，而这只需要微小的导引，就足以使引力所造成的下降转化而成的圆周运动选取这个方向而不是别的任何方向。出自这一理由，所有的卫星就其方向而言都与主体行星的运转方向相同。而且它们轨道的平面也不能偏离行星轨道的平面很远，因为形成它们的物质，出自我们在谈到方向时所列举的同样理由，也将被引导到对这个平面的最精确的轨道上来，即引导到与主轨道的平面的协调一致上来。

从所有这一切出发，人们就可以清晰地看到，在什么样的情况下一颗行星就能够得到卫星。行星的引力必须大，从而将自己的作用范围远远地扩展开去，以便不仅通过一种下降而向行星运动的微粒，且不说阻力的影响，仍能为其自由的旋转获得足够的速度，而且在这个区域里也要为形成卫星有充足的材料，而这在引力小的情况下是不可能发生的。因此，只有质量大、距离远的行星才拥有卫星。木星和土星这两颗所有行星中

最大的、最远的行星其卫星都最多。比它们小得多的地球只有一颗卫星。而本来以其距离也应当有份的火星，却由于其质量如此之小，也就完全落空了。

人们满意地察觉到，行星的这种引力为卫星的形成搜集了材料，同时也规定了卫星的运动，这种引力也一直延伸到它自己的星体，而且正是通过使它自己形成的同样做法，使它自己获得了按照自西向东的普遍方向进行的绕轴自转。如前所述，下降的基本材料的微粒得到了普遍的自西向东的旋转运动，它们由于没有合适程度的运动使自己在圆周运动中保持自由的悬浮，从而绝大部分降落在行星的表面上，与行星的团块混合在〔286〕一起。由于它们现在加入了行星的组合，所以它们作为行星的部分，就必须按照自己在与行星合为一体之前所拥有的同一方向继续这种旋转。而且从上述情况可以看出，由于缺乏必要的运动而下降到中心天体的这部分微粒，必然远远超过能够达到相应速度的那部分微粒，所以也就容易理解，为什么这个中心天体在其绕轴自转中虽然远远达不到使其表面上的重力与离心力相互平衡的速度，但是对于质量大、距离远的行星来说，却要比距离近、质量小的行星快得多。事实上，木星的绕轴自转是我们所知道的最快的绕轴自转。如果不把它的运动自身看做是这个天体按照其团块的大小所发出的那种吸引的作用，那我就不知道按照什么体系能够使这一点与一个其团块独领风骚的星体协调起来了。如果绕轴自转是一种外部原因的作用，那么，火星的绕轴自转就必定比木星更快，因为这同一种推动力推动一个较小的天体要比推动一个较大的天体更多。就这一点来说，人们有理由感到惊奇：由于所有的运动都是离中心越远就越慢，自转的速度怎么可能随距离而增加，而且在木星那里甚至比其公转自身大两倍半？

所以，当人们不得不在行星的自转中认识作为大自然普遍运动源泉的那个原因即引力时，这种解释方式就由于其基本概念的天然优越性、由于从这个基本概念所得出的不言而喻的结果，而证实了它的合理性。

然而，如果一个天体的形成自身产生了绕轴自转，那么，必定是世界结构中所有的星球都具有这样的现象。但是，为什么月球没有这种现象呢？月球虽然给人以假象，总是以同一面
〔287〕对着地球作这种运转，这似乎是由于它的一个半球的超重，而不是由于真正的公转运动。难道月球过去曾经更快地绕自己的轴旋转，后来不知由于什么原因使这种运动逐渐减缓下来，一直慢到这种微小的、适当的残余程度？只要这个问题在一个行星上得到解决，由此得出的结论就可以运用到所有的行星上去。我要留待另一个机会来解答这个问题，因为它与柏林王家科学院 1754 年度有奖征文提出的课题有着必然的联系。

应当说明绕轴自转的起源的理论，必须也能够从同样的原因中推演出它们的轴相对于它们的轨道的平面的位置。人们有理由感到惊奇：为什么每日旋转的赤道不是与围绕同一行星运转的卫星轨道的平面处在同一个平面上；因为使一个卫星作出公转的同一种运动，也因延伸到行星的星体而使它绕轴自转，而且还应给它的轴在方向和位置上作出同样的规定。某些天体虽然没有卫星围绕自己运行，但尽管如此却由于充当其材料的微粒的这同一种运动，由于将那些微粒限制在其周期性运行轨道的平面之上的那条规律，仍然作绕轴自转，而且这种自转出自同样的理由必定与其公转平面在方向上保持一致。根据这些原因，一切天体的轴必定与行星系的一般关系平面相垂直，而这个关系平面则离黄道带不远。但是只有在这个世界结构的两个最重的星体那里，即在木星和太阳那里，轴才是垂直的；其他我们知道其自转的星体，它们的轴都与其轨道的平面有所倾斜，土星更甚于其他星体，地球更甚于火星，后者的轴几乎与

黄道带相垂直。土星的赤道（假如可以用土星环的方向来表示它的赤道的话）相对于它的轨道平面有 31 度角的倾斜，地球则只有 23.5 度。人们也许可以把这些偏离的原因归于组合形成行星的材料运动方面的不同。在其运行轨道平面的方向上，〔288〕微粒的主要运动是围绕轨道的中心进行的，那里就是关系平面，基本的微粒汇聚在它周围，以便在那里尽可能地作圆周运动，并为形成卫星聚集物质。因此，这些卫星决不会偏离运行轨道很远。如果行星绝大部分只是由这些微粒形成的，那么，它的绕轴自转就会像围绕它运行的卫星那样，很少在最初形成时就偏离这些微粒的运行轨道。但是，如同这一理论已经阐明的那样，它更多地是由降落到两侧的微粒形成的，这些微粒的数量或者速度似乎也不是完全均衡，以致一个半球的运动将会超过另一个半球不少，从而使轴发生一些偏离。

尽管有这些理由，我还是把这种解释仅仅当做一种我不敢确定的猜测予以表述的。我的真正见解是这样的：行星的绕轴自转在最初形成的原初状态中与其公转轨道的平面差不多完全一致，有某些原因使这个轴从其原初的位置偏移了出去。一个从其最初的液体状态过渡到固体状态的天体，在其以这种方式完全形成时，它表面上的合规则性将发生很大的变化。它的表面变得固定而且坚硬，但深处的物质还没有按照其比重的规定充分下沉；而在其团块中混杂在一起的较轻的品类，在与其他品类分别出来之后，最终将聚集在最上面已经变硬的地壳下面，产生巨大的洞穴；出自种种要在此加以列举就未免过于详尽的原因，这些洞穴中最大最宽的都在赤道下面或者在赤道附近；上面的地壳最后陷了下去，产生了各种各样的凹凸不平，产生了山峰和洼地。如果以这样的方式，就像地球、月球、金星看起来都必然如此形成的那样，表面变得凹凸不平，那么，它在其绕轴自转〔289〕中就不再能够在所有方面都保持运动的平衡。一些具有巨大质量的高耸的部分，在相反的一面没有另外的部分能够为它们的运动提供平衡，必定马上移动旋转的轴，力图使它处于物质在其周围保持平衡的位置上。因此，在一个天体完全形成时使它的表面由平坦变得高低不平的这一原因，也正是在望远镜能够十分清晰地发现的天体上所觉察到的普遍原因，它使这些天体不得不多少改变其轴的原初位置。然而，这种变化也有其界限，以免偏离出去太远。如上所述，这种高低不平，在一个自转的星球赤道附近要比远离赤道的地方更多，到了两极就几乎完全没有了。关于这方面的原因，我留待别的机会再谈。因此，最为高出同一平面的质量，可以在赤道附近遇到，而当这些质量由于运动的优势力图接近赤道时，它们顶多也只能使天体的轴从其垂直于其规定平面的位置移开几度。由于这一缘故，一个还没有完全形成的天体仍将保持轴与其运行轨道的垂直位置，也许只有在千百年后才会改变这一位置。木星好像还处在这种状态中。它的质量和大小上的优势、它的材料轻，都迫使它比其他天体晚几个世纪才达到其物质的凝固静止状态。也许，它的团块内部还在运动，它的组合的各部分在按照其重量的情况向中心下沉，并通过较稀薄的种类与重的种类的分离而达到固体状态。在这种情况下，它的表面还不能显得平静。那里还是一片翻腾和废墟。甚至望远镜也向我们证实了这一点。这颗行星的形状在不断地变化，而月球、金星、地球的形状则始终保持不变。人们也完全有〔290〕理由设想，对于一个比我们地球大 2 万倍，而密度却小 4 倍的天体来说，其完全形成的周期最终完成要迟上几个世纪。在它的表面达到平静状态之后，毫无疑问，远比地球表面上大得多的高低不平将与其迅速的运转相结合，在不太长的时间里给予它的自转一个固定的位置，这个位置是它上面各种力的平衡所要求的。

比木星小 3 倍的土星，也许由于其较远的距离而与木星相比获得了形成较快的优势；至少土星快得多的绕轴自转、其表面上向心力与重力的巨大比例（这一点将在下一章再谈），使得猜测中其表面上由此造成的高低不平，将通过轴的移动而立刻偏移到超重的一边。我坦白地承认，我的体系中涉及行星轴的位置这一部分还不完善，离能进行几何学的计算还差得远。我宁愿诚恳地揭露出这一点，而不愿用各种各样东拼西凑的假理由来损害其余出色的学说，使它具有薄弱的一面。下一章将证明整个假说的可信性，并借此来说明世界结构的各种运动。

第五章

论土星环，并根据土星环的情况计算土星每日的自转

根据世界大厦的系统状态，它的各个部分通过其特性的阶梯状变化而联系了起来。人们可以猜测，一个处在世界最远区域的行星大约具有这样的规定性，与彗星在由于偏心率减小而 〔291〕
升高到行星品类时所能获得的规定性相同。据此，我们想这样来看待土星，好像它以类似于彗星运动的方式已经以较大的偏心率作过多次公转，并且逐渐地达到一种类似于圆的轨道。① 土星在近日点所受到的热，使轻的材料从它的表面升起，我们从前几章已经知道，这种材料在最高的天体上是非常稀薄的，只要微弱的热量就足以驱散它。而在这颗行星经多次公转达到它如今悬浮的地方之后，它在一种如此温和的气候下逐渐地失去了所

① 或者更为可能的是，它由于与彗星类似的、而且从其偏心率来看至今仍保持着的本性，在它将自己表面上的最轻材料完全驱散之前，就已经散发过彗星式的大气层。

吸收的热量，而从它表面上还一直向其周围散发的云雾也逐渐地不再升起成一个尾巴。这时已不再经常有新的云雾升起来使旧的云雾增加。简而言之，已经环绕着它的云雾，由于我们马上就要阐述的原因，依然悬浮在它周围，形成一个固定的环，使它保持着过去类似于彗星的本性的特征，而它的星体则吐出热量，最后成为一个平静清洁的行星。现在我们要揭示这个天体那升起来的云雾能够保持自由悬浮、使这些云雾由散布在它周围的大气层变化为一个到处都与它有距离的环的秘密。我假定：土星早就有绕轴自转；不用别的什么东西，只要有这个假定，就可以揭开全部秘密。不是别的，而是只有这个推动机制，通过一种直接的力学结果给这颗行星造成了上述现象。而且我敢断言，
〔292〕在整个大自然中，只有少数事物如同从最初形成的源始状态出发阐释天穹的这一奇特现象一样，能够追溯到一个如此易于理解的起源。

从土星升起的云雾有其自己的运动，并在它们升到的高度上自由地继续这种运动，它们作为土星的部分在土星绕轴自转时就有了这种运动。在这颗行星赤道附近升起的微粒必定有过最快的运动，而从赤道到两极，云雾升起的地方纬度越高，运动也就越弱。比重的不同将微粒安排在它们所升到的不同高度。但只有其置身的距离需要一种以其从绕轴自转中获得的速度能够提供的向心力的微粒，才能以一种不间断的自由圆周运动维持其所达到的位置。而其余的微粒，如果由于别的微粒的相互作用不能达到这种精确性，就必然要么由于运动过度而脱离了这颗行星的范围，要么由于运动不足而被迫降回到它上面。散布在整个云雾球范围的微粒，正是由于在其公转运动中起作用的那条向心规律，将力图从两侧穿越行星延伸了的赤道平面，而当它们在两个半球之间的这个平面上相遇而互相阻挡时，它们又将聚集在那里。而且由于我认为，上述云雾是行星

变冷时最后才散发出来的，因此所有分散的云雾物质都聚集在这平面附近一个不太大的空间中，而把两侧的空间空了出来。但在这一新的、变化了的方向上，它们仍将继续使它们在自由的同心圆周运行中保持悬浮的那种运动。就是以这样的方式，云雾圈将自己原来是一个充实的球体的形状改变为一个铺开的平面，正好与土星的赤道相吻合。但即便是这个平面，也必须出自同样的力学理由，最终获得了一个环的形式，环的外缘取决于太阳光线的作用。太阳光线的力就像在彗星上所做的那样，把离开行星的中心已有一定距离的微粒驱散开来并赶出去，由此给云雾圈划定外面的界限。这个新产生的环的内缘取决于行星 〔293〕
在其赤道下的速度情况。因为在与其中心的某种距离上，如果这种速度与当地的引力达到平衡，那么，这就是从自己的星球上升起的微粒凭借从绕轴自转获得的运动能够作圆周运动的最近距离。较近的微粒由于为作这种运转需要更大的速度，而它们又不可能具有这种速度，且因为即便在行星的赤道上运动也并不更快，所以它们将获得偏心运动，这些偏心运动相互交错，一个减缓另一个的运动，最终一起掉回到它们由以升起的行星上去。在这里，我们看到了一个极为罕见的现象，自从它被发现以来，天文学家们任何时候看到它都会感到惊奇，但要发现它的原因，人们却从来也没有能够哪怕是寄予一种可能的希望，以一种简易的、没有任何假说的力学方式让它产生。由此很容易就能够看出，在土星上发生的事情，也将同样合规则地发生在每一个彗星上，只要彗星在置身于一个能使它的星体逐渐冷却的固定高度上时拥有足够的绕轴自转。就各种力在自然而然的状态中的杰出发展而言，大自然即便在混沌状态也是富有成果的。随之而形成的东西为造化的共同利益带来了如此美好的关系与和谐，以至它们甚至以其根本特性的永恒不变规律，使人们一致肯定地认识到一个伟大的存在者，在它里面，它们借助自己共同的依存关系而统一成为一个和谐的整体。土星从它的环那里得到了巨大的好处;环延长了白昼,照亮了如此众多的卫星下面的黑夜,乃至使人们在这里很容易忘记太阳不在场。然而,难道人们由此就必然否认,凭借力学规律,除了物质的普遍规定性之外不需要别的东西,物质的普遍发展就能够产生为理性的造物带来
〔294〕好处的种种关系吗? 所有的存在物都由于一个原因而相互联系,这个原因就是上帝的理智。除了这个神的理念之中所包含的完善性的观念之外,它们不可能产生其他任何结论。

我们现在要根据上述关于这个天体产生的假说,从它的环的情况出发来计算它的绕轴自转的时间。由于这个环的微粒都曾处在土星的表面上,它们的所有运动都是从土星的绕轴自转获取的运动,所以在这些微粒所拥有的运动中,最快的运动与在土星的表面所发现的最快的绕行是一致的。也就是说,环的微粒在其内缘绕行的速度与行星在其赤道上所拥有的速度相等。不过,环的微粒在其内缘绕行的速度很容易求得,只要从土星的一个卫星的速度中寻找它,方法就是在与行星中心的距离的平方根关系中得出它。从得出的速度中,直接可以得出土星绕轴自转的时间,**这就是6小时23分53秒。**对一个天体的未知运动进行的这种数学计算,也许在真正的自然学说中是惟一一种独特的预言,尚有待未来的观察予以证实。目前已知的望远镜还不能把土星放得很大,足以使人们能够看到据猜测在其表面上有的斑点,以便通过这些斑点的移动来看出土星的绕轴自转。不过,望远镜虽然也许都还没有达到人们能够期望的那样完善,但通过能工巧匠的努力,在我们看来是能够达到这种完善的。如果将来有一天能够通过外观证实我们的许多猜测,那么,出自同样的理由,还有什么可靠性土星的理论不能达到,还有什么崇高的可信性整个体系不能达到。土星日自转的时间也说明了其赤道的离心力与其表面上重力之间的关系,

前者与后者的比是 20∶32。因此，重力只比离心力大 3/5。如此之大的比例必然要在这颗行星的直径之间造成很大的差别，人们可能会担心，这种差别必定如此之大，以至虽然望远镜把这颗行星放大不多，对它的观察还是肯定能够清晰地看到这种差别的，但这实际上并没有发生，理论可能由此而受到不利的攻击。全面的审核完全排除了这一困难。惠更斯的假说假定，一个行星内部的重力是完全相等的。按照这一假说，直径相互之间的差别与赤道的直径的比例，比离心力与两极的重力的比例小两倍。例如，由于地球赤道的离心力是两极重力的1/289，所以，在惠更斯的假说中赤道平面的直径必定比地球的轴大1/578。原因就在于：由于根据假定，地球团块内部的重力无论与中心距离远近，都与在表面上一样大，但离心力却随着与中心的接近而减弱，所以离心力并非到处都是重力的1/289，而毋宁说出自这一理由，赤道平面上液柱重量总的减小就不是该重量的1/289，而是它的一半，即 1/578。与此相反，在牛顿的假说中，从整个赤道平面直到中心，绕轴自转所引起的离心力与该处的重力之比都是相等的，因为在行星内部（如果假定该行星的密度完全相同）重力与离心力以相同的比例随着与中心的距离而减小，因而离心力在任何时候都是重力的1/289。这就使赤道平面上的液柱减轻并升高 1/289。在这一学说中，直径的这种差别还将由于下述情况而增加，即轴的缩短使各部分接近中心，因而重力增加，而赤道直径的伸长则使各部分远离这个中心，从而重力减小，而且出自这一理由还将如此增加牛顿扁圆球的扁率，把直径的差别从 1/289 提高到 1/250。

〔295〕〔296〕

根据这些理由，土星直径相互之间的比例必定比 20∶32 更大，必定差不多等于 1∶2：这个差别如此之大，尽管通过望远镜显现出来的土星如此之小，但只要稍加注意，就不会错过这种差别。单是由此就可以看出，密度相同的假定对于地球来说可能显得相当正确，但对于土星来说则与真理相去甚远；实际上，这种情况对于这样一个行星来说是可能的，这个行星的团块就其绝大部分内容而言是由最轻的物质构成的，并且允许其组合中较重的物质品类，根据其重力情况，在该行星达到凝固状态之前比在另一些天体中远为自由得多地向中心下沉，而后者密度大得多的材料阻碍了物质的下沉，并且在这种下沉能够发生之前就使它们成为固体了。因此，当我们假定在土星内部其物质的密度随着接近中心而增长时，重力就不再以这一比例减小了；相反，密度的增加补偿了被设定在行星内部某个点的高度之外、其引力对该点的重力没有任何增益的那些部分的短缺。① 如果最下面的物质的这种特别密度很大，那么，它就会根据引力定律，把内部向中心越来越小的重力变成到处都相同的重力，使直径的比例接近惠更斯的那种比例，后者一直是离心力和重力之间比例的一半；因此，由于这二者相互之间的比
〔297〕例是 2∶3，所以这个行星直径的差别就不是赤道直径的 1/3，而是它的 1/6。最后，这个差别之所以尚未察觉，还是因为土星的轴在任何时候都与其轨道的平面构成一个 31 度的角，土星轴的位置从来不像木星那样与其赤道垂直；这看起来就把上述差别缩小了 1/3。在这种情况下，特别是由于这颗行星的距离如此遥远，人们就很容易认为，土星星体的扁平形状并不像想象的那样容易看到；但尽管如此，天文学的工作主要取决于工具的完善，天文学也许将能够借助工具揭示这一如此值得注意的特性，在此我并不是大吹法螺。我关于土星形状所说的，

① 因为根据牛顿的引力定律，一个处于圆球内部的物体，只会受到圆球这样一个部分的吸引，这部分就是以该物体与中心的距离为半径画出的球体。至于这距离之外的各个同心球部分，则由于对该物体的各种引力相等而互相抵消，既不把该物体拉向中心，也不把它从中心推开。

在某种程度上也可供天文学作一般的说明使用。根据精确的计算，木星的重力与离心力之间的比例在其赤道上至少是9.25：1。如果木星的团块完全是同样的密度，那么，根据牛顿的原理，木星的轴和赤道直径的差别实际上就要大于1/9。然而，**卡西尼**认为它只有1/16，**彭德**认为它是1/12，有时是1/14。所有这些通过其差别证实了测定之困难的不同观察，至少在这一点上是一致的，即它们都认为这个比例比根据牛顿的体系，或者毋宁说根据他关于密度均匀的假说所应有的小得多。因此，关于密度均匀的假定造成了理论与观察之间如此之大的偏差，如果人们把它改变为更为可能得多的假定，即认为行星团块的密度随着与中心的接近而增加，那么，人们就不仅能够说明对木星的观察，而且也能够就土星这个测定起来更加困难得多的行星而言，清楚地看到它的扁圆体扁率较小的原因。

我们从土星环的产生获得了敢于迈出大胆的一步的理由，〔298〕即通过计算来规定望远镜所不能发现的土星环绕轴自转的时间。让我们给这一物理学预言的尝试再增添另一个关于这同一个行星的预言尝试，后者还要期待未来时代更完善的工具来证明它的正确性。

按照假定，土星环是一个微粒的汇聚，这些微粒在从这个天体的表面上升起成为云雾之后，就凭借从这个天体的绕轴自转而获得并继续下去的运动而在其距离的高度上自由地保持作圆周运动，但这些微粒并不是在其与中心的所有距离上都有相同的周期性运转时间；相反，如果它们根据向心力的规律应当保持悬浮，那么，它们的周期性运转时间就应当与它们距离的立方的平方根成正比。根据这一假说，内缘的微粒进行其绕行的时间大约是10个小时，外缘的微粒圆周运动的时间根据相应的计算是15个小时；因此，如果环的最低部分绕行3圈，那么最远的部分只绕行2圈。然而很有可能的是，人们随意地把微粒虽然在环平面上极为分散但仍相互提供的阻碍估计得如此之小，较远的微粒的滞后在其每一次的绕行中都逐渐地减缓和阻碍运动较快的下面的部分；与此相反，后者也必定把自己的一部分运动分给了上面的部分，使它们以较快的速度运转。如果这种相互作用不最终被打断，那么，上述情况就会一直继续下去，直到这个环的微粒，无论是下面的还是远处的，都达到这样一点，即在同样的时间里进行绕转，就像它们彼此之间处于相对静止状态，并且通过让路而彼此之间不发生任何作用。如果环的运动真达到这一点，那么，这样一种状态将会完全摧毁这个环，因为如果人们选取环的平面的中间，并假定那里的运动处在它以前曾处在且必须处在
〔299〕的状态中，以便进行一种自由的圆周运动，那么，下面的微粒由于受到很大的阻碍就不能在其高度上保持悬浮，而是在偏斜的、偏心的运动中相互交错，较远的微粒则必定在比它们的距离的向心力所应有的还要更大的运动的推动下，越过太阳的作用所规定的环的外部界限，远离土星，穿过那界限消散在这颗行星的外面。

不过，人们用不着对所有这些紊乱感到担心。环的运动产生的机制具有一种规定性，它凭借正是要摧毁环的那些原因，使环处于一种安全的状态中，其方法就是把它分成几个同心圆带；由于把这几个同心圆带隔离开来的间隙，它们相互之间已不再有共同的东西。因为在环的内缘运行的微粒，由于运动较快而带动了上面的微粒，加快了它们的绕行，所以后者速度的增加就导致了过大的离心力，并离开了曾经悬浮过的地方。但如果人们假定，当这些微粒力图与下面的微粒分开时，它们就必须克服某种联系，而尽管它们是散布的云雾，这种联系在它们这里还似乎不是全然无足轻重的，那么，这种增加了的运动程度就会力图克服上述联系，而只要它在同样的运转时间里与低处的微粒一起运用的离心力超过了它们位置上的向心力，而这种超过又不大于这种关联，它也克服不了上述联系。出自这一理由，在这个环的一个圆带的某种

宽度内，虽然由于圆带的各个部分都在同样的时间内进行运转，上面的部分在力图与下面的部分相脱离，但还是必然存在着联系。不过，圆带的宽度不能太大，因为当这些在同样的时间里作绕行运动的微粒的速度随着距离而增加，并且比向心规律所要求的还要大时，如果这种速度超越了云雾微粒的联系所能够提供的程度，它们就必定会与低处的微粒脱离，获得一个与运转力超出所在位置的离心力的程度相适应的距离。以这种方式，就规定了把环的第一条圆带与其他圆带隔开的间隙；以同样的方式，上面 〔300〕 的微粒因下面的微粒的快速运动而获得的加速运动以及它们那力图阻止分离的联系，就造成了第二个同心的环；第三个环与它隔有一个不大的距离。如果知道了把微粒相互联结起来的那种联系的程度，人们就能够计算出这些圆带的数目以及它们的间隙的宽度；不过，我们可以满足的是已经以充分可能的理由猜到了土星环那防止它摧毁、并通过自由的运动使它保持悬浮的组合。

这种猜测由于可望将来有一天借助实际的观察得到证实，从而使我感到由衷的高兴。几年前，来自伦敦的传闻说，有人用一种新的、经**布拉德莱**先生改进了的牛顿式望远镜观察了土星，发现土星的环实际上是由许多被间隙隔开的同心环组合而成的。自此以后，就没有再听到这个消息了。① 观测工具使知性认

① 在我写下这些话之后，我在1705年的《巴黎王家科学院备忘录》中，在冯·施泰因韦尔的译本的第2部分第571页**卡西尼**先生**《论土星的卫星和环》**的文章中，发现了对上述猜测的证实，这猜想的正确性几乎无可置疑了。卡西尼先生提出了一种想法，虽然这种想法本身不大可能，但在某种程度上可能与我提出的真实情况有点接近。他认为，也许这个环是一群小卫星，它们从土星上看，与银河从地球上看显得是一样的（如果把以同样的运动围绕土星运行的云雾微粒视为小卫星的话，这种想法还是能够站得住脚的）。在提出这种想法之后，他又接着说道：**“人们在土星环显得较宽、缺口较大的年代里所作的观察，证实了上述想法。因为人们看到一条幽暗的椭圆形的线，它离球体较近的部分要比离球体较远的部分更亮。球的宽度被这条线分成两部分。这条线似乎说明在两个部分之间有一个小的间隙，就像球体与环之间的距离由二者之间最幽暗的部分来标明一样”**。

识到世界大厦最遥远的区域。如果在这里迈出新的步子主要在〔301〕于观察工具，那么，就本世纪对一切可以扩大认识的东西的注意而言，也许可以希望，它将主要转向能使它极有希望作出重大发现的那个方面。

但是，既然土星如此幸运地给自己创造了一个环，那么，为什么再也没有别的行星分享这种好处呢？原因是清晰易见的。由于环是由一个行星在它的原始状态吐出的云雾构成的，而绕轴自转又必然给这些云雾以一种运动，它们在达到一定高度上之后可以继续这种运动；在这高度上，它们以这种植入的运动恰巧能与向着行星的引力达到平衡；所以，如果人们知道球体较远的部分更亮。环的宽度被这条线分成两部分。这条线行星的直径、它自转的时间和它表面上的重力，那么，就可以很容易地通过计算来确定，要使云雾通过它们在行星的赤道那里得来的运动保持作自由的圆周运动，它们就必须从行星升高到什么样的高度。按照向心运动的规律，一个能够围绕行星以与行星绕轴自转相同的速度自由地作圆周运动的物体，其距离与行星半径之比等于行星赤道上的离心力与重力之比。出自这些理由，如果假定土星的半径为5，则土星环的内缘的距离就是8，这两个数字的比也就是32∶20。如上所述，它们表现为赤道上重力与离心力之间的比例。出自同样的理由，如果假定木星有一个按照同样方式产生的环，那么，它的最小半径将超过木〔302〕星一半厚度10倍，这恰恰到了木星最外面的卫星绕它运行的地方。因此，无论是出自这些理由，还是因为一个行星吐出的云雾不可能达到离它那么远的地方，这上述假定都是不可能的。如果要知道地球为什么没有得到一个环，人们可以从这环的半径——哪怕是环的内缘也必须具有的半径——特别巨大这种情况中得到答案。这个环的半径必须是地球半径的289倍大。至于运动较为缓慢的行星，就更不可能产生一个环了。因此，除了实际上有一个环的行星之外，根本不存在一个行星以我们已经说明过的那种方式得到一个环的情况。这也是对我们的解释方式的可信性的一个不小的证实。

但是我几乎可以肯定的是，环绕土星的那个环不是以整个行星中流行的、也为土星创造了卫星的那种普遍方式形成的，也不是通过普遍的形成规律产生的。我要说，并不是这种外部的物质为此提供了材料，相反，材料是这颗行星自己的创造物。它借助热量使自己容易挥发的部分升了起来，通过自己的绕轴自转给予它们绕行的推动，这也就是说，环不像土星的其他卫星，也根本不像所有伴随主体行星的绕行天体那样，处在行星运动的一般关系平面之中，而是偏离它很远；这恰恰是一个证明，说明它不是由一般的基本材料所形成，并从这种材料的下降获得自己的运动，而是在这颗行星完全形成之后很久才从它上面升起，并且从它所获得的旋转力，作为它的分出部分，获得了与绕轴自转相关的运动和方向。

对天穹这些奇特现象在其本质和产生的整个范围内予以理解的乐趣，使我们卷入了一种如此详尽的探讨。借助于我们随和的读者的好意，让我们随意地、乃至有所离题地进行这种探讨，以便在我们无拘无束地让各种可能的意见都随意地发表出来之后，再更为小心谨慎地回到真理上来。〔303〕

难道人们就不能设想，地球与土星一样，早先也曾有过一个环？环可能与土星环一样，是从地球表面上升起的，并且维持了很长一段时间。那时地球的转动比现在要快得多，不知道是什么原因使它减慢到现在这种程度。或者有人相信往下降落的一般基本材料就是按照我们上面所解释的规则形成环的材料。假如人们是要借此满足自己的猎奇心，那就大可不必认真对待它。然而这样一种想法，为我们提供了多么丰富多彩的美好解释和结论啊！居然有一个围绕地球的环！这景观对于那些被创造出来要把地球当做天堂来居住的人们来说，该是多么美好啊！对于那些大自然从所有方面都笑脸相迎的人们来说，这又是多么惬意啊！但是，这一点也不违背这样一种假说能够从《创世记》文献中借来的证实；这样一种假说对有些人来说是值得赞赏的，它们相信，如果自己利用这种假说来离开题目，开个玩笑，由此引起重视，这绝不是亵渎了启示，而是证实了启示。摩西所说的天降洪水已经给诠释者们带来了不少麻烦。难道人们就不能利用这个环来帮助自己摆脱这种困难吗？这个环毫无疑问是由水质云雾构成的，除了它能为地球上最早的居民们创造的好处之外，还可以这样利用它，即在必要时把它毁掉，以便用洪水泛滥来惩戒使自己不再配享这种美好的世人。或者是彗星的引力使它各部分有规则的运动陷入紊乱，或者是它所在区域的冷却把它分散的云雾部分合为一体，在一场极为猛烈的暴雨中将它们倾泻到地面。人们很容易就可以知道这会产生什么后果。整个世界都沉没在洪水中，而且由此还在这场非自然的暴雨那外来的、易于挥发的云雾中，吸收了使所有的
〔304〕造物都濒临死亡和毁灭的慢性毒物。从此时开始，一道苍白的虹的形象从地平线上消失了，而一个永远也不会再回忆起这一景观的新世界，也感觉不到对上帝的报复工具的恐惧，也许会在第一次雨中惊恐万状地看到一道七彩缤纷的虹，这道虹就其形状而言似乎是对前一道虹的摹写。但由于上天已经和解的保证，它却应当是永远维持如今已经改变了的地表的一种恩宠标志和纪念物。这一纪念的标志与所标识的事件的相似性，可能会把这样一种假说推荐给献身于把启示的奇迹与井然有序的自然规律结合为一个体系的流行倾向的人们。我认为，把这样的协调一致可能唤起的轻率的掌声奉献给真正的欢乐，是值得推荐的。真正的欢乐是在自然的类比为了表示自然的真理而互相支持时从对合规则的联系的认识中产生的。

第六章
论黄道光

太阳被一种稀薄的、云雾状的东西所环绕，这种东西在太阳的赤道平面上向两边略有扩展，直到很高的地方仍环绕着太阳。对于这种东西，我们尚不能确定，是否像**德·迈兰先生**所描绘的那样，它在一个磨得很光的玻璃镜的图像（扁豆体图像）中与太阳的表面接触在一起，还是像土星环那样，处处与土星保持距离。不管是哪一种情况，总是还有相似形存在，足以把这种现象与土星环相比较，并把它从一致的起源中推导出来。如果像最为可能设想的那样，这种散开的物质是出自太阳的一种流出物，那么，就不能忽视把它带到与太阳赤道相同的平面上去的那个原因。太阳的火焰使最轻、最易于挥发的材料 〔305〕从其表面上升起，并且已升起很久，这种材料在太阳火的作用下继续被驱赶到太阳上方很远，并根据其轻的程度在某个距离上悬浮，在那里，光线的驱逐作用与这些云雾微粒的重力达到了平衡，或者它们由于不断向它们涌去的新的微粒的汇入而得到支撑。现在，由于太阳在绕轴自转时将自己的运动均匀地赋予这些从它逃离出去的微粒，所以这些微粒得到了进行绕行的某种推动，由此而力图按照向心规律以其运动的圆周从两边穿越延伸了的太阳赤道平面；而且之所以如此，乃是因为它们是以相同的量从两个半球涌向那个平面的，它们以相同的力汇聚在那里，在这个与太阳赤道相关的平面上形成了一个展开的平面。

然而，尽管黄道光与土星环之间有这种相似性，但还有一个根本的区别，使黄道光现象与土星环现象迥然不同。土星环的微粒凭借获得的自转运动保持在自由悬浮的圆周运动中，而黄道光的微粒则是凭借太阳光的力量保持在其高度上的。没有这种力量，它们从太阳的自转获得的运动就远远不能阻止它们在自由运动中掉落下来。由于在太阳表面上的离心力还不到引力的 1/40 000，所以这些上升的云雾必须远离太阳达到太阳半径 40 000 倍的地方，才能以这样的距离刚好遇到能够与它们分有的运动达到平衡的重力。因此可以肯定，不能以与土星环一样的方式把太阳的这种现象归于重力。

尽管如此，还是有很大的可能性说太阳的这个项圈或许与整个大自然有共同的起源，也就是说，由一般的基本材料形成。由于这种基本材料的各个部分只是在太阳系的最高区域悬浮，所以它们只是在太阳系完全形成之后，才在一种迟到的降
〔306〕落中以减弱的、但自西向东弯曲的运动向太阳下降，并借助这种圆周运动的方式穿越延伸了的太阳赤道平面。由于它们相互阻碍，它们就从两边在那里汇聚起来，形成了一个在此位置上展开了的平面。在这平面上，它们部分地由于太阳光的阻止，部分地由于自己真正达到的圆周运动，如今就保持在恒久相同的高度上。目前的解释除了属于猜测的价值之外，不具有别的什么价值，也没有什么要求，哪怕是仅仅要求随意的赞同。读者的判断尽可以偏向他觉得最值得接受的那一边。

第七章

在无限时间和空间的整个范围内论造化

世界大厦以其无比的巨大、无限的多样以及从它向四面八

方辐射出的美，使人惊叹得说不出话来。如果说所有这些完善性的表象激发了想象力，那么另一方面，当知性看到如此的宏伟、如此的巨大竟然是以一种永恒的、正确的秩序出自惟一一个普遍的规则时，它会情不自禁地感到心醉神迷。在行星世界中，太阳从所有轨道的中心出发，以其巨大的引力使其星系各个住有居民的星球都以永恒的轨道运转。如我们已经看到的那样，这个行星世界完全是由世界物质原来分散的基本材料形成的。眼睛在天穹深处所发现的所有恒星，看来多得简直是一种挥霍。它们也都是一些太阳和类似星系的中心。因此，类比在这里不允许怀疑这些星系与我们所在的星系一样，都是以同样的方式，由充满虚空的基本物质微粒形成和产生的，而这个虚空就是上帝临在的无限范围。

如果所有的世界和世界秩序都有同一种起源，如果引力是 〔307〕
不受限制的、普遍的，而各种元素的斥力也同样到处都在起作用，如果在无限面前大和小都同样是小，那么，难道所有的世界相互之间就不应当获得一种有关系的状态和系统的结合，就像在小范围内我们的太阳系的各个天体，如土星、木星和地球，都自成系统，尽管如此却都作为一个更大的系统的成员相互联系吗？在一个无法测度的空间中，形成了银河系的所有太阳。如果人们在这个空间中假定一个点，在它周围不知由于什么原因从混沌中开始了大自然的最初形成，那么，在这个点上就生成了最大的质量和一个具有非凡引力的星体，因而能够在它四周的一个广大的范围内迫使所有正在形成中的星系以它为中心，向它降落，围绕它在大范围内形成一个同样的星系，就像同样的基本材料形成了行星，在小范围内围绕太阳形成了一个星系那样。观察使这种猜测成为几乎无可置疑的。星群由于其朝向一个共同平面的相关位置而构成一个星系，就像我们太阳系的各个行星围绕太阳构成一个星系一样。银河是这个更高的世界秩序的黄道带，这个世界秩序极少偏离它的区域，它的光一直照亮着这条带，就像行星虽然只是处于几个点上，它们的微光却也不时照亮它们的黄道带一样。每一个太阳都与其绕行的行星一起，构成一个特定的星系。然而，这并不妨碍它们成为一个更大的星系的部分，就像木星或者土星尽管有自己的卫星，却依然被限制在一个更大的**世界结构**的系统状态中一样。难道人们就不能从这种状态如此精确的协调一致中认识到它们产生的同样原因和方式吗？

如果恒星都构成一个星系，其范围取决于位于中心的那个星体的引力范围，那么，难道就不会有更多的太阳系和——可以这样说——更多的银河在世界空间无边无际的领域中产生

〔308〕吗？我们惊异地在天穹看到的星象，不过是这样一些限制在一个共同的平面上的恒星系，如果我可以这样说的话，不过是这样一些银河。它们在相对于我们的眼睛不同的位置上，以因为距离无限遥远而变得微弱的光线显现出各种椭圆形状。这些星系的直径可以说都比我们太阳系的直径大得无穷，但毫无疑问与太阳系一样，是以同样的方式产生的，出自同样的原因得到秩序和安排，并由于同样的推动机制而保持在其状态中。

如果再把这些星系看做是整个自然界大链条上的各个环节，那么，人们就有和前面一样多的理由可以认为，它们是彼此相关、相互结合的，它们借助支配着整个大自然的那种最初形成的规律，构成了一个新的、更大的星系，这个星系被一个其引力比前面提到的所有星体都更大得多的星体从它们合规则的位置的中心发出的吸引所支配。这种吸引是银河各恒星中间的系统状态的原因，它也对这些世界秩序的远处起作用。如果不是合规则地分布的离心力与引力达到平衡，在双方的结合中造成作为系统状态的根据的那种关系，那么，这种吸引就会使

这些世界秩序离开自己的位置，把世界埋葬在一种不可避免地将要来临的混沌之中。毫无疑问，与通过利用相互依存关系把物质结合在一起而形成空间的共存一样，吸引也是物质的一种延伸到很远地方的特性。或者可以更正确地说，吸引正是这种把大自然的各个部分结合在一个空间之中的普遍关系。因此，它伸展到整个广袤的空间，直到其所有无限遥远的地方。如果光从这些遥远的星系达到我们这里，而光只不过是一种被推动的运动，那么，难道不必然是吸引作为运动的初始源泉，先于一切运动，不需要外来的原因，也不能被任何障碍所阻止，因 〔309〕
为它即便在大自然的普遍静止状态下，也能够没有任何碰撞地作用到物质的最内部吗？难道——我要说——吸引不必然在大自然骚动之初，当这些恒星系的材料还处在未成形的分散状态时，尽管它们远不可测也仍然使它们运动起来，而这种运动也正如我们在小范围内看到的那样，就是使它们的各部分具有系统联系和持久存在、保证它们免于崩溃的源泉吗？

但是，这种系统性安排的结局最终将是什么呢？造化自身将在何处终止呢？人们可以说，要联系到无限存在者的力量来思考它，它必定就根本没有界限。如果把上帝创造力的启示的空间限定在一个用银河的半径画出的球体内，就像要把这个空间限定在一个直径为一英寸的球体中那样，那就无法理解上帝创造力的无限性。凡是有限的东西，凡是有界限、与单位有某种比例关系的东西，都与无限者距离同等遥远。此时，让神明仅仅以其创造力的一个无限小的部分发挥作用，设想神明的无限力量——这个自然和世界的真正无穷宝藏——无所事事，永远不起作用，那是荒唐无稽的。毋宁说，按照造化必然的全貌来描述它，以便确证神明那不能用任何尺度来衡量的力量，岂不是更为得体，或者更准确地说，岂不是更为必要吗？出自这一理由，神圣特性的启示范围与神圣特性自身一样是无限

〔310〕的。① 永恒如果不与空间的无限相结合，就不足以证明至高无上的存在者。的确，形成、形式、美和完善是构成世界结构的材料的基本元素和物质之间的各种关系；这一点，人们可以从上帝的智慧在任何时候都会作出的安排看得出来；而且对于上帝的智慧来说，认为这些安排是从它们所获得的普遍规律中通过一个自然而然的序列发展出来的，也最为合适。所以，人们有充分的理由可以认定，世界大厦的秩序和安排是从被创造的自然材料的储备出发在时间的序列中逐渐地完成的；其特性和力量为一切变化奠定基础的基本物质自身，却是神性存在的一个直接结果；因此，基本物质必须一下子就如此丰富、如此完备，以至其各种组合的发展在永恒的流溢中按照一个计划展开，而这个计划自身包含着一切可能的东西，它没有任何限制，简而言之，它是无限的。

所以，如果造化在空间上是无限的，或者至少就物质而言的确一开始就是无限的，就形式或者就形成而言也要成为无限的，那么，世界空间就会由于拥有无数、无穷的世界而活跃起来。这样，我们前面在各个部分中特别考虑过的那种系统的结

① 在形而上学家们中间，有人反对世界无限扩展这一概念。最近的 M. **魏滕坎普夫**先生就是一个。如果这些先生们由于所谓一个没有数目和界限的集合不可能就对这一观念感到不舒服，那么，我只想暂且问一下：永恒的未来序列难道不是包含着真正无限的多样性和变化吗？这个无限的序列难道不是一下子就在现在已呈现给神的理智了吗？如果上帝能够在一个前后相继的序列中让一下子就呈现给他的理智的无限性概念变成现实，那么，为什么上帝就不应当也能够在一个就空间而言**结合而成的联系**中展现出另一种无限性的概念，并由此使世界的范围没有界限呢？在人们力图回答这个问题的时候，假如人们经过仔细考虑仍然认为这是一个需要加以讨论的问题，那么，我就要利用这个提供给我的机会，借助一个从数的本性得出的说明来消除这一臆想的困难：一种伴随有最高智慧的力量为了启示自己而已**创造**的东西，与它**能够创造**的东西相比，难道不是一个微分量吗？

合，也将延伸到整体，并借助引力与离心力的结合而把整个**宇宙**这个自然界的大全包括在一个统一的系统之中吗？我说是的。即便只有一些孤立的世界大厦，彼此之间没有统一联系为〔311〕一个整体，只要假定这根有诸多环节的链条真正是无限的，那么就可以想象，它的各个部分从所有方面所发出的引力的精确相等，将能够保证这些系统免于因内部相互吸引而崩溃。但为此需要对按照引力来衡量的距离作出精确测算的规定，即便是极微小的位移，也会招致**宇宙**的崩溃，使它们经过虽然很长但终归要结束的周期之后瓦解。一种没有奇迹就不能维持的世界状态，并不具有持久性的特征，这种持久性是上帝选择的标志。因此，如果使整个造化成为一个系统，让它把充满整个无限空间的所有世界和世界秩序与一个惟一的中心联系起来，就会更合乎上帝的选择。一群分散的世界大厦，也可能因彼此之间距离如此遥远而隔离，如果不是针对一个普遍的中心，即**宇宙**的引力中心和整个大自然的支点，借助系统的运动作出某种有关联的安排，将会不可阻挡地趋向于衰败和毁灭。

整个大自然，无论是已经形成的还是尚未完全形成的，都在向着一个普遍的中心降落；毫无疑问，引力最为强大的团块就处在这个中心。这个团块把当时已经产生和永恒的未来将要产生的一切世界和秩序都包括在它的引力范围之内。人们可以假定，很可能大自然就是围绕这个中心开始其形成的，在这里星系汇聚得也最密集，而在离这一中心远的地方，它们则以越来越大的分散程度消失在无限的空间中。从我们太阳系的类比中就可以得出这一条规则。而且这种状态还可以起到这样一种作用，即在距离远的地方，不仅一般的中心天体，而且所有靠近它围绕它运行的星系都把它们的引力结合在一起，仿佛是从一个团块出发对更远距离的星系施加这种吸引的。这就有助于〔312〕把伸展到整个无限的全部大自然都包括在一个惟一的体系中。

为了从力争形成的物质的力学规律出发追溯这个一般的自然系统的确立，在散布开来的基本材料的无限空间中，这种基本材料必定在某个地方曾有过最密集的汇聚，以便通过在这里所发生的美妙的形成为整个**宇宙**创造一个团块，作为整个宇宙的支点。虽然在无限的空间中，没有一个点可以优先地被称为中心，但原始材料在被创造出来的同时就在某个地点聚集得特别密集，而离这个地方越远就越分散。借助建立在原始材料密度的根本程度之上的这种关系，这样一个点就可以优先地被称为中心。而且它也将真正成为这样一个中心，因为在这里形成了引力最强的中心团块，所有其他处于局部形成之中的基本物质都向它降落，并由此——无论大自然如何发展——将在造化的无限范围内把整个宇宙变成一个惟一的系统。

然而，重要的、如果得到赞同就值得引起最大注意的是：根据大自然在我们这个系统中的秩序，造化或者毋宁说大自然的完全形成，是在这个中心首先开始，并不断前进，逐渐扩展到所有较远的地方，以便在永恒的进展中用各种世界和秩序来充满无限的空间。让我们带着暗喜再花一点时间来谈一谈这个观念吧！我找不到任何东西，能够像我的理论中关于造化逐渐完成的这一部分那样，通过使人类精神眺望全能者的无限领域而使它感到高贵的惊愕。据我看来，作为形成一切世界的材料，物质在神圣临在的整个无限空间中并不是千篇一律地、而
〔313〕是按照某种也许同微粒的密度相关的规律散布的；按照这种规律，从某个汇聚最密集的地方起，随着与这个中心的距离的增加，原初物质的分散也随之增加。如果人们允许我这样说，那么，在大自然的最初骚动中，形成就是从这个中心最先开始的，然后随着时间的推移，更广大的空间也形成了具有与这个中心相关的系统状态的各个世界和世界秩序。每一个有限的周期，其长短都与要完成的作品的大小相关，总是从这个中心开

始形成一个有限的范围；其余的无限部分在这期间还在与混乱和混沌做斗争，而且离已经形成的大自然的范围越远，离完全形成的状态也就越远。因此之故，尽管我们从自己在**宇宙**中居住的地点眺望到看起来完全形成了的世界，可以说是眺望到有系统地结合在一起的无限众多的世界秩序，但实际上，我们只不过处在整个大自然的中心附近，这里大自然已经摆脱了混沌状态，达到了其应有的完美。如果我们能够超越某个范围，我们就能够在那里看到元素的混沌和分散状态，它们按照与这个中心的接近程度，部分地远离了原始的状态，并更为接近完全形成的完美，但随着距离的增加，却逐渐地消失在完全的分散之中。我们将会看到，在神圣临在的无限空间中，可以为一切可能的自然形成发现储备的材料，这个无限的空间被埋没在寂静的黑夜中，它充满了作为未来要产生的各个世界的材料的物质，充满了使它们运动起来的各种动力，这些动力以微弱的骚动开始这些运动，从而使这个无法测度的荒芜空间总有一天充满生机。也许，在我们置身于其中的已形成的大自然的范围达到其目前拥有的完美状态之前，数百万年、数百万个世纪已经逝去了；也许，在大自然于混沌中再迈出如此远的一步之前，〔314〕
已经逝去了一个同样长的周期。不过，已经完全形成了的大自然的范围是在不断地致力于扩大自己。造化并不是一瞬间的作品。在它以创造出无限多的实体和物质为开端之后，它就会以日益增长的衍生能力在整个永恒的序列中起作用。千秋万代已经逝去，在这期间，日益更新的世界和世界秩序相继地在远离大自然中心的地方形成，并达到完美。且不说它们各部分之间的系统状态，它们将达到与中心的一种普遍的关系，这个中心由于其占优势的质量的吸引能力，成了造化的第一个形成点和中心。未来时间序列的无限性使永恒成为无穷无尽的，它将使上帝临在的所有空间都生机勃勃，并逐渐地处在与上帝之设计的卓越性相符合的合规则性之中；如果能够以一种大胆的设想将整个永恒可以说总括在一个概念之中，那么，人们也就可以把整个无限的空间看做是充满了各种世界秩序，把造化看做是已经完成了的。但在事实上，由于永恒的时间序列留下的部分总是无限的，而已经流逝的部分却是有限的，所以已经完全形成的大自然的范围就总是那个总体的一个无限小的部分，后者包含着各种未来世界的种子，力图在或长或短的时间内摆脱混沌的原始状态。造化永远不可能完成。它虽然于某个时候开始，却永远也不会终结。它总是忙于产生大自然的新景观，产生新的事物和新的世界。它所完成的作品，与为此所运用的时间有关。它非要利用永恒不可，以便用各种没有数目、没有终结的世界使整个无边无际的无限空间充满活力。关于它，人们可以用德国诗人中最杰出的那一位描绘永恒的话来谈论它：

〔315〕无限啊！谁知道你呢？
在你面前，诸多世界犹如一日，诸多人众犹如瞬间；
也许，第一千个太阳如今正在转动，
已经把一千个甩在了后边；
就像一座钟因摆锤而赋有灵性，
某个太阳也被上帝的力量所推动转个不停；
它的动力衰竭，而另一个则照耀天空。
可是你啊，却超越群伦，无始无终。

——冯·哈勒

如果能够以自己的想象力越过已完成的造化的界限，看一看已完全形成的世界领域附近那半形成的大自然，是如何通过不完美的所有阶段和差异而逐渐地消失在整个未形成的空间之中的，该是一个不小的享受。但是人们会说，提出一种假说，并把它誉为一个愉悦知性的主题，这难道不是一种应受责备的大胆行为吗？如果有人断言，大自然只有一个无限小的部分已经完全形成，而无限的空间尚在与混沌做斗争，以便在未来的时间绵延中以所有相应的秩序和美表现出成群结队的世界和世界秩序，这种假说也许只不过是任意的。我不会如此沉醉于我的理论所得出的结论，以致不能认识到，造化在含有为此所需的材料的无限空间中逐渐地展开的猜测，并不能完全逃避无法证明这种指责。然而，我却指望那些能够评估其可能性程度的人们，对于无限的这样一幅图景，虽然它包含着似乎肯定永远不能为人类知性理解的题材，也不要因此就立刻把它视为一种幻觉，尤其是在还可以求助于类比的时候。每当知性缺乏可靠证明的思路时，类比在这样的场合必定总是引导着我们。

但是，人们还可以凭借一些值得接受的理由来支持类比；如果我可以自夸能得到这样的赞同的话，读者的洞察力也许还可以给它补充更为重要的理由。因为如果考虑到，倘若造化没有对作用于其所有部分的引力的普遍努力作出同样普遍的规定
与之对抗，足以遏止在造化没有分配与向心力相结合而造成一 〔316〕
种普遍系统状态的离心力的情况下引力将造成毁灭和紊乱的那种倾向，造化就不会具有持久的特性，那么，人们就不能不假定整个宇宙有一个共同的中心，它把宇宙的所有部分都约束在相互结合的关系中，使大自然的全部总和只构成一个系统。如果除此之外再补充上天体由分散的基本物质形成的概念，就像我们在前面提出它，但并不把它限制在一个特殊的系统上，而是把它扩展到整个大自然那样，那么，人们就不能不设想基本材料在原初混沌的空间中有这样一种分配，它以自然的方式造成了整个造化的中心，以便能够把其作用范围包括整个大自然的质量都凝聚在这个中心，造成普遍的关系，使所有的世界都只构成一个惟一的系统。但在无限的空间中，几乎无法设想一

种原初基本材料的分布方式能够提供整个大自然的一个真正中心和降落点，除非按照从一个中心开始愈益分散到所有遥远的地方这一规律来确立这种分布的方式。不过，这条规律同时也在无限空间的不同区域里一个系统要达到完全形成的成熟阶段所需要的时间方面规定了一种差别；一个世界结构形成的地点离造化的中心越近，这个周期就越短，因为材料的元素在那里聚集得更为密集；与此相反，距离越远所需要的时间就越长，因为微粒在那里更为分散，要更晚一些才聚合成形。

如果对我所提出的整个假说，根据我说过的和我本来还要说的东西进行全面的衡量，那么，人们至少会认为这一假说的各种要求之鲁莽并不是不能予以谅解的。每一个已臻完善的世界大厦都具有逐渐趋向瓦解的倾向。人们也可以把这种不可避
〔317〕免的倾向算做能够保证**宇宙**在其他地方产生一些世界、以便补偿在一个地方所蒙受的损失的理由。大自然已为我们所认识的整个部分，虽然与隐藏在我们视野之外的部分相比只不过是沧海一粟，但毕竟证明了大自然这种永无止境的生产能力，因为它不是别的，而是神的全能的实施。无数的动物和植物天天都在死灭，沦为短暂性的牺牲品；但是，大自然凭借一种用之不竭的生产能力，一点也不少地在其他地方又创造出别的动物和植物，来填补所出现的空当。我们所居住的地表是在一个有利的时期从海洋产生的，它仍将重新沉没在海洋里；但是，在别的地方，大自然将补偿这一缺陷，使隐藏在海洋深处的其他一些地方升起来，以便在这些地方上面散布其生产能力的新财富。以同样的方式，一些世界和世界秩序也将毁灭，被永恒的深渊所吞没；与此相反，造化一直忙于在别的天域促成新的形成，有力地补偿已经消逝的东西。

即使在上帝作品之伟大中出现了短暂性，人们也大可不必感到惊诧。凡是有限的东西，凡是有开端和起源的东西，自身

就包含着其受限制本性的特征，都必然要毁灭，要有一个终结。一个世界结构由于其确立方面的优势，其存在期限包含着一种持久性，这种持久性对我们的概念来说接近于无限的持存。也许数千个、也许数百万个世纪也不能毁灭它。然而，由于有限品类固有的虚幻性在不断地致力于摧毁它，所以永恒自身包含着一切可能的周期，以便通过逐渐的衰落使其崩溃的时刻最终到来。牛顿这位从上帝作品的完美出发景仰上帝品性的伟大人物，把对大自然的卓越性的极深刻洞见与对神圣全能的启示的无比敬畏结合起来，却也发现自己不得不预言，大自然将由于运动的机械性所拥有的自然倾向而衰亡。既然一种系统 〔318〕
状态由于长时期衰落的本质性后果，也会使哪怕是人们能够想象的最微小部分接近混乱状态，那么，在永恒的无限进程中，就必将出现这种逐渐的减弱耗尽一切运动的时刻。

但是，我们大可不必把一个世界结构的崩溃当做大自然的真正损失而感到惋惜。大自然以一种挥霍来证明自己的财富，这种挥霍通过一些部分向短暂性纳贡，而凭借其完美性的整个范围中无数新的产生来确保自己不受损害。仅仅一个冷天就毁灭了多少数不清的花草昆虫啊！但尽管它们是大自然辉煌的艺术作品和神圣全能的证明，人们也极少对它们感到若有所失。在另一处地方，这一损失将得到超额的补偿。人显得是造化的杰作，但人自己也逃脱不了这一规律。大自然证明，它在创造造物中最杰出的东西方面，和在创造最微不足道的东西方面是同样丰饶，同样用之不竭的，即便是它们的毁灭，也是其太阳多种多样方面的一种必然的表现，因为生产这些东西对它来说不费吹灰之力。空气燃烧的有害作用、地震、洪水把整个整个的民族从地球上灭绝掉，然而，这并不显得大自然由此蒙受了一些损失。以同样的方式，整个整个的世界和系统在扮完了自己的角色之后，就退出了舞台。造化的无限之大，足以使一个世界或者一个有众多世界的银河系与它相比，就像一朵花或者一只昆虫与地球相比看起来那样。在大自然以千变万化的场面装点永恒时，上帝依然在其不断的创造中忙于为形成更大的世界准备材料。

由于他是万物的创造者，他对
一个英雄的失败和一只小麻雀的丧命，
一个水泡的破裂和一个世界的毁灭，
都一视同仁。

——蒲柏（布罗克斯译）

〔319〕 因此，让我们使自己的眼睛习惯于这些可怕的变革，把它们当做天意的常道，甚至以某种愉悦的心情看待它们。事实上，再也没有比这种态度更匹配大自然的财富了。因为如果一个世界系统在其长期的续存中耗尽了它的结构所可能包含的所有多样性，如果它在存在物的链条中成为多余的一环，那么，就再也没有比它在宇宙不断变化的戏剧中扮演最后的角色更合适的了。每一有限事物都应扮演这个角色，即向短暂性纳贡。如以上所设想的那样，大自然即使在其总体的最小部分中也表现出其行事方式的这一规则，它在整体上为大自然规定了永恒的命运。我还要再说一遍：要毁灭的东西无论多大，在这方面也丝毫不会成为障碍，因为一切大的东西，如果与造化在无边无际的空间中通过永恒的序列表现出来的无限者相比，都会变成小的，甚至仿佛是变成了一个点。

看来，各个世界以及所有自然物这种注定的终结服从着某种规律，而对这一规律的思考将为理论提供一种新的合理性特征。按照这一规律，终结是从位置最接近宇宙中心的天体开始的，就像产生和形成也是最先在这个中心附近开始一样。从这里出发，败坏和毁灭逐渐地扩展到越来越远的距离，把所有经历了其周期的世界都通过运动的逐渐衰竭而最终埋葬在惟一的混沌之中。另一方面，在已经完全形成的世界的相反一边，大自然则不停地忙于用分散元素的原始材料形成各个世界，当它在中心附近一边逐渐衰老的同时，它在另一边却是风华正茂，能生产出许多新的世界。据此，已经完全形成的世界处在已经毁灭的世界的废墟和尚未形成的大自然的混沌之间，而且如果像很可能发生的那样，设想一个已经臻于完善的世界能够持续的时间比它形成所需要的时间更长，那么，无论短暂性不断地造成什么样的毁灭，宇宙的范围在根本上都将继续扩大。〔320〕

但是，如果人们最后还要给一种可能与神圣作品的状态同样合理的想法留下一席之地，那么，对大自然的变化作出这样一种描述所激起的满意，就会一直上升为极度的愉悦。难道人们就不能相信，能够从混沌中发展出一种合规则的秩序、构成一个合理的系统的大自然，同样能够从由于其运动的衰减而陷入的新混沌中轻而易举地重建自己，更新最初的结合吗？曾把分散的物质材料带入运动和秩序的各个机关，在因停机而静止下来之后，难道就不能凭借增补的力量重新发挥作用，按照同样的普遍规则互相制约，达到原初的形成得以实现所凭借的那种和谐一致吗？如果考虑到，在世界大厦中的公转运动最终消耗殆尽，各行星和彗星一起落到太阳上之后，由于如此之多、如此之大的团块混合在一起，尤其是由于按照我们前面证明过的理论，太阳系远处的星球含有整个大自然最轻、最容易着火的材料，所以太阳的火焰剧增，那么，毋须多少踌躇就可以承认这一点。毫无疑问，由于新的燃料和极易挥发的物质而变得极其猛烈的大火，不仅将把一切都重新分解成极小的元素，而且将以这种方式借助与炽热相符合的膨胀力、借助不为中间区域的任何阻力所减缓的速度，把这些元素重新散布到大自然第一次形成之前它们所占据的那些广阔的空间中去，以便在中心火焰由于其质量几乎完全散失而猛烈程度减弱之后，通过引力和斥力的结合以不亚于以前的合规则性重复过去的生成和有系统联系的运动，并形成一个新的世界结构。如果某一特定的行星系就是以这种方式毁灭了，并且凭借根本性的力又重建起
〔321〕来，如果这出戏剧不止一次地重演，那么，这样一个时期最终总要来临，那时一个以各恒星为成员的大系统将以同样的方式由于其运动的衰竭而聚合在一个混沌之中。在这里更没有什么可怀疑的是，这些燃烧着的太阳，连同它们的大批行星，如此无边无际的火团联合在一起，将使它们的团块的材料被无以名状的火焰所分解，散布到它们过去的形成范围的空间中去，在那里为通过同样的力学规律形成新的世界提供原材料，由此以各个世界和星系使荒凉的空间重新充满生机。这个大自然的长生鸟之所以自焚，乃是为了从自己的灰烬中恢复青春，获得重生。如果我们要穿越所有无限的时间和空间去追踪它，如果人们看到，它是如何甚至在衰败、衰老的区域里也不断地获得新生，在造化的另一边尚未成形的原始物质的空间里为扩展神明天意的计划而以坚定的步伐向前迈进，以便用它的奇迹填满永恒和一切空间，那么，对这一切都经过周密思虑的心灵，将要陷入极度的惊讶；但尽管如此，他对这个如此庞大的对象并不感到满意，这对象的短暂性不能使灵魂感到足够的满意，它期望就近地认识这样一个存在者，这个存在者的理智、伟大就是那仿佛从一个中心出发普照整个大自然的光的源泉。当灵魂看到自己经历了所有这些变迁之后还可以生存下去时，它甚至会以何等的敬畏来看待自己的本质啊！它可以用哲理诗人关于永恒的话来对自己说：

当第二次虚无埋葬了这个世界，

当万物寂灭，只剩下空缺，
当某些天穹即便还为别的星体照耀，
却毕竟总是还要终结的时候，
你却永葆青春，长生不老，
直到永恒，犹如今朝。

——冯·哈勒

啊！如果它在元素的喧闹和大自然的废墟中任何时候都置身于某个高度，从那里能够观看造成世间万物衰亡的灾难仿佛在脚下滚滚而过，那该是多么的幸福啊！理性从不敢奢望这种幸福，它是启示教导我们充满信心地期望的。一旦把我们束缚在造物的虚无之上的锁链在为我们本质转变所规定的那一刻被解除，那时，不死的精神将得到解放，摆脱有限事物的依赖性，将与无限的存在者共享真正的幸福。整个大自然与神明的愉悦有一种普遍的和谐关系，对于自认为与这个一切完善性的本源合为一体的理性造物来说，大自然不会不让他们永远感到满意。从这个中心出发来看，大自然在所有方面都将呈现出完全的可靠、完全的合理。精神一旦达到这样的高度，大自然变化万千的场景就再也不能破坏它的幸福的宁静。当神事先已经以一种甜美的希望品尝到这种状态的滋味时，它就会放喉歌唱那些将响彻终古的颂歌： 〔322〕

当世界大厦一朝回归虚无，
你亲手创造的作品不再被日和夜分开，
那时，我那激动的心灵由于你而变得坚强，
将满怀对你全能的崇敬，总是努力移到你宝座之前；
我那充满感恩的歌喉将永生永世
为你、为你的崇高献上颂歌；

主啊！这里没有十全十美。你是如此之伟大，
即便是歌唱到永恒，也不足以赞美你的崇高。
——艾迪生（戈特谢德译）

〔323〕
第七章的补充
太阳的一般理论和历史

在天体的自然学说中，在一门完备的宇宙生成论中，还有一个主要的问题必须予以解答。也就是说，为什么每一个星系的中心总是被一个燃烧着的天体所占据？我们的行星世界以太阳为中心，而我们所看到的恒星，从各方面来看，也都是类似的行星的中心。

在一个世界结构形成的时候，为什么作为引力中心的天体必将成为一个燃烧的天体，而它的引力范围的其他星球依然是阴冷的天体？为了理解这一点，只要回忆一下我们前面已经详细地勾勒过的一个世界结构产生的方式就可以了。在辽阔的空间中，散布着为天体形成和系统运动所准备的基本材料，这些基本材料都向引力中心降落，但只有一部分形成了行星和彗星，这个部分被降落和全部微粒的相互作用所规定，恰巧具有绕转所要求的方向和速度。如以上所说，这个部分是全部下降的物质中最小的部分，而且只是精选出来的密度较大的品类，由于受到其他品类的阻力，它们能够达到这种精确的程度。在这种混杂物中，有一些飘浮过来的特别轻的品类，它们由于受到空间的阻挠，不能凭借其下降达到应有的周期性公转的速度，因而在其运动的衰竭中一起落到中心天体上。由于这些较轻的、易挥发的部分也正是最能够使火保持不灭的部分，所以

我们看到，由于它们的加盟，这个天体和星系的中心就获得了优势，能够变成一个燃烧的星球，一言以蔽之，变成一个太阳。与此相反，较重的、没有活力的材料以及易燃烧微粒的缺乏，则使行星成为阴冷的、死寂的团块，被剥夺了燃烧的特性。〔324〕

如此之轻的物质的加盟，也是太阳获得较小密度的原因，它使太阳甚至比我们的地球这个就与太阳的距离而言的第三颗行星在密度上还要小 4 倍；虽然人们会很自然地相信，在世界结构的这个中心，作为这个世界结构的最低点，应当是最重、密度最大的物质种类，如果没有如此大量的最轻材料的加盟，它的密度应当超过所有行星的密度。

密度较大、较重的元素品类与这些最轻、最易挥发的品类的混合，也同样有助于使中心天体能够在其表面上燃烧并保持最为剧烈的火焰。因为我们知道，如果在着火的材料中有密度大的物质与易挥发的物质混杂在一起时，火就会比仅仅用轻的种类维持的火着得更旺得多。但是，一些重的品类与较轻的品类的这种混杂，是我们关于天体形成的学说的一个必然结论，它还有这样一种作用，即火焰的力量不致把表面的可燃物质突然驱散，而且通过可燃物质从内部向外流出，可以逐渐并持久地保持火焰。

在一个大星系的中心天体为什么是一个燃烧的星球，亦即是一个太阳，这个问题得到解决之后，再花一点时间讨论这个主题，并对这样一个天体的状态作详细的考察和研究，似乎并不是多余的，这尤其是因为，在这里与通常在对遥远天体的性状进行研究时相比，各种猜测可以从更为有力的理由推导出来。

首先我要确定，太阳确实是一个燃烧的天体，而不是像一些人出自他们自认为在前一种意见中能够发现的某些困难而推论的那样，是一个由熔化的、炽热的物质构成的极度炽热的团块；对于这一点，人们不会有怀疑。因为如果考虑到，一团燃烧的火比其他任何一种炽热都更具有这种根本性的优势，可以〔325〕

说它是从自身出发起作用的，不会因为分割而减弱或者燃尽，反而会因此变得更旺更烈，从而只需要保持燃烧的燃料，就能永远燃烧下去；与此相反，一个极度炽热的团块的火焰是一种纯粹受动的状态，它将由于与接触到的物质同在而不断地减弱，自己没有力量从一个小的地方开始蔓延开去，或者在减弱时重新活跃起来；我要说，如果考虑到这一点，且不说其他理由，单从这一点人们就可以充分地看出，作为每一个世界结构的光和热之源泉的太阳，很可能必定具有上述特性。

如果太阳或者众多的太阳都是燃烧的星球，那么，由此可以得出的其表面的第一个性状就是：在它们上面必定有空气，因为如果没有空气，火就不能燃烧。这种情况使人有理由得出一些值得注意的结论。因为如果首先把太阳的大气层及其重量与太阳的团块进行比较，就会发现：这种空气处在何等的压缩状态，由此它又具有何等的能力，足以用自己的弹力维持火极其猛烈的程度。根据所有的猜测，在这个大气层中也有被火焰分解的物质烟云在升起。毋庸置疑，这些烟云包含着粗糙的、较轻的微粒的混合，这些微粒在上升到一定高度之后，由于那里的空气对它们来说较冷，它们就成为沥青雨和硫磺雨降落下来，为火焰增添新的燃料。出自同样的原因，这个大气层也和在我们地球上一样，少不了风的运动，但这种运动看起来在猛烈上必定远远超过想象力所能够想象的一切。如果太阳表面上某个区域或者由于爆发出来的蒸气的窒息作用，或者由于可燃物质供应的减少而使火焰燃烧减弱，那么，其上空的空气就会有所变冷，而当这些空气收缩时，就会给邻近的空气让出位置，使后者随着过度膨
〔326〕胀而获得的力量涌入前者的空间，让熄灭的火焰重新燃烧起来。

尽管如此，所有的火焰都一直在吞噬着许多空气。毫无疑问，环绕太阳的流质空气元素的弹力必定因此而在一段时间内蒙受不小的损失。如果把**哈勒斯**先生就我们大气层中火焰的作

用而言经过细心的尝试所证实的东西应用到这个大范围内，就可以把来自于火焰的烟雾微粒不断地致力于毁掉太阳大气层的弹性这件事看做是症结所在，而要解开这个症结是有许多困难的。这是因为：由于在太阳的整个表面上燃烧的火焰自己夺走了为了燃烧就不可缺少的空气，所以当太阳的绝大部分大气都被吞噬掉之后，太阳就有完全熄灭的危险。的确，火也会通过分解某些物质而生产空气。然而试验证明，任何时候被吞掉的都多于被生产的。虽然当太阳的火有一部分在起窒息作用的蒸气下被剥夺了使它们维持燃烧的空气时，像我们已经说明了的那样，就会有风暴尽力把蒸气驱散和带走。但总的说来，如果考虑到，由于对燃烧着的火来说，热几乎只是朝它上面、很少朝它下面发挥作用，倘若它由于上述的原因被窒息，它的猛烈就会转过来对准太阳的内部，迫使它的深渊让关闭在其洞穴中的空气冲出来，并重新点燃火，那么，这种必要的元素的补充就可以用这种方式得到解释。如果人们凭借对于这样一种未知的对象来说并不禁用的自由，来假定太阳内部主要是像硝石那样含有取之不尽的富有弹性的空气的物质，那么，太阳的火在非常长的时期里不大容易会缺乏新空气的供应。

尽管如此，就大自然当做世界的火炬而点燃的这种无比珍贵的火而言，人们还可以看到短暂性的明显征兆。总有一天它将会熄灭。最易挥发的、最微细的物质被剧烈的热所驱散，永 〔327〕
不复返，并使黄道光的物质增多。它们的逃逸、例如灰烬那样的不能燃烧和燃烧过的物质堆积在表面上、最后还有空气的缺乏，将为太阳规定一个终点，因为它的火焰总有一天要熄灭，永恒的黑暗将取代对整个世界来说是光和生命的中心的位置。太阳的火由于开启新的坑穴而重新燃烧，由此它在衰亡之前也许要几经反复。太阳火这种交替进行的努力，也许为一些恒星的时隐时现提供了解释。可能有一些太阳已经临近熄灭，但仍几次致力于从其废墟中复活。无论这种解释是否能得到赞同，人们都肯定能够使这种观察有助于发现：由于所有世界秩序的完善性都以这样或者那样的方式面临着不可避免的衰亡，所以人们在以上所说的这些世界秩序由于力学结构的倾向而崩溃的规律中发现不了任何困难；这种力学结构又是特别值得接受的，因为它在与混沌的结合中自身就带有再生的种子。

最后，让我们再凭借想象力，仿佛是就近地设想一番一个燃烧着的太阳这样奇妙的对象。人们一眼就看到了一片烈焰冲天的辽阔火海和肆虐的风暴，后者的狂怒又使前者的剧烈程度倍增。风暴忽而使这片火海的火焰冲出其海岸，遮盖了这个天体的凸出区域，忽而又使它们退回到自己的界限之内。烧焦了的岩石从燃烧着的深渊探出可怕的尖峰，它们或者被翻腾的火焰所掩盖，或者被它吐露出来，从而引起了太阳黑子的时隐时现；浓厚的蒸气窒息了火，又被暴风吹起形成乌云，再化为火雨如注般重新降落下来，成为燃烧的急流从太阳陆地① 的高处灌入燃烧着的深
〔328〕谷，元素轰然爆裂，物质烧成灰烬，大自然在与毁灭进行斗争，它自己以它解体的最可怕状态造成了世界的美丽和造物的利益。

如果所有大的世界系统的中心都是燃烧的天体，那么就可以猜测，那个由众多恒星构成的大不可测的星系的中心天体就

① 我并不是毫无缘故地认为太阳上的陆地高低不平，像我们在我们自己的地球和其他天体上看到的那样，也有山脉和深谷。一个从液体状态变为固体状态的星球，其形成必然在其表面上造成这种高低不平。当表面变硬的时候，在这样的团块内部的液态部分里面，物质还在按照重量的大小向中心下沉，混杂在这些物质中有弹力的气元素或者火元素的微粒就被逐出，汇聚在当时已经凝固的外壳下面，在这外壳下面它们造成了许多巨大的、就太阳团块的比例而言庞大的洞穴，最后所说的上面的外壳以各种各样的褶皱下陷到这些洞穴中，从而既造成了高原和山脉，也造成了深谷和辽阔火海的海底。

最是这种情况了。这个天体的质量必定与其星系的大小成比例。但如果它是一个自己发光的天体或者是一个太阳，那么，是不是因为它特别明亮、特别庞大，才为人们所看到？尽管如此，在繁星密布的天穹，我们却看不到有这样一个特别不同的恒星出现。事实上，即使情况不是这样，人们也大可不必感到惊奇。即便它的大小比我们的太阳大1万倍，如果假定它的距离比天狼星远100倍，它还是不能比天狼星显得更大、更亮。

然而，也许未来的时代将结束这种情况，至少是总有一天发现我们的太阳所属的恒星系的中心①所处的区域，或者甚至能够确定必须使**宇宙**的所有部分都步调一致地向之降落的**宇宙**中 〔329〕
心在哪里。至于整个造化的这一基本部分具有什么样的性状，以及它上面有什么东西，我们想留给**达勒姆的赖特**先生去确定。

① 我有一个猜测，我觉得很可能天狼星在构成银河的众星的星系中就是中心天体，而且它占据着所有天体都与之相关的中心。如果根据本文第一部分的设想把这个星系看做众多聚集在一个共同平面上的太阳的集群，这个集群从这个平面的中心向四面八方散开，但却形成一个可以说是圆形的空间，这个空间由于该平面与关系平面略有偏离而在宽度上有点向两边扩展，那么，同样也处在关系平面附近的太阳，将在它最为接近这个星系的最外边缘的那一面，看到这个发出白光的圆形区域表现得最宽，因为很容易推测，它并不是恰巧处在中心。银河带在天鹅座和人马座之间的那一部分最宽，因此这就是我们的太阳最接近这个圆形星系的最外围的那一面。而且在这个部分中，我们尤其认为天鹰座、狐狸座与天鹅座所处的位置最为接近，因为在这里从使银河分开的间隙中看到各星体看起来分散得最开。因此，如果大致从天鹰座尾部附近的地方出发经过银河面正中央直到对面的那个点画一条线，这条线就必定经过这个星系的中心，而且事实上也恰巧经过天狼星这颗整个天穹中最亮的星体。由于这个幸运的、与它的优美形状如此协调一致的重合，似乎值得把它看做中心天体自身。根据这一概念，如果不是我们的太阳在天鹰座尾部与银河的平面有点偏离的位置引起中心对这个区域的另一边的光学差异，那么也许正好在银河带中看到这个中心天体。

赖特先生以一种狂热的振奋精神，把一个神灵般的具有精神引力和斥力的强大存在者抬高到这个幸运的地方，仿佛是抬高到整个大自然的王座上。这个存在者在自己周围的无限范围内起作用，把一切美德都吸引到自己身边，把一些邪恶都排斥出去。我们不想让自己也许过于冒昧地作出的大胆猜测放任自流，乃至到了任意虚构的地步。在整个无限的**世界**空间中，神明是到处都同样临在的；无论哪里，凡是能够超越造物的依赖性而达到与至高无上的存在者同在的品类所在的地方，它都同样地近在
〔330〕咫尺。整个造化都被它的力量所贯穿，但只有懂得使自己超越造物，同时又如此高贵，以至于能够看出惟有在对完善性的这一本源的享受中才能找到最高等级的幸福的存在者，才有能力比大自然中任何其他东西都更为接近所有杰出性的这一真正关联点。不过，如果我不想参与这位英国人的狂想，而是从各级精神世界的驻地与造化中心的自然关系出发来对它们作出一些猜测，那么，我要认为在离这个中心较远的地方比离它近的地方有更大的可能找到理性存在物的最完美等级。赋有理性的造物的完善性，就其依赖于物质的性状、被限制在与物质的结合之中而言，完全取决于材料的精细程度，后者的影响决定着理性存在物对世界的想象和对世界的反作用。物质的迟钝和阻力极大地限制了精神性存在物起作用的自由和对外部事物感知的清晰性，它使自己的能力变得迟钝，因为它并不以相应的轻便性服从自己的运动。所以，就像极为可能的那样，如果按照在我们的世界结构中占支配地位的类比，假定在大自然的中心附近物质品类的密度最大、最重，相反，距离越远则物质的精细和轻巧程度就越大，那么，这种结论就是可以理解的。其出生地和居留处离造化的中心更近的理性存在物，陷身于一种僵硬的、不能活动的物质里面，这种物质把自己的力量封闭在一种不可克服的迟钝之中，而且也同样不能以必要的清晰和灵敏转送和传递宇宙万物

的印象。因此，可以把这种能思维的存在物列为低等的；与此相反，随着与共同中心距离的增加，精神世界建立在其对物质的不同依赖性之上的完善性将像一架连续的阶梯那样一起增长。据此，可以说能思维的物种中最差劲、最不完善的类就处在向这个降落点下降最深的地方，在那里，存在物的这种杰出性将经过所有减弱的程度而最终因完全缺乏思索和思维而失去。事实上，〔331〕如果考虑到，大自然的中心同时也构成了它从原始材料形成的开端和它与混沌的界限；如果为此假定，精神性存在物的完善性其开端有一个最外的界限，在那里它们的能力与无理性相衔接，但其延续却没有一个不能逾越的界限，而是向这边面临着一个完全的无限；那么，假如有一条规律，按照这条规律理性造物的居住地是根据它们与共同中心的关系的秩序分布的，人们就可以认为仿佛是构成了精神世界之始祖的最低级、最不完善的类，就处在被称为整个宇宙的开端的那个地点，以便与宇宙一起在同样的进步中以思维能力无限发展的种种完善程度来充填所有无限的时间和空间，仿佛是逐渐地接近最高杰出性的目标，即接近神明，但却永远也不能达到这一境界。

第八章

关于世界结构布局的力学学说的正确性、尤其是关于当前力学学说的可靠性的一般证明

倘若不在世界大厦的布局中看出最卓越的安排，不在世界大厦各种关系的完善性中看出上帝之手的可靠征兆，人们就不能认识世界大厦。理性在思考和惊赞如此众多的卓越性、如此众多的美之后，有理由对擅自把这一切都归于偶然和一种幸运

〔332〕巧合的大胆愚蠢感到愤怒。必定是至高无上的智慧作出了设计,又由一种无限的力量将这种设计付诸实施,若不然,就不可能在世界大厦的状态中发现如此众多的意图汇合在一个目的之中。问题仅仅在于作出裁定,宇宙布局的设计是否已经由至高无上的理智置入永恒的物种的本质规定里面,并植入普遍的运动规律之中,以便从它们出发,以一种与最完善的秩序相符合的方式无拘无束地发展出来;或者,世界各组成部分的普遍性质是否完全没有能力达到和谐一致,丝毫没有相互结合的关系,绝对需要一只外来的手,以便达到让完善性和美显示出来的那种制约和联系。大多数世俗智者对大自然凭借其普遍的规律造就出某种有序的东西的能力抱有一种几乎是普遍的成见,这正好像人们在自然力里面探索原初的形成时否认上帝对世界的统治一样,认为这些自然力是不依赖神明的本原,是一种永恒的盲目命运。

但是如果考虑到,大自然和那些规定物质达到相互作用的永恒规律,并不是独立的、与上帝无关而必然的本原;正是因为大自然在它凭借普遍的规律所产生的东西中呈现出如此众多的协调一致和秩序,所以可以看出,所有事物的本质都必定共同起源于一个基本的本质;这些事物所显示出来的之所以全然是相互的关系、全然是和谐,乃是因为它们的特性都起源于一个惟一的、至高无上的理智,这个理智的聪颖理念把这些特性设计在普遍的关系之中,赋予它们一种能力,使它们在自行发展地起作用的状态中创造出全然的美、全然的秩序;我要说,如果考虑到这些,那么对于我们来说,大自然将比通常看起来更为可贵,从它的发展中所能期待的无非是协调一致、秩序井然。与此相反,如果抱有一种毫无根据的成见,认为普遍的自然规律所造成的无非是紊乱,而在大自然的状态中所呈现出来的一切有益的协调一致,都表现出上帝的直接干预,那么,人
〔333〕们就不得不把整个大自然归于奇迹。雨滴分解阳光的颜色而呈

现出的绚丽彩虹因其美丽，雨因其有用，风因其满足人类无数需要的种种不可缺少的好处，简而言之，凡是带来合理和秩序的一切世界变化，都不应当从物质被植入的力量中推导出来。从事这样一种世俗智慧探索的自然研究者，一开始就必须在宗教裁判席前恭恭敬敬地赔罪。事实上也不再有一个大自然，只有一个上帝在机器中造成世界的各种变化。然而，从大自然根本上的无能出发来证明至高无上的存在者的确定性这种奇特的方法，对于证实伊壁鸠鲁主义者的错误来说能起什么作用呢？如果事物的本性凭借其本质的永恒规律只能造成无序和不合理，那么，恰巧由此也就证明了它们自己不依赖于上帝的性质。如果普遍的自然规律只是由于一种强制才服从神明的，而实际上是抵制其最睿智的设计的，那又该如何理解这个神明呢？难道天意的敌人不是已经多少次战胜了上述错误的基本原理，能够证明大自然普遍的作用规律在没有任何特别限制的情况下产生出的协调一致吗？难道他还会缺少这样的例证吗？与此相反，让我们更合理、更正确地这样推论：听凭其普遍特性支配的大自然，能够结出全然美丽和完善的果实，这些果实不仅自身就表现出协调一致和卓越性，而且还与大自然的全部存在物、与人们的礼仪、与对神明属性的颂扬非常和谐。由此可以得出，它们的根本特性不可能没有独立的必然性，相反，它们必定是起源于一个作为一切本质的基础的惟一理智，在这个理智中，它们是按照共同的关系来设计的。凡是彼此之间的关 〔334〕
系达到相互和谐的东西，都必定在一个惟一的本质中彼此结合在一起，它们都依赖于这个本质。因此，存在着一个一切本质的本质，一个无限的理智和独立的智慧，大自然甚至就其在规定性的整个总和之中的可能性而言，也就是从它里面得到其起源的。切不可否认大自然有这种不利于一个至高无上的本质存在的能力；但这种能力发展得越完善，它的普遍的规律越是更好地导向协调一致和秩序，它就越是神明的一个可靠的证据，它就是从神明那里得到这些关系的。它的产生不再是巧合的作用和偶然的结果；一切都必然按照不变的规律从神明那里流溢而出，这些规律必定表现着全然合适的东西，因为它们全都是出自最睿智的设计的特征，紊乱已经被从这一设计排除。并不是**卢克莱修**的原子的偶然集合形成了世界；以最聪颖的理智为源泉的、被植入的力量和规律是秩序的不变起源，这种秩序不是由于偶然，而是必然地从它们流溢而出的。

因此，如果人们能够抛弃陈旧的、毫无根据的成见和力图用虔诚的面孔遮掩懒惰无知的腐朽世俗智慧的话，我就希望能够在不自相矛盾的理由上建立一种可靠的信念，即**世界乃是以一种从普遍的自然规律出发的力学发展来作为自己的状态的起源**，其次，**我们已经介绍过的力学的产生方式是真实的产生方式**。如果要判断大自然是否有足够的能力凭借其运动规律的机械发展来促成世界结构的安排，就必须事先考虑到，天体所遵循的运动是何等地简单，与自然力的普遍规则所造成的相比，它自身没有任何需要作出更精确规定的东西。公转运动是由降落力和发射运动的结合构成的，前者是出自物质特性的某种结果，后者可以被看做前者的作用，看做借助降落所达到的速
〔335〕度。以这个速度，只需要某种原因，就可以使垂直的降落偏向一边。一旦达到这些运动的规定性之后，就不再需要任何东西来永远地维持它们了。它们在虚无的空间中，凭借一次性置入的发射力与从根本性的自然力中产生的引力的结合而维持下去，从此不再经受任何变化。单是这些运动的协调一致方面的类比，就已经如此清晰地表明了一种力学起源的真实性，以致人们根本不可能对此提出质疑。这是因为：

1. 这些运动具有普遍一致的方向，以致在6个主行星、10个卫星中，无论是就其向前运动还是就其绕轴自转而言，

都没有一个不是自西向东的。此外，这些方向都是精确地彼此符合，以致它们只是稍稍偏离一个共同的平面，而一切都与之相关的这个平面就是在整个星系中心朝着同一区域绕轴自转的天体的赤道面，这个天体凭借占优势的引力成为所有运动的关联点，从而也必定尽可能精确地参与这些运动。这就证明了，全部运动都是以一种符合普遍的自然规律的力学方式产生和被规定的，造成或者引起侧向运动的原因支配着整个行星世界的空间，并在那里服从处在一个共同运动空间中的物质所遵循的规律，以致最后所有不同的运动都取得一个惟一的方向，并都尽可能精确地与一个惟一的平面相关。

2. 这些速度本来就必定处在一个空间中，因为运动的力量就在中心，也就是说，它们随着与中心距离的增加而在程度上不断减弱，在极远地方消失在运动的完全衰竭之中，这种衰竭使垂直的降落仅仅稍稍向一旁偏离。水星具有最大的离心力。从水星开始，可以看到离心力在逐渐减弱，而在最外面的彗星那里已经如此之小，只能使它不致掉到太阳里面。毋庸置 〔336〕
疑，就圆形轨道而言，向心运动的规则要求离共同降落的中心越近，绕转的速度也就必须越大。这是因为：为什么正是接近这个中心的天体具有圆形的轨道呢？为什么不是最邻近的天体非常偏心、更远的天体按照圆形轨道运行呢？或者毋宁说，由于它们都偏离了这种均匀的几何学精确性，那么这种偏离为什么要随着距离的增加而递增呢？难道这些情况不是表明了一个点，所有的运动在其他规定把它们的方向改变到目前的方向上之前都向它涌去，而且离它越近涌去的程度也就越大吗？

然而，如果现在想使世界结构状态和运动起源成为普遍自然规律的例外，以便把它们归于上帝的直接干预，那么，人们马上就可以觉察到，上述类比显然是与这样一个概念相矛盾的。因为首先就方向上的普遍一致而言，显而易见，这里没有理由来说明各天体为什么恰巧都朝着惟一的一个区域进行绕转运动，即便其产生的机制并未规定它们这样做。因为它们在其中运动的空间极少有阻挠，也极少把它们的运动限制在这一边而不是另一边；因此，如果上帝的选择没有丝毫动因，那么就不会限于一个惟一的规定，而是以更多的自由呈现在各种各样的变化和差异之中。此外，为什么所有行星的轨道都精确地与一个共同的平面相关，即与那个在所有运动中心的那个庞大天体的赤道面相关呢？这一类比并没有体现合理性的动因，它毋宁说是被行星轨道的自由偏离所取消的某种混乱的原因；因为行星的引力如今在某种程度上破坏了它们运动的齐一性，而且它们不是在某种程度上精确地处在一个共同的平面上，如果它们不是精确地与一个共同的平面相关，它们就根本不会相互阻挠。

〔337〕大自然之手的最清晰的标志，比所有这些类比都表现得更为明显的，莫过于在它力图达到的关系中缺乏最精确的规定了。如果把行星的轨道置于一个共同平面附近是最好的，那么，它们为什么不是完全精确地在一个共同平面上呢？为什么它们中的一部分要留下这种本来应当予以避免的偏离呢？如果为此靠近太阳轨道的行星就获得了其大小足以维持与引力平衡的离心力，那么，为什么还有点缺憾，达不到这种完全的相等呢？而且如果最睿智的意图在最大的能力支持下力图造就出这一规定性，那么，行星的公转为什么不是完美的圆形呢？难道还不能清晰地看出，那个确定天体的运行轨道、力图把它们置于一个共同的平面之上的原因，并不能完全做到这一点，而同时，那个支配着天宇的力量，在如今已形成星球的所有物质都获得了其自转速度之后，虽然在中心附近力图使它们与降落的力保持平衡，但却不能达到精确的平衡吗？是不是在这里就可以认识到大自然那由于穿插进来的各种作用而永远与完全精确的规定性有所偏离的通常做法了呢？人们只能在直接颁布命令

的最高意志的终极目的中找到这种性状的理由吗？只要不是冥顽不灵，人们就不能否认，对于自然特性来说，凭借列举其用途来给出理由的这种受到赞颂的解释方式是经不起严格的检验的。毫无疑问，就世界的用途而言，行星的轨道是完全圆形的还是稍有偏心，它们与其共同的关系平面是完全吻合还是有所偏离，是完全无所谓的。毋宁说，如果有必要被限制在这种方式的协调一致之中，那么，最好就是让它们完全实现。如果确实像哲学家所说的那样，上帝不断地在运用几何学，如果在普遍的自然规律的道路上也显示出这一点，那么毫无疑问，在全 〔338〕
能意志的直接作品中完全能够觉察到这一规则，而这些作品也都将呈现出几何学精确性的完美。彗星就是大自然的这些缺陷之一。人们无法否认，就彗星的运行和它们由此所经历的变化而言，应当把它们看做造化的不完美的成员，它们既不适于为理性存在物提供舒适的居住地，也不能对整个星系有所裨益，如同人们所猜测的那样，它们总有一天要充当太阳的燃料；因为毫无疑问，它们中间的大多数不会在整个行星世界崩溃之前达到这一目的。在认为世界不是自然而然地从普遍的自然规律发展出来，而是一种直接的最高安排的学说中，这样一种说明虽然是确定无疑的，但却是有所抵触的。然而在一种力学的解释方式中，对世界之美和全能之启示的颂扬并没有由此被削弱。大自然自身包含着多样性的所有可能的等级，包含着所有从完美到虚无的种类，缺陷本身是过剩的一个标志，由于过剩，大自然的总体是取之不尽用之不竭的。

可以相信，如果不是还有某些从事物本性自身得出的理由似乎与这种学说完全抵触的话，上述类比将能够如此之多地超越成见，使世界大厦的力学起源成为值得接受的东西。如同已经多次提到的那样，天宇是空的，或者至少可以说充满它的物质是无限稀薄的，因此，这种物质不能提供推动各天体共同运动起来的手段。这一困难是如此之严重和有效，以至于有理由像任何一位世人那样相信自己的世俗智慧洞察力的**牛顿**，也发现自己不得不在这里不顾指示着一种力学起源的所有协调一致，放弃凭借大自然的规律和物质的各种力量来解决行星固有的离心力的推动问题的希望。尽管对于一位哲学家来说，对一种复杂并且远离简单的基本规律的性状放弃研究的努力而满足
〔339〕于诉诸上帝的直接意志，是一个令人苦恼的决断，但牛顿在这里毕竟还是认识到了把大自然与上帝的手指、把前者被引入的规律的进程和后者的示意彼此区分开来的界限。在一位如此伟大的世俗智者尚且感到绝望之后，再希望在一件如此困难的事情中顺利前进，就未免显得是一种大胆妄为了。

分配给各天体离心力的方向和规定性造成了世界结构的系统性。然而，正是使牛顿放弃从大自然的各种力量出发理解这种离心力的希望的那种困难，也是我们在前几章中所阐述的学说的源泉。它论证了一种力学的概念，但是这样一个概念却与牛顿认为不充分的那个概念相去甚远。牛顿为此抛弃了所有的次要原因，因为他（如果我可以斗胆这样说的话）错误地认为那个概念是该类所有可能的概念之中的惟一一个。甚至利用牛顿的困难，凭借一种简短而又缜密的推论，来达到我们在本文中所提出的那种力学解释方式的确定性，这也是轻而易举的、自然而然的。如果假定（人们不能不如此认为），上述类比都极为可靠地说明了和谐一致、彼此有秩序地相关的运动和天体的轨道表明一个自然的原因是它们的起源，那么，这个原因就不可能是如今充满天宇的那种物质。因此，以前曾经充满这些空间的那些物质及其运动，才是在它们汇聚成这些星球并由此打扫干净这些如今被视为空洞无物的空间之后，诸天体目前的公转的原因。或者，这一点可以直接由下述情况得出：构成行星、彗星乃至太阳的物质自身，必定一开始是散布在行星系的

空间里面的，并且以这种状态运动起来，在它们聚合成特殊的团块、形成把当时分散的世界物质的材料囊括在自身的诸天体之后，它们还保持着这些运动。在这里，人们并没有为发现一 〔340〕
种能够使自己形成的大自然的这种材料运动起来的推动机制而长期感到窘迫。造成各种质量结合起来的动力自身，即物质在根本上固有的、从而在大自然的第一次骚动时就如此适于成为运动的初始原因的引力，就是这些运动的源泉。这种力量总是恰好指向中心的方向，在任何时候都是不容置疑的；因为毫无疑问，分散元素的精细材料在垂直运动中既由于引力点的众多，又由于它们相互交错的方向线而彼此造成的阻碍，必将转变为不同的侧向运动。在这些侧向运动中，某种自然规律使所有因相互作用而彼此限制的物质都最终达到这样一种状态，其中一种物质尽可能地不再引起另一种物质的变化，既造成方向的协调一致，又造成在任何距离上都与向心力保持协调一致的相应速度，并借助它们的结合，致力于使元素既不高也不低地悬浮，因为所有的元素都不仅朝着一个方面，而且几乎都在稀薄的天宇中围绕着共同的降落中心以平行的、自由的圆形轨道作公转。各部分的这些运动在由此形成行星之后仍将继续下去，而且如今由于过去植入的离心力与向心力的结合，仍将在未来的时代里无限期地继续下去。行星轨道方向的一致性，与一个共同平面的精确关系，离心力随所在位置的引力而递减，这些类比随距离而递减的精确性，最外面的天体向两边、向相反方向的自由偏离，所有这些都是建立在这个不难理解的理由之上的。如果相互依赖性的这些征兆在产生的各种规定性中以显而易见的确定性指示着一种弥漫在整个空间、原初运动着的物质，那么，在如今空洞无物的天宇中，除了汇聚成行星、太阳和彗星等天体的物质之外，不存在任何其他物质，这一事实也就证明了，这些物质自身一开始必定是处在这种散布的状态 〔341〕

之中的。在前面几章中，曾经轻而易举地、正确地从这一假定的基本原理出发推导出了世界结构的各种现象。这是对这样一种猜测的完善，赋予它一种价值，使它不再是任意的。

如果考虑到各天体的形成自身，考虑到它们的团块的重量和大小与它们同引力中心的距离成比例，那么，一种关于世界大厦的起源、尤其是关于我们这个世界大厦起源的力学学说的确定性，就达到了令人信服的顶峰。因为首先，如果考虑到它们的团块的总体，就可以看出它们的材料的密度是不断地随着与太阳的距离而递减的。这一规定如此清晰地说明了最初形成的力学规定，以至人们再也不能要求更多的东西。它们是由这样的物质聚合而成的，在这样的物质中，较重的品类获得了离共同降落点较近的位置，较轻的品类则距离较远；在种种自然而然的产生方式中，这是一个必然的条件。但是，就一种直接出自神明意志的安排来说，却找不到丝毫的理由来说明上述关系。因为虽然较远的星球似乎必定是由较轻的材料构成的，以便能够从较弱的阳光力量中获得必要的作用，但这只不过是一个旨在处于表面的物质的性状，而不是旨在其团块内部较深的品类的目的。太阳的热对这些品类从未产生过什么作用，哪怕是仅仅有助于造成行星的引力、使环绕行星的物体向它降落的作用。因此，它们与太阳光线的强弱没有丝毫关系。所以如果要问，为什么从牛顿的正确计算中得出的**地球、木星、土星**的密度是 400、94.5 和 64 之比，那么，把原因归于上帝的意图，认为上帝在按照太阳热的程度调整密度，毕竟是没有道理的；因为在这里，我们的地球就可以充当一个反证。对我们的地球来说，太阳凭借其光线只能作用到表面下的如此之小的深度，
〔342〕以至地球团块必然与此有所关联的部分，远远不及整体的百万分之一。至于其余的部分，就这个意图而言是完全无所谓的。因此，如果构成天体的材料相互之间有一种有序的、与距离相

和谐的关系，各行星如今由于在空洞无物的空间中相距甚远而不能相互限制，那么，它们的物质过去必定曾处于这样一种状态，那时它们能够相互发生共同的作用，以便把自己限制在与其比重相适应的位置上。这种情况要想发生，除非是它们的各个部分在形成前就散布在星系的整个空间中，并按照运动的普遍规律获得与其密度相适应的位置。

行星团块大小之间随距离而递增的比例关系，是清楚地证明天体以力学方式形成、尤其是证明我们关于天体形成的理论的第二个理由。天体的质量为什么要大致地随距离而递增呢？如果追随一种把一切都归于上帝的选择的学说，那么，就不可能设想还有别的意图，来解释为什么较远的行星必定有较大的质量，除非是它们凭借特别强大的引力能够在其作用范围内捕获一个或者几个卫星，以使它们注定的居民能够住得舒适。然而，这一目的同样可以凭借其团块内部特别大的密度来达到，又何必非要保留出自特殊的理由的、与这种关系相悖的轻的材料，并让它被体积的优势如此远远地超过，以至上面星体的质量比下面星体的更重呢？如果不去考虑天体自然产生的方式，人们就很难提出理由来解释这种状况；但是如果考虑到这种方式，就再也没有比理解这种规定更容易的事情了。在所有天体的材料还弥漫在行星系的空间之中的时候，引力用这些微粒形成了各个星球；毫无疑问，这些星球的形成范围的位置离那个共同的中心 〔343〕
天体越远，球体也就必定越大，而中心天体则从整个空间的中心出发凭借其特别强大的引力而尽力限制和阻止这种结合。

人们将满意地发现，把天体的轨道彼此分开的间隙宽度就是天体由最初分散的基本材料形成的标志。按照这一概念，这些间隙必须被看做空洞无物的区域，行星曾经为形成而从这些区域获取过物质。人们看到，轨道之间的这些间隙与由此形成的团块大小是成比例的。**木星**与**火星**的轨道之间的宽度是如此之大，以至于其包含的空间远远超过下面的行星轨道面积的总和。惟有这个空间才配得上所有行星中最大的行星，它的质量超过了其余所有行星质量的总和。不能把木星与火星的这种距离归于要尽可能少地妨碍它们的引力这样一种意图。因为根据这样的理由，两个轨道之间的行星总是最接近其中一颗行星，后者的引力与它的引力相结合将能够使双方围绕太阳的公转受干扰最小，因而也就是最接近质量最小的一颗。由于按照牛顿的正确计算，木星能够对火星的运动施加的力，与它凭借联合起来的吸引对土星施加的力之比，为1/12 512与1/200之比，所以，如果它们的距离不是取决于它们产生的力学机制，而是取决于它们的外部关系的意图，那就能够很容易计算出，木星靠近火星的轨道必定比火星靠近它的轨道近多少。但实际情况却不是如此。由于位于上下两条轨道之间的行星轨道，往往离一颗较小的行星运行的轨道比离质量较大的行星的轨道更远，但每一颗行星的轨道周围空间的宽度却总是与其质量有一种正
〔344〕确的比例关系，所以很清楚，产生的方式必然规定着这些比例关系，而且由于这些规定性像原因与其结果那样似乎是联结在一起的，所以如果把包括在两条轨道之间的空间视为形成行星的材料的容器，是极为恰当的。由此可以直接得出，它们的大小必定与行星的质量成正比，但对于较远的行星来说，这种比例关系就会由于在这一区域的基本物质在初始状态中更为分散而增大。因此，就两个在质量上差不多相等的行星而言，较远的一颗必定有一个更大的形成空间，即与两个最相邻的轨道的距离最大。这既是因为那里的材料比重最轻，也是因为那里的材料比在离太阳较近地方形成的行星更为分散。所以，虽然地球连同其卫星一起在体积上似乎还不及金星，但是它仍然要求在自己周围有一个较大的形成空间，因为它是由比下面的那颗行星更为分散的材料形成的。出自这些理由，可以猜想土星的

形成空间其远的一边比对着中心的一边伸展得更为遥远（这在所有的行星那里都适用）。因此，土星轨道和它上面与它相邻的天体（人们可以这样猜想）的轨道之间的间隙，要比土星和木星之间的间隙宽得多。

因此，在行星世界中，一切都以与原初的生产力量的正确关系逐步地向无限远的地方推进，而原初的生产力量在中心附近要比在远处更能起作用。被推动的发射力的减弱，对轨道的方向和位置方面最精确的协调一致的偏离，各天体的密度，大自然在其形成空间方面的节约，这一切都是从中心到远处逐渐地递减的；所有这些都表明，初始原因为运动的力学规则所制约，而不是凭借一种自由的选择而行动。

然而，比其他任何东西都更清晰地表明天体是由原初弥漫在如今空洞无物的天宇里的基本材料所自然形成的，是我从 〔345〕
德·布丰先生那里借用来的协调一致。但这种协调一致在他的理论中却远远不如在我们的理论中那样有用。因为按照他的说明，如果把通过计算能够规定其质量的行星，即土星、木星、地球和月球，加在一起，那么，它们就形成一个团块，这个团块的密度与太阳体的密度之比为 640 比 650；由于它们是行星系中的主要成员，与它们相比，火星、金星和水星等其他行星就几乎不值得计算了。这样，如果把整个行星系合起来视为一个团块，那么，人们就有理由对它的物质和太阳的质量明显相等感到惊奇了。物质多种多样、千差万别，单是在我们的地球上，就可以找到一些密度彼此相差 1.5 万倍的物质。但尽管如此，上述类比仍接近于 1 比 1 的比例。把这一类似归于偶然，未免是一种不负责任的轻率。必须承认，如果把太阳看做一个由在行星系中彼此分开的所有物质品类组成的混合体，那么，所有的天体似乎都是在这个空间中形成的。这个空间最初充满了均匀分布的材料，它们不加区别地集中在中心天体上，但为了形成行星却是按照高度分布的。就让那些不能承认天体按照力学方式产生的人们尽其所能地从上帝选择的动机出发去解释这一如此奇特的协调一致吧！关于世界大厦是从大自然的力量发展出来这一具有如此确凿的清晰性的事实，我不想再用更多的论据来论证了。如果有人在如此众多的证明面前仍然能够无动于衷，那么，他必然要么是过深地陷入成见的束缚，要么是完全没有能力超越乱七八糟的意见跃升到对最纯粹的真理的考察。不过，如果世界结构在其所有有利于理性造物的结合中所
〔346〕具有的协调一致，似乎不外是以普遍的自然规律为基础，那么就可以相信，除了人们并不指望其赞同的白痴之外，没有人会否认这一理论的正确性。人们还有理由相信，那些为了一个崇高的目的所作出的适当安排，必定是以一个聪颖的理智为创造者的；如果考虑到，由于事物的本性只有这一个本源，它们根本的、普遍的性状必然有一种自然的倾向，力图达到合理的、彼此之间协调一致的结果，人们也就会感到完全满意了。因此，如果看到有利于造物相互利益的世界状态的安排，并把这种安排归于从大自然的普遍规律得出的一个自然结果，人们也大可不必感到惊奇，因为从这些规律所产生的，既不是盲目偶然的作用，也不是非理性的必然的作用；它归根结底是以至高无上的智慧为根据的，普遍的性状从至高无上的智慧那里获得了其协调一致。这样一个结论是完全正确的：如果在世界的状态中显露出秩序和美，就存在着一个上帝。然而，另一个结论在理由上也不亚于前一个结论：如果可以从普遍的自然规律得出这种秩序，那么，整个大自然必定是至高无上的智慧的一种作用。

但是，如果有人完全随心所欲地在大自然那自身包含着和谐和有用目的的所有安排上认识神明智慧的直接运用，不相信从普遍的规律出发的发展能产生协调一致的结果，那么我就要建议，在观察世界结构时，不要把自己的目光只对着诸多天体

中的惟一一个，而要对着整体，以便从这种幻想中一下子就摆脱出来。如果地轴相对于年公转平面的倾斜位置由于四季可爱的变换而是上帝直接干预的一个证明，那么，人们可以在其他天体那里把这种性状作一下对比。人们将会发现，每个天体的转轴位置都是不同的。而且在这种不同之中也有一些转轴并不倾斜；例如，木星的转轴就与它的轨道平面相垂直，火星的则 〔347〕
几乎与其轨道平面相垂直，这二者都没有季节的变换，但却和其他行星一样都是至高无上的智慧的作品。土星、木星和地球都有卫星陪伴，如果对贯穿整个世界系统的这一目的的自由偏离，并不表明大自然在其自由行动中没有受到非常的强制的干扰而造成了这些规定性，那么，有卫星陪伴就似乎是至高无上的存在者的一种特别安排了。木星有 4 个卫星，土星有 5 个卫星，地球有 1 个卫星，虽然其余的行星由于其更为漫长的黑夜而显得比它们更需要卫星，但却连一个卫星也没有。如果把赋予行星的离心力与它们各自距离上的向心倾向成比例的相等，视为它们几乎是以圆形轨道围绕太阳运转并且由于从太阳获得的热量均匀而适于做理性造物的居住地的原因，对此表示惊赞，并把它看做上帝的直接干预，那么，只要考虑到，行星的这种性状是在逐步地递减，直到消失在天穹的深处，而且正是这个对行星的适度运动感到满意的至高无上智慧，也并不排除使星系因完全的无规则和无序而就此告终的种种缺陷，人们就一下子被带回到大自然的普遍规律了。大自然虽然有达到完善和秩序的本质规定性，但在其多样性的范围内也包含着所有可能的变化，直至缺陷和偏差。正是大自然的这种无限的丰富，它所造就的，既有有人居住的天球也有彗星，既有有益的山岭也有有害的礁岩，既有可供居住的田野也有荒无人烟的不毛之地，既有德性也有邪恶。

第三部分
以大自然的类比为基础 在不同行星居民之间 进行比较的尝试

谁知道所有世界中一个部分与另一个部分的关系，
谁认识所有的太阳和每一个行星的轨道，
谁了解每一个星体的不同居民，
谁才能理解和说明
万物为什么是如今的样子。

——蒲柏

〔351〕 附录

论各星体的居民

如果有人利用世俗智慧，以某种轻率的态度讲一些似是而非的话，随便开开玩笑，那么，即便他马上解释说，这只不过是为了取笑，我也认为这是对世俗智慧品格的侮辱。因此，在目前的尝试中，我将只列举那些确实能够有助于扩展我们知识的命题。同时，这些命题的可能性都是如此持之有据，使人们几乎不能不承认它们是成立的。

虽然在这类主题里，作出虚构的自由似乎没有真正的限制，在判断遥远世界居民的性状时，比一个画家在描画未被发现的土地上的植物和动物时，似乎可以更加无拘无束地纵情幻想，随心所欲，这样的想法似乎既不能被证实，也不能被驳斥，然而，人们必须承认，各天体与太阳的距离有着某些比例关系，它们对居住在这些天体上的能思维的物种产生了根本性的影响，这些物种活动和受动的方式为他们与之结合的物质性 〔352〕
状所制约，取决于世界根据他们的居住地与引力和热量中心的关系的特性而对他们施加的影响的程度。

我认为，虽然否认所有的行星或者大多数行星都有居民是不合理的，但也没有必要断定所有的行星都有居民。鉴于大自然的丰富性，由于各个世界和星系相对于造化的整体来说只不过是沧海一粟，所以也可能有一些荒凉而没有居民的地方，它们不能被极精确地用于大自然的目的，即用于为理性造物来考虑。在对上帝的智慧的根据产生怀疑的时候，似乎必须承认，沙漠和荒无人烟的不毛之地占了地球的一大片地方，而在大海中也有一些没有居民的荒凉的岛屿。然而，一个行星与造化的整体相比，要比一片荒漠或者一个岛屿与地球相比更小得多。

也许，并不是所有的天体都已经完全形成，一个大的天体要达到其物质的固体状态，需要几百年或许几千年的时间。木星似乎还处在这种斗争之中。其形状在不同时间里的显著变化早已使天文学家们猜测过，它必定经历着巨大的变化，它的表面也远远不像可以居住的行星必有的那样平静。如果它如今没有居民，而且也不曾有过居民，那么，与整个造化的大不可测相比，这是大自然怎样一种无限小的浪费呢？如果造化在空间的每一个点上都如此精细地展示它的所有财富，那么，难道不是与其说这是富裕的标志，倒不如说是贫乏的标志吗？

然而，人们还是可以更为满意地猜测：即便木星现在没有居民，但总有一天，在它的形成周期结束之后，它就会有居民。也许，我们的地球在处于能够供养人、动物、植物的状态之前，就已存在了千年或者千年以上。至于行星要数千年之后
〔353〕才能达到这种完善，这无损于它存在的目的。因此之故，一旦它达到了这种完善状态，它也将在未来的岁月里更长久地停留在这种状态中；因为有这样一个自然规律：凡是有开端的东西，都将不断地接近其衰亡，而且它离开其开端的那个点越远，就离衰亡越近。

那个诙谐的海牙人，在引述了来自科学王国的一般消息之后，以滑稽的口吻提出了所有的天体都必定有居民的幻想。这种讽刺性的观念不能不被承认。他说道："那些居住在一个乞丐头上的森林中的造物，很久以来都把自己的居处看做一个大不可测的球，把自己看做造化的杰作。后来，它们中间天生聪颖的一位，即这个族类的**小封德耐尔**，意外地发现了一个贵族的头。它立即把自己住处所有的滑稽家伙叫到一起，狂喜地告诉它们：我们并不是整个大自然惟一有生命的存在物。你们看，这里有一个新大陆，**这里住着更多**的虱子。"即便这一推论的结局引起了一阵哄堂大笑，那也不是因为它与人的判断方式相去甚远，而是因为正是这种在人那里以同样的原因为根据的错误，在虱子那里就更值得原谅了。

让我们不带成见地作出判断吧！这种昆虫，无论是就其生存方式还是就其微贱来说都很能表现大多数人的性状，所以能够很好地用来进行这样一种比较。由于按照它的想象，大自然很把它的生存放在心上，所以它把并不精确地以自己族类这个造化目的的中心为目的的所有其余造化都看做多余没用的。与存在物的最高等级距离同样无限遥远的人，也是如此大胆放肆地
〔354〕以同样的自负吹嘘自己存在的必然性。无限的造化以同样的必然性包含着它那无穷无尽的财富所创造的一切物种。从能思维

的存在物中最高贵的品级直到最受轻蔑的昆虫，没有一个环节是无关紧要的，没有一个环节可以缺少，否则就会由此损害在联系中呈现出来的整体美。不过，一切都取决于大自然凭借其原初植入的各种力量造成的普遍规律。由于大自然在其行事中总是产生出合理和秩序，所以没有任何意图能够干扰和打断它的序列。在它最初形成的时候，一个行星的产生只不过是它生产能力的一个无限小的结果；要它那有充分根据的规律去服从这个沧海一粟的特殊目的，岂不是某种荒唐无稽的事情。如果一个天体的性状给居住设置了自然的障碍，那么，虽然它拥有居民实际上会更好，但也是没有居民的。造化的卓越性由此没有受到丝毫损失；因为在所有的量中，无限者是那个不会由于减去一个有限的部分就有所减少的量。人们似乎要抱怨说，木星和火星之间的空间没有必要如此空空如也，此外还存在着没有居民的彗星。事实上，即便那个昆虫在我们看来如此微不足道，但它还是希望，大自然关心维持它的整个品类要甚于关心少数优等的造物；即便是一个地区或者地点没有这种优等造物，它们也还是无限众多。由于大自然就创造这两种造物而言都是无穷无尽的，所以人们立刻就能无忧无虑地看到，二者在维持和毁灭方面都是听凭普遍规律的。难道乞丐头上那些森林的拥有者在这片殖民地的族类中造成的破坏，不是比菲利普的儿子被恶鬼钻进头脑，认为世界只是为他而造，从而在他的同胞这个族类中造成的破坏还要更大吗？

然而，行星中绝大多数肯定是有居民的，即使现在没有，将来也总会有的。在这些不同种类的居民中，它们在世界大厦中的位置与发出赋予万物生机的热量之中心的关系将会造成什 〔355〕
么样的情况呢？因为毫无疑问，这种热量在这些天体的物质中将会按照其距离比例在其规定性方面造成某些比例关系。在所有的理性存在物中间，虽然人的内部性状对我们来说还是一个尚未研究的问题，但人仍是我们认识得最清楚的存在物，人必须在这一比较中充当基础和关联点。在这里，我们并不打算考察人的道德属性，也不打算考察人的构造的生理组织；我们只想研究，理性思维的能力和服从这种能力的身体运动，由于人所依赖的物质与同太阳的距离成比例的性状，而受到什么样的限制。且不说在思维力量与物质运动之间、在理性精神与身体之间可以发现的那种无限的距离，有一点毕竟是确定无疑的，那就是人所拥有的所有概念和表象都是来自于宇宙万物借助身体在他的灵魂中激起的印象，无论是就印象的清晰性而言，还是就被称为思维能力的那种把它们联结起来并加以比较的技能而言，人都完全依赖于造物主把他与之结合起来的物质的性状。

人注定要凭借身体去接受世界在他里面激起的印象和情感。身体是他的存在的可见部分，其物质不仅有助于居住在它里面的不可见的精神形成外部对象的最初概念，而且对于重复这些概念、把这些概念联结起来、简而言之也就是思维这些概念的内部活动来说，也是必不可少的。① 根据人身体发育的程
〔356〕度，其思维本性的能力也达到相应的完善程度，并在他的器官的纤维获得其发育成熟的强度和耐力之后，才达到成熟的、成人的能力。人能够用来满足对外部事物的依赖性使他产生的需要的那些能力，在他身上早就发展得很充分了。一些人就停留在这种发育程度上。而把得来的概念联结起来、借助自由地运用洞察力来控制情欲之偏好的能力，则出现得较晚。在一些人那里毕生都没有出现。但在所有人身上，这种能力都很弱，它

① 从心理学的理由出发已经澄清，根据造化使灵魂与肉体彼此相依的目前状况，灵魂不仅必须借助肉体的配合和影响才能接受宇宙万物的所有概念，而且其思维能力的发挥自身也取决于肉体的状况，并从肉体的襄助获得为此所必须的能力。

为低等的力量服务，而它本来是应当驾驭它们的，它的本性的优越性就在于支配这些力量。如果观察一下大多数人的生活，就会发现，这种造物之所以被创造出来，似乎是为了像一株植物那样汲取汁液和生长，延续族类，最后衰老和死亡。在所有的造物中间，人最少实现自己存在的目的，因为人把自己优越的能力都浪费在其他造物用更少得多、但却更可靠又合理得多的能力就可以实现的意图上面。如果对未来事物的期望不能使人得到提高，封闭在他里面的各种力量不能指望充分的发挥，那么至少在真正的智慧的眼中，人就会是所有造物中间最值得鄙视的一种了。

如果研究一下把人类保持在如此深重羞辱之中的那种障碍的原因，就会发现，这是由于人的精神部分所沉入的物质之粗糙，由于应当服从精神刺激的纤维之无韧性和体液之迟钝。人的大脑的神经和脑汁只能为人提供粗糙模糊的概念，并且由于他不能在其思维能力的内部用足够有力的表象与感性感觉的刺激对抗以达到平衡，所以他为自己的情欲所吸引，为维持他的器官的元素之混乱所抑制、所干扰。理性努力要摆脱这种状况，用判断力的光芒来驱散这种混乱，就像阳光在乌云不断地 〔357〕
干扰和遮盖它的明媚时所做的那样。

人类的结构中材料和组织的这种粗糙，是使灵魂的能力总是处于衰竭无力状态的那种迟钝的原因。反思和由理性澄清的表象的活动是一种灵魂不能不受到阻挡的吃力状态。由于肉体器官的自然倾向，它从这种状态出来又立即返回到一种受动的状态，这是因为感性的刺激规定和支配着它的所有活动。

人的思维能力的迟钝，是依赖于一种粗糙的、不灵活的物质的结果，它不仅是罪恶的根源，而且也是错误的渊薮。要拨开混乱概念的迷雾，要把借助观念的比较产生的一般认识与感性印象区分开来，是有困难的。由于被这种困难所阻碍，它宁可让位于一种匆忙的赞同，满足于占有一种使它难以从旁看清自己天性的迟钝和物质的阻力的认识。

在这种依赖性中，精神的能力与肉体的活力一起消失了：当年事已高，由于体液的循环减弱，体内只有浓稠的体液流动的时候，当纤维的韧性和一切运动的灵活性都减弱的时候，精神的各种力量也同样衰退了。思想的敏捷、表象的清晰、机智的活力以及记忆能力都变得僵硬无力。借助长期的经验获得的概念还在某种程度上补偿着这些能力的衰退，如果需要知性驾驭的强烈情欲不是与知性一起甚至更早衰退的话，知性也将更为清楚地暴露出自己的无能。

据此，从这里可以清楚地看出，人的灵活的各种力量由于与它密切相关的物质的障碍而受到了限制和阻碍；但是，更为
〔358〕值得注意的是，材料的这种特殊性状，与太阳根据其距离远近使它活跃起来并有能力管理动物性肌体所借助的那种影响的程度有一种根本性的关系。从世界系统的中心发出的火使物质保持着必要的活动，与火的这种必然关系，是同样由此出发在各行星的不同居民之间进行比较的根据，而每一种居民都根据这种关系由于其必然的本性而被限制在宇宙中给它指定的地方。

地球和金星的居民如果交换其居处，就不可能不造成双方的死亡。地球居民的形成材料是与其距离上的受热程度相适应的，因此如果受热程度更大，这种材料就会太轻、太易于挥发。在一个更为炎热的区域里，地球居民将会经受剧烈的运动而伤身，这种情况是由于体液的挥发和干涸以及其弹性纤维极度绷紧而造成的。金星居民粗笨的体格和形成其身体的元素的迟钝，需要太阳更大的影响。在一个更冷的天域里，金星居民就会冻僵并由此丧命。同样，构成木星居民身体的物质必定更为轻巧、更易挥发得多，以便太阳在这个距离上能够用来起作用的微弱激动，就能够使这些器官像太阳在下面的区域里所造

成的那样强有力地运动起来。对于这一切，我用一个一般的概念来加以概括：**一般来说，不同的行星离太阳越远，形成其居民乃至动物和植物的材料就必定越是轻巧、越是精细，纤维的弹性连同其肌体的优越配置就越是完善。**

这种比例关系是如此自然，如此持之有据，以至于不仅在自然学说中通常被视为薄弱根据的终极目的的种种动因将导向它，而且构成各行星物质的特殊性状的那种不仅为**牛顿**的计算、而且也为天体生成论的理由所阐明的比例也将证实它。按 〔359〕
照这种比例关系，形成各天体的材料在距离较远的天体上总是要比距离近的更轻，这必然要对在这些天体上繁衍和生存的造物造成一种相同的比例关系。

我们已经阐明了在构成各行星上理性造物的物质的性状之间进行的比较。根据这一考察的引论，可以轻而易举地看出，这些比例关系即便是在其精神能力方面也要造成某种后果。据此，如果这些精神能力必然依赖于它们所寄居的器官的材料，那么，我们就能够以一种不仅仅可能的猜想作出推论：**能思维的物种之优越、它们的表象之敏捷、它们通过外部印象所获得的概念之清晰和生动、连同它们综合这些概念的能力、最后还有在实际应用方面的灵活，简而言之，它们的全部完善性，都服从于某个规则，根据这一规则，他们的居处离太阳越近，他们就越优秀、越完善。**

由于这种比例关系具有一定程度的可信性，与一种已阐明的可靠性相距不远，所以我们发现了一个适合从不同居民特性的比较出发作出适当猜想的广阔领域。在各种存在物的阶梯上，人这个物种仿佛处在中间一段，它发现自己处在完善性的两个极限中间，与完善性的两端同样远。如果关于居住在木星或者土星上的最杰出的理性造物的想象激起了人的嫉妒心，使人由于认识到自己的微贱而自惭形秽，那么，看到金星和水星

这些行星上的低等物种远远低于人这个物种的完善性，人就又会感到满意和欣慰了。这是一种多么值得赞叹的景象啊！我们
〔360〕一方面看到这样的能思维的造物，在他们那里一个格陵兰人就好像是牛顿，另一方面又看到别的能思维的造物，他们把牛顿当做一只猴子而感到惊奇。

> 最近，上面的生物都在看，
> 我们这里的一位凡人
> 所做的事情实在离奇。
> 他们感到惊异，这个人居然发现了自然规律。
> 这种事情居然有可能让一个地球上的造物作出。
> **他们看待我们的牛顿，就如同我们看待一只猴子。**
> ——蒲柏

对于最高大域上的那些幸运的存在物的洞察力来说，认识方面的哪一种进步他们不能做到！洞察力的这种光照又怎会不在他们的道德品质上造成美妙的结果。知性的洞察力如果拥有完备和清晰的应有程度，就会比感性诱惑具有更强有力得多的魅力，能够战无不胜地控制这些诱惑，把它们踩在脚下。映现在所有的造物之中的神明，又怎能不极美好地映现在这些能思维的物种之中！这些能思维的物种作为一片不为情欲的风暴所动的海洋，平静地接受了它的形象并反映出去。我们不想让这些猜测超越为一篇物理学论文所规定的界限，我们只不过要再次说明一下上面已经阐明过的类比：**从水星到土星，或者也许还到土星上面（如果还有别的行星的话），行星上无论是精神世界还是物质世界，其完善性都将按照它们与太阳的距离成正比地递增和发展。**

既然这种状况都是出自其居处与世界中心的物理学关系，

部分是自然而然产生的，部分是适当地引起的，所以另一方面，最杰出的、适合于上面的区域里这些物种的特别完善性的配置的真实景象也如此清晰地证实了这一规则，以至它差不多可以使人深信不疑。与一个高级物种的优点相联系的这种行动敏捷，比迟钝的、不完善的造物的缓慢更适合那些天域里变换 〔361〕
迅速的时间周期。

望远镜教导我们，木星上昼夜的转换只有 10 小时。如果地球上的居民搬迁到这个行星上，面临这样的划分他将怎么办呢？10 个小时几乎还不够粗糙的器官为了通过睡眠恢复体力所需要的休息。为了醒时工作所做的准备、穿衣、用于吃饭的时间，什么不需要占用下面的时间呢？一个行动如此缓慢的造物，他的 5 个小时的工作突然被插进来的 5 个小时黑夜所打断，他怎么能够不精神涣散、难以做出什么像样的事情呢？与此相反，如果木星是由更完善的造物居住的，他们拥有更精细的体质，各种力量更富有弹性，行动更为敏捷，那么就可以相信，这 5 个小时对于他们来说相当于、甚至超过了对于低级的人类来说白昼的 12 个小时。我们知道，时间的需求是某种相对的东西，只要从要做的事情的大小出发与行动的速度加以比较就可以认识和理解这种相对性。因此，同样的时间，对一种造物来说仿佛只是一刹那，对另一种造物来说就可能是一个很长的周期，其中由于起作用迅速，能够发生一大串变化。根据上面所描述的对土星自转的大致计算，土星的昼夜划分要更短得多，因此可以猜测它的居民这个物种具有更为优秀的能力。

最后，所有这一切都协调一致地证实了上述规律。看起来，大自然的宝藏在世界遥远的一面分布得最为丰富。这里分布着大量的卫星，它们为这些区域里的勤劳的存在物提供了充分的替代品，补偿他们缺少的日光。大自然似乎非常细心地为他们的活动提供了种种帮助，以便没有任何时间妨碍他们利用 〔362〕

这种替代品。就卫星而言，木星与所有下面的行星相比占有明显的优势，而土星又对木星占有优势，土星的配置由于环绕它的那个美丽同时有用的环而有可能在其性状上有更大的优势。与此相反，对于下面的行星来说，这种宝藏也许未加利用就被浪费掉。它们的居民品类与无理性更接近得多，这些行星要么根本不、要么是很少具备这种优点。

但是，不能（我要抢在一种有可能推翻上述所有这种协调一致的异议之前）把与太阳这个光与生命之源的距离较远看做一件坏事，把较远的行星显示出这样一些详尽的配置，看做只是为了补救这种坏事；也不要提出异议说，事实上，上面的行星在世界大厦中处于一个不怎么有利的位置，由于它们从太阳获得的影响较弱，这种地位会妨害它们的配置的完善性。因为我们知道，光和热的作用不是取决于它们自己的强度，而是取决于物质接受它们以及或多或少抵制它们的能力；因此，同样的距离对于一种粗糙的物质来说可称为气候适宜，但却会驱散更为精细的流质，对它来说强烈得有害；因此，只有一种更为精细的、由更为易动的元素构成的材料，才能使木星或者土星与太阳的距离对于二者来说成为一个幸运的位置。

最后，上面这些天域里的各种物种的优越性似乎还由于一种自然而然的联系而与他们配享的持久性相关。衰变和死亡不会像对我们这些低等的物种那样，造成那么多的损害。物种的迟钝和材料的粗糙是下面这些等级低贱的特殊本源，也是他们趋向衰亡的原因。体液渗透到纤维之间，附着在纤维的质量
〔363〕上，从而使动物或者人得到营养，能够生长。如果体液在生长已经完成的时候不再能同时使其管脉扩张，那么，这些附着的营养体液就必然正是由于被用来使动物得到营养的那种机械作用，使其管脉变得狭窄，并堵塞它们，通过日益加剧的僵化摧毁整个器官的结构。可以相信，尽管最完善的物种也要受到短

暂性的煎熬，构成那些居住在遥远行星上面的较完善的存在物的材料之精细、管脉之弹性、体液之轻巧与效力等方面的优势，却能更长久地阻止作为一种粗糙物质的迟钝带来的后果的衰竭，给予这些造物一种其长度与其完善性相匹配的寿命，就像人的生命的衰竭与其低贱成正比一样。

在我抢先提到一种怀疑之前，我还不能结束这一考察。如果把上述意见与我们前面的定理加以比较，这种怀疑就会自然而然地产生出来。我们在世界结构的配置上，根据照耀最远轨道上的行星的那些卫星的数量，根据绕轴自转的速度，根据它们的组合与太阳的作用相匹配的材料，认出了上帝的智慧，它把一切都安排得如此有利于居住在这些行星上的理性存在物。但是，如今要怎样把关于目的的学说与一种力学学说协调起来，以使至高无上智慧所设计的东西能被委托给原始物质、天意的统治能被委托给自行发展的大自然去实施呢？难道前者不是承认，世界结构的安排并不是借助后者的普遍规律发展出来的吗？

只要回想一下前面出自同样的目的阐述的东西，就可以马上驱散这种怀疑。难道不是所有自然运动的力学都必然具有一种根本性的倾向，要得出与至高无上的理性的设计在全部联结的范围里完全协调一致的这些结论吗？由于得出这些结论的所有力学特性都已从神的理智的永恒理念中获得了自己的规定性，万事万物都必定在神的理智中相互联系、相互配合，力学 〔364〕
又怎么能够一开始就有步入歧途的倾向和放荡不羁的散漫呢？这种判断方式把大自然看做一种讨人嫌的东西，只有凭借一种为它的自由行为设置界限的强制才能把它维持在秩序和相互协调的轨道上，而不是认为大自然是一个自身充足的本源，其特性没有任何原因可言，而上帝则尽其所能地把它强行纳入自己意图的计划。如果好好地想一想，又能怎样为这种判断方式作出辩解呢？人们越是切近地认识大自然，就越是认识到，各种事物普遍的性状并不是互不相干、彼此分离的。人们将得到充分的证明：各种事物都有本质上的亲缘关系，它们凭借这种亲缘关系相互适应，在建立完善的状态方面相互支持，这是各种元素为了物质世界的美、但同时也是为了精神世界的利益而发生的相互作用；一般来说，在永恒真理的领域内，事物各自的本性可以说已经彼此间构成了一个事物与另一个事物相关联的体系；人们还将马上就明白，事物都是从起源的共同性中获得这种亲缘关系的，它们都从这一起源获得了自己的本质规定性。

因此，我们要把这一反复进行的考察运用于预定目的。正是这些把最上面的行星安排在远离世界系统中的引力和惯性中心的地方的普遍运动规律，把这些行星由此也同时置入最优越的状态，让它们在最远离粗糙物质的引力中心的地方、以更大的自由形成起来。但它们同时也把这些行星与按照同样的规律从那个中心散发出来的热量的影响置入了一种合规则的比例关系之中。由于正是这些规定性使天体在这些遥远的区域里的形成更加不受阻碍，使依赖于此的运动的产生更快，简而言之，使系统更为合理；由于归根结底精神存在物对它们亲身与之结
〔365〕合的物质有一种必然的依赖；所以，大自然在这两方面的完善性是在各种原因的惟一一种联系中、出自同样的理由造成的，这也就不足为奇了。因此，如果加以仔细的考虑，那么，可以看出这种协调一致并不是什么突如其来的、出乎意料的事情，而由于精神存在物被同样的本源编织在物质大自然的普遍状态之中，所以，出自星体世界在遥远的区域更完善的同样原因，精神世界在遥远的区域里也更完善。

这样，在整个大自然的范围内，万事万物都以一个连续不断的程度序列，凭借使所有的成员彼此相关的那种永恒的和谐

而联系起来。上帝的完善性清晰地启示在我们这些等级中，而且在最低的等级中一点也不亚于在较高的等级中那样辉煌。

> 一根怎样的链条从上帝发轫，
> 又是怎样的物种纷纭，
> 从天上到人间，从天使、人到畜生，
> 从六翼天使到苍蝇。
> 啊！一望无际的辽阔，
> 从无限者到你，从你到虚无！
>
> ——蒲柏

我们迄今为止的猜想都是忠实地沿着自然关系的导线进行的，这条导线使我们的猜想保持在合理的可信性的道路上。我们难道还想允许自己离开这条轨道涉入幻想的领域吗？谁能够给我们指出持之有据的可能性终结而任意的虚构开始的界限呢？谁如此大胆地敢于回答这一问题：是否罪孽也统治着世界结构的其他星球？或者，是否惟有德性才在那里实施统治？

> 星体也许是美好精灵的住所，
> 这里是邪恶横行，那里却是德性当政。
>
> ——冯·哈勒

在智慧与无理性之间，难道就没有某种中间状态属于能够犯罪的不幸能力吗？谁知道，那些遥远天体上的居民并不太高贵，也不太聪颖，以致堕落到蕴含在罪孽之中的愚蠢里面，而 〔366〕
住在下面行星上的居民，则太死死地束缚在物质上面，太缺乏精神的能力，以致不能在正义的裁判席前承担起自己行为的责任呢？以这种方式，也许惟有地球、或者还有火星（有了不幸的伙伴，我们就可以不被剥夺可怜的慰藉了）才处在危险的中间道路上。在这里，与精神的最高统治相对立的感性刺激的引诱，具有强大的诱惑力，但并不能否认这种最高统治在精神的惯性不愿意沉溺于这种引诱之中的时候，有能力使精神抵御这些诱惑。因此，在软弱和能力之间存在着这种危险的中间点的时候，正是使精神高于低等级别的那些优点，把精神置于某种高度，而精神又可能从这里出发无限深地堕落到这些低等级别之中。事实上，地球和火星这两颗行星是行星系最中间的成员，就其居民而言，也许他们不可能不猜想自己是自然性状和道德品质在两个端点之间的中间环节。不过，我宁可把这一考察留给那些对一种无法证明的认识更多地感到心安理得、更多地感到承担这种责任的倾向的人们。

结束语

人如今究竟是什么样子，虽然意识和感觉应当对我们有所教益，但我们还是不很清楚；至于人将来会成为什么样子，我们就更无法猜测了！尽管如此，人类灵魂的求知欲仍忍不住急切地研究这个离它如此遥远的对象，并力图在这样阴晦的认识中获得一线光明。

不朽的灵魂在就连死亡也不能打断、而只能有所改变的未来时间全部无限延续中仍始终附着在世界空间的这个点上，即
〔367〕附着在我们的地球上吗？人类灵魂永远不能就近分享造化的其他奇迹吗？谁知道，能不能设想人类灵魂有朝一日切近认识从远处就如此吸引着其好奇心的世界大厦那些遥远星球及其配置的卓越性呢？也许，行星系还在形成着一些星球，以便在为我们此处的居留所规定的时间结束之后，能在其他天域找到新的住所。谁知道，围绕木星运行的那些卫星，不会有一天照耀着

我们呢？

用这样的表象来自娱，是允许的，也是合适的。然而，没有人把关于未来的希望建立在想象力如此不可靠的景象之上。在虚荣心不再参与人类本性之后，不死的精神将迅猛超越一切有限的东西扶摇直上，在与出自同至高无上存在者更切近的结合的整个大自然的新关系中继续其存在。此后，这个提高了的、自身包含着幸福之源的物种，将不再以外界的对象为娱，在外界的对象中寻求慰藉。造物总体与至高无上原始存在者的喜悦有一种必然的协调一致，它必定把至高无上原始存在者的喜悦当做自己的喜悦，将永远使它满意。

事实上，如果人们让自己的心灵对这样的考察和上述的东西思索一番，那么，在晴朗的夜晚遥望繁星密布的天穹，就会是只有高贵的灵魂才能感到的一种享受。在大自然万籁俱寂、感官歇息的时候，不朽精神的隐秘认识能力就会说出一种无法名状的语言，给出一些未展开的概念，这些概念只能感受，却无法描述。如果在这些行星上能思维的存在物中间有一些低贱的存在物，他们不顾一个如此伟大的对象能够用来吸引他们的所有魅力，依然能够顽固地受虚荣心役使，那么，这颗行星居然培育出这样的可怜虫，该是多么不幸啊！但另一方面，由于 〔368〕
在一切最值得设想的条件下，为它开启了一条通达幸福和崇高的道路，这种幸福和崇高远远超过了大自然在所有天体中最有利的安排所能达到的优越性，它又是多么幸运啊！

1755 年

论　　火

若干沉思的简要说明

谨呈
慨然惠允
审查鄙人论文的最卓越的哲学系
哲学教师

伊曼努尔·康德

哥尼斯贝格
1755 年 4 月 17 日

韩东晖　译
李秋零　校

设计的理由 〔371〕

在此，我并不打算用区区几页纸就完成这件本该把最重要的主题交给大部头著作去处理的工作。这里我仿佛杂乱无章地递呈给最卓越的哲学系，供仁慈地加以审查的简要沉思，只是一个理论的草图而已；假以时日，它们将给我带来更丰满的研究的收获。我无处不在谨防自己像通常发生的那样，放任地沉迷于假定而武断的证明方式，而尽我所能极为严谨地遵循经验与几何学的导线，没有这根导线，则无由发现走出大自然迷宫的道路。由于火的力量主要体现在稀疏物体和消解它们的结合，为了行之有道，预先略谈一谈物质的凝聚和流质事物的本性，我认为并不是不相干的。

第一章

固态物体与流质物体的本性

命题一　物体的流动性，不能像绝大多数物理学家从笛卡尔学说出发认定的那样，通过物质分解成各个极纤细而光滑的、把极松散地粘连在一起的部分来解释。

试以三角形 ABC 表示一个由极小的球形微粒堆成的圆锥体的截面。我认为，这个聚合体并不是要把自己的表层按照上述规定的条件安排成在流质事物中必然出现的样子。确实，假定微粒 a、m、n、h 紧贴在微粒 c、e、g、d、f、i 下面，它们中间无一例外地保持静止，除非上面的微粒推动下面的微粒左移或右移，否则它们是不会离开其位置的。但是，上面的微粒因其重力而对微粒 a 施压使其右移所用的力 va，根据力的合成，是重力 co 的一半，这样的情形适用于整个聚合体。由此可以清
〔372〕 楚地看出，只要有某种力阻挡最边上的微粒 a 和 z，那么，这个聚合体将不会铺开为水平的形体，而是犹如沙漏里的沙粒或其他任何一种被研磨为细末的物质那样，呈圆锥形，如图 1。

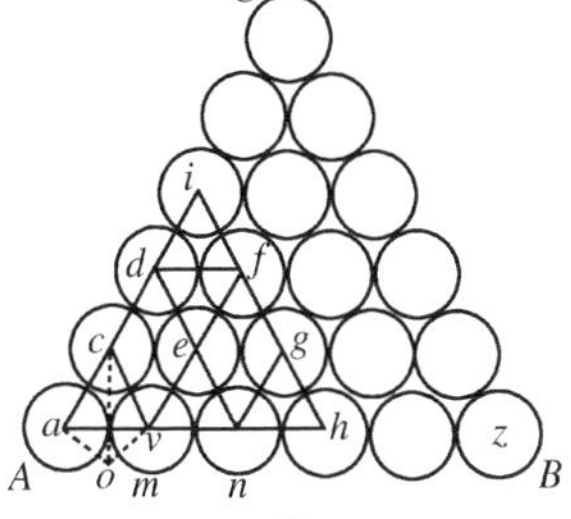

图 1

命题二　微粒无论多么精细，多么松散地粘连在一起，其聚合体都不会满足静力学的规律，把与高度成比例的压力运用到边上，因而也就没有流动性的根本特征，除非微粒相互挤压时以某种弹性物质为中介，借它的力量朝各个方向均匀地传递其重量的元素。

既然从前面的命题已经可以看出，聚合在一起、彼此直接施加压力的微粒并不对边上施加与其高度成比例的压力，所以就必然有某种别的物质处于流质的元素之间，以它为中介，重量的元素得以向各个方向均匀地传递。由于在某处受压后使劲以同样的力向别处扩展的物质，通常被称为弹性物质，所以，流质事物的坚实分子必定不是直接地、而是借助某种混合在其间的弹性物质互相贴近的；借助这种弹性物质的力量，来自上面的任何压力都会以同样的量施加到边上。

这就马上有必要证明，存在于流质物体的元素之间的这种弹性物质就是热物质。

命题三　与流质物体一样，固态物体相互结合，凭借的也不是其分子因直接接触发生的粘连，而是其分子以某种弹性物质为中介发生的粘连。

正如上面所证明的，流质物体以某种弹性物质为中介粘连在一起。然而，由于金属和其他同类物体由流质而凝固，总是随着热量减少的程度，所占据的体积越来越狭窄，按照任何量度都紧挤在一起，而它们的元素也并不缺少可以越来越紧密相依的间隙，因此，它们并不是凭借直接接触结合在一起的：显然，即使是固态物体的堆块，也包含着某种混杂在它们的各个部分中间的物质，借助于这种物质，无法相互接触的坚实分子却互相吸引，或者宁可说粘连在一起，从而以这种方式与流质事物一致。

〔373〕

命题四　固态物体的现象可用上述物质的力量来解释，借助这种物质，物体的元素虽然无法相互接触却相互吸引。

固态物体，尤其是从流体凝固而成的，如金属和玻璃等等，具有一种特殊而值得注意的性质，即如果给它下面系上一个重物，它稍被延展而不至断裂。因此，它们在各部分最密切的结合中所能够承受的重量，也就是它们在彼此分离一些的时候也还能够承受的重量，也是它们在最大的延展程度上能够承受的最大重量。由此我认为，这一现象不能用坚实微粒彼此直接粘连的观点来解释。也就是说，如果一根金属丝是由微粒组成的，这些微粒或者按照图 2 那样结合，或者按照图 3 那样排列以尽可能排除空的间隙，或者像图 4 那样是表面彼此接触的平行六面体，以致它们虽因 *a*、*o*、*ι*、*e* 等位置系有重物而离开接触但其他表面仍粘连在一起，那就马上可以看出，即使这样系着重物的金属丝稍稍在长度上延展一点，图 1 中的各部分就会由于不再互相接触而马上断裂。而如果假定，放置在边上的部分 *a*、*b*、*c*、*d* 在长度受到延展时会向里面回收以防断裂，则密度就会有所降低，那么，先前它们尚对重物作出让步，此时就更不能与之对抗了。在微粒的所有表面都相互接触的图 4，如果只有某些部分相互接触，则毫无疑问要被重物所分开。因此，在能够列出的每一个事例中，金属丝若非同时断裂就不能被伸长。但这与经验相悖，显然，固态物体的元素不是以直接接触、而是以某种物质为中介在一定距离上相互吸引的。

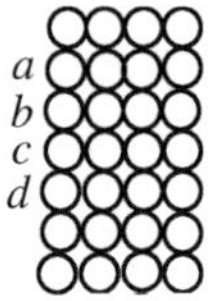

图 2

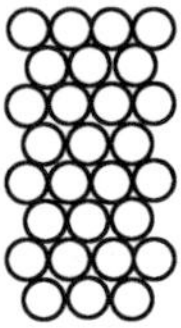

图 3

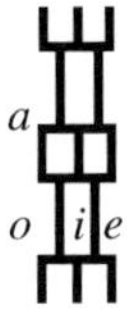

图 4

接下来，我将检验一番，从我自己前面作的假设出发，依照自然规律和几何学规则解释固态物体的现象。也就是说，如果我假定一个从流质凝固的物体扩展其元素的这种排列，被处在中间的弹性物质分离开一些，彼此不发生接触，如图 5 所示总是构成 3 个等边三角形（如果因彼此吸引而聚集在一个极狭小的空间里，它们就总是获得这种排列），那么不可避免的是，当附加的重物沿 *ad* 方向往这边拉动微粒系统，则微粒 *a* 与 *c* 之间的距离将如图 6 所示增大，而距离 *ab* 和 *bc* 则保持与先前一样大，因为当元素 *b* 趋近点 *d* 时，它将同 *a* 和 *c* 二者围住一个比以前图 5 更大的角。以这种方式混在中间的弹性物质的密度保持不变（因为被拉伸的物体的体积并未延展），而微粒 *a* 和 *c* 的吸引或者宁可说粘连也绝没有因这种连接而减小。在如此程度上连接 *a* 和 *c* 的微粒 *b* 的引力在使微粒 *a* 和 *c* 拉伸或者 〔374〕
分离时如图 6 所示与线段 *ad* 成比例，尽管如图 5 所示，此前因为角 *b* 较小，此线段亦较小。因此，在微粒受到某种延展的时候防止它们四分五裂的力，便与线段 *ad* 直接成比例增长，也就是说，根据拉伸的量而增长。

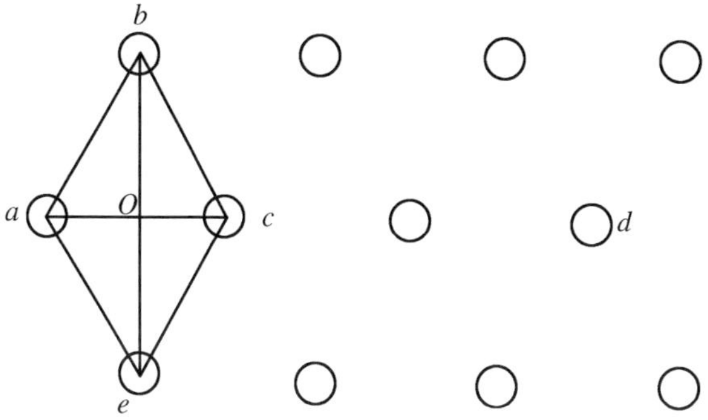

图 5

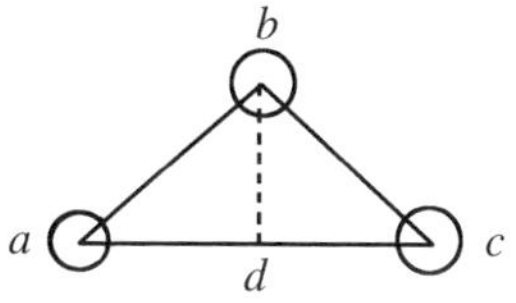

图 6

命题五　所发现的弹性物质被压缩进与力成比例的空间中所依据的规律，最与我们引证的假设相符。

在固态物体中通常所谓的压迫，倒不如更确切地称之为扩张或者延展；因为固体物质比水更不能被压迫力逼入更狭小的空间，这是不言而喻的。试令一弹性物体 $fecb$（图 7）完全固定在墙壁 ab 的 fb 处，并被压向墙那一侧，使其位置成为 $ixfb$，我认为，首先，弹性物体的外侧边缘 bc 由于这个原因而被延展一点，而且，延展得越多，需受的压力也就越大。其次，根据我们的原理，只要压力适度，把弹性物体经过某个空间移向墙壁 ab 的力将与这些空间成比例。

因此，如果弹性物体受某种力压迫移到位置 2，通过空间

cs 移动得更接近墙壁，线段 ec 就被移动到位置 ix。如果线段 is 被引导穿过密实的物质，并与线段 ec 平行，那么将是 $if=so=cm$，且 xo 也被延展而比外侧边缘 cm 多出 xs 这个部分。然后，如果继续压迫，直到此弹性物体移到位置 3，即 $gkjb$，并与 ec 平行地引导 gh，那么延展的量 kh 将大于量 xs。从以上的证明可以清楚地看出，以这种方式位置 3 比位置 2 需要更多的压力。

现在，必须探索压迫力究竟以何种方式与其空间有对比关系的。位置 2 中的边缘 xb 无论弯曲多少，如果压迫适度的话，〔375〕都可以被看做直线；位置 3 中的线段 kb 亦复如是。进一步假定，延长位置 1 上的弹性物体的水平线段 ec，使其经过点 i 和 g，由于在压迫适度的情况下它非常接近这种状态，这样的假定可以没有什么问题。因此，在三角形 ixs 中，角 x 等于角 c，因为弹性物体的这一线段与位置 1 中是相同的；角 s 也等于其对角 o。因此三角形 scb 和 isx 是相似三角形。同样，位置 3 中的三角形 gkh 也与三角形 hcb 相似。由此可得如下论证：

$$\begin{array}{c} ix : xs = bc : sc \\ \underline{kh : gk\ (ix) = hc : bc} \\ xs : kh = sc : hc \end{array}$$

也就是说，弹性物体的外侧边缘 bc 被延长的量 sx 和 kh 与压迫空间 sc 和 hc 成比例（图 8）。

既然从命题四可知，根据我们的假设延展的力必然与延展的量成比例，那么在这一事例中就很明显，压迫弹性物体的力也与压迫的空间成比例。

我们公布的这些结论，出色地巩固了发表在 1705 年出版的《巴黎王家科学院备忘录》中《论火》关于对弹性物体的压迫所宣布的东西。如果仔细地考察一番的话，它们是用其他任何假设都无法如此恰切而一致地加以解释的。

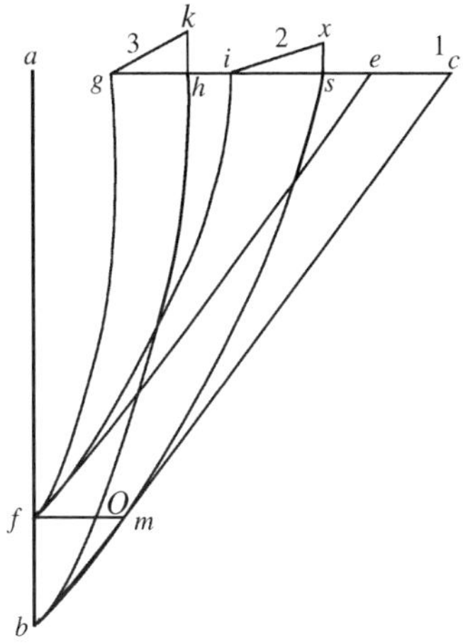

图 7

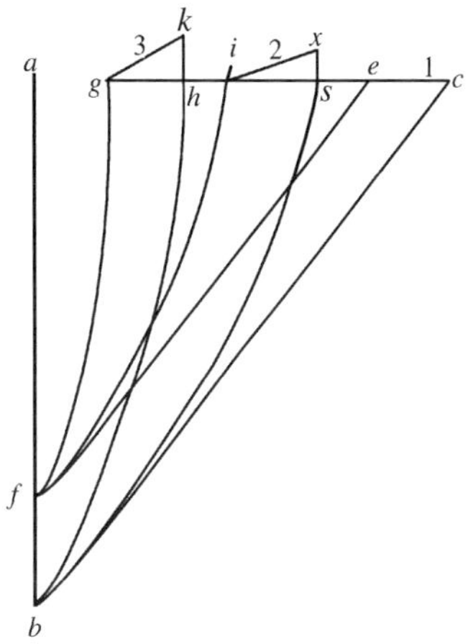

图 8

一般性的绎理

因此，如果我的论断不错的话，任何物体所包含的坚实部分，都是以某种弹性物质为中介仿佛是纽带一般统一起来的。基本的微粒与这种物质混合在一起，尽管没有了彼此的接触，但借助这种物质的力量又彼此吸引，而且结合得肯定比通过直接接触所能达到的更为紧密。因为绝大部分是球形的分子，其接触如果勉强发生在一个点上，将无限地弱于通过整个表面呈现出的粘连。出自这一理由，元素的排列在其粘连不受损害的情况下就能够发生变化，而且同时可以看出，如果从间隙中部分地除去把元素结合起来的物质，那么元素之间就能够更为接近，并收缩体积；反过来，如果这种物质的量增多，甚或其弹性增大，那么，物体的体积就会增长，其微粒会在不损害其粘连的情况下彼此脱离。上述这一切在火的理论中至关重要。

〔376〕

第二章
论火的物质及其变易、热与冷

命题六　经验
火证明自己在场，首先是使物体不分流质还是固态，都在所有方向上变得稀疏，其次是松懈物体的结合而削弱其粘连，最后使其各部分消散为热气。而冷则相反，它减小物体的体积，增强粘连，使柔软韧性的成为坚硬的，使流质的成为固态的。热主要在固态坚硬的物体中或者由摩擦或者由振荡引起。在任何物体中，热都不能增长至无限。熊熊燃烧的物体决不会越过其沸腾的临界点，虽然燃烧者通过烧尽常常会获得更多的热量。

热的其他值得注意的现象我在这里就不想提了，因为下面将到处遇到它们。

命题七　火的物质无非就是(上一节所描述的)弹性物质，无论什么样的物体，它都与其元素混合在一起，使之结合起来；它们的波动或者振动就是所谓的热。

经验（见命题六）指出，物体无论是受到摩擦还是受到震动都会燃烧，而且在所有方向上都被均匀地稀疏。既然这证实了延伸进物体的团块里面、并且遇到刺激就努力延展的某种弹性物质的在场，此外既然根据第一节所证明，任何物体都拥有包含在间隙中的弹性物质，这种弹性物质追求微粒的结合，又能够受到激发而作波动，呈现出热的所有现象，那么很明显，它与火的物质没有区别。

从沸腾现象出发对这一点的证明

被热所液化的物体，在因为增加的火越来越多而导致沸腾的时候，就不能再容纳热度，并在这种状态中释放出大而有弹性的、与承载它们的大气重量相等的气泡，并一直持续到火将
〔377〕它们驱散。如果这些气泡不包含任何弹性的气体，除了火的物质之外也没有别的东西进入充满热的物体，那么问题就来了：既然在沸腾之前热同样进入水中，并且在此时除了某些小气泡之外并不释放有明显弹性的东西，为什么会刚好在沸腾的那一刻释放这种东西呢？既然很容易看出，我们称为火的那种弹性物质，在之前和此刻都同样包含在变热的流态团块中，虽然体积有所增大，但却一直受到微粒的吸引力的削弱和压制，只要它的量与其波动的剧烈程度相结合还不大于分子的引力，而在它壮大起来，使它的活动已经超过了其弹性力时，再次增加的全部火物质借助自由的弹性，仿佛是进入一样穿透流体的介质，既然可以说压力已经为这种火物质进入一切热物体开放，那么，这里就没有什么我们要怀疑自己这个命题的真实性的。

命题八　热的物质无非就是被物体强大的吸引力（或者粘连力）压入物体的空隙中的以太自身（或者光的物质）。

首先，正如牛顿从折射和反射现象所说明的，密度较大的物体对光的引力极为巨大，据这位无与伦比的人物计算，临近

接触时引力是重力的干扰的1亿亿倍。既然光的物质是弹性物质，那么毫无疑问，它最终会被一种极大的力迫入、也就是说压入较小的空间；既然物体的微粒到处都遇到这种易于接近的光物质，那么，对于我们已经在物体里面证实了的弹性物质与以太没有区别，究竟还有什么可犹豫的呢？

其次应当注意的是，那些特别有能力折射光的物质，也更有能力从移近的火吸收更多的热；由此可以看出，那种极力把光与自己结合起来的引力，同样也把与自己密切结合起来的火物质留住不放。根据牛顿和其他一些人的实验，油以比依据其特有的重力更大得多的力折射即吸引光线；甚至获得比依据其特有的重力更高得多的沸点，例如松节油等。油是火焰的真正燃料，在这种状态下，既然它们向四面八方发光，就说明热的物质与光的物质是尽可能高度一致的，或者更确切地说是没有区别的。

这一点可以从玻璃的透明性得到证明 〔378〕

如果采纳与自然规律最一致、最近由极为著名的欧拉用新的辩护予以捍卫的假说，即光确实不是发光物体的流溢，而是到处分布的以太延伸的压力，而且如果考虑一下玻璃透明性的起源，人们就会坦率地承认以太与火物质的关系，更确切地说它们的同一性。玻璃是借助火的力量用碳酸钾即一种强碱性的盐和沙砾熔炼而来的。既然碳酸钾经过长时间的猛烈焙烧就会造成与火物质的完全结合，那么，当它与沙砾混合起来时，它就会通过整个玻璃块散播火的这种弹性要素；而且，既然可以证明，这种由流质凝固而成的物体无论如何改变，也并不拥有开放的、直线的、总是让光通过的通道，而是说玻璃被自己的物质所充满更为合乎理性，可见，由于光依然透过玻璃块而散播开去，光物质本身是与玻璃的各部分混合在一起、是其团块的一个部分。由于我们已经看到，火的物质构成了玻璃的一个不可轻视的部分，而且大量地散布在其坚实元素之间，所以，热物质与以太或者光的元素完全是一回事，就是无可置疑的了。

命题九　测量热的程度，即用数字表述不同程度的热相互之间的关系。

巴黎王家科学院的著名成员阿蒙通就是第一个阐明了这一问题的解决方案的人。既然火的力量主要表现在使物体稀疏，那么，借助与稀疏的努力相对抗的压力来测量它的量，就是适当的了。由于已经发现气体无论热量减少多少，都会对压力作出让步,体积也会减少，以至于可以正确地认为气体的全部弹性只来自热，这位著名的人士就依据这一假设建立了一套方案，借助因热而膨胀的空气的弹力、即借助以这种热量所推动的空气在体积相同时所能承载的重量来测量热的程度。

注解

根据布尔哈维的报告，是华伦海特第一个注意到用火加热而至沸腾的液体的特殊性质，即无疑是大气的重量越大，热的程度也越大，而空气的压力越小，沸点的热的程度也越小。根据巴黎科学院的报告，莫尼埃在测试沸水的热以及沸点超出冰点的高度时，也发现了同样的东西。他先是用列氏温度计在波尔多、然后又在米迪山的最高峰进行测量，在那里气压计比前一个地方低 8 寸。他在两个地方观察到的冰点都一样，但沸点
〔379〕的热却比他在波尔多用气压计测得为 28 寸的沸点热降低了沸点高出冰点之差距的 15/180，这样，波尔多沸点的热要比米

迪山上沸点的热高出它的 1/12，而这一差额是由两地大气重量大约 1/3 的差额造成的。由此可以看出，如果把全部空气的重量从沸水中除掉，就会除掉冰点与沸点之间的热的 1/4。因此，既然没有空气的压力就能够给沸水造成较低程度的热，而增加空气的重量就能够给它造成较高程度的热，那么，大气的重量所做的事情，无非就是把重量反向施加于火的微粒的波动上，而水的元素自身的引力尚不足以使它们聚拢在一起。由此可以猜想，致力于在沸点从水的结合中逃逸出去的以太究竟是如何借助弹性力量成功的，以及水究竟是如何借助微粒的引力(或者引力不足时借助外部的压力）阻碍它的。实际上，由于根据值得赞扬的阿蒙通的说法，冰点与沸点的热相差几乎不到 1/3，而且介于冰点与沸点之间的热的 1/4 需要有与整个大气重量相等的力，所以可以得知，对于保持沸腾时总的热量的均衡来说，12 倍大气的重量是必要的。因此，水的元素的引力自身就等于 11 倍空气的压力。由此可以得知这些水元素在冰点的引力，得知为了压迫弹性的以太，金属的引力要更大得多。

色贡达也做了同样的观察，他发现水的稀疏程度在所说的那座山上较大，在波尔多则较小，其比率占总体积的 1/24 到 1/35，加以计算，这恰与大气重量成反比，即 20∶28。因此在这一著名的事例中，希蒙托科学院用实验确证，已经看不到水对抗任何压力的那种极顽强的阻力了。

命题十　陈述蒸气根据我们理论的上述内容已得到解释的本性和原因。

蒸气的本性

蒸气无非是从液体表面分离出来的、悬浮在空气中的潮湿微粒，它们具有自身特殊的、近乎令人惊讶的性质，即因接触而相聚的同质液体分子在多大的程度上急切地统为一体并自动地溶为一个团块，当它们被释解为稀薄的蒸气并为必要的热度所驱迫的时候，就以多大的程度从它们相互的接触和结合当中
〔380〕逃逸出去，并且用牛顿的话说强烈地互相排斥，以致根本找不到一种巨大的力量足以压迫它们，使它们结为一体。因此，当水蒸气受到火的相当大的作用时，就会迸破最坚固的容器，而且每一种蒸气都根据其自身的性质，常常表现出令人惊奇的弹性。

原因

这种现象的根据，就我所知，尚未被物理学家充分地考察。因此我来探究它。

从水的表面挣脱的、以即使用显微镜也很难观察到的气泡形式形成的极稀薄的表皮，就是水蒸气的要素。不过，在某个时候被热更强有力地驱赶的时候，如此众多的细微气泡在如此程度上从其接触中逃逸出来，这究竟是为了什么呢？我马上就来解释。既然根据我们的理论以上所述，水与所有其他物体一样，都是借助吸引力留阻压入自身团块内的以太弹性物质，而且从已证明过的可以得知，吸引力不仅受接触限制，而且也受一定的距离限制，因此，虽然吸引力有时确实延伸到更远的距离，但在吸引力与来自热的波动的排斥力达到均衡时，水分子就在那个紧接点上彼此紧紧粘连。在图 9 中，线段 ef 表示这种距离，我们必须把它设想得非常短，并且让结合在一起的水微粒的这一距离与微粒 eg 成比例。进而，在图 10 中，平行四边形 $abcd$ 是水的一小部分，其厚度 ba 极小，可以等于线段 ef。由于根据预设的命题，水元素相互之间的引力在距离 $ba=ef$ 之外就不再起作用，如果微粒被安置在点 a，它将感受到所

有透过此厚度组合起来的微粒的吸引力，因此，它将尽流体的性质所能与这些微粒极为紧密地粘连在一起，即使我们给水的这个小部分再增加一块 *bhid*，也不会使之粘连得更牢固了。实际上，如果它移开极小一段距离 *am*，它就不再受到水的这整个小部分的吸引，而只受到 *anoc* 这一小部分的吸引了，从而它致力于结合的力量就会减小。且把图 10 中的平行四边形转换为另一个更薄的平行四边形，即图 11 中的 *hkrs*。任何一个接近点 *h* 的水微粒所受到的吸引都要弱得多，而且既然被这个表皮拘禁的以太绝大部分都把自己从这一增大了的表面释放出去，那么很清楚，在这种状态下一个被热的交替移近的微粒将被驱离点 *h* 的距离，就要远远大于前一种条件下所能产生的，而且这个表皮越薄，微粒从接触中逃逸出去的力量也就越大。进而，由于薄表皮 *hkrs* 在这个剩下的图形中将会变成球 〔381〕
形，通过以这种方式在各个方向上增大其厚度，获得在与过去相同的距离上把其他微粒与自己结合在一起的力量，所以，如果它要保持蒸气的特性的话，就必然把自身团成图 12 中气泡的形式，这样，直径 *ab* 变小了，厚度减小了，以致被安置在直径两端的点 *a* 和点 *b* 之间的距离就会小于距离 *be*。以这样的距离，由于以太的排斥力等于吸引力，两个点如果能够自由伸展自己，就会俨然静止下来。在这种状态下，气泡既会极力扩展，也会成为弹性蒸气的元素。不过，同质的两个气泡之间的距离 *cd* 总是与直径 *ab* 相等，这一点从业已证明过的东西来看是一目了然的。

图 9

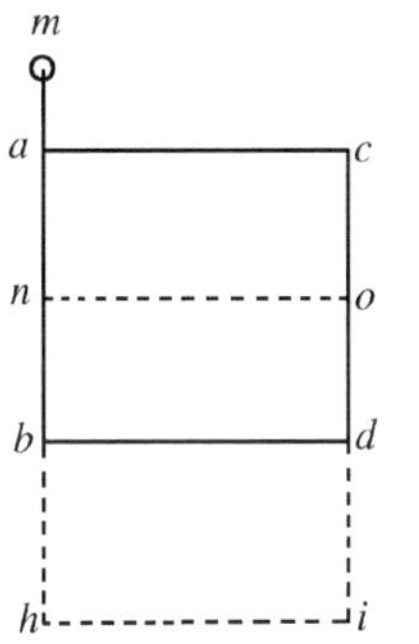

图 10

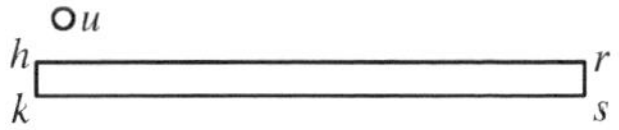

图 11

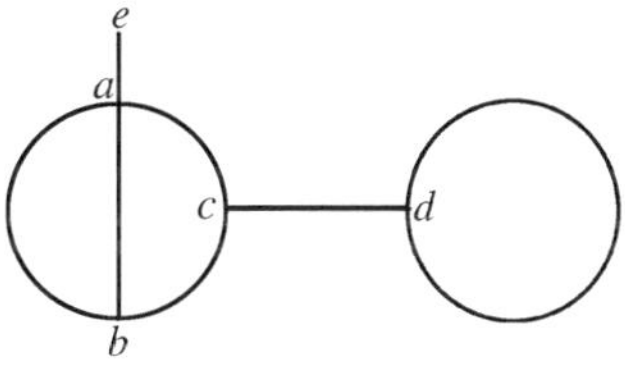

图 12

命题十一　探究空气的性质及其弹性原则的原因。

空气是一种弹性流体，几乎比水轻 1 000 倍，其扩张力与热成正比，它在相同的大气重量下从水结冰的冷上升到沸点时的扩张，大约是与先前的热度相适应的体积的 1/3。这些现象不包括任何不能同各种蒸气相适应的东西，只有一点例外，这就是各种蒸气在空气完好无损地保持自己的弹性的那种寒冷程度就会凝固，表现不出任何扩展力的征兆。但是如果考虑到，蒸气表面的稀薄性就包括在原因中，使得在热度较低时能够显示出值得注意的弹性，那么很清楚，在此不必立刻不加考虑地、草率地抛弃类比的力量，而是应当更多地检验，由于我们从同一个原则演绎出两种东西，我们是否还能够避免增加不必要的实体。引起猜测热情的现象如下。

所有借助油性元素或者盐性元素由极微小的微粒结合而合成的物体，如一切植物、酒石、动物结石，以及许多种盐类，尤其是硝石，当它们受到火的强烈影响时，会发出大量的弹性气体，而这正是哈勒斯在《植物静力学》中以不同寻常的实验向我们说明的。此处发现，空气绝不是它与之结合的坚实物质的一个微不足道的部分；就全部质量而言，它在鹿角中占 1/7，在橡木中占差不多 1/3，在莱茵酒石中占 1/3，在硝石中占 1/8，在动物结石即人体结石中占 1/2 多。由于火的力量而从这些物体中蒸发出来的气体，只要还是物体的一部分，就还不具有空气的本性，也就是说，还不是一种具有与其密度成比例的弹性流体，这是自明的。因为否则的话，即便是以中等热的力，它也会扩张到比能约束它的结合更大的空间，瓦解物体的任何联结。因此，从物体的间隙中释放出去的物质，原来并不 〔382〕
是弹性的，但一经释放就表现出弹性。不过，既然蒸气的本性就是，在它们从与之结合的质量中分离释放出来的时候就表现出弹性力，那么，即使不能坚决地肯定也能以大的概率认定，空气无非是从物体中释放出来的蒸气，它在被减低到最稀薄的程度之后，就很容易因热的任何程度而释放出来，并表现出强烈的弹性。

证实我的这一观点的东西，既不少也并非无足轻重。空气为什么借助燃烧仅仅从包含着不少油和酸的物体中排出呢？难道酸不是像我业已说明的那样，乃是为借助其吸引而抑制以太的最活跃、最强烈的一种元素吗？难道这种元素不是像黏合剂一样是那些合成物体的纽带（因而是把一切物体结合起来的以太物质的真正磁石）吗？而且，当这种酸借助火的强大力量艰难地从它与物质极为紧密的结合中被排出的时候，难道你不认为分离开的酸必然会分解成为极稀薄的表层吗？这样，你怀疑以这种方式构成弹性流体的是这种东西，它哪怕受到最轻微的热度也会膨胀，但无论多冷（当然永远不会赶走全部的热）也不会结冰及丧失弹性吗？因此，正是由于抑制水蒸气的那种困难，即稍一遇冷它就凝结，而且也是使哈勒斯以完全不同于蒸气任何本性的物质的名义来解释被排出的气体的那种困难，这里完全陷入了停顿。因此，这就向物理学家们提供了一个值得他们去作更为慎重的研究的见解：空气是否无非是借助所有事物的本性散播的酸的某种最为稀薄的状态，无论热度小到什么程度，它都表现出弹性。

毫无疑问，以此为基础，就容易看出，为什么当硝石被烈火焙烧时，会发出大量的弹性空气，因为从其更密实的部分分离出来、化为最稀薄的蒸气的最精细的酸，就是空气本身。同样也容易理解，为什么最耐火烧的物质奉献最多，发出大量的气体，例如何以莱茵酒石就比硝石散发的气体多。因为当酸与那种迟钝地、包围着它又最拒绝释放它的物质分离时，采取的是最稀薄的表层的形式，以至可能构成一种像空气一样易变的弹性物体；反之，从中较容易被释放的蒸气，会显得更浓厚一些，并且在逐渐降低的温度下无法保持其弹性。

对大气压的观察与本假说一致

空气在海拔较高的地方通常被认为几乎无法解释的特性，从本假说来看就洞若观火。马里奥特规律认为空气被压缩与压迫的重量成正比，但根据《巴黎王家科学院备忘录》，马拉迪、
〔383〕卡西尼和其他一些人发现，这在高海拔地区不能成立。因为他们发现那里空气的密度小于根据这一规律与较低的重量相比必然得出的密度。由此可见，高层的空气并不是由处在较小压力

下的那类微粒构成的，而是由自身独特的较轻元素构成，因为在同样的压力下要负担更大的重量，则需要它们有更大的体积。既然空气的性质实质上随着海拔高度的不同而有所差异，在世界上任何地方都不能在同一种元素中发现另外的性质，那么很清楚，空气应当拥有的就不是不同种类的元素，而是另一种元素借以表现自身的形式，我想它就是酸性湿气。这样，这种蒸气的某些微粒（由于表层的不同密度）比其他微粒重一些，而较轻的微粒会占据最高的位置，也就毫不奇怪了。

命题十二　陈述火焰根据我们理论的上述内容已得到解释的本性。

1. 本性

火焰的本性，尤其是与其他种类的火相比，其独特之处在于：

任何物体都在其表面燃烧，火焰的燃料是油，因此也就是酸，是那种最能效力于其弹性运动的要素。

火焰就是一直达到火的那种温度的蒸气，它闪烁着强烈的光，只有在燃料短缺的时候才会熄灭。使火焰完全不同于其他一切种类的火的特性为：

（1）尽管根据大自然的普遍规律，无论什么物体，通过加热而被引入给它的热由于传导将会逐渐地减退，但火焰则相反，它将从最微小的元素获得难以置信的、只要不缺乏燃料就不为任何界限限制的力量。

（2）任何易燃物质通过加热到沸腾状态而引起的火，比通过燃烧产生的火晚很多。

（3）火焰会放射光芒，而其他种类的物体，除了金属，无论加热到何种程度都不会发光。

2. 探究原因

如果我的观点正确的话，这些现象的真正原因就在于此。火焰是由燃烧的蒸气构成的，而物体的坚实物质不会完全转化为火焰，确切地说，只是其表面在燃烧。既然蒸气以尽可能大的表面在把火的物质包含在自身之内时遇到的阻力最小，那么就可以看出，它不仅极容易把自己从极微小的元素接受来的波动蔓延开来，而且能够逐渐地以同样的强度把它传递给那些易燃物质，无论它们的数量有多大。尽管乍一看来这种现象与力
〔384〕学的基本规律相左，因为后者认为结果总是等于它的原因，但只要加以斟酌就会明白，为借助星星之火点燃火焰而采取的第一次诱发，无非就是易燃蒸气极小的微粒触发了它的火元素的波动而已。只要稍受约束，这种火元素就尽全力挣脱，造成振动，并通过同时激起周围的物质而使剧烈的运动在整个质量中蔓延开来。一个微小的原因在此竟会引起如此巨大的结果，并没有什么可奇怪的，因为受到限制的以太摆脱引力约束的迸发是会以这种方式超过本来并不承认造成刺激的火焰为其原因的那些结果的；因为这些结果有赖于油的吸引，而油被封闭起来的物质最稀薄的部分造成了剧烈释放的能力。此外，蒸气安排流体，由于不这样受约束的弹性以太更自由的震动而更为激烈地波动，并由于以这种方式喷出的火物质而比其他物体更适宜于加热物体，发出光芒。

结　语

然而，这项小小的研究才刚刚开始，我就要画上句号了。我不想再耽误那些身负更重职责的人们的时间了，我把拙文和我自己托付给我们最卓越的哲学系那宽宏仁慈的胸怀。

1755 年

形而上学认识各首要原则的新说明

哥尼斯贝格的伊曼努尔·康德硕士蒙最著名的哲学系首肯为被接纳入该系将于 9 月 27 日 8—12 时在哲学教室举行的公开诉论中为本文答辩

辩护人：普鲁士海里根贝尔的克里斯托夫·亚伯拉罕·博尔查德，神学教师

提问人：哥尼斯贝格的约翰·戈特弗里德·默勒，神学系大学生

哥尼斯贝格的弗利德利希·海因里希·萨穆埃尔·吕秀斯，法律候补生

哥尼斯贝格的约翰·赖因霍尔德·格鲁贝，法律候补生

李秋零 译

〔387〕

设计的理由

我打算对我们的认识的各首要原则像我期望的那样作出澄清；由于我想用尽可能少的几页纸来说明我关于这个对象的意见，我将尽力避免那些冗长的拐弯抹角，仅仅直陈各种论据的关键和核心，就像脱掉衣服那样放弃表述的幽默和优雅。即便在这件事情上，我把在有些地方背离一些著名人物的意见、有时甚至提名道姓地列举他们，视为我自己的职责，我对他们正直的判断理由却是深信不疑，以致我相信在此决不会败坏他们的功绩应享的声誉，决不可能对他们造成伤害。由于在这些意见中，每一位都是随自己的意行事的，而只要没有尖刻和争吵的欲望，经过审慎的核实来责难另一些人的意见也并不是被禁止的，所以我发现，在任何地方这都不会被判定为有悖谦恭和尊重的义务。

据此，我首先试图在更为谨慎的研究的天平上，对通常关于矛盾律至高的、无可争议的首要地位自信多于真实地所说的东西进行一番衡量，并在此之后简明扼要地说明在这篇文章中将更为正确地确立的东西。然后就充足理由律而言，我和你们将引证与更好地理解和证明它有关的一切，并说明似乎能够动摇它的种种困难，尽我平庸的天资用强有力的论据迎击这些困难。最后，我将迈出重要得多的一步，确立两条对于形而上学认识来说至少在我看来具有不容轻视的意义的新原则，它们虽然既不是初始性的，也不是最单纯的，但却因此而比其他任何原则都更便于运用，具有同样大的适用范围。何况，对于怀着这样的意图走上一条绝对没人走过的小道的人来说，犯错误跌上一跤是极容易的，我相信，善意的读者将以厚道的判断方法把这一切接纳入较好的类别。

第一章 〔388〕
论矛盾律

预　示

由于在本文中我将主要致力于简明扼要，我认为，这里不再次抄录根据广为传播的知识在我们看来稳定且与健康理智一致的那些定义和公理，不力图效仿那些奴隶般地受制于连我也不知道的某种方法规定的人的习俗，要更好一些；这些人如果不从头到尾历数在哲学家们的书匣中找到的一切，就自己觉得没有按照方法和理性行事。由于在我看来决定这样做并不是过错，我认为事先提示读者是正当的。

命题一　不存在一个所有真值的惟一的、绝对第一的、普遍的原理。

一个第一的、真正惟一的原理必须是一个简单命题；暗中包含着诸多其他命题的命题，只不过是伪装出惟一原理的假象。因此，如果一个命题确实是简单的，那么，它就必须要么是肯定的，要么是否定的。但是我的辩驳是：如果它是这二者之一，它就不能是普遍的，并且把所有的真值统统都包容在自身之下；实际上，如果它是**肯定的**，那它就不能是否定性真值的绝对第一的原理；如果它是**否定的**，那它就不能在肯定性的真值中居支配地位。

这是因为，我假定它是否定性的命题；由于所有真值从其原理得出的结论都要么是直接的要么是间接的，那么，首先，按照直接的推论方式从否定性的原理只能引出否定性的结论，谁会看不出这一点呢？其次，如果要求以间接的方式从中得出肯定性的命题，那就得承认，这必须借助一个中间命题才能发生，即**任一事物，其对立面为假，则其为真**。这一命题由于是肯定性的，所以不能以直接的论证方式从否定性的原理中得出，但更不能以间接的方式得出，因为在这种情况下它又需要自身的支持；因此，它绝对不以任何方式依赖于一个否定表述的原理。由于这样一来，对于肯定性的命题来说从一个惟一的、纯粹否定性的原理产生是不正当的，所以后者就不能被称为**普遍的**。同样，如果把一个肯定性命题规定为基本原理，那么否定性的命题肯定不是直接地依赖于它的。这里以间接的方式需要一个命题：**如果某物的对立面为真，则其自身为假**。这就是说，如果某物的对立面受到肯定，则其自身就受到否定；由于这个命题是否定性的，它又不能以任何方式从一个肯定性命题引申出来，既不能直接地如同自明的，也不能间接地，除非凭借它自身的要求。因此，无论人们
〔389〕自己如何规定，都不能否认我在本命题前面要求的那个命题：绝对不可能存在 个所有真值的惟一的、终极的、普遍的原理。

命题二　有两个所有真值的绝对第一的原理：一个是肯定性真值的原理，即这样一个命题：任一事物都是其所是；另一个是否定性真值的原理，即这样一个命题：任一事物都不是其所不是。二者同时被一致称为同一律。

我又诉诸两个证明真值的方式，即直接的方式和间接的方式。前一种推论方式从主词概念和谓词概念的一致获得真值，并且始终以这一规则为基础：无论什么时候，不管是在自身中还是在联系中来看，主词确定了谓词概念所包含的东西，或者排除了通过谓词概念被排除的东西，都必须确定前者与后者是

相符的；同样的意思再稍稍清晰一点来表达：无论什么时候在主词的概念和谓词的概念之间发现了一致性，命题就是真的；用与一个第一原理相符的最普遍的规定来表述，那就是：**任一事物都是其所是；任一事物都不是其所不是**。因此，同一律支配着所有直接的证明；这是第一点。

如果问到间接的推论方式，则将最终发现它以一个双重的原理为基础。也就是说，总是要诉诸这两个命题：1. 任一事物，其对立面为假，则其为真；也就是说，任一事物，其对立面被否定，则其被肯定；2. 任一事物，其对立面为真，则其为假。两个命题中的第一个以肯定性命题为结论，另一个则以否定性命题为结论。如果用最简单的规定来表达第一个命题，那就是：**任一事物都是其所不不是**（因为对立面是借助副词**"不"**来表述的，对它的否定同样是借助副词**"不"**）。人们以如下的方式表述第二个命题：**任一事物都不是其所不是**（因为这里又是借助副词"不"来表示对立面的表述，并借助同一个副词来表示假值或者否定的表述）。现在，如果按照符号规律所要求，探求第一个命题所包含的表述的意义，那么，由于一个副词**"不"**表示另一个副词**"不"**被否定，把二者都去掉后出现的就是：**任一事物都是其所是**。由于另一个命题是：**任一事物都不是其所不是**，由此可知，即便在间接的证明中，双重的同一律也占据首位，因而绝对是所有认识的终极的基础。

附注：这在符号组合术中是一个虽然微不足道、但却不可完全忽视的样品；因为我们在解释这些原理时所使用的最简单的规定，与符号差不多没有任何区别。为了利用这个机会公布我对莱布尼茨此后夸耀是自己的发明、所有有教养的人都抱怨随着这位如此伟大的人物一起被埋葬了的这种组合术的看法，我承认，在这位伟大哲学家的这一格言中我看到了伊索所说的那位父亲的遗嘱；那位父亲在马上就要咽气的时候向自己的孩 〔390〕

子们公布，他把一批珍宝埋藏在农田里的某个地方了；但在他说出位置之前，他就突然死去了；他由此给儿子们提供了一个机会，使他们十分努力地深翻农田，直到希望破灭，然而却凭借土地的肥沃毫无疑问地致富了为止。我认为，如果有人愿意承担辛苦，孜孜不倦地研究这一备受赞扬的艺术的话，这肯定也是可以期待的惟一收益。但是，如果可以像事情自身那样坦率地承认，则我担心极为敏锐的布尔哈维在化学中的某个地方关于炼金术士最杰出的技艺所猜想的那些东西，即他们在揭示了诸多独特的秘密之后，最终认为只要他们插手，就没有任何东西不在他们的控制之内，由于预见的迅捷而宣称一旦他们把心灵转向那些该做的事情，他们推论可能发生、甚至必然发生的事情就已经发生了；即便是无可比拟的人物，也难免遇上这样的事情。当然，如果达到了绝对的第一原理，我也不否认可以用一用符号术，因为这是运用概念乃至最简单的规定例如符号的机会；然而，在应当表述复合的符号认识的地方，智力的所有敏锐都突然好像是附挂在一个礁石上，被无法解决的困难所阻碍。我发现，甚至声名显赫的哲学家如达里斯也试图借助符号来翻译明晰的矛盾律；他用符号＋A 表示肯定性概念，用符号－A 表示否定性概念，由此产生了等式＋A－A＝0，即肯定并且否定同一个东西是不可能的，或者是无。在这一尝试中，凭借如此伟大的人物的仁慈我冒昧地说，我毫无疑问地发现了预期埋由。因为如果将那种否定与它毗连的肯定性概念的力量赋予否定性概念的符号，那么显而易见预设了矛盾律，其中规定相互对立的概念相互否定。不过，我们对**“任一事物，其对立面为假，则其为真”**这一命题的解释没有这一缺点。因为借助最简单的规定表述出来的命题是：**任一事物都是其所不不是**，如果我们取消两个副词**“不”**，我们所做的也无非就是遵循它们的简单意义，这样就必然产生了同一律：**任一事物都是其所是。**

命题三　进一步论证在矛盾律之前占据真值序列首位的同一律的优势。

一个拥有所有真值的绝对最高、最普遍原理名义的命题，首先是用最简单的规定、其次是用最普遍的规定陈述的；我认为，在双重的同一律中，毫无疑问地看到了这一点。因为所有肯定性规定中最简单的是短语**"是"**，所有否定性规定中最简单的是短语**"不是"**。在这种情况下，不可能设想比最简单的概念更为普遍的东西。因为更为复合的概念是从简单的概念借得说明的，由于它们比简单的概念更为确定，所以不可能更为普遍。

矛盾律是以下述命题得以表述的：**同一事物不可能同时是且不是**。就事情本身而言，它无非是不可能者的定义。因为任何自相矛盾的事物，或者被设想为同时是且不是的事物，都被称做不可能的。但是，能够以什么样的方式来规定，所有真值都必须诉诸这一定义，就像是诉诸一块试金石呢？因为既没有必要根据其对立面的不可能性来确认所有的真理，而为了承认为真，这样做自身也是不够的。也就是说，从对立面的不可能性过渡到真值的确认，只能借助如下命题：**任一事物，其对立面为假，则其为真**。根据以上所说，这一命题与矛盾律分疆而治。 〔391〕

最后，在真值的领域里首先将一个否定性命题置于首位，尊称它为所有真值之首和支柱，谁不觉得这有点粗暴，有时甚至比悖论还更糟糕呢？因为看不出来为什么否定性的真值应当被置于肯定性的真值之前享受这一权利。倒不如，由于存在着两种真值类型，我们为这两种类型也确定两个第一原理，一边是肯定性的，一边是否定性的。

附注：也许，这一研究无论如何显得既细腻费力，又多余没有一点用处。如果考虑到结论的效益，我赞成这种看法。因为心灵虽然没有被教授过这种原理，它也不能不到处都自愿地以某种自然的必然性运用这一原理。但是，将真值的链条一直追索到最后一环，这难道不是值得研究的课题吗？而且，以这种方式更深入地考察我们心灵的论证规律，这也肯定是不容轻视的。这里只引证一点，由于我们的一切推理都像从真值的终极规则出发所显示的那样，被解释为谓词与就自身而言或者在联系中得到揭示的主词的同一性，所以就可以看出，上帝并不需要推理；这是因为，由于所有一致的或者不一致的东西都极为清晰地显现在他眼前，所以同一个再现的活动就可以将它们展现给他的理智；他也不像遮蔽我们理智的黑夜必然要求的那样需要分析。

第二章
论规定的、普遍充足的理由律

定　义

命题四　规定就是以排除对立面来设定一个谓词。就其谓词而言来规定主词的东西，被称做理由。
〔392〕**理由被分为在先规定的理由和在后规定的理由。在先规定的理由，其概念先行于被规定者，也就是说，不假定它，被规定者就不可理解。**[①] **在后规定的理由，如果被它规定的概念不是事先已经从某处得到设定，就不会设定它。前一种理由也可以称做为什么的理由或者存在或者产生的理由，后一种理由也可以称做是什么的理由或者认识的理由。**

① 还可以把**同一**理由也归于此类，在此，主词的概念通过与宾词的完全同一而对此作出规定；例如，三角形有三条边；在此，被规定者的概念既不跟随也不先行于规定者的概念。

定义之现实性的附论

按照普遍的见解，理由的概念在主词和谓词之间造成某种联系和结合。因此，它总是要求一个主词和一个与它一致的谓词。如果寻求圆的理由，我根本不理解要寻求的是什么，除非加上一个谓词，例如它是所有等距图形中面积最大者。举例来说，我们要在世界上寻找恶的理由。据此我们有一个命题：世界包含着众多的恶。这并不是寻找**是什么**的理由或者认识的理由，因为经验支撑着它的地位，而是应当指明**为什么**的理由或者发生的理由，也就是说，必须设定这个理由才能理解，世界事先就此谓词而言并不是未被规定的，而是借助它通过排除对立面而规定了恶的理由。因此，理由使未被规定者成为已被规定者。由于所有的真值都是借助在主词中规定谓词产生的，所以规定的理由就不仅仅是真值的标准，而且也是它的源泉；如果远离这一源泉，则虽然可以发现许多可能的东西，却发现不了任何真的东西。因此，就水星这颗行星是否绕其轴运转而言，如果我们缺少通过排除对立面而确定二者中的一个的理由，它对我们来说就仍然是未被规定的；二者都仍然是可能的，就我们的认识而言，没有一个被证明为真的。

我以木星卫星的变暗为例来说明**在先**规定的理由与**在后**规定的理由的区别。我认为，它提供了光逐渐地以可标明的速度传播的**认识理由**。不过，这一理由只是在事后规定着这一真值；因为即使根本不存在木星的卫星，没有它们周期性发生的隐匿，光也同样在时间中运动，虽然我们未必认识到；或者，更多地依据已经给出的定义，木星卫星那些证明了光的逐渐运动的现象，恰恰是以光的这种本性为前提的，没有光的这种本性，那些现象就不可能发生，因此它们只是在事后规定着这一真值。但是，发生的理由，或者光的运动为什么与可标明的周期性亏蚀结合在一起的理由，被设定（如果愿意接受笛卡尔的 〔393〕

见解的话)为有弹性的以太分子的弹性;按照弹性规律以太分子对撞击稍稍作出让步,由于在每一个分子那里都耗费了一点时间,把这前后相继的无尽系列加在一起,就成为清晰可见的了。这也许就是在先规定的理由,或者说,不设定它被规定者就根本不会发生。因为如果以太分子是完全坚硬的,那么,即便是通过如此无尽的距离,也不能在光的放射和抵达之间发现时间差。

这里我认为,著名的沃尔夫的定义由于受到明显的指责,还需要作一些改善。也就是说,他用来定义理由的是这样一种东西,从它出发就能够理解,某物为什么不存在不如存在。在这里,他毫无疑问是把被定义者混同于定义了。因为尽管**"为什么"**这个词显得足以适合通常理智了,以致人们能够承认它可以用于定义,它也在暗中又包含了理由的概念。因为只要作出相应的考察,就会发现,它的意谓就是**出自什么理由**。因此,适当地加以代换,沃尔夫的定义就是:理由就是这样一种东西,从它出发就能够理解,某物**出自什么理由**不存在不如存在。

同样,我认为用**规定的理由**这个词来取代**充足理由**的说法要更为合适;在这方面,我得到了著名的克鲁修斯的赞同。**"充足的"**这个词如同克鲁修斯清楚地指出的那样,是模棱两可的,因为它在多大程度上是充足的,这一点并不显明。而规定则是如此设定,以致任何对立面都被排除;它表示肯定足以如此而不是以别的方式设想某事物。

命题五　没有规定的理由,就没有任何东西是真的。

每一个真命题都表明,主词与谓词相关联被规定;也就是说,它通过排除其对立面被设定;据此,在每一个真命题中,相关谓词的对立面都必须被排除。但是,与另一个被设定的概念相互对立的谓词之被排除，借助的是矛盾律。因此，在没有一个概念与要排除的对立面相互对立的地方，排除就没有地盘。据此，在任一真值中，都有某种东西借助排除对立的谓词来规定命题的真值。由于这种东西是以规定的理由的名义出现的，所以必须确定，没有规定的理由就没有任何东西是真的。

换句话说

从理由的概念出发可以理解，对立面中究竟哪一个应当被赋予主词，哪一个应当被排除。假定某种东西没有规定的理由就是真的，那么，就不存在任何东西作为出发点，显现出对立面中究竟哪一个应当被赋予主词，哪一个应当被排除。据此，二者中没有一个被排除，主词无论与哪一个谓词相关联都是未被规定的；因此，真值也就没有存身之地，而由于真值是被假 〔394〕
定为存在的，所以这表现为明显的自相对立。

附注：对真值的认识始终依靠理由的观点，这对所有凡人的普通见解来说都是确定不移的。然而，如果对我们来说事情仅仅在于确定性的话，我们经常满足于在后规定的理由；但是，从以上引证的定理和定义出发一起来看，显而易见的是，如果在先规定的理由真的不是产生、而是解释真值的话，那就始终存在着一种在先规定的理由，或者宁可说，存在着一种产生的或者至少是一致的理由。不过，我们要推进到规定**存在**的理由了。

命题六　某物在其自身拥有其存在的理由，这是没有道理的。

因为任一在自身中包含着另一事物存在理由的东西，都是该事物的原因。因此，假定存在有某物，它在其自身就拥有其存在的理由，那么，它就是它自己的原因。但由于原因的概念在本性上先于结果的概念，结果的概念迟于原因的概念，所以，同一个东西同时先于并且迟于它自身，这是悖理的。

结论：因此，任一被宣称绝对必然存在的事物，都不是由于某个理由而存在，而是由于其对立面完全不可思议。对立面的这种不可能性是存在的认识理由，而在先规定的理由则完全缺乏。**它存在**，就它而言说出并且认识到这一点就够了。

附注：当然，我发现，新近的哲学家们的观点经常重复这一认定的见解：上帝在其自身就拥有其存在的理由；然而，我并不想苟同这种见解。因为否认上帝或者各种理由和原因的终极的、最完善的本原的理由，对这些善良的人们来说显得有点冷酷；由于不允许在他之外认识任何理由，所以他们断言理由是隐蔽在他里面的；人们几乎不可能找到比这更远离健康理智的东西了。因为人们一旦在理由的链条中达到本原，不言而喻就要停住脚步，由于得出了答案而撤消问题。我当然知道诉诸上帝的概念自身，人们要求上帝的存在是由概念自身规定的，但很容易就可以发现，这是在观念中发生的，而不是在现实中发生的。人们形成某个存在者的概念，在它里面有所有的现实性；借助这一概念也必须赋予它存在，这是可以承认的。因此，证明就这样进行：如果所有的现实性都不分级次地统一在一个存在者里面，该存在者就存在；如果它们只是被想象为统一的，它的存在也就仅仅发生在观念中。因此，这一见解宁可这样表述：我们形成某个存在者的概念，并称之为上帝，我们以这样的方式规定那个概念，使它也包含着存在。因此，如果
〔395〕在先设想的概念是真的，那么，他存在就也是真的。这是为了那些赞同笛卡尔的证明的人们而说的。

命题七　有一个存在者，它的存在先于它自己和所有事物的可能性自身，据此它被说成是绝对必然的存在。它被称为上帝。

由于可能性仅仅在被联结起来的概念不自相矛盾的时候才存在，从而可能性的概念产生于比较，但在任何比较中要比较的东西都必须已经存在，而在根本没有任何东西存在的地方比较以及与它相应的可能性概念就不成立，所以可以得出，如果没有某种在任何可能的概念中都是实在的东西存在，并且它（因为如果放弃这一点，就根本没有任何可能的东西存在，也就是说，只有不可能的东西存在）绝对必然地存在，就不能把任何东西设想为可能的。此外，这种现实性也必须被统一在一个惟一的存在者里面。

因为假定可以分散地在诸多存在的事物中发现这些仿佛是所有可能概念之材料的现实的东西，那么，这些事物中的任何一个就都有以某种方式受到限制的、即与某些阙失相结合的存在；由于绝对必然性并不像与各种现实性符合那样与这些事物符合，而现实性却属于一个事物要能存在就必需的那种规定，所以，以这种方式受到限制的现实性就只能偶然地存在。因此，为了绝对的必然性，就要求它们没有任何限制地存在，也就是说，确立一个无限的存在者。由于这种存在者的集合——如果设想这样一种集合的话——是多次作出的重复，从而是与绝对必然性对立的偶然性，所以就必须确定只有一个存在者是绝对必然存在的。因此，存在着一个上帝，并且是惟一的上帝，它是一切可能性的绝对必然的本原。

附注：这就是神性存在的证明；不管它能在多大程度上是本质性的，虽然一种发生学的证明不能成立，它却凭借最原初的证据，即事物的可能性自身，得到了证实。由此可见，如果否认上帝，那就不仅把事物的全部存在、而且也把内在的可能性自身也完全摧毁了。因为尽管本质性（它包含在内在的可能性里面）通常被称做绝对必然的，但说它们**绝对必然地属于事物**则要更为正确。因为三角形的本质在于三条边的连接，这种本质并非自身就是必然的；哪一个有健康理智的人会要求，三条边被设想为总是连接在一起，这自身就是必然的呢？但是我承认，这对于一个三角形来说是必然的，也就是说，如果设想一个三角形，就必然设想三条边，这和说如果某物存在则它存在是一回事。然而，边、围起来的空间等等的概念能够符合思维，也就是说，完全存在着某种能够被思维的东西，这究竟是怎么发生的呢？其次，通过组合、限制和规定，某个可思事物
〔396〕的概念又是从哪里得出来的？如果不是任一在概念中现实的东西都在上帝这个所有现实性的源泉里面，这是完全无法理解的。我们当然知道，笛卡尔从其概念自身得出了神性存在的证明，但是，他如何在这件事上误入歧途，这从上一节的附注中就可看出。在所有的存在者里面，上帝是惟一一个这样的存在者，在它里面，存在是最初的，或者宁可说，是与可能性同一的。一旦离开上帝的存在，关于可能性就不剩下任何概念。

命题八　没有任何偶然的存在能够缺少在先规定其存在的理由。

假定它缺少这样一个理由。这样，就不存在任何东西在事物的存在之外规定它使它存在。由于这样一来，存在仍然是被规定的，也就是说，是被如此设定，以致它的全部规定的任何对立面都被完全排除了；除了从设定存在产生的排除之外，不存在对立面的任何其他排除。但由于这种排除是同一的（因为

只有通过排除不存在，才能阻止一个事物不存在)，存在的对立面是通过自身排除的，也就是说，它成为绝对可能的；即，事物成为绝对必然的，而这与前提是自相矛盾的。

结论：据此，从被证明的东西可以得出，只有偶然事物的存在才需要规定理由的支持，而惟一的绝对必然者被排除在这一规则之外；因此，不能在如此普遍的意义上承认本原，以至它把所有可能性的全体都笼罩在自己的统治之下。

附注：这就是对规定理由的原理所作的证明。最后，至少我相信，它已经确定无疑地得到了说明。众所周知的是，我们时代最有洞察力的哲学家们——在他们中间我出于尊敬提到克鲁修斯——总是抱怨我们在坊间关于这一主题的所有著作中发现的对这一原理的证明不够可靠。这位伟大的人物对医治这一弊病甚至如此失望，以至他认真地断言，即使这一命题被承认为极真的，它也根本不能成为一个证明。然而，为什么对于我来说这一原理的证明不是如此显而易见、如此顺理成章，以至我就像人们通常试图做到的那样，只用惟一一个证据就完成了整个证明，而是必须绕弯子达到完全的确定性，对此我要加以说明。

首先，我必须努力地在真值的理由与存在的理由之间作出区分；虽然可能看起来规定理由的原理在真值领域里的普遍性也同样延展到存在。因为如果没有任何东西是真的，也就是说，如果没有一个谓词无需规定的理由就属于主词，那么也可以得出，没有规定的理由将没有一个存在的谓词。然而众所周知的是，为了确证真值并不必须有在先规定的理由，而是存在于主词和谓词之间的同一性就够了。但是，对于各种存在者来说，要问 〔397〕
的是即使缺少，存在者也绝对必然存在的理由；但如果存在是偶然的，它就不能不像我不容置辩地说明的那样是先行的。因此，从这些源泉得来的真值至少按照我的判断表现得更为纯粹。

然而，声名极为卓著的克鲁修斯相信，某种存在如此被它自己的现实性所规定，以致他断言在此之外寻找某种东西是毫无意义的。提修斯的行动出自自由意志；我问：为什么他宁可做这件事而不是不做？他回答道：因为他愿意。但他为什么愿意呢？他断言问这些是荒唐的。如果问：为什么他不宁可做另一件事呢？他回答说：因为他已经做了这件事。因此他相信，自由意志事实上是由其存在规定的，并不是在先地早于其存在的理由规定的。他断言，仅仅通过设定现实性就可以排除一切对立的规定，因而规定的理由是不必要的。然而，允许的话我可以用另外的证据证明，如果离开在先规定的理由，一个偶然的事物就没有被充分地规定，因而就不可能拥有存在。自由意志的行动是存在的，这种存在排除了其规定的对立面；然而，由于它从前有个时候不曾存在，它的存在没有自己规定它从前有个时候究竟是存在还是不存在，所以它从前究竟存在还是不存在的问题依然没有通过这种意志的存在得到规定；然而，由于在一个完全的规定中，存在者是否开始这个问题也是所有问题中的一个，所以存在者一直是未被规定的，也不能被规定，除非在属于内在的存在的东西之外引入不依赖存在自身而可思议的概念。然而，由于规定存在着的存在者在先不存在的东西先行于存在的概念，规定存在着的存在者以前不存在的东西同时也规定着它从不存在到存在（因为，为什么现在存在的东西从前有个时候不存在，为什么从前有个时候不存在的东西现在存在，这些命题事实上是同一的命题），也就是说，是在先规定存在的理由，所以十分显明的是，没有这种理由，对那个被设想为已经产生的存在者的完全规定、从而还有存在自身也就不能成立。如果有人觉得这一证明由于对概念较深入的分析而艰深难懂，他也可以对前提性的东西心满意足。

最后，我想简短地说明，为什么我要否认自己满足于由著名的克鲁修斯及其追随者所采用的证明。这位著名人物的证明发现被极具洞察力的鲍姆嘉登更为详细地阐发，简短得多地概述如下。如果某物不具有理由，那么就没有任何东西是它的理由；因而也没有任何东西是某种悖理的东西。然而，证明的方式宁可这样表述：如果存在者没有理由，那么它的理由就不是任何东西，也就是说，是不存在的东西。但是，我很乐意放弃这一点，因为如果没有理由，与它相适应的概念就是一个不存在者的概念；因此，如果不能指出存在者的理由，如果根本没有概念与它相适应，那就完全没有理由，这就回到了前提性的 〔398〕 东西。由此产生的，并不是人们认为由此会产生的悖理的东西。我想举一个例子来证实我的意见。按照这种推理方式，我敢于证明：第一个人仍然是由一位父亲生育的。因为假定他不是被生育的，那么就没有任何东西生育他。因此，他不是由任何东西生育的。由于这是自相矛盾的，所以必须承认他是由某种东西生育的。避开证明的圈套毫不困难。如果他不是被生育的，就没有任何东西生育他。这就是说，应当被认为生育他的，不是任何东西，或者是不存在的东西；但是，这就和下面这种最确实的东西一样确实：被颠倒的命题产生一个极为扭曲的观点。

命题九　列举并排除看起来压抑规定理由或者通常所说充足理由原理的困难。

在这一原理的攻击者中间，可以相信可敬而又具有洞察力的克鲁修斯能够领袖群伦，独自承担起所有人的任务①；我承

① 我在这里不想对著名的达里斯有任何贬低；我承认，他的证明，还有其他一些人的证明，对于责难规定理由的原理具有重大的意义。但是，由于它们看起来与从杰出的 D. 克鲁修斯那里引证的证明非常接近，我认为，可以把对质疑的回应主要针对后者，不会招致这些毕竟是伟大人物的不乐意。

认，他在德国人——我说的不是哲学家，而是哲学的促进者们——中间几乎不落后于任何人。如果我对他的质疑的研究进展顺利（看起来能够保证对一件好事的维护），我就可以觉得战胜一切困难了。首先，他指责这一原理的表述模棱两可、意义不定。因为他正确地发现，认识理由、同样还有伦理理由和其他观念上的理由经常被用来代替现实的和在先规定的理由，以致经常很难理解指的是二者中的哪一个。这枝标枪由于不是针对我们的论断的，我们不必防避。谁检验过我们所有的论断，就会看到，我谨慎地把真值的理由与现实性的理由区分开来了。单就前者而言，所涉及的是谓词的这样一种设立，它是凭借绝对的或者在联系中被考察的主词所包含的概念与谓词的同一性作出的，而已经依附于主词的谓词则仅仅揭示出来。就后者而言，鉴于已经在其中得到设定的东西，检验的不是它的存在**是否**得到规定，而是它的存在**从何处**得到规定；如果除了对该事物的绝对设定之外，没有任何对立面所排除的东西存在，那就可以确定，它是凭借自身并且绝对必然地存在的。但是，如果认为它是偶然地存在的，那么，就必然存在着另外一些东西，对立面的存在已经在先通过这样规定而不是那样规定把它们排除掉了。关于我们的证明一般来说就是这样。

一种肯定更大的危险威胁着这一原理的维护者们，它来自这
〔399〕位伟大人物的这样一种责难，它以雄辩的语言和强硬度不容轻视的证明硬说我们犯了过错，复活了所有事物不变的必然性和斯多亚学派的命运的旧有权利，甚至削弱了所有的自由和道德性。他的证明虽然并不是全新的，但却是由他更为清晰、更为强硬地讲述了的，我想尽可能简明扼要、但并不损伤其强硬的方式加以引证。

如果凡发生的东西都仅仅在具有事先规定了的理由的情况下才能发生，那么就可以得出，**凡不发生的东西，也就不能发生**，因为明显地不存在无之就根本不能发生的理由。由于从所

有理由的理由出发以后退的秩序必须承认这一点，所以可以得出，万物在大自然的结合中如此连贯地、有联系地发生，以致期望某事乃至一个自由行动的对立面的人，在其愿望中是在设想着不可能的东西，因为产生该对立面所需要的理由并不存在。而在如此重新经历各种事件如克吕西波所说一次性的、编入各种结果的永恒秩序的不可变更的链环时，最终在直接显示上帝为创造者的世界最初状态中，完全达到各种事件最终的、结果如此丰富的理由。由于这一理由是设定的，所以按照始终不变的规律通过前后相继的事件一个从另一个派生出来。这位著名的人物反对绝对的必然性和假定的必然性之间那种常见的区分，因为敌对者们相信可以通过这种区分像通过一道裂缝那样逃逸；不过，它显然对于削弱必然性的力量和效用来说毫不重要。因为究竟是什么与一个就自身来看由先行的理由明确规定的事件的对立面是否可以设想有关呢？这个对立面仍然由于使其存在的理由不存在、相反的理由却存在而在现实中不能产生。有人会说，单独地列举出的事件的对立面是可以设想的，从而也是可能的。但这又能怎样呢？它仍然不能产生，因为它任何时候都不能现实地产生，这是由已经存在的理由充分保证了的。举例来说：卡尤斯说了谎。通过卡尤斯原初的规定性，即他在多大的程度上是一个人，正直并不与他矛盾；这一点我承认。但是，就像他如今被规定的那样，正直毕竟与他是矛盾的，因为在他里面，存在着设定对立面的理由；人们也不可以说他正直，却不致破坏直到世界最初状态的错综复杂的理由的整个秩序。如今，我们想听一听，这位著名的人物从中继续推论出什么。规定的理由不仅仅导致这一行动首先发生，而且还使得别的行动不能取代它。因此，凡是在我们里面发生的，就其后果而言都如此被上帝所预见，以致根本不可能有别的东西随之发生。因此，我们行为的功过并不涉及我们，相反，万物的原因都是上帝，他使我们受制于这样的规律，以致我们无论如何都必须履践已规定好的命运。这样的结果难道不是让上帝对任何罪都不能不满吗？因为在罪发生的地方，同时也证明，由上帝确立的各种错综复杂事件的秩序不允许别的事情发生。
〔400〕因此，究竟上帝由于从世界之初就被保证要发生的行动而责备罪人什么呢？

对怀疑的反驳

当我们把假设的、尤其是道德的必然性与绝对的必然性区别开来的时候，这里并不涉及必然性的力量和效用，也就是说，不涉及一件事物在一种场合比在另一种场合多一些或者少一些必然性，而是追问造成必然性的理由，也就是说，追问事物因何是必然的。当然，我很乐意承认，一些沃尔夫哲学的追随者在某种程度上偏离了真正的意义，以致他们相信，通过以假定的方式进行规定的理由的链条所设定的东西，与完全的必然性仍有些许距离，因为它缺乏绝对的必然性。但是，我赞同这位著名的敌对者的是，陈旧的、众口一词的区分并没有充分削弱必然性的力量和规定的确定性。因为就像不可能设想任何对象比真更真、比确定更确定一样，也不可能设想任何对象比被规定更被规定。世界上的事情如此确定地被规定，以致不可能出错的神圣预知以同样的确定性与理由的联结相一致地既认识它们的未来存在，也在对立面被它们的绝对概念所排斥的时候认识对立面的不可能性。但是，问题的关键在这里并不是偶然事物的未来存在**如何**必然，而是其**因何**必然。谁会怀疑，创世的活动在上帝里面不是动摇不定的，而是如此确定地被规定的，以致上帝的对立面是不应有的，也就是说，是完全不能发生的？尽管如此，活动仍然是自由的，因为它是由那些其无限理智的动因由于以极大的确定性引导意志而包含的理由所决定的，却不是从大自然的盲目效果出发的。即便在人的自由活动中，就人们把它们视为被规定的而言，虽然排除了对立面，但却不是通过在主体的欲求和自愿倾向中所设定的理由排除的，就好像人违背自己的意志受一种无法摆脱的必然性所迫而采取行动似的；相反，在意愿和欲求的这种倾向自身中，就它们甘愿服从表象的诱惑而言，行动是在一个虽然具有确定性、但却是任意的关联中按照稳定的规律被规定的。在自然的行动和享受道德自由的行动之间造成区别的东西，并不被解释为关联和确定性的差异，就好像惟有后者才在未来的存在中是可疑的，被排除在理由的联系之外，具有一个变化无常的、不可靠的产生理由似的；因为以这样的方式，它们就很少值得作为理性存在物的优点而受到赞扬。但是，对于认识自由的征兆来说，问题完全在于行动的确定性凭借其理由被规定的方式；实际上，只有借助意志的理性动因，它们才能被诱导出来，而与此相反，在迟钝的或者物理—机械的行动中，一切都根据外部的诱惑和推动被必然化，没有意志的任何自愿倾向。况且，采取行动的能力与两个方面的关系都没有区别，惟有通过对呈现给表 〔401〕象的诱惑的满意倾向才被规定，这是无可争议的。人的本性越肯定地受制于这一规律，人所享有的自由就越大，运用自己的自由绝不意味着以变幻无常的努力被从各个方向带入客体。你说，除了由于如此极度地**乐意**之外，人的行动不是出自任何其他原因。我认为你已经被你自己的承认束缚住了。因为除了根据对象的诱惑追求一边比追求另一边有更多的意志倾向之外，什么是乐意呢？所以，你的乐意或者愉悦就标志着有内部理由规定的行动。因为在你看来就是乐意规定着行动；而这无非是意志在客体中根据它唤起意志的诱惑的方式所获得的满足。所以，规定是有所考虑的，在规定中，即使假定意志受到同等的诱惑，其中一方面也更受欢迎，这与应当同时同等地并且不同等地满意是一回事，而后者是自相矛盾的。但是，有可能出现这样一种情况，其中使意志倾向于两方面中的一方的各种理由完全没有被意识到，但尽管如此意识仍然是受制于两个方面的。不过在这种情况下，事情是从较高的精神能力回归到较低的精神能力，而精神则通过模糊的表象转向两个方面中的某一个的优势（我们在下文将进行更为详尽的讨论）而被引导到某个方向。

既然如此合适，我想简短地解释一番在平衡状态下无区别性的辩护人卡尤斯和规定性理由的辩护人提修斯之间发生的一场众所周知的争论。

卡尤斯：迄今为止的生涯虽然激起我的内疚，但如果可以相信你的观点的话，在我这里就还可以剩下一点慰藉，即已做过的事情的过失并不归咎于我，因为我受制于从世界的起源就开始相互规定的各种理由的联结，我不能不做我所做的事情，而每一个如今指责我的过错并徒劳地敦促我过一种新型生活的人，其行为之不合时宜，犹如要求我让时间之河停下来。

提修斯：听着！你抱怨制约你的那一系列理由是什么理由呢？难道你所做的一切不都是你乐意做的吗？难道在你想犯罪的时候，良知的默默劝阻和在内心提醒你不义的对上帝的敬畏不是干扰着你吗？难道你不是尽管如此还更喜欢饮宴、游戏、向维纳斯献祭以及诸如此类的事情吗？难道你任何时候都是不情愿地被迫犯罪的吗？

卡尤斯：我根本不想否认这一点。我在相当大的程度上感到，我并不是抵抗着、与诱惑顽强抗争着、就像被扭着脖子一样被劫持到歧途上的。我是自知自愿地沉溺于罪过的。然而，我是从哪里得到这种做坏事的意志倾向呢？难道不是在此发生之前，尽管上帝的律法和人的律法把犹豫不决者引向自己一方，理由的积累已经决定，我倾向于宁可做坏事也不愿做好事吗？假定事情在所有的方面都已经完成，阻止有理由的东西，岂不和让已发生的事情不发生是一回事吗？然而在你看来，我的意志的每一个倾向都是完全由先行的理由规定的，而这个理 〔402〕 由又是由一个更早的理由规定的，依此类推，直至万物的开端。

提修斯：即使如此，我仍然要解除你的疑虑。错综复杂的理由系列在要采取的行动的每一个环节上都提供了向各方面诱惑的动因，其中之一你自愿地顺从之，因为这比采取另一种行动更使你愉悦。不过你说，理由的积累已经决定，我倾向于某一个方面。然而我希望你想一想，为了积累行动的理由是否还要求你的意志自愿地倾向于客体的诱惑。

卡尤斯：注意别说它是自愿的；它不能不倾向于这方面。

提修斯：相差甚远，乃至这消除了自愿，毋宁说，只要它的意义被正确地理解，就会使它成为完全确定无疑的。确实，**自愿**是一个出自**内在本原**的行动。既然这种行动被规定为与最佳事物的观念相符合，它就被称为**自由**。越能够确定地说某人遵从这一规律，此人越是被设定的所有动因规定得有所意欲，人就越是自由。从你的证明并不能得出，自由被先行的规定理由的力量所阻止。因为你承认自己不是不得已地、而是心甘情愿地行动的，这种承认充分地驳斥了你自己。因此，你的行动并不像你似乎认为的那样是**不可避免的**，因为你并没有努力避免它，相反，它**明白无误地**符合你的欲望对如此形成的周围环境的倾向。而这使你承担了更大的责任。因为你强烈地期望自己不要被与计划分开。但是，我要收缴你的武器。告诉我，在你看来，你认为应当以什么方式来形成自由的概念更为合适呢？

卡尤斯：我认为，如果去除以固定的结果相互规定的各种理由的联结所特有的东西，如果承认人们在任何自由的行动中与两个方面的关系都无所谓，而且即便假定所有你以任何方式设想的理由向任一方面规定也都能够选择任何东西，那么，我最终就可以承认自由得到了很好的说明。

提修斯：愿上帝保佑！如果神意允许你实现这一愿望，你在任何时候都将是一个多么不幸的人。你还是在自己内心作出决定走德性的道路吧。让你的心灵既通过宗教的诫命、也通过其他有助于坚定决心的东西已经得到有效的加强。如今，行动的时机出现了。你马上就会滑向恶的东西，因为吸引你的理由并没有决定你。我想听一听，你究竟还要发出多少抱怨。啊，多么不祥的命运突然使我离开了有益的决定！致力于遵循德性的诫命又有什么用；行动是命定发生的，而不是由理由决定的！你说，我并不抱怨争夺我的那种命运不可抗拒的强迫，但我却不知道怎样去厌恶使我滑向恶的东西。噢，耻辱啊！那种应当诅咒的欲望为什么恰恰朝向恶的方面呢？它同样可以轻而易举地倾向于相反的方面啊！

卡尤斯：所以，任何自由都没有了。

〔403〕**提修斯**：看一看，我是如何把你的军队带入峡谷的。不要虚构各种观念的幽灵；因为你感觉到自己是自由的，但你不要为自由虚构一个与健康理智难以一致的概念。自由行动就是与自己的欲望一致，从而也就是自觉地行动。而规定理由律并不排斥这一点。

卡尤斯：尽管我不知道用什么来反驳你，但我觉得我的内知觉是与你的观点矛盾的。因为举一个不太重要的例子，当我注意自己的时候，我发觉自己自由地倾向于两个方面，以致我充分相信，我的行动的方向并不是由一系列在先规定的理由决定的。

提修斯：我想向你揭示你的心灵的隐秘错误，它给你造成在平衡时无所谓的错觉。人的心灵固有的自然欲望能力并不仅仅指向客体，而且还指向可以显示给理智的不同观念。因此，如果我们感到我们自己就是那些在给定的场合包含着动因的观念的创造者，以致我们有足够的能力注意它们、抑制它们或者把它们转向其他方面，从而意识到不仅与我们的欲望一致地追求客体，而且还能够随心所欲地一再更换客观的理由，那么，我们就禁不住要去认定自己意志的倾向摆脱了任何律法，摆脱了任何固定的规定。不过，如果我们致力于正确地感知，在给定的场合注意力指向观念联结的这一方向而不是另一方向，因而由于各种理由从一个方面出发诱惑，一下子就为了至少检验自由而将注意力转向相反的方面，并使它获得优势，使欲望**这样而不是那样受到引导**，那么，我们很容易就会确信，规定的理由确实是必然存在的。

卡尤斯：我承认，你使我陷入了许多困难，但是我确信你遇到的障碍也绝不小。在你看来，恶——上帝毕竟是恶的终极规定理由——的被规定的未来存在以什么方式可以与上帝的仁慈和神圣一致起来呢？

提修斯：不要用毫无意义的争辩来徒劳无益地浪费时间了。我想用少许几句话来解释使你犹豫不决的那些疑虑，解开疑虑之结。由于无论是自然行动还是自由行动，其一切事件的确定性都是被规定的，后来者在先行者里面、先行者在更先行者里面、并由此以链状的联结在越来越接近的理由中得到规定，直到直接显示上帝为其创造者的世界初始状态仿佛是喷涌的泉水，所有的一切都以从不失误的必然性沿着倾斜的河床从它流出，所以，你就相信，可以明白无误地将上帝称为恶的制造者，他也显然不可能恨自己开始纺织并与其最初的样本一致在未来的岁月里继续纺织的织物，不可能以他的神圣性所理应具有的那样大的义愤来对待编织进他的作品中的罪，即便罪最终追溯到他这个所有恶的制造者自身。这就是对你施加压力的

〔404〕那些疑虑；如今我想驱散它们的迷雾。上帝在创造万物之大全的开端时，奠定了在连贯紧密地相互结合在一起的各种理由的稳定联结中甚至也包括了道德上的恶以及与它相适应的大自然的恶的系列。然而，由此并不能得出，人们可以责备上帝是道德上恶的行动的制造者。如果像在机械领域里所发生的那样，理智存在者只是以被动的方式与造成某些规定和变化的东西发生关系，那么我就不否认万物的终极罪孽可以追溯到这部机器的制造者上帝那里了。然而，通过赋有理智和自我决定能力的存在者的意志所发生的事情，肯定是出自一个内在的本原，出自自觉的欲望，出自按照意志自由的二者择一。因此，无论在自由的行动之前事物的状态如何被某些理由所规定，那种理智存在者如何被裹胁在周围环境之网中，以致毫无疑问可以预见从它将产生道德上的恶，这种未来却也是由这样一些理由规定的，在它们里面，自己趋向恶的方面的意志方向是决定性的东西；因此之故，对罪人来说最乐意做的事情，人们必须称它们为这些事情的原因，至于罪人们必须为不容许的愉悦受到惩罚，则是完全公正的。但是，就上帝毫无疑问理应以其神圣性厌恶罪人、但却显得不能终止包含着恶的未来的创世决定这种对立而言，围绕这一问题的困难在此仍然是无法解决的。因为人们必须这样认定。

上帝的无限美善追求被创造事物尽可能最大的完美和精神世界的幸福。但在这一启示自己的无限努力中，他不仅致力于此后应当按照各种理由的秩序继续发展的各种事件更完美的系列，而且为了使任何东西都不缺少哪怕是较小程度的善，为了万物的大全以其无限性包括从有限领域所存在的最高程度的完美直到较低程度的完美、可以说直到无的一切，他甚至还容忍在其蓝图中出现虽然混有许多恶、但毕竟显示出上帝的智慧所要达到的善的东西，借助无限的多样性来丰富其神圣荣耀的启示。在这一范围里并不缺少人类的历史，无论它多么充满了灾难，但仍然即便是在其恶的糟粕中也还为颂扬神圣的美善提供了无限多的见证，而这是很适合他的智慧、能力和美善的。但是，人们不可以因此就不相信，是他在追求并有意造成被编织进最初作品中的恶。因为他眼前就有善，他知道在清点时它仍然会保留下来的，而把它与不结果实的野草一起连根拔掉，是与最高的智慧不相配的。此外，有死的人是从心灵自愿的、内在的倾向出发犯罪的，他并不是不情愿地被先行理由的秩序所逼迫和劫持，而是被引诱。尽管预先知道肯定是屈从了它们的诱惑，但显而易见的是，由于恶的起源在于自我规定的内在原 〔405〕
则，这还要归咎于罪人自身。因此，不要因为神意以允许的方式在某种程度上同意了罪人，就认为神意很少厌恶罪人。因为恶虽然得到允许，却应以顽强的努力使之回归善，恰恰以警示、威吓、诱导、提供手段的方式力争救平恶，才真正是神圣的艺师眼前的目标。由于他这样剪断了恶的果枝，并且在能够使人的自由安然无恙的情况下抑制它，由此他显现为任何恶的仇视者，但又是仍然能够由此诱导出的完美的友人。但是，我有点过久地离开了预定的计划，现在我想回到正题上。

第九个问题的补充

如果不承认自由行动的未来是由其理由规定的，自由行动方面的神圣预知就没有地盘

赞同我们原理的人，总是针对反对者们顽强地坚持这一证明。因此，我省去这一劳作，仅仅致力于回答极具洞察力的克鲁修斯为反对它而提出的东西。他指责那些这样认为的人们持一种与上帝不相匹配的见解，就好像他们相信上帝使用了理性推理似的。但就这一观点而言，如果有人作出别的断定，我倒

很乐意站到这位著名的敌对者一边。我承认，理性推理的弯路极少适合神圣理智的无限性。因为对于无限的理解来说，普遍概念的抽象、它们的组合以及为得出结论而作出的比较并不是必要的。不过，我们在这里承认，上帝不能预见其未来未被先行规定的事物，并不是因为缺少辅助材料，如我们所承认，他并不需要辅助材料；而是因为如果一种未来的存在既不是由自身规定的也不是先行规定的，它就根本是无，预知它本来就是不可能的。从其偶在可以推论出，它不是由自身规定的；敌对者们断定，它同样不是先行规定的；因此，它完全没有规定，也就是说，没有未来，就其自身而言是如此，神圣理智也必须这样设想它。

最后，这位杰出的敌对者坦率地承认，这里还留下一些不可理解的东西；如果沉思转向无限者，这些不可理解的东西就与客体的高贵非常符合。然而，尽管我承认，即使人们渴望进入更深奥的认识，对于更深刻的理解来说，也依然留有人的理智永远无法开启的圣地，但这里并不涉及事情如何发生，而是涉及其是否发生；研究它们与敌对方意见的冲突，对于有死者的认识来说当然是一件轻而易举的事情了。

[406] 平衡状态下无区别性的捍卫者们求助的坚定性的反驳

对立面的捍卫者们指责我们满足于例证，这些例证看起来如此明显地证明人的意志对于所有的自由行动都无区别，以至于看起来不可能有更明显的东西了。在赌单双并且要猜赢手中隐藏的豆子时，我们不加考虑地、没有任何选择理由地说出二者中的一种。人们在某个王公的例子中讲过与此相类似的东西。该王公让某人在两个重量、形状和外观完全一样的盒子之间作出自由选择，两个盒子中的一个藏的是铅，另一个藏的是金。在这个例子中，抓取二者之一的决定只能毫无理由地作出。关于先迈右脚还是先迈左脚的无区别自由，人们也讲过类似的东西。我想用一句话来回答一切，而且这在我看来也就足够了。当我们的原理中谈到规定理由时，它指的并不是这一种或者另一种理由，例如在自由的行动中浮现在自觉的理智面前的理由，而是无论行动如何被规定，只要它发生，就必然为某个理由所规定。在对意志的规定中，可能完全缺乏客观的理由，各种自觉设想的动因也有可能达到完全的平衡，但尽管如此，仍然为能够决定心灵的诸多理由留有空间。因为这样动摇不定的疑虑只能造成事情从较高的能力回归到较低的能力、从自觉地结合的观念回归到模糊的观念，而在后者中，就很难确定从两方面出发一切都是完全一样的。被植入的欲望对更多的感知的追求使心灵不能长久地停留在这种状态。据此，如果内在观念的状态发生变化，心灵就必然倾向于某个方向。

命题十　对规定理由律的某些固有结论作出解释。

1. **凡在被理由规定者中的，无不先在于理由中**。因为没有任何东西没有规定的理由，所以凡在被理由规定者中的，无不揭示着它的规定理由。

可能有人会指责说：由此可见，由于被造物固有界限，所以包含着它们的理由的上帝也同样固有界限。我的回答是：有限事物固有的那些界限，说明它们在神圣创造的行动中的理由同样是有限制的。因为上帝的创造活动是根据应当产生的有限存在者的方式受限制的。但是，由于这一行动是上帝的一个视情况而定的、必须适合要产生的事物的规定，而不是一个内在的、绝对可以在他自身设想的规定，可见，这些限制并不是内在地属于上帝的。

〔407〕 **2. 不共同具有任何东西的事物，其中一个不能是另一个的理由**。回溯到上一个命题。

3. 在被理由规定者中，只有在理由中的东西。出自同一规则。

结论：世界上绝对现实性的量不以自然的方式发生变化，无论是通过增多，还是通过减少。

解释：就物体的变化来说，这一规则的自明性是显而易见的。例如，如果物体 A 通过撞击推动了另一个物体 B，它就会给予这个物体一种力，也就是说一种现实性。① 然而，撞击的物体失去了同样的运动量，因而力的总和在力的结果中与原因相等。当然，在一个较小的弹性物体对一个较大物体的撞击中，似乎上述规律有误。但绝不是这样的。因为**较小的**弹性物体被它所撞击的**较大**物体撞回，此时获得了向相反一方的力，这力如果被加在它传递给较大物体的那种力上，虽然会像从力学可以得知的那样，造成一个比撞击的量更大的总和，但这里被视为普遍绝对的总和，却必然被看做是比视情况而定的更为正确。因为各种力是向不同方向努力的；因此，根据各个密切联系从而在总体上被考察的机械所能够产生的结果来测算，人们认识各个力的总和，略去了朝相反方向上的运动，因为它们至此终归要相互抵消。剩下的是重心的运动。从静力学可以知道，这种运动在撞击之后与撞击之前是同样的运动。至于运动被材料的阻挡完全抵消，它还远远没有达到取消这一规律的程度，毋宁说是强化了它。因为借助各种原因的综合从静止中产生的力，由于在对抗障碍时所消耗的力与它获得的力一样多，

① 在这里可以按照普遍的观点把施压的力量设想为移交的现实性，尽管它本来只不过是被植入的现实性的一种限制或者方向。

所以将重新回到静止，事情又恢复到以前。因此，机械运动耗之不尽的续存是不可能的；因为它总是把自己的一部分力用于克服阻力，所以，尽管如此恢复自身的能力却丝毫无损地保持下去，这不仅违背上述规则，也违背健康的理智。

我们经常看到从无限小的原因中产生出巨大的力量。被扔进火药中的火星将造成多么大的扩张力呢？或者，如果它甚至在别的地方获得渴求的滋养，它还将会造成怎样的大火、城市的毁灭、大片森林的长期荒芜呢？据此，一颗火星的小小刺激将使多么巨大的物体结合分解！但在这里，隐藏在物体的结合中的无法测度的力的作用因，即活性物质，或者是火药中的空气（根据哈勒斯的试验），或者是可燃物体中的燃烧物，通过很小的刺 〔408〕
激表现出来的要比产生出来的更为真实。弹性物质被压缩隐藏在里面，稍受刺激就挥发出与引力和反弹的交互压力相应的力。

各种精神的力及其向更高完善的进步看起来是这一规律的例外。但是，至少就我的确信而言，它们也受制于这一规律。毫无疑问，虽然非常模糊、但总是内在地显现给灵魂的大全的无限概念，已经包含着对于后来被更大的光所照耀的思想来说必然拥有现实性的一切，而心灵在事后把注意力仅仅转向一些东西，并因在同等程度上遗漏另一些东西而以更强的光照亮它们的时候，就获得了逐日增加的认识；此时，它虽然未扩展到绝对现实性的范围（因为所有观念从与宇宙的结合中产生的材料依然是同一种材料），但存在于概念和被引向它们的不同或者一致的注意力的结合之中的形式的东西，却肯定发生了各种各样的变化。因此，我们在物体被植入的力中注意的是同样的东西。由于如果正确地考察运动的话，它并不是现实，而是现象，由于植入的力被一个外部物体的作用所改变，从效果的内在原则出发对抗冲击的力，完全等于在撞击者方向上获得的力，所以，在运动的现象中，力的所有现实性的东西就相当于已经植入静止物体的东西，尽管在静止中就方向而言未被规定的内在能力只是被外部撞击导向的。

迄今为止就宇宙中绝对现实不可改变的量所引证的东西，必须就所有的一切都按照自然的秩序发生来理解。因为通过上帝的工作，就连物质世界衰退着的完善也能够得到重建，比通过自然所可能的更纯粹的光普照着理性存在物，一切都被提高到更高的完善阶段，谁敢否认这一点呢？

命题十一 列举并反驳从规定理由律不合法地引申出的一些错误结论。

1. 无物没有被理由规定者，换句话说，凡存在者，皆有自己的结果。这被称做结果律。就我所知，它以形而上学家们的领袖人物鲍姆嘉登为首倡者。由于它被这一人物以证明理由律的同样方式所证明，它也卷入了这一事例之中。如果仅仅说到认识的理由，则并没有触及这一定律的真理性。因为任一存在者的概念都要么是一个普遍概念，要么是一个个别概念。如果是前者，就必须承认，凡是就类概念所确定的东西，都适用于所有包含在它之下的较低概念，从而前者也就包含着后者的根据。如果
〔409〕是后者，就可以推论，在某种联结中适用了这一主词的谓词在假定条件相同的情况下必须始终适用于它；而从给定的事例出发，概念决定着类似事例中的真理性，从而就有了认识上的被理由规定的东西。然而，如果把这理解为存在上被理由规定的东西，那么，就像从本文最后一章将看到的那样，存在者在这方面就不能是无限丰富的了；在最后一章，我们将以无法辩驳的理由证明任意一个被排除与其他主词联系的主词与所有变化都无关的状态。

2. 整个大全的事物中没有一个与其他事物在所有方面都类似。人们称这为不可区别律。如果像通常那样在其最广的意

义上理解它，它就远远地背离了真理。尤其是它是以双重的理由来证明的。第一种证明方式非常轻率地轻轻一跃就跳过了客体，从而差不多不值得检验。其琐碎的证明如下：在所有的特征上都完全一致并且不被任何间距所区分的东西，显然必须被视为同一个东西。因此，所有完全类似的东西只不过是被分配在众多位置的同一个存在者而已；据说由于这违背了健康理性，所以这种见解也同自身相矛盾。但是，谁看不出这种琐碎证明的矫揉造作呢？要使两个事物完全一致，要求所有的无论是内在的还是外在的特征或者规定都一致。难道有人把位置从这一普遍的规定中除去了吗？因此，那些虽然在内在特征上一致、但至少在位置上被区别开来的东西，就不是同一个存在者。但在这里，我们尤其必须检验被错误地加给充足理由律的那种证明。

有人说，如果两个事物在其他方面都完全一致，那么，就不存在上帝给它们分配不同的位置的任何理由。多么荒唐！我惊奇的是，一些极可信赖的人物居然会喜欢这些理由的儿戏。且称一个实体为 A，另一个为 B。让 A 占据 B 的位置，在这种情况下，由于 A 的内在特征与 B 完全没有区别，甚至还占据了 B 的位置，从而在所有方面都与 B 完全同一，所以事前被称为 A 的，就应当被称为 B，而事前拥有名称 B 的，则被置于 A 的位置，因而应当被称为 A。因为这种形状的区别仅仅表示位置的不同。因此我要说，如果上帝按照你的意见规定位置，他所做的事情是否就不同？二者完全是一回事；因此你所虚构的变化根本不存在；但对于无来说不存在任何理由，这与我的见解完全一致。

这一虚假的规律由于各种事物的整体以及为神的智慧增加荣耀的东西而受到极好的反驳。因为被称为类似的东西，例如水、水银、金、最纯净的盐等，都由于同源的内在特征而在其原初的各部分中完全一致，既符合其用途和注定要承担的功能的一致性，从效果来看也是如此。我们发现，它们总是类似

地、没有明显差别地从上述东西产生。这里，猜想一种隐秘
〔410〕的、避开感觉的差异，就好像上帝拥有某种使他将自己的作品的各个部分区别开来的东西似的，也是不适宜的；因为这是在鸡蛋里面挑骨头。

我们承认，这一定律的首倡者莱布尼茨在有机物体的形成中以及在其他远离简单性的物体的结构中经常注意到显著的区别，并且合理地假定在所有此类物体中都有这种区别。因为显而易见，在非常多的东西为合成某个物体而必须协调一致的地方，不可能总是造成同样的规定。因此，在同一棵树的树叶中几乎找不到两片完全类似的树叶。但在这里，所拒绝的仅仅是这一定律的形而上学普遍性。此外，在自然物体的形象中，经常可以发现一种与标本的一致性，这看起来也差不多是不可否认的。例如，谁敢断言，在有限多个不同的事物中，就结晶而言就不能发现这个和那个以完全的类似再现另一个？

第三章

描述形而上学认识的两个从规定理由律得出的、富含结论的原则

一、相继律

命题十二　实体只有在与其他实体结合时，才能发生一种变化；它们相互的依赖性规定着彼此状态的变化。

因此，没有任何外部结合并如此离群独处的单纯实体，自身是完全不可变的。

而且，即便把它包含进与其他实体的结合，如果这种关系不发生变化，在它里面也不可能发生内在状态的变化。因此，在一个没有任何运动（因为运动就是结合变化的表现）的世界上，在实体的内在状态中也完全找不到前后相继。

因此，如果实体的结合完全被取消，前后相继和时间也将同样消失。

证明

假定某个单纯的实体摆脱了与其他实体的结合离群独处；我要说，对于它来说没有任何内部状态的变化能够发生。这是因为，由于已经属于实体的内在规定借助内在的理由通过排除对立面而被设定，如果要加上另一个规定，就必须设定另一个理由；但它的对立面就在内在的东西中，并且按照前提条件不能附设任何外在的理由，所以显而易见，它不能被附加给任何存在者。

换句话说。被一个规定理由所设定的东西，必须与这个理 〔411〕
由同时被设定。因为设定一个规定理由而不设定被理由规定者，这是荒唐无稽的。据此，在单纯实体的某种状态中有进行规定的东西，所有被规定的东西都绝对必须与它是同时的。然而，由于变化是规定的前后相继，或者在事前不存在的规定产生的地方，以及在存在者与某个属于它自己的规定相对立被规定的地方，它并不能通过在实体里面发现的东西产生。因此，如果它发生，它必然是从一个外部的结合产生的。

再换句话说。假定一种变化是在上述条件下产生的；由于它开始存在，而事前又不存在，也就是说，即使实体被规定成对立面，并且认定没有任何在别处规定实体的理由附加给内在的东西，实体被视为以明确的方式得到规定的这些理由把实体规定为对立面，这是荒唐无稽的。

解释

尽管这一真理依赖于各种理由如此易于理解的、明白无误的链条，那些自命为沃尔夫哲学追随者的人们却很少注意它，以致他们毋宁断言，单纯实体从内在的活动原则出发经受着不断的变化。当然，我非常熟悉他们的证明，但我也同样坚信它们是不结果实的。因为一旦它们给力下一个任意的定义，以致它表示某种包含着**变化**理由的东西，而人们毋宁必须设定它包含着**规定**的理由，他们就肯定很容易陷入错误。

此外，单独考察任何一个实体，从其内部都不可能产生变化，人们是在宇宙中发现变化的交替的；如果有人渴望知道变化究竟是以什么方式产生的，他可以把自己的注意力转向从事物的结合、即从其规定的相互依赖性产生的东西。此外，鉴于我们这篇论文的篇幅，在此继续解释这些东西似乎有点过于冗长，借助我们的证明断定事情肯定不可能是别的样子也就够了。

运用

1. 首先我发现，一种更为健康的哲学针对唯心主义者们迄今只有沿着可能性的道路予以保护的物体的现实存在，从我们的原则所宣称的东西中就可以得出。因为灵魂是经受了内在变化的（通过内感官）；由于从灵魂的本性出发，如果单独地在同其他事物的结合之外考察它的话，根据已经证明的东西，这些变化是不可能发生的，所以，在灵魂之外必定存在着许多
〔412〕东西，灵魂凭借交互的结合与它们联系在一起。同样，由此也表现出，即便是观念的交替也是与外在运动相适应发生的；而因为由此可以得出，如果不是有某种现实的东西，其与灵魂的交往给予灵魂一个与它相适应的观念，我们对一个物体就不可能有一个可不同规定的观念，所以，由此可以轻而易举地得

出，存在着一个复合的东西，我们称之为我们的身体。

2. 莱布尼茨的前定和谐完全被推翻，并非像通常发生的那样，是由于人们相信与上帝不相宜的、提供一种大多数情况下不稳定的辅助手段的终极理由，而是由于其自己内在的不可能性。因为从已证明的东西就可以直接得出，离开与外部事物的现实结合，人的灵魂完全没有内在状态的变化。

3. 所有有限精神都必须被赋予一种有机的躯体，这种见解由此获得了其确定性的重大证明。

4. 上帝本质上的不变性并不是从派生自其无限本性的认识理由、而是从其真正的原则得出的。因为最高的、完全没有任何依赖性的神意由于与它相符合的各种规定完全不通过任何外部的关系得到加强，从而完全没有内在状态的变化，这从断定的东西已充分表现出来。

说明：上述定律之所以也许会显得有错误之嫌，乃是因为人的灵魂以这种方式在行使思维的内在功能时受制于物质的那种牢不可破的结合，这看起来与唯物主义者们的危险见解距离并不远。然而，我并不因此就剥夺灵魂的观念状态，尽管我承认，如果灵魂完全摆脱外在的结合，这种状态就是不变的、永远与自身一致的。至于也许有人会力图强加给我的那种争辩，我把它交给那些众口一词地维护灵魂与一个有机躯体的必然结合的新人们去处理。为了从他们中间举出一个人来做证人，我要提到著名的克鲁修斯。我注意到，他是如此完全赞同我的意见，以致公开地宣称制约灵魂的那个规律，就是追求观念的努力总是与它们的实体追求一种外部运动的努力结合在一起所遵循的规律，因而当后者被障碍所阻挡时，前者就也受到阻碍。尽管他并不认为这一规律如此必然，以至于不是上帝愿意就不能废止它，但由于他承认其本性是受制于此的，所以他也不得不承认必须重新创造这种本性。

二、共存律

〔413〕 **命题十三　有限实体单凭其存在彼此之间没有任何关系，而且除了被其存在的共同本原即神圣理智维持塑造在相互的关系中之外，也没有任何共同的东西。**

证明：单个的实体没有一个是另一个存在的原因，它们都是独自的、即离开其他所有实体完全可理解的存在。因此，如果简单地设定任一实体的存在，那么，在它里面就没有任何揭示其他与它不同的实体存在的东西。但是，由于关系是一种视情况而定的规定，也就是说，在一个独自受考察的存在者里面是不可理解的，所以，就像它的规定理由一样，凭借单独设定的一个实体的存在同样是无法理解这种关系的。因此，如果除了这种存在之外不再附加任何东西，那么，在所有的实体之间就没有任何关系，也根本没有共同的东西。所以，就单个的实体具有一种不依赖于其他实体的存在而言，在它们之间并不存在一种相互的结合，有限者也肯定不能是另外实体的原因，但尽管如此所有的一切都仍然被发现在宇宙中处于相互的结合中，因而必须承认，这种关系取决于原因的共同性，即取决于作为存在者普遍本原的上帝。但是，由于如果不是同一个赋予存在的神圣理智的图式，就把它们的存在理解为相互关联的而言，也巩固了它们的关系，从上帝简单地确立了它们的存在就不能得出它们之间的相互关系，所以显而易见的是，所有事物的普遍共同性只能被归于这一神圣观念的概念。

解释

我认为自己第一个以极为清晰的理由说明了，宇宙中各种实体的共存并不足以确立它们的相互结合，而是除此之外还要求一种起源的共同性和一种和谐的依赖性。简明扼要地重复证明的关键如下：如果实体 A 存在，在此之外又存在着 B，那么就可以认为 B 并没有在 A 中设定任何东西；因为假定它在 A 中规定着某种东西，这就意味着，它包含着规定 C 的理由；由于规定 C 是一个关系谓词，只有当除 B 之外还有 A 存在的时候才是可理解的，所以，实体 B 通过作为 C 的理由的东西而以实体 A 的存在为前提条件。但由于如果实体 B 是单独存在的，凭借它的存在根本不能规定是否必须存在一个 A，所以，单从 B 的存在还不能理解，它在其他与它不同的实体中设定了某种东西，因此，根本不存在任何关系，也不存在任何共同性。即使上帝除实体 A 之外还创造了其他实体 B、D、E，乃至无穷多，由它们的既定存在也不能直接得出它们在规定上的相互依赖性。因为从除 A 之外还存在着 B、D、E，以及 A 能够以某种方式在自身中被规定，并不能得出，B、D、E 必然具有与它相适应的存在规定。因此，在这种共同依赖上帝的方式中，必然还存在着它们相互依赖的理由。而以什么方式实现这一点，是很容易理解的。神圣理智的图式，即存在的本 〔414〕
原，是一种持久的行动（人们称之为保存），在它里面，如果任意一些实体独立地、脱离规定的关系被上帝设想，在它们之间就不能产生任何结合，不能产生任何相互关系；但是，如果它们在上帝的理解中被设想为是处在关系中的，那么，各种规定事后在存在的延续中就与这一观念相适应而互相发生关系，也就是说，它们作用并反作用，并且存在着单个实体的一种外部状态；而如果背离了这一原则，单凭它们的存在是不可能有这样一种状态的。

运用

1. 由于位置、态势和空间是各实体的关系，凭借这些关系，它们以相互的规定和其他与自己现实地不同的实体联系起来，并以这种方式被保持在一种外部的结合中；此外，由于凭借已证明的东西可知，单是实体的存在自身并不包含与其他实体的结合，所以显而易见的是，即使设定有众多实体存在，由此也没有同时规定位置、态势和由这些普遍的关系构成的空间。相反，由于各实体的相互结合要求一种在神圣理智的作用性观念中被理解为视情况而定的描绘，而这种观念对于上帝来说又是完全任意的，并且因此而按照他的喜好同样能够被允许和放弃，可以得出，各实体能够存在所遵循的规律如下：**它们不在任何位置**，就我们宇宙大全的事物而言也完全不在任何关系中。

2. 由于在这些与我们的宇宙大全没有任何结合的实体中，依照神的喜好可能有许多仍然以规定的联结而彼此结合在一起，从而能够造成位置、态势和空间，所以，它们将构成一个世界，这个世界摆脱了我们作为其成员的那些世界的范围，也就是说离群独处。因此，如果上帝愿意，在形而上学的意义上也就可能有众多的世界存在，这绝不是无稽之谈。

3. 据此，由于仅仅实体的存在对于相互的共同性和规定的关系来说是完全不够的，从而通过外部的结合表现着一个所有实体的共同原因，在这个原因中它们的存在被塑造成处在关系之中的，又由于没有这种本原的共同性普遍的结合是不可思议的，所以，由此可以得出所有事物的最高原因、即上帝这个惟一者的一个极为清晰的证据，至少在我看来，它远远超越了那种偶在的证明。

4. 即便是主张两个同样第一并且决不相互依赖的本原统治着世界的摩尼教徒，其不健全的观点也由于我们的定律而被完全推翻。因为一个实体能够与宇宙的事物有某种共同性，只能要么是它们的共同原因，要么是与它们一起从这个共同原因产生的。因此，如果把这两个本原中的一个称为所有实体的原因，那么，另一个就无论如何也不能在它们里面规定着某种东西；如果把两个中的某一个称为至少一些实体的原因，那么，这些实体就与其他实体没有共同性。或者必须认定要么这两个本原中的一个依赖于另一个，要么它们两个都依赖于一个共同的原因，这同样是与假定的前提相悖的。 〔415〕

5. 此外，由于众实体的规定是相互关联的，也就是说，彼此不同的众实体相互作用（因为一个在另一个里面规定着一些东西），众实体总是必然与某种反作用相结合的复杂作用就构成了空间的概念。如果普遍的作用和反作用的外在表现通过物体彼此相关的空间的整个范围相互接近，这种表现就被称为**引力**，它由于是仅仅借助于共同在场造成的，所以在任何距离上都出现，这就是**牛顿引力**或者普遍的重力；所以，它很可能是凭借众实体规定空间的那种结合产生的，从而是制约着物质的最原始的自然规律，而物质则只有在上帝作为其直接守护神的情况下才持久存在，即便是按照那些自称为牛顿追随者的人们的意见也是如此。

6. 由于如果所有实体都存在于同一空间里，它们就具有共同性，由此出发就可以理解规定方面的相互依赖性、精神对物体和物体对精神的普遍作用了。然而，由于任一实体都不能凭借内在地属于它自身的东西拥有规定与自己不同的实体的能力（如上已证明），相反，这只有凭借自己被编织进无限存在者的观念中的那种结合才可能发生，所以，虽然在任一实体中都能发现的那些规定和变化总是与外在的东西相关，但本来如此称谓的自然影响却被排除了，从而就有了事物的普遍**和谐**。但尽管如此，由此却并没有产生**莱布尼茨**的那种**前定和谐**，后者本来引入的是实体的一种**一致**，而不是其相互**依赖性**；因为上帝既没有为了造成实体的一致而在一系列井然有序的理由中使用与此相适应的机谋，此处也不存在一种上帝的特殊影响，即凭借**马勒伯朗士的偶因**确立众实体的共同性；因为使实体存在并在其中保持它们的同一种不可分的作用，造成了它们相互的、普遍的依赖性，以致神的作用不需要根据情况时而这样时而那样被规定；相反，有一种实体相互之间发生的现实作用，或者一种凭借真正作用因的共同性，因为确立事物存在的同一种本原也使它们受这种规律制约，所以相互共同性是通过其存在的本原所固有的规定确立的；因此，人们就有同样的理由可以说，外部的变化凭借作用因产生，与把内部发生的东西归于实体的内在力量是采用的同一种方式，尽管它的自然作用不亚于外部关系的那种支持，依靠的都是神的维持。然而，如此构造的实体普遍共同性的体
〔416〕系肯定比那种流行的**自然影响**体系更完美，因为它说明了还必须在单独思考的实体的本原之外寻找的事物相互关联的起源，在这方面，那个过时了的作用因体系尤其背离了真理。

说明

因此，善意的读者们，这里有两个深奥的形而上学认识的原则，借助它们，人们可以在真理的领域获得不可忽视的统治权。因为如果人们以这种方式精心地致力于这门科学的研究，就会发现它的土地并不是如此贫瘠，鄙视者责难它是休闲的和阴晦的吹毛求疵，也由于杰出知识的丰富收获而受到反驳。不过，有一些人热衷于在著述中猎获受到歪曲的结论，总是善于从别人的见解中挑出某种毒素。尽管我并不想否认，这些人也许能够甚至在我们这部作品中也恶意地歪曲一些东西，但我让他们随自己的意忙去吧；我把不担忧某人也许乐意错误地予以评论、而是沿着研究和学问的正确道路前进看做自己的任务，并以极大的敬意请求那些善待这门科学的人们，支持这一努力。

伊曼努尔 · 康德

1756 年

1756年

就去年年底波及西欧各国的那场灾难论地震的原因

李秋零　译

涉及所有人命运的重大事件，理所当然地要激起可嘉的好奇心，这种好奇心在所有非同寻常的事情上都保持着清醒，并习惯于追问那些事件的原因。在这样一种场合，对公众所负的义务应当能够促使自然研究者们，来说明观察与研究能够为他们提供的洞见。我无意于全面地履行这项义务的荣誉，而是把它留给能够自诩已经精确地了解地球内部的人物——如果有这样一个人物挺身而出的话。我的考察将只是一个草案。坦率地说，它将差不多包含迄今为止人们有可能对此说出的一切东西，但还不足以让那种根据数学确定性的试金石来检验一切的严格评判感到满意。我们安静地居住在一块土地之上，它的基础却有时被动摇。我们无忧无虑地建造起亭台楼阁，它们的支柱却时而晃动，有坍塌的危险。我们不因为也许离我们并不遥远的命运而忧虑，当我们得知在邻国造成我们脚下所隐藏的那种不幸的破坏时，我们不是恐惧，而是同情。毫无疑问，不为对这样的命运的恐惧所困扰，这是神明天意的善举；对于阻止这样的命运来说，任何杞人忧天都帮不上一点忙，而我们现实的灾难也并不由于对我们视为可能的事情的恐惧而有所增加。〔419〕

引起我们注意的第一点就是，我们栖身于其上的土地是空心的，它的圆拱几乎连贯地通过一些辽阔的地带，甚至延伸到了最低的海底。我并不从历史上援引这种情况的实例；我的意图并不是提供一部地震的历史。在许多次地震中听到的像地下风暴在怒吼、或者像载重车驶过石路的那种可怕的咆哮声，这些地震在距离遥远的各国同时延续的后果，其中被一个宽逾450德里的海洋隔开的冰岛和里斯本在同一天发生震动，这些都无可辩驳地证明，所有这些现象在这些地下圆拱的联系方面是一致的。〔420〕

如果我要就地球形成时造成这些空穴产生的原因说出某种

易于理解的东西，那么我就必须将地球的历史一直追溯到混沌时代。如果不能详尽无遗地描述包含其可信性的理由，这样的说明就只会造成过多虚构的假象。但无论原因是什么，有一点是确定无疑的，那就是这些空穴的方向与山脉平行，并且通过一种自然的联系也与大的河流平行；因为这些河流是平行地延伸的山脉从两边限制住的一道长长山谷的最低部分。这个方向同样也是地震传播所采取的主要方向。在多次波及意大利绝大部分的地震中，人们发现教堂中的烛台差不多都是从北朝正南移动；而最近这次地震则是自西向东，这也是横贯欧洲绝大部分的那些山脉的主要方向。

如果在这般可怕的偶然事件中允许人们运用一些小心，如果用一些理性所昭示的部署来对抗普遍的灾难并不被视为一种鲁莽的、徒劳的努力，那么，里斯本不幸的废墟岂不就应当令人对在标志着地震必然地在这一地区以自然的方式发生的方向的那条河畔沿河纵向重建心生疑虑。
〔421〕**金特尔**证实，如果一座城市在其最大的长度上被方向相同的地震所震动，所有的房了都将倒塌，相反，如果该方向是在其宽度上，则只有很少的房子倒塌。原因是一清二楚的。地基的晃动使建筑物离开了其垂直的位置。如果一列自东向西的建筑物这样被动摇，那么就不仅仅每一座建筑物都承受了自己的负担，而且西边的建筑物还挤压东边的，从而无可争议地倒在一起；相反，如果它们是在宽度上被晃动，每一座建筑物都只需要保持自己的平衡，在同样的情况下损失就必然会少一些。因此，里斯本的不幸似乎由于其在塔古斯河畔的纵向位置而更为严重；而根据这些理由，在多次感受到地震、且从经验可以得知地震的方向的地区，每一座城市都必须不是按照与地震一致的方向修建的。但在同样的事例中，绝大多数人都持截然不同的见解。由于恐惧使他们不能反思，他们就相信在如此普遍的不幸事例中所发现的灾祸与

人们有权利运用小心对付的灾祸截然不同，并想凭借一种盲目的屈服来缓和命运的严酷，由此而无条件地听凭命运的摆布。

地震的主带沿最高山脉的方向延伸，因此，主要是临近这些山脉的地区受到震动，尤其是如果它们被包围在两列山之间的话；在这种情况下，来自两边的震动将结合起来。在一个与山脉没有联系的平坦地区，地震鲜有发生，并且很微弱。因此，秘鲁和智利是世界各国中承受地震最频繁的国家。在那里，人们小心翼翼地建造起两层的房子，其中只有底层砌墙，上层则用的是芦苇和轻木材，以便不致被砸死。意大利、甚至还有部分地处寒带的岛屿冰岛和欧洲的其他高地都证实了这种 〔422〕
一致。去年 12 月自西向东贯穿法国、瑞士、施瓦本、蒂罗尔和巴伐利亚的那场地震，主要波及的是这一地区最高的地方一线。但我们还知道，所有主要的山脉都纵横交错地延伸出支脉。地下的燃烧也逐渐地扩展到这些支脉，因此之故，在到达瑞士群山的高原地区之后，也形成了与莱茵河平行、一直延伸到低地德国的空穴。大自然把地震主要地与高原地区联结起来的这一规律的原因会是什么呢？如果确定无疑是地下的燃烧导致了这种震动，那么就可以轻而易举地认为，由于多山地区的空穴更为宽大，可燃气体的喷发在这里也就更为自由，燃烧无论何时都必不可少的与封闭在地下的空气的结合也就更为畅通无阻。关于这一点，地球内部自然情状的知识——就人们能够揭示的而言——说明，多山地区的地层远远不像平坦地区的地层那样高，因而那里地震的阻力也就比这里更小。所以如果有人问，我们的祖国是否也有理由惧怕这种不幸的事件，我就要——假如我负有劝戒道德之改善的使命的话——为了人们在此不能否认的普遍可能性而让对此的惧怕保留自己的价值；但是，在虔诚心的众多动因中，取自地震的虔诚心无疑是最弱的虔诚心；而既然我的意图只不过是为猜测列举物理的根据，所以我可以轻而易举地从所列举的东西中得出：由于普鲁士不仅是一个无山的地区，而且也必须被视为一个几乎完全平坦的地区的延伸，所以人们有更大的理由根据神明天意的部署从相反的希望中得到安慰。

现在是就地震的原因列举些什么的时候了。对于一位自然研究者来说，描摹它的现象是某种轻而易举的事情。取 25 磅
〔423〕铁屑和同样多的硫，并用普通的水搅拌均匀，把这个团块埋入地下一尺或一尺半深，把上面的土夯实。若干个钟头过后，就可以看到有一股浓烟升起，土受到震动，从地底下冒出火苗。毋庸置疑，前两种物质在土里面是经常相遇的，是通过隙缝和岩隙渗入的水使它们骚动起来。另一个试验也可以从自行起燃的冷物质的混合中产生可燃的气体。将 2 匙硫酸盐油与 8 匙普通的水搅匀，加入 2 匙铁屑，就会猛然沸腾起来，产生能够自行起燃的气体。谁能够怀疑，在地球内部包含着足够数量的硫酸盐的酸和铁的成分呢？如果加上水，引起它们的相互作用，它们就会喷出气体；这些气体力图扩散开来，震动大地，并在火山的缝隙处于一片火焰时逃逸而出。

人们早就察觉到，如果一个地区的相邻地区爆发了火山，被封闭的气体由此能够获得了出路，那么这个地区就摆脱了剧烈的地震；人们还知道，如果维苏威火山长时间保持平静，那不勒斯附近的地震就要频繁和可怕得多。将我们置于惊恐之中的事物常常就是以这种方式为我们的福祉服务的；在葡萄牙的群山中爆发的一座火山，有可能成为一种预兆，说明灾难正在逐渐地远离。

万圣节不幸的日子里在如此众多的海岸可以察觉到的水的剧烈运动，在这一事件中成为惊奇和自然研究的极为罕见的对象。地震一直延伸到海底，船只被如此剧烈地摇撼，就好像它

们被固定在一块受到震动的坚硬土地上似的。这是一个普遍的经验。但是，在水波涛汹涌的地区，就没有一点地震的迹象，至少在距海岸中等距离的地方就根本感觉不到。尽管如此，水的这种运动也不是绝无先例。1692 年，在一场几乎是普遍发生的地震中，在荷兰、英国和德国的海岸也觉察到同样的东西。我听说，许多人不无道理地倾向于用葡萄牙海岸旁的海水 〔424〕 通过地震的直接撞击获得的连续波动来解释水的这种波涛汹涌。这种解释最初看来是遇到了一些困难。我清楚地知道，在一种液态的物质中，任何一种压力都必然是通过整体才能感受到的，但是，葡萄牙海海水的压力在传播几百里之后，怎么在格吕克施塔特和胡苏姆还能使水激起几尺高呢？难道不是那里必定形成摩天的水浪，以便在这里造成几乎难以察觉的水波吗？我对此的回答是：一种液态物质被在某处起作用的原因整个地运动起来，可以有两种方式；或者是通过上升和下降的颠簸运动，即以波浪的方式，或者通过一种突然的压力，这压力将水向其内部震动，当做一种固体来推动，不给水以时间来借助颠簸的波涛来逃避压力，逐渐地传播其运动。前者毫无疑问不能足以解释所引证的事件。但就后者而言，如果人们考虑到，水就像抵抗一个固体那样抵抗一种突然的剧烈压力，并且凭借不给附近的水以时间来超出水平位置的同等剧烈性把这种压力向边上传播；例如，卡雷先生在《科学院物理学论文集》第 2 部分第 549 页讲到一个试验，该试验在一个由两寸厚的板子组装成并且盛满了水的盒子里射入一个火枪子弹，这颗子弹的击打对水的压力如此之大，以至使盒子完全爆裂。如果看一看这个试验，就可以对使水运动的这种方式有一些了解了。例如，可以设想葡萄牙和西班牙从圣维森特角到菲尼斯特雷角的西海岸大约 100 德里宽受到震动，而且这一震动向西传到海里同样远，那么，就有 10 000 平方德里的海底随着一次突然的

震动被抬起，这震动的速度我们不能估计过高，可以与一颗地
〔425〕雷的运动相比；后者将上面的物体抛15尺高，因而（依据力学的理由）能够以每秒30尺的速度使其下落。上面的海水抵抗这种突然的震动，使自己并不像在缓慢的运动中发生的那样下降并波涛汹涌，而是接受了它的全部压力并同样剧烈地把周围的海水向边上推动，周围的海水在如此迅速的挤压下看起来就像是一个固体，其遥远的终端以与受到撞击的海水同样的速度向前推进。因此，在液态物质的每一条块（如果我可以使用这一表述的话）之中，无论它是200里长还是300里长，如果设想它被约束在一条其遥远的终端和开端有同样宽的口径的渠道之中，就不存在任何减缓了的运动。然而，如果终端处的口径更宽，那么通过这一口径的运动就与此相反，恰恰要减弱许多。但人们必须把水的运动的延续设想为围绕自身传播开来，就像是一个其拓展随与中心的距离而增加的圆一样，因而水的流动在其边缘以同等的程度减缓；所以，在离假定的地震中心300德里之遥的荷尔斯泰因海岸，它就要比在根据上述前提条件离同一中心大约50里的葡萄牙海岸小6倍。荷尔斯泰因海岸和丹麦海岸的运动大得还足以每秒奔流5尺，这可以与一条非常湍急的河流的威力媲美。在此，人们可能会提出异议，认为压力向北海水域的延续只有通过加来的运河才可能发生，此处的震动由于向一个辽阔的海域传播而必然大大减弱。但如果考虑到，法国海岸和英国海岸之间水的压力在到达运河之前就必然由于两块陆地之间的挤压而增加，其程度恰如通过传播而减少，那么，由此就不可能给上述荷尔斯泰因海岸地震的影响造成明显的减弱。

就对水的这种挤压而言，最不寻常的事情是：甚至在与海洋根本没有明显联系的陆地湖泊中，在滕普林和挪威，都可以
〔426〕觉察到这种挤压。这差不多显得是人们当时提出来证明地中海

水域在地下与海洋相通的所有证据中最强有力的证据。要想摆脱可能从平衡得出的对此不利的困难，就必须设想一个湖的湖水确实通过与大海相联系的渠道不断流出，但由于这些渠道是狭窄的，由此损失的部分通过注入的小溪和大河得到足够的补偿，所以这种流失能够由此而变得不明显。

尽管如此，对于这样一种如此罕见的事件，人们还是不应当轻率地作出过于匆忙的判断。因为内地湖泊的骚动也能够出自其他原因，这并不是不可能的。地下的空气由于这种肆虐的火的爆发而运动起来，可能穿透各地层的缝隙；除了这种猛烈的释放之外，这些地层封死了地下空气的所有通道。大自然只是逐渐地展示自己。不应当因为无耐心就借助虚构来猜出它对我们隐蔽起来的东西，而是应当等待，直到它在清晰的结果中无可怀疑地启示出自己的秘密。

地震的原因似乎把自己的影响一直扩展到大气圈。在大地被震动之前若干个小时，人们经常觉察到红色的天空和大气性质发生变化的其他征兆。动物在临近地震时极度惊恐。鸟类逃避到房子里；鼠类从其洞穴中爬出。毋庸置疑，临近自燃点的受热气体在这一时刻通过大地上面的圆拱突然冒出来了。我不敢说要澄清人们可以预料这种气体会造成什么样的结果。最起码这些结果对自然研究者来说是不受欢迎的，因为他所希望的，是探索出当地下的大气也参与了大气圈的影响时，大气圈的各种变化相互交替所遵循的规律；难道人们可以怀疑这并不一定经常发生吗？因为若不然，由于气候的原因部分地是持久的，部分地是周期性的，在气候的变化中根本看不到重复，这就是几乎无法理解的了。

说明：根据《汉堡通讯报》第 199 期的报告，上文冰岛地震的日期不是 11 月 1 日，应纠正为 9 月 11 日。〔427〕

当前的考察可以看做关于我们的时代所发生的值得思考的

自然事件进行的一次小小的预先思考。地震的重要性及其各种各样的特色推动我，在一篇更为详尽的论文中将这种地震的详尽历史、地震在欧洲各地区的传播、当时出现的值得注意的现象以及它们可能引起的考察告知公众。这篇论文将在若干天后在王家宫廷与科学院出版社发表。

1756 年

1755 年底震动地球一大部分的那场

地震中诸多值得注意的事件

的历史和自然描述

伊曼努尔·康德硕士

李秋零 译

〔431〕大自然并不徒劳地到处展示罕见现象的财富以供考察和赞赏。受委托经营大地的人，有能力也有兴致认识它们，并通过自己的认识来颂扬创造者。甚至祸害人类的可怕工具，即大陆的震动、在其底床被翻腾起来的海洋的怒啸、喷发的火山，也都要求人来考察，并且作为一种出自恒定规律的正常结果被上帝植入自然，并不亚于灾祸的其他已经习以为常的原因；后者之所以被视为自然的，乃是因为人们对它们更为熟知。

对这样一些可怕的偶然事件的考察是富有教益的。它使人看到，他没有或者至少失去了期望从上帝所安排的自然规律得出纯粹惬意的结果的权利，从而使他谦卑恭顺；人也许还以这种方式学会发现，他的欲望的这一游戏场地理所当然地并不应当包括他的所有意图的目标。

前　言

论地壳内部的性状

如果事情的关键是详尽性的话，我们已经相当完备地认识了地壳的表面。然而，我们在自己的脚下还有一个世界，对于它，我们目前还所知甚少。为我们的铅锤敞开无底深渊的山
〔432〕缝、我们在山体的内部所遇到的洞穴、我们数世纪之久深挖的矿井的最深地层，都远远不足以使我们获得对我们所居住的这个巨大团块内部结构的清晰认识。

人们从大陆的最高表面所下降到的最大深度，尚不足500寻，即尚不足到地球中心距离的1/6 000；尽管如此，这些深渊还处在山区，甚至所有大陆都是一座山，在这座山里，哪怕仅仅想达到与海底同样的深度，就必须下降得至少再深3倍。

但是，大自然对我们的眼睛和我们的直接试探遮掩起来的东西，它自己却借助其作用揭示了出来。地震向我们显示，地

球的表面充满了拱券和洞穴；在我们的脚下，隐蔽的坑道以各种各样错综复杂的路径向四面八方延伸。对地震历史的追溯无可置疑地证实了这一点。我们把这些洞穴归于同样给海洋准备了底床的那个原因；因为毫无疑问，只要人们了解到大洋从其当时漫过整个大陆的停留处遗留下的残余，了解到甚至在山体的内部也可以发现的巨大的贝壳堆，了解到从最深的地层挖掘出的海洋动物化石，我要说的是，只要人们在某种程度上了解到这一切，就可以轻而易举地认识到：首先，海洋当时曾经在很长的时间里覆盖整个大陆；其次，这一滞留持续了很久，而且甚至比大洪水时期还早；最后，大水不可能以其他方式消退，除非大水的底床有时陷入深坑，为大水准备好流入其中的深池；如今它被约束在水岸之间，由于水面下沉，抬高了的地区就成为陆地；陆地到处都被洞穴掏空，其线路布满了陡峭的山峰，它们被称为山脉，沿着大陆以可观的长度绵延开来的所有方向，贯穿大陆的最高的高地。

这些洞穴都包含着熊熊燃烧的火焰，至少包含着可燃的材 〔433〕
料，后者只要稍有刺激，就会猛烈地到处肆虐，撼动甚至震裂上面的地壳。

如果我们就其蔓延的全部范围来考虑这种地下火的区域，那我们就必须承认，在地壳上只有少数国家不会间或感受到它的影响。在极北地区，冰岛遭受到它的极剧烈的侵袭，而且屡见不鲜。在英国，甚至在瑞典，都有一些轻微的震动。尽管如此，在南方地区，我指的是临近赤道的那些地区，震动要更为频繁，更为强烈。意大利、所有海洋中临近赤道的岛屿，尤其是印度洋中的岛屿，更经常地受到其地基的这种不安定的侵扰。在印度洋的岛屿中，几乎没有一个不是拥有一座要么至今尚在喷吐火焰、要么至少是刚刚喷吐过火焰的火山，它们同样经常地遭受到震动。如果人们在此可以相信许普纳的报道，那倒是一种不错的谨慎；荷兰人利用这一报道，为的是他们仅仅在班达和安汶这两个岛上才允许繁殖的麝香葡萄和丁香比两种珍贵的调味香料，不致面临被地震灭绝的危险。如果这两个岛屿中的一个由于地震而要蒙受完全沉沦的命运，他们随时可以在另一个遥远的岛屿上维持这两种植物的苗圃。临近赤道的秘鲁和智利要比世界上的任何一个国家都更频繁地蒙受这种灾难的骚扰。在前一个国家里，几乎没有一天不曾觉察到地震的轻微撞击。不要以为这可以被看做太阳热对这些国家的地层影响大得多的一个结果。在一个差不多不到 40 尺深的地窖中，几乎根本感觉不到夏天和冬天的任何区别。太阳热同样很少能够穿透地层很深，以致诱发可燃物质并使其运动。毋宁说，地震遵循的是地下坑穴的性状，后者遵循的则是最上层地壳一开始
〔434〕必然发生下沉所遵循的规律；越是接近赤道，就会造成越是深、越是花样繁多的起伏；由此，包含着地震引爆装置的坑道就变得更为宽阔，从而更适合于激起地震。

关于地下过程的这一前言，对于认识后面关于地震在各大地区的广泛传播、关于地震所涉及的地带、关于地震最频繁地肆虐的地点、关于地震首先发难的地点将讨论的东西来说，其重要性绝不是微不足道的。

现在，我从最近的一次地震的历史谈起。我并不是把这一历史理解为人们由此所遭受的不幸事件的历史，不是把它理解为遭受蹂躏的城市和掩埋在其废墟之下的居民们的历史。凡是想象力能够设想的可怕的东西，人们都必须综合起来，以便在某种程度上预先想象当大地在人们的脚下震动时，当人们周围的一切坍塌时，当在其底床被震动的水由于泛滥而充分地造成了不幸时，当死亡的恐惧、由于丧失一切财产而感到的绝望、最后还有其他灾难的景观粉碎了最坚定的勇气时，人们必然陷入其中的惊恐。这样一种叙述将是感人的，由于它对心灵有一种影

响，所以它也许还能够对心灵的改善有一种影响。然而，我把这一故事留给更能干的手笔来叙述。我在此仅仅描述大自然的工作，描述伴随着可怕事件的那些值得注意的自然状态及其原因。

论上一次地震的预兆

我把后来变得如此可怕的地下燃烧的预演确定在去年 10 月 14 日早晨 8 点于瑞士的洛迦诺觉察到的大气现象。一股就像是从炉子里冒出那样的热气扩散开来，2 小时后变成了一朵红云，从而在傍晚下了一阵血红的雨。雨水在被接住后，沉淀下 1/9 微红色的胶质沉积物。6 尺厚的雪也同样被染红了。红雨持续了 40 个小时，大约波及 20 平方德里，甚至在施瓦本也可以觉察到。紧随这种大气现象之后，是不正常的倾盆大雨，在 3 天内降雨量达 23 寸，超过湿润地区全年的降雨量。这场 〔435〕 雨虽然并非每天都同样大，但却持续了逾 14 天之久。发源于瑞士山区的伦巴第各河、此外还有罗讷河都波涛滚滚，涨过河岸。从这一时间开始，空中到处都是可怕的风暴在肆虐。甚至到了 11 月中旬，在乌尔姆还下了一场同样的红雨，大气圈的混乱、意大利的龙卷风、极为潮湿的气候都还在持续。

如果要把握这种现象的原因及其结果，那就必须留意它的发生地的地壳特性。瑞士山区的地下有宽阔的缝隙，毫无疑问，它们相互之间凭借极深的地下通道联系在一起。朔伊希策曾经讲述过差不多 20 个在某些时候刮出风来的深穴。如果我们现在假定，在这些洞穴内部隐藏的矿物质同使它们沸腾起来的液体混合起来，并由此发生一种内在的骚动，这种骚动能够使可燃的物质为几日之内完全爆发的燃烧做好准备；如果我们设想，譬如蕴藏在硝酸钾精里面的、大自然必定自己配制的那种酸，怎样或者通过注入水或者由于其他原因而运动起来，怎样侵蚀它落在其上面的含铁土，那么，这些物质在其混合时将会自行发热，并从山区的洞穴中喷射出红色的热气，红色含铁土的微粒同时在猛烈的沸腾中与之混合并继续下去，这就造成了我们提到的胶质的红雨。这种雾气的本性导致空气的张力减弱，并正因为此使悬浮在空气中的水雾聚集起来，此外还由于吸引了周围所有在大气圈中浮动的云雾，通过自然地倾向于气柱高度被降低的地区，而引起了在上述地区觉察到的那种猛烈而又持久的暴雨。

地下的骚动就是以这样的方式通过喷射出的雾气预先报告
〔436〕它暗中准备的不幸的。① 命运的完成以缓慢的脚步紧随其后。一种骚动并不是马上就转化为燃烧的。骚动不安的、发热的物质要想燃烧起来，必须遇到一种可燃的油、硫磺、沥青或者诸如此类的东西。发热有时也在地下的通道中传播，在释放出来的可燃物质因与其他物质的混合发热到燃点的时刻，大地的拱券受到震动，厄运的最后一幕也就完成了。

1755 年 11 月 1 日的地震和水的震动

这一打击所发生的那个时刻，似乎可以最准确地定在里斯本的上午 9 点 50 分。如果把里斯本和马德里这两个城市经度的差别转化为时间的差别，那么，上述时间与人们在马德里感到地震的时间，即 10 点 17～18 分，就是完全吻合的了。在这个时候，各个水域——无论是与大洋明显相通的水域，还是以一种隐秘的方式与其相通的水域——都以一种惊人的规模被震动起来了。从芬兰的奥布开始，直到西印度群岛，很少甚至根本没有一段海岸幸免于难。它几乎在同一时间里控制了 1 500 里的距离。如果人们肯定，

① 在加的斯，地震前 8 天大地就布满了大量从土中钻出来的蠕虫。是上述原因把它们驱赶出来的。在其他几场地震中，大气中猛烈的闪电和人们在动物那里发现的不安就是预兆。

在易北河畔的格吕克施塔特感觉到震动的时间可以完全精确地确定在 11 点 30 分，那么由此就可以推论出，水的震动从里斯本到荷尔斯泰因海岸用了 15 分钟。在同一时间里，在地中海的所有海岸都察觉到了水的这一震动，而人们还不知道它延展的整个范围。

在大陆上看起来被切断与海洋的任何通道的水域，即泉水、湖泊，在诸多彼此距离遥远的地区里都在同一时间非同寻常地 〔437〕 波动起来。瑞士的绝大多数湖泊、边境上的滕普林附近的湖泊、挪威和瑞典的一些湖泊都波涛汹涌，比一场风暴还要更剧烈、更混乱，而空气在同一时刻却是寂静的。纳沙泰尔附近的湖泊——如果可以相信各种消息的话——则消失在隐秘的缝隙中了，迈宁根附近的湖泊也同样消失了，但不久就又重新出现了。在同样的几分钟里，波希米亚托普利茨的矿泉水突然断流，重新出现时成为血红色的。震动水的力量加宽了水的旧通道，水由此而流动得更欢了。这个城市的居民们高唱《上帝，我们赞美你》，而里斯本的居民们唱出的却是完全不同的声音。人类遭受的意外事件就是这种样子。一些人的欢乐和另一些人的不幸往往是出自共同的原因。在非洲的非斯王国，地下的强力撕裂了一座山，从其深穴中涌出血红的水流。在法国的昂古莱姆，人们听到地下的怒号；在平原上张开了一个深深的地穴，里面的水深不可测。在普罗旺斯的热姆诺，一眼泉水突然浑浊起来，然后流出的水成为红色的。周围各地区也报道了其泉水的同样变化。所有这一切都发生在地震蹂躏葡萄牙海岸的同样几分钟里。有时，在同一个短暂的时刻里也觉察到相距遥远的地区所发生的一些震动。然而，它们几乎都是紧靠着海岸发生的。在爱尔兰的科克，此外在格吕克施塔特和其他一些临近海洋的地方，都发生了轻微的颤动。米兰也许是在与海岸最远的距离上于同一天受到震动的地方。同一天上午 8 点，那不勒斯的维苏威火山爆发，临近葡萄牙发生地震的时候又归于寂静。

关于水的这种震动原因的考察

所有水域和地球的一大部分发生一场传播得如此广泛、在短短几分钟的进程中被同时觉察到的震动，这是史无前例的。〔438〕因此就有必要谨慎地从惟一的意外事件中找出震动的原因。可以主要思考以下能够造成上述自然事件的原因：首先，要么是通过直接处在大海波涛汹涌的地方下面海底到处发生的颤动，在这种情况下，人们就必须提出理由，说明引起这种颤动的火脉为什么仅仅在海底下面延伸，而不是在与这些海洋联系密切并经常切断这种共同联系的陆地下面延伸。人们将由于下面的问题而自己觉得尴尬，即为什么地面的震动由北海的格吕克施塔特一直传播到波罗的海的吕贝克、传播到梅克伦堡海岸时，在处于这些海洋之间的荷尔斯泰因却感觉不到。在那里，只是在临近水岸的地方觉察到某种轻微的震动，但在陆地内部却根本觉察不到。但是，人们通过远离海洋的水，例如滕普林附近的湖泊、瑞士的湖泊和其他湖泊的水的波动而得到了证明。人们可能很容易认为，要想通过地面的颤动使一个水域如此剧烈地波涛汹涌，震动必定不是微不足道的。但是，为什么周围所有的陆地——火脉必然在它们下面延伸——都没有感到这种剧烈的撞击呢？人们很容易发现，所有的征兆都是与这种见解的真理性相悖的。通过在某个地方发生的猛烈撞击而在周围对密实的大地团块造成的震动，就像一个火药塔爆裂时在有一些距离的地方地面发生震动一样，就运用于这一实例而言，也完全失去了可能性，这既是出自以上已经列举的原因，也是由于惊人的范围，与整个地球的范围相比，它占了地球的一个如此可观的部分，以致该部分的颤动必然引起整个地球的震动。不过，人们如今可以从布丰那里知道，地下火的一次爆发即使可以将一座长 1 700 里、宽 40 里的山脉抛起 1 里高，但却不能将地球从其位置上移动一拇指宽。

因此，我们将要在一种中介物质中探索水的震动的传播。这种物质更适宜于在广大的范围里，即在各海洋与由于海底的 〔439〕
直接颤动而发生一种激烈的、突然的震动的水域相联系的水域里传播震动。

在《哥尼斯贝格周报》上，我曾试图估量通过在其海底发生的颤动的撞击而在全部范围内震动海洋的力量。我假定海底发生震动的地方是一个正方形，它的边相当于从维森特角到菲尼斯特雷角的距离，即相当于葡萄牙和西班牙西海岸的长度，而把上抬的海底的力量看得如同一个在爆裂时能够将上面的物体抛15尺高的地雷的力量，并且按照运动在液体物质中得以继续所遵循的规则，认为它在荷尔斯泰因海岸要比流速极快波浪翻滚的河流更为强有力。在此，让我们再从另一个角度出发看一看它出自这些原因所发挥的力量。马尔西格利伯爵借助铅锤发现地中海的最大深度超过8 000尺。毫无疑问，大洋在与陆地相应的距离上要更深。但我们在这里想假定为只有6 000尺，即1 000寻深。我们知道，一个如此高的海水柱压向海底的重量必定超过大气压差不多200倍；它还远远超过一颗从炮膛射出在脉搏一跳的时间里前进100寻的炮弹后面的火的力量。这种令人惊异的重量并不能遏制地下火迅速地将海底向高处撞击的力量。因此，后一种推动的力量要更大。那么，水是受到什么样的压力的挤压，以致突然向周边四射呢？如果若干分钟内在芬兰和西印度群岛同时感觉到这一点，这岂不是值得惊异的吗？人们根本无法澄清直接受到震动的地面究竟有多大。也许，它比我们所假定的还要大得多。但是，在那些没有任何地震却感觉到水的震动的海洋下面，在荷兰海岸、英国海岸、挪威海岸以及在波罗的海，海底肯定不能发现震动。因为
若不然，大陆的内部肯定一起被震动，但这一点却根本没有被 〔440〕
观察到。

在我把大洋所有相互联系的部分的剧烈震动归结为其海底在某个区域所受到的惟一一次撞击的时候，我并不想因此就否认地下火在几乎整个欧洲大陆下面的现实传播。它们很可能是在同一时刻发生的，并且都参与了我所发现的这些现象，只不过每一种都不能被特别地视为所有现象的惟一原因。北海水的震动使人感觉到一种突然的撞击，但却不是一次在地底肆虐的地震的结果。要想造成诸如此类的结果，这样的震动必须非常剧烈，从而在大陆下面可以非常明显地感觉到。但因此之故，我也不否认甚至所有的大陆都由于其地面下燃烧的气体或者其他原因的微弱力量而产生了轻微的晃动。在这天面临着彻底覆灭的极大危险的米兰，人们就看到了这一点。因此我们想设定，地球由于一次轻微的晃动而产生了微不足道的运动，这运动是如此之小，它在 100 莱茵杆的高度上使大地来回摆动 1 寸。于是，这种运动就将如此难以察觉，一座高达 4 杆的建筑将不会由此而从其垂直位置上移动一颗谷粒的一半，即移动半个刀背，这即便是在极高的塔上也是几乎不可察觉的。与此相反，湖泊却必然使这种难以感觉到的运动变得非常明显。因为如果一个湖泊例如仅仅长达 2 德里，那么湖水就将由于其湖底的这种微不足道的晃动而产生相当强烈的波浪。原因在于，水在这种情况下在 14 000 寸的高度上大约下落 1 寸，其流量就像巴黎塞纳河的水文测量告诉我们的那样，仅仅比一条相当湍急的河流的流量差不多小一半，这在若干次时而发生的震动之后能够给水造成一种非同寻常的颠簸。但是，我们可以有充分的理由再次假定大地的运动就像我们所说的那么大，在大陆上
〔441〕完全有理由不能感觉到。在这种情况下，内陆湖泊的运动就更可以理解地引起注意了。

因此，当人们看到所有的内陆湖泊，无论在瑞士、在挪威还是在德国，在感觉不到地面震动的情况下却如此不平静、如

此波涛汹涌的时候，就不再觉得惊讶了。但是，人们觉得有点异乎寻常的是，某些湖泊在这种混乱中完全干涸了，例如纳沙泰尔湖、科莫湖、迈宁根湖，尽管它们中的一些又重新蓄满了水。不过，这种事情并不是史无前例的。地面上有一些湖泊，完全有规律地在某些时间通过隐秘的渠道消失掉，并在特定的时间里又重新出现。克赖因公国的齐克尼茨湖是这方面的一个值得注意的实例。该湖在湖底上有一些洞孔，但它在雅各日左右之前并不会通过这种洞孔流失掉。在雅各日前后，它连同所有的鱼类一起突然消失，在 3 个月之久使其湖底干涸，成为优良的牧场和农田之后，接近 11 月的时候又突然重新出现。有人将这种自然事件比之为水力系统的多尿症，非常通俗易懂地解释了它。但在我们所探讨的事例中，人们很容易就能看出，由于许多湖泊通过其湖底的泉脉而得到补充，这些发源于附近山丘的泉脉，在地下发热和蒸发的结果于作为其水源的洞穴中耗尽了空气之后，必然又因此而被吸引回这些空穴中，甚至造成一个强有力的嘬吸机制，将按照空气已经建立起来的平衡又自己寻找自然出路的湖嘬吸进去。因为像关于迈宁根湖的官方报告想要解释的那样，一个内陆湖由于没有溪流的外部注入，靠与海洋的地下通道来供养，无论是鉴于与此相悖的平衡规律，还是鉴于海水的盐分，这种说法都是极为明显的荒唐无稽。

地震已经把使水泉陷入混乱当做某种自身习以为常的事情。我当然可以在此从其他地震的历史中列举出受到堵塞而又在其他地方冒出的泉源、在相当高的地方从大地喷射出的泉水和诸如此类的东西的一整个清单，但我还是不要离开自己的主 〔442〕
题。有人从法国给我们报道说，一些地方的泉源受到堵塞，而另一些泉源则水量过多。托普利茨泉干涸了，使可怜的托普利茨人担惊受怕。后来它又出现了，最初是浑浊的，然后是血红的，最后是自然的，比以前水量更大。我认为，在如此之多的地区，甚至在非斯王国和法国，水的污染要归因于同穿透泉源经过的地层、与硫磺和铁分子一起骚动起来的雾气的混合。如果雾气一直渗入到包含着水泉源头的地下水库的内部，那么，它要么就会以更大的力量使泉源喷出，要么由于它把水迫入另外的通道，从而改变了水的流出量。

这些就是11月1日的历史及其各种情况中作为最罕见情况的水的震动中最为值得注意的东西。我完全相信，紧靠海岸或者一个与此相通的水域的地震，在冰岛的科克、在格吕克施塔特、有时在西班牙，绝大部分都可以归因于受挤迫的海水的压力；如果人们通过海水所涉及的面积来增加海浪的强度的话，则海水的力量必定是难以置信地大。我认为，里斯本的不幸就像欧洲西海岸大多数城市的不幸一样，归因于相对于大洋被激活地区的位置，因为大洋的全部力量还除此之外在塔古斯河的入海口通过海湾的狭道而得到加强，必定非同寻常地震动地面。人们可以判断一下，如果不是水的压力起到参与作用在大陆内部就无法感受到的震动，是否仅仅在临近海岸的城市里才能清晰地觉察到。

这一重大事件的最后一个现象还是值得注意的，当时在一个较长的时间里，即地震后差不多1个～1.5个小时里，可以看到大洋里的水惊人地浪叠浪，塔古斯河波涛翻滚，它们交替着上升到高过最高的涨潮6尺，转眼之间又下落到低过最低的
〔443〕落潮6尺。海洋在地震之后和水的第一次惊人压力之后较长的时间里表现出的这种运动，也完成了塞图巴尔市的毁灭，它翻越过这个城市的废墟，完全摧毁了防御地震的一切。人们如果事先对通过海底的运动向前激射的海水的强度有一个正确的概念，那就能够很容易地想象，在它的压力向四周无法测度的所有地区传播开来之后，它必然猛烈地重新返回。它返回的时间

取决于它向四周发挥作用的辽阔范围，而它主要在岸边的波涛汹涌则按照前者必定也是同样可怕的。①

11 月 18 日的地震

从这个月的 17 日到 18 日，官方消息报道了葡萄牙、西班牙以及非洲海岸的显著地震。17 日中午在地中海海峡的直布罗陀、傍晚在英国约克郡的怀特黑文都可以感觉到。17 日到 18 日子夜，地震已经到了美洲的英国种植园。也正是在 18 日，在意大利的阿夸喷登特和德拉格罗塔地区也可以强烈地感觉到地震。②

12 月 9 日的地震

根据官方消息证实，里斯本自 11 月 1 日以来从没有发生过像 12 月 9 日那样强烈的地震。在西班牙的南海岸，在法国的南海岸，经过瑞士山区、施瓦本、蒂罗尔，直到巴伐利亚，都感觉到了这场地震。它从西南到东北，横贯近 300 德里。由于它遵循的是沿经线横贯欧洲大陆最高地带的那条山脉的方向，所以它并不怎么向两旁传播。最细心的地理学家瓦伦、布丰、卢罗夫注意到，就像所有沿经线更甚于沿纬线延伸的大陆一样，欧洲山脉最主要的线路是从一个主干，即阿尔卑斯山脉，向西经过法国南部各省，中间经过西班牙，一直向西延伸到欧洲最外边的海岸的，尽管它在沿途衍生出若干巨大的支脉，同样向东也通过蒂罗尔群山和其他稍微逊色的群山而最终 〔444〕

① 在胡苏姆港，即便在 12 点和 1 点之间，即北海中的水的第一次撞击之后约 1 个小时，还可以觉察到水的这种波涛汹涌。

② 此外，在赫特福特伯爵领地的格罗松，也可以感觉到地震。那里在一次猛烈的海啸时裂开了一道沟，里面有很深的水。

与喀尔巴阡山脉会合。

那一天的地震也是走的这一方向。倘若正确地标出每一个地方地震的时间，那么，就能在某种程度上估算出速度，并大致地确定首先燃烧的地区。但如今，各种消息如此不一致，以至在这方面不能信任任何东西。

我在别的地方已经引证过，地震在传播时通常都是沿着最高山脉的地带，而且贯穿其全部绵延长度，尽管这些山脉越是靠近海岸，就越是降低高度。各条长河的走向很清楚地标示出山脉的走向，在两个比邻而行的山系之间，这些长河沿着长长的山谷的最低部分向前延伸。地震传播的这一规律并不是思辨或者判断的事情，而是通过对许多次地震的观察所获知的某种东西。既然如此，人们就必须以拉依、布丰、金特尔等人的见证为依据。不过，这一规律也具有如此之多的内在可能性，以至它即便是从自身出发也必定轻而易举地获得赞同。如果考虑到，地下火寻找出路的缝隙无非是在群山的峰顶，在平原上从没有发现喷射火焰的深穴，在地震强烈而且频繁的地区绝大多数山都有用来喷吐火焰的宽阔深渊，至于我们欧洲的山，人们在它们之外的其他任何地方都没有发现毫无疑问相互联系着的宽敞洞穴；如果人们再把关于上面所说的所有这些地下拱券的
〔445〕产生的概念运用于此，那就能够毫无困难地想象，主要在沿欧洲经线绵延的山系下面发生的燃烧能够遇到畅通无阻的通道，向那里可以比向其他地区更为迅捷地扩散。

即便是11月18日的地震在一个辽阔的海洋的海底下从欧洲向美洲的继续，也可以在这些山系的联系中发现。这些山系虽然在绵延中如此之低，以至被大海所淹没，但它们在那里依然还是山，因为我们知道，在大洋的海底上和在陆地上一样可以发现山脉。在葡萄牙和北美之间的半途上可以看到的亚速尔群岛，也必须以这种方式纳入这一联系。

12 月 26 日的地震

在矿物质的发热穿透了欧洲山脉的主干即阿尔卑斯山脉之后，它也就打开了从南到北垂直地延伸的山系下面较狭窄的通道，并延伸到像所有的河流都是两个山系之间的一条长长的山谷一样从瑞士一直流向北海的莱茵河的方向。在河的西边，受到震动的有阿尔萨斯、洛林、科隆选帝侯国、布拉班特和皮卡第；在河的东边，受到震动的有克利夫、威斯特法伦的一部、也许还有临近莱茵河这一边的一些地区，但各种消息并没有具体地报道它们。地震明显地使这一地带与这条大河的方向保持平行，而且向两边传播得都不远。

人们会问，地震一直深入到尼德兰，而尼德兰却没有特别的山，怎么使这种情况与上边所说的协调起来呢？不过，一个地区与某些山系处于直接的联系之中，可以被看做它们的延续，这就足以使地下的燃烧延伸到这块通常低洼的地面下面；因为无可置疑的是，在这种情况下洞穴的链条也一直延伸到这地面之下，如同上面已经说过的，它甚至延伸到了海底之下。

论若干次前后相继的地震期间的间歇期 〔446〕

如果留心观察若干次前后相继的地震的序列，只要敢于猜测，就能够得出一个周期，按照这一周期，燃烧在一次中间的寂灭之后又重新爆发。11 月 1 日之后，我们还于 9 日在葡萄牙发现了一次强烈的震动，此外在 18 日也发现了地震，当时地震向英国、意大利、非洲延伸，甚至一直达到美洲；27 日，在西班牙的南海岸，尤其是在马拉加感到一次强烈地震。从这个时间开始，地震持续了 13 天，直到 12 月 9 日从西南到东北波及从葡萄牙到巴伐利亚的全程。自此之后，又过了 18 天，即在 12 月 26 日到 27 日之间，欧洲从南到北的宽度上都受到震动①，以致如果扣除用来一直深入到我们大陆群山内部以及12月9日震动阿尔卑斯山脉及其延伸的整个山系的时间，那么，在重复的燃烧之间就有一个相当准确的9天或者2×9天的时间段。我自始至终谈到这一点，并不是为了从这中间推论出什么东西，因为这方面的各种消息简直太不可信了，而是为了在类似的事件中给更准确的观察和反思提供理由。

在此，我只想就交替着减弱并又重新开始的地震说一些东西。巴黎王家科学院驻秘鲁代办布盖先生深感居住在这个临近火山的国家的苦恼，火山雷鸣般的咆哮声使他无法安宁；他在此所作的观察为此提供了一些补偿，他注意到，火山总是在同样的间歇时间里平静下来，火山的怒号按照相互交替的平静时
〔447〕间有秩序地前后相继。马里奥特在一个石灰窑所作的发现与此有很大的类似性；这个石灰窑已生起火，从一个开着的窗子一会儿喷出空气，一会儿又吸回空气，差不多是以此在模仿动物的呼吸。这两件事所依据的是以下的原因。如果地下火开始燃烧，它就会从自己周围的空穴中喷出所有的空气。在这些充满了火分子的空气找到一个缝隙的地方，例如在火山口，它们就会从那里逸出，火山就会喷出火焰。不过，一旦空气被从燃烧灶的范围里逐出，燃烧就会减弱；因为没有空气的加入，一切火都会熄灭；在这种情况下，被逐出的空气就会由于逐出它们的原因终止而重新返回自己的位置，重新燃起已熄灭的火。就是以这样的方式，一个火山的爆发按照一定的间歇时间准确地

① 21日在里斯本地震非常强烈，23日在鲁西永群山，并一直持续到27日。由此可以看出，地震又是从西南开始，并且需要更长得多的时间来传播。如果像在地震的整个过程中清楚地显示出的那样，把燃烧地确定在从葡萄牙向西的大洋中，那么，地震的开始就与已提到的周期相当一致。

前后相继。正是这种情况，与地下的燃烧相关，即便在膨胀的空气不能通过山的缝隙获得出口的地方也是如此。因为如果燃烧于某个地方在大地的洞穴中开始，那么，它就会激烈地把空气大规模地继续驱赶到地下拱券与此相联系的所有通道中。在这一时刻，火自己就会因为缺乏空气而窒息。而一旦空气的膨胀力减弱，扩散到所有洞穴中的空气就会以巨大的力量返回，煽燃已熄灭的火，造成新的地震。值得注意的是，维苏威火山在大地内部的骚动真正开始时，由于通过其深穴被驱赶的空气的逸出而运动起来，带出火焰，但在很短的时间之后就突然减弱，因为在里斯本已经发生了地震；此时，所有与这些坑穴有一些联系的空气、甚至处在维苏威火山山顶之上的空气，都会通过各种渠道涌向燃烧的火灶，在那里，空气张力的减弱允许这些空气加入。这是一种多么令人惊异的对象啊！请想象一个火炉，它竟然通过离此 200 里的气缝来造成一种流动！

同样的原因也是必然在大地坑穴中造成地下风暴的原因；如果洞穴的长度和联结适宜于其扩展的话，它的威力远远超过 〔448〕
了我们在地面上所觉察到的一切。也许除此之外，在地震的进程中听到脚下的咆哮声，不能归属于其他任何原因。

正是这一点，使我们大致地猜想，并非所有的地震都是由正好受到震动的地表下面的燃烧引起的；与此相反，这些地下风暴的肆虐也能够震动它们上面的拱券。如果考虑到，一种比地面上的空气密度更大得多的空气受到比前者更为突然得多的原因推动，并在阻碍其扩散的通道之间得到加强，就可能发出一种闻所未闻的威力，对上面所说的就更没有什么怀疑了。因此，欧洲绝大部分地区的地面在 11 月 1 日地下发生的剧烈燃烧中受到轻微的晃动，也许只能从这种以猛烈的方式受到运动的地下空气推演出来，后者作为一种强烈的风暴，轻微地震动了阻止其扩散的地面。

论地下燃烧的火灶以及如此蒙受极多、极危险地震的地方

通过时间的比较，我们看出 11 月 1 日地震的燃烧点在海底。早在地震之前就已经起浪的塔霍河、水手用铅锤从震动的海底取出的硫磺以及他们所感觉到的冲击的强烈程度，都证实了这一点。过去地震的历史依然历历在目，在海底任何时候都发生过极为可怕的地震，除了海底之外还在海岸边或者离海岸不远的地方发生过。我要援引地下燃烧经常从海底抬升出新岛屿时那种巨浪翻滚来证明前一点。例如，1720 年在亚速尔群岛之一的圣迈克尔岛附近，从 60 寻的深度由于物质的喷发而从海底升出一个长 1 里、高于海面若干寻的岛屿。地中海桑托利诺岛附
〔449〕近本世纪在众目睽睽之下从海底升到高处的那个岛以及我不愿过于详尽而略去的许多其他例证，都是这方面无可置疑的例证。

就像经常发生的那样，并不是水手们来承受海底的地震；在一些地区，尤其是某些岛屿附近，海洋充满了泡沫岩和其他种类通过大洋底爆发出来的火的喷发物。对海底频繁震动的说明自然是与以下问题相关联的：**为什么在大陆的所有地方下面，没有发生过比离海岸不远的地方更激烈、更频繁的地震？**后面这句话具有无可置疑的正确性。纵览一下地震的历史，我们就会发现临近海岸的城市与地区由于地震所经历的极为众多的不幸事件，而在大陆中心所经历的不幸却很少，并且不怎么显著。旧日的历史已经告诉了我们这种灾难在小亚细亚和非洲所造成的惊人破坏。但无论是在这些地震中，还是在新近发生的相当大的地震中，我们在各大陆地的中部都没有发现这一点。作为一个半岛的意大利、所有海洋中的绝大多数岛屿、秘鲁临近海岸的部分，都经受着这种灾难的剧烈发作。即便是在我们今日，葡萄牙和西班牙的所有西海岸和南海岸也比大陆内部经受着多得多的震动。我对这两个问题作出以下的解答。

在地球最上边的地壳下面延伸的所有洞穴中，那些在海底

延伸的洞穴毫无疑问必定是最狭窄的洞穴，因为在这里，大陆延伸的地面降到最大的深度，必然比临近大陆中心的地方低得多地搁在它最下面的基础之上。但如今众所周知的是，在一个狭窄的洞穴中，已经点燃的、膨胀着的物质要比在它能够扩张的地方对四周有更强烈的作用。此外当然应当相信，由于在地下的发热过程中不可怀疑的是，翻腾起来的矿物质和可燃物质经常熔成溪流（如同硫磺流和经常从火山中倾泻出的熔岩所证 〔450〕
实的那样），从而由于地下坑穴底面的自然倾向而在任何时候都向海底最低处的洞穴流去，并由于可燃物质的丰富储藏，必然在这里造成经常的和强烈的地震。

布盖先生合理地猜测，海水通过一些缝隙的裂口渗透入海底，必然使自然地倾向于发热的矿物质发生极为剧烈的骚动。因为我们知道，除了水的加入之外，没有任何东西能够使发热了的矿物质的火惊人地肆虐起来；水一直加强着火势，直到它向所有方向上扩张的力量由于所有地下物质的喷出以及孔道的堵塞阻止了水的进一步加入为止。

在我看来，临近海岸的地面受到震动的那种特别的剧烈性，部分地以自然的方式源自海水加在与其相邻的地面的重量。因为每一个人都可以轻而易举地看出，地下火力图抬高这个上面有如此惊人负担的拱券所用的力量必然受到很大的抑制，由于它在这里不能为自己找到扩张的空间，它的全部力量必定返回到与它相联系的干燥陆地的地面。

论地面被地震震动所遵循的方向

地震在广大的地区里传播所遵循的方向，与它将自己的力量施加于其上的地面受震动的方向是不同的。如果已点燃的物质在其中膨胀的隐秘坑穴最上面的盖子是水平方向的，那么，它就必定交替着在垂直的方向上被抬高和落下，因为没有任何

东西把运动更多地向这边或者那边牵引。但如果构成拱券的地
〔451〕表是向一边倾斜的，那么，地下火的震动力量就会以与地平线倾斜的方向把它抬高，而且如果总是能够肯定无疑地认识其下面有火窟的地层所倾斜的方向，那么，人们就能够得出地面的晃动在任何时候发生时所遵循的方向。受到震动的地面最上层表面的斜坡并不是拱券在其整个厚度上所具有的倾斜位置的可靠标志；因为位于上面的地表可以具有各种各样的起伏并构成山丘，而最下面的基础根本不遵循它。布丰认为，在大地上面发现的不同地层以一个普遍的岩层为基础，该岩层从上面覆盖着所有封闭的深穴，它的一些部分在高山的山顶上通常都裸露出来，雨水和风暴将较为松动的成分完全冲刷掉了。这一见解由于地震使人认识到的东西而获得了相当的可能性。因为像地震所产生的这样一种肆虐的力量，早就会由于一次又一次的爆发而摧毁和磨平了非岩石的拱券。

在临近海岸的地方，这个拱券的斜坡毫无疑问是倾向于大海一边的，因而是向大海在此地所朝着的方向倾斜的。在一条大河的岸旁，它必定是在河流流动的方向上倾斜的；因为如果观察一下，河流在陆地流过很长的一段，通常超过几百里，却并不在中途形成静止的水洼或者湖泊，那么，除了没有各种起伏一成不变地趋向于海底、为河流创造一个倾斜的平面以供流动的那个绝对固定的基础之外，人们不能借助别的任何东西来解释这个一成不变的斜坡。因此可以猜测，一个临近大河的城市在受到震动时，其地面晃动是在这条河的方向上，如在塔霍河畔是自西向东发生的①；但临近海岸的城市地面的晃动则是在地面趋

① 如同一条河有一个向大海倾斜的斜坡一样，各地区在周围也有一个向着河床的斜坡。如果后者甚至适用于整个地层，并且这一地层在极深处也有这样一个斜度的话，那么，地震的方向也将被这个斜度所规定。

向于海洋的方向上发生的。在另一处地方我曾经提到，在一场突然发生的地震中，地面的状况可能会促成完全摧毁一座其主 〔452〕 要街道沿着河流倾斜的方向延伸的城市。这一说明并不是一个突然萌生的单纯猜测；它是经验的事情。金特尔有机会甚至对许多次地震都有丰富的知识，他把这当做一个经由许多实例证实了的观察，即，如果地面受到震动的方向与城市建设的方向是一致的，那么，城市将被完全摧毁，如果它垂直地与城市建设的方向交叉，则损害就会少一些。

巴黎王家科学院历史部报告说，位于地中海东岸的士麦那在 1688 年受到震动，所有自东向西方向的城墙都坍塌了，而自北向南建的城墙则完好无恙。

也就是说，受到震动的地面造成了一些晃动，并且最强有力地推动着在它上面就长度而言沿着晃动的方向建筑的一切。所有可移动性大的物体，例如教堂中的枝状吊灯，在地震时通常都指示着撞击发生所遵循的方向，而且对于一个城市来说，要想从中得出它的建设必须遵循的方向，它们是比已经援引的有点可疑的标志远为可靠得多的征象。

论地震与季节的联系

已经多次提到的法国院士布盖先生在他的秘鲁游记中提到，即使这个国家的地震在所有的季节里都经常发生，但最可怕、最频繁的地震却是在临近年底时秋季的几个月里感到的。这一观察不仅由于除利马城在 10 年前的毁灭和另一个同样人口众多的城市在上一世纪的沉陷之外还发现了这方面的许多例证而在美洲得到无数的证实，而且即便是在我们自己这块大陆上，除了上一次地震之外，我们还在地震和火山喷发的历史上发现了许多实例，它们在秋季几个月的发生要比其他任何季节都更为频繁。难道不是一个共同的原因造成了这种一致吗？除

〔453〕了秘鲁在科迪勒拉山脉之间的一条长长的山谷中从 9 月一直持续到 4 月以及在我们这里秋季前后最为频繁的雨水之外，我们能够更为适当地将猜测转到什么上面呢？我们知道，要想造成地下的燃烧，除了地下空穴中的矿物质骚动起来之外，没有其他任何东西是必不可少的。而做这件事的是水，水通过山缝漏入，在深处的通道中流动。雨水首先激起了骚动，这种骚动在 10 月中旬从大地内部喷出如此之多的雾气。然而，正是雾气造成大气圈更多潮湿的流入物，而通过岩缝一直渗入极深坑穴的水则完成了发热的开始。

论地震在大气圈中造成的影响

我们在上面已经看到过地震对我们的大气所产生的作用。可以相信的是，取决于地下发热雾气喷发的自然现象要比人们通常想象的更多。如果不是外来的原因有时进入我们的大气层，并且使其正常的变化变得混乱，那么，在气候中发现这样一种无规则性，发现如此之少的一致之事，那是几乎不可能的。由于日月的运行受其总是自身类同的规律制约，由于水和土从宏观上来看总是保持不变的，为什么气候的进程在一个由若干年构成的时间段里结果总是不一样，人们能够想出一个可能的理由吗？自从那次不幸的地震以来以及在它之前不久，我们这整个大陆的气候如此反常，以至如果有人在这种情况下对地震作出一些猜测，也是可以得到原谅的。的确，此前也曾有过冬暖的气候，但却没有先发生地震；但是人们能不能肯定，并不是每一次地球内部的骚动都经常通过岩缝、各地层的缝隙、甚至通过诸如此类较松散的物质放逐出能够在大气圈里引
〔454〕起显著变化的雾气呢？**穆森布罗克**在发现仅仅本世纪，而且是自 1716 年以来，才在欧洲并且一直到南部国家看到相当明亮的北极光之后认为，数年前经常发作的火山和地震喷出可燃

的、挥发性的雾气，它们由于上层空气向北的自然流动而在那里集结，并造成了自此之后如此经常看到的燃烧的大气现象；它们很可能必然地逐渐耗尽，直到新喷出的雾气补充了消耗。

让我们根据这些基本原理研究一番，认为就像我们这里出现过的这种气候变化可能是那场灾害的一个后果，这是否符合自然。冬季晴朗的气候以及相伴而至的寒冷并不仅仅是太阳与我们在这个季节的近日点距离较大的一个结果；因为我们经常感觉到，尽管如此空气还可能是很温和的；而是来自北方的气流，有时也转化为东风，给我们带来了来自寒带的冷却空气，后者给我们的水域覆盖上冰，使我们感觉到一部分北极的冬天。这一从北到南的气流如果没有外来的原因打断它，在秋季和冬季的几个月里是如此地自然而然，以至在大洋上与所有的陆地有足够距离的地方，这整个时间都将遇到这种北风或者东北风。这种风也完全自然地产生自太阳的作用，太阳这时在南半球上面使空气变得稀薄，由此使北半球的空气流了过来，以致这一点必然被视为一个恒定的规律，它可能由于各个陆地的特性而在一定程度上有所改变，却不会被取消。如果地下的骚动在我们南边陆地的某处喷出炽热的雾气，那么，这些雾气最初在它们升起的那些地区，将会由于它们减弱其张力，造成暴雨、飓风等诸如此类的东西而降低大气圈的高度。但随后，大气层的这一部分由于承载了如此之多的雾气，将会由于自己的重量而推动相邻的部分，造成从南向北的气流。但由于在我们这个地区，大气层在这个季节由北向南的倾向是自然而然的，这两种相互敌对的运动就会相互阻截，首先由于聚集起来的雾 〔455〕
气而造成一种混浊的、含雨的空气，但也造成了高气压①，因

① 就潮湿的冬季气候而言，这种高气压几乎总是可以看到。

为受两股风的冲突挤压的空气必然形成一个高气柱；这样，在气压高却阴雨天的时候，人们就学会了适应气压计这种表面上的错误；因为在这种情况下，恰恰空气的这种潮湿是两股相互敌对的气流的一个结果；它们将雾气挤迫在一起，尽管如此却能够明显地使空气变密、变重。

我不能避而不谈在万圣节那个可怕的日子里，磁石曾在奥格斯堡失去了其负荷，使磁针乱指一气。波义耳已经报道过，在那不勒斯的一次地震后，也曾经发生过这样的事情。我们对磁石的隐秘本性知道得太少了，无法说明这种现象的原因。

论地震的益处

看到从有用性一面赞颂人类的一种如此可怕的戒鞭，人们会大吃一惊。我确信，人们会很乐意放弃这样做，以便免除与此相联系的恐惧和危险。我们就是这样的人。在我们提出了生活安逸的非法要求之后，我们就不想再花费大力气来换取好处了。我们要求，地面的性质应当是让人们能够期望在上面永久居住的。关于这一点，我们想象，如果天意在这方面垂询我们的意见，我们就将为了自己的利益更好地统治一切。例如，我们期望能够支配雨水，以便能够根据我们自己的安逸终年分配雨水，并始终在阴霾的日子之间享受惬意的日子。但是我们忘记了我们尽管如此却不可缺少的泉源，它们根本不能以这种方式得到维持。同样，我们并不知道恰恰是在地震中使我们感到惊吓的那
〔456〕些原因所能够给我们造成的好处，却喜欢知道它们已被排除。

作为生来就注定要死的人，我们不能忍受一些人在地震中死去；作为这里的过客和一无所有的人，我们为失去不久将通过大自然的普遍道路而自动丧失的财富耿耿于怀。

轻而易举地就可以猜测出，如果人们在一块充满了可燃物质的地基上进行建筑，那么，地震迟早会使其豪华的建筑化为

废墟的。但在这样的情况下，人们就必须对天意的道路感到不耐烦吗？既然如此，认为地面上时而发生地震是必要的，但我们在地面上建筑豪华的住宅却并不是必要的，作出这样的判断岂不是更好吗？秘鲁的居民们住在仅仅由不高的墙围起来、其他部分由芦苇构成的房子里。人必须学会顺从大自然；但人却希望大自然来顺从自己。

无论地震的原因当时在一方面给人们造成了什么样的灾害，它都在另一方面轻而易举地给人补偿以收益。我们知道，在各个时代的延续中也许对相当大部分人来说都有益于健康的热水浴，其获得矿物质的属性和热量所凭借的这些原因，与在地球内部造成发热的原因是相同的，而发热则使地球震动起来。

很久以前人们就已经在猜测，山区里的矿物层是地下热的一个逐步形成的结果，地下热借助渗入的雾气在石头中间形成金属，并将其加热，从而通过缓慢的作用使其成熟。

我们的大气圈除了它在自身所包含的粗糙的、无生命的物质外，还需要某种起积极作用的原则，即易挥发的盐和应当进入植物合成的成分，来使上述物质获得运动和发展。如果不是偶尔发生新的注入，那持久地利用了大部分上述物质的各种自然形成物、那所有物质通过解体和组合最终所蒙受的变化、那最能起积极作用的粒子，将随着时间的流逝而消耗殆尽，这岂是不可信的吗？最起码，当土壤滋养粗壮的植物时，它将变得 〔457〕
越来越不肥沃，而休耕和雨水将使它重新恢复肥沃。但是，如果不是另外的源泉来维持其注入，那么，无补偿地被利用的肥沃物质最终从哪里来呢？这种另外的源泉也许就是地下坑穴在最能起积极作用和最易挥发的物质方面所包含的储备，这些物质中的一部分时而扩散到地面上来。我还注意到，哈勒用硫磺的烟来清理监狱以及所有被动物的气味所污染的地方，结果非常成功。火山将多得无法估量的含硫烟雾喷进大气圈，谁知道，如果不是这些烟雾提供了强有力的解毒剂，长此以往，大气圈所负担的动物气味岂不是要变得有害吗？

最后我觉得，地球内部的热为在深邃坑穴中进行的发热过程的积极作用和巨大益处提供了强有力的证明。凭借日常的经验发现，在人们只有在山体内部才能达到的巨大深度乃至极大深度上，才存在有持久的热量，而这种热量是不能归之于太阳的作用的。波义耳找出了一大批证据，这些证据说明，在所有极深的地层中，人们首先在夏季发现上面的地方要比外面的空气冷得多；而人们下得越深，就会觉得那地方越热，以致在极深的地方工人们不得不在工作时脱掉衣服。每一个人都可以轻而易举地理解，由于太阳的热只能深入到地球的很小深度，它在极深的坑穴中就不再能起一点作用；那里存在的热取决于仅仅在极深处占支配地位的一种原因，这从甚至在夏季自下而上升得越高、热量就越减弱也可以看得出来。波义耳在谨慎地比较和检验了得出的经验之后，非常合理地得出结论说，在我们无法达到的最下面的洞穴中，必然可以发现持久的发热和由此维持的不熄之火，后者把自己的热传递给最上面的地壳。

因此，如果情况确实如同人们不得不承认的这样，那么，对
〔458〕于这种在太阳不将其热量给予我们的时候随时都为地球保持一份温热、能够促进植物的生长和自然王国的经营的地下火，我们就不能够指望它起到极为有利的作用了吗？而且，鉴于益处如此之多这种表现，由于地震的一次又一次爆发带给人类的害处，能够解除我们由于天意的所有安排而对它心怀的感恩之情吗？

我为了鼓励这些人而列举的理由，固然不是那种能造成最大的信念和确定性的理由，然而，如果问题在于打动人们对即使在惩戒的时候也值得崇敬和热爱的最高本质怀有感恩之情，那么，即便是猜想也是值得接受的。

附释

我在上面已经引证过，地震通过地球的拱券喷吐出含硫的雾气。最近关于萨克森地区矿井的消息以新的实例证实了这一点。人们发现这些矿井现在如此充满了含硫的雾气，以致工人们不得不撤离这些矿井。在爱尔兰的蒂厄姆，一种发光的大气现象以各种旗帜的形象出现在海上，这些旗帜逐渐地改变自己的颜色，最后发出一种明亮的光，接踵而至的就是地震的强烈撞击，这是对此的一个新的证明。颜色从极深的蓝色到红色、最终成为明亮白色的光芒的转变，要归因于喷射出来的最初非常稀薄的、逐渐通过更多蒸气频繁的加入而增多的雾气。一如自然科学中众所周知的，这种雾气必然使光的亮度从蓝颜色过渡到红颜色，最后过渡为一种白光。所有这一切都先行于撞击。这也是一个证据，证明如同在海岸特别感觉到地震那样，燃烧灶就在海底。

如果要继续扩展关于地球上那些一向感觉到最频繁、最严重震动的地方的说明，还可以再补充说，西海岸的发作在任何 〔459〕
时候都远远多于东海岸。在意大利，在葡萄牙，在南美洲，甚至最近在爱尔兰，经验都证实了这种一致。处于新世界西海岸的秘鲁，几乎天天都有震动，而东边有大洋的巴西却一点也感觉不到震动。如果要为这种奇特的类似猜测出一些原因的话，那么，人们可以原谅一位叫做戈蒂埃的画家。他在自己的颜色和艺术的源泉即太阳光中寻找一切地震的原因，以为正是太阳光通过更强烈地作用于西海岸而推动着我们这个大地球自西向东运转，而且正是因此，这些海岸受到如此之多的震动的骚扰。不过，在正常的自然科学中，这样一种想法几乎是不值一驳的。我觉得，这一规律的根据是与另一个人们目前还没有作出足够说明的规律相联系的，即几乎所有大陆的西海岸和南海岸都比东海岸和北海岸坡度更为陡峭，这一点，无论是地图的景象还是丹皮尔的报道都给予了证实。丹皮尔在其所有的航海旅行中几乎到处都发现过这种情况。如果从下陷推导出大陆的起伏，那么，在坡度极大的地区，就必然可以发现比地壳仅有平缓斜坡的地方更深更多的洞穴。但是，如同我们上面所看到的那样，这一点与大地的震动有着自然的联系。

结 束 语

像上一次灾难在我们的同胞中所造成的如此之多的不幸者，他们的境遇应当激起我们的仁爱之心，使我们感受到他们如此严酷地遭受到的厄运的一部分。但是，倘若有人把诸如此类的命运在任何时候都视为施加的惩治，这种惩治是蒙受蹂躏的城市因其罪恶而遭受的；如果我们把这些不幸者视为上帝复仇的目标，上帝的正义将其所有的愤怒之碗都倾倒在他们头上，人们对此是极为反感的。这种判断方式是一种不可原谅的冒失，它自以为能够认出天意的意图，并且按照自己的认识来诠释它。

〔460〕 人对自己是如此之自信，乃至仅仅把自己视为上帝的安排的惟一目的，仿佛除了人自己之外，上帝的安排就没有任何别的着眼点，以便在对世界的统治中确立各种准则似的。我们知道，大自然的整体是上帝的智慧及其安排的一个相称的对象。我们是大自然的一部分，但却想成为整体。大自然在宏观上的完美性的规则不应予以考虑，一切都应当仅仅在与我们的正确关系中来进行。人们想象，凡是世界上能带来舒适和享乐的东西，都仅仅是为了我们而存在的。除非是要惩戒、威吓人们，或者对人们实行报复，大自然不会发生任何能成为人们不幸的某种原因的变化。

尽管如此我们却看到，不计其数的可爱孩子长眠不醒了；地震一直在震动着某些国家，不分旧居民还是新居民；基督教的秘鲁和异教的秘鲁一样受到震动；许多城市一开始就不曾受到过这种蹂躏，对于上述地区来说，它们并不能自以为拥有无可指摘方面的优势。

这样，人在要猜测上帝在统治世界方面所怀的意图时，是不明所以的。不过，如果问题在于应用，即我们应当如何根据天意的目的来使用天意的这些路径，那么，我们也并不是毫无把握。人生来并不是为了在这个虚荣心的舞台上建造永恒的茅舍的。由于人的整个生命有一个更高贵得多的目标，并不是世界自身的不稳定使人在对我们来说显得最伟大、最重要的事物身上所看到的一切毁灭都与它如此美妙地相配，以便使我们想到，地球的财富并不能满足我们追求幸福的欲望！

我远远没有就此暗示，好像人被弃置于自然规律的不变命运，根本不考虑他的特殊利益。正是大自然的进程从中获得其无须修正的正确性的那个最高智慧，让较低级的目的从属于较高级的目的；正是出自最高智慧经常造就出大自然普遍规则的最重要例外情况、以便达到远远超出所有自然手段的无限更高目的的那些意图，人类的领导者在对世界的治理中甚至也将为 〔461〕
自然事物的进程规定规律。如果一个城市或者一个国家发现了神明天意令它或它的邻居惊骇的灾祸，那么，哪一个党派能够利用这种惊骇，以便防止威胁着他们的堕落，这一点难道还有疑问吗？使人理解天意的所有道路一致地要么吸引人、要么催逼人实现那些意图，各种迹象还不清楚吗？

一个为高贵的心灵所激励的君主，被人类的这些苦难打动，为从四面八方受到各种沉重的不幸威胁的人们解除战争的灾祸，这样的君主是上帝的仁善之手中的一个乐善好施的工具，是上帝给予地球上各族人民的赏赐，各族人民永远也无法充分估量这一赏赐的价值。

1756 年

对自一些时间以来所觉察到的

地震的继续考察

伊曼努尔·康德硕士

李秋零　译

地穴之火还没有平静下来。震动最近还在继续着，并且使那些自古以来就不知道这种灾难的地区感到惊惧。大气圈中的混乱改变了半个世界的季节。最无知的人们企图猜测这种现象的原因。据一些没有理智和反思的人说，地球移动了，离太阳更近了，但我却不知道近了多少。这是一种只有幼稚如孩童的人才会作出的判断。他又站出来，把一个疯子的梦幻当做观察来兜售。此外，在惠斯顿自己教会哲学家留神彗星之后，又有了一些重新提起彗星的人。如果人们在附近就能够找到一种灾难的根源，却从数千里之外牵强附会地把它请来，这真是一种庸俗的荒诞无稽。例如，土耳其人是这样解释黑死病的，人们也是这样解释蝗灾、畜疫的，天知道还要这样解释别的一种什么灾难。人们只是羞于能够在附近看到某种东西。在无限远的地方发现原因，这才是一种目光敏锐的知性的真正证明。 〔465〕

在由于严重背离一门正确的自然科学的规则、一些不懂得检验这些规则的人所可能轻率地采取的所有措施中，也包括了在公共舆论中被归属于阿尔托纳的普罗夫教授先生的思想。虽然在觉察到地面上的重大变故时，人们很久以来已经不再怀疑行星了，我们那些可爱的先祖，那些占星学家们对这些星球所提出的生硬的指责的一览表，已经与真正的女妖故事、迪格比和瓦勒门茨的令人喜爱的奇迹以及布罗克斯贝格的夜间轶事为伍，被放进过时幻象的档案馆了，但是，自从自然科学清除了这些怪念头以来，有一位牛顿发现并借助经验证实了，即便是距离极遥远的行星，相互之间并对我们的地球也施加着一种现实的力量。然而，对于那些要把对这种值得注意的性质的运用夸大成为无稽之谈的人来说，最不幸的是，这种力量的尺度以及它起作用的方式都是确定的，并且是由借助几何学进行的那种观察规定的，我们之所以能够揭示上述力量，必须归功于这种观察。人们如今再也不能随心所欲地让这种力量的作用愚弄 〔466〕

我们了。我们手中有了天平，借助它，我们能够称出给定的原因的作用。

假如一个人曾经听人说过，月球吸引着地球上的水，并由此引起了大洋的上涨和下落，人们称之为落潮和涨潮；此外，所有的行星都具有类似的吸引力，如果它们处在贯穿地球和太阳的直线附近，就会使自己的吸引力与月球的吸引力联合起来；假如这样一个并不以更精确地考察此事为职业的人猜测，这些联合起来的力量不仅能够使地球上的水产生我们在 11 月 1 日所看到的那种剧烈的运动，而且也许还通过对地下空气的影响而能够引燃导致地震的隐秘火绒；那么，我们也不能要求他提供更多的东西。但是，对于一位自然研究者来说，我们却期待更多的东西。仅仅想出一个与结果具有某种类似之处的原因，这还是不够的。原因还必须在大小方面是成比例的。我想举一个例子。李斯特博士是伦敦学会的一个通常很能干的成员。他觉察到，一种被称为海扁豆的海洋植物，具有非常强烈的发散气味的能力。他发现，这种植物总是在热带海洋的岸边。于是，由于气味的强烈发散也许会引起空气的运动，他推出结论，认为在这些海洋上不断地吹着一直延伸到陆地千里之遥的普遍的东风，就是起源于此，这尤其是因为这种植物是向着太阳转动的。这种见解的可笑之处完全在于，原因与结果之
〔467〕间根本没有比例关系。如果人们把行星的力量与据说从它产生的结果，即海洋的运动和地震的爆发进行比较，情况也完全一样。也许有人会说：我们究竟知道这些天体对地球能够发生作用的力量的大小吗？我马上就将对此作出回答。

布盖先生是一位著名的法国学者。他讲道，当他在秘鲁逗留期间，一位想成为利马大学数学教授的学者以地震的天文钟为标题写了一本书，着手从月球的运行出发事先预报地震。人们也许会猜想，在秘鲁，一个预言家可以很准确地预报地震，

因为在那里几乎每天都发生地震，只是强度不同罢了。布盖先生补充说，一个没有反思却侈谈月球的上行交点和下行交点——即近地点和远地点——的会合和反相的人，有时也许会偶尔说出某种后来被结局验证的东西。他还承认，这样的人并不总是预言失败的。他甚至猜测，如此强烈地使大洋的水运动的月球，对地震有一些影响，这并非完全不可能。这或者是由于月球使水不寻常地上涨，达到了某种它过去从未达到过的裂缝，在深深的地穴中造成了翻天覆地的运动，或者是通过某种别的关联方式。

如果人们考虑到，天体的吸引力一直影响到物质的最内部，因而也就能够使闭锁在地球最深处和最隐秘过程中的空气运动起来，那么，就很难否认月球对地震有任何影响。但是，这种力量顶多只是点燃处在地球之中的可燃物质，而其他的东西，例如震动、水的运动，则仅仅是这些物质的一种作用。

如果人们从月球进一步上升到行星天，那么，随着众行星距离的增加，这种能力也就逐渐地消失了。如果把所有行星的力量与惟一的、离我们如此之近的月球的力量进行比较，那 〔468〕
么，它们彼此联合起来所提供的，也只是月球力量的一个无限小的部分。

牛顿揭示了卓越的引力规律，这一规律必须被看做人类知性在认识自然界方面所作出的最成功的尝试。牛顿教会人们发现有卫星环绕的行星的吸引力，确定了木星这个所有行星中最大的行星的吸引力，它比太阳的吸引力的千分之一还要小一点。借助这种力量在我们的地球上造成变化的这种能力，与同地球的距离的立方成反比例下降，因此，对于距离地球比太阳远 5 倍多的木星来说，如果谈到它的吸引力的比例，则要比太阳的吸引力单独能够对我们的地球所造成的影响小 13 万倍。但是，就像经验与计算相结合所说明的那样，太阳的吸引可以使大洋的水大约上涨2尺。因此，如果木星的吸引与太阳的吸引联合起来的话，那么，它还可以为这个高度再添加1微分的1/65，这大约可构成一根头发直径的1/30。如果人们考虑到，火星和金星是比木星小得多的天体，而吸引力又是与其体积成正比的，假若人们由于它们虽然体积比木星小数百倍，从而拥有的吸引力也比木星小数百倍，但却离我们比木星近3倍，从而认为它们两个联合起来通过吸引作用于我们地球的能力是木星的2倍，那就做得太过分了。但是，即使我们慷慨地把它们的力量扩大10倍，它们的力量联合起来也不能使海水上涨一根头发的1/3。即使人们再加上其他的行星，如水星和土星，考察它们都会合在一起时的情况，事情也很明显，它们也远远不能使月球和太阳共同造成的海水上涨再增加一根头发直径的一半。如果月球和太阳使海水所达到的高度再增加一根头发直径的一半就担心它们的引力所造成的可怕的海水运动，而没有这一根头发直径的一半就不必担心危险，这岂不是滑稽可笑吗？所有其他情况也都完全驳斥了这种所谓的原因。就像月球
〔469〕不仅在它离贯穿太阳和地球的那条直线最近的那个时刻，而且在此前后几天都会造成最大的涨潮一样，联合起来的各个行星如果对水的运动和地震有一些影响的话，也应当在前后相继的若干天里、并在这些天里有若干小时之久，造成这种水的运动和地震。

我必须请求我的读者们原谅，为了能够对在我们地球上所发生的事变作出正确的判断，我带着他们在苍穹中遨游得如此之远。人们用来堵塞错误根源的努力，也给我们造成了纯净的知识。下面，我将考察自从我在一篇专门的文章中致力于说明的那些自然事件以来所发生的重大自然事件的值得注意的现象。

在理性的法庭上，众行星被宣布撤诉，不再说它们对我们

在地震中所遭受到的巨大破坏的原因有所影响。因此，今后任何人都不应当再怀疑它们。过去曾有过一些行星会合在一起，但人们并没有感到地震。按照伽桑狄的证词，佩雷斯基在 1604 年观察到了 3 个上述行星的罕见会合，这是每 800 年才发生一次的，但地球依然很安全。只是对月球来说，这种猜测才似乎有一些可能性。但是，如果月球对此有所影响的话，那么，参与的原因就必然是箭在弦上，一直哪怕是极微弱的外部影响都可能造成事变的爆发。因为月球经常处在对地面施加最大影响的位置上，但它却没有同样经常地引发地震。11 月 1 日的地震就发生在下弦月之后不久。但在这时，就像牛顿理论和经验所证明的那样，月球的影响是最微弱的。因此，让我们仅仅在我们的居住地自身探索原因吧！我们的原因就在我们自己脚下。

自从前面已经列举过的那些震动以来，除了 2 月 18 日的那次地震外，就没有再发生过波及其他几个国家的震动。那次地震在法国、英国、德国和尼德兰都可以感觉到。在大多数地方，例如根据威斯特法伦、汉诺威、马格德堡的报道，与其把 〔470〕
它同一种被点燃的物质的爆发相比，倒不如把它同一种由地下的强烈冲击所推动的地面的一次轻微的晃动相比。只有建筑物的最高几层才感到摆动，地上的下部几乎没有察觉到。早在之前的 13 日和 14 日，在尼德兰和邻近的地方就已经感觉到了震动。在这些日子里，特别是从 16 日到 18 日，飓风在德国、波兰、英国四处肆虐，雷鸣电闪，暴雨倾盆。总之，大气圈就像是发了酵一般。这可以用来证明我们在其他地方已经说明了的东西，即地震以及作为它们的原因的地下燃烧，由于把外来的蒸气排入我们的大气层而改变了它。

有时曾发生一些地面的塌陷。石块从山上崩落，以可怕的力量滚入谷底。持续不断的雨使满盈的泉流冲刷走土壤，经常地侵蚀着一块陆地的基础；同样，尤其当寒冷和潮湿把自己的影响结合在一起的时候，也使石块从山顶崩落。巨大的深渊以及在瑞士和其他地方有时裂开、大多数情况下又重新弥合的地隙，是一种扩张性的地下力量穿透密度较小的地层的更清晰的证明。如果我们考察一下我们的地面的这种脆弱性，考察一下那煤、树脂、硫等可燃物质也许到处以始终熊熊燃烧的烈火滋养着的地下炽热的储备（例如煤矿如果接触空气时自燃，经常就会燃烧并绵延数世纪之久），如果考察一下地下空穴的这种状况，那么有鉴于此，岂不是一颗火星就足以使我们的拱顶陷入整个燃烧着的硫的海洋，使我们的居住地被燃烧着的物质的河流毁灭掉，就像倾泻而出的熔岩毁掉埃特纳河附近在无忧无虑的平静中生息的地段一样？D. 波尔先生说得对，在一篇关
〔471〕于地震的短文中，为了使始终隐燃着的地下炽热运动起来并使大地震动，他只要求有水。然而，当他否认雷默试验（它通过硫与锉屑的混合、借助掺入水而揭示了震动）的适宜性，说在大地中找不到纯铁，而是只有在这一试验中不能提供所要求的东西的铁矿石时，我就要提请考虑，加热的经常性原因，例如硫铁矿的风化，在把深处地下的铁矿石熔成颗粒状的铁之后，因水的加入而引起的躁动，就像雨后在喷涌而出的熔岩那里，在皮特拉马拉的一直持续不断的地火那里可以觉察到的那样，或者还有如此接近纯铁本性、毫无疑问在地底深处到处都可以大量找到的磁石，是否也不能大体上为这一试验的实施提供足够的材料。从瑞士所报道的很奇特的说明，似乎证实了磁性物质在地震时的参与作用。在那里，一块磁石在地震期间连同悬挂着它的线偏离了它的垂直方向若干度。

列举和检验每一个人为了给自己开辟新的研究道路都要搜集的、常常是像海浪般地接踵而至的所有那些假说，将是详细阐述的成果。在自然科学中，也存在有某种正确的鉴赏力，它

很快就懂得如何把好奇心的放荡不羁与可靠的、谨慎的判断区分开来；后者获得了经验的见证和理性的可信性的支持。毕纳神父以及不久前克吕格教授先生提出了把地震的现象与电的现象归溯于同样的原因的意见。霍尔曼教授先生的建议更为大胆。他首先借助活火山的实例证明了气洞在一个有燃烧物质之忧的地区的益处，没有它，那不勒斯和西西里王国将不复存在；然后，他建议把地球最上面的外壳挖透，直抵最深处燃烧着的裂隙，由此为火制造一个出路。内部地层的可怕厚度及其 〔472〕
坚固性（没有它们，地震的这种严重发作无疑早就毁掉这样一块陆地了）、很快就会为任何挖掘设置一个终点的水、最后还有人的无能，使这一建议成为一种美好的梦想。从想要解除雷电武装的现代普罗米修斯富兰克林先生，直到想要熄灭伏尔甘作坊中的火的人，所有这样的努力都是人的大胆精神的证明。这种大胆精神是与一种同它根本不成比例的能力密切联系着的，它最终把人引导到一种屈辱的回忆。在这里，人应当开始正当地意识到，他永远不能超出是一个人。

1756 年

形而上学与几何学相结合在自然哲学中的运用

第一个试样包括

物理单子论

伊曼努尔·康德硕士承蒙最卓越的哲学系允准

4 月 12 日 8—10 时在哲学教室为本文答辩

辩护人：普鲁士哥尼斯贝格的卢卡斯·大卫·福格尔，神学教师

提问人：高贵的年轻人普鲁士哥尼斯贝格的路德维希·恩斯特·鲍罗夫斯基，神学教师

普鲁士达尔克门的特莱姆普的格奥尔格·路德维希·米伦坎普夫，神学教师

马尔克基里茨的路德维希·约翰·克鲁瑟马克，神学教师

张　荣　译

李秋零　校

前　言

〔475〕

判断力敏锐的哲学家们致力于自然事物的研究工作，他们一致坚信，必须审慎地提防，既不要让任何心怀侥幸地、借助某种鲁莽的猜测虚构出来的东西混进自然科学，也不要脱离经验的支持、不以几何学为中介而空谈任何东西。人们肯定想不出对哲学比这一决定更有益、更有用的东西了。由于几乎没有一个终有一死的人可以迈着坚定的步伐，沿着真理的笔直大道前进，而不会在这里或者那里误入歧途，所以某些人也就对这一规律忍声吞气，乃至他们在探索真理时根本不敢深入大海，而是认为始终沿岸而驶就够了，并且只接受借助经验的证实直接可知的东西。而沿着这条健康的道路，我们确实能够完美地解释自然规律，但却不能揭示这些规律的起源和原因。因为仅仅考察自然现象的人，就好像一个人由于越来越高地登上山顶，就相信将可以这样用手触摸到天一样，距离对最初原因的艰涩理解总是同样遥远，同样达不到物体本性的科学。

因此，形而上学在这里只是一种帮助，予以光照，大多数人认为它在物理学领域可有可无。因为物体是由部分组成的；至于它们是由哪些部分、以何种方式聚合而成，它们是仅仅通过原初部分的汇聚还是通过各种力的相互冲撞而充满空间的，这些确实都涉及对它的清楚解释。但在这件事情上，究竟怎样才能把形而上学与几何学联系起来呢？看起来，把怪兽与马结合起来似乎也要比把先验的哲学与几何学结合起来更容易。因为形而上学固执地否认空间是可以无限分割的，而几何学则以其惯有的确定性予以肯定。几何学断定对于自由运动来说空无一物的空间是必要的，而形而上学则予以拒绝。几何学明确指

出，引力或者普遍的重力用力学的原因几乎无法解释，它只能
〔476〕起源于在静止中和在远处就能起作用的物体内在固有的力，而形而上学则把这归于想象力毫无意义的游戏。

尽管平息这一争端看起来需要做不少工作，但我还是决意在这件事上至少投入点力气；其他人的力量更能够胜任这件事务的，欢迎来完成我在这里只能指望稍稍触及的工作。

本来应当结束，但我还想补充说：由于一切内部活动的原则或者各种元素内在固有的力必定是一种运动力，也就是说是一种从外面添加的力，因为它本来就是为外物而出现的，我们设想不出另一种力来运动同时在场的事物，除非是一种致力于排斥它或者吸引它的力；此外，由于如果仅仅设定一种排斥力，那么，人们理解各种元素为组合成物体而进行的结合就不如理解其分解；但如果只设定一个吸引力，则虽然能理解结合，却无法理解确定的广延和空间，所以，事先就能够以某种方式理解：谁要有能力从各种元素的本性及其原初的性质引申出这两个原则，他就为阐明物体的内在本性作出了不可忽视的贡献。

物理单子论

〔477〕

第一章
物理单子的存在与几何学的一致性

命题一　定义。简单的实体，即所谓的单子①，是一种并非由诸多的、其中一个可以离开另一个而独立存在的部分构成的实体。

命题二　定理。物体由单子构成。

物体由相互分离地拥有一种持久存在的各个部分组成。但是，由于对于这些部分来说组合只是一种关系，从而是一种自身偶然的、可以在不损害这些部分的存在的情况下被取消的规定，所以可以看出，一个物体的所有组合都可以被取消，尽管如此，事前被组合的各个部分却还依然存在。但是，如果所有的组合都被取消了，那么剩下来的各个部分就完全没有组合，从而就完全失去了实体的集合，因而也就是简单的。因此，每

① 由于我的设计的理由就是仅仅考察作为物体原初部分的简单实体这个类别，因此我事先提请注意，我在下文中将把**简单实体、单子、物质元素、物体的原初部分**等概念作为同义词使用。

一个物体都是由绝对简单的原初部分即单子构成的。

附释：在当下的证明中，我有意避而不谈那个广为流传的理由律，而根据哲学家中间没有人不服从的那种概念的惯常结合来执行我的设计。我有些担心，别让那些不熟悉理由律的人们不容易以这种方式说服。

〔478〕

命题三　定理。物体所占空间是无限可分的，因而不是由原初简单的部分构成的。

假定直线 ef 无限延伸，也就是说，以至可以被任意地延伸得越来越远，另一直线 ab，即一条物理直线，也就是说，如果愿意的话是一条由物质的原初部分汇聚成的直线，在它上面与它构成直角。边上再竖一条直线 cd，它与前一条直线相等，而且是以类似方式设定的，这不仅在几何学意义上有可能发生，而且在物理学意义也是不可否认的。在直线 ef 上任意标出点 g、h、i、k，并这样继续到无限。首先，没有人怀疑，在两个任意的点之间，或者只要愿意，在两个给定的单子之间，可以引出一条物理直线。然后引出线段 cg，它们与垂直线 ab 相交的地点就是点 o。现在可以设想在点 c 和 h 之间引出另一条物理线，而两条线段 ch 和 ab 共有的点 u 更接近于点 a。如此类推，如果从同一个点 c 出发向无限延伸的直线 ef 上所有的任意点 i、k 等等引出线段，那么，交点 x、y 等等将越来越接近点 a，即便一个在几何学上完全无知的人也会自己明白以上所说。而且，如果认为这些物理线最终将太过拥挤地相互接触，以至于它们无法毗邻而居，那么，人们可以把那些更后面引出的线统统去掉，即使如此也可以清楚地看到，根据人们在无限的直线 ef 上越来越远地标出点来，相交之点必然越来

越接近点 a。①然而，由于这一长度还可以无限地延长，交点向点 a 的接近也可以随着无限多个增添的部分而增长。不过，交点以这种方式永远不会落到点 a；因为点 c 和点 a 距离直线 ef 同样远，所以联结点 c 和点 a 的直线无论人们如何任意地把它延长下去，都永远距离下边的直线 ef 同样远，都永远不会与它相遇，因为这是与假定相悖的。因此，不停地分割直线 oa 永远得不到那不可继续分割的原初部分，也就是说，空间是无限可分的，不是由简单部分构成的。

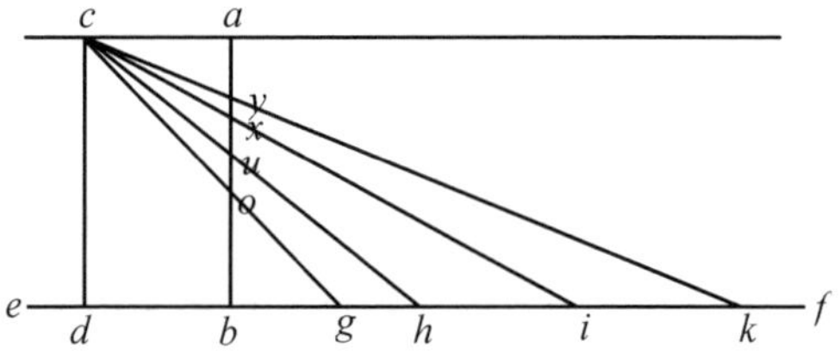

附释：这里，我引证了这个已为许多物理学家运用过的证明，并尽可能清晰地运用于物理空间，以免那些利用因几何空间与自然空间的不同而产生的普遍区分的人们借助某个例外溜掉。当然，也存在有对这一命题的其他证明方式，这里仅举其中之一。如果愿意的话，请设想一个由单子组成的等边三角形。如果它的两条边被无限延长，并在它们上面设定好间距，使其等于给定三角形的边的二倍、三倍、五倍、百倍等，然后可以用物理线把它们的端点连接起来，它们将与那些线以同样的比例大于三角形的第三边，而且由同样多的极简单的部分构成。然而，由于还可以设想在这些单子中的任何一个与被置于三角形顶点的单子之间引出物理线，所以这些线就把给定三角 〔479〕

① 点 y 和点 x 永远也不会重合，因为不然的话，直线 cy 和 cx 也同样会重合，直线 ck 和 ci 也会重合，而这与前提是相悖的。

形的底线无限分割，并出色地捍卫了空间的无限可分性。不过，谁要是不被成见所阻而看透了上面增添的证明，那么在我看来，他可以省去所有其他的证明。

命题四　定理。一个无限可分的组合物不是由原初的或者简单的部分构成。

既然在一个无限可分的组合物里面，沿着分割的道路永远不会达到没有任何组合的部分，那么，一种不能以分割的方式被取消的组合，只要不取消组合物的所有存在，也是完全不能被取消的。不过，由于在一个组合物中当任何组合都被取消之后还剩下的部分叫做简单的（命题一），所以很明显，一个无限可分的组合物不是由这样的部分构成的。

附释：我曾认为（这并不与设计的理由相左），在为每一个物体都确保了原初的简单部分之后，在断定了其空间是无限可分的之后，就应当留神，没有某个人把单子看做物体无限小的部分。因为完全没有实体性并且作为结合为一体的各个单子的外部关系之现象的空间，自身完全不能用一种无限持续的分割来穷尽，这是以这种方式显而易见的；但在任何一个组合物中，组合只是一个偶性，并且有组合的实体性主体，组合物允许无限的分割，这是荒唐无稽的。因为由此也可以得出：物体的任何一个原初的部分都具有这样的性质，以至于它既不与数千个、也不与数万个、也不与千千万万个别的原初部分相结合，一言以蔽之，无论人们把多少个别的原初部分归给它，它都不与它们相结合构成任何物质微粒；这无疑明显地取消了组合物的任何实体性，因而不能适用于自然界的物体。

结论：因此，任何一个物体都是由一定数目的元素构成的。

〔480〕

命题五　定理。物体的任何一个简单的元素或者单子，都不仅存在于空间中，而且也都填充一个空间，尽管如此也无损于它的简单性。

既然任何一个物体都是由一定数目的简单元素汇聚而成的，它所填充的空间却依然允许无限分割，那么，这些元素中的每一个也都要占据这个空间的一个可以继续分割的部分，也就是说，它填充一个可分配的空间。

然而，既然空间的分割并不是那些一个可以离开另一个拥有自己充分的存在的事物的分离，而是仅仅表示外部关系中的某种集合和数量，那么很清楚，由此并不能得出实体性部分的集合；而既然只有它与单子实体性的简单性相对立，那么就足以明白，空间的可分性与单子的简单性并不矛盾。

附释：在研究元素时，妨碍几何学与形而上学联结的，没有别的命题，只有一个事先作出的、尽管没有得到充分检验的意见，即好像一个元素所占空间的可分性也表明元素自身可以被分割为各实体性部分似的。通常人们认为，这一点是如此确信无疑，以至那些为现实空间的无限分割辩护的人们也在单子面前远远地望而却步了，而那些赞同单子的人们则把视几何学空间的特性为想象看做自己的任务。然而，既然从上述证明可以明确得知，既不是几何学家犯了错误，也不是在形而上学家那里发现的命题偏离了真理，那么，错的就必定是使二者分道扬镳的那种观点：就好像一个就其实体来说绝对简单的元素在无损其简单性的情况下就不能填充一个空间似的。因为把某个小空间一分为二的直线或者平面当然说明，空间的这一部分存在于另一部分的外面。但是，由于空间不是实体，而是实体外部关系的一种现象，所以，人们可以将同一个实体的关系一分为二，却并不违背实体的简单性，或者愿意的话，并不违背它的统一性。因为处于进行分割的直线两边的东西并不是可以与实体如此分离、以至于没有实体也照样存在的东西，这要求一种取消简单性的现实的分割；相反，它是同一个实体在直线两边实施的活动或者一种关系，在它这里发现某种集合并不意味着把实体本身分解成部分。

命题六　定理。单子并不是通过其实体性部分的集合、而是通过其作用范围来决定其在场的空间，借助于这一作用，它阻止在两边随处可见的那些外在的部分彼此进一步接近。

〔481〕既然在单子中没有实体的集合，但每一个单子都被设定为独立地填充一个空间，那么根据以上所述，被填充空间的根据就不能仅仅在实体的设定中去寻找，而是应当在它们与外部事物相关的关系中去寻找。但由于单子通过填充一个空间而阻止那些在两边处处直接可见的外在事物彼此进一步接近，从而可以就其位置而言规定某种东西，即限制它们向它靠拢所能够达到的接近程度，所以可以看出，单子表示一种活动，而且是在一个向四面八方作出规定的空间里，因而必须承认，单子是通过它的作用范围而填充一个空间的。

命题七　问题。面对困难继续确保每一个单子通过其作用范围在不损害其简单性的情况下占有的空间。

如果一个单子像我们确保的那样填充一个确定的空间，那

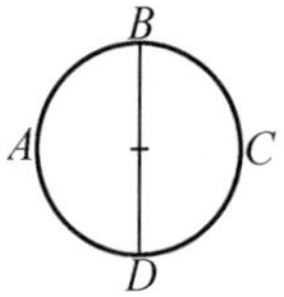

么，人们就可以用别的任何被限定的空间来表述这个空间。因此，用一个小圆 $ABCD$ 表示一个单子凭借其作用所占有的小空间，BD 是这一作用范围的直径，也就是单子阻止其他在 B 和 D 对它出现的东西彼此进一步接近的距离。但人们并不会由此就说这是单子自身的直径，这当然是荒唐可笑的，而且也没有东西更能与我们的命题相悖了。因为既然空间是通过单纯的外部关系实现的，那么，所有内在于实体的东西，即实体自身、外部规定的主体，本来就不是由空间决定的，而是只有它们的规定中那些与外物相关的规定，才可以到空间中去寻找。但据说实体就出现在这个空间中，实体在这个空间中无处不在，那么，谁分割了空间，也就分割了实体吗？我的回答是：这一空间自身是这个元素在场的外在范围。因此，谁分割空间，也就分割这个元素在场的外在的外延量。但是，除了外在的在场即实体随关系而定的规定之外，还有其他内在的规定，如果没有它们，那些外在的规定就没有可以依赖的主体。但是，内在的规定并不存在于空间中，这正是因为它们是内在的。因此，在分割外在的规定时它们并没有被分割，所以主体本身或者实体并没有以这种方式被分割。这就好像有人说：上帝因其维持的行动而内在于所有的受造物，因此，谁分割受造物的团块，也就分割了上帝，因为他分割了上帝在场的范围；再不能说出比这更荒唐的东西了。因此，作为物体一个原初元素的单子，虽然就它填充一个空间而言当然具有某种外延的量，即作用的范围，但在这个范围内，却看不到许多一个被与另一个分开，即离开另一个就独自具有自己的恒定性的东西。因为在空间 BCD 遇到的东西，不可能与存在于空间 〔482〕
BAD 中的东西如此相分离，以至于每一个都自己存在，因为二者只是同一个实体的外在规定而已；然而，偶性离开实体便

不存在。①

命题八　定理。物体的简单元素占有其空间所用的力，是通常称为不可入性的力；离开了这种力，不可入性就不会发生。

不可入性就是物体借以阻挡邻近物进入自己所占有的空间的那种属性。但是，既然由以上所说可以得知，物体占有的空间（如果把它的各个部分看做没有间隙地尽可能紧密地结合在一起的）是由一些被个别的简单元素填充的小空间汇聚而成的；此外，既然为了阻止外部的物体进入已被填充的空间，或者为了不可入性，就要求一种抵抗或者一种力，但在前面已经证明过了，元素是借助某种阻止别的想进来的元素的作用来填充其一定的空间的，因而很明显，物体的不可入性仅仅依赖于元素的那种自然力。这是第一点。

然后，假定直线 ag 由物质的原初元素即单子汇聚而成，如果任意一个元素 d 由于其实体的在场而仅仅表示一个位置，

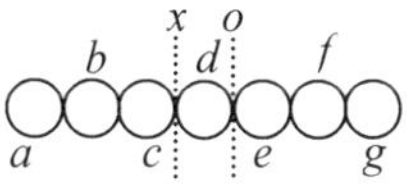

但并不占有一个空间，那么，位置 d 就把给定的直线 ag 分成两部分，并且由于它标出了直线的这一半在哪儿终止，另一半从哪儿开始，所以它是直线的两个一半所共有的。然而，物理的线只有在由同等数目的元素构成时才是相等的，而两边同等

① 在所有可能妨碍我们命题的困难中，最重要的困难似乎就是来自对同一个实体各种规定的外置的困难。因为单子在空间 BCD 中的活动处于在空间 BDA 中的活动之外；因此，它们似乎确实是彼此分离的，并且是在实体之外被发现的。然而，一些关系总是不仅彼此外在，而且也存在于实体之外，乃是因为实体与之有关系的那些存在者确实与实体分离并且彼此分离，而这并不表示实体性的集合。

数目的元素只存在于直线 ac 和 eg 中，所以，单子 d 的位置是直线 ac、eg 共有的，也就是说，上述两条直线将在所说的这个位置上直接相遇，据此元素 d 不会阻碍邻近的 e 和 c 直接接触，也就是说，它将不是不可入的。据此，如果否认单子 d 所占的位置是直线 ac、eg 共有的，那么，它就成了点 x 和点 o，直线 ac 和 dg 在点 x 直接相遇，直线 ad 和 eg 在点 o 相遇；由于单子 d 的位置既不同于位置 x 也不同于位置 o，因为不然的话它将总是如前面假定的那样是一个直接相遇的共同点，所以就有了三个不同的位置 x、d、o，它们毫无疑问规定着一条确定的直线。因此，一条确定的直线借助单子 d 的在场得到了规 〔483〕
定，也就是说，它存在于一个确定的空间中，而由于它通过单纯地设定实体并不能占有一个空间，而是只能占有一个位置，所以就必然有某种别的东西存在于实体中，它在两个相互接触的元素那里规定着接近的尺度，而且阻止任何力量促使元素 c 和 e 进一步接近；然而，只有一种力才能与另一种力对抗；因此，是物体的元素占有自己的空间所用的力造成了不可入性；这是第二点。

第二章

物理单子最普遍的属性，它们在不同的单子中各不相同，有助于理解物体的本性

命题九　定义。接触就是多个元素不可入性的力量的交互联结。

附释：人们通常用直接在场来定义接触。但是，即使再拼命

附加**外部的**在场(因为人们即使不这样附加直接地、但又最内在地临在于万物的上帝,也不得不相信他与万物接触),也几乎不可能使定义在所有的部分都尽善尽美。由于其他一些人已经充分地证明,被空无一物的空间分离开的物体仍然能够共在,因而尽管没有相互接触倒也直接在场,所以这个定义毫无疑问被抓住了错误。此外,牛顿的学派以真理的巨大形象维护甚至彼此远离的物体的直接吸引,不用相互接触就能产生它们的共同在场。还有,如果要为称直接的共同在场为接触的概念本身的定义作辩护,那就必须首先解释这个在场的概念。如果像通常那样用交互的活动来解释它,那么请问,活动究竟在哪儿呢?毫无疑问,物体正是通过相互运动来活动的。一个从给定的点出发表现出来的运动力要么把其他东西从自己排斥开,要么吸引过来。应当把接触理解为这两种活动中的哪一种,是很容易弄明白的。因为通过把一个物体越来越近地推向另一个物体,只要我们感觉到不可入性即排斥,我们就说,它们互相接触了。因此,由不同的元素相互实施的这种作用和反作用,就构成了接触的真正概念。

命题十　定理。单是借助不可入性的力,如果不再附加另一种同样内在的吸引力的话,物体就不能拥有一定的体积;后一种力与前一种力共同规定着广延的界限。

〔484〕不可入性的力是一种排斥力,它阻止任何外部的东西进一步接近。由于这种力是每一个元素天赋的,所以从它的本性出发虽然能够理解,为什么由于它扩张所至的距离的增加,活动的强度将逐渐减弱;但它在某个给定的距离上将完全归于零,却是由此完全无法理解的。因此,如果仅仅取决于它,那么,单是由于微粒的相互排斥,就根本不会有物体的结合了,而且

物体也没有一个由确定的界限划定的体积。因此，必须用另一种相反的、在给定的距离上相等的努力来与这种努力相对立，在占有空间时规定界限。由于这个努力是与排斥相对立而活动的，所以它就是吸引。因此，对任何一个元素来说，除了不可入性的力之外，还必须有另一个吸引力；如果离开吸引力，就不能得出自然物体确定的体积了。

附释：探讨元素具有的排斥和吸引这两种力的规律，是一项事实上很有意义的研究，值得更富有洞察力的人来从事它。在此，我满足于就简短的规定所允许确定无疑地证明它们的存在。然而，如果像从老远就发现与这一问题有关的东西那样令人称心如意，那么，由于排斥力是从一个元素所占空间最里面的点向外起作用的，岂不是必须假定，它的强度将随着它扩张所至的空间的增大而成反比地减弱吗？因为从一个点出发分配的力，如果它不是通过活动填充涵盖在给定直径下的整个空间，就不能被视为在一定范围内有效的。这一点，以此方式是显而易见的。因为如果人们设想一种力，它按照直线从一个给定平面流射而出，例如光或者按照凯尔的观点即引力，那么，以这种方式实施的力便与大量可以从这个平面引出的直线成正比，即与同一个活动平面成正比。因此，如果平面无限小，这个力也就无限小，如果这个平面最终是一个点，这个力就完全是零。这样，通过从一个点出发的各条直线，并不能分散在一定距离内可分配的力。因此，力只有通过填充它在其中活动的整个空间，才能被视为是有作用力的。不过，这些空间是球形的，就像是各个距离的立方体。因此，既然同一个力通过一个更大的空间而分散，与空间成反比减弱，所以不可入性的力也将与到它在场的中心距离的三次方成反比。

与此相反，由于吸引虽然是同一个元素的活动，但已经转向对立的方向，所以在一个给定的距离上施加吸引的球形面就成了出发点；由于人们可以从这些点出发向张力的中心画出直线，并以此规定引力的量，它们也就以这样的方式成为可分配的，并且与球形面成反比，也就是说，与距离的二次方成反比减弱。

因此，如果断定排斥力与三次方成反比、从而以大得多的
〔485〕比例减弱，那么，在直径的某个点上吸引和排斥就必然相等。这个点将规定不可入性的界限和外物接触的范围或者体积；因为一旦它被吸引克服，排斥力就不再活动。

结论：如果认为这个内在固有的力量的规律是有效的，那么，就也可以认识所有元素的相同体积，无论它们的种类多么不同。虽然显而易见，排斥力与吸引力由于每一种都具有一定程度的张力，所以它们在不同的元素中都可能是完全不同的，在一个地方张力多一些，在另一个地方张力少一些，但是，由于二倍的排斥力在同一个距离上是一个二倍的力，吸引力也同样如此，而且一个就其种类而言二倍地强的元素，其所有的运动力都以这一比例更强，这才是合适的，所以，上述两种力总是在同一个距离上保持平衡，从而规定着元素相同的体积，尽管它们与其他元素同名的力在程度上还很不相同。

命题十一　定理。**惯性力**在每一个元素中都具有一定的大小，这个大小在不同的元素中可能完全不同。

一个被运动而向另一个物体撞击的物体，不具有任何作用力，而且如果它没有使它致力于保持在运动状态的惯性力，每一个无限小的阻力都能使它归于静止。然而，一个物体的惯性力也就是汇聚成它的所有元素（人们称之为质量）的惯性力的总和。因此，每一个被以一定速度运动的元素，如果这一速度不由于惯性力而增倍，就都根本不具有运动的作用。但是，凡

是借助别的东西增倍而具有一个量，这个量比两个因数中的一个更大的，它自身就是一个量，通过它人们可以去度量另一个时大时小的量。所以，在不同种类的元素中，在每一个元素的惯性力之外，可能还有另一个或大或小的力。

结论 1：如果给出任意一些元素，就可能存在有另一些元素，它们的惯性力或者——在不同的关系中是同一个东西——运动力大 2 倍或者 3 倍，也就是说，它们不仅以 2 倍或者 3 倍大的力与一定的速度对抗，而且被以同一个速度运动时，还具有 2 倍或者 3 倍大的力量。

结论 2：尽管从上一命题的结论得知，所有任意的元素，无论其种类如何不同，都具有相同的体积，从而如果这相同的空间被完全充满，就总是包含着相同数目的元素，由此可以正确地推断：即使人们还总是不承认虚空的混入，认为整个空间是完全充满的，但物体仍然能够以相同的体积包含不同的质量，因为元素具有的惯性力有大有小。物体的质量只不过是其惯性力的大小，借助这惯性力，它们要么阻挡一个运动，要么在以一定的速度被运动时拥有一定的运动力量。

因此，从少量被包含在给定体积中的物质推论出较小的密度和较大的空隙，并不总是充分可靠的。两个物体中的每一个 〔486〕
可以要么拥有同样的间隙，要么是完全密实的，但尽管如此，两个物体中的一个仍可能具有大得多的质量，因为差别的原因完全应当在元素的本性自身中寻找。

命题十二　定理。世界上可感知的物体因其种类而不同的密度，离开其元素因其种类而不同的惯性，就根本无法解释。

如果一切元素都具有相同的惯性力和相同的体积，那么，为了理解物体稀疏度的不同，就必须有绝对的虚空混入微粒之间。因为按照牛顿、凯尔和其他人的证明，在一种以这种方式完全填满的介质中不可能有自由的运动。因此，为了阐明诸如以太、空气、水、金等介质因其种类而极为不同的密度，就必须容许一种过分的猜想欲，借助它，人们随意地想象那些极为远离人类理解力的元素结构，时而按照极稀薄的气泡的样子、时而按照树枝和乱成一团的冠缨的样子把它想象成自由放肆的，由此而能够设想一种以奇妙的方式延展并以少量的质料填充巨大的空间的物质。不过请听一听有哪些理由反对这种说法。

那些细微得不可度量的纤维或者气泡在一个极为稀薄的表皮下包围着一个对物质的量来说巨大的空间，它们最终必然被物体不停的碰撞和摩擦研碎，而以这种方式被研碎的纤维或者气泡的碎片必然最终填充中间空无一物的空间。这样一来，到处都被完全充满的宇宙将由于巨大的惯性而僵化，所有的运动将马上归于静止。

此外，既然按照这样一种观点，因其种类而更为稀疏的介质必然是由极为展开并占据很大空间的微粒构成的，那么，它们究竟是以什么方式能够进入密度更大的物体按照这样一种观点更为狭窄的间隙呢？以什么方式能够最轻而易举地确认，火、磁流、电流穿透了物体呢？因为体积更大的微粒如何能够进入比它们更为狭小的间隙，对此我和最无知的人一样一窍不通。

因此，如果不承认最简单元素因种类而给定的差异，借助这种差异，假如这个空间被完全填满，人们就可以安排有时较小、有时较大的质量，那么，物理学就会经常像遇到礁石一般，遇到这个困难而止步不前。

命题十三　定理。物体的元素，即便是被设定为单独的，也具有一种完美的、在不同的元素中各不相同的弹性力，并构成一种介质，这种介质自身不需要附加虚空，原初就是弹性的。

单个的简单元素借助某种确定的力占有其在场的空间，这 〔487〕 个力阻止外部的实体进入这一空间。然而，由于每一个有限的力都有一个能被另一个更大的力征服的程度，因此显而易见，人们可以用另一个更强大的力来与这个排斥力相对峙；由于元素天赋的力不足以在这一距离上阻挡那个力，因此显而易见，那个力将在某种程度上进入到被元素占有的空间中去。然而，由于任何从某一确定的点出发延展到一个空间的力都会随着距离的增加而减弱，所以显而易见，这种排斥力越是接近作用的中心，就越强烈地反作用。而由于一个排斥力在距离排斥中心的一个给定的距离上是有限的，但却与接近中心成正比地增强，在中心自身时必然是无限的，因此显而易见，元素不可能被任何可想象的力完全渗入。元素将是有完美弹性的，众多这种元素将通过其弹性的结合构成一种原初就具有弹性的介质。这种弹性在不同的元素中各不相同，这从命题十结论的第4～5行就可以一目了然。

结论：元素是完全不可入的，这就是说，无论外力多么强大，它们都不可能被它从它们所占据的空间完全排除掉，但是它们会被压缩，并构成这样的物体，因为它们会向施压的外力做一些让步。这就是原初就具有弹性的物体或者介质的源泉，可以预先把以太或者火物质归入此类。

1756年

伊曼努尔·康德硕士为阐释

风的理论

所作的新说明
同时借此诚邀参加他的讲座

李秋零　译

前　言

〔491〕

我们必须把大气圈想象为一个流质的弹性物质海洋，它似乎是由密度不同的各气层所组成，越往高空，密度就越低。如果这一流质的海洋总是保持均衡，那么，人们设想为彼此并立的气柱仅仅具有同等的重量，这就不够了。它们必须还具有同样的高度，也就是说，具有某种密度的气层必须在其范围内的所有部分中都在同一水平面上。因为若不然，按照流体的规律，较高的部分将必然向较低一面流动，均衡在瞬间就被打破了。能够打破均衡的原因，或者是**张力的减弱**，这种减弱是由降低空气弹力的寒冷和蒸气所造成；或者是**重量的减轻**；这种减轻首先是由炎热所造成，炎热使某个气区比另一气区更强烈地膨胀，并且由于它因此而被迫升高到另一气区的水平面之上而外流，构成一个较稀薄的气柱；其次是由水蒸气的会合造成的，水蒸气在此之前是由空气来负荷，现在却由于它与空气分离而使空气失去了一部分重量。在这两种情况下，都产生了向空气或者在张力方面或者在重量方面受到损失的地区吹去的风。只不过区别在于，在第一种情况下均衡很快就被建立起来，对另一情况的第二种原因来说也是如此，因为在这些情况下，风的持续要求原因的增加，而这是不可能长时间地持续 〔492〕
的。与此相反，后一种情况的第一种原因由于无须增加就可以一直持续下去，从而为持续不断的风提供了一个很有力的源泉。

或者是由于弹性的增长，例如由于热，或者同时由于重量的增长，例如由于从雪的融化释放出的空气，而使大气运动的原因，都远远不是如此强大，因为不仅所发生的朝向静止空气的运动遇到后者以其全部重量的对抗，而且扩展着的气区向上的膨胀和向四周的膨胀是同样强烈的，从而也就削弱了它自己的力量。因此，出自这些原因的风不可能在大的范围内被觉察到。

我只是简明扼要地列举出这一切，并且假定读者们自己的反思将扩展对所讲的东西的必要说明。我不喜欢在如此短的篇幅内所说出的很少。

第一个说明

较大程度的炎热影响一个气区比影响另一个气区更多，造成了吹向这个受热后的气区的风。只要这个气区的高温还在继续，风也就持续不断。

增强了的炎热迫使空气占有更大的空间。它向四周扩展，并以同样的强度向高空扩展。在此时刻，这一气区的重量发生了变化，因为在向上升高的空气溢走的同时，气柱所包含的空气也就自此开始减少了。邻近的较冷的、因而也较密、较重的空气，就由于超重而从自己的位置挤压过来，从而和前者一样被冲淡、变轻，因而屈服于邻近空气的压力，并且一直这样继续下去。不要设想受热后的空气由于同样力图向四周扩展而造成由受热气区吹向较冷气区的风。因为首先，由于向四周的扩展是同样强烈的，因而与它成反比例的张力，例如与中心点的三次方，是相互递减的，所以，一个包括 4 平方里的空气场的
〔493〕扩展力，如果它增加 1/10，在距这个受热场 1 里的距离内只是这一增强后的力量的 1/80，因而也就根本不能被觉察到。不过，扩张就连这一步也达不到，因为空气在扩张这么远之前，就由于自己重量的减轻而屈服于较密空气的压力，为后者让出位置了。

出自经验的证实

上述规则如此得到一切经验的证实，以至根本找不到任何反对它的例外。海洋中的所有岛屿、太阳的灼热强烈影响的那些地区的所有海岸，只要太阳升高到地平线之上一定高度，以至它真正地对大地发生作用，就会感受到一种持续不断的海风。这是因为，由于大地比海洋受热更多，陆上空气也就比海上空气更为稀薄，从而由于其稀薄而屈服于后者的压力。在辽阔的埃塞俄比亚海上，风远离陆地，是自然的、普遍的东风。但在几内亚海岸附近，风却转离了它的这种趋势，被迫吹过几内亚。由于它比全球海洋更多地被太阳加热，这就导致了一种吹过其升温了的地面的气流。人们只要观察一下**尤林**在**瓦伦纽斯**的《一般地理学》或者**穆森布罗克**为自己的《物理学》所附的地图，就可以在同时看到自然的、普遍的东风和这一规则的一刻，完全认识和说明几内亚附近海洋上风的所有方向、龙卷风和其他所有诸如此类的东西。因此，在北方的冬季，当太阳使南半球的空气变得稀薄时，北风就占着支配地位。所以在初春，风就开始从赤道吹向北半球，因为在北半球增强了的太阳热使空气变得稀薄，造成了从赤道向北方升温地区的回流。这些风渗入这些温带地区并不远，因为太阳热在此时对距赤道较远的地方还不能造成很多的影响。在这一时间，即在 4 月和 5 月，风从埃塞俄比亚内部吹过埃及，它们被称做卡姆普辛风。〔494〕由于它们来自一个受热后的地面，所以带来了灼热的空气；因为温带稀薄了的空气迫使赤道空气退回，并在一段时间内扩张而越过这一地区。

第二个说明

一个气区变得比另一气区更冷，就在邻近气区造成了吹向

变冷场地的风。

从由于气温下降所造成的张力减弱中，可以轻而易举地理解这一原因。

出自经验的证实

在受到强烈阳光影响的陆地和岛屿的海岸附近的所有海洋上，由于这时海上空气失温要比陆上空气更快，夜间都吹着一种持续不断的陆地风。这是因为，受热后的地面在陆上空气中保持着温度，没有特别的减弱，相反，白天受热较少的海洋较快地使它上面的空气变冷。因此，海上空气也就屈服于陆上空气的张力，并且允许出现一种从陆地吹向变冷了的海洋地区的气流。正像马利奥特所说明的那样，在法国，11 月初的南风要归因于低凹北部的变冷。在那里，冬季是以极度的严寒开始的。

第三个说明

由赤道吹向极地的风，总是时间越长就越是西风，而由极地吹向赤道的风却把自己的方向改变为从东方出发的同侧运动。

据我所知，这个规则还从未被注意到，它可以被看做说明风的一般理论的一把钥匙。它的证明是易于理解的、令人信服的。〔495〕地球从西向东绕轴自转，因此，地球表面上的任何一个地方离赤道越近，速度也就越快，离赤道越远，速度也就越慢。这样，流向赤道的空气，在中途总是遇到比它自身具有更多自西向东运动的地方。它因此也就在相反的方向上即自东向西地与这些地方对抗，从而也就偏转为这种同侧运动。因为无论是不以同等速度按照同一方向运动的流质存在物之下的地面在移动，还是地面上的这种存在物按照相反方向在移动，都是一回事。与此相反，如果风由赤道吹向极地，那么，它总是要越过地球的那些比风所携带的空气具有较少自西向东运动的地方，因为这空气的速度与它扩张由以出发的地方的速度是相等的。因此，风在它所吹过的地方就会自西向东移开，它向极地的运动就与从西方出发的同侧运动结合在一起了。

为了清楚地说明这一点，我们必须首先看到，如果大气处在均衡中，那么，它的每一部分与该部分处于其上的地球表面区域都具有相等的自西向东的速度，就这个区域来说，它处于静止之中。但是，如果大气圈的一个部分在经线上改变了自己的位置，那么，它就遇到了地面上以比它从自己的出发地所获得的速度或者更大、或者更小的速度自西向东运动的地面位置。这样，它在越过它所吹过的地区时，或是从西向东偏离运动，或是在自东向西的方向上与地球的表面相对抗，在这两种情况下，都形成了具有这种同侧方向的风。这种侧向运动不仅以它运动所经过地方的速度为基础，而且也以它的出发地和目的地的速度差为基础。不过，地球表面上的任何一点，其绕轴自转的速度都是与纬度的余弦成比例的，而地球表面上的两个彼此距离很近（例如 1 度之差）的地方，其余弦的差别又是与纬度的正弦成比例的。因此，它在从一纬度向另一纬度过渡时，向旁侧移动的速度的因素是处在纬度的正弦和余弦的复合 〔496〕
关系之中的，因而在 45 度时达到极大，但在与 45 度距离相等时又是同样的。

为了能够对这种同侧运动有一个概念，让我们以从纬度的 23.5 度吹向赤道的北风为例。如果它是从上述纬度开始的，那么，它的运动就与它所处地面自西向东的运动相等。如果它向昼夜平分圈接近 5 度，那么，它就遇到了一个更快地在上述方向上运动的地带。现在，人们稍加计算就可以发现，这两个平行圈的速度差为每秒钟45尺。因此，如果空气由23度抵达18度，那么，倘若不是在这5度的全部行程中，地球的自转总是从自己的运动中给流经此处的空气增加点什么，以致这种差别在移动的第5度上远远不会是那么多，它就会给地球在这一地区造成自东向西每秒钟能吹过45尺的反向风。但是，由于总还是必然要剩下一种差别，我们想假定它为在没有这一原因时的差别的1/5。尽管如此，同侧运动还有每秒钟9尺，这就足以使在23度开始的每秒钟18尺的正北风在18度成为东北风。同样，以同等速度从18度到23度的南风，在23度也转化为西南风，因为它以与先前计算的同样量的自西向东的摆动进入到运动较慢的平行圈中。

出自经验的证实

这一证实将附加在以下的几个说明中。

第四个说明

在回归圈之间的整个大洋上占支配地位的普遍的东风，除
〔497〕**了从第一个说明和第三个说明的结合中得到解释的原因之外，不能归因于其他任何原因。**

把普遍的东风归因于地球自西向东自转时大气圈的滞后，这种见解是自然研究者以充分的理由反驳过的，因为虽然大气圈在最初的自转一开始时有点滞后，但它不久之后就必然以同样的速度向前运动。但是，我通过证明，当空气由较远的平行圈流向赤道时，这一思想是有效的，从而也就以一种更有利、更正确的方式再次提出这一见解。因为在上述情况下，空气无疑与较大的平行圈的运动速度不同，毫无疑问必然有点滞后。如果有新的空气不断地自两边流向赤道的话，那么，由此产生的东风就会持续不停。因为由于地表的继续影响，这种新空气将很快失去这种倾向相反的运动。

自从这第一个原因失去了普遍的认同以来，人们一直认为，回归圈之间普遍的东风是由于这些空气尾随着自东向西的太阳使之变稀薄了的空气运动。如果有了更好的解释，人们肯定不会满足于这种解释。如果空气出自第一个说明的原因向由太阳影响而受热的地方流动，那么，太阳西边的空气肯定会和太阳东边的空气同样这样做。因此，我看不出为什么这整个地区只有东风。但是，如果它是由于前一段时间升温了的空气的变冷而进入其位置的，那么，它必然因此而宁可是自西向东运动，因为位于太阳东边的地方要比离开太阳时间更长的地方变冷得更快，因而也更少弹性。尽管我愿意一切都如同人们要求的那样进行，但是，人们能够以某种理性的方式想象，当太阳在西地平线时，尾随太阳的气流能够跨越 180 度，即向东 2 700 里之遥，造成一种尾随的气流，这是可能的吗？在如此惊人的距离内，一种如此微不足道的运动不必然消失殆尽吗？〔498〕
然而，在回归圈内的所有部分，在一天的任何时候，风都自东向西运动。**尤林**先生也支持上述见解。诚然，当他不能证明为什么在太阳的影响肯定还不是微不足道的远离回归圈的地方未察觉到同样的东风时，他有充分的理由。因为事实上，它根本不能从上述原因得到解释。

因此，请你们在这里看一看另一原因，它可以更好地与自然科学最著名的理由相一致。热带和热带附近比其他地方更严酷的热使处于该地带的空气不断地变得稀薄。按照均衡的规律，离赤道较远的较少热一点、因而也较重一点的气带就侵入到它的位置。并且由于该气带是向赤道运动的，按照第三个说明，它的出自北方的方向必然转化为出自东方的同侧运动。因此，赤道两边普遍的东风本来是一种同侧风。但是，在两个半球的东南风和东北风彼此交锋的那条线上，它却必然转变为正东风，离这条线越远，就越偏向极地方向。

出自经验的证实

根据所有一致的观察，在赤道附近，气压计的高度要比温带低1寸。由此不能得出，温带的空气按照均衡规律必然向赤道流动吗？这种运动不能在我们这半球造成热带的持久的北风吗？但为什么它在这条线上越来越转化、并且最终完全成为东风呢？答案在第四个说明的结尾可以找到。但为什么在这里从来不能完全地重建均衡呢？为什么热带的空气总是比温带的空气轻1寸水银柱高呢？始终在这里起作用的炎热使所有的空气都始终不断地扩张和变得稀薄。因此，即使新的空气为建立均衡而流入这一地区，它们也会和先前的空气一样被扩散开。升高了的气柱超出其他气柱的水平面，并在上面朝这边流动。因
〔499〕此，赤道上的空气由于从来不能比温带的空气升得更高，尽管如此却包含着一种比较稀薄的空气，因而总是比温带的空气轻，并对其压力作出让步。

关于大多数情况下支配着处于28度与40度之间区域大洋的西风的说明。

考察本身的正确性由航海家在太平洋、大西洋以及日本海上的经验得到了充分证实。作为原因，除了从前一说明得出的之外，不需要其他基本原理。本来，出自上述理由，这里应当有一种温和的东北风。但是，由于从两半球向赤道积聚的空气不断在那里向外溢出，在我们这个半球的上部向北扩张，并且由于它们来自赤道，从而几乎完全继承了赤道的运动，所以，它们必然以一种自西向东的同侧运动移到较远平行圈的低层空气之上（参见第三个说明）。但是，它们只有在低层空气的相反运动变弱，在它们自己降到下部的时候，才对低层空气产生

影响。然而，这必须是在离赤道相当远距离的地方发生的。在那里，盛行的是西风和同侧风。

第五个说明

支配着阿拉伯海、波斯海和印度洋的季风和周期风，可以完全自然地从在第三个说明中证明的规律得到说明。

在这些海洋上，从 4 月直到 9 月，都吹着西南风，随后有一段时间无风，从 10 月到 3 月又吹着相反的东北风。通过前面的准备，人们一眼就可以看出这里的原因。在 3 月份，太阳移到我们的北半球，使阿拉伯、波斯、印度斯坦、邻近的半岛 〔500〕 以及中国和日本，比处于这些国家和赤道之间的海洋受热更多。这些海洋上的空气受北部空气的这样一种稀薄化的强迫，而向北部扩张。我们知道，从赤道吹向北极的风必然转化到西南方向上去。相反，一旦太阳越过秋分线，南半球的空气变稀薄，空气就从热带的北部南下到赤道。现在，从北部地区匆匆向这条线吹来的风，如果没有外来的干扰，就必然转为东北风。因此，很容易就可以看出，为什么东北风必然取代先前的西南风。

就这些原因共同导致了周期风来说，人们也可以很容易就看出它们的联系。在回归圈附近必然有一块延伸得很远的陆地，它由于太阳的作用比处于它和赤道之间的海洋获得了更多的热量。这样，这些海洋上的空气时而被迫吹过这些地区，形成一种西同侧风，时而又从这些地区扩张到海洋上。

出自经验的证实

在马达加斯加和新荷兰之间的整个大洋上，持续不断地吹着对位于摩羯座回归圈附近的海洋来说自然的东南风。然而，在新荷兰地区，在这块陆地附近的辽阔的海洋上，却可以发现从 4 月直到 10 月从东南吹来、在其他月份从西北吹来的周期风。因为在后几个月份里，澳洲各地区（关于这些地区，我们只认识新荷兰的海岸）是夏季。太阳在这里使这一地带受热远远多于邻近的海洋，迫使空气从赤道地区吹向南极。按照在第三个说明中所说的，这必然导致一种西北风。在从 4 月到 10 月这几个月份里，太阳是在北半球上空。在这种情况下，南方的空气又回到赤道，涌入空气稀薄的地区，造成了相反的东南
〔501〕风。毫不奇怪，大多数自然科学家都不能说明风在南大洋的上述部分的周期性变化，因为他们不知道我们在第三个说明中所阐述的规律。如果人们把这一认识运用于发现新大陆，它可能是非常有用的。如果一个航海家在南半球离回归圈不远的地方，在太阳已越过回归圈的时间里，遇到了持续不断的西北风，那么，这对他来说可能是一个几乎可靠的标志，即在南方必然有一块辽阔的陆地，太阳的炎热迫使赤道上的空气吹过这块陆地，造成了偏西的北风。根据现在所知，新荷兰地区使人们在极大程度上猜测那里有一个辽阔的澳洲。航行于太平洋上的那些人，不可能访遍南半球的所有地区，以便在那里探查出新的陆地。他们需要一个使他们能够判断在哪一面将有可能找到新的陆地的指南。他们在那里的辽阔海洋上于夏季可能遇到的西北风，就可以为他们提供这一指南，因为西北风是南方有一块不远的陆地的标志。

结　束　语

如果人们经过以上的说明的准备，来观察可以找到所有海洋持续不断的或者周期性的风的地图，那么，这是一种不小的娱乐的源泉。因为人们可以借助运用陆地的海岸使它们附近的

风的方向与它们平行这个规则，说明一切风的理由。一段时间吹过一个地区、之后又被相反方向的风取代的周期风的中间时期，即这种交替的中间时期，可以说为无风、雨、暴风雨和突如其来的飓风所搅扰。因为这时在空气上层已为相反的风所支配，而先前的风在空气下层还没有完全减退。由于二者相互交锋，它们最终保持在均衡中，使它们带来的云雾变浓，造成所有上述变化。人们差不多也可以把这假定为一个普遍的规则，即暴风雨是由彼此冲突的风共同造成的。因为人们通常都注意〔502〕到，在暴雨之后风向就变了。既然这种相反的风确实早在暴风雨之前就可以在空气上层觉察到，它也就是构成气候元素，并把雨云带到地平线上的那种风。因为人们通常都会发现，暴风雨是迎着下层的风产生的，暴雨是在风保持均衡的时候产生的，而在暴雨之后相反的风占了优势。经常在气压高的时候，例如在去年的夏季，我们所觉察到的那种连绵不断的雨，极有可能归因于这样在两个层次上彼此交锋的气流。人们可以借助第三个说明的规则，完全地解释**马里奥特**的说明，即在黎明开始从北方吹起的风，大约在14天之内穿越整个罗盘仪，依次最初到东北，然后到东方，然后到东南，等等；风绝不能以相反的方向完成这整个循环。因为东风自然地转为东北风。如果与东北风所吹向地区的均衡已经建立起来，那么，东北风就会由于该气区的抵抗而成为正东风。然后，由于压缩在南方的空气又向北方扩张，这与东风相结合造成了向东南的偏移。这种偏移又由于在第三个说明中提到的原因而首先成为南风，然后成为西南风，然后由于北方已经建立起来均衡的空气而成为西风，然后又由于与重新扩张的北方空气的结合而成为西北风，最终成为正北风。

我为这一简短的考察所规定的篇幅限制了对它的进一步阐述。我就此结束这一考察，谨向赏光对我这微不足道的报告寄予一些信任的先生们透露，我打算根据 **D. 埃贝哈德**先生的《自然学说的最基本根据》来阐明自然科学。我的意图是不放过任何能够促进对古代和现代的重要发现有一种基本认识的东西，尤其是现代通过成功地运用几何学而相对于古代所获得的以清晰完备的实例进行证明的无限优势。我继续在数学中提供引导，借助阐明**迈耶尔**的理性学说来展示哲学的数学概念。我将根据**鲍姆嘉登**教授先生的专业手册来讲授形而上学。这部手册是所有同类手册中最有用、最周密的一部。假如我不是过分自夸的话，似乎笼罩着它的那种晦涩的困难，将通过认真的讲授和详细的文字说明来消除。我认为，不是容易，而是有用，才必然地规定着一个事物的价值，就像一位思想深刻的作家所说的那样，稻草可以毫不费力地在水面上捞到，但谁要想寻找珍珠，就必须下到深水中，这是完全无可置疑的。

中德人名对照表

阿蒙通	Amontons	第谷	Tycho
阿那克萨库斯	Anaxarchus	封德耐尔	Fontenelle
埃贝哈德	Eberhard	弗拉姆斯蒂德	Flammsteed
艾迪生	Addisson	弗里德里希	Friedrich
鲍姆嘉登	Baumgarten	富兰克林	Franklin
贝努利	Bernoulli	戈蒂埃	Gautier
比尔芬格	Bülfinger	戈特谢德	Gottsched
毕纳	Bina	格拉维桑德	Gravesande
波尔	Poll	格勒特	Gellert
波莱尼	Poleni	哈勒	Haller
伯留斯	Bohlius	哈勒斯	Hales
布尔哈维	Boerhaave	哈雷	Halley
布丰	Buffon	哈特雪克尔	Hartsöcker
布盖	Bouguer	汉姆贝格	Hamberger
布拉德莱	Bradley	赫尔曼	Hermann
查泰勒	Chastelet	赫克托	Hektor
达里斯	Daries	赫维留	Hevelius
丹皮尔	Dampier	华伦海特	Fahrenheit
德勒姆	Derham	惠更斯	Huygens
德谟克利特	Demokritus	惠斯顿	Whiston
迪格比	Digby	霍尔曼	Hollmann
笛卡尔	Cartesius	伽桑狄	Gassendi

金特尔	Gentil	曼弗雷德	Manfred
卡雷	Carr	莫尼埃	Monnier
卡特兰	Catelan	穆森布罗克	Musschenbroek
卡瓦列里	Cavalerius	牛顿	Newton
卡西尼	Cassini	欧拉	Euler
凯尔	Keill	帕品	Papin
克鲁修斯	Crusius	佩雷斯基	Peiresc
克吕格	Krüger	彭德	Pound
克吕西波	Chrysippus	蒲柏	Pope
拉依	Ray	普罗夫	Profe
莱布尼茨	Leibniz	塞涅卡	Seneca
赖特	Wright	色贡达	Secondatus
雷恩	Wren	朔伊希策	Scheuchzer
里乔卢斯	Ricciolus	提谟来翁	Timoleon
李斯特	List	瓦勒门茨	Vallemont
李希特	Richter	瓦列利	Wallerius
利希特沙伊德	Lichtscheid	瓦伦	Varen
留基波	Leucipps	维吉尔	Vergil
卢克莱修	Lucrez	魏滕坎普夫	Weitenkampf
卢罗夫	Lulof	沃尔夫	Wolff
马保梯	Maupertuis	沃利	Walli
马尔西格利	Marsigli	希罗多德	Herodot
马拉迪	Maraldi	许普纳	Hübner
马兰	Mairan	亚里士多德	Aristoteles
马勒伯朗士	Malebranche	伊壁鸠鲁	Epikur
马里奥特	Mariotte	尤林	Jurin

后　记

《康德著作全集》的汉译，经历了一个漫长而又曲折的过程，第一卷终于要同读者见面了。

翻译出版《康德著作全集》的动议，虽然在1997年《亚里士多德全集》中文版竣工之时就已经由业师苗力田先生提出，但真正进入实际规划，却是在苗先生的敦促和中国人民大学科研处以及中国人民大学出版社的大力支持下，于1999年开始，并于2000年正式启动的。按照最初的设想，第一卷应当在2000年年底完稿，2001年年初问世。但正当各项工作正常进行之际，苗先生却于2000年5月28日突然与世长辞，由此打乱了既定计划，以后又因种种难以言说清楚的事情，使翻译工作一拖再拖，迟至今日第一卷才告竣工，实有负学界厚望。以后各卷翻译，定当有所改进。

《康德著作全集》所依据的德文版本是普鲁士王家科学院编辑、自1902年始在柏林出版的《康德全集》(Kants Schriften)，通称"科学院版"，是学术界通用的"标准版"。它共包括4个部分，其中第1部分为1～9卷，即"康德著作全集"(Kants Werke)，包括康德生前发表的全部作品，于1968年在柏林重印。《康德著作全集》中文版在卷次、篇目等方面将完全遵照"科学院版"，并将全部直接从德文译出，原文为拉丁文的个别篇目将直接从拉丁文译出。

康德的著作素以语言晦涩著称，这不仅源自康德本人哲学思想的艰深，同时也源自康德时代德语与现代德语的差距。更何况，康德生活在东普鲁士的哥尼斯贝格城，相对来说是文化上的一个“穷乡僻壤”。康德的德语，无论是在词法还是在句法上，都明显带有普鲁士方言的痕迹。译者无论在哲学上还是在语言上都学养有限，虽在翻译过程中战战兢兢、如履薄冰，但错译、拙译恐仍在所难免，敬希学界同人及广大读者不吝赐教。

李秋零

二〇〇二年一月十九日

于联邦德国法兰克福市

"十五"国家重点图书出版规划项目

Kants Werke

Akademie Textausgabe

康德著作全集 第3卷

纯粹理性批判

（第2版）

李秋零 主编

中国人民大学出版社

目录

伊曼努尔·康德

1787年

纯粹理性批判（第2版）

1787 年

纯粹理性批判

（第 2 版）

伊曼努尔·康德硕士

哥尼斯贝格大学教授
柏林王家科学院院士

李秋零 译

题词

BACO DE VERULAMIO 〔2〕

Instauratio magna. Praefatio B II

De nobis ipsis silemus: De re autem, quae agitur, petimus: ut homines eam non opinionem, sed opus esse cogitent; ac pro certo habeant, non sectae nos alicuius, aut placiti, sed utilitatis et amplitudinis humanae fundamenta moliri. Deinde ut suis commodis aequi-in commune consulant-et ipsi in partem veniant. Praeterea ut bene sperent, neque instaurationem nostam ut quiddam infinitum et ultra mortale fingant, et animo concipiant; cum revera sit infiniti erroris finis et terminus legitimus.

《伟大的复兴》序言

维鲁兰姆的培根

我们不谈我们自己。但关于这里讨论的事情，我们却希望人们考虑到它不是意见，而是事业；而且确信我们不是在为某个学派或者观点、而是在为人类的福利和威望奠定基础。其次，希望正直的人们在方便的时候——为公共事务考虑——参与此事。此外，就像大家都殷切期望的那样，不要把我们的复兴想象成某种无限的、超越人间的事情，要诚心诚意地接受它；因为它确实是无限谬误的终结和正当的界限。

献词

献给

王家国务大臣

策德利茨男爵阁下

〔5〕 BV **先生！**

尽自己的职分促进科学的发展，也就是为**阁下**您自己的旨趣而工作；因为后者与科学密切相关，不仅是由于一个保护者的崇高地位，而且还由于一个爱好者和明察秋毫的行家更亲密得多的关系。因此，我也利用自己在某种程度上力所能及的手段，表示我的感激之情；阁下慷慨的信赖赐我以荣耀，就好像我真能为此目的作出某种贡献似的。

阁下曾对本书第一版慷慨予以关注，如今我也将第二版，
BVI 同时以此将我著述使命的其余所有事务呈献给这种关注。谨致深深的敬意。

阁下恭顺的仆人伊曼努尔·康德

哥尼斯贝格

1787 年 4 月 23 日

第 2 版前言 〔7〕 BVⅡ

对属于理性工作的知识所做的探讨是否在一门科学的可靠道路上进行，很快就可以从结果出发作出评判。如果这种探讨在作出许多部署和准备之后，一旦要达到目的就陷入停滞，或者，为了达到目的而常常不得不重新返回、选择另一条道路；此外，如果不可能使不同的合作者就为实现共同的目的所应当采取的方式取得一致；那么，人们就总是可以确信，这样一种研究还远远没有选取一门科学的可靠道路，而只是在来回摸索。而尽可能地找到这条道路，哪怕是不得不把事先未加思索就接受的目的所包含的某些东西当做徒劳无益的而予以放弃，也已经是为理性立下功劳了。

至于逻辑学自古以来就已经走上这条可靠的道路，这从以 BVⅢ
下事实就可以看出：自**亚里士多德**以来，如果人们不愿意把例如删除一些多余的细节或者对讲述的东西作出更清晰的规定当做改善归于它的话，那么，逻辑学是不曾允许后退一步的；而上述事情与其说属于这门科学的可靠性，倒不如说属于它的修饰。逻辑学值得注意的还有：它直到今天也未能前进一步，因而就一切迹象来看似乎已经封闭和完成了。因为如果一些近代人打算扩展逻辑学，有的人插进若干章关于各种认识能力（想 〔8〕
象力、机智）的**心理学**，有的人插进若干章关于认识的起源或者因客体不同（唯心论、怀疑论等等）而来的不同种类的确定性的起源的**形而上学**，有的人插进若干章关于成见（成见的原因及对付成见的手段）的**人类学**，这都是源自他们对这门科学的独特本性的无知。如果有人让各门科学互相越界，则这并不

是对它们有所增益，而是使它们面目全非；但逻辑学的界限已
BIX 经有完全精确的规定，它是一门仅仅详尽地阐明和严格地证明一切思维（无论它是先天的还是经验的，具有什么样的起源或者客体，在我们的心灵中遇到偶然的还是自然的障碍）的形式规则的科学。

至于逻辑学取得如此巨大的成功，它具有这种长处却仅仅得益于自己的局限性，这种局限性使它有权利、甚至有义务抽掉知识的一切客体和区别，从而在它里面知性除了自己本身及其形式之外，不和任何别的东西打交道。当然，对于理性来说，既然它不仅要与自己本身、而且要与客体发生关系，选取科学的可靠道路就必定远为困难得多；因此，逻辑学也作为预科仿佛仅仅构成各门科学的前庭，如果谈到知识，则人们虽然以一门逻辑学为评判知识的前提条件，但知识的获取却必须到各门堪称真正的和客观的科学中去寻求。

如今，只要在这些科学中应当有理性，那么，在其中就必定有某种东西被先天地认识，它们的知识也就能够以两种方式与对象发生关系，要么是仅仅**规定**这个对象及其概念（它必须在别的地方被给予），要么是还把它**现实地创造**出来。前者
BX 是理性的**理论知识**，后者是理性的**实践知识**。二者的纯粹部分，即理性在其中完全先天地规定其客体的部分，无论其内容或多或少，都必须事先单独地予以讲述，不得与出自别的来源的东西相混杂；因为如果人们盲目地花掉收入的东西，不
〔9〕 能事后在经济陷入困境的时候辨别收入的哪一部分开支是能够承受的、哪一部分开支是必须裁减的，那就是一种糟糕的经济了。

数学和**物理学**是两种理论的理性知识，应当先天地规定其**客体**；前者是完全纯粹地进行规定，后者至少是部分纯粹地进行规定，但在这种情况下还按照不同于理性来源的其他知识来

源的尺度进行规定。

数学从人类理性的历史所及的极早时代以来，就在值得惊赞的希腊民族中走上了一门科学的可靠道路。但是，不要以为数学与理性在其中仅仅同自己本身打交道的逻辑学一样，很容易就遇到或者毋宁说为自己开辟了那条康庄大道；我宁可相 BⅪ
信，数学（尤其是在埃及人那里）曾长时期停留在来回摸索之中，而这种转变应归功于个别人物在一次尝试中的幸运灵感所造成的**革命**，由此人们必须选取的道路就不会再被错过，而科学的可靠进程就永远地、无限地被选定、被标示出来。这场比发现绕过著名海角的道路更为重要得多的思维方式的革命，以及实现这场革命的幸运者的历史并没有给我们保留下来。然而，**第欧根尼·拉尔修**提到过据称是几何学证明的那些最微不足道、按照常人判断根本就不需要证明的原理的发现者，他留给我们的那些传说表明，对于由发现这条新道路的最初迹象所造成的这场变革的怀念，必定对于数学家们来说显得极为重要，从而变得难以忘怀。在第一个演证**等腰三角形**的人（无论他是**泰勒士**还是任何其他人）的心中升起了一道光明；因为他 BⅫ
发现，他不必探究自己在图形中看到的东西，或者也不必探究图形的纯然概念，仿佛从中学到它的属性似的，而是必须把他根据概念自身先天地设想进去并加以表现的东西（通过构造）创造出来，而且为了可靠地先天知道某种东西，除了从他根据自己的概念自己置于事物之中的东西必然得出的结果之外，不必给事物附加任何东西。

自然科学遇到这条科学的康庄大道要更为缓慢得多；因为 〔10〕
这只不过是一个半世纪的事情：思虑周全的维鲁兰姆的**培根**的建议部分地引起这一发现、部分地由于人们已经有了这一发现的迹象而进一步推动这一发现，而这一发现同样只有通过一场迅速发生的思维方式的革命才能够得到解释。我在这里只考虑建立在**经验**原则之上的自然科学。

当**伽利略**让他的球以他自己选定的重量向下滚过斜面时，当**托里拆利**让空气托住一个他事先设想与一个他已知的水柱的重量相等的重量时，或者在更晚近的时候，当**施塔尔**通过抽出
BXIII 和归还某种东西而使金属变成钙盐又把钙盐再变成金属时①，在所有的自然研究者心中升起了一道光明。他们理解到，理性只洞察它自己根据自己的规划产生的东西，它必须以自己按照不变的规律进行判断的原则走在前面，强迫自然回答自己的问题，必须不让自己仿佛是被自然独自用襻带牵着走；因为若不然，偶然的、不按照任何事先制订的计划进行的观察就根本不在理性寻求和需要的一条必然规律中彼此关联。理性必须一手执其原则（惟有依照其原则，协调一致的显象［Erscheinung］才能被视为规律），另一手执它按照其原则设想出来的实验走向自然，虽然是为了受教于自然，但却不是以一个学生的身份让自己背诵老师希望的一切，而是以一个受任命的法官的身份迫使证人们回答自己向他们提出的问题。这样，甚至物理学也应当把它的思维方式的这场如此有益的革命归功于这样一个灵
BXIV 感，即依照理性自己置入自然之中的东西在自然中寻找（而不是为自然捏造）它必须从自然学习、而且它本来可能一无所知的东西。由此，自然科学才被带上了一门科学的可靠道路，它在这里曾历经许多个世纪，却无非是来回摸索。

〔11〕 **形而上学**是一种完全孤立的、思辨的理性知识，它完全超越了经验的教导，而且凭借的仅仅是概念（不像数学凭借的是将概念运用于直观），因而在这里理性自己是它自己的学生；尽管形而上学比其余一切科学都更为古老，而且即使其余的科

① 我在这里并不精确地探究实验方法的历史线索，它的最初开端人们知道的也并不清楚。

学统统在一场毁灭一切的野蛮之深渊中被完全吞噬，它也会留存下来，但迄今为止命运还不曾如此惠顾它，使它能够选取一门科学的可靠道路。因为在形而上学中，理性不断地陷入困境，即便是在它想先天地洞察最普通的经验（如它自以为能够的那样）所证实的那些规律时也是这样。在形而上学中，人们不得不无数次地走回头路，因为人们发现那条路并不通向人们想去的地方；至于形而上学的信徒们在论断中的一致，还是非常遥远的事情，毋宁说它是一个战场，这个战场似乎本来就只 BXV
是为在战斗游戏中演练它的各种力量而设立的，在这个战场上还从来没有一个武士能够夺得哪怕一寸土地，基于自己的胜利而建立起一种稳定的占领。因此毫无疑问，形而上学的做法迄今为止还只是一种来回摸索，而最糟糕的是仅仅在概念中间来回摸索。

那么，这里还没有能够找到一条科学的可靠道路的原因何在呢？也许这样的道路是不可能的吗？究竟大自然是怎样使我们的理性迷恋上这种孜孜不倦的努力，把这条道路当做自己最重要的事务之一来探究呢？更有甚者，如果我们的理性在我们求知欲的一个最重要的部分中不仅离开了我们，而且用一些假象拖住并最终欺骗我们，我们还有什么理由来信任它！或者，如果这条道路迄今为止只是被错过了，我们能够利用什么迹象来在新的探索中希望，我们将比我们之前的其他人更为幸运呢？

我应当认为，通过一场突然发生的革命成为今天这个样子的数学和自然科学的实例值得充分注意，以便反省对这两门科
学来说变得如此有益的思维方式变革的本质性部分，并在这里 BXVI
就它们作为理性知识与形而上学的类似所允许，至少尝试效仿它们。迄今为止，人们假定，我们的一切知识都必须遵照对
象；但是，关于对象先天地通过概念来澄清某种东西以扩展我 〔12〕

们的知识的一切尝试，在这一预设下都归于失败了。因此，人们可以尝试一下，如果我们假定对象必须遵照我们的认识，我们在形而上学的任务中是否会有更好的进展。这种假定已经与对象的一种在对象被给予我们之前就应当有所断定的先天知识所要求的可能性有更大的一致性。这里的情况与**哥白尼**最初的思想是相同的。哥白尼在假定整个星群都围绕观察者旋转，对天体运动的解释就无法顺利进行之后，试一试让观察者旋转而星体静止，是否可以更为成功。如今在形而上学中，就
BXVII 对象的**直观**而言，人们也可以用类似的方式作出尝试。如果直观必须遵照对象的性状，那么，我就看不出人们怎样才能先天地对对象有所知晓；但如果对象（作为感官的客体）必须遵照我们的直观能力的性状，那么，我就可以清楚地想象这种可能性。但由于如果这些直观应当成为知识，我就不能停留在它们这里，而是必须把它们作为表象与某种作为对象的东西发生关系，并通过那些表象来规定这个对象，所以我要么可以假定，我用来作出这种规定的那些**概念**也遵照该对象，这样一来我就由于能够先天地对它有所知晓的方式而重新陷入了同样的困境；要么我假定，对象或者——这是一回事——对象惟一在其中（作为被给予的对象）被认识的**经验**遵照这些概念，这样我就马上看到一条更为简易的出路，因为经验自身就是知性所要求的一种认识方式，我必须早在对象被给予我之前，从而是先天地就在我里面将知性的规则作为前提，它在先天概念中得到表述，因而经验的所有对象都必然地遵照这些概念，而且必须
BXVIII 与它们一致。至于仅仅通过理性亦即必然地被思维、但却根本不能在经验中（至少不能像理性所设想的那样）被给予的对
〔13〕 象，思维它们的尝试（因为它们毕竟必须能够被思维）据此就提供了一块极好的试金石，检验我们假定为思维方式的改变了的方法的东西，即我们关于事物只是先天地认识我们置于它

们里面的东西。①

这一尝试如愿得以成功，并且在形而上学探讨先天概念（它们在经验中的相应对象能够与它们相适合地被给予出来）的第一部分中，向形而上学许诺了一门科学的可靠道路。因为根据思维方式的这种变革，人们完全可以很好地解释一种先天知识的可能性，并且更进一步，给为作为经验对象之总和的自 BXIX
然先天地提供基础的那些规律配备它们令人满意的证明，这二者按照迄今为止的行事方式是不可能的。但是，从我们先天认识能力的这一演绎中，在形而上学的第一部分里，却得出了一个令人感到奇怪的、对于第二部分所探讨的形而上学的整个目的就一切迹象来看非常不利的结果，即我们不能凭借这种能力超越可能经验的界限，而这恰恰是这门科学最本质的事务。不过，这里也正好蕴涵着反证对我们先天理性知识的那第一个评价之结果的真理性的实验，即这种知识只涉及显象，而事物 BXX
自身与此相反虽然是就其自身而言现实的，但却不能为我们所

① 因此，这一仿效自然研究者的方法就在于：在**可以通过一次实验予以证实或者反驳的东西**中寻找纯粹理性的各种要素。如今，为了检验纯粹理性的各种定理，尤其是在它们冒险越过可能经验的所有界限时，就不能（像在自然科学中那样）对它的对象作出任何实验：因此，对于我们先天地假定的**概念**和**原理**，只有通过如此安排它们，使同样的对象**一方面**作为对经验而言的感官和知性的对象，但**另一方面**却作为充其量对孤立的、努力超出经验界限的理性而言的人们仅仅思维的对象，从而能够从两个不同的方面被考察，实验才是可行的。如果现在的情况是，倘若人们从那个双重的观点考察事物，与纯粹理性的原则的协调一致就是成立的，但从单方面的观点看就会产生理性与自己本身的不可避免的冲突，那么，实验就裁定了那种区分是正确的。

认识。因为必然地推动我们超越经验和一切显象之界限的东西，就是理性在物自身中必然地并且完全有理由为一切有条件
〔14〕 者要求的、从而条件的序列作为已经完成了的而要求的**无条件者**。现在，如果人们假定，我们的经验知识遵照作为物自身的对象，将发生的情况就是：**根本不能无矛盾地思维**无条件者；与此相反，如果人们假定，我们对事物的表象如同它们被给予我们的那样，并不遵照作为物自身的对象，而是毋宁说这些对象作为显象遵照我们的表象方式，那么，**矛盾就被取消了**；因此，无条件者必然不是在我们认识的物（它们被给予我们）那里找到的，但却是在我们不认识的、作为事物自身的物那里找到的：这就表明，我们一开始只是为尝试而假定的东西是有道理的。① 如今，在否认了思辨理性在这个超感性事物领域
BXXI 里的一切进展之后，始终还给我们剩下的是进行一番尝试，看在它的实践知识中是否有一些材料，来规定无条件者那个超验的理性概念，并以这样的方式按照形而上学的愿望，凭借我们惟有在实践方面才可能的先天知识来超出一切可能经验的界限。而就这样一种方法而言，思辨理性却总是至少为我们作出这样的扩展创造了地盘，尽管它必然让这地盘闲置
BXXII 着；因此，在我们可能的情况下用思辨理性的实践**素材**去充实这一地盘，依然是听便于我们的，我们甚至还受到了思辨理

① 纯粹理性的这一实验与化学家们有时称为**还原**试验、但一般称为**综合的方法**的实验有许多类似之处。**形而上学家**的**分析**把纯粹的先天知识划分成两种十分异类的要素，即作为显象的物的知识和物自身的知识。**辩证法**又把这二者结合起来，达到与**无条件者**的必然理性理念的**一致**，并且发现，这种一致惟有凭借那种区分才出现，所以那种区分是真实的区分。

性的敦促。①

如今，纯粹思辨理性的这一批判的工作就在于那种尝试，〔15〕
即通过我们按照几何学家和自然研究者的范例对形而上学进行一场完全的革命，来变革形而上学迄今为止的做法。这项批判是一部关于方法的书，而不是一个科学体系自身；但是，它尽管如此仍然既在这门科学的界限方面、也在它的整个内部构造方面描画了它的整个轮廓。因为纯粹思辨理性自身具有的特征 BXXIII
是：它能够而且应当根据它为自己选择思维客体的方式的不同来衡量它自己的能力，甚至完备地列举出为自己提出任务的各种方式，并这样来描画形而上学体系的整个轮廓；因为，就第一点而言，在先天知识中能够附加给客体的无非是思维主体从自己本身取出的东西，而就第二点来说，它在认识原则方面是一个完全分离的、独立存在的统一体，其中每一个环节都像在一个有机体中那样为着所有其他环节存在，而所有环节也都为着一个环节存在，没有一个原则不同时在与整个纯粹理性应用的**普遍**关系中得到研究而能够在**一种**关系中被可靠地接受。但作为补偿，形而上学也有罕见的幸运，别的任何与客体打交道的理性科学（因为**逻辑学**只研究思维的一般形式）都不能分享这种幸运，即在它被这种批判带上一门科学的可靠道路之后，

① 天体运动的核心规律就是这样为**哥白尼**最初只是作为假说所假定的东西提供了十足的确定性，同时证明了联结世界大厦的不可见的力（**牛顿**的引力）；如果不是哥白尼大胆地以一种违背感官但却真实的方式不是在天穹的对象中，而是在这些对象的观察者中寻找被观察的运动的话，引力是永远不会被发现的。尽管在这本书自身中，在批判中阐明的、类似于上述假说的思维方式变革从我们空间和时间表象的性状和知性的基本概念得到的并不是假说性的、而是无可争辩的证明，但在这篇前言里，我也只是把这一变革当做假说提出，为的只是使人们注意到这样一种每次都是假说性的变革的最初尝试。

它就能够完全把握住属于它的知识的整个领域，从而完成自己的事业，并把它作为一个永远不增设的主座奠放给后世供其使
BXXIV 用，因为它只与原则和由原则自己决定的其使用的限制打交道。因此，它作为基础科学也有义务实现这种完备性，而关于它我们必须能够说：nil actum reputans，si quid superesset
〔16〕 agendum［只要还剩有该做的，那就算什么也没做］。

但是人们要问：我们凭借这样一种通过批判澄清的、但因此也达到一种恒定状态的形而上学打算给后人留下的，究竟是一笔什么样的财富呢？浮光掠影地浏览一番这部著作，人们将认为察觉到，它的用处毕竟只是**消极的**，也就是说，永远不要冒险凭借思辨理性去超越经验的界限；事实上这也是它的第一个用处。但是，如果人们注意到，思辨理性冒险超越经验界限所凭借的那些原理，事实上其不可避免的结果不是**扩展**我们的理性应用，倘若更仔细地考察，倒是**缩小**这种应用，因为它们确实有把它们原本所属的感性的界限扩展到无所不包、从而完全排斥纯粹的（实践的）理性应用的危险，那么，上述用处也
BXXV 就成为**积极的**。因此，一项限制思辨理性的批判，虽然就此而言是**消极的**，但由于它借此同时排除了限制或者有完全根除理性的实践应用的危险的障碍，事实上却具有**积极的**和非常重要的用处，只要人们确信，纯粹理性有一种绝对必要的实践应用（道德上的应用），在这种应用中它不可避免地扩展越过感性的界限，为此它虽然不需要从思辨理性得到任何帮助，但尽管如此却必须针对它的反作用得到保障，以便不陷入与自己本身的矛盾。否认批判的这种服务有**积极的**用处，如同说警察不产生积极的用处，因为警察的主要工作毕竟只不过是阻止公民可能为其他公民会采取的暴力行为而担忧，以便使每一个公民都能够安居乐业罢了。在批判的分析部分将证明，空间和时间只不过是感性直观的形式，因而只不过是作为显象的物实存的条件，

此外除非能够被给予与知性概念相应的直观，否则我们就没有任何知性概念，从而也根本没有任何达到物的知识的要素，于 BXXVI 是我们对于任何作为物自身的对象都不可能有知识，而只有在它作为感性直观的客体、即作为显象时才能有知识；由此当然也就得出，一切思辨的理性知识只要可能，就都仅仅限制在**经验**的对象之上。尽管如此，必须注意的是，在这方面毕竟始终 〔17〕 有所保留，即正是这些也作为物自身的对象，我们即使不能**认识**，至少也必须能够**思维**。① 因为若不然，就会从中得出荒谬 BXXVII 的命题：没有某种在此显现的东西却有显象。现在，如果我们假定，由于我们的批判而成为必要的作为经验对象的物与作为物自身的物的区分根本不曾作出，那么，因果性原理、从而还有自然机械性，就必然在规定这些物时绝对地适用于一切一般地作为作用因的物。因此，关于同一个存在物，例如人的灵魂，我将不能说：它的意志是自由的，而同时又是服从自然必然性的，也就是说不是自由的，却不陷入一种明显的矛盾，因为我在两个命题中是**在同一个意义上**对待灵魂的，即把它当做一般的物（当做事物自身），而且没有先行的批判也不可能以别的方式对待它。但是，既然批判在这里教导要**在两种不同的意义上**对待客体，即作为显象或者作为物自身，如果它没有搞错的话；如果它的知性概念的演绎是正确的，从而因果性的原

① 要**认识**一个对象，就要求我能够证明它的可能性（无论是按照经验出自其现实性的证词，还是先天地通过理性来证明）。但是，我能够**思维**我想思维的任何东西，只要我不与自己本身相矛盾，也就是说，只要我的概念是一个可能的思想，即使我不能担保在所有可能性的总和中是否也有一个客体与它相应。但是，要赋予这样一个概念以客观有效性（实在的可能性，因为前面那种可能性仅仅是逻辑的可能性），就要求某种更多的东西。但这种更多的东西恰好不需要在理论的知识来源中寻找，它也可能存在于实践的知识来源之中。

理只是就第一种意义而言，即就物是经验的对象而言与物相关，但同一些物并不按照第二种意义服从因果性原理；那么，同一个意志就在显象（可见的行动）中被设想为必然遵循自然规律的、就此而言是**不自由的**，但在另一方面又被设想为属于
BXXVIII 一个物自身而不服从自然规律的，从而就被设想为**自由的**；这
〔18〕 里并不会发生矛盾。现在，即使我从后一方面来考察，并不能凭借思辨理性（更不能凭借经验性的观察）**认识**我的灵魂，从而也不能**认识**作为一个我将感官世界的效果归因于它的存在物的属性的自由，因为我必须按照这样一个存在物的实存来认识它，但又不能在时间中确定地认识它（这是不可能的，因为我不能给我的概念配上任何直观），然而，我毕竟可以**思维**自由，也就是说，如果我们对两种（感性的和理智的）表象方式的区分和由此产生的对知性概念的限制、从而还有对从它们产生的原理的限制成立的话，自由的表象至少自身不包含任何矛盾。现在假定，道德必然预设自由（在最严格的意义上）是我们的意志的属性，因为道德援引蕴涵在我们的理性之中的、源始的
BXXIX 实践原理作为自己的先天材料，而不预设自由，这些原理是绝对不可能的，但思辨理性却证明根本不能够思维自由；这样，那个预设，即道德上的预设，就必然地不得不让位于其反面包含着一种明显矛盾的预设，从而自由连同其道德性（因为如果不是已经预设自由，道德性的反面就不包含任何矛盾）也就必然地不得不让位于**自然机械性**。但这样一来，既然我为了道德不再需要别的任何东西，只要自由不与自己本身矛盾，从而毕竟至少是可以被思维的，没有必要进一步洞察它，从而它根本不给同一个行动的自然机械性（在别的关系中看）制造什么障碍，那么，道德性的学说就保住了它自己的地盘，自然学说也保住了自己的地盘；然而，如果不是批判事先教导我们就物自身而言我们不可避免的无知，并把我们在理论上能够**认识**的一

切都仅仅限制在显象上，上述一切就都不会发生。对纯粹理性的批判原理的积极用处所作的这种探讨，也可以在**上帝**和我们**灵魂**的**单纯本性**的概念上表现出来，但为了简短起见我略而不谈。因此，如果不同时**取消**思辨理性越界洞察的僭妄，我就连为了我的理性必要的实践应用而**假定上帝、自由**和**不死**也不 BXXX
能，因为思辨理性为了达到这些洞识就必须利用这样一些原 〔19〕
理，这些原理由于事实上只及于可能经验的对象，如果它尽管如此仍然被运用于不能是经验对象的东西，实际上就总是会把这东西转化为显象，这样就把纯粹理性的所有**实践的扩展**都宣布为不可能的。因此，我不得不扬弃**知识**，以便为**信念**腾出地盘，而形而上学的独断论，即认为无须纯粹理性的批判就在形而上学中前进的成见，是所有与道德性相冲突的无信念的真正来源，无信念在任何时候都是完全独断的。因此，对于一门按照纯粹理性批判的尺度拟定的系统的形而上学来说，如果给后人留下一笔遗产可能不太困难，那么，这绝不是一件可以小瞧的赠礼；且请一般地与理性未经过批判的无根据的摸索和轻率的漫游比较，看一看凭借一门科学的可靠道路对理性的培养， BXXXI
或者也看一看一个好学的青年对时间的更好利用，青年人在通常的独断论那里如此早并且如此多地受到鼓励，对他们一点也不理解的事物，对他们在其中看不出任何东西、世界上没有任何人看出某种东西的事物随意作出玄想，或者甚至企图杜撰新的思想和意见，这样就忽视了去学习缜密的科学；但最重要的是，要考虑到一种无法估量的好处，即在未来所有的时代里，以**苏格拉底**的方式，也就是说通过最清晰地证明对手的无知来结束一切针对道德性和宗教的异议。因为世界上一直有某种形而上学存在，并且将继续存在，但是与它一起还可以遇到一种纯粹理性的辩证法，因为辩证法对于纯粹理性来说是自然的。因此，哲学最初也是最重要的事务就是通过堵塞错误的来源而一劳永逸地取消它的一切不利影响。

即便在各门科学的领域里发生了这一重要的变化，而思辨
BXXXII 理性不得不在它迄今为止自负的财产方面蒙受**损失**，但普遍的人类事务和世界迄今为止从纯粹理性的学说中得出的好处却全部保持在曾经有过的最有利的状态中，损失所触及的只是**学派的垄断**，却根本没有触及**人们的利益**。我要问最固执的独断论
〔20〕 者，关于从实体的单纯性得出的我们灵魂在死后的存续的证明，关于通过对主观的实践必然性和客观的实践必然性进行的虽然无力但却精细的区分得出的与普遍的机械性相对立的自由的证明，或者关于从一个最实在的存在物的概念（从可变者的偶然性和一个第一推动者的必然性的概念）得出的上帝存在的证明，在它们从各学派走出之后，是否曾经能够一直到达公众那里，并对公众的确信产生过丝毫的影响呢？如果这种情况并没有发生过，如果由于普通的人类知性不适宜于进行如此精细的思辨，它永远是不可期待的；毋宁说，如果就第一个证明而言，单是对每一个人来说都可察觉到的自己本性的禀赋，即从来不能被暂时的东西（它对于人的整个规定性的禀赋来说是不够的）所满足，就已经必定造成一种**来世生活**的希望了；就第
BXXXIII 二个证明而言，单是对义务的清晰表述，在与偏好的一切要求的对立中，就已经必定造成自由的意识；最后，就第三个证明而言，单是在大自然中到处都表现出来的庄严的秩序、美和预先筹谋，就已经必定造成对一位智慧的和伟大的**世界创造者**的信仰，单凭这就必定造成在公众中流行的依据理性根据的确信，那么，就不仅仅是这笔财产依然原封不动，而是它毋宁说由此还赢得了威望，即各学派从此学会，在涉及普遍人类事务的问题上不自诩拥有的洞识比广大（对于我们来说最值得关注的）群众同样轻而易举就能够达到的洞识更高更广，从而把自己仅仅限制在对这些普遍可理解的、在道德方面充足的证明根

据的培养上。因此，变革仅仅涉及各学派狂妄自大的要求，它们喜欢在这里（在其他许多地方它们通常是有权这样做的）让人把自己看做是这样一些真理惟一的鉴赏家和保管者，它们只是把这些真理的用法传达给公众，但真理的钥匙却自己保管（quod mecum nescit，solus vult scire videri [凡是他和我都不知道的，他就想显得独自知道]）。尽管如此，思辨哲学家的一 BXXXIV
项合理要求毕竟也被考虑到了。他依然始终独自是一门无须公众的知识就对公众有用的科学亦即理性批判的保管人；因为批判是永远不能大众化的，但是它也没有必要大众化，因为对有 〔21〕
用真理的那些精心编织出来的论证很少会进入民众的大脑，对它们的同样精细的反驳也同样很少进入他们的意识；与此相反，由于学派以及每一个起而进行思辨的人都不可避免地陷入论证和反驳这二者，所以学派就有义务通过对思辨理性权利的缜密研究，来一劳永逸地预防甚至民众也由于形而上学家们（而且最后还有作为形而上学家的神职人员）不经过批判就不可避免地卷入、事后又伪造出自己的学说的那些争论而迟早必然遇到的那种丑闻。惟有凭借批判，才能甚至连根铲除可能普遍有害的**唯物论**、**宿命论**、**无神论**、自由思想的**无信念**、**狂信**和**迷信**，最后还有更多地对学派有害而难以进入公众的**唯心论**和**怀疑论**。如果各国政府认为关心学者们的事务是好的，那 BXXXV
么，就它们对科学和人们的睿智关怀而言，促进惟一能使理性的工作立足于一个坚实基础之上的这样一种批判的自由，要比支持各学派可笑的专制更为合适得多，这些学派在人们撕裂其蛛网时就大声疾呼公共的危险，而公众却对它们的蛛网毫不在意，因而也绝不会感受到它们的损失。

批判并不与理性在其作为科学的纯粹知识中的**独断方法**对立（因为这种知识在任何时候都必须是独断的，即从可靠的先天原则出发严格地证明的），而是与**独断论**对立；也就是说，与凭借一种从概念（哲学概念）出发的纯粹知识按照理性早已运用的原则、从不调查理性达到这种知识的方式和权利就能前进的僭妄对立。因此，独断论就是纯粹理性**没有先行批判它自己的能力**的独断方法。所以，这一对立并不是要以僭越的大众化名义来为饶舌的浅薄说话，或者根本不是要为断然否定整个
BXXXVI 形而上学的怀疑论说话；毋宁说，批判是为了促进一门缜密的、作为科学的形而上学所采取的必要的、暂时的措施，这种
〔22〕 形而上学不得不必然是独断地、按照最严格的要求系统化地、从而符合学院要求地（不是大众化地）予以阐述的，因为既然它自告奋勇要去完全先天地、从而使思辨理性完全满意地进行自己的工作，对它的这种要求也就是毫不含糊的。因此，在批判规定的这一计划的实施中，也就是说，在未来的形而上学体系中，我们将必须遵循所有独断论哲学家中最伟大的哲学家、著名的**沃尔夫**的严格方法，他率先作出榜样（凭借这一榜样，他成为德国迄今为止尚未熄灭的缜密精神的创始人），如何能够通过合规律地确立原则、清晰地规定概念、力求严格地证明、在推论中防止大胆的跳跃，来选取一门科学的可靠进程，正因为此，假如他曾经想到通过对工具论亦即对纯粹理性自身的批判事先为自己准备好场地的话，他本来也特别适合于使形
BXXXVII 而上学这样一门科学达到这一水平：这是一个不能归咎于他、毋宁应归咎于他那个时代独断的思维方式的缺陷，无论是他那个时代的、还是所有以前时代的哲学家们在这一点上都没有什么好相互指责的。那些既拒斥他的治学方式、同时又拒斥纯粹理性批判的方法的人们，其用意无非是完全摆脱**科学**的羁绊，把工作变成儿戏，把确定性变成意见，把哲学变成偏见。

至于这个第二版，我当然不想放过这个机会来尽可能地纠正有可能产生某些误解的费解和晦涩之处，思想敏锐的人们在评价本书时遇到这些误解，也许我难辞其咎。就命题自身及其

证明根据、此外就形式和计划的完整性而言，我没有发现要修改的地方；这部分地应归功于我在将它交付出版之前对它进行的长期审查，部分地应归功于事情本身的性质，即一种纯粹的思辨理性的本性，它包含着一个真实的构造，其中一切都是有机器官，也就是说，一切都是为了一个，而每一个个别的都是为了一切，因而任何哪怕很小的弱点，无论它是错误（失误）还是缺陷，在应用中都不可避免地暴露出来。我希望，这个体 BXXXVIII
系今后也将保持这种不变性。使我有理由产生这种信心的不是 〔23〕
自负，而是从纯粹理性的最小要素出发直到它的整体和从整体（因为就连整体也是特别通过纯粹理性在实践领域中的终极目的给予的）返回到每个部分的结果相等的试验所造成的自明性，因为哪怕修改极小的部分的尝试，都将马上不仅引起体系的矛盾，而且引起普遍的人类理性的矛盾。不过，在**表述**方面还有许多事情要做，而我在这里试图对第一版作出的改进，有的是要纠正对感性论的误解，尤其是时间概念中的误解，有的是要纠正知性概念演绎的晦涩，有的是要纠正在对纯粹知性的原理的证明中被认为在充分自明性方面的欠缺，最后，有的是要纠正对从理性心理学得出的谬误推理的误解。到此为止（也就是说，直到先验辩证论第一篇结束），我没有对后面的部分 BXXXIX
作表述方式的修改①，因为时间太短，而我就其他部分而言也 〔24〕

① 真正的、但毕竟只是在证明方式上所作的增加，我只能列举出我在第 275 页通过对心理学**唯心论**的一个新反驳和对外部直观的客观实在性的一个严格的（我相信也是惟一可能的）证明所作的增加。就形而上学的本质性目的而言，唯心论尽可以被视为仍然无辜的（事实上它并非如此），然而，不得不仅仅根据信仰来假定我们之外的物的存在（我们毕竟从它们那里为我们的内感官获得了认识本身的全部材料），而且当有人想到怀疑这种存在的时候，却不能以令人满意的证明反驳他，这始终还是哲学和普遍的人类理性的丑闻。由于在该证明的表达上从第 3 行

到第6行有些晦涩，所以请将这一段改为：**“但是，这一持久的东西不可能是我心中的一个直观。因为在我心中能够遇到的关于我的存在的一切规定根据都是表象，而且作为表象自身就需要一个与它们有别的持久的东西，在与这个东西的关系中表象的变更、从而表象在其中变更的我在时间中的存在就能够得到规定。”**人们也许会反对这个证明说：我毕竟仅仅直接意识到在我心中的东西，即我关于外部事物的**表象**；因此，某物是否是我之外与表象相应的东西，依然始终未得到澄清。然而，我通过内部经验意识到**我在时间中的存在**（因而也意识到它在时间中的可规定性），这就不仅仅是意识到我的表象，但与**我的存在的经验性意识**毕竟是一回事，这个意识只有通过与某种和我的实存相结合**在我外部存在**的东西的关系才能得到规定。因此，我在时间中的存在的这种意识是与对同我之外的某物的一种关系的意识一致地相结合的，因此，把外部的东西与我的内感官不可分割地联结起来的，是经验而不是虚构，是感觉而不是想象力；因为外感官本身就已经是直观与我之外的某种现实的东西的关系，它的实在性与想象不同，所依据的仅仅是它作为内部经验可能的条件与内部经验自身不可分割地结合在一起，此处发生的就是这种情况。如果我能够凭借**理智直观**，在伴随着我的一切判断和知性活动的表象**“我在”**中同时把我的存在的一种规定与我的存在的**理智意识**结合起来，那么，对同我之外的某物的一种关系的意识就不必然地属于理智直观了。但现在，那个理智意识虽然先行，但我的存在惟一能在其中得到规定的内直观却是感性的，并且受时间条件制约，但这种规定、从而内部经验自身都依赖于某种不存在于我心中、因而只存在于在我外面的某物之中的持久的东西，我必须在与它的关系中观察我自己：这样，为了一般经验的可能，外感官的实在性与内感官的实在性必然地相结合，也就是说，我肯定地意识到存在着外在于我、与我的感官发生关系之物，正如我肯定地意识到我本人在时间中确定地实存着一样。但现在，我之外的客体究竟是现实地与哪些被给予的直观相应，因而这些直观是属于外部**感官**的，它们应归因于外部感官而不是归因于想象力，这必须在每一特殊场合按照一般经验（甚至内部经验）与想象区别开来所依据的规则来弄清，在此永远作为基础的命题是：存在着外部经验。对此人们还可以补充说明：存在中某种**持久的东西**的表象与**持久的表象**并不是一回事；因为后者与我们的一切表象、甚至无知的表象一样，可能是非常游移不定、变幻无常的，但毕竟与某种持久的东西相关，因而持久的东西必须是一个与我的所有表象有别的、外在的物，它的实存必然地被一起包括进对我自己的存在的**规定**中，并与这个规定一起只构成一个惟一的经验，这经验如果不（部分地）同时是外部的，它就连在内部发生也不可能。怎么是这样呢？在此无法作出进一步的解释，就像无法解释我们一般来说如何在时间中思维那个与变幻之物共存将产生变化的概念的常驻之物一样。

没有发觉内行且无偏见的审查者有任何误解；即便我没有以这
些审查者当之无愧的赞词提到他们，他们也将会在相应的位置 B XL
上发现我对他们的提醒所给予的重视。但是，这番修改也给读
者带来一个小小的损失，而不使本书过于庞大，就无法防止这 〔25〕
种损失，也就是说，我不得不删除或者缩写了一些部分，它们 B XLI
虽然并不在根本上属于整体的完整性，但某些读者却会不愿看 B XLII
到这一点，因为它们通常在别的方面还可以有所裨益；删节为
的是给我像我相信的那样现在更易理解的表述腾出位置，这种
表述在根本上就命题、甚至就它们的证明根据而言绝对没有改
变任何东西，但毕竟在陈述方法上有时偏离了以前的表述，不
是插入一些话就能做到的。每一个人只要愿意，这种小小的损
失毕竟可以通过与第一版进行比较来加以补偿，而由于更大的
可理解性，它就像我所希望的那样将得到超量的补偿。我在一
些公开发表的作品中（有的是借对某些书作出评论之际，有的
是在专门的文章中）怀着感激的愉悦发现，缜密精神在德国并
没有死灭，而只是一时被思维中的一种符合天才的自由的流行
口吻盖过了，而批判的那条通向一门符合学院规范的、但惟有 B XLIII
这样才持久的、并且因此才极具必然性的纯粹理性科学的荆棘
小路也并没有阻碍勇敢且聪明的人们去掌握批判。有这些还把
一种明晰表述的才能（我恰恰在自身觉察不到这种才能）与洞
识的缜密结合起来的有功之士，我将把自己在明晰表述的才能
方面时而还有缺陷的处理留给他们去完成；因为在这一场合，
危险并不是遭到反驳，而是不被理解。在我这方面，尽管我将
仔细地关注无论是来自朋友还是来自论敌的一切提示，以便把
它们用于将来按照这一预科建造体系，但我从现在起可能不参
与争论了。因为我在做这些工作的时候已经相当高龄了（在这
个月已经 64 岁了），所以如果我要想完成自己的计划，提交自 〔26〕
然形而上学和道德形而上学，作为思辨理性批判和实践理性批

判的正确性的证明，我就必须抓紧时间进行，至于澄清本书中一开始几乎无法避免的晦涩之处以及为整体作辩护，我期待由
BⅩLⅣ 把这当做自己的事情来做的有功之士来完成。任何哲学陈述都会在一些个别地方遭人攻击（因为它不可能像数学陈述那样防卫谨严），但体系的构造作为统一体来看却在这方面没有任何危险；当体系新出现的时候，只有少数人具有机敏的精神综览它；而由于对他们来说一切革新都是不适宜的，所以有兴趣综览它的人就更少了。如果人们把一些段落与其上下文割裂开来相互进行比较，那么，在任何一部尤其是作为自由谈论进行的作品中也都可以挑出表面上的矛盾；在人云亦云的人眼中，这些表面上的矛盾将给作品带来不利的影响，而对于在整体上把握了思想的人来说，它们是很容易解决的。然而，如果一个理论本身具有持久性，那么，最初给它带来极大危险的作用和反作用随着时间的推移就只会有助于磨平其不平整之处，而如果是无偏见、有洞察力、真正享有盛名的人来从事这一工作，则也可以在短时间内使它获得所要求的优美。

哥尼斯贝格

1787 年 4 月

导论 〔27〕 B1

一、论纯粹知识与经验性知识的区别

我们的一切知识都以经验开始，这是无可置疑的；因为认识能力受到激发而行动，如果这不是由于对象激动我们的感官，一方面由自己造成表象，另一方面使我们的知性行动运作起来，对这些表象加以比较，把它们联结起来或者分离开来，并这样把感性印象的原始材料加工成叫做经验的对象的知识，那又是由于什么呢？因此**在时间上**，我们没有任何知识先行于经验，一切知识都从经验开始。

但是，尽管我们的一切知识都**以**经验开始，它们却并不因此就都产生**自**经验。因为很可能即便我们的经验知识，也是由我们通过印象所接受的东西和我们自己的认识能力（通过仅仅由感性印象所诱发）从自己本身提供的东西的一个复合物；至于我们的这个附加，在长期的训练使我们注意到它并善于将它分离出来之前，我们还不会把它与那种基本材料区别开来。 B2

因此，至少有一个还需要进一步研究、不能乍一看就马上打发掉的问题：是否有一种这样独立于经验、甚至独立于一切感官印象的知识。人们称这样的**知识**为**先天的**，并把它们与那些具有后天的来源，即在经验中具有其来源的**经验性的**知识区别开来。 〔28〕

然而，那个表述还没有确定得足以合适地表示上述问题的全部意义。因为就某些从经验来源派生的知识而言，人们习惯于说，我们能够先天地产生它或者享有它，因为我们并不是直接地从经验中、而是从一个普遍的规则引申出这些知识的，但我们尽管如此还是从经验获得这个规则的。这样，关于某个在挖自己房子墙脚的人，人们会说：他能够先天地知道房子会倒，也就是说，他不必等待这房子真的倒下来而获得经验。然而，他毕竟还不能完全先天地知道这一点。因为他毕竟必须通过经验才能事先得知，物体是有重量的，因而如果抽去它们的支撑物，它们就会倒下来。

因此，我们在下面将不是把先天知识理解为不依赖于这个或者那个经验而发生的知识，而是理解为绝对不依赖于一切经
B3 验而发生的知识。与这些知识相反的是经验性的知识，或者是仅仅后天地、即通过经验才可能的知识。但先天知识中根本不掺杂任何经验性因素的知识叫做**纯粹的**。这样，例如“每一变化皆有其原因”这个命题就是一个先天命题，但并不是纯粹的，因为变化是一个只能从经验中取得的概念。

二、我们拥有某些先天知识，甚至普通的知性也从不缺少它们

这里，重要的是要有一种我们能够用来可靠地将一种纯粹知识与经验性知识区别开来的标志。经验虽然告诉我们某物是如此这般，但却没有告诉我们它不能是别的样子。因此首先，如果有一个命题与它的**必然性**一同被思维，那么它就是一个先天判断；此外，如果除了自身又是作为一个必然命题有效的命
〔29〕 题之外，它也不是从任何命题派生出的，那么，它就是绝对先天的。**其次**，经验永远不赋予自己的判断以真正的或者严格的
B4 **普遍性**，而是只赋予它们以假定的、相对的**普遍性**（通过归纳），以至于原本就必须说：就我们迄今为止所觉察到的而言，这个或者那个规则还没有发生例外。因此，如果一个判断在严

格的普遍性上被思维，也就是说，将不可能发生任何例外，那么，它就不是由经验派生的，而是绝对先天地有效的。因此，经验性的普遍性只是把有效性任意地从大多数场合适用的有效性提高到在所有场合适用的有效性，例如在“一切物体皆有重量”这个命题中；与此相反，当严格的普遍性在本质上属于一个判断的时候，这种普遍性就指示着该判断的一个特殊的知识来源，即一种先天的知识能力。因此必然性和严格的普遍性是一种先天知识的可靠标志，不可分割地相互从属。但是，由于在它们的使用中，有时指出判断的经验性局限比指出判断中的偶然性要更为容易，或者在许多时候指出我们赋予一个判断的无限制的普遍性比指出它的必然性要更为明确，所以，不妨把上述两个标准分开来使用，它们每一个就其自身而言都是不会出错的。

轻而易举地就可以表明，在人类的知识中确实有诸如此类必然的，在严格意义上普遍的，从而纯粹的先天判断。如果想从科学中举出一个实例，那么，人们只需要看一看数学的所有命题；如果想从最普通的知性使用中举出这样一个实例，那么，“一切变化都必然有其原因”这一命题就可以充任；的确，在后一个实例中，甚至一个原因的概念如此明显地包含着一种 B5
与结果相联结的必然性和一种规则的严格普遍性的概念，以至于如果有人像**休谟**所做的那样，想从所发生的事情与先行的事情经常的相伴随中、从由此产生的联结种种表象的习惯（从而仅仅是主观的必然性）中引申出这个概念，那么，这个概念就会完全丧失。人们甚至不需要诸如此类的实例来证明我们知识中纯粹的先天原理的现实性，就也可以阐明、从而是先天地阐明这些原理对于经验自身的可能性来说是不可或缺的。因为如 〔30〕
果经验运行所遵循的所有规则都是经验性的，从而是偶然的，那么，经验又还想从哪里取得自己的确定性；因此，人们很难让这些规则来充当第一原理。然而，我们在这里可以满足于已阐明我们认识能力的纯粹应用这种事实，以及已阐明这种应用的诸般标志。但这些先天原理中的一些的起源不仅表现在判断中，而是甚至在概念中就已经表现出来。即使你们从自己关于一个**物体**的经验概念中将经验性的一切：颜色、硬或者软、重量，甚至不可入性，都逐一去掉，但毕竟还剩下它（它现在已
B6 经完全消失了）所占据的空间，空间是你们去不掉的。同样，即使你们从自己关于任何一个有形客体或者无形客体的经验性概念中去掉经验告诉你们的一切属性，你们也不能剥夺你们把它设想为**实体**或者**依附**一个实体所凭借的那种属性（虽然这个概念比一般客体的概念包含着更多的规定）。因此，为这一概念迫使你们接受它所凭借的必然性所引导，你们不得不承认，它在你们的先天认识能力中拥有自己的位置。

三、哲学需要一门规定一切先天知识的可能性、原则和范围的科学

想说得比前面的一切都远为更多的是这样一点，即某些知识甚至离开了一切可能经验的领域，并通过任何地方都不能为其提供经验中的相应对象的概念，而具有把我们的判断的范围扩展到超出经验的一切界限的外观。

而恰恰是在这后一种超出感官世界的知识中，在经验根本不能提供任何线索、也不能提供校正的地方，蕴涵着对理性的研究；与知性在显象领域能够学到的一切相比，我们认为这种
〔31〕 研究在重要性上要优越得多，其最终目的也要崇高得多，我们
B7 在这方面甚至冒着出错的危险宁可做一切，也不愿出自某种顾虑的理由或者出自蔑视和漠视而放弃如此令人关注的研究。纯粹理性自身的这些不可回避的课题就是**上帝**、**自由**和**不死**。但

是，其最终目的及其所有准备都本来只是为了解决这些课题的科学，就叫做**形而上学**，它的做法最初是**独断的**，也就是说，不经对理性有否能力从事一项如此庞大的计划先行进行检验，就信心十足地承担了它的实施。

现在看来自然而然的是，一旦离开经验的基地，人们就不要凭借自己拥有却不知从何而来的知识、基于不知其来源的原理的信誉而马上建造大厦，却没有事先通过仔细的研究为大厦的奠基作出保障；因此，人们毋宁说早就要提出这样的问题：知性究竟如何能够达到所有这些先天知识，它们会有怎样的范围、有效性和价值。事实上，如果人们把**自然的**这个词理解为应当以正当的、理性的方式发生的事情，那也就没有任何东西更自然了；但如果人们把它理解为按照通常的尺度发生的，那就又没有什么比这一研究必然长期被搁置更为自然、更可理解 B8
的了。因为这种知识的一个部分，作为数学知识，早就具有了可靠性，并由此使人也对其他部分产生一种乐观的期望，而不管它们可能具有完全不同的本性。此外，如果超出经验的范围，则人们肯定不会受到经验的反驳。扩展自己知识的诱惑是如此巨大，以至于人们只会被自己遇到的明显的矛盾阻止住前进的步伐。但是，只要人们小心谨慎地作出自己的虚构，使这种虚构并不因此就很少是虚构，那么，这种矛盾还是能够避免 〔32〕
的。至于我们不依赖于经验在先天知识中能够走出多远，数学给我们提供了一个光辉的范例。数学虽然只是在对象和知识能够表现在直观中的程度上研究它们，但这一情况很容易被忽略，因为上述直观可以先天地被给予，从而与一个纯然的纯粹概念几乎没有区别。被理性力量的这样一种证明所吸引，扩展的冲动看不到任何界限。轻盈的鸽子在自由飞翔时分开空气， B9
感受到空气的阻力，也许会想象在没有空气的空间里可以更好地飞翔。同样，**柏拉图**因为感官世界给知性设置了如此狭窄的界限而离开了感官世界，冒险在感官世界的彼岸鼓起理念的双翼飞入纯粹知性的真空。他没有发觉，他竭尽全力却毫无进展，因为他没有任何支撑物仿佛是作为基础，使他支撑起自己，并在上面用力，以便发动知性。但是，尽可能早地完成思辨的大厦，然后才来研究它的基础是否扎实，这是人类理性在思辨中的通常命运。但在这种情况下，各种各样的溢美之辞就被找出来，使我们因大厦的出色而感到安慰，或者还宁可干脆拒绝这样一种迟到的、危险的检验。但是，在建造期间使我们摆脱任何担忧和疑虑并以表面上的缜密迎合我们的，就是这种东西。我们理性的工作的一大部分、也许是最大的部分，就在于**分析**我们关于对象已经拥有的概念。这一工作给我们提供了大量的知识，这些知识虽然无非是对在我们的概念中（尽管还是以模糊的方式）思维过的东西所作出的澄清和阐明，但至少就形式而言仍被认为如同新的洞识，尽管它们就质料或者内容
〔33〕 而言并没有扩展、而是仅仅解析了我们所拥有的概念。如今，
B10 既然这种方法提供了具有一种可靠有用的进展的现实的先天知识，于是，理性就不知不觉地在这种假象下骗取了完全异类的主张，其中理性为被给予的概念添加了完全异己的、而且是先天地添加的，人们却不知道它是如何做到这一点的，而且不让这样一个问题哪怕是仅仅进入思想。因此，我想一开始就探讨这种双重的认识方式的区别。

四、论分析判断与综合判断的区别

在所有思维主词与谓词之关系的判断（我在这里只考虑肯定判断，因为随后运用到否定判断上是轻而易举的）中，这种关系以两种不同的方式是可能的。要么谓词 **B** 属于主词 **A**，作为（以隐蔽的方式）包含在概念 **A** 中的某种东西；要么 **B** 虽

然与概念 A 有关联，但却完全在它之外。在第一种场合里，我把判断称为**分析的**，在第二种场合里我则把它称为**综合的**。因此，（肯定的）分析判断是其中借助同一性来思维谓词与主词的联结的判断，而其中不借助同一性来思维这种联结的判断则应当叫做综合判断。前一些判断也可以称为**解释**判断，后一 B11
些则也可以称为**扩展**判断，因为前者通过谓词未给主词的概念增添任何东西，而是只通过分析把它分解成它的在它里面已经（虽然是模糊地）思维过的分概念；与此相反，后者则给主词的概念增添一个在它里面根本未被思维过、且不能通过对它的 〔34〕
任何分析得出的谓词。例如，如果我说：一切物体皆有广延，这就是一个分析判断。因为要把广延视为与我结合在物体这个词上的概念相关联的，我可以不超出这个概念，而是只分析这个概念，也就是说，只意识到我随时在它里面所思维的杂多，就可以在它里面遇到这个谓词；因此，这是一个分析判断。与此相反，如果我说：一切物体皆有重量，则谓词是某种完全不同于我仅仅在一般物体的概念中所思维着的东西。因此，这样一个谓词的附加就提供了一个综合判断。

经验判断就其自身而言全部是综合的。把一个分析判断建立在经验之上是件荒唐的事情，因为我可以根本不超出我的概念来构成判断，所以为此不需要经验的见证。说一个物体是有广延的，这是一个先天确定的命题，而不是一个经验判断。因 B12
为在我诉诸经验之前，我已经在概念中拥有我作出这个判断的所有条件，我只能从这个概念中按照矛盾律抽绎出谓词，并由此同时意识到判断的必然性，这种必然性是经验从来不会告诉我的。与此相反，尽管我根本不把重量的谓词包括在一般物体的概念中，但那个概念毕竟通过经验的某个部分表明了一个经验对象，从而我还可以给这个部分再附加上同一个经验的其他部分，作为隶属于该对象的东西。我可以事先**分析地**通过广 〔35〕

延、不可入性、形状等等所有在物体的概念中被思维的标志来认识物体的概念。但如今，我扩展我的知识，并通过回顾我从中抽象出物体的这个概念的经验，我发现还有重量也在任何时候都与上述标志联结在一起，因而**综合地**把重量作为谓词附加给那个概念。所以，重量的谓词与物体概念的综合的可能性所依据的是经验，因为两个概念虽然并非一个包含在另一个之中，但却作为一个整体、即自身是直观的一个综合性结合的经验的各个部分而互相隶属，虽然这种隶属采用的是偶然的方式。

但在先天综合判断那里，则完全没有这种辅助手段。如果
我应当超出概念 A 来把另一个概念 B 认识为与之结合的，我
B13 依据的是什么呢？而既然我在这里并没有在经验的领域里寻找
它的那种有利条件，综合又是凭借什么成为可能的呢？请看这个命题：凡是发生的事情，都有其原因。在发生的某物的概念中，我虽然思维了一种存在，在它之前经过了一段时间等等，并且从中可以引出分析的判断。但是，原因的概念是完全在那个概念之外的，并且表现着某种与发生的事情不同的东西，因而根本不包含在后一种表象之中。我究竟是怎样做到，关于发生的事物说出某种与之完全不同的东西，并且把虽然不属于它的原因的概念却认识为属于它、甚至是必然属于它的呢？在这里，如果知性相信可以在 A 的概念之外发现一个与它异己、但尽管如此仍被视为与它相联结的谓词 B 的话，知性所依据的未知之物＝X 是什么呢？它不可能是经验，因为所援引的原
〔36〕理不仅以比经验能够提供的更大的普遍性，而且以必然性的表
述，从而是完全先天地、仅仅从概念出发把第二种表象加在前面的表象之上的。如今，我们先天的思辨知识的全部最终目的都是依据这样一些综合的、即扩展的原理的；因为分析的原理
B14 虽然极为重要而且必需，但却只是为了达到概念的清晰，这种
清晰对于一种可靠而且广泛的综合，亦即对于一种确实新的收

获来说，是必不可少的。

五、在理性的所有理论科学中都包含着作为原则的先天综合判断

1. **数学的判断全部是综合的**。这一命题虽然具有不可辩驳的确定性并且就其结果而言非常重要，但看来却迄今为止没有被人类理性的分析家们注意到，甚至与他们的猜测截然相反。这是因为，由于发现数学家们的推论都是按照矛盾律进行的（这是任何一种不容争辩的确定性的本性所要求的），所以人们就使自己相信，原理也是从矛盾律出发认识到的；他们在这里犯了错误；因为一个综合的命题当然可以按照矛盾律来认识，但却是这样来认识的，即以另一个综合命题为前提条件，从这另一个综合命题推论出它，而绝不是就其自身来认识的。

首先必须说明：真正的数学命题在任何时候都是先天判断，而不是经验的，因为它们自身就有不能从经验取得的必然性。但是，如果人们不愿意承认这一点，那么好，我就把我的 〔37〕
命题限制在**纯粹数学**上，它的概念自己就已经具有它不包含经 B15
验的、而只包含纯粹的先天知识的含义。

虽然人们最初会想：7＋5＝12 的命题完全是一个按照矛盾律从 7 与 5 之和的概念中推论出来的分析命题。但是，如果更为仔细地考察一下，人们就会发现，7 与 5 之和的概念除了两个数字结合成为一个数字之外，不包含任何别的东西，而通过这种结合也根本不能设想这个总括两个数字的单一数字是什么东西。12 的概念绝不是通过我仅仅思维 7 和 5 的那种结合就已经被思维的，而且无论我用多长时间来分析我关于这样一个可能的总和的概念，我都毕竟不能在其中发现 12。人们必须超出这些概念，求助于与这二者之一相应的直观，例如 5 根

手指或者（如**谢格奈**在其《算术》中那样）5 个点，这样逐一
地把在直观中被给予的 5 的各个单位加到 7 的概念上去。因为
我首先取的是 7 这个数字，并且由于我为了 5 的这个数字的概
B16 念而求助于我的手指作为直观，所以我就把我事先为了澄清 5
这个数字而集中起来的各个单位凭借我的那个图像逐一地加到
7 的数字上，并就这样看到 12 这个数字的产生。至于 5 应当
加在 7 上，这一点我虽然在一个等于 7+5 的和的概念中已经
想到了，但并不是说这个和就等于 12 这个数字。因此，算术
命题在任何时候都是综合的，采用的数字越大一些，人们就越
是清晰地意识到这一点，因为这样一来就清晰地显示出，无论
我们怎样任意地把自己的概念颠来倒去，若不求助于直观，仅
凭分析我们的概念，我们绝不能发现这个和。

〔38〕 纯粹几何学的任何一个原理也都同样不是分析的。说两点之间直线最短，这是一个综合命题。因为我的**直**的概念并不包含关于大小的任何东西，而是只包含一种性质。因此，最短的概念完全是附加的，是不能通过分析从直线的概念中得出的。所以，在这里必须求助于直观，只有凭借直观，综合才是可能的。

几何学家作为前提条件的少数几条原理虽然确实是分析
的，并且依据的是矛盾律，但它们与同一性命题一样，也只是
充当方法的链环，而不是充当原则。例如 a = a，即整体与自
B17 身相等，或者（a + b）> a，即整体大于其部分。而即便是
这些原理，虽然仅就概念而言就是有效的，但在数学中之所以
被允许，也仅仅是因为它们能够在直观中体现出来。在这里，
通常使我们相信这样一些不容争辩的判断的谓词已经蕴涵在我
们的概念之中、判断因而是分析判断的东西，仅仅是表述的含
混。也就是说，我们**应当**为一个被给予的概念再想出某个谓
词，而这种必要性已经为概念所固有。但是，问题不是我们为
被给予的概念**应当**再**想**出什么，而是我们**确实**在它里面——尽

管只是模糊地——**想到**了什么；而这就表现出，谓词虽然必然地依附于那些概念，但并不是在概念中被设想的，而是借助于一种必然属于概念的直观。

2. **自然科学**（physica［物理学］）**在自身包含着作为原则的先天综合判断**。我只想援引两个命题作为例证。一个命题是：在形体世界的一切变化中，物质的量保持不变；另一个命题是：在运动的传递中，作用和反作用在任何时候都必然彼此相等。就这两个命题而言，不仅必然性、从而其先天的起源，而且它们是综合的命题，这都是清楚明白的。因为在物质的概念中，我设想的不是持久不变，而是它通过对空间的填充而在空间里在场。因此，为了先天地为物质概念再想出我在它里面 B18
没有思维过的东西，我确实超出了物质概念。所以，命题并不 〔39〕
是分析的，而是综合的，尽管如此却是被先天地思维的，在自然科学的纯粹部分的其他命题中亦复如是。

3. **在形而上学中**，即使人们把它也仅仅看做一门迄今为止只是在阐释、但由于人类理性的本性却不可缺乏的科学，也应当**包含着综合的先天知识**，而且它所涉及的根本不是仅仅分析并由此分析地说明我们关于事物先天地形成的概念，相反，我们要扩展我们的先天知识，为此我们必须利用这样一些原理，它们在被给予的概念之上附加在它里面不曾包含的某种东西，并通过先天综合判断远远地超出，以至于经验自身也不能追随那么远，例如在“世界必须有一个最初的开端等等”的命题中；这样，形而上学至少**就其目的而言**纯粹是由先天综合命题组成的。

六、纯粹理性的普遍课题 B19

如果能够把大量研究纳入到惟一一个课题的公式之下，那么，人们由此已经是收获颇丰了。因为这样一来，人们就不仅通过精确地规定自己的工作而使之减轻，而且也使得其他任何想要检查它的人都易于判断我们是否实现了自己的计划。如今，纯粹理性的真正课题就包含在这一问题中：**先天综合判断是如何可能的**？

形而上学迄今为止还停留在摇摆不定的不确定和矛盾的状态中，这只能归咎于一个原因，即人们没有让自己更早地思考这一课题，也许甚至没有思考**分析的**判断和**综合的**判断的区别。如今，形而上学的成败就基于这一课题的解决，或者基于令人满意地证明这一课题要求知道已得到说明的可能性实际上
〔40〕 根本不存在。但是，在所有的哲学家当中，最接近这一课题的**大卫·休谟**还远远没有确定地并在其普遍性中思考它，而是仅仅停留在结果与其原因的联结的综合命题上（Prinzipium cau-
B20 salitatis［因果律］），相信能够澄清这样一种先天命题是完全不可能的。而按照他的推论，一切我们称为形而上学的东西，其结果都纯粹是一种妄想，自以为对事实上仅仅是从经验借来的并通过习惯留下必然性外观的东西有理性的洞识；如果他注意到我们的课题的普遍性的话，他绝不会陷入这种摧毁一切纯粹哲学的主张，因为这样的话他就会看出，按照他的论证甚至不可能有纯粹数学，因为纯粹数学无疑包含着先天综合判断，这样，他的健全知性也许就会保护他，不致得出那种主张了。

在解决上述课题的同时，也就理解了纯粹的理性应用在论证和解释一切包含着关于对象的先天理论知识的科学方面的可能性，即对下述问题的回答：

纯粹数学是如何可能的？

纯粹自然科学是如何可能的？

既然这些科学是现实地已被给予的，关于它们就可以恰如

其分地提问道：它们是**如何**可能的；因为它们必定是可能的，这一点通过它们的现实性就得到了证明。①但就**形而上学**而言，B21
它迄今为止的糟糕进程，而且由于就它的根本目的而言不能说任何一个迄今为止所陈述的形而上学是现实地存在的，就必然使每一个人都有理由怀疑它的可能性。

但现在，这一**类知识**在某种意义上毕竟也可以被视为已被〔41〕
给予的，而且形而上学虽然不是作为科学，但毕竟作为自然禀赋（metaphysica naturalis［自然而然的形而上学］）是现实的。因为人类理性并不是纯然由博学的虚荣心所推动，而是受自己的需要所驱动，不停顿地前进，直到这样一些不能通过理性的经验应用、从而不能通过借来的原则回答的问题；这样，在所有的人心中，一旦理性在他们心中扩展到了思辨，在所有的时代都曾现实地存在过、并还将永远存在某种形而上学。于是，关于形而上学也就有如下问题：**作为自然禀赋的形而上学是如何可能的**？也就是说，纯粹理性向自己提出、并为自己的独特需要所驱动要尽可能好地回答的那些问题，是如何从普遍的人 B22
类理性的本性中产生的？

但是，对于这些自然而然的问题，例如世界是否有一个开端，是否亘古以来就存在等等，由于就迄今为止的所有回答尝试而言在任何时候都曾出现过不可避免的矛盾，所以人们不能仅限于形而上学的自然禀赋，即纯粹的理性能力自身，哪怕从

① 关于纯粹的自然科学，某些人可能对这种证明还持有怀疑。然而，只要看一看在真正的（经验性的）物理学的开端出现的各种定理，例如关于物质的量保持不变的定理，关于惯性、作用与反作用相等的定理等等，人们就会马上确信，它们构成了一门 Physicam puram［纯粹物理学］（或者 rationalem［理性的］物理学），这门科学很值得作为独特的科学以其或窄或宽但却完整的范围独立地得到创建。

它总是能产生出某种形而上学（无论它是哪一种），相反，必须有可能使理性达到一种确定性：要么知晓对象，要么不知对象；也就是说，要么对自己的问题的对象作出裁定，要么对理性在形而上学方面有无能力判断某种东西作出裁定；因而要么可靠地扩展我们的纯粹理性，要么设置它的确定的和可靠的限制。从以上普遍的课题产生的这最后一个问题，有理由是这样一个问题：**作为科学的形而上学是如何可能的？**

因此，理性的批判最终必然导致科学，与此相反，理性不经批判的独断应用则会导向无根据的、人们可以用同样明显的

B23 截然相反的主张与之对立的主张，从而导致**怀疑论**。

这门科学也不会具有庞大的、可怕的繁复性，因为它所打交道的不是杂多得无穷尽的理性客体，而仅仅是它自己本身，是完全从它自己内部产生的课题，这些课题不是由与它不同的事物的本性、而是由它自己的本性给它提出的；因为一旦理性

〔42〕 事先完全了解到它自己就经验中可能呈现给它的对象而言所具有的能力，完全并且可靠地确定它试图超出经验界限的应用的范围和界限，这就必然成为轻而易举的事情。

因此，人们可以而且必须把迄今为止所做的**独断地**建立形而上学的一切尝试都视为不曾发生的；因为在这种或者那种形而上学中是分析性的东西，亦即仅仅对我们理性先天固有的概念的分析，还根本不是真正的形而上学的目的，而只是导向它的一种行动；它的目的是综合地扩展自己的先天知识；对于这个目的来说，概念的分析是不适用的，因为它仅仅表明在这些概念中包含着什么，但却并不表明我们如何先天地达到这样一些概念，以便此后也能够规定它们在所有知识的一般对象方面

B24 的有效应用。要放弃所有这些要求，也只需要很少的自我克制，因为理性不可否认的、在独断的方法中也不可避免的矛盾早就已经自行使任何迄今为止的形而上学名声扫地了。为此需

要更多的坚韧精神，内不为困难、外不为阻力所阻挡，通过另一种与迄今为止所用的截然相反的处理方式，来促进一门人类理性不可或缺的科学最终有朝一日达到繁荣昌盛、成果丰硕；人们可以砍掉这门科学的每一个生出的枝干，但却不可挖掉它的根。

七、一门名为纯粹理性批判的特殊科学的观念和划分

如今，从所有这一切得出一门可以叫做**纯粹理性批判**的特殊科学的理念。因为理性是提供先天知识**原则**的能力。所以，纯粹的理性是包含着绝对先天地认识某种对象的原则的理性。〔43〕纯粹理性的一种**工具论**就会是能够获得并现实地完成所有的纯粹先天知识所遵循的那些原则的总和。这样一种工具论的详尽应用就会造就一个纯粹理性的体系。但由于这一体系要求颇 B25 多，且在这里一般来说，我们知识的一种扩展是否可能，以及在什么样的场合是可能的，尚不能肯定，所以我们可以把纯然判断纯粹理性及其来源和界限的科学视为纯粹理性体系的**预科**。这样一门科学就不能叫做纯粹理性的**学说**，而是必须叫做纯粹理性的**批判**，而它的用途在思辨方面就确实只是消极的，不是用于扩展我们的理性，而是用于澄清我们的理性，使它避免失误，这已是收获颇丰了。我把一切不研究对象、而是一般地研究我们关于对象的认识方式——就这种方式是先天地可能的而言——的知识称为**先验的**。这样一些概念的体系可以叫做**先验哲学**。但是，这种哲学对于开端来说又还是太多。因为既然这样一门科学必须完备地既包含分析的也包含综合的先天知识，所以就与我们的目的相关而言，它的范围过于庞大，因为我们只可以把分析推进到为在整个范围内洞察我们惟一所要探 B26 讨的先天综合的原理所必需的程度。这种研究真正说来不能称

为学说，而只能称为先验的批判，因为它不以扩展知识自身为目的，而仅仅以纠正知识为目的，并应为一切先天知识是否具
〔44〕有价值提供试金石。这种研究就是我们现在所从事的事情。据此，如果可能的话，这样一种批判乃是为先天知识的一种工具论所作的准备，而如果这一点做不到，则至少是为先天知识的一部法规作准备，按照这部法规，也许有朝一日就能够既分析又综合地阐述纯粹理性哲学的完备体系，不管它是在于扩展纯粹理性的知识还是仅仅在于限制它的知识。因为这种体系是可能的，以及这样一种体系的范围不能非常庞大，以便可以希望全部完成它，这一点从以下事实即可以事先得到证明，即这里构成对象的不是不可穷尽的事物之本性，而是对事物本性作出判断的知性，而且知性又是仅仅就其先天知识而言的；这种对象的储备因我们不可以在外面寻找它而对于我们不可能保持为隐秘的，且根据一切猜测小得足以完备无遗地对它是否具有价值作出判断，并作出正确的评价。人们在这里可以期待的，更
B27 不是一种对书本和纯粹理性体系的批判，而是对纯粹理性能力自身的批判。只不过，如果以这种批判为基础，人们就有了一种可靠的试金石，来测定这一领域里的新旧著作的哲学价值；否则，未经授权的历史著述家和评论家就将用自己同样无根据的主张来判断他人无根据的主张。

先验哲学是纯粹理性批判**以建筑术的方式**亦即从原则出发为之设计出整个蓝图的一门科学的理念，要完全保证构成这一大厦的各个部分的完备性和可靠性。它是纯粹理性的所有原则的体系。至于这一批判自己还不叫做先验哲学，仅仅因为要成为一个完备的体系，它就必须也包含着对全部人类先天知识的详尽分析。如今，尽管我们的批判当然提供了对构成上述纯粹知识的所有基本概念的一种完备列举，但它却合理地放弃了对
〔45〕这些概念自身的详尽分析，也放弃了对由此派生的概念的完备

评论，这部分是因为这种分析由于不具有在综合中遇到的、本来整个批判为之存在的那种不可靠性而不合目的，部分是因为承担这样一种分析和推导的完备性的责任，与计划的同一性相 B28 抵触，就自己的目的而言，人们毕竟是可以解除这种责任的。无论是分析还是从下面要提供的先天概念作出推导，只要它们首先作为详尽的综合原则存在，并且就这一根本的目的而言不缺少什么东西，其完备性可以轻而易举地予以补齐。

据此，构成先验哲学的一切都属于纯粹理性批判，而纯粹理性批判是先验哲学的完备理念，但还不是这门科学自身，因为它在分析中只能前进到对先天综合知识作出完备的判断所必需的程度。

在划分这样一门科学的时候，最需要注意的是：根本不必有任何自身包含着某种经验性的东西的概念掺杂其中，或者说，先天知识是完全纯粹的。因此，虽然道德性的至上原理及其基本概念是先天知识，但它们却不属于先验哲学，因为它们虽不以快乐和不快、欲望和偏好等都具有经验性起源的概念为其规定的基础，但在义务的概念中毕竟必须把它们或者作为应 B29 当克服的障碍、或者作为不可当做动因的诱惑而一起纳入道德性体系的制订。因此，先验哲学是一种纯粹的、全然思辨的理性的世俗智慧。因为一切实践的东西，就其包含着动机而言，都与情感相关，而情感属于经验性的知识来源。

如今，如果人们想从一个一般体系的普遍立场出发划分这 〔46〕 门科学，那么，我们现在所陈述的这门科学就必须首先包含着纯粹理性的**要素论**，其次包含着纯粹理性的**方法论**。这两个主要部分的每一个都将有其进一步的划分，尽管如此，其理由在这里尚不能陈述。对于导论或者预先提醒来说，看来有必要指出的无非是：人类知识有两个主干，它们也许出自一个共同的、但不为我们所知的根源，这两个主干就是**感性**和**知性**，对

象通过前者**被给予**我们，但通过后者**被思维**。现在，如果感性
B30 包含着构成对象被给予我们的条件的先天表象，那么，它就会属于先验哲学。先验的感性论将必然属于要素论的第一部分，因为人类知识的对象被给予的惟一条件先行于这些对象被思维的条件。

第一部
先验要素论

〔49〕
B33
第一部分　先验感性论

第1节

无论一种知识以什么方式以及通过什么手段与对象发生关系，它与对象直接发生关系所凭借的，以及一切思维当做手段所追求的，就是**直观**。但直观只是在对象被给予我们时才发生；而这对于我们人来说，又至少只是通过对象以某种方式刺激心灵才是可能的。通过我们被对象刺激的方式获得表象的能力（感受性）叫做**感性**。因此，借助于感性，对象**被给予**我们，而且惟有感性才给我们提供**直观**；但直观通过知性**被思维**，从知性产生出**概念**。不过，一切思维，无论它是直截了当地（直接地），还是转弯抹角地（间接地），都必须借助于某些标志最终与直观、从而在我们这里与感性发生关系，因为对象不能被以别的方式给予我们。

〔50〕 如果我们被一个对象所刺激，则对象对表象能力的作用就是**感觉**。通过感觉与对象发生关系的那些直观就叫做**经验性的**。一个经验性直观的未被规定的对象就叫做**显象**。
B34

在显象中，我把与感觉相应的东西称为显象的**质料**，而把使得显象的杂多能够在某些关系中得到整理的东西称为显象的**形式**。由于感觉惟有在其中才能得到整理并被置于某种形式之中的东西，自身不可能又是感觉，所以，虽然一切显象的质料只是后天被给予我们的，但显象的形式却为了显象而必须全都已经先天地蕴涵在心灵中，因而可以与一切感觉分离开来予以考察。

我把一切在其中找不到任何属于感觉的东西的表象称为**纯**

粹的（在先验的意义上）。据此，一般感性直观的纯粹形式将在心灵中先天地找到，显象的一切杂多将以这种形式在某些关系中被直观。感性的这种纯形式自身也叫做**纯直观**。这样，如 B35
果我从一个物体的表象中把知性所思维的东西如实体、力、可分性等都除去，此外把属于感觉的东西如不可入性、硬、颜色等也除去，那么，从这个经验性的直观中还给我剩下了某种东西，即广延和形状。它们属于纯直观，即便没有感官或者感觉的一个现实的对象，纯直观也先天地作为一个纯然的感性形式存在于心灵中。

一门关于感性的一切先天原则的科学，我称为**先验感性论**。①因此，必须有这样一门科学，它构成先验要素论的第一部分，与包含着纯思维的原则、被称为先验逻辑的学说相对照。〔51〕

因此，在先验感性论中，我们首先通过把知性在此凭借自 B36
己的概念所思维的一切都除去，来把感性**孤立**起来，以便仅仅留下经验性的直观。其次，我们将从经验性的直观中把属于感觉的一切都分离开来，以便只留下纯直观和显象的纯然形式，

① 惟有德国人如今在用**感性论**这个词来表示别人叫做鉴赏力批判的东西。在此，作为基础的是杰出的分析家**鲍姆嘉登**所持有的一种不适当的希望，即把对美的批判性判断置于理性原则之下，并把这种判断的规则提升为科学。然而，这种努力是徒劳的。因为上述规则或者标准就其最主要的来源而言仅仅是经验性的，因而决不能充当我们的鉴赏判断必须遵循的确定的先天规律；毋宁说，鉴赏判断构成了那些规则的正确性的真正试金石。因此可取的是，要么使这一称谓再次死亡，并把它保留给是真正的科学的学说（这样一来，人们也就会更为接近古人的语言和意义，在古人那里把知识划分为 αιδθητα χαι νοητα?［可感觉的和可思想的］是很著名的），要么与思辨哲学分享这一称谓，并部分地在先验的意义上、部分地在心理学的意义上接受感性论。

这是惟一能够提供先天感性的方法。在进行这一研究时，将发现两种作为先天知识原则的感性直观纯形式，即空间和时间，我们现在就将考虑它们。

第一章
论空间

B37

第2节　空间概念的形而上学阐明

借助于外感官（我们心灵的一种属性），我们把对象表象为外在于我们的，它们全都在空间之中。在空间中，它们的形
〔52〕状、大小和相互之间的关系得到规定，或者是可规定的。借助于内感官，心灵直观自己本身或者其内在状态；虽然内感官并不提供关于灵魂自身作为一个客体的任何直观，但毕竟有一种确定的形式，惟有在这形式下灵魂内部状态的直观才有可能，以至于一切属于内部规定的东西都在时间的关系中被表象出来。时间不能在外部被直观到，就像空间不能被直观为我们内部的某物一样。那么，空间和时间是什么呢？是现实的存在物吗？它们虽然只是事物的规定或者关系，但却是即便事物不被直观也仍然本来属于事物的规定或者关系吗？或者说，它们是仅仅依附于直观的形式、从而依附于我们心灵的主观性状、没
B38 有心灵的主观性状这些谓词就根本不能被赋予任何事物的规定或者关系吗？为了澄清这一点，我们首先要阐明空间的概念。但是，我把**阐明**（expositio）理解为清晰地（尽管并非详尽地）表象属于一个概念的东西；但是，如果阐明包含着把概念作为**先天给予的**来描述的东西，它就是**形而上学的**。

1. 空间不是一个从外部经验抽象得来的经验性概念。因为要使某些感觉与我之外的某物发生关系（也就是说，与在空间的不同于我所在的另一地点上的某物发生关系），此外要使我能够把它们表象为彼此外在和彼此**并列**、从而不仅各不相同、而且是在不同的地点的，这就必须已经有空间的表象作为基础了。据此，空间的表象不能通过经验从外部显象的关系借来，相反，这种外部经验自身只有通过上述表象才是可能的。

2. 空间是作为一切外部直观的基础的一个必不可少的先天表象。人们虽然完全能够设想在空间中找不到任何对象，但却绝不能形成一个没有空间存在的表象。因此，空间被视为显 B39
象可能性的条件，而不是一个依赖于显象的规定，是一个以必 〔53〕
然的方式作为外部显象之基础的先天表象。

3. 空间不是一个关于一般事物的关系的推理概念，或者如人们所说是一个普遍概念，而是一个纯直观。因为首先，人们只能表象一个惟一的空间，而当人们谈论多个空间时，人们只是把它们理解为同一个独一无二的空间的各个部分。这些部分也不能仿佛是作为惟一的无所不包的空间的组成部分（有可能用这些部分复合成它）先行于它，而是只有在它里面才能被设想。它在本质上是惟一的，它里面的杂多、从而还有一般的诸空间的普遍概念，都仅仅基于各种限制。由此得出，就它而言，一种先天直观（它不是经验性的）是关于空间的所有概念的基础。就连所有的几何学原理也是如此，例如在一个三角形中两边之和大于第三边，就绝不是从关于线和三角形的普遍概念中，而是从直观中，并且是先天地以无可争辩的确定性引申出来的。

4. 空间被表象为一个无限的**被给予**的大小。如今，虽然人们必须把每一个概念都设想为一个包含在无限多的不同可能表象之中（作为它们共同的标志）、从而把这些表象包含在自 B40

己之下的表象；但是，没有一个如此这般的概念能够被设想成好像把无限多的表象都包含在自身当中。尽管如此，空间就是被这样设想的（因为空间无限多的所有部分都是同时存在的）。因此，关于空间的源始表象是一个**先天直观**，而不是**概念**。

〔54〕

第3节　空间概念的先验阐明

我把一种**先验阐明**理解为将一个概念解释为一个原则，从这一原则出发就能够看出其他先天综合知识的可能性。为此目的就要求：1. 诸如此类的知识确实是从这个被给予的概念得来的；2. 这些知识惟有以这个概念的一种被给予的解释方式为前提条件才是可能的。

几何学是一门综合地却又先天地规定空间属性的科学。为使空间的这样一种知识是可能的，空间的表象究竟必须是什么呢？它必须源始就是直观。因为单从一个概念得不出任何超出概念的命题，但这种情况在几何学中却发生了（参见导论，五）。不过，这种直观必须先天地，即先于对一个对象的一切感知而在我们心中找到，从而是纯粹的直观，而不是经验性的直观。因为几何学的定理全都是无可争辩的，也就是说，是与对它们的必然性的意识结合在一起的，例如空间只有三个维度；但诸如此类的定理不可能是经验性的判断或者经验判断，也不是从它们推论出来的（参见导论，二）。

B41

那么，一种先行于客体、客体的概念能够在其中先天地被规定的外部直观是如何能够为心灵所固有的呢？显然惟有当它作为主体受客体刺激并由此获得客体的**直接表象**即**直观**的形式性状，因而仅仅作为**外感官**的一般形式，而在主体中拥有自己的位置时，才是可能的。

因此，惟有我们的解释才使得作为一种先天综合知识的**几**

何学的可能性成为可理解的。任何一种不提供这种东西的解释方式，即使在表面上与几何学有些类似之处，依据这一标志就可以极可靠地与它区别开来。

由上述概念得出的结论 〔55〕

B42

1. 空间根本不表象任何一些物自身的属性，或者在它们的相互关系之中表象它们，也就是说，并不是那些依附于对象自身、即便人们抽掉直观的所有主观条件也依然留存的属性的规定。因为无论是绝对的规定还是相对的规定，都不能先于它们所属的那些事物的存在、从而不能先天地被直观。

2. 空间无非是外感官的一切显象的形式，也就是说，是感性的主观条件，惟有在这一条件下外部直观对我们来说才是可能的。如今，由于主体的被对象刺激的感受性以必然的方式先行于这些客体的所有直观，因此可以理解，一切显象的形式如何能够在一切现实的知觉之前、从而先天地在心灵中被给予，以及它如何能够作为一切对象都必须在其中被规定的纯直观在一切经验之前就包含着对象诸般关系的原则。

据此，我们惟有从一个人的立场出发才能够谈论空间，谈论有广延的存在物等等。如果我们离开惟一使我们能够按照我们可能受对象所刺激的方式拥有外部直观的主观条件，那么，空间的表象就毫无意义。这个谓词只是就事物显现给我们、亦 B43
即是感性的对象而言才被赋予事物。这种我们称之为感性的感受性的恒定形式，是对象在其中被直观为在我们之外的各种关系的一个必要条件，而如果人们抽掉这些对象，它就是一个拥有空间之名的纯直观。由于我们并不能够使感性的这些特殊条件成为事物的可能性的条件，而只能使之成为事物的显象的可能性的条件，所以我们完全可以说，空间包括可能外在地向我们显现的一切事物，但不包括一切物自身，不管它们是否被直观到，或者也不管它们被什么样的主体所直观。因为关于其他能思维的存在物的直观，我们根本不能作出判断，说它们是否受限制着我们的直观并对我们来说普遍有效的上述条件所制
〔56〕约。如果我们把对一个判断的限制附加在主词的概念上，该判断在这种情况下就无条件地有效。“一切事物都在空间中并列存在”这个命题，在这个限制下，即如果这些事物被当做我们的感性直观的对象来对待，是有效的。如果我在这里把该条件附加在概念上，并且说：一切事物作为外部显象都在空间中并
B44 列存在，那么，这个规则就普遍地有效，没有限制。据此，我们的阐明就一切外在地作为对象能够呈现给我们的东西而言说明了空间的**实在性**（即客观有效性），但同时就事物由理性依其本身来考虑、即不顾及我们感性的性状而言说明了空间的**观念性**。因此，我们（就一切可能的外部经验而言）主张空间的**经验性的实在性**，虽然也主张空间的**先验的观念性**，也就是说，一旦我们除去一切经验的可能性的条件，假定它是作为物自身的基础的某种东西，空间就什么也不是了。

但是，除了空间之外，也不存在其他任何主观的、与某种外物相关的、能够称之为先天客观的表象。因为人们不能从这些表象中的任何一个，像从空间中的直观那样，推导出先天综合命题（参见第3节）。因此，精确地说，它们根本没有观念性，虽然它们与空间的表象在这一点上是一致的，即它们仅仅属于感觉方式的主观性状，例如属于凭借颜色、声音和温度的感觉的视、听、触的主观性状，但由于这些都仅仅是感觉而不是直观，它们就自身而言都不使人认识、至少是先天地认识任何客体。

B45 这一说明的意图只是在于防止使人想用远远不够的实例来说明所主张的空间的观念性，因为例如颜色、滋味等等都理应

不被看做事物的性状，而仅仅应被看做我们主体的变化，这些变化甚至在不同的人那里也可能是不同的。因为在这种场合 〔57〕
里，那原初只是显象的东西，例如一朵玫瑰，在经验性的意义上就被视为一个物自身，这个物自身却可能对每个人的眼睛来说在颜色上显得不同。与此相反，空间中显象的先验概念却是一个批判性的提醒：一般来说，在空间中被直观的任何东西都不是事物自身，空间也不是事物自身固有的形式，相反，对象自身根本不为我们所知，而我们称为外部对象的东西，无非是我们感性的纯然表象，其形式就是空间，而其真正的相关物亦即物自身。由此却根本没有被认识，也不能被认识，但在经验中也从来不被追问。

第二章 B46

论时间

第 4 节 时间概念的形而上学阐明

1. 时间不是以某种方式从经验抽象出的经验性概念。因为如果时间的表象不先天地作为基础，则同时或者相继都甚至不会进入知觉。惟有以时间的表象为前提条件，人们才能表象：一些东西存在于同一个时间中（同时）或者存在于不同的时间中（相继）。

2. 时间是作为一切直观之基础的一个必不可少的表象。人们尽管完全可以从时间中除去显象，但就一般显象而言却不能取消时间自身。因此，时间是先天地被给予的。惟有在时间中，显象的一切现实性才是可能的。这些显象全都可以去掉， 〔58〕

但时间自身（作为显象的可能性的普遍条件）却不能被取消。

B47 3. 在这种先天必然性的基础之上，还建立起时间关系的不可争辩的原理或者一般时间公理的可能性。时间只有惟一的维度：不同的时间不是同时的，而是相继的（就像不同的空间不是相继的，而是同时的一样）。这些原理不可能从经验中得出，因为经验既不会提供严格的普遍性，也不会提供不可争辩的确定性。我们将只能说：通常的知觉告诉我们是这样的；但不能说：它必定是这样的。这些原理被视为在根本上使经验成为可能的规则，并且在经验之前，而不是通过经验教导我们。

4. 时间不是推理概念，或者如人们所说是普遍概念，而是感性直观的一种纯形式。不同的时间只是同一时间的各个部分。但是，只能通过一个惟一的对象被给予的表象就是直观。即便"不同的时间不能是同时的"这个命题，也不能从一个普遍的概念推导出来。该命题是综合的，不能仅仅从概念产生。因此，它是直接地包含在时间的直观和表象之中的。

5. 时间的无限性无非意味着：时间一切确定的长短都惟有通过对惟一的作为基础的一个时间的限制才是可能的。因
B48 此，**时间**这一源始的表象必须不受限制地被给予。但由此，一个对象的各个部分自身和每一大小都惟有通过限制才能确定地被表象，所以，整个表象肯定不是通过概念被给予的（因为概念只包含部分的表象），相反，必须有直接的直观作为概念的基础。

〔59〕

第5节 时间概念的先验阐明

因此，我可以援引第3条，在那里我为了简练而把本来是先验的内容置于形而上学阐明的标题之下了。此处我再补充一点：变化的概念亦即随之运动（作为位置的变化）的概念惟有

通过并在时间表象之中才是可能的；如果这一表象不是先天的（内）直观，那么，任何概念，无论它是什么概念，都不能使一种变化的可能性、亦即把矛盾对立着的各谓词（例如同一事物在某处存在又在该处不存在）结合进同一个客体的可能性成为可理解的。惟有在时间中，才能在一个事物中，即**相继地**发 B49
现两个矛盾对立着的规定。因此，我们的时间概念解释了像富有成果的普遍运动学说所阐述的那么多的先天综合知识的可能性。

第 6 节　从这些概念得出的结论

1. 时间不是某种独立存在的东西，或者不是作为客观的规定依附于事物、从而即使人们抽掉事物的直观的所有主观条件也依然留存的东西：因为在第一种场合，时间就会是某种没有现实的对象也依然现实地存在的东西。但就第二种场合而言，时间作为一个依附于事物本身的规定或者秩序也不能作为对象的条件先行于对象，先天地通过综合命题被认识和直观。与此相反，如果时间无非是一切直观能够在我们里面发生的主观条件，那么，这后一种情况就完全会发生。因为在这里，内直观的这种形式就能够先于对象、从而是先天地被直观。

2. 时间无非是内感官的形式，即直观我们自己和我们的
内部状态的形式。因为时间不可能是外部显象的规定：它既不 〔60〕
属于形状，也不属于位置等等；与此相反，它规定着各个表象 B50
在我们的内部状态中的关系。而正因为这种内直观不提供任何形状，所以我们也试图通过类比来弥补这一缺憾，通过一条无限延伸的线来表象时间序列，其中杂多构成了一个只具有一个维度的序列；而且我们从这条线的各种属性推论到时间的一切属性，只除了一点，即前者的各个部分是同时的，而后者的各

个部分则始终是相继的。由此也得出，时间自身的表象是直观，因为它的一切关系都可以借助一个外直观予以表达。

3. 时间是所有一般显象的先天形式条件。作为一切外直观的纯形式的空间，作为先天条件仅仅局限于外部显象。与此相反，由于所有的表象，无论它们是否有外部事物作为对象，毕竟都就自身而言作为心灵的规定而属于内部状态；而这种内部状态却隶属在内直观的形式条件亦即时间之下，所以，时间是所有一般显象的先天条件，进而是内部的（我们灵魂的）显象的直接条件，正因为此间接地也是外部显象的条件。如果我
B51 能够先天地说：一切外部显象都在空间中并按照空间的关系被规定，那么，我也可以从内感官的原则出发完全普遍地说：所有一般显象，即感官的所有对象，都处在时间中，并以必然的方式处在时间的各种关系中。

如果我们抽掉我们在内部直观我们自己并借助这种直观也把一切外直观包括进表象力的方式，从而按照对象就自身而言可能存在的样子来对待它们，那么，时间就什么也不是。时间仅仅就显象而言才具有客观有效性，因为这已经是我们当做**我们感官的对象**来对待的事物了；但如果我们抽掉我们的直观的感性，从而抽掉我们特有的那种表象方式，而谈论**一般的物**，那么，时间就不再是客观的了。因此，时间仅仅是我们的（人
〔61〕的）直观（它在任何时候都是感性的，也就是说，如果我们被对象刺激的话）的主观条件，在主体之外就其自身而言什么也不是。尽管如此，就所有的显象而言，因而也就所有能够在经验中呈现给我们的事物而言，它仍然以必然的方式是客观的。我们不能说：一切事物都在时间中，因为对于一般事物的概念
B52 来说事物直观的所有方式都被抽掉了，但这个概念却是时间隶属于对象的表象的真正条件。如果给概念附加上条件，并且说：一切作为显象（感性直观的对象）的事物都在时间中，那

么，这条原理就有其完美的客观正确性和先天的普遍性了。

据此，我们的主张说明了**时间的经验性的实在性**，即就每次能够被给予我们感官的所有对象而言的客观有效性。而既然我们的直观在任何时候都是感性的，所以，在经验中绝不可能有不隶属于时间条件的对象被给予我们。与此相反，我们反对时间对绝对实在性的一切要求，因为即使不考虑我们感性直观的形式，这种实在性也绝对地作为条件或者属性依附于事物。这样一些属于物自身的属性也永远不能通过感官被给予我们。因此，时间的**先验的观念性**就在于此，按照这种观念性，如果人们抽掉感性直观的主观条件，时间就根本什么也不是，既不能自存性地也不能依存性地归之于对象自身（与我们的直观没有关系的对象）。不过，这种观念性与空间的观念性一样，毕竟不能与感觉的蒙骗相比，因为人们此时就这些谓词所依存的 B53
显象而言，毕竟预先设定它具有客观的现实性；在这里，除了它仅仅是经验性的之外，即除了它把对象本身仅仅看做是显象之外，这种实在性就会完全丧失。对此，可参阅上面第一章的说明。

第 7 节　解说

对于这个承认时间的经验性的实在性、但却否认其绝对的和先验的实在性的理论，我从有见识的人士那里如此一致地听到一种反对意见，以至于我从中得出，这种反对意见必定自然 〔62〕
而然地出现在任何不习惯于这些考察的读者那里。这种意见认为：变化都是现实的（即使人们想否认一切外部显象连同其变化，我们自己的表象的更替也证明了这一点）。如今，变化惟有在时间中才是可能的，所以时间就是某种现实的东西。对此作出答复毫无困难。我承认这全部论证。时间当然是某种现实

的东西，也就是说，是内直观的现实的形式。因此，就内部经验来说它具有主观的实在性，也就是说，我确实有关于时间和
B54 我在时间中的规定的表象。因而，它可以被视为现实的，不是作为客体，而是作为我自己是客体的表象方式。但是，如果我自己或者另一个存在物不用这个感性的条件就能够直观我，那么，正是我们现在表象为变化的这样一些规定，就会提供一种知识，其中时间的表象、从而还有变化的表象都根本不会出现。因此，依然有经验性的实在性，作为我们一切经验的条件。按照以上所述，惟有绝对的实在性是不能承认时间所有的。时间无非是我们的内直观的形式。① 如果人们从时间中去掉我们感性的特殊条件，那么，时间概念也就消失了，而时间并不依附于对象本身，而是依附于直观对象的主体。

但是，使得这种反对意见如此众口一词、而且出自那些尽管如此却不知道有什么明确的理由反对空间的观念性学说的人
B55 的原因，一如下述。他们并不期望能够无可争议地阐述空间的绝对实在性，因为他们遭到唯心论的反对；唯心论认为外部对象的现实性不能有任何严格的证明，与此相反，我们内感官的对象（我自己和我的状态）的现实性则是直接通过意识而清楚明白的。外部对象可能只是一种幻相（schein），内感官的对象在他们看来却无可辩驳地是某种现实的东西。但是他们不曾想到，尽管人们不可反对这二者作为表象的现实性，但它们尽管如此却只属于显象，显象在任何时候都有两个方面，一方面
〔63〕 是就客体自身来考察它（不管直观它的方式，但正因为此它的性

① 我虽然可以说：我的各种表象前后相继；但这仅仅意味着，我们在一个时间序列中意识到它们，也就是说，按照内感官的形式意识到它们。因此，时间不是某种自在的东西，也不是客观地依附于事物的规定。

状在任何时候都是成问题的），另一方面是注意这一对象的直观的形式，这种形式必须不是在对象自身中、而是在对象向之显现的主体中去寻求，但尽管如此仍然现实地和必然地属于这个对象的显象。

据此，时间和空间是可以从中先天地汲取各种综合知识的两个知识来源，尤其是纯粹数学，在空间及其关系的知识方面提供了一个光辉的范例。也就是说，空间和时间合起来是所有感性直观的纯形式，并由此而使先天综合命题成为可能。但是，这两个先天的知识来源正由于此（即它们只是感性的条 B56
件）为自己规定了界限，也就是说，它们仅仅涉及作为显象来考察的对象，但并不表现物自身。惟有前者才是它们的有效性的领域，如果超出这个领域，就不再有它们的客观应用了。此外，空间和时间的这种实在性并不影响经验知识的可靠性：因为无论这些形式以必然的方式依附于物自身还是仅仅依附于我们对这些物的直观，我们都同样确信这种可靠性。与此相反，主张空间和时间的绝对实在性的人，无论他们认为这种实在性是自存性的还是仅仅依存性的，都必然要与经验自身的原则相抵触。因为如果他们决定采用前者（这通常是数学的自然研究者一派），那么，他们就必须假定两种永恒的、无限的、独立存在的不合情理之物，它们存在着（毕竟不是某种现实的东西），只是为了把一切现实的东西包含在自身之内。如果他们采用第二派的观点（一些形而上学的自然学者就持这种观点），把空间和时间视为从经验中抽象出来的、尽管在分离中被混乱 B57
地表象的、各种显象的关系（并列或者相继），那么，他们就必须否定先天的数学学说就现实的事物（例如空间中的事物）而言具有效力，至少是否定它具有无可争辩的确定性。因为这种确定性根本不是后天地发生的，而空间和时间的先天概念在他们看来只不过是想象力的创造物，其来源必须现实地到经验 〔64〕

中寻找，想象用经验的抽象关系构造出某种虽然包含着这些关系的共相、但没有自然加给他们的约束就不能成立的东西。前一种人的收获，是他们为数学主张敞开了显象的领域。与此相反，当知性要超出这个领域的时候，他们就正是由于这些条件而大为困惑了。第二种人虽然在后面这点上有所收获，即当他们想把对象不是作为显象，而是仅仅在与知性的关系中来判断的时候，空间和时间的表象不会阻碍他们；但他们既不能为数学的先天知识的可能性提供根据（因为他们缺乏一种真正的、客观有效的先天直观），也不能使经验命题与他们的主张达到
B58 必要的一致。在我们关于感性的这两种源始形式的真正性状的理论中，这两种困难都被消除了。

最后，至于先验感性论除空间和时间这两种要素之外不可能包含更多的要素，这一点是清楚明白的，因为所有其他属于感性的概念，甚至把二者结合起来的运动的概念，都以某种经验性的东西为前提条件。运动以对某种运动的东西的知觉为前提条件。但在空间中，就其自身来看，没有任何运动的东西。因此，运动的东西必须是某种**仅仅由经验在空间中发现的东西**，从而是一个经验性的材料。同样，先验感性论不能把变化的概念列入其先天材料，因为时间本身并不变化，而是某种存在于时间中的东西在变化。所以，为此就要求有对某种存在及其各种规定的演替的知觉，因而就要求有经验。

〔65〕

第8节　对先验感性论的总说明

B59

一、为了防止一切误解，首先必须尽可能清晰地解释，就一般感性知识的基本性状而言，我们的看法是什么。

因此，我们曾经想说：我们的一切直观无非是关于显象的表象；我们所直观的事物并非就自身而言就是我们直观它们所

是的东西，它们的关系也不是就自身而言就具有它们向我们显现的那种性状，而如果我们把我们的主体、哪怕是仅仅把感官的一般主观性状去掉，客体在空间和时间中的一切性状、一切关系、甚至空间和时间本身都将消失，它们作为显象不能就自身而言、而是只能在我们心中实存。对象就自身而言、与我们感性的这一切感受性相分离，可能具有一种什么样的状况，依然是我们完全不知道的。我们所认识的无非是我们知觉它们的方式，这种方式是我们特有的，但尽管必然属于每一个人，却并不必然属于每一个存在物。我们只与这种方式打交道。空间和时间是这种方式的纯形式，一般感觉则是质料。我们只能先 B60
天地，即在一切现实的知觉之前认识这种纯形式，所以它叫做纯直观；但感觉却是我们的知识中使得它叫做后天知识亦即经验性直观的东西。前者绝对必然地依附于我们的感性，无论我们的感觉是哪一种方式；后者则可能极为不同。即使我们能够使我们的这种直观达到最高的清晰程度，我们也不会由此更为接近对象自身的性状。因为我们在任何情况下所可能完全认识的，毕竟只是我们的直观方式，即我们的感性，并且永远只是在原初就依附于主体的空间和时间的条件下认识它的；至于对象自身会是什么，毕竟永远也不会通过惟一被给予我们的、对 〔66〕
象自身的显象的最清晰知识而为我们所知。

因此，说我们的整个感性无非是对事物的混乱的表象，这种表象只包含自在地属于事物的东西，但只不过是处于我们未借助意识分辨清楚的那些标志和分表象的堆积状态。这种说法是对感性概念和显象概念的一种歪曲，它使得感性和显象的整个学说都变得毫无用处、空洞无物。不清晰的表象与清晰的表 B61
象的区别仅仅是逻辑上的，并不涉及内容。毫无疑问，健全知性使用的公正概念，所包含的正是最精细的思辨能够从它发挥出来的东西，只不过在通常的和实际的应用中，人们并没有意识到这一思想中的这些各种各样的表象罢了。因此，人们不能说：这个平常的概念是感性的，仅仅包含着一种显象，因为公正根本不能显现，相反，它的概念蕴涵在知性中，并表象行动的一种性状（道德性状），这性状自在地属于行动。与此相反，在直观中一个**物体**的表象根本不包含能够属于一个对象自身的东西，而只包含某物的显象和我们由此被刺激的方式，而我们的认识能力的这种感受性就叫做感性，即使人们能够彻底看透前者（显象），也与对象自身的知识有天壤之别。

因此，莱布尼茨—沃尔夫哲学为关于我们知识的本性和起源的全部研究指示了一个完全不合适的观点，因为它把感性与理智的区别仅仅看做是逻辑的，而这种区别明显是先验的，不
B62 是仅仅涉及清晰或者不清晰的形式，而是涉及其起源和内容，以至于我们不仅仅是通过感性不清晰地认识、而是根本不认识物自身的性状，而且，一旦我们去掉我们主观的性状，被表象的客体连同感性直观赋予它的那些属性就在任何地方都找不到了，也不可能被找到，因为正是这个主观的性状规定着客体作
〔67〕 为显象的形式。

我们通常在显象中间把本质上依附于显象的直观并一般来说对任何人类感官都有效的东西与只是以偶然的方式属于显象的直观的东西区别开来，因为后者并不是一般地在感性的关系上、而是仅仅在这个或者那个感官的特殊地位或者机制上有效。而在这里，人们把前一种知识称为一种表象对象自身的知识，而把后一种知识仅仅称为对象的显象。但这种区分仅仅是经验性的。如果停留在这一点上（如通常所发生的那样），不再把那种经验性的直观看做是纯然的显象（如应当发生的那样），以至于在其中找不到任何依附于某个事物自身的东西，那么，我们的先验区分就会丧失，在这种情况下，尽管我们到
B63 处（在感官世界中）、哪怕在对感官世界的对象作最深入的研

究时，都只能与显象打交道，我们却相信能够认识物自身。这样，我们虽然把彩虹称为纯然是一场晴天雨中的显象，而把这场雨称为事物自身。如果我们仅仅在物理学上把后一个概念理解为在普遍的经验中、在对感官的所有不同状态下都毕竟在直观中这样而不是别样地被规定的对象，那么，这样说也是正确的。但是，如果我们一般地对待这种经验性的东西，并且不顾及这种东西与每一种人类感官的一致，而追问这种东西是否也表象了一个对象自身（不是雨滴，因为雨滴在这种情况下已经作为显象是经验性的客体了），那么，关于表象与对象的关系的问题就是先验的，不仅这些雨滴是纯然的显象，而且就连它们圆的形状、甚至它们在其中下落的空间，都不是什么就自身而言的东西，而仅仅是我们的感性直观的一些变形或者基础，而先验的客体依然不为我们所知。

我们的先验感性论的第二件重要事务是：它不仅仅是作为表面上的假说来博取一些好感，而是要像任何时候对一种应该充当工具论的理论所能够要求的那样确定无疑。为了完全说明这种确定性，我们想选取某个实例，依此这种工具论的有效性 〔68〕
将能够变得显而易见，并且有助于进一步澄清第三节所阐述的东西。 B64

据此，假定空间和时间就其自身而言是客观的，而且是物自身的可能性的条件，那么显而易见，首先：关于二者将会出现大量先天的无可争辩的综合命题，尤其是关于空间的，因此我们这里要优先把空间作为实例来研究。由于几何学的定理都是先天综合的，都是以无可争辩的确定性被认识到的，所以我要问：你们是从哪里获得诸如此类的定理的？要达到诸如此类绝对必然且普遍有效的真理，我们的知性依据的是什么？除了借助概念或者借助直观，别无他途；但这二者自身则要么是先天地、要么是后天地被给予我们的。后一种东西，即经验性的概念，此外还有它建立于其上的东西，即经验性的直观，所能够提供的综合命题没有别的，只有一种也仅仅是经验性的命题，即经验命题，因而永远不能包含必然性和绝对的普遍性，而诸如此类的东西却是所有几何学命题的特征。至于要达到诸如此类的知识，什么是首要的和惟一的手段，也就是说，是仅仅凭借概念还是凭借先天直观，则显而易见，仅仅从概念出发
B65 根本不能达到综合的知识，而只能达到分析的知识。且看这样一条定理，即凭二条直线根本不能围起一个空间，从而不可能有任何图形，并请尝试从“直线”和数字“二”的概念推导出这一定理；或者且看这样一条定理，即凭三条直线可能有一个图形，并请尝试仅仅从这些概念推导出这条定理。你们的一切努力都是白费力气，你们将发现自己不得不像几何学在任何时候都做的那样，求助于直观。因此，你们在直观中给自己提供了一个对象；但这是哪一种直观，是一种先天的纯直观，还是一种经验性的直观？如果是后者，则决不可能从中产生一个普遍有效的命题，更不用说产生一个无可争辩的命题了；因为经验绝不能提供诸如此类的命题。因此，你们必须在直观中给自己提供一个先天对象，并在这对象上面建立起一个综合命题。
〔69〕 但如果你们里面没有一种先天地进行直观的能力，如果这种主观的条件就形式而言并不同时是惟一使得这一（外）直观的客体本身成为可能的普遍的先天条件，如果对象（三角形）是与你们的主体没有关系的某物自身，你们怎么能够说，必然蕴涵在你们构思一个三角形的主观条件之中的东西，也肯定必然地属于三角形自身呢？因为你们毕竟不能给你们的概念（三条
B66 线）添加任何因此肯定必然地在对象那里发现的新东西（图形），因为这对象是在你们的知识之前、而不是通过你们的知识被给予的。因此，如果空间（时间亦复如是）不是你们的直观的一个纯然形式，包含着惟一能使一切事物对你们来说成为

外部对象的先天条件，没有这些主观条件外部对象就自身而言什么也不是，那么，你们就根本不能先天地以综合的方式澄清关于外部客体的任何东西了。所以，这是毫无疑问地确定的，不是可能的或者大致如此的：空间和时间作为一切（外部的和内部的）经验的必要条件，只不过是我们一切直观的主观条件，因而在与这些条件的关系中一切对象都仅仅是显象，不是独立地以这种方式被给予的物，因此关于它们就其形式而言也可以先天地说出许多东西，但关于可能作为这些显象基础的物自身则决不可能说出一点东西。

二、尤其是以下说明，有助于证实关于外感官和内感官、从而一切作为纯然显象的感官客体的观念性的理论：凡是在我们的知识中属于直观的东西（因此，根本不属于知识的快乐与不快的情感和意志除外），所包含的无非是纯然的关系，即一个直观中的位置的关系（广延）、位置的变化的关系（运动）和这些变化被规定所遵循的规律的关系（动力）。但是，在位 B67
置上在场的东西，或者除位置变化之外在事物里面起作用的东西，却并未由此被给予。凭借纯然的关系毕竟还没有认识一个事物自身，因此，完全可以作出判断说：既然凭借外感官能够给予我们的无非是纯然的关系表象，外感官在其表象中也只能 〔70〕
包含一个对象与主体的关系，而不能包含属于客体自身的内在的东西。内直观也具有同样的性质。不仅仅是**外感官**的表象在内感官中构成了我们用来占据自己心灵的真正材料，而且我们将这些表象置于其中的、在经验中甚至先行于这些表象的意识的、作为形式的条件而为我们在心灵中安置这些表象的方式奠定基础的时间，也已经包含着相继存在、同时存在和与这种相继存在同时的东西（持久的东西）的关系。于是，作为表象能够先行于一切思维某种东西的行动的东西，就是直观，而如果直观所包含的无非是关系，它就是直观的形式，由于这种形式

除非某物被置于心灵中就不能表象任何东西，所以它无非就是心灵通过自己的行动亦即其表象的这种置入、因而通过自己本
B68 身被刺激的方式，也就是说，就形式而言是一个内感官。凡是通过一个感官被表象的东西，就此而言在任何时候都是显象，因而要么一个内感官必定根本不被承认，要么作为内感官对象的主体只能通过内感官被表象为显象，而不是像它在自己的直观仅仅是自我行动亦即是理智直观时对自己所作的判断那样。在这方面，一切困难都在于一个主体如何能够内在地直观自己；然而，这一困难是为任何理论所共有的。对其自身的意识（统觉）是自我的简单表象，而如果仅仅因此主体中的一切杂多都**自动地**被给予的话，内直观就会是理智的了。在人里面，这种意识要求对主体中事先被给予的杂多有内在的知觉，而这杂多非自发地在心灵中被给予的方式就必然由于这种区别而叫做感性。如果意识自己的能力要寻找（领会）蕴涵在心灵中的东西，它就必须刺激心灵，惟有以这样的方式才能产生对它自
B69 己的直观，但事先在心灵中作为基础的直观形式则在时间的表
〔71〕象中规定着杂多在心灵中聚集的方式；因为心灵直观自己本身，并不是像它直接自动地表象自己那样，而是按照它从内部被刺激的方式，从而是像它对自己显现的那样，不是像它所是的那样。

三、如果我说：在空间和时间中，无论是外部客体的直观，还是心灵的自我直观，都是像二者刺激我们的感官、亦即像它们**显现**的样子表象它们的，那么，这并不是想说这些对象都只是一种幻相。因为在显象中，客体、甚至我们赋予它们的性状，任何时候都被视为某种现实地被给予的东西，只不过如果这种性状在被给予的对象与主体的关系中仅仅取决于主体的直观方式，那么，这个作为**显象**的对象就被与作为客体**自身**的对象本身区分开来了。这样，如果我主张，我设定物体和我的

灵魂所依据的作为它们存在条件的那种空间和时间的性质，寓于我的直观方式之中，而不是寓于这些客体自身之中，我并不是在说：物体只是**显得**存在于我之外，或者我的灵魂只是**显得**在我的自我意识中被给予。如果我用我本应归于显象的东西只是造成了幻相，那是我自己的过错。① 但是，这种情况并不是 B70
按照我们一切感性直观的观念性的原则发生的；毋宁说，如果把**客观的实在性**赋予那些表象形式，那么，人们就无法避免，一切都将因此而转化为纯然的幻相。因为如果把空间和时间视为就其可能性而言必然能在事物自身找到的性状，而且仔细考虑人们在这种情况下将陷入的荒唐性，即两个无限的事物，不是实体，也不是某种现实地依存于实体的东西，尽管如此却必 〔72〕
须是实存的东西，甚至是一切事物实存的必要条件，即便所有 B71
实存的事物都被取消，它们也依然留存，那么，人们就不能责备善良的**贝克莱**把物体降为纯然的幻相了；甚至就连我们自己的实存，如果以这种方式被弄得取决于像时间这样的不合情理之物的独立自存的实在性，也必定与时间一起转化为纯粹的幻相；迄今为止，还没有人犯过这种荒唐的过错。

① 显象的诸般谓词可以在与我们感官的关系中被赋予客体本身，例如红色或者香味被赋予玫瑰花；但是，幻相绝不能作为谓词被赋予对象，这恰恰是因为幻相把仅仅在与感官的关系中或者一般来说在与主体的关系中属于对象的东西赋予了**独立的**客体，例如最初人们赋予土星的两个柄。根本不能在客体自身那里找到，但任何时候都可以在客体与主体的关系中找到并与主体的表象不可分割的东西，就是显象；这样，空间和时间的谓词就合理地被赋予感官对象本身，而且在这里没有幻相。与此相反，如果我把红色赋予玫瑰花**自身**，把两个柄赋予土星，或者把广延**就自身而言**赋予一切外在的对象，而不着眼于这些对象与主体的一定关系并把我的判断限制在这上面，在这种情况下才会产生幻相。

四、在自然的神学中，由于人们设想一个对象，它不仅对于我们来说根本不能是直观的对象，而且它对自己来说也绝对不能是感性直观的对象。所以，人们就小心翼翼地考虑，从它的直观（因为它的所有知识都是诸如此类的东西，而不是在任何时候都表现出局限的**思维**）中去掉时间和空间的条件。但是，既然人们事先已经使这二者成为物自身的形式，而且是这样的形式，即使人们去掉事物本身，它们作为事物实存的先天条件也依然存留，人们现在有什么权利做上述事情呢？因为作为所有一般存在的条件，它们必定也是上帝存在的条件。如果
B72 人们不想使它们成为一切事物的客观形式，那么，剩下来的就只有使它们成为我们外直观方式和内直观方式的主观形式，这种方式之所以叫做感性的，乃是因为它**不是源始的**，也就是说，不是一种本身就使得直观的客体的存在被给予的方式（就我们所知，这种方式只能属于元始存在者），而是取决于客体的存在、因而只有通过主体的表象能力被客体所刺激才有可能的方式。

我们也没有必要把空间和时间中的直观方式限制在人的感性上；很可能所有有限的思维存在物在这方面都肯定必然地与人一致（尽管我们无法断定这一点），所以它毕竟并不由于这种普遍有效性而不再是感性，这恰恰是因为它是派生的（intuitus derivatitivus［派生的直观］），而不是源始的（intuitus originarius［源始的直观］），从而不是理智直观；根据上述理由，作为理智直观它看来只属于元始存在者（Urwesen），而绝不属于一个无论就其存在来说还是就其直观（在与被给予的
〔73〕 客体的关系中规定其存在的直观）来说都不独立的存在者；虽然对我们的感性论理论的这后一个说明只可算做解释，而不可算做证明。

先验感性论的结论 B73

在这里，为解决先验哲学的普遍任务，即**先天综合命题如何可能**，所要求的东西我们已经有了一个，这就是先天的纯直观，亦即空间和时间。在它们里面，当我们在先天判断中想超出被给予的概念时，我们发现了不是在概念中、但却是在与概念相应的直观中能够先天地揭示并综合地与概念结合的东西。但由于这一理由，这样的判断绝不能超出感官的对象，而是只能对可能经验的客体有效。

〔74〕
B74

第二部分　先验逻辑论

导言　先验逻辑的理念

一、论一般的逻辑

我们的知识产生自心灵的两个基本来源，其中第一个是接受表象的能力（印象的感受性），第二个是通过这些表象认识一个对象的能力（概念的自发性）；通过前者，一个对象**被给予**我们，通过后者，该对象在与那个（仅仅作为心灵的规定的）表象的关系中**被思维**。因此，直观和概念构成了我们一切知识的要素，以至于无论是概念没有以某些方式与它们相应的直观、还是直观没有概念，都不能提供知识。这二者要么是纯粹的，要么是经验性的。如果其中包含有感觉（它以对象现实的在场为前提条件），它们就是**经验性的**；但如果表象未混杂任何感觉，它们就是**纯粹的**。人们可以把感觉称为感性知识的
〔75〕 B75 质料。因此，纯直观仅仅包含某物被直观的形式，而纯概念则只包含思维一个对象的一般形式。只有纯直观或者纯概念才是先天地可能的，经验性的直观或者概念则只是后天可能的。

如果我们愿意把我们心灵在以某种方式受到刺激时接受表象的这种**感受性**称为**感性**的话，那么与此相反，自己产生表象的能力，或者知识的**自发性**，就是**知性**。我们的本性导致**直观**永远只能是**感性的**，也就是说，只包含我们被对象刺激的方式。与此相反，对感性直观的对象进行**思维**的能力是**知性**。这

两种属性的任何一种都不应当比另一种更受优待。无感性就不会有对象被给予我们，无知性就不会有对象被思维。思想无内容则空，直观无概念则盲。因此，使其概念成为感性的（即把直观中的对象赋予概念）和使其直观成为知性的（即将它们置于概念之下），是同样必要的。这两种能力或者性能也不能互换其功能。知性不能直观任何东西，而感官则不能思维任何东西。只有从它们的相互结合中才能产生出知识。但人们毕竟不可因此就把二者的职分相互混淆，而是有重要的理由慎重地把 B76
每一个与另一个分离和区别开来。因此，我们把一般感性规则的科学亦即感性论与一般知性规则的科学亦即逻辑区别开来。

逻辑又可以以双重的观点来探讨，要么是作为普遍的知性应用的逻辑，要么是作为特殊的知性应用的逻辑。前者包含思维的绝对必然的规则，没有这些规则就根本没有知性的任何应用，因此它涉及这种应用，不顾及这种应用可能针对的对象的不同。特殊的知性应用的逻辑则包含正确地思维某类对象的规则。人们可以把前者称为要素的逻辑，但把后者称为这门或者那门科学的工具论。工具论在学校里大多作为各门科学的预科排在前面，虽然按照人类理性的进程它是最迟的，只有在科学早已就绪、为完成和完善只需要最后一手的时候人类理性才达 〔76〕
到它。因为人们要说明一门关于对象的科学如何得以建立起来 B77
的那些规则，就必须已经在相当高的程度上了解这些对象。

如今，普遍的逻辑要么是纯粹的逻辑，要么是应用的逻辑。在前者中，我们抽掉我们的知性得以实施的所有经验性条件，例如感官的影响、想象的游戏、记忆的规律、习惯的力量、偏好等等，从而也抽掉了成见的来源，甚至完全抽掉了使得某些知识可能由我们产生、或者被强加给我们的一切原因，因为它们只是在运用知性的某些情况下才与知性相关，而要认识这些情况就需要经验。所以，一种**普遍的**、但又**纯粹的逻辑**只与先天的原则打交道，它是**知性的法规**，亦是理性的法规，但只是就其运用的形式因素而言，内容则不管它是什么样的（是经验性的还是先验的）。但一种**普遍的逻辑**，当它针对心理学告诉我们的那些主观经验性条件下的知性应用规则的时候，就叫做**应用的**。所以，它拥有经验性的原则，尽管就它对对象不加区别地涉及知性应用
B78 而言，它是普遍的。因此之故，它既不是一般知性的法规，也不是各门特殊科学的工具论，而仅仅是通常知性的一种净化术。

因此，在普遍的逻辑中，应当构成纯粹理性学说的那个部分必须与构成应用的（尽管还一直是普遍的）逻辑的那个部分完全分离开来。本来就只有前者才是科学，虽然简略而且枯燥，并且像对一种知性要素论的符合学院规范的表述所要求的那样。因此，在这种逻辑中，逻辑学家必须在任何时候都牢记两条规则：

1. 作为普遍的逻辑，它抽掉了知性知识的一切内容及其对象的不同，仅仅与思维的形式打交道。

2. 作为纯粹的逻辑，它不具有经验性的原则，因而它不
〔77〕（像人们有时说服自己的那样）从心理学汲取任何东西，从而，心理学对于知性的法规没有任何影响。它是一种经过证明的学说，在它里面一切都必须是完全先天地确定的。

至于我称为应用逻辑的东西（与这个词的通常意义相反，按照这种意义它应当包含纯粹逻辑为之提供规则的某些练习），它是知性及其 in concreto［在具体情况下］的必然应用的规则的一
B79 种表象，所谓具体情况也就是主体的那些能够阻碍或者促进这种应用的偶然条件，它们全都是仅仅经验性地被给予的。它讨论注意、注意的障碍和后果、失误的起源、怀疑和顾虑以及确信的状态等等；普遍的和纯粹的逻辑与它的关系，就像是仅仅包含一般自由意志的必然道德法则的纯粹道德与真正的德性学说的关系，后者就是在人们或多或少屈从的情感、偏好和情欲的阻碍之下衡量这些法则的，它永远不能产生一门真正的、经过证明的科学，因为

它正如那种应用逻辑一样,需要经验性的和心理学的原则。

二、论先验逻辑

如我们已经指出的那样，普遍的逻辑抽掉了知识的一切内容，也就是说，抽掉了知识与客体的一切关系，仅仅在知识的相互关系中考察逻辑形式，即一般的思维形式。但如今，由于（如先验感性论所阐明的）既有纯粹的直观也有经验性的直观，所以也可以发现对象的纯思维和经验性思维之间的一种区别。在这一场合，就会有一种人们不抽掉知识的所有内容的逻辑； B80
因为仅仅包含一个对象的纯思维的规则的那种逻辑，将会排斥一切具有经验性内容的知识。它还将涉及我们关于对象的知识的起源，只是这种起源不能被归于对象，而与此相反，普遍的逻辑根本不考虑知识的这种起源，而是仅仅按照知性在思维时在相对关系中使用表象所遵循的规律来考察表象，不管它们是原初先天地在我们里面的，还是仅仅经验性地被给予的，所以，它仅仅探讨可以为表象找到的知性形式，不管这些表象通常来自于何方。〔78〕

在这里，我要作一个说明，它影响到后面所有的考察，人们应当把它牢记在心，这就是：并非任何一种先天知识，而是惟有使我们认识到某些表象（直观或者概念）仅仅先天地被应用或者仅仅先天地可能以及何以如此的知识，才必须被称为先验的（即知识的先天可能性或者知识的先天应用）。因此，无论是空间还是空间的某个几何学的先天规定，都不是一种先验 B81
的表象，而惟有关于这些表象根本不具有经验性的起源的知识，和它们尽管如此依然能够先天地与经验的对象发生关系的可能性，才可以叫做先验的。此外，空间在一般对象上的应用也会是先验的：但是，如果它仅仅局限于感官的对象，它就叫做经验性的。因此，先验的和经验性的之间的区别仅仅属于对知识的批判，不涉及知识与其对象的关系。

因此，由于期望也许会有一些概念，它们能够先天地与对象发生关系，不是纯粹的或者感性的直观，而仅仅是纯思维的行动，因而是既无经验性起源也无感性论起源的概念，所以我们预先为自己形成了一门纯粹知性和理性知识之科学的理念，用来完全先天地思维对象。这样一门规定这样一些知识的起源、范围和客观有效性的科学，就会必须叫做**先验逻辑**，因为
B82 它仅仅与知性和理性的规律打交道，但只是就它们先天地与对象相关而言，不像普遍的逻辑不加区别地既与经验性的理性知识也与纯粹的理性知识相关。

〔79〕

三、论普遍的逻辑划分为分析论和辩证论

有一个古老而且著名的问题，人们曾以为可以用它把逻辑学家们逼入困境，并曾力图使他们达到这样的地步，即让他们要么涉足可怜的循环论证，要么就承认自己的无知，从而承认自己的整个艺术的无用；这个问题就是：**真理是什么**？对真理的名词解释，即真理是知识与其对象的一致，在这里是被赠与和预设的；但是人们要求知道，任何一种知识的真理性的普遍而且可靠的标准是什么。

知道人们应当以理性的方式追问什么，这已经是聪明与洞识的一个重要而且必要的证明。因为如果问题自身是荒唐的，并且要求作出不必要的回答，那么，除了使提出问题的人感到羞愧之外，它有时还有这样的害处，即诱使它的不谨慎的听众作出荒唐的回答，并造成可笑的景象，即一个人（如古人所
B83 说）挤公羊的奶，另一个人把筛子放在下面去接。

如果真理在于一种知识与其对象的一致，那么，这个对象

就必须由此而与别的对象区别开来；因为一种知识如果与它所关联的对象不一致，那么，即使它包含着某种可能适用于其他对象的东西，它也是错误的。于是，真理的一个普遍标准就会是对知识的对象不加区别而适用于一切知识的标准了。但显而易见的是，既然人们就这一标准而言抽掉了知识的一切内容（与其客体的关系），而真理又恰好涉及这种内容，所以，追问知识的这种内容的真理性的一个标志，就是完全不可能的和荒唐的，因而也不可能给出真理的一个充分的、但同时又是普遍的标志。既然我们上面已经把一种知识的内容称为它的质料，所以人们就将不得不说：对知识的真理性就质料而言不能要求任何普遍的标志，因为它就自身而言是自相矛盾的。

但至于仅就形式而言（除去一切内容）的知识，则同样显 〔80〕
而易见的是：一种陈述知性的普遍必然规则的逻辑，也必须在 B84
这些规则中阐述真理的标准。与这些规则相矛盾的东西，就是错误的，因为知性在这里与自己普遍的思维规则相矛盾，从而也就与自己本身相矛盾。但这些标准仅仅涉及真理的形式，即一般思维的形式，就此而言是完全正确的，但并不是充分的。因为尽管一种知识可能完全符合逻辑形式，也就是说，不与自己本身相矛盾，但它毕竟始终可能与对象相矛盾。因此，真理的纯逻辑标准，即一种知识与知性和理性的普遍的、形式的规律相一致，虽然是一切真理的 conditio sine qua non［必要条件］，从而是消极的条件，但逻辑却不能走得更远，逻辑不能凭借任何试金石来揭示不涉及形式、而是涉及内容的错误。

如今，普遍的逻辑把知性和理性的全部形式工作分解成它的各种要素，并将它们描述成为对我们的知识作出逻辑评判的原则。因此，逻辑的这一部分可以叫做分析论，并正因为此是真理的至少消极的试金石，因为人们在根据其内容研究一切知 B85
识，以便弄清楚它们就对象而言是否包含着积极的真理之前，首先必须根据其形式按照这些规则来检验和估价它们。但是，由于知识的纯然形式无论怎样与逻辑规律一致，也远远不足于因此就使知识具有质料性的（客观的）真理，所以没有人仅仅凭借逻辑就敢于对对象作出判断，并主张某种东西，而不是事先在逻辑之外对它们作出持之有据的调查，以便此后只是力图按照逻辑规则利用这种调查，并把它联结在一个有关联的整体中，但更好是只按照逻辑规律检验它。尽管如此，在对一种赋予我们一切知识以知性形式的如此明显的艺术的拥有中，虽然人们在这些知识的内容方面还可能非常空洞贫乏，却还是蕴涵着某种诱人的东西，使得那种仅仅是评判之**法规**的普遍逻辑仿
〔81〕佛是一种现实创造的**工具论**，至少被用来导致有关客观主张的假象，从而事实上由此被误用。如今，被当做工具论的普遍逻辑就叫做**辩证论**。

古人在对一门科学或者艺术使用这一称谓时，无论其意义如何不同，人们毕竟还是可以从它的现实应用中可靠地得出，它在古人那里无非就是**幻相的逻辑**。它是一种给自己的无知、乃至蓄意的假象涂上真理的色彩的诡辩艺术，即人们模仿一般
B86 逻辑所规定的缜密方法，并利用它的用词技巧来美化每一种空洞的行为。如今，人们可以作为一个可靠的、可用的警告来说明的是：普遍的逻辑，**作为工具论来看**，在任何时候都是一种幻相的逻辑，也就是说，是辩证的。因为既然它根本不告诉我们有关知识内容的任何东西，而是仅仅告诉我们与知性一致的形式条件，这些条件除此之外在对象方面是完全无所谓的，那么，把它当做一种工具（工具论）来使用，以便至少按照那种假定来传播和扩展自己的知识，这种无理要求的结果只能是废话连篇，只要愿意就用一些幻相来维护一切，或者随意地攻击它们。

这样一种教导无论如何也是不符合哲学的尊严的。因此，

人们宁可把辩证论这一称谓作为一种**辩证幻相的批判**归给逻辑，而在这里，我们也要知道它被理解为这样一种批判。

四、论先验逻辑划分为先验分析论和先验辩证论 B87

在一种先验逻辑中，我们把知性孤立起来（就像我们在上面先验感性论中把感性孤立起来一样），从我们的知识中只突出思维仅仅在知性中有其起源的部分。但是，这种纯粹知识的应用作为其条件所依据的是：它可以应用其上的对象是在直观 〔82〕
中被给予我们的。因为没有直观，我们的一切知识就都缺乏客体，在这种情况下它们就还是完全空洞的。因此，先验逻辑陈述纯粹知性知识的各种要素和在任何地方要能够思维对象就不可或缺的原则的部分，就是先验分析论，同时也是真理的逻辑。因为没有一种知识能够与这种逻辑相矛盾，却不同时丧失一切内容，也就是说，丧失与某一客体的一切关系，从而丧失一切真理的。但是，由于单独地、甚至超出经验的界限利用这些纯粹的知性知识和原理是非常诱人和引人入胜的，而经验又是惟一能够向我们提供那些纯粹的知性概念能够运用于其上的材料（客体）的，所以知性就陷入了一种危险，凭借空洞的玄 B88
想对纯粹知性纯然形式的原则作一种质料上的应用，并对毕竟不是被给予我们的、也许不能以任何方式被给予我们的对象不加区别地作出判断。因此，既然它原本应当只是一部对经验性应用作出评判的法规，所以，如果人们使它被视为一种普遍的和无限制的应用的工具论，并仅仅凭借纯粹知性就敢于对一般对象综合地作出判断、断定和裁决，它就被误用了。因此，在这种情况下，纯粹知性的应用就会是辩证的了。所以，先验逻辑的第二部分必须是这种辩证幻相的一种批判，叫做先验辩证论，不是作为独断地激起诸如此类的幻相的一种艺术（各种各样的形而上学戏法的一种令人遗憾地非常流行的艺术），而是作为对知性和理性在其超自然的应用方面的批判，为的是揭露理性的无根据的僭妄的错误幻相，并将理性以为单凭先验的原理就可以做到发明和扩展的要求降低到仅仅评判和保护纯粹知性免受诡辩的假象之害的程度。

第一编 〔83〕
先验分析论 B89

这一分析论是把我们全部的先天知识分解成为纯粹知性知识的各种要素。这里重要的是以下几点：1. 概念是纯粹的概念，不是经验性的概念。2. 这些概念不属于直观，不属于感性，而是属于思维和知性。3. 这些概念都是基本概念，与派生的或者由它们复合的概念明显有别。4. 概念表是完备的，完全显示出纯粹知性的整个领域。如今，一门科学的这种完备性不能根据仅仅通过试验达成的集合的近似值来得到可靠的认定；因此，它惟有凭借知性先天知识的**整体的理念**、并通过构成它的诸般概念由此得到规定的划分、因而惟有通过它们**在一个体系中的联系**才是可能的。纯粹知性不仅与所有经验性的东西有别，而且甚至与一切感性截然不同。因此，它是一个独立自存的、自身充足的、不能由可以从外 B90
部附加的附属物来增添的统一体。所以，它的知识的总和将构成一个可以在一个理念之下涵盖和规定的体系，这个体系的完备性和拼接同时能够为一切适配的知识成分的正确性和纯正性提供试金石。但是，先验逻辑的这整个部分要由两卷构成，其中一卷包含纯粹知性的**概念**，另一卷包含纯粹知性的**原理**。

第一卷

概念分析论

我所理解的概念分析论，不是概念的分析或者哲学研究中常见的做法，即按照内容分析呈现出来的概念并使之清晰，而
〔84〕是还很少尝试过的**知性能力本身的分析**，为的是通过我们仅仅在知性亦即先天概念的诞生地中探求这些概念并分析知性的一般纯粹应用，来研究先天概念的可能性；因为这是一种先验哲
B91 学的独特工作；其余的东西则是一般哲学中对概念的逻辑探讨。因此，我们将把纯粹概念一直追溯到它们在人类知性中的最初萌芽和禀赋，它们蕴涵在这些萌芽和禀赋中已经作好准备，直到终于借经验之机得到发展，并凭借同一种知性摆脱依附于它们的经验性条件，在其纯粹性中得到展现。

第一篇

论发现一切纯粹知性概念的导线

当人们发动一种知识能力的时候，按照各种各样的机缘，出现不同的概念，它们使这种能力为人所知，而且在较长时间或者以较强的敏锐性对它们进行考察之后，可以在一篇或多或少详尽的文章中使它们集合起来。至于这一研究在什么地方将臻于完善，按照这种仿佛是机械性的做法是永远不能确切地规定的。人们仅仅这样随机缘发现的概念，也并不呈现在任何秩序和系统的统一体中，而是最终仅仅按照类似性得以相配，并
B92 且按照其内容的多寡，从简单的概念开始到更为复合的概念排成序列，这些序列根本不是系统的，虽然是以某种方式按照某

种方法达成的。

先验哲学有便利、但也有义务从一个原则出发探求其概念，因为这些概念必须是纯粹地、不混杂地从作为绝对统一体的知性产生，因而本身是按照一个概念或者理念而彼此联系的。但这样一种联系提供了一种规则，按照它，就可以先天地 〔85〕
为每一个纯粹的知性概念规定它的位置，并在总体上为所有的概念规定其完备性，否则的话，这一切就会取决于任意或者取决于偶然了。

第一章　论知性的一般逻辑应用

知性在上面只是得到消极的解释：用的是一种非感性的认识能力。现在，我们不依赖于感性就不能分享直观。因此，知性不是直观的能力。但是，在直观之外，除了凭借概念，没有别的认识方式。因此，每一种知性、至少人的知性的知识，是 B93
一种凭借概念的知识，它不是直观的，而是推论的。一切直观，作为感性的，所依据的是刺激，因而概念依据的是功能。但是，我把功能理解为在一个共同的表象之下整理不同的表象的行动的统一性。因此，概念以思维的自发性为基础，就像感性直观以印象的感受性为基础一样。于是，除了借助这些概念作出判断之外，知性对它们不可能有别的应用。既然除了仅仅作为直观之外，没有一个表象直接涉及对象，所以一个概念不直接地与一个对象发生关系，而是与关于该对象的某一别的表象（无论它是直观或者本身已经是概念）发生关系。因此，判断是一个对象的间接知识，从而是对象的一个表象的表象。在每一个判断中，都有一个适用于诸多表象的概念，而在这一诸多之下也包含着一个被给予的表象，它直接地与对象发生关系。例如，在“**一切物体都是可分的**”这个判断中，可分物的

〔86〕概念与不同的其他概念相关；但在这些概念中，它在这里特别地与物体的概念相关，但物体的概念则与某些呈现给我们的显象相关。因此，这些对象通过可分性的概念间接地得到表象。B94 据此，一切判断都是我们的表象中间的统一性的功能，因为不是一个直接的表象，而是一个把前者和更多的表象包含在自己之下的更高的表象，被用于对象的知识，由此诸多可能的知识被集合在一个知识之中。但我们可以把知性的所有行动归结为判断，以至于一般的**知性**可以被表象为一种**判断的能力**。因为如上所述，它是一种思维的能力。思维是凭借概念的知识。但概念作为可能判断的谓词，所关涉的是一个尚未确定的对象的某个表象。这样，物体的概念，例如金属，就意味着某种可以通过那个概念被认识的东西。因此，它之所以是概念，只是因为它在自己之下包含着其他使它能够与对象发生关系的表象。所以，它是一个可能判断的谓词，例如每一种金属都是物体。因此，如果人们能够完备地描述判断中的统一性的功能，就能够在总体上发现知性的各种功能了。但下一章将表明，这一点是极容易做到的。

B95

第二章

第 9 节　论知性在判断中的逻辑功能

如果我们抽掉一个一般判断的所有内容，只关注其中的纯然知性形式，那么我们将发现，思维在判断中的功能可以归于四个标题之下，其中每一个又包含着三个环节。它们可以确切地如下表所示。

B96 由于这种划分在一些虽然不是本质性的方面显得偏离了逻辑学家们惯常的做法，所以针对令人担忧的误解作如下抗辩将不是毫无必要的。

〔87〕

1.
判断的量
全称的
特称的
单称的

2.
判断的质
肯定的
否定的
无限的

3.
判断的关系
定言的
假言的
选言的

4.
判断的模态
或然的
实然的
必然的

1. 逻辑学家们有理由说，人们在把判断用于理性推理时可以把单称判断当做全称判断来对待。因为正是由于单称判断根本没有外延，所以它们的谓词就不能仅仅与包含在主词的概念之下的一些东西相关，而被另一些东西排除在外。因此，这谓词毫无例外地适用于那个概念，就好像那个概念是一个拥有外延、谓词适用于其全部意义的普遍有效的概念似的。与此相反，如果我们把一个单称判断仅仅作为知识，按照量与一个普遍有效的判断进行比较，那么，这种知识与普遍有效的判断的关系就如同单一与无限的关系，因而就其自身而言与后者有本质性的区别。因此，如果我对一个单称判断（judicium singulare）不仅仅按照其内在的有效性，而且还作为一般知识按照它与其他知识相比所拥有的量来作出估价，那么，它当然与普遍有效的判断（judicia communia）有区别，并且理应在一般思维的一个完备的环节表中（尽管当然不是在仅仅局限于各种 〔88〕
判断相互之间的应用上的逻辑中）占有一个特殊的位置。 B97

2. 同样，在先验逻辑中还必须把**无限判断**与**肯定判断**区别开来，尽管在普遍的逻辑中后者合理地被归入前者，并不构成划分的一个特殊分支。因为普遍的逻辑抽掉谓词的一切内容(即使这谓词是否定的)，只关注这谓词是被附加于主词，还是与它相对立。但先验逻辑却还根据凭借一个纯然否定的谓词所作出的这种逻辑肯定的价值或者内容来考察判断，并且考察这种肯定就全部知识而言带来了什么样的收获。如果我就灵魂而言说它不是有死的，那么，我就通过一个否定的判断至少防止了一种错误。如今，通过“灵魂是不死的”这一命题，虽然，由于我把灵魂置入了不死的存在者的无限制外延之中，而在逻辑形式上现实地作出了肯定。由于有死者在可能存在者的全部外延中包括一个部分，而不死者则包括另一个部分，所以通过我的命题所说的无非是，灵魂是在我把有死者全都排除的时候依然存留的无限多事物中的一个。但这样一来，一切可能事物
B98 的无限领域只是就有死者被与此隔离、灵魂被置于其外延的其余范围而言才受到了限制。然而，即使有这种剔除，这个范围依然始终是无限的，还可以再排除它的更多的部分，灵魂的概念并不因此就有丝毫的增加和得到肯定的规定。因此，这些就逻辑外延而言的无限判断在一般知识的内容方面实际上纯然是限制性的，而且就此而言，它们在判断中思维的一切环节的先验表中是不可忽略的，因为这里所履行的知性功能也许在知性的纯粹先天知识的领域里会是重要的。

3. 思维在判断中的所有关系是：a. 谓词与主词的关系；b. 根据与结果的关系；c. 被划分的知识与划分的全部分支相互之间的关系。在第一类判断中只考察两个概念，在第二类判
〔89〕 断中考察两个判断，在第三类判断中就相互之间的关系而言考察多个判断。假言命题“如果有一种完善的正义，则冥顽之恶徒将受到惩罚”原本包含着两个命题的关系，即“有一种完善的正义”和“冥顽之恶徒将受到惩罚”。这两个命题自身是否

真实，在此还没有得到澄清。通过这一判断所思维的不过是结论罢了。最后，选言判断包含着两个或者更多的命题相互之间 B99 的关系，但并不是次序的关系，而是如果一个命题的领域排除另一个命题的领域则产生的逻辑对立的关系，但同时毕竟也是如果它们一起填充真正的知识的领域则产生的共联性的关系，从而是一种知识的领域的各个部分的关系，因为每一部分的领域对于被划分的知识的全部总和来说都是另一部分的领域的补充；例如，世界要么是由于一种盲目的偶然、要么是由于内在的必然、要么是由于一种外在的原因存在的。这些命题中的每一个都占据着一般来说关于一个世界存在的可能知识的领域的一个部分。所有这些命题合起来则占据着整个领域。把知识从这些领域中的一个除去，则意味着把它置入其余领域中的一个，与此相反，把它置入一个领域，则意味着把它从其余的领域除去。因此，在一个选言判断中，有某种知识的共同体，它就在于这些知识相互排斥，但由此却毕竟在**整体**上规定着真实的知识，因为它们总的来说构成了惟一的一种被给予的知识的全部内容。而这也是我为了下面的内容在此必须予以说明的。

4. 判断的模态是判断的一种极为特殊的功能，它自身具有的特别之处就在于，它对判断的内容毫无贡献（因为除了量、质和关系之外，再也没有什么构成一个判断的内容了）， B100 而是仅仅涉及系词一般来说与思维相关时的值。**或然**判断是人们在其中认为肯定或者否定都仅仅**可能**（随意的）的判断；**实然**判断是肯定或者否定被视为**现实**（真实）的判断；**必然**判断则是人们在其中把肯定或者否定视为**必然**的判断。①这样，如果

① 如同思维在第一种场合是**知性**的功能，在第二种场合是**判断力**的功能，在第三种场合是**理性**的功能一样。这一说明留待后面再解释。

两个判断的关系构成假言判断（antec［前件］和 consequ［后
〔90〕件］），此外，如果选言判断就在于两个判断的相互作用（划分的各个分支），那么，这两个判断就全都只是或然的。在上面的例子中，“有一种完善的正义”这个命题并不是实然地说出的，而是仅仅被思维成一个随意的判断，对于它来说可能会有人这样认为；而惟有结论是实然的。因此，这样的判断也可能明显是错误的，但作为或然的来看，毕竟是真理知识的条件。这样，**“世界是由于一种盲目的偶然存在的”**这个判断在选言判断中只具有或然的意义，也就是说，某人可能在某个时刻接受这一命题，但它毕竟有助于发现真的命题（如同在人们
B101 可能选取的所有道路的数目中标出错误的道路一样）。因此，或然的命题是仅仅表达逻辑可能性（这种可能性不是客观的）的命题，也就是说，这种可能性是一种使这样的命题有效的自由选择，是纯然任意地把该命题接纳入知性。实然的命题说的是逻辑的现实性或者真实性，例如在一个假言的理性推理中前件在大前提中表现为或然的，在小前提中表现为实然的，并且表明该命题已经按照知性的规律与知性结合在一起了。必然的命题则把实然的命题思维为由知性的这些规律本身规定的，从而是先天地断言的，并以这样的方式表达逻辑的必然性。如今，由于在这里一切都逐步地并入知性，以至于人们首先或然地判断某物，继而也实然地认为它是真的，最后断言它与知性不可分割地结合在一起，也就是说是必然的和无可置疑的，所以，人们也可以把模态的这三种功能一般地称为思维的三个环节。

B102

第三章

第 10 节　论纯粹的知性概念或者范畴

如同已经多次说过的那样，普遍的逻辑抽掉知识的所有内

容，并且指望从别的无论什么地方给予它表象，以便首先把这些表象转化为概念；这是分析地进行的。与此相反，先验逻辑 〔91〕面临的是一种先验感性论向它呈现的先天感性杂多，为的是给纯粹知性概念提供一种材料，没有这种材料这些概念就会没有任何内容，从而是完全空洞的。空间和时间包含着先天纯直观的杂多，但尽管如此却属于我们心灵的感受性的条件，心灵惟有在这些条件下才能够接受对象的表象，因而表象也必然在任何时候都刺激对象的概念。不过，我们的思维的自发性要求这种杂多首先以某种方式被审视、接受和结合，以便用它构成一种知识。这种行动我称为综合。

但是，我在最普遍的意义上把**综合**理解为把各种不同的表 B103
象相互加在一起并在一个认识中把握它们的杂多性的行动。如果杂多不是经验性地、而是先天地被给予的（就像空间和时间中的杂多那样），那么，这样一种综合就是**纯粹的**。在对我们的表象作出任何分析之前，这些表象必须事先已经被给予了，而且任何概念就**内容**而言都不能以分析的方式产生。但是，一种杂多（无论它是经验性地还是先天地被给予的）的综合首先产生一种知识，这种知识虽然最初还是粗糙的和混乱的，因而需要分析，但综合毕竟是真正把各种要素集合成知识、并结合成一定的内容的东西；因此，如果我们想对我们知识的最初起源作出判断，综合是我们首先应当予以注意的东西。

我们在后面将会看到，一般的综合纯然是想象力亦即灵魂的一种盲目的、尽管不可或缺的功能的结果，没有这种功能，我们在任何地方都根本不会有知识，但我们却很少哪怕有一次意识到它。不过，把这种综合付诸**概念**，这是属于知性的一种功能，知性借助于这种功能才为我们产生真正意义上的知识。

B104 **一般地来看，纯粹的综合**提供纯粹的知性概念。但是，我
〔92〕把这种综合理解为依据先天的综合统一性的一种根据的综合：因此，我们的计数（尤其是在数目较大的时候更为明显）是一种**按照概念的综合**，因为它是按照一个共同的统一性根据（如十进制）发生的。因此，在这个概念之下，杂多的综合中的统一性就成为必然的。

各种不同的表象以分析的方式被置于一个概念**之下**（这是普遍的逻辑所探讨的工作）。但是，先验逻辑所教导的，不是把表象，而是把表象的**纯粹综合**付诸概念。为了达到一切对象的先天知识，必须被给予我们的，首先是纯直观的**杂多**；其次是这种杂多凭借想象力的**综合**，但这还没有提供知识。给这种纯粹的综合提供**统一性**、并仅仅存在于这种必然的综合统一的表象之中的概念，为一个呈现的对象的认识提供了第三种东西，而且所依据的是知性。

B105 为**一个判断**中的各种不同表象提供统一性的同一种功能，也为**一个直观**中的各种不同表象的纯然综合提供统一性，用一般的方法来表达，这种功能就叫做纯粹知性概念。因此，同一个知性，而且通过它在概念中凭借分析的统一而造成一个判断的逻辑形式的同一种行动，也凭借一般直观中杂多的综合统一把一种先验的内容带进它的表象，因此这些表象叫做纯粹的知性概念，它们先天地关涉客体，这是普遍的逻辑所不能提供的。

以这样的方式产生出先天地关涉一般直观的对象的纯粹知性概念，它们与前表中所有可能判断中的逻辑功能一样多，因为知性已被上述功能所穷尽，其能力也由此得到完全的测定。我们想依据亚里士多德把这些概念称为**范畴**，因为我们的意图原本与他的意图是一回事，尽管这意图在实施中与他的意图相去甚远。

范畴表 B106 〔93〕

1.
量的范畴
单一性
复多性
全体性

2.
质的范畴
实在性
否定性
限定性

3.
关系的范畴
依存性与自存性
(substantia et accidens［实体与偶性］)
因果性与隶属性
(原因与结果)
共联性
(行动者与承受者之间的交互作用)

4.
模态的范畴
可能性——不可能性
存在——不存在
必然性——偶然性

这就是知性先天地包含在自身的所有源始纯粹的综合概念的一览表，知性也只是由于这些概念才是一种纯粹的知性，因为知性惟有通过它们才能够就直观的杂多而言理解某种东西，也就是说，思维直观的一个客体。这种划分是系统地从一个共同的原则、亦即从**判断**的能力（这种能力与思维的能力相同）产生的，不是漫游诗人般地从对纯粹概念的一种碰运气完成的搜寻产生的，这种搜寻的完备性人们永远不能确知，因为它只 B107
是通过归纳完成的，而不考虑人们以后一种方式永远也看不出，为什么恰恰是这些而不是另一些概念寓于纯粹的知性之中。搜寻这些基本概念，曾是亚里士多德的一项工作，这项工

作是值得一位敏锐的人士去做的。但是，由于亚里士多德没有任何原则，所以他像偶然遇到它们那样把它们捡拾起来，最初
〔94〕 找到了十个，他称之为**范畴**（陈述词）。后来，他认为自己还搜寻到了五个，他用后陈述词的名义把它们附加上去。不过，他的范畴表始终还是有欠缺的。此外，也有一些纯粹感性的样式存在于其中（quando，ubi，situs［何时、何地、状态］，以及 prius，simul［在先、同时］），还有一个经验性的样式（motus［运动］），它们都根本不属于知性的这一基本名册，或者还有派生的概念也一起被算进源始的概念之中了（actio，passio［行动、承受］），而基本概念中的一些则完全阙如。

因此，为了这些源始概念还必须说明：范畴作为纯粹知性真正的**基本概念**，也拥有其同样纯粹的**派生概念**，在一个完备的先验哲学体系中绝不可以忽略它们，但我在一个纯然批判的尝试中就可以满足于仅仅提到它们了。

B108 且让我把这些纯粹的、但却是派生的知性概念称为纯粹知性的**可陈述词**（与陈述词相对）。如果人们拥有源始的和原始的概念，那么，就可以轻而易举地附加上派生的和从属的概念，并完全描画出纯粹知性的谱系。既然这里对我来说重要的不是体系的完备性，而仅仅是一个体系的各种原则，所以我就把这一补充留待另一项研究。但是，如果拿起本体论的教科书，并且例如使力、行动、承受的可陈述词隶属于因果性的范畴，使在场、阻抗的可陈述词隶属于共联性的范畴，使产生、消亡、变化的可陈述词隶属于模态的陈述词，等等，人们差不多就可以实现这一意图了。范畴与纯粹感性的样式相结合，或者也彼此之间相结合，提供出大量派生的先天概念，说明这些概念，并且可能的话乃至完备地记录下它们，是一项有用的、并不令人反感的工作，但在这里却没有必要。

这些范畴的定义，尽管我可以掌握它们，但在这项探讨中，

我却有意地避开了。我将在后面分析这些概念，直到与我将探讨的方法论相关而充足的程度。在一个纯粹理性的体系中，人 B109
们本来可以有理由要求我作出这些定义，但在这里，它们会使 〔95〕
人忽视研究的要点，因为它们将激起怀疑和攻击，这些怀疑和攻击人们完全可以交给另一项研究去处理，而无损于根本的目的。不过，从我在此略加说明的东西中毕竟可以清晰地看出，一部完备的词典连同所有为此必需的解说不仅是可能的，而且也是可以轻而易举地完成的。科目已经就绪，所需要的只是充实它们，而像目前的这样一种系统的位置论，是不会轻易地让每一个概念所专属的位置放错的，而且同时也使人很容易发现那些还空着的位置。

第 11 节

关于这个范畴表，可以作出一些精细的考察，它们也许能够在所有理性知识的科学形式方面有显著的效果。因为这个表在哲学的理论部分非常有用，甚至是完备地制定**一门科学的整体规划**（就它依据的是先天概念而言），并系统地**按照确定的原则划分**这门科学所不可或缺的，这一点已经由于以下情况而不言而喻，即这个表完备地包含了知性的所有基本概念，甚至包含了人类知性中这些概念的一个体系的形式，因而指明了一 B110
门计划中的科学的所有环节乃至它们的**秩序**，正如我在别的地方[①]也曾为此提供一个样品一样。这些说明中的一些如下。

第一个说明：这个表包含四组知性概念，首先可以分为两类，其中第一类针对直观（既包括纯直观也包括经验性直观）

① 《自然科学的形而上学初始根据》。

的对象，第二类针对这些对象的实存（要么在彼此的关系中，要么在与知性的关系中）。

我将把第一组称为**数学性的**范畴，把第二组称为**力学性的**范畴。就像人们所看到的那样，第一组没有相关项，只有在第二组中才遇到相关项。这一区别毕竟必然在知性的本性中有其根据。①

〔96〕

第二个说明：每一组的范畴处处都是同一个数字，即三，这同样要求深思，因为通常凭借概念进行的先天划分都必然是二分法。此外还有，第三个范畴每处都是出自该组第二个范畴与第一个范畴的结合。

B111 这样，**全体性**（总体性）被看做无非是作为单一性的复多性，**限定性**无非是与否定性相结合的实在性，**共联性**则是一个实体在与另一个实体的交互规定中的因果性，最后，**必然性**无非是通过可能性本身被给予的实存性。但不要认为，因此之故第三个范畴就只是纯粹知性的一个派生概念，而不是基本概念。因为第一个范畴和第二个范畴为了产生第三个概念结合起来，需要知性的一个特殊行动，这个行动与在第一个概念和第二个概念那里实施的行动不是一回事。这样，一个**数字**（它属于全体性的范畴）在有复多性和单一性概念的地方（例如在无限者的表象中）并不总是可能的，或者我把一个**原因**的概念和一个**实体**的概念结合起来，由此出发并不能马上理解**影响**，也就是说，一个实体如何能够成为另一个实体中的某物的原因。由此可见，为此需要知性的一个特殊行动，余者类推。

第三个说明：惟有一个范畴，即处于第三个标题下的**共联性**范畴，它与逻辑功能表中与它相应的一种选言判断的形式的

① 从内容上来看，本自然段中的“组”似应为“类”。——译者注

一致并不像在其他范畴那里那样引人注目。 B112

为了保证这种一致性，人们必须注意：在一切选言判断中，领域（所有包含在它之下的东西的集合）被表象为一个整体划分为各个部分（各个从属概念），而且由于一个部分不能被包含在另一个部分之下，它们被设想为彼此**并列的**，而不是**从属的**，以至于它们不是像在一个**序列**中那样**单向地**互相规定，而是像在一个**集合体**中那样**交互地**互相规定（如果划分的一个分支被设定，则其余的都被排除，反之亦然）。〔97〕

如今，在事物的一个**整体**中也被设想一种类似的联结，在这里不是一个作为结果的事物**隶属于**另一个作为其存在的原因的事物，而是就规定别的事物而言同时地并且交互地作为原因**并列**（例如在一个物体中，它的各个部分交互地彼此吸引也彼此排斥）；这是一种与在纯然的原因与结果（根据与后果）的关系中遇到的完全不同方式的联结；在后者中，后果并不交互地又规定根据，因而并不与根据一起构成一个整体（就像世界的创造者并不与世界一起构成一个整体一样）。知性在表象一个被划分的概念的领域之时，与它在把一个物设想为可分割的时， B113
遵循的是同一种做法；而且，就像划分的各分支在前者中彼此排斥但毕竟结合在一个领域里一样，知性也把后者的各个部分表象为这样一些部分，每一个部分都也以排斥其余部分的方式拥有它们的实存（作为各个实体），但毕竟结合在一个整体中。

第 12 节

但在古人的先验哲学中，还有一个包含着纯粹的知性概念的重要部分；这些概念虽然未被列入范畴，但在他们看来却应当被视为关于对象的先天概念，不过在这种情况下他们就会增加范畴的数目，而这是不可能的。陈述这些概念的，是在经院学者们中间如此流行的命题：quodlibet ens est **unum**，**verum**，**bonum**［任一存在者都是**一**，是**真**，是**善**］。尽管这一原则的应用就结论（它们提供的纯然是些同义反复的命题）而言成效甚微，以至于人们在近代几乎只是为了表示尊敬才习惯在形而上学中提出它，但是，一个长期保持下来的思想，即便是显得如此空洞，毕竟也总是值得探究它的起源，并使人有理由猜测它以某种知性规则为自己的根据，只不过这种根据如同经常发生的那样被解释错了而已。**事物**的这些被信以为真的先验谓词，
B114 无非是一般来说**事物**的所有知识的逻辑要求和标准，并把量的
〔98〕范畴亦即**单一性**、**复多性**和**全体性**奠定为知识的基础，只是他们把这些本来在质料上必须被看做属于事物的可能性本身的范畴，事实上仅仅在形式的意义上当做属于一切知识的逻辑要求的东西来使用，而且毕竟是以不谨慎的方式把这些思维的标准当成了物自身的属性。因为，在一个客体的每一种知识中，都有概念的**单一性**，人们可以把它称为**质的单一性**，只要在它之下所设想的只是总括知识之杂多的单一性，例如在一出戏剧、一场演说、一个故事中的主题的单一性。其次是结论方面的**真实性**。从一个被给予的概念中得出的真实结论越多，该概念的客观实在性的标志也就越多。人们可以把这称为属于一个作为共同根据的概念的各种特征（这些特征在它里面并未被思考为量）的**质的复多性**。最后，第三是**完善性**，它在于这种复多性反过来一起回溯到概念的单一性，并与该概念而不是与别的概念完全一致，人们可以把这称为**质的完备性**（总体性）。由此
B115 可见，一般而言的知识可能性的这些逻辑标准在这里只是为了通过一种作为原则的知识的质把**异类的**知识成分结合在一个意识中，而转变了量的三个范畴，在这些范畴中，量在产生中的单一性必须被视为无例外地同类的。这样，一个概念（不是概念的客体）的可能性的标准就是这样的定义，在其中概念的**单**

一性、一切能够最切近地从它派生的东西的**真实性**、最后还有从它引出的东西的**完备性**，都为产生整个概念构成了必需的东西；或者说，就连**一种假说的标准**，也是所采取的**解释根据**的可理解性，或者这种根据的**单一性**（无须辅助假说），能够从中派生的结论的**真实性**（它们相互之间的一致和与经验的一致），最后还有解释根据对于这些结论的**完备性**，这些结论不多不少，正好回溯到在假说中所假定的东西，而且后天地以分析的方式重新提供出先天地以综合的方式思维过的东西并与之一致。因此，先验的范畴表根本没有通过单一性、真实性和完 〔99〕
善性的概念得到补充，就好像它有欠缺似的，而只是由于把这 B116
些概念与客体的关系完全被置之一旁，对这些概念的处理才被置于知识与自己本身一致的普遍逻辑规律之下。

第二篇

论纯粹知性概念的演绎

第一章

第 13 节　论一般先验演绎的原则

法学家在谈到权限和僭越时，在一桩诉讼中把有关权利的问题（quid iuris［有何权利］）与涉及事实的问题（quid facti［有何事实］）区分开来，而由于他们对二者都要求证明，他们就把应当阐明权限或者也阐明合法要求的前一种证明称为**演绎**。我们使用大量经验性的概念，并没有人提出异议，我们也不经演绎就认为自己有权利赋予它们一种意义和想当然的含义，因为我们任何时候手头都有证明它们的客观实在性的经
验。不过，也有一些僭越的概念，例如幸福、命运，它们虽然 B117
凭借几乎普遍的宽容而流行，但毕竟有时需要回答 quid iuris

［有何权利］的问题；此时，人们在这种情况下就陷入了不小的麻烦，因为人们无论是从经验出发还是从理性出发都举不出清晰的合法根据来澄清使用这些概念的权限。

但是，在构成人类知识十分混杂的交织物的各种各样的概念中间，有一些概念也注定要被纯粹先天地（完全不依赖于任
〔100〕何经验地）应用，而它们的这种权限在任何时候都需要一种演绎：因为对于这样一种应用的合法性来说从经验出发的证明并不充足，但是人们必须知道这些概念如何能够与它们毕竟不是从任何经验得来的客体发生关系。因此，我把对先天概念能够与对象发生关系的方式的解释称为它们的**先验演绎**，并把它与**经验性的**演绎区别开来，后者表明的是通过经验和对经验的反思获得一个概念的方式，因而不涉及拥有得以产生的合法性，而是涉及其事实。

B118 我们现在已经拥有两种截然不同的概念，它们毕竟在双方都完全先天地与对象发生关系这一点上是相互一致的，这就是作为感性形式的空间和时间的概念及作为知性概念的范畴。要想尝试对它们作出一种经验性的演绎，将是一件完全徒劳的工作，因为它们的本性的特征恰恰在于，它们与自己的对象发生关系，并不为了表象这些对象而从经验中借取某种东西。因此，如果需要对它们作出一种演绎，则这演绎在任何时候都必须是先验的。

不过，对于这些概念，就像对于所有的知识一样，即使不能在经验中找出它们的可能性的原则，却毕竟能够找出它们产生的偶因；在这种情况下，只要感官的印象提供最初的诱因，人们就向这些印象开放整个认识能力，并完成经验；经验包含着两种极不同类的要素，即来自感官的知识**质料**和来自纯粹直观和思维的内在源泉的某种整理这质料的**形式**，纯粹直观和思维借感官印象的机缘才首先运行起来并产生概念。对我们的认

识能力为了从个别的知觉上升到普遍的概念所作的最初努力进行这样一种探究，毫无疑问有其巨大的好处，而且人们应当感 B119
谢著名的**洛克**，是他率先为此开辟了道路。然而，对纯粹先天概念的一种**演绎**却绝不能由此实现，它根本不处在这条道路上，因为就这些概念今后应当完全独立于经验的应用而言，它们必须出示一个与出身自经验截然不同的出生证。这种尝试过 〔101〕
的自然学的推导本来根本不能叫做演绎，因为它所涉及的乃是一个 quaestionem facti［事实的问题］，所以我想把它称为对一种纯粹知识的拥有所作的解释。因此显而易见，对这些概念只能有一种先验的演绎，而绝不能有一种经验性的演绎，后者对纯粹先天概念来说无非是一些无用的尝试，只是没有理解这种知识的全部独特本性的人才会干这种事情。

但现在，即使承认纯粹先天知识的可能演绎只有一种方式，即沿着先验道路的方式，由此也毕竟不能说明，这种方式是绝对必要的。我们在上面已经凭借一种先验演绎将空间和时间的概念一直追踪到其起源，并解释和规定了它们先天的客观有效性。尽管如此，几何学通过纯然的先天知识稳步前进，无须为了自己关于空间的基本概念的纯粹的、合法的出身而请求 B120
哲学提供委任状。不过，概念的应用在这门科学中也仅仅关涉到外部的感官世界，对于它来说空间就是它的直观的纯形式，因而在它里面一切几何学知识都由于建立在先天直观之上而具有直接的自明性，而对象则通过这种知识本身先天地（按照形式）在直观中被给予。与此相反，那不可回避的需要是随着**纯粹知性概念**开始的，即不仅要为它们本身，而且要为空间寻求一种先验的演绎，因为既然它们谈论对象所凭借的不是直观和感性的谓词，而是纯粹先天思维的谓词，它们也就无须任何感性条件而与对象发生关系，而且既然它们并不以经验为基础，它们也就不能在先天直观中展示任何它们先于一切经验而把自

己的综合建立于其上的客体，因而不仅由于它们的应用的客观有效性和限制而引起怀疑，而且还由于它们倾向于超出感性直
B121 观的条件去应用空间概念而使**空间概念**变得模糊不清，所以前
〔102〕面对于空间概念进行一种先验演绎也是必要的。因此，读者在纯粹理性的领域里哪怕只跨出一步，之前都必须相信这样一种先验演绎不可回避的必要性，因为不然的话他就会盲目行事，而且在他四处误入歧途之后，毕竟又不得不再返回到他由以出发的无知。但是，他必须也事先清晰地看出不可避免的困难，以免抱怨事情本身深藏于其中的隐晦，或者为清除障碍而过早地烦恼，因为重要的是，要么完全放弃洞察纯粹理性的所有要求这个最受欢迎的领域，即超出一切可能经验的界限的领域，要么就使这一批判的研究臻于完善。

对于空间和时间概念，我们在上面就已经能够轻而易举地说明，这些概念如何作为先天知识却仍然不得不必然地与对象发生关系，并且不依赖于一切经验而使这些对象的一种综合知识成为可能。因为既然只有凭借感性的这样一些纯形式，一个对象才能够向我们显现，也就是说，才能够成为经验性直观的一个客体，所以空间和时间是先天地包含着作为显象的对象之
B122 可能性的条件的纯直观，而且在它们里面的综合具有客观有效性。

与此相反，知性的范畴根本不向我们表现出使对象在直观中被给予的那些条件，因而对象当然也就能够无须与知性的功能必然发生关系就向我们显现，所以知性并不先天地包含这些对象的条件。因此，这里就出现了一种我们在感性的领域里不曾遇到的困难，这就是**思维的主观条件**如何应当具有**客观有效性**，也就是说，提供对象的所有知识之可能性的条件。因为没有知性的功能，显象当然能够在直观中被给予。我以原因概念为例，它意味着综合的一种特殊方式，这里在 A 之上按照一

种规则设定了截然不同的 B。至于为什么显象包含着诸如此类的某种东西（因为既然这个概念的客观有效性必须能够先天地 〔103〕
阐明，我们就不能援引经验来作为证明），这并不是先天地清楚明白的；因此，至于这样一个概念是否完全空洞，而且在显象中间到处都遇不到对象，则是先天地可疑的。因为感性直观 B123
的对象必须符合先天地蕴涵在心灵中的形式条件，这一点是清楚明白的，否则它们就不会成为我们的对象；但是，它们除此之外也必须符合知性为了思维的综合统一所需要的条件，对这一点就不大容易看出结论了。因为当然很可能显象具有这样的性状，即知性发现它们根本不符合其统一性的条件，一切都这样处在混乱中，例如在显象的序列中不呈现出任何提供一种综合的规则、从而与原因和结果的概念相适应的东西，以至于这个概念因此而是完全空洞的、毫无价值的、没有意义的。显象依然会把对象呈现给我们的直观，因为直观不以任何方式需要知性的功能。

如果人们想避开这种研究的麻烦，而说经验不断地呈现出显象的这样一种合规则性的实例，这些实例提供了足够的理由把原因概念与此分离开来，并由此同时证明这样一个概念的客观有效性，那么，人们就没有发觉，以这种方式根本不可能产生原因概念，相反，它必须要么完全先天地建立在知性中，要么被当做一个纯然的幻影而完全放弃。因为这个概念绝对要求 B124
某物 A 具有这样的性质，即**必然地并且按照一条绝对的规则**从它里面得出另一个某物 B。显象完全可以提供各种场合，从中有可能得出某物循例发生所遵从的规则，但却永远不可能得出后果是**必然的**。因此，原因与结果的综合还固有一种尊严，人们根本不能经验性地予以表达，也就是说，结果不仅是附加在原因上的，而且是**通过**原因被设定，并从原因产生出来的。规则的严格普遍性也根本不是经验性规则的属性，后者通过归

纳所能够得到的无非是比较的普遍性，即广泛的适用性。但现
〔104〕在，如果人们想把纯粹知性概念仅仅当做经验性的产物来对待，它们的应用就会完全改变。

第14节　向范畴的先验演绎的过渡

综合的表象能够与其对象同时发生、彼此以必然的方式发生关系、仿佛是彼此相遇，这只有在两种情况下才有可能：要
B125 么只有对象才使表象成为可能，要么只有表象才使对象成为可能。如果是前者，则这种关系就只是经验性的，而且表象绝不是先天地可能的。显象就它们里面属于感觉的东西而言，就是这种情况。但如果是后者，由于表象自身（因为这里所谈的根本不是表象凭借意志所产生的因果性）并不是**就存在而言**产生自己的对象的，所以在惟有通过表象才有可能把某物**作为一个对象来认识**的情况下，表象毕竟就对象而言是先天地进行规定的。但是，一个对象的知识惟有在两个条件下才是可能的：首先是**直观**，对象通过直观被给予，但只是作为显象；其次是**概念**，一个与该直观相应的对象通过概念被思维。但从以上所说可以明白，第一个条件，即对象惟有在其下才能被直观的条件，事实上先天地在心灵中是客体就形式而言的基础。因此，一切显象必然与感性的这种形式条件一致，因为它们只有通过这种条件才能够显现，也就是说，才能够被经验性地直观和给予。现在的问题是：是否就连概念也是作为条件先天地先行的，某物惟有在这些条件下，虽然不是被直观，但却是作为一
B126 般对象被思维？在这种情况下，对象的一切经验性知识就都以必然的方式符合这样的概念，因为不以它们为前提条件，就没有任何东西可能是**经验的客体**。但现在，一切经验在某物被给予所凭借的感官直观之外，还包含着关于一个在直观中被给予

或者显现的对象的概念，据此，一般而言的对象的概念就作为 〔105〕
先天条件成为所有经验知识的基础。所以，范畴作为先天概念的客观有效性的依据是：惟有通过它们，经验（就思维的形式而言）才是可能的。在这种情况下，范畴就以必然的方式并且先天地与经验的对象相关，因为一般而言只有凭借范畴，经验的某个对象才能够被思维。

因此，一切先天概念的先验演绎有一个全部研究都必须遵循的原则，这个原则就是：它们必须被当做经验的可能性（无论是在其中遇到的直观的可能性，还是思维的可能性）的先天条件来认识。提供经验之可能性的客观基础的概念，正因为如此而是必然的。但是，在其中遇到这些概念的那种对经验的阐发却不是它们的演绎（而是它们的举证），因为它们在这里毕竟只会是偶然的。没有与知识的所有对象均在其中出现的可能经验的这种源始关系，它们与某个客体的关系就会是完全不可 B127
理解的。

著名的**洛克**由于缺乏这种考察，并由于他在经验中发现知性的纯粹概念，所以也就从经验中推导出这些概念，并且行事却如此**前后不一致**，以至于他竟敢借此尝试获得远远超越一切经验界限的知识。**大卫·休谟**认识到，为了能够这样做，这些概念就不可避免地必须拥有其先天的起源。但是，由于他根本不能够解释，知性如何可能必须把自身在知性中并不结合在一起的概念却思维为在对象中必然地结合在一起的，而且也没有想到也许知性凭借这些概念本身就能够是在其中遇到它的对象的经验的创造者，所以他迫不得已从经验中推导出这些概念（也就是说，从一种通过经验中的经常性联想产生的主观必然性亦即**习惯**中推导出这些概念，这种主观必然性最终被误以为是客观的），但在此之后行事却如此前后一致，他宣称不可能凭借这些概念及其所导致的原理超出经验界限。但是，这二位所想

〔106〕到的**经验性**推导却不能与我们所拥有的先天科学知识即**纯粹数**
B128 **学**和**普遍的自然科学**的现实性相吻合，因而被事实所驳斥。

在这两位著名的人士中，前一位为**狂热**大开方便之门，因为理性一旦拥有自己这方面的权限，就不再让自己受对节制的不确定称颂所限制；后一位则一旦相信自己揭露了对我们认识能力的一种如此普遍地被视为理性的欺骗，就完全委身于**怀疑论**。——我们现在正要做一番尝试，看人们是否能够幸运地使人类理性在这两道礁岩之间渡过难关，给它指出确定的界限，并尽管如此却把它的合目的行动的整个领域都视为对它开放的。

在此之前，我只想还先**对这些范畴作出解释**。范畴是关于一个一般而言的对象的概念，通过它们，对象的直观就各种判断的**逻辑功能**之一而言被视为**确定的**。这样，**定言**判断的功能就是主词与谓词的关系的功能，例如一切物体皆是可分的。然而就知性的纯逻辑应用而言，人们想把主词的功能赋予这两个
B129 概念中的哪一个，以及人们想把谓词的功能赋予哪一个，却依然是不确定的。因为人们也可以说：一些可分的东西是一个物体。但是，如果我把一个物体的概念置于实体的范畴之下，通过实体的范畴就确定了：该物体的经验性直观在经验中必须永远仅仅被视为主词，而绝不被视为纯然的谓词；在所有其他的范畴中亦复如是。

〔107〕
第二章　纯粹知性概念的先验演绎

第 15 节　论一种一般而言的联结的可能性

表象的杂多可以在一个直观中被给予，这个直观纯然是感性的，也就是说，无非是感受性，而它的形式则可以先天地存在于我们的表象能力中，毕竟是某种无异于主体被刺激的方式的东西。然而，一种杂多一般而言的**联结**（conjunctio）却绝不

能通过感官进入到我们里面，因而也不能同时一起包含在感性直观的纯形式中；因为它是表象力的自发性的一种行动，而既 B130 然人们为了与感性相区别就必须把这种自发性称为知性，所以一切联结，无论我们是否意识到它，无论它是直观杂多的联结还是各种各样的概念的联结，就前者而言是感性直观的联结还是非感性直观的联结，都是一种知性的行动，我们把**综合**这个普遍的称谓赋予这种行动，以便由此同时表明，任何东西，我们自己没有事先把它结合起来，就不能把它表象为在客体中结合起来的，而且在所有表象中，**联结**是惟一不能通过客体被给予的、而是由主体自身确立的表象，因为它是主体的自发性的一个行动。人们在这里很容易就可以察觉，这种行动原初必须是惟一的，并且适用于一切联结，而分解，亦即**分析**，看起来是它的对立面，毕竟在任何时候都以它为前提条件；在知性事先没有把任何东西结合起来的地方，它也就不能分解任何东西，因为这东西惟有**通过知性**才能作为结合起来的东西被给予表象力。

但是，联结的概念除了杂多的概念和杂多的综合的概念之 〔108〕 外，还包括杂多的统一的概念。联结是杂多的**综合**统一的表 B131 象。① 因此，这种统一性的表象不能从联结中产生，毋宁说，它通过附加到杂多的表象上才使得联结的概念成为可能。这种先天地先行于一切联结概念的统一性，并不是那个单一性范畴（参见第 10 节）；因为一切范畴都建立在判断中的逻辑功能之上，但在判断中已经思维了联结，从而思维了被给予的概念的统一性。因此，范畴已经以联结为前提条件了。所以，我们必须到更高的

① 表象本身是否是同一的，从而一个表象是否可以通过另一个表象被分析地思维，在此不予考察。如果谈到杂多，那么，一个表象的**意识**总是要与另一个表象的意识区别开来，这里重要的仅仅是这种（可能的）意识的综合。

地方去寻找这种统一性(作为质的统一性,参见第 12 节),亦即到那本身就包含着判断中各种不同概念之统一性的根据、从而包含着知性就其逻辑应用而言的可能性的根据的东西中去寻找。

第 16 节　论统觉的源始综合的统一性

“我思”必须**能够**伴随我的一切表象；因为如若不然，在我里面就会有某种根本不能被思维的东西被表象，这就等于是
B132 说，表象要么是不可能的，要么至少对我来说什么也不是。这种能够先于一切思维被给予的表象就叫做**直观**。所以，直观的一切杂多在这种杂多被遇到的那个主体中与**我思**有一种必然的关系。但是，这个表象是**自发性**的一个行动，也就是说，它不能被视为属于感性的。我把它称为**纯粹的统觉**，以便把它与**经验性的**统觉区别开来，或者也称为**源始的统觉**，因为它就是那个通过产生出必然能够伴随所有其他表象并在一切意识中都是同一个东西的**“我思”**表象而不能再被别的表象伴随的自我意
〔109〕识。我也把统觉的统一性称为自我意识的**先验的**统一性，以便表示从它产生的先天知识的可能性。因为在某个直观中被给予的杂多表象如果不全都属于一个自我意识，就不会全都是**我的**表象，也就是说，作为我的表象（尽管我并没有意识到它们是我的表象），它们必须符合惟一使它们**能够**在一个普遍的自我
B133 意识中聚合的条件，因为如若不然，它们就不会完全地属于我。从这一源始的联结中可以得出许多结论。

也就是说，一种在直观中被给予的杂多的统觉，它的这种完全的同一性包含着一种表象的综合，并且只有通过这种综合的意识才是可能的。因为伴随着各种不同表象的经验性意识自身是分散的，与主体的同一性没有关系。因此，这种关系还不是通过我用意识来伴随任何表象发生的，而是通过我把一个表

象**附加**给另一个表象、并且意识到这些表象的综合而发生的。因此，只有通过我能够把被给予的表象的杂多**在一个意识中**联结起来，我才有可能表象**这些表象本身中的意识的同一性**，也就是说，统觉的**分析的**统一性惟有以某种**综合的**统一性为前提 B134
条件才是可能的。[①] 据此，“这些在直观中被给予的表象全都属 〔110〕
于我”的思想无非意味着，我在一种自我意识中把它们统一起来，或者我至少能够在其中把它们统一起来；而且即使这一思想本身还不是这些表象的综合的意识，它也毕竟以综合的可能性为前提条件，也就是说，只是由于我能够在一个意识中把握这些表象的杂多，我才把这些表象全都称为**我的**表象；因为如若不然，我就会拥有一个像我拥有的我所意识到的表象那样驳杂不同的自己了。因此，直观的杂多的综合统一作为先天地被给予的东西，是统觉本身的同一性的根据，而统觉是先天地先行于**我的**一切确定的思维的。但是，联结并不在对象之中，也不能通过知觉从它们获取，并由此才接受到知性中，相反，它
只是知性的一件工作，知性本身无非是先天地进行联结并把被 B135
给予的表象的杂多置于统觉的同一性之下的能力，这一原理乃是全部人类知识中的至上原理。

① 意识的分析的统一性与所有的共同概念相联系；例如当我想到一般的**红**的时候，我就由此表象出一种性状，它（作为特征）可以在某个事物上遇到，或者可以与别的表象相联结；因此，惟有凭借一个预先想到的综合的统一，我才能想象分析的统一。一个应当被设想为**各种不同**表象所共有的表象，就被视为属于这些表象，后者除了该表象之外自身还拥有某种**不同的**东西；因此，这个表象必须在与其他表象（即使只是可能的表象）的综合统一中，在我能够在它身上设想使它成为 conceptus communis［共同概念］的那种意识的分析统一之前就预先想到。而这样一来，统觉的综合统一就是人们必须把一切知性应用，甚至把全部逻辑以及按照逻辑把先验哲学附着于其上的最高的点，这种能力也就是知性本身。

现在，统觉的必然统一这一原理虽然是自身同一的，从而是一个分析命题，但它毕竟说明在一个直观中被给予的杂多的一种综合是必然的，没有这种综合，自我意识的那种完全的同一性就不能被设想。因为通过作为简单表象的自我，并没有任何杂多被给予；它只能在与此有别的直观中被给予，并通过在一个意识中的**联结**而被思维。一种知性，在它里面通过自我意识同时被给予一切杂多，这种知性就会是在**直观**；而我们的知性却只能**思维**，并且必须在感官中寻求直观。因此，我是就一个直观中被给予的表象的杂多而言来意识到同一的自己的，因为我把这些表象全都称为**我的**表象，它们构成**一个**表象。但这就等于是说，我意识到这些表象的一种先天的综合，这种综合
B136 就叫做统觉的源始的综合统一，一切被给予我的表象都必须从属于它，但也必须由一个综合来把这些表象置于它下面。

〔111〕

第 17 节　统觉的综合统一的原理是一切知性应用的至上原则

按照先验感性论，一切直观的可能性与感性相关的至上原理就是：直观的一切杂多都从属于空间和时间的形式条件。一切直观的可能性与知性相关的至上原理就是：直观的一切杂多都从属于统觉的源始综合统一的条件。① 直观的一切杂多表象如

① 空间和时间及其一切部分都是**直观**，因而是带有它们自身所包含的杂多的单个表象（参见先验感性论），从而就不单纯是使同一个意识被发现包含在许多表象之中的概念，而是使许多表象被发现包含在一个表象及其意识中的概念，从而这许多表象就被发现是复合的，因此意识的统一被发现是**综合的**、但毕竟又是源始的。直观的这种**单个性**在应用中是很重要的（参见第 25 节）。

果**被给予**我们，就从属于前一条原理，如果它们必须能够在一个意识中**被联结**起来，就从属于第二条原理；因为若没有它，由于被给予的表象不会共同具有“我思”的统觉行动，从而不 B137
会在一个自我意识中被总括起来，所以也就没有任何东西能够被思维或者被认识。

知性一般地来说就是**认识**的能力。认识就在于被给予的表象与一个客体的确定关系。而**客体**则是在其概念中一个被给予的直观的杂多被**结合起来**的东西。但现在，表象的一切结合都要求意识在表象的综合中的统一。所以，意识的统一就是惟一构成表象与一个对象的关系、从而构成它们的客观有效性、使它们成为知识的东西，因而就连知性的可能性也依据的是它。

因此，知性的全部其余应用所根据的、同时也完全不依赖于感性直观的一切条件的、最初的纯粹知性知识，就是统觉的源始的、**综合的**统一的原理。这样，外部感性直观的纯然形式，亦即空间，还根本不是知识；它仅仅先天地为一种可能的知识提供直观的杂多。但是，为了认识空间中的某物，例如一 〔112〕
条线，我就必须**划出**它，因而综合地完成被给予的杂多的一种 B138
确定的联结，以至于这种行动的统一同时就是意识（在一条线的概念中）的统一，并且一个客体（一个确定的空间）由此才得到认识。因此，意识的综合统一是一切知识的一个客观条件，不仅我自己为了认识一个客体而需要这个条件，而且任何直观**为了对我来说成为一个客体**也都必须从属于这个条件，因为以别的方式，没有这种综合，杂多就不会在一个意识中结合起来。

如上所说，这后一个命题虽然使综合统一成为一切思维的条件，但自身却是分析的；因为它不外是说，在任何一个被给予的直观中**我的**一切表象都必须从属于这样一个条件，惟有在这个条件下我才能把这些表象作为我的表象归于同一的自己，从而才能把它们作为在一个统觉中联结起来的，用普遍的表述“我思”总括起来。

但是，这一原理毕竟不是一个适用于任何一般而言可能的知性、而是仅仅适用于通过其纯粹的统觉在表象**“我在”**中还没有任何杂多被给予的知性的原则。通过其自我意识直观的杂
B139 多同时被给予的那种知性，即由于其表象这一表象的客体同时就实存的知性，有可能为了达到意识的同一，而不需要仅仅思维却不直观的人类知性所需要的那种杂多综合的一个特殊行动。但是，对于人类知性而言，这一原理却不可避免地是第一原理，以至于人类知性对于另一种可能的知性不能形成丝毫的概念，无论它是自己直观的知性，还是虽然拥有感性直观、但却是以与空间和时间中的直观异类的直观来作为基础的知性。

〔113〕

第18节　什么是自我意识的客观统一性

统觉的**先验统一**是在一个直观中被给予的一切杂多被结合在一个关于客体的概念之中所凭借的那种统一，它因此而叫做**客观的**，并且必须与意识的**主观统一**区别开来，后者是一种**内感官的规定**，直观的杂多为了这样一种客观的联结通过它而经验性地被给予。至于我是否能够**经验性地**意识到杂多是同时的或者前后相继的，这取决于各种情况或者经验性的条件；因此，意识的经验性的统一通过表象的联结所涉及的是一种显
B140 象，而且完全是偶然的。与此相反，时间中直观的纯形式，纯然作为包含着一种被给予的杂多的一般而言的直观，则仅仅由于直观的杂多与“一”亦即我思的必然关系，从而由于知性先天地作为经验性直观基础的纯综合，而从属于意识的源始统一。只有那种先验统一才是客观有效的；统觉的经验性统一我们在这里不予考虑，它也只是在被给予的条件下具体地从前一

种统一派生的，只具有主观的有效性。一个人把某个词的表象与一件事联结起来，而另一个人则把它与另一件事联结起来；而意识在经验性的东西里面的统一性，就被给予的东西而言，并不是必然的和普遍有效的。

第 19 节　一切判断的逻辑形式在于其中所包含的概念的统觉的客观统一性

我从未对逻辑学家们关于一个一般而言的判断的解释感到满意：他们说，判断是两个概念之间的关系的表象。我在这里不与他们争论这种解释的缺陷（且不说由逻辑学的这种失误产生出某些令人讨厌的后果），它无论如何也只适合于定言判断， B141
而不适合于假言判断和选言判断（后二者所包含的不是概念之 〔114〕
间的关系，而是判断之间的关系）①，我只是说明，这种**关系**何在，此处仍不确定。

但是，当我更仔细地研究每个判断中被给予的知识的关系，并将它作为属于知性的关系与遵循再生的想象力的规律的关系（这种关系只具有主观的有效性）区别开来时，我便发现，一个判断无非就是使被给予的知识获得统觉的**客观**统一性的方式。判断中的关系词“是”就旨在于此，为的是把被给予的表象的客观统一性与主观统一性区别开来。因为这个系词表 B142

① 关于三段论的四个格的详尽学说仅仅涉及定言的理性推理；而且，尽管它不外是一种技巧，通过把直接的推理（consequentiae immediatae）藏在一个纯粹的理性推理的前提中间来骗取比第一格的推理有更多推理形式的假象，但是，它仅仅凭借这一点本来是不会有特别的好运气的，如果它不曾做到赋予定言判断作为其他判断都必须与之相关的判断以惟一的尊严的话，但这种做法按照第九节却是错误的。

示这些表象与源始统觉的关系和它们的**必然统一性**，即便判断本身是经验性的，从而是偶然的，例如“物体是有重量的”。我借此并不是想说，这些表象在经验性的直观中**必然相互**隶属，而是想说，它们**凭借**直观的综合中统觉的**必然统一**而相互隶属，也就是说，它们遵循对一切表象作出客观规定的种种原则，如果能够从这些表象中生成知识的话；这些原则全都是从统觉的先验统一的原理派生出来的。惟有这样，才从这种关系中产生出**一个判断**，即一种关系，它是**客观有效的**，而且充分地与同样一些表象的只具有主观有效性的、例如按照联想规律的关系区别开来。按照联想规律我就会只能说：如果我负载一个物体，我就感到重量的压力；但却不能说：它，即这个物体，是有重量的；后者无非是要说：这两个表象是在客体中，亦即不管主体状态的差别就联结起来的，而不仅仅是在知觉（无论它怎样经常重复）中共处的。

〔115〕 B143
第 20 节　一切感性直观都从属于范畴，范畴是惟一能使感性直观的杂多聚集到一个意识中的条件

在一个感性直观中被给予的杂多必然从属于统觉源始的、综合的统 ，因为只有通过这种统一，直观的**统一**才是可能的（参见第 17 节）。但是，被给予的表象（无论它们是直观还是概念）被置于一般而言的统觉之下所凭借的这种知性行动，就是判断的逻辑功能（参见第 19 节）。因此，一切杂多，只要在**一个**经验性直观中被给予，就都是就进行判断的种种逻辑功能之一而言**被规定的**，也就是说，被这种功能带给了一个一般而言的意识。但现在，**范畴**无非就是这些进行判断的功能，如果一个被给予的直观的杂多就这些功能而言被规定的话（参见第

10 节)。所以,就连一个被给予的直观中的杂多也从属于范畴。

第 21 节 注释 B144

在一个我称为“我的”的直观中所包含的杂多,通过知性的综合被表象为属于自我意识的**必然**统一,而这是通过范畴发生的。① 因此范畴表明:**一个**直观被给予的杂多的经验性意识从属于一个纯粹先天自我意识,正如经验性的直观从属于一个纯粹的、感性的、同样先天地发生的直观那样。因此,在上面的命题中,就开始了纯粹知性概念的一种**演绎**,在这种演绎中,既然范畴**不依赖于感性**而仅仅在知性中产生,我就还必须抽掉杂多被给予一个经验性直观的方式,以便仅仅着眼于由知〔116〕性凭借范畴加到直观中的统一。后面(参见第 26 节),将从经验性直观在感性中被给予的方式出发指明,经验性直观的统一 B145 无非就是范畴按照前面第 20 节为一个被给予的一般直观的杂多所规定的统一,因此,通过范畴就我们感官的一切对象而言的先天有效性得到解释,才完全达到演绎的目的。

然而,在上面的证明中有一个东西是我无法抽掉的,这就是:杂多对于直观来说必须还在知性的综合之前并且不依赖于知性的综合就**被给予**;但如何被给予,却依然是不确定的。因为如果我要设想一个自己直观的知性(例如一种神的知性,它并不表象被给予的对象,相反,凭借它的表象,对象本身同时就被给予或者被产生),那么,范畴就这样一种知识而言就会

① 证明根据所依据的是被表象的**直观的统一**,通过它一个对象被给予,它在任何时候都在自身包含着为直观而被给予的杂多,并且已经包含着杂多与统觉的统一的关系。

根本没有意义。它们只是这样一种知性的规则，这种知性的全部能力都在于思维，也就是说，在于使另外在直观中被给予它的杂多的综合获得统觉的统一的行动，因此这种知性单凭自己不**认识**任何东西，而只是对知识的材料、对必须通过客体给予它的直观进行联结和整理而已。但是，对于我们知性只有凭借
B146 范畴、并且恰恰仅仅通过这些范畴的品种和数目实现先天统觉的统一的特性，就像为什么我们恰恰拥有这些而不是别的判断功能，或者为什么时间和空间是我们可能的直观的惟一形式一样，很少能够进一步说出理由。

第 22 节　范畴除了运用于经验的对象之外，对于事物的知识别无应用

因此，**思维**一个对象和**认识**一个对象并不是一回事。因为属于认识的有两种东西：首先是概念，通过它一般来说一个对
〔117〕象被思维（范畴），其次是直观，通过它该对象被给予；因为如果一个相应的直观根本不能被给予概念，那么，概念就形式而言会是一种思想，但却没有任何对象，而且根本没有任何关于某个事物的知识通过它而成为可能，因为据我所知，那就没有也不可能有任何东西让我的思想能够运用于其上。现在，我们一切可能的直观都是感性的（感性论），因此，一般而言通过一个纯粹知性概念对一个对象的思维，在我们这里只有当这概念与感官的对象发生关系时才成为知识。感性直观要么是纯
B147 直观（空间与时间），要么是对在空间和时间中通过感觉直接被表象为现实的东西的经验性直观。通过前一种直观的规定，我们能够获得关于对象的先天知识（在数学中），但仅仅是就对象作为显象的形式而言；至于是否可能有必须在这种形式中被直观的事物存在，则在这里依然没有得到澄清。所以，一切

数学概念单凭自身都还不是知识，除非人们假定存在着惟有符合那种纯粹感性直观的形式才能显示给我们的事物。但是，**空间和时间中的事物**只有当它们是知觉（伴随有感觉的表象）的时候，从而只有通过经验性的表象才被给予。所以，纯粹知性概念即便在它们被运用于先天直观的时候（如在数学中），也只是就这些先天直观、从而借助于先天直观也使知性概念能够被运用于经验性直观而言才造成知识。因此，范畴凭借直观也不给我们提供关于事物的知识，除非是通过它们在**经验性直观**上的可能应用，也就是说，它们只充当**经验性知识**的可能性。但这种知识就叫做**经验**。所以，范畴对事物的知识别无应用， B148
除非事物被当做可能经验的对象。

第 23 节

上一命题极为重要；因为它规定着纯粹知性概念就对象而言的应用的界限，正如先验感性论规定着我们感性直观的纯形式的应用界限一样。空间和时间作为对象能够被给予我们的可 〔118〕
能性的条件，仅仅对感官的对象、从而仅仅对经验的对象有效。超出这个界限，它们就根本不表象任何东西；因为它们仅仅处于感官中，在感官之外没有任何现实性。纯粹知性概念则没有这种限制，而且扩及到一般直观的对象，不管这直观是不是与我们的直观相似，只要它是感性的而不是理智的。但把概念进一步扩展超出**我们的**感性直观，对于我们来说就没有任何助益。因为在这种情况下，关于客体的空洞概念——对于这些客体，我们根本不能借助那些概念判断它们是否哪怕是曾经可能的——就纯然是些没有客观实在性的思想形式，因为我们手头没有让惟有那些概念才包含的统觉的综合统一能够运用于其 B149
上、并这样来规定一个对象的直观。惟有**我们的**感性直观和经验性直观才能给这些概念以意义和含义。

因此，如果假定有一种**非感性的**直观的一个客体被给予，那么，人们当然就可以通过已经蕴涵在前提条件中的一切谓词来表象它，说**它不具有任何属于感性直观的东西**，从而说它没有广延或者不在空间中，它的存续不是时间，在它里面看不到变化（时间中诸般规定的序列），等等。然而，如果我只是指出直观的客体不**是**怎样，却不能说在它里面究竟包含着什么，这毕竟不是真正的知识；在这种情况下，我根本没有表象一个客体对我的纯粹知性概念来说的可能性，因为我不能给予与它相应的直观，而是只能说我们的直观对它无效。但这里最重要的是，就连一个范畴也不能被运用于这样一种某物；例如实体的概念，也就是说关于作为主词、但却决不能纯然作为谓词能够实存的某物的概念，对于它，如果不是经验性的直观给予我运用的事例，我就根本不知道是否有某个与这种思想规定相应的事物存在。不过，更多的东西留待后面再说。

〔119〕 B150

第 24 节　论范畴在一般感官对象上的应用

纯粹知性概念仅仅通过知性与一般直观对象发生关系，而不管这直观是我们的直观还是某种别的、却毕竟是感性的直观，但正因为此，它们仅仅是**思想形式**，还没有确定的对象通过它们被认识。它们里面的杂多的综合或者联结仅仅与统觉的统一发生关系，并由此而是依据知性的先天知识可能性的根据，因而不仅是先验的，而且也是纯粹理智的。但是，由于在我们里面有先天**感性直观**的某种依据表象能力的感受性（感性）的形式作为基础，所以，知性作为自发性能够根据统觉的综合统一，通过被给予表象的杂多来规定内感官，并这样把先天**感性直观**的杂多之统觉的综合统一设想为我们的（人的）直观的一切对象都必须从属的条件，由此范畴就作为纯然的思想形式获得了客观实在性，即获得对于能够在直观中被给予我 B151 们、但仅仅是作为显象被给予我们的对象的应用；因为我们惟有对于显象才能够拥有先天直观。

感性直观杂多的这种**综合**是先天地可能和必然的，它可以被称为**形象的**（synthesis speciosa［形象的综合］），以别于就一般直观的杂多而言仅仅在范畴中被思维的、叫做知性联结（synthesis intellectualis［理智的综合］）的综合；二者都是先验的，这不仅因为它们本身都是先天地发生的，而且因为它们也说明了其他先天知识的可能性的理由。

然而，如果形象的综合仅仅关涉统觉源始综合的统一，即仅仅关涉这种在范畴中被思维的统一，那么，为了有别于纯然理智的联结，它就必须叫做**想象力的先验综合**。**想象力**是**即便对象不在场**也在直观中表象对象的能力。现在，既然我们的直 〔120〕 观是感性的，想象力就由于惟一使它能够给知性概念提供一个相应直观的主观条件而属于**感性**；但是，既然想象力的综合是自发性的一种实施，而自发性是进行规定的，不像感官那样纯 B152 然是可被规定的，因而能够先天地按照统觉的统一性就其形式规定感官，所以，想象力就此而言是先天地规定感性的一种能力，而且它的直观综合由于是**根据范畴的**，所以必然是**想象力的**先验综合；这是知性对感性的一种作用，而且是知性在对我们来说可能的直观的对象上的最初应用（同时也是其余所有应用的根据）。作为形象的，它有别于没有任何想象力、纯然凭借知性的理智综合。由于想象力是自发性，所以我也有时把它称做生产的想象力，由此把它与**再生的**想象力区别开来，后者的综合只是服从经验性的规律，即联想的规律，因而对解释先天知识的可能性毫无贡献，并因此之故而属于心理学，不属于先验哲学。

※　　※　　※

这里正是解释在阐明内感官形式时（参见第 6 节）每一个人都必然想到的那种悖谬的地方：即内感官如何也甚至只是像我们向自己显现的那样，而不是像我们自身所是的那样，把我
B153 们自己展现给意识，因为我们只是像我们内部**被刺激**的那样直观我们；这看起来是自相矛盾的，因为我们对我们自己必须处在一种被动的状态；因此，在心理学的各种体系中，人们也更乐意于习惯地把**内感官**与（我们慎重地区分开来的）**统觉**的能力说成是一回事。

规定内感官的东西是知性及其把直观的杂多联结起来、也就是说置于一个统觉（作为甚至它的可能性也依据的东西）之下的源始能力，现在，既然我们人里面的知性不是直观的能力，而且即便直观在感性中被给予，知性也毕竟不能把它们纳
〔121〕入自身，以便仿佛是把它自己的直观的杂多联结起来，所以，如果单就它自己来看，它的综合无非是一种行动的统一性，即便没有感性，知性也意识到它是这样一种行动，但通过它，知性自己就能够在按照感性直观的形式能够给予知性的杂多方面从内部规定感性。因此，它以一种**想象力的先验综合**的名义对**被动的**主体实施这种行动，而知性也就是这主体的能力，对此我们有理由说，内感官由此而被刺激。统觉及其综合统一与内
B154 感官根本不是一回事，前者毋宁说是作为一切联结的来源而关涉**一般直观**的杂多，以范畴的名义则在一切感性直观之前关涉一般客体；与此相反，内感官只包含直观的形式，但却没有直观中杂多的联结，因而根本不包含**确定的**直观，后者惟有通过凭借想象力的先验行动（知性对内感官的综合影响）对杂多作出规定的意识才是可能的，这种行动我称为形象的综合。

这一点是我们在任何时候都在自己里面觉察到的。我们不

在思想中**画出**一条线就不能思维任何线，不在思想中**描画**一个圆就不能思维任何圆，不从一个点出发**设定**三条线相互垂直就根本不能表象空间的三个维度，甚至不在**画出**一条直线（直线是时间的外部形象化表象）时仅仅注意我们逐步地规定内感官所凭借的杂多综合的行动、并由此注意这种规定在内感官中的演替，就不能表象时间。作为主体的行动（不是作为一个客体的规定）①、从而作为空间中杂多的综合的运动，如果我们抽 B155
掉这种杂多，并且仅仅注意我们依照其形式规定**内感官**的行动 〔122〕
的话，就甚至最先产生出演替的概念。因此，知性并不是在内感官中已经**发现**杂多的诸如此类的联结，而是通过**刺激**内感官而**产生它**。但是，能思维的我如何有别于直观自己的我（因为我至少还能想象别的直观方式是可能的），并且毕竟与作为同一个主体的后者是一回事，从而我如何能够说：我作为理智和**能思维的**主体，认识到我自己是**被思维的**客体，只要我还就此而言在直观中被给予我，不过与其他现象一样，不是像我面对知性那样，而是像我向我自己显现那样，这些问题所带来的困难不多也不少，恰如我如何能够对我自己一般而言是一个客 B156
体，尤其是直观和内知觉的客体一样。但是，至于事情毕竟实际上不得不如此，如果人们承认空间只不过是外感官的显象的纯粹形式，就可以由此清晰地得到阐明，即除非借助我们画出的一条线的图像，我们就不可能以别的方式表现毕竟不是外直

① 一个**客体**在空间中的运动并不属于一门纯粹的科学，因而也不属于几何学，因为某物是运动的，这不能先天地、而是只能通过经验被认识。但是，作为对一个空间的**描画**的运动，却是一般外直观中的杂多凭借生产的想象力的逐步综合的一个纯粹行动，不仅属于几何学，甚至还属于先验哲学。

观对象的时间，不用这种表现方式，我们就根本不能认识时间维度的统一性，此外，对于一切内知觉来说，我们始终必须从外部事物展示给我们的变化的东西来得知时间长度或者时间位置的规定，因而必须恰恰以我们整理空间中外感官的种种规定的那种方式来把内感官的种种规定作为时间中的显象来整理；所以，如果我们关于外感官的规定承认，我们只是就我们在外部被刺激而言才通过它们认识客体，那么，关于内感官我们也必须承认，我们只是像我们在内部**被我们自己**刺激的那样通过它来直观我们自己，也就是说，就内直观而言把我们自己的主体仅仅当做显象、而不是按照它自身所是的东西来认识。①

〔123〕 B157

第 25 节

与此相反，我在一般而言表象的杂多的先验综合中，从而在统觉的综合的、源始的统一中意识到我自己本身，不是像我向自己显现的那样，也不是像我自身所是的那样，而仅仅是我在。这一**表象**是一个**思维**，而不是一个**直观**。现在，既然要**认识**我们自己，除了思维使任何一种可能直观的杂多获得统觉的统一性的行动之外，还需要一定的直观方式使这种杂多被给予，所以尽管我自己的存在不是显象（更不只是幻相），但我的

① 我看不出，在内感官被我们自己刺激这一点上，人们会发现如此之多的困难。任何**注意**的行动都能给我们提供这方面的实例。知性任何时候都在其中按照它所思维的联结规定内感官，使之达到与知性的综合中的杂多相应的内直观。心灵通常在多大程度上由此被刺激，每一个人都能在自己里面觉察到。

存在的规定①却惟有与内感官的形式相符合，按照我所联结的杂多在内直观中被给予的特殊方式才能发生；因此之故，我关于我所**认识**的，不是**如我所是**的我，而仅仅是如我向我自己**显现**的我。因此，虽然一切范畴通过把杂多联结在一个统觉中而构成了对一个**一般而言的客体**的思维，但对自己的意识还远远不是对自己的知识。就像为了认识一个有别于我的客体，除了（在范畴中）对一个**一般而言**的客体的思维之外，我毕竟还需要一个我用来规定那个普遍概念的直观一样，为了认识我自己，除了意识或者除了我在思维我之外，我还需要一种对我里面的杂多的直观，用它来规定这种思想；我作为仅仅意识到自己的联结能力的理智实存着，但就它应当联结的杂多而言却服从一个它称为内感官的限制条件，即只有按照完全处在真正的知性概念之外的时间关系来使那种联结变得可直观，因而只能像它与一个直观（这种直观不是理智的，而且不能通过知性自己被给予）相关纯然对自己显现的那样，而不是像它在其**直观**是理智直观的情况下认识自己那样来认识自己本身。

B158 〔124〕 B159

① 我思表现着规定我的存在的行动。因此，存在由此已经被给予，但是，我规定这存在、即在我里面把杂多设定为属于这存在的东西的方式，却还没有由此被给予。属于这方面的有自我直观，为它奠定基础的是一种先天地被给予的形式，即时间，时间是感性的，并且属于可被规定着的感受性。现在，既然我不再有另一种自我直观，就像**时间**提供可被规定者一样，在规定行动之前就提供我里面我只意识到其自发性的规定者，所以，我不能把我的存在规定为一个自己行动的存在者；相反，我所表象的仅仅是我的思维亦即规定的自发性，而我的存在依然始终只是可以感性地规定的，即作为一个显象的存在。然而，这种自发性使得我把自己称为**理智**。

第26节 纯粹知性概念普遍可能的经验应用的先验演绎

在**形而上学的演绎**中，通过一般先天范畴与思维的普遍逻辑功能的完全一致阐明了这些范畴的起源；而在**先验的演绎**中，则阐明了这些范畴作为一般直观对象的先天知识的可能性（参见第20、21节）。现在，应当说明**通过范畴**先天地认识对象的可能性，无论它们**怎样对我们感官出现**，而且不是按照它们的直观的形式，而是按照它们的联结的规律来认识，因此也
B160 就仿佛是给自然规定规律，甚至是使自然成为可能。因为没有范畴的这种适用性，就不能说明，只要对我们感官出现的东西，如何都必然地从属于先天地仅仅从知性产生的那些规律。

首先我要说明，我把**把握的综合**理解为在一个经验性直观中杂多的组合，知觉、即直观的经验性意识（作为显象）由此而可能。

凭借空间和时间的表象，我们有了外感性直观和内感性直观的先天**形式**，显象杂多的把握的综合必须符合这些形式，因为这种综合本身只有按照这种形式才能发生。但是，空间和时间不仅被表象
〔125〕 为感性直观的**形式**，而且被表象为**直观**本身（包含着杂多的直观），
B161 因而先天地具有这种杂多的**统一**的规定（参见先验感性论）。[1]

① 空间被表象为**对象**（就像人们在几何学中实际上所需要的那样），包含着比直观的形式更多的东西，即把按照感性的形式被给予的杂多**总括**在一个**直观性的**表象中，以至于**直观的形式**只提供杂多，而**形式的直观**则提供表象的统一。我在感性论中把这种统一仅仅列入感性，这只是为了说明，尽管它以一种不属于感官的综合为前提条件，关于空间和时间的一切概念都是通过这种综合才成为可能，但这种统一却先行于任何概念。因为既然作为**直观**的空间或者时间通过它（在知性规定感性时）才**被给予**，所以这种直观的先天统一性属于空间和时间，而不属于知性（参见第24节）。

因此，在我们外面或者里面的杂多的**综合的统一**、从而还有凡是应当被表象为在空间或者时间中被规定的东西都必须符合的**联结**，就都是先天地作为一切**把握**的综合的条件已经与这些直观同时（不是在它们里面）被给予的。但是，这种综合的统一性不可能是别的统一性，只能是在一个源始的意识中按照范畴来联结一个被给予的**一般直观**的杂多的统一性，只不过是被运用于我们的**感性直观**罢了。所以，一切综合，甚至使知觉成为可能的综合，都从属于范畴；而且既然经验是通过知觉的结合而形成的知识，所以范畴就是知识可能性的条件，从而也先天地适用于知识的一切对象。

※ ※ ※ B162

因此，例如在我通过对一座房子的杂多的把握使它的经验性直观成为知觉时，我是以空间和一般外感性直观的**必然统一性**为基础的，我仿佛是按照空间中杂多的这种综合统一性来描绘这座房子的形状的。但正是这种综合的统一性，如果我抽掉空间的形式，它就处在知性中，就是一般而言的直观中同类东西的综合的范畴，也就是说，是量的范畴，因而那种把握的综 〔126〕
合亦即知觉就必须完全符合它。①

在我（另举一例）知觉到水结冰的时候，我把两种状态（液态和固态）把握为处在时间的相互关系之中的状态。但在我当做**内直观**使之成为显象的基础的时间里，我必然地表象到 B163
杂多的综合统一，没有这种统一，那种关系就不能在一个直观中**确定地**（就时间的顺序而言）被给予。但现在，如果我抽掉

① 以这样的方式将证明：本身是经验性的把握的综合，必须必然地符合本身是理智的、并且先天地包含在范畴之中的统觉的综合。彼处以想象力的名义、此处以知性的名义把联结带进直观杂多之中的，乃是同一种自发性。

我的内直观的恒常形式亦即时间，这种综合的统一作为我联结一个**一般而言的直观**的杂多的先天条件，也就是**原因**的范畴；当我把它运用于我的感性时，我就通过它**在一般的时间中按照一切发生的事情的关系来规定它们**。因此，在这样一种事件中的把握、从而这一事件本身，按照可能的知觉都从属于**结果与原因之关系**的概念，在其他事例中亦复如是。

※　　　※　　　※

范畴就是先天地给显象、从而给作为一切显象之总和的自然（natura materialiter spectata［从质料方面看的自然］）规定规律的概念；而现在要问：既然范畴不是从自然派生的，不把自然当做范型来遵循，那么，如何理解自然必须遵循范畴，也就是说，范畴如何能够先天地规定自然的杂多的联结，而不是从自然得出这种联结呢？这里就要解开这个谜。

B164 毫不奇怪，自然中种种显象的规律必须与知性及其先天形
〔127〕 式，亦即它一般而言联结杂多的能力相吻合，就像显象本身必须与先天感性直观的形式相吻合一样。因为规律并不实存于显象中，而是仅仅相对于显象所依附的具有知性的主体而实存，就像显象并不自身实存，而是仅仅相对于具有感官的这同一存在物而实存一样。物自身必然地也会在认识它们的一种知性之外固有其合规律性。然而，显象仅仅是就其自身所能是的东西而言未被认识地存在着的事物的表象。但作为纯然的表象，除了联结能力所规定的规律之外，它们根本不从属于任何别的联结规律。现在，联结感性直观的杂多的东西就是想象力，想象力就其理智综合的统一性而言依赖于知性，就其把握的杂多性而言依赖于感性。既然一切可能的知觉都依赖于把握的综合，但把握的综合这种经验性的综合自己又依赖于先验的综合，从而依赖于范畴，所以，一切可能的知觉、从而还有一切能够达
B165 到经验性意识的东西，也就是说，自然的一切显象，就其联结

而言都从属于范畴，自然（仅仅作为一般的自然来看）依赖于范畴，把它们当做自己必然的合规律性（作为 natura formaliter spectata［从形式方面看的自然］）的根据。但是，就连仅仅凭借范畴为显象先天地规定规律的纯粹知性能力，也推及不到更多的规律，而仅仅推及**一般而言的自然**作为空间和时间中的种种显象的合规律性所依据的那些规律。特殊的规律由于涉及被经验性地规定的显象，所以由此**并不能完备地推导出来**，尽管它们全都从属于那些范畴。为此还必须有经验，以便**一般而言**认识这些特殊的规律；但关于一般而言的经验，以及关于作为经验的一个对象能够被认识的东西，惟有那些先天的规律才提供教诲。

第 27 节　知性概念的这种演绎的结论

不通过范畴，我们就不能**思维**任何对象；不通过与那些概念相适应的直观，我们就不能**认识**任何被思维的对象。于是，我们所有的直观都是感性的，如果这种知识的对象是被给予的，则这种知识就是经验性的。但经验性的知识就是经验。因此，**除了关于可能经验的对象的知识之外，我们不可能有任何先天知识**。① 〔128〕 B166

① 为使人们不以草率的方式对这一命题值得忧虑的不利后果有反感，我只想提请注意，范畴在**思维**中并不受我们感性直观的条件限制，而是有一个无边无际的领域，而惟有对我们所思维的东西的认识，即对客体的规定，才需要直观；在这个领域里，即便缺乏直观，关于客体的思想除此之外也还能够对主体的**理性应用**有一种真正的和有用的后果；但是，由于理性应用并不总是针对客体的规定，从而针对知识，而是也针对主体的规定及其意欲，所以这里还不能阐述它。

但是，这种仅仅被限制在经验对象上的知识，并不因此就全都借自经验，而是无论就纯直观来说还是就纯粹知性概念来说，它们都是在我们里面先天地发现的知识要素。如今，惟有沿着两条道路才能思维经验与关于其对象的概念的必然一致：要么经验使这些概念成为可能，要么这些概念使经验成为可
B167 能。前者就范畴而言不成立（就纯粹感性直观而言也不成立）；因为范畴是先天的概念，从而不依赖于经验（一种经验性起源的断定会是一种 generatio aequivoca［多元发生论］）。因此就只剩下第二条道路（仿佛是纯粹理性的一种**后生论**体系）：也就是说，范畴从知性方面包含着一切一般经验的可能性的根据。但是，至于范畴如何使经验成为可能，以及范畴在应用于经验时提供了经验可能性的哪些原理，论判断力的先验应用的下一篇将作出更多的说明。

如果有人想在上述两条惟一的道路之间选取中间道路，也就是说，范畴**既不**是我们知识的**自己想出的**先天第一原则，也不是从经验得来的，而是主观的、与我们的实存同时植入我们
〔129〕 的思维禀赋，这些禀赋被我们的造物主如此安排，使得它们的应用与经验的进行所遵循的自然规律精确地一致（纯粹理性的一种**前定论体系**），那么（且不说由于这样一种假说，对于人们把为未来的判断而预设前定的禀赋推进到何种地步，看不出什么终点），不利于上述中间道路的决定性的东西就会是：在
B168 这样的情况下，范畴就会缺乏在本质上属于其概念的**必然性**。因为例如，陈述一种结果在一个预设的条件下的必然性的原因概念，如果它仅仅依据一种任意地植入我们的把某些经验性表象按照关系的这样一种规则联结起来的主观必然性，就会是错误的。我就会不能够说结果与原因在客体中（也就是说必然地）相结合，而只能说我被这样安排，以至于我只能把这一表象思维成如此结合的；这恰恰是怀疑论者最希望的东西；因为

在这种情况下，我们一切凭借我们判断的自以为客观的有效性的洞见就都无非是纯粹的幻相，而且也就会不乏不承认自己有这种主观的必然性（它必然被感觉到）的人；至少，关于纯然依据其主体的组织方式的事情，人们无法与任何人进行争辩。

这一演绎的简明概念

这一演绎乃是阐明，纯粹知性概念（以及随之一切先天的理论知识）是经验的可能性的原则，但这些原则又是对空间和时间 B169
中一般而言的显象的**规定**，最后，这种规定出自统觉**源始的**综合统一，是知性与作为感性的源始形式的空间和时间相关的形式。

※　　※　　※

只是到此为止，由于我们必须与基本概念打交道，所以我认为节的划分是必要的。现在，我们要介绍概念的应用，阐述就将上下文一气呵成，不再划分节了。〔130〕

第二卷
原理分析论

普遍的逻辑乃建立在完全精确地与高级认识能力的划分相一致的规划之上。这些能力就是：**知性**、**判断力**和**理性**。因此，普遍逻辑的学说在其分析论中探讨**概念**、**判断**和**推理**，恰好符合人们在一般知性的宽泛称谓下所理解的那些心灵能力的功能和顺序。

既然上述纯然的形式逻辑抽掉了知识的一切内容（不管它 B170
是纯粹的还是经验性的），并且只是一般地研究思维的形式

（推论的知识），所以，它在自己的分析论部分中也能够一并包括一部理性的法规，理性的形式有其可靠的规范，无须考察在此所应用的知识的特殊本性，就可以先天地、仅仅通过把理性行动分解成它的各个环节来洞察这种规范。

先验逻辑既然被限制在一定的内容上，即被限制在仅仅纯粹先天知识的内容上，在这种划分上就不能效法普遍逻辑。因为显而易见：**理性的先验应用**根本不是客观有效的，因而不属于**真理**的逻辑，也就是说，不属于分析论，而是作为一种**幻相**的逻辑以先验**辩证论**的名义要求经院学术体系的一个特殊部分。

据此，知性和判断力在先验逻辑中有其客观有效的、因而真正的应用的法规，所以属于先验逻辑的分析部分。然而，理性在试图先天地关于对象澄清某种东西并扩展知识超出可能经
〔131〕 验的界限时，却完全是**辩证的**，它的幻相主张绝对不服从一种
B171 法规，毕竟是分析论应当包含诸如此类的法规。

据此，**原理分析论**将只是**判断力**的一部法规，它教导判断力把包含着先天规则的条件的知性概念运用于显象。出自这一理由，在把真正的**知性原理**作为主题时，我使用一种**判断力的学说**这个称谓，来更确切地标明这项工作。

导论：论一般而言的先验判断力

如果一般而言的知性被解释为规则的能力，那么，判断力就是在把某物**归摄**在规则之下的能力，也就是说，是分辨某物是否从属于某个被给予的规则（casus datae legis［被给予的规则的事例］）的能力。普遍逻辑根本不包含判断力的规范，而且也不可能包含这些规范。因为既然**普遍逻辑抽掉了知识的一切内容**，所以给它剩下的惟一工作就是分析地阐释概念、判断、

推理中的纯然知识形式，并由此建立起一切知性应用的形式规 B172
则。如果它想普遍地指出，人们应当如何把某物归摄在这些规则之下，如何分辨某物是否从属于这些规则，那么，只能再通过一条规则来进行。但正因为这条规则是一条规则，就再次要求判断力的指导；这就表明，虽然知性能够通过规则来被教导和被装备，但判断力却是一种特殊的才能，根本不能被教导，而是只能被练习。因此，判断力也是所谓天赋机智的特殊才能，其缺乏不是某个学校所能补偿的；因为尽管学校能够给一个有局限性的知性充分地提供、仿佛是植入借自他人洞见的规则，但正确地使用这些规则的能力却是属于学生自己的，而如 〔132〕
果缺少这种天赋，则人们为此目的想给他规定的任何规则都不 B173
能避免误用。① 因此，一个医生、一个法官或者一个政治家，脑袋中可能装有许多出色的病理学、法学或者政治学的规则，其水平使他本人能够在这方面成为一个缜密的教师，尽管如此在运用这些规则的时候却很容易违规，这要么是因为他缺乏自然的判断力（虽然不缺乏知性），他虽然能够抽象地看出普遍的东西，但却不能分辨一个事例是否具体地从属于这普遍的东西，要么也是因为他没有通过实例和现实的工作为作出这种判断得到足够的训练。这也是实例的惟一而且重大的效用：它们使判断力变得敏锐。至于知性洞识的正确性和精密性，实例通常毋宁说对它们有些损害，因为它们只是罕见地完全满足规则

① 判断力的缺乏本来是人们称为愚笨的东西，而且这样一种缺陷是根本不能补救的。一个迟钝或者有局限性的大脑，缺乏的无非是应有的知性程度和特有的知性概念，则完全可以通过学习来装备它，甚至达到博学的程度。但是，既然通常在这种情况下也会缺乏判断力（彼得的第二能力），所以遇到一些博学之士在应用其科学时经常暴露出那种永远无法改进的缺陷来，就不是什么不同寻常的事情了。

的条件（作为 **casus in terminis**［术语中的事例］），而且除此之外还经常削弱知性在普遍的东西中、不依赖于经验的特殊情况而就其充足性来洞识规则的努力，从而最终使人习惯于把规
B174 则更多地当做公式而不是当做原理来使用。所以，实例是判断力的学步车，缺乏判断力的自然才能的人绝不能缺少它们。

但是，尽管**普遍**逻辑不能给判断力提供任何规范，但**先验**逻辑却完全是另一种情况，甚至看起来，先验逻辑把在纯粹知性的应用中通过一定的规则纠正和确保判断力当做自己真正的工作。为了在纯粹先天知识的领域里给知性带来扩展，从而作为学说，哲学看起来根本不是必要的，或者毋宁说很不适用，因为人们在做过这方面迄今为止的所有尝试之后，毕竟很少有
〔133〕 所收获或者根本一无所获，相反，作为批判，为了防止判断力在运用我们所拥有的少数纯粹知性概念的时候失足（lapsus judicii［判断失误］），哲学则以其全部敏锐和考察艺术而受命行之（尽管此用途在这种情况下仅仅是消极的）。

但是，先验哲学自有其独特的东西：除了在纯粹知性概念中被给予的规则（或者毋宁说种种规则的普遍条件）之外，它同时还能够先天地指出这些规则能够运用于其上的事例。它在
B175 这一点上超出其他一切有教益的科学（除了数学）所拥有的优点，其原因正是在于：它所讨论的乃是应当先天地与其对象发生关系的概念，所以这些概念的客观有效性不能后天地予以阐明，因为这样就会根本未提及这些概念的那种尊严；相反，先验哲学必须同时以普遍而又充分的标志阐明对象能够与那些概念一致地被给予所需要的条件，否则的话，它就会毫无内容，从而只是些逻辑形式，而不是纯粹的知性概念了。

这一**判断力的先验学说**将包含两篇：**第一篇**讨论纯粹知性概念能够被运用所必需的感性条件，也就是说，讨论纯粹知性的图型法；**第二篇**讨论在这些条件下先天地从纯粹知性概念得

出、并先天地作为其余一切知识的基础的综合判断，也就是说，讨论纯粹知性的诸原理。

第一篇 B176

论纯粹知性概念的图型法

每当把一个对象归摄在一个概念之下时，对象的表象都必须是与后者**同类的**，也就是说，概念必须包含着可以归摄在它下面的对象中被表象的东西，因为“一个对象被包含在一个概念之下”这种表述所说的正是这种意思。〔134〕这样，一个**盘子**的经验性概念与一个**圆**的纯粹几何学概念就具有同类性，因为在前者中所思维的圆形可以在后者中直观到。

但现在，纯粹知性概念与经验性的（甚至完全感性的）直观相比是完全异类的，绝不能在任何直观中遇到。那么，把后者**归摄**在前者之下、从而把范畴**运用于**经验是如何可能的呢？因为毕竟没有人会说：这些范畴，例如因果性，也可以通过感官被直观，并且包含在显象中。这一如此自然而又显著的问 B177
题，如今真正说来就是使得一种判断力的先验学说成为必要的原因，也就是说，为的是指明**纯粹知性概念**如何能够被运用于一般而言的显象这种可能性。在所有其他科学中，如果对象被普遍地思维所凭借的概念与具体地像对象被给予的那样表象对象的概念并不如此有别和属于不同的种类，就没有必要就前者在后者上的运用而予以特别的讨论了。

如今显而易见的是，必须有一个第三者，它一方面必须与范畴同类，另一方面必须与显象同类，并使前者运用于后者成为可能。这个中介性的表象必须是纯粹的（没有任何经验性的东西），并且毕竟一方面是**理智的**，另一方面是**感性的**。这样一个表象就是**先验的**图型。

知性概念包含着一般杂多的纯粹综合统一。时间作为内感官的杂多的形式条件，从而作为所有表象的联结的条件，包含着纯直观中的一种先天杂多。于是，一种先验的时间规定就它是**普遍的**并且依据一种先天规则而言，与**范畴**（构成时间规定的统一性的范畴）是同类的。但另一方面，就杂多的任何经验
B178 性直观都包含时间而言，时间规定又与**显象**是同类的。因此，
〔135〕范畴应用于显象凭借先验的时间规定就成为可能，先验的时间规定作为知性概念的图型促成后者被归摄在前者之下。

按照在范畴的演绎中所指明的那种东西，但愿没有人在对下述问题作出决断上心存疑虑，这一问题就是：这些纯粹知性概念是只有经验性的应用还是也有先验的应用，也就是说，它们是否仅仅作为一种可能经验的条件才先天地与显象发生关系，或者它们是否能够作为一般事物可能性的条件而扩展到对象自身（不限制在我们的感性上）。因为在此我们已经看到，如果不是一个对象要么被给予概念，要么至少被给予这些概念由以构成的要素，那么，概念就是完全不可能的，也不可能有某种意义，从而根本不可能关涉物自身（不考虑它们是否以及如何被给予我们）；此外，对象被给予我们的惟一方式是我们感性的变形；最后，纯粹先天概念除了知性在范畴中的功能之
B179 外还必须包含感性的（即内感官的）先天形式条件，这些先天形式条件必须包含范畴能够被运用于某个对象所必需的普遍条件。我们想把知性概念在其应用中被限制于其上的感性的这种形式的和纯粹的条件称为该知性概念的图型，把知性使用这些图型的做法称为纯粹知性的**图型法**。

图型自身在任何时候都是想象力的产物；但是，由于想象力的综合并不以单个的直观、而是仅仅以规定感性时的统一性为目的，所以图型毕竟要与图像区别开来。这样，如果我逐一标出 5 个点：·····，这就是数字 5 的图像。与此相反，如果我

只是思维一个一般而言的数字，它可以是 5 也可以是 100，那么这一思维与其说是一个图像本身，倒不如说是按照某个概念在一个图像中表象一个量（例如 1000）的方法的表象，我在后一事例中将很难综览这一图像，并把它与概念进行比较。这样，关于想象力为一个概念提供其图像的普遍做法的表象，我 B180
称为该概念的图型。

事实上，我们的纯粹感性概念的基础不是对象的图像，而 〔136〕
是图型。对于一个一般而言的三角形的概念，根本不会有一个三角形的图像与其相符。因为图像达不到概念那种使得该概念适用于直角的或者锐角的等等一切三角形的普遍性，而是始终仅仅局限于这个领域的一个部分。三角形的图型永远不能实存于别处，而是只能实存于思想中，它意味着想象力的综合就空间中的纯粹形状而言的一条规则。一个经验的对象或者该对象的图像就更谈不上在某个时候达到经验性的概念了，相反，经验性的概念在任何时候都是按照某个普遍的概念直接与作为规定我们直观的规则的想象力的图型发生关系。狗的概念意味着一条规则，我们的想象力可以根据这条规则普遍地描画一个四足动物的形象，不用局限于经验呈现给我的一个惟一的特殊形象，或者局限于我可以具体地描述的任何一个可能的图像。我们知性就显象及其纯然形式而言的这种图型法是人类灵魂深处的一种隐秘的技艺，我们很难在某个时候从自然中猜测出它的 B181
真正操作技巧，并将它毫无遮蔽地展现在我们眼前。我们只能够说：**图像**是生产的想象力的经验性能力的一个产物，感性概念（作为空间中的图形）的**图型**则是纯粹先天想象力的一个产物，仿佛是它的一个符号，种种图像是通过它并且根据它才成为可能的，但种种图像永远必须凭借它们所标示的图型才与概念相结合，就其自身而言并不与概念完全相应。与此相反，一个纯粹知性概念的图型是某种根本不能被带入任何图像之中的东西，它只是根据统一性的规则按照范畴所表达的一般概念所进行的纯粹综合，是想象力的先验产物，这个产物就所有应当根据统觉的统一性而在一个概念中联系起来的表象而言，按照一般而言内感官的形式（时间）的种种条件而与内感官的规定相关。

我们不再为枯燥无聊地分析一般纯粹知性概念的先验图型所要求的东西耽搁时间了，我们宁可按照范畴的秩序并与范畴
〔137〕相结合来阐述这些图型。

B182 一切对于外感官来说的量（quantorum）的纯粹图像是空间，而一般感官的一切对象的纯粹图像则是时间。但是，作为一个知性概念的**量**（quantitatis）的纯粹**图型**是**数**，数是对一个又一个（同类的东西）的连续相加进行概括的表象。因此，数无非是一般同类的直观的杂多之综合的统一，因为我是在直观的把握中产生出时间本身的。

实在性在纯粹知性概念中是与一般感觉相应的东西，因而是其概念自身表明某种（在时间中的）存在的东西；否定性则是其概念表明一种（在时间中的）不存在的东西。因此，二者的对立乃是发生在同一个时间是作为充实的时间还是作为空虚的时间的区分中。既然时间只不过是直观的形式，从而只不过是作为显象的对象的形式，所以这些对象中与感觉相应的东西就是一切作为物自身的对象的先验质料（实际性、实在性）。现在，每一感觉都有一种程度或者大小，它凭借这种程度或者大小就能够就一个对象的同一个表象而言或多或少地充实同一个时间，即内感官，直到这感觉在无（＝0＝否定）中停止。因此，从实在性到否定性有一种关系和联系，或者毋宁说有一
B183 种过渡，它把任何实在性都表现为一个量；而作为某物如果充实时间就具有的量的实在性，其图型正是这个量在时间中连续而又均匀的产生，因为人们是在时间中从具有某种程度的感觉

一直下降到该感觉的消失，或者从否定逐渐地上升到它的这种大小。

实体的图型是实在物在时间中的持久性，也就是说，是作为一般经验性时间规定的一个基底的实在物的表象，因此，该实在物在其他一切都变易的时候保持不变（时间并不流逝，而是可变的东西的存在在时间中流逝。因此，时间本身是不变的和常驻的，显象中与它相应的是存在中不变的东西，即实体，而且只有根据实体，显象的相继和同时才能按照时间予以规定）。

一般事物的原因和因果性的图型是实在物，只要任意地设 〔138〕
定它，任何时候都有某种别的东西接踵而至。因此，该图型就在于杂多的演替，只要这演替服从某种规则。

共联性（交互作用）或者种种实体就其偶性而言的交互因果性的图型就是一个实体的规定和另一个实体的规定按照一条普遍规则的同时并存。 B184

可能性的图型是各种不同表象的综合与一般时间的种种条件的一致（例如，因为对立的东西不能在一个事物中同时存在，而是只能相继存在），所以是一个事物在某一时间里的表象的规定。

现实性的图型是在一定的时间中的存在。

必然性的图型是一个对象在一切时间中的存在。

于是人们从这一切可以看出，每一个范畴的图型，作为量的图型就包含和表现着在对一个对象的相继把握中时间本身的产生（综合），作为质的图型就包含和表现着感觉（知觉）与时间表象的综合或者时间的充实，作为关系的图型就包含和表现着种种知觉在一切时间中（即根据时间规定的一条规则）的相互关系，最后，作为模态及其各范畴的图型就包含和表现着作为一个对象是否以及如何属于时间的规定的相关物的时间本身。因此，图型无非就是按照规则的先天**时间规定**，这些规则按照范畴的顺序，关涉到就一切可能对象而言的**时间序列**、**时**
B185 **间内容**、**时间顺序**，最后还有**时间总和**。

由此可见，知性的图型法通过想象力的先验综合所产生的结果，无非是直观的一切杂多在内感官中的统一，并如此间接地是作为与内感官（一种感受性）相应的功能的统觉的统一。因此，纯粹知性概念的各图型就是给这些概念提供一种与客体
〔139〕 的关系、从而提供**意义**的真正的和惟一的条件，而因此之故，各范畴归根结底就除了一种可能的经验性的应用之外没有别的应用，因为它们仅仅被用于通过一种先天必然的统一（为了一切意识在一个源始的统觉中的必然结合）的诸般根据使显象服从综合的普遍规则，并由此使它们适宜于无一例外地结合在一个经验中。

但是，我们的一切知识都处于一切可能经验的整体中，而先行于一切经验性真理并使它们成为可能的先验真理就在于与这些可能经验的普遍关系。

但是，引人注意的毕竟还有：虽然感性的图型首先使范畴得以实现，但它们毕竟也还是限制范畴，也就是说，把它们限
B186 制在处于知性之外（即处于感性之中）的条件上。因此，图型真正说来只不过是现象或者一个对象与范畴一致的感性概念（**Numerus** est quantitas phaenomenon，**sensatio** realitas phaenomenon，**constans** et perdurabile rerum subsatantia phaenomenon-**aeternitas necessitas** phaenomenon etc. ［**数**是作为量的现象，**感觉**是作为实在性的现象，事物中**常驻**和持久的东西是作为实体的现象，**永恒性**是作为**必然性**的现象，等等］）。现在，如果我们删去一个限制性条件，那么，我们看起来就把前面限制过的概念扩大了；于是，范畴就应当在其纯粹的意义上，无须一切感性条件，**如事物所是的那样**适用于一般的事物，而不是范畴的图型

仅仅**如它们显现的那样**表象它们，因而范畴就有了一种不依赖于一切图型的、大大扩展了的意义。事实上，即便在脱离一切感性条件之后，纯粹知性概念也当然还留有一种意义，但仅仅是种种表象的纯然统一的逻辑意义，但对这些表象来说，并没有一个对象被给予，从而也没有一种能够提供关于客体的一个概念的意义被给予。例如实体，如果人们删去持久性的感性规定，则它就只不过是意味着一个能够被当做主词（不是关于某种别的东西的谓词）来思维的某物。我不能用这个表象做任何 B187
事情，因为它根本没有向我表明，应当被视为这样一个最初的主词的事物有哪些规定。因此，没有图型的范畴只不过是知性对概念的功能，但并不表象对象。这种意义之属于范畴乃是出自感性，感性通过同时限制知性而使知性得以实现。

第二篇 〔140〕

纯粹知性的一切原理的体系

我们在前一篇中只是根据普遍的条件考虑了先验判断力，先验判断力只有在这些条件下才有权利把纯粹知性概念用于综合判断。现在我们的工作是：在系统的联结中阐明知性以这种批判的谨慎实际上先天地作出的判断，为此，我们的范畴表毫无疑问必然为我们提供自然的和可靠的引导。因为正是这些范畴，它们与可能经验的关系必然构成一切纯粹先天知性知识，而它们与一般感性的关系也将为此完备地并且在一个体系中展示知性应用的一切先验原理。 B188

先天原理之所以使用这一名称，不仅仅是因为它们自身包含着其他判断的根据，而且还因为它们本身并不以更高的和更普遍的知识为根据。不过，这一属性却并不总是使它们免除证明。因为即使这种证明不能继续客观地进行，而毋宁说是它的客体的一切知识的基础，但这毕竟并不妨碍有可能，甚至也有必要从一般对象的知识之可能性的主观来源出发作出一种证明，因为若不然，命题就会仍然有极大的嫌疑，被疑为纯然是一种骗取来的主张。

其次，我们将仅仅局限于与范畴发生关系的那些原理。因此，先验感性论的各原则就不属于我们划出的这个研究领域，根据这些原则，空间和时间是作为显象的一切事物之可能性的条件，此外也是对这些原理的限制，即它们不能与物自身发生关系。同样，数学的原理也不构成这个体系的一个部分，因为它们只是从直观中、但却不是从纯粹知性概念中引出的；不
〔141〕过，由于它们尽管如此还是先天综合判断，所以它们的可能性
B189 在这里必将找到位置，虽然不是为了证明它们的正确性和无可置疑的确定性，它们根本不需要这种证明，而是仅仅为了说明和演绎这样一些自明的先天知识的可能性。

但是，我们将也必须谈到分析判断的原理，而且把它与我们真正说来所探究的综合判断的原理进行对照，因为正是这种对峙将使综合判断的理论摆脱一切误解，把它以自己特有的本性展现出来。

第一章　论一切分析判断的至上原理

无论我们的知识有哪种内容，也无论这种知识如何与客体发生关系，我们一切一般而言的判断的普遍的、虽然只是消极的条件都是：它们不自相矛盾，否则，这些判断自身（即使不
B190 考虑客体）就什么也不是。但是，即便在我们的判断中没有矛盾，它也毕竟依然能够像对象并不造成的那样来联结概念，或者并没有一个不论是先天的还是后天的根据被给予我们来赋予这样一个判断以权利；于是，一个判断不论怎样没有任何内在

矛盾，也毕竟可能或者是错误的，或者是没有根据的。

现在，“一个与某事物相矛盾的谓词不属于该事物”这个命题，就叫做矛盾律，它是一切真理的一个普遍的、尽管纯然否定的标准，但之所以仅仅属于逻辑，也是因为它所适用的知识纯然是一般的知识而不论其内容，并断言矛盾将完全毁掉和取消知识。

但是，人们毕竟也可以对矛盾律做一种积极的应用，也就是说，不仅仅为了清除虚假和错误（如果这错误是基于矛盾的），而且也是为了认识真理。因为**如果判断是分析的**，则不 〔142〕
论它是否定的还是肯定的，它的真理性在任何时候都必然可以按照矛盾律得到充分的认识。因为对立在任何时候都已经被作为概念存在于客体的知识中，并在其中被思维的东西所正确地否定，而概念本身却必定必然地被它所肯定，因为概念的对立面是会与客体相矛盾的。 B191

因此，我们也必须承认**矛盾律**是**一切分析知识**普遍的和完全充足的**原则**；但是，它作为真理的一个充足标准的威望和可用性也不可能走得更远。因为，根本不可能有任何知识与它相抵触却不自我毁灭，这固然使矛盾律成为我们知识的真理性的 conditio sine qua non [必要条件]，但却没有使它成为其规定根据。既然我们本来只讨论我们知识的综合部分，所以我们虽然在任何时候都注意不与这条不可侵犯的原理相抵触地行动，但就这样一类知识的真理性而言却永远不能指望从它那里得到一些启发。

但是，这条著名的原理虽然被剥夺了一切内容，而且纯然是形式的，但它的公式却毕竟包含着由于不小心而以完全不必要的方式混进它里面的一种综合。这个公式就是：某物不可能同时是且不是。在这里，无可置疑的确定性（通过**不可能**这个词）是以多余的方式附加上的，毕竟这种确定性本身由命题出

发就必然是不言而喻的了。除此之外，命题还受到时间的条件的浸染，仿佛是说：一个等于A的事物是等于B的某物，就
B192 不能在同一时间里是非B；但是，它完全可以前后相继地是二者（既是B又是非B）。例如，一个人是年轻的，就不能同时是年老的，但同一个人完全可以在一个时候是年轻的，在另一个时候是不年轻的，即是年老的。现在，矛盾律作为一个纯然逻辑的原理，必须把自己的说法根本不限制在时间关系上，因此这样一个公式是与它的意图根本相悖的。误解纯然来自：人们把一个事物的谓词首先与他的概念分离开来，然后又把这个概念的对立面与这个谓词结合，这个谓词绝不造成与主词的矛
〔143〕 盾，而是仅仅造成与主词已经同自己联结起来的谓词的矛盾，而且只是在第一个谓词和第二个谓词同时被设定的情况下才是如此。如果我说：一个人是无学问的，就不是有学问的，那么就必须伴有同时这个条件；因为此人虽然在一个时候是无学问的，但却在另一个时候完全可以是有学问的。但如果我说：没有一个无学问的人是有学问的，那么这个命题就是分析的，因为这个标志（无学问）由此开始就参与构成主词的概念；而在这种情况下，否定命题就直接从矛盾律得出，而不用附加同时这个条件。这也就是我在上面改变了矛盾律的公式，以使一个
B193 分析命题的本性由此清晰表现出来的缘故。

第二章　论一切综合判断的至上原理

对综合判断的可能性作出解释，是普遍逻辑与之毫无关系的课题，它甚至可以就连这个课题的名称也不知道。但是，这个课题在先验逻辑中却是一切工作中最重要的工作，在谈到先天综合判断的可能性、此外谈到它们的有效性的条件和范围时，它甚至是惟一的工作。因为在完成这一工作之后，先验逻

辑就可以完全实现自己的目的，即规定纯粹知性的范围和界限了。

在分析判断中，我停留在被给予的概念上，为的是从中挖掘出某种东西。如果它应当是肯定的，那么，我就只把在这个概念中已经思维过的东西赋予这个概念；如果它应当是否定的，那么，我就只把这个概念的对立面从中排除掉。但在综合判断中，我却应当走出被给予的概念，以便把某种与在该概念里面思维过的完全不同的东西同该概念置于关系中来考察，因而这种关系就绝不是同一性关系，也绝不是矛盾关系，而此 B194
时从这一判断就其自身而言就既不能看出真理，也看不出谬误。

因此既然承认，人们必须从一个被给予的概念走出，以便 〔144〕
综合地把它与另一个概念进行比较，那么，就需要有一个第三者，两个概念的综合只有在它里面才能够产生。但是，这个作为一切综合判断的媒介的第三者是什么呢？它只不过是一个我们的一切表象都被包含在其中的总和，也就是内感官及其先天形式，即时间。表象的综合依据的是想象力，而它们的（为判断所必需的）综合统一却依据统觉的统一。因此，必须在这里寻找综合判断的可能性，且由于所有这三者都包含着先天表象的来源，所以也必须在这里寻找纯粹综合判断的可能性；甚至出自这些理由，如果关于对象的某种仅仅基于表象之综合的知识要实现的话，它们也将是必要的。

如果一种知识应当具有客观的现实性，即与一个对象发生关系并在该对象中具有含义和意义，那么，该对象就必须能够以某种方式**被给予**。没有这一点，概念就是空的，由此，人们 B195
虽然思维过了，但事实上却通过这种思维没有认识任何东西，而是仅仅在玩弄表象。给予一个对象，如果这不又仅仅是间接地被意指，而是直接地在直观中呈现，那么，它无非就是让该对象的表象与经验（无论是现实的经验还是可能的经验）发生关系。即便是空间和时间，无论这些概念多么纯粹得没有任何经验性的东西，无论它们多么确定，以至于它们完全先天地在心灵中被表象，如果它们不被指明在经验对象上的应用，它们就毕竟没有客观有效性，没有意义和含义；的确，它们的表象只是一个始终与再生的想象力相关的图型，这种想象力唤起经验的对象，没有这些对象，空间和时间就会没有任何含义；一切概念都没有区别地是这种情况。

因此，**经验的可能性**就是赋予我们一切先天知识以客观实在性的东西。现在，经验依据的是显象的综合统一，也就是说，依据的是一种按照一般而言关于显象对象的概念进行的综合，没有这种综合它就连知识也不是，而会是一部知觉的狂想

〔145〕曲，这些知觉不会服从一种依照无一例外地结合起来的（可能

B196 的）意识的规则产生的联系，从而形成统觉先验的和必然的统一。因此，经验以其先天形式的各原则为根据，也就是说，以显象的综合中的统一性的各普遍规则为根据，这些规则的客观实在性作为必然的条件任何时候都可以在经验中、甚至在经验的可能性中指出来。但在这种关系之外，先天综合命题是完全不可能的，因为它们没有第三者，也就是说，没有它们的概念的综合统一能够在其上呈现出客观实在性的对象。

因此，尽管我们在综合判断中关于一般而言的空间、或者关于生产的想象力在它里面所描绘的形状先天地认识到的东西如此之多，以至于我们实际上为此根本不需要任何经验，但如果空间不是被视为构成外部经验材料的种种显象的条件的话，这种知识就什么也不是，而仅仅是对一种幻影的处理；因此，那些纯粹的综合判断，虽然只是间接地，但却是与可能的经验、或者毋宁说与这些经验的可能性本身发生关系，并仅仅在它们上面建立起它们的知识的客观有效性。

因此，既然经验作为经验性的综合，就其可能性而言，是惟一给其他一切综合提供实在性的知识种类，所以，后者作为先天知识，也惟有通过除一般经验的综合统一所必需的东西之外不包含任何其他东西，才具有真理性（即与客体一致）。 B197

所以，一切综合判断的至上原则就是：每一个对象都服从可能经验中直观杂多的综合统一的必要条件。

以这样的方式，如果我们使先天直观的形式条件、想象力的综合及其在一种先验统觉中的必然统一与可能的一般经验知识发生关系，并且说：一般**经验的可能性**的种种条件同时就是**经验对象的可能性**的种种条件，因而在一个先天综合判断中具有客观有效性，那么，先天综合判断就是可能的。

第三章　纯粹知性一切综合原理的系统介绍 〔146〕

一般说来，原理在某个地方成立，这只能归于纯粹知性；纯粹知性不仅就发生的事情而言是规则的能力，而且本身就是种种原理的来源，根据这一来源，一切（惟有作为对象才能呈 B198
现给我们的）东西都必然地服从规则，因为如果没有这些规则，就永远不可能有一个与显象相应的对象的知识属于显象。即便是自然规律，在被视为经验性的知性应用的原理时，也带有必然性的表述，从而至少带有一种出自先天地并且先于一切经验有效的诸般根据的规定的猜测。但是，一切自然规律都毫无区别地服从于知性的更高原理，因为它们只不过是把这些原理运用于特殊的实例罢了。因此，惟有这些原理才提供包含着一个一般而言的规则的条件、仿佛是包含着它的指数的概念，而经验则提供服从于该规则的实例。

因此，人们把纯然经验性的原理视为纯粹知性的原理，或者反过来把后者视为前者，这真正说来可能并不是什么危险；

因为后者的出众之处就在于根据概念的必然性，任何经验性的命题，无论它多么普遍地有效，都被轻而易举地发现缺乏这种必然性，所以这种必然性就可以轻而易举地预防上述混淆。但是，有一些纯粹的先天原理，尽管如此，我毕竟还是不想把它
B199 们特别地归于纯粹知性，之所以如此，乃因为它们并不是从纯粹概念、而是从纯粹直观（尽管是凭借知性）得出的；而知性却是概念的能力。数学就有诸如此类的原理，但它们在经验上的应用、从而它们的客观有效性、甚至这样一些先天综合知识的可能性（它们的演绎），毕竟是始终依据纯粹知性的。

因此，我将不把数学的原理列入我的原理之中，但要把数学的可能性和客观有效性先天地依据的、从而应当被视为这些
〔147〕 原理的原则的那些原理列入其中。它们不是**从概念**出发到直观，而是**从直观**出发到概念。

在把纯粹知性概念运用于可能经验的时候，它们的综合的应用要么是**数学性的**，要么是**力学性的**：因为这种综合有时仅仅关涉到**直观**，有时则关涉到一个一般而言的显象的存在。但是，直观的种种先天条件就可能的经验而言绝对是必然的，而一个可能的经验性直观的客体，其存在的种种条件就自身而言却仅仅是偶然的，所以，数学性应用的原理是无条件地必然的，也就是说，是无可置疑的，而力学性应用的原理尽管也带有一种先天必然性的特征，但却只处在一种经验中的经验性思
B200 维的条件之下，因而只是有条件地和间接地带有这种特征，所以不包含数学性应用的原理所特有的那种直接的自明性（虽然也并不损害它们普遍地与经验相关的确定性）。不过，这一点我们将在这个原理体系结束时更好地予以评判。

范畴表给我们提供了原理表的完全自然的指示，因为后者毕竟无非是前者的客观应用的规则。据此，纯粹知性的所有原理是：

1.
直观的公理

2.
知觉的预先推定

3.
经验的类比

4.
一般经验性思维的公设

我谨慎地选择了这些称谓，以免让人忽视在这些原理的自明性和执行方面的区别。但马上就要表明的是：无论按照**量**和**质**（如果人们仅仅注意后者的形式的话）的范畴涉及的是自明 〔148〕
性还是显象的先天规定，二者的原理都与其余两条原理明显有 B201
别，因为虽然双方都能够具有完全的确定性，但前两条原理所能具有的是一种直觉的确定性，而后两条原理所能具有的则纯然是一种推论的确定性。因此，我将把前两者称为**数学性的**原理，把后两者称为**力学性的**原理。①但是，人们将察觉到：我
在这里并不是在一个事例中留意数学的原理，同样不是在另一 B202
个事例中留意普遍（物理学的）力学的原理，而是仅仅留意与内感官相关的纯粹知性的原理（对其中被给予的表象不加区

① 一切联结（conjunctio）都要么是**组合**（compositio），要么是**结合**（nexus）。前者是**并不必然相互**隶属的杂多的综合，例如一个正方形被对角线划分所形成的两个三角形就是各自并不必然相互隶属的；一切可**从数学上**来考虑的东西中**同类东西**的综合就是这种情况（这种综合又可以分为**集合**的综合和**联合**的综合，其中前者关涉**广延的**量，后者关涉**强度的**量）。第二种联结（nexus）是**必然相互隶属**的杂多的综合，例如偶性必然隶属于某个实体，结果必然隶属于原因——因而被表象为**异类地**、但毕竟是先天地联结起来的；这种联结由于不是任意的，所以我把它称为**力学性的**，因为它涉及杂多的**存在**的联结（这种联结又可以分为显象彼此之间的**物理学的**联结和显象在先天认识能力中的形而上学的联结）。

分），这样就使那些原理全都获得了自己的可能性。因此，我对它们的称谓不是由于它们的内容，而是考虑到它们的应用。现在，我要按照它们在表中表现出来的顺序来探讨它们。

一、直观的公理

其原则是：一切直观都是广延的量

证明

一切显象就形式而言都包含着一个空间和时间中的直观，
〔149〕它们全都以这直观为基础。因此，除了通过使一个确定的空间
B203 或者时间的种种表象得以产生的杂多综合，也就是说，通过同类东西的组合与这种杂多（同类东西）的综合统一的意识，这些显象不能以别的方式被把握，也就是说，被接纳入经验性的意识。现在，一般直观中杂多的同类东西的意识，就一个客体的表象由此才成为可能而言，即是量（quanti）的概念。因此，就连对一个作为显象的客体的知觉，也惟有通过被给予的直观之杂多的这种综合统一性才是可能的，通过它，杂多的同类东西之组合的统一性在量的概念中被思维；也就是说，显象全都是量，而且是广延的量，因为它们作为空间或者时间中的直观，都必须通过一般空间和时间由以被规定的这种综合被表象。

我把各个部分的表象在其中使整体的表象成为可能（因而必然先行于整体的表象）的那种量称为一种广延的量。一条线，无论它怎样短，如果不在思想中划出它，也就是说，不从一个点产生出所有的部分，并由此记录下这一直观，我就不能表象它。任何时间，哪怕是极为短促，也都同样是这种情况。在其中我只是思维从一个瞬间到另一个瞬间的相继进展，由此通过所有的时间部分及其增添最终产生出一个确定的时间量。

既然对一切显象来说纯然的直观要么是空间，要么是时间，所以任一显象作为直观都是一个广延的量，因为它惟有通过在把 B204
握中（从部分到部分）的相继综合才能被认识。据此，一切显象都已经被直观为集合体（被先行给予的各个部分的集合），但并不是任何种类的量都是这种情况，而是只有被我们**从广延** 〔150〕
上表象和把握为量的那种量才是这种情况。

广延的数学（几何学）及其公理就基于生产的想象力在生成形象方面的这种相继综合，这些公理表达了先天感性直观的种种条件，惟有在这些条件下才能形成外部显象的一个纯粹概念的图型：例如，两点之间只可能有一条直线；两条直线不能围起一个空间等等。这些都是真正说来仅仅涉及量（quanta）本身的公理。

但是，就量（quantitas）而言，也就是说，就对“某物多大”这一问题的回答而言，在它这方面虽然这些命题中有许多是综合的和直接确定的（不可证明的），尽管如此却在真正的意义上不存在公理。因为等量加上等量或者减去等量得出的仍是等量，这些都是分析命题，此时我直接意识到的是一个量的产生与另一个量的产生的同一性；但公理却应当是先天综合命 B205
题。与此相反，数量关系的自明命题固然是综合的，但却不像几何学的命题那样是普遍的，且正因为如此不是公理，而只能被称为算式。7＋5＝12，这并不是分析命题。因为我在 7 的表象中、在 5 的表象中以及在二者的组合中，都没有思维 12 这个数字（这里不谈我在**二者的相加**中应当思维这个数字；因为就分析命题而言，问题只在于我是否确实在主词的表象中思维谓词）。但是，尽管这一命题是综合的，它却毕竟只是一个单称的命题。就这里只注意同类东西（各个单位）的综合而言，虽然这些数字的应用在此后是普遍的，但综合在这里却只能以惟一的一种方式发生。当我说：有三条线，其中两条相加大于

第三条，用它们可以表示一个三角形，此时我在这里所具有的只是生成的想象力的功能，它能把这些线延长或者缩短，此外能够使它们按照任意的角度相交。与此相反，7这个数字只以惟一的一种方式是可能的，通过它与5的综合所产生的
〔151〕 12这个数字也一样。因此，人们必须不把诸如此类的命题
B206 称为公理（因为若不然，就会有无限多的公理），而是称为算式。

显象的数学的这一先验原理给予我们的先天知识以很大的扩展。因为只有它才使纯粹数学能够以其全部的精确性运用于经验的对象，没有这一原理，这种运用就不会如此自明，甚至还引起过某些矛盾。显象不是物自身。经验性直观惟有通过（空间和时间的）纯直观才是可能的；因此，几何学关于纯直观所说的东西，不可辩驳地对经验性直观有效，而诸如感官的对象可以不符合空间中作图的规则（例如，线和角无限可分的规则）之类的遁词必须予以抛弃。因为这样一来，人们就否定了空间的客观有效性，与此同时也就否定了一切数学的客观有效性，再也不知道数学为何以及在多大程度上可以运用于显象。作为一切直观的根本形式的空间和时间，其综合是同时使显象的把握、因而使任何外部经验、进而也使这种经验的对象的一切知识得以可能的东西，而数学在纯粹应用中关于前者所
B207 证明的东西，也必然适用于后者。对此的所有责难都是一种受到错误教导的理性的无理取闹，这种理性想使感官的对象脱离我们的感性的形式条件，尽管这些对象只不过是显象，却把它们表象为被给予知性的对象自身；在这种情况下，对于它们当然不能先天地、因而也不能通过关于空间的纯粹概念综合地认识任何东西，而规定这些概念的科学，即几何学，本身也就会是不可能的了。

二、知觉的预先推定

其原则为：在一切显象中，作为感觉对象的实在的东西都有强度的量，即一种程度

证明 〔152〕

知觉是经验性的意识，也就是说，是其中有感觉的意识。显象作为知觉的对象，并不像空间和时间那样（因为空间和时间就自身而言根本不能被知觉）是纯直观（纯然形式的直观）。因此，除直观之外，显象还包含着一般而言某个客体的质料（借此，某种在空间或者时间中实存的东西被表象），也就是说，包含着作为纯然主观表象的感觉之实在的东西；关于感觉，人们只能意识到主体受到刺激，而且人们使它与一个一般 B208
而言的客体发生关系。现在，从经验性意识到纯粹意识，一种逐步的变化是可能的，此时经验性意识的实在的东西完全消失，只剩下空间和时间中的杂多的一种（先天的）形式的意识；因此，就连一个感觉的量的产生，从其原因亦即等于零的纯直观直到它的一个任意量，其综合也是可能的。现在，既然感觉自身根本不是客观的表象，而且在感觉里面既遇不到空间的直观也遇不到时间的直观，所以感觉虽然没有一种广延的量，但却毕竟有一种量（而且是通过对感觉的把握，在这种把握中，经验性意识能够在某个时间里从等于零的无增长到感觉被给予的分量），因而有一种强度的量。与感觉的这种强度的量相应，就知觉包含着感觉而言，必须赋予知觉的一切客体以**强度的量**，即对感官的影响的程度。

我能够用来先天地认识和规定属于经验性认识的东西的一切知识，人们都可以称之为一种预先推定；毫无疑问，这就是

伊壁鸠鲁使用其术语 **προληφιS**［预想］的意义。但是，既然在显象那里有某种东西永远不被先天地认识，因而也构成了经
B209 验性的东西与先天知识的真正区别，这也就是感觉（作为知觉
〔153〕的质料），故而可以得出，感觉真正说来就是那根本不能被预先推定的东西。与此相反，无论是就形状来说还是就量来说，我们都可以把空间和时间中的纯粹规定称为预先推定，因为它们先天地表象着任何能够后天地在经验中被给予的东西。但是，假定存在着某种东西，可以在任何作为一般感觉的感觉（无须能够有一种特殊的感觉被给予）那里被先天地认识到，那么，这种东西就在一种特殊的意义上理应被称为预先推定，因为在恰恰关涉到人们只能从经验取得的经验质料的东西中抢在经验之前，这看起来令人觉得奇怪，但在此处实际情况就是这样。

仅仅凭借感觉作出的把握，只占用一个瞬间（也就是说，如果我不考虑感觉的演替的话）。作为显象中的某物，其把握不是从各个部分前进到整个表象的那种逐渐的综合，所以感觉没有广延的量：某一瞬间感觉阙如，则该瞬间就被表象为空的，因而等于零。在经验性直观中与感觉相应的东西，就是实在性（**realitas phaenomenon**［作为显象的实在性］），而与感觉
B210 的阙如相应的东西，则是等于零的否定性。但如今，任何感觉都能够减弱，以至于它能够消减，并这样逐渐地消失。因此，在显象中的实在性和否定性之间，有许多可能的中间感觉的一种连续的联系，这些中间感觉彼此之间的差异总是小于被给予的感觉与零或者完全的否定性之间的差异。这就是说：显象中实在的东西任何时候都有一个量，但由于仅仅凭借感觉作出的把握是在一个瞬间发生的，不是通过许多感觉的逐渐综合发生的，因而不是从各个部分前进到整体，所以在把握中遇不到这个量；因此，这实在的东西虽然有一个量，但却不是广延的量。

现在，我把只被把握为单一性、其中复多性只能通过向等

于零的否定性的逼近来予以表象的那种量称为**强度的量**。因此，显象中的任何实在性都有强度的量，也就是说，有一个程度。当人们把这种实在性视为原因（无论是感觉的原因还是显象中其他实在性的原因，例如一种变化的原因）的时候，就称这种作为原因的实在性的程度为一种要素，例如重力的要素，而且之所以如此，乃是因为程度只是表示这样一种量，这种量 〔154〕的把握不是逐渐的，而是瞬间的。但我在这里只是顺便提到这一点，因为我现在还不想讨论因果性。

据此，任何感觉、从而还有显象中的任何实在性，无论它 B211 多么小，都有一种程度，也就是说，有一个还总是能减弱的强度的量，在实在性和否定性之间有可能的实在性和可能更小的知觉的一种连续的联系。每一种颜色，例如红色，都有一种程度，无论这程度怎样小，都永远不是最小的；热、重力的要素等等，到处都是这种情况。

就量而言没有任何部分是可能最小的部分(没有一个部分是单纯的)，这种属性就叫做量的连续性。空间和时间是 quanta continua[连续的量]，因为不将它们的部分包围在界限(点和瞬间)之间，它们的任何部分都不能被给予，因而该部分只能这样被给予，即它本身又是一个空间或者时间。因此，空间只能由众多空间构成，时间只能由众多时间构成。点和瞬间只是界限，也就是说，纯然是限制它们的位置；但位置在任何时候都以它们应当限制或者规定的那种直观为前提条件，纯然以位置为还在空间或者时间之前就能够被给予的成分，用它们既不能组合成空间也不能组合成时间。人们也可以把诸如此类的量称为**流动的量**，因为(生成的想象力的)综合就其产生而言是一个时间中的 B212 进程，人们通常特别地借助流动(流逝)来表示时间的连续性。

据此，一切一般而言的显象都是连续的量，无论是根据其直观作为广延的量，还是根据纯然的知觉（感觉以及因此还有实在性）作为强度的量。如果显象的杂多的综合被中断，那么，这就是许多显象的一个集合体（而且不是真正说来作为量的显象），这个集合体不是通过某种方式的生成性综合的纯然延续产生的，而是通过一种时断时续的综合的重复产生的。当我称 13 塔勒为一种货币量时，就我把它理解为一马克纯银的含量而言，我这样称谓它是正确的；但是，一马克纯银当然是一个连续的量，其中没有一个部分是最小的部分，相反，每一
〔155〕个部分都能够构成一个货币块，它总是包含着构成更小部分的质料。但是，如果我把那个称谓理解为 13 塔勒，即这么多的硬币（它们的银含量则可以是任意的），那么，我用塔勒的量来称谓它就是不合适的，相反，我必须称它为一个集合体，也就是说，称它为某个数目的货币块。但由于对一切数字来说都必须以单位为基础，所以显象作为单位就是一个量，而作为一个量在任何时候都是一个连续体。

现在，如果所有的显象，无论是被视为广延的还是被视为
B213 强度的，都是连续的量，那么，“一切变化（一个事物从一种状态到另一种状态的变化）也都是连续的”这个命题，假如不是一般而言的变化的因果性完全处在一种先验哲学的界限之外，并以经验性的原则为前提条件的话，在这里就会很容易得到证明，并且具有数学的自明性。因为一个原因可能改变事物的状态，也就是说规定事物成为某一个被给予的状态的反面，对此知性根本没有先天地给予我们任何启示，这不仅是因为知性对此的可能性根本无所洞察（对于诸多先天知识，我们同样缺乏洞察），而且是因为可变性仅仅涉及显象的某些惟有经验才能告诉我们的规定，而它们的原因是要在不变的东西中发现的。但是，既然这里除了一切可能经验的纯粹基本概念，其中必须绝对没有任何经验性的东西之外，我们面前没有任何可以使用的东西，所以我们不可能抢在基于某些基本经验的普遍科

学之前而不破坏体系的统一性。

尽管如此，我们并不缺少我们的这一原理所具有的重大影响的种种证明根据，即预先推定知觉，甚至就它阻止从知觉的阙如可能得出的所有错误的推理而言来补偿这种阙如。

如果知觉中的所有实在性都有一个程度，在这个程度和否 B214 定性之间有一个程度递减的无限梯状序列，而且尽管如此每一个感官都必然具有感觉的感受性的一个确定程度，那么，就没有任何知觉，从而也没有任何经验能够无论是直接地还是间接地（不管人们在推论中如何转弯抹角）证明显象中一切实在东 〔156〕 西的完全缺乏，也就是说，从经验永远不能得出空的空间和空的时间的证明。因为首先，感性直观中实在东西的完全缺乏，本身不能被知觉到；其次，它不能从惟一的显象、从显象的实在性的程度差异推论出来，或者也绝不可以为了说明显象的实在性而假定它。因为即便某一确定的空间或者时间的整个直观完全是实在的，也就是说，它们没有任何部分是空的，也由于任何实在性都有自己的程度，这程度即使显象广延的量不发生变化也能够通过无限多的阶段减弱到无（空的东西），所以必然存在着无限多的不同程度来充填空间或者时间，虽然直观的广延的量是相同的，而强度的量在不同的显象中却可以是或大或小的。

我们要举出这方面的一个例子。几乎所有的自然科学家， B215 在他们（部分地通过重力的要素或者重量，部分地通过对其他运动着的物质的阻抗的要素）察觉到不同种类的物质在体积相同的情况下量的巨大差别时，异口同声地得出结论说：这个体积（显象的广延的量）必然在所有的物质中是空的，虽然程度不同。但是，对于这些绝大部分属于数学和力学的自然研究者，谁会在某个时候想到，由于他们假定空间中的**实在东西**（我在这里不把它称为不可入性或者重量，因为这些都是经验性的概念）**到处都是一模一样的**，只是在广延的量上，即在数量上彼此有别，他们是把自己的上述推理仅仅建立在他们声称要竭力避免的一种形而上学的前提条件之上呢？这一前提条件，他们在经验中找不到任何根据，因而仅仅是形而上学的，对此我要提出一个先验的证明来与之对立，这个证明虽然不应当说明空间之充实方面的差别，但却完全取缔了认为只能通过可以假定的虚空来说明上述差别的那个前提条件的必要性，并且具有一种功绩，即至少使知性获得了自由，在自然的解说为此使得某种假说成为必要的时候也以别的方式来思维这种不
B216 同。因为我们那时就会看到，尽管同样的空间可以用不同的物
〔157〕质来完全充实，以至于在这种空间中的任何一个里面都没有一个点不能发现物质的在场，但毕竟任何实在的东西都鉴于同样的性质而具有其（阻抗的或者重量的）程度，这种程度在广延的量或者数量转入空虚或者消失之前，会在不减弱广延的量或者数量的情况下无限地越来越小。所以，充实一个空间的膨胀物，例如热，以同样的方式还有（显象中的）任何别的实在性，都能一点也不会使空间的最小一部分成为空的而无限地减弱其程度，并且尽管如此仍然以这些较小的程度充实空间，就像另一显象以较大的程度充实空间一样。我在这里的意图绝不是要断言物质按照其比重所具有的差异确实就是这样，而只是要从纯粹知性的一个原理出发阐明，我们的知觉的本性使得这样一种解释方式成为可能的，而且人们错误地假定显象的实在东西在程度上是同样的，而只是在集合及其广延的量上不同，甚至更为没有根据地通过知性的一个先天原理来断言这一点。

B217 尽管如此，知觉的这种预先推定对于一个习惯于先验思考并由此而变得缜密的自然研究者来说总是有某种异乎寻常的东西，并且将引起一些疑虑，即知性居然能够预先推定诸如关于显象中一切实在东西的程度、从而关于感觉在人们从中抽掉经

验性性质时的内在区别的可能性这样一个综合命题；因此，知性在这里如何能够先天综合地关于显象有所言说，甚至在真正说来仅仅是经验性的、亦即关涉感觉的东西中预先推定显象，这还是一个很值得解决的问题。

感觉的**性质**在任何时候都仅仅是经验性的，而且根本不能先天地被表象（例如颜色、味道等等）。但是，与等于零的否定性相对立而与一般而言的感觉相应的实在东西，仅仅表现出某种其概念自身包含着一种存在的东西，且仅仅意味着一个一般而言的经验性意识中的综合。也就是说，在内感官中经验性意识能够从零上升到任何更高的程度，以至于正是直观的这种 〔158〕
广延的量（例如发光的表面）引起如此大小的感觉，如同许多 B218
别的东西（较少发光的东西）聚合而成的集合体。因此，人们可以完全抽掉显象广延的量，并且在某一瞬间的纯然感觉里表现从零到一个被给予的经验性意识的齐一上升的综合。所以，一切感觉本身虽然都只能后天地被给予，但它们具有一种程度这种属性却可以先天地被认识。值得注意的是，我们关于一般而言的量只能先天地认识惟一的一种**性质**，即连续性，但对于一切性质（显象的实在东西）来说能够先天地认识的也无非是其强度的**性质**，即它们有一个程度；其余的一切都有待于经验。

三、经验的类比

其原则是：经验惟有通过知觉的一种必然结合的表象才是可能的

证明

经验是一种经验性的知识，也就是说，是一种通过知觉规定一个客体的知识。因此，它是知觉的一种综合，这种综合本

身并不包含在知觉中，而是在一个意识中包含着知觉的杂多的
B219 综合统一性，这种综合统一性就构成了感官**客体**的知识亦即经验（不仅仅是直观或者感官的感觉）的本质性东西。现在，虽然在经验中各种知觉只是以偶然的方式彼此相遇，以至于从知觉本身得不出也不能得出其结合的必然性；因为把握只不过是经验性直观的杂多的集合，但在把握中并未发现它在空间和时间中所集合的各种显象结合起来的实存之必然性的表象。但
〔159〕 是，既然经验是对客体的一种凭借知觉的知识，从而在它里面表现杂多之存在中的关系，应当不是如其在时间中被集合，而是如其客观地在时间中，但时间本身并不能被知觉到，所以，对客体在时间中的实存的规定惟有通过它们在一般时间中的联结、从而惟有通过先天地结合起来的概念才能够发生。既然这些概念在任何时候都带有必然性，所以经验就惟有通过知觉的必然结合的表象才是可能的。

时间的三种模式是**持久**、**相继**和**并存**。因此，就有显象的一切时间关系的三条规则先行于一切经验并使得经验成为可能，显象的任何存在就一切时间的统一性而言都能够根据它们而得到规定。

B220 所有这三种类比的普遍原理，就**每一时间里**一切可能的经验性意识（知觉）而言，依据的是统觉的必然**统一**，既然这种统一是先天地作为基础的，所以该普遍原理依据的就是一切显象根据其在时间中的关系的综合统一。因为源始的统觉与内感官（一切表象的总和）相关，而且是先天地与其形式相关，也就是说，与时间中杂多的经验性意识的关系相关。在源始的统觉中，所有这些杂多都应当按照其时间关系被统一起来；因为这是先天统觉的先验统一性所要求的，凡是应当属于我的（即我的统一的）知识、从而能够对我来说成为一个对象的东西，都从属于这种统一性。因此，一切知觉的时间关系中的这种**被**

先天地规定的综合统一性，就是这样一条规律：一切经验性的时间规定都必须服从普遍的时间规定的种种规则；我们现在要讨论的经验的类比就必须是诸如此类的规则。

这些原理自有其特殊之处，即它们并不考虑显象及其经验性直观的综合，而是仅仅考虑存在和就显象的这种存在而言考虑它们的相互关系。现在，显象中的某物被把握的方式能够如 B221
此先天地被规定，以至于该显象的综合的规则同时能够在任何 〔160〕
呈现出来的经验性事例中提供这种先天直观，也就是说，能够由此出发完成这种先天直观。但是，显象的存在却不能先天地被认识；而且即使我们沿着这条道路能够达到推论出某种存在的地步，我们也毕竟不能确定地认识这种存在，也就是说，不能预先推定它的经验性直观与其他直观的区别之处。

上述两条原理我称之为数学性的原理，乃是考虑到它们使人有权利把数学运用于显象，它们仅仅就显象的可能性而言与显象相关，并说明无论就显象的直观还是就其知觉的实在东西而言，显象如何能够按照一种数学性综合的规则被产生出来；因此无论在前者那里还是在后者那里，都可以使用数字的量和显象作为量的规定。例如，我将能够用 200 000 倍的月亮发光组合出阳光感觉的程度，并且先天确定地给出亦即建构它。因此，我们可以把前两条原理成为建构性的原理。

应当先天地使显象的存在从属于规则的那些原理就必然完全是另外一回事了。因为既然存在不能被建构，所以它们就只能与存在的关系相关，只能提供**范导性**的原则。因此在这里既 B222
不能指望有公理也不能指望有预先推定；而是当一种知觉在与其他（尽管是不确定的）知觉的时间关系中被给予我们时，不能先天地说：其他知觉是**什么样的**知觉以及是**多大的**知觉，而是说它们就存在而言如何在时间的这种模式中与前者必然联结的。在哲学中，类比意味着某种与数学中所表现的非常不同的东西。在数学中，它们是表示两种量的关系相等的算式，而且在任何时候都是**建构性的**，以至于如果给予比例的三个项，就也能够由此给出亦即建构出第四项。但在哲学中，类比并不是两种**量的**关系的相等，而是两种**质的**关系的相等，在它里面我从三个被给予的项出发所能认识和先天地给出的只是与一个第四项的**关系**，而不是**这个**第四**项**本身，但我有一个在经验中寻〔161〕找这个第四项的规则，而且有一个在经验中发现它的标志。因此，经验的类比将只不过是经验的统一性（不像作为一般而言的经验性直观的知觉本身那样）从知觉中产生所应当遵循的一个规则，而且作为原理不是**建构性地**、而是**范导性地**适用于对B223 象（显象）。但是，同样的东西也将适用于一起关涉到纯然直观（显象的形式）、知觉（显象的质料）和经验（这些知觉的关系）的综合的那些一般经验性思维的公设，也就是说，它们只不过是些范导性的原理，有别于建构性的数学性原理，虽然不是在确定性上，二者都先天地固有确定性，但毕竟在自明性的方式上，也就是说在后者的直觉性因素上（从而也在证明上）有别。

但是，就所有的综合原理而言曾提请注意并在这里必须特别说明的东西，是这样一点：这些类比不是作为先验的知性应用、而是仅仅作为经验性的知性应用才有其普遍的意义和有效性，从而也只有作为这样的原理才能够被证明，因而显象也必须不是被归摄在地地道道的范畴之下，而是仅仅被归摄在范畴的图型之下。因为如果这些原理应当与之相关的对象是物自身，那么，关于它们就完全不可能先天综合地认识某种东西。现在，它们无非是显象，一切先天原理归根结底毕竟必须始终以显象的完备知识为归宿，这种知识只不过是可能的经验；因B224 此，那些原理只能以显象的综合中之经验性知识的统一性的条件为目的；但是，综合只有在纯粹知性的图型中才被思维，关于它作为一般而言的综合的统一性，范畴所包含的是不为任何感性条件所限制的功能。因此，我们通过这些原理将有权利仅仅按照与概念逻辑的和普遍的统一性的类比来组合显象，因而在原理本身中虽然使用范畴，但在实行时（运用于显象时）却把范畴的图型作为范畴应用的钥匙来取代其应用，或者毋宁说使之作为限制的条件以这种应用的公式的名义与范畴并立。

A. 第一类比：实体的持久性的原理 〔162〕

无论显象如何变易，实体均保持不变，实体的量在自然中既不增多也不减少

证明

一切显象都在时间中，无论是同时存在还是相继，都只有在作为基底（作为内直观的持久形式）的时间中才能被表象。因此，显象的一切变易皆应在其中被思维的时间，是留存而且不变 B225
的，因为时间是相继存在和同时存在仅仅作为其规定才能在其中得到表象的东西。现在，时间就自身而言不能被知觉到。因此，在知觉的对象中，即在显象中，必须有表现一般而言的时间的基底，借着这个基底，一切变易或者同时存在都能够通过显象与它的关系而在把握中被知觉。但是，一切实在东西的基底，即属于事物的实存的东西，就是实体；在实体那里，一切属于存在的东西都惟有作为规定才能被思维。因此，显象的一切时间关系都惟有在与持久的东西的关系中才能被规定，这持久的东西就是显象中的实体，也就是说，是显象的实在的东西，它作为一切变易的基底永远是同一种东西。因此，既然实体在存在中不会发生变化，所以它的量在自然中也既不能增多也不能减少。

我们对显象杂多的**把握**在任何时候都是渐进的，因而是始 〔163〕
终变易的。因此，如果在经验中没有**在任何时候都存在的**某 B226

物，即某种**常驻的**和**持久的**东西作为基础，其一切变易和同时存在都只不过是这种持久的东西实存的诸多方式（时间的模式），我们仅仅通过把握就绝不能确定这种作为经验对象的杂多是同时存在的还是相继存在的。因此，只有在持久的东西中，种种时间关系才是可能的（因为同时和演替是时间中的惟一关系），也就是说，持久的东西乃是时间本身的经验性表现的**基底**，一切时间规定惟有借着它才是可能的。持久性作为显象的一切存在、一切变易、一切伴随的恒常的相关物，一般地表现出时间。因为变易并不涉及时间本身，而只涉及时间中的显象（就像同时存在并不是时间的一种模式一样，在时间中根本不是各个部分同时存在，而是所有的部分相继存在）。如果要把一种前后相继归于时间本身，那就必须还设想这种相继在其中成为可能的另一个时间。惟有通过持久的东西，在时间序列的不同部分中的**存在**才相继获得人们称之为**存续**的量。因为仅仅在相继中，存在总是生生灭灭，绝不具有丝毫的量。因此，没有这种持久的东西，就没有时间关系。现在，时间自身是不能被知觉的；因此，显象的这种持久的东西是一切时间规定的基底，从而也是知觉的一切综合统一之可能性的条件，也就是说，是经验的可能性的条件；借着这种持久的东西，时间中的一切存在和一切变易，都只能被视为常驻不变的东西之实
B227 存的一种模式。因此，在一切显象中，持久的东西都是对象本身，也就是说，是实体（phaenomenon［现象］），而一切变易或者能够变易的东西，都仅仅属于这一实体或者各实体实存的方式，从而属于它们的规定。

我发现，在所有的时代里，不仅哲学家，甚至普通的知性也都预设这种持久性为显象的一切变易的基底，而且将在任何时候都假定它为无可置疑的，只不过当哲学家说：无论世界上
〔164〕 发生什么变化，**实体**都保持长存，只有**偶性**发生变易时，他表

达得更为明确一些罢了。但是，关于这一如此综合的命题，我却在任何地方都没有发现哪怕是一种证明的尝试；甚至，它也只是非常罕见地像它理应的那样居于纯粹的和完全先天地存在的自然规律的首位。事实上，“实体是持久的”这个命题是同义反复。因为惟有这种持久性是我们把实体范畴运用于显象的根据，而人们本来必须证明，在一切显象中有某种持久的东西，在它那里可变的东西无非是它的存在的规定而已。但是，由于这样一种证明绝不能独断地亦即从概念出发来进行，因为 B228 它涉及一个先天综合命题，而且人们从来没有想到，诸如此类的命题惟有与可能的经验相关才是有效的，从而也惟有通过经验的可能性的演绎才能得到证明，所以，如果它虽然在所有的经验那里都被当做基础（因为人们就经验性的知识而言感觉到对它的需要），但却从未得到证明，也就没有什么奇怪了。

一位哲学家被问及烟有多重。他回答说：从燃烧的木材的重量除去残留的灰烬的重量，你就有了烟的重量。因此，他预设为不可置疑的是：甚至在火中物质（实体）也不消逝，只有它的形式才经受了一种变化。同样，“没有任何东西从无中产生”这个命题，只不过是从持久性的原理，或者毋宁说从显象中真正主体持续存在的原理得出的另一个结果命题。因为如果显象中我们要称为实体的东西应当是一切时间规定的真正基底，那么，一切存在，无论是过去时间中的还是未来时间中的，都必然惟有借着它才能得到规定。因此，我们之所以能够赋予一个显象以实体的名称，只是因为我们以它在一切时间中 B229 的存在为前提条件，这种存在通过持久性一词并未得到充分的表述，因为这个词更多地指向未来的时间。然而，持久存在的内在必然性毕竟是与曾经一直存在的必然性不可分割地结合在一起的，因此这个表述也可以保留。Gigni de nihilo nihil，in nihilum nil posse reverti［没有任何东西能够从无中产生，没有

任何东西能够复归为无]，这是古人不可分割地结合在一起的两个命题，人们现在有时出于误解把它们分开，因为人们设想它们
〔165〕是关涉物自身的，而前一个命题是会与世界（甚至就其实体而言）对一个至上原因的依赖性相悖的；这种忧虑是不必要的，因为这里只谈论经验领域中的显象，如果我们想让新的事物（就实体而言）产生，经验的统一性就会绝无可能。因为在这种情况下，惟一能够表现时间的统一性的东西，即一切变易拥有其无一例外的统一性所凭借的基底的同一性，就会失去。然而，这种持久性毕竟仅仅是我们表象（显象中的）事物的存在的方式。

一个实体的种种规定无非是实体的种种特别实存方式，它们叫做**偶性**。它们在任何时候都是实在的，因为它们涉及实体的存在（否定性只是表示实体中某物不存在的规定）。当人们把
B230 一种特殊的存在赋予实体中这种实在的东西（例如作为物质的一种偶性的运动）时，人们就把这种存在称为依存性，以区别于实体的存在，后者人们称之为自存性。但是由此产生出诸多误解，如果人们仅仅通过积极地规定实体存在的方式来描述偶性，就会说得更为精确和正确。然而，由于我们知性的逻辑应用的种种条件，把实体的存在中能够发生变易的东西仿佛是分离开来同时实体保持不变，并且在与真正持久的东西的关系中考察它，毕竟是不可避免的；所以，实体的范畴处于关系的标题之下，更多的是作为关系的条件，而不是说它自己就包含着一种关系。

基于这种持久性的，还有对**变化**概念的纠正。生与灭并不是生灭者的变化。变化是一种实存方式，继同一对象的另一实存方式产生。因此，一切变化的东西都是**常驻的**，只有它的**状态发生变易**。因此，既然这种变易只涉及能够终止或者开始的规定，所以我们就可以用一种表面上有点悖谬的表述说：只有
B231 持久的东西（实体）被改变，可变的东西并不承受变化，而是承受一种变易，因为一些规定终止了，而另一些规定开始了。

因此，惟有在实体那里才能知觉到变化，而绝对的生或者灭不仅仅是持久者的一种规定，根本不能是一种可能的知觉，因为正是这种持久的东西使得从一种状态到另一种状态、从不存在到存在的过渡的表象成为可能，因此它们只有作为常驻的东西变易着的规定才能经验性地被认识。如果你们假定某种东西绝对地开始存在，则你们就必须有一个它还不存在的时刻。但你们如果不想让这个时刻依附于已经存在的东西，又让它依附于什么呢？因为一个先行的空洞的时间不是知觉的对象；但如果你们把生成与以前已经存在并且一直存续到成为生成的东西的事物结合起来，那么，这生成的东西就只不过是作为持久的东西的前者的一种规定而已。对消灭来说也是一样，因为消灭以某一显象不再存在的一个时间的表象为前提条件。 〔166〕

（显象中的）实体是一切时间规定的基底。一些实体的生和另一些实体的灭甚至会取缔时间的经验性统一的惟一条件，而显象在这种情况下也就会与两种时间相关，存在在其中并行流动，这是荒唐无稽的。因为**只有一个**时间，在其中一切不同的时间都必须不是同时地、而是相继地得以设定。 B232

据此，持久性是一个必要的条件，显象惟有在这个条件下才能在一个可能的经验中作为事物或者对象得到规定。但是，至于什么是这种必要的持久性以及显象的实体性的经验性标准，下文将给我们机会作出必要的说明。

B. 第二类比：根据因果性规律的时间相继的原理

一切变化都按照原因与结果相联结的规律发生

证明 〔167〕

[上一原理已经阐明，时间相继的一切显象全都只是**变化**

而已，即全都是在此持久存在的实体的各种规定的相继存在和不存在，因而是继实体本身的不存在产生的其存在，或者是继其存在产生的其不存在，换句话说，实体本身的生或者灭是不
B233 成立的。这一原理也许可以这样来表述：**显象的一切变易（演替）都只不过是变化而已**；实体的生或者灭不是实体的变化，因为变化的概念正是以具有两个相反规定的同一个实存着和持久存在着的主体为前提条件的。在这一预先提醒之后，接下来的是证明。］

我知觉到种种显象相互继起，也就是说，在某一时间有事物的一个状态，其反面曾存在于前一个状态中。因此，我真正说来是在时间中联结两个知觉。现在，联结并不是纯然感官和直观的工作，在此它也是那就时间关系而言规定着内感官的想象力之综合能力的产物。但是，想象力能够以两种方式联结上述两种状态，让这种状态或者另一种状态先行；因为时间就自身而言并不能被知觉，也不能在与时间的关系中仿佛经验性地在客体上规定什么在先，什么在后。因此，我仅仅意识到，我的想象设定一个在先，设定另一个在后，并不是在客体中一个状态先行于另一个状态；或者换句话说，通过纯然的感觉，相
B234 互继起的种种显象的**客观关系**还是未定的。为了使这种关系被认识为确定的，必须这样来思维两种状态之间的关系，即通过它来必然地规定，两个状态中何者必须设定在先，何者必须设定为后，而不是相反。但是，带有综合统一的必然性的概念只能是一个不处于知觉之中的纯粹知性概念；在此它就是**原因与**
〔168〕 **结果的关系**的概念，由此原因在时间中把结果规定为后果，而不是规定为某种仅仅在想象中能够先行的（或者任何地方都不被知觉到的）东西。因此，只有通过我们使显象的相继以及一切变化从属于因果性的规律，经验亦即显象的经验性知识才是可能的；所以，显象本身作为经验的对象惟有按照同一个规律

才是可能的。

对显象的杂多的把握在任何时候都是渐进的。各部分的表象相继而起。至于它们是否也在对象中相继，则是反思的第二点，它并不包含在第一点之中。现在，人们虽然能够把一切东西、乃至每一个表象，只要人们意识到它，都称为客体；但 B235
是，这个词在显象那里，并不就显象（作为表象）是客体而言，而是仅仅就显象表现一个客体而言，应当意味着什么，则需要更深入地研究。就它们仅仅作为表象同时是意识的对象来说，它们与把握、亦即与接受入想象力的综合没有任何区别，因此人们必须说：显象的杂多在心灵中任何时候都是渐进地产生的。假如显象就是物自身，那么，就会没有人能够从关于它们的杂多的表象之演替出发来估量，这种杂多在客体中是怎样联结的。因为我们毕竟只是在与我们的表象打交道；至于物自身（不考虑它们用来刺激我们的表象）会是什么样子的，则完全处于我们的知识范围之外。即使显象不是物自身，但尽管如此毕竟仍是惟一能够被给予我们来认识的东西，我也还是应当指出，显象本身中的杂多具有怎样一种时间中的联结，使得杂多的表象在把握中是渐进的。例如，在立于我面前的一座房子的显象中，杂多的把握是渐进的。现在问题是：这房子本身的杂多是否也在自身中是渐进的呢？当然没有人会承认这一点。 B236
但现在，一旦我把自己关于一个对象的概念一直提升到先验的意义上，房子就根本不是物自身，而仅仅是一个显象，亦即表象，它的先验对象是未知的；这样的话，我如何理解“杂多在 〔169〕
显象本身（这显象毕竟不是任何东西自身）中会如何联结”这个问题呢？在这里，处于渐进的把握中的东西被看做是表象，而被给予我的显象，虽然无非是这些表象的总和，但却被看做是这些表象的对象，我从把握的种种表象得出的概念应当与这对象相一致。人们马上就可以看出，由于知识与客体的一致就是真理，所以这里只能探询经验性真理的形式条件，而显象在与把握的种种表象的相对关系中，惟有当显象从属于一条把它与任何别的把握区别开来、使杂多的一种联结成为必然的规则的时候，才能被表现为种种表象的与表象不同的客体。显象中包含着把握的这种必然规则的条件的那种东西，也就是客体。

现在，让我们继续我们的课题。某事物发生，也就是说，某事物或者先前不曾存在的一种状态生成，如果不是一个自身
B237 不包含这一状态的显象先行的话，这种情况就不能被经验性地知觉到；因为一种继一个空洞的时间发生的现实，从而一个此前没有任何事物的状态先行的产生，和空的时间一样是无法把握的。因此，对一个事件的任何把握都是继另一个知觉发生的知觉。但是，由于这在把握的一切综合中都是如同我上面关于一座房子的显象所指出的那种情况，所以这种显象由此还没有与别的显象区分开来。不过我也注意到：如果我就一个包含着发生的显象来说把知觉的一个先行状态称为A，而把继起的状态称为B，则B在把握中只能跟随A，而知觉A却不能跟随B，而是只能先行于B。例如，我看见一艘船顺流而下。我对它在河下游的位置的知觉跟随着对它在河上游的知觉，而不可能在把握这一显象时首先知觉到下游的船，然后才知觉到上游的船。因此在这里，把握中种种知觉相继中的秩序是确定的，
〔170〕 而把握就受这种秩序的制约。在前面关于一座房子的例子中，我的知觉在把握中可以从房顶开始，在地基结束，但也可以从
B238 下面开始，在上面结束，此外也可以从右或者从左来把握经验性直观的杂多。因此，在这些直观的序列中，没有任何确定的秩序，在我为了经验性地联结杂多而必须以把握开始的时候，使这成为必然的。但是，在对发生的事情进行知觉时，任何时候都能发现这一规则，它使相继的种种知觉（在这一显象的把握中）的秩序成为**必然的**。

因此，在我们的实例中，我将必须从显象的**客观相继**中推导出把握的**主观相继**，因为若不然，那种主观相继就是完全不确定的，就没有把一个显象与另一个显象区别开来。仅仅主观的相继丝毫不证明客体中杂多的联结，因为它完全是任意的。所以，客观的相继将存在于显象杂多的秩序之中，按照这一秩序，对一（发生的）事物的把握**根据一个规则**跟随对另一（先行的）事物的把握。只有这样，我才能有权利关于显象本身、而不是仅仅关于我的把握说：在显象中可以发现一种相继，这就等于说：我不能以别的方式，而只能恰好在这种相继中进行把握。

因此，根据这样一条规则，在一般而言先行于一个事件的东西中，必然蕴涵着该事件任何时候并且必然地继起所遵循的一条规则的条件；但反过来，我却不能从该事件返回，（通过 B239
把握来）规定先行的东西。因为没有显象从继起的时刻返回到先前的时刻，但毕竟**与某个先前的时刻**相关；与此相反，从一个被给予的时间到确定的继起时间的进展却是必然的。因此，由于这毕竟是某种继起的东西，所以我必须使它与先行的一般而言另一个某物发生关系，它根据一条规则，也就是说必然地跟随着另一个某物，以至于该事件作为受条件制约者关于某个条件提供了可靠的指示，而这个条件则规定着该事件。

人们可以假定，在一个事件之前，没有任何该事件根据一条规则必然跟随的东西先行，这样，知觉的任何相继就会仅仅在把握中，也就是说，就会仅仅是主观的，但这样一来就根本〔171〕
没有客观地确定，何者真正说来是种种知觉先行的东西，何者是后继的东西。以这样的方式，我们就会只有一种表象的游戏，它根本不与任何客体发生关系，也就是说，凭借我们的知觉将根本不会有一个显象根据时间关系与任何别的显象区别开来，因为把握中的演替在任何地方都是一回事，从而在显象中

B240 就没有任何规定显象的东西，来使得某种相继成为客观必然的。因此，我将不说在显象中两个状态前后相继，而是仅仅说一个把握跟随另一个把握，这仅仅是某种**主观的**东西，并不规定客体，因而根本不被视为某个对象的知识（甚至不被视为显象中的某个对象的知识）。

因此，如果我们经验到某物的发生，那么，我们此际在任何时候都以它按照一条规则所跟随的某种东西先行发生为前提条件。因为没有这种东西，我就不能关于客体说它是继起的，因为纯然在我的把握中的继起如果不是通过一条规则在与一个先行事物的关系中被规定，就没有赋予客体中的相继以权利。因此，我使我的主观的（把握的）综合成为客观的，这总是在考虑到一条规则时发生的，按照这条规则，种种显象就其相继而言，也就是说像它们发生的那样，是由先前的状态规定的，而且惟有在这一前提条件下，关于某种发生的事物的经验才是可能的。

虽然，看来这好像与人们关于我们的知性应用的进程所做过的一切说明相矛盾，按照这些说明，我们只是由于知觉到和比较过的诸多事件对先行显象的一致跟随，才被引导去发现某
B241 些事件在任何时候都跟随某些显象所遵循的规则，并由此才被促使得出原因的概念。基于此，这个概念就仅仅是经验性的，它所提供的规则，即一切发生的东西都有一个原因，就会和经验本身一样是偶然的；在这种情况下，它的普遍性和必然性就会只是虚构出来的，就不会有真正的普遍有效性，因为它们不是先天的，而只是建立在归纳之上的。但这里的情况与其他先
〔172〕天纯粹表象（例如空间和时间）的情况是一样的，我们之所以能够把它们作为清晰的概念从经验中抽取出来，乃是因为是我们把它们置入经验的，从而经验乃是通过它们才得以实现的。当然，一条规定种种事件序列的规则，作为原因的概念，这个

表象在逻辑上的清晰性只有在我们把它运用于经验之后才是可能的；但是，把这规则作为时间中种种显象的综合统一的条件来考虑，毕竟是经验本身的根据，因而先天地先行于经验。

因此，关键就在于用实例来指明：除非有一条规则作为基础，它迫使我们遵循种种知觉的这种秩序而不是别的秩序，以至于这种迫使真正说来就是使客体中的一种演替的表象成为可能的东西，否则，即便是在经验中，我们也绝不能把相继（一个事件的相继，在这个事件中，某种此前不存在的东西现在发生）归于客体，并把它与我们的把握的主观相继区分开来。 B242

我们在自己里面有我们也能够意识到的表象。但这种意识无论涉及范围多么广大，多么精确或者准确，却毕竟依然只不过是些表象，也就是说，是我们心灵在这种或者那种时间关系中的内在规定。现在，我们是如何做到为它们设定一个客体，或者超出它们作为心态的主观实在性，还赋予它们一种连我也不知道是什么样的客观实在性呢？客观的意义不能存在于同另一个表象（关于人们就对象而言想列举的东西的表象）的关系之中，因为若不然，就再次提出了那个问题：后一表象又是如何超出自身，并在它作为心灵状态的规定固有的主观意义之上还获得了客观的意义呢？如果我们研究一番，**与一个对象的关系**究竟给予我们的种种表象一种什么样的新性状，以及这些表象由此获得的尊严是什么，我们就会发现，这种关系所造成的无非是以某种方式使种种表象的联结成为必然的，并使它们从 B243
属于一条规则；反过来说，只是由于我们的种种表象的时间关系中的某种秩序是必然的，这些表象才被赋予客观的意义。

在显象的综合中，种种表象的杂多在任何时候都前后相继。凭借这一点还根本未表象出任何客体，因为凭借一切把握所共有的这一相继，并没有把任何东西与其他东西区别开来。〔173〕
但是，一旦我知觉到或者预先假定，在这种相继中有一种与先行状态的关系，表象从该状态出发按照一条规则继起，某种东西就表现为事件或者此时发生的事情，也就是说，我就认识到一个对象，我必须在时间中把该对象置于某个确定的位置上，该位置在先行状态之后，不能以别的方式归于该对象。因此，如果我知觉到某物的发生，那么，在这个表象中首先就包含着某物的先行，因为正是在与后者的关系中显象才获得了自己的时间关系，即在一个先行的、它不曾在其中存在的时间之后才实存。但是，它之所以获得自己在这一关系中确定的时间位置，只是由于在先行的状态中预设了它在任何时候，即根据一条规则跟随的某种东西；由此就可以得出：首先，我不能颠倒这个序列，把发生的东西置于它所跟随的东西之前；其次，如
B244 果设定了先行的状态，那么，这个确定的事件就不可避免地必然继起。由此就发生了如下情况：在我们的种种表象中间生成一种秩序，其中当前的东西（只要它已经生成）提供关于某个先行状态的指示，把它当做这个被给予的事件的一个相关物，这个相关物虽然尚未确定，但却与这个作为其后果的事件有规定性的关系，并在时间序列中把该后果与自己必然地结合起来。

现在，如果我们的感性有一条必然的规律，从而所有的知觉有**一个形式的条件**，即在先的时间必然规定继起的时间（因为我惟有通过先行的时间才能到达继起的时间），那么，时间序列的**经验性表象**就也有一条不可缺少的规律，即过去时间的种种显象规定着继起显象的任何存在，而这些继起显象作为事件，惟有在过去时间的显象在时间中为它们规定了其存在，即根据一条规则确定了其存在的情况下，才会发生。因为**我们只有在显象上才能经验性地认识种种时间关联中的这种连续性**。

一切经验及其可能性都需要知性，而知性为此所做的首要事情，并不是使对象的表象变得清晰，而是一般而言使一个对

象的表象成为可能。这种情况之所以发生，乃是由于知性把时 B245
间秩序加在显象及其存在上，因为它赋予每一个作为后果的显 〔174〕
象以一个时间中就先行显象而言先天地确定了的位置，没有这个位置，该显象就不会与先天地为自己的一切部分规定其位置的时间本身相一致。现在，对位置的这种规定不能从种种显象与绝对时间的关系中借来（因为绝对时间不是知觉的对象），而是反过来：种种显象必须在时间本身中相互规定自己的位置，并使自己的位置在时间秩序中成为必然的，也就是说，在此继起或者发生的东西必须根据一条普遍的规则跟随已包含在此前状态中的东西；由此就形成一个种种显象的序列，它凭借知性在可能知觉的序列中所产生并使之成为必然的秩序和持续关联，与在一切知觉都必须在其中拥有其位置的内直观形式（时间）里面先天地发现的秩序和持续关联一样。

因此，所谓某物发生，乃是一个属于可能经验的知觉，如果我把显象按照其在时间中的位置看做是确定的，从而看做是按照一条规则在种种知觉的关联中任何时候都能够发现的一个
客体，这个可能的经验就成为现实的。但是，这条按照时间的 B246
继起规定某物的规则就是：在先行的东西中可以发现事件在任何时候（也就是说，以必然的方式）都继起的条件。因此，充足理由律就是可能经验的根据，也就是种种显象就其在时间的序列继起中的关系而言的客观知识的根据。

但是，充足理由律的证明根据仅仅基于以下的要素。一切经验性的知识都需要通过想象力对杂多进行的综合，这种综合在任何时候都是渐进的，也就是说，种种表象在它里面在任何时候都是相互继起的。但是，继起在想象力中就秩序而言（何者必须先行，何者必须继起）还根本未被确定，相互继起的种种表象的序列同样既可以被视为后退的也可以被视为前进的。但是，如果这种综合是（对一个被给予的显象的杂多的）把握

的综合，那么，秩序在客体中就是确定的，或者更确切地说，在这里面就有规定着一个客体的渐进综合的一种秩序，按照这
〔175〕一秩序，就必须有某物必然地先行，而如果该物被设定，另一物则必然地继起。因此，如果我的知觉应当包含着一个事件亦即某物现实地发生的知识，那么，它就必须是一个经验性的判断，在这个判断里面人们设想，继起是确定的，也就是说，它按照时间以另一个显象为前提条件，它必然地或者按照一条规
B247 则跟随这个显象。反之，如果我设定了先行之物，而事件却并不必然地跟随它，那么，我就会不得不把它仅仅视为我的想象力的主观游戏，而如果我毕竟在其中表象了某种客观的东西，我就会不得不把它称为一个纯然的梦。因此，种种显象（作为可能的知觉）的关系——按照这种关系，后继之物（发生的事情）就其存在而言在时间中必然地并且按照一条规则被某种先行之物所规定——从而还有原因与结果的关系，就是我们的经验性判断就知觉的序列而言的客观有效性的条件，因而也是这些知觉的经验性真理的条件，从而也就是经验的条件。因此，种种显象的继起中的因果关系原理也适用于经验的一切对象（在演替的诸般条件下），因为它本身就是这样一种经验的可能性的根据。

但是，这里还表现出一种必须予以消除的疑虑。种种显象中间因果结合的定律在我们的公式中是限制在显象的序列继起之上的，此时就其应用而言毕竟有这样的情况，即它也适用于种种显象的相伴，而原因和结果可以是同时的。例如房间中的温暖，在室外并没有发现。我寻觅原因，发现一个生着火的炉
B248 子。现在，这个火炉作为原因是与其结果亦即房间的温暖同时的；因此，这里就时间而言在原因与结果之间并没有序列继起，相反，原因和结果是同时的，而规律却毕竟有效。自然中的绝大部分作用因与其结果是同时的，而结果的时间继起，只

不过是由于原因不能在一瞬间就完成其全部结果而导致的。但是在其全部结果产生的瞬间，它却总是与其原因的因果性同时的，因为如果原因在此前一瞬间不再存在，那么，这结果就根本不会产生。在这里，人们必须充分地注意到，受关注的是时间的**秩序**，而不是时间的**进程**：即使没有任何时间流逝，关系也依然存在。原因的因果性和其直接的结果之间的时间可以是**微不足道的**（它们因此而是同时的），但前者与后者的关系毕竟还总是可以根据时间来规定的。一个球被放在填充起来的枕头上，并在上面压出一个小坑，如果我把这个球视为原因，那么，它就与结果是同时的。然而，我毕竟还是通过二者的力学结合的时间关系而把它们区分开来。因为如果我把球放到枕头上，继枕头先前的平坦形状就产生出小坑；但如果枕头（我不知道因何）有一个小坑，则并不继起一个铅球。〔176〕 B249

据此，时间的继起当然就是结果就先行原因的因果性而言的惟一经验性标准。杯子乃是水上升到其水平面之上的原因，虽然这两个显象是同时的。因为一旦我用杯子把水从一个较大的容器中舀出，就发生了某种事情，即水在较大容器中所拥有的水平位置变成它在杯子中所占有的一个凹形水平位置。

这种因果作用导向了行动的概念，而行动则导向了力的概念，并由此导向了实体的概念。既然我不想把我仅仅关涉到先天综合知识的来源的批判性意图混同于仅仅关涉概念的阐明（不是其扩展）的分析，所以我把对这些概念的烦琐讨论留给未来的形而上学体系：尽管人们在迄今所知的这类教科书中已经遇到大量这种分析。然而，一个实体如果显得不是通过显象的持久性，而是更好地和更容易地通过行动显露自己的话，其经验性标准我是不能置之不问的。

凡是有行动、从而有活动和力的地方，也就有实体，而显象的那个富有成效的起源的所在，则必须仅仅在实体中寻找。B250

这样说是完全正确的；但是，如果人们应当解释把实体理解成什么，并且想在这里避免错误的循环论证，那么，这就不容易回答了。人们怎么要从行动马上推论到行动者的**持久性**呢——
〔177〕这毕竟是实体（现象）的一个根本的和特有的标志？尽管这个问题按照通常的方式（仅仅分析地处理其概念）是完全不会得到解决的，不过，按照我们先前所说的，它的解决倒是没有这样的困难。行动已经意味着因果性的主体与结果的关系。现在，由于所有的结果都存在于发生的事情之中，从而存在于按照演替来标示时间的可变事物之中，所以可变事物的终极主体就是作为一切变易者的基底的持久的东西，即实体。因为按照因果性的原理，行动永远是显象的一切变易的首要根据，因而不能蕴涵在一个本身变易着的主体之中，因为若不然，就会需要别的行动和另一个规定这种变易的主体。借此，行动作为一
B251 个充足的经验性标准，就证明了实体性，无须我不得不通过比较种种知觉才来寻找该主体的持久性，这也是以后一种方式借助概念的量和严格的普遍有效性所要求的详尽性不能做到的。因为一切产生和消失的因果性的第一主体本身不能（在显象的领域里）产生和消失，这是一个可靠的结论，它导致存在中的经验性的必然性和持久性，从而导致一个作为显象的实体的概念。

如果某物发生，那么，无须考虑在此产生的东西，单是产生就自身而言也已经是一个研究的对象了。从一种状态的不存在到该状态，即使假定该状态不包含显象中的任何性质，单是其过渡就已经必须予以研究了。就像在 A 节中已经指明的那样，这种产生所涉及的并不是实体（因为实体并不产生），而是实体的状态。因此，它仅仅是变化，而不是从无中起源。如果这种起源被视为一个外来原因的结果，那它就叫做创造，创造作为显象中间的事件是不能被允许的，因为单是它的可能性就已经会取缔经验的同一性；虽然如果我把一切事物不是看做

显象，而是看做物自身，看做纯然知性的对象，则它们即便是实体，也可以被看做是就存在而言依赖于外来原因的；但是在这种情况下，它就会引起截然不同的语词意义，而不会适用于作为经验的可能对象的显象了。 B252 〔178〕

现在，一般来说某物如何能够被改变，如何可能在一个瞬间的一种状态之后跟随另一瞬间的一种相反的状态；对此我们先天地不具有丝毫概念。为此要求有对于只能经验性地被给予的现实的力的知识，例如对于推动力的知识，或者换句话说也一样，对于表现这样的力的某些渐进显象（作为运动）的知识。但是，任何一种变化的形式，即变化惟有在其下才能作为另一种状态的产生而发生的条件（至于变化的内容，即被改变的状态，则可以是任意的），从而种种状态的演替本身（发生的事情），毕竟是可以按照因果性的规律和时间的诸般条件先天地予以衡量的。①

如果一个实体从一个状态 a 过渡到另一个状态 b，那么，第二个状态的瞬间就有别于第一个状态的瞬间，并且跟随其后。就连作为（显象中的）实在性的第二个状态，也有别于它不曾在其中的第一个状态，如同 b 有别于零；也就是说，即使状态 b 仅仅在量上有别于状态 a，这种变化也是 b－a 的产生，它在前一状态中并不存在，就它而言前一状态＝0。 B253

因此问题就在于：一个事物如何从一个状态＝a 过渡到另一状态＝b。在两个瞬间之间总是有一个时间，而在两个瞬间的两个状态之间总是有某种区别，这种区别有一个量（因为显象的所有部分都永远又是量）。因此，任何从一个状态到另一

① 应当注意，我所说的不是某些一般的关系的变化，而是状态的变化。因此，如果一个物体匀速运动，那么，它根本就不改变它的（运动）状态；但如果它的运动有增减，它的状态就会变化。

个状态的过渡都是在两个瞬间之间所包含的一个时间中发生的，其中第一个瞬间规定着事物由之走出的状态，第二个瞬间规定着事物达到的状态。所以，两个状态是一个变化的时间界限，因而是两个状态之间的中间状态的时间界限，并且作为这
〔179〕样的界限共属于整个变化。现在，任何变化都有一个原因，这原因在变化发生的整个时间中证明其因果性。因此，这原因不是突然地（一下子或者在一个瞬间），而是在一个时间中造成
B254 其变化的，以至于就像时间从初始瞬间 a 一直增长到它在 b 中的完成一样，就连实在性的量（b－a）也是通过在最初瞬间和最终瞬间之间包含的所有更小的程度产生的。因此，一切变化都只是通过因果性的一个连续的行动才可能的，这行动就其是齐一的而言，就叫做环节。变化并不是由这些环节构成的，而是通过它们作为它们的结果产生的。

这就是一切变化的连续律，它的根据就是：无论是时间还是时间中的显象，都不是由一些是最小部分的部分构成的，而事物的状态在其变化时却毕竟通过所有这些作为要素的部分过渡到了第二个状态。显象中实在之物的区别如同时间的量中的区别一样，**没有一个**是**最小的**；所以实在性的新状态是从它尚不存在的前一状态开始，通过其所有无限多的程度而增长，这些程度相互之间的区别全都比 0 与 a 之间的区别更小。

这条定理在自然研究中会有什么样的用处，在此与我们无涉。但是，这样一条看来如此扩展我们的自然知识的定理如何完全先天地可能，虽然表面现象证明它是真实的和正确的，因
B255 而人们可以相信用不着提出它如何可能的问题，却仍然非常需要我们予以检验。因为存在着如此形形色色的毫无根据的非分要求，主张通过纯粹理性来扩展我们的知识，以至于必须被当做普遍的原理的是：正因为此而完全存疑，而且如果没有能够提供一种缜密的演绎的种种证明材料，即便是对于最清晰的独

断证明也不相信和接受任何诸如此类的东西。

经验性知识的一切增进,亦即知觉的任何进步,都只不过是内感官的规定的一种扩展,也就是说,是时间中的一种进展,对象则可以随便是显象或者是纯直观。这种时间中的进展规定着一切,且就自身而言不再被任何东西所规定;也就是说,它的各 〔180〕
个部分只是在时间中并通过时间的综合被给予,但它们并不在时间的综合之先被给予。因此之故,知觉里面向时间中继起的某物的每一过渡,都是通过这一知觉的产生而对时间的规定,并由于时间永远是、且在其所有部分中都是一个量,所以一个知觉作为一个量,其产生就是通过所有的程度——这些程度中没有一个是最小的程度——从零开始直到其确定的程度。由此就表明了按照变化的形式先天地认识一条变化规律的可能性。我们只是在预先推定我们自己的把握,其形式的条件既然在一切被给 B256
予的显象本身之前就寓于我们,当然就必定能够先天地被认识。

据此,如同时间包含着实存之物向继起之物的一种连续进展之可能性的先天感性条件一样,知性凭借统觉的统一性包含着通过原因和结果的序列对显象在这一时间中的一切位置进行一种连续规定的可能性的先天条件,原因不可避免地引起结果的存在,并由此而使时间关系的经验性知识(普遍地)、从而客观地对任何时间有效。

C.第三类比:根据交互作用或者共联性规律并存的原理

一切实体,就其在空间中能被知觉为同时的而言,都处在无一例外的交互作用之中

证明

如果在经验性的直观中一事物的知觉能够与另一事物的知 B257

〔181〕 觉**交互**继起（这在显象的时间继起中，如第二条原理中所指明，是不可能发生的），这些事物就是**同时的**。这样，我可以首先对月亮进行知觉，然后对地球进行知觉，或者也可以反过来首先对地球进行知觉，然后对月亮进行知觉，而且由于对这些对象的知觉彼此能够交互继起，我就说它们是同时实存的。现在，同时存在就是杂多在同一时间里的实存。但是，人们不能知觉时间本身，以便从事物被设定在同一时间中而得出它们的知觉彼此能够交互继起。因此，想象力在把握中的综合就会只把这些知觉中的每一种说明成为这样一种在主体中存在的知觉，而其他知觉则不在其中，反之亦然，但并不说明种种客体同时存在，也就是说，如果一个存在，则另一个也在同一时间存在，而要使种种知觉能够交互彼此继起，这一点却是必要的。因此，要能够说知觉的交互继起在客体中有根据，并由此把同时存在表现为客观的，就要求有关于这些彼此外在的同时实存的事物之知觉交互继起的一个知性概念。但现在，一个实
B258 体包含着一些规定，其根据却包含在另一个实体中，这两个实体的关系就是影响的关系，而如果此客体交互包含着彼客体中的种种规定的根据，这种关系就是共联性或者交互作用的关系。因此，种种实体在空间中的同时存在，惟有以它们相互之间的交互作用为前提条件，才能在经验中被认识；所以，这种交互作用也是作为经验对象的事物本身之可能性的条件。

事物如果在同一时间里实存，它们就是同时的。但是，如果在对这种杂多的把握的综合中，秩序是无关紧要的，也就是说，如果可以从 A 经 B、C、D 到 E，或者反过来从 E 到 A，那么，人们从何处得知它们在同一时间里存在呢？因为如果它是继起的（按照从 A 开始在 E 结束的秩序），那么，在知觉中使把握从 E 开始并回溯到 A 就是不可能的，因为 A 属于过去的时间，从而不再能是把握的对象。

现在如果你们假定：在作为显象的种种实体的一种杂多性中，每一个实体都是完全孤立的，也就是说，没有一个实体作用于另一个实体，并且从后者交互接受影响，那么我就说：种 〔182〕
种实体的同时存在不会是一个可能的知觉的对象，一个实体的 B259
存在不可能通过任何经验性综合的路径导向另一实体的存在。因为如果你们设想，它们被一个完全虚空的空间所隔离，那么，在时间中从一个实体向另一个实体进展的知觉，虽然能够凭借一个继起的知觉规定后一个实体的存在，但却不能分辨，该显象是客观地继前一个显象而起，还是毋宁说与它同时。

因此，除了纯然的存在之外，还必须有某种东西，通过它，A 规定 B 在时间中的位置，并且反过来 B 又规定 A 在时间中的位置，因为只有在这一条件下，上述实体才能被经验性地表现为**同时实存的**。现在，惟有是另一个东西的原因或者其规定的原因的东西，才规定另一个东西在时间中的位置。因此，每一个实体（既然它仅仅就其种种规定而言才能够是继起）都必须在自身中包含着另一实体中的某些规定的因果性，同时包含着另一实体的因果性的结果，也就是说，如果要在某个可能的经验中认识同时存在，它们就必须（直接地或者间接地）处在力学的共联性之中。但现在，就经验的对象而言，如果没有某种东西，关于这些对象的经验本身就会是不可能的，
那么，凡是这样的东西就是必要的。因此，对于显象中的一切 B260
实体来说，如果它们是同时的，那么，彼此之间处在交互作用无一例外的共联性中，就是必要的。

共联性一词在我们的语言中是含混的，既可以意味着 communio [共处]，也可以意味着 commercium [联系]。我们这里是在后一种意义上使用该词的，把它当做一种力学的共联性，没有它，就连地域上的共联性（communio spatii [空间的共处]）也绝不能被经验性地认识到。对于我们的经验来说，

很容易发现，惟有在空间的一切位置上的连续影响，才能把我们的感官从一个对象引导到另一个对象，在我们的眼睛和天体之间起作用的光，在我们和这些天体之间造成一种间接的共联性，并由此证明了后者的同时存在，我们不能经验性地改变任
〔183〕何处所（知觉这种变化），除非到处都有物质使我们对我们位置的知觉成为可能，而物质则惟有凭借其交互影响才能说明其同时存在，并且由此一直到最遥远的对象说明它们的共存（虽然仅仅是间接的）。没有共联性，（空间中显象的）任何知觉就会被与别的知觉隔断，经验性表象的链条亦即经验就会在遇到一个新的客体时完全从头开始，先前的表象与此不能有丝毫联
B261 系，或者不能处在时间关系之中。我根本不想由此来反驳空洞的空间：因为空洞的空间可能总是存在于知觉根本达不到、因而没有同时存在的经验性知识发生的地方；但在这种情况下，它对于我们一切可能的经验来说都根本不是客体。

以下的东西可能有助于我的解释。在我们的心灵中，一切显象作为包含在一个可能的经验之中的，都必须处在统觉的共联性（communio）之中；而且，如果种种对象作为同时实存的，应当被表现为联结起来的，那么，它们就必须交互规定它们在一个时间中的位置，并由此构成一个整体。如果这种主观的共联性应当基于一个客观的根据，或者与作为实体的显象发生关系，那么，一个显象的知觉就必须作为根据使另一个显象的知觉成为可能，反之亦然，以便任何时候都蕴涵在作为把握的知觉中的演替不被归于客体，相反，这些客体能够被表现为同时存在的。但是，这就是一种交互的影响，也就是说，是种种实体的一种实在的共联性（commercium），没有这种共联性，同时存在的经验性关系就不能在经验中发生。通过这种联系，种种彼此外在但又毕竟相联结的显象就构成一个复合物
B262 （compositum reale［实在的复合物］），诸如此类的复合物以多

种多样的方式成为可能。因此，其他一切关系由以产生的三种力学关系就是依存性、继起性和复合性。

※ ※ ※

因此，这就是经验的三种类比。它们无非是按照时间的三种模式对显象在时间中的存在作出规定的原理，时间的三种模式就是与作为一个量的时间本身的关系（存在的量，即存续）、〔184〕
在作为一个序列的时间中的关系（前后相继），最后还有在作为一切存在的一个总和的时间中的关系（同时）。时间规定的这种统一性完全是力学的，也就是说，时间不被视为经验在其中直接规定任何存在的位置的东西；这种规定是不可能的，因为绝对的时间不是显象能够被集合在一起所凭借的知觉的对象；相反，惟有通过知性的规则，显象的存在才能获得根据时间关系的综合统一性，知性的规则规定着每一个显象在时间中的位置，从而是先天地、并且对一切时间和任何时间都有效地规定其位置。

我们把（经验性意义上的）自然理解为种种显象就其存在 B263
而言按照必然的规则、亦即按照规律的联系。因此，有某些规律，而且是先天的，它们才使一个自然成为可能；经验性的规律惟有凭借经验并且依据甚至经验最初成为可能也遵循的那些源始的规律才能形成和被发现。因此，我们的类比真正说来是在某些典范下表现一切显象的联系中的自然统一，这些典范所表达的无非是时间（如果时间包含一切存在于自身的话）与仅仅在按照规则进行的综合中才可能形成的统觉的统一的关系。因此，总的来说它们所说明的是：一切显象都处于一个自然中，并且必须处于一个自然中，因为没有这种先天的统一，就不可能有经验的统一，从而也就不可能有在经验中对对象的规定。

但是，关于我们就这些先验的自然规律而言所使用的证明方式，以及这些规律的独特性，需要作出一种说明，它同时作为证明既是理智的命题又是先天综合的命题的任何其他尝试的规定，必然是非常重要的。如果我们想要独断地、即从概念出发证明这些类比，也就是说，一切实存的东西都只是在持久的
B264 东西中才遇到，每一个事件都以它按照一条规则继之而起的先前状态中的某种东西为前提条件，最后，在同时存在的杂多中种种彼此相关的状态按照一条规则是同时的（处于共联性之中），那么，一切努力都会完全是白费。因为人们无论怎样分
〔185〕析这些事物，都根本不能仅仅通过它们的概念从一个对象及其存在进展到另一个对象的存在或者其实存方式。我们还剩下了什么呢？还剩下作为一种知识的经验的可能性；一切对象，如果它们的表象应当对我们来说具有客观的实在性，最终就必须能够在经验中被给予我们。这个第三者的根本形式在于一切显象的统觉的综合统一，在它里面，我们发现了显象中的一切存在之无一例外的和必然的时间规定的先天条件，没有这些条件，甚至经验性的时间规定也会是不可能的；我们还发现了先天综合统一的种种规则，凭借它们，我们就能够预先推定经验。由于缺乏这种方法，由于妄想独断地证明知性的经验应用作为自己的原则所推荐的那些综合命题，才发生了如此经常却又总是徒劳地尝试证明充足理由律这样的事情。至于其他两个
B265 类比，尽管人们总是默默地使用它们①，却没有人想到它们，因

① 一切显象应当在其中结合起来的世界整体，其统一性显而易见纯然是一切同时存在的实体的共联性这一被默认的原理的一个结论；因为如果这些实体都是孤立的，它们就不会作为各个部分构成一个整体，而如果它们的结合（杂多的交互作用）并不已经由于同时存在而是必然的，人们就不能从作为一种纯然观念的关系的后者推论到作为一种实在的关系的前者。我们在那个地方就曾经指出过：共联性真正说来就是共存的经验性知识之可能性的根据，因此人们真正说来只是从后者回溯到作为其条件的前者的。

为各范畴的那个导线尚付阙如，惟有它才能够揭露并使人注意知性在概念和原理中的漏洞。

四、一般经验性思维的公设

1．凡是与经验的形式条件（按照直观和概念）一致的，就是**可能的**。

2．凡是与经验的质料条件（感觉）相关联的，就是**现实的**。 B266

3．凡是其与现实的东西的关联被按照经验的普遍条件规 〔186〕
定的，就是**必然的**（必然实存的）。

阐明

模态的各范畴自身具有特殊的东西：它们作为客体的规定丝毫不扩大它们作为谓词所附属的概念，而是仅仅表示与知识能力的关系。即使一个事物的概念已经是完全完备的，我毕竟还是能够就这个对象而追问：它是仅仅可能的抑或还是现实的？或者，如果它是后者，那么，它是否也是必然的？由此并没有在客体本身中再思维任何规定，而是仅仅问道：该客体（连同其一切规定）与知性及其经验性应用、与经验性的判断力以及与理性（就其应用于经验而言）的关系是怎样的？

正是因此缘故，就连模态的各原理也无非是对可能性、现实性和必然性的概念就其经验性应用而言作出的阐明，由此同时又是把一切范畴限制在纯然经验性的应用上，不承认和允许
先验的应用。因为如果这些范畴不是应当具有一种纯然逻辑的 B267
意义，并且分析地表达**思维**的形式，而是应当涉及**事物**及其可能性、现实性或者必然性，那么，它们就必然关涉到知识的对象惟有在其中才能被给予的可能经验及其综合统一性。

因此，事物的**可能性**的公设，要求事物的概念与一般经验

的形式条件一致。但是这个形式，即一般经验的客观形式，包含着客体的知识所需要的一切综合。一个包含着综合的概念，如果该综合不属于经验，即或者作为从经验借来的，在这种情况下该概念就叫做一个**经验性的概念**，或者作为一般经验（经验的形式）当做先天条件所依据的综合，在这种情况下就有一个**纯概念**，它尽管如此仍属于经验，因为它的客体惟有在经验中才能遇到，则该概念就应当被视为空洞的，不与任何对象发
〔187〕生关系。因为如果不是从构成客体的经验性知识之形式的综合得出凭借一个先天综合概念所思维的对象之可能性的性质，人们又想从哪里得出它呢？至于在这样一个概念中必须不包含任
B268 何矛盾，这虽然是一个必要的逻辑条件，但对于概念的客观实在性来说，即对于这样一个凭借概念被思维的对象的可能性来说，却是远远不够的。例如，在一个由两条直线围成的图形的概念中，并没有任何矛盾，因为两条直线及其对接的概念并不包含对一个图形的否定；相反，该图形的不可能性不是基于概念自身，而是基于该图形在空间中的构造，也就是说，基于空间和空间的种种规定的条件；但这些条件又有它们自己的客观实在性，也就是说，它们关涉到可能的事物，因为它们先天地在自身中包含着一般经验的形式。

现在，我们想说明可能性这一公设的广泛效用和影响。如果我表象一个事物，它是持久的，以至于在此变易的一切都仅仅属于它的状态，那么，我就永远不可能仅仅从这样一个概念出发认识到一个这样的事物是可能的。或者我表象某种东西，它具有如此性状，以至于如果它被设定，任何时候并且不可避免地都有某种别的东西继之而起，那就当然可以这样想而没有矛盾；但是，诸如此类的属性（作为因果性）是否可以在任一可能的事物那里遇到，却是不能由此而作出判断的。最后，我
B269 可以表象不同的事物（实体），它们**具有**如此性状，以至于一

个事物的状态在另一个事物的状态中造成了一种后果，反之亦然；但是，诸如此类的关系是否能够属于任何事物，却是根本不能从这些包含着一种纯然任意的综合的概念中得出的。因此，惟有根据这一点，即这些概念先天地表现着任何经验中种种知觉的关系，人们才认识到它们的客观实在性，即它们的先验真理性，而且固然独立于经验，但却毕竟不独立于与一般经验的形式和惟有在其中对象才能被经验性地认识的综合统一的一切关系。

但是，如果想用知觉呈现给我们的材料形成关于实体、力和交互作用的全新概念，却不从经验本身借取它们的联结的实例，那么，人们就会陷入纯然的幻想，其可能性自身根本没有 〔188〕
任何征兆，因为就它们来说，人们既不是以经验为指导，也不是从经验借取这些概念。诸如此类杜撰的概念获得其可能性的性质，不能像范畴那样先天地作为一切经验所依赖的条件，而是仅仅后天地作为通过经验本身被给予的概念，而且它们的可 B270
能性要么必须后天地且经验性地为人所知，要么根本不能为人所知。一个持久地在空间中在场但又不充实空间的实体（像一些人想引进的物质和思维体之间的中间物那样），或者我们心灵的一种预先**直观**（不仅仅是推论）未来事物的特殊基本力，或者最后还有与其他人（无论他们距离多么遥远）处于思想的共联之中的能力，这些都是其可能性毫无根据的概念，因为它们的可能性不能以经验及其已知的规律为根据，而离开经验它就是一种任意的思想联结，这种联结虽然不包含矛盾，却毕竟不能要求客观的实在性，从而不能要求像人们在此处要思维的这样一种对象的可能性。至于实在性，如果不求助于经验，显而易见是不能具体地思维它的，因为它只能关涉作为经验之质料的感觉，而不能涉及人们必要时能够在杜撰中玩弄的关系的形式。

但是，凡是只能从经验中的现实性得出其可能性的东西，我且放过不谈，在此只考虑通过先天概念而来的事物的可能
B271 性，关于这些概念我继续主张：它们永远不能仅仅从这样的概念出发就本身来说而成立，而是在任何时候都惟有作为一般经验的形式的和客观的条件才成立。

虽然看起来，好像一个三角形的可能性仅仅从它的概念自身出发就能够认识到（它无疑是独立于经验的）；因为事实上，我们完全能够先天地给它一个对象，也就是说，构造出该对
〔189〕象。但是，由于这只是一个对象的形式，所以它毕竟始终还依然只是一个想象的产物，其对象的可能性依然是可疑的，为此还要求有某种更多的东西，即在经验的一切对象所依据的纯粹条件下思维这样一个图形。空间是外部经验的先天形式条件，正好我们在想象力中构造一个三角形所凭借的那种构成性的综合，与我们在一个显象的把握中为形成其经验概念而实施的综合完全是一回事，惟有这些才是把这样一个事物的可能性的表象与这个概念结合起来的东西。例如，连续的量的可能性，乃至一般而言的量的可能性，由于其概念全都是综合的，所以绝
B272 不是从这些概念本身出发、而是从这些概念作为一般经验中对象的一切规定的形式条件出发才清楚明白的；如果不是在惟一使对象被给予我们的经验中寻找与这些概念相应的对象，我们应当到哪里去寻找呢？尽管我们能够不先行诉诸经验而仅仅与在一般经验中某物被规定为对象所遵照的形式条件相关、从而完全先天地认识和描述事物的可能性，但却毕竟惟有与经验相关并且在经验的限度之内才能这样做。

认识事物**现实性**的公设，要求有知觉，从而要求有人们意识到的感觉；虽然不是直接关于其存在应当被认识到的对象本身的，但却毕竟是关于对象按照说明一般经验中一切实在的结合之经验类比与某一个现实的知觉的关系的。

在一个事物的**纯然概念**中，根本不能发现其存在的特征。因为即使它的概念如此之完备，以至于为思维一个事物及其一切内在规定而不缺少丝毫东西，存在也与所有这一切都完全不相干，而只与如下问题相干，即这样一个事物是否被给予我们，以至于对它的知觉必要时能够先行于概念。因为概念先行于知觉，这只是意味着它的可能性；而为形成概念提供材料的 B273
知觉才是现实性的惟一特征。但是，只要事物按照知觉的经验性结合的原理（类比）与一些知觉相关联，人们也可以在该事物的知觉之前、从而**以比较的方式**先天地认识它的存在。因为 〔190〕
在这种情况下，毕竟事物的存在与我们的知觉在一个可能的经验中相关联，而且我们可以按照那些类比的导线在可能知觉的序列中从我们现实的知觉达到事物。例如，我们从被吸引的铁屑的知觉出发认识到一种贯穿一切物体的磁性物质的存在，即使按照我们器官的性状我们不可能有对于这种材料的直接知觉。因为根据感性的规律和我们的知觉在一个经验中的联系，如果我们的感官更精细的话，我们也完全会遇到对这种物质的直接经验性直观，而我们感官的粗笨与一般可能经验的形式则根本无涉。因此，知觉及其附属物按照经验性的规律达到什么地步，我们关于事物存在的知识也就达到什么地步。如果我们 B274
不从经验出发，或者如果我们不按照显象的经验性联系的规律前进，则我们想猜测或者研究某一事物的存在，就是在行华而不实之事。但是，**唯心论**却对这种间接证明存在的规则提出了一种强有力的责难，这里是驳斥唯心论的合适地方了。

※ ※ ※

对唯心论的驳斥

唯心论（我指的是**质料**的唯心论）是这样一种理论，它把空间中我们以外的对象的存在要么仅仅宣布为可疑的和**不可证明的**，要么宣布为**虚假的**和**不可能的**。前者是笛卡尔的**疑问式**

唯心论，它仅仅把**一个**经验性断定宣布为无可怀疑的，这就是
〔191〕 **“我在”**；**后者**是**贝克莱**的**独断式**唯心论，它把空间连同空间作为不可分离的条件所依附的一切事物都宣布为某种自身不可能的东西，从而也把空间中的事物宣布为纯然的想象。如果人们把空间视为应当属于物自身的属性，那么，独断式唯心论就是不可避免的；因为在这里，空间连同空间充当其条件的一切都是无稽之谈。但是，这种唯心论的根据已经被我们在先验感性
B275 论中取缔了。对此不做任何断定、而是仅仅借口无能通过经验证明我们的存在之外的一种存在的疑问式唯心论，是理性的和符合一种缜密的哲学思维方式的；也就是说，在找到充足的证明之前，不允许作出任何裁定性的判断。因此，所要求的证明就必须阐明，我们对于外部事物也有**经验**，而不仅仅有**想象**；但除非人们能够证明，甚至我们对**笛卡尔**来说无可怀疑的**内部**经验也只有以**外部**经验为前提条件才是可能的，上述阐明就不可能作出。

定理

我自己的存在的纯然意识，但也是经验性地被规定的意识，证明空间中我以外的对象的存在。

证明

我意识到我自己的存在是在时间中被规定的。一切时间规定都以知觉中某种**持久的东西**为前提条件。但是，这种持久的东西并不是在我里面的某种东西，因为恰恰我在时间中的存在要通过这种持久的东西才能得到规定。因此，这种持久的东西的知觉之所以可能，仅仅是由于我以外的一个**事物**，而不是由于我以外的一个事物的纯然表象。故而，我在时间中的存在
B276 的规定惟有通过我在我以外知觉到的现实事物的实存才是可能

的。现在，时间中的意识与这种时间规定的可能性的意识必然地联结在一起：因此，它也与作为时间规定之条件的我以外的事物的实存必然地联结在一起；也就是说，我自己的存在的意识同时就是我以外的其他事物之存在的一种直接意识。〔192〕

附释一：在前面的证明中人们将觉察到，唯心论所玩弄的把戏以更多的理由反过来报应在它身上。它认为惟一直接的经验就是内部经验，而且只是由此**推论**到外部事物的，但是，就像每当人们从被给予的结果推论到**确定的**原因时那样，这种推论是不可靠的，因为我们也许错误地归于外部事物的表象的原因，也可能是在我们自己里面的。然而在这里将证明，外部经验真正说来是直接的①，仅仅凭借外部经验就有可能的，虽然 B277
不是我们自己的实存的意识，但却毕竟是我们自己在时间中实存的规定，也就是说，是内部经验。当然，表现能够伴随着一切思维的意识的“**我在**”表象，就是直接在自身中包含着一个主体的实存的东西，但却尚不包含该主体的任何知识，从而也不包含经验性的知识，即经验；因为为此除了关于某种实存的东西的思想之外，还需要直观，而在这里也就是内直观，主体必须就内直观而言亦即就时间而言被规定，为此绝对需要外部对象，因而内部经验只是间接地可能的，只是通过外部经验才可能的。

① 外部事物存在的**直接**意识，无论我们是否认识到这种意识，在前面的定理中都不是被预设，而是被证明的。关于这种意识的可能性的问题将会是：我们是否只有一种内感官，却没有外感官，而是只有外部的想象。但显而易见的是，哪怕仅仅为了把某物想象成外在的，也就是说，在直观中呈现给感官，我们就已经必须有一种外感官，并且由此把一种外部直观的单纯感受性与表明任何想象之特征的自发性直接区别开来。因为仅仅想象一个外感官，将会取消应当由想象力来规定的直观能力本身。

附释二：我们的知识能力在时间规定方面的一切经验应用都与此完全一致。不仅我们惟有通过外部关系中的变易（运动）与空间中持久的东西相关（例如太阳的运动与地球上的对
B278 象相关）才能知觉到一切时间规定，而且除了**物质**之外，我们
〔193〕 甚至没有任何持久的东西能让我们作为直观配给一个实体的概念，甚至这种持久性也不是从外部经验得来的，而是先天地预设为一切时间规定的必要条件，从而也就是预设为就我们自己的存在而言通过外部事物的实存对内感官的规定。在“我”的表象中对我自己的意识根本不是一种直观，而是对一个能思维的主体之自行行动性的一种纯然**理智的**表象。因此，这个“我”也不具有丝毫能够作为**持久的东西**来充当内感官中时间规定的相关物的直观之谓词；就像**不可入性**在作为经验性直观的物质那里一样。

附释三：从关于我们自己的某种确定的意识的可能性要求外部对象的实存，并不能得出外部事物的任何直观的表象都同时包含着这些事物的实存，因为这种表象完全可能纯然是想象力的结果（无论是在梦中还是在妄想中）；但是，它之所以如此，乃是由于以前的外部知觉的再生，而以前的外部知觉如已经指出的那样，惟有通过外部对象的现实性才是可能的。这里
B279 应当证明的只是：一般内部经验惟有通过一般外部经验才是可能的。至于这个或者那个自以为是的经验是否纯然是想象，则必须按照它的特殊规定并且通过与一切现实的经验的标准进行对照来予以查明。

※　　※　　※

最后，至于第三个公设，关涉到存在中质料的必然性，而不关涉概念纯然形式的和逻辑的结合。既然感官对象的实存不能完全先天地被认识，但毕竟能够以比较的方式先天地、与另一个已经被给予的存在相关地被认识，而人们尽管如此在这种

情况下也只能达到那在某个地方必然包含在被给予的知觉为其一个部分的经验之联系中的实存，所以，实存的必然性永远不能从概念出发、而是任何时候都只能从与被知觉的东西的结合出发，按照经验的普遍规律来认识。在这里，除了按照因果性 〔194〕
规律从被给予的原因产生的结果的存在之外，没有任何存在能够在其他被给予的显象的条件下被认识为必然的。因此，我们惟一能够认识其必然性的，不是物（实体）的存在，而是其状态的存在，而且这种认识是按照经验性的因果性规律，从在知觉中被给予的其他状态出发的。由此可见，必然性的标准仅仅 B280
蕴涵在可能经验的规律中，即凡是发生的东西，都是由它在显象中的原因先天地规定的。因此，我们仅仅认识自然中其原因已经被给予我们的那些**结果**的必然性；而必然性在存在方面的这种标志超不出可能经验的领域，甚至在这个领域内，它也不适用于作为实体的物的实存，因为实体绝不能被视为经验性的结果或者某种发生和产生的东西。所以，必然性仅仅涉及种种显象按照因果性的力学规律的关系，以及以此为根据的从某个被给予的存在（一个原因）先天地推论到另一个存在（结果）的可能性。凡是发生的东西，都假定为必然的；这是一条原理，它使世界上的变化从属于一条规律，也就是说，从属于必然存在的规则，没有这条规则，就连自然也根本不能成立。因此，“没有任何东西通过一种盲目的偶然发生（in mundo non datur casus [世界上不存在偶然]）”，这个命题是一条先天的自然规律；同样还有：“自然中没有任何必然性是盲目的，相反，必然性是为条件制约的、从而可理解的必然性（non da- B281
tur fatum [不存在命定]）。”二者都是使变化的游戏服从（作为显象的）**事物的本性**或者——换句话说也是一回事——服从于知性的统一性的规律，惟有在知性中，它们才能够属于作为显象的综合统一的经验。这两条原理都属于力学的原理。前者真正说来是因果性原理的一个结论（从属于经验的类比）。后者属于模态的原理，模态还把必然性的概念加给因果规定，但必然性是从属于一条知性规则的。连续性的原则在显象（变化）的序列
〔195〕 中禁止一切飞跃（in mundo non datur saltus［世界上不存在飞跃］），但也在空间中一切经验性直观的总和方面禁止两个显象之间的一切漏洞和裂隙（non datur hiatus［不存在裂隙］）；这样，人们就可以把该命题表达为：在经验中不能加入任何证明一种 vacuum［真空］或者哪怕是仅仅允许它作为经验性综合的一个部分的东西。因为就人们在可能经验的领域（世界）之外可以设想的真空来说，这种东西并不属于仅仅对涉及为经验性知识而利用被给予的显象的种种问题作出裁决的纯然知性
B282 的审判权，它是还超出可能经验的领域之外、并要对围绕且限制该领域的东西作出判断的理想理性的一个课题，因而必须在先验辩证论中予以考虑。这四个命题（in mundo non datur hiatus，non datur saltus，non datur casus，non datur fatum［世界上不存在裂隙，不存在飞跃，不存在偶然，不存在命定］），像先验起源的一切原理那样，我们可以轻而易举地按照它们的秩序与范畴秩序相符合地把它们表示出来，给每一个标出其位置，不过已经熟练了的读者可以自己做这件事，或者轻而易举地发现这方面的导线。但是，它们的一致仅仅达到这样的程度，即在经验性综合中不允许任何可能损害或者妨碍知性和一切显象的连续性联系亦即知性的各概念的统一性的东西。因为惟有在知性中，一切知觉都必须在其中各就其位的经验的统一性才成为可能。

可能性的领域是否大于包含一切现实的东西的领域，而后者是否又大于必然的东西的集合，这都是些很好的问题，而且具有综合的解答，但它们也都仅仅归于理性的审判权；因为它们等于是说：一切作为显象的事物是否全都属于惟一的一个经

验的总和和关联，任何被给予的知觉都是这个经验的一个部分，因而该部分就不能与其他显象相联结；或者，我的知觉是 B283
否能够（在其普遍的联系中）属于不止一个可能的经验。知性先天地给一般经验仅仅提供了根据感性和统觉惟一使一般经验成为可能的主观形式条件的规则。其他（除空间和时间之外 〔196〕
的）直观形式，此外还有其他（除凭借概念的思维和知识的推理形式之外的）知性形式，尽管都会是可能的，我们却毕竟不能以任何方式予以设想和使之可以理解；但即便我们能够做到这一点，它们也还是会不属于作为对象惟一能够在其中被给予我们的知识的经验。除了一般而言属于我们整个可能经验的，是否还有其他知觉、从而是否还有完全不同的物质领域能够存在，这是知性所不能裁定的，知性只与被给予的东西的综合打交道。此外，我们的一些惯用的推理，我们用它们来探明一个庞大的可能性王国，其中一切现实的东西（经验的一切对象）只不过是一个微小的部分，这些推理的贫乏是昭然若揭的。一切现实的东西都是可能的；按照换位的逻辑规则，从它自然而然地得出的只是特称的命题，有些可能的东西是现实的；这看起来等于是意味着：许多不现实的东西是可能的。虽然表面上 B284
看起来，好像人们完全能够把可能东西的数目扩大到现实东西的数目之上，因为为了构成后者，就必须给前者再附加点什么。然而，我不承认给可能东西的这种附加。因为还应当附加在可能东西之上的东西，就会是不可能的。只能给我的知性附加上某种超出与经验的形式条件一致的东西，即与某个知觉的结合；但是，按照经验性规律与知觉结合的东西，即使不是直接知觉到的，也是现实的。然而，说在与知觉中被给予我的东西的无一例外的联系中，还有另一个显象序列是可能的，从而不止有惟一的一个包括一切的经验是可能的，这从被给予的东西中是不能推论出来的；而没有某种东西被给予，就更不能推论出来，因为没有材料就不能思维任何东西。惟有在本身仅仅可能的条件下才可能的东西，就不是**在一切方面**都可能。但在这方面，当人们想知道事物的可能性是否超出经验所能够达到的范围时，就要提出疑问了。

B285 我提到这些问题，无非是为了在按照通常意见属于知性概念的东西中不留下任何漏洞。但事实上，绝对的可能性（在一切方面都有效的可能性）并不是纯然的知性概念，而且不能以任何方式做经验性的使用，相反，这种使用仅仅属于超出一切可能经验性的知性应用的理性。因此，我们在这里必须满足于〔197〕一种纯然批判性的说明，此外还要让事情暂不明朗，留待以后进一步的处理。

由于我想结束这第四条，并由此同时结束纯粹知性一切原理的体系，所以我还必须说明我把各模态的原则恰恰称为公设的理由。我在这里并不在一些近代哲学作家赋予这个术语的意义上使用该术语；这些作家们违背了数学家们的原意，而该术语毕竟真正来说是属于数学家们的；这个原意就是：所谓公设，应当等于是说，无须申明理由或者证明而把一个命题说成是直接确定的；因为就综合命题而言，无论它们怎样自明，如果我们应当承认，人们无须演绎就可以根据它们自己的说法的声望而对它们表示无条件的赞同，那么，知性的一切批判就丧B286 失殆尽了，而且既然不乏极为狂妄的主张，平常的信念（但这并不是信誉保证）也并不拒斥它们，所以我们的知性就对任何妄想开放，不能对那些尽管没有道理、但却以同样自信的口吻要求被承认为真正的公理的说法拒绝表示赞同。因此，如果给一个事物的概念综合地加上一种先天的规定，那么，关于这样一个命题，即便不附上一个证明，至少也必须不可欠缺地附上它的主张的合法性的演绎。

但是，模态的各原理并不是客观综合的，因为可能性、现实性和必然性的谓词丝毫也不通过给对象的表象增添某种东西而扩大它们所谈及的概念。但是，既然它们尽管如此毕竟始终是综合的，所以它们只是主观地如此，也就是说，它们把一个事物（实在的东西）的概念由以产生并身处其中的认识能力附加给该概念，在其他方面对概念不说出任何东西；以至于如果概念仅仅在知性中与经验的形式条件相结合，它的对象就叫做可能的；如果它与知觉（作为感官质料的感觉）相关联并且通过这种知觉借助于知性被规定，客体就是现实的；如果它是通过种种知觉依据概念的联系被规定的，对象就叫做必然的。因 B287
此，模态的各原理关于一个概念所说的，无非是该概念被产生 〔198〕
所凭借的知识能力的行动。现在，数学中一个公设就叫做实践的命题，它所包含的无非是我们最初给予我们自己一个对象并产生出它的概念所凭借的那种综合，例如用一条被给予的线从一个被给予的点出发在一个平面上画一个圆；诸如此类的命题之所以不可证明，乃是因为它所要求的程序恰恰就是我们最初产生这样一个图形的概念所凭借的东西。据此，我们就能够以同样的权利把模态的各原理作为公设，因为它们并不扩大自己关于一般事物的概念①，而是仅仅展示概念一般而言与知识能力相联结的方式。

※ ※ ※ B288

原理体系的总说明

我们不能仅仅按照范畴认识任何事物的可能性，而是必须

① **通过**一个事物的**现实性**，我当然设定了比可能性更多的东西，但并不是**在事物中**；因为该事物在现实性中所包含的东西绝不能多于在它完全的可能性中所包含的东西。相反，既然可能性仅仅是在与知性（知性的经验性应用）的关系中对事物的一种设定，所以现实性同时就是事物与知觉的联结。

总在手头有一种直观，以便根据它展示纯粹知性概念的客观实在性，这是某种非常值得注意的事情。以关系的范畴为例，1. 何以某物能够只作为**主体**而不作为其他事物的纯然规定而实存，也就是说，能够是实体；或者，2. 何以因为有某物存在，另一某物就必须存在，从而为何某物一般而言能够是原因；或者，3. 何以如果有多个事物存在，由于其中一个事物的存在，就有某种东西继其他事物而起，反过来也是一样，而且以这种方式就有一种实体的共联性能够发生；这些都根本不能仅仅从概念出发来认识。同样，这一点也适用于其他范畴，例如，何以一个事物能够等于许多事物的集合，也就是说，能
〔199〕够是一个量，等等。因此，只要缺乏直观，人们就不知道通过范畴是否在思维一个客体，以及是否到处都有某个对象能够适
B289 合这些范畴，这样就证实，范畴本身根本不是**知识**，而是纯然的**思想形式**，以便用被给予的直观形成知识——正是因此之故而得出，仅仅用范畴是不能形成一个综合命题的。例如，在所有的存在中都有实体，也就是说，有某种能够作为主体、而不能作为谓词实存的东西；或者任一事物都是一个量，等等，这里根本没有东西能够使我们超出被给予的概念并把另一个概念与它结合起来。因此，也就从来不曾有人做到仅仅从纯粹的知
B290 性概念出发证明一个综合命题，例如"一切偶然实存者皆有一个原因"这个命题。人们所能够做到的从来就只是证明，没有这种关系我们就**根本不能理解**偶然的东西的实存，也就是说，就不能先天地通过知性认识这样一个事物的实存；但由此并不能得出，这一点也是事物本身的可能性的条件。因此，如果人们愿意回顾我们对因果性原理的证明，那么，人们就会觉察到，我们只能证明关于可能经验的客体的因果性原理：一切发生的东西（每一个事件）都以一个原因为前提，而且使得我们也只能证明该原理是经验的可能性的原则，从而是一个**在经验**

性直观中被给予的客体之**知识**的可能性的原则，而且不是仅仅从概念出发证明的。尽管如此不可否认的是，“一切偶然的东西都必须有一个原因”这个命题，对于任何人来说都是仅仅从概念出发就清楚明白的；但在这种情况下，偶然事物的概念已经被如此理解，即它所包含的不是模态的范畴（即其不存在**可以被思维**的某种东西），而是关系的范畴（即惟有作为另一东西的后果才实存的某种东西），而且在这里它当然就是一个同一的命题：凡是只有作为后果才实存的东西，都有自己的原因。事实上，当我们应当举出偶然存在的实例时，我们总是诉诸**变化**，而不是仅仅诉诸**反面的思想**的可能性。① 但变化是自 〔200〕
身惟有通过一个原因才可能的事件，因而它的不存在就其自身 B291
而言是可能的，这样人们就从某物惟有作为一个原因的结果才能实存这一点认识到偶然性；因此，如果一个事物被假定为偶然的，那么，说它有一个原因，就是一个分析的命题。

但更值得注意的是：为了理解事物依据范畴的可能性，从而阐明范畴的**客观实在性**，我们不仅需要直观，而且甚至始终需要**外部直观**。如果我们以关系的纯粹概念为例，我们就会发现：1. 为了与**实体**的概念相应而在直观中给出某种**持久的东**

① 人们很容易就能想到物质的不存在，但古人们却并不从中推论出物质的偶然性。不过，即便是一个事物的一个被给予的状态之存在和不存在的变易——所有的变化都在于此——也根本不是仿佛从该状态的反面的现实性出发证明该状态的偶然性；例如，一个物体继运动而起的静止，并不因为静止是运动的反面就证明该物体的运动的偶然性。因为这个反面在此只是逻辑上、而不是**现实地**与另一个东西**相对立**。为了证明物体运动的偶然性，人们必须证明，在前一时刻有可能物体**不是**在运动中，**当时**它是静止的，而不是证明它**后来**是静止的，因为这时两个对立面根本不可能彼此并存。

西（并且由此阐明这个概念的客观实在性），我们就需要一种**空间**中的（物质的）直观，因为只有空间被规定为持久的，而时间，进而是内感官中的一切都在不断地流动。2. 为了把**变化**表现为与**因果性**的概念相应的直观，我们必须以作为空间中的变化的运动为例，甚至惟有这样我们才能直观纯粹知性不能把握其可能性的变化。变化是同一个事物的存在中相互矛盾对立的规定的结合。现在，从事物的一个被给予的状态继起一个
B292 与它相反的状态，这是如何可能的？对此，理性不仅没有实例就不能把握，而且没有直观也绝不能说明；而这种直观就是一个点在空间中的运动的直观，该点在不同位置上的存在（作为对立的规定的一种继起）乃是最初使我们直观到变化的惟一东西；因为为了事后使内在的变化对我们来说成为可以设想的，我们就必须形象化地通过一条线来解释作为内感官形式的时间，通过画这条线来解释内在的变化（运动），从而通过外直
〔201〕 观来解释我们自己在不同状态中的渐进实存；其真正的理由就是：一切变化，哪怕只是为了作为变化而被知觉到，也都以直观中的某种持久的东西为前提条件，但在内感官中却根本遇不到任何持久的直观。最后，**共联性**的范畴就其可能性而言根本不能通过纯然的理性来把握，从而没有直观、也就是说没有空间中的外直观，就不可能认识这一概念的客观实在性。因为如果有多个实体实存，从一个实体的实存出发就能够有某种东西
B293 （作为结果）继另一个实体的实存而起，反之亦然，从而由于在一个实体中有某种东西，在另一实体中就必然有某种仅仅从后者的实存出发不能理解的东西，人们要如何思维这种可能性呢？因为这为共联性所必需，而在每一个都由于自己的自存性而彼此完全隔离的事物中间却是根本不可把握的。所以，**莱布尼茨**在把共联性赋予世界上仅仅如知性所设想的种种实体时，就求助于神灵为中介；因为仅仅从种种实体的存在出发，在他

看来共联性当然是无法把握的。但是，如果我们在空间中、从而在外直观中表象种种实体，我们就完全能够说明（作为显象的种种实体的）共联性的可能性。因为空间在自身中已经先天地包含着形式的外部关系，作为实在的外部关系的可能性的条件（在作用和反作用中，从而作为共联性的可能性的条件）。同样，也能够轻而易举地说明，作为量的事物的可能性、因而还有量的范畴的客观实在性也惟有在外直观中才能够得到展现，并且惟有凭借外直观才能够在事后也被应用于内感官。不过，为了避免烦冗，我不得不把这方面的实例留给读者去反思。

以上的整个说明非常重要，并不仅仅是为了证实我们前面对唯心论的反驳，毋宁说，还是为了在我们从纯然内在意识和我们本性的规定出发不借助外部经验性直观而谈论**自我认识**的 B294
时候，给我们指明这样一种知识的可能性的界限。

因此，整整这一章的最后结论就是：纯粹知性的一切原理都无非是经验的可能性的先天原则，而一切先天综合命题都仅仅与经验相关，甚至它们的可能性本身也是完全依据这种 〔202〕
关系的。

第三篇

所有一般对象区分为现象和本体的根据

现在，我们不仅周游了纯粹知性的国土，仔细地勘查过它的每一部分，而且还丈量过它，给它上面的每一个事物都规定了其位置。但是，这片国土是一个岛屿，被自然本身包围在不可改变的疆界中。它是真理的国土（一个诱人的称号），周围 B295
是一片浩瀚无垠而又波涛汹涌的海洋，亦即幻相的驻地，其中一些雾堤和即将融化掉的冰山幻化出新的陆地，而且通过不断地以空幻的希望诱骗着四处追逐发现的航海家，而使他卷入永远不能放弃却也永远不能达成的冒险。但是，在我们斗胆驶入这片海洋，以便极尽辽远地搜索它，并确知是否有某种希望之前，最好事先再看一眼我们正要离开的这片国土的地图，而且要问：首先，我们是否也许不能满足于它自身所包含的东西，或者如果在别的地方到处都没有可以定居的土地，我们就不得不被迫满足于此；其次，我们自己究竟能够以什么名义占有这片国土，并且抵挡一切敌对的要求来保证自己的安全。尽管我们在分析论的进程中已经充分地回答过这些问题，但对它们的
〔203〕解答作出一个总体性的评估，毕竟可以通过把这些解答的要素结合在一点上而加强信念。

也就是说，我们已经看到：凡是知性从自己本身得来的东西，知性无须从经验借来，尽管如此却不把它们用于任何别的
B296 目的，而是仅仅作经验的应用。纯粹知性的各原理，无论是先天建构性的（如数学性的原理），还是仅仅范导性的（如力学性的原理），所包含的仿佛不过是可能经验的纯粹图型；因为经验只是从知性与统觉相关源始地和自发地赋予想象力的综合的那种综合统一中才获得自己的统一性，而显象作为可能知识的材料则必须已经先天地与那种综合统一保持相关和一致。但现在，即使这些知性规则不仅仅是先天真实的，而且甚至是一切真理的源泉，也就是说，是我们的知识与客体相一致的源泉，因为它们在自身中包含着作为客体能够在其中被给予我们的一切知识之总和的经验之可能性的根据，对我们来说，仅仅让真实的东西表现出来毕竟还是不够的，而是要让人们渴望知道的东西表现出来。因此，如果我们通过这种批判的研究学到的不过是我们在知性的纯然经验性应用中即便没有如此精密的探讨自己也曾做到的事情，那么，人们从它里面得到的好处看来就不值得花费精力和作出准备了。现在，人们虽然能够作出

回答的是：对于扩展我们的知识来说，没有任何冒失比在从事研究之前，在对这种用处——哪怕这种用处就摆在眼前——还 B297
没有丝毫概念之前，就总是想预先知道这种用处的那种冒失更加有害。然而，毕竟有一种好处，即便是对这样的先验探讨最感困难和厌倦的学生也能理解和关切，这就是：专注于自己的经验性应用的知性，对它自己的知识的源泉不做反省，虽然也能很好地进行，但有一点却根本做不到，那就是自己给自己规定其应用的界限，并知道什么处在它的全部领域之内，什么处在它的全部领域之外；因为这恰好是我们已经开始着手的深刻的研究所要求的。但是，如果知性不能分辨某些问题是否处于 〔204〕
它的视野之内，那么，它就永远不能确保自己的要求和自己的财富，而当它不断地逾越自己领域的疆界（正如不可避免的那样），并沉溺于妄想和假象的时候，就只好等着接受各种各样令人羞辱的斥责了。

因此，知性对于它的一切先天原理，甚至对于它的一切概念，都只能做经验性的应用，但永远不能做一种先验的应用，这是一个一旦能够被确切地认识到就能看出重要后果的命题。 B298
任何一条原理中某个概念的先验应用都是这样的应用：它与**一般而言和就自身而言的**物相关，而如果它仅仅与**显象**亦即一个可能**经验**的对象相关，那就是经验性的应用。但是，在任何地方都只能有经验性的应用，这从以下说明可以看出。任何一个概念所需要的，首先是一般概念（思维）的逻辑形式，然后其次还有给予它一个与之相关的对象的可能性。没有这个对象它就没有意义，就是完全空无内容的，哪怕它总是还包含着用可能的材料形成一个概念的逻辑功能。现在，对象只能在直观中被给予一个概念，而且即使一个纯直观还在对象之前就是先天可能的，它本身也毕竟只能通过经验性直观才能获得其对象，从而获得客观有效性，它只是经验性直观的形式罢了。因此，一切概念，从而还有一切原理，无论它们如何是先天可能的，都仍然与经验性直观、从而与可能经验的材料相关。没有这种相关，它们就根本没有任何客观有效性，而是一种纯然的游戏，是想象力或者知性各自用自己的表象所做的游戏。仅以数
B299 学的概念为例，而且首先谈数学的纯直观。空间有三个维度，两点之间只能有一条直线，等等。尽管所有这些原理以及这门科学所探讨的对象的表象完全是先天地在心灵中产生的，但如果我们不能总是在显象（经验性的对象）上展示它们的含义的话，它们就根本不意味着任何东西。因此，人们也要求使一个
〔205〕 孤立的概念**成为可感知的**，也就是说，在直观中展示与它相应的客体，因为不这样做，概念（如人们所说）就会仍然没有**意义**，也就是说，没有含义。数学通过绘制形象来满足这种要求，形象是对感官的一种当下的（虽然是先天地完成的）显象。正是在这门科学中，量的概念在数中寻求其支持和意义，但数又凭借展示在眼前的手指、算盘珠或者小棒和点来寻求其支持和意义。概念连同由这样的概念而来的综合原理或者算式一直是先天地产生的；但它们的应用以及与所说的对象的关系却归根结底只能在它们（就形式而言）包含着其可能性的经验中寻求。

B300 但是，一切范畴以及由它们构成的原理，情形亦复如是，这一点也可以从以下所说来得知：不立刻使我们下降到感性的条件，从而下降到范畴必须当做自己的惟一对象而限制在其上的显象的形式，我们就甚至不能**实在地**对任何一个范畴作出定义，也就是说，使范畴的客体的可能性成为可理解的，因为如果人们去掉这一条件，一切含义亦即与客体的一切关系就都取消了，人们就不能借助任何实例使自己理解，在诸如此类的概念中究竟本来指的是什么东西。

一般而言的量的概念没有人能够作出解释，除非解释为：

量是一物的规定，凭借这种规定，就可以思维该物中被设定了多少倍的一。然而，这个多少倍是建立在渐进的重复之上的，从而是建立在时间和时间中（同类物）的综合之上的。对于实在性，只有在想到一个要么以此充实、要么空虚的时间（作为一切存在的总和）的情况下，人们才能与否定性相对立对它作〔206〕
出解释。如果我把持久性（它是一种在一切时间中的存在）去掉，那么，对于实体的概念来说，除了关于主体的逻辑表象之外，我就不剩下任何东西了，这个表象乃是我以为通过表象只能作为主体（不是主体的一个谓词）存在的某物而使之实在化 B301
的。但是，不仅我根本不知道这种逻辑上的优势能够归属某一个事物所需要的条件，而且也根本不能由此出发进一步做任何事情，不能得出丝毫的结论，因为由此根本没有规定这个概念的应用的任何客体，因而人们根本不知道，这个概念在任何地方是否意味着某种东西。关于原因的概念，我（如果我去掉某物按照一条规则在其中继另一某物而起的时间）在纯粹的范畴中所发现的，无非是有某种东西，由它能够推论出另一种东西的存在而已；由此不仅根本不能把原因和结果彼此区分开来，而且由于这种能够推论马上就需要我一无所知的种种条件，概念就会对于自己如何适用于某一个客体方面根本没有任何规定。“一切偶然的东西皆有一个原因”被认为是一条原理，它虽然显得相当威风凛凛，就好像它在自身就具有自己的尊严似的。但我要问：你们是如何理解偶然的？你们回答说：偶然的东西的不存在是可能的；这样，我就很想知道，如果你们不在显象的序列中想象一种演替，在演替中想象继不存在而起的存在（或者反过来），从而想象一种变易，你们想凭什么来认识不存在的这种可能性；因为说一物的不存在并不自相矛盾，这是对一种逻辑条件的无力的援引，这种逻辑条件虽然为概念所 B302
必需，但对实在的可能性来说却是远远不够的；无论我如何能够在思想中取消任何一个实存着的实体而不会自相矛盾，但由此却根本不能推论出该实体就其存在而言的客观的偶然性，亦即它的不存在自身的可能性。至于共联性的概念，则很容易估计到：既然无论是实体的还是因果性的纯粹范畴，都不允许对客体作出规定的解释，那么，交互的因果性在与种种实体的相互关系（commercium）中同样没有能力作这种解释。如果人们想仅仅从纯粹知性得出可能性、存在和必然性的定义，则除
〔207〕了同义反复之外，还没有人能够作出别的解释。因为把**概念**的逻辑可能性（因为它并不自相矛盾）偷换成**物**的先验可能性（因为有一个对象与概念相应），这种把戏只能蒙骗外行并使之满足。①

B303 由此无矛盾地得出的是：纯粹知性概念**永远**不能有**先验的**应用，而是**在任何时候**都只能有**经验性**的应用，纯粹知性的原理只有在与一种可能经验的关系中才能与感官的对象相关，但绝不能与一般而言的物（不考虑我们能够直观它们的方式）相关。

据此，先验分析论就有了这一重要的结论：知性先天地可以做到的，永远无非是预先推定一般可能经验的形式，而既然不是显象的东西就不可能是经验的对象，所以知性永远不能逾越感性的界限，只有在感性的界限内部对象才被给予我们。知性的原理只是一些对显象作出说明的原则，自以为能够在一个系统的学说中关于一般而言的物提供先天综合知识（例如因果性原理）的本体论，其自负的称号必须让位于仅仅一种纯粹知

① 总而言之，如果一切感性直观（我们所惟一拥有的直观）都被去掉，那么，所有这些概念就都不能用任何东西来**证明**自己，并由此阐明自己**实在的**可能性，在这种情况下，剩下来的就只是**逻辑的**可能性，也就是说，概念（思想）是可能的，但要谈的并不是这一点，而是概念是否与一个客体相关，从而意味着某种东西。

性的分析论的谦逊称号。

思维就是使被给予的直观与一个对象发生关系的行动。如 B304
果这种直观的方式根本不是被给予的，那么，对象就仅仅是先验的，知性概念就仅仅有先验的应用，也就是说，仅仅具有一种一般杂多的思维的统一性。这样，一个纯粹的范畴，其中被抽掉惟一对我们可能的那种感性直观的所有条件，就没有任何客体被它所规定，而只有一个一般客体的思维按照不同的样式 〔208〕
被表达。现在，一个概念的应用还需要有一个对象被归摄在该概念之下所凭借的判断力的功能，从而需要有使某物能够在直观中被给予的至少是形式上的条件。如果缺少判断力的这种条件（图型），则一切归摄就都落空；因为没有被给予任何能够被归摄在概念之下的东西。因此，范畴的纯然先验的应用事实上根本不是应用，而且没有任何被规定的对象，哪怕仅仅是按照形式可规定的对象。由此得出，纯粹范畴即便是对于先天综合原理也不是充分的，纯粹知性的原理只有经验性的应用，但永远没有先验的应用，而超出可能经验的范围，任何地方都不 B305
可能有先天综合原理。

因此，这样来表达可能是可取的：没有感性的形式条件的纯粹范畴仅仅具有先验的意义，但却不具有先验的应用，因为在范畴（在判断中）缺少任何一种应用的一切条件、也就是说缺少把任何一个所谓的对象归摄在这些概念之下的形式条件的时候，这种应用自身是不可能的。因此，既然它们（仅仅作为纯粹的范畴）不应当有经验性的应用，而且不能有先验的应用，所以当人们把它们与一切感性分离开来时，它们就根本没有任何应用了，也就是说，它们根本不能应用于任何所谓的对象；毋宁说，它们只不过是就一般对象而言的知性应用和思维的纯形式，但却不能仅仅由这形式来思维或者规定任何客体。

然而，这里在根本上有一种难以避免的错觉。范畴就起源

来说并不像空间和时间这些**直观形式**那样建立在感性之上，因此它们似乎允许一种扩展到所有感官对象之外的应用。然而，
〔209〕 它们在自己那方面又无非是**思想的形式**，只包含先天地把在直
B306 观中被给予的杂多联结在一个意识之中的逻辑能力；而如果人们从它们去掉对我们来说惟一可能的直观，它们所能够具有的意义就逊于那些纯粹的感性形式，通过后者至少还有一个客体被给予，而我们的知性所特有的联结杂多的方式则如果不加上杂多惟一能够在其中被给予的那种直观就根本没有任何意义。尽管如此，如果我们把某些作为显象的对象称为感官物（Phaenomena［现象］），而把我们直观它们的方式与它们的性状自身区分开来，那么，在我们的概念中就毕竟已经蕴涵着：我们要么按照后面一种性状把这同一些对象（即使我们并没有在这种性状中直观它们）与前面那种对象仿佛对立起来，把它们称做知性物（Noumena［本体］），要么对另外一些根本不是我们感官的客体、只是由知性当做对象来思维的可能之物也这样做。现在要问的是：我们的纯粹知性概念是否能够就后者而言具有意义，是否能够是后者的一种知识方式？

但在这里，一开始就表现出一种可能引起严重误解的歧义性：既然知性在把一个对象于某种关系中仅仅称为现象时，同时在这种关系之外还形成一个关于**对象自身**的表象，并由此而
B307 设想自己也能够形成关于诸如此类的对象的**概念**，而且，既然知性所提供的无非是范畴，所以，后一种意义上的对象至少必须能够通过纯粹知性概念来思维，但由此就诱使人们把有关一个知性物——作为完全处于我们的感性之外的一个某物——的完全**不确定的**概念视为一个有关我们能够通过知性以某种方式认识的存在物的**确定的**概念。

如果我们把本体理解为这样一个物，在抽掉我们直观它的方式时，它**不是我们的感性直观的客体**，那么，这就是一个**消**

极意义上的本体。但是，如果我们把它理解为一个**非感性直观的客体**，那么，我们就假定了一种特殊的直观方式，即理智的直观方式，但它并不是我们的直观方式，我们也不能看出它的可能性，而这就会是**积极**意义上的本体。〔210〕

如今，关于感性的学说同时就是关于消极意义上的本体的学说，也就是说，是关于知性必须不用与我们的直观方式的这种关系、从而不仅仅当做显象、而是当做物自身来思维的事物的学说，但关于这样的事物，知性在这种分离中也了解到，它在以这种方式考虑它们时对于自己的范畴不能做任何应用，因为这些范畴惟有与空间和时间中的直观的统一性相关才具有意 B308 义，它们也只是由于空间和时间的纯然观念性才能够通过普遍的联结概念来先天地规定这种统一性。在不能发现这种时间统一性的地方，从而在本体那里，范畴的全部应用、甚至范畴的一切意义，就完全终止了；因为甚至应当与范畴相应的事物的可能性也根本无法看出，所以只可以援引我在前一篇的一般说明中一开始就论述的东西。但现在，一个事物的可能性绝不能仅仅从该物的概念不自相矛盾出发来证明，而是只能通过人们给该概念配上一个与它相应的直观来证明。因此，如果我们要把范畴应用于不被视为显象的对象，我们就必须以不同于感性直观的另一种直观来作为基础，而在这种情况下，对象就会是一个**积极意义上的**本体。既然这样一个直观，即理智直观，完全处在我们的知识能力之外，所以，就连范畴的应用也绝不能超出经验的对象的界限；与感官物对应的固然有知性物，哪怕 B309 我们的感性直观能力与之完全没有关系的知性物可以存在，但我们的知性概念却作为我们的感性直观的纯然思想形式而丝毫达不到它们那里；因此，被我们称之为本体的，都必须被理解为仅仅在**消极的**意义上的本体。

如果我从一种经验性的知识中去除一切（借助于范畴的）

思维，那么，就根本不会有任何对象的知识存留下来；因为通
〔211〕过纯然的直观，根本没有任何东西被思维，而感性的这种激动在我里面，这根本不构成诸如此类的表象与某个客体的任何关系。但与此相反，如果我抛开一切直观，则毕竟还剩下思维的形式，也就是说，剩下给可能直观的杂多规定一个对象的方式。因此，范畴扩展到比感性直观更远的地方，因为它们思维一般的客体，并不还关注这些客体能够被给予的特殊（感性）方式。但是，范畴并不由此就规定一个更大的对象范围，因为人们不能假定这样的对象能够被给予，而不预先假定某种不同于感性的直观方式为可能的，但我们又绝对没有权利做这种预先假定。

B310 一个概念并不包含任何矛盾，甚至还作为被给予的概念的限制而与别的知识相关联，但其客观实在性却不能以任何方式被认识，我把它称为或然的。一个**本体**的概念，亦即一个根本不应当作为感官的对象、而是应当作为物自身（仅仅通过纯粹知性）被思维的事物的概念，这是根本不自相矛盾的；因为关于感性人们毕竟不能断言，它就是惟一可能的直观方式。此外，为了不使感性直观一直扩展到物自身之上，从而为了限制感性知识的客观有效性，这个概念又是必要的（因为感性直观所达不到的其他对象之所以叫做本体，恰恰是为了借此表明，那些知识不能把自己的领域扩展到知性所思维的一切之上）。但最终，这样一些本体的可能性毕竟是根本看不出来的，显象领域之外的范围（对我们来说）是空的，也就是说，我们有一种**以或然的方式**扩展到比显象领域更远的地方的知性，但却没有直观，甚至就连能够使对象在感性领域之外被给予我们，并使知性超出感性之外而被实然地应用的一种可能的直观的概念
B311 也没有。因此，本体的概念纯然是一个**界限概念**，为的是限制
〔212〕感性的僭妄，所以只有消极的应用。尽管如此，它却不是任意地杜撰出来的，而是与感性的限制相关联的，但毕竟不能在感

性的领域之外设定某种积极的东西。

因此，虽然概念确实允许划分为感性概念和理智概念，但把对象划分为现象和本体，把世界划分为感性世界和知性世界，却是在**积极的意义上**根本不能允许的；因为人们不能为理智概念规定任何对象，从而也不能把它们冒充为客观有效的。如果离开感官，人们想如何说明，我们的范畴（它们将会是为本体惟一留下来的概念）还到处意味着某种东西呢？因为要使它们与某一个对象发生关系，就还必须被给予比纯然思维的统一性更多的某种东西，亦即除此之外还要有一种它们能够应用于其上的直观。即便如此，一个本体的概念，仅仅或然地来看，依然不仅仅是允许的，而且作为一个对感性作出限制的概念也是不可避免的。但在这种情况下，这就不是对我们的知性来说的一种特殊的**理知对象了**，相反，它所隶属的知性本身就已经是一个问题，也就是说，它不是通过范畴推论式地，而是 B312
在一种非感性的直观中直觉式地认识自己的对象，对这种知性来说，我们不能形成其可能性的丝毫表象。我们的知性以这种方式获得了一种消极的扩展，也就是说，它不被感性所限制，而是毋宁说通过把物自身（不作为显象来看）称为本体而限制感性。但是，它也立刻为自己设定了界限，不能通过范畴认识本体，从而只能以一个未知的某物的名义来思维它们。

然而，我在近人的作品中发现了对 mundi sensibilis［可感世界］和 mundi intelligibilis［理知世界］① 这两个术语的一种完 〔213〕

① 不必像人们在德语表述中通常习惯于做的那样，用一个**理智**世界的术语来取代这一术语；因为只有知识才是理智的或者感性的。但只要是能够成为这种或者那种直观方式的**对象**的东西，从而也就是客体，都必须叫做理知的或者可感的（尽管这听起来很生硬）。

全不同的应用，它完全背离了古人的意思，而且这里当然没有任何困难，但所遇到的也无非是空洞地玩弄辞藻。按照这种用法，一些人喜欢把显象的总和就其被直观而言称为感官世界，而就其联系按照普遍的知性规律被思维而言称为知性世界。仅仅讲
B313 授对星空的观察的理论天文学将说明前者，与此相反，默思的（例如根据哥白尼的宇宙体系或者根据牛顿的引力规律解释的）天文学则说明后者，即一个理知的世界。但是，这样一种词义的曲解只不过是诡辩的遁词，为的是通过将它们的意义降低到适于己用来回避麻烦的问题。就显象而言，知性和理性都可以使用；但问题是，如果对象不是显象（是本体），这二者是否还有一些应用，而当对象自身被思维为仅仅理知的，也就是说，被思维为仅仅被给予知性，而根本不被给予感官时，人们就是在这种意义上承认对象的。因此问题就是：在知性的那种经验性应用之外是否还可能（甚至在**牛顿的**宇宙结构表象中）有一种关涉作为对象的本体的先验应用，对此问题我们已经作出过否定的回答。

因此，如果我们说：感官向我们表现对象**如其显现**，知性却向我们表现对象**如其所是**，后者则不可在先验的意义上、而只能在经验性的意义上来对待，也就是说，像它们在显象无一
B314 例外的联系中必须被表现为经验的对象，而不是按照它们在与可能经验的关系之外、从而在与一般感官的关系之外、因而作为纯粹知性的对象所可能是的那样来对待。因为后者对我们来说将永远是未知的，甚至这样一种先验的（非常的）知识在任何地方是否可能，至少是作为隶属于我们通常的范畴的知识是否可能，也依然是未知的。**知性**和**感性**在我们这里只有**结合起来**才能规定对象。如果我们把它们分开，那么我们就有直观而无概念，或者有概念而无直观，但在这两种情况下所具有的表象，我们都不能使之与任何确定的对象发生关系。

如果有人还对根据所有这些讨论放弃范畴的纯然先验的应

用心怀疑虑，那么，他可以在某个综合的主张中对这些范畴作一番尝试。因为一个分析的主张并不使知性走得更远，而既然 〔214〕知性只是讨论在概念中已经被思维的东西，所以它并不决定这概念是自身与对象有关系，还是仅仅意味着一般思维的统一性（这统一性完全去掉了一个对象能够被给予的方式）；对它来说，知道在它的概念中包含着什么就够了；概念本身可能关涉什么，对它来说是无所谓的。此后，他也可以尝试一番某个综合的、被以为是先验的原理，例如：凡是存在的东西，都是作 B315 为实体或者一个依附实体的规定而实存的；一切偶然的东西都是作为另一事物亦即其原因的结果而实存的，等等。现在我要问：既然概念不是应当与可能的经验相关而有效，而是应当对物自身（本体）有效，那么，知性想从哪里得到这些综合命题呢？综合命题总是需要一个第三者，以便在其中把根本没有逻辑的（分析的）亲缘关系的种种概念相互结合起来，但在这里，第三者又在何处呢？不考虑经验性的知性应用，并由此完全放弃纯粹的和摆脱感官的判断，知性就将永远不能证明自己的命题，更有甚者，它就连以这样一种纯粹的主张为自己辩护都不能。所以，纯粹的、纯然理知的对象的概念完全没有其应用的一切原理，因为人们想不出它们应当被给予的任何方式，而毕竟为它们留下一个位置的或然思想也只不过像一个空的空间，有助于限制经验性的原理，却毕竟没有在自身中包含和显明经验性原理范围之外的某种别的知识客体。

附录 B316

论反思概念的歧义

反思（reflexio）并不与对象本身相关，以便径直从它们获得概念，相反，它是心灵的一种状态，我们在这种状态中首先〔215〕要发现使我们能够达到概念的诸般主观条件。反思是被给予的表象与我们不同的知识来源的关系的意识，惟有通过这种意识，各种知识来源的相互关系才能够得到正确的规定。在对我们的表象进行一切进一步的探讨之前，首要的问题就是：它们是在哪一种知识能力中联结起来的？它们被联结或者被比较，所面对的是知性还是感官？某些判断是从习惯出发被接受的，或者是由于偏好联结而成的；但是，由于没有反思先行或者至少批判地继之而起，所以它们被视为起源于知性。并不是所有的判断都需要一种**探究**，也就是说，需要注意真理性的根据；B317 因为如果它们是直接确定的，例如两点之间只能有一条直线，那么，对于它们来说，除了它们自己所表达的之外，不可能显示更为切近的真理性征兆了。但是，一切判断、甚至一切比较，都需要一种**反思**，也就是说，需要对被给予的概念所隶属的知识能力作出辨别。我用来使一般表象的比较与在其中进行这种比较的知识能力相对照、且用来辨别这些表象是作为属于纯粹知性的还是属于感性直观的而相互进行比较的行动，我称为**先验的反思**。但是，种种概念在一种心灵状态中能够相互归属的关系，就是**同一性**与**差异性**、**一致**与**抵触**、**内部**与**外部**、最后还有**可规定者**与**规定**（质料与形式）的关系。对这种关系的正确规定依据的是：种种概念是在哪一种知识能力中**主观上**相互归属的，是在感性中还是在知性中？因为知识能力的差异造成了人们思维这些关系的方式上的重大差异。

在所有客观的判断之前，我们对概念进行比较，以便为了**全称**判断而得到（诸多表象在一个概念之下的）**同一性**，或者B318 为了产生**特称**判断而得到它们的**差异性**，得到一致而能够从中〔216〕产生**肯定**判断，得到**抵触**而能够从中产生**否定**判断，等等。从这一理由出发，我们看来应当把以上所述的概念称为比较概念

(conceptus comparationis)。但是，由于如果关键不在于概念的逻辑形式，而在于其内容，也就是说，在于事物本身是同一的还是差异的，一致的还是抵触的等等，事物与我们的知识能力就可能有两种关系，亦即与感性的关系和与知性的关系，但它们相互归属的方式则取决于它们所属的位置，所以，惟有先验反思、亦即被给予的表象与这种或者那种知识能力的关系，才能规定这些表象相互之间的关系；而事物是同一的还是差异的，是一致的还是抵触的等等，并不能立刻从概念本身通过纯然的比较（comparatio）来澄清，而是惟有首先通过辨别它们所属的知识能力，借助于一种先验反思（reflexio）才能澄清。因此，人们虽然可以说：**逻辑反思**是一种纯然的比较，因为在它这里，完全抽掉了被给予的表象所属的知识能力，所以它们就此而言按照它们在心灵中的位置应当被当做同类的来对待；但是，**先验反思**（它关涉到对象本身）包含着表象彼此之间客 B319 观的比较之可能性的根据，从而与逻辑反思截然不同，因为它们所隶属的知识能力并不是同一种知识能力。这种先验反思乃是一种义务，凡是想先天地对事物作出某种判断的人，都不能回避这种义务。现在，我们就要来履行这种义务，对于规定知性的真正任务来说，由此将得到不少的启发。

1. **同一性**与**差异性**。如果一个对象多次被展示给我们，但每次都是以同样的内在规定（qualitas et quantitas [质与量]），那么，当它被视为纯粹知性的对象的时候，它就总是同一个对象，不是多个事物，而仅仅是**一个**事物（numerica identitas [数字上的同一性]）；但是，如果它是显象，那么，关键就不在于概念的比较了，而是无论就概念来说一切如何同一，毕竟这显象在同一时间里位置的差异仍然是（感官的）对象本身**数字上的**差异的一个充分根据。例如，就两滴水而言，人们可以抽掉一切内在的差异（质的差异和量的差异），要把 〔217〕

B320 它们视为数字上有差异的，只要它们在不同的位置上同时被直观就够了。**莱布尼茨**把显象当做物自身，从而当做 intelligibilia［理知物］，也就是说，当做纯粹知性的对象（尽管他由于它们的表象模糊不清而赋予它们现象的名称），而在这里，他的**不可辨别者**的命题（principium identitatis indiscernibilium［不可辨别者的同一律］）当然是无法反驳的；但是，既然它们是感性的对象，而且知性就它们来说不具有纯粹的应用，而是只有经验性的应用，所以，多与数字上的差异就已经通过作为外部显象的条件的空间本身得到了说明。因为空间的一个部分，虽然可能与另一个部分完全相似和相等，但毕竟是外在于它的，并且恰恰因此而是一个与它不同的部分，后者加在它上面，就构成一个更大的空间；因此，这一点也必定适用于同时在空间的不同位置上的一切，哪怕它们除此之外可能是相似和相等的。

2. **一致与抵触**。如果实在性仅仅为纯粹知性所表现（realitas noumenon［作为本体的实在性］），那么，在种种实在性之间就不能设想任何抵触，也就是说，不能设想这样一种关系，即当它们被联结在一个主体中时，彼此抵消其结果，亦即3－3＝0。与此相反，显象中实在的东西（realitas phaenomenon［作为现象的实在性］）相互之间当然可能处在抵触之中，
B321
如果联结在同一个主体中，一方就完全或者部分地抵消**另一方的结果**，例如在同一条直线上的两个运动力，如果它们在相反的方向上或者牵引或者压迫一个点的话；或者还有平衡痛苦的娱乐。

3. **内部与外部**。就一个纯粹知性的对象而言，只有（就其存在来说）同任何与它不同的东西都没有任何关系的东西，才是内在的。与此相反，空间中一个 substantia phaenomenon［作为现象的实体］的内在规定无非是一些关系，而且它们本

身也完全是纯粹关系的总和。我们认识空间中的实体，也只是通过在空间中起作用的力，或者驱使其他实体到它那里（吸引），或者阻止进入它（拒斥和不可入性）；我们并不认识构成在空间中显现并被我们称为物质的实体之概念的其他属性。与此相反，作为纯粹知性的客体，任何实体都必须具有内在的规 〔218〕
定和关涉内部实在性的力。然而，除了我的内感官向我呈现的那些之外，也就是说，除了要么本身是一个**思维**，要么与思维类似的东西之外，我还能设想什么内在的偶性呢？因此，**莱布尼茨**由于把实体设想为本体，所以就把所有的实体都变成了具 B322
有表象能力的简单主体，甚至在他于思想中把一切能够表示外部关系的东西、进而也把**复合**都从物质的组成部分中除去之后，把物质的组成部分也变成了这样的简单主体，一言以蔽之，变成了**单子**。

4. **质料**与**形式**。这是两个为其他一切反思奠定基础的概念，就此而言它们与知性的任何应用都不可分割地结合在一起。前者表示一般可被规定者，后者则表示前者的规定（二者都是在先验的意义上说的，因为人们抽掉了被给予的东西的一切区别及其被规定的方式）。从前，逻辑学家们把普遍的东西称为质料，而把特殊的区别称为形式。在任何判断中，人们都可以把被给予的概念称为逻辑质料（即判断的质料），把它们（凭借系词）的关系称为判断的形式。在任何存在物中，其成分（essentialia［实质性的东西］）就是质料，其成分被结合在一个事物中的方式就是本质性的形式。就一般事物而言，未加限制的实在性也被视为一切可能性的质料，其限制（否定性）则被视为一事物与他事物按照先验概念区别开来所借助的那种形式。也就是说，知性首先要求某物被给予（至少在概念中）， B323
以便能够以某种方式规定它。因此，在纯粹知性的概念中，质料先行于形式，而**莱布尼茨**也就因此缘故首先假定有物（单子），并且在里面假定物的一种表象能力，以便事后在此之上建立物的外部关系和它们的各种状态（即各种表象）的共联性。因此，空间和时间，前者惟有通过种种实体的关系，后者则通过种种实体各种规定相互之间的结合，才作为根据和后果而是可能的。事实上，如果纯粹知性能够直接与对象相关，而且空间和时间是物自身的规定的话，事情也必然会是这个样
〔219〕子。但是，如果它们只不过是感性直观，我们在其中所规定的对象都仅仅是显象，那么，直观的形式（作为感性的一种主观性状）就先行于一切质料（感觉），从而空间和时间就先行于一切显象，先行于经验的一切材料，毋宁说首先使经验成为可能。理智论哲学家不能忍受形式应当先行于事物本身并规定事物的可能性，当他假定我们直观事物如其所是（尽管是以含混的表象）时，这是一个完全正确的批评。但是，既然感性直观是一个完全特殊的主观条件，先天地是一切知觉的基础，并且
B324 原初就是其形式，所以，形式就是独自被给予的，质料作为基础（如人们根据纯然的概念必然作出的判断那样）是大错特错的，毋宁说，质料的可能性倒要以一种形式的直观（时间和空间）已经被给予为前提条件。

关于反思概念之歧义的附注

请允许我把我们或者在感性中或者在纯粹知性中赋予概念的地位称为**先验位置**。以这样的方式，对每一个概念根据其应用的不同所具有的这种地位的判断和按照给所有的概念规定这种位置的规则所作出的分配，就是**先验的位置论**；这是一种通过在任何时候都辨别概念本来属于何种知识能力来缜密地防范纯粹知性的僭越使用和由此产生的幻相的学说。人们可以把每一个概念、许多知识归属其下的每一个标题称为一个**逻辑的位**

置。**亚里士多德逻辑的位置论**就是以此为根据的，学校教师和演说家都能够使用它，以便在思维的某些标题下，检查什么最 B325
适合于当前的材料，此外以一种缜密的外貌进行论证或者滔滔不绝地神侃。

与此相反，先验的位置论所包含的，无非是一切比较和辨 〔220〕
别的四个标题，它们之所以有别于范畴，乃是由于通过它们，不是对象按照构成其概念的东西（量、实在性）展现出来，而是先行于物的概念的表象之比较在其一切杂多性中展现出来。但这种比较首先需要有一种反思，也就是说，需要有被比较事物的表象所属的位置的一种规定，看是知性思维这些表象，还是感性在显象中给予这些表象。

概念能够在逻辑上被比较，毋须顾虑它们的客体属于哪里，是作为本体置于知性之前，还是作为现象置于感性之前。但是，如果我们想以这些概念进展到对象，那么，首先就必须有先验的反思，看它们是哪一种知识能力的对象，是纯粹知性的对象还是感性的对象。没有这种反思，我对这些概念的应用就很不可靠，而且将产生出一些批判的理性并不承认的被以为 B326
是的综合原理，它们所依据的仅仅是一种先验的歧义，亦即纯粹知性客体与显象的一种混淆。

由于缺乏这样一种先验的位置论，从而为反思概念的歧义所迷惑，著名的**莱布尼茨**建立起一个**理智的世界体系**，或者毋宁说相信只要把一切对象与知性及其思维的抽象形式概念进行比较，就能认识事物的内在性状。我们的反思概念表给我们带来了意想不到的好处，把他的学说体系在一切部分中的特征、同时把这种独特的思维方式无非是建立在误解之上的主要根据，都展现在眼前。他仅仅通过概念来对一切事物进行相互比较，并且除了知性把自己的纯粹概念彼此区分开来所凭借的差异性之外，自然而然没有发现任何别的差异性。至于感性直观

的那些自身就带有独特差异的条件，他并不看做是源始的；因为感性对他来说只不过是一种模糊的表象方式，不是表象的一
〔221〕种特殊来源；显象对他来说是**物自身**的表象，尽管按照逻辑形
B327 式与凭借知性的知识有别，因为表象由于通常缺乏分析而导致附带的表象与概念的某种混淆，而知性则知道怎样把它们与概念隔离开来。一言以蔽之：**莱布尼茨**把显象**理智化**，就像**洛克**按照自己的**理智论**（如果允许我使用这些术语的话）的体系把知性概念一起**感性化**，也就是说，把知性概念说成无非是经验性的概念或者抽象的反思概念一样。这两位伟大人物不是在知性和感性中寻找表象的两种截然不同、惟有在**结合**中才能对事物作出客观有效的判断的来源，而是每一个人都仅仅抓住二者中的一个，在他们看来这一个直接地与物自身相关，而另一个的所作所为则只不过是使前者的表象混乱或者有序罢了。

据此，**莱布尼茨**仅仅在知性中对作为一般物的感官对象进行相互比较。**第一**，就它们应当被知性判断为同一的或者差异的而言。因此，既然他眼前只有它们的概念，而没有它们在直观中——对象惟有在直观中才能被给予——的地位，并且完全置这些概念的先验位置（无论客体应列入显象，还是应列入物
B328 自身）于不顾，所以结果就只能是，他把自己仅仅适用于一般物的概念的不可辨别者的原理也延用到感官的对象（mundus phaenomenon［作为现象的世界］），而且相信由此给自然知识造成了不小的扩展。的确，当我就其一切内部规定来认识作为一个物自身的一滴水时，如果诸如此类的一滴水的整个概念与另一滴水是同一的，那么，我就不能让这滴水被视为与另一滴水有差异。但是，如果它是空间中的显象，那么，它就不仅在知性中（在概念下）有其位置，而且在感性的外部直观中（在空间中）也有其位置；而在这里，就事物的内部规定而言，物理的位置是完全无所谓的，一个位置 b 能够接受一个与位置 a

上的另一个事物完全相似和相等的事物，就像该事物与另一事物非常有内部差异时那样。位置的差异不仅无须进一步的条件 〔222〕就独自使作为显象的对象的多和区别成为可能，而且还使之成为必然。因此，那个表面的规律不是自然的规律。它只不过是通过纯然的概念对事物进行比较的一个分析的规则。

第二，诸般实在性（作为纯然的肯定）在逻辑上绝不相互抵触，这条原理是概念关系的一个完全真实的命题，但无论是就自然而言，还是在任何地方就某一个物自身（对这个物自身 B329 我们没有任何概念）而言，都没有丝毫意义。因为凡是在 **A**－**B**＝0 的地方，也就是说，凡是在一个实在性与另一个实在性在一个主体中相结合而一个抵消另一个的结果的地方，都有实在的抵触；这是自然中的一切障碍和反作用不断地呈现在眼前的东西，尽管如此，这些障碍和反作用既然以力为依据，就必须被称为 **realitates phaenomena**［作为现象的实在性］。一般力学甚至通过立足于方向的相反而能够在一条规则中先天地说明这种抵触的经验性条件，这是实在性的先验概念根本一无所知的条件。尽管**莱布尼茨**先生并没有以一条新原理的排场来宣布这一命题，但他毕竟曾利用它来作出新的断言，而他的后继者们则明确地把它纳入到自己的**莱布尼茨—沃尔夫**体系中去。根据这一原理，例如，一切罪恶都无非是受造物的限制的后果，也就是说，是否定性，因为否定性是惟一与实在性相抵触的东西（在一般事物的纯然概念中也确实如此，但在作为显象的事物中就不是这样了）。同样，他的信徒们认为，把一切实在性结合在一个存在物中而不会有某种令人担忧的抵触，这不仅是 B330 可能的，而且也是自然而然的，因为他们只知道矛盾的抵触（通过这种抵触，一个事物的概念本身被取消），却不知道相互损害的抵触；在这里，一个实在根据抵消另一个实在根据的结果，对此我们惟有在感性中才发现向我们展示这样一种抵触的条件。

第三，莱布尼茨的单子论，除了这位哲学家仅仅在与知性的关系中表现内部和外部的区别之外，没有别的任何根据。一
〔223〕 般而言的实体必须具有某种**内在的**东西，因此这种东西没有任何外部的关系，从而也没有复合。所以，简单的东西就是物自身的内在东西的基础。但是，实体状态的内部东西不能在于位置、形状、接触或者运动（这些规定都是外部关系），因此，除了我们内在地规定我们的感官所凭借的状态之外，也就是说，除了**表象的状态**之外，我们不能把其他任何内部状态赋予实体。这样，单子也就被了结了，它们据说构成整个宇宙的基本材料，但它们的行动力却仅仅在于它们本来仅仅在自身中起作用所凭借的表象。

但正因为此，他的**实体**相互之间可能的**共联性**的原则就必须是一种**前定的和谐**，并且不能是一种物理的影响。原因在
B331 于，由于一切都只是内在的，也就是说，只涉及其表象，所以一个实体的表象的状态就根本不能与其他实体的状态有任何有效的联结，而是必须有第三个全都影响所有实体的原因来使它们的状态彼此相应，虽然不是由于偶然的、在任何个别的场合都特别合适的援助（systema assistentiae［援助体系］），而是由于一个对一切实体都有效的原因之理念的统一性，这些实体必然在这种统一性中按照普遍的规律全都获得其存在和持久性、从而也获得相互之间的彼此相应。

第四，他在自己关于**时间**和**空间**的著名**体系**中，把感性的这些形式理智化了；这一体系也只不过是源自对先验反思的同一种错觉。如果我想用纯然的知性来表现事物的外部关系，那么，这只能借助它们的交互作用的概念来进行，而如果我应当把同一个事物的一个状态与另一个状态联结起来，那么，这就只能在根据和后果的秩序中来进行。因此，**莱布尼茨**就把空间

设想为种种实体的共联性中的某种秩序，把时间设想为种种实体的各种状态力学性的继起。但是，二者看起来自身所具有的独特的和不依赖于事物的东西，他归之于这些概念的**混乱**，这种混乱使得是力学关系的纯然形式的东西被视为一种独立的、自存的、先于事物本身的直观。因此，空间和时间就是物（实 B332
体及其状态）自身联结的理知形式。但事物是理知的实体 〔224〕
(substantiae noumena［作为本体的实体］)。尽管如此，他仍要使这些概念对显象有效，因为他不承认感性有其自己的直观方式，而是在知性中寻找对象的一切表象，乃至经验性表象，留给感官的无非是弄乱和歪曲知性的表象这些可鄙的工作。

但是，即便我们能够通过纯粹知性关于**物自身**综合地说些什么（尽管如此这却是不可能的），这也毕竟根本不能与显象相关，显象并不表现物自身。因此，在这后一种场合里，我将不得不在先验反思中，任何时候都仅仅在感性的条件下比较我的概念，而这样，空间和时间就不是物自身的规定，而是显象的规定：物自身可能是什么，我不知道，也不需要知道，因为 B333
毕竟除了在显象中之外，一个事物永远不能以别的方式呈现给我。

我也这样来处理其余的反思概念。物质是 substantia phaenomenon［作为现象的实体］。内在地属于物质的东西，我在物质占据的空间的所有部分中、在物质所发挥的一切作用中去寻找，而这些作用当然只能永远是外部感官的现象。因此，我所拥有的虽然不是任何绝对内在的东西，而是相对内在的东西，其本身又是由外部关系所构成。但是，物质的在纯粹知性看来是绝对内在的东西，只不过也是一种怪想；因为物质在任何地方都不是纯粹知性的对象；而能够是我们称为物质的这种显象之根据的先验客体，则是一种纯然的某物，即使有人能对我们说出来，我们也根本不知道它是什么。因为除了在直观中带有一种与我们的语词相应的东西的那种东西之外，我们不能理解任何东西。如果抱怨说，**我们根本不洞识事物内在的东西**，其意思无非是说：我们通过纯粹知性不理解对我们显现的事物自身能够是什么；那么，这些抱怨就是完全不正当和不合
〔225〕理的；因为它们希望的是，人们不用感官就能够认识、从而直观事物，所以我们就应当有一种不仅在程度上、而且在直观和方式上与人类知识能力全然不同的知识能力，从而应当不是
B334 人，而是我们自己也不能说出是否可能、更不能说出什么性状的存在物。显象的观察和分析使人深入到自然的内部，人们无法知道这随着时间将推进到什么地步。但是，尽管这一切，即使整个自然都对我们昭然若揭，我们也毕竟永远不能回答那些超出自然的先验问题，因为以不同于我们的内感官的直观的另一种直观来观察我们自己的心灵，这还从来未被给予我们。而我们的感性之起源的秘密，就在我们的心灵里。我们的感性与客体的关系，以及这种统一性的先验根据是什么，都毫无疑问隐藏得太深，以至于我们这些甚至对于我们自己也只有通过内感官来认识，从而是当做显象来认识的人，不能使用我们的探究的一种如此不适用的工具，来发现总是又不同于我们毕竟乐意探究其非感性原因的显象的某种东西。

使得从纯然的反思行动出发对各种结论所作的这种批判变得有用的乃是：它清晰地阐明了关于人们仅仅在知性中相互比
B335 较的对象所作的一切结论都毫无意义，同时证实了我们主要提醒的东西：尽管显象不作为物自身包括在纯粹知性的客体中，但它们毕竟是我们的知识具有客观的实在性的惟一对象，也就是说，在这里有直观来符合概念。

当我们仅仅在逻辑上作出反思时，我们是在知性中仅仅把我们的概念相互进行比较，看两个概念是否包含相同的东西，二者是否矛盾，某种东西是内在地包含在概念中，还是附加给

概念的，二者中哪一个应被视为被给予的，哪一个只应被视为思维被给予概念的方式。但是，如果我把这些概念应用于一般的对象（在先验的意义上），而不进一步规定该对象是感性直观的对象还是理智直观的对象，那么就马上表现出限制（不从 〔226〕
这一概念出发），这些限制将扭转一切经验性的应用，并恰恰由此而证明，一个对象作为一般的物，其表象不仅仅是**不充分的**，而且没有对它的感性规定并独立于经验性的条件，它就是自身相互**抵触**的，因而人们要么必须抽掉一切对象（在逻辑中），要么如果人们承认一个对象，就必须在感性直观的条件下思维它，从而理知的东西将要求我们所不具有的一种完全特 B336
殊的直观，并且如果没有这种直观**对我们来说**就什么也不是，但与此相反，显象也不可能是对象自身。因为当我仅仅思维一般的物时，外部关系的差异当然不能构成事物本身的差异，而是毋宁说以后者为前提条件，而当一物的概念与他物的概念根本没有内在的区别时，我就在不同的关系中设定同一个事物。此外，通过把一个纯然的肯定（实在性）附加给另一个肯定，当然增加了积极的东西，而没有从它抽去或者取消任何东西；因此，一般事物中实在的东西并不相互抵触，等等。

※ ※ ※

如我们已经指明的那样，反思的概念由于某种误解而对知性的应用有这样一种影响，以至于它们竟能够诱使所有哲学家中最具洞察力者的一位得出自以为的理智知识体系，这种体系在没有感官参与的情况下就去规定自己的对象。正是因此缘故，对这些概念的歧义在导致错误原理方面的迷惑人的原因作出阐明就具有重大的效用，从而可靠地规定和确保知性的界限。

人们虽然必须说：普遍地属于一个概念或者与它矛盾的东 B337
西，也属于包含在该概念之下的所有特殊的东西（dictum de

Omni et Nullo［断定任一物和无一物］）；但是，把这条逻辑原理改变为：不包含在一个普遍的概念之中的东西，也不包含在处于这个概念之下的特殊概念之中，那就是荒唐的事情了；
〔227〕因为这些概念之所以是特殊概念，乃是由于它们在自身中所包含的多于在普遍概念中所思维的东西。然而，**莱布尼茨**的整个理智体系毕竟确实是建立在后面这条原理之上的；因此，它与这条原理以及从这条原理产生的一切知性应用中的含混性一损俱损。

不可辨别者的命题本来根据以下前提条件：如果在一般事物的概念中没有发现某种区别，那么在事物本身中也不会遇到这种区别；因此，一切并非已经在其概念中（根据质或者量）彼此有别的事物，都是完全同一的（numero eadem［在数字上同一的］）。但是，由于就某个事物的纯然概念而言，一种直观的诸多必然条件已经被抽掉了，所以通过一种奇特的草率，
B338 被抽掉的东西就被视为到处都不能遇到，并且除了在其概念中包含的东西之外，不承认事物有任何东西。

一立方尺的空间的概念，无论我在何处以及如何经常地思维它，自身都是完全同一的。然而，两个立方尺在空间中则纯然由于其位置而有别（numero diversa［在数字上有别的］）；这些位置乃是直观的条件，在其中这一概念的客体被给予，但它们却不属于概念，而是属于整个感性。同样，在一个事物的概念中，如果没有任何否定的东西与一种肯定的东西结合在一起，就根本没有任何抵触，而纯然肯定的概念在联结中也根本不会造成任何抵消。但是，在其中有实在性（例如运动）被给予的感性直观中，就有在一般运动的概念中被抽掉的条件（相反的方向），这些条件使得一种抵触成为可能，这种抵触当然不是逻辑的，也就是说，是从纯然积极的东西出发使一个无＝0 成为可能；而且人们不能说：一切实在性之所以彼此一致，乃

是因为在它们的概念中间没有发现任何抵触。① 按照纯然的概 〔228〕
念，内在的东西是所有关系或者外部规定的基底。因此，如果 B339
我抽掉直观的一切条件，并仅仅限于一般物的概念，就能抽掉一切外部关系，而且尽管如此仍必然存留某种东西的概念，这种东西根本不意味着关系，而是意味着纯然内在的规定。在这里，看起来可以得出：在任何事物（实体）中都有某种绝对内在并先行于一切外在规定的东西，因为它首先使外部规定成为可能；从而这一基底就是某种自身不再包含任何外部关系的东西，所以是**单纯的**（因为有形体的事物毕竟始终只不过是关系，至少是彼此外在的各部分的关系）；而由于除了通过我们的内感官作出的规定之外，我们不知道任何绝对内在的规定，所以这一基底不仅是单纯的，而且也（根据与我们的内感官的
类比）是通过**表象**被规定的，也就是说，一切事物本来都是单 B340
子，或者是具有表象的单纯存在物。如果除了一般事物的概念之外，没有更多的东西属于外部直观的对象惟在其下才能被给予我们，而纯粹概念抽掉了的那些条件，上述一切也就会具有其正确性。因为在这里表现出，空间中的一种持久的显象（不可入的广延）可能包含的纯粹是关系，根本不是绝对内在的东西，尽管如此却是一切外部关系的第一基底。仅仅凭借概念，没有内在的东西，我当然就不能思维任何外在的东西，之所以

① 如果在这里想利用常见的遁词，即至少 realitates noumena［作为本体的实在性］并不能彼此起相反的作用，那么，人们就必须举出诸如此类的纯粹且无感性的实在性的一个实例，以便理解预设这样的实在性究竟是表现某种东西还是什么也不表现。但是，实例只能从经验中取得，经验永远只能呈现 phaenomena［现象］，而这样一来，这一命题的意思就无非是：仅仅包含肯定的概念不包含任何否定的东西；这是一个我们从未怀疑过的命题。

如此，恰恰是因为关系概念毕竟绝对以被给予的事物为前提条件，而且没有后者就是不可能的。但是，既然在直观中包含着根本不蕴涵在一般事物的纯然概念中的某种东西，而且这种东西展示出纯然通过概念根本不会被认识的基底，也就是说，展示出一个空间，这个空间连同它所包含的一切都由纯粹形式的或者亦由实在的关系构成，所以我不能够说：由于没有一种绝对内在的东西就不能**通过纯然的概念**表现任何事物，所以即便是在包含于这些概念之下的事物本身中，以及在**它们的直观**

〔229〕中，都没有任何不以某种绝对内在的东西为基础的外在东西。

B341 因为如果我们抽掉直观的所有条件，那么，在纯然的概念中给我们留存的东西，当然就无非是一般内在的东西及其相互关系，外在的东西惟有通过它们才是可能的。但是，这种仅仅基于抽象的必然性，就在直观中以这样一些表示纯然的关系、却不以某种内在的东西为基础的规定被给予的事物而言，是不成立的，之所以如此，乃是因为这些事物并不是物自身，而仅仅是显象。无论我们就物质而言知道什么，都纯粹是关系（我们称为物质的内在规定的东西，仅仅是相对地内在的）；但在它们里面，有一些独立的和持久的关系，通过它们给予我们一种确定的对象。至于如果我抽掉这些关系，就根本不能进一步思维任何东西，这并不排除一个作为显象的物的概念，也不排除一个抽象的对象的概念，但却排除一个按照纯然的概念可规定的对象的所有可能性，也就是说，排除一个本体的所有可能性。当然，一个事物应当完全由关系构成，这听起来令人生疑，但这样一个事物也是纯然的显象，根本不能通过纯粹的范畴被思维；它甚至在于一般的某物与感官的纯然关系之中。同样，如果从纯然的概念开始，则除了一个事物是另一个事物中的种种规定的原因之外，人们绝不能以其他方式思维抽象事物

B342 的关系；因为这就是我们关于关系的知性概念。然而，既然我

们在这种情况下抽掉了一切直观，所以杂多能够彼此规定自己的位置的整个方式，亦即感性的形式（空间）就消失了，但空间毕竟先行于一切经验性的因果性。

如果我们把纯然理知的对象理解为无须任何感性的图型、通过纯粹的范畴就被思维的那些事物，那么，诸如此类的对象就是不可能的。因为我们一切知性概念的客观应用的条件，只不过是我们的感性直观的方式，通过这种方式对象被给予我们，而如果我们抽掉这种方式，这些概念就与任何客体都没有关系了。即使人们想假定一种不同于我们的这种感性直观的直观方式，我们的思维功能就这种直观而言也毕竟没有丝毫意 〔230〕
义。如果我们把上述对象仅仅理解为一种非感性直观的对象，我们的范畴虽然确实不适用于它们，因而我们对它们根本不可能在某个时候拥有知识（既没有直观也没有概念），但这种纯然消极意义上的本体却毕竟是必须予以承认的：因为它们无非是意味着，我们的直观方式并不关涉所有的事物，而是仅仅关涉我们的感官的对象，所以它的客观有效性是受到限制的，由 B343
此就为某种别的直观、从而也为作为其客体的事物留下了余地。但在这种情况下，一个本体的概念就是或然的，也就是说，是一个我们既不能说它可能也不能说它不可能的事物的表象，因为除了我们的感性直观之外，我们根本不知道什么直观方式，而除了范畴之外，也根本不知道什么概念方式，但二者中没有一种适用于感性之外的对象。因此，我们还不能积极地把我们思维对象的领域扩展到我们的感性的条件之外，并且认定在显象之外还有纯思维的对象亦即本体，因为这样的对象没有可陈述的积极意义。就范畴而言，人们必须承认单凭它们还不足以形成物自身的知识，没有感性的材料它们就会是知性统一性的纯然主观的形式，但却没有对象。思维虽然就自身而言并非感官的产物，就此而言也不受感官的限制，但并不因此就马上无须感性的帮助而具有自己的纯粹的应用，因为在这种情况下它并没有客体。人们也不能把**本体**称为这样一种**客体**；因
B344 为本体指的是一种完全不同于我们的直观的直观和一种完全不同于我们的知性的知性的对象的或然概念，因而这种概念本身就是问题。因此，本体的概念并不是一个客体的概念，而是不可避免地与我们感性的限制相关联的课题，即是否可能存在有与我们感性的那种直观完全脱离的对象；这是一个只能不确定地回答的问题，也就是说：由于感性直观不能不加区分地关涉一切事物，所以就为更多的不同对象留下了余地，因而不能绝对地否定这些对象，但由于缺少一个确定的概念（因为没有范
〔231〕 畴适用于此），也不能断定它们是我们知性的对象。

据此，知性为感性设置界限，但并不因此就扩展它自己的领域，而当它警告感性不要僭妄关涉物自身，而是仅仅关涉显象时，它是在思维对象自身，但只是把它当做先验的客体，这个先验的客体是显象的原因（因而本身不是显象），而且既不能被设想为量，也不能被设想为实在性，也不能被设想为实体等等（因为这些概念总是要求感性的形式，它们在其中规定一
B345 个对象）；因此，是否可以在我们里面或者在我们外面发现这个先验的客体，它是否会与感性同时被取消，或者如果我们除去感性，它是否还会存留，这是完全未知的。如果我们想把这种客体称为本体，乃是因为它的表象不是感性的，那么，我们可以随意行事。但是，既然我们不能把我们的知性概念的某一些运用在这上面，所以这种表象对我们来说仍然是空的，而且除了标出我们的感性知识的界限、留下一个我们既不能凭借可能的经验也不能凭借纯粹的知性填充的空间之外，没有任何用处。

因此，这种纯粹知性的批判不容许在能够作为显象呈现给它的对象之外，再创造一个新的对象领域，并且岔入到理知的

世界，甚至连岔入到它们的概念也不容许。以极明显的方式诱人至此、虽然不能予以辩解但实可原谅的错误在于：违背知性的规定而使知性的应用成为先验的，而对象亦即可能的直观则必须符合概念，但却不是概念必须符合可能的直观（而概念的客观有效性却是仅仅依据可能的直观的）。但这种错误的原因又是：统觉以及随同统觉的思维，先行于表象一切可能的确定秩序。因此，我们思维一般的某物，并一方面以感性的方式规定它，但另一方面又毕竟把普遍的、抽象地表现出来的对象与 B346
直观它的这种方式区分开来；于是，给我们剩下来的就是仅仅通过思维来规定它的方式了，这种方式虽然是没有内容的纯然逻辑形式，但尽管如此却在我们看来是客体自身实存（本体）、〔232〕
不顾及被限制在我们的感官之上的直观的一种方式。

※　　※　　※

在结束先验分析论之前，我们还必须补充几句话，它们自身虽然不见得特别重要，但对于体系的完整来说却是必需的。人们习惯于由以开始一种先验哲学的最高概念，通常是可能的对象与不可能的对象的划分。但是，既然一切划分都以一个被划分的概念为前提条件，所以就必须指定一个更高的概念，而这个概念就是一个一般对象的概念（或然地认定，未决定它是某物还是无）。由于范畴是与一般对象相关的惟一概念，所以区分一个对象是某物还是无，要按照范畴的次序和指导进行。

1. 与一切、诸多和一个这些概念对立的，是取消一切的 B347
概念，亦即**无一**，这样，一个根本没有可指定的直观与之相应的概念，其对象就等于无，也就是说，是一个没有对象的概念，例如本体，它们不能被列入可能性之中，尽管也不因此就必须被说成是不可能（ens rationis [理性的存在者]），或者如某些新的基本力，人们思维它们，尽管并不矛盾，但也是脱离出自经验的实例被思维的，因而不必列入可能性之中。

2. 实在性是**某物**，否定性是**无**，也就是说，是一个关于对象之缺乏的概念，如阴影、冷（nihil privativum［阙如的无］）。

3. 没有实体的直观的纯然形式自身不是对象，而是对象（作为显象）的纯然形式的条件，例如纯粹空间和纯粹时间，它们虽然作为直观的形式是某物，但本身却不是被直观的对象（ens imaginarium［想象的存在者］）。

B348 4. 一个自相矛盾的概念，其对象是无，因为该概念是无，是不可能的东西，例如两条边的直线图形（nihil negativum［否定性的无］）。

〔233〕 因此，无的概念的这种划分表必须安排如下（因为某物的与之平行的划分乃由它得出）：

无

作为

1.

没有对象的空概念

ens rationis［理性的存在者］

2.	3.
一个概念的空对象	**没有对象的空直观**
nihil privativum	ens imaginarium
［阙如的无］	［想象的存在者］

4.

没有概念的空对象

nihil negativum［否定性的无］

可以看到，思想物（第1）与非物（第4）被区别开来，乃是由于前者不可被列入可能性之中，因为它只不过是虚构（尽管不是自相矛盾的虚构）罢了，而后者则是与可能性对立的，因为该概念甚至取消自身。但二者都是空概念。与此相

B349 反，nihil privativum［阙如的无］（第2）和 ens imaginarium

[想象的存在者]（第 3）都是概念的空材料。如果光不被给予感官，人们就不能表现黑暗，而如果没有广延的存在物被知觉到，人们就不能表现空间。无论是否定性，还是直观的纯然形式，没有一种实在的东西就都不是客体。

第二编

〔234〕
先验辩证论

导言

一、论先验幻相

我们在上面曾经把一般辩证法称为**幻相的逻辑**。这并不意味着，它就是一种**概率**的学说；因为概率是真理，但却是通过不充分的根据被认识的，因而其知识虽然有缺陷，但毕竟并不
B350 因此就是骗人的，从而不必与逻辑的分析部分分割开来。**显象**与**幻相**更不可以被视为是一回事。因为真理或者幻相并不在被直观的对象中，而是在关于被思维的对象的判断中。因此，人们虽然可以正确地说，感官不犯错误，但这并不是因为它们在任何时候都正确地作出判断，而是因为它们根本不作判断。所以，无论是真理还是谬误，从而还有诱使人得出谬误的幻相，都惟有在判断中，也就是说，惟有在对象与我们的知性的关系中才能发现。在一种无一例外地与知性规律吻合的知识中，是没有谬误的。在感官的一个表象中（由于它根本不包含任何判断）也没有任何谬误。但是，没有任何自然力能够自动地偏离它自己的规律。因此，不仅知性独自（没有另一个原因的影响）不会犯错误，感官独自也不会犯错误；知性不会犯错误，乃是因为只要它按照自己的规律行事，结果（判断）就必然与

这些规律一致；但是，与知性的规律一致的是一切真理的形式的东西。在感官中根本没有判断，既没有正确的判断，也没有错误的判断。由于我们除了这两种知识来源之外别无其他知识来源，因此可以得出：谬误只是由于感性对知性的不被察觉的影响而造成的，由此使判断的主观根据与客观根据发生了混 〔235〕
合，并使后者背离了自己的规定①；例如一个被推动的物体， B351
虽然独自地总是会在同一方向上保持着直线，但如果另一个力按照另一个方向同时对它施加影响，直线就会转化为曲线运动。因此，为了把知性所特有的行动与混合的力区分开来，有必要把错误的判断视为两个力之间的对角线的力，这两个力按照两个仿佛是围起一个角的不同方向来规定判断，并且把复合的结果分解为知性和感性的单纯结果；这在纯粹先天判断中必须通过先验反思来进行，由此（就像已经指明了的那样）每一个表象都在与它相适合的知识能力中被指定其位置，从而后者对前者的影响也就被区分开来了。

我们在这里的工作不是探讨经验性的幻相（例如视觉的幻相），这种幻相是在通常正确的知性规则的经验性应用中出现的，通过它，判断力被想象的影响所诱惑；相反，我们仅仅探 B352
讨**先验的幻相**，这种幻相影响着其应用根本不关注经验的原理，而如果这些原理应用于经验，我们毕竟至少还会有其正确性的试金石；相反，先验幻相甚至违背批判的一切警告，引导我们完全超出范畴的经验性应用，并用**纯粹知性**的一种扩展的错觉来拖累我们。我们要把其应用完全限定在可能经验的限度之内的原理称为**内在的**原理，而把宣称超越这些界限的原理称

① 感性被从属于知性，作为知性应用其功能的客体，就是实在的知识的来源。但是，同一个感性，如果它影响知性的行动本身，并规定知性作出判断，就是谬误的根据。

为**超验的**原理。但是，我并不把这些超验的原理理解为范畴的**先验的**应用或者误用，后者只不过是未恰当地受到批判约束的
〔236〕判断力的一个错误罢了，这种判断力没有充分注意到纯粹知性惟一被允许发挥作用的地基的界限；相反，我把它们理解为一些现实的原理，它们指望我们拆除所有那些界标，并自以为拥有一个在任何地方都不承认任何边界的地基。因此，**先验的**和**超验的**并不是一回事。我们上面所陈述的纯粹知性的原理只应当有经验性的应用，而不应当有先验的应用，亦即超出经验界
B353 限的应用。但是，一个取消这些界限、甚至让人逾越这些界限的原理，就叫做**超验的**。如果我们的批判能够做到揭露这些僭越的原理的幻相的话，那么，那些纯然经验性应用的原理就与后一些原理相反，可以被称为纯粹知性的**内在的**原理。

逻辑的幻相（错误推理的幻相）在于对理性形式的纯然模仿，它只是产生自对逻辑规则的缺乏重视。因此，一旦加强了对当前实例的重视，这种幻相就将完全消失。先验的幻相则相反，即使我们已经揭露了它，并通过先验的批判清晰地看出了它的无价值（例如“世界在时间上必定有一个开端”这一命题中的幻相），它也仍然不终止。其原因就在于：在我们的理性（它被主观地视为一种人的知识能力）中蕴涵着其应用的一些基本规则和准则，它们完全具有客观原理的外表，由于它们而导致，为了知性而对我们的概念进行某种联结的主观必然性被
B354 视为物自身的规定的客观必然性。这是一种根本不能避免的**幻觉**，如同我们不能避免海面在中央对我们显得比在岸边更高，因为我们是凭借比岸边更高的光线来看海中央的；或者更有甚者，甚至天文学家也不能避免月亮在升起时对他显得更大，尽管他并不为这一幻相所蒙骗。

因此，先验辩证论将满足于揭露超验判断的幻相，并防止它骗人；但是，甚至要它也（像逻辑幻相那样）消失，不再是

一种幻相，却是先验辩证论永远也做不到的。因为我们所涉及 〔237〕
的是一种**自然的**和不可避免的**幻觉**，它本身基于主观的原理，并把主观的原理偷换成客观的原理，而逻辑的辩证论在解决错误推理时却只是涉及在遵循这些原理方面的错误，或者涉及在模仿这些原理方面的人为的幻相。因此，纯粹理性有一种自然的和不可避免的辩证法，它不是一个外行由于缺乏知识本身而陷入的辩证法，或者某个诡辩家为了迷惑有理性的人们而人为地编造出来的辩证法，而是不可阻挡地附着于人类理性的辩证法，甚至在我们揭露了它的假象之后，它也仍然不停地迷惑人类理性，不断地将人类理性推入任何时候都需要予以消除的一 B355
时糊涂。

二、论作为先验幻相之所在的纯粹理性

A. 论一般理性

我们的一切知识都始自感官，由此达到知性，并终止于理性；在理性之上，我们没有更高的东西来加工直观的材料并将其置于思维的至上统一之下了。现在，当我要对这一至上知识能力作出说明时，我感到有些为难。对于理性来说，和对于知性来说一样，当理性抽掉知识的一切内容时，就有一种纯然形式的、也就是说逻辑的应用，但它也有一种实在的应用，因为它本身包含着某些既不是借自感官也不是借自知性的概念和原理的起源。前一种能力当然早已由逻辑学家们通过间接推理的能力（有别于直接推理，亦即 consequentiis immediatis）予以解释；但第二种自己产生概念的能力由此还没有得到了解。既 〔238〕
然在这里出现了理性为逻辑能力和先验能力的划分，那就必须 B356
去寻找关于这种知识来源的一个更高的概念，它把上述两个概念都包括在自身之下，我们在这里按照与知性概念的类比可以

期望，逻辑概念同时将提供先验概念的钥匙，前者的功能表同时将提供理性概念的谱系。

在我们的先验逻辑的第一部分里，我们曾通过规则的能力来解释知性；在这里，我们想把理性称为**原则的能力**，以此把理性与知性区别开来。

原则的表述是含混的，通常仅仅意味着一种能够作为原则来运用的知识，即使它就自身而言以及按照它自己的起源来说并不是原则。每一个普遍的命题，哪怕它是从经验（通过归纳）得出的，也可以在理性推理中充当大前提；但它并不因此而本身就是原则。数学公理（例如两点之间只能有一条直线）甚至是普遍的先天知识，因此相对于能够归摄在它们下面的实例来说有理由被称为原则。但我毕竟不能由此就说，我是从原
B357 则出发认识一般直线和直线自身的这种属性的，相反只是在纯直观中认识它的。

因此，我将把从原则出发的知识称为这样一种知识，在这种知识中我通过概念在普遍中认识特殊。这样，每一个理性推理都是从一个原则出发推导出一种知识的形式。因为大前提在任何时候都提供一个概念，该概念使得一切被归摄在它的条件之下的东西都按照一个原则从它出发而得到认识。现在，既然任何普遍的知识都能够在一个理性推理中充当大前提，而知性则为诸如此类的知识提供普遍的先天命题，所以这些命题也可以就其可能的应用而言被称为原则。

但是，如果我们按照其起源来考察纯粹知性自身的这些原理，那么，它们就根本不是从概念出发的知识。因为如果我们不（在数学中）加上纯直观或者一种可能经验的种种条件，它们就会甚至不是先天可能的。一切发生的东西都有一个原因，
〔239〕 这根本不能从一般发生之事的概念出发推论出来；毋宁说，该原理表明，人们最初如何关于发生之事获得一个确定的经验

概念。

因此，知性根本不能提供从概念出发的综合知识，而这些知识本来是我绝对地称为原则的知识；然而，一切普遍的命题一般而言都可以叫做相对的原则。 B358

有一个古老的愿望，谁也不知道什么时候它也许会得以实现，那就是：人们总有一天可以不去寻找民法无穷无尽的繁文缛节，而去寻找它们的原则；因为惟有在这里面，才有人们所说的简化立法的秘密。但是在这里，法律也只是把我们的自由限制在它们得以无一例外地与自身一致的那些条件之上；因此，它们关涉某种完全是我们的作品、而且我们通过那些概念自己能够是它的原因的东西。但是，如同对象自身一样，事物的本性如何应当从属于原则并纯然按照概念来规定，这即便不是什么不可能的事情，至少就其要求而言毕竟也是很不合情理的事情。不过，无论这里的情况是什么样的（因为我们还要对此进行研究），至少由此可以看出：从原则出发的知识（就其自身而言）完全不同于纯然的知性知识，后者虽然也能以一种原则的形式先行于其他知识，但就其自身而言（如果它是综合的）却并不基于纯然的思维，自身中更不包含依照概念的普遍东西。

知性可以是诸般显象凭借规则而有统一性的能力，而理性则是各知性规则在原则之下而有统一性的能力。因此，理性从不首先关涉经验或者关涉某个对象，而是关涉知性，为的是通过概念赋予杂多的知性知识以先天的统一性，这种统一性可以叫做理性的统一性，它具有与知性所能够提供的那种统一性完全不同的方式。 B359

这就是在完全缺乏实例（这些实例只有到后面才应当提供）的情况下所能够解释的理性能力的普遍概念。

〔240〕 B. 论理性的逻辑应用

人们在直接认识到的东西和只是推论出来的东西之间作出区别。在由三条直线所界定的图形中有三个角，这是直接认识到的；但三个角的和等于两个直角，这却只是推论出来的。由于我们总是需要推论，并且由此而终于完全习惯了它，所以我们最终就不再注意这种区别，并且经常像在所谓感官的欺骗那里一样，把我们毕竟只是推论出来的某种东西视为直接知觉到
B360 的。对于每一个推理来说，都有一个作为基础的命题，且有另一个命题，亦即从前一个命题得出的结论，最后还有推理顺序（一贯性），按照这种顺序，结论的真实性必然地与作为基础的命题的真实性联结在一起。如果推论出来的判断已经蕴涵在作为基础的命题中，以至于无须第三个表象作中介就能够直接从它里面推导出来，该推理就叫做直接的（consequentia immediata［直接推理］）；我更愿意把它称为知性推理。但是，如果除了作为基础的知识之外，为作出结论还需要有另一个判断，该推理就叫做理性推理。在"**一切人都是会死的**"这个命题中，已经蕴涵着"有些人是会死的"、"有些会死的东西是人"、"没有任何不会死的东西是人"这几个命题，因而这几个命题都是从前者得出的直接结论。与此相反，"一切有学问者都是会死的"这个命题却并不蕴涵在作为基础的判断中（因为有学问者的概念根本不在它里面出现），该命题惟有借助一个中间判断才能从后者推论出来。

在每一个理性推理中，我首先通过**知性**想到一个规则（major［大前提］）。其次，我凭借**判断力**把一个知识**归摄**在规则的条件之下（minor［小前提］）。最后，我通过规则的谓词、
B361 从而先天地通过**理性**来**规定**我的知识（conclusio［结论］）。因此，作为规则的大前提在一个知识和其条件之间所表现出的关系就构成了理性推理的不同方式。因此，它们如同一切按照在

知性中表达知识关系的方式区分开来的一般判断一样，恰好有 〔241〕
三种，那就是：**定言的，或假言的，或选言的**理性推理。

如果像大多数情况下所发生的那样，作为一个判断的结论被当做任务提出，为的是看它是否是从已经被给予、也就是一个完全不同的对象被思维所凭借的判断中得出，那么，我就是在知性中寻找这个结论命题的肯定，看它是否在该命题中按照一条普遍的规则出现在某些条件之下。如果我找到了这样一个条件，而结论命题的客体能够被归摄在被给予的条件之下，那么，该命题就是从**也对知识的其他对象有效的**规则中得出来的。由此可以看出：理性在推论中力图把大量杂多的知性知识归结为最少量的原则（普遍的条件），并以此来实现它们的至上统一。

C. 论理性的纯粹应用 B362

人们能把理性孤立起来吗？它在这种情况下还是仅仅从它产生出来、而且它与对象发生关系所凭借的那些概念和判断的特有来源吗？或者，它只不过是一种向被给予的知识提供某种形式的从属能力，这种形式叫做逻辑的，惟有通过它，知性知识才相互从属，并且较低的规则从属于另一些较高的规则（后者的条件在其范围内包含着前者的条件），只要通过对它们进行比较就能做到这一点吗？这就是我们现在只是临时性地讨论的那个问题。事实上，规则的杂多性和原则的统一性是理性的一个要求，为的是使知性与自身建立起无一例外的关联，如同知性把直观的杂多置于概念之下，并由此把直观联结起来一样。但是，这样一条原理并没有给客体规定任何规律，并且没有包含把客体作为一般客体来认识和规定的可能性的根据；而只不过是料理我们知性的储备的一个主观的规律，即通过比较知性的概念而把它们的普遍应用归结为它们尽可能小的数目，

〔242〕人们也并不因此就有权利要求对象本身有这样一种助长我们知
B363 性的方便和扩张的一致性，同时赋予那条准则以客观有效性。一言以蔽之，问题就是：理性自身，也就是纯粹理性，是否先天地包含着综合的原理和规则，以及这些原则可能存在于什么地方？

理性在理性推理中的形式的和逻辑的程序已经给我们提供了充分的指导，即在凭借纯粹理性的综合知识中，理性的先验原则将基于什么样的根据。

首先，理性推理并不关涉直观，以便将直观置于规则之下（像知性以其范畴所作的那样），而是关涉判断和概念。因此，即使纯粹理性关涉对象，它也毕竟与对象及其直观没有直接的关系，而是仅仅与知性及其判断有直接关系，后者首先面对感官及其直观，以便规定它们的这种对象。因此，理性的统一不是一种可能经验的统一，而是与后者有本质的不同，后者是知性的统一。一切发生的事情都有一个原因，这根本不是一个凭借理性认识和规定的原理。这一原理使得经验的统一成为可
B364 能，没有从理性那里借用任何东西，理性没有与可能经验的这种关系，仅仅从概念出发就不可能提供任何这样的综合统一。

其次，理性在其逻辑应用中寻找的是其判断（结论命题）的普遍条件，而理性推理本身无非是一个凭借将其条件归摄在普遍的规则（大前提）之下而作出的判断。现在，既然这条规则又要接受理性的同一个试验，而由此就必须（凭借一个上溯推理）寻找条件的条件，所以人们可以看到，理性的特有原理一般而言（在逻辑应用中）就是：为知性有条件的知识找到知性的统一得以完成所凭借的无条件者。

〔243〕但是，这条逻辑准则要成为**纯粹理性**的一个原则，却不能以别的方式，而只能通过人们假定：如果有条件者被给予，则相互从属的种种条件的整个序列也被给予（也就是说，包含在

对象及其联结中），这个序列因此而本身是无条件的。

然而，纯粹理性的这样一条原理显然是**综合的**；因为有条件者以分析的方式虽然与某一条件相关，但却不与无条件者相关。从这一原理中，必然还产生出不同的综合命题，纯粹知性对这些命题一无所知，因为它只与一种可能经验的对象打交 B365
道，后者的知识和综合在任何时候都是有条件的。但是，无条件者如果确实存在，就可以按照使它有别于有条件者的一切规定而予以特别的考虑，并由此而给诸多的先天综合命题提供材料。

但是，从纯粹理性的这一至上原则产生的各原理，就所有的显象来说都将是**超验的**，也就是说，对这一原则将永远不可能有与它适合的经验性应用。因此，它与知性的一切原理都完全不同（知性原理的应用都是**内在的**，因为它们仅仅以经验的可能性为自己的主题）。现在，条件的序列（在显象的综合中，或者也在一般事物的思维的综合中）将一直延伸至无条件者，这条原理是否有它客观的正确性？由此将对知性的经验性应用产生什么样的结论？或者，是否毋宁说在任何地方都不存在诸如此类客观有效的理性命题，而是只有一种逻辑的规范，即在向越来越高的条件的上升中逼近它们的完备性，由此将理性对我们来说可能的最高统一带入我们的知识？或者我要说，是否理性的这一需求由于一种误解而曾被视为纯粹理性的一个先验 B366
原理，该原理过于草率地要求对象本身中的种种条件的序列具有这样一种无限制的完备性？但即便是在这种情况下，又有什么样的误解和蒙蔽会潜入到这些从理性取得大前提（它与其说是公设，不如说是要求）、并从经验上升到经验条件的理性推理中呢？这将是我们在先验辩证论中的工作，我们现在要把将这种辩证论从其深深地隐藏于人类理性之中的根源阐发出来。〔244〕
我们将把它分为两个部分，第一部分应当探讨纯粹理性的**超验**

概念，第二部分探讨纯粹理性的超验的且**辩证的理性推理**。

第一卷
论纯粹理性的概念

无论出自纯粹理性的概念的可能性是什么样的一种情况，这些概念都毕竟不是反思得来的、而是推论得来的概念。知性
B367 概念也先天地、在经验之先且为了经验而被思维；但是，就种种显象应当必然地属于一个可能的经验性意识而言，知性概念所包含的无非是对种种显象的反思的统一性。惟有通过知性概念，一个对象的知识和规定才是可能的。因此，知性概念最先提供推论的材料，而且没有对象的任何先天概念先行于它们，使它们能够从中推论出来。与此相反，它们的客观实在性毕竟仅仅基于：由于它们构成了一切经验的理智形式，它们的应用在任何时候都必然能够在经验中得到展示。

但是，理性概念的称谓已经暂时展示出：它不愿意被限制在经验内部，因为它所涉及的知识，任何经验性的知识都只不过是其一个部分罢了（也许可能经验或者其经验性综合的整体亦复如是），虽然迄今从来没有现实的经验完全达到它，但却毕竟在任何时候都属于它。理性概念被用做**把握**，而知性概念则被用做**理解**（对感知的理解）。如果理性概念包含着无条件者，它们就涉及某种一切经验都从属、本身却从不是一个经验的对象的某物，理性在其推论中从经验出发引导到它，而且理
〔245〕 性根据它来衡量和测度自己的经验性应用的程度，但它永远不
B368 构成经验性综合的一个环节。如果诸如此类的概念尽管如此仍具有客观的有效性，那么，它们就可以叫做 conceptus ratio-

cinati（正确地推论出的概念）；否则的话，它们至少就是通过推论的幻相骗取来的，可以被称为 conceptus ratiocinantes（进行推论的概念）。但是，由于这一点只有在论纯粹理性的辩证推理那一部分中才能予以澄清，所以我们此处还不能考虑它，而是将暂时地像我们把知性概念称为范畴那样，赋予纯粹理性的概念一个新的名称，把它们称为先验的理念，但现在就要阐明这种称谓并证明其理由。

第一章　论一般的理念

尽管我们的语言极为丰富，毕竟还经常有思想家为找不到精确地适合其概念的术语而感到窘困，并且由于缺乏这一术语，他既不能为他人所正确理解，甚至也不能为自己所正确理解。锻造新词，乃是对语言中的立法的一种鲜有成功的苛求， B369
而在人们着手采用这种无可奈何的手段之前，最好还是在一种不再使用而又博学的语言中查看一番，看那里是否有这个概念及其合适的术语；即便该术语的旧用法由于其始创者的不审慎而变得有点摇摆不定，把该术语所特有的含义固定下来（尽管人们当时所想到的是否完全是同一种含义，这依然是有疑问的），也毕竟胜于因使人不理解而败坏自己的工作。

因此之故，如果对某一个概念来说，只有惟一的一个词在已经采用的含义上与该概念完全适合，而该概念与其他概念的区分又极为重要，那么，最好还是不要滥用该词，或者把它当做别的词的同义词来交替使用，而是要审慎地保持它特有的含义；因为若不然，就很容易发生这样的事情，即在该术语没有 〔246〕
特别地唤起注意，而是淹没在一大堆含义相去甚远的其他术语里面之后，惟有该术语才能够保持的思想也就丧失了。

柏拉图使用**理念**这一术语，使人清楚地看出，他把它理解 B370

为某种不仅绝非借自感官、而且远远超越**亚里士多德**所探讨的知性概念的东西，因为在经验中永远找不到某种与它相应的东西。在他那里，理念是事物本身的原型，不仅仅像范畴那样是可能经验的钥匙。在他看来，理念源自最高的理性，由此出发而为人类理性所分有，但人类理性如今不再处于其源始状态中，而是必须费力地通过回忆（这回忆叫做哲学）去唤回旧有的、如今已非常模糊的理念。我在这里不想卷入文字的研究，以便澄清这位杰出的哲学家联结在其术语之上的意义。我只是提请注意，无论是在日常谈话中还是在著作中，通过比较一位作者关于自己的对象所表达的思想，甚至比他理解自己还更好地理解他，这根本不是什么非同寻常的事情，因为他并没有充分地规定自己的概念，从而有时所言所思有悖于他自己的意图。

柏拉图非常清楚地说明，我们的知识能力所感到的需求，远远高于为了把显象读做经验而仅仅把显象按照综合的统一拼
B371 写出来，我们的理性自然而然地跃升为远远超过经验所提供的某个对象每次都能够与其一致的知识，但尽管如此这些知识仍有其实在性，绝不是纯然的幻想。

柏拉图首先是在一切实践的东西中①，也就是说，在一切依据自由的东西中发现他的理念的，而自由又隶属于知识，知
〔247〕识是理性的一个特有产物。谁想从经验得出德性的概念，谁想

① 他固然也把自己的概念扩张到思辨的知识上，只要这些知识是纯粹地并且完全先天地被给予的；他甚至把自己的概念扩张到数学之上，尽管数学不是在别的地方、而是仅仅在**可能的**经验中拥有自己的对象。在这里，如同在对这些理念的神秘演绎和他仿佛使这些理念实体化所使用的夸张中一样，我不能追随他，尽管他在这一领域中所使用的高级语言完全能够得到一种更为委婉的、符合事物本性的解释。

使充其量只能充当不完善的说明之实例的东西成为知识源泉的一个典范（如同实际上许多人做过的那样），他就会使德性成为一种依时间和环境变迁的、不能用为任何规则的、模棱两可的怪物。与此相反，每一个人都注意到，当某人对他来说被表 B372
现为德性的典范时，他毕竟始终惟有在他自己的头脑中才有他将这一所谓的典范与之进行比较并据以衡量这一典范的真正原本。但是，这原本就是德性的理念，就这一理念而言，经验的一切可能对象都仅仅充当实例（在一定程度上理性的概念所要求的东西具有可行性的证明），而不充当原型。至于永远没有一个人的行动符合德性的纯粹理念所包含的东西，也根本不证明这一思想中有什么空想的东西。因为所有关于道德上有价值或者无价值的判断，仍然惟有凭借这一理念才是可能的；因此，它必然是向道德完善的任何接近的基础，尽管人类本性中就其程度而言无法确定的种种障碍可能使我们远离这种完善。

柏拉图式的国家，作为只能在闲散思想家的大脑中才有其位置的梦寐以求的完善性之误以为引人注目的实例，已经成为成语，而**布鲁克尔**认为可笑的是，这位哲学家居然断言，一位君主如果不分有理念，就绝不能统治有方。然而，更多地顺从这一思想，并（在这位杰出的人物未给我们提供帮助的地方）通过新的努力来阐发它，要胜于用不可行这种贫乏且有害的借口把它当做无用的而置之一旁。一部按照使得**每一个人的自由** B373
能够与其他人的自由共存的法律而具有**最大的人类自由**（不是具有最大的幸福，因为最大的幸福将已经自行接踵而至）的宪法，毕竟至少是一个必要的理念，人们不仅在一部国家宪法的最初制订中，而且就所有的法律而言都必须以这一理念为基 〔248〕
础，而此时人们必须一开始就抽掉当下的障碍，这些障碍也许不仅仅是不可避免地产生自人类的本性，而且毋宁说是产生自立法时对真正的理念的忽视。因为再也没有比鄙俗地诉诸据说相悖的经验更有害、与一位哲学家更不相称的东西了；如果在适当的时候已经按照理念作出了那些部署，而且不是由粗鄙的概念取代理念，恰恰由于它们是从经验中得来的而使一切好的意图破灭，上述经验毕竟是根本不会存在的。立法和治理越是与这一理念一致地建立起来，刑罚当然就会越是稀少，而此时（像柏拉图所断言的那样），如果立法和治理有一完善的安排就会根本不需要诸如此类的刑罚，这是完全合情合理的。即使后
B374 者永远不可能实现，但理念毕竟是完全正确的，这就将这种**最大值**提升为原型，以便根据它使人们的法律状况越来越接近最大可能的完善。因为人类必须在那里停下来的最高程度是什么，因而理念与其实施之间必然留存的鸿沟有多大，这是没有人能够和应当规定的，之所以如此，恰恰因为它是能够超越任何给定界限的自由。

但是，不仅在人类理性展示其真正的因果性的地方，在理念成为（行动及其对象的）作用因的地方，也就是说，在道德事务中，而且就自然本身而言，柏拉图都正确地看到了它们从理念起源的清晰证明。一株植物、一个动物和世界大厦合规则的秩序（大概因此也可以说整个自然秩序），都清晰地表明，它们只有按照理念才是可能的；虽然没有任何一个造物在其存在的个别条件下与它的种类的最完善者的理念相一致（就像人不能与他甚至自己在其灵魂中作为其行动的原型所持有的人性理念相一致一样），但那些理念却仍然在最高的意义上是个别
B375 的、不可变的、完全地被规定的，是事物的源始原因，只有事
〔249〕 物在宇宙中相结合的整体才完全符合那个理念。如果人们把术语的夸张之处分离开来，那么，从对宇宙秩序自然因素的复写式观察上升到其按照目的亦即按照理念进行的建筑术上的联结，哲学家的精神升华是一种值得敬重和仿效的努力；但就道德、立法和宗教的原则来说，由于理念在其中虽然永远不能得

到完全的表达，但却惟有理念才使（善的）经验本身成为可能，上述精神升华就是一种完全特有的功绩；人们之所以不承认这种功绩，乃是因为人们恰恰是按照经验性规则来判定它的，而经验性规则作为原则的有效性恰恰是应当被理念取消的。因为就自然而言，经验为我们提供规则，是真理的源泉；但就道德法则而言，经验（令人遗憾地！）乃是幻相之母，从**已做**之事引申出关于我**应做**之事的法则，或者想由此对它们作出限制，是极应予以摈弃的。

事实上，恰如其分地进行所有这些考察，构成了哲学的特有尊严，但我们现在却要从事一项不那么辉煌的、但毕竟也不是没有价值的工作，即为那座宏伟的道德大厦平整和加固地基，在这一地基中，可以发现一种徒劳地、但却信心十足地挖掘宝藏的理性的各种各样的暗道，它们使得那座建筑变得不安全了。因此，纯粹理性的先验应用、它的各原则和理念，就是我们现在必须清楚认识的东西，为的是能够恰如其分地规定和估量纯粹理性的影响和它的价值。然而，在我搁置这篇暂时性的导论之前，我要请求把哲学挂在心上（这比人们通常遇到的更甚）的人们，如果他们认为自己已经被这一点以及下文所说服，就要按照**理念**这一术语的源始含义来守护它，以免它陷入通常乱七八糟地表示各种各样的表象方式的其他术语之中，并且损害科学。我们毕竟并不缺乏恰如其分地适合于每一种表象方式的称谓，没有必要侵入另一门科学的领地。这些称谓的梯级序列如下：种是一般而言的**表象**（repraesentatio）。在它之下是有意识的表象（perceptio［感知］）。仅仅与主体相关作为主体状态之变态的**感知**是**感觉**（sensatio），一种客观的感知就是**知识**（cognitio）。知识要么是**直观**，要么是**概念**（intuitus vel conceptus）。前者直接地与对象相关，是个别的，后者间接地凭借多个事物能够共有的一个特征与对象相关。概念要么是

B376 〔250〕 B377

一个**经验性**概念，要么是一个**纯粹**概念，纯粹概念如果仅仅起源于知性（并不起源于感性的纯粹映象），就叫做 notio［思想］。出自思想而超越经验的可能性的概念就是**理念**或者**理性概念**。熟悉了这种区分的人，听到把红颜色称为理念，必然觉得无法忍受。就连把红颜色称为思想（知性概念），也是不可以的。

第二章　论先验理念

先验分析论给我们提供了一个实例，即我们知识的纯然逻辑形式如何能够包含着先天纯粹概念的起源，这些概念先于一
B378 切经验而表现对象，或者毋宁说展示使对象的一种经验性知识成为可能的那种惟一的综合的统一。判断的形式（转化为直观之综合的概念）产生指导知性在经验中的一切应用的各范畴。同样，我们可以期望，如果人们把理性推理的形式按照范畴应用于直观的综合统一，这种形式就也将包含着一些特殊的先天概念的起源，这些概念我们可以称为纯粹的理性概念或者**先验理念**，它们将按照原则规定知性在全部经验的整体中的应用。

理性在其推理中的功能在于知识依据概念而有的普遍性，而理性推理本身是一个先天地在其条件的全部范围内被规定的
〔251〕 判断。我也可以仅仅凭借知性从经验中得出“卡尤斯是会死的”这一命题。但是，我所寻求的是一个包含着该判断的谓词（一般而言的肯定）被给予所服从的条件的概念（也就是说，在这里就是人的概念），而在我将它归摄在这一条件的全部范围（一切人都是会死的）下面之后，我就据此规定了我的对象的知识（卡尤斯是会死的）。

据此，我们事先在大前提中就其全部范围而言在某个条件下思维一个谓词，然后在一个理性推理的结论中把该谓词限制

在某个对象上。该范围完成了的量与这样一个条件相关，就叫做**普遍性**（Universalitas）。在直观的综合中与普遍性相应的是条件的**全体性**（Universitas）或者**总体性**。因此，先验的理性概念不是别的，是关于一个被给予的有条件者的**种种条件之总体性**的概念。现在，既然惟有**无条件者**才使得种种条件的总体性成为可能，而反过来种种条件的总体性在任何时候本身都是无条件的，所以一个纯粹的理性概念一般而言可以通过无条件者的概念来说明，只要后者包含着有条件者的综合的一个根据。 B379

现在，知性凭借范畴表现出来的关系有多少种类，也就会有多少个纯粹的理性概念。所以应当寻求的是：**第一**，一个主体中**定言**综合的无条件者；**第二**，一个**序列**的各个环节的**假言**综合的无条件者；**第三**，一个**体系**中的各个部分的**选言**综合的无条件者。

也就是说，正好有这么多种类的理性推理，其中的每一个都通过上溯推理推进到无条件者：一种推进到本身不再是谓词的主体，另一种推进到不再以别的东西为前提条件的前提条件，第三种推进到划分的各环节的一个集合体，对这些环节来 B380
说，为完成一个概念的划分不再需要任何别的东西了。因此，关于种种条件之综合中的总体性的纯粹理性概念，至少作为要将知性的统一尽可能地延续到无条件者的任务是必要的，而且是根据人类理性的本性的；即使除此之外这些理性概念缺乏一种与它们适合的具体应用，从而除了将知性纳入使其应用 〔252〕
在极度扩展中同时与自身完全一致的方向之外，别无其他用途。

但是，当我们在这里把种种条件的总体性和无条件者作为一切理性概念的共同称号来谈论时，我们又遇到了一个术语，我们不能缺少这一术语，但尽管如此却不能按照一种由于长期的误用而附着于它的含混性来可靠地应用它。**绝对**这个词就是在其源始的含义上适用于一个概念、明显地在同一语言中没有一个别的词精确符合该概念的少数词之一，因此，它的丧失，
B381 或者换句话说也一样，它的不稳定的使用，也必然导致概念本身的丧失，而且是这样一个概念的丧失，该概念由于使理性极为关注，缺少该概念不可能不严重损害一切先验哲学。**绝对**这个词经常只是被用来表示，某物就自身而言，从而**内在地**对一个事物有效。在这种意义上，**绝对可能的**意味着就自身（内部的东西）而言可能的东西，这实际上是我们关于一个对象所能够说的最起码的东西。与此相反，它有时也被用来表示，某物在一切关系上（不受限制地）都有效（例如，绝对的统治），而**绝对可能的**在这种意义上就会意味着就所有的方面而言**在一切关系上都可能**的东西，这又是我关于一个事物的可能性所能够说的**最多的东西**。现在，这两种含义虽然有时会遇到一起，例如内在地不可能的东西也在一切关系上不可能，从而绝对不可能。但在大多数场合，这两种含义相去极远，我不能以任何方式推论说：某物由于就自身而言是可能的，就也在一切关系上是可能的，从而是绝对可能的。的确，关于绝对的必然性，我将在下面指出，它绝不是在一切场合都依赖于内在的必然性，因而不必把它视为与后者是同等含义的。其对立面内在地
B382 不可能的、当然也就所有的方面而言不可能的东西，其本身因
〔253〕 而就是绝对必然的；但是，我不能反过来推论说：绝对必然的东西，其对立面就是**内在地**不可能的，也就是说，事物**绝对的**必然性就是一种**内在的**必然性；因为这种内在的必然性在某些场合是一种极为空洞的表述，我们不能把最起码的概念与它联结起来，与此相反，关于一事物在一切关系（与一切可能的东西的关系）上的必然性的概念就带有一些十分特殊的规定。现在，既然一个在思辨的世俗智慧中具有重大效用的概念的丧失

对于哲学家来说绝不可能是无所谓的，所以我希望，对这一概念所依赖的术语加以规定和精心的维护，对于哲学家来说也将不是无所谓的。

在这种情况下，我将在这种扩展了的含义上使用**绝对**这个词，并且把它与纯然相对地、或者就特殊的考虑而言有效的东西对立起来；因为后者是被限制在一些条件上的，而前者却是无限制地有效的。

现在，先验的理性概念在任何时候都仅仅关涉种种条件之综合中的绝对的总体性，并且永不终止，除非在绝对无条件者、亦即在一切关系上都无条件的东西那里。因为纯粹理性把一切都委托给了知性，知性首先与直观的对象，或者毋宁说与 B383
它们在想象力中的综合发生关系。理性只给自己保留了知性概念之应用中的绝对总体性，并试图把在范畴中所思维的综合统一延展至绝对无条件者。因此，人们可以把这种统一性称为**理性的统一性**，就像把范畴所表达的那种统一性称为**知性的统一性**一样。据此，理性就只与知性的应用相关了，并且不是就知性包含着可能经验的根据而言（原因在于，种种条件的绝对总体性不是一个可以在经验中使用的概念，因为没有任何经验是无条件的），而是为了给知性规定朝向某种统一性的方向，知性对这种统一性毫无概念，而这种统一性则旨在把就每一个对象而言的一切知性行动总括成为一个**绝对的整体**。因此，纯粹理性概念的客观应用在任何时候都是**超验的**，而纯粹知性概念的客观应用则就其本性而言在任何时候都必须是**内在的**，因为它仅仅局限于可能的经验。

我把理念理解为一个必然的理性概念，在感官中不能给予 〔254〕
它任何相应的对象。因此，我们现在所考虑的理性概念是**先验** B384
的理念。它们都是纯粹理性的概念，因为它们把一切经验知识都看做是由种种条件的绝对总体性所规定的。它们不是任意虚构出来的，而是通过理性本身的本性给出的，因而是以必然的方式与整个知性的应用相关的。最后，它们是超验的，并且超越了一切经验的界限，因而在该界限内永远不可能出现一个与先验理念相符合的对象。如果人们举出一个理念，那么，就客体（即作为纯粹知性的一个对象）而言则说得**很多**，但就主体而言（也就是说，就其在经验性条件之下的现实性而言）则说得**很少**，这恰恰是因为它作为一个极大值的概念，永远不能具体地相应给出。现在，由于后者在理性的纯然思辨的应用中本来就是全部目的，而向一个在实施中毕竟永远无法达到的概念的逼近，与该概念被完全错过是一样的，所以，对于一个诸如此类的概念，就可以说：它**只是**一个理念。这样，人们就可以说：一切显象的绝对整体**只是一个理念**，因为既然我们永远不能勾勒出诸如此类的东西的形象，所以它依然是一个没有任何答案的**问题**。与此相反，由于在知性的实践应用中仅仅涉及依
B385 照规则的实施，所以实践理性的理念在任何时候都可以现实地——尽管只是部分地——被具体给予，它甚至是理性的任何实践应用不可或缺的条件。理性的实施在任何时候都是受限制的、有缺陷的，但却是处于不可规定的界限之下，因而在任何时候都处于一种绝对完备性的概念的映像之下。据此，实践理念在任何时候都是极富成果的，而且就现实行动而言是不可避免地必要的。在它里面，纯粹理性甚至拥有将它的概念所包含的东西现实地产生出来的因果性；因此，对于这种智慧，我们不能仿佛是蔑视地说：**它只是一个理念**；而正因为它是具有一切可能目的的必然统一性的理念，所以它必须作为源始的、至少是限制性的条件对一切实践的东西充当规则。

〔255〕 现在，即使我们对于先验的理性概念不得不说：**它们只不过是些理念罢了**，我们也毕竟绝不能把它们视为多余的和毫无意义的。因为尽管由此不能规定任何客体，但它们毕竟在根本

上并且不为人觉察地能够对于知性来说充当其扩展的和一致的应用的法规，由此知性虽然没有比它按照概念可能认识的更多地认识一个对象，但毕竟在这种认识中得到了更好的和更进一步的指导。更不用说，它们也许能够使从自然概念到实践概念的一种过渡成为可能，并使道德理念本身以这样的方式获得支 B386
持和与理性的思辨知识的联系。关于这一切，人们必须等待下文作出说明。

但是，按照我们的目的，我们在这里把实践的理念搁置一旁，因而只是在思辨的应用中考察理性，而且在这种应用中也更窄一些，也就是说，仅仅在先验的应用中考察理性。这里，我们必须选择我们上面在范畴的演绎那里所采取的同一条道路，也就是说，考虑理性知识的逻辑形式，看一看理性是否由此也成为概念的一个源泉，即把客体自身视为就理性的这个或者那个功能而言被先天综合地规定的。

理性作为知识的某种逻辑形式的能力来看，就是推论的能力，也就是间接地（通过把一个可能判断的条件归摄在一个被给予的判断的条件之下）作出判断的能力。被给予的判断就是普遍的规则（大前提，即 Major）。另外一个可能判断的条件被归摄在规则的条件之下，就是小前提（Minor）。**在被归摄的事例中**陈述对该规则的肯定的现实判断就是结论（Conclu- B387
sio）。也就是说，规则普遍地在某种条件下说出某种东西。于是，在一个出现的事例中就存在着规则的条件。因此，在那个条件下普遍有效的东西，就也在出现的事例（该事例自身具有这一条件）中被视为有效的。很容易看出，理性通过构成一个条件序列的那些知性行动而达到一种知识。如果我达到“一切物体都是可变的”这个命题，只是通过我从“一切复合物都是 〔256〕
可变的”这一较远的知识（其中包含着其条件的物体概念尚未出现）开始，由此进展到隶属于前者条件之下的较近的知识，即

"物体都是复合的"，并由此才进展到第三个如今把远距离的知识（可变的）与当前的知识联结起来的知识，即"所以物体都是可变的"，那么，我是通过一个条件（前提）序列达到一个知识（结论）的。如今，每一个其实例（定言判断或者假言判断的实例）已经被给予的序列都可以继续下去；因此，正是同一个理性行动导致了 ratiocinatio polysyllogistica [复合推理]，这是一个推理的序列，它可以要么向条件方面（per prosyllo-
B388 gismos [通过上溯推理]），要么向有条件者方面（per episyllogismos [通过延伸推理]）继续到不被限定的远方。

但是，人们马上就察觉到，上溯推理亦即在一个被给予的知识的根据或者条件方面推论出来的知识，其链条或者序列，换句话说，理性推理的**上升序列**，与理性能力的关系必然不同于**下降序列**，亦即理性在有条件者方面通过延伸推理的进程。因为既然在前一场合知识（结论）只是作为有条件的而被给予的，所以人们要凭借理性达到这种知识，只能是至少在这样一个前提条件下，即该序列在条件方面的所有环节都已经被给予（前提序列中的总体性），因为只有在这一前提条件下，当前的判断才是先天地可能的；与此相反，在有条件者或者结论方面，所设想的只是一个**形成着的**序列，而不是一个已经**完全**预先设定的或者**被给予的**序列，因而只是一个潜在的进程。所以，如果一个知识被视为有条件的，那么，理性就不得不把上升方向上的条件序列视为完成了的或者按照其总体性已经被给
B389 予的。但是，如果同一个知识同时被视为其他相互之间构成下降方向上的一个结论序列的那些知识的条件，那么，理性就可以完全不在乎这一进程 a parte posteriori [向后] 延伸多远，以及这一序列的总体性是否在任何地方都是可能的；因为它为了自己面临的结论并不需要一种诸如此类的序列，这个结论已
〔257〕 经通过它的根据 a parte priori [向前] 得到了充分的规定和保

证。无论在条件方面前提的序列有没有一个**第一项**来作为至上的条件，因而 a parte priori［向前］是没有界限的，它毕竟必须包含着种种条件的总体，哪怕我们永远也不能做到把握这一总体；而且，如果被视为是由整个序列产生出来的结论的有条件者应当被看做是真的，则整个序列就必须是无条件地真的。这是理性的一个要求，理性宣称它的知识是先天地确定的和必然的：这要么是就其自身而言，在这种情况下就不需要任何根据；要么就是被派生出来的，作为一个根据序列的环节，这序列本身无条件地是真的。

第三章　先验理念的体系 B390

我们在这里不研究逻辑的辩证法，它抽掉了知识的一切内容，仅仅揭示理性推理的形式中的虚假幻相，而是研究一种先验的辩证法，它应当完全先天地包含着某些出自纯粹理性的知识和推论出来的概念的起源，这些知识和概念的对象根本不能经验性地被给予，因而完全处在纯粹知性的能力之外。从我们的知识在种种推理和判断中的先验应用与逻辑应用必然具有的自然关系中，我们得出：只有三种辩证的推理，它们与理性能够从原理达到知识所凭借的三种推理方式有关，而且在这所有的辩证推理中，理性的任务都是从知性在任何时候都受其制约的有条件综合上升到知性永远不能达到的无条件综合。

如今，我们的种种表象所能够具有的一切关系的普遍东西是：1. 与主体的关系；2. 与客体的关系，而且这客体要么是显象，要么是一般的思维对象。如果人们把进一步的划分与上 B391
面的划分结合起来，则我们对之能够形成一个概念或者理念的 〔258〕
种种表象的关系共有三种：1. 与主体的关系；2. 与显象中客体的杂多的关系；3. 与一切一般事物的关系。

于是，一切一般纯粹概念都与种种表象的综合统一有关，而纯粹理性的概念（先验理念）则与一切一般条件的无条件综合统一有关。因此，一切先验理念就可以列入**三类**，其中**第一**类包含着**思维主体**的绝对统一，**第二**类包含着**显象的条件序列**的绝对**统一**，**第三**类包含着**一切一般思维对象的条件**的绝对**统一**。

思维主体是心理学的对象，一切显象的总和（世界）是**宇宙论**的对象，而包含着一切能被思维者的可能性的至上条件的那个物（一切存在者的存在者）则是**神学**的对象。因此，纯粹理性为一种先验的灵魂说（psychologia rationalis［理性心理学］）、为一种先验的宇宙学（cosmologia rationalis［理性宇宙论］）、
B392 最后也为一种先验的上帝知识（theologia transcen-dentalis［先验神学］）提供理念。甚至这些学问的任何一门的纯然设计也根本不是由知性出发形成的，即便知性与理性的最高逻辑应用亦即一切想得到的推理相结合，以便从知性的一个对象（显象）前进到所有其他对象，直至经验性综合最遥远的环节也不行，相反，它仅仅是纯粹理性的一个纯粹的和真正的产物或者问题。

纯粹理性概念的什么样的模态处于一切先验理念的这三个项目之下，将在下一部分给予完备的阐述。它们是按照范畴的导线前进的。因为纯粹理性径直地相关的，绝不是对象，而是对象的知性概念。同样，也只有在完全的论述中才能弄清楚，理性如何只有通过它为了定言理性推理所使用的同一种功能的
〔259〕 综合应用才必然地达到**思维主体**的绝对统一的概念，假言理性推理中的逻辑程序如何必然导致种种被给予的条件的**一个序列**中的绝对无条件者的理念，最后，选言理性推理的纯然形式如
B393 何必然导致关于一个一切**存在者的存在者的**最高理性概念——一个乍一看显得极为荒谬的思想。

关于这些先验理念，本来没有任何客观的演绎像我们关于范畴所提供的那样是可能的。因为事实上，它们没有任何同某个能够与它们相符合地被给予的客体的关系，之所以如此，正因为它们仅仅是理念。但是，我们可以设法主观地把它们从我们理性的本性推导出来；这种推导在目前这一篇中也已经做过了。

人们很容易看出，纯粹理性引以为目的的，无非就是**条件方面**（无论是依存性的条件、隶属性的条件，还是并存性的条件）的综合的绝对总体性，它与**有条件者方面**的绝对完备性则毫不相干。因为要预先设定条件的整个序列并由此将它先天地交给知性，理性只需要前者。但是，一旦有了一个完备地（而且无条件地）被给予的条件，在序列的继续方面就不再需要一个理性概念了；因为知性自己就在执行从条件下降到有条件者 B394
的每一个步骤。以这样的方式，先验理念仅仅有助于在条件序列中直至无条件者，亦即直至原则的**上升**。但是，就向有条件者的**下降**而言，虽然也有一种我们的理性对知性规律的广泛逻辑应用，但却没有先验的应用；而且如果我们关于（进展的）这样一种综合的绝对总体性——例如关于世界一切**未来的**变化的整个序列——形成一个理念，这就是一个思想物（ens rationis［理性的存在者］），它只是任意地设想出来的，而不是由理性必然地预先设定的。因为对于有条件者的可能性来说，虽然其条件的总体性被预先设定，但其后果的总体性却不被预先设定。因此，这样一个概念不是先验理念，而我们在这里毕竟仅仅讨论先验理念。

最后，人们还将察觉：在先验理念本身中间显现出某种关 〔260〕
联和统一性，纯粹理性凭借它们使自己的知识形成一个体系。从其自身（灵魂）的知识推进到世界的知识，并凭借世界的知识推进到元始存在者，这是一个如此自然的进展，以至于它与

理性从前提到结论的逻辑进程也显得类似。① 至于这里是否确
B395 实有一种如同逻辑程序和先验程序之间的那种渊源关系暗中作为基础，也是人们必须在这一研究的过程中才能期待作出回答的问题之一。我们已经暂时达到了我们自己的目的，因为我们
B396 已经能够把其他情况下通常在哲学家们的理论中与其他概念混在一起、这些哲学家们未尝将之与知性概念恰如其分地区别开来的理性的先验概念从这种含混的状态中拔脱出来，说明其起源，从而同时说明其根本不能再增添的确定数目，在一个系统的关联中将它们表现出来，由此就为纯粹理性划出和限定一个特殊的领域。

〔261〕

第二卷
论纯粹理性的辩证推理

尽管一个纯然先验的理念是完全必然地在理性中按照其源

① 形而上学仅仅以三个理念为其研究的真正目的：**上帝**、**自由**和**灵魂不死**，以至于第二个概念如果与第一个概念相结合，就应当导向作为一个必然结论的第三个概念。这门学问此外所研究的一切都纯然是充当它的手段，为的是达到这些理念和它们的实在性。它需要这些理念，并不是为了自然科学，而是为了超越自然。对这些理念的洞识会使**神学**、**道德**以及通过二者的结合使**宗教**、从而使我们存在的最高目的都仅仅依赖于思辨的理性能力，除此之外不依赖任何别的东西。在那些理念的系统表象中，上述秩序作为**综合的**秩序是最适当的秩序；但在必须必然地先行于它的探讨中，颠倒这一秩序的**分析的**秩序就更为符合目的，以便在我们从经验直接地给予我们的东西推进到**灵魂说**、推进到**宇宙学**、并由此一直推进到上帝的知识时，完成我们庞大的计划。

始的规律产生的，但人们仍然能够说，它的对象是某种人们没有任何概念的东西。因为事实上，即便是对于一个应当符合理性要求的对象，也不可能有一个知性概念，也就是说，有一个能够在可能经验中显示并直观化的概念。如果人们说：我们对于同一个理念相应的客体虽然能够有一个或然的概念，但却不 B397
能有任何知识，那就毕竟表达得更为得体，较少误解的危险。

如今，至少纯粹理性概念先验的（主观的）实在性，乃是基于我们通过一种必然的理性推理达到这样的理念。因此，有一些理性推理不包含经验性的前提，我们凭借它们从我们认识的某种东西推论到我们毕竟没有任何概念的某种别的东西，而且我们还由于一种不可避免的幻相而赋予这种东西以客观的实在性。因此，诸如此类的推理就其结论而言，与其把它们称为理性推理，倒不如把它们称为**玄想的**推理；尽管它们由于其起因能够当得起理性推理的名称，因为它们毕竟不是虚构的或者偶然产生的，而是起源自理性的本性的。它们不是人们的诡辩，而是纯粹理性本身的诡辩，所有的人中甚至最智慧的人也摆脱不了这些诡辩，虽然也许能在诸多努力之后预防错误，但却永远不能完全摆脱不断地烦扰他和愚弄他的幻相。

因此，这些辩证的理性推理就只有三种，恰如其结论所导致的理念那么多。在**第一种**理性推理中，我从不包含任何杂多东西的主体的先验概念出发，推论到我以这种方式对它根本没 B398
有任何概念的这个主体本身的绝对统一。我将把这种辩证推理称为先验的**谬误推理**。**第二种**玄想推理旨在于一般被给予的显 〔262〕
象的条件序列之绝对总体性的先验概念；而且我从我关于这个序列在一方面的无条件综合统一任何时候都有一个自相矛盾的概念出发，推论到我尽管如此也没有任何概念的相反的统一的正确性。我将把理性在这些辩证推理中的状态称为纯粹理性的**二论背反**。最后，我按照**第三种**玄想推理从思维能够被给予我的一般对象的条件的总体性出发，推论到一般事物的可能性之一切条件的绝对综合统一。也就是说，从我根据其纯然的先验概念并不认识的事物出发，推论到我通过一个先验概念更不认识的一切存在者的存在者，而对于它的无条件的必然性，我不能形成任何概念。我将把这种辩证的理性推理称为纯粹理性的**理想**。

B399 第一篇

论纯粹理性的谬误推理

逻辑的谬误推理在于一个理性推理在形式上的错误，除此之外在其内容上却可以随便是什么。但是，一个先验的谬误推理却有一种先验的根据来作出形式上错误的推论。以这样的方式，一种诸如此类的错误推论就在人类理性的本性中有其根据，并带有虽然并非不可消解、但却无法避免的幻觉。

现在，我们到达一个概念，上文并没有在先验概念的一览表中列出该概念，尽管如此却必须列入其中，毕竟并不因此就对那个表有丝毫改变，说明它是有缺陷的。这就是“**我思**”的〔263〕概念，或者宁可说是判断。但是，人们很容易看出，它是一切一般概念的载体，因而也是先验概念的载体，从而任何时候都在这些概念中间一起被把握，所以同样是先验的，但却不能有B400 任何特殊的称号，因为它仅仅用于指出一切思维都是属于意识的。然而，无论它如何纯粹而不含经验性的东西（感官的印象），它毕竟还是用于从我们的表象能力的本性出发把两种不同的对象区分开来。“**我**”作为思维者是内感官的一个对象，叫做灵魂。是外感官的一个对象的“我”则叫做肉体。据此，作为一个能思维的存在者的“我”这一术语就已经意味着心理学的对象；如果我对于灵魂并不要求知道得比独立于一切经验

（它们更确切地具体规定我）而从在一切思维中都出现的“我”这一概念能够推论出来的东西更进一步的话，这种心理学就可以叫做理性的灵魂说。

于是，**理性的**灵魂说确实是这样一种冒险；因为只要我的思维的一点经验性的东西、我的内部状态的任何一个特殊的知觉还混杂进这门科学的知识根据之中，这门科学就不再是理性的，而是**经验性的**灵魂说。因此，我们已经面临着一门所谓的科学，它建立于其上的惟一命题就是：**我思**；我们在这里可以完全适当地按照一种先验哲学的本性对这门科学的根据或者无根据加以研究。至于我毕竟对这一表达我自己本身的知觉的命题有一种内部经验，从而在此之上建立的理性的灵魂说永远不是纯粹的，而是部分地根据一个经验性的原则的，人们不要对 B401
此有所不满。因为这种内部知觉无非是纯然的统觉：**我思**；它甚至使一切先验概念成为可能，在这些先验概念中所说的是：我思维实体、原因等等。因为一般内部经验及其可能性、或者一般知觉及其与其他知觉的关系，如果不是经验性地给出了它们的某种特殊区别和规定，就不能被视为经验性的知识，而是必须被视为对一般经验性的东西的知识，并且属于对任何一个经验的可能性的研究，而这种研究却是先验的。参与自我意识的普遍表象的知觉，其最低限度的客体（例如仅仅是快 〔264〕
乐或者不快）都会使理性的心理学转化为一种经验性的心理学。

因此，**我思**是理性心理学的惟一解说词，它应当从中展开自己的全部智慧。人们很容易看出，这一思想如果应当与一个对象（我本身）发生关系，就只能包含着该对象的一些先验谓词；因为最低限度的经验性谓词都会败坏这门科学对于一切经验的理性纯粹性和独立性。

但是，我们在这里将只能跟随范畴的导线；只是由于这里 B402

首先给出了一个物，亦即作为思维存在物的我，所以我们虽然将不改变相互之间如在范畴表中所表现的上述秩序，但毕竟在这里要从实体范畴开始，由此表现一个物自身，并这样来回溯范畴的序列。据此，理性的灵魂说所可能包含的所有其他东西都必须从它的位置论推导出来，该位置论如下：

1.

灵魂是**实体**

2.

灵魂在其质上是单纯的

3.

灵魂就其所在的不同时间而言是数目上同一的，亦即**单一性**（非复多性）

4.

灵魂处于同空间中**可能的**对象的关系中①

〔265〕 从这些要素中，仅仅通过组合，而丝毫不用认识别的原
B403 则，就产生出纯粹的灵魂说的所有概念。这种实体纯然作为内感官的对象，提供了**非物质性**的概念，作为单纯的实体提供了**不死性**的概念，其作为理智实体的同一性提供了**人格性**的概念，所有这三项一起提供了**精神性**；与空间中的对象的关系提供了与物体的**交感**；因而它也就把思维的实体表现为物质中生

① 不那么容易从这些术语中就其先验抽象性而言猜测出它们的心理学意义以及灵魂的最后这个属性为什么属于**实存性**范畴的读者，将在下文发现它们得到了充分的解释和理由说明。此外，我还要为我不仅在本章中，而且在全书中违背纯正文风的鉴赏插入拉丁术语来取代同等意义的德文术语而请求原谅：我宁可在语言的优雅上有所损失，也不愿因丝毫的晦涩而给教学的用途增加困难。

命的原则，亦即把后者表现为灵魂（anima），而且表现为**动物性**的根据，动物性被精神性所限制，表现为**不死性**。

与此相关的有先验的灵魂说的四个谬误推理，先验的灵魂说被错误地视为纯粹理性的一门关于我们能思维的存在者之本性的科学。但我们能够作为这门科学基础的，却无非是单纯 B404
的、自身在内容上完全空洞的表象：**我**；关于这个表象，人们就连说它是一个概念也不能，它只不过是一个伴随着一切概念的意识。通过这个能思维的我或者他或者它（物）所表象出来的不是别的，无非是思想的一个先验主体＝X，它惟有通过是它的谓词的那些思想才被认识，而分离开来，我们就永远不能对它有丝毫概念；因此，我们在一个不断的循环中围绕着它打转，因为我们要想对它作出某种判断，在任何时候都必须已经使用了它的表象；这是一种与它不可分离的不便，因为意识自身并不是对一个特殊的客体作出区分的表象，而是应当被称为知识的一般表象的形式；因为只有对于知识，我才能说我由此思维着某物。

但是，一开始必然显得古怪的是，我一般而言在其下进行思维的、因而是我的主体的一种性状的条件，同时应当对一切能思维的对象都有效，而我们居然能够妄称在一个显得是经验性的命题之上建立起一个无可争辩的和普遍的判断，也就是 〔266〕
说，凡是进行思维的东西，就都具有自我意识的陈述就我而言所说的那种性状。但这里的原因在于：我们必然要先天地赋予 B405
事物以构成我们惟有在其下才思维事物的那些条件的一切属性。于是，对于一个能思维的存在物，我不是通过任何外部经验、而是只有通过自我意识才能有最起码的表象。因此，诸如此类的对象无非是我的这个意识向只有因此才被表象为能思维的存在物的其他事物的过渡。但是，“我思”这个命题在这里只是被当做或然的，不是就它包含着关于一个存在的知觉而言

（笛卡尔的 cogito，ergo sum［我思故我在］），而是根据它的纯然可能性，要看一看有哪些属性能够从这个如此简单的命题出发推论到它的主体（不论诸如此类的主体是否实存）。

假若作为我们关于一般能思维的存在物的纯粹理性知识之基础的不只是 cogito［我思］，假若我们还要求助于对我们思想活动的观察和由此得出的能思维的自我的自然规律，那么，就会产生一种经验性的心理学，它将是一种内感官的**自然学**，也许能够用来说明内感官的显象，但却永远不能用来揭示根本
B406 不属于可能经验的那些属性（例如单纯的东西的属性），也不能用来就一般能思维的存在者而言**无可争辩地**告知某种涉及其本性的东西；因此，它不会是**理性的**心理学。

既然**"我思"**这个命题（作为或然的来看）包含着任何一个一般知性判断的形式，并且作为其载体伴随着一切范畴，那么就很清楚，从它作出的推论就只能包含着知性的一种先验的应用，这种应用排除了经验的一切混杂，对于它的进展，按照我们上面所指出的，我们不可能预先形成任何极有利的概念。因此，我们想以一种批判的眼光通过纯粹的灵魂说的一切陈述
〔267〕词来追踪这一命题。但为了简短起见，要把对这些陈述词的考察放在一个连续的关联中进行。

首先，下面的总的说明可以增强我们对这种推理方式的重视。我不是仅仅通过我在思维而认识某个客体的，而是惟有通过我就一切思维都存在于其中的那种意识的统一性而言规定一个被给予的直观，我才能认识某个对象。因此，我甚至也不是通过我意识到我自己在思维来认识我自己的，而是当我意识到对我自己的直观是在思维功能方面被规定了的时，我认识到我
B407 自己。因此，思维自身中自我意识的一切样式还不是关于客体的知性概念（范畴），而只是一些根本不把任何对象、从而也不把我自己作为对象提供给思维来认识的逻辑功能。**客体**并不

是对**作出规定的**自我的意识，而仅仅是对**可被规定的**自我的意识，亦即对我的内直观（如果它的杂多能够按照思维中统觉的统一性的普遍条件被联结起来的话）的意识。

1. 在一切判断中，我始终是构成判断的那种关系的**作出规定的**主体。但是，能思维的我在思维中永远必须被视为**主体**，被视为某种并非像谓词那样只能被看做是依附于思维的东西，这却是一个无可争辩的，甚至是**同一的命题**；但它并不意味着我作为**客体**是一个对我自己来说**持存着的存在物**或者**实体**。后一种说法走得很远，因此还要求有在思维中根本找不到的材料，也许（如果我把思维者仅仅看做是思维者）要求比我（在思维者中）在任何地方将发现的都更多。

2. 统觉的我，从而在每次思维中的我，乃是一个不能被分解为主体之复数的**单数**，因而表示一个逻辑上单纯的主体，这已经蕴涵在思维的概念中，因而是一个分析命题；但是，这并不意味着能思维的我是一个单纯的**实体**，后者会是一个综合 B408
的命题。实体的概念总是与直观相关，直观在我这里只能是感性的，从而完全处在知性的领域及其思维之外，本来在这里毕竟只是在说我在思维中是单纯的时才谈到思维。如果某物在其 〔268〕
他情况下需要作出如此之多的准备，以便在直观所表现的东西中分辨出其中是实体的东西，甚至分辨出这一实体是否可能是单纯的（就像在物质的各部分中那样），在这里却会如此直截了当地在一切表象之最贫乏的表象中仿佛通过一种启示被给予我，这也会是稀奇古怪的。

3. 我所意识到的我自己在一切杂多中的同一性的命题，是一个同样蕴涵在概念之中的命题，从而是分析的命题；但是，主体的这种同一性，我在它的一切表象中都能够意识到，却并不涉及它作为客体被给予所凭借的对它的直观，因而也不可能意味着它自己的实体作为能思维的存在者在各种状态的一

切变易中之同一性的意识被理解所凭借的人格的同一性。为
B409 此，要证明这种同一性，单凭对“我思”这一命题的反思是办不到的，而是需要基于被给予的直观的各种综合判断。

4. 我把我自己作为一个能思维的存在者的实存与我（也包括我的肉体）之外的其他事物区别开来，这同样是一个分析命题；因为**其他**事物就是我作为与我**有别**的东西来思维的。但是，我由此却根本不知道，对我自己的这种意识没有我之外使得各种表象被给予我的事物是否可能，因而我是否能够仅仅作为能思维的存在者（不是作为人）实存。

因此，通过对一般思维中的我自己的意识的分析，就对作为客体的我自己的知识而言，没有丝毫收获。对一般思维的逻辑探讨被错误地视为客体的一种形而上学规定。

如果有可能先天地证明，一切能思维的存在者自身都是单纯的实体，因而作为这样的实体（这是从上述证明根据得出的一个结果）都不可分割地具有人格性，而且意识到自己与一切物质相分离的实存，那么，这就会是违背我们的全部批判的一个重大的、乃至惟一的绊脚石。因为以这样的方式，我们毕竟
B410 就已经跨出了超越感官世界的一步，我们就会步入**本体**的领域，于是就没有人会否认我们有权在这个领域拓展、定居，并且每一个人只要吉星高照，就可以占领这一领域。因为“每一
〔269〕 个能思维的存在者本身都是单纯的实体”这个命题乃是一个先天综合命题，这首先是由于它超越了为它奠定基础的概念，给一般思维附加上了**存在的方式**，其次是由于它给那个概念附加上了根本不能在任何经验中被给予的谓词（单纯性）。因此，先天综合判断就不仅像我所主张的那样，乃是与可能经验的对象相关，也就是说作为这种经验本身的可能性的原则才是可行的和可允许的；相反，它们还可以关涉一般的物和物自身，这样的结论将断送这整个批判，并且会要求照旧行事就可以了。

然而，如果人们更接近事实，危险在这里就没有那么大。

在理性心理学的程序中，起支配作用的是通过以下理性推理展现出的一种谬误推理：

> 只能被思维为主体的东西也只仅仅作为主体实存，因而也就是实体。
>
> 如今，一个能思维的存在者仅仅作为这样的存在者来看，只能被思维为主体。 B411
>
> 因此，它也仅仅作为这样的存在者，亦即作为实体而实存。

在大前提中谈到的存在者，一般而言能够在一切方面来思维，因而也可以像它可能在直观中被给予的那样来思维。但在小前提中谈到的存在者，则只是相对于思维和意识的统一性，却不同时在与它作为思维的客体被给予所凭借的直观的关系中把自己视为主体。因此，这一结论是 per sophisma figura dictionis [通过言说式的诡辩]，因而是通过一种错误的推论得出的。①

① 在两个前提中，是在完全不同的意义上对待思维的：在大前提中是如它关涉一般客体那样（因而是如客体可能在直观中被给予那样）；而在小前提中，则只是像它处于同自我意识的关系中那样，因而在这里根本没有任何客体被思维，而只是表现出与作为主体（作为思维的形式）的自己的关系。前者所谈的是只能被思维为主体的物；后者所谈的则不是**物**，而是**思维**（因为人们抽掉了一切客体），在思维中我总是被用做意识的主体；因此，在结论中并不能推论出：我只能作为主体实存，而是只能推论出：我在对我的实存的思维中只能把我用做判断的主体，而这是一个同一的命题，它对我的存在的方式绝对没有揭示任何东西。

〔270〕 如果人们回顾一下原理的系统介绍的总说明和关于本体的
B412 一章，那就会清楚地显示出，把这个著名的论证化解为一个谬误推理是完全正确的，因为那里已经证明，一个能够独自作为主体，但却不能够作为纯然的谓词实存的物的概念，还根本不具有客观的实在性。也就是说，人们无法知道是否在任何地方都能够有一个对象属于它，因为人们看不出这样一种实存方式的可能性，因此，该概念根本没有提供任何知识。所以，如果它应当在一个实体的称谓下表示一个能够被给予的客体，如果它应当成为一种知识，那么，就必须有一个持久的直观来作为基础，该直观是一个概念的客观实在性不可或缺的条件，也就是说，是对象被给予所惟一凭借的东西。但现在，我们在内直
B413 观中根本没有任何持久的东西，因为我只不过是我的思维的意识罢了；因此，如果我们仅仅停留在思维上面，我们就也缺乏把实体亦即一个独自持存的主体的概念应用于作为能思维的存在者的自身的必要条件；与此相联系的实体的单纯性就与这一概念的客观实在性一起消失了，转变成一般思维中自我意识的一种纯然逻辑的、质的单一性，而不管主体是不是复合的。

对门德尔松关于灵魂持久性的证明的反驳

这位敏锐的哲学家很快就发现，在通常应当用来证明灵魂（如果人们承认它是一种单纯的存在者的话）不可能由于**分解**而终止存在的论证中，对于保证灵魂的必然存续的目的来说缺乏充分性，因为人们还可以假定灵魂由于**消失**而终止存在。在
〔271〕 其《斐多篇》中，他试图摈除灵魂的这种短暂性，这种短暂性会是一种真正的消灭。他大胆地证明道：一个单纯的存在者根本不可能终止存在，因为既然它不能被减弱而逐渐地丧失其存在的某种东西，进而**逐渐地**转化为无（因为它在自身中没有部

分，从而也没有复多性），在它存在的瞬间和它不存在的另一 B414
个瞬间之间就根本不会发现任何时间，而这是不可能的。然而，他没有看到，即使我们承认灵魂有这种单纯的本性，因为它不包含**彼此外在**的杂多，从而不包含扩展的量，人们也毕竟就像对任何一个实存者那样，不能否认强弱的量，也就是说，不能否认就其一切能力而言的实在性的一种程度，甚至一切构成其存在的东西的一种程度，这种程度可能通过一切无限多的较小的程度而减弱，这样，所说的实体（其持久性不像通常那样已经确定的事物）虽然不是通过分解，但却通过其力量的逐渐减退（remissio）——从而通过枯萎，如果允许我使用这一
术语的话——而转化为无。因为即便是意识，也在任何时候都 B415
有一个总是还能够减弱的程度①，因此意识到自己的那种能力以及一切其余的能力亦复如是。所以，灵魂的持久性，仅仅作为内感官的对象来看，依然未得到证明，甚至是不可证明的。尽管它在生命中的持久性由于能思维的存在者（作为人）同时是外感官的一个对象而本身是清晰的，但这根本不能让理性心理学家感到满足，理性心理学家是从事于纯然从概念出发证明

① 明晰性并不像逻辑学家们所说的那样是一个表象的意识；意识的某个尚不足以达到回忆的程度，必然甚至能够在一些模糊不清的表象中发现，因为如果没有任何意识，我们在种种模糊表象的联结中就不能作出任何区分，而我们就一些概念的特征而言毕竟是能够做到这一点的（例如权利和公正的区分，又如音乐家在即兴演奏中同时奏出几个音符时的区分）。但是一个表象，意识在其中足以**意识到**该表象与别的表象的**区别**，它就是明晰的。如果意识虽然足以作出区分，但却不足以意识到区别，那么，该表象就还必须被称为模糊的。因此，意识一直到消失，有无限多的程度。

〔272〕 灵魂甚至超出生命的绝对持久性的。①

① 一些人为将一种新的可能性引入轨道，而认为只要他们使人们不能向他们指出其前提假设中的矛盾，就已经感到满足了（例如，那些虽然就经验性直观而言只能在人的生命中拥有思维之可能性的例证，但却相信能够看出思维即便在生命终结之后的可能性的人，就全都是这样的人），他们会因为别的丝毫也不更大胆的可能性而陷入严重的困境。诸如此类的东西就是将一个**单纯的实体**分割成多个实体的可能性，以及反过来多个实体汇合（合并）成一个单纯的实体。因为虽然可分割性以一个复合物为前提条件，但它毕竟并不必然要求一个众多实体的复合物，而是仅仅要求同一个实体的众多程度（各种各样的能力）的复合物。正如人们能够设想灵魂的一切力量和能力、甚至意识的能力都减小到一半，而毕竟实体始终存留下来，人们也能够没有矛盾地想象这消失了的一半被保存下来，但不是保存在灵魂里面，而是保存在它外面，而且既然这里凡是在灵魂里面始终实在的、因而有一种程度的、进而灵魂的整个毫无缺陷的实存都已经被分成两半，在这种情况下，在灵魂外面就会产生一个特殊的实体。因为被分割的复多性是事先就有的，但不是众多实体的复多性，而是作为灵魂中实存的量的每一种实在性的复多性；而实体的单一性只不过是一种实存方式罢了，这种方式惟有通过这种分割才转变为一种自存体的复多性。但这样一来，多个单纯的实体就也可以又汇合成一个实体，此际除了自存体的复多性之外，并不损失任何东西，因为这一实体把此前所有实体的实在性的程度一起包含在自身之中；也许，给予我们一种物质的显象（诚然不是通过相互之间的一种力学的或者化学的影响，而是通过一种我们不知道的影响，前者只不过是后者的显象罢了）的种种单纯实体会通过对作为**强弱量**的父母灵魂进行的诸如此类的**动力学**分割来产生子女灵魂，而父母灵魂又通过与同类新材料的合并来弥补自己的损耗。我绝不是承认诸如此类的幻想有丝毫的价值或者效力，而且上面的诸分析论原理也已经充分地说明，对范畴（例如实体的范畴）只能作经验的应用。但是，如果唯理论者仅仅由于思维中的统觉的统一性不允许他从复合物出发作出任何说明，就足够大胆地从纯然的思维能力出发而无须一个对象被给予所凭借的一种持久的直观就去形成一个独立持存的存在者，而不是更好地去承认自己不知道怎样说明一种能思维的自然的可能性，那么，**唯物论者**虽然同样不能为了自己的种种可能性而援引经验，却为什么不应当有权同样大胆地运用自己的原理，同时保持前者作相反应用时的形式统一性呢？

现在，如果我们在**综合的**关联中对待我们的上述命题，就 B416
像在作为体系的理性心理学中他们必须被当做对一切能思维的 〔273〕
存在者都有效那样，并且从关系范畴出发借助“一切能思维的 B417
存在者自身都是实体”这一命题向后回溯过范畴的序列，直到完成一个圆圈，那么，我们就最终达到了这些能思维的存在者的实存，这些存在者在这一体系中独立于外部事物不仅意识到
自己的实存，而且还（就必然地属于实体的特性的持久性而 B418
言）能够从自身出发规定这种实存。但由此就得出，在同一种唯理论体系中**唯心论**就是不可避免的了，至少是或然的唯心论，而如果外部事物的存在对于规定他自己在时间中的存在来说根本不是必要的，那么，假定外部事物的存在也就只是全然没有道理的了，对此绝不能提供任何证明。

与此相反，如果我们遵循**分析的**程序，由于“我思”作为一个已经包含着一种存在于自身的命题，作为被给予的，从而有模态作为基础，而且如果我们对该命题进行分析，以便认识它的内容，即这个我是否以及如何在空间中或者时间中仅仅由此而确定自己的存在。那么，理性灵魂说的种种命题就会不是从一个一般能思维的存在者的概念开始，而是从一种现实性开
始，从这种现实性被思维的方式出发，在这里经验性的一切都 B419
被抽掉之后，就推论出属于一个一般能思维的存在者的东西，如下表所示：

1.

我思

2.

作为主体

3.

作为单纯的主体

4.

作为我的思维的任何状态中的同一主体

〔274〕 由于这里在第二个命题中并没有确定我是否能够仅仅作为主体，并不也作为另一个主体的谓词而实存和被思维，所以，一个主体的概念在这里只是在逻辑上对待的，至于它是否应当被理解为实体，依然是未被确定的。但在第三个命题中，尽管我关于主体的性状或者自存性还没有澄清任何东西，统觉的绝对统一性，亦即单纯的我，在构成思维的一切联结和分离都与之相关的表象中却也就自身而言是重要的。统觉是某种实在的东西，其单纯性已经蕴涵在其可能性之中。如今，在空间中没有任何实在的东西会是单纯的；因为点（点是空间中是惟一单
B420 纯的东西）仅仅是界限，本身并不是某种作为部分用来构成空间的东西。所以由此就得出，从**唯物论**的根据出发解释作为纯然能思维的主体的我的性状是不可能的。但是，由于我的存在在第一个命题中是被视为被给予的，因为这个命题并不是说每一个能思维的存在者都实存（这同时就会主张它的绝对必然性，所以言之过多），而是仅仅说我在思维时实存，所以它是经验性的，包含着我的存在仅仅就我在时间中的表象而言的可规定性。但是，既然我又为此首先需要某种持久的东西，诸如此类的东西就我思维我自己来说根本没有在内直观中被给予我，所以我实存的方式，无论是作为实体还是作为偶性，都根本不可能通过这种单纯的自我意识而得到规定。因此，如果**唯物论**对于我的存在的解释方式来说是不适用的，那么，**精神论**对此也同样是不充分的；而结论就是：我们以随便任何一种方式都不能对我们灵魂的一般而言涉及其独立实存的可能性的性状而认识某种东西。

而且，通过我们自己只是由于我们为经验的可能性而使用才认识的意识的统一性来超越经验（我们在生命中的存在），甚至通过“我思”这个经验性的、但就一切直观方式而言都不
B421 确定的命题来把我们的知识扩展到一切一般能思维的存在者的

本性，这也应当是可能的吗？

因此，不存在一种作为对我们的自我认识有所增益的**学说**的理性心理学，而只存在一种作为在这一领域为思辨理性设置不可逾越的界限的**训练**的理性心理学。这一方面是以免投入无 〔275〕
灵魂的唯物论的怀抱，另一方面是以免蜂拥陷入对我们来说在此生没有根据的精神论之中，而毋宁说提醒我们把我们理性对令人满意地答复好奇的、超出此生的问题的这种拒绝视为理性的一种暗示，即把我们的自我认识从无益浮夸的思辨转用到有益的实践应用上去，这种应用虽然也只是始终指向经验的对象，但却自更高的地方取得其原则，并如此规定行为，就好像我们的规定无限远地超越经验，从而超越此生似的。

从这一切可以看出，一种纯然的误解为理性心理学提供了其起源。作为范畴的基础的意识统一性在这里被当做作为客体的主体的直观，实体的范畴被运用于其上。但是，它只不过是 B422
思维中的统一性罢了，仅仅由于它还没有任何客体被给予，所以在任何时候都以被给予的直观为前提条件的实体范畴不能运用于其上，从而这个主体根本不能被认识。因此，各范畴的主体不能由于它思维这些范畴就获得关于自己本身作为这些范畴的一个客体的概念；因为要思维这些范畴，它就必须将它自己的纯粹的自我意识奠定为基础，而这种自我意识毕竟是应当予以说明的。时间的表象原初在其中有其根据的主体，同样不能由此规定它自己在时间中的存在，而如果后者不可能，则前者作为通过范畴对它自己本身（作为一般能思维的存在者）的规定也不能成立。①

① 如同已经说过的那样，“我思”是一个经验性的命题，在自身中包含着“我实存”的命题。但是，我不能说“凡思维者皆实存”；因为这样的话，思维的

※　　　※　　　※

B423 这样，一种力图超越可能经验的界限，且毕竟属于人类的
B424 最高旨趣的知识，就它应当归功于思辨哲学而言，就消失在迷
〔276〕 茫的期望之中了；此际，批判的严格性依然通过它同时证明对于经验的对象不可能超出经验界限独断性地澄清某种东西，而不仅就理性的这一旨趣而言为理性作出了不菲的贡献，还保障理性免除了对反面的一切可能的肯定；这种情况之所以能够发生，除非是人们要么无可置疑地证明自己的命题，要么是不能证明自己的命题时，就找出这种无能的种种根源，这些根源如果蕴涵在我们的理性的必然界限之中，就必定使任何反对者都服从拒斥对独断性主张的一切要求的同一条规律。

属性就会使一切具有这种属性的存在者都成为必然的存在者了。因此，我的实存也不能像**笛卡尔**所主张的那样，被视为从“我思”的命题中推论出来的（因为若不然，“凡思维者皆实存”这个大前提就必须走在前面），而是与该命题同一的。它表述一种不确定的经验性直观，亦即知觉（因而它毕竟证明，已经有属于感性的感觉作为这个实存命题的基础），但先行于应当通过范畴在时间方面规定知觉的客体的经验；而实存在这里并不是一个范畴，并不作为范畴与一个不确定的被给予的客体相关，而是仅仅与一个人们有其概念，并且人们想知道它是否还在这一概念之外被设定的客体相关。一个不确定的知觉在这里意味着某种实在的东西，它被给予，而且仅仅是为了一般的思维而被给予的，因而不是作为显象，也不是作为事物自身（本体），而是作为事实上实存的某物，并在“我思”的命题中被表示为这样一个某物。因为应当注意的是，当我把“我思”这个命题称为一个经验性命题的时候，我由此并不是想说，“**我**”在这个命题中是经验性的表象；毋宁说，它是纯理智的，因为它属于一般的思维。然而，没有为思维提供材料的某种经验性表象，“我思”的行动就毕竟是不成立的，而经验性的东西只不过是纯粹理智能力的运用或者应用的条件罢了。

尽管如此，对于按照与思辨的理性应用结合在一起的实践的理性应用而接受一种来生的必然性来说，由此在这里并没有失去任何东西；因为纯然思辨的证明对于通常的人类理性来说本来就从来不能有任何影响。它是如此建立在一个发梢之上的，以至于即便是学派要把它保持在这个发梢上，也只能使它作为一个陀螺围绕着同一个点不停地旋转，因此，它即便在学 〔277〕派自己的心目中也不能提供一种使某种东西能够建立于其上的持久基础。对世人有用的种种证明，在此都保持其毫不减弱的全部价值，毋宁说还通过放弃那些独断的僭妄而获得清晰性和 B425 自然的信念，因为它们将理性置于其特有的领域之中，即置于毕竟同时又是自然秩序的目的秩序之中，但理性同时作为实践的能力自身，并不被限制在自然秩序的条件之上，有权利把目的秩序连同我们自己的实存扩展到经验和此生的界限之外。对于这个世界上的生物来说，理性必须必然地接受为原理的是，不能发现任何器官、任何能力、任何冲动，因而任何东西都是多余的或者与应用不相称的，从而是不符合目的的，而是一切都完全适合其生命中的规定；根据与这个世界上的生物的**本性的类比**来作出判断，毕竟是惟一能够在自身中包含着这一切的终极目的的人，就必须是惟一例外的造物。因为人的自然禀赋——不仅就天资和应用这天资的动力而言，而且首先是他心中的道德法则——如此远地超出了他在此生中能够从中得出的用途和好处，以至于道德法则甚至教人即便缺少一切好处、乃 B426 至于缺少身后荣誉的虚幻而将正直意念的纯然意识置于一切之上，人在内心中感到有责任通过自己在这个世界中的所作所为、凭借放弃诸多的好处使自己适合于做一个他在理念中所拥有的更好的世界的公民。这个强有力的、永远不会被质疑的证明根据伴随着对我们面前所见的一切事物中的合目的性不断增加的知识，伴随着对广阔无垠的创造的眺望，从而也伴随着我们的知识的可能扩展方面的某种不受局限性的意识，连同与这种不受局限性相符合的冲动，即便我们不得不放弃从对我们自己的纯然理论知识来看出我们的实存的必然延续，也依然还存留下来。

〔278〕

心理学谬误推理之解决的结论

理性心理学中的辩证幻相基于理性的一个理念（一种纯粹的理智）与一个一般能思维的存在者在所有方面都不确定的概念的混淆。我思维我自己，乃是由于一个可能的经验，因为我还抽掉了一切现实的经验，由此推论出：我即便在经验及其经验性条件之外也能够意识到我自己的实存。因此，我把对我经
B427 验性地确定的实存的可能**抽象**与自以为对我能思维的自我的一种**孤立地**可能的实存的意识混为一谈，相信认识到我里面的实体性的东西就是先验的主体，因为我在思想中只有一切规定作为知识的纯然形式而当做基础的意识统一性。

说明灵魂与肉体的共联性的任务本来并不属于这里所谈的心理学，因为这种心理学的目的在于证明即便在这种共联性之外（在死后）也还有人格性，因而在真正的意义上是**超验的**，尽管它研究的是经验的一个客体，但却只是就该客体不再是经验的一个对象而言的。不过，即便是对这一点，按照我们的体系也能够给予充分的回答。如同已知的那样，这一任务所造成的困难在于预先设定的内感官对象（灵魂）与外感官对象的异类性，因为作为直观的形式条件而属于前者的只有时间，属于后者的却还有空间。但是，如果人们考虑到，这两种对象彼此
B428 的区别在这里并不是内在的，而只是就一个**显现**得外在于另一个而言的，从而作为物自身而是物质显象的基础的东西也许并不如此异类，这一困难就消失了，而存留下来的惟一问题就是，一般而言诸实体的共联性是如何可能的，这一问题的解决

完全处于心理学的领域之外，而且就像读者根据基本力量和能力的分析论中所说的内容而可以轻而易举地判断的那样，毫无疑问也处于一切人类知识的领域之外。

有关从理性心理学向宇宙论的过渡的总说明 〔279〕

“我思”或者“我在思维时实存”的命题是一个经验性的命题。但是，这样一个命题是以经验性的直观，从而也是以作为显象的被思维客体为基础的；这样，看起来就好像是按照我们的理论，灵魂即便在思维中也会完全转变为显象似的，而以这样的方式，我们的意识自身作为纯然的幻相就必然在事实上不关涉任何东西。

思维就其自身而言，仅仅是逻辑的功能，因而纯粹是联结一个可能直观的杂多的自发性，绝不把意识的主体展示为显象，之所以如此，仅仅是因为它并不顾及直观的方式，不管它 B429
是感性的还是理智的。由此，我表象我自己，既不是如我本来那样，也不是如我对我显现的那样，而是我思维我自己，仅仅如任何一个我抽掉了其直观方式的一般客体那样。当我在这里把我自己表象为思想的**主体**或者也表象为思维的**根据**的时候，这些表象方式并不意味着实体或者原因的范畴，因为这些范畴都是思维（判断）的那些已经运用于我们的感性直观的功能，而如果我想认识我自己，感性直观当然就是需要的。但如今，我只想意识到我自己是能思维的；至于我自己的自我如何在直观中被给予，我把它搁置一旁，而此时，它就可能对于能思维的我来说——但不是就我在思维而言——纯然是显象；在对纯然思维时的我自己的意识中，我就是**存在者本身**，但对这个存在者本身，当然由此还没有给予我任何东西供思维。

但“我思”这个命题，如果它等于是说“**我在思维时实**

存”，就不是纯然的逻辑功能，而是在实存方面规定着主体（主体在这种情况下同时是客体），没有内感官就不能发生，而内感官的直观在任何时候都不是把客体当做物自身，而仅仅是当做显象来提供的。因此，在它里面就已经不再仅仅有思维的
B430 自发性，而是还有直观的感受性，也就是说，对我自己的思维
〔280〕被运用于对同一个主体的经验性直观。在这种情况下，能思维的自我必然在这种直观中寻找为实体、原因等范畴而使用其逻辑功能的条件，以便不仅仅通过“我”来标示自己为客体自身，而且还规定自己存在的方式，也就是说，认识自己为本体；但这是不可能的，因为内在的经验性直观是感性的，且提供的无非是显象的材料，这些材料并不**纯粹意识**的客体认识其独立的实存提供任何东西，而是仅仅被用来为经验服务罢了。

但是如果假定，今后不是在经验中，而是在纯粹的理性应用的某些（不是纯然的逻辑规则，而是）先天地确定的、涉及我们的实存的规律中发现理由，来预先设定我们在我们自己的**存在**方面是**立法的**，并且规定这种实存本身的，那么，由此就会揭示出一种自发性，通过它我们的现实性就是可规定的，为此无须经验性直观的条件；而在这里我们还会觉察到，在对我
B431 们的存在的意识中先天地包含着某种东西，它毕竟能够用来在某种与一个理知世界（当然只是被思维的世界）相关的内在能力方面规定我们只是在感性上可以完全地规定的实存。

然而，这仍然丝毫不会促进理性心理学中的所有企图。因为通过道德法则的意识首先给我启示的那种令人惊异的能力，我虽然有一个规定我的实存的原则，该原则是纯粹理智的，但却是通过什么谓词呢？只能通过必须在感性直观中给予我的那些谓词；而这样一来，我就会又陷入我在理性心理学中所处的位置，即陷入对感性直观的需求中，才能赋予我的知性概念如实体、原因等等以意义，我只有通过这些概念才能对我自己拥

有知识；但那些直观却绝不能帮助我超出经验的领域。不过，就总是指向经验的对象的实践应用而言，我毕竟是有权按照理论应用中的类似意义而把这些概念应用于自由及其主体的，因为我仅仅把它们理解为主体与谓词、根据与结果的逻辑功能，根据它们，行动或者结果被按照那些规律如此规定，以至于那 〔281〕
些规律连同自然规律一起都可以总是按照实体和原因的范畴得 B432
到说明，尽管它们产生自完全不同的原则。说这些东西，应当只是为了防止关于我们作为显象的自我直观的学说容易遭受的误解。人们将在下文中有机会应用它们。

第二篇

纯粹理性的二论背反

我们在本书这一部分的导论中已经指明，纯粹理性的一切先验幻相都基于辩证的推理，逻辑学在一般理性推理的三种形式中提供了辩证推理的图型，就像各范畴在一切判断的四种功能中发现自己的逻辑图型一样。这些玄想推理的**第一种**关涉（主体或者灵魂的）一切一般表象之主观条件的无条件的统一
性，与**定言**理性推理相应，其大前提作为原则而表述一个谓词 B433
与一个主体的关系。因此，辩证论证的**第二种**按照与**假言**理性推理的类比，以显象中的客观条件的无条件的统一性为内容，而下一篇将出现的**第三种**则以一般对象的可能性之客观条件的无条件的统一性为主题。

但是值得注意的是：就关于我们思维主体的理念而言，先验的谬误推理造成一种纯然片面的幻相，而要断言其反面，则不会产生丝毫出自理性概念的幻相。优点完全在精神论一方，尽管它也不能否认自己的根本缺陷，即不管有什么有利于它的 〔282〕
幻相，它仍将在批判的火刑验罪中灰飞烟灭。

当我们把理性运用于显象的**客观综合**的时候，情况就完全不同了。在这里，它虽然想以诸多的幻相建立自己的无条件统一性的原则，但却很快就陷入这样一些矛盾，以至于它不得不在宇宙论方面放弃自己的要求。

也就是说，这里显示出人类理性的一种新现象、一种完全自然的对立，无须任何人苦思冥想或者人为地设置圈套，相
B434 反，理性是完全自动地并且不可避免地陷入其中的；理性虽然由此得到保护，得以免除纯然片面的幻相所造成的一种自负信念的安睡，但同时也使它受到诱惑，要么沉浸于怀疑的绝望，要么采取一种独断的固执态度，顽固地担保某些主张，不让反面的根据得到倾听和公正对待。二者都是一种健康哲学的死亡，虽然前者或许还可以被称为纯粹理性的**安乐死**。

在我们展示纯粹理性的各种规律的这种冲突（二论背反）所引起的矛盾和错乱的种种表现之前，我们想进行某些讨论，它们可以说明和解释在探讨我们的对象时所采用的方法。我把所有涉及显象之综合中的绝对总体性的先验理念都称为**世界概念**，部分是因为这同一个绝对的总体性，世界整体的概念也以这个总体性为基础，本身只不过是一个理念罢了，部分是因为它们仅仅关涉显象的综合，因而仅仅关涉经验性的综合，而与此相反，一切一般可能事物的条件之综合中的绝对总体性则将
B435 造成纯粹理性的一种理想，这种理想虽然与世界概念相关，但却与它完全不同。因此，就像纯粹理性的谬误推理为一种辩证的心理学奠定基础一样，纯粹理性的二论背反也将展示一种自以为的纯粹的（理性的）宇宙论的先验原理，这不是为了认定它们有效并采用它们，而是像理性的一种冲突这一称谓已经表
〔283〕现出来的那样，为了在其眩目而又虚假的幻相中展示它们是一种不能与显象统一的理念。

第一章　宇宙论理念的体系

如今，为了能够按照一个原则系统精密地列举这些理念，**第一**，我们必须注意，纯粹的和先验的概念只能从知性中产生，理性本来根本不产生任何概念，而是充其量只能使**知性概念摆脱**一种可能经验的不可避免的限制，并且力图使它扩展到 B436 经验性事物的界限之外，但毕竟仍与经验性事物相联结。之所以如此，乃是因为理性对于一个被给予的有条件的东西来说在条件（知性在这些条件下使一切显象都服从综合的统一）方面要求绝对的整体性，并由此使范畴成为先验的理念，以便通过将经验性综合一直延伸到无条件者（无条件者绝不是在经验中，而是在理念中发现的）而给予经验性综合以绝对的完备性。理性提出这种要求，乃是依据如下原理：**如果有条件者被给予，则种种条件的整个总和，从而绝对无条件者也被给予**，惟有通过后者，前者才是可能的。因此，先验理念首先就本来无非是成为那些一直扩展到无条件者的范畴，而且能够被纳入一个按照范畴的各项排列的表。但**其次**，适合于这样做的毕竟也不是所有的范畴，而是只有综合在其中构成一个**序列**，而且是关于一个有条件者的相互隶属的（不是相互并列的）条件之序列的范畴。绝对的总体性只是就它涉及关于一个被给予的有条件者的种种条件的上升序列而言，才为理性所要求，因而不是在谈到后果的下降序列、也不是谈到关于这些后果的并列条件之集合体时所要求的。因为就被给予的有条件者而言，条件 〔284〕
乃是已经预先设定的，并且与有条件者一起被视为被给予的； B437
相反，既然后果并不使其条件成为可能，而是毋宁说以其为前提，所以人们在向后果的进展中（或者在从被给予的条件向有条件者的下降中），就可以不考虑序列是否中止，而关于其总体性的问题就根本不是理性的一种前提了。

这样，人们就必然地把直到被给予的瞬间已经完全过去了的时间也思维成被给予的（尽管不是能够由我们规定的）。但就未来的时间而言，既然它并不是达到现在的条件，所以为了把握现在，我们要如何看待未来的时间，是想让它在某处终止还是延续到无限，则是完全无所谓的。今有一个序列 m、n、o，其中 n 被给予，就 m 而言它是有条件的，但它同时又是 o 的条件；这个序列从有条件者 n 上升到 m（l、k、i 等等），同样从条件 n 下降到有条件者 o（p、q、r 等等）。这样，为了把 n 视为被给予的，我就必须以前面的序列为前提条件，而 n 按照理性（诸般条件的总体性）就只有凭借该序列才是可能的，但它的可能性却并不基于下面的序列 o、p、q、r，因而下面的
B438 的序列就不能被视为被给予的，而是只能被视为 dabilis［可被给予的］。

我想把一个在条件方面、因而从最接近被给予的显象的条件开始、并且这样达到较遥远的条件的序列之综合称为**回溯的**综合，而把在有条件者方面从最接近的后果前进到较遥远的后果的综合称为**前进的**综合。前者是在 antecedentia［先行者］中进行的，后者是在 consequentia［后来者］中进行的。因此，宇宙论的理念探讨的是回溯的综合的总体性，是在 antecedentia 中进行的，而不是在 consequentia 中进行的。如果发生后一种情况，那么，它就是纯粹理性的一个任意的、而非必然的问题，因为对于完全地理解在显象中被给予的东西来说，我们所需要的是根据，而不是后果。

如今，为了按照范畴表建立理念表，我们首先采用我们的一切直观的两个源始的量，即时间和空间。时间就自身而言是一个序列（而且是一切序列的形式条件），因此在时间中，就
〔285〕一个被给予的现在而言，antecedentia 作为条件（过去的东西）

先天地有别于 consequentia（未来的东西）。因此，关于一个被给予的有条件者的诸般条件之序列的绝对总体性的先验理念，就只关涉到一切过去了的时间。按照理性的理念，全部过 B439 去了的时间作为被给予的瞬间的条件必然被思维成已被给予的。至于空间，在它里面就其自身而言没有前进与回溯之别，因为它构成一个**集合体**，但并不构成**任何序列**，它的各个部分全都是同时的。我只能就过去的时间而言把现在的时刻视为有条件的，但绝不能把它视为过去的时间的条件，因为这个时刻惟有通过逝去的时间（或者毋宁说通过先行时间的流逝）才产生出来。但是，既然空间的各个部分并不相互隶属，而是相互并列，所以一个部分就不是另一个部分的可能性的条件，所以空间并不像时间那样就自身而言构成一个序列。然而，我用来把握空间的那种对空间各杂多部分的综合毕竟是渐进的，因而是在时间中发生的，包含着一个序列。而既然在一个被给予的空间之集合起来的各空间（例如一杆中的各尺）的这一序列中，在继续附加上的空间那里总有前面的空间的**界限的条件**，所以对一个空间的**测量**也可以被视为一个被给予的有条件者的诸般条件之序列的一种综合；只是条件方面与有条件者所遵循的方面就自身而言并没有什么区别，因此空间中的回溯和前进就显得是一回事。然而，由于空间中的一个部 B440 分并不是通过别的部分被给予的，而是通过别的部分被限制的，所以，就此而言我们必须把每一受限制的空间也视为有条件的，它预先设定另一空间为其界限的条件，余此类推。因此，就限制而言，空间中的前进也是一种回溯，而条件序列中的综合之绝对总体性的先验理念也涉及空间，我既可以追问空间中显象的绝对总体性，也可以追问逝去的时间中的绝对总体性。但是，是否在任何地方对此都有一种回答，将在后面予以规定。

第二，空间中的实在性亦即**物质**是一个有条件者，它的内在条件就是其各个部分，而部分的部分则是遥远的条件，以至
〔286〕于在这里出现一种回溯的综合，理性要求这种综合的绝对总体性，这种绝对的总体性惟有通过一种完成了的分割才能成立，而这样一来，物质的实在性就要么消失为无，要么消失为不再是物质的东西，即消失为单纯的东西。所以在这里，也有一个条件的序列和向无条件者的前进。

B441 第三，至于显象中间的实在关系的各个范畴，实体及其偶性的范畴并不适宜于成为先验的理念；也就是说，理性没有任何根据就这一范畴而言回溯到条件。因为偶性（就它们依存于同一个实体而言）都是彼此并列的，并不构成任何序列。但就实体而言，它们本来也并不从属于实体，而是实体本身的实存方式。在这里，还能够显得是先验理性的一个理念的东西，是**实体性的东西**的概念。然而，既然这无非意味着一般对象的概念，而当人们在一般对象那里所思维的是没有任何谓词的先验主体的时候，这一般对象就是自存的，但此处所说的仅仅是显象序列中的无条件的东西，所以显而易见的是，实体性的东西不能构成该序列中的一个环节。这同样的说法也适用于共联性中的实体，这些实体是纯然的集合体，并不具有一个序列的表征，因为它们并不像人们关于各空间能够说的那样，是作为彼此可能性的条件而相互从属的，各空间的界限绝不是就自身而言，而是始终通过另一个空间被规定的。因此，存留下来的就
B442 只是**因果性**的范畴了，该范畴呈现出一个被给予的结果的原因序列，在这个序列中人们能够从作为有条件者的结果上升到作为条件的原因，并回答理性的问题。

第四，可能的东西、现实的东西和必然的东西的概念，并不导向任何序列，除非**偶然的东西**在存在中必须任何时候都被视为有条件的，并且按照知性的规则指向一个使其必然的条

件，此条件又指向一个更高的条件，直到理性仅仅在这一序列的总体性中才达到无条件的必然性为止。

据此，当人们挑出在杂多之综合中必然导致一个序列的那些范畴时，按照范畴的四个项目就只有四个宇宙论的理念。 〔287〕

1\. B443

一切显象的被给予的整体之

组合的绝对完备性

2\.

显象中一个被给予的整体之

分割的绝对完备性

3\.

一个一般显象之

产生的绝对完备性

4\.

显象中可变化者之

存在的依赖性的绝对完备性

这里要说明的是：首先，绝对总体性的理念所涉及的仅仅是**种种显象**的展示，因而与关于种种一般事物的一个整体的纯粹知性概念无关。所以，在这里显象被视为被给予的，而理性则就显象的可能性之条件构成一个序列而言要求其绝对的完备性，因而要求显象能够按照知性规律得到展示所凭借的那种绝对（也就是说，在所有方面）完备的综合。

其次，理性在对条件的这种以序列方式进行的、回溯式进展的综合中所寻找的，本来就只是无条件的东西，仿佛就是前提序列中的完备性，这些前提总起来再不以别的前提为前提条件。 B444 这种**无条件的东西**任何时候都包含在**序列的绝对总体性**之中，只要人们在想象中表象它。然而，这种绝对完成了的综合又是一个理念；因为人们不能知道，至少事先不能知道，这样一种综合在显象这里是否也是可能的。如果人们仅仅通过纯粹的知性概念，无须感性直观的条件就表象一切，那么，人们就

可以直截了当地说：对于一个被给予的有条件者来说，也有互
〔288〕相从属的条件的整个序列；因为前者只是通过后者才被给予的。但在显象这里，可以发现条件如何被给予的方式的一种特别的限制，也就是说，是由于直观之杂多的渐进的综合，这综合在回溯中应当是完备的。至于这种完备性如今在感性上是否可能，还是一个问题。然而，这种完备性的理念毕竟还处在理念之中，不管是否有可能把与它相符的经验性概念联结起来。因此，既然在显象中的杂多之回溯式综合（按照范畴的引导，
B445 范畴把显象表象为一个被给予的有条件者的条件序列）的绝对完备性里面必然包含着无条件者，哪怕人们让是否以及如何能够实现这种总体性悬而不决，所以，理性在这里采取的道路就是从总体性的理念出发，尽管它本来以**无条件者**为终极目的，无论是整个序列的无条件者还是序列的一个部分的无条件者。

人们可以这样思考这一无条件者：它要么是纯然在于整个序列，因而在整个序列中所有环节都毫无例外地是有条件的，只有序列的整体才是绝对无条件的，而在这种情况下，回溯就叫做无限的；要么绝对无条件者只是序列的一个部分，序列的其余环节都从属于它，但它自己却不服从其他任何条件。① 在前一种场合，序列 a parte priori［向前］是没有界限（没有开端）的，也就是说，是无限的，并且仿佛是完整地被给予的，但它里面的回溯却是绝未完成的，只能被称为潜在地无限的。
B446 在第二种场合，序列有一个最初者，它就逝去的时间而言是**世**

① 一个被给予的有条件者之条件序列的绝对整体在任何时候都是无条件的，因为在该序列之外不再有任何条件使该整体能够是有条件的。然而，这样一个序列的这种绝对整体只不过是一个理念，或者毋宁说是一个或然的概念，它的可能性尚需研究，尤其是就无条件者作为关键所在的真正的先验理念何以能够包含在其中的方式而言。

界的开端，就空间而言是**世界的界限**，就一个在它的界限中被给予的整体的各部分而言是**单纯的东西**，就原因而言就是绝对的**自我能动性**（自由），就可变事物的存在而言就叫做绝对的**自然必然性**。

我们有两个术语：**世界**和**自然**。这两个术语有时是相互渗透的。前者意味着一切显象在数学上的整体和其综合的总体性，无论是在宏观上还是在微观上，也就是说，无论是在通过 〔289〕
组合进行的综合之进展中还是在通过分割进行的综合之进展中。但是，这同一个世界如果被视为一个力学的整体，就被称为自然；① 而人们所关注的不是空间中或者时间中的集合，以便把它当做一个量来完成，而是种种显象的**存在**中的统一。在 B447
这里，所发生的事物的条件就叫做原因，而显象中原因的无条件的因果性就叫做自由，与此相反，其有条件的因果性在狭义上就叫做自然原因。一般存在中的有条件者就叫做偶然的，而无条件者则叫做必然的。**显象**的无条件的必然性可以叫做自然必然性。

我们现在所研究的理念，我在上面称之为宇宙论的理念，之所以如此，部分是因为我们的世界被理解为一切显象的总和，而我们的理念也仅仅指向显象中的无条件者，部分也是因为世界这个词在先验的意义上意味着实存事物之总和的绝对总体性，而我们只注意（虽然本来仅仅在向条件的回溯中的）综

① 自然，在形容词上（形式上）来对待，意味着一个事物的种种规定按照一个内在的因果性原则的联系。与此相反，人们在实体上（质料上）把自然理解为凭借一个内在的因果性原则无一例外地相互关联的种种显象的总和。在前一种意义上，人们谈到流体物质的自然、火的自然等等，并且仅仅在形容词上使用这个词；与此相反，当人们谈到自然的种种事物时，人们在思想中有一个持存的整体。

合的完备性。此外，这些理念全都是超验的，它们虽然在**种类上**并不超越客体亦即显象，而是仅仅与感官世界（不与本体）打交道，但却将综合推进到一种超越一切可能的经验的程度，鉴于此，在我看来，人们可以把它们全都极为适当地称为**世界概念**。就回溯之目的所在的数学上的无条件者和力学上的无条件者的区别而言，我却要把前两者在狭义上称为世界概念（宏
B448
观上的世界和微观上的世界），把余下的两者称为**超验的自然**
〔290〕**概念**。这一区分在目前还没有特别的重要性，但它在以后就会变得更为重要。

第二章　纯粹理性的反论

如果正论每一个都是独断学说的总和，那么，我就不把反论理解为反面的独断主张，而是理解为表面上独断的知识（thesin cum antithesi［正论与反论］）的冲突，人们并不认为一种知识对另一种知识在要求赞同方面占有优势。因此，反论并不研究片面的主张，而是按照理性的普遍知识彼此之间的冲突及其原因来考察这些普遍知识。先验的反论是对纯粹理性的
B449
二论背反及其原因和结果的一种研究。当我们不是纯然为了知性原理的应用而把自己的理性运用于经验的对象，而是冒险地将这些原理扩展到经验的界限之外时，就产生出**玄想的**定理，这些定理在经验中既不能指望得到证实，也不必担心受到反驳，它们的每一个都不仅就自身而言没有矛盾，而且甚至在理性的本性中也可以找到其必然性的条件，只不过不幸的是，对立的定理在自己那方面也有作出断言的同样有效和必然的根据。

因此，在纯粹理性的这样一种辩证法中自然而然地呈现出来的问题是：1. 究竟在哪些命题中，纯粹理性不可避免地陷

入一种二论背反。2. 这种二论背反基于哪些原因。3. 尽管如此，理性在这种矛盾下是否以及以什么方式还留有达到确定性的道路。

据此，纯粹理性的一个辩证定理必须自身具有这种把它与一切诡辩的命题区别开来的东西，即它所涉及的不是人们仅仅为了某个任意的意图提出的一个问题，而是任何人类理性在其 〔291〕
进展中都必然遇到的问题；其次，它与其对立命题所包含的，并不纯然是一种一经发现就马上消失的人为幻相，而是一种自然的和不可避免的幻相，这种幻相即使在人们不再受其愚弄的 B450
时候也总是迷惑人，尽管不是欺骗人，因此，虽然能够使它成为无害的，但却绝不能根除它。

这样一种辩证学说与经验概念中的知性统一性无关，而仅仅与理念中的理性统一性相关；既然它首先作为依照规则的综合应当与知性一致，但同时又作为综合的绝对统一而应当与理性一致，所以，它的种种条件在它与理性统一性相符时对于知性来说就太大，在它适合知性时对于理性来说就太小；由此就必然产生一种无论人们怎么做都不能避免的冲突。

因此，这些玄想的主张就开辟了一个辩证的战场，其中任何被容许着手进攻的一方都保持着优势，而被迫纯然采取守势的一方则都无疑落败。因此，精力充沛的骑士们不管担保的是好事还是坏事，只要设法拥有进行最后进攻的特权，而无须抵抗敌人的新进攻，就肯定能够戴上胜利的桂冠。人们轻而易举地就能够想象，这一战场自古以来就争战不已，双方都已取得过多次胜利，但对于决定成败的最后胜利来说，在任何时候都 B451
被安排得让好事的捍卫者们独自保有战场，那是由于其敌人被禁止继续拿起武器。作为公正的裁判，我们必须把竞争者为之战斗的是好事还是坏事置之一旁，让他们在自己中间澄清自己的事情。也许，在他们相互之间斗得精疲力尽而不能互相伤害之后，他们自己就看到其争执毫无意义，而作为好朋友分手告别。

这种旁观或者毋宁说甚至唆使各种主张的争执的方法，并不是为了最终作出有利于一方或者另一方的裁决，而是为了研
〔292〕究争执的对象是否也许是一个纯然的幻象，每一方都徒劳地捕捉这个幻象，但即使它根本不受到抵抗，在这个幻象上它也不能有丝毫收获；依我说，人们可以把这种行事方式称为**怀疑的方法**。这种方法与**怀疑论**全然不同，怀疑论是艺术上和科学上无知的原则，它破坏一切知识的基础，以便尽可能地到处都不留下知识的可信性和可靠性。因为怀疑的方法旨在确定性，它
B452 力图在双方真诚地对待且理智地进行的这样一种争执中揭示出误解之处，以便像睿智的立法者所作的那样，从法官在讼案中所感到的困惑为自己得出关于自己的法律中的缺陷和不确定之处的教训。在法律的应用中显露出来的二论背反，对我们受限制的智慧来说是立法论证的最好检验尝试，以便让在抽象的思辨中不容易觉察到自己错误的理性由此注意在规定自己的原理时的种种因素。

但是，这种怀疑的方法在本质上仅仅为先验哲学所拥有，在任何一个别的研究领域里也许可以缺少，惟有在这个领域里是不可或缺的。在数学中使用这种方法就会是荒谬的，因为在数学中，由于证明在任何时候都必须按照纯直观的导线并且通过在任何时候都自明的综合来进行，所以没有错误的主张能够隐藏自己而不为人所见。在实验哲学中，一种延迟的怀疑诚然
B453 可能是有益的，但毕竟至少不可能有不能轻而易举地被排除的误解，而在经验中毕竟最终必然蕴涵着裁决怀疑的最终手段，无论它被发现是早还是晚。道德至少能在可能的经验中将其原理全都具体地连同实践的后果一起给出，并由此避免对抽象的误解。与此相反，甚至自认为有扩展到一切可能经验的领域之

外的洞识的先验主张，既不处在其抽象的综合能够在某种直观中先天地被给予出来的情况中，也不具有误解能够凭借某种经验被揭示的性状。因此，先验理性除了使它的种种主张相互配合、从而首先使它们相互之间自由地不受阻碍地争执的尝试之外，不允许有别的任何试金石，而我们现在就要处理这种争执。① 〔293〕

〔294〕

先验理念的第一个冲突

〔295〕

B454

正论

世界有一个时间中的开端，就空间而言也被封闭在界限之中。

证明

因为人们可以假定世界在时间上没有开端，那么，到每一个被给予的时刻为止，都有一个永恒已经过去，从而在世界中有种种事物前后相继的各种状态的一个无限序列已经流逝了。但如今，一个序列的无限性恰恰在于它绝不能通过渐进的综合来完成。因此，一个

B455

反论

世界没有开端，没有空间中的界限，相反，无论就时间而言还是就空间而言，它都是无限的。

证明

因为人们可以设定：它有一个开端。既然开端是一种存在，有一个事物尚不存在的时间先行于它，所以，必须有一个世界尚不存在的时间，亦即一个空的时间已经过去了。但如今，在一个空的时间中不可能有某个事物的产生，因为这样一个时间的任何部分都不先

① 这些二论背反是按照上面所列举的先验理念的顺序前后相继的。

无限的已经流逝的世界序列是不可能的，从而世界的一个开端是它的存在的一个必要的条件；这是首先要证明的一点。

就**第二点**而言，人们又可以假定反面：这样，世界就将是同时实存着的事物的一个无限的被给予了的整体。如今，我们不能以别的方式，只能通过对各部分的综合来设想一个并未在任何直观的某些界限内
B456 部被给予的量的大小[①]，且只能通过完成了的综合或者通过单位的反复附加来设想这样一个量的总体性[②]。据此，为了把充填一切空间的世界设想为一个整体，对一个无限的世界的各个部分进行的渐进综合就
〔296〕 必须被视为已经完成，也就是

于别的部分而在不存在的条件之前就具有某种作出区分的存在条件（无论人们假设该条件是自行产生的还是通过另外一个原因产生的）。因此，在世界中虽然可能开始一些事物的序列，但世界自身却不可能有开端，因此它就过去的时间而言是无限的。

至于第二点，人们可以首先假定反面，即世界就空间而言是有限的和受限制的，这样，世界就处在一个不受限制的空的空间之中。因此，就不仅会发现空间中种种事物的关系，而且会发现种种事物与空间的关系。如今，既然世界是一个绝对的整体，在它之外没有发现直观的任何对象，从而 B457
没有发现世界与之处于关系之

① 当一个不确定的量被封闭在界限之中时，我们就能够把它视为一个整体，无须通过测量、亦即通过其各个部分的相继综合来构成它的总体性。因为界限通过截断一切更多的东西，已经规定着完备性。

② 总体性的概念在这一场合无非是它的各个部分完成了的综合的表象，因为既然我们不能从整体的直观（直观在这一场合是不可能的）中得出这个概念，我们就惟有通过对各个部分的综合直到至少在理念中完成无限者，才能领会这个概念。

说，一个无限的时间必须在历数一切并存的事物时被视为已经流逝了的；而这是不可能的。据此，现实事物的一个无限的集合体不能被视为一个被给予了的整体，从而也不能被视为同时被给予了的。所以，一个世界就空间中的广延而言**不是无限的**，而是被封闭在其界限之中的；这是第二点。

中的相关物，所以世界与空的空间的关系就会是它**不与任何对象**的关系。但这样一种关系、从而还有空的空间对世界的限制都是无；因此，世界就空间而言是根本不受限制的，也就是说，世界就广延而言是无限的。① 〔297〕

B458 第一个二论背反的说明 B459

正论的说明

就这些彼此争执的论证而言，我并没有寻找幻象，以便

反论的说明

被给予了的世界序列和世界整体的无限性的证明基于：

① 空间纯然是外直观的形式（形式的直观），但不是能够在外部直观到的现实对象。空间，先于规定（充实或者限制）它或者毋宁说给出一个符合它的形式的**经验性直观**的一切事物，在绝对空间的名义下无非是外部显象的单纯可能性，只要这些外部显象或者是自身能够实存的，或者是还能够附加在被给予的显象之上的。因此，经验性的直观不是由显象和空间（知觉和空的直观）复合而成的。一方并不是另一方的综合相关物，而只是在同一个经验性直观中作为该直观的质料和形式相结合。如果人们把这二者中的一个置于另一个之外（把空间置于一切显象之外），就将从中产生出对外部直观的各种各样空洞的规定，这些规定毕竟不是可能的知觉：例如，无限的空的空间中世界的运动和静止，就是对运动和静止相互关系的一种规定，这种规定绝不能被知觉到，因此也是一个纯然的思想物的谓词。

进行一种律师式的证明，这种证明利用对方的不小心来达到自己的利益，很乐意让对方诉诸一个被误解的法律，以便于把自己的不正当要求建立在对该法律的反驳上。这些证明的每一个都是从事情的本性得出的，并且把双方的独断论者的错误结论所可能给予我们的好处搁置一旁。

我也可以按照独断论者的习惯，对一个被给予的量的无限性预置一个有欠缺的概念来在表面上证明正论。一个量，在它之上不可能有更大的量（也就是说，超出其中所包含的一个被给予单位的数量），它就是**无限的**。如今，没有任何数量是最大的数量，因为总是还能够附加上一个或者多个单位。因此，一个无限的被给予了的量，从而还有一个（无论就流逝了的序列而言还是就
〔298〕广延而言）无限的世界是不可能的，它在这两方面都是受限制的。这样，我就能够完成我的证明了；然而，这个概念与人们关于一个无限的整体所理在相反的场合必须有一个空的时间或者一个空的空间来构成世界的界限。如今，我并非不知道有人违背这一结论在寻找借口，说世界在时间和空间上的一种界限是完全可能的，无须我们假定一个先于世界的绝对时间作为开端或者假定一个绝对的、扩展到现实世界之外的空间；而这是不可能的。我对**莱布尼茨**学派哲学家们的这 〔299〕
一见解的后一部分十分满意。空间纯然是外部直观的形式，但却不是能够在外部直观到的现实对象，不是显象的相关物，而是显象本身的形式。因此，空间绝对（就其自身而言）不是作为事物的存在中之某种确定的东西出现的，因为它根本不是任何对象，而是可能对象的形式。因此，事物作为显象规定着空间，也就是说，在空间的所有可能谓词（量和关系）中间，事物使得这些或者那些属于现实性；但反过来，空间却不能作为某种自存的东西在量或者形状方面规定事物的现实性，因为空间

解的东西并不一致。由此并没有表现出它有**多大**，从而它的
B460 概念也不是一个**极大**的概念，而是由此仅仅思维了它与一个任意假定的单位的关系，就此单位而言，它是大于一切数字的。根据这个单位被假定得更大还是更小，无限者也就更大或者更小；然而，无限性既然仅仅在于与这个被给予的单位的关系，它就会总是保持为同一个无限性，尽管整体的绝对的量由此还根本不为人所知，即便在这里也没有谈及它。

无限性的真正的（先验的）概念是：单位的渐进综合在测量一个量时绝不可能得到完成。① 由此可以完全肯定地得出：各种现实的前后相继的状态直至一个被给予了的（当前的）时刻的一个永恒不可能逝去，因而世界就必须有一个自身不是什么现实的东西。因此，空间（无论是充实的还是空的）② 可以被显象所限制， B461
但显象却不能被它们之外的一个**空的空间**所限制。同样这一点也适用于时间。即使承认这一切，无可争议的也是：如果假定一个世界整体，无论是就空间而言还是就时间而言，人们都必须绝对假定世界之外的空的空间和世界之前的空的时间这两个荒唐的东西。

因为就人们力图避免这一结论——按照这一结论我们说，如果世界（在时间上和空间上）有界限，无限的空虚就必然在其量上规定现实事物的存在——所凭借的出路来说，它只是暗地里在于：人们所想的不是一个**感官世界**，而是谁也不知道什么样的理知世界，不是最初的开端（即有一个非

① 由此，这个量就包含着大于任何数字的（被给予单位的）数量，这就是无限者的数学概念。

② 人们可以轻而易举地发现由此想说的东西：**空的空间，就它被显象所限制而言**，从而**世界内部**的空的空间，至少不与先验原则相矛盾，因而就先验原则来说是被允许的（尽管由此并没有马上断定它的可能性）。

开端。

就正论的第二部分来说，虽然没有一个无限的但毕竟又过去了的序列的困难，因为一个在广延上无限的世界的杂多是**同时**被给予了的。然而，为了思维这样一个数量的总体性，既然我们不能诉诸自行在直观中构成这一总体性的界限，我们就必须说明我们的概
〔300〕念，该概念在这样一种场合不能从整体推进到各部分的确定数量，而是必须通过各部分的渐进综合来说明一个整体的可能性。既然这一综合必须构成一个永远不能完成的序列，所以人们就不能在先于它，从而也不能通过它思维一个总体性。因为总体性的概念自身在这一场合是对各部分的一种完成了的综合的表象，而这种完成，从而还有完成的概念都是不可能的。

存在的时间先行于它的那个存在)而是一般而言不以世界中的**任何其他条件**为**前提条件**的存在，不是广延的界限，而是世界整体的限制，并由此避开了时间和空间。但在这里，所说的只是 mundus phaenomenon [作为现象的世界] 和它的量，对这个世界来说，人们绝对不可能抽掉上述感性条件而不取消它的本质。感官世界如果是受限制的，就必然处在无限的空虚中。如果人们想取消这一 〔301〕
点，从而取消作为显象之可能性的先天条件的一般空间，则整个感官世界就被取消了。在我们的课题中，被给予我们的只是这个世界。Mundus intelligibilis [理知世界] 无非是一般而言的世界的普遍概念罢了，在这个概念中人们抽掉了世界之直观的一切条件，因而关于理知世界，就根本不可能有综合的命题，无论是肯定的还是否定的都不可能。

B462 ## 先验理念的第二个冲突 B463

正论

在世界中每一个复合的实体都是由单纯的部分构成的，而且除了单纯的东西或者由单纯的东西复合而成的东西之外，任何地方都没有任何东西实存着。

反论

在世界中没有任何复合的事物由单纯的部分构成，而且在世界中任何地方都没有单纯的东西实存着。

证明

因为假定复合的实体不是由单纯的部分构成的，那么，当一切复合都在思想中被取消时，就会没有什么复合的部分留存下来，而且（既然不存在任何单纯的部分）也没有任何单纯的部分留存下来，从而也没有任何东西留存下来，因而也没有任何实体被给予。所以，要么不可能在思想中取消一切复合，要么在取消一切复合之后就必须留存有某种无须任何复合而持存的东西，亦即
〔302〕单纯的东西。但在前一种情况下，复合物就又会不是由实体构成的（因为在实体这里，复

证明

假定一个复合的事物（作为实体）由单纯的部分构成。由于一切外部的关系，从而还有实体的一切复合都惟有在空间中才是可能的，所以，该复合物由多少部分构成，它所占有的空间也就由多少部分构成。如今，空间不是由多个单纯的部分、而是由多个空间构成的。因此，复合物的每一个部分就必须都占有一个空间。但是，一切复合物的绝对最初的部分都是单纯的。所以，单纯的东西占有一个空间。如今，既然一切占有一个空间的实在的东西都在自身中包含着

合仅仅是种种实体的一种偶然的关系，没有这种关系实体也
B464 必须作为独立持久的东西持存）。如今，既然这种情况与前提条件相矛盾，那么就只剩下第二种情况：也就是说，在世界中实体性的复合物是由单纯的部分构成的。

由此直接得出：世界上的事物全都是单纯的存在物，复合只是它们的一种外部状态，而且，即使我们永远不能完全使这些基本实体摆脱这种结合状态并把它们孤立起来，理性毕竟还必须把它们设想为一切组合的第一批主体，从而先于组合是单纯的存在物。

彼此外在的杂多，从而是复合的，而且作为一个实在的复合物不是由偶性（因为偶性不能没有实体而彼此外在地存在）复合的，因而是由实体复合的，所以，单纯的东西就会是 〔303〕
一个实体性的复合物；而这是自相矛盾的。

反论的第二个命题，即世界上根本没有任何单纯的东西实存着，在这里只不过是意味 B465
着：绝对单纯的东西的存在，不能从任何经验或者知觉，无论是外知觉还是内知觉得到说明，因此，绝对单纯的东西是一个纯然的理念，其客观实在性永远不能在任何一个可能的经验中得到说明，因而在阐明经验时没有任何用处和对象。因为我们想要假定的是可以为这个先验理念找到一个经验对象；这样，对某一个对象的经验性直观就必须被认为是这样一种直观，它绝对不包含任何彼此外在并联结为统一体的杂多。如今，既然从这样一种杂多未被意识推论到这种杂多在对一个客体的任何一种直观中

的完全不可能性是无效的，而这种推论对于绝对的简单性又是完全必要的，由此就可以得出，无论从什么样的知觉中，都不能推论出这种简单性。因此，既然作为绝对单纯的客体的某物永远不能在某个可能的经验中被给予，而感官世界却必须被视为一切可能经验的总和，所以，在感官世界中任何地方都没有单纯的东西被给予。

反论的第二个命题比第一个命题走得更远。第一个命题只是把单纯的东西从对复合物的直观中排除掉了，与此相反，第二个命题却在这里把它从整个自然中删掉了；因此，该命题也不能从一个被给予的外部直观对象（复合物）的概念来证明，而是要从这个概念对于一个一般可能经验的关系来证明。

〔304〕 第二个二论背反的说明 〔305〕

B466 正论的说明

当我谈到一个必然由单纯的部分构成的整体时，我只是把它理解成为一个实体性的整

B467 反论的说明

物质无限分割的这一命题，其证明根据是纯然数学的；针对这一命题，**单子论者**

体，作为一个真正的合成物，也就是说，是**分离地**（至少在思想中）**被给予**、被置于一种相互联结之中、并由此构成一个东西的杂多的偶然统一体。人们本来不应当把空间称为合成物，而是应当称为总体，因为空间的各个部分惟有在整体中才是可能的，而并非整体通过各个部分才是可能的。它充其量可以叫做 Compositum ideale［观念的合成物］，但不能叫做 Compositum reale［实在的合成物］。不过这毕竟有点吹毛求疵。既然空间不是由实体（甚至也不是由实在的偶性）复合而成的东西，所以当我在它里面取消一切复合的时候，就必然没有任何东西留存下来，甚至就连点也没有留存下来；因为点惟有作为一个空间（从而一个复合物）的界限才是可能的。因此，空间和时间不是由单纯的部分构成的。仅仅属于一个实体的状态的东西，即便它有一种量（例如变化），也都不是由单纯的东西构成的；也就是说，变化的某

B468

们曾提出种种异议，这些异议已经使自己变得可疑，因为它们不愿意承认最清晰的数学证明是对空间——就空间事实上是一切物质的可能性的形式条件而言——的性状的洞识，而是把它们仅仅视为从抽象但却任意的概念出发的、不能与现实的事物发生关系的推论。这就好像是有可能发明另一种与在对空间的源始直观中被给予的直观不同的直观方式，而空间的先天规定不同时涉及一切惟有通过充实这个空间才有可能的东西似的。如果听从这些异议，则人们就必须在单纯的、但不是空间的一部分、而纯然是空间的界限的数学点之外，还设想出物理学的点，这些点虽然也是单纯的，但却具有作为空间的部分通过其纯然的集合充实空间的优点。在这里，无须重复人们大量遇到的对这种谬论的常见而又清晰的反驳了，要通过纯然推论的概念来用玄想破除数学的自明性，这是完全徒劳无功的。我仅仅说明，当哲学在这里刁难

种程度并不是通过许多单纯的变化的增长产生的。我们从复合物到单纯的东西的推理仅仅适用于自己持存的事物。但状
〔306〕态的偶性并不自己持存。因此，单纯的东西作为一切实体性复合物的组成部分，如果把它的必然性的证明扩展得太远，而且还像实际上已经多次发生的那样，使它无区别地对一切复合物生效，人们就很容易会败坏这种证明，并由此败坏自己的事情。

此外，我在这里谈到单纯的东西，只是就它必然在复合物中被给予而言的，因为复合物能够分解成作为其组成部分
B470 的单纯的东西。**单子**一词（按照莱布尼茨的用法）的本来意义应当仅仅关涉这样一种单纯的东西，它**直接地**作为单纯的实体被给予（例如在自我意识中），而不是作为复合物的要素，后者称为原子会更好。而既然我只是就复合物而言想证明单纯的实体是其要素，所以我可以把第二个二论背反的正论称为先验的**原子论**。但是，数学时，之所以发生这样的事
情，乃是因为哲学忘记了在这 B469
个问题中仅仅涉及**显象**及其条件。但在这里，仅仅为复合物的纯粹**知性概念**找到单纯的东西的概念是不够的，而是要为复合物（物质）的**直观**找到单纯的东西的直观；按照感性的规律，从而也就是在感官的对象那里，这是完全不可能的。因此，对于惟有通过纯粹知性来思维的由实体构成的整体来说，说我们在这个整体的一切复合之前必须拥有单纯的东西，这可能是适用的；但是，这并不适用于 totum substantiale phaenomenon［作为现象的实体性总体］，后者作为空间中的经验性直观，自身具有必然的属性，即它没有一个部分是单纯的，因为空间没有一
个部分是单纯的。然而，单子 〔307〕
论者们足够巧妙地要逃避这一困难，他们不是把空间预先设定为外部直观对象（物体）的可能性的条件，而是把这些对象和实体的力学关系预先设定为空间的可能性的条件。如

今，我们只是由于这个词久已用来表示物体显象（moleculārum［分子］）的一种说明方式，从而以经验性的概念为前提条件，所以它可以叫做单子论的辩证原理。

对作为显象的物体才有一个概念，但作为显象，物体就必须必然地把空间预先设定为一切外部显象的可能性的条件；因此，这种逃避是徒劳的，在上面先验感性论中，它就已经被充分地切断了。诚然，如果物体是物自身，单子论者们的证明还是可以有效的。

第二种辩证的主张自身具有特殊之处，即它有一个与自己对立的独断主张，该主张在所有的玄想主张中是惟一着手根据一个经验对象来明显地证明我们上面仅仅归之于先验理念的东西的现实性，即证明实体的绝对简单性的主张：也就是说，内感官的对象，即在此思维的我，是一个绝对单纯的实体。我现在不探讨这一点（因为上面已经更为详细地考虑过了），我只是说明：如果某种东西仅仅被作为对象来思维，不为它的直观附加任何一种综合的规定（就像这通过“我”这个完全没有内容的表象所发生的那样），那么，当然在这样一个表象中就不能知 B471

觉到任何杂多和复合了。此外，既然我思维这个对象所凭借的谓词纯然是内感官的直观，所以，在其中也不可能出现任何证明一种彼此外在的杂多，从而证明实在的复合的东西。因此，自我意识所造成的就是：由于能思维的主体同时就是它自己的客体，所以它就不能把自己划分开来（虽然能够把依附于它的规定划分开来）；因为就它本身来说，每一个对象都是绝对的统一。尽管如此，当这个主体**在外部**作为直观的对象被考察时，它毕竟还会在显象自身中显示出复合。但是，如果人们想知道在它里面是否有一种彼此外在的杂多，它就必须始终被如此考察。

〔308〕 先验理念的第三个冲突 〔309〕

B472 **正论**

按照自然规律的因果性，并不是世界的显象全都能够由之派生出来的惟一因果性。为了解释这些显象，还有必要假定一种通过自由的因果性。

B473 **反论**

没有任何自由，相反，世界上的一切都仅仅按照自然规律发生。

证明

人们假定，除了按照自然规律的因果性之外，不存在任何别的因果性；这样，一切**发生的事情**都以一个在先的状态为前提条件，它按照一条规则不可避免地跟随该状态。但现在，在先的状态本身也必须是某种发生的事情（在时间中形成的，因为此前它并不存在），因为如果它任何时候都存在，它的后果就也不会刚刚产生，而会是一直存在的。因此，某物发生所凭借的原因的因果性本身是某种**发生的事情**，它按照自然的规律又以在先的状态及其因果性为前提条件，而这个状态同样以一个更早的状态为前提条件，如此等等。因此，如果一切都是按照纯然的
B474 自然规律发生的，那么，在任何时候都只有一个次等的开端，但永远没有一个最初的开端，因而一般来说在一个起源自另一个的原因方面没有序列的完备性。但现在，自然的规律恰恰在于：没有充分地先天规定的原因，什么东西都不会

证明

假定有一种先验意义上的**自由**作为一种特殊方式的因果性，世界上的事情按照它才能发生，这就是绝对地开始一种状态，从而也开始其后果的一个序列的能力；这样，就不仅是一个序列将通过这种自发性绝对地开始，而且是产生该序列的这种自发性本身的规定亦即因果性也将绝对地开始，以至于没有任何东西先行，使得这一发生的行动按照持久的规律得到规定。但是，每一个行动的开端都是以尚未行动的原因的一个状态为前提条件的，而该行动的力学第一开端则是以一个与同一个原因的先行状态根本没有因果性关联，也就是说不以任何方式从中产生的状态为前提条件的。因此，先验的自由是与因果规律相对立的，而且是起作用的种种原因之相互承继状态的这样一种联结，按照这种联结，经验的任何统一性都是不可能的，所以 B475
在任何经验中都找不到这种联结，因而先验的自由是一个空

发生。因此，如果一切因果性都只有按照自然规律才是可能的，则这个命题就其不受限制的普遍性来说就是自相矛盾的，因而这种因果性不能被假定为惟一的因果性。

〔310〕 据此，必须假定一种因果性，某物通过它发生，无须对它的原因再继续通过另一个先行的原因按照必然的规律来加以规定，也就是说，它是原因的一种**绝对的自发性**，即自行开始一个按照自然规律进行的显象序列，因而是先验的自由，没有这种自由，甚至在自然的进程中显象的序列继起在原因方面也永远不是完备的。

洞的思想物。

因此，我们所拥有的无非是**自然**，我们必须在自然中寻找世界上的事情的关联和秩序。对自然规律的自由（独立性）虽然是对**强制**的一种**解脱**，但也是对一切规则的**导线**的一种解脱。因为人们不能说，进入世界进程的因果性之中的不是自然规律而是自由规律，因为如果自由是按照规律规定的，自由就不是自由，而其本身就无非是自然了。因此，自然与先验自由的区别正如合规律性与无规律性的区别，其中自然虽然给知性增添 〔311〕
了困难，即在原因序列中越来越高地向上寻找种种事件的起源，因为因果性在这些事件中任何时候都是有条件的，但作为补偿它也许诺了经验的无一例外的和合规律的统一性，因为与此相反，自由的幻象虽然给进行研究的知性在原因的链条中许诺了休息地，它把知性引导到一种自行开始行动的无条件的因果性，但这种因果性由于本身是盲目的，所以扯断了规则的导线，而只有遵循这一导线，一种无一例外地关联着的经验才是可能的。

B476 第三个二论背反的说明 B477

正论的说明

自由的先验理念远远没有构成这一名称的心理学概念的全部内容，该内容大部分是经验性的，相反，它仅仅构成了行动的绝对自发性的全部内容，来作为行动的自负其责的真正根据。但尽管如此，它对哲学来说却是真正的绊脚石。哲学在容忍诸如此类的无条件的因果性方面发现了不可克服的困难。因此，在关于意志自由的问题中历来使思辨理性感到十分为难的东西，本来就只是**先验的**，而且仅仅关涉是否必须假定一种**自行**开始相互承继的事物或者状态的一个序列的能力。至于这样一种能力如何可能，则是同样不必回答的，因为我们就按照自然规律的因果性而言同样必须满足于先天地认识到，必须以这样一

反论的说明

自然万能的辩护者（先验的自然主义）在与自由学说的对立中会针对后者的玄想推理以如下方式来维护自己的命题。**如果你们不在世界中假定就时间而言有任何数学上最初的东西，那么，你们也就没有必要就因果性而言寻找一种力学上最初的东西。**是谁让你们来想出一个绝对最初的状态，从而想出一个川流不息的显象序列的绝对开端，并由此为了给你们的想象创造一个休息地，而为不受限制的自然设置一些界限呢？既然世界上的实体在任何时候都存在，至少经验的统一性使这样一个前提条件成为必然的，所以也就没有任何困难来假定实体种种状态的变迁亦即其变化的序列也在任何时候都存在，从而就不可

种因果性为前提条件，尽管我们无论如何也不能把握如何通过某一存在来设定另一事物的存在的可能性，因而必须仅仅以经验为根据。现在，尽管我们本来只是就世界的一个起源的可理解性所要求的而言，来阐明一个显象序列出自自由的 B478 一个最初开端的必要性，而一切后起的状态，人们都可以当做是一个按照纯然的自然规律的序列。但由于这样一来，毕〔312〕竟就证明了（虽然并没有看出）完全自行地开始一个时间中的序列的能力，所以我们现在也被容许在世界的进程中间让种种不同的序列在因果性上自行开始，并赋予这些序列的实体以从自由出发行动的能力。但是，人们在这里不要让自己被如下的误解所阻止：既然世界上的一个渐进的序列只能有一个相对最初的开端，因为世界上毕竟总是有事物的一种状态先行，所以在世界的进程中，就不可能有一个序列的绝对最初开端。因为我们在这里所谈的不是时间上的、而是以寻求任何最初的开端，无论是数学的还是力学的。这样一种没有最初环节——就它而言其余的一切都是后继的——的无限起源的可能性，就最初环节的可能性而言是无法令人理解的。但是，如果你们想由此甩掉这个自然之谜，你们就将发现自己被迫摈弃许多你们同〔313〕样不能理解的综合的基本性状 B479（基本力量），甚至一般变化的可能性也必然使你们感到反感。因为如果你们不通过经验发现这些变化是现实的，你们就绝不能先天地想出存在与不存在的这样一种不停的继起是如何可能的。

即便是为了开始世界的变化，自由的一种先验能力能够得到承认，这样一种能力也毕竟至少将必须仅仅存在于世界的外面（尽管在所有可能直观的总和外面再假定一个不能在任何可能的知觉中被给予的对象，始终还是一种大胆的僭妄）。然而在世界本身中把这样一种能力归于实体，则是绝不能允许的，因为在这种情况因果性上的绝对最初开端。如果我现在（举例来说）完全自由地、无须自然原因的必然规定性影响就从我的椅子上站起来，那么，在这个事件连同其直到无限的自然后果中，就绝对地开始了一个新的序列，尽管在时间上这个事件只不过是一个先行序列的延续而已。因为这个决定和行动根本不在单纯自然结果的序列之中，不是它的一个纯然的延续；相反，决定性的自然原因在这一事件之上就其发生而言完全终止，其发生虽然继那些自然原因而起，但却不是从中**产生**的，因此虽然不是在时间上，但却就因果性而言必须被称为一个显象序列的绝对最初开端。

理性的**需求**，即在自然原因的序列中诉诸一个出自自由的最初开端，其证实在下面这一点上极为清晰地映入眼帘：古代所有的哲学家们（伊壁鸠鲁学派除外）都发现自己被迫为解释世界的运动而假定一个**第一推动者**，也就是说，一个首先并且自行开始各种状

下，人们称之为自然的那种按照普遍规律必然地相互规定的种种显象的联结，以及把经验与梦幻区别开来的经验性真理的标志，就会绝大部分消失了。与自由的这样一种无规律的能力相伴，自然就几乎无法设想了，因为自然的规律将不断地被自由的影响所改变，而显象按照单纯的自然整齐划一的运动也将由此变得紊乱和支离破碎。

态的这个序列的自由行动的原因。因为他们不敢从纯然的自然出发来解释一个最初的开端。

〔314〕 先验理念的第四个冲突 〔315〕

B480 正论

有某种东西属于世界，它或者作为其部分或者作为其原因，是一个绝对必然的存在者。

证明

感官世界作为一切显象的整体，同时包含着一个变化的序列。因为没有这个序列，就连作为感官世界的可能性之条件的时间序列的表象也不会被给予我们。① 但是，任何一种变化都从属于时间上先行于它的条件，它在这种条件下是必

B481 反论

任何地方，无论是在世界之中，还是在世界之外，都没有作为世界的原因的绝对必然的存在者实存。

证明

假定世界本身是一个必然的存在者，或者在世界中有一个必然的存在者，那么，在它的变化序列中就要么有一个开端，它是无条件地必然的，从而是没有原因的，而这与规定时间中一切显象的力学规律相冲突；要么序列本身没有任何开端，而且它尽管在其一切部

① 时间作为变化的可能性的形式条件，虽然在客观上先行于这些变化，但在主观上并且在意识的现实性中，这一表象毕竟只是如同任何别的表象一样，乃是通过知觉的缘起而被给予的。

然的。如今，任何一个被给予的有条件者就其实存而言都以种种条件直到绝对无条件者的完备序列为前提条件，而这绝对无条件者则是绝对必然的。因此，某种绝对必然的东西如果有一种变化作为其后果而实存，那就必定是实存的。但这个必然的东西本身属于感官世界。因为假定它处于感官世界
B482 之外，那么世界的变化序列就会从它引申出自己的开端，而这个必然的原因本身却不属于感官世界。这是不可能的。因为既然一个时间序列的开端惟有通过时间上先行的东西才能得到规定，所以一个变化序列的开端之至上条件就必须在该序列尚不存在的时间中实存（因为开端是一种存在，有一个时间先行于它，开始的事物在这时间中尚不存在）。因此，种种变化的必然原因的因果分中都是偶然的和有条件的，但在整体上却依然是绝对必然的和无条件的，而这是自相矛盾的，因为一个集合如果没有任何一个部分拥有自身必然的存在，该集合的存在就不可能是必然的。

与此相反，假定在世界之外有一个绝对必然的世界原因，那么，这个原因作为世界 B483
上的变化之**原因序列**的至上环节，就会首先开始这些变化的存在及其序列。① 但在这种情况下，这个原因就必定也开始行动，而它的因果性就会属于时间，但正因为此而属于显象的总和，也就是说，属于世界，所以它本身，亦即原因，并不处于世界之外，而这与前 〔317〕
提条件是矛盾的。因此，无论在世界之中，还是在世界之外（但与世界处于因果联结之中），都没有任何绝对必然的

① 开始这个词是在双重意义上采用的。第一种意义是**能动的**，此时原因开始（infit）一个种种状态的序列作为其结果；第二种意义是**被动的**，此时因果性在原因本身中起始（fit）。我在这里从第一种意义推论到第二种意义。

性，从而还有原因本身，都属于时间，从而属于显象（时间只有借着显象作为显象的形式才是可能的）；所以，时间不
〔316〕能被与作为一切显象之总和的感官世界分离开来思维。因此，在世界本身中，包含着某种绝对必然的东西（无论这绝对必然的东西是整个序列本身，还是它的一个部分）。

存在者。

B484 第四个二论背反的说明 B485

正论的说明

为了证明一个必然的存在者的存在，我有责任除了**宇宙论的论证**外，不使用其他任何论证；宇宙论的论证通过人们把概念中的无条件者视为序列之总体性的必然条件，而从显象中的有条件者上升到该无条件者。试图从一切存在者中的一个至上存在者的纯然理念出发作出这种证明，这属于理性的另一个原则，因此，这样一种证明将必须特别地产生。

纯粹宇宙论的证明，除了将一个必然的存在者是世界本

反论的说明

如果人们在显象的序列中上升时自认为遇到不利于一个绝对必然的至上原因之存在的困难，那么，这些困难也必然不是基于一般事物的必然存在的纯然概念，因而不是本体论的，而是出自与一个显象序列的因果联结（为的是给该显象序列假定一个本身无条件的条件），因此是宇宙论的，且是按照经验性规律推论出来的。也就是说必须展示，原因序列中的上升（在感官世界中）绝不能在一个经验性无条件的条

身还是一个与世界有别的事物的问题悬而不决之外，不能以任何别的方式阐明该存在者的存在。因为要澄清该问题，所需要的原理就不再是宇宙论的，不是在显象的序列中继续的，而是需要一般偶然存在者（如果它们纯然被当做知性的对象来考虑）的概念和一种通过纯然的概念把这些存在者与一个必然的存在者联结起来的原则，凡此种种都属于一种**超验哲学**，此处尚没有这种超验哲学的位置。

但是，人们一旦通过以显象的序列和按照因果性的经验性规律在显象序列中进行的回溯为根据，而以宇宙论的方式开始证明，就不能在此后离开这里，过渡到某种根本不作为一个环节属于该序列的东西。
B486 因为某物被视为条件，同有条
〔318〕件者与其条件的关系在应当以
连续的进步导向这个最高条件的序列中被对待，必须是在同一种意义上。现在，如果这种关系是感性的，并且属于可能的经验性的知性应用，那么，件那里终止，从世界的种种状态的偶然性出发依据其变化作出的宇宙论论证的结果不利于一个最初的、绝对首先开始该序列的原因的假定。

但是在这一二论背反中， B487
表现出一种奇特的对比：也就 〔319〕
是说，在正论中推论出一个源始存在者的存在，与在反论中推论出该存在者的不存在，乃是出自同样的证明根据，而且具有同样的精确性。起初说：**有一个必然的存在者**，因为整个过去的时间在自身中包含着一切条件的序列，从而也包含着无条件的东西（必然的东西）。现在又说：**没有任何必然的存在者**，同样是因为整个逝去的时间在自身中包含着一切条件的序列（因此这些条件全都又是有条件的）。这方面的原因如下：第一个论证仅仅关注在时间中相互规定的种种条件之序列的**绝对总体性**，由此得出一个无条件的和必然的东西；与此相反，第二个论证考虑到一切在**时间序列**中被规定的东西的**偶然性**（因为在每至上的条件或者原因就只能按照感性的规律，从而只能作为属于时间序列的来结束回溯，必然的存在者就必须被视为世界序列的至上环节。

尽管如此，人们却冒昧地作了这样一种跳跃（μεταβαδις εις αλλο γενος［转变至另一种类］）。也就是说，人们从世界中的变化推论到经验性的偶然性，亦即推论到变化对经验性规定原因的依赖，并得到一个经验性条件的上升序列，这也是完全正确的。但是，既然在这里不能发现任何最初的开端和至上的环节，人们就突然离开了偶然性的经验性概念，拿起了纯粹范畴，纯粹范畴在这种情况下就造成了一个纯然理知的序列，其完备性基于一个绝对必然的原因的存在。现在，既然这个绝对必然的原因不受任何感性条件的束缚，它也就摆脱了时间条件自己开始其因果性。如人们从下文能够推论出来的那样，这种行事方式是完全悖理的。

在范畴的纯粹意义上偶然

一个东西之前都有一个时间，其中条件本身又必须作为有条件的而被规定），由此一切无 B489
条件的东西和一切绝对的必然性都完全消逝了。然而，两个论证中的推论方式都完全符合通常的人类理性，通常的人类理性由于从两种不同的立场出发思考自己的对象，屡屡陷入自己与自己发生纠纷的境地。**马兰**先生认为两位著名的天文学家因一种类似的困难关于选择观测点而产生的争执是一个十分值得注意的现象，值得对 〔321〕
此撰写一篇专门的论文。也就是说，一位天文学家推论说：**月球绕自己的轴自转**，乃是因为它总是以同一个面朝向地球；另一位则推论说：**月球并非绕自己的轴自转**，恰恰是因为它总是以同一个面朝向地球。就人们采用的观察月球运动的观测点而言，两种推论都是正确的。

的东西，就是其矛盾的对立面有可能的东西。现在，人们根本不能从经验性的偶然性推论到那种理知的偶然性。被改变
B488 的东西，其（状态的）对立面在另一个时间里是现实的，从而也是可能的。因此，这个状态不是先前状态的矛盾对立面，矛盾对立面要求在先前状态存在的同一时间里其对立面已经能够取代它，这是根本不能从变化推论出来的。一个在运动中的物体（等于 A）达到静止（等于非 A）。现在，从状态 A 的一个相反状态继状
〔320〕 态 A 而起这一事实，根本不能推论说，A 的矛盾对立面是可能的，因而 A 是偶然的；因为为此就要求在运动存在的同一时间里，静止就能够取代它了。现在，除了静止在继起的时间里是现实的、从而也是可能的之外，我们并不知道任何别的东西。但是，一个时间里的运动和另一个时间里的静止彼此并不矛盾对立。因此，相反规定的演替亦即变化绝不证明根据纯粹知性概念的偶然

性，因而也不能导向一个根据纯粹知性概念的必然存在者的存在。变化仅仅证明经验性的偶然性，也就是说，根据因果性的规律，没有一个属于先前时间的原因，新状态就根本不能自行出现。这个原因，即便是被假定为绝对必然的，也毕竟必须以这种方式在时间中发现，且属于显象的序列。

第三章　论理性在它的这种冲突中的旨趣 〔322〕

B490

如今，我们在这里已经拥有宇宙论理念的全部辩证活动。这些理念根本不允许在任何一种可能的经验中有一个一致的对象被给予它们，就连理性与普遍的经验规律一致地思维它们也不允许，尽管如此，它们毕竟不是被任意地虚构出来的，相反，理性在其经验性综合的连续进展中，如果想使按照经验的规则在任何时候都只能有条件地被规定的东西摆脱一切条件，并且在其无条件的总体性中把握它，就必然导向这些理念。这些玄想的主张不过是解决理性的四种自然的和不可避免的问题的尝试而已；因此，问题恰恰只能有四种，不多也不少，乃是因为只有四种综合的前提条件的序列先天地限制经验性的综合。

我们只是以仅仅包含其合法要求的根据的枯燥公式，来表现把自己的领域扩展到经验的一切界限之外的理性之出尽风头的僭妄，并且与一种先验哲学相称地消除掉这些僭妄的一切经 B491
验性的东西，尽管理性主张的全部辉煌惟有与经验性的东西相结合才能显示出来。但在这种应用以及理性应用的不断进步的扩展中，由于它从经验的领域开始并且逐渐地翱翔直上，直达这些崇高的理念，哲学就表现出一种尊严；只要哲学能够维护自己的僭妄，这种尊严就会远远地超过其他一切人类科学的价值，因为它为我们对一切理性能力最终必然汇聚于其中的终极目的的最大期望和展望许诺了基础。世界是否有一个开端，它在空间中的广延是否有某个界限；是否在某个地方，也许就在我的能思维的自我里面有一种不可分割的、不可毁坏的统一
〔323〕性，抑或只有可分割的东西和转瞬即逝的东西；我在我的行动中是否是自由的，抑或与其他存在者一样受自然和命运的导线所支配；最后，是否有一个至上的世界原因，抑或自然物及其秩序构成了我们在自己的所有考察中都必须止步不前的最后对象。凡此种种问题，都是数学家乐意献出其全部科学来换取其解决的问题；因为就最高的和最关切的人类目的而言，其全部
B492 科学毕竟不能给他造成任何满足。甚至数学（人类理性的这一骄傲）的尊严也基于：既然数学给理性提供指导，使它无论在宏观上还是在微观上都在自然的秩序和合规则性中，此外在推动自然的种种力量的值得惊赞的统一中，远远超越建立在通常经验之上的哲学的一切期望来洞察自然，数学由此也就甚至为理性扩展到一切经验之外的那种应用提供了诱因和鼓励，此外又向致力于此的世俗智慧供给最杰出的材料，在其研究的性质所允许的范围内通过适当的直观支持其研究。

对思辨来说不幸的是（但也许对人的实践规定来说幸运的是），理性发现自己在其最大的期待中如此囿于根据与反根据的冲突，以至于既然无论为其荣誉还是甚至为其安全，抽身而退并且漠然地把这种纷争当做一场纯然的儿戏来对待，都是不可行的，绝对地要求和平更是不可行，因为争执的对象是非常利益攸关的，所以留存给理性的，惟有思索理性与自己本身的
B493 这种不和的起源：一种纯然的误解是否应当为此负责？在这一

讨论之后，虽然双方也许都须放弃高傲的要求，但理性对知性和感官的持久平和的统治也会由此而开始。

现在，我们想暂时搁置这一缜密的讨论，先考虑一下：如果我们被迫表态，我们最愿意站在哪一边呢？既然我们在这种场合不问真理在逻辑上的试金石，而是只问我们的旨趣，所以这样一番研究尽管就双方的有争议的权利而言并不澄清任何东西，但仍然有用，即解释这场争执的参加者为什么宁可站在某 〔324〕
一边而不站在另一边，却没有对对象的一种出色的洞识作为这样做的原因，此外还说明了另外一些次要的事情，例如一方的狂热激情和另一方的冷静断言，以及为什么他们乐意愉快地赞同一方，而对另一方却事先就毫不妥协地抱有偏见。

但是，有某种在这种暂时的判断中规定观点的东西，惟有从这种观点出发才能以相应的缜密从事这种判断，而这种东西就是双方由以出发的原则的比较。在反论的种种主张中，人们注意到一种思维方式的完全齐一性和准则的完全统一性，也就是说，一个纯粹**经验论**的原则，不仅在于对世界上的种种显象的 B494
说明，而且也在于世界总体本身的先验理念的解决。与此相反，正论的种种主张除了显象序列内部的经验性解释方式之外还以理智的开端为根据，而准则就此而言则不是单纯的。但是，根据其本质性的区别特征，我要把正论称为纯粹理性的**独断论**。

因此，在规定宇宙论的理性理念时的独断论一方或者正论一方表现出：

第一，某种**实践的旨趣**，每一个思想正常的人，如果他了解自己的真正好处，都会热心参与这种旨趣。世界有一个开端，我能思维的自我具有单纯的，因而永不泯灭的性质，这个自我同时在一种任意的行动中是自由的和超越自然强制的，最后，构成世界的种种事物的整个秩序源自一个元始存在者，一切都从这个元始存在者获得其统一性和合目的的联结，这些全都是道德和宗教的基石。反论则剥夺了我们所有这些支柱，或者至少是看起来剥夺了我们这些支柱。

第二，在这一方也表现出理性的一种**思辨的旨趣**。因为如果以这样的方式接受并使用各先验理念，人们就可以完全先天
B495 地把握种种条件的整个链环，并理解有条件的东西的由来，因
〔325〕为人们是从无条件者开始的；反论则不提供这种东西，它感到自己很糟糕，因为它对于自己的综合之条件的问题，不能给出不使人无穷地继续追究的回答。按照反论，人们必须从一个被给予的开端上升到一个更高的开端，每一个部分都导致一个更小的部分，每一个事件都总是有另一个事件在其上作为原因，而一般存在的条件总是又依据其他条件，绝不能在一个作为元始存在者的独立事物中获得无条件的支持和支柱。

第三，这一方也有**通俗性**的优点，这种优点肯定不是其受欢迎的最无关紧要的原因。通常的知性在一切综合的无条件开端的理念中没有发现丝毫的困难，因为它对下降到后果本来就比对上升到根据更为习惯，并且在绝对最初者（它并不苦思冥想绝对最初者的可能性）的概念中感到惬意，同时有一个固定的点，以便将自己的步伐的导线连接在它上面，与此相反，它在从有条件者向条件的永无止境的上升中，任何时候都有一只脚悬在空中，根本不能得到满意。

B496 在规定宇宙论的理念时**经验论**一方或者反论一方发现：

第一，没有这样一种像道德和宗教所带来的出自纯粹的理性原则的实践旨趣。毋宁说，纯然的经验论看起来剥夺了道德和宗教的一切力量和影响。如果不存在一个与世界有别的元始存在者，如果世界没有开端，因而也没有创造者，我们的意志不是自由的，灵魂与物质具有同样的可分性和可朽性，那么，**道德的**理念和原理就也就丧失了一切效力，与构成其理论支柱的**先验**理念一起作废了。

但**与此相反**，经验论也给理性的思辨旨趣提供了好处，这些好处很诱人，而且远远胜过理性理念的独断教师所能够许诺的好处。按照经验论，知性在任何时候都处于自己特有的地基之上，即处于纯粹可能的经验的领域里，它探究这些经验的规律，并凭借这些规律而能够无穷尽地扩展自己的可靠而又易于理解的知识。在这里，它能够并且应当表现对象，不仅是就其 〔326〕
自身而言，而且是在其直观关系之中，或者是在其图像能够在被给予的类似直观里面清楚明白地提供出来的概念中。不仅它 B497
没有必要离开自然秩序的链环来依赖理念，理念的对象是它所不知道的，因为理念的对象作为思想物绝不能被给予出来；而且它也根本不容许离开自己的任务，借口自己的任务已经完成而转入观念化的理性的领域，转向超越的概念，在这里它不再需要观察和按照自然规律进行研究，而是仅仅**思维**和**创作**，可以保证不能被自然的事实所反驳，因为它同样不为这些事实的见证所束缚，而是可以置之不理它们，甚至让它们从属于一个更高的威望，即从属于纯粹理性的威望。

因此，经验论者绝不允许把自然的某一个时期假定为绝对最初的时期，或者把他远眺自然范围的某一个界限视为最外面的界限，或者从它通过观察和数学能够分辨并且在直观中综合地予以规定的对象（有广延的东西）过渡到无论是感官还是想象力都绝不能具体地表现的对象（单纯的东西）；他也不允许人们甚至**在自然**中把一种不依赖于自然规律而起作用的力量（自由）作为基础，并由此减轻知性按照必然规则的导线探究 B498
种种显象的产生的任务；最后，他也不同意人们在自然之外寻找这方面的某个原因（元始存在者），因为我们所认识的惟有自然，惟有自然才能向我们展示对象并告诉我们它们的规律。

尽管经验论哲学家在提出反论时并没有其他意图，只是要打消认错自己真正规定性的理性的冒失和胆大妄为，这种理性在洞识和知识真正说来终止的地方炫耀**洞识**和**知识**，并且要把人们只是鉴于实践的旨趣才承认的东西冒充为对思辨的旨趣的一种促进，为的是在有益于它的舒适的地方打断物理研究的线
〔327〕 索，并且借口扩大知识而把这线索连接在先验理念上，人们本来通过先验理念只是认识到**人们一无所知**；如果——我要说——经验论者满足于此，他的原理就会是在提出要求时有节制、在作出断言时谦逊、同时借助于真正配备给我们的导师亦即经验来尽可能地扩展知性的一条准则。因为在这样一种场合，我们就不会被剥夺有利于我们的实践事务的种种理智的**前提条件**和**信仰**；只不过人们不能让它们以科学和理性洞识的名义和排场出现罢了，因
B499 为真正的思辨知识除了经验的对象之外，在任何地方都不可能遇到别的对象，而且如果人们逾越了经验的界限，试探不依赖于经验的新知识的综合就没有可以使它得以实施的直观的基底。

但是，如果经验论就理念而言（就像经常发生的那样）自己变得独断，并且放肆地否定超出其直观的知识范围之外的东西，那么，它本身就陷入了非分的错误，这种错误在这里更应当受到责难，因为由此对理性的实践旨趣造成了一种无法弥补的损害。

这就是**伊壁鸠鲁主义**③与**柏拉图主义**的对立。

① 然而，**伊壁鸠鲁**是否曾经把这些原理讲述为客观的主张，还是一个问题。如果这些原理无非是理性的思辨应用的准则，那么，他就借此显示出一种比古代任何一位世俗智者都更为纯正的哲学精神。至于人们在说明显象时必须如此进行，就好像研究的领域不为世界的任何界限或者开端封锁似的；必须如此假定世界的材料，就像经验把它告知我们时它必然是的那样；除了像各种事件由不变的自然规律规定的那样之外，不得利用任何别的产生，最后，不得利用任何与世界有别的原因；这些直到现在都还是正确的原理，但却少有人遵守。它们扩展思辨哲学，也不依赖于外来的辅助源泉来发现道德的原则，由此，要求在我们从事纯然的思辨时**不理睬**那些独断命题的人，就不可因此被指责为想**否定**它们。

二者中的每一个都说的比知道的更多，但**前者**虽然不利于实践的东西，却鼓励并促进了知识，**后者**虽然为实践的东西提供了卓越的原则，但却正因如此而在一切只能给予我们一种思辨知识的事物里面，允许理性追忆对自然显象的观念性说明，而忽视对此的物理学探讨。 〔328〕 B500

最后，就在冲突双方之间作出暂时选择时所能关注的**第三种**要素而言，令人极为惊讶的是，经验论完全不为大众所喜闻乐见，尽管人们应当相信，通常的知性将热切地采纳使它指望仅仅通过经验知识及其合理性的联系而得到满足的规划，而不是让先验的独断论迫使它上升到远远超过在思维方面最纯熟的大脑的洞识和理性能力的概念。但恰恰这一点是它被打动的原因。因为在这种情况下，它处于一种即使最有学问的人也不能对它有任何指责的状态中。即使它对此理解甚少或者毫无理解，也毕竟没有任何人能够自诩理解得更多，而且尽管对此不能像其他人那样按照学术规范说话，它也毕竟能够无限更多地进行玄想推论，因为它游荡于纯粹的理念之间，关于理念人们之所以最为健谈，正是因为人们**对此一无所知**；而关于自然的探究，它就不得不一言不发，承认自己的无知了。因此，惬意和虚荣已经是这些原理的强劲引荐了。此外，尽管对于一个哲学家来说，接受某种东西为原理却不能因此而作出解释，或者干脆引入看不出其客观实在性的概念，是非常困难的，但对于通常的知性来说，却毕竟没有更习以为常的事情了。它要有某种东西来信心十足地由以开始。把握这样一种前提条件本身的困难并不使它不安，因为它（它不知道什么叫做把握）从未想到过这个前提条件，它把由于经常使用而对它来说司空见惯的东西视为已知的。但最终，一切思辨的旨趣在它那里都消失在实践的旨趣面前，它自负能够看出，并且知道忧虑和希望激励它去接受和相信的东西。这样，经验论就被完全剥夺了先验的 B501 〔329〕 B502

和观念化的理性的一切受欢迎之处，而且无论它包含有多少对至上的实践原理不利的东西，毕竟根本不用担忧它会在某个时候越过学派的界限而在日常事务中赢得一种还算可观的威望，在大众那里赢得一些宠爱。

人类理性就其本性而言是有建筑术的，也就是说，它把一切知识都视为属于一个可能的体系，因此也仅仅允许这样一些原则，即它们至少不使一种有计划的知识不能在某一个体系中与其他知识并列。但是，反论的命题却具有使得一座知识大厦的完成完全不可能的性质。按照这些命题，在世界的一种状态之上总是还有一个更古老的状态，在任何部分中都总是还有其他部分，这些部分又是可以分割的，在任何事件之前都有另一个事件，该事件又同样是以其他方式被产生的，在一般的存在中一切都总是有条件的，不承认任何一种无条件的最初存在。因此，既然反论在任何地方都不承认一个最初的东西，不承认绝对可以充当建筑之基础的开端，所以，鉴于这样的前提条件，一座完备的知识大厦就完全不可能了。因此，理性的建筑
B503 术旨趣（它不要求经验性的理性统一性，而是要求先天纯粹的理性统一性）就为正论的各种主张带来了一种自然的引荐。

但是，如果一个人能够表示放弃一切旨趣，纯然按照理性的种种主张之根据的内容来考察它们，不问其结论如何，那么，这样一个人，假设他除了皈依冲突的两种学说的这一种或者另一种之外，不知道以别的方式走出困境，他就会处在一种不断摇摆的状态之中。他会在今天深信不疑地觉得人的意志是**自由的**；明天，当他考察不可分解的自然链条的时候，又会认为自由无非是自我欺骗，一切都仅仅是**自然**。但一旦付诸作为和行动，纯然思辨理性的这种游戏就会如一场梦的幻影一般消失，他就会纯然按照实践的旨趣来选择自己的原则。但是，由
〔330〕 于对一位进行反思和研究的存在者来说，把某些时间专用来检

验他自己的理性，但在此时完全甩脱一切党派性，并这样把他的觉察公开地交给别人评判，毕竟是得体的，所以，没有人可以责怪，更不可以阻止让命题和反命题出现，就像它们能够不 B504 为任何威胁所恐吓地在他自己那个阶层（即有弱点的人的阶层）的陪审员们面前为自己辩护。

第四章　论纯粹理性的绝对必须能够被解决的先验课题

要解决一切课题和回答一切问题，这会是一种不知羞耻的自吹自擂和一种如此过分的自高自大，以至于人们会必然由此立刻丧失一切信任。尽管如此，还是有一些科学，其本性就造成，每一个在其中出现的问题都绝对必须能够从人们知道的东西出发得到回答，因为答案必然产生自问题由以产生的同一源泉，而且在这里，绝对不允许借口不可避免的无知，而是能够要求解决。人们按照规则必须能够知道，在所有可能的场合里什么是**对的**或者**不对的**，因为这涉及我们的责任。而对于**我们不能知道的东西**来说，我们就也没有责任。然而，在说明自然的显象时，必然有许多东西是我们不确知的，一些问题依然是 B505 不能解决的，因为我们关于自然所知道的东西，对于我们应当说明的东西来说远非在所有的场合都是充足的。如今的问题是：在先验哲学里面，是否有涉及呈现给理性的一个客体的某个问题，是通过这同一个纯粹理性所无法回答的，以及人们是否能够通过把这作为（从我们能够认识的一切出发）绝对不确知的而归为我们虽然有如此之多的概念来提出问题，但我们却 〔331〕 完全缺乏手段或者能力来随时回答该问题的东西，来合理地放弃对问题作出决定性的回答。

如今我断言，先验哲学在一切思辨知识中间具有这样的特点：根本没有任何一个涉及被给予纯粹理性的对象的问题对于这同一个人类理性来说是无法解决的，没有一种不可避免的无知和课题艰深莫测的借口能够解除缜密而且完备地回答该问题的责任，因为使我们能够提问的同一个概念，绝对必然也使我们有能力对该问题作出回答，对象根本不是在概念之外遇到的（像在法与非法那里一样）。

B506 但在先验哲学中，惟有宇宙论的问题人们才能够有理由要求作出一种令人满意的、涉及对象性状的回答，并不容许哲学家借口无法参透的晦暗而逃避回答；而且这些问题只能涉及宇宙论的理念。因为对象必须是被经验性地给予的，而且问题仅仅关涉对象与一个理念相符合。如果对象是先验的，从而本身是未知的，例如其显象（在我们里面）是思维的某物（灵魂）是否是一个就自身而言单纯的存在物，一切事物是否共有一个绝对必然的原因，等等，那么，我们就应当为我们的理念寻找一个我们可以承认其不为我们所知，但却毕竟并不因此就不可
B507 能的对象。[①] 惟独宇宙论的理念才自身具有这种独特之处，即
〔332〕 它们能够把自己的对象和对象的概念所必需的经验性综合预设为已被给予的；从它们里面产生的问题仅仅涉及这种综合应当

① 对于一个先验对象具有什么样的性状，即**它是什么**的问题，人们虽然不能给出回答，但却可以说这个**问题**本身**没有意义**，因为没有给出问题的对象。因此，先验灵魂说的一切问题也都是可回答的，并且确实得到了回答；因为它们都涉及一切内在显象的先验主体，这个主体本身却不是显象，从而不是作为对象**被给予的**，而且范畴（问题提出所真正指向的范畴）中没有一个找到运用于该主体之上的条件。因此，这里就是俗语所谓无回答亦是回答的情况，也就是说，关于因完全被置于能够被给予我们的对象的领域之外而不能通过任何确定的谓词来思维的某物的性状的问题，是完全无意义和空洞的。

包含绝对总体性的进展，这种绝对总体性由于不能在任何经验中被给予，所以就不再是经验性的东西。在这里，既然我们所谈论的仅仅是作为一个可能经验的对象的东西，而不是作为一个事物自身的东西，所以对超验的宇宙论问题的回答就不可能在理念之外的其他任何地方，因为它不涉及任何对象自身；而就可能的经验而言，所问的并不是具体地在某个经验中能够被给予的东西，而是蕴涵在经验性的综合仅仅应当接近的理念之中的东西。因此，它必然只能从理念出发得到解决；因为理念纯然是理性的造物，因此理性就不能推卸责任，将它推诿给未知的对象。

一门科学就所有属于其整体的问题(quaestiones domesticae B508
[内部的问题])而言完全能够要求并期待某些解答，尽管这些解答目前也许还没有被找到，这也并不像乍一看那样非同寻常。除了先验哲学之外，还有两门纯粹的理性科学，一门具有纯然思辨的内容，另一门则具有实践的内容，即**纯粹数学**和**纯粹道德**。人们不是曾经听到过，仿佛是由于对种种条件的必然无知，无论是在有理数中还是在无理数中，直径与圆周具有什么样的比例，被说成是不确定的吗？既然这种比例通过有理数根本不能被准确地给予，而通过无理数还没有被找到，所以人们就作出判断：至少这样的解答的不可能性是能够确切地认识到的，而且**兰贝特**也曾对此作出过证明。在道德的普遍原则中，不可能有任何不确定的东西，因为种种命题要么是完全空洞、毫无意义，要么是必须纯然出自我们的理性概念。与此相反，在自然科学中有无限多的猜测，就它们而言永远不能期待确定性，因为自然显象是不依赖于我们的概念被给予我们的对 〔333〕
象，因而解开它们的钥匙不在我们和我们的纯粹思维里面，而是在我们之外，也正是因此之故，在许多场合找不到、从而也不能期待可靠的解释。我并不把涉及我们纯粹知识的演绎的先 B509

验分析论的问题列入其内，因为我们现在仅仅是就对象而言讨论判断的确定性，而不是就我们的概念的起源而言讨论判断的确定性。

因此，我们不能通过对我们理性的狭隘限制提出抱怨，并以一种谦卑的自知之明的外表承认澄清下述问题超出了我们的理性，来逃避对提出的理性问题作出一种至少是批判的解答的责任。这些问题是：世界是永恒存在的，还是有一个开端；宇宙空间是以至无限都被存在物所充满，还是被封闭在某些界限之内；在世界上是有某种东西是单纯的，还是一切都必定可无限分割；是有一种出自自由的产生和创造，还是一切都取决于自然秩序的链条；最后，是有某种完全无条件的、就自身而言必然的存在物，还是一切在自己的存在上都是有条件的，从而在外部是依赖性的、就自身而言是偶然的。因为所有这些问题都涉及一个除了在我们的思想中之外不能在其他任何地方被给予的对象，亦即显象之综合的绝对无条件的总体性。如果我们从我们自己的概念出发不能对此说出和澄清任何确定的东西，
B510 那么，我们就不可以归咎于对我们将自身隐蔽起来的事物；因为诸如此类的事物（由于它在我们的理念之外的任何地方都未被遇到）根本不能被给予我们，而是我们必须在我们的理念中寻找本身是一个不允许有任何解答的问题的原因，而且关于它，我们毕竟还固执地假定有一个现实的对象与我们的理念相符合。对在我们的概念本身中蕴涵的辩证法的一种清晰的阐明，会使我们对于我们就这样一个问题而言应当作出判断的东西，很快达到完全的确定性。

对于你们提出的在这些问题方面的不确定性的借口，人们可以提出你们至少必须清晰地予以回答的这个问题来反驳：你们是从哪里得到其解答令你们在此陷入这样一些困难的理念
〔334〕 的？你们需要作出说明的是显象，而且关于显象你们只能根据

这些理念寻找其阐释的原则或者规则吗？假定自然在你们面前已得到完全的揭示；呈现给你们的直观的一切都没有任何东西对你们的感官和意识隐蔽起来，但是，你们毕竟不能通过任何经验具体地认识你们的理念的对象（因为除了这种完备的直观之外，还要求有一种完成了的综合及其绝对总体性的认识，而 B511
这根本不可能通过任何经验性的认识实现）；因此，你们的问题绝不可能是为说明某个呈现的显象而必然地、因而仿佛是通过对象本身提出的。这种对象绝不能呈现给你们，因为它不能通过任何可能的经验被给予。你们尽管有一切可能的知觉，也依然无论是就空间而言还是就时间而言，始终囿于**条件**，达不到任何无条件的东西，来发现这个无条件的东西是应当设置在综合的绝对开端中，还是应当设置在没有任何开端的序列的总体性中。但是，经验性意义上的大全在任何时候都仅仅是比较的。量的绝对大全（宇宙），一般存在的分割、起源、条件的绝对大全，连同它是通过有限的综合还是通过进展到无限的综合来完成的所有问题，都不与任何可能的经验有某种关系。例如，无论你们假定物体由单纯的部分构成，还是假定它无一例外地总是由复合的部分构成，都丝毫不会更好地或者哪怕只是别样地说明物体的显象；因为任何时候都不可能有单纯的显象呈现给你们，也同样不可能有一种无限的复合呈现给你们。显象只是就其解释根据在知觉中被给予而言才要求得到解释，但 B512
就显象而言，在某个时候能够被给予的一切，复合在一个**绝对的整体**中，自身并不是一个知觉。但是，这个大全本来就是在先验的理性课题中所要求说明的东西。

因此，既然这些课题的解决绝不可能在经验中呈现出来，所以你们就不能说，就此而言应当归之于对象的东西是不确定的。因为你们的对象仅仅在你们的大脑中，在你们的大脑之外根本不能被给予；所以，你们只需要关注与你们自己一致，避

免使你们的理念成为一个经验性地被给予，从而也可以按照经
〔335〕验规律来认识的客体的所谓表象的那种歧义。因此，独断论的解决并不是不确定，而是不可能。而能够完全确定的批判性解决则根本不是客观地考察问题，而是根据它们所依据的知识之基础来考察问题。

B513

第五章　贯穿所有四个先验理念的对宇宙论问题的怀疑论观念

如果我们事先已经了解，回答的结果无论如何，都只会增加我们的无知，使我们从一种不理解陷入另一种不理解，从一种晦暗陷入一种更大的晦暗，也许甚至陷入矛盾，那么，我们就会很乐意放弃发现我们的问题得到独断的回答的要求。如果我们的问题所指望的纯然是肯定或者否定，那么，暂时搁置作出回答的猜测性根据，首先考虑如果回答的结果在一方人们将会获得什么，如果回答的结果在另一方人们将会获得什么，将是明智的行动。如果情况恰好是在两种场合得到的结果都是无意义的东西（无稽之谈），那么，我们就有理由要求批判地研究我们的问题本身，并看一看它是否本身建立在一个无根据的预设之上，并且在玩弄那个其错误在应用中并通过其后果比在分离的表象中更好地暴露出来的理念。这就是探讨纯粹理性提交给纯粹理性的种种问题的怀疑论方式所具有的重大用途，而
B514 且通过这种方式，人们就能够以较少的花费来免除一大堆独断论的杂物，以便用一种清醒的批判来取代它，这种批判作为一种真正的净化，将成功地清除妄念连同其随从，即万事通。

据此，关于一个宇宙论理念，如果我事先就能够看出，无论它影响到显象的回溯性综合的无条件者的哪一边，它毕竟对
〔336〕于任何一个**知性概念**来说不是**太大**就是**太小**，我就会了解到，

既然它毕竟仅仅与应当同一个可能的知性概念相符合的经验对象相关，所以它必定是完全空洞的和没有意义的，因为无论我怎样使对象迁就它，对象都不能符合它。而且对于所有的宇宙概念来说都确实如此，它们也正是因此而使理性只要赞同它们就陷入一种无法避免的二论背反。因为：

第一，假定**世界没有开端**，那么，世界对于你们的概念来说就**太大**；因为这个在于一种渐进的回溯的概念，永远不能达到全部已逝的永恒。假定**世界有一个开端**，那么，世界对于你们的知性概念来说在必然的经验性回溯中又**太小**。因为，由于 B515
开端总是以一个先行的时间为前提条件，所以它还不是无条件的，而知性的经验性应用的规律迫使你们还追问一个更高的时间条件，因此，世界对于这一规律来说显然太小。

关于世界在空间上的大小的问题，其双重的回答亦复如是。因为**如果它是无限的**和没有界限的，那么，它对于任何可能的经验性概念来说就**太大**。**如果它是有限的**和有界限的，那么，你们就有理由再问：是什么东西规定着这一界限？空的空间并不是事物的一个自存的相关物，不能是一个让你们可以停留下来的条件，更不是构成一个可能经验的一部分的经验性条件。（因为谁能对绝对空无有一个经验呢？）但是，要达到经验性综合的绝对总体性，在任何时候都要求无条件者是一个经验概念。因此，**一个有界限的世界**对于你们的概念来说就**太小**。

第二，如果空间中的任何显象（物质）都**由无限多的部分**构成，那么，分割的回溯对于你们的概念来说在任何时候都太大；而如果空间的**分割**应当在分割的某一环节（单纯的东西）**终止**，那么，分割的回溯对于无条件者的理念来说就**太小**。因 B516
为这个环节总还是留下一种向更多它所包含的部分的回溯。

第三，如果你们假定，在世界上所发生的一切事情中，都只有按照**自然**规律的结果，那么，原因的因果性就永远还是某

〔337〕种发生的事情，并使你们向更高原因的回溯，从而使 a parte priori［向前的］条件序列永无休止的延长成为必要。因此，纯然起作用的**自然**对于你们在世界事件之综合中的任何概念来说就**太大**。

如果你们偶尔选择**由自身**造成的事件，即出自自由的产生，那么，“为什么”就按照一条不可避免的自然规律追踪着你们，迫使你们按照经验的因果规律越过这个点，你们会发现联结的诸如此类的总体性对于你们必然的经验性概念来说**太小**了。

第四，如果你们接受一个**绝对必然的**存在者（无论它是世界本身，还是世界中的某种东西，还是世界的原因），那么，你们就把它置入一个无限远离任何一个被给予的时间点的时间之中了，因为若不然，它就会依赖于另一个更早的存在。但在这种情况下，这个实存对于你们的经验性概念来说就是无法接近的和**太大**的，以至于你们永远不能通过某种延续的回溯达到它。

B517 但是，如果按照你们的看法，属于世界的一切（无论是作为有条件的还是作为条件）都是**偶然的**，那么，任何被给予你们的实存对于你们的概念来说就**太小**。因为它迫使你们一再去寻觅它所依赖的另一个实存。

我们在所有这些事例中都说过，**世界理念**对于经验性的回溯来说，从而对于任何可能的知性概念来说，要么是太大，要么是对它来说也太小。我们为什么不作相反的表述，说在第一种场合经验性概念对于理念来说任何时候都太小，在第二种场合却太大，从而仿佛是罪过在于经验性的回溯，而是指责宇宙论的理念，说它要么太大，要么太小，偏离了它的目的，即可能的经验呢？理由在于：可能的经验是惟一能够给予我们的概念以实在性的东西；没有这种东西，任何概念都只是理念，没有真实性，不与一个对象相关。因此，可能的经验性概念是一个准绳，必须根据它来判断理念，看它是纯然的理念和思想物，还是在世界中发现其对象。因为惟有对于仅仅为了某种别的事物而假定、且必须根据该事物来设立的东西，人们才说它相对于该事物来说太大或者太小。古代辩证法学校的游戏有这样一个问题：如果一个球未穿过一个洞，人们应当说什么呢？〔338〕是说球太大，还是说洞太小？B518 在这一事例中，随便你们说什么都是无所谓的；因为你们并不知道二者中哪一个是为另一个而存在的。与此相反，你们不会说人对他的衣服来说太长，而是说衣服对人来说太短。

因此，我们至少得出了有根有据的怀疑：诸般宇宙论理念以及与它们相关的一切陷入互相冲突的玄想主张，也许是以关于这些理念的对象如何被给予我们的方式的一种空洞且纯然想象出来的概念为依据的；而这种怀疑已经能够把我们引向正确的迹象，来揭露长期以来使我们误入歧途的幻象。

第六章　先验唯心论是解决宇宙论辩证法的钥匙

我们在先验感性论中已经充分地证明：在空间或者时间中被直观到的一切，从而对我们来说可能的经验的一切对象，都无非是显象，也就是说，是纯然的表象，它们就被表象而言作 B519 为有广延的存在者或者变化的序列，在我们的思想之外没有任何自身有根据的实存。我把这种学说称为**先验唯心论**。[①] 〔339〕先验意义上的实在论者则把我们感性的变状当做自存的事物，因而

① 我在别的地方有时也把它称为**形式的**唯心论，以便把它与**质料的**唯心论亦即通常的怀疑或者否定外部事物本身实存的唯心论区别开来。在许多场合，宁可使用这些表述而不使用上述表述，以便防止误解，似乎是可取的。

把**纯然的表象**当做事物自身。

如果要把早已声名狼藉的经验性唯心论强加给我们，那对我们是不公正的。经验性唯心论在承认空间有自己的现实性的同时，却否认空间中有广延的事物的存在，至少认为这种存在是可疑的，在这方面不承认梦幻与真理之间有任何可充分证明的区别。至于时间中的内感官的显象，经验性唯心论把它们当做现实的事物没有任何困难；它甚至断言，这种内部经验独自就充分证明了其客体（客体自身及所有这些时间规定）的现实存在。

B520 与此相反，我们的先验唯心论承认：外部直观的对象就像它们在空间中被直观到的那样，也是现实存在的，而在时间中一切变化就像内感官表象它们的那样，也是现实的。因为既然空间已经是我们称为外部直观的那种直观的形式，而且没有空间中的对象就根本不会有任何经验性的表象，所以我们就能够并且必须承认在空间中有广延的事物是现实的；对于时间来说亦复如是。但是，那空间本身连同这种时间以及与二者相关的一切显象，毕竟自身还不是**事物**，而无非是表象，根本不能在我们的心灵之外实存；甚至我们的心灵（作为意识的对象）——其规定乃是通过时间中不同状态的演替被表象——的内部感性直观也不是什么自身实存的自我或者先验的主体，而仅仅是被给予这个我们所不知道的存在者的感性的一种显象。这种作为一个自身实存的事物的内部显象，其存在是不能承认的，因为它的条件是时间，而时间不能是某个物自身的规定。但在空间和时间中，显象的经验性的真实性得到了充分的保
B521 障，并与同梦幻的亲缘性充分区别开来了，只要二者按照经验性的规律在一个经验中正确而且普遍地联结起来。

据此，经验的对象**绝不是就自身而言**被给予，而是仅仅在经验中被给予，而且在经验之外根本没有实存。说月球上可能

有居民，虽然没有一个人曾经见过他们，这一点也当然必须给 〔340〕
予承认，但这仅仅意味着：我们在经验的可能进展中有可能遇到他们；因为凡是按照经验性进展的规律与一个知觉相联结的东西就都是现实的。因此，如果他们与我的现实意识有一种经验性的联结，他们就是现实的，虽然他们并不因此就是就自身而言，即在经验的进展之外是现实的。

除了知觉以及从这一知觉到其他可能的知觉的经验性进展之外，没有任何东西被现实地给予我们。因为就自身而言，显象作为纯然的表象惟有在知觉中才是现实的，而知觉事实上无非是一个经验性表象亦即显象的现实性。在知觉之前称一个显象是现实的事物，要么意味着我们在经验的进展中必然遇到这样一个知觉，要么是根本没有意义。因为如果所说的是一个物
自身，那当然可以说它就自身而言，不与我们的感官和可能的 B522
经验发生关系而实存。但这里所说的仅仅是一个空间和时间中的显象，而空间和时间二者都不是物自身的规定，仅仅是我们的感性的规定；因此，在空间和时间中的东西（显象）不是就其自身而言的某种东西，而是纯然的表象，表象如果不是在我们里面（在知觉中）被给予，在任何地方都是遇不到的。

感性的直观能力真正说来只是一种接受性，即以某种方式伴随着表象被刺激，而种种表象的相互关系就是空间和时间的纯直观（纯粹是我们感性的形式），这些表象如果在这种关系中（在空间和时间中）按照经验的统一性的规律联结起来，并且是可规定的，就叫做**对象**。这些表象的非感性原因对于我们来说是完全未知的，所以我们不能把这原因当做客体来直观；因为诸如此类的对象必然既不在空间中也不在时间中（空间和时间是纯然的感性表象条件）被表象，没有这些条件我们就根
本不能思维直观。然而，我们可以把一般显象的纯然理知的原 〔341〕
因称为先验的客体，这只是为了有某种东西与作为一种接受性

的感性对应。我们可以把我们可能的知觉的全部范围和联系归
B523 于这个先验的客体，并且说：它是先于一切经验就其自身而言被给予的。但是，显象符合这个先验客体，却不是就其自身而言，而是仅仅在这种经验中被给予的，因为它们是纯然的表象，而表象作为知觉，惟有在这一知觉按照经验统一性的规则与所有其他知觉联系起来的情况下才意味着一个现实的对象。这样，人们就能够说：过去时间的现实的事物是在经验的先验对象中被给予的；但是，它们只是在我想象到，可能知觉按照经验性规律的回溯序列（无论是依照历史的导线还是依照原因与结果的迹象），一言以蔽之，即世界的过程，导向一个作为当前时间的条件的已逝时间序列时，才对我来说是对象，并且在过去的时间里是现实的；而已逝时间序列在这种情况下毕竟只是在一个可能经验的联系中，不是就其自身而言被表象为现实的，这样，从亘古以来在我的存在之先已逝的所有事件，无非意味着把经验的链条从当前的知觉开始向上延长到在时间上规定这一知觉的诸般条件的可能性。

据此，如果我把感官在一切时间和一切空间中的所有实存对象表象给我自己的话，我并不是在经验之先把这样的对象安
B524 置在时间和空间中，相反，这种表象无非是关于一个可能经验就其绝对完备性而言的思想。惟有在它里面，那些对象（它们无非是纯然的表象）才被给予。但是人们说，它们实存于我的一切经验之先，这只不过意味着，可以在我从知觉出发必然**进展**到的**那个**经验部分中发现它们。这种进展的经验性条件的原因，以及我在回溯中会遇到哪些环节或者在什么程度上遇到诸如此类的环节，是先验的，因而不为我所知。但是，我所关心的并不是这种原因，而只是对象亦即显象在其中被给予我的经验的进展规则。即便就结果而言，我是说我在空间里的经验性
〔342〕进展中能够遇到比我看到的星球还要远百倍的星球，还是说即

便从来没有一个人看到过它们或者将看到它们，但在宇宙空间中也许会看到它们，这都是一回事；因为即便它们是作为物自身，与一般可能经验毫无关系地被给予的，它们也毕竟对我来说什么也不是，从而不是对象，除非它们包含在经验性回溯的序列中。惟有在另一种关系中，当为了一个绝对整体的宇宙论理念而使用这些显象时，因而当涉及一个超越可能经验的界限 B525
的问题时，对人们对待所思维的感官对象的现实性的方式作出区分才具有重要性，为的是防止一种不可避免地必然从对我们自己的经验概念的误解中产生的骗人的妄念。

第七章　理性与自身的宇宙论争执的批判裁定

纯粹理性的整个二论背反都建立在以下的辩证论证上：如果有条件的东西被给予，那么，它的一切条件的整个序列就也被给予；这样，感官的对象就作为有条件的东西被给予我们；依此类推。这种理性推理的大前提看起来是如此自然和明显，通过它，根据（在显象的综合中）诸般条件的不同，就它们构成一个序列而言，就引入了同样多的宇宙论理念；这些理念要求这些序列的绝对总体性，并正因为此而把理性不可避免地置入与自身的冲突之中。但是，在我们揭示这种玄想论证的骗人的东西之前，我们还必须通过纠正和规定其中出现的某些概念 B526
来使自己有能力这样做。

首先，以下命题是清晰的和无可置疑地确定的：如果有条件者被给予，则正因为此，在它的一切条件的序列中进行回溯就是我们**应负有的任务**；因为有条件者的概念已经包含着这一 〔343〕
点，使得某物与一个条件相关，如果这条件又是有条件的，则与一个更远的条件相关，并如此通过序列的所有环节。因此，这个命题是分析的，摆脱了对一种先验批判的一切畏惧。它是理性的一个逻辑公设：通过理性追踪并尽可能地继续一个概念的已经附着于该概念的种种联结及其条件。

此外，如果无论是有条件者还是它的条件都是物自身，那么，当前者被给予时，就不仅回溯到后者是**应负有的任务**，而且后者也由此而随之现实地**被给予**，而且由于这一点适用于序列的一切环节，所以条件的完备序列、从而包括无条件者，都由于惟有通过那个序列才可能的有条件者被给予而同时被给予，或者毋宁说被作为前提条件。在这里，有条件者连同它的条件的综合是一种纯然知性的综合，知性表象事物**如其所是**，并不考虑我们是否以及如何能够达到事物的知识。与此相反，
B527 如果我与显象打交道，而显象作为纯然的表象，如果我不达到它们的知识（也就是说，达到它们本身，因为它们无非是经验性的知识），它们就根本不被给予，那么，我就不能在同样的意义上说：如果有条件者被给予，则它的所有条件（作为显象）就也都被给予，从而就绝不能推论到条件序列的绝对总体性。因为**显象**在把握本身中无非是一种（空间和时间中的）经验性综合，从而仅仅**在这种综合中**被给予。于是就根本不能得出：如果有条件者（在显象中）被给予，则构成其经验性条件的综合就由此而一起被给予并被作为前提条件，相反，这种综合惟有在回溯中才发生，没有回溯就绝不会发生。但是，在这样一个场合我们所能够说的是：向条件的一种**回溯**，也就是说，一种进展的经验性综合，在这一方面是被责成之事或者**应负有的任务**，而且不能缺少通过这种回溯被给予的种种条件。

由此可见，宇宙论理性推理的大前提是在一个纯粹范畴的先验意义上对待有条件者的，而小前提则是在一个运用于纯然
〔344〕显象的知性概念的经验性意义上对待有条件者的，因此在其中
B528 就发现了那种人们称之为 Sophisma figura dictionis［言说式的

诡辩］的辩证欺骗。但是，这种欺骗并不是人为的，而是通常的理性的一种完全自然的迷惑。因为由于这种迷惑，在某种东西作为有条件的而被给予时，我们（在大前提中）就仿佛是**不加考虑地**以条件及其序列为前提，因为这无非是为一个被给予的结论命题假定完备的前提的逻辑要求；而在这里，在有条件者与其条件的联结中找不到时间秩序；它们就自身而言被预设为同时被给予的。此外，（在小前提中）把显象看做是物自身，同时看做被给予纯然知性的对象，这与在大前提中发生的事情，即我把惟有在其下对象才能被给予的一切直观条件都抽掉，是同样自然而然的。然而，此时我们忽视了概念之间的一种值得注意的区别。有条件者连同其条件的综合和这些条件的整个序列（在大前提中）丝毫不带有时间的限制，不带有任何演替的概念。与此相反，经验性综合与（被包摄在小前提中的）显象的条件序列必然是继起的，并且惟有在时间中才前后相继地被给予；因此，我在这里不能像在那里那样预设综合与由综合表现的序列的绝对**总体性**，因为序列的所有环节在那里是就自身而言（没有时间的条件）被给予的，在这里却惟有通 B529
过相继的回溯才有可能，而相继的回溯惟有通过人们现实地完成它才被给予。

在指出了（各种宇宙论主张）共同作为基础的论证的这样一种错误之后，就可以把争论的双方都当做未把自己的要求建立在缜密的权利之上的而予以拒斥。但是，它们的争论却还并不因此而了结，就好像它们已被证明，它们或者双方中的一方在自己所主张的事情本身上（在结论中）没有道理似的，即使它不知道把自己的事情建立在有效的证明根据上。然而，一方主张世界有一个开端，另一方则主张世界没有开端，而是永恒存在的，双方必有一方正确，这似乎是再清楚不过的。但即便 〔345〕
如此，由于清晰性在双方是相同的，所以在某个时候查明哪一方正确是不可能的；即便两派在理性的法庭上同样被呵斥而安静下来，但争执却持续依旧。因此，除了既然它们毕竟都能够如此有力地互相批驳，所以它们最终都被证明，它们是在做无谓的争论，而且有某种先验的幻相在用一种虚无缥缈的现实愚弄它们之外，再也没有别的办法来彻底地、令双方满意地了结
B530 争执了。我们现在就想选择这条调解一场无法判决的争执的道路。

※　　　※　　　※

爱利亚的芝诺是一个精细的辩证法家，他已经被**柏拉图**指斥为故意的诡辩家，说他为了表现自己的技巧，试图先用显明的论证证明一个命题，在此之后马上又用同样有力的论证再推翻该命题。他断言，神（也许在他那里无非就是世界）既不是有限的也不是无限的，既不处在运动中也不处在静止中，既不与任何其他事物相似也不与之不相似。在就此评判他的人们看来，他要同时完全否定两个相互矛盾的命题，而这是荒谬的。但我并不认为这能够合理地被归咎于他。我马上就将探讨这些命题的前一个。至于其他的命题，如果把**神**这个词理解为宇宙，那么，他当然就必须说：宇宙既不是持久地呆在它的位置上（处在静止中），也不改变它的位置（在运动），因为一切位置都在宇宙中，因而宇宙本身就不在任何位置上。如果宇宙把一切实存的东西都包含在自身中，那么，它就此而言也就不与**任何其他事物**相似，也不与之不相似，因为在它之外不存在**任
B531 何事物**能够与它进行比较。如果两个彼此对立的判断都预设一个不成立的条件，尽管它们有冲突（冲突并不是真正的矛盾），它们双方却都要被否定，因为这两个命题都惟有在其下才能有效的那个条件被否定了。

〔346〕 如果有人说，每一个物体都要么气味好闻要么气味不好闻，那就有一个第三者，即它根本没有气味（无味），这样，

两个对立的命题就可能都是错误的。如果我说，它要么是好闻的，要么不是好闻的（vel suaveolens vel non suaveolens），那么，这两个判断就是矛盾地对立的，而且只有前一个是错误的，而其矛盾的对立面，即一些物体不是好闻的，也包含了**根本没有气味**的物体在内。在前面（per disparate［通过对比］）的对立中，物体概念的偶然条件（味）虽有对立的判断而依然存在，因而并没有被后者一并除去，所以后者就不是前者的矛盾对立面。

据此，如果我说：世界在空间上要么是无限的，要么不是无限的（non est infinitus），那么，假如前一个命题是错误的，它的矛盾对立面，即世界不是无限的，就必然是正确的。由此我只是否定了一个无限的世界，却没有设定另一个世界，即有限的世界。但如果说：世界要么是无限的，要么是有限的（非 B532
无限的），那么，二者就可能都是错误的。因为在这种情况下，我把世界视为就自身而言在其大小上被规定的，而在反命题中，我不仅否定了无限性，也许随之还否定了它的整个单独的实存，而且还把一种规定附加在作为一个就自身而言现实的事物的世界上，而这同样可能是错误的，也就是说，如果世界根本**不是作为一个物自身**，从而就其大小而言既不是作为无限的也不是作为有限的而被给予的话。请允许我把诸如此类的对立称为**辩证的**对立，而把矛盾的对立称为分析的**对抗**。因此，两个辩证地相互对立的判断可能都是错误的，因为一个并不是纯然与另一个相矛盾，而是表述了比矛盾所需更多的东西。

如果把“世界在大小上是无限的”和“世界在其大小上是有限的”这两个命题视为两个彼此矛盾对立的命题，那么，人们就是在假定世界（显象的整个序列）是一个物自身。因为无论我在其显象的序列中结束的是无限的回溯还是有限的回溯，世界都依然存在。但是，如果我抛弃这种预设或者先验的幻

〔347〕相，并且否认它是一个物自身，那么，两种主张的矛盾冲突就
B533 转化为一种纯然辩证的冲突；而由于世界根本不是就自身而言（不依赖于我的表象的回溯序列）实存的，所以它的实存既不是作为**一个就自身而言的无限整体**，也不是作为**一个就自身而言的有限整体**。它只能在显象序列的经验性回溯中，而根本不能独自地被发现。因此，如果这种序列在任何时候都是有条件的，那它就永远不被完全地被给予，因而世界也就不是无条件的整体，也不作为这样一个整体实存，无论是以无限的大小，还是以有限的大小。

这里关于第一个宇宙论理念，即关于显象中的大小的绝对总体性所说的，也适用于其余所有的宇宙论理念。条件的序列只有在回溯的综合本身中才能发现，而不是就自身而言在作为一个特别的，在一切回溯之先被给予的事物的显象中发现的。因此，我也必须说：在一个被给予的显象中，各部分的数量就自身而言既不是有限的，也不是无限的，因为显象并不是任何就自身而言实存的东西，而且各部分惟有通过分解性综合的回溯，并在这一回溯中才被给予，而这种回溯永远不是绝对**完整地**被给予，无论是作为有限的还是作为无限的。这也适用于互
B534 相隶属的原因的序列，或者有条件的实存直到无条件的必然的实存的序列，这种序列永远不能就自身而言在其总体性上被给予，无论是作为有限的还是作为无限的，因为它作为互相隶属的表象的序列，只存在于力学的回溯中，根本不能在这种回溯之先，并且作为物自身的独立存在的序列实存。

据此，纯粹理性在其宇宙论理念中的二论背反已被取消，因为已经指出，它纯然是辩证的，是一种幻相的冲突，这种幻相之所以产生，乃是因为人们把仅仅被视为物自身的条件的总体性理念运用于显象，而显象仅仅在表象中实存，当它们构成一个序列时在渐进的回溯中实存，在其他地方根本不实存。但

是，人们反过来也从这种二论背反中得到一种真正的好处，虽然不是独断论的好处，但却是批判的和学理上的好处；也就是说，如果有人对先验感性论中的直接证明并未感到满足的话，由此就间接地证明了显象的先验观念性。证明就在于这种二难 〔348〕
推理。如果世界是一个就自身而言实存的整体，那么，它就要么是有限的，要么是无限的。现在，无论是前者还是后者都是错误的（根据上述反论和正论各自的证明）。因此，说世界（所有显象的总和）是一个就自身而言实存的整体，也就是错误的。由此得出，在我们的表象之外的一般显象什么也不是， B535
而这正是我们通过显象的先验观念性想说出的东西。

这一说明颇为重要。人们由此看出，上述四重二论背反的各种证明并不是幻象，而是缜密的，也就是说，是根据显象或者一个将它们都包含在自身之内的感官世界乃是物自身这一预设的。但是，由此产生的各种命题的冲突，说明在这一预设中蕴涵着一种错误，并使我们得以揭示作为感官对象的事物的真正性状。因此，先验的辩证法绝不对怀疑论有什么助长，但却助长怀疑的方法。当人们让理性的种种论证以其极大的自由彼此对立地出现时，怀疑的方法就能够借先验的辩证法显示出其重大效用的一个例证。理性的种种论证即使最终并不提供人们所寻求的东西，但却在任何时候都提供某种有用的东西和有助于纠正我们的判断的东西。

第八章　纯粹理性在宇宙论理念方面的范导性原则 B536

既然通过宇宙论的总体性原理，作为物自身的感官世界中的条件序列的极大值并没有被**给予**出来，而是只能在该序列的回溯中当做**应负有的任务**，所以上述纯粹理性的原理在其如此

纠正了的意义上依然保有其良好的有效性，虽然不是作为**公理**把客体中的总体性思维为现实的，而是作为知性的、因而是主
〔349〕 体的一个**问题**，以便按照理念中的完备性着手并继续一个被给予的有条件者的条件序列中的回溯。因为在感性中，也就是说，在空间和时间中，我们在阐明被给予的显象时所能够达到的任何条件又都是有条件的，原因在于：这些显象并不是或许能够在其中出现绝对无条件者的对象自身，而纯然是经验性的表象，这些表象在任何时候都必然在直观中发现在空间或者时间上规定它们的条件。因此，理性的这条原理真正说来只不过
B537 是一条**规则**罢了，它要求在被给予的显象的条件序列中进行一种回溯，这种回溯绝不允许在一个绝对无条件者那里停留下来。因此，它不是经验和感官对象的经验性知识之可能性的原则，从而也不是知性的原理，因为任何经验都（根据被给予的直观）被封闭在自己的界限之内；它也不是理性把感官世界的概念扩展到一切可能经验之外的**建构性原则**，而是经验之最大可能的继续和扩展的原理，根据它，必须不把任何经验性的界限视为绝对的界限，因此它是理性的一条原则，它作为**规则**要求我们在**回溯**中应当做什么，而不是**预知**在**客体**中于一切回溯之先什么就自身而言被给予。因此，我把它称为理性的一条**范导性**原则，因为与此相反，作为在客体（显象）中就自身而言被给予的，条件序列的绝对总体性的原理是建构性的宇宙论原则。我想通过这种区分来说明后者的无效，并由此阻止人们像通常（通过先验的暗中偷换意义）不可避免地发生的那样，赋予一个只是作为规则用的理念以客观的实在性。

为了恰如其分地规定纯粹理性的这一规则的意义，必须首先说明，它不能说**客体是什么**，而是说**应当如何着手进行经验
B538 性的回溯**，以便达到客体的完备概念。因为如果前者成立，那么，它就会是一条建构性的原则，而诸如此类的东西从纯粹理

性出发是绝不可能的。因此，人们绝不能由此就想说，一个被给予的有条件者的条件序列就自身而言是有限的或者无限的； 〔350〕因为这样一来，一个仅仅在理念本身中才被创造出来的绝对总体性的纯然理念就会来思维在任何经验中都不能被给予的对象了，因为一序列显象就会获得一种独立于经验性综合的客观实在性。因此，理性理念将只是给条件序列中的回溯性综合规定一个规则，按照这个规则，该综合从有条件者开始，凭借所有相互隶属的条件进展到无条件者，即使该无条件者永远达不到。因为在经验中根本遇不到绝对无条件者。

为了这一目的，首先就必须精确地规定一个永远不能完备的序列的综合。人们在这方面通常使用两个应当在其中区分某种东西的术语，但是人们毕竟还不善于正确地说明这种区分的根据。数学家仅仅谈到一种 progressus in infinitum ［无限进 B539 展］。概念的研究者（哲学家）则只想用一种 progressus in indefinitum ［不限定进展］来取而代之。我不想在检验这样一种区分给这些术语带来的疑虑以及应用这种区分有用还是没用之处逗留，而是力图与我的目的相联系，以便精确地规定这些概念。

关于一条直线，人们可以正当地说：它可以被延长到无限，而在这里，无限进展和不限定进展（progressus in indefinitum）的区分就会是一种空洞的吹毛求疵。原因在于，尽管在说引出一条线时，附加上 in indefinitum ［不限定］当然要比说 in infinitum ［无限］更为正确，因为前者无非意味着**随你们便**延长这条线，而后者则意味着你们应当永不停止地延长这条线（这在此处恰恰不是本意），但如果所说仅仅是能力，则毕竟前一个表述是完全正确的；因为你们能够无限地使这条线越来越长。在人们仅仅谈到进展，也就是从条件到有条件者的进展的一切场合里，情况也都是如此；这种可能的进展在显象的序列中前进至无限。从一对父母开始，你们可以沿着生育的下降线无止境地前进，并且也完全可以设想，这条线现实地在世界里面如此前进。原因在于，理性在这里绝不需要序列的绝对总体
B540 性，因为它并不把这样的总体性预设为条件并且是**被给予的**
〔351〕(datum)，而是仅仅把它预设为某种有条件的东西，这种东西只不过是可被给予的（dabile）并且可以无止境地附加罢了。

下面的问题就完全不同了：在一个序列中从被给予的有条件者向条件上升的回溯延伸多远？我能够说它是**一种无限的回溯**，还是只能说它是一种**不限定**（in indefinitum）延伸多远的回溯呢？因此，我是从现今生存的人在其祖先的序列中能够无限地上升，还是只能够说，无论我回溯多远，都永远遇不到一个经验性的根据来在某处把序列视为有界限的，以至于我有权利并且有义务为每一个祖先还进一步寻找其先祖，尽管同样不能够预设这样的先祖？

据此我说：如果整体在经验性直观中被给予，那么，其内部条件的序列中的回溯就将无限地进行。但是，如果序列的一个环节被给予，回溯应当从该环节前进到绝对的总体性，那
B541 么，就只有一种不限定的（in indefinitum）回溯。这样，关于在其界限内被给予的物质（一个物体）的分割就必须说：它将无限地进行。因为这物质是整体的，从而是连同其所有可能的部分一起在经验性直观中被给予的。既然这个整体的条件就是它的部分，该部分的条件又是部分的部分，依此类推，而且既然在这一分解的回溯中永远遇不到这个条件序列的一个无条件的（不可分的）环节，所以不仅任何地方都没有一个经验性的根据来在分割中停下来，而且继续的分割之更远的环节本身就是先于这种继续的分割而经验性地被给予的，也就是说，分割将无限地进行。与此相反，一个被给予的人的祖先序列并未在任何可能的经验中在绝对的总体性上被给予；回溯却毕竟从这

种生育的每一个环节进行到一个更高的环节，以至于不能遇到任何经验性的界限来把一个环节表现为绝对无条件的。但是，既然可能为此提供条件的各环节并不在回溯之先就已经蕴涵在整体的经验性直观中，所以这种回溯就不是无限地进行（对被给予者的分割的回溯），而是不限定地为被给予的环节寻找更 〔352〕
多的环节，而这更多的环节又在任何时候都是有条件地被给予的。

在这两种场合的任何一个场合里，无论是 regressus in in- B542
finitum ［无限的回溯］ 还是 regressus in indefinitum ［不限定的回溯］，条件的序列都不被视为无限地在客体中被给予的。这里不是就自身而言被给予的物，而是作为相互的条件仅仅在回溯本身中被给予的显象。因此问题就不再是：这一条件序列就自身而言有多大，是有限的还是无限的，因为它不是什么就自身而言的东西；相反，问题是：我们如何进行经验性的回溯，以及我们应当把它进行到多远。而在这里，就这种进展的规则而言，有一种显著的区别。如果整体被经验性地给予，那么，在它的内部条件的序列中**无限地**回溯就是**可能的**。但是，如果整体没有被给予，而是应当通过经验性的回溯才被给予，那我就只能说：进展到序列的更高条件是**无限地可能的**。在前一种场合我能够说：总是有比我通过（分解的）回溯所达到的更多的环节存在并被经验性地给予；而在第二种场合我能够说的则是：我在回溯中还总是能够走得更远，因为没有一个环节作为绝对无条件的而被经验性地给予，所以还总是有一个更高的环节是可能的，从而也就允许探讨这个更高的环节是必然的。在前一种场合，**发现**序列更多的环节是必然的，而在第二种场合，由于没有任何经验被绝对地设定界限，所以**追问**更多的环节就总是必然的。因为你们要么没有知觉来给经验性的回溯绝对设定界限，而且在这种情况下你们就必须不把自己的回溯视 B543

为完成了的，要么有这样一个为你们的序列设定界限的知觉，于是这一知觉就不能是你们已经过的序列的一个部分(因为**设定界限的东西**必须有别于由此**被设定界限的东西**)，因而你们就必须把自己的回溯也继续进行到这种条件，并继续进行下去。

下一章将通过其应用对这一说明作出恰如其分的阐释。

〔353〕

第九章　就一切宇宙论理念而言论理性的范导性原则的经验性应用

既然像我们已经多次指出的那样，无论是纯粹的知性概念还是纯粹的理性概念，都没有先验的应用；既然感官世界中条件序列的绝对总体性仅仅依据于理性的先验应用，理性要求它
B544 预设为物自身的东西的这种无条件的完备性；既然感官世界不包含诸如此类的完备性；所以，就绝不能再说感官世界中序列的绝对的大小，无论它是有界限的还是就自身而言无界限的，而是只能说在经验性的回溯中，在把经验导回到其种种条件时，我们应当走多远，以便依照理性的规则，除了在对理性的问题与对象相符合的回答上停留下来之外，不在任何其他回答上停留下来。

因此，在充分地阐明了**理性原则**作为显象自身的一条建构性原理的无效性之后，惟一给我们留下来的东西就是它作为一个可能经验的**继续**和大小之规则的**有效性**。如果我们能够毫不怀疑地牢记这种有效性，理性与自身的争执就也将完全终止，因为不仅通过批判的解析取消了使理性与自身分裂的幻相，而且取而代之的是揭示了一种意义，理性在这种意义上与自身一致，惟有对它的误解才导致争执，一条通常是**辩证的**原理就被转化为一条**学理的**原理了。实际上，如果这条原理按照它的主观涵义，即与经验的对象相符合地规定知性在经验中的最大可

能的应用，而能够得到证明，那么，这就完全等于是说它像一 B545
条公理那样（这从纯粹理性出发是不可能的）先天地规定对象自身了；因为即便是公理，除了它证明自己在我们知性扩大了的经验应用中起作用之外，也不能在经验的客体方面对我们知 〔354〕
识的扩大和纠正有更大的影响。

一、关于显象复合成一个世界整体之总体性的宇宙论理念的解析

无论是在这里，还是在其余的宇宙论问题中，理性的范导性原则的根据都是以下命题：在经验性的回溯中，不可能发现**任何关于一个绝对界限的经验**，从而不可能发现任何关于一个条件是**经验性地绝对无条件的**条件的经验。但它的根据却是：一个诸如此类的经验必须在自身中包含着通过无或者空为经验设定界限，继续的回溯能够凭借一个知觉遇到这种界限，而这是不可能的。

于是，这一命题等于是说，我在经验性的回溯中任何时候都只能达到这样一个条件，它本身又必须被视为经验性地有条件的。这一命题 in terminis［归根结底］包含着一条规则：无论 B546
我由此在上升的序列中走多远，我在任何时候都必须追问序列的一个更高的环节，不管这个环节是否能够通过经验为我所知。

于是，为了解决第一个宇宙论问题，所需要的只是还澄清：在向世界整体（在时间和空间上）无条件的大小的回溯中，这种绝不被设定界限的上升是叫做**无限的回溯**，还是仅仅叫做一种**不限定的继续回溯**（in indefinitum）。

一切已逝的世界状态，以及在宇宙空间中同时存在的事物，其序列的纯然普遍的表象，本身无非是一个我所思维的——尽管还不确定地思维的——可能的经验性回溯，惟有通过它，被给予的知觉之条件的这样一个序列的概念才能够产

〔355〕生。① 于是，我在任何时候都只是在概念中才有世界的整体，
B547 而绝不是在直观中拥有它（作为整体）。因此，我不能从它的大小推论到回溯的大小，并根据前者来规定后者，相反，我必须通过经验性回溯的大小才对世界的大小形成一个概念。但是，关于这种经验性的回溯，我所知道的永远不过是，我总是还必须从经验序列的每一个被给予的环节经验性地向一个更高的（更远的）环节前进。因此，由此根本没有绝对地规定种种显象之整体的大小，所以人们也不能说这种回溯将无限地进行，因为这将会预知回溯尚未达到的环节，并且把这些环节的数量表现为如此之大，以至于没有任何经验性综合能够达到它，从而在回溯之先就会（尽管只是消极地）**规定**世界的大小，而这是不可能的。因为世界不是通过任何直观（在其总体性上）被给予我的，因而它的大小也根本不是在回溯之先被给予我的。据此，我们关于世界的大小自身根本不能说任何东西，就连说在世界里面有一种 regressus in infinitum［无限的回溯］也不行，而是必须仅仅根据在它里面规定经验性回溯的规则来寻找其大小的概念。但是，这个规则所说的不过是，无
B548 论我们在经验性条件的序列中走过了多远，我们都不能在任何地方假定一个绝对的界限，而是把每一个显象作为有条件的来隶属于另一个作为其条件的显象，因而必须进一步前进到后者，而这就是 regressus in indefinitum［不限定的回溯］；由于这种回溯不在客体中规定大小，因而可以足够清晰地把它与regres-

① 因此，世界序列既不能比它的概念惟一作为依据的可能经验性回溯更大，也不能比之更小。而且既然这种回溯既不能给予任何确定的无限者，也同样不能给予一个确定的有限者（绝对有界限者），所以很明显，我们既不能假定世界的大小是有限的，也不能假定它是无限的，因为回溯（世界的大小得以表象所凭借的回溯）不允许这二者中的任何一个。

sus in infinitum［无限的回溯］区别开来。

据此，我不能够说世界在已逝的时间上或者在空间上是**无限的**。因为关于作为一个被给予的无限性的大小，诸如此类的概念是经验性的，从而对于作为感官的一个对象的世界来说也是绝对不可能的。我也不会说：从一个被给予的知觉向一切无 〔356〕
论在空间中还是在已逝的时间中在一个序列里面给这个知觉设定界限的东西的回溯将**无限地**进行；因为这预设了世界的无限大小；我也不会说：世界是**有限的**，因为绝对的界限同样在经验性上是不可能的。据此，关于经验的整个对象（感官世界），我不能说任何东西，我所能够说的只是与经验的对象相符合来进行并且继续经验所应当遵循的规则。

因此，对于世界大小的宇宙论问题，第一个并且是消极的回答就是：世界在时间上没有最初的开端，在空间上没有最外面的界限。

因为在相反的情况下，世界就会一方面为空的时间，另一 B549
方面为空的空间所限制。既然世界作为显象不能就自身而言是这二者中的任何一种，因为显象不是物自身，所以对受绝对空的时间或者空的空间所限制的知觉就必须是可能的，通过它，世界的这些终端在一个可能的经验中被给予。但这样一种经验，作为完全空无内容的，是不可能的。因此，一种绝对的世界界限在经验性上是不可能的，因而也是绝对不可能的。①

① 人们将发现：此处的证明是以与上面第一个二论背反的反论中的证明不同的方式进行的。在那里，我们按照通常的、独断的表象方式把感官世界视为一个就自身而言先于一切回溯而在其总体性上被给予的物，并且根本否认它——如果它不是占有一切时间和一切空间的话——在二者中占有某个确定的位置。因此，那里的结论也不同于这里的结论，也就是说，那里推论到世界现实的无限性。

由此同时得出**肯定的**回答：世界显象序列中的回溯作为世界大小的一种规定，将 in indefinitum［不限定地］进行，这就等于是说：感官世界没有绝对的大小，而是经验性的回溯（惟有通过经验性的回溯，感官世界才能在其条件方面被给予）有它自己的规则，也就是说，在任何时候都从序列的任何一个
B550 作为有条件者的环节向一个更远的环节（或者是通过自己的经验，或者是通过历史的导线，或者是通过结果与其原因的链条）前进，并且在任何地方都不放弃扩展自己知性的可能的经
〔357〕验性应用，这也是理性就其原则而言的真正的和惟一的任务。

由此并没有规定一种确定的在某种显象中无止境地进行的经验性回溯，例如，人们必须从一个活着的人出发在祖先的序列中一直上溯，并不指望有第一对夫妇，或者在天体的序列中一直上溯，并不允许有一个最远的太阳；相反，所要求的只是从显象到显象的前进，即使它们并不提供现实的知觉（如果它们在程度上对于我们的意识来说太弱，不能形成经验），因为它们尽管如此毕竟还属于可能的经验。

一切开端都在时间中，有广延的东西的一切界限都在空间中。但空间和时间都只在感官世界中。因此，惟有显象**在世界中**是有条件的，而**世界**本身却既不是有条件的，也不是以无条件的方式被设定界限的。

正因为此，而且既然世界永远**不能**被**完整地**给予出来，甚至一个被给予的有条件者的条件序列也不**能**作为世界序列被**完整地**给予出来，所以世界之大小的概念就只是通过回溯，而不是在回溯之先在一个集合的直观中被给予的。但是，回溯始终
B551 只是在于对大小的**规定**，因而并不提供任何**确定的**概念，从而也不提供任何关于就某个尺度而言无限的大小的概念，所以也不无限地（仿佛是被给予的）进行，而是不限定地进行，以便提供一个（经验的）大小，这个大小惟有通过这种回溯才成为

现实的。

二、关于分割直观中一个被给予的整体之总体性的宇宙论理念的解析

当我分割一个在直观中被给予的整体时，我是从一个有条件者前进到它的可能性的条件的。各部分的分割（subdivisio［细分］或者 decompositio［分解］）是在这些条件的序列中的回溯。这一**序列**的绝对总体性惟有在回溯能够一直达到**单纯的**部分的情况下才会被给予。〔358〕但是，如果所有的部分在一种连续的分解中都一直又是可分割的，那么，分割亦即从有条件者到其条件的回溯就将 in infinitum［无限地］进行，因为条件（即部分）就包含在有条件者本身之中，而且既然这有条件者 B552 是在一个被包围在界限之间的直观中被完整地给予的，所以条件也就全都被一起给予了。因此，这种回溯就不可仅仅被称为 in indefinitum［不限定的］回溯。惟有前一个宇宙论理念才允许这样做，因为我应当从有条件者前进到它的条件，这些条件是在有条件者之外，从而不是由此同时一起给予的，而是在经验性的回溯中才附加上的。尽管如此，关于一个无限可分割的整体，毕竟绝不允许说**它由无限多的部分组成**。因为尽管所有的部分都包含在整体的直观中，但**全部的分割**毕竟并不包含在其中，而是存在于继续的分解或者回溯本身中，回溯才使序列成为现实的。既然这种回溯是无限的，所以虽然它所达到的一切环节（部分）都包含在被给予的作为**集合体**的整体中，但其中并不包含**分割**的整个**序列**，这个序列是渐进地无限的，永远不是**完整的**，所以不能表现无限的数量及其在一个整体中的结合。

这种一般的提醒首先可以轻而易举地运用于空间。每一个在其界限内被直观的空间都是这样一个整体，其各个部分无论

如何分解也都一直又是空间，因而是无限可分的。

B553 由此也完全自然而然地得出第二种应用，即应用于一个被包围在其界限内的外部显象（物体）。物体的可分割性建立在空间的可分割性之上，空间构成了作为一个有广延的整体的物体的可能性。因此，这个物体是无限可分割的，但并不因此就是由无限多的部分构成的。

虽然看起来，既然一个作为实体的物体必须在空间中得以表象，所以就空间的可分割性规律而言，它与空间是有别的；因为人们也许可以承认，分解归根结底永远不能除去所有的合
〔359〕成，那样的话甚至一切通常并不是什么独立东西的空间就会不是空间了（这是不可能的）；然而，说如果在思想中取消物质的一切合成就根本不会有任何东西存留，这似乎与实体的概念无法统一，实体真正说来应当是一切合成的主体，必然存留在其元素中，即使这些元素在空间中的结合——它们由此构成一个物体——被取消。不过，对于**在显象中**叫做实体的东西来说，就不像人们对于一个物自身来说通过纯粹知性概念所思维的那样了。前者不是一个绝对的主体，而只是感性的持久形
B554 象，无非是直观，在直观中任何地方都遇不到什么无条件的东西。

然而，尽管在细分一个作为空间之纯然充填的显象时，这条无限进展的规则毫无疑问是成立的，但在我们也要把它扩展到在一个被给予的整体中已经以某种方式分离开来的各部分——这些部分由此构成一个 quantum discretum［分离的量］——的数量时，它却毕竟不能生效。假设在每一个有分支的（有组织的）整体中每一个部分又都是有分支的，人们以这样的方式在无限分解各个部分时还总是发现新的人为的部分，一言以蔽之，假设整体是无限地有分支的，这根本不可思议，尽管可以假设，物质的各部分在分解时能够被无限地划分。因

为对空间中一个被给予的显象进行分割的无限性所依据的仅仅是：通过这种分割，只有可分割性亦即各部分的一个就自身而言绝对不确定的数量被给予出来了，而各部分本身则惟有通过细分才被给予和被规定，简言之，整体不是就自身而言已经被划分的。因此，能够在整体中规定一个数量的分割，其程度如同人们在分割的回溯中前进的程度。与此相反，在一个无限地有分支的有机物体那里，整体正是通过这一概念被表现为已经 B555
划分了的，并且在一切分割的回溯之先就在它里面发现了各部分的一个就自身而言确定的、但却无限的数量；由此人们陷入了自相矛盾，因为这种无限的纠缠被视为一种永远不能完成的序列（无限的），尽管如此却在一种总括中被视为完成了的。无限的分割仅仅把显象描述为 quantum continuum［连续的量］，并且与空间的充填不可分，因为无限可分割性的根据正 〔360〕
是在于空间的充填。但是，一旦某种东西被当做 quantum discretum［分离的量］，各单位的数量在其中就是确定的，因而也在任何时候都等于一个数字。因此，在一个有分支的物体中组织能够达到什么程度，只有经验才能弄清楚，而尽管经验肯定没有达到任何无机的部分，这样的部分也毕竟至少蕴涵在可能的经验中。但是，对一个一般的显象进行的先验分割达到什么程度，这根本不是经验的事情，而是理性的一个原则，即在分解有广延的东西时依照这一显象的本性永远不把经验性的回溯视为绝对完成了的。

※　　　※　　　※

数学先验理念之解析的结束语和力学先验理念之解析的前言 B556

我们曾用一个图表来表现纯粹理性贯穿一切先验理念的二论背反，在那里，我们说明了这种冲突的根据和消除这种冲突的惟一办法，这种办法就在于宣布两种对立的主张都是错误的；那时，我们到处都把条件表现为按照空间和时间的关系属于有条件者的。这是通常的人类知性惯用的预设，那种冲突也完全是依据于此。考虑到这一点，一个有条件者的条件序列中的总体性之一切辩证的表象，都完全具有**同样的性质**。总是有一个序列，其中条件与有条件者作为序列的各环节联结起来，从而是**同类的**，这里绝不能把回溯设想为完成了的，或者如果把它视为完成了的，就必然把一个就自身而言有条件的环节错误地当做一个最初的环节，从而当做无条件的。因此，虽然没
B557 有到处纯然按照其大小来衡量客体亦即有条件者，但毕竟是按
〔361〕照其大小来衡量客体的条件序列，而且在这里，不能用任何调解、只能通过完全斩开死结来克服的困难就在于：理性使它对于知性来说不是**太长**就是**太短**，以至于知性永远不能与理性的理念相匹配。

但在这里，我们忽视了客体，亦即理性力图提升为理念的知性概念中的一种本质性的区别，因为按照我们上面的范畴表，有两个范畴意味着显象的**数学**综合，其余两个范畴意味着显象的**力学**综合。迄今为止，上述情况还根本不可能发生，因为就像我们在一切先验理念的一般表象中一直仅仅处在**显象**中的条件之下一样，我们在两个数学的先验理念中除了显象中的对象之外，也没有任何别的**对象**。但现在，既然我们前进到知性的应当适合理性理念的力学概念，那种区分就成为重要的，并且就理性所卷入的争讼而言为我们开启了一个全新的视界；既然这种争讼此前作为建立在双方的错误预设之上的而被**驳**
B558 **回**，而现在，由于也许在力学的二论背反中这样一种与理性的要求能够共存的预设是成立的，从这种观点出发，并且由于法官弥补了人们在双方都误认为的合法根据的不足，就能够作出**调解**来使双方都满意，而就数学的二论背反中的争执而言，这是无法做到的。

就人们仅仅考虑条件序列的**延伸**，看它是适合理念，还是理念对它来说太大或者太小而言，条件的序列当然都是同类的。然而，以这些理念为基础的知性概念却或者仅仅包含着**同类的东西的综合**（这对于每一个大小来说无论是在其合成中还是在其分割中都被预设的），或者也包含着**异类的东西的综合**，这在力学的综合中，无论是就因果的结合而言还是就必然的东西与偶然的东西的结合而言，都是可以允许的。

因此就出现了这样的情况，即在显象序列的数学联结中，除了**感性的**条件亦即自身是序列的一个部分的条件之外，不能被放入任何别的条件。与此相反，感性条件的力学序列却还允许一个异类的条件，它不是序列的一个部分，而是作为纯然**理知的**而处于序列之外，这就满足了理性，并且预设了显象的无条件者，却没有搅乱任何时候都有条件的显象序列，打断它而违背知性的原理。 〔362〕 B559

由于力学的理念允许在显象的序列之外有显象的一个条件，亦即一个本身不是显象的条件，所以就发生了某种完全有别于数学的二论背反的结果的事情。也就是说，数学的二论背反导致必须宣布两种辩证的主张都是错误的。与此相反，力学序列无一例外有条件的东西作为显象与序列不可分，却与虽然在经验性上是无条件的、但却也是**非感性的**条件相联结，一方面满足了**知性**，另一方面也满足了**理性**①，而且由于以这种或者那种方式在纯然的显象中寻找无条件的总体性的辩证论证都

① 因为知性在**显象**中间不允许任何本身在经验性上无条件的条件。但是，如果能够为（显象中的）一个有条件者设想一个不作为一个环节属于显象序列的**理知的**条件，由此而丝毫不打断经验性条件的序列，那么，就可以允许这样一个条件是**在经验性上无条件的**，由此而不在任何地方打断经验性的连续回溯。

被取消，与此相反，理性命题在以这样的方式纠正了的意义上
B560 就能够使得**双方均为真**；这在仅仅涉及数学上无条件的统一性的宇宙论理念那里是不能成立的，因为在它们那里，除了本身还是显象、并且作为显象一起构成序列的一个环节的条件之外，不能发现显象序列的任何其他条件。

三、关于世界事件自其原因派生的总体性之宇宙论理念的解析

就发生的事情而言，人们只能设想两种因果性，要么是按照**自然**，要么是出自**自由**。前者是感官世界中一个状态与一个
〔363〕 在先状态的联结，该状态按照一条规则继在先的状态而起。如今，既然显象的**因果性**依据的是时间条件，而且在先的状态如果是在任何时候都存在的，就不能造成一种在时间中才产生的结果，因此，发生的或者产生的东西，其原因的因果性也是**产生的**，并且按照知性的原理本身又需要一个原因。

B561 与此相反，我把自由在宇宙论意义上理解为**自行**开始一个状态的一种能力，因此，自由的因果性并不按照自然规律又服从另一个在时间上规定它的原因。在这种意义上，自由就是一个纯粹的先验理念，首先它不包含任何借自经验的东西，其次它的对象也不能以在经验中被规定的方式被给予，因为凡发生的东西都必然有一个原因，从而**本身发生**或者产生的原因的因果性也必须又有一个原因，这是一条甚至一切经验之可能性的普遍规律；这样一来，经验的整个领域无论延伸到多远，都将转化为一个纯然自然的总和。但是，既然以这样的方式得不出因果关系中的条件的绝对总体性，所以理性就给自己创造出一种能够自行开始行动的自发性的理念，而不用预置另一个原因，来又按照因果联结的规律规定它去行动。

极为值得注意的是，自由的实践概念把自己建立在这种**自**

由的先验理念之上，自由的先验理念在自由中构成了自古以来就环绕着自由之可能性问题的那些困难的真正要素。**实践意义上的自由**是任性对感性冲动的**强迫**的独立性。因为任性就它**以生理变异的方式**（由于感性的动因）**受到刺激**而言，是**感性的**；如果它能够**以生理变异的方式被必然化**，它就叫做动物性的（arbitrium brutum［动物性的任性］）。人的任性虽然是一种 arbitrium sensitivum［感性的任性］，但却不是 brutum［动物性的］，而是 liberum［自由的］，因为感性并不使其行为成为必然的，相反，人固有一种独立于感性冲动的强迫而自行决定自己的能力。 B562 〔364〕

人们很容易就可以看出，如果感官世界里的所有因果性都纯然是自然，那么，任何事件就都会是由另一事件在时间中按照必然的规律规定的。从而，既然显象就它们规定任性而言，必定使任何行动都作为它们的自然结果成为必然的，对先验自由的取消就会同时根除一切实践的自由。因为实践的自由预设，某物尽管尚未发生，但却毕竟是应当发生的，因此它在显象中的原因就不是如此去规定，以至于在我们的任性中，并不蕴涵着一种独立于那些自然原因、甚至违背它们的势力和影响来产生某种在时间秩序中按照经验性规律被规定的东西、从而**完全自行**开始一个时间序列的因果性。

因此，这里就发生了在一种冒昧超越可能经验的界限的理性之冲突中所发现的事情，即任务真正说来不是**自然学的**，而是**先验的**。因此，自由的可能性问题虽然由心理学来考察，但既然它依据的仅仅是纯粹理性的辩证论证，它就必须连同其解决一起都仅仅由先验哲学来处理。为使不能拒绝对此作出令人满意的回答的先验哲学能够做到这一点，我就必须首先力图通过一种说明来更为精确地规定它在这一任务上的工作程序。 B563

如果显象是物自身，从而空间和时间是物自身的存在形式，那么，一切条件就会与有条件者一起，在任何时候都作为环节而属于同一个序列，由此也在目前的场合里产生所有先验理念所共有的二论背反，即这个序列的结果必然不可避免地对于知性来说太大或者太小。但是，我们在这一节和下一节所探讨的力学的理性概念却具有这样的特点，即既然它们不涉及一个作为大小来考察的对象，而是仅仅涉及该对象的**存在**，所以
B564 人们也可以抽掉条件序列的大小，而且在它们这里仅仅涉及条
〔365〕 件与有条件者的力学关系，以至于我们在关于自然和自由的问题中已经遇到了困难，即自由是否在某个地方是可能的，而如果它是可能的，那它是否能够与因果性的自然规律的普遍性共存；从而，说世界上的任何一个结果都必然**要么**是产生自自然，**要么**是产生自自由，这是否是一个正确的选言命题，或者是否毋宁说**二者**在不同的关系中就同一事件而言可以同时成立。关于感官世界的所有事件按照不可变更的自然规律无一例外地相互连续的原理，其正确性已经作为一个先验分析论的原理得以确定，不容许有任何损害。因此，问题仅仅是：尽管如此，就同一个按照自然被规定的结果而言，是自由也能够成立，还是自由被那个不容侵犯的规则所完全排斥。而在这里，对显象的**绝对实在性**的虽然通常但却骗人的预设，立刻就表现出它搅乱理性的有害影响。因为如果显象是物自身，那么，自由就不可挽救。在这种情况下，自然就是那个事件的完备的、就自身而言充足的规定原因，事件的条件就在任何时候都仅仅包含在连同其结果都必然服从自然规律的显象序列之中。与此
B565 相反，如果显象被视为无非是它们实际上所是的东西，也就是说，不被视为物自身，而是被视为按照经验性规律相互联系的纯然表象，那么，它们本身就必然还有不是显象的根据。但是，这样一种理知的原因虽然其结果显现出来，并且能够被另外的显象所规定，但就其因果性而言却不是由显象规定的。因

此，它连同自己的因果性处在序列之外，与此相反，它的结果却可以在经验性条件的序列中发现。因此，结果可以就其理知的原因而言被视为自由的，而同时就显现而言被视为按照自然的必然性出自这些显象的结果；这样一种区分，如果一般地并且完全抽象地陈述出来，就必然显得极为难以捉摸和晦涩，但在应用中却会变得清晰。在此我只想说明：既然一切显象在自然的一个关联中无一例外的联系是一个绝不变更的规律，如果人们要顽固地坚持显象的实在性，那么，这条规律就必然不可 〔366〕
避免地毁灭一切自由。因此，即便是那些在这方面追随通常意见的人，也绝不能达到使自然和自由相互一致的程度。

与自然必然性的普遍规律相一致的由于自由的因果性之可能性 B566

我把一个感官对象中本身不是显象的东西称为**理知的**。据此，如果感官世界中必须被视为显象的东西就自身而言也有一种能力，这种能力不是感性直观的对象，但通过它，该东西毕竟能够是种种显象的原因，那么，人们就可以从两个方面来考察这个存在物的**因果性**：就其作为一个物自身的行动而言是**理知的**，而就其作为一个感官世界中的显象的结果而言是**可感的**。据此，关于这样一个主体的能力，我们要形成其因果性的一个经验性的概念，此外也要形成一个理智的概念，这两个概念就同一个结果而言都是成立的。设想一个感官对象的能力的这样一种双重的方式，并不与我们关于显象、关于一个可能的经验所能够形成的概念中的任何一个相矛盾。因为既然由于它们不是物自身，它们就必须以一个把它们作为纯然的表象来规定的先验对象为基础，所以就没有任何东西阻碍我们在先验对象借以显现的属性之外，也把一种尽管在显象中发现其结果、但却不是显象的**因果性**归之于这个先验对象。但是，任何一个 B567

起作用的原因都有一种性质，亦即其因果性的一条规律，没有这条规律它就根本不会是原因。而在这里，就一个感官世界的主体而言，首先，我们要有一种**经验性的**性质，通过这种性质，它的种种行动就作为显象全都与其他显象按照恒常的自然规律处于联系之中，并且能够作为它们的条件而从它们推导出来，从而与它们相结合，构成惟一的一个自然秩序序列的环
〔367〕节。其次，人们必须还允许它有一种**理知的**性质，通过这种性质，它虽然是那些作为显象的行动的原因，但这种性质本身却不从属于感性的任何条件，本身并不是显象。人们也可以把前者称为这样一个物在显象中的性质，把后者称为物自身的性质。

这个行动主体按照其理知的性质不会从属于任何时间条件，因为时间只不过是显象的条件罢了，但却不是物自身的条
B568 件。在这个主体里面，不会有任何**行动产生**或者**消逝**，从而它也不会从属于一切时间规定、一切可变事物的规律，即凡是**发生的东西**，都**在**（在先状态的）**显象中**有其原因。一言以蔽之，它的因果性如果是理智的，就根本不处在使得感官世界中的事件成为必然的经验性条件的序列之中。这种理知的性质虽然永远不能直接地认识到，因为我们不能知觉任何东西，除非它显现出来；但是，这种性质毕竟必须根据经验性的性质来**思维**，就像我们虽然关于一个先验对象就其自身而言是什么而一无所知，但却必须在思想中把它当做显象的基础一样。

因此，根据它的经验性性质，这个主体作为显象会服从按照因果联结进行规定的一切规律；就此而言，它无非是感官世界的一个部分，它的结果与任何别的显象一样，都不可避免地从自然中流溢出来。就像外部显象影响它，它的经验性性质亦即它的因果性的规律通过经验被认识一样，它的所有行动也都必须按照自然规律来解释，为完全且必然地规定这些行动所需

要的一切辅料，也都必须在一个可能的经验中来发现。

但是，按照它的理知的性质（尽管我们对此所能够拥有的无非是它的一般概念），这同一个主体却必须被免去感性的一切影响和经由显象的规定；既然在它里面，就它是**本体**而言，没有任何东西**发生**，没有任何需要力学的时间规定的变化被发现，从而没有任何与作为原因的显象的联结被发现，所以这个行动着的存在物在其行动中就会独立于并且没有任何自然必然性，自然必然性惟有在感官世界里才可遇到。关于它，人们可以完全正确地说，它**自行**开始它在感官世界里的结果，但并没有行动**在它自身里面**开始；而这一点可以是有效的，没有感官世界中的结果因此而可以自行开始，因为它们在感官世界里任何时候都通过在先时间中的经验性条件被预先规定，但却毕竟只是凭借经验性性质（经验性性质纯然是理知的性质的显象）才被预先规定，惟有作为自然原因序列的一个延续才是可能的。在这种情况下，自由和自然就可以每一个都在其充分的意义上，就同一些行动而言，根据人们把它们与其理知的原因相比较还是与其可感的原因相比较，同时被发现而毫无冲突。 B569 〔368〕

与普遍的自然必然性相结合对自由的宇宙论理念的说明 B570

我曾经赞同，首先勾画出我们的先验问题之解析的梗概，以便人们能够更好地概览在解析它的时候理性的进程。现在，我们想分析理性的裁定真正说来关键所在的种种因素，并对每一个都特别予以考虑。

凡是发生的东西都有一个原因，这个原因的因果性，亦即**行动**，既然在时间中先行，并且就在此**产生**的一个结果而言本身不能是一直存在的，而必须是**发生的**，也在显象中间有自己的原因，通过这一原因它被规定，因而自然秩序中的一切事件都是经验性地被规定的，这是一条自然规律；惟有通过这条规律，种种显象才能够构成一个**自然**，并提供经验的对象；这条规律是一条知性规律，不允许以任何借口背离这条规律，或者把某个显象作为例外；因为若不然，人们就会把这显象置于一
B571 切可能的经验之外，但这样一来就会把它与可能经验的一切对象区别开来，并且使它成为纯然的思想物，成为一个幻影。

〔369〕 但是，尽管在这里看起来好像有一个原因的链条，它在回溯到其条件时根本不允许有任何**绝对的总体性**，但是，这种疑虑毕竟根本不会使我们止步不前；因为在对理性在显象的序列中企图达到无条件者的时候所产生的二论背反的一般评断中，这种疑虑已经被除去了。如果我们想对先验实在论的欺骗作出让步，那就既不剩下自然，也不剩下自由了。这里的问题只是：如果人们在种种事件的整个序列中仅仅承认自然必然性，那么，是还有可能把一方面是纯然的自然结果的同一事件在另一方面视为出自自由的结果，还是在这两种因果性之间将遇到直接的矛盾。

在显象中的种种原因中间，肯定不可能有任何东西能够绝对地并且自行地开始一个序列。每一个行动作为显象，就它造成一个事件而言，本身就是事件或者发生的事情，预设着另一个在其中发现原因的状态。于是，凡是发生的东西，都是序列的一种延续，而不可能是序列中自行发生的开端。因此，自然
B572 原因在时间次序中的一切行动，本身又都是同样在时间序列中预设其原因的结果。使此前并不存在的某种东西得以发生的一种**源始的**行动，是不能期待显象的因果联结来提供的。

但在这种情况下，如果结果是显象，其本身（即原因）亦是显象的原因的因果性就必须仅仅是经验性的，这也是必然的吗？毋宁说，尽管对于显象中的每一个结果来说，按照经验性因果性的规律当然都要求与其原因的一种联结，但这种经验性的因果性本身在丝毫不破坏它与自然原因的联系的情况下，毕

竟能够是一个非经验性的、理知的因果性的一个结果，这难道是不可能的吗？也就是说，这种因果性是一个原因的就显象而言源始的行动，因此，这个原因就此而言不是显象，相反，就这种能力而言它是理知的，虽然除此之外全然作为自然链条的一个环节，它必须被一起归属于感官世界。

我们需要显象彼此之间的因果性的命题，以便能够寻找和说明自然事件的自然条件亦即显象中的原因。如果这得到承认，并且不被任何例外所削弱，那么，就其经验性应用而言在 〔370〕
所有的事件中所看到的无非是自然，并且有权利这样看的知 B573
性，就有了它所能够要求的一切，而且自然的说明也就畅行无阻地继续走自己的路了。如今，如果人们假定，在自然原因中间也有一些原因具有一种只是理知的能力，因为这种能力为了行动而有的规定性绝不是依据经验性的条件，而是依据纯然知性的根据，但又假定，这一原因**在显现中的行动**符合经验性的因果性的所有规律，即使这纯然是虚构出来的，也对它没有丝毫的损害。因为以这种方式，行动的主体作为 causa phaenomenon［本身是现象的原因］在其所有行动的不可分离的依赖性上与自然联结在一起，只不过这个主体的 phaenomenon［现象］（连同它在显象中的所有因果性）包含着某些条件，当人们想从经验性的对象上升到先验的对象时，这些条件就必须被视为纯然理知的。因为如果我们仅仅在显象中间能够是原因的东西中服从自然规则，那么，我们就可以不去顾虑在对我们来说经验性上未知的先验主体中被设想的这些显象及其联系的一种什么样的根据。这个理知的根据根本不关注经验性的问题，
而是仅仅涉及纯粹知性中的思维；而尽管纯粹知性的这种思维 B574
和行动的结果在显象中被发现，这些显象也毕竟必须能够从其在显象中的原因出发按照自然规律完全得到解释。因为人们把它们的纯然经验性性质作为至上的解释根据来遵循，却把是经

验性性质的先验原因的理知性质完全当做未知的而忽略，除非它仅仅通过作为它的感性标志的经验性性质得到说明。让我们把这一点运用于经验。人是感官世界中的显象之一，就此而言也是其因果性必须服从经验性规律的自然原因之一。据此，作为这样一个自然原因，他必然与其他一切自然事物一样也有一种经验性的性质。我们通过他在自己的结果中表现出来的力量和能力来注意到这种性质。在无生命的或者纯然动物生命的自
〔371〕然中，我们没有发现任何根据来设想某种能力不是纯然在感性上有条件的。然而，通常仅仅通过感官来认识整个自然的人，也通过纯然的统觉来认识自己本身，而且是在他根本不能算做感官印象的行动和内在规定中认识的。人对自己本身来说当然一方面是现象，但另一方面，亦即就某些能力而言，则是一个纯然理知的对象，因为这个对象的行动根本不能算做感性的接
B575 受性。我们把这些能力称为知性和理性；尤其是理性，被十分本真地以杰出的方式与所有经验性地有条件的力量区别开来，因为它仅仅按照理念来考虑自己的对象，并据此来规定知性，知性在这种情况下对自己的（虽然也是纯粹的）概念作一种经验性的应用。

这种理性具有因果性，至少我们想象这种理性有一种诸如此类的因果性，这一点从我们在所有实践事务中作为规则加给实施的力量的那些**命令**就可以清楚知道。**应当**表示一种必然性和与种种根据的联结，它在整个自然中其他地方都不曾出现。知性关于自然所能够知道的，只是**存在的东西**，或者过去曾经存在的东西，或者将来要存在的东西。自然中的某种东西**应当是**不同于它在所有这些时间关系中实际上所是的东西，这是不可能的。确实，当人们仅仅关注自然的进程时，应当就根本没有任何意义。人们根本就不能问，在自然中应当发生什么；这和不能问一个圆应当有什么样的属性是一样的；而是要问，在

自然中发生了什么，或者圆有什么样的属性。

这种应当表示一种可能的行动，这种行动的根据除了一个纯然的概念之外，别无他物；而与此相反，一个纯然的自然行动的根据在任何时候都必须是一个显象。在应当指向行动时， B576
行动当然必须在种种自然条件下才是可能的；但是，这些自然条件并不涉及任性本身的规定，而是仅仅涉及它在显象中的结果和后果。无论有多少自然的根据、有多少感性的诱惑推动我达到**意欲**，它们都不能造成应当，而是仅仅造成一种意欲，这种意欲远远不是必然的，而是任何时候都有条件的；与此相反，理性所宣布的应当则以尺度和目的，甚至禁止和尊重来与意欲相对立。无论这是纯然感性的对象（适意的东西）还是纯 〔372〕
粹理性的对象（善的东西），理性都不服从那种经验性地被给予的根据，不遵从事物在显象中展现出来的那种秩序；而是以完全的自发性按照理念给自己造就一种独特的秩序，让经验性的条件适应这种秩序。它甚至按照理念宣布种种行动是必然的，这些行动**不曾发生**，而且也许将来也不发生，但尽管如此还是预设，理性在与它们的关系中能够有因果性；因为若不然，它就不能指望自己的理念有经验中的结果。

现在让我们在这里停下来，至少假定这是可能的：就显象 B577
而言，理性确实有因果性；虽然它是理性，它也必然自身展示出一种经验性的性质，因为任何原因都预设一条规则，某些显象按照这条规则作为结果继起；而每一条规则都要求结果的齐一性，这种齐一性论证了原因（作为一种能力）的概念；如果这个概念必须从纯然的显象得到说明，我们就可以把它称为经验性的性质。这种性质是持久不变的，但它的结果却根据伴随的、部分地起限制作用的条件的不同而以可变的形象显现。

在这种情况下，每一个人的任性都有一种经验性的性质，这种性质无非就是他的理性的某种因果性；这种因果性就自己在显象中的结果而言展示出一条规则，按照这规则，人们就能够根据其方式和程度来得知该因果性的理性根据和行动，并对该人的任性的主观原则做出判断。由于这种经验性的性质本身必须从作为结果的显象中、从经验显示的显象之规则得出，所以人在显象中的一切行动就都是从他的经验性性质和一同起作用的其他原因出发按照自然的秩序规定的；而且如果我们能够
B578 穷根究底地研究他的任性的一切显象，那么，就不会有任何一种人的行动我们不能可靠地预言并且从其先行的条件出发认识为必然的。因此，就这种经验性的性质而言，不存在有自由，
〔373〕而且如果我们只是想观察，并且像在人类学中发生的那样以自然学的方式研究人的行动的动因的话，那么，惟有按照这种经验性的性质我们才能考察人。

但是，如果我们把同样一些行动与理性相关来考虑，而且不是为根据其起源来**解释**这些行动的思辨理性，而仅仅是就理性是**产生**这些行动本身的原因而言；一言以蔽之，如果我们出自**实践的**意图把这些行动与理性进行比较，那么，我们就发现一个与自然秩序完全不同的规则和秩序。因为也许一切按照自然进程**发生了的**、并且按照其经验性的根据必然不可避免地发生的东西，在这里都**不是应当发生的**。但是，我们有时候发现，或者相信至少可以发现，理性的理念确实证明了在人的作为显象的行动方面的因果性，而且这些行动之所以发生，并不是因为它们是由经验性的原因规定的，不是的，而是因为它们是由理性的根据规定的。

B579 假定人们可以说，理性在显象方面具有因果性；既然理性的行动在理性的经验性性质（感官的方式）中是极为精确地被规定和必然的，理性的行动还能够叫做自由的吗？经验性的性质又是在理知的性质（思维的方式）中被规定的。但我们并不认识思维的方式，而是通过真正说来惟有感官的方式（经验性

的性质）直接给予供认识的显象来描述它。①行动可以被归之于作为其原因的思维方式，尽管如此却根本不是按照经验性规律从思维方式得出的，也就是说，不是使纯粹理性的条件**先行**，而是仅仅使它们在内感官的显象中的结果**先行**。纯粹理性作为一种纯然理知能力，不从属于时间形式，因而也不从属于时间继起的条件。理性在理知性质中的因果性**并不**为了造成一个结果而**产生**，或者在某个时间开始。因为若不然，它本身就 〔374〕
会从属于显象的自然规律，因为自然规律按照时间规定着因果 B580
序列；而因果性在这种情况下就会是自然而不是自由。因此，我们将可以说：如果理性在显象方面能够有因果性，那么，它是一个经验性的结果序列的感性条件由以开始的一种能力。因为理性中所蕴涵的条件不是感性的，因而本身就不开始。据此，我们在所有经验性的序列中所惦念的东西，即一个渐进的事件序列的**条件**本身能够在经验性上是无条件的，在这种情况下就是成立的。因为在这里，条件在显象的序列**之外**（在理知的东西中），因而不从属于任何感性条件，不由于在先的原因而从属于时间规定。

尽管如此，同一个原因在另一种关系中却也属于显象的序列。人本身是显象。他的任性有一种经验性的性质，这种性质就是他的所有行动的（经验性的）原因。没有一个根据这种性质来规定人的条件不包含在自然结果的序列之中，并且服从自

① 因此，行动的真正道德性（功与过）依然对我们来说是完全隐秘的，即便是我们自己的行为的真正道德性亦复如是。我们的归责只能与经验性的性质发生关系。但有多少这方面的纯粹结果可以归之于自由，有多少可以归之于纯然的自然和气质的无辜错误或者其幸运的性状（merito fortuna［幸运的功劳］），没有人能够探究，因而也没有人能够完全公正地裁断。

然结果的规律，按照这一规律，在时间中发生的东西根本没有任何经验性上无条件的因果性。因此，没有任何被给予的行动
B581 （由于它只能被感知为显象）能够绝对自行开始。但关于理性，人们不能说：在它规定自己任性的状态之前先行着另一个该状态本身被规定的状态。因为既然理性本身不是显象，不服从感性的条件，在它本身里面就其因果性而言也就不存在时间继起，因而按照规则规定时间继起的自然力学规律就不能被运用于它。

因此，理性是人在其中显现的所有任性行动的持久条件。这些行动在还没有作为行动发生之前，就每一个都在人的经验性的性质中被预先规定了。经验性的性质只不过是理知性质的感性图型罢了，就理知的性质而言，没有**在前**和**在后**；任何行动，无论它与其他显象处于什么样的时间关系之中，都是纯粹
〔375〕 理性的理知性质的直接结果；因此，理性是自由地行动的，并不以力学的方式通过外在的或者内部的、但却先行的根据而在自然原因的链条中被规定；人们不可以把它的这种自由仅仅消极地视为对经验性条件的独立性（因为这样一来，理性的能力就不再是显象的原因了），而是要也积极地通过一种自行开始
B582 事件序列的能力来描述它，以至于在它里面没有任何东西开始，而是它作为任何任性行动的无条件的条件，在自身之上不允许任何在时间上先行的条件，然而，它的结果毕竟是在显象的序列中开始的，但绝不能在其中构成一个绝对最初的开端。

为了从理性的经验性应用中举一个例子来说明理性的范导性原则，而不是为了证实这一原则（因为诸如此类的证明不适用于先验的主张），人们可以选取一个任性的行动，例如一个人由以在社会上造成某种混乱的恶意谎言；人们首先根据它由以产生的动因来研究它，然后判断它连同其后果如何能够被归

咎于该人。出自前一个意图，人们审视他的经验性的性质直到其起源，人们在糟糕的教育、不良的社交、部分地也在一种不知羞耻的气质的恶劣中寻找这种起源，部分地把它推诿于轻率和欠考虑；在这方面，人们也没有忽视诱发的偶因。在这一切里面，人们的行事方式是和研究一个被给予的自然结果的规定性原因序列时一样的。尽管相信行动就是由此规定的，人们却依然责备肇事者，而且不是因为他的不幸的气质，不是因为影 B583
响他的那些情况，甚至也不是因为他过去奉行的生活方式；因为人们预设可以把这种生活方式过去怎样置之一旁，可以把已经逝去的条件序列视为没有发生的，但把这一事实视为就在先状态而言完全无条件的，就好像肇事者由此完全自行地开始一个后果序列似的。这种责备根据的是理性的一条规律，此时人们把理性视为一个原因，这个原因能够并且应当不顾上述一切经验性的条件而以别的方式规定人的行为。而且人们并不把理 〔376〕
性的因果性仅仅视为竞争，而是视为就其自身而言完备的，即使感性动力根本不赞同它，而是完全反对它；行动被归之于他的理知性质，现在，在他说谎的那一刻，它是完全有过的；因此，不管行为有什么样的经验性条件，理性都是自由的，行为可以完全归咎于理性的失责。

从这种归责的判断很容易就可以看出，人们在这里想到，理性根本不为所有那些感性所刺激；它也不变化（尽管它的显 B584
象，亦即它在自己的结果中表现自己的方式，是变化的）；在它里面，没有任何规定继起状态的状态先行；因此，它根本不属于按照自然规律使得显象成为必然的感性条件的序列。它，即理性，对人在一切时间状态中的一切行动都是在场的，都是一回事，但它自己并不在时间中，并不陷入一个它之前并不在其中的新状态；就这种新状态而言，它是**规定者**，但却**不是**可**被规定者**。因此，人们不可以问：理性为什么不以别的方式规定**自己**？而是要问：它为什么不以别的方式通过自己的因果性规定**显象**？但是，对此不可能有一种回答。因为另外一种理知的性质会给予另外一种经验性的性质；而当我们说，不管他迄今为止所奉行的全部生活方式，肇事者毕竟还是能够不说谎的，那么这仅仅意味着，这谎言是直接处在理性的支配之下的，而理性就其因果性而言不从属于显象和时间进程的任何条件，时间的区别虽然能够造成显象彼此之间的一种基本区别，但既然显象不是事物自身，因而也不是原因自身，所以并不造成行动就与理性的关系而言的区别。

B585 因此，我们对自由行动就其因果性而言所作的判断只能达到理知的原因，但却不能**超出这一原因**；我们能够认识到它是自由的，也就是说，不依赖于感性而被规定，并且以这样的方式能够是显象的感性上无条件的条件。但是，为什么理知的性质在呈现出来的情势下恰恰给予的是这些显象和这种经验性的
〔377〕性格，对此作出回答远远超过了我们理性的一切能力，甚至超过了理性哪怕仅仅提出问题的一切权限，就好像人们问：我们外部感性直观的先验对象何以恰恰给予的只是**空间中的**直观，而不是某种别的直观似的。然而，我们所要解决的课题根本不要求我们这样做，因为这一课题仅仅是：在同一行动中自由与自然必然性是否冲突，我们对此已经给予了充分的回答，因为我们指出了，既然在自由那里，可能与之发生关系的条件同在自然必然性那里完全不同种类，所以后者的规律也就不刺激前者，从而二者能够相互独立、丝毫不相互干扰地并存。

※　　　※　　　※

B586 人们必须清楚地看到，我们并没有想由此阐述作为包含着我们感官世界的种种条件之原因的种种能力之一种的自由的**现实性**。因为除了这根本不会是仅仅与概念打交道的先验考察之外，它也不可能成功，因为我们从经验出发永远不能推论到某

种根本不必按照经验规律来思维的东西。此外，就连证明自由的**可能性**，我们也根本没有去想；因为这也不会成功，原因在于，我们根本不能从纯然的先天概念出发认识任何实在根据和因果性的可能性。在这里，自由仅仅被当做一个先验理念来对待，通过它，理性设想通过感性的有条件者开始显象中的条件序列，但在这里就卷入了与它自己的规律的一种二论背反，这些规律是它为知性的经验性应用所规定的。我们惟一能够提供的、而且我们也惟一关切的东西是：这种二论背反所依据的是一种纯然的假象，自然与出自自由的因果性至少**并不冲突**。

四、显象一般就其存在而言的依赖性之总体性的宇宙论理念的解析 〔378〕

B587

在上一节中，我们就其力学序列而言考察了感官世界的变化，在那里，每一种变化都隶属于另一作为其原因的变化。现在，种种状态的这一序列对我们来说仅仅充当达到一种能够是一切可变者的最高条件的存在，亦即**必然的存在者**的向导。这里所涉及的不是无条件的因果性，而是实体本身的无条件的实存。因此，我们所面临的序列真正说来只不过是种种概念的序列，而不是种种直观的序列，这是就一直观是另一直观的条件而言的。

但人们很容易看出：既然种种显象之总和中的一切都是可变的，从而就存在而言是有条件的，所以在依赖性存在的序列中，任何地方都不可能有无条件的环节，其实存竟然会是必然的；因此，如果显象是物自身，但正因为此其条件与有条件者在任何时候都属于同一个直观序列，那么，作为感官世界种种显象的存在之条件的一个必然的存在者就永远不能成立了。 B588

但是，力学的追溯自身具有这种独特的、与数学的追溯有别的东西：既然数学的追溯真正说来只能与各部分组合成一个整体或者整体分解成其各个部分相关，所以这个序列的条件就总是必须被视为这个序列的各个部分，因而被视为同类的，进而被视为显象；相反，在力学的追溯中，所涉及的并不是由被给予的各个部分组成的一个无条件整体的可能性或者一个被给予的整体的一个无条件部分的可能性，而是从其原因推导出一个状态，或者从必然的实体推导出实体本身的偶然存在，条件就不可以必然地与有条件者构成一个经验性的序列。

〔379〕 因此，就呈现在我们面前的表面上的二论背反而言，还给我们留下了一条出路，即所有两个相互冲突的命题在不同的关系中可以同时是真的，以至于感官世界的所有事物都完全是偶然的，从而也永远只有经验性上有条件的实存，尽管整个序列还有一个非经验性的条件，也就是说，有一个无条件地必然的存在者。因为这个存在者作为理知的条件，根本不作为序列的
B589 一个环节（就连作为至上的环节也不是）而属于序列，也不使序列的任何环节成为经验性地无条件的，而是使整个感官世界保持其贯穿所有环节的经验性上有条件的存在。因此在这里，使一个无条件的存在成为种种显象的基础的这种方式，会有别于上一节中（自由的）经验性上无条件的因果性，即就自由而言，作为原因的事物本身（substantia phaenomenon［作为现象的实体］）尽管如此仍属于条件的序列，而只有它的因果性被思维成理知的，但在这里，必然的存在者必须被思维成完全在感官世界的序列之外的（作为 ens extramundanum［世界之外的存在者］），因而是纯然理知的，惟其如此，才能防止使它自己从属于所有显象的偶然性和依赖性的规律。

因此，就我们的这一课题来说，理性的**范导性原则**就是：感官世界中的一切都有经验性上有条件的实存，在它里面就任何属性而言都没有一种无条件的必然性；条件的序列没有一个环节不使人们必须一直期待，并力所能及地寻找在一个可能的

经验中的经验性条件，没有任何东西使我们有理由从经验性序列之外的一个条件推导出某一个事物，或者也在序列本身中把该事物视为绝对独立自主的；但尽管如此却根本不由此否认，整个序列能够依据某个理知的存在者（这个理知的存在者因此 B590
而没有任何经验性的条件，毋宁说包含着所有这些显象的可能性的根据）。

但在这里，所指的根本不是证明一个存在者的无条件地必然的存在，或者也不仅仅哪怕是在这上面建立感官世界种种显象之实存的一种纯然理知的条件的可能性；而是仅仅像我们限制理性那样，使理性不离开经验性条件的导线，陷入**超验的**、〔380〕
不能作出具体阐述的解释根据，因而另一方面也限制知性的纯然经验性应用的规律，以免它对一般事物的可能性作出裁定，而且即使理知的东西在解释显象方面对我们来说毫无用处，也并不因此就把它宣布为不**可能的**。因此，由此仅仅指出，所有的自然事物及其所有的（经验性的）条件无一例外的偶然性都能够与一个必然的、尽管纯然理知的条件的任性预设共存，因而在这些主张之间找不到真正的矛盾，从而它们**双方都**能够**是真的**。即便这样一个绝对必然的知性存在者自身是不可能的，这一点也毕竟绝不能从一切属于感官世界的东西的普遍偶然性 B591
和依赖性推论出来，同样也绝不能从不停留在感官世界的任何一个偶然环节并诉诸世界之外的一个原因的原则推论出来。理性就经验性应用而言按正常情况进行，就先验应用而言则按特殊情况进行。

感官世界所包含的无非是显象，而显象则是纯然的表象，表象又总是在感性上有条件的；而既然我们在这里绝不以物自身为我们的对象，所以毫不奇怪，我们绝对没有权利从经验性序列的一个环节——不管它是哪个环节——跳出感性的联系，就像它们是在它们的先验根据之外实存的物自身，而且人们可以为了在它们外面寻找它们存在的原因而离开它们似的；这一点，对于偶然的**事物**来说当然是最终必然发生的，但对于事物纯然的**表象**来说就不行，表象的偶然性本身只是现象，而且除了规定现象的回溯之外，也就是说，除了经验性的回溯之外，不可能导致任何别的回溯。但是，设想种种显象亦即感官世界的一个理知的根据，并设想它摆脱了种种显象亦即感官世界的偶然性，这既不与显象序列中不受限制的经验性回溯相悖，也不与显象无一例外的偶然性相悖。但是，这也是我们为消除表
B592 面上的二论背反惟一能够提供的东西，而且只能以这种方式做
〔381〕这件事。因为如果每一个（就其存在而言）有条件者每次的条件都是感性的，正因为此是属于序列的，那么，它本身就又是有条件的（就像第四个二论背反的反论所表明的那样）。因此，要么是与要求无条件者的理性的冲突必然依旧存在，要么这种东西必须被置于序列之外，被置于理知的东西中，理知的东西的必然性既不需要也不容许经验性的条件，因而相对于显象来说是无条件地必然的。

理性（就感官世界中的存在的条件而言）的经验性应用并不因为承认一个纯然理知的存在者而受到影响，而是按照无一例外的偶然性的原则从经验性的条件前进到一直还是经验性的更高条件。但同样，如果所涉及的是理性（就目的而言）的纯粹应用，这种范导性的原理也并不排除假定一个不在序列中的理知原因。因为在这时，那个原因就只不过是意味着一般感性序列的可能性的对我们来说纯然先验的和未知的根据罢了，这个根据的不依赖于感性序列的一切条件、并且就这些条件而言
B593 无条件地必然的存在，根本不与感性序列未被设置界限的偶然性相悖，从而也根本不与经验性条件的序列中永无止境的回溯相悖。

纯粹理性整个二论背反的最后说明

只要我们以我们的理性概念仅仅把感官世界中的条件的总体性以及就它们而言能够发生什么有利于理性的东西作为对象，我们的理念就虽然是先验的，但却毕竟是**宇宙论的**。但是，一旦我们把无条件者（这里毕竟本来谈的就是无条件者）置于完全处在感官世界之外、因而处在一切可能的经验之外的东西里面，理念就成为**超验的**：它们就不只是被用于完成理性的经验性应用（这种完成始终是一个永远不能实行的、但尽管如此却可以遵循的理念），相反，它们还把自己与这种经验性应用分开，使自己成为对象；这种对象的材料并非取自经验，其客观实在性也不依据经验性序列的完成，而是依据纯粹的先 〔382〕
天概念。诸如此类的超验理念有一种纯然理知的对象，承认这种对象是人们除此之外一无所知的先验客体固然是允许的，但是，我们在自己这方面既没有可能性的根据把它（作为独立于 B594
一切经验概念的）设想为一个可以通过其独特的和内在的谓词来规定的事物，也没有丝毫正当的理由来假定这样一个对象，因此它是一个纯然的思想物。尽管如此，在所有的宇宙论理念中，引起第四个二论背反的理念却使我们斗胆采取这一步骤。因为显象的在自身中完全没有根据的、而是始终有条件的存在要求我们：探究某种与一切显象有别的东西，从而探究一种偶然性在其中终止的理知对象。但是，由于在我们曾经允许自己在全部感性的领域之外假定一种独立自存的现实性的时候，显象只能被视为这样一些本身是理智的存在者对理知对象的偶然表象方式，所以给我们存留下来的就无非是类比，我们按照类比利用经验概念，以便对我们就自身而言没有丝毫知识的理知事物形成某些概念。由于我们无非是通过经验来认识偶然的事

物的，而在这里所谈的是根本不应当是经验对象的事物，所以我们将必须从就自身而言必然的东西、从事物的纯粹概念引申
B595 出它们的知识。因此，我们在感官世界之外所采取的第一个步骤迫使我们从研究绝对必然的存在者开始我们的新知识，从绝对必然的存在者的概念引申出一切纯然理知的事物的概念；我们要在下一篇着手这一尝试。

第三篇

〔383〕

纯粹理性的理想

第一章　论一般的理想

我们在上面已经看到，没有感性的条件，通过**纯粹的知性概念**，根本不能表象任何对象，因为缺乏这些概念的客观实在性的条件，而且在它们里面所发现的无非是纯然的思维形式。尽管如此，如果人们把它们运用于显象，就能够得到具体的表现；因为在显象那里，它们真正地拥有经验概念的材料，而经验概念无非是具体的知性概念。但是，**理念**比**范畴**更远离客观的实在性；因为找不到任何显象使理念能够具体地表现自己。理念包含着任何可能的经验性知识都达不到的某种完备性，而
D506 理性在这里只想要一种系统的统一性，它试图使经验性上可能的统一性接近系统的统一性，但却永远不能完全达到它。

但是，我称之为**理想**的东西似乎比理念还远离客观的实在性。所谓理想，我所理解的不仅仅是具体的理念，而且是个体性的理念，也就是说，是一个个别的、惟有通过理念才能被规定或者已经被规定的事物。

人性就其全部完善性而言，不仅包含着一切属于这种本性的、构成我们关于这种本性的概念的本质属性的扩展，直到与

它们那就是我们的完善人性的理念的目的完全符合，而且还包含着在这一概念之外属于理念无一例外的规定的东西；因为在所有相互对立的谓词之中，毕竟只有惟一的一个适合完善的人的理念。对我们来说是一个理想的东西，对**柏拉图**来说就是一个**属神知性的理念**，是这种知性的纯粹直观中的一个个别的对象，是任何一种可能的存在者的最完善者，是显象中一切摹本 〔384〕
的原型。

但是，我们并不如此肆无忌惮，我们必须承认，人的理性 B597
不仅包含理念，而且也包含理想，这些理想虽然不像**柏拉图的理想**那样具有创造性的力量，但毕竟（作为范导性的原则）具有实践的力量，并且为某些**行动**的完善性的可能性奠定了基础。道德概念并不完全是纯粹的理性概念，因为它们以某种经验性的东西（快乐或者不快）为基础。尽管如此，就理性为就自身而言没有规律的自由设置限制所凭借的原则来讲（因而当人们只注意它们的形式时），它们却尽可以用做纯粹理性概念的实例。德性以及伴随它的人类智慧，在其完全的纯粹性上，就是理念。但是，（斯多亚主义者的）智者却是一个理想，也就是说，是一个仅仅在思想中实存、但与智慧的理念完全符合的人。就像理念提供**规则**一样，理想在这样的场合也可以用做摹本无一例外的规定的原型；而且对于我们的行动来说，我们所拥有的准绳无非是这个属神的人的行为，我们把自己与它进行比较，对自己作出判断，并由此来改善自己，尽管永远也达不到它。这些理想，虽然人们不能承认它们有客观的实在性（实存），但却毕竟不能被因此而视为大脑的虚构，相反，它们提供了理性的一种不可或缺的准绳，理性需要在自己的类中完 B598
备无缺的东西的概念，以便由此估量和衡量不完备的东西的程度和缺陷。但是，要在一个实例中，也就是说在显象中实现理想，例如一部小说中的智者，却是行不通的，而且除此之外自身还有悖理之处，少有教化的东西，因为不断地损害理念中的完备性的那些自然限制，使得这样的尝试中的一切幻觉都成为不可能的，从而使得理念中蕴涵的善本身成为可疑的，类似于一种虚构。

理性的理想就是这种情况，它在任何时候都依据一定的概念，并且必然充当无论是遵循还是判断的规则和原型。想象力的种种造物则完全是另一情形，没有人能够说明白它们，并且给出一个可理解的概念；它们仿佛是一些**交织字母**，仅仅是一些个别的特征，尽管不能按照任何可告知的规则来规定这些特
〔385〕征；与其说它们构成一个确定的图像，倒不如说它们构成一幅仿佛在不同的经验的介质中飘移的素描，画家和相士伪称在自己的头脑中有诸如此类的东西，据说这是他们的产品或者他们的判断的一种不可言传的影像。它们可以——虽然只是非本意地——被称做感性的理想，因为据说它们是可能的经验性直观
B599 的不能达到的模型，尽管如此却不提供任何能够说明和检验的规则。

与此相反，理性及其理想的意图是按照先天的规则进行普遍的规定；因此，它思维一个应当按照种种原则普遍地可规定的对象，尽管在经验中缺乏这方面的充足的条件，因而概念本身是超验的。

第二章　论先验的理想（Prototypon transscendentale［先验的原型］）

任何一个**概念**，就它本身里面不包含的东西而言，是未被规定的，并且从属于可**规定性**的原理：在**任何**两个彼此矛盾对立的谓词中间，只有一个能够属于该概念。这条原理依据的是矛盾律，因而是一条纯然逻辑的原则，它抽掉了知识的一切内

容，仅仅关注知识的逻辑形式。

但是，任何一个事物按照其可能性都还从属于**普遍的规定**的原理，按照这条原理，在**事物所有可能的谓词**中间，如果把这些谓词与它们的对立面进行比较，就必然有一个谓词属于该 B600
事物。这依据的不仅仅是矛盾律；因为它除了在两个相互冲突的谓词的关系之外，还在与**全部的可能性**亦即一般事物的所有谓词之总和的关系中考察每一个事物；而由于它预设这样的可能性是先天的条件，所以它表现每一个事物，都如同该事物从自己在那个全部的可能性中所占的份额引申出其自己的可能性
一样。① 因此，普遍的规定的原则涉及内容，而不仅仅涉及逻 〔386〕
辑形式。它是应当形成一个事物的完备概念的一切谓词之综合的原理，而不仅仅是凭借两个对立的谓词中的一个的分析表象
的原理，而且包含着一种先验的预设，也就是说，**一切可能性** B601
的质料的预设，这种质料应当先天地包含着任何事物的**特殊**可能性的材料。

凡是实存的东西都是普遍地被规定的，这一命题不仅仅意味着，在每一对相互对立的**被给予的**谓词中总有一个属于该实存的东西，而且也意味着，在所有**可能的**谓词中总有一个属于它；通过这一命题，不仅仅是把种种谓词相互之间以逻辑的方式加以比较，而且是把事物本身与所有可能的谓词的总和以先

① 因此，通过这一原理，任何事物都与一个共同的相关物亦即全部的可能性相关，而全部的可能性（也就是说，一切可能的谓词的材料）如果是在惟一的一个事物的理念中发现的，就会通过一切可能的东西的普遍的规定之根据的同一性来证明一切可能的东西的亲和性。任何一个概念的**可规定性**都隶属于排中律的普遍性（universalitas），而一个**事物**的**规定**则隶属于**全称性**（universitas）或者一切可能的谓词的总和。

验的方式加以比较。这等于是想说：为了完备地认识一个事物，人们就必须认识一切可能的东西，并由此或肯定地或否定地规定它。因此，普遍的规定是一个我们绝不能按照其总体性来具体地表现的概念，因此，这个概念的根据是一个理念，该理念惟有在给知性规定其完备应用的规则的理性中才有其位置。

虽然**一切可能性的总和**的这一理念，就该总和作为条件是任何一个事物普遍的规定的基础而言，在可能构成该总和的种种谓词方面本身还是未被规定的，而且我们由此所思维的，在根本上无非就是一切可能的谓词的总和，然而，我们在更仔细的研究中毕竟发现，这个理念作为元始概念排除了一大堆作为
B602 通过别的谓词引申出来的而已经被给予的、或者与其他谓词不能共存的谓词；它把自己提炼为一个普遍先天地被规定的概
〔387〕念，并由此成为一个单一的对象的概念，这个对象通过纯然的理念完全地被规定，从而必须被称为纯粹理性的**理想**。

当我们不仅仅以逻辑的方式，而且以先验的方式来考虑一切可能的谓词的时候，也就是说，当我们按照在它们那里能够先天地思维的内容来考虑它们的时候，我们发现，通过它们中的一些被表现的是一种存在，通过它们中的另一些被表现的是一种纯然的不存在。仅仅通过“不”这个字来表示的逻辑否定真正说来绝不依附于一个概念，而是仅仅依附于该概念与判断中另一个概念的关系，因而远远不足以就其内容而言描述一个概念。“不死的”这一表述根本不能使人认识到，由此对象那里的一种纯然的不存在得到了表现，而是使一切内容都未受触及。与此相反，一种先验的否定意味着先验的肯定与之对立的不存在自身，先验的肯定是一个某物，该某物的概念自身就已经表达着一种存在，从而被称为实在性（物性），因为惟有通过它，而且就它所及，对象才是某物（物），与此相反，对立
B603 的否定意味着一种纯然的阙如，而且在仅仅思维它的地方，被

表现的是一切事物的取消。

于是，除非以相反的肯定作为基础，没有人能够确定地设想一种否定。天生的盲人不能对黑暗形成丝毫的表象，因为他没有光明的表象；野蛮人不能对贫穷形成丝毫的表象，因为他不知道富足①；无知者对他自己的无知没有概念，因为他对知识没有概念，等等。因此，种种否定的一切概念都是派生的，而实在性则包含着一切事物的可能性和普遍规定的材料，可以说是包含着其质料或者先验内容。

因此，如果把一种先验的基底作为我们理性中的普遍规定 〔388〕
的基础，这种基底仿佛能够被当做材料的全部储备，从而被当做事物的一切可能的谓词，那么，这个基底就不是别的什么东西，它就是一个实在性的大全（omnitudo realitatis）的理念。 B604
在这种情况下，一切真正的否定都无非是**限制**，如果不以无限制者（大全）作为基础，它们就不能被称为限制。

但是，通过对实在性的这种全部占有，**一个物自身**的概念也被表象为普遍被规定的，而一个 entis realissimi［最实在的存在者的］概念就是一个单一的存在者的概念，因为在它的规定中，发现了所有可能的对立谓词中的一种谓词，即绝对属于存在的谓词。因此，这个存在者是一个先验的**理想**，它是在一切实存的东西那里必然被发现的普遍规定的基础，构成其可能性的至上的和完备的质料条件，一般对象的一切思维在其内容上都必须回溯到这个条件。但是，它也是人类理性所能有的惟一真正的理想，因为只有在这个惟一的场合里，一个事物就自身而言

① 天文学家的观察和计算已经教导了我们许多值得惊赞的东西，但最重要的是他们为我们揭示了无知的深渊，没有这种知识，人类理性绝不能想象这一深渊有如此之深，对此的反思必然在对我们的理性应用的终极目的做出规定时造成一种巨大的变化。

的普遍概念才通过自身而被普遍规定，并被认做一个个体的表象。

通过理性对一个概念的逻辑规定所依据的是选言的理性推理；在这一推理中，大前提包含着一个逻辑划分（对一个普遍概念的范围的划分），小前提把这个范围限制到一个部分，而结论则用这个部分来规定概念。一个一般实在性的普遍概念不
B605 能被先天地划分，因为没有经验，人们就不知道实在性的任何包含在那个类之下的确定的种。因此，一切事物的普遍规定的先验大前提，无非就是一切实在性的总和的表象，不仅仅是一个把一切谓词都按照其先验的内容包摄**在自身之下**的概念，而且是把它们都包摄**在自身之中**的概念；而任何一个事物的普遍规定所依据的都是对实在性的这种**大全**的限制，因为实在性的
〔389〕 一些因素被归之于事物，其余的则被排除了，这与选言大前提的非此即彼和通过小前提中这种划分的种种环节之一对对象的规定是一致的。据此，理性把先验理想奠定为它规定一切可能事物的基础所凭借的应用，就类似于它在选言的理性推理中行事所遵循的那种应用；这就是我在上面奠定为对一切先验理念的系统划分之基础的命题，按照这个命题，它们被产生出来，与三种理性推理平行且相适应。

不言而喻，理性为了它的这一目的，即仅仅表现事物必然的普遍规定，并不预设这样一个符合理想的存在者的实存，而
B606 是仅仅预设它的理念，以便从普遍规定的无条件的总体性中引申出有条件的总体性，亦即受限制者的总体性。因此，理想对它来说是一切事物的原型（Prototypon），而一切事物全都作为有缺陷的摹本（ectypa）从它获取其可能性的材料，而且即使或多或少地接近它，但却在任何时候都远远不能达到它。

在这种情况下，事物（就其内容而言的杂多之综合）的一切可能性都被视为派生的，惟有在自身中包含着一切实在性的事物的可能性被视为源始的。因为一切否定（它们毕竟是一切

东西与最实在的存在者能够被区别开来所凭借的惟一谓词）都是对一个更大的实在性、最终对最高的实在性的纯然限制，所以它们都以这种实在性为前提条件，而且在内容上纯然从这种实在性引申出自己。事物的一切杂多性都只不过是限制作为它们共同基底的最高实在性的概念的一种同样杂多的方式罢了，就像一切图形都惟有作为限制无限的空间的不同方式才有可能一样。因此，它们的理想仅仅在理性中存在的对象也被称为**元始存在者**（ens orginarium），就在它之上没有任何东西而言，被称为**最高存在者**（ens summum），就一切都作为有条件的而隶属于它而言，被称为**一切存在者的存在者**（ens entium）。B607 但是，所有这些都并不意味着一个现实的对象与其他事物的客观关系，而是意味着**理念**与**概念**的关系，并且使我们对一个具有如此出类拔萃的优势的存在者之实存依然完全无知。

由于我们也不能说，一个元始存在者是由诸多派生的存在〔390〕者组成的，因为后者中的每一个都以前者为前提条件，从而就不能构成前者，所以，元始存在者的理想也必须被设想为单纯的。

因此，一切其他的可能性都从这一元始存在者派生出来，这准确地说也不能被视为对它的最高实在性的一种**限制**，就好像是对这种实在性的一种**分割**似的；因为在这种情况下，元始存在者就会被视为种种派生的存在者的一个纯然的集合体，而这按照我们以上所说是不可能的，尽管一开始的时候，我们在最初粗略的梗概中曾这样表现过它。毋宁说，一切事物的可能性都以作为一个**根据**的最高实在性为基础，而不是以作为**总和**的最高实在性为基础，而且前者的杂多性所依据的也不是对元始存在者本身的限制，而是它的完备的后果；在这种情况下，就连我们的全部感性以及显象中的一切实在性也都属于这一后果，它们不能作为一种成分属于最高存在者的理念。

如果我们通过把我们的这个理念实体化来进一步深究它，我 B608

们就可以通过最高实在性的纯然概念来把元始存在者规定为一个惟一的、单纯的、极为充足的、永恒的等等的存在者，一言以蔽之，就它无条件的完备性而言通过一切谓词来规定它。这样一个存在者的概念在先验的意义上来说就是上帝的概念；于是，如同我在上面也说过的那样，纯粹理性的理想就是一种先验**神学**的对象。

然而，先验理念的这种应用毕竟已经超越了它的规定与许可的界限。因为理性只是把它作为一切实在性的**概念**奠定为事物的普遍规定的基础的，并没有要求所有这些实在性都是客观地被给予的，而且甚至构成一个事物。这样的事物是一个纯然的虚构，通过它我们把我们的理念的杂多在作为一个特殊存在者的理想中结合起来，我们并没有这样做的权限，甚至就连直截了当地接受这样一种假设的可能性的权限也没有；就像从这样一个理想得出的所有结果与一般事物的普遍规定——除了理念为此目的所必需之外——都毫无关涉，也没有丝毫影响一样。

〔391〕仅仅描述我们理性的程序和它的辩证法是不够的，人们还
B609 必须力求揭示这种辩证法的源泉，以便能够说明这种幻相是知性的一种现象；因为我们所说的理想，其根据在于一种自然的、而非纯然任性的理念。因此我问：理性何以能够把事物的一切可能性都视为派生自一个惟一的作为基础的可能性，也就是说派生自最高实在性的可能性，并在这种情况下预设后者是包含在一个特殊的元始存在者里面的？

答案自行从先验分析论的探讨中呈现出来。感官对象的可能性是这些对象与我们的思维的一种关系，其中某物（也就是说经验性的形式）能够被先天地思维，而构成质料的东西，即显象中的实在性（与感觉相应的东西）则必须是被给予的；没有这种东西，某物就根本不能被思维，从而它的可能性就不能被表象。于是，一个感官对象惟有在它与显象的所有谓词进行比较，并通过这些谓词被肯定地或者否定地表象的时候，才能

够被普遍地规定。但是，由于其中构成（显象中的）事物本身的东西，亦即实在的东西，必须是被给予的，没有这种东西事物就根本不能被思维；而一切显象的实在的东西在其中被给予 B610 的东西，是惟一的包囊一切的经验，所以，感官一切对象的可能性的质料就必须被预设为在一个总和中被给予的，经验性对象的一切可能性、它们彼此之间的区别以及它们普遍的规定所依据的都只能是这个总和的限制。如今，事实上除了感官的对象之外，没有别的任何对象能够被给予我们，而且除了在一个可能经验的关联中之外，也不能在任何地方被给予我们，因此，如果不预设一切经验性的实在性的总和为自己的可能性的条件，就没有任何东西对**我们**来说是一个对象。按照一种自然的幻觉，我们如今把这视为一条必然对一切事物完全有效的原理，但它真正说来却只对作为我们感官的对象被给予的事物有效。因此，我们将通过除去这种限制，把我们对于作为显象的事物之可能性的概念的经验性原则视为一般事物的可能性的先验原则。

但是，我们据此把一切实在性的总和的这个理念实体化，〔392〕则是因为我们辩证地把知性的经验应用的**分配**的统一转变为一个经验整体的**集合**的统一，并根据这个显象的整体思维一个单一的、自身包含着一切经验性的实在性的事物，该事物此后被 B611 凭借上面已经论述的先验偷换，与一个居于一切事实的可能性之巅、为一切事物的普遍规定提供实在条件的事物的概念相混淆。①

① 因此，最实在的存在者的这个理想虽然是一个纯然的表象，却首先**被实在化**，也就是说被当做客体，然后**被实体化**，最后通过理性向着统一性之完成的自然进步，如我们马上要引证的那样，甚至**被人格化**；因为经验的范导性统一并不基于显像自身（惟独感性），而是基于其杂多通过**知性**（在一个统觉中）的联结，因而最高实在性的统一和一切事物无一例外的可规定性（可能性）似乎就在一个最高的知性中，从而在一个**理智**中。

第三章　论思辨理性推论到一个最高存在者的存在的论据

尽管理性有迫切的需要，即预设某种能够完备地为知性普遍地规定自己的概念而奠定基础的东西，它察觉这样一种预设的理想因素和纯然虚构因素也毕竟太容易了，以至于如果不是由此以另外的方式被逼迫，要在被给予的有条件者向无条件者回溯时在某个地方寻找歇息地的话，它就不应当单凭这点而被
B612 说服，把它的思维的一个纯然自造物假定为一个现实的存在者；无条件者虽然就自身而言并且根据其纯然概念并不是作为现实的而被给予出来，但惟有它才能完成被引向其根据的诸般条件的序列。这是任何人类理性、甚至最通常的人类理性都在
〔393〕 采取的自然进程，尽管并不是每一种都在这上面坚持到底。理性不是从概念开始，而是从通常的经验开始，因而奠定了某种实存的东西作为基础。但是，如果这个地基不是建立在绝对必然者的不可动摇的磐石之上，它就会沉陷。但这磐石如果在自身之外和之下还有空的空间，而且如果它不是自己充填一切并由此不再给**"为何"**留下余地，也就是说就实在性而言是无限的，那么，它自己就会没有支撑而漂浮不定。

如果有东西——不管它是什么——实存，那就必须也承认某种东西**以必然的方式**实存。因为偶然的东西惟有在另一偶然的东西作为其原因的条件下才实存，而推论又继续适用于这一原因，直至一个并非偶然地、正因为此无须条件而以必然的方式存在的原因。这就是理性论证其向元始存在者的前进所依据的论证。

B613 于是，理性到处寻找一个作为无条件的必然性而与这样一种实存优势相适合的存在者的概念，不是为了在这种情况下从

它的概念先天地推论到它的存在（因为如果理性胆敢这样做，它就完全可以仅仅在纯然的概念之间进行研究，不必奠定一个被给予的存在作为基础），而是仅仅为了在可能事物的一切概念中间找到那个自身不包含任何与绝对的必然性相冲突的东西的概念。因为毕竟必须有某种东西绝对必然地实存着，这一点它按照前一个推论就已经视为确定无疑的。如果它现在能够把一切与这种必然性不相容的东西都除去，只剩下一个东西，那么，这个东西就是绝对必然的存在者，而不论人们是否能够把握它的必然性，亦即是否能够仅仅从它的概念推导出这种必然性。

于是，其概念对一切"为何"都包含着"为此"的东西，在任何部分和任何方面都没有缺陷，在任何地方作为条件都是充足的，正因为此看起来就是适合于绝对的必然性的存在者，因为它由于自身具有一切可能的东西的一切条件而本身不需要任何条件，甚至不能有诸如此类的条件，所以至少在一点上满足了无条件的必然性的概念，在这点上没有任何别的概念能够与它媲美；别的概念由于本身是有缺陷的和需要补充的，所以自身没有表 B614
现出任何这样不依赖于一切其他条件的特征。确实，从这里还 〔394〕
不能肯定地推出：自身不包含最高的和在一切方面都完备的条件的东西，因此就本身在其实存上必然是有条件的；但是，它毕竟自身不具有无条件的存在的惟一标志，理性掌握这种标志，乃是为了通过一个先天的概念把某一个存在者认定为无条件的。

因此，一个具有最高实在性的存在者的概念在可能事物的所有概念中间最适合成为一个无条件地必然的存在者的概念，而且即便它不完全满足这一概念，我们也毕竟别无选择，而是发现自己被迫依据它；因为我们不可以把一个必然存在者的实存当做耳旁风，但如果承认这种实存，我们毕竟在可能性的整个领域里找不到任何东西能够对存在中的这样一种优势提出更有根据的要求。

因此，人类理性的自然进程就是这种性质。首先，它相信**某一个**必然的存在者的存在。在这个存在者中，它认识到一种无条件的实存。于是，它就去寻找不依赖于任何条件者的概
B615 念，并且在本身就是其他一切事物的充足条件的东西中，也就是说，在包含着一切实在性的东西中找到了这一概念。但是，没有限制的大全就是绝对的统一性，并且带有一个惟一的存在者亦即最高的存在者的概念；这样，它就推论出，最高的存在者作为一切事物的始基，是以绝对必然的方式存在的。

如果谈到**决断**，也就是说，如果应当承认某一个必然的存在者的存在，而且人们一致同意必须对把这个存在者置于何处表明党派立场的话，那么，这一概念具有某种缜密性是无可争议的；因为在这种情况下，人们不可能作出更适当的选择，或者毋宁说人们别无选择，而是被迫赞同作为可能性之根源的完备实在性的绝对统一性。但是，如果没有任何东西推动我们作出决断，而且我们宁可把整个事情搁置一旁，直到我们被充足分量的证明根据所迫使而表示赞同，也就是说，如果这只是涉及**判断**我们对这一课题知道多少，哪怕是我们自诩知道什么，那么，上述推论就显得远远不是如此有利，而需要偏爱来弥补其合法要求的不足了。

〔395〕 这是因为，即便我们让一切都保持像此处在我们面前呈现
B616 的样子，也就是说，首先，从任何一个被给予的实存（必要时也仅仅是我自己的实存）都可以有一个正确的推论，推出一个无条件地必然的存在者的实存；其次，我必须把一个包含着一切实在性、因而也包含着一切条件的存在者视为绝对无条件的，因此，适合于绝对必然性的事物的概念就由此找到了；然而，从中毕竟根本不能推论说，一个不具有最高实在性的受限制的存在者的概念因此就与绝对的必然性相矛盾。因为尽管我在它的概念中没有发现已经带有种种条件之大全的无条件者，但从

中毕竟根本不能得出结论说,它的存在正因为此而必然是有条件的;就像我在一个假言的理性推理中不能说:凡是不存在某种条件(此处也就是根据概念而来的完备性的条件)的地方,就也不存在有条件者。毋宁说,即使我们不能从我们关于其余一切受限制的存在者所拥有的普遍概念推论出它们的必然性,但也让它们同样被视为无条件地必然的,这是随我们的便的。但以这样的方式,这个论证就不会给我们造就丝毫关于一个必然存在者的属性的概念,而且在任何地方都不会提供任何东西。

尽管如此,这个论证仍然具有某种重要性和一种威望,还 B617
不能因为这种客观上的不充分就马上剥夺它的这种威望。因为假定有一些义务,它们在理性的理念中是完全正确的,但是,如果不预设一个能够给予实践法则以效果和强调的最高存在者,它们就会没有运用于我们本身的任何实在性,也就是说,没有动机,所以,我们也会有一种义务来遵循这些概念,它们即使不可能是客观上充分的,但毕竟按照我们理性的尺度是占压倒优势的,而且与它们相比,我们毕竟不知道有更好、更有确证能力的东西。选择的义务在这里就会由于一种实践的附加物而使思辨的踌躇失去平衡,甚至理性即便自己本身是最宽恕的法官,如果它在迫切的动因下,哪怕只是洞察力有缺陷,而不去遵循其判断的这些根据——我们毕竟至少不知道有比它们更好的根据——也会找不到辩护理由的。

这个论证即使由于事实上依据的是偶然事物的内在不充分 〔396〕
性而是先验的,也毕竟是如此简单和自然,以至于最平常的人之感觉一旦被引导到这上面来,这一论证就适合于它。人们看到事物变化、产生和消亡;因此,它们或者至少是它们的状态,就必须有一个原因。但是,关于每次在经验中能够被给予的任何原因,又都可以追问这一点。所以,无论我们把**至上的** B618
因果性置于何处,都不应当比置于也有**最高的**因果性的地方更为合理，也就是说，置于在自身中源始地包含着任何可能结果的充分性的存在者之中，它的概念也很容易通过无所不包的完善性这个惟一的特征建立起来。在这种情况下，我们把这个最高的原因视为绝对必然的，因为我们发现绝对有必要一直上升到它，没有理由还要进一步超越它。因此，我们在一切民族那里都毕竟看到一神论的若干微光透过它们最盲目的多神教映现出来，导致这种情况的，不是反思和深刻的思辨，而只是通常知性逐渐变得明了的自然进程。

从思辨理性出发只有三种上帝存在的证明方式是可能的

人们在这方面所能够选择的所有道路，要么是从确定的经验和由这种经验所认识的我们感官世界的特殊性状开始，并根据因果律由它一直上升到世界之外的最高原因；要么经验性地以不确定的经验为基础，也就是说以某一种存在为基础；最后，要么抽掉一切经验，完全先天地从纯然的概念推论到一个
B619 最高原因的存在。第一种证明是**自然神学的**证明，第二种证明是**宇宙论的**证明，第三种证明是**本体论的**证明，没有更多的证明方式，也不可能有更多的证明方式。

我将阐明：理性沿着一条道路（经验性的道路）和沿着另一条道路（先验的道路）同样少有建树，而且理性徒然地张开自己的双翼，要单凭思辨的力量超越于感官世界之上。至于这
〔397〕 些证明方式必须在其中得到检验的秩序，则恰好与逐渐扩展的理性所采取的秩序，以及我们最初也将它们置入的那个秩序相反。因为将要表明的是：尽管经验提供了这方面的最初诱因，但纯然是**先验的概念**引导着理性作出它的这种努力，并在所有这样的尝试中揭示出理性给自己规定的目标。因此，我将从检验先验的证明开始，然后再看一看，经验性东西的附加能够对扩大它的证明力量做些什么。

第四章　论上帝存在的本体论证明的不可能性 B620

从以上所述人们很容易看出：一个绝对必然的存在者的概念是一个纯粹的理性概念，也就是说，是一个纯然的理念，它的客观实在性凭借理性需要它还远远没有得到证明，它也只是对某一种尽管无法达到的完备性提供了指示，而且真正说来，与其说是被用来把知性扩展到新的对象上，倒不如说是被用来给理性设置界限。如今，这里所存在的令人惊异和荒谬的东西是，从一个被给予的一般存在到某个绝对必然的存在的推论似乎是迫切的和正确的，而尽管如此，我们对于这样一种必然性形成一个概念所具有的一切知性条件却完全与我们相悖。

在一切时代里，人们都谈到过**绝对必然的**存在者，而且没有像证明它的存在那样去花费同样多的力气，来理解人们是否以及如何能够哪怕是仅仅思维一个此类的事物。如今，虽然这个概念的名称解释是十分容易的，也就是说，它是其不存在不可能的某种事物；但是，就使得把一个事物的存在视为绝对不可思议成为不可能的条件而言，人们由此却丝毫没有变得更聪 B621
明，而这些条件本来是人们想要知道的东西，也就是说，我们是否通过这个概念在任何地方都思维了某种东西。因为凭借**“无条件的”**这个词把知性为了将某种东西视为必然的而在任 〔398〕
何时候都需要的一切条件抛弃掉，这还远远没有使我理解，我在这种情况下通过一个无条件必然的东西的概念是还在思维着某种东西，还是也许根本不思维任何东西。

更有甚者，这个纯然碰运气贸然得来的、最后变得极为流行的概念，人们还相信已通过大量的实例作出了说明，以至于所有进一步的追问都显得由于它的明白易懂性而完全不必要。几何学的任何一个命题，例如一个三角形有三个角，是绝对必然的；于是，人们就谈论起一个完全处在我们知性的领域之外的对象，就好像人们完全清楚地懂得自己以这个概念关于这个对象所想说的东西似的。

一切预先给予的实例都无一例外地仅仅取自**判断**，而不是取自**事物**及其存在。但判断无条件的必然性却不是事物的绝对必然性。因为判断的绝对必然性只不过是事物或者判断中的谓
B622 词的有条件的必然性罢了。上面那个命题并不是说三个角是绝对必然的，而是说在三角形存在（被给予）的条件下，也有（它里面的）三个角以必然的方式存在。尽管如此，这种逻辑的必然性却证明了其幻觉的一种如此巨大的力量，使得人们由于关于一个事物形成了一个先天概念，这个概念被如此提出，以至于人们根据自己的意见把存在一起包括进它的范围，就由此相信能够有把握地推论出：由于存在必然地属于这个概念的客体，也就是说，在我把这个事物设定为被给予的（实存的）这种条件下，它的存在也必然（按照同一律）被设定，因而这个存在者本身就是绝对必然的，因为它的存在在一个任意假设的概念中、在我设定这个概念的对象的条件下也一起被思维了。

如果我在一个同一的判断中取消谓词而保留主词，就产生出一种矛盾，所以我说：那个谓词以必然的方式属于这个主词。但如果我把主词与谓词一起取消，就不产生任何矛盾；因为**不再有**能够与之发生矛盾的**任何东西了**。设定一个三角形但却取消
〔399〕 它的三个角，这是矛盾的；但把三角形与它的三个角一起取消，
B623 这却不是矛盾。一个绝对必然的存在者的概念恰恰就是这种情况。如果你们取消这一存在者的存在，你们就是把事物本身连同其所有谓词一起取消；在这种情况下，矛盾又从何而来呢？在外部没有任何会与之矛盾的东西，因为事物不应当是外在地必然的；在内部也没有任何会与之矛盾的东西，因为你们已经通过取消事物本身而把一切内在的东西都同时取消了。上帝是全能

的，这是一个必然的判断。如果你们设定一种神性，亦即一个无限的存在者，上帝与这个无限的存在者的概念是同一的，那么，全能就不能被取消。但是如果你们说：**上帝不存在**，那就既没有全能也没有上帝的任一别的谓词被给予；因为它们全都连同主词一起被取消了，而在这一思想中没有表现出丝毫的矛盾。

因此你们已经看到，如果我把一个判断的谓词连同主词一起取消，就绝不会产生一种内在的矛盾，而不论谓词是哪个谓词。如今，你们已经无处可遁了，除非你们必须说：有一些主词根本不能被取消，因而必须保留下来。但这就会等于是说：有一些绝对必然的主词；这是一个其正确性我正在怀疑的预设，而你们却想给我指出它的可能性。因为对于一个事物来说，如果它连同自己所有的谓词都被取消，却还留下一种矛盾，我不能形成起码的概念； B624
而没有矛盾，我单凭纯粹的先天概念就没有不可能性的任何标志。

针对所有这些一般的推论（没有任何人能够拒绝这些推论），你们通过一个实例来诘难我，你们把它当做一个经由事实的证明来提出：毕竟有一个、而且只有这一个概念，其对象的不存在或者取消是自相矛盾的；而这就是最实在的存在者的概念。你们说它具有一切实在性，你们有权利假定这样一个存在者是可能的（我姑且同意这一点，尽管不自相矛盾的概念还远远没有证明该对象的可能性）。① 如今，在所有的实在性中间

① 只要概念不自相矛盾，它就总是可能的。这是可能性的逻辑标志，而且它的对象也由此与 nihil negativum［否定的无］区别开来。但尽管如此，如果概念由以产生的综合的客观实在性并没有得到特别的阐明，这概念就仍然可能是一个空洞的概念；然而，如上面已经指出的，这种阐明在任何时候依据的都是可能经验的原则，而不是分析的原理（矛盾律）。这是一个警告，不要从概念的可能性（逻辑的可能性）马上推论出事物的可能性（实在的可能性）。

也一并包含了存在。因此，存在就蕴涵在一个可能的东西的概
〔400〕 念中。如果这个事物被取消，则该事物的内在可能性也就被取
B625 消，而这是矛盾的。

我的答复是：无论以什么暗藏的名目，如果你们已经把你们只想按照其可能性来思维的事物之实存的概念带入该事物的概念，你们就已经陷入了矛盾。如果允许你们这样做，你们就在表面上获胜了，但实际上却什么也没有说；因为你们所做的是一种纯然的同义反复。我问你们：**这个或者那个事物**（无论它是什么事物，我都姑且承认它是可能的）**实存着**；我要说，这个命题是一个分析命题还是一个综合命题呢？如果它是前者，则你们通过事物的存在对你们关于该事物的思想没有任何增添；但在这种情况下，要么你们心中的思想必须是该事物本身，要么你们把一种存在预设为属于可能性的，在此之后按照这个借口从内在的可能性推论出存在，而这无非是一种贫乏的同义反复。“实在性”这个词在事物的概念中听起来有不同于谓词概念中的实存的韵味，它是于事无补的。因为如果你们也把所有的设定（不论你们设定什么）都称为实在性，你们就已经把该事物连同它所有的谓词都设定在主词的概念中了，并且
B626 假定它是现实的，而在谓词中你们只不过是重复它罢了。与此相反，如果就像每一个有理性的人都必须合理地承认的那样，你们也承认每一个实存性命题都是综合的，那么，你们怎么还想断言：实存的谓词不能无矛盾地取消呢？因为这种优势只是分析命题所特有的，分析命题的特性所依据的正是这一点。

我虽然希望，如果我没有发现逻辑的谓词与实在的谓词（即一个事物的规定）的混淆中的幻觉几乎拒斥了一切教诲的
〔401〕 话，就直截了当地通过对实存概念的一种精确的规定来使这种苦思冥想的空谈破灭。随便什么东西都可以充当**逻辑的谓词**，甚至主词也可以由自身来谓述；因为逻辑抽掉了一切内容。但

是，**规定**是一个添加在主词的概念之上并扩大了这个概念的谓词。因此，它必须不是已经包含在主词的概念之中的。

“**是**”显然不是实在的谓词，也就是说，不是关于可以加给一个事物的概念的某种东西的一个概念。它纯然是对一个事物或者某些规定自身的肯定。在逻辑应用中，它仅仅是一个判断的系词。**上帝是全能的**，这个命题包含着两个概念，它们都有自己的客体：上帝和全能；“**是**”这个词并不是此外的一个谓词，而仅仅是以与主词**相关的方式**设定谓词的东西。现在，如果 B627
我把主词（上帝）与它的所有谓词（全能也包括在内）结合起来并且说：**上帝存在**，或者存在着一个上帝，我并没有为上帝的概念设定一个新谓词，而是仅仅把主词自身连同他的所有谓词，也就是说，把**对象**设定在与我的**概念**的关系中。二者必须包含的是同一种东西，所以不能因为我把概念的对象思维成绝对被给予的（通过“它存在”这一表述），就有什么东西进一步添加在仅仅表达可能性的概念上去。这样，现实的东西所包含的并不多于纯然可能的东西。一百个现实的塔勒所包含的丝毫不多于一百个可能的塔勒。因为既然后者意味着概念，而前者却意味着对象及其肯定自身，所以假如对象所包含的多于概念，我的概念就会不表达整个对象，从而也不是该对象的合适概念。但是，在我的财产状况中，一百个现实的塔勒就比它们的纯然概念（也就是说，它们的可能性的概念）有更多的内容。因为对象在现实性上并不仅仅分析地包含在我的概念中，而是综合地加在我的概念（它是我的状况的一个规定）上，而通过我的概念之外的这种存在，这所设想的一百塔勒本身并没有得到丝毫的增益。

因此，当我思维一个事物时，无论我通过什么谓词以及多 B628
少谓词来思维它（甚至在普遍的规定中），通过我附加上“该 〔402〕
物**存在**”，也对该物没有丝毫的增益。因为若不然，就会不正好是该物，而是比我在概念中所思维的更多的对象在实存着，而且我不能说，恰恰是我的概念的对象实存着。即使我甚至在一个事物中设想一种实在性之外的所有实在性，也并不由于我说这样一个有缺陷的事物实存着，阙如的实在性就补加上去了。相反，它恰恰是带着我思维它时的那种缺陷实存着，否则就是与我所思维的不同的某物在实存了。现在，如果我设想一个存在者是最高的实在性（没有缺陷），就总是还有它是否实存这个问题。因为尽管我关于一个事物的可能实在内容的概念不缺少任何东西，但与我的整个思维状态的关系却毕竟仍然缺少某种东西，即那个客体的知识也是后天地可能的。而在这里也表现出此处存在的困难的原因。如果所说的是感官的一个对象，那么，我就不能把事物的实存与该事物的纯然概念混为一谈。因为通过概念，对象只是被思维成与一般可能的经验性知识的普遍条件相一致，而通过实存，它则被思维成包含在全部
B629 经验的关联之中；因为在这种情况下，通过与全部经验的内容的联结，对象的概念并没有丝毫的增多，而我们的思维却通过这种内容而多获得了一种可能的知觉。与此相反，如果我们想仅仅通过纯粹的范畴来思维实存，那么，我们无法提供任何标志来把它与纯然的可能性区别开来，就毫不奇怪了。

因此，无论我们关于一个对象的概念包含着什么东西以及多少东西，我们都毕竟必须从它走出来，以便把实存赋予它。在感官的对象那里，这是通过按照经验性规律与我的某一个知觉的联系发生的；但对于纯粹思维的客体来说，就完全没有办法来认识它们的存在了，因为这种存在必须完全先天地来认识；但是，我们对一切实存的意识（无论是通过知觉直接地意识，还是通过把某物与知觉结合起来的推论来意识）却是完全属于经验的统一性的；而在这个领域之外的一种实存虽然不能绝对地被宣布为不可能，但它却是一个我们不能通过任何东西为之辩护的预设。

〔403〕 一个最高存在者的概念是一个在许多方面都十分有用的理

念;但是,正因为它仅仅是理念,所以完全没有能力仅仅凭借自己来扩展我们在实存的东西方面的知识。甚至就连在一个更多者的可能性方面教导我们,它也不能做到。可能性的分析标志 B630
在于纯然的肯定(实在性)不产生矛盾,虽然不能否认更多者具有这种标志,但既然一切实在的属性在一个事物中的联结是一种综合,关于这些属性的可能性我们就不能先天地作出判断,因为实在性并没有被特别地给予我们,而且即使被特别地给予我们,也在任何地方都根本没有判断在其中成立,因为综合知识的可能性的标志永远必须仅仅在经验中去寻找,而一个理念的对象却不可能属于经验;所以,著名的**莱布尼茨**就远远没有提供他所自夸的东西,即要先天地洞察一个如此崇高的理想存在者的可能性。

因此,就从概念出发对一个最高存在者的如此著名的本体论证明(笛卡尔学派的证明)而言,一切气力和劳作都白费了,而一个人不能从纯然的理念出发使洞识变得更加丰富,恰如一个商人不能为了改善自己的状况就想给自己的库存现金账添上几个零来使财产增多一样。

第五章 论上帝存在的宇宙论证明的不可能性 B631

想从一个完全任意地设计的理念中拣选出与它相应的对象本身的存在,这是某种完全非自然的东西,纯然是学院笑话的重演。事实上,如果不是我们的理性为一般的实存假定某种必然的东西(人们在上溯时能够在它那里停下来)的需求走在前面的 〔404〕
话,如果不是理性因这种必然性必须是无条件的和先天确定的而被迫寻找一个倘若可能就满足这种要求并完全先天地提供一种存在供认识的概念的话,人们永远也不会在这条道路上作出尝试。现在,人们相信在一个最现实的存在者的理念中找到了这个概念，于是这个理念就仅仅被用做这个存在者、亦即必然的存在者的更确定的知识，关于这个存在者，人们已经以其他方式被说服或者劝服，相信它必然实存着。然而，人们隐瞒理性的这种自然进程，不是在这个概念终结，而是试图从它开始，以便从它推导
B632 出存在的必然性，而它毕竟只是注定要补充这一必然性。由此产生失败的本体论证明，无论对于自然的和健康的知性来说，还是对于学理的检验来说，它都不带有某种令人满意的东西。

我们现在要研究的**宇宙论**证明，保持着绝对必然性与最高的实在性的联结；但不是像前一证明那样从最高的实在性推论到存在中的必然性，而毋宁说是从事前被给予的某一存在者无条件的必然性推论到它不受限制的实在性，并这样进一步把一切都至少纳入一种推论方式的轨道，我不知道这种推论方式是理性的还是玄想的，但至少是自然的，不仅对于通常的知性来说、而且对于思辨的知性来说也具有极大的说服力；显然，它也为自然的神学的一切证明划出了人们在任何时候都遵循并将继续遵循的最初的基本路线，而不论人们如今用多少枝叶和花纹来装饰和遮掩它。莱布尼茨也把这种证明称为 a contingentia mundi [出自世界的偶性]的证明，我们现在就要关注和检验这种证明。

因而它的内容如下：如果某种东西实存着，那就必定也有一个绝对必然的存在者实存着。现在，至少我自己实存着，所以一个绝对必然的存在者实存着。小前提包含着一个经验，大
B633 前提则包含着从一个一般经验到必然者的存在的推论。① 因此，

① 这种推理如此为人熟知，以至于没有必要在这里详细讲述它了；它依据的是所谓先验的因果性自然规律：一切**偶然的东西**都有其原因。这个原因如果又是偶然的，就同样必须有一个原因，直到相互隶属的原因的序列必定在一个绝对必然的原因那里终止，没有这个原因，序列就不会有完备性。

证明真正说来是从经验开始的，从而它就不完全是先天地进行的或者不是本体论的；而由于一切可能经验的对象就叫做世界，所以它就被称为**宇宙论的**证明。既然它也抽掉了这个世界由以能够与任何可能世界区别开来的经验对象的一切特别属性，所以它在自己的命名上就已经也与用我们的这个感官世界的特别性质作为证明根据的自然神学证明区别开来了。 〔405〕

现在，这种证明继续推论道：必然的存在者只能以惟一的一种方式来规定，也就是说，就一切可能的对立谓词而言只能通过其中的一种来规定，所以它必须通过它自己的概念来被普遍地规定。现在，关于一个事物，只有惟一的一个先天地普遍规定它的概念是可能的，这就是 entis realissimi［最实在的存在者的］概念。因此，最实在的存在者的概念就是能够思维一个必然的存在者所凭借的惟一的概念，也就是说，一个最高的存在者以必然的方式实存着。 B634

在这种宇宙论的论证中，有如此之多的玄想原理汇聚在一起，以至于思辨理性在这里似乎使用了它的所有辩证招数，来完成最为可能的先验幻相。然而，我们想把对它们的检验暂时搁置一旁，以便仅仅揭露思辨理性的一个狡计，思辨理性用这个狡计把一个旧论证装扮一新，当做一个新论证提出，并且诉诸两个证人的赞同，也就是说一个纯粹的理性证人，另一个持有经验性的信任状的证人，在这里其实只有前者，它只是改变自己的服装和声音，以便被视为第二个证人。为了相当可靠地奠定自己的基础，这种证明立足于经验之上，并且由此装出一副样子，就好像它完全有别于把自己的全部信心完全置于纯粹的先天概念之上的本体论证明似的。但是，宇宙论证明利用这种经验，仅仅是为了走出惟一的一步，亦即达到一个一般的必然存在者的存在。至于这个必然的存在者具有什么属性，经验性的证明根据是不能教导人的，相反，理性在这里完全离开了 〔406〕

这种证明根据，纯粹在概念背后研究：一个绝对必然的存在
B635 者一般而言必须具有哪些属性，也就是说，在一切可能的事物中哪一个在自身包含着一种绝对的必然性所要求的条件(requisita)。现在，它相信惟有在一个最现实的存在者的概念中才能发现这种所要求的条件，然后推论说：这就是绝对必然的存在者。但是很清楚，人们在这里预设一个具有最高实在性的存在者的概念完全满足存在中的绝对必然性的概念，也就是说，从最高的实在性能够推论到绝对的必然性；这是本体论的论证所主张的一个命题，人们在宇宙论的证明中假定它并把它作为基础，但人们在这里其实是要避免它的。因为绝对的必然性乃是一种出自纯然的概念的存在。如果我现在说：entis realissimi［最实在的存在者的］概念是这样一个概念，而且是惟一适合并且相当于必然存在的概念，那么，我们就必须也承认，从它能够推论出必然的存在。因此，在所谓的宇宙论证明中包含着所有证明力的，真正说来只是纯粹从概念出发的本体论证明；所谓的经验是完全多余的，也许只是为了把我们引导到绝对必然性的概念，但却不是为了在某一确定的事物那里阐明这种绝对必然性。因为一旦我们以此为目的，我们就必须立即离开所有的经验，并在所有的概念中间寻找，看它们中间的
B636 哪一个包含着一个绝对必然的存在者的可能性的条件。但是，只要以这样的方式看出了这样一个存在者的可能性，则它的存在也就被阐明了；因为这就等于是说：在所有可能的事物中只有一个事物具有绝对的必然性，也就是说，这个存在者是绝对必然地存在的。

推论中的一切幻象，如果人们以学理的方式观察它们，就极容易暴露出来。这里就是这样一种阐述。

如果"任何一个绝对必然的存在者同时是最实在的存在者"这个命题是正确的（这是宇宙论证明的 nervus probandi

[应予检验的关键]），那么，它就必须像一切肯定判断那样，至少可以 per accidens [通过偶性] 换位。因此，一些最实在的存在者同时是绝对必然的存在者。但现在，一个 ens realissimum [最实在的存在者] 不在任何方面有别于另一个最实在的存在者，因而适用于**有些**包含在这一概念下的存在者的，也适用于**所有**包含在这一概念下的存在者。所以，我也将能够把它（在这一场合）**绝对地**换位，也就是说，每一个最实在的存在者都是一个必然的存在者。现在，由于这一命题纯然是从它的先天概念出发规定的，所以最实在的存在者的纯然概念也必须带有它的绝对的必然性；这正是本体论证明所主张、而宇宙论证明不想承认、尽管如此却把它的推论——虽然以隐蔽的方式——置于其下的东西。 〔407〕 B637

于是，思辨理性为证明最高的存在者所采取的第二条道路就不仅与第一条同样骗人，而且还自身具有这样的可指责之处，即它犯了一种 ignoratio elenchi [盲目论证]，因为它向我们许诺引导一条新路，但在绕了一个小弯之后却把我们带回我们因它的缘故已经离开了的旧路。

此前不久我曾说过，在这个宇宙论的论证中藏有一整套辩证的僭妄，它们是先验的批判很容易就能够揭露和摧毁的。现在，我只是想列举出它们，至于进一步深究和取缔这些骗人的原理，我把它交给训练有素的读者。

这里存在的东西例如有：第一，从偶然的东西推论到一个原因的先验原理，这个原理惟有在感官世界才有重要性，在它之外却连一种意义也没有。因为偶然事物的纯然理智概念根本不能产生综合的命题，例如因果性的命题，而因果性的原理除了仅仅在感官世界中之外，也根本没有重要性和其使用的标志；但在这里，它却恰恰被用来超越到感官世界之外。第二，从一个无限序列的不可能性通过感官世界中相互给予的原因推 B638

论到一个最初原因的原理，理性在经验中的应用本身的原则并不给我们权利这样做，更不能把一原理扩展到经验之外（这一序列根本不能延长到的地方）。第三，理性在完成这一序列方面错误的自满，凭借的是人们最终除去一种必然性的概念无之则不能成立的一切条件，而且既然人们在这种情况下不能再把
〔408〕握任何其他东西，就把这假定为自己的概念的完成。第四，一个具有一切结合起来的实在性（没有内在的矛盾）的概念的逻辑可能性与先验可能性的混淆，先验可能性需要这样一种综合的可行性的原则，但这种原则又只能行进到可能经验的领域，等等。

宇宙论证明的技巧仅仅旨在避免先天地通过纯然概念证明一个必然的存在者的存在，这后一种证明必须以本体论的方式来进行，而我们却觉得自己完全没有能力这样做。怀着这样的意图，我们从一个作为基础的现实存在（一个一般的经验）尽可能地推论到它的某种绝对必然的条件。在这种情况下，我们
B639 没有必要说明这种条件的可能性。因为如果已经证明它存在，它的可能性的问题就是完全多余的。现在，如果我们想就其性状来更仔细地规定这个必然的存在者，我们就不去寻找那种充分的东西，即从它的概念出发来把握存在的必然性；因为如果我们能够做到这一点，我们就不需要任何经验性的预设；不，我们仅仅寻找消极的条件（conditio sine qua non［必要的条件］），一个存在者没有这种条件就不会是绝对必然的。这在其他一切从一个被给予的后果到其根据的推论方式中都是可行的，但在这里不幸的却是，人们为绝对的必然性所要求的条件只能在惟一的一个存在者里面发现，因此这个存在者在自己的概念中就必须包含绝对的必然性所要求的一切，从而使得先天地推论到这种必然性成为可能；也就是说，我必须也能够反过来推论：这个（最高实在性的）概念属于哪个事物，那个事物

就是绝对必然的；而如果我不能这样推论（就像我要想避免本体论的证明就必须承认这一点那样），我就也在我的新道路上遭遇了失败，并且又处在我由以出发的地方了。最高存在者的概念可以先天地满足关于一个事物的内在规定提出的一切问题，故而也就是一个独一无二的理想，因为普遍的概念把它同时标明为一切可能的事物中的一个个体。但是，它根本不能满 B640
足关于它自己的存在的问题，而这却恰恰是真正的关键之所在；对于假定一个必然的存在者的存在并且只想知道一切事物中间究竟哪一个必须被视为这样的存在者的人的质询，人们就 〔409〕
不能回答说：这一个就是绝对的存在者。

假定一个具有最高充足性的存在者的存在为一切可能的结果的原因，以便使理性容易找到它所寻求的解释根据的统一性，这是可以允许的。然而如此放肆，以至于人们甚至说**这样一个存在者必然实存**，就不再是一个可以允许的假说的谦逊表现，而是一种不容置疑的确信肆无忌惮的僭妄了；因为人们自称认识到其为绝对必然的东西，对此的知识也必须自身带有绝对的必然性。

先验理想的整个课题取决于，要么为绝对的必然性找到一个概念，要么为关于某一个事物的概念找到该事物的绝对必然性。如果人们能够做到一点，则人们也必然能够做到另一点；因为理性仅仅把从其概念出发必然的东西认识为绝对必然的。但是，二者都完全超出了在这一点上满足我们知性的一切极大的努力，但也超出了由于我们知性的这种无能而安慰它的一切 B641
尝试。

我们当做一切事物的终极承载者而如此不可或缺地需要的无条件的必然性，对于人类理性来说却是真正的深渊。甚至永恒，尽管有一位**哈勒**把它描述得极为崇高，但对心灵却远远没有造成令人晕眩的印象；因为它仅仅**度量**事物的持存，却并不

承载事物。一个存在者，我们也把它表象为一切可能的存在者中间的最高存在者，仿佛在自言自语地说：我是从永恒到永恒的，在我之外，除了仅仅由于我的意志而是某物的东西以外，没有任何东西存在；**但我是从何处来的呢？**人们不能抑制这种思想，但也不能容忍这种思想。在这里，一切都沉沦到我们下面，最大的完善也好，最小的完善也好，都在思辨的理性面前萍飘无定，对它一钱不值；这一个也好，那一个也好，它都让它们毫无障碍地消失。

自然的许多力量通过某些结果来表现自己的存在，它们对我们来说依然是无法探究的；因为我们通过观察远远不能充分地追究它们。作为显象基础的先验客体，以及随之而来的我们的感性何以具有这些至上条件而不是具有另一些至上条件的根
B642 据，对我们来说是并且依然是无法探究的，尽管除此之外事情
〔410〕 本身已被给予，但却没有被洞察。但是，纯粹理性的一个理想却不能叫做**无法探究的**，因为除了理性凭借它完成一切综合的统一性的需求之外，它并不能进一步出示自己的实在性的任何信任状。因此，既然它甚至也不是作为可思维的对象被给予的，它就也不是作为这样一个对象无法探究的；毋宁说，它作为纯然的理念，必须在理性的本性中找到自己的位置和解答，从而能够被探究；因为理性正是在于我们能够说明我们的一切概念、意见和主张，不论是出自客观的根据，还是当它们是一个纯然的幻相时出自主观的根据。

关于一个必然的存在者的一切先验证明中的辩证幻相之揭示和说明

迄今为止进行的两种证明都是先验地尝试的，也就是说不依赖于经验性原则来尝试的。因为尽管宇宙论证明以一种一般的经验为基础，但它毕竟不是从这种经验的某一个特殊性状出

发，而是从纯粹的理性原则出发与一种通过一般的经验性意识被给予的实存相联系进行的，而且甚至离开了这种指导，以便完全依据纯粹的概念。如今，在这些先验的证明中，把必然性和最高的实在性联结起来并使毕竟只能是理念的东西实在化和实体化的这种辩证但又自然的幻相，其原因是什么呢？在实存的事物中间假设某种东西是就自身而言必然的，但同时却面对这样一个存在者的存在如同面对一道深渊而吓得退避三舍，其不可避免的原因是什么呢？人们如何开始使理性在这一点上理解自己，并从一种犹豫不决、决而复悔的摇摆状态中走出达到从容不迫的洞识呢？ B643

某种绝对值得注意的东西是：如果预设某种东西实存着，人们就不能回避得出结论，说也有某种东西以必然的方式实存。宇宙论的论证所依据的就是这种完全自然的（尽管因此还不是可靠的）推论。与此相反，我可以任意假定关于一个事物的概念，这样我就发现，它的存在永远不能被我表象为绝对必然的，而且无论是什么实存着，都没有任何东西阻碍我设想它的不存在；所以，我虽然必须为实存的东西在根本上假定某种必然的东西，但却不能把任何一个事物本身设想为就自身而言必然的。这就是说：不假定一个必然的存在者，我就永远不能**完成**向实存的条件的回溯；但是，我却永远不能从这个存在者**开始**。 〔411〕 B644

如果我们为了一般实存的事物而必须设想某种必然的东西，但没有权限设想任何物自身是必然的，那么，由此不可避免地产生的就是：必然性和偶然性必定不关涉事物本身，因为若不然，就会发生矛盾；因此，两种原理中没有一个是客观的，相反，它们充其量只能是理性的主观原则，也就是说，一方面为一切作为实存的被给予的东西寻找某种必然的东西，也就是说，除了在一种先天地完成的说明那里之外，不在其他任何地方停留下来，另一方面却也永远不期望这种完成，也就是说，不假定任何经验性的东西是无条件的，并由此免除进一步的推导。在这样的意义上，两个原理作为纯然启迪性的和**范导性的**，不关心理性的形式旨趣之外的任何东西，完全可以并行不悖。因为一个说：你们应当如此对自然进行哲学思维，就好像对于一切属于实存的东西来说都有一个必然的最初根据似的，其目的仅仅是为了通过你们追求这样一个理念，亦即追求一个想象出来的至上根据，来给你们的知识带来系统的统一
B645 性；但另外一个则警告你们，不要把涉及事物实存的任何一个规定假定为这样一种至上的根据，也就是说，假定为绝对必然的，而是始终为进一步的推导留有余地，并由此在任何时候都把它还当做有条件的来对待。但是，如果在事物那里知觉到的一切都必须被我们看做有条件地必然的，那么，也就没有一个事物（可能经验性地被给予的事物）能够被视为绝对必然的了。

但由此就得出，你们必须**在世界之外**假定绝对必然的东西，因为它只是应当作为种种显象的至上根据被用做显象之最
〔412〕 大可能的统一性的原则，而且你们**在世界中**永远不能达到这种统一性，因为第二条规则要求你们，任何时候都把统一性的所有经验性原则视为派生的。

古代的哲学家们把自然的一切形式都视为偶然的，但却按照通常理性的判断把质料视为源始的和必然的。但是，如果他们不是相对地把质料作为显象的基底来考察它，而是**就自身而言**按照其存在来考察它，绝对必然性的理念就会立刻消失。因为没有任何东西绝对地把理性绑在这种存在之上，相反，它在任何时候都可以在思想中取消这种存在并且不发生冲突；但
B646 是，绝对的必然性仅仅蕴涵在思想中。因此，就这种说服而言，必然是以一种范导性的原则为基础的。实际上，就连广延

和不可入性（它们共同构成了质料的概念）也是显象之统一性的至上的经验性原则，并且就这种原则是经验性上无条件的而言，自身具有范导性原则的属性。尽管如此，既然构成显象之实在东西的质料的任何规定，从而还有不可入性都是一种结果（行动），而结果必须有自己的原因，因而永远还是派生的，所以质料还不适合于一个作为一切派生的统一性之原则的必然存在者的理念，因为它的实在属性的每一个都作为派生的而只是有条件地必然的，因而就自身而言是能够被取消的，但这样一来，质料的整个存在就会被取消；但如果不发生这种情况，我们就会经验性地达到统一性的最高根据，而这是被第二条范导性的原则所禁止的。可见，质料以及一般来说属于世界的东西都不适合于一个作为最大经验性统一的纯然原则的必然元始存在者的理念，相反，这一元始存在者必须被设定在世界之外；在这种情况下，我们就能够始终信心十足地把世界的显象及其存在从其他显象推导出来，就好像不存在必然的存在者似的，并且尽管如此仍然能够坚持不懈地追求推导的完备性，就好像 B647
这样一个作为至上根据的存在者已经被预设了似的。

根据这些考察，最高存在者的理想无非是理性的一个**范导性原则**，即如此看待世界中的一切结合，**就好像**它们产生自一 〔413〕
个极为充足的必然原因似的，以便在此之上建立说明世界中的结合时的一种系统的、按照普遍的规律而必然的统一性的规则；这一理想不是对就自身而言必然的实存的一种断言。但同时，凭借一种先验的置换把这种形式的原则表现为建构性的，并把这种统一性设想为实体性的，这是无法避免的。因为就像空间由于原初地使所有仅仅是它的不同限制的形象成为可能，所以尽管它仅仅是感性的一个原则，却正因为此而被视为一个绝对必然地独立存在的某物和一个先天地就自身而言被给予的对象一样，既然自然的系统统一性不能以任何方式被确立为我们理性的经验性应用的原则，除非我们以一个作为至上原因的最实在的存在者的理念为基础，所以这个理念由此被表现为一个现实的对象，而这个对象又由于是至上的条件而被表现为必然的，因而一种**范导性的**原则转变为一种**建构性的**原则，就也
B648 是极为自然的了；由于在我把相对于世界来说绝对地（无条件地）必然的至上存在者视为自为的事物时，这种必然性就不能有任何概念，从而必定只能作为思维的形式条件，而不能作为存在的质料条件和实体性条件在我的理性中被发现，上述偷换就昭然若揭了。

第六章　论自然神学的证明的不可能性

如果无论是一般事物的概念，还是任何一个**一般存在**的经验，都不能提供所需要的东西，那就只剩下一种办法了，即试一试一个**确定的经验**、因而现存世界的事物的经验，它们的性状和秩序能否提供一种证明根据，有助于我们可靠地达到对一个最高存在者的存在的确信。我们要把这样一种证明称为**自然**
〔414〕 **神学的**证明。如果这种证明也是不可能的，那么，关于一个与我们的先验理念相适应的存在者的存在，就在任何地方也没有任何一种出自纯然思辨理性的令人满意的证明是可能的了。

B649 按照以上所作的所有说明人们很快就可以看出，可以期待对这一质询有一个言简意赅的答复。因为如何可能在某个时候被给予一个应当与一个理念相适合的经验呢？理念的独特之处恰恰在于，永远也不可能有一个经验与它符合。关于一个必然的、极为充足的元始存在者的先验理念是如此超越地伟大，如此高出一切在任何时候都是有条件的经验性的东西，以至于人们一方面永远不可能在经验中找到足够的材料来填充这样一个概念，另一方面永远在有条件者中间四处摸索，始终徒劳地追

寻无条件者，没有任何一个经验性综合的规律为我们提供它的一个实例或者为此提供丝毫的指导。

如果最高的存在者处在种种条件的此链条中，那么，它本身就会是条件序列的一个环节，并且就像它被置于其前的低级环节一样，由于它的更高的根据而要求进一步的探究。与此相反，如果人们想把它与这个链条分开，作为一个纯然理知的存在者不包括进自然原因的序列，那么，理性在这种情况下能够架设一座什么样的桥梁来到达它那里呢？因为从结果到原因之过渡的一切规律，甚至我们知识的一切综合和扩展，一般而言所依靠的无非是可能的经验，从而仅仅是感官世界的对象，并且仅仅就这些对象而言才能够具有一种意义。 B650

现存世界为我们展现出杂多性、秩序、合目的性和美的一个如此巨大的舞台，人们可以在空间的无限性中或者在空间没有界限的分割中追踪它们，甚至根据我们贫弱的知性对此能够获得的知识，一切语言关于如此众多并且难以估量地巨大的奇迹都找不到自己的力度，一切数字都找不到自己度量的力量，甚至我们的思想也找不到任何界限，以至于我们关于整体的判断必然变成为一种失语的、但却更加意味深长的惊愕。我们到处都看到一个结果与原因、目的与手段的链条，看到产生或者消亡中的合规则性；而且由于没有任何东西是自行进入它所处身于其中的状态的，所以它总是进一步指示着另一个作为它的 〔415〕
原因的事物，而这原因恰恰使得同样的进一步追问成为必要，以至于按照这样的方式，如果人们不假定某种东西在这个无限的偶然者之外独自原初地和独立地自存着，保持着它，并且作为它的起源的原因同时保证着它的存续，整个万有就必然会沉沦入无的深渊。这个最高的原因（就世界的所有事物而言），人们应当把它设想为多么大呢？我们并不是按照其全部内容来 B651
认识世界的，我们也更不善于通过与一切可能的东西相比较来估量它的大小。但是，既然我们在因果性方面需要一个终极的和至上的存在者，是什么东西阻碍我们不按照完善性的程度把它置于**其他一切可能的东西之上**呢？如果我们把它想象成为一个惟一的实体，在它里面结合着一切可能的完善性，那么，我们就很容易做到这一点，虽然只是通过一个抽象概念的粗略草图；这个概念是有利于我们理性在节省原则方面的要求的，在自身之中并没有矛盾，甚至通过这样一个理念在秩序与合目的性方面给予的指导而有益于理性在经验中的应用的扩展，但在任何地方都不以明显的方式与一种经验相抵触。

这种证明在任何时候都值得尊重地提及。它是最古老、最明晰、最适合通常的人类理性的证明。它激励着自然的研究，一如它本身从这种研究获得存在，并由此一直获得新的力量。它把目的和意图引向我们的观察未能自行揭示它们的地方，并且通过一种其原则在自然之外的特殊统一性来扩展我们的自然
B652 知识。但是，这种知识又反作用于其原因，也就是说，反作用于诱发的理念，并且增强对一个最高的创造者的信仰，使之一直成为一种不可抗拒的确信。

因此，想对这种证明的威望有所削弱，则不仅前景黯淡，而且也是完全徒劳的。理性不断地被如此强有力的、一直在它的手下增长着的、尽管仅仅是经验性的证明根据所鼓励，不可能因精细的、抽象的思辨的怀疑而如此沮丧，以至于它不应当只要向自然和宇宙之壮观的奇迹投去一瞥，就被从任何一种苦
〔416〕思冥想的犹豫不决中拔脱出来，犹如从一场梦中觉醒，以便升华自己从伟大到伟大直至最高的伟大，从有条件者到条件直至最高的和无条件的创造者。

但是，即使我们不想对这种行事方式的符合理性与有用性提出任何异议，而毋宁说想推荐它和鼓励它，我们也毕竟不能因此就赞同这种证明方式对不容置疑的确定性、对一种根本不

需要偏爱或者外来支持的赞许可能提出的种种要求；使一个尖酸刻薄的玄想家的独断语言降低到一个足以作出安抚的、虽然并不要求无条件屈从的信仰的节制和谦逊的语调，绝不可能损 B653
害这件好事。据此，我断言，自然神学的证明永远不能单独地阐明一个最高存在者的存在，而是在任何时候都必须托付本体论的证明（它只是充当本体论证明的导论）来弥补这种缺陷，因而本体论证明一直还包含着任何人类理性都不能忽视的**惟一可能证明根据**（只要在任何地方有一种思辨的证明成立）。

上述自然神学的证明的要点如下：1. 在世界上到处都有一种按照一定的意图的秩序的明显迹象，这种意图是以伟大的智慧在一个不仅内容纷繁复杂无法描述、而且范围广大无边无际的整体中贯彻的。2. 这种合目的的秩序对于世界的种种事物来说是完全陌生的，只是偶然地附着于它们的，也就是说，如果不是由一个进行安排的理性原则按照作为基础的理念为此真正说来加以选择和安置，不同事物的本性就不能自行通过如此众多结合起来的手段协调一致地实现一定的终极意图。3. 因此，有一个（或者多个）崇高和智慧的原因实存着，它必然不仅仅作为盲目地起作用的无所不能的自然通过**能产性**、而是作为理智通过自由而是世界的原因。4. 这个原因的统一 B654
性可以从像一个人工建筑之各环节的世界之各部分的相互关系 〔417〕
中，根据我们的观察所及，确定地、但进一步却按照类比的种种原理或然地推论出来。

自然理性是从一些自然产品与人类艺术在对自然施加暴力、强迫自然不按照自己的目的行事、而是适应我们的目的时所创造的东西的类比出发（从自然产品与房屋、舟船、钟表的相似性出发）进行推理的；在自然理性那里，当它还从另一种、虽然是超人类的艺术推导出自由起作用的自然的内在可能性（亦即使得一切艺术，也许甚至还首先使理性成为可能的内在可能性）的时候，作为基础的恰恰是这样一种因果性，也就是说知性和意志；这样一种推论方式也许经不起极为苛刻的先验批判。这里且不就它的推理对它进行指责，但人们毕竟必须承认，当我们列举一种原因的时候，我们在此并不能比按照与我们完全已知原因和结果的那些合目的的产生的类比更有把握地行事。如果理性要从它认识的因果性过渡到它不认识的隐晦的和无法证明的解释根据，它就会不能在自己那里为自己辩解。

按照这种推论，如此之多的自然部署的合目的性与和谐性必然只证明形式的偶然性，但并不证明质料亦即世界中的实体
B655 的偶然性；因为要证明后者，就要求能够证明，世界的种种事物就自身而言，如果不是——甚至**就其实体**而言——一个最高智慧的产品，就不适合于诸如此类按照普遍规律的秩序与和谐；但为此就会要求有别的证明根据，完全不同于与人类艺术类比的证明根据。因此，这种证明所能够阐明的，至多是一个总是受他所加工的材料的适用性限制的**世界建筑师**，而不是一切都要服从其理念的一个**世界创造者**；这远远不足以实现人们所关注的那个伟大的意图，即证明一个极为充足的元始存在者。如果我们想证明质料本身的偶然性，我们就必须求助于一种先验的论证，而这正是在这里应予避免的。

因此，这种推论是把在世界中如此普遍可观察到的秩序与合目的性当做一种完全偶然的安排，从它出发前进到一个**与它**
〔418〕 **相应的**原因的存在。但这个原因的概念却必须给予我们关于它的某种完全**确定的东西**以供认识，因此它不是别的概念，而是关于一个具有一切权能、智慧等等的存在者的概念，一言以蔽
B656 之，一个作为极为充足的存在者而具有一切完善性的存在者的概念。因为**极其伟大**、令人惊异的权能、不可测度的权能这些谓词，根本不给出任何确定的概念，真正说来并没有说出这个

事物就自身而言是什么，而仅仅是（世界的）观察者与自身及其理解能力进行比较的对象的大小的关系表象而已，而且不论人们是放大对象，还是在与对象的关系中缩小观察主体，这些谓词的结果都是同样赞美性的。在重要的是一个事物的（完善性的）大小的地方，除了包括全部可能的完善性的概念之外，不存在其他确定的概念，而只有实在性的大全（omnitudo）才在概念中是完全被规定的。

现在，我并不想希望有人应当敢于洞察他所观察的世界的大小（既是就范围而言也是就内容而言）与全能、世界秩序与最高的智慧、世界的统一性与创造者的绝对统一性等等的关系。因此，自然神学关于至上的世界原因不能给出任何确定的概念，所以就不足以成为又应当构成宗教之基础的神学的一个原则。

通过经验性的道路迈进到绝对的总体性是根本不可能的。现在，人们却在自然神学的证明中这样做。因此，人们使用什么手段来越过这个如此宽阔的鸿沟呢？ B657

在人们达到对世界创造者的智慧、权能等等的伟大的惊赞并且不能再继续前进之后，人们就突然离开通过经验性证明根据进行的论证，前进到一开始就从世界的秩序与合目的性推论出来的世界的偶然性。惟有从这种偶然性出发，人们才仅仅通过先验的概念前进到一个绝对必然的东西的存在，并从第一因的绝对必然性的概念前进到那个存在者的完全被规定或者进行规定的概念，亦即一个无所不包的实在性的概念。因此，自然神学的证明在其行动中卡壳了，在这种困境中突然跃进到宇宙论的证明，而既然宇宙论的证明是一种隐蔽的本体论证明，所 〔419〕
以自然神学的证明虽然一开始否认与纯粹理性有任何亲缘性，并且把一切都归诸从经验出发的显而易见的证明，但实际上却是通过纯粹理性来实现它自己的意图的。

因此，自然神学家根本没有理由对先验的证明方式如此矜持，并且以独具慧眼的自然研究者的自负来蔑视先验的证明方式，就像是蔑视隐晦的苦思冥想者织出的蛛网。因为只要他们愿意检验一下自己本人，他们就会发现，当他们在自然和经验
B658 的地基上前进了一大段路程、并发觉自己尽管如此还离他们的理性所面对的对象同样遥远之后，他们就突然离开这个地基，转移到纯然可能性的王国，在那里他们希望鼓起理念的双翼来接近那曾经回避他们的一切经验性探究的东西。在他们最终自以为通过如此有力的一跃而站稳了脚跟之后，他们就把从现在起确定了的概念（他们拥有这个概念，却不知道是如何拥有的）扩展到创造的整个领域，并通过经验来说明——尽管这种说明是足够蹩脚的、远远在其对象的尊严之下的——这个仅仅是纯粹理性的一个产物的理想，却不想承认，他们是通过另一条路径、不同于经验的路径来达到这种知识或者预设的。

据此，关于一个作为最高存在者的惟一元始存在者的存在，自然神学的证明以宇宙论的证明为基础，而宇宙论的证明则以本体论的证明为基础；而既然除了这三种道路之外再也没有给思辨理性留下道路，所以，只要在任何地方有一种关于一个如此高出于一切经验性的知性应用的命题之证明是可能的，那么，完全从纯粹理性概念出发的本体论证明就是惟一可能的证明。

〔420〕

B659

第七章　从理性的思辨原则出发对一切神学的批判

如果我把神学理解为对元始存在者的知识，那么，它要么是出自纯然理性的神学（theologia rationalis），要么是出自启示的神学（theologia revelata）。理性神学思维自己的对象，要么是仅仅通过纯粹的理性，完全凭借先验的概念（ens originarium［元始的存在者］、ens realissimum［最实在的存在者］、ens

entium [一切存在者的存在者]), 并叫做**先验**神学, 要么通过它从自然(我们的灵魂)借来的一个作为最高理智的概念, 并必然叫做**自然的神学**。仅仅承认一种先验神学的人被称为**理神论者**, 也接受一种自然的神学的人则被称为**有神论者**。理神论者承认我们充其量能够通过纯然的理性认识一个元始存在者的存在, 但我们关于它的概念却纯然是先验的, 也就是说, 只是作为关于一个具有所有的实在性的存在者的概念, 但人们却不能更精确地规定这些现实性。有神论者则主张, 理性有能力按照与自然的类比更精确地规定对象, 即规定为一个通过知性和自由而在自身中包含着所有其他事物的始基的存在者。因此, 理神论者把这个存在者仅仅表现为一个**世界原因**(至于是通过其本性的必然性, 还是通过自由, 这一点尚未确定), 而有神 B660
论者则把它表现为一个**世界创造者**。

先验神学要么是想从一个一般经验(不对它所属的世界作出更精确一些的规定)推导出元始存在者的神学, 并且叫做**宇宙神学**, 要么相信通过纯然的概念无须丝毫经验的帮助就认识它的存在, 并且被称为**本体神学**。

自然的神学从在这个世界中被发现的性状、秩序和统一性出发推论到一个世界创造者的属性和存在,而在这个世界中必须假定两种因果性及其规则,也就是说自然和自由。因此,它从 〔421〕
这个世界上升到最高的理智,要么是把它当做一切自然秩序和完善性的原则,要么是把它当做一切道德秩序和完善性的原则。在前一种场合它叫做**自然神学**,在后一种场合它叫做**道德神学**。①

① 不是神学**道德**; 因为神学道德包含着**预设**一个最高的世界统治者的存在的道德法则, 与此相反, 道德神学是对一个最高的存在者的存在的信念, 这种信念建立在道德法则之上。

既然人们已经习惯于把上帝的概念理解为不纯然是作为万物根源的一个盲目起作用的永恒自然，而是应当通过知性和自
B661 由是万物的创造者的一个最高存在者，而且也惟有这个概念才使我们感兴趣，所以严格说来，人们可以否认**理神论者**对上帝有任何信仰，而仅仅给他留下一个元始存在者或者至上原因的主张。然而，既然没有人因为不敢作出主张就该被指责为他想作出否定，所以说**理神论者**相信一个上帝，而**有神论者**则相信一个**活的上帝**（summam intelligentiam［最高的理智］），就更为温和、更为公道。现在，我们想研究理性的所有这些尝试的可能源泉。

我在这里满足于通过我用来认识**存在的东西**的知识来解释理论知识，而通过我用来表象**应当存在的东西**的知识来解释实践的知识。据此，理性的理论应用是我先天地（必然地）认识到某物存在所凭借的应用；而理性的实践应用则是某物应当发生被先天地认识到所凭借的应用。如果某物或者存在或者应当发生是无可置疑地确定的，但只不过是有条件的而已，那么，这方面的某种一定的条件就或者可以是绝对必然的，或者它可以是随意和偶然地预设的。在前一种场合条件是被公设的（per thesin［由于主张］），而在后一种场合条件则是被假设的
B662 （per hypothesin［由于假设］）。既然有绝对必然的实践法则（道德法则），所以如果这些法则必然地把某一种存在预设为其**约束**力的可能性的条件，则这种存在必须被**公设**，之所以如
〔422〕 此，乃是因为推论到这个确定的条件由以出发的有条件者，本身被先天地认识为绝对必然的。我们以后将就道德法则指出，它们不仅预设一个最高存在者的存在，而且由于它们在其他方面是绝对必然的，所以还有理由公设这种存在，当然只是在实践上；现在，我们把这种推论方式暂且搁置一旁。

既然在仅仅谈论存在的东西（不是应当存在的东西）时，

在经验中被给予我们的有条件者在任何时候都也被思维成偶然的，所以属于它的条件也不能由此被认识为绝对必然的，而是仅仅被用做相对必然的、或者毋宁说**必要的**、但就自身而言并且先天地为有条件者的理性认识而做的任意预设。因此，如果应当在理论知识中认识一个事物的绝对必然性，这就只能从先天概念出发来发生，但永远不是作为与通过经验被给予的一种存在相关的原因的绝对必然性。

一种理论的知识如果关涉人们不能在任何经验中达到的一个对象或者关于一个对象的这样一些知识，它就是**思辨的**。它被与**自然知识**对立起来，除了能够在一种可能的经验中被给予的之外，自然知识不关涉任何其他对象或者它们的谓词。 B663

把发生的东西（经验性上偶然的东西）作为一个结果，从它推论到一个原因，这一原理是自然知识的一个原则，但并不是思辨知识的一个原则。因为如果人们把它视为一个包含着一般可能经验的条件的原理抽掉，而且想通过除去一切经验性的东西、就一般偶然的东西来陈述它，那么，这样一个综合命题就没有丝毫的理由，来从中认识我如何能够从某种存在的东西过渡到某种与此完全有别的东西（被称为原因）了；甚至一个原因的概念也与偶然的东西的概念一样，在这样的纯然思辨的应用中失去了其客观实在性应当具体地来说明的所有意义。

现在，如果人们从世界中**事物**的存在推论到其原因，那么，这就不属于**自然的**理性应用，而是属于**思辨的**理性应用，因为前者当做经验性上偶然的而与某一个原因联系起来的，不是事物本身（实体），而仅仅是**发生的东西**，因而是事物的状态；至于实体本身（质料）在存在上是偶然的，这必须是一种纯然思辨的理性知识。但即使所说的只是世界的形式、它的结合方式和它的变迁，但我却想从中推论到一个与世界全然有别的原因，这也会又是纯然思辨理性的一个判断，因为对象在这 〔423〕 B664

里根本不是一种可能经验的客体。但在这种情况下，仅仅在经验的领域内部才有效并且在这个领域之外没有应用、甚至没有意义的因果性原理，就会完全背离它的规定。

我现在断言：理性在神学方面的一种纯然思辨的应用的一切尝试都是完全没有结果的，就其内部性状而言是毫无价值的，而它的自然应用的原则却根本不导致任何神学；因此，如果人们不把道德原则作为基础或者用做导线，那么，在任何地方都不可能有理性的神学。因为知性的一切综合原理都只有内在的应用；但是，一个最高存在者的知识却要求这些原理的一种超验的应用，而我们的知性却根本没有为此装备起来。如果经验性地有效的因果性规律导致元始存在者，那么，这一存在者就必须也属于经验对象的链条；但在这种情况下，它就会和
B665 一切显象那样本身又是有条件的。但是，即使人们允许凭借结果与其原因的力学规律跳跃到经验的界限之外，这种行事方式又能给我们带来什么概念呢？远远不是关于一个最高存在者的概念，因为经验绝不给我们提供一切可能结果的最大结果（对其原因的见证应当提供这样的结果）。如果仅仅为了在我们的理性中不留下任何空当，我们就应当被允许通过最高的完善性和源始的必然性的纯然理念来填补完全规定的这种缺陷，那么，这虽然可以出自偏爱来接受，却不能出自一种令人折服的证明的权利来要求。因此，自然神学的证明也许能够通过把思辨与直观结合起来而给予其他证明（如果可以有其他证明的话）以强调，但就其自身而言却与其说让知性**独自**能够完成神学知识的工作，倒不如说使知性对此作好准备，并给予它一个笔直的和自然的方向。

〔424〕 因此，人们由此可以清楚地看出，先验的问题只允许有先验的答复，也就是说，完全从先天概念出发，无须丝毫的经验性掺杂。但在这里，问题显然是综合的，并且要求我们的知识

扩展到经验的所有界限之外，也就是说，扩展到一个与我们的 B666
纯然理念相应的存在者的存在，而这个理念却绝没有任何一种经验能够与之媲美。现在，按照我们上面的证明，一切先天综合知识都只是由于表达一种可能经验的形式条件才是可能的，因此，一切原理都只具有内在的有效性，也就是说，它们仅仅与经验性知识的对象或者显象相关。所以，就一种纯然思辨的理性的神学而言，即使通过先验的行事方式，也将一事无成。

但是，即使有人宁可怀疑上面分析论的所有证明，也不愿丧失对如此长久地使用的证明根据之重要性的信念，如果我要求，人们至少应当对自己究竟如何以及凭借什么醒悟而敢于靠纯然理念的力量飞越一切可能的经验作出辩解，人们也不能拒绝满足这种要求。无论是新的证明还是旧的证明的改良工作，我都会一概乞免。因为尽管由于一切纯然思辨的证明最终的结果毕竟都是惟一的一种证明，亦即本体论的证明，人们在这里没有多少选择余地，因此我并不担心受到那种脱离感官的理性的独断捍卫者们之能产性的特别纠缠；尽管我除此之外虽不自
以为在这方面十分好斗，却也不想拒绝在每一个此类的尝试中 B667
揭露错误并由此挫败其僭妄的要求，但是，在习惯了独断劝服的人们那里，侥幸成功的希望却毕竟绝不因此就被完全消除；所以，我坚持惟一公道的要求，即人们普遍地并且从人类知性连同其余一切知识源泉的本性出发，对自己想如何开始完全先
天地扩展自己的知识并且一直延伸到任何可能的经验、从而任 〔425〕
何保证由我们自己想出来的某一个概念的客观实在性的手段都达不到的地方来作出辩解。无论知性如何达到这一概念，该概念的对象的存在毕竟不可能分析地在该概念中找到，因为客体**实存**的知识正是在于它就自身而言被设定**在思想之外**。但是，自行走出一个概念，并且不遵循经验性的联结（但通过经验性的理解在任何时候所给予的都仅仅是显象）就达到对新对象和

超越的存在者的揭示，这是完全不可能的。

但是，即使理性在其纯然思辨的应用中远远不足以实现这个如此伟大的意图，亦即达到一个至上的存在者的存在，它也
B668 毕竟在这一点上具有十分大的效用，即**纠正**可能从别处得来的对该存在者的知识，使其与自身以及任何理知的意图一致，并且使其免除一切可能与一个元始存在者相悖的东西和经验性限制的一切掺杂。

据此，先验神学即使有其一切不足，也依然有重要的消极应用，并且在我们的理性仅仅与纯粹的、正因为此只容许有先验的尺度的理念打交道时，是它的一个经常的审查者。因为如果在其他的、也许是实践的关系中，一个最高的并且极为充足的存在者是至上的理智这种预设毫无争议地主张自己的有效性，那么，在其先验的方面把这一概念精确地规定为一个必然的和最实在的存在者的概念，并除去与最高的实在性相悖、属于纯然的显象的东西（属于广义上的神人同形同性论的东西），同时清除道路上的一切对立的主张，不论它们是**无神论的、理神论的**还是**神人同形同性论的**，就是极其重要的了；这在这样一种批判的主张中是十分容易的，因为使得人类理性在**主张**一个诸如此类的存在者方面的无能昭然若揭的那些根据，必然也
B669 足以证明任何一种**相反主张**的无效用性。因为，某人通过理性
〔426〕 的纯粹思辨从哪里获得这样的见解，即认为不存在一个作为万物始基的最高存在者，或者我们根据其后果表现为与一个能思维的存在者的力学实在性相类似的种种属性没有一个属于它，或者这些属性在后一场合也必须臣服于感性不可避免地加给我们通过经验认识的理智之上的一切限制呢？

因此，最高的存在者对于理性纯然思辨的应用来说依然是一个纯然的、但毕竟**完美无缺的理想**，是一个完成全部人类知识并使其达到顶峰的概念，它的客观的实在性沿着这条道路虽

然不能得到证明，但也不能被反驳；而且如果应当有一种能够弥补这种缺陷的道德神学的话，那么在这种情况下，此前尚成问题的先验神学就通过对它的概念的规定和对一种足够经常地被感性蒙骗、并且并不总是与其自己的理念一致的理性的不断的监察，而证明了自己的不可或缺性。必然性、无限性、统一性、世界之外的存在（不是作为世界灵魂）、没有时间条件的永恒性、没有空间条件的全在性、全能等等，都完全是先验的 B670
谓词，而且因此之故，这些谓词纯化了的概念为任何一种神学都十分需要，都只能从先验神学得来。

先验辩证论的附录

论纯粹理性各理念的范导性应用

纯粹理性一切辩证尝试的结局，不仅证实我们在先验分析论中已经证明了的东西，即我们所有那些要带领我们超越到可能经验的领域之外的推论都是骗人的、没有根据的；而且它还同时教给了我们这种特殊的东西，即人类理性在这方面有一种超越这一界限的自然倾向，先验理念对于理性来说和范畴对于知性来说一样是自然的，尽管区别之处在于，范畴导致真理亦即导致我们的概念与客体的一致，而先验理念则造成一种纯然的、但却不可抗拒的幻相，人们几乎不能通过苛刻的批判来阻 〔427〕
止这种幻相的欺骗。

凡是在我们的力量的本性中有其根据的东西，都必定是合目的的，并且与我们的力量的正确应用一致，只要我们能够防止某种滥用，并找到它们的真正方向。因此，先验理念无论怎 B671
样猜测都有其良好的、因而是**内在的**应用，尽管如果它们的意义被错认，它们被当做现实事物的概念的话，它们就会在应用上是先验的，并正因为此是骗人的。因为不是理念自身，而仅仅是它们的应用，才能就全部可能经验而言或者是**飞越的**（超越的），或者是**本土的**（内在的），根据的是人们使它或者直接指向一个自以为与它相应的对象，或者就知性应用所关涉的对象而言仅仅指向一般知性应用；而一切偷换的错误在任何时候都只能归之于判断力的阙如，而不能归之于知性或者理性。

理性从不直接与一个对象相关，而是仅仅与知性相关，并且凭借知性与它自己的经验性应用相关，因而不**创造**任何（关于客体的）概念，而是仅仅**整理**概念，并把概念在其最大可能地扩展时、也就是说与序列的总体性相关时所能够具有的那种统一性给予它们；知性根本不关注序列的总体性，而是只关注条件的**序列**到处按照概念**得以实现所凭借的**那种联结。因此，
B672 理性真正说来仅仅以知性及其合目的的运用为对象；而且就像知性通过概念把客体中的杂多统一起来一样，理性在自己这方面也通过理念把概念的杂多统一起来，因为它把某种集合的统一性设定为知性行动的目标，若不然，知性行动就只处理分离的统一性。

据此我断言：先验理念绝不具有建构性的应用，以至于某些对象的概念会由此被给予，而且如果人们这样来理解它们，
〔428〕它们就纯然是玄想的（辩证的）概念。与此相反，它们具有一种杰出的、对于我们来说不可或缺的必然的范导性应用，也就是说，使知性指向某一个目标，知性的一切规则的方向线都参照这一目标而汇聚于一点，尽管这个点只是一个理念（focus imaginarius［想象的焦点］），知性的概念实际上并不是从它出发的，因为它完全处在可能经验的界限外面，但尽管如此，它仍然被用来给知性概念带来一种与最大的扩展相伴的最大统一。现在，虽然由此对我们来说产生出一种欺骗，就好像这些方向线是从处于经验性上可能的知识领域之外的对象本身发出

的似的（就像在镜面背后看到客体一样）；然而，如果我们除了呈现于我们眼前的对象之外，同时还想看到远在我们背后的 B673
对象，也就是说，如果我们在我们的实例中想使知性超出被给予的任何经验（全部可能经验的部分），从而也达到最大可能的和极度的扩展，那么，这种幻觉（人们毕竟可以阻止这种幻觉，使它不骗人）仍然是不可或缺地必然的。

如果我们就其全部范围而言纵览我们的知性知识，我们就会发现，理性对此独有并且试图实现的东西，就是知识的**系统化的东西**，也就是说，知性知识从一个原则出发的联系。这种理性的统一在任何时候都预设一个理念，即一个知识整体的形式的理念，这个整体先行于各部分的一定知识，包含着先天地为每个部分规定其位置和与其他部分的关系的条件。据此，这个理念以知性知识的完备统一性为公设，通过这种统一性，知性知识并不纯然成为一个偶然的集合体，而是成为一个按照必然的规律相互联系的体系。真正说来，人们不能说这个理念是一个关于客体的概念，毋宁说就它给知性充当规则而言，它是关于这些概念的普遍统一的概念。诸如此类的理性概念不是从自然得来，毋宁说我们按照这些理念审问自然，而且只要我们的知识与这些理念不相称，我们就把它们视为有缺陷的。人们
承认，简直不可能有**纯土**、**纯水**、**纯气**等等。尽管如此，人们 B674
毕竟还是需要它们的概念（因此，就完全的纯净而言，它们惟
有在理性中才有自己的起源），以便恰如其分地规定这些自然 〔429〕
原因中的每一个在显象中所占的份额；这样一来，人们就把一切物质归结为土（仿佛是纯然的重量）、盐和燃烧体（作为力），最终归结为作为工具的水和气（仿佛是前两种起作用所凭借的机器），以便按照一种机械性的理念说明物质相互之间的化学作用。因为即便人们实际上并不如此表达，但理性对自然科学家的分类的这样一种影响毕竟是极易发现的。

如果理性是一种从共相推导出殊相的能力，那么，要么共相已经是**就自身而言确实的**和被给予的，而在这种情况下它就只要求进行归摄的**判断力**，殊相由此被必然地规定。我把这称为理性不容置疑的应用。要么共相只是被**或然地**假定，是一个纯然的理念；殊相是确实的，但达到这个后果的规则的普遍性却是一个问题；这样，许多特殊的实例全都是确实的，它们都
B675 被根据规则来试验，看它们是否由此得出；而在这种场合，如果看起来一切有关的特殊实例都由此产生，则就可以推论出规则的普遍性，而由规则的普遍性又进一步推论到一切就其自身而言也没有被给予的实例。我要把这种应用称为理性的假设性的应用。

以作为或然概念的理念为基础，理性从它们出发的假设性应用真正说来不是**建构性的**，也就是说，如果严格地作出判断，它们并不具有由此得出作为假设被假定的普遍规则的真理性的性质；因为人们要怎样知道所有因从这条假定的原理得来而证明其普遍性的可能后果呢？相反，它只是范导性的，以便尽可能地由此将统一性引入特殊的知识，由此使规则**接近**普遍性。

因此，假设性的理性应用关涉知性知识的系统统一性，而这种统一性则是规则的**真理性的试金石**。反过来说，系统的统一性（作为纯然的理念）仅仅是**规划出来的**统一性，就自身而言，人们必须不把它看做是被给予的，而是看做问题；但是，它有助于为杂多和特殊的知性应用找到一个原则，并由此
〔430〕 把这种应用也引导到并未被给予的实例，并使之相互之间有联系。

B676 但是，人们由此所看出的只是：杂多的知性知识的系统的或者理性的统一性是一个**逻辑的**原则，为的是在知性独自不足以成为规则的地方通过理念来继续帮助它，同时尽可能地给其

规则的差异性带来在一个原则下的一致性（系统的一致性），并由此造就联系。但是，对象的性状或者把对象认识为对象的知性的本性是否就其自身而言就被规定有这种系统的统一性，以及人们是否能够先天地无须顾及理性的这样一种旨趣就在某种程度上公设这种统一性，从而说一切可能的知性知识（其中包括经验性的知识）都具有理性的统一性，都从属于种种共同的原则，它们尽管各不相同却都能够从这些原则推导出来，凡此种种，就会是理性的一条**先验的**原理，它不仅使系统的统一性作为方法在主观上和逻辑上成为必然的，而且还在客观上成为必然的。

我们想通过理性应用的一个实例来说明这一点。在依据知性概念的不同种类的统一性中间，还包括有被称为力量的实体之因果性的统一性。同一实体的不同显象乍一看表现出如此众多的异类性，以至于人们因此而一开始就几乎必须假定有多少结果就有多少种力量，例如在人的心灵中有感觉、意识、想象、回忆、机智、辨别力、快乐、欲望等等。起初，有一条逻 B677
辑的准则，要求尽可能地通过比较来揭示隐蔽的同一性，并查看是否想象与意识相结合就是回忆、机智、辨别力，也许甚至是知性和理性，由此来减少这种表面上的差异。关于一种**基本力**，逻辑根本弄不清诸如此类的东西是否存在，但它的理念至少是力量杂多性的一种系统表象的一个问题。逻辑的理性原则要求尽可能地实现这种统一性，而且这种力和那种力的显象越是被发现是彼此同一的，它们就越有可能无非是同一种力的不 〔431〕
同表现，这种力（相对而言）就可以叫做它们的**基本力**。对于其他的力量来说依此类推。

相对而言的基本力必须又相互比较，以便通过揭示它们的一致性来使它们接近惟一的一种根本的、也就是说绝对的基本力。但这种理性的统一性纯然是假设的。人们并不主张必须实

际上发现这样一种基本力，而是主张为了理性，也就是说为了确立某些原则，必须为经验可能提供的各种各样的规则去寻找
B678 这种基本力，而且必须尽可能地以这样的方式把系统的统一性引入知识。

但是，当人们关注知性的先验应用时，却可以看出基本力的这一理念一般来说并不仅仅被规定为假设性应用的问题，而是伪称有客观的实在性，由此而公设一个实体的种种力量的系统统一性，并确立一种不容置疑的理性原则。因为我们并不曾尝试过种种力量的一致性，甚至在我们经过一切尝试之后不能揭示这种一致性的情况下，我们却预设：能够发现这样一种一致性；而这不仅像在已列举的实例中那样因为有实体的统一性，而且在发现了许多虽然在某种程度上同类的力的地方，例如在一般的物质那里，理性也预设多种多样的力的系统统一性；在这里，特殊的自然规律都从属于更普遍的自然规律，而原则的节约不仅仅成为理性的一条经济原理，而且成为自然的内在规律。

事实上，也看不出种种规则的理性统一性的逻辑原则如何能够成立，除非是预设一条先验的原则，通过它来把这样一种
B679 系统的统一性作为附着于客体的而先天地假定为必然的。因为如果理性可以随意承认一切力都同样可能是异类的，它们的推导的系统统一性同样可能不符合自然，那么，理性以什么权限能够在逻辑应用中要求把自然给予我们供认识的种种力量的杂多性当做一种纯然隐蔽的统一性来对待，并且尽可能地从某一种基本力推导出这种统一性呢？因为在这种情况下，理性就会
〔432〕 由于把一个与自然的安排完全矛盾的理念设定为自己的目标，而恰恰是在违背自己的规定而行事。人们也不能说，它在之前已经从自然的偶然性状得出了这种符合理性原则的统一性。原因在于，理性寻找这种统一性的规律是必然的，因为我们没有

这一规律就根本不会有理性，没有理性就不会有相互联系的知性应用，而缺少这种应用就不会有经验性真理的充足标志；因此，就后者而言，我们必须预设自然的系统统一性完全是客观有效的和必然的。

我们发现，这个先验的预设也以一种值得惊异的方式隐藏在哲学家们的原理中，尽管他们在其中并不总是认识到或者自己承认这一预设。种种个别事物的所有杂多性都不排除种的同一性，多种多样的种必须被仅仅当做少数**属**的不同规定来对 B680
待，而这些属又必须被仅仅当做更高的**类**的不同规定来对待，等等；因此，一切可能的经验性概念，就它们可以从更高的和更普遍的概念推导出来而言，它们的某种系统统一性是必须寻找的；凡此种种，是一条基本规则或者逻辑原则，离开了它就不会有理性的任何应用，因为我们只是就事物的普遍属性被当做特殊属性所隶属的基础而言，才能够从共相推论到殊相。

但是，即便在自然中也发现了这样一种一致性，这是哲学家们在那条著名的学院规则中预设的，即没有必要人们就不必增多开端（本原）了（entia praeter necessitatem non esse multiplicanda［如无必要，勿增实体］）。它说的是，事物的本性本身就呈现出理性统一性的材料，而表面上的无限差异并不可以妨碍我们在它们背后猜测基本属性的统一，惟有通过多次的规定才能从这些基本属性推导出多种多样性。这种统一性虽然是一个纯然的理念，但人们却在所有的时代里如此热切地探究它，以至于人们有理由节制对它的渴望，而不是鼓励这种渴望。化学家能够把一切盐都还原为两个基本的属，即酸性物和碱性物，这已经不错了，他们甚至还试图把这种区别仅仅视为同一种基本材料的变异或者不同的表现。人们逐渐地试图把土 B681
的众多的种（石头、甚至金属的材料）还原成三个属，最终还 〔433〕
原成两个属；但他们并不以此为满足，他们不能放弃这样的思想，即在这些变异之后还有惟一的一个属，甚至猜测这些土和盐有一个共同的本原。人们也许想认为，这是理性的一个纯然经济的技巧，为的是尽可能多地节省力气，而且是一个假设的尝试，如果它成功的话，就恰恰通过这种统一性赋予预设的解释根据以盖然性。然而，这样一种自私的意图是很容易与理念区别开来的，按照理念，任何一个人都预设，这种理性统一性是适合自然本身的，而且理性在这里并不是在乞求，而是在命令，尽管不能规定这种统一性的界限。

如果在种种呈现给我们的显象中间有一种如此巨大的差异——我想说的不是在形式上（因为在形式上他们可能是彼此相似的），而是在内容上，也就是说，在实存的存在者的多样性上——以至于就连最苛刻的人类知性通过这一显象与那一显象的比较也不能发现丝毫的相似（一个很可以设想的实例），那么，属的逻辑规律就根本不会成立；甚至不会有任何属的概
B682 念或者某一个普遍的概念成立，就连仅仅与这样的概念打交道的知性也不会成立。因此，属的逻辑原则如果应当运用于自然（我在这里把自然仅仅理解为被给予我们的种种对象），就以一种先验的原则为前提条件。按照这一先验的原则，在一个可能经验的杂多中必然地以同类性（尽管我们不能先天地规定它的程度）为前提条件，因为没有这种同类性，就没有经验性的概念是可能的，从而也就没有任何经验是可能的。

属的逻辑原则公设同一性，另一条原则，即**种**的逻辑原则与它相对立，后者需要事物的杂多性和差异，不管它们在同一个属中的一致，并且规定知性关注杂多性和差异不亚于关注同一性。这条（敏锐或者辨别能力的）原理对前一条原理（机智的原理）的轻率加以限制，而理性则在这里表现出一种双重的、相互冲突的旨趣，一方面是就属而言的**范围**（普遍性）的
〔434〕 旨趣，另一方面是在种的杂多性方面的**内容**（确定性）的旨

趣，因为知性在前一场合虽然多是在概念之下思维，在第二种场合却更多地是在**概念**之中思维。这一点也在自然科学家们十 B683 分不同的思维方式中表现出来，它们中一些人（偏爱思辨的人）仿佛是敌视异类性，而另一些人（偏爱经验性的人）则不断地试图把自然分裂成如此之多的多样性，以至于人们几乎不得不放弃按照普遍的原则对自然的显象作出判断的希望。

这后一种思维方式明显地也以一种逻辑原则为基础；如果我从属开始下降到属所包含的杂多，并且就像在前一种场合我上升到属，试图给体系带来统一那样，试图以这样的方式给体系带来扩大，那么，这种逻辑原则的意图就是一切知识体系的系统完备性。因为从标志着一个属的概念的范围出发与从物质能够占有的空间出发一样，都难以看出它们的分割能够进行到多远。因此，任何**属**都要求有不同的**种**，而种又要求有不同的**亚种**；而且既然后者中没有一个不是始终又有一个范围（作为 conceptus communis［共同概念］的范围），所以理性在其整个扩展中就要求，任何种都不被视为就自身而言最低的种，因为既然它毕竟总还是一个概念，在自身中仅仅包含不同的事物共有的东西，不能够是完全被规定的，从而也不能首先与一个 B684 个体发生关系，所以在任何时候都必然在自身中包含着其他概念，亦即亚种。这一特殊化的规律可以这样表达：entium varietates non temere esse minuendas［不可贸然削减存在者的差异］。

但是，人们很容易看出，如果不是有一个先验的**特殊化规律**作为基础，就连这一逻辑规律也将没有意义、毫无用处；先验的特殊化规律虽然并不要求能够成为我们的对象的事物在差异方面有一种现实的**无限性**，因为仅仅主张逻辑范围就可能的分割而言的**不确定性**的逻辑原则并没有为此提供理由；但尽管如此却责成知性在呈现给我们的每一个种之下寻找亚种，为每 〔435〕

一种差异寻找更小的差异。因为如果没有较低的概念，就也没有较高的概念。现在，知性惟有通过概念才认识一切：因此，就它在划分中所及而言，绝不是通过纯然的直观，而是始终又通过较低的概念。显象的知识在其完全的规定（这种规定惟有通过知性才是可能的）中要求对知性的概念有一种不断继续的特殊化，并且要求前进到在种的概念中已经被抽掉、在属的概念中被抽掉更多、但却始终还留存的差异。

B685 这种特殊化的规律也不能借自经验；因为经验不可能给予一种如此辽远的景观。如果经验性的特殊化不是被已经先行的先验的特殊化规律当做理性的一条原则所引导，去寻找这样的特殊化，并且在它并不立刻呈现给感官的时候还一直猜想它的话，就会很快在区分杂多时停留下来。发现吸收性的土还有不同的种（钙质土和盐酸土），这需要一条先行的理性规则，理性由于预设自然如此丰富多彩而猜测有差异，故把寻找差异规定为知性的任务。因为惟有在自然中有差异的预设下，我们才有知性，正如在自然的客体就自身而言具有同类性的条件下我们才有知性一样，因为正是能够被包摄在一个概念之下的东西的杂多性，才构成了这一概念的应用和知性的工作。

因此，理性为知性准备了行动领域：第一，通过在较高的属下面杂多的东西具有**同类性**的原则；第二，通过在较低的种下面同类的东西具有**差异性**的原理；而为了完成系统的统一性，它还附加上：第三，一切概念有**亲合性**的规律，这条规律要求通过差异的逐步增加而从一个种到另一个种连续地过渡。
B686 我们可以把它们称为形式的**同类性、特殊性和连续性**的原则。连续性的原则的产生，乃是由于人们把前两条原则结合起来，因为人们无论在向较高的属的上升中还是在向较低的种的下降中，
〔436〕 中，都在理念中完成了系统的联系；在这种情况下，所有的杂多性彼此都有亲缘性，因为它们全都通过扩展了的规定的一切

程度而源自惟一的一个至上的属。

人们可以用如下的方式来直观地说明三条逻辑原则之下的系统统一性。人们可以把每一个概念视为一个点，这个点作为观察者的观测站具有自己的视界，也就是说，大量从这个点能够被表现、并且仿佛是能够被纵览的事物。在这个视界内部，必须能够无限地给出大量的点，它们每一个都又有自己较狭小的视域；也就是说，每一个种按照特殊性的原则都包含着诸亚种，而逻辑的视界只是由诸较小的视界（诸亚种）构成的，而不是由不具有范围的点（个体）构成的。但是，可以设想为不同的视界、亦即为从同样多的概念出发来规定的不同的属划出一个共同的视界，从它出发，就像是从一个中心点出发一样， B687
人们把不同的视界尽收眼底，而这个中心点就是一个较高的属，直到最后，最高的属就是普遍的和真正的视界，这个视界是从最高的概念的观测点出发来规定的，并且在自身之下包含着作为属、种和亚种的一切杂多性。

把我们带到这个最高的观测点的是同类性的规律，把我们带到一切较低的观测点及其最大的差异性的是特殊性的规律。但是，既然以这样的方式在所有可能的概念的整个范围里都没有任何空当，而且在它之外也不能发现任何东西，所以就从那个普遍的视域和该视域的完全划分的预设中产生出如下原理：non datur vacuum formarum [各形式没有空当]，也就是说，不存在不同的源始的和最初的属，仿佛是被隔离的，被彼此（通过一个空的间隙）分开的，相反，所有杂多的属都只不过是一个惟一的、至上的和普遍的属的划分罢了；而从这条原理就产生出它的直接结论：datur continuum formarum [各形式有连续性]，也就是说，各个种的所有差异都相互接壤，不允许通过一种飞跃、而是只能通过一切更小的区别程度来过渡到另一个种，由此人们就可以从一个种达到另一个种；一言以蔽之，不

存在任何种或者亚种彼此（在理性的概念中）是最接近的种或
〔437〕 者亚种，相反，还总是有中间的种，它与第一个种和第二个种
B688 的区别小于这两个种彼此之间的区别。

因此，第一条规律防止跑题进入不同的源始的属，并推崇同类性。与此相反，第二条规律又限制对一致的这种倾向，并且要求在人们以自己的普遍概念转向个体之前，要区分亚种。第三条规律则把前两条结合起来，因为它不顾极度的杂多性，仍然通过从一个种到另一个种的逐步过渡而规定了同类性，就不同的分枝全都从一个主干长出而言，这表明了它们的一种亲缘性。

但是，这条 continui specierum［种的连续性］（formarum logicarum［逻辑形式的连续性］）的逻辑规律以一条先验的规律（lex continui in natura［自然中的连续性的规律］）为前提条件，没有后者，知性的应用只会被前一种规定引入歧途，因为它也许会选取一条恰恰与自然相悖的道路。因此，这条规律所依据的必须是纯粹的先验根据，而不是经验性的根据。因为在后一种情况下，它就会迟于体系；但是真正说来，这规律首先造成了自然知识的系统性的东西。在这些规律背后，也没有隐藏着把它们当做试验来进行检验的意图，尽管这种联系在它
B689 适用的地方当然就会提供强有力的根据，来把以假设的方式想出的统一性视为有根有据的，因而它们在这方面也是有其用处的；相反，人们从它们身上清晰地看出，它们把基本原因的节省、结果的杂多性和一种由此而来的自然各环节的亲缘性就其自身而言判断为合理性的、适合自然的，因此，这些原理直接地具有受欢迎之处，而不是纯然作为方法的技巧才受欢迎的。

但是，人们很容易看出，诸形式的这种连续性是一个纯然的理念，在经验中根本不能给它指出一个相应的对象：这**不仅**是因为自然中的种确实已被划分，从而就自身而言必然构成一

种 quantum discretum［分离的量］，而且如果亲缘性中的逐步进展是连续的，那么，它们就也必定包含着处于两个被给予的种内部的中间环节的真正无限性，而这是不可能的；**而且**是因 〔438〕
为我们对于这一规律根本不能作确定的经验性应用，由此并没有显示出亲和性的丝毫征兆，告诉我们应当根据什么来寻找亲合性的差异的级别顺序，以及寻找到什么程度，而无非是一个一般的指示，即我们应当寻找这种级别顺序。

如果我们把现在列举的这些原则按照其顺序加以安置，以 B690
便让它们**符合经验的应用**，那么，系统统一性的各原则就会顺序如下：**杂多性、亲缘性**和**统一性**，它们中的每一个都被当做其完备性已达最高程度的理念。理性以首先被运用于经验的知性知识为前提条件，按照远远超出经验所能及的理念来寻找知性知识的统一性。虽然有其差异却服从统一性原则的杂多的亲缘性并不仅仅涉及事物，而是更多得多地涉及事物的纯然属性和力量。因此，如果举例来说，行星的轨道通过一种（尚未完全纠正的）经验作为圆形的被给予我们，而我们发现了种种差异，那么，我们就在能够按照一种稳定的规律通过无限多的中间程度把圆形改变成为这些偏离运转中的一种东西里面猜测这些差异，也就是说，不是圆形的行星运动将或多或少地接近圆形的属性，并且成为椭圆。彗星表现出其轨道的一种更大的差异，因为它们（就观察所及）甚至不以圆形返回，然而我们猜想一种抛物线状的运转，它毕竟与椭圆有亲缘性，而且如果椭
圆的长轴延伸得很长，在我们的一切观察中就能够与椭圆没有 B691
差别。这样，我们就按照那些原则的指导达到了这些轨道在其形状上的属的统一性，但因此又进一步发现它们的运动的一切规律之原因的统一性（引力）；由此出发，我们之后又扩大了自己的战果，还力图从同一个原则出发来说明一切差异和表面上对那些规则的偏离，最终甚至附加上多于经验在某个时候能

够证实的东西，亦即按照亲缘性的这些规则本身设想双曲线状的彗星轨道，这些天体以这些轨道完全离开我们的太阳系，并
〔439〕且在它们从一个太阳到另一个太阳的时候，在它们的运转中把一个对我们来说无边无际而又通过同一种运动力联系在一起的宇宙体系的更遥远的各部分结合起来。

就这些原则而言值得注意且我们也惟一探讨的是：它们看起来是先验的，而且虽然它们所包含的是供理性的经验性应用遵循的纯然理念，理性的经验性应用只能仿佛是渐近线状地、也就是说仅仅接近地遵循它们，永远也达不到它们，但它们作为先天综合命题还是有客观的、但不确定的有效性，并且充当可能经验的规则，也实际上在加工经验时被用做启迪性的原理而取得很大的成功，但人们毕竟不能完成对它们的一种先验的
B692 演绎，如上面所证明，这在理念方面任何时候都是不可能的。

在先验分析论中，我们曾根据知性的原理把**力学**原则作为直观的纯然范导性原则与就直观而言是建构性的**数学**原则区别开来。尽管如此，上述力学的规律就**经验**而言却当然是建构性的，因为它们使任何经验无之则不成立的**概念**成为先天可能的。与此相反，纯粹理性的各原则甚至就经验性**概念**而言也不是建构性的，因为不能给予它们任何相应的感性图型，因此它们不能有任何具体的对象。如果我放弃把这些原则当做建构性原理的这样一种经验性的应用，我想，尽管如此，怎样才能仍保证一种范导性的应用，并随之保证一些客观的有效性呢？而且这种应用能够有什么意义呢？

知性对于理性来说构成一个对象，正如感性对于知性来说构成一个对象一样。使一切可能的经验性的知性行动的统一性成为系统的，乃是理性的工作，就像知性通过概念把显象的杂
〔440〕多联结起来并置于经验性的规律之下一样。但是，没有感性图
B693 型的知性行动是**不确定的**；同样，**理性的统一性**在知性系统地

联结其概念所应当隶属的条件和这种结合的程度方面也是**就自身而言不确定的**。然而，尽管对于一切知性概念完全的系统统一性来说，不能在**直观**中找到任何图型，但毕竟能够而且必须有这样一种图型的类似物被给予，这个类似物就是知性知识在一个原则中的划分和统一的**极大值**的理念。因为只要除去提供不确定的杂多性的制约条件，极大者和绝对必然者是可以确定地设想的。因此，理性的理念就是感性图型的一个类似物，但区别在于，把知性概念运用于理性图型，却并不（就像把范畴运用于其感性图型那样）是对象本身的一种知识，而仅仅是一切知性应用的系统统一性的一条规则或者原则。现在，既然为知性先天地确立其应用的完全统一的任何原理也都——尽管只是间接地——适用于经验的对象，所以理性的各原理就对象而言也将有客观的实在性；但这不是为了根据它们**规定**某种东西，而仅仅是为了显示一种行事方式，知性的经验性的和确定 B694
的经验应用按照这种行事方式就能够与自身完全一致，因为它被与完全统一性的原则**尽可能地**联系起来并由此推导出来。

一切不是得自客体的性状、而是得自理性在该客体的知识之某种可能的完善性方面的旨趣的主观原理，我都称之为理性的**准则**。这样，就有一些思辨理性的准则，它们所依据的仅仅是理性的思辨旨趣，尽管可能看起来它们好像是客观的原则。

如果纯然的范导性原理被视为建构性的，那么，它们就可能作为客观的原则而自相冲突；但是，如果人们仅仅把它们视为准则，那就不是一种真正的冲突，而纯然是理性的一种造成思维方式之分离的不同旨趣罢了。事实上，理性只有一种统一的旨趣，而它的种种准则的冲突则只不过是满足这种旨趣的种种方法的差异和相互限制罢了。

以这样的方式，在**这一个**玄想家这里就可能更偏重于**杂多性**（依据特殊性的原则），而在**那一个**玄想家那里则可能更偏 〔441〕

重统一性（依据集合性的原则）。二者中的每一个都相信自己
B695 的判断乃出自对客体的洞见，但毕竟都是把它仅仅建立在对两个原理的某一个的或大或小的偏执之上的；这两个原理没有一个依据的是客观的根据，而是仅仅依据理性的旨趣，因此称它们为准则就会比称它们为原则更好。如果我发现有识之士们因为人、动物或者植物乃至矿物体的特征而相互争论，既然一些人例如假定特殊的、根据在于起源的民族特性，或者还假定各家族、各种族有被决定的和遗传的差别等等，而另一些人则相反，认为自然在这方面所做的投资是完全一样的，一切区别所依据的仅仅是外在的偶然性，那么，为了理解这对象对双方来说隐蔽得太深，以至于他们不能从对客体的本性的洞识出发来说话，我只需考虑对象的性状就可以了。这无非是理性的双重旨趣，其中一方醉心于或者偏爱一种旨趣，而另一方则醉心于或者也偏爱另一种旨趣，因此是自然的杂多性或者自然的统一性两种准则的差异；这两种准则是极易调和的，但只要把它们视为客观的洞识，它们就不仅造成争执，而且造成长期阻碍真
B696 理的障碍，直到找出一种办法调和有争议的旨趣并使理性在这方面感到满足为止。

对于被如此广为征引的、由**莱布尼茨**提出并由**博奈特**杰出地修订的造物之连续**阶梯**的规律的维护或者攻击也是同样的情形。它无非是对依据理性旨趣的亲合性原理的一种遵循；因为对自然的安排的观察和洞识根本不能把这一规律当做客观的主张提供出来。这样一个阶梯的各级，如同经验能够向我们说明的那样，彼此相距太远，而我们的自以为微小的差别通常在自然中却是如此宽阔的鸿沟，以至于根本不能指望这样的观察（尤其是鉴于事物的一种巨大的杂多性，因为找出某种相似性或者接近，必然总是容易的事情）当做自然的意图提供任何东
〔442〕 西。与此相反，按照这样一种原则在自然中寻找秩序的那种方

法，以及把自然中的这样一种秩序——虽然在何处以及在多大程度上尚不确定——在根本上视为有根有据的那种准则，当然是理性的一条合法的和杰出的范导性原则，但它作为这样一条原则却比经验或者观察能够与它比肩行走的远得多，它毕竟没有规定某种东西，而是给理性指明了达到系统的统一性的道路。

论人类理性的自然辩证法的终极意图 B697

纯粹理性的种种理念就自身而言永远不可能是辩证的，相反，只有它们的纯然滥用才必然使得从它们给我们产生一种骗人的幻相；因为它们是通过我们理性的本性被给予我们的，而我们的思辨的一切权利和要求的这一至上法庭却不可能自己包含着源始的欺骗和幻象。因此，它们也许在我们理性的自然禀赋中有其正当的和合目的的规定。但是，一帮玄想家却照例喊叫理性的不和谐和矛盾，攻讦他们自己不能看透其最内在计划的统治，而他们其实应当把自己的存续、乃至使他们有能力责难和谴责这种统治的文化，都归功于这种统治的良好影响。

不对一个先天概念进行过先验的演绎，人们就不能可靠地使用它。纯粹理性的种种理念不允许范畴所允许的那种演绎；但是，如果他们应当至少有一些——哪怕是不确定的——客观的有效性，并且不仅仅表现空的思想物（entia rationis ratioci- B698
nantis［进行推论的理性的存在者］）的话，那就绝对必须有一种它们的演绎是可能的，即使它远远不同于人们对范畴能够采取的那种演绎。这是纯粹理性的批判工作的完成，而我们现在就想这样做。

某物是作为一个**绝对的对象**还是作为一个**理念中的对象**被给予我的理性，这是有很大区别的。在前一种情况下，是我的概念去规定对象；在第二种情况下，它实际上只是一个图型， 〔443〕

没有一个对象被直接加给它，就连以假设的方式也不行，相反，它仅仅被用来让我们凭借与这个理念的关系根据其系统的统一性来表现其他对象，从而间接地表现它们。例如我说，一个最高理智的概念是一个纯然的理念，也就是说，它的客观实在性不应当在于它直截了当地与一个对象相关（因为在这样的意义上，我们就会不能为其客观的有效性辩解），而是在于它仅仅是一个一般事物的概念按照最大的理性统一性的条件安排的图型，这个图型只被用来在我们理性的经验性应用中保持最大的系统统一性，因为人们仿佛是从这个理念的想象出来的对象中推导出经验的对象的，理念的想象出来的对象仿佛是经验的对象的根据或者原因。在这种情况下，例如就说：必须这样
B699 来看待世界的种种事物，就好像它们从一个最高的理智获得其存在似的。以这样的方式，理念真正说来只是一个启迪性的概念，而不是一个明示性的概念，它所说明的不是一个对象有什么性状，而是我们应当如何在它的引导下去**寻找**一般经验的对象的性状和联结。于是，如果人们能够指出，尽管三种先验理念（**心理学的**、**宇宙论的**和**神学的**理念）并不直接同任何与它们相应的对象及其**规定**相关，但理性的经验性应用的所有规则根据这样一个**理念中的对象**的预设而导致系统的统一性，并在任何时候都扩展经验的知识，但永远也不与经验的知识相悖，那么，按照诸如此类的理念行事，就是理性的一条必然的**准则**。而这就是思辨理性所有理念的先验演绎，不是作为我们的知识扩展到多于经验所能给予的对象的**建构性**原则，而是作为一般经验性知识的杂多之系统统一性的**范导性**原则，经验性知识由此在自己的界限之内，与没有这样的理念、仅仅通过知性原理的应用所可能发生的相比，将得到更多的培植和纠正。

〔444〕 我想把这一点讲得更清楚。依据上述作为原则的理念，**第**
B700 **一**（在心理学中），我们按照内部经验的导线，如此联结我们

心灵的所有显象、行动和感受性，就**好像**心灵是一个以人格的同一性持久（至少在活着时）实存的单纯实体似的，尽管这个实体的种种状态——肉体的种种状态只是作为外部条件属于它们——是不断地变易的。**第二**（在宇宙论中），我们必须在这样一个永远不会完成的探究中追踪外部自然显象和内部自然显象的种种条件，就**好像**这种探究自身就是无限的和没有一个最初的或者至上的环节似的，尽管我们因此而在一切显象之外并不拒绝显象的纯然理知的最初原因，但毕竟绝不可以把它们纳入自然解释的联系，因为我们根本不认识它们。最后**第三**，无论什么东西，只要它属于可能经验的联系，我们都必须（就神学而言）这样看待它们，就**好像**这种经验构成一个绝对的、但完全依赖性的、始终还在感官世界内部有条件的统一性似的，但同时，毕竟又**好像**一切显象的总和（感官世界自身）在其自己的范围之外有一个惟一的、至上的和极为充足的根据，也就是说，有一个仿佛独立的、源始的和创造性的理性似的；与这个理性相关，我们在**我们的**理性的经验性应用的最大扩展中这 B701
样来调整这种应用，就**好像**对象本身是从一切理性的那个原型产生出来的似的。这就是说：不是从一个单纯的、能思维的实体推导出灵魂的内部显象，而是按照一个单纯的存在者的理念把那些显现相互推导出来；不是从一个最高的理智推导出世界秩序及其系统的统一性，而是从一个极为智慧的原因得到规则，按照这种规则，理性在联结世界中的原因和结果时为达到自己的满意就能够得到最好的应用。

现在，没有丝毫东西阻碍我们把这些理念也**假定**为客观的和实体性的，惟独除了宇宙论的理念；在宇宙论的理念中，如果理性想实现它们，就会遇到一种二论背反（心理学的理念和神学的理念根本不包含诸如此类的二论背反）。因为在心理学的理念和神学的理念中不包含任何矛盾。因此，怎么会有人能

够与我们争论，否认它们的客观实在性，因为关于它们的可能
〔445〕性，他为否定它们与我们为肯定它们，所知道的是同样地少！尽管如此，为了假定某种东西，仅仅没有积极的障碍与之相悖是不够的。而且不能容许我们仅仅根据欲完成其工作的思辨理性的信誉，就把超越我们的一切概念——虽然不与我们的任何一个概念相矛盾——的思想存在者当做现实的和确定的对象来
B702 采用。因此，不应当就自身而言来对待它们，而是只承认它们作为一切自然知识的系统统一性之范导性原则的图型的实在性，因而它们应当只是作为现实事物的类似物、而不是作为现实事物自身被奠定为基础。我们从理念的对象那里取消了限制我们知性概念的条件，但也只有这些条件才使我们有可能关于某一个事物形成一个确定的概念。而现在，我们设想一个某物，关于它就自身而言是什么，我们根本没有任何概念，但我们对此毕竟设想与显象之总和的一种关系，这种关系与显象相互之间所拥有的关系是类似的。

如果我们据此假定这样一些理想的存在者，则我们真正说来并没有把我们的知识扩展到可能经验的客体之外，而是仅仅通过系统的统一性扩展了可能经验的经验性统一性；理念给我们提供的是系统统一性的图型，因而理念不被视为建构性的原则，而是仅仅被视为范导性的原则。因为我们设定一个与理念相应的事物、一个某物或者现实的存在者，由此并不是说，我们想用超验的概念扩展我们对于事物的知识；因为这个存在者只是在理念中、而不是就自身而言被奠定为基础，因而只是为
B703 了表达对我们来说应当充当理性的经验性应用之准绳的系统统一性，而关于这种统一性的根据或者这样一个存在者的内在属性是什么，当做原因来依据的是什么，毕竟没有澄清什么东西。

这样，纯然的思辨理性关于上帝给予我们的先验的和惟一

确定的概念，在最精确的意义上就是**理神论的**；也就是说，理性甚至没有给予这样一个概念的客观有效性，而是仅仅给予了关于某物的理念，一切经验性的实在性都把自己最高的和必然的统一建立在这个某物之上，而我们也只能按照一个根据理性的规律就是一切事物的原因的现实实体的类比来思维这个某 〔446〕
物；只要我们着手在任何地方都把它当做一个特殊的对象来思维，而不是宁可满足于理性的范导性原则的纯然理念，把思维的一切条件的完成当做对人类的知性来说超验的东西置于一旁；后者与我们知识中的一种完全系统的统一性的意图是无法共存的，至少理性并没有为这种意图设置限制。

因此所发生的事情就是：如果假定一个属神的存在者，则我虽然无论是对于它的最高完善性的内在可能性、还是对于它的存在的必然性，都没有丝毫的概念，但在这种情况下，我毕 B704
竟能够满足于所有其他涉及偶然的东西的问题，而且就理性的经验性应用中应当查清的最大统一性而言能够给理性以最完美的满足，但并不是就这个预设本身使理性满足；这说明，使理性有权利从一个远远处于它的领域之外的点出发来由此在一个完备的整体中考察它的对象的，是理性的思辨旨趣，而不是它的洞识。

这里表现出在同一个预设那里思维方式的一种差别，这种差别相当细微，尽管如此，在先验哲学中却十分重要。我可以有充足的根据相对地假定某种东西（suppositio relativa [相对的假定]），但却没有权限绝对地假定它（suppositio absoluta [绝对的假定]）。如果所涉及的是一条范导性的原则，这种区分是对的；我们虽然认识它就自身而言的必然性，但却根本不认识这种必然性的源泉，而我们假定一个至上的根据，仅仅是为了与——例如，当我把一个与纯然而且先验的理念相应的存在者设想为实存着的的时候相比，更为确定思维原则的普遍

性。在后一种情况下，我绝不能就自身而言假定这个事物的存在，因为使我能够确定地设想某一个对象的那些概念，都达不
B705 到这一点，而我的概念的客观有效性的条件则被这个理念本身所排除。实在性、实体性、因果性的概念，甚至存在中的必然性的概念，除了使一个对象的经验性知识成为可能的用途之外，根本没有规定某一个客体的意义。因此，它们虽然能够被用于解释感官世界中的事物的可能性，但却不能被用于解释一
〔447〕 个**世界整体本身**的可能性，因为这个解释根据必然在世界之外，从而不是一个可能经验的对象。现在，尽管如此相对于感官世界我仍然可以假定这样一个不可把握的存在者，一个纯然理念的对象，尽管不能就自身而言就假定它。因为如果我以一个理念（系统的完备的统一性的理念，我马上就要更确定地谈到它）为我的理性的最大可能的经验性应用的基础，这个理念尽管为了使经验性的统一接近最大可能的程度而是绝对必要的，就自身而言，却永远不能在经验中得到恰切的表现，那么，我将不但有权利、而且也不得不实现这个理念，也就是说，给它设定一个现实的对象，但只是作为一个我就自身而言根本不认识的某物，而且我把这个某物当做那种系统的统一性
B706 的根据，与系统的统一性相联系把类似于经验性应用中的知性概念的那些属性赋予它。因此，我将按照世界中的实在性、实体性、因果性和必然性的类比来设想一个在最高的完善性中拥有这一切的存在者，而且由于这个理念所依据的仅仅是我的理性，就能够把这个通过最大的和谐和统一的理念而是世界整体之原因的存在者设想成为**独立的理性**，以至于我删除一切限制这一理念的条件，仅仅是为了在这样一个始基的庇护下使世界整体中杂多的系统统一性成为可能，并借助这种统一性使最大可能的经验性的理性应用成为可能，因为我是这样看待所有的结合的，就**好像**它们是一个最高理性的安排似的，而我们的理

性只不过是这个最高理性的一个模糊的摹本罢了。在这种情况下，我完全通过真正说来仅仅在感官世界才有其应用的概念来设想这个最高的存在者；但是，既然我只是相对地使用那个先验的预设，也就是说，它应当提供最大可能的经验统一的基底，所以我完全可以通过仅仅属于感官世界的那些属性来思维一个我与世界区别开来的存在者。因为我绝不要求也没有权利要求按照我的理念的这个对象就自身而言所可能是的东西来认识它；为此我并没有概念，甚至实在性、实体性、因果性的概念，就连存在中的必然性的概念，如果我以此斗胆超越到感官 B707
的领域之外，就也都失去了一切意义，是概念的空洞名称而没 〔448〕
有任何内容。我设想一个就自身而言根本不为我所知的存在者与世界整体的最大的系统统一性的关系，仅仅是为了使这个存在者成为我的理性的最大可能的经验性应用之范导性原则的图型。

如果我们把自己的目光投向我们理念的先验对象，我们就会看到，我们不能按照实在性、实体性、因果性等等的概念来**就自身而言**预设它的现实性，因为这些概念对完全有别于感官世界的某种东西没有丝毫的用处。因此，理性关于一个最高的存在者是至上的原因的假设纯然是相对的，是为了感官世界的系统统一性而设想的，纯然是理念中的某物，关于它**就自身而言**是什么，我们没有任何概念。由此也就说明，何以我们虽然与实存着被给予感官的东西相关而需要一个就自身而言**必然的**元始存在者，但却绝不能对这个存在者及其绝对的**必然性**有丝毫的概念。

从现在开始，我们就可以把整个先验辩证论的结果展现在 B708
眼前，精确地规定纯粹理性各理念的终极意图了。这些理念只是由于误解和不谨慎才成为辩证的。纯粹理性实际上除自身之外不涉及任何东西，也不能有别的事务，因为被给予它的不是要达到经验概念之统一的对象，而是要达到理性概念亦即在一个原则中的联系之统一的知性知识。理性的统一性是体系的统一性，而这种系统的统一性并不是客观地充当理性的一个原理，来把理性扩展到对象上，而是主观地充当理性的准则，来把理性扩展到对象的一切可能的经验性认识上。尽管如此，理性能够给予经验性的知性应用的那种系统联系，仍然不仅促进这种应用的扩展，而且同时还保障这种应用的正确性；这样一种系统的统一性的原则也是客观的，但却以不确定的方式是客观的（principium vagum［不确定的原则］）；不是作为建构性的原则，使人就它的直接对象而言规定某种东西，而是作为纯然范导性的原则和准则，通过开辟知性不认识的新道路来无限
〔449〕地（不确定地）促进和加强理性的经验性应用，而在这方面绝不与经验性应用的规律有丝毫的抵触。

B709 但是，理性除了给予自己的理念以一个对象之外，不能以别的方式思维这种系统的统一性；但这个对象却不能通过任何经验被给予，因为经验永远不给予一个完美的系统统一性的实例。这个理性存在者（ens rationis ratiocinatae［推论出来的理性的存在者］）虽然是一个纯然的理念，因而并不绝对地、**就自身而言**被假定为某种现实的东西，而是仅仅或然地被当做基础（因为我们不能通过任何知性概念达到它），以便如此看待感官世界种种事物的一切联结，就**好像**它们在这个理性存在者里面有其根据似的，但却仅仅是为了在此之上建立系统的统一性，这种统一性对于理性来说是不可或缺的，虽以所有的方式促进经验性的知性知识，却绝不能妨碍这种知识。

如果有人把这个理念视为主张、哪怕仅仅是预设一个现实的事物，想把系统的世界状态的根据归之于该事物，那就立刻误解了这个理念的意义；毋宁说，系统的世界状态的这个避开我们概念的根据就自身而言具有什么样的性状，人们是让它悬

而未决的，而且仅仅为自己把一个理念设定为观测点，惟有从这观测点出发，人们才能展开那个对于理性来说如此根本的、对于知性来说如此有利的统一性；一言以蔽之：这个先验的事物纯然是那个范导性原则的一个图型，理性通过它尽其所能地 B710
把系统的统一性扩展到一切经验。

我自己，纯然作为能思维的本性（灵魂）来看，就是这样一个理念的第一个客体。如果我想寻找一个能思维的存在者自身以之实存的属性，我就必须审问经验，我甚至不能把所有范畴中的任何一个运用于这个对象，除非在范畴的图型在感性直观中被给予的情况下。但我绝不因此就达到内感官的一切显象的一种系统的统一性。因此，理性采用一切思维的经验性统一的概念来取代不能引导我们走远的经验概念（关于灵魂实际上是什么的概念），并通过把这种统一思维成为无条件的和源始的，来用这个概念形成关于一个单纯的实体的理性概念（理 〔450〕
念），这个实体就自身而言是不变的（人格上同一的），与它之外的其他事物处于共联性之中；一言以蔽之：关于一个单纯的、独立的理智的理性概念。但在这里，它所关注的无非是说明灵魂的显象时的系统统一性的原则，即把一切规定视为在一个惟一的主体之中的，把一切力量尽可能地视为从一个惟一的基本力量派生的，把一切变迁视为属于同一个持久的存在者的 B711
各种状态的，并且把空间中的一切**显象**表现为完全有别于**思维**的行动的。实体的那种单纯性等等应当只是这种范导性原则的图型，不是被预设得好像它是灵魂属性的现实根据似的。因为这些灵魂属性也可以依据完全不同的根据，这种根据我们根本不认识，就像我们真正说来也不能通过这些假定的谓词就自身而言认识灵魂一样，尽管我们想让它们对灵魂绝对有效；因为它们构成一个纯然的理念，这个理念是根本不能具体地表现的。从这样一个心理学的理念中，只要人们小心不要让人把它视为某种多于纯然的理念、亦即仅仅相对于我们灵魂的显象方面系统的理性应用的东西，能够产生的就只有好处。因为在这里，没有完全属于另类的有形显象的经验性规律混杂进对仅仅属于**内**感官的东西的解释；这里不允许有关于灵魂的产生、毁灭和轮回等等的虚妄假说；因此，对内感官的这一对象的考察是完全纯粹地、不混杂异类属性地进行的，此外，理性的研究集中在尽可能地把这一主体中的解释根据引导到一个惟一的原
B712 则之上；凡此种种，都是通过这样一个图型——它**好像**是一个实在的存在者似的——极佳地、甚至独一无二地实现的。除了一个范导性的概念的图型之外，这个心理学的理念也不能意味着任何别的东西。因为如果我也只是想问，灵魂是否就自身而言具有精神的本性，那么，这个问题就根本没有意义。因为通
〔451〕 过这样一个概念，我不仅去除了有形的本性，而且也完全去除了一切本性，也就是说，去除了任何一个可能经验的一切谓词，从而去除了为这样一个概念设想一个对象的一切条件，但毕竟惟有给它设想一个概念，才使得人们说它有一种意义。

纯然思辨理性的第二个范导性理念是一般的世界概念。因为自然真正说来只不过是惟一被给予的使理性需要范导性原则的客体罢了。这个自然是双重的：要么是能思维的自然、要么是有形体的自然。然而对于后者来说，要根据其内在的可能性来思维它，也就是说，要规定范畴在它上面的应用，我们并不需要任何理念，亦即不需要任何超越经验的表象；就它来说，也没有任何理念是可能的，因为在这里只以感性直观为指导，而不像在心理学的基本概念（自我）中那样，后者先天地包含着思维的某种形式，亦即思维的统一性。因此，对于纯粹的理
B713 性来说，给我们剩下来的无非是一般而言的自然和自然中符合某一个原则的条件的完备性。这些条件的序列在推导它的各环节方面的绝对完备性是一个理念，这个理念虽然在理性的经验

性应用中永远不能完全实现，但毕竟被用做我们就这一序列而言应当如何行事的规则，也就是说，在解释被给予的显象时（在回溯或者上溯中）应当如此行事，就**好像**序列自身是无限的亦即 in indefinitum［不限定的］似的；但是，在理性本身被视为进行规定的原因的地方（在自由中），因而就实践原则而言，则要如此行事，就**好像**我们面临的不是感官的客体，而是纯粹知性的客体似的；在这里，条件不能再被设定在显象的序列中，而是被设定在该序列之外，而各种状态的序列就**好像**可以被看做绝对地（通过一个理知的原因）开始似的；凡此种种都证明，宇宙论的理念无非是范导性的原则罢了，并且远远不是仿佛建构性地设定这样一些序列的一个现实的总体性。其余的东西人们可以参见纯粹理性的二论背反之下的相关部分。

纯粹理性的第三个理念包含着对一个存在者——作为一切宇宙论序列的惟一的和极为充足的原因——的一种纯然相对的假定，它是关于**上帝**的理性概念。我们没有丝毫的根据来绝对 〔452〕
地假定（**就自身而言假定**）这一理念的对象；因为如果没有一 B714
个世界，惟有与它相关这一假定才能是必然的，还有什么使我们能够、或者哪怕仅仅使我们有权利相信或者主张一个存在者具有最高的完善性、而且在其本性上是绝对必然的呢？而在这里清楚地表现出，这样一个存在者的理念，与所有其他思辨理念一样，所想说的无非是：理性要求按照一个系统的统一性的原则来看待世界的一切联结，因而就**好像**它们全都产生自作为至上的和极为充足的原因的一个惟一的、无所不包的存在者似的。由此可见，理性在这里引以为意图的，只能是它自己在扩展它的经验性应用时的形式规则，而绝不是一种**超越经验性应用的一切界限**的扩展，所以，在这一理念之下没有隐藏着任何其针对可能经验的应用的建构性原则。

仅仅依据理性概念的那种最高的形式统一性，是事物的**合**

目的的统一性，而且理性的思辨旨趣使得有必要如此看待世界上的一切安排，就**好像**它出自一个至高无上的理性的意图似
B715 的。也就是说，这样一个原则为我们被运用于经验领域的理性打开了全新的视域，即按照目的论的规律来联结世界的种种事物，并由此达到事物最大的系统统一性。因此，一个至上的理智是世界整体的独一无二的原因这一预设——当然仅仅在理念中——在任何时候都对理性有用，而永远不会有损。因为如果我们就地球的形状（圆而有点扁平的形状①）、山脉和海洋的
〔453〕 形状而言预先假定纯属一个创造者的智慧意图，那么，我们沿着这条道路就能够得出大量的发现。只要我们停留在这个作为一条纯然**范导性的**原则的预设上，那么，即便是失误也无损于我们。因为能够由此产生的事情充其量也不过是，在我们期望
B716 一种目的论的联系（nexus finalis [目的的联系]）的地方，只发现一种机械的或者物理的联系（nexus effectivus [效果的联系]），由此我们在这样一种情况下只是没有多发现一种统一性，但并没有损害理性在其经验性应用中的统一性。但即便是这种横阻也不能在普遍的和目的论的方面影响规律本身。因为尽管一个解剖学家在把一个动物躯体的某一肢体与一个目的联系起来，而人们能够清楚地指出从中不能得出这个目的时，能够被证明犯了一个错误，但是，毕竟也完全不可能在一个实例

① 地球的球状带来的好处是尽人皆知的；但却很少有人知道，惟有它作为回转椭球的扁率才防止了下面这种情况，即如果地球在赤道上的隆起不是一座如此巨大的山脉，任何其他山脉的推动都绝不能显著地改变它相对于地轴的位置的话，那么，陆地的凸起、或者也许还有由地震堆砌的较小的山就将不断地并且在不太长的时间里就可观地移动地球的轴。而人们毕竟是毫不迟疑地从地球过去液态团块的均衡来解释这一智慧的安排的。

中**证明**一种自然安排——无论它是什么样的自然安排——完全没有任何目的。因此，就连（医生们的）生理学也通过仅仅由纯粹理性提供的原理来如此扩展它关于一个有机物体的结构的目的那十分有限的经验性知识，以至于人们在这里毫无顾忌地假定，动物身上的一切都有其用途和适当的意图，这种假定获得了一切明智之士的赞同；这种预设如果应当是建构性的，就远远地超过了迄今的观察所能够给予我们的权利；由此可以看出，它无非是理性的一条范导性的原则，为的是凭借至上世界原因的合目的的因果性的理念，就**好像**这个世界原因作为最高的理智按照最智慧的意图是一切事物的原因似的，来达到最高的系统统一性。

但是，如果我们忽视对理念的这种限制，即限制在纯然的 B717
范导性应用上，那么，理性就被以如此多种多样的方式导入歧途了，因为在这种情况下，它就离开了毕竟必然包含着它的行程标志的经验基地，冒险越过它走向不可理解不可探究的东西，在此高度上它必然头脑晕眩，因为它从这种东西的观测点出发，发现自己被完全断绝了一切与经验一致的应用。

由人们不仅范导性地、而且（这是与一个理念的本性相悖 〔454〕
的）建构性地使用一个最高的存在者的理念所产生的第一个错误就是怠惰的理性（ignava ratio）①。任何原理，使得人们把
自己的自然研究——无论在什么地方——视为已绝对完成，因 B718
而理性开始歇息，就好像它已经完全成就了自己的工作似的，人

① 古代辩证法家就是这样称谓一种错误推论的，这种错误推论如下：如果你命中注定从这场病中痊愈，那么，无论你是否就医，你都将痊愈。**西塞罗**说道，这种推论方式之所以获得这一名称，乃是因为如果人们遵照它，在人生中就根本没有给理性剩下任何应用了。就是出自这一原因，我用这同一个名称来命名纯粹理性的这一诡辩论证。

们都可以这样称谓它。因此，即便是心理学的理念，如果它被当做一个建构性的原则用于解释我们的灵魂的显象，此后被用于把我们对这个主体的知识扩展到一切经验之外（扩展到其死后的状态），就虽然使理性感到很惬意，却也完全败坏和毁灭了理性根据经验的指导所做的一切自然应用。独断的唯灵论者就是这样从他相信在自我中直接知觉到的能思维的实体的统一性出发来解释历经各种状态的一切变迁而常驻不变的人格统一性、从我们思维主体的非物质本性的意识出发来解释我们对于在我们死后才应当发生的事情的旨趣，等等，摆脱了从物理的解释根据出发对我们的这些内在显象的原因的一切自然研究，因为他仿佛是通过一种超验理性的命令为了自己的安逸而忽视经验的内在知识源泉，但却是损害了一切洞识。这种有害的后果在我们关于一个最高理智和错误地建立在这种理智之上的神
B719 学自然体系（自然神学）的理念的独断论那里更为清晰地映入眼帘。因为在这里，所有在自然中显露出来的、经常只是由我们本身为此制造的目的被用来使我们在对自然的研究中轻松惬意，也就是说，不是在物质的机械性的普遍规律中去寻找原因，而是直截了当地诉诸最高智慧的无法探究的意旨，并且在摆脱理性的应用的情况下，把理性的努力视为已经完成了的；其实，除了在自然的秩序和变化的序列根据其内在的和普遍的规律为我们提供一根导线的地方之外，理性的应用在任何地方
〔455〕都找不到一根导线。如果我们不仅从目的的观点出发考察一些自然的部分，例如陆地的分布及其结构、山脉的性状及其位置、或者哪怕是植物王国和动物王国里的有机组织，而且还与一个最高理智相关使自然的这种系统的统一性成为**完全普遍的**，这种错误就可以避免。因为在这种情况下，我们是按照普遍的自然规律以一种合目的性为基础，没有特殊的安排是这些规律的例外，而是或多或少可认识地由它们为我们标识出来；

我们有一种目的论联结的系统统一性的范导性原则，但我们并不事先规定这种联结，而只可以在对这种联结的期待中按照普 B720
遍的规律追寻自然机械论的联结。因为只有这样，合目的的统一性的原则才在任何时候都扩展经验方面的理性应用，而不是在某一种情况下损害它。

由对上述系统统一性的原则的误解而产生的第二个错误，是颠倒了的理性（perversa ratio，υστεπον προτεπον rationis）的错误。系统统一性的理念应当只被用来作为范导性的原则在事物的结合中按照普遍的自然规律来寻找这种统一性，并且在沿着经验性的道路能够发现某种东西的程度上，也相信人们接近了其应用的完备性，尽管人们永远达不到这种完备性。人们不是这样，而是把事情颠倒过来，并且从把合目的的统一性的原则的现实性当做实体性的而奠定为基础，即把这样一个最高理智的概念奠定为基础开始，因为这个概念就自身而言是完全不可探究的，是以神人同形同性论的方式规定的，并且强横专擅地把种种目的强加给自然，而不是合理地沿着物理学研究的道路寻找它们，以至于不仅本来只应当被用于按照普遍的规律补充自然统一性的目的论如今毋宁说导致取消这种统一性，而 B721
且理性也为此损失了自己的目的，即按照这条原则从自然出发证明这样一个理智的至上原因的存在。因为如果人们不能在自然中先天地预设最高的合目的性，即预设它属于自然的本质，那么，又想怎样要求人们去寻找它，并沿着它的阶梯接近作为一种必然的、从而可以先天地认识的完善性的一个创造者的最 〔456〕
高完善性呢？范导性原则要求绝对地预设作为不仅经验性地被认识、而且先天地——尽管还不确定地——被预设的**自然统一性**的系统统一性，因而是预设为出自事物的本质的。但是，如果我事先以一个最高的进行安排的存在者作为基础，那么，自然统一性实际上就被取消了。因为它对于事物的本性来说是完全异已的和偶然的，也不能从事物的普遍规律出发来认识。因此就产生了一种错误的循环论证，因为人们预设了本来应当证明的东西。

把自然的系统统一性的范导性原则当做一个建构性的原则，并且实体性地把仅仅在理念中被奠定为理性的一致应用之
B722 基础的东西预设为原因，这就叫做使理性混乱。自然的研究仅仅遵循自然原因的链环按照自然原因的普遍规律走自己的路，尽管按照创造者的理念，但却不是为了从创造者推导出它到处追查的合目的性，而是为了从这种在自然事物的本质中、可能的话也在一切事物的本质中寻找的合目的性出发，从而把创造者的存在认识为绝对必然的。无论这后一件事是否能够成功，这个理念始终是正确的，而且它的应用只要被限制在一个纯然范导性的原则的条件上，也就同样是正确的。

完全的合目的的统一性就是完善性（绝对地来看）。如果我们不是在构成经验亦即我们一切客观有效知识的整个对象的事物之本质中，从而不是在普遍的和必然的自然规律中找到它，那么，我们还想怎样由此恰恰推论到一个作为一切因果性之起源的元始存在者的最高的、绝对必然的完善性的理念呢？最大的系统统一性，因而也是合目的的统一性，是人类理性的
B723 最大应用的学校，甚至是它的可能性的基础。因此，这种统一性的理念是与我们理性的本质不可分离地结合在一起的。故而，恰恰这一个理念，对我们来说是立法的，于是，假定一个
〔457〕 与它相应的立法的理性（intellectus archetypus［作为原型的理智］），把它作为我们理性的对象，从它能够推导出自然的一切系统的统一性，就是十分自然的了。

我们借讨论纯粹理性的二论背反之机已经说过：纯粹理性所提出的一切问题都必须是绝对可回答的，而且在这里不能允许以我们知识的局限为借口（这种借口在许多自然问题中是既

不可避免又合情合理的)，因为在这里，给我们提出的并不是关于事物本性的问题，而是仅仅由理性的本性提出并且仅仅关于理性的内部结构的问题。现在，我们能够就纯粹理性最为关切的两个问题来证实这种乍一看颇为鲁莽的主张，并由此全部完成我们对纯粹理性的辩证法的考察。

第一，如果有人问道（就一种先验神学而言[①]）：是否存 B724
在着某种与世界有别的东西按照普遍的规律包含着世界秩序及其联系的根据，那么回答就是：**毫无疑问**。因为世界是一个显象的大全，所以它必定是显象的一个先验的、仅仅对纯粹知性来说可思的根据。**第二**，如果问题是：这个存在者是否是实体，是否具有最大的实在性，是否是必然的，等等，那么我的回答是：**这个问题根本没有意义**。因为我试图关于这样一个对象形成一个概念所凭借的一切范畴，除了经验性的应用之外都别无用途，而且在它们不是被运用于可能经验的客体，即不是被运用于感官世界时，就根本没有意义。除了这个领域之外，它们只是人们所承认的概念的名称，但人们由此也不能理解任何东西。最后**第三**，如果问题是：我们是否可以至少按照与经验对象的一种**类比**来思维这个与世界有别的存在者，那么回答是：**当然**，但只是作为理念中的对象，而不是实在性中的对
象，也就是说，只是就它是世界安排的系统统一性、秩序和合 B725
目的性——理性必须把这些东西作为其自然研究的范导性原 〔458〕
则——的一个不为我们所知的基底而言的。不仅如此，我们还

① 前面关于心理学理念及其作为纯然范导性的理性应用之原则的本真规定所说过的东西，使我无须再详尽地讨论实体性地表现内感官的一切杂多性的那种系统统一性所依据的先验幻觉了。这方面的行事方式与神学理想方面的批判所遵循的行事方式十分类似。

可以在这一理念中毫不畏惧地、无可指责地允许某些有益于上述范导性原则的神人同形同性论。因为它始终只是一个理念，这个理念根本不直接与一个和世界有别的存在者相关，而是与世界的系统统一性的范导性原则相关，但惟有凭借这种统一性的一个图型，即一个至上的理智，它按照智慧的意图而是世界的创造者。由此而被思维的，应当不是世界统一性的这个始基就自身而言是什么，而是我们应当如何相对于理性在世界事物方面的系统应用来利用这个始基，或者毋宁说利用它的理念。

但以这样的方式，我们就**能够**（如果有人继续追问的话）假定一个惟一的、智慧的和万能的世界创造者了吗？**毫无疑问**，不仅仅是如此，而是我们**必须**假定这样一个世界创造者。但在这种情况下，我们就把自己的知识扩展到可能经验的领域之外了吗？**绝对没有**。因为我们只是预设了一个某物，关于它
B726 就自身而言是什么（一个纯然先验的对象），我们根本没有任何概念；但是，在与我们研究自然时必须预设的世界大厦的系统的、合目的的秩序的关系中，我们只是按照与一个理智（一个经验性的概念）的**类比**来思维那个不为我们所知的存在者，也就是说，就以那个存在者为根据的种种目的和完善性而言，恰恰把按照我们理性的条件能够包含着这样一种系统统一性的根据的那些属性赋予它。因此，这个理念**相对于**我们理性的**世界应用而言**是完全有根有据的。但如果我们想赋予它绝对客观的有效性，则我们就会忘记我们所思维的仅仅是一个理念中的存在者；而由于我们在这种情况下是从一个根本不能通过世界考察来规定的根据开始的，我们就会由此不能与经验性的理性应用相适合地运用这一原则。

但（如果有人进一步追问）以这样的方式，我可以在理性
〔459〕的世界考察中运用一个最高的存在者的概念和预设吗？可以，
B727 真正说来这个理念也是为此而被理性奠定为基础的。然而，我

可以通过从神的意志——尽管凭借的是特别为此在世界中建立在神的意志之上的结构——中推导出种种类似目的的安排，来把它们视为意图吗？是的，你们也可以这样做，但要使得无论有人说神的智慧把一切都这样安排成自己的至上目的，还是说最高智慧的理念就是自然研究中的范导，而且即便在我们不能发觉神的智慧的地方，也仍然是依据普遍自然规律的系统的和合目的的统一性的原则，对你们来说必须是效用相同的；也就是说，在你们发觉这种统一性的地方，是说上帝睿智地要它如此，还是说自然睿智地如此安排它，都完全是一回事。因为你们的理性要求当做范导性原则奠定为一切自然研究的基础的这种最大的、系统的和合目的的统一性，正是使你们有权利把一个最高的理智作为范导性原则的一个图型而奠定为基础的东西；而你们按照这条原则在世界中发现有多少合目的性，你们也就在多大程度上证实了你们的理念的合法性；但是，既然上述原则的意图无非是寻找必然的和最大可能的自然统一性，所以虽然就我们达到自然统一性而言，我们应当归功于一个最高存在者的理念，但要不陷入自相矛盾，却不能忽视自然的普遍规律（这一理念被奠定为基础，其意图仅在于这些普遍规律），以至于把自然的合目的性在其根源上视为偶然的和超自然的， B728
因为我们没有权利在自然之上假定一个具有上述属性的存在者，而是只能以这个存在者的理念为基础，以便按照一种因果规定的类比把种种显象视为系统的和彼此联结的。

正因为此，我们也有权利在理念中并不仅仅按照一种微妙的神人同形同性论（没有这种神人同形同性论，对于那个存在者就根本不能思维任何东西）来思维世界原因，也就是说，把它思维成为一个具有知性、喜悦和反感，以及与此相符合的欲望和意志的存在者等等，而且把无限的完善性归于这个存在者，所以这种完善性远远超过了我们通过对世界秩序的经验性

认识能够有权利达到的那种完善性。系统统一性的范导性规律希望我们应当如此研究自然，就**好像**虽有最大可能的杂多性，
〔460〕却到处都会无限地发现系统的和合目的的统一性似的。因为虽然我们将只是略微发现或者达到这种世界的完善性，但我们理性的立法毕竟需要到处寻找和猜测这种完善性；按照这一原则着手自然考察，必定在任何时候都对我们有好处，而绝不可能有害处。根据被奠定为基础的一个最高的创造者的理念的这种
B729 表象，显而易见的是：我奠定为基础的不是这样一个存在者的存在和知识，而仅仅是它的理念，因而真正说来也没有从这个存在者推导出任何东西，而是仅仅从它的理念，也就是说按照这样一个理念从世界的种种事物的本性推导出某种东西。对我们这一理性概念的真正应用的某种——尽管不发达的——意识看起来已经诱发了一切时代的哲学家们谦逊而且合理的语言，因为他们谈到自然的智慧和筹谋与谈到神的智慧的时候是把它们当做同等涵义来表述的，只要涉及的是思辨的理性，他们偏重于采用第一种表述，因为它抑制了一种比我们有权作出的更大的主张的僭妄，并同时使我们的理性返回到它自己独有的领域，即返回到自然。

所以，一开始似乎仅仅向我们许诺把知识扩展到经验的一切界限之外的纯粹理性，如果我们正确地理解它，所包含的就无非是范导性的原则，这些原则虽然规定了比经验性的知性应
B730 用所能达到的更大的统一性，但正由于它们把知性接近的目标推得如此之远，而通过系统的统一性使知性与自身的一致达到最高的程度，但如果人们误解了它们，把它们视为超验知识的建构性原则，就通过一种虽然灿烂夺目但却骗人的幻相而造成臆信和自负的知识，但由此也造成永恒的矛盾和争执。

※　　　※　　　※

是以一切人类知识都从直观开始，由此进至概念，而结束

于理念。尽管它们就这三种要素而言都有先天的知识源泉，这些知识源泉乍一看似乎蔑视一切经验的界限，但毕竟一种完满的批判坚信，一切理性在思辨的应用中都永远不能以这些要素超越可能经验的领域，这种至上的知识能力的真正使命就是：使用一切方法及其原理，仅仅是为了按照所有可能的统一性原则——其中目的的统一性是最重要的统一性——来探究自然，直至其最内在的东西，但永远也不飞越自然的界限，**对于我们来说**，在这界限之外无非是空的空间。尽管在先验分析论中，对一切可能把我们的知识扩展到现实经验之外的命题所作的研究已经使人相信，它们永远不能导致多于一种可能经验的某种东西；而且如果人们甚至并不对最清晰的、抽象的、普遍的学说也心存怀疑，如果不是一些诱人的、表面上的景色引诱我们摆脱这些学说的强制，我们当然就能够避开质询一种超验理性为了自己的僭妄请出的所有辩证证人的辛劳；因为我们事先就已经完全确信地知道，超验理性的一切行为虽然也许是意在真诚，但却必定是绝对没有价值的，因为它们所关涉的是一种没有一个人在某个时候能够获得的知识。然而，由于如果人们不深入到甚至最有理性之士都被蒙骗的幻相的真正原因背后，这种言说毕竟将无休无止，而且把我们的一切超验知识分解成其要素（作为对我们的内在本性的研究）就自身而言亦价值不菲，而对于哲学家来说甚至就是义务，所以，详细地将思辨理性的这整个虽然空洞的研究一直追索到它的最初的源泉，就不仅是必要的，而且既然辩证的幻相在这里不仅在判断上是骗人的，而且还由于人们在这里对判断的旨趣而是诱惑人的、在任何时候都是自然的，并将永远保持如此，所以为了防止未来出现类似的失误，有必要仿佛是详尽地撰写这一讼案的卷宗，并将之存放在人类理性的档案馆中。

第二部

先验方法论

导论

如果我把纯粹的和思辨的理性的一切知识的总和视为我们至少在自己心中已有其理念的一座建筑，那么我就可以说：我们在先验要素论中已经估算了建筑材料，并且规定了它们够建造一座什么样的建筑，够建造多高和多么坚固。当然可以发现，尽管我们打算建造的是一座参天的高塔，但材料的储备却毕竟只够一座住宅，其宽敞恰恰够我们在经验的层面上的工作需要，其高度恰恰够俯瞰这些工作；但是，那个大胆的计划就由于缺乏材料而不得不搁浅了，更不用说语言的混乱必然不可避免地使工人们对计划产生分歧，而分散到世界各地，各自按照自己的设计专门为自己营造了。现在，我们所讨论的不是材料，而毋宁说是计划，而且由于我们受到过警告，不得以一种也许会超出我们全部能力的任意的、盲目的计划而冒险从事，但尽管如此却不能放弃建造一座坚固的住宅，所以就要设计一座与被给予我们、同时又适合我们的需求的材料储备相称的建筑。 〔465〕 B735

因此，我把先验的方法论理解为对一个完备的纯粹理性体系的形式条件的规定。我们怀着这一意图将探讨纯粹理性的**训练**、**法规**、**建筑术**，最后还有其历史，而在先验方面提供就一般知性应用而言以**实用逻辑**的名称在各个学派中寻找过、但却少有成就的东西，因为既然普遍的逻辑并不局限于知性知识的任何特殊的方式（例如不局限于纯粹的知性知识），不局限于某些对象，所以它不从别的科学借取知识，除了提出**可能方法**的名称和人们在一切科学中的体系性的东西方面所使用的，使初学者事先熟悉一些名称、其意义和应用应当将来才学习的专业表述之外，就不能再做任何事情了。 B736 〔466〕

第一篇
纯粹理性的训练

不仅在形式上、而且在内容上都是否定的判断，鉴于人们的求知欲而不受特别重视；人们干脆把它们看做是我们不断追
B737 求扩展的知识欲的嫉妒心强的敌人，哪怕是要为它们赢得宽容，也差不多需要一番辩护，更不用说为它们赢得好感和尊重了。

人们尽管可以**在逻辑上**随意否定地表达一切命题，但就我们一般知识的内容而言，无论知识是通过一个判断得到扩展还是受到限制，否定的命题的特有任务却仅仅是**阻止错误**。因此，应当阻止一种错误认识的否定命题，在毕竟永远没有错误可能的地方，虽然是十分正确的，但却毕竟没有意义，也就是说，根本不适合它的内容，也正因为此而是可笑的；例如那个学院演说家的命题：亚历山大如果没有军队就不能征服各国。

但是，在我们的可能知识的限制十分狭窄、作出判断的诱惑十分强烈、呈现出来的幻相十分骗人、而从错误产生的害处又十分显著的地方，仅仅被用来保护我们避免错误的传授，其**范导**就比我们的知识由以能够获得增长的一些积极教导更为重要。人们把用来限制、最终根除偏离某些规则的经常倾向的那
〔467〕 种**强制**称为**训练**。训练有别于**教化**，教化应当只造成一种**技能**，并不去除另一种已经存在的相反技能。因此，对于一种已
B738 经独自具有表现的冲动的才能的形成来说，训练所作出的是一

种消极的贡献①，而教化和学说所作出的则是一种积极的贡献。

每一个人都很容易承认，乐于允许自己有一种自由而不受限制的行动的气质以及才能（例如想象力和机智）在许多方面都需要一种训练。但是，真正说来负责给其他一切努力规定训练的理性，自身却还需要这样一种训练，就确实显得令人惊奇了；而在事实上，它之所以迄今一直免受这样一种屈辱，正是因为它现身时的那种庄严和周密的样子，使得没有人会轻易怀疑它竟然轻率地用想象代替概念，用语词代替事物。

理性在经验性的应用中无须批判，因为它的原理在经验的试金石上经受着一种连续的检验；此外在数学中也毋须批判，在数学中它的概念必须在纯直观上立刻具体地表现出来，而任 B739
何没有根据的和任意的东西都由此而马上显露无遗。但是，在既无经验性的直观又无纯粹的直观将理性保持在一个可见的轨道之内的地方，也就是说，在纯然根据概念的先验应用中，它就十分需要一种训练来约束它那把自己扩展到可能经验的狭窄界限之外的倾向，并阻止它放纵和失误了，甚至纯粹理性的全部哲学都是仅仅与这种否定的效用相关的。个别的误入歧途可以通过**审查**来清除，其原因可以通过批判来清除。但是，例如 〔468〕
在纯粹理性中，在遇到欺骗和幻象相互联结并在共同的原则下统一成为一个完整的体系的地方，就显得需要一种独特的——尽管是否定性的——立法，来以**训练**的名义从理性及其纯粹应用的对象的本性出发，建立一个审慎和自我检验的体系；面对

① 我清楚地知道，人们在学院用语中习惯于在同等含义上使用**训练**这个名称和传授这个名称。然而与此相反，在其他许多场合，前一个表述作为**管教**被慎重地与作为**教导**的后一个表述区别开来，而事物的本性也要求对于这种区别来说保留惟一合适的表述，所以我希望，人们绝不允许在别的意义上使用训练这个词，而仅仅在否定的意义上使用它。

这个体系，任何错误的玄想幻相都无法存身，而是不管有什么理由来掩饰它，都立刻暴露出来。

B740 但应当注意的是：我在先验批判的这第二个部分中，并不是把纯粹理性的训练集中于出自纯粹理性的知识的内容，而是仅仅集中于其方法。前者在要素说中已经从事过了。但是，理性应用不管它被运用于什么对象，都有如此之多的相似之处，而就它应当是先验的而言，却毕竟同时与所有其他的应用有如此根本的区别，以至于没有一种特别为此提出的训练的告诫性范导学说，就无法避免那些肯定必然地从不适当地遵循这样一些虽然通常适合理性、但在这里却不适合的方法而产生的错误。

第一章

纯粹理性在独断应用中的训练

数学提供了一种无须经验的帮助就自行成功地扩展自己的纯粹理性的光辉实例。实例是能传染的，尤其是对于那种在一个场合享有了成功就自然而然地自夸在其他场合也有同样的成
B741 功的能力来说。因此，纯粹理性在先验的应用中希望像在数学
〔469〕 的应用中成功那样，同样顺利地和缜密地扩展自己，尤其是当它在先验的应用中运用在数学的应用中有如此明显的效用的方法的时候。因此，我们非常重视的是知道：达到不容置疑的确定性的方法——在后一门科学中被称为数学的——与人们在哲学中寻找同一种确定性所使用的方法是否是一回事；而这种方法在哲学中必须被称为**独断的**。

哲学的知识是出自概念的**理性知识**，而数学的知识则是出

自概念之**构造**的理性知识。但是，**构造**一个概念，也就是先天地展示与该概念相应的直观。因此，一个概念的构造需要一种**非经验性的**直观，这种直观因此之故作为直观是一个**单个的**客体，但尽管如此作为一个概念（一个普遍的表象）的构造却必须在表象中表达对属于同一个概念的一切可能直观的普遍有效性。例如我构造一个三角形，我或者通过纯然的想象在纯直观中表现与这个概念相应的对象，或者在想象之后也在纸上、在经验性的直观中表现它，但两次都是完全先天地表现，无须从某一个经验借来它的范型。个别画出的图形是经验性的，但尽管如此却被用来表达概念而无损于它的普遍性，因为在这种经验性的直观中，所关注的始终只是构造概念的行动，而对这个 B742
概念来说，诸如量、各边和各角都是无所谓的，因而就抽掉了不改变三角形概念的这些差异。

因此，哲学的知识只是在共相中考察殊相，而数学的知识则在殊相中，甚至在个相中考察共相，尽管如此却是先天地、借助于理性考察的，以至于如同这一个相是在构造的某些普遍的条件下被规定的一样，这一个相仅仅作为其图型而与之相应的概念，其对象也必须被思维成为被普遍地规定的。

因此，这两种理性知识的根本差别就在于这种形式，而不是依据其质料或者对象的差别。那些说哲学仅仅以**质**为客体，而数学则仅仅以**量**为客体，认为由此就把哲学与数学区分开来了的人，乃是倒果为因。数学知识只能涉及量，其原因是它的形式。因为只有量的概念才可以构造，也就是说，先天地在直 〔470〕
观中表现，而质却除了经验性直观之外不能在任何别的直观中 B743
表现。因此，关于质的理性知识惟有通过概念才是可能的。除了从经验中之外，没有人能够从别处得到一个与实在性的概念相应的直观，但绝不能先天地从自身并且先于经验性意识享有这种经验。人们无须经验性的帮助，仅仅按照概念就能够直观地形成圆锥体的形状，但这个圆锥体的颜色却必须是之前在这个或者那个经验中被给予的。除了根据经验给予我的一个实例之外，我不能以任何方式在直观中表现一个一般原因的概念，如此等等。此外，哲学同样讨论量，就像数学也讨论总体性、无限性等等一样。数学也讨论线和面作为具有不同的质的空间的无限性，讨论广延作为空间的一种质的连续性。但是，尽管它们在这些场合有一个共同的对象，但在哲学考察中和在数学考察中通过理性处理这个对象的方式却毕竟是完全不同的。哲学考察仅仅依据普遍的概念，而数学考察靠纯然的概念则不能做成任何事，而是立刻就奔向直观；在直观中它具体地考察概
B744 念，但毕竟不是经验性地考察它，而是纯然在它先天地展示的一种直观中考察它，也就是说构造它，而且在这种直观中，从构造的普遍条件产生的东西，也必然对被构造的概念的客体普遍地有效。

人们给予一位哲学家一个三角形的概念，并且让他按照自己的方式弄明白三角形各角之和与直角会是什么关系。除了被围在三条直线之中的一个图形的概念和这个图形有同样三个角的概念之外，他一无所有。不管他反思这个概念多久，也不能得出任何新的东西。他可以分析直线或者一个角或者三个角的数字的概念，并使之明晰，但却不能达到根本不包含在这些概念之中的其他属性。不过，让几何学家来处理这个问题。他立
〔471〕即开始构造一个三角形。由于他知道两个直角之和正等于在一直线上从一个点出发能够引出的所有邻角之和，所以他把自己的三角形的一条边延长，得到两个邻角，等于两个直角之和。现在，他通过引出三角形对边的一条平行线，来分割这些角的外角，并且发现，这里产生了一个等于一个内角的外邻角，如
B745 此等等。他以这样的方式通过一个推论序列，始终以直观为指导，就达到了对问题的完全明晰的、同时又是普遍的解决。

但是，数学不仅像在几何学中那样构造量（quanta），而且还像在代数中那样构造纯然的量（quantitatem）。在代数中，数学完全抽掉了应当按照这样一个量的概念所思维的对象的性状。在这种情况下，它选择一般的量（数字）的一切构成的某种符号，即加、减等等、开方的符号；而且在它按照各种量的不同关系也标记量的普遍概念之后，它就在直观中按照某些普遍的规则来展示通过量产生和变化的一切运算；在一个量被另一个量所除时，它就按照除法的标记形式把二者的符号结合在一起，如此等等，并因此而借助一种象征的构造与几何学按照（对象本身的）一种明示的或者几何学的构造同样好地达到了论证的知识凭借纯然的概念所绝不能达到的结果。

两个理性艺术家中一个按照概念来进行，另一个则按照自己先天地根据概念展示的直观来进行，二者所处的这种不同处 B746
境的原因会是什么呢？在上面讲过先验的基本学说之后，这一原因就水落石出了。在这里，关键不在于通过对概念的纯然分析而能够产生的分析命题（在这里哲学家毫无疑问比他的竞争者占有优势），而是在于综合命题，而且是应当被先天地认识的综合命题。因为我不应当关注我在我的三角形概念中实际上所思维的东西（这种东西无非是纯然的定义）；毋宁说，我应 〔472〕
当超越我的概念达到不包含在这个概念之中、但毕竟属于这个概念的那些属性。现在，除非我或者按照经验性直观的条件或者按照纯直观的条件来规定我的对象，否则这是不可能的。前一种行事方法只会提供一个不包含任何普遍性、更不包含必然性的经验性命题（通过测量它的各个角），这里所说的根本不是诸如此类的命题。而后一种行事方法则是数学的构造，而且在这里就是几何学的构造，借助这种构造，我在一个纯直观中，与在经验性直观中一样，附加上属于一个一般三角形的图型、从而属于它的概念的杂多，普遍的综合命题当然必须是由此构造的。

B747 因此，对三角形进行哲学思维，也就是说，对它以论证的方式进行反思，我就会徒劳无功，除了达到我必须合理地由以开始的纯然定义之外，不能前进一步。固然有完全从概念出发的先验综合，这种综合又只有哲学家才能做到，但它所涉及的却绝不多于一个一般的事物，即该事物的知觉在什么条件下能够属于可能的经验。然而在数学的课题中，问题根本不在于此，也根本不一般地在于实存，而是在于仅仅就对象与它们的概念相结合而言它们的种种属性。

在上述例证中我们仅仅试图澄清，在按照概念进行的论证的理性应用和通过构造概念进行的直观的理性应用之间可以发现什么样的重大差别。如今问题自然而然地在于，使这样一种双重的理性应用成为必然的那个原因是什么，以及人们能够根据哪些条件来辨识所发生的是第一种应用还是第二种应用。

我们的一切知识毕竟归根结底与可能的直观相关；因为惟有通过直观，一个对象才被给予。现在，一个先天概念（一个非经验性的概念）要么在自身中已经包含着一种纯直观，而且在这种情况下它可以被构造；要么所包含的无非是并未先天地
〔473〕 被给予的可能直观的综合，而且在这种情况下，人们固然可以
B748 通过该概念综合地和先天地进行判断，但却只是论证地、按照概念进行判断，而绝不是直观地、通过概念的构造进行判断。

现在，在所有的直观中，除了显象的纯然形式亦即空间和时间之外，没有任何直观先天地被给予；要么作为量的空间和时间的概念可以与它们的量（它们的形状）同时被展示亦即构造，要么仅仅是它们的量（同类的杂多的纯然综合）可以通过数字先天地在直观中被展示亦即构造。但是，**事物**由以在空间和时间中被给予我们的显象的质料，却只能在知觉中、因而后天地被表象。惟一先天地表象显象的这种经验性内容的概念，

就是**一般事物**的概念，而关于这种一般事物的先天综合知识却只能提供知觉可以后天地给予的东西之综合的纯然规则，但绝不能提供实在的对象的先天直观，因为这种直观必须必然地是经验性的。

关涉其直观根本不能先天地被给予的一般**事物**的综合命题都是先验的。据此，先验的命题绝不能通过概念的构成被给予，而是只能按照先天概念被给予。它们所包含的仅仅是经验性地寻找不能先天直观地被表现的东西（知觉）的某种综合统 B749
一所应当遵循的规则。但是，它们不能先天地在某一个实例中展示它们的概念中的任何一个，而是只能后天地、借助按照那些综合原理才可能的经验来展示它们。

如果应当对一个概念作出综合的判断，那么，人们就必须走出这个概念，而且达到这个概念在其中被给予的直观。因为如果人们停留在概念中所包含的东西上，那么，判断就会纯然是分析的，是按照现实地包含在思想中的东西对思想的一种解释。但是，我能够从概念前进到与它相应的纯直观或者经验性直观，以便在这种直观中具体地考虑它，并且先天地或者后天 〔474〕
地认识属于概念的对象的东西。前者是通过概念之构造的理性的和数学的知识，后者是纯然的经验性（机械性）知识，它绝不能给予必然的和不容置疑的命题。所以，我尽可以分析我关于黄金的经验性概念，由此所获得的却无非是能够列举我在这个词中实际上所思维的一切，这样一来在我的知识中虽然发生了一种逻辑上的改进，但却没有获得增长和添加。但是，我拿起以这个名称出现的物质，从它开始着手进行知觉，这些知觉将给我提供不同的综合的、但却是经验性的命题。我可以构造、也就是说先天地在直观中给出一个三角形的数学概念，并 B750
且沿着这条道路获得一种综合的、但却是理性的知识。但是，如果被给予我的是一种实在性、实体性、力量等等的先验概念，那么，它所表示的就既不是一种经验性的直观，也不是纯直观，而仅仅是经验性直观的综合（这种综合因此是不能先天地被给予的）；所以，由于综合不能先天地达到与它相应的直观，从它也就不能产生任何作出规定的综合命题，而是只能产生一种可能的经验性直观之综合的原理。① 因此，一个先验命题乃是按照纯然概念的一种综合的理性知识，所以是论证的，因为惟有通过它，经验性知识的一切综合统一才是可能的，但通过它却不能先天地给予任何直观。

B751 这样，就有一种双重的理性应用，它们虽然共有知识的普遍性及其先天的产生，但在进程中却大异其趣，而且是因为在一切对象由以被给予我们的显象中有两种成分：完全能够先天地被给予和规定的直观形式（空间和时间）和质料（物理的东
〔475〕 西）或者内容，这内容意味着一个在空间和时间中被发现的、从而包含着一种存在并与感觉相应的某物。就除了经验性地之外绝不能以确定的方式被给予的后者而言，我们不能先天地拥有任何东西，除非是种种感觉就（在一个可能的经验中）属于统觉的统一性而言的综合之未被规定的概念。就前者而言，我们可以在先天直观中规定我们的概念，因为我们在空间和时间中凭借齐一的综合、通过把对象本身仅仅视为量来为自己创造它们。前一种应用叫做按照概念的理性应用，在这种应用中，我们所能够做的只是把种种显象置于概念之下而已，而概念却不能以别的方式被规定，除非是经验性地亦即后天地（但却是

① 借助原因的概念，我实际上走出了一个事件（此时发生了某种事情）的经验性概念，但是并没有达到具体地展示原因概念的直观，而是达到能够按照原因概念在经验中找到的时间条件。因此，我仅仅是按照概念行事，而不能通过概念的构造行事，因为概念是知觉之综合的规则，知觉并不是纯直观，因而不能先天地被**给予**。

按照那些作为一种经验性综合的规则的概念）被规定；后一种应用则是通过概念之构造的理性应用，在这种应用中，概念既 B752
然已经关涉到一种先天直观，就也因此而能够先天地、无须任何经验性材料在纯直观中确定地被给予。对一切存在的东西（一个空间中或者时间中的事物）作出考虑，看它是否以及在多大程度上是一个量，以至于必须表象它里面的一种存在或者阙如，看这个某物（填充空间和时间的某物）在多大程度上是一个最初的基底或者纯然的规定，其存在与作为原因或者结果的某种别的东西有一种关系，以及最后，就存在而言是孤立的还是处在与其他事物的相互依赖之中，对这种存在的可能性、现实性和必然性或者其反面作出考虑，这一切都属于出自概念的理性知识，这种知识被称为**哲学的**。但是，在空间中规定一种先天直观（形状），划分时间（存续），或者仅仅认识时间和空间中同一事物的综合中的共相以及由此产生的一个一般直观的量（数字），这是通过概念之构造的**理性工作**，而且叫做**数学的**。

理性凭借数学所取得的巨大成功，完全自然而然地造成了一种猜想，也就是说，即使不是它自身，毕竟它的方法也将在量的领域之外，通过它将自己的所有概念都付诸它先天地给予 〔476〕
的直观而取得成功，而且它可以说由此成为自然的行家；而与 B753
此相反，纯粹哲学却以先天的论证概念在自然中错误百出，不能使这些概念的实在性成为先天直观的，并由此成为可信的。对于这门艺术的大师们来说，在他们致力于此的时候，似乎根本不缺乏对自己的信心，而公众似乎对他们的技巧也根本不缺乏极大的期望。因为既然他们几乎从未对他们的数学进行过哲学思维（一件困难的工作！），所以他们也根本想不到一种理性应用与另一种理性应用的特殊区别。对他们来说行之有效的不是公理，而是他们从平常理性借来的通行的、经验性地应用的规则。他们毫不关心他们从何处得来自己所研究的空间和时间（作为惟一源始的量）的概念；同样，研究纯粹知性概念的起源，并由此研究它们的有效性的范围，对他们来说实为无用之举，他们只考虑使用这些概念。凡此种种，只要他们不逾越自己被指定的界限，即**自然**的界限，他们就做得完全正确。但是，他们不经意间从感性的领域陷落到纯粹概念乃至先验概念的危险地基上，这里的地基（instabilis tellus［不能站立的大地］，innabilis unda［不能游渡的水域］）既不允许他们站立，
B754 也不允许他们游渡，只能使他们仓促就道，时间没有留下他们丝毫的足迹；与此相反，他们在数学中的行进，却造成了即便是最久远的后世子孙也可以信心十足地行走的康庄大道。

既然我们把精确可靠地规定纯粹理性在先验应用中的界限作为我们的义务，但这种追求却自有它的特殊之处，即不顾最有力最清晰的警告，在人们完全放弃越过经验的界限进入理智的东西的诱人领域这种企图之前，一直让自己被希望所拖累，所以，有必要仿佛是清除一种异想天开的希望的最后支撑，并且指出，在这种知识中遵循数学的方法不能带来丝毫的好处，
〔477〕 除非是更清楚地暴露这种方法的弱点：几何学与哲学尽管在自然科学中携手并进，但却是两种完全不同的事物，因而一方的行事方式不能为另一方所模仿。

数学的缜密性依据的是定义、公理、演证。我将满足于指出：这些东西在数学家采用它们的意义上，没有一个能够为哲
B755 学所提供，也不能为它所模仿；几何学家按照自己的方法在哲学中所实现的无非是空中楼阁，而哲学家按照自己的方法在数学的领地则只能产生废话，尽管哲学正是在于知道自己的界限；而且即便是数学家，如果他的才能不是已经被自然所限并局限于自己的专业，也不能拒绝接受哲学家的警告，亦不能对它漠然视之。

一、关于**定义**。**下定义**，就像这一表述本身所说明的那样，真正说来无非是在一个事物的界限内部源始地展示它的详尽概念。① 按照这样一种要求，一个**经验性的**概念就根本不能被定义，而是只能被阐释。因为既然我们在它那里只有某一种感官对象的一些特征，所以，人们在表示同一个对象的语词下是否会有时设想它的更多的特征，有时设想它的较少的特征，B756 则绝不是有把握的。例如，在**黄金**的概念中，一个人除了重量、颜色、坚韧之外还可能想到它不生锈的属性，而另一个人则也许对此一无所知。人们只是在某些特征足以作出区分的时候才使用它们；与此相反，新的说明则除去它们并附加另一些特征；因此，概念永远不是处在确定的界限之间。而且，例如当谈到水及其属性的时候，既然人们不停留在就水这个语词所思维的东西，而是前进到试验，而该语词连同依附于它的少数特征只构成一个**名称**，而不是构成事物的概念，从而所谓的定 〔478〕 义只不过是语词规定而已，所以，对这样一个概念下定义，又有什么用呢？其次，精确地说，也没有一个先天地被给予的概念，例如实体、原因、权利、公道等等，能够被定义。因为除非我知道一个（尚模糊地）被给予的概念的清晰表象与对象相符，我就绝不能肯定它得到了详尽的阐明。既然该对象的概念就其是被给予的而言可能包含着许多隐晦的表象，尽管我们在运用时总是利用这些表象，但在分析时却忽略了它们，所以，对我的概念的分析的完备性就总是可疑的，只有通过多种多样 B757 适切的例证才能使其**盖然地**确定，但绝不能使其**不容置疑地**确

① **详尽性**意味着特征的清晰和充足；**界限**意味着精确，即特征并不多于详尽的概念所需；而**源始地**则意味着，这一界限规定不是从某处推导出来的、因而还需要一个证明，这证明会使所谓的解释不能位于对一个对象的所有判断之首。

定。我不用定义这个表述，而宁可使用**阐释**这个总还是谨慎的表述，而且在某位批判家那里，定义在一定程度上得到承认，但毕竟因为详尽性而还受到怀疑。因此，既然无论是经验性地被给予的概念还是先天地被给予的概念都不能定义，所以剩下来能够让人们试验这种技艺的就只有任意想出的概念了。我在这样的情况下任何时候都能够定义我的概念；因为既然我自己有意地形成这一概念，而且它既不是通过知性也不是通过经验被给予我的，所以我毕竟必然知道我想思维的是什么，但我却不能说，我由此定义了一个真正的对象。因为如果概念依据的是经验性的条件，例如舟船的时钟，那么，对象及其可能性就还没有通过这个任意的概念被给予；我甚至由此不知道它是否在任何一个地方有一个对象，而我的解释与其说是一个对象的定义，倒不如说是（我的设计的）一种表明。因此，除了包含着一种能够被先天地构造的任意综合的概念之外，就没有别的概念适合于定义了，因此，只有数学才有定义。因为数学也把自己思维的对象先天地在直观中展示出来，而且这个对象所包
B758 含的可以肯定地既不多于也不少于概念，因为这个对象的概念是通过解释源始地被给予的，也就是说，无须从任何地方推导
〔479〕 出解释。对于**阐释、说明、表明和定义**来说，德语只有解释一词；因此，在我们拒绝给予哲学的解释以定义的荣誉称号时，我们必须已经对要求的严格性有所放弃，并且想把这整个说明限制在：哲学的定义只是被给予的概念的阐释，而数学的定义则是源始地形成的概念的构造，前者只是通过分解（它的完备性并不是不容置疑地确定的）而分析地实现的，后者则是综合地实现的，因此是**形成**概念，而前者则相反，只是**解释**概念。由此得出：

1. 人们在哲学中不必像纯粹为了做试验那样，模仿数学把定义放在前面。因为既然定义是对已被给予的概念的分析，

所以这些概念就是先行的，尽管它们还只是混乱的，而不完备的阐释先行于完备的阐释，以至于我们在达到完备的阐释亦即达到定义之前，就能够从我们得之于一种尚不完备的分析的一些特征中事先推论出某些东西；一言以蔽之，在哲学中定义作 B759
为精确的明晰性必须宁可是结束工作，而不是开始工作。① 与此相反，我们在数学中根本没有先行于定义的概念，概念惟有通过定义才被给予，因此，数学必须并且能够在任何时候都从定义开始。

2. 数学的定义永远不会犯错误。因为既然概念通过定义 〔480〕
才被给予，它所包含的就恰恰只是定义通过它所想思维的东西。但是，尽管在内容上没有任何不正确的东西能够出现在定义中，毕竟有时——尽管很罕见——可能在（表达的）形式上出现错误，也就是说在精确性方面。例如，圆的通常解释是说：圆是一条**曲**线，它的所有点都与一个惟一的点（圆心）距 B760
离相等。这个解释的错误就是：**曲**的规定是不必加进去的。因为必须有一条从定义推论出而且轻而易举地就可以证明的定理：任何一条线，其所有的点都与一个惟一的点距离相等，这条线就是曲的（没有一个部分是直的）。与此相反，分析的定义可能以许多方式犯错误，要么是由于它引入了实际上并不包

① 哲学充斥着错误的定义，尤其是那些虽然确实包含着定义的要素，但却尚不完备的定义。如果人们不等到对一个概念下了定义之后就根本不能从它开始做任何事情，那么，一切哲学思维的境况就糟糕透顶了。但是，既然就（分析的）种种要素所及，总是可以很好且可靠地利用它们，所以有缺陷的定义，亦即真正说来还不是定义、但除此之外却是真实的、从而是向定义的接近的命题，就可以得到有益的应用了。定义在数学中是 ad esse [既定的]，而在哲学中则是 ad melius esse [有待改善的]。达到定义是一桩美事，但却常常是困难的。法学家们还在为它们关于权利的概念寻找一个定义。

含在概念中的特征，要么是缺乏构成一个定义的根本要素的详尽性，因为人们并不能够完全确定其分析的完备性。因此之故，数学在定义上的方法在哲学中是不可模仿的。

二、关于**公理**。公理，就其是直接确定的而言，都是先天综合原理。现在，不能把一个概念与另一个概念综合地而且毕竟是直接地结合起来，因为要使我们能够走出一个概念，就必须有第三种中介的知识。既然哲学仅仅是按照概念的理性知识，在它里面就不能发现任何一个原理理应得到一个公理的名称。与此相反，数学能够有公理，因为数学凭借在对象的直观
B761 中构造概念而先天地并且直接地把对象的谓词联结起来，例如三个点在任何时候都处在一个平面上。与此相反，一个仅仅从概念出发的原理绝不能是直接确定的，例如“凡发生的事情都有其原因”这个命题；在这里，我必须寻觅一个第三者，也就是说，寻觅一个经验中的时间规定的条件，而不能径直地、直接地仅仅从概念出发来认识这样一个原理。因此，论证的原理完全是与直观的原理亦即公理不同的东西。前者在任何时候都还要求一种演绎，而后者则完全可以没有演绎；而且既然后者
〔481〕正因为这个理由是自明的，而这一点是哲学的原理无论如何确定都永远不能自称的，所以，纯粹的、先验的理性的任何一个综合命题都远远不能像**二乘二等于四**的命题那样显而易见（像人们习惯于固执地表述的那样）。虽然在分析论中，我也曾在纯粹知性的原理表中设想过某些直观的公理，但那里列举的原理本身却不是公理，而是被用来说明一般公理之可能性的原则，本身只不过是出自概念的原理而已。因为甚至数学的可能性在先验哲学中也必须予以展示。因此，哲学没有公理，也绝不可以如此绝对地规定它的先天原理，而是必须承认通过缜密
B762 的演绎来为它就这些先天原理而言的权限作辩护。

三、关于**演证**。只有一种不容置疑的证明，就其是直观的

而言，才可以叫做演证。经验告诉我们什么在场，但并不告诉我们它根本不能是别的样子。因此，经验性的证明根据并不能造成任何不容置疑的证明。但是，从（论证的知识中的）先天概念出发永远不能产生直观的确定性亦即自明性，哪怕判断在其他方面是不容置疑地确定的。因此，惟有数学才包含着演证，因为数学不是从概念，而是从概念的构造，也就是说从能够按照概念先天地被给予的直观中推导出自己的知识的。甚至代数通过归约从方程式中得出真值连同证明，其程序虽然不是几何学的构造，但却也毕竟是符号学的构造；在这种构造中，人们根据符号在直观中展示概念，尤其是量的关系的概念，甚至不关注启迪性的东西，通过把每一个推论都置于眼前而保证它们免于错误。与此相反，哲学的知识就必然缺乏这种优点，因为它在任何时候都必须抽象地（通过概念）来考察普遍的东西，而数学就能够具体地（在单个的直观中）、而且毕竟是通过纯粹的先天表象来考虑普遍的东西，此时任何错误都是显而易见的。因此，我宁可把前者称为**口授的**（论证的）**证明**，因 B763
为它可以完全通过语词（思想中的对象）来进行，而不称它为**演证**，演证如同这个术语已经说明的那样，是在对象的直观中进行的。〔482〕

从所有这一切就可以得出：为一种独断的程序所充斥、用数学的名称和绶带来装饰自己，这并不适合于哲学的本性，尤其是在纯粹理性的领域里；哲学毕竟不属于数学的行列，尽管它有一切理由希望与数学结成姊妹关系。这种结合是虚荣的僭妄，它绝不可能得逞，毋宁说必然取消哲学的意图，即揭露一种错认其界限的理性的幻象，并凭借充分地澄清我们的概念来把思辨的自负引回到谦虚但又缜密的自知之明上。因此，理性在其先验的尝试中将不能如此信心十足地朝前看，就好像它走过的道路是如此笔直地通向目标似的，而且也不能如此大胆地

指望自己作为基础的前提，以至于没有必要经常回顾，并且留意在推论的进程中是否暴露出在原则中被忽视、因而使得或者
B764 进一步规定这些原理或者完全更改它们成为必要的一些错误。

我把一切不容置疑的命题（无论它们是可证明的还是直接确定的）划分为**独断教理**和**学理**。一个出自概念的直接综合的命题是**独断教理**，与此相反，一个通过概念之构造而来的诸如此类的命题则是**学理**。分析判断关于对象教给我们的，真正说来并不多于我们关于该对象所有的概念自身已经包含的对象，因为它并不把知识扩展到主体的概念之外，而仅仅是说明这一概念。因此，这些判断没有理由能够叫做独断教理（这个词也许可以翻译为**教义**）。但是，在上述两种先天综合命题中，按照习惯用语，只有属于哲学知识的命题才使用这个名称，而人们很难把算术或者几何学的命题称为独断教理。因此，这种用法证实了我们作出的解释，即只有出自概念的判断才能叫做独断的，而出自概念之构造的判断则不能叫做独断的。

〔483〕 现在，整个纯粹理性在其纯然思辨的应用中不包含任何一个出自概念的直接综合的判断。因为它就像我们已经指出的那样，根本不能通过理念作出具有客观有效性的综合判断；但通过知性概念，它虽然建立起可靠的原理，却根本不是直接地从
B765 概念出发，而始终只是间接地通过这些概念与某种完全偶然的东西、亦即与**可能的经验**的关系来建立的；在这里，它们虽然在这种经验（某种作为可能经验的对象的东西）被预设时当然是不容置疑地确定的，但就其自身而言（直接地）却根本不能被先天地认识。这样，就没有人能够仅仅从这些被给予的概念缜密地看出“凡是发生的事情都有其原因”这一命题。因此，这个命题并不是独断教理，尽管它从另一观点看来，也就是说从它的可能应用的惟一领域看来，亦即从经验看来，能够完全地并且不容置疑地得到证明。但是，它叫做**原理**而不叫做**教**

理，尽管它之所以必须得到证明，乃是因为它具有特殊的属性，即它自己使得自己的证明根据亦即经验成为可能并且在进行经验时必须始终预设它。

于是，如果在纯粹理性的思辨应用中也在内容上根本没有独断教理，那么，一切**独断的**方法，无论它是借自数学家还是借自一种特别的风格，就都是不适当的。因为它们只是掩盖错误和失误、迷惑哲学罢了，而哲学的真正意图则是使理性的一切步骤都处在其最明亮的光照下。尽管如此，方法永远能够是**系统的**。因为我们的理性（在主观上）本身是一个体系，但是 B766
在它的纯粹应用中，借助纯然的概念，它却只是一个按照统一性的原理进行研究的体系而已，惟有经验才能为这种研究提供材料。但在这里，关于一种先验哲学的特有方法却不能说什么，因为我们所要做的只是对我们的能力状态的一种批判，看我们是否在任何地方都能够进行建筑，以及我们用自己拥有的材料（纯粹先天概念）能够把我们的建筑物建多高。

第二章
纯粹理性在其争辩应用方面的训练 〔484〕

理性在其一切行动中都必须经受批判，并且不能以任何禁令损害批判的自由而不同时损害它自身并为自己招致一种有害的怀疑。在这里，没有任何东西在其用途上如此重要，没有任何东西如此神圣，可以免除这种铁面无私、一丝不苟的审查。甚至理性的实存所依据的就是这种自由，理性没有独裁的威望，相反，它的裁决在任何时候都无非是自由公民的赞同，自由公民的每一个都必须能够言无不尽地表达他的疑虑乃至否决。 B767

但是，尽管理性绝不能**拒绝**批判，但它毕竟在任何时候都没有理由**惧怕**批判。不过，纯粹理性在其独断的（不是数学的）应用中并没有如此充分地意识到对其至上法律的最严格的遵循，以至于它不必羞怯地、甚至完全放弃一切僭妄的独断威望而出现在一个更高的、进行裁决的理性的批判性目光之前。

当理性所要对付的不是法官的审查，而是其同国公民的要求，而且应当针对这些要求为自己辩护时，情况就完全不同了。因为既然这些要求在否定上与它在肯定上是同样独断的，所以一种防免一切损害并提供一种不惧怕任何外来僭妄的合法占有权的辩护 χατ' αυθρωπον［就人而言］是成立的，尽管这种占有权 χατ' αληθειαν［就真理而言］并不能得到充分的证明。

所谓纯粹理性的争辩应用，我把它理解为针对对其命题的独断否定来为它们作出辩护。这里重要的不是其主张是否也许是错误的，而仅仅是没有人能够在某个时候以不容置疑的确定性（哪怕只是以较大的凭据）主张相反的东西。因为在我们面
B768 临一种——尽管不充足的——对它们的依法要求时，我们毕竟
〔485〕不是靠乞求来维护自己的占有权的，而且也完全可以确定，没有人能够证明这种占有权不合法。

纯粹理性有一种反论，而且毕竟扮演着一切争执的至上法庭的纯粹理性竟然陷入与自身的争执，这是件令人担忧、令人沮丧的事情。尽管我们在上面已经面临过它的这样一种表面上的反论；但显然，它所依据的是一种误解，也就是说，人们按照通常的成见把显象当成了物自身，然后以这种或者那种方式要求其综合的一种绝对完备性（但这种完备性以两种方式都是不可能的），而这是根本不能期望显象提供的。因此，就“**被给予的显象的序列自身有一个绝对最初的开端**”和“这个序列绝对地以及**就自身而言**没有任何开端”这两个命题来说，当时并不存在**理性**与自身的现实**矛盾**；原因在于：两个命题完全可

以共存，因为就存在（作为显象）而言的**显象自身**根本不是什么东西，也就是说，是某种自相矛盾的东西，因而预设这样的显象自然而然一定会引起自相矛盾的结论。

但是，如果一方以有神论的观点主张**有一个最高的存在者**，而另一方则以无神论的观点主张**没有一个最高的存在者**； B769
或者在心理学中一方主张凡是思维的东西都具有绝对的、持久的统一性，因而有别于一切转瞬即逝的物质统一性，而另一方则与此对立，主张灵魂不是非物质的统一性，不能当做转瞬即逝性的例外；那么，就不能把这样一种误解当做口实，并由此来调解理性的争执。因为在这里，问题的对象不具有任何与它的本性相矛盾的异类的东西，知性与之打交道的是**事物自身**，而不是显象。因此，如果纯粹理性要站在否定一方说出某种接近一种主张的根据的东西，当然就会发现一种真正的冲突了；因为就对独断地作出肯定的人的证明根据作出批判而言，人们尽可以承认这种批判，而无须因此就放弃这些毕竟至少具有理 〔486〕
性特殊旨趣的命题，反对者根本不能援引这一点。

关于我们纯粹理性的两个基本命题，即"有一个上帝"、"有一种来生"，一些杰出而且思虑深远的人士（例如**苏尔策**）由于感觉到迄今为止的证明的薄弱，而经常表达一种意见，认为人们可以希望有朝一日还将发现一些自明的演证；虽然，这种意见我并不苟同，毋宁说我确信这永远不会发生。因为对于 B770
这样一些不与经验的对象及其内在可能性发生关系的综合主张，理性要到哪里去获得根据呢？但是，永远不会出现某一个人，能够以最起码的凭据主张**相反的东西**，更不用说独断地主张它了，这也是不容置疑地确定的。因为既然他只能通过纯粹理性来阐明这一点，他就必须着手证明：一个最高的存在者是**不可能的**，在我们里面作为纯粹理智的思维主体是**不可能的**。但是，他要从哪里获得知识，使他有权利对超出一切可能的经验之外的事物作出如此综合的判断呢？因此，我们完全可以不用担忧某人有朝一日将证明相反的东西，因而我们也没有必要考虑合乎学院规范的证明，而是无论如何都接受那些命题，它们与我们理性在经验性应用中的思辨旨趣联系密切，此外又是把这种旨趣与实践旨趣统一起来的惟一手段。对于论敌（这里必须不仅仅视其为批判者）来说，我们已准备好了我们 non liquet［不明所以］这句话，这必定会使他不知所措，然而我们并不拒绝他对我们反唇相讥，因为我们始终还保留着理性的
B771 主观准则，这种准则是论敌必然缺乏的，在这种准则的保护下，我们就可以泰然自若地看待他的一切徒然的进攻。

以这样的方式，真正说来根本不存在纯粹理性的反论。因为这种反论的惟一战场应当在纯粹神学和心理学的领域里去寻找；但这一领地上并没有装备精良、手持令人惧怕的武器的斗士。他只能以讥讽和自夸来出现，这可以当做儿戏而一笑置之。这是一种令人慰藉的说明，可以重新鼓起理性的勇气；因
〔487〕为如果惟有理性才有资格荡涤一切谬误，而理性却在自身中遭到破坏，不能希望和平与宁静的占有，理性除此之外还想信赖什么呢？

凡是大自然本身所安排的东西，对任何一种意图来说都是好的。即便是毒物也被用来克制在我们自己的体液中产生的其他毒物，因而在药品的完备搜集（药房）中是不可或缺的。针对纯然的思辨理性的那些信念和自负的种种异议，本身是通过这种理性的本性被给予的，因此必然有其良好的使命和意图，切不可把它们当做耳旁风。天意把一些虽然与我们的最高旨趣有联系的对象置放得如此之高，使得我们几乎只能够以一种不
B772 清晰的、连我们自己都怀疑的知觉来发现它们，由此探索的目光多受刺激而少有满足，这是为了什么目的呢？就这样一些景观冒昧作出放肆的规定是否有用，这至少是可疑的，也许干脆

是有害的。但无论如何，而且也毫无疑问，将探究和审查的理性置于完全的自由之中，以便它能够不受阻碍地照料自己的旨趣，是大有裨益的；无论是通过它为自己的洞识设置限制，还是通过它扩展自己的洞识，这种旨趣都将得到促进；而每当有外来的力量干涉，指挥理性违背自己的自然进程而追求强加的意图时，这种旨趣就会蒙受损失。

据此，且让你们的论敌展示理性，而你们也只用理性的武器与他斗争。此外，无须顾忌（实践旨趣的）好处，它根本不卷入纯然思辨的争执。在这种情况下，争执所揭示的无非是理性的某种二论背反，而这种二论背反既然所依据的是理性的本性，也就必须得到倾听和审查。争执通过对理性对象的考察而在两个方面培养理性，并通过限制它的判断来纠正它的判断。这里有争议的东西不是**事情**，而是**语气**。因为尽管你们必须放弃知识的语言，但你们仍保有足够的机会来使用一种坚定的**信仰**在最苛刻的批判面前得到辩护的语言。 B773

如果人们询问冷静的、天性适宜于作出平静判断的**大卫·休谟**：是什么推动你们通过苦思冥想出来的疑虑来削弱对人们来说如此带来慰藉和有用的信念——即人们的理性洞识足以达到一个最高存在者的主张和确定概念——的呢？他会回答说：无非是增进理性的自知之明的意图，同时是对人们由于以理性自夸、又阻止理性坦率承认自己在审查自身时显露给它的种种弱点而想加给理性的强制感到的某种愤懑。与此相反，如果你们询问仅仅顺从**经验性的**理性应用的原理、对一切超验的思辨不感兴趣的**普里斯特利**，他以什么动机来拆毁我们灵魂的自由和不死（来生的希望在他那里只是对复活这种奇迹的期待而已）这一切宗教的两大柱石，而他自己则是一个虔诚的、热心的宗教教师呢？他所能够作出的回答无非是：理性的旨趣；由于人们想使某些对象摆脱物质自然的那些我们惟一能够精确地认识 〔488〕

和规定的规律，这种旨趣就会丧失。普里斯特利是知道把自己
B774 背谬的主张与宗教意图结合起来的；责骂他而使一个善意的人感到痛苦，似乎显得不公道，因为他一旦从自然学说的领域走出而迷失方向，就找不到路了。但是，这种惠爱必须也用于同样善意的、就其道德品质而言无可指责的**休谟**，他之所以不能离开自己的抽象思辨，乃是因为他正确地主张，抽象思辨的对象完全处于自然科学的界限之外，处于纯粹理念的领域之中。

在这里，尤其是鉴于似乎由此出发而威胁着公众利益的危险，应当怎么办呢？没有比你们因此而必须作出的那种决定更自然、更合理的了。且让这些人去做吧；如果他们显示出才能，如果他们显示出深刻的新颖研究，一言以蔽之，只要他们显示出理性，在任何时候就都是理性的胜利。如果你们采用的办法不同于一种不受拘束的理性的办法，如果你们高呼叛逆，像为了救火一般召集根本不熟悉如此精微的探究的普通公众，
〔489〕 那么，你们就使自己成为笑柄了。因为这里所谈的，根本不是其中什么对于普通公众来说是有益的或者有害的，而仅仅是理性在其抽掉一切旨趣的思辨中究竟能够走多远，以及人们是必
B775 须指望这种思辨提供某种东西，还是宁可放弃它以取得实际的东西。因此，你们不必在其中持剑格斗，而毋宁说要在批判的安全席上平心静气旁观这场争斗，它对于斗士来说是艰辛的，但对于你们来说则是轻松愉快的，而且就一种肯定兵不血刃的结局而言，对于你们的洞识来说结果必定是大有裨益的。因为期待理性有所启蒙却又事先规定它必须必然地倾向于哪一方，这是十分背谬的事情。此外，理性已经自行由理性严加管束，拘束在限制之内，以至于你们根本不必召集巡逻队，以公民的抵抗来对付其令人忧虑的优势看起来对你们有害的一方。在这种辩证法中，不存在使你们有理由忧心忡忡的胜利。

理性也非常需要这样一场争斗，但愿它早日进行，而且是

在不受限制的社会允许下进行。因为当争斗双方学会认识令他们发生冲突的假象和成见的时候，一种成熟的批判就会早日实现，而随着它的出现，所有这些争斗就必然自行终止。

在人类的本性中，存在着某种虚妄。它像一切由自然而来的东西一样，归根结底必然包含着一种善良目的的禀赋，也就是说，一种掩饰自己真正的意向并卖弄某种虚假的、人们视为 B776
善良可敬的意向的偏好。毫无疑问，人们通过这种既掩饰自己又伪装一种对人们有利的假象的倾向不仅使自己**开化**，而且使自己逐渐地在某种程度上**有道德**，因为没有一个人能够看穿彬彬有礼、正直可敬、谦和端庄的面饰，从而就在他于周围看到的善事的自以为真实的例证上，为自己找到一个从善的学校。然而，这种伪装得比人们更好、表现出人们不具备的意向的禀赋，只是仿佛**临时性地**用来使人脱离野蛮状态，首先使人至少接受他所知道的善良**风格**；因为在此之后，在真正的原理已经发展，并且成为思维方式之后，那种虚妄就必须逐渐地遭到坚 〔490〕
决的反对，因为若不然，它就会败坏心灵，使善良的意向因外貌秀美的杂草丛生而无法生长。

在思辨的思维方式中，人们公正坦白地、毫不掩饰地承认自己的思想，毕竟障碍要少得多，而且甚至不乏好处，但令我遗憾的是，即便在它的种种表现中也看到同样的虚妄、做作和伪装。因为还有什么能比甚至一味虚假地彼此传递思想、掩饰我们对我们自己的主张所感到的怀疑、或者给不能令我们自己 B777
满意的证明根据以自明性的外表，对于认识更有害呢？然而，只要纯然的私人虚荣心造成这种不可告人的诡计（在不具有特别的旨趣并且不能轻而易举地获得不容置疑的确定性的思辨判断中，通常就是这种情况），毕竟就有别人的虚荣心**凭借公众的许可**与之对立，事情最终将达到最纯正的意向和正直——尽管早得多地——要使它们达到的结果。但是，在普通公众认为吹毛求疵的玄想家们所做的无非是动摇公众福祉的基础的地方，宁可凭借虚假的根据来赞助美好的事情，也不给美好事情的所谓敌人留下好处，把我们的声调降低到一种纯然实践信念的节制态度，并迫使我们自己承认缺乏思辨的和不容置疑的确定性，这不仅是明智的，而且也是允许的，甚至是值得称赞的。然而，我应当想到，世界上再也没有比诡计、做作、欺骗更不能与维护一件美好事情的意图相容了。在衡量一种纯然的
B778 思辨的理性根据时一切都必须真诚地进行，这是人们所能够要求的最低限度。但是，要是人们能够可靠地指望这点小事情的话，那么，思辨理性关于上帝、（灵魂的）不死以及自由这些
〔491〕 重要问题就要么早已作出裁决，要么很快就可以了结了。其实，意向的纯正常常与事情本身的顺利成反比，而且事情所拥有的正直诚恳的反对者也许比正直诚恳的捍卫者还要多。

因此，我以读者们不愿意看到以不义来捍卫正义的事情为前提条件。就读者们而言，按照我们的批判原理，如果人们所关注的不是发生的事情，而是应当合理地发生的事情，那么真正说来就必定根本不存在纯粹理性的争辩，这是断然无疑的。因为关于一个事物，双方中任何一方都不能在一种现实的或者哪怕是可能的经验中展现其实在性，他惟一苦思冥想的是该事物的理念，为的是从中得出比理念**更多的东西**，即对象本身的现实性，两个人怎么可能对它进行一场争论呢？既然双方的任何一方都不能使自己的事情直截了当地为人所理解和确定，而只能攻击和否定其对方的事情，它们还想用什么办法走出争论呢？因为纯粹理性的一切主张的命运就是：既然它们都超越了
B779 一切可能经验的条件，而在这些条件之外又不能在任何地方发现真理的确证，但它们尽管如此又都利用知性的规律，这些规律仅仅是为经验性应用规定的，没有它们在综合思维中便寸步难行，所以，它们在任何时候都可能把漏洞暴露给对方，并相

互利用对方的漏洞。

人们可以把纯粹理性的批判视为纯粹理性一切争辩的真正法庭；因为它并不卷入这些直接关涉客体的争辩，而是旨在按照其最初使命的原理来规定和判断一般理性的合法因素。

没有这种批判，理性就仿佛是处在自然状态中，并且除了通过**战争**之外，就不能以其他方式来提出或者保障自己的主张和要求。与此相反，批判从其自身之确立的基本规则获得一切决定，这些基本规则的威望是没有一个人能够怀疑的，所以，批判就为我们创造了一种法治状态的安宁。在这种状态中，除了**诉讼**之外，我们不应当以别的方式来进行我们的争执。在前一种状态中结束争执的是双方都自夸的**胜利**，而继这种胜利之 B780
后，大多数情况下是调停的权力建立的一种不大可靠的和平；而在第二种状态中，结束争执的则是**判决**，它由于在这里涉及 〔492〕
争执的根源，就必然保证一种永久的和平。一种纯然独断的理性的无休无止的争执，也就迫使人们最终在这种理性本身的某种批判中、在一种建立在批判之上的立法中寻求安宁；正如**霍布斯**所言：自然状态是一种无法和暴力的状态，人们必须离开这种状态，而服从法律的强制，惟有这种强制才把我们的自由限制在能够与任何一个他人的自由、并正是由此而与公共利益共存的地步。

属于这种自由的，还有公开地展示自己的思想和自己不能解决的怀疑以供评判、而不会因此被人骂成不安分守己的危险公民的自由。这已经包含在人类理性的源始权利之中，除了本身又是每一个人都在其中有发言权的普遍人类理性之外，人类理性不承认任何别的法官；而既然我们的状态能够获得的一切改进都必须来自这种普遍的人类理性，所以这样一种权利就是神圣的、不可侵犯的。至于某些大胆的主张或者对已经获得大部分公众或者公众中最优秀部分赞同的主张的放肆攻击，宣布

它们是危险的，这种做法也是非常不智的；因为这意味着给予
B781 它们以它们根本不应当具有的重要性。如果我听说，一个非凡的人否证了人的意志的自由、一种来生的希望和上帝的存在，那么，我就会渴望读这本书，因为我期望他的才能会增进我的见识。我事先已经完全确定地知道他在所有这些事情上将毫无建树；这并不是因为我相信自己已经拥有对这些重要命题的不容置疑的证明，而是因为向我揭示我们纯粹理性的全部存货的先验批判使我完全相信，就像纯粹理性在这个领域完全不足以作出肯定的主张一样，它也同样所知甚少、甚至更少，不能对这些问题否定地断言某种东西。因为所谓的自由精神要从何处获得例如没有一个最高存在者的知识呢？这个命题处在可能经验的领域之外，因而也处在一切人类洞察力的界限之外。至于
〔493〕 反对这个敌人为美好事情做独断辩护的人，我根本不会读他的东西，因为我事先就知道，他之所以攻击他人的虚假根据，只是为了给他自己打开入门通道，此外，一种平庸的幻相毕竟不如一种新奇的、巧妙构思出来的幻相，为新的说明提供如此之
B782 多的材料。与此相反，按照自己的方式也独断地反对宗教的人，却会给我的批判提供所期望的工作和更多的纠正批判的原理的机缘，而丝毫不会因他而担心什么东西。

但是，毕竟至少应当警告被托付给大学教育的青年提防诸如此类的作品，在他们的判断力成熟或者毋宁说人们要在他们心中建立的学说根深蒂固，能够有力地对抗不管来自何处的相反主张的劝说之前，应当阻止他们早知道如此危险的命题吗？

如果在纯粹理性的事情上坚持独断的行事方式，真正说来以论战的方式，也就是说人们自己加入战斗，用相反主张的证明根据武装自己，如此来打发对手，那么，**就当前而言**，当然没有任何东西比在一段时间内将青年的理性置于监护之下，而且至少在这段时间内保护他免受诱惑更为可取了，但同时，**就**

久远而言，也没有任何东西比这更无价值、更为无益了。如果以后或者是好奇心、或者是时代的流行格调将诸如此类的作品送到青年的手中，在这种情况下，那种年轻的信念还经得起考验吗？仅仅手持独断的武器来抵抗其论敌的进攻、不懂得阐发同样蕴藏在他自己和他的对立面的胸中的隐秘辩证法的人，所 B783 看到的是具有新颖性优势的虚假根据出来反对不再具有新颖性优势，而毋宁说是令人怀疑其滥用青年的轻信的虚假根据。他相信，再也没有比抛弃那些善意的警告能够更好显示他已经长大成人而不再需要童年的管教了；而且由于独断的习惯，他把独断地毁坏他的原理的毒药一饮而尽。

在大学的教学中，必须施行恰恰与人们在此所提建议相反的东西，当然只是在一种纯粹理性批判的缜密教育的前提条件下。因为要使批判的原则尽早地付诸实施，并且显示它们在辩 〔494〕 证幻相达到极度时的充足性，就绝对需要把在独断论者看来如此可怕的攻击对准他那虽然孱弱、但已经由批判启蒙了的理性，让他尝试逐一地根据那些原理检验那些没有根据的主张。让这些主张化为乌有，可能对他来说毫无困难，这样，他就及早地感觉到他自己完全保护自己防免有害幻象的力量，这些幻象最终必将对他失去一切光泽。尽管摧毁敌人建筑物的同一些 B784 打击，对他自己的思辨建筑物——如果他打算建起诸如此类的建筑物的话——也必然是同样毁灭性的，但他毕竟对此毫不担忧，因为他根本不需要居住在里面，而是还可以寄希望于实践领域，在那里，他有理由能够希望找到一块更坚实的地基，以建立他的理性的、有益的体系。

据此，在纯粹理性的领域里没有真正的论战。双方都是在与自己的影子角斗的虚假斗士，因为他们都超出了自然，在那里，对于他们独断的把握来说，没有任何东西可抓可握。他们卖力争斗；他们劈开的影子就像奥丁神接待战死者英灵的殿堂中的英雄们一样，瞬间就又长到了一块儿，以便让他们能够重新在不流血的格斗中消遣取乐。

但是，纯粹理性也没有一种可以容许的怀疑论应用，可以称为其一切争执中的**中立性**原理。煽动理性反对自己，从两方面给它提供武器，然后平心静气地、冷嘲热讽地旁观其猛烈的格斗，这从一种独断的观点来看不是妥当的，而是本身有一种幸灾乐祸的和阴险的性情的样子。然而，如果人们看一看那些不愿意让任何批判来节制自己的玄想家们抑制不住的妖言惑众
B785 和大言不惭，那么，也委实没有别的办法，惟有让一方的大言不惭与另一种依据同样权利的大言不惭相互对立，以便让理性由于一个敌人的抵抗而至少起点疑心，对自己的僭妄有所怀疑，倾听批判的意见。然而，一味安于这种怀疑，并由此而想推崇，对自己的无知的相信和承认不仅是治疗独断的自负的药
〔495〕 方，而且是终止理性与自身冲突的方式，这是一种完全徒劳的举动，而且绝不可能适宜于给理性创造一个歇息地，而至多是把它从独断美梦中唤醒，以便更仔细地审查自己的状态的一种手段。然而，既然这种摆脱令人讨厌的理性争执的怀疑论风格看起来仿佛是达到一种持久的哲学安宁的一条捷径，至少是那些在对所有这一类的研究的冷嘲热讽中想装出一副哲学样子的人们乐于选择的大道，所以，我认为有必要尽量地展示这种思维方式的特点。

B786

论以怀疑论的方式满足与自己冲突的理性的不可能性

对于我的无知的意识（如果这种无知并不同时被认为是必然的）并不应当终止我的研究，而毋宁说是唤醒这些研究的真正原因。一切无知，都要么是对事物的无知，要么是对我的知

识的规定和界限的无知。如果无知是偶然的，那它就必然推动我作出研究，在第一种情况中**独断地**研究事物（对象），在第二种情况中**批判地**研究我的可能知识的界限。但是，至于我的无知是绝对必然的，因而使我无须任何进一步的研究，这不能经验性地从**观察**出发来澄清，而是只能批判地通过**探究**我们知识的最初源泉来澄清。因此，我们知识的界限规定只能按照先天根据来进行；但是，知识的限制——它是对一种永远不能消除的无知的一种尽管并不确定的知识——则也可以后天地、通过我们无论知道什么也还有待我们去知道的东西来认识。因此，对无知的前一种通过对理性本身的批判才成为可能的知识 B787
是**科学**，而后一种则无非是人们不能说推论本身可以达到什么程度的**知觉**而已。如果我把地球表面（根据感性外表）想象成一个圆盘，我并不能知道它延伸到什么程度。但是经验教导我：无论我往哪里去都在自己的周围看到一个空间，我可以继 〔496〕
续往那里去；因此，我知道我每次现实的地球知识的限制，但却不知道一切可能的地理学的界限。但是，如果我毕竟达到了如此程度，即知道地球是一个球体，它的表面是一个球面，那么，我就也能够确定地并且按照原则先天地从它的一个小部分——例如经纬度的大小——出发认识直径，并通过直径认识地球的整个边界，即它的表面；而尽管我就这个表面所可能包含的种种对象而言是无知的，但我毕竟就它所包含的范围、它的大小和限制而言不是无知的。

我们知识的一切可能对象的总和在我们看来是一个具有其明显视界的平面，也就是说，是包含着这些对象的全部范围、被我们称为无条件的总体性的理性概念的东西。经验性地达到这个概念，是不可能的事情，一切按照某一个先天原则来规定它的尝试都是徒劳的。然而，我们纯粹理性的一切问题毕竟都是指向可能处于这个视界之外、或者充其量处在它的边界线上 B788

的东西的。

著名的**大卫·休谟**是人类理性的地理学家之一，他自以为通过把那些问题推移到人类理性的视界之外，就已经充分地把那些问题全都了结了，而这个视界却毕竟是他未能规定的。尤其是，他讨论了因果性原理，对它作出了完全正确的说明，即人们不能把它的真理性（甚至一般作用因的概念的客观有效性也不行）建立在任何洞识亦即先天知识之上，因而也根本不是这个规律的必然性，而仅仅是它在经验进程中的一种普遍可用性和由此产生的一种他称之为习惯的主观必然性，构成了这个规律的全部威望。从我们理性无能对这一原理做一种超越一切经验的应用出发，他推论出理性超越到经验性东西之外的一切僭妄的无效用性。

〔497〕 人们可以把这一类的行事方式，即让理性的所作所为经受检验，需要的话经受责难，称为理性的**审查**。毫无疑问，这种审查将不可避免地导致对原理的一切先验应用的**怀疑**。然而这
B789 只是第二步，还远远不能完成工作。在纯粹理性的事情上标志着它的童稚时代的第一步是**独断的**。上述第二步是**怀疑的**，证明由于经验而学乖了的判断力的谨慎。但还需要有第三步，它属于成熟了的、成年的判断力，这种判断力以可靠的、在其普遍性上已得到证明的准则为基础，也就是说，不是让理性的所作所为，而是让理性本身根据其全部能力和对纯粹先天知识的适应性来经受评价；这不是理性的审查，而是理性的**批判**，由此不仅仅是理性的**限制**，而且是理性的**界限**，不仅仅是在这一部分或者那一部分的无知，而是某一类的一切可能问题方面的无知，都不仅是被猜测，而且是从原则出发被证明。这样，怀疑论就是人类理性的一个歇息地，在这里人类理性能够思索自己的独断历程，勾画自己所处的区域，以便能够以更多的可靠性来进一步选择自己的道路，但它并不是固定居留的住所；因

为这样的住所只能以一种完全的确定性来发现，要么是对象本身的知识的确定性，要么是我们关于对象的一切知识都被包围在其中的界限的确定性。B790

我们的理性不是一个延展之远无法确定、其限制人们只能一般而言地认识的平面，相反，毋宁说它必须被比做一个球体，其半径可以从其表面的弧的曲度（先天综合命题的本性）来得出，而由此也可以准确地说明它的体积和界限。在这个球体（经验的领域）之外，没有任何东西能够是它的客体；即便是关于诸如此类自以为的客体的问题，也仅仅涉及对能够在这个球体内部的知性概念中间出现的种种关系作出完全规定的主观原则。〔498〕

就像预先推定经验的知性原理所说明的那样，我们确实拥有先天综合知识。如果有人根本不能理解这些原理的可能性，那么，他虽然可能一开始就怀疑这些原理是否确实先天地为我们所固有，但他还不能就把这宣布为这些原理不可能贯穿纯然的知性力量，宣布理性按照这些原理的准绳所采取的所有步骤都是无效的。他只能说：如果我们能够看出这些原理的起源和真实性，那么，我们就会能够规定我们理性的范围和界限；但在做到这一点之前，后者的一切主张都是盲目冒险的。而以这样的方式，对一切无须理性的批判本身就在进行的独断哲学的 B791
完全怀疑就是完全有根有据的了；但理性毕竟不能因此就被完全否认有这样一种进步，如果这种进步是由更好的奠基来作准备和保障的话。因为纯粹理性呈现给我们的一切概念、乃至一切问题，都不在经验中，而是本身又在理性中，因而必须能够被解决，并且根据其有效性或者无效性来把握。我们也没有权利以我们的无能为借口而拒绝这些课题、拒绝进一步研究它们，就好像它们的解决实际上在事物的本性之中似的，因为理性只是在自己的母腹中产生出这些理念本身，因而它有义务对这些理念的有效性或者辩证幻相作出说明。

独断论者不对其源始的客观原则设置任何怀疑，也就是说，不做任何批判，神气活现地昂首阔步。一切怀疑的论战真正说来都只是针对独断论者的，仅仅为的是改变他的思路，使他有自知之明。就自身而言，这种自知之明在我们能够知道和我们不能够知道的东西方面完全不能澄清什么东西。理性的一
B792 切落空了的独断尝试都是经受审查总归有益的所作所为。但是，对于理性希望其未来的努力有更好的成就并在此之后提出种种要求的期待来说，这并不能决定任何东西；因此，纯然的
〔499〕 审查绝不能终结关于人类理性的合法性的争执。

既然**休谟**也许是所有怀疑论者中间最有头脑的怀疑论者，而且就怀疑方法对唤醒一种缜密的理性检验所能够施加的影响而言毋庸置疑是最杰出的怀疑论者，所以只要与我们的意图相适合，就值得花费力气去弄清楚他的推论过程和一位如此明察秋毫而又可敬的人物的失误，他的推论毕竟是沿着真理的轨迹开始的。

休谟虽然从未完全阐明，但他也许想到：我们在某类判断中超出了我们关于对象的概念。我把这类判断称为**综合的**。我如何能够借助经验超出我迄今所有的概念，这是没有疑问的。经验本身就是知觉的综合，这种综合通过其他附加的知觉而扩大了我借助一个知觉拥有的概念。然而，我们相信也能够先天
B793 地超出我们的概念并扩展我们的知识。我们试图这样做，或者就至少能够是一个**经验客体**的东西而言通过纯粹的知性，或者就事物绝不能在经验中出现的属性、乃至绝不能在经验中出现的对象的存在而言甚至通过纯粹的理性。我们这位怀疑论者并没有像他本应当做的那样区分这两类判断，径直把概念从自身出发的这种扩大，以及可以说把我们知性（连同理性）无须通过经验受胎的自行生殖视为不可能的，从而把理性的一切自以

为的先天原则都视为想象出来的，并认为它们无非是一种从经验及其规律产生的习惯，从而是纯然经验性的、也就是说就自身而言偶然的规则，而我们却把一种自以为的必然性和普遍性归于这些规则。但是，为了维护这一令人吃惊的命题，他诉诸众所周知的因果关系原理。因为既然没有一种知性能力能够把我们从一个事物的概念导向由此普遍必然地被给予的某种别的东西的存在，所以他相信由此就可以推论出：没有经验，我们就没有任何东西能够扩大我们的概念并使我们有权利作出这样一种先天地扩展自身的判断。照射蜡的阳光同时使蜡融化，但 〔500〕
又使陶土坚硬，没有知性能够从我们事先关于这些事物已有的 B794
概念出发猜出这些事情，更不用说按照规律推论出它们了，惟有经验才能教给我们这样一条规律。与此相反，我们在先验逻辑中却已经看到：尽管我们绝不能**直接地**超出被给予我们的概念的内容，但我们毕竟能够完全先天地、但却是与一个第三者相关——亦即与**可能的**经验相关，从而毕竟是先天地——来认识与其他事物联结的规律。因此，尽管没有经验我就既不能先天地、无须经验的教导就确定地从结果出发认识到原因，也不能先天地、无须经验的教导就确定地从原因出发认识到结果，但如果之前变硬的蜡融化，我就能够先天地认识到，必定有某种先行的东西（例如太阳的热），这件事是按照一条固定的规律继之而起的。因此，他错误地从我们**按照规律**作出规定的偶然性推论出**规律**本身的偶然性，把超出一个事物的概念到达可能的经验（这是先天地发生的，并构成概念的客观实在性）与现实经验的对象的综合（这当然在任何时候都是经验性的）混为一谈；但这样一来，他就把位置在知性之中并陈述必然的联
结的亲合性原则变成了一条联想的规则，后者仅仅在进行模仿 B795
的想象力中才被发现，并且只能表现偶然的结合，根本不能表现客观的结合。

但是，这位通常极为敏锐的人物的怀疑论失误，主要产生自他毕竟与一切怀疑论者共有的一种缺陷，即他没有系统地综观先天知性综合的一切方式。因为那样的话，他就会——无须提及其他原理——发现**持久性的原理**乃是这样一条与因果性原理一样预先推定经验的原理。由此他就会也能够给先天地扩展自身的知性和纯粹的理性划出一定的界限。但是，既然他只是**限制**我们的知性，而不给它**设置界限**，而且造成了一种普遍的怀疑，但却没有造成对我们不可避免的无知的某种确定的知
〔501〕识；既然他让我们知性的一些原理接受审查，却并不就这种知性的全部能力而言将它置于批判的试验天平上，而且在他否认知性具有它实际上不能提供的东西时继续前进，否认知性有先天地扩展自己的任何能力，尽管他并没有评估过这整个能力；所以，他也遭遇到了在任何时候都击败怀疑论的那种东西，即他本人也遭到怀疑，因为他的责难所依据的仅仅是偶然的事
B796 实，但却不是能够使人必然放弃作出独断主张的权利的原则。

既然他在知性有根据的要求和他的攻击本来主要针对的理性的辩证僭妄之间不知道有任何区别，所以，其极为特有的热情在这里没有受到丝毫干扰、而只是受到阻碍的理性，就觉得其扩张的空间并没有被关闭，而且即使它的尝试在这里或者那里受到挫折，也绝不能使它完全停止这些尝试。因为人们武装起来抵抗攻击，更为固执地坚持贯彻自己的要求。但是，对他的能力的全盘评估以及由此产生的鉴于更高的要求无效用而对一个狭小疆域的确定性的信念，将取消一切争执，并推动人们心平气和地满足于一种受限制的、但却无争议的产业。

非批判的独断论者没有测量过自己的知性的疆域，从而没有按照原则规定过他的可能知识的界限，所以他并非事先已知道自己能够有多少知识，而是想通过纯然的尝试来弄清这一点。对于这样的独断论者，这些怀疑论的攻击就不仅是危险

的，而且对他来说甚至是毁灭性的。因为只要他在哪怕仅仅一个他不能为之辩解、但也不能从原则出发阐明其幻相的主张上 B797 被击中，怀疑就会落到所有的主张头上，不管这些主张通常是怎样有说服力。

这样，怀疑论者就是独断的玄想家的管教师傅，敦促他对知性和理性本身作出一种健康的批判。如果他做到了这一点，他就不必再惧怕任何攻击了；因为他在这种情况下就把自己的财产与完全处在他的财产之外的东西区分开来了；他对后者不提出任何要求，也不可能被卷入关于后者的争执。这样，虽然怀疑的方法就自身而言对于理性的问题来说并不是**令人满意** 〔502〕 **的**，但却毕竟是**预备性的**，为的是唤起理性的谨慎，并指示能够确保理性合法财产的周密手段。

第三章
纯粹理性在假说方面的训练

由于我们通过我们理性的批判最终知道的就是，我们在理性纯粹的和思辨的应用中事实上不能知道任何东西，所以，批判岂不是应当为**假说**开辟一个更为宽广的领域吗？因为即便不允许断言，至少也允许有所创见和有所意见。

如果想象力应当不是**空想**，而是在理性的严格监视下**有所** B798 **创见**，那么，就必须总是事先有某种东西是完全确定的，不是虚构的或者纯然的意见，而这就是对象本身的**可能性**。在这种情况下，就允许关于对象的现实性而求助于意见，但是，意见只要想不是毫无根据的，就必须把现实地被给予、从而确定的东西当做解释根据而与之相联结，而且在这种情况下就叫做**假说**。

既然我们对于力学联结的可能性不能先天地形成丝毫的概念，而且纯粹知性的范畴不是被用来臆造诸如此类的联结，而是被用来当它在经验中被发现时去理解它，所以我们不能根据一种新的、不能经验性地说明的性状来按照这些范畴原初地想出任何一个对象，并把这种性状作为允许的假说的基础；因为这意味着加给理性的不是事物的概念，而是空洞的幻觉。这样，臆造某些新的源始力量，例如一种能够无须感官而直观其对象的知性，或者一种没有任何接触的扩张力，或者一种新的实体，例如没有不可入性而在空间中在场的实体，这都是不允
〔503〕许的，因而不允许的还有各实体的一种与经验所给予的任何共联性都不同的共联性，一种不同于在空间之中的在场，一种不
B799 同于仅仅在时间之中的存续。一言以蔽之，对我们的理性来说，惟有把可能经验的条件当做事物可能性的条件来使用才是可能的，但完全不依赖于后者来创造前者是绝对不可能的，因为诸如此类的概念虽然没有矛盾，但却也不会有对象。

如以上所说，理性概念是纯然的理念，当然没有在某一经验之中的对象，但并不因此就表示被创制出来、同时被假定为可能的对象。它们是仅仅或然地设想的，为的是在与它们（作为启迪性的虚构）的关系中建立知性在经验领域里的系统应用的范导性原则。如果脱离这一点，它们就是纯然的思想物，其可能性就不可证明，因而它们也不能通过一种假说被奠定为现实显象的基础。把灵魂**思维**成单纯的，这是完全允许的，为的是按照这个**理念**把一切心灵力量的一种完备的和必然的统一性——尽管人们不能具体地认识它——奠定为我们判断其内部显象的原则。但是，**假定**灵魂是单纯的实体（一个超验的概念）则是一个不仅不可证明（像许多物理学假说那样）、而且
B800 也是任意盲目地冒险提出的命题，因为单纯者根本不能在任何一个经验中出现，而且如果人们在这里把实体理解为感性直观

的持久客体，那么，一种**单纯的显象**的可能性是根本看不出来的。不能凭借理性的任何有根据的权限把纯然理知的存在者或者纯然理知的事物属性假定为意见，尽管（因为人们对它们的可能性或者不可能性没有任何概念）也不能通过任何自以为更好的洞识来独断地拒斥它们。

为了说明被给予的显象，除了按照显象已知的规律被设定在与被给予的显象的联结之中的事物和解释根据之外，不允许援引任何别的事物和解释根据。在一个**先验假说**中，一个纯然的理性理念被用来解释自然事物，因此，这个先验假说根本不 〔504〕
是解释，因为这是以人们根本不理解的东西来解释人们根据已知的经验性原则不能充分理解的东西。这样一种假说的原则真正说来也只会被用来满足理性，但却不能用来促进就对象而言的知性应用。自然中的秩序和合目的性必须又从自然根据出发并按照自然规律来解释，而且这里即便是最放肆的假说，只要 B801
它是自然的，也比一种超自然的假说——例如诉诸人们为此目的预设的属神创造者——更可忍受。因为后者是怠惰的理性（ignava ratio）的一条原则，即一下子略过人们就其实在性而言、至少就其可能性而言还可以通过进一步的经验来认识的一切原因，以便在一个对理性来说十分惬意的纯然理念那里歇息。但是就原因序列中解释根据的绝对总体性来说，这在种种世界客体方面并不造成任何障碍，因为既然这些世界客体无非是显象，在它们那里也就绝不能希望条件序列的综合中有什么完成了的东西。

理性的思辨应用的先验假说和为弥补自然解释根据的匮乏而必要时使用超自然的解释根据的自由，是根本不能被允许的，这部分是因为由此根本没有促进理性，而毋宁说切断了它的应用的整个进程，部分是因为这种许可最终必然使理性丧失耕耘自己特有的田地亦即经验的田地所得的一切果实。因为当

自然的解释在这里或者那里对我们来说有困难时，我们手边总是有一种超验的解释根据，它使我们免除那种研究，而且不是
B802 通过洞识，而是通过一个事先已经如此想出、使之必然包含着绝对最初者的概念的原则之全然不可理解性来结束我们的探索。

值得接受一种假说的第二个必要因素，是假说的充足性，即足以从它出发先天地规定被给予的后果。如果人们为此目的被迫援引一些辅助性的假说，它们就给人以一种纯然的虚构的嫌疑，因为它们中的每一个都需要被奠定为基础的思想所必需
〔505〕 的同一种辩护，从而不能提供可靠的见证。即使通过预设一个不受限制的完善的原因，不再缺乏世间存在的一切合目的性、秩序和伟大的解释根据，但鉴于至少按照我们的概念毕竟显示出来的偏差和灾难，那个预设要对付这些作为反驳的偏差和灾难而得到维护，却还需要新的假说。如果人类灵魂的那种被奠定为灵魂种种显象之基础的单纯的自主性，由于其类似于物质种种变化（生长与衰退）的现象这些困难而受到攻击，那么，就必须求助于新的假说，这些假说虽然不无可信，但却除了被
B803 假定为主要根据的那种意见给予它们的证明之外，毕竟没有任何证明，而它们尽管如此却本应当是来支持那种意见的。

如果这里当做实例所援引的理性主张（灵魂非形体的统一性和一个最高存在者的存在）不应当被视为假说，而应当被视为已先天地证明了的独断教理，那么，在这种情况下就根本不谈它们。但在这样的场合人们就要留意，证明具有一种演证的不容置疑的确定性。因为要使这样的理念的现实性成为仅仅**盖然的**，则与人们想仅仅盖然地证明一个几何学命题一样是一个荒唐的意图。与一切经验隔离的理性只能先天地认识一切，并且认其为必然的，或者就不能认识任何东西；因此，理性的判断绝不是意见，要么是放弃一切判断，要么是不容置疑的确定性。关于属于事物的东西的意见和盖然的判断只能作为现实地

被给予的东西的解释根据，或者作为按照经验性规律出自现实地作为基础的东西的后果出现，从而仅仅在经验对象的序列中出现。在这个领域之外，**有所意见**只不过是思想游戏而已，除非人们对于一条不可靠的判断道路还有一种意见，即沿着它还能够找到真理。

但是，就纯粹理性的纯然思辨问题而言，虽然没有任何假 B804
说成立，让人把命题建立在它上面，然而为了在必要的时候维护这些命题，假说还是完全允许的，也就是说，虽然不是在独断的应用中，但毕竟在争辩的应用中是完全允许的。不过，我 〔506〕
并不把维护理解为增多其主张的证明根据，而是仅仅理解为驳斥论敌的那些应当损害我们主张的命题的虚假认识。但是，所有出自纯粹理性的综合命题都自身具有特殊之处，即如果主张某些理念的实在性的人所知绝不足以确证他的这个命题，但另一方面，论敌所知也同样地少，不足以主张相反的东西。人类理性命运的这种平等虽然在思辨知识中并不偏袒双方中的任何一方，而且这里也是永远无法调停的争执的真正战场。但后面将表明，就**实践应用**而言理性有一种权利，即假定它在纯然思辨的领域里没有充足的证明根据就没有权限以任何方式预设的东西，因为所有这样的预设都将损害思辨的完善性，而实践的旨趣则根本不考虑这种完善性。因此，理性在实践应用中是占有的，它无须证明这种占有的合法性，而且事实上它也不能证明这种合法性。因此，论敌应当作出证明。但是，既然论敌为 B805
阐明被怀疑的对象不存在，关于该对象所知与主张该对象的现实性的前者所知一样少，所以这里就表现出主张某种东西是实践上必要的预设这一方的优势（melior est conditio possidentis [占有者的地位更优越]）。也就是说，他可以随意仿佛是出自正当防卫而为自己的美好事物使用论敌用来攻击这一事物的同样手段，即假说，假说根本不是用来加强对他的事物的证明，而只是要表明论敌关于争执的对象所理解的太少，使他不能自夸对我们拥有思辨洞识的优势。

因此，在纯粹理性的领域里，假说只是作为战斗的武器才被允许，不是为了在它上面建立一种权利，而仅仅是为了维护一种权利。但是，我们在这里任何时候都要在我们自身中寻找论敌。因为思辨的理性在其先验应用中**就自身而言**是辩证的。应当惧怕的反对意见就在我们自己里面。我们必须立刻搜寻出陈旧的、但绝不失效的要求，以便在对它们的否定上建立起永
〔507〕久的和平。外表的宁静只是徒有其表。蕴藏于人类理性的本性
B806 之中的争斗根苗必须被根除；但是，如果我们不给它以自由乃至营养使其长出枝叶，以便由此彰显出来，然后把它们连根拔掉，我们怎么能够根除它呢？因此，你们要想出任何论敌还没有想到的反对意见，甚至给他提供武器，或者允许他拥有他梦寐以求的最有利地位！在此没有任何可惧怕的东西，而是要有希望，也就是说，你们将为自己创造一份永远不会再受搅扰的产业。

因此，属于你们的全面装备的，还有纯粹理性的假说，这些假说虽然只是铅制的武器（因为它们没有经过经验规律的锤炼），但却与任何论敌用来攻击你们的武器同样有效。因此，如果你们就灵魂（在某种别的、非思辨的考虑中）被假定的非物质的、不服从任何形体变化的本性而言遇到困难，即尽管如此经验似乎是证明我们精神力量的振作或者错乱纯然是我们器官的不同变状，那么，你们就可以这样来削弱这种证明的力量，即你们假定，我们的肉体无非是在现在的状态中（在此生中）感性以及一切思维的全部能力都以之为条件而与之相关的基础显象。与肉体的分离是你们的认识能力的这种感性应用的结束和理智应用的开端。因此，肉体不是思维的原因，而是思
B807 维的一种纯然限制条件，因而虽然应当被视为感性生命和动物性生命的促进，但却更多地被视为纯粹生命和精神性生命的障

碍，而前者对形体性状的依赖丝毫不证明整个生命对我们各器官的状态的依赖。但你们还可以继续前进，发现全新的、要么没有被提出过要么没有被充分展开的怀疑。

生育无论在人这里还是在无理性的造物那里，都取决于机遇，此外还经常取决于生计，取决于政府及其情绪和想法，甚至经常取决于坏习惯，其偶然性使得一种其生命首先在如此微不足道的、而且完全听任我们自由的状况下开始的造物延伸到无限的存续极为困难。至于整个类(在此尘世)的存续，这种就 〔508〕
类而言的困难是微乎其微的，因为在个别事物中的偶然事件仍然服从在整体中的规则；但就每一个个体而言期待如此微不足道的原因产生如此强有力的结果，则当然是令人生疑的。但是，你们可以提出一种先验的假说来反驳之：一切生命真正说来都只是理知的，根本不服从时间的变化，既不由于生而开始，也不 B808
由于死而结束；这种生命无非就是一种纯然的显象，也就是说，是关于纯粹的精神生命的一种感性表象，而整个感官世界则纯然是飘浮在我们现在的认识方式面前的一幅图画，像一场梦那样就自身而言没有客观的实在性；如果我们应当**如其所是**地直观事物和我们自己，我们就会在一个种种精神自然的世界中看到自己，我们与这个世界的惟一真实的共联性既不由于生而开始，也不由于肉体死亡(作为纯然的显象)而终止，如此等等。

尽管我们对于我们在这里以假说的方式提出来应付攻击的这一切都一无所知，也不是认真地这样主张，就连理性理念也不是，仅仅是为自卫而**设想出来的**概念而已，我们在这里也毕竟是完全按照理性行事的，因为我们只是向由于错误地把其经验性条件的缺乏说成是我们所相信的东西之全然不可能性的一种证明、就认为穷尽了一切可能性的论敌指出：就像我们在经验之外不能以有根据的方式为我们的理性获得任何东西一样，他也不能通过纯然的经验规律就囊括可能事物自身的整个领

域。某人针对肆无忌惮地作出否定的论敌的僭妄提出这样的假
B809 说性反对意见，不得被认为好像他自己把这样的反对意见当做他自己的真实意见来采用似的。一旦他处置了自己论敌的独断自负，他就会放弃这些意见。因为如果某人对他人的主张一味采取拒斥和否定的态度，则无论看起来是怎样的谦逊和委婉，一旦他想使自己的这些反对意见成为对立面的证明，这种要求
〔509〕在任何时候都是同样傲慢和自负的，就好像他选择了肯定立场及其主张似的。

可见，在理性的思辨应用中假说作为意见自身并没有有效性，而是仅仅相对于相反的超验僭妄才具有有效性。因为可能经验的原则扩张到一般事物的可能性，这与主张这样一些除了在一切可能经验的界限之外就不能在任何地方发现其对象的概念的客观实在性一样是超验的。纯粹理性断然地作出判断的东西，必定（与理性所认识的一切东西相同）是必然的，或者它就什么也不是。据此，纯粹理性事实上不包含任何意见。但是，上述假说只是或然性的判断，它们至少是不能被驳倒的，
B810 尽管它们当然也不能被任何东西所证明，因此它们是纯粹的私人意见，但毕竟为了抵御时常发生的疑虑（甚至为了内心的安宁）可以说是不可或缺的。但是，人们必须把它们保持在这种品格之中，小心提防它们就自身而言可信地出现，有了某些绝对的有效性，使理性沉溺于虚构和幻象。

第四章

纯粹理性在其证明方面的训练

先验的和综合的命题的证明，在一种先天综合知识的所有

证明中间自有其特别之处，即理性在前一些证明中不可以凭借其概念径直地转向对象，而是必须先天地阐明概念的客观有效性及其综合的可能性。这并不仅仅是必不可少的审慎规则，而是涉及证明自身的本质和可能性。如果我应当先天地超出关于一个对象的概念，离开一个特殊的、处在这个概念之外的导线，这就是不可能的。在数学中，是先天直观在引导着我的综合，在这里，一切推论都可以直接地根据纯直观来进行。在先 〔510〕
验知识中，只要它仅仅与知性的概念打交道，这种准绳就是可 B811
能的经验。也就是说，证明并不表明被给予的概念（例如关于所发生的事情的概念）径直导向另一个概念（一个原因的概念）；因为诸如此类的过渡是一种根本不能为自己辩解的飞跃；相反它表明，经验本身以及经验的客体没有这样一种联结就是不可能的。因此，证明必须同时表明综合地和先天地达到事物的某种并不包含在其概念之中的知识的可能性。不注意这一点，证明就将像决堤之水，四处泛滥，直奔隐蔽的联想倾向偶然地把它们导向的地方。信念的这种以联想的种种主观原因为依据、并被视为对一种自然亲和性的洞识的外表，根本不能与合情合理地对诸如此类的冒险步骤必然产生的疑虑匹敌。因此，一切证明充足理由律的尝试，行家们普遍承认是徒劳无功的；而在先验的批判出现之前，人们既然毕竟是不能放弃这一原理，就宁可固执地诉诸健全的人类知性（这是一种遁词，它
在任何时候都证明理性的事情已经绝望），也不愿意尝试新的 B812
独断证明。

但是，如果应当证明的命题是纯粹理性的一种主张，而且我甚至想凭借纯然的理念来超出我的经验概念，那么，这种证明在自身中就必须更多地包含着对这样一个综合步骤（只要它是可能的）的辩护来作为其证明力的一个必要条件。因此，无论从统觉的统一性出发对我们思维实体的单纯本性的所谓证明

如何显而易见，毕竟不可避免地面临着一种疑虑：既然绝对的单纯性毕竟不是一个能够直接地与知觉相关的概念，而是必须作为理念纯然地推论出来，所以就根本看不出，包含在或者至
〔511〕少能够包含在**一切思维**之中的纯然意识，尽管它就此而言是一个单纯的表象，却应当如何把我导向一个在**其**里面只能包含思维的事物的意识和知识。因为如果我表象我处于运动之中的肉体的力量，则肉体就此而言对我来说是绝对的统一体，而且我关于它的表象是单纯的；因此，我也可以通过一个点的运动来表达这个表象，因为肉体的体积在这里毫无干系，可以毫不减弱力量而任意地小，因此也可以被设想为处在一个点中。但我
B813 毕竟不能由此推论：如果除了肉体的运动力之外没有任何东西被给予我，它就能够被设想为单纯的实体，因为它的表象抽掉了其体积的一切大小、从而是单纯的。抽象中的单纯者与客体中的单纯者是完全不同的，第一种意义上的我**在自身中**根本不包含任何杂多性，而第二种意义上的我，既然它意味着灵魂本身，就能够是一个十分复杂的概念，也就是说，**在自身之下**包含着并且表示着非常多的东西，由此我就发现了一个谬误推论。然而，要想事先预见这种谬误推论（因为没有这样一种暂时性的猜测，人们就会对证明不抱任何怀疑），就绝对必须手头有这样一些应当证明多于经验所能给予的东西的综合命题之可能性的常备标准，这种标准就在于：证明不被径直地导向所要求的谓词，而是惟有凭借一条先天地把我们被给予的概念扩展到理念、并把这些理念实在化的可能性的原则才导向这些谓词。如果始终运用这种审慎，如果人们在尝试证明之前就预先明智地自己考虑能够如何以及以什么样的希望根据来期待经由纯粹理性的这样一种扩展，考虑在诸如此类的场合要从何处获得这些既不能从概念出发阐明也不能在与可能经验的关系中预
B814 先推定的洞识，那么，人们就能够省去许多困难而又毫无成果

的劳累，因为人们不再苛求理性任何显然超出其能力的东西，或者毋宁说使由于其思辨的扩展欲而不愿意受到限制的理性经受节制的训练。

因此，**第一条**规则就是：不事先考虑以及说明人们要从何处得到打算把先验证明建立于其上的那些原理，以及人们有什么权利能够期望从它们得出好的推论结果，就不尝试任何先验 〔512〕
证明。如果这是些知性的原理（例如因果性原理），那么，凭借它们来达到纯粹理性的理念就是徒劳无益的；因为那些原理只是对可能经验的对象有效。如果这应当是些出自纯粹理性的原理，那么，这又是白费力气。因为理性虽然有纯粹理性的原理，但作为客观的原理它们却全都是辩证的，充其量只能像有系统联系的经验应用的范导性原则那样有效。但是，如果诸如此类的所谓证明已经存在，那么，你们就要以你们成熟的判断力的 non liquet［不明所以］来对抗这种骗人的游说；而且尽管你们还不能看透诸如此类的证明的幻象，你们毕竟有充分的 B815
权利要求对其中所运用的原理进行演绎，如果这些原理是纯然出自理性的，就绝不能给你们作出这种演绎。而这样一来，你们就根本不必致力于任何一种幻相的阐发和驳斥了，相反，你们可以在一种要求法律的理性的法庭上一下子把所有诡计层出不穷的辩证法通通予以拒斥。

先验证明的**第二种**特性就是：只能为任何一个先验的命题找到**惟一的一种**证明。如果我不是从概念出发，而是从与一个概念相应的直观出发进行推论，不管它是像在数学中那样是纯直观，还是像在自然科学中那样是经验性直观，那么，作为基础的直观就给我提供综合命题的杂多材料，我能够以不止一种的方式来联结这些材料，而且由于我可以从不仅一个点出发，也能够沿着不同的道路达到同一个命题。

但现在，一个先验命题纯然是从**一个**概念出发的，并且按

照这个概念来肯定对象可能性的综合条件。因此，证明根据只
B816 能是一个惟一的证明根据，因为在这个概念之外没有别的任何东西能用来规定对象，所以证明除了按照这个概念——这个概念也是一个惟一的概念——对一个一般对象的规定之外，不能包含任何别的东西。例如在先验分析论中，我们得出“凡是发
〔513〕 生的东西都有一个原因”的原理，乃是从一个关于一般而言发生的东西的概念之客观可能性的惟一条件出发的，即对一个时间中的事件的规定，从而也就是把这个（事件）规定为属于经验的，除了服从这样一条力学规则之外，是不可能的。这也是惟一可能的证明根据；因为只有通过借助因果性规律为概念规定一个对象，所表象的事件才具有客观的有效性，也就是说，才具有真理。人们虽然还尝试过关于这个原理的其他证明，例如从偶然性出发的证明；然而，在仔细地考察这一原理时，人们却除了**发生**、亦即对象的一种不存在在此之前先行的存在之外，不能发现偶然性的任何征兆，因而总是又返回到同一个证明根据。如果应当证明“凡是思维的东西都是单纯的”这一命题，人们就不顾思维的杂多，而是仅仅坚持“我”这个单纯的、一切思维都与之相关的概念。上帝存在的先验证明也是同样的情况，它所依据的仅仅是最实在的存在者与最必然的存在
B817 者两个概念的可互代性，舍此不能到任别的任何地方去寻找。

通过这种警示性的说明，对种种理性主张的批判的范围已经被大大缩小。在理性仅仅通过概念来推进自己的工作的地方，如果确有某种证明是可能的话，那也只有惟一的一种证明是可能的。因此，如果人们已经看到独断论者拿出十种证明来，人们就可以确信他根本没有任何一种证明。因为如果他有一种无可争辩地进行证明的证明（如在纯粹理性的事情上必然如此那样），他干吗还需要别的证明呢？他的意图不过是像那种议会提案人的意图罢了：对这个人是这一种论证，对那个人

是那一种论证，为的是利用他的裁决者们的弱点，这些裁决者并不去深入了解，而是想快点了事，就抓住最先引起他们注意的东西，据此作出决定。

纯粹理性就其在先验证明方面经受一种训练而言的**第三条**特有规则是：它的证明从来都不是**迂回的**，而必须在任何时候都是**明示的**。直接的或者明示的证明在任何种类的知识中都是把对真理源泉的洞识与真理的信念相结合的证明。与此相反，迂回的证明虽然能够产生确定性，但却不能产生真理在与其可能性的种种根据的联系方面的可理解性。因此，后者更多地是 〔514〕
一种应急措施，而不是一种满足理性一切意图的方法。不过， B818
它与直接的证明相比有一种自明性的优点，即矛盾在任何时候都比最好的联结表现得更为清晰，从而更为接近一种演证的直观性。

在不同的科学中应用迂回的证明的真正理由就是上述理由。如果某种知识应当由以推导出来的种种根据过于杂多或者隐蔽得太深，人们就尝试，是否能够通过后果来达到这些根据。于是，从一种知识的后果推论到该知识的真理性的 modus ponens［肯定式］，就只有在由此产生的一切后果都真实的情况下才是允许的；因为在这种情况下，对这些后果来说就只有惟一的一个根据才是可能的，这个根据也就是真正的根据。但是，这种方法是不可行的，因为洞察某一个假定的命题的所有可能后果，这超出了我们的力量；但是，在涉及仅仅把某种东西证明为假说的时候，人们毕竟还是使用这种推论方式，虽然要有某种谅解，因为人们承认按照类比进行的推论：如果人们所尝试的诸多后果都与一个假定的根据一致，那么，所有其余的可能后果也将随之一致。因此缘故，一个假说绝不能通过这
条道路转变为得到演证的真理。从后果推论到根据的理性推论 B819
的 modus tollens［否定式］所做的证明不仅极为严格，而且

也绝对容易。因为即使从一个命题只能得出惟一的一个错误后果，这个命题就是错误的。人们不是在一个直接的证明中经历种种根据的整个序列，这个序列能够凭借对其可能性的完备洞识导向一种知识的真理性，而是只可以在从这种知识的反面得出的种种后果中间发现惟一的一种后果是错误的，这个反面就也是错误的，从而人们要证明的知识就是真的。

但是，迂回的证明方式惟有在不可能把我们表象的主观东西强加给客观东西，亦即**强加**给对象中的东西的知识的那些科
〔515〕学中才是允许的。但在常见这种强加的地方，就必然经常发生这样的情形：或者某个命题的反面仅仅与思维的主观条件相矛盾，但并不与对象相矛盾，或者两个命题仅仅在一个被误以为是客观条件的主观条件下相互矛盾，而且既然条件是错误的，所以两个命题就可能都是错误的，不能从一个命题的错误推论到另一个命题的真实。

B820 在数学中，这种偷换是不可能的；因此，迂回的证明方式在数学中也有其真正的位置。在自然科学中，由于一切都以经验性的直观为根据，所以那种偷换大多数可以通过诸多可比较的观察来避免；但尽管如此，这种证明方式在大多数情况下并不重要。不过，纯粹理性的先验尝试全都是以辩证幻相为中介进行的，也就是说，是以主观的东西为中介进行的，主观的东西在理性的前提中对理性呈现为客观的，或者甚至是强使理性认其为客观的。在这里，就综合命题而言，根本不能允许通过反驳对立面来为自己的主张作辩护。因为或者这种反驳无非是相反意见与为我们理性所理解的主观条件相冲突的纯然表象，而这根本无助于责难事物本身（例如，就像一个存在者的存在中无条件的必然性绝对不能为我们所理解，因而**主观上**有理由与一个必然的至上存在者的思辨证明相抵触，但却没有理由与这样一个元始存在者**就自身而言**的可能性相抵触），或者无论

是肯定一方还是否定一方，双方都为先验幻相所骗，都以关于对象的一个不可能的概念为基础，而且在这里生效的是这样一 B821
条规则：non entis nulla sunt praedicata［不存在者没有任何属性］，也就是说，无论人们关于对象是肯定地还是否定地主张什么，二者都是错误的，所以人们不能通过反驳对立面来迂回地达到真理的认识。例如，如果预设感官世界**就自身而言**在其总体性上被给予，那么，说它必然在空间上**要么**是无限的**要么**是有限的和有界限的，就是错误的，原因在于二者都是错误的。因为毕竟**就自身而言**（作为客体）被给予的显象（作为纯
然的表象）是某种不可能的东西，而这个想象出来的整体的无 〔516〕
限性虽然是无条件的，但却（由于显象中的一切都是有条件的）与毕竟在概念中预设的量的无条件的规定相矛盾。

迂回的证明方式也是真正的幻象，在任何时候都能吸引住对我们独断的玄想家们的缜密性感到惊赞的人们，它仿佛是一位斗士，要证明自己所选择的党派的荣誉和不可置疑的权利，于是自告奋勇地与任何一个要对此有怀疑的人决斗；尽管通过这种大言不惭在事情上并没有澄清任何东西，只是在敌对双方的相对力量上有所澄清而已，而且也只是在采取攻势一方有所澄清而已。旁观者由于看到每一方都次第时而是胜利者，时而
又落败，经常从中获得理由以怀疑论的方式怀疑争执本身的客 B822
体。但是，敌对双方却没有理由这样做，而大声告诉他们 non defensoribus istis tempus eget［时间并不需要这样的维护者］就够了。每一方都必须凭借一种通过证明根据的先验演绎来进行的合法证明，亦即直接地从事自己的事情，以便人们看出他的理性要求自身能够援引什么。因为如果它的敌对者所依据的是主观的根据，那么反驳他当然是轻而易举的事情，但对独断论者却没有什么好处，独断论者通常都同样依赖判断的主观原因，同样被其论敌逼入困境。但如果双方都纯然是直接地进行

的，则要么他们就会自行发现找到他们的主张的权利是困难的，甚至是不可能的，最终只能诉诸失去时效，要么批判将轻而易举地揭露独断的幻相，迫使纯粹理性放弃它在思辨应用中过于夸张的僭妄，退回到它特有的领地亦即实践原理的界限之内。

第二篇 〔517〕

纯粹理性的法规 B823

人类理性在自己的纯粹应用中一事无成，甚至还需要一种训练来约束自己的放纵，并防止由此给它带来的幻象，这对它来说是耻辱的。但另一方面，使它重新振奋并给它以自信的是，它能够并且必须自己实施这种训练，不允许对自己进行一种别的审查，此外它被迫为自己的思辨应用所设置的界限，同时也限制着任何一个对手的玄想的僭妄，从而能够确保一切从它以前过分的要求中还可以给它剩下的东西免受任何攻击。因此，纯粹理性的一切哲学的最大的、也许是惟一的用途大概只是消极的，也就是说，因为它不是作为工具论被用来扩展，而是作为训练被用来规定界限，而且不是揭示真理，而是只有防止错误的默默功绩。

然而，毕竟肯定在某个地方存在着属于纯粹理性领域的积极知识的根源，这些知识也许只是由于误解才为错误提供了诱因，但事实上却构成了理性努力的目标。因为若不然，又该把这 B824
种无法抑制的、绝对要超出经验的界限在某个地方站稳脚跟的欲望归于哪种原因呢？理性预感到对于它来说具有重大旨趣的对象。它踏上纯然思辨的道路，为的是接近这些对象；但是，这些对象却逃避它。也许，它可以希望在还给它剩下的惟一道路上，也就是说在**实践**应用的道路上，会有对它来说更好的运气。

我把法规理解为某些一般认识能力的正确应用之先天原理的总和。于是，普遍逻辑在其分析的部分就是知性和理性的法规，但这只是就形式而言的，因为它抽掉了一切内容。先验分析论是纯粹知性的法规；因为惟有纯粹知性能够得出真正的先天综合知识。但是，在不可能有对一种知识能力的正确应用的
〔518〕地方，也就不存在任何法规。现在，按照迄今所作出的一切证明，纯粹理性在其思辨应用中的一切综合知识都是完全不可能的。因此，根本不存在纯粹理性的思辨应用的任何法规（因为这种应用完全是辩证的），相反，一切先验逻辑在这方面都无非是训练而已。所以，如果某个地方有纯粹理性的一种正确应
B825 用，在这种情况下也必定有纯粹理性的一种法规的话，那么，这种法规将不涉及思辨的理性应用，而是涉及**实践的理性应用**，因而我们现在就要探讨这种应用。

第一章

论我们理性的纯粹应用的终极目的

理性为其本性的一种倾向所驱使，超出经验应用之外，冒险在一种纯粹应用中并且凭借纯然的理念突破一切知识的最后界限，惟有在完成自己的循环时，在一个独立存在的系统整体中才歇息下来。那么，这种努力的根据纯然是其思辨的旨趣，还是毋宁说仅仅是其实践的旨趣呢？

现在，我想把纯粹理性在思辨方面取得的成功搁置一旁，仅仅追问这样一些任务，它们的解决构成理性的终极目的，而不管理性现在是否能够达到这一目的，对它来说其他一切目的
B826 都仅仅具有手段的价值。这些最高的目的按照理性的本性又都必然具有统一性，以便联合起来去促进人类不再从属于任何更高旨趣的那种旨趣。

理性在先验应用中的思辨最终导致的终极意图涉及三个对象：意志自由、灵魂不死和上帝存在。就所有这三个对象而言，理性的纯然思辨的旨趣十分微薄，鉴于这种旨趣，一种令人疲倦的、与连续不断的障碍作斗争的先验研究工作也许会是难以接受的，因为对于在这方面可能作出的一切发现，人们都 〔519〕
毕竟不可能有任何具体的，亦即在自然研究中证明其用途的应用。即使意志是自由的，但这毕竟仅仅关涉到我们意愿的理知原因。因为就意志的种种表现的现象亦即行动而言，我们必须按照一条不可违反的基本准则（没有这条准则，我们就不能在经验性的应用中施展理性），永远像对待其余一切自然显象那样，也就是说，按照自然的不变规律来解释它们。第二，即使能够洞察灵魂的精神本性（并且随之洞察它的不死），但也毕竟既不能指望它在此生的显象方面作为一个解释根据，也不能 B827
指望来世状态的特殊性状，因为我们关于非形体自然的概念纯然是否定的，丝毫也不扩展我们的知识，也不为推论提供适用的材料，除了会为那些只能被视为虚构、但却不为哲学所允许的推论提供适用的材料以外。第三，即使证明了一个最高理智的存在，我们也虽然可以由此在宏观上解释世界安排和秩序中的合目的的东西，但却绝对没有权限由此推导出任何一种特殊的部署和秩序，或者在它们未被知觉到的地方大胆地推论到它们；因为理性的思辨应用的一条必要的规则就是：不要跳过自然原因和放弃我们通过经验能够学到的东西，而从完全超越我们的一切知识的东西中推导出我们知道的某种东西。一言以蔽之，这三个命题在任何时候对于思辨理性来说都依然是超验的，根本没有任何内在的、亦即对于经验的对象来说允许的、从而对我们来说以某些方式有用的应用，相反，它们是我们理性的就自身而言完全多余的、而且在这方面还极为沉重的劳动。

据此，如果这三个基本命题对我们来说根本不为**知识**所必

需，尽管如此还被我们的理性迫切地推荐给我们，那么，它们
B828 的重要性真正说来必定仅仅关涉到**实践的东西**。

〔520〕 凡是通过自由而可能的东西，就都是实践的。但如果我们自由的任性施展的条件是经验性的，那么，理性在这方面除了范导性的应用之外就不能有别的应用，并且只能用于造成经验性规律的统一。例如，在明智的教导中，把我们的偏好给我们提出的一切目的统一在一个惟一的目的亦即**幸福**中，并使达到幸福的种种手段协调一致，就构成了理性的全部工作，理性因此缘故只能提供自由行为的**实用**法则，以达到感官向我们推荐的目的，因而不能提供完全先天地规定的纯粹规律。与此相反，纯粹的实践法则，其目的由理性完全先天地给予，不是经验性地有条件的，而是绝对地发布命令的，它们将是纯粹理性的产物。但是，诸如此类的法则就是**道德的**法则；因此，惟有这些法则才属于纯粹理性的实践应用，并允许有一种法规。

因此，在人们可以称之为纯粹哲学的这种探究中，理性的全部装备事实上都是针对上述三个问题的。但是，这三个问题本身又都有其更为深远的意图，也就是说，如果意志是自由的，
B829 如果有一个上帝，有一个来世，那么**应当做什么**。既然这涉及我们与最高目的相关的行为，所以睿智地照料我们的自然在设立我们的理性时，其终极意图真正说来就只是着眼于道德的东西。

但必须慎重从事的是，当我们把自己的注意力投向一个对于先验哲学来说陌生的对象①时，不要过分说题外话而损害系

① 一切实践的概念都指向愉悦或者反感的对象，也就是快乐和不快的对象，因而至少间接地指向我们情感的对象。但是，既然情感不是事物的表象能力，而是处于全部认识能力之外，所以，我们的判断只要与快乐或者不快相关，从而也就是实践判断，其要素就不属于先验哲学的范围，先验哲学仅仅与纯粹的先天知识打交道。

统的统一，另一方面也不要对自己的新话题说得太少而使其缺乏清晰性和说服力。我希望通过尽可能切近地求助于先验的东 〔521〕
西，并把在这里可能是心理学的亦即经验性的东西完全搁置一旁来做到这两点。

而且此处首先要说明的是：我如今只是在实践的意义上使用自由概念，而在这里把先验意义上的自由概念搁置一旁；后者不能被经验性地预设为显象的解释根据，而本身对于理性来说是一个问题，这是上面已经解决过的。也就是说，有一种任
性是纯然**动物性的**（arbitrium brutum［动物性的任性］），它 B830
只能由感性冲动来规定，也就是说，**从生理变异上**来规定。但那种不依赖于感性冲动，因而能够由仅仅为理性所表现的动因来规定的任性，就叫做**自由的任性**（arbitrium liberum），而一切与这种任性相关联的东西，无论是作为根据还是作为后果，就都被称为**实践的**。实践的自由可以通过经验来证明。因为不仅刺激的东西，亦即直接刺激感官的东西，规定着人的任性，而且我们还有一种能力，能通过本身以更为远离的方式有用或者有害的东西的表象，来克服在我们感性欲求能力上造成的印象；但是，对那种就我们的整体状况而言值得欲求的东西，亦即好的和有用的东西的这些考虑，依据的是理性。因此，理性也给予一些法则，它们是命令，也就是说，是客观的**自由法则**，它们说明**什么应当发生**，尽管它也许永远不发生，而且在这一点上它们有别于仅仅探讨**发生的事情**的**自然法则**，因而也被称为实践的法则。

但是，理性本身在它由以制定法则的这些行动中是否又为 B831
别的方面的影响所规定，亦即就感性冲动而言叫做自由的东西在更高的和更遥远的作用因方面是否又会是自然，这在实践的东西中与我们毫不相干，在实践的东西中我们只是首先向理性征询行为的**规范**；相反，它是一个纯然思辨的问题，只要我们

的意图所针对的是所为或者所弃，我们就可以把它搁置一旁。因此，我们通过经验认识到，实践的自由是自然原因的一种，也就是理性在规定意志方面的一种因果性，而先验的自由却要
〔522〕求这种理性本身（就其开始一个显象序列的因果性而言）不依赖于感官世界的一切规定性原因，并且就此而言看起来与自然规律、从而与一切可能的经验相抵触，从而依然是一个问题。不过，这个问题并不归属实践应用中的理性，因此我们在纯粹理性的法规中只探讨两个关涉到纯粹理性的实践旨趣的问题，就这两个问题而言，纯粹理性应用的一种法规必须是可能的；这两个问题就是：有一个上帝吗？有一种来世吗？有关先验自
B832 由的问题仅仅涉及思辨的知识，我们完全可以在讨论实践的东西时把它当做完全无所谓的而搁置一旁，而且在纯粹理性的二论背反中，这个问题已经得到了充分的探讨。

第二章

论作为纯粹理性终极目的之规定根据的至善理想

理性在其思辨应用中引导我们经过经验的领域，并且由于这个领域对于理性来说永远不能发现完全的满足，就把我们由此引导到思辨的理念，但思辨的理念最终又把我们引回到经验，从而以一种虽然有用、但却根本不符合我们的期望的方式实现了自己的意图。现在，给我们剩下的还有一种尝试，也就是说，在实践的应用中是否也可以发现纯粹的理性，纯粹理性在实践的应用中是否也导向实现我们上面提到的纯粹理性最高目的的理念，因而纯粹理性是否能够从其实践旨趣的观点出

发，提供它就思辨旨趣而言根本拒绝给予我们的东西。

我的理性的全部旨趣（既有思辨的旨趣，也有实践的旨趣）汇合为以下三个问题：

1. 我能够知道什么？ B833

2. 我应当做什么？

3. 我可以希望什么？

第一个问题是纯然思辨的。我们（如我可以自夸）已经穷 〔523〕
尽了对这一问题的所有可能回答，而且最终找到了理性虽然必须满足、而且在它不是着眼于实践的东西时也有理由满足的回答，但离纯粹理性的全部努力真正说来所指向的两大目的却同样遥远，就好像我们出自安逸一开始就拒绝了这一工作似的。因此，如果涉及知识，则至少有把握和确定了的是，我们在那两个问题上永远不能分享知识。

第二个问题是纯然实践的。它作为这样一个问题虽然归属纯粹理性，但在这种情况下却毕竟不是先验的，而是道德的，因而我们的批判就自身而言并不研究它。

第三个问题是：如果我如今做我应当做的，那么我在这种情况下可以希望什么？它既是实践的又同时是理论的，以至于实践的东西只是作为导线来导向对理论问题的回答，而且如果理论问题得到解决，就导向对思辨问题的回答。因为一切**希望**都是指向幸福的，而且希望在实践的东西和道德法则方面，恰恰就是知识和自然规律在事物的理论知识方面所是的同一东西。前者最终导致的结论是：某物**存在**（它规定着终极的可能
目的），**乃是因为有某物应当发生**；后者最终导致的结论则是： B834
某物**存在**（它作为至上原因起作用），**乃是因为有某物发生**。

幸福是我们一切偏好的满足（既**在广度上**就满足的杂多性而言，也**在深度上**就程度而言，还**在绵延上**就存续而言）。出自**幸福**动机的实践法则我称之为实用的法则（明智规则）；但

如果有这样一种实践法则，它除了**配享幸福**之外不以别的任何东西为动机，我就称它为道德的（道德法则）。前者建议我们，如果我们要享有幸福的话就应当做什么；后者则命令我们，我们应当如何行事以便配享幸福。前者建立在经验性原则之上；因为除了凭借经验之外，我既不知道有哪些要得到满足的偏
〔524〕好，也不知道什么是能导致其满足的自然原因。后者抽掉了偏好和满足它们的自然手段，仅仅考察一个一般理性存在者的自由和这种自由惟有在其下才与幸福按照原则的分配相一致的必要条件，因而至少**能够**以纯粹理性的纯然理念为依据，并被先天地认识。

B835 我假定，实际上有纯粹的道德法则，它们完全先天地（不考虑经验性的动机，即幸福）规定着一个一般理性存在者的所为所弃，即其自由的应用，而且这些道德法则**绝对地**（不是仅仅假言地、在其他经验性目的的前提条件下）发布命令，因而在一切方面都是必然的。我可以有理由预设这一命题，因为我不仅诉诸最贤明的道德学家们的证明，而且还诉诸每一个人的道德判断，如果他愿意清晰地思考一条诸如此类的法则的话。

因此，纯粹理性尽管不是在其思辨的应用中，但却毕竟在某种实践应用中，也就是在道德的应用中包含着**经验可能性**的原则，即根据道德规范**有可能**在人的**历史**上发现的这样一些行动的原则。因为既然道德法则命令这样一些行动应当发生，它们也就必须能够发生，因此某个特殊种类的系统统一性，即道德的系统统一性，必须是可能的，然而系统的自然统一性**按照**理性的**思辨原则**却是不能证明的，因为理性虽然就一般自由而言具有因果性，但并不是就整个自然而言具有因果性，而道德的理性原则虽然能够产生自由的行动，但并不能够产生自然规律。据此，纯粹理性在实践应用中，尤其在道德应用中的原则
B836 具有客观的实在性。

我把符合一切道德法则的世界（如同它按照有理性的存在者的自由所**能够**是的那样，亦即按照**道德性**的必然法则所**应当**是的那样）称为一个**道德的世界**。这个世界由于其中抽掉了一切条件（目的），甚至抽掉了道德性在这些条件中的一切障碍（人类本性的软弱和不纯正）而纯然被设想为一个理知的世界。〔525〕就此而言，它是一个纯然的理念，但毕竟是一个实践的理念，它能够并且应当现实地影响感官世界，使其尽可能地符合这个理念。因此，一个道德世界的理念具有客观的实在性，不是好像它指向一种理知直观的对象（诸如此类的对象我们根本不能思维），而是指向感官世界，但这个感官世界是作为纯粹理性在其实践应用中的一个对象，作为有理性的存在者在感官世界中的一个 corpus mysticum［奥秘团体］，只要他们自由的任性在道德法则之下既与自己本身、也与每一个其他有理性的存在者的自由具有完全的系统统一性。

对纯粹理性涉及实践旨趣的两个问题中第一个问题的回答是：**去做那使你配享幸福的事情吧**。现在，第二个问题问道：如果我现在如此行事，使我并非不配享幸福，我如何也可以希 B837
望由此能够享有幸福呢？对这个问题的回答取决于：先天地制定这一法则的纯粹理性的原则是否也必然地把这种希望与这一法则联结起来。

据此我说：正如按照理性来看在其**实践**应用中道德原则是必要的一样，按照理性来看在其**理论**应用中也同样有必要假定，每一个人都有理由依照他在其行为中使自己配享幸福的同等程度来希望幸福，因此，道德性的体系与幸福的体系密不可分地结合在一起，但却惟有在纯粹理性的理念中才是如此。

如今，在一个理知的世界里，也就是在一个道德的世界里，在一个我们从其概念抽掉了一切道德性的障碍（偏好）的世界里，这样一个与道德性相结合成正比的幸福的体系也可以被设想为必然的，因为部分地为道德法则所推动、部分地为其所限制的自由就会是普遍的幸福的原因，因而有理性的存在者在这些原则的指导下本身就会是其自己的、同时也是别人的持
B838 久福祉的创造者。但是，自己酬报自己的道德性的这个体系只是一个理念，它的实现依据这样的条件，即**每一个人**都做他应
〔526〕 当做的，也就是说，有理性的存在者们的所有行动都如此发生，就好像它们是出自一个把所有的私人任性都包括在自身之中或者自身之下的至上意志似的。但是，既然即使别的人都不按照道德法则行事，出自这一法则的义务对自由的每一种特殊的应用也依然有效，所以无论是从世上事物的本性出发，还是从行动本身的因果性及其与道德性的关系出发，都未确定行动的后果与幸福将如何相关；如果我们仅仅以自然为基础，则获得幸福的希望与使自己配享幸福的不懈努力的上述那种必然的联结就不能通过理性来认识，而是惟有在一个按照道德法则发布命令的**最高理性**同时作为自然的原因被奠定为基础的时候才可以希望。

我把这样一种理智的理念称为**至善的理想**；在这一理念中，与最高的永福相结合的道德上最完善的意志就是世间一切幸福的原因，只要这幸福与道德性（作为配享幸福）处于精确的比例之中。因此，纯粹理性惟有在这个至高的**源始的**善的理想中才能发现至高的派生的善，也就是一个理知的亦即**道德的**
B839 世界的两种要素在实践上必然联结的根据。既然我们必须以必然的方式通过理性把自己表现为属于这样一个世界的，即使感官呈现给我们的只是一个显象的世界，我们也必须假定那个世界就是我们在感官世界中的行为的一个后果，而既然感官世界并未向我们呈现这样一种联结，我们就必须假定那个世界是一个对我们来说未来的世界。因此，上帝和来世是两个按照纯粹理性的原则与同一个纯粹理性让我们承担的义务不可分割的

预设。

道德性自身构成一个体系，但幸福则不如此，除非它精确地按照道德性被分配。但是，这惟有在隶属一个智慧的创造者和统治者的理知世界中才是可能的。理性发现自己不得不假定这样一个智慧的创造者和统治者，连同在这样一个我们必须视之为来世的世界中的生活，或者它就把道德法则视为空洞的幻觉，因为没有那种预设，道德法则的必然后果——是同一个理性把它与道德法则联结起来的——就必然被取消。因此，即便 〔527〕
每个人都把道德法则视为**诫命**，但如果道德法则不先天地把适当的后果与它们的规则联结起来，从而自身带有**应许**和**威胁**的话，道德法则也就不能是诫命。但是，如果道德法则不蕴涵在 B840
一个作为至善的必然存在者之中的话，它们也不能做到这一点，惟有至善才能使这样一种合目的的统一成为可能。

莱布尼茨曾把人们在其中只注意有理性的存在者及其在至善的统治下按照道德法则的联系的那个世界称为**神恩王国**，并把它与**自然王国**区分开来；在自然王国中，有理性的存在者虽然从属于道德法则，但却除了按照我们感官世界的自然进程之外，并不期待别的结果。因此，把自己看做处于神恩王国之中，在那里，除非我们由于不配享幸福而自己限制我们的幸福份额，一切幸福都在等待着我们，这就是理性的一个在实践上必要的理念。

实践的法则如果同时成为行动的主观根据，亦即主观的原理，那就叫做**准则**。对道德性在纯粹性和后果上的**判断**是根据**理念**进行的，对其法则的**遵循**则是按照**准则**进行的。

使我们的整个生活方式都从属于道德准则，这是必要的；但是，如果理性不把一个作用因与是一个纯然理念的道德法则联结起来，这也同时是不可能发生的；这个作用因给按照道德法则的行为规定了一种与我们的最高目的精确相符的结局，不 B841

管是在今生还是在来世。因此，没有一个上帝和一个我们现在看不见、但却希望着的世界，道德性的这些美好的理念虽然是赞许和叹赏的对象，但却不是立意和实施的动机，因为它们并未实现那对每一个理性存在者来说都是自然的、通过同一个纯粹理性先天地规定的、必然的全部目的。

仅仅幸福，对于我们的理性来说还远远不是完备的善。如果幸福不与配享幸福亦即道德上的善行结合起来，理性则并不赞同这样的幸福（无论偏好如何期望这种幸福）。但仅仅道德
〔528〕性，以及随之还有配享幸福，也远远不是完备的善。要完成这样的善，那不曾行事不配享幸福的人就必须能够希望分享幸福。甚至没有任何私人意图的理性，即便它不考虑自己的私利而置身于一个应当给其他存在者分配幸福的存在者的地位上，也不能作出另外的判断；因为在实践的理念中，这两种成分是在本质上结合在一起的，尽管结合的方式是道德意向作为条件首先使分享幸福成为可能，而不是反过来幸福的前景首先使道德意向成为可能。因为在后一种情形中，道德意向就会不是道
B842 德的，从而就不配享有全部幸福；对于理性来说，除了产生自我们自己的不道德行为的限制之外，幸福没有别的任何限制。

因此，幸福只有与理性存在者的道德性精确相称、理性存在者由此配享幸福时，才构成一个世界的至善；我们必须完全按照纯粹的、但却是实践的理性的种种规范置身于这个世界，这个世界当然只是一个理知的世界，因为感官世界并没有从事物的本性中给我们应许诸如此类的系统统一性，这种统一性的实在性也不能建立在任何别的东西之上，而只能建立在一个至高的源始的善的预设之上，在这里，用一种至上的原因的所有充足性装备起来的独立理性，按照最完善的合目的性建立、维持和完成事物的普遍秩序，虽然这种秩序在感官世界中对我们来说是隐蔽很深的。

这种道德神学与思辨神学相比具有独特的优点：它不可避免地导致一个**惟一的**、**最完善的**、**理性的**元始存在者的概念，思辨神学就连从客观的根据出发**指示**这一概念也不能，就更不用说使我们确信了。因为无论在先验神学中还是在自然的神学中，不管理性在其中把我们引领到多么远，我们都找不到一个重要的根据，来哪怕是假定一个**惟一的**存在者，使我们有充足 B843
的理由把它置于一切自然原因之前，同时使自然原因在一切方面都依赖于它。与此相反，如果我们从作为一条必然的世界规律的道德统一性的观点出发，来考虑那惟一能够给予这一规律以相应的效果，从而也给予它以对我们有约束力的力量的话，那就必然有一个惟一的至上的意志，它自身包含着所有这些规律。因为我们想怎样在不同的意志中间发现目的的统一性呢？〔529〕
这个意志必须是全能的，以便整个自然及其与世间的道德性的关系都服从于它；它必须是全知的，以便认识意向的最内在的东西及其道德价值；它必须是全在的，以便直接满足要求最高的世间福祉的一切需求；它必须是永恒的，以便在任何时间里都不缺少自然与自由的这种协调一致；如此等等。

但是，种种理智的这个世界虽然作为纯然的自然只能被称为感官世界，但作为自由的体系却可以被称为理知世界，也就是道德世界（regnum gratiae［神恩王国］）；在这个世界里，种种目的的系统统一性也必然导致种种事物的合目的的统一性（种种事物构成这个大全，依照的是普遍的自然规律，就像前一种统一性依照的是普遍必然的道德法则一样），并把实践理性与思辨理性结合起来。世界如果应当与这种理性应用（没有这种理性应用，我们就会认为自己不配拥有理性）、也就是道 B844
德的理性应用（道德的理性应用是绝对依据至善的理念的）相一致的话，就必须被表现为出自一个理念。这样一来，一切自然研究就获得了朝向一个目的体系的形式的方向，并在其扩张到极点时成为自然神学。但是，由于这种自然神学毕竟是从作为一种基于自由的本质的、并非通过外在的诫命偶然地建立起来的统一性的道德秩序开始的，所以它就把自然的合目的性引导到必然先天地与事物的内在可能性不可分地联结在一起的根据，引导到一种**先验神学**，这种先验神学以最高的本体论的完善性这一理想作为按照普遍的和必然的自然规律把一切事物联结起来的系统统一性原则，因为一切事物的起源都在一个惟一的元始存在者的绝对必然性之中。

如果我们不把目的置于前面，我们能够对我们的知性甚至在经验方面作出一种什么样的应用呢？但是，最高的目的就是道德性，而且只有纯粹理性才能把道德性供我们认识。具备了这些目的，并依照它们的导线，我们并不能在自然本身没有表现出合目的的统一性的地方，对自然知识本身作一种就知识而
B845 言的合目的的应用；原因在于，没有这种合目的的统一性，我
〔530〕 们自己甚至就会没有任何理性，因为我们就会没有理性的学校，也没有通过给这样的概念提供材料的对象而来的教养。但是，前一种合目的的统一性是必然的，并且是基于任性本身的本质的，因此，包含着前一种的具体运用之条件的后一种合目的的统一性也必须是必然的；这样，对我们的理性知识的先验提升就不是纯粹理性加给我们的实践合目的性的原因，而仅仅是它的结果。

因此，我们也在人类理性的历史中发现，在道德概念充分被纯化、被规定，而种种目的的系统统一性按照这些概念，并且从必然的原则中被洞察之前，自然的知识，甚至理性在诸多别的科学中可观程度的教养，有时只能产生关于神性的一些粗糙的和飘忽不定的概念，有时留下一种令人惊赞的对这一问题根本无所谓的态度。因我们宗教极为纯粹的道德法则而成为必然的对种种道德理念的更深入探讨，曾通过迫使理性对对象发

生的旨趣而使理性对于该对象更加敏锐；而且既不是扩展了的自然知识、也不是正确可靠的先验洞识（诸如此类的洞识在任 B846
何时代都是有缺陷的）对此作出了贡献，而是道德理念实现了关于神性存在者的一个概念，我们如今把这个概念视为正确的概念，并不是因为思辨理性使我们确信它的正确性，而是因为它与种种道德的理性原则完全一致。这样，归根结底毕竟始终只是纯粹理性——但仅仅在其实践应用中——立下了这一功劳，即把纯然思辨只能臆猜但却不能使之有效的知识与我们的最高旨趣联结起来，而且由此虽然没有使它成为演证了的独断教理，但毕竟使它就纯粹理性最根本的目的而言成为一个绝对必要的预设。

但是，在实践理性现在达到了这个高度，也就是达到了一个作为至善的惟一元始存在者的概念之后，它万万不可冒险以为它已经超越了这个概念的运用的一切经验性条件，高升到了对新对象的直接知识，要从这个概念出发，从它推导出道德法则本身。因为恰恰是这些道德法则，其内在的实践必然性把我 〔531〕
们引领到一个独立原因或者一个智慧的世界统治者的预设，为的是给予那些法则以效用；因此，我们不能根据这种效用又把道德法则视为偶然的、派生自纯然的意志的，尤其是不能视为派生自这样一个意志，我们对于这个意志根本没有任何概念， B847
除非是我们根据那些法则来形成其概念。就实践理性有权利引领我们而言，我们之所以把行动视为义务性的，将不是因为它们是上帝的诫命，相反，我们之所以把它们视为神的诫命，乃是因为我们在内心中感到对此有义务。我们将在根据理性原则的合目的的统一性之下研究自由，并且仅仅就我们使理性从行动本身的本性出发教给我们的道德法则保持神圣而言，才相信自己是符合神的意志的，而且也惟有通过我们在我们身上和别人身上促进世界福祉，才相信自己在为神的意志效劳。因此，道德神学只具有内在的应用，也就是说，通过我们适应一切目的的体系来实现我们在此世的使命，而且不狂热地或者干脆渎神地离开一种在道德上立法的理性在善良生活方式中的导线，以便把这种生活方式直接地与最高存在者的理念联结起来；这将会提供一种超验的应用，但正如纯然思辨的超验应用一样，它必将颠倒理性的终极目的并使之破灭。

第三章

B848
论意见、知识和信念

视之为真，是我们知性中的一件事情，它可以依据客观的根据，但也要求在此作判断的人心灵中的主观原因。如果它对每一个只要具有理性的人都是有效的，那么，它的根据就是客观上充足的，而视之为真在这种情况下就叫做**确信**。如果它仅
〔532〕仅在主体的特殊性状中才有自己的根据，那么，它就被称为**臆信**。

臆信是一种纯然的幻相，因为仅仅蕴藏于主体之中的判断根据被看做是客观的。因此，这样一个判断也只有私人有效性，而且这种视之为真是不能传达的。但是，真理所依据的是与客体的一致，因此就客体而言，每一个知性的种种判断都必须是一致的（consentientia uni tertio consentiunt inter se［凡与一个第三者一致者，相互之间也一致］）。因此，检验视之为真是确信还是臆信的试金石在外部是传达它的可能性，以及发现这种视之为真对每个人的理性都有效的可能性；因为在这种
B849
情况下至少就有一种猜测，即一切判断尽管主体相互之间的差异仍相一致的根据将依据共同的根据，即依据客体，因此这些判

断将全都与客体一致，并由此证明判断的真理性。

据此，虽然当主体仅仅把视之为真看做是他自己心灵的显象时，臆信就不能与确信区别开来；但是，人们用视之为真对我们有效的那些根据在别的知性上进行试验，看它们对别的理性是否会与对我们的理性产生同样的结果，这毕竟是一种——尽管是主观的——手段，虽然并不造成确信，但毕竟揭示出判断纯然的私人有效性，也就是说，揭示出判断中某种是纯然臆信的东西。

此外，如果人们能够展示我们认为是判断客观**根据**的判断主观**原因**，并因此而把错误的视之为真解释为我们心灵中的一件事情，为此并不需要客体的性状，那么，我们就揭露了幻相，不再为它所蒙骗，尽管在幻相的主观原因与我们的本性相关的时候，还总是在某种程度上受其诱惑。

除了产生确信的东西之外，我不能**断言**任何东西，也就是说，不能把任何东西当做对任何人都必然有效的判断说出来。我可以为自己保持臆信，如果我这样感觉不错的话，但我不能 B850
也不应当想使它成为在我之外有效的。

视之为真或者判断的主观有效性在与确信（它同时是客观地有效的）的关系上有以下三个阶段：**意见**、**信念**和**知识**。**意见**是一种自觉其**既**在主观上**又**在客观上都不充分的视之为真。〔533〕
如果视之为真只是在主观上充分，同时被视为客观上不充分的，那它就叫做**信念**。最后，既在主观上又在客观上充分的视之为真叫做**知识**。主观上的充分叫做**确信**（对我自己来说），客观上的充分叫做**确定性**（对任何人来说）。对如此容易领会的概念，我就不再费时说明了。

如果不至少对某种东西有**知识**，我绝不可以冒昧地有所**意见**；凭借这某种东西，就自身而言仅仅或然的判断就获得与真理的一种联结，这种联结虽然并不完备，但毕竟胜于任意的虚构。此外，这样一种联结的规律必须是确定的。因为如果我就这种规律而言所拥有的也无非是意见，那么，一切都只不过是想象的游戏罢了，与真理没有丝毫关系。在出自纯粹理性的判
B851 断中，是根本不允许有**意见**的。因为既然这些判断不是基于经验的根据，而是一切都应当先天地被认识，在这里一切都是必然的，所以联结的原则要求普遍性和必然性，从而要求完全的确定性，否则就根本找不到通往真理的管道。因此，在纯粹数学中有所意见是荒谬的；人们必须有知识，要么就放弃一切判断。道德性的种种原理也是同样的情况，在这里人们不可以仅仅对“某物是**允许的**”有意见就贸然行动，而是必须对此有知识。

与此相反，在理性的先验应用中，说有意见当然是太少了，但说有知识却未免太多。因此，在纯然的思辨方面，我们在这里根本不能作出判断；因为视之为真的主观根据就像能够产生信念的主观根据一样，在思辨的问题上不值得任何赞同，在这里它们离开一切经验性的帮助就无法立足，也不能在同样的程度上传达给别人。

但是，任何地方都惟有在**实践的关系**中，理论上不充分的视之为真才能被称为信念。现在，这种实践的意图要么是**技巧**的意图，要么是**道德性**的意图，前者关涉任意的和偶然的目的，后者则关涉绝对必然的目的。

一旦把一种目的置于前面，那么，达到该目的的条件就也假设为必然的了。这种必然性是主观的，但只要我根本不知道
〔534〕有达到该目的的其他条件，它就毕竟是相对而言充分的；然
B852 而，如果我确切地知道，没有人能够认识导致所设定的目的的其他条件，它就是绝对充分的，并且对每个人来说都是充分的。在前一种情形中，我对某些条件的预设和视之为真是一种仅仅偶然的信念，而在第二种情形中则是一种必然的信念。医

生对一个处于危险中的病人必须有所作为，但他并不了解病情。他观察显象，并且由于他并不知道更进一步的东西而判断这是肺结核。他的信念甚至在他自己的判断中也仅仅是偶然的，另一个医生可能会更好地作出判断。我把诸如此类偶然的、但却为现实地运用手段于某些行动奠定基础的信念称为**实用的信念**。

对于某人所断言的东西，看其是否是纯然的臆信，或者至少是否是主观的确信，通常的试金石是**打赌**。某人经常以如此深信不疑的和难以驾驭的固执说出自己的命题，以至于看起来他完全摆脱了失误的担忧。打一个赌就使他起了疑心。有时可以发现，他虽然足足具有可以被估价值一个杜卡特的臆信，但却不具有值十个杜卡特的臆信。因为对于第一个杜卡特他还敢 B853
赌，而对于十个杜卡特来说他才意识到他此前没有注意的事情，即毕竟也可能是他自己错了。如果人们在思想中想象应当以终生的幸福打赌，则我们趾高气扬的判断就会大为减色，我们将变得十分谨慎，第一次发现我们的信念并没有达到如此程度。因此，实用的信念仅仅具有一种根据在赌博中出现的利益之差异可大可小的程度。

但是，尽管我们在与客体的关系中根本不能有所行动，因而视之为真纯然是理论的，但由于我们毕竟在许多情形中仍然能够在思想上把握和想象一种行动，我们自以为对这一行动有充足的根据，如果有一种手段来澄清事情的确定性的话，所以，在纯然理论的判断中有一个**实践判断的类似物**，纯然理论判断的视之为真是适合于**信念**一词的，我们可以把这种信念称为**学理的信念**。如果有可能通过某种经验来澄清的话，我愿意以我的一切来打赌，赌至少在我们所见的行星中的某一个上面有居民。因此我说，也存在有别的世界的居民，这并不仅仅是 〔535〕
意见，而是坚强的信念（对于它的正确性我已经以生活的诸多好处作赌注了）。

B854 现在，我们必须承认，关于上帝存在的学说就属于学理的信念。因为尽管我就理论的世界知识而言不能**指定**任何东西，来必然地预设这一思想是我解释世界显象的条件，而毋宁说不得不这样来使用我的理性，就好像一切都只不过是自然似的，但合目的的统一性毕竟是把我们的理性运用于自然的一个如此重大的条件，此外经验又给我呈现出这方面丰富的例证，以至于我根本不能忽略它。但对于这种统一性，我不知道任何别的条件来使它成为自然研究的导线，除非我预设一个最高的理智按照最智慧的目的如此安排了一切。因此，为了在对自然的探究中有一种指导而预设一个智慧的世界创造者，这是一种虽然偶然的、但毕竟并非不重要的意图的一个条件。我的研究的结果也如此经常地证实这一预设的可用性，没有任何东西能够以断然的方式被援引来反驳这一预设，以至于我如果要把自己的视之为真称为一种意见，就说得太少了；相反，甚至在这种理论的关系中可以说，我坚定地相信一个上帝；但在这种情况
B855 下，这种信念在严格的意义上依然不是实践的，而是必须被称为一种学理的信念，它是自然的**神学**（自然神学）必定在任何地方都必然地造成的信念。就同一种智慧而言，鉴于人类本性的杰出装备和与此极不匹配的短暂生命，同样可以为人类灵魂的来世生活的学理信念找到充分的根据。

在这样一些事例中，信念这一表述是在**客观**方面的谦逊态度的表述，但毕竟同时是在**主观**方面的笃信态度的表述。即使我在这里把纯然理论上的视之为真仅仅称为我有权利接受的假说，由此我也已经会自告奋勇地对于一个世界原因和另一个世界的性状，较之我实际上能够指出的那样更多地拥有概念了；
〔536〕 因为无论我把什么仅仅当做假说来接受，我都对它至少在其属性上知道如此之多，以至于我可以虚构的**不是它的概念**，而**仅**

仅是它的存在。但是，信念一词仅仅关涉一个理念给予我的指导，关涉对我的理性行动之促进的主观影响，这种促进使我坚守这个理念，尽管我在思辨方面没有能力对它作出解释。

但是，纯然学理的信念自身具有某种摇摆不定的东西；人们经常由于在思辨中出现的困难而失去它，尽管人们不可避免地又一再返回到它那里。 B856

道德的信念则全然不同。因为在这里，某种事情必须发生，也就是说，我在一切方面都必须服从道德法则，这是绝对必然的。目的在这里是不可回避地确立了的，而且按照我的一切洞识，这一目的与所有全部目的在其下相互联系并由此具有实践的有效性的条件，只可能有惟一的一个，即有一个上帝和有一个来世；我也完全确定地知道，没有人认识在道德法则之下导致种种目的的这种统一性的其他条件。但是，既然因此之故道德规范同时是我的准则（正如理性命令它们应当是我的准则一样），我将不可避免地相信上帝和一个来世的存在，并且肯定没有任何东西能够动摇这一信念，因为那样一来我的道德原理本身就会被倾覆，而我不可能放弃这些道德原理而不在我自己的眼中是可憎的。

以这样的方式，在一种超出一切经验的界限之外四处漫游的理性的一切沽名钓誉的意图都破灭之后，还给我们留下了足够的东西，即我们有理由在实践方面对此感到满足。尽管当然没有人能够自诩说，他**知道**有一个上帝和一个来生；因为如果他知道这一点，那他恰恰就是我长期以来所找的人。一切**知识** B857
（如果它们涉及纯然理性的一个对象的话）人们都可以传达，因此我也将会能够希望看到我的知识通过他的教诲以如此值得惊赞的方式扩展。不会的，这种确信不是逻辑的确信，而是**道德上的**确定性，而且既然它依据的是（道德意向的）主观根据，所以我甚至不能说：有一个上帝等等，**这是**在道德上确定

〔537〕的；而是只能说：**我是**在道德上确信等等。这就是说：对一个上帝和一个来世的信念与我的道德意向是如此交织在一起，以至于就像我没有丧失后者的危险一样，我也同样不担心前者在某个时候被从我这里夺走。

这里存在的惟一令人疑虑的东西就是：这种理性信念是建立在道德意向的预设之上的。如果我们忽略这一点，并且假定一个人在道德法则方面完全无所谓，那么，理性所提出的这个问题就完全成为思辨的一个课题，而且在这种情况下虽然还能够得到出自类比的有力根据的支持，但却不能得到最冥顽不灵的怀疑癖也不得不顺从的那些根据的支持。① 但是，没有一个
B858 人在这些问题上没有任何旨趣。因为尽管他可能由于缺乏善的意向而被与道德旨趣隔绝，但即使在这种情形中也毕竟还剩下足够的东西来使得他**惧怕**一种神性的存在和来世。因为要做到这一点不再要求别的，只要他至少不能借口没有**确定性**，即**没有**这样一种存在者和**没有**来生能被发现；由于这必须借助纯然的理性，从而不容置疑地来证明，所以他为此就必须要阐明二者的不可能性，而这肯定是没有一个有理性的人能够接受的。这将会是一种**消极的**信念，它虽然并不造成道德性和善的意向，但毕竟能够造成它们的类似物，也就是说，能够有力地遏制恶的意向的发作。

但是，有人会问，这就是纯粹理性通过在经验的界限之外

① 人的心灵对道德性有一种自然的旨趣（我相信，这在每一个有理性的存在者身上都必然会发生），尽管这种旨趣并不专一和在实践上占优势。请巩固和扩展这种旨趣，你们将发现理性是好学的，甚至更为开明，可以还把思辨的旨趣也与实践的旨趣结合起来。但是，如果你们不注意你们此前至少已处在造就好人的半途中，你们就永远不会使他们成为虔信的人。

展现前景所达到的一切吗？除了两个信条之外就没有别的了
吗？就连平常的知性也能够达到这种程度，用不着就此请教哲 〔538〕
学家！ B859

我在这里并不想赞扬哲学通过其批判的艰苦努力而为人类理性所立下的功劳；就算它即便在结论上也应当被认为是纯然消极的；因为在下一章还将有所论及。但是，你们真的要求一种关涉所有人的知识应当超越平常知性，并且仅仅由哲学家揭示给你们吗？恰恰你们所责备的，就是迄今的主张的最好证实，因为它揭示出人们一开始不能预见的东西，也就是说，在人们毫无差别地关切的事情上，不能指责自然在分配人们的禀赋时有所偏袒，而最高的哲学在人类本性的根本目的方面，除了自然也赋予最平常的知性的那种指导以外，也不能再造就更多的东西。

第三篇

B860
纯粹理性的建筑术

我把一种**建筑术**理解为种种体系的艺术。由于正是系统的统一性最初使平常的知识成为科学，也就是说，用知识纯然的集合体构成一个体系，所以建筑术就是我们一般知识中的科学性因素的学说，从而必然属于方法论。

在理性的统治下，我们一般而言的知识不可以构成一个集合体，而是必须构成一个体系，惟有在体系中，它们才能够支持和促进理性的根本目的。但是，我把体系理解为杂多的知识在一个理念之下的统一。这个理念是关于一个整体的形式的理性概念，乃是就不仅杂多性的规模，而且各部分相互之间的位
〔539〕置都通过这一概念而先天地被规定而言的。因此，科学性的理性概念包含着与它一致的整体的目的和形式。一切部分均与其相关，而且在其理念中也彼此相关的目的的统一性，就使得在知识中每一个部分都会因缺少其余的部分而若有所失，而且不出现偶然的附加，或者完善性没有先天规定的界限，其大小不
B861 确定。因此，整体是有分支的（articulatio［组合］），而不是堆积的（coacervatio［堆砌］）；它虽然可以内在地（per intussusceptionem［通过内部的摄取］）生长，但不能外在地（per appositionem［通过附加］）生长，就像一个动物的身体，其生长并不增加一个新肢体，而是比例不变地使每一个肢体都对自己的目的变得更强有力、更有效用。

理念为实现而需要一个**图型**，也就是说，需要各个部分的

一种先天地从目的原则出发规定的杂多性和秩序。不是根据一个理念，亦即从理性的主要目的出发，而是经验性地、按照偶然呈现的种种意图（其数量人们不能预知）而设计的图型，提供的是**技术性的**统一，而仅仅遵循理念产生的图型（在这里，理性先天地提出目的，而不是经验性地等待目的），所建立的则是**建筑术的**统一。我们称为科学的那种东西，其图型必须包含着整体的轮廓（monogramma）及其依照理念之划分，亦即先天地划分为各个环节，并且确定无疑地和按照原则把这个整体与其他一切整体区别开来，这种东西就不能是以技术的方式 B862
由于杂多的相似性或者为种种任意的外在目的对知识的具体偶然应用而产生的，而是以建筑术的方式由于亲缘关系和从一个惟一的、至上的和内在的目的派生而产生的，惟有这个目的才使得整体成为可能。

没有人不以一个理念为基础而企图建立一门科学。然而在拟制这门科学时，图型乃至他一开始为这门科学给出的定义，则罕有符合其理念；因为这一理念就像一个胚芽一般蕴藏在理性中，在这个胚芽中，所有的部分都还深藏不露，即便用显微镜观察也几乎无法辨识。因此缘故，既然各门科学毕竟都是从某种普遍的旨趣的观点出发而设想出来的，所以人们就必须不是按照其创立者对它们所做的描述，而是按照人们从他汇集起来的各部分的自然统一性出发，发现根据在于理性本身的那个理念来解释和规定它们。因为在这里将发现，创立者以及经常 〔540〕
还有其最晚的追随者都还在摸索一个理念，他们自己没有搞清楚这个理念，因而也就不能规定这门科学的独特内容、组合（系统的统一性）和界限。

糟糕的是，惟有在我们按照潜藏在我们心中的理念的暗示，长时间胡乱地搜集许多与此相关的知识之后，甚至在经历很长时间以技术的方式把它们装配在一起之后，我们才有可能

B863 更为清楚地看出理念，并按照理性的种种目的以建筑术的方式设计一个整体。各种体系看起来一开始就像是一堆蛆虫那样，由于一种出自搜集而来的概念的纯然汇合的 generatio aequivoca［多元发生论］而残缺不全，逐渐地才得到完善，尽管它们全都在纯然展开着的理性中有其作为源始胚芽的图型，并因此而不仅每一个体系都独自按照一个理念划分，而且所有的体系还都为此相互之间在一个人类知识体系中又作为一个整体的种种环节合目的地结合起来，从而允许有一种所有人类知识的建筑术；目前，既然已经搜集了如此之多的材料，或者能够从已经倾覆的旧建筑的废墟中获取如此之多的材料，这种建筑术就不仅是可能的，而且也根本不困难。在这里，我们满足于完成我们自己的工作，即仅仅设计出自**纯粹理性**的一切知识的**建筑术**，而且仅仅从我们的认识能力的总根分杈并长出两个主干的那个点开始，这两个主干的一个就是**理性**。但是，我在这里把理性理解为全部高级认识能力，因而把理性的与经验性的对立起来。

如果我在客观上来看抽掉知识的一切内容，则一切知识在主观上就要么是历史的，要么是理性的。历史的知识是 cogni-
B864 tio ex datis［出自被给予的东西的知识］，理性的知识则是 cognitio ex principiis［出自原则的知识］。一种知识尽可以是源始地被给予的，无论它来自何处，但就拥有这种知识的人而言，如果他所知道的在程度上和数量上只不过是从别处给予他的，那么，这种知识就毕竟是历史的；不管这种知识被给予他，是通过直接的经验，还是通过讲述，还是通过（普遍知识
〔541〕 的）传授。因此，真正说来学习了一个哲学体系——例如**沃尔夫**哲学体系——的人，尽管他脑子里已经有了所有的原理、解说和证明，连同整个学说体系的划分，并且能够掰着手指列举它们，他所拥有的也只不过是**沃尔夫**哲学的完备的**历史**知识而

已；他所知道和判断的，只不过是被给予他的那么多。如果你们否定他的一个定义，他就不知道应当从何处获取另一个定义。他是按照别人的理性增长知识的，但模仿的能力并不是生产的能力，也就是说，知识在他那里不是产生自理性，而尽管这种知识客观上当然是一种理性知识，但它毕竟在主观上纯然是历史的。他正确地领会、保持了，也就是说学会了，但却是一个活人的石膏模子。客观的、（也就是说，一开始）只能产生自人自己的理性的理性知识，惟有在它们是从理性的普遍源泉、亦即从原则汲取而来的时候，才可以也在主观上使用这一 B865
名称；就连批判、甚至对学到的东西的抛弃，也可以产生自理性的这一普遍源泉。

一切理性知识都要么是出自概念的知识，要么是出自概念的构造的知识；前者叫做哲学的，后者叫做数学的。我在第一篇中已经讨论过二者的内在区别。据此，一种知识可以在客观上是哲学的，而在主观上却是历史的，就像在大多数初学者以及在所有目光永不超出学校而终生是学徒的人那里一样。但特殊之处在于，人们已经学会的数学知识毕竟还能够在主观上被视为理性知识，而且在数学知识这里，并不像在哲学知识那里那样出现这样一种区别。原因在于，教师惟一能够汲取知识的那些知识源泉，不在别处，只是在理性的根本的和真正的原则里面，从而不能为初学者从别处获得，还可以说是不容置疑的；而且也是因为，理性的应用在这里只是具体地发生的，但尽管如此又是先天地发生的，也就是说，是根据先天的、正因为此而正确无误的直观发生的，并且排除了一切蒙蔽和失误。因此，在一切（先天的）理性科学中，人们只能学习数学，但永远不能学习哲学（除非是以历史的方式学习），而就理性而 〔542〕
言，至多只能学习**哲学思维**。

一切哲学知识的体系就是**哲学**。如果人们把它理解为判断 B866

一切哲学思维尝试的原型，它应当用于判断每一种其体系往往如此多种多样并且如此多变的主观哲学的话，那么，人们就必须把它当做客观的。以这种方式，哲学就是一门可能科学的纯然理念，这门科学不能在任何地方具体地被给予，但人们可以沿着种种途径来试图接近它，直到发现惟一的一条为感性所遮掩的道路，而且成功地使迄今不适当的模仿在人们被允许的程度上与原型相同为止。在此之前人们不能学习哲学；因为哲学在哪里呢？谁拥有哲学呢？根据什么来认识哲学呢？人们只能学习哲学思维，也就是说，遵循理性的普遍原则在现存的尝试上施展理性的才能，但始终保留理性的权利，即甚至就其源泉而言来研究和证实或者抛弃那些尝试。

但是，迄今为止哲学的概念只不过是一个**学院概念**，也就是说，是关于仅仅被当做科学来寻求的知识的一个体系的概念，所当做目的的无非是这种知识的系统统一性，从而只是知识**在逻辑上的**完善性。但还有一种**世界概念**（conceptus cosmicus），它在任何时候都被当做上述称谓的基础，尤其是当人
B867 们把它仿佛是人格化，并且在**哲学家**的理想中把它表现为一个原型的时候。就此而言，哲学就是关于一切知识与人类理性的根本目的（teleologia rationis humanae［人类理性的目的论］）的关系的科学，而且哲学家不是一个理性艺人，而是人类理性的立法者。在这样的意义上，自称为一个哲学家，并且自以为已经与仅仅蕴涵在理念中的原型等同，则委实是大言不惭。

数学家、自然科学家、逻辑学家，无论前二者在理性知识上、后二者尤其在哲学知识上进展多么出色，他们毕竟只是理性艺人。在理想中还有一位教师，安排所有这些人，把他们当
〔543〕 做工具来使用，以促进人类理性的根本目的。惟有这位教师，人们才必须称为哲学家；但是，既然他本人无处可见，而他的立法的理念却在任何人类理性中都被发现，所以我们就要仅仅

依据这一理念，并且更精确地规定，哲学按照世界概念① 从种种目的的立场出发指定了什么样的系统统一性。 B868

根本目的并不因此就是最高目的，它们中间（就理性完善的系统统一性而言）只能有一个惟一的最高目的。因此，它们要么是终极目的，要么是作为手段必然属于终极目的的从属目的。前者不是别的，就是人的全部规定，而探讨这种规定的哲学就叫做道德。由于道德哲学与其他一切哲学相比所拥有的这种优越性，在古人那里，人们在任何时候都把哲学家同时并且尤其理解为道德学家；通过理性而自制的外部表现甚至使得人们即便在今天也按照某种类比称某人为哲学家，即使他的知识有限。

人类理性的立法（哲学）有两个对象，即自然和自由，因而既包含自然规律，也包含道德法则，一开始以两个专门的哲学体系，最终则以一个惟一的哲学体系。自然哲学关涉**存在**的一切，道德哲学则关涉**应当存在**的一切。

但是，一切哲学都要么是出自纯粹理性的知识，要么是出自经验性原则的理性知识。前者叫做纯粹哲学，后者叫做经验性哲学。

纯粹理性的哲学要么是在一切纯粹知识方面先天地研究理性能力的**预科**（预备性练习），并且叫做**批判**，要么第二，是 B869
纯粹理性的体系（科学），它在系统联系中研究出自纯粹理性的全部（既包括真实的也包括虚假的）哲学知识，并叫做**形而上学**；尽管这个名称也可以赋予整个纯粹哲学，包括批判在 〔544〕
内，以便既概括对一切在某个时候能够被先天地认识的东西的

① **世界概念**在这里是指涉及每一个人都必然有旨趣的那种东西的概念；因此，如果一门科学只是被视为关于达到某些任意的目的的技巧的科学，我就按照**学院概念**来规定它的意图。

研究，也概括对构成这个类型的纯粹哲学知识体系、但与一切经验性的理性应用有别、同样与数学的理性应用有别的东西的阐述。

形而上学分为纯粹理性的**思辨**应用的形而上学和其**实践**应用的形而上学，因而或者是**自然形而上学**，或者是**道德形而上学**。前者包含关于一切事物的**理论**认识的一切出自纯然概念的纯粹理性原则（因而排除数学）；后者包含先天地规定**所为所弃**并使之成为必然的原则。于是，道德性就是行为惟一能够完全先天地从原则推导出来的合法则性。因此，道德形而上学真
B870 正说来就是纯粹的道德，在它里面并不以人类学（不以经验性的条件）为基础。思辨理性的形而上学就是人们**在狭义上**习惯称为形而上学的东西；但是，就纯粹的道德学说毕竟仍然属于出自纯粹理性的人类知识、而且是哲学知识的特别主干而言，我们还想为它保留那种称谓，尽管我们在这里以它并非我们**现在的**目的而把它搁置一旁。

把就其类别和起源而言彼此有别的知识**隔离**开来，并小心翼翼地防止它们与其他在应用中通常相结合的知识混为一体，这是非常重要的。化学家在分解物质时、数学家在其纯粹的量的学说中所作的事情，哲学家更有责任勉力为之，以便能够准确无误地规定一个特殊种类的知识在四处漫游的知性应用那里所占的份额、其自身的价值和影响。因此，人类理性自从开始思维或者毋宁说开始反思以来，就从来不能缺少一种形而上学，但尽管如此，也未能以充分清除一切异类因素的方式阐述过它。这样一门科学的理念与思辨的人类理性同样古老；哪一
〔545〕 种理性不或者以经院哲学的方式或者以通俗的方式进行思辨呢？然而人们必须承认，我们知识的两种要素，其一种完全先
B871 天地在我们掌握之中，另一种则只能后天地自经验获得，二者的区分即便在职业思想家那里也依然是很不清楚的，因而从未

能实现一种特殊种类的知识的界限规定，从而也未能实现一门如此之久且如此程度地使人类理性思考的科学的理念。当人们说形而上学是关于人类知识种种第一原则的科学时，人们由此并没有说明一个完全独特的种类，而是仅仅说明了一个普遍性方面的等级，故而并不能由此把它与经验性的东西清晰地区别开来；因为即便在经验性的原则中间，也有一些比另一些更普遍、从而更高级；而在这样一种归属的序列中（在这里，人们并未把完全先天地认识的东西与只能后天地认识的东西区分开来），人们应当在何处分界，把**前一**部分和至上的环节与**后一**部分和从属的环节区分开来呢？如果时间的计算只能这样来表示世界的各个时代，即它把各个时代划分为最初的世纪和继之而起的世纪，人们对此会说什么呢？人们就会问：第五世纪、第十世纪等等也属于最初的世纪吗？我同样要问：有广延的东西的概念属于形而上学吗？你们回答说：是的！那么，物体的概念呢？是的！而液态物体的概念呢？你们犯疑了，因为如果 B872
照这样下去，一切都将属于形而上学。由此可见，仅仅归属的程度（特殊的东西从属于普遍的东西）并不能规定一门科学的界限，相反，在我们的事例中是完全的异类性和起源的不同在规定着界限。但是，还在另一个方面遮蔽形而上学的基本理念的东西，曾是它作为先天知识表现出与数学的某种同类性，这种同类性就先天起源而言确实使二者彼此接近；但是，就前者出自概念的认识方式与后者通过概念的构造而先天地作出判断的方式相比而言，从而就一种哲学知识与数学知识的区别而言，就表现出一种明显的异类性，人们虽然在任何时候都仿佛是感觉到这种异类性，但却从来未能将它付诸清晰的标准。这样一来就发生了这样的情形，即由于哲学家们甚至在阐发其科学的理念时还有所欠缺，对这门科学的研究就不可能有确定的 〔546〕
目的和正确无误的准绳，而且他们由于一种如此任意作出的设计，对于他们应当选取的路径一无所知，对每一个人沿着自己的路径作出的发现又任何时候都相互争执，所以就使自己的科学首先在其他人那里，最终甚至在他们自己那里都受到轻视。

B873 因此，一切纯粹的先天知识都由于特殊的认识能力——惟有在这种能力中，它才能够有自己的位置——而构成一种特殊的统一性，而形而上学就是应当在这种系统的统一性中阐述纯粹的先天知识的那种哲学。哲学曾优先享有这一名称的思辨部分，亦即我们称为**自然形而上学**、并且从先天概念出发就其**存在**来思考一切（不是思考应当存在的东西）的哲学，以如下的方式被划分。

狭义上如此称谓的形而上学由**先验哲学**和纯粹理性的**自然学**组成。前者仅仅在与一般对象相关的一切概念和原理的体系中考察**知性**和理性本身，并不假定**曾被给予的**客体（Ontologia［本体论］）；后者考察**自然**，即**被给予的**对象（无论它们是被给予感官的还是——如果人们愿意说的话——被给予另一种直观的）的总和，因而是**自然学**（尽管只是 rationalis［理性的］）。但是，理性在这种理性的自然考察中的应用要么是自然的要么是超自然的，或者准确地说要么是**内在的**要么是**超验的**。前者在其知识能够（具体地）在经验中应用的程度上关涉
B874 自然，后者则关涉经验之对象的那种超越一切经验的联结。因此，这种**超验的**自然学要么以一种**内部的**联结为对象，要么以一种**外部的**联结为对象，但二者都超越了可能的经验；前者是整个自然的自然学，也就是说，是**先验的世界知识**，后者是整个自然与一个自然之上的存在者的联系的自然学，也就是说，是**先验的上帝知识**。

〔547〕 与此相反，内在的自然学是把自然当做一切感官对象的总和、从而是像这些对象被给予**我们**的那样、但仅仅按照它们在

其下能够被给予我们的先天条件来考察自然。但是，内在的自然学的对象只有两种：1. 外感官的对象，即有形体的自然；2. 内感官的对象，即灵魂，而且按照它的基本概念也就是**能思维的自然**。有形体的自然的形而上学就叫做**物理学**，但由于它只应当包含其先天知识的原则，所以叫做**理性物理学**。能思维的自然的形而上学就叫做**心理学**，而出自上述理由，它在这里只能被理解为心理学的**理性知识**。

据此，形而上学的整个体系由四个部分组成：1. **本体论**。2. **理性自然学**。3. **理性宇宙论**。4. **理性神学**。第二个部分，即纯粹理性的自然学说，包含着两个分支，即 physica rationalis [理性物理学][①] 和 psychologia rationalis [理性心理学]。 B875

一种纯粹理性哲学的源始理念规定着这种划分本身；因此，它是**建筑术**的，即是符合其根本目的的，而不是纯然**技术的**，即按照偶然知觉到的亲缘关系、仿佛是碰运气作出的，但正因为此它也是不可变更的和立法的。但在这里，还有几点可能引起疑虑，并且削弱对其合法性的确信。

首先，就对象被给予我们的感官，从而是后天地被给予的而言，我如何能够期待关于对象的一种先天知识，从而期待一种关于对象的形而上学呢？而且，按照先天原则认识事物的本

① 不要认为我把它理解为人们通常称为 physica generalis [普通物理学]、与其说是自然哲学倒不如说是数学的那种东西。因为自然的形而上学完全脱离了数学，也远远不像数学那样提供如此之多的扩展性洞识，但就能够运用于自然的纯粹知性知识的批判而言毕竟是很重要的；缺少了它，就连数学家也会由于贪恋某些普通的、但事实上却是形而上学的概念而不知不觉地用种种假说来拖累自己的自然学说；而这些假说在这些原理遭到批判时就会消失，但由此毕竟丝毫也不损害数学在这一领域的应用（这种应用是完全不可或缺的）。

B876 性并达到一种**理性**自然学，这是如何可能的呢？回答是：我们从经验中所取得的，不外是必要的东西，即**给予**我们一个客
〔548〕 体，有时是**外感官**的客体，有时是**内感官**的客体。前者是纯然通过物质概念（不可入的、无生命的广延）发生的，后者是通过一个能思维的存在者的概念（在经验性的内在表象中：我思）发生的。此外，在这些对象的整个形而上学中，我们必须完全放弃那些为判断超出这些对象的某种东西而要在概念之上还附加上某种经验的一切经验性原则。

其次，**经验性心理学**究竟留存在何处呢？经验性心理学历来维护其在形而上学中的位置，而且在我们的时代里，在人们放弃了先天地确立某种适用的东西的希望之后，人们为澄清形而上学而对经验性心理学抱有很大期望。我的回答是：经验性心理学属于必须确立真正的（经验性的）自然学说的地方，也就是说，属于**应用**哲学方面；纯粹哲学包含着应用哲学的先天原则，因而与应用哲学密切相关，但虽然如此，却切不可与之混杂。因此，必须把经验性心理学完全从形而上学中逐出，而且它已经由于形而上学的理念而被完全从中排除了。尽管如
B877 此，按照学院习惯，人们却还必须一直允许它在形而上学中占有一席之地（尽管只是作为插曲），而且还是出自家政学的动因，因为它还没有如此丰富，以至于独自形成一种研究，但又毕竟太重要了，使人们不可以完全排斥它，或者把它强放在别的地方，在那里，它比在形而上学中更难以发现亲缘关系。因此，这是一个久已被接受的异乡客，人们允许它再居留一些时间，直到它能够在一门详尽的人类学（经验性自然学说的对称物）中获得它自己的住处为止。

因此，这就是形而上学的普遍理念；既然人们一开始所苛求它的多于能够合理地要求它的，而且有一段时期还以惬意的预期自得其乐，所以当人们发现在希望上受骗时，它就最终陷

入了普遍的蔑视。从我们的批判的整个进程出发，人们将已经确信：尽管形而上学不能是宗教的基础，但它却必然在任何时候都保持是宗教的堡垒，而且人类理性已经由于自己本性的方向而是辩证的，它绝不能缺少这样一门科学来约束它，并通过一种科学性的和完全清晰的自知之明来防止一种无法无天的思辨理性通常肯定会在道德和宗教中造成的破坏。因此，人们可以确信，无论不知道按照一门科学的本性、而是仅仅从其偶然结果出发来判断它的人们如何作出一副冷淡和蔑视的样子，人们在任何时候都将返回到形而上学那里，就像是返回到一个曾与我们反目的爱人那里一样，因为既然这里涉及根本的目的，理性就必然不遗余力地要么致力于缜密的洞识，要么致力于摧毁已经现存的良好洞识。 〔549〕 B878

因此，真正说来惟有形而上学，无论是自然形而上学还是道德形而上学，尤其是**以预习的方式**（以预科的方式）走在前面的对贸然鼓起自己双翼的理性的批判，才构成我们在真正的意义上能够称之为哲学的东西。哲学把一切与智慧联系起来，但却是通过科学的道路，这是惟一的一条一经开辟就永不荒芜且不允许迷失的道路。数学、自然科学、甚至人的经验性认识，都具有很高的价值，大多是作为人类偶然目的的手段，但归根结底却毕竟是作为人类必然的、根本的目的的手段，而在这种情况下，就只能通过一种出自纯然概念的理性知识的中介，这种知识人们可以随意地称谓它，真正说来却无非是形而上学而已。

正因为此，形而上学也是人类理性的一切**教养**的完成；形而上学是不可或缺的，即使人们把它作为科学对某些确定的目的的影响搁置一旁。因为它是按照理性甚至必然作为一些科学 B879
的**可能性**和一切科学的应用的基础的那些要素和准则来考察理性的。至于它作为纯然的思辨不是用于扩展知识，而是用于防止错误，这无损于它的价值，而毋宁说赋予它尊严和威望，因为审查保障着科学共同体的普遍秩序与和谐乃至福祉，并防止其勇敢且有益的探究远离重要的目的，即普遍的幸福。

第四篇 〔550〕

纯粹理性的历史 B880

此处设立这一标题，仅仅是为了标识出体系中还剩下且今后必须完成的一个部分。我满足于从一个纯然先验的观点出发，亦即从纯粹理性的本性出发，向迄今为止对这种本性所做的种种探究的整体投去匆匆的一瞥；当然，这一瞥使我的眼睛看到的虽然是建筑物，但却只不过是废墟而已。

人们在哲学的童年时代是从我们现在宁可结束的地方开始的，也就是说，首先研究关于上帝的知识，研究对于另一个世界的希望，或者干脆说另一个世界的性状，这是值得充分注意的，虽然也自然而然不能不如此发生。无论从各民族的野蛮状态遗留下来的古老习俗引入了哪些粗糙的宗教概念，这也毕竟并不妨碍较开明的人士献身于对这一对象的自由研究，而且人们很容易看出，除了良好的生活方式以外，不可能有彻底的和 B881
更为可靠的方式来让统治世界的不可见力量所喜悦，以便至少在另一个世界里获得幸福。因此，神学和道德是以后人们在任何时候都致力从事的抽象理性研究的两种动机，或者准确地说是其两个关联点。然而，真正说来正是前者将纯然思辨的理性逐渐地纳入后世以形而上学的名义而如此著名的工作之中。

我现在并不想区分形而上学的这种或者那种变化所遇到的各个时代，而只想简略地概述理念的那种引发主要的革命的差异。而且在这里，我发现了一个三重的观点，在这个争执的舞台上的最重要的变化都是在这个三重观点中实现的。

1. **就我们一切理性知识的对象而言，一些人纯然是感觉论哲学家，另一些人纯然是理智论哲学家。伊壁鸠鲁**可以被称
〔551〕为最重要的感性哲学家，**柏拉图**则可以被称为理智论者的最重要的哲学家。两个学派的这种区别无论多么难以琢磨，却是在最早的时代里就已经开始了，并且长期以来保持不断。前一个学派的哲学家们主张，惟有在感官的对象中才有现实性，其余的一切都是显象；后一学派的哲学家们则与此相反，主张在感官中只有幻相，惟有知性才认识真实的东西。不过，前一些人
B882 毕竟并不否认知性概念有实在性，但这种实在性在他们那里只是**逻辑的**，而在后一些人那里则是**神秘的**。前者承认**理智的概念**，但是只接受**感性的对象**。后者则要求真正的对象是**理知的**，并且主张一种通过不为任何感官伴随的、在他们看来只是被其搅乱的纯粹知性的**直观**。

2. **就**纯粹理性知识**的起源而言**，它们或者是自经验中派生的，或者是不依赖于经验而在理性中有其源泉。**亚里士多德**可以被视为**经验论者**的领袖，**柏拉图**则可以被视为**理性论者**的领袖。近代**洛克**追随亚里士多德，而**莱布尼茨**则追随柏拉图，他们在这场争执中仍然不能作出任何决定。至少，伊壁鸠鲁在自己那方面按照其感性体系来说比亚里士多德和洛克（尤其是后者）更为坚持不渝（因为他绝不以自己的推论超出经验的界限），而洛克在从经验推导出一切概念和原理之后，却在这些概念和原理的应用中走得如此之远，以至于他断言，人们能够像证明任何一个数学定理那样清晰地证明上帝的存在和灵魂的
B883 不死（尽管这两个对象完全处在可能经验的界限之外）。

3. **就方法而言**。如果人们应当把某种东西称为方法，那么，它就必须是一种按照原理进行的程序。现在，人们可以把在这个研究领域中流行的方法分为**自然主义**的方法和**科学性的**方法。纯粹理性的自然主义者奉为原理的是：经由无须科学的

平常理性（他把这种理性称为健全的理性），就可以在构成形而上学的任务的那些最崇高的问题上比经由思辨有更多的建树。因此他断言，人们按照目测比绕道数学能够更可靠地确定 〔552〕
月球的大小和距离。这纯粹是把厌恶学问当做原理，而最为荒唐的是把对一切人为方法的忽视誉为扩展知识的一种**独特方法**。因为就自然主义者从诸多洞识的**缺乏**出发而言，人们也不可能有理由深责他们。他们追随平常的理性，并没有自诩其无知是一种方法，包含着从德谟克利特的深井中汲取真理之秘诀。Quod sapio，satis est mihi，non ego curo esse quod Arcesilas aerumnosique Solones，Pers.［我满足于我所知道的，我并不想成为阿尔凯西劳和忧患重重的索伦们。——佩尔修］这就是他们的格言，他们以这一格言自得其乐，过着值得赞同的 B884
生活，不去操心科学，也不扰乱科学的事务。

至于**科学性**方法的遵循者，他们在这里的选择是要么**独断地**行事，要么**怀疑地**行事，但无论如何他们都不得不**系统地**行事。如果我在这里就前者而言提到著名的**沃尔夫**，就后者而言提到**大卫·休谟**，按照我目前的意图我就无须再提他人了。惟有**批判的**道路尚无人行走。如果读者乐意并且有耐心与我一起走这条道路，他现在就可以作出判断，是否——这随他的便——贡献出自己的力量，使这条小路变成康庄大道，许多个世纪未能成就的事业也许在本世纪终结之前就可以达到，也就是说，使人类理性在其求知欲任何时候都致力从事但迄今一无所成的事情上得到完全的满足。

中德人名对照表

阿尔凯西劳	Arcesilas	门德尔松	Mendelssohn
鲍姆嘉登	Baumgarten	牛顿	Newton
贝克莱	Berkeley	佩尔修	Persius
彼得	Petrus	普里斯特利	Priestley
柏拉图	Plato	施塔尔	Stahl
博奈特	Bonnet	索伦	Solo
布鲁克尔	Brucker	苏尔策	Sulzer
策德利茨	Zedlitz	泰勒士	Thales
笛卡尔	Cartes	托里拆利	Torricelli
第欧根尼	Diogenes	沃尔夫	Wolff
哥白尼	Copernicus	西塞罗	Cicero
哈勒	Haller	谢格奈	Segner
霍布斯	Hobbes	休谟	Hume
伽利略	Galilei	亚历山大	Alexander
莱布尼茨	Leibniz	亚里士多德	Aristoteles
兰贝特	Lambert	伊壁鸠鲁	Epikur
洛克	Locke	芝诺	Zeno
马兰	Mairan		

后　记

本卷的内容是《纯粹理性批判》第二版。《纯粹理性批判》第一版于 1781 年问世，因被人误解为“贝克莱主义”而使康德异常苦恼。于是，康德于六年后对这部书作出了修订，尤其是增加了“对唯心论的驳斥”一节，并大大地压缩了有关再生的想象力的派生作用的部分。《康德全集》科学院版的编者把第二版单独编为第三卷，而把第一版中修订较多的部分与其他著作编为第四卷。这里完全按照科学院版译出。

《纯粹理性批判》是康德最重要的学术著作，也是西方哲学史上最重要的著作之一，因而早就引起了汉语译界的注意。目前已有多个中译本和不同的节译本。译者在翻译过程中参考了这些译本，并对这些先行者的开创性工作表示敬意。

“非典”的肆虐，使我有了更多的时间呆在电脑前。本卷的翻译得以比原计划提前完成，倒成了抗击“非典”的一个意外收获。

李秋零

二〇〇三年七月二十八日

于中国人民大学科研楼

“十五”国家重点图书出版规划项目

Kants Werke
Akademie Textausgabe

康德著作全集 第2卷

前批判时期著作 II
(1757—1777)

李秋零 主编

中国人民大学出版社

目录

伊曼努尔·康德

1757年

自然地理学课程

1757 年

自然地理学课程

纲要与预告

附录　对一个问题的
简短考察：
我们这个地区的西风湿润，
是否因为它吹过了一片辽阔的海洋？

伊曼努尔·康德硕士

李秋零　译

我们经过了启蒙的时代的理性鉴赏力大概已经变得如此普遍，以至于可以假定，只能发现很少一些人，对了解地球还处于他们视野之外的其他地区所拥有的自然奇异现象漠不关心。轻信的惊赞这个无休无止的幻象的保姆，让位于小心谨慎的求证，由此使我们能够从令人信服的证据中得出可靠的知识，不致陷入未达到自然奇异现象的正确科学却误入一个虚构故事世界的危险，这也可以看做一个不小的进步。〔3〕

对地球的考察主要有三种。数学的考察把地球看做一个差不多球形的、没有造物的天体，它衡量这个天体的大小、形状和在它上面必须设想的各种周圈。政治的考察了解各个民族、人们彼此之间由于政府形式和行动以及相互的利害关系而形成的共同体、宗教、习俗等等。自然地理学仅仅考察地球的自然特性以及地球上有什么：海洋、陆地、山脉、河流、大气圈、人、动物、植物、矿物。但是，所有这一切并不具有各部分中的完备性和哲学上的精确性，那是物理学和自然史的事情；相反，它们却具有一个旅行家的理性求知欲，他到处寻访奇异的、非同寻常的、美妙的东西，比较自己积累起来的考察，反复思考自己的计划。

相信我已经说明，地球考察的前两种类型已经发现了足以使一个求知欲强的人能够以一种十分轻松的方式继续前进的辅助材料。惟独在第三种类型中，一种完备的、正确的见识将需要更多的辛劳、遇到更多的障碍。这方面有用的信息散见于许多鸿篇巨著之中，而且还缺少一部能够使这门科学适宜于教学应用的教材。因此，我在自己的学术讲座一开始就作出决定，以一个总括性的纲要为指南，分为若干专题讲授这门科学。为了满足听众，我以半年的课程讲授了这个总纲。在此之后，我大大地扩充了自己的计划。我取材于所有的原始资料，翻阅了所有的藏书，除了瓦伦、布丰和卢罗夫关于自然地理学的一般〔4〕

理由的著作所包含的东西之外，还通读了一些精明强干的旅行家关于各个国家的最基本的描绘、各种旅行的普遍历史、格廷根的新旅行文集、汉堡画报和莱比锡画报、巴黎科学院和斯德哥尔摩学院的文集等，以所有与此目的有关的东西构建了一个体系。我在这里就此提供一个简明的纲要。人们将能够作出判断，是否可以在这些事情上一无所知，却不会损害一个学者的声誉。

自然地理学概要

绪　论

简要地对地球就其形状、大小、运动以及由于运动而必须予以考虑的周圈进行考察，但并不涉及属于数学地理学的那种详尽性。所有这些都在地球仪上指明，同时简要地说明海洋、陆地和岛屿的分布，它们的大小比例，气候，经度、纬度、一日的长度和四季的概念。

〔5〕

讨　论

第一章 自然地理学概论

第一节　论海洋

海洋分为大洋、陆间海和湖泊。关于群岛。关于海湾、海峡、港口、停泊地。关于海底及其性质。关于不同海洋海底深度的相互比较。关于铅锤和潜水钟罩。打捞沉海物品的方法。关于海水压力。关于海水的含盐性。对海水含盐的原因的不同见解。海盐的烹调。淡化海水的方法。关于透明性、发光体、发光体的颜色以及颜色差异的原因。关于海水在不同深度的冷暖。整个世界的海洋是否在其所有部分都是同样的高度。为什么海洋没有被河流灌注得更满。海洋和湖泊是否有地下的通道。海洋由风暴引起的运动。这种运动能扩展到什么深度。最不平静的海洋和湖泊。关于落潮和涨潮。落潮和涨潮的规律及原因。与这些规律的偏离。海洋的普遍运动。这些运动如何由于海岸和礁石而被改变。关于海流。关于海涡流。海涡流的原因。关于海峡中水的流动。关于冰海。浮动的冰原。北方的漂木。其他一些奇异现象。关于礁石和沙洲。关于内陆海和沼泽。奇异的湖泊，例如契尔克尼兹湖等等。

第二节　陆地与岛屿的历史

关于不为人知的陆地，它们或者是完全不为人知，或者是部分地不为人知。以一个系统化的概念考察山、山脉、陆地和岛屿。关于余脉、半岛、地峡。全世界最著名的山的相对高度。在不同地区的山顶上所作的各种各样的考察。关于冰洲和瑞士的冰原。测量它们的高度的方法。关于自然的和人工的高 〔6〕
地与深谷。关于土块的结构。它们的质料的层次。次序与位置。关于矿脉。关于不同深度的冷、暖与空气。全世界的地震和活火山的历史。对岛屿的考察，既包括那些被确定无疑地认作岛屿的，也包括那些还成问题的岛屿。

第三节 泉和井的历史

关于它们的起源的不同假设。使人认识这种起源的考察。周期性流淌的泉。石化泉、矿泉、温泉与极冷的泉。关于渗水。可点燃的井。关于石油。泉的变化、产生和消失。关于井的开采。

第四节 河流与溪水的历史

河流的起源。地球上最奇异的河流在其长度、流速、流量方面的比较。关于它们的流向、落差的大小、涨水、泛滥、堤坝、最著名的运河。关于瀑布。关于内陆干涸的河流。关于隐匿在地下并且又显露出来的河流。关于携带金沙的河流。淘金沙的方法。关于河水的不同比重。

第五节 大气圈的历史

大气层的高度。大气层的三个部分。不同地区空气特性在重量、干燥、湿润、有益健康方面的比较。对高空和深处的空气特性的考察。不同地区空气对星光的影响。

〔7〕 风的历史

风的最主要的原因和较为微不足道的原因。风的地区分布。具有干燥、湿润、温暖、寒冷、有益健康等不同特性的风。关于信风，信风因地带特性而具有的一般规律和特殊规律。关于季风。关于海风和陆风的交替。关于在一个地区支配绝大多数时间的风。关于风速。关于无风、风暴、飓风、台风、龙卷风和暴风雨，根据它们占支配地位的地区、它们的规律和原因予以考虑。地球不同高度上风的比较。简要考察一些特殊的大气现象。

第六节　关于气候与地带的联系或不同地区的季节

热带的冬天何在。为什么在所有具有同样气候的地带，冬季或者夏季不是同时并以同样的方式出现。热带为什么是可以居住的。列举处于同一地带却在冷暖方面差别很大的地区。关于南洋的寒冷及其原因。关于地面上极热和极冷的地方，极热与极冷的程度和影响。关于从未下雨的地区和另一些几乎总是在下雨的地区。

第七节　地球以前所经历的巨大变化的历史

一、地球上还在继续进行的变化

河流在改变地球形貌方面的作用，例如尼罗河、亚马孙河、密西西比河等等。雨和雨后湍急的溪流的作用。陆地是否 〔8〕
一直在降低，海洋是否在逐渐升高。关于风对地貌变化的作用。关于地震对地貌的改变。人对地貌的改变。举例证实。关于陆地成为海洋和海洋成为陆地的持续变化。对这些变化的考察和关于这些变化的后果的见解。林耐的假说。地球的运动，无论是日运动还是年运动，是否经历了一种变化。

二、远古时代地球变化的遗迹

所有的陆地过去都是海底。从地下或高山上的贝壳层、石化的或者裹入石中的海洋植物得出的证据。布丰从山脉形貌得出的证据。陆地变为海洋和海洋变为陆地在很长的时期内经常是前后相继的。从包含着海底残余物的地层与包含着陆地产物的地层相互交替可以得到证明。关于地下森林。被埋没的地下森林的树木的姿态。为什么在这些地层中大多数可以找到印第安动物和植物的残余物。对所谓的自然游戏的评判。关于那些真正是出自动物界的石化部分的石头。

三、地球的理论或者地球古老历史的根据

是否像诺亚时期的洪水这样惟一的一次普遍的洪水就能够造成所有这些变化。对陆地的形貌、山脉的走向和坡度、地角和岛屿的一般考察，从它们的类比中可以推论出它们的起源和变化的原因。从地层的性质和它们所包含的东西作出的推论。地轴过去是否发生过变化。对**伍德沃德**、**伯内特**、**惠斯顿**、**莱布尼茨**、**布丰**以及其他人的假说的评判。从比较的评判中得出的结论。

第八节　关于航海

关于菱形、等角航线、罗经刻度盘、对航线的测算和对测算的校正。关于经度和纬度的发现。对理由的验证。航海中其
〔9〕他奇异现象。古代和近代最值得注意的海上旅行。关于新人陆的猜测和发现新大陆的努力。

第二章
自然地理学专题

一、动物界，以一种比较的方式根据地球不同地区的人的

自然形态和肤色来考察人。其次，最值得注意的动物，包括陆地上的动物，也包括空中和水中的动物，两栖纲动物和最值得注意的昆虫，将按照它们的本性的历史来予以考虑。

二、植物界，将说明地球上所有那些或因其稀有性、或因其特殊用途而特别引人注意的植物。

三、矿物界，将以历史的和哲学的方式讨论矿物界的那些最令人愉快的、绝大多数为人利用或享受的值得注意的特性。

我首先按照各个种类的自然次序来讲授这些，最后再以地理学的讲课方式来讨论地球上的所有地区，以期说明人们出自自己所生活的地带的爱好，说明他们的成见和思维方式的多样性，因为这一切都能够有助于使人更切实地了解自己；说明关于人们的艺术、行动和科学的一个简明观念；就其产地对上述土特产品予以描述；说明大气的特性，等等。总而言之，说明一切与对地球的自然考察有关的东西。

※　　※　　※

这里的概要描述了一个提纲。这门科学将在今年的夏季学期讲授。我还将在专题讲座中根据 D. 埃贝哈德先生的专业手册的说明来解释自然科学。逻辑学将根据迈耶尔的简短导论来〔10〕讲授，形而上学将根据鲍迈斯特的说明来讲授。在上一学期，我应一些先生们的要求做了这种变更，取代了虽然更为基本的、但却更为困难的鲍姆嘉登的说明，以此来满足他们。然而，人们从这两位人物中的哪一位那里期望得到更大的好处，则有选择的自由。就数学来说，将继续进行旧的讲座，并开始新的讲座。如果我的努力能够获得那些虽然不是构成绝大部分、但却是构成最可贵部分的人们，即最有理性的人们的掌声，那么，它就是足够幸运的了。

附录　对一个问题的简短考察：我们这个地区的西风湿润，是否因为它吹过了一片辽阔的海洋？

如果想弄清取决于天域和地带性质的自然现象的原因，那么，倘若不在事前参考其他国家的现象和考察并加以比较，就经常要冒由于一种出乎预料的情况而使自己的体系落空的危险。每一个人都很容易想到，把西风给我们带来的湿润气候归因于我们这个西边有一片辽阔的海洋的地区的位置。只是由于同其他地区的气候进行比较，这个显得如此容易、如此自然的解释即使没有被完全否弃，也变得很值得怀疑。穆森布罗克从前也曾附会这一种见解，尽管如此，当他考虑到尼德兰的北风虽然吹过辽阔的德意志海，甚至吹过北方的大洋，但却是一种干燥的风时，他对此就有点不能肯定了。他把北风的干燥归因于它的寒冷。然而，当太阳在夏季把这个大洋充分晒热时，这个借口也就不存在了。因为尽管如此，风也仍然是干燥的。但是，在自然地理学中，还是找到了反驳这种平庸见解的更为有力的理由。

〔11〕在从菲律宾群岛开始直到阿拉伯海的整个印度洋上，整年都是两种相互交替的风：从 10 月到 5 月是东北风，从 5 月到 10 月是西南风。东北风携带的是一种使天气晴朗的空气，西南风则是这些国家雨季的原因，虽然这两种风都吹过了大海。在菲律宾诸岛屿，在棉兰老岛和其他岛屿上，这一点更为明显。东来的季风来自几乎无边无际的平静的大海，尽管如此却带来了晴朗的天气。与此相反，从布满了岛屿和地角的地区吹过的西风却带来了雨季。科尔贝引证道，在好望角，无论是在属于好望角的西部地区还是东部地区，东风都是干燥的风，但

西风却造成了潮湿的季节，尽管无法看出为什么只有西风应当是湿润的，因为在东部有一个与西边同样辽阔的海洋。在巴拿马地峡附近的墨西哥海湾，在卡塔赫纳和其他地方，与在印度洋一样，东北风和西南风交替着各支配半年。被称做拨立柴风的东北风是干燥的，造成了晴朗的天气。被称做文达瓦尔风的西南风是湿润的，随它们而来的是雨季。但是，东北风却是来自辽阔的大西洋，尽管如此仍然是干燥的。但西南风却不能来自平静的大海的任何辽阔海面，因为在一个距陆地中等距离的地方，持续的东风支配着这一海域。在马尼拉的大帆船从阿卡普尔科到马尼拉的航行中，由于它为了利用东风而没有远离赤道，它几乎总是发现晴朗的天气。可是在从马尼拉到阿卡普尔科的航行中，它由于行驶在北回归线上的某个高度，借助在那里占支配地位的西风驶向美洲，毫无疑问碰上那里常见的阴雨，以至于它在这种远距离的航行中连淡水也不用补给，要是雨不来，就会失去一切。如果有人坚持平庸的见解，就请告诉我一个可以理解的原因，为什么只有在平静的海域上、而且在最温暖的地区，吹过的东风才是干燥的，而在同样的大洋上，吹过的西风却必然是湿润的和多雨的。

我觉得，这已经足以至少使那种认为我们这里西风是从西 〔12〕
边的海域获得它们的湿润性的思想变得值得怀疑。毋宁说，似乎西风在地球上的所有地区都是湿润天气的原因。当然我并不想否认，它们吹过的地区的性质可能经常地减缓着这种特性，就像在波斯南部发生的那样，因为从阿拉伯的焦地吹过的西南风带来了干旱的、炎热的空气。简短的篇幅妨碍我解释西风的这种特性的原因。难道不是西风由于迎着空气从早到晚的一般自然流动（自然地理学第四节已经说明了这种流动）而吹拂，正因为此而聚拢了水汽并使之变得浓密，使空气在任何时候都充满了水汽？至少，如果把空气看做地球上湿润性的一种溶剂

(menstruum [按月的])，那么，要想解释为什么它使水汽落下来，即为什么下雨，单是假定它充满了水汽直至饱和，那还是不够的。相反，必须指明使水汽降下（沉降）的原因，即是说，必须指明迫使空气让水汽从自己的间隙中逸出，以至于水汽能够聚拢起来并且落下的原因。

伊曼努尔·康德

1758年

运动与静止的新学术概念

1758年

运动与静止的新学术概念

以及
自然科学的首要理由中
与此相关的结论

伊曼努尔·康德硕士

借此同时预报
本学期的讲座
1758年4月1日

李秋零　译

如果在一个哲学问题上，世俗智者们众口一词的判断是一 〔15〕
道围墙，逾越这道围墙必然被看做与瑞摩斯所犯下的罪行同样不可饶恕，那么，我也许就不会冒冒失失地允许自己的想法违背一大群值得尊敬的人起决定作用的鉴定，来享有那种只有通过健康的理性才能得到辩白的自由了。当我想到要否认一个数百年来按照传统的权利在世俗智者们的教科书中已经保持着一种无可争辩的地位的规律时，我自己就要马上作出决定——或者应当早一点这样做，或者就此停下。但是如今，当我在自己身边发现有一大批如此行事的人物，他们根本不打算理睬声望的法则，人们对他们却非常宽容，居然审核他们的见解，对他们的见解予以思考时，我也就冒险指望一种好运，跻身于他们的行列，研究和驳斥运动和静止以及与后者密切相关的惯性力的概念；尽管我知道，那些习惯于把一切没有堆在沃尔夫体系或者其他一种著名体系的强制性磨臼之上的思想统统当做糠秕扔掉的先生们，只消看上第一眼就会宣布没有必要费劲审核它，它的全部考察都是错误的。

运动和静止的新概念 〔16〕

我希望，我的读者们能够用上一刻时间，使自己置于笛卡尔认为要获得正确的认识就必不可少的那种心灵状态。我现在就处在这种心灵状态之中，也就是说，在进行这项考察期间一直保持着这种心灵状态，亦即使自己忘掉已学会的一切概念，仅仅以自己的健康理性为向导，踏上通向真理的征途。

我以这种态度认识到，运动就是位置的改变。但是，我也马上就领会到，一个事物的位置是通过该事物的环境、通过它的地位、通过它与它周围其他事物的外部关系被认识的。于是，我可以在与紧紧围绕一个物体的某些外部对象的关系中来观察该物体。这样，如果该物体不改变这种关系，我就说它是静止的。但是，一旦我在与一个具有更大范围的领域的关系中观察该物体，那么，就这个领域来说，该物体就有可能连同它邻近的对象一起在改变着自己的地位。从这种观点出发，我就说它有一种运动。现在，只要我愿意，我总是可以自由地扩大我的视野，在与越来越辽阔的范围的关系中考察我的物体。我领会到，我关于这个物体的运动和静止的判断永远不可能是固定不变的，而总是可以在新的视域中加以改变。例如，假定我在一艘停泊在普雷格河上的船里。我面前的桌子上放着一个球体。我根据桌子、墙壁和船的其他部分来观察这个球体，并且说它是静止的。紧接着，我从船上向河岸望去，发现用来固定
〔17〕船的缆绳已经解开，船正在缓慢地顺流而下。我立即说，球体在运动，而且是自东向西沿着河的流向运动。但是有人告诉我，地球在每天的运动中以大得多的速度自西向东自转。我又马上改变了自己的看法，说球体有一种截然相反的运动，其速度从天体学出发是很容易确定的。但是，人们提醒我，就行星系来说，地球的整个球体以更快的速度自东向西运动。我不得不说我的球体也有这种运动，并且改变我过去为它规定的速度。最后，布拉德莱教导我，就恒星天来说，极可能整个行星系连同太阳一起都有一种位移。我问，向哪边移动？以多大的速度？没有人回答我。于是我被弄糊涂了。我再也不知道我的球体是静止的还是处在运动中，是在向哪个方向运动，以及以多大的速度运动。现在我开始认识到，就运动和静止的表述来说，我还缺乏某种东西。我决不应当以绝对的口吻来使用这种表述。我决不应当说一个物体是静止的，却不同时补充说明就哪些事物来说它是静止的；我也决不应当说它在运动，却不同时列举出就哪些对象来说它改变了自己与它们的关系。即使我可以想象出一个空无一物的数学空间来充当物体的容器，对此

也毫无帮助。因为我怎么才能区分开不为任何物体所占用的空间的各个部分和各自不同的场所呢？

现在我假定有两个物体，其中之一的物体 B 就我已知的所有对象来说是静止的。另一个物体 A 却以某种速度朝着它移动。尽管球体 B 与其他外部对象保持着一种尚未被改变的关系，但是，如果根据运动着的球体 A 来观察它，它就不是这个样子了。因为它们的关系是相互的。就某些对象来说被称做是静止着的球体 B，与球体 A 一样分享了彼此关系的改变。它们两者相互接近了。为什么我不应当不顾语言的一切顽固性 〔18〕
而说，虽然就其他外部对象来说球体 B 是处在静止中，但就运动着的球体 A 来说，它却处于对等的运动之中？

你们将会向我承认，如果讨论的是两个物体在相互碰撞时所造成的结构，那么，同其他外部事物的关系就与此毫不相干。因此，如果人们必须仅仅就 A 和 B 这两个物体来考察这里所发生的变化，并且使自己的思想从所有外部的对象移开，那么人们就会告诉我：从二者之间发生的事情中是否能够得出，二者中的一个是静止的，惟有另一个才在运动？以及二者中的哪一个是静止的，哪一个在运动？难道不是必须说二者都在运动，并且是在同等的程度上在运动？二者相互之间的接近是在同等的程度上属于双方的。假定一个质量为 3 的球体 A 向另一个就周围的空间来说静止着的质量为 2 的球体 B 运动，在 1 秒钟内经过了二者之间为 5 尺的空间。这样，如果我仅仅注意两个物体之间发生的变化，那么，我也就只能说：质量为 3 的物体与质量为 2 的物体在 1 秒钟内彼此接近了 5 尺。由于我没有丝毫的原因使这两个物体中的一个比另一个享有更多的变化，为了在两方面都得到一种完美的均等，我不得不把每秒 5 尺的速度按照质量的反比例分配，即质量为 3 的物体分得 2 个单位的速度，质量为 2 的物体却分得 3 个单位的速度。借助这些力量，它们现实地在碰撞时相互作用。无论物体 B 就这一空间的其他最接近的对象来说怎样是静止的，就每一个向它移动的物体来说，它都有一种真正的运动，而且是一种与后者的运动相等的运动，以至两种运动之和等于当把物体 B 想象为处于绝对静止之中时必须单单就物体 A 考虑的运动。

如果人们不顾及这一点而纠缠于语言的顽固性，那么，即使人们总是老调重弹，我也不再思考下去了。如果在巴黎地区
〔19〕朝着一堵墙自东向西发射一发 12 磅重的炮弹，那么，即便是哲学家，虽然他承认，由于地球在这个纬度上自西向东的运动几乎相同，火药的力量除了仅仅抵消炮弹的这种运动之外，其实什么事情也没有做，他也会说该炮弹在以每秒 600 尺的速度运动。尽管如此，如果不被地球的日运动或者年运动引入歧途，人们私下里还是会承认，炮弹和墙就周围或远或近的空间来说所具有的关系，在这里与事情毫不相干，问题仅仅在于这两个物体相互之间的关系。但是，即使有这样的承认，由于变化的现象只不过使人们认识到二者的彼此接近罢了，如果人们不是宁可承认二者在相互运动，即炮弹朝着墙并且墙朝着炮弹运动，而且二者是以同样的力量在相互运动，那么，人们打算说二者中的哪一个对另一个来说是静止的呢？

这也就是说，人们把两个物体之间所经过的空间除以时间，看做是双方速度的总和。人们说，质量 A 和质量 B 的总和与物体 A 的质量的比例等于给定的速度与物体 B 的速度的比例。如果从上述总速度中除去物体 B 的速度，剩下的就是物体 A 的速度。然后，把发生的整个变化平均分配给两个物体，它们也就是以这种相同的力量碰撞在一起的。为了我自己的目的，我由此仅仅得出以下两个系定理：

1. 每一个物体，对它来说另一个物体在运动，它自己对后者来说也就在运动。一个物体碰撞上一个处于静止之中的物

体，这是不可能的。

2. 在物体的碰撞中，作用与反作用总是相等的。

论惯性力

如果不是从经验中得知，在一种每一个人都认为是静止状态的状态中，物体在同样的程度上反作用于每一个行动者，那么，也许从来没有一个人会想到让步说：一个物体，只要一个碰撞它的物体还没有接触到它，它就是静止的；或者只要人们愿意，也可以说它处在力的平衡中；然而在碰撞的一瞬间，它突然从自身获得一种朝着碰撞者的运动，或者是处于一种不平 〔20〕
衡状态，以便在自身中抵消一种相反的力量。但是，我已经证明了，人们错误地认为相对于碰撞的物体是静止的东西，实际上与该物体相联系却是一种运动；因此不言而喻，这种惯性力是很容易想象出来的；在任何碰撞中，都可以发现一个物体朝着另一个在同样的程度上向它运动的物体的运动，不用设想出一种特殊的自然力就可以很容易地、很清晰地解释作用与反作用的相等。尽管如此，这种假设的力非常适宜于用来正确地、轻而易举地解释一切运动规律。但是，它的这种用途也只不过是像牛顿的万有引力被用来解释宇宙的大规模运动罢了，也就是说，只是作为一种通过经验被认识到的普遍现象的规律罢了。关于这一点，我们还不知道它的原因，因此也就没有必要匆忙地把它推诿为一种以此为目的的内在的自然力。

在这一理解中，我完全可以承认，所有物体相对于朝着它运动的物体来说都有一种惯性力，即有一种在同样的程度上反作用于行动的力量，这无损于我的学说的权利，因为这无非是一个经验的规律，只不过物体仅仅似乎在完全的静止中才具有这种作为自在的内部力量的惯性力罢了。因为在事实上，物体之所以具有惯性力，只是因为物体相对于碰撞者乃是处在现实的、同样的运动之中。只要它们相对于后者处于静止中，它们永远也不会具有这种力量。

从其他理由出发反驳假定的惯性力概念，可能也根本不会使人感到困难。

因为，第一，即使一个物体在处于静止时还会有很多力，但毫无疑问，这些力在它里面处于平衡状态。究竟怎么会一旦碰撞的物体接触到这个静止的物体，后者就自己置于一种朝着碰撞者一边倾斜的运动和意向，以至在自身中抵消碰撞者的一部分力量？因为，如果它的内部力量甚至在碰撞的一瞬间还始
〔21〕终处于平衡状态，那么，它就没有任何东西来抵抗碰撞者的力量。而且还可以假定，

第二，如果这种突然产生的趋向是可能的，那么，承受的物体自身并没有从碰撞获得运动，因为碰撞和反作用将彼此抵消。除了两个物体将停止彼此作用外，再也不能得出别的结论了，但并不能说被碰撞的物体向碰撞的物体运动。此外，由于惯性力是一种自然的力量，因此，即使平衡被碰撞解除了，但它却必然在碰撞之后的一瞬间自己重建平衡，也就是说，被碰撞的物体在碰撞之后必然马上又是静止的。

我还可以举出许许多多现成的理由来反驳惯性力的概念，这里就不多说了。同样，我还可以阐明人们从中发现的形而上学论证。然而，我在这里不是要写一本书，而是只写一个印张。必须把这个内容丰富的题材限制在它的狭小篇幅之内。

论与惯性力的概念不可分割的连续律

最使运动的平庸概念的维护者们必然感到尴尬的就是，如果他们要按照自己的学术概念解释运动规律，就不得不违背自

己的意愿被另一个随意的规律所纠缠。这个救助性的假说就是连续律。对于这一规律，也许极少数力学家已经注意到，即使他们也想反对那种东西，然而，当他们要从假定的运动概念出发解释物体的碰撞时，却不得不悄悄地接受它。但是，我在这里指的仅仅是物理学的连续律。它决不能被证明，但却可以被反驳。因为就逻辑学的意义①来说，它是一个非常出色、非常正确的判断规则，但它与眼下的题材却毫不相干。按照莱布尼 〔22〕
茨的看法，在物理学的意义上，它是这样被表述的：一个物体不是一下子就向另一个物体传递力，而是通过从静止开始直到某种速度的所有无限小的中间程度而将自己的力让渡给它。人们现在可以看到，所有那些想按照假定的运动概念解释碰撞规律的人，都必定要使用莱布尼茨的这个规则。为什么完全坚硬的物体通过碰撞不是把自己的全部力传递给另一个同类的、相同的物体？为什么总是像从静力学中认识的那样是半数？人们说，之所以是这样，乃是因为碰撞的物体一直挤压和推动挡着它道路的物体，直到二者取得同样的速度；也就是说，如果二者的质量相等，直到每一个都取得碰撞物体的速度的一半，因为直到这时被碰撞的物体才避开了碰撞的物体此后所有的行动。然而，人们在这里难道不是以碰撞物体对静止物体的一切作用都是逐渐地借助一系列无限多而小的挤压环节的实现为前

① 我不打算在此列出这一规则的公式，而只想就此举出一些例证。在一个物体碰撞上另一个运动着的物体时一般来讲有效的东西，在它遇上一个静止的物体时也同样有效，因为静止可以看做是一种无限小的运动。如果一般来讲，一种力的尺度适用于现实的运动，那么，它也必然适用于现实的挤压，因为挤压可以看做是一种通过一个无限小的空间的现实运动。我将留待其他地方再详细解释这一逻辑学的连续性规则，并给予它以应有的评价。

提的吗？因为如果碰撞物体一下子就以其全部力量发挥作用，那么，它就会把自己的全部运动给予被碰撞物体，自己则停留在静止中，而这是违背完全坚硬的物体的碰撞规律的。静止的物体阻挡着碰撞物体的全部运动，因此，如果碰撞物体能够一下子以其全部力量发挥作用，那么，它毫无疑问会这样做。而适用于全部力量的东西，也适用于力量的一半、四分之一，等等。这样，它就不是以任何有限的力量一下子起作用，而只是逐渐地通过一切无限小的要素；这说明了连续律。

由于我们从这里看出，如果人们不想放弃运动和静止的平庸概念，那就绝对必须假设连续律，因此，我只想简明扼要地指出，为什么尽管如此，那些最著名的自然科学家们甚至就连把这一规律看做是一种假说也不愿意；人们永远不能把它冒充为更好的东西，因为人们不能证明它。

〔23〕如果我作出让步说，倘若一个物体不在事先经过一切可能的微小的中间程度，它就决不能一下子以某种程度将力量作用于另一物体，那么，我就要说，它根本不能作用于另一物体。因为即使它在某一刻用来发挥作用的是一个无限小的要素，而且这个要素在一定的时间段内累积成为一个给定的速度，它也总还是一种突然的作用。按照连续律，这一突然的作用首先应当、并且也能够经过更小的要素的所有无限的程度。因为就一个给定的要素来说，总是可以使人想到另一种更小的要素，那个给定的要素就是产生自这种更小的要素的累积。例如，重量的要素无疑无限小于物体碰撞时行动的要素，因为行动能够在一个无法察觉的时间内造成很大单位的速度，而重量则只能在一个远为长得多的时间里造成这种速度。因此，即便是碰撞时作用的要素，也是突然的、违背连续律的。人们也不应当求全责备，说自然界中根本不存在任何完全坚硬的物体。在这里仅仅提及它们并规定它们的运动规律也就够了，因为只要借助这

些规律，就能够发现可变形的物体相互碰撞所遵循的那些规律。此外，每一柔软的物体也都具有某种程度的联系，借助这种联系，就与它相等或者比它小的要素来说，它在碰撞物体的力量中就能够被看做是一个坚硬的物体。而且如果仅仅就这一点来说，一种突然的作用是可能的，那么，就更大的程度来说，这种突然的作用也是能够产生的。

根据运动与静止的新概念解释碰撞规律的关键

根据我们的学术概念，碰撞时在两个相互作用的物体之间发生的事情，已经由以上所说而真相大白。也就是说，问题仅仅在于作用与反作用双方是相等的。如果两个物体是直接相互遭遇的，并且如果抽象掉一切弹力的话，那么，它们在碰撞之后在相互关系上也就是彼此静止的。然而，人们并不把运动规律这种称谓理解为一个碰撞的物体相对于另一个物体所获得的关系的规则，而是首先把它理解为它们在自己所处的空间方面的外部状态的变化。其实这只能说成是直接在它们之间发生的 〔24〕
事情的外部现象；人们要求知道这一点。

最后，人们可以首先假定有两个物体 A 和 B。前者的质量为 3，后者的质量为 2，后者就它所处的空间来说是静止的，但前者就这个空间来说是以 5 个单位的速度在朝着物体 B 的笔直轨道上运动。由于按照我们的定理，必须与物体 A 相联系给予物体 B 3 个单位的速度但相对于物体 B 给予物体 A 2 个单位的速度，因此，通过碰撞，这两个相等的力相互抵消，两个物体相对来说分别静止下来。但是，由于与其他对象相联系，物体 B 依此朝着物体 A 有一种 2 个单位的相对运动，因此，也就必须承认周围的空间与物体 B 平行，且以同样的速度进行着这一运动。现在，物体 A 的碰撞抵消了物体 B 的这种 2 个单位的运动，但却没有抵消周围空间的这种运动，因为它没有对周围空间发生作用。因此，周围空间将继续沿着物体 B 过去的方向运动，或者换个说法也一样，物体 B 将在碰撞后相对于周围的空间以 2 个单位的速度沿着相反的方向、即沿着起碰撞作用的物体 A 的方向继续移动，因而物体 A 也在同一个方向上以同样的速度继续移动，因为相对于物体 B 来说它是静止的。所以，碰撞后两个物体将以 2 个单位的速度继续运动。由此可以看出，在一个物体中被抵消的速度只是相对于来碰撞的物体而言在被碰撞的物体中设定的，而不是相对于空间来说它所具有的；相对于空间来说，这种被抵消的速度其实在它里面造成了在碰撞方向上的同等单位的运动。

如果具有上述质量的两个物体 A 和 B 在相反的方向上互相碰撞，但物体 A 的速度为 3 个单位，物体 B 的速度为 2 个单位，那么，倘若仅仅考察这两个物体的相对运动的彼此关系，就必须把 3 个单位的速度和 2 个单位的速度加起来，并且按照以上所说，依质量的反比例在它们之间分配这个总和，这样，物体 A 得到了 2 个单位的速度，物体 B 得到了 3 个单位
〔25〕的速度。于是，由于相反的力的相等，它们相互之间进入了各自的静止。由于现在通过这两个物体相互之间的各自运动，在物体 B 中设定了 3 个单位的速度，物体 B 相对于外部空间并没有完全具有这一速度，而是仅仅具有其中的 2 个单位，所以，按照上面刚刚作出的说明，在物体中不是相对于空间来说所发现的那种速度的抵消将确立一种就同一空间来说在相反方向上的运动。也就是说，物体 B 将以 1 个单位的速度在物体 A 进行碰撞的方向上继续运动。由于物体 A 相对于物体 B 来说是静止的，它将同样以这个单位的速度在这个方向上运动。

从确定为基础的概念中引申出以不同的速度在同一方向上运动的物体碰撞时的运动规律，同样引申出弹性物体碰撞的规

则，这并不困难。用许许多多的解释来展开所讲过的东西，这也是必要的。如果在一个如此丰富的题材中，虽然篇幅短小，但却有可能在内容上完备无缺，在表达上又词汇丰富，就可以做到这一切。

※　　　※　　　※

我在这半年的讲课计划如下：我将根据迈耶尔的摘要讲授理性学说。我目前打算根据鲍迈斯特的专业手册阐明形而上学。在星期三和星期六的课堂上，我将以论战的方式考察前几天讨论过的定理。在我看来，这是达到全面认识的最佳方法之一。数学将以沃尔夫的摘要开始。如果一些先生喜欢根据埃贝哈德的专业手册的自然科学课，我将试图满足他们的要求。上半年我根据自己的文章讲过自然地理学，我打算再次讲授这门有用而且令人愉快的科学，并再作出各种各样的扩充。

伊曼努尔·康德

1759年

试对乐观主义作若干考察

1759年

试对乐观主义作若干考察

伊曼努尔·康德

借此同时公布
下学期的讲座
1759年10月7日

李秋零 译

自从人们对上帝有一个恰当的概念以来，也许没有任何思想比认为他在选择时只选择最好的这种思想更自然的了。如果人们在谈到亚历山大时说，他认为只要自己还有什么事情没有做，就等于什么事情也没有做，那么，关于所有存在者中那个最仁慈、最强大的存在者，可以用一种无限更大的正确性来说这些话。当莱布尼茨说，这个世界是所有可能的世界中最好的世界，或者换个说法也一样，上帝在他自身之外创造的一切事物的总和是可能创造的最好的东西时，他认为自己由此也没有讲出什么新东西。相反，新东西仅仅在于运用，以便鉴于人们就恶的起源而制造的困难，砍开那个如此难以解开的死结。一个如此简单、如此自然、人们如此经常说出的、以致最终变得平庸并且使那些鉴赏力精巧的人们感到厌烦的思想，不可能长久地保持住自己的声誉。这样一来，与大众想法一致，维护一个如此容易证明的原理，又有什么光彩呢？难以理解的谬误对于自负来说是一种刺激，而自负则很喜欢感觉到自己的强大。相比之下，明显的真理变得如此简单，被一种如此平凡的知性所认识，以至于它们的境遇最终就像那些一旦从下等人口中唱出就令人无法忍受的曲调。总而言之，人们之所以高度评价某些认识，经常并不是因为它们是正确的，而是因为它们对我们来说要花费点力气。人们并不喜欢廉价的真理。因此，人们认为，断言上帝之所以愿意在所有可能的世界中选择了这个世界，并不是因为这个世界比在他控制下的其他世界更好，而是因为他就愿意这样做，这首先是不同凡响的，其次是悦耳动听的，最后是正确无误的。我谦恭地问：永恒者，比起较好者来说，你为什么更愿意要较坏者呢？而人们借至高无上者之口回答说：我喜欢这样，而这就够了。

〔29〕 〔30〕

如今，我有点鲁莽地提出一些说明，它们可以使人们更容易对在这个问题上提出的争议作出判断。也许我的听众先生们将认为，它们有益于在其联系中更好地理解我就此题目在课堂上所作的报告。因此，我就此开始推论。

如果不能设想有一个世界，在它之上再也不能设想一个更好的世界，那么，最高的理智就不可能认识所有可能的世界。如今后件是错误的，那么，前件也是错误的。因此，大前提的正确性说明，如果我在谈到每一个人们仅仅就一个世界而形成的个别理念时都可以说一个更好的世界的表象是可能的，那么，在谈到神的理智中的众多世界的所有理念时也可以说这些话。因此，比上帝所认识的所有世界还更好的世界是可能的，上帝并不具有对所有可能世界的认识。我认为，小前提将得到任何具有正统信仰的人的承认。我由此推论，断言不能设想一个世界，在它之上不可能设想一个更好的世界，或者换个说法也一样，断言一个在它之上不能设想一个更好的世界的世界是可能的，这都是错误的。虽然由此并不能得出，所有可能的世界中必有一个是最完善的世界。因为如果这些世界中有两个或者多个世界在完善性方面相同，那么，尽管不能设想一个比这两个中的一个更好的世界，却也没有一个是最好的世界，因为两个世界好的程度是同样的。

为了能够进行这第二个推论，我开始着手进行以下的考察。我觉得，这种考察是新颖的。请允许我首先把一个事物的绝对完善性①（如果人们不带有自身的任何意图来考察它的话）

① 因关系而定的知性中的完善性就是使杂多一致，成为某种规则，这规则可以是它愿意是的任何一种规则。这样一来，有些欺诈、有些强盗团伙，都能够以自己的方式是完善的。然而，在绝对的知性中，某种东西只是就它里面的杂多在自身中包含着一种实在性的理由来说才是完善的。这种实在性的大小决定着完善性的程度。由于上帝是最高的实在性，这个概念也就与上帝一致。因为人们说，某种东西，就它与神的属性一致而言，是完善的。

置入实在性的程度之中。在这个前提条件中，大多数哲人的规定是站在我这一边的，我可以很容易地证明这个概念是有道理的。现在我断言，实在性与实在性不能被作为实在性区别开来。因为如果诸事物彼此有别，那么，这是由于那种在一事物中存在而在另一事物中不存在的东西。但是，如果实在性被作为实在性来考察，那么，它们中的任何一种特征就都是积极的。如果这些实在性作为实在性而彼此有别，那么，就必然有某种积极的东西在一种实在性中存在，而在另一种实在性中却不存在，在一种实在性中就可以设想某种消极的东西，这种实在性由此而同其他实在性区别开来。也就是说，它们不是作为实在性而互相比较，但这正是所要求的。因此，实在性与实在性相互之间仅仅是通过与二者中的某一个相联系的否定、阙如、界限而区别开来，也就是说，不是就其性质（qualitate）、而是就其大小（gradu）来说的。 〔31〕

因此，如果事物彼此之间有区别，那么，它们在任何时候都仅仅是通过它们的实在性的程度区别开来的。有区别的事物从来不能具有同样程度的实在性。因此，决不可能有两个有区别的世界具有同样程度的实在性。也就是说，不可能有两个世界同样好、同样完善。赖因哈德先生在他关于乐观主义的获奖文章中说，一个世界也许具有各种实在性的总和，但它所具有的却是与其他世界所具有的不同的实在性，因此，有各种不同的世界，但它们具有相同的完善性。然而，他在这一思想上的失误是，似乎具有同等程度的实在性，却可以在其性质（qualitate）上彼此不同。因为再说一遍，如果人们假定它们是这样的，那么，在一个世界中存在的某种东西就将在另一个世界中不存在，因而它们将是通过 A 与非 A 的规定相互区别开来，其中的一个始终是真正的否定，因而它们也就是通过否定的界限和程度，但却不是通过自己的性质区别开来的。因为否定决不能被算做一种实在性的质，而是否定限制着实在性，决定着实在性的程度。这一考察是抽象的，也许还需要再作一些阐释，但我把它留待其他机会再作。

〔32〕 我们已经非常透彻地了解到，在所有可能的世界中有一个世界是最完善的，既没有一个世界在优越性上超过它，也没有另一个世界能够与它媲美。至于这是否就是现实的世界，我们很快就会予以考察。现在我们想尝试把讨论过的东西弄得更清楚些。

有一些量，它们中间没有一个可以让人再设想出一个更大的量。所有数字中的最大数字，所有运动中的最快运动，就是这样一种量。即便是神的理智也设想不出它们，因为它们是骗人的概念（notiones deceptrices）。就它们来说，似乎人们通过它们想象出某种东西，但事实上它们什么也不表现。于是，乐观主义的反对者们就说，所有世界中的一个最完善的世界就像所有数字中的最大数字一样，是一个自相矛盾的概念。因为就像可以给一个数字中单位的总和添加其他单位，但每次都不会产生某种最大的东西一样，人们同样可以给一个世界中的实在性的总和添加许许多多的实在性。

这里且不说人们没有理由可以把一个事物的实在性与较小实在性相比的程度看做是一个与其单位相比较的数字，为了指出所援引的事例不人合适，我只诉诸以下的东西。根本不可能有最大的数字，但却可能有最大程度的实在性，它就存在于上帝之中。请看人们在这里为什么错误地使用数字概念的最主要理由。一个最大的有限数字的概念是不折不扣的复多的一个抽象概念。复多是有限的，但尽管如此，仍然可以考虑给它添加许多东西，却不会使它不再是有限的。在复多中，量的有限性不设立固定的界限，而只设立一般的界限。因此，这样的数字中没有一个可以拥有最大数字的谓词。因为人们尽可以随意设想出某一个量，这个量可以通过添加来使任何一个有限数字增大，却无损于它的有限性。相比之下，一个世界的实在性的程度是某种被普遍规定的东西。为一个世界的可能最大的完善性所设置的界限不完全是一般地、而是通过一个它必然缺乏的程度来确立的。独立自主、自给自足、无处不在、创造的力量等等，这些都是任何一个世界也不可能具备的东西。这里并不像 〔33〕
数学的无限性那样，有限者按照连续律通过不断继续的、始终可能的增加与无限者相连接。在这里，无限的实在性与有限的实在性的间隙是通过构成它们的差别的某一种量确立的。可以说，在存在者的阶梯上，处在那个包含着无法估量的完善性程度的鸿沟由以开始的那一层上的世界，就是一切有限事物中的最完善者。那种无法估量的完善性程度把永恒者提高到任何造物之上。

我觉得，人们现在能够以一种反对者至少不能提出任何更大的东西与之对立的确定性认识到，在所有可能的有限事物中，一个具有最大的优越性的世界就是最高的有限的善。惟有它才配得上被至高无上者在所有存在者中选中，以便与无限者一起构成可能存在的最大总和。

如果人们承认我在上面所证明的东西，如果人们和我一致认为，在所有可能的世界中有一个必然是最完善的世界，那么，我在此之外并不希望有争论。并非所有见解上的离经叛道都能够使我们有义务花费力气去小心谨慎地回答它们。倘若有人自以为是地断言，最高的智慧可能认为较坏者比较好者更好，或者最高的美善比起同样受它支配的较大的善来说更喜欢较小的善，那么，我就再也抑制不住自己了。如果有人使用世俗智慧来颠倒健康理性的基本原理，那么，这种使用是很糟糕的。而如果有人为了反驳这样的努力而认为还有必要使用它的武器，则毕竟还给它带来少许荣誉。

认为逐个地研究我们迄今为止提出和答复的所有那些精细的问题过于详尽的那种人，虽然少一点书生气，但也许能够被以一种正确的知性的同样令人信服的判断说服，确信这同样的真理。他将作出这样的推论：一个最完善的世界是可能的，因为它是现实的；它是现实的，因为它是通过最睿智、最仁慈的决定创造的。或者我根本不能形成一种选择的概念，或者人们是按照喜好作出选择的。不过，喜好的东西也就是满意的东西。但在我看来，满意、认为好、特别喜好、特别满意、认为
〔34〕特别好，这只是用词的区别。由于上帝在他所认识的所有可能的世界中仅仅选择了这一个世界，因此，他必然认为这个世界是最好的世界。由于他的判断决不会犯错误，这个世界事实上也就是最好的世界。虽然最高的存在者有可能按照一些人引入轨道的那种虚构的自由方式，以一种谁知道是怎么样的无条件的喜好进行选择，在许多较好者中偏偏更喜欢较坏者，但是，他却从未这样做过。关于虚构故事中的任何一种低级神癨，人们可以让自己幻想这种东西，但是，对于众神之神来说，除了那个配得上的作品之外，即除了那个在所有可能的作品中最好的作品之外，没有任何作品适合于他。也许，与神的属性的更大一致，就是不考虑其特殊的内在优点就赋予这一世界以存在的那个决定的理由。于是，而且这也是肯定的，它比其他所有可能的世界都更完善。这是因为，由于从结果中可以看出，所有其他的世界与上帝的意志的属性较少一致，但是，在上帝之中一切都是实在性，除了在其自身中就可发现一种更大的实在性的东西之外，没有任何东西能够与这种实在性处于更大的和谐之中；所以，除了在当前的世界之外，能够属于一个世界的那种最大的实在性不在任何世界之中。此外，不得不选择人们清晰地、正确地认做最好者的那种东西，这也许是意志的一种强制，是一种扬弃自由的必然性。毫无疑问，如果它的对立面

是自由，如果这里在一个困难的迷宫中有两条岔路，我应当冒着迷途的危险决定走其中一条岔路，那么，我就不再加以思索。为了不顾智慧的一切表现而要求恶是某种东西，多亏有这样一种在可能创造的东西里面把最好者放逐到永恒的虚无之中的自由。如果我一定要在谬误中间作出选择，那么，我倒宁愿要那种亲切友好的必然性。人们处身在这种必然性中感觉舒适，从这种必然性中也只会产生出最好的东西。因此，我确信，我也很乐意作为一个公民生活在一个不可能更好的世界中，也许我的一部分读者会同意我的意见。从一切存在者中的最好者到一切可能的设计中最完善的设计，作为一个微不足道的、我不配享有的、为整体起见选出的环节，我由于自己被选中在最好的计划中占有一个位置而更高地评价自己的存在。我 〔35〕向一切不使自己变得不配享有的造物大声疾呼：让我们解脱，让我们存在！造物主对我们是满意的。无法度量的空间和永恒也许只有在全知者的眼前才会全面展示创造的财富。但是，从我所处的角度出发，用赋予我的软弱知性的认识武装起来，我将尽我所能地环视周围，并且学会越来越多地理解：**整体是最好的东西，所有的一切都由于整体而是好的。**

※　　※　　※

下半年，我将按照自己的习惯根据迈耶尔讲授逻辑学，根据鲍姆嘉登讲授形而上学，还根据鲍姆嘉登讲授伦理学，根据我自己的手稿讲授自然地理学，在一个专题讲座中讲授我所开始的纯粹数学，在另一个讲座中讲授力学各科，后两者都根据沃尔夫。课时的分配将另行通知。人们已经知道，这几门学科中的每一门我都将在半年内结束。如果这段时间太局促，剩余的部分将在下半年用一些时间补齐。

伊曼努尔·康德

1760 年

约翰·弗里德里希·冯·丰克先生的夭亡

1760年

因尊贵的
约翰·弗里德里希·冯·丰克先生的夭亡
而产生的一些想法

致高贵的夫人
阿格内斯·伊丽莎白
孀居的冯·丰克骑兵上尉夫人
库兰的凯文庄园和卡伦庄园的女继承人
逝者极为悲伤的母亲
的一封信

伊曼努尔·康德

哥尼斯贝格科学院哲学教师

李秋零　译

尊贵的骑兵上尉夫人 〔39〕

慈和的夫人：

倘若人们习惯于在其事务和娱乐的喧闹中掺入一些进行有益的考察的严肃时刻，在他们的国人的命运中，我们的意图的虚荣的日常实例要求他们如此做，那么，他们的欢乐也许就会不那么绚丽多彩，但是，取而代之的将是灵魂的一种平静的喜悦。对它来说，任何偶然的事件都将不再是出乎意料之外的。甚至淡淡的忧伤，这种从中涌现出一颗高贵心灵的温柔的情感，如果它在孤寂的平静中考虑到那在我们这里通常被看做是伟大重要的事情的无关紧要性，也将比轻浮的人的纵情玩乐和愚人的放声大笑包含有更多真正的幸福。

但是，大批大批的人们却涌入那熙熙攘攘的人群。他们在那神意于永恒深渊的一部分之上架起的、我们称之为生活的桥梁上追逐着水泡，却不花费任何精力去注意那使他们身旁一个人接着一个人沉沦入广阔无垠的深渊的跳板，他们自己最终也在狂烈的奔跑中被这深渊所吞没。某位古代的诗人通过对即将出生的人的描述，把一种感人的特征纳入了人类生活的画面。婴儿悲楚的哭声回荡在空中，一个要进入有如此之多的苦难等待着他的世界的人有权利这样哭。然而年复一年，这个人还把使自己不幸的艺术与借助自己置于生活的悲苦对象之上的罩子而使自己对此视而不见的艺术结合起来，努力学会不顾围绕着自己的、最终仍然不可阻挡地使自己回到一种远为痛苦得多的 〔40〕
情感的大量灾难，而采取一种无忧无虑的漫不经心态度。尽管在所有的灾难中，最使他恐惧的是面临死亡，然而，他似乎在自己的国人中间极少留意死亡的实例，除非更为亲近的关系首先唤起他的注意。当毁灭性的战争打开了黑色深渊的门闩，以便让所有的痛苦都降临在人类头上的时刻，人们就会看到，危难和死亡的惯常外貌使自身感受到这二者威胁的人们产生一种冷漠的无所谓态度，他们很少注意自己同胞的命运。然而，当在公民生活安详的平静中，从或者与我们关系密切或者为我们所爱、与我们具有同样或者更多可靠的希望、像我们做事那样以同样的热情沉浸在其意图和计划之中的那些人的圈子出发时，当这些人——我要说——按照全权对一切发号施令者的决定在其奋斗的中途受到侵袭时，当死亡庄严肃穆地逼近病人的病床时，当大自然战战兢兢地面对的这个庞然大物迈着缓慢的步伐走近、用其铁臂拥抱他时，那些通常沉溺于娱乐之中的人们的情感也就苏醒了。一种忧伤的情感从心灵深处说出了那句由于如此符合我们的普遍感受而曾经在一次罗马人的集会上赢得了如此之多掌声的话：**我是一个人，凡是人所经受的东西，我都可能遇到。**朋友或者亲戚自言自语地说：我处在纷乱扰攘的事务和拥挤不堪的生活义务之中，我的朋友不久前也处在这些东西之中，我平静地、无忧无虑地享受着自己的生活，但谁知道这能有多久？我与自己的朋友们嬉戏，在那些人中间寻找他，

> 但是，永恒以其强有力的双臂，
> 把他强留在那
> 什么也不让留下的严肃的地方。
>
> ——哈勒

慈和的夫人，您那可敬的儿子的夭亡使我上升到这些真挚的想法。您现在正为他的夭亡而悲哭，这是合情合理的。作为

他过去的老师之一，我感受到了这一损失，并致以沉痛的哀 〔41〕
悼，虽然，我很难表达与**这位前途无量的年轻人**关系密切的人们都必然感到的那种巨大的悲伤。夫人，请允许我在用来力图表达对自己这位昔日的学生的敬意的这几行字之外，再附上鉴于我目前的心情状况而在我心中浮现的一些想法。

每一个人都为自己在这个世界上的使命制订一个独特的计划。他想获得的技巧、他由此期望在未来得到的荣誉和安适、婚姻生活中的持久幸福和一长串娱乐或者活动，构成了他富有意义地勾画出并在其想象中生动地相继映现出的幻灯片。那结束了这一幻灯剧的死亡，仅仅出现在阴暗的远方，并且被倾洒在更令人愉快的地方的光线弄得模糊不清、无法识别。而在作出这些梦幻期间，我们真正的命运却把我们引导到迥然不同的道路上去。我们现实地分摊到的命运，难得与我们期望的东西相似。在我们迈出的每一步上，我们都发现自己的期望成了泡影。但尽管如此，想象依然追求着自己的事业，不知疲倦地勾勒着新的计划，直到似乎总是那么遥远的死亡突然结束了这整个表演。借助于想象力，人就是这个虚构世界的创造者，他十分乐意逗留在这个世界中。如果他被理智从这个世界带回到神意把他现实地置入的那个世界中，他就会被一种他在那里遇到的、完全摧毁了他的计划的奇特矛盾置入混乱中，因为这矛盾给他的洞察力提出了无法解破的谜。一个前途无量的年轻人新萌生的功绩常常很早就枯萎在重病的负担之下，不期而遇的死亡抹去了人们寄托希望的全部计划。拥有技巧、功绩、财富的人并不总是神意为他设定最远大的生活目标以便他公正地享有这一切的果实的人。最亲切的友谊、许诺了大多数幸福的婚姻，经常由于夭亡而被无情地撕裂。然而，贫穷和不幸通常却在命运女神的纺锤上牵了一根长线，许多人好像只是为自己或 〔42〕
者为他人而辛苦劳累地长寿。在这种表面上的矛盾中，那最高统治者仍然用智慧的手分配给每一个人自己命运的份额。他把我们在这个世界上的使命的终点隐藏在无法探明的晦暗之中，使我们由于欲望而忙忙碌碌，由于希望而信心十足，由于对未来事物幸运的无知而努力地寻思各种意图和计划，尽管早在我们还仅仅处在它们的开端时，它们就可能已经都结束了。

每一个人都在完成上天为他选定的圆圈。

——蒲伯

在这些观点中间，智者（但是一个这样的智者是多么罕见啊！）把注意力首先对准自己在死亡彼岸的伟大使命。他并没有忽视神意在此为他设定的地位所赋予他的职责。他在自己的计划中头脑冷静，但并不固执己见；对自己的希望的实现信心十足，但并非没有耐心；在愿望方面性情淡泊，不预先规定；值得信赖，不夸夸其谈；他孜孜不倦地履行着自己的义务，但也准备着以一种基督教的听天由命精神服从至高无上者的命令，只要至高无上者乐意在所有这些努力中间把他从置身其中的舞台上召回。我们始终认为，在我们还可以说能够洞察的事物中，神意的道路是睿智的、值得崇拜的。倘若它们在这里不是远远不仅如此，我们又在哪里能够这样做呢？我们曾寄予了许多言过其实的希望的人的夭亡使我们感到惊恐，但有多少次，这岂不正是上天最大的恩宠！难道某种人的不幸不是首先就在于拖延死亡，在生命极光彩地诞生之后，简直过于拖拖拉拉地不及时中断吗？

前途无量的年轻人去世了，鉴于如此早的损失，我们多少人不为幸福被打断而深感惋惜呢？然而，命运之书中所说的也许是另外一回事。从老远的地方就已经出现、要毁掉一种尚未充分表现出来的德性的诱骗，那威胁着未来的悲伤和厌恶，这

一切都已经被夭亡在一个受祝福的时刻带走的这位幸福的人避 〔43〕
开了。然而，由于对未来事物的无知，朋友和亲戚们为想象中有朝一日将使自己亲人的生命充满荣耀的年华的损失而痛哭。在结束这短短几行字之前，我想先就逝者的生平和性格作一番简短的描述。我所列举的，乃是我从正在为他痛哭的他那忠实的家庭教师提供的消息中、从我自己的认识中得知的。难道不是还有那么多良好的品性，只有那位看透心灵深处的，才能认识它们；而且，它们越是不追求闻达于世，就越是高贵！

约翰·弗里德里希·冯·丰克先生于 1738 年 10 月 4 日出生在库兰的一个有教养的贵族家庭。从童年时代开始，他就从未享有过一种完全的健康。他受到了精心的教育，在学习中表现得勤奋努力，具有一颗生来注定要培养出高贵品性的心灵。1759 年 6 月 15 日，他与自己的弟弟一起，由他们的家庭教师带领，来到这里的学院。他以充分的准备通过了当时的院长先生的考试，为自己的勤奋和家庭教师的传授争了光。他听过教会监理会成员、现任大学校长阁下泰斯克教授先生的讲座，此外还有法学博士冯克先生和我的讲座，其孜孜不倦的精神堪称楷模。他生活深居简出，安详宁静，由此他也还保持住了自己那日渐消瘦的身体的少许力量，直到今年 2 月底他逐渐地衰弱下去。无论是对他的精心照料，还是一位能干的医生的努力，都未能挽留住他。今年 5 月 4 日，在他以一个基督徒的坚强和火一般的虔诚为一种感人的终结作好准备之后，在他的忠实的牧师的帮助下，他安详愉快地告别了人世，被合乎身份地埋葬在这里的主教大教堂。

他具有温柔镇静的气质，对任何人都和蔼可亲、谦虚恭谨、与人为善、乐善好施；他勤奋好学，以使自己为光宗耀祖、报效祖国而受到应有的教育。除了他的**死亡**之外，他从未 〔44〕
以某种方式使任何人感到忧伤。他努力保持着一种异乎寻常的虔诚。他成为尘世的一个正直的公民，然而，至高无上者的决定却是要他成为天国的一员。他的生命是一部未完成的作品，它使我们期望着余下的部分，但夭亡却从我们这里夺走了它。

与那些其虚荣心仅仅以德性的假象为目标、却不关心德性之本质的人的虚假闪光的品性的所作所为相比，如果一种默默的功绩对轻浮的心灵造成了竭力仿效的印象，那么，他理应被看做是那些打算光彩地度过受教育年华和青年时期的人们的楷模。他的亲人们、他的朋友们以及所有认识他的人，都对他深感惋惜。

慈和的夫人，这就是您过去在生活中有理由如此**疼爱的儿子**的性格的特征。虽然对它们的勾画是如此模糊不清，它们还是足以引起您因失去他而感到的悲伤。然而，正是这些令人惋惜的品性，为失去他而带来不小的安慰。因为只有对于那些轻率地忽视所有意图中的最重要意图的人来说，在什么状态下把自己的亲人送交给永恒，才可能是无所谓的。我就不再致力于为夫人您在这种悲伤中阐述值得安慰的详细理由了。如果最智慧的神意乐意作出别的决定，就谦恭地放弃我们自己的渴望，以及基督教对别人在我们之前已经达到的那个极乐目的地的向往，这比一种枯燥乏味、软弱无力的辞令更能够抚慰心灵。

荣幸地向您
尊贵的夫人
慈和的骑兵上尉夫人

致以最崇高的敬意

您恭顺的仆人伊·康德
1760年6月6日
于哥尼斯贝格

伊曼努尔·康德

1762年

四个三段论格的错误繁琐

1762 年

四个三段论格的错误繁琐

证明人

伊曼努尔·康德硕士

李秋零　译

第一节　理性推理本性的一般概念 〔47〕

把某种东西作为一个特征而与某个事物进行比较，这叫做**判断**。事物自身就是主词，特征就是谓词。比较是由系词**“是”**或者**“都是”**来表达的。如果该系词是无条件地使用的，那么，它就表示谓词是主词的一个特征；如果它附带有否定词，那么，它就说明谓词是一个与主词相反的特征。在前一场合，判断是肯定的；在后一场合，判断是否定的。人们很容易就可以理解，如果把谓词称做一种特征，那么，由此并没有说它就是主词的一个特征，因为只有在肯定判断中才是这样的；而是说它是某一个事物的特征，尽管它在一个否定判断中与该判断的主词相矛盾。例如，一个**“精神”**是事物，即我思；**“组合的”**则是某事物的特征；**“一个精神不是组合的”**这个判断，意味着该特征是与事物自身相矛盾的。

至于一个事物的特征的特征，人们称之为该事物的**间接特征**。例如，**“必然的”**是上帝的一个特征，**“不可改变的”**则是必然事物的一个特征，是上帝的一个间接特征。显而易见，直接特征在远缘特征和事物自身之间代表着一个**中间特征**（nota intermedia）的地位，因为只有通过它，远缘特征才能与事物自身进行比较。但是，也可以通过一个中间特征，即通过认识到某物与一个事物的直接特征相矛盾，来把一个特征同一个事物进行否定性的比较。**“偶然的”**作为一个特征，是与**必然事物**相矛盾的，而“必然的”则是**上帝**的一个特征；借助一个中 〔48〕间特征，人们认识到，“是偶然的”与上帝相矛盾。

现在，我着手对一种理性推理作出我的实际说明。**任何一个通过间接特征作出的判断都是一个理性推理**；换句话说，它是借助一个中间特征把一个特征与一个事物进行比较。一个理性推理中的这一中间特征（nota intermedia）通常叫做**中项**（terminus medius），至于其他各项，则是众所周知的。

为了清楚地认识**“人的灵魂是精神”**这一判断中特征与事物的关系，我利用“有理性的”这一中间特征；借助于这一中间特征，我把**“是精神”**看做是人的灵魂的一个间接特征。这里必然出现三个判断，即：

1. 精神是有理性者的一个特征；
2. “有理性的”是人的灵魂的一个特征；
3. “是精神”是人的灵魂的一个特征。

这是因为，只有通过这三个环节，一个远缘特征与事物自身的比较才是可能的。

这三个环节在判断的形式中是这样表述的：凡是有理性者都是精神，人的灵魂是有理性的，所以，人的灵魂是精神。这是一个肯定的理性推理。至于否定的理性推理，则同样显而易见的是，由于我不能在任何时候都足够清楚明白地认识到一个谓词与主词的冲突，因此，我必须在可能的情况下使用辅助工具，通过一个中间特征使我的认识变得容易一些。假定人们给我一个否定判断：“上帝的持存是不能借助任何时间来度量的”。我没有发现这个谓词同主词的直接比较能够给我提供一种冲突的足够清晰的观念。于是，我使用我可以直接在这个主词中想象出的一个特征，把谓词与该特征进行比较，并借此与事物自身进行比较。**“是能够借助时间度量的”，**这与所有**不可改变的东西相矛盾；**而**“不可改变的”**却是上帝的一个特征；因此，……这在形式上表述出来就是：凡是不可
〔49〕改变的东西都不是能够借助时间度量的；上帝的持存是不可改变的；因此，……

第二节　关于所有理性推理的最高规则

从以上引证的东西可以认识到，一切肯定的理性推理的最首要的、普遍的规则就是：**特征的特征也是事物自身的特征**（nota notae est etiam nota rei ipsius）。一切否定的理性推理的最首要的、普遍的规则就是：**与一个事物的特征相矛盾的东西，也与事物自身相矛盾**（repugnans notae repugnat rei ipsi）。此外，这两个规则中没有一个是可以证明的。因为证明只有借助一个或者多个理性推理才是可能的。要证明一切理性推理的最高公式，就会是循环论证。至于这两个规则包含了一切理性推理类型的普遍的和最终的根据，仅仅由以下事实就可以得到说明，即迄今被所有的逻辑学家视为一切理性推理的最高规则的那些规则，必须从我们的上述规则获得其真理性的惟一根据。Dictum de omni［全称肯定］，即一切肯定的理性推理的最高根据，其内容是：对于一个概念来说被普遍肯定的东西，对于任何一个包含在该概念之中的概念来说也被肯定。这里的论据是一清二楚的。其他概念隶属于其下的那个概念，总是作为一个特征从这些概念分离出来的。属于这个概念的东西，就是一个特征的特征，因而也就是它从中被分离出来的那些事物自身的一个特征。也就是说，它属于那些隶属于该概念的较低级概念。每一个人，只要稍稍有一点逻辑学的知识，都可以轻而易举地看出，这种肯定仅仅就这个根据来说才是真的，因此它服从于我们的第一个规则。Dictum de nullo［全称否定］与我们的第二个规则的关系也是如此。对于一个概念来说被普遍否定的东西，对于所有隶属于该概念之下的那些概念来说也被否定。因为其他概念隶属于其下的那个概念，只是从它们分离出来的一个特征。但是，与这个特征相矛盾的东西，也与事物自身相矛盾。因此，与较高的概念相矛盾的东西，必然也与隶属于该概念的较低概念相矛盾。

〔50〕

第三节　关于纯粹的和混合的理性推理

众所周知，有一些直接的推理，因为从一个判断中不用中间概念就可以直接认识到另一个判断的真实性。因此之故，这样的推理也就不是理性推理。例如，从“任何一种物质都是可以改变的”这个命题就可以直接得出：不可改变的东西就不是物质。逻辑学家们罗列了许多这样的直接推理的类型，其中，通过逻辑上的颠倒，即通过换位进行的直接推理，毫无疑问是最主要的直接推理。

如果一个理性推理仅仅由三个命题组成，仅仅按照上面关于一切理性推理所阐明的规则进行，那么，我就称它为一个纯粹的理性推理（ratiocinium purum）。但是，如果它只有在多于三个的判断彼此结合起来时才是可能的，那么，它就是一个混合的理性推理（ratiocinium hybridum）。也就是说，假定在三个主要命题之间还必须插入一个由它们得出的直接推理，因而比一个纯粹的理性推理所允许的还多了一个命题，那么，这就是一个 ratiocinium hybridum［混合的理性推理］。例如，请你们考虑一下，有人这样推理：

任何会朽坏的东西都不是单纯的；
因此，单纯的东西不是会朽坏的；
人的灵魂是单纯的；
因此，人的灵魂不是会朽坏的。

这样，他虽然没有作出一个真正的组合推理，因为组合推理应当是由多个理性推理构成的，但是，这个推理在一个理性推理所要求的东西之外，还包含了一个通过换位进行的直接推理，因而包含了四个命题。

但是，即便事实上仅仅表述了三个判断，然而，从这些判断中推出结论，却只有借助于一种允许的逻辑颠倒，即借助于换位，或者借助于另一种对这些前提判断中的某一个进行的逻辑改变才是可能的，那么，这个理性推理仍然是一个 ratiocinium hybridum［混合的理性推理］。因为这里的关键根本不在于人们说了什么，而是在于要想进行一个正确的理性推理，人们不可避免地必须思维什么。假定，在下述理性推理中：

会朽坏的东西不是单纯的； 〔51〕
人的灵魂是单纯的；
因此，人的灵魂不是会朽坏的。

我通过对大前提进行一种完全正确的颠倒而能够说：任何会朽坏的东西都不是单纯的，因此，任何单纯的东西都不是会朽坏的。只是就这一点来说，上述推论才是一个正确的推论。因此，这种理性推理始终是一种混合推理。因为它的推理力量是建立在暗中附加上这个人们至少必须在思想中进行的直接推论的基础之上的。

第四节　在所谓的第一格中，惟有纯粹的理性推理才是可能的，而在其他三个格中，则惟有混合的理性推理才是可能的

如果一个理性推理直接按照我们上面所阐明的两个最高规则中的某一个进行，那么，它在任何时候都属于第一格。第一条规则是：事物 A 的特征 C 的特征 B 也是事物 A 的一个特征，

由此产生出三个命题：

	C　　　　B
C 以 B 为特征；	有理性的东西是一种精神；
	A　　　　C
A 以 C 为特征；	人的灵魂是有理性的；
	A　　　　B
因此，A 以 B 为特征。	因此，人的灵魂是一种精神。

可以轻而易举地把更多类似的命题等等运用于否定推理的规则，以便确信，只要它们是依据否定推理进行的，在任何时候都属于第一格。我在这里力图避免一种令人生厌的饶舌是有道理的。人们也可以轻而易举地发现，理性推理的这些规则并不要求：要使论证是令人信服的，除了这些判断之外，必须还要在这中间某个地方插入一个由这些判断中的某一个作出的直接推理。因此，第一格的理性推理是纯粹的。

〔52〕 在第二格中，惟有混合的理性推理才是可能的

第二格的规则是这样的：一个事物的特征与之相矛盾的东西，也与该事物本身相矛盾。这个命题之所以是真的，只是因为一个特征与之相矛盾的东西，也与该特征相矛盾；而与一个特征相矛盾的东西，也与事物本身相冲突；因此，一个事物的特征与之相矛盾的东西，也与事物本身相冲突。这里显而易见，只是由于我能够把作为地地道道的一个否定命题的大前提颠倒过来，借助小前提推出结论的推论才是可能的。因此，必须暗中考虑到这里进行的颠倒，否则我的命题就不能进行推理。但是，通过颠倒产生的命题是插入的由第一个命题作出的

一个直接推论，而推理就有了四个判断，是一个 ratiocinium hybridum［混合的理性推理］。例如我说：

精神不是可分的；
一切物质都是可分的；
因此，物质不是精神。

此时，我的推理是正确的。只不过推理的力量在于借助一种直接推论，从第一个命题**“精神不是可分的”**得出了：**因此，可分的东西不是精神，**并在此之后按照所有理性推理的普遍规则正确地推出了一切。但是，由于只有借助于从中得出的这个直接推论，论证才具有推理能力，所以，这个直接推论也应当被考虑在内。这个推理有四个判断：

精神不是可分的；
因此，可分的东西不是精神；
一切物质都是可分的；
因此，物质不是精神。

在第三格中，惟有混合的理性推理才是可能的

第三格的规则表述如下：属于一个事物或与一个事物相矛盾的东西，也属于隶属该事物另一特征之下的一些事物或与之相矛盾。这个命题之所以是真的，只是因为我能够（per conversionem logicam［借助逻辑的转变］）颠倒说出另一特征属于该事物的那个判断，从而使它符合所有理性推理的规则。例如： 〔53〕

所有的人都是罪人；
所有的人都是有理性的；

因此，有些有理性的是罪人。

这个推理之所以能够进行，只是因为我能够通过一种 per accidens [借助于偶性进行的]颠倒从小前提中推论出：因此，有些理性存在者是人。这样，就可以按照所有理性推理的规则对概念进行比较了。但是，这只有借助一个插入的直接推理才能进行。这样就有了一个 ratiocinium hybridum[混合的理性推理]：

所有的人都是罪人；
所有的人都是有理性的；
所以，有些有理性的是人；
因此，有些有理性的是罪人。

人们可以轻而易举地在这个格的否定类型中指出同样的东西，为了简明起见我把它们省略掉了。

在第四格中，惟有混合的理性推理才是可能的

这个格里面的推理方式是如此地不自然，是建立在如此之多的必须被看做插入的可能的中间推理之上的，以至我对此能够一般地予以阐明的规则是非常晦涩的、难以理解的。为此起见，我只想说明这里的推理力量是出自哪些条件。在这些理性推理的否定类型中，一种正确的推论之所以可能，乃是因为我可以借助逻辑的颠倒或换位来改变主要概念的位置，从而根据每一个前提命题得出它的直接推理，使这些推理获得了它们在一个根据普遍规则进行的理性推理中必须具有的关系。但是，关于肯定推理我将指出，它们在第四格中是根本不可能的。这个格的否定性理性推理按照其本来必须被考虑的样子表现为以下类型：

蠢笨的人不是有学问的； 〔54〕
因此，**有学问的人不是蠢笨的；**
有些有学问的人是虔诚的；
因此，**有些虔诚的人是有学问的；**
所以，有些虔诚的人不是蠢笨的。

这里有一个第二种类型的三段论：

每一个精神都是单纯的；
所有单纯的东西都是不会朽坏的；
因此，有些不会朽坏的东西是精神。

这里显而易见，像这种样子的结论判断是根本不能从前提命题中推论出来的。只要把中项与它进行比较，就马上可以看出这一点。因此我不能说：有些不会朽坏的东西是精神，因为它们是单纯的。这是因为，某种东西并不由于是单纯的就马上是精神。此外，即使借助一切可能的逻辑改变，也不能如此建立前提命题，以至如果各项都按照在所有的格中业已确立的规则而拥有自己的位置，即大项在大前提中，小项在小前提中，就可以推论出结论判断，或者哪怕是推论出另一个命题，从中推论出作为一个直接结论的结论命题。①虽然只要我完全改变

① 这个规则建立在综合的顺序之上。按照这种顺序，首先是远缘的特征，然后才是近缘的特征与主词进行比较。然而，即使这种顺序马上被看做纯粹任意的，只要人们要有四个格，它也是不可避免地必须的。因为只要我把结论的谓词放在大前提中和放在小前提中是无所谓的，那么，第一格与第四格也就根本没有区别了。在克鲁秀斯的《逻辑学》第 600 页的注释中，可以发现同样的错误。

各项的位置，使原来的大项变成小项，原来的小项变成大项，就可以推论出从中得出既定结论的那个结论命题，然而，在此之后还必须把两个前提命题完全交换位置，而按照第四格得出的所谓理性推理所包含的也是材料，而不是推理所应当依照的
〔55〕形式。它根本不是按照只可能划分为四个格的那种逻辑序列的理性推理。这在同一格的否定推理中完全是另一种情况。它必须是如下这种样子：

每一种精神都是单纯的；
所有单纯的东西都是不会朽坏的；
因此，每一种精神都是不会朽坏的；
因此，有些不会朽坏的东西是精神。

这个推理是完全正确的，只不过，这样一种推理与第一格的推理的区别不在于中项的位置不同，而是仅仅在于前提命题的位置被改变了①，结论中各项的位置被改变了。但是，这里根本不存在格的改变。在克鲁秀斯的《逻辑学》中的上述位置，就可以发现这种方式的一个错误。在那里，人们由于这种改变各前提命题位置的自由，而认为是在第四格中、并且是在更自然地进行推理。遗憾的是，要改善一个毫无用处的事物，是要一个伟大的思想家付出辛劳的。只有摈弃这种事物，才能作出某种有益的东西。

① 因为如果结论的谓词在其中出现的命题是大前提，那么，就这里从前提命题直接得出的本来的结论来说，第二个命题是大前提，第一个命题是小前提。但是这样一来，所有的东西都是按照第一格推论出来的，只不过，由最初从上述判断推论出的命题中所得出的所谓结论，是通过一种逻辑的颠倒得出的。

第五节 在逻辑上划分四个三段论格是一种错误的繁琐

不可否认，在所有这四个格中都可以正确地进行推理。但是无可争辩的是，除了第一格，其他各格都只有借助一种迂回、借助插入的中间推理才规定着结果。而在第一格中，同样的结论却是纯粹地、没有混杂地从同样的中项得出的。人们在此可能认为，其他三个格充其量因为这一点而是没用的，但却不是错误的。然而，如果考虑到发明它们并一直讲授它们的意图，人们就会作出不同的判断。〔56〕如果问题在于把聚拢在主要判断之下的一大堆推理与这些判断交织在一起，以至由于一些被表达出来，另一些被掩盖起来，从而要判断它们与推理规则的一致就要花费很大气力，那么，人们也许就不会把更多的格、更多的足以令人头疼的推理考虑在内了。然而，逻辑的目的不是交织，而是化解，不是遮遮掩掩地、而是清楚明白地讲出某种东西。因此，这四种推理类型应当是简单的、无混杂的、没有被遮掩的中间推理的，否则，它们就不会被承认具有在一个逻辑报告中表现为理性推理的一个最清晰观念的公式的自由了。迄今，所有的逻辑学家都把它们看做没有必要插入其他判断的简单推理，这也是毋庸置疑的。否则，它们就绝不会被赋予这种公民权。因此，其余三种推理类型作为理性推理的规则是完全正确的，但作为包含着一种简单的、纯粹的推理的规则却是错误的。这种不正确性使得可以把各种认识交织在一起，逻辑不把将所有的东西归于最简单的认识方式当做自己真正的目的成为一种正当的事情。为了使自己不致陷溺于这些荒唐的举动而必需的特殊规则（它们的每一个格都有若干自己的规则）越多，这种不正确性就越严重。事实上，一旦把许多繁琐的东西运用于一种完全无用的事物上，滥用许多表面上的学问，就会出现这种不正确性。每一个格中可能的那些所谓的式，都用古怪的、同时以诸多隐秘的技艺包含着使向第一格的转化变得容易的字母的语词来表示。如果古代令人敬畏的格篦有朝一日能够教会受到更好传授的后人惊羡和惋惜自己祖先在这些残存的东西上孜孜不倦的、徒费力气的努力，今后，这些式将包含着人类理智思维方式的可贵稀世奇珍。

揭示这种繁琐性的首要起因，也是轻而易举的事情。最先把三段论分成上下三行写，把它看做一个棋盘，并且试一试从中项位置的移动中会产生出什么的人，由于发现产生了一种合
〔57〕理的意义，其震惊并不亚于在名字中发现一个字谜的人。对后一件事感到高兴和对前一件事感到高兴是同样幼稚可笑的，尤其是由于人们忘记了，在清晰性方面人们并没有获得什么新颖的东西，只不过是得到了不清晰性的一种加强罢了。人类理智的命运也就是这种情况。要么它苦思冥想，碰上假象，要么它鲁莽地追逐过大的对象，建起空中楼阁。在大批的思想家中，有人选择了666这个数字，有人选择了动物和植物的起源或者神意的奥秘。两种人所陷入的失误具有迥然不同的趣味，就像头脑各不相同一样。

在我们的时代，值得知道的事物堆积如山。很快，哪怕是仅仅从中把握最有用的部分，我们的能力也将过于软弱，我们的寿命也将过于短暂。财富绰绰有余，要接受它们，我们就必须把某些无用的废物重新扔掉。如果从不为它们所纠缠，则要更好一些。

如果我认为只用几个小时的工作就能够推翻这个头部藏匿在古代的云层之中的泥足巨人，我也就太高抬自己了。我的意图只是解释。因此，在这篇逻辑报告中，我不能完全按照自己的认识行事，而是必须做些讨好流行的鉴赏力的事情，因而只

能简短地讨论这些主题，以便把我在这里赢得的时间用于现实地扩展有用的知识。

三段论法还有某种别的用处，即借助它，在一种学术争论中来胜过不谨慎的人。但是，由于这属于学者们的竞技，即属于一种通常也许很有用、只不过对于真理的利益并无多少增添的艺术，我在这里就略而不谈了。

第六节 结束语

我们由此而得知，一切理性推理的最高规则直接导向人们称之为第一格的那种概念顺序；中项的所有其他移动，只有当 〔58〕
它们通过简易的直接推论导向结合在第一格的单纯顺序之中的这些命题时，才能得出正确的推理；之所以不可能在不止一个格中进行简单的、非混杂的推理，乃是因为始终只有通过被这样的推论隐藏在一个理性推理之中的第一格，才包含着推理能力，概念的位置改变只是造成了人们为了认识到结论而必须通过的或大或小的迂回；就各个格应当包含着纯粹的、不混杂有任何中间判断的推理来说，格的划分是错误的、不可能的。我们的所有理性推理的普遍基本规则如何同时也包含着所谓的第一格的特殊规则，同样，人们如何可以从结论命题和中项出发，不用演绎公式毫无用处的详尽性，马上就把其他任何一个格的任何一个理性推理转化为第一种简单的推理类型，以至或者推出结论本身，或者推出通过直接推论从中得出结论的那个命题，这可以轻而易举地从我们的阐述中看出，我就不在这一点上浪费时间了。

在附加一些在其他方面也可能具有显著用处的说明之前，我还不想结束这一考察。

因此，我**首先**要说，一个**清晰的**概念只有借助一个**判断**才是可能的，但一个**完全**的概念也只有借助一个**理性推理**才是可能的。也就是说，要想获得一个清晰的概念，就要求我清楚地认识到某种东西是一个事物的特征，而这就是一个判断。为了对物体有一个清晰的概念，我清晰地把不可入性表象为物体的一个特征。但是，这一表象无非就是下述思想：**一个物体是不可入的。**这里只是要说明，这个判断并不是概念自身，而是概念成为现实所借助的行动。因为在这一行动之后从事物自身产生的表象是清晰的。指出一个完全的概念只有通过一个理性推理才是可能的，这很容易，只需查看这一行动的第一阶段即可。为此起见，人们可以把一个清晰的概念称做这样一个概念，它通过一个判断而是清晰的；但也可以把一个完全的概念
〔59〕称做这样一个概念，它通过一个理性推理而是清晰的。如果完全性是一级的，那么，理性推理也就是一个简单的理性推理；如果完全性是二级的或者三级的，那么，它只有通过理智按照一种连锁法的方式简化的一系列连锁推理才是可能的。由此可知逻辑学的一个本质性错误，如同它平常被对待的那样，尽管清晰的概念和完全的概念只有通过判断和理性推理才是可能的，但它却在处理判断和理性推理之前就处理清晰的概念和完全的概念。

其次，显而易见，要达到完全的概念，和要达到清晰的概念一样，并不需要灵魂的其他任何力量（因为认识到某种东西是一个事物中的一个特征的同样的能力，也被用于在这一特征中想象另一特征，并由此通过一个远缘特征来思维事物）。同样显而易见的是，**知性**和**理性，**即清晰地进行认识的能力和进行理性推理的能力，并不是不同的**基本能力。**二者都存在于作出判断的能力之中。但是，如果要间接地作出判断，就得进行推理。

再次，由此可知，最高的认识能力完全是仅仅建立在判断

的能力之上的。因此,如果一种存在者能够进行判断,那么,它就拥有最高的认识能力。如果找到了否认它具有这种最高能力的原因,那么,它也就不能进行判断。对这样的考察的疏忽,曾导致一位著名的学者承认动物也拥有清晰的概念。据说,公牛在其对于牛棚的表象中也对门的特征有一个清晰的表象,因而也对牛棚有一个清晰的概念。在此,要防止混乱也是轻而易举的事情。一个概念的清晰性并不在于作为事物的一个特征的那种东西被清晰地表象,而是在于认识到它是事物的一个特征。门虽然是属于牛棚的某种东西,可以作为牛棚的特征,但是,只有作出**“这个门属于这个牛棚”**这种判断的人,才对这一建筑物有一个清晰的概念,而这毫无疑问超出了牲畜的能力。

我要再进一步说,把事物彼此**区分开来**和**认识**到事物的**区别**,这完全不是一回事。后者只有借助判断才是可能的,不能由任何无理性的动物作出。下面的划分可能会有很大的用处。**在逻辑上作出区分**,也就是认识到一个事物 A 不是事物 B, 〔60〕
它在任何时候都是一个否定判断。**在物理上作出区分**,则是在不同的表象的推动下采取不同的行动。狗把烤肉和面包区分开来,是因为它被烤肉刺激和被面包刺激不同(因为不同的事物造成不同的感受),而对烤肉的感受与对面包的感受,是它的另一种欲望的根据①,这里依据的是它的本能冲动与它的表象的自然联系。由此就可以得出更好地反思有理性动物和无理性

① 事实上,在研究动物的本性时要注意到这一点,这是极其明显的。我们仅仅觉察到动物的外部行动,它们的不同表现出动物的欲望的不同规定性。由此根本不能得出,是否由于动物意识到存在于一种感受中的东西和存在于另一种感受中的东西的一致或者冲突,并由此作出判断,在动物的内心中这种行动就先行于认识能力。

动物的本质区别的理由。如果人们能够认识到判断由以可能的那种东西是一种什么样的隐秘力量，那么，就可以解开这个死结了。我现在的看法如下：这种力量或者能力无非就是内感觉的能力，即把它自己的表象变成它的思想的对象的能力。这种能力不是从另一种能力派生的，它是真正的理智之中的一种基本的能力，并且如我所认为的那样，仅仅是有理性的存在者所特有的。但是，整个高级的认识能力都建立在这上面。我是借助必然使那些能够在人的认识中感受到统一性的人们感到高兴的一个表象进行推理的。所有肯定的判断都从属于一个共同的公式，即同一律：Cuilibet subjecto competit praedicatum ipsi identicum［凡是与某个主词一致的，也与它的谓词一致］。所有否定的判断都从属于矛盾律：Nulli subjecto competit praedicatum ipsi oppositum［凡是与某个主词不一致的，也与它的谓词相对立］。所有肯定的理性推理都包含在这一规则之下，即 Nota notae est nota rei ipsius［特征的特征也是事物自身的特征］。所有否定的理性推理都包含在这一规则之下，即 Oppositum notae opponitur rei ipsi［凡是与特征相对立的，也与事物自身相对立］。所有直接从属于同一律或者矛盾律的判断，即是说，同一性和冲突在它们那里不是通过一个中间特征（因而也不是借助对概念的分解），而是直接被认识到的，这样的
〔61〕判断都是不可证明的判断。一旦它们能够被间接地认识到，这样的判断就是可证明的。人的认识充满了这样的不可证明的判断。对于任何一个定义来说，只要人们为了达到它而把首先并且直接就一个事物来说所认识的那种东西表象为该事物的一个特征，就有若干定义在它之前发生。那些如此行事、好像除了一个基本真理之外就根本不存在任何不可证明的基本真理的世俗智者，都犯了错误；那些没有足够的保证就慷慨地认为自己的各种不同的命题都具有这种优点的世俗智者，也同样犯了错误。

伊曼努尔·康德
1763年

证明上帝存在惟一可能的证据

将负值概念引入世俗智慧的尝试

1763年

证明上帝存在惟一可能的证据

伊曼努尔·康德硕士

李秋零　译

前言 〔65〕

Ne mea dona tibi studio disposta fideli,
intellecta prius quam sint, contemta relinquas.

Lucretius

[莫让我这些忠诚热切地奉献给你的礼物，
在你还未能了解之前就受到轻视遗弃。

——卢克莱修]

对于像现在所作出的这样一种努力的益处，我并没有如此之高的评价，好像我们所有知识中最重要的知识，即有一个上帝存在，如果不借助深刻的形而上学研究就会发生动摇，就会有危险似的。天意并不希望我们那些为了幸福而极其需要的认识建立在繁琐的精巧推理之上，而是把它们直接交给一般的自然知性。如果人们不以错误的技巧把这种知性搞糊涂，那么，就我们极其需要那些真实的和有用的东西来说，它是不会不把我们直接导向它们的。因此，虽然敏锐的研究者到处为缺少证明、缺少被精确地规定的概念或合规则地联结起来的理性推理的准确性而若有所失，但健康理性的那种自身尚处在一般认识的局限之内的运用，毕竟还是提供了关于这一存在者的存在和属性的足以作出证明的证据。虽然这种证明并不是在任何地方都可以作出的，但人们还是不得不试图作出这种证明。因为即使不提习惯于探究的知性不能摆脱的正当热望，即在一种如此重要的认识中达到某种完美无缺的和清晰地把握了的东西，也还是可以期望，一种诸如此类的认识一旦被人们所掌握，就能

〔66〕够就这一对象而言说明更多得多的东西。但是为了达到这一目的，就必须冒着陷入形而上学无底深渊的风险。这是一片一望无际、没有灯塔的漆黑的大洋，人们必须像航海家那样在无人航行过的海域开始。航海家一旦在某处踏上陆地，就审视自己的航程，研究他虽然像航海艺术所要求的那样非常小心谨慎，却是否曾有例如未被觉察到的海流扰乱了自己的航线。

然而，这种证明还从未被人发明出来，这一点已经由其他人觉察到了。我在这里所提供的，也只不过是一种证明的证据罢了，是一种千辛万苦地搜集到的、呈交到行家眼前供审查以便根据耐久和适用的规则以其可用的部分来建造大厦的建筑材料。就像我并不想得知我所提供的东西被视为证明本身一样，对我所使用的概念的解析也并不就已经是定义。我觉得，它们是我所探讨的事物的正确标志，为了从中作出准确的说明，它们是很不错的，它们自身就其真实性和清晰性来说也是可用的。但是，为了能被算做定义，它们还需要行家里手的最后加工。有时候，人们在像形而上学这样的科学中敢于解释一切，证明一切；而有时候，人们却只敢怀着畏惧和怀疑来从事这样的活动。

我所阐述的这些考察是长期反思的结果。但是，由于各种各样的事务挤掉了为此所必需的时间，报告的方式自身带有工作未完成的标记。然而，请求读者原谅自己只能给他们提供某种差劲的东西，无论出自什么原因，这都是一种徒然的阿谀奉承。随便你怎么为自己辩护，读者都不会原谅的。就我这种情况来说，这部作品没有彻底完成，不仅要归咎于疏忽，而且也要归咎于有意地把它搁置在一旁。我只打算勾勒出一幅草图的第一批线条，我相信，如果有大手笔使图纸在各部分都更为正确，在总体上完全符合规则的话，那么，是能够按照它们建造起一座毫不逊色的大厦的。出自这种意图，过于小心翼翼地在细微之处精确地画出所有的线条，也许是不必要的，因为总体设想首先

还要经过大师们在艺术方面的严格评判。所以，我常常只是提 〔67〕
出证据，并不自以为现在就能够清晰地指出它们与结论的联系。我有时援引了普通的知性判断，并不借助逻辑的艺术赋予它们部分在整体中必须具有的那种固定不变的形象，这要么是因为我感到困难，要么是因为必要的详尽准备与作品应有的篇幅不相称，要么是因为我认为自己有理由逃避人们合情合理地向那些体系化的作者们提出的要求，因为我并没有预告任何证明。一小部分自以为能够对精神的作品作出判断的读者，大胆地关注着一种尝试的整体，尤其是考察该尝试的主体部分——如果有人来弥补某些缺陷或者纠正某些错误的话——与一座出色的大厦所能够具有的关系。像这一类的读者，他们的判断对人类知识是特别有益的。至于其余那些没有能力在总体上综观一种联系的读者，苦思冥想地牢牢盯着一个或另一个小部分，却不管该部分理当受到的责难是否也影响到整体的价值，不管在个别部位的改善是否并不能维持仅仅在各个部分有缺陷的总体计划，这些读者只是一贯热衷于把每一个已经开始的建筑再变为废墟，他们虽然由于人数众多而是可怕的，但就对真正价值的裁定而言，他们的判断在明智的人们那里却没有什么意义。

我在一些地方并没有作出琐碎的说明，也许不足以使那些只期望有一种表面上的缘故来把一部作品尖刻地指责为胡言乱语的人没有任何机会那样做，然而，要想能够防止这种情况，该需要多么谨小慎微啊！不过我相信，对于那些仅仅想在一部作品中发现作者旨在阐明的东西的人来说，还是说得够清晰明白的了。我尽可能地避免作出反驳，即使我的命题与他人的命题有分歧。这种观点的对立是我留给那些对双方都有认识的读者去反思的东西。如果人们能够以一位廉正的监管人的正直无私精神来审查真诚的理性在各个不同的思想者那里所作出的判断，这位监管人对争议双方的理由都予以考虑，在思想上设身 〔68〕

处地为提出这些理由的双方着想，发现这些理由都非常有力，在任何时候都可能产生，然后才认定自己赞同哪一方，那么，哲学家们的意见分歧就会少得多。一种尽可能地为对方着想的公正合理态度，将会很快地把研究者们统一到一条道路上来。

在像现在这样一种困难的考察中，我事先就能够预料到有的命题将是错误的，有的解释不够充分，有的阐述还有缺陷和不足。我并不要求读者作出就连我自己也很难对一位作者作出的那种无限制的认同。因此，在某些地方被别人纠正，这对我来说并不陌生。人们还将会发现我在接受这样的教诲方面是虚心好学的。放弃一开始在陈述理由时就信心十足地表达的对正确性的要求是困难的，但如果这种要求不那么强烈，不那么有把握，容易满足，则放弃它也就不那么困难了。甚至最精细的虚荣心，如果它理解了自身，也就会发现，听人劝导所带来的成就并不亚于自信。鉴于前者要求为此作出比后者更多的放弃和自我审视，前一种行为也许更能赢得真正的尊重。行文中不时出现的一些相当详尽的物理学解释，似乎会损害在考察自己的对象时必须牢记心头的统一性。然而，由于在这些场合我的意图主要是旨在借助自然科学上升到对上帝的认识的方法，因此，如果缺少这样的例证，我也许就无法达到这一目的了。所以，第二章的第七个考察就需要得到更多的谅解，尤其是因为它的内容出自我在此之前匿名出版的一本书。① 在那本书中，

① 这本书的标题是：《一般自然史与天体理论》，哥尼斯贝格和莱比锡 1755 年版。此外，这部很少有人知道的作品肯定还没有被著名的 **J. H. 兰贝特**先生认识到。兰贝特先生于 6 年之后在他的《宇宙论通信》(1761 年)中提出了关于宏观的宇宙结构的有规则状态、银河和星云等等的理论，人们在我所提到的《天体理论》的第一章，以及在该书的前言中可以看到同样的理论。在现在这部作品的 154～158 页，有一个简短的纲要，对这一理论作出了说明。这位思虑周全的人物的思想与我当时陈述的思想的一致几乎达到了微不足道的细节，它增强了我的猜测，即这一构思今后将得到更多的证实。

我与各种不同的大胆假设相联系，更为详尽地探讨了这些问题，最起码被许可冒昧作出这些说明的自由与我的主要意图之 〔69〕
间的接近，以及看到这一假设的某些内容获得行家们评判的愿望，促使我把这一考察纳入其中。它也许过于简短，不能使人理解它的全部理由，但对于那些猜想这里只能找到形而上学的人来说，它也许就太详尽了，他们完全可以跳过不读这一考察。也许，在读这部作品之前，有必要先更正一些可能会改变陈述含义的印刷错误。在这部作品的后面，人们可以看到这些错误。

作品本身共由三章组成，其中第一章提出论据本身，第二章提出论据的详尽运用，第三章陈述根据，为的是说明，证明上帝存在的任何其他证据都是不可能的。

〔70〕

第一章

证明上帝存在的证据

考察一 论一般存在

如果人们能够保证完全清晰的普通概念在使用中不会造成任何误解，那么，彻底性的规则也并非在任何时候都要求，甚至在最深奥的陈述中也阐明和解释每一个出现的概念。例如，虽然几何学家使用的仅仅是普通的空间概念，但他却以极大的确定性揭示了有广延的东西的最隐秘的性质和关系。甚至在这门最深奥不过的科学中，虽然**表象**这个词的含义从未借助一种说明而得到解析，但它却得到了充分的理解，并且被信心十足地使用着。

因此，在这些考察中，如果不是恰好这种疏忽会造成混乱和严重的失误的话，我也就不会擅自解析存在这个非常简单而又尽人皆知的概念了。毋庸置疑，这个概念在其余全部哲学中和在普通运用中一样可以不加阐明地、毫不犹豫地使用，只有关于绝对必然的存在和偶然的存在的问题除外。因为在这里，一种更为细致的探讨从一个严重矫揉造作的、否则将是十分纯
〔71〕粹的概念中，引出了笼罩着哲学的最崇高部分之一的错误结论。

不要以为我会以对存在的一种形式上的解释为开端。应当要求，在没有把握作出正确解释的地方就决不要作出解释；这种情况要比人们所想象的更为常见。我的做法就像这样一个人，他虽然还不清楚解释对象的详尽规定了的概念在哪里，但却试图作出定义，并且首先确信人们关于这个对象能够确定无

疑地肯定和否定的东西。人们早在敢于就一个对象作出解释之前，甚至在根本不敢作出解释的情况下，就能够对该事物极其确定无疑地说出许多东西。我不相信一个人每次都正确地解释出空间是什么。但是且不说这一点，我确信，在有空间的地方一定有外在的关系，空间只能有三个维度，等等。无论欲望是随便什么东西，它都是建立在某种表象之上的，它都以对某种被欲望的东西的愉悦为前提条件，等等。从人们在作出任何定义之前对事物确定无疑地知道的东西中，经常可能完全有把握地推演出属于我们的研究意图的东西，而倘若有人敢于如此行事，就得冒陷入不必要的困难之中的危险。方法的寻求，即对在平坦的大道上稳步前进的数学家的仿效，在形而上学遍地泥泞的基础上导致了大量这样的失误。人们清楚地看到这些失误，却很少有希望由此学会小心谨慎一点。这种方法仅仅是我用来希望作出一些我在他人那里徒然寻找的解释的方法。至于有人制造的那种讨人欢心的表象，即借助更为深刻的洞察力就会比其他人更好地一语中的，大家可以清楚地了解到，在任何时候，所有那些想把我们从他人的错误引入他们自己的错误的人，都是这种腔调。

一、存在根本不是某一个事物的谓词或者规定性 〔72〕

这个命题显得古里古怪，不合情理，但它是无可置疑地确定的。任取一个主体，例如尤里·恺撒，把他的所有可以想象的谓词，就连时间和地点的谓词也不除外，都集中在他身上，这样马上就可以理解，虽然有所有这些规定性，他仍然可能实存，也可能不实存。给予这个世界和这个世界中的这位英雄以存在的那个存在者，能够无一例外地认识所有这些谓词，但却把这位英雄看做仅仅可能的、离开了它的决定就不实存的事物。谁能够否认，千百万并不现实存在的事物按照它们如果实存就会包含的谓词是仅仅可能的，在最高本质关于它们拥有的表象中，尽管实存并不包含在内，因为最高存在者是把它们仅仅当做可能的事物来认识的，但却不缺少任何谓词。即使它们实存，也不可能再多包含一个谓词，因为就一个事物按照其通常的规定性所具有的可能性来说，根本不会缺少任何谓词。即使上帝乐意创造另一系列事物，即创造另一个世界，这个世界也要以所有这些规定性实存，而不会多出一些虽然它是仅仅可能的，上帝却从它身上认识到的规定性。

尽管如此，人们还是把存在这一表述当做谓词使用；而且只要人们不是打算像要证明绝对必然的实存时习惯做的那样，想从仅仅可能的概念中推演出存在，也可以放心大胆这样做而不致造成令人忧虑的失误。因为在那种情况中，人们徒劳地在这样一个可能的存在者的谓词中寻找，但存在却肯定不在其中。但是，在存在作为一个谓词出现于普通用语中的所有场合里，与其说它是事物自身的一个谓词，倒不如说它是人们关于该事物的思想的一个谓词。例如，独角海兽具有实存，独角陆兽并不具有实存。这无非是要说，独角海兽的表象是一个经验概念，即一个实存着的事物的表象。因此，为了阐明这个关于这样一种事物的存在的命题的正确性，人们也不是在主体的概
〔73〕念中寻找，因为这里只能找到可能性的谓词；而是在我对此拥有的认识的起源中寻找。人们说，我看到过独角海兽，或者我是从看到过独角海兽的人那里听说的。因此，说独角海兽是某种实存着的动物，这并不是一个完全正确的表述。正确的表述相反是：某个实存着的海洋动物具有我在独角海兽身上所设想的全部谓词。并非正六角形实存于大自然中，而是大自然中的某些事物，例如蜂房或水晶，具有在正六角形中所设想的全部谓词。任何一种人类语言都由于其起源的偶然性而具有一些不可改变的非正确性，既然在习惯运用中根本不会由此导致误

解，那么，对它进行改造和限制就不仅是操心劳神的，也是毫无用处的；必要时在一种比较高级的考察的罕见场合里附带说明这种区别就足够了。只有在读了下面的内容之后，人们才能充分地判断这里所阐释的东西。

二、存在是对一个事物的绝对肯定，并由此也同任何一个自身在任何时候都只有与另一事物相关才被设定的谓词区别开来

肯定或设定的概念是非常简单的，与是的概念完全是一回事。于是，某种东西可以是仅仅在关系中设定的，或者更准确地说，仅仅被设想为某种东西的关系（respectus logicus［逻辑关系］），这种东西是一个事物的标志。这样一来，是，即这种关系的设定，不外乎就是一个判断中的联结概念。倘若不仅仅是这种关系，而是自在自为的事物本身被看做是被设定的，那么，这个是也就无异于存在。

这个概念是如此简单，以至于为了展开它，除了注意小心谨慎不要把它同事物与其标志的关系弄混淆之外，什么也不能说。

人们如果认识到，我们的全部知识最终都归结为不可分解的概念，那么也就清楚地领会到，有一些概念几乎是不可分解的，也就是说，假如标志并不比事物自身更清晰和单纯多少的话。我们对实存的解释就是这种情况。我很乐意承认，通过这 〔74〕
种解释，被解释者的概念只是在很小的程度上变得清晰起来了。而鉴于我们知性的能力，对象的本性也不允许更高的程度。

如果我说上帝是全能的，所考虑的也只是上帝与全能的这种逻辑关系。因为后者是前者的一个标志，除此之外这里什么也没有设定。至于上帝是否是，也就是说，是否被绝对地设

定，是否实存，则根本不包括在内。因此，这个是也可以完全正确地运用于那些不近情理的东西彼此之间的关系。例如，斯宾诺莎的上帝就是不断变化的。

即使我想象，上帝就一个可能的世界宣布了他的全能的变易，他也没有给予在他的知性中被想象的整体以任何新的规定性，他并没有附加一个新的谓词，而是用所有的谓词绝对地或无条件地设定了事物的这个系列，在这个系列中，所有的一切通常都是仅仅与整体相联系才被设定的。所有的谓词与其主体的关系都绝不表明某种实存的东西，主体在这种情况下必须已经被假定为实存的。上帝是全能的，即便是并不认识上帝的存在的人，在其判断中，只要他像我使用上帝的概念那样正确地理解我，这也总是一个真实的命题。然而，上帝的存在必须直接属于他的概念如何被设定的方式。因为在谓词自身中是找不到他的存在的。而且如果不是已经把主体假定为实存的，那么，对于任何一个谓词来说，无论它属于一个实存着的主体，还是属于一个仅仅可能的主体，主体都依然是未被规定的。因此，存在本身不能是谓词。如果我说：上帝是一个实存着的事物，那么，这似乎是我表述了一个谓词与主体的关系。然而，在这一表述中还蕴涵着一种非正确性。准确地说，应该是某种实存着的事物是上帝，即一个实存的事物具有我们借助上帝这一表述所表示的全部谓词。这些谓词是与这个主体相联系被设定的，但事物自身连同全部谓词都被无条件地设定了。

我担心，由于对一个如此简单的理念作出过于详尽的阐释会使文章变得失去可读性。我也担心这会伤害那些特别对单调乏味表示不满的人们的温情。然而，我并不是把这种指责当做
〔75〕不屑一顾的东西，而是必须要求得到这一次如此做的允许。因为尽管我和其他人一样，对那些在其逻辑熔炉中一直提炼、蒸馏和锻造可靠的和可用的概念，直到它们化为蒸汽和挥发性盐

而烟消云散为止的人过分讲究的智慧并不怎么欣赏，但我为自己选定的考察对象却具有这样的特性，即或者必须完全放弃每次都达到一种明显的确定性，或者必须容忍把它的概念分解成这些原子。

三、我可以说存在比单纯的可能性包含着更多的东西吗？

关于这个问题的回答，我只是事先说明一点：必须把在此设定什么与如何设定它区分开来。就前者来说，在一个现实的事物中并不比在一个单纯可能的事物中设定了更多的东西，因为现实事物的所有规定性和谓词也都可以在该事物的单纯可能性中找到；但就后者来说，当然由于现实性而设定了更多的东西。因为当我问，就单纯的可能性而言所有这一切如何被设定时，我也就意识到，这只有与事物自身相联系才能进行；也就是说，如果有一个三角形，就有三条边，一个封闭的空间，三个角等等；或者更准确地说，这些规定性与一个像三角形这样的某物的关系纯粹是被设定的，但如果这个三角形实存，那么，所有这一切也就是被绝对地设定的，即事物自身连同这些关系都被设定了，因而也就设定了更多的东西。所以，为了以一个如此微妙的表象概括所有能够防止混乱的东西，我就要说：在一个实存着的东西中比在一个单纯可能的东西中没有设定任何更多的东西（因为在这种情况下说的是该事物的谓词）；然而，借助某种实存着的东西要比借助一个单纯可能的东西设定了更多的东西，因为这也涉及对事物自身的绝对肯定。更有甚者，在单纯的可能性中并没有设定事物本身，而是设定了某物与某物按照矛盾律的单纯关系；存在本来就根本不是某一个事物的谓词，这是确定不移的。尽管我在这里的意图根本不是进行反驳，而且在我看来，如果一位作者以毫无成见的思维方式阅读他人的思想并以与此相联系的反思吸取他人的思想，他 〔76〕

就能够相当有把握地让读者去判断他的离经叛道的新学说，但我还是想用寥寥数语把人们引导到这上面来。

沃尔夫把存在解释为对可能性的一种补充，这种解释显然是很不确定的。如果不事先知道关于一个事物中的可能性可以设想些什么，那么通过这一解释也不能学到这一点。**鲍姆嘉登**提出了普遍的内在规定性，就它补充了借助在本质中蕴涵的或者由本质派生的谓词而尚未规定的东西来说，它就是存在多于单纯可能性的东西；然而我们已经看到，在一个事物与可以设想的所有谓词的结合中绝没有该事物与一个单纯可能的东西的区别。此外，一个可能的事物作为可能的事物来看，就其许多谓词而言是不确定的，这一命题如果从字面上来理解，就会造成一种严重的不正确性。因为在两个被设定为矛盾对立的东西之间排除中间可能性的规则不允许这样做。例如一个人，如果他不具备某种身材、时间、年龄、地点等等诸如此类的东西，就是不可能的。毋宁说，必须在下述意义上理解这一命题：通过在一个事物身上所设想的全部谓词，还有许多其他谓词尚根本未加规定，就像通过在一个人之为人的概念中综合的那些东西，在年龄、地点等等特殊标志方面还什么也没有确定一样。但是，不确定性的这一类型在这种情况下既可以在一个实存着的事物中发现，也可以在一个单纯可能的事物那里发现，因此，这一类型根本不能用做二者的区别。著名的**克鲁秀斯**把某时某地算做存在的确实可靠的规定性。不过，且不说检验凡存在者必在某时某地存在这个命题本身，这些谓词也还始终是属于单纯可能的事物的。因为那样的话，就会在某些确定的地方有某个人于某个确定的时间实存，全知者清楚地知道如果此人实存就会具有的全部规定性，尽管如此，此人在事实上并不存在；永恒的犹太人亚哈遂鲁根据他所浪迹的所有国家或者他所
〔77〕经历的所有时代来说无疑是一个可能的人。不过，但愿人们并

不要求某时某地只有在事物确实存在或者在这种情况下存在的时候才是存在的充分标志；因为那样的话人们就会要求，自己自告奋勇要借助自身的一个适宜标志去表明的那种东西已经得到了承认。

考察二　论以一种存在为前提条件的内在可能性

一、可能性概念的必要区分

凡是在自身中互相矛盾的东西，都是内在地不可能的。这是一个真实的命题，尽管人们闭口不谈它是一个真实的解释。但由于这种矛盾，显而易见的是，某物必然与某物处于逻辑上的冲突之中，即必然否定在该物中同时被肯定的东西。**克鲁秀斯**先生并不仅仅把这种冲突设定为内在的矛盾，而是断言它完全是由知性按照一种对知性来说自然而然的规律感知的。即便是在他看来，在不可能者中间也总有一种与被设定的某物和它被扬弃所借助的某物的联系。我把这种冲突称为不可设想性或者不可能性的形式上的东西。这里给定的质料性的东西和处在这样的冲突之中的东西，本身就是某物，是可以设想的。一个有四个角的三角形是绝对不可能的。但尽管如此，一个三角形和某种四个角的东西一样本来就是某物。这种不可能性仅仅建立在一个可设想的东西和另一个可设想的东西的逻辑关系之上，因为只不过一个不能是另一个的标志罢了。同样，在每一种可能性之中，也都必须把被设想的某物与在该物中同时被设想的东西同矛盾律的一致区分开来。有一个直角的三角形本来就是可能的。无论是三角形还是直角，都是这一可能的事物中的材料或者质料性的东西，但二者按照矛盾律的一致却是可能性的形式上的东西。我将把后者也称为可能性中的逻辑的东西 〔78〕
西，因为按照真实性规则把谓词与其主体进行比较，无非是一种逻辑关系罢了；某物，或者处于这种一致之中的东西，有时叫做可能性的**实在**的东西。此外我还要说明，除了内在的或者绝对地、无条件地如此称呼的可能性或者不可能性之外，在这里，任何时候都不会谈到其他任何可能性或者不可能性。

二、一切事物的内在可能性都以某一存在为前提条件

由以上论述可以清楚地看出，不仅当可以发现一种作为不可能性的逻辑上的东西的内在矛盾的时候，而且当不存在质料的东西，不存在材料可以被设想的时候，可能性都不复存在。因为在这种情况下，没有任何可设想的东西被给定；但所有可能的东西却都是某种可以被设想的东西，并且具有符合矛盾律的逻辑关系。

如果所有的存在都被取消，那么，也就没有任何东西被绝对设定，根本没有任何东西是给定的，没有任何质料的东西成为某种可设想的东西，一切可能性都完全不复存在。虽然在对一切实存的否定中并不包含任何内在的矛盾，这是因为，由于为此会要求必须设定并同时取消某种东西，而这里却在任何地方都没有设定任何东西，所以当然不能说这种取消包含着一种内在矛盾。然而，有某种可能性但却根本没有任何现实的东西，这却是自相矛盾的。因为如果没有任何东西实存，也就没有任何在此可设想的东西是给定的，如果尽管如此人们还期望某种东西是可能的，就会陷入逻辑冲突。在解析存在概念时我们就已经理解到，如果不把是或者绝对被设定这些词用于表述谓词同主体的逻辑关系，那么，它们与存在的含义就完全相同。因此，说没有任何东西实存，也就完全等同于说不是任何东西；不顾这一点再补充说有某种东西是可能的，这显然是自相矛盾的。

三、绝对不可能根本没有任何东西实存 〔79〕

被用来从根本上取消一切可能性的东西，是绝对不可能的。因为这是含义相同的表述。如今只有借助某种自相矛盾的东西，才取消了一切可能性的形式上的东西，即与矛盾律的一致；因此，在自身中自相矛盾的东西是绝对不可能的。但是，这并不是我们应当考察对一切存在的完全剥夺的那种情况。因为如上所述，这里不包含任何内在矛盾。然而，一切可能事物的质料的东西和材料被借助什么来取消，一切可能性也就被借助什么来否定。而这是由于对一切存在的取消而发生的，所以，如果一切存在都被否定，那么所有的可能性就都被取消了。因此，绝对不可能根本没有任何东西实存。

四、一切可能性都是在某种现实的东西中被给定的，或者是在该物中作为一个规定性，或者是通过该物而作为一个结果

无论是在总体上就一切可能性而言，还是个别地就每一种可能性而言，都可以说它们是以某种现实的东西——或者是一个事物，或者是多个事物——为前提条件的。一切可能性与某一存在的关系可以有两种。或者是可能的东西仅仅就其自身就是现实的而言是可设想的，这样，现实事物中的可能性就是作为一种规定性而被给定的；或者是它之所以可能，乃是因为某种别的东西是现实的，即它的内在可能性是作为由另一存在产生的结果而被给定的。这里还不能确切地找到能够说明问题的实例。那惟一能够在这一考察中充当实例的主体的本性应当首先得到考虑。不过我还要说明一点，我将把其他事物的内在可能性被给定所借助的那个作为根据的现实事物称做这种绝对可能性的第一个实在根据，就像矛盾律是这种绝对可能性的第一个逻辑根据一样。因为与矛盾律的一致包含着可能性的形式的 〔80〕
东西，就像现实事物提供了可设想的事物中的材料和质料性的

东西一样。

我完全了解，具有像我在这一考察中所陈述的特性的命题还需要一些阐释，以便获得为达到真相大白所要求的光照。不过，对象自身如此抽象的本性妨碍了进一步阐明的一切努力，就像观察的显微技术把对象的图像扩大到能区分非常细微的部分，但也在同样的程度上削弱了印象的逼真性和生动性一样。尽管如此，我还是想尽我所能，使关于甚至就内在可能性而言也在任何时候都作为基础的存在的思想与一种健康知性的普遍概念更为接近一点。

你们会认识到，一个燃烧的物体，一个狡诈的人，或者诸如此类的东西，都是可能的；如果我除了内在的可能性之外不再要求什么，你们就会认为，根本不需要一个物体或者火作为这方面的材料而必须实存；因为毕竟它们是可设想的，而这也就够了。但是，谓词燃烧和主词物体根据矛盾律的一致就在于概念自身之中，无论它们是现实的还是单纯可能的事物。我也承认，无论是物体还是火都可以不是现实的事物，但尽管如此一个燃烧的物体还是内在地可能的。然而我还要继续提问：究竟一个物体自身是自在地可能的吗？由于在此不必诉诸经验，你们将会向我罗列出它的可能性的材料，例如广延、不可入性、力以及谁知道还有什么东西，并且补充说，其中不包含内在的冲突。我仍然承认这一切，但你们必须向我说明，为什么你们有权恰恰把广延的概念认做一种材料；因为假定它不意味着任何东西，那么你们前面提出的物体的可能性就是一个幻象。由这种材料而诉诸经验也会是很不正确的；因为现在的问题恰恰在于，是否即使根本没有任何东西实存，燃烧的物体的一种内在的可能性也可以成立。假定你们现在不能为了指明在广延的概念中不包含任何冲突的东西而再把它分解成更为简单的材料，就像你们最终必须达到某种其可能性不能被分解的东

西一样；在这样的情况下，这里的问题就是：空间或广延是否是空洞的语词？或者说，它们是否标志着某种东西？在此，没 〔81〕
有矛盾并不说明任何问题；一个空洞的语词绝不标志着某种矛盾的东西。如果不是空间实存着或者至少作为一个结果由于某种实存着的东西而被给定，那么空间这个语词就根本不意味着任何东西。只要你们还是借助矛盾律来证明诸般可能性，那么你们所依据的就是某种作为事物中可设想的东西而被给予你们的东西，并且仅仅依据逻辑规则考察了联结；但是最后，如果你们考虑到这种东西究竟是如何给予你们的，你们就只能诉诸一种存在，舍此别无他法。

不过，我们还要把这些考察继续下去。运用本身将会使一个概念变得易于理解，如果不超越自身，人们本来是几乎不能单独澄清这个概念的，因为它涉及的是在可设想的东西中作为基础的首要的东西自身。

考察三　论绝对必然的存在

一、一般绝对必然的实存的概念

某种东西的对立面自身是不可能的，这种东西就是绝对必然的。这是一个无可置疑地正确的字面解释。但是如果我问：一个事物的不存在是绝对不可能的，这取决于什么呢？那么，我所寻求的就是惟独为了我们的目的才对我们有某种用处的实在解释。我们关于可能事物的属性中的内在必然性的所有概念，不管它们是什么类型的，其结果都是对立面与自身相矛盾。然而，如果这取决于一种绝对必然的实存，那么，试图借助同样的标志在它那里理解某种东西，结果就不妙了。存在根本就不是一个谓词。对存在的取消也不是对这样一个谓词的否定，由于这个谓词，在一个事物中某种东西应该被取消，并且

可能产生一种内在的矛盾。对一个实存着的事物的取消也就是
〔82〕对由于该事物的存在而被绝对地或无条件地设定的一切的一种完全的否定。尽管如此，作为一个可能者的事物与其谓词之间的逻辑关系依然存在。不过，这些逻辑关系完全不同于对事物连同其谓词的绝对肯定，不同于存在所寓居的东西。因此，并不是在事物中被设定的东西，而是某种别的东西被不存在所取消，所以，这里绝不包含一种矛盾。在本文的最后一个考察中，所有这一切都将在人们确实自以为可以借助矛盾律把握绝对必然的实存这种情况中，通过对这种不适用性的更清晰的阐明而变得更加令人信服。在此，人们可以在单纯可能的概念的谓词中把必然性称做逻辑的必然性。不过，我所要探讨其主要根据的那种必然性，即存在的必然性，则是绝对的实在必然性。我首先发现，我应该绝对地看做是无，看做是不可能的那种东西，必然摈除一切可设想的东西。因为如果这里还剩下某种可设想的东西，那么，它就不是完全不可设想的、绝对不可能的了。

如果在此稍作一番反思，为什么自相矛盾的东西就是绝对的无，是不可能的，那么，我就会觉察到，这样一来，矛盾律，即一切可设想的东西的最终逻辑根据，就被取缔了，所以一切可能性就会消失，这里再也没有任何东西可被设想。我马上由此得出，如果我从根本上取消一切存在，由此所有可设想的东西的最终实在根据就不复存在，那么，一切可能性就会消失，再也不剩下任何东西可被设想。因此，可以有某种东西是绝对必然的，或者是在一切可设想者的形式上的东西由于其反面而被取消的情况下，也就是说，在它自相矛盾的情况下，或者是在它的不存在取消了一切可设想者的质料性东西和它们的材料的情况下。如前所述，前者并不涉及存在；而且由于第三者是不可能的，所以，或者绝对必然实存的概念干脆就是一个

骗人的、错误的概念，或者这个概念就在于一个事物的不存在同时就是对一切可设想的东西的材料的否定。但是，这一概念并不是虚构的，而是某种真实的东西，这一点将以下面的方式得到说明。

二、有一个绝对必然的存在者实存 〔83〕

一切可能性都以某种现实的东西为前提条件，所有可设想的东西都在这种现实的东西中并通过它被给定。因此，有某种现实性，其取消本身将会从根本上取消一切内在的可能性。这种其取消或否定摈除了一切可能性的东西，就是绝对必然的。因此，某种东西是以绝对必然的方式实存着的。迄今为止已经说明，一个或多个事物自身的存在是一切可能性的基础，这种存在自身就是必然的。由此也就可以轻而易举地得出偶然性的概念。按照字面上的解释，某种东西的对立面是可能的，这种东西就是偶然的。但为了找出它的现实的解释，就必须以下面这种方式作出区分。在逻辑意义上，那种作为一个主体的谓词、其对立面不与主体相矛盾的东西就是偶然的。例如，对于一个三角形来说，它是一个直角三角形，这就完全是偶然的。这种偶然性仅仅就谓词与其主体的关系而言才成立，并且由于存在不是一个谓词，所以也根本不允许被运用于实存。相反，在实在意义上，那种其不存在是可设想的、也就是说其取消并不取消一切可设想的东西的事物，就是偶然的。因此，如果事物的内在可能性不以某种存在为前提条件，那么它就是偶然的，因为它的对立面并不取消可能性。或者，它是这样一种存在，通过它并没有给定一切可设想者的质料性的东西，因而假如没有它，也还有某种东西是可设想的，即是可能的，它的对立面在实在意义上也就是可能的，这样的存在在实在意义上也就是偶然的。

三、必然的存在者是惟一的

由于必然的存在者包含着其他一切可能性的最终实在根据，所以，其他任何一个事物都仅仅就借助作为一个根据的它而被给定来说才是可能的。因此，其他任何一个事物都仅仅是作为它的一个结果才得以成立，因而其他一切事物的可能性和存在都是依赖它的。但是，某种自身有所依赖的东西并不包含
〔84〕一切可能性的最终实在根据，因而也就不是绝对必然的。因此之故，不可能有多个事物是绝对必然的。

假设 A 是一个必然的存在者，B 是另一个必然的存在者。这样，按照解释，B 仅仅就它通过另一个根据 A 作为 A 的结果被给定而言才是可能的。但由于根据前提假设，B 自身就是必然的，所以，它自身中的可能性是作为一个谓词，而不是作为出自另一个事物的结果而被给定的；然而根据前文，它又只是作为一个结果被给定的，这就自相矛盾了。

四、必然的存在者是单纯的

任何由多个实体构成的复合物都不可能是一个绝对必然的存在者，这一点将以下面的方式得到说明。假设它的各个部分中只有一个是绝对必然的，那么，其他的部分就只有共同作为它的结果才是可能的，并且不是作为并列的部分而属于它。如果你们设想多个或所有的部分都是必然的，那么，这就与前一节发生了矛盾。因此，剩下的也就只有它们中的每一个都分别是偶然地实存着，但所有的结合在一起就是必然地实存着。然而这是不可能的，因为一个实体的集合不可能比各个部分具有更多的必然性，而且由于这些部分根本不具有必然性，相反它们的实存都是偶然的，所以，整体的实存也就是偶然的。倘若人们设想可以诉诸对必然的存在者的解释，以至于说在这些部分的每一个中都包含着一些内在可能性的材料，而在所有部分

的全体中所有可能的东西都被给定，那么，这只不过是以一种隐秘的方式表现出某种荒唐绝顶的东西罢了。因为如果在这种情况下如此设想内在的可能性，即一些部分被扬弃，而其余的通过其他部分被给定的可设想的东西依然存在，那么，就必须想象内在可能性本来就有可能被否定或者被取消。但是，某种东西什么也不是，这是完全不可思议的、矛盾的；这无非是说，取消一种内在的可能性，也就是根除一切可设想的东西。由此说明，每一种可设想的东西的材料都必须是在这样一种事物中被给定，对这一事物的取消也就是一切可能性的对立面；因此，包含着一种内在可能性的最终根据的东西，也就在根本上包含着一切内在可能性的最终根据，所以这种根据也就不能〔85〕被分配在不同的实体中。

五、必然的存在者是不变的和永恒的

由于甚至它自己的可能性和每一种别的可能性都以这种存在为前提条件，所以，必然的存在者的任何别的实存方式都是不可能的，也就是说，必然的存在者不能以许多种方式实存。因为凡是存在的，都毫无例外地是有规定的；由于这一存在者之所以可能，仅仅是因为它实存着，因此，除了就它事实上存在着而言，这个存在者也就没有任何可能性；所以，除了像它现实地所是的那样之外，它不以任何其他方式是可能的。依此说来，它不能以其他方式被规定或被改变。它的不存在是绝对不可能的，因而它的起源和毁灭也是绝对不可能的，所以，它是永恒的。

六、必然的存在者包含着最高的实在性

由于在必然的存在者中肯定可以发现一切可能性的材料，或者是作为它的规定性，或者是作为借助作为第一实在根据的它而被给定的结果，所以可以看出，所有的实在性都以这样或者那样的方式通过它而被把握。然而，使这一存在者成为一切可能的实在性的最高根据的同一些规定性，在这一存在者自身中设定了实在属性的最高程度，这种程度只能是始终内在于一个事物的。这样一个存在者也就是一切可能的东西中最实在的东西，因为甚至所有其他的存在者也都只有通过它才是可能的，所以，就不能这样来理解这一存在者，认为所有可能的实在性都属于它的规定性。这是一种迄今极其流行的概念混杂。人们把所有的实在性都当做谓词不加区分地赋予上帝或者必然的存在者，却没有注意到它们根本不能作为规定性彼此并列地出现在一个惟一的主体中。物体的不可入性、广延等等诸如此类的东西，不能是具有知性和意志的存在者的属性。借口不可把设想出来的属性当做真正的实在性，也是枉费心机。毫无疑
〔86〕问，一个物体的碰撞或者联系的力量是某种真正肯定性的东西。同样，疼痛在一个精神的感受中也绝不是一种单纯的剥夺。一种错误的思想就表现而言为这样一种表象提供了辩护。这就是：实在性和实在性彼此之间绝不矛盾，因为二者都是真正的肯定；依此说来，它们也不在一个主体中相互冲突。尽管我承认这里没有逻辑冲突，但由此并没有取消实在的冲突。只要某种东西作为根据通过实在的对立否定了某种别的东西的结果，实在的冲突在任何时候就都会出现。一个物体向一个方向运动的力量和以同等程度向相反方向的趋势并不矛盾。它们即使在现实上也可能同在一个物体中。但是，一个否定了出自另一个的实在结果，而且由于不然的话，每一个的结果各自都会是一个真实的运动，所以，现在由二者共同造成的结果就是零，也就是说，这两个相反的运动力量的结果是静止。但毫无疑问，静止是可能的，由此人们也可以看到，实在冲突完全是某种不同于逻辑冲突或矛盾的东西；因为由此产生的东西是绝

对不可能的。但是，在最实在的存在者中并没有它自己的规定性的实在冲突或者肯定性冲突，因为由此产生的结果就会是一种剥夺或者阙如，这与它的最高实在性是矛盾的，而且由于如果所有的实在性都作为规定性包含在最实在的存在者中，就必然要产生这样一种冲突，所以，所有的实在性不能一同作为谓词包含在最实在的存在者中。因此之故，由于所有的实在性都是通过它才被给定的，所以，它们将要么属于它的规定性，要么属于它的结果。

乍一看似乎也可以得出，由于必然的存在者包含着其他一切可能性的最终实在根据，所以它也必然蕴涵着事物本质的阙如和否定的根据。如果允许这样说的话，这就可能导致以下结论，即它在自己的谓词中甚至必然也拥有否定，而决不仅仅是实在性。不过，人们所注意的仅仅是它那在某个时候确定下来的概念。在它的存在中，它自己的可能性是原初就给定的。由于这是另外一些可能性，它包含着这些可能性的实在根据，所以依照矛盾律就可以得出，这必然不是最实在的存在者自身的可能性，因而是那些包含着否定和阙如的可能性。

因此，其他所有事物的可能性，就它们所包含的实在的东 〔87〕
西而言，都是建立在作为一个实在根据的必然存在者之上的，而阙如建立在它之上，则是由于这里是其他事物而不是元始存在者自身。物体的可能性，就它具有广延、力量等等诸如此类的东西而言，其根据在于所有存在者中的最高存在者；就它缺乏思维的力量来说，这种否定依照矛盾律就在于它自身之中。

事实上，否定本身并不是某种东西，或者并不是可设想的，这一点可以轻而易举地以下述方式得到说明。假设除了否定之外没有任何东西，那么，也就根本没有任何东西被给定，也没有某物可供设想。因此，否定惟有通过相反的肯定才是可设想的，或者毋宁说，正是那种并非最大肯定的肯定才是可能的。依照同一律这就已经包含着否定本身了。这里轻而易举地就可以看出，寓于其他事物的可能性之中的所有否定都不以任何实在根据为前提条件（因为它们不是什么肯定的东西），因而仅仅以一种逻辑根据为前提条件。

考察四 上帝存在的一种证明的证据

一、必然的存在者是一种精神

上面已经证明，必然的存在者是一个单纯的实体，此外，不仅其他所有实在性都是通过作为根据的必然存在者被给定的，而且作为规定性可能包含在一个存在者之中的最可能的实在性，也寓于必然的存在者里面。这里可以作出各种各样的证明来说明，甚至知性和意志的属性也属于此列。这是因为，首先，二者都是真正的实在性，二者都可以与最可能的实在性共存于一个事物中；关于后一点，人们不得不通过知性的一种直接判断予以承认，尽管它不能确切地达到逻辑上完善的证明所要求的那种清晰性。

其次，一个精神的属性，即知性和意志，具有这样的品性，即我们不能设想出任何实在性，在缺乏它们的情况下能够

〔88〕给一个存在者提供一种代用品，来弥补它们的缺乏。而且由于这些属性就是那些可以具有最高程度的实在性，但尽管如此仍属于可能的实在性之列的属性，所以，通过作为根据的必然存在者，知性、意志和精神本性的所有实在性在其他存在者那里都必然是可能的，尽管如此它们却不能作为规定性在必然的存在者自身中被发现。这样一来，结果就会大于根据。因为毋庸置疑，如果最高的存在者不是自身就具有知性和意志，那么，其他任何一个由于它而被赋予这些属性的存在者虽然是依赖性的，在力量方面具有某些别的阙如，尽管如此就这些具有最高

品性的属性来说，却必然比最高的存在者更优越。但由于结果不能超越根据，所以，知性和意志必然作为属性寓于必然的单纯实体之中，也就是说，它是一个精神。

再次，所有可能的东西中的秩序、优美、完善都以一个存在者为前提条件，或者是这些关系的根据在于该存在者的属性之中，或者至少是由于该存在者，事物依照这些关系就像是从一个主要根据出发那样是可能的。必然的存在者是除它之外其他一切可能的东西的充足实在根据，因而在它里面也可以找到使除它之外一切依照这些关系能够成为现实的那些关系。但是，如果不以一种符合知性的意志为前提条件，外在的可能性、秩序、优美和完善的根据似乎就不充分。所以，这些属性必须被赋予最高的存在者。

每一个人都可以认识到，不管植物和树木的产生有什么根据，合规则的花卉画、林阴道等等诸如此类的东西却都只有通过一种设计它们的知性和一种实施它们的意志才是可能的。所有的能力或者产生的力量以及可能性的其他所有材料，如果没有一种知性，都不足以使这种秩序的可能性变得完美无缺。

从这里援引的理由中的某一个或者从它们的全体出发，可以引申出这样的证明，即必然的存在者肯定具有意志和知性，即肯定是一种精神。我仅仅满足于使证据变得完美无缺。我的 〔89〕
意图并不是阐述一种规范的证明。

二、这就是一个上帝

有某种东西绝对必然地实存着。这种东西就其本质来说是惟一的，就其实体来说是单纯的，就其本性来说是一种精神，就其持存来说是永恒的，就其状态来说是不变的，就所有可能的东西和现实的东西来说是最充足的。这就是一个上帝。我在这里并不是要提出对上帝概念的某种解释。倘若我要系统地考察我的对象，我就必须这样做。我在这里所阐述的，乃是人们使自己能够熟练掌握规范的学术写作所借助的分析。不过，无论人们怎么按照自己觉得好的方式安排对神性概念的解释，我都确定无疑地认为，我们刚刚证明了其存在的那个存在者正是这样一个神圣的存在者，它的区分标志可以用这样或那样的方式归诸最简短的称谓。

三、附释

由于从第三个考察出发所说明的东西无非是，所有的实在性肯定要么是在必然的存在者中作为一个规定性，要么是通过作为根据的必然存在者被给定的，所以，迄今为止悬而未决的是，知性和意志的属性是作为寓于最高存在者之中的规定性而可以在它里面发现的呢，还是只有通过最高存在者而作为结果在其他事物那里看到的呢？如果是后者，那么，关于这一元始存在者，无论从它作为一个伟大根据的存在的充足性、统一性和不依赖性出发，可以发现它的什么优点，它的本性都远远不及当人们设想上帝时所必须设想的本性。因为倘若没有知识和决定，它就会是其他事物，甚至是其他精神的一个盲目必然的根据，并且仅仅在它可以被描述得更易于理解这一点上，与某些古代人的永恒命运区分开来。这就是之所以在任何一种学术
〔90〕写作中都必须特别注意这种状况，以及我们不能无视这种状况的原因。

我在迄今所陈述的属于我的证明的理由的全部联系中，从未想到过完善性的表述。这并不是好像我主张，所有的实在性就已经相当于所有的完善性，或者最大程度的和谐一致就构成了所有的完善性。我有重要的理由远远避开其他许多人的这种判断。在我同时或者单独地对完善性的概念进行了长时间的详尽研究之后，我认识到，在对完善性的更精确的认识中，蕴涵

着非常多的能够解释一个精神的本性、我们的情感甚至实践哲学的最初概念的东西。

我认识到，完善性的表述虽然在一些情况下，由于每一种语言的不确切性，都经受了相当远地背离其本真意义的蜕变，但是，在每一个人不顾那些背离依然主要关注的含义上，它在任何时候都以与一个具有认识和欲望的存在者的关系为前提条件。由于把上帝和他所固有的实在性的证据千方百计拉到这种关系之上的做法虽然依据作为基础的东西是完全可行的，但在目前却过于详尽了，所以我认为，通过提出这一概念来为一种过分的详尽性提供理由，并不符合这几页文章的意图。

四、结束语

根据以上所作的证明，每一个人都能够轻而易举地增添下面这些如此显而易见的结论：思维着的我并不是一个如此绝对地必然的存在者，因为我不是所有实在性的根据，我是变化的；别的任何其不存在是可能的、即其取消并不同时取消所有可能性的存在者，任何变化的事物或者有某种界限的事物，因而就算是世界，也都不具有这样的本性；世界并不是神明的偶性，因为在它里面可以发现冲突、阙如、变化，以及一个神明的规定性的所有对立面；上帝并不是惟一实存着的实体，只不过其他所有的实体都依赖于他而存在罢了，等等。〔91〕

我在这里只再作以下的说明。我们所提供的上帝存在的证据之所以建立在这上面，仅仅是因为某种东西是可能的。据此，它是一个可以完全先天地作出的证明。这里既不以我的实存，也不以其他精神的实存，更不以物体世界的实存为前提条件。事实上，它是从绝对必然性的内在标志得出的。人们以这种方式，从现实地构成这一存在者的绝对必然性的东西出发来认识这种存在者的存在，因而是十足发生学的方式。

通常由这一存在者的结果推导到它作为一个原因的存在的所有证明，即便它们也都像它们未曾作出的那样可以严格地进行证明，也从未能够揭示这种必然性的本性。单是从某种东西绝对必然地实存着这一点出发，某种东西是其他东西的第一因就是可能的；但是，从某种东西是第一因，即非依赖性的原因这一点出发，却只能得出：如果结果存在，则它也必然实存，却不能得出它以绝对必然的方式实存着这种结论。

此外，由于所宣扬的证据说明，其他事物的所有本质和所有可能性的实在的东西都以这个惟一的存在者为根据，在它里面可以发现知性和一种作为最可能的根据的意志的最高程度，而且由于在这样一个存在者中，所有的一切必然处在极其可能的一致中，所以由此事先就可以得出，由于一个意志在任何时候都以事物自身的内在可能性为前提条件，可能性的根据，即上帝的本质，就与意志有着极大的一致。这并不是说，好像上帝乃是借助自己的意志而成为内在可能性的根据，而是因为同一种无限的本性既具有一个根据与事物的所有本质的关系，同时又具有最大的欲望与由此给定的最大结果的关系，而后者只有以前者为前提条件才能够是富有成果的。因此，借助神的本性被给定的事物自身的可能性，将与他那巨大的渴望是一致的。但是，善和完善性也存在于这种一致之中。而且由于它们
〔92〕与他一致，所以，甚至在事物的可能性中也可以发现统一性、和谐和秩序。

但是，既然我们通过对我们借助经验认识到的事物的本质属性所做的成熟判断，甚至在事物的内在可能性的必然规定性中也感知到杂多中的同一性和分离的东西中的协调，我们也就可以通过后天的认识道路回溯到一切可能性的惟一原则，并且最终达到我们通过先天的道路由以出发的绝对必然存在的那个基本概念。从现在开始，我们的意图应该在于看一看，甚至在

事物的内在可能性中，是否可以发现一种同秩序与和谐的必然关系，在这种不可度量的杂多中，是否可以发现统一性，以使我们由此能够作出判断，事物自身的本质是否承认一种最高的共同根据。

第二章 〔93〕

论这种证明方式特有的广泛用途

考察一　后天地从在事物的本质中感知到的统一性推论到上帝的存在

一、借助空间的属性引导出事物本质的杂多中的统一性

空间的必然规定性使几何学家通过信念中的直观性、阐释方面的精确性以及广泛的运用范围而体验到一种非同一般的快乐。对此，全部人类知识都不能显示出任何可与它媲美的东西，更不用说超越它了。但是，我现在是在一个完全不同的角度考察这一对象。我以一种哲学的目光观察它，并且发现，鉴于秩序与和谐这些如此必然的规定，在一种非同一般的杂多中存在着协调和统一性。例如，我打算通过一条直线围绕一个固定的点的运动围起一个空间。我轻而易举地就可以了解到，由此我得到了一个其所有的点都与上述固定的点距离相等的圆。
不过，我根本找不到理由在一个如此单纯的结构下设想许多同 〔94〕
样由此而被置于秩序的重大规则之下的杂多。然而我发现，所有在圆内的某一点上相互交叉的直线，当它们抵达圆周时，在任何时候都是按照几何比例被分割的；此外，所有从圆外的某一点出发与这些直线相交的直线，在任何时候都被分解为这样

一些部分，它们彼此之间的比例同它们与整体的比例成反比。如果我们考虑到，这些直线在以上述方式与圆相交时将会采取无限多的各种各样的形态，并且觉察到，它们尽管如此却始终遵循着其不能背离的那种规律，那么，虽然这方面的真理很容易领会，但令人诧异的是，描绘这一图形并不需要什么准备工作，即便这样却还是由此产生出如此多的秩序，以及在杂多中的一种如此完善的统一性。

假设给定了几个斜面，它们与水平面的斜度各不相同，其长度应使自由滚下的物体在完全相同的时间内到达水平面。每一个懂得力学规律的人都将看出，为此需要作出一些准备。但是，在圆中的这种安排自身就具有无限多的位置变换，但在任何情况下都是极其准确的。因为所有与直径相遇的弦，无论它们是从该直径的最高点还是最低点出发，无论人们想让它们向哪个方向倾斜，它们都有一个共同之处，即通过它们完成的自由下落是在相同的时间里发生的。我想到，当我向一位聪慧的学徒讲述这个命题及其证明时，在他充分地理解了一切之后，其感触不亚于遇到一种自然界的奇妙景象。而事实上，人们对杂多在像一个圆这样显得如此普通和简单的事物中按照如此有益的规则形成如此离奇的统一感到惊异，并且有理由感到惊赞。也并不是自然界的奇迹借助其中贯穿的美或者秩序为惊奇提供了更多的原因，除非是这种奇迹之所以发生，乃是因为在此不能如此清晰地看出这种美或者秩序的原因，而惊赞则是无知的女儿。

〔95〕 我在其中搜集奇闻异事的这个领域，是如此充满了这样的东西，以至于无须稍稍移动一步，在我们置身的地方就呈现出不可计数的美妙景象。有一些几何学的解式，在那里，只有借助详尽的准备才显得可能的东西仿佛无须任何艺术就在事物自身中得到了说明。每一个人都感到这些解式是不难掌握的，人

们自己在这里所能做的越少，而尽管如此解式却仍显得越错综复杂，事情就越是如此。两个同心圆之间的圆环，其形状与一个圆面大不相同，对每一个人来说，把圆环变成这种图形最初都是困难的和不自然的。然而，一旦我看出，与里面的圆相切的直线如果向两端延长到与较大的圆的圆周相交，就是其面积与圆环的面积相等的圆的直径，我就不得不对所寻求的东西如此轻而易举地在事物自身的本性中显露出来并且没有给我在这方面的努力增添什么的简单方式表示一些惊异。

为了在空间的必然属性中看出与极大的杂多性同在的统一性，并且在显得具有一种与他物完全分离的必然性的东西中看出联系，我们只需把目光对准那些其无限的属性我们仅知一小部分的圆形。由此可以得知，这些和谐关系的那种不可测度性，通常就包含在空间的诸般属性中，较高级的几何学在各种各样的曲线的相似性中说明了这些属性中的许多种，所有这些属性就像自然界偶然的美妙现象一样，除了借助对这些属性的思想认识进行的知性练习之外，还激起了一种类似的或更高的情感。

如果鉴于自然界的诸如此类的安排，人们可以询问杂多如此广泛的一致的根据，那么，人们应该更少地留意对空间无限多样化的规定性的均匀和统一性的感知吗？这种和谐之所以很少令人惊异，乃是因为它是必然的吗？在我看来，它是必然的，这只会更令人惊异。由于众多中的每一个都具有其独特的和独立的必然性，而众多却再也不能具有相互关系中的秩序、协调和统一，人们由此就不能像借助自然界的偶然安排中的和谐那样，由于根据的统一也会导致在所有的结构范围内的统一，而被引导到对事物本质的最高根据的猜测吗？ 〔96〕

二、就运动规律中必然的东西论事物本质的杂多中的统一性

如果我们在大自然中发现一种似乎是为了一个特殊的目的而作出的安排，因为它不是纯粹按照物质的一般属性呈现出来的，那么，我们就把这种设置看做是偶然的，看做是一种选择的结果。如果表现出新的一致、秩序和用处以及特别为此找出的中间原因，那么，我们也是以类似的方式对它们作出判断的，这种联系是事物的本性完全不具备的，而且纯粹是因为有人乐意把它们如此联结起来，它们才处于这种和谐之中。为什么猫、狮子等等的爪子长得能够向后蜷曲，除了由于这些动物必须有合适的工具来捕捉和抓牢猎物、某个创造者为使它们的爪子免于磨损作出这样的安排之外，我们提不出任何普遍的原因。然而，如果物质所具有的某些更一般的性质，除了它们所带来的好处以及为这种好处起见人们可以想象它们被如此安排之外，无须最起码的新措施就表现出一种对更多一致的特别适宜性；如果一个单纯的规律，每一个人单是为了某一好处就会认为它是必要的，虽然如此它却表现得能够带来更多得多的好处；如果其余的益处和协调性不是人为地，而毋宁说是以必然的方式由此产生的；最后，如果这是如此贯穿整个物质的自然界的，那么显而易见，甚至在事物的本质中也蕴涵有与统一性、与联系的普遍关联，一种普遍的和谐笼罩着可能性自身的王国。这引起了对如此之多的适宜性和自然契合的惊赞，它使
〔97〕精密的、被迫的艺术变得多余，尽管如此却永远不能被归之于偶然，而是表现出一种蕴涵在各种可能性自身中的统一性和所有事物的本质对惟一的一个重大根据的共同依赖性自身。我试图借助一个通俗易懂的例子来澄清这种非常重要的奇异现象，我将审慎地遵循此方法，从通过观察直接可确定的东西出发从容不迫地上升到普遍的判断。

如果一定要求有一个目的来作为自然界中某种设置最初被引起的根据，那么，可以在无数种益处中选择一种，由于它，大气圈的存在可以被看做是必要的。因此，我承认这一点，并且称人和动物的呼吸是这种设置的终极目的。现在，这种空气由于上述性质，不再仅仅要它为了呼吸需要的性质，同时还为无限多必然与此相伴、不允许再由特殊的设计来促成的结果提供了契机。同样的空气弹力和重量还使吸吮成为可能，离开了吸吮，动物的幼崽就必然得不到营养，而泵抽装置的可能性则是这方面的一个必然结果。借助这样的装置，就可以把雾气里的湿气向上吸，它们在上面积厚成云层，美化白昼，经常削减太阳过分的热量，而尤其是有助于通过来自较低地区水面的战利品来温和地使地面上的干燥地区变得湿润。延长白昼并通过从夜到昼的过渡中逐渐出现的中间程度而对眼睛无害的破晓曙光，尤其是风，则完全是它的自然而然的结果。

请想象有一个人提出一个设想：如何才能使热带大陆通常必然比陆地较低地区更热的海岸应当享有一种更可以接受一点的温度，他极为自然地想到为此目的必须在最炎热的白昼时辰吹起的海风。但是，由于夜间变凉在海上要比在陆地快得多，这种风总吹可就让人受不了了，所以他将希望，如果安排得让风在夜半时辰从陆地吹回，将会更合天意，这也将能够同时促成其他许多益处。〔98〕如今问题仅仅是，借助什么样的力学和艺术的安排才能保持风的这种转换；在这方面，人们还有重大的理由担忧，由于人不能要求所有的自然规律都应当为自己的舒适作准备，所以这种手段虽然是可能的，但它与其他手段却契合得如此糟糕，以至于最高的智慧不会认为这样安排是好的。因此，所有这些考虑都是不必要的。至于一种按照深思熟虑的选择作出的安排，在这里却是大气按照普遍的运动规律完成的，它们在其他方面的益处的同一个简单原则无须新的、特别的设置就造成了这些安排。在这样一块大陆烤人的土地上由于白昼的炎热而变得稀薄的空气必然地屈服于凉爽的大海上更密更重的空气，从而造成为此从最炎热的白昼时辰直到晚间都在吹的海风，而出自同样的原因在白昼没有像陆地空气那样严重地变热的海洋空气，则在夜间更快地变冷，收缩集中，引起陆地空气在夜间的回流。众所周知，热带的所有海岸都享受着这种风的转换。

为了指明简单的、非常普遍的运动规律与秩序和协调性之间的关系，我仅仅关注大自然的一小部分，即大气的影响。人们轻而易举地就能够注意到，就在这个视域里，宏大的自然秩序无法测度的路程一览无余地显现在我面前。我保留在后面为扩充这一美好的景色再补充某种东西的权利。现在，假如不想到**马保梯**先生在必然的、极为普遍的运动规律的协调性方面所作出的重要发现，我就会遗漏某些本质性的东西。

我们所援引来作为证明的东西，虽然涉及影响广泛的、必然的规律，但却只是世界物质的一个特别种类。与此相反，马保梯先生证明，甚至物质起作用在根本上所遵循的最普遍的规
〔99〕律，无论是在平衡中还是在撞击中，无论是弹性物体还是非弹性物体，无论是就光在折射时的吸收而言还是就其弹回时的折返而言，都服从于一个支配性的规则，按照这一规则，在行动中任何时候都遵守着最大的节约。由于这一发现，物质的作用虽然自身可能千差万别，但却被归于一个普遍的公式，它表达了与适当、美和谐和的关系。尽管如此，运动自身的规律却处于如此状况，以至于没有它们就永远不能设想一种物质；而它们又是如此必然，以至于无须作丝毫试验就可以极为清晰地从所有物质普遍的、本质的属性中推导出它们。上述那位敏锐的学者立刻感觉到，由于由此在宇宙无限的杂多中造成了统一，在盲目的必然中造成了秩序，所以必然有某一个最高的原则存

在，凭借它，所有这一切才能够获得自己的和谐与适宜性。他有理由相信，事物最简单的本性中的一种如此普遍的联系，提供了比根据特殊的规律对各种不同的偶然秩序和可变秩序的所有遵循都更适宜的根据，来以某种方式在一个完美的元始存在者中确定无疑地发现世界中万有的终极原因。如今重要的是，更高级的世俗智慧将如何利用这一重要的新认识；如果我认为，柏林王家科学院是把这作为运动规律是必然的还是偶然的这一有奖征答的目的，并且没有人作出预期的回答，那么，我相信自己并没有猜错。

如果在实际意义上接受偶然性，让它存在于可能性的质料因素对另一种质料因素的依赖性中，那么显而易见，物质的运动规律及其服从这些规律的属性就必然以某种方式依赖于一个伟大的共同的元始存在者，即秩序和协调性的根据。因为有谁会愿意承认，在纷繁的杂多中，每一个别的东西都有它自己完全独立的本性，尽管如此却由于一种令人诧异的偶然，所有的一切都如此相互适合，以至彼此谐和无间，在整体中为自己创造出统一性。然而，这一共同的原则必然不仅仅旨在这种物质 〔100〕
以及赋予这种物质的属性的存在，而是还旨在一般意义上的物质的可能性，旨在本质。这一点之所以是显而易见的，乃是因为应当充满一个空间的东西、应当有能力作出碰撞和压迫运动的东西，除了上述规律必然地从中产生的那些条件之外，根本不能在别的条件下被设想出来。在这一基础上，人们认识到，物质的这些运动规律是绝对必然的，也就是说，既然物质的可能性被当做前提条件，那么，按照别的规律起作用就与这种可能性相矛盾，这是最高类型的逻辑必然性；尽管如此，物质的内在可能性自身，即作为这种可设想者的基础的材料和实在物，却并不是独立的或者自为地给定的，而是借助某一个原则被设定的，杂多在这个原则中获得了统一，不同的东西在它里面获得了联结，它在实际意义上证明了运动规律的偶然性。

考察二　把万物对上帝的依赖性区分为道德的依赖性和非道德的依赖性

当上帝凭借自己的意志而成为一个事物的根据时，我把该事物对上帝的依赖性称之为道德的，而把其余一切依赖性都称之为非道德的。如果我据此断言，上帝包含着事物内在可能性的最终根据自身，则每一个人都将轻而易举地理解，这种依赖性只能是非道德的；因为意志没有使任何东西成为可能，而是仅仅包含着已经被假定为可能的东西。如果上帝包含着事物存在的根据，那我就承认，这种依赖性在任何时候都是道德的，也就是说，事物之所以实存，乃是因为上帝想要它们存在。

也就是说，事物的内在可能性给决定使其存在的那种东西提供了材料，这些材料包含着对协调一致的一种非常的适宜性和蕴涵在其本质中的、与以多种方式井然有序的和优美的一个整体的契合。一个大气圈实存着，为了由此应当达到的目的起见，这可以归之于作为一个道德根据的上帝。然而，在一个惟
〔101〕一的、如此简单的根据的本质中却蕴涵着如此巨大的一种生产能力、如此众多已经蕴涵在它的可能性中的适当性与和谐，它为了与一个世界的其他可能事物按照多种多样的秩序规则彼此契合并不需要新的措施，这肯定不能又被归之于一种自由的选择；因为一个意志的所有决定都以对应被决定者的可能性的认识为前提条件。

凡是应当在一个自由选择中寻找其根据的事物，就此而言也必然是偶然的。如今，必然地从惟一的一个根据产生的众多的、多种多样的结果彼此之间的统一，不是一种偶然的统一；因而这种统一不能被归因于一种任意的规定。我们在上面已经

看到，泵抽装置、呼吸的可能性、液体物质——只要这种物质存在——上升到云雾中、各种风等等，它们是彼此不可分割的，因为它们都取决于惟一的一个根据，即空气的弹性和重量，因此，杂多在一里面的这种协调一致绝不是偶然的，从而也不能归因于一个道德的根据。

在这里，我只是始终关注空气或者其他任何一种事物的本质与如此众多美好结果可能产生的关系，也就是说，我仅仅考察它们的本性对如此众多的目的的适宜性；在这里，由于一个统一的根据与如此众多的可能结果的一致，统一性肯定是必然的，而这些可能的结果就此而言相互之间以及与事物自身是不可分的。至于这些益处的现实产生，就事物与之相关的众事物中的某一个可能缺少或者外来的某种力量可能阻碍这种影响而言，则是偶然的。

在空间的各种属性中，蕴涵着美妙的比例关系，而在它的各种规定无法测度的杂多中，则蕴涵着一种值得惊赞的统一性。所有这些谐和的存在，就物质应当充满空间而言，必须连同其所有结果归因于第一因的任意；然而，就与世界上的各种事物极为和谐的所有众多结果的协调而言，要再在一个意志中寻找它却是不适当的。在出自空气本性的其他必然结果中间，也必须算上由这种本性给在其中运动的物质造成阻挡而产生的 〔102〕
那种结果。从无法测度的高度下落的雨滴受到空气的阻挡，以缓和的速度下降，没有这种减缓，它们将在从如此高度的下落中获得非常具有破坏性的力量。这就是一种益处，因为没有这种益处空气就是不可能的，这种益处也就不是凭借一个特别的意旨而与空气的其他属性结合在一起的。无论物质各个部分的联系，例如就水而言，是物质自身可能性的一个必然结果，还是一种特意作出的安排，其直接的影响都是它的各个小部分作为雨滴的圆形。但这样一来，按照非常普遍的运动规律，美丽的彩虹就成为可能，每当不受遮挡的太阳照进对面下落的雨滴时，彩虹就以一种动人的景色符合规则地出现在地平线上。这里有液体的物质和重的物体，这只能归因于这位强大的创造者的愿望，但一个天体在其液态中完全必然地按照如此普遍的规律致力于取得一个球形形状，这种形状此后比别的任何可能的形状都更好地与宇宙的其余目的契合，因为举例来说，这样一种表面能够使光最为平均地分布，这却在于事物自身的本质。

物质的联系，以及各个部分与其可分性相结合的阻抗，使得摩擦成为必然，而摩擦又具有如此之大的益处，与所有多种多样的自然变化中的秩序如此契合，就像某种不是出自如此普遍的根据，而是借助一种特殊的设置附加的东西似的。如果摩擦不减缓运动，那么，某个时候产生的力的保持将通过向其他东西的传递、反弹、不断继续的撞击和震动而最终使一切都乱成一团。物体停留于其上的平面也就必须在任何时候都是完全水平的（它只有在罕见的情况下才是这样），否则物体在任何时候都会滑动。所有搓拧成的绳子都只有靠摩擦来保持。因为与绳子的整个长度不等长的线，如果不是与通过搓拧把它们挤
〔103〕压在一起的那种力相符的摩擦抑制住它们的话，稍用点力就能把它们抽出来。

因此，我在这里援引了出自最单纯、最普通的自然规律的如此不被注意的、常见的结果，这不仅是为了人们从中得出各种事物的本质相互之间所拥有的重大的、范围无限广泛的契合以及应当归因于它的重大结果，即便是在人们不够熟练地将某些自然秩序一直追溯到这样一些单纯的、普遍的根据的场合也是如此，而且也是为了使人们觉察如果考虑到这样一种契合而把上帝的智慧称之为它的特别根据就会蕴涵的悖谬。拥有如此众多美好的关系的各种事物存在，这应当归因于为了这种和谐起见而创造它们的那一位的睿智选择，但它们中的每一个都凭

借简单的根据而与多种多样的一致有一种如此广泛的适宜性，并且由此而能够在整体上获得一种值得惊赞的统一性，这却是在于事物的可能性；由于在此进行选择时必须作为前提条件的那种偶然性已经消失，这种统一性的根据虽然可以在一个睿智的存在者中寻找，但却并不借助于它的智慧。

考察三　借助或者无须大自然的秩序论世界上的事物对上帝的依赖性

一、对世上诸事就其服从自然秩序与否进行的划分

某种东西，如果它的存在和它的变化都在大自然的力量中有充分的根据，那么，它就处在大自然的秩序之下。为此就要求：首先，大自然的力量是这方面的作用因；其次，大自然的力量被集中于产生这种作用的方式自身在自然作用规律的规则中有充分的根据。与此相反，在并非如此的地方，不处于这样的根据之下的情况就是某种超自然的东西，而这种东西之所以 〔104〕
成立，要么是邻近的作用因在大自然之外，也就是说，是神的力量直接地造成了它，要么是第二点，即便是大自然的力量集中于这一实例的方式，也不包含在大自然的规则之下。在第一种场合，我把事情称之为**质料上超自然的**；在后一种场合，我却称之为**形式上超自然的**。由于看起来只有后一种场合需要作出一些说明，其余的都是不言自明的，所以我想举一些这方面的实例。在大自然中有许多力量，它们有能力毁掉单个的人或者国家或者整个人类：地震、风暴、海啸、彗星等等。即便是按照一种普遍的规律，上述情况中的一些时有发生，在大自然的状态中也有充分的根据，然而在它们的发生所依据的规律中间，人类的罪恶和道德堕落却根本不是与之相关的**自然**根据。一个城市的罪孽对地下隐秘的火并没有影响，而第一个世界的

耽于享乐也并不属于能够在其轨道上将彗星召向自身的原因。如果发生这样一种情况，人们把它归因于一种自然规律，那么，人们由此是想说它是一种不幸，而不是想说它是一种惩罚，人在道德上的所作所为不可能按照一种自然规律而成为地震的根据，因为在这里原因与结果之间没有联系。例如，在地震把牙买加的罗亚尔港市翻了个底朝天的时候①，把这称之为一个自然事件的人所理解的是，虽然居民们的罪行按照其布道人的见证完全应得这样一种毁灭来作为惩罚，这一事件却仍被看做是众多事件中的一种，它按照大自然的普遍规律时而发生，因为地球上有各个地区、在各个地区中时而有各个城市，在各个城市中又时而有堕落的城市受到震动。与此相反，如果这被看做是一种惩罚，那么，大自然的这些力量由于按照自然规律不能与人的品行有联系，所以就必须通过最高的存在者来分别地针对每一这样的个别场合；但这样一来，虽然中间原因
〔105〕是大自然的力量，在形式上来理解，事件却是超自然的。尽管通过为此特别被置入世界上的作用力之中的长长的一系列准备，这一事件才最终作为一种惩罚而实现，尽管人们想假定上帝在创世时就已经为它们此后通过由此在大自然中设置的力量在适当的时候发生而作好了一切安排（就像人们可以在惠斯顿关于《圣经》中的大洪水应当源自彗星的理论中想到这一点那样），由此也根本没有减少超自然的东西，而只不过是把它远远地推移到了世界的创造，从而极大地增强了它。因为这整个序列，由于倘若考虑到出发点，它就根本不能被看做是出自更为普遍的自然规律的一个结果，所以就其排列的方式与出发点相关而言，就标志着一种直接的、更为重大的神性关照，这种

① 参见拉依：《论世界的开端、变迁和衰亡》。

关照指向一个如此绵长的结果链条，以便同样避开可能使准确地达到所寻求的结果成为泡影的各种障碍。

与此相反，之所以存在着遵循大自然秩序的惩罚和奖赏，乃是因为人们在道德上的所作所为按照原因与结果的规律与它们有联系。纵欲无度以衰弱多病痛的生活告终；阴险狡诈终必失败，而正直则归根结底是最好的政治。在所有这一切里面，都出现了各种结果按照大自然规律的结合。但是，无论世界上有多少惩罚或者奖赏或者任何一种别的事情，尽管在许多事情中占支配地位的是某种齐一性，但自然力量的方向在任何时候都必然是朝着每一个个别的事例发生的，所以，它们虽然服从一种直接的神性规律，即神的智慧的规律，但却不服从任何自然规律。

二、对自然事件就其服从必然的还是服从偶然的自然秩序进行的划分 〔106〕

大自然的所有事物就其存在而言都是偶然的。不同种类的事物，例如气、土、水，它们的结合毫无疑问同样是偶然的，就这一点来说都可以将其仅仅归因于最高创造者的任意。然而，尽管自然规律就其所涉及的事物自身以及它们在其中得以实施的结合都是偶然的而言，似乎没有必然性，但毕竟还是有一种很值得注意的必然性。也就是说，存在着许多自然规律，它们的统一性是必然的，即与一个规律一致的同一个根据也使其他规律成为必然的。例如，同一种空气弹力和重量，是呼吸规律的根据，同时也必然是泵抽装置的可能性、生成云雾、维持燃烧和风等等的可能性的根据。只要哪怕是它们中间的一个有了根据，就也给其他的找到了根据，这是必然的。与此相反，如果某类遵循某个规律的相似结果的根据不同时在同样的本质上是另一类遵循另一个规律的结果的根据，那么，这些规律的一致就是偶然的，或者说，在这些规律中占支配地位的是偶然的统一性，而据此在事物中所发生的，就都是按照一种偶然的自然秩序发生的。人视、听、嗅、尝等等，但并非相同的一些属性是视觉的根据，也是味觉的根据。为了听和品味，他还必须有别的器官。各种如此不同的能力的一致是偶然的，而且由于它们的目的在于完善，所以就又都是艺术的。就每一个器官而言，又有艺术的统一性。在眼睛中，让光线进入的部分就与让眼睛翻白的部分是不同的，也与接收图像的部分是不同的。与此相反，使地球成为球形的原因，与自转相对抗使地球上的物体保持不动的原因，还有使月球作圆周运动的原因，却不是不同的原因——惟有重力是必然足以导致这
〔107〕一切的原因。如今，对所有这些结果来说都在大自然中找到了其根据，这毫无疑问是一种完善，而如果规定一种结果的根据对另一种结果来说也是充分的，那么，由此就给整体带来了更多的统一性。但这种统一性以及随之而来的完善在这里所援引的事例中是必然的，附属于事物的本质，就此而言应归因于它的所有协调、丰饶和优美都由于大自然的根本秩序或者由于大自然的秩序中必然的东西而依赖于上帝。但愿人们能够理解，我知道不可把这种必然性应用于这些事物自身的存在，而是仅仅应用于蕴涵在它们的可能性之中的协调和统一性，这是一种如此极为重大的适宜性和丰饶性的必然根据。植物界和动物界的造物无一例外地为一种偶然的、但与伟大的智慧协调一致的统一性提供了值得惊赞的实例。吸吮汁液的管道、吸吮空气的管道、加工汁液的管道以及蒸发汁液的管道等等，这是一个巨大的杂多，其中任何一个个别的东西与另一个东西的结果都没有适应性，它们结合成为整体的完善是艺术的，以至于植物自身及其与如此不同的目的的关系构成了一个偶然的、任意的东西。

与此相反，尤其是无机的自然界，在一个简单的根据与众多可观的结果的关系中，提供了多得无法言说的证据，以至人们也被打动而去猜测，也许甚至在有机的自然界中某些完善能够显得以它的特殊安排为根据的地方，这些完善也可能是出自同一种根据的必然结果，这种根据把它们与许多其他美好的结果已经结合在自己根本的丰饶性之中，以至于即便是在这些自然王国中，也可以有比人们所能够设想的更多的必然统一。

如今，由于大自然的力量及其因果规律包含着大自然的一种秩序的根据，这种秩序就其把多种多样的和谐综合为一种必然的统一而言，导致诸多完善在一个根据中的结合成为规律，所以人们也就可以鉴于不同的自然结果的美好和有用性而把它们看做是隶属于根本的自然秩序的，并借此把它们看做是隶属于上帝的。与此相反，由于在一个整体中还有某些完善并不是 〔108〕
由于惟一的一个根据的丰饶性成为可能的，而是需要不同的为此目的可以统一起来的根据，所以又有某些艺术的安排会是一种规律的原因，而据此发生的结果则隶属于大自然偶然的、艺术的秩序，借此隶属于上帝。

考察四　在按照大自然的进程判断一个世界的完善时运用我们的证据

一、从我们关于自然秩序对超自然事物的优先权的证据中能够推论出什么

世俗智者们或者毋宁说健康理性的一个著名的规则是：没有显著的原因，就不应当把任何东西视为一个奇迹或者超自然的事件。这个规则包含着：首先，奇迹是很罕见的；其次，即便是没有遵循神的意志的许多超自然影响，也将按照自然的规

律达到宇宙的全部完善；因为每一个人都认识到：如果世界没有频繁的奇迹就缺少其存在的目的，那么，超自然的事件就必须是某种习以为常的东西。一些人认为，结果与其根据的自然联结的形式因素自身就是一种完善，充其量必须忽略它会有更好的结果，如果这结果只能以超自然的方式取得的话。他们直接地在自然的东西自身中设定了一种优先权，因为所有超自然的东西作为一种秩序的中断，对他们来说似乎都会造成弊端。然而，这一困难只是想象出来的。善仅仅存在于目的的实现中，而且只是就目的而言才被归之于手段。如果按照自然秩序没有产生完善的结果，那么，自然秩序就不直接包含优先权的根据在自身，因为它只是按照一种手段的类别被考察的，而手
〔109〕段不允许有自己的评价，而是只允许从由此达到的目的的重要性借来的一种评价。人们在直接实施这种评价时所感到的困难，其观念在这里暗中混淆，并给予人们可以托付给外来力量的东西以优先权，甚至在结果中发现不了某种具有预期益处的时候也是如此。然而，如果没有更大的麻烦就可以像木头被放在锯床上那样把它转化为木板，那么，这一机器的所有艺术都只不过是一种玩具，因为它的全部价值都只能就它作为这一目的的一个手段而言才能成立。尽管如此，某种东西之所以是善的，并不是因为它按照大自然的进程发生；相反，大自然的进程是善的，乃是就从它产生的东西是善的而言。由于上帝在它的决定中包含着一个世界，在这个世界中的一切都绝大部分通过一种自然的联系遵守着最佳者的规则，所以上帝认为它配得上自己的选择，这并不是因为善就在于有自然联系，而是因为通过这种自然联系，不需要许多奇迹就极为正确地达到了完善的目的。

这样就产生了一个问题：大自然的普遍规律在世界上按照这些规律所发生的种种事件的进程中如此完美地符合至高无上

者的意志，怎么会是这样的呢？人们又有什么理由相信它们具有这种适宜性，以至于人们不必比所知道的更为经常地承认隐秘的超自然防护措施来不断地为它们的缺陷提供帮助呢？① 在这里，我们关于所有事物的本质都依赖于上帝的概念本身，给我们提供了一种比人们在这一问题中所期待的还更为广泛的益处。自然界的事物甚至在其内在可能性的最必然的规定中，都还带有依赖于万物连同睿智和美善的特性都在其中协调一致的 〔110〕
那个存在者的特征。人们可以预料它们协调一致并有美好的结合，而且在惟一的一个根据与众多可观的规律所拥有的某些有利的关系中有一种必然的统一性。在大自然按照必然的规律起作用的地方插入神的直接修补，这将是不必要的，因为如果结果按照自然秩序是必然的，那么，就再也不可能按照最普遍的规律发生某种让上帝反感的事情。事物的偶然联结取决于上帝的意志，而它们的本质关系作为自然秩序中必然因素的根据则来自上帝中与其属性绝对极为和谐的东西，事物的结果应当怎样，我要说的是，这些结果怎么可能与上帝的意志相悖呢？这样，世界上所有力学的、从而出自运动规律而必然的变化，之所以都必然是善的，在任何时候都是因为它们自然而然地是必然的；可以料想，只要结果是按照自然秩序不可避免的，它们

① 即便人们诉诸上帝的睿智选择，这种选择已经如此妥善地确立了大自然的进程，不至于需要更经常的修补，也远远没有充分地回答这一问题。因为最大的困难在于：在世界上种种事件的联结中按照普遍的规律来造成如此巨大的完善，尤其是如果人们考察自然事物的数量及其变化的无限系列的话，这究竟是怎样可能的；在这里，按照它们相互作用的普遍规则，一种不需要经常的超自然影响的和谐究竟是怎样能够产生的。

也就是不可更改的。[①] 但是，为了避免所有的误解，我要说明：要么世界中的种种变化出自宇宙的初始安排和大自然普遍的、特殊的规律是必然的，此外一切都是在物体世界里以力学的方式发生的，要么尽管这一切却仍然有一种尚未被充分认识的偶然性，就像出自自由的行动一样，其本性并未得到相应的认识。后一类世界变化，就它们似乎在规定的根据和必然的规律方面自身有一种无拘束性而言，在同等程度上自身包含着一种可能性，偏离自然事物向着完善性的普遍倾向。因此人们可以
〔111〕预料，超自然的补充还是必要的，因为在这方面大自然的进程有时会违背上帝的意志，这是完全可能的。然而，由于即便是自由行动的存在物的力量，在与宇宙其余存在物的结合中也并不完全摆脱一切规律，而总是服从一些虽然并非强制性的，但却是按照任性的规则以另一种方式肯定得以实施的根据，所以即便在这里，事物的本质对上帝的普遍依赖性也在任何时候都是一个重大的根据，使人在整体上把这类事物中按照大自然的进程发生的结果（个别事例中表面上的偏离不可把我们引入歧途）看做是适当的和符合最佳者的规则的，以至于只有在罕见的情况下，大自然的秩序才需要一种直接的超自然的改善或者补充，就像它们的启示也只是就某些时代和某些民族才被提及

① 即便一个世界体系，例如我们的太阳系，最终达到完全的静寂和普遍的静止，像牛顿所认为的那样是大自然的一个必然结局，我也不会与他一起补充说，上帝借助一个奇迹重建这个世界体系是必要的。这是因为，由于这是大自然按照最本质的规律被规定的一个成果，所以，我由此猜想这也是善的。这不可以对我们来说表现为一种令人遗憾的损失，因为我们并不知道，为了借助巨大的丰饶性而在别的地方绰绰有余地弥补宇宙的这一损耗，经常地在别的天域形成的自然就拥有怎样的不可测度性。

一样。经验与甚至最自由的行动也对一种重大的自然规则具有的这种依赖性是一致的。因为无论结婚的决定多么偶然，人们在婚姻与在世人口的比例相当稳定的同一个国度里还是发现，如果选取较大的数字，例如在 110 个两性都有的人里面，就有一对夫妻。众所周知，人的自由对于延长或者缩短生命的作用有多大。尽管如此，这种自由的行动也还是服从一个重大的秩序；由于如果选取大的数字来看，在平均值上死者的数字与活着的人的数字非常精确地总是处在同一个比例上。我仅仅举这少许几个证据来在一定程度上解释，在普遍的自然秩序的规则方面，甚至自由的规律也并不具有这样一种无拘束性，并不是在其余的自然界里面已经在事物自身的本质中固定了与完善和协调的一种不可避免的关系的同样根据，也在自由行为的自然进程中至少应当无须各种各样的奇迹就造成对最高存在者的一种更大的倾向。但是，我的注意力更多地集中在自然变化的进程之上，如果这些变化由于先天的规律而是必然的话。在这样 〔112〕
一个秩序中，奇迹要么根本是不必要的，要么是鲜有必要的，因为以自然的方式产生这样一些需要奇迹的不完善的东西，可能是不合适的。

如果我关于大自然的事物形成的概念就是人们通常关于这些事物所拥有的概念，即它们的内在可能性是自身独立的，不需要一个外来的根据，那么，假如有人说一个具有某些完善性的世界没有诸多超自然的作用是不可能的，我根本不会认为这是出乎意料的。毋宁说，没有连续不断的一系列奇迹就能够在这个世界里面凭借一种自然的重大联系造成某种适宜的东西，我认为这是罕见的和不可理解的。因为这必然是一种令人惊异的偶然：事物中的每一个都各自有自己独特的必然性，它们的本质却应当如此契合，以至于最高的智慧能够把它们统一为一个巨大的整体，在这个整体中虽然有各种各样的依赖性，但凸显出来的却是按照普遍的规律不可更改的和谐与优美。与此相反，由于我知道，只是因为有上帝存在，某种别的东西才是可能的，所以我自己期望事物的可能性有一种符合它们的伟大本原的协调一致，有一种凭借普遍的安排契合成为一个整体的适宜性，这个整体与它们获得自己根据的那个存在者的智慧是非常和谐的；而且我甚至认为，如果某种东西按照大自然的进程依据普遍的规律发生或者将发生，但却令上帝反感并且需要一个奇迹来补救，这是不可思议的；如果它发生，那么，就连它的诱因也都属于时而发生、但永不为我们所理解的那些事物。

人们还可以毫无困难地理解，如果人们认识到奇迹为什么对于世界的完善来说能够鲜有必要的本质原因，那么，它也适用于我们在上一考察中称之为形式意义上的超自然事件的那些事物；人们在一般的判断中也经常承认这样的超自然事件，因为人们相信凭借一个颠倒过来的概念就可以在里面发现某种自然的东西。

〔113〕 二、从我们关于这种或者那种自然秩序的优先权的证据中能够推论出什么

在净化了的世俗智慧的方法中，流行着一个规则，它虽然没有得到正式的表述，但在实施中却是在任何时候都要遵循的：在对某些结果的原因的自然研究中，人们都必须聚精会神地尽可能保持大自然的统一性，也就是说，从惟一的已知根据派生出诸多结果，不要为了不同的结果由于一些表面上更大的不相似性而马上假设新的、不同的作用因。据此人们假定，就一个统一的根据对于多种多样的结果来说已经足够了而言，在大自然中有着巨大的统一性，并且相信有理由把一类现象与他类现象的统一在绝大多数情况下视为某种必然的东西，而不是

视为一种艺术的、偶然的安排的结果。有多少结果并非是由惟一的重力派生的，人们曾经相信必须为此找到不同的原因：一些物体的上升和另一些物体的下降。一旦人们在那种简单的自然力量中找到漩涡的原因，它们就适合于把各天体保持在圆周运动中。人们有充分的理由假定：物体遇热膨胀，光、弹力、雷雨，也许还有磁力，都是弥漫在所有空间之中起作用的同一种物质即以太的多种多样的现象；而且人们如果发现被迫为一类结果假设一个新的本原，就根本不会感到满意。甚至在一种非常精确的匀称似乎需要一种特别的艺术安排的地方，人们也倾向于把它归因于出自普遍规律的必然结果，并且在人们以一种艺术的指令为基础之前，还总是遵循着统一性的规则。雪花的形状如此有规则，而且远远比盲目的巧合所能够造成的所有笨拙的东西都更为精致，以至于如果不是每一个冬天都提供了无数次机会使每一个人都通过自己的经验来确信这一点，人们就要怀疑给我们描述雪花的人的真诚了。就从外部能够感到的来说，人们很少会遇到花朵表现出更多的可爱和匀称，人们根 〔114〕
本看不到艺术能够创造的任何东西，比大自然如此挥霍地铺天盖地的这种产物包含有更多的正确性。而尽管如此，却没有人想到要从一个特殊的雪种子来派生出它们，并且虚构出一个艺术的自然秩序，而是人们把它当做一种附带结果，归因于以必然的统一性把这种产品的形成同时包括在自身之内的更普遍的规律。①

① 霉菌与植物类似的形状打动了许多人，把它列入到植物王国的产品之中。然而，按照另一些考察更为可能得多的是，它表面上的合规则性不会妨碍把它像狄安娜之树一样看做是出自共同的纯化规律的一个结果。

尽管如此，大自然富含某一不同种类的创造，这里所有思考其产生方式的世俗智慧都发现自己被迫离开这条道路。伟大的艺术以及按照某些意图通过自由选择进行的偶然结合，在这里都是显而易见的，并且同时成为一种属于艺术的自然秩序的特殊自然规律的根据。植物和动物的构造表现出普遍的、必然的自然规律不足以解释的这样一种安排。由于把一种植物或者动物的第一次产生看做是出自普遍的自然规律的一个力学附带结果是荒唐的，所以，尽管如此还有一个由于上述原因悬而未决的双重问题：是它们的每一个个体都直接由上帝创造，从而具有超自然的起源，而只有生长，即随着时间向展开的过渡，才被委之于一种自然规律，还是植物王国和动物王国的一些个体虽然直接起源于上帝，但却以一种我们不理解的能力、按照一种正式的规律生殖自己的同类而不仅仅是展开呢？两者都表现出困难。澄清哪一个困难最大，也许是不可能的；然而，在这里与我们有关的，无非是就理由都是形而上的而言来说明它们的偏重。例如，一棵树如何凭借内在的机械状态而能够如此制作和改造营养汁液，使得在叶孔中或者在其种子中产生某种
〔115〕包含着一棵类似的小树或者能够从中长出一棵类似的小树的东西，按照我们所有的知识，这却是无法认识的。**布丰**先生的内在形式和有机物质的元素，在**马保梯**先生看来按照欲望和厌恶的规律组合成它们的回忆的结果，要么是与事情自身一样不可理解，要么是完全任意地杜撰的。然而，不转向诸如此类的理论，人们因此甚至就必须提出另一种同样任意的理论，即所有这些个体都有超自然的起源，因为人们根本不理解它们的自然产生方式？过去有人以力学的方式解释过产生自己同类的发酵能力吗？尽管如此，人们在这种情况下仍然没有涉及一种超自然的根据。

由于在这一场合，所有这样的有机产品的起源都被看做是

完全超自然的，所以，尽管如此人们依然相信，当人们允许自然哲学家利用逐渐生长的方式时，还是给他留下了某种东西。不过要考虑到：人们由此并没有减少超自然的东西，这种超自然的产生无论是在创世时还是逐渐地在不同的时刻发生的，超自然的东西在后一场合并不多于在前一种场合，因为全部区别的结果并不是神的直接行动的程度，而仅仅是**如果**。但是，就那个自然的展开秩序而言，它并不是大自然的丰饶性的一个规则，而是一种没有用处的拐弯抹角的方法。因为由此一点也没有节省神的一种直接行动的程度。据此，似乎不可避免的是：要么对任何物种来说都把果实的形成直接归因于一种神的行动，要么承认对植物和动物最初的神性安排有一种适宜性，不仅在结果中按照自然的规律展开，而且真正地生殖出其同类。

我现在的意图仅仅是借此指出，人们必须承认自然事物具有比通常所承认的更大的可能性，按照普遍的自然规律产生其结果。

考察五　通常的自然神学方法的不足 〔116〕

一、论一般的自然神学

所有从上帝的作用出发认识上帝的存在的方式，可以归结为以下三种：要么人们通过感知到打断大自然的秩序并直接表现着大自然所服从的那种力量的东西来达到这种认识，这种信念是由**奇迹**引起的；要么**大自然**偶然的秩序把人引向神性的创造者，而关于大自然的秩序，人们清楚地知道它以别的许多仍然表现出伟大艺术、力量和美善的方式都是可能的；要么第三种，在**大自然**中感知到的**必然**的统一性与事物符合伟大的完善性规则的本质性秩序，简而言之，大自然的合规则性中必然的东西，把人引向一个最高的本原，它不仅是这种存在的最高本原，而且甚至是所有可能性的最高本原。

如果人们完全变得粗野，或者一种顽固的恶蒙蔽了他们的眼睛，那么，似乎惟有第一种手段才有一些力量，将人们引向最高存在者的存在。与此相反，一个高贵的灵魂的正确考察在大自然的秩序所呈现的如此众多的优美与合目的的结合中所发现的证据，足以从中得出拥有伟大智慧和力量的存在者，而对于这种信念来说，如果它对于有德的行为是足够的，也就是说，如果它在道德上是确定无疑的，通常的知性概念就够了。关于第三种推论方式，必然要求世俗智慧，而且也只有一种较高程度的世俗智慧，才能够以与真理的伟大相符合的清晰性和信念，达到上述那个对象。

〔117〕后两种方式人们可以称之为自然神学的方法；因为它们两个都指示着从对大自然的考察出发上升到对上帝的认识的道路。

二、通常的自然神学的优点以及错误

迄今为止常见的自然神学方法的主要特征在于：首先，根据其偶然性恰如其分地把握完善性与合规则性，然后根据里面所有合目的的关系指出艺术的秩序，以便从中推论出一个睿智的、美善的意志，但在此之后又通过附加的对作品之伟大的考察，把创造者无法比拟的力量的概念与此统一起来。

这种方法是出色的：首先，因为信念完全是感性的，从而是非常生动的、受人欢迎的，据此也是通常的知性易于领会的；其次，因为它比任何一种别的方法都更为自然，毫无疑问每一个人都首先从它开始；最后，因为它创造了一个关于值得敬拜的存在者的崇高智慧、关怀或者还有力量的概念，这个概念充实着灵魂，拥有最大的力量来对惊诧、谦恭和敬畏发挥作用。①即便是对于哲学家来说，这种证明方式也比别的任何一种方式实用得多。因为哲学家虽然在这里没有为自己的研究知性或者冥思知性发现确定的、抽象的神性理念，确定性自身也不是数学的而是道德的，但却有如此众多的证据，〔118〕每一个都具有如此重大的印象，它们支配着他的灵魂，而思辨则以某种信任从容不迫地紧随着已经获得位置的信念。很难有人敢把自己的全部幸福建立在一种形而上学证明自以为是的正确性上，尤其是如果它与生动的感性劝说相悖的话。不过，由此产生的信念的力量，恰恰因为它是如此感性的，也就如此确立起来并不可动摇，以至于它并不担心下结论和作出区分的危险，并且对于钻牛角尖的指责远远地置之度外。尽管如此，这种方法仍有自己的错误，这些错误虽然本来只能归因于使用这种方法的那些人的行事方式，但却是足够重大的。

1. 它把大自然所有的完善、和谐和优美都看做是偶然的，看做是凭借智慧的安排，但它们中间的许多都以必然的统一性出自大自然最根本的规则。在这里最有损自然神学意图的东西在于，自然神学把自然完善性的这种偶然性看做是对证明一个睿智的创造者来说极其必要的，因而世界上的事物所有必然的协调一致对这一前提条件来说都成为危险的异议。

① 当我特别想到人们在《汉堡画报》就可以看到的希尔博士的显微镜观察，并且仅仅在一个水滴中就看到无数的动物种类，看到用毁灭性的工具装备起来的强盗般的物种在致力于追捕别的物种时被这个水滴世界的更为强大的统治者摧毁时，当我在一滴物质中观看诡计、暴力和叛乱的场景，并由此抬眼仰望苍穹，看到无法测度的空间密布着各个世界和尘埃时，没有一种人类的语言能够表达这样一种思想所激起的情感，所有精致的形而上学分析也都远远不及这样一种直观所特有的崇高和尊严。

为了确定这种错误，请注意以下的内容。人们看到，作者们是怎样按照这种方法致力于使植物界和动物界富含无数终极目的的产物不仅脱离偶然性的力量，而且也脱离按照物质自然界最普遍规律的力学必然性。在这方面，他们一点也不会感到困难。在他们这一边的理由真是太明显了。然而，当他们从有机自然转向无机自然时，他们依然坚持这同一种方法；但在这里，他们却发现自己几乎任何时候都由于事物变化了的本性而受到无法回避的困难的束缚。他们还总是谈到伟大的智慧把大气圈如此之多的有益属性统一起来，谈到云、雨、风、晨昏等等，就好像使空气产生风的那种属性与使空气拉升蒸汽或者在高空变稀薄的属性是借助一种睿智的选择统一起来的，如同对
〔119〕一个蜘蛛来说，它用来盯视自己猎物的不同眼睛与蛛丝穿过纺管一般从中抽出的丝腺，与它将蛛丝黏粘在一块儿或者攀附其上所用的灵巧肢足或者还有其足突，都在一个动物身上结合起来一样。在这后一种场合里，统一性对于所有被结合起来的益处来说（就完善在于这种统一性而言）显然是偶然的，可以归因于一种睿智的任意，而与此相反，它在前一种场合里却是必然的；而只要上述益处的适宜性被归因于空气，另一种益处就不能与它们分离开来。正是因为人们除了借助智慧的机制之外，不承认判断大自然的完善性的其他任何方式，所以任何一种广泛的统一性，如果它明显地被视为必然的，就将构成一种危险的异议。我们马上就将看到，按照我们的方法从这样一种统一性出发仍然可以推论到一种神性的智慧，但并不至于让它派生自作为其原因的睿智选择，而是派生自一个最高的存在者里面的这样一个根据，这个根据同时必定也是它里面的一种伟大智慧的根据，因而是派生自一个睿智的存在者，但并不是通过它的智慧。

2. 这一方法并不足以就是哲学的，而且还经常阻碍哲学

认识的传播。某种自然机制一旦是有益的，它通常就被直接从神的意志的意图出发，或者借助一种特别由艺术安排的自然秩序来解释；要么是由于人们曾经牢记，大自然的结果按照它们最普遍的规律不能够以这样的协调为结局，要么是即便人们承认它们也有这样的结果，也还是把世界的完善归因于一种盲目的偶然，由此也就错认了神性的创造者。因此，在这样一种场合就给自然研究设定了界限。地位降低了的理性很乐意放弃进一步的研究，因为它把这样一种研究看做是多管闲事，而成见也就更加危险，因为它借口虔诚与合理地服从所有智慧都必然在其认识中统一起来的伟大的创造者，而使懒汉对于不知疲倦的研究者享有优先权。例如，人们讲述山脉的用处，这样的山脉有无数个；而一旦人们举出相当多的益处，并且在它们中间 〔120〕
把人类不能缺少的那些益处综合起来，人们也就相信有了理由把它们视为神的直接设置。因为它们被看做是出自普遍的运动规律的结果（因为人们根本不去猜想它们应当与优美的、有益的结果相关，在这种情况下它们就必定是偶然的），按照他们的看法这就叫做让人类的一种本质性的长处取决于盲目的偶然。对地球上河流的考察也是类似的情况。如果人们听从自然神学的作者们，那就会去想象，它们的河道都是由上帝开凿的。如果人们通过把每一座个别的山脉或者每一条个别的河流都看做是按照普遍的规律无法实现的上帝的特殊意图，从而可以说是虚构出上帝要使用其特殊措施的手段，以便从中得出这种个性的结果，那么，这也不是哲学思维。因为按照本章第三个考察里面所指出的，诸如此类的产物尽管如此依然是超自然的；甚至，由于它不是按照大自然的秩序（因为它只是凭借独特的安排作为惟一的事件产生的）就可以解释的，所以这样一种判断程序就是建立在关于大自然自身的优先权颠倒了的观念之上的，尽管它必然被强制性地引向一个个别的实例，按照我们所有的知识这可以被看做是一种转弯抹角的手段，而不可以被看做是智慧的一个程序。① 当牛顿通过确实可靠的证明确信地球的形状就是所有被旋转运动改变了的重力方向所垂直相对的那种形状之后，他推论说地球在开始时是液态的，并且按照
〔121〕静力学的规律借助自转正好获得了这一形状。他和其他任何人都同样清楚地知道一个天体变成球体所蕴涵的好处，也知道为预防绕轴自转的不利后果而极为必要的扁率。这些全都是配得上一个睿智的创造者的安排。尽管如此，他毫不犹豫地把它们作为一种结果归因于最必然的力学规律，并不担心由此失去所有事物的伟大统治者。

因此，也可以有把握地猜测，他从未就行星的结构、它们的公转及其轨道的位置而言直接地求助于一种神的安排，他没有作出判断：此处一种力学的起源之所以不可能，并不是因为它们不足以达到合规则性和秩序自身，（因为，为什么他不担心前面提到的事例中的不适宜性呢？）而是因为天宇的空间是空荡荡的，没有一种行星相互作用确立其轨道的共同性在这种状态里是可能的。但如果他想到问一问：天宇的空间是否在任何时候都是空荡荡的，以及至少在初始状态，在这些空间也许相互联系被充满的时候，那些其结果自此以后保存下来的影响是否是可能的；如果他对这一远古的状态有一种持之有据的猜测的话，人们也就能够确信，他曾以一种与哲学相称的方式在

① 但愿在启示提供信息说世界上的事情是一种非同寻常的神性的关系的事例中，哲学家们翻腾自己物理学知识多管闲事的做法有所收敛；因为这些知识对宗教根本没用，只不过使事情是否完全是一种自然的巧合而已变得可疑罢了；就像在人们把消灭辛那赫里布麾下的军队归因于萨米尔的风的事例中一样。哲学在这里就像在惠斯顿的理论中那样，通常都陷入把天文学关于彗星的知识运用于《圣经》诠释的窘境。

最普遍的力学规律中寻找宇宙状态的根据，而没有在这种情况下担心这种解释把世界的起源从创造者的手中转交给了偶然性的权势。据此，牛顿的著名例证不可以被懒惰的信任当做借口，来把草率地诉诸于一种直接的神的安排冒充为一种哲学风味的解释。

当然，由于大自然的无数安排按照最普遍的规律始终还是偶然的，所以除了希望它们这样而不是那样结合起来的那一位的睿智意图之外，毕竟，它们没有别的根据。但是，人们并不能反过来推论说：在一种自然的结合与符合一种睿智选择的东西一致的地方，它们按照大自然普遍的作用规律也依然是偶然的，是借助艺术的布置特意地设定的。就这样一种思维方式而 〔122〕
言经常发生的是，人们所想象的规律的目的是错误的，而且在这种情况下，人们除了这种失误之外还要蒙受一种损害，即错过起作用的原因，直接地坚持只不过是虚构出来的一种意图。此前，**聚斯米尔希**自认为在这种神明天意中找到了为什么生男多于生女的根据，为的就是通过较大的男婴数字，来使这个性别由于战争和比另一个性别更危险的职业类型所蒙受的损失得到补偿。然而，通过后来的观察，正是这位细心而又理智的人得到了教训：男孩的这种过剩在童年时代就由于死亡而被如此取消，以至于到了前面提到的原因刚能够包含着损失的根据的年代里，男性的数字还要小于女性的数字。人们有理由相信，这种奇异的现象是可能服从于一个更为普遍得多的规则的一个事例，也就是说，人类较强壮的这一部分也在生殖活动中占有较大的份额，以便在双方的产物中使自己的性别占有优势，但与此相反，由于为此更多地要求某种拥有较大完善性的基础的东西也在发展中遇到所有属于该完善性之实现的事态，所以完善性较小的性别将比其完备性更多地要求各种理由汇聚的性别以更大的数字达到完备的程度。不过，无论这一规则具有什么样的性质，这里至少都能够说明：求助于道德的理由，也就是说，求助于从目的出发的说明，在还可以猜想自然的理由通过与普遍必然的规律相结合规定结果的地方，将妨碍哲学认识的拓展。

3. 这一方法只能用于证明世界的联系和艺术性结合的创造者，但不能证明物质自身的创造者和宇宙构成部分的起源。这一明显的缺陷必然使所有仅仅使用这种方法的人们陷入被称之为更精致的无神论的失误的危险之中，按照这种失误，上帝在真正的意义上是被视为工匠，而不是被视为世界的创造者，
〔123〕他虽然安排和塑造物质，但却不生产和创造物质。由于我将在下一考察中权衡这种不足，在这里仅仅予以说明就行了。

此外，上述方法在任何时候都是既最符合人类知性的尊严也最符合其弱点的那些方法之一。事实上，在大自然中有无数的安排，它们最切近的根据必定就是其创造者的终极目的，而如果人们考虑那些直接地隶属于创造者的智慧的安排，这也是导向他的最易行的道路。因此，把自己的努力运用在补充它而不是攻击它，纠正它的错误而不是因此蔑视它，是合情合理的。下面的考察将用来实现这一意图。

考察六　经过改进的自然神学方法

一、秩序和适宜性即便是必然的，也标志着一个理智的创造者

就关于宇宙的一个神性的创造者的思想而言，再也没有比打算把一个重大而又丰饶的适宜性、有益性和协调一致的规则归因于大概如此的偶然更有害、同时也更不理智的了；德谟克利特和伊壁鸠鲁的学说体系中原子的偏斜就是这样的东西。我没有在这种判断方式的荒唐性和明显的蒙蔽方面逗留，因为其

他人已经充分地说明过它们，相反我注意到：在事物与合规则的联结的关系中被认知到的必然性、有益的规律与一种必然的统一的联系，与最偶然的、最任意的安排一样，提供着一个睿智的创造者的证据；尽管对他的依赖性在这一观点中必须以另外的方式来表象。为了恰如其分地认识这一点，我要说明的是：秩序和多种多样有利的协调一致在根本上标志着一个聪慧的创造者，甚至在人们想到这种关系对事物来说是必然的还是偶然的之前就是如此。按照通常的健康理性的判断，世事变迁〔124〕的顺序或者一个有可能取代另一个的那种结合，虽然为偶然性提供了一个清晰的论据，但却少有使知性猜测一个创造者的作用。这就要求有哲学，即便是哲学的应用，在这种场合也是错综复杂、难以把握的。与此相反，重大的合规则性和协调一致在多声部的和声中令人生疑，而没有一个聪慧的创造者，通常的理性自身决不会认为它们是可能的。适宜性的这一个规则可能在本质上已经包含在另一个规则之中，或者任意地与之结合在一起，这样人们就认为秩序与合规则性要么出自偶然、要么在诸多拥有自己各不相同的存在的事物中也出自自身而成立简直是不可能的，因为没有一个聪慧的根据，广泛的和谐就其可能性而言从来没有被充分给出。在这里，马上就表现出人们应当如何根据其起源来判断完善性的方式之间的一个重大的差别。

二、自然界必然的秩序自己表示着如此井然有序的物质的一个创造者

自然界中的秩序如果被看做是偶然的、出自一个聪慧的存在者的任性的，它就根本不是证据，证明即便自然界在这样的秩序中按照智慧结合起来的事物，也是从这一创造者获得其存在的。因为惟有这种结合，才是以一个聪慧的计划为前提条件

的；所以，就连亚里士多德和许多其他古代哲学家，也都不从神明派生出物质或者自然界的材料，而是仅仅派生出形式。也许只是从启示教给我们世界对上帝完全的依赖性以来，世俗智慧也才作出应有的努力，把构成自然界原材料的事物自身的起源，看做是某种没有一个创造者就不可能的东西。我怀疑有人
〔125〕在这方面成功过，而且我在上一章列举了我的判断的根据。至少，世界各部分偶然的秩序如果表示一个出自任性的起源，就根本不能对这方面的证明有任何助益。例如，就一个动物的结构而言，感性感知的肢体与任意运动和生存部分的肢体如此艺术地结合在一起，以至于一旦有人被引导忽视一个将组合成动物躯体的物质置入如此卓越的秩序之中的睿智创造者，人们必定要冷嘲热讽（因为一个人不会如此缺乏理智）。由此根本不能得出更多的东西。这种物质自身就是永恒的和独立的，还是也是由同一个创造者创造的，这一点在此仍悬而未决。但是，如果人们认识到，并非所有的自然完善性都是艺术地结合起来的，相反，具有重大裨益的规则也以必然的统一性结合在一起，而这种可结合性就蕴涵在事物自身的可能性之中，那么，所作出的判断就会截然不同。鉴于这种认识，人们应当作出什么判断呢？没有对一个睿智的创造者的依赖，这种统一性、这种丰饶的协调一致是可能的吗？如此巨大的、多种多样的合规则性形式上的东西不允许这样。然而，由于这种统一性的理由仍然就在事物的可能性之中，所以就必须有一个睿智的存在者，没有它，这些自然事物自身就是不可能的，它作为一个重大的根据，如此众多的自然事物的本质在它里面统一成如此合规则的关系。但在这种情况下显而易见的是，不仅这种结合的方式、而且事物自身也都只是凭借这一存在者才是可能的，也就是说，只能作为它的结果来实存；只有这样才能使人清楚地认识大自然对上帝的依赖性。如今要问的是：这些物种究竟是

怎样依赖于这样的存在者，可以让我由此出发理解与智慧的诸规则的协调一致？我的答复是：它们依赖于这一存在者中的某种东西，这种东西由于包含事物可能性的根据，从而也就是它自己的智慧的根据；因为后者在根本上是以前者为前提条件的。①但无论是所有事物本质的根据，还是智慧、美善和权柄 〔126〕
的根据，就根据的统一性而言，必然是所有的可能性都与这些属性和谐相处。

三、经过改善的自然神学方法的规则

我在下面作一简要的总结：由于普遍的自然规律对神性存在者的依赖，凭借对它们的丰饶性的信任的引导，

1. 人们在这样一些以一种必然的统一性除其他相当多的后果之外还与这些结果的产生相关的普遍规律中，寻找甚至最有利的状态的原因。

2. 人们在各种不同的有益性于一个根据里面的这种结合中发现了必然的东西，因为不仅为了从中推论出对上帝的依赖性的方式与真正关注艺术的和选拣的统一性的方式不同，而且也是为了把按照持久必然的规律得出的成果与大致的偶然区分开来。

3. 人们不仅在无机自然界中、而且也在有机自然界中猜测一种更为重大的必然统一，如同其显而易见的那样。因为即

① 智慧的前提条件是：在诸般关系中协调一致和统一性是可能的。具有完全独立本性的存在者，只是就它里面包含着甚至呈现给它的实现的这样一些和谐与完善而言，才是有智慧的。如果在事物的可能性中没有这样一些与秩序和完善的关系，智慧就是一种妄想。但如果睿智存在者中的这种可能性不是以自身为根据的，这种智慧就决不能在所有方面都是独立的。

便就一个动物的结构来说也可以猜测：只用一次安排就可以有一种丰饶的有益性，来造成诸多有利的结果，而我们一开始会认为为此需要许多特殊的安排。注意到这一点，不仅非常符合哲学，而且对自然神学的推论也是有利的。

4. 人们利用明显是艺术的秩序，为的是由此推论出一个创造者的智慧来作为根据，而利用自然规律中的本质性的和必然的统一，则是为了由此推论出一个睿智的存在者来作为根据，但并不是借助它的智慧，而是借助它里面与这种智慧必然和谐一致的东西。

5. 人们从世界**偶然**的结合推论到宇宙如何拼合起来的方式的创造者，但从**必然**的统一推论出同一个存在者，作为甚至

〔127〕物质和所有自然物的基本材料的创造者。

6. 人们凭借能够说明在力学上或者也在几何学上必然的东西与整体之最佳状态协调一致的普遍规则，把这一方法扩大化，并且毫不犹豫地在这一观点中衡量空间的属性，从空间广大的杂多中的统一性出发阐明上述基本概念。

四、对这些规则的说明

我想举一些例子来说明上述方法。地球的山脉是地球上最有益的状态之一，而**伯内特**认为，比起作为我们罪过的惩罚的荒野，它们并不是更好的东西，毫无疑问这是没有道理的。按照自然神学通常的方法，人们罗列了这些山系广泛的益处，据此，它们被看做是凭借一种智慧为了如此多种多样目的的用途而作出的神的安排。按照这样一种判断方式，人们将得出如下思想：普遍的规律如果没有在这一事例上作出的独特的艺术的安排，就不能造成地面上的这样一种形状，而诉诸全能的意志，则要求研究的理性恭敬地保持沉默。与此相反，按照一种更好地受到教育的思维方式，这种自然设施的益处和美根本不

是忽视物质普遍的和单纯的作用规律、以便不把这种状态视为它们的附带结果的理由。也许很难澄清：地球的球体形状是否根本不比使它的表面偏离这种均匀的圆形的那些起伏不平具有更为明显的益处和更为重要的结果。尽管如此，每一个哲学家都毫不犹豫地把它们视为世界最古老时期最普遍的静力学规律的一种结果。为什么不平和凸凹不同样属于这样一些自然的、非艺术的结果呢？看来，对于每一个大的天体来说，它逐渐地从液体过渡为固体时的状态都必然地与宽广的洞穴的产生紧密结合；当它那内部还是液态的团块的最轻的物质——其中也有空气——随着逐渐的分离上升到它已经变硬的外壳之下时，在这外壳下面就必然有这样的洞穴；由于这些洞穴的宽广必然与天体的大小成正比，固态拱顶的塌陷也将同样地宽广。甚至一种合规则性，至少是这些起伏不平的链环，就这样一种产生方式来说似乎也并不陌生、并不出人意料。因为人们知道，在一大团混合物中轻物质在某个地方的上升对混合体的相邻部分的上述运动是有影响的。我不在这种解释方式上耽搁很多时间 〔128〕
了；在这里，我也无意于就这种解释方式而言表示些许顺从，而是只打算借助它而对判断的方法作出简短的说明。

地球的全部大陆都以一种非常有益的方式贯穿着江河的河道来作为河床。但在所有的大陆上也都有如此众多的起伏不平、山谷和平坦的地区，以至初看起来似乎不可避免的是，江河之水流淌的河道都肯定是特别地建造和安排的。若不然，按照其他地方的无规则性，从高处奔流而下的水必然四处泛滥，淹没许多平地，在山谷形成湖泊，使陆地不是风景如画、井然有序，而是一片荒野、不可利用。谁会不在这里感受到一种必要的非常安排的宏大形象呢？然而，关于江河成因的所有自然研究都会被一种假定的超自然安排终止。与此相反，由于我并不让这种合规则性把自己搞糊涂，并不马上在普遍的力学规律的领域之外期待它们的成因，所以我遵循观察，以便从中得出关于这些江河的产生方式的某种东西。我发现：许多江河的河床至今仍在拓宽，它们加高自己的河岸，直到自己不再像过去那样淹没周围的陆地。我意识到，所有的江河过去确实就像我们担心它们没有一种非常的安排就必然会发生的那样泛滥成灾；我由此得出：当时没有发生任何这样的非常的安排。亚马孙河在数百英里长的河段显示出清晰的痕迹，表明它过去并没
〔129〕有受限制的河床，而是必然地大量淹没陆地；因为两边的土地直到很远都像湖泊一样平，而且是由淤泥构成的，在那里一颗小石子就像一颗宝石那样罕见。就密西西比河来说，人们可以发现同样的情况。此外，尼罗河和其他江河特别表现出，这些河道随着时间的流逝延长了许多，而在江河由于邻近海洋漫过平地而显然有自己的入海口的地方，江河逐渐地扩大自己的河道，继续沿着延长了的河床流淌。但在这种情况下，在得到经验的指点之后，我相信可以把所有江河河道形成的过程追溯到以下的简单理由。从高处奔流而下的泉水或者雨水最初按照土地的斜坡无规则地流动，注满了一些山谷，漫过一些平坦的地区。然而，在流动最快的地带，水就由于速度而不能顺利地沉积自己的淤泥，而是与此相反，更经常得多地让淤泥向两边沉积，这样就加高了河岸，而最湍急的水流就有了自己的河道。随着时间的流逝，当水的注入自动减少的时候（出自地球历史的专家们周知的那些原因，这在时间的进程中是必然要发生的），江河就不再漫过它自己给自己修建的河岸了，从混乱的无序中就产生出合规则性和秩序。人们明显地看到，直到这个时代，特别是在作为江河最年轻部分的入海口处，这种情况还在发生，而且完全就像按照这一计划，淤泥的沉积在邻近江河一开始漫过其新河岸的地方必然比远离它的地方更为经常一样，人们也还可以觉察到，确实，在江河流过平原地区的许多

地方，江河的河道比周围的平地还要高。

有一些普遍的规则，大自然的结果遵循它们发生，它们可以为力学规律与秩序和协调一致的关系提供一些解释；其中之一就是：运动和阻抗的力相互作用之久，一直到它们相互提供最小的障碍为止。这一规律的根据是可以轻而易举地看出来 〔130〕
的：惟有其结果与合规则性的关系，才令人惊赞地详尽而伟大。外圆滚面，即一种代数曲面，就具有这样的本性：牙状物和柱状物在按照这种本性被打磨掉棱角之后，相互之间所承受的摩擦就极小了。著名的**凯斯特讷**教授先生在一个地方提到：一位经验丰富的矿山专家曾就长期使用的机器向他指出，这种形状确实是由长期的运动磨成的；这是一种以相当错综复杂的设计为基础的形状，它因自己所有的合规则性而成为大自然一种共同的规律的一个结果。

为了从简单的自然作用出发引证某种由于服从上述规律从而自身展示着一种合规则性的端倪的东西，我提出河流的一种作用。由于大陆所有地区的陡坡有巨大的差异，所以可以预料，在这种斜坡上流动的江河偶尔会有落差大的急流和瀑布，它们虽然罕见，但却毕竟是出现了一些，并且包含着一种巨大的不合规则性和令人不喜欢的东西。不过显而易见的是：尽管（可以猜测）在最初的狂野状态中诸如此类的瀑布是常见的，但坠落的力量仍然翻起和冲走松动的土壤、乃至一些尚未变得足够坚硬的岩石，直到江河使自己的水流降低为相当平缓的斜坡，因此在还有瀑布的地方，河底都是岩石的，而且在许多地区江河都是在陡峭如削的两岸之间流动，也许是它自己在两岸间为自己凿出了深邃的河床。几乎所有的江河在其流程的绝大部分都不超过相当缓和从而可以通航的速度，人们认为这是非常有益的。尽管在开始时，几乎不能单独地无须特别的艺术就预期这些江河所流经的土地的非常不同的陡峭度会造成上述情况，但很容易就可以看出，随着时间的流逝必然自动地出现某种速度，无论陆地的地基多么陡峭，只要它是松动的，江河就不能轻易地超越这一速度。因为它们将如此长久地冲刷这地
〔131〕基，深入进去，在一些地方降低、在另一些地方加高其河床，直到它们在上涨时从河底裹挟走的东西与它们在较和缓地运动时使之沉积的东西差不多相等时为止。强制性的力量在这里起到的作用如此之久，直到速度达到适度的程度、而推动与阻抗的相互作用达到相等时为止。

大自然为同一件事物就多种多样的利用而言的广泛有益性提供了无数的例证。把这些好处立刻视为目的，视为包含着其原因为什么由神的任性在世界中予以安排的那些动因的成果，这是错误的。除了其他的好处之外，月亮还造成了这样的好处，即落潮与涨潮借助在海峡和陆地附近的海流而使船逆风或者无风行驶。借助它和木星的卫星，人们找到大海的经度。出自所有自然王国的产品，每一种都具有巨大的益处，其中一些人们也在予以利用。假如有人像通常发生的那样，把所有这一切都算作神的选择的动因，由于木星卫星的好处而诉诸创造者的安排，这安排想由此给人提供一种确定各个地方的经度的手段，这是一种荒唐无稽的判断方式。人们要提防，别把某个伏尔泰式的嘲笑合情合理地揽到自己头上，让他以类似的口吻说：你们看，我们为什么有鼻子；毫无疑问是为了我们能够把眼镜架在上面。凭借神的任性，尚未得出充足的理由来说明为什么恰恰这些仅仅为达到一个目的所必需的手段，在许多其他关联中也是有益的。在所有被造物的本质中普遍存在的这种值得惊赞的共同性，即它们的本性彼此并不陌生，而是在多重的和谐中相互联结，自动地彼此适应，并在其本质中包含着一种达成总体完善的广泛的必然统一，这就是如此多种多样的益处的根据；人们可以按照我们的方法把这种益处视为一个最高的

睿智创造者的证据，但不可以在所有的场合都视为由特殊的智慧为了特殊的附带好处而与别的结合起来的安排。毫无疑问，即便从来没有因为发明望远镜而将木星的卫星用于测量经度，〔132〕木星为什么拥有卫星的动因也是完备的。被视为附带结果的这些用途仍然一起被考虑，为的是由此看出万物创造者无可测度的伟大。因为除了千百万其他类似的方式之外，它们是甚至在事物的可能性中把创造的各个看起来彼此毫不相干的部分统一起来的那个伟大链环的证据；若不然，人们也就不能在任何时候都把一种任意安排的成就所带来的、创造者所认识并包括在其意旨中的好处而算做这样的选择的动因，即便无视这样的附带结果，这些动因也已经是完备的。毫无疑问，水具有保持水平的本性，并不是为了人们能够在水中映出自己。如果人们想用理性来作出判断，那么，诸如此类被观察到的益处根本不能按照流行的有限自然神学方法被运用于人们在这里所注目的意图。只有我们试图赋予它的附加物，才能使这样一些积累起来的观察真正地成为所有事物普遍地从属于一个最高的睿智存在者这一重要推论的根据。如果你们把自己的意图尽你们所能扩展到某个造物在上千种关系中至少就其可能性而言所展示出的无法测度的用途（仅仅一棵椰子树就给印第安人创造出无数的用途），那么，你们就在这些关系中把相距最远的创造环节彼此联结起来了。如果你们恰如其分地惊赞直接艺术的安排，那就不要忘了也在被创造事物的可能性与普遍的和谐所拥有的丰饶关系和如此多种多样的美的纯朴次序的美好景象中惊赞和崇拜这样一种力量，在这种力量的永恒基本源泉中，事物的本质显得仿佛是为一种杰出的计划作好了准备。

我在前文中曾经说明，在世界上的事物中间，就它们给予相似、类似、平行以及随便怎么称谓的东西的理由而言，必然存在着的重大的对立关系，理应不被完全轻率地予以忽视。我

不再纠缠于这种东西在幽默游戏方面的、大多数情况下仅仅是想象出来的应用，我觉得，即便是对于哲学家来说，这里也蕴
〔133〕藏着重要的反思对象，即在某一个齐一性的共同根据中，非常不同的事物的这种协调一致怎能如此之大、如此详尽，同时却又如此之精确。这种类比也是我们的认识的非常必要的辅助手段，数学自身提供了这种辅助手段。我不再列举例证，因为值得担忧的是，按照诸如此类的相似如何被感觉到的方式，它们并不对任何别的知性都有同样的作用，而我在这里插入的思想毕竟是不完备的，还不是可以被充分理解的。

如果有人要问，对于几何学家所研究的空间的诸多关系中的巨大统一性，人们究竟可以有一种什么样的应用，我猜想，关于数学客体的统一性的普遍概念也可以使人认识大自然中统一性和完善性的根据。例如，在所有的图形中间，圆形是同样的周长围起可能最大的空间的图形，而这样的周长之所以能够包围这样的空间，只不过是因为在这里毫无例外地有一种此圆周与中心的距离方面的精确相等。如果一个图形是由直线围起来的，那么，就周边与中心的距离而言，可能最大的相等就只有在不仅各角上的点与这一中心的距离彼此完全相等、而且从这一中心到各边所作的垂线也彼此完全相等的情况下才能成立。由此就产生一个正多边形；而且借助几何学已经表明，在周长相等的情况下，边的数目相等的其他多边形所围起的空间在任何时候都将小于正多边形。就与一个中心的距离而言，还有一种也是最简单的相等方式，即只要多边形各角顶点与同一个中心的距离完全相等；这里就表现出，每一个能够与圆内接的非正多边形，在所有的非正多边形中所围起的空间是以同样的边所能围起的最大空间。除此之外，最后还有一种多边形，在它里面边的大小等于角顶点与中心的距离，也就是说正六边形，在所有的图形中它是以最小的周长围起最大的空间、以至

它同时是与其他同样的图形拼接时外部不留下任何缝隙的图 〔134〕
形。在此，马上就出现了这种说明，即空间中最大与最小的对立关系取决于相等。而由于大自然通常提供了许多必然相等的事例，所以就最大与最小这样的对立关系的普遍根据而言，从上述几何学的事例中得出的规则，也就能够被运用在对大自然中节约规律的必然遵循中。就此而言，在碰撞规律中任何时候都必然有某种相等：在碰撞后，如果两个物体是非弹性的，那么它们的速度就在任何时候都是相等的；如果它们是弹性的，那么它们就由于弹性力而被撞得总是相等，并且是借助碰撞发生所借助的那种力量，两个物体的重力的中心就其静止或者运动而言根本没有因为碰撞而被改变，等等。空间的各种关系是如此无限地多种多样，但仍然允许如此确定的一种认识和如此清晰的一种观察，以至它们就像已经经常以完全不同的方式被出色地当做认识的符号（例如表达幸运时的期待）那样，从而也能够提供从最简单和最普遍的根据出发认识当然是必然的作用规律——如果它们取决于关系的话——中的完善性规则的手段。

在结束这一考察之前，我想列举对世界上出现的完善现象——如果人们把它们都归在上帝之下来考察——的各种哲学解释方式的不同程度；我从哲学尚属隐蔽的那种方式开始，而以哲学已经表现出其极大努力的那种方式结束。我说的是秩序、美与适宜，它们都是把世界上的事物以一种符合世俗智慧的方式归属于一个神圣的创造者的根据。

其一，人们可能把大自然进程中的一个个别事件看做是某种直接产生自一个神的行为的东西，而哲学在这里的事务，则无非是提出这种特别的依赖性的一种证据。

其二，人们把世界上的一个事件看做是世界的力学从创造
以来就当做一个个别事例特别关注的事件，例如在不同的现代 〔135〕

人的思想体系看来的世界大洪水。但在这种情况下，这事件同样是超自然的。上述世俗智者在这里所利用的自然科学只不过效力于指出他们自己的机敏，并且虚构出某种按照普遍的自然规律也许会发生的事情，而这种事情实现的结果就是前定的特别事件。因为若不然，这样一种方法就不符合决不以炫耀无用的艺术为目的的神性智慧；例如，如果一个人在没有任何东西阻止他直接地开炮的时候要用定时装置安排射击，使大炮在规定的时刻凭借自动的巧妙装置开火，人们就会指责他的这种无用艺术。

其三，如果大自然的某些部分被视为从创造以来就持久存在的、直接出自伟大的大师之手的一种安排，而且是一个个别的事物、不是作为一种遵循某个恒常规律的秩序引入的安排的话。例如，如果有人断言上帝在万物之始就直接安排好了山脉、江河、行星及其运动的话。毫无疑问，由于大自然的一种状态必然是事物的形式以及质料直接依赖于上帝的初始状态，所以这种判断方式就此而言有一种哲学的根据。然而，由于在审视自然事物按照普遍的自然规律所拥有的适宜性之前，就因为一种安排有益且有序而把它直接地归之于创造活动，这种做法未免过于草率，所以这种判断方式就此而言仅仅在很小的程度上是哲学的。

其四，如果人们在恰如其分地认识大自然按照一般的规律所具有的不足之前，就把某种东西归之于大自然的一种艺术秩序的话，例如，如果人们由于一般的机械力量包含的某种东西中的秩序与美也许是显而易见的，就从植物王国和动物王国出发来解释它的话。在这种情况下，如果每一个别的动物或者植物都直接地隶属于创造，那么，与除了一些直接被创造的东西之外而把其他的产物按照一种繁育能力（不仅仅是成长能力）的规律归之于被创造的东西相比，这种判断方式的哲学因素就更小，因为在后一种场合是更多地按照大自然的秩序来作出解释；就此而言大自然自身的不足必然会得到清晰的证明。但是，属于哲学解释方式的这一程度的，还有将世界里面、而不仅仅是动物王国和植物王国里面的安排从艺术的、为了一种意图起见确立的规律引申出来的每一种做法。① 例如，尽管始终都可以猜测，雪和北极光是以必然的统一性从其他规律出发的非常合适的一个附带结果，但人们却这样谈论它们，就好像产生这二者的大自然秩序是为了格陵兰岛人或者拉普人（为了他在长夜中不至完全在黑暗中）起见而引入它们似的。如果人们把对人的一些益处说成是神的一种特殊安排的根据，例如森林和田野绝大多数都被绿色覆盖，乃是因为这种颜色在所有颜色中具有中庸的强度，为的是以温和的风格保护眼睛，那么，人们几乎就会在任何时候都处在上述错误的危险之中。对此人们可以提出异议说，戴维斯海峡的居民几乎因雪而失明，必须求助于防雪盲镜。应予指责的不是人们寻找有益的结果并把它们归之于一位慈善的创造者，而是这些结果的发生所遵循的自然秩序被想象成为艺术的和与其他结果任意结合的，因为它们也许是与其他结果处于必然的统一之中的。 〔136〕

其五，如果对大自然的完善安排作出判断的方法，在任何时候都准备也容许超自然的事件，同时承认大自然的真正艺术的秩序，特别不让对益处和所有适宜性的旨趣妨碍自己在必然的普遍规律中寻找它们的根据，具备对统一性的保持的充分留

① 在本章第三个考察的第二节中，我在艺术的自然秩序的实例中仅仅列举了出自植物王国和动物王国的实例。但是要注意的是，为了一种特殊的用途起见对一个规律的每一种安排，由于它因此而成为与其他自然规律的必然统一的例外，就都像从这里提到的一些实例可以看出的那样是艺术的。

意和对为此起见增多自然原因的数目的合理反感，那么，它所包含的真正世俗智慧的精神就最多。如果再附加上对能够解释
〔137〕以自然的方式无须特殊的安排就发生的东西与理性存在者的益处规则或者惬意规则的必然结合的根据的那些普遍规则的留意，而且人在这种情况下上升到神圣的创造者，那么，这一自然神学的判断方式就恰如其分地履行了自己的义务。①

考察七　宇宙起源学

依据前面证明的规则解释天体起源及其运动原因的力学方式的一种假说

天体的形状、天体运动并构成一个宇宙体系所遵循的力学，此外还有其轨道的位置在时间的进程中所发生的种种变化，所有这些都成为自然科学的一个部分，这个部分被以如此显著的清晰性和确定性所把握，以至人们再也不能举出任何一种别的认识，以如此无可怀疑地正确的方式、以这样的直观性来解释一种自然对象（这种自然对象仅仅在一定程度上接近它的这种多样性）。如果人们考虑到这一点，在此就不应当也陷入一种猜测，即这种结构获得其开端并最初被赋予如今按照如此简单易懂的规律继续的运动那种自然状态，同样比也许我们通常在大自然中寻求其起源的绝大多数东西都更易于认识和理解。有利于这种猜测的根据是昭然若揭的。所有这些天体都是

① 我就此只是想说，这必然是人类理性的道路。因为按照蒲伯的下述诗句，到那时谁依然还会提防出现各种各样的失误：

走吧，给上帝睿智的统治秩序规定规则，
然后最终又返回到你自己本身，做一个愚人。

圆形的团块，就人们所知，没有组织和隐秘的艺术准备。牵引它们的力量就一切迹象来看是物质固有的一种基本力量，从而既不可以也不能够予以解释。〔138〕它们完成其飞行所借助的抛掷运动以及这种运动被赋予它们所遵循的方向，连同它们团块的形成，是人们从中寻找最初的自然原因的最主要的东西，甚至几乎是惟一的东西：简单的、远远不像大自然其他大多数作用那样错综复杂的作用；对于后者来说，当它们恰恰相反，在这里以一种最易于理解的计划展现在眼前的时候，它们的发生所遵循的各种规律通常却根本不能以数学的正确性来认识。即使有一种幸运成功的如此之大的声望，除了像太阳系这样一个自然部分令人动心的庞大的印象，通常却也没有任何东西拦路了；在太阳系中，自然原因都是可疑的，因为它们的充分性显得太没有价值，并且与最高创造者的创造权利相悖。然而，同样，难道人们不能说出一个庞大的宇宙一旦存在、要继续保持其运动所凭借的力学吗？对其运动的全部保持都取决于一块被抛入空中的石头在其轨道运行所遵循的那种规律；一个简单的规律，富有各种极合规则的结果，并且值得将整个宇宙的维持托付给它。

另一方面，可以说，人们不能清楚地说明最不起眼的野草按照完全可理解的力学规律被产生所凭借的自然原因，而人们却敢于在宏观上解释一个宇宙体系的起源。不过，从前可曾有过一位哲学家，能够像解释天体的所有运动所遵循的规律那样，如此清晰并且在数学上确定地解释一株已经现存的植物中的生长和内在运动所遵循的规律吗？对象的本性在这里已经完全变了。在这里，庞大的、令人惊异的东西比微小的和值得惊赞的东西无限地更易于把握；一个行星的产生，连同它为循环运转而被抛出所凭借的抛掷运动的原因，从所有迹象来看要比仅仅一片雪花的产生更容易认识，或认识得更清晰；在一片雪花中，一个六角星精湛的正确性从所有迹象来看要比行星运行轨道的圆形更为精确；就雪花而言，各条射线与一个平面相关，与这些天体的轨道对其圆周运动的共同平面所作的相比，
〔139〕要正确得多了。

我将阐述按照普遍的力学规律解释宇宙大厦起源的尝试，不是关于整个自然秩序，而是仅仅关于构成大自然最原始基础的巨大质量及其轨道。尽管我的构思尚嫌粗糙，未精雕细琢，但我希望讲出一些能够促使其他人进行重要观察的东西。其中的一些在我看来具有对于较小的对象来说很少留有怀疑、只有比人们对普遍自然规律的信任更大的必要艺术的成见才能与之对立的一种可能性程度。经常有这样的事情：人们虽然没有找到本来所找的东西，但沿着这条路径却遇到了人们未曾猜想到的好处。即便是这样一种益处，如果它能够呈现在其他人的反思面前，即便是假说的主要目的消失在这里，也是一种足够的收获了。在这里将依照牛顿或者其后继者的学说以物质的普遍引力为前提条件。那些凭借形而上学的定义按照自己的鉴赏相信摧毁了机敏的人物从观察和数学推理方式出发得出的结论的人们，可以把以下的命题当做某种只是与本文的主旨略有渊源关系的东西跳过去不读。

一、扩展到宇宙的总体的视野

6个行星连同其伴星在离一个共同平面不远、也就是说离太阳延长了的赤道平面不远的轨道上运动。相比之下，彗星则在离此很远的轨道上运动，并向四面八方越出这一关系平面。如果现在不是如此之少的、而是数千个行星或者彗星属于我们的太阳系，那么，黄道带就会显得是一个由无数星体照耀的区域，或者是一个在淡白的微光中消失的带子，其中一些较近的行星光芒相当可观，而远离的行星则由于成群结队且光线微

弱，而仅仅表现出一种雾状的形象。因为就所有这些行星共同围绕太阳所做的圆周运动而言，任何时候都会有一些行星处在 〔140〕
这一黄道带的各个部分中，尽管另一些行星改变了自己的位置。与此相反，彗星则以所有可能的散布来覆盖这一明亮区域两边的天域。如果我们通过这一虚构作好准备，将我们的眼睛对准宇宙更为广阔的范围，那么，我们将确实地看到一个明亮的区域，其中各个星体虽然就一切迹象来看距离我们非常遥远，但却比其他地方更密集地向同一个平面聚集，而两边的天域却是由以各种方式散布的星体覆盖的。我所指的是银河，它非常精确地拥有一个最大的圆周的方向，一种值得集中所有注意力的规定性；从中可以理解，我们的太阳连带我们，共同处在众星体的那个最多地挤向某一个共同关系平面的集群之中；而在这里，类比是一个非常重大的根据，可以猜测：我们的太阳也跻身于其中的这些太阳构成一个宇宙体系，这个体系在宏观上按照与我们的行星世界在微观上类似的规律而井然有序；所有这些太阳连同它们的伴星都会有其共同轨道的某一个中心，只是由于无法测定的距离以及其圆周运动漫长的时间，它们才显得根本没有改变其位置，尽管就一些太阳来说，确实已经观察到其位置的移动；这些巨型天体的轨道同样与它们不能远离的一个共同平面相关；而以小得多的集群占据其他天域的星体，则在这方面类似于我们行星世界的彗星。

从我觉得具有最大的可能性的这一概念出发，可以猜测，如果有更多这样比我们的太阳所属的、给处身在它里面的人造成银河现象的世界秩序更高级的世界秩序存在，那么，在宇宙空间的深处，它们中的一些看起来将就像是淡白的、发出微光的斑点，而如果另一个这样的恒星秩序的关系平面斜对着我们，看起来将就像是一些椭圆的形状，它们在一个小空间中从 〔141〕
遥远的距离展示着一个恒星系，就像我们的银河的恒星系那样。天文学确实早就已经揭示了诸如此类的斑点，虽然人们对此形成的意见如在马保梯先生关于星体形状的书中可以看到的那样，是非常不同的。

我期望，这一考察能够受到认真的考虑。这不仅仅是因为由此关于创造所形成的概念比它通常所能够做到的令人吃惊地动人得多（由于一大群数不清的与我们的太阳一样的太阳构成了一个体系，它的各个成员通过圆周运动而结合在一起，但这些体系也许又是数不清的，我们能够认识到它们中间的一些，它们自身又可能是一个更为高级的秩序的成员），而且也是因为甚至对邻近我们的各个恒星或者毋宁说缓慢地移动的太阳的观察，在这样一个概念的引导下，也许就能够揭示出一些如果没有某个研究计划就会不受注意的东西。

二、我们的行星世界的一种力学起源的根据

各个行星都朝着同一个方向围绕我们的太阳运动，而且都与一个共同的关系平面即黄道只有轻微的偏差，恰恰就像是受一种物质吸引的物体，这种物质由于充满了整个空间，而使自己的运动围绕一个轴旋转。各个行星都有朝向太阳的重量，而侧向运动的大小如果要使它们进入环形轨道运动，则必定具有一种精准的正确性；而且就像对于诸如此类的力学作用来说不能期待一种几何学的精确性一样，所有的轨道也都与圆周有所偏离，尽管偏离得不多。它们都是由物质构成的；按照牛顿的计算，它们离太阳越远，这种物质的密度也就越小，就像当它们在飘荡于其中的空间里由一种散布在那里的世界原始材料构
〔142〕成时，每一个人都自然而然地发现的那样。因为就万物落向太阳的努力而言，较密品种的物质肯定比较轻品种的物质更多地涌向太阳，并更多地聚集在太阳附近，而后者的降落则由于自身的密度较小而更多地受到延缓。但按照布丰的说明，太阳的

物质在密度上差不多等于拥有所有行星质量之和的物质，这与一种力学意义上的形成也是一致的；按照这样的形成，在不同的高度上，行星是由不同种类的元素构成的，否则充实这一空间的所有其他物质都将降落到它们共同的中心即太阳上。

不顾这一点而要把诸如此类的结构直接交到上帝手中、却不在这种情况下信任力学规律有所作为的人，被迫引证某种东西，而为了这种东西，他在此就把通常他在自然学说中并不轻易允许的东西看做是必要的。为什么众行星宁可朝一个方向而不朝不同的方向、宁可在一个关系平面的附近而不向所有的天域循环运动，他根本不能举出目的。天穹的空间如今是空荡荡的，就所有这些运动而言，它们互不妨碍。我很乐意得知，可能有一些隐秘的目的，它们是不能按照一般的力学来把握的，也没有人认识它们；然而，决不允许任何人在想将一种意见建立在它们上面时以它们为前提条件，却不能够展示它们。最后，如果上帝直接赋予各行星抛掷的力量，并布置它们的轨道，那么就可以猜测，它们不会在自身表现出在大自然的每一产品那里都可以遇到的不完善和偏离的特征。如果它们与一个平面相关是对的，那么就可以猜测，上帝会精确地照此来布置它们的轨道；如果它们接近于圆周运动是对的，那么人们就可以相信，它们的轨道将精确地变成圆周，而无法看出的是，为什么甚至在应当是一种神的直接艺术行动的东西那里，还必然剩留下最精确的正确性的例外。

出自最遥远天域的恒星世界的成员，即彗星，其运行是非常离心的。虽然它们的轨道偏离黄道带如此之远，但如果取决于神的一种直接行动的话，它们就同样能够以圆周轨道来运动。在这种情况下，可以大胆地想象如此之大的离心性的益处，因为说一个天体，无论在哪个天域，总是在同样的距离上运动，总是具有符合这一距离的安排，这要比说它相对于距离 〔143〕

的重大差异却有同样有益的安排更易于理解；至于牛顿所列举的优点，显然它们通常没有一点可能性，除非是在从前假定了神的直接安排的情况下，它们至少可以充当某种目的的一些借口。

把行星世界的结构直接地归属于神的意图，这种错误最清晰地表现出来，是在人们想为行星的密度与距离的增加成反比地下降虚构动因的时候。据说，各个太阳的作用是以这种规模下降的，而说凭借太阳的作用而变暖的天体，其密度也是按照这种比例确立的，这是很得体的。如今众所周知的是，太阳只作用到一个天体表面下的很小深度，因此，从太阳使该天体变暖的影响中并不能推论出该团块的密度。在这里，从目的出发得出的结论太过巨大。手段，即整个团块密度的减小，包含着安排对于目的的大小来说多余的、不必要的详尽性。

在所有的自然产生中，就它们的结果是协调、秩序和益处而言，虽然表现出与神的意图的一致性，但也表现出起源自普遍的规律的特征，这些规律的结果远远不止涉及这样一些个别的事例，而且依照它们，在任一个别作用中都自在地表现出这样一些不仅仅针对这一惟一产品的规律的一种混杂。为此起见，也出现了就一个特殊目的而言对可能最大的精确性的偏离。与此相反，一种直接超自然的安排，由于其实现根本不以出自物质更普遍的作用规律的结果为前提条件，也就不被它们特殊的混杂起来的附带结果所改变，而是精确地实现具有最可能的正确性的计划。在行星世界与共同的中心较为接近的部分里，更为接近完全的秩序和精准的准确性，而朝着系统的边界
〔144〕越过或者远离关系平面的两边，这种准确性却蜕化为无规则性和偏离，恰恰就像对一个具有力学起源的状态可以预料的那样。就神的一种直接安排而言，决不能遇到不完全地实现的目的，而是到处都表现出最大的正确性和准确性，就像人们除此

之外在动物的结构那里察觉到的那样。

三、一个行星系能够按照力学形成的最可能方式的概要

上面迄今所引证的一种力学起源的证据是如此重要，以至仅只它们中间的一些，就早已打动所有的自然研究者到自然的动力中寻找行星规定的原因了；这主要是因为各个行星在太阳围绕自己的轴旋转的同一个方向上作圆周运动，而且它们的轨道如此接近地与太阳的赤道平面相遇。牛顿是所有这些涡旋的伟大摧毁者；在他的证明之后，人们依然长久地像从著名的马兰先生的例子上可以看出的那样，眷恋着这些涡旋。牛顿的世俗智慧的可靠的、令人深信不疑的证据明显地说明，像各行星在周围造成的涡旋这样的东西，在天穹是根本遇不到的，根本没有这样的液体流在这些空间里，甚至横穿所有这些轨道的彗尾也继续着它们那坚定不移的运动。由此肯定可以推论出：就像天穹的空间如今空荡荡的、无限稀薄一样，不可能有力学的原因给众行星加入圆周运动。然而，一旦所有的力学规律都消失了，并且通过一种大胆的猜测让上帝直接地抛出行星，以便它们与行星的重力相结合而作圆周运动，那就迈出了过大的一步，以至于他也不能再停留在世俗智慧的领域之内了。随即映入眼帘的是，还剩下一种场合使这种状态的力学原因是可能的：也就是说，如果行星世界如今空荡荡的空间以前是充满的，以便造成经过我们太阳的引力占支配地位的这一区域的所 〔145〕
有天域的运动力的共同性。

在这里，我可以指出可能使天体运动的原因得以成立的那种惟一性状，这对于为一个假说所作的辩护来说，是人们难得能够自夸的一种显著的情况。由于这些空间如今是空荡荡的，所以它们从前必定是充满的，否则作圆周运动的力的广泛作用就决不能成立。据此，这种四处散布的物质在此之后必定聚集

到天体上来；也就是说，如果我更为仔细地考察，这些天体将由太阳系的空间中散布的基本材料构成，而构成它们的微粒在散布状态中所拥有的运动，对它们来说在结合之后还留在相互隔绝的质量中。自此之后，这些空间就是空荡荡的。它们不包含任何在这些天体中间能够有助于传递圆周运动的物质。但是，这些空间并不总是这样的，我们将察觉到如今不可能有任何自然原因成立的运动，但它们是大自然最早的原始状态的残留物。

我只想从这一说明再前进一步，以便接近这些巨大的质量的产生方式及其运动原因的一个可能的概念，而把更为全面地填充微不足道的剪影的工作留给进行研究的读者自己。据此，如果构成太阳和受太阳强有力的吸引支配的众天体的材料散布在行星世界的整个空间，而在太阳的团块如今所占据的某个位置上物质具有较强的吸引力，那么，就会产生一种向它的普遍降落，而太阳体的吸引将随着其质量而增长。很容易就可以猜测，在微粒自身从宇宙大厦最遥远的天域的普遍降落中，尽管在所有的天域里密度多种多样，但密度较大的物质却将按照它们接近中心的程度聚集在较低的天域，那里一切都涌向共同的中心。因为只有最重种类的微粒才能有最大的能力在这种混沌中穿过较轻种类的混合体，以便极大地接近引力中心。在从这
〔146〕一区域周围以不同高度所作的降落中产生的运动里面，相互阻碍的微粒的阻抗决不可能如此完全相等，以至由此获得的速度不向某一边偏移而发生衍射。而在这种情况下，就表现出物质反作用的非常常见的一种规则，即它们如此持久地相互推动、相互操纵、相互限制，直到它们相互提供的障碍极小；据此，侧向运动最终必然统一为向着同一个区域的一种共同的自转。这样，构成太阳的微粒已经以这种侧向运动到达太阳，而由这种材料构成的太阳则必然有在同一个方向上的自转。

但是，从引力的规律出发可以清楚地看到：在这种作旋转运动的宇宙材料中，所有的部分都必然致力于穿过在其共同的自转中通过太阳中心、按照我们的推理与这一天体的赤道平面相会的那个平面，如果它们并不是已经处在这一平面上的话。据此，所有这些部分都主要是在太阳附近拥有延长了的太阳赤道平面附近的空间中的最大聚集的。最后，非常自然的是，既然各种微粒必然如此之久地相互阻碍或者相互加速，一言以蔽之，相互碰撞或者相互推动，直到一个微粒根本不再能够干扰另一个的运动，那么，这一切的最终结果是这样一种状态，即只有恰恰拥有它们在与太阳的距离中同引力保持平衡、以便每一个微粒都在自由运动中沿着同心圆旋转所要求的侧向运动程度的那些微粒保持着飘浮。这一速度是降落的一个结果，而侧向运动则是一种反弹的结果，这种反弹如此持久，直到一切都自动地顺应障碍最小的状态。其余不能达到这样一种精准的准确性的微粒，则必然由于逐渐减弱的运动而降落到普遍引力的中心，增大太阳的团块，太阳据此将拥有一种与处在它周围空间的其余物质的平均值差不多相等的密度；这样，按照上述的情况，它的质量必定远远超过以圆周围绕它保持飘浮的物质的 〔147〕
集合。

在这种我觉得自然而然的状态中，既然散布的材料为形成不同的天体，首先在延长了的太阳赤道平面的一个狭窄的空间里，离中心越近则密度越大，并且到处都以在这一距离上为自由的圆周运动所要求的一种速度按照向心规律直到很远的地方围绕太阳旋转，如果人们在这里假定由这些微粒构成了诸行星，那么，可能不会发生错误的是，它们不应当具有这样一种离心力，凭借这种离心力，虽然因为它们是由不同高度上的微粒构成的，所以有所偏离，但仍然应当以非常接近圆的轨道运动。同样非常自然而然的是，在很高的地方形成的行星（在那里，它们周围的空间大得多，这种空间就使微粒速度的差别超过了行星被牵引向中心所凭借的力量），在那里也获得了比邻近太阳的地方更大的团块。与行星世界许多别的值得注意的现象的一致我就不谈了，因为它们是不言而喻的。[①] 在星系最遥远的部分，尤其是在离关系平面很远的地方正在形成的天体，即彗星，不可能具有这种合规则性。在一切都结合成隔离的质量之后，行星世界的空间就成为空荡荡的。然而，在后来的时间里，还可能有此后任何时候都在天空中自由地以圆周轨道围绕太阳运动的微粒从这一关系域的最外边界降落：最稀薄的物质，也许就是构成黄道光的材料。

四、附释

这一考察的意图，首先是为了举出我们前面的证明授权我们采取的方法的一个实例，也就是说，在这里要排除一种没有
〔148〕道理的担忧，就好像从普遍的自然规律出发对世界的伟大安排所作的任何一种说明，都会给宗教的恶意的敌人打开一个挺进宗教之堡垒的缺口似的。在我看来，上述假说至少拥有充足的根据，来邀请具有广博见识的人们对其中介绍的只是一个粗糙大纲的计划作一番详细的检验。哪怕人们通过相信从普遍的自然规律所能够得出的合规则性和秩序而作好了准备，只是给予自然的世俗智慧一片自由的天地，并且能够被打动，把一种解释方式——无论是这一种还是另外一种——看做是可能的、与对一位睿智的上帝的认识是协调一致的，那么，就与本文相关的而言，我的目的也已经达到了。

① 一个作为部分而属于行星世界的较小星系，例如木星的星系和土星的星系，其形成以及这些天体的绕轴自转将由于类似性而也为这一说明所涵盖。

此外，在涡旋，即如此之多的体系所喜爱的工具，被在大自然的领域之外放逐到弥尔顿的虚空外缘之后，值得作出哲学努力的是，人们仍然理所当然地研究，是否不用虚构特别的力量，大自然自身就提供了某种能够说明众行星无一例外地朝向同一个天域离心运动的东西，因为另一种运动已经由向心力在作为大自然持久纽带的引力中提供。至少，我们所勾画的平面并不远离统一性的规则，因为即便是这种离心力，也像对于偶然的运动来说很得体的那样，被作为一个结果从引力派生出来，因为偶然的运动应当作为结果从物质即便在静止中也固有的力量中引申出来。

关于这一点我要说明，德谟克利特和伊壁鸠鲁的原子论体系虽然初看起来与我们的构思有类似之处，但就与推论出一个世界创造者的关系来说，却完全不同。在他们的体系中，运动是永恒的，没有创造者，作为如此之多的秩序的丰富源泉，碰撞是一种偶然和巧合，为此不存在任何根据。在我们的体系中，一个众所周知的、真实的自然规律，按照一个非常易于理解的前提条件，必然地导向秩序，而由于这里发现了一种以合规则性为结果的规定性根据以及大自然沿着协调和优美的轨道所获得的东西，人们就被导向了对一个根据的猜测，从这个根据出发，就可以理解与完美的关系的必然性了。〔149〕

然而，为了再举另外一个实例来说明，引力的作用如何以必然的方式注定为在四散的元素的结合中产生合规则性和优美，我想补充一个对土星环在力学上的产生方式的说明；我觉得，这一说明具有人们能够期待一个假说所具有的那么多的可能性。只要人们向我承认：土星在最初的宇宙年代里被一个诸如在离太阳不太近的不同彗星上都可看到的那种大气层所包围，而且没有彗尾，云雾圈的微粒从这一行星（我们要承认它有一种绕轴自转）上升，随后云雾或者由于行星冷却或者出自其他原因而开始重新降落回行星，那么，就能够以力学的正确性得出其余的东西了。这是因为，由于所有的微粒都必然从平面上它们上升的那个点上获得了与这一位置相同的速度，以便围绕该行星的轴运动，因此所有的微粒都必然由于这种侧向运动而致力于按照向心力的规则围绕土星作自由的圆周运动。① 但是，所有那些其速度并不恰恰具有凭借离心力正好与它们飘浮的高度上的吸引力达到平衡的程度的微粒，就必然地相互碰撞、相互减缓，直到只剩下那些能够按照向心规律以自由的圆周运动旋转的微粒围绕土星作圆周运动，而其余的则逐渐地降落回到土星的表面上。如今，所有这些圆周运动都必然穿过延长了的土星赤道平面，这对每一个知道向心规律的人都是众所周知的；因此，最终土星过去的大气层剩余的微粒将围绕土星积聚成一个圆周状的平面，它占据了这一行星延长了的赤道，它的最外沿也由于在彗星那里规定大气层边界的同一个原因而被截断。自由运动的宇宙材料的这一外缘必然地成为一个环，
〔150〕或者毋宁说，除了环的形状之外，上述运动的结果不可能是别的形状。这是因为，由于它们都只能从土星表面上它们上升的那些点上获得其作圆周运动的速度，所以从土星赤道上升的那些微粒就必然具有最大的速度。由于在与中心的所有距离中，只有在一个距离上这种速度恰恰适宜作圆周运动，而在任何较小的距离上都太弱，所以在这个外缘中就必然能够从土星的中心出发画一个圆周，在这个圆周内部所有的微粒都必然降落到这颗行星的表面上，而在这个想象的圆周和它的最外沿的圆周之间所有其余的微粒（因而也就是包含在一个环状空间中的微

① 按照前提条件，土星围绕自己的轴运转。因此，每一个从它上升的微粒都必然具有这同一种侧向运动，无论它们上升到什么高度，都必然在那里继续这一运动。

粒）将继续自由飘浮着以圆周轨道围绕它运动。

在作出这样一番解析之后，人们就达到了给出土星绕轴自转的时间所凭借的那些结论，而且其可能性如同人们承认同时规定它们所凭借的那些根据一样大。这是因为，由于内沿的微粒所拥有的速度与土星赤道的一个点所拥有的一样大，此外这一速度按照引力的规律拥有作圆周运动应有的程度，所以人们就可以从土星卫星之一与土星中心的距离和环的内沿与土星中心的距离之比、此外从已给出的该卫星公转的时间得出微粒在内沿绕行的时间，从这一时间以及环的最小直径和该行星的直径之比得出后者的绕轴自转。这样，通过计算得出：土星必定以约 5 小时 40 分钟的周期绕轴自转；如果人们在这里考虑到与其他行星的类似性，这个结果与其他行星自转的时间显得非常和谐。

在这种情况下，无论土星在开始时所拥有过的彗状大气层的前提条件是否能够得到承认，为了阐明自己的主要定理而从中得出的结论，在我看来都依然是相当可靠的：如果在它周围曾经有过这样一个云雾圈，那么，一个飘浮的环在力学上的产生就必定是从中得出的必然结果，因此，听凭普遍规律决定的大自然自身从混沌中产生，就以合规则性为目标。〔151〕

考察八　论神的充足性

所有这些考察的总和把我们导向一个最高存在者的概念；这一最高存在者在自身包含着只要由尘土制作的人们敢于将探索的目光投向对于被造的眼睛来说遮蔽着不可探究者的奥秘的帷幕背后就能够设想的一切。上帝是充足的。凡是存在的，无论是可能的还是现实的，都只是就凭借他被给定而言才是某种东西。一种属人的语言可以这样让无限者对自己说：**我从永恒到永恒存在，在我之外没有任何东西存在，除非它凭借我而是**

某种东西。这一思想，这一所有思想中最崇高的思想，还在很大程度上被忽视，或者在绝大多数情况下根本没有被触及。在事物按照杰出的计划达到完善和优美的可能性中呈现出来的东西，被看做是神的智慧的一个自身必然的对象，但自身却并不是出自这一不可理解的存在者的一个结果。人们把其他事物的依赖性仅仅限制在它们的存在上，由此就抽掉了对那个最高本性如此之多的完善的根据的巨大兴趣，并把它给予我也不知道什么样的永恒怪物。

惟一的一个根据造成诸多结果的丰饶性，各种物类在按照普遍的规律不会偶尔发生冲突地在一个合规则的计划中相互适应的协调和适宜，必须首先在事物的可能性中找到，只有在这种情况下，智慧才能积极去挑选它们。如果甚至这些可能性也不是在非依赖性的东西里面建立的，将会从另一个外来的根据出发为它设定什么限制呢？在这一可能性的领域里，不以某一个实存者为前提条件，却存在着统一性和丰饶的适宜性，由此具有最高程度的权柄和智慧的存在者在把那些外在的关系与自己内在的能力相比时发现自己有能力造就巨大的完善，这是一
〔152〕个什么样的不可理解的偶然呢？毫无疑问，这样一个表象决不再把善的起源毫发无损地交到一个惟一的存在者的手中。当惠更斯发明摆钟的时候，如果他想到这一点，他绝不会把构成摆钟完善性的这种齐一性完全归于自己；使得通过在它里面的自由降落而在同样的时间里画出小的和大的弧线成为可能的摆线本性，能够使这种实现仅仅受他的控制。从重力的简单根据出发，大量美好的结果也只不过是可能的，这一点，如果不是取决于通过现实的实施造成所有这些联系的人本身的话，将明显地减少和分担他对如此之多建立在惟一的一个根据之上的秩序诱人统一性和巨大规模的兴趣。

一旦我清晰而且轻而易举地看出原因对结果的充足性，对

一个结果从一个原因产生所感到的惊赞就终结了。在这一基础之上，如果我把人的躯体的力学结构，或者毋宁说无论什么样的艺术安排，看做是全能者的一个作品，并且仅仅注意现实性，那么，就没有任何惊赞能够成立；因为很容易清晰地理解：那能够创造一切的，也能够创造这样一部机器，只要它是可能的。然而，无论人们为了更容易理解而怎样阐明这一点，总还是剩有惊赞的。因为哪怕是仅仅像动物的躯体这样的东西有可能，这也是令人惊异的。即便我能够完全认识动物躯体的所有弹簧和管道、所有的神经通道、杠杆和力学设施，也还总是剩有惊赞：如此多种多样的设施被统一在一个结构之中是如何可能的，为了一个目的进行的活动与为了达到另一个目的而进行的活动是如何配合得这么好的，此外同一种拼合是如何还有助于维护机器并重新纠正从偶然的伤害产生的结果的，以及一个人能够是一个如此精致的组织、并且虽然有如此之多的败坏理由却还如此之久地存续又是如何可能的。在我也最终告诉自己，如此之多的统一性与和谐之所以可能，乃是因为存在着一个存在者，它除了诸多现实性的根据之外还包含着所有可能性的根据之后，这也没有取消惊赞的理由。因为人们虽然可以通过与人所做的事情的类比，对一个存在者如何可能是某种现实的东西的原因形成一些概念，但却绝不能对它如何还包含着 〔153〕
另一些事物的内在可能性的根据形成概念；看来，这一思想拔得太高了，以至于一个被造的存在者不可能够得上它。

如果我们按照其充足性来思考神的本性，它的这一高深概念就可以在我们直接缺乏裁决根据的关于可能事物性状的判断中充当一种辅助手段，从这种作为一个根据的本性出发推论到别的作为结果的可能性。问题是：在所有可能的世界中，是否能够发现一种在完善程度上没有终点的升华，因为根本不可能有这样一种自然秩序，在它之上不能再设想一种更为杰出的秩序；

此外，即便我在这里承认一个最高的等级，是否也至少有一些不同的世界，它们不被任何世界所超越，在完善性上彼此完全相等。就诸如此类的问题而言，仅仅从对可能事物的考察出发就对某种东西作出裁决，是困难的，也许是不可能的。然而，如果我与神圣存在者相联系来考虑两个任务，并且认识到，一个世界相对于另一个世界所获得的选择优先权，没有在那个作出选择的存在者的**判断**中的优先权，或者干脆与这一判断相悖，就使人认识到它各种不同的能动力量的协调中的一种缺陷，而它的效用的一种不同的关系，没有各种根据中的一种成比例的差异，就使人认识到最完善的存在者中的一种弊病，那么，我就深信不疑地推论说：前述情况必然是虚构的和不可能的。因为我在作出人们看到的全部准备之后领会到：从预作前提条件的、人们仍然不能充分证明的可能性出发推论到最完善的存在者的一种必然的行为（这种做法具有似乎贬低最完善的存在者里面的最大和谐概念的性质），与从已知的、事物的可能性与神的本性必然具有的和谐出发，从已知最适宜于这一存在者的东西推论到可能性相比，人们所拥有的根据要少得多。因此我将猜测，在所有世界的诸般可能性中，不可能有这样必然包含着最高存在者的理性选择之中左右为难的根据的关系；因为正是这一至高无上的
〔154〕存在者，包含着所有这些可能性的终极根据，而在这些可能性中，除了与其起源和谐的东西之外，决不可能发现别的什么东西。

就连神的**充足性**的这个超越所有可能的和现实的东西的概念，与人们通常使用的**无限者**的概念相比，也是表示这一存在者的极大完善性的正确得多的表述。因为尽管人们可以任意地解释这后一个概念，就其原初意义来说，它也毕竟明显地是数学的。它表示一个量与另一个作为尺度的量的比例，这个比例大于所有的数字。因此，在本来的词义上，神的认识被叫做无限的，乃是就它相对来说与任何一种别的所谓的认识都有超越

一切可能的数字的比例而言的。如今，由于这样一种比较把神的规定性与受造事物的规定性置于人们不能声称的一种同类性之中，此外也不能那么使人理解人们由此想得到的东西，即毫不减弱地拥有一切完善性，所以与此相反，人们在此所能够设想的一切，都共同存在于充足性的表述之中。无限性的称谓仍然是美的和真正美学的。对所有数字概念的超越拨动着灵魂，并由于某种左右为难而使灵魂感到惊异。与此相反，我们所推荐的表述更多地符合逻辑上的正确性。

第三章 〔155〕

除了上述证据之外，不可能有别的证明上帝存在的证据

一、上帝存在所有可能证据的划分

对**存在着一个上帝**这一伟大真理的信念，如果它应当具有最高程度的数学确定性的话，就具有这一特点：它只能通过惟一的一条道路达到，并且给予下面这种观点以优先权，即诸般哲学努力就惟一的一个证据而言必须统一起来，以便纠正在解释这一证据时可能闯入的错误，而不是一旦确信在更多诸如此类的证据中作选择不可能时就抛弃它。

为了说明这一点，我提请注意，人们必须牢牢盯住真正要实现的那个要求，即要证明的不是一个非常伟大也非常完善的第一因的存在，而是最高的存在者的存在，不是某一个或者多个这样的存在者的存在，而是惟一的一个最高存在者的存在，而且这一点不是仅仅凭借或然性的重大根据，而是凭借数学的明晰性证明的。

上帝存在的所有证据都只能要么从单纯**可能者**的知性概念、要么从**实存者**的经验概念获得。在第一种场合，要么是从
〔156〕作为一个**根据**的可能者推论到作为一个结果的上帝的存在，要么从作为一个**结果**的可能者推论到作为一个根据的神性**实存**。在第二种场合，又是要么从我们经验到其存在的东西推论到一个第一因、一个**非依赖性**的原因的**实存**，但借助解析这一概念推论到这一原因的神圣属性，要么从经验教导的东西直接推论，既推论到它的存在，又推论到它的**属性**。

二、对第一类证据的检验

如果应当从作为一个根据的单纯**可能者**的概念推论出作为一个结论的存在，那么，就必须通过解析这一概念才能在里面发现所说的**实存**；因为除了通过逻辑的分解之外，一个结果从一个可能者的概念中没有另一种派生。但在这种情况下，存在就必须像一个谓词那样包含在可能者里面。由于这按照第一章的考察一是绝不成立的，因此可以看出，对我们所说的真理的证明按照上述方式是不可能的。

然而，我们有一个建立在这一根据之上的著名的证明，即笛卡尔学派的证明。人们首先想象出一个可能事物的概念，设想所有真正的完善性都统一在它里面。于是人们认定，存在也是事物的一种完善性；因此，人们就从一个最完善的存在者的可能性推论到它的**实存**。同样，人们能够从每一件事物的概念，哪怕该事物仅仅被设想为自己的类的最完善者，例如仅仅从一个最完善的世界是可以想象的，就推论出它的存在。不过，我不参与对这种证明的那种在其他人那里已经遇到过的反驳，而是仅仅涉及本文一开始就说明过的东西，即存在根本不是谓词，因而也不是完善性的谓词，所以从一个包含着诸多不同谓词的任意结
〔157〕合、以便构成某一个可能事物的概念的说明出发，决不能推论到

这个事物的存在，因而也不能推论到上帝的存在。

与此相反，从作为结果的事物的可能性到作为根据的上帝的存在的推论就完全是另一种方式了。这里将研究的是，为了某物是可能的是否就必须以某种**实存者**为前提条件，以及少了它甚至就没有一种内在的可能性得以成立的那种存在，是否并不包含我们一起结合在神明的概念中的这样一些属性。在这一场合首先清楚明白的是，如果我并不以仅仅在某些条件下才可能的东西的**实存**为前提条件，我就不能从有条件的可能性推论到一种存在，因为有条件的可能性只能使人理解，某种东西仅仅能够在某些联结中**实存**，而原因的**存在**只是就结果实存而言才得到说明，但在这里它却不应当从结果的存在推论出来，所以这样一种证明只能在它完全成立的情况下从内在的可能性引导出来。此外人们发现，它必须从所有事物绝对的可能性中产生。因为这只是应当已经被认识到不以某种存在为前提条件的内在可能性自身，而不是一个可能者与其他可能者相互区别所借助的特殊谓词；因为谓词的区别也在单纯可能者里面成立，但却绝不表示某种**实存**的东西。据此，按照上述方式，从所有可思者的内在可能性必然推论出一个神圣的存在。这种情况之所以能够发生，在本文整个第一章中已给予了证明。

三、对第二类证据的检验

人们想从存在着的东西的经验概念出发，按照因果推理的规则达到一个第一因和非依赖性的原因的**实存**，从这种**实存**出发借助对概念的逻辑解析达到它表示一种神明的各种属性，这种证明是著名的，尤其是通过沃尔夫学派的哲学家们而声誉鹊起，然而它仍然是根本不可能的。我承认，直到“**如果有某物存在，就也实存着某种不依赖其他任何事物的东西**”这一命题，一切都是合规则地推理的，因而我承认，某一个或者多个不再是另 〔158〕

一事物结果的事物的存在，是显然已得到很好证明的。如今，命题的第二步，即这一非依赖性的事物是**绝对必然的**，可靠性就少得多，因为它必须是借助还一直受到攻击的充足理由律得出的；不过直到这里，我仍毫不犹豫地认可一切。据此，有某种东西以绝对必然的方式实存。从绝对必然的存在者的这一概念出发，应当推导出它最高的完善性和统一性的属性。但在此作为基础的绝对必然性的概念可以像第一章中指明的那样，以两种方式取得。在第一种方式中，由于它被我们称之为逻辑的必然性，就必须指明：在那个事物中可以发现所有的完善性或者实在性，从而那个存在者独一无二地就存在而言是绝对必然的，它的诸般谓词都是真正肯定性的，它的对立面则是自相矛盾的。而由于从所有实在性在一个实在者中的这同一种无一例外的结合应当推论出它是一个**惟一**的存在者，所以显而易见，对必然者概念的解析将建立在这样一些根据之上，按照这些根据我也必然能够作出相反的推理：所有的实存性存在于其中的东西，以必然的方式实存。现在，不仅这一推理方式按照上一节是不可能的，而且尤其值得注意的是，按照这样的方式，证明根本不是建立在未被使用而完全作为前提条件的经验概念之上，而是完全与笛卡尔学派的证明一样，仅仅从人们自以为于其中可以在谓词的同一或者冲突里面发现一个存在者的存在的概念出发的。①

① 这是我在此试图做的最主要的事情。如果我把一个概念的必然性设定为对立面自相矛盾，并在这种情况下断言无限的东西就具有这样的性质，那么，以必然的存在者的实存为前提条件就完全不必要了，因为它已经从无限者的概念得出来了。确实，那个前置的实存在证明自身中是完全多余的。这是因为，由于在证明的进程中必然性和无限性的概念被视为对等概念，因此之所以从必然者的实存推论到无限性，确实是因为无限者（而且只有无限者）必然实存。

我的意图并不是解析人们按照这种方法在不同的人那里遇到的证明自身。揭示他们的推理错误是易如反掌的，而且这一点也已经部分地被其他人所看到了。然而，由于人们仍然还会一直希望借助一些纠正来补救他们的错误，所以人们从我们的考察可以看到，无论从它们产生出什么样的东西，除了从可能事物的概念、而并非从经验出发的推理之外，它们都决不可能成为别的什么东西，因而充其量应当列入第一类的证明。 〔159〕

至于这一类的第二种证明，由于是从实存着的事物的经验概念推论到上帝的存在，同时推论到他的属性，所以情况就完全不同了。这一证明不仅是可能的，而且也是无论如何值得通过联合起来的努力获得相应的完善性的。世界上展示给我们感官的事物不仅表现出它们偶然性的清晰征兆，而且也通过人们到处都觉察到的伟大、秩序与合目的的安排，表现出具有伟大的智慧、权柄和美善的一个理性创造者的证据。一个如此详尽的整体中的伟大统一性使人得出，所有这些事物都只有惟一的一位创造者，尽管在所有这些推论中没有表现出几何学的严格性，但它们却无可争议地包含着如此之多的坚定性，以至它们不会让任何一个有理性者按照自然的健康知性所遵循的规则对此有片刻怀疑。

四、在根本上只有两种上帝存在的证明是可能的

从所有这些评判中可以看出：如果人们想从可能事物的概念出发进行推论，则对于上帝的存在来说，就像我们在本文第一章中所看到的那样，除了在其中甚至所有事物内在的可能性也被视为以某个存在为前提条件的东西的论据之外，不可能有别的论据。此外还可以看出：如果推论应当从关于实存着的事物的经验教导我们的东西上升到同样的真理，那么，证明就只能通过在世界上的事物中感知到的属性和世界整体的偶然秩序 〔160〕

被导向最高原因的存在以及性质。请允许我把第一种证明称之为本体论的证明，把第二种证明称之为宇宙论的证明。

我觉得，这种宇宙论的证明与人的理性一样古老。它是如此自然，如此受人欢迎，并且如此随着我们认识的进程拓展它的反思，以至只要存在着任何一个理性的造物愿意参与从其作品中认识上帝这种高贵的考察，它就必定持久地存在。**德勒姆**的、**纽文逖特**的以及许多其他人的努力就这一意图而言都给人类理性争了光，尽管有时出现许多虚荣心，通过宗教热情的口号把一种令人崇敬的威望给予各种各样的物理学认识甚至幻觉。尽管有所有这些卓越性，这种证明方式却始终不能具有数学的确定性和精确性。人们将在任何时候都只能推论到呈现给我们的那个整体的一个伟大得无法理解的创造者，但却不能推论到所有可能存在者中最完善的存在者的存在。对于世界来说，极为可能的是，只有一位惟一的第一创造者，然而这一信念相当缺乏抗拒最狂妄的怀疑欲的那种详尽性。这就造成：我们不能推论到原因中的属性比我们为了由此出发理解结果的程度和性质所认为必需的还要更多、还要更伟大；也就是说，如果我们除了结果给予我们的之外，关于这一原因的存在没有别的理由来作出判断的话。如今，我们认识到世界上的许多完善性、伟大和秩序，由此出发只能以逻辑的明晰性推论出，它们的原因必定具有许多知性、权柄和美善，仅此而已，决不能推论出它是全知、全能的等等。我们在其中感知到统一性和无一例外的联结的，是一个无法测度的整体，我们能够以重大的根据由此判断出，存在着它的一位惟一的创造者。然而，我们必须对我们并不认识所有的造物感到满足，并因此作出判断，凡是我们已知的东西，都只显示一个创造者，由此我们作出猜
〔161〕测，即便是我们还不认识的东西，也将具有这样的性质；虽然这是非常理性地设想的，但却不是严格地推论的。

与此相反，如果我们不那么过分地自夸，那么，我们所勾画出来的本体论的证明似乎是能够具有人们在一种证明中所要求的那种明晰性的。然而如果问题是在两种证明中哪一种证明是最好的证明，那么，人们将会回答：一旦取决于逻辑的精确性和完备性，本体论的证明就是最好的证明；但如果人们要求一般的正确概念的可理解性、印象的生动性、优美和对人性的道德动力的感动力，那么，就必须承认宇宙论证明的优势了。而由于通过同时说服健康知性、用能产生丰富的高贵行动的崇高情感来振奋人，要比通过满足更精致的思辨、用仔细斟酌的理性推理来教导人，毫无疑问具有更多的显著性，所以，如果人们想做得正确，就不应当否认著名的宇宙论证明具有普遍实用性的优点。

据此，如果我乐意承认像**莱马鲁斯**在他关于自然宗教的著作中所提供的对关于上帝及其属性的重要认识的这样一种阐述具有实用性的优点，超越了别的任何一种更多地注目于逻辑明晰性的证明，也超越了我的证明，这并不是一种追求他人掌声的奉承手段，而是一种正直。因为且不考虑这位主要处于一种健康的、优美的理性的纯朴运用之中的人物的这部作品和其他作品，诸如此类的理由确实具有很大的证明力，并且比逻辑抽象的概念更多地唤起直观，尽管后者能够更精确地使人理解对象。

尽管如此，由于探索的知性一旦踏上研究的轨道，在它周围的一切都真相大白、而且——如果我可以这样表述的话——环绕它的问题的那个圆圈画完整之前，是不会满意的，所以没有人会把像现在这种努力那样被运用于一种如此重要的认识中 〔162〕
的逻辑精确性的努力看做是无用的和多余的，这尤其是因为有许多场合，没有这样的谨慎的概念依然会是不可靠的和可疑的。

五、只有上面给出证据的惟一的一种上帝存在证明是可能的

从以上的论述可以看出：在我们归为两大类的四种可以设想的证据中，无论是笛卡尔学派的证据，还是借助分解一个非依赖性事物的概念而从存在的经验概念得出的证据，都是错误的、完全不可能的，也就是说，它们不是不能用应有的明晰性证明，而是根本不能证明。此外还指出了，从世界上的事物的属性推论到神明的存在和属性的证明包含着一种有力的、很优美的证据，只不过它决不能具有一种证明的明晰性罢了。如今就只剩下了：要么对此根本没有一种严格的证明是可能的，要么它必须建立在我们上面指出的证据之上。由于说的是一种地地道道的证明的可能性，所以没有人会断定前者，而结果将是按照我们已经指出的那种东西得出的。只存在着一个上帝，只存在着一种证据，使人有可能以对完全根除一切对立面的那种必然性的感知来认识上帝的存在。这是一个甚至对象的性质就能够直接导向的判断。别的所有在某处存在的事物也都可能不存在。据此，关于偶然事物的经验不能为从中认识那个不可能不存在的事物的存在提供有力的证据。只不过仅仅在对神的实存的否定完全是虚无这一判断中，包含着上帝的存在与别的事物的存在的区别。事物的内在可能性、本质是这样的东西，取
〔163〕消了它，就根除了一切可设想的东西。因此，所有存在者的本质之存在的独特征兆就在这里。就在这里寻找证据吧，如果你们以为不能在这里找到证据，那你们就从这条未经修整的人行小道转到人类理性的宽广大道上去吧。人们相信上帝的存在是绝对必要的，但人们证明上帝的存在却并不同样必要。

1763年

将负值概念引入世俗智慧的尝试

伊曼努尔·康德硕士

李秋零　译

〔167〕
前言

人们在世俗智慧中对数学所能够作的利用，要么是模仿数学的方法，要么是把数学的定理真正地运用到哲学的对象上去。人们没有看到第一种利用迄今为止曾有过什么用处，尽管一开始有人曾许诺过如此巨大的优势；人们出自对几何学的妒忌而用来装饰哲学命题的诸多重要的尊称，也都渐渐地被取消了，因为人们谦虚地认识到，在平庸状态下强自出头并不是什么美事，需要付出辛劳的 non liquet [事态不明] 决不想向所有这种豪奢低头让步。

与此相反，第二种利用对于世俗智慧的那些它所涉及的部分来说却是较为有益的，特别是这些部分通过将数学的学说转变为自己的成果，而跃升到一个它们通常根本不能要求的高度。但是，这也仅限于那些属于自然学说的认识，人们必然想有机会的话，例如把种种期望的逻辑学也视为世俗智慧。至于形而上学，这门科学不是利用数学的一些概念或者学说，而是经常全副武装地抵制它们，在它也许能够借来可靠的基础以便在那上面建立自己的考察的地方，人们却看到它致力于把数学家的概念当做无非是精致的虚构，在它自己的领域之外就少有本真的东西了。这两门科学，一门在确定性和清晰性上胜于其他所有科学，另一门则特别致力于达到这一点，人们很容易就
〔168〕能够猜出，在它们的争执中好处将在哪一方。

例如，形而上学力图发现空间的本性以及作为出发点理解空间之可能性的最高理由。如今，除了能够从某处借来经过可靠证明的资料，将它们作为自己的考察的基础之外，在这方面不可能有更能提供帮助的了。几何学提供了一些涉及空间最一

般特性的资料，例如空间根本不是由简单的部分组成的；然而，人们对这些视而不见，仅仅信任对这一概念的模糊意识，以完全抽象的方式来思考它。在这种情况下，如果思辨按照这种方法不想与数学的定理一致，那么，人们就指责这门科学，似乎它引以为基础的那些概念并不是从空间的真正本性得出，而是任意虚构出来的似的，力图以此来拯救自己人为地制造的概念。数学对运动的考察与对空间的认识相结合，提供了同样多的资料，以使对时间的形而上学考察保持在真理的轨道上。例如，著名的欧拉先生为此提出了一些动议①，然而，停留在暧昧的难以检验的抽象中，似乎比与一门仅仅分享可以理解的、显而易见的认识的科学相结合要更为舒适。

数学如此经常得出的无限小概念，被以一种自以为是的放肆如此径直地指责为虚构，人们不是宁可去猜测一番，而是对此还没有理解得足以作出判断。看起来，大自然自身仍然没有提供清晰的证据，来说明这个概念是非常正确的。因为如果有一些力经过一段时间连续地起作用而造成运动，例如从一切征象来看重力就是这样，那么，它在开始的瞬间或者在静止中施加的力与它在一段时间后传递的力相比，就必定是无限小的。我承认，深究这些概念的本性是困难的；但是，这种困难充其量只能解释不怎么有把握的猜测的谨慎，却不能解释不可能性〔169〕
的裁定性断言。

现在，我打算把一个在数学中足够熟知、但在世俗智慧中还很陌生的概念与世俗智慧联系起来予以考察。就像人们想开拓新的前景时经常会发生的那样，这些考察还只是微不足道的开端，但它们也许能够给重要的结论提供契机。从对负值概念

①《巴黎王家科学院历史学论文集》，1748。

的拒斥出发，在世俗智慧中产生了一大堆错误或者还有对他人见解的误解。例如，倘若著名的克鲁秀斯先生愿意让人讲解一下数学家使用这个概念的意思的话，他就不会因为牛顿把距离增加但仍在物体附近时逐渐转化为排斥力的吸引力同正值终止时负值开始的级数进行比较，而令人震惊地把牛顿的比较视为错误的了。① 因为负值并不像表述的相似性使他猜测的那样，是对正值的否定，而是某种自身非常真实地肯定的东西，只不过与另一种肯定的东西相对立而已。这样，负的吸引就不像他所认为的那样是静止，而是真正的排斥。

不过我现在要进入正文，以便说明，这个概念在世俗智慧中可以有什么样的应用。

〔170〕 负值概念在数学中长期被使用，并且在那里也有极重要的意义。然而，大多数人对此形成的观念以及他们给出的解释却是奇怪的和自相矛盾的；尽管由此并没有导致不正确的使用，因为特殊的规则维护着定义的地位，并保障了使用；但在关于这个抽象概念的本性的判断中误入歧途的东西，依然是多余的，并且没有结果。也许，没有人比著名的克斯特讷教授先生② 更为清晰、更为明确地说明了人们应当设想负值；在这位先生笔下，一切都变得精确、可以理解和受人欢迎。他借此机会对一位完全抽象的哲学家的划分癖提出的责难，要比它在那里被表述出来的普遍得多，而且可以被视为一种要求，即用一个真正的、可用的概念检验某些思想家自以为是的机敏的力量，以便在哲学上确定这个其正确性通过数学已经得到保障的概念的状态，这是虚伪的形而上学很乐意回避的一种情况，因

① 克鲁秀斯：《有序且审慎地思考自然事件的指南》，第 2 卷，第 295 节。
② 《算术的初始理由》，59～62 页。

为在这里，博学的胡言并不像在别处那样能够轻而易举地造成缜密的假象。当我着手从一个尽管非常必要但却未被使用的概念中为世俗智慧谋福利的时候，除了像这位先生一样具有普遍见识的人之外，我也不希望有别的裁决者。正是这位先生的著作给我提供了这样做的动因。因为就具有完备见识的形而上学知识界来说，如果有人自以为能够给他们的智慧增添点什么或者能够从他们的空想取走点什么，那肯定是非常无知的。

〔171〕

第一章
对负值概念的一般解释

相互对立的东西是：其中一个取消通过另一个而设定的东西。这种对立是双重的；要么是由于矛盾而是**逻辑的**，要么是**实际的**，即没有矛盾。

第一种对立，即逻辑上的对立，是人们迄今为止惟一瞩目的对立。它在于对同一事物同时肯定和否定某种东西。这种逻辑结合的结果，就像矛盾律所说的那样，是**什么也不是**（nihil negativum irrepraesentabile［否定的、不可想象的无］)。一个在运动中的物体是某种东西，一个不在运动中的物体也是某种东西（cogitabile［可以设想的东西］)；然而，一个在运动中并在同一个理解里面同时不在运动中的物体，就什么也不是。

第二种对立，即实际的对立，是这样一种对立：此时一个事物的两个谓词相互对立，但并不通过矛盾律。在这里，一个取消了通过另一个而设定的那种东西；但结果却是**某种东西**（cogitabile)。一个物体朝向某个地方的运动力和同一个物体朝相反方向的同等努力并不相互矛盾，它们作为谓词在一个物体中同时是可能的。它们的结果就是静止，而静止是某种东西（repraesentabile［可以想象的东西］)。尽管如此，这仍然是一种真正的对立。因为通过一种倾向如果单独存在就可以设定的东西，通过另一种倾向被取消了，而两种倾向都是同一个事物的真实谓词，它们同时属于这个事物。这样的结果也是无，但
〔172〕 却是与矛盾不同意义上的无（nihil privativum，repraesentabile

[欠缺的无、可以想象的无])。我们后面要把这种无称之为零，它的意思与通常在世俗智者那里使用的否定（negatio）、阙失、不在场的意思是一回事，只是有一个更详细的规定，下面将继续出现。

就逻辑对立而言，仅仅关注一个事物的谓词相互取消或者通过矛盾取消其结果的那种关系。对于二者中哪一个是真正肯定的（realitas [实在性]），哪一个是真正否定的（negatio [否定]），人们根本不关心。例如，在同一个理解中，黑暗的与不黑暗的同时在同一个主体中是一个矛盾。前一个谓词是逻辑上肯定的，另一个则是逻辑上否定的，尽管前者在形而上学的意义上是一个否定。实际的对立也建立在同一个事物的两个谓词彼此的关系上；但是，这种关系属于截然不同的类型。通过两个谓词中的一个被肯定的东西并没有通过另一个谓词被否定；因为这是不可能的，相反，两个谓词 A 和 B 都是肯定的；只不过由于从每一个都分别得出结果 a 和 b，但通过二者一起在一个主体中产生的结果就不是这一个，也不是另一个，因而结果是零。假定某人相对于另一个人有一笔债权 A = 100 帝国塔勒，那么，这就是一笔同样大的收入的理由。但是，同一个他还有一笔债务 B = 100 帝国塔勒，那么，这是他支出这么多的理由。两笔债加起来则是零的理由，也就是说，既不支出钱也不收入钱。很容易就可以看出，这个零是一个相对的无，因为只有某个结果是无，就像在这一事例中某项资金是无或者在上个事例中某个运动是无一样；与此相反，对于通过矛盾而取消来说，就绝对是无了。据此，nihil negativum [否定的无] 不能用零来表达，因为这个零并不包含矛盾。某个运动不存在是可以设想的，但它同时存在又不存在却是不可设想的。

数学家们利用这种实际对立的概念来表达自己的值；为了

显示这些值，他们用“＋”和“－”来标出它们。由于每一个这样的对立都是相互的，因此可以很容易地看出，一个值要么完全要么部分地取消另一个值，用不着前面有“＋”的值与前
〔173〕面有“－”的值有什么区别。一艘船从葡萄牙出发前往巴西。人们用“＋”标志东风时航行的路程，用“－”标志西风时退回的路程。数字自身则意味着多少里。这样，7天的行程就是＋12＋7－3－5＋8＝19，即向西行了19里。前面有“－”的值只是在它们要与前面有“＋”的值加在一起的时候才把“－”作为对立的符号；但如果它们是与前面也有“－”的值结合，那么，这里就不再有对立了，因为对立是只有在“＋”和“－”之间才遇到的逆关系。而由于减法是一种只有在对立的值相加时才发生的取消，所以很清楚，“－”本来不可能像通常认为的那样是减法的符号，而是“＋”和“－”合起来才表示一种扣除。因此，－4－5＝－9根本不是减法，而是同类的值的一种现实的增加和结合。但是，＋9－5＝4则意味着一种扣除，因为对立的符号暗示着一个值在另一个值中抵消与它相等的值。同样，符号“＋”自身本来也不意味着加法，而是仅仅在前面有“＋”的值要与另一个前面有或者设想有“＋”的值结合时才意味着加法。但是，如果它与一个前面有“－”的值结合，那么，就只能借助对立来发生了，此时无论是符号“＋”还是符号“－”都意味着减法，也就是说，一个值在另一个值中抵消与它相等的值，如－9＋4＝－5那样。因此，符号“－”在－9－4＝－13的场合里并不意味着减法，而是和符号“＋”在＋9＋4＝＋13的例子中一样意味着加法。因为无论如何，如果符号是同类的，则所标识的事物绝对必须加在一起，而如果符号是不同的，则它们只能通过一种对立，即借助减法才能结合。据此，这两个符号在值的科学中只是被用于区分彼此对立、也就是说在结合时彼此全部或者部分抵消的

值，以便人们首先从中认识这一逆关系，其次在把一个值从另一个理应扣除它的值中扣除之后，人们可以知道结果属于这两个值中的哪一个。这样，在前面提到的事例中，如果用“－” 〔174〕标识东风时的行程，用“＋”标识西风时的行程，人们得出的结果将是一回事，只不过结果用“－”来作为符号罢了。

由此产生了数学的**负值**概念。如果一个值只能通过对立才能与另一个值相结合，也就是说，一个值将在另一个值中抵消与它相等的值，那么，它对另一个值而言就是负的。这当然是一种逆关系，而彼此对立的值也彼此抵消一个相等的值，以至于人们本来就不可以称任何值为绝对负的，而是必须说，＋a 和－a 中的一个是另一个的负值；然而，由于它总是在意识中附加上的，所以数学家们就在某个时候接受了这样的用法，称前面有“－”的值为负值，此时人们仍千万不可忽视，这种称谓并不表示一类事物的内在性质，而是表示这种逆关系，即同某些别的用“＋”标识的值在一种对立中结合。

为了能够从这个概念得出对哲学来说本来就是对象的东西，而不必特别关注值，我们首先说明，在这一概念中包含着一种对立，就是我们上面称之为实际对立的。＋8 是资金，－8是负债，二者都属于一个人，这并不自相矛盾。然而，一个抵消掉另一个所设定的等值，结果就是零。据此，我将称债务为负的资金。但我并不把这理解为，它们是对资金的否定，或者仅仅是对资金的否定；因为那样的话，它们自己就以零为符号了，而这一资金和债务加起来将得出财产的价值是 8＋0＝8，但这是错误的；相反，债务是资金减少的肯定性理由。由于这整个称谓在任何时候都仅仅表示某些事物与另一些事物的关系，没有这种关系这个概念就马上停用，所以，设想事物的一个特别种类并将它称之为负的事物，这将是荒唐无稽的；因 〔175〕为即便是数学家们负值的表述也不是足够精确的。负的事物将完全意味着否定（negationes），但这根本不是我们想确定的概念。毋宁说，我们已经充分地说明了构成这整个概念并存在于实际对立中的逆关系。为了使人马上在表述中认识到，对立物中的一个并不是另一个的矛盾的对立面，如果后者是某种肯定的东西，那么前者也并不是后者的单纯否定，而是像我们马上就可以看到的那样，是作为某种肯定的东西与它相对立：这样，我们将按照数学家们的方法，称下行为负的上行，称下落为负的上升，称返回为负的前行，以便立刻从表述中说明，例如下落并不单纯像非 a 与 a 那样与上升相区别，而是像上升一样是肯定的，只不过与它在结合时包含了一个否定的理由罢了。当然，显而易见的是，由于这里的一切都取决于逆关系，所以我就像能够称上行为负的下行一样，也可以称下行为负的上行；同样，就像债务是负的资金一样，资金也是负的债务。然而，如果人们想标识出其实际的对立面的话，把**负**的名称给予在任何情况下都特别关注的东西，要更为适合一些。例如，称债务为负的资金就比倒过来更为得体，尽管在逆关系自身中没有区别，而是仅仅在逆关系的结果与其他目的的关系中才有区别。我只是还想提请注意，我有时使用这一表述，即一个事物是另一个事物的**负面**（事物）。例如，上行的负面是下行，由此我并不想把它理解为对另一个事物的否定，而是理解为与另一个事物处于实际对立中的东西。

对于这种实际的对立来说，如下的定理可以作为一个**基本的规则**。只有当两个作为**肯定性理由**的事物中的一个取消另一个的结果的时候，实际的对立才成立。如果运动力是一个肯定性理由，那么，只有当另一个运动力与它在结合中相互抵消结果的时候，一种实际的冲突才可能成立。以下的东西可以当做
〔176〕普遍的证明。**第一，**相互冲突的规定必须是在同一个主体中发

现的。因为假设一个规定在一个事物中，另一个无论什么样的规定在另一个事物中，那么，从中就产生不了现实的对立。① **第二，**在实际对立中，对立的规定不能是另一个规定的矛盾对立面；因为那样的话，冲突就是逻辑上的，并且如上面所证明的是不可能的。**第三，**除了通过另一个规定所设定的东西，一个规定不能否定别的东西；因为在这里不存在对立。**第四，**当它们相互冲突的时候，它们不能两个都是否定的；因为那样的话，就不能通过任何一个来设定通过另一个被取消的东西。据此，在任何一个实际对立中，两个谓词都必须是肯定的，但在结合中两个结果在同一个主体中互相抵消。以这样的方式，一个被视为另一个的负面的两个事物就都被视为肯定的，只不过在一个主体中相结合时它们的结果是零。向西的行程与向东的行程一样是肯定性的运动，只不过对同一艘船来说，由此经过的路程完全或者部分地相互抵消了。

我并不想由此认为，好像这些实际对立的事物在此之外自身并不包含诸多否定似的。一艘向西运动的船，在这种情况下并不向东或者向南等等运动，它也不同时在所有的地方。有许多否定黏附在它的运动上。惟有无论在向东的运动中还是向西的运动中都是肯定性东西的，才是能够彼此实际地冲突、并且其结果是零的东西。

人们可以借助普遍的符号以如下方式说明同一种东西。所有真正的否定，从而也是可能的否定（因为对在主体中同时设定的东西的否定是不可能的），可以借助零来表达，而肯定则借助任意一个肯定的符号，但在同一个主体中的结合则借助“＋”和“－”来表达。这里可以看出，A＋0＝A，A－0＝A，

① 我们后面还将讨论一种**潜在的**对立。

〔177〕 0+0=0,0−0=0①,它们都不是对立,在任何一个里面都没有被设定的东西被取消。同样,A+A也不是取消,剩下来就只有一种情况了:A−A=0,也就是说,两个事物中的一个是另一个的负面,但两个都是A,都是真正肯定性的,然而一个却取消通过另一个所设定的东西,在此是借助符号"−"来表示的。

第二个规则本来是第一个的逆规则,它的表述是:在任何地方,如果有一个肯定的理由而结果仍然是零,那里就有一种实际的对立,也就是说,这个理由处在与另一个理由的结合中,而后者是前者的负面。如果一艘船在空荡荡的海面上现实地由东风推动,却不曾离开原地,至少离开得没有以风为原因那么远,则肯定有一道海流迎它而来。这在一般的意义上无非是说,对一个肯定性理由的结果的取消,在任何时候也都要求一个肯定性的理由。如果存在着某个结果b的任意一个理由,那么,除非−b的一个理由,即是说某种真正肯定性的、与前者对立的东西的一个理由存在,b−b=0,否则结果永远不会是0。如果某人的遗产包括10 000帝国塔勒,那么,构成遗产的就不仅仅是6 000帝国塔勒,除非是10 000−4 000=6 000,即4 000塔勒的债务或者其他开支与此相关。下面的内容对说明这些规律是多有助益的。

我对这一部分还要作如下的说明以作为结束。如果否定是一种实际对立的结果,那么我想把它称之为**黜夺**(privatio);但如果它不是从这样一种对立产生的,则任何一个否定在此都

① 人们在此会想到,0−A也是一种情况,此处这种情况被遗漏了。然而,这种情况在哲学意义上是不可能的;因为永远不能从无中感知到某种肯定的东西。如果数学中这一表述在运用上是正确的,那么,这是因为无论是对于借助其他值而增加还是对于借助其他值而减少来说,零都丝毫不改变某种东西。A+0−A还总是A−A,因而零是完全多余的。所以,由此借来的思想,好像负值**比无更少**似的,是没有意义的无稽之谈。

应当叫做**阙失**（defectus，absentia）。后者并不要求任何肯定 〔178〕
性理由，而只要求肯定性理由的阙失；但前者却有一个真正的肯定理由和一个同样大的对立的理由。静止在一个物体中要么仅仅是一种阙失，即在没有运动力存在的情况下的对运动的一种否定；要么是一种黜夺，即在可以发现运动力的情况下结果亦即运动却被一个对立的力取消。

第二章 〔179〕

从世俗智慧中列举出现负值概念的实例

1. 每一个物体都通过不可入性阻挡另一个物体的运动力进入自己所占有的空间。由于它对于另一物体要运动的力来说同样有自己静止的理由，所以从以上所说可以得出，不可入性同样在物体的各部分中以一种真正的力为前提条件，借助这种力，物体的各部分才共同占有一个空间，而不管另一个物体力图向这个空间里面运动的力是什么样的力。

为了说明这一点，请想象两根相互用劲的弹簧。毫无疑问，它们由于力量相等而保持静止。如果在二者之间设置一根具有同样张力的弹簧，那么，它将由于自己的用力而提供同样的作用，并且根据作用与反作用相等的规则使两根弹簧保持静止。与此相反，如果用一个固体取代这根弹簧置于中间，则通过它将发生同样的事情，前面所说的弹簧将借助自己的不可入性被保持在静止中。据此，不可入性的原因是一种真正的力；因为它所做的就是一种真正的力所做的。如果把一种原因称之为**吸引**，不管它是什么样的，一个物体借助它迫使另一个物体向自己占有的空间移动或者运动（但在这里，只要设想吸引就

〔180〕够了），那么，不可入性就是**负的吸引**。在这种情况下，由此就说明，它和自然界中任何一种别的运动力一样，都同样是一种肯定的理由，而由于负的吸引本来就是一种真正的排斥，所以在元素占有一个空间、但也给这个空间自身设置界限所用的各种力中，通过两种彼此对立的力的冲突给许多说明提供了理由；对此我相信自己已经得出了清晰可靠的认识，我将在另一篇论文中把它们公之于世。

2. 我们想从灵魂说中选取一个例子。问题是，不快仅仅是快乐的阙失还是快乐被黜夺的一个理由，这个理由自身虽然是某种肯定的东西并且不仅仅是快乐的矛盾的对立面，但却在实际意义上与快乐对立，因而也就是，不快是否可以被称之为**负的快乐**。而内感觉一开始就教导我们，不快并不仅仅是一种否定。因为无论人们有什么样的快乐，只要我们是有限的存在者，就总是缺乏某些可能的快乐。一种药味同纯净水，服药的人也许对预期的健康有快乐；相比之下，他对味道却没有感到快乐；但这种阙失却不是不快。给他一种苦药，这种感觉就是非常肯定的了。此时就不仅仅是快乐的阙失，而是作为情感之真正理由的东西，人们把它称之为不快。

然而，从以上引证的说明中，人们充其量只能认识到，不快并非仅仅是一种阙失，而是一种肯定的感受；但它既与某种肯定的东西又与快乐实际地对立，这一点以如下的方式可以最清晰地看出来。人们给一个斯巴达母亲带来消息，说她的儿子曾在战斗中为祖国英勇杀敌。她的心灵充满了快乐的惬意情感。这时再补充说他在那次战斗中光荣牺牲了。这极大地降低了那种快乐，使它降到较小的程度。如果仅仅出自第一个理由的快乐程度为4a，不快单纯是一种否定＝0，那么，二者相加，愉悦的值是4a＋0＝4a，因此，快乐并没有因牺牲的消息而减少，这是错误的。据此，出自英勇得到证实的快乐＝4a，
〔181〕

而在出自另一个原因的不快也参与进来之后还剩下 3a，所以，不快＝a，而它是快乐的负面，即－a，所以，4a－a＝3a。

在一个混合状态中对整个快乐的全部值进行测算，如果不快仅仅是否定，等于零，那就是很不合适的。某人买进一块庄园，其收益每年 2000 帝国塔勒。用 2000 来表达这笔纯收入的快乐程度。但他必须从这笔收入支出的一切，都是不快的理由：每年地租 200 帝国塔勒、雇工工资 100 帝国塔勒、修缮费 150 帝国塔勒。如果不快仅仅是否定＝0，那么，所有的加在一起，他在买进时感到的快乐 2000＋0＋0＋0＝2000，即与他可以不用支出只管享受收益的快乐一样大。但显而易见，他对这笔收入感到的高兴，并不多于缴纳支出之后还剩给他的，于是他的满意度就是 2000－200－100－150＝1550。据此，不快不仅仅是快乐的阙失，而是一个肯定的理由，全部或者部分地抵消从另一个理由出发产生的快乐，因而我称它为**负的快乐**。无论是快乐的阙失还是不快的阙失，就它是从这方面的理由阙失派生的来说，都叫做**无所谓**(indifferentia)。无论是快乐的阙失还是不快的阙失，就它是出自相等的理由实际对立的一个结果而言，都叫做**平衡**(aequilibrium)；二者都是零，但前者是绝对的否定，后者则是黜夺。由于快乐和不快不相等对立而使两种感受中的一种还剩下一些的那种心灵状态叫做快乐或者不快的**过剩**(superpondium voluptatis vel taedii)。著名的德·马保梯先生试图在他道德世俗智慧的尝试中按照诸如此类的概念测算人类生活幸福的总量，而它也不会被测算出别的结果，只能是人的这一任务无法解决，因为只有同类的感受可以加进总量，但情感在生活非常错综复杂的状态里根据感受的多样性显得非常不同。计算给这位博 〔182〕
学的人物提供了一个负的结果，对此我是同样不能苟同他的。

从这些理由出发，人们可以把**憎恶**称之为**负的渴望**，把**恨**称之为**负的爱**，把**丑**称之为**负的美**，把**责难**称之为**负的声望**等等。

人们在此也许会想，这一切都只不过是词汇的捣腾罢了。然而，只有那些不知道如果表述同时说明与已经熟知的概念的关系就会在其中蕴涵什么样的好处的人，才会作出这样的判断，而对数学稍有知识就可以使每一个人轻而易举地学会这些。许多哲学家由于这种忽视而陷入其中的错误是明摆着的。人们发现，他们大多在讨论像单纯的否定这样的坏事，尽管按照我们的说明显而易见存在着阙失的坏事（mala defectus）和黜夺的坏事（mala privationis）。前者是否定，其对立的位置上没有理由；后者以取消要求另一个理由的好事的肯定性理由为前提条件，因而是一种**负的好事**。这后一种坏事是比前一种坏事大得多的坏事。在与有所需求的人的关系中，不给予是一件坏事，但索取、逼取、窃取在与他相关时是一种大得多的坏事，而**索取**是一种**负的给予**。在逻辑关系中可以指出类似的东西。**错误**是**负的真理**（不要把这与否定命题的真值混为一谈），**反驳**是**负的证明**；不过我担心在此停留得太久了。我的目的只是把这些概念引入程序，而用处则将通过使用来发现，在第三章中我将对此给出一些展望。

3. 实际对立的概念在实践的世俗智慧中也有有益的运用。**缺德**（demeritum）不仅仅是一种否定，而且是一种**负的德性**（meritum negativum）。因为缺德只有当在一个存在物里面有一种内在的法则（要么单纯是良知，要么是对一种实证法律的意识）被违背的时候才成立。这个内在的法则是一个善的行动的肯定性理由，只是由于仅仅出自法则意识的行动被取消，结
〔183〕果才可能是零。因此，这里是一种黜夺，一种实际的对立，而不是阙失。不要设想这仅仅涉及**犯过之错**（demerta commissionis），而不同时涉及**失责之错**（demerita omissionis）。一个无理性的动物并不履行任何德性。但这种失责并不是缺德（demeritum）。因为它并没有违背任何内在的法则。它并没有被内在的道德情感驱动采取一个善的行动，也没有由于与这种

情感对抗或者借助一种平衡而把零或者失责规定为结果。在这里，失责绝对是从一个肯定性理由的阙失得出的否定，而不是黜夺。与此相反，假定有一个人，他看到另一个人处于困境，并且轻而易举地就可以帮助此人却不帮助。这里，如同在每一个人内心里一样，在他那里也有博爱的肯定性法则。这个法则肯定被压制住了。这里还有一个出自动因的现实的内在行动，有了它失责才是可能的。这个零是一个实际对立的结果。对于一些人来说，疏漏一些他们在自身觉察到肯定的推动的善，一开始也确实显著地要花费力气的；习惯使一切变得容易，这一行动最终就很少再被感觉到了。据此，犯过之罪与失责之罪**在道德上**不是**按照类别**、而仅仅是**按照大小**来区分的。**在自然的意义上**，也就是说按照外在的结果，它们还是可以按照类别来区分的。什么也没有得到的人承受着阙失的坏事，而被索取的人则承受着黜夺的坏事。然而，就应为失责之罪负责的人的道德状态而言，相对于犯过之罪只会要求一个更大的行动程度。这就像杠杆的平衡要仅仅把重物维持在静止中就得运用一个真实的力，而只需要稍微增加一些就足以现实地把它移动到另一边去。因此，恰恰是不付应付之款的人，在某些场合谎话连篇，为的是获利；恰恰是能提供帮助却不提供帮助的人，一旦动因增大就诋毁他人。爱与不爱彼此之间是矛盾的对立面。**不爱**是一种真正的否定，但就人们意识到有义务去爱的东西而言，这种否定只有通过实际的对立、从而只有作为一种黜夺才是可能的。在这样一种场合，**不爱**和**恨**就只有程度的差别了。所有的失责虽然都是一种更大的道德完善的阙失，但并不是失责之**罪**，与此相反，它们无非是某种德性的否定，而不是黜夺或者缺德。属于这一类的，有圣徒们的缺陷和高贵灵魂的失误。缺少的是更大程度的完善，阙失并不是因对立的作用表现出来的。〔184〕

人们还可以进一步把上述概念运用于实践的世俗智慧的对

象。**禁令**是**负的指令**，**惩罚**是**负的奖赏**等等。然而，只要这种思想的运用已经得到理解，我的目的现在就已经达到了。我清楚地意识到，对于具有受过启蒙的见识的读者们来说，迄今为止的说明显得没有必要如此啰嗦。不过，除此之外还有一类接受力很差的裁判者，他们终生只读惟一的一本书，凡是不包括在这本书中的他们就不理解，人们一旦考虑到这一点，就会原谅我的；对于这类人来说，最极端的啰嗦也不是多余的。

4. 我们还想从自然科学中借用一个例子。在自然界中，存在着许多黜夺，都是由于两个作用因的冲突，其中的一个通过实际的对立取消另一个的结果。但经常难以确定，也许仅仅是对阙失的否定，因为缺乏肯定性的原因，还是真实力量对立的结果，就像静止可以要么归因于缺乏动因要么归因于两个相互阻挡的动力的争执一样。例如，一个著名的问题是：冷是否需要一个肯定的原因，或者说，冷是否作为阙失可以归因于热的原因不在场呢？就它有助于我的目的而言，我在此稍事逗留。毫无疑问，冷自身是热的否定，很容易看出，它自身没有肯定的理由也是可能的。但同样很容易就可以理解的是，它也可以出自一个肯定性的原因，现实地有时产生自某种东西，无论人们为了一种热的起源的见解把这种东西假定为什么。在自然界中，没有绝对的冷，当人们谈到冷时，都是相对地理解它

〔185〕的。经验和理性理由一致地证实著名的**穆森布罗克**的思想，即变热并不在于内部的振荡，而是在于火元素从一种物质向另一种物质的现实过渡，尽管这种过渡也许伴有一种内部的振荡；此外，这种引起的振荡促进了火元素从物体中逸出。据此，如果物体中间的火元素在某个空间里处在平衡中，那么这些物体相比之下就既不冷也不热。如果这种平衡被取消，那么，火元素过渡进入的那种物质相对于由此被黜夺火元素的物体就是**冷的**，而后者与此相反，由于把这种热的物质出让给前者，相对

于前者就叫做**热的**。在这一变化中，就前者而言就叫做变热，就后者而言就叫做变冷，直到一切又恢复平衡。

现在，最自然不过的就是设想，物质的吸引力一直把这种精细的、弹性的流体置于运动中，并使它充满物体的质量，直到它到处都处在平衡中，各个空间也在此处起作用的各吸引力的关系中被充满为止。在这里可以清楚地看到，接触中使另一物质变冷的物质，借助真实的（吸引）力，抢夺了充满另一物体质量的火元素，而那个物体的冷就可以被称之为**负的热**，因为在较热的物体中由此得出的否定，就是一种黜夺。但在这里，引入这种称谓并没有什么用处，比一种文字游戏强不了多少。我在这里的意图只是针对后面的东西而言。

很久以来就为人所熟知的是，磁体有两个彼此对立的端点，人们称之为极，其中一个极吸引另一物体上的同名的极而排斥另一个极。然而，著名的**艾皮努斯**教授在一篇关于电力与磁力的相似性的文章中指出，带电的物体由于某种处理而同样显示出两个极，他称一个为正极，另一个为**负**极，其中一个极吸引另一个极排斥的东西。如果把一个管子尽量移近一个带电物体，这种现象就看得更清楚了，但不要让它从带电物体吸出
火星来。我要说的是，在变热或者变冷时，也就是说，在热或 〔186〕
者冷发生变化时，尤其是在一个有联系的中间区域或者在一个长度上延伸的物体的端点发生迅速变化时，任何时候都仿佛可以发现两个热极，其中一个是正的，也就是说在上述物体以前的热度以上的热，另一个是负的，也就是说在这个热度之下的热，即冷。我们知道，对于不同的地穴来说，太阳越在外面使空气和土地变热，它们的里面就表现得越寒冷，而**马蒂亚斯·贝尔**在描写喀尔巴阡山脉时曾补充说，特兰西瓦尼亚的农民有一个习惯，就是冷藏饮料，他们把饮料埋入地下，在饮料上面点起迅速燃烧的火。这表明，此时地表上面的地层还未能肯定性

地变暖，在更深一些的地方也就不是其负面。**布尔哈维**曾引证过，锻炉的火在某个距离上造成了冷。在地表上的室外空气中，似乎同样盛行这种对立，尤其是在变化迅速时。**雅各比**先生在《汉堡画报》上的某处引证道，对于经常侵袭高纬度地区的严寒来说，通常在一个长的地带里中间有可观的一些地方是暖和、温和的。同样，**艾皮努斯**先生就我提到的管子发现，从一端的正极到另一端的负极在某些宽度上正电位和负电位交换了位置。这似乎是，如果不在另一个气域里造成负极的作用即冷的话，在某个气域里变暖就不能开始；据此，倒过来说，在一个地方迅速上升的冷有利于另一个地区增加热量，就像一端加热的金属棒突然插在水中冷却时另一端的热量上升一样。①

① 为了肯定热的对立的极，我觉得，试验可以简单地安排。一个长为 1 尺的白铁制管子的两端几寸处垂直向上弯曲，如果把它装满酒精，并在一面点燃，在另一端插上温度计，那么，据我猜测，在这个管子中将马上表现出这种负的对立；就像为了通过一面的变冷感知对另一面的作用，人们可以利用盐水，在另一面可以投入捣碎的冰一样。借此机会我只是还想说明，对于我希望看到安排的那些观察来说，从一切可能性来看，对人工热或者冷的解释将在某些混杂物质的分解那里得到启发。我说服自己，这些现象的区别主要在于，混杂的流质在完全同化之后所占有的体积是多于还是少于它们混杂前分别具有的体积的总和。我断定，如果是前者，温度计将显示热，如果是后者，温度计将显示冷。因为如果它们在混杂后提供一种更密的介质，那么，在同一个空间中就不仅有比以前更多的具有吸引力的物质，把邻近的火的元素吸引到自身，而且还可以猜测，吸引力比按照密度增长的比例变得更大，而此时，也许变密的以太的扩张力只不过像与密度成正比的空气一样增长，因为按照牛顿的说法，吸引在距离接近时所处的正比要比离远时所处的反比大得多。以这样的方式，混合物如果比混合前两个可混合的事物的密度加起来还要大，那么，对于邻近的物体来说，它就表现出对火元素的吸引的优势，并且在它黜夺该物体的温度时显示出冷。但是，如果混合物提供一种更稀薄的介质，则一切都将颠倒过来进行。因为当它释放出一团火元素时，邻近的物质就吸收它们，并表现出热的现象。试验的结果并不总是符合猜测。但是，如果试验应当不仅仅是偶然的事情，那么，它们就必然由猜测所引起。

此后，如果传导或者黜夺有足够的时间同样地传遍整个物质，热极的差别就会马上终止，就像艾皮努斯教授先生的管子一 〔187〕
样，一旦它吸到火星，就表现出同一种电了。也许，就连上面气域的酷冷也不仅仅是缺乏变热的手段，而是应当归之于一个肯定性的原因，也就是说，它与热相比是负的，而下面的空气和地面在同等的程度上是正的。无论如何，磁力、电和热都是通过同样的中介物质发生的。它们都可以通过摩擦引起，我猜想，极的不同和正作用与负作用的对立同样可以在热现象那里发现。伽利略的斜面、惠更斯的钟摆、托里拆利的水银管、奥 〔188〕
托·居里克的气泵和牛顿的玻璃棱镜，都给我们提供了开启重大自然秘密的钥匙。物质的正作用和负作用，尤其是在电那里，根据一切迹象来看掩盖了重要的认识，而对于更为幸运的后代来说，我们展望他们美好的时代，但愿他们将从现在以一种尚不清晰的一致显现给我们的东西中认识到普遍的规律。

〔189〕

第三章

能够为所说的概念运用于世俗智慧的对象作准备的一些考察

我迄今为止所说的，都仅仅是我对一个重要的对象的最初观察，但这也不是没有困难的。如果要从上述足够易懂的例子上升到普遍的命题，那么，人们也有理由要特别小心，有可能在一条没有人走过的道路上误入歧途，这也许只有继续走下去才会认识到。据此，我把自己对此还想说的东西只是当做一个试验，尽管我期望人们可能对它给予的注意会给我带来各种各样的好处，但它毕竟还是很不完善的。我清楚地知道，诸如此类的承认，对于那些要求一种极为大胆的独断的语气、以便让人把自己带入别人愿意的任何一个方向的人们来说，是一种很糟糕的争取掌声的自荐。但是，我对损失这种类型的掌声一点也不感到惋惜，我认为，把自己的思想首先以缺乏自信的试验的形态交给公众审查，要比马上就以所有狂妄的缜密和完备的可信性的装饰宣布出来，更为符合像形而上学这样一种如此难以把握的知识，因为在后一种情况下，通常所有的改善都被拒之门外，在其中可能发现的任何弊端都将是无法补救的。

〔190〕 1. 任何一个人都能够轻而易举地理解，为什么某种东西如果缺少肯定性的理由就不存在；但是，存在的东西是怎样终止的，这就不那么容易理解了。例如，如今在我的灵魂中，借助我的想象力有太阳的表象。在紧接着的那个瞬间我不再想这个对象。这个曾存在的表象在我里面就终止了，下一个状态就是前一个状态的零。如果我想说明理由，说思想之所以终止乃是因为我在紧接着的那个瞬间不再产生它，那么，这个回答与问题根本没有区别；因为所要说的正是一个现实地发生的行动如何能够被搁置，也就是说，如何能够终止存在。

据此我说：**任何一种消逝都是一种负的产生**，也就是说，为了取消某种存在着的肯定的东西，和为了产生某种尚不存在的东西一样，都要求一个真正的实际理由。这理由就包含在上一章中。假定有 a，那么，只有当 a－a＝0 的时候，也就是说，只有当一个同等但相反的实际理由与 a 的理由相结合的时候，a 才能被取消。一个运动永不完全或者部分地停止，除非有一个与能够产生失去的运动的动力同样大小的动力，同它在对立中结合起来。不过，就连对通过灵魂的活动而变为现实的表象和渴望之取消的内部经验，也与此非常契合。人们在自身非常清楚地感受到，为了使心中一种充满忧伤的念头消逝，取消掉它，就要求真实的、通常很大的活动。当有人想使自己的心情认真起来的时候，为了清除一个逗人发笑的有趣表象，就要付出现实的努力。任何一种抽象都无非是取消某些通常为了更清晰地想象其余的东西而形成的清晰表象。但众所周知，为此需要多少活动；这样，人们可以把**抽象**称之为**负的注意**，也就是说，一种真实的行为，它与使表象清晰的行动相对立，并通过与它结合而造成零或者清晰表象的阙失。因为否则的话，如果 〔191〕
它是一种地地道道的否定和缺乏，那么，为此将很少需要付出什么努力，就像为了我不知道某种从未有其理由的东西，就很少需要花费气力一样。

为了取消灵魂的一个内在的偶性，同样必需一个肯定性的理由，这表现在对渴望的克服中，对此可以使用上面引证过的例子。但无论如何，即便除了人们在其中甚至意识到这种对立的活动、并且为我们引证过的实例之外，当我们在自己里面并没有清晰地发现它的时候，也没有充足的理由去否定它。例如，我现在想到了老虎。这个念头消逝了，与此相反我想到了亚洲胡狼。当然，在表象的转换中，人们同样可能感知不到灵魂的特别努力，在那里致力于取消上述表象中的某一个。然而，在我们精神的深处，隐藏着多少值得惊赞的活动，我们在实施的过程中没有注意到它们，那是因为精神有很多活动，但每一个个别的活动都是很难表象清楚的。这方面的证据是尽人皆知的；在它们中间，只要对在**阅读**时在我们里面悄悄地发生的行动予以考虑，就必然会对此感到惊讶。此外，在这方面还可以查看一下对此作过考察的莱马鲁斯的逻辑学。这样，就可以作出判断：尽管内部经验并不总是能够在这方面给我们以教导，但我们灵魂的表象及其所有活动的游戏，如果它们的结果在成为现实之后又终止，就都由于我们引证过的某些原因，以对立的行动为前提条件，其中一个是另一个的负面。

如果考虑到这里引证的规则引以为基础的那些理由，人们就会马上领会到，就**取消**一个实存的**某物**而言，在精神物类的偶性中间，与作用力在物体世界中的那些结果不存在任何区别，也就是说，它们永远只会通过**另一个**某物真实的、对立的动力被取消，而一个内在的偶性，灵魂的一个思想，如果没有**同样**的思维主体的一种真实能动的力量，就不会终止存在。在这里，区别仅仅涉及这两类存在物所服从的不同规律，因为物
〔192〕质的状态从来只能被**外部**原因改变，而一个精神的状态则也能被**内部**的原因改变；在这里，尽管有这种区别，实际对立的必要性却依然如故。

我再次说明，如果人们把我们灵魂活动的肯定性结果的取消称之为**搁置**就认为是理解了它，那这就是一个骗人的概念。此外值得注意的是，人们越是细究自己最普通、最确信的判断，所发现的这样一些假象就越多，在这里，我们满足于语词，却没有对事情有某种理解。所谓我现在没有某个想法，这一点，如果这个想法以前也不曾有过，那么，当我说我搁置不想这个东西的时候，是可以得到充分理解的。因为这个词在这种情况下意味着理由的阙失，由它出发就可以理解结果的阙失。但如果是说：前不久还有的那个想法为什么不在我里面了，那么，前面的回答就不完全正确了。因为这个不存在此时是一种黜夺，而搁置在这里则完全有另外一种意义①，也就是说，它是对一种先前存在的行动的取消。但是，这正是我提出的、并且不让用一个词就轻而易举地搪塞掉的问题。就把所说的规则运用到自然界所有的事例上而言，人们必须小心谨慎，以免错误地把某种否定性的东西认作是肯定的，这是很容易发生的。因为我在这里引证的定理的意义涉及某种肯定性的东西

① 这种意义从来没有属于这个词。

的产生和消逝。例如，由于燃料告罄而熄灭的火焰，就不是负的产生，也就是说，它不是建立在一个与火焰产生的动力相对立的真实动力之上的。因为火焰的存续不是一个已经存在的运动的持续，而是其他可燃的雾状微粒的新运动的不断产生。① 据此，火焰的终止不是一个现实的运动的取消，而是新运动和更多的分解的阙失，之所以如此，乃是因为缺乏这方面的原 〔193〕 因，即火的进一步的燃料；在这种情况下，这就不能被看做是一件实存的事物的取消，而是必须被看做是一种可能的事态（进一步的分离）的理由的阙失。不过这就够了。我写这些东西，乃是为了给在这类认识中进行试验提高进一步考察的契机；不熟悉的人当然有权要求更多的说明。

2. 我在这一条想陈述的定理，在我看来极其重要。但之前我还必须给负值的普遍概念附加一个规定；我在上面经过考虑把这个规定放在一边，为的是不至过于堆积一个紧张的注意力的各种对象。迄今为止，我只考虑了实际对立的理由，它们**现实地**在同一个事物里面设定了其中一个是另一个的负面的规定，例如同一个物体向恰恰相反的方向的动力，此时这些理由现实地取消其两方面的结果，即运动。因此，我现在想把这种**对立**称之为**现实的对立**（oppositio actualis）。与此相反，人们有理由列举这样的谓词，它们虽然属于不同的事物，并且一个并不直接地取消另一个的结果，但一个却是另一个的负面，因为每一个都具有这样的性质，即它要么取消另一个的结果，要么至少能够取消与这个结果同样肯定且与它相等的某种东西。

① 每一个物体，其各部分突然转化为气雾，从而产生与联系相对立的排斥，就都喷出火并燃烧起来，因为之前处于压抑状态的火元素迅速得到解放并扩散开来。

这种对立可以叫做**可能的对立**（oppositio potentialis）。二者都是实际的，也就是说，都与逻辑的对立有别，二者都在数学中被不断地运用，而且二者都理当在哲学中亦是如此。就两个在同一条直线上以同样的力相对运动的物体而言，由于这两个力在两个物体的碰撞中将互相传递，可以把一个称之为另一个的负面，并且是在前一种意义上通过现实的对立。就两个在同一条直线上以同样的力沿着相反的方向运动的物体而言，一个力是另一个力的负面；但是，由于它们在这一场合并不相互传递自己的力，它们就仅仅处于可能的对立中，因为每一个物体都具有与另一个物体同样多的力，如果它撞到像前一个物体那
〔194〕样在这个方向上运动的物体，它里面的力就会被取消。这样，我将还在后面从世界上实际对立的所有理由出发、而不是仅仅从属于动力的理由出发来理解它。但是，为了给其余的理由也举一个例子，可以说，一个人具有的快乐和另一个人具有的不快处于潜在的对立中，因为它们也现实地偶尔地一个取消另一个的结果，在这种实际的冲突中经常一个人摧毁另一个人按照自己的快乐创造的东西。由于我完全一般地列举在两种意义上实际地对立的理由，所以不要要求我任何时候都具体通过实例直观地说明这些概念。因为对于直观来说，虽然可以使之像属于运动的一切那样清晰和易于理解，但在我们这里，那些并非力学的实际理由，要想解释与它们的结果在对立中或者在协调中的关系，却是如此困难和不清晰。据此，我满足于阐明以下定理的一般意义。

第一个定理如下：**在世界上所有的自然变化中，肯定性东西的总和既不增加也不减少，这个总和可以通过把彼此一致的（并非对立的）状况相加并把彼此实际对立的状况相减来测算。**

所有的变化都在于，要么是设定过去不存在的某种肯定性的东西，要么是取消过去存在的东西。但是，变化当然并不因

此就是它的理由，就像结果属于世界一样。据此，在第一种场合，由于一种过去不存在的状况被设定，变化就是一种**产生**。这次变化之前的世界状态相对于这一状况等于零，而通过这次产生，实际的结果＝A。但我说，如果 A 产生，那么在一次自然的世界变化中必然还产生一个－A，也就是说，不可能有一个实际结果的自然理由，而不同时有另一个是它负面的结果的理由。[①] 因为当结果是无＝0 的时候，除非理由被设定，状况的总和在结果中所包含的，就不多于在世界的状态中所包含的，如果世界包含着这方面的原因的话。〔195〕但是，这种状态关于在结果中的那个状况所包含的是零，也就是说，在结果中可以发现的那个状况并不在以前的状态中，所以，由此产生的变化在世界的整体中按照其现实的结果或者潜在的结果也无非是等于 0。由于另一方面，结果是肯定性的并且等于 A，但宇宙的整个状态和以前一样相对于变化 A 来说应当是零，但这是不可能的，除非 A－A 是可以合并的，由此得出，从未在世界上发生一种自然方式的肯定性变化，其结果不在整体中处于一种现实的或者潜在的取消自身的对立中。但是，这个总和是 0，变化前它也同样是 0，所以，它由此既没有增加也没有减少。

在第二种场合，由于变化处于对某种肯定性东西的取消中，所以结果是 0。但是，整个理由的状态按照前一条不是仅仅＝A，而是 A－A＝0。所以，按照我在此作为前提条件的测算方式，世界中的状况既没有增加也没有减少。

我力图把在我看来非常重要的这个定理解说清楚。在物体

① 例如，在一个物体与另一个物体的碰撞中，一个新运动的产生与一个过去存在的相等的运动的取消同时发生；没有人能够从一个驳船上把另一个漂浮物体撞向一个地方，而自己却不被向相反方向推动。

世界的变化中，它肯定是早就经过证明的力学规则。它被表达为：quantitas motus，summando vires corporum in easdem partes et subtrahendo eas quae vergunt in contrarias，per mutuam illorum actionem（conflictum，pressionem，attractionem）non mutatur［如果把朝同一方向运动的物体的力相加，把朝相反方向运动的物体的力相减，则运动的大小并不由于它们的相互作用（相撞、压力、吸引）而变化］。但是，尽管人们没有在纯力学中直接从我们引申出普遍定理的这一形而上学理由出发推导出这一规则，但它的正确性却在事实上是建立在这一理由之上的。因为在通常的证明中构成基础的惯性规律，就是仅仅从上述论据获得其真实性的，只要允许详细陈述，我就能轻而易举地说明这一点。

〔196〕 在并非力学变化的各种实例中，例如在我们灵魂中或者依赖于它的种种变化中，说明我们研究的这个规则，就其本性而言是困难的，无论是这些结果还是它们的原因，都远远不能像物体世界中的结果和原因那样，能够被阐述得如此易于理解和直观清晰。尽管如此，我还是想尽我所能作出一些说明。

憎恶和渴望一样是某种肯定性的东西。前者是一种肯定性的不快的结果，和后者是一种快乐的结果一样。只是如果我们在同一对象身上同时感受到快乐和不快，那么，对同一对象的渴望和憎恶就处于一种现实的对立中。然而，如果在一个客体上引起快乐的理由同时成为对另一个客体的真正的不快的理由，那么，渴望的理由就同时是憎恶的理由，而一种渴望的理由就同时是与之处于实际对立之中的某物的理由，尽管这种对立仅仅是潜在的。就像在同一条直线上沿着相反方向彼此远离的物体的运动一样，虽然它们并不致力于一个取消另一个的运动，但一个仍然被看做是另一个的负面，因为它们潜在地彼此对立。据此，在某人心中产生出对荣誉的如此程度的渴望，同时也就在与对立面的关系中产生同等程度的憎恶，虽然只要情况尚未与荣誉渴望处于现实的对立中，这种憎恶就是潜在的，但尽管如此，通过荣誉渴望的同一个原因，只要世界的情况与有利于前者的情况相对立而发生，就已经在灵魂中确立了同等程度的不快的一个肯定性理由。① 我们马上就可以看到，在最完善的存在者里面就不是这样的情况，它的最高快乐的理由甚至排除了不快的所有可能性。

在知性的行动中我们甚至发现，把某个理念解释得清楚或者明白的程度越高，其余的理念就越变得模糊，其清晰度就越减小，以至在这样一种变化中成为现实的肯定性东西，与一个 〔197〕
实际的和现实的对立结合在一起，如果人们按照上面提到的测算方式把一切都加在一起，则这种对立通过变化既没有增加也没有减小肯定性东西的程度。

第二个定理如下：**宇宙所有的实际理由，如果人们把彼此一致的相加，把彼此对立的相减，得出的结果等于零。**世界的整体自身是无，除非它通过另一个某物存在。据此，所有实存着的实在性如果是建立在世界之中的话，其总和就其自身来看都等于零。尽管所有可能的实在性都是在与神的意志的关系中得出一个肯定性结果，但由此仍然没有取消一个世界的本质。但从这种本质必然地得出，在它里面建立起来的东西的实存仅仅就其自身而言等于零。因此，世界上的实存者的总和在与它之外的那个理由的关系中是肯定性的，但在内部实际理由相互之间的关系中却是等于零。由于在前一种关系中从来不可能发

① 因此，斯多亚智者必定要根除一切诸如此类包含着一种巨大的感性快乐的情感的冲动，因为人们用它们同时培植起巨大的不满和不快的理由，世事无常，后者有可能取消前者的全部价值。

生一种世界的实际理由与神的意志的对立，所以就此而言没有取消，总和是肯定性的。但由于在第二种关系中结果是零，因此可以得出，肯定性的理由必然处于一个它们被看做并且加起来得出零的对立中。

关于第二条的说明

我陈述这两条定理，为的是请读者对这一对象进行反思。我也承认，它们对我自己来说还不够清晰，还不能以足够的显明性从它们的理由看出来。然而，我甚至认为，在抽象的知识中以问题的方式讲述未完成的试验，对较高的世俗智慧的增长可能是非常有益的，因为另一个人在一个隐藏很深的问题中经常要比为他提供动因并且其努力也许只能够克服一半困难的人
〔198〕更容易作出说明。在我看来这两个定理的内容本身具有某些价值，只要人们认识到它们的意义，就能够鼓励人们对它们作精确的检验，但在这样一种认识中也并不是一件轻而易举的事情。

我在这里还想力图面对一些误解。如果有人设想我借助第一个定理想说的是，实在性的总和由于世界的变化根本既没有增加也没有减少，那就是完全没有理解我。就连作为实例引证的力学规则也还恰好允许对立面，这绝不是我的意思。因为通过物体的相撞，运动的总和时而被增加，时而被减少，如果单独考察，只有**按照同时附加的方式测算**，结果才是保持不变的。因为在许多实例中，都只有当动力并不现实地互相取消、从而一种增长能够成立的时候才是潜在的。然而，按照曾经被当做准绳的测算，这些动力还是必须相互减去的。

同样，人们还必须在把这个定理运用于非力学的变化时作出判断。如果有人想起按照这一个定理，世界的完善性将根本不能增长，那就产生了同样的误解。因为借助这一定理根本没

有否认，实在性的总和根本不应当能够以自然的方式增长。此外，世界的完善性也根本不像世界的物质部分显而易见地仅仅通过各种力量在一个合规则的进程中的争执而得到维持一样，在于相互对立的实际理由的这种冲突。如果有人把实在性的总和与完善性的大小看做是一回事，就总是一个很大的误解。我们在上面就已经看到了，不快与快乐一样是肯定性的，但谁会把它称之为一种完善性呢？

3. 我们已经注意到，要弄清自然界的某些否定究竟是单纯由于缺乏一个理由的阙失，还是出自两个肯定性理由的实际对立的黜夺，经常是很困难的。在物质世界，这方面的例子是很常见的。每一个物体有联系的各个部分以真实的力量（**吸引力**）相互挤压，而如果不是同样真实的活动在同等程度上通过各元素的排斥——其作用就是不可入性的理由——反作用于它 〔199〕
们的话，上述努力的结果就是体积的变小。在这里，静止并不是因为缺乏运动，而是因为它们彼此反作用。同样，如果在秤杆上按照平衡的规律安置重物，重物就在两个秤杆上保持静止。人们可以把这个概念远远地扩张越过物质世界的界限。当我们相信精神完全不活动的时候，思维和渴望的实际理由的总和小于这种活动的一些程度呈现于意识之前的那种状态，这也同样不是必然的。如果在某个最博学的人物清闲安宁的时刻告诉他，他应当说些什么，让人们听一听他的见识，他却什么也不知道，你们将发现他在这种状态下思想空荡荡的，没有某种思考或者判断。哪怕是通过一个问题或者通过你们的判断给他以契机，他的知识就会展示在一系列具有这样一种方向的活动中，以至使他和你们有可能意识到他的这些见识。毫无疑问，这方面的实际理由早就可以在他里面找到，但由于对意识来说结果是零，所以就此而言，它们必然是相互对立的。这样，毁灭性的艺术所发明的那个雷霆，为了一场未来的战争就保存在一个君王的武库中，默默地威慑着，直到一个泄漏机密的点火装置触及了它，它便在电闪中突然爆发，把周围的一切都夷为平地。时刻准备弹开的机簧就在它里面被强大的吸引力制约着，等待着一个火星的刺激，以求释放自己。我觉得，在**莱布尼茨**先生的思想中，蕴涵着某种伟大的、非常正确的东西：灵魂以其表象力囊括了整个宇宙，虽然这些表象中只有一个无限小的部分是清晰的。事实上，所有种类的概念都仅仅建立在我们精神的内在活动上，把它当做它们的基础。外部的事物可能包含着它们以这样或者那样的方式表现出来的条件，但却不包含现实地产生它们的力量。灵魂的思维能力必定包含着所有据
〔200〕说以自然的方式在它里面产生的概念的实际理由，生生灭灭的知识的各种表现根据一切迹象来看只应当归因于所有这些活动的一致或者对立。人们可以把这些判断看做是对前一条第一个定理的说明。

在道德事物中，零同样不总是被视为对阙失的否定，一个较大量的肯定性结果也不在任何时候都是应用到这一结果的方向上的一个较大活动的证明。给一个人 10 个单位的在某一种场合违背义务规则的情欲，例如贪财。让他按照博爱的原则运用 12 个单位的努力；就他慈善和乐于助人而言，结果就是 2 个单位。设想另一个人有 3 个单位的贪财，有 7 个单位的能力按照责任的原则行事。就他在与自己的贪欲冲突之后对另一个人有用而言，他的行动有 4 个单位那么大。但毋庸置疑的是，如果所说的情欲可以被看做是自然的和非任性的，那么，第一个人的行动的道德价值就比第二个人的更大，虽然如果要通过**起作用的**力量来测算，后一场合的结果要超过前一场合的结果。因此，人们不可能有把握地从他人的行动中推论出其道德意向的程度，也只有透视心灵深处的那位，才保留着作出裁决的权利。

4. 如果有人想冒险把这些概念运用到人们关于无限的神明能够拥有的如此脆弱的认识上，在这种情况下，还有什么困难不环绕着我们这些极端的努力呢？由于我们只能从自己本身获取这些概念的基础，所以，我们是应当把这一理念本真地还是借助一些类比转用到这一不可理解的对象，在大多数情况下是不清楚的。西摩尼得斯始终还是一位智者，他在作出各种各样的踌躇和推搪之后回答自己的君王："我越是思考上帝，就越是不能看透他。"这样的话并不是受过一点教育的群氓的语言。后者什么也不知道，什么也不懂，但却谈论一切，并吹嘘自己所谈论的一切。在最高存在者里面，不可能有黜夺或者实际对立的理由。由于一切都是在它里面并通过它被给予的，所以凭借各种规定的无所不有，在它自己的存在里面不可能有内在的取消。因此，不快的情感并不是适合于神明的谓词。人从未不肯定地憎恶对立面，却对一个对象有渴望，也就是说，不仅是让自己意志的关系是渴望的矛盾对立面，而且还是它的实际对立面（憎恶），也就是说，是一个从肯定性的不快产生的结果。对于一个真诚的领袖所拥有的培养好自己的学生的渴望来说，任何不符合他的渴望的成绩，都与它肯定性地对立，并且是不快的一个理由。各种对象与神的意志的关系则迥然不同。本来，没有任何外在的事物是神的意志里面的理由，既不是快乐的理由，也不是不快的理由；因为神的意志一点也不取决于别的什么东西，凭借自己本身得福者之所以有这种纯粹的快乐，不是因为善在他外面存在，相反，这种善之所以存在，乃是因为它的可能性的永恒表象以及与此相结合的快乐就是实现了的渴望的理由。如果把关于所有受造物的渴望之本性的具体表象与此进行比较，就会发现，非被创造者的意志与它们很少会有相似之处；即便也考虑到其余的规定，对于一个人来说，这也将不是出乎意料的，他清楚地知道，如果人们把事物

〔201〕

进行比较，其中一些就自身来说是无，但另一事物则是万物惟有通过它才存在的东西，那么，在质上的差别就必然是不可测量的。

总的说明

由于自称缜密的哲学家日益增多，他们如此深刻地审视所有的事物，以至对于他们来说，也没有任何他们不能说明、不能把握的东西还隐藏着，所以，我已经预见到，在本文一开始的时候被我当做基础的实际对立的概念，对他们来说是平淡无奇的，在这上面建立起来的负值概念也显得不够缜密。我通常极少领会所有人认为轻而易举就能理解的东西，我不会掩藏自己见识上的弱点，我自认为由于无能而有权利得到这些大人物的支持，他们高超的智慧将会弥补我不完善的见识留下的漏洞。〔202〕

我非常理解，应当如何按照同一性的规则通过一个理由来设定一个结果，之所以如此，乃因为它是通过对概念的分解而被发现包含在理由之中的。例如，必然性是不可更改性的理由，组合是可分性的理由，无限是全知的理由等等。我清楚地认识到理由与结果的这些结合，因为结果确实与理由的一个分概念是一回事，并且由于已经包含在理由中而按照一致性的规则被借助理由来设定。但是，某物如何从别的某物中不按照一致性的规则流溢而出，这却是我很想让人给我讲明白的东西。我称第一种理由为逻辑理由，因为它同结果的关系可以在逻辑上、也就是说按照同一性的规则而清楚明白地认识，而第二种理由我称之为实际理由，因为这种关系确实属于我的概念，但发生关系的方式却是无论如何也无法判断的。

至于说到这种实际理由及其与结果的关系方面，我的问题就以这种简单的形态提出：我应当如何理解，由于**某种东西**存在，某种别的东西就存在？一个逻辑结果之所以被设定，本来就是因为它与理由是一回事。人会犯错误；这种可错性的理由就在于他的本性的有限性；因为如果我分析一个有限精神的概念，我就会看到，可错性就包含在这概念之中，也就是说，可错性与一个有限精神的概念所包含的东西是一回事。然而，上帝的意志包含着世界存在的实际理由。神的意志是某种东西。实存的世界是**某种截然不同的东西**。然而一个却是借助另一个被设定的。我听到**斯塔吉拉人**这个名字的状态是某种东西，由此却设定了某种别的东西，即我关于一个哲学家的思想。一个物体 A 处在运动中，另一个物体 B 在该运动的直线上处在静止中。A 的运动是某种东西，B 的运动则是某种别的东西，但一个却要通过另一个被设定。你们可以任意地分析神的意志的概念，你们将永远不能在其中发现一个实存的世界，除非它就包含在其中，并且由于同一性而被设定，在其他事例中亦是如此。用原因和作用、力和行动这样的词来搪塞我也不行。因为 〔203〕
如果我把某种东西已经看做是一个原因，或者给予它一种力的概念，那么，我在它里面已经想到了实际理由与结果的关系，而在这种情况下，按照同一性的规则认识结果的状况是件轻而易举的事情。例如，通过上帝全能的意志可以完全清楚明白地理解世界的存在。然而在这里，权能意味着在上帝里面的某种东西，其他事物凭借它而被设定。但这个词已经标示着一个实际理由与结果的那种我很乐意让人给我讲明白的关系。我只是偶尔发现，克鲁修斯先生关于观念理由与实际理由的划分与我的划分截然不同。因为他的观念理由与认识理由是一回事，而在这里很容易看出，如果我把某种东西已经看做是一个理由，我就能够从中推出结论。因此，按照他的定理西风是雨云的一个实际理由，同时又是一个观念理由，因为我能够从中认识并事先推测到雨云。但按照我们的概念，实际理由从来也不是一个逻辑理由，并不是根据同一性的规则凭借风而设定雨。我们所讲的逻辑对立与实际对立的区分与现在所说的逻辑理由与实际理由的区分是平行的。

借助矛盾律我清楚地认识到第一种区分，而且我也知道，如果我设定上帝的无限性，由此也就取消了可死性的谓词，因为它与前者是矛盾的。然而，由于一个物体的运动与另一个物体的运动并不矛盾，如何通过一个运动而取消另一个运动，却是另一个问题。如果我以不可入性为前提条件，它与任何力图进入一个物体所占有的空间的力量都处于实际的对立中，那么，我就已经可以理解运动的取消了；但在这种情况下，我却把一种实际对立带到了另一种实际对立。应该尝试一下，看是否能够说明并且使人清楚地认识到实际的对立，例如**由于某种东西存在，所以某种别的东西就被取消**，以及比起我说过的，即这不是凭借矛盾律发生的，看是否能够说出更多的东西。就我关于理由和结果的判断而言，我反复思考过我们认识的本
〔204〕性，我将在某个时候详细地阐述这些考察的结果。从这一结果可以得出，一个实际理由与由此被设定或者被取消的某种东西的关系根本不是通过一个判断、而是仅仅通过一个概念就可以予以表达，人们通过分析达到实际理由的更简单概念就可以得出这个概念，这样，最终我们关于这种关系的所有认识，都终结于与结果的关系根本不能讲清楚明白的实际理由的简单的、不可分解的概念。到此，那些不承认自己狂妄的认识有任何界限的人，将试一试自己的方法，看自己究竟能够在这个问题上前进到什么地方。

伊曼努尔·康德

1764年

1764 年

关于美感和崇高感的考察

伊曼努尔·康德硕士

李秋零　译

第一章 〔207〕

论崇高感和美感的不同对象

愉悦或者烦恼的不同感受以激起这些感受的外部事物的性质为基础，并不像以每个人自己愉快地或者不愉快地被打动的情感为基础那样。因此就有了：一些人的快乐令别的人感到厌恶，热恋的激情对每一个人来说常常都是一个谜，一个人感到强烈反感的对象，对另一个人来说则完全无所谓。对于人性的这些特殊性的考察，其领域绵延广大，并且还隐藏着一个丰富的储备有待发掘，这些发掘既是引人入胜的，也是富有教益的。如今，我把自己的目光仅仅投向这个领域中看起来特别例外的一些地方，而且即使在这些地方，我也更多的是以一个观察者的眼光，而不是以一个哲学家的眼光看问题。

由于一个人只是就他满足了一种爱好而言才发现自己是幸福的，所以使他无须例外的才能就能够享受巨大的愉悦的情感，肯定就是非同小可的了。大腹便便的人们的最有头脑的作者就是他们的厨师，合其口味的作品就存放在他们的地窖里，他们由于庸俗的黄色笑话和粗鲁的戏谑就会获得情感高尚的人们如此自豪地达到的那种强烈的快乐；一个懒散的人喜欢听人朗诵书，因为那会使他很惬意地入睡；商人觉得一切愉悦都是 〔208〕
幼稚可笑的，一个精明的人在盘算自己的商贸利润时所享受到的那种愉悦则例外；钟爱异性的人，只是就他把异性算做可享用的东西而言的；打猎的爱好者，可能是像多米提安那样捕捉苍蝇，或者是像某人那样捕猎野兽；所有这些人，都有一种情感，这情感使他们能够按照自己的方式去享受愉悦，无须羡慕他人，也无须对他人形成一个概念。不过，我现在不关注这些。还有一种更为文雅的情感，之所以这样称呼它，要么是因为人们能够更长久地享受它，不会餍足和疲倦，要么是因为它可以说是以灵魂的一种同时使它适宜于道德冲动的灵敏性为前提条件的，要么是因为它显示出才能和知性的优点，因为与此相反，前面那些完全没有思想也能够成立。这就是我想考察它的一个方面的那种情感。不过，我把附着在高深的知性洞识之上的爱好和开普勒那样的人物所能够领受的魅力排除在外；据贝尔说，开普勒是不会以他的发明中的一项去换取一个王国的。这种感受太文雅了，不宜归入目前的规划；目前的规划将只涉及较平凡的灵魂也能够感受的感性情感。

我们现在要考虑的那种较文雅的情感，主要有两种：**崇高感**和**美感**。二者的感受都是惬意的，但却是以非常不同的方式。一座雪峰耸入云端的山脉的景色、一场狂风暴雨的描述、或者**弥尔顿**对冥界王国的叙述，都激发出欢愉，但又带有恐惧；与此相反，鲜花盛开的草地，溪水蜿蜒、布满牧群的山谷，对神话乐园的描述，或者**荷马**对维纳斯腰带的叙述，也都引起惬意的感受，但这种感受是喜悦的和欢快的。要使得给我们的前一种印象以相应的强度发生，我们就必须有一种**崇高感**，而要正确地享受后者，我们就必须有一种**美感**。高大的橡树和圣林中孤寂的阴影是**崇高的**，花坛、低矮的树篱笆和修剪成各种形状的树则是**美的**。黑夜是崇高的，白昼则是**美**的。当
〔209〕闪烁的星光穿过幽暗的夜幕、孤寂的皓月映入眼帘的时候，具有一种崇高感的性情就会逐渐地被夏夜的宁静带入友谊、超凡脱俗和永恒等种种高尚的感受。灿烂的白昼则引起勤劳的热情和欢乐的情感。崇高**令人激动**，美则**令人迷恋**。一个充满崇高感的人，其神态是严肃的，有时还是凝重的和吃惊的。与此相反，对美的生动感受则是通过眼睛放光、笑逐颜开、高声欢乐而表现

出来的。崇高则又是另一种情形。崇高感时而伴有一些恐惧或者还有伤感，在一些情况下只伴有宁静的惊赞，在另一些情况下则伴有弥漫在一种崇高的计划之上的美。第一种我想称之为**可怖的崇高**，第二种我想称之为**高贵的崇高**，第三种我想称之为**华丽的崇高**。深沉的孤独是崇高的，但却是以一种可怖的方式。①

① 关于对完全孤独的描述所能够引起的高贵的恐惧，我只想举一个例子，并为此从《不来梅画报》第 4 卷第 539 页的《卡拉赞之梦》摘引几段话："这个吝啬的财主在其财富增长的同等程度上把自己的心封闭起来，拒绝对其他每个人的同情和爱。然而，就像对人的爱在他里面冷却下来一样，他的祈祷和宗教活动的勤勉却在增长。因此，在这种供认之后他接着说道：有天晚上，当我在灯下结账、估算我的商贸利润时，睡意征服了我。在这种状态里，我看到死亡天使像旋风一般降临我身；我还来不及求饶免去这可怕的打击，他就袭击我。当我觉察到，我那永恒的命运已经注定，对我所做的一切好事都不能再有任何增添，对我干下的坏事也不能再有任何减少时，我惊得目瞪口呆。我被带到居住在第三重天的那一位的宝座前。于是在我面前闪耀的光辉向我说道：卡拉赞，你的礼拜被拒绝了。你已经对人类之爱封闭起自己的心，死死地抓住自己的财富。你只是为你自己而活，因此你今后在永恒中应当孤独地活着，被开除出与整个创造的结合。在这一瞬间，我被一种看不见的力量拖走，穿过光辉灿烂的创造大厦。我很快就把数不清的世界甩在身后。当我接近了大自然最外端的时候，我发觉，无边无际的虚空的阴影降入了我面前的深渊。那是一个永恒的寂静、孤独和黑暗的可怕王国！在这一刻，我突然感到一种无法言说的恐惧。最后的星辰也渐渐地在我的视野里消失了；终于，最后闪耀着的光亮也消逝在极度的黑暗之中。就像我与最后有人居住的世界的距离每一刻都在加大一样，绝望的极度恐惧每一刻也都在增长。我怀着难以忍受的内心恐惧在想，如果千秋万代使我远远到达一切造物的边界之彼岸，我就要在永远无法测度的黑暗深渊中向前窥望，孤苦无助，没有返回的希望。——在这种迷乱中，我把手伸向现实的事物，动作之猛，使我马上醒了过来。如今，我已经学会了尊重人；因为即便是我在幸福骄傲中拒之门外的那些人中的最微不足道的人，在那个可怕的荒漠里也会远比哥尔孔达的所有财富更为我看重。"

因此，辽阔无边的荒漠，就像鞑靼地区的沙莫大荒野一样，总
〔210〕是使人把可怕的幽灵、小精灵和鬼怪置于其中。

崇高在任何时候都必定是伟大的，而美也可以是小巧的。崇高必须淳朴，而美则可以修饰和装扮。极高和极深都同样地是崇高的；但后者伴有战栗的感受，前者则伴有惊赞；因此后一种感受可以是可怖的崇高，前一种感受则是高贵的崇高。就像**哈赛尔奎斯特**所报导的那样，埃及金字塔的景象之令人激动，要远远超过人们从各种描述出发所能想象的，但它的建筑却是淳朴的、高贵的。罗马彼得大教堂则是华丽的，由于在这一庞大而又淳朴的布局上，例如黄金和镶嵌工艺等等之美如此遍布，以至崇高的感受大多是由此起作用的，所以这一对象叫做华丽的。一座军械库必须是高贵的、淳朴的，一座王宫必须是华丽的，而游乐宫则必须是美的、令人迷恋的。

悠久的存续是崇高的。如果它属于过去的时代，那么它就是高贵的；如果它是在遥远的未来被预见的，那么它就自身包含着某种令人恐惧的东西。一座出自最遥远古代的建筑是值得景仰的，哈勒关于未来永恒的描述令人产生轻微的恐惧，而他关于已逝永恒的描述则令人产生瞠目结舌的惊赞。

〔211〕

第二章

论人身上崇高和美的品性

知性是崇高的，机智则是美的。勇敢是崇高的、伟大的，狡黠则是渺小的，但却是美的。克伦威尔说过，审慎乃是市长的德性。真诚和正直是淳朴的、高贵的，戏谑和讨人喜欢的恭维是文雅的、美的。彬彬有礼是德性之美。无私的工作热情是高贵的，礼貌（Politesse）和客气则是美的。崇高的品性引起

敬重，美的品性则引起爱。情感主要关涉美的人们，只有在困窘中才去寻找自己正直的、忠诚的、真挚的朋友；但他们却挑选风趣的、彬彬有礼的、客气的伙伴交往。人们过于尊重有些人了，以至于无法去爱他。他引起惊赞，但却太高居于我们之上了，以至于我们不敢以亲密无间的爱去接近他。

把这两种情感在自身结合起来的人们将会发现：崇高引起的激动要比美引起的激动更为强有力，只不过没有后者的交替或者伴随，前者就会疲倦，不能长久地享受。[①] 在人选良好的社交中谈话有时达到的高尚感受，必须在这期间消解为活泼的玩笑，而笑逐颜开的欢乐应当与激动的、严肃的神态形成美的对照，这对照使两类感受无拘无束地交替出现。**友谊**主要有崇高的特征，而**性爱**则在自身包含着美的特征。不过，柔情和深刻的敬重却给予后者某种尊严和崇高，与此相反，妙趣横生的笑话和亲密无间则提高了这种感受中的美的色彩。在我看来，〔212〕
悲剧不同于**喜剧**，主要就在于前者激起**崇高**感，后者则激起**美**感。前者表现出为他人的福祉而慷慨献身、在危险中的勇敢坚定和经受住考验的忠诚。爱在这里是忧郁的、温存的和充满敬意的；他人的不幸在旁观者的胸中激起了同情的感受，使他慷慨的心房为他人的困窘而跳动。他被温柔地打动，感受到他自己的本性的尊严。与此相反，喜剧表现的是精妙的诡谲、奇特

① 崇高的感受更强有力地绷紧灵魂的力量，因而更易使人疲倦。人们连续读一首田园诗要比读弥尔顿的《失乐园》时间更长，读拉·波吕尔的作品要比读扬的作品时间更长。我甚至觉得，扬作为一个道德诗人的缺点就在于，他过于一贯地坚持崇高的格调；因为印象的强度只有通过与较为轻松的段落的对比才能重新获得力量。就美而言，再也没有比此间表现出来的竭力造作更令人疲倦了。致力于引人入胜，会使人感到难以接受和吃力。

的混乱和善于脱身的诙谐人物、让人愚弄自己的傻瓜、各种笑料和可笑的角色。爱在这里不是那么忧郁，而是欢快和亲切的。不过，就像在其他场合一样，在这一场合高贵可以和美在某种程度上结合起来。

尽管如此，即便是罪恶和道德上的缺陷，也常依然带有崇高和美的一些特征；至少就像它们不经理性审核而表现给我们的感性情感那样。一个令人恐惧者的愤怒是崇高的，就像《伊利亚特》中阿基里斯的愤怒。一般来说，**荷马**的英雄是可怖地**崇高**，而与此相反，维吉尔的英雄则更文雅地**高贵**。蒙受奇耻大辱之后公然肆无忌惮地复仇，这本身就带有某种伟大的东西，而且无论怎样不被允许，它在叙述中都仍然以恐惧和圆满而打动人心。当纳迪尔王夜间在自己的帐篷中遭到几个密谋者的袭击时，他就像汉威所叙述的那样，在身受数伤完全无望自卫之后喊道：**怜悯我吧！我会宽恕你们大家的**。其中一人高举起军刀答道：**你没有表现过怜悯，也不配得到怜悯。**一个流氓决心蛮干是极其危险的事，但它在叙述中却引人入胜，而且即使他被押上刑场可耻地处死，他也还在某种程度上通过无畏和轻蔑地对待死亡而使自己的死亡变得崇高。另一方面，一个狡黠地构想出来的计划即使意在恶行，本身还是包含着某种精巧且令人发笑的东西。用心良苦的娇媚（Coquetterie），即一种取悦人、吸引人的努力，在一个平时彬彬有礼的人身上也许是〔213〕该受责备的，但却是美的，通常还比可敬的、严肃的礼仪更招人喜欢。

因其外表而讨人喜欢的人，其形象时而引起这一种情感，时而引起另一种情感。高大的身材引人瞩目和重视，短小的身材则更多地引起亲切感。甚至棕肤色和黑眼睛也更接近崇高，而蓝眼睛和白肤色则更接近于美。高龄更多地与崇高的品性相结合，年轻则更多地与美的品性相结合。地位的差别也是如此，而在所有这些提到的关系中，甚至衣着也必定涉及这种情感的区别。声名显赫的大人物必须保持衣着淳朴，至多华丽，而小人物则可以修饰打扮。老人适合于较深的颜色，套服式样一致，年轻人则因明快的、对比鲜明的衣着而光彩照人。在各种地位中，尽管财富和社会等级一样，神职人员也必须表现得极为淳朴，而政治家则必须表现得极为华丽。贵妇人的面首则可以随心所欲地打扮自己。

就外在的机遇而言，也有某种东西至少按照人们的错觉引起这些感受。人们通常认为门第和头衔是倾向于受尊重的。即便是没有功德可言的财富，甚至也会受到无私的人们的尊敬，这也许是因为与财富的观念相结合的，是由此能够实施的伟大行动的规划。这种尊重偶尔也涉及一些富有的恶棍，他们绝不会作出这样一些行动，对于惟一能够使财富变得可贵的高贵情感，他们也没有任何概念。加重了贫穷的不幸的，乃是就连功德都不能完全克服的鄙视；至少在一般人眼前，如果不是等级和头衔欺蒙了这种愚蠢的情感，并在某种程度上骗人相信它们的优越性的话，是不能克服这种鄙视的。

在人的本性中，决不会有值得称赞的品性，同时其变种不通过无限的退化一直过渡到极度的缺点。**可怖的崇高**这种品性如果是完全不自然的，那就是**冒险性的**。① 不自然的事物如果 〔214〕
被认为包含着崇高，即便它很少或者根本没有被发现，也都是**怪诞**。喜欢并且相信冒险性事情的人，是一个**幻想家**，对怪诞的爱好则造就**古怪的人**。另一方面，美的情感如果完全缺乏高贵，就会蜕化变质，人们将它称之为**愚昧可笑的**。具有这种品

① 如果崇高和美超越了众所周知的中道，人们习惯于把它称之为**传奇性的**。

性的人，如果年轻就是一个**纨绔子弟**，如果人到中年就是**花花公子**。由于年纪较大的人最需要崇高，所以老花花公子就是大自然中最可鄙的造物了，就像年轻的怪人是最令人讨厌、最令人无法忍受的造物一样。玩笑与活泼引起美的情感。尽管如此，还有相当多的知性能够透射出来，就此而言它们可以或多或少地与崇高有缘。一个在活泼中让人觉察不到这种混合的人，就是在**胡扯**。经常胡扯的人是**愚蠢的**。人们很容易发现，即便聪明的人有时也胡扯，要使知性暂离职守而又不出什么错，是要耗费不少精神的。言谈举止既不逗人开心又不让人感动的人，就是**无聊的**。无聊的人如果仍然致力于逗人开心和让人感动，就是**乏味的**。乏味的人如果再自吹自擂，就是一个**愚人**了。①

我想借助几个事例来使人类弱点的这一奇特草图更易于理解一点；因为缺乏荷加斯的刻刀的人，必须用描述来补偿图画在表达方面所欠缺的东西。为我们自己的、祖国的或者我们朋友的权利而勇敢地承担起危险，这是崇高的。十字军东征、古代的骑士精神是**冒险性**的；决斗这种从对荣誉的呼唤的错误概
〔215〕念出发的骑士精神，其可悲的残余则是**怪诞**。出自一种合情合理的厌倦而忧郁地离开世界的喧嚣是**高贵的**。古代隐士离群索居的虔诚是**冒险性的**。用来禁闭活生生的圣徒们的修道院和诸

① 人们马上就可以发现，这个可敬的社会可以分为两个部分，即怪人和花花公子。一个有学问的怪人被简称为**迂夫子**。如果他作出一副固执的智慧神态，就像古代和近代的邓斯们那样，那么，缀有铃铛的帽子就同他的脸很相称了。大千世界中碰到的花花公子这类人就更多了。这种人也许比前者更好一些。人们在他们身上能够得到许多收获和许多欢笑。在这幅漫画中，还是一个人对另一个人噘着嘴，并且用自己空洞的脑袋去撞击自己兄弟的脑袋。

如此类的坟墓是**怪诞**。用原则来战胜自己的激情是**崇高的**。苦行、发愿和其修士的其他德性更多的是**怪诞**。圣骨、圣木和所有诸如此类的废物，就连西藏大喇嘛的圣便也不例外，都是**怪诞**。在机智和情感文雅的作品中，维吉尔和克洛普施托克的叙事诗归为**高贵的**，荷马和弥尔顿的作品则归为**冒险性的**。奥维德的《变形记》是**怪诞**，法国式荒唐的仙女故事则是曾经杜撰出来的最可悲的怪诞。阿那克里翁的诗一般来说是非常接近于**愚蠢的**。

知性和洞察力的作品，就其对象也包括某种适用于情感的东西而言，同样分有了一些上述的差异。宇宙无穷大的数学观念，形而上学对永恒、天意和我们灵魂的不死的考察，都包含着某种崇高和尊严。与此相反，世俗智慧却也由于许多空洞的繁琐而被扭曲，缜密的外貌也阻止不了三段论的四个格被看做是学院式的怪诞。

在道德品性中，惟有真正的德性是崇高的。尽管如此，还是有一些好的道德品质是可爱的和美的，就它们与德性和谐一致而言，虽然它们本来并不能够被列为有德性的意念，但还是被视为高贵的。对此的判断是微妙而又复杂的。一种心境是这样一些行为的源泉，这些行为虽然也是德性所致力的，但却是出自一个只以偶然的方式与德性一致、就其本性来说却可能经常与德性的普遍规则相悖的根据，这样的心境无疑不能被称之为有德性的。某种很容易被置于一种温暖的同情感之中的软心肠是美的和可爱的；因为它表现出对他人命运的一种善意同情，而德性的原则是同样致力于此的。然而，这种善良的热情毕竟是软弱的、任何时候都是盲目的。因为假定这种感受推动着你们自己花钱去帮助一个困苦的人，然而你们却欠另一个人 〔216〕
的钱，并由此而使自己不能践履严格的正义义务，那么显而易见，这行为就不是出自有德性的意图，因为这样一种意图不可能鼓励你们为这个盲目的诱惑而去牺牲一种更高的责任。与此相反，如果对人类的普遍仁爱成了你们在任何时候都使自己的行为服从的原则，那么，对困苦者的爱在这种情况下依然存在，但它如今却从一种更高的立场出发被置于同你们的全部义务的正确关系之中了。普遍的仁爱是同情其不幸的根据，但同时也是正义的根据，按照正义的规定，你们现在必须放弃这一行为。一旦这种情感上升到其应有的普遍性，它也就是崇高的，但也更为冷漠。因为要我们的胸怀澎湃着对每一个人的温情脉脉的同情，对每一件他人的困苦都陷入伤痛，这是不可能的事情，若不然，有德性的人就会像赫拉克利特那样痛苦得不停地淌着同情的泪水，尽管有一切这样的善心，却无非是成为一个软心肠的闲人。①

第二种善意的情感虽然美且可爱，但却还不是一种真正的德性的基础，这就是**取悦**，它是一种借助友好、借助同意他人要求以及借助使我们的行为举止与他人意念一致来受他人欢迎的倾向。这种讨人喜欢的合群品性的根据是美的，而且这样一种心灵的柔顺性也是好的。然而，它根本不是德性，在没有更
〔217〕高的原则为它设置界限和削弱它的时候，一切罪恶都有可能从

① 人们更为仔细地考虑一番就会发现，无论同情的品性多么可爱，它都还不能自身具有德性的尊严。一个受苦的孩子、一个不幸而又规矩的女性，将会使我们的心灵充满这种伤痛，而在同一时间我们却漠然地听着一场大战的消息；很容易想象得到，在这场大战中必定有人类的一个相当大的部分无辜地陷入残酷的不幸之中。有些君王只要看到一个不幸的人就伤痛地转过脸去，但尽管如此却出自一种往往是虚荣心的理由下令进行战争。在这里，效果方面是根本不成比例的，人们怎么能说普遍的人类之爱是其原因呢？

它产生。因为且不说对我们与之打交道的人们的取悦常常就是对处在这个小圈子之外的其他人的不义，一个这样的人仅就动机而论，就有可能犯下所有的罪恶，这并不是出自直接的倾向，而是因为他活着就喜欢取悦别人。他会由于热诚的取悦而成为一个说谎的人、一个闲人、一个酒鬼等等，因为他的行事所遵照的不是在根本上关涉普遍的良好行为的规则，而是一种自身虽美、但却由于没有控制和没有原则而变得愚蠢的爱好。

据此，真正的德性只能植根于原则之上，原则越普遍，就越是崇高和高贵。这些原则不是思辨主义的规则，而是一种活在每个人心中并且远远不止扩展到同情和取悦的特殊根据之上的情感的意识。我相信，如果我说它是**人性的美感和尊严感**，也就概括了所有的东西。前者是普遍仁爱的根据，后者则是普遍尊重的根据；而当这种情感在某一个人的心中达到最大的完满时，这个人虽然还会爱并且看重自己，但只是就他乃是他那博大并且高贵的情感所扩及的一切人中间的一员而言的。只有当人使自己的特殊倾向服从一种如此博大的倾向的时候，我们善意的动机才能得到合比例的运用，并且实现是德性之美的那种高贵的礼仪。

就人性的弱点和普遍的道德情感对绝大多数人心所能施加的微薄力量而言，天意在我们身上置入了辅助性的动机，作为德性的补充；它们在推动着一些人即便是无原则地从事美的行动的同时，也能够给予另外一些被原则所支配的人们一种更大的推动和一种更强的动力去从事美的行动。同情和取悦是美的行动的也许会被更为粗鄙的自私自利的优势统统窒息的根据，但却如我们所看到的那样，它们不是德性的直接根据，尽管它们由于与德性的渊源关系而被高贵化，从而也博得了德性的名称。因此，我可以把它们称之为**嗣养的德性**，而把那些建立在原则之上的称之为**真实的德性**。前者是美且动人的，惟有后者 〔218〕

才是崇高可敬的。前一些感受所支配的心灵，人们称之为一颗**善良的心**，而称这样一种人为**有善心的**；与此相反，人们有理由说从原则出发而有德性的人有一颗**高贵的心**，而称他本人为**正直的人**。尽管如此，这些嗣养的德性毕竟与真实的德性有很大的相似性，它们包含着对善意好心的行为的一种直接的兴趣。有善心的人无须其他的意图而从直接的取悦出发就和平有礼地与你们相处，并对别人的困苦感到由衷的同情。

然而，由于这种道德上的同情尽管如此仍不足以推动怠惰的人性去从事公益的行动，所以天意在我们里面还置入了某种情感；它是典雅的，并能够推动我们，或者平衡较为粗鄙的自私自利和平庸的享乐欲。这就是**荣誉感**，它的结果是**羞耻心**。别人对我们的价值可能拥有的意见以及他们对我们的行动的判断，是一种诱导我们作出许多牺牲的具有很大力量的动机；有些事情，一大部分人去做它，可能既不是出自直接升起的善心的激动，也不是出自原则，其发生经常是纯粹为了外在的表面，出自一种虽然自身浅薄但却很有用的幻觉，就好像是别人的判断决定着我们和我们的行动的价值似的。出自这种动力所发生的事情，一点也不是有德性的，因而每一个想被认为是有德性的人，都小心翼翼地掩饰起荣誉心的动机。这种爱好甚至也不如善心那么接近真正的德性，因为它不能直接由行为的美、而是由行为落入别人眼中的体面推动的。据此，由于荣誉感毕竟还是典雅的，我把它所引起的类似德性的东西称之为**德性的闪光**。

如果我们就这三类情感中的一类在人们里面占支配地位并决定道德上的性格而言来比较人们的各种性情的话，我们就会发现，它们中的每一种都与以通常的方式划分的气质中的某一种有更为接近的关系，除此之外，黏液质的人被认为更缺乏道德情感。这并不是说，这些不同性情的特点的主要标志取决于

〔219〕

上述特征，因为较粗鄙的情感，例如自私自利、平庸的享乐欲等等，我们在本文中根本不予考虑，通常的分类尽管如此还是首先着眼于诸如此类的爱好的；而是因为上述较为文雅的道德感受更为容易使人与这些气质中的这一种或者那一种相结合，而且确实绝大多数也是与之统一的。

对人性的美和尊严的一种内在情感以及心灵把其全部行动都与之作为普遍的根据相联系的自制与坚定，是严肃的，与轻浮的戏乐无缘，也与一个轻佻的人的反复无常无缘。它甚至接近于忧郁，就其建立在恐惧之上而言，这是一种温顺而且高贵的感受；一个受到限制的灵魂在满怀一个庞大的计划而看到自己必须战胜的种种危险，并面临自我克服的艰辛而又伟大的胜利时，就会感到这种恐惧。因此，从原则出发的真实的德性自身就具有某种看起来与温和意义上的**黑胆汁质**性情最为一致的东西。

善心，即心灵根据现存的原因而在种种个别场合里被同情和善意所打动的美和敏感性，非常服从于情景的变迁；而在灵魂的运动不以普遍的原则为基础的时候，它就很容易根据对象呈现的是这一面还是另一面而采取变化的形态。由于这种倾向是以美为目的的，所以它看起来极为自然地与我们称之为**多血质**的那种性情结合在一起。多血质的性情是轻浮的、屈从于享乐的。我们应当在这种气质中寻找我们称之为嗣养的德性的那些可爱的品性。

荣誉感通常都被当做**胆汁质**性情的一个标志；因此，我们就有理由为描述这样一种性格而寻找这种文雅情感的绝大多数只是以炫耀为目的的道德结果了。 〔220〕

从未有过一个人没有任何较文雅的感受的痕迹，但**黏液质**的人的性格更多地缺乏这些感受，这种缺乏相对而言也叫做冷漠无情；人们甚至还认为他不具有较粗鄙的动机，例如金钱欲等等，但我们还是可以把这些动机连同其他联系密切的爱好都留给他，因为它们根本不属于这一计划。

现在，让我们根据对气质所采用的分类来对崇高和美的感受主要就它们是道德的而言作出更详细的考察。

一个情感归入**黑胆汁质**的人，之所以被如此称呼，并不是因为他被剥夺了生活的快乐，而在阴沉的忧郁中忧心忡忡，而是因为他的感受在被扩大而超过一定的程度时，或者因为一些原因而走上一个错误的方向时，就容易进入这种状态，而不是另外一种状态。他首先有一种崇高感。即便是他同样有感受的美，也必定不仅吸引他，而且还由于美引起了他的惊赞而使他激动。愉悦的享受在他那里也更为严肃，但并不因此而更小。崇高的所有激动比美的那种故弄玄虚的魅力自身具有更多的令人着迷的东西。他的幸福与其说是快乐倒不如说是满意。他是坚贞不渝的。为此起见，他使自己的感受服从于原则。这些感受所服从的这种原则越是普遍，控制着低级情感的高级情感越是广泛，它们就越是不屈从于无常和变化。各种爱好的一切特殊根据，如果不是从这样一个高级根据推导出来的，就都要屈从于许多例外和变化。活泼可亲的阿尔赛斯特说过：我爱并且珍视我的妻子，因为她美、讨人喜欢并且聪明。但是，如果她由于疾病而变丑，由于年老而心情不好，而在最初的着迷消逝之后也并不让你们觉得比任何别的女人更聪明，那时会是什么情形呢？如果根据已经不复存在，爱慕会变成什么样子呢？与此相反，请看与人为善、老成持重的阿德拉斯特。他心里想：我将热诚地、尊重地对待这个人，因为她是我的妻子。这种意念是高贵的和慷慨的。此后，偶然的魅力可能发生变化，但尽
〔221〕管如此她却仍然是他的妻子。高贵的根据始终如一，不那么屈从于外部事物的无常。与仅仅由于个别的激发而澎湃的冲动相比，原则就具有这样的性质；这样，有原则的人就与偶尔产生

善心的和热诚的运动的人处于对立之中。但是，如果甚至连他心灵中的隐秘声音也说道："我必须帮助那个人，因为他在受苦难；这并不是说，他是我的朋友或者伙伴，或者我认为他有能力终有一天投桃报李。现在没有时间仔细推究，耽搁在提问题上。他是一个人，而人所遭遇的，我也都会碰到。"那时又将如何呢？在这种情况下，他的行为方式所依据的就是人性中善意的最高根据，并且无论是就其不变性而言，还是为其运用的普遍性起见，都是崇高的。

我继续自己的说明。黑胆汁质性情的人很少关心别人作出什么判断，别人认为什么是善的或者真的，他在这种情况下依据的是他自己的见识。由于动机在他里面取得了原则的本性，所以他不会轻易地产生别的念头；他的坚贞不渝有时也会蜕变为固执己见。他漠然地看待时尚的变迁，对它们的闪烁不定嗤之以鼻。友谊是崇高的，因而适合他的情感。他也许会失去一个多变的朋友，但后者却不会那么快地失去他。甚至追忆已逝的友谊对他来说也还是可敬的。能言善辩是美的，而充满思想的沉默则是崇高的。他是他自己和他人的秘密的良好守护者。真诚是崇高的，他痛恨谎言和虚伪。他对人性的尊严有一种高度的情感。他尊重自己，认为一个人是一个应予尊敬的造物。他不能容忍任何下贱的卑躬屈膝，以一个高贵的胸怀呼吸着自由。从人们在宫廷中佩戴的镀金链，到橹船上船奴沉重的铁链，一切链环对他来说都是可憎的。他对自己和对别人都是一个铁面无私的法官，而且常常对自己和对世界都感到厌倦。

在这一性格的蜕变中，严肃倾向于忧郁，虔诚倾向于狂想，对自由的热爱倾向于狂热。侮辱和不公正在他心中点燃起复仇的欲望。在这种情况下他是可怕的。他履险如夷，视死如归。如果他的情感颠倒错乱，并且缺乏一种清醒的理性，他就会陷入**冒险性**。灵感、显现、诱惑。如果知性更弱一些，他就 〔222〕

会陷入**怪诞**、重要的梦、预感和奇迹。他有成为一个**幻想家**或者一个**怪人**的危险。

多血质性情的人**美感**占优势。因此他的快乐是笑逐颜开、生气勃勃的。如果他不快活，那他就会恼火，他很少懂得心满意足的宁静。丰富多彩是美的，他喜欢变化。他在自身之内和自身周围寻找快乐，使别人高兴，是一个好的社交伙伴。他富有道德上的同情心。别人的欢乐使他惬意，别人的痛苦则使他忧伤。他的道德感是美的，但却没有原则，在任何时候都直接取决于对象给他造成的当下印象。他是所有人的朋友，或者换句话说也一样，他本来从不是一个朋友，尽管他心地善良，与人为善。他不作假。他今天会以自己的友谊和良好的方式为你们助兴，明天当你们生病或者陷入不幸的时候，他也会感到真正的毫不作假的同情，但却会悄然地离开，直到情况有了改变为止。他必定永远不是一个法官。法律通常对他来说过于严厉，他被眼泪所贿买。他是一个糟糕的圣徒，从来都不真正地善也不真正地恶。他经常出轨，放荡不羁，更多地是出自取悦而不是出自爱好。他慷慨好施，乐于行善，但却是自己所欠债务的一个糟糕的偿还者，因为他对于善颇有感受，但对正义却少有感受。没有人像他那样对他自己的心灵有如此好的见解。即使你们不高度评价他，你们也不得不爱他。如果他的性格进一步堕落，他就会沦为**愚蠢**，他是嬉戏成性的和孩子气的。如果不是年龄还减少一点活泼，或者造成更多的知性的话，他就有成为一个老花花公子的危险。

被人们认为属于**胆汁质**性情的人，对人们称之为**华丽**的那种崇高有一种占支配地位的情感。他本来只不过是崇高性的闪光，是一种绚丽夺目的色彩，掩盖了事物或者人物也许只是低
〔223〕劣和平庸的内在涵义，凭借外表来迷惑和感动人。就好像一座建筑物，靠表现石砌的粉刷来造成一种高贵的印象，就好像它

确实是石头砌成的，并靠粘贴的横线脚和半露柱来给人以坚固的看法，尽管它们很少有支撑也不承托任何东西一样，掺假的德性、智慧的假金箔和刻意渲染的功德，却也是闪闪发光的。

胆汁质的人从落入人们眼中的仪表和外观出发考察他自己的价值和他的事业与行为的价值。至于对象自身所包含的内在性质和动机，他漠然视之，他既不被真正的善意所温暖，也不被尊敬所感动。① 他的举止行为是做作的。他不得不善于采取各种各样的立场，以便从旁观者们不同的态度出发判断自己的仪表；因为他很少问自己是什么，而是只问自己表现为什么。为此，他不得不清楚地知道他自己的行为举止在自身之外将拥有的对普遍鉴赏力的作用和各种各样的印象。既然他在这种狡谲的注意之中绝对需要冷血，必须不让自己被自己心灵的爱、恻隐和同情心所迷惑，他就也会避免一个多血质的人由于被自己直接的感受所迷惑而陷入的诸多愚蠢和不愉快。为此起见，他通常总是显得比实际上更为明智。他的善意乃是客气，他的敬意乃是礼仪，他的爱乃是有意的阿谀奉承。当他作出一个情人或者一个朋友的样子时，他在任何时候心中都充满了自己，他从来都既不是情人也不是朋友。他追求时尚是为了炫耀；但由于在他那里一切都是矫揉造作，所以他在这方面是死板笨拙的。他远比单纯被偶然的印象所推动的多血质的人更多地按照原则来行动；但这些原则却不是德性的原则，而是荣誉的原则，而且他也没有行动的美感和价值感，而是只重视世人可能对它们作出的判断。此外，由于他的行事方式就人们看不到其由以产生的源泉而言，几乎与德性自身同样是公益的，所以他

① 他甚至只是就他猜测别人认为他幸福而言才认为自己是幸福的。

〔224〕在一般人的眼中就赢得了敬重，就像是有德性的人，但在较为精明的人眼前，他小心翼翼地掩藏自己，因为他清楚地知道，荣誉欲的隐秘动机被揭破，就会使他失去尊敬。因此，他致力于伪装自己，在宗教上是假仁假义，在交往中阿谀奉承，在政治党派上随机应变。他乐意做伟人的奴隶，以便由此成为小人物们的暴君。**天真**这种带着自然的而不是做作的标记的高贵或者美的淳朴，对于他来说是全然陌生的。因此，如果他的审美发生蜕变，那么，他的炫耀就会成为**渲染的**，即以一种令人讨厌的方式自吹自擂。在这种情况下，无论是就作风还是就服饰来说，他都陷入了荒唐无稽（夸大过火），这是一种对华丽而言犹如冒险或者古怪对严肃的崇高而言的怪诞。这样，在受到侮辱时，他诉诸决斗或者诉讼，而在民事关系中则诉诸家世、特权和头衔。只要他还只不过是虚荣，也就是说，追求荣誉并力求引人注目，人们还可以容忍他，但如果他虽然全然缺乏真正的优点和才能，却还要自吹自擂，那么，他就成了他自己最不愿意被人当成的角色，亦即一个**蠢材**。

由于在**黏液质**的合成中，通常没有加入特别引人注目程度的崇高或者美的成分，所以这种心灵品性就不属于我们考虑的范围了。

无论我们迄今所讨论的这些较文雅的情感是哪一类的，是崇高的还是美的，它们都共有一种命运，即在对此没有情感的人的判断中，它们在任何时候都显得是错乱的和荒唐的。一个宁静而又自利地勤勉不息的人，可以说根本不具备各种官能来感受一首诗或者一种英雄德性里面的高贵特征，他爱读鲁滨孙甚于爱读格兰狄逊，把卡托看做是一个顽固不化的蠢材。同样，别人觉得引人入胜的东西，对于具有某种严肃性情的人来说就显得是愚蠢幼稚的，而一部田园故事花样翻新的天真对他们来说也就是乏味的和童稚的。即便是心灵并不完全没有一致的较文雅的情感，心灵敏感性的程度也是极其不同的；人们可以看到，一个人认为高贵体面的东西，另一个人则觉得虽然伟大，但却是冒险性的。能有机会在非道德的事情上琢磨出别人 〔225〕
情感方面的某种东西，也可以使我们有理由以相当大的可能性推论到他在较高的性情、甚至是心灵品性方面的感受。凡是对美妙的音乐感到无聊的人，使人强烈地猜测，文风的美和爱情的迷人对他来说也都将很少有什么力量。

有某种偏爱小东西的精神（esprit des bagatelles），它表现出一种文雅的情感，但这种情感却旨在崇高的对立面。那是对某种东西的情趣，因为那东西是非常**精工细作的**，是要付出辛劳的，例如可以顺着读和倒着读的诗句、谜语、戒指上的钟表、蚤链等等。那是对一切虽然没有用处、但却精打细算、刻意安排而**井然有序**的东西的情趣，例如在书橱中很讲究地排成长列的书和看着它们而兴高采烈的空洞大脑，装饰得像万花筒、刷洗得异常干净的房间连同一个居住它们的不好客的、闷闷不乐的房东。那是对一切罕见的东西的情趣，哪怕它也很少有内在的价值。爱比克泰德的灯、国王卡尔十二世的手套；硬币搜集也以某种方式属于这一类。这样的人很值得怀疑，他们在科学上是苦思冥想的人和怪人，但在道德上对一切以自由的方式美和高贵的东西都没有情感。

如果对于一个看不到感动或者吸引我们的东西的价值或者美的人，用说他**不理解**这种东西来打发他，那么人们相互对待就不公正了。这里的关键并不那么在于**知性**所认识的东西，而是在于情感感受到的东西。尽管如此，灵魂的各种能力却有一种如此巨大的联系，以至人们在大多数情况下都能够从感受的表现推论到认识的才能。因为对于一个具有诸多知性优点的人来说，如果他不同时对真正高贵或者美的东西具有强烈的感受，这种才能就是枉然赋予他的；对真正高贵或者美的东西的强烈感受必然是适当并且合规则地运用上述那些心灵禀赋的动力。①

〔226〕 仅仅把能够满足我们较粗鄙的感受的东西，把能够使我们饮食富足、衣着和居室用具奢侈、此外宴客挥霍的东西称之为**有用的**，这已经成为习惯；虽然我看不出，为什么不是所有只要符合我最活跃的情感的东西就都能同样地被列为有用的东西。然而，如果把一切都置于这个基础之上，那么，受**自利**所支配的人，就是人们必定无法与之理论较文雅的情感的一个人。从这样的观点来看，一只母鸡当然比一只鹦鹉更好，一口锅比一件瓷器更有用，世界上所有机智的头脑也抵不上一个农民的价值，而发现恒星距离的努力也可以搁置下来，直到人们就怎样能够最有效益地驾犁达成一致意见为止。然而，参与这样一场争论是何等的愚蠢！这里根本不可能彼此达到一致的感受，因为情感根本就不是一致的。尽管如此，一个感受最粗鄙、最平庸的人也能够觉察到：生活中看起来最非必需的魅力和安逸吸引着我们大多数的关注，而如果我们要排除掉它们，我们就剩不下多少动力去从事如此多种多样的努力了。此外，也没有一个人会如此粗鄙，以至于感受不到，一件道德行为至少是对另一个人来说，离自利越远，它里面的那些较为高贵的动机越突出，就越是感动人。

① 人们也看到，情感的某种文雅性也被看做是一个人的成就。某人能够大吃肉食或者糕饼，此外他还能够无可比拟地酣睡，人们可以把这解释为他随意的标志，但不可解释为一种成就。与此相反，谁牺牲一部分用餐时间来听音乐，并能够因一幅绘画而进入一种惬意的消遣，或者喜欢读一些风趣的东西，即使只是一些小诗，那么，他就几乎在每一个人的眼中都有了一个较为文雅的人的体面，人们对这样的人有一种较为有利的、对他来说更值得称道的评价。

在我交替地说明人的高贵方面和薄弱方面的时候，我提请自己注意，我未能采取一种立场，由它出发这些对比就仍然以一种动人的形象展现出整个人性的壮丽画卷。因为我很高兴地满足于：就属于大自然的规划而言，这些怪诞的态度所能够提供的无非是一种高贵的表达，尽管人们过于短视，未能在这一关系中观察它们。然而，为了对此作出薄弱的考察，我相信能 〔227〕够作出如下的说明。在人们中间，按照原则行事的人**寥寥无几**，这也绝对是好事，因为人们就这些原则而言犯错误，是极容易发生的事情；在这种情况下，原则越普遍，为自己确立原则的人越坚定，由此产生的害处也就牵涉面越广。从**善心动机**出发行事的人，为数就**多得多**，这是极好的事情，尽管就个别而言这还不能被算作个人的特殊成就；因为这些有德性的本能有时也犯错误，但一般来说，就像其他如此合规则地推动动物世界的动机一样，它们同样能够执行自然的伟大意图。牢牢地盯视着自己最心爱的自我、把它作为自己各种努力的惟一关联点、并且致力于让一切都围绕**自利**像围绕一个大轴心那样旋转的人，为数**最多**，没有比这种情况更有利的了，因为这些人最勤勉、最讲秩序、最谨慎；由于他们也不自觉地成为公益的，并提供必要的需求和较为文雅的灵魂传扬美与和谐的基础，他们也就为整体提供了支撑和稳定。最后，**对荣誉的爱**尽管是以不同的程度，但却分布在**所有**人的心中，这必定赋予整体一种引人入胜乃至令人惊赞的美。因为尽管荣誉欲就其成为人们令其他爱好服从的规则而言是愚蠢的幻觉，但它作为一种伴随的动力却是极为有利的。因为当每一个人在大舞台上按照自己占支配地位的爱好行动时，他都同时被一种隐秘的动力所推动，在思想上于自身之外采取一种立场，以便判断自己的举止所具有的体面，看它显得如何，在旁观者的眼中看来如何。这样，不同的群体就结合成为一幅色彩绚丽的画卷，其中在巨大的多样性中突显出统一性，而道德本性的整体则自身显示出美和尊严。

〔228〕 第三章

论两性相对关系中美与崇高的区别

最先以**美的性别**这个名称来理解女性的人，也许是想说点奉承的话，但他却比他自己所可能相信的说得更为一语中的。因为且不说与男性相比，她们的体型更为纤巧，她们的线条更为柔韧、更为温顺，她们的神情在表现友谊、戏谑和亲切时更加意味深长、更加动人，也不忘记人们必须为她们使我们的热情倾向于对她们的有利判断的神秘魅力所必须考虑的东西，尤其是在这一性别的性情中，蕴涵着一些与我们的性情清晰有别的特征，主要是在于使她们因美的标志而为人所知。另一方面，我们可以要求被称为**高贵的性别**，如果这并不也要求一种高贵的性情来拒绝荣誉称号，喜欢授予荣誉称号甚于接受荣誉称号的话。但不要把这理解为：女性缺乏高贵的品性，或者男性必定全然缺乏美，毋宁说人们期待的是，每一个性别都结合了这二者，以至对于一位女性来说，其他所有优点结合在一起，只不过是为了提高作为真正关联点的美的特性，而与此相反，在男性的品性中，崇高则作为其性别的标志明显地突出出来。对于这两个性别的所有判断，无论是赞扬的还是责难的，都必须与此相关联；一切教育和传授都必须着眼于此，一切促进这一性别或者另一性别的道德完善的努力，只要不想抹煞大自然要在人类两性之间作出的引人入胜的区别，就都必须着眼于此。因为在这里，仅仅意识到面前有人是不够的，人们必须同时注意到，这些人并不是属于同一个性别的。

女性对于一切美的、纤巧的、经过装饰的东西都具有一种 〔229〕
天生的、较为强烈的情感。早在孩童时期，她们就喜欢打扮，为得到装扮而感到高兴。她们爱整洁，对一切令人讨厌的东西都非常敏感。她们喜欢戏谑，哪怕是区区小事，只要是欢乐可笑的，她们都能够因此而开心。她们很早就有一种端庄的品质，善于使自己有一种典雅的风度并且自矜；而这是在我们受到良好教育的男孩子还不受管束、举止笨拙、尴尬难堪的年纪里发生的。她们富有同情心、好心肠和恻隐心，置美于有用之上，很乐意把富裕的生计转化为节约，以便支持在争奇竞艳方面的开销。她们对极小的冒犯都有非常敏感的感受，而且非常细心地觉察到对她们最轻微的缺乏注意和尊重。简而言之，她们就人性而言包含着美的品性和高贵品性之对比的主要根据，并且甚至使男性变得精细文雅。

但愿人们别要求我列举可以与上述品性媲美的男性品性，并且满足于仅仅在对比中考察二者。美的性别与男性性别一样拥有知性，只不过那是一种**美的知性**，而我们的知性则应当是一种**深邃的知性**，这是与崇高相同的一个表述。

一切行为之所以是美的，首先是因为它们自身表现出轻松，显得无须艰苦的努力就能够完成；与此相反，奋斗和克服困难则激起惊赞，因而属于崇高。深刻的沉思和长期不懈的考察是高贵的，但却是沉重的，不大适合于一个其无拘无束的魅力所表现出来的无非是美的本性的人。繁难的学习和艰辛的思索，即使女性能够在这方面有很高的造诣，也会耗尽女性特有的诸多优点，并且可能会由于罕见性而使这些人成为一种冷漠的惊赞的对象，但同时它们也将削弱这些女性赖以对另一性别施展巨大力量的魅力。一个像**达西埃**夫人那样满脑袋装着希腊文、或者像**查泰勒**侯爵夫人那样在力学领域参与基本争论的女 〔230〕

性，简直就可以再长出一部胡须来了；因为一部胡须也许可以更清楚地表现出她们所追求的深邃的神态。美的知性选择一切与文雅的情感密切相关的东西作为自己的对象，而把抽象的思辨或者有用但却枯燥的知识留给勤勉的、缜密的、深邃的知性。因此，女性不要去学习几何学，关于充足理由律或者单子，也只需要知道为领会我们这个性别肤浅的思想者所体味过的嘲讽诗中的味道所必需的那么多。美的女性可以听任笛卡尔不停地转动他的漩涡，对此毫不关注，哪怕是彬彬有礼的**封德耐尔**想在行星中间为她们举行社交晚会；即使她们对**阿尔迦罗蒂**为她们好而努力根据牛顿学说关于原始物质的吸引力所写出的一切一无所知，她们的魅力的吸引力也不会损失任何力量。她们就历史学而言无须脑袋装满各大战役，就地理学而言无须脑袋装满各大要塞；因为让她们嗅火药味，和让男人们嗅麝香味一样不适合。

看来，想把美的性别诱导到这种颠倒了的趣味，乃是男人们的一种恶意的诡计。因为男人们清楚地意识到面对美的性别的天然魅力时自己的弱点，哪怕是仅仅狡黠的一瞥，就比最繁难的学术问题更使他们不知所措。女性一旦陷入这种情趣，男人们便马上发现自己处于一种更明显的优势，获得一种他们通常很难得到的好处，即以一种慷慨大度的宽宏来改善自己虚荣心的弱点。女性的大学问的内容毋宁说是人，而在人里面则是男人。她们的世俗智慧不是理性思维，而是感受。就人们想给她们提高自己美的天性的机会而言，人们在任何时候都必须牢记这种关系。人们要力求扩大的，是她们全部的道德情感，而不是她们的记忆，并且不是借助普遍的规则，而是借助她们对自己在身边看到的行为举止的判断。人们为了认识美的性别对
〔231〕世界事务曾经有过的影响而从其他各个时代借来的实例——她们在其他时代里或者在别的国家里与男性各种各样的关系，两

种性别由此可以得到说明的特点，以及变化不定的享乐情趣，构成了她们全部的历史学和地理学。一幅地图，或者是整个地球的或者是地球各最主要部分的，让其外观受一位女性欢迎，是一件美事。要做到这一点，所出示的地图只是为了描述地球上居住的各民族的不同特点，他们的情趣和道德情感的差异，尤其是这些东西对两性关系的影响，再加上一些从各地域的差异、他们的自由或者奴役出发所作的轻松的说明。至于她们是否知道这些国家的特殊分布，它们的产业、实力和统治者，就非常无关紧要了。同样，关于宇宙大厦，她们所了解的，也不必多于当她们在一定程度上领会了还可以发现更多的世界并在那里发现更多的造物之后，使天穹的景观在一个美丽的夜晚对她们来说能打动人心所必需的。至于对富有表现力的绘画和音乐的情感，并不是就它们表现了艺术，而是就它们表现了感受，所有这一切都升华和提高了这个性别的情趣，并在任何时候都与道德的激动有一些联系而言的。这从来都不是一种冷漠的、思辨的课堂，在任何时候都是感受，而且是就其性别关系而言尽可能地保持接近的感受。这种传授之所以如此罕见，乃是因为它要求才能、经验和充满情感的心；女性大可缺乏别的任何传授，就像女性即便没有这种传授通常也可以自己教育好自己一样。

女性的德性是一种**美的德性**。① 男性的德性则应当是一种**高贵的德性**。她们要避免恶，并不因为那是不对的，而是因为那是丑陋的，而有德性的行为在她们那里就意味着美的行为。

① 这种德性上文第 24 页（本书边码第 217 页）在一种严格的判断中被称之为嗣养的德性；在这里，既然它由于性别的特点理应得到一种有利的辩护，它就一般地叫做一种美的德性。

没有什么应当，没有什么必须，没有什么责任。女性不能忍受任何命令和不愉快的强制。她们做某种事情，只是因为她们如
〔232〕此喜欢那事情，而艺术也就在于使她们只喜欢善的事情。我很难相信美的性别能有原则；我希望由此并没有冒犯她们，因为原则即便在男性那里也是极为罕见的。但是，天意为此赋予她们胸中以良好的和善意的感受、一种文雅的体面感和一个可爱的灵魂。人们并不要求牺牲和慷慨的自我强制。一个男人如果为了一个朋友而使自己的一部分财产承担风险，他决没有必要把这告诉自己的妻子。为什么他要用一个只有他自己有义务保守的重要秘密来给她的心灵加上负担，从而束缚了它的谈笑风生呢？甚至她们的许多弱点，也都可以说是**美的缺陷**。冒犯或者不幸会打动她们柔弱的灵魂，使她们陷入悲伤。男人则除了慷慨悲壮的泪水外，决没有必要淌别的泪水。如果他在痛苦中或者为幸福而淌泪，这泪水会使他被人鄙视。人们如此频繁地加诸美的性别的**虚荣心**，如果在她们身上确实是一种缺陷的话，那也只不过是一种美的缺陷。且不说如此喜欢奉承女性的男人们，如果女性不乐意接受这种奉承，就会情绪败坏，她们确实由于虚荣心而使自己的魅力充满了生气。这种爱好乃是展示可爱和良好风度的一种动力，使她们那快乐的机智得以发挥，同时还通过变换不定的服饰发明而光彩照人，来提高自己的美。这里根本没有任何冒犯别人的东西，相反，如果是以良好的情趣这样做的话，毋宁说包含了如此之多美好的东西，以至如果对此横加指责，就是非常没有教养了。一个在这方面过于轻浮易变、忸怩作态的女性，就叫做**愚妇**；尽管如此，这一术语并不具有像变了尾音用于男人时的那样一种严厉的涵义，甚至在人们相互如此理解的时候，它有时还能够表示一种亲切的奉承。如果虚荣心是一个女性身上很值得原谅的缺陷的话，那么，**自吹自擂的品质**在她们身上就不仅像在一般人身上那样

应予谴责，而且会全然损害她们的性别特征。因为这种品性是绝对愚蠢和丑陋的，并且与她们那楚楚动人的谦和魅力是背道而驰的。在这种情况下，这样一个人就处于一种轻佻的境地了。她会使自己受到毫不留情的、尖刻的评判；因为谁自吹受 〔233〕
到敬重，就会招致周围的一片非议。每一次发现，哪怕只是极小的缺陷，都会给每一个人带来真正的愉快，而**愚妇**一词在这里也就失去了它的温和的涵义。人们必须在任何时候都把虚荣心与自吹自擂区分开来。前者追求称赞，在一定程度上还尊重她为之付出这种努力的人，后者则相信自己已经完全拥有称赞，而由于她不致力于博得称赞，她也就得不到称赞。

如果说虚荣心的一些成分根本不会损害一位女性在男性眼中的形象的话，它们却越是明显，就越是造成美的性别相互之间的不和。在这种情况下，她们相互作出非常尖刻的评判，因为一个女人看起来使另一个女人的魅力黯然失色；而实际上，那些强烈地狂妄自诩征服别人的女人，彼此之间很难成为真正意义上的朋友。

没有任何东西像可厌那样与美背道而驰，就像再也没有任何东西比可笑更低于崇高了一样。因此，辱骂之触及痛处，对于一个男人来说莫过于说他是**愚人**，对于一个女性来说莫过于说她**讨厌**。英国的《观察者》认为：对于一个男人来说，所能作出的最伤人的谴责莫过于称他是说谎者，而对于一位女性来说，最为刺痛的谴责莫过于认为她不贞洁。如果按照道德的严格性来判断这一点的话，我想保留它的价值。然而，这里的问题并不是什么理应受到最大的谴责，而是什么在实际上被最严酷地感受到了。而在这里我要问每一个读者，如果他在思想中将自己置于这一场合，他是否不一定赞同我的意见。尼侬·朗克洛小姐对贞洁这一荣誉没有提出丝毫的要求，尽管如此，假如她的一位情人在自己的判断中走到如此之远的地步，她也会受到无情的冒犯；人们知道蒙那德齐由于这样一种冒犯的表述而在一位不愿意扮演某个鲁克莱西娅的女王那里获得的悲惨命运。有人尽管想做坏事却不曾能够去做是不堪忍受的，因为那样的话，不干坏事在任何时候都只不过是一种非常暧昧的德性罢了。

〔234〕为了尽可能地远离令人讨厌的东西，**整洁**是必要的，它虽然对每一个人来说都是相宜的，但在美的性别这里却是头等的德性，而且被她们怎么推行都不会过分，但尽管如此，它在一位男士身上有时达到过分的程度，从而成为愚蠢可笑的。

羞耻心是大自然的一个秘密，它既为一种难以约束的爱好设置下限制，又由于它包含着大自然对自己的召唤，所以显得总是与良好的、道德的品性协调一致，尽管有些过分。因此，它作为原则的补充是极其必要的；因为没有任何场合像在这里那样，爱好如此轻易地成为诡辩，挖空心思地想出讨人喜欢的原则来。但同时，它也有助于甚至在大自然最适当、最必要的目的前面拉起一道神秘的帷幕，以便对这些目的过于平庸的熟知不造成讨厌，至少就人类本性最文雅、最鲜活的爱好植根于其上的动机的终极目的而言不造成冷漠。这种品性尤其为美的性别所固有，并且对这一性别也非常相宜。用某种人们称之为**亵语**的下流玩笑使女性柔顺的娴雅风度受窘或者不满，也是一种粗俗可鄙的无教养。然而，由于无论人们围绕这一秘密随心所欲地走多么远，性的爱慕毕竟最终是其余一切魅力的基础，而一位女性总是作为女性成为一场格调高尚的谈话受人欢迎的对象，所以由此也许可以说明，为什么通常彬彬有礼的男人们，有时放肆地借助其轻微蓄意的玩笑，表达出一些会使人称之为**轻浮**或者**狡黠**的暗示；而且在这个时候，由于他们既没有以窥探的目光冒犯别人，也不想伤害别人的尊严，所以他们相信有理由把以嗔怪或者矜持的神态接受它的人称之为**一本正经**

的女学究。我提出这一点，只不过是因为它通常被看做是美的交往中有点大胆的特征，即便在实际上，自古以来人们也在这方面用了许多心思；至于按照道德的严格性所作出的判断，不是这里要谈的东西，因为我在美的感受中只需要观察和阐明各种现象。

然而，如我们已经说明的那样，这一性别的各种高贵的品性决不可以使美感变得面目全非，它们清晰而又确凿地表现出来所凭借的东西，莫过于在有很大优势的时候具有一种高贵的单纯和天真的**谦逊**。由它辐射出对他人的一种安详的友好和尊重，同时还结合着某种**高贵的自信**和一种在崇高的性情那里在任何时候都可以发现的合理的自我评价。由于这种美妙的混合同时既用魅力吸引人，又以尊重打动人，所以它就使得其余所有闪光的品性安全地抵御蓄意的责难和嘲弄。具有这种性情的人也有一颗友谊的心，在一位女性身上怎样高度评价它都不够，因为它是如此罕见，同时又必然是如此迷人。〔235〕

既然我们的意图是对感受作出判断，那么，尽可能地用概念来表达美的性别的身材和姿容对男性造成的印象的不同，就不可能是一件令人反感的事情。这整个着迷根本上是在性的本能上展开的。大自然追逐着自己的伟大意图，而所有随之而来的美好，无论看起来离那意图距离多么遥远，都只不过是一些装饰，其魅力归根结底是借自这同一个源泉的。一种在任何时候都保持非常接近这种本能的健康而又**粗俗**的情趣，很少被一位女性身上的风度、姿容、眼波等等所诱惑，而由于他本来所关注的只是性别，所以他绝大多数情况下都把别人的娇美看做是毫无意义的卖弄风情。

尽管这种情趣并不文雅，但它也不应因此而受到鄙视。因为人类的绝大部分都借助它而以一种非常淳朴的可靠的方式遵

循着大自然的伟大秩序。① 绝大多数的婚姻都是由它促成的，
〔236〕而且还是人类最勤勉的部分；由于男人并没有让自己的头脑装满迷人的神态、脉脉含情的眼神、高贵的风度等等，而且一点也不懂这一切，所以他就更多地注意持家的德性、节俭等等以及嫁妆。至于区分女性的外在魅力所必需的更为文雅一点的情趣，它要么附着于在身材和面部表情方面**道德的**东西，要么附着于**非道德的**东西。一位女性就这后一种可爱而言，就叫做**漂亮**。匀称的身段、端庄的面容、眼睛和面孔的颜色形成秀美的对比，配上一束鲜花而令人喜爱、博得冷静赞誉的纯净的美。面孔自身虽然漂亮，却不说明任何东西，不能感人心灵。至于面容、眼神和神态的道德性的表现，则要么涉及崇高感，要么涉及美感。一位女性，她身上与其性别相称的可爱特别凸显出崇高在道德上的表现，就在真正的意义上叫做**美的**，其道德标志因在神态或者面容上清晰可辨而表现出美的品性的女性，就是**可爱的**，如果她们在一个较高的程度上可爱，就是**迷人的**。前者在冷静沉着的神态和高贵的风度之下使谦逊的目光闪烁出美的知性，而由于在它的脸上流露出一种温柔的情感和一颗善良的心，她既赢得了一颗男性心灵的爱慕，也赢得了它的敬重。后者则在笑逐颜开的眼神中表现出欢愉和机智，表现出某种文雅的捉弄、调皮的戏谑和狡黠的矜持。如果前者是感人的，后者就是迷人的；后者所能够拥有并在别人身上引起的爱情的情感是变化无常的，但却是美的，与此相反，前者的感受是温柔的、与敬重相结合的、持久的。我不能过于详尽地分析

① 就像世界上所有的事物都有其坏的一面一样，就这种情趣而言，值得遗憾的只是它比别的情趣更容易蜕变为放荡。原因在于，由于一个人所纵的火，任何一个别的人都可以再去扑灭，所以不存在足够的困难能够限制一种难以约束的爱好。

这种类型；因为在这样一些场合，作者任何时候都显得是在表述他自己的爱好。然而我还要提到：许多女士对一种健康但却浅淡的肤色所拥有的情趣在这里可以得到理解。因为这种肤色通常都伴随着一种具有更多内在情感和温柔感受的性情，这属于崇高的品性，与此相反，红润且容光焕发的肤色很少表现前一种性情，但却更多地表现一种欢愉明快的性情；但是，感动 〔237〕
人和吸引人要比迷人和诱人更合乎虚荣心。与此相反，没有任何道德情感、没有一些暗示着感受的表达的人，虽然可能很漂亮，但却既不感人也不迷人，除非是对我们已经提到过的那种**粗俗**的情趣，这种情趣有时使自己文雅一些，并在这种情况下按照自己的方式也作出选择。糟糕的是，这种美的造物很容易由于意识到其镜子向她们展示的美貌，又缺乏较文雅的感受，而陷入**自吹自擂**的错误；这时她们使一切都对她们无动于衷，只有别有用心且策划着阴谋诡计的谄媚者是例外。

按照这些概念，人们也许能够稍稍理解同一位女性的形象对男人们的情趣所造成的不同影响。在这种印象中与性本能关系过于密切以及可能与每一个人的感受都在其中得以表达的特殊的**肉欲**幻想相一致的东西，我就不谈了，因为那在较文雅的情趣的范围之外；也许，布丰先生的猜测是对的，即造成最初印象的形象在这种本能尚属新生并且开始萌动的时候，始终是在未来的时间里所有能够激活幻想的欲念的女性形象所要选择的原型，由此一种相当粗俗的爱好被迫在一个性别的不同对象中间作出选择。至于更文雅一些的情趣，我断定，我们称之为**漂亮形象**的那种美，所有男人的判断都是相当一致的，关于它的见解并不像人们通常认为的那样不同。所有到**切尔卡西亚和格鲁吉亚**旅行过的欧洲人，任何时候都认为那里的姑娘们是极为漂亮的。**土耳其人、阿拉伯人、波斯人**肯定非常赞同这种情趣，因为他们都十分渴望通过如此精雅的血统来美化自己的民

族，而且人们也注意到，波斯人种确实已经做到了这一点。**印**
〔238〕**度斯坦**的商人们同样也不会不通过把如此美的造物诱拐给自己国家好色的富人，而从一种罪恶的贸易中获得巨额的利润；人们看到，无论在这些不同的地区里情趣的偏好有多么大的差异，在一个地方被承认极其**漂亮**的，在其余所有地方也都被认为如此。但是，在把容貌方面道德性的东西掺杂进对文雅形象的判断的地方，不同的男人们的情趣就在任何时候都是极为不同的，这既是因为他们的道德情感自身就是有区别的，也是因为面孔的表情在每一个人的幻觉中可能具有的不同意义。我们发现，那些初看起来由于并不以明显的方式漂亮从而未造成特别效果的形象，通常一旦由于进一步的认识而开始招人喜欢，就会显得更加吸引人，并且不断地使自己更美；与此相反，一下子就显露出来的漂亮外貌，随后将受到更大的冷遇，这种情况之所以发生，大概是由于道德的魅力在显现出来时就更加吸引人，此外也是因为它们只是借道德感受的机会才使自己发挥作用，仿佛是使人发现自己，而每一次发现一种新的魅力，都总是使人猜测还有更多的魅力；而所有毫不掩饰的可爱，在它们一开始就发挥出自己全部的影响之后，就逐渐地不能再有所作为，只能使迷恋的好奇心冷却下来，逐渐地使它归于冷漠。

在这些考察中，十分自然地呈现出以下的说明。性爱慕中完全简单和粗鄙的情感虽然直接地导向大自然的伟大目的，而且由于它实现了大自然的要求，它也适宜于直截了当地使人自身幸福；然而，由于巨大的普遍性的缘故，它很容易蜕变为纵欲和放荡。另一方面，一种非常文雅的情趣虽然有助于一种狂猛的倾向的野性，并且由于它把这种倾向限制在为数很少的对象之上而使它庄重得体，但它通常却错过了大自然伟大的终极意图，而且由于它所要求或者期待的对象比大自然通常提供的更多，所以它一般很少使具有如此精细感受的人幸福。前一种性情将是粗野的，因为它是针对一个性别的所有个人的；后一种性情将是冥想的，因为它本来不针对任何个人，而只是致力于一个热恋的爱慕在思想中创造出来的对象，并且用所有高贵的和美的品性来装扮它，而这些品性却是大自然很少在一个人身上结合起来的，更少把它们带给那个能够珍惜它们、也许配得上这样一种占有的人。由此就产生出婚姻结合的延迟乃至完全放弃，或者也许同样糟糕的，是在作出不能满足人们自己给自己提出的重大期待的选择之后所感到的一种郁郁寡欢的悔恨；因为虽然伊索的公鸡经常找到珍珠，但平凡的大麦粒也许更适合它。 〔239〕

我们在这里可以一般地说，无论温柔情感的印象多么迷人，只要我们不想由于过大的敏感性挖空心思地给自己设想出诸多烦恼和痛苦之源，人们都有理由在这种情感的文雅化方面谨慎行事。我本想建议较为高贵的灵魂，就他们自身所拥有的品性或者他们自己所作出的行动而言尽可能地使情感文雅，与此相反，就他们所享受或者所期待别人的东西而言使情趣保持淳朴；只要我看出如何可能做到这一点。但是，如果事情这样进行，他们就会使别人幸福，他们自己也就是幸福的。千万不要忘记：无论以什么方式，人们都不可以对生活的幸福和人的完满提出很高的要求；因为在任何时候都只期待某种中庸的东西的人，具有这样一种好处，即结果很少会违背他的希望，相反有时出乎意料的完满还会使他喜出望外。

最后，年龄在威胁着所有这些魅力，它是美的强大的毁灭者；而且如果事情应当按照自然的秩序进行，崇高和高贵的品性就必定逐渐地取代美的品性的地位，以便使一个人随着可爱的减退而值得越来越大的敬重。在我看来，美的性别在正值妙龄时的全部完美都应当在于美的淳朴，这种淳朴由于对一切迷人和高尚的事物的一种更为文雅的情感而得到升华。逐渐地，

〔240〕随着对魅力的要求的减退，读书和拓展见识就不知不觉地以缪斯女神取代了美惠女神空缺出来的地位，而丈夫应当是最初的教师。即便是对所有女性来说都如此可怕的衰老期降临，她也依然始终属于美的性别；如果她因对更长久地保持这种特性感到某种绝望而陷入一种闷闷不乐、郁郁寡欢的情绪之中，她就在使自己变丑了。

一个上了年纪的人，以一种端庄友好的风格参与社交活动，谈话明快而且理性，得体地赞助自己不再参与的年轻人的娱乐，并且由于她关心一切，从而对周围洋溢的欢乐流露出满意和快慰，所以始终是一个比同龄的男人更文雅的人，也许比一位少女还更可爱，虽然是在另一种意义上。一位古代哲学家在谈到自己的爱慕对象时说：**美惠女神就居住在她的皱纹里，当我吻她干瘪的嘴唇时，我的灵魂似乎就浮现在我的双唇上。**当他这样说时，他所提出的柏拉图之爱虽然有点过于神秘，但诸如此类的要求在这种情况下也必须放弃。一个热恋的老男人是花花公子，而另一个性别的类似要求则是令人厌恶的。如果我们没有表现出良好的风度，那原因不在于自然，而是在于人们要颠倒自然。

为了不离开我的正文，我想就一个性别对于另一个性别在美化和高贵化情感方面能够施加的影响作一些考察。女性对美有一种出色的情感，因为美属于**她们自身**，但对于高贵的情感，则仅限于在**男性**身上所发现的；与此相反，男人对属于**自己**的品性的高贵有一种明确的情感，但对**美**就限于在**女性**身上所能发现的了。由此必然得出，大自然的目的就在于借助性的爱慕使男人更加**高贵化**，并借助同样的东西使女性更加**美化**。一位女性很少为自己不具备某些高瞻远瞩的见识、为自己胆怯并且未被托付重要的事务等等感到尴尬，她是美的、吸引人的，这就够了。与此相反，她们都要求男人具有所有这些品
〔241〕性，而且她的灵魂的崇高性就仅仅在于，她懂得珍视她在男人

身上所发现的这些高贵的品性。否则的话，如此之多的丑男人，尽管也可能具有成就，却怎么可能都得到如此娇美、文雅的妻子！与此相反，男人在女性美的魅力方面更敏感得多。由于女性娇美的形象、快活的天真和迷人的友好，对于缺少书本知识和他必须用自己的才能来补足的种种缺陷，他已经得到了足够的补偿。虚荣心和时尚很可能赋予这些自然的本能一种错误的方向，使许多男人变成**奶油小生**，使女性变成**女学究**或者**亚马孙悍妇**，而大自然却在任何时候都力图使他们回到自己的秩序。人们可以由此出发作出判断，如果不是诸多枯燥的说教，而是女性的道德情感适时得到发展，以便恰如其分地感受属于另一性别的尊严和崇高品性的东西，并由此作好准备鄙视地看待愚蠢可笑的衣冠之徒，除了成就之外不委身于别的任何品性，那么，为了使男性高贵起来，性的爱慕尤其对于男性能够有什么强有力的影响。还可以肯定的是，她们的魅力的力量也就是由此而取胜的；因为显而易见的是，她们的魅力的引诱力绝大多数情况下都只对比较高贵的灵魂起作用，其他的灵魂尚未文雅得足以感受它。同样，当人们建议诗人**西摩尼得斯**在帖撒利亚人面前朗诵自己优美的诗篇时，他说：**这些家伙太蠢笨了，他们无法受像我这样的人欺骗。**此外，人们还把男性的品德变得更温柔，他们的举止变得更彬彬有礼、更得体，他们的风度变得更优美，看做是与美的性别交往的一个结果；不过这只是次要的好处。① 最为重要的是，男人作为丈夫变得更完美，

① 这种好处自身被人们据说作过的如下观察所大大降低，即过早和过于频繁地被带入女性定下基调的那些社交场合的男人，通常都变得愚蠢可笑，在男性的交往中无聊乏味或者受鄙视，因为他们对于一种虽然欢快但却也具有实在内容、虽然诙谐但却由于认真的交谈而必定有用的消遣已经丧失了情趣。

〔242〕女人作为妻子变得更完美，也将是说，性爱慕的动力按照大自然的提示起作用，让前者变得更高贵，让后者的品性变得更美。当一切达到极致时，为自己的成就而自豪的男人就能够说：**即使你们不爱我，我也要迫使你们尊重我；**而确信自己魅力的力量的女性将回答说：**即使你们不在内心里高度评价我们，我们也迫使你们爱我们。**由于缺少这样的原则，人们看到男人们为了讨人喜欢沾染上女人气，而女性则为了引起敬重而有时（尽管罕见得多）装出一副男人的风度；但是，人们违背大自然的酬报所做的事情，在任何时候都做得非常糟糕。

在婚姻生活里，结合起来的夫妻应当仿佛是构成一个独一无二的、由丈夫的知性和妻子的情趣赋予生机和支配的道德人格。因为人们不仅可以信任男人有更多建立在经验之上的见识，而女性则在感受方面有更多的自由和正确性，而且一种性情越崇高，就越是倾向于把最大的努力意图置于一个所爱对象的满意之中，而在另一方面，一种性情越美，就越力图以讨人喜欢来回报这种努力。因此，在这样一种关系中，优越性的争论是愚蠢可笑的，而且在发生了这种争论的地方，就表现出一种粗俗和极不匹配的情趣的最可靠的标志。如果这里导致谈到发号施令的权利，事情就已经糟糕透顶了；因为在整个结合本来仅仅建立在爱慕之上的地方，一旦开始让人听到应当，它就有一半被毁掉了。女性持这种强硬基调的骄横是极其可憎的，而男人的骄横则是极其不高贵的、可鄙的。不过，事物睿智的秩序却造成了：感受的所有这些文雅和温柔都只在一开始拥有其全部力量，随后却由于共同生活和家务而
〔243〕逐渐地变得迟钝，然后蜕变为信赖的爱，这里伟大的艺术最终就在于保持它们充足的残余，以便漠然和厌倦不至毁掉欢愉的全部价值；也只是为了这种欢愉的缘故，接受这种结合才是值得的。

第四章
就其建立在不同的崇高感和美感之上论各种民族特性①

在我们这个地区的各个民族中间,在我看来,最使自己有别于所有其他民族的,在美感方面是**意大利人**和**法兰西人**,而在崇高感方面则是**德意志人**、**英格兰人**和**西班牙人**。**荷兰**则可以被看做是这样一个国家,在那里这种较文雅的情趣还相当不显著。美自身要么是吸引人和感动人的,要么是开心的和迷人的。前者自身包含着某种崇高的东西,心灵在这种情感中是深沉的和陶醉的,在第二种情感中则是开心的和欢快的。第一种美感看来特别适合于意大利人,第二种美感则特别适合于法兰西人。在自身具有崇高的表现的民族特性中,崇高或者是有点倾向于冒险性的可怖型的,要么是一种高贵感或华丽感。我相信有理由能够把第一种情感归于西班牙人,把第二种归于英格兰人,把第三种归于德意志人。华丽感就其本性而言不像其余几种情趣那样是原本的,而且尽管一种模仿的精神可以与任何一种别的 〔244〕

① 我的意图根本不是详尽地讨论各个民族的特性,我只是要勾画出在他们身上表现出崇高感和美感的一些特征。人们很容易就可以注意到,对这样的描画只能要求一种还过得去的正确性,其原型只能呈现在要求较文雅的情感的庞大人群中,没有一个民族缺乏把最杰出的品性结合起来的性情。由于这个缘故,偶尔可能对某个民族提出的责难就不会冒犯任何人了,就好像它具有这样的性质,每一个人都能够把它像一个皮球那样抛给自己的邻人。至于这种民族差别是偶然的,取决于时间进程和统治方式,还是以某种必然性与气候结合在一起,我在这里不予研究。

情感结合在一起，但它却更适宜于炫目的崇高，因为它本来是一种出自美感和高贵感的混合情感，其中每一方单独来看都更为冷淡，因而心灵充分自由地就其结合而言关注实例，而且也必需它们的推动。因此，德意志人的情感就美而言弱于法兰西人，就涉及崇高的东西而言弱于英格兰人，但在看来二者结合起来的场合里，那就更适合于德意志人的情感了，在这种情况下他可以幸运地避免这两种情感中的单独一种过于强烈而可能陷入的错误。

我只是浮光掠影地谈到艺术和科学，对它们的选择可以证明各民族我们归之于他们的那种情趣。意大利人的天才尤其在音乐、绘画、雕塑和建筑方面显得出类拔萃。所有这些美的艺术在法兰西都找到了一种同样文雅的情趣，尽管它们的美在法兰西不那么动人。诗歌与讲演的完善性方面的情趣在法兰西更多地属于美，在英格兰则更多地属于崇高。文雅的戏谑、喜剧、开心的嘲讽、爱情的挑逗和轻松自如的文风，在法兰西都是原本的。与此相反，在英格兰则是内容深刻的思想、悲剧、史诗和一般说来机智铸成的沉甸甸的金块，这金块在法兰西的铁锤下可能就要被延展成大片薄薄的金箔。在德意志，机智更是透过金箔来闪光。从前它曾是显著的，但由于实例和民族的知性，它虽然变得更加迷人、更加高贵，但比起上述民族来说，前者少了点天真，后者则少了点大胆的激情。荷兰民族对于一种井然的秩序和一种令人忧虑、令人难堪的娇美的情趣，也很少会使人猜想到在天才的自然自由的运动方面的情感，天
〔245〕才的美只会由于谨小慎微地防范错误而被扭曲。能够与一切艺术和科学相对抗的，莫过于冒险的情趣，因为这种情趣败坏了作为一切美和高贵的原型的自然。因此，西班牙民族自身也就很少表现出对美的艺术和科学的情感。

各民族的心灵特性在对他们来说属于道德的事物上表现得最为明显；为此起见，我们也要从这一观点出发来考察他们在

崇高和美方面的不同情感。①

西班牙人严肃、缄默、真诚。世界上很少有比西班牙人更正直的商人了。他有一个骄傲的灵魂，对于伟大的行动要比对于美的行动更有情感。由于在他的混合中很少能看到仁慈的和温柔的善意，所以他常常是强硬的，甚至是残酷的。异端审判之得以维持，与其说是由于迷信，倒不如说是由于民族的冒险性倾向，他们被一种令人敬畏的场面所打动，其中可以看到绘有魔鬼形象的悔罪服被投入由一种狂热的虔诚点燃的火焰。不能说西班牙人比出自另一个民族的人更傲慢、更钟情，不过他兼有这二者，是以一种罕见非凡的冒险性方式。停下耕犁，佩上长剑，披起斗篷，在田地里长时间地漫步，直到过路的陌生人已走过为止；或者在斗牛场上，一下子看到全国的美人都除去了面纱，他以一种特殊的致意来宣布自己的女主人，然后以同野性的动物的危险决斗来向她致敬，这些都是非凡的和罕见的行为，远远地偏离了自然的东西。

意大利人的情感看起来是西班牙人的情感和法兰西人的情感的混合物；比西班牙人有更多的美感，比法兰西人有更多的崇高感。我认为，他的道德品性的其余特征可以用这种方式得到解释。

法兰西人对道德上的美有一种占优势的情感。他彬彬有 〔246〕
礼、客气殷勤、讨人喜欢。他很快就与人亲密无间，在交往中风趣而又从容；一个**格调高雅的男士或者女士**这样的术语，只有对于曾获得过法兰西人彬彬有礼的情感的人，才具有可以理

① 我在这里几乎没有必要再重复我前面的抱歉。在每一个民族里面，最文雅的部分都包含着各种各样值得赞许的特性，而受到这样或者那样责难的人，如果他足够文雅，都会理解他从这一点得到的好处，即他使别的每一个人都听凭于自己的命运，但把他本人当做例外。

解的意义。甚至他那并不少有的崇高感受，也从属于美感，并只有通过与美感的共鸣才获得其力量。他非常喜欢机智，并会毫不犹豫地为了一个突然的念头而牺牲某种真实的东西。与此相反，在人们不能机智的地方①，他也和出自任何一个别的民族的人一样表现出缜密的见识，例如在数学中，在其他枯燥或者深邃的艺术和科学中。一句俏皮话在他那里并不像在别的地方那样只有一种短暂易逝的价值，它被好奇地四处传播，保存在书本中，就像是最重要的大事似的。他是一个安分守己的公民，在受到总承包商的压迫时用讽刺诗来进行报复，或者用议会的抗议，这些抗议在按照其目的赋予那些民族之父们一种美化的爱国主义声誉之后，便不外是使他们通过一种光彩的责难而加冕，并在意味深长的颂歌中受到颂扬。这个民族的成就和民族能力涉及最多的对象就是女性。②这并不是说女性在这里比

① 在形而上学、道德和宗教学说中，就这个民族的著作而言人们不够审慎。那里通常流行着许多美的假象，在冷静的研究中经不起检验。法兰西人就其格言来说喜欢大胆的东西；然而为了达到真理，人们却不必大胆，而是要审慎。在历史方面，他喜欢奇闻轶事，而除了希望它们都是真的之外，这些奇闻轶事什么都不缺。

② 在法兰西，女性给一切社交活动和一切交往定下了基调。如今不可否认的是，没有美的性别的社交活动将是相当没有情趣、无聊乏味的；然而，如果女士定下美的基调，男士就应当从自己这方面定下高贵的基调。否则的话，交往将同样是无聊乏味的，但却是出自一个相反的理由：因为再也没有什么东西像纯粹的甜言蜜语更令人生厌了。按照法兰西的情趣，人们不说：先生在家吗？而是说：夫人在家吗？夫人在梳妆。夫人心绪欠佳（一种美的哀愁）；简而言之，一切谈话、一切取乐都涉及夫人，都是从夫人出发的。然而，女性由此并没有受到更多的敬重。一个爱调笑的人在任何时候都既没有真正敬重的情感，也没有温柔的爱的情感。无论如何，我从不曾说过**卢梭**如此大胆地断言的话：**女性永远都只不过是一个大孩子而已。**不过，这位眼光犀利的瑞士人是在法兰西写下这些话的，作为美的性别的一个如此伟大的捍卫者，他感受到这一点，也许是愤激于人们在那里没有以更多真正的敬重对待女性。

在别处更受爱宠和尊敬，而是因为女性提供了最佳的理由，使人展现出机智、彬彬有礼和良好的风度等可爱的才能；此外，〔247〕一个虚荣的人，无论属于哪一个性别，任何时候都只爱自己本人；别的人都只不过是自己的玩物。既然法兰西人一点也不缺乏高贵的品性，只不过这种高贵的品性只有借助美的感受才被赋予生机，那么，如果我们考虑到稍稍促进民族精神的取向的话，美的性别在这里就比世界上别的任何地方都具有一种更强有力的影响，来唤醒和激发男性最高贵的行为。可惜的是，百合花并不纺织。

这种民族性格最为接近的缺陷就是愚蠢可笑，或者婉转一点说就是轻率浮躁。重大的事情被当做玩笑，区区小事却受到极为认真的对待。在这种情况下，法兰西人年事已高仍唱着欢乐的歌，并尽其所能地对女性献殷勤。就这些说明而言，我有出自这同一个民族的权威人士们的支持，并且为了安然地对待任何令人担心的愤懑，就躲到孟德斯鸠和达兰贝尔之类的人物身后。

英格兰人在最初结识的时候总是冷淡的，对于一个外乡人漠不关心。他对于小恩小惠少有兴致；与此相反，他一旦成为朋友，就准备大效其力。他很少致力于在交往中富有机智，或者表现出一种彬彬有礼的风度，与此相反，他善解人意、老成持重。他是一个蹩脚的模仿者，不多过问别人有何判断，办事全凭自己的情趣。在对女性的关系上，他不像法兰西人那样彬彬有礼，但对女性却表现出更多得多的尊敬，也许这种尊敬有些过度，因为他在婚姻状态中通常给予自己的妻子一种无限的尊重。他坚定不移，有时达到顽固的地步，勇敢而又果断，常〔248〕常达到肆无忌惮的地步，行事遵从原则，往往达到固执己见的地步。他很容易是一个怪僻的人，但不是出自虚荣心，而是因为他很少顾虑别人，而且也不容易出自取悦和效仿而控制自己的情趣；因此之故，他很少像法兰西人那样招人喜爱，但在他被认识之后，通常更受敬重。

德意志人的情感是英格兰人的情感和法兰西人的情感的混合物，但看起来最接近前者，而与后者的较大相似则只不过是矫揉造作和刻意效仿。他成功地把崇高感和美感混合起来；如果说他就崇高感而言不及英格兰人，就美感而言不及法兰西人，那么就他把这二者结合起来而言，他却超过了英格兰人和法兰西人。他在交往中比英格兰人表现出更多的取悦，而且尽管他在社交活动中不像法兰西人那样带来如此之多的招人喜欢的生气和机智，他却在这方面表现出更多的谦逊和知性。因此，就像他在所有的情趣方面一样，他在爱情方面也相当循规蹈矩，而且由于他把美与高贵结合起来，他在这二者的感受方面都很冷静，足以使自己的头脑去考虑风度、华丽和仪表。因此，家庭、头衔和地位在他那里无论是就公民关系而言还是就爱情而言都是具有重大意义的事情。他比上述的人们更多得多地过问**人们会对他作出什么判断**，而如果说在他的性格中还有某种东西能够激发起一种重大改革的愿望的话，则正是这种弱点使得他虽然有这方面的所有才能却不敢原创，他过于关注他人的意见，这夺去了道德品性的所有支撑，因为这使得道德品性成为见风使舵、矫揉造作的。

荷兰人具有一种井然有序的、勤勉的性情，而且由于他仅仅关注有用的东西，所以他对于在较文雅的意义上美和崇高的东西很少有什么情感。在他那里，一个伟大的人物无非意味着一个富有的人物，他所理解的朋友就是他的客户，而且一次没有给他带来什么的拜访对他来说就是无聊乏味的。无论是对于
〔249〕法兰西人还是对于英格兰人，他都形成鲜明的对照，在某种意义是一个黏液质的德意志人。

如果我们把这些想法的探讨运用于某个场合，例如，用来

衡量荣誉感，那么，就表现出以下的民族区别。对荣誉的感受在法兰西人那里是**虚荣心**，在西班牙人那里是**高傲**，在英格兰人那里是**自豪**，在德意志人那里是**傲慢**，在荷兰人那里则是**自吹自擂**。这些表述乍一看似乎是一个意思，但就我们德意志语言的丰富性而言却表明了清晰可辨的区别。**虚荣心**追求赞许，是肤浅的、变化无常的，但其外在的举止却是**客气的**。**高傲的人**充满了错误地假想出来的伟大优势，不怎么追求他人的赞许，他的表现是僵硬的和**浮夸的**。**自豪**本来只是对自己的价值的一种较大的意识，它往往可能是非常正确的（因此之故，它有时也叫做一种高贵的自豪；但我决不能把一种高贵的高傲加诸某个人，因为高傲在任何时候都表现出一种不正确的、夸大了的自我评价），自豪对于他人的举止是冷漠的和冷淡的。**傲慢的人**是一个自豪同时又虚荣的人。① 但他在别人那里所追求的赞许却在于荣誉的见证。因此他喜欢借助头衔、家世和排场来炫耀。德意志人尤其沾染上了这种弱点。仁慈的、至堪敬慕的、尊贵的和显贵的，这些字眼以及诸如此类的很多东西，使其语言僵硬而又笨拙，而且极大地妨碍了其他民族能够赋予自己的文风的那种美的淳朴。一个傲慢的人在交往中的举止是**繁文缛节**。**自吹自擂的人**是一个高傲的人，他在自己的举止中表现出蔑视他人的明显特征。他在表现上是**粗俗**的。这种可悲的品性使他极为远离较文雅的情趣，因为它显然是愚蠢的；毫无疑问，人们通过公然的蔑视引起自己周围的一切都仇视和尖刻

① 一个傲慢的人并不必然同时是高傲的，也就是说，对自己的优势有一种夸大的、错误的自负，相反，他也许会对自己的评价并不高于他所值的，他只不过有一种错误的情趣，要使自己的这种价值也引起外在的注意。

地嘲笑自己，这绝不是满足荣誉感的办法。

〔250〕 就爱情而言，德意志人和英格兰人都相当随意，在感受上有点文雅，但却更多地具有健康的、**坚实的情趣。**意大利人在这一点上是**冥思苦想的，**西班牙人是**幻想的，**而法兰西人则是**喜欢偷情的。**

我们这个地区的宗教不是一种任性的情趣的事情，而是具有更为可敬的起源。因此，也只有宗教中出格的东西和其中特别地属于人们的东西，才表现出不同的民族品性的征象。我把这些出格归为以下几个主要概念：**轻信**（盲信）、**迷信**（妄信）、**狂信**（狂热）、**漠然**（无所谓）。每一个民族无知的部分都是**轻信的，**虽然他们并没有明显的较文雅的情感。说服全凭道听途说和貌似权威，并没有一些方式的较文雅情感包含着这方面的动力。这种方式的全民族的实例必须在北方寻找。轻信的人如果具有冒险性的情趣，就成为**迷信的**。这种情趣甚至自身就是更容易相信某物的一个根据①；而在两个人中，一个沾染上了这种情感，另一个则具有冷静的、有节制的性情，则前者虽然实际上具有更多的知性，却由于他那占支配地位的倾向，而比后者更可能受到诱惑去相信某种超自然的东西；保护后者免于这种出格的，不是他的见识，而是他那平凡的、黏液质的情感。就宗教而言迷信的人喜欢在自己和最高的崇敬对象

① 人们在别的地方已经注意到，英格兰人作为一个如此聪明的民族，尽管如此却很容易由于对一种奇异且不合情理的事情的肆意宣告而被迷惑，一开始就相信它；这方面人们有许多实例。然而，一种勇敢的性情，通过各种不同的经验作好了准备，这些经验中有很多罕见的事情尽管如此却被看做是真实的，就很快由于细小的可疑事物而折服，而一个软弱而又多疑的头脑却马上就被其阻止，从而即使他没有什么成就有时也免于失误。

之间树立一些强有力的、令人惊异的人，可以说是具有神圣性的巨人，大自然臣服于他们，他们的咒语可以打开或者关闭塔耳塔洛斯的铁门；他们的头顶着天，他们的脚却依然站在低矮的大地上。因此在**西班牙**，健康理性的教导就必须克服巨大的 〔251〕 障碍，这不是因为它在这里必须清除愚昧无知，而是因为有一种奇特的情趣与它相对立；对于这种情趣来说，自然的东西乃是平凡的，而如果它的对象不是冒险性的，它就决不相信自己处在一种崇高的感受之中。**狂信**可以说是一种虔诚的妄为，为一种自豪和对自己过分的信赖所造成，为的是更为接近上天的本性，并以一种惊人的飞翔跃升到通常的前定秩序之上。狂信者只谈直接的灵感和沉思的生活，而迷信者则在行奇迹的伟大圣人像前发誓，并把自己的信赖寄托于别的与他自己本性相同的人的想象出来的、无法仿效的优势之上。甚至如我们上面已经说明的那样，出格也带有民族情感的征兆，因此至少在过去的时代里，在德意志和英格兰能够发现的狂热①最多，它仿佛是属于这两个民族性格的高贵情感的一个非自然的赘疣；一般来说，它虽然初起时暴烈不驯，但却远远不像迷信的倾向那样有害，因为一种狂热精神的炽烈将逐渐地冷却下来，就其本性而言最终必然达到正常的控制，而迷信则在不知不觉之中更深地植根于一种宁静的、忍辱负重的性情，完全剥夺了受禁锢的人有朝一日从一种有害的幻觉中解放出来的信心。最后，一个

① 任何时候都必须把狂热与**热情**区分开来。前者相信与一种更高的本性有一种直接的、非同寻常的共在，而后者则是心灵的一种状态，在这种状态中心灵由于某一个原则——或者是爱国主义德性、或者是友谊、或者是宗教的准则——而激动起来，超出适当的程度，但此时一种超自然的共在的幻念却未能造成某种东西。

虚荣而又轻信的人在任何时候都对崇高没有较强的情感，而且他的宗教是没有激动的，绝大多数情况下只不过是时尚的事情；他毕恭毕敬地做这件事情，但却始终保持冷淡。这就是实
〔252〕践上的**冷漠**，**法兰西**的民族精神看起来最倾向于此，与亵渎神灵的嘲弄只有一步之差，就其内在价值来看，它在根本上并不比完全弃绝好多少。

如果我们浮光掠影地浏览一下其他地区，我们就会发现**阿拉伯人**是东方最高贵的人，但却具有一种严重蜕化为冒险性的情感。他好客、慷慨、真诚；不过，他的小说、历史以及一般来说他的感受在任何时候都交织着某种奇怪的东西。他那炽热的想象力是在不自然的、扭曲的图像中为他呈现事物的，甚至其宗教的传播也是一场大冒险。如果阿拉伯人仿佛就是东方的西班牙人，那么**波斯人**就是亚洲的法兰西人。他们是优秀的诗人，礼貌周到且有相当文雅的情趣。他们不是那么严格的伊斯兰教徒，允许他们那倾向于欢乐的性情对《古兰经》作出相当温和的解释。**日本人**仿佛可以被看做是这个地区的英格兰人，但几乎是仅仅就他们蜕化成极端的顽固的坚定性、他们的勇敢和对死亡的蔑视这种品性而言的。除此之外他们很少表现出一种较文雅的情感的征兆。**印度人**对于对于可以转化为冒险性的那种怪诞有一种占支配地位的情感。他们的宗教是由怪诞构成的。形象巨大的偶像、神通广大的猴子哈努曼异常珍贵的牙齿、法克尔们（异教托钵僧）非自然的赎罪等等，都属于这一情趣。妻子们在焚化其丈夫尸体的同一火堆上随意地牺牲，这是一种骇人听闻的冒险。**中国人**繁复而又过于讲究的客套岂不包含着多少愚蠢可笑的怪诞；甚至他们的绘画也是怪诞的，表现着一些奇怪的、非自然的形象，诸如此类的东西在世界上任何地方都看不到。他们之所以也有可敬的怪诞，乃是因为它们来自远古时代的习

俗①，世界上再也没有一个民族有比他们更多的怪诞了。

非洲的**黑人**天生没有超出愚蠢可笑的东西的情感。**休谟**先生要求任何人哪怕举出一个例子，其中一个黑人曾表现出过才能；他断言，在千百万从其本土被运到别的地方的黑人中间，尽管他们也有很多人获得了自由，但却不曾发现任何一个人或者在艺术上、或者在科学上、或者在其他任何一种值得赞誉的品性上表现出某种伟大的东西；虽然在白人中间不断有人从最下层的民众脱颖而出，借助杰出的才能在世界上赢得声誉。在这两类人之间的差别是如此具有根本性，看起来在心灵能力方面和肤色方面是同样巨大。在他们中间广泛流行的拜物宗教，也许是一种陷入到愚蠢可笑之中的偶像崇拜，其陷入之深，看起来是为人类本性所绝无仅有的。一片鸟羽、一支牛角、一个贝壳，或者其他任何平凡的东西，一旦用几句话把它祝圣，就成为敬拜和用誓约祈求的对象。黑人们是虚荣的，但却是以黑人们的方式，他们喜欢闲聊，以至于必须用棍棒把他们驱散。 〔253〕

在所有的**野蛮人**中间，没有一个民族像**北美洲**的野蛮人那样表现出一种如此崇高的心灵特性。他们有一种强烈的荣誉感，而且在他们为了追逐荣誉而奔波千里寻找野性的冒险的同时，如果他们同样冷酷的敌人在捕获他们之后试图用残酷的折磨强迫他们发出呻吟，他们还要极为留意地防止对荣誉的最轻微的伤害。此外，加拿大野蛮人是真诚的和正直的。他所建立的友谊和从最古老的传说时代所曾报导的一样，是冒险性的和热情的。他极为自豪，感受到自由的全部价值，甚至在教育

① 在北京，人们还在举行这种仪式，在日食或者月食的时候借助巨大的声响来驱逐要吞食这些天体的那条龙，并且从愚昧无知的最古老时代保存下来一种可悲的习俗，虽然人们现在已经得到了更好的教育。

中也不容忍会使他感受到卑贱的屈辱的遭遇。**莱格古士**也许就是为诸如此类的野蛮人立的法，而如果在这 6 个民族中间出现一位立法者，人们就会看到新世界出现一个斯巴达式的共和国；正如阿耳戈号的航海者们的行为与这些印第安人的征战少
〔254〕有区别，而**伊阿宋**之胜过**阿塔卡库拉库拉**，也无非是一个希腊名字的荣誉。所有这些野蛮人对于道德意义上的美都没有什么情感，慷慨地宽恕他人的冒犯，这本来是既高贵又美的，但作为德性在野蛮人中间却全然不为人所知，反而就像是一种可悲的怯懦一样受到歧视。勇敢是野蛮人的最大成就，复仇则是他们最甜美的享受。这个地区的其余土著很少表现出一种理应达到较文雅感受的心灵特性的痕迹，一种非同寻常的无情构成了这类人的标志。

如果我们考察一番这些地区的性别关系，我们就会发现，惟有**欧洲人**才发现了用如此之多的鲜花来装饰一种强有力的倾向的感性魅力、并以如此之多的道德性的东西与它相交织的秘密，以至他不仅绝对地提高了这种魅力的可爱，而且也使它变得体面。**东方**的居民在这一点上情趣非常错误。由于他对能够与这种本能结合起来的道德美毫无概念，所以他也就甚至丧失了感性愉悦的价值，他的后宫对他来说也就成了一个经常的动乱源泉。他沉溺于各式各样可爱的怪诞，其中想象出来的珍宝是最可爱的东西之一；他力图超乎一切地保全它，而它的价值却仅仅在于人们毁掉它；在我们这个地区，人们一般来说对它抱有许多幸灾乐祸的怀疑；为了保有它，他使用的乃是非常不正当的、往往是令人讨厌的方法。因此，那里的女性在任何时候都处在监禁中，不管她是一个少女，还是有一个野蛮的、无能的、任何时候都多疑的丈夫。在**黑人们**的国度里，除了那里司空见惯的事情，即女性处在最深重的奴役之中以外，人们还能够期待更好的东西吗？一个气馁的人对于更弱小的人来说在

任何时候都是一个严厉的主人，就像在我们这里，那种一旦走出家门就几乎不敢见人的男人，在厨房里却任何时候都是一个暴君一样。拉巴特神父报导说，他曾指责一个黑人木匠对待自己众妻子的高傲态度，那木匠回答说：**你们白人是真正的傻瓜，因为你们起初那么样地容忍自己的妻子，然后当她们令你们头脑发疯的时候又去抱怨；**哪怕这里面确实包含着某种也许值得思考的东西，但简而言之，这家伙从头到脚都黑透了，这〔255〕清晰地证明了他所说的全都是蠢话。在所有的野蛮人中间，还没有像**加拿大**野蛮人那样，女性受到更大的实际尊重。也许，他们在这方面甚至超过了我们这个文明化的地区。这并不是说人们在那里谦卑地侍奉妇女们，这只不过是客套罢了。不，她们实际上要发号施令。她们集会商讨本民族最重要的事务，商讨战争与和平。然后，她们派遣自己的代表去参加男性的会议，通常她们的意见是决定性的意见。但是，她们为这种优势付出了足够高昂的代价。她们承担起所有的家务，还要分担男人们的所有艰辛。

最后，如果我们再对历史瞥上几眼的话，我们就会看到人们的情趣就像一个普洛透斯那样，经常变换形态。希腊人和罗马人的古老时代都在诗歌、雕刻、建筑、立法乃至风俗方面表现出一种真正的美感和崇高感的清晰标志。罗马皇帝们的统治把高贵的以及美的淳朴改变为华丽，然后再改变为错误的炫耀，关于这一点，他们的雄辩、诗艺乃至他们的风俗史所遗留下来的东西都能够告诉我们。逐渐地，就连这种较文雅情趣的残余也随着国家的全面崩溃而消亡了。蛮族在从自己这方面巩固了自己的政权之后，就导入了某种人们称之为哥特式的、导致怪诞的颠倒情趣，人们不仅在建筑术上、而且也在科学和其他应用上都看到怪诞。粗俗化了的情感一旦被错误的艺术所引入，就采取了与古老的自然淳朴不同的任何一种自然形态，而且不是夸大其词就是愚蠢可笑。人类的天才为升华到崇高所作的最高飞跃就在于冒险。人们看到精神的和世俗的冒险，而且往往是看到二者的一种令人反感的、令人惊吓的混杂类型。一手捧祈祷书、一手擎战旗的修士，后面跟着大群大群受蒙骗的战场牺牲者，为的是让人把自己的尸骨埋葬在异国他乡或者一块更为神圣的土地上，授了圣职的战士们通过庄严的宣誓被神
〔256〕圣化，可以进行暴力活动和犯罪；结果是一种罕见类型的英雄幻想家，他们自称骑士，去追求冒险、比武、决斗和种种浪漫的活动。在这一时代，宗教连同科学和风俗都由于可悲的怪诞而被歪曲；人们注意到，情趣不大容易在一个方面蜕化，而不也在所有其余属于较文雅情感的东西上表现出其堕落的明显征兆。修道院的宣誓把一大批有用的人造就成众多勤勉的闲人的团体，他们那冥思苦想的生活方式使他们适合于臆想出成千上万的学术怪诞，由这里出发进入更广大的世界，并传播他们的方式。最后，在人类的天才通过一种再生从一场几乎是彻底的毁灭中幸运地重新崛起之后，我们在自己的时代里看到，美和高贵的正确情趣无论是在艺术和科学中还是在道德事务方面都活跃起来，而应当希望的无非就是，如此容易欺骗人的虚假光辉不要使我们不知不觉地远离高贵的淳朴，而尤其是教育的尚未揭示的秘密要摆脱古老的幻觉，为的是在每一个年轻的世界公民心中及早地把道德的情感升华为积极的感受，以免所有的文雅仅仅以转瞬即逝的、休闲的愉悦为目的，用或多或少的情趣判断我们之外发生的事情。

1764年

试论
大脑的疾病

伊曼努尔·康德

李秋零　译

〔259〕大自然的淳朴和知足在人身上只要求和形成平凡的概念和一种粗犷的耿直，人为的强制和市民状态的奢靡却策划出俏皮鬼和小聪明，有时也策划出愚人和骗子，并且创造出智慧的或者端庄的外表；有了这种外表，只要体面蒙在大脑或者心灵的秘密残疾之上的美丽面纱织得足够密，人们就既可以缺乏知性，也可以缺乏正直。艺术发展得越高明，理性和德性最终也就在同等的程度上成为普遍的口令，但却达到如此的程度，以至常把这二者挂在嘴边，就可以免除经过传授并守规矩的人们拥有它们所带来的负担。两种备受赞扬的品性所受的普遍尊重仍然造成了这种显著的差别，即每一个人都对知性的优点要比对意志的好品性更为嫉妒得多，在蠢笨和行骗的对比中，没有一个人对宣称后者占优有片刻的犹豫；这无疑是可以清晰地想象得出来的，因为如果一切都取决于艺术，那么，就不可能缺少机巧的狡狯，而耿直在这样的状态里却是不利的。我生活在睿智的、有教养的市民们中间，也就是说，生活在善于如此表现的市民们中间；我不揣冒昧地认为，人们将公正地信任我如此具有这种机巧，以至我虽然拥有根除大脑疾病和心灵疾病的
〔260〕灵丹妙药，却对用这种古老相传的破铜烂铁来阻挠公众的勾当而心存踌躇，我清楚地知道，知性和心灵受人欢迎的时兴疗法已经如期进行，尤其是自称逻辑学家的知性医生们，自从他们作出了重要的发现，即人的大脑原本是一个只是因为空才会响的鼓，就很好地满足了普遍的要求。据此，我发现对我来说，再好不过的是仿效相信如果给病人的疾病起一个名字将对其病人大有益处的医生们的方法，并且草拟从**愚傻**中大脑的瘫痪到**疯狂**中大脑的入迷的一门大脑残疾专门词汇词源学；但是，为了认识这些讨厌的疾病逐渐的起源，我认为有必要事先解释它们从**蠢笨**开始到**愚蠢**的较轻缓的程度，因为这些素质在市民阶级的关系中更能通行，尽管如此却仍然导向前者。

迟钝的大脑缺乏机智，是知性的**蠢笨**。领会并且回忆某种东西的敏捷、此外恰当地把它表达出来的轻松，都完全取决于机智；因此，有种人并不蠢，尽管如此，就他虽然在事后可能以更为成熟的判断认识某种东西，但却很难把它记在脑中而言，他可能是很迟钝的；而表达能力方面的困难一点也没有表明知性能力，而是仅仅表明，机智没有提供足够的支持，以某些最为适合思想的符号来表达思想。著名的耶稣会士**克拉维乌斯**被当做无能而从学校里赶出去（因为按照学校当局的知性测验，一个孩子如果既不会做诗又不会写作文，那就一点用也没有），他后来偶然地涉足数学，游戏变了，他昔日的老师相对于他都只不过是笨蛋而已。像农民、艺人或者海员等等需要的那样对事情作出的实践判断，与关于人们相互对待所遵循的技巧所作出的判断很不相同。后者不仅仅是知性，而且毋宁说是狡狯，而这种备受赞誉的能力可爱的缺乏就叫做**淳朴**。如果淳朴的原因应当在判断力的不足中寻找，那么，这样一个人就叫做**蠢材、笨伯**等等。既然阴谋和错误的技巧在市民社会中逐渐 〔261〕
地成为习惯的准则，使人的行动的游戏错综复杂，那么毫不奇怪，一个通常明智并且正直的人要么觉得所有这些诡诈太卑鄙了而不屑采用，要么不可能使自己清白友善的心灵激动，去对人的本性得出一个如此可恶的概念，从而在骗子们中间必定处处落入圈套，给他们提供诸多笑料，以至到最后，一个好人这一表述不再以一种婉转的方式、而是径直地意味着一个傻瓜，有时甚至意味着一个H——①；因为在行骗的语言中，除了把别的所有人都视为无非与自己相同、即视为骗子的人之外，没有一个人是一个明智的人。

① 原文如此，译者注。

人的本性的动力，如果它们具有诸多强度的话，就叫做热情，它们是意志的推动力；知性只是致力于既从预设的目的出发对所有爱好得到满足的全部结果作出总的估测，也为这一目的寻找手段。如果某种热情特别强有力，那么，知性能力就很少能帮助克制它了；因为着了魔的人虽然清楚地看到反对自己的至宠爱好的理由，但却感到自己没有能力给予它们积极的强调。如果这一爱好自身是善的，如果人除此之外是理性的，只不过占优势的偏好遮蔽了就糟糕的后果而言的展望而已，那么，这种理性被束缚的状态就叫做**痴迷**。一个**痴人**可以具有很多知性，甚至在对他痴迷于其中的那些行动的判断中，他也必然具有相当多的知性和一颗善良的心，使他有资格获得对他超出常规的行为的这种婉转的称谓。**痴人**也许能够充当他人的一个杰出的建议者，尽管他的建议在他自己那里不起作用。他只是由于伤害或者由于年龄而惊醒，但这常常只是排除了一种痴迷，以便为另一种痴迷让出地盘。迷恋的热情或者高度的求名欲历来就曾使许多理性的人们成为痴人。一位姑娘逼迫可怕的**阿尔基德**拔掉裙子上的线头，而雅典无所事事的公民们则凭借其荒唐可笑的颂词把**亚历山大**派遣到了世界的尽头。还有一些
〔262〕爱好，较少具有激烈性和普遍性，但尽管如此却照样产生痴迷：建筑狂、画迷、书痴。失去节制的人离开了他的自然位置，被一切所吸引，为一切而滞留。与**痴人**相对立的是**聪颖的人**；但是，谁没有痴迷，他就是一个**智者**。这种**智者**可能要到月球上去寻找；也许在那里人们没有热情，拥有多得无限的理性。麻木不仁的人由于其蠢笨而不会痴迷，但在常人看来他却有一副智者的面孔。**皮浪**在风暴之中的一条船上看到，当每一个人都恐惧地忙得不亦乐乎时，一头猪却安静地在槽中吃食；他在引证这件事时说："一个智者的宁静就是这样"。麻木不仁的人就是皮浪的智者。

如果居支配地位的热情自身是可恨的，同时又蠢傻得足以把与这种热情的自然意图恰恰截然相反的东西看做是它的满足，那么，这种理性颠倒的状态就是**愚蠢**。痴人非常清楚地理解自己的热情的真正意图，尽管他赋予这种热情以一种能够束缚理性的力量。但愚人却由此而同时变得如此愚笨，以至他在实际上被剥夺了所欲求的东西时，也只是相信已经拥有了它。**皮浪**非常清楚地知道，勇敢和力量会获得普遍的惊赞；他完全正确地遵循求名欲的推动，不折不扣地是**基内亚斯**把他看成的那种人，即痴人。但是，**尼禄**为了获得诗人奖而朗诵了一出戏剧中的蹩脚诗句，从而受到公众的嘲笑，他在自己生命的终点说：quantus artifex morior [我，一个多么伟大的艺术家，就要死了]！我在罗马的这位可怕的、被乱刀分尸的统治者身上所看到的无非是一个愚人。我认为，一切愚蠢本来都是嫁接在两种热情之上的，即傲慢和贪婪。两种爱好都是不义的，因而都受到仇视，二者就其本性而言都是蠢傻的，并且自己摧毁着自己的目的。傲慢的人通过对他人的一种明显的轻视而表现出对优越于他人的一种毫不掩饰的自负。再清楚不过的是，对其他人的轻视激起了这些人自己相对于自负者的虚荣心，而当他被喝倒彩的时候，他却相信是受到了尊敬。贪婪的人按照他自己的看法需要许多东西，而且绝不能短缺他的财产的一分一毫；然而，当他凭借吝啬来占有它们时，他实际上是短缺他的所有财产。根据是傻里傻气的反复无常还是死板生硬的愚蠢占 〔263〕
据着那空洞的大脑，傲慢的遮蔽有时造成**犯傻的愚人**，有时造成**目空一切的愚人**。吝啬的贪心自古以来给许多可笑的故事提供了契机，这些故事很难被想象得比它们实际所发生的更为奇特。痴人不智，而愚人则不明。痴人所招致的嘲笑是诙谐的、关爱的，愚人则挣来萨蒂尔最尖锐的鞭挞，尽管如此，但他却感觉不到这种鞭挞。人们不可以对一个痴人能够再次变得聪颖完全绝望，但谁要是想让一个愚人聪明起来，则是白费力气。原因在于，就前者而言是一种真正的、自然的爱好在支配，它充其量只是束缚了理性，但就后者而言，则是一种犯傻的幻觉在支配，它颠倒了理性的基本原则。我且让别人去澄清，人们是否确实有理由对霍尔贝格那奇特的预言感到忧虑，即愚人的逐日增长令人担心、使人害怕，他们也许还会在大脑中想着要建立第五个君主政体。但是假定他们也在暗中策划此事，则尽管如此，他们也不必如此卖力；因为一个人完全可以对另一个人附耳说邻国宫廷一位著名的爱讲笑话的人说过的话；当此人身着小丑的服装纵马穿过一个波兰城市时，对追着他跑的大学生们喊道："先生们，勤奋努力吧，要学习一些东西，因为如果我
〔264〕们人太多，我们就再也不会都有面包了"。

我从被蔑视、受嘲弄的大脑残疾过渡到人们通常带着同情而看待的大脑残疾，从不会否定自由的市民社会的大脑残疾过渡到当局的未雨绸缪所关心、为此发布命令的大脑残疾。我把这些疾病一分为二，分为无能的疾病和颠倒的疾病。前者归在**愚傻**的普遍称谓之下，后者归在**心灵错乱**的名称之下。愚傻的人处在记忆力、理性、通常甚至还有感性感受的严重无能之中。这一疾病在大多数情况下是无法治愈的，因为如果消除受干扰的大脑的紊乱尚且是困难的，那么将新的生命注入已死亡的器官，就几乎是不可能的。这种使不幸的人永远不能从孩童水平走出的弱点的种种表现太为人所熟知了，以至用不着在这里多加逗留。

大脑紊乱的残疾可以像由此受到侵袭的心灵能力一样分成许多不同的主要类别。我以为可以把它们统统归属在以下三个类别：首先是在**迷乱**中经验概念的颠倒，其次是起初就这种经验而言在**妄想**中判断力陷入紊乱，最后是在**狂想**中就普遍的判断而言理性变得颠倒。我觉得，患病的大脑的其他现象要么可

以看做是上述意外状况的不同程度，要么可以看做是这些疾病彼此之间不幸的结合，最后，要么看做是这些疾病在强有力的热情上的嫁接，并且被归属于上述级别。

就第一种疾病即迷乱而言，我以如下方式来解释它的表现。每一个人的灵魂，甚至在最健康的状态中，都在不停地描画着并不在眼前的事物的各种各样的图像，或者凭借创造性的构思能力一并带入感觉之中的这种或者那种幻想的特征给眼前事物的表象补足一些不完善的相似性。人们根本没有理由去相信，在这方面我们的精神在清醒状态中与在睡眠中遵循的是不同的规律，毋宁说可以猜测，只是生动的感性印象在第一种场合里遮蔽了幻想较为微弱的图像，使其不可认识，而在睡眠中所有外部印象通向灵魂的通道都被封闭，幻想的图像却是最强罢了。因此毫不奇怪，只要梦境还在持续，它们就被视为现实事物的真实经验。因为既然它们在这种情况下是灵魂中最强有力的表象，它们在这种状态里也恰恰就是在清醒时感觉所是的东西。如今人们假定，某些幻想，无论出自什么原因，仿佛伤害了大脑的这一或者那一器官，以至于对它们的印象和一种感性感觉能造成的印象同样深刻、同时也同样正确，那么，这种幻觉将在清醒时虽然有良好的健康理性，也仍被视为一种现实 〔265〕
的经验。原因在于，用理性根据与一种感觉或者在强度上可以与感觉媲美的表象对立，是徒劳的，因为对于现实的事物来说，感官比一种理性推理提供了大得多的说服力；至少，受这些幻想所蛊惑的人决不会被理性推理召回，怀疑其自以为的感觉的现实性。人们还发现：在其他场合表现出足够成熟的理性的人们，尽管如此却固执地坚持全神贯注地盯住谁知道什么样的鬼怪形象和假面脸谱，而这些东西也非常精致，足以把他们想象出来的经验与某个精细的理性部分联系起来。按照错乱者的这种特性，他无须病情严重到一种特别明显的程度，就会在清醒时习惯于把某些事物想象为清晰地感受到的，而尽管如此这些事物却没有任何东西在眼前；这种特性就叫做**迷乱**。因此，迷乱者也就是白日做梦者。如果他的感官通常的幻觉只有一部分是幻想，绝大部分是现实的感觉，那么，在更高的程度上达到这样的迷乱的人，就是一个**空想症患者**。如果我们在清醒后，懒洋洋安静地心不在焉地躺着，那么，我们的想象就把例如床前帘子的不规则图案或者近处墙上的某些污斑表现成为人的形象，而且具有一种虚假的、以一种并不令人讨厌的方式使我们得到消遣的精确性，但我们只要愿意，瞬间就可以把他们驱散。在这种情况下，我们只是在部分地作梦，并把幻想置于我们的控制之内。如果在更高的程度上发生某种与此类似的事情，清醒者的注意力却未能在骗人的想象中把幻觉分离开来，那么，这种迷乱就使人猜想到一位空想症患者了。此外，在感觉中的这种自欺欺人非常普遍，只要它还是一般的，它就会在这样一种称谓之下受到宽恕，尽管要是再加上一种热情，这种心灵的弱点就会转化为一种现实的空想症。通常，人们通过一种习以为常的迷惑看到的不是曾经在此的东西，而是他们的爱好给他们描画的东西，标本搜集者在佛罗伦萨人之石中看到的是城市，虔诚者在有花斑的大理石中看到的是耶稣受难故事，那位女士用望远镜在月球上看到两个情人的阴影，而她的
〔266〕教士看到的却是两个教堂的尖塔。恐怖使北极光的光线变成了标枪和利剑，在晨昏的朦胧中使路标变成了一个巨魔。

空想的心灵状况，在任何地方都不比在疑心症中更普遍。这种疾病所编造出来的幻想，本来骗的并不是外感官，而是只给疑心症患者一种对他自己的状态——或者是身体的状态或者是灵魂的状态——的感觉的幻觉而已，这感觉在绝大多数情况下是一个空洞的怪念头。疑心症患者有一种病痛，无论它的主要病灶在什么位置，它都极可能不停地在身体各个部分的神经

组织漫游。但是，它主要是在灵魂的驻地周围布上一种忧郁的云雾，以至病人在自己身上感受到几乎所有哪怕是他仅仅听说过的疾病的幻觉。因此，他更喜欢诉说的是他的不适，他爱读的是医学书籍，他到处发现的都是他自己的意外情况，在社交中他也会不知不觉地感到一种好情绪，在这种情况下他笑声频频、胃口上佳，通常看起来有一个健康人的外貌。至于他内在的空想症，他头脑中的诸般图像常常获得一种令他难受的强度和持久性。如果大脑中有一个对他来说可笑的形象（尽管他自己仅仅把这一形象认做是一个空想的形象），如果这一怪念头诱使他在别人在场时不得体地哈哈大笑，他却不说出笑的原因，或者如果种种不光明正大的想法在他心中激起一种强烈的冲动，要去做某种连他自己也担心发生的恶事，尽管如此他事实上决不会去做的，在这种情况下，他的状况就与一个迷乱者的状况有许多类似之处，但还不必着急。疾病尚未根深蒂固，就与心灵相关而言，通常要么自动地、要么借助于一些药剂就会好转。同样的表象根据人们不同的心灵状态以截然不同的程度作用于感觉。因此，有一种空想症，它之所以被归之于某人，纯粹是因为他被某些对象所触及时，情感的程度对于一个健康头脑的自制而言被判定为超出常规。在此基础上，**忧郁症患者**是一个生活灾病方面的空想者。**爱**具有极多空想的陶醉，〔267〕而古代国家的精妙绝招就在于让公民们对于感受公共福利来说成为空想者。谁比其他人按照自己平淡的、经常是不高尚的情感所能够想象的更多地被一种道德感觉就像被一个基本原则所激动，在其他人的表象中他就是一个空想者。我把**亚里斯蒂德**置于放高利贷者中间，把**爱比克泰德**置于廷臣们中间，把让·**雅克·卢梭**置于索邦大学的博士们中间。我觉得，我听到了哄堂大笑，上百种声音在高叫：**真是些空想者**！空想在自身为善的道德感觉中的这种可以有两种解释的外貌就是**激情**，没有激情，就决不会有某种伟大的东西在世界上得以实现。**偏激者(见异象者、狂热者)**则完全是另外一种性质。这种人本来就是为一种自以为直接的灵感和一种与天界力量很大的亲密性而迷乱的人。人的本性再也没有更危险的幻觉了。如果它的发作是新近的，如果受骗的人有才能并且大群的人作好了准备，在这种情况下，有时就连国家也忍耐各种迷狂。狂热把神情激动者引导向极端，把**穆罕默德**引导向王冠，把**莱顿的约翰**引导向断头台。我还可以就大脑的迷乱涉及经验概念而言，在某种程度上把错乱的**回忆能力**归于它。因为错乱的回忆能力借助于对一种谁知道什么样的从前状态的空想表象来欺骗由此受到侵袭的病人，而这种状态实际上从来也没有存在过。谈论他自称过去拥有过的财富、或者谈论他曾经拥有过的王国并就自己现在的状态而言不知不觉地欺骗自己的人，就是一个回忆方面的迷乱者。年迈的碎嘴子坚定地相信，在他年轻的时候世界要有序得多，人们也更善良，他就是一个回忆方面的空想者。

迄今为止，在错乱的大脑中知性力量原本未受到侵袭，至少它并不必然受到侵袭；因为错误原本只存在于概念中，而倘若人们假定被颠倒的感觉是真实的，那么，判断自身也可能是完全正确的，甚至是非同寻常地理性的。与此相反，一种知性的错乱在于：人们从也许正确的经验出发作出完全颠倒的判
〔268〕断，具有这种疾病的就是第一种程度的**妄想**，它在从经验得出的最切近的判断中与通常的知性规则相悖地行动。**妄想者**与任何健康人一样正确地看着和回忆着各种对象，只是他一般来说通过一种荒唐的妄想来解释其他人针对自己的行为，并相信从中可以看出谁知道什么样的、那些人从未产生过的意图。如果人们听信他，那就应当相信，整个城市都在对付他。彼此讨价还价的商人们瞧看了他，是在策划谋害他，守夜人是在戏弄他，简而言之，他看到的无非是一种针对自己的普遍阴谋。就

其不幸的、忧伤的猜测而言，**忧郁症患者**是一个意志消沉的人。但是，也有各种各样令人轻松愉快的妄想，恋爱的热情就以某些类似于妄想的奇特解释迎合自己或者折磨自己。一个傲慢的人在某种程度上是一个妄想者，他从嘲讽地看待他的其他人的行为中推论出，这些人对他感到惊赞。就错乱的大脑的高等认识能力而言的第二种程度，原本就是紊乱的理性，它在对普遍概念作出的自负而又更为精致的判断中以一种荒唐的方式使自己误入歧途，可以被称之为**狂想**。在这种错乱的较高程度上，各种各样狂妄的、过分讲究的见识在狂热的大脑中成群结队地游荡：发明了大海的经度，对预言的诠释，谁知道是一锅什么样的糊涂念头的大杂烩。如果不幸的人在这里同时忽略了经验判断，那么他就叫做**癫狂**的。但是，如果他以许多正确的经验判断作为基础，只不过他的感受为他的妄想向他呈现的大量新颖结果所如此陶醉，以至他不再注意结合的正确性，这样，就迟缓的理性不再能够陪伴亢奋的妄想而言，由此就经常产生出一种非常模糊的妄想现象，它甚至能够与一种**天才**共存。使大脑对外部感受没有感觉的错乱状态就是失觉：如果其中占统治地位的是愤怒，这种失觉就叫做**狂怒**。绝望是一个无望的人暂时的失觉。一个错乱者的怒火汹汹则叫做**躁狂症**。如果躁狂症者是失觉的，那他就是**疯狂的**。〔269〕

处在自然状态之中的人很少会患痴迷，很难会患愚蠢。他的需求在任何时候都把他保持在经验附近，给他的健康知性一种如此轻而易举的任务，以至他几乎不会发现，为了自己的活动他居然需要知性。惰性给予他那原始而又平凡的欲求一种节制，这种节制给他所使用的判断力留下了足够的力量，来为了他的最大利益而支配他的欲求。由于他不顾他人的判断既不沾沾自喜也不自高自大，他到哪里去取得愚蠢所需要的原材料呢？由于他对未被享用的财产根本没有概念，所以他就被免除了吝啬的占有欲的蠢事，而由于在他的大脑中一些妄想决找不到入口，所以他就很好地避免了所有的癫狂。同样，心灵的错乱在这种淳朴的水平上也是非常罕见的。如果野蛮人的大脑遭到一些撞击，那么，我不知道在什么地方就会产生空想，来排斥独自不间断地让他处理的正常感受。由于他从来没有理由在自己的判断中胆大妄为，什么样的妄想能够侵袭他呢？但是，狂想无疑是完全超越了他的能力的。如果他大脑有病，那么，他将要么是愚傻的，要么是疯狂的，而且就连这也是鲜有发生的，原因在于，由于他是自由的并且是运动的，所以他绝大多数情况下是健康的。在市民状态中，原本就存在着所有这些残疾的发酵剂，即便它们不产生这些残疾，也仍然有助于维持和扩充这些残疾。如果知性足以应付生活的必要性和淳朴的享乐，那么，它就是一种**健康的知性**，但是，就它是为矫揉造作的奢靡——无论是在享受中还是在科学中——所要求的而言，它就是**精细的知性**。因此，公民的健康的知性对于自然人来说已经是一种很精细的知性了，而在某些水平上以一种精细的知性为前提条件的概念，也不再适合于那些至少在认识上更接近于大自然的淳朴的人们，并且在这些人转向它们的时候就使他们成为愚人。修道院长**特拉松**在某个地方把心灵错乱的人们区
〔270〕分为从错误的表象出发正确地进行推理的人和从正确的表象出发以颠倒的方式进行推理的人。这一划分与上述命题是完全一致的。就第一类心灵错乱的人即空想者或者迷乱者而言，有毛病的原本不是知性，而仅仅是在灵魂中唤醒判断力在事后用来进行比较的那些概念的能力。对这些病人来说，人们完全可以用理性判断来对抗，尽管不能治愈、至少可以缓解他们的疾病。但是，由于就第二类心灵错乱者即妄想者和狂想者而言，是知性自身受到侵袭，所以，与他们进行理性推理，就不仅仅是愚笨的（因为他们如果能够领会这些理性根据，就不会是妄

想的了），而且是非常有害的。因为人们只有通过揭示荒唐才能给他们颠倒了的大脑以新的材料；矛盾并不使他们改正，而是使他们激怒；在与他们打交道时，采取一种冷漠而又善意的举止方式，就好像根本没有发现他们的知性有某种缺陷似的，这是绝对必要的。

就像人们把意志的疾病称之为**心灵的疾病**一样，我把认识能力的残疾称之为**大脑的疾病**。我也仅仅留意它们在心灵中的表现，并不想探查它们的根源；这根源本来在身体中，而且就像那家以《医生》为名而众所周知的受欢迎的周刊在第 150、151、152 期大有可能地阐述的那样，它们的主要病灶可能不是在大脑，而是在消化系统。我甚至不能以任何方式说服自己：心灵的错乱像人们通常所相信的那样，产生自傲慢、爱，产生自过于强烈的思虑和对灵魂力量的谁知道什么样的滥用。这种从病人的不幸出发对他制造一种嘲笑性指责的理由的判断，是非常冷酷无情的，而且是由一种使人们通常倒因为果的常见错误引起的。只要人们稍稍留意实例，就会发现，首先是身体出毛病，在疾病的萌芽不知不觉地生长的开始，被感觉到一种可以有两种解释的颠倒，它还不至引起心灵错乱的猜测，表现为一种奇特的爱情怪念头或者一种自高自大的举止，或者表现为毫无结果的情绪低沉的冥思。随着时间的流逝，疾病发作了，诱使人把它的根据设定在心灵紧邻的先行状态。但是， 〔271〕
与其说某人由于如此傲慢而是错乱了，倒不如说他由于错乱了而如此傲慢。这种不幸的疾病只要不是遗传的，就还可以期望幸运地痊愈，而人们在这里主要应当求助的就是医生。然而，为了表示尊敬，我也不愿意排除能够安排心灵饮食的哲学家；条件只是，他像对自己绝大多数其他活动一样也不为此索取报酬。为了感谢，在哲学家试验愚蠢的有时伟大、但却总是无效的疗法时，医生也不会拒绝给哲学家以支援。例如在一个博学的吵闹狂的躁狂症中，他会考虑，强化进行的心灵净化手段是否会对此有些效用。因为既然按照**斯维夫特**的观察，单单一首蹩脚诗就是大脑的一种净化，为了减轻生病诗人的痛苦借助这诗抽出许多湿气，那么，为什么一部粗劣的苦思冥想的著作不也是诸如此类的东西呢？但在这一场合值得推荐的是，给大自然指出另一条净化的道路，以便彻底地、悄悄地清除疾病，以免因此使公共事业感到不安。

1764 年

关于

西尔伯施拉格《1762 年 7 月 23 日出现的火流星的理论》一书述评

伊曼努尔·康德

李秋零 译

〔272〕马格德堡、施滕达耳与莱比锡

海赫特尔和孔潘出版了《1762 年 7 月 23 日出现的火流星的理论》，马格德堡圣灵教会牧师和柏林普鲁士王家科学院院士约翰·艾萨亚斯·西尔伯施拉格著，铜版，1764 年，四开本 135 页。这颗巨大的火流星几乎照亮了德国的 1/4，其光芒远远超过了满月的月光，在它以明显一个流星的大小最初被发现的时候，按照我们博学的作者的观察，至少高于地面 19 德里。这颗壮观的陨星以一发炮弹的飞行也无法与之媲美的速度，在大约两分钟里划过从莱比锡附近的罗克镇上方的垂直点到波茨坦和法尔肯雷附近几乎水平 80 000 寻的空间，在降落 15 德里之后于 4 德里的高度上轰然爆裂，稍后听到的爆炸声超过了雷声。这颗火流星的大小与所有这些现象相吻合，据我们的作者的几何学测定直径至少为 3 036 巴黎尺，也就是说，大于 1/8 德里。每一个能够有一些高贵感受的世界观察者都必定感谢这位博学且可敬的作者，他想通过自己对我们还很少为人所知的大气圈的探究和考察使人们记住这一壮丽的景观（像偶尔的巨人一般辉煌和可怕，但也同样快地被虚无的辽阔深渊所吞没）。但是，自然研究者将在我们目光敏锐的作者的杰出考察和说明中发现各种各样的动因来讲授新的课程并扩展自己的自然认识。这部著作由两篇组成，第一篇讨论蒸气圈，第二篇讨论流星，并附有一个收到各种消息和各种感觉的附录。由于博学的牧师先生在通常的大气圈理论中得不到满足，所以他谈到自己在这方面的思想，认为自己有必要作出一种自然研究者们不习惯的飞跃，一直上升到形而上学的高度。他试图借助看起来非

常重要、但却未充分展开的理由来说明：有形实体在空间中的在场原本是一个拥有动力学圆周和圆心的作用域。从这些域和在这些域中起作用的各种力的不同出发，根据各种实体的差别，他得出了空气和以太的张力、凝聚、震动，响动、声音、光线、颜色和热，此外还有物质的吸引。所有这一切在第一篇第一章中都被运用于大气及其变化。在第二章中，气海被视为一个蒸气圈，除了关于蒸气、雾、云和雨的各种可观的说明之外，还谈到气层的一种新划分。第一个气层是尘埃气层。在它之上是水雾气层，已经更高得多。然后是黏性气层和发磷光的气层，它包括油性的、树脂性的和橡胶性的部分，是流星、火流星和飞龙的作坊。最后是精神性的气层，它一直延伸到大气圈的边缘。在那里产生出幅员辽阔的大气火，例如北极光。人们到处都遇到新颖且很有可能的猜测，很值得把它们与已知的或者还会观察到的现象反复进行比较。第二篇以三章的篇幅讨论这颗陨星的轨道、产生和益处。三个铜版印张说明了理论、形态和这个火团所取的路径。可敬的牧师先生值得称赞的对富含奇迹的大自然的留意，给使自己适宜于担任神职的年轻大学生们一个暗示，让他们及时地学会阅读在他们眼前展开的造化大书，并且也能够有助于他人理解其中所包含的秘密。在此地以及埃尔宾和米陶的康特尔书店定价 3 弗罗林。

1764 年

关于自然神学与道德的原则之明晰性的研究

伊曼努尔·康德

回答
柏林王家科学院
1763 年度
提出的问题

对于聪慧的灵魂来说，这少许迹象已经够用，
凭借它们，你自己就能够洞悉其他的东西。

李秋零　译

引　言 〔275〕

摆在面前的问题具有这样的性质：如果它得到恰如其分的解决，那么，更高的哲学就必然由此获得一种明确的形象。如果达到这种知识的最大可能的确定性所遵循的方法已经确定，如果这一信念的本性已被清楚地认识到，那么，就必然不是各种意见和学术宗派永恒的变幻无常，而是对学术风格的一种不可改变的规定，来把思维着的大脑统一到同样的努力上，就像在自然科学中，牛顿的方法把物理学假设的无拘无束改变成为一种遵照经验和几何学的可靠程序一样。但是，这篇应当为形而上学指出其真正的确定性程度以及达到这种程度的道路的文章，自身应当采取哪一种学术风格呢？如果这一报告又是形而上学，那么，它的判断就和迄今还在由此期望获得一些持久性和稳定性的科学一样是不可靠的，所有的一切就都落空了。因此，我将以可靠的经验命题和由此得出的直接结论作为我的文章的全部内容。我将既不信赖哲学家们的学说，正是它们的不可靠才为提出当前的课题造成了机会；也不信赖如此经常欺骗人的定义。我所使用的方法将是简单明了而又小心谨慎的。至于一些还可能被人们认做不可靠的东西，它们将只会被用来进行说明，而不会被用来进行证明。

〔276〕 考察一

在数学认识中和在哲学认识中达到确定性的方式的一般比较

第一节　数学以综合的方式、而哲学则以分析的方式达到其全部定义

人们可以沿着两条道路达到任何一个普遍概念，或者是通过概念的**任意结合**，或者是通过对借助解析而变得明晰起来的那种认识的**抽象**。除了以第一种方式外，数学从未以其他的方式来构造定义。例如，人们可以任意设想围成一个平面的四条直线，使相对的两条边不平行，称它为**不规则四边形**。我所解释的概念并不是在定义之前就给定的，相反，它最初是借助定义才产生的。若不然，一个圆锥就可以意味着随便任何东西；在数学中，它产生自绕一条边旋转的直角三角形的任意表象。在这里，以及在所有其他例子中，解释明显地都是借助于综合产生的。

世俗智慧的定义则完全是另外一回事。在这里，关于一个事物的概念是已经给定的，但却是模糊不清的，或者是不够明确的。我必须对它进行解析，把分离开来的各种标志与给定的概念一起在各种各样的场合里进行比较，使这一抽象的思想变得详尽和明确起来。例如，每一个人都有一个关
〔277〕 于时间的概念，这个概念应该得到解释。我必须在各种各样的关系中考察这一观念，以便通过解析发现它的种种标志，必须把各种不同的抽象标志联结起来，无论它们是给出一个充

足的概念并且彼此结合在一起，还是一个标志并非作为部分把另一个标志包含在自身之内。如果我要在此试图以综合的方式得出一个时间定义，那么，倘若这个概念恰好就是充分表达了给予我们的理念的那个概念，结果该会是怎样一种幸运的巧合啊！

不过，人们会说，哲学家有时也以综合的方式作出解释，数学家也以分析的方式作出解释，例如，当哲学家以任意的方式设想一个具有理性能力的实体并称之为精神的时候。但我的回答是：对一个词义的诸如此类的规定绝对不是哲学的定义，相反，如果它们也可以叫做解释，那也只不过是语法上的解释罢了。因为为了说出我想赋予一个任意的概念一个什么样的名字，根本用不着哲学。莱布尼茨设想了一种除了模糊的表象之外一无所有的简单实体，并且称之为沉睡的单子。他在这里并没有解释这种单子，而是设想它。因为单子的概念并不是给予他的，而是由他创造的。相比之下，数学家有时也以分析的方式作出解释，我承认这一点，但这在任何时候都是一种错误。沃尔夫就是这样以哲学的眼光衡量几何学中的相似性的，为的是也把几何学中出现的相似性归摄在相似性的一般概念之下。但是他始终未能成功。因为当我设想周边的直线围成的角彼此相等、其包含的各边比例相同的图形时，这永远都可以被看做是图形相似性的定义。对于几何学家来说，问题根本不在于相似性自身的一般定义。当几何学家偶尔由于一种被错误理解的职责而作出这样的分析性解释时，事实上在他那里却没有从中推论出任何东西，或者他的下一步推论也构成了数学的定义。对于数学来说，这是一种幸运。若不然，这门科学就会和世俗智慧一样陷入不幸的争吵。

数学家所涉及的是常常还可以进行哲学解释的概念，例如空间概念。不过，他根据自己清晰的和一般的表象而认为这样

〔278〕一种概念是**给定的**。有时，哲学解释是从其他科学出发被给予他的，尤其是在应用数学中，例如对流体的解释。不过这样一来，诸如此类的定义就不是在数学中产生的，而只是在数学中使用的。对给定的含糊不清的概念进行解析，使它们变得详尽和明确起来，这是世俗智慧的事情。而数学的事情则是把量的各种给定的清晰可靠的概念联结起来并加以比较，以便看一看可以从中推论出什么。

第二节　数学在其解析、证明和推论中借助具体的符号考察一般，而世俗智慧则借助抽象的符号考察一般

由于我们在此仅仅把我们的命题当做从经验得出的直接结论，因此，鉴于眼下这个命题，我**首先**诉诸算术，不仅是关于不定量的一般算术，而且是关于数字的算术。在后者中，量的比例被规定为单位。在这两种算术中，首先是事物的符号以对事物的增加或减少、事物的比例等等的特别表示取代了事物自身，然后是用符号按照简易可靠的规则通过移位、联结或者扣除以及一些变化来进行演算，以至于被表示的事物自身在此完全被从思想中排除，直到最后在结束时，符号化的结论的含义才被破译出来。**其次**，在几何学中，例如为了认识到所有圆的性质，人们就画出一个圆。在这个圆中，人们不是画出所有可能在这个圆内相交的直线，而是只画出两条。人们证明出这两条直线的比例，并就这两条直线来具体地考察在所有圆中相交的直线之比例的一般规则。

如果把世俗智慧的方法与此进行比较，那么，世俗智慧的方法就是与此迥然不同的。哲学考察的符号无非就是语词。它们既不能在其复合中表示构成语词所指示的整个理念的分概

念，也不能在其联结中表示哲学思想的比例。因此，人们在以 〔279〕这类知识进行的任何反思中，都必须清晰地想到事物本身，并且被迫抽象地想象一般，而不能使用这种重要的简化，让对个别符号的研究取代对事物自身的一般概念的研究。例如，如果几何学家想阐明空间是无限可分的，他就在两条平行线之间画一条垂直线，并从这两条平行线的某一条的一个点上引出其他与这两条平行线相交的直线。借助这一符号，他就确凿无疑地认识到，这种分割必然是没有止境的。与此相反，如果哲学家想阐明每一个物体都是由一些简单的实体构成的，那么，他将首先使自己确信，每一个物体在根本上都是由一些实体构成的一个整体；对这些实体来说，复合只是一个偶然的状态，没有这一状态它们照样能够存在；因而一个物体中的任何复合都可以在思想中被取消，但构成该物体的那些实体依然存在；由于当所有的复合都完全被取消时，一个复合体还剩下的东西是简单的，所以，物体必然是由一些简单的实体构成的。在这里，无论是图形还是可见的符号，还是它们的比例，都不能表达思想，也没有任何按照规则进行的符号移位能够取代抽象的考察，使人们在这一过程中用符号的更为清晰、更为简易的表象取代事物自身的表象，相反，人们必须抽象地思考一般。

第三节　在数学中，只有少数无法分解的概念和无法证明的命题；而在哲学中，这样的东西却是数不胜数

量本身、单位、集合、空间等概念至少在数学中是无法分解的，也就是说，它们的分解和解释根本不是这门科学的事情。我清楚地知道，有些几何学家想混淆各门科学的界限，偶

尔在量的学说中进行哲学思维，因此，他们还试图解释诸如此类的概念，尽管定义在这种场合根本没有数学的结果。但毋庸
〔280〕置疑，任何一个概念，如果它无论通常能否得到解释，在这门科学中至少不需要解释，则就一个学科来说都是无法分解的。而且我曾经说过，在数学中只有少数这样的概念。但是，我还要进一步断言，本来，即在通过解析这些概念来对它们作出的解释属于数学知识的意义上，它们根本就不能在数学中出现，即使对它们的解释通常是可能的。因为数学绝不是通过解析来解释一个给定的概念，而是通过任意的结合来解释一个客体，该客体的思想同样是由此才成为可能的。

如果把世俗智慧与此进行比较，将会发现这里有什么样的区别？在哲学的所有学科中，尤其是在形而上学中，任何一种能够进行的解析也都是必要的，因为无论是认识的明晰性还是可靠结论的可能性都取决于此。然而，人们马上就会事先觉察到，在解析中不可避免地要遇到一些本来就无法分解或者对我们来说无法分解的概念；而由于关于如此巨大的杂多性的一般认识不可能由少数基本概念复合而成，这样的无法分解的概念竟是异乎寻常地多。因此，许多概念几乎根本不能被分解，例如一个**表象**的概念、**并列存在**或者**相继存在**；而另外一些概念只能部分地被分解，例如关于空间、时间的概念，关于人的灵魂的各种各样**情感，崇高、美、厌恶**等等情感的概念；没有对这些情感的概念的精确认识和分解，就不能充分地认识我们的本性的动机；尽管如此，一个精细的有心人还是觉察到，解析是远远不够的。我承认，关于**快乐**和**不快、渴望**和**憎恶**以及无数诸如此类的东西的解释，绝不是借助充分的分解所提供的，对于这种不可分解性，我并不感到惊奇。因为鉴于概念的品种如此众多，必须以各种不同的基本概念为基础。一些人所犯的错误，即把所有诸如此类

的知识都当做可以全部分解为少数几个简单概念的知识，他们与古代的自然学者所犯的错误是相似的，后者认为自然界的所有物质都是由所谓的四元素构成的，这样的思想已经被更精确的考察所扬弃。

此外在数学中，只有少数几个无法证明的命题作为基础，〔281〕即使它们在其他地方是可以得到证明的，但在这门科学中是被视为直接确定无疑的。例如：**整体等于所有部分之和；两点间只能有一条直线**，等等。数学家习惯于把诸如此类的原则置于其各个学科的开端，以便人们可以觉察到，除了如此显而易见的命题之外，其他任何命题都不被径直当做真的而成为前提，其余所有的一切都是严格地被证明的。

如果把世俗智慧，尤其是形而上学与此进行比较，那么，我真想列出一个无法证明的命题表。它们在这些科学中都凭借其全部延伸而构成了基础。这无疑是一个庞大的计划；不过，搜寻这些无法证明的基本真理是更高的哲学最重要的任务，只要这样一种认识还在扩展，这些发现就决不会终止。因为无论是什么样的客体，知性在它身上首先并且直接觉察到的那些标志，也就是同样多的无法证明的命题的素材。这些命题也构成了从中可以发现定义的基础。在打算解释什么是空间之前，我清楚地认识到，由于这个概念对我来说是给定的，必须首先通过解析搜寻出首先并且直接在其中被想到的那些标志。接着我觉察到，这中间有许多东西是彼此外在的，这种杂多并不是实体，因为我想认识的并不是空间中的事物，而是空间本身，空间只能有三个维度，等等。诸如此类的命题可以通过为直观地认识它们而对它们进行的具体考察来阐明，然而它们决不能被证明。其原因在于，既然它们构成了当我开始思考我的客体时所仅能有的最初的和最简单的思想，证明又能从何处着手呢？在数学中，定义是我关于被解释的客体所能有的最初的**思想**，

这是因为我的客体概念只是通过解释才产生的。在此，把它们看做是可以证明的，则完全是无稽之谈。在世俗智慧中，我要
〔282〕解释的事物的概念对我来说是给定的，在这个概念中直接并且首先被觉察的东西必然被用做无法证明的基本判断。因为在我还没有事物的完整清晰的概念，而是首先寻找它的时候，它也就根本不可能从这个概念出发得到证明，使它事实上被用来由此产生这种清晰的认识和定义。所以我必须在所有的哲学解释之前拥有最初的基本判断，在此只会出现这样一种错误，即我把还是一种派生的东西看做是一个原初的标志。在下面的考察中，将会出现消除这种疑问的事物。

第四节　数学的客体是简易的、单纯的，而哲学的客体却是困难的、复杂的

由于量构成了数学的对象，并且在考察量时只注意某种东西被设定多少次，所以显而易见的是，这种知识必然是建立在量的一般学说的少数非常清楚明白的基本学说之上的（这本来就是一般的算术）。人们在此还可以看到，量的增加和减少、量在方根学说中分解成相同的元素，这都产生自少数简单的基本概念。关于空间的少数几个基本概念促成了量的这种一般认识在几何学中的运用。例如，人们可以把一个在自身中包含着异常大的量的算术对象的易把握性与一个人们只能尝试取得少许认识的哲学理念的难理解性加以对照，以便使自己相信这一点。**百亿亿**与单一的比例已被清晰地理解，但哲学至今尚不能由其单一，即由其简单的、众所周知的概念出发来使自由概念变得可以理解。这也就是说，构成哲学真正客体的质的种类多至无限，区分它们要大费手脚。同样，通过解析来分解复杂的知识也比通过综合联结给定的简单知识并如此得出结论要远为

困难。我知道，有许多人认为世俗智慧与高等数学相比是很容易的。然而，这些人把所有在使用这一标题的书中所记载的东 〔283〕 西都称之为世俗智慧。区别是通过结果彰显出来的。哲学认识大部分都命中注定是意见，就像其光芒瞬间即逝的流星一样。它们消失不见了，但数学却长存不衰。形而上学无疑是人类所有知识中最困难的一种，然而还从未有一种写出来的形而上学。科学院的选题表明，还是有理由探索人们打算尝试形而上学所要走的道路。

考察二

在形而上学中达到最大可能的确定性的惟一方法

形而上学无非是一种关于我们认识的最初根据的哲学罢了；因此，在前一考察中与哲学对比就数学知识所阐明的道理，也适用于同形而上学的关系。我们已经看到了在这两种科学中的认识之间会遇到的巨大的本质性区别。鉴于此，我们可以用沃伯顿主教的话说，再也没有比数学对哲学更有害的了，这说的是在思维方法上**模仿**数学，如果这种方法不可能被运用的话。因为就把数学的方法**运用**于哲学的那些出现量的认识的部分而言，这完全是另一回事。这方面的实用性是不可度量的。

在数学中，我以解释我的客体为开端，例如解释一个三角形、一个圆等等。在形而上学中，我决不能以此为开端。在这里，把定义当做我从事物中认识到的最初的东西，这是大错而特错的。毋宁说，它几乎在任何时候都是最后的东西。也就是说，在数学中，我在定义提供出我的对象的概念之前，还根本就没有这一概念。但在形而上学中，我有一个已经给定的概念，尽管它是含糊不清的，我应当寻找出关于对象的明晰的、详尽的、明确的概念。我怎么能由此开始呢？奥古斯丁说过：我清楚地知道时间是什么，但如果有人问我，我就不知道了。〔284〕在这里，必须进行许多工作，例如阐释隐晦的理念、比较、归属、限制等。我冒昧地说，尽管人们关于时间说过许多正确的、深刻的话，但却从未给出对时间的实在解释。至于名称解释，则对我们很少有帮助或者毫无帮助。即使没有这种解释，人们也充分理解这个词，不至于把它弄混。要是有像在使用这一名称的书中所出现的那么多正确的定义，人们的推理以及从中派生出来的结论岂不是非常可靠！然而，经验教导我们的恰恰是反面。

在哲学中，尤其是在形而上学中，人们在拥有一个对象的定义之前，甚至在根本不打算给出定义的情况下，就可以清楚地、确定无疑地认识到这个对象的许多东西，并从中得出可靠的结论。对于任何一个事物来说，尽管我并没有充分地认识它们，还不能给出事物的详尽规定了的概念，即定义，我也可以直接确切地知道各种不同的谓词。虽然从未解释什么是**渴望**，但我可以确定无疑地说，每一种渴望都以被渴望者的表象为前提，这种表象是对未来事物的一种预见，与这种表象相联结的是快乐的情感，等等。然而，这是每一个人在对渴望的直接意识中都经常觉察到的。从这些相互比较的说明出发，也许最终会得出渴望的定义。不过，只要人们所寻求的东西在没有这个定义的情况下还可以从该事物的一些直接确定无疑的标志推理出来，冒险进行一种如此棘手的工作就是不必要的。众所周知，在数学中完全是另外一回事。

在数学中，符号的含义是准确无误的，因为人们可以轻而易举地知道自己想赋予它们什么含义。在哲学自身中，尤其是在形而上学中，语词都是通过说话习惯获得其含义的，除非它们还通过逻辑上的限制而得到更精确的规定。但是，由于一些相似的概念虽然蕴涵着相当大的差别，却常常使用同样的语词，所以，在每次使用概念时，尽管该概念按照说话习惯显得是很得体的，还必须极其谨慎地注意这里与同一个符号结 〔285〕 合起来的，是否确实是同样的概念。我们说：当一个人认识到一种金属例如并不具有与另一种金属同样的密度时，他就把黄金与黄铜**区别**开来了；当一头牲畜把一种饲料吃光而对另一种饲料置之不理时，它也就把这种饲料与另一种饲料**区别**开来了。在这两种场合，都使用了**区别**这个语词，尽管在第一种场合它无非是说**认识到区别**，如果不**作出判断**，这种认识是绝不可能发生的；而在第二种场合却只是表明：表象有区别则行动亦**有区别**，在这里是不必作出判断的。关于牲畜，我们只是发觉，它是在各种不同的感受推动下采取不同的行动，即使它一点也不对一致或者差异作出判断，上述情况也是完全可能的。

从所有这一切中，完全自然而然地得出了那种方法的规则，惟有遵照那种方法，才能获得最大可能的形而上学上的确定性。这些规则与人们至今所遵照的、在使用时期待沿着其他途径从未能期待的一种幸运结果的方法有很大不同。**第一条**也是最重要的**规则**就是：不要从解释开始，那样的话就不得不纯粹寻求语词解释，例如必然的就是其对立面不可能的。但即使是这样，也只有在少数情况下人们才能如此信赖地把清晰地规定出的概念径直置于开端。毋宁说，人们应该在自己的对象中首先谨慎地寻求关于该对象确定无疑的东西，即使还没有关于它的定义。人们可以从中得出结论，并且主要地只是试图获得关于客体的正确无误的、完全确定无疑的判断，也不要为一种预期的解释卖弄词藻。人们决不必冒险作出这种解释，但一旦它从极为明显的判断中清晰地呈现出来，就必须首先接受它。**第二条规则**是：鉴于在对象中最初确定无疑地遇到的东西，把关于对象的直接判断特别记录下来，并且在确知一个判断并不包含在另一个判断之中后，把它们像几何学的公理一样当做一切推理的基础置于前面。由此可以得出，在形而上学的考察中每时每刻都要特别记录下那些虽然很少、但却
〔286〕为人们确定无疑地知道的东西，尽管人们也可以试一试那些不确切的认识，以便看一看它们是否不能指示出确切的认识，以免把它们和前者混淆。我在此就不列举这种方法与其他理性方法所共有的行事规则了，而是仅仅着手借助例证来说明这种方法。

形而上学的真正方法与**牛顿**引入自然科学中、并在那里获得了有益结果的方法在根本上是一回事。在那里，人们应该借助可靠的经验，必要时借助几何学，来搜寻自然的某些现象所遵照的规则。尽管人们在物体中并没有洞悉这方面最重要的根据，但确定无疑的是，它们是按照这一规律起作用的。如果人们清楚地指出，它们是如何被包摄在这些详尽地证明了的规则之下的，也就解释了错综复杂的自然事件。在形而上学中也是一样，人们借助可靠的内在经验，即直接的明显的意识，搜寻无疑包含在某种普遍性质的概念之中的那些标志，尽管并不认识事物的全部本质，但人们仍然可以利用这些标志，从中推导出事物的许多东西。

例证　形而上学在认识物体本性方面的惟一可靠的方法

为简要起见，我援引在第一个考察的第二节结尾时用寥寥

数语作出的那个证明，以便在这里首先以每一个物体都必然是由一些简单的实体构成的这一命题为基础。即使我并没有发现一个物体是什么，但我却确定无疑地知道，它是由那些尽管不相互结合也依然存在的部分构成的。如果一个实体的概念是一个抽象的概念，则它毫无疑问是一个关于世界上的有形事物的抽象概念。然而，就连称这些事物为实体也是不必要的，只要能够以最大的确定性从中推理出一个物体是由部分构成的就够了；对此，明显的解析是很容易的，但在这里却过于详尽了。现在，我可以借助几何学的可靠证明来阐释空间不是由简单的 〔287〕
部分构成的，这方面的论据是众所周知的。按照这种说法，每一个物体的一定量的部分都是简单的，而它占有的空间的同等量的部分却都是复合的。由此可以得出，物体中的每一个简单的部分（元素）都占有一个空间。如果我问什么叫做占有一个空间，那么，我也就不管空间的本质，而是注意到，如果空间可以为每一个事物进入，而不是有某种东西在那里阻挡着，那么，人们充其量可以随意说某种东西在这个空间里，但决不能说这个空间被某种东西所占有。由此我认识到，如果某物在那里阻挡一个力求进入一个空间的运动物体，这个空间也就被某物占有了。但这种阻挡也就是不可入性。据此，物体是借助不可入性占有空间的。但是，不可入性是一种力，因为它表示一种阻挡，即与一个外部的力相反的行为。而属于一个物体的，必然也属于它的简单的部分。据此，任何一个物体的元素都借助不可入性的力充满了自己的空间。但除此之外我还要问：最初的元素之所以没有广延，究竟是否是因为每一个元素都在物体中充满了一个空间呢？在此，我可以提出一种直接确定无疑的解释，即凡是被设定为独立地（绝对地）充满一个空间的东西都是有广延的，就像每一个个别的物体一样，即使我想象除它之外就再也没有别的东西存在，它还是充满一个空间。然而，如果我考察一个绝对简单的元素，那么，假如它是单独地（不与其他元素相联结）被设定的，就不可能在它里面有许多东西彼此外在，并且它绝对地占有一个空间。因此，它可以是没有广延的。但是，由于针对许多外部事物而运用的不可入性的力，是元素占有一个空间的原因，所以我看到，由此也许可以得出其外在行为中的多样性，但不能得出内在部分方面的多样性。因此，它之所以是没有广延的，乃是因为它在物体中（in nexu cum aliis，在与其他元素的联结中）占有一个空间。

我还想再用几句话来说明，当形而上学家信心十足地依照习惯从他们当做基础的解释中得出那些一旦定义给人假象就无
〔288〕可救药的结论时，他们的证明是多么地肤浅。众所周知，**牛顿学派**的大多数成员都比牛顿本人走得更远，他们断言物体即使互有间距也直接地（或者如他们所称通过空无一物的空间）相互吸引。此处且不谈这一无疑有许多根据的命题的正确性如何，但我可以断言，形而上学至少没有反对过这一命题。首先，假如物体彼此**不接触**就相互**有间距**。这毫无疑问是该词的含义。如果我现在问：我所理解的接触是什么？那么我就觉察到，不管定义如何，我在任何时候都是从另一个物体的不可入性的阻挡出发来判断我接触的该物体的。因为我发觉，这个概念最初产生自这样一种感觉，即我借助眼睛的判断只能猜测一物质接触到另一物质，只有在觉察到不可入性的阻挡时才确定无疑地知道这一点。以这种方式，当我说一个物体直接对一个**有间距的**物体发生作用时，这无非是说它直接对该物体发生作用，但并不是借助不可入性。不过，这里根本不是忽略了为什么这是不可能的这一问题，必须有人来阐释，要么不可入性是一个物体的惟一的力，要么一个物体若不同时借助不可入性就至少不能以另一种力直接发生作用。但是，由于这

从未得到过证明，而且看起来也很难得到证明，所以，至少形而上学根本没有有力的根据来反驳远距离的直接吸引。不过，也要谈一下形而上学家们的论据。首先是定义：两个物体直接的彼此相遇就是接触。由此得出：如果两个物体彼此直接发生作用，则它们就相互接触。相互接触的事物就没有间距。因此，两个物体绝不是在有间距的情况下相互发生作用的，等等。定义造成了假象。并非每一种直接的相遇都是接触，而是只有借助不可入性的直接相遇才是接触，而所以其余的东西都是白费口舌。

我继续进行我的探讨。上述援引的例证说明，无论是在形而上学中还是在其他科学中，人们都可以在不对一个对象作出解释的情况下，确定无疑地说出它的许多东西。因为在 〔289〕
这里既没有解释一个物体是什么，也没有解释空间是什么，尽管如此，关于这二者人们仍然有可靠的命题。我所注意的最主要的东西就是，人们在形而上学中绝对必须以分析的方式行事，因为形而上学的任务事实上就是解析含糊不清的认识。如果把在所有学校里流行的哲学家们的行事方式与此加以比较，人们就会发现它是怎样地本末倒置！知性以自然的方式最终达到的最为抽象的概念在他们那里构成了开端，因为对于他们来说，头脑中装的是他们要刻意仿效的数学家的蓝图。因此，在形而上学和其他任何一门科学之间都存在着一种特殊的区别。在几何学和量的学说的其他知识中，人们是从较容易的事情开始，慢慢地上升到较困难的事情。而在形而上学中，却是以最困难的东西为开端的：以可能性和存在本身、必然性和偶然性等等为开端的。这纯粹是些需要高度的抽象和注意力的概念，尤其是因为它们的符号在运用中经受了许多不知不觉的变异，它们的区别是不可忽视的。这里应该以综合的方式进行。因此，人们一开始就作出解释，并满怀信心地由此出发作出推理。具有这种情调的哲学家们相互祝福，希望从几何学家那里学会彻底地思考奥秘，但却根本没有注意到，几何学家们是通过**复合**来获得概念的，而哲学家们只有通过**分解**才能获得概念，这就完全改变了思维的方法。

与此相反，一旦哲学家们走上健康理性的自然道路，首先探索自己关于一个对象的抽象概念（例如空间和时间）确定无疑地知道的东西，而不是还提出解释的要求，如果他们仅仅从这些可靠的材料出发进行推论，如果他们在一个概念的任何变化了的运用中都注意到，概念自身不管其符号如何，是否还是同一个概念，在此是否已发生变化，那么，他们也许就不会兜售如此多的认识，但他们所阐释的认识也就会具有一种可靠的
〔290〕价值。至于后一种情况，我想再举一个例子。绝大多数哲学家都以我们在熟睡时所能有的那些概念为模糊概念的例证，**模糊的**表象是人们还没有意识到的表象。现在一些经验表明，我们即使在熟睡中也有表象，由于我们没有意识到这些表象，所以它们是模糊的。在这里，意识具有双重的含义。就一个表象来说，人们或者是没有意识到自己有这个表象，或者是没有意识到自己曾有过这个表象。前一种情况表明了表象的模糊性，就像它在灵魂中那样；后一种情况无非是表明记不起这个表象了。现在，所援引的事例只不过使人认识到，可能有一些表象，人们在醒时记不起来了，但由此根本不能推论出，它们在睡着时未被清晰地意识到；就像索瓦格先生关于倔强症患者的例子或者梦游症患者的共同行为中所显示的那样。然而，由于人们过于轻率地就进行推理，没有在事前通过对各种不同的事例的注意每次都赋予概念以其含义，因而在这一事例中漫不经心地错过了大自然的一个也许是很大的秘密，即也许在熟睡中灵魂还在执行它在理性思维方面的功能。因为除了在醒时记不

起来之外，人们没有别的理由来反对这一点，而这样的理由又什么也不能证明。

在形而上学中以综合的方式行事的时间已经不多了。一旦分析帮助我们达到被清晰地和详尽地理解了的概念，综合就可以像在数学中那样把复合的认识置于最简单的认识之下。

考察三
论形而上学确定性的本性

第一节　哲学的确定性具有与数学的确定性完全不同的本性

如果人们认识到一种认识不可能是错误的，那么，人们就是确信的。如果**客观地**对待这种确定性的程度，则它取决于一个真理的必然性的足够标志；但假如**主观地**考察这种程度，则 〔291〕就对这种必然性具有更多的直观来说，这种程度也就更高。在这两种考察中，数学的确定性都具有与哲学的确定性不同的性质。我将以极其显而易见的道理来阐述这一点。

人的知性和自然的任何其他力量一样，受着某些规则的制约。人们之所以犯错误，并不是由于知性毫无规则地把概念联结起来，而是由于人们否认一个事物具有自己在该事物中没有感知到的那种标志，并作出凡是人们在一个事物中**没有意识到的**东西就**不存在**的判断。于是，**首先**是数学以综合的方式得出它的概念，并且能够确定无疑地说：凡是它没有在自己的客体中借助定义表象出的东西，也就不包含在该客体中。因为被解释者的概念首先是通过解释产生的，除了定义赋予它的含义之外，它根本就没有含义。如果把世俗智慧尤其是形而上学与此进行比较，则即使它冒险地作出解释，在其解释中也远远没有达到如此确定无疑。因为要解释的东西的概念是给定的。如果一个或另一个标志尽管属于充分的区别，但人们还是没有觉察到，而且作出判断，认为对于详尽的概念来说并不缺少这样的标志，那么，定义就是错误的、虚假的。我们可以借助无数的例子来彰显这样的错误。但即使如此我还是只提一下上面所援引的关于接触的例子。**其次，**数学在其推论和证明中使用**具体的**符号考察其一般的知识，而哲学则除了符号之外还总是**抽象地**进行考察。这就构成了二者在达到确定性的方式上的重大区别。由于数学的符号是感性的认识手段，因此，人们可以像保证眼前看到的东西那样确定无疑地知道自己没有忽视任何概念，知道每一种个别的比较都是按照简易的规则进行的，等等。在此，注意力已经大大地被减弱了，因为它不是在其一般的表象中思考事物，而是在其个别的感性知识中思考符号。相反，作为哲学认识符号的语词无非是帮助人回忆起它所表明的
〔292〕一般概念罢了。人们必须随时直接地想到它们的含义。纯粹的知性不得不始终保持努力，而一个孤立的概念并不在没有任何感性的东西能够向我们揭示它已被忽略的地方消失得无影无踪。但在这种情况下，各种不同的事物就会被看做是同样的东西，而人们也就造成了错误的认识。

这里只是说明了，人们能够得出在某种哲学认识中不可能出错的结论，所根据的理由本身决不同于在数学认识中所根据的。然而除此之外还有，就达到正确性而言，这种知识的直观在数学中也高于在哲学中，因为在数学中客体是在**具体的**感性符号中被考察的，而在哲学中却总是仅仅在一般的抽象概念中被考察，它们的清晰印象远远不能赶上前者的印象。尽管在代数运算中确定性同样是可以信赖的，但在几何

学中，符号与被表示的事物完全相似，因而这种明晰性也就更大。

第二节　形而上学能够获得一种足以达到确信的确定性

形而上学中的确定性与其他任何哲学认识中的确定性具有同样的性质，后者也只有在遵循前者所提供的普遍根据的情况下才可能是确定无疑的。从经验中可以得知，除了数学之外，我们借助理性根据还可以在许多场合完全确定无疑地达到确信。形而上学只不过是运用于一般理性认识的一种哲学罢了，它不可能是别的情形。

错误的产生不仅仅是因为人们不知道某些事物，而是因为人们虽然不知道为此所要求的一切东西，但却着手作出判断。大量的失误，甚至几乎所有的失误，都起源自这后一种僭越现象。你们确定无疑地知道一个事物的一些谓词，那么好吧，如果你们以这些谓词作为自己推理的基础，就不会犯错误；然而你们尽管不能保证已经知道为作出一个定义所需要的一切，却〔293〕还想要作出一个定义，由于你们不顾这一点而冒险去做，于是就会陷入失误。因此，如果人们探求确定无疑的、清晰的认识，尽管如此也不轻易地自以为能够作出定义，那么，还是有可能避免错误的。此外，你们可以推理出某个结论的相当大的部分。无论区别显得多么地少，都不要擅自推论到整个结论。我承认，人们为阐述灵魂不是物质所拥有的证明是不错的。但你们要当心，不要从中推论出灵魂不具有物质的本性。因为每一个人都把这一点不仅仅理解为灵魂不是物质，而且理解为不是一种能够成为物质元素的简单实体。这就需要一种特殊的证明，即这种思维着的存在者并不像一种有形体的元素那样处在空间中，不能通过不可入性、也不能与其他东西一起构成一个有广延的事物，构成一个团块。对此，现实中尚不存在一种证明，一旦人们找到它，就可以说明精神。

第三节　在形而上学中，最初的基本真理的确定性没有与除数学之外的任何其他一门知识不同的本性

在我们这个时代，克鲁秀斯①先生的哲学自以为给予了形而上学认识一种完全不同的形象，因为他不承认矛盾律作为一切认识普遍的和最高的原则的优先地位。他引用了许多别的直接确定无疑的和不可证明的原则，并且宣称它们的正确性可以根据下述原则从我们的知性的本性中得到理解，即凡是我只能
〔294〕设想为真的东西，就是真的。属于这样的原则的还有：凡是我不能设想为存在的东西，就不曾存在过。一个事物必须在某时某地存在，等等。我将用寥寥数语指明形而上学最初的基本真理的真正性质，同时也指明克鲁秀斯先生的这种方法的真正内容。这种方法并不像人们所想象的那样远地背离哲学在这个领域里的思维方式。人们还可以由此看出形而上学可能的确定性的程度。

所有真正的判断都必须要么是肯定的，要么是否定的。由

① 我认为，有必要在此提到这种新的世俗智慧的方法。它在短时间内如此遐迩闻名，在更好地解释一些认识方面取得了如此公认的成就，以至于在谈到形而上学的地方对它完全不予理睬就是一种严重的缺陷。我在这里所提及的东西，仅仅是他自己的方法，因为在个别命题上的区别并不足以说明一种哲学与另一种哲学的本质性区别。

于每一种**肯定**的**形式**都在于某种东西被表象为一个事物的标志，也就是说，被表象为与一个事物的标志是一回事，所以，如果谓词与主词是一**致的**，则每一个肯定判断都是真的。而由于每一种**否定**的**形式**都在于某种东西被表象为与一个事物相矛盾，因此，如果谓词与主词相**矛盾**，则一个否定判断就是真的。表述着每一个肯定的本质并由此包含着一切肯定判断的最高公式的命题就是：每一个主词都有一个与它一致的谓词。这就是**同一律**。而由于表达着一切否定的本质的命题，即没有一个主词有一个与它矛盾的谓词，就是**矛盾律**，因此，矛盾律也就是一切否定判断的最高公式。二者共同构成了全部人类理性的形式意义上的最高的和普遍的原则。而大多数人在这方面的错误就在于，他们鉴于所有的真理而赋予矛盾律的地位，是它仅仅在否定性真理方面才拥有的。但是，直接遵循这两个最高原则中的某一个而被思考的、但也不能以别的方式被思考的每一个命题，即如果或者是同一或者是矛盾直接包含在概念中，并且不能通过解析或者不允许借助一个中间标志被认识的话，这样的命题就是不可证明的。所有其他的命题都是可以证明的。一个物体是可分的，这是一个可以证明的命题。因为人们可以通过解析，即间接地指明谓词与主词的同一性：物体是**复合的**，但凡是复合的东西就都是**可分的**。因此，一个**物体**是可分的。在这里，中介的标志就是**是复合的**。如上所述，在哲学 〔295〕
中有许多不可证明的命题。这些命题虽然也都处于最初的形式原则之下，但却是直接处于它们之下。然而，就它们同时包含着其他认识的根据而言，它们又是人类理性的最初的质料原则。例如，**一个物体是复合的**，就谓词只能被设想为物体概念的一个直接的和最初的标志而言，这是一个不可证明的命题。如同克鲁秀斯正确地说出的那样，这样的质料原则构成了人类理性的基础和能力。因为如同我们在上面所说的，它们是解释的素材，是即使没有解释也可以确定无疑地进行推理所由以出发的材料。

在这里，当克鲁秀斯指责世俗智慧的其他学派忽视了这些质料原则，仅仅固守形式原则的时候，他是有道理的。仅仅从形式原则出发，事实上是根本不能证明任何东西的，因为还要求有包含着中间概念的命题，通过它们才能够在一个理性推理中认识到其他概念的逻辑关系，在这些命题中必然有一些是最初的命题。不过，如果一些命题不显现在每一个人类知性面前，人们就再也不能赋予它们以最高的质料原则的价值。我认为，克鲁秀斯所援引的命题中，有许多甚至是相当值得怀疑的。

但是，至于这位著名的大人物打算置于所有认识、包括形而上学认识之前的那种所有确定性的最高规则，即**凡是我只能设想为真的东西就是真的，等等**，很容易就能够认识到，这个命题根本不可能是任何一种认识的真理根据。因为如果人们承认，除了由于不可能以别的方式把它看做是真的之外，不能指出别的任何真理根据，那么，人们也就可以理解，根本没有任何真理根据可以继续指出，认识是无法证明的。不过，固然有许多无法证明的认识，但就这些认识来说的确信的情感，却是对它们的真理性的一种承认，而不是证据。

据此，形而上学并不具有与几何学不同的确定性的形式
〔296〕根据或质料根据。在二者之中，判断的形式因素都是根据同一律和矛盾律产生的。在二者之中，都有构成推理基础的无法证明的命题。只是在数学中定义是被解释的事物最初的无法证明的概念，而在形而上学中则与此不同，是各种不同的无法证明的命题提供了第一批素材，但它们可以是同样可靠的，它们或者提供了解释所用的材料，或者提供了可靠的推论的根据。这是形而上学和数学一样能够获得的为确信所必

需的一种确定性，只不过数学更容易些，更多地分有直观罢了。

考察四

论自然神学和道德的最初根据所能够获得的明晰性和确定性

第一节　自然神学的最初根据可以获得最大的哲学明晰性

如果一事物是它那个类的惟一可能的个体，那么，把它与其他事物区分开来也就是最容易、最清晰的。自然宗教的客体是惟一的最初原因，它的规定性使得它不可能被与其他事物混淆。然而，在这些或那些谓词绝对必然地属于一个事物的地方，最大的确信也就是可能的。因为就偶然的规定性来说，要找出一事物的谓词变化多端的条件，在大多数情况下是困难的。因此，绝对必然的存在者是这样一个客体，一旦人们发现了它的概念，显然也就可以指望比大多数其他这些认识有更多的可靠性。在论文的这一部分，我只能考虑关于上帝的可能的哲学认识。因为要检验世俗智者们关于这个对象现有的学说，委实是过于详尽了。这里呈现给形而上学家的主要概念，就是一个存在者绝对必然的实存。为了达到这一点，他可以首先 〔297〕
问：**根本没有任何东西实存是否是可能的**？如果他觉察到，在这种情况下就根本没有**存在**是给定的，也**没有任何东西可设想**，没有可能性出现，那么，他也就可以研究关于必然作为一切可能性之基础的那种东西存在的概念了。这一思想还将进一步展开，并规定着绝对必然的存在者的明确概念。然而，即使我不特别地探讨这样一个计划，一旦惟一最完美的和必然的存在者的存在被认识到，关于它的其余规定性的概念也会更准确得多，因为它们始终是最大的和最完美的；也会更确定无疑得多，因为只有在此是必然的那些概念才能被承认。例如，我应该规定神的**无所不在性**的概念。我轻而易举地认识到，其他一切事物都依赖的这个存在者，由于自己是非依赖的，虽然通过自己的临在为世界上的其他一切事物规定了位置，但却未为自己在它们之中规定一个位置，因为那样的话它就会同属于这个世界。因此，上帝本来不在任何位置上，但它在**事物所在的一切位置**上对一切事物来说都是临在的。同样我也认识到，由于世界上前后相继的事物都处在它的支配之下，它由此却并未为自己在这序列中规定一个时刻，因而对它来说没有任何东西是过去的或未来的。因此，如果我说上帝预见到未来的东西，这并不意味着上帝见到**对它来说未来的**那些东西，而是见到对世界上某些事物来说未来的东西，即紧随着这些事物的一种状态的东西。由此可以认识到，就神的知性的行动来说，对未来的、过去的和现在的事物的认识并不是不同的东西，而是上帝把一切事物都作为宇宙的现实事物来认识；人们在上帝身上可以比同属于这个世界整体的一个事物身上更明确、更清晰得多地想象这种预见。

据此，在不能发现偶然性的一种类似物的所有地方，关于上帝的形而上学认识都可以是确定无疑的。然而，关于他的自由行动、关于天意、关于他的公正和慈爱的行事方式的判断，却由于甚至在我们从自己身上获得的关于这些规定性的概念中还有很不发达的东西，而在这门科学中只能有一种借助于逼近获得的确定性，或一种道德的确定性。

第二节 道德的最初根据依照其现在的性质还不能取得所要求的一切明晰性 〔298〕

为了澄清这一点，我只打算指出，甚至责任这个第一概念也还鲜为人知，我们必须放弃在实践的世俗智慧中提供基本概念和原则的为自明性所必需的明晰性和可靠性。人们应该做这件事或那件事而放弃别的事，这就是道出每一种责任所遵循的公式。每一种**应该**都表达了一种行动的必然性，并且能够有一种双重的含义。也就是说，或者是当我期望某种别的东西（作为一种**目的**）时，我**应该**做某事（作为一种**手段**），或者是我直接做某件别的事（作为一种**目的**）并且使之成为现实。前者可以称之为手段的必然性（necessitatem problematicam，问题的必然性），后者可以称之为目的的必然性（necessitatem legalem，合法则的必然性）。前一种必然性根本没有说明一种责任，而只是说明了在一个问题中作为解决方案的准则，即就我想达到某个目的而言，什么手段是我所必须采用的。谁规定另一个人如果想促成自己的幸福就必须采取或者放弃什么行动，他虽然可以把所有的道德说教纳入其中，但它们已经不再是责任了，而是某种就像我在想把一条直线分为相等的两部分时画两个交叉弧的责任那样的东西，也就是说，它根本不是责任，而只是对人们在想达到一个目的时要采取的精明举动的指示。由于手段的使用除了从属于目的的必然性之外不具有任何别的必然性，所以，只要道德在某种目的的条件下规定的所有行动不附属于一个自在必然的目的，它们就是偶然的，就不能叫做责任。例如，我应该促成全部最大的完美性，或者我应该遵照上帝的意志行动；无论全部实践的世俗智慧被附属于这两个命题中的哪一个，如果这个命题是责任的规则或根据，那么，它

必然要求行动是直接必然的，而不是在某种目的的条件之下的。在此我们发现，所有的责任的这样一个直接的最高规则必
〔299〕然是绝对无法证明的。因为无论从对哪一个事物或者概念的考察中都不可能认识到和推论出，如果作为前提条件的那种东西不是一个目的，行动是一种手段的话，人们应该怎么做。但事实必然不是如此，因为那样的话，它就不是责任的公式，而是问题的技巧的公式了。

现在，我可以用寥寥数语指出，在我对这一对象进行长期的反复思考之后，我确信：做通过你而成为可能的最完美的事，这个规则是所有**行动**的责任的**形式根据**；放弃那阻碍由于你而极有可能的完美性的事，这个命题则是就**放弃**的责任来说的第一个**形式根据**。就像在没有给定最初的质料根据的地方，就不能从我们关于真东西的判断的最初形式原则推出任何东西一样，在没有实践认识的不可证明的质料原则与之相结合的地方，也不能仅仅从这两个关于善的规则推出任何特殊规定的责任。

也就是说，在我们这个时代，人们首先开始认识到，表象**真东西**的能力就是**认识**，但感受善的能力却是**情感**，二者并不必然地相互混淆。就像有关于真东西，即在认识的对象中特别地发现的东西无法解析的概念一样，也有一种无法分解的关于善的情感（这种东西绝不是在一个地地道道的事物中，而是始终与一个感受着的存在者相联系而被发现的）。通过指出善的复合的、含糊不清的概念是如何从善的简单感受中产生出来的，来对它作出分解和澄清，这是知性的事情。然而，如果这是轻而易举的，那么，这是善的这个判断就是完全无法证明的，是快乐的感觉的意识连同对象的表象的一个直接结果。由于我们肯定有许多善的简单感受，因而也就有许多诸如此类的无法分解的表象。据此，如果一个行动直接被表象为善的，它

并不以一种隐秘的方式包含通过解析可以在其中认识到的某种别的善，以及为什么它叫做完美之原因，那么，这个行动的必 〔300〕
然性就是责任的一个无法证明的质料原则。例如，爱那爱你的人，这是一个实践命题，它虽然处在责任的最高形式的肯定规则之下，但却是直接的。由于不能进一步借助解析说明为什么在回报的爱中蕴涵着一种特殊的完美性，这个规则不是以实践的方式，即借助追溯到另一个完美行动的必然性而得到证明的，而是直接被归摄在善的行动的一般规则之下的。也许，我所出示的例证并不足以清晰地、令人信服地阐明事情。但是，以现在这样一篇论文的篇幅——也许我已经超出了界限——不允许我像我所非常希望的那样详尽无遗。在违背完美的存在和一切善所由来的那个存在者的意志和行动中，有一种直接的罪恶。这种罪恶是清晰可见的，尽管看不到作为结果可能伴随着这样一种举止的损害。因此，做符合上帝意志的事，就成为道德的一个质料原则。它虽然在形式上从属于上面已提到的最高的普遍公式，但却是直接地从属的。无论是在实践的世俗智慧中还是在理论的世俗智慧中，人们都必须不如此轻易地把某种并非无法证明的东西看做是无法证明的。尽管如此，这些作为公设包含着其他实践命题的基础的原则是不可缺少的。**哈奇森**和其他人以道德情感的名义为作出卓越的说明提供了一个开端。

由此可以看出，尽管在道德的最初根据中达到最高程度的哲学自明性必然是可能的，但责任的最高基本概念还是必须首先得到更可靠的规定。就此来说，实践的世俗智慧的缺陷要比思辨的世俗智慧的缺陷更为严重，因为首先必须澄清仅仅是认识能力还是情感（追求能力的最初的、内在的根据）决定着这方面的最初原则。

[301]

后 记

这就是我呈交给王家科学院供评判的思想。我冒昧地希望，所陈述的理由对于所要求的对客体的说明能够有一点意义。至于阐述的谨慎、准确和优雅，我宁可在这方面有所忽略，也不愿因此而被耽搁，以至于不能在规定的时间里把它呈交供审查，特别是因为一旦蒙获青睐，这一缺陷是可以轻而易举地弥补的。

伊曼努尔·康德

1765年

1765—1766年冬季学期课程安排的通告

1765—1766 年
冬季学期
课程安排的通告

伊曼努尔·康德硕士

李秋零　译

对青年人的所有传授，自身都带有这种麻烦，即人们被迫 〔305〕
有意识地赶到岁月的前面，不等知性成熟，就应当传授这些按照自然的秩序只有一种更为纯熟的、尝试过的理性才能把握的认识。因此，就产生出各个学派的永恒成见，它们比通常的成见更为固执、经常也更为愚蠢；产生出年轻思想家们早熟的饶舌，它比别的任何一种自负都更为盲目，比无知还更为不可救药。尽管如此，这种麻烦依然是不能完全避免的，因为在一个备受粉饰的市民状态的时代里，更为敏锐的认识属于飞黄腾达的手段，成为按照本性本来只应当算做生活的点缀，仿佛是生活可有可无的美的需求。然而，即便是在这一领域，纵然不使授课与自然完全一致，但使它更多地顺应自然，毕竟是可能的。因为既然人类认识的自然进步是这样一种进步，即知性首先发展起来，知性通过经验达到直观的判断，并通过直观的判断达到概念，然后这些概念在与它们的根据和结果的关系中被理性所认识，最终在一个井然有序的整体中借助于科学被认识，那么，传授也应当遵循这同一条道路。因此，对一位教师来说所期待的，是把自己的听众首先培养成一个**知性的人**，然后再培养成一个**理性的人**，最后培养成**学者**。这样一种程序的好处是，即使学生像通常发生的那样决达不到最后一个阶段， 〔306〕
他也仍然通过传授而有所收获，即便不是对于学校来说，但是对于生活来说变得更为成熟、更为聪明。

如果人们把这一方法颠倒过来，那么，学生在其知性还没有发达之前，就沾染上一种理性，承受起借来的科学，这种科学仿佛是黏贴在他身上的，而不是在他那里生成的，这时他的心灵能力还像过去一样不能结出果实，但同时却由于智慧的幻觉而严重地败坏了。这就是为什么人们常常遇到很少表现出知性的学者（真正受过高等教育者）、为什么各个科学院向世上派遣的蠢汉多于公共事业的任何一个别的等级的原因。

因此，做事的规则是这样一种规则：首先产生知性，通过在经验判断中锻炼他、让他注意自己的感官经过比较的感受能够教给他的东西，来促进知性的增长。从这些判断或者概念到更高的、更生僻的判断或者概念，他不应当做任何大胆的飞跃，而是应当沿着循序渐进地引导他的较低级概念那自然的、经过平整的人行小道来达到它们；但是，这一切是遵照先行的练习在他里面必然无疑地形成的知性能力，而不是按照教师在自己身上感知到或者相信感知到、也在自己的听众身上错误地当做前提条件的知性能力。简言之，他不应当学习**思想**，而应当学习**思维**；如果人们希望他将来应当会自己**走路**，那就不应当**背负**他，而应当**带领**他。

世俗智慧自己的本性要求这样一种教学方式。但既然世俗智慧本来只是成年人的一种活动，那么毫不奇怪，如果人们想让它迁就青年人尚不熟练的能力，就会产生各种困难。经历过学校传授的年轻人习惯于**学习**。此时他在想，他将**学习哲学**，但这是不可能的，因为他现在应当**学习哲学思维**。人们在本来的意义上能够**学习**的所有科学可以分为两类：**历史性**科学和**数学性**科学。属于前者的，除了真正的历史之外，还有对大自然的描绘、语言学、实证法，等等。既然在所有历史性的东西中是自己的经验或者外来的证词，而在数学性的东西中则是概念
〔307〕的显明性和证明的无误性，构成了某种事实上给定的、从而是储备起来的、仿佛是只能接受的东西，那么在这二者之中，学习就是可能的，也就是说，把能够作为一个已经完成的学科呈交给我们的东西，或者印入记忆，或者交给知性。因此，为了**学习**哲学，就必须首先有一种实际上现存的哲学。人们必须能够出示一本书并且说：你们看，这里就是智慧和可靠的认识；你们学着理解和领会它，今后也信赖它，这样你们就是哲学家了。直到人们向我出示这样一本世俗智慧的书，让我能够援引

它，就像为了解释一种历史状况能够援引**波利比阿**，为了解释量的学说的一个定理能够援引**欧几里得**那样，我才可以说：如果人们不是扩展被托付的青年的知性能力，培养他们形成将来更为成熟的独立的认识，而是用一种假托已经完成的、由别人为他们想好了的世俗智慧来欺骗他们，由此产生出一种只是在某个位置上和某些人中间才被当真、而在其他所有地方都声名狼藉的幻象，那就是在滥用公共事业的信任。世俗智慧中特有的授课方法，如一些古人所说的那样，是**怀疑的**（ζητειν），也就是说，是**探究的**，只是在不同的部分中就已经熟练了的理性而言才是**教条的**，也就是说，是**决定了的**。人们在传授时当做基础的哲学作者，也不应当被视为判断的原型，而是应当仅仅被视为一种自己作出判断的动议，可以是作出关于他的判断，甚至是作出有悖于他的判断；而自己反思和推理的方法则是学生原本寻求其熟练技巧的东西，也惟有它才能是有用的，而同时获得的明确认识则必须被看做是它的偶然的结果，为了获得丰富的结果他就只能在自身中植下它能结果实的根。

如果把远远背离它的常见程序与它进行比较，那么，就可以理解通常令人诧异地映入眼帘的各种不同的东西。例如，为什么没有一种手艺的学问，其中可以发现像在哲学中那样多的大师，而既然他们中学习过历史、法学、数学等等的许多人谦虚地认为，尽管如此他们还学得不够，不足以再去教这些学科，那么另一方面，为什么却罕有一个人，不应当非常认真地 〔308〕
自负地认为，除了他其余的活动之外，如果他愿意掺和这样的小事的话，他也完全有可能讲授逻辑学、道德等等。原因在于，在那些科学中有一个共同的尺度，而在这门科学中却每一个人都有他自己的尺度。此外，人们将清楚地看到，由于对需求的虚妄和时尚的规律的顺应与哲学的本质属性相抵触，所以作为一门谋生的艺术，对于哲学来说是很反常的，而只有对它具有支配力量的生计所需，才能逼迫它顺从公众赞同的形式。

我在现今开始的半年中打算通过私人讲座讲授并充分探讨的几门科学如下：

一、**形而上学**。我在一篇简短而且仓促写就的文章[①]中试图指出：这些科学之所以虽然有学者们的伟大努力却还是如此不完善和不可靠，乃是因为人们认错了他们的特有方法，这种方法不是像数学的方法那样是**综合的**，而是**分析的**。因此，简单的东西和普遍的东西在量的学说中也是最容易的东西，而在基础科学中却是最困难的东西，在前者中它按照本性必然最先出现，在后者中它却必然最后出现。在前者中人们以定义开始学说，在后者中人们却以定义结束学说；在其他方面还有许多诸如此类的东西。我自很长时间以来就在按照这一纲要工作，而由于沿着这条道路的每一步都向我揭示失误的源泉和判断的准绳，惟有凭借这一准绳，如果当时有可能避免这些失误的话就能够避免它们，所以我希望能够简明扼要地充分阐述为在上述科学中给我的讲授奠定基础而能够有助于我的东西。但到此为止，我可以通过一个小小的转弯，把我主要因为其教学方式的丰富和精确而选择其参考书的那位作者，即A. G. 鲍姆嘉
〔309〕登，引入同一条道路。据此，我在一个简短的导论之后从**经验的心理学**开始，它本来就是关于**人**的形而上的经验科学；因为就灵魂这一表述而言，在这一部分还不允许断言人有一个灵魂。第二部分应当探讨**有形的自然**本身，它是从**宇宙论**探讨**物质**的核心部分借用来的，但尽管如此我还将通过一些书面的补充使其完善。既然在前一门科学（为了类比起见，也将经验的

① 柏林王家科学院值1763年有奖征文之际出版的论文中的第二篇。

动物学，即对动物的考察，附加给它）中考虑了我们感知到的一切生命，在第二门科学中考虑了一切无生命的东西，既然世上的一切事物都可以归入这两个类，我也就前进到本体论，即前进到关于一切事物更普遍的属性的科学，它的结尾包括**精神性**存在者和**物质性**存在者的区别，此外还有二者的结合或者分离，从而也就是**理性的心理学**。在这里，我从现在开始有重大的优势，不仅将已经熟练的听众引入所有哲学研究中最困难的研究，而且由于我就每一考察而言都在先行的学科交到我手中的具体的东西中衡量抽象的东西，所以也将一切都置于最大的清晰性之中，而不抢前行动，也就是说，不可为了解释而引证某种只是后面才应当出现的东西，这是综合的讲授常见的、不可避免的错误。最后是对一切事物的原因的考察，这就是关于上帝和世界的科学。我不得不再提到一种优势，它虽然只是建立在偶然的原因之上，但仍然不可小瞧，我打算从这一方法中把它引导出来。众所周知，课程的开头被活跃而又不稳定的年轻人们搞得多么紧张，而此后教室将逐渐地变得多么宽敞。如果我假定，不该发生的事情，尽管如此却不顾所有的回忆在将来还会一再发生，那么，上述教学方式就获得了其特有的实用性。因为听众的热情在经验的心理学将结束时就已经蒸发了（就这样一种教学方式来说，这几乎是不可猜测的），尽管如此，听众还是听到了某种由于其通俗易懂而对他来说可领会的、由于令人感兴趣而可接受的、以及由于频繁的运用场合而 〔310〕
在生活中可利用的东西；这里恰恰相反，如果本体论这门难以领会的科学把他吓退而不敢继续，那么，他可能已经把握住了的东西，对他今后来说却可能没有丝毫用处。

二、**逻辑学**。这门科学本来有两个类别。二者中的第一个类别是**健康知性**的一种批判和规定，以及它一方面与粗略的概念和无知、而另一方面与科学和学问毗邻。这样一种方式的逻辑学是人们在所有哲学的学术传授的开端都应当先派上阵的，就仿佛是想从成见与失误之乡转到更开明的理性和科学的领域的学生所必须执行的检疫隔离（假使允许我如此表述的话）。第二个类别的逻辑学是**真正的学问**的一种批判和规定，它就是各门科学的工具，只能在各门科学之后来探讨，以便人们在练习时所使用的方法更合规则，学科的本性连同其改善的手段也被认识到。以这样的方式，我在形而上学的结尾附上了一个关于它的特有方法的考察；作为这门科学的工具，在这门科学开始时尚不能处在自己正确的位置上，因为如果手中还没有让人能够具体地展示它的实例，要弄清它的规则是不可能的。当然，教师必须在讲授科学之前就掌握了工具，以便他自己照此行事，但他只能在最后才把它讲给听众。因此，整个世俗智慧的批判和规定，作为一个整体，即这门完备的逻辑学，只可以在整个哲学的结尾才可以拥有它就传授而言的位置，因为惟有已经获得的哲学知识和人类见解的历史，才使得有可能不仅对其认识的起源作出考察，而且草拟出持久而且合规则地修建这样一座理性建筑物所应当遵循的详细蓝图。

我将讲授第一个类别的逻辑学，并且按照迈耶尔教授先生的手册；因为这位先生清楚地看到现在所说的这些意图的界
〔311〕限，同时促使人们除了更精致和博学的理性的文化之外，还理解虽然平庸但却是行动的、健康的知性的教育，前者是为了观察的生活，后者则是为了行动的、市民的生活。在这里，同时材料上非常接近的渊源关系也提供了在理性批判的时候也关注一些**鉴赏力批判**即美学的机会，其中一方的规则在任何时候都有助于阐明另一方的规则，而它们的区分也是更好地理解二者的手段。

三、**伦理学**。道德的世俗智慧具有这种特殊的命运，即它比形而上学还要早就得到了科学的外观和缜密的声誉，尽管这

二者在它那里连一个也遇不到；原因在于：行动中善与恶的区分和关于道德上合法性的判断，直接地、无须绕道借助人们称之为感情的东西证明人的心灵，就能够轻而易举地并且正确地认识到；由于问题绝大多数情况下在找到理性根据之前就已经得到裁定，而在形而上学中就不是这个样子，所以毫不奇怪，让只有一些出色外观的根据作为适用的而通行无阻，人们并不认为这特别地困难。因此，再也没有比一个道德哲学家的头衔更平常的了，再也没有比配享这样一个名称更罕见的了。

现在，我将按照鲍姆嘉登来讲授**一般的实践世俗智慧**和**德性学说**这二者。莎夫茨伯利、哈奇森和休谟的尝试虽然是未完成和有缺陷的，但仍然在探索所有道德的最初根据方面走得最远，它们将获得自己所缺乏的那种精确性和补充；由于在德性学说中，任何时候我都将在指出**应当发生**的事情之前以历史的和哲学的方式思考所**发生**的事情，所以我将阐明人们研究**人**所必须遵循的方法：不仅是被他的偶然状态加给他的可变形态所歪曲的、作为这样一个人被哲学家们几乎在任何时候都认错的人；而且是人的常驻不变的**本性**，以及它在创造中的地位，以便人们知道，对他来说什么完善性在**原始的**淳朴中是合适的，〔312〕
什么完善性在**睿智的**淳朴中是合适的，以及与此相反，如果他力图通过走出两种界限而触及自然的或者道德的杰出性，但却或多或少地偏离了这两者，则什么将是他的行事方式的规定。道德研究的这种方法是我们时代的一个美好发现，而且就其完整的规划来看，它对古人来说是完全未知的。

四、**自然地理学**。由于我在自己的学术传授一开始就认识到：年轻人学习的一个重大疏忽在于，他们早早地学习**理性思维**，却并不拥有能够代表**博学**地位的足够历史知识，所以我考虑将地球现今状态的历史学或者广义上的地理学，变成能够使他们为一种实践理性作好准备、并有助于激起一再扩展在其中肇端的认识之兴趣的那种东西的一个适意的、轻松的总体。我根据当时我最主要关注的那个部分把这样一个学科称之为自然地理学。自那时以来，我逐渐地扩展了这一纲要，而现在我打算通过更进一步压缩涉及地球上奇异现象的那个部分，来赢得时间把讲授继续扩展到该部分其他更具有公益性的成分。因此，这一学科将是一门**自然的、道德的和政治的**地理学，其中首先通过它的三个领域展示大自然的奇异现象，但在无数奇异现象中，将拣选那些由于其罕见性的魅力、或者也由于它们借助工商业对各国的影响而首先呈现给普遍的求知欲的奇异现象。这个同时包含着所有陆地与海洋的自然关系及其联系的根据的部分，是所有历史的真正基础，没有这一基础，历史与童话就少有区别。**第二个**部分考察**人**，按照人的自然属性的多种多样性和人身上属于道德的东西在整个地球上的差异；这是一个非常重要而又同样刺激的考察，没有它，人们就难以对人作出普遍的判断，而且在这里，相互之间进行的以及与古老时代
〔313〕 的道德状况进行的比较将为我们展现一幅人类的大地图。**最后**，可以被视为前面讲述的两种力量相互作用的一个结果的东西，即地球上**各国**和各民族的状况将得到考虑，不仅仅是按照它建立在诸如统治序列、占领或者国家阴谋等单个人的活动和命运的偶然原因之上的样子，而且与持久的东西相联系，包含着它们遥远的根据，即它们的陆地位置、出产、风俗、行业、行为和居民。甚至，如果我应当如此称谓的话，按照一种较小的尺度来更新一门具有如此广阔前景的科学，也具有重大的益处，因为只有这样才能达到认识的那种所有知识都是其片断的统一。难道我不可以在一个像如今这样的交往频繁的世纪里，把大量多种多样适意的、有教益的、轻松易懂的知识为支持交际而提供的知识储备，也列入对于科学来说拥有它并不算是丢脸的益处吗？至少对于一位学者来说，发现自己经常处在演说

家**伊索克拉底**所处的那种尴尬境地，并不是一件惬意的事情；当人们在一次聚会上鼓励伊索克拉底倒是说点什么的时候，他不得不说道：**我知道的不合适，合适的我又不知道。**

这就是我在已开始的半年献身学术的活动的简要通告，我之所以认为它是必要的，乃是为了人们对我现在认为作出一些变化大有裨益的教学方式能够形成一些概念。Mihi sic usus est：Tibi ut opus facto est，face. Terentius［对我来说如此必需的是：像你必须做的那样去做吧。——太伦斯］。

伊曼努尔·康德

1766年

一位视灵者的梦

1766 年

以形而上学的梦来阐释

一位视灵者的梦

伊曼努尔·康德

如同病人的梦，空想的观念
是虚构出来的。

贺拉斯

李秋零　译

一个在论述方面承诺甚少的准备性报告 〔317〕

冥界是幻想家的乐园。他们在这里发现一片自己能够任意耕作的无边无际的土地。忧郁症的气息、无根据的故事和修道院的奇迹，使得他们不乏建筑材料。哲学家们按照自己的习惯，描绘出平面图，又修改它或者废弃它。只有神圣的**罗马**在这里拥有能获益的领土；不可见的王国的两顶王冠支撑着第三顶王冠，作为其尘世主权脆弱的冠冕，而开启另一世界两扇大门的钥匙则同时感应性地打开当前世界的钱柜。就灵神世界通过治国才能的理由得到证实而言，它诸如此类的权利远远地超越了学界智者们软弱无力的责难，而它们的运用或者滥用已经是太令人敬畏，似乎无须经受一项如此受到责难的审查。然而，获得如此之多的相信、至少对它们的驳斥是如此之糟糕的通俗故事，尽管并没有为自己挣得所有证明中最令人信服的出自利益的证明（argumentum ab utili），何以却毫无用处又出乎意料地四处传播，甚至溜进了学说体系呢？一个理性且坚信的目击者的保证和一种无法克服的怀疑的内在抵制之间，哪个哲学家不曾在给人造成过人们所能够想象的最幼稚的印象呢？他应当完全否认所有这样的灵神现象的正确性吗？他能把什么当做理由来反驳它们呢？

他应当哪怕只承认这些故事中有一个是可能的吗？哪怕是 〔318〕
能够假定一个这样的事情是已得到证实的，这样一种承认就会何等重要，人们就会从中看出何等惊人的结果！也许还剩有第三种情形，即根本不掺和诸如此类好奇或者**闲极无聊的**问题，坚守**有用的东西**。但由于这一评价是理性的，所以它在任何时候都被缜密的学者们以多数票予以否决。

既然对诸多以一些真理的外表讲述出来的东西没有根据地**丝毫不**相信，与对一般传言所说的东西不加检验地**全盘**相信一样，是一种愚蠢的成见，则本文作者为了避开第一种成见，就让自己部分地被第二种成见牵着鼻子走。他怀着某种屈辱来承认，他曾如此真诚地探究一些上述那类故事的真实性。他发现——就像通常人们什么也不想寻找时那样——自己一无所获。如今，这也许自身就是写一本书的一个充足的理由；不过，还得再加上那个已经多次驱使谦逊的作者们去写书的因素，即熟识的和不熟识的朋友们的热烈请求。此外，一部巨著已经买来了，更糟糕的是已经读过了，这份气力不应白费。由此便产生了这篇论文，它像人们所自诩的那样，在他不理解最重要的东西、不相信其他的东西、但嘲笑其余的东西的时候，应当按照事物的性质来完全满足读者。

第一篇
独断论的

〔319〕

第一章
一个人们可以随意解开或者砍开的错综复杂的形而上学之结

如果把学童诵读、大众讲述、哲学家证明的所有关于灵神的东西综合起来，看来就构成了我们知识的一个不小的部分。尽管如此我仍然敢于断言，如果有人想到追问一番，我们在**灵神**这个名称下自信理解如此之多的东西，究竟是个什么样的事物，他就会把所有这些博学之士置于极为难堪的尴尬之中。高等学府有条理的废话往往只不过是一种默许，凭借多变的词义来逃避难以解决的问题，因为在学院里不大容易听到**我不知道**这句方便而且大多数情况下合理的话。某些新近的世俗智者——他们喜欢让人这样称呼他们——非常轻易地打发这个问题。据说，灵神就是一个拥有理性的存在者。因此，看到灵神并不是一种神奇的禀赋；因为谁见到人，也就是见到拥有理性的存在者。然而，他们继续说道，这个在人里面拥有理性的存在者只是人的一个部分，而这个赋予人生命的部分就是灵神。那么好吧：在你们证明只有一个灵神性存在者才能够拥有理性之前，且请留意，我首先就懂得我应当就一个灵神性存在者而言形成一个什么样的概念。这种自欺尽管拙劣得只要半睁眼睛

就足以察觉，却拥有非常可以理解的起源。因为早在童年时代
〔320〕就知道很多的东西，人们却可以保证后来到老年时一无所知，而缜密之士最终充其量成为其少年时代幻觉的诡辩家。

因此，我不知道是否有灵神，更进一步说，我就连**灵神**一词意味着什么也不知道。然而，既然我自己经常使用它或者听到别人使用它，那么从中必须理解出某种东西，无论这个某种东西是一个幻影还是真实的东西。为了揭开这种暗藏的涵义，我将自己理解得很差的概念置于各种各样应用的场合，而且通过说明它适用于什么场合和它与什么场合相抵触，我希望展现它的隐秘的意义。①

取一个一立方尺的空间，假定有某物填充了该空间，也就是说，阻挡其他任何事物的进入，那么，将没有人把以这样的方式存在于空间中的存在者称之为**灵神的**。它显然叫做**物质的**，因为它有广延、不可入、并且像一切物体一样服从于可分

① 如果灵神的概念是从我们自己的经验概念抽象出来的，那么澄清它的程序就会很容易，因为只需要指明感官就这类存在者而言彰显给我们的那些特征，借助这些特征，我们把这类存在者与物质性的事物区别开来。但如今，即便人们怀疑是否有诸如此类的存在者，也还是要谈论灵神。因此，灵神性事物的概念不能被当做是一个从经验抽象出来的概念。但如果你们问：如果不是通过抽象，那究竟是怎么达到这一概念的呢？我的回答是：许多概念是凭借经验的机缘通过秘密而又隐晦的推理产生的，事后转嫁到别的概念上，却没有意识到经验自身或者把概念建立在这一经验之上的推理。这样的概念可以称之为**骗取的**概念。诸如此类的概念有很多，它们一部分无非是想象的幻觉，一部分也是真的，因为即便隐晦的推理也并非总是出错。习惯用语和一个表述与不同的故事——在这些故事中，任何时候都可以发现同一种重要的特征——的结合，赋予该表述某种因此之故只能这样来展开的涵义，即人们通过与各种各样同它一致或者同它抵触的运用场合进行比较，来从其隐晦性中取出这种隐藏的意义。

性和碰撞规律。到此为止，我们仍处在其他哲学家们的平坦大道上。然而，请你们设想一个单纯的存在者，同时赋予它理性；在这种情况下，它将恰恰满足**灵神**一词的涵义吗？为了揭示这一点，我想让上述单纯的存在者保有理性，作为一种**内在的**性质，但现在却仅仅就**外在的**关系来考察它。而如今我问： 〔321〕
如果我要把这个单纯的实体置入那个充满物质的一立方尺的空间，在这种情况下，物质的一个单纯的元素就必须腾出位置，好让这个灵神填充该位置吗？你们是这样认为的吗？那么好吧，这样一来，为了接纳第二个灵神，上述空间就必须失去元素微粒；而且如果继续下去，最终一立方尺的空间就会被灵神所填充，灵神的团块就会像该空间充满物质时那样，凭借不可入性阻挡外物，并且像物质那样必然能够符合碰撞规律。但现在，诸如此类的实体虽然自身可能具有理性的力量，在外部却与物质的元素毫无区别；就物质的元素来说，人们也只知道其外在地在场的力量，至于属于其内在性质的东西，则根本不知道。因此，毫无疑问，这样一种能够聚合成团块的单纯实体不会叫做灵神性的存在者。所以，你们只有在考虑到你们甚至在一个充满了物质的空间中也能够在场的存在者时，才能够保有一个灵神的概念①；因此，这些存在者自身不具

① 人们在这里很容易就可以察觉到：我只谈作为部分属于宇宙整体的灵神，而不谈作为宇宙整体的创造者和保持者的无限灵神。原因在于，后者的灵神本性的概念是易于理解的，因为它仅仅是否定性的，且在于人们就它而言否定物质的那些与一个无限的、绝对必然的存在者相抵触的性质。与此相反，就一个应当与物质相结合的灵神实体，例如人的灵魂而言，却出现了以下困难：我应当设想它与有形体的存在者相互结合成为一个整体，尽管如此却否定在物质性存在者中通行的惟一一种为人熟知的结合方式。

有不可入性的性质，而且在它们中间，无论人们愿意有多少，也决不结合起来构成一个坚固的整体。这一类的单纯实体将被称为非物质的实体，而且如果它们有理性，就被称为灵神。但是，其复合构成一个不可入的、有广延的整体的单纯实体，就叫做物质性的单元，而其整体就叫做物质。要么灵神的名称是一个没有任何意义的字眼，要么它的涵义就是上述的涵义。

〔322〕从灵神的概念包含着什么的说明出发，到这样的物类确实存在、哪怕是仅仅可能存在的命题，这一步还是非常巨大的。在哲学家们的著作中，人们发现了可以信赖的相当优秀的证明：凡是在这里思维的，都必定是单纯的，每一个理性思维的实体都是自然的一个单位，不可分的我不能在一个整体中被诸多结合起来的事物所分摊。因此，我的灵魂将是一个单纯的实体。但是，凭借这一证明依然没有澄清，我的灵魂是否属于那种在空间中统一起来构成一个有广延且不可入的整体的事物，从而是物质的；或者，它是否是非物质的，从而是一个灵神；甚至，人们称之为**灵神性**的存在者的这样一种存在者是否是可能的。

而在这里，我不得不警告人们提防在最深邃、最隐晦的问题中极易闯入的草率决定。也就是说，凡是属于普通的经验概念的东西，人们通常习惯于把它看成好像也认识它的可能性。与此相反，凡是与经验概念不同，且不能通过经验、甚至也不能根据类比来说明的东西，人们当然也就不能对它形成概念，因而人们通常喜欢把它作为不可能的而立即予以否弃。一切物质在其在场的空间中都阻挡他物，从而叫做不可入的。这种事情的发生，乃是经验教导的，而对经验的抽象也在我们心中产生了物质的普遍概念。但某物在其在场的空间中所作出的这种阻挡，固然以这样的方式**被认识**，但却并没有因此而**被理解**。

因为就像所有对抗一种活动的东西一样，这种阻挡乃是真实的力量，而且由于它的方向与**接近**的延长线所遵循的方向相反，所以它是一种**抵挡**的力量；这种力量必须归于物质，从而也归于物质的元素。如今，每一个有理性的人都会马上告诉自己，人的认识到此为止。因为只有通过经验人们才能认识到，我们所称的**物质**世界的事物具有这样一种力量，但决不能理解这种力量的可能性。如果我现在假定另一种实体，它们以另外的力量在空间中在场，不同于其结果为不可入性的那种**推动**力，那 〔323〕
么，我当然根本无法具体地设想它们与我们的经验表象毫无类似之处的活动；而且当我从它们除去**填充**它们在其中起作用的空间这种性质的时候，我也就失去了一个通常落入我感官的事物对我来说之所以可思所凭借的概念，由此就必然产生一种不可思议性。然而，这种不可思议性并不能因此就被看做是一种已被认识的不可能性，这恰恰是因为对立面的现实性虽然已落入感官，但就其可能性而言却同样是依然未得到认识的。

据此，人们可以假定非物质性存在者的可能性，不用担心受到反驳，尽管也没有希望能够凭借理性根据证明这种可能性。这样的灵神性物类会在空间中在场，尽管如此空间对于有形体的存在者也依然始终是可入的，因为它们的在场固然包含着一种在空间中的**作用**，但却不包含对空间的一种**填充**，也就是说，不包含一种作为坚实性之根据的阻挡。如今，如果假定这样一种单纯的灵神性实体，则虽然它具有不可分性，人们依然将能够说：它的直接的在场的位置不是一个点，而是其自身为一个空间。借助类比来说，甚至物体的单纯元素，也必定每一个都填充物体中作为其全部广延的一个成比例的部分的小空间，因为点根本不是空间的部分，而是空间的界限。既然空间的这种填充是凭借一种作用的力量（抵挡的力量）发生的，且因此只显示作用主体的更大活动的一个范围，但却没有显示它的组成部分的众多，所以它根本不与该主体的单纯本性相抵触，尽管这方面的可能性无法得到进一步的说明，就原因与结果的首要关系而言，这是决不可以的。同样，如果我声称，一个灵神性实体虽然是单纯的，但却**占有**一个空间（也就是说，能够在它里面直接活动），而**不填充**这个空间（也就是说，在里面阻挡物质性实体），那么，尽管事情自身依然不可理解，却至少也没有可证明的不可能性与我相对立。这样一种非物质性的实体也不能被称为有广延的，就像物质的各个单位一样；
〔324〕因为只有与一切分离**独自**存在占有一个空间的东西，才是**有广延的**；但作为物质的元素的实体，只是凭借对其他实体的**外部**作用才占有一个空间，但在没有别的事物被设想与它们相联结的时候却不单独占有空间，而由于在它们里面甚至也找不到任何彼此外在的东西，所以它们不包含任何空间。这适用于物体的元素。但这也可以适用于灵神的物类。广延的界限决定着形状。因此，就灵神的物类而言，不能设想任何形状。这是世界整体中非物质性存在者之推想出来的可能性的很难认识的根据。谁拥有更简易的办法能够使人达到这种认识，就不应拒绝教导一个渴望受教的人。在研究的进程中，当他人看到面前是一条自己正在继续行走其上或者相信行走其上的平坦而又舒缓的小道时，此人眼前却往往耸立着阿尔卑斯山。

现在假定人们已经证明，人的灵魂是一个灵神（尽管从上文可以看出，还没有一个人作出过这样一种证明），这样，人们能够提出的下一个问题也许就是这个问题：人的灵魂在形体世界中的位置何在？我将回答说：一个物体，其变化就是**我的**变化，则这个物体就是我的躯体，它的位置就是**我的位置**。如果人们继续问道：**你**（灵魂）在这个躯体中的位置何在？那么，我将在这个问题中推想到某种棘手的东西。因为人们很容易发现，这里已经预设了某种并非凭借经验认识到、而是也许建立在想象出来的推论之上的东西：即我的思维着的我处在一个位置上，这个位置与属于我的自我的躯体的其他部分的位置不同。但是，没有人直接意识到自己的躯体中的一个特殊位置，而是意识到他作为人就周围的世界而言所取的位置。因此，我将依据通常的经验，暂时性地说：凡我有感觉之处，**我就在那里存在。**我直接存在于指尖里，正如同存在于大脑里。在脚跟处感到疼痛、心脏在冲动时搏动的，就是我自己。当我的鸡眼疼痛时，我并非是在一根脑神经、而是在脚趾端感到疼痛的印象。没有经验教导我把自己的感觉的若干部分视为远离我，把我不可分割的我封锁在大脑的一个用显微镜才能看到的小位置中，以便由此出发启动我的躯体机器的杠杆，或者由此而被触及。因此，我将要求一个严格的证明，以便确认学校教 〔325〕
师所说的话，即**我的灵魂完整地在整个躯体中，完整地在躯体的每一个部分中**，是荒唐无稽的。健全的知性往往在认识到它能够证明或者真理所凭借的根据之前就觉察到真理。如果有人说，我以这样的方式把灵魂设想成有广延的、遍布全身的，大约就像它在《彩绘世界》中为孩童们描绘的那样，那么，责难也不会使我完全迷惑。因为我会以如下方式清除这一障碍，即我会说明：在一整个空间中直接的在场仅仅证明外在作用的一个范围，但并没有证明内在部分的众多，从而也没有证明广延和形状；只有在一个存在者中**独自地被设定**有一个空间时，也就是说，能够发现彼此外在的各个部分时，广延和形状才能够成立。最后，我会对我的灵魂的灵神性质要么知道这一点点，要么，如果人们不赞同这一点的话，就满足于对此一无所知。

如果有人想指出这些思想的不可思议性，或者指出——对大多数人来说，这都是一回事——指出它们的不可能性，那么，我也可以让他这样做。在这种情况下，我会匍匐在这些智者的脚下，以便聆听他们的高论：人的灵魂的位置在大脑中，大脑中的一个小得无法形容的位置就是它的居留地。① 在这里，灵魂就像蜘蛛在蛛网中心那样进行感觉。大脑的神经撞击或者摇撼灵魂，但由此也就使得不是这个直接的印象，而是在躯体
〔326〕极遥远部位所发生的印象，被表象为一个在大脑外部在场的客体。灵魂也就从这个位置出发推动整部机器的绳索和杠杆，并随其所好造成任意的运动。诸如此类的命题只能非常肤浅地得到证明，或者根本不可证明，而由于灵魂的本性在根本上没有得到充分的认识，这样的命题也只得到同样软弱无力的反驳。因此，我不想参与任何学院的口水战，那里通常双方在对自己

① 有一些受伤的实例，由此失去了一大部分大脑，但人并没有失去生命或者思想。按照我在这里援引的通常观念，可以把大脑的一个原子取走或者从其位置移开，使人在瞬间失去灵魂。为灵魂在大脑中指定一个位置的流行意见，看起来主要起源自人们在苦思冥想时清楚地感觉到脑神经的疲劳。然而，即便这一推论是正确的，它也将证明灵魂还有其他位置。在忧虑或者欢乐时，这些感受看起来位置在心脏。许多情绪、甚至大部分情绪在心隔膜上表现得最为强烈。同情打动内脏，而其他本能则在其他器官表现其起源和敏感性。使得人们相信主要是在大脑中感觉到反思的灵魂的原因，也许就是这个原因。一切思考都要求**符号**为被唤起的观念作中介，以便在其伴随和支持下给予这些观念以所需要的明晰程度。但是，我们的表象符号主要是要么通过听觉要么通过视觉感受到的，这两种感觉均由大脑中的印象所推动，因为它们的器官也最接近这个部位。现在，如果这些笛卡尔称之为 ideas materials［质料性观念］的符号，其唤醒原本就是刺激神经产生一种与感觉过去所产生的运动相似的运动，那么，大脑的组织在思索时尤其将被迫与过去的印象和谐一致地震动，并由此而疲劳。因为如果思维同时是充满情绪的，那么，人们就不仅感觉到大脑的紧张，而且同时感觉到敏感部位的冲击，这些冲击通常与激动起来的灵魂的表象具有同感。

的对象毫无理解的情况下却有最多的东西可讲；相反，我只想探究这一类的学说能够将我引向的结论。因此，由于按照这些宣扬给我的命题，我的灵魂就其在空间中在场的方式而言无异于物质的任何元素，而知性的力量又是一种内在的性质，虽然它在所有这些元素中都被发现，我却无法在这些元素中知觉到它，所以，不能举出任何恰当的理由来说明，何以我的灵魂不是构成物质的各种实体之一，何以它的各种特殊现象不是仅仅起源自它在像动物的躯体——在这里神经的统一有利于思维和任性的内在能力——这样一部精巧的机器中占有的位置。但在这种情况下，人们再也不能确切地认识灵魂的任何把它与有形体自然的粗糙原料区别开来的独特特征，而莱布尼茨的幽默想法，即我们也许在咖啡中吞下了应当构成人的生命的原子，也 〔327〕
就不再是可笑的思想了。但是，在这样的情况下，这个思维着的我就将不服从物质性物类的共同命运了吗？而且既然它被偶然地从一切元素的混沌中引出，以便赋予一部动物性机器以生命，为什么在这偶然的结合终止之后，它不会在将来重新回归混沌呢？有时，有必要用结论来吓退误入歧途的思想家，以便他更留意仿佛是在睡梦中把他引走的原理。

我承认，我非常乐意断定世界上非物质性物类的存在，并把我的灵魂自身置于这些存在者的类别之中。①但在这种情况

① 这方面对我来说非常隐晦、而且也许将永远如此的理由，同时涉及动物中能感觉的存在者。世界上包含着**生命**的原则的东西，看起来就具有非物质的本性。因为一切**生命**都建立在**任意地**自行决定的内在能力之上。与此相反，由于物质的存在者的特征在于以一种受外在的反作用制约的必然力量填充空间，所以，一切物质性的事物的状态都是外在地**依赖性的、受强制的**，而**自行活动**且由其内在力量出发起作用而包含着生命的根据的物类，简而言之，其自己

下，一个灵神与一个躯体之间的合作岂不要变得太过神秘莫测吗？不过，既然我们外在行为的概念得自物质的概念，而且在任何时候都与这里并不存在的压迫和碰撞的条件结合在一起，这种不可理解性岂不同时也是自然而然的吗？因为，一个非物质性的实体应当如何阻碍物质，使物质在其运动中碰撞到一个灵神呢？而有形体的事物又如何能够对不以不可入性抗拒它的外在存在者施加作用呢？或者，什么东西不以任何方式阻止它
〔328〕 们同时存在于它在场的同一空间呢？看起来，一个灵神性的存在者就在它与之结合的物质的最深处在场，并且不作用于各种元素相互发生关系所凭借的那些力量，而是作用于它们的状态的内在原则。因为每一个实体，即便是物质的一个单纯的元素，都必须有某种内在活动来作为外部作用的根据，尽管我不知道怎么说明这种内在活动在什么地方。① 另一方面，就这样一

的任性能够自行决定和改变的物类，很难能够具有物质的本性。人们无法合理地要求，一类如此不为人所知的、人们在大多数情况下只是以假设的方式认识的存在者，可以在其不同种类的划分中被理解；至少那些包含着动物生命之根据的非物质性存在者，有别于那些在其自行活动中包含着理性且被称之为灵神的存在者。

① 莱布尼茨说过，它的所有外在关系及其变化的这种内在根据是一种**表象能力**，而后来的哲学家们对这一未付诸实施的思想付之一笑。但是，如果他们事先自己考虑过，一个像物质的单纯部分那样的实体，在没有任何内在状态的情况下是否可能，他们就不会造孽了；而且如果他们在这种情况下并不想排除内在状态，他们就有义务想出某种别的可能的内在状态，来作为表象以及依赖于表象的活动的内在状态。每一个人都会自行看出，即使我们承认物质的单纯元素微粒具有不清晰的表象的能力，由此也得不出物质的表象力，因为许多这一类的实体结合进一个整体，但却永远不能构成一个思维着的统一体。

些原理而言，灵魂也在这些作为结果的内在规定中直观地认识作为其原因的宇宙状态。然而，是什么必然性使一个灵神与一个躯体合为一体呢？而就某些毁灭而言，是什么根据重新取消了这种统一呢？这些问题连同其他不同的问题远远地超越了我们的认识；而无论我通常多么不敢放肆地根据大自然的奥秘去衡量我的知性能力，我还是充分地自信，不惧怕任何哪怕是装备得如此可怕的对手（如果我通常有一些争论的倾向的话），以便在这一场合尝试用反对理由来反驳他；对于学者们来说，这种尝试本来就是相互证明无知的技巧。

第二章 〔329〕

开启与灵神世界联系的秘密哲学的断简

入门者已经使粗糙且执著于外部感觉的知性习惯于较高的、抽象的概念，如今他可以在形而上学的微弱光线使冥界可以得见所凭借的那种朦胧中观看灵神性的、脱去有形外衣的形象。因此，在经过困难的准备之后，我们要斗胆踏上危险的征途。

Ibant obscuri sola sub nocte per umbras,
Perque domos Ditis vacuas et inania regna.

Virgilius

［他们在幽暗的静夜里走过阴影，
且走过冥王空旷的宅第和虚幻的王国。

维吉尔］

填充宇宙空间的**无生命**物质，就其独特的本性而言，处于惰性和在同一种状态中保持不变的水平，它具有坚实性、广延和形状，它那建立在所有这些根据之上的各种现象允许作出一种**物理学**的说明，这说明同时也是数学的，合起来被称之为**力学的**。另一方面，如果人们把自己的注意力转向那种在宇宙整体中包含着**生命**的根据的存在者，这些存在者因此之故不具有作为组成部分使无生命物质的团块和广延有所增加的性质，也不依照接触和碰撞的规律从物质中承受什么，而毋宁说是通过内在的活动来激活自己和大自然无生命的材料，那么，人们即便不是以一种证明的明晰性，至少也是以一种并非不熟练的知性的预感来确信非物质性存在者的存在；它们特殊的作用规律被称为**灵神的**，而如果有形体的存在者是其在物质世界中起作用的中间原因，它们就被称为**有机的**。由于这些非物质性存在者是自己活动的原则，从而是实体和独自存在的物类，所以人们首先得出的结论就是：它们彼此之间直接地联合起来，也许能够构成一个人们可以称之为非物质世界（mundus intelligi-
〔330〕bilis［理知世界］）的大整体。人们有何可能性的理由来断言，诸如此类本性彼此相似的存在者只能凭借其他性质不同的存在者（有形体事物）来相互联系呢？因为后者要比前者更难以理解得多。

因此，这个**非物质性**的世界可以被看做是一个独自存在的整体，它的各个部分彼此相互联结和联系，即便是没有有形体事物的中介；这后一种关系是偶然的，而且只可以为一些部分所拥有，甚至在遇到这种关系的地方，也并不妨碍这些通过物质的中介相互起作用的非物质性存在者在这一关系之外仍处在一种特别的普遍结合之中，并在任何时候都作为非物质性的存在者相互施加影响，以至它们凭借物质的关系只是偶然的，是建立在神的一种特别安排之上的，而前者倒是自然的和难解难分的。

在这种情况下，由于人们以这样的方式将整个自然中的一切生命原则都作为同样多的相互联系、但部分地也与物质相结合的无形实体总括起来，所以人们设想一个非物质性世界的大整体，一个各种存在者和活动着的物类的无法量度的、但又未被认识的梯级序列，惟有通过它们，形体世界的无生命材料才被赋予生命。但是，生命究竟被传布到自然的哪些环节为止，生命的哪些程度最为接近完全无生命，这也许不可能有朝一日确切地澄清。**物活论**让一切都有生命，与此相反，如果仔细斟酌的话，**唯物论**让一切都没有生命。马保梯将最低程度的生命归于一切动物的有机营养微粒；其他哲学家则在这些微粒那里看到的无非是无生命的团块，只能用来扩大动物性机器的杠杆。在落入我们外部感觉的事物那里，生命无可怀疑的标志也许是自由的运动，它使人发现，它乃是产生自任性；然而，在没有发现这一标志的地方就说没有任何程度的生命存在，这一推论并不可靠。布尔哈维在某个地方说过：**动物是一种根在胃中**（内置的）**的植物**。也许，另一个人可以同样不受指责地玩弄这些概念说：**植物是一种胃在根中**（外置的）**动物**。因此，〔331〕植物也可以缺少任意运动的器官，连带地缺少生命的外在标志，而这些对于动物来说却是必要的，因为在其自身里面具有其营养工具的存在者，必须能够依照其需要自己运动；但营养工具外在地埋入其维生之元素之中的存在者，已经通过外在的力量得到了足够的维持，而且即便它在其生长中包含有内在生命的原则，也不需要从事外部任意活动的有机设施。对于这一切，我不要求任何东西来提供证据，因为除了我可以为了这些猜测说出极少理由之外，它们还作为尘封过时的怪念头而招致时尚的嘲笑。因为古人们相信可以认定有三种生命：**植物的、动物的和理性的**。当他们把这些生命的三种非物质性原则在人身上结合起来时，他们可能是大错特错了。但当他们在三类生长着并且繁育自己同类的造物中间分配这些原则时，他们却无疑说出了某种无法证明、但却并不因此就荒唐无稽的事情，尤其是在那个人的判断中，此人要考虑与若干动物分离开来的部分的特殊生命，要考虑一个动物躯体和若干植物的纤维的出现这种既已得到证明、同时又如此无法说明的性质，最后还要考虑珊瑚虫和其他植形动物与植物切近的渊源关系。此外，诉诸非物质的原则，是懒汉哲学的一个避难所，从而也必须尽一切可能避免这种情趣的说明方式，以便使世界现象的那些仅仅建立在物质的运动规律之上、也是惟一能够被理解的理由能够得到全面的认识。尽管如此我仍然坚信，喜欢以有机的方式说明动物的变化的**施塔尔**，经常比**霍夫曼、布尔哈维**等人更接近真理；后面这些人从联系中抽掉非物质性力量，依据力学的理由，遵循一种更多是属于哲学的方法；这种方法有时会出错误，但大多数情况下还合乎实际，而且也仅仅在另一方面对于具有无形体本性的存在者的影响至多只能知道其存在，却决不知道它究竟如何进行以及它的作用究竟延及多远的情况下，在科学中可以有益地利用。

〔332〕因此，在这样的情况下，非物质的世界首先包括一切被造的灵智，它们中间有一些与物质结合成为一个人，另外的则不然；此外包括一切动物种类中有感觉的主体，最后包括生命的一切原则，这些原则通常还存在于自然的某个地方，尽管并不借助任意运动的外在标志显露出来。我要说的是，所有这些非物质的物类无论在物体世界中是否施加影响，以及所有偶然状态是动物性的理性存在者无论是在这里地球上还是在别的天域里，也无论它们是现在还是未来赋予物质的原材料以生命，或是已经赋予过物质的原材料以生命，按照这些概念都将处于一种与其本性相符合的联系之中；这种联系不是建立在物体的关

系受限制所凭借的那些条件之上，而且在这里，位置和时代的距离消失了，这种距离在可见世界中构成了取消一切联系的鸿沟。因此，人的灵魂在当下的生命中就已经必须被视为与两个世界相联结，其中只要它与一个躯体结合成为一个人的统一体，它就只清晰地感受到物质世界；与此相反，作为灵神世界的一员，它接受并且给予非物质性物类的纯粹影响，以致一旦那种结合终止，就只剩下它在任何时候都与灵神性物类保持的联系，这种联系必然展现给它的意识，供它清晰地直观。①

始终使用理性的谨慎语言，这实在是件麻烦的事。为什么我不可以也使用学院的腔调说话呢？这种腔调更为断然，使作者和读者都免于迟早必定把他们都引向恼人的犹豫不决的思索。据此，这是差不多已经证明了的，或者人们愿意详尽地说的话，这是可以轻而易举地证明的，或者更准确地说，这是在我不知何时何地的将来还会被证明的：人的灵魂即便在此生也与灵神世界的所有非物质性物类处于一种难分难解地联结起来 〔333〕

① 当人们说天宇是至福者的居所时，通常的观念却喜欢把它置于自己之上，高高地置于不可量度的宇宙空间中。但人们没有考虑到，我们的地球从这些区域来看，也显现为天宇的诸星体之一，而且其他世界的居民也能够以同样正当的理由指着我们说：看那永恒欢乐的居所和天上的居住地，它已经准备好有朝一日接纳我们。因为一个奇特的幻觉使得希望所采取的高飞总是与上升的概念结合在一起，却没有考虑无论人们上升多高，都必须重新降落，以便必要时在另外一个世界里站稳脚步。但按照上述概念，天宇本来是灵神的世界，或者人们愿意说的话，是灵神世界的至福部分；而且人们既不能在自己上方也不能在自己下方寻找灵神世界，因为这样一个非物质性的整体不能按照与形体事物的距离远近来设想，而必须在其各个部分的灵神性联结中去设想它，至少它的成员们只是按照这样的关系才意识到其自身的。

的联系之中，它交替地对这些物类发挥作用，从它们接受印象，但只要一切顺利进行，它作为人就意识不到它们。另一方面，也可能灵神性物类不能凭借意识对物体世界直接地有感性感受，因为它们没有与物质的一个部分结合成为一个人，以便凭借这个物质部分意识到它们在物质世界整体中的位置，并借助精巧的器官意识到有广延的存在者与它们的关系和彼此之间的关系，但它们能够顺利进入作为本性相同的存在者的人的灵魂中，且实际上也在任何时候都同人的灵魂处于相互联系之中，但就表象的传达而言，灵魂作为一个依赖于物体世界的存在者，自身所包含的表象不能传递到其他灵神性存在者，后者的概念作为非物质性事物的直观表象，不能传递到人的清晰意识，至少不能保持其原本的性质，因为这两种理念的材料具有不同的性质。

如果灵神世界的一个像我们想象的这样系统的状态不是仅仅能够从一般而言的灵神本性的、过于假设性的概念推导出来，而是能够从一个现实的、普遍被承认的观察推导出来，或者哪怕是仅仅或然地猜想出来，那就好极了。因此，我斗胆请读者原谅，在这里插入这种方式的尝试，它虽然有点脱离正
〔334〕题，并且离明晰性距离甚远，但看起来还是给人理由产生并不令人讨厌的猜想。

※ ※ ※

在诸般打动人心的力量中间，看起来一些最强有力的力量处于人心之外；因此，它们并非作为单纯的手段而把自利和私人需要当做一个蕴藏在人自身内部的目标与之发生关系，而是使我们的激动的倾向将自己统一的焦点**在我们之外**置于其他理性的存在者之中；由此产生了两种力量的冲突，即那使一切与自己相关联的特性和心灵被驱动或者被牵引朝向自己之外的他人所凭借的公益。我在这里不谈使我们如此强烈、如此普遍地依赖于别人的判断、并把他人的同意和赞许看做是为完成我们

对自己的判断所必需的那种本能；由此出发，即使有时产生一种被误解的荣誉幻觉，也仍然甚至在最无私、最真诚的性情中感觉到一种秘密的活动，把人们独自认为善或者认为真的事物与别人的判断进行比较，以便使二者一致，同时在任何一个人的灵魂看来走上与我们已经选择过的小路不同的小路时，仿佛是在认识之途上使它停住；这一切也许是我们自己的判断对**普遍的人类知性**的一种被感觉到的依赖性，并成为一种手段，为思维着的存在者创造一种理性的统一。

但我跳过这项通常并非不重要的考察，如今开始另一项就其涉及我们的目的而言更为明晰、更为重要的考察。如果我们使外物与我们的需要发生关系，那么，我们这样做，就不能不同时感到自己受到某种感觉的束缚和限制。这种感觉使我们发觉，在我们里面仿佛有一个外来的意志在起作用，而我们自己的喜好则必须以外部的同意为条件。一种秘密的力量迫使我们使自己的目的同时针对他人的福祉或者遵从外来的任性，尽管这往往是不情愿地发生的，并且严重地与自利的倾向相抵触；因此，我们的本能的方向线所集中朝向的点，并不仅仅在我们 〔335〕
里面，而且还有推动我们的力量在我们之外的他人的意欲之中。由此便产生出经常违背自利之念吸引我们的道德动机，即义务的强规律和仁慈的较弱规律，它们每一个都强使我们作出一些牺牲；并且尽管二者有时被自利的爱好所战胜，但在人的本性中却不会不表现出其现实性。由此我们看到自己在最秘密的动机中依赖于**普遍意志的规则**，而且由此在所有思维着的物类的世界里产生出一种**道德的统一**和仅仅依据灵神规律的系统状态。如果人们要把这种在我们里面感觉到的使我们的意志与普遍的意志相一致的强制称之为**道德情感**，那么，人们是把它仅仅当做在我们里面确实发生的事情的一个现象，而没有澄清这事情的原因。这样，牛顿把所有物质相互接近的努力的可靠规律称之为物质的**重力**，因为他不想让自己的数学证明令人恼火地卷入关于上述倾向的原因可能发生的哲学争论。尽管如此，他仍然毫不迟疑地把这种重力当做物质的普遍活动相互之间的一种真实的作用来对待，从而也赋予它引力的名称。难道不可能把各种思维着的物类在相互关联中的道德动机的表现同样设想为灵神性的物类彼此影响所凭借的一种真实活动的力量的结果，以至道德情感就是私人意志对于普遍意志的**被感觉到的依赖性**，是非物质世界通过依照其特有的这种联系规律形成一个具有灵神完善性的整体而达到自己的道德统一性所凭借的自然而又普遍的相互作用的一个结果吗？如果承认这些想法具有诸多的似是性，恰如值得费力根据其结果来衡量它们所要求的，那么，人们也许就会由于它们的魅力而不知不觉地陷入对它们的一些偏袒。因为在这一场合，通常由于地球上的人们的道德关系和自然关系的矛盾而如此令人诧异地落入眼中的不合
〔336〕规则性，看来绝大部分都消失了。行为的一切道德性按照自然的秩序决不能在人的肉体生活中产生完全的效果，但在灵神世界却可以按照灵神性的规律有其完全的效果。真正的意图、诸多因软弱无力而没有成果的努力的秘密动机、对自己本身的胜利、或者有时在表面看到善良的行为中隐蔽的狡诈，绝大多数都对形体状态里的自然结果徒劳无功，但它们必须以这种方式在非物质世界被视为行之有效的根据，并就这个世界而言遵从灵神性的规律，根据私人意志与普遍意志的联结即灵神世界的统一性和整体，发挥一种与自由的任性的道德性质相符合的作用，或者甚至相互接受这种作用。因为既然行为的道德因素涉及灵神的内在状态，那么它也就自然而然地只能在各灵神的直接联系中造成与全部道德性相称的作用。由此就会发生以下的情况：人的灵魂在此生就必然根据道德状态取得其在宇宙的灵神性实体中间的地位，就像按照运动的规律宇宙空间的各种物

质彼此处于这样一种符合它们的物体力量的秩序中一样。① 如果灵魂与形体世界的联系最终因为死亡而被废止，那么，在别的世界的生命就只是它与该世界在此生就已经有的那种联结的自然延续，而在这里所履行的道德的全部结果将会在彼处重新出现在一个与整个灵神世界难分难解地联系着的存在者此前已经在那里按照灵神性规律所发挥的作用中。因此，现在与未来仿佛是出自一体，且构成一个持续的整体，即便是按照**自然的秩序**也是如此。这后一种情况具有特殊的显著性。因为在一个 〔337〕 仅仅按照理性的根据所作出的猜测中，如果为了消除因道德性与其结果之间未完成和谐而产生的弊端，必须求救于一个超出常规的神圣意志，那将是一件非常困难的事情；原因在于，无论根据我们关于神圣智慧的概念对神圣意志作出的判断如何可能，总是还留有一种强烈的怀疑，即我们知性的薄弱概念也许被非常错误地转用于至高者，因为人的责任只是从自己确实在世界上知觉到、或者按照类比的规则依据自然秩序能够在世界上推想到的和谐而对神圣意志作出判断，但他无权按照他自己的智慧的设计——他同时用这设计来规定神的意志——在当前的世界里或者在未来的世界里编造出新的任意安排。

※　　※　　※

现在，我们再将我们的考察引回到先前的道路上，并且向我们为自己预定的目标接近。如果灵神世界和我们的灵魂对灵神世界的参与就像我们所提供的概要所表现的那样，那么，奇

① 人和灵神世界按照灵神性影响的规律从道德性的根据产生的相互关系可以设定如下：由此自然而然地产生出一个或善或恶的灵魂与众多或善或恶的灵神的联系，而且该灵魂自身由此加入灵神共和国符合道德性质的部分，分享由此按照自然的秩序可能产生的一切结果。

怪的事情就几乎莫过于：与灵神的联系不是一件极为普遍和寻常的事情，而非同寻常之处涉及现象的稀有性，几乎更甚于涉及其可能性。不过，这一困难相当容易清除，而且已经部分地清除了。因为人的灵魂通过在与本性相同的存在者的关系中考察自己，凭借一种非物质的直观对于自己是一个灵神所形成的表象，与它的意识凭借一个起源自身体器官的印象、仅仅在与物质性事物的关系中得到表现的图像把自己设想为一个人时的表象截然不同。因此，同时作为一个成员既属于可见世界也属于不可见世界的虽然是同一个主体，但却不是同一个人格，因为一个世界的表象由于其不同的性质而不是另一个世界的表象的伴随观念，且因此之故，作为灵神的我所思维的东西，并不
〔338〕被作为人的我所忆起，而反过来，作为一个人的我的状态也根本不进入作为一个灵神的我的表象中。此外，无论关于灵神世界的表象多么清晰生动①，这一点却不足以使作为人的我意识到

① 可以通过灵魂就此生而言所具有的某种双重人格性来阐释这一点。某些哲学家在想证明模糊表象的现实性的时候，相信可以诉诸于沉睡状态，而不用丝毫担心受到反对，而在这里，对此能够确切地说的，却无非是我们在醒着的时候回忆不起我们在沉睡时可能有过的任何表象，而由此也只不过得出它们在醒着时并未被清晰地呈现，却不能得出它们在我们睡着的时候也是混浊的。毋宁说我猜想，这些表象可能甚至比醒着时的最清晰的表象还更为清晰和广阔，因为这在一个像灵魂这样积极活动的存在者的外部感觉完全静止时是可以预期的，尽管由于人的躯体此时没有被一起感觉到，在醒着时缺少躯体的伴随观念，能帮助我们意识到先前的思想状态属于同一个人格。一些梦游者的行为证实了我关于沉睡所作的猜想的可能性，他们有时在这样的状态下比通常显示出更多的知性，虽然他们在醒着时对此毫无回忆。与此相反，梦，即睡着的人在醒着时回忆起来的表象，并不属于此类。因为在这种情况下，人并没有完全睡着；他在某种程度上清晰地进行感觉，且将其灵神活动编织进外部感觉的印象。因此，他事后部分地回忆起这些活动，但在它们这里也遇到纯粹怪诞无聊的妄想；它们必定就是如此，因为在它们里面，想象的观念与外部感觉的观念被彼此混在了一起。

它；这就像甚至作为一个灵神的他自己（亦即灵魂）的表象固然可以通过推论获得，但却在任何人那里都不是一个直观的和经验的概念。

然而，灵神性的表象与属于人的肉体生命的表象的这种不同类，不可以被视为一个如此之大的障碍，以至它消除了甚至在此世偶尔意识到来自灵神世界的影响的所有可能性。因为它们虽然不能直接地进入人的个人意识之中，但却可以这样进入，即它们按照概念结合的规律激起与它们相近且唤起我们感觉的类似表象的图像，这些表象不是灵神性概念自身，但却是 〔339〕 它们的象征。因为作为一个成员既属于这个世界又属于另一个世界的，始终是同一个实体，而这两种表象则属于同一个主体且相互联结。如果我们考察一番，我们那相当接近灵神性概念的较高级理性概念通常是如何仿佛披上一件形体性的外衣，以便成为清楚明白的，我们就能够在某种程度上使上述情况的可能性成为可以理解。因此，神明的道德属性是依据愤怒、妒忌、仁慈、报复等等诸如此类的表象被设想的；所以诗人们把德性、罪恶或者其他自然的属性人格化，但却使真正的知性理念显露出来了；这样，虽然空间和时间只有一种就关系而言的一致，且因此而依照类比、但绝不是依照性质彼此一致，几何学家却依然用一条线来表现时间；因此，神的永恒性的表象即便在哲学家们那里也采取了一种无限时间的外表，而无论我们如何防止混淆这二者；数学家们通常不喜欢承认莱布尼茨的单子，一个重要的原因可能是他们不能根据单子想象出小的团块。因此，灵神性的感觉如果激起与它们相近的想象，就能够进入意识，这不是不可能的。以这种方式，通过一种灵神性影响传递的观念于人通常使用的语言中得到表现，一个灵神被感受到的在场于**人的形体**的图像中得到表现，非物质性世界的秩序和美于通常在生活中愉悦我们的感官的想象中得到表现，等等。

尽管如此，这一类现象却不可能是某种平凡寻常的东西，而是只发生在一些人那里，这些人的器官① 有一种异常大的敏感性，能够凭借和谐的运动根据灵魂的内在状态来加强幻想的
〔340〕 图像，甚于以通常的方式在健全的人那里所发生而且也应当发生的。这些奇特的人在某些时刻会被在他们之外的一些对象的出现所纠缠，他们会把这种性质视为灵神性物类被他们的形体感官感觉到的在场，虽然这里只发生了想象的幻觉，但这样一来，产生幻觉的原因是一种真正的灵神性的影响，它不能被直接感觉到，而是只通过幻想的那些具有感觉的外貌的相近图像启示给意识。

由教育得来的概念或者各种以其他方式混入的幻觉会在这里起作用，在此迷惑与真理相混淆，而且虽然有一种真实的灵神性感觉作基础，但它却已经被改造成为感性事物的影像。但人们也将承认，要以这样的方式把此生中对灵神世界的印象展开为清晰的直观，性质很难能够对此有所助益；因为在这里，灵神性的感觉必然如此精确地被编织入想象的幻觉中，以至于肯定不可能在这种感觉中把真的东西与包围着它的粗俗假象区别开来。此外，这样一种状态表现出一种现实的疾病，因为它以神经中已变化了的平衡为前提条件，神经甚至由于单纯以灵神的方式进行感受的灵魂的作用而被置入了不自然的运动。最后，发现一个视灵者同时是一个幻想家，也是根本不足为奇的，至少就他的这些表现的伴随图像而言是这样，因为就本性

① 我并不是把它们理解为外部感觉的器官，而是理解为人们所称的灵魂的感觉中枢，也就是说，是大脑的一个部分，其运动一如哲学家们所认为的，通常伴随有思维着的灵魂的各种图像和表象。

而言陌生的、与人的肉体状态中的表象无法统一的表现凸显出来，并将胡乱结合的图像引入了外在的感觉，由此狂乱的妄想和奇特的怪诞被捏造出来，它们虽然可能有一种真正的灵神性影响作为基础，但却放长线用诱饵来迷惑受骗的感觉。

从现在起，人们可以毫不尴尬地对于哲学家们如此经常地遇到的灵神故事以及时而传闻的灵神影响提出表面上的理性理由了。死者的灵魂和纯粹的灵神虽然绝不能显现于我们的外部感觉，此外也无法与物质发生联系，但却可以对人的与它们同〔341〕属一个庞大共和国的灵神发生作用，以至于它们在人的灵神里面唤起的表象按照其幻想的规律在相近的图像中得到表现，并且激发起在人之外与它们符合的对象的出现。这种欺骗可能涉及每一种感觉，而且无论这种欺骗如何与荒唐的幻觉相混杂，都不会妨碍人们在其中猜想灵神性的影响。如果我还要继续讨论这种说明方式的运用的话，我就会侮辱读者的洞察力。因为形而上学的假说具有一种如此非同寻常的变通性，以至于如果人们不能甚至在研究了每一个故事的真实性之前就使当前的这一假说顺从该故事，他们就必定是非常笨拙的；这种研究在许多场合是不可能的，而在更多的场合是很不礼貌的。

然而，如果对其结构不仅适合可见世界、而且也在某种程度上适合不可见世界的人（假如曾经有过这样一个人的话）可能得到的利弊相互加以权衡，那么，这一类的赠礼看来就等于朱诺用来给忒瑞西阿斯增光的那份赠礼；朱诺先把忒瑞西阿斯弄瞎，以便能够赋予他预言的才能。因为按照上述定理来判断，只有人们从认识**当前**世界所必需的知性丧失某种东西，才能在这里达到对**另一个**世界的直观认识。我也不知道，是否甚至某些哲学家完全不受这一严酷的条件制约；他们如此勤奋并且全神贯注地将他们的形而上学望远镜对准那些遥远的区域，而且善于叙述那里的奇特事物；至少我不妒忌他们的任何一项发现。我只是担忧：某个有健全的知性但却少有文雅的人会让他们听到**第谷·布拉赫**的马车夫回答第谷的那句话；当第谷认为在夜间按照星辰能够走最短的路时，马车夫回答他说：**老爷，您可能很了解天空，但在这地上您却是一个傻子。**

〔342〕

第三章
反神秘宗教：断绝与灵神世界之联系的普通哲学之断简

亚里士多德在某处说过：**当我们清醒时，我们有一个共同的世界；但当我们做梦时，每一个人都有他自己的世界。**我觉得，人们可以把后一句话颠倒过来说：如果在不同的人中每一个人都有他自己的世界，那么就可以猜测说，他们是在做梦。基于此，如果我们考察一番各种思想世界的**空中楼阁建筑师**，看他们每一个都凭借排除其他思想世界而平静地居住在自己的思想世界里，例如居住在像**沃尔夫**那样用少数经验的素材、但却更多剽窃来的概念构建的事物秩序里的人，或者居住在**克鲁修斯**凭借一些关于**可设想者**与**不可设想者**的箴言的魔力从虚无中创造的事物秩序里的人，那么，我们在遇到他们的幻象的矛盾时就会耐心等待，直到这些先生们从梦中醒来。因为一旦他们——但愿如此——完全清醒，也就是说，睁开眼睛达到一种不排除与其他人的知性一致的识别力，那么，他们中间就没有人会看不到某种对每一个别的人来说都同样由于他们的论据的光照而显而易见和确定无疑的东西；而哲学家们在同一时间里将居住在一个共同的世界里，诸如此类的世界数学家们早已拥有了；如果自一些时间以来出现在各门科学的地平线上的某些征候和兆头可以信赖的话，这个重大事件已经不会再久久不来了。

与**理性**的梦幻者有某种相近性的，是**感觉**的梦幻者，而通常能够偶尔与灵神打交道的人被归于后者，理由与前者一样，乃是因为他们看到了其他健全的人看不到的某种东西，而且与通常不向其他人——无论他有多么敏锐的感觉——显现的存在者有自己的联系。如果人们假定，上述现象终归只是幻影，那么，就前者与后者一样本身都是编造的图像、尽管如此却作为真实的对象欺骗感觉而言，梦幻的称谓也是合适的；然而，如 〔343〕
果人们想象，两种欺骗除此之外在产生方式方面也彼此相似，认为一方的根源足以说明另一方，那么，人们就大错特错了。在清醒时如此沉溺于自己始终丰饶的想象所编造的虚构和妄想、以至于很少注意自己如今最切身的感官感受的人，被合理地称为**清醒的梦幻者**。因为只要感官的感觉在其强度上再多减弱一些，他就会入睡，而先前的妄想就会称为真正的梦。至于先前的妄想在清醒时不是梦，其原因在于他此时设想它们是**在自身之内**，而他感觉到的其他对象则是**在自身之外**，因而将前者视为他自己活动的结果，把后者视为他从外部感觉且承受的东西。因为在这里，一切都取决于对象被设想与作为一个人的他、从而也与他的躯体所处的关系。所以，上述的图像在他清醒时固然使他心思非常忙碌，但却无论多么清晰，都不会欺骗他。因为尽管在这种情况下，他在大脑中也有关于他自己和他的躯体的表象，他使自己的幻想图像与这个表象发生关系，但凭借外部感觉对自己躯体的现实感受却与那些妄想形成一种对照或者对比，以便把那些幻想的图像视为由自己编造的，把这个表象视为感受到的。如果他此时朦胧入睡，那么，所感受到的其躯体的表象便逐渐消失，剩下的就只有自己虚构的表象了，其他妄想也被设想为与这个表象处于外部关系中，而且只要他还是睡着的，就必然欺骗梦幻者，因为这里没有感觉可与它进行比较，使人把原型与幻影、亦即外部的与内部的区别开来。

据此，视灵者不仅在程度上、而且在种类上也与清醒的梦幻者完全不同。因为视灵者在清醒的时候、并且常常在其他感觉极为生动的时候把某些对象归于他们在自己周围现实感知到的其他事物的外在位置上，而这里的问题仅仅是：他们把自己的想象的假象置于自身之外，并且使它与他们也通过外感官感觉到的自己的躯体发生关系，这究竟是怎么发生的呢？他们的
〔344〕幻影的高度清晰性不可能是这方面的原因，因为这里取决于它作为一个对象被置入的位置。所以，我要求有人说明，灵魂究竟是如何把这样一个它应当设想为包含在自身之中的图像置入一个完全不同的关系里面，亦即置入**外部**一个位置上，并置入呈现给它的现实感觉的各种对象中间的。即便是引证其他一些与这样的欺骗有些许类似之处的实例，我也不会就此被打发掉；因为无论被欺骗者的状态怎么样，是健全的还是病态的，我都不想知道，诸如此类的事情在其他情况下是否也会发生，而是想知道，这种欺骗是怎么可能的。

但是，在使用外部感觉时我们发现，关于对象被表象时的清晰性，人们在感觉中也一并理解它的位置，这种理解也许有时并不总是具有同样的正确性，但却是感觉的一个必要条件，没有这一条件，就不可能把事物设想为在我们之外。这里非常可能的是：我们的灵魂在其表象中把被感觉到的客体置于印象所形成的各条方向线在延伸时的会合之处。因此，人们在从眼睛沿光线射入的方向画回的各条线相交的位置上看到一个发光的点。人们称这个点为视点，它虽然就结果而言是**散光点**，但就表象而言却是感觉接受印象所沿的各条方向线的**聚光点**(focus imaginarius［成像焦点］)。因此，人们甚至只用一只眼睛就为一个可见的客体确定位置，就像在其他情况下发生的那样，借助一个凹面镜在空中看到一个物体的光谱，恰好就在从

物体的一个点发出的光线在落入眼睛之前相交的地方。①

也许，对于声音的印象来说，由于它的撞击也是沿着直线发生的，人们可以作出同样的假定：它的感觉同时伴随有一个成像焦点的表象，该焦点被设定在大脑中被震动的神经组织向外延伸的直线会合之处。因为即便声音轻微，而且发生在我们身后，人们依然在某种程度上察觉到一个发声客体的位置和距离，虽然由此处能够画出的直线并不是正中耳廓，而是落到头的其他部位上，以至于人们不得不相信，震动的方向线在灵魂的表象中被向外延伸，发声的物体被置于它们会合的点上。我觉得，对于其余的三种感觉也可以说同样的话，它们与视觉和听觉的不同之处在于，感觉的对象与器官直接接触，因此感性刺激的方向线在这些器官中甚至有其会合点。 〔345〕

为了把这一点运用于想象的图像，请允许我以笛卡尔所假定、在他之后大多数哲学家所赞同的一点为根据：想象力的所有表象同时伴随着大脑的神经组织或者神经中枢中的某些运动，人们把它们称为 ideas materials [物质性观念]，也就是说，也许伴随着与它们分离的精细元素的颤动或者震动，这种颤动或者震动类似于感性印象能够造成的那种运动，感性印象是它们的一个复制品。但如今，我要求承认：幻想中的神经运动与感觉中的神经运动的最主要区别在于，就前者而言运动的方向线在大脑内部会

① 我们对近距离对象的表面位置所作的判断，在光学中通常就是这样被表现的，而且这也与经验非常吻合。然而，由一个点发出的同样一些光线，由于在眼睛液体中的折射，不是分散地到达视神经，而是在那里聚合为一个点。因此，如果感觉仅仅在视神经中发生，那么，成像焦点就不能被置于身体之外，而是必须被置于眼睛的底部；这构成了我目前无法解决的困难，而且它看来与上述定理和经验无法统一。

合,就后者而言运动的方向线则在大脑外部会合;因此,由于客体被表象的成像焦点对于醒时的清晰感觉来说在我外面,而我此时有的幻想的成像焦点却被置于我里面,所以只要我醒着,就不会不把作为我自己的幻影的想象与感觉的印象区别开来。

〔346〕 如果人们承认这一点,那么,我觉得,我就能够对人们称为妄想、并在更高的程度上称为疯狂的那种灵神错乱提出某种可以理解的东西来作为原因了。这种疾病的独特之处在于:陷入混乱的人把纯粹是他的想象的对象置于自身外面,视为现实地出现在他面前的事物。我刚刚说过:按照通常的秩序,在大脑中作为物质性辅助手段伴随幻想的运动的方向线必定在大脑内部会合,因而他意识到自己的图像所在的位置在清醒时被设想为在他自己里面。因此,如果我假定,由于任何一种意外或者疾病,大脑的某些器官被如此扭曲并失去其应有的平衡,以至于与一些幻想和谐一致地震动的神经的运动沿着延伸后在大脑外部相交的这样一些方向线发生,那么,成像焦点就被置于思维着的主体外部①,而且仅仅是想象的一个作品的图像就被设想为一个对外感官来说在场的对象。虽然这样一种幻影一开始

① 人们可以举出醉汉的情状来作为与上述意外略有类似的例子。醉汉在这种状态里以双眼看物都是双重的:这是因为,由于血管的膨胀而产生出一种障碍,使他们无法调整眼轴,让其延长线会合于客体所在之点上。同样,脑管的扭曲——它也许只是暂时性的,而且在它延续期间,只涉及一些神经——可能促使幻想的某些图像甚至在清醒时也显得在我们之外。一个非常普通的经验可以与这种欺骗比较。如果在完成睡眠之后以近乎朦胧的惬意、仿佛以呆滞的眼睛注视床帐或者床罩的各色丝线,或者注视邻近墙上的小斑点,人们就很容易由这些东西形成人脸的形状以及诸如此类的形象。一旦人们愿意并集中起注意力,假象就消失了。在这里,幻想的成像焦点的转移在某种程度上服从于任性,而在疯狂时,它就不能被任性所阻止了。

只是微弱的，但对一个按照自然秩序不应当出现的事物的臆想现象的震惊，却马上就引起注意，并且使虚假的感觉极为生动，使被欺骗的人不怀疑它的可能性。这种欺骗可以涉及任何 〔347〕
一种外感官，因为从每一种外感官我们都有想象中的复制图像，而神经组织的错乱则可能成为将成像焦点置于一个现实存在的形体对象的感性印象所出之处的原因。在这种情况下，如果幻想家相信非常清楚地看到或者听到某种除他之外没有人感知到的东西，此外如果这些幻影显现给他又突然消失，或者在它们迷惑一种感觉——例如视觉——的同时并不能为另一种感觉——例如触觉——所感知，从而看起来是可穿透的，就不足为奇了。通俗的灵神故事如此容易导致诸如此类的规定，以至于使人们极有理由怀疑，它们极可能是产生自这样一种源泉。因此，我们在上面从通常的用语引出的流行的**灵神性存在物**的概念，非常符合这种欺骗，并且不否定它的起源：因为在空间中在场且可穿透的性质据说构成了这一概念的本质性特征。

也非常可能的是，通过教育得来的关于灵神形象的概念为病态的头脑提供了欺骗性想象的材料，而一个全无这样的成见的大脑即便是沾染上错乱也不会如此容易地编造出这种类别的图像。此外，人们由此还看出，既然幻想家的疾病并不真正地涉及知性，而是涉及对感官的欺骗，则不幸的人就不能凭借理性推论来消除自己的幻觉，因为感官真实的或者虚假的感觉甚至先于知性的所有判断，并且具有一种远远超过其他一切劝说的直接的自明性。

从这些考察中产生的结果自身具有这种不适宜的东西，它使上一章的深刻揣测成为完全多余的，而读者无论多么愿意给予它的理想构思一些赞同，却都会偏爱那个在裁决方面具有更多从容和简练、能够期望得到更普遍的赞同的概念。因为除了从经验提供给我们的素材取得说明的根据，比沉溺于一种半虚 〔348〕

构、半推论的理性令人晕眩的概念，看起来更符合一种理性的思维方式之外，此处还在这一方面表现出一些作出嘲笑的理由，而无论它是否有道理，这都是制止空洞的研究的比其他任何手段都更为有力的一个手段。因为想以一种认真的方式解释幻想家的幻影，这已经造成了一种糟糕的揣测，而哲学则陷入了在如此差劲的社群中出现的怀疑。尽管我在上面并没有反驳诸如此类的现象中的妄想，而毋宁说虽然不是把它当做一种自负的灵神联系的原因、但却是当做它的一个自然结果而与之结合起来的；然而，有什么样的愚蠢不能与一种深不可测的世俗智慧一致起来呢？因此，如果读者不把视灵者看做另一个世界的半公民，而是总起来说把他们当做医院的候补病人来打发，并由此放弃一切进一步的研究，我绝不会抱怨读者的。但如今，如果立足于此来看待一切，那么，对付诸如此类的灵神王国术士的方式就也必须与依据前面的概念采取的方式极为不同；而且人们从前认为有必要偶尔**烧死**几个这样的术士，现在只要让他们**泻肚**就够了。就事情的这种状态而言，也同样没有必要从如此远的地方讲起，凭借形而上学的帮助在被欺骗的狂热者发烧的大脑中探究秘密。目光锐利的**哈迪布拉斯**独自就能为我们解开这个谜，因为按照他的见解：**如果一股闷气在内脏中翻腾，问题的关键就在于它采取什么方向；如果它向下，那就由此产生一个屁；如果它向上，那这就是一个现象或者一个神圣的灵感。**

第四章

从第一篇的全部考察得出的理论上的结论

按照民法，天平应当是交易的一个尺度；如果人们让商品和砝码交换秤盘，天平的不实之处就会被揭破。知性之天平的偏袒也有同样的技巧显露出来，没有这样的技巧，人们在哲学的判断中也不能从相互比较的衡量中得出一致的结论。我已将自己的灵魂洗去成见，我已根除任何一种盲目的顺从；这种顺从曾经混入过，以便在我里面为某些想象出来的知识找到入口。现在对我来说，除了通过正直的途径在一个平静并且对一切理由开放的心灵中占有位置的东西之外，没有任何东西是关心的，没有任何东西是敬重的；无论它证实还是否定我先前的判断，规定我还是使我悬而未决。只要我遇到对我有教益的东西，我就接受它。在我将反驳我的理由的判断首先与自爱的秤盘对秤、然后在这个秤盘中与我自认为的理由对秤并在它里面发现更大的分量之后，这一判断也就是我的判断。我一向都是仅仅从我的知性的立场出发考察普遍的人类知性，而现在，我将自己置于一种他人的、外在的理性的地位上，从他人的观点出发来考察我的判断以及其最隐秘的动因。两种考察的比较虽然给出了强烈的视差，但它却也是惟一的手段，来防止视觉上的欺骗，并将概念置于它们就人的物类的认识能力而言所处的正确位置上。有人会说，这是一种很严肃的语言，针对的却是像我们所讨论的这样一个无关紧要的课题，它更应当被称做是一场儿戏，而不是一项认真的工作；他作出这样的判断，并没有错。然而，尽管人们可以不为一桩小事而大动干戈，但人们却完全可以借这种机会这样做，而且在裁决小事时不必要的谨慎可以作为重要场合的范例。我没有发现，某种执著或者在其他情况下一种在检验前就产生的倾向从我的心灵夺去对一切赞成或反对的理由的顺从，只有一种执著除外。知性的天平毕竟不是完全公正的，铭有**未来之希望**的题词的秤臂具有一种机械的优势，它造成，就连落入附属于它的秤盘的轻微理由都使得另一端本身较重的思辨向上翘。这是惟一无法消除的不正确，

〔349〕〔350〕

事实上我也绝不想消除。现在我承认，关于死者灵魂出现或者灵神感应的所有故事、关于灵神性存在者的可能本性及其与我们的联结的所有理论，都只有在希望的秤盘中才有显著的重量；与此相反，在思辨的秤盘中，它们似乎是纯由空气所构成。假如所提出的问题的查明与一个事先已经决定的倾向不合拍，哪个有理性的人会无法断定：他在这里面所发现的假定一种与感官教给他的一切都毫无类似之处的存在者的可能性，是否会多于将一些所谓的经验归于在多数情况下并不非同寻常的自欺和虚构呢？

的确，这似乎也完全是确认如此普遍地被接受的灵神故事的最主要原因；甚至臆想中已死的人的显现之最初错觉，据猜测也是出自谄媚的希望：人们在死后仍以某种方式存留下来；因为在黑夜的阴影里，幻觉经常欺骗感官，由模糊的形象造出与先行的意见符合的幻象，最后哲学家们从中获得理由想出关于灵神的理性观念，并将之纳入学说体系。从我关于与灵神联系的僭越学说中人们可以看出，它所采取的方向正是一般的倾向所选取的方向。因为这些命题的协调一致，非常明显仅仅达到提供一个概念，说明人的灵神如何**离开**这个世界①，也就是说，说明死后的状态的程度。但他如何进入这个世界，也就是说，关于生育和繁衍，我一点也没有提到；我甚至一次也没有提到它是如何在这个世界上**在场**的，也就是说，一个非物质的

① 古埃及人灵魂的象征是一只蝴蝶，而希腊人的称谓具有相同的意义。人们很容易看出，使死亡仅仅成为一种变化的希望造成了这样一种观念及其标志。然而，这绝不会消除对由此产生的概念的正确性的信任。我们的内在感觉和以此为根据的类似理性者的判断只要不变质，则它们所导向之处也就是理性在更澄明、更广泛的情况下所导向之处。

本性是如何能够在一个躯体中并通过这个躯体起作用的；这一切都是为了一个非常有力的原因，这原因就是：我一无了解，因而如果不是一种走红意见的偏袒不管呈现出的理由多么脆弱，都致力于推荐这些理由的话，也能够满足于就未来状态而言的一无所知。 〔351〕

正是这种无知，也使得我不敢完全否定各种灵神故事的所有真实性，但我有一种虽然奇怪但却常见的保留，即对这些故事中的每一个个别的都提出质疑，但总的来说却对所有的都给予几分相信。判断的权利留给读者；但就我自己而言，至少我充分地倾向于第二章的理由一边，使我认真而又不置可否地倾听各种各样的这类奇异故事。然而，由于在心灵已有所偏向的情况下绝不缺少辩解的理由，所以我不想用进一步为这种思维方式辩解来烦扰读者。

由于我现在处在关于灵神的理论的结尾，所以我还敢说：如果读者恰如其分地利用这项考察，那么，它便完成了对诸如此类的存在者的一切哲学洞识；而且人们对此也许在将来仍会有各种各样的**意见**，但却不可能有更多的**认识**。这听起来相当大言不惭。因为毫无疑问，没有任何为感官所知的自然对象，人们能够说借助观察或者理性**穷尽**了它，哪怕它是一滴水、一粒沙或者某种更单纯的东西；自然在其最微小的部分中对一个像人类的这样有限的知性提出要求解决的东西，其多样性是如此无法测度。然而，就关于灵神性存在者的哲学学说而言，情况则完全不同。这种学说可以完成，但却是在**消极的**意义上，因为它确定无疑地设定了我们认识的界限，并使我们坚信：**生命**在自然中的不同表现及其规律是我们可以认识的一切，而这种生命的原则，也就是说，我们并不认识、而是推测的灵神本性，却绝不能被设想为积极的，因为在我们的全部感觉中找不到与此相关的材料；而且人们必须将就着使用否定，以便设想 〔352〕

与所有感性事物如此非常有别的东西，但是，就连这样的否定的可能性也不是基于经验，不是基于推理，而是基于一种虚构，被剥夺了一切辅助手段的理性以这种虚构为自己的避难所。根据这一点，人的灵神学可以称为在一种猜测的存在者方面必然无知的学说，并作为这样一种学说轻而易举地与课题相符。

从现在起，我把形而上学的一个广大部分，即关于灵神的整个题材当做已解决、已完成的放到一边。以后它不再与我相干。由于我以这种方式使我的研究计划更加紧凑，并且省去一些完全徒劳的探讨，所以我希望能够把我绵薄的知性能力更有利地用到其余的对象上。在大多数情况下，想把自己较小幅度的力量扩展到所有不可靠的计划上去，是要白费力气的。因此，无论在这一场合还是在其他场合，使计划的规格与力量相称，并且在不能顺利达到伟大之物的时候退守中等之物，乃是明智之举。

第二篇 历史学的

〔353〕

第一章 一个故事，其真实性凭读者任己意探询

Sit mihi fas audita loqui....

VIRG.

[容我讲述听来之事……

维吉尔]

哲学的自负使得它给自己提出的全是些空洞的问题，它常常发现自己因某些故事而陷入严重的尴尬，要么因**怀疑**这些故事中的一些东西而受到惩罚，要么因**相信**其中的某些东西而受到嘲笑。两种困难在某种程度上由于流传的灵神故事而汇合在一起。第一种困难发生在倾听保证这些故事的人的时候，第二种困难则涉及人们传播这些故事的对象。事实上，对哲学家来说，没有任何指责比轻信和顺从平庸的妄想的指责更严厉的了；既然那些善于卖弄小聪明的人们对使无知者和睿智者在某种程度上不分高下的一切——因为它对于这两种人来说都是不可理解的——都付之一笑，所以，如此经常被假托的显灵广为人们接受，但公开地却要么被否认，要么被隐瞒，就毫不奇怪

了。因此，人们可以相信，绝不会有一家科学院把这个题材当做有奖征文题目的；这并不是说其成员完全不会顺从上述的意见，而是因为聪慧的规则合理地为好奇心和虚荣的求知欲毫无差别地提出的问题设置了界限。于是，这一类故事固然在任何
〔354〕时候都只有秘密的信徒，但公开地却被不信的流行时尚所抛弃。

然而，由于在我看来，这整个问题既不是重要的，也没有准备得足以对它有所裁定，所以我毫不犹豫地在这里引述上面提到的那种消息，并且完全无所谓地听凭读者对它作出赞成的或者反对的判断。

在斯德哥尔摩，住着某位**施魏登贝格**先生，他没有任职，或者利用他那相当可观的财产。他的全部活动都在于，如他自己所说，他二十多年来已经与灵神和死者的灵魂处于极密切的交往中，从它们那里得到出自另一个世界的消息，反过来也把出自这个世界的消息传递给它们；他写过关于自己的发现的鸿篇巨著，有时旅行到伦敦，以便照应出版事宜。他根本不保守自己的秘密，同每一个人都坦率地谈论这些秘密，看起来完全相信自己所说的事情，毫无故意欺骗或者招摇撞骗的样子。就像如果人们相信他本人，他就是所有视灵者中间的首席视灵者一样，无论人们是根据认识他的人的描述，还是根据他自己的著作来判断他，他也都是所有幻想家中间的首席幻想家。然而，这种状况并不能阻止那些通常对灵神影响有好感的人们在这样的幻想背后去推测某种真实的东西。不过，由于出自另一个世界的所有全权代表的证书在于他们凭借某些试验在当前世界为他们非同寻常的使命所提供的证据，所以我必须从为证实此人非同寻常的特性而到处流传的事情中至少引述仍被大多数人多少相信的事情。

1761年年底，施魏登贝格先生被召见到一位侯爵夫人处。

侯爵夫人高超的智力和见识使她几乎不可能在诸如此类的事例中受骗。促成这次召见的是关于此人所宣称的幻象的普遍传闻。在提出若干与其说旨在于获知另一个世界的真实消息、倒不如说旨在于拿他的想象寻开心的问题之后，侯爵夫人送走了他，事先已托付给他一项秘密的任务，涉及他与灵神的联系。〔355〕
几天之后，施魏登贝格先生出现了。据侯爵夫人自己承认，他的答案使她极度惊讶，因为她发现这答案是正确的，尽管如此却没有任何活着的人能告诉他这个答案。这个故事出自当地宫廷一位当时在场的公使给哥本哈根的另一位外国公使的报告，也与对此事件的特别调查所能够了解的完全吻合。

以下的故事除了一般的传闻之外没有别的证实，而传闻的证明却是非常糟糕的。一位荷兰驻瑞典宫廷公使的遗孀玛特维勒夫人被一个金匠的亲属催讨为打制一套银餐具的欠款。这位女士知道她的亡夫治家有条不紊，相信这笔债务在他活着时必定已经结清；然而，她在其亡夫遗留下来的文件中根本找不到任何证明。女性是特别容易相信占卜、释梦以及各种各样神奇事物的故事的。因此，她向这位施魏登贝格先生透露了自己的心事，请求他，如果人们关于他与死者的灵魂交往所说的是真实的，就从另一个世界向她的亡夫获取消息，上述讨债究竟是怎么回事。施魏登贝格先生答应做这件事，几天之后在她的住所向她报告，他已取得所要求的消息；在他指点的一个这位夫人以为已经完全腾空的柜子里，还有一个暗格，所需的收据就在里面。人们立刻按照他的描述去找，除了秘密的荷兰文通信之外还找到了收据，由此完全勾销了金匠所提的要求。

第三个故事具有这样的性质，其正确与否必定很容易得到一种完备的证明。如果我得到的消息正确无误的话，那是在1759 年年底；当时施魏登贝格先生从英国回来，于一个下午在哥德堡登陆。他于当天晚上应邀在一位当地商人那里出席一

个聚会，稍事逗留之后满脸惊愕神色地告诉聚会一个消息：此
〔356〕刻斯德哥尔摩的南玛姆城区有一场可怕的火灾正在肆虐。在几个小时的时间里，他不时地离开，之后他向聚会报告，大火已被遏止，此外还报告了大火已经蔓延到多么远。就在当晚，这个神奇的消息已经传开，翌晨已传遍全城；然而，两天之后，关于此事的报告才从斯德哥尔摩抵达哥德堡。据说，它与施魏登贝格的幻象完全吻合。

也许人们会问：究竟是什么能够打动我去从事一项像传播一个有理性的人对耐心倾听尚有顾虑的无稽之谈这样受轻视的工作，甚至使它们成为哲学研究的题材呢？然而，既然我们先前所谈的哲学同样是出自形而上学的安乐园的无稽之谈，我也就看不出让这两者携手出现有什么不当之处；而且，为什么由于对理性的虚假理由的盲目信任而受骗，比由于不谨慎地相信虚假的故事而受骗，就更为光彩呢？

愚蠢和知性之间划定的界限如此难以辨认，以至于人们很难在一个领域长期前进，而不偶尔稍稍涉足另一个领域；但是，就可以被说服、甚至对抗知性的防御偶尔对许多坚定的保证有所承认的真诚而言，它似乎是古代的原始真诚的遗风；这种真诚固然不怎么适合当今的状态，从而经常成为愚蠢，但却不必因此就把它看做愚钝的自然遗产。所以，就我所涉及的奇特故事而言，我听凭读者的愿望，把理性和轻信的那个暧昧混合物分解成它的要素，并且计算这两种成分对于我的思维方式来说的比例。原因在于，既然就这样一种批判而言所涉及的只是诚实，我就足以使自己免受嘲笑，因为我虽然有这种人们乐意如此称谓的愚蠢，却仍然处在相当好的和数量众多的社交之中，这就像封德耐尔所相信的那样，足以至少不被视为不智。
〔357〕因为对所有的时代来说事情都是这样，并在将来仍将是这样，即某些荒谬的事物甚至被有理性的人所接受，只不过是因为众

口铄金罢了。通感、魔杖、预感、孕妇的想象力的作用、月相变化对动物和植物的影响等等，都属于此列。确实，不久前，平凡的农民岂不是对通常习惯于就这一点嘲笑他们轻信的学者们予以报复了吗？因为通过许多道听途说，孩子和妇人们最终使一大部分聪明人把一只普通的狼视为鬣狗，尽管如今每一个有理性的人都轻而易举地认识到，在法国的森林里并没有非洲猛兽出没。人的知性的弱点与其求知欲相结合，使得人们最初毫无区别地抓住真理和欺诈。但是，概念渐渐地提炼自身，一小部分存留下来，其余的则作为废渣被抛弃。

因此，谁要是认为那些灵神故事是很重要的事情，那么，假如他有足够的钱并且没有更好的事情要做，他毕竟可以冒险做一番旅行，更仔细地查明这些故事，就像阿尔特米多为了释梦而游历小亚细亚一样。就连具有类似思维方式的后代也会非常感激他防止了有朝一日有另一个菲罗斯特拉特崛起。在经历多年之后，当道听途说成熟为一种正式的证明，而对目击者的虽然极其重要、但却不合时宜的询问一旦变得不可能的时候，这另一个菲罗斯特拉特就会使我们的施魏登贝格成为一个新的提阿内的阿波罗尼。

第二章

一个空想者经过灵神世界的迷狂之旅

Somnia, terrors magicos, miracula, sages,
Nocturnos lemurs, portentaque Thessala...

HORATIUS

［梦、魔法的恐怖、奇迹、女巫，
夜间的幽灵，以及帖撒利亚的怪物……
贺拉斯］

如果在本文的进程中，谨慎的读者对作者认为恰当的考察
〔358〕方法产生了一些怀疑，我绝不会责怪他。因为既然我把独断论的部分置于历史学的部分之前，从而把理性根据置于经验之前，我便使人有理由作出怀疑，仿佛我在玩弄诡计，而且由于我也许事先就已经在大脑中有了这个故事，所以我是在装做只知道纯粹的、抽象的考察，以便最终能够以一种出自经验的可喜证实来使并未关注诸如此类的东西的读者喜出望外。而事实上，这也是哲学家们多次非常成功地使用的技巧。因为人们必须知道，所有的知识都有人们能够把握的两个端点，一个是先天，另一个是后天。虽然近代不同的自然学者都曾宣称，人们必须从后者开始，并且相信通过取得足够的经验认识并逐渐地上升到更高的普遍概念，就抓住了科学之鳗的尾巴。然而，尽管对此的处理并不是不智的，但却远远不够博学和哲学性，因为人们以这种方式马上就遇到一个不可能给出答复的**为什么**，这带给一个哲学家的荣誉恰如一个在承兑汇票时客气地请求下次再光临的商人。因此，感觉敏锐的人们为了避免这种不便，就从相反的极限开始，即从形而上学的最高点开始。但在这里还有一种新的麻烦，即我不知道人们在何处开始，不知道人们向**何处**去，而且理由的进展也不想涉及经验；甚至**伊壁鸠鲁**的原子似乎也在永恒地下落之后，一下子就偶然地相互碰撞，形成一个世界，而这比最普遍最抽象的概念更能说明世界。因此，既然哲学家清楚地看到，他的理性根据为一边，实际的经验或者故事为另一边，二者就像一对平行线那样无限地并行前进，永远不会相交，所以他与其他哲学家仿佛是对此已有约

定，一致地每人按照自己的方式选取出发点，然后不按照推论的直线，而是使证据发生一种难以察觉的**偏斜**，通过暗中窥视 〔359〕
某些经验或者见证的目标，来引导理性，使它必定恰好达到天真的学生不曾猜到它的目标，即证明人们事先就已经知道应该得到证明的东西。在这种情况下，他们仍然称这条道路为先天的道路，尽管它在不知不觉间已被插入的路标引向了后天之点，不过在这里，谙熟这种艺术的人照理必定不会出卖大师的。按照这种巧妙的教学方式，各种挣得赞扬的人物单是沿着理性的道路就已经甚至捕捉到了宗教的秘密，这就像小说家让故事的女主角逃亡到遥远的国度，以便她通过一场幸运的冒险遇到自己的爱慕者：et fugit ad salices et se cupit ante videri. VIRG.［她逃向草地，希望在此之前已被人看到。——维吉尔］。因此，既然有如此备受赞颂的前辈，即便我确实也利用了同样的技巧，以便使我的作品达到一个期望的结果，我事实上也没有理由自感羞愧。然而，我恳请读者千万不要相信我已经做过诸如此类的事情。既然在我已经透露了这项秘密之后，我已经不能再欺骗任何人，那么再这样做对我又有什么用呢？尤其我的不幸是，我所发现并与我的哲学空想极其相似的见证，看起来极为怪诞和荒唐，以至于我必须猜想，读者将由于与这样一些赞同的相近把我的理性理由视为荒谬，而不是由于后者而把前者看做合理的。因此，我直截了当地说：就这样一些影射的比较而言，我是当真的；而且我简明扼要地声明：要么人们必须猜想施魏登贝格的著作中的聪明和真理比乍见之下还要多，要么他与我的体系一致只是出于偶然，就像诗人有时在狂乱时有所预言，如人们相信或者至少如他们自己所说，偶尔也会与结果切合的。

现在我要谈到我的目的，即谈到我的主人公的著作。如果某些现在已经被遗忘、或者过去就默默无闻的著作家有过不小

的功绩，他们在撰写其鸿篇巨著时不吝惜其知性的耗费，那么毫无疑问，施魏登贝格先生在所有这些人中间应该得到最高的
〔360〕荣誉。因为确定无疑的是，他在月亮世界里的瓶子是满的，而且不输于**阿里奥斯托**在那里看到装满了在此被失去、其拥有者必将有朝一日重新寻找的理性的瓶子中间的任何一个，而他的鸿篇巨著完全倒空了任何一滴理性。尽管如此，这里仍有与理性关于类似对象最精细的思索所能够得出的东西的一种如此奇特的一致，以至于读者将会原谅我，在这里于想象的游戏中发现了如此之多的其他收藏家在大自然的游戏中所遇到的那种稀有事物，例如他们在有斑痕的大理石中发现了神圣家族，或者在钟乳石的形态中发现了修士、洗礼盆和管风琴，或者甚至像讽刺家**李斯科**那样，在结冰的窗玻璃上发现许多动物和三重的王冠；这纯粹是些通常没有人看到的东西，除非他的头脑中事先已经装满了这些东西。

这位著作家的鸿篇巨著包括充满胡说八道的 8 卷四开本。他以 **Arcana caelestia**［《天上的奥秘》］为题，把这 8 卷书作为一种新启示呈交给世人，书中他的幻象大多数用来发现摩西前两卷书中的秘密涵义和对整部《圣经》一种类似的解释方式。所有这些如痴如醉的诠释在此与我毫不相干；但如果有人愿意的话，可以在埃耐斯提博士先生的《神学丛书》第一卷中找到关于这些诠释的一些消息。只有 **audita et visa**［所闻所见］，即据说他亲眼所见和亲耳所闻的东西，才是我们主要从其各章的附录中引用的一切，因为它们是所有其余梦幻的基础，而且也相当切中我们在上面坐着形而上学的飞船斗胆做的冒险。作者的文风平淡无奇。他的故事及其编纂事实上似乎产生自**狂热的直观**，而且很少使人怀疑，一种颠三倒四地冥思苦想的理性的思辨幻影已经打动他来虚构这些故事，并解释它们用来骗人。因此，就这一点来说，它们有几分重要性，确实值得以一

篇简明的摘要予以介绍，也许比充斥我们各种杂志的没头脑的诡辩家的某些儿戏更为值得，因为对感官的一种有联系的欺骗与对理性的欺骗相比，毕竟是一种更值得注意的现象；后者的理由足以众所周知，而且也大半可以通过心灵力量的任意调整以及对一种空虚的好奇心稍加约束来防止；与此相反，前者涉 〔361〕及一切判断的最初基础，如果它不正确的话，逻辑规则也拿它没有什么办法！因此，就我们这位作者而言，我把**感性妄想**和**理智妄想**分别开来，并且略过他不便停留在一种**幻象**中的时候以一种颠三倒四的方式冥思苦想出来的东西，就像对一位哲学家来说，人们通常往往必须把他**观察**到的东西与他推论出的东西分别开来那样，甚至**假经验**多半也比出自理性的**假理由**更有教益。因此，我从读者那里剥夺了若干时间，通常他也许会把这些时间用来阅读同样题材的**深邃**著作，但益处并不大得多；此际，我同时照应到他的趣味的雅致，因为我通过删去许多狂乱的妄想，把该书的精髓压缩成少许几滴水，为此我希望从读者那里得到的感谢，正如某位病人相信应对医生表示的感谢一样多，医生能够轻而易举地迫使他吃掉整棵金鸡纳霜树，但却只让他吃了树皮。

施魏登贝格先生把他的幻象分为三种，其中**第一种**是从躯体解脱出来，这是一种睡与醒的中间状态，在这种状态里他看到、听到、甚至感触到灵神。诸如此类的事情他只遇到过三四次。第二种是被灵神引走，例如此时他正在大街上行走，神志清楚，但他在灵神上却处在完全不同的地方，清楚地看到他处的房舍、人、森林等等。这种情况可能持续数小时之久，直到他突然又察觉到自己真实的位置。这种事情他碰到过两三次。**第三种**幻象是他每天在完全清醒时都有的寻常幻象，他的这些故事也主要是取材自这些幻象。

按照他的说法，所有的人都与灵神世界有同样密切的联系；只不过他们感觉不到这一点。而他与其他人的区别仅仅在于，**他的内心深处已经敞开，**他在任何时候都恭敬地谈到这种天赋（datum mihi est ex divina Domini misericordia［这是由主的神圣慈悲赋予我的］）。从上下文人们看到，这种天赋应当在于意识到灵魂通过其与灵神世界的长久联系而感觉到的模糊
〔362〕表象。因此，他在人身上区分了外在的记忆和内在的记忆。作为一个属于可见世界的人，他拥有外在的记忆，但借助于与灵神世界的联系，他又拥有内在的记忆。就连外在的人和内在的人的区别也是基于此的；而他自己的优点在于，他已经在此生中作为一个人在灵神的社会中看到了自己，而且也被这些灵神认做一个人。在这种内在的记忆中，从外在的记忆中消失的一切都被保存下来，而且一个人的所有表象都绝不会损失任何东西。死后，曾经进入其灵魂的、甚至过去对他自己来说保持隐秘的一切事物的回忆，构成了其生命的完备记录。

灵神的在场虽然只涉及他的内感官，但是，这却使他觉得灵魂出现在他之外，而且是以一种人的形象。灵神的语言是一种观念的直接传达，但它在任何时候都与他通常所说、且被设想为在他之外的语言相结合。一个灵神在另一个灵神的记忆中读出后者在其中清晰地包含的表象。众灵神在施魏登贝格那里以清晰的直观看到他关于这个世界所拥有的表象，以至于它们在这里自己欺骗自己，经常想象它们直接看到了事物，而这是不可能的，因为没有一个纯粹的灵神对形体世界有丝毫的感觉；仅凭与其他活着的人的灵魂的联系，它们也不能对形体世界有任何表象，因为它们的内心深处并没有敞开，也就是说，它们的内感官所包含的是完全模糊的表象。因此，施魏登贝格是灵神们的真正宣谕官，灵神们同样好奇，想在他里面观察世界的现状，就像他在灵神们的记忆中像在一面镜子中那样观察灵神世界的奇迹一样。尽管这些灵神也与所有其他活着的人的

灵魂有极其紧密的联系，在它们里面起作用或者从它们那里承受，但它们对这一点知道的和人们知道的一样少，因为它们的这种内感官——它属于它们的灵神性人格——是完全模糊的。因此，灵神们认为，从人类灵魂的影响出发在它们里面产生的作用仅仅被它们所思考，就像人们在此生也仅仅相信，他们全部的思想和意志活动都出于他们自己，尽管这些东西事实上经常从不可见世界进入他们里面。然而，每一个人类灵魂都已经 〔363〕
在此生中拥有在灵神世界中的位置，并属于某一个在任何时候都符合其真与善的内在状态、亦即知性的内在状态的团体。但是，灵神们的相互位置与形体世界的空间没有任何共同之处；因此，就灵神性的地位而言，在印度的一个人的灵魂与另一个在欧洲的人的灵魂往往是最接近的邻居，而与此相反，就躯体而言住在同一居所的人，则可能在关系上彼此距离相当遥远。如果人死去，灵魂并不改变其位置，而是仅仅感觉到自己处于就其他灵神而言已经处于的地方。此外，尽管灵神们的关系并不是真正的空间，但在它们那里这种关系仍具有空间的样子，它们的联结是在接近的伴随条件下被设想的，而它们的差异则被设想为距离，就像灵神们自身确实没有广延，但却彼此显示出人的形象的样子。在这个想象出的空间里，存在着灵神性物类的普遍联系。施魏登贝格如果愿意的话，就与死者的灵魂谈话，并在它们的记忆（表象力）中读取它们观察自己时所处的状态，就像用肉眼一样清楚地看到这种状态。就灵神性的世界整体而言，世界上理性居民的遥远距离可以看做是无，与一个土星上的居民谈话，对他来说就像与一个死者的人类灵魂谈话一样容易。一切都取决于内在状态的关系和它们按照在真与善方面的一致相互拥有的联结；但更遥远的灵神可以轻而易举地通过其他灵神的中介而联系。因此，人也不需要确实曾在其他天体上居住过，才能在某个时候认识它们及其一切奇迹。他的灵魂在其他死去的世界公民的记忆中读取它们关于自己的生活和居处的表象，而且在这里就像是通过一种直接的直观那样清楚地看到对象。

施魏登贝格的幻想中的一个主要概念是这样的：形体存在
〔364〕者并没有自己的实体，而是仅仅凭借灵神世界存在，但每一个物体不是仅仅凭借一个灵神存在，而是凭借所有的灵神存在。因此，对物质性的事物的认识具有两重涵义：就物质相互之间的关系而言，它有一种外在的意义；就物质性事物作为结果表现着作为其原因的灵神世界的力量而言，它有一种内在的意义。于是，人的躯体的各部分就按照物质的规律相互发生关系；但就它由在它里面生存的灵神来维持而言，它的不同的肢体和它的各种功能就对灵魂的那些力量来说具有了一种表现性的价值；凭借这些力量的作用，它们具有了自己的形象、活动和稳定性。这一内在的意义不为人所知，内心深处已经敞开的施魏登贝格想使人知道它。可见世界的所有其他事物也都是这样情况；如上所说，它们作为事物具有一种涵义，这是少见的；而它们作为迹象则具有另一种涵义，这是很多的。这也是他想对《圣经》作出的新诠释的根源。因为按照他如醉如痴的谈论，内在的意义，即《圣经》中所讲述的所有事物与灵神世界的象征性关系，是它们的价值的核心，其余的都只是外壳。但在作为图像的形体事物与内在的灵神性状态的这种象征性联结中，重要的东西又在于：一切灵神相互之间在任何时候都以有广延形象的外貌呈现，而且所有这些灵神性存在者相互之间的影响同时使它们产生其他有广延的存在者的样子，仿佛是一个物质的世界，其图像只是它们的内在状态的象征，但尽管如此却引起对感官的一种如此清晰和持久的欺骗，以至于它与对这样一些对象的真实感觉相同。（一位未来的诠释者将由此得出结论：施魏登贝格是一个唯心主义者，因为他否认这个世界

的物质有自己的实体，而且因此也许把它仅仅视为从灵神世界的联结产生的一种相互关联的现象。）因此，他谈到自己在最明亮的光线下亲眼看到的灵神们的花园、广阔的地带、居所、游廊与拱廊，并且保证：由于他多次与自己所有已经死去的朋友谈话，他在刚刚死去的这些人身上几乎总是发现，他们几乎难以相信自己已经死亡，因为他们在自己身边看到一个类似的世界；具有同样内在状态的灵神社会，其地区和存在于那里的 〔365〕
事物具有同样的样子，而其状态的变化是与位置变化的外观结合在一起的。如今，由于灵神在把自己的思想传递给人的灵魂时，任何时候这些思想都是与物质性事物的样子结合在一起的，这些事物在根本上只是凭借与灵神性意义的一种关系、但却以所有现实性的外观显现给接受这些思想的人，所以，由此就能派生出大量狂乱并且极其荒谬的形象，而我们的妄想者却相信在自己每日与灵神的交往中极清晰地看到这些形象。

我已经引证过：在我们的作者看来，灵魂的各种各样的力量和性质与服从其支配的躯体器官有通感。因此，整个外在的人是与整个内在的人对应的；因此，如果来自不可见世界的一种显著的灵神性影响特别涉及他的这些灵魂力量的这一种或者另一种，那么，他也就在自己外在的人与这些灵魂力量对应的肢体上和谐地感受到上述影响的明显在场。这样，他就使自己在任何时候都与灵神性直观结合在一起的极其繁多的感觉都与自己的躯体发生关联，但这种灵神性直观太过荒谬，使我不敢引述其中的任何一项。

如今，只要认为值得花费力气，人们就可以由此得出一个关于最离奇、最罕见的想象的概念，而他的所有梦幻都统一在这一想象中。因为就像不同的力量和能力构成一种统一体，即灵魂或者内在的人一样，不同的灵神（它们的主要特性同样彼此关联，就像一个灵神的各种能力彼此关联一样）也构成一个团体，这个团体本身显现出一个巨人的样子；而在这个影像中，每一个灵神都在那个位置上和在虚假的肢体上看到自己，这些虚假的肢体是符合它在一个灵神性躯体中的特殊职司的。但所有的灵神团体合起来，以及所有这些不可见的存在者的整个世界，最终又以最巨大的人的样子出现。一种非凡而且巨大的幻想也许是一种古老的幼稚表象扩展而成的；
〔366〕例如在学校里，为了帮助记忆，一整块大陆被给学生们描绘成一个坐着的少女的图像等等。在这个巨大无比的人里面，一个灵神与所有灵神以及所有灵神与一个灵神有一种普遍的极密切的联系；无论生物在这个世界中彼此相对的位置如何，或者无论它们的变化是什么样的，它们各自都在最巨大的人中有一个完全不同的位置；这个位置它们从来没有改变，而且仅仅在外表上是一个无法测度的空间中的一个地点，事实上却是它们的关系和影响的一种特定方式。

我已经厌倦于复述所有妄想家中间最严重的妄想家的狂乱幻影，或者把它们延续到他对死后状态的描述。我也还有其他一些疑虑。因为尽管在动物生殖的标本中间，一个自然收藏家不仅将以自然形式生成的标本、而且也将怪胎陈列在他的柜子里，他也还是要小心谨慎，不要让每一个人都看到、甚至太清楚地看到它们。因为在好奇的人们中间，很可能会有怀孕的人，这会给她们造成一种糟糕的印象。既然在我的读者们中间可能一些人在观念的孕育方面与怀孕一样，因此，如果他们在这方面犯下错误，我会感到遗憾的。不过，由于我在一开始就警告过他们，所以我不负任何责任，并且希望人们不要让我为借此机缘由他们丰富的想象生育的怪胎负责。

此外，我不曾把自己的梦幻强加给我们的作者的梦幻，而是通过一种忠实的摘录把他的梦幻提供给懒散而又节俭的读者（他不愿为了一种小小的好奇心而如此轻率地浪费 7 英镑）。虽然直接的直观大多数被我删去了，因为诸如此类的狂乱幻影只会使读者夜不能寐；就连他的启示的混乱意义有时也以一种可行的语言来表达；然而，概论的要点并不因此而在正确性方面受到损失。尽管如此，要想隐瞒此事，只能是徒劳的，因为它已落入每一个人眼中，以至于所有这一切工作最终将毫无结果。因为既然此书宣扬的私人幻象无法得到证明，那么，与这些幻象打交道的动机也只能在于一种猜测，即为了证实这 〔367〕 些幻象，作者也许会诉诸于上述那类能够由活着的见证人加以证实的实例。但是，人们没有在任何地方发现诸如此类的东西。这样，我们抱着一些羞愧从一项愚蠢的尝试撤退，并作出合理的、尽管有点迟的说明：聪明的思维大多数情况下是一件容易的事情，但遗憾的只不过是在人们已被蒙骗一段时间之后。

※　　　※　　　※

我已经探讨了一个吃力不讨好的题材，它是好奇而又闲散的朋友们的询问和敦促强加给我的。由于我使自己的努力屈从于这种轻率，我同时也就辜负了他们的期望，既没有用消息来满足好奇者，也没有用理性根据满足研究者。如果不是其他的意图来激励这项工作，我就浪费了自己的时间；我失去了读者的信任，引导他的探询和求知欲经过一段无聊的弯路，回到了他由以出发的无知之点。然而，事实上我关注着另一个目的，它在我看来比我所宣称的还要重要，我认为自己已经达到了这一目的。尽管我罕能自诩从形而上学那里得到了几分青睐，但我注定已经迷恋上了它；它提供了两项好处：第一项好处是完成了探究的心灵在凭借理性探索事物的隐秘性质时提出的课题。但在这里，结果欺骗希望是太经常的事情了，而这一次也逃脱了我们热切的手。

Ter frustra comprensa manus effugit imago
Par levibus ventis volucrique simillima somno.

VIRG.

［用手三度白抓，影像依然逃脱，
宛如轻快的风，又像飞快的梦。

维吉尔］

另一项好处更合乎人类知性的本性，它在于了解：课题是否也可以从人们能够知道的东西出发加以规定？这一问题与我们的判断在任何时候都必须依据的经验概念有什么关系？就此〔368〕而言，形而上学是一门关于**人类理性的界限**的科学；而且既然一个小国在任何时候都有许多边界，认识并且维护自己的领地，绝对要比盲目地出征开疆拓土更为重要，所以，上述科学的这种好处是最不为人知的好处，同时也是最重要的好处，它也只是相当晚并且经过长期的经验才被得到。我在这里虽然没有精确地划定这个界限，但却在很大程度上已经指明了它，以至于读者在进一步思考时将会发现，就一个材料需要在与他进行感觉的世界不同的另一个世界去寻找的问题而言，他可以免去所有徒劳的探究。因此，为了获得这个界限，我已经浪费了自己的时间。我欺骗了我的读者，为的是有益于他；尽管我没有给他提供新的认识，但我却清除了妄想和无用的知识，这种知识使知性膨胀，在一个狭小的空间里盘踞智慧和有用的教导的学说可能占有的位置。

对迄今为止的考察未获教益而感到厌倦的人，其不耐烦如今可以借助**第欧根尼**的话得到抚慰。据说，第欧根尼在看到一本无聊的书的最后一页时，对他打哈欠的听众说：**振作起来，诸位先生，我看到陆地了！**之前我们像**德谟克利特**一样，徜徉在形而上学的蝶翼使我们上升到的空无一物的空间里，在那里与灵神性的人物交谈。如今，既然自我认识的收敛性力量已经收束起丝翼，我们发现自己又处在经验和通常知性的低地上；如果我们把这低地视为我们被指定的场所，我们离开这一场所绝不会不受惩罚，而只要我们遵循有用的东西，这场所也就包含着一切能够满足我们的东西，那该是怎样的幸事啊！

第三章
从整个考察得出的实用结论

沉溺于每一种好奇心，并且除了无能之外不允许求知欲有其他任何界限，这是一种对博学来说颇为相宜的热情。然而，〔369〕
在呈现出来的无数课题中选取人急切要解决的课题，这是智慧的功劳。在科学走完其全程之后，它自然而然地抵达了一种谦逊的疑惑之点，并且对自己不满地说：**我不了解的事物真多啊！**但是，通过经验而成熟起来成为智慧的理性，在一个年市的商品中间借**苏格拉底**之口心情愉悦地说道：**我一概不需要的事物真多啊！**两种本性极为不同的努力虽然由于第一种是自负的和不满足的，第二种却是成熟老练的和知足的，从而一开始就是向着极为不同的方向出发的，但最终却以这样的方式汇合为一种努力。因为要作理性的选择，人们必须事先就知道非必需的东西，甚至不可能的东西；但科学最终将规定人的理性为它确立的界限；不过，所有深不可测的构思也许自身并不是毫无价值的，但却处在人的领域之外，他们都逃逸到了虚荣的边界上。在这种情况下，就连形而上学也成了它如今尚距离相当遥远、人们极少猜想它会成为的东西，即**智慧的女伴**。因为只要还有人认为达到如此遥远的认识是可能的，**睿智的淳朴**就徒劳地呼喊，这样伟大的努力是不必要的。伴随着知识之扩展的惬意很容易取得合乎义务的外观，并且使那种蓄意的、审慎的知足成为一种要阻碍我们本性的改善的**愚蠢的淳朴**。关于灵神性物类、关于自由和预定、关于未来状态等等的问题，一开始就使知性的所有力量运动起来，并且凭借自己的卓绝性把人拉入思辨的竞争中；这种思辨毫无差别地推敲和裁定、教授或者反驳，就像虚假的认识每次所造成的那样。但是，如果这项探究影响到对自己的程序作出判断、并且不仅认识对象、而且认识对象与人的知性的关系的哲学，那么，界限就收缩得更狭窄了，而界石也被立定，它们绝不让这项探究再超出其特有的范
〔370〕围。为了认识环绕着一个人们通常认为非常方便且平常的概念的困难，我们需要一些哲学。更多的哲学则使认识的这种影像更为远离，并使我们相信，它完全处在人的视野之外。因为在原因与结果、实体与活动的关系中，哲学最初是用来解开错综复杂的现象，并使它们成为更加简单的表象的。但是，如果人们最终达到了这些基本的关系，哲学的工作便结束了；至于某物如何能够是一个原因或者有一种力量，绝不可能靠理性去认识，相反，这些关系只能从经验得出。因为我们的理性规则仅仅涉及按照同一性和矛盾进行的比较。但是，如果某物是一个原因，那么，**另一物**就由于**某物**而被设定，因此，不能借助一致来发现联系；这就像在我不愿把同一物视为一个原因的时候，绝不产生一种矛盾，因为当某物被设定时，扬弃另一物并不自相矛盾。因此，作为原因的事物的基本概念、原因和活动的基本概念，如果它们不是从经验得出的，便是完全任意的，既不能得到证明，也不能得到反驳。我清楚地知道，思维和意欲推动着我的躯体，但我绝不能凭借分析就把作为一个简单经验的这一现象归诸另一个现象，从而虽然认识它，但却不了解

它。至于我的意志推动我的胳膊，对于我来说，它并不比如果有人说我的意志也能够使月球停在它的轨道上更可理解；区别仅仅在于：我经验到前者，但后者绝不曾进入我的感觉。我在作为一个有生命的主体的我里面认识到变化，即思想、任性等等；而且由于这些规定与共同构成我关于躯体的概念的一切都不同类，我理应设想一个非形体的、常驻不变的存在者。至于这个存在者如果不与躯体相结合是否也会思维，却绝不能凭借这种从经验出发认识到的本性来推论。我凭借形体性的规律与我这类存在者相联结；但是，至于在其他情况下，我是否也按 〔371〕
照我愿意称为灵神性的规律不用物质的中介就与之结合、或者将来与之结合，我却无法以任何方式从我既有的东西出发来推论。所有这样的判断，如同我的灵魂如何推动躯体、或者现在或者未来如何与其他同类的存在者发生关系这类的判断一样，必然纯粹是虚构，而且远远不具有像自然科学中我们称为假设的判断那样的价值；在假设中，人们并不编造基本的力量，而是只以适合于现象的方式把人们通过经验已经认识的基本力量结合起来；因此，假设的可能性在任何时候都必须能够被证明。与此相反，在第一种场合，甚至新的基本因果关系也被假定，其中人们绝不可能对其可能性有丝毫概念，因而只是创造性地或者妄想性地——随便人们怎么称呼——虚构其概念。各种真正的或者所谓的现象从诸如此类假定的基本观念出发的可理解性，对这些基本观念根本没有任何好处。因为如果人们有权利任意地编造活动和作用法则，那就可以轻而易举地为一切事物提出根据。因此，我们必须等待，直到我们也许在未来的世界里凭借新的经验和新的概念，对于我们思维的自我里面还对我们隐蔽着的力量获得教益。所以，晚近时代的观察在借助数学被解析之后，已经向我们揭示了物质的吸引力，但对其可能性（因为它看起来是一种基本的力量）人们却绝不能形成一些更进一步的概念。那些手中没有出自经验的证明、事先想编造出这样一种性质的人，理所当然地被嘲笑为呆痴。如今，既然理性的根据在诸如此类的场合里无论对于发现还是对于证实可能性或者不可能性都不具有丝毫重要性，所以人们只能承认经验具有决定权，就像如果经验关于磁棒作用于肌肉和骨头能够提供的观察，如同我们关于它作用于钢铁已有的观察一样多的话，我也听凭产生经验的时间对磁石就牙病而言备受称颂的治疗力来澄清某种东西。但是，如果某些所谓的经验无法被归
〔372〕入在大多数人中间一致的感觉规律，从而只是证明感官见证中的一种无规则性（事实上，到处流传的灵神故事就是这样），那么，值得推荐的就是摈绝它们，因为在这种情况下，缺少一致和齐一性，将使历史知识失去一切证明力，使它不适宜于充当知性能够对之作出判断的某种经验规律的基础。

就像人们一方面凭借更深入一些的探究了解到，令人信服的哲学洞识在我们所谈论的场合里是**不可能的**一样；另一方面人们也必须以一种平静且无成见的心灵承认，这种洞识是多余的和**不必要的**。科学的虚荣喜欢以重要性为借口来为自己的活动辩护，而且人们在此通常也这样宣称：对于灵魂的灵神本性的理性洞识对于相信死后的存在来说是必需的，而这种相信又是一种有德的生活的动机所必需的；但闲散的好奇心补充说，死者灵魂显灵的真实性能够给这一切甚至提供一种出自经验的证明。然而，真正的智慧是淳朴的女伴；而且既然对于真正的智慧来说，心灵为知性提供规范，那么，这种智慧也就往往使庞大的博学装备成为多余，它的目的并不需要这样的绝非所有人都能掌握的手段。怎么？难道只是因为有另一个世界，有德才是善的吗？或者毋宁说是，行为有朝一日得到酬报，岂不是因为它们本身是善的和有德的？人心岂不是包含着直接的道德规范，而为了使人在此世行动符合其使命，人们就绝对必须到

另一个世界发动机关吗？有种人只要没有未来的惩罚恐吓他，他就乐于顺从自己嗜好的罪恶，这种人能说是正直的，能说是有德的吗？人们岂不是宁可必须说，他虽然不敢作恶，但恶的意念却存在于他的灵魂中，他喜欢类似德性的行为的好处，但却憎恶德性本身？而事实上，经验也告诉人们：许多被教导而相信未来世界的人，尽管如此却顺从罪恶和卑鄙，只是盘算狡诈地逃避未来的威胁性后果的手段；但是，从来没有一个正直 〔373〕 的灵魂能够忍受随着死亡一切终结这种思想，且其高贵的意念不为未来的希望而奋起。因此，将对未来世界的期待建立在一个高贵灵魂的感觉之上，比反过来将它的良好品行建立在另一个世界的希望之上，看来要更为合乎人性和道德的纯粹性。**道德的信仰**也是这样，它的淳朴可以免除某些诡辩的吹毛求疵，并且惟有它，通过直截了当地把人引向其真正的目的，而适合于任何状态中的人。因此，让我们把所有关于如此遥远的对象的喧嚣学说体系托付给闲汉们的思辨和关照吧！事实上，这些学说体系对我们来说无关紧要；而且赞成理由或者反对理由一时的外表也许能够对学院的赞同有所决定，但却很难对正直的人的未来命运有所决定。即便是人的理性，也不具有如此充足的羽翼，来拨开使我们看不见另一个世界的秘密的高空云雾，而且对于那些如此迫切地探询这些秘密的好学者，人们可以给予单纯的、但非常自然的答复：**如果他们愿意忍耐，直到他们到达那里，**这可能是最可取的。但是，既然我们未来世界的命运在很大程度上取决于我们在当前的世界里如何掌管我们的职责，我就用**伏尔泰**在经过如此之多的无用的学院争论之后最终让他诚实的**甘第德**说的话来做结束：**让我们关照自己的幸福，走进花园工作吧！**

伊曼努尔·康德

1768年

论空间中方位区分的最初根据

1768年

论空间中方位区分的最初根据

伊曼努尔·康德

李秋零　译

著名的**莱布尼茨**有许多现实的认识，他由此而丰富了各门科学；但他还有许多更伟大的科学纲要，世人却徒劳地期待他来实现它们。至于原因是可以假定为，他的诸般尝试在他自己看来还太不完善，即功绩卓著的人们所特有的、随时使学问失去许多珍贵的未完成作品的一种疑虑，还是对他来说就像**布尔哈维**关于伟大的化学家们所猜测的那样，他们常常借口技巧，就好像他们拥有技巧似的，因为他们本来只是处于对他们具有技能的说服和信任之中，即如果他们一旦采用这些技能，他们对这些纲要的实现是不会落空的，对此，我在这里不想作出裁决。至少看起来，他事先冠名为 **Analysin situs**［位置分析］、此外布丰曾在考虑大自然于胚芽之中的浓缩时对其损失深为惋惜的某一个数学性的学科，决不超过一个想法。我不清楚自己在这里打算考察的对象在多大程度上与上述那个伟大人物所想到的对象相似；然而，按照词义来判断，这里我在哲学上所寻求的是他打算在数学上规定大小的那种东西的可能性的最初根据。因为空间彼此相关的各个部分的位置是以它们在这样的关系中井然有序所遵循的方位为前提条件的，而在最抽象的意义上，方位并不存在于空间中一个事物与另一个事物的关系中，这本来是位置的概念，而是存在于这些位置的体系与绝对的宇宙空间的关系中。就一切有广延的事物而言，其各个部分相对的位置从该事物自身出发就可以充分地认识，但各个部分的这种秩序所指向的方位，却与该事物之外的空间相关，并且不是与该事物的各个处所相关，因为这无非是同一些部分在一个外部的关系中的位置，而是与作为一个统一体的普遍空间相关，任何广延都必须被看做是这个空间的一个部分。如果读者认为这些还应当在进展中予以解释的概念尚无法理解，那也毫不奇怪，所以我只再补充一点，即我在这篇论文中的目的是要尝试一番，看能不能在几何学所包含的诸如此类的广延的直观判断

〔377〕

〔378〕

中找到一种自明的证明，即**绝对的空间不依赖于所有物质的存在，而且甚至作为物质组合的可能性的最初根据，具有自己的实在性。**众所周知，哲学家们借助形而上学最抽象的判断而有朝一日将这一问题置于一切争执之外的努力是多么地白费力气，而除了著名的欧拉老人在柏林王家科学院历史部 1748 年的一篇论文之外，我不知道还有仿佛是后天地（也就是说，借助别的无可争辩的定理，它们自身虽然在形而上学的领域之外，但通过它们的具体运用能够为其正确性提供一种试金石）做到这一点的尝试；尽管如此，欧拉的论文并没有完全达到自己的目的，因为它只是指出了如果人们只能接受从现实事物关系的抽象产生的空间概念则给予最普遍的运动规律一种确定的意义的困难，但却没有触及如果人们按照绝对空间的概念具体地想象它们则就上述规律的运用而言还余留的同样的困难。我在这里所寻求的证明，应当不是像欧拉先生希冀的那样给力学家们、而是甚至给几何学家们提供一种令人信服的根据，能够以他们所习惯的自明性来维护他们的绝对空间的现实性。为此，我作出以下准备。

在立体空间中，由于它的三个维度可以设想三个彼此都垂直相交的平面。由于我们只是就我们之外的一切都与我们自己相关而言才通过感官认识它们的，所以毫不奇怪，我们从这些
〔379〕 相交平面与我们身体的关系获得最初的根据，产生空间中方位的概念。我们身体的高度垂直立在其上的平面对我们而言是水平的；而这个水平面提供了区分我们借助上和下来表示的各个方位的理由。在这个平面之上，可以垂直立有另两个平面，它们同时也彼此垂直相交，使得可以在相交线上想象人体的高度。这两个垂直平面中的一个把身体分为外部相像的两半，提供区分**左**边和**右**边的理由，而垂直立在它上面的另一个，则使得我们能够有**前**边和**后**边的概念。例如，就一张写满了字的纸

而言，我们首先把上边和下边区分开来，我们注意到前边与后边的区别，然后我们看到笔法从左到右的位置，或者反过来也一样。在这里，总是有在平面上排列的各个部分相互之间相同的位置，在所有的段落里都有同一种图形，人们可以任意地翻转这张纸，但方位的区分就这一表象而言却是如此被考虑在内的，并且与可见的对象所造成的印象如此精确地结合在一起，以致同一种文字，以事前占据相反方位的一切都被从右边转到左边这样的方式来看，就会无法辨认。

甚至我们关于世界方位的判断，就它们在与我们身体各边的关系中被规定而言，也从属于我们关于方位自身所拥有的概念。我们通常在天上和地上不依赖于这一基本概念就关系而言所认识的东西，只不过是对象相互之间的位置。如果我也如此清楚地知道地平线各个部分的秩序，那么，我也只有通过意识到这一秩序向哪一只手延续，才能据此规定各个方位；而最精确的星图，如果除了各星体相互之间的位置之外不再通过星图对我的双手的位置像我所能够想象的那样精确地规定方位，也不能使我可以从一个已知的方位——例如北方——出发知道，我应当在地平线的哪一边寻找日出。地理学知识、甚至我们最平常的处所位置的知识也是一样，如果我们不能通过与我们身 〔380〕
体各边的关系来按照方位确立如此有序的事物和相互位置的整个体系，它们也不能对我们有丝毫帮助。甚至，自然产物的一个有时还为种类的区分提供理由的非常著名的标志，就在于它的各个部分的秩序所朝向的某个方位，通过这个方位，两个造物虽然无论是就大小而言还是就比例乃至就各个部分彼此的位置而言可能完全一致，但却仍然能够被区别开来。所有人发旋上的头发都是自左向右转的。所有啤酒花都是围绕它的茎自左向右转的；但豆角却采取了一种相反的旋转。几乎所有的蜗牛，大约只有三种例外，如果从上往下，也就是说，从尖部向口部下降，都是自左向右转的。这种确定的属性不变地属于造物的同一个类，与它们所处的半球，与太阳和月亮每日的运动对我们来说自左向右、对我们的对趾人来说恰恰相反的方向没有任何关系，因为对上述的自然产物来说，转动的原因在种子自身；与此相反，在某种旋转能够被归因于这些天体的运转的地方，像**马里奥特**想在从新月到满月通常自左向右穿过整个罗盘仪的风那里观察到这样一个规律那样，在另一个半球的这种旋转运动就必须像**邓·乌罗阿**通过他在南部海洋的观察认为已经证实了的那样，按照另一只手兜圈子了。

由于右边和左边的不同感觉对于判断方位来说具有如此重大的必要性，所以大自然同时把它与人体的力学安排结合起来；借助这种安排，一边即右边毫无疑问在灵活、也许甚至在强壮方面优越于左边。因此，地球上所有的民族都是右撇子（如果排除个别的例外的话，这些例外，例如斜视的例外，并不能推翻自然秩序的规则的普遍性）。当人们上马或者跨越一道沟渠时，自右向左转身就比相反的方向更容易。人们到处都是用右手写字的，人们用右手做一切要求技巧和强壮的事情。
〔381〕但是，就像右边看起来对左边具有**运动力**的优势一样，如果人们可以相信一些自然研究者的话，左边却对右边就**敏感**而言具有优势；例如**博莱里**和**博佘特**，前者就左眼而言、后者就左耳而言断定，它们的感觉比右边的同名器官的感觉更强烈。这样，虽然人体的两边有其巨大的外部相似，但即使人们排除内在部分的不同位置和心脏由于这种肌肉在其每次收缩时都以它的尖部沿着斜向运动撞击胸部的左边而明显的搏动，这两边也还是通过一种清晰的感觉充分地区分开来了。

因此，我们想说明，一个立体形象完备的规定根据并不仅仅建立在它的各个部分相互之间的关系和位置之上，而是除此之外还建立在相对于普遍的绝对空间的关系之上，几何学家们如此想象这个空间，以至于并不能够直接感知到这种关系，但却可以清楚地感知到物体仅仅建立在这一根据之上的那些区别。如果在一个平面上画出的两个图形彼此相等相似，它们就可以彼此叠合。然而，物体的广延或者不在一个平面上的线和面就常常是完全不同的情况。它们可能完全相等相似，但自身却如此不同，以致一个图形的边界可能并不同时是另一个图形的边界。即使轴的直径和螺纹的数量在同样的高度上一致，一颗围绕自己的螺杆自左向右旋转的螺钉也决不会与这样一个螺纹自右向左转的螺母契合。一个球面三角形可以与另一个球面三角形完全相等相似，但却不能与它叠合。然而，我们在人体被安排得就其垂直平面而言对称的四肢上发现了最常见也最清晰的实例。右手与左手相似相等，如果人们仅仅注视两只手中的一只，注视各部分相互之间的比例和位置，注视整体的大小，那么，对一只手在所有部位上的完备描述必然也适用于另一只手。

一个物体虽然不能被同一条边界所包围，但却与另一个物体完全相等相似，我把它称之为不全等对应物。为了指出它的 〔382〕
可能性，可以假设一个不是由被安排得就惟一的一个截面而言对称的两半构成的物体，而是例如一只**人手**。人们从它的平面上所有的点向它对面立着的画板上引出垂线，并在画板的后面把这些垂线延长得与画板前的这些点同样远，这样，延长了的垂线如果被结合起来，其终点就构成了一个立体形象的平面，它是前一个形象的不全等对应物，也就是说，如果给定的手是一只右手的话，它的对应物就是一只左手。一个客体在镜子中的映像就是建立在同样的根据之上的。因为它在任何时候都显得在镜子后面与它在镜面之前同样远，因此一只右手在镜子里任何时候都是一只左手。如果客体自身是由两个不全等对应物组成的，就像人体如果被借助一个垂直截面自前而后分开那样，那么，它的图像就与它全等；只要在思想中让它做半个旋转，就可以轻而易举地认识到这一点；因为一个客体的对应物的对应物必定与这个客体全等。

要理解完全相似相等但却不全等的空间的可能性，说到这里也就够了。我们现在来看一看这些概念在哲学上的运用。从两只手的常见例子出发就已经显而易见，一个物体的图形可以与另一个物体的图形完全相似，而且广延的大小也完全相等，但尽管如此仍留下了一种内在的区别，即包围一个物体的表面不可能包围另一个物体。由于这一表面限定一个物体的立体空间，即使人们任意地旋转和转动另一个物体，它也不能充当另一个物体的边界，所以这种差异必然是一种建立在内在根据之上的差异。但差异的这种内在根据却不能取决于物体各部分结合的不同方式；因为就像人们从上述实例中可以看出的那样，
〔383〕就此而言一切都完全是一回事。尽管如此，如果人们想象第一块受造物是一只人手，那么，它必然既不是一只右手也不是一只左手；而为了创造一只手，就需要创造因的另一个与能够造成其对应物的行动不同的行动。

如果人们接受许多近代哲学家、尤其是德国哲学家们的概念，即空间只存在于物质彼此相邻的各个部分的外在关系之中，那么，在上述场合里所有现实的空间都只不过是这只手所占有的空间。但是，由于在这只手——无论它是一只右手还是一只左手——的各个部分相互之间的关系中根本不存在任何区别，所以这只手就这样一种属性而言也是完全不确定的，也就是说，它将适合于在人体的任何一边，而这是不可能的。

由此可以清楚地看出，并非空间的规定性是物质各部分彼此相对的位置的结果，相反，后者乃是前者的结果，因此，在物体的性质中找不到仅仅与**绝对的、原初的**空间相关的区别或曰真正的区别，因为只有凭借这一空间，立体事物的关系才是

可能的；而由于绝对的空间并不是一种外部感觉的对象，而是首先使所有的外部感觉得以可能的基本概念，所以我们只有凭借与其他物体的对峙，才能获悉在一个物体的形象中仅仅涉及与纯粹空间的关系的那种东西。

因此，一位思考着的读者不会像几何学家所设想或者敏锐的哲学家们接纳入自然科学的学术概念之中的那样，把空间的概念视为一个单纯的思想物，尽管人们在想通过理性理念把握它那对于内感觉来说足够显明的实在性的时候，不乏围绕这一概念的困难。但是，只要人们还想对我们认识的最初材料作出哲学思维，任何时候都会表现出这种麻烦的；不过，它决不像一个假定的概念的结论与明显的经验相抵触时所表现出来的麻烦那样是决定性的。

伊曼努尔·康德

1770年

论可感世界与理知世界的形式及其原则

1770 年

论可感世界与理知世界的形式及其原则

为按规定争取
逻辑学和形而上学编内教授席位
的论文
根据学术章程的规定
由

伊曼努尔·康德

予以公开答辩

辩护人：马可·赫茨，来自柏林，犹太血统，医学与哲学教师

提问人：格奥尔格·威廉·施莱贝尔，来自普鲁士的哥尼斯贝格，艺术系学生

约翰·奥古斯特·施泰因，来自普鲁士的哥尼斯贝格，柏林法律博士生

格奥尔格·丹尼尔·施勒特尔，来自埃尔槟，神学博士生

大教室
通常的上午和下午课时
1770 年 8 月 20 日

哥尼斯贝格

李秋零 译

最崇高

最尊贵和最强大的

国王和君主

普鲁士国王

勃兰登堡侯爵

神圣罗马帝国大臣和选帝侯

西里西亚君王和大公爵

等等、等等、等等

祖国最仁慈的父亲

最宽厚的国王和君主

弗里德里希陛下

谨以忠诚之心敬献

承蒙信托这一职位的第一部作品

不胜恭谨之至

伊曼努尔·康德

〔387〕

第一章
论一般世界的概念

第 1 节

就实体性的复合物而言，如同分解只能在不再是整体的部分即**简单**者那里确定其界限一样，综合也只能在不再是部分的整体即**世界**那里确定其界限。

在对被作为基础的概念的这一解说中，除了属于对象的明晰认识的那些特征之外，我还稍稍考虑到了它出自精神本性的**两种起源**；由于这一解说作为这方面的实例可以有助于更准确地洞察形而上学中的方法，我觉得，它还是很值得推荐的。因为在各部分给定的情况下，通过一个理性的抽象概念来想象整体的**复合**，这是一回事；而作为知性的某个任务，借助感性的认识能力**说明**这个一般的**概念**，也就是说，具体地借助清晰的直观来想象它，则是另一回事。前者的产生是通过类中**复合**的概念，有诸多东西被包括在它下面（在彼此的相互关系中），因而也就是通过理性的和普遍的观念；后者则依靠时间的**条件**，通过一部分又一部分地相继附加，复合物的概念以发生学的方式，即借助**综合**而成为可能，并属于**直观**的规律。以同样的方式，当实体性的**复合**物给定时，通过在总体上除去**复合**的理性概念，就可以轻而易举地达到简单部分的观念；因为通过除去所有的结合，剩下的就是**简单的部分**。但是，按照直观认识的规律，只有
〔388〕通过从给定的整体返回到**任何可能的部分**，也就是说，通过分

解①，上述情况才会发生，即所有的复合才会被除去，而这又依靠的是时间的条件。但是，既然对复合物来说需要部分的**集合**，对整体来说需要**大全**，那么，无论是分解还是综合，就都不是完备的，因而如果不能在一个有限的、可标出的时间里完成二者的话，不仅通过前者不能得出**简单者**的概念，而且通过后者也不能得出**整体**的概念。

然而，由于在从整体到可给定部分的**返回的连续量**中，在从部分到给定整体的**进程的无限性**中，**没有任何界限**，从而一方面完备的分解、另一方面完备的综合都是不可能的，所以按照直观的规律，无论是前一场合的整体对于**复合**而言，还是后一场合的**复合物**对于**整体性**而言，都是完全无法设想的。由此就可以看出，何以因为**不可表象**与**不可能**通常被视为同一个意思，**连续的**和**无限的**由于其表象**按照直观认识的规律**完全不可能，其概念就被许多人抛弃不用了。然而，尽管我在这里并不提出这两个被不少学派拒斥的概念的根据，尤其是不提出第一个概念的根据②，但具有重要意义的却是要提请注意：那些应用

① 分解和综合这两个词大体上被赋予双重的含义。综合或者是**质上的**，是按照**从属者**的序列从理由到被确立者的进程，或者是**量上的**，是按照**并列者**的序列从一个给定的部分经由它的补充者到整体的进程。以同样的方式，分解在第一种意义上说，是从**被确立者**返回到理由，但在后一种意义上则是从**整体**返回到其**可能的**或者**有中介的**部分，即部分的部分；这样，它就不是分割，而是对给定复合物的划分。无论是综合还是分解，我们这里都仅仅在后一种意义上使用。

② 拒斥现实的数学无限的人，并没有做什么很困难的工作。也就是说，他们虚构出无限的这样一个定义，从它出发他们就能挖掘出某种矛盾。**无限**被他们说成是：**一个量，比它更大的量是不可能的**，而数学的无限就是：一个（可给定的单位的）集合，比它更

〔389〕了如此颠倒的证明方式的人们，陷入了极为严重的错误。因为凡是与理性和知性的规律**相冲突**的东西，当然都是不可能的。但是，如果某物是纯粹知性的对象，它仅仅**不服从**直观认识的规律，那就不是这么回事了。因为**感性**能力和**理性**能力之间的这种差别（它们的天性我后面再解释）无非说明，**精神经常不能具体地说明它从理性获得的抽象观念，并把它转换为直观。**这种**主观的**对立很多时候伪装成某种**客观的**对立，很容易蒙骗轻率的人，因为限制人类精神的界限是为那些自己封闭起事物自身的本质的人设立的。

此外，如果实体性的复合物是由各感官的见证或者任意别的方式给定的，那就既存在着简单者，也存在着世界，根据从理性的理由得出的证据，这是很容易看出来的。在我们的定义中，我也指出了包含在主体天性中的原因，以免世界的概念显得纯粹是任意的，像在数学中发生的那样，是仅仅为了从中得

大的集合是不可能的。但是，由于他们在这里用极大取代无限，而一个极大的集合是不可能的，所以他们就轻而易举地得出了反对由他们自己所虚构的无限的结论。或者，他们称无限的集合为一个**无限的数字**，并且说这是不合适的；当然这是显而易见的，但人们在这里却是在与虚构的阴影作战。如果他们把数学的无限理解为一个量，把它与一个作为单位的尺度相联系，它就是一个**比任何数字都大的集合**；此外，如果他们说明，**可测性**在这里仅仅表示与人类理性的尺度的关系；人们凭借这一尺度，只有通过一个又一个地相继附加，才能达到**集合的一定概念**，并且只有通过在有限的时间里完成这一进程，才能达到叫做**数字**的**完备**概念：那么，他们就绝妙地看透了，不与某个主体的一定规律相一致的东西，并不因此就超越了所有的理解；因为可能有一种理性，它虽然不是逐步地接近尺度的，但却一眼就清晰地认识到集合；尽管这肯定不是一种人的理性。

出结论而虚构的。因为精神无论是以分解的方式还是以复合的方式留心复合物的概念，都要求和期待有界限，使它无论是在前行还是在后退中都得以歇息。

第 2 节

在世界的定义中应予注意的要素如下：

1. 质料（在先验的意义上），即**部分**，这里被认为是实体。我们可以完全不担心我们的定义与这个词的通常意义的一致，因为它仿佛仅仅是根据知性的规律产生的任务的一个问题：多个实体究竟是怎样能够结合成一，而这个一不是另一个东西的部分，又是依据的什么条件。不过，世界这个词的意义，就它在通常的应用中广泛传播而言，是与我们背道而驰的。因为没有人把**偶性**当做**部分**归属于世界，而是把它们当做**规定**归属于世界的**状态**。因此，用惟一的一个简单实体连同其偶性完成的所谓**唯我主义**的世界，即便不是一个虚构的世界，也不大适合被称为世界。从同一原因出发，也不可以把一系列前后相继的东西（即状态）当做部分归入世界整体；因为各种变化并不是一个主体的部分，而是**被确立的东西**。最后，我在这里没有核查构成世界的众实体的本性，无论它们是**偶然的**还是必然的，我也不徒劳地把这样一种规定塞入定义，以后像通常发生的那样让人以某种冠冕堂皇的空谈方式再把它从中拿出 〔390〕
来，而是在后面将指出，从这里所设定的条件也完全可以得出偶然性的结论。

2. 形式，它存在于众实体的**并列**中，而不是存在于它们的从属中。因为**并列的东西**彼此之间的关系就像是补充者与整体的关系，而**从属的东西**则像被引起者与原因，或者干脆说像被创立者与原则。前一种关系是相互的、**同类的，**以致任意一个关系环节与另一个关系环节的关系都既是规定的又同时是被规定的；后一种关系是**异类的**，也就是说，从一个方面看它只是依赖性的关系，从另一个方面看它是因果性的关系。这种并列被理解为**实际的**和客观的，而不是观念的、纯粹依据主体的任性的、让人能够通过任意地组成某一个集合而设想一个整体。因为通过把许多东西合在一起，可以毫不费事地造成一个**表象的整体**，但并不因此就是一个**整体的表象**。所以，假如存在有实体的一些不借助任何联系结合起来的整体，那么，它们的结合则无非意味着惟一的思想所把握的众多世界的复多性，而精神则借助这种结合迫使集合成为观念上的一。然而，构成世界**本质性**形式的联系被看做是构成世界的众实体的**可能影响**的原则。因为现实的影响并不属于本质，而是属于状态，但超越的力量自身，即影响的原因，则以一个原则为前提条件，借助它，诸多事物的实体在其他方面相互依赖，它们的状态作为被确立的东西而相互联系，才是可能的；如果从这个原则出发，那么，世界中一种超越的力量就不可以被视为可能的。而且，这个对世界来说**本质性的形式**由此也是**不变的**，不顺从任何变迁；这首先就是出自一个**逻辑的理由**；因为任何变化都以主体的同一性为前提条件，而规定则前后相继。因此，世界经历了所有的前后相继的状态，但仍是同一个世界，仍保持着同一个基本形式。因为**各部分**的同一性并不足以说明整体的同一性，毋宁说它要求特别的**复合**的同一性。然而，这尤其是出自一个**实际的理由**。因为世界的本性是属于它的状态的所有可变规定的第一内在原则，由于它不能与自身相对立，所以自然而然地、也就是说从自己本身出发就是不变的；这样，在任何一个世界里面，就都存在着某种被归属于其本性的形式，它是恒
〔391〕久的、不变的，仿佛就是每一种偶然的、暂时的、属于世界的状态的形式的永恒原则。认为这种研究没有必要的人，将被**空**

间和**时间**的概念所蒙骗，就好像它们是通过自身已经给定的、原初的条件似的，借助它们，当然不需要任何别的原则，众多现实的东西像共属的部分一样彼此发生关系并构成一个整体，就不仅是可能的，而且甚至也是必然的。不过，下面我将指出：这些概念根本不是任何一种联系的**知性的**、客观的**观念**，而是一些**现象**，它们虽然证明了、但却不是解释了一种普遍联系的某个共同的原则。

3. **整体性**，它是共属的部分**无条件**的大全。因为如果对某个给定的复合物予以考虑，那么，即便它还是另一个复合物的部分，也总是有某种相对的大全，即属于那个量的部分的大全。但在这里，凡是相互之间作为共属部分与**任何一个**整体相关的东西，都被理解为统一地设定的。这种无条件的**大全**虽然有一个日常的、易于理解的概念的外表，尤其是当它像在定义中那样被否定性地表述时，但如果更深刻地思考它，就显得是给哲学家竖起了一个十字架。因为如何把宇宙在**永恒**中前后相继的各种状态**永不完结的**系列纳入一个把一切变迁都统统包容在自身的**整体**，几乎是无法理解的。由于无限性的缘故而必然的是，它没有**界限**，从而也就不存在前后相继者的一个系列，除非它又是另一个系列的部分，因此，出自同一个原因，一种彻底的完备性或者**无条件的整体性**在这里显得是完全被排除了。因为尽管部分的概念是普遍可以举出的，而且凡是被包括在这个概念之下的东西，如果被视为是设定在同一个系列中的，就都构成一个部分，但是根据**整体**的概念，似乎要求它们都**可以同时举出**；而这在给定的事例中是不可能的。由于没有任何东西再承接整个系列，但对于设定的前后相继者的系列来说只有最后者才是没有任何东西再承接的，所以在永恒中有一个最后者，而这是不合适的。也许有人相信，困扰前后相继的无限者的整体性的困难，也许在**同时的无限**那里不存在，之所以如此，乃是因为**同时性**显得是明确宣布把**一切**包括在**同一个时间**里。然而，如果允许一个同时的无限，那就必须也承认前后相继的无限的整体性，但后者是被否定的，所以前者也被除去。因为同时的无限给永恒提供了一种无穷无尽的材料，让它通过无数的部分前后相继地前进到无限，但这个在所有的数字中完成的系列，却现实地存在于同时的无限中，从而就是一个
〔392〕由于前后相继地附加而永远不能完成的系列，但却可以被说成是**整体的**。要想挣脱这个棘手的问题，就必须注意：众多事物无论是前后相继的还是同时的并列（因为它们依靠时间的概念），都不属于**理性**的整体概念，而是仅仅属于**感性直观**的条件；因此，假如它们不是以感性的方式可把握的，它们就不会不是理性的概念。不过，对于理解这一点来说，无论以什么方式存在着并列的东西，一切都被设想为属于一的，这就够了。

第二章

论可感事物和理知事物的区别

第3节

感性是一个主体的**接受性**，借助它，主体的表象状态就有可能由于某个对象的在场而以一定的方式被刺激起来。**理性**（知性）是主体的一种**能力**，借助它，主体就能表象根据其性质不能进入其感官的东西。感性的对象是可感的，仅仅包含可以被理性认识者的对象，则是理知的。前者在古人的各个学派中叫做**现象**，后者则叫做**本体**。认识如果服从感性的规律，就

是**感性的**，如果服从理性的规律，就是**理性的**或者知性的。

第 4 节

因此，既然在认识中凡是属于感性的，都取决于主体的特殊天性，主体在对象在场的时候能够发生这样一种或者那样一种变化，这变化根据主体的差异，在不同的主体里是不同的，但所有不受制于这样一种主体条件的认识，都只与对象相关；那么就可以知道，以感性的方式思考的东西存在于事物的表现中，**如其所显现**；而理性的东西则**如其所是**。但在感官的表象中存在的东西，首先是能够叫做**质料**的东西，即**感受**，此外还有能够被称为形式的东西，即如果刺激感官的杂多借助心灵的某种自然规律并列起来，就会出现的事物的**形象**。此外：就像构成感性表象**质料**的感受虽然显明某个可感事物的在场，但在 〔393〕性质上，就主体因对象而可发生变化来说，却依赖于主体的本性一样，同一个表象的形式肯定也证实了与感官的某种联系或者关系，但本来却不是对象的素描或者某种图式，而只是精神固有的某种把从对象的在场产生的被感觉的东西彼此并列起来的规律。因为对象并没有借助形式或者形象触及感官；因此，要使对象刺激感官的杂多结合成为表象的某个整体，就必须有心灵的一个内在原则，通过它，那些杂多依据恒定的、天赋的规律获得某种形象。

第 5 节

因此，属于感性认识的，既有一种质料，也有一种形式。质料就是感受，由于它，认识被称为**感性认识**；由于形式，即使这种形式脱离任何感受而被发现，表象也被称为**感性的**。至于另一方面**理性的**东西，首先要注意的是，理性或者较高的心灵能力的应用是双重的：通过其前一种应用，概念自身，无论是事物的概念还是关系的概念，都**被给予**，这就是实际的应用；但通过其后一种应用，概念无论是从哪里被给予的，都仅仅被彼此**从属**，即较低的概念从属于较高的概念（共同的特征），并在它们之间按照矛盾律进行比较，这被称为**逻辑的应用**。但是，理性的逻辑应用对所有的科学都是共同的，而实际的应用则不是这样。因为无论一种认识以什么样的方式被给予，人们都把它看做是要么包含在一个众多事物共有的特征之下，要么是与那个特征对立的，而这要么是直接地首先像在达到清晰认识的**判断**中那样发生，要么是间接地像在达到适当的认识的**推理**中发生。因此，如果感性认识被给予，那么，通过理性的逻辑应用，一些感性认识被从属于另一些感性认识，就像从属于共同的概念，而一些现象也被从属于另一些现象较普遍的规律。但是，这里最重要的则是注意到：人们必须始终把认识看做是感性的，而不管对它们来说理性的逻辑应用达到什么样的程度。因为它们之所以被称为感性的，乃是**因为它们的起源**，而不是因为同一性或者对立方面的**对比**。所以，最普遍的经验规律仍然是感性的规律，人们在几何学中发现的感性形式的原则（在空间中的一定关系），无论理性由于从以感性的
〔394〕方式（通过纯直观）给定的东西出发按照逻辑规律进行推理而就它们来说参与到何种程度，都仍未超出感性事物的领域。但在感性认识和现象中，先行于理性的逻辑应用的东西，被称为**显现**，而通过借助理性对众多显现进行比较而产生的反思认识，则被称为**经验**。因此，从显现到经验，只存在通过按照理性的逻辑应用而进行的反思这条道路。通用的经验概念被称为**经验的**，对象被称为**现象**，而经验以及所有感性认识的规律则被称为现象的规律。因此，经验的概念通过返回到更大的普遍

性并不成为**实际意义**上的理性概念，也没有超出感性认识的种类，而是无论它通过抽象上升到什么地步，都还作为感性的而停留在未限定的领域。

第 6 节

但是，就严格意义上的、其中**理性的应用**是一种**实际的应用**的理性认识而言，这样的概念——无论是对象的概念还是关系的概念——都是通过理性的本性自身被给予的，它们既没有被抽象掉感官的任何一种应用，也不包含感性认识自身的任何形式。但这里必须注意**抽象**这个词极大的含混性；我认为，事先把这种含混性清除掉，以免玷污我们关于理性认识的研究，要更好一些。本来应该说的是**抽象掉某些东西**，而不是**抽象出某种东西**。前者表明，在某个概念中我们不注意某些东西，不管这些东西与这个概念有什么样的联系；而后者则是说，它只能被具体地被给予，但它却被与它相结合的东西分开了。因此，理性概念**抽象掉**一切感性的东西，但并不是从感性的东西**抽象出**，也许称它为**作出抽象**的比称它为**被抽象出来**的要更为正确。因此，把理性概念称做**纯观念**，而把只能经验地给予的概念称做**抽象观念**，这是更为可取的。

第 7 节

由此可以看出：不幸的是，感性被以**杂乱地认识到的东西**来解释，理性被以属于**清晰**认识的东西来解释。因为这仅仅是逻辑的区别，根本不涉及被施加所有的逻辑比较的给定的东西。但是，也可能感性的东西完全清晰而理性的东西却极其杂乱。前者我们在感性认识的榜样**几何学**那里注意到了，后者在 〔395〕

所有理性认识的工具**形而上学**那里注意到了；后者如何致力于驱散遮蔽日常理性的杂乱迷雾，是显而易见的，尽管它并不总是像在前者中那样取得幸运的成就。但虽然如此，这两种认识中的每一种都保持着其家谱的征象，前者无论多么清晰，都因其起源而被称为感性的，后者无论多么杂乱，也依然是理性的：这样的东西例如道德的概念，它们不是被经验到，而是借助纯粹的理性被认识到。不过我担心，著名的沃尔夫借助感性与理性之间的这种对他来说仅仅是一种逻辑上的区别，也许会完全摧毁讨论**现象和本体的天性**那个古代最著名的愿望，对哲学造成极大的损害，把各种心灵从它们的研究引导到经常是鸡毛蒜皮的逻辑问题上来。

第 8 节

包含着应用**纯粹理性**的**最初原则**的哲学，就是**形而上学**。然而，作为其**预料**的科学，就是说明感性认识与理性认识之区别的这门科学；我们在这篇论文中为它提供一个样品。据此，既然在形而上学中没有发现经验的原则，那么，在它里面出现的概念就不可以在感觉中、而是应当在纯粹理性的本性自身中去寻找，就不是作为**生而具有的**概念，而是作为从精神固有的规律（通过借助经验的机会注意其行动）抽出的、也就是说**获得的**概念。属于这一类的，有可能性、存在、必然性、实体、原因等等以及它们的对立面或者相关物；既然它们从来不作为组成部分而进入任何感性的表象，它们也不能以任何方式从后者抽出。

第 9 节

首先是理性认识的双重目的：前一种目的是**反驳的**，由于这一目的，理性认识可以是否定性的，因为它们使以感性方式把握的东西避开本体，而且尽管它们一点也没有把科学向前推进，但它们保证科学不受错误的影响。后一种目的是**独断论的**：根据这一目的，本体论或者理性心理学提供的纯粹理性普遍原则，得出某种只有借助纯粹理性才能把握、就实在性而言是所有其他事物的共同尺度的原型：这就是作为**本体**的**完善**。〔396〕然而，它要么是理论意义上的完善，要么是实践意义上的完善。① 在前一种意义上，它是最高的存在者，即上帝；在后一种意义上，它是**道德上的完善**。因此，就**道德哲学**提供了首要的**判断原则**而言，它只有凭借纯粹的理性才能认识，因而属于纯粹的哲学；而伊壁鸠鲁把它的标准置入快乐和不快的感觉之中，受到指责是很有道理的；此外还有远远地在某种程度上追随他的新人，例如莎夫茨伯利及其支持者。然而，在任何一类其大小可变的事物中，**极大者**是其共同的尺度和认识原则。而完善的极大者如今被称为理想，在柏拉图那里叫做理念（例如他的国家理念），它是所有被包含在某种完善的普遍概念之下的东西的原则，人们公认，较小的程度只有通过对极大者的限制才能得到规定。但是，上帝作为完善的理想是认识的原则，作为实际的存在者又同时是一切完善产生的原则。

第 10 节

（对人来说）不存在一种理性事物的**直观**，而只有一种**符**

① 在理论上我们考察某物，仅仅关注属于某个存在者的东西；而在实践上，我们考虑的是它凭借自由所固有的东西。

号的认识；对于我们来说，理性活动只能借助普遍的概念抽象地进行，而不能借助个别的概念具体地进行。因为我们所有的直观都受制于一个形式的某种原则，只有借助这个形式，某种东西才能直接地或者作为**个别的东西**被观看，而不仅仅被以分析的方式借助普遍的概念来把握。然而，我们的直观的这个形式的原则（空间和时间）是某个东西能够成为我们感官的对象的条件，从而作为感性认识的条件不能是一种理性直观的手段。此外，我们的认识的所有材料都只能由感官给予，但本体自身不能被一个从感觉得出的表象来把握；因此，理性概念自身不具有人类直观的任何**被给予的东西**。因为我们精神的**直观**
〔397〕始终是**承受的**；因而它只是就某种东西能够刺激我们的感官而言才是可能的。不过，神的直观是对象的原则，而不是被创立的东西，既然它是非依赖性的，它也就是原型的，从而也就是完全理性的。

第 11 节

尽管现象本来就是事物的映像，而不是其理念，不表现对象内在的、无条件的性质，但对它们的认识依然是极为真实的。因为首先，就它们是感性的概念或者把握而言，它们与唯心主义所说相反，作为被引起的东西证实着对象的在场；不过，考察一番关于以感性的方式被认识的东西的判断，既然判断时的真理就在于谓词与给定主词的一致，而主词的概念如果是现象的话，就只有通过与感性认识能力的关系被给予，并根据这种关系，可以感性感知的谓词也被给予，那么，很清楚，主词和谓词的表象是按照共同的规律发生的，从而为极为真实的认识提供了理由。

第12节

凡是作为对象与我们的感官相关的，都是现象；但它们如果不触及感官，而只包含感性的一种个别形式，就属于纯直观（也就是说，没有感觉的、但也不是理性的直观）。人们审视和说明现象，**首先**，如果它们属于外部感官，那就在**物理学**中；**其次**，如果它们属于内部感官，那就在**心理学**中。但（人的）纯直观并不是人们在其下思维任意可感事物的普遍概念或者逻辑概念，而是人们在**其中**思维任意可感事物的个别概念，因而包含着空间和时间的概念；由于这两个概念就**性质**而言对可感事物没有规定任何东西，所以它们仅仅就量而言是科学的对象。因此，**纯数学**在**几何学**中考察**空间**，在纯**力学**中考察**时间**。属于它们的还有某个概念，它自身虽然是理性的，但它的具体实现却要求时间和空间的辅助概念（通过前后相继地附加且并列地安置诸多的东西）；这就是**数**的概念，它由**算术**来讨论。因此，讨论我们所有感性认识的形式的数学，就是任何一〔398〕种直观的和清晰的认识的工具；而且由于它的对象不仅仅是所有直观的形式原则，而且自身就是**原初的直观**，所以它提供了一种极为真实的认识，同时也提供了其他认识中最高明晰性的样板。**因此，存在有感性事物的科学**，尽管由于感性事物是现象，对于它们来说不存在一种实际的理性活动，但却存在一种逻辑的理性活动；由此也就可以看出，必须在什么样的意义上评价那些从爱利亚学派吸取营养并断然否认关于现象有一种科学的人。

第三章
论可感世界的形式的原则

第13节

宇宙形式的原则包含着普遍联系的理由，凭借它，所有实体及其状态共属于一个被称为世界的整体。可感世界形式的原则包含着所有是**现象**的东西的理由。**理知世界的形式**承认一个客观的原则，也就是说某个原因，凭借它，就有了自身存在的事物的一种结合。但是，世界如果被看做是现象，也就是说，是与人的精神的感性有关的，那么，除了一种主观的原则之外，它不承认形式的其他原则，这种主观原则也就是心灵的一定规律，凭借它，所有（凭借其性质）能够是感官对象的东西，肯定都显得**必然地**属于同一个整体。因此，无论什么是可感世界的形式的原则，都只包含**现实的东西**，只要人们相信它能够**落入感官**，所以它既不包含自身凭借其定义已经从外部感官完全排除了的非质料实体，也不包含世界的原因，由于精神自身是凭借世界的原因而存在并且借助某个感官而活动，所以世界的原因不能是感官的对象。**宇宙**的这些无条件的首要的形式本原，作为**现象**是普遍的，仿佛是所有除此之外还在人的认识之中是感性的东西的图式和条件，它们一共有两个，即时间和空间，我马上就要予以说明。

第14节　论时间

1. 时间的观念不是从感觉产生的，而是作为其前提条件。

因为进入感觉的东西是同时进入还是先后进入，只能凭借时间的观念来表象；前后相继并不产生时间的概念，而是诉诸时间的概念。因此，时间的概念好像是通过经验获得的似的，被借助一系列前后相继地存在的现实事物来定义，这是很糟糕的。因为只有当我事先有了时间的概念，我才理解前后这个词意味着什么。因为存在于不同的时间中的东西是前后相继的，就像存在于同一时间中的东西是同时的一样。 〔399〕

2. 时间的观念是一个个别观念，不是普遍观念。因为任何一个时间都只可以被设想为同一个无法测度的时间的部分。如果设想 2 年，则只能通过规定彼此之间的位置来想象，而如果它们不直接相衔接，就只能通过由一个中间的时间把它们相互结合起来来想象。但在不同的时间中哪个**在先**，哪个**在后**，如果不想陷入某种怪圈的话，就不能以任何方式通过某些理性能够把握的特征来说明它们，精神只能通过个别的直观来区分它们。此外，人们把一切现实的东西都理解为设定在时间中的，而不是包含在一个作为共同特征的普遍概念之下的。

3. 因此，时间的观念是直观，而且由于它在所有的感觉之前被理解为在可感事物中出现的关系的条件，所以它不是感性直观，而是**纯直观**。

4. 时间是一个连续的量，是宇宙变化中的连续律的本原。因为连续的东西是一个不能由简单者组成的量。但是，由于借助时间只能思维关系，即使没有某些给定的存在者彼此发生关系，所以在作为量的时间中有一种复合，如果设想它被完全取消，那就根本没有什么留下来了。但是，如果一个复合物在取消了一切复合之后根本没有任何东西剩下，那它就不是由简单的部分构成的。依此类推。因此，时间的任意一个部分都是时间，时间中的简单的东西就是**瞬间，**但它们不是时间的部分，而是**界限**，在它们之间有一段时间。因为对于两个给定的瞬间来说，只有有现实的东西前后相继的时候，它们之间才有一段时间；因此，除了一个给定的瞬间之外，必然还有一个时间，在它的后面部分有另一个瞬间。

但是，形而上学的**连续律**是：**所有的变化都是连续的**或者流动的，也就是说，相互对立的状态只是通过一系列中间的不同状态才前后相继的。由于两个对立的状态处在时间的不同瞬
〔400〕间，但在两个瞬间之间总是有某段时间的中断，在其瞬间的无限系列中实体既不在某个给定的状态中，也不在另外一个状态中，甚至不在任何状态中，所以，它在不同的状态中，依此类推，以至无限。

为了对莱布尼茨的这一规律进行检验，著名的凯斯特讷要求它的辩护者证明[①]，**一个点通过三角形所有边的连续运动是不可能的**；如果连续律得到认可，这一点就必须得到证明。因此，这里所要求的证明就是：字母 a[b] c 表示一个直角三角形的三个顶点。如果运动物在连续运动中通过直线 ab、bc、ca，也就是说，通过该图形的整个周长，那么，它就必须通过点 b 在方向 ab 上运动，又通过同一个点 b 在方向 bc 上运动。然而，这两个运动是不同的，从而不能是同时的。所以，运动物在方向 ab 上运动时出现在顶点 b 的瞬间，就区别于它在方向 bc 上运动时出现在同一个顶点上的瞬间。现在，在两个瞬间之间有一段时间；因此，运动物在这一个点上有一段时间是在场的，也就是说，它是**静止的**，因而就没有连续运动，而这是与假设相悖的。这一证明适用于通过任意包含着一个可给出的角的直线的运动。因此，按照莱布尼茨的观点，一个物体在连续运动中只能沿着一条没有任何部分是直线的线、即沿着一条曲线改

①《高等力学》，354 页。

变自己的方向。

5. 时间不是某种客观的、实在的东西，它既不是实体，也不是偶性，也不是关系，而是一种由于人的精神而必不可少的、按照一定的规律排列所有可感知的东西的主观条件，是一种**纯直观**。因为无论是实体还是偶性，我们都只有通过时间的概念才能按照同时性或者前后相继的顺序排列它们；因此，时间的概念作为形式的原则要早于前者的概念。但是，就任何一种关系或者相关性而言，如果它们出现在感官面前，则无论它们是同时的还是前后相继的，它们所包含的无非是必须在时间中得到规定的状态，要么是在同一时刻，要么是在不同时刻。

那些宣称时间的客观实在性的人，要么是把时间理解为存在中某种连续的流动，其中却没有任何东西存在（一种极为悖谬的杜撰），例如尤其是英国哲学家们；要么是把它设定为一个从内在状态的前后相继抽象出来的实在物，例如莱布尼茨及其信徒。但是，后一种观点由于在时间的通俗定义方面的缺陷，已经充分地表现出自己的错误性，此外，它还完全忽视了 〔401〕
时间最重要的结论，即**同时性**①，如此搅乱了健康知性的一切应

① **同时的**东西之所以同时，并不是因为它们不前后相继。因为人们通过排除前后相继，虽然取消了通过时间的系列产生的某种结合，但由此却并没有马上产生**另一种**真实的关系，例如一切都在同一瞬间的那种结合。因为同时的东西同样是通过时间的同一瞬间结合的，就像前后相继的东西通过不同的瞬间结合一样。因此，尽管时间只有一个维度，即时间的（用牛顿的话说）**无时不在性**，由于它**所有**能够以感性方式想象的东西都在**某个时间里**，但加给现实事物的量的，却是另一种维度，就好像它们取决于同一个时间点似的。因为如果用一条延伸到无限的直线来表示时间，通过按照顺序添加的直线来表示在任一时间点上同时的东西，那么，由此产生的平面就表示**作为现象的世界**，无论是就实体而言还是就偶性而言都是这样。

用，以至于它要求不是按照时间的尺度规定运动的规律，而是就时间的本性而言，通过在运动中或者在任何一个内在变化的系列中感知到的东西来规定时间，由此完全破坏了规则的所有确定性。不过，至于我们只能具体地、也就是说或者根据**运动**或者根据**思想的系列**来测度时间，这是因为时间的概念乃是仅仅依据精神的内在规律，不是某种生而具有的直观，因而只有借助感官才能诱导出心灵排列自己所感知到的东西的活动。但这远远不是说某人曾经借助知性从某个地方得出并能够解释时间的概念，毋宁说，甚至矛盾律也以时间的概念为前提，把它当做条件，以它作为自己的基础。因为只有把 A 和非 A 设想为**同时**（也就是说，在同一个时间）属于同一个东西，它们才**彼此矛盾**，但它们是**可以**前后相继地（在不同的时间里）**属于**同一个东西的。因此，变化的可能性只有在时间中才可以设想，但时间并不是通过变化才可以设想，而是恰恰相反。

6. 不过，虽然时间就自身并且无条件地来说是想象的存在物，但如果它自身属于可感事物的不变规律的话，它就是最真实的概念，就是直观表象的通过感官的所有可能对象向无限开放的一个条件。因为既然同时存在的东西自身只有借助时间才能对感官出现，而变化也只有借助时间才是可以设想的，那么就很清楚，这个概念包含着现象的普遍形式，因而世界上所有可以感知的事件、所有的运动、所有的内在变迁，都不可避免地必须与关于时间所能够认识的、我们已经部分地讨论过的
〔402〕公理相一致，因为**它们只有在这些条件下才能够成为感官的对象并被排列**。因此，想武装起知性来反对纯时间的首要前提，例如连续性，是不合适的，因为这些前提遵循着这样一些规律，离开了它们就不能发现任何更早、更古老的东西，因为即便是知性在利用矛盾律的时候也不能缺少这个概念的支持；因此，它是初始的、本原的。

7. 因此，时间是**可感世界**无条件的首要**形式原则**。因为一切能够以某种方式感知的东西都只有被设定为同时的或者前后相继的、从而仿佛被包括在惟一的一个时间的进程中，并且凭借一定的位置彼此相关，才能被思维，以至于通过这个概念，这个所有感性事物最初始的概念，必然产生一个形式的整体，它不是另一个整体的部分，也就是说，它是现象的世界。

第 15 节

A. **空间的概念不是从外部感觉抽象而来的**。因为如果我不把某物设想为处在一个与我自己所处的地方不同的地方，我就不能把它理解为被设定在我之外的，而如果我不把事物置于空间的不同位置上，也就不能把事物设想为彼此外在的。因此，外部感知自身的可能性是以空间的概念**为前提条件**，而不是**创造它**；就像处在空间中的东西刺激感官，而空间自身却不能从感官得出一样。

B. **空间的概念是一个个别的观念**，它把一切都包容在自身之中，但并不是把一切都包含在自身之下的抽象的、共同的概念。因为人们所说的**许多空间**，只是同一个不可测度的空间的部分，它们凭借自己的一定位置而彼此相关，只有由于被周围的空间从各个方面都限定住了，人们才能理解一个立方尺。

C. **因此，空间的概念是纯直观**；既然它是个别的概念，它就不是由各种感觉综合而成的，而是所有外部感觉的形式。其实，这个纯直观在几何学的公理中，在对前提甚或问题的任何一种精神建构中，都可以轻而易举地注意到。因为在空间中无非是 3 个维度；在两个点之间只有一条直线；从一个平面上的给定点出发以给定的直线可以画一个圆，等等；这不能从任何一个普遍的空间概念得出，而是只能在它里面，就仿佛是在 〔403〕

具体地**观看**。在一个给定的空间中，什么朝一边放着，什么转向对立的一边，这不能被任何敏捷的精神用分析的方式予以描述或者还原为理性的特征。即便是那些完全相似和相同、但并不同一的固体事物，例如左手和右手（如果仅仅按照广延来设想它们）、由两个对立的半球构成的球面三角形，对它们来说，也还是有区别，由于这种区别，虽然它们能够凭借对于精神来说借助语言可以理解的特征而能够表述的一切来互换位置，但它们的广延的边界却是不可能重合的。由此可知，这里只有通过某种纯直观才能说明这种区别，即不同一。所以，几何学所使用的原则不仅是不可置疑的和明确的，而且也是被精神直观地把握的原则，而证明中的**明晰性**（如果把一种确定的认识的清晰性与感性认识相比较的话）在它里面不仅是最高的明晰性，而且甚至是各门纯粹科学中惟一的明晰性，是其他科学中的所有的**明晰性**的样板和中介，因为既然几何学考察**空间的关系**，它的概念在自身中包含着每一种感性直观的形式自身，那么，在借助外部感官所感知的东西中，就只有以几何学致力于考察的直观为中介才可能有某种东西是清晰的、显明的。此外，几何学证明自己的普遍命题，并不是通过普遍的概念思考自己的对象，这是在知性领域才发生的；而是通过个别的直观将它置于眼前，这才是在感性领域发生的。①

① 空间不可避免地必须被设想为连续的量，我在这里就不谈了，因为这很容易证明。但由此得出，在空间中简单的东西不是部分，而是界限。而界限一般来说在连续的量中就是包含着限制的理由的东西。不是另一空间之界限的空间就是**充满的**（坚硬的）。坚硬物的界限就是面，而面的界限就是**线**，线的界限就是**点**。因此，空间中有三种界限，一如它有三个维度一样。这些界限中有两个（面和线）自身就是空间。**界限**的概念除了空间和时间之外，得不出别的量。

D. **空间不是某种客观的实在的东西**，它既不是实体，也不是偶性，也不是关系；而是主观的东西，是观念的东西，是按照固定的规律仿佛从精神的本性产生出的图式，要把外部感知的一切都彼此排列起来。为空间的实在性辩护的人们，要么把它设想为可能事物的**无条件的**、不可测度的**容器**，这种观点在英国人看来为大多数几何学家所赞同；要么就主张它是存在的事物的关系**自身**，取消了事物，这种关系就化为乌有，仅仅在现实的东西那里才是可设想的，按照莱布尼茨的观点，它对 〔404〕于我们大多数人来说就是这样。至于知性的前一个虚假的发明，既然它虚构出没有任何相互关联的存在物的真实的无限关系，就属于童话的世界。然而，沉溺于后一种观点的人们，却陷入了更糟糕的错误。因为前一种人只是给某些知性的或者属于本体的、此外对于理性来说极为隐蔽的概念，设置了障碍，例如关于一个精神世界的概念，关于无处不在的概念等等，而后一种人却明目张胆地反对现象本身，反对一切现象最可靠的诠释者，即几何学。因为——不要让他们在定义空间时必然陷入的明显怪圈成为中心话题——他们使几何学失去最高的确定性，使它在一些科学中接受检验，而后者的原则却是经验的。因为如果空间的所有属性都仅仅通过经验从外部关系得来，那么，几何学的公理就只有一种相对的普遍性，就像它们通过归纳得来，也就是说它们的效力所及不过是观察到的地方，只具有一种依据大自然一些已确立的规律的必然性，只具有任意杜撰的精确性似的；这里希望的是像在经验事物中一样，在某个时候发现一个具有其他原初属性的空间，甚至是一个二维的、直线的空间。

E. 空间作为某个客观的、实际的存在者或者这样一种属性，其**概念**虽然是想象的，但在与所有可感事物的关系中，却仍然不仅是**极为真实**的，而且是外感觉中一切真理的基础。因为事物只有以心灵的力量为中介，才能以某种形象显现给感官，心灵的力量则按照固定的、其本性天赋的规律排列一切感觉。因此，既然只有符合空间的原初公理及其结论（按照几何学的规定）的东西才是可以给予感官的，那么，即使它们的原则只是主观的，这些东西也必然与它们一致，因为这样也是与它们自己一致，而就**自然能够进入感官而言，**感性的规律就成为自然的规律。这样，就几何学中所证明的空间所有属性而言，自然就非常精确地服从几何学的规定，这些规定不是从假设出发虚构的，而是直观地给定的，作为自然某个时候能够向感官显现所借助的一切现象的主观条件。的确，如果空间概念不是借助精神的本性原初给予的（乃至于无论谁，要除了被该概念规定之外挖空心思想出一种别的关系，都是枉费心机，因
〔405〕为他被迫把同一个概念当做他杜撰时的辅助工具），那么，几何学在自然哲学中的应用就很少可靠性而言了；因为人们就会怀疑：如果那个概念是从经验得来的，那么，在否定了它被抽象掉的各种规定之后，它还能够充分地与自然一致吗？对一些人来说，心中就产生了这样的猜想。据此，空间是可感世界的一个无条件的首要形式原则，不仅仅是因为宇宙的对象只有借助它的概念才能成为现象，而且最主要的是出自这一理由，即它就其本质而言是惟一把所有外在可感知的对象包容起来、从而构成一种整体性的原则的东西，它也就是一个整体，不再是另一个整体的部分。

附　论

于是，这里就有了感性认识的两个原则：并不是像在理性认识中那样是普遍的概念，而是个别的、但却是纯粹的直观；在它们里面，并不是像知性规律规定的那样，部分、尤其是简

单的部分包含着复合物的可能性的理由，而是按照感性直观的样板，**无限者**包含着每一个可以设想的、最终是简单的**部分**或者宁可说**界限的理由**。因为只有在不仅一个无限的空间、而且一个无限的时间被给定的情况下，某个有限的空间和时间才能够通过**限制**而予以表现，而无论是点还是瞬间都不能凭借其自身被思考，而是只能在一个已经给定的、作为其界限的空间和时间里被想象。因此，这两个概念所有原初的属性都在知性的范围之外，因而都不能以任何方式予以理性的解释。尽管如此，它们仍然**服从理性**，理性按照逻辑的规律从最初直观地给定的东西中得出结论，而且可以具有极大的确定性。这两个概念之被考虑，本来一个是为了**对象**的直观，另一个是为了**状态**的直观，尤其是**表象状态**的直观。因此，人们还把空间也作为形象运用于时间的概念，用一条**线**来表现它，用点来表示它的界限（瞬间）。然而，时间更为**接近普遍的**和**知性的概念**，因为它把所有的东西都统统包容在自己的关系中，包括空间自身，此外还有未包容在空间的关系中的偶性，例如心灵的思想。除此之外，时间虽然没有给知性提供规律，但它**奠定**了最重要的**条件，靠这些条件的支持，精神才能按照知性的规律将自己的概念进行比较**；只有在我能够对同一主体在同一时间说 〔406〕A 和非 A 的情况下，我才能够对不可能的东西作出判断。而尤其是，如果我们把理性转向经验，则原因与结果的关系，至少就外部对象而言，就要求空间的关系，而对于所有的对象来说，无论是内部对象还是外部对象，精神都只有借助时间的关系才能解释清楚，什么在先，什么在后，或者什么是原因，什么是结果。甚至，只有在我们与作为单位的尺度相联系，用数字来解释空间的情况下，空间自身的量才能够成为可理解的，而数字自身则只是一个借助计数、即通过在给定的时间里前后相继地一个加一个来解释清楚的集合。

最后，似乎每一个人都会自动地产生一个问题：这两个**概念**是**天赋**的还是**获得**的。尽管后者显然已遭到证明了的东西的反驳，但前者却由于为一种通过诉诸第一原因而宣布任何进一步的研究都徒劳无用的懒汉哲学铺平了道路，而不可贸然容许。实际上，**两个概念**都毫无疑问**是获得的**，尽管不是从对象的感官感知（因为感觉提供的是人的认识的质料，而不是形式）得出来的，但却是从精神的活动自身得出的，精神按照固定的规律排列其被感知者，就像是一幅不变的画，必须直观地认识。因为感觉激起了精神的这种活动，但并没有影响直观，这里天赋的无非是心灵的规律，心灵按照这种规律以一定的方式把自己从对象的在场感知到的东西统一起来。

第四章

论理知世界的形式的原则

第 16 节

那些把空间和时间看做是所有可能的实体和状态的某种实在的、无条件地必然联结的人们认为，要理解如果存在有多个东西，那么这些东西究竟是如何获得某种原初的关系的，除了可能影响的原初条件和宇宙的本质性形式的原则外，并不需要别的什么东西。由于凡是存在的东西按照他们的观点都必然在某个地方，所以在他们看来研究事物为什么以某种方式相互支
〔407〕持是多余的，因为这是从包容一切的空间的整体性出发自身决定的。然而，除了这个概念如已经证明的那样涉及主体的感性规律比涉及对象自身的条件更多之外，如果还要如此极力赋予

它实在性，那就指的只是一种普遍的排列直观地给定的可能性了，但由此仍然没有触及只是对理性来说必须解决的那个问题：**所有实体的那种直观地看叫做空间的关系，究竟依靠的是什么原则**。就理知世界的形式的原则这一问题来说，围绕这一枢纽旋转的显而易见是：**众多实体处于相互的关联中**并以这种方式属于一个叫做世界的整体，这究竟是以什么方式发生的。不过，我们在这里考察世界，并不针对质料，即构成世界的众实体的本性，无论它们是质料的还是非质料的，而是针对形式，即一般来说在众多实体之间如何产生联系，在所有实体之间如何产生整体性。

第 17 节

如果给定众多的实体，那么，在它们之间的一种可能的**关联的原则**就**并不仅仅在于它们的存在**，而是在此之外还要求某种别的东西，由以出发来理解它们的相互关系。因为就实体自身而言，它们除了与自己的原因之外，并不必然地与某种别的东西相关，但结果与原因的关系并不是联系，而是依赖性。因此，如果它们与别的东西有一种关联，那么，这就需要一个特别的理由来精确地规定它。

而在这里，恰恰存在着自然影响的 πρωτον ψευδος［原始假象］，按照其通俗的意义就是：它贸然地认为实体的关联及其跨越的力量都是通过其单纯的存在就可以充分地认识的，从而并不是某种体系，而毋宁说是对任何一种哲学体系的漠视，就好像它在这种证明中是多余的似的。如果我们想让那个概念摆脱这种羞辱，那么，我们也有一种关联，它是惟一值得被称为实在的，而且从它出发也把世界的整体称为实在的，不是观念的或者想象的。

第 18 节

由必然的实体构成的整体是不可能的。由于对每一个实体
〔408〕来说，它的实在都是完全确定的，对任何别的东西都没有一种与必然性事物根本不相干的依赖性，那么就很清楚，实体的关联（即各种状态的相互依赖）不仅不能从它们的实在得出，而且也根本不能与作为必然事物的它们相一致。

第 19 节

因此，实体的整体是偶然事物的整体，而**世界就其本质而言是由纯粹偶然的东西构成的。**此外，不作为原因与结果、从而作为部分与自己的补充物结合为整体（因为共属的事物的联系是相互的依赖性，它与必然的事物不相一致），就没有一个必然的实体与世界有联系。因此，世界的原因是一个外在于世界的存在者，从而不是世界灵魂，其在世界中的临在也不是地域性的，而是力量性的。

第 20 节

各种世间的实体是来自他物的存在者，但并不是来自各种不同的他物，而是来自一。因为假定它们是某种由诸多必然的存在者造成的东西，那么，既然原因没有任何相互的关系，结果也就不在关联中。因此，**宇宙各种实体的结合中的统一性是所有实体依赖于一的结果。**所以，宇宙的形式证实了质料的一个原因，而且只有**万物的一个惟一的原因**，它就是**整体性的原因**，它并不是一个不同时是**创造者**的世界**建筑师**。

第 21 节

如果有众多最初的和必然的原因以及它们的结果，那么，它们的作品就是**众多世界**，而不是一个**世界**，因为它们以任何方式都不能结合成为同一个整体；反过来也一样：如果有众多现实的世界彼此外在，那么就有众多最初的和必然的原因，以至于无论是一个世界与另一个世界、还是一个世界的原因与另一个以其他方式造成的世界，都没有任何关联。

因此，众多彼此外在的现实世界**并不是就其概念自身而言不可能**的（像沃尔夫根据结合或者集合的概念错误地推论的那样，他认为，这个概念对于整体自身来说已经足够了），而仅仅是由于以下的条件，即**万物只有一个惟一的必然原因**。不过，如果允许有众多的原因的话，那么，在严格的形而上学意义上，**就可能有众多的世界彼此外在**。

第 22 节 〔409〕

如果就像从给定的世界到它的所有部分的一个惟一原因的推论有效那样，证明也相似地反过来从给定的、所有部分都共同的原因推进到它们彼此的结合，并如此推进到世界的形式（虽然我承认，这一推论在我看来并不是同样明了的），那么，众实体原初的结合就不是偶然的，而是——**根据**所有的实体由**一个共同的原则维持**——必然的，因而从它们以共同的原因确立的众实体中产生的和谐，就会按照共同的规则进行。不过，我把这样的**和谐**称为**普遍确立的和谐**，而只有在一个实体的某种个别状态适合另一个实体的状态的情况下才成立的和谐，则是一种**个别确立的和谐**；出自前一种和谐的关联是实在的和**自**

然的，而出自后一种和谐的关联则是观念的和**感应性的**。因此，宇宙众实体的所有关联都是**外在地确立的**（凭借所有实体的共同原因），而且要么是借助一种自然的（更为正确的）影响普遍地确立的，要么是个别地与其状态相联系；而后者又要么是通过每一个实体的初始状态原初地建立的，要么是借每一种变化的**机缘**塞进来的，其中前者叫做**前定和谐**，后者叫做**机缘论**。因此，如果由于所有实体为一所维持，所有实体由以构成一的那种**结合**就是**必然的**，那么，实体的普遍关联就是借助**自然的影响**而成的，而世界也就是一个实在的整体；如果不是这样，那么，关联就是感应性的（即一种没有真正关联的和谐），而世界就只是一个观念的整体。我完全相信前者，虽然它未被证明，但我还从别的理由出发相信。

说　明

如果允许稍稍跨越适用于形而上学的无可争议的确定性的界限一步，那么，看起来是值得花费力气再向前推进：研究某些不仅仅属于感性直观的规律、而且也属于其只有**借助理性**才能认识的原因的东西。也就是说，人的精神只有在**自身与其他所有东西一起为惟一者的同一种无限的力量所维持的**情况下，才能被外物所刺激，世界才能无限地显现给它的视野。因此，
〔410〕只有凭借那个共同的维持原因的在场，它才感知外物，因而空间，即以感性的方式认识到的万物共同在场的那个普遍必然的条件，就可以被称为**作为现象的全在**（因为宇宙的原因之所以无论对一切事物还是对每一个个别的事物都在场，并不是因为这原因在它们的位置上，相反，之所以有这些位置，也就是说，之所以有众实体的可能的关系，乃是因为这原因内在地在场）。此外，一切变化和前后相继之所以可能，其理由如果是可

以感性感知的，就都在时间的概念里面；由于这种可能性以主体的存续为前提条件，主体相互对立的状态前后相继，而各种状态流动的东西，只有在被另一个东西维持的情况下才能存续，所以，时间的概念，作为惟一无限的和不变的①、一切都在其中存在和存续的东西的概念，就是作为**现象**的普遍**原因**的**永恒**。不过看起来，沿着我们理性的中庸所允许我们的认识之岸行驶，要比像马勒伯朗士所作的那样深入那种神秘研究的大海更为合适；马勒伯朗士的观点与这里所讨论的没有多大差距：**也就是说，我们是在上帝里面直观一切的。**

第五章
就数学中感性的东西和理性的东西而言论方法

第 23 节

在一切其原则以直观的方式——要么通过感官的直观（经验），要么通过感性的、但却是纯粹的直观（空间、时间和数字的概念）——被给定的科学中，即在自然科学和数学中，**都有方法的运用**，而在科学前进达到某种范围和条理性之后，就

① 时间的各个瞬间之所以看起来并不前后相继，乃是因为人们为了这些瞬间的前后相继还必须再以这种方式去以另一个时间为前提条件；毋宁说，现实的东西通过感性的直观降临和通过瞬间的连续系列降临看起来是一样的。

通过试验和发现表现出：为了臻于完善并在祛除无论是错误还是混乱的思想的污斑之后更为纯粹地闪闪发光，应当选取什么样的道路和方式；同样，语法在语言的使用丰富之后、文体在诗或者演讲有优秀的实例之后，都提供了规则和律条。不过，**理性**在这些无论是其原初概念还是其公理都由感性直观给予的
〔411〕科学中的应用，却只是一种**逻辑的应用**，也就是说，只有通过这种应用，我们才能考虑到普遍性而按照矛盾律使我们的知识相互隶属，使现象隶属于更一般的现象，使结论隶属于纯直观的直观公理。但在一种像形而上学这样的纯哲学中，**理性的应用**就原则而言是**实在的**，也就是说，事物和关系的原初概念以及公理自身最初是通过纯粹理性自身被给予的，而且由于它们不是直观，所以避不开错误，这样，在纯哲学中**方法就先行于一切科学**，而在它的规定经过充分的检验和牢固的确立之前所尝试的东西，显得是贸然领会的，并且必然被抛弃到精神的空洞游戏里面去。因为既然知性的正确应用在这里确立了原则，而且无论是对象还是关于对象必须设想的公理，都只有通过它的自然本性才最初被认识到，所以对纯粹知性规律的讨论也就是科学的产生自身，而这些规律与从属的规律的区别也就是真理的标准。因此，由于在这个时代，只有一般地规定着一切科学的逻辑的这门科学的方法广为流传，而适合形而上学独特性质的方法却完全不为人知，所以毫不奇怪，从事这些研究的人们永无止境地推动着他们的西绪福斯之石，看来迄今也差不多没有什么进展。尽管我在这里既不想也没有机会更为详尽地探讨这个如此杰出而又牵连极广的主题，我却要马上简要地描绘构成这一方法的一个不可忽视的部分的东西，这就是**感性认识对理性认识的作用**，不是仅仅就它不经意地潜入原则的应用，而是就它在公理的外貌下虚构出伪造的原则而言。

第 24 节

形而上学有关感性和理性的所有方法都首先涉及这一规定：必须审慎地提防，**不要让感性认识私有的原则越过自己的界限，影响到理性认识**。这是因为，由于在任何一个以理性的方式表达的判断中，**谓词**都被认为是思维主词不可缺少的**条件**，又由于谓词在这种情况下成了认识的原则，所以，如果有一个感性的概念，那么，它就仅仅是一种可能的感性认识的条件，从而特别适合一个判断的主词，后者的概念同样是感性的概念。然而，如果它被用于一个理性的概念，那么，这样的判断就只有按照主观的规律才有效，因而它就不是关于理性概念 〔412〕 的陈述和客观表达，而**仅仅是一种条件，没有它，一个给定的概念的感性认识就不成立。**①但是，由于通过把一个感性概念伪装成理性特征而产生的幻觉可以（根据转义的类比）称之为**欺诈的错误**，所以理性与感性的掉换就被称之为**形而上学的欺诈错误**（如果可以用不规范的词的话，称之为一种**理性化的现**

① 在把仅仅陈述感性认识规律的原则与此外还规定某种与对象自身有关的东西的原则区别开来时，这一标准的应用是简单有效的。因为如果谓词是一个理性概念，那么，即便判断被设想为感性的，与判断主词的关系也始终表示属于对象自身的一个特征。不过，**如果谓词是一个感性概念**，那么，由于感性认识的规律并不是事物自身可能的条件，它就不适用于一个判断的**以理性方式设想的主词**，从而也就不能是客观地表述出来的。这样，既然在那个通行的公理中，即**凡存在者，皆在某个地方**，谓词包含着感性认识的条件，从而不能是关于判断的主词即某个**存在者**的一般表述，那么，这个客观地规定某个东西的公式就是错误的。然而，如果把命题颠倒过来，使理性概念成为谓词，就产生了一个完全正确的命题，即**凡在某个地方者，皆存在。**

象），这样，我就称这样一个把感性的东西当做必然附属于理性概念的东西来兜售的**混杂**的公理为**欺诈的公理**。从这些伪造的公理出发，产生出欺骗理性的原则，在整个形而上学中泛滥成灾。然而，为了有一个显明的可以清楚辨认的判断标准，就像吕底亚宝石一样，使我们能够把它们与真公理区分开来，同时如果它们看起来也许牢固地黏附于理性，就有某种测试的艺术，借助它就可以公正地测出有多少属于感性，有多少属于理性，我认为，有必要更深入地讨论这一问题。

第25节

因此，这里是每一个欺诈公理的还原原则：**如果就某一个理性概念来一般地陈述某种属于空间和时间的关系的东西，那么，它就不能被客观地陈述，并且仅仅表明了一种条件，没有**
〔413〕**它，给定的概念就不能被感性地认识。**这样一种公理是不真的，即便不是错误的，至少也是贸然地、碰巧地作出的，这可以从以下情况得到说明：判断的主词既然是以理性方式被认识的，就是属于对象的，而谓词既然包含着空间和时间的规定，就只属于人的感性认识的条件，这种感性认识由于并不必然依附于对同一对象的任何认识，因而它不能一般地就一个给定的理性概念而被陈述出来。但是，理性如此容易顺从欺诈的这种错误，乃是由于它在另一个真实的规则的庇护下被蒙骗了。因为我们有理由假定：**凡是完全不能借助任何直观被认识的东西，就是不可思议的，**从而也是不可能的。然而，由于除了根据空间和时间的形式产生的直观之外，我们不能凭借虚构通过精神的任何努力达到另一种直观，所以就出现了这样的情况：我们把任何不受这些规律制约的直观都视为不可能的（我们这里不考虑理性的、不受感官的规律制约的纯直观，这种直观仿

佛是神的直观，柏拉图称之为理念)，因此，凡是可能的东西，都服从于空间和时间的感性公理。

第 26 节

从感性认识在理性认识的外表下的所有幻影中，产生出欺诈的公理；这些幻影可以还原为三种形式，其一般公式如下：

1. 对一个对象的**直观**只有在某种感性条件下才是可能的，这种感性条件也就是**这个对象自身的可能性的条件**。

2. **给定的东西**只有在某种感性条件下才**能够彼此进行比较，以形成一个对象的理性概念**，这种感性条件也就是这个对象自身的可能性的条件。

3. 将某个出现的**对象归属于一个给定的理性概念之下**，这只有在某种感性条件之下才是可能的，而这种感性条件也就是这个对象自身的可能性的条件。

第 27 节

第一类**欺诈的**公理是：**凡是存在的，都在某处和某时。**①

① 空间和时间被设想得好像**在自身**中包容了所有以各种方式暴露给感官的东西似的。因此，按照人的精神的规律，任何一个存在物如果不是作为一个被包容在**空间和时间之中**的存在物，就不存在对它的直观。人们可以把另一种成见与这种成见相比较，那种成见本来并不是欺诈的公理，而是想象的一种游戏，可以这样用普遍的公式来解释它：凡存在者，**在它里面都有空间和时间，也就是说，**任何实体都是**有广延**并且连续**变化**的。因为尽管那些其概念更为粗糙的实体牢固地受制于想象的规律，但也很容易看出来，这只属于想象描绘事物形象的试验，而不属于存在的条件。

但借助这一伪造的原则，所有的存在者，哪怕是以理性的方式
〔414〕认识的，也都被与存在中的空间条件和时间条件绑在一起了。因此，关于非质料的实体（出自同一理由，对它们来说既不存在感性直观，也不存在这样一种形式的表象）在物体世界里的位置、关于灵魂的位置、关于其他诸如此类的东西的问题，就表现为空洞的问题，而既然人们把感性的东西与理性的东西就像把四边形与圆那样不适当地混在一起，那么，这在大多数情况下都导致，看起来争论的一方要给公羊挤乳，另一方则拿筛子去盛。然而，非质料的东西在物体世界里的在场是可能的，但并不是就位置而言的（尽管人们不恰当地如此说）；空间只为质料包含着可能的相互行动的条件；不过，究竟是什么为非质料的实体确立了力量的外部关系，无论是相互之间的还是对物体的，这一点如极具洞察力的欧拉、一位伟大的现象研究者和观察者（在《致一位德国公主的信》中）敏锐地指出的那样，是完全不为人的理性所认识的。但是，如果他们得出了一个最高的、外在于世界的存在者的概念，那就无法说他们在多大程度上利用了蒙蔽在理性之上的阴影了。他们虚构出**上帝就位置而言的在场**，把上帝包括在世界里面，似乎是用一个无限的空间同时包容起上帝，明显地用仿佛是借助**超拔性**来理解的、即无限的地域性来补偿对他的这种限制。不过，在众多的位置上同时存在，这是无论如何也不可能的，因为不同的位置是彼此外在的，从而在不同位置上的事物也彼此外在，并且对自己也外在地在场，这是自相矛盾的。但就时间而言，由于他们并不仅仅从感性认识的规律得出它，而是超越世界的界限把它转用到世界之外的存在自身，即它的存在的条件，所以就陷入了一个无法走出的迷宫。因此，他们让自己的智力遭受一些不合理的问题的折磨，例如：为什么上帝不在许多世纪之前创建世界。他们让自己相信，人们很容易就可以理解，上帝究竟

是怎么把握当前的，即**他处于其中的时间**的现实东西的；不过，他究竟是怎么预见未来的，即**他不处于其中的时间**的现实东西的，他们认为不易理解（好像必然存在者的存在前后相继地通过想象的时间的所有瞬间，并且在其存续的一个部分已经 〔415〕 耗尽的时候，与世界上同时的事件一起预见到还要克服的永恒）。如果恰当地透视时间的概念，这一切都将烟消云散。

第 28 节

第二种成见由于借助精神如果想在某些场合达到理性概念，就受其制约的感性条件蒙骗理性，从而更加隐蔽。其中的一个是影响到量的认识的成见，另一个则是一般地影响到质的认识的成见。前一个是：**每一个现实的集合都可以借助一个数字被给予，**因而每一个量都是有限的；后一个是：**凡是不可能的，都自相矛盾**。在这二者中，时间的概念虽然没有进入谓词的概念自身，也没有被认为是主词的一个特征，但作为中介，有助于形成谓词的概念，从而如果我们只有借助它的支持才能达到理性概念的话，就作为条件刺激主体的理性概念。

于是，就**前者**而言：既然任何量以及任何系列都只有通过前后相继的排列才被清楚地认识到，量和集合的理性概念就只有借助时间的概念才能产生，并且永远达不到完备，除非综合能够在一个有限的时间里完成。由此可见：被排列者的**无限系列**按照我们的理性概念的界限不能被清晰地把握，从而由于欺诈的错误而看起来是不可能的。因为按照纯粹理性的规律，结果的任何一个系列都有自己的一个原则，也就是说，在结果的系列中不存在无边际的追溯；但按照感性的规律，被排列者的任何一个系列都有自己的一个可表明的开端；这两个命题，后一个包含着系列的**可测性**，前一个包含着整体的**依赖性**，却被错误地看做是同一的。以同样的方式，用以证明对给定的实体性复合物存在有复合的原则，即简单的部分的**理性证据**，被附加上了某种由感性认识提供的**替代品**，即就这样的复合物而言不存在各部分的复合中的无限追溯，也就是说，在任何一个复合物中都有组成部分的一个限定数目；这个替代品的意义肯定〔416〕与前者不是相似的，从而是贸然地替代它的。这样，世界的量是有限制的（不是极大的），它承认自己的一个原则，物体由简单的部分构成，这些都能以清晰的知性证据被认识到。但是，宇宙就其团块来说在数学上是有限的，它已度过的年龄是可以按照一个尺度说明的，构成任何一个物体的简单部分的数目是有限的，这些命题显而易见地表明了其出自感性认识本性的起源，而且无论一般来说，人们认为它们如何真实，它们都无法摆脱其起源的无可争议的弊端。

但是，就**后一种欺诈的公理**而言，它产生自人们对矛盾律的贸然逆转。但是，这一原初的判断之所以与时间的概念相关，乃是就这样一种情况而言的，即只有当同一时间在所要表述的同一事物上给定矛盾对立的东西的时候，才出现不可能性：**一切同时既是又不是的东西，都是不可能的**。在这里，既然借助理性在一个按照感性规律给定的场合陈述了某种东西，那么，这个判断就是完全真实的和极为明晰的。与此相反：如果这样逆转这一公理，说**一切不可能的都同时既是又不是**或者包含着一个矛盾，那么，人们就借助感性认识对知性的对象作出了一般的陈述，从而使可能与不可能的理性概念服从于感性认识的条件，即时间的关系；对于人的理性受其制约和限制的那些规律来说，这是极为正确的，但却不能以任何方式客观地、一般地予以承认。也就是说，我们的理性**只有**在它能够发现关于同一事物相反的东西的同时陈述的地方，即仅仅在遇到一种矛盾的地方才**意识到不可能性**。因此，无论在什么地方，只要不出现这样的条件，人的理性就不能作出不可能性的判断。但是，至于理性由此而根本不可以作出这样的判断，从而**凡是不包含矛盾的就都是可能的**，却是通过把判断的主观条件看做是客观条件而贸然推论出来的。因此，就有了如此众多毫无意义的天知道如何任意地臆造出的**各种力**的发明，它们没有受到对立面的阻碍就从任何一种建筑术的——或者人们愿意的话可以称之为一种爱好幻想的——才能大量地创造出来。因为既然一种力无非是实体 A 与**某种别的东西** B（偶性）的**关系**，作为被确立的东西的理由，那么，任何一种力的可能性都**不是依据**原因与结果或者实体与偶性的**同一性**，因而即便是错误地虚构出的力的不可能性也**不是仅仅取决于矛盾**。所以，人们不可以假定任何**原初的力**是可能的，除非它是**由经验给予的**，人〔417〕们不可能利用理性的洞察力先天地把握它的可能性。

第 29 节

第三种欺诈的公理并没有如此（像在属于第二类的公理那里发生的那样）出自**主体**自己被贸然地转用到**客体**上的条件，以至于敞开通向一个理性概念的道路仅仅**通过被感性地给定的东西**，而是由于只有借助于它们才能把一个理性概念**运用于**通过经验**给定的场合**，即能够认识某种东西是否包含在某个确定的理性概念之下。属于这一类的有在某些学派那里流行的公理：**凡是偶然地存在的，都在某个时候不存在**。这一偷换的原则产生自理性的贫乏，理性大多数情况下了解偶然性或者必然性的**名称**的特征，却很少了解其**实在的**特征。因此，某个实体的对立面是否可能，由于借助先天地获得的特征很难了解到，除了**该实体确实在某个时候不存在**之外，人们就无法从别处认识到这一点了；而变化证实偶然性，要比偶然性证实变化更为真实，这样，如果在世界上没有任何流变的和暂时的东西出现，我们就很难得出某个偶然性的概念。因此，直接的命题，即**凡是某个时候不存在的东西，就是偶然的**，是完全正确的，但它的逆命题却只是表现出人们辨别某种东西是必然的还是偶然的所必需的条件；因此，如果它被表述成主观的规律，那么，它就必须这样表达：**不能确定其某个时候不存在的东西，它的偶然性的充足特征不能由一个通用的理性概念给出**；这只是悄悄地成为一个客观的条件；就好像没有这个联系偶然性就不成立似的；由此就产生出一个伪造的和错误的公理。因为尽管这个世界是偶然地存在的，但**它却是永恒的**，也就是说，是与所有的时间同时的；因而宣称它曾在某个它不存在的时间存在，就是错误的。

第30节

除了欺诈的原则之外，还有一些非常相似的原则，它们虽
〔418〕然不给一个给定的理性概念添加任何感性认识的污点，但理性概念却如此被它们戏耍，以至于把它们当做从对象获得的证据，而它们却是仅仅**通过**与理性的自由的、广泛的应用的**一致性**而凭借其独特的本性被推荐给我们的。因此，它们和我们上面所列举的那些原则一样，依据的都是**主观**的理由，只不过依据的不是感性认识的规律，而是理性认识自身的规律，也就是说，依据的是让理性看起来很容易、很方便地运用其洞察力的条件。请允许我在此暂不结束，稍稍提及一下这些原则，至少就我所知，它们还没有在别的地方得到过清晰的讨论。但是，我称这些我们乐意服从的、把它们当做公理来依靠的判断规则为**一致性原则**，仅仅是出自这样一个理由，即**如果我们离开了它们，我们的理性就不可以对一个给定对象作出任何判断**。在

它们里面，计有以下几种。首先是这样一个原则，我们凭借它认定，**宇宙中的一切都是按照自然的秩序发生的**；这是伊壁鸠鲁不加任何限制地承认的一个原则，而所有的哲学家除了极为罕见的、以极大的必然性允许的例外，都承认这一原则。不过，我们确立这一原则，倒不是因为我们根据自然的共同规律对世界的事件拥有如此广泛的认识，或者因为我们非常清楚超自然事物的不可能性或极小的假设的可能性，而是因为如果离开了自然的秩序，理性就完全不能运用，而贸然地诉诸超自然事物则是理性犯懒的枕头。出自同一理由，我们审慎地把**相对的奇迹**，即众精灵的影响，从现象的讨论中排除出去，因为既然我们不知道它们的本性，理性如果从经验之光转向我们不认识的类别和原因的阴影，就会蒙受极大的损害，因为只有借助经验，理性才有能力建立其判断的规律。**其次**是一种哲学才能对**统一性**的**偏爱**，由它产生出那个最流行的准则：**如无必要，勿增原则**；我们赞同这一准则，并不是因为我们通过知性或者经验了解世界中原因的统一性，而是我们由于理性的冲动去探索那种统一性，理性认为，它被允许在多大程度上从这个原则出发上升到诸多结果，在解释现象方面也就有多大程度的前进。**再次**是这样一种原则：**就质料而言根本没有任何东西产生和毁灭**，世界的所有变迁都仅仅涉及形式；这一设定由于通常理性的提倡而在所有的哲学学派中广为流传；并不是它被视为确实可靠的，或者它被先天地用证据证明了，而是因为如果允许质料自身是流变的、暂时的，那么，就完全不剩下任何稳定的、持久的东西，来进一步促进按照普遍稳定的规律对现象的 〔419〕
解释和理性的运用了。

关于方法、尤其是就感性认识和理性认识的区别而言，就谈到这里；一旦这种方法经过审慎的研究被精确化，它就会成为一门预备的科学，对于所有想深入研究形而上学自身奥秘的人都将功德无量。

附释。由于在这最后一章中对方法的探讨占据了所有的篇幅，对有关感性事物的证明的真正形式作出规定的规则就其本身作出了说明，没有让为了形象地说明而列举的实例遮蔽它们，所以，我仅仅仿佛是浮光掠影地提到了一些例子。因此，大多数人将会觉得所断言的一些东西大胆甚于正确，也就没有什么可奇怪的了；如果允许更为详尽一些的话，它们还是需要作出更强有力的证明的。例如，我在第27节关于非质料的东西的位置性所引证的东西，就需要作出说明，如果有人愿意的话，可以在欧拉的上引书的第2卷第49～52页查阅。因为灵魂与肉体结合，并不是因为它被束缚在某一个确定的位置上，而是它由于同某一个肉体相互结合，从而被赋予一个在宇宙中确定的位置，如果与肉体分离，它就会失去在空间中的任何地位。因此，它的**位置性**是一个**派生的**和偶然归属于它的、而不是原初的和属于它的存在的必然条件，这是因为，凡自身不能是外部感官（例如人的外部感官）的对象的东西，也就是说**非质料的东西**，都完全被排除在**外部可感事物**的普遍条件即空间之外。因此，可以断然否认灵魂有一种无条件的、直接的位置性，但却可以赋予它一种假定的和间接的位置性。

伊曼努尔·康德

1771年

莫斯卡蒂《论动物与人之间身体上的本质区别》一文述评

1771年

莫斯卡蒂《论动物与人之间身体上的本质区别》一文述评

伊曼努尔·康德

李秋零 译

《论动物与人之间身体上的本质区别——学术讲演》，解剖学教授**彼得·莫斯卡蒂**作于帕维亚解剖学演示。格廷根教授**约翰·贝克曼**译自意大利文。 〔423〕

在这里，我们又有了四肢行走的自然人，是一位敏锐的解剖学家使他回到四肢上的，因为具有洞察力的**卢梭**作为哲学家并没有想实现这一点。**莫斯卡蒂**博士证明，人的直立行走是被迫的和反自然的，他的构造虽然适合保持这种姿势并以这种姿势运动，但如果他使这样的事情成为他的必要和持久的习惯，由此就给他产生出麻烦和疾病，它们足以证明，他是被理性和模仿所诱惑，背离了最初的、动物性的安排的。人的构造就其内部而言与四肢行走的所有动物没有不同。当他直立起来时，他的内脏、尤其是孕妇的胎儿，就获得了一种下垂的位置和一种半颠倒的姿势，这种姿势如果经常与躺着的或者用四肢拄地的姿势交替，就不会造成如此特别糟糕的结果，但由于它被持久地坚持下来，就造成了畸形和一大堆疾病。这样，例如心脏由于被迫悬挂着就延长了连接它的血管，由于支撑在胸膈上并以自己的尖部向左侧滑动而采取了一个歪斜的位置，这是人、更确切地说是成人与所有其他动物的区别所在的一种位置，而且由此他获得了动脉瘤、心悸、胸部狭窄、胸膜积水等等的不可避免的倾向。就人的这种直立姿势而言，肠系膜 〔424〕 (Mesenterium) 被内脏的重负所牵，垂直地下坠，被拉长，被削弱，为诸多的断裂作好了准备。在没有阀门的门静脉中，血液由于在它里面必须与重力的方向相反上行，从而流动缓慢，比躯干处于水平位置时更为困难，由此产生出疑心病、痔疮等等；更不用说，通过腿上的血管直到心脏必须径直升高的血液，其循环所蒙受的困难屡见不鲜地造成了肿瘤、血管瘤等等。尤其是，从这种直立姿势产生的害处在孕妇那里无论是就胎儿来说，还是就母亲来说，都是清晰可见的。由此而头足倒置的胎儿以非常不平衡的比例接收血液：与所有其余的动物相比，血液被以大得多的量驱迫到上边的部分，即被驱迫到头和胳膊里面，从而这二者以完全不同的比例扩大和生长。从前一种流注中产生出眩晕、中风、头疼和狂想的遗传倾向；从血向胳膊的涌流和从腿的导出中产生出值得注意的、通常在任何动物那里都看不到的比例失调：胎儿的胳膊比其合适的比例长了，而腿却短了，这虽然在出生后通过持久的直立姿势又校正了，但却证明，胎儿在之前必然经受了强制力。对二足行走的母亲的伤害是子宫的凸出、早产等等，这些都与上千种其他疾病一起产生自她的直立姿势，而四足行走的造物却得以免除。人们还可以通过其他东西来增加这些论据，即我们的动物本性本来是四足行走的。在所有四足行走的动物中间，没有一种动物在偶然落水时不会游泳的。惟有人，如果不曾特别学习过游泳的话，就会淹死。原因就在于他抛弃了四足行走的习惯；因为正是通过这种运动，他才无须任何艺术就保持在水面上，其他通常厌恶水的四足动物也是由此而会游泳的。无论我们的意大利博士的这一定理看起来多么悖谬，它在一位敏锐的哲理解
〔425〕剖学家手中却几乎获得了一种完全的确定性。人们由此看到：大自然最初的绸缪就是，人作为一种动物为自己并**为自己的类**被保存下来；为此最符合他的内部结构、胎儿的位置和危险中的保护的那种姿势就是**四足行走**的姿势；但在他里面还被植入了一种理性的胚芽，由此，如果这种胚芽得到发展，他就注定要形成**社会**，而由于社会他又不断地采取了最适合于此的姿势，即**二足行走**的姿势；由此，他一方面无限多地胜过各种动物，另一方面又不得不忍受由于他如此高傲地抬起自己的头颅俯视他旧日的同伴而为他产生的诸多麻烦。定价 24 格罗森。

伊曼努尔·康德

1775 年

论人的不同种族

1775 年

论人的不同种族

伊曼努尔·康德

李秋零　译

我所预告的讲座，与其说是一项艰辛的工作，倒不如说是一种有益的闲聊；因此，我给自己的预告配上的这项研究，虽然包含着某种给知性提出的东西，但与其说是一种深刻的探索，倒不如说是知性的一种游戏。 〔429〕

一、论人种的差异

在动物王国里，类和种的自然划分所依据的是繁殖的共同规律，而类的统一性无非就是对于动物的某种多样性来说普遍有效的生殖力的统一性。因此，**布丰**的规则，即相互交配繁育出有生殖能力的幼崽的动物（无论其形态怎样不同）属于同一个自然的类，本来就只是被看做动物的一个自然类的定义，而与动物所有的学术类不同。学术划分着眼于按照**相似性**划分动物的**门类**，而自然划分则着眼于按照生育方面的**亲缘关系**划分动物的祖源。前者为记忆创造了一个学术体系，后者则为知性创造了一个自然体系；前者只是为了给造物命名，后者则是为了给造物立法。

按照这一概念，辽阔的地球上所有的人都属于同一个自然类，因为无论在其形态上可以发现多大的差异，他们都能相互交配繁育出有生殖能力的孩子。这一自然类的统一性无非就是对他们来说共同有效的生殖力的统一性，对此，人们只能提出 〔430〕
一个惟一的原因：即他们都属于一个惟一的祖源，他们虽然有差异但却都产生自，或者至少可能产生自这个祖源。在前一种情况下，所有的人不仅都属于同一个**类**，而且还都属于同一个**家族**；在第二种情况下，他们彼此相似，但却没有亲缘关系，必须假定许多局部的创造，这是一种毫无必要地增多原因数目的意见。一个同时具有共同祖源的动物类，自身并不包含各不相同的**种**（因为这些各不相同的种恰恰意味着起源的不同）；

相反，它们彼此之间的偏差如果是遗传的，那就叫做**变异**。起源的遗传特征如果与其来源一致，那就叫做**保纯**；但变异如果不再重建原初的祖源形态，那就叫做**蜕化**。

在属于一个惟一祖源的各种变异中，即在动物遗传的差异中，那些不仅无论如何迁徙（转移到其他地带）都在长期的繁育中不间断地保持下来、而且在与该祖源的其他变异的杂交中也任何时候都繁育出混血后代的变异，就叫做**种族**。那些虽然无论如何迁徙都不间断地保存其变异的特征从而保持下来、但在与其他变异的杂交中并不必然混血繁育的变异，就叫做**亚种**；而那些虽然经常、但并非不间断地保持下来的变异，就叫做**变种**。反过来，与其他的变异虽然混血繁育、但通过迁徙逐渐地消失的变异，则叫做一个特殊的**类型**。

按照这种方式，**黑人**与**白人**虽然不是人的不同的种（因为可以猜测他们属于一个祖源），但却是两个**不同的种族**：因为二者中的每一个都在所有的地带持久保持，而且二者相互交配必然繁育出混血的孩子或者**混合种**（混血儿）。与此相反，**金发人**与**褐发人**就不是白人的不同种族，因为一个金发的男人与一个褐发女人还可能有纯金发的孩子，尽管这两种变异无论如何迁徙都经历长久的繁育保持了下来。因此，它们是白人的**亚种**。最后，土地的性质（潮湿或者干燥）以及食物的性质逐渐
〔431〕地在同一祖源和种族的动物中间，主要就身材、肢体的比例（矮胖或者苗条），以及气质而言，造成一种遗传的区别或者**类型**，它虽然在与其他类型的杂交中以混血的方式保持下来，但在另一种土地上并且由于食物的不同（甚至无须气候的变化）用不了几代繁育就消失了。按照这些原因的差异，在人的不同类型于同一陆地仅仅按照地区而可辨别的地方（就像栖居在潮湿土地上的博尤提亚人与栖居在干燥土地上的雅典人不同一样）发现它，是令人高兴的；这种差异当然经常是只对留意的

人可辨别，但却被别的人一笑置之。至于仅仅属于**变种**、从而就自身而言（尽管并非不间断地）可遗传的东西，却可能通过总是在同一些家族逗留的婚姻而随着时间的绵延造成我称之为**家族类型**的东西；在这里，某种特别的东西最终如此深地植根于生殖力之中，以至于它接近于一种亚种，和亚种一样持久地保持下来。在威尼斯的古老贵族身上，尤其是在其女士们身上，据说人们察觉到过这种情况。至少，在新发现的奥塔希提岛上，贵族妇女都比通常的妇女身材高大——在通过谨慎地把蜕化的生育从造成类型的生育中挑选出来而最终确立一种持久的家族类型的可能性之上，建立起**马保梯**先生的见解：在某一个地区培育人的一个天生高贵的类型，其中知性、精明和正直均可遗传。一个在我看来自身虽然可行的考虑，但却被更睿智的大自然完全阻止了，因为正是在恶与善的混合中蕴藏着巨大的动力，来发动人类沉睡的力量，并迫使人类发挥自己的全部天赋，去接近自己规定性的完善。如果大自然能够不受干扰地（没有迁徙或者外来的混杂）历经许多代繁育起作用，那么，它在任何时候都将最终造就一个类型，该类型使各部族永远清晰可辨，而且如果特别的因素不显得过于无足轻重，过于难以描述，以至于无法在它之上建立一种特殊的划分，它将可以被称之为种族。

二、人类划分为不同的种族 〔432〕

我相信，只需要认定人类的四个种族，就能够从中推导出所有一看就可以辨认并且持久保持的区别。它们是：1. **白人**种族；2. **黑人**种族；3. **匈奴**（蒙古或者卡尔梅克）种族；4. **印度**或者**印度斯坦**种族。白人种族最主要的居住地在欧洲，我还把摩尔人（非洲的摩尔人）、阿拉伯人（根据尼布尔的说法）、土耳其—鞑靼部族和波斯人都算作白人种族，此外还有亚洲一切没有通过其他划分具体地由此排除的民族。北半球的**黑人种族**只在非洲，南半球（除非洲外）的黑人种族可以猜测只在新几内亚土生土长（土著民），在与之相邻的一些岛屿则仅仅是移民。卡尔梅克种族在和硕特人中间表现得最纯粹，在**土尔扈特人**中间表现出一些，而在准噶尔人中间更多地表现出与鞑靼血统的混杂，是在最古老的时代被称为**匈奴人**、后来被称为**蒙古人**（在广义上）、现在被称为厄鲁特人的同一个种族。印度斯坦种族在使用这一称谓的那块大陆上是非常纯而且古老的，但与对岸的印度半岛上的民族是有区别的。我相信，从这四个种族出发可以推导出其余所有遗传的民族特征：要么是作为**混血的**种族，要么是作为**形成着的**种族；其中前者乃是出自不同种族的杂交，后者就气候而言尚未足够长期地适应，来完全接受气候的种族特征。这样，鞑靼血统与匈奴血统的杂交在卡拉卡尔帕人、那加人和其他民族那里就造成了**亚种族**。印度斯坦血统与古老的斯基泰（在西藏及其周围）血统、或多或少地与匈奴血统杂交，也许繁育出对岸的印度半岛的居民、东京湾人和中国人，是为一个混血的种族。亚洲北冰洋沿岸的居民是一个形成着的匈奴种族的实例，那里已经普遍地表现出黑头发、无须下巴、平面孔和细长而有点眯的眼睛：这是北极地带对一个在较晚的时代里被从较温和的地带放逐到这些居住地的民族的影响，就像乌戈尔民族的一个分支海上拉普人一样，它
〔433〕虽然出自温带的一个身材匀称的民族，但在不多的几个世纪里就已经相当适应寒带的特征了。最后，**美洲人**似乎是一个尚未完全形成的匈奴种族。因为在美洲的最西北处（鉴于这里和亚洲东北部的动物物种的一致，这一地带的殖民根据所有的猜测必定是发生自亚洲东北部），在**哈德逊湾**的北岸，居民与卡尔梅克人完全相像。此外在南方，虽然面孔变得更为开阔、更为

隆起，但无须的下巴、普遍黑色的头发、红棕色的面孔，此外还有冷淡麻木的气质，纯粹是长期居住在寒带的影响的残余，如我们马上就看到的那样，从这一地带的最北端一直延伸到斯塔滕岛。美洲人的祖先在亚洲东北部和相邻的美洲西北部更长时间的居留使卡尔梅克形态臻于完善，而他们的后代向这一大陆的南方迅速的分布则使美洲形态臻于完善。根本不再有从美洲出发的殖民。因为在太平洋的岛屿上，所有的居民除了一些黑人之外都是有须的，毋宁说他们与巽他群岛上的居民一样，表现出一些马来人后裔的特征；而人们在奥塔希提岛所遇到的领主统治也是马来人通常的国家宪法，这种领主统治证实了上述猜测。

把黑人和白人作为基本种族的原因是不言而喻的。至于印度斯坦种族和卡尔梅克种族，则前者那里作为热带或多或少的棕色人之基础的橄榄黄，与后者原本的面孔一样，很少能够从别的某一个已知的民族特征推导出来，二者在混血的交配中留下了印迹。这也适用于形成着卡尔梅克形态的、由于同一个原因与此相联系的美洲种族。东部印第安人与白人杂交产生**黄印欧混血儿**，美洲人与白人杂交产生**红印欧混血儿**，白人与黑人杂交产生**黑白混血儿**，美洲人与黑人杂交产生印黑混血儿或者**黑加勒比人**：这在任何时候都是清晰可辨的混合种，证明他们 〔434〕
是来自真正的种族的。

三、论这些不同种族的起源的直接原因

蕴藏在一个有机物体（植物或者动物）的本性之中的某种发展的根据——如果这种发展所涉及是各个特殊的部分——就是胚芽；但如果这种发展所涉及的只是大小或者各部分的比例，我则把这根据称之为**自然禀赋**。在应当生活在各种不同气

候之中的那种鸟里面，蕴藏着如果它们生活在寒冷的气候中就发展出一个新羽毛层、但如果它们在温和的气候中逗留该羽毛层就被抑制的胚芽。由于在寒冷地带麦种必须比在干燥地带或者温暖地带更多地防湿冷，所以在它里面蕴藏着一种前定的能力或者自然的禀赋，逐渐地产生一种厚厚的外壳。大自然凭借对各种各样未来状况的潜藏的内在预防措施来装备自己的造物，使其保存自己并适应气候和土地的差异的绸缪，这是值得惊赞的，并由于动物和植物的迁徙和移植而在外形上造成了新的物种，它们无非是其胚芽和自然禀赋只是在漫长的时间进程里适时地以不同的方式发展出来的同一个类的变异和种族罢了。①

〔435〕 偶然事件或者普遍的力学规律并不能造成这样的协调。因此，我们必须把诸如此类的适时发展视为**预先形成的**。然而，即便是在没有表现出任何合目的的东西的地方，单是繁衍其被认定为特殊的特征的能力，就足以是在有机造物中可以发现这方面的一个特殊胚芽或者自然禀赋的证明了。因为外部事物可能是必然继承和保纯的东西的偶因，但却不是其创造因。就像偶然事件或者自然的、力学的原因不可能创造出一个有机物体一样，它们也并不给生殖力附加某种东西，也就是说，并不造

① 我们通常在同一种意义上使用**自然描述**和**自然历史**这两种称谓。但显而易见的是，自然事物**现在如何**的知识总是还使人期望关于它们过去**曾经如何**、它们为了在每一个地方达到自己当前的状态而经历了怎样一个系列的变化的知识。我们几乎还完全缺乏的**自然历史**将教给我们地形的变化，此外还有地球上造物（植物和动物）由于自然的变迁而经受的变化，以及它们由此产生的对其祖源类的原型的变异。可以猜想，它会将大批表面上各不相同的物种化为同一个类的种族，将自然描述现在如此流行的学术体系为知性转化成一个自然的体系。

成某种如果是一种特殊的形象或者各部分的比例的话就繁衍自身的东西。①空气、阳光和营养可能更改一个动物身体的生长，但这种改变并不同时带有一种能够即便没有这一原因也再次生产自己的生殖力；相反，应当繁衍的东西，必须已经预先蕴藏在生殖力中，作为预先注定要适时发展的东西，适应造物可能落入并应当在其中持久地保存自己的情境。因为没有对动物来说外来的、但却能够逐渐地使造物离开其原初的本质规定性并产生持久保持自己的真正蜕化的任何东西，必然能够进入生殖力。

人注定要适应一切气候，适应土地的任何性质；因此，在人里面必定已经蕴藏着各种各样的胚芽和自然禀赋，适时地要么发展要么被抑制，以便他会适应自己在世界上的位置，并在繁育的进程中显得仿佛是生来就适应或者被创造得适应它的。我们想按照这些概念来审视辽阔地球上的整个人类，并在不能看出其变异的自然原因的地方引证其合目的的原因，相反在我们没有觉察到目的的地方引证自然的原因。在此我仅仅说明：**空气和阳光**看起来是能够最密切地影响生殖力并造成胚芽和禀赋的一种持久发展、也就是说能够说明一个种族的那些原因； 〔436〕
因为与此相反，特殊的食物虽然能够产生人的一种类型，但它的特征却由于迁徙而很快消失了。应当黏附于生殖力的东西，必定不涉及生命的**维持**，而是涉及生命的**源泉**，也就是说，涉及它的动物性机制和运动的最初原则。

迁徙到寒带的人，必定逐渐地蜕化为较小的身材，因为如果心脏的力量保持不变，那么，凭借较小的身材血液的循环可

① 疾病有时是可遗传的。但这些疾病并不需要组织，而是只需要通过传染繁衍的体液的一种酶。它们也不必然地继承。

以在较短的时间里完成，脉搏可以加快，血温可以提高。事实上，**克兰茨**也的确发现格陵兰岛人不仅身材比欧洲人低得多，而且其自然体温也明显更高。甚至极北方各民族整个身高与短小的腿之间的不匀称也是与其气候适应的，因为身体的这些部分由于远离心脏，在寒冷中将遭受更多的危险。尽管如此，绝大多数现在已知的寒带居民看起来只是新来此处的，例如拉普人，他们与芬兰人出自同一个祖源，即乌戈尔祖源，只是自后者（从亚洲东部）迁徙之后才占有现在的居住地，但已经在相当程度上适应这一气候了。

但是，如果一个北方民族长期地被迫蒙受寒带严寒的影响，那么，它就必然发生一些更大的变化。使身体浪费其体液的所有发展，都必定在这干燥的地区逐渐地受到阻碍。因此，毛发生长的种子逐渐地受到压制，以至于只有为必要地覆盖头部所需要的那些毛发才保留下来了。由于一种自然的禀赋，就连最难以覆盖的面孔上的突出部分，也由于不停地因寒冷而遭罪，凭借大自然的关照而逐渐地变得扁平，以便更好地保存自己。眼睛下面隆起的鼓包、半闭细眯的眼睛看起来就像是为了保护眼睛部分是抵御干冷的空气、部分是抵御雪光（爱斯基摩
〔437〕人也使用眼镜来抵御雪光）而安排的，尽管它们可以被视为气候的自然作用，这种作用自身在温带只可以在小得多的程度上被发现。这样，就逐渐地产生了无须的下巴、扁平的鼻子、薄薄的嘴唇、细眯的眼睛、扁平的面孔、红棕的肤色以及黑色的头发，一言以蔽之，**卡尔梅克的面型**，它植根于在同样的气候中的一个漫长系列的繁育中，直到形成一个持久的种族，即便是这样一个民族后来在温带获得新的居住地，该种族也将保持下来。

人们无疑会问，我有什么理由能够深究从北方或者东北方推导出如今在温带以其极大的完备性被发现的卡尔梅克形态

呢？我的理由便是如此。**希罗多德**已经从他那个时代报道，阿尔基帕人，即在一个人们可以视为乌拉尔山脉地区的地方，高山脚下的一块土地上的居民，是没有须发、鼻子扁平的，用白色的屋顶（可以猜测他理解的是毡帐）遮盖他们的树。人们如今以或大或小的程度在亚洲东北部发现了这种形象，而尤其是在从哈德逊湾出发能够发现的美洲西北部，在那里，根据一些新的消息，居民们看起来就像是真的卡尔梅克人。如果人们考虑到，由于人们在两个大陆的寒带发现了同样的动物，在最古老的时代里亚洲和美洲之间的这一地区必定有过动物和人的迁徙，而这个人种最早在纪元前 1000 年（根据德居内的说法）就曾经越过黑龙江出现在中国人面前，并逐渐地把鞑靼祖源、乌戈尔祖源和其他祖源的其他民族赶出自己的居住地，那么，这种寒冷地带的起源就会显得并不完全勉强。

但是，就最重要的东西而言，即**美洲人**作为一个并未完全适应的种族、作为一个曾经长期居住极北地带的民族的**起源**，已经由于除头部之外身体所有部位被抑制的毛须，由于这块大陆寒带微红的铁红肤色和热带较深的古铜肤色而完全得到证实。因为红棕肤色看起来（作为大气酸的一种作用）就像橄榄 〔438〕 棕肤色（作为体液碱性胆汁质的一种作用）适应热带一样适应寒冷的气候，更不用说美洲人的气质了；这种气质表现出一种半死亡的生命力①，这可以最自然地被视为一个寒冷地带的影响。

① 举例来说，人们在苏里南只是为了家务劳动才使用红种奴隶（美洲人），因为他们对于田间劳动来说太弱了，不如为此使用黑人。当然这里也并不缺少强制手段；但是，这块大陆的土著绝对缺乏能力和耐性。

与此相反，温暖的气候极大的**湿热**在一个为了完全适应自己的土地已经在这方面足够古老的民族身上必然显示出与其他作用截然相反的作用来。所产生的恰恰是卡尔梅克形态的对立面。身体海绵质部分的生长在炎热而潮湿的气候中必然增强；因此，就有了厚厚的朝天鼻和香肠状的嘴唇。皮肤必然是油性的，这不仅是为了缓和过于强烈的蒸发，而且也是为了防止腐蚀性湿气有害的吸入。通常在任何人血中都可发现、而在这里由于磷酸的蒸发（因此所有的黑人都发出臭味）而沉淀成网状物质的铁微粒，其过量造成了映透表皮的黑色，而血液中浓浓的铁含量似乎也是为了防止所有的部分萎缩所必需的。皮肤上的油质减弱了毛发生长所必需的营养黏液，几乎不允许生长覆盖头部的毛发。此外，湿热对于动物的茁壮成长是绝对有利的，简而言之，由此产生出很好地适应自己气候的黑人，也就是说，黑人长得强壮、多肉、灵活，但由于其家乡丰富的物产而懒惰、懦弱、不思进取。

印度斯坦的土著可以被视为从最古老的人种之一起源的人。他们的国土北依崇山峻岭，从北向南直到其半岛的尖端都纵贯着一条绵长的山系（我向北还把**西藏**也计算在内，它也许是在我们地球最后一次巨大变化期间人类普遍的避难所和在此之后的滋生地），在一个幸运的地带上拥有水的最完善的分流
〔439〕（流向两个大海），除此之外亚洲大陆没有一个处于幸运地带的部分具有这种分流。因此，它在最古老的时代里就是干燥的、可居住的，因为无论是东边的印度半岛还是中国（因为在这里江河不是分流，而是平行流动），在那些洪水泛滥的时代里都必然是尚未被居住的。因此，这里可能在漫长的时间进程中形成了一个固定的人种。印度人皮肤的橄榄黄，即以其他东部各民族或多或少的深棕色为基础的真正茨冈人肤色，与黑人的黑色一样典型，并持久地保纯下来，并且连同其他形象以及不同

的气质，就像黑人的是一种**湿**热的作用一样，看起来是一种干热的作用。按照**艾夫斯**先生的说法，印度人常见的疾病是胆囊堵塞和肝肿大；但他们天生的肤色却仿佛得了黄疸病，似乎证实在不断地分泌进入血液的胆汁，它也许像肥皂一般溶解和挥发着变浓稠的体液，由此至少在外露的部分使血液降温。大自然的一种旨在于此或者旨在某种类似的东西的自助，即借助某种组织（它的作用表现在皮肤上）不断地清除刺激血液循环的东西，可能是印度人手冰凉的原因①，而且也许（虽然人们还没有观察到这一点）是整个血温降低的原因，这种血温使他们能够承受气候的炎热而不受伤害。〔440〕

在这里，人们拥有一些至少具有充分根据的猜测，足以同其他认为人类的差异如此无法统一、以至于宁可假定许多局部创造的猜测相抗衡。用**伏尔泰**的话说：在拉普兰创造驯鹿、让它们把这个寒冷地区的苔藓都吃光的上帝，也在那里创造了拉普兰人，以便吃这种驯鹿，这对一位诗人来说是一个不错的念头，但对于除了明显发现它们与直接的厄运相联系的地方就不

① 我虽然以前曾经读到过，这些印度人具有在极为炎热时手冰凉的特性，这据说是其冷静和自制的结果，然而，当我有幸值精神投入且富有洞察力的旅行家、曾有若干年担任驻巴索拉的荷兰领事及其商务负责人等职的**伊顿**先生路经哥尼斯贝格之机与他谈话时，他却告诉我：当他在苏拉特与一位欧洲领事的夫人跳舞时，他惊奇地感觉到她的手出汗而且冰凉（戴手套的习惯在那里尚未被接受）；而当他向别人讲述自己的惊异时，得到的回答是：她的母亲是一位印度人，而这种特性在他们身上是遗传的。同样是他还证实，如果在那里一起观察**波斯人**的孩子与印度人的孩子，那么，前者的白肤色和后者的黄棕肤色方面的种族差异马上就映入眼帘；此外，印度人在其身材方面还具有自身的特征，他们的大腿比我们这里常见的比例要更长。

可以离开自然原因之链条的哲学家来说，却是一个糟糕的托辞。

人们现在有充分的理由把植物不同的颜色归因于通过不同的汁液沉淀的铁。既然所有的动物血都包含铁，那么，就没有任何东西阻止我们把这些人种不同的肤色归于同样的原因。以这种方式，皮肤的输送管道的盐酸或者磷酸，或者挥发性碱性物沉淀为红色或者黑色或者黄色的网状物质。但在白种人里面，这种溶解在体液中的铁根本没有沉淀，从而也就证明了人的这一类型体液的完美混合与相对其他类型的强壮。不过，在一个我过于陌生、不敢有些自信地哪怕作出猜测的领域里，这只不过是研究的一种转瞬即逝的刺激罢了。

我们列举了 4 个人种，其中应当包含了这个族类所有的多样性。但所有的变异都需要一个**祖源类**，我们或者假定它是已经灭绝了的，或者从现存的人种中挑选出最能与祖源类进行比较的人种。当然，人们不能希望如今在世界上的某个地方一成不变地发现原初人的形象。正是出自大自然的这种癖好，即到处都通过长期的繁育来适应土地，现在人的形象必定到处都带有局部的修改。然而，旧世界（就其居民来说似乎也理应得到
〔441〕旧世界这个名称）从北纬 31 度到 52 度的这一地带，有理由被视为较冷和较热地区的影响幸运地混合、也可以发现最丰富的地球造物的地带；在这里，由于人同样地作好准备由此向各处迁徙，所以人也就必定最少偏离其原初形象。但在这里，我们发现了虽然是白色的、但却是褐发的居民，我们想把他们的形象认定为最接近祖源类的居民。皮肤细白、头发微红、眼睛淡蓝的**金发人**似乎是他们最接近的北方变异，他们在罗马人的时代曾经居住在德国并且（根据其他证据）继续向东一直到阿尔泰山脉的北部地区，但到处都是在一个相当冷的地带里的无边无际的森林。此时，使体液易得坏血病的**冷湿**空气的影响，终

于造就了人的某个类型，如果不是在这个地带如此经常有外来的混杂打断变异的进程的话，它就会一直发展到具有一个种族的持久性。因此，我们至少可以把它当作一种近似物而算做现实的种族，这样，这些种族连同其产生的自然原因可以归为下表。

祖源类

褐肤色的白种人

第一个种族：金发人（北欧），湿冷

第二个种族：赤铜肤色人（美洲），干冷

第三个种族：黑肤色人（塞内加尔），湿热

第四个种族：橄榄黄肤人（印度人），干热

四、论确立不同种族的偶因

就地面上种族的多样性而言，无论采取什么解释根据都将造成极大困难的东西是：相似的地区却并不包含同样的种族，美洲在其炎热的气候中并没有展示出一种东印度的形象，更不用说这块土地固有的黑人形象了，而在阿拉伯和波斯也不存在土著的印度人的橄榄黄，虽然这些地区在气候和空气特性方面与那个地区非常一致，等等。就这些困难中的前一个而言，可以从这一地区的居住方式出发作出可以充分理解的回答。因为 〔442〕
一旦由于其祖源民族在亚洲东北部或者相邻的美洲的长期逗留形成了像现在的这样一个种族，那么，这个种族就不可能由于气候的进一步影响而转化为另一个种族。因为只有祖源形象能够蜕变为一个种族；而这个种族一旦扎下根来，并且窒息了其他的胚芽，就会抵制所有的变型，这正是因为种族的特征已经在生殖力中占了优势。

但是，就仅仅非洲（最为完善的是塞内加尔）所特有的黑人种族①的地域性而言，此外就封闭在这块大陆里面的印度种族（除了它向东尚显得没有完全适应之外）的地域性而言，我相信，其原因在于古代的一个内陆海，它既把印度斯坦、也把非洲与其他否则的话离得很近的地区隔离开来了。因为从达斡尔边界越过蒙古、小布哈拉、波斯、阿拉伯、努比亚、撒哈拉到布朗角以一种少有中断的联系延伸的这一地带，绝大部分都类似于一个古老海洋的海底。这一地带的各个地区正是**布阿希**称之为台地的地区，也就是说，绝大部分为水面一般平的高原，其中处于此地的山脉都没有延伸很远的山坡，因为其山脚都被埋在水面一般平的沙漠之下了，所以此地少有的江河都流程很短，并在沙漠中干涸。它们就像是古代海洋的池槽，因为它们被高地所包围，在其内部就整体来看保持着水道，从而既不接收也不放出一条河流，此外还绝大部分被沙漠即一个古老平静的海洋的沉淀物所覆盖。由此就可以理解：印度特征在波
〔443〕斯和阿拉伯何以未能扎下根来，当时，在印度斯坦久已有人居住的时候，它们还是一个海洋的池槽；此外，无论是黑人种族还是印度种族，都何以能够长时间保持不与北方血统混杂，因为它们正是被这一海洋割断了。自然的描述（大自然在当今时代的状态）长期以来并不能充分地说明变异的多样性的原因。无论人们怎样、哪怕是有理由厌恶肆无忌惮的意见，也必须放胆提出大自然的**历史**，它将是一门能够逐渐地由意见推进到认识的特殊科学。

① 在炎热的南部大陆还有黑人的一个小部族，他们一直散布到邻近的岛屿；由于同印度亚类型的人相混杂，人们几乎应当相信，他们不是这些地区土生土长的，而是从远古就由于马来人与非洲的联系而迁移来的。

我由此预告的自然地理学，属于我关于一门有益的学术课所形成的思想；这门课我可以称之为**世界知识**的预习。这种世界知识乃是致力于使所有通常获得的科学和技能具有**实用性**，由此它们不仅可用于**学校**，而且可用于**生活**，从而把完成学业的学生引入他的使命的舞台即世界里面。在这里，他面临着一个双重的领域，他必须有一个暂时性的纲要，以便能够在里面按照规则整理所有未来的经验，这就是**自然**和**人**。但是，二者在这里面必须**以宇宙论的方式**来考虑，也就是说，不是按照它们的对象各自包含的值得注意的东西（物理学和经验心理学），而是按照它们处身于其中且每一个都在其中获得自己位置的关系使我们注意的东西来考虑。第一门课我称之为**自然地理学**，并把它定为夏季课程，第二门课我称之为**人类学**，并把它留待冬季开。这半年的其他课程已经在适当的地方公布过了。

伊曼努尔·康德

1776—1777 年

有关博爱学院的文章

1776—
1777 年

有关博爱学院的文章

伊曼努尔·康德

李秋零 译

一、德绍 1776年 〔447〕

《博爱学院档案》第一期，由结成同盟的青年之友们告人性的监护人，特别是告那些开始进行教育改革的监护人，并告要将孩子送到德绍博爱学院的那些父母。

除了在**巴泽多**先生这里所发生的事情之外，还从未有人对人性提出过更公正的要求，也从未有人无私地为此奉献过一种如此巨大并且能够拓展自身的利益；他与自己那些值得赞扬的助手们一起郑重地献身于人的福利和改善。能干的人和笨拙的人历经数个世纪所苦苦冥想、但没有一位独特的、具有洞察力且精力充沛的人物那火热而又持久的激情就会历经同样多的世纪依然停留在虔诚愿望的母腹之中的东西，即真正的、既适合自然又适合所有公民目的的教育机构，如今已经现实地存在，其效果出人意料地迅捷；它请求外来的赞助，只不过是为了如它现在的存在那样扩大自己，将自己的种子播撒到别的土地上去，并使自己的族类永存。因为在这里，那只不过是蕴藏在人性之中的自然禀赋之发展的东西，与普遍的母亲本性是同一种性质，即不让自己的种子消耗殆尽，而是让它们复制自己，并保存自己的族类。每一个公共机构、每一个单独的公民，都对结识一个人类事物的一种崭新秩序由以开始的机构极为重视（关于这一机构，人们可以在这期《档案》以及在巴泽多的作品《世界主义者必读……》中得知），而且这一机构如果迅速地传播开来，就必定既 〔448〕
在私人生活中也在公民机构中造成一种人们惊鸿一瞥不易想象的那样巨大和影响深远的改革。为此起见，无论多么艰辛都精心地照料、保护这棵尚嫌稚嫩的幼芽，或者至少不断地把它托付给将行善的能力与一种善良意志结合起来的人们，这也是任何博爱主义者的真正天职；因为如果它就像成功的开端使人希望的那样有朝一日得到完全的发展，那么，它的果实就会惠及天下，直至子孙后代，永无绝期。就此目的而言，5 月 13 日是一个重要的日子。在这一天，这位对自己的事业毫不怀疑的人物邀请邻近城市和大学的最博学、最富有洞察力的人士们，来**观察**他们很难仅仅听讲述就会被打动而**相信**的东西。善举一旦被看到，就具有一种不可抗拒的力量。人类卓有功勋的、值得信赖的代表们（我们期望有一大批来赴会）的声音必定会激起欧洲人对与他们如此密切相关的事情的注意，并打动他们来积极地参与一个如此具有公益性的机构。现在，必定已经使每一位博爱主义者感到极大愉悦并对仿效一个如此高贵的实例充满热烈希望的，是（就像下一期报纸将报道的那样）博爱学院由于一笔来自高贵人士的可观赞助而就其存续来说得到了保障。在这样的情况下毋庸置疑的还有：不要从四面八方匆匆涌来许多寄宿生，以便在这个机构里确保也许很快就会缺乏的位置；但那些殷切地期望这一善举迅速传播的人们最为关心的事情，即把合适的候选人送到德绍，以便按照博爱学院的教育方式学习和锻炼，这种在短期内使到处都拥有好的学校的惟一方法，似乎首先需要富有的资助者们毫不迟疑的关注和慷慨的赞助。但愿这一愿望不久就可以得到实现。值得向所有无论是私人授课还是公共授课的教师们推荐的是：使用巴泽多的作品和由他编纂的教科书，既用于自己的授课，也将后者用于被托付给他们的年轻人的练习，
〔449〕并由此就目前能够做到的那样，使自己的传授现在就已经是博爱学院式的。在康特尔书店定价 15 格罗森。

二、致公共机构

在欧洲各文明国家里，并不缺少教育机构，也不缺少教师

们在这方面为每一个人效劳的善意勤奋，但尽管如此，如今可以清晰地证明的是，它们都在最初的式样中就败坏了，由于在这里面一切都违背自然，所以远远不是从人里面造就出大自然已经提供了禀赋的善，而由于我们只是通过培训来使动物性的造物成为人的，所以如果明智地从自然本身出发进行教育，而不是奴性十足地模仿原始的无知时代的陈旧习惯的那种教育方式普遍被采用，那么，我们不久就可以在我们周围看到完全不同的人。

但是，期待逐渐的教育改革来对人类进行这种救治是徒劳的。要从它们里面产生某种好的结果，就必须对它们进行改造，因为它们就其原初的安排来说就是有缺陷的，甚至它们的教师们也必须接受一种新的培训。不是一种缓慢的改良、而是一种迅速的革命才能造成这种结果。为此，除了一个按照真正的方法从根本上重新整顿的、由开明的人士们不是以挣工资的热情而是以高贵的热情为之工作的、在其向完善进步期间由各国专家们全神贯注的眼睛观察和评判的、但还由所有博爱主义者的联合贡献所支持和赞助的学校之外，不再需要别的什么东西。

这样一个学校不仅对于它所教育的人们来说，而且更为重要得多的是，通过它所提供的机会逐渐地大批量在它这里按照真正的教育方法将被培训成为教师的人们，会成为一颗谷种， 〔450〕
通过对它的精心照料，不久就能够成长起一大批受过良好训练的教师，他们很快就会凭借良好的学校布满全国。

所有国家的公共机构的努力应当首先集中在到处都为这样一种样板学校提供帮助，使它很快就臻于完善，它在自身中已经包含着这种完善的源泉了。因为它的安排和规划会立即在其他国家被仿效，而将成为第一个完备的实例和良好教育的滋生地的它自身，却处在匮乏和向完善进步的阻力之中，这恰恰只能意味着：面临成熟还要播种，事后收获的是杂草。

这样一种教育机构如今不再仅仅是一个美好的观念，而是以对长期憧憬的东西的可行性的显著证明，表现在积极而又显著的证明中。毫无疑问，这是我们时代的一种虽然被平凡的眼睛所忽视、但对于每一个明智且又参与人类福祉的观察者来说又比大千世界每一时刻都会变化的舞台上炫目的废物更为重要得多的现象；后者即便不使人类的福祉开倒车，也不会使它前进一丝一毫。

来自不同国家的认真而又富有洞察力的专家们的公开呼吁、尤其是他们统一的声音将使这份报纸的读者们已经认识到，这家**德绍教育学院**（博爱学院）是惟一具有这种杰出性特征的机构；其中并非微不足道的杰出性之一就是：它按照自己的安排必定自然而然地摆脱所有开始时还带有的弊病。针对它而在这里或者那里出现的攻击和偶尔的谤文（其中的一篇，即曼格尔斯多夫的谤文，最近由巴泽多先生以特有的正直的尊严予以答复）是吹毛求疵和站在自己的垃圾堆上为自己辩护的旧传统的如此一贯的伎俩，以至于这种在任何时候都要对所有预示着优秀和高贵的东西投以恶毒目光的人，其不动声色的冷漠反倒必定会引起一些人怀疑这一出众的善举平庸无奇了。

〔451〕如今，为这家献身于人类、从而献身于每一个世界公民的参与的机构提供一些帮助（这种帮助单看微不足道，但却能集腋成裘）的机会已经呈现出来。如果人们想尽力施展自己发明创造的力量，来设想出能够借助微薄的贡献促成尽可能大的、最持久的、普遍的善的机会，那么，它必定就是善自身的种子能够被照料、被滋养，以便它随着时间而传播、而永恒的机会。

根据我们对我们的公共机构大量善意的人们所形成的这些概念和好评，我们谨就这份学术性的、政治性的报纸的第 21

期连同副刊，期盼着有众多的人士预订，期盼着宗教界和教育界的所有先生们，期盼着不可能对有助于更好地教育自己孩子的东西无动于衷的父母们，甚至期盼着那些虽然没有孩子、但过去却作为孩子享受过教育、并正因为如此而认识到即便不为繁育人至少也为教育人贡献自己力量的义务的人士们。

这份由德绍教育学院发行的名为《教育学论坛》的月刊，预订价为我们货币的 2 帝国塔勒 10 格罗森。但是，由于印张数目尚未确定，年底可能会要求补交，所以，也许最好是（不过却是听凭每一个人任意决定的）以预订的方式贡献 1 杜卡特来促进这项事业，届时如有要求，自应如数退还余款。因为这家学院希望，在所有的国家里都有许多思想高贵的人士，会乐意抓住这样一个机会，来借此在预订金之上再附加一份自愿的小礼物，对支持接近自己的完善、但由于等待赞助却偶尔难以为继的学院作出贡献。因为就像高等教会监理会监理毕兴先生所说的（《新地图与地理学、统计学和历史学书文周刊》，1776 年度，第 16 期），各国政府现在似乎没有钱来进行教育改革，所以，要使教育改革不致落空，就要看富有的私人们用慷慨的 〔452〕
赞助来促进这一如此重要的公共事业了。

本地预订在康德教授先生处上午 10 点至下午 1 点、在康特尔书店随时恭候，出具预订单。

中德人名对照表

阿波罗尼	Apollonius	贝尔	Bel
阿德拉斯特	Adrast	贝克曼	Beckmann
阿尔基德	Alcides	毕兴	Büsching
阿尔迦罗蒂	Algarotti	柏拉图	Plato
阿尔赛斯特	Alcest	博莱里	Borelli
阿尔特米多	Artemidor	波利比阿	Polyb
阿基里斯	Achilles	波吕尔	Bruyere
阿里奥斯托	Ariosto	博奈特	Bonnet
阿那克里翁	Anacreon	伯内特	Burnet
阿塔卡库拉库拉	Attakakullakulla	布阿希	Buache
埃贝哈德	Eberhard	布尔哈维	Boerhaave
爱比克泰德	Epiktet	布丰	Buffon
艾夫斯	Ives	布拉德莱	Bradley
埃耐斯提	Ernesti	查泰勒	Chastelet
艾皮努斯	Aepinus	达兰贝尔	D'Alembert
奥维德	Ovid	达西埃	Dacier
巴泽多	Basedow	德居内	Desguignes
鲍迈斯特	Baumeister	德勒姆	Derham
鲍姆嘉登	Baumgarten	德谟克利特	Demokritus
贝尔	Bayle	邓斯	Duns

第谷	Tycho	卡托	Cato
笛卡尔	Cartes	开普勒	Kepler
第欧根尼	Diogenes	凯撒	Cäsar
多米提安	Domitian	凯斯特讷	Kästner
封德耐尔	Fontenelle	科尔贝	Kolbe
丰克	Funk	克拉维乌斯	Clavius
冯克	Funck	克兰茨	Clanz
伏尔泰	Voltaire	克洛普施托克	Klopstock
格兰狄逊	Grandison	克鲁修斯	Crusius
哈迪布拉斯	Hudibras	克伦威尔	Cromwelle
哈勒	Haller	拉巴特	Labat
哈努曼	Hanuman	拉依	Ray
哈奇森	Hutcheson	莱马鲁斯	Reimarus
哈赛尔奎斯特	Hasselquist	赖因哈德	Reinhard
汉威	Hanwey	兰贝特	Lambert
荷加斯	Hogarth	朗克洛	Lenclos
赫拉克利特	Heraklit	莱布尼茨	Leibniz
荷马	Homer	莱顿的约翰	Johann von Leyden
惠更斯	Huygens	莱格古士	Lykurgus
惠斯顿	Whiston	李斯科	Liscow
霍尔贝格	Holberg	林耐	Linnäus
霍夫曼	Hofmann	鲁滨孙	Robinson
基内亚斯	Cineas	鲁克莱西娅	Lucretia
伽利略	Galilei	卢克莱修	Lucrez
居里克	Guericke	卢罗夫	Lulof
聚斯米尔希	Süßmilch	卢梭	Rousseau
卡尔	Karl	马保梯	Maupertuis
卡拉赞	Carazan	马兰	Mairan

马勒伯朗士	Malebranche	斯宾诺莎	Spinoza
马里奥特	Mariotte	斯维夫特	Swift
玛特维勒	Marteville	苏格拉底	Sokrates
迈耶尔	Meier	索瓦格	Sauvage
曼格尔斯多夫	Mangelsdorf	塔耳塔洛斯	Tartalus
孟德斯鸠	Montesquieu	太伦斯	Terentius
蒙那德齐	Monaldeschi	泰斯克	Teske
弥尔顿	Milton	特拉松	Terrasson
莫斯卡蒂	Moscati	忒瑞西阿斯	Tiresias
摩西	Mose	托里拆利	Torricelli
穆罕默德	Mahomet	瓦伦	Varen
穆森布罗克	Musschenbroek	维吉尔	Virgil
纳迪尔	Nadir	维纳斯	Venus
尼布尔	Niebuhr	沃伯顿	Warburton
尼禄	Nero	沃尔夫	Wolff
牛顿	Newton	伍德沃德	Woodward
尼侬	Ninon	乌罗阿	Ulloa
纽文逖特	Nieuwentyt	希尔	Hill
欧几里得	Euklides	西尔伯施拉格	Silberschlag
欧拉	Euler	希罗多德	Herodot
皮浪	Pyrrho	西摩尼得斯	Simonides
蒲伯	Pope	西绪福斯	Sisypheus
普洛透斯	Proteus	辛那赫·里布	Sanherib
瑞摩斯	Remus	休谟	Hume
萨蒂尔	Satyr	雅各比	Jacobi
莎夫茨伯利	Shaftesbury	亚哈遂鲁	Ahasverus
施塔尔	Stahl	亚历山大	Alexander
施魏登贝格	Schwedenberg	亚里士多德	Aristoteles

亚里斯蒂德	Aristides	伊阿宋	Jason
扬	Young	伊索克拉底	Isokrates
伊壁鸠鲁	Epikur	朱诺	Juno
伊顿	Eaton		

后　　记

本来不打算再写什么后记了，但完稿之后的喜悦还是催促我把手指放在了键盘上。

当我在 2002 年 1 月 19 日于德国法兰克福市的一座公寓里写下第一卷的后记时，我绝对没有想到正好并且仅仅半年之后，我又在 19 日写第二卷的后记。感谢中国国家留学基金管理委员会的资助，为我提供了到德国访学半年的机会。在完成预定项目和讲学之余，丰富的资料和充裕的时间，自然而然地使翻译加快了进度。

伴随着今夜窗外的夏雨，随着校对完最后一篇文章的最后一行，我结束了康德前批判时期著作的翻译。在这两卷书中，康德哲学的发展方向尚未完全定型。也正因为如此，康德充分发挥了他充分了解 18 世纪欧洲学术发展的特长。他的话题从形而上学、伦理学、宗教学、教育学到数学、天文学、地理学、物理学、化学、人类学，几乎涉及那个时代的科学的所有热门话题。为了适应康德老人的博学，我不得不重温了欧洲 18 世纪各门科学的发展史，甚至为了一些具体的术语和数据而不得不翻阅大量的资料。有时，为了理解一些已经过时不用的术语，为了给一些意思相近（甚至在现代语言中意思相等）但又绝对应当区分开来的词寻找合适的中文翻译，更是需要殚精竭虑，翻译工作的辛苦可想而知。

本卷的《关于美感和崇高感的考察》、《一位视灵者的梦》以及第一卷中的《一般自然史与天体理论》在此之前已经在大陆或者台湾有了中文译本。我在翻译的过程中认真地参考了上述译本，甚至在我认为不可能找到更好的表述时还直接沿用了上述译本的表述。能够站到“巨人”的肩上，使我自信能够看得更远。以后各卷，原已有中文译本的情况开始增多，我将继续坚持这一原则。

在第二卷完稿前夕，我还看到了第一卷的清样。感谢责任编辑李艳辉女士。我在第一卷的后记中曾写下“翻译过程中战战兢兢、如履薄冰”的字样，而李艳辉女士敏锐的眼光和近乎挑剔的态度无疑为译稿的质量增加了保险系数，曾经担任《亚里士多德全集》责任编辑的经验使她在编辑《康德著作全集》第一卷的工作中游刃有余，我为有这样的合作者而感到庆幸。

二〇〇三年七月十九日
于中国人民大学科研楼

“十五”国家重点图书出版规划项目

Kants Werke

Akademie Textausgabe

康德著作全集 第4卷

纯粹理性批判（第1版）
未来形而上学导论
道德形而上学的奠基
自然科学的形而上学初始根据

李秋零 主编

中国人民大学出版社

目录

1783 年

伊曼努尔·康德

1781 年

纯粹理性批判（第 1 版）

1781年

纯粹理性批判

（第1版）

伊曼努尔·康德硕士

哥尼斯贝格大学教授

李秋零 译

献词

献给

王家国务大臣

策德利茨男爵阁下

先生！ 〔5〕

尽自己的职分促进科学的发展，也就是为**阁下**您自己的旨 AⅣ
趣而工作；因为后者与科学密切相关，不仅是由于一个保护者
的崇高地位，而且还由于一个爱好者和明察秋毫的行家更亲密
得多的关系。因此，我也利用自己在某种程度上力所能及的手
段，表示我的感激之情；**阁下**慷慨的信赖赐我以荣耀，就好像 AⅤ
我真能为此目的作出某种贡献似的。

喜欢过思辨的生活者，惟愿一位开明练达的法官的赞许是其用途虽然遥远而完全不为常人所识、但却甚大的那些努力的一种强有力的鼓励。

我如今把这部著作呈献给这样一位法官，呈献给他的慷慨
的关注，并将我著述使命的其余所有事务呈献给他的庇护。谨 AⅥ
致深深的敬意。

阁下恭顺的仆人伊曼努尔·康德

哥尼斯贝格

1781 年 3 月 29 日

〔7〕 A Ⅶ

前言

人类理性在其知识的某一门类中有如下特殊的命运：它为种种问题所烦扰，却无法摆脱这些问题，因为它们是由理性自身的本性向它提出的，但它也无法回答它们，因为它们超越了人类理性的一切能力。

人类理性陷入这种窘境，却并非它自己之过。它是从其运用在经验的进程中不可避免、同时又通过经验得到证明的那些原理开始的。凭借这些原理，它（正如它的本性导致的那样）
A Ⅷ 越升越高，达到更遥远的条件。但由于它发现，以这种方式它的工作必然因这些问题永远无休无止而在任何时候都还是未完成的，所以它看到自己不得不求助于一些原理，这些原理超越一切可能的经验应用，尽管如此却显得如此无可怀疑，以至于就连普通的人类理性也对此表示赞同。但这样一来，它就跌入了黑暗与矛盾，它虽然从这黑暗和矛盾得知，必定在某个地方有某些隐秘的错误作为基础，但它却不能揭示这些错误，因为它所使用的原理既然超越了一切经验的界限，就不再承认经验的试金石。这些无休无止的争吵的战场，就叫做**形而上学**。

曾经有一段时间，形而上学被称为一切科学的**女王**，而且如果把意志当做事实，那么它由于自己对象的出色的重要性，自然配得上这一尊号。现在，时代的流行口吻导致对它表现出
〔8〕 A Ⅸ 一切轻视，这位老妇遭到驱赶和遗弃，像赫卡柏一样抱怨道：modo maxima rerum，tot generis natisque potens-nunc trahor exul，inops-Ovid. Metam［不久前我还是万物之首，因子嗣众多而君临天下，而今却被放逐，一无所有。——奥维德：《变

形记》]。

最初，形而上学的统治在**独断论者**的管辖下是**专制的**。然而，由于立法还带有古代野蛮的痕迹，所以它就由于内战而逐渐地蜕化成完全的**无政府状态**，而**怀疑论者**，即一种游牧民，憎恶地面的一切常设建筑，便时时来拆毁市民的联合。但幸好他们人数不多，所以他们不能阻止独断论者一再试图又重新建立这种联合，尽管这种重建并不是按照在他们中间意见一致的计划。在近代，虽然一度看起来好像通过（由著名的**洛克**提出的）人类知性的某种**自然学**已经结束了这一切争论，并完全确定了那些要求的合法性；但人们发现的却是，尽管那位所谓的女王的出生乃来自平常经验的贱民，因而她的非分要求必然理应受到怀疑，但由于这个**血统**事实上是虚假地为她捏造的，所以她还一再坚持她的要求，由此一切都又堕入陈旧的、腐朽的 AⅩ
独断论，并由此堕入人们曾想使科学摆脱的那种蔑视。如今，在一切道路（正如人们所相信的那样）都徒劳地尝试过之后，厌倦和完全的**冷淡**这个混乱和黑夜之母在科学中占了统治地位，但同时，在科学由于错用勤奋而变得模糊、混乱和不适用的时候，毕竟还有其临近改造和澄清的源泉，至少是有其序幕。

也就是说，想就这样的研究而言装作**无所谓**是徒劳的，这些研究的对象对于人类本性来说不可能是无所谓的。那些假装出来的**冷淡主义者**，无论他们如何想通过把学院语言变化为大众化的口吻来使自己无法辨认，只要他们在某个地方思维某物，他们就不可避免地回归到他们曾装作极为蔑视的那些形而上学主张上去。然而，这种在一切科学的繁荣当中发生、并恰好涉及这样一些知识——诸如此类的知识一旦能够被拥有，在所有的知识中人们就最不会放弃它们——的这种无所谓，毕竟 AⅪ
是值得注意和深思的一种现象。它显然不是轻率的结果，而是 〔9〕

时代成熟的**判断力**①的结果，这个时代不能再被虚假的知识拖后腿了；它是对理性的一种敦请，要求它重新接过它的所有工作中最困难的工作，即自我认识的工作，并任命一个法庭，这
AⅫ 个法庭将在其合法要求方面保障理性，但与此相反，对于一切无根据的非法要求，则能够不是通过权势压人的命令，而是按照理性永恒的和不变的法则来处理之；而这个法庭就是**纯粹理性的批判**本身。

但是，我所理解的批判，并不是对某些书和体系的批判，而是就它**独立于一切经验**能够追求的一切知识而言对一般理性能力的批判，因而是对一般形而上学的可能性或者不可能性的裁决，对它的起源、范围和界限加以规定，但这一切都是出自原则。

现在，我已经走上这条惟一留下的道路，我自诩在这条道路上已经找到了消除迄今使理性在脱离经验的应用中与自身分裂的一切谬误的办法。我并没有借口人类理性的无能而回避理性的种种问题；相反，我根据原则将它们一一列举，并且在我揭示出理性对它自身的误解之点之后，对它们作出使理性完全

① 人们时而听到对我们时代的思维方式的肤浅和缜密科学的衰落的抱怨。但我却看不出那些根深蒂固的科学，例如数学和自然学说等等，有丝毫应受这种责备之处，相反，它们维护了缜密性的古老荣誉，而在自然学说中甚至有过之而无不及。现在，同一种精神也要在另一些知识门类中证明其有效用，只要首先留意纠正其原则。在缺乏这种纠正时，冷淡、怀疑、最后还有严格的批判，反倒是缜密的思维方式的**证明**。我们的时代是真正的批判时代，一切都必须经受这种批判。通常，**宗教**凭借其**神圣**，**立法**凭借其**威严**，想要逃脱批判。但在这种情况下，它们就激起了对自身的正当怀疑，并无法要求获得不加伪饰的敬重，理性只把这种敬重给予能够经得起它的自由的和公开的检验的东西。

满意的解决。虽然对那些问题的回答根本不像独断论的狂热求知者所可能期望的那样；因为除了我不擅长的魔术之外，没有别的办法使它们满意。然而，这也不曾是我们理性的自然规定的意图，哲学的义务曾经是消除源自误解的幻觉，哪怕此际还有诸多备受赞扬和喜爱的妄想破灭。在这项研究中，我使详尽性成为我的重大关注对象，我斗胆说，没有任何一个形而上学问题在这里没有得到解决，或者没有至少为其解决提供了钥匙。事实上，就连纯粹理性也是一个如此完善的统一体，以至于只要它的原则对于通过它的本性给它提出的所有问题中的任何一个是不充分的，人们就至少会把它抛弃掉，因为在这种情况下，它也就不能以完全的可靠性来胜任其余问题中的任何一个了。 〔10〕 A XIII

在我说这些话的时候，我相信可以在读者脸上看到对表面上如此大言不惭和过分的要求的一种混有轻蔑的不满；尽管如此，比起伪称要在其最普通的规划中证明**灵魂**的简单本性、或者证明最初的**世界开端**的必然性的任何一个作者的要求来，上述要求都是无比温和的。因为这种作者自告奋勇地要把人类知识扩展到可能经验的一切界限之外，对此我谦卑地承认，这完全超出了我的能力；相反，我只能够与理性本身及其纯粹思维打交道，对其详尽的知识我不可以远离我自己去寻找，因为我在我自身中发现了它们，而且也已经有普通逻辑给我提供了这方面的例子，即它的一切简单的活动都可以完备且系统地列举出来；只是这里提出了一个问题，即如果我去掉经验的一切素材和支持，我凭借它可以希望有多少建树。 A XIV

在达到**每一个**目的时注重**完备性**，与达到**一切**目的时注重**详尽性**相结合，这些并非一种任意的决心，而是知识本身的本性作为我们的批判研究的题材交付给我们的任务。

还有**确定性**和**明晰性**这两项，它们涉及这种研究的**形式**， A XV

〔11〕应当被视为人们可以正当地对敢于从事一项如此难以把握的工作的作者提出的本质性要求。

至于**确定性**，我曾经对我自己说出过如下判断：在这类考察中，无论如何都不允许有所**意见**，一切在其中看起来类似于一种假说的东西都是禁品，即便是以最低廉的价格也不得出售，而是一经发现就必须予以封存。因为每一种应当先天地确定的知识都自身预示着，它要被视为绝对必然的，而所有纯粹先天知识的规定则更有甚者，它应当是一切不容争辩的（哲学的）确定性的准绳，从而甚至是其范例。现在，我在这里是否已经做到我自告奋勇地要做的事情，这完全听凭读者去判断，因为作者应做的只是展示根据，而不是对这些根据在审判者那
A XVI 里的效用作出判断。但是，为了不至于有某种东西无辜地成为削弱这些根据的原因，倒也可以允许作者对那些有可能引起一些猜疑的地方，即便它们只是涉及附带的目的，也自己作出说明，以便及时地防止读者在这一点上哪怕只是极小的疑虑就会对其就主要目的而言的判断所造成的影响。

对于探究我们称之为知性的能力、同时规定其应用的规则和界限来说，我不知道还有什么研究比我在题为**纯粹知性概念的演绎**的先验分析论第二章中所作出的研究更为重要的了；这些研究也使我花费了最多的精力，我希望这些精力不会没有回报。但是，这一颇具深度的考察具有两个方面。一个方面与纯粹知性的对象相关，应当阐明和解释知性的先天概念的客观有效性；正因为此，它也在本质上属于我的目的。另一个方面则旨在于考察纯粹知性本身，探讨它的可能性和它本身所依据的
A XVII 种种认识能力，因而是在主观的关系中考察它；而即使这种讨论就我的主要目的而言极为重要，但它毕竟并不在本质上属于
〔12〕我的主要目的，因为主要的问题始终依然是：知性和理性脱离开一切经验能够认识什么、认识多少？而不是：**思维的能力**自

身是如何可能的？既然后者仿佛是为一个被给予的结果寻找原因，就此而言本身具有某种类似于一个假说的东西（尽管如我在别的地方将指出的那样，事实上并不是这回事），所以看起来这里的情况是：既然我允许自己有所**意见**，我也就不得不听凭读者另外有所**意见**。鉴于这一点，我必须预先提醒读者：即使我的主观演绎在读者那里并未产生我所期待的全部说服力，我在这里主要关注的客观演绎却毕竟会获得其全部的力度，必要时单是第 92～93 页所说的东西就足以能够做到这一点了。

最后，就**明晰性**而言，读者有权利首先要求**凭借概念**的**推论的**（逻辑的）**明晰性**，但然后也有权利要求**凭借直观**的、亦即凭借具体的实例和其他说明的**直觉的**（感性的）**明晰性**。对 AXVIII
于前一种要求来说，我已给予充分的关注。这涉及我的计划的本质，但却也是我没有充分满足第二种尽管不那么严格、但毕竟合情合理的要求的偶然原因。在我的工作的进展中，我几乎一直犹豫不决，不知道应当如何对待这一点。我觉得，实例和说明始终是必要的，因此它们也确实在最初的构思中恰如其分地获得了其位置。但是，我马上就发现了我将要处理的课题之庞大和对象之繁多；而既然我觉察到，这些东西单是用枯燥的、纯然**经院派的**陈述就已经足以会使这本书膨胀了，所以我认为，用那些仅仅在**大众化**方面有必要的实例和说明来使这本书更加臃肿，实为不可取，尤其是这本书绝不可能适合大众化的应用，而真正的科学行家又不那么必需这种简便，尽管这种简便在任何时候都是受人欢迎的，但在这里却甚至可能引起某种有悖目的的东西来。虽然修道院院长**特拉松**说道：如果人们 AXIX
不是按照页数、而是按照人们理解它所必需的时间来衡量一部书的篇幅的话，关于某些书人们就可以说：**如果它不是如此简短的话，它就会更为简短得多。**但另一方面，如果人们把自己 〔13〕
的意图指向思辨知识的一个详尽的、但尽管如此却在一个原则中互有关联的整体的可理解性的话，人们就能够同样有正当权利说：**某些书如果不应当如此明晰的话，它就会更为明晰得多。**因为明晰性的辅助手段虽然**在各个部分中**有所助益，但却往往**在整体上**分散精力，因为它们不能足够快地使读者达到对整体的概观，并且凭借其所有鲜亮的色彩粘住了体系的关节或者骨架，使它们面目全非，但为了能够对体系的统一性和优异性作出判断，最关键的就是这骨架。

我觉得，如果作者有希望按照所提出的构想完整地并且持之以恒地完成一部庞大而且重要的著作的话，那么，将读者的努力与作者的努力结合起来，可能会对读者形成不小的诱惑。
AXX 如今，形而上学按照我们在这里将给予的概念，是所有科学中惟一一门可以许诺这样一种完成的科学，而且在短时间内只需花费少许力气、但却是联合起来的力气来完成它，以至于除了在**教学法的**风格上按照自己的意图来安排一切、并不因此就能对内容有丝毫增加之外，不再给后世留下任何东西。因为这无非是通过**纯粹理性**系统地整理出来的我们所有财产的**清单**罢了。在这里，我们不会忽略任何东西，因为理性完全从自身创造的东西，都不可能隐匿自己，而是只要人们揭示了它们的共同原则，它们本身就会被理性带到光天化日之下。这类知识出自真正的概念，任何出自经验的东西、或者哪怕只是应当导向确定的经验的**特殊**直观，都不能对它有什么影响，使它扩展和增加，其完全的统一性使得这种无条件的完备性不仅是可行的，而且是必然的。Tecum habita et noris, quam sit tibi curta supellex. Persius.［自己住吧，你将知道你的陈设是多么的简陋。——佩尔修］

AXXI 我希望在**自然的形而上学**这个标题自身下面提供出纯粹（思辨）理性的这样一个体系，它比起这里的批判来虽然篇幅尚不及一半，但却应当具有丰富得多的内容；这里的批判必须首先阐明其可能性的来源和条件，并且必须清理和平整杂草丛生的地基。在这里，我期待于我的读者的是一个**审判者**的耐心 〔14〕
和公正，而在那里期待的则是一个**助手**的顺从和支持；因为即便体系的**所有原则**都在批判中得到完备的陈述，属于体系本身的详尽性的毕竟还有：不可缺少任何**派生出来的**概念。人们不能先天地估算这些概念，相反，它们必须逐步地寻找出来；同样，既然在那里已经穷尽了概念的全部**综合**，所以在这里就额外要求在**分析**方面也做到这一点，这一切是轻而易举的，与其说是工作，倒不如说是消遣。

就印刷而言，我还必须作出少许说明。由于开印有点延
迟，所以我只能看到大约一半校样，其中我虽然发现了一些印 A XXII
刷错误，但它们并未把意思搞混，只有出现在第 379 页倒数第 4 行的一处错误，**怀疑的**应改为**特殊的**。从第 425 页到第 461 页，纯粹理性的二论背反是按照列表的方式排列的，即凡是属于**正论**的都排在左边，凡是属于**反论**的都排在右边。我之所以这样安排，乃是为了更便于将命题和反命题相互比较。

〔17〕
A1
导论

一、先验哲学的理念

毫无疑问，经验是我们的知性在加工感性感知的原始材料时所产生的第一个产品。正因为此，经验是最初的教导，而且在进展中新的传授如此不可穷尽，以至于一切未来世代的连续不断的生活都将永不缺乏在这块地基上能够搜集到的新知识。尽管如此，它却远远不是能够使我们的知性受限制的惟一领域。它虽然告诉我们什么存在，但却并不告诉我们它必然如此而不是别的样子。正因为此，它也不给予我们任何真正的普遍性，而如此渴求这类知识的理性则与其说通过它得到满足，倒
A2 不如说通过它受到刺激。如今，这样的同时具有内在必然性性质的普遍知识，必须独立于经验，自身就是明晰和确定的；因此，人们把它称为先天知识：因为与此相反，仅仅从经验借来的东西，如同人们表述的那样，只是被认识为后天的或者经验性的。

如今表现出来极为值得注意的是，甚至在我们的经验中间都掺杂着必然有其先天起源、也许仅仅效力于给我们的感官表象带来联系的知识。因为如果人们从我们的经验中去掉凡是属于感官的东西，则尽管如此还剩下某些源始的概念以及由这些
〔18〕 概念产生的判断，它们必须是完全先天地、不依赖于经验产生的，因为它们使人们关于显现给感官的对象能够说、至少是相信能够说多于纯然的经验教导的东西，而且使种种主张包含着真正的普遍性和严格的必然性，诸如此类的东西是纯然经验性

的知识所不能提供的。

但是，想说得远为更多的，是这样一点，即某些知识甚至离开了一切可能经验的领域，并通过任何地方都不能为其提供 A3 经验中的相应对象的概念，而具有把我们的判断的范围扩展到超出经验的一切界限的外观。

而恰恰是在这后一种超出感官世界的知识中，在经验根本不能提供任何导线、也不能提供校正的地方，蕴涵着对理性的研究；与知性在现象领域能够学到的一切相比，我们认为这种研究在重要性上要优越得多，其最终目的也要崇高得多，我们在这方面甚至冒着出错的危险宁可做一切，也不愿出自某种顾虑的理由或者出自蔑视和漠视而放弃如此令人关注的研究。

现在看来自然而然的是，一旦离开经验的基地，人们就不要凭借自己拥有却不知从何而来的知识、基于不知其来源的原理的信誉而马上建造大厦，却没有事先通过仔细的研究为大厦的奠基作出保障；因此，人们早就要提出这样的问题：知性究竟如何能够达到所有这些先天知识，它们会有怎样的范围、有效性和价值。事实上，如果人们把这个词理解为应当以正当 A4 的、理性的方式发生的事情，那也就没有任何东西更自然了；但如果人们把它理解为按照通常的尺度发生的，那就又没有什么比这一研究必然长期被搁置更为自然、更可理解的了。因为这种知识的一个部分，作为数学知识，早就具有了可靠性，并由此使人也对其他部分产生一种乐观的期望，而不管它们可能具有完全不同的本性。此外，如果超出经验的范围，则人们肯定不会受到经验的反驳。扩展自己知识的诱惑是如此巨大，以至于人们只会被自己遇到的明显的矛盾阻止住前进的步伐。但 〔19〕 是，如果人们小心谨慎地作出自己的虚构，使这种虚构并不因此就很少是虚构，那么，这种矛盾还是能够避免的。至于我们

不依赖于经验在先天知识中能够走出多远，数学给我们提供了
一个光辉的范例。数学虽然只是在对象和知识能够表现在直观
中的程度上研究它们，但这一情况很容易被忽略，因为上述直
观可以先天地被给予，从而与一个纯然的纯粹概念几乎没有区
A5 别。被理性力量的这样一种证明所鼓励，扩展的冲动看不到任
何界限。轻盈的鸽子在自由飞翔时分开空气，感受到空气的阻
力，也许会想象在没有空气的空间里可以更好地飞翔。同样，
柏拉图因为感官世界给知性设置了如此形形色色的障碍而离开
了感官世界，冒险在感官世界的彼岸鼓起理念的双翼飞入纯粹
知性的真空。他没有发觉，他竭尽全力却毫无进展，因为他没
有任何支撑物仿佛是作为基础，使他支撑起自己，并在上面用
力，以便发动知性。但是，尽可能早地完成思辨的大厦，然后
才来研究它的基础是否扎实，这是人类理性在思辨中的通常命
运。但在这种情况下，各种各样的溢美之辞就被找出来，使我
们因大厦的出色而感到安慰，或者拒绝这样一种迟到的、危险
的检验。但是，在建造期间使我们摆脱任何担忧和疑虑并以表
面上的缜密迎合我们的，就是这种东西。我们理性的工作的一
大部分、也许是最大的部分，就在于**分析**我们关于对象已经拥
有的概念。这一工作给我们提供了大量的知识，这些知识虽然
A6 无非是对在我们的概念中（尽管还是以模糊的方式）思维过的
东西所作出的澄清和阐明，但至少就形式而言仍被认为如同新
的洞识，尽管它们就质料或者内容而言并没有扩展、而是仅仅
解析了我们所拥有的概念。如今，既然这种方法提供了具有一
种可靠有用的进展的现实的先天知识，于是，理性就不知不觉
〔20〕 地在这种假象下骗取了完全异类的主张，其中理性为被给予的
概念先天地添加了完全异己的概念，人们却不知道它是如何做
到这一点的，而且不让这一问题哪怕是仅仅进入思想。因此，
我想一开始就探讨这种双重的认识方式的区别。

论分析判断与综合判断的区别

在所有思维主词与谓词之关系的判断（我在这里只考虑肯定判断，因为运用到否定判断上是轻而易举的）中，这种关系以两种不同的方式是可能的。要么谓词 B 属于主词 A，作为（以隐蔽的方式）包含在概念 A 中的某种东西；要么 B 虽然与概念 A 有关联，但却完全在它之外。在第一种场合里，我把判断称为**分析的**，在第二种场合里我则把它称为**综合的**。因此，（肯定的）分析判断是其中借助同一性来思维谓词与主词 A7
的联结的判断，而其中不借助同一性来思维这种联结的判断则应当叫做综合判断。前一些判断也可以称为**解释**判断，后一些则也可以称为**扩展**判断，因为前者通过谓词未给主词的概念增添任何东西，而是只通过分析把它分解成它的在它里面已经（虽然是模糊地）思维过的分概念；与此相反，后者则给主词的概念增添一个在它里面根本未被思维过、且不能通过对它的任何分析得出的谓词。例如，如果我说：一切物体皆有广延，这就是一个分析判断。因为要把广延视为与我结合在物体这个词上的概念相关联的，我可以不从这个概念出发，而是只分析这个概念，也就是说，只意识到我随时在它里面所思维的杂多，就可以在它里面遇到这个谓词；因此，这是一个分析判断。与此相反，如果我说：一切物体皆有重量，则谓词是某种完全不同于我仅仅在一般物体的概念中所思维着的东西。因此，这样一个谓词的附加就提供了一个综合判断。

于是，由此显而易见的是：1. 通过分析判断，我们的知
识根本没有被扩展，而是我已经具有的概念得到阐明，使我可 A8
以理解；2. 在综合的判断中，要认识一个不包含在那个概念 〔21〕
中、但却属于它的谓词，我就必须在主词的概念之外拥有知性

所依据的某种别的东西（X）。

在经验性的判断或者经验的判断那里，对此根本没有任何困难。因为这个 X 是关于我通过一个概念 A 所思维的对象的完整经验，概念 A 只构成这个经验的一个部分。因为尽管我根本不把重量的谓词包括在一般物体的概念之中，但这个概念毕竟通过经验的一个部分表明了完整的经验，因而我就能够把同一经验的其他部分附加给该部分作为属于它的。我可以事先分析地通过广延、不可入性、性状等均在物体概念中已被思维的标志来认识这个概念。但此时我扩展了我的知识，并且通过我回顾我由以获得这个物体概念的经验，我发现重量在任何时候都是与上述标志相联结的。因此，经验就是处在概念 A 之外的那个 X，重量 B 的谓词与概念 A 的综合的可能性所依据的就是这个 X。

A9 但在先天综合判断那里，则完全没有这种辅助手段。如果我应当超越到概念 A 之外来把另一个概念 B 认识为与之结合的，我依据的是什么呢？而既然我在这里并没有在经验的领域里寻找它的那种有利条件，综合又是凭借什么成为可能的呢？请看这个命题：凡是发生的事情，都有其原因。在发生的某物的概念中，我虽然思维了一种存在，在它之前经过了一段时间等等，并且从中可以引出分析的判断。但是，原因的概念表现着某种与发生的事情不同的东西，而且根本不包含在后一种表象之中。我究竟是怎样做到，关于发生的事物说出某种与之完全不同的东西，并且把虽然不属于它的原因的概念却认识为属于它的呢？在这里，如果知性相信可以在 A 的概念之外发现一个与它异己、但尽管如此仍与它相联结的谓词 B 的话，知性所依据的 X 是什么呢？它不可能是经验，因为所援引的原
〔22〕理不仅以比经验能够提供的更大的普遍性，而且以必然性的表述，从而是完全先天地、仅仅从概念出发把第二种表象加在前

面的表象之上的。如今，我们先天的思辨知识的全部最终目的都是依据这样一些综合的、即扩展的原理的；因为分析的原理虽然极为重要而且必需，但却只是为了达到概念的清晰，这种清晰对于一种可靠而且广泛的综合，亦即对于一种确实新的增添来说，是必不可少的。 A10

因此，这里隐藏着某个秘密，[①]惟有这个秘密的揭示才能安全可靠地造成在纯粹知性知识的无边无际的领域里的进步；也就是说，以应有的普遍性揭示先天综合判断之可能性的根据，洞察使每一类这样的判断成为可能的条件，并且将这全部（自成一类的）知识在一个体系中按照其原初的起源、分类、范围和界限，不是通过一个草率的圆圈予以标明，而是完备地和为每一种应用充分地予以规定。关于综合判断自身所具有的特性，暂时就说这么多。

如今，从所有这一切得出一门可以用于**纯粹理性批判**的特殊科学的理念。不过，每一种不混杂有任何异类的东西的知识都叫做**纯粹的**。但尤其是根本没有经验或者感觉混入其中的知识被称为绝对纯粹的，因而它也是完全先天地可能的。于是，理性就是提供先天知识**原则**的能力。所以，纯粹的理性是包含着绝对先天地认识某种对象的原则的理性。纯粹理性的一种**工具论**就会是能够获得并现实地完成所有的纯粹先天知识所遵循的那些原则的总和。这样一种工具论的详尽应用就会造就一个纯粹理性的体系。但由于这一体系要求颇多，且一般来说，我 A11

① 如果古人中已有人想到这一点，哪怕只是想到提出问题，那么，单是这个问题就会强有力地抵制直到我们时代的所有纯粹理性体系，并省掉如此之多的毫无价值的尝试，这些尝试是在不知道人们真正要干什么的情况下盲目地作出来的。

〔23〕们知识的这样一种扩展是否可能，以及在什么样的场合是可能的，尚不能肯定，所以我们可以把纯然判断纯粹理性及其来源和界限的科学视为纯粹理性体系的**预科**。这样一门科学就不能叫做纯粹理性的**学说**，而是必须叫做纯粹理性的**批判**，而它的用途就确实只是消极的，不是用于扩展我们的理性，而是用于澄清我们的理性，使它避免失误，这已是收获颇丰了。我把一
A12 切不研究对象、而是一般地研究我们关于对象的先天概念的知识称为**先验的**。这样一些概念的体系可以叫做**先验哲学**。但是，这种哲学对于开端来说又太多。因为既然这样一门科学必须完备地既包含分析的也包含综合的先天知识，所以就与我们的目的相关而言，它的范围过于庞大，因为我们只可以把分析推进到为在整个范围内洞察我们惟一所要探讨的先天综合的原理所必需的程度。这种研究真正说来不能称为学说，而只能称为先验的批判，因为它不以扩展知识自身为目的，而仅仅以纠正知识为目的，并应为一切先天知识是否具有价值提供试金石。这种研究就是我们现在所从事的事情。据此，如果可能的话，这样一种批判乃是为先天知识的一种工具论所做的准备，而如果这一点做不到，则至少是为先天知识的一部法规做准备，按照这部法规，也许有朝一日就能够既分析又综合地阐述纯粹理性哲学的完备体系，不管它是在于扩展纯粹理性的知识还是仅仅在于限制它的知识。因为这种体系是可能的，以及这样一种体系的范围不能非常庞大，以便可以希望全部完成它，这一点从以下事实即可以事先得到证明，即这里构成对象的不
A13 是不可穷尽的事物之本性，而是对事物本性作出判断的知性，而且知性又是仅仅就其先天知识而言的；这种对象的储备因我们不可以在外面寻找它而对于我们不可能保持为隐秘的，且根据一切猜测小得足以完备无遗地对它是否具有价值作出判断，并作出正确的评价。

二、先验哲学的划分 〔24〕

先验哲学在这里只是纯粹理性批判**以建筑术的方式**亦即从原则出发为之设计出整个蓝图的一个理念，要完全保证构成这一大厦的各个部分的完备性和可靠性。至于这一批判自己还不叫做先验哲学，仅仅因为要成为一个完备的体系，它就必须也包含着对全部人类先天知识的详尽分析。如今，尽管我们的批判当然提供了对构成上述纯粹知识的所有基本概念的一种完备列举，但它却合理地放弃了对这些概念自身的详尽分析，也放弃了对由此派生的概念的完备评论，这部分是因为这种分析由 A14
于不具有在综合中遇到的、本来整个批判为之存在的那种不可靠性而不合目的，部分是因为承担这样一种分析和推导的完备性的责任，与计划的同一性相抵触，就自己的目的而言，人们毕竟是可以解除这种责任的。无论是分析还是从下面要提供的先天概念作出推导，只要它们首先作为详尽的综合原则存在，并且就这一根本的目的而言不缺少什么东西，其完备性可以轻而易举地予以补齐。

据此，构成先验哲学的一切都属于纯粹理性批判，而纯粹理性批判是先验哲学的完备理念，但还不是这门科学自身，因为它在分析中只能前进到对先天综合知识作出完备的判断所必需的程度。

在划分这样一门科学的时候，最需要注意的是：根本不必有任何自身包含着某种经验性的东西的概念掺杂其中，或者说，先天知识是完全纯粹的。因此，虽然道德性的至上原理及其基本概念是先天知识，但它们却不属于先验哲学，因为在这 A15
里必须预设快乐和不快、欲望和偏好、任性等等都具有经验性起源的概念。因此，先验哲学是一种纯粹的、全然思辨的理性 〔25〕

的世俗智慧。因为一切实践的东西，就其包含着动机而言，都与情感相关，而情感属于经验性的知识来源。

如今，如果人们想从一个一般体系的普遍立场出发划分这门科学，那么，我们现在所陈述的这门科学就必须首先包含着纯粹理性的**要素论**，其次包含着纯粹理性的**方法论**。这两个主要部分的每一个都将有其进一步的划分，尽管如此，其理由在这里尚不能陈述。对于导论或者预先提醒来说，看来有必要指出的无非是：人类知识有两个主干，它们也许出自一个共同的、但不为我们所知的根源，这两个主干就是**感性**和**知性**，对象通过前者**被给予**我们，但通过后者**被思维**。现在，如果感性包含着构成对象被给予我们的条件的先天表象，那么，它就会
A16 属于先验哲学。先验的感性论将必然属于要素论的第一部分，因为人类知识的对象被给予的惟一条件先行于这些对象被思维的条件。

第一部
先验要素论

〔29〕
A19
第一部分　先验感性论

无论一种知识以什么方式以及通过什么手段与对象发生关系，它与对象直接发生关系所凭借的以及一切思维当做手段所追求的，就是**直观**。但直观只是在对象被给予我们时才发生；而这又只是通过对象以某种方式刺激心灵才是可能的。通过我们被对象刺激的方式获得表象的能力（感受性）叫做**感性**。因此，借助于感性，对象**被给予**我们，而且惟有感性才给我们提供**直观**；但直观通过知性**被思维**，从知性产生出**概念**。不过，一切思维，无论它是直截了当地（直接地），还是转弯抹角地（间接地），都必须最终与直观、从而在我们这里与感性发生关系，因为对象不能以别的方式被给予我们。

如果我们被一个对象所刺激，则对象对表象能力的作用就
A20 是**感觉**。通过感觉与对象发生关系的那些直观就叫做**经验性的**。一个经验性直观的未被规定的对象就叫做**显象**。

〔30〕 在显象中，我把与感觉相应的东西称为显象的**质料**，而把使得显象的杂多能够在某些关系中得到整理的东西称为显象的**形式**。由于感觉惟有在其中才能得到整理并被置于某种形式之中的东西，自身不可能又是感觉，所以，虽然一切显象的质料只是后天被给予我们的，但显象的形式却为了显象而必须全都已经先天地蕴涵在心灵中，因而可以与一切感觉分离开来予以考察。

我把一切在其中找不到任何属于感觉的东西的表象称为**纯粹的**（在先验的意义上）。据此，一般感性直观的纯粹形式将

在心灵中先天地找到，显象的一切杂多将以这种形式在某些关系中被直观。感性的这种纯形式自身也叫做**纯直观**。这样，如果我从一个物体的表象中把知性所思维的东西如实体、力、可分性等等都除去，此外把属于感觉的东西如不可入性、硬、颜 A21
色等等也除去，那么，从这个经验性的直观中还给我剩下了某种东西，即广延和形状。它们属于纯直观，即便没有感官或者感觉的一个现实的对象，纯直观也先天地作为一个纯然的感性形式存在于心灵中。

一门关于感性的一切先天原则的科学，我称为**先验感性论**。[①] 因此，必须有这样一门科学，它构成先验要素论的第一部分，与包含着纯思维的原则、被称为先验逻辑的学说相 〔31〕
对照。

因此，在先验感性论中，我们首先通过把知性在此凭借自 A22
己的概念所思维的一切都除去，来把感性**孤立**起来，以便仅仅留下经验性的直观。其次，我们将从经验性的直观中把属于感觉的一切都分离开来，以便只留下纯直观和现象的纯然形式，这是惟一能够提供先天感性的方法。在进行这一研究时，将发

① 惟有德国人如今在用**感性论**这个词来表示别人叫做鉴赏力批判的东西。在此，作为基础的是杰出的分析家**鲍姆嘉登**所持有的一种不适当的希望，即把对美的批判性判断置于理性原则之下，并把这种判断的规则提升为科学。然而，这种努力是徒劳的。因为上述规则或者标准就其来源而言仅仅是经验性的，因而绝不能充当我们的鉴赏判断必须遵循的先天规律；毋宁说，鉴赏判断构成了那些规则的正确性的真正试金石。因此可取的是，使这一称谓再次死亡，并把它保留给是真正的科学的学说，这样一来，人们也就会更为接近古人的语言和意义，在古人那里把知识划分为 αιδθητα χαι νοητα [可感觉的和可思想的] 是很著名的。

现两种作为先天知识原则的感性直观纯形式，即空间和时间，我们现在就将考虑它们。

第一章
论空间

借助于外感官（我们心灵的一种属性），我们把对象表象为外在于我们的，它们全都在空间之中。在空间中，它们的形状、大小和相互之间的关系得到规定，或者是可规定的。借助于内感官，心灵直观自己本身或者其内在状态；虽然内感官并不提供关于灵魂自身作为一个客体的任何直观，但毕竟有一种
A23 确定的形式，惟有在这形式下灵魂内部状态的直观才有可能，以至于一切属于内部规定的东西都在时间的关系中被表象出来。时间不能在外部被直观到，就像空间不能被直观为我们内部的某物一样。那么，空间和时间是什么呢？是现实的存在物吗？它们虽然只是事物的规定或者关系，但却是即便事物不被直观也仍然本来属于事物的规定或者关系吗？或者说，它们是仅仅依附于直观的形式、从而依附于我们心灵的主观性状、没有心灵的主观性状这些谓词就根本不能被赋予任何事物的规定或者关系吗？为了澄清这一点，我们首先要考察空间。

〔32〕 1. 空间不是一个从外部经验抽象得来的经验性概念。因为要使某些感觉与我之外的某物发生关系（也就是说，与在空间的不同于我所在的另一地点上的某物发生关系），此外要使我能够把它们表象为彼此外在、从而不仅各不相同、而且是在不同的地点的，这就必须已经有空间的表象作为基础了。据此，空间的表象不能通过经验从外部现象的关系借来，相反，

这种外部经验自身只有通过上述表象才是可能的。

2. 空间是作为一切外部直观的基础的一个必不可少的先天表象。人们虽然完全能够设想在空间中找不到任何对象，但却绝不能形成一个没有空间存在的表象。因此，空间被视为显象可能性的条件，而不是一个依赖于显象的规定，是一个以必然的方式作为外部显象之基础的先天表象。 A24

3. 在这种先天的必然性之上，建立起一切几何学原理的不容争辩的确定性及其先天构想的可能性。也就是说，如果空间的这种表象是一个后天获得的、从普遍的外部经验得来的概念，那么，数学规定的最初原理就会无非是知觉。因此，这些原理就会具有知觉的一切偶然性，“两点之间只有一条直线”就会同样不是必然的，而是经验任何时候都如此教导我们的。从经验借来的东西，也只有比较的普遍性，亦即通过归纳。因此，人们就会只能够说，就目前所注意到的而言，还没有发现具有多于三个纬度的空间。

4. 空间不是一个关于一般事物的关系的推理概念，或者如人们所说是一个普遍概念，而是一个纯直观。因为首先，人 A25 们只能表象一个惟一的空间，而当人们谈论多个空间时，人们只是把它们理解为同一个独一无二的空间的各个部分。这些部分也不能仿佛是作为惟一的无所不包的空间的组成部分（有可能用这些部分复合成它）先行于它，而是只有在**它**里面才能被 〔33〕 设想。它在本质上是惟一的，它里面的杂多、从而还有一般的诸空间的普遍概念，都仅仅基于各种限制。由此得出，就它而言，一种先天直观（它不是经验性的）是关于空间的所有概念的基础。就连所有的几何学原理也是如此，例如在一个三角形中两边之和大于第三边，就绝不是从关于线和三角形的普遍概念中，而是从直观中，并且是先天地以无可争辩的确定性引申出来的。

5. 空间被表象为一个无限的**被给予的**大小。关于空间的一个普遍的概念（它为一英尺和一德尺所共有）就大小而言不能规定任何东西。如果在直观的进展中不存在无界限性的话，那么，就没有任何关系的概念会产生直观的无限性的原则。

A26

由上述概念得出的结论

1. 空间根本不表象任何一些物自身的属性，或者在它们的相互关系之中表象它们，也就是说，并不是那些依附于对象自身、即便人们抽掉直观的所有主观条件也依然留存的属性的规定。因为无论是绝对的规定还是相对的规定，都不能先于它们所属的那些事物的存在、从而不能先天地被直观。

2. 空间无非是外感官的一切显象的形式，也就是说，是感性的主观条件，惟有在这一条件下外部直观对我们来说才是可能的。如今，由于主体的被对象刺激的感受性以必然的方式先行于这些客体的所有直观，因此可以理解，一切显象的形式如何能够在一切现实的知觉之前、从而先天地在心灵中被给予，以及它如何能够作为一切对象都必须在其中被规定的纯直观在一切经验之前就包含着对象诸般关系的原则。

据此，我们惟有从一个人的立场出发才能够谈论空间，谈论有广延的存在物等等。如果我们离开惟一使我们能够按照我们可能受对象所刺激的方式拥有外部直观的主观条件，那么，
A27 空间的表象就毫无意义。这个谓词只是就事物显现给我们、亦
〔34〕即是感性的对象而言才被赋予事物。这种我们称之为感性的感受性的恒定形式，是对象在其中被直观为在我们之外的各种关系的一个必要条件，而如果人们抽掉这些对象，它就是一个拥有空间之名的纯直观。由于我们并不能够使感性的这些特殊条件成为事物的可能性的条件，而只能使之成为事物的显象的可

能性的条件，所以我们完全可以说，空间包括可能外在地向我们显现的一切事物，但不包括一切物自身，不管它们是否被直观到，或者也不管它们被什么样的主体所直观。因为关于其他能思维的存在物的直观，我们根本不能作出判断，说它们是否受限制着我们的直观并对我们来说普遍有效的上述条件所制约。如果我们把对一个判断的限制附加在主词的概念上，该判断在这种情况下就无条件地有效。“一切事物都在空间中并列存在”这个命题，惟有在这个限制下，即如果这些事物被当做我们的感性直观的对象来对待，是有效的。如果我在这里把该条件附加在概念上，并且说：一切事物作为外部显象都在空间中并列存在，那么，这个规则就普遍地有效，没有限制。据此，我们的阐明就一切外在地作为对象能够呈现给我们的东西 A28
而言说明了空间的**实在性**（即客观有效性），但同时就事物由理性依其本身来考虑、即不顾及我们感性的性状而言说明了空间的**观念性**。因此，我们（就一切可能的外部经验而言）主张空间的**经验性的实在性**，虽然同时也主张空间的**先验的观念性**，也就是说，一旦我们除去一切经验的可能性的条件，假定它是作为物自身的基础的某种东西，空间就什么也不是了。

但是，除了空间之外，也不存在其他任何主观的、与某种外物相关的、能够称之为先天客观的表象；因此，一切外部显象的这种主观条件不能与其他任何条件相比较。一种葡萄酒的美味并不属于葡萄酒的客观规定，因而不属于一个客体的客观规定，即便它被当做显象来考察，而是属于品尝葡萄酒的主体 〔35〕
的感官的特殊性状。颜色也不是它们依附于其直观的物体的性状，而仅仅是被光以某种方式所刺激的视觉感官的变状。与此相反，空间作为外部客体的条件，必然属于客体的显象或者直观。滋味与颜色根本不是对象惟有在其下才能对我们来说成为 A29
感官的客体的必要条件。它们只是作为特殊的组织偶尔附加的作用而与显象相结合的。因此，它们也不是先天表象，而是建立在感觉之上的，而美味甚至是建立在作为感觉之结果的情感（快乐与不快）之上的。也没有人能够先天地有一种颜色以及任何一种滋味的表象；但是，空间只涉及直观的纯粹形式，因而根本不包含任何感觉（不包含任何经验性的东西），如果要有形状以及关系的概念产生，空间的一切种类和规定就能够并且必须甚至先天地被表象。惟有通过空间，事物才有可能对于我们来说成为外部对象。

这一说明的意图只是在于防止使人想用远远不够的实例来说明所主张的空间的观念性，因为例如颜色、滋味等等都理应不被看做事物的性状，而仅仅应被看做我们主体的变化，这些变化甚至在不同的人那里也可能是不同的。因为在这种场合
A30 里，那原初只是显象的东西，例如一朵玫瑰，在经验性的意义上就被视为一个物自身，这个物自身却可能对每个人的眼睛来说在颜色上显得不同。与此相反，空间中显象的先验概念却是一个批判性的提醒：一般来说，在空间中被直观的任何东西都不是事物自身，空间也不是事物自身固有的形式，相反，对象自身根本不为我们所知，而我们称为外部对象的东西，无非是我们感性的纯然表象，其形式就是空间，而其真正的相关物亦即物自身，由此却根本没有被认识，也不能被认识，但在经验中也从来不被追问。

〔36〕

第二章

论时间

1. 时间不是以某种方式从经验抽象出的经验性概念。因

为如果时间的表象不先天地作为基础，则同时或者相继都甚至不会进入知觉。惟有以时间的表象为前提条件，人们才能表象：一些东西存在于同一个时间中（同时）或者存在于不同的时间中（相继）。

2. 时间是作为一切直观之基础的一个必不可少的表象。A31
人们尽管完全可以从时间中除去显象，但就一般显象而言却不能取消时间自身。因此，时间是先天地被给予的。惟有在时间中，显象的一切现实性才是可能的。这些显象全都可以去掉，但时间自身（作为显象的可能性的普遍条件）却不能被取消。

3. 在这种先天必然性的基础之上，还建立起时间关系的不可争辩的原理或者一般时间公理的可能性。时间只有惟一的维度：不同的时间不是同时的，而是相继的（就像不同的空间不是相继的，而是同时的一样）。这些原理不可能从经验中得出，因为经验既不会提供严格的普遍性，也不会提供不可争辩的确定性。我们将只能说：通常的知觉告诉我们是这样的；但不能说：它必定是这样的。这些原理被视为在根本上使经验成为可能的规则，并且在经验之前，而不是通过经验教导我们。

4. 时间不是推理概念，或者如人们所说是普遍概念，而是感性直观的一种纯形式。不同的时间只是同一时间的各个部分。但是，只能通过一个惟一的对象被给予的表象就是直观。A32
即便“不同的时间不能是同时的”这个命题，也不能从一个普遍的概念推导出来。该命题是综合的，不能仅仅从概念产生。〔37〕
因此，它是直接地包含在时间的直观和表象之中的。

5. 时间的无限性无非意味着：时间一切确定的长短都惟有通过对一个惟一的作为基础的时间的限制才是可能的。因此，**时间**这一源始的表象必须不受限制地被给予。但由此，一个对象的各个部分自身和每一大小都惟有通过限制才能确定地被表象，所以，整个表象肯定不是通过概念被给予的（因为那样的话部分的表象就在先），相反，必须有它们的直接直观作为基础。

从这些概念得出的结论

1. 时间不是某种独立存在的东西，或者不是作为客观的规定依附于事物、从而即使人们抽掉事物的直观的所有主观条件也依然留存的东西：因为在第一种场合，时间就会是某种没
A33 有现实的对象也依然现实地存在的东西。但就第二种场合而言，时间作为一个依附于事物本身的规定或者秩序也不能作为对象的条件先行于对象，先天地通过综合命题被认识和直观。与此相反，如果时间无非是一切直观能够在我们里面发生的主观条件，那么，这后一种情况就完全会发生。因为在这里，内直观的这种形式就能够先于对象、从而是先天地被直观。

2. 时间无非是内感官的形式，即直观我们自己和我们的内部状态的形式。因为时间不可能是外部显象的规定：它既不属于形状，也不属于位置等等；与此相反，它规定着各个表象在我们的内部状态中的关系。而正因为这种内直观不提供任何形状，所以我们也试图通过类比来弥补这一缺憾，通过一条无限延伸的线来表象时间序列，其中杂多构成了一个只具有一个维度的序列；而且我们从这条线的各种属性推论到时间的一切属性，只除了一点，即前者的各个部分是同时的，而后者的各个部分则始终是相继的。由此也得出，时间自身的表象是直
〔38〕 观，因为它的一切关系都可以借助一个外直观予以表达。

A34 3. 时间是所有一般显象的先天形式条件。作为一切外直观的纯形式的空间，作为先天条件仅仅局限于外部显象。与此相反，由于所有的表象，无论它们是否有外部事物作为对象，毕竟都就自身而言作为心灵的规定而属于内部状态；而这种内

部状态却隶属在内直观的形式条件亦即时间之下：所以，时间是所有一般显象的先天条件，进而是内部的（我们灵魂的）显象的直接条件，正因为此间接地也是外部显象的条件。如果我能够先天地说：一切外部显象都在空间中并按照空间的关系被规定，那么，我也可以从内感官的原则出发完全普遍地说：所有一般显象，即感官的所有对象，都处在时间中，并以必然的方式处在时间的各种关系中。

如果我们抽掉我们在内部直观我们自己并借助这种直观也把一切外直观包括进表象力的方式，从而按照对象就自身而言可能存在的样子来对待它们，那么，时间就什么也不是。时间仅仅就显象而言才具有客观有效性，因为这已经是我们当做**我们感官的对象**来对待的事物了；但如果我们抽掉我们的直观的 A35
感性，从而抽掉我们特有的那种表象方式，而谈论**一般的物**，那么，时间就不再是客观的了。因此，时间仅仅是我们的（人的）直观（它在任何时候都是感性的，也就是说，如果我们被对象刺激的话）的主观条件，在主体之外就其自身而言什么也不是。尽管如此，就所有的显象而言，因而也就所有能够在经验中呈现给我们的事物而言，它仍然以必然的方式是客观的。我们不能说：一切事物都在时间中，因为对于一般事物的概念来说事物直观的所有方式都被抽掉了，但这个概念却是时间隶属于对象的表象的真正条件。如果给概念附加上条件，并且说：一切作为显象（感性直观的对象）的事物都在时间中，那 〔39〕
么，这条原理就有其完美的客观正确性和先天的普遍性了。

据此，我们的主张说明了**时间的经验性的实在性**，即就每次能够被给予我们感官的所有对象而言的客观有效性。而既然我们的直观在任何时候都是感性的，所以，在经验中绝不可能有不隶属于时间条件的对象被给予我们。与此相反，我们反对时间对绝对实在性的一切要求，因为即使不考虑我们感性直观

A36 的形式，这种实在性也绝对地作为条件或者属性依附于事物。这样一些属于物自身的属性也永远不能通过感官被给予我们。因此，时间的**先验的观念性**就在于此，按照这种观念性，如果人们抽掉感性直观的主观条件，时间就根本什么也不是，既不能自存性地也不能依存性地归之于对象自身（与我们的直观没有关系的对象）。不过，这种观念性与空间的观念性一样，毕竟不能与感觉的蒙骗相比，因为人们此时就这些谓词所依存的显象而言，毕竟预先设定它具有客观的现实性；在这里，除了它仅仅是经验性的之外，即除了它把对象本身仅仅看做是显象之外，这种实在性就会完全丧失；对此，可参阅上面第一章的说明。

解说

对于这个承认时间的经验性的实在性、但却否认其绝对的和先验的实在性的理论，我从有见识的人士那里如此一致地听到一种反对意见，以至于我从中得出，这种反对意见必定自然而然地出现在任何不习惯于这些考察的读者那里。这种意见认
A37 为：变化都是现实的（即使人们想否认一切外部显象连同其变化，我们自己的表象的更替也证明了这一点）。如今，变化惟有在时间中才是可能的，所以时间就是某种现实的东西。对此作出答复毫无困难。我承认这全部论证。时间当然是某种现实的东西，也就是说，是内直观的现实的形式。因此，就内部经
〔40〕 验来说它具有主观的实在性，也就是说，我确实有关于时间和我在时间中的规定的表象。因此，它可以被视为现实的，不是作为客体，而是作为我自己是客体的表象方式。但是，如果我自己或者另一个存在物不用这个感性的条件就能够直观我，那么，正是我们现在表象为变化的这样一些规定，就会提供一种知识，其中时间的表象、因而还有变化的表象都根本不会出现。

因此，依然有经验性的实在性，作为我们一切经验的条件。按照以上所述，惟有绝对的实在性是不能承认时间所有的。时间无非是我们的内直观的形式。①如果人们从时间中去掉我们感性的特殊条件，那么，时间概念也就消失了，而时间并不依附于对象本身，而是依附于直观对象的主体。 A38

但是，使得这种反对意见如此众口一词、而且出自那些尽管如此却不知道有什么明确的理由反对空间的观念性学说的人的原因，一如下述。他们并不期望能够无可争议地阐述空间的绝对实在性，因为他们遭到唯心论的反对；唯心论认为外部对象的现实性不能有任何严格的证明，与此相反，我们内感官的对象（我自己和我的状态）的现实性则是直接通过意识而清楚明白的。外部对象可能只是一种幻相，内感官的对象在他们看来却无可辩驳地是某种现实的东西。但是他们不曾想到，尽管人们不可反对这二者作为表象的现实性，但它们尽管如此却只属于显象，显象在任何时候都有两个方面，一方面是就客体自身来考察它（不管直观它的方式，但正因为此它的性状在任何时候都是成问题的），另一方面是注意这一对象的直观的形式，这种形式必须不是在对象自身中、而是在对象向之显现的主体中去寻求，但尽管如此仍然现实地和必然地属于这个对象的显象。

据此，时间和空间是可以从中先天地汲取各种综合知识的 〔41〕
两个知识来源，尤其是纯粹数学，在空间及其关系的知识方面 A39
提供了一个光辉的范例。也就是说，空间和时间合起来是所有

① 我虽然可以说：我的各种表象前后相继；但这仅仅意味着，我们在一个时间序列中意识到它们，也就是说，按照内感官的形式意识到它们。因此，时间不是某种自在的东西，也不是客观地依附于事物的规定。

感性直观的纯形式，并由此而使先天综合命题成为可能。但是，这两个先天的知识来源正由于此（即它们只是感性的条件）为自己规定了界限，也就是说，它们仅仅涉及作为显象来考察的对象，但并不表现物自身。惟有前者才是它们的有效性的领域，如果超出这个领域，就不再有它们的客观应用了。此外，空间和时间的这种实在性并不影响经验知识的可靠性：因为无论这些形式以必然的方式依附于物自身还是仅仅依附于我们对这些物的直观，我们都同样确信这种可靠性。与此相反，主张空间和时间的绝对实在性的人，无论他们认为这种实在性是自存性的还是仅仅依存性的，都必然要与经验自身的原则相抵触。因为如果他们决定采用前者（这通常是数学的自然研究者一派），那么，他们就必须假定两种永恒的、无限的、独立存在的不合情理之物，它们存在着（毕竟不是某种现实的东西），只是为了把一切现实的东西包含在自身之内。如果他们
A40 采用第二派的观点（一些形而上学的自然学者就持这种观点），把空间和时间视为从经验中抽象出来的、尽管在分离中被混乱地表象的、各种显象的关系（并列或者相继），那么，他们就必须否定先天的数学学说就现实的事物（例如空间中的事物）而言具有效力，至少是否定它具有无可争辩的确定性，因为这种确定性根本不是后天地发生的，而空间和时间的先天概念在他们看来只不过是想象力的创造物，其来源必须现实地到经验中寻找，想象用经验的抽象关系构造出某种虽然包含着这些关系的共相、但没有自然加给他们的约束就不能成立的东西。前一种人的收获，是他们为数学主张敞开了显象的领域。与此相反，当知性要超出这个领域的时候，他们就正是由于这些条件而大为困惑了。第二种人虽然在后面这点上有所收获，即当他
〔42〕 们想把对象不是作为显象，而是仅仅在与知性的关系中来判断的时候，空间和时间的表象不会阻碍他们；但他们既不能为数

学的先天知识的可能性提供根据（因为他们缺乏一种真正的、客观有效的先天直观），也不能使经验命题与他们的主张达到 A41
必要的一致。在我们关于感性的这两种源始形式的真正性状的理论中，这两种困难都被消除了。

最后，至于先验感性论除空间和时间这两种要素之外不可能包含更多的要素，这一点是清楚明白的，因为所有其他属于感性的概念，甚至把二者结合起来的运动的概念，都以某种经验性的东西为前提条件。运动以对某种运动的东西的知觉为前提条件。但在空间中，就其自身来看，没有任何运动的东西：因此，运动的东西必须是某种**仅仅由经验在空间中发现的东西**，从而是一个经验性的材料。同样，先验感性论不能把变化的概念列入其先天材料，因为时间本身并不变化，而是某种存在于时间中的东西在变化。所以，为此就要求有对某种存在及其各种规定的演替的知觉，因而就要求有经验。

对先验感性论的总说明

为了防止一切误解，首先必须尽可能清晰地解释，就一般感性知识的基本性状而言，我们的看法是什么。 A42

因此，我们曾经想说：我们的一切直观无非是关于显象的表象；我们所直观的事物并非就自身而言就是我们直观它们所是的东西，它们的关系也不是就自身而言就具有它们向我们显现的那种性状，而如果我们把我们的主体、哪怕是仅仅把感官的一般主观性状去掉，客体在空间和时间中的一切性状、一切关系、甚至空间和时间本身都将消失，它们作为显象不能就自身而言、而是只能在我们心中实存。对象就自身而言、与我们 〔43〕
感性的这一切感受性相分离，可能具有一种什么样的状况，依然是我们完全不知道的。我们所认识的无非是我们知觉它们的方式，这种方式是我们特有的，但尽管必然属于每一个人，却并不必然属于每一个存在物。我们只与这种方式打交道。空间和时间是这种方式的纯形式，一般感觉则是质料。我们只能先天地、即在一切现实的知觉之前认识这种纯形式，所以它叫做纯直观；但感觉却是我们的知识中使得它叫做后天知识亦即经验性直观的东西。前者绝对必然地依附于我们的感性，无论我
A43 们的感觉是哪一种方式；后者则可能极为不同。即使我们能够使我们的这种直观达到最高的清晰程度，我们也不会由此更为接近对象自身的性状。因为我们在任何情况下所可能完全认识的，毕竟只是我们的直观方式，即我们的感性，并且永远只是在原初就依附于主体的空间和时间的条件下认识它的；至于对象自身会是什么，毕竟永远也不会通过惟一被给予我们的、对象自身的显象的最清晰知识而为我们所知。

因此，说我们的整个感性无非是对事物的混乱的表象，这种表象只包含自在地属于事物的东西，但只不过是处于我们未借助意识分辨清楚的那些标志和分表象的堆积状态，这种说法是对感性概念和显象概念的一种歪曲，它使得感性和显象的整个学说都变得毫无用处、空洞无物。不清晰的表象与清晰的表象的区别仅仅是逻辑上的，并不涉及内容。毫无疑问，健全知性使用的**公正**概念，所包含的正是最精细的思辨能够从它发挥出来的东西，只不过在通常的和实际的应用中，人们并没有意识到这一思想中的这些各种各样的表象罢了。因此，人们不能
A44 说：这个平常的概念是感性的，仅仅包含着一种显象，因为公正根本不能显现，相反，它的概念蕴含在知性中，并表象行动的一种性状（道德性状），这性状自在地属于行动。与此相反，
〔44〕 在直观中一个**物体**的表象根本不包含能够属于一个对象自身的东西，而只包含某物的显象和我们由此被刺激的方式，而我们

的认识能力的这种感受性就叫做感性，即使人们能够彻底看透前者（显象），也与对象自身的知识有天壤之别。

因此，莱布尼茨—沃尔夫哲学为关于我们知识的本性和起源的全部研究指示了一个完全不合适的观点，因为它把感性与理智的区别仅仅看做逻辑的，而这种区别明显是先验的，不仅仅涉及清晰或者不清晰的形式，而是涉及其起源和内容，以至于我们不仅仅是通过感性不清晰地认识、而是根本不认识物自身的性状，而且，一旦我们去掉我们主观的性状，被表象的客体连同感性直观赋予它的那些属性就在任何地方都找不到了，也不可能被找到，因为正是这个主观的性状规定着客体作为显象的形式。

我们通常在显象中间把本质上依附于显象的直观并一般来 A45
说对任何人类感官都有效的东西与只是以偶然的方式属于显象的直观的东西区别开来，因为后者并不是一般地在感性的关系上、而是仅仅在这个或者那个感官的特殊地位或者机制上有效。而在这里，人们把前一种知识称为一种表象对象自身的知识，而把后一种知识仅仅称为对象的显象。但这种区分仅仅是经验性的。如果停留在这一点上（如通常所发生的那样），不再把那种经验性的直观看做是纯然的显象（如应当发生的那样），以至于在其中找不到任何依附于某个事物自身的东西，那么，我们的先验区分就会丧失，在这种情况下，尽管我们到处（在感官世界中）、哪怕在对感官世界的对象做最深入的研究时，都只能与显象打交道，我们却相信能够认识物自身。这样，我们虽然把彩虹称为纯粹是一场晴天雨中的显象，而把这场雨称为事物自身，如果我们仅仅在物理学上把后一个概念理解为在普遍的经验中、在对感官的所有不同状态下都毕竟在直观中这样而不是别样地被规定的对象，那么，这样说也是正确 〔45〕
的。但是，如果我们一般地对待这种经验性的东西，并且不顾及这种东西与每一种人类感官的一致，而追问这种东西是否也

A46 表象了一个对象自身（不是雨滴，因为雨滴在这种情况下已经作为显象是经验性的客体了），那么，关于表象与对象的关系的问题就是先验的，不仅这些雨滴是纯然的显象，而且就连它们圆的形状、甚至它们在其中下落的空间，都不是什么就自身而言的东西，而仅仅是我们的感性直观的一些变形或者基础，而先验的客体依然不为我们所知。

我们的先验感性论的第二件重要事务是：它不仅仅是作为表面上的假说来博取一些好感，而是要像任何时候对一种应该充当工具论的理论所能够要求的那样确定无疑。为了完全说明这种确定性，我们想选取某个实例，依此这种工具论的有效性将能够变得显而易见。

据此，假定空间和时间就其自身而言是客观的，而且是物自身的可能性的条件，那么显而易见，首先：关于二者将会出现大量先天的无可争辩的综合命题，尤其是关于空间的，因此我们这里要优先把空间作为实例来研究。由于几何学的定理都
A47 是先天综合的，都是以无可争辩的确定性被认识到的，所以我要问：你们是从哪里获得诸如此类的定理的？要达到诸如此类绝对必然且普遍有效的真理，我们的知性依据的是什么？除了借助概念或者借助直观，别无他途；但这二者自身则要么是先天地、要么是后天地被给予我们的。后一种东西，即经验性的概念，此外还有它建立于其上的东西，即经验性的直观，所能够提供的综合命题没有别的，只有一种也仅仅是经验性的命题，即经验命题，因而永远不能包含必然性和绝对的普遍性，而诸如此类的东西却是所有几何学命题的特征。至于要达到诸如此类的知识，什么是首要的和惟一的手段，也就是说，是仅仅凭借概念还是凭借先天直观，则显而易见，仅仅从概念出发根本不能达到综合的知识，而只能达到分析的知识。且看这样
〔46〕一条定理，即凭二条直线根本不能围起一个空间，从而不可能

有任何图形，并请尝试从“直线”和数字“二”的概念推导出这一定理；或者且看这样一条定理，即凭三条直线可能有一个图形，并请尝试仅仅从这些概念推导出这条定理。你们的一切努力都是白费力气，你们将发现自己不得不像几何学在任何时候都做的那样，求助于直观。因此，你们在直观中给自己提供 A48
了一个对象；但这是哪一种直观，是一种先天的纯直观，还是一种经验性的直观？如果是后者，则绝不可能从中产生一个普遍有效的命题，更不用说产生一个无可争辩的命题了；因为经验绝不能提供诸如此类的命题。因此，你们必须在直观中给自己提供一个先天对象，并在这对象上面建立起一个综合命题。但如果你们里面没有一种先天地进行直观的能力，如果这种主观的条件就形式而言并不同时是惟一使得这一（外）直观的客体本身成为可能的普遍的先天条件，如果对象（三角形）是与你们的主体没有关系的某物自身，你们怎么能够说，必然蕴涵在你们构思一个三角形的主观条件之中的东西，也肯定必然地属于三角形自身呢？因为你们毕竟不能给你们的概念（三条线）添加任何因此肯定必然地在对象那里发现的新东西（图形），因为这对象是在你们的知识之前、而不是通过你们的知识被给予的。因此，如果空间（时间亦复如是）不是你们的直观的一个纯然形式，包含着惟一能使一切事物对你们来说成为外部对象的先天条件，没有这些主观条件外部对象就自身而言什么也不是，那么，你们就根本不能先天地以综合的方式澄清关于外部客体的任何东西了。所以，这是毫无疑问地确定的，不是可能的或 A49
者大致如此的：空间和时间作为一切（外部的和内部的）经验的必要条件，只不过是我们一切直观的主观条件，因而在与这些条件的关系中一切对象都仅仅是显象，不是独立地以这种方式被给予的物，因此关于它们就其形式而言也可以先天地说出许多东西，但关于可能作为这些显象基础的物自身则绝不能说出一点东西。

〔47〕 A50

第二部分　先验逻辑论

导言　先验逻辑的理念

一、论一般的逻辑

我们的知识产生自心灵的两个基本来源，其中第一个是接受表象的能力（印象的感受性），第二个是通过这些表象认识一个对象的能力（概念的自发性）；通过前者，一个对象**被给予**我们，通过后者，该对象在与那个（仅仅作为心灵的规定的）表象的关系中**被思维**。因此，直观和概念构成了我们一切知识的要素，以至于无论是概念没有以某些方式与它们相应的直观、还是直观没有概念，都不能提供知识。这二者要么是纯粹的，要么是经验性的。如果其中包含有感觉（它以对象现实的在场为前提条件），它们就是**经验性的**；但如果表象未混杂任何感觉，它们就是**纯粹的**。人们可以把感觉称为感性知识的质料。因此，纯直观仅仅包含某物被直观的形式，而纯概念则
〔48〕 A51 只包含思维一个对象的一般形式。只有纯直观或者纯概念才是先天地可能的，经验性的直观或者概念则只是后天可能的。

如果我们愿意把我们心灵在以某种方式受到刺激时接受表象的这种**感受性**称为**感性**的话，那么与此相反，自己产生表象的能力，或者知识的**自发性**，就是**知性**。我们的本性导致**直观**永远只能是**感性的**，也就是说，只包含我们被对象刺激的方式。与此相反，对感性直观的对象进行**思维**的能力是**知性**。这

两种属性的任何一种都不应当比另一种更受优待。无感性就不会有对象被给予我们，无知性就不会有对象被思维。思想无内容则空，直观无概念则盲。因此，使其概念成为感性的（即把直观中的对象赋予概念）和使其直观成为知性的（即将它们置于概念之下），是同样必要的。这两种能力或者性能也不能互换其功能。知性不能直观任何东西，而感官则不能思维任何东西。只有从它们的相互结合中才能产生出知识。但人们毕竟不可因此就把二者的职分相互混淆，而是有重要的理由慎重地把 A52
每一个与另一个分离和区别开来。因此，我们把一般感性规则的科学亦即感性论与一般知性规则的科学亦即逻辑区别开来。

逻辑又可以以双重的观点来探讨，要么是作为普遍的知性应用的逻辑，要么是作为特殊的知性应用的逻辑。前者包含思维的绝对必然的规则，没有这些规则就根本没有知性的任何应用，因此它涉及这种应用，不顾这种应用可能针对的对象的不同。特殊的知性应用的逻辑则包含正确地思维某类对象的规则。人们可以把前者称为要素的逻辑，但把后者称为这门或者那门科学的工具论。工具论在学校里大多作为各门科学的预科排在前面，虽然按照人类理性的进程它是最迟的，只有在科学早已就绪、为完成和完善只需要最后一手的时候人类理性才达 〔49〕
到它。因为人们要说明一门关于对象的科学如何得以建立起来的那些规则，就必须已经在相当高的程度上了解这些对象。

如今，普遍的逻辑要么是纯粹的逻辑，要么是应用的逻辑。在前者中，我们抽掉我们的知性得以实施的所有经验性条 A53
件，例如感官的影响、想象的游戏、记忆的规律、习惯的力量、偏好等等，从而也抽掉了成见的来源，甚至完全抽掉了使得某些知识可能由我们产生、或者被强加给我们的一切原因，因为它们只是在运用知性的某些情况下才与知性相关，而要认识这些情况就需要经验。所以，一种**普遍的**、但又**纯粹的逻辑**

只与先天的原则打交道，它是**知性的法规**，亦是理性的法规，但只是就其运用的形式因素而言，内容则不管它是什么样的(是经验性的还是先验的)。但一种**普遍的逻辑**，当它针对心理学告诉我们的那些主观经验性条件下的知性应用规则的时候，就叫做**应用的**。所以，它拥有经验性的原则，尽管就它对对象不加区别地涉及知性应用而言，它是普遍的。因此之故，它既不是一般知性的法规，也不是各门特殊科学的工具论，而仅仅是通常知性的一种净化术。

因此，在普遍的逻辑中，应当构成纯粹理性学说的那个部
A54 分必须与构成应用的（尽管还一直是普遍的）逻辑的那个部分完全分离开来。本来就只有前者才是科学，虽然简略而且枯燥，并且像对一种知性要素论的符合学院规范的表述所要求的那样。因此，在这种逻辑中，逻辑学家必须在任何时候都牢记两条规则：

1. 作为普遍的逻辑，它抽掉了知性知识的一切内容及其对象的不同，仅仅与思维的形式打交道。

2. 作为纯粹的逻辑，它不具有经验性的原则，因而它不
〔50〕(像人们有时说服自己的那样）从心理学汲取任何东西，因而心理学对于知性的法规没有任何影响。它是一种经过证明的学说，在它里面一切都必须是完全先天地确定的。

至于我称为应用逻辑的东西（与这个词的通常意义相反，按照这种意义它应当包含纯粹逻辑为之提供规则的某些练习），它是知性及其 in concreto［在具体情况下］的必然应用的规则的一种表象，所谓具体情况也就是主体的那些能够阻碍或者促进这种应用的偶然条件，它们全都是仅仅经验性地被给予的。它讨论注意、注意的障碍和后果、失误的起源、怀疑和顾虑以
A55 及确信的状态等等；普遍的和纯粹的逻辑与它的关系，就像是仅仅包含一般自由意志的必然道德法则的纯粹道德与真正的德

性学说的关系，后者就是在人们或多或少屈从的情感、偏好和情欲的阻碍之下衡量这些法则的，它永远不能产生一门真正的、经过证明的科学，因为它正如那种应用逻辑一样，需要经验性的和心理学的原则。

二、论先验逻辑

如我们已经指出的那样，普遍的逻辑抽掉了知识的一切内容，也就是说，抽掉了知识与客体的一切关系，仅仅在知识的相互关系中考察逻辑形式，即一般的思维形式。但如今，由于（如先验感性论所阐明的）既有纯粹的直观也有经验性的直观，所以也可以发现对象的纯思维和经验性思维之间的一种区别。在这一场合，就会有一种人们不抽掉知识的所有内容的逻辑；因为仅仅包含一个对象的纯思维的规则的那种逻辑，将会排斥一切具有经验性内容的知识。它还将涉及我们关于对象的知识 A56
的起源，只是这种起源不能被归于对象，而与此相反，普遍的逻辑根本不考虑知识的这种起源，而是仅仅按照知性在思维时在相对关系中使用表象所遵循的规律来考察表象，不管它们是原初先天地在我们里面的，还是仅仅经验性地被给予的，所 〔51〕
以，它仅仅探讨可以为表象找到的知性形式，不管这些表象通常来自于何方。

在这里，我要作一个说明，它影响到后面所有的考察，人们应当把它牢记在心，这就是：并非任何一种先天知识、而是惟有使我们认识到某些表象（直观或者概念）仅仅先天地被应用或者仅仅先天地可能以及何以如此的知识，才必须被称为先验的（即知识的先天可能性或者知识的先天应用）。因此，无论是空间还是空间的某个几何学的先天规定，都不是一种先验的表象，而惟有关于这些表象根本不具有经验性的起源的知识，和它们尽管如此依然能够先天地与经验的对象发生关系的可能性，才可以叫做先验的。此外，空间在一般对象上的应用也会是先验的：但是，如果它仅仅局限于感官的对象，它就叫
A57 做经验性的。因此，先验的和经验性的之间的区别仅仅属于对知识的批判，不涉及知识与其对象的关系。

因此，由于期望也许会有一些概念，它们能够先天地与对象发生关系，不是纯粹的或者感性的直观，而仅仅是纯思维的行动，因而是既无经验性起源也无感性论起源的概念，所以我们预先为自己形成了一门纯粹知性和理性知识之科学的理念，用来完全先天地思维对象。这样一门规定这样一些知识的起源、范围和客观有效性的科学，就会必须叫做**先验逻辑**，因为它仅仅与知性和理性的规律打交道，但只是就它们先天地与对象相关而言，不像普遍的逻辑不加区别地既与经验性的理性知识也与纯粹的理性知识相关。

〔52〕

三、论普遍的逻辑划分为分析论和辩证论

有一个古老而且著名的问题，人们曾以为用它可以把逻辑学家们逼入困境，并曾力图使他们达到这样的地步，即让他们
A58 要么涉足可怜的循环论证，要么就承认自己的无知，从而承认自己的整个艺术的无用；这个问题就是：**真理是什么**？对真理的名词解释，即真理是知识与其对象的一致，在这里是被赠与和预设的；但是人们要求知道，任何一种知识的真理性的普遍而且可靠的标准是什么。

知道人们应当以理性的方式追问什么，这已经是聪明与洞识的一个重要而且必要的证明。因为如果问题自身是荒唐的，并且要求作出不必要的回答，那么，除了使提出问题的人感到羞愧之外，它有时还有这样的害处，即诱使它的不谨慎的听众

作出荒唐的回答，并造成可笑的景象，即一个人（如古人所说）挤公羊的奶，另一个人把筛子放在下面去接。

如果真理在于一种知识与其对象的一致，那么，这个对象就必须由此而与别的对象区别开来；因为一种知识如果与它所关联的对象不一致，那么，即使它包含着某种可能适用于其他对象的东西，它也是错误的。于是，真理的一个普遍标准就会是对知识的对象不加区别而适用于一切知识的标准了。但显而易见的是，既然人们就这一标准而言抽掉了知识的一切内容（与其客体的关系），而真理又恰好涉及这种内容，所以，追问 A59
知识的这种内容的真理性的一个标志，就是完全不可能的和荒唐的，因而也不可能给出真理的一个充分的、但同时又是普遍的标志。既然我们上面已经把一种知识的内容称为它的质料，所以人们就将不得不说：对知识的真理性就质料而言不能要求 〔53〕
任何普遍的标志，因为它就自身而言是自相矛盾的。

但至于仅就形式而言（除去一切内容）的知识，则同样显而易见的是：一种陈述知性的普遍必然规则的逻辑，也必须在这些规则中阐述真理的标准。与这些规则相矛盾的东西，就是错误的，因为知性在这里与自己普遍的思维规则相矛盾，从而也就与自己本身相矛盾。但这些标准仅仅涉及真理的形式，即一般思维的形式，就此而言是完全正确的，但并不是充分的。因为尽管一种知识可能完全符合逻辑形式，也就是说，不与自己本身相矛盾，但它毕竟始终可能与对象相矛盾。因此，真理的纯逻辑标准，即一种知识与知性和理性的普遍的、形式的规律相一致，虽然是一切真理的 conditio sine qua non [必要条件]，从而是消极的条件，但逻辑却不能走得更远，逻辑不能 A60
凭借任何试金石来揭示不涉及形式、而是涉及内容的错误。

如今，普遍的逻辑把知性和理性的全部形式工作分解成它的各种要素，并将它们描述成为对我们的知识作出逻辑评判的原则。因此，逻辑的这一部分可以叫做分析论，并正因为此是真理的至少消极的试金石，因为人们在根据其内容研究一切知识，以便弄清楚它们就对象而言是否包含着积极的真理之前，首先必须根据其形式按照这些规则来检验和估价它们。但是，由于知识的纯然形式无论怎样与逻辑规律一致，也远远不足于因此就使知识具有质料性的（客观的）真理，所以没有人仅仅凭借逻辑就敢于对对象作出判断，并主张某种东西，而不是事先在逻辑之外对它们作出持之有据的调查，以便此后只是力图按照逻辑规则利用这种调查，并把它联结在一个有关联的整体中，但更好是只按照逻辑规律检验它。尽管如此，在对一种赋予我们一切知识以知性形式的如此明显的艺术的拥有中，虽然
A61 人们在这些知识的内容方面还可能非常空洞贫乏，却还是蕴含
〔54〕 着某种诱人的东西，使得那种仅仅是评判之**法规**的普遍逻辑仿佛是一种现实创造的**工具论**，至少被用来导致有关客观主张的假象，从而事实上由此被误用。如今，被当做工具论的普遍逻辑就叫做**辩证论**。

古人在对一门科学或者艺术使用这一称谓时，无论其意义如何不同，人们毕竟还是可以从它的现实应用中可靠地得出，它在古人那里无非就是**幻相的逻辑**。它是一种给自己的无知、乃至蓄意的假象涂上真理的色彩的诡辩艺术，即人们模仿一般逻辑所规定的缜密方法，并利用它的用词技巧来美化每一种空洞的行为。如今，人们可以作为一个可靠的、可用的警告来说明的是：普遍的逻辑，**作为工具论来看**，在任何时候都是一种幻相的逻辑，也就是说，是辩证的。因为既然它根本不告诉我们有关知识内容的任何东西，而是仅仅告诉我们与知性一致的形式条件，这些条件除此之外在对象方面是完全无所谓的，那么，把它当做一种工具（工具论）来使用，以便至少按照那种假定来传播和扩展自己的知识，这种无理要求的结果只能是废

话连篇，只要愿意就用一些幻相来维护一切，或者随意地攻击 A62
它们。

这样一种教导无论如何也是不符合哲学的尊严的。因此，人们宁可把辩证论这一称谓作为一种**辩证幻相的批判**归给逻辑，而在这里，我们也要知道它被理解为这样一种批判。

四、论先验逻辑划分为先验分析论和先验辩证论

在一种先验逻辑中，我们把知性孤立起来（就像我们在上面先验感性论中把感性孤立起来一样），从我们的知识中只突
出思维仅仅在知性中有其起源的部分。但是，这种纯粹知识的 〔55〕
应用作为其条件所依据的是：它可以应用其上的对象是在直观中被给予我们的。因为没有直观，我们的一切知识就都缺乏客体，在这种情况下它们就还是完全空洞的。因此，先验逻辑陈述纯粹知性知识的各种要素和在任何地方要能够思维对象就不可或缺的原则的部分，就是先验分析论，同时也是真理的逻辑。因为没有一种知识能够与这种逻辑相矛盾，却不同时丧失一切内容，也就是说，丧失与某一客体的一切关系，从而丧失
一切真理的。但是，由于单独地、甚至超出经验的界限利用这 A63
些纯粹的知性知识和原理是非常诱人和引人入胜的，而经验又是惟一能够向我们提供那些纯粹的知性概念能够运用于其上的材料（客体）的，所以知性就陷入了一种危险，凭借空洞的玄想对纯粹知性纯然形式的原则作一种质料的应用，并对毕竟不是被给予我们的、也许不能以任何方式被给予我们的对象不加区别地作出判断。因此，既然它原本应当只是一部对经验性应用作出评判的法规，所以，如果人们使它被视为一种普遍的和无限制的应用的工具论，并仅仅凭借纯粹知性就敢于对一般对象综合地作出判断、断定和裁决，它就被误用了。因此，在这

种情况下，纯粹知性的应用就会是辩证的了。所以，先验逻辑的第二部分必须是这种辩证幻相的一种批判，叫做先验辩证论，不是作为独断地激起诸如此类的幻相的一种艺术（各种各样的形而上学戏法的一种令人遗憾地非常流行的艺术），而是作为对知性和理性在其超自然的应用方面的批判，为的是揭露理性的无根据的僭妄的错误幻相，并将理性以为单凭先验的原理就可以做到发明和扩展的要求降低到仅仅评判和保护纯粹知
A64 性免受诡辩的假象之害的程度。

第一编 〔56〕

先验分析论

这一分析论是把我们全部的先天知识分解成为纯粹知性知识的各种要素。这里重要的是以下几点：1. 概念是纯粹的概念，不是经验性的概念。2. 这些概念不属于直观，不属于感性，而是属于思维和知性。3. 这些概念都是基本概念，与派生的或者由它们复合的概念明显有别。4. 概念表是完备的，完全显示出纯粹知性的整个领域。如今，一门科学的这种完备性不能根据仅仅通过试验达成的集合的近似值来可靠地认定；因此，它惟有凭借知性先天知识的**整体的理念**、并通过构成它的诸般概念由此得到规定的划分、因而惟有通过它们**在一个体系中的联系**才是可能的。纯粹知性不仅与所有经验性的东西有 A65
别，而且甚至与一切感性截然不同。因此，它是一个独立自存的、自身充足的、不能由可以从外部附加的附属物来增添的统一体。所以，它的知识的总和将构成一个可以在一个理念之下涵盖和规定的体系，这个体系的完备性和拼接同时能够为一切适配的知识成分的正确性和纯正性提供试金石。但是，先验逻辑的这整个部分要由两卷构成，其中一卷包含纯粹知性的**概念**，另一卷包含纯粹知性的**原理**。

第一卷
概念分析论

我所理解的概念分析论，不是概念的分析或者哲学研究中
〔57〕常见的做法，即按照内容分析呈现出来的概念并使之清晰，而是还很少尝试过的**知性能力本身的分析**，为的是通过我们仅
A66 仅在知性亦即先天概念的诞生地中探求这些概念并分析知性的一般纯粹应用，来研究先天概念的可能性；因为这是一种先验哲学的独特工作；其余的东西则是一般哲学中对概念的逻辑探讨。因此，我们将把纯粹概念一直追溯到它们在人类知性中的最初萌芽和禀赋，它们蕴涵在这些萌芽和禀赋中已经作好准备，直到终于借经验之机得到发展，并凭借同一种知性摆脱依附于它们的经验性条件，在其纯粹性中得到展现。

第一篇
论发现一切纯粹知性概念的导线

当人们发动一种知识能力的时候，按照各种各样的机缘，出现不同的概念，它们使这种能力为人所知，而且在较长时间或者以较强的敏锐性对它们进行考察之后，可以在一篇或多或少详尽的文章中使它们集合起来。至于这一研究在什么地方将臻于完善，按照这种仿佛是机械性的做法是永远不能确切地规
A67 定的。人们仅仅这样随机缘发现的概念，也并不呈现在任何秩序和系统的统一体中，而是最终仅仅按照类似性得以相配，并且按照其内容的多寡，从简单的概念开始到更为复合的概念排

成序列，这些序列根本不是系统的，虽然是以某种方式按照方法达成的。

先验哲学有便利、但也有义务从一个原则出发探求其概念，因为这些概念必须是纯粹地、不混杂地从作为绝对统一体的知性产生，因而本身是按照一个概念或者理念而彼此联系的。但这样一种联系提供了一种规则，按照它，就可以先天地 〔58〕
为每一个纯粹的知性概念规定它的位置，并在总体上为所有的概念规定其完备性，否则的话，这一切就会取决于任意或者取决于偶然了。

第一章　论知性的一般逻辑应用

知性在上面只是得到消极的解释：用的是一种非感性的认识能力。现在，我们不依赖于感性就不能分享直观。因此，知 A68
性不是直观的能力。但是，在直观之外，除了凭借概念，没有别的认识方式。因此，每一种知性、至少人的知性的知识，是一种凭借概念的知识，它不是直观的，而是推论的。一切直观，作为感性的，所依据的是刺激，因而概念依据的是功能。但是，我把功能理解为在一个共同的表象之下整理不同的表象的行动的统一性。因此，概念以思维的自发性为基础，就像感性直观以印象的感受性为基础一样。于是，除了借助这些概念作出判断之外，知性对它们不可能有别的应用。既然除了仅仅作为直观之外，没有一个表象直接涉及对象，所以一个概念不直接地与一个对象发生关系，而是与关于该对象的某一别的表象（无论它是直观或者本身已经是概念）发生关系。因此，判断是一个对象的间接知识，从而是对象的一个表象的表象。在每一个判断中，都有一个适用于诸多表象的概念，而在这一诸多之下也包含着一个被给予的表象，它直接地与对象发生关

系。例如，在“**一切物体都是可分的**”这个判断中，可分物的
〔59〕概念与不同的其他概念相关；但在这些概念中，它在这里特别
A69 地与物体的概念相关，但物体的概念则与某些呈现给我们的显象相关。因此，这些对象通过可分性的概念间接地得到表象。据此，一切判断都是我们的表象中间的统一性的功能，因为不是一个直接的表象，而是一个把前者和更多的表象包含在自己之下的更高的表象，被用于对象的知识，由此诸多可能的知识被集合在一个知识之中。但我们可以把知性的所有行动归结为判断，以至于一般的**知性**可以被表象为一种**判断的能力**。因为如上所述，它是一种思维的能力。思维是凭借概念的知识。但概念作为可能判断的谓词，所关涉的是一个尚未确定的对象的某个表象。这样，物体的概念，例如金属，就意味着某种可以通过那个概念被认识的东西。因此，它之所以是概念，只是因为它在自己之下包含着其他使它能够与对象发生关系的表象。所以，它是一个可能判断的谓词，例如每一种金属都是物体。因此，如果人们能够完备地描述判断中的统一性的功能，就能够在总体上发现知性的各种功能了。但下一章将表明，这一点是极容易做到的。

A70

第二章　论知性在判断中的逻辑功能

如果我们抽掉一个一般判断的所有内容，只关注其中的纯然知性形式，那么我们将发现，思维在判断中的功能可以归于四个标题之下，其中每一个又包含着三个环节。它们可以确切地如下表所示。

由于这种划分在一些虽然不是本质性的方面显得偏离了逻
A71 辑学家们惯常的做法，所以针对令人担忧的误解作如下抗辩将不是毫无必要的。

[60]

1.
判断的量
全称的
特称的
单称的

2.
判断的质
肯定的
否定的
无限的

3.
判断的关系
定言的
假言的
选言的

4.
判断的模态
或然的
实然的
必然的

1. 逻辑学家们有理由说，人们在把判断用于理性推理时可以把单称判断当做全称判断来对待。因为正是由于单称判断根本没有外延，所以它们的谓词就不能仅仅与包含在主词的概念之下的一些东西相关，而被另一些东西排除在外。因此，这谓词毫无例外地适用于那个概念，就好像那个概念是一个拥有外延、谓词适用于其全部意义的普遍有效的概念似的。与此相反，如果我们把一个单称判断仅仅作为知识，按照量与一个普遍有效的判断进行比较，那么，这种知识与普遍有效的判断的关系就如同单一与无限的关系，因而就其自身而言与后者有本质性的区别。因此，如果我对一个单称判断（judicium singulare）不仅仅按照其内在的有效性，而是还作为一般知识按照它与其他知识相比所拥有的量来作出估价，那么，它当然与普遍有效的判断（judicia communia）有区别，并且理应在一般思维的一个完备的环节表中（尽管当然不是在仅仅局限于各种 [61] 判断相互之间的应用上的逻辑中）占有一个特殊的位置。

2. 同样，在先验逻辑中还必须把**无限判断**与**肯定判断**区

A72 别开来，尽管在普遍的逻辑中后者合理地被归入前者，并不构成划分的一个特殊分支。因为普遍的逻辑抽掉谓词的一切内容（即使这谓词是否定的），只关注这谓词是被附加于主词，还是与它相对立。但先验逻辑却还根据凭借一个纯然否定的谓词所作出的这种逻辑肯定的价值或者内容来考察判断，并且考察这种肯定就全部知识而言带来了什么样的收获。如果我就灵魂而言说它不是有死的，那么，我就通过一个否定的判断至少防止了一种错误。如今，通过"灵魂是不死的"这一命题，虽然由于我把灵魂置入了不死的存在者的无限制外延之中，而在逻辑形式上现实地作出了肯定。由于有死者在可能存在者的全部外延中包括一个部分，而不死者则包括另一个部分，所以通过我的命题所说的无非是，灵魂是在我把有死者全都排除的时候依然存留的无限多事物中的一个。但这样一来，一切可能事物的无限领域只是就有死者被与此隔离、灵魂被置于其外延的其余范围而言才受到了限制。然而，即使有这种剔除，这个范围依然始终是无限的，还可以再排除它的更多的部分，灵魂的概念
A73 并不因此就有丝毫的增加和得到肯定的规定。因此，这些就逻辑外延而言的无限判断在一般知识的内容方面实际上纯然是限制性的，而且就此而言，它们在判断中思维的一切环节的先验表中是不可忽略的，因为这里所履行的知性功能也许在知性的纯粹先天知识的领域里会是重要的。

3. 思维在判断中的所有关系是：a. 谓词与主词的关系；b. 根据与结果的关系；c. 被划分的知识与划分的全部分支相互之间的关系。在第一类判断中只考察两个概念，在第二类判断中考察两个判断，在第三类判断中就相互之间的关系而言考
〔62〕察多个判断。假言命题"如果有一种完善的正义，则冥顽之恶徒将受到惩罚"原本包含着两个命题的关系，即"有一种完善的正义"和"冥顽之恶徒将受到惩罚"。这两个命题自身是否

真实，在此还没有得到澄清。通过这一判断所思维的，只不过是结论罢了。最后，选言判断包含着两个或者更多的命题相互之间的关系，但并不是次序的关系，而是如果一个命题的领域排除另一个命题的领域则产生的逻辑对立的关系，但同时毕竟也是如果它们一起填充真正的知识的领域则产生的共联性的关系，从而是一种知识的领域的各个部分的关系，因为每一部分 A74
的领域对于被划分的知识的全部总和来说都是另一部分的领域的补充；例如，世界要么是由于一种盲目的偶然、要么是由于内在的必然、要么是由于一种外在的原因存在的。这些命题中的每一个都占据着一般来说关于一个世界存在的可能知识的领域的一个部分。所有这些命题合起来则占据着整个领域。把知识从这些领域中的一个除去，则意味着把它置入其余领域中的一个，与此相反，把它置入一个领域，则意味着把它从其余的领域除去。因此，在一个选言判断中，有某种知识的共同体，它就在于这些知识相互排斥，但由此却毕竟在**整体**上规定着真实的知识，因为它们总的来说构成了惟一的一种被给予的知识的全部内容。而这也是我为了下面的内容在此必须予以说明的东西。

4. 判断的模态是判断的一种极为特殊的功能，它自身具有的特别之处就在于，它对判断的内容毫无贡献（因为除了量、质和关系之外，再也没有什么构成一个判断的内容了），而是仅仅涉及系词一般来说与思维相关时的值。**或然**判断是人们在其中认为肯定或者否定都仅仅**可能**（随意的）的判断；**实**
然判断是肯定或者否定被视为**现实**（真实）的判断；**必然**判断 A75
则是人们在其中把肯定或者否定视为**必然**的判断。[1] 这样，如

[1] 如同思维在第一种场合是**知性**的功能，在第二种场合是**判断力**的功能，在第三种场合是**理性**的功能一样。这一说明留待后面再解释。

〔63〕果两个判断的关系构成假言判断（antec.［前件］和 consequ.［后件］），此外，如果选言判断就在于两个判断的相互作用（划分的各个分支），那么，这两个判断就全都只是或然的。在上面的例子中，“有一种完善的正义”这个命题并不是实然地说出的，而是仅仅被思维成一个随意的判断，对于它来说可能会有人这样认为；而惟有结论是实然的。因此，这样的判断也可能明显是错误的，但作为或然的来看，毕竟是真理知识的条件。这样，**“世界是由于一种盲目的偶然存在的”**这个判断在选言判断中只具有或然的意义，也就是说，某人可能在某个时刻接受这一命题，但它毕竟有助于发现真的命题（如同在人们可能选取的所有道路的数目中标出错误的道路一样）。因此，或然的命题是仅仅表达逻辑可能性（这种可能性不是客观的）的命题，也就是说，这种可能性是一种使这样的命题有效的自由选择，是纯然任意地把该命题接纳入知性。实然的命题说的是逻辑的现实性或者真实性，例如在一个假言的理性推理中前
A76 件在大前提中表现为或然的，在小前提中表现为实然的，并且表明该命题已经按照知性的规律与知性结合在一起了。必然的命题则把实然的命题思维为由知性的这些规律本身规定的，从而是先天地断言的，并以这样的方式表达逻辑的必然性。如今，由于在这里一切都逐步地并入知性，以至于人们首先或然地判断某物，继而也实然地认为它是真的，最后断言它与知性不可分割地结合在一起，也就是说是必然的和无可置疑的，所以，人们也可以把模态的这三种功能一般地称为思维的三个环节。

第三章　论纯粹的知性概念或者范畴

如同已经多次说过的那样，普遍的逻辑抽掉知识的所有内

容，并且指望从别的无论什么地方给予它表象，以便首先把这些表象转化为概念；这是分析地进行的。与此相反，先验逻辑面临的是一种先验感性论向它呈现的先天感性杂多，为的是给纯粹知性概念提供一种材料，没有这种材料这些概念就会没有任何内容，从而是完全空洞的。空间和时间包含着先天纯直观的杂多，但尽管如此却属于我们心灵的感受性的条件，心灵惟有在这些条件下才能够接受对象的表象，因而表象也必然在任何时候都刺激对象的概念。不过，我们的思维的自发性要求这种杂多首先以某种方式被审视、接受和结合，以便用它构成一种知识。这种行动我称为综合。 〔64〕 A77

但是，我在最普遍的意义上把**综合**理解为把各种不同的表象相互加在一起并在一个认识中把握它们的杂多性的行动。如果杂多不是经验性地、而是先天地被给予的（就像空间和时间中的杂多那样），那么，这样一种综合就是**纯粹的**。在对我们的表象作出任何分析之前，这些表象必须事先已经被给予了，而且任何概念就**内容**而言都不能以分析的方式产生。但是，一种杂多（无论它是经验性地还是先天地被给予的）的综合首先产生一种知识，这种知识虽然最初还是粗糙的和混乱的，因而需要分析，但综合毕竟是真正把各种要素集合成知识、并结合成一定的内容的东西；因此，如果我们想对我们知识的最初起源作出判断，综合是我们首先应当予以注意的东西。 A78

我们在后面将会看到，一般的综合纯然是想象力亦即灵魂的一种盲目的、尽管不可或缺的功能的结果，没有这种功能，我们在任何地方都根本不会有知识，但我们却很少哪怕有一次意识到它。不过，把这种综合付诸**概念**，这是属于知性的一种功能，知性借助于这种功能才为我们产生真正意义上的知识。

一般地来看，纯粹的综合提供纯粹的知性概念。但是，我把这种综合理解为依据先天的综合统一性的一种根据的综合：
〔65〕因此，我们的计数（尤其是在数目较大的时候更为明显）是一种**按照概念的综合**，因为它是按照一个共同的统一性根据（如十进制）发生的。因此，在这个概念之下，杂多的综合中的统一性就成为必然的。

各种不同的表象以分析的方式被置于一个概念**之下**（这是普遍的逻辑所探讨的工作）。但是，先验逻辑所教导的，不是把表象、而是把表象的**纯粹综合**付诸概念。为了达到一切对象的先天知识，必须被给予我们的，首先是纯直观的**杂多**；其次
A79 是这种杂多凭借想象力的**综合**，但这还没有提供知识。给这种纯粹的综合提供**统一性**、并仅仅存在于这种必然的综合统一的表象之中的概念，为一个呈现的对象的认识提供了第三种东西，而且所依据的是知性。

为**一个判断**中的各种不同表象提供统一性的同一种功能，也为**一个直观**中的各种不同表象的纯然综合提供统一性，这种功能一般地来表达，就叫做纯粹知性概念。因此，同一个知性、而且通过它在概念中凭借分析的统一而造成一个判断的逻辑形式的同一种行动，也凭借一般直观中杂多的综合统一把一种先验的内容带进它的表象，因此这些表象叫做纯粹的知性概念，它们先天地关涉客体，这是普遍的逻辑所不能提供的。

以这样的方式产生出先天地关涉一般直观的对象的纯粹知性概念，它们与前表中所有可能判断中的逻辑功能一样多，因为知性已被上述功能所穷尽，其能力也由此得到完全的测定。
A80 我们想依据亚里士多德把这些概念称为**范畴**，因为我们的意图原本与他的意图是一回事，尽管这意图在实施中与他的意图相去甚远。

范畴表 〔66〕

1.
量的范畴
单一性
复多性
全体性

2.
质的范畴
实在性
否定性
限定性

3.
关系的范畴
依存性与自存性
（substantia et accidens［实体与偶性］）
因果性与隶属性
（原因与结果）
共联性
（行动者与承受者之间的交互作用）

4.
模态的范畴
可能性——不可能性
存在——不存在
必然性——偶然性

这就是知性先天地包含在自身的所有源始纯粹的综合概念的一览表，知性也只是由于这些概念才是一种纯粹的知性，因为知性惟有通过它们才能够就直观的杂多而言理解某种东西，也就是说，思维直观的一个客体。这种划分是系统地从一个共同的原则、亦即从**判断**的能力（这种能力与思维的能力相同） A81 产生的，不是漫游诗人般地从对纯粹概念的一种碰运气完成的搜寻产生的，这种搜寻的完备性人们永远不能确知，因为它只是通过归纳完成的，而不考虑人们以后一种方式永远也看不出，为什么恰恰是这些而不是另一些概念寓于纯粹的知性之中。搜寻这些基本概念，曾是亚里士多德的一项工作，这项工

作是值得一位敏锐的人士去做的。但是，由于亚里士多德没有任何原则，所以他像偶然遇到它们那样把它们捡拾起来，最初
〔67〕 找到了十个，他称之为**范畴**（陈述词）。后来，他认为自己还搜寻到了五个，他用后陈述词的名义把它们附加上去。不过，他的表始终还是有欠缺的。此外，也有一些纯粹感性的样式存在于其中（quando，ubi，situs［何时、何地、状态］，以及prius，simul［在先、同时］），还有一个经验性的样式（motus［运动］），它们都根本不属于知性的这一基本名册，或者还有派生的概念也一起被算进源始的概念之中了（actio，passio［行动、承受］），而基本概念中的一些则完全阙如。

因此，为了这些源始概念还必须说明：范畴作为纯粹知性真正的**基本概念**，也拥有其同样纯粹的**派生概念**，在一个完备
A82 的先验哲学体系中绝不可以忽略它们，但我在一个纯然批判的尝试中就可以满足于仅仅提到它们了。

且让我把这些纯粹的、但却是派生的知性概念称为纯粹知性的**可陈述词**（与陈述词相对）。如果人们拥有源始的和原始的概念，那么，就可以轻而易举地附加上派生的和从属的概念，并完全描画出纯粹知性的谱系。既然这里对我来说重要的不是体系的完备性，而仅仅是一个体系的各种原则，所以我就把这一补充留待另一项研究。但是，如果拿起本体论的教科书，并且例如使力、行动、承受的可陈述词隶属于因果性的范畴，使在场、阻抗的可陈述词隶属于共联性的范畴，使产生、消亡、变化的可陈述词隶属于模态的陈述词，等等，人们差不多就可以实现这一意图了。范畴与纯粹感性的样式相结合，或者也彼此之间相结合，提供出大量派生的先天概念，说明这些概念，并且可能的话乃至完备地记录下它们，是一项有用的、并不令人反感的工作，但在这里却没有必要。

这些范畴的定义，尽管我可以掌握它们，但在这项探讨

中，我却有意地避开了。我将在后面分析这些概念，直到与我 A83
将探讨的方法论相关而充足的程度。在一个纯粹理性的体系
中，人们本来可以有理由要求我作出这些定义，但在这里，它
们会使人忽视研究的要点，因为它们将激起怀疑和攻击，这些 〔68〕
怀疑和攻击人们完全可以交给另一项研究去处理，而无损于根本的目的。不过，从我在此略加说明的东西中毕竟可以清晰地看出，一部完备的词典连同所有为此必需的解说不仅是可能的，而且也是可以轻而易举地完成的。科目已经就绪，所需要的只是充实它们，而像目前的这样一种系统的位置论，是不会轻易地让每一个概念所专属的位置放错的，而且同时也使人很容易发现那些还空着的位置。

第二篇

论纯粹知性概念的演绎 A84

第一章

论一般先验演绎的原则

法学家在谈到权限和僭越时，在一桩诉讼中把有关权利的问题（quid iuris [有何权利]）与涉及事实的问题（quid facti [有何事实]）区分开来，而由于他们对二者都要求证明，他们就把应当阐明权限或者也阐明合法要求的前一种证明称为**演绎**。我们使用大量经验性的概念，并没有人提出异议，我们也不经演绎就认为自己有权利赋予它们一种意义和想当然的含义，因为我们任何时候手头都有证明它们的客观实在性的经验。不过，也有一些僭越的概念，例如幸福、命运，它们虽然凭借几乎普遍的宽容而流行，但毕竟有时需要回答 quid iuris [有何权利] 的问题；此时，人们在这种情况下就陷入不小的

A85 麻烦，因为人们无论是从经验出发还是从理性出发都举不出清晰的合法根据来澄清使用这些概念的权限。

〔69〕 但是，在构成人类知识十分混杂的交织物的各种各样的概念中间，有一些概念也注定要被纯粹先天地（完全不依赖于任何经验地）应用，而它们的这种权限在任何时候都需要一种演绎：因为对于这样一种应用的合法性来说从经验出发的证明并不充足，但是人们必须知道这些概念如何能够与它们毕竟不是从任何经验得来的客体发生关系。因此，我把对先天概念能够与对象发生关系的方式的解释称为它们的**先验演绎**，并把它与**经验性的**演绎区别开来，后者表明的是通过经验和对经验的反思获得一个概念的方式，因而不涉及拥有得以产生的合法性，而是涉及其事实。

我们现在已经拥有两种截然不同的概念，它们毕竟在双方都完全先天地与对象发生关系这一点上是相互一致的，这就是作为感性形式的空间和时间的概念和作为知性概念的范畴。要想尝试对它们作出一种经验性的演绎，将是一件完全徒劳的工作，因为它们的本性的特征恰恰在于，它们与自己的对象发生
A86 关系，并不为了表象这些对象而从经验中借取某种东西。因此，如果需要对它们作出一种演绎，则这演绎在任何时候都必须是先验的。

不过，对于这些概念，就像对于所有的知识一样，即使不能在经验中找出它们的可能性的原则，却毕竟能够找出它们产生的偶因；在这种情况下，只要感官的印象提供最初的诱因，人们就向这些印象开放整个认识能力，并完成经验；经验包含着两种极不同类的要素，即来自感官的知识**质料**和来自纯粹直观和思维的内在源泉的某种整理这质料的**形式**，纯粹直观和思维借感官印象的机缘才首先运行起来并产生概念。对我们的认识能力为了从个别的知觉上升到普遍的概念所做的最初努力进

行这样一种探究，毫无疑问有其巨大的好处，而且人们应当感谢著名的**洛克**，是他率先为此开辟了道路。然而，对纯粹先天概念的一种**演绎**却绝不能由此实现，它根本不处在这条道路 〔70〕
上，因为就这些概念今后应当完全独立于经验的应用而言，它们必须出示一个与出身自经验截然不同的出生证。这种尝试过 A87
的自然学的推导本来根本不能叫做演绎，因为它所涉及的乃是一个 quaestionem facti [事实的问题]，所以我想把它称为对一种纯粹知识的拥有所做的解释。因此显而易见，对这些概念只能有一种先验的演绎，而绝不能有一种经验性的演绎，后者对纯粹先天概念来说无非是一些无用的尝试，只是没有理解这种知识的全部独特本性的人才会干这种事情。

但现在，即使承认纯粹先天知识的可能演绎只有一种方式，即沿着先验道路的方式，由此也毕竟不能说明，这种方式是绝对必要的。我们在上面已经凭借一种先验演绎将空间和时间的概念一直追踪到其起源，并解释和规定了它们先天的客观有效性。尽管如此，几何学通过纯然的先天知识稳步前进，无须为了自己关于空间的基本概念的纯粹的、合法的出身而请求哲学提供委任状。不过，这个概念的应用在这门科学中也仅仅关涉到外部的感官世界，对于它来说空间就是它的直观的纯形式，因而在它里面一切几何学知识都由于建立在先天直观之上
而具有直接的自明性，而对象则通过这种知识本身先天地（按 A88
照形式）在直观中被给予。与此相反，那不可回避的需要是随着**纯粹知性概念**开始的，即不仅要为它们本身，而且要为空间寻求一种先验的演绎，因为既然它们谈论对象所凭借的不是直观和感性的谓词，而是纯粹先天思维的谓词，它们也就无须任何感性条件而与对象发生关系，而且既然它们并不以经验为基础，它们也就不能在先天直观中展示任何它们先于一切经验而把自己的综合建立于其上的客体，因而不仅由于它们的应用的

客观有效性和限制而引起怀疑，而且还由于它们倾向于超出感
〔71〕性直观的条件去应用空间概念而使**空间概念**变得模糊不清，所以前面对于空间概念进行一种先验演绎也是必要的。因此，读者在纯粹理性的领域里哪怕只跨出一步，之前都必须相信这样一种先验演绎不可回避的必要性，因为不然的话他就会盲目行事，而且在他四处误入歧途之后，毕竟又不得不再返回到他由以出发的无知。但是，他必须也事先清晰地看出不可避免的困难，以免抱怨事情本身深藏于其中的隐晦，或者为清除障碍而
A89 过早地烦恼，因为重要的是，要么完全放弃洞察纯粹理性的所有要求这个最受欢迎的领域，即超出一切可能经验的界限的领域，要么就使这一批判的研究臻于完善。

对于空间和时间概念，我们在上面就已经能够轻而易举地说明，这些概念如何作为先天知识却仍然不得不必然地与对象发生关系，并且不依赖于一切经验而使这些对象的一种综合知识成为可能。因为既然只有凭借感性的这样一些纯形式，一个对象才能够向我们显现，也就是说，才能够成为经验性直观的一个客体，所以空间和时间是先天地包含着作为显象的对象之可能性的条件的纯直观，而且在它们里面的综合具有客观有效性。

与此相反，知性的范畴根本不向我们表现出使对象在直观中被给予的那些条件，因而对象当然也就能够无须与知性的功能必然发生关系就向我们显现，所以知性并不先天地包含这些对象的条件。因此，这里就出现了一种我们在感性的领域里不曾遇到的困难，这就是**思维的主观条件**如何应当具有**客观有效
A90 性**，也就是说，提供对象的所有知识之可能性的条件。因为没有知性的功能，显象当然能够在直观中被给予。我以原因概念为例，它意味着综合的一种特殊方式，这里在 A 之上按照一种规则设定了截然不同的 B。至于为什么显象包含着诸如此类

的某种东西（因为既然这个概念的客观有效性必须能够先天地阐明，我们就不能援引经验来作为证明），这并不是先天地清楚明白的；因此，至于这样一个概念是否完全空洞，而且在显象中间到处都遇不到对象，则是先天地可疑的。因为感性直观的对象必须符合先天地蕴涵在心灵中的形式条件，这一点是清楚明白的，否则它们就不会对于我们成为对象；但是，它们除此之外也必须符合知性为了思维的综合统一所需要的条件，对这一点就不大容易看出结论了。因为当然很可能显象具有这样的性状，即知性发现它们根本不符合其统一性的条件，一切都这样处在混乱中，例如在显象的序列中不呈现出任何提供一种综合的规则、从而与原因和结果的概念相适应的东西，以至于这个概念因此而是完全空洞的、毫无价值的、没有意义的。显象依然会把对象呈现给我们的直观，因为直观不以任何方式需要知性的功能。 〔72〕 A91

如果人们想避开这种研究的麻烦，而说经验不断地呈现出显象的这样一种合规则性的实例，这些实例提供了足够的理由把原因概念与此分离开来，并由此同时证明这样一个概念的客观有效性，那么，人们就没有发觉，以这种方式根本不可能产生原因概念，相反，它必须要么完全先天地建立在知性中，要么被当做一个纯然的幻影而完全放弃。因为这个概念绝对要求某物 A 具有这样的性质，即**必然地并且按照一条绝对的规则**从它里面得出另一个某物 B。显象完全可以提供各种场合，从中有可能得出某物循例发生所遵从的规则，但却永远不可能得出后果是**必然的**。因此，原因与结果的综合还固有一种尊严，人们根本不能经验性地予以表达，也就是说，结果不仅是附加在原因上的，而且是**通过**原因被设定，并从原因产生出来的。规则的严格普遍性也根本不是经验性规则的属性，后者通过归纳所能够得到的无非是比较的普遍性，即广泛的适用性。但现 A92 〔73〕

在，如果人们想把纯粹知性概念仅仅当做经验性的产物来对待，它们的应用就会完全改变。

向范畴的先验演绎的过渡

综合的表象能够与其对象同时发生、彼此以必然的方式发生关系、仿佛是彼此相遇，这只有在两种情况下才有可能：要么只有对象才使表象成为可能，要么只有表象才使对象成为可能。如果是前者，则这种关系就只是经验性的，而且表象绝不是先天地可能的。显象就它们里面属于感觉的东西而言，就是这种情况。但如果是后者，由于表象自身（因为这里所谈的根本不是表象凭借意志所产生的因果性）并不是**就存在而言**产生自己的对象的，所以在惟有通过表象才有可能把某物**作为一个对象来认识**的情况下，表象毕竟就对象而言是先天地进行规定的。但是，一个对象的知识惟有在两个条件下才是可能的：首
A93 先是**直观**，对象通过直观被给予，但只是作为显象；其次是**概念**，一个与该直观相应的对象通过概念被思维。但从以上所说可以明白，第一个条件，即对象惟有在其下才能被直观的条件，事实上先天地在心灵中是客体就形式而言的基础。因此，一切显象必然与感性的这种形式条件一致，因为它们只有通过这种条件才能够显现，也就是说，才能够被经验性地直观和给予。现在的问题是：是否就连概念也是作为条件先天地先行的，某物惟有在这些条件下，虽然不是被直观，但却是作为一般对象被思维？在这种情况下，对象的一切经验性知识就都以必然的方式符合这样的概念，因为不以它们为前提条件，就没有任何东西可能是**经验的客体**。但现在，一切经验在某物被给予所凭借的感官直观之外，还包含着关于一个在直观中被给予或者显现的对象的概念，据此，一般而言的对象的概念就作为

先天条件成为所有经验知识的基础。所以，范畴作为先天概念 〔74〕
的客观有效性的依据是：惟有通过它们，经验（就思维的形式而言）才是可能的。在这种情况下，范畴就以必然的方式并且先天地与经验的对象相关，因为一般而言只有凭借范畴，经验的某个对象才能够被思维。

因此，一切先天概念的先验演绎有一个全部研究都必须遵 A94
循的原则，这个原则就是：它们必须被当做经验的可能性（无论是在其中遇到的直观的可能性，还是思维的可能性）的先天条件来认识。提供经验之可能性的客观基础的概念，正因为如此而是必然的。但是，在其中遇到这些概念的那种对经验的阐发却不是它们的演绎（而是它们的举证），因为它们在这里毕竟只会是偶然的。没有与知识的所有对象均在其中出现的可能经验的这种源始关系，它们与某个客体的关系就会是完全不可理解的。

但是，有三种源始的来源（灵魂的三种性能或者能力），包含着一切经验之可能性的条件，本身不能从心灵的任何其他能力派生出来，这就是**感官**、**想象力**和**统觉**。据此而有：1. 先天杂多通过感官的**概观**；2. 这种杂多通过想象力的**综合**；最后 3. 这种综合通过源始统觉的**统一**。所有这些能力都除了经验性的应用之外还有一种先验的应用，后者仅仅关涉形式，并且是先天地可能的。**就**感官**而言**，我们在上面第一部分已经 A95
谈到过这种应用，现在我们要致力于根据其本性来理解其他两种能力。

第二章　论经验之可能性的先天根据

说一个概念尽管本身既不属于可能经验的概念，又不由一个可能经验的要素构成，却被完全先天地产生，并应当与一个 〔75〕

对象相关，这是完全自相矛盾的和不可能的。因为在这种情况下，它就会没有任何内容，因为没有任何直观与它相应，而对象能够被给予我们所凭借的直观则构成了可能经验的领域或者全部对象。一个不与这些可能经验相关的先天概念就会只是一个概念的逻辑形式，但不会是某种东西被思维所凭借的概念本身。

因此，如果有先天的纯粹概念，则这些概念固然不能包含任何经验性的东西，但尽管如此，它们却必须全然是一个可能经验的先天条件，它们的客观实在性只能以此为依据。

因此，如果要知道纯粹概念是如何可能的，人们就必须研
A96 究经验的可能性所取决的、即使人们抽掉显象的一切经验性的东西也依然是经验之基础的先天条件。一个普遍且充分地表述经验的这种形式的和客观的条件的概念，就可以叫做一个纯粹的知性概念。一旦我拥有纯粹的知性概念，我就也能够设想那些也许不可能、也许就自身而言可能但却不能在任何经验中被给予的对象，因为在那些概念的联结中可能有某种毕竟必然地属于一个可能经验的条件的东西被删略掉了（一个精神的概念），或者纯粹的知性概念被扩展到超出经验所能把握的地步（上帝的概念）。但是，一切先天知识的种种**要素**、甚至任意的和荒唐的虚构的种种**要素**，虽然不能从经验借来（因为若不然，它们就不会是先天知识）；但它们却必须在任何时候都包含着一个可能经验及其对象的先天纯粹条件，因为若不然，不仅通过它们会根本没有任何东西被思维，而且它们本身也会没有材料而甚至不能在思维中产生。

我们在范畴中发现了先天地包含着作出任何经验时的纯思维的这些概念；而且如果我们能够证明，惟有凭借范畴才能思
A97 维一个对象，那么，这就已经是范畴的一种充分的演绎和它们的客观有效性的辩解了。但是，由于在这样一种思想中活动的

不单是一种思维能力亦即知性，而且知性本身作为一种应当与客体相关的认识能力同样由于这种关系的可能性而需要予以说明，所以我们必须事先考虑构成经验之可能性的先天基础的种种主观来源，不是根据其经验性的性状，而是根据其先验的性状。〔76〕

如果任何一个个别的表象都与其他表象完全无关，仿佛是孤立的，与后者分离的，那么，就永远不会产生像是被相互比较和相互联结的种种表象的一个整体的知识这样的东西了。因此，如果我由于感官在其直观中包含着杂多就赋予它一种概观，那么，在任何时候都有一种综合与这种概观相应，而**接受性**惟有与**自发性**相结合才能使知识成为可能。于是，自发性就是在一切知识中必然出现的三重综合的根据；这三重综合就是：作为直观中心灵变状的表象的**把握**、想象中表象的**再生**和概念中表象的**认知**。这三者通向甚至使知性并通过知性使所有经验作为知性的一种经验性的成果成为可能的三个主观的认识 A98
来源。

事先的提醒

范畴的演绎有如此之多的困难，迫使人如此深入到我们一般知识的可能性的最初根据，以至于为了避免一个完备理论的详尽性，而尽管如此在一项如此重要的研究中仍不疏漏任何东西，我认为通过如下 4 节使读者做好准备，而不是教导读者，而在后面的第三章中才系统地介绍关于知性的种种要素的讨论，是可取的。为此起见，读者不要因晦涩而不感兴趣。在一条还完全未被涉足的道路上，这种晦涩最初是不可避免的。但我希望，它在所说的第三章中将得到澄清而达到完全的洞识。

〔77〕

一、论直观中把握的综合

无论我们的表象自何处产生，无论它们是由外部事物的影响造成的还是由内部原因造成的，是先天地产生的还是经验性
A99 地作为显象产生的，它们作为心灵的变状，都毕竟属于内感官，而且作为这样的变状，我们的一切知识归根结底都毕竟服从于内感官的形式条件，亦即时间，它们全都在时间中被整理、被联结，并发生关系。这是人们在下文绝对必须作为基础的一个普遍的说明。

任何直观都包含着一种杂多，如果心灵不在印象的彼此相继中区分时间，这种杂多就不会被表象为杂多；因为任何表象，作为**被包含在一个瞬间的**，都永远无非是绝对的统一体。要从这种杂多中产生出直观的统一体（如同在空间的表象中那样），首先就必须通观杂多，然后合并之；我把这样的活动称为**把握的综合**，因为它是径直指向直观的，直观虽然呈现杂多，但若没有一种此际出现的综合，就永远不能使这种杂多成为这样的杂多并被包含**在一个表象**中。

这种把握的综合必须也是先天地、亦即就非经验性的表象而言实施的。因为如果没有这种把握的综合，我们就会既不能先天地有空间的表象，也不能先天地有时间的表象；因为空间
A100 和时间的表象只能通过感性在其源始的接受性中呈现的杂多之综合才能产生。因此，我们就有了一种纯粹的把握的综合。

二、论想象中再生的综合

这虽然是一条纯然经验性的规律，那些经常相继或者相伴的表象按照这条规律最终相互联合并有一种联结，根据这种联

结，即便没有对象在场，这些表象中的一个也按照一条恒定的 〔78〕
规则造成心灵向另一个表象的过渡。但这条规律却预设：显象本身确实服从这样一条规则，而且在它们的表象的杂多中有一种符合某些规则的相伴或者相继发生；因为若不然，我们的经验性的想象力就会永远得不到某种与其能力相符的东西来处理，因而就像是一种死的、我们自己也不认识的能力隐藏在心灵内部。如果朱砂时而是红的，时而是黑的，时而是轻的，时而是重的，一个人时而被变成这种动物形状，时而被变成那种
动物形状，在夏至日大地时而果实累累，时而冰雪覆盖，那 A101
么，我的经验性的想象力就绝不能获得机会在有红色的表象时想到重的朱砂；或者某个语词时而被赋予这个事物，时而被赋予那个事物，或者同一个事物时而被这样称谓，时而被那样称谓，而在这里却没有显象从自身出发就已经服从的某种规则支配着，那就不可能发生任何经验性的再生的综合。

因此，必定有某种东西，本身由于是显象的一种必然的综合统一的先天根据而使显象的这种再生成为可能。如果想一想显象不是物自身，而是我们最终归结为内感官的种种规定的表象的纯然活动，人们马上就会想到这一点。如果我们此时能够阐明，即使我们最纯粹的先天直观也不造成任何知识，除非它们包含着杂多的这样一种使得普遍的再生的综合成为可能的结合，那么，想象力的这种综合就也先于一切经验而以先天的原则为根据，而且人们必须假定想象力的一种纯粹的先验综合，
它本身就是一切经验之可能性的基础（一切经验都必然以显象 A102
的可再生性为前提条件）。显而易见，如果我在思想中引出一条线，或者要思维一个中午到另一个中午的时间，或者哪怕只是要表现一个数字，我都必须首先必然地在思想中一个继一个地领会这些杂多的表象。但是，如果我总是在思想中失去先行
的表象（线的前段、时间的先行部分或者相继被表象的各单 〔79〕

位），在我前进到后续的表象时不把先行的表象再生出来，那就永远不可能产生一个完整的表象，不可能产生上述所有思想的任何一个，甚至就连空间和时间的最纯粹、最初的基本表象也不可能产生。

因此，把握的综合是与再生的综合不可分割地结合在一起的。而既然前者构成一切一般知识（不仅是经验性的知识，而且还有纯粹的先天知识）的可能性的先验根据，所以想象力的再生综合就属于心灵的先验活动，而鉴于这些活动，我们要把这种能力也称为想象力的先验能力。

A103

三、论概念中认知的综合

如果不意识到我们现在所思维的东西与我们一个瞬间前所思维的东西是同一个东西，那么，在表象序列中的一切再生就都是徒劳的了。因为在现在的状态中就会有一个新的表象，它根本不属于应当逐渐地产生它所凭借的那个活动，而表象的杂多就会永远构不成一个整体，因为它缺乏惟有意识才能给它带来的那种统一性。如果我在计数时忘记现在浮现在我心目中的各个单位是由我逐渐地加在一起的，那么，我就不会认识数量通过从一个到另一个的这种渐进的附加的产生，从而也不认识数字；因为这个概念仅仅在于对综合的这种统一性的认识。

概念这个语词自身就已经能够引导我们达到这种说明了。因为正是这种**统一的**意识，把杂多、逐渐地直观到的东西、然后还把再生出来的东西结合成一个表象。这种意识可能往往只是微弱的，以至于我们只是在结果中、但并不在活动本身中亦
A104 即直接地把它与表象的产生联结起来；但尽管有这些区别，毕竟总是必然遇到一种意识，即使它缺乏凸现的明晰性，而没有
〔80〕 这种意识，概念连同关于对象的知识就是完全不可能的。

而在这里，有必要说明人们用表象的对象这一表述究竟指的是什么。我们在上面已经说过，显象本身无非是感性的表象，表象就自身而言必须以同样的方式不被视为（表象能力以外的）对象。当谈到一个与知识相应的、从而也与知识有别的对象时，人们究竟理解的是什么呢？很容易看出，这个对象必须被设想为一般的某种东西＝X，因为在我们的知识之外，我们毕竟没有任何东西是我们能够作为相应的而与这种知识相对立的。

但是我们发现，我们关于一切知识与其对象相关的思想带有某种具有必然性的东西，因为对象被视为这样一种东西，它防止我们的知识是碰运气的和任意的、而不是先天地以某种方式确定的：因为知识既然应当与一个对象相关，它们也就必须必然地在与这个对象的关系中相互一致，也就是说，具有构成 A105
一个对象的概念的那种统一性。

但显而易见，既然我们只与我们的表象的杂多打交道，而那个与我们的表象相应的 X（对象），由于它应当是某种与我们的所有表象有别的东西，对我们来说就什么也不是，所以，对象使之成为必然的那种统一性就不能是别的东西，只能是表象的杂多之综合中意识的形式统一性。在这种情况下，当我们在直观的杂多中造成了综合的统一性时，我们就说我们认识这对象。但是，如果直观不能按照某个规则通过使杂多的再生成为先天必然的、并使杂多在其中结合起来的那个概念成为可能的这样一种综合功能被产生出来，那么，这种统一性就是不可能的。这样，我们通过意识到三条直线按照这样一种直观在任何时候能够表现出来都遵循的一条规则的组合，来设想作为对象的一个三角形。这种**规则的统一性**规定着一切杂多，把它限制在使统觉的统一性成为可能的种种条件之上；而这种统一性的概念就是我通过一个三角形的上述谓词来思维的对象＝X 的 〔81〕

表象。

A106 一切知识都要求有一个概念，不管这个概念如何不完善或者如何隐晦；但是，这个概念就其形式而言在任何时候都是某种普遍的东西，是用做规则的东西。例如，物体的概念按照通过它所思维的杂多的统一性而用做我们关于外部显象的知识的规则。但是，它只能通过在被给予的显象中表现这些显象的杂多的必然再生、从而表现这些显象的意识中的综合统一性，才能是直观的一条规则。这样，物体的概念在关于我们之外的某种东西的知觉中就使得广延的表象连同不可入性、形状等等的表象成为必然的。

一切必然性在任何时候都以一种先验的条件为基础。因此，在我们一切直观的杂多的综合中，从而也在一般客体的概念的综合中，以及也在经验的一切对象的综合中，都必然发现意识的统一性的一个先验根据，没有这个根据，就不可能为我们的直观设想任何一个对象，因为这个对象不过就是其概念表示综合的这样一种必然性的某种东西。

这个源始的和先验的条件不是别的，就是**先验的统觉**。在
A107 内知觉时按照我们的状态的种种规定对自身的意识，是纯然经验性的，而且在任何时候都是可变的，在内部显象的这种流动中不可能存在任何固定的或者常驻的自我；这种意识通常被称为**内感官**，或者被称为**经验性的统觉**。应当**必然地**被表现为数目上同一的东西，不可能凭借经验性的材料被思维成为这样的东西。必须有一个先行于一切经验并使经验本身成为可能的条件，它应当使这样一种先验的预设成为有效的。

于是，如果没有先行于直观的一切材料的那种意识统一性，在我们里面就不可能产生任何知识，不可能产生知识彼此的联结和统一；关于对象的一切表现都惟有与那种意识统一性相关才是可能的。这种纯粹的、源始的、不变的意识，我要把

它称为**先验的统觉**。至于它理应获得这一名称，已经由以下事实得到说明：甚至最纯粹的客观统一性，亦即先天概念（空间和时间）的统一性，也惟有通过直观与它的关系才是可能的。因此，这种统觉在数目上的统一性先天地是一切概念的基础，正如空间和时间的杂多性是感性的直观的基础一样。 〔82〕

但是，统觉的这同一种先验的统一性，从总是能够在一个经验里面相聚的一切可能的显象中，按照规律形成所有这些表象的一种联系。因为如果不是心灵能够在关于杂多的知识中意识到它把杂多综合地联结在一个知识之中所凭借的那种功能的同一性，意识的统一性就会是不可能的。因此，对自身的同一性的源始的和必然的意识，同时是对一切显象按照概念、亦即按照规则的综合的一种同样必然的统一性的意识，这些规则不仅使得显象成为必然可再生的，而且由此也为它们的直观规定了一个对象，亦即它们必然在其中相互联系的某物的概念；因为如果心灵眼前没有它使一切把握（它是经验性的）的综合都服从一种先验的统一性、并首先使得它们按照先天规则的联系成为可能的那种活动的同一性，它就绝不可能想到它自己在其表象的杂多性之中的同一性，而且是先天地想到这种同一性。 A108

从现在起，我们也将能够更为正确地规定我们关于一个**一般对象**的概念。一切表象作为表象都有其对象，并且能够本身又是其他表象的对象。显象是能够被直接给予我们的惟一对象，而在显象中直接与对象相关的东西就叫做直观。但这些显象并不是物自身，而本身只是表象，表象又有其对象，因而其对象不再能够被我们直观，故而可以被称为非经验性的对象，亦即先验的对象＝X。 A109

关于这个先验对象（它事实上在我们的一切知识中都永远是同一个东西＝X）的纯粹概念，就是能够给我们的一切经验性的一般概念带来与一个对象的关系、亦即带来客观实在性的 〔83〕

东西。这个概念根本不能包含任何确定的直观，因而所涉及的无非是就知识的杂多处在与一个对象的关系中而言、在该杂多中必然遇到的那种统一性。但这种关系不是别的，就是意识的必然统一性，因而也是通过心灵把杂多结合在一个表象中的共同功能的那种杂多的综合的必然统一性。既然这种统一性必须被视为先天地必然的（因为若不然，知识就会没有对象），所以与一个先验对象的关系，亦即我们经验性知识的客观实在

A110 性，就是以下面这条先验规律为依据的，即一切显象，就对象应当通过它们被给予我们而言，都必须服从它们的综合统一性的先天规则；惟有遵照这些先天规则，它们在经验性直观中的关系才是可能的，也就是说，它们在经验中必须服从统觉的必然统一性的种种条件，就像在纯然直观中它们必须服从空间和时间的形式条件一样，任何知识都惟有通过那些条件才是可能的。

四、范畴作为先天知识的可能性的事先说明

只有一个经验，其中一切知觉都被表现为处在普遍的且合规律的联系中，就像只有一个空间和时间，显象的一切形式和存在或者不存在的一切关系都在其中发生一样。当人们谈论不同的经验时，这只不过是不同的知觉罢了，这是就它们都属于同一个普遍的经验而言的。也就是说，种种知觉普遍的和综合的统一性恰恰构成了经验的形式，它无非就是现象按照概念的综合统一性。

A111 综合按照经验性概念的统一性会是完全偶然的，而且如果

〔84〕 这些概念不基于统一性的一个先验根据，就可能有熙熙攘攘的显象充满我们的灵魂，却又永远不能从中产生经验。但在这种情况下，知识与对象的一切关系也就都消逝了，因为它们缺乏

按照普遍的和必然的规律的联结，从而它们虽然会是无思想的直观，但却永远不是知识，因而对我们来说不折不扣就是无。

一般可能经验的先天条件，同时就是经验的对象之可能性的条件。于是我断言：上述**范畴**不是别的，就是**一个可能经验中的思维的条件**，就像**空间和时间**包含着同一个经验的**直观的条件**一样。因此，范畴也是思维显象的一般客体的基本概念，因而具有先天的客观有效性；这就是我们真正说来所要知道的东西。

但是，这些范畴的可能性、甚至其必然性，都基于整个感性连同一切可能显象与源始统觉所具有的关系；在源始统觉中，一切都必须必然地符合自我意识的普遍统一性的种种条 A112
件，也就是说，必须服从综合的普遍功能，亦即按照统觉惟有在其中才能先天地证明其普遍的和必然的同一性的那些概念的综合的普遍功能。这样，原因的概念无非就是一种**按照概念**的综合（在时间序列中继起的东西与其他显象的综合），没有这种拥有其先天规则并使显象服从自己的统一性，在知觉的杂多中就发现不了意识的一贯的、普遍的、从而必然的统一性。但在这种情况下，这些知觉就会不属于任何经验，从而没有客体，无非是表象的一种盲目的活动，也就是说还不如一场梦。

因此，要从经验派生出那些纯粹的知性概念并赋予它们一个纯然经验性的起源的一切企图，都是完全没有价值的和徒劳的。我一点也不想提起，例如原因的概念带有必然性的特征，这种必然性是任何经验都不能提供的，经验虽然告诉我们通常有某种别的东西继一个显象而起，但却并不告诉我们它必须必然地继之而起，也不告诉我们能够把这作为一个条件，先天并 〔85〕
且完全普遍地推论到一个结果。但是，如果说事件序列中的一切都如此服从规则，以至于永远不会发生某种东西，没有在任 A113

何时候它都继之而起的东西先行于它，那么，人们就必须普遍地假定那条经验性的**联想**规则，而我要问，这作为自然的一条规律，其依据何在呢？甚至这种联想是如何可能的呢？杂多的联想之可能性的根据就其蕴含在客体之中而言，叫做杂多的**亲和性**。因此我要问：你们如何使自己理解显象普遍的亲和性（显象**必须**通过这种亲和性来服从恒定的规律并彼此相属）呢？

按照我的原理，这种亲和性是很容易理解的。一切可能的显象都作为表象属于整个可能的自我意识。但是，数目的同一性却与这个作为先验表象的自我意识不可分割，并且是先天确定的，因为不凭借这个源始的统觉，就没有任何东西能够进入知识。既然就显象的一切杂多的综合应当成为经验性的知识而言，这种同一性必须必然地进入这种综合之中，所以，显象就服从其（把握的）综合必须普遍地符合的先天条件。但是，某种杂多（因而以同一种方式）**能够**被设定所遵循的一种普遍的条件的表象叫做**规则**，而如果该杂多**必须**被如此设定，它就叫做**规律**。因此，一切显象都处在一种按照必然规律的普遍联结
A114 之中，因而处在一种**先验的亲和性**之中，**经验性的亲和性**则纯然是由先验的亲和性产生的结果。

说自然应当遵循我们主观的统觉根据，甚至就其合规律性而言依赖于这种根据，就听起来相当不合情理和令人诧异。但如果考虑到这个自然就其自身而言无非是显象的总和，因而不是物自身，而纯然是心灵的表象的集合，那么，人们就不会对以下情况感到奇怪了：即只能在我们一切知识的根本能力中，亦即在先验统觉中，在那种统一性（只是由于这种统一性，自然才能够叫做一切可能经验的客体，亦即叫做自然）中发现自
〔86〕 然；而且我们也正因此缘故才能够先天地认识这种统一性，从而把它认识为必然的；如果这种统一性是不依赖于我们思维的

最初来源**就其自身而言**被给予的，那么，以上所说就必然永无可能了。因为这样一来，我就不知道我们应当从何处得来这样一种普遍的自然统一性的综合命题了，因为人们在这样的情况下就必须从自然的对象得到这些命题。但既然这只能经验性地发生，所以从中也就只能得出纯偶然的统一性，但这种统一性却远远达不到人们在说自然时所指的那种必然联系了。

第三章　论知性与一般对象的关系和先天地认识这些对象的可能性 A115

我们在前一章分别逐一地陈述的东西，现在我们要统一地在相互联系中予以介绍。这就是一般经验和经验对象的知识的可能性所依据的三种主观的知识来源：**感官**、**想象力**和**统觉**；它们的每一种都可以被视为经验性的，亦即处于对被给予的对象的应用中的，但它们也都是本身使这种经验性的应用成为可能的先天要素或者基础。**感官**经验性地在**知觉**中表现显象，**想象力**经验性地在**联想**（和再生）中表现显象，而**统觉**则经验性地在这些再生出来的表象与它们被给予所凭借的显象的同一性的**经验性意识**中、从而在**认知**中表现显象。

但是，全部知觉都先天地以纯粹直观（就其作为表象而言是内直观的形式，即时间）为基础，联想先天地以想象力的纯 A116
粹综合为基础，而经验性的意识则先天地以纯粹统觉亦即一切可能的表象中它自身的一贯同一性为基础。

现在，如果我们想要追溯表象的这种联结的内在根据，直 〔87〕
到这些表象都必然汇聚到的那个点上，惟有在这个点上它们才能获得成为一个可能经验的知识的统一性，那么，我们就必须从纯粹的统觉开始。一切直观，如果不被接纳入意识，无论它们是直接地还是间接地影响意识的，对我们来说都是无，与我们毫不相干，而且惟有通过意识，知识才是可能的。就能够在某时属于我们的知识的所有表象而言，我们先天地意识到我们自己一贯的同一性，它是一切表象的可能性的一个必要条件（因为这些表象毕竟惟有通过与其他一切东西共属于一个意识，从而至少必须能够在其中被联结起来，才在我里面表现某种东西）。这条原则是先天地确定的，可以叫做我们的表象（因而也在直观中）的一切杂多的**统一性的先验原则**。现在，杂多在
A117 一个主体中的统一性是综合的，因此，纯粹统觉提供了一切可能的直观中杂多的综合统一性的原则。①

〔88〕
A118 但是，这种综合的统一性以一种综合为前提条件，或者包含着一种综合：而且如果前者应当是先天必然的，那么，后者也必须是一个先天综合。因此，统觉的先验统一性与想象力的纯粹综合相关，这种纯粹综合是杂多在一个知识中的一切结合

① 人们要留意这个极为重要的命题。一切表象都与一个**可能的**经验性意识有一种必然的关系：因为如果它们不具备这一点，而且如果完全不可能意识到它们，那这就等于是说它们根本不实存。但是，一切经验性的意识都与一个先验的（先行于一切特殊的经验的）意识、亦即与作为源始统觉的对我自己的意识有一种必然的关系。因此，在我的知识中一切意识都属于一个（对我自己的）意识，这是绝对必要的。在这里，就有了杂多（意识）的一种综合统一，这种统一是先天地被认识的，并且提供了涉及纯思维的先天综合命题的根据，就像空间和时间为涉及纯然直观的形式的这样一些命题提供了根据一样。一切不同的**经验性意识**都必须结合在一个惟一的自我意识之中，这个综合命题是我们的一般思维的绝对第一的和综合的原理。但千万不要忽视，**“我”**这个纯然的表象在与所有其他表象（前者使后者的集合统一成为可能）的关系中乃是先验的意识。无论这个表象是清晰的（经验性的意识）还是模糊的，在这里都毫不相干，甚至就连这种意识的现实性也毫不相干；相反，一切知识的逻辑形式的可能性必然以与**作为一种能力**的这种统觉的关系为依据。

的可能性的一个先天条件。但是，惟有**想象力的生产的综合**才能够先天地发生；因为**再生的**综合以经验的条件为依据。因此，想象力的纯粹的（生产的）综合之必然统一性的原则先于统觉而是一切知识的可能性的根据，尤其是经验的可能性的根据。

现在，如果不问种种直观的区别，杂多在想象力中的综合仅仅关涉到杂多的先天结合，我们就把这种综合称为先验的，而如果这种综合的统一性在与统觉的源始统一性的关系中被表现为先天必然的，那么，这种统一性就叫做先验的。既然统觉的这种源始的统一性是一切知识的可能性的基础，所以想象力的综合的先验统一性就是一切可能知识的纯粹形式，因而可能经验的一切对象都必须通过它才能被先天地表现。

统觉的统一性与想象力的综合相关的就是知性，而这种统 A119
一性与**想象力**的**先验综合**相关就是**纯粹知性**。因此，在知性中就有种种纯粹的先天知识，它们就一切可能的显象而言包含着想象力的纯粹综合的必然统一性。但是，这也就是**范畴**，亦即纯粹的知性概念；因此，人的经验性的认识能力必然包含着一种知性，这种知性与感官的一切对象相关，尽管这种关系只能凭借直观和直观通过想象力的综合；因此，一切显象作为一个可能经验的材料都服从这种知性。现在，既然显象与可能经验的这种关系同样是必然的（因为没有这种关系，我们就根本不会通过显象而获得知识，显象也就根本与我们无关了），所以可以得出，纯粹知性凭借范畴而是一切经验的一个形式的和综 〔89〕
合的原理，而显象则有一种**与知性的必然关系**。

现在，我们想通过自下而上亦即从经验性的东西开始，来弄清楚知性凭借范畴与显象的关系。最先被给予我们的东西就是显象。显象如果与意识相结合，就叫做知觉（如果没有与一 A120
个至少可能的意识的关系，显象对我们来说就永远不能成为知识的对象，因而对我们来说也就是无，而且由于它就自身而言不具有客观的实在性，只是实存于知识中，所以在任何地方都是无）。但是，由于任何显象都包含着一种杂多，因而不同的知觉在心灵自身中被分散开，被个别地遇到，所以它们的一种结合是必要的，它们在感官本身中是不可能具有这种结合的。因此，在我们里面就有这种杂多之综合的一种主动的能力，我们把这种能力称为想象力，而想象力直接对知觉实施的活动我称之为把握。① 也就是说，想象力应当使直观的杂多形成一个**图像**；因此，它必须事先把种种印象接纳入它的活动，即把握这些印象。

A121 但是很清楚，如果不是有一种主观的根据，把心灵过渡到另一个知觉由以出发的那个知觉召唤到后起的知觉，如此造成知觉的整个序列，亦即有想象力的一种再生的能力，这种能力也只是经验性的，那么，甚至对杂多的这种把握也还不能独自造成一个图像和种种印象的联系。

但是，由于如果表象像互相碰到一起那样没有区别地彼此再生，就又不会产生表象的任何确定的联系，而是只会产生它
〔90〕们无规则的堆积，因而根本不会产生任何知识，所以，表象的再生必须有一条规则，一个表象按照这条规则在想象力中与这个表象而不与另一个表象结合。按照规则再生的这个主观的和**经验性**的根据，人们称做表象的**联想**。

但是，如果联想的这种统一性不是也有一个客观的根据，

① 没有一个心理学家曾经想到，想象力是知觉本身的一个必要成分。之所以如此，部分是因为人们把这种能力限制在再生上，部分是因为人们相信，感官不仅给我们提供印象，而且还把这样的印象结合起来，完成对象的图像，为此在印象的易感性之外，毫无疑问还要求有更多的东西，即一种综合印象的功能。

以至于显象不可能被想象力以别的方式把握，而是只能在这种把握的一种可能的综合统一性的条件下来把握，那么，显象在人类知识的一种联系中相互适应，就会是某种完全偶然的事情了。因为即使我们有联想知觉的能力，但这些知觉是否可以联想，却依然就自身而言是完全不确定的和偶然的；而且如果它 A122 们不是可以联想的，那么，就会有一大堆知觉，并且还有一个完整的感性是可能的，其中可以发现我的心灵中的许多经验性的意识，但却是分离的，并不属于我自己的**一个**意识；然而，这是不可能的。因为只有通过我把一切知觉归于一个意识（源始的统觉），我才能在一切知觉时说我意识到了它们。因此，必须有一个客观的、亦即在想象力的一切经验性的规律之先能够被先天地看出的根据，一条贯穿一切显象的规律的可能性、甚至其必然性亦依据于它，也就是说，把一切显象无例外地视为感官的就自身而言可联想的、在再生中服从一种无例外的联结的普遍规则的材料。我把显象的一切联想的这个客观根据称为显象的**亲和性**。但是，我们惟有在统觉就应当属于我的一切知识而言的统一性的原理中发现这个客观根据。根据这条原理，一切显象都绝对必须如此进入意识或者被把握，使它们都与统觉的统一性协调一致；而没有显象的联结中的综合统一性，这就是不可能的，因而这种综合统一性也是客观必然的。

因此，一切（经验性的）意识在一个意识（源始的统觉） A123 中的客观统一性，就是甚至一切可能的知觉的必然条件，而一切显象的亲和性（无论是近还是远）则是想象力中的一种先天 〔91〕 地建立在规则之上的综合的必然结果。

因此，想象力是一种先天综合的能力，为此缘故，我们赋予它生产的想象力的名称；就它在显象的一切杂多方面无非是以显象的综合中的必然统一性为自己的目的而言，这种必然的统一性可以被称为想象力的先验功能。因此，甚至显象的亲和性、连同联想、通过联想最终还有按照规律的再生、因而经验本身都惟有凭借想象力的这种先验功能才成为可能，这虽然令人感到奇怪，但根据以上所说却毕竟是可以明白的，因为如果没有这种先验的功能，对象的任何概念都根本不会汇聚到一个经验中。

因为就毕竟有可能意识到我们的一切表象而言，常驻不变的我（纯粹的统觉）构成了它们的相关物。而且一切意识都属于一个无所不包的纯粹统觉，正如一切感性直观作为表象都属
A124 于一个纯粹的内直观亦即时间一样。正是这个统觉，必须加在纯粹的想象力之上，以便使后者的功能成为理智的。其实就自身而言，想象力的综合虽然是先天地实施的，但却在任何时候都是感性的，因为它只是像杂多**显现**在直观中那样来联结杂多，例如一个三角形的形状。但是，通过杂多与统觉的统一性的关系，属于知性的概念就能够实现，但却惟有在与感性直观的关系中凭借想象力来实现。

因此，我们有一种纯粹的想象力，它是人类灵魂的一种先天地作为一切知识之基础的基本能力。凭借它，我们把直观的杂多一方与纯粹统觉的必然统一性的条件另一方结合起来。两个终端，亦即感性和知性，必须借助想象力的这种先验功能而必然地相互联系，因为若不然，感性虽然会提供显现，但却不会提供一种经验性知识的对象，从而就不会提供经验。由对显
〔92〕 现的把握、（再生的）联想、最后还有认知构成的现实经验，
A125 在（对经验的纯然经验性要素的）最后和最高级的认知中，包含着使得经验的形式的统一性连同经验性知识的客观有效性（真理性）成为可能的一些概念。杂多的认知的这些根据，就其**仅仅关涉一个一般经验的形式**而言，就是那些**范畴**。因此，想象力的综合中的形式统一性就基于这些范畴，而且凭借这种

形式的统一性，这种综合（在认知、再生、联想和把握中）一直下降到显象的经验性应用都基于这些范畴，因为惟有凭借那些要素，显象才能属于知识，并且一般而言属于我们的意识，从而属于我们自己。

因此，显象中我们称为**自然**的那种秩序和合规则性，是我们自己带进来的，而且如果我们或者我们的心灵的本性不原初地把它们置入，我们也就不会在其中发现它们。因为这种自然统一性应当是显象的联结的一种必然的、亦即先天确定的统一性。但是，如果不是在我们心灵的源始知识来源中先天地包含着这样的统一性的主观根据，而且如果这些主观的条件不在它们是一般而言在经验中认识一个客体的可能性的根据的同时是客观有效的，那么，我们应当如何才能先天地使一种综合的统 A126
一走上轨道。

我们在上面以各种各样的方式说明了知性：通过知识的一种自发性（与感性的感受性相对立）、通过一种思维的能力、或者也是一种概念的能力、或者也是一种判断的能力；如果严格看来，这些说明的结果都是一样的。现在，我们可以把它的特征刻划为**规则的能力**。这种标志更为有益，且更为接近知性的本质。感性给予我们（直观的）形式，而知性则给予我们规则。知性在任何时候都致力于探究显象，为的是在显象那里发现某种规则。规则如果是客观的（因而必然附着于对象的知识），就叫做规律。虽然我们通过经验学到诸多规律，但这些规律却毕竟只不过是更高的规律的特殊规定罢了；在这些更高的规律中，最高的规律（其他一切规律都服从它们）乃是先天地起源自知性本身的，不是从经验借来的，而毋宁说必须给显 〔93〕
象带来合规律性，并恰恰由此而使经验成为可能。因此，知性不仅仅是通过显象的比较为自己制订规则的一种能力，它甚至是为自然而立法，也就是说，如果没有知性，在任何地方都不

会有自然，亦即显象的杂多按照规则的综合统一；因为显象作
A127 为显象不可能在我们外面发生，而是只能存在于我们的感性之中。但这个自然作为一个经验中的知识对象，连同它可能包含的一切，都惟有在统觉的统一性中才是可能的。但统觉的统一性是一个经验中的一切显象的必然合规律性的先验根据。统觉就表象的杂多而言的这同一种统一性（亦即从惟一一个统觉出发规定杂多）就是规则，并且就是知性的这些规则的能力。因此，一切显象都作为可能的经验先天地蕴含在知性中，并且从知性获得自己的形式的可能性，正如它们作为纯然的直观蕴含在感性中，并在形式上惟有通过感性才可能一样。

因此，说知性本身是自然规律的来源，因而是自然的形式统一性的来源，无论这听起来多么夸大，多么悖谬，这样一种主张却仍然是正确的，是符合对象亦即经验的。尽管经验性的规律作为这样的规律绝不能从纯粹知性推导出其起源，就像显象无穷无尽的杂多性不能从感性直观的纯粹形式来得到充分的把握一样，但一切经验性的规律都只不过是知性的纯粹规律的
A128 特殊规定罢了，惟有服从后者并按照后者的规范，前者才是可能的，而显象才表现出一种规律性的形式，就像一切显象尽管其经验性的形式有别，却依然在任何时候都必须符合感性的纯粹形式一样。

因此，纯粹知性在范畴中就是一切显象的综合统一性的规律，并由此而最先并且原初地使经验在其形式上成为可能。但是，在范畴的先验演绎中，除了说明知性与感性亦即凭借感性
〔94〕 而与经验的一切对象的这种关系，从而说明知性的先天纯粹概念的客观有效性，并由此确定它们的起源和真理性之外，我们也不想提供更多的东西。

对纯粹知性概念的这种演绎的正确性和惟一可能性的扼要介绍

如果我们的知识所要处理的对象是物自身，那么，我们关于这些对象就会根本不可能有任何先天概念。因为我们应当从哪里取得它们呢？如果我们是从客体取得它们的（无须在这里 A129
再次研究这客体如何能够为我们所知），那么，我们的概念就会是纯然经验性的，并且不是先天概念。如果我们从我们本身取得它们，那么，纯然在我们里面的东西就不能规定一个与我们的表象有别的对象的性状，也就是说，不是一个根据，来说明为什么存在着一个物，某种我们在思想中拥有的东西属于它，而且并非宁可说所有这些表象都是空洞的。与此相反，如果我们在任何地方都只能与显象打交道，那么，某些先天概念先行于对象的经验性知识，就不仅是可能的，而且也是必然的。因为既然我们的感性的一种纯然的变状根本不能在我们之外发现，所以作为显象，这些对象就构成了一个仅仅在我们里面的对象。现在，甚至这种表象，即所有这些显象、从而我们能够处理的所有对象，全都在我里面，也就是说是我的同一自我的规定，也把这些显象在同一个统觉中的无例外统一性表述为必然的。但在可能意识的这种统一性中，也存在着对象的一切知识的形式（通过这形式，杂多被思维成为属于**一个**客体的）。因此，感性表象（直观）的杂多属于一个意识的方式先行于对象的一切知识而作为这些知识的理智形式，而且只要对象被思维，它就构成一切对象的一种形式的先天知识（范畴）。 A130
这种知识凭借纯粹的想象力进行的综合，亦即一切表象与源始统觉相关的统一性，先行于一切经验性的知识。因此，纯粹的知性概念之所以是先天地可能的，甚至在与经验的关系中是必 〔95〕

然的，只是因为我们的知识仅仅与显象打交道，而显象的可能性就蕴涵在我们自己里面，显象（在一个对象的表象中）的联结和统一性仅仅在我们里面才被发现，因而必然先行于一切经验并在形式上首先使经验成为可能。在这种情况下，就连我们的范畴演绎也是从这个根据、这个一切根据中惟一可能的根据出发进行的。

第二卷

原理分析论

普遍的逻辑乃建立在完全精确地与高级认识能力的划分相一致的规划之上。这些能力就是：**知性**、**判断力**和**理性**。因此，普遍逻辑的学说在其分析论中探讨**概念**、**判断**和**推理**，恰
A131 好符合人们在一般知性的宽泛称谓下所理解的那些心灵能力的功能和顺序。

既然上述纯然的形式逻辑抽掉了知识的一切内容（不管它是纯粹的还是经验性的），并且只是一般地研究思维的形式（推论的知识），所以，它在自己的分析论部分中也能够一并包括一部理性的法规，理性的形式有其可靠的规范，无须考察在此所应用的知识的特殊本性，就可以先天地、仅仅通过把理性行动分解成它的各个环节来洞察这种规范。

先验逻辑既然被限制在一定的内容上，即被限制在仅仅纯粹先天知识的内容上，在这种划分上就不能效法普遍逻辑。因为显而易见：**理性的先验应用**根本不是客观有效的，因而不属于**真理**的逻辑，也就是说，不属于分析论，而是作为一种**幻相**
〔96〕 的逻辑以先验**辩证论**的名义要求经院学术体系的一个特殊

部分。

据此，知性和判断力在先验逻辑中有其客观有效的、因而真正的应用的法规，所以属于先验逻辑的分析部分。然而，理性在试图先天地关于对象澄清某种东西并扩展知识超出可能经验的界限时，却完全是**辩证的**，它的幻相主张绝对不服从一种 A132
法规，毕竟是分析论应当包含诸如此类的法规。

据此，**原理分析论**将只是**判断力**的一部法规，它教导判断力把包含着先天规则的条件的知性概念运用于显象。出自这一理由，在把真正的**知性原理**作为主题时，我使用一种**判断力的学说**这个称谓，来更确切地标明这项工作。

导论：论一般而言的先验判断力

如果一般而言的知性被解释为规则的能力，那么，判断力就是在把某物**归摄**在规则之下的能力，也就是说，是分辨某物是否从属于某个被给予的规则（casus datae legis［被给予的规则的事例］）的能力。普遍逻辑根本不包含判断力的规范，而且也不可能包含这些规范。因为既然**普遍逻辑抽掉了知识的一切内容**，所以给它剩下的惟一工作就是分析地阐释概念、判断、 A133
推理中的纯然知识形式，并由此建立起一切知性应用的形式规则。如果它想普遍地指出，人们应当如何把某物归摄在这些规则之下，如何分辨某物是否从属于这些规则，那么，只能再通过一条规则来进行。但这条规则正因为是一条规则，就再次要求判断力的指导；这就表明，虽然知性能够通过规则来被教导和被装备，但判断力却是一种特殊的才能，根本不能被教导，而是只能被练习。因此，判断力也是所谓天赋机智的特殊才能，其缺乏不是某个学校所能补偿的；因为尽管学校能够给一 〔97〕
个有局限性的知性充分地提供、仿佛是植入借自他人洞见的规

则，但正确地使用这些规则的能力却是属于学生自己的，而如果缺少这种天赋，则人们为此目的想给他规定的任何规则都不
A134 能避免误用。[①] 因此，一个医生、一个法官或者一个政治家，脑袋中可能装有许多出色的病理学、法学或者政治学的规则，其水平使他本人能够在这方面成为一个缜密的教师，尽管如此在运用这些规则的时候却很容易违规，这要么是因为他缺乏自然的判断力（虽然不缺乏知性），他虽然能够抽象地看出普遍的东西，但却不能分辨一个事例是否具体地从属于这普遍的东西，要么也是因为他没有通过实例和现实的工作为作出这种判断得到足够的训练。这也是实例的惟一而且重大的效用：它们使判断力变得敏锐。至于知性洞识的正确性和精密性，实例通常毋宁说对它们有些损害，因为它们只是罕见地完全满足规则的条件（作为 casus in terminis［术语中的事例］），而且除此之外还经常削弱知性在普遍的东西中、不依赖于经验的特殊情况而就其充足性来洞识规则的努力，从而最终使人习惯于把规则更多地当做公式而不是当做原理来使用。所以，实例是判断力的学步车，缺乏判断力的自然才能的人绝不能缺少它们。

A135 但是，尽管**普遍**逻辑不能给判断力提供任何规范，但**先验**逻辑却完全是另一种情况，甚至看起来，先验逻辑把在纯粹知性的应用中通过一定的规则纠正和确保判断力当做自己的真正工作。为了在纯粹先天知识的领域里给知性带来扩展，从而作

① 判断力的缺乏本来是人们称为愚笨的东西，而且这样一种缺陷是根本不能补救的。一个迟钝或者有局限性的大脑，缺乏的无非是应有的知性程度和特有的知性概念，则完全可以通过学习来装备它，甚至达到博学的程度。但是，既然通常在这种情况下也会缺乏判断力（彼得的第二能力），所以遇到一些博学之士在应用其科学时经常暴露出那种永远无法改进的缺陷来，就不是什么不同寻常的事情了。

为学说，哲学看起来根本不是必要的，或者毋宁说很不适用，〔98〕
因为人们在做过这方面迄今为止的所有尝试之后，毕竟很少有所收获或者根本一无所获，相反，作为批判，为了防止判断力在运用我们所拥有的少数纯粹知性概念的时候失足（lapsus judicii [判断失误]），哲学则以其全部敏锐和考察艺术而受命行之（尽管此用途在这种情况下仅仅是消极的）。

但是，先验哲学自有其独特的东西：除了在纯粹知性概念中被给予的规则（或者毋宁说种种规则的普遍条件）之外，它同时还能够先天地指出这些规则能够运用于其上的事例。它在这一点上超出其他一切有教益的科学（除了数学）所拥有的优点，其原因正是在于：它所讨论的乃是应当先天地与其对象发生关系的概念，所以这些概念的客观有效性不能后天地予以阐 A136
明，因为这样就会根本未提及这些概念的那种尊严；相反，先验哲学必须同时以普遍而又充分的标志阐明对象能够与那些概念一致地被给予所需要的条件，否则的话，它就会毫无内容，从而只是些逻辑形式，而不是纯粹的知性概念了。

这一**判断力的先验学说**将包含两篇：**第一篇**讨论纯粹知性概念能够被运用所必需的感性条件，也就是说，讨论纯粹知性的图型法；**第二篇**讨论在这些条件下先天地从纯粹知性概念得出、并先天地作为其余一切知识的基础的综合判断，也就是说，讨论纯粹知性的诸原理。

第一篇 A137

论纯粹知性概念的图型法

每当把一个对象归摄在一个概念之下时，对象的表象都必须是与后者**同类的**，也就是说，概念必须包含着可以归摄在它 〔99〕
下面的对象中被表象的东西，因为“一个对象被包含在一个概念**之下**”这种表述所说的正是这种意思。这样，一个**盘子**的经验性概念与一个**圆**的纯粹几何学概念就具有同类性，因为在前者中所思维的圆形可以在后者中直观到。

但现在，纯粹知性概念与经验性的（甚至完全感性的）直观相比是完全**异类的**，绝不能在任何直观中遇到。那么，把后者**归摄**在前者之下、从而把范畴**运用于**经验是如何可能的呢？因为毕竟没有人会说：这些范畴，例如因果性，也可以通过感
A138 官被直观，并且包含在显象中。这一如此自然而又显著的问题，如今真正说来就是使得一种判断力的先验学说成为必要的原因，也就是说，为的是指明**纯粹知性概念**如何能够被运用于一般而言的显象这种可能性。在所有其他科学中，对象被普遍地思维所凭借的概念与具体地像对象被给予的那样表象对象的概念并不如此有别和属于不同的种类，就没有必要就前者在后者上的运用而特别予以讨论了。

如今显而易见的是，必须有一个第三者，它一方面必须与范畴同类，另一方面必须与显象同类，并使前者运用于后者成为可能。这个中介性的表象必须是纯粹的（没有任何经验性的东西），并且毕竟一方面是**理智的**，另一方面是**感性的**。这样一个表象就是**先验的**图型。

知性概念包含着一般杂多的纯粹综合统一。时间作为内感官的杂多的形式条件，从而作为所有表象的联结的条件，包含着纯直观中的一种先天杂多。于是，一种先验的时间规定就它是**普遍的**并且依据一种先天规则而言，与**范畴**（构成时间规定的统一性的范畴）是同类的。但另一方面，就杂多的任何经验
A139 性直观都包含有**时间**而言，时间规定又与**显象**是同类的。因
〔100〕 此，范畴应用于显象凭借先验的时间规定就成为可能，先验的时间规定作为知性概念的图型促成后者被归摄在前者之下。

按照在范畴的演绎中所指明的那种东西，但愿没有人在对

下述问题作出决断上心存疑虑了，这一问题就是：这些纯粹知性概念是只有经验性的应用还是也有先验的应用，也就是说，它们是否仅仅作为一种可能经验的条件才先天地与显象发生关系，或者它们是否能够作为一般事物可能性的条件而扩展到对象自身（不限制在我们的感性上）。因为在此我们已经看到，如果不是一个对象要么被给予概念，要么至少被给予这些概念由以构成的要素，那么，概念就是完全不可能的，也不可能有某种意义，从而根本不可能关涉物自身（不考虑它们是否以及如何被给予我们）；此外，对象被给予我们的惟一方式是我们感性的变形；最后，纯粹先天概念除了知性在范畴中的功能之外还必须包含感性的（即内感官的）先天形式条件，这些先天 A140
形式条件必须包含范畴能够被运用于某个对象所必需的普遍条件。我们想把知性概念在其应用中被限制于其上的感性的这种形式的和纯粹的条件称为该知性概念的图型，把知性使用这些图型的做法称为纯粹知性的**图型法**。

图型自身在任何时候都是想象力的产物；但是，由于想象力的综合并不以单个的直观、而是仅仅以规定感性时的统一性为目的，所以图型毕竟要与图像区别开来。这样，如果我逐一标出 5 个点：· · · · ·，这就是数字 5 的图像。与此相反，如果我只是思维一个一般而言的数字，它可以是 5 也可以是 100，那么这一思维与其说是一个图像本身，倒不如说是按照某个概念在一个图像中表象一个量（例如 1 000）的方法的表象，我在后一事例中将很难综览这一图像，并把它与概念进行比较。这样，关于想象力为一个概念提供其图像的普遍做法 〔101〕
的表象，我称为该概念的图型。

事实上，我们的纯粹感性概念的基础不是对象的图像，而是图型。对于一个一般而言的三角形的概念，根本不会有一个 A141
三角形的图像与其相符。因为图像达不到概念那种使得该概念适用于直角的或者锐角的等等一切三角形的普遍性，而是始终仅仅局限于这个领域的一个部分。三角形的图型永远不能实存于别处，而是只能实存于思想中，它意味着想象力的综合就空间中的纯粹形状而言的一条规则。一个经验的对象或者该对象的图像就更谈不上在某个时候达到经验性的概念了，相反，经验性的概念在任何时候都是按照某个普遍的概念直接与作为规定我们直观的规则的想象力的图型发生关系。狗的概念意味着一条规则，我们的想象力可以根据这条规则普遍地描画一个四足动物的形象，不用局限于经验呈现给我的一个惟一的特殊形象，或者局限于我可以具体地描述的任何一个可能的图像。我们知性就显象及其纯然形式而言的这种图型法是人类灵魂深处的一种隐秘的技艺，我们很难在某个时候从自然中猜测出它的真正操作技巧，并将它毫无遮蔽地展现在我们眼前。我们只能够说：**图像**是生产的想象力的经验性能力的一个产物，感性概
A142 念（作为空间中的图形）的**图型**则是纯粹先天想象力的一个产物，仿佛是它的一个符号，种种图像是通过它并且根据它才成为可能的，但种种图像永远必须凭借它们所标示的图型才与概念相结合，就其自身而言并不与概念完全相应。与此相反，一个纯粹知性概念的图型是某种根本不能被带入任何图像之中的东西，它只是根据统一性的规则按照范畴所表达的一般概念所进行的纯粹综合，是想象力的先验产物，这个产物就所有应当根据统觉的统一性而在一个概念中联系起来的表象而言，按照一般而言内感官的形式（时间）的种种条件而与内感官的规定相关。

〔102〕 我们不再为枯燥无聊地分析一般纯粹知性概念的先验图型所要求的东西耽搁时间了，我们宁可按照范畴的秩序并与范畴相结合来阐述这些图型。

一切对于外感官来说的量（quantorum）的纯粹图像是空

间，而一般感官的一切对象的纯粹图像则是时间。但是，作为一个知性概念的量（quantitatis）的纯粹**图型**是**数**，数是对一个又一个（同类的东西）的连续相加进行概括的表象。因此，数无非是一般同类的直观的杂多之综合的统一，因为我是在直 A143
观的把握中产生出时间本身的。

实在性在纯粹知性概念中是与一般感觉相应的东西，因而是其概念自身表明某种（在时间中的）存在的东西；否定性则是其概念表明一种（在时间中的）不存在的东西。因此，二者的对立乃是发生在同一个时间是作为充实的时间还是作为空虚的时间的区分中。既然时间只不过是直观的形式，从而只不过是作为显象的对象的形式，所以这些对象中与感觉相应的东西就是一切作为物自身的对象的先验质料（实际性、实在性）。现在，每一感觉都有一种程度或者大小，它凭借这种程度或者大小就能够就一个对象的同一个表象而言或多或少地充实同一个时间，即内感官，直到这感觉在无（＝0＝否定）中停止。因此，从实在性到否定性有一种关系和联系，或者毋宁说有一种过渡，它把任何实在性都表现为一个量；而作为某物如果充实时间就具有的量的实在性，其图型正是这个量在时间中连续而又均匀的产生，因为人们是在时间中从具有某种程度的感觉一直下降到该感觉的消失，或者从否定逐渐地上升到它的这种大小。

实体的图型是实在物在时间中的持久性，也就是说，是作 A144
为一般经验性时间规定的一个基底的实在物的表象，因此，该实在物在其他一切都变易的时候保持不变（时间并不流逝，而是可变的东西的存在在时间中流逝。因此，时间本身是不变的和常驻的，显象中与它相应的是存在中不变的东西，即实体，而且只有根据实体，显象的相继和同时才能按照时间予以 〔103〕
规定）。

一般事物的原因和因果性的图型是实在物，只要任意地设定它，任何时候都有某种别的东西接踵而至。因此，该图型就在于杂多的演替，只要这演替服从某种规则。

共联性（交互作用）或者种种实体就其偶性而言的交互因果性的图型就是一个实体的规定和另一个实体的规定按照一条普遍规则的同时并存。

可能性的图型是各种不同表象的综合与一般时间的种种条件的一致（例如，因为对立的东西不能在一个事物中同时存在，而是只能相继存在），所以是一个事物在某一时间里的表象的规定。

A145 现实性的图型是在一定的时间中的存在。

必然性的图型是一个对象在一切时间中的存在。

于是人们从这一切可以看出，每一个范畴的图型，作为量的图型就包含和表现着在对一个对象的相继把握中时间本身的产生（综合），作为质的图型就包含和表现着感觉（知觉）与时间表象的综合或者时间的充实，作为关系的图型就包含和表现着种种知觉在一切时间中（即根据时间规定的一条规则）的相互关系，最后，作为模态及其各范畴的图型就包含和表现着作为一个对象是否以及如何属于时间的规定的相关物的时间本身。因此，图型无非就是按照规则的先天**时间规定**，这些规则按照范畴的顺序，关涉到就一切可能对象而言的**时间序列**、**时间内容**、**时间顺序**，最后还有**时间总和**。

由此可见，知性的图型法通过想象力的先验综合所产生的结果，无非是直观的一切杂多在内感官中的统一，并如此间接地是作为与内感官（一种感受性）相应的功能的统觉的统一。
A146 因此，纯粹知性概念的各图型就是给这些概念提供一种与客体
〔104〕 的关系、从而提供**意义**的真正的和惟一的条件，而因此之故，
各范畴归根结底就除了一种可能的经验性的应用之外没有别的

应用，因为它们仅仅被用于通过一种先天必然的统一（为了一切意识在一个源始的统觉中的必然结合）的诸般根据使显象服从综合的普遍规则，并由此使它们适宜于无一例外地结合在一个经验中。

但是，我们的一切知识都处于一切可能经验的整体中，而先行于一切经验性真理并使它们成为可能的先验真理就在于与这些可能经验的普遍关系。

但是，引人注意的毕竟还有：虽然感性的图型首先使范畴得以实现，但它们毕竟也还是限制范畴，也就是说，把它们限制在处于知性之外（即处于感性之中）的条件上。因此，图型真正说来只不过是现象或者一个对象与范畴一致的感性概念（**Numerus** est quantitas phaenomenon，**sensatio** realitas phaenomenon，**constans** et perdurabile rerum subsatantia phaenomenon-**aeternitas necessitas** phaenomenon etc.［**数**是作为量的现象，**感觉**是作为实在性的现象，事物中**常驻**和持久的东西是作为实体的现象，**永恒性**是作为**必然性**的现象，等等］）。现在，如果我们删去一个限制性条件，那么，我们看起来就把前 A147
面限制过的概念扩大了；于是，范畴就应当在其纯粹的意义上，无须一切感性条件，**如事物所是的那样**适用于一般的事物，而不是范畴的图型仅仅**如它们显现的那样**表象它们，因而范畴就有了一种不依赖于一切图型的、大大扩展了的意义。事实上，即便在脱离一切感性条件之后，纯粹知性概念也当然还留有一种意义，但仅仅是种种表象的纯然统一的逻辑意义，但对这些表象来说，并没有一个对象被给予，从而也没有一种能够提供关于客体的一个概念的意义被给予。例如实体，如果人们删去持久性的感性规定，则它就只不过是意味着一个能够被当做主词（不是关于某种别的东西的谓词）来思维的某物。我不能用这个表象做任何事情，因为它根本没有向我表明，应当

被视为这样一个最初的主词的事物有哪些规定。因此，没有图
〔105〕 型的范畴只不过是知性对概念的功能，但并不表象对象。这种意义之属于范畴乃是出自感性，感性通过同时限制知性而使知性得以实现。

A148 第二篇

纯粹知性的一切原理的体系

我们在前一篇中只是根据普遍的条件考虑了先验判断力，先验判断力只有在这些条件下才有权利把纯粹知性概念用于综合判断。现在我们的工作是：在系统的联结中阐明知性以这种批判的谨慎实际上先天地作出的判断，为此，我们的范畴表毫无疑问必然为我们提供自然的和可靠的引导。因为正是这些范畴，它们与可能经验的关系必然构成一切纯粹先天知性知识，而它们与一般感性的关系也将为此完备地并且在一个体系中展示知性应用的一切先验原理。

先天原理之所以使用这一名称，不仅仅是因为它们自身包含着其他判断的根据，而且还因为它们本身并不以更高的和更
A149 普遍的知识为根据。不过，这一属性却并不总是使它们免除证明。因为即使这种证明不能继续客观地进行，而毋宁说是它的客体的一切知识的基础，但这毕竟并不妨碍有可能、甚至也有必要从一般对象的知识之可能性的主观来源出发作出一种证明，因为若不然，命题就会仍然有极大的嫌疑，被疑为纯然是一种骗取来的主张。

其次，我们将仅仅局限于与范畴发生关系的那些原理。因此，先验感性论的各原则就不属于我们划出的这个研究领域，根据这些原则，空间和时间是作为显象的一切事物之可能性的条件，此外也是对这些原理的限制，即它们不能与物自身发生

关系。同样，数学的原理也不构成这个体系的一个部分，因为 〔106〕
它们只是从直观中、但却不是从纯粹知性概念中引出的；不过，由于它们尽管如此还是先天综合判断，所以它们的可能性在这里必将找到位置，虽然不是为了证明它们的正确性和无可置疑的确定性，它们根本不需要这种证明，而是仅仅为了说明和演绎这样一些自明的先天知识的可能性。

但是，我们将也必须谈到分析判断的原理，而且把它与我
们真正说来所探究的综合判断的原理进行对照，因为正是这种 A150
对峙将使综合判断的理论摆脱一切误解，把它以自己特有的本性展现出来。

第一章　论一切分析判断的至上原理

无论我们的知识有哪种内容，也无论这种知识如何与客体发生关系，我们一切一般而言的判断的普遍的、虽然只是消极的条件都毕竟是：它们不自相矛盾，否则，这些判断自身（即使不考虑客体）就什么也不是。但是，即便在我们的判断中没有矛盾，它也毕竟依然能够像对象并不造成的那样来联结概念，或者并没有一个不论是先天的还是后天的根据被给予我们来赋予这样一个判断以权利；于是，一个判断不论怎样没有任何内在矛盾，也毕竟可能或者是错误的，或者是没有根据的。

现在，"一个与某事物相矛盾的谓词不属于该事物"这个 A151
命题，就叫做矛盾律，它是一切真理的一个普遍的、尽管纯然否定的标准，但之所以仅仅属于逻辑，也是因为它所适用的知识纯然是一般的知识而不论其内容，并断言矛盾将完全毁掉和取消知识。

但是，人们毕竟也可以对矛盾律做一种积极的应用，也就 〔107〕

是说，不仅仅为了清除虚假和错误（如果这错误是基于矛盾的），而且也是为了认识真理。因为**如果判断是分析的**，则不论它是否定的还是肯定的，它的真理性在任何时候都必然可以按照矛盾律得到充分的认识。因为对立在任何时候都已经被作为概念存在于客体的知识中，并在其中被思维的东西所正确地否定，而概念本身却必定必然地被它所肯定，因为概念的对立面是会与客体相矛盾的。

因此，我们也必须承认**矛盾律**是**一切分析知识**普遍的和完全充足的**原则**；但是，它作为真理的一个充足标准的威望和可用性却也不能走得更远。因为，根本不能有任何知识与它相抵触却不自我毁灭，这固然使矛盾律成为我们知识的真理性的
A152 conditio sine qua non［必要条件］，但却没有使它成为其规定根据。既然我们本来只讨论我们知识的综合部分，所以我们虽然在任何时候都注意不与这条不可侵犯的原理相抵触地行动，但就这样一类知识的真理性而言却永远不能指望从它那里得到一些启发。

但是，这条著名的原理虽然被剥夺了一切内容，而且纯然是形式的，但它的公式却毕竟包含着由于不小心而以完全不必要的方式混进它里面的一种综合。这个公式就是：某物不可能**同时**是且不是。在这里，无可置疑的确定性（通过**不可能**这个词）是以多余的方式附加上的，毕竟这种确定性本身由命题出发就必然是不言而喻的了。除此之外，命题还受到时间的条件的浸染，仿佛是说：一个等于A的事物是等于B的某物，就不能在同一时间里是非B；但是，它完全可以前后相继地是二者（既是B又是非B）。例如，一个人是年轻的，就不能同时是年老的，但同一个人完全可以在一个时候是年轻的，在另一个时候是不年轻的，即是年老的。现在，矛盾律作为一个纯然逻辑的原理，必须把自己的说法根本不限制在时间关系上，因

此这样一个公式是与它的意图根本相悖的。误解纯然来自：人 A153
们把一个事物的谓词首先与他的概念分离开来，然后又把这个 〔108〕
概念的对立面与这个谓词结合，这个谓词绝不造成与主词的矛盾，而是仅仅造成与主词已经同自己联结起来的谓词的矛盾，而且只是在第一个谓词和第二个谓词同时被设定的情况下才是如此。如果我说：一个人是无学问的，就不是有学问的，那么就必须伴有**同时**这个条件；因为此人虽然在一个时候是无学问的，但却在另一个时候完全可以是有学问的。但如果我说：没有一个无学问的人是有学问的，那么这个命题就是分析的，因为这个标志（无学问）由此开始就参与构成主词的概念；而在这种情况下，否定命题就直接从矛盾律得出，而不用附加**同时**这个条件。这也就是我在上面改变了矛盾律的公式，以使一个分析命题的本性由此清晰表现出来的缘故。

第二章　论一切综合判断的至上原理 A154

对综合判断的可能性作出解释，是普遍逻辑与之毫无关系的课题，它甚至可以就连这个课题的名称也不知道。但是，这个课题在先验逻辑中却是一切工作中最重要的工作，在谈到先天综合判断的可能性、此外谈到它们的有效性的条件和范围时，它甚至是惟一的工作。因为在完成这一工作之后，先验逻辑就可以完全实现自己的目的，即规定纯粹知性的范围和界限了。

在分析判断中，我停留在被给予的概念上，为的是从它挖掘出某种东西。如果它应当是肯定的，那么，我就只把在这个概念中已经思维过的东西赋予这个概念；如果它应当是否定的，那么，我就只把这个概念的对立面从它排除掉。但在综合判断中，我却应当走出被给予的概念，以便把某种与在该概念

里面思维过的完全不同的东西同该概念置于关系中来考察，因
〔109〕 而这种关系就绝不是同一性关系，也绝不是矛盾关系，而此时
A155 从这一判断就其自身而言就既不能看出真理，也看不出谬误。

因此既然承认，人们必须从一个被给予的概念走出，以便综合地把它与另一个概念进行比较，那么，就需要有一个第三者，两个概念的综合只有在它里面才能够产生。但是，这个作为一切综合判断的媒介的第三者是什么呢？它只不过是一个我们的一切表象都被包含在其中的总和，也就是内感官及其先天形式，即时间。表象的综合依据的是想象力，而它们的（为判断所必需的）综合统一却依据统觉的统一。因此，必须在这里寻找综合判断的可能性，且由于所有这三者都包含着先天表象的来源，所以也必须在这里寻找纯粹综合判断的可能性；甚至出自这些理由，如果关于对象的某种仅仅基于表象之综合的知识要实现的话，它们也将是必要的。

如果一种知识应当具有客观的现实性，即与一个对象发生关系并在该对象中具有含义和意义，那么，该对象就必须能够以某种方式**被给予**。没有这一点，概念就是空的，人们由此虽然思维过了，但事实上却通过这种思维没有认识任何东西，而
A156 是仅仅在玩弄表象。给予一个对象，如果这不又仅仅是间接地被意指，而是直接地在直观中呈现，那么，它无非就是让该对象的表象与经验（无论是现实的经验还是可能的经验）发生关系。即便是空间和时间，无论这些概念多么纯粹得没有任何经验性的东西，无论它们多么确定，以至于它们完全先天地在心灵中被表象，如果它们不被指明在经验对象上的应用，它们就毕竟没有客观有效性，没有意义和含义；的确，它们的表象只是一个始终与再生的想象力相关的图型，这种想象力唤起经验的对象，没有这些对象，空间和时间就会没有任何含义；一切概念都没有区别地是这种情况。

因此，**经验的可能性**就是赋予我们一切先天知识以客观实在性的东西。现在，经验依据的是显象的综合统一，也就是说，依据的是一种按照一般而言关于显象对象的概念进行的综 〔110〕
合，没有这种综合它就连知识也不是，而会是一部知觉的狂想曲，这些知觉不会服从一种依照无一例外地结合起来的（可能的）意识的规则产生的联系，从而形成统觉先验的和必然的统一。因此，经验以其先天形式的各原则为根据，也就是说，以显象的综合中的统一性的各普遍规则为根据，这些规则的客观 A157
实在性作为必然的条件任何时候都可以在经验中、甚至在经验的可能性中指出来。但在这种关系之外，先天综合命题是完全不可能的，因为它们没有第三者，也就是说，没有它们的概念的综合统一能够在其上呈现出客观实在性的对象。

因此，尽管我们在综合判断中关于一般而言的空间、或者关于生产的想象力在它里面所描绘的形状先天地认识到的东西如此之多，以至于我们实际上为此根本不需要任何经验，但如果空间不是被视为构成外部经验材料的种种显象的条件的话，这种知识就毕竟什么也不是，而仅仅是对一种幻影的处理；因此，那些纯粹的综合判断，虽然只是间接地，但却是与可能的经验、或者毋宁说与这些经验的可能性本身发生关系，并仅仅在它们上面建立起它们的知识的客观有效性。

因此，既然经验作为经验性的综合，就其可能性而言，是惟一给其他一切综合提供实在性的知识种类，所以，后者作为先天知识，也惟有通过除一般经验的综合统一所必需的东西之 A158
外不包含任何其他东西，才具有真理性（即与客体一致）。

所以，一切综合判断的至上原则就是：每一个对象都服从可能经验中直观杂多的综合统一的必要条件。

以这样的方式，如果我们使先天直观的形式条件、想象力的综合及其在一种先验统觉中的必然统一与可能的一般经验知

识发生关系，并且说：一般**经验的可能性**的种种条件同时就是
〔111〕 **经验对象的可能性**的种种条件，因而在一个先天综合判断中具有客观有效性，那么，先天综合判断就是可能的。

第三章　纯粹知性一切综合原理的系统介绍

一般说来，原理在某个地方成立，这只能归于纯粹知性；纯粹知性不仅就发生的事情而言是规则的能力，而且本身就是
A159 种种原理的来源，根据这一来源，一切（惟有作为对象才能呈现给我们的）东西都必然地服从规则，因为如果没有这些规则，就永远不可能有一个与显象相应的对象的知识属于显象。即便是自然规律，在被视为经验性的知性应用的原理时，也带有必然性的表述，从而至少带有一种出自先天地并且先于一切经验有效的诸般根据的规定的猜测。但是，一切自然规律都毫无区别地服从于知性的更高原理，因为它们只不过是把这些原理运用于特殊的实例罢了。因此，惟有这些原理才提供包含着一个一般而言的规则的条件、仿佛是包含着它的指数的概念，而经验则提供服从于该规则的实例。

因此，人们把纯然经验性的原理视为纯粹知性的原理，或者反过来把后者视为前者，这真正说来可能并不是什么危险；因为后者的出众之处就在于根据概念的必然性，任何经验性的命题，无论它多么普遍地有效，都被轻而易举地发现缺乏这种必然性，所以这种必然性就可以轻而易举地预防上述混淆。但
A160 是，有一些纯粹的先天原理，尽管如此，我毕竟还是不想把它们特别地归于纯粹知性，之所以如此，乃因为它们并不是从纯粹概念、而是从纯粹直观（尽管是凭借知性）得出的；而知性却是概念的能力。数学就有诸如此类的原理，但它们在经验上的应用、从而它们的客观有效性、甚至这样一些先天综合知识

的可能性（它们的演绎），毕竟是始终依据纯粹知性的。

因此，我将不把数学的原理列入我的原理之中，但要把数学的可能性和客观有效性先天地依据的、从而应当被视为这些原理的原则的那些原理列入其中。它们不是**从概念**出发到直观，而是**从直观**出发到概念。 〔112〕

在把纯粹知性概念运用于可能经验的时候，它们的综合的应用要么是**数学性的**，要么是**力学性的**：因为这种综合有时仅仅关涉到**直观**，有时则关涉到一个一般而言的显象的**存在**。但是，直观的种种先天条件就可能的经验而言绝对是必然的，而一个可能的经验性直观的客体，其存在的种种条件就自身而言却仅仅是偶然的，所以，数学性应用的原理是无条件地必然的，也就是说，是无可置疑的，而力学性应用的原理尽管也带有一种先天必然性的特征，但却只处在一种经验中的经验性思维的条件之下，因而只是有条件地和间接地带有这种特征，所以不包含数学性应用的原理所特有的那种直接的自明性（虽然也并不损害它们普遍地与经验相关的确定性）。不过，这一点 A161
我们将在这个原理体系结束时更好地予以评判。

范畴表给我们提供了原理表的完全自然的指示，因为后者毕竟无非是前者的客观应用的规则。据此，纯粹知性的所有原理是：

1.
直观的公理

2.
知觉的预先推定

3.
经验的类比

4.
一般经验性思维的公设

我谨慎地选择了这些称谓，以免让人忽视在这些原理的自明性和执行方面的区别。但马上就要表明的是：无论按照量和 〔113〕

质（如果人们仅仅注意后者的形式的话）的范畴涉及的是自明
A162 性还是显象的先天规定，二者的原理都与其余两条原理明显有别，因为虽然双方都能够具有完全的确定性，但前两条原理所能具有的是一种直觉的确定性，而后两条原理所能具有的则纯然是一种推论的确定性。因此，我将把前两者称为**数学性的**原理，把后两者称为**力学性的**原理。但是，人们将察觉到：我在这里并不是在一个事例中留意数学的原理，同样不是在另一个事例中留意普遍（物理学的）力学的原理，而是仅仅留意与内感官相关的纯粹知性的原理（对其中被给予的表象不加区分），这样就使那些原理全都获得了自己的可能性。因此，我对它们的称谓不是由于它们的内容，而是考虑到它们的应用。现在，我要按照它们在表中表现出来的顺序来探讨它们。

一、论直观的公理

纯粹知性的原理：一切显象按照其直观都是广延的量

我把各个部分的表象在其中使整体的表象成为可能（因而必然先行于整体的表象）的那种量称为一种广延的量。一条
A163 线，无论它怎样短，如果不在思想中划出它，也就是说，不从一个点产生出所有的部分，并由此记录下这一直观，我就不能表象它。任何时间，哪怕是极为短促，也都同样是这种情况。在其中我只是思维从一个瞬间到另一个瞬间的相继进展，由此通过所有的时间部分及其增添最终产生出一个确定的时间量。既然对一切显象来说纯然的直观要么是空间，要么是时间，所以任一显象作为直观都是一个广延的量，因为它惟有通过在把握中（从部分到部分）的相继综合才能被认识。据此，一切显
〔114〕 象都已经被直观为集合体（被先行给予的各个部分的集合），但并不是任何种类的量都是这种情况，而是只有被我们**从广延**

上表象和把握为量的那种量才是这种情况。

广延的数学（几何学）及其公理就基于生产的想象力在生成形象方面的这种相继综合，这些公理表达了先天感性直观的种种条件，惟有在这些条件下才能形成外部显象的一个纯粹概念的图型：例如，两点之间只可能有一条直线；两条直线不能围起一个空间等等。这些都是真正说来仅仅涉及到量（quanta）本身的公理。

但是，就量（quantitas）而言，也就是说，就对“某物多大”这一问题的回答而言，在它这方面虽然这些命题中有许多 A164
是综合的和直接确定的（不可证明的），尽管如此却在真正的意义上不存在公理。因为等量加上等量或者减去等量得出的仍是等量，这些都是分析命题，此时我直接意识到的是一个量的产生与另一个量的产生的同一性；但公理却应当是先天综合命题。与此相反，数量关系的自明命题固然是综合的，但却不像几何学的命题那样是普遍的，且正因为如此不是公理，而只能被称为算式。7＋5＝12，这并不是分析命题。因为我在 7 的表象中、在 5 的表象中以及在二者的组合中，都没有思维 12 这个数字（这里不谈我在**二者的相加**中应当思维这个数字；因为就分析命题而言，问题只在于我是否确实在主词的表象中思维谓词）。但是，尽管这一命题是综合的，它却毕竟只是一个单称的命题。就这里只注意同类东西（各个单位）的综合而言，虽然这些数字的**应用**在此后是普遍的，但综合在这里却只能以惟一的一种方式发生。当我说：有三条线，其中两条相加大于第三条，用它们可以表示一个三角形，此时我在这里所具有的
只是生成的想象力的功能，它能把这些线延长或者缩短，此外 A165
能够使它们按照任意的角度相交。与此相反，7 这个数字只以惟一的一种方式是可能的，通过它与 5 的综合所产生的 12 这
个数字也一样。因此，人们必须不把诸如此类的命题称为公理 〔115〕

（因为若不然，就会有无限多的公理），而是称为算式。

显象的数学的这一先验原理给予我们的先天知识以很大的扩展。因为只有它才使纯粹数学能够以其全部的精确性运用于经验的对象，没有这一原理，这种运用就不会如此自明，甚至还引起过某些矛盾。显象不是物自身。经验性直观惟有通过（空间和时间的）纯直观才是可能的；因此，几何学关于纯直观所说的东西，不可辩驳地对经验性直观有效，而诸如感官的对象可以不符合空间中作图的规则（例如，线和角无限可分的规则）之类的遁词必须予以抛弃。因为这样一来，人们就否定了空间的客观有效性，与此同时也就否定了一切数学的客观有效性，再也不知道数学为何以及在多大程度上可以运用于显象。作为一切直观的根本形式的空间和时间，其综合是同时使
A166 显象的把握、因而使任何外部经验、进而也使这种经验的对象的一切知识得以可能的东西，而数学在纯粹应用中关于前者所证明的东西，也必然适用于后者。对此的所有责难都是一种受到错误教导的理性的无理取闹，这种理性想使感官的对象脱离我们的感性的形式条件，尽管这些对象只不过是显象，却把它们表象为被给予知性的对象自身；在这种情况下，对于它们当然不能先天地、因而也不能通过关于空间的纯粹概念综合地认识任何东西，而规定这些概念的科学，即几何学，本身也就会是不可能的了。

二、知觉的预先推定

预先推定一切知觉为知觉的**原理**如下：*在一切显象中，感觉和对象中与感觉相应的实在的东西（realitas phaenomenon［作为现象的实在性］）都有***强度的量**，*即一种程度*

我能够用来先天地认识和规定属于经验性认识的东西的一

切知识，人们都可以称之为一种预先推定；毫无疑问，这就是伊壁鸠鲁使用其术语 πρoληφιζ［预想］的意义。但是，既然在显象那里有某种东西永远不被先天地认识，因而也构成了经验性的东西与先天知识的真正区别，这也就是感觉（作为知觉的质料），故而可以得出，感觉真正说来就是那根本不能被预先推定的东西。与此相反，无论是就形状来说还是就量来说，我们都可以把空间和时间中的纯粹规定称为预先推定，因为它们先天地表象着任何能够后天地在经验中被给予的东西。但是，假定存在着某种东西，可以在任何作为一般感觉的感觉（无须能够有一种特殊的感觉被给予）那里被先天地认识到，那么，这种东西就在一种特殊的意义上理应被称为预先推定，因为在恰恰关涉到人们只能从经验取得的经验质料的东西中抢在经验之前，这看起来令人觉得奇怪，但在此处实际情况就是这样。 〔116〕 A167

仅仅凭借感觉作出的把握，只占用一个瞬间（也就是说，如果我不考虑感觉的演替的话）。作为显象中的某物，其把握不是从各个部分前进到整个表象的那种逐渐的综合，所以感觉没有广延的量：某一瞬间感觉阙如，则该瞬间就被表象为空的，因而等于零。在经验性直观中与感觉相应的东西，就是实在性（realitas phaenomenon［作为现象的实在性］），而与感觉的阙如相应的东西，则是等于零的否定性。但如今，任何感觉都能够减弱，以至于它能够消减，并这样逐渐地消失。因此，在显象中的实在性和否定性之间，有许多可能的中间感觉的一种连续的联系，这些中间感觉彼此之间的差异总是小于被给予的感觉和零或者完全的否定性之间的差异。这就是说：显象中实在的东西任何时候都有一个量，但由于仅仅凭借感觉作出的把握是在一个瞬间发生的，不是通过许多感觉的逐渐综合发生的，因而不是从各个部分前进到整体，所以在把握中遇不到这个量；因此，这实在的东西虽然有一个量，但却不是广延 A168

的量。

现在，我把只被把握为单一性、其中复多性只能通过向等
〔117〕于零的否定性的逼近来予以表象的那种量称为**强度的量**。因此，显象中的任何实在性都有强度的量，也就是说，有一个程度。当人们把这种实在性视为原因（无论是感觉的原因还是显象中其他实在性的原因，例如一种变化的原因）的时候，就称这种作为原因的实在性的程度为一种要素，例如重力的要素，而且之所以如此，乃是因为程度只是表示这样一种量，这种量
A169 的把握不是逐渐的，而是瞬间的。但我在这里只是顺便提到这一点，因为我现在还不想讨论因果性。

据此，任何感觉、从而还有显象中的任何实在性，无论它多么小，都有一种程度，也就是说，有一个还总是能减弱的强度的量，在实在性和否定性之间有可能的实在性和可能更小的知觉的一种连续的联系。每一种颜色，例如红色，都有一种程度，无论这程度怎样小，都永远不是最小的；热、重力的要素等等，到处都是这种情况。

就量而言没有任何部分是可能最小的部分（没有一个部分是单纯的），这种属性就叫做量的连续性。空间和时间是quanta continua［连续的量］，因为不将它们的部分包围在界限（点和瞬间）之间，它们的任何部分都不能被给予，因而该部分只能这样被给予，即它本身又是一个空间或者时间。因此，空间只能由众多空间构成，时间只能由众多时间构成。点和瞬间只是界限，也就是说，纯然是限制它们的位置；但位置在任何时候都以它们应当限制或者规定的那种直观为前提条
A170 件，纯然以位置为还在空间或者时间之前就能够被给予的成分，用它们既不能组合成空间也不能组合成时间。人们也可以把诸如此类的量称为**流动的**量，因为（生成的想象力的）综合就其产生而言是一个时间中的进程，人们通常特别地借助流动

（流逝）来表示时间的连续性。

据此，一切一般而言的显象都是连续的量，无论是根据其直观作为广延的量，还是根据纯然的知觉（感觉以及因此还有实在性）作为强度的量。如果显象的杂多的综合被中断，那么，这就是许多显象的一个集合体（而且不是真正说来作为量的显象），这个集合体不是通过某种方式的生成性综合的纯然 〔118〕
延续产生的，而是通过一种时断时续的综合的重复产生的。当我称13塔勒为一种货币量时，就我把它理解为一马克纯银的含量而言，我这样称谓它是正确的；但是，一马克纯银当然是一个连续的量，其中没有一个部分是最小的部分，相反，每一个部分都能够构成一个货币块，它总是包含着构成更小部分的质料。但是，如果我把那个称谓理解为13个塔勒，即这么多的硬币（它们的银含量则可以是任意的），那么，我用塔勒的量来称谓它就是不合适的，相反，我必须称它为一个集合体， A171
也就是说，称它为某个数目的货币块。但由于对一切数字来说都必须以单位为基础，所以显象作为单位就是一个量，而作为一个量在任何时候都是一个连续体。

现在，如果所有的显象，无论是被视为广延的还是被视为强度的，都是连续的量，那么，“一切变化（一个事物从一种状态到另一种状态的变化）也都是连续的”这个命题，假如不是一般而言的变化的因果性完全处在一种先验哲学的界限之外，并以经验性的原则为前提条件的话，在这里就会很容易得到证明，并且具有数学的自明性。因为一个原因可能改变事物的状态、也就是说规定事物成为某一个被给予的状态的反面，对此知性根本没有先天地给予我们任何启示，这不仅是因为知性对此的可能性根本无所洞察（对于诸多先天知识，我们同样缺乏洞察），而且是因为可变性仅仅涉及显象的某些惟有经验才能告诉我们的规定，而它们的原因是要在不变的东西中发现

的。但是，既然这里除了一切可能经验的纯粹基本概念、其中必须绝对没有任何经验性的东西之外，我们面前没有任何可以
A172 使用的东西，所以我们不可能抢在基于某些基本经验的普遍科学之前而不破坏体系的统一性。

尽管如此，我们并不缺少我们的这一原理所具有的重大影响的种种证明根据，即预先推定知觉，甚至就它阻止从知觉的阙如可能得出的所有错误的推理而言来补偿这种阙如。

〔119〕 如果知觉中的所有实在性都有一个程度，在这个程度和否定性之间有一个程度递减的无限梯状序列，而且尽管如此每一个感官都必然具有感觉的感受性的一个确定程度，那么，就没有任何知觉，从而也没有任何经验能够无论是直接地还是间接地（不管人们在推论中如何转弯抹角）证明显象中一切实在东西的完全缺乏，也就是说，从经验永远不能得出空的空间和空的时间的证明。因为首先，感性直观中实在东西的完全缺乏，本身不能被知觉到；其次，它不能从惟一的显象、从显象的实在性的程度差异推论出来，或者也绝不可以为了说明显象的实在性而假定它。因为即便某一确定的空间或者时间的整个直观完全是实在的，也就是说，它们没有任何部分是空的，也由于任何实在性都有自己的程度，这程度即使显象广延的量不发生
A173 变化也能够通过无限多的阶段减弱到无（空的东西），所以必然存在着无限多的不同程度来充填空间或者时间，虽然直观的广延的量是相同的，而强度的量在不同的显象中却可以是或大或小的。

我们要举出这方面的一个例子。几乎所有的自然科学家，在他们（部分地通过重力的要素或者重量，部分地通过对其他运动着的物质的阻抗的要素）察觉到不同种类的物质在体积相同的情况下量的巨大差别时，异口同声地得出结论说：这个体积（显象的广延的量）必然在所有的物质中是空的，虽然程度

不同。但是，对于这些绝大部分属于数学和力学的自然研究者，谁会在某个时候想到，由于他们假定空间中的**实在东西**（我在这里不把它称为不可入性或者重量，因为这些都是经验性的概念）**到处都是一模一样的**，只是在广延的量上、即在数量上彼此有别，他们是把自己的上述推理仅仅建立在他们声称要竭力避免的一种形而上学的前提条件之上呢？这一前提条件，他们在经验中找不到任何根据，因而仅仅是形而上学的，对此我要提出一个先验的证明来与之对立，这个证明虽然不应 A174
当说明空间之充实方面的差别，但却完全取缔了认为只能通过 〔120〕
可以假定的虚空来说明上述差别的那个前提条件的必要性，并且具有一种功绩，即至少使知性获得了自由，在自然的解说为此使得某种假说成为必要的时候也以别的方式来思维这种不同。因为我们那时就会看到，尽管同样的空间可以用不同的物质来完全充实，以至于在这种空间中的任何一个里面都没有一个点不能发现物质的在场，但毕竟任何实在的东西都鉴于同样的性质而具有其（阻抗的或者重量的）程度，这种程度在广延的量或者数量转入空虚或者消失之前，会在不减弱广延的量或者数量的情况下无限地越来越小。所以，充实一个空间的膨胀物，例如热，以同样的方式还有（显象中的）任何别的实在性，都能一点也不会使空间的最小一部分成为空的而无限地减弱其程度，并且尽管如此仍然以这些较小的程度充实空间，就像另一显象以较大的程度充实空间一样。我在这里的意图绝不是要断言物质按照其比重所具有的差异确实就是这样，而只是要从纯粹知性的一个原理出发阐明，我们的知觉的本性使得这 A175
样一种解释方式成为可能的，而且人们错误地假定显象的实在东西在程度上是同样的，而只是在集合及其广延的量上不同，甚至更为没有根据地通过知性的一个先天原理来断言这一点。

尽管如此，知觉的这种预先推定对于一个习惯于先验思考并由此而变得缜密的自然研究者来说总是有某种异乎寻常的东西，并且将引起一些疑虑，即知性居然能够预先推定诸如关于显象中一切实在东西的程度、从而关于感觉在人们从中抽掉经验性性质时的内在区别的可能性这样一个综合命题；因此，知性在这里如何能够先天综合地关于显象有所言说，甚至在真正说来仅仅是经验性的、亦即关涉感觉的东西中预先推定显象，这还是一个很值得解决的问题。

感觉的**性质**在任何时候都仅仅是经验性的，而且根本不能
〔121〕 先天地被表象（例如颜色、味道等等）。但是，与等于零的否定性相对立而与一般而言的感觉相应的实在东西，仅仅表现出某种其概念自身包含着一种存在的东西，且仅仅意味着一个一
A176 般而言的经验性意识中的综合。也就是说，在内感官中经验性意识能够从零上升到任何更高的程度，以至于正是直观的这种广延的量（例如发光的表面）引起如此大小的感觉，如同许多别的东西（较少发光的东西）聚合而成的集合体。因此，人们可以完全抽掉显象广延的量，并且在某一瞬间的纯然感觉里表现从零到一个被给予的经验性意识的齐一上升的综合。所以，一切感觉本身虽然都只能后天地被给予，但它们具有一种程度这种属性却可以先天地被认识。值得注意的是，我们关于一般而言的量只能先天地认识惟一的一种**性质**，即连续性，但对于一切性质（显象的实在东西）来说能够先天地认识的也无非是其强度的**性质**，即它们有一个程度；其余的一切都有待于经验。

三、经验的类比

经验的类比的普遍**原理**是：一切显象在其存在上都先天地
A177 服从规定它们在一个时间中的相互关系的规则

时间的三种模式是**持久**、**相继**和**并存**。因此，就有显象的

一切时间关系的三条规则先行于一切经验并使得经验成为可能，显象的任何存在就一切时间的统一性而言都能够根据它们而得到规定。

所有这三种类比的普遍原理，就**每一时间里**一切可能的经验性意识（知觉）而言，依据的是统觉的必然**统一**，既然这种统一是先天地作为基础的，所以该普遍原理依据的就是一切显象根据其在时间中的关系的综合统一。因为源始的统觉与内感官（一切表象的总和）相关，而且是先天地与其形式相关，也 〔122〕
就是说，与时间中杂多的经验性意识的关系相关。在源始的统觉中，所有这些杂多都应当按照其时间关系被统一起来；因为这是先天统觉的先验统一性所要求的，凡是应当属于我的（即我的统一的）知识、从而能够对我来说成为一个对象的东西，都从属于这种统一性。因此，一切知觉的时间关系中的这种**被先天地规定的综合统一性**，就是这样一条规律：一切经验性的时间规定都必须服从普遍的时间规定的种种规则；我们现在要 A178
讨论的经验的类比就必须是诸如此类的规则。

这些原理自有其特殊之处，即它们并不考虑显象及其经验性直观的综合，而是仅仅考虑**存在**和就显象的这种存在而言考虑它们的相互**关系**。现在，显象中的某物被把握的方式能够如此先天地被规定，以至于该显象的综合的规则同时能够在任何呈现出来的经验性事例中提供这种先天直观，也就是说，能够由此出发完成这种先天直观。但是，显象的存在却不能先天地被认识；而且即使我们沿着这条道路能够达到推论出某种存在的地步，我们也毕竟不能确定地认识这种存在，也就是说，不能预先推定它的经验性直观与其他直观的区别之处。

上述两条原理我称之为数学性的原理，乃是考虑到它们使人有权利把数学运用于显象，它们仅仅就显象的可能性而言与显象相关，并说明无论就显象的直观还是就知觉的实在东西而言，显象如何能够按照一种数学性综合的规则被产生出来；因 A179 此无论在前者那里还是在后者那里，都可以使用数字的量和显象作为量的规定。例如，我将能够用 200 000 倍的月亮发光组合出阳光感觉的程度，并且先天确定地给出亦即建构它。因此，我们可以把前两条原理称为建构性的原理。

应当先天地使显象的存在从属于规则的那些原理就必然完 〔123〕 全是另外一回事了。因为既然存在不能被建构，所以它们就只能与存在的关系相关，只能提供**范导性**的原则。因此在这里既不能指望有公理也不能指望有预先推定；而是当一种知觉在与其他（尽管是不确定的）知觉的时间关系中被给予我们时，不能先天地说：其他知觉是**什么样的**知觉以及是**多大的**知觉，而是说它们就存在而言如何在时间的这种模式中与前者必然联结的。在哲学中，类比意味着某种与数学中所表现的非常不同的东西。在数学中，它们是表示两种量的关系相等的算式，而且在任何时候都是**建构性的**，以至于如果给予比例的三个项，就 A180 也能够由此给出亦即建构出第四项。但在哲学中，类比并不是两种**量的**关系的相等，而是两种**质的**关系的相等，在它里面我从三个被给予的项出发所能认识和先天地给出的只是与一个第四项的**关系**，而不是**这个第四项**本身，但我有一个在经验中寻找这个第四项的规则，而且有一个在经验中发现它的标志。因此，经验的类比将只不过是经验的统一性（不像作为一般而言的经验性直观的知觉本身那样）从知觉中产生所应当遵循的一个规则，而且作为原理不是**建构性地**、而是**范导性地**适用于对象（显象）。但是，同样的东西也将适用于一起关涉到纯然直观（显象的形式）、知觉（显象的质料）和经验（这些知觉的关系）的综合的那些一般经验性思维的公设，也就是说，它们只不过是些范导性的原理，有别于建构性的数学性原理，虽然不是在确定性上，二者都先天地固有确定性，但毕竟在自明性的方式上，也就是说在后者的直觉性因素上（从而也在证明上）有别。

但是，就所有的综合原理而言曾提请注意并在这里必须特别说明的东西，是这样一点：这些类比不是作为先验的知性应用、而是仅仅作为经验性的知性应用才有其普遍的意义和有效性，从而也只有作为这样的原理才能够被证明，因而显象也必 A181
须不是被归摄在地地道道的范畴之下，而是仅仅被归摄在范畴的图型之下。因为如果这些原理应当与之相关的对象是物自身，那么，关于它们就完全不可能先天综合地认识某种东西。〔124〕
现在，它们无非是显象，一切先天原理归根结底毕竟必须始终以显象的完备知识为归宿，这种知识只不过是可能的经验；因此，那些原理只能以显象的综合中之经验性知识的统一性的条件为目的；但是，综合只有在纯粹知性的图型中才被思维，关于它作为一般而言的综合的统一性，范畴所包含的是不为任何感性条件所限制的功能。因此，我们通过这些原理将有权利仅仅按照与概念逻辑的和普遍的统一性的类比来组合显象，因而在原理本身中虽然使用范畴，但在实行时（运用于显象时）却把范畴的图型作为范畴应用的钥匙来取代其应用，或者毋宁说使之作为限制的条件以这种应用的公式的名义与范畴并立。

A. 第一类比　持久性的原理 A182

一切显象都包含着持久的东西（**实体**）作为对象本身，并且包含着变迁的东西作为对象的纯然规定，亦即对象实存的一种方式。

这个第一类比的证明

一切显象都在时间中。时间能够以两种方式规定**显象的存在**中的关系，或者就它们**相继存在**而言，或者就它们**同时存在**

而言。鉴于前者，时间被视为**时间序列**，而就后者而言，时间被视为时间范围。

我们对显象杂多的**把握**在任何时候都是渐进的，因而是始终变易的。因此，如果在经验中没有**在任何时候都存在**的某
〔125〕 物，即某种**常驻的**和**持久的**东西作为基础，其一切变易和同时存在都只不过是这种持久的东西实存的诸多方式(时间的模式)，我们仅仅通过把握就绝不能确定这种作为经验对象的杂多是同时存在的还是相继存在的。因此，只有在持久的东西中，种种时间关系才是可能的(因为同时和演替是时间中的惟
A183 一关系)，也就是说，持久的东西乃是时间本身的经验性表现的**基底**，一切时间规定惟有借着它才是可能的。持久性作为显象的一切存在、一切变易、一切伴随的恒常相关物，一般地表现出时间。因为变易并不涉及时间本身，而只涉及时间中的显象(就像同时存在并不是时间的一种模式一样，在时间中根本不是各个部分同时存在，而是所有的部分相继存在)。如果要把一种前后相继归于时间本身，那就必须还设想这种相继在其中成为可能的另一个时间。惟有通过持久的东西，在时间序列的不同部分中的**存在**才相继获得人们称之为**存续**的量。因为仅仅在相继中，存在总是生生灭灭，绝不具有丝毫的量。因此，没有这种持久的东西，就没有时间关系。现在，时间自身是不能被知觉的；因此，显象的这种持久的东西是一切时间规定的基底，从而也是知觉的一切综合统一之可能性的条件，也就是说，是经验的可能性的条件；借着这种持久的东西，时间中的一切存在和一切变易，都只能被视为常驻不变的东西之实存的一种模式。因此，在一切显象中，持久的东西都是对象本身，也就是说，是实体(phaenomenon[现象])，而一切变易或者
A184 能够变易的东西，都仅仅属于这一实体或者各实体实存的方式，从而属于它们的规定。

我发现，在所有的时代里，不仅哲学家，甚至普通的知性也都预设这种持久性为显象的一切变易的基底，而且将在任何时候都假定它为无可置疑的，只不过当哲学家说：无论世界上发生什么变化，**实体**都保持长存，只有**偶性**发生变易时，他表达得更为明确一些罢了。但是，关于这一如此综合的命题，我却在任何地方都没有发现哪怕是一种证明的尝试；甚至，它也只是非常罕见地像它理应的那样居于纯粹的和完全先天地存在的自然规律的首位。事实上，“实体是持久的”这个命题是同义反复。因为惟有这种持久性是我们把实体范畴运用于显象的 〔126〕
根据，而人们本来必须证明，在一切显象中有某种持久的东西，在它那里可变的东西无非是它的存在的规定而已。但是，由于这样一种证明绝不能独断地亦即从概念出发来进行，因为它涉及一个先天综合命题，而且人们从来没有想到，诸如此类的命题惟有与可能的经验相关才是有效的，从而也惟有通过经 A185
验的可能性的演绎才能得到证明，所以，如果它虽然在所有的经验那里都被当做基础（因为人们就经验性的知识而言感觉到对它的需要），但却从未得到证明，也就没有什么奇怪了。

一位哲学家被问及烟有多重。他回答说：从燃烧的木材的重量除去残留的灰烬的重量，你就有了烟的重量。因此，他预设为不可置疑的是：甚至在火中物质（实体）也不消逝，只有它的形式才经受了一种变化。同样，“没有任何东西从无中产生”这个命题，只不过是从持久性的原理，或者毋宁说从显象中真正主体持续存在的原理得出的另一个结果命题。因为如果显象中我们要称为实体的东西应当是一切时间规定的真正基底，那么，一切存在，无论是过去时间中的还是未来时间中的，都必然惟有借着它才能得到规定。因此，我们之所以能够赋予一个显象以实体的名称，只是因为我们以它在一切时间中的存在为前提条件，这种存在通过持久性一词并未得到充分的

表述，因为这个词更多地指向未来的时间。然而，持久存在的内在必然性毕竟是与曾经一直存在的必然性不可分割地结合在
A186 一起的，因此这个表述也可以保留。Gigni de nihilo nihil，in nihilum nil posse reverti［没有任何东西能够从无中产生，没有任何东西能够复归为无］，这是古人不可分割地结合在一起的两个命题，人们现在有时出于误解把它们分开，因为人们设想它们是关涉物自身的，而前一个命题是会与世界（甚至就其实体而言）对一个至上原因的依赖性相悖的；这种忧虑是不必要的，因为这里只谈论经验领域中的显象，如果我们想让新的事物（就实体而言）产生，经验的统一性就会绝无可能。因为在这种情况下，惟一能够表现时间的统一性的东西，即一切变
〔127〕易拥有其无一例外的统一性所凭借的基底的同一性，就会失去。然而，这种持久性毕竟仅仅是我们表象（显象中的）事物的存在的方式。

一个实体的种种规定无非是实体的种种特别实存方式，它们叫做**偶性**。它们在任何时候都是实在的，因为它们涉及实体的存在（否定性只是表示实体中某物不存在的规定）。当人们把一种特殊的存在赋予实体中这种实在的东西（例如作为物质的一种偶性的运动）时，人们就把这种存在称为依存性，区别于实体的存在，后者人们称之为自存性。但是由此产生出诸多
A187 误解，如果人们仅仅通过积极地规定实体存在的方式来描述偶性，就会说得更为精确和正确。然而，由于我们知性的逻辑应用的种种条件，把实体的存在中能够发生变易的东西仿佛是分离开来同时实体保持不变，并且在与真正持久的东西的关系中考察它，毕竟是不可避免的；所以，实体的范畴处于关系的标题之下，更多的是作为关系的条件，而不是说它自己就包含着一种关系。

基于这种持久性的，还有对**变化**概念的纠正。生与灭并不

是生灭者的变化。变化是一种实存方式，继同一对象的另一实存方式产生。因此，一切变化的东西都是**常驻的**，只有它的**状态发生变易**。因此，既然这种变易只涉及能够终止或者开始的规定，所以我们就可以用一种表面上有点悖谬的表述说：只有持久的东西（实体）被改变，可变的东西并不承受变化，而是承受一种变易，因为一些规定终止了，而另一些规定开始了。

因此，惟有在实体那里才能知觉到变化，而绝对的生或者 A188
灭不仅仅是持久者的一种规定，根本不能是一种可能的知觉，因为正是这种持久的东西使得从一种状态到另一种状态、从不存在到存在的过渡的表象成为可能，因此它们只有作为常驻的东西变易着的规定才能经验性地被认识。如果你们假定某种东 〔128〕
西绝对地开始存在，则你们就必须有一个它还不存在的时刻。但你们如果不想让这个时刻依附于已经存在的东西，又让它依附于什么呢？因为一个先行的空洞的时间不是知觉的对象；但如果你们把生成与以前已经存在并且一直存续到成为生成的东西的事物结合起来，那么，这生成的东西就只不过是作为持久的东西的前者的一种规定而已。对消灭来说也是一样，因为消灭以某一显象不再存在的一个时间的表象为前提条件。

（显象中的）实体是一切时间规定的基底。一些实体的生和另一些实体的灭甚至会取缔时间的经验性统一的惟一条件，而显象在这种情况下也就会与两种时间相关，存在在其中并行流动，这是荒唐无稽的。因为**只有一个**时间，在其中一切不同 A189
的时间都必须不是同时地、而是相继地得以设定。

据此，持久性是一个必要的条件，显象惟有在这个条件下才能在一个可能的经验中作为事物或者对象得到规定。但是，至于什么是这种必要的持久性以及显象的实体性的经验性标准，下文将给我们机会作出必要的说明。

B. 第二类比　生产的原理

凡是发生（开始存在）的东西，都以它按照一条规则继之而起的某种东西为前提条件。

证明

对显象的杂多的把握在任何时候都是渐进的。各部分的表象相继而起。至于它们是否也在对象中相继，则是反思的第二点，它并不包含在第一点之中。现在，人们虽然能够把一切东西、
〔129〕
乃至每一个表象，只要人们意识到它，都称为客体；但是，这个词在显象那里，并不就显象（作为表象）是客体而
A190
言，而是仅仅就显象表现一个客体而言，应当意味着什么，则需要更深入地研究。就它们仅仅作为表象同时是意识的对象来说，它们与把握、亦即与接受入想象力的综合没有任何区别，因此人们必须说：显象的杂多在心灵中任何时候都是渐进地产生的。假如显象就是物自身，那么，就会没有人能够从关于它们的杂多的表象之演替出发来估量，这种杂多在客体中是怎样联结的。因为我们毕竟只是在与我们的表象打交道；至于物自身（不考虑它们用来刺激我们的表象）会是什么样子的，则完全处于我们的知识范围之外。即使显象不是物自身，但尽管如此毕竟仍是惟一能够被给予我们来认识的东西，我也还是应当指出，显象本身中的杂多具有怎样一种时间中的联结，使得杂多的表象在把握中是渐进的。例如，在立于我面前的一座房子的显象中，杂多的把握是渐进的。现在问题是：这房子本身的杂多是否也在自身中是渐进的呢？当然没有人会承认这一点。但现在，一旦我把自己关于一个对象的概念一直提升到先验的意义上，房子就根本不是物自身，而仅仅是一个显象，亦即表

象，它的先验对象是未知的；这样的话，我如何理解“杂多在显象本身（这显象毕竟不是任何东西自身）中会如何联结”这个问题呢？在这里，处于渐进的把握中的东西被看做是表象，而被给予我的显象，虽然无非是这些表象的总和，但却被看做是这些表象的对象，我从把握的种种表象得出的概念应当与这对象相一致。人们马上就可以看出，由于知识与客体的一致就是真理，所以这里只能探询经验性真理的形式条件，而现象在与把握的种种表象的相对关系中，惟有当显象从属于一条把它与任何别的把握区别开来、使杂多的一种联结成为必然的规则的时候，才能被表现为种种表象的与表象不同的客体。显象中包含着把握的这种必然规则的条件的那种东西，也就是客体。 A191 〔130〕

现在，让我们继续我们的课题。某事物发生，也就是说，某事物或者先前不曾存在的一种状态生成，如果不是一个自身不包含这一状态的显象先行的话，这种情况就不能被经验性地知觉到；因为一种继一个空洞的时间发生的现实，从而一个此前没有任何事物的状态先行的产生，和空的时间一样是无法把握的。因此，对一个事件的任何把握都是继另一个知觉发生的知觉。但是，由于这在把握的一切综合中都是如同我上面关于一座房子的显象所指出的那种情况，所以这种显象由此还没有与别的显象区分开来。不过我也注意到：如果我就一个包含着发生的显象来说把知觉的一个先行状态称为 A，而把继起的状态称为 B，则 B 在把握中只能跟随 A，而知觉 A 却不能跟随 B，而是只能先行于 B。例如，我看见一艘船顺流而下。我对它在河下游的位置的知觉跟随着对它在河上游的知觉，而不可能在把握这一显象时首先知觉到下游的船，然后才知觉到上游的船。因此在这里，把握中种种知觉相继中的秩序是确定的，而把握就受这种秩序的制约。在前面关于一座房子的例子中，我的知觉在把握中可以从房顶开始，在地基结束，但也可以从 A192

下面开始，在上面结束，此外也可以从右或者从左来把握经验
A193 性直观的杂多。因此，在这些直观的序列中，没有任何确定的秩序，在我为了经验性地联结杂多而必须以把握开始的时候，使这成为必然的。但是，在对发生的事情进行知觉时，任何时候都能发现这一规则，它使相继的种种知觉（在这一显象的把握中）的秩序成为**必然的**。

因此，在我们的实例中，我将必须从显象的**客观相继**中推导出把握的**主观相继**，因为若不然，那种主观相继就是完全不确定的，就没有把一个显象与另一个显象区别开来。仅仅主观
〔131〕的相继丝毫不证明客体中杂多的联结，因为它完全是任意的。所以，客观的相继将存在于显象杂多的秩序之中，按照这一秩序，对一（发生的）事物的把握**根据一个规则**跟随对另一（先行的）事物的把握。只有这样，我才能有权利关于显象本身、而不是仅仅关于我的把握说：在显象中可以发现一种相继，这就等于说：我不能以别的方式，而只能恰好在这种相继中进行把握。

因此，根据这样一条规则，在一般而言先行于一个事件的东西中，必然蕴涵着该事件任何时候并且必然地继起所遵循的
A194 一条规则的条件；但反过来，我却不能从该事件返回，（通过把握来）规定先行的东西。因为没有显象从继起的时刻返回到先前的时刻，但毕竟**与某个先前的时刻**相关；与此相反，从一个被给予的时间到确定的继起时间的进展却是必然的。因此，由于这毕竟是某种继起的东西，所以我必须使它与先行的一般而言另一个某物发生关系，它根据一条规则，也就是说必然地跟随这另一个某物，以至于该事件作为受条件制约者关于某个条件提供了可靠的指示，而这个条件则规定着该事件。

人们可以假定，在一个事件之前，没有任何该事件根据一条规则必然跟随的东西先行，这样，知觉的任何相继就会仅仅

在把握中，也就是说，就会仅仅是主观的，但这样一来就根本没有客观地确定，何者真正说来是种种知觉先行的东西，何者是后继的东西。以这样的方式，我们就会只有一种表象的游戏，它根本不与任何客体发生关系，也就是说，凭借我们的知觉将根本不会有一个显象根据时间关系与任何别的显象区别开来，因为把握中的演替在任何地方都是一回事，从而在显象中就没有任何规定显象的东西，来使得某种相继成为必然的。因此，我将不说在现象中两个状态前后相继，而是仅仅说一个把 A195
握跟随另一个把握，这仅仅是某种**主观的**东西，并不规定客体，因而根本不被视为某个对象的知识（甚至不被视为显象中的某个对象的知识）。

因此，如果我们经验到某物的发生，那么，我们此际在任何时候都以它按照一条规则所跟随的某种东西先行发生为前提 〔132〕
条件。因为没有这种东西，我就不能关于客体说它是继起的，因为纯然在我的把握中的继起如果不是通过一条规则在与一个先行事物的关系中被规定，就没有赋予客体中的相继以权利。因此，我使我的主观的（把握的）综合成为客观的，这总是在考虑到一条规则时发生的，按照这条规则，种种显象就其相继而言，也就是说像它们发生的那样，是由先前的状态规定的，而且惟有在这一前提条件下，关于某种发生的事物的经验才是可能的。

虽然，看来这好像与人们关于我们的知性应用的进程所做过的一切说明相矛盾，按照这些说明，我们只是由于知觉到和比较过的诸多事件对先行显象的一致跟随，才被引导去发现某些事件在任何时候都跟随某些显象所遵循的规则，并由此才被促使得出原因的概念。基于此，这个概念就仅仅是经验性的， A196
它所提供的规则，即一切发生的东西都有一个原因，就会和经验本身一样是偶然的；在这种情况下，它的普遍性和必然性就会只是虚构出来的，就不会有真正的普遍有效性，因为它们不是先天的，而只是建立在归纳之上的。但这里的情况与其他先天纯粹表象（例如空间和时间）的情况是一样的，我们之所以能够把它们作为清晰的概念从经验中抽取出来，乃是因为是我们把它们置入经验的，从而经验乃是通过它们才得以实现的。当然，一条规定种种事件序列的规则，作为原因的概念，这个表象在逻辑上的清晰性只有在我们把它运用于经验之后才是可能的；但是，把这规则作为时间中种种显象的综合统一的条件来考虑，毕竟是经验本身的根据，因而先天地先行于经验。

因此，关键就在于用实例来指明：除非有一条规则作为基础，它迫使我们遵循种种知觉的这种秩序而不是别的秩序，以
〔133〕A197 至于这种迫使真正说来就是使客体中的一种演替的表象成为可能的东西，否则，即便是在经验中，我们也绝不能把相继（一个事件的相继，在这个事件中，某种此前不存在的东西现在发生）归于客体，并把它与我们的把握的主观相继区分开来。

我们在自己里面有我们也能够意识到的表象。但这种意识无论涉及范围多么广大，多么精确或者准确，却毕竟依然只不过是些表象，也就是说，是我们心灵在这种或者那种时间关系中的内在规定。现在，我们是如何做到为它们设定一个客体，或者超出它们作为心态的主观实在性，还赋予它们一种连我也不知道是什么样的客观实在性呢？客观的意义不能存在于同另一个表象（关于人们就对象而言想列举的东西的表象）的关系之中，因为若不然，就再次提出了那个问题：后一表象又是如何超出自身，并在它作为心灵状态的规定固有的主观意义之上还获得了客观的意义呢？如果我们研究一番，**与一个对象的关系**究竟给予我们的种种表象一种什么样的新性状，以及这些表象由此获得的尊严是什么，我们就会发现，这种关系所造成的无非是以某种方式使种种表象的联结成为必然的，并使它们从

属于一条规则；反过来说，只是由于我们的种种表象的时间关系中的某种秩序是必然的，这些表象才被赋予客观的意义。

在显象的综合中，种种表象的杂多在任何时候都前后相继。凭借这一点还根本未表象出任何客体，因为凭借一切把握所共有的这一相继，并没有把任何东西与其他东西区别开来。但是，一旦我知觉到或者预先假定，在这种相继中有一种与先行状态的关系，表象从该状态出发按照一条规则继起，某种东西就表现为事件或者此时发生的事情，也就是说，我就认识到一个对象，我必须在时间中把该对象置于某个确定的位置上，该位置在先行状态之后，不能以别的方式归于该对象。因此，如果我知觉到某物的发生，那么，在这个表象中首先就包含着某物的先行，因为正是在与后者的关系中显象才获得了自己的时间关系，即在一个先行的、它不曾在其中存在的时间之后才实存。但是，它之所以获得自己在这一关系中确定的时间位置，只是由于在先行的状态中预设了它在任何时候、即根据一条规则跟随的某种东西；由此就可以得出：首先，我不能颠倒这个序列，把发生的东西置于它所跟随的东西之前；其次，如果设定了先行的状态，那么，这个确定的事件就不可避免地必然继起。由此就发生了如下情况：在我们的种种表象中间生成一种秩序，其中当前的东西（只要它已经生成）提供关于某个先行状态的指示，把它当做这个被给予的事件的一个相关物，这个相关物虽然尚未确定，但却与这个作为其后果的事件有规定性的关系，并在时间序列中把该后果与自己必然地结合起来。

A198 〔134〕 A199

现在，如果我们的感性有一条必然的规律，从而所有的知觉有**一个形式的条件**，即在先的时间必然规定继起的时间（因为我惟有通过先行的时间才能到达继起的时间），那么，时间序列的**经验性表象**就也有一条不可缺少的规律，即过去时间的种种显象规定着继起显象的任何存在，而这些继起显象作为事件，惟有在过去时间的显象在时间中为它们规定了其存在，即根据一条规则确定了其存在的情况下，才会发生。因为**我们只有在显象上才能经验性地认识种种时间关联中的这种连续性**。

一切经验及其可能性都需要知性，而知性为此所做的首要事情，并不是使对象的表象变得清晰，而是一般而言使一个对象的表象成为可能。这种情况之所以发生，乃是由于知性把时间秩序加在显象及其存在上，因为它赋予每一个作为后果的显
A200 象以一个时间中就先行显象而言先天地确定了的位置，没有这个位置，该显象就不会与先天地为自己的一切部分规定其位置的时间本身相一致。现在，对位置的这种规定不能从种种显象与绝对时间的关系中借来（因为绝对时间不是知觉的对象），而是反过来：种种显象必须在时间本身中相互规定自己的位置，并使自己的位置在时间秩序中成为必然的，也就是说，在此继起或者发生的东西必须根据一条普遍的规则跟随已包含在此前状态中的东西；由此就形成一个种种显象的序列，它凭借知性在可能知觉的序列中所产生并使之成为必然的秩序和持续
〔135〕 关联，与在一切知觉都必须在其中拥有其位置的内直观形式（时间）里面先天地发现的秩序和持续关联一样。

因此，所谓某物发生，乃是一个属于可能经验的知觉，如果我把显象按照其在时间中的位置看做是确定的，从而看做是按照一条规则在种种知觉的关联中任何时候都能够发现的一个客体，这个可能的经验就成为现实的。但是，这条按照时间的继起规定某物的规则就是：在先行的东西中可以发现事件在任何时候（也就是说，以必然的方式）都继起的条件。因此，充
A201 足理由律就是可能经验的根据，也就是种种显象就其在时间的序列继起中的关系而言的客观知识的根据。

但是，充足理由律的证明根据仅仅基于以下的要素。一切

经验性的知识都需要通过想象力对杂多进行的综合，这种综合在任何时候都是渐进的，也就是说，种种表象在它里面在任何时候都是相互继起的。但是，继起在想象力中就秩序而言（何者必须先行，何者必须继起）还根本未被确定，相互继起的种种表象的序列同样既可以被视为后退的也可以被视为前进的。但是，如果这种综合是（对一个被给予的显象的杂多的）把握的综合，那么，秩序在客体中就是确定的，或者更确切地说，在这里面就有规定着一个客体的渐进综合的一种秩序，按照这一秩序，就必须有某物必然地先行，而如果该物被设定，另一物则必然地继起。因此，如果我的知觉应当包含着一个事件亦即某物现实地发生的知识，那么，它就必须是一个经验性的判断，在这个判断里面人们设想，继起是确定的，也就是说，它按照时间以另一个显象为前提条件，它必然地或者按照一条规则跟随这个显象。反之，如果我设定了先行之物，而事件却并不必然地跟随它，那么，我就会不得不把它仅仅视为我的想象力的主观游戏，而如果我毕竟在其中表象了某种客观的东西， A202
我就会不得不把它称为一个纯然的梦。因此，种种显象（作为可能的知觉）的关系——按照这种关系，后继之物（发生的事情）就其存在而言在时间中必然地并且按照一条规则被某种先行之物所规定——，从而还有原因与结果的关系，就是我们的 〔136〕
经验性判断就知觉的序列而言的客观有效性的条件，因而也是这些知觉的经验性真理的条件，从而也就是经验的条件。因此，种种显象的继起中的因果关系原理也适用于经验的一切对象（在演替的诸般条件下），因为它本身就是这样一种经验的可能性的根据。

但是，这里还表现出一种必须予以消除的疑虑。种种显象中间因果结合的定律在我们的公式中是限制在显象的序列继起之上的，此时就其应用而言毕竟有这样的情况，即它也适用于种种显象的相伴，而原因和结果可以是同时的。例如房间中的温暖，在室外并没有发现。我寻觅原因，发现一个生着火的炉子。现在，这个火炉作为原因是与其结果亦即房间的温暖同时的；因此，这里就时间而言在原因与结果之间并没有序列继
A203 起，相反，原因和结果是同时的，而规律却毕竟有效。自然中的绝大部分作用因与其结果是同时的，而结果的时间继起，只不过是由于原因不能在一瞬间就完成其全部结果而导致的。但是在其全部结果产生的瞬间，它却总是与其原因的因果性同时的，因为如果原因在此前一瞬间不再存在，那么，这结果就根本不会产生。在这里，人们必须充分地注意到，受关注的是时间的**秩序**，而不是时间的**进程**：即使没有任何时间流逝，关系也依然存在。原因的因果性和其直接的结果之间的时间可以是**微不足道的**（它们因此而是同时的），但前者与后者的关系毕竟还总是可以根据时间来规定的。一个球被放在充填起来的枕头上，并在上面压出一个小坑，如果我把这个球视为原因，那么，它就与结果是同时的。然而，我毕竟还是通过二者的力学结合的时间关系而把它们区分开来。因为如果我把球放到枕头上，继枕头先前的平坦形状就产生出小坑；但如果枕头（我不知道因何）有一个小坑，则并不继起一个铅球。

据此，时间的继起当然就是结果就先行原因的因果性而言
〔137〕 的惟一经验性标准。杯子乃是水上升到其水平面之上的原因，
A204 虽然这两个显象是同时的。因为一旦我用杯子把水从一个较大的容器中舀出，就发生了某种事情，即水在较大容器中所拥有的水平位置变成它在杯子中所占有的一个凹形水平位置。

这种因果作用导向了行动的概念，而行动则导向了力的概念，并由此导向了实体的概念。既然我不想把我仅仅关涉到先天综合知识的来源的批判性意图混同于仅仅关涉概念的阐明（不是其扩展）的分析，所以我把对这些概念的烦琐讨论留给

未来的形而上学体系；尽管人们在迄今所知的这类教科书中已经遇到大量这样一种分析。然而，一个实体如果显得不是通过显象的持久性，而是更好地和更容易地通过行动显露自己的话，其经验性标准我是不能置之不问的。

凡是有行动、从而有活动和力的地方，也就有实体，而显象的那个富有成效的起源的所在，则必须仅仅在实体中寻找。这样说是完全正确的；但是，如果人们应当解释把实体理解成什么，并且想在这里避免错误的循环论证，那么，这就不容易 A205
回答了。人们怎么要从行动马上推论到行动者的**持久性**——这毕竟是实体（现象）的一个根本的和特有的标志——呢？尽管这个问题按照通常的方式（仅仅分析地处理其概念）是完全不会得到解决的，不过，按照我们先前所说的，它的解决倒是没有这样的困难。行动已经意味着因果性的主体与结果的关系。现在，由于所有的结果都存在于发生的事情之中，从而存在于按照演替来标示时间的可变事物之中，所以可变事物的终极主体就是作为一切变易者的基底的**持久的东西**，即实体。因为按照因果性的原理，行动永远是现象的一切变易的首要根据，因而不能蕴涵在一个本身变易着的主体之中，因为若不然，就会需要别的行动和另一个规定这种变易的主体。借此，行动作为一个充足的经验性标准，就证明了实体性，无须我不得不通过 〔138〕
比较种种知觉才来寻找该主体的持久性，这也是以后一种方式借助概念的量和严格的普遍有效性所要求的详尽性不能做到的。因为一切产生和消失的因果性的第一主体本身不能（在显象的领域里）产生和消失，这是一个可靠的结论，它导致存在 A206
中的经验性的必然性和持久性，从而导致一个作为显象的实体的概念。

如果某物发生，那么，无须考虑在此产生的东西，单是产生就自身而言也已经是一个研究的对象了。从一种状态的不存在到该状态，即使假定该状态不包含显象中的任何性质，单是其过渡就已经必须予以研究了。就像在 A 节中已经指明的那样，这种产生所涉及的并不是实体（因为实体并不产生），而是实体的状态。因此，它仅仅是变化，而不是从无中起源。如果这种起源被视为一个外来原因的结果，那它就叫做创造，创造作为显象中间的事件是不能被允许的，因为单是它的可能性就已经会取缔经验的同一性；虽然如果我把一切事物不是看做现象，而是看做物自身，看做纯然知性的对象，则它们即便是实体，也可以被看做是就存在而言依赖于外来原因的；但是在这种情况下，它就会引起截然不同的语词意义，而不会适用于作为经验的可能对象的显象了。

现在，一般来说某物如何能够被改变，如何可能在一个瞬
A207 间的一种状态之后跟随另一瞬间的一种相反的状态；对此我们先天地不具有丝毫概念。为此要求有对于只能经验性地被给予的现实的力的知识，例如对于推动力的知识，或者换句话说也一样，对于表现这样的力的某些渐进显象（作为运动）的知识。但是，任何一种变化的形式，即变化惟有在其下才能作为另一种状态的产生而发生的条件（至于变化的内容，即被改变的状态，则可以是任意的），从而种种状态的演替本身（发生
〔139〕 的事情），毕竟是可以按照因果性的规律和时间的诸般条件先天地予以衡量的。①

如果一个实体从一个状态 a 过渡到另一个状态 b，那么，第二个状态的瞬间就有别于第一个状态的瞬间，并且跟随其

① 应当注意，我所说的不是某些一般的关系的变化，而是状态的变化。因此，如果一个物体匀速运动，那么，它根本就不改变它的（运动）状态；但如果它的运动有增减，它的状态就会变化。

后。就连作为（显象中的）实在性的第二个状态，也有别于它不曾在其中的第一个状态，如同 b 有别于零；也就是说，即使状态 b 仅仅在量上有别于状态 a，这种变化也是 b－a 的产生， A208
它在前一状态中并不存在，就它而言前一状态＝0。

因此问题就在于：一个事物如何从一个状态＝a 过渡到另一状态＝b。在两个瞬间之间总是有一个时间，而在两个瞬间的两个状态之间总是有某种区别，这种区别有一个量（因为显象的所有部分都永远又是量）。因此，任何从一个状态到另一个状态的过渡都是在两个瞬间之间所包含的一个时间中发生的，其中第一个瞬间规定着事物由之走出的状态，第二个瞬间规定着事物达到的状态。所以，两个状态是一个变化的时间界限，因而是两个状态之间的中间状态的时间界限，并且作为这样的界限共属于整个变化。现在，任何变化都有一个原因，这原因在变化发生的整个时间中证明其因果性。因此，这原因不是突然地（一下子或者在一个瞬间），而是在一个时间中造成其变化的，以至于就像时间从初始瞬间 a 一直增长到它在 b 中的完成一样，就连实在性的量（b－a）也是通过在最初瞬间和最终瞬间之间包含的所有更小的程度产生的。因此，一切变化都只是通过因果性的一个连续的行动才可能的，这行动就其是齐一的而言，就叫做环节。变化并不是由这些环节构成的，而 A209
是通过它们作为它们的结果产生的。

这就是一切变化的连续律，它的根据就是：无论是时间还是时间中的显象，都不是由一些是最小部分的部分构成的，而事物的状态在其变化时却毕竟通过所有这些作为要素的部分过 〔140〕
渡到了第二个状态。显象中实在之物的区别如同时间的量中的区别一样，**没有一个是最小的**；所以实在性的新状态是从它尚不存在的前一状态开始，通过其所有无限多的程度而增长，这些程度相互之间的区别全都比 0 与 a 之间的区别更小。

这条定理在自然研究中会有什么样的用处，在此与我们无涉。但是，这样一条看来如此扩展我们的自然知识的定理如何完全先天地可能，虽然表面现象证明它是真实的和正确的，因而人们可以相信用不着提出它如何可能的问题，却仍然非常需要我们予以检验。因为存在着如此形形色色的毫无根据的非分要求，主张通过纯粹理性来扩展我们的知识，以至于必须被当做普遍的原理的是：正因为此而完全存疑，而且如果没有能够
A210 提供一种缜密的演绎的种种证明材料，即便是对于最清晰的独断证明也不相信和接受任何诸如此类的东西。

经验性知识的一切增进，亦即知觉的任何进步，都只不过是内感官的规定的一种扩展，也就是说，是时间中的一种进展，对象则可以随便是显象或者是纯直观。这种时间中的进展规定着一切，且就自身而言不再被任何东西所规定；也就是说，它的各个部分只是在时间中并通过时间的综合被给予，但它们并不在时间的综合之先被给予。因此之故，知觉里面向时间中继起的某物的每一过渡，都是通过这一知觉的产生而对时间的规定，并由于时间永远是、且在其所有部分中都是一个量，所以一个知觉作为一个量，其产生就是通过所有的程度——这些程度中没有一个是最小的程度——从零开始直到其确定的程度。由此就表明了按照变化的形式先天地认识一条变化规律的可能性。我们只是在预先推定我们自己的把握，其形式的条件既然在一切被给予的显象本身之前就寓于我们，当然就必定能够先天地被认识。

据此，如同时间包含着实存之物向继起之物的一种连续进展之可能性的先天感性条件一样，知性凭借统觉的统一性包含
〔141〕
A211 着通过原因和结果的序列对显象在这一时间中的一切位置进行一种连续规定的可能性的先天条件，原因不可避免地引起结果的存在，并由此而使时间关系的经验性知识（普遍地）、从而

客观地对任何时间有效。

C. 第三类比 共联性的原理

一切实体，就其在空间中能被知觉为同时的而言，都处在无一例外的共联性（亦即相互之间的交互作用）之中。

证明

事物如果在同一时间里实存，它们就是同时的。但是，如果在对这种杂多的把握的综合中，秩序是无关紧要的，也就是说，如果可以从 A 经 B、C、D 到 E，或者反过来从 E 到 A，那么，人们从何处得知它们在同一时间里存在呢？因为如果它是继起的（按照从 A 开始在 E 结束的秩序），那么，在知觉中使把握从 E 开始并回溯到 A 就是不可能的，因为 A 属于过去的时间，从而不再能是把握的对象。

现在如果你们假定：在作为现象的种种实体的一种杂多性 A212
中，每一个实体都是完全孤立的，也就是说，没有一个实体作用于另一个实体，并且从后者交互接受影响，那么我就说：种种实体的**同时存在**不会是一个可能的知觉的对象，一个实体的存在不可能通过任何经验性综合的路径导向另一实体的存在。因为如果你们设想，它们被一个完全虚空的空间所隔离，那么，在时间中从一个实体向另一个实体进展的知觉，虽然能够凭借一个继起的知觉规定后一个实体的存在，但却不能分辨，该显象是客观地继前一个显象而起，还是毋宁说与它同时。

因此，除了纯然的存在之外，还必须有某种东西，通过它，A 规定 B 在时间中的位置，并且反过来 B 又规定 A 在时
间中的位置，因为只有在这一条件下，上述实体才能被经验性 〔142〕

地表现为**同时实存的**。现在，惟有是另一个东西的原因或者其规定的原因的东西，才规定另一个东西在时间中的位置。因此，每一个实体（既然它仅仅就其种种规定而言才能够是继起）都必须在自身中包含着另一实体中的某些规定的因果性，同时包含着另一实体的因果性的结果，也就是说，如果要在某
A213 个可能的经验中认识同时存在，它们就必须（直接地或者间接地）处在力学的共联性之中。但现在，就经验的对象而言，如果没有某种东西，关于这些对象的经验本身就会是不可能的，那么，凡是这样的东西就是必要的。因此，对于显象中的一切实体来说，如果它们是同时的，那么，彼此之间处在交互作用无一例外的共联性中，就是必要的。

共联性一词在我们的语言中是含混的，既可以意味着 communio［共处］，也可以意味着 commercium［联系］。我们这里是在后一种意义上使用该词的，把它当做一种力学的共联性，没有它，就连地域上的共联性（communio spatii［空间的共处］）也绝不能被经验性地认识到。对于我们的经验来说，很容易发现，惟有在空间的一切位置上的连续影响，才能把我们的感官从一个对象引导到另一个对象，在我们的眼睛和天体之间起作用的光，在我们和这些天体之间造成一种间接的共联性，并由此证明了后者的同时存在，我们不能经验性地改变任何处所（知觉这种变化），除非到处都有物质使我们对我们位置的知觉成为可能，而物质则惟有凭借其交互影响才能说明其同时存在，并且由此一直到最遥远的对象说明它们的共存（虽
A214 然仅仅是间接的）。没有共联性，（空间中显象的）任何知觉就会被与别的知觉隔断，经验性表象的链条亦即经验就会在遇到一个新的客体时完全从头开始，先前的表象与此不能有丝毫联系，或者不能处在时间关系之中。我根本不想由此来反驳空洞的空间：因为空洞的空间可能总是存在于知觉根本达不到、因

而没有同时存在的经验性知识发生的地方；但在这种情况下，它对于我们一切可能的经验来说都根本不是客体。

以下的东西可能有助于我的解释。在我们的心灵中，一切 〔143〕
显象作为包含在一个可能的经验之中的，都必须处在统觉的共联性（communio）之中；而且，如果种种对象作为同时实存的，应当被表现为联结起来的，那么，它们就必须交互规定它们在一个时间中的位置，并由此构成一个整体。如果这种主观的共联性应当基于一个客观的根据，或者与作为实体的显象发生关系，那么，一个显象的知觉就必须作为根据使另一个显象的知觉成为可能，反之亦然，以便任何时候都蕴含在作为把握的知觉中的演替不被归于客体，相反，这些客体能够被表现为同时存在的。但是，这就是一种交互的影响，也就是说，是种
种实体的一种实在的共联性（commercium），没有这种共联 A215
性，同时存在的经验性关系就不能在经验中发生。通过这种联系，种种彼此外在但又毕竟相联结的显象就构成一个复合物（compositum reale［实在的复合物］），诸如此类的复合物以多种多样的方式成为可能。因此，其他一切关系由以产生的三种力学关系就是依存性、继起性和复合性。

※　　　※　　　※

因此，这就是经验的三种类比。它们无非是按照时间的三种模式对显象在时间中的存在作出规定的原理，时间的三种模式就是与作为一个量的时间本身的关系（存在的量，即续存）、在作为一个序列的时间中的关系（前后相继），最后还有在作为一切存在的一个总和的时间中的关系（同时）。时间规定的这种统一性完全是力学的，也就是说，时间不被视为经验在其中直接规定任何存在的位置的东西；这种规定是不可能的，因为绝对的时间不是显象能够被集合在一起所凭借的知觉的对象；相反，惟有通过知性的规则，显象的存在才能获得根据时

间关系的综合统一性，知性的规则规定着每一个现象在时间中的位置，从而是先天地、并且对一切时间和任何时间都有效地规定其位置。

A216 我们把（经验性意义上的）自然理解为种种显象就其存在〔144〕而言按照必然的规则、亦即按照规律的联系。因此，有某些规律，而且是先天的，它们才使一个自然成为可能；经验性的规律惟有凭借经验并且依据甚至经验最初成为可能也遵循的那些源始的规律才能形成和被发现。因此，我们的类比真正说来是在某些典范下表现一切显象的联系中的自然统一，这些典范所表达的无非是时间（如果时间包含一切存在于自身的话）与仅仅在按照规则进行的综合中才可能形成的统觉的统一的关系。因此，总的来说它们所说明的是：一切显象都处于一个自然中，并且必须处于一个自然中，因为没有这种先天的统一，就不可能有经验的统一，从而也就不可能有在经验中对对象的规定。

但是，关于我们就这些先验的自然规律而言所使用的证明方式，以及这些规律的独特性，需要作出一种说明，它同时作为证明既是理智的命题又是先天综合的命题的任何其他尝试的规定，必然是非常重要的。如果我们想要独断地、即从概念出发证明这些类比，也就是说，一切实存的东西都只是在持久的东西中才遇到，每一个事件都以它按照一条规则继之而起的先
A217 前状态中的某种东西为前提条件，最后，在同时存在的杂多中种种彼此相关的状态按照一条规则是同时的（处于共联性之中），那么，一切努力都会完全是白费。因为人们无论怎样分析这些事物，都根本不能仅仅通过它们的概念从一个对象及其存在进展到另一个对象的存在或者其实存方式。我们还剩下了什么呢？还剩下作为一种知识的经验的可能性；一切对象，如果它们的表象应当对我们来说具有客观的实在性，最终就必须

能够在经验中被给予我们。这个第三者的根本形式在于一切显象的统觉的综合统一，在它里面，我们发现了显象中的一切存在之无一例外的和必然的时间规定的先天条件，没有这些条件，甚至经验性的时间规定也会是不可能的；我们还发现了先天综合统一的种种规则，凭借它们，我们就能够预先推定经验。由于缺乏这种方法，由于妄想独断地证明知性的经验应用作为自己的原则所推荐的那些综合命题，才发生了如此经常却 〔145〕
又总是徒劳地尝试证明充足理由律这样的事情。至于其他两个 A218
类比，尽管人们总是默默地使用它们，① 却没有人想到它们，因为各范畴的那个导线尚付阙如，惟有它才能够揭露并使人注意知性在概念和原理中的漏洞。

四、一般经验性思维的公设

1. 凡是与经验的形式条件（按照直观和概念）一致的，就是**可能的**。

2. 凡是与经验的质料条件（感觉）相关联的，就是**现实的**。

3. 凡是其与现实的东西的关联被按照经验的普遍条件规

① 一切显象应当在其中结合起来的世界整体，其统一性显而易见纯然是一切同时存在的实体的共联性这一被默认的原理的一个结论；因为如果这些实体都是孤立的，它们就不会作为各个部分构成一个整体，而如果它们的结合（杂多的交互作用）并不已经由于同时存在而是必然的，人们就不能从作为一种纯然观念的关系的后者推论到作为一种实在的关系的前者。我们在那个地方就曾经指出过：共联性真正说来就是共存的经验性知识之可能性的根据，因此人们真正说来只是从后者回溯到作为其条件的前者的。

定的，就是**必然的**（必然实存的）。

A219 **阐明**

模态的各范畴自身具有特殊的东西：它们作为客体的规定丝毫不扩大它们作为谓词所附属的概念，而是仅仅表示与知识能力的关系。即使一个事物的概念已经是完全完备的，我毕竟还是能够就这个对象而追问：它是仅仅可能的抑或还是现实的？或者，如果它是后者，那么，它是否也是必然的？由此并没有在客体本身中再思维任何规定，而是仅仅问道：该客体
〔146〕（连同其一切规定）与知性及其经验性应用、与经验性的判断力以及与理性（就其应用于经验而言）的关系是怎样的？

正是因此缘故，就连模态的各原理也无非是对可能性、现实性和必然性的概念就其经验性应用而言作出的阐明，由此同时又是把一切范畴限制在纯然经验性的应用上，不承认和允许先验的应用。因为如果这些范畴不是应当具有一种纯然逻辑的意义，并且分析地表达**思维**的形式，而是应当涉及**事物**及其可能性、现实性或者必然性，那么，它们就必然关涉到知识的对象惟有在其中才能被给予的可能经验及其综合统一性。

A220 因此，事物的**可能性**的公设，要求事物的概念与一般经验的形式条件一致。但是这个形式，即一般经验的客观形式，包含着客体的知识所需要的一切综合。一个包含着综合的概念，如果该综合不属于经验，即或者作为从经验借来的，在这种情况下该概念就叫做一个**经验性的概念**，或者作为一般经验（经验的形式）当做先天条件所依据的综合，在这种情况下就有一个**纯概念**，它尽管如此仍属于经验，因为它的客体惟有在经验中才能遇到，则该概念就应当被视为空洞的，不与任何对象发生关系。因为如果不是从构成客体的经验性知识之形式的综合得出凭借一个先天综合概念所思维的对象之可能性的性质，人

们又想从哪里得出它呢？至于在这样一个概念中必须不包含任何矛盾，这虽然是一个必要的逻辑条件，但对于概念的客观实在性来说，即对于这样一个凭借概念被思维的对象的可能性来说，却是远远不够的。例如，在一个由两条直线围成的图形的概念中，并没有任何矛盾，因为两条直线及其对接的概念并不包含对一个图形的否定；相反，该图形的不可能性不是基于概 A221
念自身，而是基于该图形在空间中的构造，也就是说，基于空间和空间的种种规定的条件；但这些条件又有它们自己的客观实在性，也就是说，它们关涉到可能的事物，因为它们先天地 〔147〕
在自身中包含着一般经验的形式。

现在，我们想说明可能性这一公设的广泛效用和影响。如果我表象一个事物，它是持久的，以至于在此变易的一切都仅仅属于它的状态，那么，我就永远不可能仅仅从这样一个概念出发认识到一个这样的事物是可能的。或者我表象某种东西，它是如此性状，以至于如果它被设定，任何时候并且不可避免地都有某种别的东西继之而起，那就当然可以这样想而没有矛盾；但是，诸如此类的属性（作为因果性）是否可以在任一可能的事物那里遇到，却是不能由此而作出判断的。最后，我可以表象不同的事物（实体），它们具有如此性状，以至于一个事物的状态在另一个事物的状态中造成了一种后果，反之亦然；但是，诸如此类的关系是否能够属于任何事物，却是根本不能从这些包含着一种纯然任意的综合的概念中得出的。因此，惟有根据这一点，即这些概念先天地表现着任何经验中种种知觉的关系，人们才认识它们的客观实在性，即它们的先验 A222
真理性，而且固然独立于经验，但却毕竟不独立于与一般经验的形式和惟有在其中对象才能被经验性地认识的综合统一的一切关系。

但是，如果想用知觉呈现给我们的材料形成关于实体、力和交互作用的全新概念，却不从经验本身借取它们的联结的实例，那么，人们就会陷入纯然的幻想，其可能性自身根本没有任何征兆，因为就它们来说，人们既不是以经验为指导，也不是从经验借取这些概念。诸如此类杜撰的概念获得其可能性的性质，不能像范畴那样先天地作为一切经验所依赖的条件，而是仅仅后天地作为通过经验本身被给予的概念，而且它们的可能性要么必须后天地且经验性地为人所知，要么根本不能为人所知。一个持久地在空间中在场但又不充实空间的实体（像一些人想引进的物质和思维体之间的中间物那样），或者我们心
〔148〕灵的一种预先直观（不仅仅是推论）未来事物的特殊基本力，或者最后还有与其他人（无论他们距离多么遥远）处于思想的
A223 共联之中的能力，这些都是其可能性毫无根据的概念，因为它们的可能性不能以经验及其已知的规律为根据，而离开经验它就是一种任意的思想联结，这种联结虽然不包含矛盾，却毕竟不能要求客观的实在性，从而不能要求像人们在此处要思维的这样一种对象的可能性。至于实在性，如果不求助于经验，显而易见是不能具体地思维它的，因为它只能关涉作为经验之质料的感觉，而不能涉及人们必要时能够在杜撰中玩弄的关系的形式。

但是，凡是只能从经验中的现实性得出其可能性的东西，我且放过不谈，在此只考虑通过先天概念而来的事物的可能性，关于这些概念我继续主张：它们永远不能仅仅从这样的概念出发就本身来说而成立，而是在任何时候都惟有作为一般经验的形式的和客观的条件才成立。

虽然看起来，好像一个三角形的可能性仅仅从它的概念自身出发就能够认识到（它无疑是独立于经验的）；因为事实上，我们完全能够先天地给它一个对象，也就是说，构造出该对象。但是，由于这只是一个对象的形式，所以它毕竟始终还依

然只是一个想象的产物，其对象的可能性依然是可疑的，为此 A224
还要求有某种更多的东西，即在经验的一切对象所依据的纯粹条件下思维这样一个图形。空间是外部经验的先天形式条件，正好我们在想象力中构造一个三角形所凭借的那种构成性的综合，与我们在一个显象的把握中为形成其经验概念而实施的综合完全是一回事，惟有这些才是把这样一个事物的可能性的表象与这个概念结合起来的东西。例如，连续的量的可能性，乃至一般而言的量的可能性，由于其概念全都是综合的，所以绝不是从这些概念本身出发、而是从这些概念作为一般经验中对象的一切规定的形式条件出发才清楚明白的；如果不是在惟一 〔149〕
使对象被给予我们的经验中寻找与这些概念相应的对象，我们应当到哪里去寻找呢？尽管我们能够不先行诉诸经验而仅仅与在一般经验中某物被规定为对象所遵照的形式条件相关、从而完全先天地认识和描述事物的可能性，但却毕竟惟有与经验相关并且在经验的限度之内才能这样做。

认识事物**现实性**的公设，要求有知觉，从而要求有人们意 A225
识到的感觉；虽然不是直接关于其存在应当被认识到的对象本身的，但却毕竟是关于对象按照说明一般经验中一切实在的结合之经验类比与某一个现实的知觉的关系的。

在一个事物的**纯然概念**中，根本不能发现其存在的特征。因为即使它的概念如此之完备，以至于为思维一个事物及其一切内在规定而不缺少丝毫东西，存在也与所有这一切都完全不相干，而只与如下问题相干，即这样一个事物是否被给予我们，以至于对它的知觉必要时能够先行于概念。因为概念先行于知觉，这只是意味着它的可能性；而为形成概念提供材料的知觉才是现实性的惟一特征。但是，只要事物按照知觉的经验性结合的原理（类比）与一些知觉相关联，人们也可以在该事物的知觉之前、从而**以比较的方式**先天地认识它的存在。因为

在这种情况下，毕竟事物的存在与我们的知觉在一个可能的经
A226 验中相关联，而且我们可以按照那些类比的导线在可能知觉的序列中从我们现实的知觉达到事物。例如，我们从被吸引的铁屑的知觉出发认识到一种贯穿一切物体的磁性物质的存在，即使按照我们器官的性状我们不可能有对于这种材料的直接知觉。因为根据感性的规律和我们的知觉在一个经验中的联系，如果我们的感官更精细的话，我们也完全会遇到对这种物质的
〔150〕 直接经验性直观的，而我们感官的粗笨与一般可能经验的形式则根本无涉。因此，知觉及其附属物按照经验性的规律达到什么地步，我们关于事物存在的知识也就达到什么地步。如果我们不从经验出发，或者如果我们不按照显象的经验性联系的规律前进，则我们想猜测或者研究某一事物的存在，就是在行华而不实之事。

最后，至于第三个公设，关涉到存在中质料的必然性，而不关涉概念纯然形式的和逻辑的结合。既然感官对象的实存不能完全先天地被认识，但毕竟能够以比较的方式先天地、与另
A227 一个已经被给予的存在相关地被认识，而人们尽管如此在这种情况下也只能达到那在某个地方必然包含在被给予的知觉为其一个部分的经验之联系中的实存，所以，实存的必然性永远不能从概念出发、而是任何时候都只能从与被知觉的东西的结合出发，按照经验的普遍规律来认识。在这里，除了按照因果性规律从被给予的原因产生的结果的存在之外，没有任何存在能够在其他被给予的显象的条件下被认识为必然的。因此，我们惟一能够认识其必然性的，不是物（实体）的存在，而是其状态的存在，而且这种认识是按照经验性的因果性规律，从在知觉中被给予的其他状态出发的。由此可见，必然性的标准仅仅蕴含在可能经验的规律中，即凡是发生的东西，都是由它在显象中的原因先天地规定的。因此，我们仅仅认识自然中其原因

已经被给予我们的那些**结果**的必然性；而必然性在存在方面的这种标志超不出可能经验的领域，甚至在这个领域内，它也不适用于作为实体的物的实存，因为实体绝不能被视为经验性的结果或者某种发生和产生的东西。所以，必然性仅仅涉及种种 A228
显象按照因果性的力学规律的关系，以及以此为根据的从某个被给予的存在（一个原因）先天地推论到另一个存在（结果）的可能性。凡是发生的东西，都假定为必然的；这是一条原理，它使世界上的变化从属于一条规律，也就是说，从属于必 〔151〕
然存在的规则，没有这条规则，就连自然也根本不能成立。因此，“没有任何东西通过一种盲目的偶然发生（in mundo non datur casus［世界上不存在偶然］)”，这个命题是一条先天的自然规律；同样还有：“自然中没有任何必然性是盲目的，相反，必然性是为条件制约的、从而可理解的必然性（non datur fatum［不存在命定］)”。二者都是使变化的游戏服从（作为显象的）**事物的本性**或者——换句话说也是一回事——服从于知性的统一性的规律，惟有在知性中，它们才能够属于作为现象的综合统一的经验。这两条原理都属于力学的原理。前者真正说来是因果性原理的一个结论（从属于经验的类比）。后者属于模态的原理，模态还把必然性的概念加给因果规定，但必然性是从属于一条知性规则的。连续性的原则在显象（变化）的序列中禁止一切飞跃（in mundo non datur saltus［世界上不存在飞跃］)，但也在空间中一切经验性直观的总和方面 A229
禁止两个显象之间的一切漏洞和裂隙（non datur hiatus［不存在裂隙］)；这样，人们就可以把该命题表达为：在经验中不能加入任何证明一种 vacuum［真空］或者哪怕是仅仅允许它作为经验性综合的一个部分的东西。因为就人们在可能经验的领域（世界）之外可以设想的真空来说，这种东西并不属于仅仅对涉及为经验性知识而利用被给予的显象的种种问题作出裁决的纯然知性的审判权，它是还超出可能经验的领域之外、并要对围绕且限制该领域的东西作出判断的理想理性的一个课题，因而必须在先验辩证论中予以考虑。这四个命题（in mundo non datur hiatus，non datur saltus，non datur casus，non datur fatum［世界上不存在裂隙，不存在飞跃，不存在偶然，不存在命定］），像先验起源的一切原理那样，我们可以轻而易举地按照它们的秩序与范畴秩序相符合地把它们表示出来，给每一个标出其位置，不过已经熟练了的读者可以自己做这件事，或者轻而易举地发现这方面的导线。但是，它们的一致仅仅达到这样的程度，即在经验性综合中不允许任何可能损害或者妨碍知性和一切显象的连续性联系亦即知性的各概念的统一
〔152〕性的东西。因为惟有在知性中，一切知觉都必须在其中各就其
A230 位的经验的统一性才成为可能。

可能性的领域是否大于包含一切现实的东西的领域，而后者是否又大于必然的东西的集合，这都是些很好的问题，而且具有综合的解答，但它们也都仅仅归于理性的审判权；因为它们等于是说：一切作为显象的事物是否全都属于惟一的一个经验的总和和关联，任何被给予的知觉都是这个经验的一个部分，因而该部分就不能与其他显象相联结；或者，我的知觉是否能够（在其普遍的联系中）属于不止一个可能的经验。知性先天地给一般经验仅仅提供了根据感性和统觉惟一使一般经验成为可能的主观形式条件的规则。其他（除空间和时间之外的）直观形式，此外还有其他（除凭借概念的思维和知识的推理形式之外的）知性形式，尽管都会是可能的，我们却毕竟不能以任何方式予以设想和使之可以理解；但即便我们能够做到这一点，它们也还是会不属于作为对象惟一能够在其中被给予
A231 我们的知识的经验。除了一般而言属于我们整个可能经验的，是否还有其他知觉、从而是否还有完全不同的物质领域能够存

在，这是知性所不能裁定的，知性只与被给予的东西的综合打交道。此外，我们的一些惯用的推理，我们用它们来探明一个庞大的可能性王国，其中一切现实的东西（经验的一切对象）只不过是一个微小的部分，这些推理的贫乏是昭然若揭的。一切现实的东西都是可能的；按照换位的逻辑规则，从它自然而然地得出的只是特称的命题，有些可能的东西是现实的；这看起来等于是意味着：许多不现实的东西是可能的。虽然表面上看起来，好像人们完全能够把可能东西的数目扩大到现实东西的数目之上，因为为了构成后者，就必须给前者再附加点什么。然而，我不承认给可能东西的这种附加。因为还应当附加在可能东西之上的东西，就会是不可能的。只能给我的知性附加上某种超出与经验的形式条件一致的东西，即与某个知觉的结合；但是，按照经验性规律与知觉结合的东西，即使不是直 〔153〕
接知觉到的，也是现实的。然而，说在与知觉中被给予我的东西的无一例外的联系中，还有另一个显象序列是可能的，从而不止有惟一的一个包括一切的经验是可能的，这从被给予的东 A232
西中是不能推论出来的；而没有某种东西被给予，就更不能推论出来，因为没有材料就不能思维任何东西。惟有在本身仅仅可能的条件下才可能的东西，就不是**在一切方面**都可能。但在这方面，当人们想知道事物的可能性是否超出经验所能够达到的范围时，就要提出疑问了。

我提到这些问题，无非是为了在按照通常意见属于知性概念的东西中不留下任何漏洞。但事实上，绝对的可能性（在一切方面都有效的可能性）并不是纯然的知性概念，而且不能以任何方式做经验性的使用，相反，这种使用仅仅属于超出一切可能经验性的知性应用的理性。因此，我们在这里必须满足于一种纯然批判性的说明，此外还要让事情暂不明朗，留待以后进一步的处理。

由于我想结束这第四条，并由此同时结束纯粹知性一切原理的体系，所以我还必须说明我把各模态的原则恰恰称为公设的理由。我在这里并不在一些近代哲学作家赋予这个术语的意
A233 义上使用该术语；这些作家们违背了数学家们的原意，而该术语毕竟真正来说是属于数学家们的；这个原意就是：所谓公设，应当等于是说，无须申明理由或者证明而把一个命题说成是直接确定的；因为就综合命题而言，无论它们怎样自明，如果我们应当承认，人们无须演绎就可以根据它们自己的说法的声望而对它们表示无条件的赞同，那么，知性的一切批判就丧失殆尽了；而且既然不乏极为狂妄的主张，平常的信念（但这并不是信誉保证）也并不拒斥它们，所以我们的知性就对任何妄想开放，不能对那些尽管没有道理、但却以同样自信的口吻要求被承认为真正的公理的说法拒绝表示赞同。因此，如果给
〔154〕 一个事物的概念综合地加上一种先天的规定，那么，关于这样一个命题，即便不附上一个证明，至少也必须不可欠缺地附上它的主张的合法性的演绎。

但是，模态的各原理并不是客观综合的，因为可能性、现实性和必然性的谓词丝毫也不通过给对象的表象增添某种东西
A234 而扩大它们所谈及的概念。但是，既然它们尽管如此毕竟始终是综合的，所以它们只是主观地如此，也就是说，它们把一个事物（实在的东西）的概念由以产生并身处其中的认识能力附加给该概念，在其他方面对概念不说出任何东西；以至于如果概念仅仅在知性中与经验的形式条件相结合，它的对象就叫做可能的；如果它与知觉（作为感官质料的感觉）相关联并且通过这种知觉借助于知性被规定，客体就是现实的；如果它是通过种种知觉依据概念的联系被规定的，对象就叫做必然的。因此，模态的各原理关于一个概念所说的，无非是该概念被产生所凭借的知识能力的行动。现在，数学中一个公设就叫做实践

的命题，它所包含的无非是我们最初给予我们自己一个对象并产生出它的概念所凭借的那种综合，例如用一条被给予的线从一个被给予的点出发在一个平面上画一个圆；诸如此类的命题之所以不可证明，乃是因为它所要求的程序恰恰就是我们最初产生这样一个图形的概念所凭借的东西。据此，我们就能够以同样的权利把模态的各原理作为公设，因为它们并不扩大自己关于一般事物的概念①，而是仅仅展示概念一般而言与知识能 A235
力相联结的方式。

第三篇 〔155〕

所有一般对象区分为现象和本体的根据

现在，我们不仅周游了纯粹知性的国土，仔细地勘查过它的每一部分，而且还丈量过它，给它上面的每一个事物都规定了其位置。但是，这片国土是一个岛屿，被自然本身包围在不可改变的疆界中。它是真理的国土（一个诱人的称号），周围是一片浩瀚无垠而又波涛汹涌的海洋，亦即幻相的驻地，其中一些雾堤和即将融化掉的冰山幻出新的陆地，而且通过不断地以空幻的希望诱骗着四处追逐发现的航海家，而使他卷入他永 A236
远不能放弃却也永远不能达成的冒险。但是，在我们斗胆驶入这片海洋，以便极尽辽远地搜索它，并确知是否有某种希望之

① **通过**一个事物的**现实性**，我当然设定了比可能性更多的东西，但并不是**在事物中**；因为该事物在现实性中所包含的东西绝不能多于在它完全的可能性中所包含的东西。相反，既然可能性仅仅是在与知性（知性的经验性应用）的关系中对事物的一种设定，所以现实性同时就是事物与知觉的联结。

前，最好事先再看一眼我们正要离开的这片国土的地图，而且要问：首先，我们是否也许不能满足于它自身所包含的东西，或者如果在别的地方到处都没有可以定居的土地，我们就不得不被迫满足于此；其次，我们自己究竟能够以什么名义占有这片国土，并且抵挡一切敌对的要求来保证自己的安全。尽管我们在分析论的进程中已经充分地回答过这些问题，但对它们的解答作出一个总体性的评估，毕竟可以通过把这些解答的要素结合在一点上而加强信念。

也就是说，我们已经看到：凡是知性从自己本身得来的东
〔156〕西，知性无须从经验借来，尽管如此却不把它们用于任何别的目的，而是仅仅作经验的应用。纯粹知性的各原理，无论是先天建构性的（如数学性的原理），还是仅仅范导性的（如力学
A237 性的原理），所包含的仿佛无非是可能经验的纯粹图型；因为经验只是从知性与统觉相关源始地和自发地赋予想象力的综合的那种综合统一中才获得自己的统一性，而现象作为可能知识的材料则必须已经先天地与那种综合统一相关和一致。但现在，即使这些知性规则不仅仅是先天真实的，而且甚至是一切真理的源泉，也就是说，是我们的知识与客体相一致的源泉，因为它们在自身中包含着作为客体能够在其中被给予我们的一切知识之总和的经验之可能性的根据，对我们来说，仅仅让真实的东西表现出来也毕竟还是不够的，而是要让人们渴望知道的东西表现出来。因此，如果我们通过这种批判的研究无非学到了我们在知性的纯然经验性应用中即便没有如此精密的探讨自己也曾做到的事情，那么，人们从它里面得到的好处看来就不值得花费精力和作出准备了。现在，人们虽然能够作出回答的是：对于扩展我们的知识来说，没有任何冒失比在从事研究之前，在对这种用处——哪怕这种用处就摆在眼前——还没有丝毫概念之前，就总是想预先知道这种用处的那种冒失更加有

害。然而，毕竟有一种好处，即便是对这样的先验探讨最感困难和厌倦的学生也能理解和关切的，这就是：专注于自己的经验性应用的知性，对它自己的知识的源泉不做反省，虽然也能很好地进行，但有一点却根本做不到，那就是自己给自己规定其应用的界限，并知道什么处在它的全部领域之内，什么处在它的全部领域之外；因为这恰好是我们已经开始着手的深刻的研究所要求的。但是，如果知性不能分辨某些问题是否处于它的视野之内，那么，它就永远不能确保自己的要求和自己的财富，而当它不断地逾越自己领域的疆界（正如不可避免的那样）并沉溺于妄想和假象的时候，就只好等着接受各种各样令人羞辱的斥责了。 A238 〔157〕

因此，知性对于它的一切先天原理，甚至对于它的一切概念，都只能做经验性的应用，但永远不能做一种先验的应用，这是一个一旦能够被确切地认识到就能看出重要后果的命题。任何一条原理中某个概念的先验应用都是这样的应用：它与**一般而言**和**就自身而言**的物相关，而如果它仅仅与**显象**亦即一个可能**经验**的对象相关，那就是经验性的应用。但是，在任何地方都只能有经验性的应用，这从以下说明可以看出。任何一个概念所需要的，首先是一般概念（思维）的逻辑形式，然后其次还有给予它一个它与之相关的对象的可能性。没有这个对象它就没有意义，就是完全空无内容的，哪怕它总是还包含着用可能的材料形成一个概念的逻辑功能。现在，对象只能在直观中被给予一个概念，而且即使一个纯直观还在对象之前就是先天可能的，它本身也毕竟只能通过经验性直观才能获得其对象，从而获得客观有效性，它只是经验性直观的形式罢了。因此，一切概念，从而还有一切原理，无论它们如何是先天可能的，都仍然与经验性直观、从而与可能经验的材料相关。没有这种相关，它们就根本没有任何客观有效性，而是一种纯然的 A239

游戏，是想象力或者知性各自用自己的表象所做的游戏。仅以数学的概念为例，而且首先谈数学的纯直观。空间有三个维度，两点之间只能有一条直线，等等。尽管所有这些原理以及这门科学所探讨的对象的表象完全是先天地在心灵中产生的，
A240 但如果我们不能总是在显象（经验性的对象）上展示它们的含义的话，它们毕竟就根本不意味着任何东西。因此，人们也要求使一个孤立的概念**成为可感知的**，也就是说，在直观中展示与它相应的客体，因为不这样做，概念（如人们所说）就会仍然没有**意义**，也就是说，没有含义。数学通过绘制形象来满足这种要求，形象是对感官的一种当下的（虽然是先天地完成
〔158〕 的）显象。正是在这门科学中，量的概念在数中寻求其支持和意义，但数又凭借展示在眼前的手指、算盘珠或者小棒和点来寻求其支持和意义。概念连同由这样的概念而来的综合原理或者算式一直是先天地产生的；但它们的应用以及与所说的对象的关系却归根结底毕竟只能在它们（就形式而言）包含着其可能性的经验中寻求。

但是，一切范畴以及由它们构成的原理，情形亦复如是，这一点也可以从以下所说来得知：不立刻使我们下降到感性的
A241 条件，从而下降到范畴必须当做自己的惟一对象而限制在其上的显象的形式，我们就甚至不能对任何一个范畴作出定义，因为如果人们去掉这一条件，一切含义亦即与客体的一切关系就都取消了，人们就不能借助任何实例使自己理解，在诸如此类的概念中究竟本来指的是什么东西。上面在阐述一般的范畴表时，我们曾让自己不必为每一个范畴下定义，因为我们仅仅关涉范畴的综合应用的意图并不使这种定义成为必要的，而且人们也不必为能够免除的不必要的事务承受责任。这并不是什么遁词，而是一条并非微不足道的明智规则，即如果人们有概念的某一个或者另一个标志就足够了，无须为此完备地列举构成

整个概念的所有标志，那么，就不要冒险去下定义，尝试或者伪称在规定概念方面的完备性或者精确性。但现在可以看出，这种谨慎的根据要更为深刻，也就是说，即便是我们想，我们也不能给它们下定义①，而是如果删去感性的种种标明范畴是 A242
一种可能的经验性应用的概念的条件，而且把范畴视为一般事 〔159〕
物的概念（因而是先验应用的概念），对于它们来说，就再也不能做别的任何事情了，只能把判断中的逻辑功能视为事物本身的可能性的条件，却丝毫不能指出它们在什么地方有其应用和其客体，从而不能指出它们在纯粹知性中无须感性而能够有某种意义和客观的有效性。一般而言的量的概念没有人能够作出解释，除非解释为：量是一物的规定，凭借这种规定，就可以思维该物中被设定了多少倍的一。然而，这个多少倍是建立在渐进的重复之上的，从而是建立在时间和时间中（同类物）的综合之上的。对于实在性，只有在想到一个要么以此充实、要么空虚的时间（作为一切存在的总和）的情况下，人们才能与否定性相对立对它作出解释。如果我把持久性（它是一种在一切时间中的存在）去掉，那么，对于实体的概念来说，除了关于主体的逻辑表象之外，我就不剩下任何东西了，这个表象乃是我以为通过表象只能作为主体（不是主体的一个谓词）存 A243
在的某物而使之实在化的。但是，不仅我根本不知道这种逻辑上的优势能够归属某一个事物所需要的条件，而且也根本不能

① 我在这里说的是实在定义，它不是纯然以别的更可理解的语词来解释一个事物的名称，而是在自身中包含着一个清晰的**标志**，凭借它就能够在任何时候都可靠地认识对象（definitum［被定义者］），而且使被说明的概念在应用上可用。因此，实在的说明就会是不仅澄清一个概念、而且同时澄清该概念的**客观实在性**的说明。按照概念在直观中展示对象的数学说明就是后一种说明。

由此出发进一步做任何事情，不能得出丝毫的结论，因为由此根本没有规定这个概念的应用的任何客体，因而人们根本不知道，这个概念在任何地方是否意味着某种东西。关于原因的概念，我（如果我去掉某物按照一条规则在其中继另一某物而起的时间）在纯粹的范畴中所发现的，无非是有某种东西，由它能够推论出另一种东西的存在而已；由此不仅根本不能把原因和结果彼此区分开来，而且由于这种能够推论马上就需要我一无所知的种种条件，概念就会对于自己如何适用于某一个客体而根本没有任何规定。“一切偶然的东西皆有一个原因”被认为是一条原理，它虽然显得相当威风凛凛，就好像它在自身就具有自己的尊严似的。但我要问：你们是如何理解偶然的？你们回答说：偶然的东西的不存在是可能的；这样，我就很想知道，如果你们不在显象的序列中想象一种演替，在演替中想象
〔160〕继不存在而起的存在（或者反过来），从而想象一种变易，你
A244 们想凭什么来认识不存在的这种可能性；因为说一物的不存在并不自相矛盾，这是对一种逻辑条件的无力的援引，这种逻辑条件虽然为概念所必需，但对实在的可能性来说却是远远不够的；无论我如何能够在思想中取消任何一个实存着的实体而不会自相矛盾，但由此却根本不能推论出该实体就其存在而言的客观的偶然性，亦即它的不存在自身的可能性。至于共联性的概念，则很容易估计到：既然无论是实体的还是因果性的纯粹范畴，都不允许对客体作出规定的解释，那么，交互的因果性在与种种实体的相互关系（commercium）中同样没有能力作这种解释。如果人们想仅仅从纯粹知性得出可能性、存在和必然性的定义，则除了同义反复之外，还没有人能够作出别的解释。因为把**概念**的逻辑可能性（因为它并不自相矛盾）偷换成**物**的先验可能性（因为有一个对象与概念相应），这种把戏只能蒙骗外行并使之满足。

说应当有某个概念，它必须具有一种意义，但却不能对它作出任何说明，这本身就有某种令人奇怪、甚至悖谬的东西。但在这里，范畴却具有这种特殊的性质，即惟有凭借普遍的**感性条件**，范畴才能够具有一种确定的意义和与某个对象的关 A245 系，但这些条件被从纯粹范畴中删去了，在这种情况下它们所能够包含的就无非是使杂多从属于一个概念的逻辑功能。但是，仅仅从这种功能亦即概念的形式出发，根本不能认识任何东西，不能够区分什么客体是从属于这个概念的，因为被抽掉的正是对象一般而言能够从属于它们所需要的感性条件。因此，除了纯粹的知性概念之外，范畴还需要它应用于一般感性的一些规定（图型），而没有这些规定，范畴就不是认识一个对象并把它与其他对象区别开来所凭借的概念，而只不过是思维可能直观的一个对象并按照知性的某种功能（在还需要的条件下）赋予它一种意义、亦即对它**下定义**的一些方式罢了；因此，它们自己不能被下定义。一般判断的逻辑功能，即单一性 〔161〕 和复多性、肯定和否定、主体和谓词，如果不犯循环论证的错误的话，都不能被下定义，因为定义毕竟本身就是判断，因而必须已经包含着这种功能。但是，纯粹范畴无非就是一般事物的表象，这是就事物的直观的杂多必须通过这些逻辑功能的这一个或者另一个来思维而言的：量是惟有通过一个具有量的判断（iudicium commune［普遍的判断］）才能思维的规定，实 A246 在性是惟有通过一个肯定判断才能思维的规定，实体是在与直观的关系中必须是其他一切规定的最终主体的那种东西。就某些事物而言，人们需要这种功能而不需要另一种功能，但这究竟是哪一些事物，在这里却依然是完全不确定的；因此，如果没有范畴包含着其综合的感性直观的条件，范畴就根本不具有与某一确定的客体的关系，因此不能给任何客体下定义，从而就自身而言不具有客观概念的有效性。

由此无矛盾地得出的是：纯粹知性概念**永远**不能有**先验的**应用，而是**在任何时候**都只能有**经验性的**应用，纯粹知性的原理只有在与一种可能经验的关系中才能与感官的对象相关，但绝不能与一般而言的物（不考虑我们能够直观它们的方式）相关。

据此，先验分析论就有了这一重要的结论：知性先天地可以做到的，永远无非是预先推定一般可能经验的形式，而既然不是显象的东西就不可能是经验的对象，所以知性永远不能逾越感性的界限，只有在感性的界限内部对象才被给予我们。知
A247 性的原理只是一些对显象作出说明的原则，自以为能够在一个系统的学说中关于一般而言的物提供先天综合知识（例如因果性原理）的本体论，其自负的称号必须让位于仅仅一种纯粹知性的分析论的谦逊称号。

思维就是使被给予的直观与一个对象发生关系的行动。如
〔162〕果这种直观的方式根本不是被给予的，那么，对象就仅仅是先验的，知性概念就仅仅有先验的应用，也就是说，仅仅具有一种一般杂多的思维的统一性。这样，一个纯粹的范畴，其中被抽掉惟一对我们可能的那种感性直观的所有条件，就没有任何客体被它所规定，而只有一个一般客体的思维按照不同的样式被表达。现在，一个概念的应用还需要有一个对象被归摄在该概念之下所凭借的判断力的功能，从而需要有使某物能够在直观中被给予的至少形式的条件。如果缺少判断力的这种条件（图型），则一切归摄就都落空；因为没有被给予任何能够被归摄在概念之下的东西。因此，范畴的纯然先验的应用事实上根
A248 本不是应用，而且没有任何被规定的对象，哪怕仅仅是按照形式可规定的对象。由此得出，纯粹范畴即便是对于先天综合原理也不是充分的，纯粹知性的原理只有经验性的应用，但永远没有先验的应用，而超出可能经验的范围，任何地方都不可能

有先天综合原理。

因此，可能这样来表达是可取的：没有感性的形式条件的纯粹范畴仅仅具有先验的意义，但却不具有先验的应用，因为在范畴（在判断中）缺少任何一种应用的一切条件，也就是说缺少把任何一个所谓的对象归摄在这些概念之下的形式条件的时候，这种应用自身是不可能的。因此，既然它们（仅仅作为纯粹的范畴）不应当有经验性的应用，而且不能有先验的应用，所以当人们把它们与一切感性分离开来时，它们就根本没有任何应用了，也就是说，它们根本不能应用于任何所谓的对象；毋宁说，它们只不过是就一般对象而言的知性应用和思维的纯形式，但却不能仅仅由这形式来思维或者规定任何客体。

种种显象，就它们作为对象按照范畴的统一性被思维而言，就叫做**现象**。但是，如果我假定的事物纯然是知性的对 A249
象，尽管如此作为这样的对象能够被给予一种直观，虽然不是被给予感性直观（因而是 coram intuitu intellectuali［面对理智直观］），那么，这样的事物就叫做**本体**（intelligibilia［理 〔163〕
知的事物］）。

现在，人们应当想到，显象这个通过先验感性论加以限制的概念，已经自行提供了**本体**的客观实在性，并且使人们有权利把对象划分为**现象**和**本体**，因而也把世界划分为一个感性世界和一个知性世界（mundus sensibilis et intelligibilis［可感世界和理知世界］），而且使得区别在这里不仅涉及同一个事物的不清晰的或者清晰的知识的逻辑形式，而且涉及它们原初如何能够被给予我们的知识的不同，而按照这种不同，它们就其自身而言在类上就是彼此有别的。因为如果感官把某物纯然如其**显现**那样表现给我们，那么，这个某物就毕竟必须就其自身而言也是一个物，并且是一种非感性直观的对象，亦即是知性的对象；也就是说，必须有一种在其中没有发现感性的知识是可能的，而且惟有这种知识才具有绝对客观的实在性，亦即通过它，对象如其所**是**那样被表现，而与此相反，在我们的知性的经验性应用中，事物只是如其**显现**那样被认识。这样一来，在
A250 范畴的经验性应用（这种应用被限制在感性条件之上）之外，就会还有一种纯粹的、而且毕竟客观有效的应用，而我们就不能主张我们迄今为止所预先规定的东西，即我们纯粹的知性知识在任何地方都不外是阐明显象的原则罢了，这些原则即便是先天地也仅仅关涉经验的形式可能性；因为在这里，在我们面前就会展现出一个完全不同的领域，仿佛是一个世界在精神中被思维（也许根本就是被直观），这个世界能够不少于、甚至更为高贵地为我们的纯粹知性所探究。

事实上，我们的所有表象都通过知性被与某一个客体相关联，而且既然显象无非是表象，所以知性就把它们与一个作为感性直观的对象的某物相关联；但这个某物就此而言只是先验的客体。但这意味着一个等于 X 的某物，关于它我们根本不知道任何东西，也（按照我们的知性如今的设置）根本不能知道任何东西，相反，它只能作为统觉的统一性的相关物用于感性直观中的杂多的统一性，知性凭借这种统一性把杂多结合在
〔164〕 一个对象的概念中。这个先验客体根本不能被与感性材料分
A251 开，因为分开的话，就不剩下思维这个客体所凭借的任何东西了。因此，它不是知识的对象自身，而仅仅是在一个一般对象的概念之下的显象的表象，这个概念可以通过显象的杂多来规定。

正是因为这个缘故，即便是范畴也不表现任何特殊的、仅仅被给予知性的客体，而是只被用于通过在感性中被给予的东西来规定先验客体（关于一般而言的某物的概念），并由此而在对象的概念下经验性地认识显象。

但就人们尚不满足于感性的基底，而是还给**现象**加上惟有纯粹知性才能思维的**本体**的原因而言，这个原因的依据就仅仅在这里。感性及其领域，亦即显象的领域，本身被知性限制在这一点上，即它并不关涉物自身，而是仅仅关涉物凭借我们的主观性状显现给我们的方式。这是整个先验感性论的结果，而且从一种一般显象的概念出发也可以自然而然地得出，必然有某种就其自身而言不是现象的东西与显象相应，因为显象不可能是独自地和在我们的表象方式之外存在的东西，因而在不应 A252
当出现一种循环论证的地方，显象这个语词已经表示着与某物的一种关系，这个某物的直接表象虽然是感性的，但就其自身而言，即便没有我们的感性的这种性状（我们的直观的形式所基于的性状），也必须是某物，亦即是一个不依赖于感性的对象。

由此就产生出一个**本体**的概念，但这个概念绝不是积极的，并不意味着关于某个物的确定的知识，而是仅仅意味着关于一般而言的某物的思维，在这种思维中，我抽掉了一切感性直观的形式。但为了使一个本体意味着一个真正的、与一切现象有别的对象，我使我的思想**摆脱**感性直观的一切条件是不够的，我除此之外还必须有根据来**假定**不同于这种感性直观的另一种直观，在它之下这样一种对象能够被给予；因为若不然，我的思想即使没有矛盾，却也是空洞的。我们虽然在上面未能 〔165〕
证明感性直观是惟一可能的直观，而只证明它**对于我们来说**是惟一可能的直观，但我们也不能证明还有另一种直观是可能的；而且尽管我们的思维能够抽掉任何感性，但它在这种情况下是否不是一个概念的纯然形式，以及鉴于这种分离是否在某 A253
个地方还剩下一个客体，却依然是个问题。

我使一般显象与之相关的客体是先验对象，亦即是关于一般而言的某物的完全未确定的思想。这个先验的对象不能叫做

本体；因为对于它来说我并不知道它就其自身而言是什么，而且除了它是一般感性直观的对象、因而对于一切显象来说都是同一个东西之外，对于它我没有任何概念。我不能通过任何范畴去思维它；因为这种范畴适用于经验性的直观，为的是将它置于一般对象的概念之下。范畴的一种纯粹的应用虽然是可能的，亦即无矛盾的，但却没有任何客观的有效性，因为它不关涉任何应当由此获得客体的统一性的直观；因为范畴毕竟是思维的一种纯然功能，没有任何对象通过它被给予我们，而是只有能够在直观中被给予的东西被思维。

如果我从一种经验性的知识中去除一切（借助于范畴的）思维，那么，就根本不会有任何对象的知识存留下来；因为通过纯然的直观，根本没有任何东西被思维，而感性的这种激动在我里面，这根本不构成诸如此类的表象与某个客体的任何关系。但与此相反，如果我抛开一切直观，则毕竟还剩下思维的
A254 形式，也就是说，剩下给可能直观的杂多规定一个对象的方式。因此，范畴扩展到比感性直观更远的地方，因为它们思维一般的客体，并不还关注这些客体能够被给予的特殊（感性）方式。但是，范畴并不由此就规定一个更大的对象范围，因为人们不能假定这样的对象能够被给予，而不预先假定某种不同于感性的直观方式为可能的，但我们又绝对没有权利做这种预先假定。

一个概念并不包含任何矛盾，甚至还作为被给予的概念的
〔166〕 限制而与别的知识相关联，但其客观实在性却不能以任何方式被认识，我把它称之为或然的。一个**本体**的概念，亦即一个根本不应当作为感官的对象、而是应当作为物自身（仅仅通过纯粹知性）被思维的事物的概念，这是根本不自相矛盾的；因为关于感性人们毕竟不能断言，它就是惟一可能的直观方式。此外，为了不使感性直观一直扩展到物自身之上，从而为了限制

感性知识的客观有效性，这个概念又是必要的（因为感性直观 A255
所达不到的其他对象之所以叫做本体，恰恰是为了借此表明，那些知识不能把自己的领域扩展到知性所思维的一切之上）。但最终，这样一些本体的可能性毕竟是根本看不出来的，显象领域之外的范围（对我们来说）是空的，也就是说，我们有一种**以或然的方式**扩展到比现象领域更远的地方的知性，但却没有直观，甚至就连能够使对象在感性领域之外被给予我们，并使知性超出感性之外而被实然地应用的一种可能的直观的概念也没有。因此，本体的概念纯然是一个**界限概念**，为的是限制感性的僭妄，所以只有消极的应用。尽管如此，它却不是任意地杜撰出来的，而是与感性的限制相关联的，但毕竟不能在感性的领域之外设定某种积极的东西。

因此，虽然概念确实允许划分为感性概念和理智概念，但把对象划分为现象和本体，把世界划分为感性世界和知性世界，却是根本不能允许的；因为人们不能为理智概念规定任何对象，从而也不能把它们冒充为客观有效的。如果离开感官，人们想如何说明，我们的范畴（它们将会是为本体惟一留下来 A256
的概念）还到处意味着某种东西呢？因为要使它们与某一个对象发生关系，就还必须被给予比纯然思维的统一性更多的某种东西，亦即除此之外还要有一种它们能够应用于其上的直观。即便如此，一个本体的概念，仅仅或然地来看，依然不仅仅是允许的，而且作为一个对感性作出限制的概念也是不可避免的。但在这种情况下，这就不是对我们的知性来说的一种特殊的**理知对象**了，相反，它所隶属的知性本身就已经是一个问 〔167〕
题，也就是说，它不是通过范畴推论式地、而是在一种非感性的直观中直觉式地认识自己的对象，对这种知性来说，我们不能形成其可能性的丝毫表象。我们的知性以这种方式获得了一种消极的扩展，也就是说，它不被感性所限制，而是毋宁说通过把物自身（不作为显象来看）称为本体而限制感性。但是，它也立刻为自己设定了界限，不能通过范畴认识本体，从而只能以一个未知的某物的名义来思维它们。

然而，我在近人的作品中发现了对 mundi sensibilis［可感世界］和 mundi intelligibilis［理知世界］这两个术语的一种
A257 完全不同的应用，它完全背离了古人的意思，而且这里当然没有任何困难，但所遇到的也无非是空洞地玩弄辞藻。按照这种用法，一些人喜欢把显象的总和就其被直观而言称为感官世界，而就其联系按照普遍的知性规律被思维而言称为知性世界。仅仅讲授对星空的观察的理论天文学将说明前者，与此相反，默思的（例如根据**哥白尼的**宇宙体系或者根据**牛顿**的引力规律解释的）天文学则说明后者，即一个理知的世界。但是，这样一种词义的曲解只不过是诡辩的遁词，为的是通过将它们的意义降低到适于已用来回避麻烦的问题。就现象而言，知性和理性都可以使用；但问题是，如果对象不是显象（是本体），这二者是否还有一些应用，而当对象自身被思维为仅仅理知的，也就是说，被思维为仅仅被给予知性，而根本不被给予感官时，人们就是在这种意义上承认对象的。因此问题就是：在知性的那种经验性应用之外是否还可能（甚至在**牛顿的**宇宙结构表象中）有一种关涉作为对象的本体的先验应用，对此问题我们已经作出过否定的回答。

A258 因此，如果我们说：感官向我们表现对象**如其显现**，知性却向我们表现对象**如其所是**，后者则不可在先验的意义上、而只能在经验性的意义上来对待，也就是说，像它们在显象无一
〔168〕 例外的联系中必须被表现为经验的对象，而不是按照它们在与可能经验的关系之外、从而在与一般感官的关系之外、因而作为纯粹知性的对象所可能是的那样来对待。因为后者对我们来说将永远是未知的，甚至这样一种先验的（非常的）知识在任

何地方是否可能，至少是作为隶属于我们通常的范畴的知识是否可能，也依然是未知的。**知性**和**感性**在我们这里**只有结合起来**才能规定对象。如果我们把它们分开，那么我们就有直观而无概念，或者有概念而无直观，但在这两种情况下我们所具有的表象，我们都不能使之与任何确定的对象发生关系。

如果有人还对根据所有这些讨论放弃范畴的纯然先验的应用心怀疑虑，那么，他可以在某个综合的主张中对这些范畴作一番尝试。因为一个分析的主张并不使知性走得更远，而既然知性只是讨论在概念中已经被思维的东西，所以它并不决定这概念是自身与对象有关系，还是仅仅意味着一般思维的统一性 A259
（这统一性完全去掉了一个对象能够被给予的方式）；对它来说，知道在它的概念中包含着什么就够了；概念本身可能关涉什么，对它来说是无所谓的。此后，他也可以尝试一番某个综合的、被以为是先验的原理，例如：凡是存在的东西，都是作为实体或者一个依附实体的规定而实存的；一切偶然的东西都是作为另一事物亦即其原因的结果而实存的，等等。现在我要问：既然概念不是应当与可能的经验相关而有效，而是应当对物自身（本体）有效，那么，知性想从哪里得到这些综合命题呢？综合命题总是需要一个第三者，以便在其中把根本没有逻辑的（分析的）亲缘关系的种种概念相互结合起来，但在这里，第三者又在何处呢？不考虑经验性的知性应用，并由此完全放弃纯粹的和摆脱感官的判断，知性就将永远不能证明自己的命题，更有甚者，它就连以这样一种纯粹的主张为自己辩护都不能。所以，纯粹的、纯然理知的对象的概念完全没有其应用的一切原理，因为人们想不出它们应当被给予的任何方式，而毕竟为它们留下一个位置的或然思想也只不过像一个空的空 〔169〕
间，有助于限制经验性的原理，却毕竟没有在自身中包含和显 A260
明经验性原理范围之外的某种别的知识客体。

附录

论反思概念因经验性的知性应用与先验的知性应用的混淆而产生的歧义

反思（reflexio）并不与对象本身相关，以便径直从它们获得概念，相反，它是心灵的一种状态，我们在这种状态中首先要发现使我们能够达到概念的诸般主观条件。反思是被给予的表象与我们不同的知识来源的关系的意识，惟有通过这种意识，各种知识来源的相互关系才能够得到正确的规定。在对我们的表象进行一切进一步的探讨之前，首要的问题就是：它们是在哪一种知识能力中联结起来的？它们被联结或者被比较，所面对的是知性还是感官？某些判断是从习惯出发被接受的，或者是由于偏好联结而成的；但是，由于没有反思先行或者至
A261 少批判地继之而起，所以它们被视为起源于知性。并不是所有的判断都需要一种**探究**，也就是说，需要注意真理性的根据；因为如果它们是直接确定的，例如两点之间只能有一条直线，那么，对于它们来说，除了它们自己所表达的之外，不可能显示更为切近的真理性征兆了。但是，一切判断、甚至一切比较，都需要一种**反思**，也就是说，需要对被给予的概念所隶属的知识能力作出辨别。我用来使一般表象的比较与在其中进行这种比较的知识能力相对照、且用来辨别这些表象是作为属于纯粹知性的还是属于感性直观的而相互进行比较的行动，我称
〔170〕为**先验的反思**。但是，种种概念在一种心灵状态中能够相互归属的关系，就是**同一性**与**差异性**、**一致**与**抵触**、**内部**与**外部**、最后还有**可规定者**与**规定**（质料与形式）的关系。对这种关系

的正确规定依据的是：种种概念是在哪一种知识能力中**主观上**相互归属的，是在感性中还是在知性中？因为知识能力的差异造成了人们思维这些关系的方式上的重大差异。

在所有客观的判断之前，我们对概念进行比较，以便为了 A262 **全称**判断而得到（诸多表象在一个概念之下的）**同一性**，或者为了产生**特称**判断而得到它们的**差异性**，得到**一致**而能够从中产生**肯定**判断，得到**抵触**而能够从中产生**否定**判断，等等。从这一理由出发，我们看来应当把以上所述的概念称为比较概念(conceptus comparationis)。但是，由于如果关键不在于概念的逻辑形式，而在于其内容，也就是说，在于事物本身是同一的还是差异的，一致的还是抵触的等等，事物与我们的知识能力就可能有两种关系，亦即与感性的关系和与知性的关系，但它们相互归属的方式则取决于它们所属的位置，所以，惟有先验反思、亦即被给予的表象与这种或者那种知识能力的关系，才能规定这些表象相互之间的关系；而事物是同一的还是差异的，是一致的还是抵触的等等，并不能立刻从概念本身通过纯然的比较（comparatio）来澄清，而是惟有首先通过辨别它们所属的知识能力，借助于一种先验反思（reflexio）才能澄清。因此，人们虽然可以说：**逻辑反思**是一种纯然的比较，因为在它这里，完全抽掉了被给予的表象所属的知识能力，所以它们 A263 就此而言按照它们在心灵中的位置应当被当做同类的来对待；但是，**先验反思**（它关涉到对象本身）包含着表象彼此之间客观的比较之可能性的根据，从而与逻辑反思截然不同，因为它们所隶属的知识能力并不是同一种知识能力。这种先验反思乃是一种义务，凡是想先天地对事物作出某种判断的人，都不能回避这种义务。现在，我们就要来履行这种义务，对于规定知 〔171〕 性的真正任务来说，由此将得到不少的启发。

1. **同一性**与**差异性**。如果一个对象多次被展示给我们，但每次都是以同样的内在规定（qualitas et quantitas［质与量］），那么，当它被视为纯粹知性的对象的时候，它就总是同一个对象，不是多个事物，而仅仅是**一个**事物（numerica identitas［数字上的同一性］）；但是，如果它是显象，那么，关键就不在于概念的比较了，而是无论就概念来说一切如何同一，毕竟这显象在同一时间里位置的差异仍然是（感官的）对象本身**数字上的差异**的一个充分根据。例如，就两滴水而言，人们可以抽掉一切内在的差异（质的差异和量的差异），要把
A264 它们视为数字上有差异的，只要它们在不同的位置上同时被直观就够了。**莱布尼茨**把显象当做物自身，从而当做 intelligibilia［理知物］，也将是说，当做纯粹知性的对象（尽管他由于它们的表象模糊不清而赋予它们现象的名称），而在这里，他的**不可辨别者**的命题（principium identitatis indiscernibilium［不可辨别者的同一律］）当然是无法反驳的；但是，既然它们是感性的对象，而且知性就它们来说不具有纯粹的应用，而是只有经验性的应用，所以，多与数字上的差异就已经通过作为外部显象的条件的空间本身得到了说明。因为空间的一个部分，虽然可能与另一个部分完全相似和相等，但毕竟是外在于它的，并且恰恰因此而是一个与它不同的部分，后者加在它上面，就构成一个更大的空间；因此，这一点也必定适用于同时在空间的不同位置上的一切，哪怕它们除此之外可能是相似和相等的。

2. **一致与抵触**。如果实在性仅仅为纯粹知性所表现（realitas noumenon［作为本体的实在性］），那么，在种种实在性之间就不能设想任何抵触，也就是说，不能设想这样一种关系，
A265 即当它们被联结在一个主体中时，彼此抵消其结果，亦即 3－3＝0。与此相反，显象中实在的东西（realitas phaenomenon［作为显象的实在性］）相互之间当然可能处在抵触之中，如果联结在同一个主体中，一方就完全或者部分地抵消**另一方的结果**，

例如在同一条直线上的两个运动力，如果它们在相反的方向上 〔172〕
或者牵引或者压迫一个点的话；或者还有平衡痛苦的娱乐。

3. **内部**与**外部**。就一个纯粹知性的对象而言，只有（就其存在来说）同任何与它不同的东西都没有任何关系的东西，才是内在的。与此相反，空间中一个 substantia phaenomenon [作为现象的实体] 的内在规定无非是一些关系，而且它们本身也完全是纯粹关系的总和。我们认识空间中的实体，也只是通过在空间中起作用的力，或者驱使其他实体到它那里（吸引），或者阻止进入它（拒斥和不可入性）；我们并不认识构成在空间中显现并被我们称为物质的实体之概念的其他属性。与此相反，作为纯粹知性的客体，任何实体都必须具有内在的规定和关涉内部实在性的力。然而，除了我的内感官向我呈现的 A266
那些之外，也就是说，除了要么本身是一个**思维**，要么与思维类似的东西之外，我还能设想什么内在的偶性呢？因此，**莱布尼茨**由于把实体设想为本体，所以就把所有的实体都变成了具有表象能力的简单主体，甚至在他于思想中把一切能够表示外部关系的东西、进而也把**复合**都从物质的组成部分中除去之后，把物质的组成部分也变成了这样的简单主体，一言以蔽之，变成了**单子**。

4. **质料**与**形式**。这是两个为其他一切反思奠定基础的概念，就此而言它们与知性的任何应用都不可分割地结合在一起。前者表示一般可被规定者，后者则表示前者的规定（二者都是在先验的意义上说的，因为人们抽掉了被给予的东西的一切区别及其被规定的方式）。从前，逻辑学家们把普遍的东西称为质料，而把特殊的区别称为形式。在任何判断中，人们都可以把被给予的概念称为逻辑质料（即判断的质料），把它们（凭借系词）的关系称为判断的形式。在任何存在物中，其成分（essentialia [实质性的东西]）就是质料，其成分被结合在

一个事物中的方式就是本质性的形式。就一般事物而言，未加
限制的实在性也被视为一切可能性的质料，其限制（否定性）
〔173〕 则被视为一事物与他事物按照先验概念区别开来所借助的那种
A267 形式。也就是说，知性首先要求某物被给予（至少在概念中），
以便能够以某种方式规定它。因此，在纯粹知性的概念中，质
料先行于形式，而**莱布尼茨**也就因此缘故首先假定有物（单
子），并且在里面假定物的一种表象能力，以便事后在此之上
建立物的外部关系和它们的各种状态（即各种表象）的共联
性。因此，空间和时间，前者惟有通过种种实体的关系，后者
则通过种种实体各种规定相互之间的结合，才作为根据和后果
是可能的。事实上，如果纯粹知性能够直接与对象相关，而且
空间和时间是物自身的规定的话，事情也必然会是这个样子。
但是，如果它们只不过是感性直观，我们在其中所规定的对象
都仅仅是显象，那么，直观的形式（作为感性的一种主观性
状）就先行于一切质料（感觉），从而空间和时间就先行于一
切显象，先行十经验的一切材料，毋宁说首先使经验成为可
能。理智论哲学家不能忍受形式应当先行于事物本身并规定事
A268 物的可能性，当他假定我们直观事物如其所是（尽管是以含混
的表象）时，这是一个完全正确的批评。但是，既然感性直观
是一个完全特殊的主观条件，先天地是一切知觉的基础，并且
原初就是其形式，所以，形式就是独自被给予的，质料作为基
础（如人们根据纯然的概念必然作出的判断那样）是大错特错
的，毋宁说，质料的可能性倒要以一种形式的直观（时间和空
间）已经被给予为前提条件。

关于反思概念之歧义的附注

请允许我把我们或者在感性中或者在纯粹知性中赋予概念

的地位称为**先验位置**。以这样的方式，对每一个概念根据其应用的不同所具有的这种地位的判断和按照给所有的概念规定这〔174〕种位置的规则所作出的分配，就是**先验的位置论**；这是一种通过在任何时候都辨别概念本来属于何种知识能力来缜密地防范纯粹知性的僭越使用和由此产生的幻相的学说。人们可以把每一个概念、许多知识归属其下的每一个标题称为一个**逻辑的位置**。**亚里士多德逻辑的位置论**就是以此为根据的，学校教师和 A269 演说家都能够使用它，以便在思维的某些标题下，检查什么最适合于当前的材料，此外以一种缜密的外貌进行论证或者滔滔不绝地神侃。

与此相反，先验的位置论所包含的，无非是一切比较和辨别的四个标题，它们之所以有别于范畴，乃是由于通过它们，不是对象按照构成其概念的东西（量、实在性）展现出来，而是先行于物的概念的表象之比较在其一切杂多性中展现出来。但这种比较首先需要有一种反思，也就是说，需要有被比较事物的表象所属的位置的一种规定，看是知性思维这些表象，还是感性在显象中给予这些表象。

概念能够在逻辑上被比较，无须顾虑它们的客体属于哪里，是作为本体置于知性之前，还是作为现象置于感性之前。但是，如果我们想以这些概念进展到对象，那么，首先就必须有先验的反思，看它们是哪一种知识能力的对象，是纯粹知性的对象还是感性的对象。没有这种反思，我对这些概念的应用就很不可靠，而且将产生出一些批判的理性并不承认的被以为 A270 是的综合原理，它们所依据的仅仅是一种先验的歧义，亦即纯粹知性客体与显象的一种混淆。

由于缺乏这样一种先验的位置论，从而为反思概念的歧义所迷惑，著名的**莱布尼茨**建立起一个**理智的世界体系**，或者毋宁说相信只要把一切对象与知性及其思维的抽象形式概念进行

〔175〕比较，就能认识事物的内在性状。我们的反思概念表给我们带来了意想不到的好处，把他的学说体系在一切部分中的特征、同时把这种独特的思维方式无非是建立在误解之上的主要根据，都展现在眼前。他仅仅通过概念来对一切事物进行相互比较，并且除了知性把自己的纯粹概念彼此区分开来所凭借的差异性之外，自然而然没有发现任何别的差异性。至于感性直观的那些自身就带有独特差异的条件，他并不看做是源始的；因为感性对他来说只不过是一种模糊的表象方式，不是表象的一种特殊来源；显象对他来说是**物自身**的表象，尽管按照逻辑形
A271 式与凭借知性的知识有别，因为表象由于通常缺乏分析而导致附带的表象与概念的某种混淆，而知性则知道怎样把它们与概念隔离开来。一言以蔽之：**莱布尼茨**把显象**理智化**，就像**洛克**按照自己的**理智论**（如果允许我使用这些术语的话）的体系把知性概念一起**感性化**，也就是说，把知性概念说成无非是经验性的概念或者抽象的反思概念一样。这两位伟大人物不是在知性和感性中寻找表象的两种截然不同、惟有在**结合**中才能对事物作出客观有效的判断的来源，而是每一个人都仅仅抓住二者中的一个，在他们看来这一个直接地与物自身相关，而另一个的所作所为则只不过是使前者的表象混乱或者有序罢了。

据此，**莱布尼茨**仅仅在知性中对作为一般物的感官对象进行相互比较。**第一**，就它们应当被知性判断为同一的或者差异的而言。因此，既然他眼前只有它们的概念，而没有它们在直观中——对象惟有在直观中才能被给予——的地位，并且完全置这些概念的先验位置（无论客体应列入显象，还是应列入物自身）于不顾，所以结果就只能是，他把自己仅仅适用于一般
A272 物的概念的不可辨别者原理也延用到感官的对象（mundus phaenomenon［作为现象的世界］），而且相信由此给自然知识
〔176〕造成了不小的扩展。的确，当我就其一切内部规定来认识作为

一个物自身的一滴水时，如果诸如此类的一滴水的整个概念与另一滴水是同一的，那么，我就不能让这滴水被视为与另一滴水有差异。但是，如果它是空间中的现象，那么，它就不仅在知性中（在概念下）有其位置，而且在感性的外部直观中（在空间中）也有其位置；而在这里，就事物的内部规定而言，物理的位置是完全无所谓的，一个位置 b 能够接受一个与位置 a 上的另一个事物完全相似和相等的事物，就像该事物与另一事物非常有内部差异时那样。位置的差异不仅无须进一步的条件就独自使作为现象的对象的多和区别成为可能，而且还使之成为必然。因此，那个表面的规律不是自然的规律。它只不过是通过纯然的概念对事物进行比较的一个分析的规则。

第二，诸般实在性（作为纯然的肯定）在逻辑上绝不相互抵触，这条原理是概念关系的一个完全真实的命题，但无论是 A273 就自然而言，还是在任何地方就某一个物自身（对这个物自身我们根本没有任何概念）而言，都没有丝毫意义。因为凡是在 A－B＝0 的地方，也就是说，凡是在一个实在性与另一个实在性在一个主体中相结合而一个抵消另一个的结果的地方，都有实在的抵触；这是自然中的一切障碍和反作用不断地呈现在眼前的东西，尽管如此，这些障碍和反作用既然以力为依据，就必须被称为 realitates phaenomena［作为现象的实在性］。一般力学甚至通过立足于方向的相反而能够在一条规则中先天地说明这种抵触的经验性条件，这是实在性的先验概念根本一无所知的条件。尽管**莱布尼茨**先生并没有以一条新原理的排场来宣布这一命题，但他毕竟曾利用它来作出新的断言，而他的后继者们则明确地把它纳入到自己的**莱布尼茨—沃尔夫**体系中去。根据这一原理，例如，一切罪恶都无非是受造物的限制的后果，也就是说，是否定性，因为否定性是惟一与实在性相抵触的东西（在一般事物的纯然概念中也确实如此，但在作为显

象的事物中就不是这样了）。同样，他的信徒们认为，把一切
〔177〕实在性结合在一个存在物中而不会有某种令人担忧的抵触，这
A274 不仅是可能的，而且也是自然而然的，因为他们只知道矛盾的抵触（通过这种抵触，一个事物的概念本身被取消），却不知道相互损害的抵触；在这里，一个实在根据抵消另一个实在根据的结果，对此我们惟有在感性中才发现向我们展示这样一种抵触的条件。

第三，莱布尼茨的单子论，除了这位哲学家仅仅在与知性的关系中表现内部和外部的区别之外，没有别的任何根据。一般而言的实体必须具有某种**内在的**东西，因此这种东西没有任何外部的关系，从而也没有复合。所以，简单的东西就是物自身的内在东西的基础。但是，实体状态的内部东西不能在于位置、形状、接触或者运动（这些规定都是外部关系），因此，除了我们内在地规定我们的感官所凭借的状态之外，也就是说，除了**表象的状态**之外，我们不能把其他任何内部状态赋予实体。这样，单子也就被了结了，它们据说构成整个宇宙的基本材料，但它们的行动力却仅仅在于它们本来仅仅在自身中起作用所凭借的表象。

但正因为此，他的**实体**相互之间可能的**共联性**的原则就必
A275 须是一种**前定的和谐**，并且不能是一种物理的影响。原因在于，由于一切都只是内在的，也就是说，只涉及其表象，所以一个实体的表象的状态就根本不能与其他实体的状态有任何有效的联结，而是必须有第三个全都影响所有实体的原因来使它们的状态彼此相应，虽然不是由于偶然的、在任何个别的场合都特别合适的援助（systema assistentiae［援助体系］），而是由于一个对一切实体都有效的原因之理念的统一性，这些实体必然在这种统一性中按照普遍的规律全都获得其存在和持久性、从而也获得相互之间的彼此相应。

第四，他在自己关于**时间**和**空间**的著名**体系**中，把感性的这些形式理智化了；这一体系也只不过是起源自对先验反思的同一种错觉。如果我想用纯然的知性来表现事物的外部关系，那么，这只能借助它们的交互作用的概念来进行，而如果我应 〔178〕
当把同一个事物的一个状态与另一个状态联结起来，那么，这就只能在根据和后果的秩序中来进行。因此，**莱布尼茨**就把空间设想为种种实体的共联性中的某种秩序，把时间设想为种种实体的各种状态力学性的继起。但是，二者看起来自身所具有 A276
的独特的和不依赖于事物的东西，他归之于这些概念的**混乱**，这种混乱使得是力学关系的纯然形式的东西被视为一种独立的、自存的、先于事物本身的直观。因此，空间和时间就是物（实体及其状态）自身联结的理知形式。但事物是理知的实体（substantiae noumena［作为本体的实体］）。尽管如此，他仍要使这些概念对显象有效，因为他不承认感性有其自己的直观方式，而是在知性中寻找对象的一切表象，乃至经验性表象，留给感官的无非是弄乱和歪曲知性的表象这些可鄙的工作。

但是，即便我们能够通过纯粹知性关于**物自身**综合地说些什么（尽管如此这却是不可能的），这也毕竟根本不能与显象相关，显象并不表现物自身。因此，在这后一种场合里，我将不得不在先验反思中，任何时候都仅仅在感性的条件下比较我的概念，而这样，空间和时间就不是物自身的规定，而是显象的规定：物自身可能是什么，我不知道，也不需要知道，因为 A277
毕竟除了在显象中之外，一个事物永远不能以别的方式呈现给我。

我也这样来处理其余的反思概念。物质是 substantia phaenomenon［作为现象的实体］。内在地属于物质的东西，我在物质占据的空间的所有部分中、在物质所发挥的一切作用中去寻找，而这些作用当然只能永远是外部感官的显象。因此，我

所拥有的虽然不是任何绝对内在的东西，而是相对内在的东西，其本身又是由外部关系所构成。但是，物质在纯粹的知性
〔179〕看来绝对内在的东西，只不过也是一种怪想；因为物质在任何地方都不是纯粹知性的对象；而能够是我们称为物质的这种现象之根据的先验客体，则是一种纯然的某物，即使有人能对我们说出来，我们也根本不知道它是什么。因为除了在直观中带有一种与我们的语词相应的东西的那种东西之外，我们不能理解任何东西。如果抱怨说，**我们根本不洞识事物内在的东西**，其意思无非是说：我们通过纯粹知性不理解对我们显现的事物自身能够是什么；那么，这些抱怨就是完全不正当和不合理的；因为它们希望的是，人们不用感官就能够认识、从而直观
A278 事物，所以我们就应当有一种不仅在程度上、而且在直观和方式上与人类知识能力全然不同的知识能力，从而应当不是人，而是我们自己也不能说出是否可能、更不能说出什么性状的存在物。显象的观察和分析使人深入到自然的内部，人们无法知道这随着时间将推进到什么地步。但是，尽管这一切，即使整个自然都对我们昭然若揭，我们也毕竟永远不能回答那些超出自然的先验问题，而且以不同于我们的内感官的直观的另一种直观来观察我们自己的心灵，这还从来未被给予我们。而我们的感性之起源的秘密，就在我们的心灵里。我们的感性与客体的关系，以及这种统一性的先验根据是什么，都毫无疑问隐藏得太深，以至于我们这些甚至对于我们自己也只有通过内感官来认识、从而是当做显象来认识的人，不能使用我们的探究的一种如此不适用的工具，来发现总是又不同于我们毕竟乐意探究其非感性原因的显象的某种东西。

使得从纯然的反思行动出发对各种结论所作的这种批判变得有用的乃是：它清晰地阐明了关于人们仅仅在知性中相互比
A279 较的对象所作的一切结论都毫无意义，同时证实了我们主要提

醒的东西：尽管显象不作为物自身包括在纯粹知性的客体中，但它们毕竟是我们的知识具有客观的实在性的惟一对象，也就是说，在这里有直观来符合概念。

当我们仅仅在逻辑上作出反思时，我们是在知性中仅仅把 〔180〕
我们的概念相互进行比较，看两个概念是否包含相同的东西，二者是否矛盾，某种东西是内在地包含在概念中，还是附加给概念的，二者中哪一个应被视为被给予的，哪一个只应被视为思维被给予概念的方式。但是，如果我把这些概念应用于一般的对象（在先验的意义上），而不进一步规定该对象是感性直观的对象还是理智直观的对象，那么就马上表现出限制（不从这一概念出发），这些限制将扭转一切经验性的应用，并恰恰由此而证明，一个对象作为一般的物，其表象不仅仅是**不充分的**，而且没有对它的感性规定并独立于经验性的条件，它就是自身相互**抵触**的，因而人们要么必须抽掉一切对象（在逻辑中），要么如果人们承认一个对象，就必须在感性直观的条件下思维它，从而理知的东西将要求我们所不具有的一种完全特殊的直观，并且如果没有这种直观**对我们来说**就什么也不是，
但与此相反，显象也不可能是对象自身。因为当我仅仅思维一 A280
般的物时，外部关系的差异当然不能构成事物本身的差异，而是毋宁说以后者为前提条件，而当一物的概念与他物的概念根本没有内在的区别时，我就在不同的关系中设定同一个事物。此外，通过把一个纯然的肯定（实在性）附加给另一个肯定，当然增加了积极的东西，而没有从它抽去或者取消任何东西；因此，一般事物中实在的东西并不相互抵触，等等。

※　　※　　※

如我们已经指明的那样，反思的概念由于某种误解而对知性的应用有这样一种影响，以至于它们竟能够诱使所有哲学家中最具洞察力者的一位得出自以为的理智知识体系，这种体系

在没有感官参与的情况下就去规定自己的对象。正是因此缘故，对这些概念的歧义在导致错误原理方面的迷惑人的原因作
〔181〕出阐明，就具有重大的效用，从而可靠地规定和确保知性的界限。

人们虽然必须说：普遍地属于一个概念或者与它矛盾的东
A281 西，也属于包含在该概念之下的所有特殊的东西（dictum de Omni et Nullo［断定任一物和无一物］）；但是，把这条逻辑原理改变为：不包含在一个普遍的概念之中的东西，也不包含在处于这个概念之下的特殊概念之中，那就是荒唐的事情了；因为这些概念之所以是特殊概念，乃是由于它们在自身中所包含的多于在普遍概念中所思维的东西。然而，**莱布尼茨**的整个理智体系毕竟确实是建立在后面这条原理之上的；因此，它与这条原理以及从这条原理产生的一切知性应用中的含混性一损俱损。

不可辨别者的命题本来根据以下前提条件：如果在一般事物的概念中没有发现某种区别，那么在事物本身中也不会遇到这种区别；因此，一切并非已经在其概念中（根据质或者量）彼此有别的事物，都是完全同一的（numero eadem［在数字上同一的］）。但是，由于就某个事物的纯然概念而言，一种直观的诸多必然条件已经并抽掉了，所以通过一种奇特的草率，被抽掉的东西就被视为到处都不能遇到，并且除了在其概念中包含的东西之外，不承认事物有任何东西。

A282 一立方尺的空间的概念，无论我在何处以及如何经常地思维它，自身都是完全同一的。然而，两个立方尺在空间中则纯然由于其位置而有别（numero diversa［在数字上有别的］）；这些位置乃是直观的条件，在其中这一概念的客体被给予，但它们却不属于概念，而是属于整个感性。同样，在一个事物的概念中，如果没有任何否定的东西与一种肯定的东西结合在一

起，就根本没有任何抵触，而纯然肯定的概念在联结中也根本不会造成任何抵消。但是，在其中有实在性（例如运动）被给予的感性直观中，就有在一般运动的概念中被抽掉的条件（相反的方向），这些条件使得一种抵触成为可能，这种抵触当然不是逻辑的，也就是说，是从纯然积极的东西出发使一个零＝0 成为可能；而且人们不能说：一切实在性之所以彼此一致，乃是因为在它们的概念中间没有发现任何抵触。[①] 按照纯然的 〔182〕
概念，内在的东西是所有关系或者外部规定的基底。因此，如 A283
果我抽掉直观的一切条件，并仅仅限于一般物的概念，我就能抽掉一切外部关系，而且尽管如此仍必然存留某种东西的概念，这种东西根本不意味着关系，而是意味着纯然内在的规定。在这里，看起来可以得出：在任何事物（实体）中都有某种绝对内在并先行于一切外在规定的东西，因为它首先使外部规定成为可能；从而这一基底就是某种自身不再包含任何外部关系的东西，所以是**单纯的**（因为有形体的事物毕竟始终只不过是关系，至少是彼此外在的各部分的关系）；而由于除了通过我们的内感官作出的规定之外，我们不知道任何绝对内在的规定，所以这一基底不仅是单纯的，而且也（根据与我们的内感官的类比）是通过**表象**被规定的，也就是说，一切事物本来都是**单子**，或者是具有表象的单纯存在物。如果除了一般事物

① 如果在这里想利用常见的遁词，即至少 realitates noumena［作为本体的实在性］并不能彼此起相反的作用，那么，人们就必须举出诸如此类的纯粹且无感性的实在性的一个实例，以便理解预设这样的实在性究竟是表现某种东西还是什么也不表现。但是，实例只能从经验中取得，经验永远只能呈现 phaenomena［现象］，而这样一来，这一命题的意思就无非是：仅仅包含肯定的概念不包含任何否定的东西；这是一个我们从未怀疑过的命题。

A284 的概念之外，没有更多的东西属于外部直观的对象惟在其下才能被给予我们，而纯粹概念抽掉了的那些条件，上述一切也就会具有其正确性。因为在这里表现出，空间中的一种持久的显象（不可入的广延）可能所包含的纯粹是关系，根本不是绝对内在的东西，尽管如此却是一切外部关系的第一基底。仅仅凭借概念，没有内在的东西，我当然就不能思维任何外在的东西，之所以如此，恰恰是因为关系概念毕竟绝对以被给予的事物为前提条件，而且没有后者就是不可能的。但是，既然在直观中包含着根本不蕴涵在一般事物的纯然概念中的某种东西，而且这种东西展示出纯然通过概念根本不会被认识的基底，也
〔183〕就是说，展示出一个空间，这个空间连同它所包含的一切都由纯粹形式的或者亦由实在的关系构成，所以我不能够说：由于没有一种绝对内在的东西就不能**通过纯然的概念**表现任何事物，所以即便是在包含于这些概念之下的事物本身中，以及在**它们的直观**中，都没有任何不以某种绝对内在的东西为基础的外在东西。因为如果我们抽掉直观的所有条件，那么，在纯然的概念中给我们留存的东西，当然就无非是一般内在的东西及其相互关系，外在的东西惟有通过它们才是可能的。但是，这
A285 种仅仅基于抽象的必然性，就在直观中以这样一些表示纯然的关系、却不以某种内在的东西为基础的规定被给予的事物而言，是不成立的，之所以如此，乃是因为这些事物并不是物自身，而仅仅是显象。无论我们就物质而言知道什么，都纯粹是关系（我们称为物质的内在规定的东西，仅仅是相对地内在的）；但在它们里面，有一些独立的和持久的关系，通过它们给予我们一种确定的对象。至于如果我抽掉这些关系，就根本不能进一步思维任何东西，这并不排除一个作为显象的物的概念，也不排除一个抽象的对象的概念，但却排除一个按照纯然的概念可规定的对象的所有可能性，也就是说，排除一个本体

的所有可能性。当然，一个事物应当完全由关系构成，这听起来令人生疑，但这样一个事物也是纯然的显象，根本不能通过纯粹的范畴被思维；它甚至在于一般的某物与感官的纯然关系之中。同样，如果从纯然的概念开始，则除了一个事物是另一个事物中的种种规定的原因之外，人们绝不能以其他方式思维抽象事物的关系；因为这就是我们关于关系的知性概念。然而，既然我们在这种情况下抽掉了一切直观，所以杂多能够彼此规定自己的位置的整个方式，亦即感性的形式（空间）就消 A286
失了，但空间毕竟先行于一切经验性的因果性。

如果我们把纯然理知的对象理解为无须任何感性的图型、通过纯粹的范畴就被思维的那些事物，那么，诸如此类的对象就是不可能的。因为我们一切知性概念的客观应用的条件，只不过是我们的感性直观的方式，通过这种方式对象被给予我 〔184〕
们，而如果我们抽掉这种方式，这些概念就与任何客体都没有关系了。即使人们想假定一种不同于我们的这种感性直观的直观方式，我们的思维功能就这种直观而言也毕竟没有丝毫意义。如果我们把上述对象仅仅理解为一种非感性直观的对象，我们的范畴虽然确实不适用于它们，因而我们对它们根本不可能在某个时候拥有知识（既没有直观也没有概念），但这种纯然消极意义上的本体却毕竟是必须予以承认的：因为它们无非是意味着，我们的直观方式并不关涉所有的事物，而是仅仅关涉我们的感官的对象，所以它的客观有效性是受到限制的，由此就为某种别的直观、从而也为作为其客体的事物留下了余地。但在这种情况下，一个本体的概念就是或然的，也就是说，是一个我们既不能说它可能也不能说它不可能的事物的表 A287
象，因为除了我们的感性直观之外，我们根本不知道什么直观方式，而除了范畴之外，也根本不知道什么概念方式，但二者中没有一种适用于感性之外的对象。因此，我们还不能积极地把我们思维对象的领域扩展到我们的感性的条件之外，并且认定在显象之外还有纯思维的对象亦即本体，因为这样的对象没有可陈述的积极意义。就范畴而言，人们必须承认单凭它们还不足以形成物自身的知识，没有感性的材料它们就会是知性统一性的纯然主观的形式，但却没有对象。思维虽然就自身而言并非感官的产物，就此而言也不受感官的限制，但并不因此就马上无须感性的帮助而具有自己的纯粹的应用，因为在这种情况下它并没有客体。人们也不能把**本体**称为这样一种**客体**；因为本体指的是一种完全不同于我们的直观的直观和一种完全不同于我们的知性的知性的对象的或然概念，因而这种概念本身就是问题。因此，本体的概念并不是一个客体的概念，而是不可避免地与我们感性的限制相关联的课题，即是否可能存在有
A288 与我们感性的那种直观完全脱离的对象；这是一个只能不确定
〔185〕地回答的问题，也就是说：由于感性直观不能不加区分地关涉一切事物，所以就为更多的不同对象留下了余地，因而不能绝对地否定这些对象，但由于缺少一个确定的概念（因为没有范畴适用于此），也不能断定它们是我们知性的对象。

据此，知性为感性设置界限，但并不因此就扩展它自己的领域，而当它警告感性不要僭妄关涉物自身，而是仅仅关涉显象时，它是在思维对象自身，但只是把它当做先验的客体，这个先验的客体是显象的原因（因而本身不是显象），而且既不能被设想为量，也不能被设想为实在性，也不能被设想为实体等等（因为这些概念总是要求感性的形式，它们在其中规定一个对象）；因此，是否可以在我们里面或者在我们外面发现这个先验的客体，它是否会与感性同时被取消，或者如果我们除去感性，它是否还会存留，这是完全未知的。如果我们想把这种客体称为本体，乃是因为它的表象不是感性的，那么，我们可以随意行事。但是，既然我们不能把我们的知性概念的某一些运用

在这上面，所以这种表象对我们来说毕竟仍然是空的，而且除了标出我们的感性知识的界限、留下一个我们既不能凭借可能的经 A289 验也不能凭借纯粹的知性填充的空间之外，没有任何用处。

因此，这种纯粹知性的批判不容许在能够作为显象呈现给它的对象之外，再创造一个新的对象领域，并且岔入到理知的世界，甚至连岔入到它们的概念也不容许。以极明显的方式诱人至此、虽然不能予以辩解但实可原谅的错误在于：违背知性的规定而使知性的应用成为先验的，而对象亦即可能的直观则必须符合概念，但却不是概念必须符合可能的直观（而概念的客观有效性却是仅仅依据可能的直观的）。但这种错误的原因又是：统觉以及随同统觉的思维，先行于表象一切可能的确定秩序。因此，我们思维一般的某物，并一方面以感性的方式规定它，但另一方面又毕竟把普遍的、抽象地表现出来的对象与直观它的这种方式区分开来；于是，给我们剩下来的就是仅仅 〔186〕 通过思维来规定它的方式了，这种方式虽然是没有内容的纯然逻辑形式，但尽管如此却在我们看来是客体自身实存（本体）、不顾及被限制在我们的感官之上的直观的一种方式。

※　※　※ A290

在结束先验分析论之前，我们还必须补充几句话，它们自身虽然不见得特别重要，但对于体系的完整来说却是必需的。人们习惯于由以开始一种先验哲学的最高概念，通常是可能的对象与不可能的对象的划分。但是，既然一切划分都以一个被划分的概念为前提条件，所以就必须指定一个更高的概念，而这个概念就是一个一般对象的概念（或然地认定，未决定它是某物还是无）。由于范畴是与一般对象相关的惟一概念，所以区分一个对象是某物还是无，要按照范畴的次序和指导进行。

1. 与“一切”、“诸多”和“一个”这些概念对立的，是取消一切的概念，亦即**无一**，这样，一个根本没有可指定的直观与之相应的概念，其对象就等于无，也就是说，是一个没有对象的概念，例如本体，它们不能被列入可能性之中，尽管也不因此就必须被说成是不可能（ens rationis［理性的存在者］），或
A291 者如某些新的基本力，人们思维它们，尽管并不矛盾，但也是脱离出自经验的实例被思维的，因而不必列入可能性之中。

2. 实在性是**某物**，否定性是**无**，也就是说，是一个关于对象之缺乏的概念，如阴影、冷（nihil privativum［阙如的无］）。

3. 没有实体的直观的纯然形式自身不是对象，而是对象（作为显象）的纯然形式的条件，例如纯粹空间和纯粹时间，它们虽然作为直观的形式是某物，但本身却不是被直观的对象（ens imaginarium［想象的存在者］）。

〔187〕 4. 一个自相矛盾的概念，其对象是无，因为该概念是无，是不可能的东西，例如两条边的直线图形（nihil negativum［否定性的无］）。

因此，**无**的概念的这种划分表必须安排如下（因为某物的与之平行的划分乃由它得出）：

A292

无

作为

1.

没有对象的空概念

ens rationis［理性的存在者］

2.

一个概念的空对象

nihil privativum

［阙如的无］

3.

没有对象的空直观

ens imaginarium

［想象的存在者］

4.

没有概念的空对象

nihil negativum［否定性的无］

可以看到，思想物（第 1）与非物（第 4）被区别开来，乃是由于前者不可被列入可能性之中，因为它只不过是虚构（尽管不是自相矛盾的虚构）罢了，而后者则是与可能性对立的，因为该概念甚至取消自身。但二者都是空概念。与此相反，nihil privativum［阙如的无］（第 2）和 ens imaginarium［想象的存在者］（第 3）都是概念的空材料。如果光不被给予感官，人们就不能表现黑暗，而如果没有广延的存在物被知觉到，人们就不能表现空间。无论是否定性，还是直观的纯然形式，没有一种实在的东西就都不是客体。

A293
〔188〕

第二编

先验辩证论

导言

一、论先验幻相

我们在上面曾经把一般辩证法称为**幻相的逻辑**。这并不意味着，它就是一种**概率**的学说；因为概率是真理，但却是通过不充分的根据被认识的，因而其知识虽然有缺陷，但毕竟并不因此就是骗人的，从而不必与逻辑的分析部分分割开来。**显象**与**幻相**更不可以被视为是一回事。因为真理或者幻相并不在被直观的对象中，而是在关于被思维的对象的判断中。因此，人们虽然可以正确地说，感官不犯错误，但这并不是因为它们在任何时候都正确地作出判断，而是因为它们根本不作判断。所以，无论是真理还是谬误，从而还有诱使人得出谬误的幻相，都惟有在判断中，也就是说，惟有在对象与我们的知性的关系中才能发现。
A294
在一种无一例外地与知性规律吻合的知识中，是没有谬误的。在感官的一个表象中（由于它根本不包含任何判断）也没有任何谬误。但是，没有任何自然力能够自动地偏离它自己的规律。因此，不仅知性独自（没有另一个原因的影响）不会犯错误，感官独自也不会犯错误；知性不会犯错误，乃是因为只要它按照自己的规律行事，结果（判断）就必然与这些规律一致；但是，与知性的规律一致的是一切真理的形式的东西。在感官中根本没有判断，既没有正确的判断，也没有错误的判断。由于我们除了这两种知识来源之外别无其他知识来源，因此可以得出：谬误只是由于感性对知性的不被察觉的影响而造成的，由此使判断的主观根据与客观根据发生了混 〔189〕
合，并使后者背离了自己的规定；① 例如一个被推动的物体，虽然独自地总是会在同一方向上保持着直线，但如果另一个力按照另一个方向同时对它施加影响，直线就会转化为曲线运动。因此，为了把知性所特有的行动与混合的力区分开来，有 A295
必要把错误的判断视为两个力之间的对角线的力，这两个力按照两个仿佛是围起一个角的不同方向来规定判断，并且把复合的结果分解为知性和感性的单纯结果；这在纯粹先天判断中必须通过先验反思来进行，由此（就像已经指明了的那样）每一个表象都在与它相适合的知识能力中被指定其位置，从而后者对前者的影响也就被区分开来了。

我们在这里的工作不是探讨经验性的幻相（例如视觉的幻相），这种幻相是在通常正确的知性规则的经验性应用中出现的，通过它，判断力被想象的影响所诱惑；相反，我们仅仅探讨**先验的幻相**，这种幻相影响着其应用根本不关注经验的原理，而如果这些原理应用于经验，我们毕竟至少还会有其正确性的试金石；相反，先验幻相甚至违背批判的一切警告，引导我们完全超出范畴的经验性应用，并用**纯粹知性**的一种扩展的错觉来拖累我们。我们要把其应用完全限定在可能经验的限度

① 感性被从属于知性，作为知性应用其功能的客体，就是实在的知识的来源。但是，同一个感性，如果它影响知性的行动本身，并规定知性作出判断，就是谬误的根据。

A296 之内的原理称为**内在的**原理，而把宣称超越这些界限的原理称为**超验的**原理。但是，我并不把这些超验的原理理解为范畴的**先验的**应用或者误用，后者只不过是未恰当地受到批判约束的判断力的一个错误罢了，这种判断力没有充分注意到纯粹知性
〔190〕惟一被允许发挥作用的地基的界限；相反，我把它们理解为一些现实的原理，它们指望我们拆除所有那些界标，并自以为拥有一个在任何地方都不承认任何边界的地基。因此，**先验的**和**超验的**并不是一回事。我们上面所陈述的纯粹知性的原理只应当有经验性的应用，而不应当有先验的应用，亦即超出经验界限的应用。但是，一个取消这些界限、甚至让人逾越这些界限的原理，就叫做**超验的**。如果我们的批判能够做到揭露这些僭越的原理的幻相的话，那么，那些纯然经验性应用的原理就与后一些原理相反，可以被称为纯粹知性的**内在的**原理。

逻辑的幻相（错误推理的幻相）在于对理性形式的纯然模仿，它只是产生自对逻辑规则的缺乏重视。因此，一旦加强了
A297 对当前实例的重视，这种幻相就将完全消失。先验的幻相则相反，即使我们已经揭露了它，并通过先验的批判清晰地看出了它的无价值（例如“世界在时间上必定有一个开端”这一命题中的幻相），它也仍然不终止。其原因就在于：在我们的理性（它被主观地视为一种人的知识能力）中蕴涵着其应用的一些基本规则和准则，它们完全具有客观原理的外表，由于它们而导致，为了知性而对我们的概念进行某种联结的主观必然性被视为物自身的规定的客观必然性。这是一种根本不能避免的**幻觉**，如同我们不能避免海面在中央对我们显得比在岸边更高，因为我们是凭借比岸边更高的光线来看海中央的；或者更有甚者，甚至天文学家也不能避免月亮在升起时对他显得更大，尽管他并不为这一幻相所蒙骗。

因此，先验辩证论将满足于揭露超验判断的幻相，并防止

它骗人；但是，要它也（像逻辑幻相那样）甚至消失，不再是一种幻相，却是先验辩证论永远也做不到的。因为我们所涉及 A298 的是一种**自然的**和不可避免的**幻觉**，它本身基于主观的原理，〔191〕并把主观的原理偷换成客观的原理，而逻辑的辩证论在解决错误推理时却只是涉及在遵循这些原理方面的错误，或者涉及在模仿这些原理方面的人为的幻相。因此，纯粹理性有一种自然的和不可避免的辩证法，它不是一个外行由于缺乏知识本身而陷入的辩证法，或者某个诡辩家为了迷惑有理性的人们而人为地编造出来的辩证法，而是不可阻挡地附着于人类理性的辩证法，甚至在我们揭露了它的假象之后，它也仍然不停地迷惑人类理性，不断地将人类理性推入任何时候都需要予以消除的一时糊涂。

二、论作为先验幻相之所在的纯粹理性

A. 论一般理性

我们的一切知识都始自感官，由此达到知性，并终止于理性；在理性之上，我们没有更高的东西来加工直观的材料并将其置于思维的至上统一之下了。现在，当我要对这一至上知识 A299 能力作出说明时，我感到有些为难。对于理性来说，和对于知性来说一样，当理性抽掉知识的一切内容时，就有一种纯然形式的、也就是说逻辑的应用，但它也有一种实在的应用，因为它本身包含着某些既不是借自感官也不是借自知性的概念和原理的起源。前一种能力当然早已由逻辑学家们通过间接推理的能力（有别于直接推理，亦即 consequentiis immediatis）予以解释；但第二种自己产生概念的能力由此还没有得到了解。既然在这里出现了理性为逻辑能力和先验能力的划分，那就必须去寻找关于这种知识来源的一个更高的概念，它把上述两个概

〔192〕念都包括在自身之下，我们在这里按照与知性概念的类比可以期望，逻辑概念同时将提供先验概念的钥匙，前者的功能表同时将提供理性概念的谱系。

在我们的先验逻辑的第一部分里，我们曾通过规则的能力来解释知性；在这里，我们想把理性称为**原则的能力**，以此把理性与知性区别开来。

A300 原则的表述是含混的，通常仅仅意味着一种能够作为原则来运用的知识，即使它就自身而言以及按照它自己的起源来说并不是原则。每一个普遍的命题，哪怕它是从经验（通过归纳）得出的，也可以在理性推理中充当大前提；但它并不因此而本身就是原则。数学公理（例如两点之间只能有一条直线）甚至是普遍的先天知识，因此相对于能够归摄在它们下面的实例来说有理由被称为原则。但我毕竟不能由此就说，我是从原则出发认识一般直线和直线自身的这种属性的，相反只是在纯直观中认识它的。

因此，我将把从原则出发的知识称为这样一种知识，在这种知识中我通过概念在普遍中认识特殊。这样，每一个理性推理都是从一个原则出发推导出一种知识的形式。因为大前提在任何时候都提供一个概念，该概念使得一切被归摄在它的条件之下的东西都按照一个原则从它出发而得到认识。现在，既然任何普遍的知识都能够在一个理性推理中充当大前提，而知性则为诸如此类的知识提供普遍的先天命题，所以这些命题也可以就其可能的应用而言被称为原则。

A301 但是，如果我们按照其起源来考察纯粹知性自身的这些原理，那么，它们就根本不是从概念出发的知识了。因为如果我们不（在数学中）加上纯直观或者一种可能经验的种种条件，它们就会甚至不是先天可能的。一切发生的东西都有一个原因，这根本不能从一般发生之事的概念出发推论出来；毋宁

说，该原理表明，人们最初如何关于发生之事获得一个确定的 〔193〕
经验概念。

因此，知性根本不能提供从概念出发的综合知识，而这些知识本来是我绝对地称为原则的知识；然而，一切普遍的命题一般而言都可以叫做相对的原则。

有一个古老的愿望，谁也不知道什么时候它也许会得以实现，那就是：人们总有一天可以不去寻找民法无穷无尽的繁文缛节，而去寻找它们的原则；因为惟有在这里面，才有人们所说的简化立法的秘密。但是在这里，法律也只是把我们的自由限制在它们得以无一例外地与自身一致的那些条件之上；因此，它们关涉到某种完全是我们的作品、而且我们通过那些概念自己能够是它的原因的东西。但是，如同对象自身一样，事
物的本性如何应当从属于原则并纯然按照概念来规定，这即便 A302
不是什么不可能的事情，至少就其要求而言毕竟也是很不合情理的事情。不过，无论这里的情况是什么样的（因为我们还要对此进行研究），至少由此可以看出：从原则出发的知识（就其自身而言）完全不同于纯然的知性知识，后者虽然也能以一种原则的形式先行于其他知识，但就其自身而言（如果它是综合的）却并不基于纯然的思维，自身中更不包含依照概念的普遍东西。

知性可以是诸般显象凭借规则而有统一性的能力，而理性则是各知性规则在原则之下而有统一性的能力。因此，理性从不首先关涉经验或者关涉某个对象，而是关涉知性，为的是通过概念赋予杂多的知性知识以先天的统一性，这种统一性可以叫做理性的统一性，它具有与知性所能够提供的那种统一性完全不同的方式。

这就是在完全缺乏实例（这些实例只有到后面才应当提供）的情况下所能够解释的理性能力的普遍概念。

〔194〕
A303
B. 论理性的逻辑应用

人们在直接认识到的东西和只是推论出来的东西之间作出区别。在由三条直线所界定的图形中有三个角，这是直接认识到的；但这三个角的和等于两个直角，这却只是推论出来的。由于我们总是需要推论，并且由此而终于完全习惯了它，所以我们最终就不再注意这种区别，并且经常像在所谓感官的欺骗那里一样，把我们毕竟只是推论出来的某种东西视为直接知觉到的。对于每一个推理来说，都有**一个**作为基础的命题，且有另**一个**命题，亦即从前一个命题得出的结论，最后还有推理顺序（一贯性），按照这种顺序，结论的真实性必然地与作为基础的命题的真实性联结在一起。如果推论出来的判断已经蕴涵在作为基础的命题中，以至于无须第三个表象作中介就能够直接从它里面推导出来，该推理就叫做直接的（consequentia immediata［直接推理］）；我更愿意把它称为知性推理。但是，如果除了作为基础的知识之外，为作出结论还需要有另一个判断，该推理就叫做理性推理。在“**一切人都是会死的**”这个命题中，已经蕴含着“有些人是会死的”、或者“有些会死的东
A304 西是人”、或者“没有任何不会死的东西是人”这几个命题，因而这几个命题都是从前者得出的直接结论。与此相反，“一切有学问者都是会死的”这个命题却并不蕴涵在作为基础的判断中（因为有学问者的概念根本不在它里面出现），该命题惟有借助一个中间判断才能从后者推论出来。

在每一个理性推理中，我首先通过**知性**想到一个规则（major［大前提］）。其次，我凭借**判断力**把一个知识**归摄**在规则的条件之下（minor［小前提］）。最后，我通过规则的谓词、从而先天地通过**理性**来**规定**我的知识（conclusio［结论］）。因此，作为规则的大前提在一个知识和其条件之间所表现出的关系就构成了理性推理的不同方式。因此，它们如同一切按照在

知性中表达知识关系的方式区分开来的一般判断一样，恰好有三种，那就是：**定言的**，或**假言的**，或**选言的**理性推理。 〔195〕

如果像大多数情况下所发生的那样，作为一个判断的结论被当做任务提出，为的是看它是否是从已经被给予的、也就是一个完全不同的对象被思维所凭借的判断中得出的，那么，我就是在知性中寻找这个结论命题的肯定，看它是否在该命题中按照一条普遍的规则出现在某些条件之下。如果我找到了这样 A305
一个条件，而结论命题的客体能够被归摄在被给予的条件之下，那么，该命题就是从**也对知识的其他对象有效的**规则中得出来的。由此可以看出：理性在推论中力图把大量杂多的知性知识归结为最少量的原则（普遍的条件），并以此来实现它们的至上统一。

C. 论理性的纯粹应用

人们能把理性孤立起来吗？它在这种情况下还是仅仅从它产生出来、而且它与对象发生关系所凭借的那些概念和判断的特有来源吗？或者，它只不过是一种向被给予的知识提供某种形式的从属能力，这种形式叫做逻辑的，惟有通过它，知性知识才相互从属，并且较低的规则从属于另一些较高的规则（后者的条件在其范围内包含着前者的条件），只要通过对它们进行比较就能做到这一点吗？这就是我们现在只是临时性地讨论的那个问题。事实上，规则的杂多性和原则的统一性是理性的一个要求，为的是使知性与自身建立起无一例外的关联，如同知性把直观的杂多置于概念之下，并由此把直观联结起来一样。但是，这样一条原理并没有给客体规定任何规律，并且没 A306
有包含把客体作为一般客体来认识和规定的可能性的根据；而只不过是料理我们知性的储备的一个主观的规律，即通过比较知性的概念而把它们的普遍应用归结为它们尽可能小的数目，

〔196〕人们也并不因此就有权利要求对象本身有这样一种助长我们知性的方便和扩张的一致性，同时赋予那条准则以客观有效性。一言以蔽之，问题就是：理性自身，也就是纯粹理性，是否先天地包含着综合的原理和规则，以及这些原则可能存在于什么地方？

理性在理性推理中的形式的和逻辑的程序已经给我们提供了充分的指导，即在凭借纯粹理性的综合知识中，理性的先验原则将基于什么样的根据。

首先，理性推理并不关涉直观，以便将直观置于规则之下（像知性以其范畴所做的那样），而是关涉判断和概念。因此，即使纯粹理性关涉对象，它也毕竟与对象及其直观没有直接的关系，而是仅仅与知性及其判断有直接关系，后者首先面对感
A307 官及其直观，以便规定它们的这种对象。因此，理性的统一不是一种可能经验的统一，而是与后者有本质的不同，后者是知性的统一。一切发生的事情都有一个原因，这根本不是一个凭借理性认识和规定的原理。这一原理使得经验的统一成为可能，没有从理性那里借用任何东西，理性没有与可能经验的这种关系，仅仅从概念出发就不可能提供任何这样的综合统一。

其次，理性在其逻辑应用中寻找的是其判断（结论命题）的普遍条件，而理性推理本身无非是一个凭借将其条件归摄在普遍的规则（大前提）之下而作出的判断。现在，既然这条规则又要接受理性的同一个试验，而由此就必须（凭借一个上溯推理）寻找条件的条件，所以人们可以看到，理性的特有原理一般而言（在逻辑应用中）就是：为知性有条件的知识找到知性的统一得以完成所凭借的无条件者。

但是，这条逻辑准则要成为**纯粹理性**的一个原则，却不能以别的方式，而只能通过人们假定：如果有条件者被给予，则
A308 相互从属的种种条件的整个序列也被给予（也就是说，包含在

对象及其联结中)，这个序列因此而本身是无条件的。

然而，纯粹理性的这样一条原理显然是**综合的**；因为有条件者以分析的方式虽然与某一条件相关，但却不与无条件者相关。从这一原理中，必然还产生出不同的综合命题，纯粹知性对这些命题一无所知，因为它只与一种可能经验的对象打交道，后者的知识和综合在任何时候都是有条件的。但是，无条件者如果确实存在，就可以按照使它有别于有条件者的一切规定而予以特别的考虑，并由此而给诸多的先天综合命题提供材料。 〔197〕

但是，从纯粹理性的这一至上原则产生的各原理，就所有的显象来说都将是**超验的**，也就是说，对这一原则将永远不能有与它适合的经验性应用。因此，它与知性的一切原理都完全不同(知性原理的应用都是**内在的**，因为它们仅仅以经验的可能性为自己的主题)。现在，条件的序列(在显象的综合中，或者也在一般事物的思维的综合中)将一直延伸至无条件者， A309
这条原理是否有它客观的正确性？由此将对知性的经验性应用产生什么样的结论？或者，是否毋宁说在任何地方都不存在诸如此类客观有效的理性命题，而是只有一种逻辑的规范，即在向越来越高的条件的上升中逼近它们的完备性，由此将理性对我们来说可能的最高统一带入我们的知识？或者我要说，是否理性的这一需求由于一种误解而曾被视为纯粹理性的一个先验原理，该原理过于草率地要求对象本身中的种种条件的序列具有这样一种无限制的完备性？但即便是在这种情况下，又有什么样的误解和蒙蔽会潜入到这些从理性取得大前提(它与其说是公设，不如说是公则)、并从经验上升到经验条件的理性推理中呢？这将是我们在先验辩证论中的工作，我们现在要把将这种辩证论从其深深地隐藏于人类理性之中的根源阐发出来。我们将把它分为两个部分，**第一**部分应当探讨纯粹理性的**超验**

概念，第二部分探讨纯粹理性的超验的且**辩证的理性推理**。

〔198〕
A310
第一卷
论纯粹理性的概念

无论出自纯粹理性的概念的可能性是什么样的一种情况，这些概念都毕竟不是反思得来的、而是推论得来的概念。知性概念也先天地、在经验之先且为了经验而被思维；但是，就种种显象应当必然地属于一个可能的经验性意识而言，知性概念所包含的无非是对种种显象的反思的统一性。惟有通过知性概念，一个对象的知识和规定才是可能的。因此，知性概念最先提供推论的材料，而且没有对象的任何先天概念先行于它们，使它们能够从中推论出来。与此相反，它们的客观实在性毕竟仅仅基于：由于它们构成了一切经验的理智形式，它们的应用在任何时候都必然能够在经验中得到展示。

但是，理性概念的称谓已经暂时展示出：它不愿意被限制在经验内部，因为它所涉及的知识，任何经验性的知识都只不
A311 过是其一个部分罢了（也许可能经验或者其经验性综合的整体亦复如是），虽然迄今从来没有现实的经验完全达到它，但却毕竟在任何时候都属于它。理性概念被用做**把握**，而知性概念则被用做**理解**（对感知的理解）。如果理性概念包含着无条件者，它们就涉及到某种一切经验都从属、本身却从不是一个经验的对象的某物，理性在其推论中从经验出发引导到它，而且理性根据它来衡量和测度自己的经验性应用的程度，但它永远不构成经验性综合的一个环节。如果诸如此类的概念尽管如此仍具有客观的有效性，那么，它们就可以叫做 conceptus ratio-

cinati（正确地推论出的概念）；否则的话，它们至少就是通过推论的幻相骗取来的，可以被称为 conceptus ratiocinantes（进行推论的概念）。但是，由于这一点只有在论纯粹理性的辩证推理那一部分中才能予以澄清，所以我们此处还不能考虑 〔199〕
它，而是将暂时地像我们把知性概念称为范畴那样，赋予纯粹理性的概念一个新的名称，把它们称为先验的理念，但现在就要阐明这种称谓并证明其理由。

第一章　论一般的理念 A312

尽管我们的语言极为丰富，毕竟还经常有思想家为找不到精确地适合其概念的术语而感到窘困，并且由于缺乏这一术语，他既不能为他人所正确理解，甚至也不能为自己所正确理解。锻造新词，乃是对语言中的立法的一种鲜有成功的苛求，而在人们着手采用这种无可奈何的手段之前，最好还是在一种不再使用而又博学的语言中查看一番，看那里是否有这个概念及其合适的术语；即便该术语的旧用法由于其始创者的不审慎而变得有点摇摆不定，把该术语所特有的含义固定下来（尽管人们当时所想到的是否完全是同一种含义，这依然是有疑问的），也毕竟胜于因使人不理解而败坏自己的工作。

因此之故，如果对某一个概念来说，只有惟一的一个词在
已经采用的含义上与该概念完全适合，而该概念与其他概念的 A313
区分又极为重要，那么，最好还是不要滥用该词，或者把它当做别的词的同义词来交替使用，而是要审慎地保持它特有的含义；因为若不然，就很容易发生这样的事情，即在该术语没有特别地唤起注意，而是淹没在一大堆含义相去甚远的其他术语里面之后，惟有该术语才能够保持的思想也就丧失了。

柏拉图使用**理念**这一术语，使人清楚地看出，他把它理解

〔200〕为某种不仅绝非借自感官、而且远远超越**亚里士多德**所探讨的知性概念的东西，因为在经验中永远找不到某种与它相应的东西。在他那里，理念是事物本身的原型，不仅仅像范畴那样是可能经验的钥匙。在他看来，理念源自最高的理性，由此出发而为人类理性所分有，但人类理性如今不再处于其源始状态中，而是必须费力地通过回忆（这回忆叫做哲学）去唤回旧有的、如今已非常模糊的理念。我在这里不想卷入文字的研究，
A314 以便澄清这位杰出的哲学家联结在其术语之上的意义。我只是提请注意，无论是在日常谈话中还是在著作中，通过比较一位作者关于自己的对象所表达的思想，甚至比他理解自己还更好地理解他，这根本不是什么非同寻常的事情，因为他并没有充分地规定自己的概念，从而有时所言所思有悖于他自己的意图。

柏拉图非常清楚地说明，我们的知识能力所感到的需求，远远高于为了把显象读做经验而仅仅把显象按照综合的统一拼写出来，我们的理性自然而然地跃升为远远超过经验所提供的某个对象每次都能够与其一致的知识，但尽管如此这些知识仍有其实在性，绝不是纯然的幻想。

柏拉图首先是在一切实践的东西中①，也就是说，在一切
A315 依据自由的东西中，发现他的理念的，而自由又隶属于知识，

① 他固然也把自己的概念扩张到思辨的知识上，只要这些知识是纯粹地并且完全先天地被给予的；他甚至把自己的概念扩张到数学之上，尽管数学不是在别的地方、而是仅仅在**可能的**经验中拥有自己的对象。在这里，如同在对这些理念的神秘演绎和他仿佛使这些理念实体化所使用的夸张中一样，我不能追随他，尽管他在这一领域中所使用的高级语言完全能够得到一种更为委婉的、符合事物本性的解释。

知识是理性的一个特有产物。谁想从经验得出德性的概念，谁想使充其量只能充当不完善的说明之实例的东西成为知识源泉的一个典范（如同实际上许多人做过的那样），他就会使德性成为一种依时间和环境变迁的、不能用为任何规则的、模棱两 〔201〕可的怪物。与此相反，每一个人都注意到，当某人对他来说被表现为德性的典范时，他毕竟始终惟有在他自己的头脑中才有他将这一所谓的典范与之进行比较并据以衡量这一典范的真正原本。但是，这原本就是德性的理念，就这一理念而言，经验的一切可能对象都仅仅充当实例（在一定程度上理性的概念所要求的东西具有可行性的证明），而不充当原型。至于永远没有一个人的行动符合德性的纯粹理念所包含的东西，也根本不证明这一思想中有什么空想的东西。因为所有关于道德上有价值或者无价值的判断，仍然惟有凭借这一理念才是可能的；因此，它必然是向道德完善的任何接近的基础，尽管人类本性中就其程度而言无法确定的种种障碍可能使我们远离这种完善。

柏拉图式的国家，作为只能在闲散思想家的大脑中才有其 A316
位置的梦寐以求的完善性之误以为引人注目的实例，已经成为成语，而**布鲁克尔**认为可笑的是，这位哲学家居然断言，一位君主如果不分有理念，就绝不能统治有方。然而，更多地顺从这一思想，并（在这位杰出的人物未给我们提供帮助的地方）通过新的努力来阐发它，要胜于用不可行这种贫乏且有害的借口把它当做无用的而置之一旁。一部按照使得**每一个人的自由能够与其他人的自由共存**的法律而具有**最大的人类自由**（不是具有最大的幸福，因为最大的幸福将已经自行接踵而至）的宪法，毕竟至少是一个必要的理念，人们不仅在一部国家宪法的最初制订中，而且就所有的法律而言都必须以这一理念为基础，而此时人们必须一开始就抽掉当下的障碍，这些障碍也许不仅仅是不可避免地产生自人类的本性，而且毋宁说是产生自

立法时对真正的理念的忽视。因为再也没有比鄙俗地诉诸据说相悖的经验更有害、与一位哲学家更不配称的东西了；如果在
A317 适当的时候已经按照理念作出了那些部署，而且不是有粗鄙的
〔202〕 概念取代理念，恰恰由于它们是从经验中得来的而使一切好的意图破灭，上述经验毕竟是根本不会存在的。立法和治理越是与这一理念一致地建立起来，刑罚当然就会越是稀少，而此时，（像柏拉图所断言的那样）如果立法和治理有一完善的安排就会根本不需要诸如此类的刑罚，这是完全合情合理的。即使后者永远不可能实现，但理念毕竟是完全正确的，这就将这种**最大值**提升为原型，以便根据它使人们的法律状况越来越接近最大可能的完善。因为人类必须在那里停下来的最高程度是什么，因而理念与其实施之间必然留存的鸿沟有多大，这是没有人能够和应当规定的，之所以如此，恰恰因为它是能够超越任何给定界限的自由。

但是，不仅在人类理性展示其真正的因果性的地方，在理念成为（行动及其对象的）作用因的地方，也就是说，在道德事务中，而且就自然本身而言，柏拉图都正确地看到了它们从理念起源的清晰证明。一株植物，一个动物，世界大厦合规则
A318 的秩序（大概因此也可以说整个自然秩序），都清晰地表明，它们只有按照理念才是可能的；虽然没有任何一个造物在其存在的个别条件下与它的种类的最完善者的理念相一致（就像人不能与他甚至自己在其灵魂中作为其行动的原型所持有的人性理念相一致一样），但那些理念却仍然在最高的意义上是个别的、不可变的、完全地被规定的，是事物的源始原因，只有事物在宇宙中相结合的整体才完全符合那个理念。如果人们把术语的夸张之处分离开来，那么，从对宇宙秩序自然因素的复写式观察上升到其按照目的亦即按照理念进行的建筑术上的联结，哲学家的精神升华是一种值得敬重和仿效的努力；但就道

德、立法和宗教的原则来说，由于理念在其中虽然永远不能得到完全的表达、但却惟有理念才使（善的）经验本身成为可能，上述精神升华就是一种完全特有的功绩；人们之所以不承认这种功绩，乃是因为人们恰恰是按照经验性规则来判定它的，而经验性规则作为原则的有效性恰恰是应当被理念取消的。因为就自然而言，经验为我们提供规则，是真理的源泉；〔203〕但就道德法则而言，经验（令人遗憾地！）乃是幻相之母，从**已做**之事引申出关于我**应做**之事的法则，或者想由此对它们作 A319 出限制，是极应予以摈弃的。

事实上，恰如其分地进行所有这些考察，构成了哲学的特有尊严，但我们现在却要从事一项不那么辉煌的、但毕竟也不是没有价值的工作，即为那座宏伟的道德大厦平整和加固地基，在这一地基中，可以发现一种徒劳地、但却信心十足地挖掘宝藏的理性的各种各样的暗道，它们使得那座建筑变得不安全了。因此，纯粹理性的先验应用、它的各原则和理念，就是我们现在必须清楚认识的东西，为的是能够恰如其分地规定和估量纯粹理性的影响和它的价值。然而，在我搁置这篇暂时性的导论之前，我要请求把哲学挂在心上（这比人们通常遇到的更甚）的人们，如果他们认为自己已经被这一点以及下文所说服，就要按照**理念**这一术语的源始含义来守护它，以免它陷入通常乱七八糟地表示各种各样的表象方式的其他术语之中，并且损害科学。我们毕竟并不缺乏恰如其分地适合于每一种表象方式的称谓，没有必要侵入另一门科学的领地。这些称谓的梯 A320 级序列如下：种是一般而言的**表象**（repraesentatio）。在它之下是有意识的表象（perceptio［感知］）。仅仅与主体相关作为主体状态之变态的**感知**是**感觉**（sensatio），一种客观的感知就是**知识**（cognitio）。知识要么是**直观**，要么是**概念**（intuitus vel conceptus）。前者直接地与对象相关，是个别的，后者间接地凭借多个事物能够共有的一个特征与对象相关。概念要么是一个**经验性**概念，要么是一个**纯粹**概念，纯粹概念如果仅仅起源于知性（并不起源于感性的纯粹映象），就叫做 notio [思想]。出自思想而超越经验的可能性的概念就是**理念**或者**理性**
〔204〕 **概念**。熟悉了这种区分的人，听到把红颜色称为理念，必然觉得无法忍受。就连把红颜色称为思想（知性概念），也是不可以的。

A321
第二章　论先验理念

先验分析论给我们提供了一个实例，即我们知识的纯然逻辑形式如何能够包含着先天纯粹概念的起源，这些概念先于一切经验而表现对象，或者毋宁说展示使对象的一种经验性知识成为可能的那种惟一综合的统一。判断的形式（转化为直观之综合的概念）产生指导知性在经验中的一切应用的各范畴。同样，我们可以期望，如果人们把理性推理的形式按照范畴应用于直观的综合统一，这种形式就也将包含着一些特殊的先天概念的起源，这些概念我们可以称为纯粹的理性概念或者**先验理念**，它们将按照原则规定知性在全部经验的整体中的应用。

理性在其推理中的功能在于知识依据概念而有的普遍性，而理性推理本身是一个先天地在其条件的全部范围内被规定的
A322 判断。我也可以仅仅凭借知性从经验中得出“卡尤斯是会死的”这一命题。但是，我所寻求的是一个包含着该判断的谓词（一般而言的肯定）被给予所服从的条件的概念（也就是说，在这里就是人的概念），而在我将它归摄在这一条件的全部范围（一切人都是会死的）下面之后，我就据此规定了我的对象的知识（卡尤斯是会死的）。

据此，我们事先在大前提中就其全部范围而言在某个条件下思维一个谓词，然后在一个理性推理的结论中把该谓词限制在某个对象上。该范围完成了的量与这样一个条件相关，就叫 〔205〕做**普遍性**（Universalitas）。在直观的综合中与普遍性相应的是条件的**全体性**（Universitas）或者**总体性**。因此，先验的理性概念不是别的，是关于一个被给予的有条件者的**种种条件之总体性**的概念。现在，既然惟有**无条件者**才使得种种条件的总体性成为可能，而反过来种种条件的总体性在任何时候本身都是无条件的，所以一个纯粹的理性概念一般而言可以通过无条件者的概念来说明，只要后者包含着有条件者的综合的一个根据。

现在，知性凭借范畴表现出来的关系有多少种类，也就会 A323 有多少个纯粹的理性概念。所以应当寻求的是：**第一**，一个主体中**定言**综合的无条件者；**第二**，一个**序列**的各个环节的**假言**综合的无条件者；**第三**，一个**体系**中的各个部分的**选言**综合的无条件者。

也就是说，正好有这么多种类的理性推理，其中的每一个都通过上溯推理推进到无条件者：一种推进到本身不再是谓词的主体，另一种推进到不再以别的东西为前提条件的前提条件，第三种推进到划分的各环节的一个集合体，对这些环节来说，为完成一个概念的划分不再需要任何别的东西了。因此，关于种种条件之综合中的总体性的纯粹理性概念，至少作为要将知性的统一尽可能地延续到无条件者的任务是必要的，而且是根据人类理性的本性的；即使除此之外这些理性概念缺乏一种与它们适合的具体应用，从而除了将知性纳入使其应用在极度扩展中同时与自身完全一致的方向之外，别无其他用途。

但是，当我们在这里把种种条件的总体性和无条件者作为 A324

一切理性概念的共同称号来谈论时，我们又遇到了一个术语，我们不能缺少这一术语，但尽管如此却不能按照一种由于长期的误用而附着于它的含混性来可靠地应用它。**绝对**这个词就是在其源始的含义上适用于一个概念、明显地在同一语言中没有
〔206〕 一个别的词精确符合该概念的少数词之一，因此，它的丧失，或者换句话说也一样，它的不稳定的使用，也必然导致概念本身的丧失，而且是这样一个概念的丧失，该概念由于使理性极为关注，缺少该概念不可能不严重损害一切先验哲学。**绝对**这个词经常只是被用来表示，某物就自身而言、从而**内在地**对一个事物有效。在这种意义上，**绝对可能的**意味着就自身（内部的东西）而言可能的东西，这实际上是我们关于一个对象所能够说的**最起码的东西**。与此相反，它有时也被用来表示，某物在一切关系上（不受限制地）都有效（例如，绝对的统治），而**绝对可能的**在这种意义上就会意味着就所有的方面而言**在一
A325 切关系上都可能**的东西，这又是我关于一个事物的可能性所能够说的**最多的东西**。现在，这两种含义虽然有时会遇到一起，例如内在地不可能的东西也在一切关系上不可能，从而绝对不可能。但在大多数场合，这两种含义相去极远，我不能以任何方式推论说：某物由于就自身而言是可能的，就也在一切关系上是可能的，从而是绝对可能的。的确，关于绝对的必然性，我将在下面指出，它绝不是在一切场合都依赖于内在的必然性，因而不必把它视为与后者是同等含义的。其对立面内在地不可能的、当然也就所有的方面而言不可能的东西，其本身因而就是绝对必然的；但是，我不能反过来推论说：绝对必然的东西，其对立面就是**内在地**不可能的，也就是说，事物**绝对的**必然性就是一种**内在的**必然性；因为这种内在的必然性在某些场合是一种极为空洞的表述，我们不能把最起码的概念与它联结起来，与此相反，关于一事物在一切关系（与一切可能的东

西的关系）上的必然性的概念就带有一些十分特殊的规定。现在，既然一个在思辨的世俗智慧中具有重大效用的概念的丧失对于哲学家来说绝不可能是无所谓的，所以我希望，对这一概念所依赖的术语加以规定和精心的维护，对于哲学家来说也将不是无所谓的。

在这种情况下，我将在这种扩展了的含义上使用**绝对**这个词，并且把它与纯然相对地、或者就特殊的考虑而言有效的东西对立起来；因为后者是被限制在一些条件上的，而前者却是无限制地有效的。 A326 〔207〕

现在，先验的理性概念在任何时候都仅仅关涉种种条件之综合中的绝对的总体性，并且永不终止，除非在绝对无条件者、亦即在一切关系上都无条件的东西那里。因为纯粹理性把一切都委托给了知性，知性首先与直观的对象、或者毋宁说与它们在想象力中的综合发生关系。理性只给自己保留了知性概念之应用中的绝对总体性，并试图把在范畴中所思维的综合统一延展至绝对无条件者。因此，人们可以把这种统一性称为**理性的统一性**，就像把范畴所表达的那种统一性称为**知性的统一性**一样。据此，理性就只与知性的应用相关了，并且不是就知性包含着可能经验的根据而言（原因在于，种种条件的绝对总体性不是一个可以在经验中使用的概念，因为没有任何经验是无条件的），而是为了给知性规定朝向某种统一性的方向，知性对这种统一性毫无概念，而这种统一性则旨在于把就每一个对象而言的一切知性行动总括成为一个**绝对的整体**。因此，纯粹理性概念的客观应用在任何时候都是**超验的**，而纯粹知性概念的客观应用则就其本性而言在任何时候都必须是**内在的**，因为它仅仅局限于可能的经验。 A327

我把理念理解为一个必然的理性概念，在感官中不能给予它任何相应的对象。因此，我们现在所考虑的理性概念是**先验**

的理念。它们都是纯粹理性的概念；因为它们把一切经验知识都看做由种种条件的绝对总体性所规定的。它们不是任意虚构出来的，而是通过理性本身的本性给出的，因而是以必然的方式与整个知性的应用相关的。最后，它们是超验的，并且超越了一切经验的界限，因而在该界限内永远不可能出现一个与先验理念相符合的对象。如果人们举出一个理念，那么，就客体（即作为纯粹知性的一个对象）而言则说得**很多**，但就主体而言（也就是说，就其在经验性条件之下的现实性而言）则说得**很少**，这恰恰是因为它作为一个极大值的概念，永远不能具体
〔208〕 A328 地相应给出。现在，由于后者在理性的纯然思辨的应用中本来就是全部目的，而向一个在实施中毕竟永远无法达到的概念的逼近，与该概念被完全错过是一样的，所以，对于一个诸如此类的概念，就可以说：它**只是**一个理念。这样，人们就可以说：一切显象的绝对整体**只是一个理念**，因为既然我们永远不能勾勒出诸如此类的东西的形象，所以它依然是一个没有任何答案的**问题**。与此相反，由于在知性的实践应用中仅仅涉及依照规则的实施，所以实践理性的理念在任何时候都可以现实地——尽管只是部分地——被具体给予，它甚至是理性的任何实践应用不可或缺的条件。理性的实施在任何时候都是受限制的、有缺陷的，但却是处于不可规定的界限之下，因而在任何时候都处于一种绝对完备性的概念的映象之下。据此，实践理念在任何时候都是极富成果的，而且就现实行动而言是不可避免地必要的。在它里面，纯粹理性甚至拥有将它的概念所包含的东西现实地产生出来的因果性；因此，对于这种智慧，我们不能仿佛是蔑视地说：**它只是一个理念**；而正因为它是具有一切可能目的的必然统一性的理念，所以它必须作为源始的、至少是限制性的条件对一切实践的东西充当规则。

A329 现在，即使我们对于先验的理性概念不得不说：**它们只不**

过是些理念罢了，我们也毕竟绝不能把它们视为多余的和毫无意义的。因为尽管由此不能规定任何客体，但它们毕竟在根本上并且不为人觉察地能够对于知性来说充当其扩展的和一致的应用的法规，由此知性虽然没有比它按照概念可能认识的更多地认识一个对象，但毕竟在这种认识中得到了更好的和更进一步的指导。更不用说，它们也许能够使从自然概念到实践概念的一种过渡成为可能，并使道德理念本身以这样的方式获得支持和与理性的思辨知识的联系。关于这一切，人们必须等待下文作出说明。

但是，按照我们的目的，我们在这里把实践的理念搁置一旁，因而只是在思辨的应用中考察理性，而且在这种应用中也更窄一些，也就是说，仅仅在先验的应用中考察理性。这里，我们必须选择我们上面在范畴的演绎那里所采取的同一条道 〔209〕
路，也就是说，考虑理性知识的逻辑形式，看一看理性是否由此也成为概念的一个源泉，即把客体自身视为就理性的这个或者那个功能而言被先天综合地规定的。

理性作为知识的某种逻辑形式的能力来看，就是推论的能 A330
力，也就是间接地（通过把一个可能判断的条件归摄在一个被给予的判断的条件之下）作出判断的能力。被给予的判断就是普遍的规则（大前提，Major）。另外一个可能判断的条件被归摄在规则的条件之下，就是小前提（Minor）。**在被归摄的事例中**陈述对该规则的肯定的现实判断就是结论（Conclusio）。也就是说，规则普遍地在某种条件下说出某种东西。于是，在一个出现的事例中就存在着规则的条件。因此，在那个条件下普遍有效的东西，就也在出现的事例（该事例自身具有这一条件）中被视为有效的。很容易看出，理性通过构成一个条件序列的那些知性行动而达到一种知识。如果我达到"一切物体都是可变的"这个命题，只是通过我从"一切复合物都是**可变**

的”这一较远的知识（其中包含着其条件的物体概念尚未出现）开始，由此进展到隶属于前者条件之下的较近的知识，即“物体都是复合的”，并由此才进展到第三个如今把远距离的知识（可变的）与当前的知识联结起来的知识，即“所以物体都
A331 是可变的”，那么，我是通过一个条件（前提）序列达到一个知识（结论）的。如今，每一个其实例（定言判断或者假言判断的实例）已经被给予的序列都可以继续下去；因此，正是同一个理性行动导致了 ratiocinatio polysyllogistica［复合推理］，这是一个推理的序列，它可以要么向条件方面（per prosyllogismos［通过上溯推理］），要么向有条件者方面（per episyllogismos［通过延伸推理］）继续到不被限定的远方。

但是，人们马上就察觉到，上溯推理亦即在一个被给予的知识的根据或者条件方面推论出来的知识，其链条或者序列，
〔210〕 换句话说，理性推理的**上升序列**，与理性能力的关系必然不同于**下降序列**，亦即理性在有条件者方面通过延伸推理的进程。因为既然在前一场合知识（结论）只是作为有条件的而被给予的，所以人们要凭借理性达到这种知识，只能是至少在这样一个前提条件下，即该序列在条件方面的所有环节都已经被给予（前提序列中的总体性），因为只有在这一前提条件下，当前的判断才是先天地可能的；与此相反，在有条件者或者结论方
A332 面，所设想的只是一个**形成着的**序列，而不是一个已经**完全**预先设定的或者**被给予的**序列，因而只是一个潜在的进程。所以，如果一个知识被视为有条件的，那么，理性就不得不把上升方向上的条件序列视为完成了的或者按照其总体性已经被给予的。但是，如果同一个知识同时被视为其他相互之间构成下降方向上的一个结论序列的那些知识的条件，那么，理性就可以完全不在乎这一进程 a parte posteriori［向后］延伸多远，以及这一序列的总体性是否在任何地方都是可能的；因为它为

了自己面临的结论并不需要一种诸如此类的序列，这个结论已经通过它的根据 a parte priori［向前］得到了充分的规定和保证。无论在条件方面前提的序列有没有一个**第一项**来作为至上的条件，因而 a parte priori［向前］是没有界限的，它毕竟必须包含着种种条件的总体，哪怕我们永远也不能做到把握这一总体；而且，如果被视为是由整个序列产生出来的结论的有条件者应当被看做真的，则整个序列就必须是无条件地真的。这是理性的一个要求，理性宣称它的知识是先天地确定的和必然的：这要么是就其自身而言，在这种情况下就不需要任何根据；要么就是被派生出来的，作为一个根据序列的环节，这序列本身无条件地是真的。

第三章　先验理念的体系 〔211〕 A333

我们在这里不研究逻辑的辩证法，它抽掉了知识的一切内容，仅仅揭示理性推理的形式中的虚假幻相，而是研究一种先验的辩证法，它应当完全先天地包含着某些出自纯粹理性的知识和推论出来的概念的起源，这些知识和概念的对象根本不能经验性地被给予，因而完全处在纯粹知性的能力之外。从我们的知识在种种推理和判断中的先验应用与逻辑应用必然具有的自然关系中，我们得出：只有三种辩证的推理，它们与理性能够从原理达到知识所凭借的三种推理方式有关，而且在这所有的辩证推理中，理性的任务都是从知性在任何时候都受其制约的有条件综合上升到知性永远不能达到的无条件综合。

如今，我们的种种表象所能够具有的一切关系的普遍东西是：1. 与主体的关系；2. 与客体的关系，而且这客体要么首先是显象，要么是一般的思维对象。如果人们把进一步的划分 A334
与上面的划分结合起来，则我们对之能够形成一个概念或者理念的种种表象的关系共有三种：1. 与主体的关系；2. 与现象中客体的杂多的关系；3. 与一切一般事物的关系。

于是，一切一般纯粹概念都与种种表象的综合统一有关，而纯粹理性的概念（先验理念）则与一切一般条件的无条件综合统一有关。因此，一切先验理念就可以列入**三类**，其中**第一**类包含着**思维主体**的绝对统一，**第二**类包含着**现象的条件序列**的绝对统一，**第三**类包含着**一切一般思维对象的条件**的绝对统一。

〔212〕

思维主体是**心理学**的对象，一切显象的总和（世界）是**宇宙论**的对象，而包含着一切能被思维者的可能性的至上条件的那个物（一切存在者的存在者）则是**神学**的对象。因此，纯粹理性为一种先验的灵魂说（psychologia rationalis［理性心理学］）、为一种先验的宇宙学（cosmologia rationalis［理性宇宙论］）、最后也为一种先验的上帝知识（theologia transcendentalis［先验神学］）提供理念。甚至这些学问的任何一门的纯然设计也根本不是由知性出发形成的，即便知性与理性的最高逻辑应用亦即一切想得到的推理相结合，以便从知性的一个对象（显象）前进到所有其他对象、直至经验性综合最遥远的环节也不行，相反，它仅仅是纯粹理性的一个纯粹的和真正的产物或者问题。

A335

纯粹理性概念的什么样的模态处于一切先验理念的这三个项目之下，将在下一部分给予完备的阐述。它们是按照范畴的导线前进的。因为纯粹理性径直地相关的，绝不是对象，而是对象的知性概念。同样，也只有在完全的论述中才能弄清楚，理性如何只有通过它为了定言理性推理所使用的同一种功能的综合应用才必然地达到**思维主体**的绝对统一的概念，假言理性推理中的逻辑程序如何必然导致种种被给予的条件的**一个序列**中的绝对无条件者的理念，最后，选言理性推理的纯然形式如

何必然导致关于一个一切**存在者的存在者**的最高理性概念：一 A336
个乍一看显得极为荒谬的思想。

关于这些先验理念，本来没有任何客观的演绎像我们关于范畴所提供的那样是可能的。因为事实上，它们没有任何同某个能够与它们相符合地被给予的客体的关系，之所以如此，正因为它们仅仅是理念。但是，我们可以设法主观地把它们从我们 〔213〕
理性的本性推导出来；这种推导在目前这一篇中也已经做过了。

人们很容易看出，纯粹理性引以为目的的，无非就是**条件方面**（无论是依存性的条件、隶属性的条件、还是并存性的条件）的综合的绝对总体性，它与**有条件者方面**的绝对完备性则毫不相干。因为要预先设定条件的整个序列并由此将它先天地交给知性，理性只需要前者。但是，一旦有了一个完备地（而且无条件地）被给予的条件，在序列的继续方面就不再需要一个理性概念了；因为知性自己就在执行从条件下降到有条件者的每一个步骤。以这样的方式，先验理念仅仅有助于在条件序列中直至无条件者、亦即直至原则的**上升**。但是，就向有条件者的**下降**而言，虽然也有一种我们的理性对知性规律的广泛逻 A337
辑应用，但却没有先验的应用；而且如果我们关于（进展的）这样一种综合的绝对总体性——例如关于世界一切**未来的**变化的整个序列——形成一个理念，这就是一个思想物（ens rationis［理性的存在者］），它只是任意地设想出来的，而不是由理性必然地预先设定的。因为对于有条件者的可能性来说，虽然其条件的总体性被预先设定，但其后果的总体性却不被预先设定。因此，这样一个概念不是先验理念，而我们在这里毕竟仅仅讨论先验理念。

最后，人们还将察觉：在先验理念本身中间显现出某种关联和统一性，纯粹理性凭借它们使自己的知识形成一个体系。从其自身（灵魂）的知识推进到世界的知识，并凭借世界的知识推进到元始存在者，这是一个如此自然的进展，以至于它与理性从前提到结论的逻辑进程也显得类似。至于这里是否确实有一种如同逻辑程序和先验程序之间的那种渊源关系暗中作为基础，也是人们必须在这一研究的过程中才能期待作出回答的
A338 〔214〕 问题之一。我们已经暂时达到了我们自己的目的，因为我们已经能够把其他情况下通常在哲学家们的理论中与其他概念混在一起、这些哲学家们未尝将之与知性概念恰如其分地区别开来的理性的先验概念从这种含混的状态中拔脱出来，说明其起源，从而同时说明其根本不能再增添的确定数目，在一个系统的关联中将它们表现出来，由此就为纯粹理性划出和限定一个特殊的领域。

第二卷

论纯粹理性的辩证推理

尽管一个纯然先验的理念是完全必然地在理性中按照其源始的规律产生的，但人们仍然能够说，它的对象是某种人们没有任何概念的东西。因为事实上，即便是对于一个应当符合理性要求的对象，也不可能有一个知性概念，也就是说，有一个
A339 能够在可能经验中显示并直观化的概念。如果人们说：我们对于同一个理念相应的客体虽然能够有一个或然的概念，但却不能有任何知识，那就毕竟表达得更为得体，较少误解的危险。

如今，至少纯粹理性概念先验的（主观的）实在性，乃是基于我们通过一种必然的理性推理达到这样的理念。因此，有一些理性推理不包含经验性的前提，我们凭借它们从我们认识

的某种东西推论到我们毕竟没有任何概念的某种别的东西，而且我们还由于一种不可避免的幻相而赋予这种东西以客观的实在性。因此，诸如此类的推理就其结论而言，与其把它们称为理性推理，倒不如把它们称为**玄想的**推理：尽管它们由于其起因能够当得起理性推理的名称，因为它们毕竟不是虚构的或者偶然产生的，而是起源自理性的本性的。它们不是人们的诡辩，而是纯粹理性本身的诡辩，所有的人中甚至最智慧的人也 〔215〕
摆脱不了这些诡辩，虽然也许能在诸多努力之后预防错误，但却永远不能完全摆脱不断地烦扰他和愚弄他的幻相。

因此，这些辩证的理性推理就只有三种，恰如其结论所导致的理念那么多。在**第一种**理性推理中，我从不包含任何杂多 A340
东西的主体的先验概念出发，推论到我以这种方式对它根本没有任何概念的这个主体本身的绝对统一。我将把这种辩证推理称为先验的**谬误推理**。**第二种**玄想推理旨在于一般被给予的显象的条件序列之绝对总体性的先验概念；而且我从我关于这个序列在一方面的无条件综合统一任何时候都有一个自相矛盾的概念出发，推论到我尽管如此也没有任何概念的相反的统一的正确性。我将把理性在这些辩证推理中的状态称为纯粹理性的**二论背反**。最后，我按照**第三种**玄想推理从思维能够被给予我的一般对象的条件的总体性出发，推论到一般事物的可能性之一切条件的绝对综合统一，也就是说，从我根据其纯然的先验概念并不认识的事物出发，推论到我通过一个先验概念更不认识的一切存在者的存在者，而对于它的无条件的必然性，我不能形成任何概念。我将把这种辩证的理性推理称为纯粹理性的**理想**。

A341 第一篇

论纯粹理性的谬误推理

逻辑的谬误推理在于一个理性推理在形式上的错误，除此之外在其内容上却可以随便是什么。但是，一个先验的谬误推理却有一种先验的根据来作出形式上错误的推论。以这
〔216〕样的方式，一种诸如此类的错误推论就在人类理性的本性中有其根据，并带有虽然并非不可消解、但却无法避免的幻觉。

现在，我们到达一个概念，上文并没有在先验概念的一览表中列出该概念，尽管如此却必须列入其中，毕竟并不因此就对那个表有丝毫改变，说明它是有缺陷的。这就是**“我思”**的概念，或者宁可说是判断。但是，人们很容易看出，它是一切一般概念的载体，因而也是先验概念的载体，从而任何时候都在这些概念中间一起被把握，所以同样是先验的，但却不能有任何特殊的称号，因为它仅仅用于指出一切思维都是属于意识
A342 的。然而，无论它如何纯粹而不含经验性的东西（感官的印象），它毕竟还是用于从我们的表象能力的本性出发把两种不同的对象区分开来。**“我”**作为思维者是内感官的一个对象，叫做灵魂。是外感官的一个对象的“我”则叫做肉体。据此，作为一个能思维的存在者的“我”这一术语就已经意味着心理学的对象；如果我对于灵魂并不要求知道得比独立于一切经验（它们更确切地具体规定我）而从在一切思维中都出现的“我”这一概念能够推论出来的东西更进一步的话，这种心理学就可以叫做理性的灵魂说。

于是，**理性的**灵魂说确实是这样一种冒险；因为只要我的思维的一点经验性的东西、我的内部状态的任何一个特殊的知

觉还混杂进这门科学的知识根据之中，这门科学就不再是理性的、而是**经验性的**灵魂说。因此，我们已经面临着一门所谓的科学，它建立于其上的惟一命题就是：**我思**；我们在这里可以完全适当地按照一种先验哲学的本性对这门科学的根据或者无根据加以研究。至于我毕竟对这一表达我自己本身的知觉的命题有一种内部经验，从而在此之上建立的理性的灵魂说永远不 A343
是纯粹的，而是部分地根据一个经验性的原则的，人们不要对此有所不满。因为这种内部知觉无非是纯然的统觉：**我思**；它甚至使一切先验概念成为可能，在这些先验概念中所说的是： 〔217〕
我思维实体、原因等等。因为一般内部经验及其可能性、或者一般知觉及其与其他知觉的关系，如果不是经验性地给出了它们的某种特殊区别和规定，就不能被视为经验性的知识，而是必须被视为对一般经验性的东西的知识，并且属于对任何一个经验的可能性的研究，而这种研究却是先验的。参与自我意识的普遍表象的知觉，其最低限度的客体（例如仅仅是快乐或者不快）都会使理性的心理学转化为一种经验性的心理学。

因此，**我思**是理性心理学的惟一解说词，它应当从中展开自己的全部智慧。人们很容易看出，这一思想如果应当与一个对象（我本身）发生关系，就只能包含着该对象的一些先验谓词：因为最低限度的经验性谓词都会败坏这门科学对于一切经验的理性纯粹性和独立性。

但是，我们在这里将只能跟随范畴的导线；只是由于这里 A344
首先给出了一个物，亦即作为思维存在物的我，所以我们虽然将不改变相互之间如在范畴表中所表现的上述秩序，但毕竟在这里要从实体范畴开始，由此表现一个物自身，并这样来回溯范畴的序列。据此，理性的灵魂说所可能包含的所有其他东西都必须从它的位置论推导出来，该位置论如下：

1.

灵魂是**实体**

2.

灵魂在其质上是单纯的

3.

灵魂就其所在的不同时间而言是数目上同一的，亦即**单一性**（非复多性）

〔218〕 4.

灵魂处于同空间中**可能的**对象的关系中①

A345 从这些要素中，仅仅通过组合，而丝毫不用认识别的原则，就产生出纯粹的灵魂说的所有概念。这种实体纯然作为内感官的对象，提供了**非物质性**的概念，作为单纯的实体提供了**不死性**的概念，其作为理智实体的同一性提供了**人格性**的概念，所有这三项一起提供了**精神性**；与空间中的对象的关系提供了与物体的**交感**；因而它也就把思维的实体表现为物质中生命的原则，亦即把后者表现为灵魂（anima），而且表现为**动物性**的根据，动物性被精神性所限制，表现为**不死性**。

与此相关的有先验的灵魂说的四个谬误推理，先验的灵魂说被错误地视为纯粹理性的一门关于我们能思维的存在者之本性的科学。但我们能够作为这门科学基础的，却无非是单纯的、自身在内容上完全空洞的表象：**我**；关于这个表象，人们 A346

① 不那么容易从这些术语中就其先验抽象性而言猜测出它们的心理学意义以及灵魂的最后这个属性为什么属于**实存性**范畴的读者，将在下文发现它们得到了充分的解释和理由说明。此外，我还要为我不仅在本章中、而且在全书中违背纯正文风的鉴赏插入拉丁术语来取代同等意义的德文术语而请求原谅：我宁可在语言的优雅上有所损失，也不愿因丝毫的晦涩而给教学的用途增加困难。

就连说它是一个概念也不能，它只不过是一个伴随着一切概念的意识。通过这个能思维的我或者他或者它（物）所表象出来的不是别的，无非是思想的一个先验主体＝X，它惟有通过是它的谓词的那些思想才被认识，而分离开来，我们就永远不能对它有丝毫概念；因此，我们在一个不断的循环中围绕着它打转，因为我们要想对它作出某种判断，在任何时候都必须已经使用了它的表象；这是一种与它不可分离的不便，因为意识自 〔219〕
身并不是对一个特殊的客体作出区分的表象，而是应当被称为知识的一般表象的形式；因为只有对于知识，我才能说我由此思维着某物。

但是，一开始必然显得古怪的是，我一般而言在其下进行思维的、因而是我的主体的一种性状的条件，同时应当对一切能思维的对象都有效，而我们居然能够妄称在一个显得是经验性的命题之上建立起一个无可争辩的和普遍的判断，也就是说，凡是进行思维的东西，就都具有自我意识的陈述就我而言所说的那种性状。但这里的原因在于：我们必然要先天地赋予事物以构成我们惟有在其下才思维事物的那些条件的一切属 A347
性。于是，对于一个能思维的存在物，我不是通过任何外部经验、而是只有通过自我意识才能有最起码的表象。因此，诸如此类的对象无非是我的这个意识向只有因此才被表象为能思维的存在物的其他事物的过渡。但是，“我思”这个命题在这里只是被当做或然的，不是就它包含着关于一个存在的知觉而言（笛卡尔的 cogito，ergo sum［我思故我在］），而是根据它的纯然可能性，要看一看有哪些属性能够从这个如此简单的命题出发推论到它的主体（不论诸如此类的主体是否实存）。

假若作为我们关于一般能思维的存在物的纯粹理性知识之基础的不只是 cogito［我思］，假若我们还要求助于对我们思想活动的观察和由此得出的能思维的自我的自然规律，那么，就会产生一种经验性的心理学，它将是一种内感官的**自然学**，也许能够用来说明内感官的显象，但却永远不能用来揭示根本不属于可能经验的那些属性（例如单纯的东西的属性），也不能用来就一般能思维的存在者而言**无可争辩地**告知某种涉及其本性的东西；因此，它不会是**理性的**心理学。

A348 既然“**我思**”这个命题（作为或然的来看）包含着任何一个一般知性判断的形式，并且作为其载体伴随着一切范畴，那

〔220〕 么就很清楚，从它作出的推论就只能包含着知性的一种先验的应用，这种应用排除了经验的一切混杂，对于它的进展，按照我们上面所指出的，我们不可能预先形成任何极有利的概念。因此，我们想以一种批判的眼光通过纯粹的灵魂说的一切陈述词来追踪这一命题。

第一谬误推理：实体性

其表象**是**我们的判断的**绝对主体**，因而不能被用做另一个事物的规定的东西，就是**实体**。

我，作为一个能思维的存在者，是我的一切可能的判断的**绝对主体**，而且关于我自己的这个表象不能被用做任何一个别的事物的谓词。

所以，我作为能思维的存在者（灵魂），就是**实体**。

对纯粹心理学的第一个谬误推理的批判

在先验逻辑的分析部分里，我们已经指明：如果不给纯粹范畴（以及其中还有实体）加上它们作为综合统一性的功能能

A349 够运用于其杂多之上的一种直观，它们就其自身而言根本没有客观的意义。没有这种杂多，它们就仅仅是一种判断的功能而

没有内容。关于任何一个一般的事物，就我把它与事物纯然的谓词和规定区别开来而言，我都能够说它是实体。如今，在我们的一切思维中，我都是思想仅仅作为规定所依存的主体，而且这个我不能被用做另一个事物的规定。因此，每一个人都必须必然地把自己视为实体，而把思维仅仅视为他的存在的偶性和他的状态的规定。

但是，我应当怎样利用这个实体概念呢？我从中绝不能推论出，我作为一个能思维的存在者对于我自己来说**持久存在**，既不以自然的方式**产生**，也不以自然的方式**消逝**；而且，我的能思维的主体的实体性的概念对我来说毕竟只能用在这方面，没有这种应用，我就完全可以没有这个概念。

人们还远远不能从纯然的、纯粹的实体范畴推论出这些属 〔221〕
性，毋宁说，如果我们想把关于一个**实体**的经验性概念用于一个被给予的对象，我们就必须以该对象出自经验的持久性为基础。但现在，我们在我们的命题中并没有以任何经验为基础，而是仅仅从一切思维与作为它们所依存的共同主体的我之关系 A350
的概念出发进行推论。即使我们有志于此，也不能用任何可靠的观察来阐明这样一种持久性。因为我虽然在一切思想中，但与这个表象却没有丝毫的直观相结合，来把它与直观的其他对象区别开来。因此，人们虽然能够觉察这个表象在一切思维中都一再出现，但却不能觉察它是一个种种思想（作为可变的）在其中相互交替的常驻不变的直观。

由此得出：先验心理学的第一个理性推理在把思维恒常的逻辑主体冒充为依存性的实在主体的知识时，只不过是在用一种被信以为真的新洞识来欺骗我们罢了；关于这个实在的主体，我们没有也不可能有丝毫知识，因为意识是惟一使一切表象成为思想的东西，从而作为先验的主体，在它里面必然发现我们的一切知觉，而且在我的这种逻辑意义之外，我们对于作为基底构成这一思想以及一切思想的基础的主体自身没有任何知识。然而，人们尽可以承认“**灵魂是实体**”这个命题，只要人们满足于，我们的这个概念并不使人前进一步，或者能够告
A351 诉人玄想的灵魂说的种种通常的结论中的任何一个，例如告诉人灵魂无论人有什么变化，甚至死亡也永久持存，因此，它只不过表示一个理念中的实体罢了，但并不表示实在性中的实体。

第二谬误推理：单纯性

其活动绝不能被视为诸多活动着的事物的协作的事物，就是**单纯的**。

现在，灵魂或者能思维的我就是这样一个事物。

所以，……

〔222〕 对先验心理学的第二谬误推理的批判

这是纯粹的灵魂说的一切辩证推理的阿基里斯，并不纯然是一个独断论者假造出来赋予其种种主张以一种易逝的外表的诡辩把戏，而是一种甚至看起来能够经得起最严厉的检验和研究的最大疑虑的推理。该推理如下所述：

任何一个**复合的**实体都是诸多实体的集合，而一个复合物的活动或者依存于这样一个复合物的东西，都是分布于大量实体中间的诸多活动或者偶性的集合。现在，虽然从诸多活动着
A352 的实体的协作产生的一种结果是可能的，只要这种结果是纯然外部的（例如一个物体的运动是其所有部分的联合运动）。作为内在地属于一个能思维的存在者的偶性的思想就是另一回事了。因为假定复合物能思维，那么，它的每一个部分就会包含着思想的一个部分，而所有的部分合起来才包含着整个思想。

然而，这是自相矛盾的。因为既然分布于不同的存在者中间的表象（例如一句诗的各个个别的词）绝不构成一个完整的思想（一句诗），所以，思想不能依存于这样一个复合物。因此，思想惟有在**一个**并非诸多实体的集合，从而绝对单纯的实体中才是可能的。①

这一论证的所谓 nervus probandi［证明的关键］就在于如下命题：为构成一个思想，在能思维的主体的绝对统一性中必须包含着许多表象。没有人能够**从概念出发**证明这一命题。因为为了做到这一点，他要如何开始呢？一个思想只能是能思 A353
维的主体的绝对统一性的结果，这个命题不能被当做分析的来对待。因为由许多表象构成的思想的统一性是集合的，并且在纯然的概念上，这种统一性既能够与一起参与这一思想的诸多实体的集合统一性相关（就像一个物体的运动是其所有部分的 〔223〕
复合运动一样），也同样能够与主体的绝对统一性相关。因此，按照同一性的规则，看不出就一个复合的思想而言预设一个单纯的实体的必要性。但是，没有人敢于声辩应当综合地和完全先天地从纯然概念出发认识这一命题，如果他像我们上面阐述过的那样了解先天综合命题的可能性的根据的话。

但现在，也不可能从经验引申出主体的这种必然的同一性，来作为任何一个思想的可能性的条件。因为经验并不给出必然性以供认识，更不用说绝对统一性的概念远远超出经验的领域了。在这种情况下，我们从何处得到整个心理学的理性推理都依据的这个命题呢？

① 给予这一证明以通常合乎学术的准确性，是很容易的事情。但对我的目的来说，充其量以通俗的方式举出纯然的证明根据就已经够了。

显而易见，如果要想象一个能思维的存在者，人们就必须设身处地，把要考虑的客体调换成他自己的主体（在任何别的
A354 方式的研究中都不是这种情况），而且我们之所以对一个思想来说要求主体的绝对统一性，只是因为若不然，就不能说我思（在一个表现中的杂多）。因为尽管思想的整体能够被分割并分布于诸多主体中间，但主观的我却不能被分割和分布，而且我们在一切思维中都毕竟以这个我为前提条件。

因此，在这里与在前面的谬误推理中一样，统觉的形式命题，即**我思**，依然是理性心理学敢于扩展自己的知识所依据的全部根据；这个命题固然不是一个经验，而是属于每个经验并先行于每个经验的统觉形式，但尽管如此，它却必须始终就一般可能的知识而言被视为这种知识的纯然**主观的条件**，我们没有理由使这种条件成为对象的一种知识的可能性的条件，亦即成为关于一般能思维的存在者的**概念**，因为我们如果不凭借我们的意识的公式将我们自己置于任何别的理智存在者的位置上，就不能把这个存在者表现给我们。

〔224〕 但是，我自己（作为灵魂）的单纯性实际上也不是从我思这个命题**推论**出来的，相反，这种单纯性已经蕴涵在每一个思想自身里面。**“我是单纯的”**，这个命题必须被视为统觉的一种
A355 直接的表达，就像被信以为真的**笛卡尔式**推理“cogito，ergo sum”[我思，故我在] 事实上是同义反复一样，因为 cogito [我思]（sum cogitans [我是思维者]）直接陈述着现实性。但**“我是单纯的”**却仅仅意味着，**“我”**这个表象在自身不包含丝毫的杂多性，它是绝对的（尽管纯然是逻辑的）统一性。

因此，这个如此著名的心理学证明只是建立在一个仅仅就某个人称而言来支配动词的表象之不可分割的统一性之上。但显而易见，通过依附思想的“我”，只是先验地表示出依存性的主体，并没有说明它的丝毫属性，或者关于它根本没有认识

或知道某种东西。它意味着一个一般的某物（先验的主体），其表象当然必须是单纯的，这正是因为人们在它那里根本没有规定任何东西，就像毫无疑问没有任何东西能够比通过一个纯然的某物的概念被表现得更加单纯一样。但是，一个主体的表象的单纯性却并不因此就是关于这主体本身的单纯性的知识，因为在用“我”这个完全空无内容的表述（我可以把它用于任何一个能思维的主体）来表示它的时候，它的种种属性就都被抽掉了。

如此说来也就毫无疑问，我通过这个“我”在任何时候都 A356
想到主体的绝对的、但却是逻辑的统一性（单纯性），然而并不是我由此就认识到我的主体的现实的统一性。就像“我是实体”这个命题无非意味着我不能具体地（经验性地）使用的纯粹范畴一样，我也被允许说“我是一个单纯的实体”，也就是说，这个实体的表象绝不包含杂多的一种综合；但就作为经验的一个对象的我自己而言，这个概念或者这个命题并没有告诉我们丝毫的东西，因为实体的概念本身只是被当做综合的功能来使用，没有匹配的直观，因而没有客体，只是适用于我们的知识的条件，但并不适用于某个相关的对象。我们要对这个命题被信以为真的可用性作一番试验。

每一个人都必须承认，灵魂的单纯本性的主张，只是就我 〔225〕
能够由此把这个主体与一切物质区别开来、从而使灵魂免除这些物质在任何时候都承受着的衰败而言才具有一种价值。真正说来，上述命题也完全是着眼于这种用途，因此它在大多数情况下也被这样来表述：灵魂不是有形体的。现在，如果我能够
指出，尽管人们承认理性的灵魂说的这个基本命题在一个（从 A357
纯粹范畴出发的）纯然的理性判断的纯粹意义上具有客观的有效性（凡是思维的东西，都是单纯的实体），然而，在灵魂与物质异类或者相似方面，这个命题却不能有丝毫的应用，那

么，这也就等于是说，好像我已把这个被信以为真的心理学洞识放逐到缺乏客观应用的实在性的纯然理念的领域里了。

在先验感性论中，我们已经无可争辩地证明了，物体是我们外感官的纯然显象，而不是物自身。据此，我们就有理由说，我们能思维的主体不是有形体的，也就是说，既然它被我们表现为内感官的对象，所以，就它在思维而言，它就不能是外感官的对象，亦即不是空间中的显象。这就等于是要说：能思维的存在者**作为这样的存在者**，绝不在外部显象中间呈现给我们；或者，我们不能在外部直观到这样的存在者的思想、意识、欲望等等；因为这一切都属于内感官。事实上，这一论证看起来也是自然的和通俗的论证，甚至最平常的知性也似乎历
A358 来都落在它上面，很早就已经开始把灵魂视为与物体完全不同的存在者了。

但是，尽管广延、不可入性、联系和运动，总而言之，只要是外感官能够给我们提供的一切，就都不是思想、情感、偏好或者决定，或者包含着这样的东西，这些在任何地方都不是外部直观的对象，然而，作为外部现象的基础，如此刺激我们的感官，使得感官获得空间、物质、形象等等的表象的这个某物，这个作为本体（或者更好地说作为先验的对象）来看的某
〔226〕物，毕竟还能够同时是思想的主体，虽然我们通过我们的外感官由此被刺激的方式所获得的不是关于表象、意志等等的直观，而纯然是关于空间及其种种规定的直观。但这个某物不是有广延的，不是不可入的，不是复合的，因为所有这些谓词只是就我们被诸如此类的（除此之外对我们来说未知的）客体刺激而言，才关涉到感性及其直观。但是，这些表述根本不使人认识到，这是一个什么对象，而是仅仅使人认识到，作为这样
A359 一个无须与外感官相关而就其自身而言被考察的东西，不能把外部显象的这些谓词赋予它。然而，内感官的谓词，亦即表象

和思维，却与它并不矛盾。据此，即使承认本性是单纯的，如果人们把物质（如人们应当的那样）纯然视为显象的话，那么，就物质的基底而言，人类灵魂根本没有与物质充分地区别开来。

如果物质是一个物自身，那么，它作为一个复合的存在者，就会与作为一个单纯的存在者的灵魂全然有别了。但现在，物质是纯然外部的显象，它的基底根本不通过任何可以陈述的谓词被认识；因而关于这个基底，我尽可以假定：它就自身而言是单纯的，虽然它以刺激我们感官的方式在我们里面产生出有广延者的直观，从而产生出复合物的直观；因此，就我们的外感官而言具有广延的实体，就自身而言是拥有思想的，这些思想通过该实体的内感官就能够被有意识地表现出来。以这样的方式，某种东西在一种关系上叫做有形体的，在另一种关系上就会同时是能思维的存在者，我们虽然不能直观到它的思想，但毕竟能够直观到它的思想在显象中的标志。这样一来，说惟有灵魂（作为特殊种类的实体）能思维，这种表述就被取消了；毋宁说，这如通常那样意味着人能思维，亦即正是 A360
作为外部显象而有广延的东西，内在地（就自身而言）是一个主体，这个主体不是复合的，而是单纯的并且能思维。

但是，即使不允许诸如此类的假说，人们也可以一般地说明，如果我把灵魂理解为一个能思维的存在者自身，那么，灵魂与物质（根本不是物自身、而仅仅是我们里面的一种表象的 〔227〕
物质）是否同类，这个问题就自身而言就已经是不适当的了；因为这已经是不言而喻的，即一个物自身与纯然构成它的状态的种种规定具有不同的性质。

但是，如果我们不是把能思维的我与物质、而是把它与作为我们称为物质的外部显象的基础的理知物进行比较，那么，由于我们关于后者根本不知道任何东西，所以我们也就不能说，灵魂与这个理知物在某一方面有内在的区别。

据此，单纯的意识并不是关于我们的主体的单纯本性的知识，是就这种意识并不由此与作为一种复合物的物质区别开来而言的。

但是，如果这个概念在它可用的惟一场合，亦即在我自己与外部经验的对象的比较中，并不适用于规定我自己的本性的特殊有别的东西，那么，人们尽可以一直伪称知道，能思维的
A361 我亦即灵魂（内感官的先验对象的一个名称）是单纯的；但这一表述却由此而根本没有延伸到现实对象的应用，因而丝毫不能扩展我们的知识。

这样，全部理性心理学就随着其主要支柱倒台了，而且在这里和在别处一样，我们都很少能够希望，通过纯然的概念（更没有希望通过我们的一切概念的纯然主观形式亦即意识）、无须与可能的经验相关就扩充洞识，尤其是因为甚至**单纯的本性**这个基础概念也具有这样的性质，即它在任何地方都不能在经验中遇到，因而也就根本不存在把它作为一个客观有效的概念来达到它的途径。

第三谬误推理：人格性

在不同的时间里意识到它自己在数目上的同一性的东西，就此而言是一个人格。

如今灵魂就是……

因此，灵魂就是一个人格。

〔228〕 对先验心理学的第三个谬误推理的批判

如果我要通过经验来认识一个外部对象在数目上的同一性，
A362 那么，我将注意其余的一切作为规定都与作为主体的它相关的

那个现象的持久的东西，并且发现那持久的东西在其余的一切发生变迁的时间中的同一性。但现在，我是内感官的一个对象，而一切时间都纯然是内感官的形式。所以，我把我的所有的和每一个演替的规定都与在一切时间中，亦即在对我自己的内部直观的形式中数目上同一的自我相关联。在这一基础上，灵魂的人格性就必须根本不是被视为推理出来的，而是被视为自我意识在时间中的一个完全同一的命题，而且这也是这个命题之所以先天有效的原因。因为它所说的确实无非是：在我意识到我自己的全部时间里，我意识到这个时间是属于我自己的统一性的；而且我是说这全部时间是作为个别的统一性在我里面，还是说我以数目上的同一性处在所有这些时间中，这全都是一回事。

因此，在我自己的意识中不可避免地能够遇到人格的同一性。但是，如果我从另一个人的角度来观察我自己（作为他的外部直观的对象），那么，这个外部的观察者将首先**在时间中**考虑我，因为在统觉中，**时间**真正说来只是在我里面被表现的。因此，即使他承认这个在所有的时间里都在我的意识中伴 A363
随着、并且以完全的同一性伴随着一切表象的“我”，但他毕竟还不能从这个“我”推论到我自己的客观的持久性。因为既然在这种情况下，观察者将我置入其中的时间并不是在我自己的感性中，而是在他的感性中遇到的时间，所以与我的意识必然相结合的同一性就并不因此而与他的意识，亦即与对我的主体的外部直观相结合。

因此，在不同的时间中对我自己的意识的同一性只不过是我的思想及其联系的一个形式条件罢了，但根本不证明我的主体在数目上的同一性；在我的主体里面，虽然有“我”的逻辑同一性，但仍有可能发生一种不允许保持“我”的同一性的变迁，尽管始终还有听起来一样的“我”可以归之于前一个 〔229〕
“我”；后一个“我”在任何别的状态中，甚至在主体的转换中，毕竟总是能够保持先行主体的思想并把它传递给继起的主体。①

A364 尽管一旦人们接受实体，一些古老的学派的命题，即世界上万物皆**流**，无物**常驻**，就不可能成立，但它毕竟不是被自我意识的统一性驳倒的。其实我们自己不能从我们的意识出发来判断，我们作为灵魂是否是持久的，因为我们只把我们意识到的东西归于我们同一的自我，并且这样一来当然就必然作出判断，我们在我们意识到的整个时间里都是同一个灵魂。但站在一个外人的立场上，我们由此还不能宣布这是有效的，因为既然我们在灵魂那里所遇到的持久的显象无非是伴随并联结一些表象的"我"这个表象，所以我们绝不能澄清，这个"我"（一个纯然的思想）是否像其余由此而相互连成串的思想那样都是流转的。

A365 但值得注意的是，灵魂的人格性及其前提条件，亦即其持久性，从而还有其实体性，现在才必须得到证明。因为如果能够预设这些东西，那么，虽然由此还不会得出意识的持存，但毕竟会得出一个常驻的主体中的一种持续的意识的可能性，这对于人格性来说就已经够了，人格性并不由于其作用一时被打

① 一个弹性的球沿直线方向撞击另一个同样的球，把自己的全部运动，从而把自己的全部状态（如果人们只注意空间中的位置）传递给后者。如果你们按照与诸如此类的物体的类比假定一些实体，其中一个实体把表象连同其意识撞入另一个实体，那么，就可以设想一整个序列的实体，其中第一个实体把自己的状态连同其意识传递给第二个实体，这第二个实体把它自己的状态连同前一个实体的状态传递给第三个实体，这第三个实体同样传递前面所有实体的状态连同它自己的状态及其意识。因此，最后的实体就会把在它之前被改变了的实体的一切状态都意识成为它自己的状态，因为那些状态连同意识都被过渡到它里面，而尽管如此，它毕竟不会是所有这些状态中的同一个人格。

断，其本身就立刻终止。但是，这种持久性并不是在我们从同一的统觉推论出来的我们自己在数目上的同一性之前就不通过 〔230〕
任何东西被给予我们的，而是由这种同一性才推论出来的（而且如果正确地进行，则只能经验性地使用的实体的概念，就必须继这种同一性之后才出现）。既然人格的这种同一性绝不是在我认识我自己的所有时间的意识中从“我”的同一性得出的，所以，上面也不能把灵魂的实体性建立在人格的同一性上。

然而，就像实体和单纯物的概念可以保留一样，人格性的概念（就它是纯然先验的，亦即是主体的统一性而言，此外这个主体不为我们所知，但在它的种种规定中却有一种通过统觉的无例外联结）也可以保留；就此而言，这个概念对实践的应用来说也是必要的和充分的；但是，我们绝不能把它当做我们 A366
通过纯粹理性的自我认识的扩展来炫耀，这样的扩展从同一自我的纯然概念出发给我们假装出主体的一种不断的持存，因为这个概念始终是围绕自己本身旋转的，而且不在着眼于综合知识的任何问题上使我们继续前进。物质是一种什么样的物自身（先验的客体），这虽然是我们完全不知道的，但尽管如此，物质在被表现为某种外部的东西时，作为显象的物质的持久性却毕竟是可以观察到的。但是，既然在我要不顾一切表象的变迁而观察纯然的“我”时，除了我自己连同我的意识的普遍条件之外，没有我进行比较的其他相关物，所以对于一切问题，我只能给出同义反复的回答，因为我把我的概念及其统一性加给了属于作为客体的我的属性，预设了人们要求知道的东西。

第四谬误推理：观念性

其存在只是作为被给予的知觉的一个原因而被推论出来的东西，具有一种仅仅可疑的实存。

A367 现在，一切外部显象都具有这样的性质，即它们的存在不能被直接知觉到，而是仅仅作为被给予的知觉的原因被推论出来。

〔231〕所以，外感官的一切对象的存在都是可疑的。这种不确定性我称之为外部显象的观念性，而这种观念性的学说就叫做**唯心论**，相比之下，认为外感官的对象有一种可能的确定性的主张被称为**二元论**。

对先验心理学的第四个谬误推理的批判

首先我们要检验前提。我们能够有理由来主张，惟有在我们自己里面的东西才能被直接地知觉到，而且惟有我自己的实存才能是一种纯然知觉的对象。因此，在我（如果这个词是在理智的意义上采用的）之外的一个现实对象的存在绝不是径直在知觉中被给予的，而是只能作为知觉的外部原因被在思想上附加给作为内感官的一种变状的知觉，因而被推论出来。因此，**笛卡尔**也有理由把一切最狭义的知觉限制在“我（作为一
A368 个能思维的存在者）在”的命题上。因为显而易见，既然外部的对象不在我里面，我就不能在我的统觉中遇到它，因而也就不能在真正说来只是统觉的规定的知觉中遇到它。

因此，我真正说来不能知觉到外部的事物，而只能从我的内部知觉推论到他们的存在，因为我把内部知觉视为结果，某种外部的东西是其最切近的原因。但现在，从一个被给予的结果向一个确定的原因的推论在任何时候都是不可靠的，因为结果可能产生自不止一个原因。据此，就知觉与其原因的关系而言，这原因是内部的还是外部的，因而一切所谓的知觉是否是我们内感官的一种纯然游戏，或者它们是否与作为其原因的外部现实事物相关，这在任何时候都依然是可疑的。至少，后者的存在只是推论出来的，而且要冒一切推理的危险，因为与此

相反，内感官的对象（我自己连同我的一切表象）是直接知觉到的，而其实存根本不应收到怀疑。

因此，人们必须不把**唯心论者**理解成为否定感官的外部对象的存在的人，而是理解成为仅仅不承认这种存在通过直接的知觉被认识到的人，但由此就得出，我们通过一切可能的经验也永远不能完全确知外部对象的现实性。〔232〕 A369

在我按照我们的谬误推理的骗人的外表展示它之前，我必须首先说明，人们必须区分双重的唯心论，即先验的唯心论和经验性的唯心论。我把一切显象的**先验的唯心论**理解成为这样一个学术概念，按照它，我们把所有的显象均视为纯然的表象，而不视为物自身；而且根据它，时间和空间只是我们的直观的感性形式，而不是作为物自身的客体的独立被给予的规定或者条件。与这种唯心论相对立的，是一种**先验的实在论**，它把时间和空间视为某种就其自身而言（不依赖于我们的感性）被给予的东西。因此，先验的实在论者把外部的显象（如果人们承认它们的现实性）表现为物自身，它们不依赖于我们和我们的感性而实存，因而按照纯粹的知性感念也是外在于我们的。真正说来，这种先验的实在论者就是后来扮演经验性的唯心论者的人，而且在他关于感官的对象错误地假定，如果它们应当是外部的，就必须就其自身而言无须感官也有其实存之后，就在这一观点上发现我们感官的一切表象都不足以确定感官对象的现实性了。

与此相反，先验的唯心论者可能是一个经验性的实在论者，从而像人们称谓他的那样，可能是一个**二元论者**，也就是说，承认物质的实存，无须超出纯然的自我意识，无须假定比我里面的表象的确定性，从而比 cogito，ergo sum［我思，故我在］更多的东西。因为既然他承认这种物质、甚至物质内在的可能性仅仅是显象，这种显象与我们的感性分开就什么也不 A370

是，那么，物质在他那里就只是一种表象（直观），这种表象叫做外部的，并不是好像它们与**就自身而言外部的**对象有关似的，而是因为它们使知觉与空间相关，在空间中一切都彼此外在，而空间自己却在我们里面。

〔233〕从一开始，我们就已经宣布我们是赞同这种先验的唯心论的。因此，对于我们的学术概念来说，就像我自己作为一个能思维的存在者的存在一样，根据我们纯然的自我意识的见证来假定物质的存在，并由此宣称这种存在已得到证明，这方面的所有疑虑都没有了。因为我毕竟意识到我的表象；因此，这些表象和拥有这些表象的我自己都是实存的。但现在，外部对象（物体）纯然是显象，因而也无非是我的一种表象，其对象惟有通过这些表象才是某种东西，与这些表象相分离就什么也不
A371 是。因此，无论是外部事物还是我自己都实存，而且二者都根据我的自我意识的直接见证，区别只是我自己作为能思维的主体，其表象仅仅与内感官相关，而表示有广延的存在者的表象则也与外感官相关。为了外部对象的现实性，我不需要进行推论，就像在我的内感官的对象（我的思想）的现实性方面一样；因为在这两方面，对象无非是表象，其直接的知觉（意识）同时是其现实性的充分证明。

因此，先验的唯心论者是一个经验性的实在论者，并承认作为现象的物质有一种不可以推论出来、但可以直接知觉到的现实性。与此相反，先验的实在论必然陷入尴尬，并发现自己被迫对经验性的唯心论作出让步，因为它把外感官的对象视为某种与感官本身有别的东西，把纯然的现象视为存在于我们之外的独立的存在者；这样一来，即使我们对我们关于这些事物的表象有极清楚的表象，也还远远不能确定，如果表象实存，则与表象相应的对象也实存；与此相反，在我们的体系中，这
A372 些外部事物，即物质，在其一切形状和变化中都无非是纯然的

显象，也就是说，是我们里面的表象，其现实性是我们直接意识到的。

既然就我所知，一切拥护经验性的唯心论的心理学家都是先验的实在论者，所以他们当然完全一贯地行事，非常重视经验性的唯心论，把它当做人类理性很难使自己摆脱的问题之 〔234〕
一。因为事实上，如果人们把外部显象视为由其对象作为就自身而言存在于我们之外的事物而在我们里面造成的表象，那就可以看出，除了通过从结果到原因的推理之外，人们不能以别的方式认识这些事物的存在；而这样一来，那原因究竟是存在于我们里面，还是存在于我们之外，就必然始终是可疑的了。现在，人们虽然可以承认，某种在先验意义上可能处于我们之外的东西是我们的外部直观的原因；但这并不是我们在物质和有形体事物的表象下所理解的对象；因为这些表象都仅仅是显象，也就是说，是纯然的表象方式，它们在任何时候都仅仅存在于我们里面，它们的现实性如同对我自己的思想的意识一样，都基于直接的意识。先验对象无论就内部直观而言还是就外部直观而言都同样是不为人知的。但这里所说的也不是这种 A373
先验对象，而是经验性对象；经验性对象如果在**空间**中被表现，就叫做**外部**对象，如果仅仅在**时间关系**中被表现，就叫做**内部**对象；但空间和时间二者都只能**在我们里面**发现。

然而，由于“**在我们之外**”这个表述本身带有一种不可避免的歧义性，它时而意味着作为**物自身**而与我们有别地实存的某种东西，时而意味着仅仅属于外部显象的某种东西，所以，为了使这个概念在后一种意义上，即在关于我们的外部直观的实在性的心理学问题真正说来被接受的意义上，免除不可靠性，我们就要径直把**经验性上的外部**对象称为**可以在空间中遇到的**事物，由此把它们与在先验意义上叫做外部对象的对象区别开来。

空间和时间虽然是还在一个现实的对象通过感觉规定我们

的感官，以便在那些感性的关系下把它表现出来之前，就作为我们的感性直观的形式寓于我们里面的先天表象，然而，这种质料的或者实在的东西，这个应当在空间中被直观的某物，却必然以知觉为前提条件，不依赖于显示空间中的某物的现实性
A374 的知觉，这个某物就不能通过任何想象力构想或者产生出来。
〔235〕 因此，感觉是根据其与感性直观的这种或者那种方式相关而在空间和时间中表示一种现实性的东西。一旦有感觉被给予（如果感觉被用于一个一般对象而不规定这个对象，它就叫做知觉），就可以通过感觉的杂多性来在想象中构想某种对象，这对象在想象之外在空间和时间中没有经验性的位置。这是毫无疑问地确定的；人们尽可以提到快乐与痛苦等感觉，或者也提到外感官的感觉如颜色、热等等，知觉都是为思维感性直观的对象而必须首先给出材料所凭借的东西。因此（我们现在只考虑外部直观），这种知觉表现着空间中的某种现实的东西。因为第一，知觉是一种现实性的表象，就像空间是一种并存的纯然可能性的表象一样。第二，这种现实性是在外感官之前，亦即是在空间中被表现的。第三，空间本身不外是纯然的表象；因此，在空间中就惟有在它里面被表现的东西才能够被视为现
A375 实的，① 而反过来，在空间中被给予亦即通过知觉被表现的东

① 人们必须好好留意这个悖谬却又正确的命题，即在空间中除了在它里面被表现的东西之外一无所有。因为空间本身无非是表象；所以，凡是在它里面的东西，都必须包含在表象中，而除了实际上在空间中被表现的，在空间中也根本没有任何东西。说一个事物惟有在关于它的表象中才能够实存，这个命题听起来当然必定令人觉得奇怪，但在这里，由于我们与之打交道的事物并不是物自身，而仅仅是显象，亦即是表象，这个命题就不令人反感了。

西，在空间中也是现实的；因为如果这东西在它里面不是现实的，亦即不是直接通过经验性的直观被给予的，那么，它也就不能被构想出来，因为人们根本不能先天地认识直观的实在的东西。

因此，一切外部知觉直接地证明着空间中的某种现实的东西，或者毋宁说是现实的东西本身，就此而言，经验性的实在论是毫无疑问的，也就是说，空间中有某种现实的东西与我们的外部直观相应。当然，空间本身连同它的所有作为表象的显象都在我里面，但在这个空间中，毕竟仍然有实在的东西或者外部直观的一切对象的材料，现实地、不依赖于一切构想被给予出来，而且在**这个空间**中也不可能有某种**在我们之外**的东西 〔236〕
（在先验的意义上）被给予出来，因为在我们的感性之外的空间本身什么也不是。因此，最严格的唯心论也不能要求人们证明，我们之外（在严格的意义上）的对象与我们的知觉相适 A376
应。因为即使存在有诸如此类的东西，它也毕竟不能被表象和直观成为在我们之外，因为这是以空间为前提条件的，而作为一个纯然表象的空间中的现实性无非就是知觉本身。因此，外部显象的实在的东西惟有在知觉里面才是现实的，而且不能以任何别的方式是现实的。

从知觉能够产生出对象的知识，要么是通过想象的单纯活动，要么是凭借经验。而这时，当然会产生对象不与之相适应的虚假表象，而且在这里，欺骗有时可归之于想象的幻觉（在梦中），有时可归之于判断力的错误（在所谓感官的欺骗中）。为了在这里避开虚假的外表，人们按照如下的规则行事：**按照经验性的规律与一个知觉相联系的，就是现实的**。然而，无论是这种欺骗还是对这种欺骗的抵制，都既涉及唯心论也涉及二元论，因为这里只与经验的形式相关。经验性的唯心论作为对我们的外部知觉的客观实在性的一种错误的疑虑，对它的反驳

A377 已经很充分了：外部知觉直接证明着空间中的一种现实，这个空间虽然就自身而言只不过是表象的纯然形式罢了，但就一切外部显象（外部显象也无非是表象）而言却具有客观的实在性；此外，如果没有知觉，甚至构想和梦也不可能，因此，我们的外感官就经验能够由之产生的材料而言在空间中具有现实的相应对象。

独断的唯心论者会是**否认**物质的存在的唯心论者，而**怀疑的**唯心论者则会是**怀疑**物质的唯心论者，因为他把物质视为不可证明的。前者之所以如此，只是因为他相信在一般物质的可能性中发现了种种矛盾；而我们现在还不想与这种唯心论者打
〔237〕 交道。关于辩证推理的下一章，将就属于经验的联系的东西之可能性的概念而言，来介绍处于其内在冲突之中的理性，它也将消除这种困难。但仅仅攻击我们的主张的根据、宣称我们相信建立在直接的知觉之上的关于物质存在的劝说并不充分的怀疑的唯心论者，却就他迫使我们甚至在平常经验的极微小的进
A378 步时都要小心谨慎、不马上把我们也许只是骗取来的东西当做正当获得的而纳入我们的财产而言，是有益于人类理性的人。唯心论的异议在这里所造成的好处，如今已是清晰可见了。这些异议极力推动我们，如果我们不想在我们最平常的主张中也纠缠不清的话，就把一切知觉，无论它们叫做内部知觉还是叫做外部知觉，都仅仅视为对依赖于我们感性的东西的一种意识，而把这些知觉的外部对象不是视为物自身，而是仅仅视为表象；我们能够直接意识到这些表象，正如我们能够直接意识到任何其他表象一样；但它们之所以叫做外部表象，乃是因为它们依赖于我们称为外感官的那种感官；外感官的直观就是空间，但空间本身毕竟不外是一种内部的表象方式，在其中某些知觉相互联结起来。

如果我们使外部对象被视为物自身，那就完全不可能理

解，由于我们仅仅依据在我们里面的表象，我们应当如何达到它们在我们之外的现实性的知识。因为人们毕竟不能在自身之外感觉，而只能在自身之内感觉，因此，整个自我意识所提供的无非仅仅是我们自己的种种规定。因此，怀疑的唯心论就迫使我们抓住这惟一留给我们的避难所，即求助于一切显象的观念性，这种观念性我们在先验感性论中就曾经不依赖于我们当 A379
时尚不能预见的这一切后果而阐明过了。如今，如果有人问，据此在灵魂学说中是否惟有二元论才是成立的，回答则是：当然！但只是在经验性的意义上；也就是说，在经验的联系中，确实有物质作为显象中的实体被给予外感官，就像能思维的我同样作为显象中的实体被在内感官之前给出一样；而这一范畴把一些规则引入我们的外部知觉的联系和内部知觉的联系，使 〔238〕
它们成为经验，显象在这两方面都必须按照这些规则相互联结起来。但是，如果人们要像通常发生的那样扩展二元论的概念，并在先验的意义上对待它，那么，无论是它还是与它相对立的**精神论**为一方，或者**唯物论**为另一方，都没有丝毫根据，因为在这种情况下，人们就错用了自己的概念的规定，把我们根据其自身所是的东西依然未知的对象的表象方式的不同视为这些事物本身的不同。通过内感官在时间中被表现的“我”和空间中在我之外的对象虽然在类上是完全有别的显象，但由此却并不被思维成不同的事物。作为外部显象的基础的**先验客体**和作为内部显象的基础的**先验客体**，都既不是物质，也不是一个能思维的存在者自身，而是既提供前一类的概 A380
念也提供后一类的概念的种种显象的一个不为我们所知的根据。

因此，如果我们像目前的批判明显迫使我们做的那样，忠实地遵循上面确定的规则，即不把我们的问题推进到可能的经验能够给我们提供其客体的程度之外，那么，我们就绝不会突发奇想，要根据我们的感官的对象就其自身而言，亦即无须与感官的关系所可能是的东西来了解这些对象。但是，如果心理学家把显象当做物自身来对待，不管他是作为唯物论者仅仅把物质纳入他的体系，还是作为精神论者仅仅把能思维的存在者纳入他的体系，还是作为二元论者把二者都作为独立实存的事物纳入他的体系，他都会总是被误解拖累在关于毕竟不是物自身、而只是一个事物的显象的东西如何能够就自身而言而实存的玄思方式上。

A381 **根据这些谬误推理对纯粹的灵魂说的总体的考察**

如果我们把作为内感官的自然学的**灵魂说**与作为外感官的对象的自然学的**物体说**进行比较，那么，除了在这二者中都能
〔239〕够经验性地认识许多东西之外，我们毕竟还发现了这种显著的区别，即在后一门科学中，许多东西先天地从一个有广延的、不可入的存在者的纯然概念出发就能够被综合地认识到，而在前一门科学中，从一个能思维的存在者的概念出发根本不能先天综合地认识任何东西。其原因如下：尽管二者都是显象，但外感官面前的显象毕竟拥有某种固定的或者常驻的东西，提供一种作为可变的规定之基础的基底，从而提供一个综合的概念，亦即关于空间和空间中的显象的概念，而作为我们的内部直观的惟一形式的时间却不拥有常驻的东西，从而仅仅使人认识各种规定的变迁，却不使人认识可规定的对象。因为在我们称为灵魂的东西中，一切都处在不断的流动中，除了（如果人们绝对要如此表述的话）那个单纯的“我”之外，没有任何常驻的东西，而那个“我”之所以是单纯的，乃是因为这个表象没有任何内容，因而也没有任何杂多性，所以它也显得是在表现、更准确地说是在表示一个单纯的客体。要想有可能实现关

于一个能思维的一般存在者的本性的纯粹理性知识，这个 A382
“我”就必须是一个直观，它既然在一切思维中（先于一切经验）都被当做前提条件，就作为先天直观提供出综合命题。然而，这个“我”却不是直观，正如它不是关于某一个对象的概念一样，而是能够伴随两种表象，并且就还有某种为一个对象的表象呈现材料的别的东西在直观中被给予出来而言能够把两种表象提升为知识的那个意识的纯然形式。因此，整个理性心理学作为一门超出人类理性一切力量的科学就作废了，而给我们剩下来的就无非是根据经验的导线来研究我们的灵魂，并坚守在不超出可能的内部经验能够展示其内容的范围之外的问题的限制之内。

但是，尽管它作为扩展的知识不具有任何用途，而且这样的知识还是由纯然的谬误推理复合而成的，但是，如果它应当被视为无非是对我们的辩证推理，而且是平常的和自然的理性的辩证推理的一种批判的探讨的话，人们毕竟还是不能否认它有一种重要的消极用途。 〔240〕

我们为什么需要一种纯然建立在纯粹的理性原则之上的灵 A383
魂说呢？毫无疑问，主要意图是为了针对唯物论的危险来保障我们能思维的自我。但是，这是我们已经给出的关于我们能思维的自我的理性概念完成的。因为根据这个概念，远远不会还剩下一些惧怕，即如果人们除去物质，一切思维乃至能思维的存在者的实存就会由此被取消，毋宁说它清楚地表明，如果我除去能思维的主体，整个物体世界就必然消逝，因为物体世界无非是我们主体的感性中的显象和主体的一种表象罢了。

由此，我固然不能更好地根据其属性来认识这个能思维的自我，也不能看出它的持久性，甚至就连它的实存对外部显象的某个先于基底的独立性也不能看出；因为无论是这种基底，还是那个能思维的自我，都是不为我所知的。但是，由于我除了从纯然思辨的根据出发之外，仍有可能从别处获得理由来希望我的能思维的本性有一种独立的、不顾我的状态的所有可能的变迁而仍然持久的实存，所以，即使坦率承认我自己的无
A384 知，也仍然能够击退一个思辨对手的独断进攻，并且向他指出，关于我的主体的本性，他为了否认我的种种期望的可能性而能够知道的，绝不多于我为了坚持这些期望而能够知道的，这已经是所获颇丰了。

建立在我们心理学概念的这种先验外表之上的，还有三个辩证的问题，它们构成了理性心理学的真正目标，而且除了通过上述研究之外，不能以任何别的方式来裁定。这三个辩证问题是：1. 关于灵魂与一个有机物体的共联性之可能性的问题，亦即关于人的生命中的动物性和灵魂状态的问题；2. 关于这种共联性的开始的问题，亦即关于人出生时和出生前的灵魂的问题；3. 关于这种共联性的终结的问题，亦即关于人死时和死后的灵魂的问题（关于不死性的问题）。

我断言，人们认为在这些问题中所发现的、人们当做独断的异议试图以之博得对事物的本性有比平常的知性所能有的一种更深刻的洞识的声望的所有困难，都依据一种纯然的幻觉，
〔241〕 人们按照这种幻觉把纯然在思想中实存的东西实体化，以同样的性质把它假定为在能思维的主体之外的一个现实的对象，也就是说，把无非是现象的广延视为外部事物的一种即便没有我
A385 们的感性也自存的属性，把运动视为它们即便在我们的感官之外也就自身而言实际发生的结果。因为其与灵魂的共联性激起如此之大的疑虑的物质，无非是一种纯然的形式，或者是通过人们称为外感官的那种直观来表现一个未知对象的某种方式。因此，可能有某种东西在我们外面，我们称为物质的这种显象与它相应；但是，在这种作为显象的形状中，它却不在我们外

面，而是仅仅作为一个思想在我们里面，尽管这个思想通过所说的感官把它表现为存在于我们外面的。因此，物质并不意味着实体与内感官的对象（灵魂）完全有别的、异质的种类，而仅仅意味着一些（就自身而言不为我们所知的）对象的显象的异类性，我们称它们的表象为外部的，乃是与我们归之于内感官的表象相比较而言的，尽管它们与其他一切思想一样，都同样纯然属于能思维的主体；只不过它们自身具有这种迷惑人的东西，即既然它们是表现空间中的对象的，它们就显得仿佛是从灵魂脱落、在灵魂之外飘浮似的，但即便是它们在其中被直观到的空间，也无非是一个表象，我们在灵魂之外根本找不到其处于同样性质之中的对应物。如今，问题不再是灵魂与我们外面的另一些已知的和异类的实体的共联性，而纯然是内感官 A386
的表象与我们外部感性的种种变状的联结，而且不管这些变状如何按照恒常的规律相互联结，以至于在一个经验中相互联系。

只要我们把内部显象和外部显象都作为经验中的表象相互结合起来，我们就不会发现悖理的东西和使得两种感官的共联性令人觉得奇怪的东西了。但是，一旦我们把外部经验实体化，不再把它们当做表象，而是**以它们存在于我们里面的同样性质也当做在我们外面独立存在的事物**，而把它们作为显象在 〔242〕
关系中相互显示出的活动与我们能思维的主体联系起来，那么，我们就有了在我们外面的作用因的一种性质，这种性质与该作用因在我们里面的结果是无法协调的，因为前者仅仅与外部感官相关，而后者却与内感官相关，这些感官虽然被结合在一个主体中，但却是极不同类的。在外感官中，除了位置的变化之外，我们没有任何别的外部结果，而且除了以空间中的关系为其结果的种种努力之外，我们也没有任何力量。但在我们里面，结果却是思想，在思想中间不存在位置的关系、运动、 A387

形象或者一般的空间规定，而且我们在应当显示在内感官之中的结果那里完全失去了原因的导线。但是我们应当考虑到：物体并不是对我们来说在场的对象自身，而是谁也不知道的一种未知对象的纯然显象；运动并不是这个未知原因的结果，而纯然是它对我们感官的影响的显象；因此，二者都不是在我们外面的某物，而纯然是在我们里面的表象，因而并不是物质的运动在我们里面造成表象，而是运动本身（因而还有由此而使自己可被认识的物质）是纯然的表象；而最后，整个自作自受的困难的结果就是：我们的感性的表象是如何亦即通过什么原因如此相互结合，以至于我们称为外部直观的那些表象能够按照经验性的规律被表现为在我们外面的对象；这个问题根本不包含被信以为真的那种困难，即通过我们把一种未知的原因的显象当做在我们外面的原因，而从存在于我们外面的、完全异类的作用因来解释表象的起源；这样做只能造成混乱。在出现了因长期的习惯而根深蒂固的误解的那些判断中，不可能使纠正
A388 立刻获得在没有诸如此类不可避免的幻觉来搅乱概念的其他场合所能够要求的那种可理解性。因此，我们把理性从种种诡辩的理论中这样解放出来，将很难说已经拥有使它完全满足所必需的那种明晰性。

我相信以如下方式将能够增进这种明晰性。

〔243〕 所有的**异议**可以划分为**独断的异议**、**批判的异议**和**怀疑的异议**。独断的异议是针对一个**命题**的异议，而批判的异议则是针对一个命题的**证明**的异议。前者为了能够主张该命题关于对象所伪称的东西的对立面，就需要对这个对象的本性的性状有一种洞识；因此它本身是独断的，并且伪称比对方更好地认识所说的性状。批判的异议由于并不在命题的有价值或者无价值方面触及命题，而是仅仅抨击证明，所以根本不需要更好地认识对象，或者自以为对这个对象有一种更好的知识；它只是指

出这种主张是没有根据的，但并不指出它是错误的。怀疑的异议把命题和反命题当做同等重要的异议相互对立起来，把双方中的每一方都交替地当做教条，而把另一方当做其异议，因而在两个对立的方面看起来都是独断的，结果是完全摧毁了关于 A389
对象的一切判断。因此，无论是独断的异议还是怀疑的异议，二者都必须伪称对自己的对象所拥有的洞识之多，恰如对该对象肯定地或者否定地有所主张所必需。然而，批判的异议却具有这样的性质，即由于它仅仅指出，人们为了自己的主张而假定了空无的、纯然想象的东西，所以理论之所以倒台，乃是因为它抽掉了该理论自诩的基础，除此之外，它并不想关于对象的性状澄清某种东西。

现在，按照理性就我们能思维的主体与我们外面的事物处于其中的共联性而言的平常概念，我们是独断的，并且按照某种先验的二元论把这些事物视为真实的、不依赖于我们而存在的对象；这种先验的二元论并不把那些外部显象当做表象归于我们主体，而是把它们如同感性直观向我们提供的那样作为客体置于我们外面，并把它们与能思维的主体完全分离开来。这种置换是关于灵魂与肉体之间的共联性的一切理论的基础，而且从来都没有问一问，显象的这种客观实在性究竟是不是如此完全正确，相反，这种客观实在性被预设为已得到承认的，并仅仅对它必须如何解释和理解的方式作出玄思。通常在这方面有三种体系被构想出来，而且实际上也只有三种可能的体系， A390
这就是**自然影响**的体系、**预定和谐**的体系和**超自然的襄助**的 〔244〕
体系。

对灵魂与肉体的共联性的后两种解释方式是建立在对前一种解释方式的异议之上的，而前一种解释方式则是平常知性的想象；也就是说，显现为物质的东西，通过其直接的影响不能是作为一种完全异质的结果的表象的原因。但在这种情况下，它们就不能把物质的概念与它们所理解的外部感官的对象相结合，物质无非是显象，因而就自身而言已经是通过某些外部对象所造成的纯然表象；因为若不然它们就会说，外部对象的表象（显象）不可能是我们心灵中的表象的外部原因；这就会是一种完全没有意义的异议，因为没有一个人会想到把它曾承认是纯然的表象的东西视为一种外部的原因。因此，按照我们的原理，它们必须把自己的理论集中在这一点上，即凡是我们的外感官的真正的（先验的）对象的东西，都不能是我们在物质
A391 这个名称下所理解的那些表象（显象）的原因。既然没有人能够有根据地宣称关于我们外感官的表象的先验原因知道些什么，所以它们的主张就是毫无根据的。但是，如果自然影响说的所谓改善者们想按照一种先验的二元论的通常表象方式把物质本身视为一种物自身（而且不是视为一个未知事物的纯然显象），而且把他们的异议集中于指明，除运动的因果性之外就自身而言不表明任何其他因果性的这样一种外部对象，绝不能够是表象的作用因，相反，必须有第三个存在者充当媒介，以便在两者之间即使不造成相互作用，至少也造成一致与和谐，那么，他们就会从把自然影响的 πρωτον ψευδος［根本虚妄］纳入他们的二元论开始自己的反驳，因而通过他们的异议所反驳的不仅是自然影响，而且也是他们自己的二元论预设。因为能思维的本性与物质的结合所遇到的一切困难，都毫无例外地
〔245〕 仅仅产生自那个骗取的二元论表象，即：物质本身不是显象，亦即不是心灵的纯然表象，有一个未知的对象与之相适应，而是对象自身，如其在我们外面并且不依赖于一切感性而实存那样。

A392 因此，针对通常假定的自然影响，并不能提出独断的异议。因为如果对手假定物质及其运动是纯然的显象，因而本身只是表象，那么，独断的异议就只能够把困难设定在这一点

上，即我们感性的未知对象不能是我们里面的表象的原因；但没有丝毫的东西使它有权以此为借口，因为关于一个未知对象，没有人能够澄清它能够做什么和不能够做什么。但是，按照我们上面的证明，如果他不想明显地把表象实体化，把表象作为真实的事物置于自身之外的话，他就必须必然地承认先验的唯心论。

尽管如此，对于通常的自然影响学说是能够提出一种有根据的**批判的**异议的。两种实体亦即能思维的实体和有广延的实体之间的这样一种伪称的共联性，以一种粗糙的二元论为基础，并且把毕竟无非是能思维的主体的纯然表象的有广延实体当做独立存在的事物。因此，被误解的自然影响必然由于人们揭示出其证明根据是虚妄的和骗取的而被完全挫败。

因此，如果人们去除一切想像出来的东西，那么，关于能思维者和有广延者的共联性这个臭名昭著的问题的结果就会仅仅是：**在一个一般的能思维的主体里面，外部直观**亦即空间 A393
（空间的充满、形象和运动）的直观**是如何可能的**。但对这个问题，没有一个人有可能找到一种答案，而且人们永远不能填补我们知识的这个漏洞，而是只能把外部现象归于一个先验对象来标出这个漏洞；这个先验对象就是这种表象的原因，但我们根本不认识它，而且也永远不会获得关于它的一些概念。在经验的领域可能出现的一切问题中，我们都把那些显象当做对象自身来对待，并不关心它们（作为显象）的可能性的最初根据。但如果我们超出它们的界限，一个先验对象的概念就成为必要的了。

从关于能思维的存在者和有广延的存在者之间的共联性的 〔246〕
这些预先提醒出发，对涉及能思维的本性在这种共联性之前（生前）或者在这样的共联性被取消之后（死后）的状态的一切争执或者异议的裁定就是一个直接的结果了。认为能思维的

主体在与肉体有任何共联性之前就能够思维的意见，就会这样来表达：在空间中的某种东西显现给我们所凭借的这种感性方
A394 式开始之前，在当前状态显现为物体的同样一些先验对象就已经能够以完全不同的方式被直观到。而认为灵魂在与物体世界的一切共联性都被取消之后仍然能够继续思维的意见，则会以这种形式来表现自己：如果先验的、如今完全未知的对象对我们显现为物质世界所凭借的感性方式应当终止，那么，由此也并没有取消对这些对象的一切直观；完全可能的是，同一些未知对象继续被能思维的主体所认识，尽管当然不再是以物体的性质被认识。

如今，虽然没有人能够援引丝毫的根据来从思辨的原则出发提出这样一种主张，甚至连阐明它的可能性也不能，而是只能预设它；但也同样没有人能够对此提出某种有效的独断异议。因为无论是谁，他关于外部的和有形体的显象的绝对的和内部的原因所知道的，与我和任何其他人所知道的都同样少。因此，他也不能有根据地宣称知道，外部显象在现今状态中（在活着时）的现实性所依据的是什么，因而也不能宣称知道，
A395 一切外部直观的条件或者还有能思维的主体本身在这种状态之后（在死后）将终止。

因此，关于我们能思维的存在者及其与物体世界的联结之本性的一切争论，都仅仅是人们在取消自己一无所知的东西时用理性的谬误推理来填空的一种后果，因为人们把自己的思想当成了事实并把它们实体化；由此就产生出自负的科学，无论就提出肯定主张的人而言还是就提出否定主张的人而言都是如此，因为每一方都要么自以为对没有人有任何概念的对象知道
〔247〕 些什么，要么把他自己的表象当做对象，并这样在歧义和矛盾的一个永恒的圈子中来回转。除非是一种严格的、但又公正的批判的冷静态度使人从通过想象出来的幸福把如此之多的人拖

在种种理论和体系中间的这种独断幻象中解放出来，并把我们的一切思辨要求仅仅限制在可能经验的领域，不是通过对屡遭失败的尝试的无聊嘲弄，或者通过对我们理性的限制善意叹惜，而是凭借按照可靠的原理对我们的理性实施的界限规定，这种规定极为可信地把它的 Nihil ulterius［不可逾越］写在赫尔库勒斯石柱上；这些赫尔库勒斯石柱是自然自己设立的，为的是我们理性的航程仅仅持续到经验那不断延展的海岸所及的地方；我们不可能离开这海岸，而又不冒险进入无边无际的大 A396
洋；这大洋通过总是骗人的景象终将迫使我们把一切艰辛又费时的努力都当做毫无希望的而放弃掉。

※　　※　　※

迄今为止，我们还没有对纯粹理性的谬误推理中的先验的却又是自然的幻相作出一种清晰而又普遍的讨论，此外，也还没有对谬误推理的系统的、与范畴表平行的顺序作出理由说明。在本章开始时，我们无法作出这种讨论和说明，而又不冒模糊不清的危险，或者以不适当的方式提前行动。现在，我们要尝试履行这项义务了。

人们可以把一切幻相都设定在这一点上，即思维的**主观**条件被视为对**客体**的知识。此外，我们曾在先验辩证论的导论中指出，纯粹理性仅仅涉及一个被给予的有条件者的条件之综合的总体性。既然纯粹理性的辩证幻相不能是在一定的经验性知识中出现的一种经验性的幻相，所以它将涉及思维之条件的普遍的东西，而纯粹理性的辩证应用只有三种情况： A397

1. 一般思想的种种条件的综合。
2. 经验性思维的种种条件的综合。
3. 纯粹思维的种种条件的综合。 〔248〕

在所有这三种情况里，纯粹理性只涉及这种综合的绝对总体性，亦即本身无条件的条件。三种先验幻相也是基于这种划分的；三种先验幻相为辩证论的三章提供了理由，并同样为出自纯粹理性的三种伪科学，亦即先验心理学、先验宇宙论、先验神学提供了理念。我们在这里只讨论第一种。

由于我们在一般思维中抽掉了思想与任何一个客体（无论
A398 它是感官的客体还是纯粹知性的客体）的一切关系，所以一般思想的种种条件的综合（第1条）就根本不是客观的，而纯然是思想与主体的一种综合，但这种综合却被误以为是一个客体的综合表象。

但由此也得出，推出一切一般思维的本身无条件的条件的辩证推理并不犯内容上的错误（因为它抽掉了一切内容或者客体），而是仅仅在形式上犯错误，且必须被称为谬误推理。

此外，由于伴随一切思维的惟一条件是“我思”这个全称命题中的“我”，因而理性所涉及的是这个本身无条件的条件。但是，这条件仅仅是形式的条件，亦即任何一种我抽掉了一切对象的思想的逻辑统一性，而且尽管如此却被表现为我所思维的一个对象，亦即“我”自己及其无条件的统一性。

如果有人一般而言给我提出如下问题：一个能思维的事物具有什么样的性状？则我先天地不知道丝毫的东西来回答它，因为答案应当是综合的（因为一个分析的答案也许解释了思维，但关于这个思维就其可能性而言所依据的东西，却没有给出任何扩展了的知识）。任何一种综合的解答都要求有直观，而直观在这个如此一般的课题中已经被完全删略了。同样，没有人能够就其一般性来回答如下问题：可运动的东西究竟必须是什么样的事物？因为不可入的广延（物质）在这种情况下并
〔249〕 没有被给予。尽管我一般地对前一个问题不知道任何答案，但我毕竟认为，我能够在个别场合以表述自我意识的命题“我
A399 思”来给出答案。因为这个“我”是最初的主体，亦即实体，它是单纯的，等等。但如此一来，这就必然是纯然的经验命

题，如果没有一个表达一般地和先天地进行思维的可能性的种种条件的普遍规则，这些命题仍然不能包含任何诸如此类的谓词（这些谓词不是经验性的）。以这样的方式，我那开始时如此明显的洞识，即对一个能思维的存在者的本性作出判断，而且是从纯粹的概念出发作出判断，就让我起疑了，尽管我还没有揭示它的错误。

然而，在我赋予我（作为一个一般的能思维的存在者）的种种属性的起源背后进一步作出探究，就能够揭示这种错误。这些属性无非就是纯粹的范畴，我绝不是用它们来思维一个确定的对象，而仅仅是用它们来思维种种表象的统一性，以便规定这些表象的一个对象。如果没有一个作为基础的直观，单是范畴就不能给我带来关于一个对象的任何概念；因为只有通过直观，对象才被给予，然后它才按照范畴被思维。如果我宣称一个事物是经验中的一个实体，那么，事先就必须有它的直观的种种谓词被给予我，我根据它们把持久的东西与可变的东西区别开来，把基底（事物本身）与纯然依存于基底的东西区别开来。如果我称一个事物**在显象中是单纯的**，那么，我由此理 A400
解的是，该事物的直观虽然是显象的一个部分，但本身却不能被分割，等等。但是，如果某种东西仅仅在概念中而不是在显象中被认识成为单纯的，那么，我由此实际上所拥有的知识根本不是关于一个对象，而仅仅是关于我对不能有任何真正的直观的某物形成的概念。我之所以说我把某种东西思维成为完全单纯的，只是因为我除了说它是某物之外，委实没有什么别的可说。

如今，纯然的统觉（我）是概念中的实体，在概念中是单纯的，等等；这样一来，所有那些心理学的学说都具有其无可争议的正确性。尽管如此，由此毕竟绝对没有认识到灵魂的那种人们本来想知道的东西；因为所有这些谓词都根本不适用于

〔250〕直观，因而也都不能有任何可以用于经验对象的结果，所以它们就完全是空洞的。因为那个实体概念并不告诉我灵魂独自就持续存在，并不告诉我它是外部直观的一个本身不能再被分割、因而不能通过自然的任何变化有生或者有灭的部分；这些都完全是能够使我在经验的联系中认识灵魂、就其起源和未来
A401 状态给我作出说明的属性。但现在，如果我通过纯然的范畴说：灵魂是一个单纯的实体，那么很清楚，既然实体这个空洞的知性概念所包含的没有别的，无非是一个事物应当被表现为主体自身，并不又是另一个事物的谓词，所以由此就不能得出持久性，而单纯物的属性肯定不能增添这种持久性，因而人们由此关于在世界的种种变化中可能波及灵魂的东西没有得到任何教益。如果有人能够告诉我们：灵魂是**物质的一个单纯的部分**，那么，我们就能够从经验关于物质所教导的东西出发，从物质推导出持久性，并连同单纯的本性一起推导出灵魂的不可毁灭性。但对这些，这条心理学原理（我思）中的"我"这个概念却未置一言。

但是，在我们里面能思维的存在者，自以为通过纯粹的范畴、而且是通过每一项范畴中表述绝对统一性的那些范畴，就能够认识自己，其原因如下。统觉本身是范畴的可能性的根据，而范畴在自己这方面不表现任何别的东西，只表现直观的杂多在统觉中有统一性时的综合。因此，一般的自我意识就是作为一切统一性的条件且本身无条件的东西的表象。所以，能
A402 思维的"我"（灵魂）把自身思维成为实体、单纯的、在一切时间中都是数目上同一的、是一切存在的相关物、其他一切存在都必须从这个相关物推论出来，关于这个能思维的"我"，人们就可以说：它**不是通过范畴**而认识**自己**，而是在统觉的绝对统一性中，从而**通过自己本身**而认识**范畴**，并通过范畴而认识一切对象。如今，虽然很清楚，我不能把我为了一般而言认

识一个客体而必须预设的东西本身当做一个客体来认识，而且进行规定的自我（思维）有别于能被规定的自我（能思维的主体），正如知识有别于对象一样。但尽管如此，却再也没有比 〔251〕
把思想的综合中的统一性视为这些思想的主体中的一种被知觉到的统一性这种幻相更自然、更诱惑人了。人们可以把这种幻相称为被实体化的意识（apperceptionis substantiae [作为实体的统觉]）的置换。

如果就理性的灵魂学说的辩证理性推理中的谬误推理尽管如此仍具有正确的前提而言，人们想在逻辑上命名这种谬误推理的话，那么，它可以被视为一种 sophisma fugurae dictionis [言说式的诡辩]，在它里面，大前提就范畴的条件而言对范畴做了一种先验的应用，而小前提和结论则就被统摄在这一条件之下的灵魂而言对同一范畴做了一种经验性的应用。例如，实体概念在单纯性的谬误推理中是一个纯理智的概念，如果没 A403
有感性直观的条件，它就只有先验的应用，也就是说，没有任何应用。但在小前提中，同一个概念却被用于一切内部经验的对象，却毕竟没有预先确立它的具体应用的条件，亦即没有预先确立该对象的持久性，并把它作为基础，因此是对它做了一种经验性的应用，尽管经验性的应用在这里是不允许的。

最后，为了在纯粹理性的一种联系中展示一种玄思的灵魂学说中的所有这些辩证主张的系统联系，从而展示所有这些辩证主张的完备性，人们就要注意：统觉贯穿于范畴的所有类别，但是只达到在范畴的每一类别中作为其他知性概念在一个可能的知觉中的统一性之基础的那些知性概念，因而就是自存性、实在性、单一性（不是复多性）和实存；只不过理性在这里把它们都表现为一个能思维的存在者之可能性的本身无条件的条件罢了。因此，灵魂在自身认识到：

A404 1.
关系的无条件的统一性
亦即
自身不是依存的
而是
自存的

〔252〕 2.
质的无条件的统一性
亦即
不是实在的整体
而是
单纯的①

3.
时间中的**复多性**中的无条件的统一性
亦即
不是在不同的时间里数目上不同的
而是
作为**同一个主体**

4.
空间中的**存在**的无条件的统一性
亦即
不是作为对它外面的诸多事物的意识
而是
仅仅**对它自己的存在**的意识
对其他事物的意识纯然是对它的表象的意识

A405 理性是原则的能力。纯粹心理学的种种主张并不包含关于灵魂的经验性谓词，而是如果成立的话，包含的是应当独立于经验、从而通过纯然的理性规定对象自身的这样一些谓词。因此，它们正当地建立在关于一般能思维的本性的原则和普遍概念之上。但实际上不是如此，而是"我在"这个个别的表象全都支配着它们，而正由于这个表象（不确定地）表达着我的所有经验的纯粹公式，它就像一个对所有能思维的存在者都有效

① 单纯的东西在这里如何又与实在性的范畴相应，我现在还不能说明，而是要在下一篇，借同一个概念的另一种理性应用的机会再指出。

的普遍命题那样宣告自己，而且既然它尽管如此仍在所有方面都是个别的，所以就带有一般思维的种种条件的绝对统一性的幻相，并由此而把自己扩张到可能的经验能够达到的范围之外。①

① 以下内容因在《纯粹理性批判》第二版中未加大的改动，故未被《康德著作全集》德文版编者录入。此处从德文原版。——译者注

伊曼努尔·康德

1783年

未来形而上学导论

1783 年

任何一种能够作为科学出现的

未来形而上学导论

伊曼努尔·康德硕士

李秋零 译

前言 〔255〕

本导论不是为学生用的，而是为未来的教师用的；即便是对未来的教师，它也不应当用于安排一门现成的科学的阐述，而是应当用来首先发掘这门科学。

有一些学者，对于他们来说，哲学（无论是古代哲学还是近代哲学）的历史本身就是他们的哲学；目前的《导论》不是为这些人写的。他们必须等待，直到那些致力于从理性本身的源泉汲水的人澄清了自己的工作，然后才轮到他们向世界宣告发生什么事情。否则的话，就不能说任何在他们看来不是通常已经说过的东西；而事实上，这种说法也作为一种可靠的预言，适用于未来的一切；因为既然人类知性许多世纪以来以种种方式醉心于讨论数不清的对象，所以为任何一种新东西找到与之有某些相似之处的旧东西，也并不是多难办到的事情。

我的意图是要说服那些认为研究形而上学有价值的人们，让他们相信，把他们手头的工作停下来，把迄今发生的一切视为未曾发生的，并且在万事之前首先提出“像形而上学这种东西是否在某个地方是可能的”这一问题，是绝对必要的。

如果它是科学，为何它不能像其他科学那样得到普遍的和持久的赞同？如果它不是科学，为何它竟然不断地利用一门科学的外表自吹自擂，用永不消失、但也从未实现过的希望来拖累人类知性呢？因此，无论人们是证明自己的有知还是无知， 〔256〕
都必须有朝一日对这门僭妄的科学澄清某种可靠的东西；因为它不可能更长久地停留在这同一个基础之上。当任何一门别的科学都在不断地进步时，这门自命为智慧本身、任何人都要讨教的科学却是不断地在原地兜圈子，一步也不前进，这差不多是可笑的。何况它的追随者们也已经七零八散，人们看不到那些自信有足够能力在其他科学里创造辉煌的人要拿自己的名誉在这门科学中冒险，而每一个在其他所有事物上一无所知的人，却在这门科学中大言不惭地作出决定性的评断，因为在这个领地里，事实上还没有可靠的尺度和砝码现成存在，来把缜密与平庸的废话区别开来。

但是，在对一门科学进行长期的探讨之后，当人们对其中已经得到如此长足的发展而惊叹不已的时候，有人却想到提出这样一门科学究竟是否以及如何可能的问题，这并不是闻所未闻的事情。因为人类理性如此爱好建设，它不止一次已经建造起一座塔，然后又拆掉，以便查看其地基是什么样的。明智起来是任何时候都不算太晚的；但是，如果洞识出现得晚，实施起来在任何时候都要更为困难。

询问一门科学是不是可能的，这是以怀疑该门科学的现实性为前提的。但这样一种怀疑将冒犯每一个其全部家当也许都在于这种自认为的宝贝的人；因此，作出这种怀疑的人，总是要对来自四面八方的抵制作好准备。有些人对自己古老的财富感到骄傲，认为自己的财富正是因为古老才是合法的，他们手持自己的形而上学纲要，轻蔑地俯视这种怀疑；另一些人在任何地方看到的东西，都与他们曾经在别的什么地方看到过的东西别无二致，他们将无法理解这种怀疑；过了一段时间之后，一切都一如既往，好像根本没有发生过任何使人对临近的变化感到担忧或者寄予希望的事情。

尽管如此，我还是敢于预言：本《导论》的独立思考的读
〔257〕者将不仅对他这门迄今的科学产生怀疑，而且继而将完全确信，除非满足这里所表述的它的可能性所依据的要求，否则的话，诸如此类的东西就根本不可能存在；而既然这样的事情从

未发生，所以在任何地方都还不存在形而上学。不过，既然由于普遍的人类理性的旨趣与形而上学极为密切地交织在一起，对它的需求毕竟永远不可能停息①，所以，读者将承认，不可避免要按照一种迄今闻所未闻的计划进行一番彻底的改革，或者甚至另起炉灶，无论人们一时间将如何反对。

自从**洛克**的研究和**莱布尼茨**的研究出版以来，或者毋宁说就形而上学的历史所及，自从它诞生以来，就这门科学的命运而言，还没有发生任何事件，能够比**大卫·休谟**对它的攻击更具决定性。休谟并没有给这一类知识带来任何光明，但他毕竟打出了一颗火星，如果这颗火星遇到一个易燃的火绒，而这个火绒的火苗又得到细心的养护并燃烧起来的话，人们就有可能用这颗火星点燃起一片光明。

休谟主要是从惟一的一个形而上学概念、但也是重要的概念，亦即**因果联结**概念（因而还有其派生概念如力和行动等等）出发的，并要求在这里伪称从自己内部产生出这一概念的理性说话并作出回答：它有什么权利设想某种东西能够具有这样的性状，即如果设定了这种东西，就必须必然地设定某种别的东西，因为原因的概念就是这样说的。他无可辩驳地证明道：理性完全不可能先天地从概念出发设想这样一种结合，因为这种结合包含着必然性；但根本看不出来何以由于某物存在，某种别的东西就必须也必然地存在，何以能够先天地引入这样一种联结的概念：他由此推论出：理性在这一概念上完全

① Rusticus exspectat，dum defluat amnis；at ille Labitur et labetur in omne volubilis aevum.

Horat.

[乡巴佬等候着，要等到河水流干；而河水却流啊，流啊，永远流个没完。

贺拉斯]

是在欺骗自己，它错把这一概念视为它自己的孩子，而实际上
〔258〕这一概念无非是想象力的私生子。想象力凭借经验而受孕，把某些表象置于联想规律之下，并把由此产生的主观必然性，亦即习惯，硬说成是洞察到的客观必然性。他由此推论说：理性根本没有能力哪怕只是一般地思维这样的联结，因为在这种情况下，它的概念就会是一些纯然的虚构；而它的一切所谓先天存在的知识都不过是打上错误烙印的普通经验罢了。这就等于是说，在任何地方都不存在形而上学，也不可能存在形而上学。①

他的结论无论如何草率，如何不正确，都毕竟至少是建立在研究之上的；而且这一研究本来是值得他那个时代的有识之士联合起来，尽可能更成功地在他提出这一问题的意义上来解决这一问题；那样的话，就必定会很快由此产生出这门科学的一种全面的改革。

然而，一向对形而上学不利的命运偏要他得不到任何人的理解。他的论敌**里德**、**奥斯瓦尔德**、**毕提**，最后还有**普里斯特利**弄错了他的问题之所在，而且由于总是把他恰恰怀疑的东西认为是他赞同的，反过来却大张旗鼓地、经常是大言不惭地证明他从来不曾想到要怀疑的东西，而如此错认了他的改革示

① 尽管如此，**休谟**也还把这种毁灭性的哲学称做形而上学，并且赋予它一种很高的价值。他说道（《人性论》，第 4 部分，德译本 214 页）：“形而上学和道德是科学最重要的部门；数学和自然科学的价值还不及它们的一半。”但是，这位思想敏锐的人在这里只注意到为了完全消除使人类陷入混乱的诸多无休无止的、折磨人的争执，而对思辨理性的过分要求加以节制所具有的消极用途；但在这方面他却忽视了如果理性被剥夺种种最重要的前景就会由此产生的积极损害；而惟有依照这些前景，理性才能给意志加上它的一切努力的最高目标。

意，以至于一切都仍然照旧，就好像什么也没有发生似的；看到这一点，委实不能不令人感到某种痛心。问题不是原因概念是否正确，是否可用，就整个自然知识而言是否不可缺少，因为**休谟**从来没有怀疑过这一点；而是这个概念是否能被理性先天地思维，以及是否以这样的方式具有一种独立于一切经验的 〔259〕
内在真理性，从而也具有更为广泛的、不仅仅局限于经验对象的可用性；这才是**休谟**期待澄清的东西。这里只谈及这个概念的起源，并没有谈及它在使用中的不可缺少性；只要查明了起源，概念应用的条件问题和概念可能有效的范围问题就会迎刃而解。

但是，为了令人满意地解决这个问题，这位著名人物的论敌们本来必须深入研究专司纯粹思维的理性的本性，但这对他们来说是不适宜的。因此，他们固执地不作任何考察，而是发明了一种更为省事的办法，即诉诸**普通的人类知性**。事实上，具有一种诚实的（或者如同人们近来所称谓的那样，朴实的）人类知性，这是上天的一个伟大的赠与。但是，人们必须通过行为，通过深思熟虑、合乎理性的思想和言论，而不是通过在不知道说出什么聪明的东西来为自己辩护时把它当做神谕来求教，来证明这种知性。如果洞识和科学都无能为力了，在这种情况下，而不是在这之前诉诸普通的人类知性，这是近代的巧妙发明之一；借助它，最浅薄的牛皮大王都能信心十足地与最缜密的思想家较量，并且还能抵挡一番。但是，只要还有一点点洞见，人们就会避免使用这种救急措施。而且严格看来，这种吁请无非是诉诸群众的判断；这种哲学家为之脸红的捧场，民间的俏皮鬼却对此得意洋洋，乐此不疲。但是，我毕竟应当设想，**休谟**本来可以和**毕提**一样要求一种健康的知性，除此之外还要求毕提肯定不具有的东西，即要求一种批判的理性。批判的理性控制普通的知性，以便它不擅自进入思辨，或者当所说的只是思辨时，不追求决定任何东西，因为它并不懂得如何为自己的原理辩护，惟其如此，它才不失其为健康的知性。凿子和锤子完全可以用于加工木器家具，但铜版雕刻却必须用蚀刻针。无论是健康知性还是思辨知性，二者都是有用的，但却
〔260〕是各有其用：如果关键在于在经验中获得其直接应用的那些判断，则前者是有用的；但在应当一般地仅仅从概念出发作出判断的地方，例如在形而上学中，则后者是有用的。在形而上学中，如此称谓自己，但常常是 per antiphrasin［说反话］如此称谓自己的健康知性，根本不能作出任何判断。

我坦率地承认：正是**大卫·休谟**的提醒，在多年以前首先打破了我的独断论迷梦，并且给予我在思辨哲学领域的研究以一个完全不同的方向。我远未达到赞同他的结论的地步；他的结论之所以产生，只不过是由于他未在整体上来设想自己的问题，而是仅仅着眼于它的一个部分，而如果不考虑整体，一个部分是不能说明任何东西的。如果从另一个人给我们留下的一个有根据的、尽管未经阐发的思想开始，那么，人们就能够希望，凭借进一步的反复思考，比这位思想敏锐的人物走得更远；多亏他的第一颗火星，人们才能有这一片光明。

因此，我首先试一下，看能不能普遍地设想**休谟**的异议，并且马上就发现：因果联结的概念远远不是知性用来先天地思维事物的联结的惟一概念；毋宁说，形而上学完全是由这样的概念构成的。我试图确定它们的数目，而且在我如愿以偿，亦即从一个惟一的原则出发做到这一点之后，我着手对它们进行演绎。从这时起我已确知，它们并不像**休谟**所担忧的那样是从经验派生的，而是从纯粹知性产生的。这一演绎，对我的这位思想敏锐的先行者来说，看起来是不可能的，在他之外也没有人哪怕只是想到过，虽然每个人都信心十足地使用这些概念，而不曾问过它们的客观有效性所依据的究竟是什么。我要说，

这一演绎是为了形而上学所曾经能够作出的最困难的工作；而这方面最糟糕的还有，形而上学哪怕是已经现存于某个地方，也不能给我提供丝毫的帮助，因为应当首先由那种演绎来澄清一种形而上学的可能性。于是，当我不仅在纯粹理性的一个特殊的实例中，而且就其全部能力而言解决了休谟的问题之后，我就能够虽然一直缓慢地、但却稳步地前进，以便最终全面地 〔261〕
按照普遍的原则来规定纯粹理性的整个领域，包括它的界限和内容；这就是形而上学为了按照一个可靠的方案来建立自己的体系所需要的东西。

但我担心，休谟的问题以其尽可能大的规模（亦即《纯粹理性批判》的规模）**论述**出来，会和**问题**本身最初提出时情况一样。人们将错误地评判这种论述，乃是因为人们不理解它；人们将不理解它，乃是因为人们尽管有兴趣翻阅这本书，却没有兴趣透彻地思考它；而人们将不愿在这方面花费这份力气，乃是因为这部著作枯燥，因为它晦涩，因为它与所有习惯的概念相抵触，此外又冗长。如今我承认，在事关一种备受赞颂的、人类必不可少的、惟有按照最严格的和学风严谨的规则才能形成的知识时，从一位哲学家那里听到抱怨，说这部著作缺乏通俗性、趣味性和消遣性，对我来说是出乎意料的；虽然随着时间的流逝，也会随之有通俗性，但通俗性却绝不可以构成开端。不过，就某种晦涩而言，它部分地源自方案的详尽性，人们不能概览研究的关键所在的要点；对它的责难是有道理的，我将通过目前的这个《**导论**》来消除这种晦涩。

就其全部领域和界限来展示纯粹的理性能力的那部著作，始终依然是基础，《导论》仅仅作为预习而与之相关；因为在能够设想使形而上学出现之前，或者在能够设想对形而上学哪怕只抱有一种渺茫的希望之前，上述《批判》就必须是系统的，而且完备到它的最微小的部分。

通过把古老的、陈旧的知识从其过去的联系中提取出来，给它们穿上自己随意剪裁的系统化服装，但冠上新的名称，从而使它们焕然一新，这是人们早就司空见惯了的。大部分读者事先也并未期待上述《批判》有别的东西。然而，本《导论》
〔262〕将使他们看出，这是一门全新的科学，之前没有任何人哪怕是想到过它，甚至它的纯然理念也是闻所未闻的，而且除了惟有**休谟**的怀疑能够提供的提示之外，迄今被给予的一切都不能有丝毫用处。休谟也对诸如此类的一门可能的正规科学没有任何预感，而是为了安全起见，把自己的船弄到浅滩（怀疑论）上，让它躺在那里烂掉。与此相反，对我来说关键在于给它一个驾驶员。这个驾驶员备有一张详尽的海图和一个罗盘，将根据从地球知识得来的航海术的可靠原则，能够随心所欲地把船安全地驾驶到任何地方。

在一门完全孤立的、在门类上独一无二的新科学中以一种成见行事，就好像人们用已经在别处获得的自以为的知识（尽管恰恰这种知识的实在性完全是必须事先予以怀疑的）就能够评判这门科学似的，这只能使人们认为到处看到的都是自己在别处已经知道的东西，因为种种表述与那种东西类似，只不过必然让他觉得一切都极其不成体统、不合情理、含混不清罢了；这是因为，人们在这里所依据的不是作者的思想，而始终只是他自己的、因长期的习惯而成自然的思维方式。但是，著作的详尽性（就它的根据在于科学本身，而不在于陈述而言）、此际不可避免的枯燥和经院式的缜密，是一些对于事业本身绝对有利、但对于书本身却必然不利的性质。

虽然并不是每一个人的文笔都能够像**大卫·休谟**那样细腻而又动人，像**莫色斯·门德尔松**那样缜密而又高雅，然而，如果我只是要拟定一个规划来交给别人去完成，如果我不把自己从事如此之久的这门科学的繁荣放在心头，我本来是能够让我的陈述（如我可以自夸的那样）具有通俗性的。此外，把早受欢迎的诱惑置于对一种迟到但却持久的赞同的期望之后，那是需要很大的毅力，甚至需要不小的自我克制的。

制订规划，这往往是一种华而不实、自我吹嘘的精神工作，人们用它来给予自己一种创造性天才的样子，因为他要求的是自己也不能提供的东西，他所指摘的是他自己也不能做得 〔263〕 更好的东西，他所建议的是他自己也不知道在哪里能找到的东西。然而，哪怕是对于一种普遍的理性批判的卓越规划来说，假如它不应当像通常那样仅仅成为具有虔诚愿望的一种空谈的话，所要求的就已经比人们所能够猜测的更多。不过，纯粹理性是一个如此与世隔绝的、自身如此浑然一体的领域，以至于人们触动其一个部分，就不可能不触动所有其他部分，不事先为每一个部分规定位置，并规定它对其他部分的影响，就不能有任何建树，因为在它外面没有任何东西能够在内部纠正我们的判断，每一个部分的有效性和应用都取决于它在理性本身里面与其他部分的关系，而且就像在一个有机物体的肢体构造中那样，每一个肢体的目的只能从整体的完备概念中得出。因此，关于这样一种批判，人们可以说，如果它不是被**完全完成**，直至纯粹理性的最微小要素，它就永远是不可靠的；而且关于这种能力的领域，人们必须要么规定和澄清**一切**，要么是**什么也不**规定和澄清。

然而，尽管要先行于《批判》的一种纯然的规划是不可理解的、不可靠的和无用的，但当它随在《批判》之后时，它就是更为有用的了。因为借助它，人们就能够概览整体，逐一审查这门科学关键所在的要点，比在该著的最初文本中所能做到的更好地处理阐述上的某些东西。

这里就是该著完成之后的这样一种**规划**，它如今可以按照**分析方法**来安排，而**原著**本身则不得不绝对按照**综合的教学法**

来撰写，以便这门科学把它的所有环节，作为一种完全特殊的认识能力的肢体结构，就其自然结合展示出来。谁认为我当做《导论》放在一切未来形而上学之前的这个规划本身还是晦涩的，他就可以考虑一下：并不是非要每一个人都来研究形而上学不可；有一些才能，在缜密的、甚至深奥的、更多地接近直观的科学中完全能够发挥作用，但到用纯粹抽象的概念来进行
〔264〕研究时就不灵了；在这种情况下，人们就必须把自己的天赋用到另一个对象上去；但是，要从事评判形而上学、甚至拟定一种形而上学的人，绝对必须满足这里所提出的要求；即事情应当这样进行，他要么接受我的解决，要么就彻底驳倒它，用另外一种来代替它——因为他不能回避它——，而最后，受到如此责难的晦涩性（他自己贪图安逸和智能低下的习惯借口）也有它的用处：既然凡是在其他一切科学上都保持谨慎的沉默的人，在形而上学问题上却大师般地夸夸其谈，大言不惭地作出裁定，因为在这里他们的无知的确与其他人的有知并没有明显的区别，但却与真正的批判原理有别，所以关于这些原理就可以赞扬说：

ignavum，fucos，pecus a praesepibus arcent.

Virg.

［工蜂不许游手好闲的雄蜂进入蜂巢。

维吉尔］

预先的提醒：论一切形而上学知识的特点 〔265〕

第 1 节　论形而上学的源泉

如果要把一种知识描述为**科学**，人们就必须事先能够精确地规定它不与任何一门别的科学共有的、因而是它所**特有的**区别之处；否则的话，一切科学的界限就会混淆不清，它们中的任何一门都不能按其本性得到周密的探讨。

这种特点可以是**客体**的不同，或者是**知识源泉**的不同，或者是**知识种类**的不同，或者即使不是所有这些不同，也有它们中的一些，这样，一门可能的科学及其领域的理念，所依据的就是这种特点。

首先，就一种形而上学知识的**源泉**而言，它的概念就已经说明，这些源泉不可能是经验性的。因此，形而上学知识的诸般原则（不仅包括它的原理，而且也包括它的基本概念）必然绝不是取自经验的：因为它不应当是物理学的知识，而应当是物理学之后的知识，也就是说在经验彼岸的知识。因此，无论是构成真正物理学之源泉的外部经验，还是构成经验性心理学之基础的内部经验，在它这里都不能作为基础。所以，它是先天的知识，或者是出自纯粹知性和纯粹理性的知识。 〔266〕

但是，它在这里与纯粹数学还没有任何区别之处；因此，它必须叫做**纯粹哲学知识**。由于这一表述的意义，我要援引《批判》第

712 页以下［B740—741］①；在那里，理性的这两种应用的区别解释得很明白，很充分。——关于形而上学知识的源泉，就说到这里。

第 2 节　论惟一能够叫做形而上学的知识种类

一、论一般的综合判断和分析判断的区别

形而上学知识必须只包含先天判断，这是它的源泉的特点要求的。不过，各种判断无论有一个什么样的来源，或者无论就其逻辑形式而言是什么样的，毕竟在内容上有一种区别。由于内容，它们要么纯然是**解释性的**，对知识的内容没有任何增添，要么是**扩展性的**，扩大被给予的知识；前者可以被称为**分析**判断，后者可以被称为**综合**判断。

分析判断在谓词中所说的，无非是在主词中已经现实地想到的，虽然不是那么清楚，不是那么有意识。如果我说："一切物体都是有广延的"，那么，我一点也没有扩展我关于物体的概念，而仅仅是分析了它，因为在判断之前，广延尽管没有被那个概念明确说出，但已经被它现实地想到了；因此，该判断是分析的。与此相反，"一些物体是有重量的"这个命题，却在谓词中包含着某种在关于物体的一般概念中没有现实地想
〔267〕到的东西；因此，它扩大了我的知识，因为它给我的概念增添了某种东西，所以，它必须叫做综合判断。

二、一切分析判断的共同原则是矛盾律

一切分析判断都完全依据矛盾律，而且就其本性而言都是先

① 本文所涉及的《纯粹理性批判》页码均为第一版，鉴于该版未全部录入《康德著作全集》，特以方括号标出第二版页码（下同）。——译者注

天知识，无论充当它们材料的概念是不是经验性的。因为既然一个肯定的分析判断的谓词事先已经在主词的概念中被想到了，所以它被主词否定就不能没有矛盾；同样，它的反面在一个分析但却否定的判断中必然被主词否定，而且也是依据矛盾律。“任何物体都是有广延的”和“没有物体是没有广延的”这两个命题就是这样的。

正是因此之故，一切分析命题也都是先天判断，即使它们的概念是经验性的，例如，黄金是一种黄色的金属；因为为了知道这一点，我在我关于黄金的概念之外并不需要别的经验，这个概念就包含着：这个物体是黄色的，并且是金属。正是这构成了我的概念，而我除了分析它之外也不可以做别的事情，用不着在它之外再去找别的什么东西。

三、综合判断除矛盾律之外，还需要另一个原则

有一些后天综合判断，它们的起源是经验性的；但是，也有一些肯定是先天的综合判断，它们产生自纯粹的知性和理性。但是，二者在这一点上是一致的，即它们的产生绝不能仅仅根据分析的原理亦即矛盾律；它们还需要一个完全不同的原则，尽管它们无论从什么原理推导出来的，在任何时候都必须**符合矛盾律**；因为没有任何东西可以违背这一原理，尽管并不是一切都能够从它推导出来。我要先对综合判断进行归类。

1. **经验判断**在任何时候都是综合的。把一个分析判断建 〔268〕
立在经验之上，那是不合情理的，因为我根本不可以超出我的概念去作这种判断，因而也用不着经验的见证。一个物体是有广延的，这是一个先天确定的命题，并不是一个经验判断。因为在我进行经验之前，我在概念中就已经拥有我的判断的一切条件，我只能按照矛盾律从这个概念中得出谓词，并由此同时意识到判断的**必然性**，这种必然性是经验永远不会教给我的。

2. **数学判断**全都是综合的。这一命题尽管是无可争议地确

定的，而且在后果上很重要，但似乎迄今被人类理性的分析家们完全忽视，甚至与他们的所有猜测都截然相反。因为既然人们发现数学家们的推理都是按照矛盾律进行的（这是任何一种无可争辩的确定性的本性所要求的），所以人们就让自己相信，种种原理也是从矛盾律得知的；他们在这里大错特错了。因为一个综合命题当然能够根据矛盾律来认识，但只是以另一个综合命题为前提条件，从那个命题能够推论出它来，却永远不能就自身而言来认识。

首先必须注意的是：真正的数学命题在任何时候都是先天判断，而不是经验性的，因为它们带有必然性，这种必然性不是从经验中能够得出的。但是，如果人们不想同意我这一点，那么好吧，我就把我的命题限制在**纯粹数学**上，纯粹数学的概念就已经说明，它所包含的不是经验性的知识，而纯然是纯粹的先天知识。

人们一开始就会想到，7＋5＝12 这个命题是一个纯然分析的命题，它是按照矛盾律从七与五之和的概念得出的。然而，如果进一步考察，人们就会发现，七与五之和的概念所包含的无非是两个数字合为一个惟一的数字，由此根本没有想到这个把二者合而为一的惟一的数字是什么。十二的概念绝不是通过我仅仅想到七和五的那种结合就已经被想到的；而且无论我对自己关于这样一个可能的和的概念分析多久，我在其中都发现
〔269〕不了十二。人们必须超出这些概念，借助与这两个概念中的一个概念相应的直观，例如其五个手指或者（像谢格奈在他的算术中那样）五个点，这样把直观中给出的五的各个单位一个一个地加在七的概念上。因此，人们实际上通过7＋5＝12 这个命题扩展了自己的概念，而且给前一个概念加上了一个在它里面根本没有想到的新概念；也就是说，算术的命题在任何时候都是综合的，人们如果选取更大一些的数字，就将更清晰地意识到这一点；因为在这种情况下就很清楚，无论我们如何摆弄我们的概念，不借助于直观，仅仅凭借分析我们的概念，我们将永远得不到和。

纯粹几何学的任何一个原理同样都不是分析的。“两点之间直线是最短的线”，这是一个综合命题。因为我关于“直”的概念不包含量的任何东西，而是只包含一种质。因此，“最短”的概念完全是附加上去的，而且用任何分析都不能从直线的概念得出。因此，在这里必须借助直观，惟有凭借直观，综合才是可能的。

几何学家预设的其他一些原理虽然确实是分析的，并且是依据矛盾律的；但是，就像同一的命题一样，它们只用做方法的链条，而不是用做原则；例如 a＝a，即整体与自身相等，或者 (a＋b)＞a，即整体大于其部分。而且即便是这些命题本身，尽管它们是仅凭概念就有效的，但在数学中也只是由于它们能够在直观中被展现出来才被承认的。这里通常使我们相信这样一些无可置疑的判断的谓词已经包含在我们的概念之中、因而判断是分析判断的东西，只不过是表述的含混性罢了。也就是说，我们**应当**把某个谓词思维到一个被给予的概念上，而且两个概念已经具有这种必然性。但是，问题并不是我们应当把什么东西**思维**到被给予的概念上，而是在于我们**实际上在该概念中**（虽然只是模糊地）**思维**到什么东西；而且在这里表现出，谓词虽然是必然地、但却不是直接地、而是凭借一个必须附加上的直观而与那个概念相联系的。

第 3 节　关于一般地把判断划分为分析判断和综合判断的说明 〔270〕

考虑到对人类知性的批判，这一划分是必不可少的，因而在这种批判中堪称是**典范的**；除此之外，我不知道它在别的什么地方会有一种相当大的用处。而且在这里，我还发现了一向只是在形而上学本身中，而不是在它外面，在一般的纯粹理性规律中寻找形而上学判断的源泉的独断论哲学家们之所以忽视这一自身显而易见的划分的原因，以及著名的**沃尔夫**或者步其后尘的思想敏锐的**鲍姆嘉登**能够在矛盾律中寻找显然是综合命题的充足理由律的证明的原因。与此相反，我在**洛克**的《人类理解论》中已经发现了对这种划分的暗示。因为在第 4 卷第 3 章第 9 节以下，在他事先已经谈过判断中表象的不同联结及其源泉，他把其中一种置于同一性或者矛盾中（分析判断），把另一种置于表象在一个主体里面的实存中（综合判断）之后，他在第 10 节中承认，我们对后者的知识（先天知识）是很狭窄的，差不多是根本没有任何知识。不过，在他关于这一类知识所说的话中，很少有确定的东西、被用做规则的东西，以至于如果没有人（特别是就连**休谟**也没有）从中找到理由对这一类命题进行考察，人们也不必大惊小怪。因为诸如此类普遍的、尽管如此又是确定的原则，是不容易从只是模糊地想到它们的其他人那里学到的。人们首先必须通过自己的反思达到这些原则，然后也在别的地方发现它们；人们最初在这别的地方肯定没有发现它们，因为就连作者本人也不知道，他们自己的说明是以这样一个理念为基础的。从来不独立思考的人们，尽管如此却具有洞察力，在有人向他们指出之后，在通常已经说过的东西中去窥探一切，毕竟之前没有人能够在那里看出这些东西。

〔271〕

《导论》的总问题：形而上学究竟是可能的吗？

第 4 节

如果确实有能够断言自己是科学的形而上学，那么，人们就能够说：这里就有形而上学，你们只可以学习它，而且它将不可抗拒地、不可改变地使你们坚信它的真理。果真如此，这个问题就没有必要了，而且只剩下了与其说涉及事物自身实存的证明、倒不如说涉及我们的洞察力的验证的问题，也就是说，**它是如何可能的**，理性如何开始达到它。如今，人类理性在这一事例上并不顺利。人们不能出示任何一本书，就像介绍一本**欧几里得**几何学那样，说：这就是形而上学，在这里你们将找到这门科学的最主要的目的，即一个最高存在者和一个来世的知识，从纯粹理性的原理出发得到证明。因为人们虽然能够出示许多无可置疑地确定的、从未被反驳过的命题，但这些命题全都是分析的，而且与其说涉及知识的扩展，倒不如说涉及形而上学的材料和建筑工具，而我们对形而上学的真正意图毕竟是知识的扩展（第 2 节，三）。但是，即便你们也出示一切综合命题（例如充足理由律），你们绝不是从纯然理性出发、因而如你们有义务做的那样先天地证明它们，而人们也乐于承认你们有这些命题，但当你们想把这些命题用于你们的主要目的时，你们却陷入了如此不允许的和不可靠的主张，以至于在任何时候一种形而上学都与另一种形而上学要么在主张本身上，要么在其证明上相互矛盾，由此自己否定了自己被持久赞同的要求。甚至实现这样一门科学的种种尝试，也毫无疑问曾经是如此早地出现怀疑论的首要原因；怀疑论是这样一种思维方式，其中理性对自身如此行事粗暴，以至于这种思维方式绝对惟有在对理性最重要的意图方面的满足完全失望的时候才能产生。因为早在开始有条理地质询自然之前很久，人们就曾经仅仅质询自己分离开来的理性，理性已经在某种程度上通过普通的经验被使用着，因为理性对我们来说毕竟总是在场的，而自然规律却通常必须费劲去寻找。形而上学就是像泡沫一样浮在上面，一旦被掬取出来的泡沫破碎，就马上在表面上出现另 〔272〕

一个泡沫；总是有一些人热衷于收集泡沫，而另一些人不去到深处寻找这些现象的原因，却自作聪明，嘲笑前一些人白费力气。

纯粹数学知识的本质以及与其他一切先天知识的区别之处，在于它绝对**不是从概念**产生的，而是必须在任何时候都惟有通过概念的构想产生的（《批判》，第 713 页［B741］）。因此，既然它在其命题中必须超出概念达到与该概念相应的直观所包含的东西，所以它的命题也永远不能和不应当通过概念的分析亦即以分析的方式产生，因而全都是综合的。

但是，我不能不说明对这种通常很容易的、看起来微不足道的考察的忽视曾给哲学带来的危害。当**休谟**感到与一位哲学家相称的职分，即把自己的目光投向人类知性自以为在其中拥有如此大的产业的纯粹先天知识的全部领域时，他却草率地从中切割下整整一个省份，而且是最重要的省份，即纯粹数学；在他的想象中，纯粹数学的本性，可以说是它的宪法，所依据的是完全不同的原则，即仅仅依据矛盾律；而且尽管他并没有像我在这里所做的那样正式地和普遍地、使用这样的称谓划分命题，但事情毕竟恰好等于好像他说：纯粹数学只包含**分析**命题，而形而上学则包含先天综合命题。在这里他大错特错了，而且这一错误对他的整个概念有着决定性的不利后果。因为如果他不是这样，那么，他本来可以把他关于我们的综合知识的起源问题远远地扩展到他的形而上学因果性概念之外，也扩展到数学的先天可能性之上；因为他必定同样会把数学认做综合的。
〔273〕 但在这种情况下，他就绝不能把自己的形而上学命题建立在纯然经验之上，因为若不然，他就会使纯粹数学的公理同样屈从于经验，那样做的话他就聪明过分了。形而上学结上好伴，本来可以确保它免遭虐待的危险；因为要给予形而上学的打击，必定也会落到数学头上，但这并不是、也不可能是他的

意见。这样一来，这位思想敏锐的人物就会被牵进必然与我们现在所从事的考察类似的考察，而由于他那不可模拟的漂亮文笔，这些考察本来是会受益无穷的。

真正的形而上学判断全都是综合的。人们必须把**属于形而上学的**判断与真正**形而上学的**判断区分开来。在前者中有很多分析判断，但它们只构成形而上学判断的手段，而这门科学的目的完全在于形而上学的判断，它们全都是综合的。因为如果概念属于形而上学，例如实体的概念，那么，仅仅从分析这些概念产生的判断也必然属于形而上学，例如"实体是仅仅作为主体实存的东西"等等。而且，凭借若干这样的分析判断，我们力图接近对这些概念的定义。但是，既然对一个（形而上学所包含的）纯粹知性概念的分析，并不是以有别于分析任何其他概念、哪怕是不属于形而上学的经验性概念（例如，空气是一种弹性的流体，其弹性不因任何已知的冷度而被取消）的方式进行的，所以，概念，并非分析判断，才是形而上学特有的；因为这门科学在产生其先天知识方面有某种特殊的和独特的东西，所以必须把它与它同其他所有知性知识所共有的东西区别开来；这样，例如"凡是在事物中是实体的东西，都是持久不变的"这个命题，就是一个综合的、形而上学特有的命题。

如果人们把构成形而上学的材料和建筑工具的先天概念事先按照某些原则收集到一起，那么，对这些概念的分析就具有很大的价值；这种分析也可以当做一个只包含属于形而上学的分析命题的特殊部分（仿佛是当做 philosophia definitiva［下定义的哲学］），与构成形而上学本身的所有综合命题分别开来 〔274〕
予以讲解。因为事实上，那些分析惟有在形而上学中，也就是说在应当从首先分析过的概念产生的综合命题方面，才有相当大的用处。

因此，本节的结论是：形而上学真正说来只与先天综合命题打交道，而且惟有先天综合命题才构成形而上学的目的。为此目的，形而上学虽然需要对自己的概念，因而对分析判断进行一些分析，但此时的行事方式却与人们只求通过分析澄清自己的概念的任何其他知识门类没有不同。惟有先天知识的**产生**，无论是根据直观还是根据概念，最后还有先天综合判断的**产生**，而且是在哲学知识中，才构成形而上学的根本内容。

由于对什么都没有告诉我们的独断论感到厌烦，同时也对到处都不承诺我们任何东西，甚至连被许可的无知这种坦然也不承诺的怀疑论感到厌烦，由于受到我们所需要的知识的重要性的敦促，而且由于长期的经验而在我们认为已拥有的或者在纯粹理性的标题下呈现给我们的任何知识方面感到怀疑，于是我们就只剩下一个批判的问题了，在回答完这个问题之后，我们就能够确立我们后面的态度了。这个问题就是：**形而上学究竟是可能的吗**？但是，这个问题必须不是用对一种现实的形而上学的某些主张所持的怀疑性异议来回答（因为我们现在还没有承认任何一种形而上学），而是必须从这样一门科学的还**成问题的**概念出发来回答。

在《**纯粹理性批判**》中，我在这个问题上是以综合的方式进行工作的，也就是说，我在纯粹理性本身中进行研究，而且在这个源泉本身中力求按照一些原则既规定它的纯粹应用的要素，也规定其法则。这件工作是艰巨的，要求一位果敢的读者用思想逐步深入一个体系，这个体系除了理性本身之外不把任何东西作为被给予的来当做基础，不依据某种事实，而是力求从理性的源始萌芽阐发知识。与此相反，《**导论**》应当是预备练习；它应当与其说是讲解一门科学本身，倒不如说是指出为
〔275〕尽可能地实现这门科学人们应当做什么。因此，它必须依据人们已经知道可靠的某种东西，人们可以信心十足地从那里出

发，上升到人们尚不知道的源泉，而这源泉的发现将不仅给我们解释人们已经知道的东西，而且同时将展示全都从上述源泉产生的许多知识的范围。因此，《导论》，尤其是应当为一种未来的形而上学做准备的《导论》，其方法上的行事方式将是**分析的**。

不过幸运的事情是：虽然我们不能认为作为科学的形而上学是**现实的**，但我们却能够有把握地说某些纯粹先天综合知识是现实的和给定的，这就是**纯粹数学**和**纯粹自然科学**；因为二者都包含着被公认部分地单凭理性而无可置疑地确定、部分地由于出自经验的普遍一致而无可置疑地确定却又不依赖于经验的命题。因此，我们有一些至少**无可争议的**先天综合知识，而且不可以问它们是否可能（因为它们是现实的），而是只可以问**它们是如何可能的**，以便能够从已被给予的知识的可能性的原则也推出其他一切知识的可能性来。

《导论》的总问题：出自纯粹理性的知识是如何可能的？

第 5 节

我们在上面已经看到了分析判断和综合判断的重大区别。分析命题的可能性很容易就能理解，因为它们所依据的只是矛盾律。后天综合命题，也就是说，从经验得出的这样一些命题，其可能性也不需要特殊的说明，因为经验无非就是知觉的不断组合（综合）。因此，我们只剩下了先天综合命题，它们的可能性必须去寻找或者研究，因为它们所依据的不是矛盾律，而必须是别的原则。

〔276〕 但是，我们在这里不可以首先寻找这样一些命题的**可能性**，也就是说，不可以问它们是否可能。因为有足够多的这类命题，它们是以无可争议的确定性被现实地给予的，而且既然我们现在遵循的方法应当是分析的，所以我们就从诸如此类综合的、但却是纯粹的理性知识是现实的这一点开始。但在这种情况下，我们必须**研究**这种可能性的根据，并且问这种知识是如何可能的，以便我们能够从它的可能性的原则出发来规定它的应用的条件、这种应用的范围和界限。因此，一切都取决于这个真正的课题，它的严格准确的表达就是：

先天综合命题是如何可能的？

为了通俗性起见，我在上面对它的表达有些不同，也就是说，把它表达为关于出自纯粹理性的知识的问题；我这次当然可以这样做，并不会损害所要寻找的洞识，因为既然这里仅仅涉及形而上学及其源泉，所以我希望人们在任何时候都按照前面所做的提醒而记住：当我们在这里谈到出自纯粹理性的知识时，所说的绝不是分析知识，而仅仅是综合知识。①

① 不可能防止的是，当知识逐渐地进展时，某些早在科学童年时代就有的、已经变成经典的术语，后来却被认为词不达意、不适合了，而某种更适当的新用法又会陷入与旧用法相混淆的危险。分析的方法虽然与综合的方法相对立，但却与分析命题的典型完全不同。它仅仅意味着：人们从所寻找的东西出发，就好像该东西已被给定似的，并由此上升到该东西惟有在其下才有可能的条件。在这种方法中，人们经常只使用综合命题，数学分析就是一个例证。它如果叫做**回溯的**方法要更好，以有别于综合的方法或者**前进的**方法。况且，“分析”这个名称还是作为逻辑学的一个主要部分出现的，在那里它是真理的逻辑，与“辩证”相对立，真正说来不考虑属于那种逻辑的知识是分析的还是综合的。

形而上学的兴衰，从而其实存，就完全取决于这一课题的解决。尽管有人把自己在形而上学中的种种主张说得天花乱坠，堆砌起一批又一批的结论压得人喘不过气来，只要他不能 〔277〕
事先令人满意地回答那个问题，我就有权说：这一切都是空洞的、毫无根据的哲学，是虚假的智慧。你通过纯粹理性说话，并且自以为仿佛是先天地创造出知识，因为你不仅分析了被给予的概念，而且还给出了新的联结，这些新联结不是依据矛盾律，而且你自认为它们完全不依赖于一切经验；你是怎样达到这一点的呢？你将怎样为这样的僭妄作出辩解呢？求助于普遍的人类理性的赞同，这是不能允许你的；因为这是一个其威望仅仅依据人云亦云的见证人。Quodcumque ostendis mihi sic, incredulous odi.［无论你这样给我看什么，我都不予相信，而且厌恶。］——贺拉斯

但是，对这一问题的回答尽管必不可少，同时却也是很困难的；而人们之所以没有早就力求回答它，固然最主要的原因在于人们想都没有想到会问这样的东西，但毕竟还有一个次要的原因，那就是：令人满意地回答这一个问题，比起一部一出版就保证其作者名垂不朽的形而上学鸿篇巨著来说，它需要付出更为坚毅、更为深刻、更为艰苦的思考。况且，任何一个明智的读者，如果他仔细地再三考虑这一课题的种种要求，必然一开始就被其困难所吓倒，认为它不可解决，而且如果不是现实地存在着诸如此类纯粹的先天综合知识的话，就会认为它们是完全不可能的；**大卫·休谟**实际上所遇到的就是这种情况，尽管他远远没有以这样的普遍性想象这个问题，而如果答案应当对整个形而上学是决定性的，问题就是这样提出并且必须这样提出。因为，这位思想敏锐的人士说，当我被给予一个概念时，我怎么可能超出这个概念，并且把另一个根本不包含在它里面的概念与它联结起来，就好像后者**必然地**属于它一样？惟

有经验才能够给我们提供这样的联结（他就这样从被他视为不可能性的那个困难中得出结论），所有那些自以为的必然性，或者换句话说也一样，被认为是必然性的先天知识，都无非是一种长期的习惯，即把某种东西视为真的、因而把主观的必然性视为客观的。

如果读者抱怨我通过解决这个课题将给他带来的艰辛和劳
〔278〕累，那么，他可以尝试用更简易的方式来解决它。也许，到那时他将对为他接受了一项如此深刻的研究工作的人心存感激，并且对就事情的性质而言还能够轻易得到解决反而表示一些惊讶；为了能够完全普遍地（在数学家使用这个词的意义上，即在一切场合都充分地）解决这个课题，并且最终像读者在这里将看到的那样，用分析的形态把它展示出来，曾使我付出了几年之久的努力。

据此，所有形而上学家都被郑重地、合法地中止了他们的工作，一直要到他们令人满意地回答了**“先天综合知识是如何可能的?”**这个问题为止。因为他们如果要以纯粹理性的名义在我们这里兜售某种东西的话，必须出示的信任状就只是这种回答。但如果缺少这一信任状，他们所能够等待的就无非是已经经常受骗的明理人，不对他们的兜售作任何进一步的研究就拒斥他们。

与此相反，如果他们还想从事他们的工作，不是把它当做**科学**，而是当做一门有益的、适合普遍的人类知性的劝说**艺术**，那么，出于公正，不能禁止他们干这件营生。在这种情况下，他们将使用一种理性信念的谦虚语言，他们将承认自己不被允许对处于一切可能经验的界限之外的东西哪怕仅仅作出**猜测**，更不用说**知道**什么了，而是只能**假定**（不是为思辨的应用，因为他们必须放弃思辨的应用，而是仅仅为实践的应用）某种为了在生活中指导知性和意志所可能、甚至必不可少的东西。惟有如此，他们才能够享有有用的人和睿智的人的声誉；他们越是放弃形而上学家的声誉，就越是如此，因为形而上学家想当思辨哲学家；而且既然在涉及先天判断时，人们不能把这委诸淡而无味的或然性（因为据称被先天地认识的东西，正因为此而被宣告为必然的），所以就不能容许他们玩弄猜测，相反，他们的主张必须是科学，或者它就根本什么也不是。〔279〕

可以说，必然先行于一切形而上学的整个先验哲学，本身就无非是对这里提出的问题的全面解决，只不过是以系统的次序和详尽性罢了，因此，人们至今还没有先验哲学。因为使用这个名称的东西，真正说来是形而上学的一个部分。但前一门科学应当首先构成后者的可能性，因而必须先行于一切形而上学。因此，既然哪怕是为了充分地回答一个惟一的问题，就需要一门完整的、而且也得不到出自其他科学的任何帮助、因而就自身而言崭新的科学，那么，如果这个问题的解决包含着麻烦和困难，甚至包含着一些晦涩，人们也不必大惊小怪。

我们现在开始着手这种解决，并且是按照分析的方法；在这种解决中，我们以这样一些出自纯粹理性的知识是现实的为前提条件。这样，我们就只能援引两门理论知识（这里只谈理论知识）的**科学**，亦即**纯粹数学**和**纯粹自然科学**。因为只有这两门科学能够在直观中给我们展示对象，所以如果在它们里面出现先天知识，它们就能够具体地给我们指出这种知识的真理性或者它与客体的一致，也就是说，指出它的**现实性**，然后就可以由此沿着分析的道路前进到它的可能性的根据。这就大大地简化了工作。在这件工作中，普遍的考察不仅被运用于事实，而且甚至从事实出发，而在综合的方法中，事实就必须完全抽象地从概念中派生出来。

但是，为了从这些现实的、同时也是有根据的纯粹先天知识出发上升到我们所寻求的一种可能的知识，亦即一种作为科学的形而上学，我们就需要把引发它的东西，而且作为仅仅被自然地给予的、尽管其真理性并非无可怀疑的先天知识（对这种知识的处理，不经过对其可能性的任何批判的研究，通常已经被称为形而上学）而是它的基础的东西，一言以蔽之，这样一门科学的自然条件，一并置于我们的主要问题之下；而这样一
〔280〕来，先验的主要问题就将分为另外四个的问题，逐步地予以答复。

1. **纯粹数学是如何可能的**？
2. **纯粹自然科学是如何可能的**？
3. **一般形而上学是如何可能的**？
4. **作为科学的形而上学是如何可能的**？

可以看出，虽然这些课题的解决主要应当展示《批判》的根本内容，但它也有单凭其本身就值得注意的独特之处，那就是在理性本身中为给定的各门科学寻找源泉，以便由此凭借事实本身来研究和衡量理性先天地认识某种东西的能力；这些科学本身尽管不是在其内容方面，但毕竟就其正确的应用而言，将由此而有所获益，而且在它们由于共同的起源而澄清一个更高的问题的同时，也提供了更好地阐明它们自己的本性的机会。

先验的主要问题

第一章　纯粹数学是如何可能的？

第 6 节

这里有一种庞大的、并且已得到证明的知识，它现在就已经具有值得惊赞的规模，并且预示着未来不可限量的发展；它具有完全无可置疑的确定性，也就是绝对的必然性，因此不依

据任何经验的根据，从而是一种纯粹的理性产物，此外它又完全是综合的。“人类理性如何可能完全先天地产生出这样一种知识呢?”既然这种能力不依据经验，也不能依据经验，难道它不是以某种先天的认识根据为前提条件，这种认识根据深深地隐藏着，但只要人们努力地探索它的这些结果的最初开端，它就会通过这些结果显露出来吗?

第 7 节 〔281〕

但是我们发现，一切数学知识都具有这种独特之处，即它必须事先**在直观中**，而且是在先天直观中，从而是在一种并非经验性的，而是纯粹的直观中展示它的概念。没有这样的手段，它就一步也不能前进。因此，它的判断在任何时候都是**直观的**，而哲学却必须满足于**出自纯然概念**的**论证性**判断，而且它尽可以通过直观来阐明它的无可置疑的学说，但却永远不能从直观中推导出这种学说。对数学的本性的这种考察已经把我们导向了它的第一个条件，亦即最高的条件，这就是：它必须以某种**纯直观**为基础，在这种纯直观中，它才能具体地、尽管如此却是先天地展示它的所有概念，或者如人们所说，**构想**它的所有概念。① 如果我们能够发现这种纯直观和这样一种直观的可能性，那么，由此就很容易说明，纯粹数学中的先天综合命题是如何可能的，从而也就很容易说明，这门科学本身是如何可能的；因为就像经验性的直观毫无困难地使得我们有可能通过直观本身展示的新谓词在经验中综合地扩展我们关于直观的一个客体所形成的概念一样，纯直观也将做到这一点。不过

① 参见《批判》，713 页［B741］。

区别在于：先天综合判断在后一场合是先天地确定的和无可置疑的，而在前一场合则是后天地和经验性地确定的，因为后者只包含在偶然的经验性直观中所遇到的东西，而前者则包含在纯直观中必然遇到的东西，因为纯直观作为先天直观，**在一切经验**或者个别知觉**之前**就与概念不可分割地结合在一起了。

第8节

然而，困难在这一步似乎反倒是增加了，而不是减少了。因为从现在开始，问题就是这样了：**先天地直观某种东西，这是如何可能的**？直观是一种表象，就像它直接地依赖对象的在场一样。因此，**先天原初地**进行直观似乎是不可能的，因为在
〔282〕这种情况下，直观的发生就没有一个它与之相关的、无论是以前还是现在在场的对象，因而就不能是直观。概念虽然具有这样的性质，即我们完全能够先天地形成一些概念，也就是说，那些只是包含对一个一般的对象的思维的概念，我们用不着与对象有直接的关系，例如大小、原因等等的概念；但即便是这些概念，为了赋予它们含义和意义，它们也需要某种具体的应用，也就是说，需要运用到某种直观上去；由此，它们的一个对象才被给予我们。然而，对象的**直观**如何能够先行于对象本身呢？

第9节

如果我们的直观具有这样的性质，即它表象事物，**如其就自身而言所是**，那么，就根本不会发生先天的直观，而直观就会永远是经验性的。因为惟有当对象自身对我在场并且被给予我的时候，我才能知道它里面所包含的东西。当然，即便在这种情况下，也还是不能理解，对一个在场的事物的直观应当如

何把该事物如其就自身而言所是的那样给予我来认识，因为它的属性是不能移到我的表象能力中的。然而，即使承认有这种可能性，诸如此类的直观也毕竟不能先天地发生，也就是说，不能在对象被表象给我之前发生；因为不是这样，就不能设想我的表象与对象的关系有任何根据，表象所依据的就必然是灵感。因此，我的直观先行于对象的现实性并作为先天知识发生，这只有以惟一一种方式才是可能的，**也就是说，它不包含任何别的东西，只包含感性的形式，这种感性的形式在我的主体里面先行于我被对象刺激所凭借的一切现实的印象**。因为我先天地知道，感官的对象惟有按照感性的这种形式才能够被直观。由此得出：对于感官的对象来说，仅仅涉及感性直观的这种形式的命题将是可能的和有效的，此外反过来说，除了我们感官的对象之外，先天可能的直观绝不能涉及别的事物。

第 10 节 〔283〕

因此，我们能够先天地直观事物所凭借的，就只是感性直观的形式；但由此，我们也只是如客体能够**显现**给我们（我们的感官）的那样，而不是如其就自身而言可能是的那样来认识它们；而且，如果先天综合命题被承认为可能的，或者，如果它们被现实地发现，它们的可能性应当得到理解，并且事先得到规定，那么，上述预设就绝对是必要的。

如今，空间和时间就是这样的直观，纯粹数学把它们作为其既无可置疑地、同时也必然地产生的一切知识和判断的基础。因为数学必须首先在直观中，而纯粹数学必须首先在纯直观中展示自己的所有概念，也就是说，构造这些概念。没有这种直观（因为纯粹数学不能分析地、亦即通过分析概念来行事，而是只能综合地行事），也就是说，惟有在纯直观中先天综合判断的材料才能被给予，只要纯粹数学缺乏纯直观，它就一步也不能前进。几何学以空间的纯直观为基础。算术甚至是通过各单位在时间中的渐进相加来完成其数字概念的；而尤其是纯粹力学，惟有借助时间的表象才能完成其关于运动的概念。但是，这两种表象都纯然是直观；因为如果人们从物体的经验性的直观和物体的变化（运动）中去掉一切经验性的东西，亦即去掉属于感觉的东西，那么，还会剩下空间和时间，因而它们是纯直观；它们先天地作为物体的经验性的直观和物体的变化的基础，因而是绝不能被去掉的。但正因为它们是纯先天直观，也就证明它们纯然是我们的感性的形式，这些形式必然先行于一切经验性的直观，也就是说，先行于对现实对象的知觉，而且按照它们就能够先天地认识对象，但当然仅仅是如对象向我们显现的样子。

第 11 节

因此，目前这一部分的课题已经解决了。作为先天综合知识的纯粹数学，只是因为它仅仅关涉感官的对象才是可能的，
〔284〕而感官的对象的经验性直观是以一种（空间和时间的）纯直观，亦即先天的直观为基础的，而且之所以能够以它为基础，乃是因为这种纯直观无非就是感性的纯然形式，这种感性的形式先行于对象的现实显象，因为它在事实上首先使显象成为可能。不过，这种先天直观的能力并不涉及显象的质料，也就是说，不涉及在显象中是感觉的东西，因为感觉构成的是经验性的东西，而是只涉及显象的形式，即空间和时间。如果有人对空间和时间根本不是与物自身相联系的规定，而只是与物自身同感性的关系相联系的规定稍有怀疑的话，我很乐意知道，他如何能够认为有可能先天地，因而在对事物有任何认识之先，

也就是在事物被给予我们之先，就知道事物的直观必然是什么性状；这里对于空间和时间来说正是这种情况。但是，一旦二者仅仅被视为我们的感性的形式条件，而对象仅仅被视为显象，上述说法就是完全可以理解的；因为在这种情况下，显象的形式，亦即纯直观，当然就能够从我们自己出发、亦即先天地被表象了。

第 12 节

为了给阐明和证实补充一点东西，人们只需要看一看几何学家通常的而且绝对必要的行事方式就可以了。对于两个被给予的图形的全等（一个图形能够在所有部分上都置于另一个图形的位置上）的一切证明，最终都旨在于说明它们彼此相符；这显然不是别的，而是一个依据直接的直观的综合命题；而这个直观必须是纯粹地和先天地被给予的，若不然，那个命题就不能被视为无可置疑地确定，而是只具有经验性的确定性。那也就只是说，人们在任何时候都发现是这样，而且该命题只是在我们的知觉迄今所达到的范围有效。完整的空间（它自身不再是另一个空间的界限）具有三个维度，而且空间也根本不能多于三个维度，这被建立在如下命题上，即在一个点上不能有多于三条线垂直相交；但是，这个命题根本不能从概念出发来说明，而是直接地依据直观，当然所依据的是先天的纯直观，〔285〕
因为它是无可置疑地确定的；人们可以要求把一条线延长到无限（in indefinitum），或者把一系列变化（例如由运动所经过的诸多空间）延续到无限，但这是以空间和时间的表象为前提条件的。而这种表象，就其本身不受任何东西限制而言，是仅仅依附于直观的；因为它绝不能从概念中推论出来。因此，数学确实是以先天的纯直观为基础的，这些先天的纯直观使其综合的、无可置疑地有效的命题成为可能。因此，我们就空间和时间而言对概念进行的先验演绎同时说明了一种纯粹数学的可能性。假如没有这样一种演绎，假如我们不接受“凡是能够被给予我们的感官（在空间中被给予我们的外感官，在时间中被给予我们的内感官）的东西，都只是如其向我们显现的那样被直观，而不是如其就自身而言所是的那样被直观”，那么，一种纯粹数学的可能性就虽然能够被承认，但却绝对不能被认识。

第 13 节

尚未能够摆脱空间和时间是属于物自身的现实性状这种概念的人，可以把他们的洞察力用在如下的悖论上，并且在他们徒劳地尝试过解决这种悖论，至少是暂时放弃了成见之后，他们就会猜想，把空间和时间贬黜为我们的感性直观的纯然形式，也许是有其根据的。

如果两个事物在对每一个单独来看所能够认识到的所有方面（在所有属于量和质的规定上）都完全相同，那就必然得出，在所有场合和关系中，一个都能够被置于另一个的位置上，这种替代不会引起丝毫可辨认的区别。事实上，几何学中的平面图形就是这种情况；然而，不同的球面图形，虽然有那种完全的内在一致性，却在外在的关系上表现出这样一种差异，以至于一个根本不能被置于另一个的位置上；例如，分别处于两个半球上的两个球面三角形，以赤道上的一条弧为共同底边，无论就其各边而言还是就其各角而言都能够完全相等，
〔286〕以至于如果人们单独地、同时全面地描述其中的一个，在它那里将不会发现任何不同时在对另一个的描述里面的东西，尽管如此，一个却不能被置于另一个（亦即在相反的半球上的那一个）的位置上；这里毕竟有两个三角形的一种**内在的**差异，没有任何知性能够说明这种差异是内在的，它惟有通过空间中的

外在关系才能够显示出来。不过，我想再举几个从日常生活就能得出的更平常的实例。

还有比我的手或者我的耳朵在镜子中的影像与它们更相似、在所有方面都更相等的东西吗？尽管如此，我却不能把在镜子里看到的这样一只手置于其原型的位置上；因为如果这是一只右手，那么，在镜子里那只手就是一只左手，右耳的影像就是一只左耳，它绝不能取代右耳的位置。如今，这里没有某种知性所能够设想的任何内在区别，尽管如此，就感官所教导的而言，区别却是内在的，因为无论双方如何相等、相似，左手与右手毕竟不能被围在同样的界限之间（它们不能全等）；一只手的手套不能戴到另一只手上。那么答案是什么呢？这些对象并不是事物如其就自身而言所是的那样、如纯粹知性所认识它们那样的表象，而是一些感性直观，亦即显象，它们的可能性所依据的是某些就自身而言未知的事物与某种别的东西，亦即我们的感性的关系。至于我们的感性，空间是其外直观的形式，而且对任何空间的内在规定都惟有通过对与整个空间的外在关系的规定才是可能的，任何空间都是整个空间的一个部分（就其与外感官的关系而言），也就是说，部分惟有通过整体才是可能的；这对于作为纯然知性的对象的物自身来说绝不成立，但对于纯然显象来说却是成立的。因此，对于相似和相等，但毕竟不全等的事物（例如相反的螺旋），我们不能通过任何概念，而只能通过与右手和左手的关系来说明它们的区别，而这直接关涉到直观。

附释一 〔287〕

纯粹数学，尤其是纯粹几何学，惟有在它仅仅关涉感官的对象的条件下，才能够有客观的实在性。就感官的对象而言，如下原理是肯定的：我们的感性表象绝不是物自身的表象，而只是物向我们显现的方式的表象。由此得出，几何学的命题不是对我们从事虚构的想象力的一种纯然造物的规定，因而不能可靠地与现实的对象相关，而是必然地对空间有效，因而也对能够在空间中发现的一切有效，因为空间无非就是一切外部显象的形式，惟有在这形式之下，感官的对象才能被给予我们。几何学以感性的形式为基础，感性是外部显象的可能性所依据的东西；因此，外部显象绝不能包含某种别的东西，只能包含几何学为它们规定的东西。如果感官必须如客体就自身而言所是的那样来表象客体，事情就会完全不同。因为在这里，几何学家先天地以空间的表象以及空间的一切属性为基础，而从空间的表象中还根本不能得出，这一切连同从它们推论出的东西在自然中都必定恰恰如此。人们会把几何学家的空间视为纯然的虚构，不相信它有任何客观的有效性，因为人们根本看不出，事物何以必然与我们从自身出发事先关于它们形成的影像一致。但是，如果这种影像，或者毋宁说这种形式的直观，是我们的感性的根本属性，惟有凭借它对象才被给予我们，但这种感性并不表象物自身，而是只表象物的显象，那么就十分容易理解，同时也可以无可辩驳地证明：我们的感官世界的一切外在对象必然与几何学的命题极为精确地一致，因为是感性通过它为几何学家所研究的外直观的形式（空间），才使得作为纯然显象自身的那些对象成为可能的。在哲学的历史上，这将永远是一个值得注意的现象，即曾经有过一个时代，甚至一些同时是哲学家的数学家也居然开始怀疑起来，他们虽然不怀疑
〔288〕自己的几何学命题——就这些命题仅仅涉及空间而言——的正确性，但却怀疑这个概念本身及其一切几何学规定对自然的客观有效性和运用；那时他们担心，自然中的一条线很可能是由一些物理学的点构成的，从而客体中的真实的空间是由一些简

单的部分构成的，尽管几何学家思想中的空间绝不是这样构成的。他们没有认识到：这个思想中的空间居然使得物理学的空间，亦即物质本身的广延成为可能；空间根本不是物自身的性状，而仅仅是我们的感性表象能力的一种形式；空间中的一切对象都是纯然的显象，也就是说，不是物自身，而是我们的感性直观的表象；而且既然像几何学家所设想的那样的空间，完全是我们先天地在自己里面所发现的感性直观形式，而且这种形式包含着一切外在显象（在形式上）的可能性的根据，所以这些显象就必然地并且精确地与几何学家的命题相一致。几何学家不是从任何虚构的概念，而是从一切外在显象的主观基础，亦即从感性本身得出这些命题的。以这样的方式，而不是以别的方式，几何学家就能够因自己的命题的无可置疑的客观实在性而得到保障，来对付一种浅薄的形而上学的任何刁难，无论这些命题对这种形而上学来说多么奇怪，因为这种形而上学并不一直追溯到其概念的源泉。

附释二

凡是应当作为对象被给予我们的东西，都必须在直观中被给予我们。但我们的一切直观都惟有借助感官才发生。知性不直观任何东西，而是只进行反思。根据现在已证明过的，既然感官永远并且丝毫不给予我们物自身，而是只给予我们事物的显象供认识，而这些显象又仅仅是我们的感性的表象，“所以，一切物体连同它们处于其中的空间都必须被视为无非是我们里面的表象，并且仅仅实存于我们的思想中，而不实存于其他任何地方”。这难道不是明显的唯心论吗？

唯心论在于主张除了能思维的存在者之外不存在任何别的东西，我们认为在直观中知觉到的其他事物只不过是能思维的 〔289〕

存在者里面的表象罢了，事实上没有在这些能思维的存在者之外存在的对象与它们相应。与此相反，我说的是：有事物作为存在于我们之外的我们感官的对象被给予我们，但关于它们就自身而言可能是什么，我们却一无所知，我们只认识它们的显象，也就是它们在刺激我们的感官时在我们里面所造成的表象。据此，我当然承认，在我们之外有物体存在，也就是说，有这样一些事物存在，虽然根据这些事物就自身而言所可能是的样子，它们完全不为我们所知，但我们通过它们对我们的感性的影响给我们所造成的表象来认识它们，而且我们把它们称为物体。因此，这个词所指的仅仅是那个对我们来说未知的、尽管如此仍现实的对象的显象。能够把这叫做唯心论吗？恰恰与此相反。

关于外部事物的大量属性，人们可以在无损于外部事物的现实实存的情况下说：它们并不属于这些事物自身，而是仅仅属于这些事物的显象，而且在我们的表象之外没有自己的实存。这是某种在**洛克**的时代之前很久，但尤其是在洛克之后已普遍被接受和承认的说法。热、颜色、味道等等就属于此列。但是，除了这些属性之外，出自一些重要的原因，我把物体的其他一些性质，即人们称之为第一性的质的性质，如广延、位置以及一般来说把空间连同属于空间的一切（不可入性或者质料性、形状等等），也一起列入纯然的显象，对此，人们不可能举出丝毫根据说它不充分来加以反对。而且，就像不想把颜色当做属于客体自身的属性，而是让它作为变状仅仅属于视觉的人并不因此就可以叫做唯心论者一样，也不能仅仅因为我认为，还有更多的，**甚至所有构成一个物体的直观的属性**，都仅仅属于这个物体的显象，我的学说就叫做唯心论；因为显现的事物的实存由此并不像在真正的唯心论者那里一样被取消了，这里只是指出，我们通过感官根本不能如其就自身而言所是的那样来认识它。

我很乐意知道，我的这些主张要想不包含一种唯心论，究竟必须是什么样子。毫无疑问，我必须说：空间的表象不仅完全符合我们的感性与客体的关系，因为这是我已经说过的；而 〔290〕
且我还必须说：它甚至与客体完全相似；这是一种我不能赋予其任何意义的主张，就像说红的东西的感觉与在我里面引起这种感觉的朱砂的属性具有一种相似性一样。

附释三

由此出发，就可以轻而易举地驳斥一种很容易预料到的、但却毫无价值的指责了。这种指责就是："由于空间和时间的观念性，整个感官世界就会变成纯粹的幻相。"也就是说，人们首先把感性置入一种混乱的表象方式，按照这种方式，我们一直还能够如其所是地认识事物，只是没有能力在我们的这种表象中使一切达到清晰的意识罢了，由此人们也就败坏了对感性认识的本性的一切哲学洞识；与此相反，我们则证明了，感性并不在于清晰与模糊的这种逻辑区别，而是在于知识本身的起源的发生学区别，因为感性认识绝不是如其所是地表象事物，而是仅仅表象事物刺激我们的感官的方式，因此通过感性认识，提供给知性供反思的仅仅是显象，而不是事物本身；在作出这种必要的纠正之后，就显露出一种出自不可原谅的、几乎是蓄意的曲解的指责，就好像我的学说把感官世界的一切事物都变成了纯粹的幻相似的。

当显象被给予我们之后，我们仍然是完全自由的，可以随意由此出发对事情作出判断。前者，亦即显象，依据的是感官，而这种判断依据的则是知性，问题仅仅在于，在对对象的规定中是不是有真实性。然而，真实与梦幻之间的区别并不是通过与对象相关的表象的性状来发现的，因为表象在这两者之中都是一回事，而是通过这些表象按照在一个客体的概念中规定表象之联系的种种规则的联结，以及它们在一个经验中如何能够或者不能够遥远地共存来发现的。而在这里，如果我们的认识把幻相当成了真理，也就是说，如果一个客体被给予我们
〔291〕所凭借的直观被视为对象的概念，或者也被视为知性只能去思维的对象的实存，那么，责任也不在于显象。感官时而顺行地、时而逆行地给我们表象行星的运行，而在这方面却既没有错误也没有真实，因为只要人们满足于这首先只是显象，那么对它们的运动的客观性状就还根本没有作判断。但是，由于如果知性不注意防止把这种主观的表象方式视为客观的表象方式，就很容易产生一种错误的判断，所以人们就说：它们显得是在后退；然而，幻相不能算在感官的账上，而应当算在知性的账上；从显象出发作出一个客观的判断，这仅仅应归于知性。

以这样的方式，如果我们也根本不考虑我们的表象的起源，并且把我们的感官直观——无论它们包含什么——在空间和时间中按照一切知识的联系规则在一个经验中联结起来，那么，根据我们是疏忽大意还是小心谨慎，就会产生出骗人的幻相或者真理；这仅仅关涉感性表象在知性中的应用，而不关涉它们的起源。同样，如果我把感官的一切表象连同它们的形式，即空间和时间，仅仅视为显象，并且把空间和时间仅仅视为感性的形式，在感性之外到客体那里根本发现不了这种形式，而且我只是与可能的经验相关来使用这些表象，那么，我把它们视为纯然的显象，其中就不包含丝毫错误的诱导或者幻相；因为它们尽管如此也能够按照真实性的规则在经验中正确地联系起来。以这样的方式，几何学的所有命题都既对空间有效，也对感官的一切对象有效，从而就一切可能的经验而言有效，无论我把空间仅仅视为感性的形式，还是视为某种附属于事物本身的东西；固然，惟有在第一种情况下，我才能够理解如何可能先天地知道关于外部直观的所有对象的那些命题，否

则的话，在所有可能的经验方面，一切都将依然如同我根本没有这样脱离常见那样。

但是，如果我冒险以我关于空间和时间的概念超出一切可能的经验，而假如我把空间和时间冒充成属于物自身的性状，这就是不可避免的（因为即使我的感官的安排是另一种样子 〔292〕
的，无论它们是否适合这些物自身，有什么东西应当阻止我去使空间和时间也对这些物自身有效呢?），那么，就会产生一种建立在幻相之上的严重错误；在这里，我把是事物的直观的一种仅仅属于我的主体的条件的东西，把肯定对感官的一切对象、从而对一切可能的经验有效的东西，冒充成普遍有效的，因为我使这一条件与物自身相关，没有把它限制在经验的条件上。

因此，我关于空间和时间的观念性的学说，远远没有使整个感官世界成为纯然的幻相，毋宁说，它是保证最重要的知识之一亦即先天数学所讲述的知识运用于现实的对象上、并且防止人们把它视为纯然幻相的惟一办法，因为没有这一说明，就完全不可能澄清，我们不可能从任何经验借来、尽管如此却先天地存在于我们的表象之中的空间和时间的直观，是不是没有任何对象与之相应、或者至少不恰切地与之相应的自制的幻想，因而几何学本身就是纯然的幻相；与此相反，恰恰因为感官世界的一切对象都仅仅是显象，我们才能阐明几何学在这方面的无可辩驳的有效性。

其次，我的这些原则远远没有因为使感官的表象成了显象，就使它们没有获得经验的真实性，而转变成纯然的幻相，毋宁说，它是防止先验幻相的惟一办法；形而上学一直被先验幻相所蒙骗，受其引诱幼稚地去努力捕捉肥皂泡，因为人们把本来只不过是表象的显象当成了事物自身。由此，就产生了理性的二论背反所有那些值得注意的争吵；关于这些争吵，我以后将会提到，它们由于那个惟一的说明而被消除了，即显象只要被用在经验中，所产生的就是真实性，而一旦超出经验的界限并成为超验的，所产生的就纯粹是幻相。

因此，既然我为我们通过感官所表象的事物保留了其现实性，并且仅仅限制我们对这些事物的感性直观，让它根本不在
〔293〕任何地方，即便在空间和时间的纯直观中也不表象更多的东西，而只表象那些事物的显象，绝不表象那些事物自身的性状，所以这并不是我给自然捏造的普遍幻相；针对所谓唯心论的所有责难，我的抗议是如此简明、如此清楚，以至于如果不是有一些毫无资格的评判者，由于喜欢把对他们错误的、尽管平庸的见解的任何背离都冠上一个老名称，从来不对哲学称谓的精神作判断，而是仅仅死抠字眼，从而准备用他们自己的妄念来取代明确规定了的概念，并由此败坏和歪曲这些概念的话，我的抗议就会显得是多余的。我自己把我的这种理论称为先验的唯心论，这不能给任何人以权利把它同**笛卡**尔的经验性的唯心论（尽管这种唯心论只是一个课题，按照**笛卡尔**的意见，由于这一课题不可解决，每一个人都有自由去否定形体世界的实存，因为它永远得不到令人满意的回答）或者同**贝克莱**的神秘主义的、狂想的唯心论（毋宁说，我们的批判包含着真正的解毒剂来对付它和其他类似的幻想）混为一谈。因为我所说的这种唯心论并不涉及事物的实存（不过，对这种实存的怀疑真正说来构成了常用意义上的唯心论），我从来没有想到过怀疑事物的实存，而是仅仅涉及事物的感性表象；属于这种表象的，首先是空间和时间。关于空间和时间，从而一般而言关于一切**显象**，我仅仅指出了：它们并不是事物（而是纯然的表象方式），也不是属于事物自身的规定。但是，“先验”这个词在我这里从来没有意味着我们的知识与事物的一种关系，而是仅仅意味着我们的知识与**认识能力**的关系，它本来是应当防止这种误解的。但在这一称谓还将继续引起这种误解之前，我宁

愿收回它，要把它称做批判的唯心论。不过，如果把现实的事物（不是显象）变成纯然的表象就是一种事实上卑下的唯心论的话，那么，人们又想如何称谓反过来把纯然的表象变成事物的唯心论呢？我想，人们可以把它叫做**做梦的**唯心论，以便与前者相区别，前者可以叫做**狂想的**唯心论；二者都应当通过我的通常所谓先验的、最好叫做**批判的**唯心论来避免。〔294〕

第二章　纯粹自然科学是如何可能的？

第 14 节

自然就是事物的**存在**，这是就存在按照普遍的规律被规定而言的。如果自然应当指物**自身**的存在，那么，我们就永远既不能先天地认识它，也不能后天地认识它；之所以不能先天地认识它，乃是因为，我们要如何知道属于物自身的东西呢？这是永远不能通过分析我们的概念（分析命题）来做到的，因为我要知道的，并不是包含在我关于一个事物的概念之中的东西（因为这属于它的逻辑本质），而是在该事物的现实性中附加到这个概念上、并且使事物本身就其在我的概念之外的存在而言得到规定的东西。我的知性和它惟有在其下才能把事物的种种规定在其存在中联结起来的条件，都不给事物本身规定任何规则；这些事物本身并不符合我的知性，而是我的知性必须符合这些事物本身；因此，它们必须事先被给予我，以便从它们得出这些规定；但在这种情况下，它们就不能先天地被认识。

即便是在后天上，对物自身的本性的这样一种认识也是不可能的。因为如果经验应当告诉我事物的存在所服从的**规律**，那么，就这些规律涉及物自身而言，它们就必须也在我的经验之外**必然地**属于物自身。如今，经验虽然告诉我什么东西存在以及它如何存在，但却永远不告诉我它必然如此存在，而不是以别的方式存在。因此，它永远不能告知物自身的本性。

第15节

现在，我们毕竟已经现实地拥有一种纯粹自然科学，它先
〔295〕天地、并且以无可置疑的命题所要求的全部必然性来讲授自然所服从的规律。我在这里只提出自然学说的预科来作见证，它以普遍自然科学的名义先行于一切物理学（物理学乃是建立在经验性的原则之上的）。在这里，人们发现了应用于显象的数学，也有（出自概念的）纯然论证性原理，它们构成了纯粹自然知识的哲学部分。然而，在它里面毕竟还有许多不是完全纯粹的、不依赖于经验源泉的东西：例如**运动**、**不可入性**（物质的经验性概念就依据于它）、**惰性**等等的概念，它们使得它不能叫做完全纯粹的自然科学；此外，它只涉及外感官的对象，所以不提供严格意义上的普遍自然科学的例证，因为普遍的自然科学必须把一般的自然置于普遍的规律之下，无论它涉及的是外感官的对象还是内感官的对象（无论是物理学的对象还是哲学的对象）。但是，在那种普遍的物理学的原理中，有一些原理实际上具有我们所要求的普遍性，例如这样的命题：**实体常驻**不变；**凡是发生的东西**，在任何时候都是**由一个原因**按照稳定的规律事先**规定**的；等等。这些实际上都是完全先天地存在的普遍自然规律。因此，事实上存在着一种纯粹的自然科学，而现在的问题是：**它是如何可能的**？

第16节

自然这个词还有另外一种意义，亦即规定**客体**的意义，而在上面的意义中，它指的仅仅是一般事物之存在的种种规定的

合规律性。因此，从质料上来看，自然是**经验的一切对象的总和**。我们在这里只和这种意义打交道，因为对于永远不能成为经验对象的事物，如果应当按照它们的本性来认识它们，我们就必须有一些概念，这些概念的意义永远不能具体地（在一种可能经验的某个例证中）被给予，因此，关于这些事物的本性，我们就必须纯然是制作出一切概念，而这些概念的实在性，亦即它们是现实地与对象相关的，还是纯然的思想物，就根本不能确定了。不能成为经验对象的东西，其知识就会是超 〔296〕
自然的，而我们在这里所探讨的，根本不是诸如此类的知识，而是虽然先天地可能并且先行于一切经验、但其实在性却能够通过经验来证实的自然知识。

第 17 节

因此，在这种较狭的意义上，自然的**形式的东西**，就是经验的一切对象的合规律性，而就其被先天地认识而言，则是经验的一切对象的**必然的**合规律性。但是，刚刚阐明过的是：如果不是把对象与可能经验相关，而是把它们作为物自身来考察，那么，就永远不能根据对象来先天地认识自然的规律。但是，我们在这里所谈的也不是物自身（这些物自身的属性我们暂且搁置不谈），而仅仅是作为一种可能经验的对象的事物，这些事物的总和真正说来就是我们在这里所说的自然。现在我要问，如果所说的是一种先天的自然知识的可能性，那么，这样提出问题是否要更好一些，即：如何可能先天地认识作为经验对象的**事物**的必然合规律性？或者：如何可能就经验的一切一般对象而言来先天地认识**经验**本身的必然合规律性？

严格看来，无论问题以这种或者那种方式提出来，其解决就纯粹的自然知识（自然知识真正说来构成了问题的关键）而言，结果是完全一样的。因为关于事物的一种经验知识惟有在主观的规律之下才是可能的，而主观的规律对于这些作为可能经验之对象的事物（当然不是对于作为物自身的事物，但在这里也不考虑这样的事物）也是有效的。我是说：如果一个事件被知觉，它在任何时候都与某种先行的、它按照一个普遍的规则继之而起的东西相关，没有这一规律，一个知觉判断就永远不能被视为经验；还是说：一切东西，凡是经验说明它是发生的，就都必须有一个原因；这两种说法是一回事。

〔297〕 然而，选择前一种公式，毕竟要更合适一些。因为既然我们完全能够先天地、先于一切被给予的对象所具有的，是对关于这些对象的一种经验惟有在其下才可能的那些条件的一种知识，而绝不是对这些对象不与可能的经验相关就自身而言可能服从什么规律的知识，所以，我们将只能这样来先天地研究事物的本性，即我们研究这样一种知识作为经验（仅仅就形式来说）惟有在其下才有可能的种种条件和普遍的（尽管是主观的）规律，并且据此来规定作为经验对象的事物的可能性。因为如果我选择第二种表达方式，并且寻找使得作为经验**对象**的自然成为可能的那些先天条件，那么，我就很容易会陷入误解，会自以为我说的自然是一个物自身，而这样一来，我就会徒劳地在无休无止的麻烦中兜圈子，给什么也没有被给予我的事物寻找规律。

因此，我们在这里将仅仅讨论经验及其可能性的普遍的、先天地被给予的条件，并由此出发把自然规定为一切可能经验的整个对象。我想，人们将理解我：我在这里所理解的不是**考察**一个被给予的、已经以经验为前提条件的自然的种种规则；因而不是我们如何能够从自然学到种种规律，因为在这种情况下，这些规律就不会是先天规律，就不会提供纯粹的自然科学；而是经验的可能性的先天条件如何同时是一切普遍的自然规律必须由以产生的源泉。

第 18 节

因此，我们必须首先说明：尽管一切经验判断都是经验性的，也就是说，它们都在感官的直接知觉中有其根据，但不能反过来说，一切经验性的判断都因此而是经验判断，而是在经验性的东西之上，而且一般而言在被给予感性直观的东西之上，还必须加上一些特殊的概念，这些概念完全是先天地来源于纯粹知性，任何知觉都首先被归摄在这些概念之下，然后才能够借助这些概念转变成经验。

经验性的判断，如果具有客观的有效性，就都是**经验判断**。但是，仅仅在主观上有效的经验性判断，我称之为纯然的**知觉判断**。后者不需要任何纯粹的知性概念，而是只需要在一个能思维的主体里面对知觉的逻辑联结。但前者却在任何时候都在感性直观的表象之外，还要求有特殊的、**原初在知性中产生的概念**，正是这些概念，才使得经验判断是**客观有效的**。 〔298〕

我们的一切判断都首先是纯然的知觉判断：它们仅仅对我们、亦即对我们的主体有效，而只是在这之后，我们才给予它们一种新的关系，亦即与一个客体的关系，并且希望这也对我们来说在任何时候都有效，并且同样对每一个人都有效；因为如果一个判断与一个对象一致，那么，关于这同一个对象的所有判断也必须彼此一致，这样，经验判断的客观有效性所指的就不是别的，而是经验判断的必然的普遍有效性。但反过来，如果我们找到理由把一个判断视为必然普遍有效的（这依据的不是知觉，而是纯粹的知性概念，知觉被归摄在这纯粹知性概念之下），那么，我们也必须把这视为客观的，也就是说，这表述的不仅仅是知觉与一个客体的关系，而是对象的一种性状；因为没有理由说明别人的判断必须与我的判断必然一致，除非它们都与同一个对象相关，都与该对象一致，因而彼此之间也都必须一致。

第19节

因此，客观的有效性和（对每一个人的）必然的普遍有效性是可以互换的概念，而且尽管我们不认识客体自身，但是，如果我们把一个判断视为普遍有效的，从而视为必然的，那么，毕竟也正是这一点被理解为客观的有效性。由于这个判断，我们就通过被给予的诸知觉的普遍有效的和必然的联结认识了客体（虽然它就自身而言会是什么样子，也依然是未知的）；而且既然感官的一切对象都是这种情况，所以经验判断
〔299〕将不是从对象的直接知识中（因为这种知识是不可能的），而是仅仅从经验性判断的普遍有效性的条件中获取其客观有效性的；这种普遍有效性，如已经说过的那样，所依据的绝不是经验性的、甚至一般说来感性的条件，而是一个纯粹的知性概念。客体就自身而言永远是未知的；但如果通过知性概念，关于客体被给予我们感性的诸表象的联结被规定为普遍有效的，那么，对象就通过这种关系而被规定，判断也就是客观的。

我们要阐明这一点：房间暖，糖甜，苦艾苦①，这些都是

① 我乐于承认，这些实例并不表示如果也加上一个知性概念，随时就会变成经验判断的那些知觉判断，因为它们仅仅与每个人都视之为主观的，因而绝不可以归之于客体的感觉相关，所以也绝不能成为客观的；我只是想为仅仅主观有效的、自身中不包含必然的普遍有效性的任何根据、由此不包含与客体的一种关系的任何根据的判断提供一个实例。通过附加上知性概念就变成经验判断的知觉判断，其实例参见下一个注。

仅仅主观上有效的判断。我根本不要求，我在任何时候或者任何别的人都应当同我一样如此认为；它们仅仅表示两个感觉与同一个主体亦即我自己的一种关系，而且也仅仅是在我此时的知觉状态中的一种关系，因而也不应当对客体有效；诸如此类的判断我称为知觉判断。经验判断则完全是另一种情况。经验在某些情况下告知我的东西，它也必须在任何时候都告知我和任何别的人，它的有效性并不局限于主体或者主体当时的状态。因此，我把所有诸如此类的判断都说成是客观有效的；例如，倘若我说空气是有弹性的，那么，这个判断最初只是一个知觉判断，我只是使两个感觉在我的感官中彼此发生关系罢了。如果我想让它叫做经验判断，那么，我就要求这种联结服从一个使它普遍有效的条件。因此，我希望我在任何时候、也希望任何人在同样的情况下都必须把同样的知觉必然地联结起来。

第 20 节 〔300〕

因此，我们必须对一般的经验进行分析，以便看一看在感官和知性的这个产物中包含着什么，亦即经验判断本身是如何可能的。作为基础的是我所意识到的直观，亦即仅仅属于感官的知觉（perceptio）。但是其次也需要作出判断（这仅仅属于知性）。这种判断可能有两种：第一，我仅仅对各个知觉进行比较，并且在对我的状态的一个意识中把它们联结起来；或者第二，我把它们在一个一般意识中联结起来。前一种判断仅仅是一个知觉判断，就此而言只具有主观的有效性，仅仅是诸知觉在我的心灵状态中的联结，与对象没有关系。因此，对诸知觉进行比较，并在一个意识中通过作出判断而把它们联结起来，这并不像人们通常想象的那样，对于经验来说就足够了；由此产生不出判断的普遍有效性和必然性，而只是因为普遍有效性和必然性，判断才能够是客观有效的，才能够是经验。

因此，在知觉能够成为经验之前，还有一种完全不同的判断先行。被给予的直观必须归摄在一个概念之下，这个概念规定着一般就直观而言作出判断的形式，把直观的经验性意识联结在一个一般意识之中，并由此使经验性的判断获得普遍有效性；这样的概念是一个先天的纯粹知性判断，它所做的事情仅仅是给一个直观规定它能够用来作出判断的一般方式。如果这样一个概念是原因概念，那么，它就在一般作出判断方面规定归摄在它下面的直观，例如空气的直观，也就是说，空气就扩张而言的概念是用在一个假言判断中前件与后件的关系之中的。因此，原因概念是一个纯粹知性概念，它与一切可能的知觉都完全不同，只用来在一般作出判断方面规定包含在它下面的表象，从而使一个普遍有效的判断成为可能。

现在，在一个知觉判断能够成为经验的判断之前，首先要求知觉被归摄在这样的知性概念之下；例如空气归属在原因概
〔301〕念之下，原因把就广延而言关于空气的判断规定为假言的。①
由此，这种广延不是被表象为仅仅属于在我的状态中，或者在我的多种状态中，或者在别人的知觉的状态中，我对空气的知

① 为了更容易弄明白，可以采用如下的例子：当太阳晒石头时，石头变热。这个判断是一个纯然的知觉判断，不包含任何必然性，尽管我如此经常地、别人也如此经常地知觉到这一点；这些知觉只不过通常就如此结合罢了。但如果我说：**太阳把石头晒热了**，那么，在知觉之上就还加上了把热的概念与阳光的概念必然地联结起来的原因这一知性概念，而综合判断就会变成必然普遍有效的，从而是客观的，就由知觉转变成经验。

觉，而是被表象为**必然地**属于这种知觉；“空气是弹性的”这一判断变成普遍有效的，并成为经验判断，首先是由于某些判断先行，这些判断把对空气的直观归摄在因和果的概念之下，从而不仅在我的主体中彼此参照地规定这些知觉，而且还就一般作出判断的形式（这里是假言形式）而言规定它们，并且以这样的方式使经验性判断成为普遍有效的。

如果人们对自己的所有综合判断，就它们客观有效而言，都进行分析，那么就将发现，它们绝不是纯然由像人们通常认为的那样仅仅通过比较而在一个判断中联结起来的那些直观构成的；相反，如果不在从直观抽象出的概念之上再附加一个纯粹知性概念，那些概念被归摄在它下面，并由此才在一个客观有效的判断中联结起来，那么，上述综合判断就会是不可能的。甚至数学在其最单纯的公理中的判断，也不是这一条件的例外。“直线是两点之间的最短的线”，这一原理是以线被归摄在量的概念之下为前提条件的，而量的概念无疑不是纯然的直观，而是仅仅在知性中才有其位置，用于就从（线的）直观出发作出的判断而言，在判断的量的方面，亦即在复多性（作为
iudicia plurativa［复称判断］①）方面，对直观作出规定，因 〔302〕
为这些判断被理解为，在一个被给予的直观中包含着许多同类的东西。

① 我更愿意这样来称谓人们在逻辑学中称为 particularia［特称判断］的那些判断。因为特称判断这一表述已经包含着它们并非全称的思想。但是，当我（在单称判断中）从单一性开始，并这样向全体性前进时，我还不能掺入与全体性的任何关系：我所想的只是没有全体性的复多性，而不是全体性的例外。如果应当给纯粹知性概念加上逻辑要素的话，这一点就是必要的；在逻辑应用中，人们可以一切照旧。

第 21 节 a

因此，为了就经验依据先天的纯粹知性概念而言说明经验的可能性，我们必须首先用一个完备的图表展示出属于一般判断的东西和判断中知性的不同要素；因为就一般直观鉴于判断的这些要素的这一个或者那一个而在其自身，从而必然地和普遍有效地被规定而言，纯粹知性概念无非是一般直观的概念，它们将与这些要素完全精确地对应。由此也将完全精确地规定作为一种客观有效的经验性知识的一切经验之可能性的先天原理。因为这些原理无非是把一切知觉（根据直观的某些普遍条件）归摄在那些纯粹知性概念之下的命题罢了。

逻辑的判断表

1.

按照量

全称的

特称的

单称的

2.

按照质

肯定的

否定的

无限的

3.

按照关系

定言的

假言的

选言的

〔303〕

4.

按照模态

或然的

实然的

必然的

先验的知性概念表

1.

按照量

单一性（度）
复多性（量）
全体性（全）

2.

按照质

实在性
否定性
限定性

3.

按照关系

实体
原因
共联性

4.

按照模态

可能性
存在
必然性

纯粹自然学的自然科学普遍原则表

1.

直观的**公理**

2.

知觉的**预先推定**

3.

经验的**类比**

4

一般经验性思维的**公设**

第 21 节 b

〔304〕

为了用一个概念来概括上面的一切，首先就有必要提请读者们注意：这里所说的不是经验的产生，而是经验所包含的东西。

前者属于经验性的心理学，后者属于知识的批判、尤其是知性的批判，即便是在这里，前者没有后者也不能得到恰如其分的阐发。

经验由直观和判断构成，直观属于感性，而判断则仅仅是知性的事情。但是，知性仅仅用感性直观作出的那些判断，还远远不是经验判断。因为在前一种场合，判断只是把知觉按照它们在感性直观中被给予的样子联结起来；但在后一种场合里，判断就应当说出一般经验所包含的东西，从而不只是其有效性纯为主观的知觉所包含的东西。因此，经验判断必须在感性直观及其在一个判断中的联结（在它由于比较而成为普遍的之后）之上再附加某种东西，把综合判断规定为必然的，从而规定为普遍有效的；而这种东西不可能是别的，只能是这样的概念，它就判断的一种形式，而不是另一种形式而言把直观表现为在自身被规定了的，也就是说，是直观的那种综合统一性的概念，这种统一性惟有通过判断的一种被给予的逻辑功能才能被表现出来。

第 22 节

对此的总结如下：感官的任务是直观，而知性的任务则是思维。但思维就是把表象在一个意识中结合起来。这种结合要么是纯然与主体相关产生的，是偶然的和主观的，要么是绝对成立的，是必然的或者客观的。表象在一个意识中的结合就是判断。因此，思维就等于作出判断，或者一般地使表象与判断发生关系。所以，判断要么是纯然主观的，如果表象仅仅与一个主体中的意识相关，并在该意识中结合起来的话；要么是客观的，如果表象在一个一般意识中结合起来，亦即在其中必然

〔305〕地结合起来的话。一切判断的逻辑要素就等于把表象结合在一个意识之中的那些可能方式。但如果正好这些方式用做概念，那么，它们就是这些表象在一个意识中的**必然**结合的概念，从

而就是客观有效的判断的原则。在一个意识中的这种结合要么是分析的，是由于同一性的，要么是综合的，是由于不同的表象的相加和相互补充。经验就在于显象（知觉）在一个意识中的综合联结，这是就这种联结是必然的而言的。因此，纯粹知性概念就是一切知觉在能够用于经验判断之前必须事先被归摄于其下的知性概念；在这种经验判断中，知觉的综合统一被表象为必然的和普遍有效的。①

第 23 节

判断，就其仅仅被视为被给予的表象在一个意识中的结合的条件而言，就是规则。这些规则，就其把结合表现为必然的而言，就是先天规则，而就在它们上面没有它们由之派生的规则而言，它们就是原理。既然就一切经验的可能性而言，如果根据这种可能性仅仅考察思维的形式，那么，在按照其直观的不同形式把显象置于纯粹知性概念之下，使经验性判断成为客观有效的那些条件上面，经验判断就没有什么条件了，所以这 〔306〕
些条件就是可能经验的先天原理。

① 但是，“经验判断应当在知觉的综合中包含必然性”这一命题，如何与我上面以各种各样的方式再三提醒的“经验作为后天知识只能提供偶然的判断”那个命题一致呢？当我说经验告诉我某种东西的时候，我所指的在任何时候都只是经验中所包含的知觉，例如热在任何时候都跟随在石头被太阳晒之后，因而经验命题就此而言永远是偶然的。至于这种变热必然地产生自被太阳晒，这虽然包含在经验判断中（借助原因的概念），但却不是我通过经验得知的，而是相反，经验首先是通过（原因的）知性概念这样加在知觉上而产生的。至于知觉如何获得这种附加，必须查阅《批判》关于先验判断力的一章，137页以下。

如今，可能经验的原理同时就是自然能够被先天地认识的普遍规律。而这样一来，我们所面临的第二个问题，亦即“**纯粹自然科学是如何可能的**?”其中所包含的课题就解决了。一门科学的形式所要求的体系性的东西，在这里全部都可以找到，因为除了上面所说的一切一般判断的形式条件，从而逻辑学所提供的一切一般规则的形式条件之外，再也没有什么条件是可能的了；这些条件就构成了一个逻辑的体系；而建立在它们上面的、包含着一切综合的和必然的判断的先天条件的概念，正由于此而构成了一个先验的体系；最后，把一切显象归摄在这些概念之下所凭借的原理，则构成了一个自然学的体系，亦即自然体系。这个体系先行于一切经验性的自然知识，首先使这些知识成为可能，因而能够被称为真正的、普遍的和纯粹的自然科学。

第24节

那些自然学原理中的第一个①，把作为空间和时间中的直观的一切显象归摄在**量**的概念之下，就此而言是把数学运用于经验的原则。第二个原理并不径直把真正经验性的东西，亦即表示直观的实在的东西的感觉归摄在**量**的概念之下，因为感觉并不是**包含**空间或者时间的直观，尽管它把与它相应的对象置于这二者之中；然而，在实在性（感觉表象）和时间中的零亦即直观的完全空无之间，却存在着一个具有量的区别，因为在每一个被给予的度的光和暗之间、在每个度的热和完全的冷之

① 如果人们不参见《批判》关于原理所说的话，就很难恰如其分地理解这前后相继的三节；不过，这三节有助于更容易综览《批判》的普遍的东西，并注意其要点。

间、在每个度的重和绝对的轻之间、在每个度的空间充满和完全空的空间之间，总还是能够设想出更小的度来，就像在一种 〔307〕
意识和完全的无意识（心理学的幽暗）之间，也总是还有更小的度一样。因此，不可能有任何知觉来证明绝对的阙如，例如没有任何心理学的幽暗不能被视为一种意识，它只不过是被其他更强的意识胜过了而已，在感觉的一切场合都是如此。因此，知性甚至能够凭借“一切经验性的表象，从而一切显象的实在的东西全都有度”这一原理，来预先推定构成经验性表象（显象）的真正的质的感觉，而这就是数学（mathesis intensorum［强度的数学］）在自然科学上的第二种应用。

第 25 节

就诸显象的关系而言，而且仅仅就显象的存在来说，对这种关系的规定不是数学的，而是力学的；而且如果它不服从首先使关于显象的经验知识成为可能的那些先天原则，它就永远不能是客观有效的，从而不能适用于经验。因此，显象必须被归摄在作为事物本身的概念而是存在的所有规定之根据的实体概念之下；或者其次，就在显象中间发现一个时间序列亦即一个事件而言，归摄在与原因相关的结果概念之下；或者，就应当客观地、亦即通过一个经验判断来认识同时存在而言，归摄在共联性（相互作用）的概念之下；这样，先天原理就是客观有效的、尽管是经验性的判断的根据，也就是说，就经验把对象按照存在在自然中联结起来而言，是经验的可能性的根据。这些原理是真正的自然规律，它们可以叫做力学的。

最后，经验判断也要求对一致和联结的知识：不但是显象彼此之间在经验中的一致和联结，而毋宁说是它们与一般经验的关系，这种关系要么是把它们与知性所认识的形式条件的一

〔308〕致，要么是把与感官和知觉的材料的联系，要么是把二者都结合进一个概念，从而按照普遍的自然规律包含着可能性、现实性和必然性。这就构成了自然学的方法论（真理与假说的区分和假说的可靠性的界限）。

第 26 节

尽管第三个按照批判的方法**从知性的本性本身**得出的原理表所表现出一种就自身而言的完备性，以这种完备性，它远远超过了以独断论的方式——尽管徒劳地——曾经试制过的、或者将来还可能试制的其他任何表，也就是说，它完备地包含着所有先天综合原理，并且按照一个原则，亦即在知性方面构成经验的本质的一般判断能力，得到了说明，以至于人们可以肯定再也没有诸如此类的原理了（这是独断论的方法永远不能造成的一种满足），但是，这还远远不是它的最大功劳。

人们必须注意揭示这种先天知识的可能性、并且把所有这样的原理同时限制在一个条件之上的证明根据；要想不误解这一条件，并且在使用中不超出知性置于其中的原初意义所具有的东西，就必须永远不忽视这一条件，这就是：仅仅就一般可能经验服从先天规律而言，上述原理才包含着一般可能经验的种种条件。这样我就不说：事物**就自身而言**包含着一个量，它们的实在性包含着一个度，它们的实存包含着种种偶性在一个实体中的联结，等等。没有人能够证明这一点，因为这样一种纯然由概念构成的综合联结，在一方面缺乏与感性直观的任何关系、另一方面缺乏感性直观在一个可能经验中的任何联结的地方，就是绝对不可能的。因此，在这些原理中对概念的根本限制是：一切仅仅**作为经验的对象**的事物，都必然先天地服从上述条件。

第二点，由此也就得出了这些原理的一种特殊独有的证明方式：上述原理也不是径直与显象及其关系相关的，而是与经验的可能性相关的，在经验中显象仅仅构成了材料，但并不构成形式，也就是说，它们与客观有效和普遍有效的综合命题相关，正是在这些命题中，经验判断与纯然的知觉判断区别开来。之所以如此，乃是因为：作为**占据一部分空间和时间**的纯然直观的显象，服从量的概念，量的概念先天地按照规则把显象的杂多综合地结合起来；就除了直观之外知觉也包含感觉，在感觉与零亦即感觉的完全消失之间任何时候都有一个逐渐减少的过渡而言，显象的实在的东西必须有一个度，也就是说，这是就感官本身**并不占有一部分空间或者时间**而言的①，但毕竟从空的时间或者空间到感觉的过渡惟有在时间中才是可能的。因此，尽管作为经验性直观的质的感觉就它与其他感觉的特殊区别之处而言永远不能先天地被认识，却仍然能够在一个可能的一般经验中作为知觉的量，在强度上与任何别的同类知觉区别开来；由此出发，就自然被给予我们所凭借的感性直观而言，数学应用于自然就首先成为可能，并得到规定。 〔309〕

但是，读者必须最为注意在经验的类比这一名称下出现的那些原理的证明方式。因为既然这些原理不像数学运用于一般

① 热、光等等在小空间中和在一个大空间中（在度上）是一样大的；同样，内部表象，例如疼痛、一般意识，无论它们持续的时间是短还是长，在度上都不变小。因此在这里，量在一个点上和在一个瞬间中与在任何无论多大的空间或者时间中是一样大的。因此，度变大，但不是在直观中，而是在纯然的感觉上，或者也在一个直观的根据的大小上，并且只能通过从 1 到 0 的关系，也就是通过感觉的每一个都能够经由无穷的中间度一直达到消失，或者从零经由无穷的增长环节一直达到在某一个时间的一个确定的感觉，才被看做是量（quantitas qualitatis est gradus［质的量就是度］）。

自然科学的原理那样涉及直观的产生，而是涉及直观的存在在
〔310〕一个经验中的联结，但这种联结只能是在时间中按照必然的规律对实存的规定，惟有在这些规律之下它才是客观有效的，从而是经验，所以，证明所关涉的并不是**物自身**的联结中的综合统一性，而是知觉的联结中的综合统一性，而且这也不是就知觉的内容而言的，而是就知觉中的存在按照普遍规律的时间规定和关系而言的。因此，如果相对时间中的经验性规定应当是客观有效的，从而应当是经验，那么，这些普遍的规律就包含着对一般时间中的存在的规定的必然性。这里作为《导论》，我不能谈更多的东西。我只是劝告长期习惯于把经验视为知觉的一种纯然经验性的组合，因而根本想不到经验远远超出知觉所达到的，亦即给予经验性的判断以普遍有效性，并为此而需要一种先天地先行的纯粹知性统一性的读者：要注意经验与纯然的知觉集合体的区别，并从这一视角出发来评价证明的方式。

第27节

这里正是从根本上消除**休谟**的怀疑的地方。休谟有理由断言：我们通过理性以任何方式都看不出因果性的可能性，亦即一个事物的存在与通过它而被必然设定的任何一个其他某物的关系的可能性。我还补充说：我们同样不能从若干事物的存在以一个主体为根据，该主体本身不能是任何别的事物的谓词这一点，来看出自存性的概念，亦即必然性的概念；我们甚至对这样一个事物的可能性也不能形成概念（虽然我们能够在经验中指出它的应用的实例）；此外，这种不可理解性也涉及事物的共联性，因为根本看不出如何能够从一个事物的状态得出对在它之外的完全不同的事物的状态的继起，反过来也是一样；也看不出每一个都有自己的、分别的实存的各实体应当如何相

互依赖，而且是必然地相互依赖。尽管如此，我却远远没有把这些概念视为仅仅从经验得来的，把在它们里面表现出来的必 〔311〕然性视为虚构的，视为一种长期的习惯哄骗我们的纯然幻相。毋宁说，我已经充分地指出，它们以及由它们构成的原理都是先天地先于一切经验而确定的，具有其无可置疑的客观正确性，但当然是仅仅就经验而言。

第 28 节

因此，虽然我对物自身的这样一种联结，即它们如何能够作为实体实存，或者作为原因起作用，或者与其他事物（作为一个实在整体的各部分）处于共联性之中，没有丝毫的概念，更不用说能够设想作为显象的显象的诸如此类的属性了（因为那些概念不包含显象中的任何东西，而是只包含惟有知性必须思维的东西），但我们毕竟对表象在我们的知性中，而且是在一般判断中的这样一种联结有一个诸如此类的概念，就是说：表象作为与谓词相关的主体属于一种判断，作为与后果相关的根据属于另一种判断，作为共同构成一个完整的可能知识的各部分属于第三种判断。此外，我们先天地认识到：如果不把一个客体的表象就这些要素的这一个或者那一个而言视为已被规定的，我们就根本不可能有任何有关对象有效的知识；而如果我们所讨论的是对象自身，那么，就不可能有任何标志，让我们能够据此认识，该对象就上述要素的这一个或者那一个而言是已被规定的，也就是说，属于实体或者原因的概念之下，或者（在与其他实体的关系中）属于共联性的概念之下；因为对于存在的这样一种联结的可能性，我没有任何概念。但是，问题也并不是物自身如何被规定，而是事物的经验知识就一般判断的上述要素而言如何被规定，也就是说，事物作为经验的对象如何能够并且应当被归摄在那些知性概念之下。而在这里很清楚，我不仅完全看出把一切显象都归摄在这些概念之下、亦即把这些概念用做经验的可能性的原理的可能性，而且完全看出其必然性。

〔312〕

第 29 节

为了就**休谟**的成问题的概念（他的这个 crux metaphysicorum［形而上学事物的灾难］），**亦即**原因的概念做一个试验，我首先借助逻辑学，被先天地给予了一个有条件的一般判断的形式，也就是说，一个被给予的知识作为根据，另一个知识作为后果。但是，有可能在知觉中发现一个关系的规则，它说明：在某个显象之后，经常有另一个显象继起（虽然不能倒过来）；而这就是我使用假言判断的场合，例如说：当一个物体被太阳晒了足够长的时间时，它就变热。这里当然还没有一种联结的必然性，从而还没有原因的概念。然而，我进一步又说：上述这个仅仅是知觉的主观联结的命题如果应当是一个经验命题，那么，它就必须被视为必然的和普遍有效的。但这样一个命题就会是：太阳由于其阳光而是热的原因。上述那个经验性规则从此被视为规律，而且不是纯然地对显象有效，而是为了一种可能的经验而对显象有效，这种可能的经验需要普遍地、因而必然地有效的规则。因此，我清楚地认识到，原因概念是必然地属于经验的纯然形式的概念，它的可能性是知觉在一般意识中的一种综合联结的可能性。但是，我根本没有看出一个作为原因的一般事物的可能性，而且这是因为：原因概念所指的根本不是属于事物的条件，而是仅仅属于经验的条件，也就是说，经验只能是关于显象及其时间序列的客观有效的知识，这是就先行的显象能够按照假言判断的规则被与继起的显象结合起来而言的。

第 30 节

因此，即便是纯粹知性概念，如果要离开经验的对象而与物自身（noumena［本体］）相关，也根本没有任何意义。它们仿佛只是用来拼写显象，以便能够把显象当做经验来读。从它们与感官世界的关系产生的原理只是用来供我们的知性的经 〔313〕
验应用；超出这一点，它们就是没有客观实在性的任意结合，人们既不能先天地认识它们的可能性，也不能通过某个实例来证实它们与对象的关系，或者仅仅使这种关系变得可以理解，因为一切实例都只是从某个可能的经验借来的，从而除了在一个可能的经验中，也不能在任何别的地方发现那些概念的对象。

因此，对**休谟**的问题的这种全面解决虽然违背了问题提出者的猜想，但却挽救了纯粹知性概念的先天起源，并且挽救了普遍的自然规律作为知性的规律的有效性。不过，这种解决把它们的应用仅仅限制在经验上，因为它们的可能性仅仅在知性与经验的关系中才有其根据。但并不是说它们派生自经验，而是说经验派生自它们；这种完全颠倒过来的联结方式，是**休谟**从未想到过的。

由此得出迄今为止的所有研究的结论："一切先天综合原理都无非是可能经验的原则"，并且永远不能与物自身相关，而是只能与作为经验的对象的显象相关。因此，无论是纯粹数学还是纯粹自然科学，都绝不能关涉纯然显象之外的某种东西，都仅仅表现或者使一般经验成为可能的东西，或者由于从这些原则派生而在任何时候都必须能够在某种可能的经验中被表现的东西。

第 31 节

这样，人们就终于有了某种确定的东西，而且人们在一切形而上学研究中都可以求助于这种东西；形而上学研究迄今为止都是足够大胆的，但在任何时候都是盲目地对一切不加区别地进行的。独断论的思想家们从来没有想过，他们的努力的目标本就应当规定得这样低；甚至另一些人也没有想过，这些人依仗自以为的健康理性，凭借纯粹理性的一些虽然合法的和自然而然的、但却被规定仅仅作经验应用的概念和原理，居然企图获得他们连其确定的界限也不知道的洞识，他们也不可能知
〔314〕道这样的界限，因为对于这样一种纯粹知性的本性乃至其可能性，他们要么是从来没有反思过，要么是没有能力反思。

有些纯粹理性的自然主义者（我所理解的是相信不用任何科学就可以在形而上学的事情上作出决定的人）要借口说，他凭借自己的健康理性的先见之明，早就已经不仅猜测到，而且也知道和看出了这里经过如此之多的准备或者——如果他愿意说的话——以烦琐的学究派头讲述的东西，即“我们即便以自己的全部理性也不能超出经验的领域”。然而，在人们一步步地追问他的理性原则时，他就不得不承认，在这些理性原则中有许多不是他汲取自经验的，因而是不依赖于经验的、先天有效的。既然如此，由于这些概念和原理是不依赖于经验而被认识的，他要如何以及用什么根据来限制在一切可能的经验之外使用这些概念和原理的独断论者和他自己呢？甚至他这个健康理性的大师，无论他具有什么自以为的、廉价获得的智慧，也不能避免不知不觉地超出经验的对象而陷入幻觉的领域。通常，他也已经足够深地陷入其中了，尽管他用通俗的语言给他的毫无根据的要求加上一些粉饰，把一切都仅仅说成是或然性，说成是合理的猜测或者类比。

第 32 节

从哲学的最古老的年代开始，纯粹理性的研究者们就已经

在构成感官世界的感官存在物或者显象（phaenomena［现象］）之外还设想出应当构成一个知性世界的特别的知性存在物（noumena［本体］），而且由于他们把显象与幻相视为一回事（这对于一个尚未发达的时代来说是大可以原谅的），于是就只承认知性存在物有现实性。

事实上，当我们合理地把感官的对象视为纯然的显象的时候，我们由此也就同时承认了，这些显象是以一个物自身为基础的，尽管我们不知道该事物就自身而言是什么性状，而是只知道它的显象，也就是说，只知道我们的感官被这个未知的某 〔315〕
物所刺激的方式。因此，恰恰由于知性承认显象，它也就承认了物自身的存在，而且这样一来我们就可以说：这些作为显象的基础的存在物，从而纯然的知性存在物，其表象就不仅是允许的，而且还是不可避免的。

我们的批判的演绎也绝不排斥诸如此类的事物（noumena［本体］），而毋宁说是限制感性论的原理，使它们不致扩展到一切事物上，那样的话就会把一切都转变成纯然的显象，而是它们应当仅仅对可能的经验的对象有效。因此，知性存在物由此被承认，只是要强调这个根本不容许有任何例外的规则，即关于这些纯粹的知性存在物，我们根本不知道，也不可能知道任何确定的东西，因为无论是我们的纯粹知性概念，还是我们的纯粹直观，都仅仅关涉可能经验的对象，从而仅仅关涉感性存在物，而且一旦脱离这些感性存在物，那些概念就不再剩有丝毫的意义。

第 33 节

事实上，对于我们的纯粹知性概念而言，在诱人去做一种超验的应用方面有某种难以对付的东西；因为我所说的超验的应用，乃是超出了一切可能的经验。不仅我们的实体、力量、行动、实在性等概念完全不依赖于经验，此外根本不包含感官的任何显象，因而事实上显得关涉物自身（noumena［本体］），而且更加强了这种猜测的是，它们在自身中包含着经验永远无法比拟的一种规定的必然性。原因概念包含着一条规则，按照这条规则，从一种状态必然得出另一种状态；但是，经验只能够给我们指出，经常、至多是通常，在事物的一种状态之后有另一种状态继起，因而既不能提供严格的普遍性，也不能提供必然性，等等。

因此，知性概念看起来具有多得多的意义和内容，使得纯然的经验应用不能穷尽它们的全部规定。这样，知性就不知不
〔316〕觉地在经验的大厦旁边给自己又建造了一个规模更大得多的附属建筑，在里面装的全是思想存在物，却不曾注意到，它用的这些概念虽然是正确的，但却超出了它们的应用界限。

第34节

因此，《批判》第137页以下和第235页以下所做的两个重要的，甚至是不可缺少的研究，虽然极为枯燥，但却是必要的。第一个研究指出，感官并不具体地提供纯粹知性概念，而是仅仅为应用这些概念提供图型，符合这种图型的对象则仅仅在经验（作为由感性的材料构成的知性产品）中被发现。第二个研究（《批判》第235页）指出，尽管我们的纯粹知性概念和原理不依赖于经验，甚至它们的应用范围表面上也更大了，但通过它们却不能在经验的领域之外思维任何东西，因为它们除了就被给予的直观而言规定判断的逻辑形式之外不能做任何事情；但是，既然在感性的领域之外根本没有直观，那些纯粹概念也就由于不能通过任何手段被具体地表现出来而根本没有

意义，因而所有这样的本体连同它们的总和，亦即一个理知的世界①，都无非是一个任务的表象，这个任务的对象就自身而言尽管是可能的，但它的解决按照我们知性的本性却是完全不可能的，因为我们的知性不是直观的能力，而仅仅是把被给予的直观联结在一个经验之中的能力，因而经验必须包含我们的 〔317〕
概念的一切对象，但在经验之外，一切概念都由于不能配上任何直观而变得没有意义。

第 35 节

也许，如果想象力偶尔想入非非，也就是说不谨慎地坚守在经验的限度之内，还是可以原谅的；因为它至少通过这样一种自由的奋发而获得活力和加强，而且控制它的大胆总是要比改正它的萎靡更为容易。但是，应当进行**思维**的知性却不思维而是**想入非非**，这是决不原谅它的。因为要在必要时为想象力的想入非非设置界限，一切帮助都仅仅依据知性。

但是，知性开始这样做也是无辜的和无伤风雅的。它首先澄清自己在一切经验之先就固有的、但尽管如此在经验中必然总是有其应用的那些基本知识。它逐渐去掉这些限制，而且既然知性是完全自由地从自己本身获得它的原理的，所以还有什

① 不是（如人们通常所说的）**理智的**世界。因为“**理智的**”指的是凭借知性的**知识**，诸如此类的知识也关涉我们的感官世界；而“**理知的**”则指的是对象，是就这样的对象**只能通过知性**来表现、我们的任何感性直观都达不到它们而言的。但是，既然每一个对象都必须有一个可能的直观与它相应，所以人们就必须设想一种直接直观事物的知性；但关于这样一种知性，我们却没有丝毫的概念，从而对它所应当关涉的**知性存在物**也没有丝毫的概念。

么应当阻止它这样做呢？如今，首先涉及自然中新想出的力量，此后很快涉及自然之外的存在者，一言以蔽之，涉及世界，对于这个世界的确立，我们不可能缺少建筑材料，因为它是由多产的虚构大量供给的，而且虽然没有被经验所证实，但也从未被经验所否定。这也是一些年轻的思想家如此喜爱真正独断论风格的形而上学，并且经常把他们的时间和可以用于别处的天赋浪费在这上面的缘故。

但是，要通过以各种各样的方式提醒解决隐匿如此之深的问题的困难、抱怨我们的理性的局限、把主张降格为猜测，来克制纯粹理性的那些没有成效的尝试，是不可能有任何助益的。因为如果不清晰地展示那些尝试的**不可能性**，理性的**自我认识**不成为真正的科学，在这门科学中，理性的正确应用的领域将可以说以几何学的确定性与其毫无价值的和没有成效的应用的领域区别开来，那就将永远不能废止那些无用的努力。

〔318〕

第36节　自然本身是如何可能的？

这一问题是先验哲学所可能触及的最高点。先验哲学也必须被引导到这个点，把它作为自己的界限和完成。这一问题真正说来包含两个问题。

第一，自然在**质料的**意义上，亦即在直观上，作为显象的总和，是如何可能的？空间、时间和充实二者的东西，亦即感觉的对象，一般来说是如何可能的？答案是：借助我们的感性的性状，根据这种性状，感性以其特有的方式被一些对象所触及，这些对象就自身而言不为感性所知，并且与那些显象完全有别。这个答案在《纯粹理性批判》本身中是在先验感性论中给出的，而在这里的《导论》中则是通过第一个主要问题的解决给出的。

第二，自然在**形式的**意义上，作为一切显象如果在一个经验中应当被设想为联结起来的、就都必须服从的规则的总和，是如何可能的？答案只能这样来作出：它惟有凭借我们的知性的性状才可能，根据这种性状，感性的所有那些表象都必然地与一个意识相关，而且这样一来就首先使我们的思维的特有方式，亦即通过规则来思维的方式成为可能，并借助这种方式使必须完全与对客体自身的认识区别开来的经验成为可能。这个答案在《纯粹理性批判》本身中是在先验逻辑论中给出的，而在这里的《导论》中则是在解决第二个主要问题的进程中给出的。

但是，我们的感性本身的这种特有的属性，或者我们的知性以及作为知性和一切思维的基础的必然统觉的这种特有的属性，是如何可能的，这却不能予以进一步的解决和答复，因为要作出任何回答，要进行任何思维，我们总是又必须拥有它们。

自然的许多规律，我们惟有凭借经验才能知道；但是，显象的联结中的合规律性，亦即一般而言的自然，我们却不能通过任何经验来认识，因为经验本身需要这样的规律，它们先天 〔319〕
地是经验的可能性的基础。

因此，一般经验的可能性同时也就是自然的普遍规律，而经验的原理也就是自然的规律。因为我们无非是把自然认做显象的总和，亦即我们心中的表象的总和，因而只能从我们心中联结表象的原理，亦即从一个意识中构成经验之可能性的那种必然结合的条件得到表象联结的规律。

甚至整个这一章所阐述的主要命题，即普遍的自然规律是能够先天地认识的，自身就已经导致了如下命题，即自然的最高立法必然存在于我们里面，亦即存在于我们的知性里面，而且我们必须不是借助经验从自然中寻找自然的普遍规律，而是反过来，根据自然的普遍合规律性仅仅从经验的可能性的那些存在于我们的感性和知性里面的条件中寻找自然。因为否则的话，既然这些规律不是分析性知识的规则，而是知识的真正综合性扩展，那么，怎么可能先天地认识这些规律呢？可能经验的原则与自然之可能性的规律之间这样一种必然的一致，只能从以下两个原因出发得以成立：要么这些规律是凭借经验从自然得出的，要么反过来，自然是从一般经验之可能性的规律得出的，而且与一般经验的纯然普遍合规律性完全是一回事。前者是自相矛盾的，因为普遍的自然规律能够并且必须先天地（也就是说，不依赖任何经验）被认识，并且被奠定为知性的一切经验性应用的基础；于是，剩下的就只有后者了。①

〔320〕但是，我们必须把自然的经验性规律与纯粹的或者普遍的自然规律区别开来，前者任何时候都以特殊的知觉为前提条件，后者则不以特殊的知觉为基础，仅仅包含这些知觉在一个经验中的必然结合的条件；而就这些条件来说，自然和**可能的**经验完全是一回事。而且既然在可能的经验中，合规律性所依据的是显象在一个经验中的必然联结（没有这种必然的联结，我们就根本不能认识感官世界的任何对象），从而所依据的是知性的源始规律，所以，如果我就后者说：**知性不是从自然获取其（先天的）规律，而是给自然规定其规律**，这话最初听起来令人奇怪，但却是千真万确的。

① 惟有**克鲁秀斯**知道一条中间道路，也就是说，一个即不会犯错误也不会行骗的精神原初把这些自然规律灌输给了我们。然而，既然经常也混入一些虚假的原理，这位人士自己的体系就提供了这方面的不少例子，所以，由于缺少可靠的标准来把真正的起源与虚假的起源区别开来，这样一种原理的应用就看起来非常糟糕，因为人们永远不能确切知道，真理的精神或者谎言的父亲会给我们灌输过什么东西。

第 37 节

我们要用一个例子来说明这个看起来冒险的命题，这个例子应当指出：我们在感性直观的对象那里所揭示的规律，尤其是在它们被认做必然的时，都被我们自己已经视为知性置于里面的规律，尽管它们通常在所有方面都类似于我们归之于经验的自然规律。

第 38 节

人们在考察圆的属性，看到这个图形通过这些属性把自身中对空间的如此众多的任意规定都立即结合在一个普遍的规则中时，不能不把一种本性赋予这个几何学事物。也就是说，两条相交并且同时与圆相交的直线，无论如何随意地画，在任何时候都会分割得如此合乎规则，以至于任何一条直线的两段所构成的矩形都与另一条直线的两段构成的矩形相等。现在问题是："是这条规律存在于圆中，还是它存在于知性中呢？"也就是说，是这个图形不依赖于知性本身就包含着这条规律的根据，还是知性在按照自己的概念（亦即半径相等）作出了图形本身的时候，同时把各弦以几何学比例相交的规律置入这个图形之中呢？人们在对这条规律作出证明的时候，就会马上发现，它只能从知性当做这个图形的作图基础的条件中，亦即从 〔321〕
半径相等中得出。如果我们把这一概念加以扩展，继续探究几何学图形的各种各样的属性在共同的规律之下的统一性，并且把圆视为一种圆锥曲线，因而这种圆锥曲线也与其他圆锥曲线服从同样的作图基本条件，那么，我们就会发现，所有在圆锥曲线——椭圆、抛物线、双曲线——内部相交的弦在任何时候都是如此，即由它们的两个部分构成的矩形虽然不相等，但彼此之间却总是处于相同的比例关系之中。如果我们由此再继续前进，亦即前进到物理天文学的基本学说，那么，就会表现出一条遍布整个物质自然的物理学规律，即交互引力规律。交互引力的规则是：引力与距离的平方成反比，从任何一个引力点随引力波及到的球面积的增加而减小。这看起来是必然地存在于事物本身的本性中，因而通常也被表述为可以先天地认识的。现在，无论这一规律的来源由于仅仅依据不同半径的球面积的比例关系而多么单纯，但它们的结果，就其多种多样的协调一致及其合规则性而言，毕竟是如此杰出，不仅各天体的所有可能的轨道都是圆锥曲线，而且还产生出这些轨道彼此之间的这样一种比例关系，以至于除了与距离的平方成反比这一引力规律之外，不可能设想出任何别的引力规律适合于一个宇宙体系。

因此，这就是自然，它所依据的是知性先天地认识的、尤其是从规定空间的普遍原则出发认识的规律。现在我问：这些自然规律是存在于空间中，而知性在仅仅力求探究存在于空间中的丰富意义时学到它们呢，还是它们存在于知性中，存在于知性按照自己的概念全都引为目标的那种综合统一性的条件来规定空间的方式中呢？空间是一种如此齐一的东西，而且就所有的特殊属性而言又是如此不确定的东西，人们肯定不会在它里面寻找自然规律的宝藏。与此相反，把空间规定成圆形、圆
〔322〕锥形和球形的是知性，这是就知性包含着构想这些图形的统一性的根据而言的。因此，直观的这种叫做空间的纯然普遍形式，就是一切可以根据特殊客体来规定的直观的基底，在这个基底中当然存在着这些直观的可能性和多样性的条件。但是，客体的统一性毕竟是仅仅由知性来规定，而且是按照存在于它自己的本性之中的条件来规定的。这样，知性就是自然的普遍

秩序的起源，因为它把一切显象都包含在它自己的规律之下，并由此才先天地实现经验（就其形式而言），由于经验，一切应当惟有通过经验才被认识的东西就都必然服从知性的规律。因为我们与之打交道的不是既不依赖我们感性的条件也不依赖知性的条件的**物自身**的自然，而是作为可能经验的对象的自然；在这种情况下，知性在使经验成为可能的同时，就使得感官世界要么根本不是经验的对象，要么就是一个自然。

第 39 节 纯粹自然科学附录：论范畴的体系

对于一个哲学家来说，最理想的莫过于他能够把事先通过具体的应用分散地描述过的各个概念和原理的杂多从一个原则中先天地推导出来，并以这样的方式把一切都结合在一种知识中。过去他只是相信，经过某种抽象剩给他的、看来通过相互比较就构成一种特殊种类的知识的东西，已经搜集齐全了，但这只是一个**集合体**；现在他知道，恰好是这么多，不多也不少，就能够构成知识的方式，并且看到自己的划分的必要性，这是一种把握，而且这时他才有一个**体系**。

从普通的知识中找出一些根本不以特殊的经验为基础、尽管如此却出现在一切经验知识中、仿佛是构成了经验知识的纯然联结形式的概念，这和从一种语言中找出一般词汇的实际应用的规则并这样把种种要素汇集成语法相比，并不以更大的反 〔323〕
思或者更多的洞识为前提条件（事实上，这两种研究是十分相近的），但却不能说明为什么每一种语言恰恰具有这一种形式上的性状而不是另一种形式上的性状的根据，更不能说明恰好能够找出每一种语言的这么多这样的形式上的规定、不再多也不再少的根据。

亚里士多德以范畴为名，搜集了 10 个这样的纯粹基础概念。①这些范畴也被称为陈述词，他后来认为有必要再附加上5个后陈述词②，它们部分地已经包含在前者之中了（例如Prius［在先］，Simul［同时］，Motus［运动］）。然而，这种随想更多地可以被视为对未来的研究者的一种提示，不能被视为一种合规则地阐述的思想，不值得赞扬。因此，它们也在对哲学作出更多澄清时被当做完全无用的而遭到抛弃。

在对人类知识的纯粹的（不包含任何经验性的东西的）要素进行研究时，我经过长时间的反复思索，才得以把感性的纯粹基础概念（空间和时间）可靠地与知性的纯粹基础概念区别开来并分别出来。这样一来，第7个、第8个、第9个范畴就被从那个表中排除了。其他的范畴对我也没有什么用处，因为手头没有什么原则，可以根据它对知性进行全面的衡量，对知性的纯粹概念由以产生的一切功能进行全面的和精确的规定。

但是，为了找出这样一个原则，我曾经寻找一种知性的行动，把表象的杂多置于一般思维的统一性之下。这一行动包含着其余一切行动，并且惟有通过不同的变态或者要素才有区别。这时我发现，这种知性的行动就在于判断。在这里，已经有逻辑学家们的现成的、虽然还不是完全没有缺陷的工作展现在我面前。借助于这种工作，我就能够列出一个完备的纯粹知性功能表，但这些纯粹知性功能就一切客体而言还是未被规定的。
〔324〕的。最后，我把这些判断功能与一般的客体联系起来，或者毋宁说与把判断规定为客观有效的条件联系起来，这就产生出纯

① 1. Substantia［实体］。2. Qualitas［性质］。3. Quantitas［数量］。4. Relatio［关系］。5. Actio［行动］。6. Passio［承受］。7. Quando［何时］。8. Ubi［何地］。9. Situs［状态］。10. Habitus［属有］。

② Oppositum［对立］，Prius［在先］，Simul［同时］，Motus［运动］，Habere［拥有］。

粹知性概念。对它们来说我能够毫不怀疑，恰恰就是这些，而且不多也不少恰好就是这么多纯粹知性概念，就能够构成我们仅仅从知性出发对事物的全部知识。我觉得按照它们的旧名称把它们称为**范畴**是适当的。在这方面我保留权利，一旦应当建立一个先验哲学的体系，就把所有能够从这些范畴得出的概念通过**陈述词**这个称谓补充上去，无论它们是通过彼此之间的联结，还是通过与显象的纯形式（空间和时间）的联结，还是通过就显象的质料尚未被经验性地规定而言（一般感觉的对象）与这种质料的联结得出的；而现在，为了先验哲学，我只是从事对理性本身的批判。

但是，在这个范畴体系中，使得它有别于那种毫无原则地进行的旧随想，以及惟有它才理应被列为哲学的实质，就在于借助它，纯粹知性概念的真正意义及其应用的条件就能够得到精确的规定。因为这里表现出，纯粹知性概念本身无非是一些逻辑功能，但作为这样的功能却不构成关于一个客体自身的丝毫概念，而是需要感性直观来作为基础。而在这种情况下，它们就只用来对否则的话在所有判断功能方面都未被规定和无可无不可的经验性判断在功能方面作出规定，由此赋予它们普遍有效性，并借助这种普遍有效性使得一般**经验判断**成为可能。

对范畴本性的这样一种洞识同时把范畴限制在纯然的经验应用上，关于它，无论是范畴的初创者，还是这位初创者的任何一位追随者，都不曾想到过。但是，如果没有这种洞识（它恰好依赖于对范畴的引申或者演绎），范畴就完全没有用处，就是一个贫乏的名单，没有对其应用的说明和规则。如果古人们当时也曾想到过诸如此类的东西，那么毫无疑问，以形而上学的名义历经许多个世纪耗尽了如此之多聪明大脑的这整个纯粹理性知识研究，到我们手中就会是完全不同的样子，就会使人们的知性得到启蒙，而不会像实际上所发生的那样，在晦暗不清和 〔325〕
徒劳无益的苦思冥想中耗尽知性，使它无法用于真正的科学。

这个范畴体系如今使得对纯粹理性本身的每一个对象的所有探讨都又成为系统的，并且提供了可靠的指南或者导线，即任何形而上学的考察如果应当成为完备的，就必须如何以及通过什么研究要点来进行；因为它穷尽了知性的所有要素，其他任何概念都必须被置于这些要素之下。原理表也是这样产生的，人们惟有通过范畴体系才能确知它的完备性；甚至在超出自然学的知性应用的那些概念的分类上（《批判》第 344 页，此外第 415 页［B443］），也总是有这样一个导线，这个导线由于总是必须通过固定的、在人的知性中先天地规定了的点，所以在任何时候都构成一个封闭的圆。这个圆使人毫不怀疑，一个纯粹知性概念或者纯粹理性概念的对象，就其必须在哲学上并且按照原理先天地予以衡量而言，能够以这样的方式来被完全地认识。我甚至不能不在一种最抽象的本体论分类上，亦即在某物和无的概念的种种区分上，利用这种指导，并据此完成了一个合规则的、必然的表（《批判》，第 292 页）。①

① 关于上述范畴表，可以作出各种各样的说明，例如：1. 第三个是由第一个和第二个结合成一个概念而产生的；2. 在量和质的范畴中，只有一种从单一到全体的前进，或者从某物到无的前进（为此目的，质的范畴必须这样来安排：实在性、限制、完全的否定），没有 correlata［相关物］或者 opposita［对立物］，与此相反，关系和模态的范畴却有这些东西；3. 如同在**逻辑**中定言判断是所有其他判断的基础一样，实体的范畴也是现实事物的一切概念的基础；4. 就像模态在判断中不是一个特殊的谓词一样，模态概念也不给事物增添任何规定；等等。诸如此类的考察都有其重大的用处。此外，如果把相当完备地从任何一种好的本体论（例如鲍姆嘉登的本体论）中得出的一切**可陈述物**一一列举出来，并且把它们分门别类地安置在各个范畴之下，此际千万不要忘记附上对所有这些概念的一种尽可能完备的分析，那么，就将产生出形而上学的一个纯然分析的部分。这个部分根本不包含任何综合命题，可以先行于第二部分（综合的部分），并且由于其确定性和完备性而不仅有用，且由于它里面的系统的东西而还包含着某种美。

正是这个体系，与任何建立在一个普遍原则之上的真正体系一样，也在这一点上表现出它的无比优越的用处，即它排除了否则的话可能混入那些纯粹的知性概念之间的一切异类概念，并且给每一种知识都规定了它的位置。我同样按照范畴的导线以**反思概念**的名义列入一个表中的那些概念，在本体论中未获惠允与合法的权利，就混入了纯粹知性概念，不顾后者是联结的概念，因而是客体的概念，而前者则仅仅是已经被给予的概念的纯然比较的概念，因而具有完全不同的本性和应用。通过我的合乎法则的划分（《批判》，第 260 页），它们就被从这种混淆中排除了。不过，那被分离出来的范畴表，在我们如同马上就要发生的那样，把具有与那些知性概念截然不同的本性和起源（因而也必然具有不同的形式）的先验理性概念的表与那些知性概念分开的时候，其好处就会更加一目了然；然而，这样一种如此必要的分离却从未在任何一个形而上学体系中出现过，因而在这种体系中，那些理性理念与知性概念毫无区别地混在一起，就像是兄弟姐妹共属一个家庭一样，这样的混杂在缺乏一个特殊的范畴体系时也是绝不可能避免的。 〔326〕

第三章　一般形而上学是如何可能的？ 〔327〕

第 40 节

纯粹的数学和纯粹的自然科学，**为了它们自己的可靠性**和确定性起见，并不需要像我们迄今对二者所做的这样一种演绎；因为前者所依据的是它自己的自明性，而后者虽然出自知性的纯粹源泉，却依据经验以及经验的普遍验证；因此，它不能完全拒绝或者缺少这后一种证据，因为它无论拥有多少确定性，作为哲学却永远不能与数学媲美。因此，这两门科学需要上述研究，并不是为了它们自身，而是为了另一门科学，亦即形而上学。

形而上学除了与任何时候都在经验中找到其应用的自然概念打交道外，还要与永远不能在任何哪怕是仅仅可能的经验中被给予的纯粹理性概念打交道，从而与其客观实在性（它们不是纯然的幻觉）不能通过任何经验来证实的概念打交道，与其真伪不能通过任何经验来证实或揭露的主张打交道。此外，形而上学的这个部分恰恰是构成形而上学的根本目的的那个部分，其他的一切都只不过是它的手段罢了。这样，这门科学就需要这样一种**为了它自身起见的**演绎。因此，现在给我们提出的第三个问题似乎就涉及形而上学的核心和特点，亦即理性纯然对自身的研究，而且由于理性思考的是它自己的概念，就涉及被认为直接由此产生的对客体的认识，为此不需要经验作中介，也根本不能通过经验来达到。①

不解决这个问题，理性就永远不能使自己满足。理性把纯
〔328〕粹知性限制在经验应用上，而经验应用并不满足理性自己的全部规定性。任何单个的经验都只是经验领域的全部范围的一个部分，而**所有可能经验的绝对整体**本身并不是一个经验，尽管如此却对理性来说是一个必然的问题，仅仅为了表象这个问题，理性就需要与那些纯粹知性概念完全不同的概念；纯粹知性概念的应用仅仅是内在的，也就是说，是就经验能够被给予而言关涉经验的，而理性概念则是关涉完备性的，也就是说，

① 如果人们能够说，导致一门科学的种种任务通过人类理性的本性而展示给每一个人，因此也在任何时候都不可避免地有关于它的许多尽管有缺陷的尝试，这一点一旦得到澄清，该门科学至少在所有人的理念中就是现实的，那么，人们也必须说，形而上学**在主观上**（而且必然地）是现实的，而这样，人们就有理由问它（**在客观上**）是如何可能的。

是关涉整个可能经验的集体统一性的，从而超出了任何被给予的经验，成为**超验的**。

因此，就像知性为了经验而需要范畴一样，理性也在自身中包含着理念的根据。我把理念理解为其对象仍然不能在任何经验中被给予的那些必然概念。就像范畴蕴涵在知性的本性中一样，理念也同样蕴涵在理性的本性中，而且如果说理念带有一种能够轻易地诱惑人的幻相的话，那么，这种幻相就是不可避免的，尽管完全能够防止，使"它不诱骗人"。

既然所有的幻相都在于判断的主观根据被当做客观根据，所以，纯粹理性在其超验的（超越的）应用上的自我认识，将是防止理性在误解自己的规定性，并把仅仅涉及它自己的主体和在所有的内在应用上对主体的指导的东西，以超验的方式与客体自身相关联时所陷入的那些迷乱的惟一预防手段。

第 41 节

把**理念**亦即纯粹理性概念与范畴或者纯粹知性概念区分开来，作为在种类、起源和应用上完全不同的知识，这对于奠立一门应当包含所有这些先天知识的体系的科学来说是一个如此重要的部分，以至于如果没有这种分离，形而上学就是绝对不 〔329〕
可能的，或者充其量是一种无规则的、马虎的尝试，既不认识所用的材料，也不认识这些材料对这种意图或者那种意图的适用性，就拼凑起空中楼阁。即便《纯粹理性批判》只不过是做到率先展示了这种区分，它也由此而已经为澄清我们的概念和指导形而上学领域里的研究，比要满足纯粹理性的超验问题的所有徒劳无功的努力作出了更多的贡献；人们历来都从事这些努力，但却从未想到自己乃是处在一个与知性领域完全不同的领域，因而把知性概念与理性概念混为一谈，就好像它们是同一类东西似的。

第42节

一切纯粹的知性知识都自身具有这一点，即它们的概念都是可以在经验中被给予的，它们的原理都是可以通过经验来证实的；与此相反，超验的理性知识就其**理念**而言既不能在经验中被给予，它们的命题也从来不能通过经验来证实，也不能通过经验来反驳。因此，此际也许混入的错误就不能通过别的任何东西，而只能由理性自己来揭露。但这是很困难的，因为恰恰理性由于自己的理念而自然地成为辩证的，而且这种不可避免的幻相不能由对事物的任何客观的和独断论的研究来限制，而只能由对作为理念的一种源泉的理性本身的主观研究来限制。

第43节

在《批判》中，我的最大关注在任何时候都是，我如何才能不仅小心翼翼地区分各类知识，而且把属于它们每一类的所有概念都从其共同源泉推演出来，以便我不仅通过获知它们源自何处而能够可靠地规定它们的应用，而且也有还从未料想到的、但却不可估量的好处，即先天地从而按照原则认识概念的列举、归类和区分方面的完备性。不这样做，在形而上学中就
〔330〕一切都纯粹是随想，人们永远也不知道自己所掌握的东西是否够了，或者是否以及在什么地方还缺少某种东西。当然，人们也只有在纯粹哲学中才能有这种好处，但这种好处也构成了纯粹哲学的本质。

既然我在知性的所有判断的四种逻辑功能中找到了范畴的

起源，所以，在理性推理的三种功能中寻找理念的起源，也就是十分自然的了。因为如果这样一些理性概念（先验的理念）是被给予的，那么，假如人们不想把它们视为生而具有的，就不能在别的任何地方，而只能在理性活动中发现它们；这种理性活动就其仅仅涉及形式而言，就构成理性推理的逻辑因素，但就其把知性判断在这种或者那种先天形式方面表现为被规定的而言，则构成纯粹理性的先验概念。

理性推理在形式上的区别必然使得理性推理被划分为定言的理性推理、假言的理性推理和选言的理性推理。因此，建立在这上面的理性概念就包含：1. 完备的主体的理念（实体性的东西）；2. 完备的条件序列的理念；3. 在可能者的一个完备总和的理念中对一切概念的规定。① 第一个理念是心理学的，第二个理念是宇宙论的，第三个理念是神学的；而既然所有三个理念都为一种辩证法提供了诱因，但每一个都以自己独特的方式，所以在此之上就建立起纯粹理性整个辩证法的划分，即划分为谬误推理、二论背反和纯粹理性的理想。通过这样的推演，人们就将完全肯定，纯粹理性的一切要求在这里已经完备地得到表现，而且不能缺少任何一个，因为作为所有这些要求的来源，理性能力本身也由此得到了完全的衡量。

① 在选言判断中，我们把**所有可能性**都看做是按照某个概念划分了的。对一个一般事物作出全面规定（在一切可能的对立谓词中，某个谓词属于任何一个事物）的本体论原则，同时是一切选言判断的原则，它把一切可能性的总和奠立为根据，在这个总和中，任何一般事物的可能性都被视为规定了的。这被用来对上述命题作出简短的说明：选言的理性推理中的理性活动在形式上与完成所有实在性的一个总和的理念的那种理性活动是一回事，这个理念自身包含着一切相互对立的谓词的肯定的东西。

〔331〕

第 44 节

在这一考察中，一般来说同样值得注意的是，理性理念不像范畴那样对于知性应用于经验方面来说，还对我们有点用，而是在这方面完全多余的，甚至根本与自然的理性知识的准则相对立，有妨碍，但尽管如此，在另一个尚待规定的方面还是必要的。灵魂究竟是不是一个单纯的实体，这对说明灵魂的显象来说，对我们可能是完全无关紧要的；因为我们不能通过任何可能的经验使一个单纯的存在者的概念成为感性的，从而成为具体可理解的。因此，在对显象的原因的所有期望的洞识方面，这个概念都是完全空洞的，不能用做说明内部经验或者外部经验所提供的东西的原则。同样，关于世界开端或者世界永恒性（aparte ante［向前］）的宇宙论理念，对于由此说明世界本身的任何一个事件来说，也没有什么用处。最后，按照自然哲学的一个正确准则，我们必须放弃对出自一个最高的存在者的意志的自然安排作任何说明，因为这不是自然哲学，而是承认我们山穷水尽了。因此，这些理念具有一种与范畴完全不同的应用规定，通过范畴和建立在范畴之上的原理，经验才是可能的。然而，如果我们的意图仅仅在于自然知识，如同它在经验中能够被给予的那样，那么，我们对知性所作的辛苦的分析，就会是完全多余的；因为理性无论是在数学还是在自然科学中，即便没有这种细腻的演绎，所做的工作也都非常可靠、非常好。因此，我们把对知性的批判与纯粹理性的理念结合起来，是为了一个超出知性的经验应用的意图；关于这一点我们上面说过，它在这方面是完全不可能的，是没有对象或者意义的。但尽管如此，在属于理性的本性的东西和属于知性的本性的东西之间必须协调一致，前者必然有助于后者的完善，不可能使后者混乱。

这个问题的解决如下：纯粹理性在它的理念之下并不以处在经验领域之外的特殊对象为意图，它仅仅要求与经验相联系 〔332〕 的知性应用的完备性。但是，这种完备性只能是原则的完备性，不能是直观和对象的完备性。尽管如此，为了确定地表现前者，理性把它设想为对一个客体的知识，对该客体的知识就那些规则而言注定是完备的，但这个客体仅仅是一个理念，为的是使知性知识尽可能地接近那个理念所表示的完备性。

第 45 节　关于纯粹理性的辩证法的先行说明

我们在上面第 33 节和第 34 节已经指出，范畴不含感性规定的任何混杂的纯粹性，可能诱导理性把范畴的应用完全超出一切经验，扩展到物自身上去，尽管它们由于本身找不到能够具体地为它们提供含义和意义的直观，而作为纯然逻辑的功能虽然能够表象一般的事物，但却不能单独为自己提供关于任何一个事物的确定概念。诸如此类的夸张的客体就是人们称为**本体**或者纯粹的知性存在物（称为思想存在物要更好）的客体，例如被设想为**没有**在时间中的**持久性**的**实体**，或者**不在时间中**起作用的**原因**，等等。因为人们加给它们一些谓词，这些谓词仅仅用来使经验的合规律性成为可能，尽管如此却从它们除去了直观的一切条件，而惟有在这些条件下经验才是可能的，由此，那些概念就又失去了一切意义。

但是，知性自动地、没有外来规律逼迫地越过自己的界限，完全故意地窜进纯然思想存在物的领域，却没有任何危险。不过，如果不能完全满足于对知性规则的总是还有条件的经验应用的理性，要求完成这个条件的链条，知性就被驱使走出自己的领域，以便一方面在一个扩展得如此广大的、根本不是任何经验所能够把握的序列中表现经验的对象，另一方面甚

〔333〕至（为了完成这个序列）完全在这个序列之外寻找**本体**，使它能够把那个链条连在上面，并由此最终不依赖经验条件，尽管如此仍然使它的行为是完备的。这就是先验的理念。尽管按照我们理性的自然规定的真正的、但却隐秘的目的，这些理念所着眼的不是越界的概念，而仅仅是经验应用的不被限制的扩展，但仍然通过一种不可避免的幻相，而引诱知性去作**超验的**应用。这种应用虽然是骗人的，但却不能通过留在经验的界限之内的决心，而是惟有通过科学的教导才能费力地限制它。

一、心理学的理念（《批判》第341页以下）

第46节

人们很早就已经发觉，就一切实体而言，真正的主体，亦即在一切偶性（作为谓词）被抽去之后所剩下的东西，从而就是**实体性的东西**本身，对我们来说是不知道的，而且关于我们的洞识的这种局限，人们曾作过各种各样的抱怨。但在这里却要记住，关于人类知性不能认识、亦即不能单独为自己规定事物的实体性的东西，不应当对它有什么要求，而是应当在它要求把作为纯然理念的实体性的东西当做一个被给予的对象来确定地认识这方面对它有所要求。纯粹理性要求，我们应当给一个事物的每一个谓词寻找属于它的主体，而这个主体必然又只是一个谓词，又要为它寻找它的主体，依此类推，以至无穷（或者就我们所达到的而言）。但由此得出，我们不应当把我们所能够达到的任何东西视为一个最终的主体，而实体性的东西本身永远不能被我们的知性思维，无论它深入到什么程度，即便是整个自然都揭示给它也不行，因为我们的知性的特殊本性在于论证地、亦即通过概念、从而也纯粹通过谓词来思维一切，为此必然在任何时候都缺少绝对的主体。所以，我们认识物体所凭借的一切实在的属性都纯粹是偶性，甚至不可入性也是这样，人们总是必须把它表象为一种力量的作用，而为此我们却缺少主体。 〔334〕

如今，看起来好像我们在对我们自己的意识（能思维的主体）中有这种实体性的东西，而且是在一种直接的直观中。因为内感官的一切谓词都与作为主体的自我相关，而这个主体不能进一步被设想为任何别的主体的谓词。因此，这里看起来在被给予的作为谓词的概念与一个主体的关系中的完备性已经在经验中被给予，这个主体不仅仅是理念，而是对象，亦即是**绝对的主体**本身。因为自我根本不是一个概念①，就我们并不通过任何谓词来进一步认识它而言，它仅仅是内感官的对象的标记；因此，它虽然就自身而言不能是一个别的事物的谓词，但却同样不是一个绝对主体的确定概念，而仅仅像在所有其他场合那样，是内部显象与其未知主体的关系。尽管如此，这个理念（它完全可以用于作为范导性的原则来完全摧毁对我们灵魂的内部显象的一切唯物主义解释）由于一种完全自然的误解而导致了一种虚假的论证，要从对我们能思维的存在者的实体性的东西这种自以为的认识中，就对这种实体性的东西的本性的认识完全落在经验的总和之外而言，来推论出它的本性。

第 47 节

即使这个能思维的自我（灵魂），作为思维的本身不能再

① 如果统觉的表象亦即自我是思维任何东西所凭借的一个概念，那么，它就会也能够被用做其他事物的谓词，或者自身包含着这样的谓词。现在，它不过是一种存在的感觉，没有丝毫的概念，只是一切思维与之相关（relatione accidentis［偶性的关系］）的东西的表象。

被表现为另一个事物的谓词的最终主体，就叫做实体，如果不能证明它具有持久性，作为使得实体概念在经验中能产生结果的东西，那么，这个概念也依然是完全空洞的，没有任何结果的。

〔335〕但是，持久性决不能从一个作为物自身的实体的概念中得到证明，而是惟有为了经验才能得到证明。这在经验的第一类比中已得到充分的阐明（《批判》，第 182 页）；而且如果人们不愿意顺从这一证明，那就可以自己试一试，看是否能够从一个本身不是作为另一个事物的谓词而实存的主体的概念出发证明，它的存在是绝对持久的，而且它既不能就自身而言也不能由于任何自然原因而生或者灭。诸如此类的先天综合命题永远不能就自身而言得到证明，而是在任何时候都惟有与作为一个可能经验的对象的事物相关才能得到证明。

第 48 节

因此，如果我们要从作为实体的灵魂的概念推论到它的持久性，那么，这对它来说惟有为了可能的经验才能够是有效的，在它作为一个物自身并且超出一切可能经验时就不能有效。如今，我们一切可能经验的主观条件是生命，所以只能推论到活着时灵魂的持久性，因为人的死亡是一切经验的终结。这就涉及作为经验的一个对象的灵魂，除非说明灵魂不是经验的对象，而问题恰恰就在这里。因此，只能阐明人活着时灵魂的持久性（我们大可不必证明这种持久性），但却不能阐明死后灵魂的持久性（这才是我们真正关心的），而且这是出自如下普遍的根据：就实体的概念应当被视为与持久性的概念必然结合在一起而言，它惟有按照可能经验的原理，从而也惟有为了经验才能是实体的概念。①

第 49 节 [336]

在我们之外有某种现实的东西不仅与我们的外部知觉相应，而且还必然与之相应，这同样绝不能作为物自身的联结而得到证明，但却可以为了经验而得到证明。这无非是要说：某种东西以经验性的方式，从而作为空间中的显象存在于我们之外，这是人们完全可以证明的。因为除了属于一种可能经验的对象之外，我们并不与别的对象打交道，这正是因为它们不能在任何经验中被给予我们，因而对我们来说就是无。经验性地在我之外的，就是在空间中被直观的东西。而且既然空间连同它所包含的一切显象都属于表象，表象按照经验规律的联结证明了表象的客观真实性，就像内感官的显象的联结证明了我的

① 事实上，形而上学家们在任何时候都漫不经心地跳过实体的持久性的原理，不曾尝试对它作出证明，这是很值得注意的。毫无疑问，这是因为他们从这个概念开始的时候，就发现自己根本没有任何证据。普通的知性注意到，如果没有这个前提条件，知觉在一个经验中的结合就是不可能的，于是通过一种公设来弥补这一缺陷；因为它从经验中绝不能得出这个原理，这一方面是因为经验不能追踪种种质料（实体）的所有变化和分解，直到发现材料始终没有减少，另一方面是因为这个原理包含着**必然性**，而必然性在任何时候都是一个先天原则的标志。于是，他们就信心十足地把这个原理运用于作为一个**实体**的灵魂的概念，并推论出人死之后灵魂的必然存续（尤其是因为从意识的不可分性得出的这个实体的单纯性保障了它不致由于分解而消灭）。如果他们发现了这个原理的真正源泉（但这要求作出比他们愿意开始作出的深刻得多的研究），那么，他们就会看出，实体持久性的那个规律只是为了经验才成立的，因而只是就事物应当在经验中被认识并与其他事物相结合而言才能适用于事物，但绝不能无视一切可能的经验而适用于事物，因而也不适用于死后的灵魂。

灵魂（作为内感官的一个对象）的现实性一样，所以，凭借外部经验，我意识到作为空间中的外部显象的物体的现实性，就像凭借内部经验我意识到我的灵魂在时间中的存在一样。我也只能通过构成一种内部状态的诸显象把我的灵魂认识为内感官的一个对象。灵魂的作为这些显象的基础的本质自身，对我来说是不知道的。因此，**笛卡尔的**唯心论仅仅把外部经验与梦区
〔337〕别开来，把作为前者的真实性的标准的合规律性与后者的无规则性和虚假幻相区别开来。在这二者中，它把空间和时间预设为对象存在的条件，并且仅仅问是否现实地能在空间中发现我们醒着时在空间中放置的外感官的对象，就像内感官的对象亦即灵魂现实地存在于时间中一样，也就是问经验是否带有与想象区别开来的可靠标准。在这里，可以轻而易举地消除怀疑，而且在日常生活中，我们在任何时候也都是这样消除怀疑的，即我们按照经验的普遍规律来检查二者中显象的联结，而且如果外部事物的表象与此完全符合，那么，我们就不能怀疑它们应当构成真实的经验。因此，由于显象作为显象仅仅按照它们在经验中的联结被考察，所以质料的唯心论是很容易除去的；而且物体实存于我们之外（在空间里），与我本身按照内感官的表象而存在（在时间里）是同样可靠的经验。因为“**在我们之外**”这一概念仅仅意味着在空间中的实存。但是，既然在“**我在**”这一命题中的“我”却并不仅仅意味着（在时间里的）内直观的对象，而是意味着意识的主体，就像物体并不仅仅意味着（在空间里的）外直观，而且也意味着作为这种显象的基础的物**自身**一样，所以，物体（作为外感官的显象）是否**在我的思想之外**作为物体实存，这一问题可以毫无异议地在自然中予以否认。但是，这与我自己作为**内感官的显象**（按照经验性心理学所说的灵魂）是否实存于我的表象力之外的问题别无二致，因为后一问题也必须予以否定。以这样的方式，一切东西

在被归结到它的真实意义的时候就都是明确的和确定的。形式的唯心论（在其他地方我把它叫做先验的唯心论）实际上取消了质料的或者**笛卡尔式的**唯心论。因为如果空间无非是我的感性的一种形式，那么，它作为我里面的表象与我本身是同样现实的，问题就仅仅在于空间中的显象的经验性的真实性了。但如果情况不是这样，而是空间和空间中的显象是某种在我们之外实存的东西，那么，经验的一切标准在我们的知觉之外就绝不能证明我们之外的这些对象的现实性。

二、宇宙论的理念（《批判》，第 405 页以下［B432—433］） 〔338〕

第 50 节

纯粹理性在其超验应用上的这一产品是纯粹理性最值得注意的现象，它在一切现象中也是最有力地作用于把哲学从其独断论的安睡中唤醒，并推动它去从事理性自己的批判的艰难工作。

我之所以把这一理念称为宇宙论的，乃是因为它在任何时候都仅仅在感官世界取得自己的客体，除了其对象是感官的一个客体的概念之外，不使用任何别的概念，从而就其是内在的而非超验的而言，到此为止它还不是一个理念。与此相反，把灵魂设想成为一个单纯的实体，这就等于是说设想一个对象（单纯的东西），诸如此类的对象对于感官来说根本不能被表象。尽管如此，宇宙论的理念毕竟把有条件者与其条件的联结（不管这种联结是数学的还是力学的）扩大到经验永远不能赶得上的程度，因而就这一点而言永远是一个理念，这个理念的对象永远不能在任何经验中相应地被给予。

第 51 节

首先，这里如此清晰和不可混淆地表现出一个范畴体系的好处，以至于即便不存在更多的证据，单是这个好处就能够充分阐明这些范畴在纯粹力学的体系中是不可缺少的。这样的超验理念只有四个，与范畴的类别一样多；但在这些理念中的每一个里面，它们都仅仅关涉一个被给予的有条件者的条件序列的绝对完备性。与这些宇宙论的理念相符合，纯粹理性也只有四种辩证主张。这些主张既然是辩证的，就由此自己证明，按照纯粹理性同样虚假的原理，对它们每一个来说都有一个与之矛盾的原理相对立。这样的冲突是任何形而上学的精巧辨别艺术都不能防止的，然而却迫使哲学家甚至回溯到纯粹理性的最
〔339〕初源泉。这种并非任意捏造的、而是建立在人类理性的本性之中的、从而不可避免的、永远没有终结的二论背反，包含着以下四个命题及其反命题。

一

命题

世界在时间上和空间上有一个开端（界限）。

反命题

世界在时间上和空间上是**无限的**。

二

命题

世界上的一切都是由**单纯的东西**构成的。

反命题

没有单纯的东西，相反一切都是**复合的**。

三

命题

世界上有凭借**自由**的原因。

反命题

没有自由，相反一切都是**自然**。

四

命题

在世界原因的序列中有某种**必然的存在者**。

反命题

在它里面没有任何东西是必然的，相反在这个序列中**一切都是偶然的**。

第 52 节 a

在这里，有人类理性的最奇特的现象，在人类理性的其他任何应用中都不能指出这种现象的例子。如果我们像通常发生的那样，把感官世界的种种显象设想成为物自身，如果我们把这些显象的联结的原理假定为普遍地适用于物自身，而不仅仅适用于经验的原理，就像通常不可避免，尤其是没有我们的批判就不可避免的那样，那么，就出现一种意想不到的冲突，这 〔340〕
种冲突永远不能以通常的、独断论的方式来解决，因为无论是命题还是反命题都能够通过同样明显、清晰和令人折服的证明来阐述，我担保所有这些证明都是正确的。因此，理性发现与自身分裂了，这是一种怀疑论者为之幸灾乐祸的状态，批判的哲学家却必然被置入反思和不安。

第 52 节 b

人们在形而上学里面可以用各种各样的方式马虎从事，却不用担心被发现不正确。因为如果人们仅仅不自相矛盾，这在综合命题中，即便在完全虚构的综合命题中都是可能的，那么，在我们所联结的概念是根本不能（就其全部内容而言）在经验中被给予的纯然理念的所有这样的场合里，我们永远不能被经验所反驳。因为世界是永恒的还是有一个开端，物质是无限可分的还是由单纯的部分构成的，我们要如何通过经验来澄清呢？诸如此类的概念都不能在任何经验中被给予，即便是在尽可能大的经验中也不能被给予，因而无论是肯定命题还是否定命题，其错误都不能通过这块试金石来揭露。

理性违背自己的意愿泄露自己假冒为独断论的隐秘辩证

法，其惟一可能的场合，就是它把一个主张建立在一个被普遍承认的原理之上，并且从另一个同样被证明了的原理中以极为正确的推论方式恰恰推论出反面。在这里，这种情况是实有的，而且是就四种自然的理性理念而言的。从四种理性理念中一方面得出四种主张，另一方面得出同样多的反主张，每一个都是以正确的逻辑一贯性从被普遍承认的原理得出的，由此它们就暴露出纯粹理性在使用这些原理时的辩证幻相，否则这种幻相必然永远是隐秘的。

因此，这里是一种决定性的尝试，这种尝试必须以必然的
〔341〕方式为我们揭示隐藏在理性的前提条件中的一种错误。① 在两个相互矛盾的命题中，不可能两个都是错误的，除非作为两个命题的基础的概念本身是自相矛盾的；例如“一个四方的圆形是圆的”和“一个四方的圆形不是圆的”，这两个命题都是错误的。因为就第一个命题来说，说上述圆形是圆的就是错误的，因为它是四方的；但说它不是圆的亦即是四方的也是错误的，因为它是圆形。因为一个概念的不可能性的逻辑标志恰恰在于，以它为前提条件，则两个相互矛盾的命题就同时是错误的，从而，由于在这两个命题之间不可能想出一个第三者，所以通过那个概念**根本不能**思维任何东西。

① 因此，我希望有批判精神的读者主要研究这种二论背反，因为看起来是自然本身提出了它，为的是使理性在自己放肆的僭越中产生疑问，并迫使它进行自我检验。对于我所给出的每一个证明，无论是为正论还是为反论作出的，我都自告奋勇为之负责，并由此来阐明理性的不可避免的二论背反的确定性。如果读者被这个奇特的现象所带领，返回去检验在这方面作为基础的前提条件，那么，他就将感觉到，他不得不与我一起更深刻地研究纯粹理性的一切知识的最初基础。

第 52 节 c

如今，我把前两个二论背反称为数学的二论背反，因为它们都涉及同类的东西的相加或者分割。这两个二论背反都以这样一个自相矛盾的概念为基础；我由此出发来说明，何以在这两个二论背反中正论和反论都是错误的。

当我谈论时间和空间中的对象时，我谈的并不是物自身，这是因为我对物自身一无所知，我谈的只是显象中的事物，亦即谈的是经验，它是对客体的一个仅仅赐给人的特殊知识种类。我在空间中或者在时间中所思想的东西，我必须不说它是就自身而言、也不用我的这种思想、存在于空间和时间之中的；那样说我就会自相矛盾，因为空间和时间连同在它们里面的显象不是什么就自身而言并且在我的表象之外实存的东西，而仅仅是表象方式，而说一个纯然的表象方式也在我们的表象之外实存，这显然是自相矛盾的。因此，感官的对象仅仅实存 〔342〕
于经验之中。与此相反，不用经验或者先于经验赋予它们一种自己的、为自己存在的实存，这就等于是想象经验也不用经验或者先于经验而是现实的。

如果我问世界在空间和时间上的大小，那么，对于我的一切概念来说，说世界是无限的和说世界是有限的同样不可能。二者中没有一个能够包含在经验中，因为无论是关于一个**无限的**空间或者一个无限的逝去了的时间，还是关于世界被一个空的空间或者一个先行的空的时间所**限制**，经验都是不可能的；这些都不过是理念。因此，世界的大小，无论以这种或者那种方式被规定，都必须在于其自身，与任何经验都无关。但是，这与感官世界的概念互相矛盾，感官世界只不过是显象的总和，其存在和联结惟有在表象中、亦即在经验中才成立，因为它不是事物本身，而无非是表象方式。由此得出，既然一个为自己实存的感官世界的概念在自身是自相矛盾的，所以关于它的大小的这一问题的解决，无论人们试图肯定地作出还是否定地作出，都将永远是错误的。

这一点也同样适用于涉及显象的分割的第二个二论背反。因为显象纯然是表象，而且各个部分仅仅实存于对它们的表象中，从而实存于分割中，也就是说实存于它们在其中被给予的一个可能经验中，因此分割只能达到可能经验达到的地步。假定一个显象，例如物体的显象，在一切经验之先就自身而言已经包含着可能经验能够达到的一切部分，这就等于是说，同时给予一个只能实存于经验之中的纯然显象以一种自己的、先行于经验的实存，或者等于是说，纯然的表象先于它们在表象力之中被发现而存在；这是自相矛盾的。因此，对这个被误解的问题的任何解决，无论人们在其中宣称物体就自身而言由无限多的部分构成，还是宣称物体由有限数目的单纯部分构成，也都是自相矛盾的。

〔343〕

第 53 节

在第一类二论背反（数学类的二论背反）中，前提条件的错误在于：自相矛盾的东西（亦即作为事物自身的显象）被表现为可以统一在一个概念中。但就第二类，亦即力学类的二论背反来说，前提条件的错误在于：可以统一的东西被表现为自相矛盾的。于是，在第一种场合两种彼此对立的主张都是错误的，而在这里，两种由于纯然的误解而彼此对立的主张又都可能是正确的。

也就是说，数学的联结（在大小的概念中）必然以被联结者的同类性为前提条件，而力学的联结则绝不要求这一点。如果问题在于有广延者的大小，那么，所有部分相互之间以及与整体之间就都必须是同类的。与此相反，在原因与结果的联结中，虽然也能够发现同类性，但它却不是必要的。因为因果性的概念（凭借这个概念，通过某物而设定某种与之完全不同的东西）至少并不要求同类性。

如果感官世界的对象被当做物自身，上述自然规律被当做物自身的规律，那么，矛盾就会是不可避免的。同样，如果自由的主体与其他对象一样被表现为纯然的显象，也一样不能避免矛盾。因为这同一个自由的主体就会关于同一个对象，在同一种意义上，同时既被肯定又被否定。但是，如果自然必然性仅仅与显象相关，而自由仅仅与物自身相关，那么，当人们同时假定或者承认两种因果性时，就不产生任何矛盾，尽管让后一种因果性变得可以理解，是如此困难或者不可能。

在显象中，任何结果都是一个事件，或者是在时间中发生的某种东西。按照普遍的自然规律，其原因的因果性的规定（原因的一种状态）必然先行于结果，结果按照一种恒常的规律继之而起。但是，原因成为因果性的这种规定必须也是正在产生或者**发生**的某种**东西**；原因必须已经**开始行动**，因为若不然，在原因和结果之间就不能设想任何时间继起。结果就会和原因的因果性一样是已经存在的。因此，在显象中间，使原因 〔344〕
起作用的**规定**也必须是已经产生的，从而与它的结果一样是一个事件，这个事件又必须有自己的原因，如此类推。因此，自然必然性必须是作用因被规定所遵循的条件。与此相反，如果自由应当是显象的某些原因的一种属性，那么，相对于作为事件的显象来说，自由就必须是**由自身**（sponte［自发地］）开始显象的一种能力，亦即不是说原因的因果性可以自己开始，从而不需要任何别的、规定其开始的根据。但这样一来，**原因**就其因果性来说就必定不遵从它的状态的时间规定，亦即根本

不是显象，也就是说，它必须被当做物自身，惟有**结果**才被当做**显象**。①如果人们能够毫无矛盾地设想知性存在者对显象的这样一种影响，那么，虽然在感官世界中原因与结果的一切联结都带有自然必然性，相反，自身不是显象（虽然是显象的基础）的原因被承认有自由，自然和自由就可以被赋予同一个事物而不致有矛盾，但是要在不同的关系中，一面是作为显象，另一面是作为物自身。

在我们里面，我们有一种能力，这种能力不仅与自己主观
〔345〕的规定根据，亦即它的行动的自然原因相联结，因而是本身属于显象的存在者的能力，而且也与纯然是理念的客观根据相关，这是就后者能够规定这种能力而言的；这样的联结是用**应当**来表达的。这种能力就叫做**理性**；而且就我们仅仅按照这种可以客观地来规定的理性来考察一个存在者（人）而言，这个存在者不能被视为感官存在者，相反，上述属性是一个物自身

① 自由的理念惟有在作为原因的**理智的东西**与作为结果的**显象**的关系中才成立。因此，我们不能就物质不断地行动，从而充实自己的空间而言把自由赋予物质，尽管物质的这种行动是从内在的原则出发发生的。同样，对于纯粹的知性存在者来说，例如上帝，就他的行动是内在的而言，我们也不能发现任何自由概念是适合于他的。因为上帝的行动虽然不依赖于外部的规定性原因，但在他的永恒理性之中，从而在他的属神**本性**中却是被规定的。惟有当**某种东西**应当通过一个行动**开始**，从而结果应当在时间序列中，因而在感官世界中来发现的时候（例如世界的开端），才提出如下问题，即原因的因果性是否也必须开始，或者原因不用它的因果性自身开始就能够产生一个结果。在第一种场合，这种因果性的概念是自然必然性的概念，而在第二种场合，它却是自由的概念。读者从这里可以看出，既然我把自由解释为从自己开始一个事件的能力，我就正好碰上了作为形而上学问题的概念。

的属性，关于这种属性的可能性，亦即毕竟还从未发生的**应当**究竟如何规定它的行动，并且能够是其结果为感官世界中的显象的那些行动的原因，我们一点也不能理解。然而，如果本身是理念的**客观根据**被视为规定感官世界中的结果的，那么，理性的因果性就这些结果而言就会是自由。因为在这种情况下，理性的行动并不依赖主观的条件，因而也不依赖任何时间条件，从而并不依赖用于规定这些条件的自然规律，因为理性的种种根据是普遍地、从原则出发地、不受时间或者地点情况影响地给行动以规则的。

我在这里所阐述的，仅仅是用做可理解性的例子，并不必然属于我们的问题，我们的问题必须不依赖我们在现实世界中所发现的属性，仅仅从概念出发来予以裁决。

现在我可以毫无矛盾地说：理性存在者的所有行动，就其是显象（在某个经验中被发现）而言，遵从自然的必然性。但同样是这些行动，仅仅与理性主体相关并且就这个主体仅仅按照理性来行动的能力而言，则是自由的。因为对于自然必然性来说，所要求的是什么呢？无非是感官世界的任何事件按照恒常的规律的可规定性，从而是在显象中与原因的一种关系；在这里，作为基础的物自身及其因果性依然是未知的。但我说：无论是理性存在者从理性出发，从而通过自由是感官世界的种种结果的原因，还是它不从理性根据出发规定这些结果，**自然规律都常驻不变**。因为如果是第一种情况，行动就是按照准则发生的，行动在显象中的结果在任何时候都将符合恒常的规律；如果是第二种情况，而且行动不是按照理性的原则发生 〔346〕
的，那么，它们就服从感性的经验性规律。在这两种情况下，结果都按照恒常的规律相互联系。对于自然必然性来说，我们只要求这么多，我们对它也只知道这么多。但是在第一种情况里，理性是这些自然规律的原因，因而是自由的；而在第二种情况里，结果仅仅按照感性的自然规律行事，这是因为理性没有对它们施加影响；但它亦即理性并不因此就被感性所规定（这是不可能的），从而即便在这种情况里也依然是自由的。因此，自由并不妨碍显象的自然规律，就像自然规律并不损害理性在实践应用上的自由一样，这种应用是与作为规定根据的物自身相结合的。

因此，实践的自由，亦即理性按照客观的规定根据在其中拥有因果性的自由，就由此而得到挽救，而自然必然性就作为显象的同一些结果而言并没有受到丝毫的损害。这一点也可以有助于解释我们关于先验的自由及其与自然必然性的可统一性（在同一个主体中，但并不是在同一种关系上说）所必须说的话。因为就先验的自由来说，一个存在者出自客观原因的行动的任何一个开端，与这些规定根据相关都永远是一个第一开端，尽管这同一个行动在显象的序列中仅仅是一个**从属的开端**，必须有原因的一个状态先行于它，这个状态规定该行动，本身同样被一个还要先行的原因所规定，以至于对理性存在者来说，或者一般而言对存在者来说，就它们的因果性在作为物自身的它们里面被规定而言，人们可以设想一种从自身开始一个状态序列的能力而不陷入与自然规律的矛盾。因为行动与客观的理性根据的关系并不是时间关系。在这里，规定因果性的东西并不在时间上先行于行动，因为这样的规定根据并不表现对象与感官的关系，从而并不表现与显象中的原因的关系，而是表现作为并不遵从时间条件的物自身的规定性原因。这样，行动就理性的因果性而言可以被视为一个第一开端，就显象的序列而言可以同时被视为一个从属的开端，而且可以毫无矛盾
〔347〕地在前一方面被视为自由的，在后一方面（在此它仅仅是显象）被视为服从自然必然性的。

就**第四**个二论背反来说，它被以与解决第三个二论背反中

理性与自身冲突的类似方式来解决。因为只要把**显象中的原因**与**显象的原因**（就显象的原因可以被设想为**物自身**而言）区别开来，两个命题就很可以同时并存，亦即对于感官世界来说，在任何地方都没有任何原因（按照类似的因果性规律），其实存是绝对必然的，但另一方面，这个世界仍然被与作为其原因（别的种类的，并且按照别的规律）的一个必然的存在者结合起来。这两个命题的不可相容性所依据的仅仅是误解，即把仅仅适用于显象的东西扩展到物自身上，一般来说把二者混杂在一个概念中。

第 54 节

理性在把自己的原则运用于感官世界时发现自己卷入的这整个二论背反，其提出和解决就是这样。其中单是前者（仅仅提出）就已经是人类理性的知识方面的一个显著贡献，尽管冲突的解决还不能使读者由此得到完全的满足。读者在这里要与一种自然的幻相作斗争，这里刚刚给他指出它是这样一种幻相，读者迄今为止一直把这一幻相当做真的。因为这方面的一个结果是不可避免的，即：既然只要人们还把感官世界的对象当做事物自身，而不是当做事实上所是的东西，亦即当做纯然的显象，就不可能摆脱理性与其自身的这种冲突，所以这就迫使读者再次对我们的全部先天知识进行演绎，并检查我对此提供的演绎，以便对此作出裁定。我现在所要求的只限于此；因为如果读者只有这样做才足够深入到纯粹理性的本性中进行思维，那么，惟一使解决理性的冲突得以可能的那些概念已经为他所熟悉，没有这种情况，我本人就不能期待最用心的读者给予完全的赞同。〔348〕

三、神学的理念（《批判》，第 571 页［B595—596］）

第 55 节

为理性最重要的、但如果仅仅思辨地进行就是越界的（超越的）、从而就是辩证的应用提供素材的第三个先验理念，就是纯粹理性的理想。既然理性在这里并不像在心理学理念和宇宙论理念那里一样从经验开始，通过诸根据的上升被诱导尽可能地追求根据序列的绝对完备性，而是完全中止，并且仅仅从关于构成一个一般事物的绝对完备性的东西的概念出发，凭借一个最完满的元始存在者的理念，下降到对其他一切事物的可能性的规定，从而也下降到对其他一切事物的现实性的规定，所以在这里，要把一个虽然不在经验序列中，但却是为了经验，为了经验的联结、秩序和统一性而设想出来的存在者的纯然预设，亦即理念，与知性概念区别开来，比在上面两种场合里更为容易。因此，这里可以轻而易举地揭露辩证的幻相。这种辩证幻相之所以产生，乃是因为我们把我们的思维的主观条件当做事物本身的客观条件，把为了满足我们的理性而必要的假说当做一个教条。因此，关于先验神学的僭妄，我不必再进一步提示什么，因为《批判》在这方面所讲的，是容易理解、清楚明白和决定性的。

关于先验理念的总附释

第 56 节

通过经验被给予我们的对象，对我们来说在许多方面是不
〔349〕可理解的，而自然规律把我们引向的许多问题，如果它们被提到某种高度，但始终符合这些规律，则根本不能予以解决，例如物质为什么相互吸引。然而，如果我们完全离开自然，或者

在其联结的进程中超越一切可能的经验，从而深入到纯然的理念，在这种情况下，我们就不能说，对象对我们来说是不可理解的，事物的本性给我们提出了不可解决的问题。因为我们在这种情况下根本不是与自然，或者一般而言与客体打交道，而是纯然与仅仅源自我们的理性的概念、与思想存在物打交道。就它们而言，从这些东西的概念中产生的一切问题都必然能够解决，因为理性当然能够而且必须完备地说明它自己的行事方式。① 既然心理学的理念、宇宙论的理念和神学的理念都完全是不能在任何经验中被给予我们的纯粹的理性概念，所以，理性就这些理念而言给我们提出的问题，就不是通过对象，而是为了理性的自我满足而通过理性的准则提出的，并且必然全都是能够充分回答的。之所以如此，也是通过指出它们都是使我们的知性应用达到普遍的一致性、完备性和综合统一性的原理，而且仅仅就此而言适用于经验，但却是在经验的**整体**上适用。尽管经验的一个绝对整体是不可能的，但根据一般原则的知识的一个整体的理念，却是惟一能够给知识提供一种特殊种类的统一性，亦即一个体系的统一性的东西；没有这种统一

① 因此，**普拉特纳**先生在他的《箴言录》第 728 节和第 729 节中精辟地说道："如果理性是一个标准，那么，就不可能有任何概念对人类理性来说是不可理解的。——惟有在现实的东西里面才有不可理解性。在这里，不可理解性是从获得的理念的不充分性中产生的。"——因此，说在自然中有许多东西对于我们来说是不可理解的（例如生殖能力），但如果我们再升高一些，甚至超出自然，那么，对我们来说一切就都又可以理解了，这听起来有点悖谬，但并不令人奇怪。因为在这种情况下，我们就完全离开了能够被给予我们的**对象**，并且仅仅探讨理念。就理念来说，我们完全能够理解理性通过理念给知性在经验中的应用所规定的规律，因为这规律就是理性自己的产品。

性，我们的知识就只是支离破碎的，不能被用于最高的目的
〔350〕（最高的目的永远只是一切目的的体系）；但我在这里指的不仅仅是实践的目的，而且也是理性的思辨应用的最高目的。

因此，先验理念表现出理性的独特规定，亦即理性是知性应用的系统统一性的一个原则。但是，由于这些理念只是用于使经验在它自身之内尽可能地接近完备性，也就是说，不用任何不能属于经验的东西限制它的前进，所以，如果人们把知识种类的这种统一性视为好像属于知识的客体的，如果人们把本来只是**范导性的**统一性视为**建构性的**，并且相信能够凭借这些理念把自己的知识远远地扩展到一切可能的经验之外，从而是以超验的方式扩展自己的知识，那么，这就是在评价我们的理性的特殊规定及其原则方面的一种纯然的误解，并且是一方面搞乱了理性的经验应用、另一方面使理性与自身分裂的辩证法。

关于纯粹理性的界限规定的结论

第57节

按照我们上面给出的极为清晰的证明，如果我们对于任何一个对象希望知道得多于属于这个对象的可能经验的东西，或者对于一个我们认为不是可能经验的对象的任何一个事物还哪怕要求有一点知识，按照它就自身而言所是的性状来规定它，这就会是一件荒唐的事情。因为我们要通过什么来作出这种规定呢？时间、空间和一切知性概念，毋宁说还有在感官世界中通过经验性的直观或者**感觉**所得出的概念，除了使经验成为可能之外，都没有、也不能有别的应用，而且如果我们自己从纯粹的知性概念除去这一条件，它们在这种情况下就根本不规定任何客体，在任何地方都没有任何意义。

但另一方面，如果我们根本不想承认物自身，或者想把我们的经验说成是对事物的惟一可能的认识方式，从而把我们在 〔351〕
空间和时间中的直观说成是惟一可能的直观，把我们论证性的知性说成是任何可能的知性的原型，从而把经验的可能性的原则说成是物自身的普遍条件，那就是一件更为荒唐的事情了。

据此，如果不是一种审慎的批判也在理性的经验性应用方面守住理性的界限，给它的僭妄设定目标，那么，我们的把理性的应用仅仅限制在可能的经验之上的原则本身就可能变成**超验的**，并把我们的理性的局限说成是事物本身的可能性的局限，在这方面，**休谟**的《对话》可以作为例证。怀疑论最初是出自形而上学及其无管教的辩证法的。起初，它只不过是为了理性的经验应用而把一切超出经验应用的东西都说成是没有价值的和骗人的；但逐渐地，由于人们觉察到，正是人们在经验中使用的这些先天原理，不知不觉地、好像是以同样的权利引导得比经验所及更远，所以人们就开始甚至对经验原理也提出怀疑。这并没有什么要紧，因为健康知性在这方面一直维护着自己的权利。然而，在科学中却出现了一种特殊的混乱。科学不能确定对理性信赖到什么程度，以及为什么只信赖到这种程度而不是更多。惟有通过对我们的理性应用的严格的和从原理得出的界限规定，这种混乱才能被清除，将来也永远不再出现。

的确，对于物自身可能是什么，我们在一切可能的经验之外不能给出一个确定的概念。但尽管如此，我们也不能随意地完全约束自己不去追问物自身；因为经验永远不能完全满足理性，它在回答问题时使我们回溯得越来越远，让我们在完全解决问题方面得不到满足，就像每一个人都能够从纯粹理性的辩证法中看出这一点一样，这种辩证法正因为此而有很好的主观根据。谁能够忍得住：我们对我们灵魂的本性一直达到主体的

清晰意识，并且确信不能**以唯物论的方式**来解释它的显象，却
[352] 不去问灵魂究竟是什么呢？而且如果对此任何经验概念都不够用，谁能够忍得住，尽管我们根本不能阐明一个仅仅为了这一目的的理性概念（一个单纯的非物质的存在者的理性概念）的客观实在性，但却在必要时接受它呢？在关于世界的持存和大小、自由或者自然必然性的所有宇宙论问题上，谁能够满足于纯然的经验知识呢？因为无论我们怎样开始做，每一个按照经验原理给出的答案都又产生一个新的问题，这个新的问题同样要求回答，从而清楚地表明一切物理学的解释方式都不足以满足理性。最后，鉴于仅仅按照经验原则来思维和接受的一切东西的普遍的偶然性和依赖性，谁看不出不可能停留在这种偶然性和依赖性之上呢？而且无论如何禁止迷失在超验的理念中，谁不感到情不自禁地仍然要越过自己能够通过经验来证实的一切概念，到一个存在者的概念中去寻找安宁和满足呢？这个存在者的理念虽然就其本身而言在可能性上还不能被认识，但也不能被反驳，因为它涉及一个纯然的知性存在者，没有这一理念，理性就必然永远得不到满足。

界限（在有广延的存在者那里）永远以在某个确定的场所之外被发现并包围这个场所的一个空间为前提条件。限制并不需要诸如此类的东西，而仅仅是就一种量不具有绝对完备性而言涉及该量的否定。但是，我们的理性仿佛在自己周围看到了一个认识物自身的空间，虽然它对物自身永远不能有确定的概念，并且仅仅被限制在显象上。

只要理性的知识是同类的，就不能设想它有任何确定的界限。在数学和自然科学中，人类理性虽然承认限制，但却不承认界限，也就是说，虽然承认在它之外有某种东西它永远也不能达到，但却不承认它自己在其内在的进展中将在某个地方完成。数学中认识的扩展和不断新发明的可能性是无止境的。同

样，通过经验的进步来发现新的自然属性、新的力量和规律，并通过理性来统一这种发现，这也是无止境的。但是，在这里仍然不能无视限制，因为数学仅仅关涉**显象**，而不能是感性直 〔353〕
观的对象的东西，例如形而上学和道德的概念，都完全在数学的范围之外，数学永远不导向这些东西；不过它也根本不需要诸如此类的东西。因此，不存在向这些科学的连续进展，仿佛是有一个接触点或者接触线。自然科学永远不给我们揭露事物的内部，也就是说，永远不给我们揭露不是显象但却能够用做显象的最高解释根据的东西。但是，它也不把这种东西用于自己的物理学解释；甚至，即使从别的地方给它提供诸如此类的东西（例如非物质的存在者的影响），它也应当予以拒绝，根本不把这种东西带入自己的解释的进程，而是在任何时候都把这种解释仅仅建立在作为感官的对象属于经验，并且按照经验规律能够被与我们的现实知觉联系起来的对象上。

然而，形而上学却在纯粹理性的辩证尝试（这些尝试并不是任意地或者以蓄意的方式进行的，而是理性的本性所迫使的）中把我们引导到界限。正是由于我们不能绕过先验的理念，尽管如此它们也永远别想实现自己，它们就用于不仅现实地给我们指出纯粹的理性应用的界限，而且还指出确定这些界限的方式。而且这也是我们的理性的这种自然禀赋的目的和好处。我们的理性生育出形而上学，就像是自己心爱的孩子，这孩子的产生和世界上的任何一种产生一样，不能被归于偶然的巧合，而应被归于为了重大的目的而聪明地组织出来的原初胚胎。因为形而上学也许比其他任何一门科学都更多地是由自然本身就其基本特征而言置于我们里面的，根本不能被视为一种任意选择的产物，或者被视为经验（形而上学与经验完全分离）的进程中的偶然扩展。

理性即便有自己在经验性应用上，从而在感官世界内部足

够用的全部概念和知性规律，也毕竟不能对自己感到满足。因为层出不穷的问题使它对解决的完成不抱任何希望。以这种完
〔354〕成为目的的先验理念就是理性的这样一些问题。如今它清楚地发现，感官世界不可能包含这种完成，从而仅仅用于理解感官世界的所有那些概念：空间、时间和我们曾经以纯粹知性概念为名提出的一切东西，也都不包含这种完成。感官世界无非是按照普遍规律联结起来的显象的一个链条，因此它不具有自存，它真正说来不是物自身，所以必然与包含这种显象的根据的东西相关，与不是只能被视为显象，而是被视为物自身的存在者相关。惟有在对这些存在者的认识中，理性才能希望，有朝一日发现自己对从有条件者到其条件的进程中的完备性的要求得到满足。

我们在上面（第 33 节、第 34 节）曾经指出理性在对纯然的思想存在者的一切知识方面的限制。现在，既然先验理念仍然使一直前进到这些思想存在者对我们来说成为必然的，因而仿佛是一直把我们导向满的空间（经验的空间）与空的空间（我们一点也不能知道的空间、本体的空间）的接触，所以，我们也就能够确定纯粹理性的界限。因为在所有的界限中，也都有某种肯定的东西（例如，面就是立体空间的界限，然而毕竟本身就是一个空间，线是作为面的界限的空间，点是线的界限，但毕竟也一直是空间中的一个地点），与此相反，限制则仅仅包含否定。在上述两节中指出的限制还是不够的，因为我们发现在这些限制之外还有某种东西（尽管我们永远不知道那东西就自身而言是什么）。现在的问题是：我们的理性在我们认识的东西与我们不认识也将永远不认识的东西的这种联结上情况如何？这里是已知者与一个完全未知者（它也将在任何时候都依然是未知者）的一种现实的联结，而且即使未知者不会被稍稍多知一点——这在事实上也是没有希望的——，关于这

种联结的概念却毕竟是必须能够予以规定，并且能够弄清楚的。

因此，我们应当设想一个非物质的存在者、一个知性世界和所有存在者的一个最高存在者（纯粹的本体），因为理性惟有在作为物自身的这些东西上才找到完成和满足，它在把显象从其同类的根据得出来时绝不能希望有这种完成和满足，而且 〔355〕
还因为这些显象确实与某种和它们不同的东西（从而是完全异类的东西）相关，显象毕竟在任何时候都以一个事物自身为前提条件，从而指示着这个事物自身，无论人们能不能进一步认识它。

但是，既然我们永远不能按照这些知性存在者就自身而言所可能是的样子亦即确定地认识它们，但在与感官世界的关系中又必须假定它们，并且通过理性把它们与感官世界联结起来，所以，我们至少要能够凭借表述它们与感官世界的关系的那些概念来思维这种联结。因为如果我们仅仅通过纯粹的知性概念来思维知性存在者，那么，我们由此就确实没有思维任何确定的东西，从而我们的概念就毫无意义。如果我们通过从感官世界借来的属性来思维它，那么，它就不再是知性存在者了，它就将被思维成一种现象，属于感官世界。我们要以最高存在者的概念为一个例子。

理神论的概念是一个完全纯粹的理性概念，这个概念仅仅表现一个包含一切实在性的事物，但却不能规定这些实在性的任何一种，因为那就必须从感官世界借取例子，在这种情况下，我所与之打交道的，就会仅仅是感官的一个对象，而不是某种完全异类的、根本不能是感官的一个对象的东西了。因为例如，我会赋予这种东西以知性；但是，关于一种知性，除了像我这样的知性之外，我根本没有任何概念，而我这样的知性必须通过感官被给予直观，它所做的是把直观置于意识的统一性的规则之下。但这样一来，我的概念的要素就永远存在于显象中；但是，我正是由于显象不够用，才被迫超出显象而达到一个完全不依赖显象，或者把显象作为自己的规定的条件而与之相结合的存在者的概念。但是，如果我为了得到一个纯粹的知性而把知性与感性分开，那么，除了没有直观的纯然思维形式之外，就没有剩下任何东西，而仅仅通过这种形式，我不能认识任何确定的东西，因而不能认识任何对象。为此目的，我就必须设想另一种能够直观的知性，但我对于这种知性却没有丝毫概念，因为人类知性是论证性的，惟有通过普遍的概念才
〔356〕能进行认识。如果我赋予最高的存在者以一种意志，我的遭遇还是如此，因为我拥有这个概念，仅仅是由于我从我的内部经验得出这个概念，但在这里也就是我的满意对我们需要其实存的对象的依赖性，因而是以感性为基础的，而这与最高存在者的纯粹概念是完全矛盾的。

休谟对理神论的指责是软弱无力的，仅仅击中了理神论主张的证明，却绝没有击中理神论主张的命题本身。但是，就通过进一步规定我们在理神论中关于最高存在者的纯然超验概念而得出的有神论而言，他的指责却是强有力的，而且由于这个概念是人们建立的，这些指责在某些情况下（实际上在所有通常的情况下）就是不可辩驳的。**休谟**一直坚持：仅凭一个元始存在者的概念，我们仅仅赋予这个概念一些本体论的谓词（永恒性、全在性、全能性），实际上我们根本没有思维任何确定的东西。相反，必须再加上一些能够具体地说明一个概念的属性。仅说它是原因，这是不够的，还要说明它的因果性是什么性状，例如通过知性和意志。他对事物本身亦即有神论的攻击就是从这里开始的，因为在此之前，他仅仅攻击了理神论的证明根据，这不会造成任何特殊的危险。他的要害论证全都与神人同形同性论有关，他认为，神人同形同性论与有神论不可分割，并使有神论自相矛盾，但如果人们清除掉神人同形同性

论，有神论就将一起垮台，剩下的就只是理神论，人们从理神论得不出什么来，它对我们毫无用处，根本不能用做宗教和道德的基础。如果神人同形同性论的这种不可避免性是确实的，那么，关于一个最高存在者的种种证明无论是什么样的，即便全都承认它们，关于这个存在者的概念也决不会被我们所规定而不使我们卷入矛盾。

如果我们把“避免纯粹理性的一切超验判断”这一禁令与表面上相对立的“一直超越到处于内在的（经验性的）应用范围之外的概念”这一命令联结起来，那么，我们就将觉察到，二者是可以共存的，但这只能恰好在一切被允许的理性应用的**界限**上。因为这个界限既属于经验的领域，也属于思想存在者的领域。〔357〕而且我们由此同时知道，那些如此值得注意的理念如何仅仅用于人类理性的界限规定，亦即一方面不要无止境地扩展经验知识，这样一来，给我们剩下来供认识的就只有世界了；另一方面，仍然不要超出经验的界限，不要想对经验的界限之外作为物自身的事物作出判断。

但是，只要我们把我们的判断限制在世界与一个其概念本身处于我们在这个世界之内能够获得的知识之外的存在者所能够具有的关系上，我们就坚守住了这个界限。因为在这种情况下，我们就不是把我们思维经验的对象所凭借的任何属性**就自身而言**加给最高的存在者，由此就避免了**独断论**的神人同形同性论。但是，我们仍然把这些属性赋予最高存在者与世界的关系，并且允许一种**象征性的**神人同形同性论，这种神人同形同性论事实上仅仅涉及语言，而不涉及客体本身。

如果我说，我们不得不这样看待世界，就**好像**它是一个最高的知性和意志的作品似的，那么，我实际上不过是说：一只钟表、一艘船、一支军队与钟表匠、造船师、司令官的关系是怎样，感官世界（或者构成显象的这一总和之基础的一切）与这个未知者的关系就是怎样。因此，我虽然不是按照这个未知者就自身而言所是的、但却是按照它对我来说所是的、亦即就世界而言来认识它的，而我是世界的一个部分。

第58节

这样一种知识是**根据类比**的知识，这种类比并不像人们通常使用这个词那样，意味着两个事物的一种不完全的相似，而是指完全不相似的事物之间的两种关系的完全相似。①凭借这
〔358〕种类比，毕竟给我们还留下了关于最高存在者的一个**对我们来说**充分确定的概念，即使我们除去能够绝对地和**就自身而言规定**这个概念的一切东西。因为我们毕竟是相对于世界，从而相对于我们规定它的，更多的东西对于我们来说也不必要。**休谟**对于想通过从自身和世界借取材料来绝对地规定它的那些人的攻击与我们无关。他也不能指责我们，说一旦从最高存在者的概念去掉客观的神人同形同性论，我们就将一无所有了。

① 例如，在人类行为的权利关系和推动力的力学关系之间就有一种类比：我对另一个人做某事，绝不能不给他权利在同样的条件下对我做同样的事。同样，任何物体以其推动力作用于另一个物体，都不能不引起该物体同样多地反作用于它。在这里，权利和推动力是完全不相似的事物，但在它们的关系中却有完全的相似性。因此，凭借这样一种类比，我可以给出我绝对不知道的事物的一个关系概念。例如，对子女的幸福的促进＝a与父母的爱＝b的关系是怎样，人类的福祉＝c与上帝里面我们称之为爱的未知者＝x的关系就是怎样。这并不是说这个未知者与某一种属人的偏好有丝毫的相似性，而是因为我们能够设定它与世界的关系与世界的事物相互之间所拥有的关系相似。但是，关系概念在这里是一个纯然的范畴，亦即原因的概念，它与感性毫不相干。

因为，只要人们一开始（就像**休谟**也在他的《对话》中通过斐洛这个人物反对克雷安特一样）就允许我们把**理神论的**元始存在者概念当做一个必要的假说，在这个概念中，人们通过实体、原因等等纯粹本体论的谓词来思维元始存在者（**人们必须这样做**，因为理性在感官世界受纯粹的条件驱使，而这些条件始终又是有条件的，所以理性不这样做就根本不能得到满足。**人们也可以有权这样做**，不会陷入神人同形同性论，神人同形同性论是把出自感官世界的谓词转用到一个与世界完全不同的存在者上，因为那些谓词仅仅是范畴，它们虽然并不提供这个存在者的任何确定的概念，但正是因此也不提供它的任何限制在感性的条件之上的概念），那么，就没有任何东西能够阻止我们说这个存在者有一种就世界而言**凭借理性的因果性**，并如此跨越到有神论，而没有必要就它自身而言把这种理性作为一种附着于这个存在者的属性而赋予它。因为**第一**，把理性就感官世界中的一切可能经验而言的应用与自身全面一致地推 〔359〕
向最高程度的惟一可能的途径，就是人们再把一种最高的理性当做世界中的一切联结的原因。这样一个原则必然对理性普遍有利，决不会在它的自然应用上损害它。但**第二**，理性由此毕竟不是作为属性转用到元始存在者自身的，而是仅仅转用到它与世界的**关系**上，从而完全避免了神人同形同性论。因为在这里仅仅考察了在世界上到处都发现的理性形式的**原因**，而且虽然就最高的存在者包含着世界的这种理性形式的根据而言把理性赋予它，但却仅仅是按照类比，也就是说，是就这一术语仅仅表示我们不知道的最高原因与世界的关系而言的，为的是在它里面在最高程度上符合理性地规定一切。这样一来，就使我们不致使用理性的属性去思考上帝，而是用它去思考世界，为了就世界而言按照一个原则最大可能地应用理性，这样做是必要的。我们由此承认：最高存在者按照它就其自身而言所是的样子对我们来说是完全不可探究的，甚至不能**以确定的方式**去设想。而且这样一来，就使我们不致按照我们关于（凭借意志）作为一种作用因的理性所拥有的概念作一种超验的应用，要通过毕竟总是仅仅从人的本性借来的属性去规定神的本性，迷失在粗糙或者狂热的概念中；但另一方面，也使我们不致按照我们转用到上帝身上的关于人类理性的概念，用超自然的解释方式来淹没对世界的考察，使它失去自己真正的规定，按照这种规定，它应当仅仅是通过理性对自然的研究，而不应当是放肆地从一个最高理性来得出自然的显象。适合于我们软弱无力的概念的表述将是：我们这样来设想世界，就**好像**它就其存在和内在规定而言源自一个最高理性似的，我们由此一方面去认识世界自身固有的性状，不去狂妄地要规定世界的原因自身；另一方面把这种性状（世界中的理性形式）的根据置入最高的
〔360〕原因与世界的**关系**中，不把世界视为在这一点上自身充足的。①

以这样的方式，通过把**休谟**的“不要以独断论的方式把理性的应用推进到一切可能经验的领域之外”这一原理与**休谟**完全忽视的另一条原理，亦即“不要把可能经验的领域视为在我们理性的眼中自划界限的东西”结合起来，看起来与有神论对立的那些困难就消失了。理性的批判在这里标明了**休谟**所反对的独断论和他要主张的怀疑主义之间的真正的中间道路，这条中间道路并不像其他中间道路那样，是人们建议仿佛是机械地

① 我是要说：最高原因的因果性对世界来说所是的东西，就是人类理性对它的作品来说所是的东西。此时，我依然不知道最高原因本身的本性。我只是把它的对我来说已知的结果（世界的秩序）及其对理性的符合性与人类理性的对我来说已知的结果进行比较，因而把最高原因称为一种理性，并没有因此就把我在人身上用这一术语所指的东西或者别的我已知的某种东西当做它的属性赋予它。

（这一方有一点，另一方也有一点）为自己规定的，那样的话没有任何人能得到教益，而是人们能够按照原则精确地规定的中间道路。

第59节

在这个附释的开头，为了确定理性在其适宜的应用方面的限制，我使用了**界限**的比喻。感官世界只包含显象，显象毕竟不是物自身，因此，正是因为知性把经验的对象仅仅当做显象来认识，它才必须承认物自身（本体）。二者都被包含在我们的理性中，而问题是：就这两个领域而言，理性如何去给知性划定界限？包含着一切属于感官世界的东西的经验并不给自己划定界限，它永远只从每一个有条件者达到另一个有条件者。应当给它划定界限的东西，必须处于它的界限之外，而这就是知性存在者的领域。但是，就问题在于**规定**这些知性存在者的本性而言，这对于我们来说就是一个空的空间。就此而言，如 〔361〕
果问题在于以独断论的方式规定的概念，那我们就不能超越可能经验的领域。但是，既然一个界限是某种肯定的东西，它既属于处在它里面的东西，也属于处在一个被给予的总和之外的空间。这样，它就是一种现实的、肯定的知识，理性惟有通过扩展自己一直达到这个界限才能获得这种知识，但它不要试图走到这个界限之外，因为它在那里将面临一个空的空间，在这个空的空间中它虽然可以思维事物的形式，但却不能思维事物本身。但是，通过经验通常并不知道的某种东西给经验领域**划定界限**，这毕竟是在这种立场上还给理性留下的一种知识，由此理性既不局限于感官世界之内，也不游荡到感官世界之外，而是像一种界限的知识固有的那样，仅仅限制在处于界限之外的东西与包含在界限之内的东西的关系上。

自然的神学就是这样一种处在人类理性的界限上的概念，因为它发现自己不得不向外眺望一个最高存在者的理念（而且在实践的关系中也向外眺望一个理知世界的理念），不是为了就这个纯然的秩序存在者而言，从而在感官世界之外规定某种东西，而是仅仅为了按照最大可能的（既有理论的也有实践的）统一性的诸原则引导理性自己在感官世界之内的应用，并为此目的使用感官世界与作为所有这些联结的原因的一种独立理性的关系，但由此并不给自己**虚构**一个存在者，而是既然在感官世界之外必然可以发现惟有纯粹秩序才能思维的某物，就只以这样的方式、当然仅仅根据类比去**规定**这个某物。

以这样的方式，作为整个批判的结果，我们的上述命题仍然成立："理性通过它的所有先天原则所告诉我们的，绝对不多于可能经验的对象，而关于这些对象，也不多于在经验中能够被认识的东西"。但是，这种限制并不妨碍理性引导到经验的客观**界限**，亦即引导到与本身不是经验的对象、但却必然是一切经验的最高根据的某种东西的**关系**，关于这种东西却不就自身而言告诉我们什么，而是仅仅与它自己在可能经验的领域
〔362〕里的完备的、指向最高目的的应用相关告诉我们什么。但这也就是人们在此能够以理性的方式来希望的一切好处。而且人们有理由对此感到满意。

第60节

这样，我们就按照形而上学在人类理性的**自然禀赋**中被给予的样子，而且在构成它的研究的根本目的的东西上，根据它的主观可能性，对它作出了详细的阐明。然而，我们看到，我们理性的这样一种禀赋的这种**纯然自然的**应用，如果没有理性的那种惟有通过科学的批判才有可能的纪律来约束和限制这种

禀赋，就会使理性卷入越界的**辩证**推理，这些辩证推理有些是纯然表面上的，有些是甚至相互冲突的；此外，这种玄想的形而上学对于促进自然知识来说是多余的，甚至干脆是对它有害的。虽然如此，还总是有一个值得探究的问题，那就是去发现我们的本性中趋向超验概念的这种禀赋作为目标的**自然目的**，因为凡是在本性中的，原初必定是为了某个有用的意图的。

这样一种研究事实上是棘手的。我也承认，对此我所能够说的，与涉及自然的首要目的的一切东西一样，都只不过是揣测之词。我在这一场合也被允许这样做，乃是因为问题所涉及的并不是形而上学判断的客观有效性，而是作出这些判断的自然禀赋，因而是在形而上学的体系之外，属于人类学。

先验理念的总和构成自然的纯粹理性的真正问题，它迫使纯粹理性离开纯然的自然考察，超越一切可能的经验，并在这一努力中实现叫做形而上学的东西（不管它是知识还是玄想）。当我总结这些先验理念时，我认为自己发现，这种自然禀赋的目的乃是使我们的概念摆脱经验的桎梏和纯然的自然考察的限制，使它至少看到在自己面前展开了仅仅包含着感性不能达到的那些纯粹知性的对象的领域，这样做虽然不是为了让我们去对这些对象进行思辨的研究（因为我们找不到能够立足之地），〔363〕
而是为了实践的原则，如果不在自己面前为它们的必然期待和希望找到这样一个空间，实践的原则就不能扩展到理性在道德方面所绝对需要的普遍性。

在这里我发现，**心理学的**理念尽管使我对人类灵魂的纯粹的和高于一切经验概念的本性了解甚少，但毕竟至少足够清晰地指出了经验概念的不足，并由此使我离开了唯物论，后者是一种不适于任何自然解释、此外在实践方面限制理性的心理学概念。同样，由于一切可能的自然知识明显不足以在其合法需求上满足理性，所以**宇宙论的**理念有助于使我们不致陷入自然主义，后者要把自然说成是本身自足的。最后，既然感官世界中的一切自然必然性在任何时候都是有条件的，因为它总是以事物对其他事物的依赖性为前提条件，无条件的必然性必须仅仅到一个与感官世界不同的原因中去寻找，而这个原因如果仅仅是自然，它的因果性就永远不能使人理解作为其结果的偶然东西的存在，所以，理性凭借**神学的**理念使自己摆脱了宿命论，既是摆脱了没有第一原则的自然本身的联系中的一种盲目的自然必然性，也是摆脱了这个第一原则本身的因果性中的一种盲目的自然必然性，而且理性导向了一个凭借自由的原因，从而导向了一个最高的理智。这样，先验的理念尽管无助于正面教导我们，却毕竟有助于取缔**唯物论**、**自然主义**和**宿命论**的狂妄的、限制理性领域的主张，并且由此在思辨的领域之外给道德理念创造空间。我想，这在某种意义上就解释了那种自然禀赋。

一种纯然思辨的科学可能具有的实践的好处处在这门科学的界限之外，因而只能被视为这门科学的一个附件，并且和其他附件一样，不作为一个部分属于科学本身。尽管如此，这种关系却至少处在哲学的界限之内，特别是处在从纯粹理性的源泉中汲取出来的哲学的界限之内；在纯粹理性的源泉中，理性在形而上学中的思辨应用必然与道德中的实践应用具有统一
〔364〕性。因此，纯粹理性的不可避免的辩证法，在一种被视为自然禀赋的形而上学中，不仅理应被解释成为一种需要消除的幻相，而且如果可能的话，也理应被解释成为就其目的而言的**自然机制**，尽管不可以合理地要求真正的形而上学承担这一份外的任务。

在《批判》第642～668页［B670－696］所讨论的问题的解决，必须被视为第二个、与形而上学的内容更为接近的附件。因为在那里谈到了某些理性原则，它们先天地规定着自然秩序，或者毋宁说规定着应当通过经验寻找自然秩序的规律的

知性。这些理性原则就经验而言看起来是建构性的和立法的，因为它们毕竟是纯然出自理性的，而理性不可以像知性那样被视为可能经验的一个原则。这种一致是否依据如下事实，即就像自然就自身而言并不依附于显象或者其源泉亦即感性，而仅仅在感性与知性的关系中被发现一样，这种知性为了一个完整的可能经验（在一个体系中），其应用的普遍统一性也只能借助与理性的关系才属于知性，从而经验也间接地受理性的立法支配？这一点，对于那些除了理性在形而上学中的应用之外还想甚至在使一般自然历史系统化的普遍原则中探究理性的本性的人们来说，是可以进一步考虑的。因为这个问题，我在《纯粹理性批判》中虽然指出了它的重要性，但却没有试图解决它。①

这样，对我自己所提出的主要问题，亦即一般形而上学如何可能，通过我从它的应用现实地、至少是在结果中被给予的地方上升到它的可能性的根据，我的分析性解决就结束了。〔365〕

《导论》总问题的解决：作为科学的形而上学如何可能？

形而上学，作为理性的自然禀赋，是现实的，但仅仅就它

① 贯穿《批判》，我念念不忘的就是：不错过任何能够使对纯粹理性的本性的探究臻于完备的东西，不管它藏匿得多么深。每一个人，只要给他指出还值得进行研究，此后他要把自己的研究推进到什么程度，就听凭他自己的意愿了。因为人们完全有权期待某个人来做这件事，这个人以衡量这整个领域为己任，以期在此之后任由别人去作未来的扩建和任意的分配。两个附件都属于这种情况。它们由于枯燥无味，难以推荐给业余爱好者，因而只是为行家里手提出的。

自身来说（就像第三个主要问题的分析性解决所证明的那样），它是辩证的和虚假的。因此，要想从这种形而上学得出一些原理，并在对这些原理的应用中跟随虽然是自然的、但却是错误的幻相，这绝不能产生科学，而只能产生虚荣的辩证艺术。在这方面，一个学派可能胜过另一个学派，但却没有一个学派能够赢得一种合法的和持久的赞同。

要使形而上学作为科学能够并不仅仅要求虚假的说教，而是要求真知灼见和坚信，理性本身的一种批判就必须把全部先天概念，对这些概念按照不同的源泉亦即按照感性、知性、理性所作的划分，此外还有一个完备的概念表，以及对所有这些概念的分析连同由此可能得出的一切，然后特别是先天综合知识凭借这些概念的演绎的可能性，这种知识的应用的原理，最后还有这种应用的界限，统统在一个完备的体系中展示出来。因此，批判、而且也惟有批判，才包含着能够实现作为科学的形而上学的整个经过充分检验和证实的实施方案，乃至一切实施手段。通过别的途径和手段都不可能。因此，问题在这里并不是这件工作如何可能，而仅仅是如何进行这件工作，并且如何打动一些有识之士从他们迄今为止错误的、徒劳无益的研究转到一种真实可靠的研究上来，以及如何能够把这样一种结合最适当地引导到共同的目的。

〔366〕可以肯定的是：谁尝到了批判的甜头，谁就会永远讨厌一切独断论的废话；他以前之所以不得不喜欢那些废话，乃是因为他的理性需要某种东西而又不能找到更好的东西来消遣。批判与通常的学院形而上学的关系，恰如**化学**与**炼金术**的关系，或者如**天文学**与占卜的**星相学**关系。我保证：哪怕仅仅对这篇《导论》中的批判原理作过透彻思考和理解的人，决不会再回到那种陈旧的、诡辩的伪科学；毋宁说，他将以某种喜悦的心情眺望一种形而上学，这种形而上学从今以后在他的掌握之

中，也不再需要任何准备性的发现，而且它能够第一次使理性得到持久的满足。因为这是在一切可能的科学中惟有形而上学才能够有把握指望得到的一种优势，亦即它能够臻于完成，进入稳定的状态，在这里，它不可以进一步改变自己，也不能通过新的发现来增进，因为在这里，理性知识的源泉不在对象及其直观中（通过它们理性不会得到更多的教诲），而是在它自身中，而且当理性完备地、针对一切误解确定地展示出自己的能力的基本规律之后，就不剩下理性能够先天地认识的东西了，就连它能够有理由追问的东西也不剩下了。即便不谈所有好处（对此我后面还要谈到），对一种如此确定的和完整的知识的可靠期望就有一种特殊的诱惑。

一切虚假的艺术、一切华而不实的智慧，都有自己存续的时间。因为它们最终将毁灭自己。它们最大的繁荣同时就是它们衰落的时刻。就形而上学而言这个时刻已经来临，这可以由以下状态来证明：就通常研究所有门类科学的热情而言，形而上学在所有有教养的民族中都衰败了。大学学科的旧设置中还有形而上学的影子，惟一一家科学院还时不时通过提供奖金来推动在这方面作出这种或者那种尝试。但是，形而上学已经不再被列入缜密的科学了。人们自己就可以判断，一个有才智的人，当人们要称他为一个伟大的形而上学家时，他会怎样来接受这个善意的、但却几乎不被人羡慕的赞颂。

但是，尽管一切独断论的形而上学衰败的时刻毫无疑问已经来临，要能说形而上学凭借对理性的一种缜密的和全面的批判而再生的时刻已经出现，还毕竟缺少点什么。从一种偏好到与它相反的偏好的所有过渡，都要经过淡漠的状态，而这个时刻对于一位作者来说是最危险的时刻，但我觉得对科学来说却是最有利的时刻。因为在由于以往的结合完全瓦解而党派思想消失之后，人们就处在逐渐地听取各种建议以期按照另一种方 〔367〕

案结合起来的最佳心境之中了。

当我说，我希望这篇《导论》也许会激活批判领域中的研究，而且给在思辨方面看起来缺乏食粮的普遍哲学精神提供一种新颖的、充满希望的营养品时，我事先就能够想象：凡是对我在《批判》中给他引导的荆棘之路感到厌倦和恼怒的人，都将问我凭什么抱有这种希望。我的回答是：**凭不可抗拒的必然性规律**。

人类精神有朝一日将完全放弃形而上学研究，这和我们为了不总是吸入不洁净的空气就宁可完全停止呼吸一样是不可取的。因此，世界上任何时候都将有形而上学。不仅如此，每个人，尤其是每个能够反思的人，都将有形而上学。在缺少一种公共准绳的时候，每个人都将以自己的方式来裁剪形而上学。现在，迄今被称为形而上学的东西并不能满足任何会审视的人，但完全放弃它也不可能。因此，最终就必须**尝试**对纯粹理性本身进行一种批判；或者，在已经有了一种批判时，对它进行**研究**和全面的审查，因为舍此别无他法来满足这种比纯然的求知欲更甚的迫切需要了。

自从我知道了批判以来，每当我读完一部由于概念明确、内容丰富多彩、条理分明和文体通畅而使我既兴趣盎然又从中受益的形而上学内容的作品时，我都情不自禁地要问：**这位作**
〔368〕**者真的把形而上学推进了一步吗？**我请其作品在其他方面曾经对我有用，并且一直有助于我精神能力的培养的饱学之士们原谅我，因为我坦白地说，无论是在他们的尝试中，还是在我的更差劲的尝试（不过是出自自尊而说它们不错）中，我都不能发现这门科学有一点点被由此推进。而这固然是出自完全自然的理由，因为这门科学尚未存在，而且也不能零敲碎打地拼凑起来，而是必须事先完全在批判中培育它的幼芽。但是，为了避免一切误解，必须提醒前面说过的话，即分析研究我们的概

念固然对于知性大有好处，但这门科学（形而上学）却并不由此而得到丝毫的推进，因为对概念的那些分析仅仅是应当首先用来建筑科学的材料。人们尽可以出色地分析和规定实体和偶性的概念，这作为某种未来的应用的准备是相当好的。但是，如果我根本不能证明，在一切存在着的东西中实体是持久的，而惟有偶性在变化，那么，无论如何进行那种分析，也丝毫没有推进这门科学。现在，无论是这个命题，还是充足理由的命题，更不用说对某种更为复杂的命题，例如属于灵魂学说或者宇宙论的命题，形而上学迄今为止都未能先天有效地予以证明，甚至在任何地方都未能先天有效地证明任何综合命题。因此，所有那些分析都没有任何建树，没有创造和促进任何东西，而这门科学在经过了如此之多的喧嚣哄闹之后，还一直停留在亚里士多德时代的地步，虽然只要人们已经发现了导向综合知识的导线，这方面的活动无可争议地要比那时好得多了。

如果有人认为由此被冒犯了，那么，只要他举出哪怕只是一个他自告奋勇以独断论的方式先天地证明的属于形而上学的综合命题，他就能够轻而易举地否定这种责难；因为当他这样做了，我才承认他真的进一步推进了这门科学，即使这个命题本来也已经是由普通的经验充分证实了的。不可能有任何要求更为适度、更为公平合理了，而且如果做不到这一点（这是绝对肯定的），那么就不可能有比如下宣判更为公正的了：作为 〔369〕
科学的形而上学迄今还根本不曾存在。

如果这个挑战被接受了，那么，我必须不允许发生的就只有两种东西了：第一，玩弄**盖然性**和猜测，这不适用于几何学，也同样不适用于形而上学；第二，凭借所谓的**健康的人类知性**这根探杖来作出决定，并不是每一个人都能要弄这种探杖，这要看个人的资格。

因为**就第一点来说**，不可能有比在形而上学这种出自纯粹理性的哲学中要把自己的判断建立在盖然性和猜测之上更荒唐的事情了。凡是应当被先天地认识的东西，同样因此被说成是无可置疑地确定的，因而也必须这样来证明。人们同样会想把一种几何学或者算术建立在猜测上；因为就算术的 calculus probabilium［概率计算］来说，它所包含的不是盖然的判断，而是在被给予的同类条件下对某些情况的可能性的程度作出的完全确定的判断；这些情况在一切可能的情况的总和中是按照规则必然要发生的，尽管就每一个别的偶然情况来说，这一规则并不是充分规定了的。惟有在经验性的自然科学中，才能允许有猜测（借助于归纳和类比），但至少我所接受的东西的可能性必须是完全确定的。

如果说的是概念和原理，而且不是就它们在经验方面应当有效而言的，而是就它们要被说成在经验的条件之外也有效而言的，那么，**诉诸健康的人类知性**，情况也许更为糟糕。因为什么是健康的知性？那就是正确地作出判断时的**普通知性**。那么，什么是普通知性？普通知性就是具体地认识和应用规则的能力，与**思辨的知性**不同。后者是抽象地认识规则的能力。普通知性几乎无法理解"凡是发生的东西都是凭借其原因被规定的"这一规则，而且永远不能一般地这样来认识。因此，它要求有一个出自经验的例证，而且在它听说这无非意味着每当一
〔370〕块窗玻璃被打碎、或者一件家具不见了的时候它所想到的东西时，它才理解并且也承认这一原理。因此，普通知性除了就它能够看到自己的规则（尽管这些规则确实是它先天固有的）在经验中被证实而言，没有其他应用。所以，先天地并且不依赖于经验来认识这些规则，是思辨知性的事情，完全在普通知性的视域之外。但是，形而上学仅仅与后一种知识打交道；诉诸那个在这里没有判断力的证人，这肯定是一种健康知性的糟糕标志；除非人们遇到麻烦的事，在自己的思辨中不知道该怎么

办，否则都是看不起那个证人的。

普通人类知性的这些假朋友们（他们偶尔把普通人类知性捧上天，通常却是看不起它的）总是习惯于借口说：归根结底必须有一些直接确定的命题，关于这些命题，人们不仅不需要提供任何证明，而且也不需要提供任何说明，因为若不然，人们就得没完没了地追问自己的判断的根据。但是，为了证明这种权限，他们（除了矛盾律，但矛盾律不足以阐明综合判断的真实性）能够引证来作为无可置疑的东西直接归给普通人类知性的东西，除了数学命题，例如二乘二等于四以及两点之间只有一条直线等等之外，就绝没有别的东西了。但是，这是些与形而上学的判断有天壤之别的判断。因为在数学中，凡是我通过一个概念想象为可能的东西，我都能够通过我的思维制作（构想）出来：我逐渐地把一个二加到另一个二上，并且自己制作出四，或者在思想中从一个点到另一个点引出各种各样的线，并且只能引出惟一一条在其所有部分（既有相等的也有不相等的）上都相似的线。但是，即使用尽我的全部思维能力，我也不能从一个事物的概念得出其存在必然与该事物相联结的某物的概念，而是必须求助于经验。而且，即使我的知性先天地（但总是仅仅与可能经验相关地）给我提供这样一种联结（因果性）的概念，我却毕竟不能像对待数学的概念那样先天 〔371〕
地在直观中展现这一概念，从而先天地展现它的可能性。相反，这个概念连同它的运用的原理，如果它应当像在形而上学中所要求的那样先天地有效，就需要对它的可能性加以辩解和演绎，因为若不然，人们就不知道它在多大程度上有效，以及它是只能在经验中使用还是也可以在经验之外使用。因此，在作为纯粹理性的一种思辨科学的形而上学中，人们绝不能诉诸普通的人类知性，除非人们被迫抛弃纯粹理性，放弃一切永远必须是一种知识的纯粹思辨认识，从而也放弃形而上学本身和它（在某些场合）的教诲，并且认为惟有一种合理的信仰才是对我们可能的、对我们的需要来说也是充足的（也许甚至比知识本身更为有益）。因为在这种情况下，事情的形态就完全改变了。形而上学必须是科学，不仅在整体上，而且在其所有的部分上也都必须是科学，否则它就什么也不是，因为形而上学作为纯粹理性的思辨，所依据的仅仅是一些普遍的洞识。但在形而上学之外，盖然性和健康人类知性还是能够有其有益的、合理的应用的，但却是根据完全独特的原理，这些原理的重要性总是取决于同实践的东西的关系。

这就是我认为自己为一种作为科学的形而上学的可能性有权利要求的东西。

附录：论为使作为科学的形而上学成为现实所能够做的事情

既然人们迄今为止所选取的一切途径都没有达到这一目的，而如果没有对纯粹理性的一种先行的批判，这样一个目的也永远不能达到，所以，要求对这方面现在已摆在面前的这种尝试进行一种详尽而又缜密的审查，看起来并非没有道理，除非人们认为最好完全放弃对形而上学的一切要求，那样的话，
〔372〕只要人们非那样做不可，也没有什么可反对的。如果人们把事物的进程按照它实际怎样进行，而不是按照它应当怎样进行来对待，那么，就有两种判断：一种是**先行于研究的判断**，而在我们的情况中，读者从自己的形而上学出发对《纯粹理性批判》（它应当首先研究形而上学的可能性）下了一个判断，就是诸如此类的判断。另一种是**随研究之后的判断**，在这种情况中，读者可以把从批判的研究中得出的、可能与他通常接受的形而上学相当抵触的结论暂时放到一边，首先审查能够得出那

些结论的根据。如果普通形而上学所陈述的东西都是确定无疑的（就像几何学那样），那么，第一种判断方式就是有效的；因为如果某些原理的结论与确定无疑的真理相抵触，那么，那些原理就是错误的，无须任何进一步的研究就可以抛弃它们。但如果情况不是这样，即形而上学具有一大批无可争议地确定的（综合的）命题，而且也许干脆是这样，即大量这样的命题虽然与它们中间最好的命题一样明显，在其结论中却仍然相互抵触，但在任何地方都根本找不到形而上学中的真正形而上学的（综合的）命题的真理标准，那么，先行的判断方式就不能成立，而是必须先研究《批判》的原理，然后再判断它有无价值。

在研究之前对《批判》下判断的实例

诸如此类的判断见于《哥廷根学报》，1782 年 1 月 19 日，附刊第三篇，第 40 页以下。

如果一个熟知自己著作的对象、并且致力于把彻头彻尾的自己的反思表现在著作的写作之中的作者落到一个评论家手中，这个评论家在自己那方面足够敏锐，看得出作品有无价值真正所依据的要素，不拘泥于字句，而是探究事情本身，并且不仅仅确证和审查作者由以出发的各原则，那么，判断的严厉虽然有可能使作者感到不愉快，但读者却是无所谓的，因为他们在这里有所收获。而作者本人也能够感到满意，他获得了机会来纠正或者解释自己及早由一位行家审查的文章，而且以这 〔373〕样的方式，如果他认为自己在根本上是正确的，他就能够及时地清除今后可能妨害他的作品的绊脚石。

我与我的评论家则处于一种完全不同的状况中。他似乎根本看不出我（成功也罢，失败也罢）所从事的研究的真正关键所在。这也许是不耐烦透彻思考一部长篇大著，或者是对他认为早已澄清了一切的一门科学眼见要改革而气急败坏，或者——这是我不愿猜想的——是一种确实有局限的理解力要为此负责，使他永远不能超出自己的学院形而上学。他躁动不安地浏览了一长串命题，而对于这些命题，如果不知道它们的前提，人们就根本不能思维任何东西。他时而乱加指责，但读者既看不出这种指责的根据，也看不出他理解了这种指责所针对的命题。因此，他既不能在信息方面对读者有益，也不能在行家的判断中对我有丝毫损害。所以，如果不是这种判断给我诱因，使我作出一些能够保护这篇《导论》的读者在一些场合里免于误解的说明的话，我本来是会完全不理会它的。

这位评论家为了抓住一种观点，从那里他能够最容易地以一种不利于作者的方式展示整部著作，用不着费劲去作任何一种特别的研究，他就以这样的话开始和终结："这部著作是一个超越的（或者像他所翻译的那样：更高的）唯心论的体系。"①

〔374〕 看到这行字，我马上就发现这里将出现一种什么样的评论。这就好像是某个关于几何学从来没有听过或者见过什么的人，发现了一本欧几里得几何学，当有人请他对这本书下个判

①绝对不是**更高的**唯心论。通常很招风的高塔和类似高塔的形而上学伟人与我无关。我的位置是经验的肥沃**洼地**，而"先验的"这个词的意义虽然由我多次指出，却一次也没有被这位评论家所理解（他如此马虎地看待一切）。这个词指的并不是某种超越一切经验的东西，而是虽然先行于经验（先天的）、但却注定仅仅使经验成为可能的东西。如果这些概念超越了经验，那么，它们的应用就叫做超验的。这种应用被与内在的应用，亦即被限制在经验上的应用区别开来。在这部著作中，已经充分地预防了所有这一类的误解。惟有这位评论家在误解中捡到了便宜。

断时，他翻了一翻，看到了许多图形，就说："这本书是绘画的系统指导。作者使用了一种特殊的语言来讲一些晦涩难懂的规定，但这些规定归根结底能够达成的，不过是每个人通过一种好的自然目测就能够实现的东西，等等。"

然而，让我们看一看，贯穿我的整部著作的，是一种什么样的唯心论，虽然它远远没有构成体系的灵魂。

从爱利亚学派开始，直到**贝克莱**主教，一切真正的唯心论者的命题都包含在如下公式中："凡是通过感官和经验得来的知识都无非是纯粹的幻相，惟有在纯粹知性和理性的理念中才有真理。"

与此相反，全面支配和规定我的唯心论的原理则是："凡是仅仅出自纯粹知性或者纯粹理性的对事物的知识都无非是纯粹的幻相，惟有在经验中才有真理。"

这恰恰是那种真正的唯心论的对立面。我怎么可能把这种表述用于一个完全相反的意图呢？而这位评论家又怎么可能到处都看到了它呢？

对这一困难的解决所依据的是只要人们愿意就能够轻而易举地从作品的联系中看出的东西。空间和时间连同它们所包含的一切都不是物自身或者事物的属性自身，而是仅仅属于它们的显象；到此为止，我与那些唯心论者具有一样的信念。然而这些唯心论者，尤其是**贝克莱**，把空间看做是一个纯然经验性的表象，这个表象与空间中的显象一样，惟有凭借经验或者知觉才能连同空间的所有规定为我们所知。与此相反，我首先指出：空间（时间也一样，**贝克莱**没有留意时间）连同其所有规 〔375〕
定都能够先天地为我们所知，因为无论是空间还是时间，都在一切知觉或者经验之先作为我们的感性的形式而为我们所固有，并且使一切感性直观，从而也使一切显象成为可能。由此得出：既然真理所依据的是作为其标准的普遍的和必然的规律，所以经验在**贝克莱**那里就不能有真理的标准，因为经验的显象（在他看来）不以任何先天的东西作为其基础，由此就得出，显象无非是纯粹的幻相。与此相反，在我们这里，空间和时间（与我们的纯粹知性概念相结合）先天地为一切可能的经验规定其规律，这同时就提供了在经验中把真理与幻相区分开来的可靠标准。①

因此，我的所谓的（真正说来是批判的）唯心论是完全独特的唯心论，也就是说，他推翻了通常的唯心论，而且通过它，一切先天知识，甚至几何学的知识，才第一次获得了客观实在性，假如没有我证明出来的空间和时间的观念性，就连最热心的实在论者也根本不能主张这种客观实在性。鉴于事情的性质，为了避免一切误解，我本来想给我的这个概念起另外一个名字，但完全改变它又不可行。因此，请允许我将来就像上面已经说明过的那样，把它称为形式的唯心论，或者叫做批判的唯心论更好，以便把它与**贝克莱**的独断的唯心论和**笛卡尔**的怀疑的唯心论区别开来。

在对这本书的判断中，除此之外我没有发现任何值得注意的东西。这一判断的作者完全是笼统地下判断，这是一种精心
〔376〕挑选的手法，因为人们在这里看不出他自己的有知或者无知。惟有详尽细致的判断，如果它公正地触及主要问题，也许才会

① 真正的唯心论在任何时候都有一种狂热的意图，而且也不可能有任何别的意图。但我的唯心论则仅仅是为了理解我们关于经验对象的先天知识的可能性。这是一个迄今尚未解决、甚至根本没有提出过的问题。这样一来，整个狂热的唯心论就垮台了，它总是（就像从**柏拉图**那里已经可以看到的那样）从我们的先天知识中（甚至从几何学知识中）推理出与感官的直观不同的另一种直观（理智直观），因为人们根本不会想到感官也应当先天地直观。

暴露出我的错误，也许还暴露出评论家在这一类研究中的洞察程度。读者们都习惯于仅仅从报纸的报道中对各种书形成一个概念，为了及早地打消他们读这本书本身的兴致，这倒是一个想得不坏的招术：一口气先后说出一大堆命题，而这些命题脱离开与它们的证明根据和说明的联系（尤其是这些命题就一切学院形而上学而言是如此相互对立），就必然显得非常荒谬；然后打击读者们的耐心，直到让他们感到厌烦；接着，在让我认识“持久的幻相就是真理”这一煞费苦心的命题之后，以严厉的、然而是父亲般的口气教训说：究竟为什么要与通常采用的语言闹冲突呢？为什么要作出唯心论的区分呢？这种区分是从哪里来的呢？把我的这本原本应当是形而上学异端的书的一切独特之处最终说成是仅仅用语新奇，这样的判断就清楚地证明了，我的这位僭妄的法官对它们一点也没有弄懂，他甚至连他自己也没有弄懂。①

然而，评论家说话的样子，就像是一个必定知道一些重要的、出色的洞识，但又秘而不宣的人物。因为就形而上学而言，最近我没有发现任何东西能够说明用这样一种口吻讲话的理由。但是，他向世人隐瞒自己的发现，却是做得很不对的。因为毫无疑问，还有许多人和我一样，无论人们很久以来在这一领域里写出了多少好东西，却不能发现这门科学由此有一点 〔377〕

① 评论家大多数情况下是在同他自己的影子作战。当我把经验的真理与梦对立起来的时候，他根本没有想到这里只是在说**沃尔夫**哲学的著名的 somnio objective sumto［客观地引证的梦］，这梦只是形式的，而且这里也根本不考虑睡与醒的区别，在一种先验哲学中也不能考虑这种区别。此外，他把我的范畴演绎和知性原理表称为“用唯心论方式表述的人所共知的逻辑学和本体论原理”。读者对此只要查看一下这篇《导论》，就可以相信，根本不可能再作出一种更粗劣，甚至更历史性地错误的判断了。

点拓展。使定义更精致，给瘸腿的证明配上新拐杖，给形而上学的百衲衣打上新补丁或者改变它的式样，这些都不错，但却不是世人所要求的。世人厌倦了种种形而上学主张。人们要的是这门科学的可能性，是在这门科学中能够得出确定性的源泉，以及把纯粹理性的辩证幻相与真理区别开来的可靠标准。对此，评论家必定掌握了秘诀，否则他决不会用这样了不起的口吻说话。

但是我却怀疑，这门科学的这样一种需要他也许连想都没有想过。因为若不然，他就会把自己的判断对准这一点，而且在一件如此重要的事情上，即便是一次失败了的尝试，也会获得他的尊重的。如果是这样，那么，我们就又是好朋友了。对于他的形而上学，他思维到多深都可以，只要他觉得好，不应当有任何人阻拦他。只是对于形而上学之外的东西，即存在于理性之中的形而上学源泉，他不能作出判断。但是，我的怀疑并不是没有根据的，我的证明如下：他没有一句话提到过先天综合知识的可能性，而这才是真正的问题，形而上学的命运就是完全建立在这一问题的解决之上的，而我的《批判》（与这里我的《导论》一样）也完全旨在于此。他所碰上并且仍然依恋的唯心论，只不过是作为解决那个问题的惟一手段而被接受进学说体系（尽管它也从其他理由得到证实）。在这里，他本来必须指出，要么那个问题并不具有我（就像现在在《导论》中那样）所赋予它的那种重要性，要么是它根本不能通过我关于显象的概念来解决，要么是它能够用别的方式得到更好的解决；但我在评论中找不到有关这方面的任何一句话。因此，评论家一点也没有弄懂我的作品，也许一点也没有弄懂形而上学本身的精神和本质；但愿不是因为评论家急于完事，因排除重重障碍的困难而大为恼火，就给摆在他面前的这部著作泼上污水，把它的基本要点弄得面目全非。

一个学报，无论它如何精心挑选自己的撰稿人，要能够在形而上学领域以及在其他任何地方维护自己通常应有的声誉，就还要做很多事情。别的科学和知识都毕竟有自己的衡量尺度。数学的衡量尺度在其自身，历史和神学的衡量尺度在世俗的或者神圣的书里面，自然科学和医学的衡量尺度在数学和经验中，法学的衡量尺度在法典中，甚至口味的事情的衡量尺度也在古人的榜样里面。然而，对于判断叫做形而上学的事物来说，却应当首先找到衡量尺度（我已经作过规定这种衡量尺度及其应用的尝试）。在找到这种衡量尺度之前，假如必须对这一类作品作出判断，应当怎么办呢？如果这些作品是独断论类型的，那么，人们就可以爱怎么做就怎么做，在这里谁也不能对其他人长久扮演大师，有人会出来以其人之道还治其人之身。但如果这些作品是批判类型的，而且不是旨在其他作品，而是旨在理性本身的，以至于衡量尺度不能是已经被接受，而是首先要寻找，那么，虽然反对和指责不被禁止，但和平共处在这里却必须作为基础，因为需要是共同的，而且由于缺乏必要的洞识，法官一般作出裁决的样子是不允许的。〔378〕

但是，为了把我的这种辩护同时与哲学共同体的利益联结起来，我建议进行一次试验，由它来决定如何必须把一切形而上学研究集中于它们的共同目的。这个试验与数学家为了在一场竞争中澄清其方法的优点而进行的试验别无二致，也就是要求我的评论家按照他自己的方式，但却通过先天根据来证明他所主张的真正形而上学的、亦即综合的、先天地从概念出发认识的原理中的任何一个，无论如何也证明最不可缺少的原理中的一个，例如实体持久性的原理，或者世界上的事情必然为其原因规定的原理。如果他做不到这一点（但沉默就等于认可），那么他就必须承认：既然没有这一类命题的无可置疑的确定性，形而上学就完全什么也不是，所以就必须在一切事物之

〔379〕先，首先在纯粹理性的一种批判中澄清这些命题的可能性或者不可能性。因此，他有义务要么承认我的批判原理是正确的，要么证明它们的无效性。但是，既然我已经预见到，尽管他迄今还在放心地信赖他的原理的确定性，但在事关一种严格的检验的时候，他在形而上学的全部领域里，却连一个他可以大胆提出的原理都找不出来，所以我想把人们在竞争中所能够期望的最有利的条件让给他，亦即使他免除 Onus probandi［举证责任］，而由我来承担它。

也就是说，他可以在这篇《导论》以及在我的《批判》第426～461页［B454－489］找到八个命题，其中都是两相矛盾的，但是每一个命题都必然地属于形而上学，形而上学必须要么接受它，要么反驳它（虽然它们中没有一个不是曾在当时被某一个哲学家接受过）。现在，他可以随便从这八个命题中任选一个，不用证明，这个证明我给他免除掉，他只要接受就行，但只接受一个（因为浪费时间无论是对他还是对我都没有好处），然后来攻击我对反命题的证明。如果我仍然能够挽救这一证明，并以这样的方式指出，按照任何独断论的形而上学都必须必然地承认的原理，恰恰能够同样清晰地证明他所接受的命题的反面，那么由此就表明，在形而上学中有一种先天性的缺陷，这个缺陷既无法解释，也不能被排除，除非人们一直攀升到形而上学的出生地，亦即纯粹理性本身。而这样一来，就必须要么接受我的《批判》，要么用一种更好的来取代它，因而至少是研究它；这是我目前惟一要求的东西。与此相反，如果我不能挽救我的证明，那么，出自独断论的原理的一个先天综合命题就在我的论敌一边确立起来了，我对普通形而上学的责难也就因此而是无理的了，而且我将自动承认他对我的《批判》的指责是正当的（虽然结果决不应当是这样）。但是我觉得，为此有必要放弃匿名，因为我看不出，否则的话将如何避免如下情况，即我有幸或者被纠缠去对付的将不是一个问题，而是来自不知其名的、但却不够资格的论敌们的更多的问题。〔380〕

建议先研究《批判》，然后才能对它下判断

我对尊敬的读者们心存感激，哪怕是为了我的《批判》长时间以来有幸遇到的沉默。因为这种沉默毕竟证明了判断的延迟，因而证明了一种猜测，即在一部离开了常走的道路而选择了一条人们不能马上熟悉的新道路的著作中，也许会蕴涵着能够使人类知识的一个重要的、但现在已经枯萎了的分支获得新生和结果能力的某种东西，因而它也证明了一种审慎，即不由于匆忙的判断而折断和摧毁这枝尚属柔嫩的幼芽。出自这样一些理由而推迟了的判断的一个例证，我直到现在才在《哥达学报》上看到。这个判断的缜密（用不着我来称赞，那在这里是有嫌疑的），每一个读者都将自己从对有关我的著作的首要原则的那一部分的那种明白易懂的、忠实的介绍中看出来。

既然不能通过匆匆一瞥就立刻在整体上对一座巨大的建筑物作出判断，所以我现在建议，从它的基础开始一部分一部分地对它进行审查，并把这里的《导论》当做一个总的纲要来使用，可以时而把原著本身与它进行比较。这种要求如果仅仅以我的自负为基础，即认为它具有虚荣心通常赋予自己的所有产品的那种重要性，那它就是不谦虚的，理应被人厌恶地拒斥。但现在，整个思辨哲学的种种事业都是这样的：它们已经处在完全灭绝的地步，尽管人类理性还以永不消失的偏好眷恋着它们，这种偏好仅仅是由于不断地遭到失望，现在才徒劳无益地试图变为漠然。

在我们这个能思考的时代里，不能设想不会有许多卓有功勋的人士，只要存在着一线希望达到目的，就去利用任何好机

〔381〕会，为越来越开明的理性的共同利益而一起工作。数学、自然科学、法律、艺术，甚至道德等等，还没有完全充实灵魂；在灵魂中总是还留有一个空间，划给纯粹的和思辨的理性。这个空间的空旷迫使我们到丑陋滑稽、戏耍调笑或者胡言乱语中在表面上寻找工作和娱乐，但在根本上却是消遣散心，为的是盖过理性难受的呼声。理性按照其规定来说要求某种东西来满足它，而不是仅仅为了别的意图或者为了偏好的旨趣而使它忙活。因此，由于正是在为自己存在的理性的这一领域里，其他一切知识，甚至其他一切目的都汇聚起来并统一为一个整体，所以仅仅致力于这一领域的一种考察，如我有根据地猜想，对于每一个曾经试图扩展自己的概念的人来说，都有很大的诱惑力，我甚至可以说，有比其他任何理论知识都更大的诱惑力，人们不会轻易拿其他理论知识与那种知识交换的。

但是，我把这篇《导论》提供出来，作为研究的规划和导线，而不是提供出原著本身，乃是因为虽然就内容、次序、讲述方式和我提出每一个命题之前为精确地斟酌它和审核它而花费在它上面的谨慎而言，我直到如今对原著还是非常满意的(因为要使我不仅对整体满意，而且有时对仅仅一个命题在其源泉方面感到满意，就耗费了许多年)，但对我在《要素论》的一些章节的陈述，例如知性概念的演绎或者纯粹理性的谬误推理，我却不能完全满意，因为它们里面的某种详尽性妨碍了清晰性，人们可以不用它们，而把这里《导论》就这几章而言所说的东西作为检验的基础。

人们称赞德国人，说他们在需要坚韧和顽强的勤奋的事情上，能够比其他民族有更大的作为。如果这种见解是有根据的，那么，这里就表现出一个机会、一项事业，这项事业的美好前途是无可怀疑的，所有能思维的人都同样有份，但迄今为止却没有得以完成并证实上述有利见解。尤其是，既然所说的这门科学具有如此特别的性质，以至于它能够一下子就达到自己的全部完备性，并达到那种**持久**的状态，即它不能再有丝毫的进展，既不能通过以后的发现有所增益，也不能哪怕仅仅有所改变（我在这里不考虑通过时而增加明晰性或者在各方面附加用途所作的修饰），这是其他任何科学都没有也不可能有的优点，因为没有其他任何科学涉及一种如此完全孤立的、不依赖于其他科学的、与其他科学毫不混杂的认识能力。甚至目前的时刻，看起来对我的这种苛求也不无好处，因为目前在德国，除了所谓有用的科学之外，人们几乎不知道还可以做些什么，以至于这毕竟不是纯然的游戏，而同时是达到一个持久的目的的事业。〔382〕

至于如何把学者们的努力统一到这样一个目的上，我不得不让别人去想办法。不过，我并不打算苛求任何人仅仅遵循我的命题，或者哪怕是用这样的希望来迎合自己，而合乎实际的情况，可能是开始、重复、限制，也可能是证实、补充、扩展。只要事情是从基础出发来探究的，那么在目前，就再也不可能不由此产生一个体系，尽管不是我的体系。这个体系是留给后人的遗产，后人也有理由对此感恩。

人们一旦正确地理解批判的原理就可以根据它们来期待一种什么样的形而上学，以及这种形而上学绝不因为人们拔掉了它的假羽毛就显出一副可怜相，似乎被贬低成为一个渺小的形象，反而能够在另一方面显得富丽堂皇、体面大方，在这里说起来就话太长了。不过，这样一种改革将带来的其他巨大好处却是一目了然的。普通形而上学毕竟已经带来过好处，它探索纯粹理性的基本概念，以便通过分析使它们变得明晰，通过解释使它们变得确定。由此，普通形而上学成为理性的一种训练，不管理性以后认为往哪个方向上去好。然而，这也是它能够做成的全部好事。因为它用莽撞的主张来包庇自负，用精巧

〔383〕的托词和美饰来包庇诡辩，用以一点学院式的聪明摆脱最困难的问题的轻率来包庇浅薄，这种浅薄越是有一方面从科学的语言，另一方面从通俗性捞取点什么的选择，并由此让所有人都觉得这就是一切，实际上却什么也不是，就越是具有诱惑力；这样一来，它就把自己的上述功绩一笔勾销了。与此相反，批判给我们的判断提供了能够可靠地把真知与伪知区分开来的尺度，而且通过在形而上学中得到充分的运用，批判就建立起一种思维方式，这种思维方式在此之后就把自己的有益影响扩展到其他任何一种理性应用上，并首次注入真正的哲学精神。不过，批判为神学提供的帮助也肯定不可低估，它使神学不依赖于独断论思辨的判断，并恰恰由此而保证神学能够对抗这样的论敌的一切攻击。因为普通形而上学尽管对神学许诺诸多帮助，但毕竟在事后未能践履这种诺言，此外由于求助于思辨的独断论，它除了武装起敌人来反对自己之外，什么也没有做。在一个经过启蒙的时代不可能出现狂想，除非它隐蔽在一种学院形而上学背后，在其保护下就敢于仿佛是用理性来大放厥词。批判哲学把狂想从它的这一最后的避难所驱逐出去了。在这一切之外，对于一个形而上学教师来说，除了有朝一日能够被公认地说，自己所讲的东西归根结底是**科学**，并且由此将给共同体带来真正的好处，就再也没有重要的东西了。

伊曼努尔·康德

1785 年

道德形而上学的奠基

1785 年

道德形而上学的奠基

伊曼努尔·康德硕士

李秋零　译

前言 〔387〕

古代希腊哲学分为三门科学：**物理学**、**伦理学**和**逻辑学**。这种划分完全符合事情的本性，而且除了添加它的原则，以便以这样的方式一方面保证它的完备性，另一方面能够正确地规定必要的进一步划分之外，对它就没有任何要改进的了。

一切理性知识要么是**质料的**，考察某一客体，要么是**形式的**，仅仅探讨知性和理性本身的形式，以及一般思维的普遍规则，不涉及客体的区别。形式的哲学就叫做**逻辑学**，而与一定的对象及其所服从的法则打交道的质料的哲学则又有两种。因为这些法则要么是**自然**的法则，要么是**自由**的法则。关于自然法则的科学叫做**物理学**，关于自由法则的科学则叫做**伦理学**；前者也称做自然学说，后者则也称做道德学说。

逻辑学不能有经验性的部分，也就是说，不能有思维的普遍必然法则依据得自经验的根据的一个部分。因为若不然，逻辑学就不是逻辑学了，亦即不是知性或者理性的适用于一切思维并必然得到证明的法规了。与此相反，无论是自然的世俗智慧，还是道德的世俗智慧，都能够有自己的经验性的部分，因为前者必须为作为一个经验对象的自然规定其法则，后者则必须就人的意志被自然所刺激而言为它规定其法则。虽然前一些法则是一切事物发生所遵循的法则，后一些法则则是一切应当 〔388〕
发生所遵循的法则，但也还是要考虑它在其下经常不发生的条件。

一切哲学，就其依据的是经验的根据而言，人们都可以把它们称为**经验性的**哲学，而把仅仅从先天原则出发阐明其学说的哲学称为**纯粹的**哲学。后者如果是纯然形式的，就叫做**逻辑学**；但如果它被限制在一定的知性对象上，就叫做**形而上学**。

以这样的方式，就产生出一种双重的形而上学，亦即一种**自然形而上学**和一种**道德形而上学**的理念。因此，物理学将有自己的经验性部分，但也有一个理性的部分。伦理学亦复如是，尽管在这里经验性的部分特别叫做**实用人类学**，而理性的部分则可以叫做**道德学**。

一切行业、手艺和技艺都因分工而受益，也就是说在分工中，并不是一个人做一切事情，而是每个人都限制在某种在其处理方式上与其他工作明显有别的工作上，以便能够极为完善地和更为轻松地完成它。在工作未经如此区分和分配的地方，在每个人都是万事通的地方，各行业还处在极为未开化的状态。但是，有人会问：纯粹哲学在其所有的部分中难道不需要专家吗？如果那些习惯于迎合读者的口味、把经验性的东西和理性的东西按照各种各样他们自己也不知道的比例混合起来加以兜售的人、那些自称为独立思想家却把其他专攻理性部分的人称为苦思冥想者的人受到警告，不要同时从事两项在其处理方式上极为不同的工作，这两项工作的每一项也许都需要一种特殊的才能，一身兼两职只会造成半吊子，这对学术事业的整体来说岂不是更好吗？这样问虽然本身是一个值得思考的客体，但我在这里却只是问：科学的本性岂不是要求任何时候都审慎地把经验性的部分与理性的部分分开，把一种自然形而上学置于真正的（经验性的）物理学之前，把一种道德形而上学置于实用人类学之前吗？这两种形而上学必须审慎地清除一切经验性的东西，以便知道纯粹理性在这两种场合能够有多少成
〔389〕就，以及它本身从什么源泉先天地汲取它的这种教导，而不论这后一项工作是由所有道德教师（其名称极多）去做，还是仅由一些对它有使命感的人去做。

既然我的意图在这里真正说来是指向道德的世俗智慧的，所以我把上述问题仅仅限制在：难道人们不认为极有必要有朝一日去建立完全清除了一切只能是经验性的、属于人类学的东西的一门纯粹的道德哲学吗？因为从义务和道德法则的普通理念就自动地显示出：必须有这样一门哲学。每一个人都必须承认，一条法则如果要在道德上生效，亦即作为一种责任的根据生效，它就必须具有绝对的必然性；"你不应当说谎"这条诫命并不仅仅对人有效，其他理性存在者就不必放在心上，其余一切真正的道德法则亦复如是；因此，责任的根据在这里必须不是在人的本性中或者在人被置于其中的世界里面的种种状态中去寻找，而是必须先天地仅仅在纯粹理性的概念中去寻找；而且其他任何建立在纯然经验的原则之上的规范，甚至一种在某个方面具有普遍性的规范，只要它在极小的部分上、也许仅仅在一种动因上依据经验性的根据，就虽然可以叫做一种实践的规则，却不可能叫做一种道德的法则。

因此，在一切实践知识中，道德法则连同其原则不仅在本质上有别于其余一切包含着任何经验性的东西的知识，而且所有的道德哲学都完全依据其纯粹的部分，并且在运用于人的时候，它并不从关于人的知识（人类学）借取丝毫东西，而是把人当做理性的存在者，赋予他先天的法则。当然，这些法则还需要由经验磨砺的判断力，以便一方面分辨它们在什么场合可以应用，另一方面使它们具有进入人的意志的通道和实施的坚定性，因为本身为如此众多的偏好所侵袭的人，虽然能有一种实践的纯粹理性的理念，但却并非如此轻易地就能够使其在自己的生活方式中具体地发挥作用。

因此，一门道德形而上学是不可或缺地必要的，这并不仅仅是出自思辨的一种动因，为的是探究先天地存在于我们的理性中的实践原理的源泉，而是因为只要缺乏正确地判断道德的 〔390〕

那条导线和最高的规范，道德本身就依然会受到各种各样的败坏。因为要使某种东西在道德上成为善的，它仅仅**符合**道德法则还不够，而且它还必须**为了道德法则的缘故**而发生。否则，那种符合就只是很偶然的和糟糕的，因为非道德的根据虽然有时会产生符合法则的行动，但多数情况下却将产生违背法则的行动。但如今，除了在一门纯粹哲学中之外，不能在其他任何地方寻找具有纯粹性和本真性（在实践的领域里重视的恰恰是这一点）的道德法则，因而纯粹哲学（形而上学）必须先行，而且如果没有它，在任何地方就不会有任何道德哲学。把那些纯粹的原则混入经验性的原则之中的哲学，本身就不配被称为哲学（因为哲学与普通的理性知识的区别恰恰在于，它在特别的科学中阐明普通理性知识只是混杂地把握的东西），更不配被称为道德哲学，因为正是通过这种混杂，它甚至损害到道德本身的纯粹性，并且与其自己的目的背道而驰。

不过，千万不要以为，在著名的**沃尔夫**置于其道德哲学，亦即他名之为**普遍的实践的世俗智慧**之前的概论中，已经有了这里需要的东西，因而这里并不是进入一个全新的领域。正是因为它应当是一种普遍的实践的世俗智慧，它才并不考察任何特殊种类的意志，例如无须任何经验性的动因、完全从先天原则出发被规定的、人们可以称之为纯粹意志的一种意志，而是考察一般的意欲以及在这种普遍的意义上属于它的一切行动和条件；而且这样一来，它就有别于一门道德形而上学，正如一般的逻辑学有别于先验哲学一样，在逻辑学和先验哲学中，前者阐明**一般而言的**思维的活动和规则，后者则仅仅阐明**纯粹的**思维，亦即完全先天地认识对象所凭借的那种思维的特殊活动和规则。因为道德形而上学应当研究的是一种可能的**纯粹**意志的理念和原则，而不是一般而言的人类意欲的活动和条件，后者大多数汲取自心理学。在普遍的实践的世俗智慧中（尽管违

背所有的权限）也谈论道德法则和义务，这并不构成对我的主 〔391〕
张的反驳。因为那门科学的作者们即便在这一点上也依然忠于他们关于那门科学的理念；他们并不把本身完全先天地仅仅通过理性表现出来的、真正道德的动因与知性仅仅通过对经验的比较而提升为普遍概念的经验性动因区别开来，而是不顾这些动因的源泉的不同，仅仅根据它们或大或小的总量（因为它们都被视为同类的）来考察它们，并就这样来形成他们的**责任**概念。这概念当然一点也不是道德的，但毕竟具有如此的性状，即只能求诸一门根本不对一切可能的实践概念的**起源**作出判断、不管它们是先天地还是仅仅后天地成立的哲学。

我决意日后提供一部《道德形而上学》，如今我让这本《奠基》先发表。尽管除了一种**纯粹实践理性**的批判之外，道德形而上学真正说来没有别的基础，就像对于形而上学来说，已经提供的纯粹思辨理性的批判是基础一样。然而一方面，前一种批判并不像后一种批判那样极为重要，因为在道德领域里，人类理性甚至在最普通的知性那里也能够轻而易举地达到重大的正确性和详尽性，与此相反，它在理论的、但却纯粹的应用中却完全是辩证的；另一方面，为了一种纯粹实践理性的批判，我要求：如果它要被完成，就必须能够同时显示它与思辨理性在一个共同的原则之中的统一，因为毕竟归根结底只能有同一种理性，它惟有在应用中才必须被区别开来。但是，如果不引入完全不同种类的考察并把读者弄糊涂，我在这里就还不能达到这样一种完备性。为此缘故，我不使用**纯粹实践理性批判**的称谓，而是用**道德形而上学的奠基**这个称谓。

但第三点，既然一部道德形而上学虽然有吓人的标题，但仍能有很大程度的通俗性，且能够适应普通的知性，所以我认为，把对基础的这种预先探讨与道德形而上学分开，以便将来
可以不把这里无法避免的细微之处附加给较易理解的学说，是 〔392〕

有好处的。

但是，目前的《奠基》无非是找出并且确立**道德性的最高原则**，仅仅这就构成了一项就其目的而言完整的、应与其他一切道德研究分开的工作。尽管我关于这个重要的、迄今为止远远还没有令人满意地讨论过的主要问题的种种主张，会因把上述原则运用于整个体系而大为彰显，并通过该原则到处显示的充分性而得到重大的证实。然而，我不得不放弃这个在根本上自利甚于利众的好处，因为一条原则便于使用和表面上的充分性，并不为其正确性提供完全可靠的证明，反而会引起某种偏袒，不对它自身丝毫不考虑后果地、极为严格地进行研究和衡量。

我在本书中采用的方法是这样的：如我相信，只要人们愿意分析地采取从普通知识到规定其最高原则的途径，再综合地采取从对这一原则的检验及其源泉返回到它在其中得到应用的普通知识的途径，那么，这种方法就是最恰当的方法。因此，本书的章节划分如下：

第一章：由普通的道德理性知识到哲学的道德理性知识的过渡。

第二章：由通俗的道德哲学到道德形而上学的过渡。

第三章：由道德形而上学到纯粹实践理性批判的最后步骤。

第一章 〔393〕

由普通的道德理性知识到哲学的道德理性知识的过渡

在世界之内，一般而言甚至在世界之外，除了一个**善的意志**之外，不可能设想任何东西能够被无限制地视为善的。知性、机智、判断力及其他能够被称为精神的**才能**的东西，或者在下决心时的勇气、果断、坚韧这些**气质**的属性，毫无疑问在许多方面都是善的和值得期望的。但是，如果应当应用这些自然禀赋、其特有性状因而叫做**性格**的意志不是善的，那么，它们也可能是极为恶的和有害的。**幸运的赐予**也是这样。归于**幸福**名下的权力、财富、荣誉、甚至健康和全部福祉以及对自己的状况的满意，如果不是有一个善的意志在此矫正它们对心灵的影响，并借此也矫正整个行动原则，使之普遍地合乎目的，它们就使人大胆，且往往因此也使人傲慢。更不用说一个有理性且无偏见的旁观者，甚至在看到一个丝毫没有纯粹的和善的意志来装点的存在者却总是称心如意时，决不会感到满意。这样，看起来善的意志就构成了配享幸福的不可或缺的条件本身。

一些属性甚至有助于这个善的意志本身，能够大大减轻它的工作，但尽管如此却不具有任何内在的无条件的价值，而是 〔394〕
始终还以一个善的意志为前提条件。善的意志限制着人们通常有理由对它们怀有的尊崇，不允许把它们视为绝对善的。在情绪和激情方面的节制、自制和冷静的思虑，不仅在许多方面是善的，而且看起来甚至构成了人格的内在价值的一个部分。然而，还远远不能无限制地宣称它们是善的（不管古人如何无条件地颂扬它们）。因为如果没有一个善的意志的原理，它们就可能成为极其恶的，而一个恶棍的冷静不仅使他危险得多，而且也直接使他在我们眼中比他不具有这种冷静时更为可憎。

善的意志并不因它造成或者达成的东西而善，并不因它适宜于达到任何一个预定的目的而善，而是仅仅因意欲而善，也就是说，它就自身而言是善的；而且独自来看，其评价必须无可比拟地远远高于通过它为了任何一种偏好，甚至人们愿意的话为了所有偏好的总和所能实现的一切。即使由于命运的一种特殊的不利，或者由于继母般的自然贫乏的配备，这种意志完全缺乏贯彻自己的意图的能力，如果它在尽了最大的努力之后依然一事无成，所剩下的只是善的意志（当然不仅仅是一个纯然的愿望，而是用尽我们力所能及的一切手段），它也像一颗宝石那样，作为在自身就具有其全部价值的东西，独自就闪耀光芒。有用还是无效果，既不能给这价值增添什么，也不能对它有所减损。有用性仿佛只是镶嵌，为的是能够在通常的交易中更好地运用这颗宝石，或者吸引还不够是行家的人们的注意，但不是为了向行家们推荐它，并规定它的价值。

尽管如此，在关于纯然意志的绝对价值、亦即在评估它的时候不考虑一些好处的价值的这一理念中，仍有某种令人感到奇怪的东西，以至于即使就连普通理性也赞同这个理念，却还是必然产生一种怀疑：也许暗中有纯然好高骛远的幻想在作为基
〔395〕 础，而自然就其把理性作为统治者赋予我们的意志这一意图而言，则可能被误解。因此，我们要从这个观点出发来检验这一理念。

在一个有机的、亦即合目的地为生命而安排的存在者的自然禀赋中，我们假定为原理的是：对于这个存在者里面的任何一个目的来说，除了最适合这一目的且与这一目的最相宜的器官之外，找不到别的任何器官。现在，假如在一个具有理性和

意志的存在者身上，他的**保存**、他的**顺利**、一言以蔽之他的**幸福**，就是自然的真正目的的话，那么，选择受造物的理性来作为自己的意图的实现者，则是自然作出的一个极坏的安排。因为本能可以更为精确得多地规定受造物在这一意图中实施的一切活动，以及他的举止的整个规则，并且由此可以更为可靠得多地保住那个目的，胜于理性当时所能做的。而如果理性也已经被赋予这个受宠的受造物，那么，它也必须是仅供这个受造物来对自己的本性的幸运禀赋作出思考，为之惊赞，为之欣喜，并对仁慈的原因感恩戴德；而不是使它的欲求能力服从那种软弱而且不可靠的引导，或者在自然意图上马虎从事；一言以蔽之，自然会不让理性进入**实践的应用**，不让它妄自凭借自己微弱的见识为自己想出幸福和达到幸福的手段的方案；自然不仅自己承担目的的选择，而且也自己承担手段的选择，并且凭借睿智的预先安排把二者仅仅托付给本能。

事实上我也发现，一种开化了的理性越是意在生活与幸福的享受，人离真正的满意就越远。由此在许多人那里，而且在对理性的应用最跃跃欲试的人那里，如果他们足够坦率地承认的话，就产生出某种程度的**厌理症**，亦即对理性的憎恨，因为经过估算他们所得到的一切好处，且不说从日常奢侈的一切技艺的发明得到的好处，而是甚至说到从科学（对他们来说，科学看起来归根结底也是一种知性的奢侈）得到的好处，他们却发现自己事实上为自己招来的麻烦要甚于在幸福上的获益，最终在这方面羡慕更接近纯然的自然本能的引导、不允许其理性 〔396〕
过多影响其所作所为的更平凡的人，而不是轻视他们。到了这一步，人们就必须承认，一些人极力抑制对理性在生活的幸福和满意方面应当为我们带来的好处的那种自吹自擂的颂扬，甚至把它贬低为无，他们的判断绝非悲观或者对世界主宰不知感恩戴德，而是这些判断暗中以关于他们的实存的另一个更有价值得多的意图的理念为基础，理性真正说来完全是被规定用于这个意图，而不是用于幸福，而人的私人意图大多数都必须把这个意图当做最高条件，处在它后面。

因为既然理性不够适宜于在意志的对象和我们的一切需要（理性有时甚至使需要增加）的满足方面可靠地引导意志，而一种与生俱来的自然本能却会更为确切得多地引导到这个目的，尽管如此理性仍然作为实践的能力，亦即作为一种应当影响**意志**的能力被分配给我们，所以，理性的真正使命必定是产生一个并非在其他意图中**作为手段**、而是**就自身而言就是善的意志**。如果自然在其他方面就分配其禀赋而言都是合目的地进行的，那么，理性对这项使命来说就是绝对必要的。因此，这个意志虽然不是惟一的和完全的善，但它却必须是最高的善，而且是其余一切善，甚至对幸福的一切要求的条件。在这种情况下，如果人们发觉，对第一种无条件的意图所需要的理性的陶冶，至少在此生以各种各样的方式限制着始终有条件的第二种意图亦即幸福的达成，甚至能够把它贬低为无，以免自然在这方面行事不合目的，那么，这完全可以与自然的智慧相一致，因为知道自己的最高使命在于确立一个善的意志的理性，在达成这一意图时只能有一种独特方式的满足，即因实现一个又仅由理性规定的目的而来的满足，尽管这与偏好的目的所遭受的一些损失是结合在一起的。

〔397〕但是，一个就自身而言就应受尊崇的、无须其他意图就是善的意志的概念，如同它已经存在于自然的健康知性之中，不需要被教导，只需要被启蒙，在评价我们的行为的全部价值时它永远居于首位，并且构成其他一切价值的条件一样，为了阐明它，我们就要提出**义务**的概念。这个概念包含着一个善的意志的概念，尽管有某些主观的限制和障碍。但是，这些限制和障碍绝不会遮掩这个概念而使它不可认识，反而彰显它，使它

表现得更为鲜明。

一些行为尽管在这种或者那种意图中可能是有用的，但已被认识到是反义务的，我在这里统统予以忽略；既然它们甚至是违背义务的，所以，它们根本不会有**是否出自义务**的问题。还有一些行为实际上是符合义务的，但人们对它们直接地来说**并无任何偏好**，而是因为被另一种偏好所驱使来实施它们的，我把它们也搁置一旁。因为在这里可以轻而易举地分辨，合乎义务的行为之所以发生，是**出自义务**，还是出自自私的意图？在行为是合乎义务的，而且主体除此之外还对它有**直接的**偏好时，要看出这种区别就困难得多了。例如，卖主不向没有经验的买主要价过高，而且在生意兴隆时聪明的商人也不要价过高，而是对每一个人都保持一个固定的共同价格，让一个小孩和其他任何人一样在他这里正常购物，这当然是合乎义务的。因此，人们得到**诚实的**服务；但是，这远远不足以使人因此相信，商人是出自义务和诚实的原理这样行事的；他的利益要求他这样做。但除此之外，在这里也不能假定他对买主还有一种直接的偏好，使他仿佛出自爱而在价格上一视同仁。因此，这个行为之所以发生，既不是出自义务，也不是出自直接的偏好，而仅仅是怀有自私的意图。

与此相反，保存自己的生命则是义务，此外每一个人也都对此还有一种直接的偏好。但因此缘故，大多数人对此怀有的经常是恐惧的担忧，毕竟没有任何内在的价值，他们的准则并没有任何道德的内容。他们保存自己的生命，虽然是**合乎义务的**，但却不是**出自义务的**。与此相反，如果逆境和无望的悲伤完全夺去了生命的趣味，如果不幸的人内心坚强，对自己的命运愤怒多于怯懦和沮丧，期望死亡，不爱生命却保存生命，不是出自偏好或者恐惧，而是出自义务，在这种情况下，他的准则就具有一种道德的内容。 〔398〕

力所能及地行善是义务，此外，有一些富有同情心的人，即便没有虚荣或者利己的其他动因，他们也对在周围传播愉快而感到一种内在的喜悦，如果别人的满足是他们引起的，他们也会为之感到高兴。但我认为，在这种场合，诸如此类的行为无论多么合乎义务，多么可爱，都不具有真正的道德价值，而是与其他偏好同属一类。例如对荣誉的偏好，如果它幸运地涉及事实上有益公众且合乎义务、因而值得敬重的东西，则它理应受到称赞和鼓励，但并不值得尊崇，因为准则缺乏道德内容，亦即不能出自偏好，而是只能**出自义务**去作出这些行为。因而，假定那位慈善家的心灵被他自己的悲痛所笼罩，这种悲痛消解了对他人命运的一切同情，而他总是还有能力施惠于其他穷困的人，但由于他自己的穷困就已经够他应付了，别人的穷困打不动他；而现在，在没有任何偏好再鼓动他去施惠的时候，他却从这种死一般的麻木中挣脱出来，没有任何偏好地、仅仅出自义务地作出这个行为；在这种情况下，这个行为才具有其真正的道德价值。进一步说：即使自然在根本上很少把同情置入某人心中；即使此人（在其他方面是一个正人君子）在气质上是冷漠的，对他人的不幸漠不关心，这也许是因为他甚至对自己的不幸也具有忍耐和刚毅的特殊禀性，在每一个别的人那里也预设或者甚至要求有诸如此类的禀性；即使自然原本就没有把这样一个人（他确实不会是自然的最坏产品）造就成为一个慈善家，他难道就不会在自身里面还发现一个源泉，赋予他自己一种比善良的气质所可能具有的价值更高得多的价值吗？当然如此！恰恰在这里，显示出性格的价值，而这种价值
〔399〕在道德上无可比拟地是最高的价值，也就是说，他施惠并不是出自偏好，而是出自义务。

保证自己的幸福是义务（至少间接地是义务），因为在诸多忧虑的挤迫中和在未得到满足的需要中对自己的状况缺乏满

意，这很容易成为一种重大的**诱惑去逾越义务**。但是，即便在这里不考虑义务，一切人都已经自动地对幸福具有最强有力的和最热忱的偏好，因为正是在这个理念中，一切偏好都结合成为一个总和。只不过，幸福的规范大多具有这样的性状，即它对一些偏好大有损害，关于在幸福的名称下一切偏好的满足的总和，人毕竟不能形成一个确定的和可靠的概念；因此毫不奇怪，一个惟一的、就其许诺的东西和能够得到满足的时间而言确定的偏好，比一个游移不定的理念更有分量。而人，例如一个足痛风患者，可能选择享受他中意之事，忍受他能够忍受之事，因为经过他估计，他在这里至少不由于对应当存在于健康之中的幸福也许没有根据的期待，就牺牲当前时刻的享受。但是，即便在这一场合，如果对幸福的普遍偏好并不决定他的意志，如果健康对他来说至少并不如此必然属于他的估计，那么在这里，和在所有其他场合一样，就还剩下一条法则，即不是出自偏好、而是出自义务来促进他的幸福，而且在这时，他的所作所为才具有真正的道德价值。

毫无疑问，要求爱自己的邻人，甚至爱我们的仇敌的那些经文也应当如此理解。因为作为偏好的爱是不能被要求的，但出自义务本身的行善，即使根本没有偏好来驱使，甚至有自然的和无法抑制的反感来抗拒，却是**实践的**爱，而不是**病态的**爱。这种爱就在意志之中，而不是在感觉的倾向之中，在行动的原理之中，不是在温存的同情之中；惟有这种爱才是可以要求的。

第二个命题是：一个出自义务的行为具有自己的道德价值，**不在于**由此应当实现的**意图**，而是在于该行为被决定时所遵循的准则，因而不依赖行为的对象的现实性，而仅仅依赖该〔400〕行为不考虑欲求能力的一切对象而发生所遵循的**意欲的原则**。我们在行动时可能有的意图以及作为意志的目的和动机的行为结果，都不能给予行为以无条件的和道德的价值，这一点由上文已可清楚知道。因此，这种价值如果不在与行为的预期结果相关的意志之中，它能够在什么地方呢？它不能在任何别的地方，只能**在意志的原则中**，而不考虑由这些行为能够造成的目的；因为意志处在其形式的先天原则和其质料的后天动机的中间，仿佛是处在一个十字路口，而且既然它毕竟必须被某种东西所规定，所以当一个行为出自义务而发生时，它就必须被一般意欲的形式原则所规定，因为它被剥夺了一切质料的内容。

第三个命题是出自前两个命题的结论，我将这样来表述它：**义务就是出自对法则的敬重的一个行为的必然性**。对于作为我打算采取的行动之结果的客体来说，我固然能够有**偏好**，但**决不会有敬重**，这正是因为它仅仅是一个意志的结果，而不是一个意志的活动。同样，对于一般而言的偏好来说，无论它是我的偏好还是另一个人的偏好，我也不可能有敬重。我顶多可能在第一种场合认可它，在第二种场合有时可能甚至喜欢它，也就是说，把它看做是有益于我的利益的。惟有仅仅作为根据、但绝不作为结果而与我的意志相联结的东西，不为我的偏好服务而是胜过它、至少在选择时把它完全排除在估量之外的东西，因而纯然的法则本身，才能是敬重的对象，从而是一条诫命。如今，一个出自义务的行为应当完全排除偏好的影响，连带地排除意志的任何对象；因此，在客观上除了法则，在主观上除了对这种实践法则的**纯粹敬重**，从而就是即便损害我的一切偏好也遵从这样一种法则的准则①之外，对于意志来说就不剩下任何东西能够决定它了。
〔401〕

①**准则**是意欲的主观原则；客观原则（也就是说，当理性对欲求能力有完全的支配力的时候，也会在主观上充当一切理性存在者的实践原则的东西）则是实践的**法则**。

因此，行为的道德价值不在于由它出发所期待的结果，因而也不在于任何一个需要从这个被期待的结果借取其动因的行为原则。因为这一切结果（自己的状态的舒适性，甚至对他人的幸福的促进）也能够通过别的原因来实现，因而为此不需要一个理性存在者的意志，而最高的和无条件的善却只能在这样的意志中发现。因此，不是别的任何东西，而是**当然仅仅发生在理性的存在者里面的法则的表象**自身，就它而非预期的结果是意志的规定根据而言，构成了我们在道德上所说的如此优越的善；这种善在依此行动的人格本身中已经在场，但不可首先从结果中去期待它。①

① 有人可能指责我，说我在**敬重**这个词后面仅仅托庇于一种隐晦的情感，而不是用一个理性概念在这个问题中作出清晰的答复。然而，尽管敬重是一种情感，它也毕竟不是一种通过影响而**接受的**情感，而是通过一个理性概念而**自己造成的**情感，因而与前一种可以归诸偏好或者恐惧的情感有类的区别。我直接认做对我是法则的东西，我亦以敬重认识之，敬重仅仅意味着我的意志无须对我的感官的其他影响的中介就**服从**一个法则的意识。意志直接为法则所规定以及对此的意识就叫做**敬重**，以至于敬重被视为法则对主体的**结果**，而不被视为法则的**原因**。真正说来，敬重是一种损害我的自爱的价值的表象。因此，这是既不被视为偏好的对象、也不被视为恐惧的对象的某种东西，尽管它与二者同时有某种类似之处。所以，敬重的**对象**仅仅是**法则**，而且是我们加诸**我们本身**、就自身而言必然的法则。作为法则，我们服从它，而不征求自爱的意见；作为我们自己加诸我们的，它却是我们的意志的一个结果，并且在第一方面与恐惧有类似性，在第二方面与偏好有类似性。对一个人格的所有敬重真正说来只是对那个人格为我们提供范例的法则（正直等等的法则）的敬重。由于我们也把扩展我们自己的才能视为义务，所以我们在一个有才能的人格身上也表现出**一个法则的范例**（通过练习而在这方面变得与它类似），而这就构成我们的敬重。一切道德上的所谓**兴趣**都仅仅在于对法则的**敬重**。

〔402〕但是，一个法则的表象，即便不考虑由此所期待的结果，也必须规定意志，以便意志能够绝对地和没有限制地叫做善的。什么样的法则能够如此呢？既然我从意志去除了一切可能从遵循某一个法则使它产生的冲动，所以，剩下来的就只有一般行为的普遍合法则性了。惟有这种合法则性应当充任意志的原则，也就是说，我决不应当以别的方式行事，除非**我也能够希望我的准则应当成为一个普遍的法则**。如今在这里，惟有一般而言的合法则性（不以任何一种规定在某些行为上的法则为基础）才是充任意志的原则、而且在义务不应当到处都是一个空洞的妄念和荒诞的概念的时候就必须充任意志的原则的东西；普通的人类理性在其实践的判断中也与此完全契合，在任何时候都牢记上述原则。

例如问题是：如果我处在困境中，我就不可以作出一项有意不履行的承诺吗？在这里，我很容易作出这一问题的意义可能有的区别：作出一项虚假的承诺，这是聪明的，还是合乎义务的？前者毫无疑问经常发生。尽管我清楚地看出，靠这一借口来摆脱当前的困境是不够的，而是必须考虑，从这个谎言中会不会日后对我产生比我现在所摆脱的麻烦更大得多的麻烦呢？而既然在我自以为的一切**精明**中，后果并不很容易预见，以至于一旦失去信誉，对我来说可能比我现在要避免的一切祸害都更为不利得多，所以在这里按照一个普遍的准则行事，并且养成除非有意遵守就不许诺的习惯，岂不是更为**明智的**行为吗？然而，我在这里马上就发现，这样一种准则毕竟始终只是以令人担心的后果为基础的。如今，出自义务而真诚，与出自对不利后果的担心而真诚，毕竟是某种完全不同的东西，因为在第一种情况中，行为的概念自身就已经包含着对我的一个法则，而在第二种情况中，我却必须首先环顾别处，看对我来说可能有什么后果与此相联系。因为如果我背离义务的原则，那么，这肯定是恶的；但如果我背弃我的明智准则，则这有时可能对我十分有利，尽管保持它当然更可靠。然而，为了就回答 〔403〕“一个说谎的承诺是否合乎义务”这一问题而言以最简捷而又最可靠的方式获得教诲，我问我自己：我对我的准则（通过一个虚假的承诺使自己摆脱困境）应当被视为一个普遍的法则（不仅适用于我，而且也适用于别人）真的会感到满意吗？我真的会对自己说：每一个人如果处在他不能以别的方式摆脱的困境中的时候，都可以作出一种虚假的承诺吗？于是我马上就意识到，我虽然能够愿意说谎，但却根本不能愿意有一个说谎的普遍法则；因为按照这样一个法则，真正说来就根本不会有承诺，因为我就自己将来的行为而言对其他人预先确定我的意志，而这些人却并不相信我的这种预先确定，或者，如果他们轻率地相信，也会以同样的方式回报我，这种预先确定就是徒劳的；从而我的准则一旦被当成普遍的法则，就必然毁灭自己本身。

因此，我根本不需要高瞻远瞩的洞察力就能知道，为了使我的意欲在道德上是善的，我应当怎么办。即便对世事的进程没有经验，即便不能把握世事进程的所有自行发生的意外变故，我也只问自己：你能够也愿意你的准则成为一个普遍的法则吗？如果不能，这个准则就是应予抛弃的，而且这虽然不是因为由此你或者还有他人将面临的一种不利，而是因为它不能作为原则适于一种可能的普遍立法；但对于这种立法来说，理性迫使我给予直接的敬重，我虽然现在尚未**看出**这种敬重的根据何在（哲学家可以去研究这一点），但毕竟至少懂得：这是对远远超出由偏好所赞许的东西的一切价值的那种价值的赏识，而且我出自对实践法则的**纯粹**敬重的行为的必然性，就是构成义务的东西，而任何别的动因都必须为义务让路，因为义务是一种**就自身而言**即善的、其价值超乎一切东西的意志的条件。

这样，我们就在普通人类理性的道德认识中一直达到了它的原则；普通人类理性尽管当然不如此在一个普遍的形式中抽象地思维这一原则，但毕竟在任何时候都现实地记得它，并把
〔404〕它用做自己的判断的圭臬。在此，如果人们不教给普通人类理性丝毫新东西，只是像苏格拉底所做的那样，使它注意自己的原则，那就很容易指出，它手拿这个罗盘，在一切出现的事例中都能够清楚地知道如何分辨什么是善、什么是恶、什么是合乎义务的、什么是违背义务的；因而不需要任何科学和哲学就能够知道，为了成为诚实的和善的，甚至成为睿智的和道德的，人们就必须怎么办。甚至事先就能够推断出这一点，即了解每一个人都必须做、因而也必须知道的东西，这也是每一个人、甚至最普通的人的事情。在这里，人们毕竟能够不无惊赞地看到，在普通的人类知性中，实践的判断能力超过理论的判断能力竟是如此之多。在理论的判断能力中，如果普通理性敢于脱离经验的法则和感官的知觉，它将陷入全然的不可理解和自相矛盾之中，至少将陷入不确定、隐晦和反复无常的混沌中。但在实践的判断能力中，只有在普通知性把一切感性的动机从实践法则中排除掉的情况下，判断力才开始表现得十分优越。在这种情况下，无论普通知性是想用自己的良知或者用与应当被称做对的东西相关的其他要求作出刁难，还是也想真诚地为了教导自己而规定行为的价值，它都变得甚至敏锐起来。而最多的是，它在后一种情况下能够希望做得恰到好处，就像无论哪一位哲学家都可期待的那样；甚至在这方面几乎比哲学家还更有把握，因为哲学家毕竟没有与普通知性不同的原则，但却可能因一大堆外来的、与事情不相干的考虑轻易地搅乱自己的判断，使之偏离正确的方向。据此，在道德事务上只要有普通的理性判断就够了，而且搬出哲学，顶多是为了更为完备地、更易理解地展现道德的体系，此外更方便地展现其应用原

则（但更多的是其讨论原则），而不是为了甚至在实践方面使普通人类知性脱离其幸运的淳朴，通过哲学把它带上一条研究和教导的新路上，这岂不是更可取吗？

清白无辜是一件美好的事情，只不过很糟糕的又是，它不能被很好地保持，容易受到诱惑。因此，甚至智慧——它通常 〔405〕
在于行止，比在于知识更多——也毕竟需要科学，不是为了从它学习，而是要为自己的规范带来承认和持久性。人在自身中，感觉到一种强大的抵制力量，来反对理性向他表现得如此值得尊重的所有义务诫命；这种感觉就在于其需要和偏好，他把这些需要和偏好的全部满足统统归摄在幸福的名下。如今，理性不对偏好有所许诺，毫不容情地、因而仿佛是以拒绝和无视那些激烈且显得如此合理的要求来颁布自己的规范。但由此就产生出一种**自然的辩证法**，也就是说，产生出一种癖好，即以玄想来反对义务的那些严格的法则，怀疑它们的有效性，至少是怀疑它们的纯粹性和严格性，并尽可能使它们顺应我们的愿望和偏好，亦即在根本上败坏它们，使其丧失一切尊严；这样的事情，甚至普通的实践理性归根结底也不可能同意的。

因此，**普通的人类理性**并不是由于任何一种思辨的需要（它只要满足于仅仅是健康的理性，就绝不会感觉到这种需要），而是甚至出自实践的根据，才被迫走出自己的范围，一步跨入一种**实践哲学**的领域，以便在那里为其原则的源泉及其正确的规定，与依据需要和偏好的准则相比，获得说明和明晰的指示，使自己脱离由于这两方面的要求而陷入的困境，以免冒因它容易陷入的暧昧而失去一切真正的道德原理的危险。因此，当实践上的普通理性陶冶自己的时候，在它里面就不知不觉地产生出一种**辩证法**，迫使它求助于哲学，正如普通理性在理论应用中所遇到的一样。因此，实践理性与理论理性一样，除了在对我们的理性的一种完备的批判中之外，不能在别的地方找到安宁。

〔406〕

第二章

由通俗的道德世俗智慧到道德形而上学的过渡

在我们从我们的实践理性的普通应用中得出我们迄今为止的义务概念之后，由此还绝不能推出，好像我们已经把它当做一个经验概念来对待了。毋宁说，当我们注意人的行止的经验时，我们就遇到了经常的、如我们自己所承认的那样合理的抱怨，说人们关于出自义务而行动的意念，根本不能举出可靠的例证，而尽管一些事情的发生会**合乎**那**义务**所要求的东西，但它真正说来是否**出自义务**而发生、从而具有一种道德价值，却始终是有疑问的。因此，对于一切时代来说，都有哲学家绝对否定人类行为中这种意念的现实性，并且把一切都归诸已经或多或少变得精致了的自爱，却并不因此就怀疑道德概念的正确性，反而怀着衷心的惋惜谈到人的本性的脆弱和不纯正。人的本性虽然高贵得足以给自己形成一个如此值得敬重的理念来作为自己的规范，但同时却太软弱了，不能遵循这规范；而且它把本来应当用来为它立法的理性仅仅用做照料偏好的兴趣，而不论是个别地还是充其量就其彼此之间最大的协调而言来照料。

〔407〕事实上，绝对不可能通过经验以完全的确定性澄清任何一个事例，说其中通常合乎义务的行为仅仅依据道德根据、依据其义务的表象。因为虽然有时出现这种情况：我们即使最严厉地省察自己，也未发现任何东西，除了义务的道德根据之外能有足够的力量，推动我们去作出这个或者那个善的行为，并作

出如此之大的牺牲；但由此根本不能有把握地推断，实际上根本没有隐秘的自爱冲动，仅仅伪装成那个理念，来作为意志的真正规定原因。在这种情况下，我们反而乐意用一个虚妄的更高贵的动因来迎合自己，而实际上即便通过最严格的省察，也绝不能完全弄清隐秘的动机，因为如果说的是道德价值，那么，问题并不在于人们看到的行为，而是在于行为的那些不为人们看到的内在原则。

对于嘲笑一切道德都只不过是一种因自负而过分抬高自己的想象力的幻影的那些人，我们能够如其所愿地效力于他们的，莫过于向他们承认：义务的概念（就像人们也由于贪图安逸而乐意相信，其他所有概念也都如此）必须仅仅从经验得出；因为在这种情况下，人们就使他们稳操胜券了。出自人类之爱，我愿意承认，我们的大部分行为还是合乎义务的。但是，人们如果更仔细地看一看它们的追求，就会到处碰到那个始终引人注目的心爱的自我，这些行为的意图依据的就是这个自我，而不是义务的多半要求自制的严格诫命。人们也不需要真的成为德性的敌人，而只需要成为一个不立即把对善的最强烈的愿望视为善的实现的冷静观察者，就会（尤其是随着年龄的增长，以及判断力一方面通过经验而学乖，另一方面更锐利于观察）在某些时刻变得怀疑：世界上是否真的能够见到某种真正的德性呢？而在这里，没有任何东西能够防止我们完全背离我们的义务理念，在灵魂中保持对义务法则已经确立的敬重，除非是一种清晰的信念：尽管从来没有过从这样一些纯粹的源泉产生的行为，但在这里也根本不是在说此事或者彼事是 〔408〕
否发生，而是理性不依赖于任何显象独自地要求什么应当发生，因此，对于世界也许迄今还根本没有提供过实例的那些行为，把一切都建立在经验之上的人甚至会怀疑其可行性，尽管如此它们还是为理性所严厉要求的；例如，即便直到如今也可能根本没有过真诚的朋友，也还是能够毫不减弱地要求每一个人在友谊中有纯粹的真诚，因为这种义务作为一般而言的义务，先行于一切经验，存在于通过先天根据来规定意志的理性的理念之中。

如果我们补充说，人们倘若不想否定道德的概念的一切真实性和与任何一个可能客体的关系，就不能否认自己的法则具有如此广泛的意义，以至于它必然不仅适用于人，而且适用于一切**一般而言的理性存在者**，不是仅仅在偶然的条件下适用且有例外，而是**绝对必然地**适用，那么就很清楚，没有任何经验能够提供理由，哪怕是仅仅推论到这样一些无可置疑的法则的可能性。因为我们有什么权利把也许仅仅在偶然的条件下对人类有效的东西当做任何有理性的本性的普遍规范，使之受到无限制的敬重呢？而且，如果规定**我们的**意志的法则仅仅是经验的，并非完全先天地源自纯粹的、但又是实践的理性，我们怎么应当把它们视为规定一个一般而言的理性存在者的意志的法则，并且仅仅作为这样的法则也视为我们的意志呢？

人们能够给道德出馊主意的，也莫过于想从实例中借来道德了。因为每一个表现给我的道德实例，本身都必须事先按照道德性的原则来判断，看它是否配被当做原初的实例亦即当做范例来用，但它却绝不可能提供道德性的概念。即便是福音书中的圣者，在人们把他认做圣者之前，也必须事先与我们对道德完善性的理想进行比较；关于自己他也说道：你们为什么把（你们看到的）我称为善的？除了（你们看不到的）惟一的上帝之外，没有谁是善的（善的原型）。但是，关于作为最高的
〔409〕善的上帝，我们从哪里得到他的概念呢？惟有从理性先天地关于道德的完善性所制订的、且与一个自由的意志不可分割地联结在一起的那个**理念**中。模仿在道德领域根本不成立，实例只

是用做鼓励，也就是说，它们使法则所要求的东西的可行性不受怀疑，它们使实践规则更为一般地表达的东西变得直观，但绝不给人以权利把它们存在于理性中的真正原型置之一旁，且按照实例行事。

在这种情况下，如果没有一条真正的道德最高原理不是必须独立于一切经验、仅仅依据纯粹理性的话，那我就相信，只要这种知识应当与普通的知识区别开来，并且叫做哲学的，则哪怕只是问一问一般地（抽象地）阐明这些连同属于它们的原则皆为先天所确立的概念是否妥当，也是没有必要的。但在我们的时代里，这也许还是必要的。因为如果人们搜集选票，看是抽除一切经验性成分的纯粹理性知识，从而是道德形而上学更受欢迎，还是通俗的实践哲学更受欢迎，那么，人们马上就会猜到优势将在哪一方了。

当然，如果向纯粹理性的原则的上升事先已经发生，并且达到了完全的令人满意，那么，向民众概念的这种下降就是很值得赞许的了；而且这可以叫做：先把道德的学说**确立**在形而上学上，在它站稳后，再通过通俗性使它**易于接受**。但是，在原理的一切正确性所取决的最初研究中就已经想顺从通俗性，这却是极其荒唐的事情。不仅是这种行事方式绝不能要求一种真正的**哲学通俗性**的极为罕见的功绩，因为如果人们在这里放弃一切审慎的洞识，就根本不存在让人通俗易懂的技巧，而且它还暴露出由拼凑起来的观察和半玄想的原则所构成的一种讨厌的杂拌。无聊之辈喜欢这种杂拌，因为它对于日常的闲聊来说的确是某种可用之物，而有识之士却无可奈何地掉头不顾，尽管极清晰地看透幻象的哲学家时而叫人离弃所谓的通俗性，只是在取得确定的洞识之后再合情合理地通俗化，却很少有人 〔410〕
听他的话。

人们只要看一看以那种受欢迎的趣味关于道德所做的种种

尝试，就会时而遇到人的本性的特殊规定（但偶尔也遇到关于一般而言的有理性的本性的理念），时而遇到完善性，时而遇到幸福，在这里遇到道德情感，在那里遇到对上帝的畏惧，这个取一点，那个也取一点，形成奇妙的混合，却不曾想到去问一问：是否真的能在人类本性的知识（我们毕竟只能从经验获得这种知识）中去寻找道德的原则？如果不是这样，如果道德的原则只能完全先天地、不带任何经验性成分地、绝对地在纯粹的理性概念中发现，一点也不能在其他地方发现，人们也不曾想到采取措施，宁可把这种研究作为纯粹的、实践的世俗智慧或者（如果可以使用一个受到诋毁的名称的话）道德形而上学①完全分出来，使之独自达到全部的完备性，并且安抚要求通俗性的读者，直到这项工作结束。

但是，这样一门完全分离的道德形而上学，既不与任何人类学、神学、物理学或者超物理学相混，更不与隐秘的质（人们可以称之为亚物理学的）相混，不仅是义务的一切理论的、可靠地确定的知识的一个不可或缺的基底，而且同时是现实地实现义务的规范的一个极为重要的急需之物。因为义务以及一般而言道德法则的纯粹的、不与经验性刺激的外来添加相混的表象，仅仅通过理性的途径（理性在这里首次了解到，它自己也能够是实践的）对人心有一种强有力的影响，比人们能够从

① 如果愿意，人们可以（就像纯粹数学被与应用数学区别开来，纯粹逻辑被与应用逻辑区别开来一样）把纯粹的道德哲学（形而上学）与应用的（亦即应用于人的本性的）道德哲学区别开来。通过这一称谓，人们也将立刻想到，道德原则不是建立在人的本性的特性之上，而是必须先天地自行存在，但对于每一个有理性的本性，因而也对于人的本性来说，实践的规则必须从道德原则派生出来。

经验性领域征集的一切动机① 还强有力得多，使它在对自己的尊严的意识中蔑视这些动机，并能够逐渐地成为它们的主宰；与此相反，一种由情感和偏好的动机、同时由理性概念组合而成的混合的道德学说，必然使心灵在无法归摄到任何原则之下的种种动因之间动摇，这些动因只能极偶然地引人向善，但却也时常引人向恶。 〔411〕

由以上所说可见：一切道德概念都完全先天地在理性中有其位置和起源，而且无论是在最普通的人类理性中，还是在最高程度的思辨理性中，都是如此；这些概念不能从任何经验性的，因而纯属偶然的知识中抽象出来；它们的尊严正在于其起源的这种纯粹性，使它们能够充当我们的最高实践原则；任何时候，人们添加多少经验性的东西，就也使它们的真正影响和行为不受限制的价值蒙受多少损失；从纯粹理性汲取它们的概念和法则，纯粹地、不加掺杂地予以阐述，甚至规定这全部实践的或者纯粹的理性知识的范围，亦即规定纯粹实践理性的全部能力，这不仅当问题仅仅在于思辨的时候在理论方面具有极

① 我曾经收到过已故的、杰出的**苏尔策**的一封信，他在信中问我：德性的学说无论对理性有多少令人信服的东西，却收效甚微，其原因何在？为了准备作出完备的回答，我延迟了自己的答复。不过，其原因无非是，教师本人就没有使其概念成为纯粹的，而且由于他们想做得太好，却因为到处搜集道德善的动因，要使药方真正有效力，而败坏了这药方。因为最普通的考察也表明，如果人们介绍一个正直的行为，说它如何是丝毫无意于在这个世界或者另一个世界上的任何一种好处，甚至是在困窘或者诱惑的极大引诱之下以坚定的灵魂作出的，那么，这个行为就远远超过一切哪怕只是一点点受到外来动机刺激的类似行为，使之相形失色，并且升华灵魂，激起也能够如此行动的意愿。就连半大不小的儿童也感受到这种印象，而人们也决不应当以别的方式向他们介绍义务。

大的必要性，而且也具有极大的实践重要性，但此时不要像思辨哲学会允许，甚至有时认为有必要的那样，使原则依赖人类
〔412〕理性的特殊本性，而是由于道德法则应当对每一个理性存在者有效，已经从一个一般而言的理性存在者的普遍概念中导出道德法则，并以这样的方式首先使一切为了**应用**于人而需要人类学的道德不依赖人类学，当做纯粹的哲学，亦即当做形而上学予以完备的阐述（在这种完全分离的知识中，这一点可以作得很好），并且要清楚地意识到，若不拥有这门形而上学，则且不说精确地为思辨判断规定义务在一切合乎义务的东西中的道德成分是白费力气，甚至在纯然普通的和实践的应用中，尤其是在道德教育中，也不可能把道德建立在其真正的原则之上，并由此造成纯粹的道德意念，为了最高的公益把这种意念灌输给心灵。

但是在这一探讨中，为了通过各个自然的阶段不仅从普通的道德判断（它在这里很值得重视）像通常发生的那样前进到哲学的道德判断，而且由一门只走到它凭借实例摸索着能够达到的地方的通俗哲学前进到形而上学（它不再为任何经验性的东西所阻拦，而且由于它必须测度这一类理性知识的总和，它必要时将前进到理念，在那里我们将失去实例），我们必须探究并且清晰地阐明实践的理性能力，从它的普遍的规定规则开始，直到义务的概念从它产生之处。

自然的每一个事物都按照法则发挥作用。惟有一个理性存在者具有**按照**法则的**表象**亦即按照原则来行动的能力，或者说具有一个**意志**。既然为了从法则引出行为就需要**理性**，所以意志无非就是实践理性。如果理性必然地规定意志，那么，这样一个存在者的被认做客观上必然的行为，就也是主观上必然的；也就是说，意志是一种能力，**仅仅**选择理性不依赖于偏好而认做实践上必然的亦即善的东西。但是，如果理性不足以独

自规定意志，那么，意志就还服从一些并不总是与客观条件相一致的主观条件（某些动机）；一言以蔽之，如果意志并非**就自身而言**完全合乎理性（在人这里的确是这样），那么，客观上被认做必然的行为在主观上就是偶然的，而按照客观法则对这样一个意志的规定就是**强制**；也就是说，客观法则与一个并不完全善的意志的关系被表现为对一个理性存在者的意志的规定，这种规定虽然是通过理性的根据，但这个意志在本性上并不必然服从这些根据。〔413〕

一个客观原则的表象，就该原则对于一个意志是强制性的而言，就叫做一个（理性的）诫命，这个诫命的公式就叫做**命令式**。

一切命令式都用一个应当来表述，并且由此表示理性的一个客观法则与一个意志的关系，这个意志就其主观性状来说并不必然为这个法则所规定（一个强制）。它们说的是：做某件事或者放弃某件事，就会是善的；然而，它们是把这告诉一个意志，这个意志并不总是因为被告知做这件事是善的，就去做这件事。但是，凭借理性的表象，从而不是出自主观的原因，而是客观地、亦即从对每一个作为理性存在者的理性存在者都有效的根据出发来规定意志的东西，就是实践上善的。它与**适意的东西**不同，后者是仅仅凭借出自纯然主观原因的感觉来影响意志，而这些原因只对这个人或者那个人的感觉有效，而不是作为对每一个人都有效的理性原则。①

① 欲求能力对感觉的依赖性就叫做偏好，因此，偏好在任何时候都表现出一种**需要**。但是，一个偶然地可被规定的意志对理性原则的依赖性则叫做一种**兴趣**。因此，兴趣仅仅发生在一个有依赖的意志那里，这个意志并不是自动地在任何时候都合乎理性；在属神的意志中，人们不能设想任何兴趣。但是，就

〔414〕因此，一个完全善的意志同样要服从（善的）客观法则，但并不因此就能够被表现为**被强制**去做合乎法则的行为，因为就其主观性状而言，它自身只能被善的表象来规定。因此，对于**属神的**意志来说，一般而言对于一个**神圣的**意志来说，并不适用命令式；这里不是**应当**的合适位置，因为**意欲**自己就已经与法则必然一致。所以，命令式只是表达一般意欲的客观法则与这个或者那个理性存在者的意志，例如与一个属人的意志的主观不完善性之关系的公式。

现在，一切**命令式**都要么是**假言地**、要么是**定言地**发布命令的。前一些命令式把一个可能的行为的实践必然性表现为达成人们意欲的（或者人们可能意欲的）某种别的东西的手段。定言命令式则是把一个行为表现为自身就是客观必然的，无须与另一个目的相关。

由于任何实践的法则都把一个行为表现为善的，从而对一个可以被理性实践地规定的主体来说把它表现为必然的，所以一切命令式都是规定一个行为的公式，按照一个以任何方式都是善的意志的原则，这个行为是必然的。现在，如果行为仅仅**为了别的目的**作为手段是善的，那么，命令式就是**假言的**。如果行为被表现为**就自身而言**善的，从而被表现为在一个就自身

连属人意志也可以对某种东西**有兴趣**，却并不因此就**出自兴趣而行动**。前者意味着对行为的**实践**兴趣，后者则意味着对行为的对象的**病理学**兴趣。前者仅仅表示意志依赖理性就自身而言的原则，后者则表示意志依赖理性为了偏好的原则，也就是说，理性在此仅仅指示如何满足偏好的需要的实践规则。在前一种场合，我感兴趣的是行为，在第二种场合，我感兴趣的是行为的对象（就它合我的意而言）。我们在上一章里就已经看到：在一个出自义务的行为中，必须关注的不是对对象的兴趣，而仅仅是对行为本身及其在理性中（在法则中）的原则的兴趣。

而言合乎理性的意志之中是必然的，被表现为该意志的原则，那么，命令式就是**定言的**。

因此命令式说的是，哪一种通过我而可能的行为是善的，而且它与一个意志相关来表现实践的规则，这个意志并不因为一个行为是善的就立刻去做，这一方面是因为主体并不总是知道它是善的，另一方面是因为即便主体知道它是善的，主体的准则毕竟有可能违背一种实践理性的客观原则。

因此，假言的命令式只是说，行为对于某一个**可能的**或者**现实的**意图来说是善的。在第一种情况下，它是一个**或然的**实践原则，在第二种情况下，它是一个**实然的**实践原则。定言命令式不与任何一个意图相关，亦即无须任何别的目的，自身就宣称行为是客观必然的，所以被视为一个**必然的**实践原则。 〔415〕

人们可以把仅仅通过某个理性存在者的力量就可能的东西也设想为对某个意志来说可能的意图，因此，就行为对达成一个由它造成的可能意图被表现为必然的而言，它的原则事实上多至无限。一切科学都有某个实践的部分，它由说明某个目的对我们来说有可能的一些课题和说明该目的如何能够被达成的一些命令式组成。因此，一般而言这些命令式可以叫做**技巧**的命令式。这里根本不问目的是否是理性的和善的，而是只问为达成目的必须作什么。医生为使自己的病人痊愈所用的处方和一个投毒者为有把握地杀死此人所用的处方，就每一个都可用来完满地达成其意图而言，具有同等的价值。由于人们在少年时不知道我们在生活中会碰上哪些目的，所以父母力图特别是让自己的孩子学习**各种各样的东西**，而且为其使用手段达成各种各样**随便什么**目的的**技巧**操心；对于这些目的的任何一个来说，他们都无法确定是否真的将来可能成为其孩子的一个意图；然而，其孩子有朝一日会以此目的为意图，这却毕竟是**可**

能的；这种操心如此周到，以至于他们通常都忽略了教孩子们对自己可能当做目的的事物的价值作出判断，并纠正孩子们的判断。

尽管如此，有一个目的，人们在一切理性存在者（就命令式适用于它们，亦即有依赖的存在者而言）那里都可以把它预设为现实的，因而有一个意图，理性存在者绝不是仅仅**可能**怀有它，而是人们能够有把握地预设，理性存在者全都按照一种自然必然性**怀有**它，这就是对**幸福**的意图。作为促进幸福的手段的行为，表现其实践必然性的假言命令式就是**实然的**。人们可以把它说成是不仅对于一个不确定的、纯然可能的意图必然的，而且是对于人们能够有把握地、先天地在每一个人那里预设的一个意图必然的，因为这个意图属于每一个人

〔416〕的本质。现在，人们可以把为自己的最大福祉选择手段时的技巧称为最狭义的**机智**①。因此，与为自己的幸福选择手段相关的命令式，亦即机智的规范，还一直是**假言的**；行为并不是绝对被要求的，而只是作为另一个意图的手段被要求的。

最后，有一种命令式，它无须以通过某个行为要达成的任何别的意图为基础，就直接要求这个行为。这种命令式就是**定言的**。它不涉及行为的质料及其应有的结果，而是涉及行为由

① 机智这个词是在双重意义上使用的，在第一层意义上它可以叫做世事的机智，在第二层意义上它可以叫做私事的机智。第一种机智是一个人影响他人、为自己的意图利用他人的技巧。第二种机智是为自己的持久利益把所有这些意图统一起来的洞识。后者真正说来是前者的价值也要回溯到的那种机智；而且对于在第一种意义上、而并非在第二种意义上机智的人，人们倒不如说：他灵巧而且狡猾，但在整体上却并不机智。

以产生的形式和原则，行为的根本善在于意念，而不管其结果如何。这种命令式可以叫做**道德**的命令式。

依照这三种原则的意欲，也因对意志的强制的**不同**而清晰地区分开来。为了明确这种不同，我认为，如果说它们要么是技巧的**规则**，要么是机智的**建议**，要么是道德的**诫命**（**法则**），就依照其次序给了它们最适当的名称。因为惟有**法则**才带有一种**无条件的**、而且是客观的、从而是普遍有效的**必然性**的概念，而诫命就是必须服从、也就是说即便违背偏好也必须遵从的法则。**建议**虽然包含着必然性，但这种必然性惟有在主观偶然的条件下，即这个人还是那个人把这件事还是那件事算做自己的幸福时，才能够有效；与此相反，定言命令式不受任何条件的限制，并且作为绝对必然的、尽管实践上必然的，完全能够真正地叫做诫命。人们可以把第一类命令式也称为**技术的**（属于技艺），把第二类命令式称为**实用的**①（属于福祉），把 〔417〕
第三类命令式称为**道德的**（属于一般而言的自由行为，也就是说，属于道德）。

如今就产生了问题：所有这些命令式是如何可能的？这个问题并不要求知道如何能够设想命令式所要求的行为的实施，而是仅仅要求知道如何能够设想命令式在任务中所表达的对意志的强制。一个技巧的命令式是如何可能的，这并不需要特别的讨论。谁意欲目的，就（只要理性对他的行为有决定性的影

① 在我看来，这样可以最精确地规定“**实用的**”一词的真正含义。因为**制裁**如果不是作为必要的法律出自各国的权利，而是出自对普遍的福祉的**关怀**，那它就被称为实用的。如果一部**历史**使人机智，亦即教导世人如何能够比前代更好地，至少同样好地照顾自己的利益，那它就是以实用的方式编写的。

响）也意欲为此目的不可或缺的、他能够掌握的手段。就意欲而言，这个命题是分析的；因为在对一个作为我的结果的客体的意欲中，已经把我的因果性设想为行动着的原因，亦即对手段的使用了，而命令式已经从对这个目的的意欲的概念中得出了为这个目的而必要的行为的概念（要为一个预定的意图规定手段本身，这当然需要综合命题，但综合命题并不涉及使意志的活动实现的根据，而是涉及使客体实现的根据）。为了按照一个可靠的原则把一条线分为两个相等的部分，我就必须从线的两端引出两条相交弧，这当然是数学仅仅通过综合命题教导的；但是，如果我知道，惟有通过这样的行为才能发生上述结果，那么当我完全意欲这个结果时就也意欲为此所需要的行为，这却是一个分析命题；因为把某种东西设想为一个以某种方式因我而可能的结果，和就该结果而言设想我以同样的方式行动，这完全是一回事。

只要关于幸福给出一个确定的概念是件轻而易举的事情，那么，机智的命令式就与技巧的命令式完全一致，并且同样是分析的。因为这两处说的都是：谁意欲目的，就也（按照理性
〔418〕必然地）意欲他为此所掌握的惟一手段。然而不幸的是，幸福的概念是一个如此不确定的概念，以至于每一个人尽管都期望得到幸福，却绝不能确定地一以贯之地说出，他所期望和意欲的究竟是什么。原因在于：属于幸福概念的一切要素都是经验性的，也就是说都必须借自经验，尽管如此幸福的理念仍然需要一个绝对的整体，即在我当前的状况和任一未来的状况中福祉的最大值。如今，最有见识且最有能力、但毕竟有限的存在者，不可能对他在这里真正说来所意欲的东西形成一个确定的概念。如果他意欲财富，他岂不是会由此给自己招来多少忧虑、嫉妒和窥伺！如果他意欲众多的知识和洞识，这也许会成为一种更加锐利的眼光，而使得现在对他来说尚属隐秘的但又

不能避免的灾祸对他显得更加可怕，或者把更多的需要加给他那已经够他忙乱的欲望。如果他意欲长寿，谁向他担保这不会是一种长期的苦难呢？如果他至少意欲健康，身体的不适还是多么经常地阻止完全的健康会使人陷入的放纵，如此等等。简而言之，他无法根据任何一条原理完全确定地规定，什么东西将使他真的幸福。因为要做到这一点，就要求无所不知。因此，人们不能按照确定的原则行动来成为幸福的，而只能按照经验性的建议行动，例如特定食谱、节俭、彬彬有礼、克制等等；据经验的教导，它们通常是最有助于福祉的。由此得出，严格地说，机智的命令式根本不能作出要求，亦即客观地把行为表现为实践上**必然的**；它们与其被视为理性的诫命（praecepta），倒不如被视为建议（consilia）；可靠地和普遍地规定哪种行为将促进一个理性存在者的幸福，这个问题是完全无法解决的，因而在幸福方面不可能有命令式在严格的意义上来要求做使人幸福之事，因为幸福不是理性的理想，而是想象力的理想，这个理想仅仅依据经验性的根据，人们期待这些根据会规定一个行为，由此会达到一个事实上无限的结果序列的全〔419〕体，那是白费力气。然而，如果人们假定能够可靠地给出达到幸福的手段，那么，机智的这种命令式就会是一个分析的实践命题；因为它与技巧的命令式的区别仅仅在于：在后者这里目的仅仅是可能的，而在前者那里目的是已被给予的；但既然二者仅仅要求达到人们能够预设要以之为目的的东西的手段，所以要求意欲目的者也意欲手段的命令式，在这两种场合就都是分析的。因此，就这样一种命令式的可能性而言，也不存在任何困难。

与此相反，**道德**的命令式如何可能，却毫无疑问是惟一需要解决的问题，因为这种命令式根本不是假言的，从而客观地表现出的必然性不能像在假言的命令式中那样，以任何前提条件为依据。只不过在这里千万不要忽视，不能**凭借任何实例**亦即经验性地澄清究竟是否有一种诸如此类的命令式，而是要当心，一切显得是定言的命令式都可能以隐秘的方式是假言的。例如说：你不应当做虚假的承诺；而且人们假定，这种不做的必然性绝不仅仅是为避免任何一种别的灾祸而做的建议，使得这是说：你不应当做不诚实的承诺，以免真相大白时你的信用受损失；而是必须把这一类的行为本身视为恶的，因而禁止的命令式就是定言的。如果是这样，那么，人们就不能在任何一个实例中确定地阐明，意志在这里无须其他的动机，仅仅为法则所决定，尽管看起来是可以这样阐明的；因为暗中对羞辱的恐惧、也许还有对其他危险的模糊担忧会对意志产生影响，这始终是可能的。既然经验只能说明我们未知觉到一个原因，谁能够凭借经验来证明这个原因不存在呢？但在这样的情况下，所谓道德的命令式，作为这样一种命令式看起来是定言的和无条件的，事实上却只是一个实用的规范，使我们注意我们自己的利益，并且仅仅教我们小心对待它。

因此，我们将必须完全先天地研究一种**定言**命令式的可能性，因为我们在这里并不享有如下的便利，即定言命令式的现
〔420〕实性在经验中已被给予，从而其可能性无须确立，而只须说明。然而，目前可以看出的是：惟有定言命令式才是一种实践的**法则**，其余的命令式全都虽然能够叫做意志的**原则**，但却不能叫做法则；因为只是为了达到一个任意的意图而必须做的事情，就自身而言可以被视为偶然的，而我们如果放弃这一意图，就在任何时候都可以摆脱这种规范。与此相反，无条件的诫命不容许意志在相反的方面任意行事，因而惟有它具有我们为法则所要求的那种必然性。

其次，就这种定言命令式或者道德法则而言，（看出其可能性的）困难的理由也是非常大的。它是一个先天的综合实践

命题①，而且既然要看出这一类的命题的可能性，在理论知识中有诸多困难，所以很容易就可以得出，在实践知识中困难也不会更少。

就这一课题而言，我们想首先尝试，看仅仅一个定言命令式的概念是否也许就能够提供该定言命令式的公式，这个公式包含着一个命题，惟有它才能够是定言命令式；因为即使我们也知道这样一种绝对诫命的内容是什么，但它如何可能，却仍然需要特别的和困难的努力，但我们把这种努力留待下一章。

当我设想一个一般而言的**假言**命令式的时候，在条件被给予我之前，我事先并不知道它将包含什么。但是，当我设想一个**定言**命令式的时候，我立刻就知道它包含着什么。因为既然命令式除了法则之外，所包含的只是准则②符合这法则的必然性，而法则却不包含任何限制自己的条件，所以，所剩下的就 〔421〕
只是一个一般而言的法则的普遍性，行为的准则应当符合这法则，而且惟有这种符合才真正把命令式表现为必然的。

因此，定言命令式只有一个，那就是：**要只按照你同时能够愿意它成为一个普遍法则的那个准则去行动**。

①我无须预设出自任何一种偏好的条件，而先天地、从而必然地（虽然只是客观地，亦即在一种完全支配一切主观动因的理性的理念之下）把意志与行为联结起来。因此，这是一个实践命题，它不是把一个行为的意欲从另一个已经预设的意欲分析地推导出来（因为我们并没有如此完善的意志），而是把它当做不包含在一个理性存在者的意志的概念之中的东西，直接与该概念联结起来。

② **准则**是行动的主观原则，必须与**客观原则**亦即实践法则区别开来。准则包含着理性按照主体的条件（经常是主体的无知或者偏好）所规定的实践规则，因此是主体**行动**所遵循的原理；而法则是对每一个理性存在者有效的客观原则，是主体**应当行动**所遵循的原理，也就是说，是一个命令式。

现在，如果能够把这惟一的命令式作为义务的一切命令式的原则，从它推导出所有这些命令式，那么，我们尽管尚未确定人们称为义务的东西是否在根本上是一个空概念，却至少能够说明我们由此所思维的是什么，以及这个概念想说明的是什么。

由于结果的发生所遵循的法则的普遍性构成了真正说来在最普遍的意义上叫做**自然**的东西，就事物的存在按照普遍的法则被规定而言，这自然也就是事物的存在，所以，义务的普遍命令式也可以这样说：**要这样行动，就好像你的行为的准则应当通过你的意志成为普遍的自然法则似的**。

现在，我们想根据通常的划分来列举一些义务，即划分为对我们自己的义务和对他人的义务，划分为完全的义务和不完全的义务①。

1. 有一个人，经历了一系列足以使人心灰意懒的灾祸而
[422] 对生活感到厌倦，但还拥有自己的理性，使他能够自问：了结自己的生命是否也绝不违背对自己的义务？现在他要探究：他的行为的准则是否能够成为一个普遍的自然法则？而他的准则是：如果生命因期限的延长将面临的灾祸多于它将带来的安逸，那么，我就出自自爱把缩短它当做我的原则。只不过问题是：自爱的原则是否能够成为一个普遍的自然法则？但人们在这里马上就看出，如果一个自然的法则是凭借以敦促人增益生

①人们在这里必须注意，我把义务的划分完全留待一部未来的《道德形而上学》，因此此处的这种划分只是随便作的（为了安排我的实例）。此外，我在这里把一种完全的义务理解为不容许为了偏好的利益而有例外的义务，而在这里，我不仅有外在的、而且也有内在的**完全义务**，这与学校里所采用的措辞是相悖的。但我在这里无意作出辩白，因为对于我的意图来说，人们是否赞同我都是一回事。

命为使命的同一种情感来毁灭生命本身，则这个自然就与自身矛盾，从而就不会作为自然存在；所以，那个准则就不可能成为普遍的自然法则，因而就与一切义务的最高原则相抵触。

2. 另一个人，发现自己急需借款。他清楚地知道，他将无法还款；但他也看出，如果他不肯定地许诺在一个确定的时间还款，他就什么也借不到。他很乐意作这样的承诺；但他仍然良知未泯，扪心自问：以这样的方式助自己摆脱困境，是不允许的且违反义务的吗？假定他毕竟决定这样做了，那么，他的行为准则就是：如果我认为自己迫切需要钱，我就要借款并且承诺还款，尽管我知道我永远还不了款。这个自爱或者自利的原则与我整个未来的福祉也许很能协调一致，但现在问题是：这样做对吗？因此，我把自爱的要求转化为一个普遍的法则，并且这样提出问题：如果我的准则成为一个普遍的法则，事情会怎样呢？由此我现在就看出，它绝不可能作为普遍的法则生效并与自身一致，而是必然与自己矛盾。因为一个法则，即每一个人在认为自己处于困境时都可以承诺所想到的东西，却蓄意不信守之，其普遍性就会使承诺和人们在承诺时可能怀有的目的本身成为不可能，因为没有人会相信对自己承诺的东西，而是会把所有这样的表示当做空洞的借口而加以嘲笑。

3. 第三个人，在自身中发现一种才能，这种才能经过若干培养，就能够使他成为一个在各种方面都有用的人。但是，〔423〕他发现自己处在舒适的情状中，而且宁可沉溺于享乐，也不愿努力去扩展和改进自己幸运的自然禀赋。但他仍然自问：他的荒废自己自然禀赋的准则除了与他对欢娱本身的癖好一致之外，是否还与人们称为义务的东西一致？现在他看出：虽然，即使人（就像太平洋上的居民那样）任其才能荒废，并且只想把自己的生命用于闲荡、欢娱、繁殖，一言以蔽之，用于享受，一个自然也总还能按照这样一个普遍法则存在；然而，他不可能**愿意**这成为一个普遍的自然法则，或者作为这样一个法则被通过自然本能置于我们里面。作为一个理性存在者，他必然愿意自己里面的所有能力都得到发展，因为它们毕竟是为了各种各样的意图而对他有用，并被赋予他的。

还有**第四个**人，他处境优裕，但他在看到别人必须极其辛苦地奋斗时（他也很能帮助别人），却想到：这与我有什么相干？且让每一个人都如上天之所欲、或者如他自己之所为一般地幸福，我对他毫无所求，就连嫉妒他也不会；只是我没有兴趣对他的福祉或者对在困境中赞助他有所贡献！现在，如果这样一种思维方式成为一个普遍的自然法则，人类当然能够好好地存在，而且毫无疑问胜似每一个人都空谈同情和善意，也尽力偶尔履行之，但却只要有可能，就欺哄人、出卖人的权利，或者在其他方面损害人的权利。但是，尽管按照那个准则，一种普遍的自然法则还有可能很好地存在，但**愿意**这样一个原则作为自然法则到处生效，这却是不可能的。一个决定这样做的意志就会与自己抵触，因为毕竟有可能发生不少这样的情况：他需要别人的爱和同情，而由于这样一个出自他自己的意志的自然法则，他会剥夺自己得到他所期望的协助的一切希望。

这就是诸多实际的、或者至少被我们视为实际的义务的一
〔424〕 些实例，显而易见，它们是从上述统一的原则导出的。人们必须**能够愿意**我们的行为的一个准则成为一个普遍的法则：这就是一般而言对行为作出道德判断的法规。一些行为具有这样的性状：它们的准则绝不能被没有矛盾地**设想**为普遍的自然法则；更不用说人们还能够**愿意**它应当成为这样一个法则了。在其他行为那里，虽然不能发现那种内在的不可能性，但**愿意**它们的准则被提升到一个自然法则的普遍性，这毕竟是不可能的，因为这样一个意志就会与自己矛盾。人们很容易看出：前一种行为与严格的或者较狭隘的（不宽纵的）义务相抵触，第

二种仅仅与较宽泛的（值得赞扬的）义务相抵触。这样，就责任的种类（不是行为的客体）而言，通过这些实例，在它们对统一的原则的依赖中完备地提出了所有的义务。

现在，如果我们在每一次逾越一个义务时都注意我们自己，我们就将发现，我们实际上并不愿意我们的准则应当成为一个普遍的法则，因为这对我们来说是不可能的，而毋宁说这准则的对立面倒应当普遍地保持为法则；只不过我们允许我们自己为了我们或者（哪怕仅仅这一次）为了我们的偏好的利益而**破例**。所以，如果我们从同一个观点亦即理性的观点出发去衡量一切，那么，我们就会在我们自己的意志中发现一种矛盾，亦即某一个原则客观上作为普遍的法则是必然的，但主观上却并不普遍地有效，而是应当允许例外。但是，既然我们先从一个完全合乎理性的意志的观点出发来看我们的行为，然后又从一个受偏好影响的意志的观点出发来看这同一个行为，所以这里实际上并没有矛盾，但有偏好对理性规范的一种对抗(antagonismus)，由此原则的普遍性（univesalitas）转变成一种纯然的一般适用性（generalitas），从而实践的理性原则就要与准则在半途相逢了。如今，尽管这一点在我们不偏不倚地作出的判断中不能得到辩解，但它毕竟证明，我们实际上承认定言命令式的有效性，并且（怀着对这定言命令式的一切敬重）只允许我们自己有一些在我们看来无关宏旨的、迫不得已的例外。

因此，我们至少已经说明：如果义务是一个应当包含着意 〔425〕
义和为我们的行为的实际立法的概念，那么，义务就只能以定言命令式、决不能以假言命令式来表达；此外，我们也清晰地、为任何应用而明确地阐述了定言命令式的必须包含一切义务的原则（如果在根本上有诸如此类的原则的话）的内容，这就已经够了。但是，我们还未能先天地证明：诸如此类的命令式确实存在着；有一种绝对地、无须任何动机而独自地颁布命令的实践法则；而遵循这种法则就是义务。

要想达到这一步，最为重要的就是把下面这件事引以为戒，即千万不要妄生念头，要从**人类本性的特殊属性**中导出这个原则的实在性。因为义务应当是行为在实践上无条件的必然性；因此，它必须对一切理性存在者（在任何地方，命令都只能用于它们）有效，而且**仅仅因此缘故**，它也是一切人类意志的一种法则。与此相反，从人类的特殊自然禀赋，从某些情感和癖好，甚至可能的话从人类理性特有的、并不必然适用于每一个理性存在者的意志的特殊倾向导出的东西，虽然能够为我们提供一种准则，但却不能提供任何法则；能够提供我们有癖好和偏好来依之行动的主观原则，但却不能提供即便我们的一切癖好、偏好和自然素质都反对，我们也**奉命**依之行动的客观原则；甚至，主观原因对此越不赞成，越多反对，便越是证明一个义务中诫命的崇高和内在尊严，但由此似乎也不削弱法则的强制，不损及它的有效性。

在这里，我们看到哲学事实上被置在一个尴尬的立场上；尽管这个立场无论在天上还是在地上都无所依傍或依托，它却应当是坚固的。在这里，哲学应当证明自己的纯正性，它是它自己的法则的自我支撑者，而不是一种与生俱来的感觉或者谁也不知道哪一种监护的本性悄悄授予它的那些法则的宣谕官。
〔426〕这后一些原则虽然也聊胜于无，但却全都绝不能提供理性所颁布的那些原理，而这些原理必须完全先天地有其源泉，且由此同时具有其颁布命令的威望：对人的偏好没有任何期待，而是把一切都寄望于法则的最高权威，或者在相反的情况下判决人自我轻视和内心厌恶。

因此，凡是经验性的东西，都不仅完全不适宜于在这方面作为道德原则的补充，而且甚至对道德的纯正性极为有害。在道德中，一个绝对善的意志的真正的、崇高无价的价值正是在于：行为的原则摆脱了惟有经验才能提供的偶然根据的一切影响。针对在经验性的动因和法则中寻求原则的这种粗心或者甚至卑下的思维方式，人们也不能发出过多、过于频繁的警告，因为人类理性在感到疲倦时，乐意于在这个软垫上休息，并且在甜美假象（它们让理性不是拥抱朱诺，而是拥抱一片云）的梦幻中把一个由来源完全不同的肢体拼凑而成的杂种混充为道德。人们想从这个杂种身上看出什么，它就像什么，只是对于曾经看到过道德的真实面目的人来说，它却不像道德。①

因此问题是：**对于一切理性存在者来说**，在任何时候都按照它们自己能够愿意其充当普遍法则的这些一些准则来判断行为，这是一个必然的法则吗？如果它是这样一个法则的话，它就必须（完全先天地）已经与一个一般而言理性存在者的概念结合在一起。但是，为了揭示这种联结，人们无论多么不情愿，也必须由此走出，也就是说，迈向形而上学，尽管是迈入形而上学的一个与思辨哲学的领域不同的领域，亦即迈入道德形而上学。在一种实践哲学中，我们关心的并不是去得知**发生** 〔427〕
的某事的根据，而是得知即使从未发生也**应当发生**的某事的法则，亦即客观的实践法则。在这里，我们没有必要去探讨下述问题的根据：为什么某物讨人喜欢或者不讨人喜欢？纯然感觉的愉悦如何与情趣有别？而情趣与理性的一种普遍满足是否有别？愉快和不快的情感依据的是什么？从这些情感如何产生出

① 看到德性的真实面目，无非是剥除感性之物的一切混杂和报酬或者自爱的一切不真实的装饰，来表现道德。在这种情况下，德性使其余一切对偏好显得有魅力的东西黯然失色到什么程度，每一个人只要稍稍尝试运用其未完全丧失抽象能力的理性，就可以轻易察觉到。

欲望和偏好？从欲望和偏好又如何凭借理性的协助作用产生出准则？因为这一切都属于一种经验性的灵魂学说。如果人们把自然学说视为**自然哲学**，乃是就它基于**经验性法则**而言的，那么，上述灵魂学说也就会构成自然学说的第二个部分。但这里所说的是客观的实践法则，从而是就一个意志仅仅被理性所规定而言它与自身的关系，在这里与经验性的东西相关的一切都自动被排除。因为当**理性独自地**规定举止时（我们现在正是要探讨它的可能性），理性必须先天地作这件事。

意志被设想为**依据某些法则的表象**来规定自己去行动的能力。而这样一种能力只能在理性存在者里面发现。如今，用来作为意志自己规定自己的客观基础的东西，就是**目的**，而目的如果是由纯然的理性给予的，那就必然对一切理性存在者同样有效。与此相反，仅仅包含着其结果为目的的那种行为之可能性的根据的东西，则叫做**手段**。欲求的主观根据是**动机**，意欲的客观根据则是**动因**；因此，就有依据动机的主观目的和取决于对每一个理性存在者都有效的动因的客观目的之间的区别。实践的原则如果不考虑任何主观的目的，那它们就是**形式的**；但如果它们以主观目的、从而以某些动机为基础，则它们就是**质料的**。一个理性存在者随意预设为自己的行为的**结果**的那些目的（质料的目的），全都只是相对的；因为只有它们与主体的一种特殊欲求能力的关系才给予它们以价值，因而这价值不能提供普遍的、对一切理性存在者都有效和必然的原则，也不
〔428〕能提供对任何意欲都有效和必然的原则，亦即实践的法则。因此，所有这些相对的目的都只是假言命令式的根据。

但是，假定有某种东西，**其存在自身**就具有一种绝对的价值，它能够作为**目的自身**而是一定的法则的根据，那么，在它里面，并且惟有在它里面，就会有一种可能的定言命令式亦即实践法则的根据。

现在我说：人以及一般而言每一个理性存在者，都作为目的自身而**实存，不仅仅作为**这个或者那个意志随意使用的**手段**而**实存**，而是在他的一切无论是针对自己还是针对别人的行为中，必须始终**同时**被视为**目的**。偏好的一切对象都只有一种有条件的价值；因为如果偏好以及基于偏好的需要不存在，那么，其对象就毫无价值。但是，偏好本身作为需要的源泉，并没有一种绝对的价值，使自己被期望，以至于完全摆脱它们，反倒必须是每一个理性存在者的普遍愿望。因此，一切能够通过我们的行为**获得**的对象的价值，在任何时候都是有条件的。其存在固然不是依据我们的意志、而是依据自然的意志的存在者，如果它们是无理性的存在者，就仍然只有一种相对的价值，乃是作为手段，因而叫做**事物**。与此相反，理性存在者被称为**人格**，因为它们的本性就已经使它们凸显为目的自身，亦即凸显为不可以仅仅当做手段来使用的东西，所以就此而言限制着一切任性（并且是敬重的一个对象）。因此，这就不仅仅是其实存作为我们的行为的结果而**对于我们来说**具有一种价值的那些主观目的，而是**客观目的**，亦即其存在自身就是目的的东西，而且是一种无法用任何其他目的来取代的目的，别的东西都应当**仅仅**作为手段来为它服务，因为若不然，就根本不能发现任何具有**绝对价值**的东西；但是，如果一切价值都是有条件的，从而是偶然的，那么，对于理性来说，就也根本不能发现任何最高的实践原则了。

因此，如果应当有一种最高的实践原则，就人类意志而言应当有一种定言的命令式，那么，它必然是这样一种原则，它用因为是**目的自身**而必然对于每一个人来说都是目的的东西的表象，构成意志的一种**客观的**原则，从而能够充当普遍的实践法则。〔429〕这种原则的根据是：**有理性的本性作为目的自身而实存**。所以，就此而言，它是人类行为的一个**主观的**原则。但是，其他任何理性存在者也都根据也对我有效的同一个理性根据来如此设想自己的存在①；因此，它同时也是一个**客观的**原则，意志的一切法则都必须能够把它作为一个最高的实践根据而从它导出。因此，实践的命令式将是这样的：**你要如此行动，即无论是你的人格中的人性，还是其他任何一个人的人格中的人性，你在任何时候都同时当做目的，绝不仅仅当做手段来使用**。我们要看一看，这一点是否办得到。

这里还使用前面的例子。

第一，按照对于自己的必然义务的概念，打算自杀的人自问：他的行为是否能够与**作为目的自身**的人性的理念共存呢？如果他为了逃避一种艰辛的状态而毁灭自己，那么，他就是把一个人格仅仅当做将一种可以忍受的状态一直维持到生命终结的**一个手段**来利用。但是，人并不是事物，因而不是某种能够**仅仅**当做手段来使用的东西，而必须在他的所有行为中始终被视为目的自身。因此，我对我的人格中的人不能支配任何东西，不能摧残他、损害他或者杀死他（为避免一切误解，例如对为了自保而截肢、对为了保存我的生命而使它蒙受的危险的误解，而对这一原理作出进一步的规定，我在这里必须略过不谈；这种规定属于真正的道德学）。

第二，就对于别人的必然的或者应有的义务来说，有意于对别人作出一种虚假承诺的人将立刻看出，他想把另一个人**仅仅当做手段**来利用，而后者并不同时在自身包含目的。因为我想通过这样一种承诺来为了我的意图而利用的人，不可能会赞
〔430〕同我对待他的方式，因而甚至包含着这个行为的目的。如果人们考虑到侵犯他人自由和财产的实例，则与其他人的原则的这

① 这里我把这一命题作为公设提出。在最后一章，人们将发现这样做的理由。

种冲突就更为醒目了。因为在这里显而易见，人的权利的践踏者有意把他人的人格仅仅当做手段来利用，而没有考虑他人作为理性存在者，在任何时候都应当同时作为目的，亦即仅仅作为也在自身必然包含着这同一个行为的目的的存在者而受到尊重。①

第三，就对于自己的偶然的（可嘉的）义务而言，单是行为不与我们人格中作为目的自身的人性相冲突是不够的，行为还必须与它**相一致**。如今，在人性中有达到更大的完善性的禀赋，这些禀赋就我们主体中的人性而言属于自然的目的；忽视这些禀赋，也许会与作为目的自身的人性的保存相容，但却不能与这一目的的**促进**相容。

第四，就对于他人的可嘉义务而言，一切人所怀有的自然目的就是它们自己的幸福。现在，如果没有人对他人的幸福有所贡献，但也不故意对他人的幸福有所剥夺，人性固然能够存在；但如果每一个人也并不尽自己所能去力图促进他人的目的，则这毕竟只是与**作为目的自身的人性**的一种消极的、而非积极的一致。因为如果那个表象要在我这里产生**全部**影响，则作为目的自身的主体，其目的就必须也尽可能地是**我的**目的。

人性以及每一种一般而言有理性的本性，**作为目的自身**（这是每一个人的行为之自由的最高限制条件），它的这一原则 〔431〕

① 人们不要以为，“己所不欲，勿施于人”这句老话在这里能够充当准绳或者原则。因为它尽管有不同的限制，但却是从原则导出的；它不可能是一个普遍的法则，因为它既不包含对自己的义务的根据，也不包含对他人的爱的义务的根据（因为有些人会乐于同意，只要他可以免除施惠于他人，他人也无须施惠于他），最后也不包含相互之间的应有义务的根据；因为罪犯会从这一根据出发对要惩罚他的法官提出抗辩，等等。

并不是从经验取得的；首先，这是因为这一原则的普遍性，因为它关涉所有一般而言的理性存在者，没有任何经验足以在这方面有所规定；其次，是因为在这一原则中，人性不是被（在主观上）表现为人们的目的，亦即不是被表现为人们自行实际上当做目的的对象，而是被表现为客观目的，无论我们要有什么样的目的，这个客观目的都应当作为法则构成一切主观目的的最高限制条件；因此，这一原则必须源自纯粹的理性。也就是说，一切实践立法的根据**客观上在于规则**和（按照第一条原则）使规则能够成为法则（必要时成为自然法则）的普遍性的形式，但**主观上**则在于**目的**；然而，一切目的的主体就是每一个作为目的自身的理性存在者（按照第二条原则）。如今，由此得出意志的第三条实践原则，来作为意志与普遍的实践理性相一致的最高条件，即**每一个理性存在者的意志都是一个普遍立法的意志**的理念。

按照这一原则，一切与意志自己的普遍立法不能相容的准则都被摈弃。因此，意志不是仅仅服从法则，而是这样来服从法则，即它也必须被视为**自己立法的**，并且正是因此缘故才服从法则（它可以把自己看做其创作者）。

依照上述表现方式、亦即行为普遍地与一种**自然秩序**相似的合法则性、或者理性存在者自身普遍的**目的优先**的命令式，虽然正因为它们被表现为定言的，而把任何一种作为动机的兴趣的一切混杂都排除在自己颁布命令的威望之外；但是，它们只是被**假定**为定言的，因为人们要想解释义务的概念，就必须假定诸如此类的东西。但是，存在着一些定言地颁布命令的实践命题，这一点本身却是无法证明的，就像它在本章中也根本不能证明一样；然而，有一件事却是可以做到的，那就是：在
〔432〕命令式本身中，通过它所包含的某一种规定，也同时暗示着在出自义务的意欲中对一切兴趣的排除，它是定言命令式有别于

假言命令式的特殊标记；在原则的目前这第三个公式中，亦即在每一个理性存在者的意志都是**普遍立法的意志**的理念中，这件事就做到了。

因为如果我们设想这样一个意志，那么，尽管一个**服从法则**的意志还可能由于一种兴趣而受这法则约束，但一个本身是最高立法者的意志，却就此而言绝对不可能依赖任何一种兴趣；因为这样一个依赖的意志就会本身还需要另一个法则，来把它的自爱的兴趣限制在普遍法则的有效性的条件上。

因此，只要每一个人类意志都是**一个通过自己的准则普遍地立法的意志**这一原则①在其他情况下具有其正确性，它就会在下面这一点上**极为适合**成为定言命令式：正是由于普遍立法的理念，它**不以任何兴趣为根据**，并因此而在一切可能的命令式中，惟有它能够是**无条件的**；或者我们把这一命题倒过来就更好了：如果有一个命令式（也就是说，有一个适用于一个理性存在者的任何意志的法则），那么，它只能要求从自己的意志的准则出发去做一切事情，这样一个意志同时能够把自己视为普遍立法的；原因在于，只有在这种情况下，实践原则和意志所服从的命令式才是无条件的，因为它根本不能以任何兴趣为根据。

现在，当我们回顾迄今为止为了找出道德原则而作过的一切努力的时候，就不会奇怪，为什么它们全都必然失败了。人们看到人由于自己的义务而受到法则的约束，但却不曾想到，人**仅仅**服从**他自己的**、但尽管如此却是**普遍的立法**，而且人仅仅有责任按照他自己的、但就自然目的而言普遍地立法的意志

① 我在这里可以免于举例来说明这一原则，因为最初说明定言命令式及其公式的所有例子，在这里都可以用于这一目的。

而行动。因为如果人们设想人只是服从一个法则（不管是什么
〔433〕法则），那么，这个法则就必然带有某种兴趣，来作为诱惑或者强制，因为它不是作为法则产生自**他的**意志，而是这个意志依照法则被**某种别的东西**所强制而以某种方式去行动。但是，由于这种完全必然的推论，找到义务的一个最高根据的一切工作就都不可挽回地归于失败。因为人们得到的绝不是义务，而是出自某种兴趣的行为的必然性。这种兴趣可能是自己的兴趣，或者是别人的兴趣。但在这种情况下，命令式就必然在任何时候都是有条件的，就根本不可能适宜于成为道德诫命。因此，我想把这一原理称为意志**自律**的原则，与任何别的我归为**他律**的原理相对立。

每一个理性存在者都必须通过自己的意志的一切准则而把自己视为普遍立法者，以便从这一观点出发来评价自己以及自己的行为；这样的理性存在者的概念就导向了一个依存于他的非常多产的概念，亦即**一个目的王国**的概念。

但是，我所说的一个**王国**，是指不同的理性存在者通过共同的法则形成的系统结合。现在，由于法则根据其普遍有效性规定着目的，所以如果抽掉理性存在者的个人差异，此外抽掉它们的私人目的的一切内容，那么，就能够设想一切目的系统地联结成为一个整体（不仅包括作为目的自身的理性存在者，而且还包括每一个理性存在者可能为自己设定的个人目的），亦即一个目的王国；按照上述几条原则，这是有可能的。

因为理性存在者全都服从这条法则：每一个理性存在者都应当**决不**把自己和其他一切理性存在者**仅仅当做手段**，而是在任何时候都**同时当做目的自身**来对待。但这样一来，就产生出理性存在者通过共同的客观法则形成的一种系统结合，亦即一个王国，由于这些法则正是着意于这些存在者互为目的和手段的关系，这个王国可以叫做一个目的王国（当然只是一个

理想）。

但是，如果一个理性存在者在目的王国中固然是普遍立法者，但自己也服从这些法则，那么，它就是作为**成员**而属于目的王国。如果它作为立法者不服从另一个理性存在者的意志，他就是**作为元首**属于目的王国。

理性存在者必须在任何时候都把自己视为一个通过意志的 〔434〕
自由而可能的目的王国中的立法者，不管是作为成员，还是作为元首。但是，它不能仅凭其意志的准则，而是惟有在它是一个完全独立的存在者，没有需求，其与意志相称的能力不受限制时，它才能维持元首的地位。

因此，道德性存在于一切行为与立法的关系中，惟有通过这种关系，一个目的王国才是可能的。但是，这种立法必须能够在每一个理性存在者自身发现，并从其意志产生。因此，其意志的原则是：不按照任何别的准则采取任何行动，除非该准则是一条普遍法则这一点能够与该准则相容，因而只这样采取行动，**即意志能够通过其准则同时把自己视为普遍立法者**。现在，如果准则不因为作为普遍立法者的有理性存在者的本性，就已经必然地与它们的这个客观原则一致，那么，按照这个原则的行为的必然性就叫做实践的强制，亦即**义务**。义务并不适用于目的王国中的元首，但却适用于每一个成员，而且在同等程度上适用于所有成员。

按照这个原则去行动的实践必然性，亦即义务，根本不是依据情感、冲动和偏好，而是仅仅依据理性存在者彼此之间的关系；一个理性存在者的意志在这种关系中必须任何时候都同时被视为**立法者**，因为若不然，该原则就不能把它们设想为目的**自身**。因此，理性把作为普遍立法者的意志的每一准则都与每一别的意志联系起来，而且也与对自己的每一个行为联系起来，而且这并不是为了任何其他的实践动因或者未来的利益，而是出自一个理性存在者的**尊严**的理念，这个理性存在者除了它同时为自己立的法之外，不服从任何法则。

在目的王国中，一切东西要么有一种**价格**，要么有一种**尊严**。有一种价格的东西，某种别的东西可以作为**等价物**取而代之；与此相反，超越一切价格、从而不容有等价物的东西，则具有一种尊严。

与普遍的人类偏好和需要相关的东西，都具有一种**市场价格**；即使不以一种需要为前提条件、但却合乎某种趣味、亦即
〔435〕合乎对我们的心灵力量的纯然无目的的嬉戏的一种满足的东西，则具有一种情感价格。但是，构成某物惟有在其下才能是目的自身的那个条件的东西，则不仅具有一种相对的价值，亦即一种价格，而且具有一种内在的价值，亦即尊严。

现在，道德性就是一个理性存在者惟有在其下才能是目的自身的那个条件，因为只有通过它，才有可能在目的王国中是一个立法的成员。因此，道德和能够具有道德的人性是惟一具有尊严的。工作中的技巧和勤奋具有一种市场价格；机智、活跃的想象力和情绪具有一种情感价格；与此相反，出自原理（不是出自本能）的信守承诺、仁爱具有一种内在的价值。无论是自然还是艺术，都不包含任何在欠缺这些东西时能够取而代之的东西；因为它们的价值并不在于由此产生的结果，并不在于它们所造成的好处和用途，而是在于意念，也就是说，在于意志的准则，即使成果不利于这些准则，它们也仍然要以这种方式在行为中显露自己。这些行为也不需要任何一种主观的气质或者趣味的推荐，让人以直接的认可和满意去看待它们；它们也不需要对它们的直接癖好或者情感。它们把实施它们的意志呈现为一种直接敬重的对象；对此，所需要的只是理性，以便**责成**意志、而不是**哄骗**意志去实施这些行为。对于义务来说，后者根本就是一种矛盾。因此，这种评价使人认识到这样

一种思维方式的价值是尊严，并使它无限地超越一切价格；根本不能用价格对这种思维方式进行估量和比较，而不仿佛是损害它的圣洁性。

如今，究竟是什么使道德上善的意念或者德性有资格提出如此之高的要求呢？无非是这种意念为理性存在者争得的**对普遍立法**的参与权，这种意念还通过这种参与权使理性存在者适合于成为一个可能的目的王国的成员。理性存在者由于它自己的本性，已经注定具有这种参与权；它就是目的自身，并恰恰因此而是目的王国中的立法者，就一切自然法则而言是自由的，只服从它给自己所立的、使他的准则能够属于一种普遍立法（它同时也使自己服从这种普遍立法）的那些法则。因为除 〔436〕
了法则为之规定的价值之外，没有任何东西具有一种价值。但正是因为这一点，规定一切价值的立法本身必须具有一种尊严，亦即无条件的、无与伦比的价值；对于这种价值来说，惟有"**敬重**"这个词才能够恰如其分地表达一个理性存在者对这种立法的评价。因此，**自律**就是人的本性和任何有理性的本性的尊严的根据。

但是，上述三种表现道德原则的方式在根本上只不过是同一个法则的三个公式，它们中的每一个都在自身中自行把另外两个结合起来。不过，它们中间毕竟是有差异的，这种差异与其说是客观实践的，倒不如说是主观的，也就是说，是为了（根据某种类比）使理性的一个理念更接近直观，并由此更接近情感。也就是说，所有的准则都具有：

1. 一种**形式**。这个形式就在于普遍性，而在这里，道德命令式的公式是这样来表达的：必须这样来选择准则，就好像它们应当像普遍的自然法则而有效似的。

2. 一种**质料**。也就是说，一个目的。这里的公式说的是：理性存在者就其本性而言作为目的，从而作为目的自身，对于每一个准则来说充当一切纯然相对的和任意的目的的限制条件。

3. 对一切准则的**一种完备的规定**。其规定乃是通过那个公式，亦即：所有的准则都应当从自己的立法出发而与一个作为自然王国的目的王国①协调一致。这里的进程就像是通过意志形式的**单一性**（意志的普遍性）、质料（客体，亦即目的）的**复多性**和意志体系的**全体性**或者总体性这些范畴进行的。但是，更好是在道德评价中始终按照严格的方法行事，并且以定言命令式的总公式为基础：**要依照能使自己同时成为普遍法则的那种准则而行动**。但是，如果人们想同时**倡导**道德法则，那么，通过上述三个概念来引导同一个行为，并由此尽可能地使它接近直观，当是非常有用的。

〔437〕

从现在开始，我们可以在我们最初由以出发的地方，亦即在一个无条件地善的意志的概念这里结束了。一个意志不是恶的，因而它的准则在被当做一个普遍法则时绝不可能自相矛盾，那么，**这个意志就是绝对善的**。因此，如下原则也就是这个意志的最高法则：在任何时候都要按照你同时能够意欲其作为法则的普遍性的准则去行动。这是惟一能够使一个意志不与自己本身相抵触的条件，而这样一个命令式就是定言的。由于意志作为可能的行为的一个普遍的法则，其有效性类似于事物的存在按照普遍法则的普遍联结，这种联结是一般而言的自然的形式因素，所以，定言命令式也可以这样来表述：**要按照能**

① 目的论把自然视为一个目的王国，道德学则把一个可能的目的王国视为一个自然王国。在前者，目的王国是用来说明存在着的东西的一个理论理念。在后者，目的王国是一个实践理念，用来实现，而且恰恰是依据这个理念来实现并不存在、但通过我们的所作所为就能够成为现实的东西。

够同时把自己视为普遍的自然法则的那些准则去行动。因此，一个绝对善的意志的公式就是这样的。

有理性的本性之所以有别于其余的本性，就在于它为自己设定一个目的。这个目的就是每一个善的意志的质料。但既然在一个没有（这个或者那个目的的达成的）限制条件而绝对善的意志的理念中，必须抽掉一切要**促成**的目的（这样的目的只会使任何意志相对地善），所以目的在这里就必须不是被设想成为一个要促成的目的，**而是**必须被设想成为**独立的**目的，因而只是被消极地设想，亦即被设想成为绝不与之相悖地行动的目的；因此，它在任何意欲中都必须绝不仅仅被当做手段，而是在任何时候都同时被当做目的。现在，这个目的只能是一切可能的目的的主体自身，因为这个主体同时是一个可能的绝对善的意志的主体；因为这个意志不可能被置于任何别的对象之后而没有矛盾。据此，“要对每一个理性存在者（对你自己和他人）都如此行动，使它在你的准则中同时被视为目的自身”这个原则，在根本上与“要按照一个同时在自身包含着自己对每一个理性存在者而言的普遍有效性的准则去行动”这个原理是一回事。因为我在为任何目的而利用手段时，应当把我的准 〔438〕
则限制在它作为每一主体的一个法则的普遍有效性的条件之上，这不多不少等于是说，目的的主体，亦即理性存在者本身，必须绝不仅仅作为手段，而是作为使用一切手段时的最高限制条件，也就是说，在任何时候都同时作为目的，而被当做行为的一切准则的根据。

如今由此无可争议地得出：任何一个理性存在者作为目的自身，无论它所服从的是什么样的法则，都必须能够同时把自己视为普遍立法者，因为正是它的准则对普遍的立法的这种适宜性，把它凸显为目的自身；此外，这个存在者自己的超乎一切纯然自然物的尊严（特权），使它必须在任何时候都从他自己的观点，但同时也从其他任何有理性的、作为立法者的存在者（他们因此也叫做人格）的观点出发来采用自己的准则。现在，一个理性存在者的世界（mundus intelligibilis［理知世界］），作为一个目的王国，就以这种方式成为可能，而且是通过作为成员的所有人格的自己立法。据此，每一个理性存在者都必须如此行动，就好像它通过它自己的准则在任何时候都是普遍的目的王国中的一个立法的成员似的。这些准则的形式原则是：要这样行动，就好像你的准则应当同时充当（一切理性存在者的）普遍的法则似的。因此，一个目的王国惟有按照与一个自然王国的类比才是可能的，但目的王国惟有按照准则，亦即责成自己的规则才是可能的，而自然王国则惟有按照外部强加的作用因的法则才是可能的。尽管如此，虽然自然的整体被视为机器，但就它与作为其目的的理性存在者相关而言，人们出自这一理由仍称它为一个自然王国。如今，通过定言命令式为所有理性存在者规定了其规则的一些准则，**如果这些准则得到普遍遵守的话**，这样一个目的王国就会得以实现。然而，虽然理性存在者无法指望，即使它本身严格地遵守这一准则，其他每一个理性存在者也都将因此而对同一个准则恪守不渝，此外，自然王国及其合目的的安排将与作为一个适当成员的他为一个通过它自己而可能的目的王国而协调一致，也就是说，
〔439〕将有助于它对幸福的期待，但是，“要按照一个纯然可能的目的王国的一个普遍立法的成员的准则去行动”这一法则仍有其充分的效力，因为它是定言地颁布命令。而且在这里，恰恰存在着悖论：惟有作为有理性的本性的人类的尊严，无须其他任何要由此达成的目的或者好处，从而惟有对一个纯然理念的敬重，就应该充当意志的不可减弱的规范，而准则的崇高性、每一个理性主体在目的王国中是一个立法成员的资格，恰恰就在于准则对所有这样的动机的这种独立性中；因为若不然，它就

会必须被设想成为仅仅服从其需要的自然法则。尽管无论是自然王国，还是目的王国，都被设想为统一在一个元首之下，而且后者由此不再是纯然的理念，而是获得了真正的实在性，但这样一来，固然一个强有力的动机的添加有助于那种实在性，但那个理念的内在价值的增加却绝不有助于那种实在性；因为尽管如此，这位惟一不受限制的立法者毕竟还是必须被设想为，他仅仅按照理性存在者无私的、纯然从那个理念出发为它们自己规定的行为来评价它们的价值。事物的本质并不因为它们的外在关系而有所变化，而不考虑这种关系，独自构成人的绝对价值的东西，也是任何人，甚至最高存在者对人作出判断的依据。因此，**道德性**是行为与意志自律的关系，亦即通过意志的准则与可能的普遍立法的关系。能够与意志的自律相容的行为是**允许的**；不能与之一致的行为则是**不允许的**。其准则必然与自律的法则相一致的意志就是一个**神圣的**、绝对善的意志。一个并非绝对善的意志对自律原则的依赖性（道德的强制）就是**责任**。因此，责任不能与一个神圣的存在者相关。一个出自责任的行为的客观必然性就叫做**义务**。

从刚刚说过的东西中，人们就可以轻易地解释如下情况是怎么发生的：尽管我们在义务的概念下来设想对法则的一种服从，但我们却由此同时设想履行自己一切义务的人格有某种崇 〔440〕
高和**尊严**。因为它之所以有崇高，虽然并不是就它**服从**道德法则而言的，但却是就它对这法则来说同时是**立法者**，并只是因此才服从它而言的。我们在上面也已经指出，既不是恐惧，也不是偏好，而仅仅是对法则的敬重，才是能够给予行为一种道德价值的那种动机。就我们自己的意志仅仅在一种因其准则而可能的普遍立法的条件下才去行动而言，这个在理念中对我们来说可能的意志是敬重的真正对象，而人性的尊严正在于这种普遍地立法的能力，尽管是以它同时服从这种立法为条件。

作为道德的最高原则的意志自律

意志的自律是意志的一种性状，由于这种性状，意志对于自身来说（与意欲的对象的一切性状无关）是一种法则。因此，自律的原则是：不要以其他方式作选择，除非其选择的准则同时作为普遍的法则被一起包含在同一个意欲中。至于这个实践的规则是一个命令式，也就是说，每一个理性存在者的意志都必然以它为条件而受它制约，这一点并不能通过仅仅分析在它里面出现的概念而得到证明，因为这是一个综合命题；人们必须超越对客体的知识，达到对主体的批判，亦即对纯粹实践理性的批判，因为这个无可置疑地颁布命令的综合命题必须能够被完全先天地认识；但这个工作不属于当前这一章。不过，上述自律原则是惟一的道德原则，这一点却可以仅凭分析道德概念就得到极好的阐明。因为由此就可以看出，道德原则必须是一个定言命令式，但这个命令式所要求的，却不多不少，恰恰是这种自律。

〔441〕

作为道德的一切非真正原则的源泉的意志他律

如果意志在它的准则与他自己的普遍立法的适宜性**之外的某个地方**，从而超越自己，在它的某个客体的性状中，寻找应当规定它的法则，那么，在任何时候都将出现**他律**。在这种情况下，就不是意志为它自己立法，而是客体通过其与意志的关系为意志立法。这种关系无论是基于偏好，还是基于理性的表象，都只能使假言命令式成为可能：我之所以应当做某事，乃是**因为我想要某种别的东西**。与此相反，道德的、因而定言的命令式说的是：即使我不想要任何别的东西，我也应当如此这般行动。例如，前者说的是：如果我想保持声誉，我就不应当说谎；而后者说的是：即使说谎不会给我带来丝毫耻辱，我也不应当说谎。因此，后者必须抽掉一切对象，使对象对意志根本没有任何**影响**，以便实践理性（意志）不是仅仅管理外来的兴趣，而是仅仅证明它自己颁布命令的威望就是最高的立法。例如，我应当设法促进他人的幸福，这并不是好像我很重视他人幸福的实存（不管是由于直接的偏好，还是由于间接通过理性获得的某种愉悦），而仅仅是因为排除他人幸福的那种准则，在同一种意欲中就不能被理解为普遍的立法。

从假定的他律基本概念产生的
一切可能的道德原则的划分

在这里和在任何地方一样，人类理性在其纯粹的应用中只要缺乏批判，则在它成功地走上惟一正确的道路之前，都曾尝试过一切可能的错误道路。

人们从这一观点出发可能采用的原则，要么是**经验性的**，要么是**理性的**。**前者**出自**幸福**的原则，建立在自然情感或者道德情感之上，**后者**出自**完善**原则，要么建立在完善的理性概念之上，〔442〕
这种完善是我们的意志的可能结果，要么建立在一种独立的完善的概念（上帝的意志）之上，这个概念是我们的意志的规定原因。

经验性的原则在任何地方都不适合作为道德法则的根据。因为如果道德法则的根据取自**人性的特殊结构**或者人性所处的偶然情境，那么，道德法则应当适用于一切理性存在者所凭借的那种普遍性，即由此责成理性存在者的那种无条件的实践必然性，也就丧失了。不过，**自身幸福**的原则是最该抛弃的，原因不仅在于它是错误的，而经验也与"福祉在任何时候都依良好品行而定"这种托辞相矛盾；原因也不仅在于它根本无助于道德的确立，因为使一个人幸福和使他成为一个好人完全不是一回事，使他聪明并精于自己的利益和使他有德也完全不是一回事；原因乃是在于它加诸道德的动机，宁可说侵蚀道德，且毁坏其全部崇高，因为这些动机把德性的动因与罪恶的动因归在一个类中，只教人精于算计，完全抹杀了二者的特殊差异；与此相反，道德情感，这种误以为的特殊感觉①（无论当那些不能**思维**的人们甚至在问题仅仅在于普遍的法则的事情上也认为可以通过**感觉**得到帮助时，诉诸道德情感是多么肤浅；无论在程度上天然地千差万别的情感如何罕能提供一个善恶的同等尺度；无论一个人根本不可能凭借自己的情感为他人作出有效的判断），却仍然更为接近道德及其尊严，因为它向德性表示敬意，把对德性的满意和重视**直接**归于德性，而不是仿佛当面
〔443〕对它说，使我们依赖于它的，并不是它的美，而只是利益。

在德性的那些**理性**根据中，毕竟**完善性**的本体论概念（无论它多么空洞，多么不确定，因而无法用来在可能的实在性广袤无边的领域中发现适合于我们的最大总和；无论它为了把这里所说的实在性在类上与任何一种别的实在性区别开来，而如何有一种无法避免的循环论证的癖好，不能避免暗中预设它应当予以说明的道德）要优于从一个属神的、最完善的意志导出道德的神学概念，这并不仅仅是因为我们毕竟不能直观这个意志的完善，而只能从我们的概念——其中最重要的就是道德概念——导出它，而是因为如果我们不这样做（如果我们这样做，在解释上就会出现一种恶性循环），则我们对于他的意志

① 我把道德情感的原则归入幸福的原则，乃是因为任何一种经验性的兴趣都通过仅由某物所提供的惬意而可望有助于福祉，不管这惬意的发生是直接而不考虑利益的，还是顾及利益的。此外，人们也必须与**哈奇森**一样，把对他人幸福的同感原则归入他所假定的同一种道德感。

还能有的概念，从荣誉欲和支配欲的属性出发，与权力和报复的可怕表象相结合，就必然构成一个与道德性截然相反的道德体系的基础。

但是，如果我必须在道德感的概念和一般而言的完善的概念（这二者至少不损害道德，尽管它们根本不适宜于作为基础来支持道德）作出选择，那么，我将选取后者，因为既然后者至少使问题的裁决摆脱感性，而诉诸理性的法庭，则尽管它在这里也没有决定任何东西，却将（一个就自身而言善的意志的）不确定的理念真实无误地保存下来，以待进一步的规定。

此外我相信，无须对这一切学说进行详细的反驳。这种反驳非常容易，而且那些因为职务需要而表态支持这些理论中的一种（因为听众不大愿意容忍判断的延迟）的人自己也许很明白，这样做只不过是多此一举罢了。但是，在这里更让我们感兴趣的是知道：这些原则在任何地方都仅仅提出意志的他律来做道德的第一根据，而正因为此则必然错过其目的。

在任何地方，只要意志的一个客体必须被当做根据，以便 〔444〕
为意志规定那决定它的规则，那里的规则就无非是他律；命令式是有条件的，也就是说：**如果**或者**由于**人们想要这个客体，人们就应当这样或者那样行动；因此，它绝不可能是在道德上颁布命令，亦即不能定言地颁布命令。现在，无论客体是想在自身幸福的原则中那样凭借偏好来规定意志，还是在完善性的原则中凭借指向我们的可能意欲一般而言的对象的理性来规定意志，意志都绝**不直接地**通过行为的表象来规定自己，而是仅仅通过拥有行为对意志的预期影响的动机来规定自己。**我之所以应当做某事，乃是因为我想要某种别的东西**。而在这里，还必须有另一个法则在我的主体中被当做根据，按照这个法则，我必然想要这别的东西，而这个法则又需要一个命令式来限制这个准则。这是因为，由于一个因我们的力量而可能的客体的表象应当根据主体的自然性状施加给它的意志的推动，属于这个主体的本性，不管是属于感性（偏好和趣味）的本性，还是属于知性和理性的本性，它们按照自己的本性的特殊结构，都是伴着满意而施加于一个客体的，所以，真正说来是本性在立法，而所立的法作为这样的法则，不仅必须通过经验去认识和证明，因而就自身而言是偶然的，且由此不适宜于成为不容置疑的实践规则，而道德规则必须是诸如此类的规则；相反，它**始终只是**意志的**他律**，不是意志为自己立法，而是一个外来的推动凭借主体的一种易于接受这种推动的本性来为意志立法。

绝对善的意志，其原则必须是一个定言命令式，因而就一切客体而言是不确定的，将仅仅包含着一般而言的**意欲的形式**，而这就是自律；也就是说，每一个善的意志的准则使自己成为普遍法则的那种适宜性，本身就是每一个理性存在者的意志责成给自己的惟一法则，它不以任何一种动机和兴趣作这一准则的根据。

这样一个实践的先天综合命题是如何可能的，以及这个命题为什么是必然的？这是一个其解答不再在道德形而上学界限
〔445〕之内的课题，我们在这里也没有断言这个命题的真实性，更没有伪称有能力证明它的真实性。我们仅仅通过阐明已经普遍流行的道德概念来指出：意志的自律不可避免地与这个概念相联系，或者毋宁说是它的基础。因此，谁认为道德是某种东西，而不是没有真实性的虚妄理念，谁就必须同时承认上述道德原则。因此，这一章与第一章一样，纯然是分析的。现在，如果定言命令式连同意志的自律是真实的，作为一个先天原则是绝对必然的，那么就可以得出，道德不是幻象；这需要**纯粹实践理性的一种可能的综合应用**；但是，不预先对这种理性能力本身进行一种**批判**，我们就不可贸然去作这种应用。在最后一章中，我们要根据我们的意图的需要，来展示这种批判的各个要点。

第三章 〔446〕

由道德形而上学到纯粹实践理性批判的过渡

自由的概念是说明意志自律的关键

意志是有生命的存在者就其有理性而言的一种因果性，而自由则是这种因果性在能够不依赖于外来的**规定**它的原因而起作用时的那种属性，就像**自然必然性**是一切无理性的存在者的因果性被外来原因的影响所规定而去活动的那种属性一样。

以上对自由的说明是**消极的**，因而无助于看出它的本质；然而，由它却产生出自由的一个**积极的**概念，这个概念更为丰富、更能产生结果。既然一种因果性的概念带有**法则**的概念，按照法则，由于我们称为原因的某种东西，另一种东西亦即结果必然被设定，所以，自由尽管不是意志依照自然法则的一种属性，但却并不因此而是根本无法则的，反而必须是一种依照不变法则的因果性，但这是些不同种类的法则；因为若不然，一种自由意志就是胡说八道。自然必然性是作用因的一种他律；因为任何结果都惟有按照以下法则才是可能的，即某种别的东西规定作用因而导致因果性；然而，除了自律之外，亦即 〔447〕
除了意志对于自己来说是一个法则的那种属性之外，意志的自由还能够是什么东西呢？但是，“意志在一切行为中都对自己是一个法则”这一命题，仅仅表示如下的原则：除了能够也把自己视为一个普遍法则的准则之外，不要按照任何别的准则去行动。而这正是定言命令式的公式和道德的原则。因此，一个自由意志和一个服从道德法则的意志是一回事。

因此，如果预设意志的自由，那么，仅仅通过分析其概念，就可以从中得出道德及其原则。然而，道德的原则毕竟始终是一个综合命题：一个绝对善的意志是其准则在任何时候都包含着被视为普遍法则的自身的意志，因为通过分析一个绝对善的意志的概念，并不能发现准则的那种属性。但是，这样的综合命题之所以可能，仅仅是因为这两种认识都通过与一个第三者的联结而相互结合起来，它们都可以在这个第三者中被发现。自由的**积极**概念就造就了这个第三者，这个第三者不能像在自然原因中那样是感性世界的本性（在感性世界的概念中，作为原因的某物与作为结果的**某种别的东西**相关联，其概念是同时出现的）。至于自由给我们指示的、我们先天地对它有一个理念的这个第三者是什么，在这里还不能立刻指明；也不能使人了解自由概念从纯粹实践理性出发的演绎，以及一种定言命令式的可能性，这还需要作一些准备。

自由必须被预设为一切理性存在者的意志的属性

我们不管出自什么理由，把自由归于我们的意志，这还是不够的，除非我们有充分的理由也把自由归于一切理性存在者。因为既然道德充当我们的法则，仅仅是充当**理性存在者**的法则，所以它就必须适用于一切理性存在者；而既然它必须仅仅从自由的属性导出，所以自由也必须被证明为一切理性存在者的意志的属性；从关于人性的某些误以为的经验出发阐明自由（尽管这也是绝对不可能的，阐明只能先天地进行），这还
〔448〕是不够的，人们必须证明它属于一般而言理性的、具有意志的存在者的活动。现在我说：每一个只能按照**自由的理念**去行动的存在者，正因为此而在实践方面确实是自由的，也就是说，

一切与自由不可分割地结合在一起的法则都适用于它，正好像它的意志就自身而言也被宣布为自由的，而且这在理论哲学中也是有效的。① 现在我断言：我们必须也把自由的理念赋予每一个具有意志的理性存在者，它仅仅按照这个理念去行动。因为在这样一个存在者里面，我们设想一种理性，而这种理性是实践的，也就是说，它就自己的客体而言具有因果性。如今，人们不可能设想一种理性，它就其判断而言凭借它自己的意识从别的什么地方接受指导；因为那样的话，主体就不会把对判断力的规定归于它的理性，而是归于一种冲动。这种理性必须把自己视为自己的原则的创作者，不依赖于外来的影响；因此，它作为实践理性，或者作为一个理性存在者的意志，必须被它自己视为自由的。也就是说，一个理性存在者的意志惟有在自由的理念下才是一个自身的意志，因而必须在实践方面被归于一切理性的存在者。

论与道德诸理念相联系的兴趣

我们最终把道德的确定概念回溯到自由的理念；但我们却无法证明自由在我们自己里面和在人性里面是某种现实的东西；我们只是看到：如果要把一个存在者设想成为理性的、而 〔449〕
且就其行动而言赋有其因果性的意识的、亦即赋有一个意志

① 仅仅假定自由被理性存在者纯然**在理念中**当做其行为的根据，这对于我们的意图来说已是足够；我之所以选取这一道路，乃是为了使我自己无须也在理论方面证明自由。因为即使让这后一点悬而未决，会对一个真正自由的存在者有约束力的那些法则，毕竟也适用于只能按照其自己的自由的理念去行动的存在者。因此，我们在这里就能够摆脱理论所压下来的负担。

的，我们就必须预设自由；而且这样一来我们就发现：出自同一理由，我们必须把“按照行动自由的理念规定自己”这种属性归于每一个赋有理性和意志的存在者。

但是，从这些理念的预设也产生出一种行动法则的意识：在任何时候都必须如此采纳行为的主观原理，亦即准则，使它们也能够客观地有效，亦即普遍地作为原理而有效，从而能够充当我们自己的普遍立法。但是，我究竟为什么应当服从这个原则，而且是作为一般而言的理性存在者服从它，从而也由此使其他一切赋有理性的存在者服从它呢？我愿意承认：并没有任何兴趣**驱使**我这样做，因为这不会给出任何定言命令式；但是，我对此必然**感**兴趣，并且清楚这是怎么发生的；因为这个应当真正说来就是一种意欲，而这种意欲适用于任何理性存在者，条件是理性在它那里无障碍地是实践的；对于和我们一样还受到作为另类动机的感性刺激的存在者，惟有理性才会去做的事情并不总是发生，行为的那种必然性就只叫做应当，而主观的必然性则被与客观的必然性区别开来。

因此，看起来好像我们在自由的理念中真正说来只是预设道德法则，亦即意志本身的自律原则，却不能证明它的实在性和自身的客观必然性；而且在这里，我们虽然还总是有某种十分可观的收获，因为我们至少比通常发生的还更为精确地规定了真正的原则，但就这原则的有效性和服从它的实践必然性而言，我们并没有丝毫的进展。因为如果有人问我们：究竟为什么我们的准则作为一个法则的普遍有效性必须是我们的行为的限制条件呢？我们归于这种行动方式的价值应当如此之大，在任何地方都不可能有更高的兴趣存在，但我们要把这价值建立在什么上面呢？人惟有因此才相信自己感觉到其人格的价值，
〔450〕相对于这种价值，一个适意或者不适意的状态的价值就不值一提了，这是怎么发生的呢？对此，我们无法给他令人满意的

回答。

虽然我们清楚地看到，一种根本不带有对状态的任何兴趣的人格性状，在理性应当促成这种状态的分配的情况下，只要那种性状使我们能够分享这种状态，我们就可能对那种性状感兴趣；也就是说，即便没有分享幸福的动因，单是配享幸福自身就能够使人感兴趣了；但是，这个判断事实上只不过是道德法则那已经预设的重要性的结果罢了（如果我们通过自由的理念而脱离一切经验性的兴趣）。然而，我们应当脱离经验性的兴趣，亦即把我们自己看做在行动中自由的，尽管如此仍把自己视为服从某些法则的，以便仅仅在我们的人格中发现一种价值，它能够补偿给我们的状态带来一种价值的东西的一切损失；而且这是如何可能的，从而**道德法则因何而有约束力**，我们以这样的方式还看不出来。

人们必须坦率地承认，这里表现出一种看起来无法摆脱的循环。我们假定自己在作用因的秩序中是自由的，以便设想自己在目的的秩序中服从道德法则；然后我们设想自己是服从这些法则的，因为我们已经把自由归于我们自己。原因在于，意志的自由和意志的自己立法二者都是自律，因而是可以互换的概念，但正因为这一点，其中的一个不能用来说明另一个，为另一个提供根据，而是充其量可以用来在逻辑方面把同一对象的显得不同的表象归为惟一的概念（就像把同值的不同分数归为最简式一样）。

但是，我们还剩有一条出路，那就是去探讨：当我们通过自由把我们自己设想成为先天的作用因的时候，与我们按照我们的行为——作为我们眼前所见的结果——设想我们自己的时候相比，我们所采取的是否是另一种立场？

有一种说明，作出这种说明并不需要任何精细的反思，而是可以假定，最普通的知性也能够作出这种说明，尽管是以它

〔451〕自己的方式，凭借它称为情感的判断力的一种模糊的区分。这种说明就是：一切我们无须自己的任性就获得的表象（例如感官的表象）把对象给予我们供认识，都无非是以对象刺激我们的方式，此时我们依然不知道它们就自身而言可能是什么，因而就这种表象来说，即便知性再加上最大的注意力和明晰性，我们由此也只能达到对**显象**的知识，而绝不能达到对**物自身**的知识。这种区分（或许是由于注意到了从其他地方被给予我们的表象——此时我们是承受的——与我们仅仅从我们自身产生的表象——此时我们证明了我们的活动——之间的差异）一经作出，就自行得出：人们必须承认并假定在显象背后毕竟还有某种别的不是显象的东西，亦即物自身，尽管我们自己就知道，既然我们绝不可能认识物自身，而是永远只能以它们刺激我们的方式认识它们，所以无法更为接近它们，绝不可能知道它们就自身而言之所是。这就必然提供一个**感性世界**与**知性世界**的区分，尽管这区分是粗糙的；其中前一个世界按照各种世界观察者里面感性的差异也可以极为不同，但作为其根据的后一个世界却始终保持为同一个世界。甚至对于自己本身，即便根据人通过内部感受而对自己拥有的知识，他也不可以妄称认识他就自身而言是什么样子。因为既然他毕竟并没有仿佛是创造自己，不是先天地、而是经验性地获得他的概念，所以很自然，他也只能通过内感官，从而仅仅通过他的本性的显象以及他的意识被刺激的方式来获取关于他自己的信息，但他除了他自己的主体的这种纯由显象组成的性状之外，毕竟还必须以必然的方式假定某种别的作为基础的东西，亦即他的自我，如其就自身而言可能是的性状，因而就纯然的知觉和感觉的感受性而言把自己归入**感官世界**，但就在它里面可能是纯粹活动的东西（根本不是通过刺激感官、而是直接达到意识的东西）而言把自己归入**理智世界**，但他对这一世界却没有进一步的认识。

能反思的人必然从可能呈现给他的一切事物得出诸如此类的结论；也许，在最普通的知性中也可以发现这种结论。众所周知，最普通的知性极倾向于在感官的对象背后还总是期待某种不可见的、自行活动的东西，但由于它马上又把这个不可见之物感性化，亦即想使它成为直观的对象，而又败坏了它，因而并未由此而变得更聪明一点。 〔452〕

现在，人在自己里面确实发现一种能力，他凭借这种能力而把自己与其他一切事物区别开来，甚至就他被对象所刺激而言与它自己区别开来，而这就是**理性**。理性作为纯粹的自动性，甚至在如下这一点上还居于知性之上：尽管知性也是自动性，并且不像感官那样仅仅包含惟有当人们被事物刺激（因而是承受的）时才产生的表象，但他从自己的活动出发所能够产生的概念，却无非是仅仅用于**把感性表象置于规则之下**并由此把它们在一个意识中统一起来的概念；没有这种对感性的应用，知性就根本不会思维任何东西；而与此相反，理性在理念的名义下表现出一种如此纯粹的自发性，以至于它由此远远地超越了感性能够提供给它的一切，并在下面这一点上证明了自己最重要的工作，即把感官世界与知性世界彼此区别开来，并由此为知性本身划定对它的限制。

因此之故，一个理性存在者必须把自己视为**理智**（因此不是从它的低级力量方面来看），不是视为属于感官世界的，而是视为属于知性世界的；因此，它具有两个立场，它可以从这两个立场出发来观察自己，认识应用其力量的法则，从而认识它的一切行为的法则。**首先**，就它属于感官世界而言，它服从自然法则（他律）；**其次**，就它属于理知世界而言，它服从不依赖于自然的、并非经验性的、而是仅仅基于理性的法则。

作为一个理性的、从而属于理知世界的存在者，除了按照自由的理念之外，人绝不能以别的方式设想他自己的意志的因果性；因为对感官世界的规定原因的独立性（理性必须在任何时候都把诸如此类的独立性归于自己）就是自由。如今，**自律**的概念与自由的理念不可分割地结合在一起，而道德的普遍原则又与自律的概念不可分割地结合在一起；道德的普遍原则在
〔453〕理念中是**理性**存在者的一切行为的根据，正如自然法则是一切显象的根据一样。

我们在上面曾引起一种怀疑，就好像在我们从自由到自律、从自律到道德法则的推论中包含着一个暗藏的循环似的；也就是说，我们也许只是为了道德法则而以自由的理念作为根据，以便然后再从自由推论出道德法则，因而根本不能说明道德法则的任何根据，而是只能把它作为对一个原则的祈求，心地善良的人们很乐于承认我们有这一原则，但我们却决不能把它当做一个可证明的命题提出来。如今，这个怀疑已经被消除了。因为我们现在看到，如果我们设想我们自己是自由的，我们就把自己作为成员置入知性世界，并认识到意志的自律连同其结果，亦即道德性；但如果我们设想自己负有义务，我们就把自己视为属于感官世界，但同时也属于知性世界。

一种定言命令式如何可能？

理性存在者把自己作为理智归入知性世界，并且仅仅作为一个属于知性世界的作用因，它把自己的因果性称为一个**意志**。但从另一方面，它也意识到自己是感官世界的一个部分，在感官世界中，它的行为被发现仅仅是那种因果性的显象；但它的行为的可能性却不能从我们并不认识的这种因果性中看出，而是这些行为必须被视为由其他显象亦即欲望和偏好来规定的，被视为属于感官世界的。因此，仅仅作为知性世界的成员，我的一切行为都会完全符合纯粹意志的自律原则；仅仅作

为感官世界的部分，我的一切行为都会必然被认为完全符合欲望和偏好的自然法则，从而符合自然的他律（前者会基于道德的最高原则，后者会基于幸福的最高原则）。但是，由于**知性世界包含着感官世界的根据，从而也包含着感官世界的法则的根据**，因而就我的意志（它完全属于知性世界）而言是直接立法的，从而也必须被设想为这样的知性世界，所以，我将把自己认做理智，虽然在另一方面如同一个属于感官世界的存在者，但仍然服从知性世界的法则，也就是说服从在自由的理念 〔454〕 中包含着知性世界的法则的理性，因而服从意志的自律，所以就必须把知性世界的法则对我来说视为命令式，把合乎这一原则的行为视为义务。

这样，定言命令式就是可能的，之所以如此，乃是因为自由的理念使我成为一个理知世界的成员；因此，如果我只是这样一个成员，我的一切行为就**会**在任何时候都符合意志的自律；但既然我同时直观到自己是感官世界的成员，所以这些行为**应当**符合意志的自律；这个**定言的**应当表现出一个先天综合命题，之所以如此，乃是因为在我被感性欲望所刺激的意志之外，还加上了同一个意志的理念，但这同一个意志却是属于知性世界的、纯粹的、对于自身来说实践的。在理性看来，它包含着前一个意志的最高条件；这大约就像是给感性的直观加上本身只不过意味着一般而言的法则形式的知性概念，并且因此使对自然的一切知识所依据的先天综合命题成为可能。

普通的人类理性的实践应用证实了这一演绎的正确性。任何人，哪怕是最坏的恶棍，只要他在通常情况下习惯于运用理性，当我们向他举出心意正直、坚定地遵守善的准则、同情和普遍仁爱（为此还与利益和适意的巨大牺牲相结合）的榜样时，他都不会不期望自己也会这样思想。但是，他可能只是由于自己的偏好和冲动而在自身做不到这一点，尽管如此他还是期望摆脱这样令他自己厌烦的偏好。因此，他由此证明：他凭借一个摆脱了感性冲动的意志，在思想上把自己置入事物的一个完全不同的秩序之中，与他的欲望在感性领域中的秩序完全不同，因为他不能从那个愿望期待欲望的任何满足，从而不能期待任何一种使它的某一个实际的或者可设想的偏好得到满足的状态（因为那样的话，就连使他产生愿望的理念也会失去其优越性），而是只能期待他的人格的一种更大的内在价值。但
〔455〕是，当他把自己置于知性世界的一个成员的立场上时，他相信自己就是这个更善的人格。自由、亦即对感官世界的**规定**原因的独立性的理念迫使他不得不这样做，而且在这个立场上，他意识到一个善的意志。据他自己所承认，这个善的意志构成其作为感官世界的成员的恶的意志的法则；当他逾越这一法则时，他就知道了这一法则的威望。因此，这个道德的应当是他自己作为理知世界的成员的必然意欲，而且只是就他同时把自己视为感官世界的一个成员而言，才被他设想为应当。

论实践哲学的最后界限

一切人都设想自己在意志上是自由的。由此形成关于一些行为是尽管**不曾发生过**、但却**应当发生**的行为的一切判断。尽管如此，这种自由仍不是经验概念，也不可能是经验概念，因为即使经验显示出在自由的前提条件下被表现为必然的那些要求的对立面，这一概念仍然始终不变。另一方面，凡是发生的事情都不可避免地按照自然法则被规定，这同样是必然的，而且这种自然必然性也不是经验概念，之所以如此，乃是因为它带有必然性的概念，从而带有一种先天知识的概念。但是，关于一个自然的这一概念被经验所证实，而且如果经验亦即感官对象依照普遍法则联系起来的知识应当是可能的，这一概念就

甚至不可避免地必须被预设。因此，自由只是理性的一个**理念**，其客观实在性就自身而言是可疑的，但自然却是一个**知性概念**，它借经验的实例证明、且必须必然地证明自己的实在性。

如今，尽管由此产生理性的一种辩证法，其中就意志而言，被归于它的自由看起来与自然必然性相矛盾，而且在这个岔路口，理性**在思辨方面**发现自然必然性的道路比自由的道路要更为平坦和适用得多，但是，**在实践方面**，自由的小径却是惟一使得有可能在我们的所作所为方面运用其理性的道路；因此，最精妙的哲学与最普通的人类理性一样，都不可能用玄想 〔456〕 除去自由。所以，人类理性必须假定：在同一些人类行为的自由和自然必然性之间，并没有真正的矛盾，因为人类理性既不能放弃自然的概念，也同样不能放弃自由的概念。

然而，即使人们绝不能理解自由如何可能，也必须至少以令人信服的方式消除这种表面的矛盾。因为如果甚至自由的思想也与自己或者与同样必然的自然相矛盾，那么，自由就必须相对于自然必然性而完全被放弃。

但是，如果自认为自由的主体，在自称为自由的时候，与就同一个行为而言认为自己服从自然法则的时候相比，是**在同样的意义上**或者**在同一种关系中**来设想自己，那么，要避开这种矛盾就是不可能的。因此，思辨哲学的一项不容推卸的任务就是：至少指明，它关于矛盾的幻觉乃是基于，当我们说人有自由的时候，与我们认为人作为自然的部分而服从自然的这些法则的时候相比，我们是在另一种意义上和另一种关系中设想人的；二者不仅**能够**很好地共存，而且必须被设想为在同一主体中**必然地结合在一起**，因为若不然，就不能说明我们何以要用一个理念来烦扰理性的理由；这个理念尽管与另一个得到充分证明的理念可以**毫无矛盾地**相结合，但却把我们卷入一件使理性在其理论应用中陷入极度窘困的工作。但是，这一义务仅仅属于思辨哲学，以便它为实践哲学扫清道路。因此，哲学家是要清除这个表面上的冲突，还是要使它原封不动，这是由不得他的；因为在后一种情况下，有关的理论就是 bonum vacans［无主的财产］，宿命论者就能够理所当然地占有这笔财产，把一切道德逐出它们不合法地占有的自以为的财产。

然而，在这里还不能说，实践哲学的界限到了。因为对争执的那种调解根本不是实践哲学的事情，而是实践哲学仅仅要
〔457〕求思辨理性结束它在理论问题上自己卷入的纷争，以便实践理性享有宁静和安全，免受可能对它想在上面定居的土地向它提出争议的外来攻击。

但是，甚至普通的人类理性对意志自由的合法要求，也基于对理性独立于纯然主观的规定原因的意识和得到承认的预设，这些主观的规定原因全都构成了仅仅属于感觉、从而属于感性这个普遍名称之下的东西。以这样的方式把自己视为理智的人，在把自己设想为赋有一个意志、因而赋有因果性的理智的时候，与他知觉到自己如同感官世界中的一个现象（他也确实是这样一个现象）、并在外在规定方面使其因果性服从自然法则的时候相比，把自己由此置入一个不同的事物秩序，置入与完全不同种类的规定根据的关系中。现在，他马上意识到，这二者能够同时成立，甚至必须同时成立。因为说一个**显象中的事物**（它属于感官世界）服从某些法则，而同一个事物作为**物自身**或者存在者自身独立于这些法则，这并不包含丝毫矛盾；但是，说他必须以这种双重的方式表现和设想自己，就前者而言，这基于对他自己作为通过感官受刺激的对象的意识；就后者而言，这基于对他自己作为理智的意识，亦即意识到自己在理性应用中独立于感性的印象（从而属于知性世界）。

由此就得出：人认为自己有一个意志，这个意志不为任何

仅仅属于他的欲望和偏好的东西负责；与此相反，他把只能不顾一切欲望和感性引诱而发生的行为设想为因自己而可能的，甚至设想为必然的。这些行为的因果性存在于作为理智的他里面，存在于遵照一个理知世界的原则的作用和行为的法则之中。他对于这个理知世界仅仅知道：在它里面，惟有理性，而且是纯粹的、独立于感性的理性在立法；此外，既然他在那里只是作为理智才是真正的自我（与此相反，作为人只是他自己的显象），所以那些法则是直接地和定言地关涉他，以至于偏好和冲动（从而感官世界的整个自然）的引诱不可能对作为理智的他的意欲的法则有任何损害，甚至他也不为这些偏好和冲〔458〕动负责，不把它们归于自己的自我，亦即不把它们归于他的意志，但当他容许它们影响他的准则而损及意志的理性法则时，却把他对它们可能怀有的宽容归于意志。

实践理性根本没有因为**设想**自己进入一个知性世界而逾越自己的界限，但当它想**直观、感觉**自己**进入**其中的时候，它就逾越了自己的界限。就不在规定意志方面给理性立法的感官世界而言，前者只是一个消极的思想，而且惟有在下面这一点上才是积极的，即作为消极规定的那种自由同时与一种（积极的）能力，甚至与理性的一种我们称为意志的因果性结合在一起，也就是如此行动，使行为的原则符合一个理性原因的本质性状，亦即符合准则作为一个法则的普遍有效性的条件。但如果实践理性还从知性世界索取一个**意志的客体**，亦即一个动因，那么，它就逾越了自己的界限，妄想认识某种它一无所知的东西。因此，一个知性世界的概念只是一个**立场**，理性发现自己被迫在显象之外采取这一立场，以便**把自己设想成为实践的**；而如果感官世界的影响对人是决定性的，这件事就会是不可能的；但是，如果不否认人会意识到自己是理智，从而是理性的、通过理性活动的、亦即自由地起作用的原因，这件事就是必然的。当然，这一思想造成了另一种秩序和立法的理念，不同于涉及感官世界的自然机械作用的秩序和立法，并且使一个理知世界的概念（也就是说，理性存在者的整体，作为物自身）成为必要，但除了仅仅依照它的**形式**条件，亦即依照意志的准则作为法则的普遍性，从而依照惟有凭借意志自由才能存在的意志自律去设想它之外，没有丝毫妄想走得更远；与此相反，一切被规定在一个客体之上的法则都产生他律，而他律只能在自然法则那里发现，也只涉及感官世界。

但在这种情况下，如果理性胆敢去**说明**纯粹理性如何能够
〔459〕是实践的，它就逾越了自己的所有界限，这与说明**自由如何可能**的任务完全是一回事。

因为我们所能够说明的，无非是我们能够回溯到这样一些法则的东西，这些法则的对象能够在某一个可能的经验中被给予。但是，自由是这样一个理念，它的客观实在性不能以任何方式按照自然法则来阐明，从而也不能在任何可能的经验中被阐明。因此，由于它本身绝不能按照任何一种类比来配上一个实例，所以它绝不能被理解，哪怕是仅仅被了解。它只是被视为理性在一个存在者里面的必要预设，这个存在者相信自己意识到一个意志，亦即一个与纯然的欲求能力还有区别的能力（也就是说，作为理智、从而按照理性的法则、独立于自然本能而规定自己去行动的能力）。但是，在依照自然法则的规定终止的地方，一切**说明**也就终止了；剩下的就只有**捍卫**，亦即排除那些自称更深入地看到事物的本质、且因此大胆地宣布自由不可能的人们的反驳。人们只能向他们指出，所谓由他们在其中揭示的矛盾不在别的任何地方，而仅仅在于：在他们为了使自然法则在人的行为方面有效而必须把人视为显象的时候，并且在人们要求他们应当把作为理智的人也设想为物自身的时候，他们却一直在把人的因果性（亦即人的意志）与感官世界

的一切自然法则分离开来将在同一个主体身上出现矛盾的地方，依然把人视为显象；但如果他们愿意想一想，并且依照情理承认，在显象背后毕竟必然有事物自身（尽管是隐秘地）作为基础，关于事物自身的作用法则，人们不能要求它们与其显象的作用法则是一回事，那么，这种矛盾就消除了。

在主观上不可能**说明**意志自由，与不可能发现和解释人对道德法则能够有的**兴趣**①，这二者是一回事；尽管如此，人对道德法则实际上还是有一种兴趣。我们把这种兴趣在我们里面的基础称为道德情感，它曾被一些人错误地说成是我们的道德判断的标准，其实，它必须被视为法则对意志施加的**主观**作用，惟有理性才为它提供客观根据。〔460〕

要想实现惟有理性才去规定受感性刺激的理性存在者应当做的事情，当然还需要理性的一种能力，来**引起**对履行义务的一种**愉快**或者满意的**情感**，因而需要理性的一种因果性，来依照理性的原则规定感性。但是，要看出一个本身不包含任何感性成分的纯然思想如何产生一种愉快或者不快的感觉，亦即先

① 兴趣就是理性由之而成为实践的、亦即成为一个规定意志的原因的那种东西。因此，人们只能说一个理性存在者对某种东西有一种兴趣，而无理性的造物则仅仅感觉到感性的冲动。惟有在行为的准则的普遍有效性是意志的一个充分的规定根据的情况下，理性才对行为有一种直接的兴趣。惟有这样一种兴趣才是纯粹的。但是，如果理性惟有凭借另一个欲求客体、或者在主体的一种特殊情感的前提条件下才能规定意志，那么，理性对行为就只有一种间接的兴趣；而既然理性离开了经验，单凭自己既不能发现意志的客体，也不能发现一种作为意志的根据的特殊情感，所以这种间接的兴趣就只是经验性的，不能是纯粹的理性兴趣。理性的逻辑兴趣（为促进其见识）绝不是直接的，而是以其应用的意图为前提条件的。

天地使之可以理解，这是完全不可能的；因为这是一种特殊的因果性，对于它，和对于所有的因果性一样，我们根本不能先天地规定任何东西，而是为此必须仅仅请教经验。但是，既然经验只能提供两个经验对象之间的因果关系，而在这里纯粹理性应当仅凭理念（理念根本不为经验提供任何对象）而是一个当然存在于经验之中的结果的原因，所以，**作为法则的准则的普遍性**、从而道德如何以及为什么使我们感兴趣，其说明对于我们人来说是完全不可能的。只有一点是肯定的：法则之所以对我们具有效力，并不是**因为它引起兴趣**（因为这是他律，是
〔461〕实践理性对感性的依赖，也就是说，是实践理性对一种作为根据的情感的依赖，此时实践理性绝不能在道德上是立法的），而是它之所以引起兴趣，乃是因为它对我们人有效，因为它产生自作为理智的我们的意志，从而产生自我们真正的自我；**但是，凡是属于纯然显象的东西，都必然被理性置于事物自身的性状之下**。

因此，一个定言命令式如何可能，这个问题虽然可以回答到如此程度，即人们能够指出它惟有在其下才有可能的惟一前提条件，亦即自由的理念，此外人们也能看出这个前提条件的必然性；这对于理性的**实践应用**，亦即对于确信**这个命令式的有效性**，从而也确信道德法则的有效性来说，是足够的。而这个前提条件本身如何可能，却是人类理性无法看出的。但是，在一个理智的意志自由的前提条件下，其意志的**自律**，作为意志惟有在其下才能被规定的形式条件，是一个必然的结论。预设意志的这种自由，也不仅仅（不会与感官世界的显象之联结中的自然必然性原则陷入矛盾）是完全可能的（如思辨哲学所能够显示），而且也在实践上，亦即在理念中，把这种自由作为条件加给意志的所有任性的行为，对于一个意识到自己凭借理性的因果性、从而意识到一个意志（意志与欲求有别）的理

性存在者来说，无须进一步的条件就是**必然的**。但是，纯粹理性如何能够无须其他无论取自别的什么地方的动机，单凭自己就是实践的？也就是说，单是**其一切准则作为法则的普遍有效性的原则**（这当然会是一种纯粹实践理性的形式），如何能够无须意志的一切让人们可以事先有某种兴趣的质料（对象），单凭自身就提供一种动机，并且造成一种会被称为纯粹**道德上的**兴趣？或者换句话说，**纯粹理性如何能够是实践的**？一切人类理性都没有能力对此作出说明，试图对此作出说明的一切辛苦和劳作都是白费力气。

如果我试图探究自由本身作为一个意志的因果性如何可能，情况也恰恰如此。因为在这里，我舍弃了哲学的说明根据，并且没有别的说明根据。如今，我虽然能够在还给我保留 〔462〕
的理知世界中、在诸理智的世界中游荡，但是，尽管我对它有一个理由充足的理念，我却对它毕竟没有丝毫**知识**，而且无论我的自然理性能力如何努力，我也绝不能达到这种知识。它仅仅意味着一个某物，当我只是为了限制出自感性领域的动因的原则，而把属于感官世界的一切都从我的意志的规定根据中排除掉之后，就剩下了这个某物；我这样做，乃是通过限定感性领域，并且指出：它并没有把一切都包括在自身之内，而是在它之外还有其余的东西；但我对这个其余的东西却没有进一步的认识。设想这个理想的纯粹理性，在去除一切质料亦即客体的知识之后，剩给我的无非是形式，亦即准则的普遍有效性的实践法则，以及依照这一法则，与一个纯粹的知性世界相关，把理性设想成为可能的作用因，亦即设想成为规定意志的原因。在这里，必须完全不存在动机；一个理知世界的这一理念本身就必须是动机，或者是理性原初感兴趣的东西。但是，使这一点可以理解，恰恰是我们不能解决的课题。

如今，这里就是一切道德研究的最高界限；但是，仅仅为了如下的目的，规定这一界限就已经是极为重要的事情了：一方面，它使理性不致以一种有损道德的方式在感官世界里到处寻找最高的动因和一种虽可理解、但却是经验性的兴趣；而另一方面，它使理性也不致在对它来说空洞的、名为理知世界的超验概念之空间中无力地鼓动翅膀，而在原地不动，并迷失在幻象之中。此外，我们本身作为理性存在者（尽管在另一方面同时是感官世界的成员）属于一个纯粹的知性世界，这个纯粹的知性世界，作为一切理智的一个整体，其理念为了一种理性的信仰起见，即便一切知识都终止在这个理念的界限上，也始终是一个有用的并且容许的理念，这为的是凭借**目的自身**（理性存在者）的一个普遍王国的庄严理想，在我们里面造成一种对道德法则的强烈兴趣。我们惟有认真地按照自由的准则行
〔463〕事，就好像这些准则就是自然的法则似的，才能作为成员属于这个王国。

结束语

理性**在自然方面**的思辨应用导向**世界**的某个最高原因的绝对必然性；理性**在自由方面**的实践应用也导向绝对必然性，但却仅仅是一个理性存在者本身的**行为法则**的绝对必然性。如今，我们的理性的一切应用的一个根本原则，就是把它的知识一直推进到对其**必然性**的意识（因为没有这种必然性，它就不成其为理性的知识）。但是，这同一理性也有一种同样根本的**限制**，即它既不能看出存在着的或者发生着的东西的**必然性**，也不能看出应当发生的东西的**必然性**，除非以一个**条件**作为根据，那东西在这个条件下存在或者发生或者应当发生。但以这样的方式，由于不断地追问条件，理性的满足就只会一直推迟下去。因此，理性不遗余力地寻求无条件必然的东西，发现自

己被迫假定它，却没有任何办法使自己可以理解它。只要理性能够发现与这个预设相容的概念，它就够幸运了。因此，我们对道德性的最高原则的演绎是无可指摘的，倒是有一种人们必然对一般人类理性提出的指责，即它不能使一个无条件的实践法则（诸如此类的法则必须是定言命令式）在其绝对必然性上可以理解；因为理性不想通过一个条件、亦即凭借某种被当做根据的兴趣来这样做，这倒不能责怪它，因为在这种情况下，这法则就会不是道德法则了，亦即不是自由的最高法则了。所以，我们虽然不理解道德命令式的实践的无条件必然性，但我们毕竟理解其**不可理解性**。这就是能够合理地对一门力求在原则中达到人类理性的界限的哲学所要求的一切。

伊曼努尔·康德

1786年

自然科学的形而上学初始根据

1786 年

自然科学的形而上学初始根据

伊曼努尔·康德硕士

李秋零　译

前言 〔467〕

如果仅仅在**形式的**意义上来看自然这个词，由于它意味着属于一个事物的存在的一切东西的内在第一原则①，所以有多少种类上不同的事物，其中每一种事物都必然包含着自己属于其存在的种种规定的独特内在原则，那也就有多少门自然科学。但此外，自然还被在**质料的**意义上来看，不是作为一种性状，而是作为一切事物的总和，这是就它们能够是**感官的对象**、从而也是经验的对象而言的。所以自然被理解为一切显象的整体，亦即除一切非感性的客体之外的感官世界。于是，在该词的这种意义上看的自然，按照我们的感官的主要差异就有两大部分，一部分包括**外**感官的对象，另一部分包括**内**感官的对象，从而关于自然就可能有一种双重的自然学说，即**物体学说**和**灵魂学说**，其中前者考察的是**有广延的**自然，后者考察的是**能思维的**自然。

任何一种学说，如果它是一个**体系**，亦即是一个按照原则来整理的知识整体的话，那就叫做科学。而既然那些原则要么可以是知识在一个整体中的**经验性**联结的原理，要么是其**理性**联结的原理，所以，如果不是理性从自然的联系中得来的一种 〔468〕 知识要配得上自然科学这一称号，**自然**这个词（因为该词表示从事物的内在**原则**导出属于事物存在的杂多）就要使它成为必然的，则自然科学，无论是物体学说还是灵魂学说，本来会必

① 本质是属于一个事物的可能性的一切东西的内在第一原则。因此，人们可以把一种本质归于几何图形，但却不可把一种自然归于它们（因为在它们的概念中没有任何表达一个存在的东西被思维）。

须划分成为**历史的**自然科学和**理性的**自然科学。因此，自然学说可以更好地划分为**历史的自然学说**和自然科学，前者所包括的无非是自然事物经系统整理的事实（而它又可以由**自然的描述**和**自然史**组成，前者是自然事物按照类似性的一个分类体系，后者是自然事物在不同的时间和地点的一种系统展示）。于是，自然科学又会要么是**本真地**如此称谓的自然科学，要么是**非本真地**如此称谓的自然科学，其中前者完全按照先天原则来对待自己的对象，后者则按照经验规律来对待自己的对象。

惟有其确定性无可置疑的科学才能被称为**本真的**自然科学；只能包含经验性的确定性的知识，是一种仅仅非本真地如此称谓的**学识**。知识成系统的整体因为是成系统的，就已经可以叫做**科学**了，而如果知识在一个体系中的联结是根据与后果的联系，它就甚至可以叫做**理性的**科学。但如果在科学中，例如在化学中，这些根据或者原则归根结底只不过是经验性的，而理性说明被给予的事实由以出发的规律只不过是经验规律，那么，它们就不带有对自己的**必然性**的意识（就不是无可置疑地确定的），而在这种情况下，这个整体在严格的意义上就不配一门科学的称号，因而化学与其叫做科学，倒不如叫做系统的技艺。

因此，一种理性的自然学说，惟有当在它里面作为根据的自然规律被先天地认识，而不仅仅是经验规律的时候，才配得上一门自然科学的称号。人们把前一种自然知识称为**纯粹的**；而后一种自然知识则被称为**应用的**自然知识。既然自然一词自身已经带有规律的概念，而这个概念又带有一个事物的所有属于其存在的一切规定之**必然性**的概念，所以人们轻而易举地就
〔469〕看出，为什么自然科学必须仅仅从它的一个纯粹部分，亦即包含着其他一切自然解释的先天原则的部分中导出这种称谓的合法性，并且惟有凭借这个纯粹的部分才是本真的科学。同样，按照理性的要求，任何自然学说归根结底都必须通向自然科学并在其

中完成自身，因为规律的那种必然性与自然的概念是不可分割地相联系的，因而是绝对要了解的；所以，从化学原则出发对某些显象所作的完备解释总还是留下一种缺憾，因为人们从这些是仅仅由经验所教导的偶然规律的原则中不能先天地引证任何根据。

因此，一切**本真的**自然科学都需要一个**纯粹的**部分，在它上面可以建立起理性在它里面所寻找的那种无可置疑的确定性。而由于这个部分就其原则而言与仅仅是经验性的那些部分相比是完全不同类的，所以就方法而言，把那个部分分离出来，完全不与别的部分混杂，尽可能在其全部完备性中加以阐明，以便能够精确地规定理性可以为自己提供什么，以及它的能力在什么地方开始需要经验原则的帮助，是极为有益的，而且就事实的本性而言甚至是不可推卸的义务。仅仅出自**概念**的纯粹理性知识叫做纯粹哲学或者形而上学；与此相反，凭借在一种先天直观中展现对象而把自己的知识仅仅建立在概念的**构想**之上的理性知识，则被称为数学。

可以**本真地**如此称谓的自然科学首先以自然的形而上学为前提条件；因为属于一个事物的存在的东西，其必然性的规律亦即原则所关涉的是一个不能被构想的概念，原因在于存在不能在任何先天直观中展示出来。因此，本真的自然科学以自然的形而上学为前提条件。于是，自然的形而上学虽然在任何时候都必须包含非经验性的纯粹原则（因为它正因为此才拥有一种形而上学的称号），但毕竟**要么**它可以干脆不与任何确定的经验客体相关，从而对感官世界的这一事物或者那一事物来说不确定地探讨一般地使得一个自然的概念成为可能的那些规律，而在这种情况下就有了自然的形而上学的**先验**部分；**要么**它研究这一类或者那一类已经有了一个经验性概念的事物的一种特殊本性，但除了包含在这个概念中的东西之外，并不把任何别的经验性原则用于对这种本性的知识（例如，它把一种物 〔470〕

质或者一种能思维的存在者的经验性概念当做基础，并寻求理性关于这些对象先天地能够拥有的知识的范围）；而在这时，这样一门科学还总是必须叫做自然的、亦即形体的自然或者能思维的自然的形而上学，但这样一来就不是一般的、而是特殊的形而上学的自然科学（物理学和心理学），其中那些先验原则被运用于我们感官的这两类对象上。

但我主张，在任何特殊的自然学说中，所能发现的**本真的**科学和在其中能发现的**数学**一样多。因为按照前面所说的，本真的科学，尤其是本真的自然科学，要求一个纯粹的部分，来作为经验性的部分的基础，并且先天地以对自然事物的知识为依据。如今，先天地认识某种东西，也就是从它的纯然可能性出发认识它。但一定的自然事物的可能性不能从它们的纯然概念出发来认识；因为从这些概念出发虽然可以认识思想的可能性（思想不自相矛盾），但却不能认识作为能够在思想之外被给予的（实存着的）自然事物的客体的可能性。因此，为了认识一定的自然事物的可能性，从而为了先天地认识这些自然事物，就还要求被给予与概念相应的先天**直观**，亦即要求概念被构想。现在，由概念的构想而来的理性知识就是数学的。因此，虽然一种一般而言的纯粹自然哲学，亦即仅仅研究总的来说构成一个自然概念的东西的自然哲学，没有数学也是可能的，但关于一定自然事物的一种纯粹的自然学说（物体学说和灵魂学说）却惟有凭借数学才是可能的。而且既然在任何自然学说中所发现的本真的科学与存在于其中的先天知识一样多，所以自然学说所包含的本真的科学就与其中能运用的数学一样多。

因此，对于物质相互之间的化学作用来说，只要还没有找
〔471〕出可以构想的概念，亦即只要还不能给出各部分相互接近和分离的规律，按照这规律，可以在其密度以及诸如此类的东西的关系中，在空间中先天地使其运动及其结果直观化并予以展示

(这是一个很难每次都被满足的要求)，那么，化学就只能成为系统的技艺或者实验学说，但绝不能成为本真的科学，因为化学的原则仅仅是经验性的，不允许在直观中的先天展示，因而一点也不能使人就其可能性而言来理解化学现象的原理，因为它们不能作数学的应用。

但是，与化学相比，经验性的灵魂学说在任何时候都必须与一种可以本真地如此称谓的自然科学的地位保持更远的距离。这首先是因为数学不能运用于内感官的现象及其规律，人们必然在这些现象的内部变化之流中只想考虑**常驻性的规律**，但这会是知识的一种扩展，这种扩展与数学为物体学说所造成的扩展的关系，大约相当于关于直线的属性的学说与整个几何学的关系。因为要在其中构想灵魂显象的纯粹内直观是时间，而时间只有**一个**维度。但是，它就连作为系统的分析技艺或者实验学说而接近化学也不能，因为在它里面，内部观察的杂多惟有通过思想的划分才能彼此分离，但不能保持分离，也不能任意地重新联结起来，更不能让另一个能思维的主体屈从于适合我们的意图的试验，而且观察自身就已经改变和歪曲了被观察对象的状态。因此，灵魂学说绝不能超出内感官的一种历史的自然学说，并且作为这样的学说而成为尽可能系统化的自然学说，亦即成为对灵魂的一种自然描述，但绝不是灵魂的科学，甚至连成为心理学的实验学说也不能；这也正是我们按照通常的用法把自然科学这一普遍的称号，用为真正说来所包含的是物体学说之原理的这部著作的标题的原因，因为在本真的意义上惟有这种称谓才适宜于它，所以不会引起歧义。

但是，为了使数学有可能运用于惟有通过这种运用才能够 〔472〕
成为自然科学的物体学说，就必须预先准备好属于一般而言物质的那些概念的**构想**的原则；因此，必须把对一般而言的物质概念的完备分析作为基础，这是纯粹哲学的一项工作。纯粹哲学为此目的不是利用特殊的经验，而仅仅（按照在本质上已经与一般而言的自然概念相联系的规律）与空间和时间中的纯直观相关而利用它在分离出来的（虽然就自身而言是经验性的）概念本身中所发现的东西，因而它是一种真正的**形体自然的形而上学**。

因此，一切在其研究中以数学方式行事的自然哲学家，在任何时候（尽管没有自觉到）都利用了并且必须利用形而上学的原则，尽管他们通常郑重地反对形而上学对其科学性的一切要求。毫无疑问，他们认为这种科学性是妄想，是随意地臆想出种种可能性，是玩弄一些也许根本不能在直观中展示出来的概念，这些概念除了它们只是不自相矛盾之外，不拥有其客观实在性的任何别的信任状。一切真正的形而上学都是出自思维能力自身的本质，决不因为它们不是取自经验就是虚构的，而是包含着思维的纯粹活动，因而包含着先天的概念和原理，这些先天的概念和原理首先将**经验性表象**的杂多置入合规律的联结之中，由此这种杂多才可能成为**经验性的知识**，亦即经验。因此，那些数学的物理学家根本不能缺少形而上学原则，而且在这些原则中也不能缺少使他们的本真对象，亦即物质先天地适宜于运用到外部经验之上的那些原则，亦即运动、空间的充实、惯性等概念。但他们只承认经验性的原理在这方面有效，因而有理由认为其不符合他们要给予自己的自然规律的那种无可置疑的确定性，所以他们宁可设定这些规律，而不去研究它们的先天源泉。

但是，对于科学的利益来说极为重要的，是把不同类的原
〔473〕则彼此分离开来，把每一类原则置入一个特殊的体系，使它们构成一门自成其类的科学，以便由此防止可能由混杂而产生的不确定性，因为人们并不能清楚地分辨，有时是限制，有时还是在应用这些原则时可能产生的混乱，要归咎于这两类原则中的哪一类。为此缘故，我认为有必要从形而上学构想和数学构想经常在其中犬牙交错的自然科学的纯粹部分（physica gene-

ralis［一般物理学］）中，把前一种构想连同这些概念的构想原则，从而把一种数学的自然学说本身的可能性的原则展示在一个体系中。这种分离除了上面已经提到的它所带来的好处之外，还有知识的统一性本身带有的一种特殊的魅力，如果人们要防止科学的界限相互僭越，而要它们各守自己的本分的话。

还可以充当这种行事方式的第二个赞扬理由的是：在一切叫做形而上学的东西中，都可以希望有科学的**绝对完备性**，人们不可以在其他任何种类的知识中期待诸如此类的完备性，因而正像在一般而言的自然形而上学中那样，也能够在这里有把握地期待形体自然的形而上学的完备性；其原因在于，在形而上学中，对象是如其必须仅仅按照思维的普遍规律来表现的那样被考察的，而在其他科学中，对象则是如其必须按照直观（既有纯直观，也有经验性的直观）的材料来表现的那样被考察的，这是因为，由于对象在形而上学中任何时候都必须与思维的**所有**必然规律相比较，所以形而上学就必须给出种种知识的一个可以穷尽的确切数目，而由于其他科学呈现出直观（纯直观或者经验性的直观）的一种无限的杂多性，因而也呈现出思维的客体的一种无限的杂多性，所以绝不能达到绝对的完备性，而是能够被无限地扩展；例如纯数学和经验性的自然学说。我也相信，这种形而上学的物体学说只要总是在扩展，就将被完备地穷尽，但由此毕竟未曾产生出伟大的成果。

但是，一个形而上学体系，无论是一般而言的自然的形而上学体系，还是特殊而言的形体自然的形而上学体系，其完备性的图型就是范畴表。① 因为没有更多的纯粹知性概念能够涉 〔474〕

① 在《文汇报》第 295 期上关于乌尔利希教授先生的《逻辑学和形而上学准则》的评论中，我发现了一些怀疑，它们不是针对这个纯粹知性概念表，而是针对从中得出的关于

全部纯粹理性能力、因而也是一切形而上学的界限规定的那些推论的。在这些怀疑中，研究深入的评论家声称与他的并不更少审慎的作者是一致的，而且由于这些怀疑应当是直接涉及我在《纯粹理性批判》中提出的体系的主要基础，所以它们似乎就成了这个体系就其主要目标而言还远远不具备无可置疑的信服的原因，而要迫使人不受限制地接受，就需要这样的信服；据说，这个主要基础就是我部分地**在《批判》中**，部分地**在《导论》中**陈述的纯粹知性概念的演绎，而这个演绎在《批判》的那个恰恰必须最清晰的部分里却是最模糊的，或者干脆就是在兜圈子，等等。我对这些指责的回答只针对其要点，也就是说，**没有对范畴的一种完全清晰和令人满意的演绎**，《纯粹理性批判》的体系在其基础上就会是不稳固的。与此相反，我断言，对于赞同我的命题（即我们的一切直观都是感性的；作为从一般而言的判断的逻辑功能中借取来的对我们的意识的规定，范畴表是充分的）的人（正如评论家也会做的那样）来说，《批判》的体系必然带有无可置疑的确定性，因为它建立在这样**一个**命题之上：**我们的理性的全部思辨应用绝不能达到比可能经验的对象更远的地方**。因为如果能够证明，理性在其一切知识中都必须使用的那些范畴，除了仅仅与经验的对象相关之外，不可能有任何别的应用（因为它们在经验中仅仅使思维的形式成为可能），那么，对范畴**如何**使思维的形式成为可能这个问题的回答，虽然对于尽可能**完成**这个演绎来说是足够重要的，但与体系的主要目的亦即纯粹理性的界限规定相关却绝对不是**必要的**，而仅仅是**值得赞扬的**。因为在这种意图中，只要演绎表明，上述范畴就其被运用于直观（直观在我们这里永远只是感性的）而言，无非是纯然的判断形式，但由此就首次获得了客体并成为知识，那么，演绎就已经进行得**足够远了**；因为这就已经足以完全可靠地把本真的批判的整个体系建立在这上面了。牛顿的万有引力体系就是这样确立的，尽管它自身带有困难，即人们不能说明超距吸引如何可能；但**困难并不是怀疑**。因此，我将从已得到承认的东西出发来证明，我的体系的那个主要基础即便没有对范畴的完备演绎也是成立的：

1. **已得到承认的是**：范畴表完备地包含着一切纯粹知性概念，同样包含着判断中一切形式的知性活动，它们是从这些判断导出的，而且除了通过知性概念就判断的一种功能或者另一种功能而言把一个客体思考为**确定的**之外，也没有任何区别（例如，在**“石头是硬的”**这一定言判断中，就是这样把**石头**用做主词，把**硬**用做谓词，但对于知性来说，把这些概念的逻辑功能加以替换而说：一些硬的东西是石头，这是随便的；与此相反，如果我**在客体中**把这设想成为**确定的**，即**石头**必须在一个对象、而不是纯然概念的任何可能规定中被仅仅设想为主词，而硬则必须被仅仅设想成为谓词，那么，同一些逻辑功能就成为关于客体的**纯粹知性概念**，亦即**实体**和**偶性**）。

2. **已得到承认的是**：知性由于其本性而带有先天综合原理，它凭借这些原理而把可能给予它的一切对象都置于那些范畴之下，从而也必然有包含着为运用那些纯粹知性概念所需要的条件的先天直观，**因为没有直观就没有**使作为范畴的逻辑功能能够得到规定的**客体**，从而也就没有对任何一个对象的知识，因此，没有纯直观也就没有先天地在这一意图中规定知识的原理。

3. **已得到承认的是**：这些纯直观绝不能是某种别的东西，只能是外部感官或者内部感官的**显象**的纯然形式（空间和时间），因而仅仅是**可能经验的对象**。

由此得出：纯粹理性的一切应用绝不能关涉别的东西，只能关涉经验的对象；而且由于在先天原理中没有任何经验性的东西能够是条件，所以这些先天原理只能是一般而言的**经验的可能性**的原则。惟有这一点，**才**是纯粹理性的界限规定的真实而充足的基础，但它并不是如下问题的解决：经验是**如何**凭借那些范畴并且仅仅通过它们而可能的呢？虽然即便是没有这一问题的解决，大厦也是稳固的，但这一问题却极为重要，而且如我现在所看出，它也是极为简单的，因为通过从某个一般而言的**判断**（一个活动，通过它，被给予的表象才成为对一个客体的知识）的精确规定的定义得出一个惟一的结论，差不多就可以使它得到解决。我并不否认在演绎的这个部分中与我以前的讨论相联系的那种模糊，它应当归咎于知性在进行探究时的通常命运，对于知性来说，它所发现的第一条道路往往不是最短的道路。因此，我将抓住最切近的机会来弥补这个缺陷（即使它仅仅与阐述方式相关，而与那里已正确地给出的说明根据无关），不让这位思想敏锐的评论家被置入肯定使他自己感到不快的必然性，即由于显象与知性规律尽管有完全不同的源泉，却具有惊人的一致，而去乞灵于一种前定的和谐；这是一种比它应当补救的那种弊病更为糟糕得多的补救办法，而且它实际上也不能补救任何东西。因为在这种前定和谐上产生的毕竟不是表现出纯粹知性概念（以及它们运用于显象之上的原理）的特征的那种**客观必然性**，例如在与结果相联结的原因概念中，而是一切都保持为仅仅**主观上必然的**、而客观上仅仅偶然的拼凑，恰如**休谟**在把它称为纯然来自习惯的欺骗时想说的那样。世上也没有一个体系能够从别的地方引出这种必然性，除非是从**思维本身**的可能性的那些先天地作为根据的原则中，惟有通过这些原则，其显象被给予我们的那些客体的知识，亦即经验，才成为可能；而且即使经验**如何**由此才成为可能的那种方式永远不能得到充分的说明，但经验惟有通过那些概念才是可能的，而且反过来，那些概念也不能在任何别的关系中，而惟有在与经验的对象的关系中才能有一种意义和任何一种应用，这却毕竟依然是无可置疑地确定的。

〔475〕及事物的本性。在四组纯粹知性概念，亦即量、质、关系、最后还有模态的纯粹知性概念之下，必然也可以置入一般而言物〔476〕质的普遍概念的一切规定，因而也可以置入关于物质能够先天地思维的、在数学的构想中展现的、或者在经验中作为经验的确定对象给予的一切。在这里不能做更多的事情，不能发现或者增添更多的东西，而是充其量可以在清晰性或者缜密性方面可能有欠缺的地方有所改进。

因此，物质概念必须通过知性概念的所有上述四种功能（在四章中）来阐明，四章中的每一章都增添物质概念的一个新规定。一个应当是外部感官对象的某物，其基本规定必须是运动；因为惟有通过运动，这些感官才能够受到刺激。就连知性也把物质的其余一切属于其本性的谓词追溯到运动；这样，〔477〕自然科学就完全是一种要么纯粹的、要么应用的**运动学说**。因此，自然科学的**形而上学**初始根据就可以置于四章之下，其**第一章**撇开运动物的一切质，把**运动**当做一个纯粹的**量**而根据量的组合来考察它，可以被称为**运动学**；**第二章**把运动当做属于物质的**质**的，在一种源始的动力的名目下来考虑它，因而叫做**动力学**；**第三章**把具有这种质的物质通过它自己的相对运动在**关系**中来考察它，并出现在**力学**的名目下；**第四章**仅仅与表象方式或者**模态**相关来规定物质的运动和静止，从而把它们规定为外部感官的显象，并被称为**现象学**。

但是，除了把物体学说的形而上学初始根据不仅与需要经验性原则的物理学，而且甚至与物理学的那些在其中涉及数学应用的理性前提分离开来的那种内在必然性之外，还有一种虽然只是偶然的、但尽管如此却重要的外在根据，要将对这些初始根据的详细探讨与形而上学的一般体系分离开来，并把它系统地展现为一个特殊的整体。因为如果允许不仅按照客体的性状和对客体的特殊知识种类，而且还按照人们对一门科学甚至作其他应用所抱有的目的来标出这门科学的界限，而且人们发现，有如此众多的人士迄今为止研究过形而上学并将继续研究它，并不是为了由此扩展自然知识（做到这一点，通过观察、实验和把数学运用于外部显象要容易和可靠得多），而是为了达到对完全超出经验的一切界限的东西的知识，亦即关于上帝、自由和不死的知识，那么，当人们使这一意图摆脱一个虽然从它的根部萌发、但毕竟只是阻碍着它的正常生长的枝条，特别地栽培这枝条，尽管如此却不错认它源自这一意图的出身而把它的全部植株从一般形而上学的体系中除去时，人们就在促进这一意图方面有所收获了。这对一般形而上学的完备性并没有丝毫损害，而且如果人们在需要一般的物体学说的一切场 〔478〕 合中都只可以依据分离出来的这种学说的体系，不使那个更大的体系因这个体系而膨胀起来，这毕竟还使这门科学走向自己的目的的齐一进程变得轻松起来。事实上很值得注意（但在这里却不能详细地展示）的还有：一般形而上学在它需要例证（直观）、以便赋予它的纯粹知性概念以意义的所有场合中，在任何时候都必须从一般的物体学说中，因而从外部直观的形式和原则中取得这些例证，而在这些例证还没有完全展现时，它就在纯属没有意义的概念中间摇摆不定地四处摸索。因此，就有了关于实在性的冲突的可能性、关于强度的量的可能性等等问题的著名争执、至少是模糊。在这些问题上，知性惟有从取自形体自然的例证中才能获得教益，这就是那些概念惟有在其下才能具有客观实在性、亦即具有意义和真实性的条件。这样，一种分离出来的形体自然形而上学就通过提供例证（具体的情况）而为**一般的**形而上学作出了卓越的和不可缺少的贡献，它使后者（真正说来就是先验哲学）的概念和学理成为实在的，也就是说，把意义和内涵赋予了一个纯然的思想形式。

我在这部论著中即使不是极为严格地遵循数学方法（为此

需要比我可能运用于此的更多的时间），却也模仿了数学方法，这不是为了通过炫耀缜密性来使它更好地为人们接受，而是因为我相信，这样一个体系能够很好地运用数学方法，而且也能够随着时间的推移由更为灵巧的手来达到这种完善性，只要由于这一规划的推动，数学的自然研究者不会认为没有必要在他们的一般物理学中，把本来不会给他们余留下来的形而上学部分当做一个特殊的基础部分来予以探讨，并把它与数学的运动学说结合起来。

牛顿在他的《自然科学的数学原理》的前言中（在他指出几何学关于它所要求的机械操作只需要两种，亦即画出一条直线和画出一个圆之后）说道：**几何学感到骄傲的是，它能够用它取自别处的如此之少的东西而提供出如此之多的东西。**[1]与
〔479〕此相反，关于形而上学人们可以说：**它感到震惊的是，它用纯粹数学提供给它的如此之多的东西却只能产生如此之少的东西**。然而，这很少的东西毕竟是甚至数学在其运用于自然科学时也不可避免地需要的某种东西；因此，既然数学在这里不可避免地必须从形而上学有所借贷，它也就可以毫无愧色地让自己被视为与形而上学结成同盟了。

① Gloriatur Geometria, quod tam paucis principiis aliunde petitis tam multa praestet. 牛顿：《自然哲学的数学原理》，前言。

第一章 〔480〕

运动学的形而上学初始根据

解说 1

物质是空间中的**运动物**。自身可运动的空间叫做物质的空间，或者也叫做**相对的空间**；一切**运动**最终都必须在其中被设想的空间（因而自身绝对不动的空间）叫做纯粹的空间，或者也叫做**绝对的**空间。

附释 1

既然在运动学中所应当谈的无非是运动，所以运动的主体，亦即物质，在这里除了**运动性**之外，就不被赋予任何别的属性。因此，它本身在这时也可以被视为一个点，而且人们在运动学中舍掉了一切内在的性状，因而也舍掉了运动物的量，仅仅讨论运动和能够在运动中作为量来考察的东西（速度和方向）。——虽然在这里有时也应当使用一个物体的表述，但之所以如此，乃是为了在某种程度上预先推定运动学诸原则在随后更加确定的概念上的运用，以便陈述更少一些抽象、更可理解。

附释 2 〔481〕

如果我不是通过属于作为客体的物质本身的一个谓词，而是仅仅通过与认识能力的关系（在这种关系中，表象才首次能够被给予我）来说明物质的概念，那么，物质就是每一个**外感**

官对象，而且这就会是对物质的纯然形而上学的解说。而空间就会仅仅是一切外部感性直观的形式（无论这同一种形式是也属于我们称为物质的外在客体**自身**，还是仅仅停留在我们的感官的性状中，在这里都根本不是问题）。**物质**就会与这**形式**相对立，是在外部直观中作为感觉的一个对象的东西，因而是感性的和外部的直观的本真经验性的东西，因为它是根本不能先天地被给予的。在所有的经验中，都必须有某种东西被感觉到，而这就是感性直观的实在的东西，因而我们应当在其中对运动作出经验的空间也必须被描述为可感觉的，也就是说，用能够被感觉的东西来描述；而这个空间，作为经验的一切对象的总和，并且自身是经验的一个客体，就叫做**经验性的空间**。但这个空间，作为物质性的，本身是可运动的。但一个可运动的空间，如果它的运动应当能够被知觉到，就又以它在其中运动的另一个扩大了的物质性空间为前提条件，后者同样以另一个为前提条件，依此类推，以至无穷。

因此，一切是经验之对象的运动，都仅仅是相对的；运动在其中被知觉到的空间，是一个相对的空间，它本身又在一个扩大了的空间中或许以相反的方向运动，因而与第一个空间相关而运动的物质在与第二个空间的关系中可以被称为静止的，而运动的概念的这种变化则可以与相对空间的变化一起延续到无限。一个绝对的空间，亦即这样一个空间，由于它不是物质性的，也不能是经验的对象，所以被假定为**特别被给予的**，这空间就叫做某种既不能就自身而言、也不能在其结果中（即在绝对空间中的运动）被知觉到的东西，它是为了经验的可能性而被假定的，但经验在任何时候都必须撇开它来得出。因此，绝对空间**就自身而言**什么也不是，根本不是一个客体，而是仅仅意味着我除了已被给予的相对空间之外在任何时候都能够设想的任何一个别的相对空间。我只是让它超越任何已被给予的空间向无限推移，使它作为一个包含着任何已被给予的空间的空间，在它里面，我可以把任何已被给予的空间假定为运动着的。由于我只是在思想中拥有这个虽然一直还是物质性的、但却扩大了的空间，而且对标识着它的物质一无所知，所以我就抽掉了物质，因此它就被表现得像是一个纯粹的、而非经验性的、绝对的空间。我可以把任何经验性的空间与它作比较，把 〔482〕
经验性的空间设想成在它里面运动的，因此它在任何时候都被视为不动的。使它成为现实的东西，就意味着把我能够用每一个包括于其中的经验性空间与之相比的某个空间的**逻辑普遍性**，混同于现实范围的**物理普遍性**，并就其理念而言误解了理性。

最后我还要指出：既然空间中一个对象的**运动性**不能先天地、离开经验的教导来认识，正因为此，我在《纯粹理性批判》中也不能把它列入纯粹知性概念，而且这个概念作为经验性的，只能在一门作为应用形而上学的自然科学中找到自己的位置。应用形而上学所研究的是一个通过经验被给予的概念，尽管是按照先天原则研究它的。

解说 2

一个事物的运动就是该事物与一个已知空间的**外部关系的改变**。

附释 1

前面我已经把运动概念作为物质概念的基础。因为既然我要甚至不依赖于广延概念来规定物质概念，因而也可以在一个点中来考察物质，所以我可以同意人们在这里使用对**运动**的通常解说，即**地点的改变**。现在，既然要对物质概念作出一般的、因而符合运动着的物体的解说，所以那个定义就不够了。因为每一个物体的地点都是一个点。如果想确定月球与地球的距离，人们就要知道二者的地点的距离。而为了这个目的，人们并不是从地球表面或者内部任意一点到月球任意一点进行测量，而是取一方中点到另一方中点的最短直线，因而这两个天体的每一个都只有一个点构成其地点。现在，一个物体能够运动而不改变自己的地点，如地球在绕自己的轴旋转时那样。但它与外部空间的关系毕竟在这时改变了；因为它在例如24小时中把自己不同的面转向月球，由此也就在地球上产生各种各样千变万化的结果。惟有对一个运动的、亦即物理学的**点**人们才能说：运动在任何时候都是地点的改变。人们可能反对这种
〔483〕解说，提醒说：内部的运动，例如发酵，就不包含在它里面；但是，人们称为运动的东西必须就此而言作为统一体来考察。物质，例如**一桶啤酒**，是运动的，因而这与说“**桶**内的**啤酒**处在运动中”是意义不同的。一个事物的运动与这个事物里面的运动不是一回事，而这里所说的只是前者。但此后这个概念却很容易运用于第二种场合。

附释 2

运动可以是**旋转的**（无须地点的改变）或者前进的，但前进的运动要么是扩展空间的，要么是被限制在一个已知空间中的运动。**第一种**是直线运动，或者还有**不返回**自身的曲线运动。**第二种**是**返回**自身的运动。后者又要么是**循环的**运动，要么是**摇摆的**运动，亦即圆周运动或者摇摆运动。圆周运动总是在同样的方向上经过同样的空间，摇摆运动则总是交替在相反的方向上经过同样的空间，如摆动的钟摆。属于二者的还有**振动**（motus tremulus），它不是一个物体的前进运动，尽管如此却是物质的一种交互性的运动，但这物质此时却并不改变它

在整体中的位置。例如，一个被敲击的钟的震动或者被声音激动起来的空气的振动。我在运动学中考虑这些不同类型的运动，仅仅是因为如同下面的附释指明的那样，人们在一切非前进的运动那里使用的**速度**一词，通常与在前进的运动那里所使用的是有不同的意义的。

附释 3

在每一种运动中，如果人们抽掉运动的所有其他属性，那么，方向和速度就是考虑运动的两个要素。在这里，我以这二者的通常定义为前提条件；惟有方向的定义还需要一些不同的限制。一个做圆周运动的物体不断地改变着它的方向，以至于当它回到它由以出发的那个点时，它已经选取过在一个平面上可能有的一切方向；但人们毕竟还说：它一直在同一个方向上运动，例如，行星从晚上到早上都一直在同一个方向上运动。

然而在这里，什么是运动所遵循的那个**方面**呢？与此有亲缘性的一个问题是：那些在其他方面都相似甚至相同的蜗牛，其中有的是右旋品种，另一些则是左旋品种，其内在区别是基于什么呢？或者，剑豆和啤酒花的枝蔓，前者如同瓶塞起子，〔484〕
或者如水手们所说，**逆向太阳**缠绕在支架上，而后者则是**顺着太阳**缠绕在支架上，其内在区别是基于什么呢？这样一个概念虽然是可以构想的，但作为概念本身却根本不能通过普遍的标志在推理的知识类型中阐明自己；而且它不能在事物本身中（例如，在罕见的人身上，尸体解剖发现他们的一切部分按照生理学规则与其他人一样，只是所有内脏或左或右与通常的秩序相反）给出内部结果中的任何可设想的区别，因而它是一种真实的、数学的和内在的区别，对于这种区别，那关于两个在其他所有方面都相同、但在方向上并不相同的圆周运动之区别的概念虽然与它不完全是一回事，但却是有联系的。我在别的地方指出过：既然这种区别尽管可以在直观中给出，但却根本不能获得清晰的概念，因而也不能可理解地予以解释（dari, non intelligi［被给予，但不被理解］），所以它就可以为下述命题提供一个强有力的证明根据：一般而言的空间并不属于**物自身**的那些必然可以获得客观概念的属性和关系，而仅仅属于我们关于事物或者关系的感性直观的主观形式，这些事物或者关系就其自身而言会是什么样子，我们依然是完全不知道。然而，这毕竟偏离了我们现在的工作，即我们必须完全必然地把空间当做我们所考察的事物，亦即形体存在物的**属性**来对待，因为这些存在物本身只是外感官的显象，并且惟有作为显象才需要在这里予以解释。就速度的概念而言，这一表述在应用中有时也获得一种偏离的意义。我们说：地球绕自己的轴旋转比太阳更快，因为它自转的时间更短；尽管太阳的运动要快得多。一只小鸟的血液循环比一个人的血液循环快得多，尽管小鸟身上血液流动的速度无疑更小；弹性物质的振动亦复如是。回转时间的短促无论在循环运动还是在摇摆运动中都构成了这种应用的根据，只要在其他方面避免了误解，人们这样应用也没有什么过错。因为不加大空间中的速度而仅仅这样加大回转的急促，这在自然中也有它特有的和非常可观的作用，在动物体液的循环方面，也许对此尚未有足够的重视。在运动学中，我们仅仅在空间的意义上使用速度一词：C＝S/T 。

〔485〕

解说 3

静止就是在同一地点的持久在场（praesentia perdurabilis）；而实存一段时间、亦即持续一段时间的东西，就是持久的。

附释

一个处在运动中的物体在它通过的线的任何一个点上都存在一个瞬间。现在问题是：它在这个瞬间是静止的还是运动的？毫无疑问，人们将说后者；因为只是就它在运动而言它才在这个点上在场。但是，人们可以这样设想它的运动：

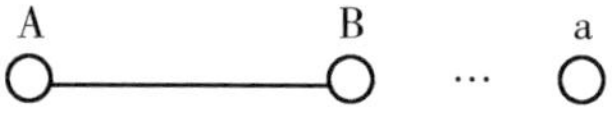

即物体以匀速前进通过直线 AB 并且从 B 退回到 A，这样，由于它在 B 处的那个瞬间是两次运动所共有的，所以从 A 到 B 的运动是 1/2 秒，而从 B 到 A 的运动也是 1/2 秒，两次运动一共经历了整整 1 秒，以至于没有时间的哪怕是最小部分用在物体在 B 处的在场上。于是，无须对这两个运动作任何添加，后一个运动，亦即发生在 BA 方向上的运动就转换成与 AB 处在一条直线上的 Ba 方向上的运动。在这里，当物体在 B 处时，它必须不是被视为在那里静止的，而是被视为运动着的。因此，在前一种运动中，即在自身回转的运动中，物体在 B 点也必须被视为运动着的；但这是不可能的，因为按照所假定的东西，这只是一个属于运动 AB 同时也属于同样的运动 BA 的瞬间，后一个运动与前一个运动相反，并与它在同一个瞬间相联结，这个瞬间必须表示运动的完全缺乏，因而如果这种缺乏就构成静止的概念的话，还表示在匀速运动 Aa 中物体在任何一点上，例如在 B 点上，都是静止的，这与上面的主张是矛盾的。与此相反，人们可以把直线 AB 设想为竖立在 A 点之上，使得一个物体从 A 升高到 B，当它在 B 点由于重力而失去了自己的运动之后，同样再由 B 点落回到 A；则我要问：这物体在 B 点可以被视为运动的，还是被视为静止的呢？毫无疑问，人们将说是静止的，因为在它到达这个点之后，它此前

的一切运动都失去了，之后应当首先有一个同样的返回运动继起，所以它还尚未存在。而人们会补充说，运动的缺乏就是静止。但在前一种假定匀速运动的场合里，运动BA也是只有在
〔486〕 之前运动AB已经停止、从B到A的运动尚未存在、因而在B处必须假定一切运动的缺乏，并且按照通常的解说假定静止的情况下才能开始。但是，人们毕竟不能假定静止，因为对于任何被给予的速度来说，没有任何一个物体可以在其匀速运动的一个点上被设想为静止的。而在第二种情况中，既然这种上升和下落同样只不过是由一个瞬间而彼此分割开来的，硬要静止的概念又有什么依据呢？这样说的根据在于，后一种运动并未被设想为带有已知速度的匀速运动，而是被首先设想为均匀减速运动，然后被设想为均匀加速运动，然而，速度在B点并没有被完全减掉，而是仅仅被减至比任何可能给出的速度更小的程度，凭借这个速度，如果不落回，而是其降落线BA被置于Ba方向上，因而物体一直还被看做是在上升，那么，它就会以一个纯然的速度要素（在这种情况下就撇开了重力的阻抗），在任何如此大小尚可告知的时间中，匀速地仅仅经过一个比任何可告知的空间都更小的空间，因而就会是永远根本不改变它的地点了（对任何一种可能的经验来说）。这样一来，物体就在同一地点被置于一种**持续的**在场的状态中，即被置于静止的状态中，尽管这静止马上就由于重力的连续作用，即由于这种状态的改变而被取消。存在于一个**持久的状态**之中和**持存于这个状态之中**（当没有别的东西推移它时），这是两个不同的概念，其中一个概念并不妨害另一个概念。因此，静止不能用运动的缺乏来解释，这种缺乏作为等于0的东西是完全不能构想的，而是必须用在同一地点的持久在场来解释，因为这个概念也可以用以无限小速度经过一个有限时间的运动的表象来构想，从而能够被用于事后数学在自然科学上的运用。

解说 4

构想一个复合运动的概念，就是当一个运动由两个或更多已知运动结合于一个运动物身上而产生时，在直观中先天地展示它。

附释

对概念的构想有如下要求：其展示的条件不是从经验借来的，因而也不以某些只能从经验推导出其实存的力为前提条件，或者一般地说，构想的条件甚至必须不是一个根本不能先天地在直观中被给予的概念，例如原因和结果的概念、活动和阻抗的概念，等等。在这里首先要注意的是：运动学完全必须首先规定作为量的一般运动的构想，并且由于它以仅仅作为某种**运动物**的物质为对象，因而在这方面完全不考虑物质的量，所以又先天地既按照其速度也按照其方向，亦即按照其组合来规定仅仅作为量的运动。因为所有这些必须为了应用数学而完全先天地和直观地予以澄清。运动通过物理原因即力而相联结的规则，在其一般的组合原理预先被纯粹在数学上当做基础之前，绝不能作出彻底的阐明。〔487〕

原理

任何一个运动作为一个可能经验的对象，都可以任意地被看做物体在一个静止的空间中运动，或是被看做物体静止，而空间则与其相反，以同样的速度在相反的方向上运动。

附释

要对一个物体的运动形成一个经验，就要求：不仅物体，而且就连物体在其中运动的空间，都是外部经验的对象，因而都是物质的。所以一个绝对的运动，即一个与非物质性空间相关的运动，是根本不能经验的，因而对于我们也就什么也不是（即使人们愿意承认绝对空间自身是某种东西）。但在一切相对的运动中，空间本身由于被假定为物质性的，也可以再被设想为静止的或者运动的。前一种情况之发生，乃是在我与一个空间相关把一个物体看做运动的，而在该空间之外又没有一个更广大的、包含这个空间在内的空间被给予我的时候（如我在船舱中看到一个球在桌子上运动）；第二种情况之发生，乃是在除了这个空间之外，还有另一个包含该空间的空间被给予我的时候（在上述例子中就是河岸），因为我在这种情况下鉴于河岸就可以把最近的空间（船舱）看做运动的，并有可能把那个
〔488〕物体本身看做静止的。既然一个经验性地被给予的空间无论怎样被扩大，要从它来发现，它相对于一个以某种更大的规模把它包含在内的空间来说，本身又在运动，这是绝不可能的，所以，无论我要把一个物体看做运动的，还是要把它看做静止的、却又把那个空间看做以同样速度在相反的方向上运动，这对于一切经验以及从经验中得出的任何结果来说都必定完全是一回事。进一步说，既然绝对空间对一切可能的经验来说都什么也不是，所以，无论我说一个物体相对于这个被给予的空间以这种速度在这个方向上运动，还是要把物体设想为对于我是静止的，并将这一切都赋予空间，但却是在相反的方向上，这些概念也都是一回事。因为任何一个概念与另一个完全不可能有例证与之相区别的概念都完全是一回事，惟有与我们要在知性中给予它的那种联结相关才有所不同。

我们甚至完全不能在任何经验中标出一个固定的点，与它相关就可以规定，什么应当绝对地叫做运动或者静止。因为以这种方式被给予我们的一切，都是物质性的，因而也都是运动

的，并且（由于我们在空间中不了解可能经验的极限）或许也确实是在运动，而我们却不能在它身上察觉这一运动。——如今，从一个物体在经验性空间里面的这一运动中，我就可以把给定速度的一部分给予物体，把另一部分给予空间，但却是在相反的方向上。就这两个结合起来的运动的效果而言，这整个可能的经验与当我设想惟有物体以全部速度运动、或者把物体设想为静止的而把空间设想为在相反方向上以全部速度运动时的经验，是完全相等的。**但在这里我把所有的运动都假定为直线运动**。因为谈到曲线运动，由于我是有权把物体（例如每日自转的地球）看做运动的，而把周围的空间（星空）看做静止的，还是有权把空间看做运动的而把物体看做静止的，这并非在一切方面都相等，这就要在效果上予以特殊的讨论。因此，在运动学中，我仅仅将一个物体的运动放在与空间（其静止或运动完全不受物体运动的影响）的关系中来考察，但我要把速度赋予具有已知运动的这一方还是那一方，以及赋予多少，这自身是完全不确定的和任意的；后面在力学中，由于一个运动的物体要放在与它的运动空间中另一些物体的效应关系中来考察，这种情况就不再会像它在自己的立场上所应当表明的那样完全相等了。

解说 5 〔489〕

运动的复合就是把一个点的运动表现为与该点的两个或多个运动结合在一起是一回事。

附释

在运动学中，由于我不通过别的属性而只通过其运动性来了解物质，因而甚至可以把物质仅仅视为一个点，运动就只可以仅仅被视为**对一个空间的描画**，但这毕竟使我不仅像在几何学中那样注意描画出来的空间，而且也注意其中的时间，因而注意一个点描画该空间所用的速度。所以运动学是运动的纯粹量论（Mathesis［算学］）。关于一个量的确定概念是一个对象的表象通过同类东西的组合而产生的概念。如今，既然运动惟有与另一个运动才是同类的，所以，运动学就是把同一点上的各个运动按照其方向和速度组合起来的学说，亦即把一个惟一的运动表现为将两个或者更多的运动同时包含于自身之中的运动，或同时表现同一点上的两个运动，只要它们**共同**构成一个运动，即与这个运动相等，而绝不是像原因产生其结果一样产生出这一运动。为了找出由任意多的运动的组合而产生的运动，人们只可以像在一切量的产生时那样，首先寻找在已知条件下**由两个运动**组合而成的运动；然后再将它与第三个运动相结合，如此等等。因此，一切运动的组合的学说就可以归结为关于两个运动的学说。但是，同一个点上的两个同时在该点上被发现的运动可以用双重的方式区别开来，并且本身又以三重的方式在该点上结合起来。首先，它们要么是在**同一条直线**上产生的，要么是在**不同的直线**上同时产生的；后者是围成一个角的运动。那些在同一条直线上产生的运动则按照其**方向**要么是**背道而驰的**，要么遵循着**同一个方向**。由于所有这些运动都被看做同时发生的，所以从直线的关系中，也就是从运动在同一时间中所描画出的空间的关系中，立刻也产生出速度的关系。因此就有如下三种情况：(1) **当两个运动**（不论它们的速度相同还是不同）在一个物体中在同一方向上结合起来时，就
〔490〕 应当构成一个由此组合而成的运动；(2) 当同一个点的**两个运动**（具有相同的或是不同的速度）在相反的方向上结合起来时，通过它们的组合应当在同一直线上构成第三个运动；(3) **当**一个点具有相同或者不同速度的两个运动在围成一个角的不同直

线上结合起来时，就被视为复合的运动。

定理

同一个点的两个运动的组合只能这样来思考，即其中一个运动被表现为在绝对空间中，代替另一个运动的，是相对空间的一个以同样的速度在相反方向上进行的运动被表现为与它相等。

证明

第一种情况，两个运动在同一直线和方向上同时属于同一个点。

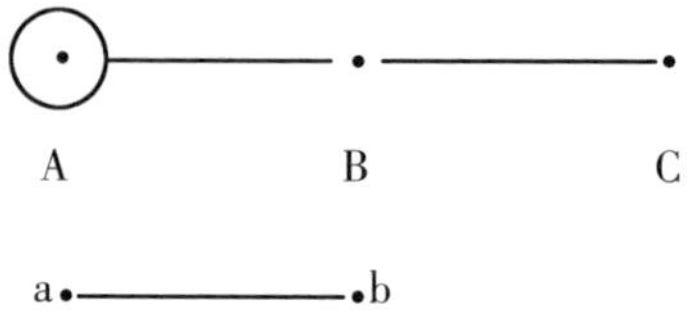

图 1

应当把两个速度 AB 和 ab 设想为包含在运动的一个速度之中。这里假定这两个运动速度是一样的，于是有 AB＝ab，那么我就说：它们不能同时在同一（绝对的或相对的）空间中和同一点上来表现。这是因为，由于标志速度的直线 AB 和 ab 本来就是两个速度在同一时间内所通过的空间，这样，这两个空间 AB 和 ab＝BC 的组合，即直线 AC，将不得不作为两个空间的和而表示两个速度的和。但是，AB 和 BC 这两个部分，就每一个部分单独来看，都不表现速度＝ab；因为它们并不是在和 ab 相同的时间中被经过的。因此，即便是在与直线 ab 同样的时间中经过的两倍长的直线 AC，也不表现为后者的两倍的速度，而这却是本来所要求的。所以，在一个方向上两个速度**在同一空间中**的组合不能呈现在直观中。

〔491〕相反，如果物体 A 被表现为以速度 AB 在绝对空间中运动，此外我又给予相对空间以在相反方向 ba＝CB 上的速度 ab＝AB，那么，这与我把后一速度分配在 AB 方向上的那个物体是一回事（据原理）。但这样一来，这个物体就是在同一时间内通过直线 AB 和 BC＝2ab 而运动，在其中它却只会经过直线 ab＝AB，但它的速度毕竟被表现为两个同样的速度 AB 与 ab 的和，而这就是所要求的。

第二种情况，两个运动应当**在截然相反的方向上**在同一个点上结合起来。

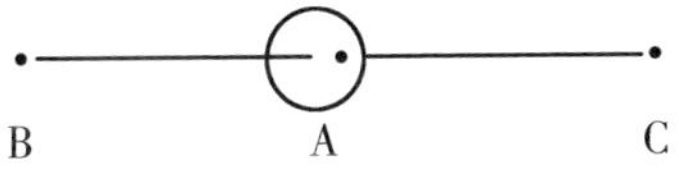

图 2

AB 是这两个运动之一，AC 是另一个在相反方向上的运动，在此我们要假设后者的速度与前者是相等的，要把这样的两个运动在同一空间中同一点上表现为同时的，这种想法本身就是不可能的，从而两个运动的这样一种组合情况本身就是不可能的，而这就与前提相悖了。

反之，如果你们设想运动 AB 在绝对空间中，但代替在同一绝对空间中的运动 AC 的，是以同一速度在相反方向上进行的相对空间的运动 CA，它被视为与运动 AC 完全相等（据原理），因而完全可以代替它，这样，就可以把同一个点的两个截然相反而又相等的运动在同一时间里很好地展现出来。现在，由于相对空间是和 A 点一起在同一方向上以同样的速度 CA＝AB 运动的，所以，这个点或处在这个点上的物体就相对空间而言并未改变其地点，也就是说，一个以同样的速度朝截然相反的两个方向运动的物体是静止的，或者一般地表述为：

它的运动等于两个速度在较大速度方向上的差（这很容易从已证明的东西中推出）。

第三种情况，同一个点的两个运动被表现为**按照围成一个角的两个方向**结合起来。〔492〕

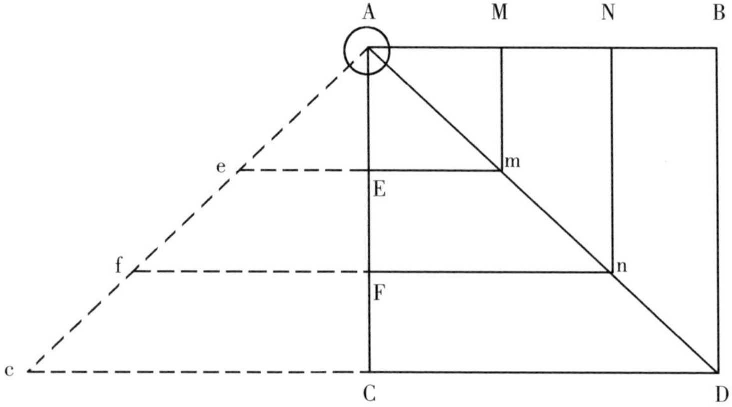

图 3

两个已知运动是 AB 和 AC，它们的速度和方向由这两条直线表示，但其方向围成的角则由 BAC 表示（它在这里是一个直角，但也可以是任何一个任意的斜角）。现在，如果这两个运动要同时在 AB 和 AC 方向上且在同一个空间中进行，那么，它们将不可能在这两条**直线** AB 和 AC 上同时进行，而是只能在与这两条直线平行的那些直线上进行。因此必须假定：即使双方的方向依旧是同样的方向，这些运动中的一个也在另一个运动中造成了一种变化（也就是说，偏离既定的轨道）。但这与定理的前提条件是相悖的，这个前提条件用组合一词暗示：两个已知运动**包含**在第三个运动中因而与之相等，并不是通过一个运动**改变**另一个运动而产生第三个运动。

反之，假设运动 AC 在绝对空间中进行，而代替运动 AB

的，是相对空间在相反方向上的运动。直线 AC 则分为三个相等的部分 AE、EF、FC。现在，当物体 A 在绝对空间中经过直线 AE 时，相对空间以及随之点 E 则通过空间 Ee＝MA；当物体经过一共两个部分＝AF 时，相对空间以及随之点 F 则描
〔493〕画出直线 Ff＝NA；当物体最后经过整个直线 AC 时，相对空间以及随之点 C 则描画出直线 Cc＝BA；这一切就正好像物体 A 在这三个时间段中经过了直线 Em、Fn 和 CD＝AM、AN 和 AB，并且在物体通过 AC 的整个时间中经过了直线 CD＝AB 一样。因此，物体在最后一瞬间处在点 D，而在这整个时间中逐步地处在对角线 AD 的一切点上，所以，AD 就既表示复合运动的方向，又表示其速度。

附释 1

这个几何学的**构想**要求，一个量与另一个量，或者两个量在组合中与第三个量是**相等的**，而不要求它们作为原因产生出第三个量，那样的话就会是力学的构想。完全的相似和相等，就其惟有在直观中才能被认识而言，就是**全等**。全然同一性的一切几何学构想都基于全等。两个结合在一起的运动如果被表现在同一个空间中，例如被表现在相对空间中，它们与第三个运动（作为 motu composito［复合运动］本身）的这种全等就绝不可能发生。因此，过去在其三种情况中证明上述定理的一切尝试，都始终只是力学的解决，也就是说，人们让一个已知运动与另一个运动相结合所凭借的动力因产生第三个运动，但却不是对那前两个运动与第三个运动相等，而且作为这样的运动可以在纯直观中先天地展示出来的证明。

附释 2

例如，如果一个速度 AC 被称为双倍的，那么，这只能被

理解为，它由两个单纯而又相等的速度 AB 和 BC 构成（参见图 1）。但是，如果人们这样来解释双倍的速度，即人们说它是一个运动，通过该运动，在同一时间里一个双倍如此大小的空间被经过，那么，这里就假定了某种并非不言而喻的东西，也就是说：两个相等的速度可以完全像两个相等的空间那样结合起来；一个已知的速度由多个较小的速度构成，一个快由多个慢构成，就像一个空间由多个较小的空间构成一样，这并不是自身就清楚明白的；因为速度的各部分并不像空间的各部分那样是彼此外在的，而如果速度应当被当做量来考察，那么，其量的概念则因为是**强度的**，所以构想它的方式，必须不同于构想空间**广度的**量的概念。但是，这种构想以任何方式都是不 〔494〕
可能的，除非通过两个相同的运动的**间接**组合，其中一个运动是物体的运动，另一个运动是相对空间在相反方向上的运动，但正因为此与物体在前一方向上和它相同的运动完全相等。因为在**同一个方向**上，两个相同的速度根本不能被组合在一个物体中，除非通过外部的动力因，例如一艘以这两种速度之一种载着物体的船，此时另一个、与船固定地结合在一起的运动力把第二个、与前一个速度相同的速度加给了物体；在这里，毕竟总是必须预设的是：物体在**自由的**运动中，当有第二个速度附加于其上时，仍保持着前一个速度；这是运动力的一个自然规律，如果问题仅仅是作为一个量的速度的概念是如何**构想**出来的，那就根本谈不上这一点。关于速度的相互添加就谈到这里。但如果说到从一个速度中减去另一个速度，那么，虽然只要承认一个速度作为相加而成的量的可能性，这种减去就容易**设想**；但那个概念却并不如此容易构想。因为两个相反的运动最终必须在一个物体上结合起来，但这应当是如何进行的呢？直接地、亦即仅就同一个静止的空间而言，设想同一物体上两个方向相反的相同运动是不可能的；但是，这两个运动集于一个物体之不可能性的表象，并不是关于这个物体的**静止**的概念，而是关于两个相反运动的这种组合的**构想之不可能性**的概念，而这种构想在定理中毕竟是被假定为可能的。但就像已经证明的那样，这个构想惟有通过把物体的运动与**空间的运动**结合起来才是可能的。最后，谈到其方向围成一个角的两个运动的组合，如果人们根本不用**外来的**、连续加入的**力**（例如一个运走物体的运输工具）来对其中一个运动起作用，而把另一个运动假定为本身在这里保持不变，就同样不能在这个物体上与同一个空间相关来设想那种组合，或者一般地说，人们必须把运动力和第三个运动从两个联合的**力**中的产生当做基础，这虽然是对一个概念所包含的东西作**力学的**论述，但却不是对这种论述作**数学的构想**，这种数学构想只应当使可能是客体（作为量）的东西变得直观可见，而不是使这客体如何通过自然、或通过凭借某些工具和力的艺术可以被**产生**出来变得直观可见。—为了确定运动与其他作为量的运动的关系，运动的组
〔495〕合必须按照全等的规则来进行，这在所有三种情况中都惟有借助于空间的运动才是可能的，空间的这种运动与两个已知运动中的一个全等，并由此这两个运动与那个复合运动全等。

附释 3

运动学不是纯粹的运动论，而仅仅是运动的纯粹量论，在其中不根据别的属性、只根据运动性来思考物质，所以它仅仅包含着由上述三种情况所导出的这个惟一的定理，即关于运动的组合以及关于单是**直线运动**的可能性、而不是曲线运动的可能性的定理。这是因为，由于在曲线运动中，运动（按其方向）连续不断地被改变，所以必须举出这种变化的原因，而这个原因如今不可能仅仅是空间。但是，人们只习惯于在运动的方向围成一个角这种惟一的情况下来理解**复合运动**这一称谓，

这虽然也许并不曾对物理学造成损害，但的确给一般纯哲学科学的划分原则造成了某些损害。因为就物理学而言，上述定理中所讨论的所有三种情况**单是在第三种情况中**就可以得到足够的展示了。因为当两个已知运动围成的角被设想为无限小的时候，它就包括了第一种情况；但如果它被表现为与一条惟一的直线只有无限小的区别时，它就包括了第二种情况。这样，在上述复合运动的定理中，我们所列举的所有三种情况当然就可以在一个普遍的公式中提供出来了。但以这种方式，人们也许就不会很好地学会根据运动的各个部分来先天地审视运动的量论了，而这在许多方面还是有它的用处的。

如果某人有兴趣依据一切纯粹知性概念划分的图型，在此尤其是依据**量**的概念划分的图型，去把握普遍的运动学定理的上述三个部分，他就将发现：由于量的概念在任何时候都包含着同类东西的组合的概念，运动的组合的学说同时也就是运动的纯粹量论，并且根据的是空间所提供的所有三种要素，即直线和方向的**单一性**、在同一直线上诸方向的**复多性**，最后是诸方向和诸直线的全体性，运动就是按照它们才可能发生的；这就包括了作为某个量的一切可能运动的规定，尽管运动（在某一动点上）的量只存在于速度中。这个说明惟有在先验哲学中才有它的用处。

〔496〕

第二章
动力学的形而上学初始根据

解说 1

物质就是**运动物**，这是就它**充实**一个**空间**而言的。**充实**一个空间，就是阻抗一切努力通过其运动侵入某一空间的运动物。一个未被充实的空间是一个**空的**空间。

附释

这就是对物质概念的动力学解说。它以运动学的解说为前提条件，但增加了一个属性，这个属性作为原因与一个结果相关，这就是在某个空间中阻抗一个运动的能力。这是在前面那门科学中，甚至在人们必须涉及同一个点在相反方向上的诸运动时，也完全不必谈到的。空间的这种充实当任何一个别的运动物的运动对准某个空间中的任何一点时，就使该空间防止了这个运动物的入侵。现在，物质朝向一切方向的这种阻抗所依据的是什么，以及这种阻抗是什么，还必须加以研究。但人们从上述解说中已经看到这样的东西：物质在这里被考察，不是如其**在被从自己的地点驱赶出来**、因而甚至要被推动起来时它如何阻抗（这种情况后面还将作为力学的阻抗来考虑），而只是如其当它自己广延的空间要被**缩小**时它如何阻抗。人们使用这样的语词：**占据一个空间**，也就是说，在这个空间的一切点上直接在场，以便用来表示某物在空间中的**广延**。但是，由于在这个概念中不确定的是，从这种在场中产生出什么样的结果，甚至是否到处都有某种结果，即是否阻抗别的努力入侵者，或者这是否只是指一个没有物质的空间，只要它是诸多空间的一个总和，就像人们对任何几何图形都能说它占据一个空间（它是有广延的）一样，或者，在空间中究竟是否有某个迫使另一个运动物更深地侵入这个空间（吸引他物）的东西；由于依我说，凭借占据某个空间这个概念，这一切都是不确定的，所以，**充实一个空间**，是**占据**一个空间这一概念的更为切近的规定。〔497〕

定理 1

物质充实一个空间，并非通过其纯然的实存，而是通过一种**特殊的运动力**。

证明

侵入一个空间（在最初一瞬间这叫做侵入的努力），这是一个运动。对运动的阻抗是使运动减弱甚至改变为静止的原因。现在，减弱或者取消运动的某物不可能与别的运动相结合，只能与同一个运动物在相反方向上的另一个运动相结合（据运动学，定理）。因此，一个物质在它所充实的空间中对别的物质的一切入侵所作出的阻抗，就是别的物质在相反方向上的运动的原因。但一个运动的原因就叫做运动力。因此，物质充实自己的空间是通过运动力而不是通过其纯然的实存。

附释

兰贝特和其他人由于物质充实一个空间而把物质的这个属性称为**坚固性**（一个相当含混的表达），并且希望人们必须在每一个**实存的**事物（实体）身上都假定这种属性，至少在外部感官世界中是这样。按照他们的概念，某种**实在的**东西在空间

〔498〕中的在场由于其概念，因而根据矛盾律，必定本身就已具有这种阻抗，并且必定使这样一个事物所在场的空间中没有任何别的东西能够同时存在。然而，矛盾律并不拒斥为侵入一个在其中可以发现另一物质的空间而移近的物质。只有当我把某种力赋予那占据一个空间的东西，以拒斥一切逼近的外部运动物时，我才懂得，一个事物所占据的空间还会被另一个同类事物所侵入，这将包含一个矛盾。在这里，数学家假定某种东西是一个物质概念的构想的首要数据，而这种东西本身是不能再进一步构想的。现在，数学家虽然可以从任何随意的数据开始来构想一个概念，而不去再解释这个数据，但他毕竟并不因此就有权利将那个数据说成是某种完全不能作出任何数学构想的东西，以便由此阻碍向自然科学中的诸首要原则的追溯。

解说 2

引力是这样一种运动力，由于它，一个物质能够是别的物质接近自己的原因（或者这样说也一样：由于它，一个物质不让别的物质离开自己）。

斥力是这样一种运动力，由于它，一个物质能够是让别的物质远离自己的原因（或者这样说也一样：由于它，一个物质不让别的物质接近自己）。后者我们有时也称为**排斥力**，而前者有时则称为**吸引力**。

附注

只能设想物质的这两种运动力。因为一个物质能够加于另一物质的一切运动，由于在这一方面两个物质的每一个都只被当做一个点来看待，在任何时候都必须被视为在两点间的直线中被给予的。但是，在这条直线中只有两种运动是可能的：一种是使两个点相互**远离**，第二种是使它们相互**接近**。是前一种运动的原因的力就叫做**斥力**，是后一种运动的原因的力则叫做 〔499〕 **引力**。因此，只能设想这两种力，是物质性自然中一切运动力都必须归结于其上的力。

定理 2

物质充实自己的空间，是通过其一切部分的推斥力，亦即通过它固有的一种扩张力，这个力具有一定的程度，在这个程度之外可以无限地设想更小的程度或者更大的程度。

证明

物质充实一个空间，惟有通过运动力（据定理 1），确切地说是不让别的物质入侵亦即接近的力。如今，这种力就是一种斥力（解说 2）。因此，物质充实自己的空间，惟有通过斥力，确切地说是其一切部分的斥力，因为若不然，其空间的一个部分就会（与预设相悖地）不被充实，而只是被围起来。**但是，一个凭借其一切部分的排斥而得以扩张的东西，它的力就是一种扩张力**（扩展的力）。因此，物质充实自己的空间，惟有通过它固有的一种扩张力，**这是第一点**。在任何已知的力之上，都必然能够设想一个更大的力，因为如果在一个力之上不可能有一个更大的力，那么它就会成为这样一个力，由于它，在一个有限的时间内一个无限的空间被经过（这是不可能的）。此外，在任何已知的运动力之下，也必然能够设想一个更小的运动力（因为一个最小的运动力将会是这样一种力，尽管它在自身之上无限附加，经过任何一个给定时间，都不能产生一个有限的速度，但这就意味着一切运动力的缺乏）。因此，在一个运动力的任何一个已知程度之下，总是还必然能够给出一个更小的程度，**这是第**

二点。所以，任何物质充实自己的空间所用的扩张力都具有自己的程度，这个程度永远不是最大的或最小的，而是在它之外总是既能够找到更大的程度也能够找到更小的程度，以至于无限。

〔500〕 附注 1

人们也把一个物质的张力称为**弹性**。现在，由于张力是对空间的充实作为一切物质的本质属性所赖以成立的根据，所以这种弹性必须叫做**源始的**，因为它不能从物质的其他任何属性推导出来。据此，一切物质都源始地具有弹性。

附注 2

由于在任何扩张力之上都能够找到一个更大的运动力，但这个更大的运动力也能够反作用于那个扩张力，由此，它才会使这扩张力所努力要扩展的空间变窄，在这种情况下，这个运动力就会叫做压缩力，所以，也必定能够为任何物质找到一种压缩力，它能够把物质从它所充实的任何一个空间驱赶进一个更狭小的空间中去。

解说 3

当一个物质由于压缩而完全取消它的广延的空间时，另一个物质就在自己的运动中透入它。

附释

在一个充满空气的气泵筒中，当活塞被越来越推近底部时，气体物质就受到了压缩。现在，如果这种压缩能够一直推进到活塞完全接触底部（而不让任何一丁点空气逃逸），那么气体物质就会被透入；因为它处身于其间的那些物质没有为它留下空间，因此，它就会在活塞和底部之间被找到，但却不占据一个空间。物质由外部压缩力而来的这种可入性，如果有人要这样假定、哪怕是这样设想的话，就可以叫做**力学的**可入性。我有理由通过这样一种限制而把物质的这种可入性与另一种可入性区别开来，后者的概念或许正如前者一样不可能，但我还是希望将来有机会对它作出某些说明。

定理 3

〔501〕

物质**能够**无限地被**压缩**，但不管其压力有多么大，**永远也不能**被一个物质所透入。

证明

一个物质致力于超出它所占据的已知空间四处扩张所用的源始的力，当它被包围在一个较小的空间中时，就必定更大些，当它被挤压在无限小的空间中时，就必定是无限大。现在，可以为物质已知的扩张力找到一个更大的压缩力，来将物质压迫到一个更狭小的空间中去，如此直至无穷；这是第一点。但对物质的透入却要求将它挤入一个无穷小的空间中，因而要求一个无限施压的力，但这种力是不可能的。因此，一个物质不能通过压缩被任何别的物质所透入；这是第二点。

附释

我在上述证明中一开始就假定，一个扩张力越是被施加于狭窄的地方，其反作用必定越强。如今，这虽然并不那么适用于只是派生出来的弹性力的任何类型，但对于物质来说，如果它作为充实一个空间的一般物质而固有根本的弹性，那就可以作出这种假定。因为从一切点向四面八方所施加的张力甚至构成了弹性的概念。但正是被施于一个更狭小的空间的张力的同一个量，在这空间中任何一点上必定更强烈地作出拒斥，其程度正如力的某个量在其中扩散其效用的那个空间反过来变得更为狭小一样。

解说 4

物质以与压缩的程度成正比例增长的阻抗为依据的**不可入性**，[502] 我称做**相对的**不可入性。但以物质本身完全不能被压缩这一预设为依据的不可入性，则叫做**绝对的**不可入性。以绝对的不可入性**充实空间**，可以叫做对空间的**数学**充实，仅以相对的不可入性充满空间，则可以叫做对空间的**动力学**充实。

附释 1

按照不可入性的纯然数学概念（它不预设任何运动力是物质源始固有的），物质不能被压缩，除非它在自身中包含着空的空间；因此，物质作为物质，无条件地以绝对必然性阻抗一切侵入。但按照我们对这一属性的讨论，不可入性是基于某种物理学的根据；因为扩张力使物质本身惟有作为一个充实其空间的扩张者才是可能的。但既然这种力具有一个程度，这个程度可以被克服，因而广延的空间可以被缩小，也就是能被某种已知的压缩力侵入这个空间，直到一定的规模，不过，毕竟不可能有一种完全的透入，因为这需要一个无限的压缩力：**所以，空间的充实就必须仅仅被视为相对的不可入性**。

附释 2

事实上，绝对的不可入性不多不少，正好就是 qualitas occulta［隐秘的质］。因为人们会问，什么是使物质在其运动中不能相互透入的原因，而得到的回答是：因为它们是不可入的。诉诸拒斥力，就摆脱了这种非难。因为尽管拒斥力就其可能性而言也不能作出进一步的解释，因而必须被视为基本的力，然而，它毕竟提供了一个作用因及其规律的概念，按照这些规律，结果亦即在被充实的空间中的阻抗，可以根据其程度来估算。

解说 5

物质性实体是空间中的这样一种东西，它独自、亦即脱离在它之外实存于空间之中的其他一切东西而运动。物质某一部分的运动使这物质不再是一个部分，这种运动就是**分离**。一个 〔503〕
物质各部分的分离就是**物理学的分割**。

附释

实体的概念意味着实存的最后主体，亦即本身不再仅仅作为谓词而属于另一主体的实存的东西。现在，物质就是空间中被归于事物的实存的一切东西的主体；因为若不然，除物质之外就只有空间本身能被设想为主体了；但空间是这样一个概念，它还根本不包含任何实存的东西，而是只包含外感官的可能对象之外部关系的必要条件。因此，作为空间中的运动物的物质，就是这个空间中的实体。但同样，就连物质的一切部分，只要人们可以说它们本身是主体而不仅是其他物质的谓词，就都必须叫做实体，从而本身又必须再叫做物质。但是，物质在其独自运动，因而哪怕在与相邻部分的结合之外也是实存于空间中的某种东西时，本身就是主体。因此，物质或者物质的任何一个部分的自己运动性同时就证明了：这个运动物及其任一运动着的部分都是实体。

定理 4

物质是**无限可分的**，而且是分成这样的部分，其中每一部分都仍然是物质。

证明

物质是不可入的，而且是通过其源始的扩张力（据定理3），但这种扩张力只是在被物质充实的空间中每一个点的推斥力的结果。现在，物质所充实的空间在数学上是无限可分的，也就是说，它的各个部分是能够无限区分的，即使它们不被推动，因而也不被分离（据几何学的证明）。但是，在一个充满物质的空间里，其每一部分都包含着推斥力，向四面八方反作用于其余一切部分，从而拒斥着它们同时又受到它们的拒斥，亦即被
〔504〕推动着离开它们。因此，被物质充实的空间的每一部分都是独自运动的，因而是可以通过物理学的分割作为物质实体与其他部分相分离的。因此，物质所充实的空间的数学可分性延伸到哪里，充实这空间的实体物理上可能的分割也就延伸到哪里。但数学上的可分性延伸至无限，因而物理上的物质即一切物质也是无限可分的，而且是分成这样的部分，其中每一部分都仍是物质实体。

附释1

如果不事先阐明，在空间的任何一个部分中都有物质实体，亦即都可以发现独自运动的部分，那么，通过对空间的无限可分性的证明，还远远未使物质的无限可分性得到证明。因为如果一位**单子论者**要假定，物质是由物理学的点构成的，其每一个点虽然（正因此而）不具有运动的部分，却仍然通过纯然的推斥力而充实一个空间，那么，他就会承认，虽然这个空间被分割，但在其中起作用的实体并未被分割，因而，虽然实体的作用范围被分割，起作用的运动主体本身却没有通过空间的分割而被分割。因此，他会用物理上不可分的部分来组合物质，不过让它们以**动力学的方式**占据着一个空间。

但通过上述证明，完全剥夺了单子论者的这一借口。因为很清楚：在一个被充实的空间中，不可能有一个点不是如同它被排斥那样本身也向四面八方施加排斥，因而作为一个存在于任何其他排斥性的点之外起反作用的主体，本身就是运动的；并且，一个仅凭排斥力而不借助于另外一些同样的斥力来充实一个空间的点，其假说是完全不可能的。为了使这一点、并由此也使上述定理的证明直观化，且假定：

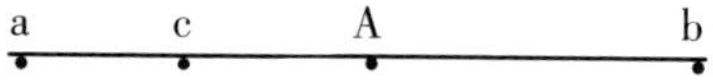

图 4

A 是空间中的一个单子的地点，ab 是它的推斥力范围的直径，因而 aA 是其半径。于是，在一个外来单子侵入那个范围所占据的空间而受到阻抗的 a 点和这一范围的中点 A 之间，可以指定一个点 C（根据空间的无限可分性）。现在，如果 A 阻抗极力侵入 a 点之物，那么，就连 c 也必须阻抗 A 和 a 两点。因为若不然，它们就会不受阻碍地互相靠近，结果是 A 和 a 在 c 点相遇，也就是说，这一空间就会被透入。因此，在 c 点必定 〔505〕
有某种东西阻抗着 A 和 a 的侵入，因而拒斥单子 A，如同它受单子 A 拒斥一样。现在，既然**拒斥**是一种运动，所以 c 是某种在空间中运动的东西，因而是物质，并且 A 和 a 之间的空间不能用一个惟一单子的作用范围来充满，c 和 A 之间的空间也是这样，如此类推，直至无穷。

如果数学家们在弹性物质被压缩得更紧或更松时，把它各部分的推斥力表现为按其相互距离的某种比例缩小或增大，例如空气的最小部分按其相互距离的反比例相互拒斥，因为其弹性与它在其中被压缩的那些空间是成反比例的，那么，人们在把必然属于一个概念的构想程序的东西在客体本身中赋予那个概念时，就完全歪曲了数学家们的意思并误解了他们的语言。

因为在他们看来，任何一个接触都可以被表现为一个无限小的距离；这在下述情况下，即要把一个或大或小的空间用物质的同一种量、亦即推斥力的同一个量表现为完全充实的时候，也必定会必然地发生。因此，在一种无限可分的东西那里，仍然不可以假定在整体的空间的一切扩展中总是构成一个连续体的各部分有任何现实的距离，尽管这种扩展的可能性惟有在某个无限小距离的理念之下才能被直观化。

附释 2

数学虽然在其内在运用中可以对某种错误的形而上学的刁难毫不在意，并且坚持其有关**空间的无限可分性**这些自明主张的可靠拥有权，不管什么样的异议都可能引起对此纯然咬文嚼字的玄思；然而，当把这些适用于空间的命题应用到充实空间的实体上去时，它毕竟不得不按照纯然的概念进行检验，从而不得不涉足形而上学。上述定理就已经是这方面的一个证明。因为只要不能证明在一个**被充实的**空间的一切可能部分的每一部分中也都有一个**实体**，因而这个实体也与其余一切实体相分离，作为自身运动物实存着，那么，即使物质在数学的意义上是无限可分的，即使空间的每一部分又是一个空间，因而在自身中总是包括着相互外在的各个部分，也不能必然得出物质在物理学上无限可分的结论。因此直到现在，数学的证明毕竟还缺乏某种东西，没有它，数学证明就不能在自然科学上有可靠的应用，而这个缺陷在上述定理中得到了补救。但是，就形而
〔506〕上学对**目前物理学的**物质无限可分性**定理**的其他抨击而言，数学家不得不完全听任哲学家作出这些抨击，哲学家反正要由于这些异议而走入迷宫，从中他很难在哪怕是直接关涉他的那些问题中找到出路，从而对自己感到满意，不让数学家插手这件事务。因为如果物质是无限可分的，那么（独断的形而上学家

就推论说）**它就是由各部分的一个无限集合构成的**；因为一个整体毕竟必须预先已经将它能够分割成为的所有部分全部包含在自身之中。最后这个命题即便对于任何一个**作为物自身**的整体来说也是无可置疑地确定的，因此，既然人们毕竟不能承认物质是**由无限多的部分构成的**，甚至连对空间也不能给予这种承认（因为一个无限的集合，其概念中就已经包含着它永远也不能完全被表现，要把它设想为完成了的整体，这就是一个自相矛盾），所以人们就会不得不在这一点上作出决定：要么违背几何学家而说：**空间不是无限可分的**；要么触怒形而上学家而说：**空间不是一个物自身的属性**，因而物质不是物自身，而只是我们外感官的一般显象，正如空间是显象的根本形式一样。

在这里，哲学家如今陷入了受一个危险的两难选择夹击的窘境。否定第一个命题，即空间是无限可分的，这是一种毫无价值的冒险，因为数学不允许用玄思去掉任何东西；但把物质看做物自身，因而把空间看做物自身的属性，却又否定那个命题，这也是一回事。因此，他发现自己不得不放弃后一种主张，哪怕它是如此普通并且合乎普通知性，但当然惟有在这样的条件下，即只有当他把物质和空间只当做显象（因而把空间只当做我们外部感性直观的形式，所以把两者都不当做事物自身，而只是当做其本身不为我们所知的对象的主观表象方式）的情况下，人们才也助他摆脱物质**无限可分**、但却**不**由**无限多的部分**构成这一困境。后面这个命题虽然不可能被直观化和构想，但却可以通过理性很好地被思维。因为惟有通过在表象中被给予才成为现实的东西，关于它被给予的，也不**多于**在表象中所发现的、亦即表象的进展所达到的。因此，对于其分割无限进行的那些显象，人们只能说，显象的部分正如我们所提供的那么多，也就是总是只有我们能够分割出来的那么多。因为这些部分作为属于一个显象的实存的，只实存于思想中，即实 〔507〕

存于分割本身中。现在，分割虽然是无限进行的，但它毕竟从未作为无限的东西被给予。因此，从中不能推论出，可分的东西之所以包含着**就自身而言**并且外在于我们表象的各部分的一个无限集合，其原因就在于它的分割是无限进行的。因为可分的东西并不是事物，而只是事物的这种表象，其分割尽管能够延续至无限，并且在客体中（它就自身而言是不可知的）也有这方面的根据，但永远也不能完成，因而也不能完整地被给予，所以也并没有证明在客体中有任何现实的无限集合（作为这样的集合它将是一个明显的矛盾）。一位也许对在德国保持数学的威望比其他任何人都贡献更多的伟人，曾多次用这样一种有根据的提醒，来反驳形而上学要推翻几何学关于空间的无限可分性定理的无理要求：**空间只属于外在事物的显象**。但他没有被理解。人们是这样来理解这个命题的，好像是他要说：空间显现给我们自己，它本来却是一个事物或者事物自身的关系，但数学家只是如其显现的那样来考察它；他们没有像本来应该的那样来理解这个命题：空间根本不是依附于我们感官之外的一个物自身的属性，而只是我们感性的主观形式，外感官的对象在这形式之下向我们显现，我们不知道这个对象就其本身而言是什么样性状，这种显现我们称之为物质。在那种误解中，人们一直还是把空间设想为一种甚至依附于我们想象力之外的事物的性状，可是，数学家却只按照通常的概念，也就是含混不清地来设想这种性状（因为人们通常就是这样解释显象的），人们因此就把数学关于物质无限可分性的定理，即一个以空间概念中的最高清晰性为前提条件的命题，归于几何学家当做基础的某种含混的空间表象，这时，形而上学家就可以随意地用点组合出空间，用单纯的部分组合出物质，并这样（在他看来）把清晰性带给了这个概念。这一混乱的原因就在于一种被错误理解了的**单子论**，它完全不是为解说自然显象所需要的，只不过是一个由**莱布尼茨**所阐明的**柏拉图主义**关于世界的概念罢了，只要这个世界根本不被作为感官的对象，而是作为物自身来看待，仅仅是一个知性的对象，那么这个世界概念本身就是正确的。但知性毕竟是感官显象的基础。现在，**物自身的复合物**当然必须由单纯的东西来构成，因为在这里，各部分必须先于一切复合被给予。但**显象中的复合物**并不由单纯的东西来构成，因为在永远只能以复合的（广延的）方式被给予的显象中， 〔508〕 各部分只能通过分割才能被给予，这样就不能在复合物之先，而只能在它之中被给予。因此，就我所了解，莱布尼茨的意思并不是要用单纯的存在者相互并存的秩序来解释空间，而毋宁说是要把这种秩序作为协调一致的、但仅属于一个（不为我们所知的）理知世界的东西，用它来支持空间。他无非是主张，如在别的地方指出过的，空间连同以它作为形式的物质并不包含物自身的世界，而是只包含它的显象，甚至只是我们外部感性直观的形式。

定理 5

物质的可能性要求一种**引力**作为其第二种本质性的基本力。

证明

不可入性作为物质的基本属性（通过它，物质才作为空间中的某种实在物首先显示给我们的外感官），无非是物质的扩张能力（据定理 2）。现在，一种使物质的各个部分相互逸散的基本运动力，**首先**，不能受它自身的限制，因为物质由此毋宁说致力于不断地去扩展它所充实的空间；**其次**，也不能被空间仅仅置于广延的某个界限上，因为空间虽然可能包含这样一种根据，使扩张力在一个自身扩张的物质扩展其体积时成反比例地减弱，但由于任何一个运动力都可能无限地有一个更小的程度，所以空间永远也不包含使一个运动力在某个地方消失的根据。因此，物质就会是仅凭其推斥力（它包含着不可入性的根据）保持下来。而且如果没有另一个运动力反作用于它，它就不会保持在广延的任何界限之内，也就是说要无限地逸散，在任何可以告知的空间里都找不到一个可以告知的量即物质。因此，如果只有物质的推斥力，一切空间都会是空的，因而根本就不会有物质存在。所以，一切物质为了其实存都要求有与
〔509〕扩张力相对立的力，即压缩力。但这些压缩力从本源上说不能再到另一个物质的相反努力中去寻求，因为这另一个物质本身为了成为物质也需要一个压缩力。因此，必须在某个地方设定物质的一种源始的力，它在推斥力的一个相反方向上起作用，从而造成接近，这就是一种引力。现在，既然这个引力是物质作为一般物质的可能性所要求的，因而先行于物质的一切差别，所以，它不能仅仅被赋予物质的一个特殊的种类，而是必须一般地、乃至源始地赋予任何物质。因此，源始的引力作为物质的本质所要求的基本力，应归于一切物质。

附释

在从物质的一种属性向另一种与之有类的区别的、**尽管不包含在同一个物质概念之中**但却是物质概念所同样要求的属性的过渡中，必须更切近地考虑我们知性的态度。如果引力本身是为物质的可能性而源始地要求的，为什么我们不把它与不可入性一样作为物质的第一个标志来使用呢？为什么后者是直接与物质概念一起被给予的，而前者则不放在这个概念中来考察，只是通过推论附加给这个概念呢？说我们的感官不让我们如同排斥和不可入性的阻抗那样直接地知觉到这种吸引，还不能充分地回答这个难题。因为即使我们具有这样一种能力，那也很容易看出我们的知性仍然为自己选择空间的充实，以便用

来描述空间中的实体亦即物质，看看物质的特性作为一个与空间不同的东西，究竟是怎样被设定在空间的**充实**之中，或如人们平常所说被设定在**坚固性**之中的。即使我们同样清楚地感受到吸引，它对我们来说也绝不会显示为一个具有一定**体积**和**形状**的物质，而只是显示为我们的感官去接近我们之外的一个点（能吸引的物体的中心点）的努力。因为地球一切部分的引力不能更多，也不能以其他方式作用于我们，除非它完全在地球的中心点上结合起来，而且这个中心点影响到我们的感官。一座山峰或者任何一块石头等等的吸引力也是这样。现在，我们由此并没有得到空间中任何一个客体的确定概念，因为既没有形状、也没有大小、甚至也没有客体存身的地点可以落入我们的感官之中（惟有吸引的方向能够被知觉到，例如在重力那 〔510〕
里：吸引的点将是未知的，我甚至看不出，就物质充实空间而言，没有对物质的知觉，吸引点本身应如何通过推理来查明）。因此很清楚：最初将我们关于**量**的概念运用于物质上，由此首先使我们有可能让我们的外部知觉在一个作为一般对象的物质的经验概念中发生转变，这仅仅基于物质用来使自己充实一个空间的那种属性，它凭借感觉的感官而使我们获得一个有广延者的大小和形状，因而对空间中一个确定的对象获得一个概念，这个概念是人们关于这个事物能够说得出的其余一切的基础。毫无疑问，恰恰这一点是人们在面对其他方面最清楚的证据，即证明吸引与排斥一样必然属于物质的基本力时，仍然拒绝引力，并且不想承认任何别的运动力，只承认由碰撞和挤压（两者都借助于不可入性）而来的运动力的原因。由于空间因此而被充实，人们说，这就是实体，这也自有它的道理。但是，既然实体惟有通过使我们知觉到其不可入性的感官，也就是通过感觉，因而惟有与接触相关时，才将它的存在显示给我们，这接触的开始（在一个物质向另一个物质的接近中）叫做碰撞，其继续则叫做挤压，所以，这看起来就像是，一个物质对另一个物质的一切直接作用除了挤压和碰撞之外，永远不可能是别样的，这是我们惟一可以直接感觉到的两种影响，相反，吸引就自身而言要么根本不能给我们提供感觉，要么不能给我们提供感觉的任何确定的对象，使我们很难要把它当做基本力。

定理 6

没有排斥，仅凭吸引力，就没有物质是可能的。

证明

吸引力是物质用来驱使另一个物质靠近自己的运动力，因此，既然在物质的一切部分之间都发现了它，物质就凭借它来努力缩小其各部分的相互距离，因而也努力缩小它们共同占据的空间。现在，除了另一个与之相对的运动力之外，没有任何
〔511〕东西能够阻止一个运动力的作用；但这个与吸引相对的运动力就是推斥力。因此，若没有推斥力，仅仅通过接近，物质的一切部分就会毫无障碍地相互靠近，并缩小该物质所占的空间。既然在这里所假定的情况中，各部分并没有那种凭借某个排斥力使吸引所造成的更大接近成为不可能的距离，所以，各部分就会一直朝对方运动，直到在它们之间完全找不到任何距离，也就是说，它们被汇集在一个数学的点上，空间就会成为空的，从而没有任何物质。据此，没有排斥力而仅凭吸引力，物质就是不可能的。

附注

一个事物的内在可能性当做条件本身所基于的那种属性，就是这种可能性的本质成分。因此，排斥力与吸引力一样都属于物质的本质，而且在物质的概念中哪一方都不能与另一方分离开来。

附释

由于在任何地方都只能设想空间中的两种运动力，即排斥和吸引，所以，为了先天地证明二者在一般物质的概念中的结合，事先就有必要对每一方都单独加以考虑，以便看一看它独自来说能够为展现一个物质提供些什么。现在很清楚，无论是人们不以二者中的任何一个作为基础，还是人们仅仅假定了二者中的一个，空间都将依然是空的，在其中找不到物质。

解说 6

物理学意义上的接触是**不可入性**的直接的作用和反作用。一个物质对另一个物质在接触之外的作用就是**超距作用**（actio in distans）。在处于其中的物质之间甚至无须中介也可能的这种超距作用就叫做直接的超距作用，或者也叫做物质**通过空的空间**而相互作用。〔512〕

附释

数学意义上的接触是两个空间的共同界限，因此，这一界限既不在一个空间之内，也不在另一个空间之内。所以，直线不能相互接触，而是当它们共有一个点时，如果它们继续延伸，这个点就既属于其中一条直线，又属于另一条直线，也就是说，它们相交。但是，圆和直线、圆和圆在一个点上相接触，两个平面在一条线上相接触，两个物体在一个面上相接触。数学的接触在物理的接触那里被作为基础，但只是数学的接触还不构成物理的接触，为了从中产生后者，还必须在前者之上再将一个动力学的关系考虑进去，而且这不是指吸引力，而是指排斥力，即不可入性。物理接触是推斥力在两个物质的共同边界上的相互作用。

定理 7

对一切物质来说本质性的吸引是物质通过空的空间对别的物质的一种直接作用。

证明

源始的吸引力自身包含着物质作为在一定程度上充实一个空间的东西之可能性的基础，从而甚至也包含着物质的物理接触之可能性的基础。因此，它必定先行于这个物理接触，所以，它的作用必定不依赖于接触的条件。现在，一个不依赖于任何接触的运动力，其作用也不依赖于运动物和被运动物之间空间的充实，也就是说，即便二者之间的空间未被充实，它也必定存在，因而是作为通过空的空间的作用而存在。因此，源始的、对一切物质来说本质性的吸引是一个物质通过空的空间对别的物质的一种直接作用。

〔513〕 附释 1

说人们应当使基本力的可能性可以理解，这是一个完全不可能的要求；因为它们之所以叫做基本力，正是因为它们不能从别的力派生出来，亦即根本不能被理解。但是，源始的引力一点也不比源始的排斥**更不可理解**。它只是不像不可入性那样直接呈现给感官，为我们提供空间中确定的客体的概念罢了。因此，由于它是不可感觉、只能推断的，就它仿佛只不过是运动力通过排斥的某种隐蔽活动而言，它具有一种派生的力的假象。在更为仔细的考察中，我们看到：它根本不能再由别的任何地方派生出来，至少不能从物质通过不可入性的运动力中派生出来，因为它的作用恰恰是后者的对立面。对直接的超距作用最通常的反驳是：一个物质毕竟不能在**它不在的地方**直接起作用。当地球直接驱使月球向它靠近时，它是作用于一个离它有千万里的东西，但尽管如此却是直接地作用；即便它与月球之间的空间也可以被看做完全空的。因为即使在这两个物体之间存在物质，该物质毕竟没有参与吸引。因此，地球是在它不存在的那个地方直接发生作用的：这从表面看来是某种自相矛盾的东西。然而，如果人们能够反过来说，空间中任何一物只有在作用者不在的地方才作用于另一物，就不那么自相矛盾了。因为如果它要在作用者本身所在的同一个地方起作用，那么它所作用的那个事物就根本不是**外在于它**；因为这种**外在**意味着在一个他物不在的地方在场。即使地球和月球也相互接触，接触点毕竟是一个无论地球还是月球都不在的地点；因为二者以其半径的和相互分离。在这个接触点上，甚至找不到任何部分，既找不到地球的部分，也找不到月球的部分。因为这个点位于两个被充实的空间的界限上，这界限既不构成一方的部分，也不构成另一方的部分。因此，说物质不能在远距离中直接相互作用，这就等于是说：不借助于不可入性的力，物质就不能直接相互作用。现在，这就等于好像我说：推斥力是物质能够用来发生作用的惟一的力，或者说它们至少是必要的条件，惟有在这个条件下，物质才能够相互作用，这就会要么把吸引力说成是完全不可能的，要么把它们说成是永远依赖于推斥力的作用的；但这二者都是没有任何根据的主张。空间的数学接触和由拒斥力而来的物理接触的混淆在这里构成了误解的 〔514〕
原因。在接触之外而直接相互吸引，意味着按照一个恒定的规律相互接近，用不着让排斥力为此包含着条件。这与直接地相互排斥，亦即按照一个恒定的规律相互逸散，用不着吸引力对此有任何参与，是一样可以很好地设想的。因为这两种运动力属于完全不同的类型，而且，使一方依赖于另一方，否认一方不借助于另一方而有可能性，这都缺乏丝毫的根据。

附释 2

从接触中的吸引根本不能产生出运动；因为接触是不可入性的相互作用，所以它阻挡一切运动。因此，必须在接触之外还发现直接的吸引，从而是远距离的吸引；因为若不然，甚至那些应当产生接近的努力的挤压力和碰撞力，由于它们是在相反方向上借助物质的推斥力起作用的，也不可能有任何原因，至少没有在物质本性中源始地存在着的原因。人们可以把那种不借助于推斥力而发生的吸引称为**真实的**吸引，把仅仅以那种方式发生的吸引称为**虚假的**吸引；因为真正说来，另一物体仅仅由于从别的地方受到碰撞而被驱使努力去接近的那个物体，根本没有对另一物体施加吸引力。但是，即便是这些虚假的吸引力，终归也必须有一个真实的吸引力作为基础，因为其挤压或者碰撞要取代吸引的那种物质，离开了吸引力就甚至连物质也不是（据定理 5），因而用**纯然虚假的吸引**来解释一切接近现象的方式就是在兜圈子。人们通常认为，**牛顿**发现对于自己的体系来说完全没有必要去假定物质的一种直接吸引，而是在这里以纯粹数学最严格的克制精神，听任物理学家们完全自由地解释这种吸引的可能性，只要他们认为这样做好，而不把他自己的命题与他们的假设游戏混在一起。不过，如果他不曾假定，一切物质仅仅作为物质且通过其本质属性而施加着这种运动力，那么，他怎么能够建立这个命题，即物体在等距离上向周围施加的普遍吸引与其物质的量成正比？因为尽管当一个物体吸引另一个物体时，不论它们的物质是否同类，在二者之间当然必定发生始终与物质的量成反比的相互接近（根据相互作
〔515〕用相等的规律），但这个规律却毕竟只造成了一条力学原则，而不是动力学原则，也就是说，这是从吸引力得出的**运动**的规

律，不是**引力**本身的比例的规律，并不适用于所有一般的运动力。因此，如果一块磁石某一次受到另一块相同的磁石的吸引，另一次受到同一块磁石的吸引，但后者却是锁在一个重两倍的木盒子中的，那么，第二块磁石在后一种情况下给予第一块磁石的相对运动就会比在前一种情况下更多，尽管给第二块磁石的物质增加了量的木头对这块磁石的吸引力没有一点添加，也不证明盒子有磁性吸引。**牛顿**说（《自然哲学原理》，第3卷，命题6，附录2）："如果以太或者任何其他物体没有重量的话，那么，由于它和其他任何物质毕竟仅仅在形式上才有区别，它将会一步步地通过逐渐改变这一形式而被转变为与地上具有最大重量的那种物质同类的物质，因此，后者反过来将会通过逐渐改变其形式而失去一切重量，而这是与经验相悖的……"因此，他甚至不把以太（更不用说其他物质了）排除到吸引的规律之外。那么在他看来，为了通过物质的碰撞而把物体的互相接近看做纯然虚假的吸引，对于物质来说究竟还能剩下些什么呢？因此，如果人们冒昧地用一种虚假的吸引偷换牛顿所主张的真实的吸引，并假定由**碰撞**而来的推动的**必要性**，以便解释接近的现象，那么，人们就不能引证吸引理论的这位伟大奠基人作为自己的先行者。他有理由撇开一切假设来解答物质万有引力之原因的问题；因为这个问题是物理学的或形而上学的，但不是数学的，而且虽然他在自己的《光学》的第二版序言中说：ne quis **gravitatem** inter **essentiales** corporum proprietates me babere existimet，quaestionem unam de eius causa investiganda subieci［为了不让人以为我把重力算做物质的本质属性，我补充了关于研究其原因的一个问题］，人们还是觉察到，他的同代人、也许还有他本人对于一种源始的吸引的概念所抱的反感使他自己与自己不一致了。因为如果他不假定，两个星球，例如木星和土星，仅仅作为物质，因而根据物质的一个普遍属性而吸引别的物质的话，他就绝对不能说，这两个星球在与它们的卫星（其质量人们不知道）相等的距离上所证实的吸引力，与它们的物质的量成正比。

〔516〕

解说 7

物质只能在接触的共同表面上直接相互作用所用的运动力，我称之为**表面力**；但一个物质也能够超出接触表面之外直接作用于另一物质的诸部分的运动力，我称之为**透入力**。

附注

物质借以充实一个空间的排斥力是一种纯然的表面力。因为相互接触的各部分为一个力限定了另一个力的作用空间，推斥力不借助存在于其间的各部分便不能推动那更远的部分，而一个物质通过扩张力越过这些中间部分对另一个物质的直接作用是不可能的。相反，对于一个吸引力来说，一个物质凭借它占据一个空间，却**并不充实这个空间**，因此，它是**通过空的空间**作用于另一个远处的物质的，存在于其间的物质并不为它的作用设定界限。这样，就必须设想使物质本身成为可能的那种源始的吸引，因此，它就是一种透入力，并惟有因此而任何时候都与物质的量成比例。

定理 8

甚至物质本身的可能性也作为基础的这个源始的吸引力，在宇宙空间中从物质的每一部分直接延伸到任一其他部分，以至无穷。

证明

由于源始的吸引力属于物质的本质，所以，它也应归于物质的每一部分，亦即也直接地超距发生作用。现在，假设有一个距离，源始的吸引力并未延伸到它外面，这样，对它的作用范围的这种限定要么就会基于在这一范围之内存在的**物质**，要么就会仅仅基于它将这个影响扩散到的那个**空间**的大小。第一种情况是不成立的，因为这个吸引是一个透入力，它不顾存在于其间的一切物质，把一切空间作为一个空的空间来穿透，**直接地**超距发生作用。第二种情况同样不成立，这是因为，由于每一种吸引都是具有一个程度的运动力，在这个程度之下，总是无限地还可以设想一个更小的程度，所以，在一个更大的距离中虽然有一个使吸引的程度与力的扩散范围成反比减小的根据，但却永远不能完全取消吸引。因此，既然没有任何东西在某个地方给物质每个部分的源始吸引的作用范围规定界限，所以吸引就超越一切可以告知的界限而延伸到任一别的物质，从而在宇宙空间中延伸至无限。 〔517〕

附注 1

这种源始的吸引力是一种透入力，它由一切物质所施加，因而是按照它们的量的比例所施加，向一切物质、在一切可能的广度上延伸自己的作用。从这种源始的吸引力中，在与反作用于它的、亦即拒斥的力相联系时，必然能够派生出这个拒斥力的限制，从而派生出一个在一定程度上被充实的空间的可能性。而这样，就会构想出物质作为（在一定程度上）充实其空间的运动物的动力学概念。但为此，我们就需要一个关系规律，它既是源始的吸引的关系规律，又是物质及其各部分在不同距离上相互排斥的关系规律；既然这个规律仅仅基于这两种力在方向上的区别（因为一个点被驱动，要么是接近其他点，要么就是远离其他点），并基于这两种力的每一种都在不同广度上扩散到的空间的大小，所以，它是一个纯粹的数学课题，不再属于形而上学；甚至就未完成以这种方式去构想物质的概念的责任而言，它也不属于形而上学。因为形而上学仅仅对被给予我们的理性知识的构想要素的正当性负责，而不对我们的
〔518〕理性在执行中的不充分性和局限性负责。

附注 2

既然一切被给予的物质都必须以某个一定程度的推斥力来充实自己的空间，以便构成一定的物质性事物，所以，惟有一个与源始的排斥相冲突的源始的吸引才能使空间一定程度的充实，从而使物质成为可能；而不管这种程度是来自被压缩的物质各部分相互之间固有的吸引，还是来自这种吸引与一切宇宙物质的吸引的结合。

源始的吸引与物质的量成正比，并延伸至无限。因此，物质按一定的尺度来规定的对一个空间的充实最终只能由物质无限延伸的吸引来造成，并按照物质的排斥力的尺度被给予每一个物质。

由一切物质对一切物质在一切距离上直接施加的普遍吸引的**作用**，叫做**万有引力**。在万有引力较大的那个方向上运动的努力就是**重力**。每个被给予的物质各部分的普遍推斥力的作用叫做这些物质的源始的弹性。因此，弹性和重力构成了物质惟一可以先天认识到的两种普遍性质，前者是内在地构成，后者是在外部关系中构成；因为物质本身的可能性就基于这二者的根据：当**联系**被解释为物质仅仅局限于接触条件之上的相互吸引时，它就不属于一般物质的可能性，因而也不能被先天地认识为与此相结合的。因此，这个属性就会不是形而上学的，而是物理学的，因而不属于我们目前的考察。

附释 1

为了尝试这样一个或许可能的构想，我不能不附加上一个小小的预先提醒。

（1）对于任何一个在不同广度上直接起作用的力，而且就它对每一个在某种广度上被给予的点施加运动力所用的程度而 〔519〕
言，它仅仅受自己为了作用于那个点而必须在其中扩散的那个空间的大小限制，我们可以说：在它扩散到的一切空间中，不论这些空间是大还是小，它总是构成一个等量，但它作用于这个空间中那个点的程度，却在任何时候都与它为了能够作用于那个点就必须扩散到的那个空间成反比。这样，例如光就从一个发光点以球面四处扩散，这个球面总是与距离的平方成正比增长，照明度的量在所有这些无限扩大的球面上就总体而言永远不变。由此得出：当同一个光量扩散的那个球面越大时，一个在该球面上假定的同样大的部分所受到的光照按其程度就必定越少。这也适用于一切其他力和规律，根据这些规律，那些力为了按其本性作用于远处的对象，就必须要么以平面，要么以立体的空间扩散。如此表现一个运动力由一个点向所有广度扩散，比用通常的方式，例如在光学中所发生的那样，用从一个中心点发散开来的辐射线的方式来表现，要更好些。因为既然以后面这样的方式引出的直线永远也不能填满它们所经过的空间，因而也不能填满它们所遇到的表面，无论它们被引出和被安置多少；这是这些直线的扩散不可避免的结果，所以这些直线只是给一些麻烦的推论提供了诱因，这些推论则给在仅仅考察整个球面的大小时根本不可避免的假设提供了诱因，这个球面应当被同等量的光**均匀地**照亮，并在任何位置上都自然而然地具有与其大小同整体的比例成反比的光照程度。对于一个力通过不同大小的空间的所有其他扩散来说，情况也是这样。

（2）如果这个力是超距的直接吸引，那么，吸引的方向线就更不能被表现得好像是从吸引点如同光线那样散射开去，而是必须被表现为好像是从周围球面（其半径是那个被给定的广度）的一切点向吸引点聚拢来。因为一个朝向作为其原因和目的的点的运动，其方向线本身就已经给定了 terminus a quo［起点］，这些线必须从此开始，也就是从表面所有的点开始，从这里它们才有了自己指向吸引的中心点的方向，而不是相反。因为只有这个面的大小规定了那些线的集合，中心点则让它们暧昧不定。①

〔520〕（3）如果这个力是一个点（在纯然数学的展示中）**以动力**

① 按照以辐射的方式从一个点扩散开来的那些直线，来把给定距离上的那些面设想为被这些线的作用（无论是光照还是吸引）所完全充实，这是不可能的。那样的话，在这样散射的光线那里，一个远处的面受到较小的光照就会仅仅是基于，在这些被照亮的地方之间还剩有未被照亮的地方，面的距离越远，它们也就越大。**欧拉**的假设避免了这种不当，不过，它为使人理解光的直线运动造成了更多的困难。但这种困难起因于一个完全可以避免的数学设想，即把光物质设想为一些圆粒的聚集，这些圆粒按照其相对于碰撞方向的不同的倾斜位置会造成光的侧运动，因为除此之外没有任何东西妨碍把这种物质设想为一种源始的流体，而且完全不是分裂为一些固体的小颗粒。如果数学家要使光随着距离的增加而减弱直观化，他使用的是散射的辐射线，为的是在其扩散的球面上展示光的同一个量在这些辐射线之间均匀扩散的那个空间的大小，从而展示光照程度的减少；但他并不是要人们把这些射线看做惟一能照亮的射线，好像在它们之间永远可以找到那些随着广度的增大而增大的无光区域似的。如果人们要把这样的面的每一个都表现为完全被光照亮的，那就必须把覆盖更小的面的同一个光照量在更大的面上设想为均匀的。因此，为了指出这个直线的方向，就必须从这个面及其所有的点向发光点引出直线。必须预先设想作用及其大小，而后才指出原因。这同样适用于引力线（如果我们愿意这样称呼它的话），甚至适用于要由一个点出发充实一个哪怕是立体的空间的力的所有方向。

学的方式充实一个空间所用的一种直接的排斥，而且问题在于，一个源始的推斥力（因而它的限制仅仅基于它在其中扩散的那个空间）是根据怎样一条无穷小距离（这种距离在此被视为与接触等同）的规律而在不同距离上起作用的，那么，人们就更不能用从一个假定的推斥点出发的斥力线来表现这个力了，尽管运动的方向以这个点为 terminus a quo［起点］。因为这个力为了超距发生作用而必须扩散于其中的空间，是一个应当被设想为充实的立体空间（对此来说，一个点通过其运动力，即以动力学的方式，立体地充实一个空间的方式，当然无法作出进一步的数学展示），而从一个点出发散出来的射线是不可能表现一个立体的充实空间的推斥力的，相反，对于这些相互推斥的点的各种无限小的距离上的排斥力，人们会完全只与这些 〔521〕
点中的每一个以动力学的方式充实的立体空间成反比地、从而与这些点的相互距离的立方成反比地来推测，却不能去构想它。

（4）因此，在一切广度上，物质源始的吸引都会与距离的平方成反比地起作用，源始的排斥则与无限小距离的立方成反比地起作用，而通过两个基本力的这样一种作用和反作用，对其空间具有一定程度充实的物质就会是可能的。这是因为，既然在各部分的接近中，排斥比吸引以更大的规模增长，而通过给定的吸引并不可能有超越这接近之上的更大的接近，所以这个接近的边界，从而那个构成空间的内部充实之规模的压缩程度也都是确定的。

附释 2

我清楚地看到了对一般物质的可能性的这种解说方式的困难，这种困难就在于，如果一个点不同时通过它的力来充实整个立体空间直到给定的距离，它就不能通过推斥力直接地驱动别的点的话，那就似乎可以得出，这个空间在这种情况下就必须包含更多能驱动的点，这是与预设相悖的，且在上面(定理 4)

已经被以空间中单纯物的排斥范围的名义予以反驳了。但是，一个能够被给予的现实空间的概念，与一个仅仅为了规定各给定空间的关系而设想出来的、事实上并不是空间的空间的纯然理念，这两者之间是可以作出某种区别的。在上述自以为的物理单子论的事例中，应当有一些现实的空间，它们被以动力学的方式，即通过排斥而被充实，因为作为点，它们的实存先于物质由此可能的一切产生，且通过它们所特有的作用范围规定着应被充实的空间能够属于它们的部分。因此，在设想出的假设中，物质也不能被视为无限可分的，被视为连续的量；因为直接相互排斥的各部分毕竟相互间有一个确定的距离（即它们的排斥范围半径的总和）；反之，如果我们如事实上发生的那样把物质设想为固定的大小，那么，相互直接排斥的各部分就根本没有什么距离，这些部分的直接作用的范围也就不会变大或者变小。但现在，物质是能够扩张或者被压缩的（如空气），而且在这里，人们设想其最接近的部分有一个能够增减的距离。但是，由于一个**固体**物质的最接近的各部分不论是继续扩
〔522〕张还是继续被压缩，它们都是互相接触的，所以人们就把它们相互之间的那个距离设想为**无穷小**，把这个无穷小的空间设想为在更大或者更小的程度上被它们的排斥力所充实。但这个无穷小的间隙与接触根本没有区别，所以只是一个空间的理念，被用来使一个作为固定大小的物质的扩展直观化，尽管这样一来它就完全不可能被现实地理解了。因此如果说，物质相互直接驱动的各部分的排斥力与其距离的立方成反比，那么这仅仅意味着：它们与立体的空间成反比。人们在这些部分之间来设想立体的空间，但这些部分相互之间却仍然是直接接触的，它们的距离正因为此而必须被称为**无穷小**，以便与一切现实的距离区别开来。因此，人们不能从构想一个概念的困难出发，或者毋宁说从对这种构想的误解出发，就对概念本身提出异议；

因为若不然，他就会在数学上去展示吸引在不同距离上得以产生的比例，其中包括使一个扩张的或者被压缩的物质整体中每一个点直接排斥另一个点的距离。动力学的普遍规律在这两种情况中就会是：一个点对外在于它的每一个别的点所施加的推动作用，与这个运动力的同一个量为了在一定距离上直接作用于后一个点而必须在其中扩散的那个空间成反比。

因此，从物质源始地相互排斥的各个部分与其无穷小的距离的立方成反比这条规律中，必然会得出物质的扩张与压缩的一个规律，它完全不同于**马里奥特**的气体规律；因为后者如牛顿所阐明的那样（《自然哲学的数学原理》，第 2 卷，命题 23 注释），证明了物质最接近的各部分与自身相互距离成反比的逸散力。不过，人们也不能把这些部分的张力看做**源始的**排斥力的作用，相反，这种张力是基于**热**的，热不只是作为一种侵入各部分之中的物质，从一切迹象看来倒是通过各部分的动荡而迫使真正的气体部分（除此之外，人们可以承认它们相互间有现实的距离）相互逸散。但是，这种振动必然给予相邻的各部分一种与其距离成反比的逸散力，这一点的确可以根据弹性物质振动的运动传递规律来使人理解。

我还要声明的是：我不希望这里对源始排斥规律的说明被看做必然属于我对物质的形而上学探究的意图，也不希望这种探究（对它来说，把空间的充实描述为物质的动力学属性就足够了）被与那种说明可能遇到的争论与怀疑混淆起来。〔523〕

动力学的总附注

如果我们回顾一下对动力学的所有探讨，我们就会发现：**首先**是在**斥力**对空间的充实中考察了空间中的**实在的东西**（通常被叫做坚固的东西）；**其次**是考察了就作为我们外部知觉的真正客体的前者而言**否定性的东西**，亦即引力，通过它，就其本身而言一切空间都被透入，从而完全取消了坚固的东西；**第三**是考察了通过第二种力而对第一种力的**限制**，以及由此产生的对空间的充实程度的规定。这样，物质的**质**就其应被归于某种形而上学的动力学而言，就在**实在性**、**否定性**和**限定性**的名目下得到了充分的探讨。

动力学的总附释

物质性自然的动力学的普遍原则是：外部感官对象的一切不是仅仅作为空间规定（地点、广延和形状）的实在东西，都必须被看做运动力；这样一来，所谓坚固的东西或者绝对的不可入性，作为一个空洞的概念，就被从自然科学中被排除了，取而代之的是斥力；但与此相反，真实的直接吸引却在一种自己误解自己的形而上学的一切幺想面前得到了捍卫，并且作为基本力，本身被解说为对于物质概念的可能性来说必不可少的。由此，就产生出这样的结论：如果人们认为空间有必要即使**没有空的间隙**也散布于物质内部的话，那么，空间至多可以被假定普遍的，尽管如此仍然在不同程度上**被充实的**。因为按照物质的前一种属性，即充实一个空间的属性所基于的推斥力源始地不同的程度，这种推斥力与源始的吸引（无论是每个物
〔524〕质自身固有的吸引，还是宇宙一切物质联合起来的吸引）的比例可以被设想为无限不同的：因为吸引是基于物质在一给定空间中的集合的，反之，物质的扩张力则基于空间被充满的程度，这一程度在种类上可能极其有差异（例如等量的空气在同一体积中根据其加热的多少表现出或多或少的弹性）；因此这两种力的一般根据是：通过真实的吸引，物质的**一切部分**直接作用于另一物质的**一切部分**，但通过扩张力，却只有**在接触面**

上的那些部分起作用，不管在它背后发现的这种物质是多还是少，这种作用都是一样的。现在，单是从这一点就已经对自然科学产生出一个很大的好处，因为这样一来，自然科学就卸下了要单凭想象力用充实和虚空制造出一个世界来的重负，毋宁说一切空间都可以被设想为充满的，但却是在不同规模上被充实的，这至少使空的空间失去了它的**必然性**，并回归到一种假设的价值上。因为若不然，它就会借口为解释空间不同程度的充实而必需的条件来自以为能够得到一个原理的头衔。

尽管这一切，一种此处在方法上运用的形而上学在把同样也是形而上学的、但没有经过批判检验的原则束之高阁时，所带来的好处显然只是**否定性的**。尽管如此，由此还是为自然研究者间接地扩大了其领域，因为从前他用来自己限制这一领域并使一切源始的运动力都被用哲学思维去除的那些条件，现在已失去其有效性了。但是，人们不要超出使一般物质的普遍概念成为可能的东西，去先天地解释物质特殊的、甚至种类上的规定性和差异性。物质概念被归结为纯粹的运动力，人们对此也不可能别有他求，因为在空间中除了运动之外，就不能设想任何活动和任何变化。然而，是谁要看出基本力的可能性呢？这些基本力惟有在不可避免地属于一个基本概念，关于这个概念可以证明它是一个不能再从别的概念（如空间的充实概念）中派生出来的情况下，才能够被假定，而这就是一般的斥力和对它们起反作用的引力。关于这些力的联结和结果，我们顶多还能够先天地作出判断，看人们能够不自相矛盾地设想它们相互之间具有怎样的一些关系，但毕竟不能因此而自以为能够把这些力中的某一种假定为现实的，因为要有权利建立一个假说就不容忽视地要求：我们所假定的那种东西的**可能性**是完全**确凿的**，但在基本力那里，却永远不能看出它们的可能性。而且在这里，数学和力学的解说方式比起形而上学和动力学的解说

〔525〕方式来有一个不能被夺走的好处，即用一种完全同质的材料，通过各部分各种各样的形状，并借助散布于其间的空的间隙，建立起物质的一种无论就其密度来看还是就其作用方式来看（当加进外来的力时）都是庞大的种类上的杂多性。因为无论是形状还是空的间隙，其可能性都可以用数学的自明性来阐明；反之，如果材料本身被转化为基本力（我们不能先天地规定这些力的规律，更不能可靠地说明它们足以解释物质的种类差别的杂多性），我们就失去了**构想**这个物质概念、并把我们所普遍地思考的东西作为可能的而呈现在直观中的一切手段。但与此相反，一种纯然数学的物理学在另一方面又双倍地为那种好处付出了代价，因为它首先不得不把一个空洞的概念（绝对不可入性概念）当做基础，其次不得不放弃物质**固有的**一切力。此外，与它对基本材料作源始的构形并插入空的空间同时，由于这要求解释需要，所以又不得不允许想象力在哲学的领域里有更多的自由，甚至有合法的要求，以致不能与哲学的审慎很好地协调。

我不想对物质的可能性及其由那两种基本力而来的种类差别加以充分的解释，这也许是我无法做到的，我只想把物质的种类差别在总体上必然可以先天地达到（虽然并不同样可以根据其可能性来理解）的那些要素，如我所希望的那样完备地展示出来。插入这些定义之间的那些附释将指出这些定义的运用。

（1）一个物理学意义上的**物体**是在**一定界限之间的一个物质**（因而它有一个形状）。**在这些界限之间的空间按照其大小来看**就是**体积**（volumen）。一个有一定体积的空间的充实程度就叫做**密度**（通常，“密的”这一表述也被绝对地用于**并非空虚的**［泡状的、多孔的］东西之上）。在这种意义上，在绝对不可入性的体系中，就存在着一种绝对的密度，而且是在一个物质根本不包含空的间隙的时候。按照空间的充实这个概念，人们提出了种种比较，并把一个自身包含更少空隙的物质称做比另一个物质更密，最后直到那种物质里面没有任何空间的部分是空的，则叫做完全密的物质。后面这种表述我们只能按照物质纯然数学的概念来使用，不过在一种纯然相对的不可入性的动力学体系中并不存在密度的极大或者极小，而尽管如此每一个哪怕很稀薄的物质，如果它完全充实其空间，不包含空的间隙，因而是一个连续体而非间断体，那么它仍然可以叫 〔526〕
做完全密的；然而，它毕竟在与另一个物质相比较时，在动力学的意义上，如果它虽然完全充实自己的空间，但并不是在同样的程度上充实，就是较少地密。不过，即使是在动力学的体系中，如果我们不将物质设想为种类上相同的，以至于仅凭压缩就可以从一个物质产生出另一个物质来的话，那么，根据密度来思维物质的比例关系也不合适。既然此时这种比例关系对于一切物质自身的本性来说并不显得是必然地需要的，所以，在不同类的物质之间，就其密度而言，就不可能进行适当的比较，例如在水和水银之间，尽管这已成了习惯。

（2）**吸引，就它仅仅被设想为在接触中起作用的而言**，叫做**联系**（虽然人们通过极好的试验阐明，这个在接触中叫做联系的力，即使在很小的距离上也被发现在起作用；然而，**只要**我仅仅在接触中来思维吸引，吸引就按照通常的经验叫做联系。而在日常经验中，吸引在很小的距离上几乎是知觉不到的。联系通常被假定为物质的一个极普遍的属性，这并不是好像人们通过物质概念就已经被引导到它，而是因为经验到处都阐明了它。不过，这种普遍性必须不被理解为**集体的**，就好像每一个物质都通过吸引的这种方式**同时**对宇宙空间中的每一别的物质起作用似的——诸如此类的方式就是万有引力的方式——，而只被理解为**分别的**，也就是说，对这个或者那个物质起作用，不管与它接触的物质是哪一类的。因此，并且就像各种证据所能够阐明的那样，由于这个吸引不是透入的，而仅

仅是表面力，由于它本身作为表面力也不是到处都取决于密度，由于要达到联系的充分强度就要求有物质的一个在先的流体状态和它此后的凝固状态，而被打碎的固体物质，如有一条裂缝的玻璃镜，在它们原先联系得如此紧密的那些面上，最严密的接触也远远不再能有它在溶解后凝固起来所具有的那种程度，所以，我不把接触中的这种万有引力视为物质的基本力，而是视为一种纯然派生的力。对此，下文还要谈更得更多）。**一个物质，其各个部分相互之间虽然有相当强的联系，却仍然能够因任何哪怕很小的运动力而彼此位移，这个物质就是液态的。但是，如果一个物质的各个部分并不减少接触的量，而只是被迫相互交换这种接触，那么，它们就彼此位移。如果接触**
〔527〕**不仅被彼此交换，而且被取消或者其量被减少，那么，各个部分、从而还有物质就被分离**。一个**固态的**——更准确地说是**凝固的——物体**（corpus rigidum）**是一个各部分不会由于任何力而彼此位移的物体**——因此，各部分是以一定程度的力在阻抗着位移。**物质彼此位移的障碍就是摩擦**。**针对**相互接触的物质的**分离**作出阻抗，这就是联系。因此，液态物质在被分割时并不承受任何摩擦，而是在发现这种摩擦的时候，物质被假定为凝固的——在或大或小的程度上，其最后的程度就叫做**黏性**（viscositas）——至少根据其较小的部分来这样假定。**如果凝固的物体的各个部分不断裂就不能彼此位移**，从而各个部分的联系不同时被取消就不能被改变，那么，**这个凝固的物体就是脆的**（人们把液态物质和固态物质的区别归于其各部分联系的不同程度，是很没有道理的）。因为要把一个物质称为液态的，这并不取决于它阻抗支解的程度，而是仅仅取决于它阻抗其各部分的彼此位移的程度。前一种阻抗可以是任意大，而后一种阻抗在液态物质中却任何时候都等于零。且看一滴水。当其内部的一个小部分被接触它的相邻部分哪怕是很大的引力向一侧

吸引时，这同一个小部分却正好也被同样多地向相反的一侧吸引，并且由于两方面的吸引抵消了它们的作用，这个微粒就很容易移动，就好像它处在空的空间中似的。也就是说，应当推动它的那个力不用克服任何联系，而是只需要克服所谓的惯性。惯性是它在一切物质那里都必须克服的，即使这些物质根本不是用惯性联系起来的。因此，用显微镜才能看见的微生物如此轻松地在它里面运动，就好像根本不用分割任何联系似的。因为它确实不用排除水的联系，也不用减少自己下面的水的接触，而只需要改变它就行。但是，如果你们设想这个微生物，就好像它要穿过水滴的外表似的，那就首先可以看出，这个水滴各部分的相互吸引使得这些部分一直在运动，直到它们达到相互之间的最大接触，从而达到与空的空间的最小接触，也就是构成一个球形。现在，当上述小虫努力要钻出水滴表面时，它就必须改变这个球形，因而导致水和空的空间更多的接触，也导致水滴的各部分相互之间更少的接触，亦即减少它们的联系；而这时，水才通过其联系来阻抗它，但不是在各部分 〔528〕
相互之间的接触没有任何减少的水滴内部，而是仅仅在它们的接触被改变为与别的部分的接触的地方，因而，这些部分丝毫没有被分离，而只是被移动了。人们也可以把牛顿关于光线所说的话，即光线不是通过密的物质，而只是通过空的空间被反射回来，运用于用显微镜才能看见的微生物上，而且是出自类似的根据这样运用的。因此很清楚，一个物质各部分联系的扩大丝毫不损害其液态。水在其各部分中的联系远比人们通常在信赖把金属片从水的表面拉开的试验时所相信的更强，这个试验没有裁定任何东西，因为在这里，水并不是在最初接触的整个面上，而是在一个小得多的面上被拉开的。这个小得多的接触面终归是由其各部分的位移造成的，正如一根软蜡棒被一个挂上的重物首先拉得细长，然后必定是在一个远比人们最初所

假定的更小的面上被拉断一样。但就我们的液体概念而言完全肯定的是如下这一点：**液态物质也可以被解说为这样一种物质，它的每一个点都以它被压迫向一个方向所用的同样的力朝所有的方向努力运动**；这是流体动力学的第一规律所基于的一种属性，但这一属性永远也不能像光滑的固体小颗粒的堆积的压力按照复合运动的规律很容易被消解所能够表明的那样，被赋予这种堆积，并由此证明液体的属性的独特性。现在，如果液态物质只承受位移的极小阻力，因而也只承受极小的摩擦，那么，这个摩擦就会随着把这个物质各部分相互压在一起的那个压力的强度而增长，最后就会产生一个压力，由于这个压力，这个物质的各部分不能因任何小小的力就彼此位移。例如一只双股弯管，其中一股可以任意粗，另一股可以任意细，只是不要成为毛细管。当人们把这两个股设想为几百英尺高时，根据流体静力学规律，液态物质在细管中和粗管中将会是同样的高度。但由于加在两管底部、因而也加在把两个相通的管子结合起来的那个部分的压力可以被设想为与高度成正比地无限增大，所以如果在液体的各部分之间有极小的摩擦，就必定能够发现在管子的某一个高度上，注入细管中的一个小的水量并不会把粗管中的水从其位置上推开，从而细管中的水柱就会高过粗管中的水柱，因为下面的各部分虽然有它们相互之间如此
〔529〕巨大的压力，也不再能由于像添加的水重量这样小的动力而位移，而这是与经验、甚至与液体的概念相悖的。同样的道理也适用于人们不用压力而用重量来设定各部分的联系的时候，不管这个联系有多么大。上文所引的第二个液体定义是流体静力学的基本规律的基础，即液态是一种物质的属性，在这里，物质的每一部分努力以它在某个给定方向上受到压迫所用的同一个力向一切方面运动。这个定义是当人们把一般动力学的基本规律与第一个定义相结合时从第一个定义中推出来的。这个基

本规律就是：一切物质原本都具有弹性，因为它必定努力以压力在任何一个任意的方向上发生所用的同一个力，向它被压缩于其中的空间的每一个方面扩展，亦即（当一个物质的各部分像在液态物质那里现实地发生的那样，可以因任何一个力而无阻碍地彼此位移的时候）运动。因此，真正说来，惟有凝固的物质（其可能性除了各部分的联系之外还需要某种别的解说理由）才可以被赋予摩擦，而摩擦已经以坚硬性为前提条件。但是，为什么某些物质尽管所具有的联系力比另一些液态物质固然根本不更小，但也许并不更大，尽管如此却强有力地阻抗各部分的位移，因而惟有通过在一个给定的断面上取消一切部分的联系才能同时被分离开，究竟是什么造成了这种出色的联系的外观，进而凝固物体是如何可能的，这一直还是一个尚未解决的问题，哪怕通常的自然学说相信可以轻而易举地解决这个问题。

（3）**弹性**（弹力）是一个物质**在另一个运动力减退时恢复其被该力所改变的大小或者形状的能力**。它要么是张力性的弹性，要么是引力性的弹性。前者是为了在压缩之后取得一个原来的较大体积，后者是为了在扩张之后取得一个原来的较小体积（引力性的弹性顾名思义显然是派生的。一根铁丝被挂上的重量所拉长，当人们把带子剪断时，它就弹回到自己的体积。或者，借助于作为其联系的原因的同一个吸引力，在液态物质那里，当突然撤掉给水银的热时，水银物质就会马上恢复原来的较小体积。那种仅仅存在于对原来形状的恢复之中的弹性永远是引力性的，例如一把被弄弯的刀剑，在凸出面上被拉伸开来的那些部分努力要恢复到其原先的接近；同样，一小滴水银也可以被称为有弹性的。但是，张力性的弹性可能是源始的，但也可能是派生的。空气就可以借助热的物质而具有一种派生 〔530〕
的弹性，这种物质与空气最内在地结合在一起，并且它的弹性或许是源始的。反之，我们称之为空气的那种流体的基本材料，尽管如此作为一般物质却本身必定已经具有了弹性，这种弹性就叫做源始的。一种被知觉到的弹性属于哪一种类型，这在遇到的事例中不可能确凿地作出裁定）。

（4）**被推动的物体通过传递其运动而相互作用，这种作用就是力学的；但如果物质即便在静止中也通过自己的力来相互改变其各部分的结合，这些物质的作用就叫做化学的**。如果这种化学的影响**以一个物质的各部分相分离为结果**，它就叫做**溶解**（力学的分割，例如把一个楔子打入一个物质的各部分之间，由于楔子不是通过自己的力而起作用，所以与化学的溶解是完全不同的），但那种以把两个相互分解的物质分离开来为结果的化学影响则是**离析**。使那些种类不同的物质相互分解，在其中找不到一个物质的任何部分不是和另一种与之种类不同的物质的一个部分处在如同两个整体结合起来时那样的比例之中，就是**绝对的溶解**，也可以被称为**化学的透入**。在自然中可以现实地发现的溶解力是否能够造成一种完全的溶解，这一点尚不能肯定。在这里，问题仅仅在于是否能够哪怕仅仅设想这种溶解。显而易见，只要一个被溶解的物质的各部分还是些小颗粒（moleculae），这些部分的溶解的可能性就不会少于较大的部分的溶解，甚至只要溶解力还存在，这种溶解就必定会现实地一直进行下去，直到那不是由溶剂和可溶物质按两者在一个整体中的相互比例组合而成的部分不再存在。因此，由于在这种情况中溶液体积的每一部分都不能不包含溶剂的一个部分，所以这个溶剂就必定作为一个连续体而完全充满整个体积。同样，由于溶液的同一个体积的每一部分都不能不包含被溶物质的一个成比例的部分，所以这个被溶物质也必定作为一个连续体充满这个混合物的体积所构成的整个空间。但是，当两种物质，而且其中每一种物质都完全充满这同一个空间时，它们就相互**透入**。所以，一种完全的化学溶解就是物质的一种渗透，尽管如此，它与力学的透入却完全不同，因为在后一种情况中所设想的是：当运动的各物质更接近时，一方的推斥力能够完全克服另一方的推斥力，一方或双方都能够使其广延成为无；相反，在这里，广延仍然存在，只不过物质并非相互外在地，而是相互内在地，〔531〕也就是通过**内在接受**（如人们习惯于说的），来共同占据一个与其密度的总和相称的空间。对于这种完全溶解的可能性，因而对于化学的透入，很难提出什么反驳，尽管它包含着一个**完成了的**无限分割，这种分割在这一场合中毕竟不包含任何矛盾，因为溶解是在一段时间内连续地、从而同样是通过一个无限的瞬间序列而以加速度进行的。此外，通过这种分割，还可以分割的物质的表面积总和在增长，而且由于溶解力是连续起作用的，所以完全的溶解就能够在一个**可以告知的**时间内完成。两个物质的这样一种化学透入的不可理解性应当归咎于任何一个一般连续体的无限可分性的不可理解性。如果人们放弃这种完全的溶解，那就必须假设溶解只进行到可溶物质的某些小颗粒为止，这些小颗粒在溶剂中以相互之间被规定的距离游动，至于这些小颗粒为什么既然还总是些可分物质却没有同样地被溶解，人们就提不出任何根据了。因为溶剂不再起作用，这尽可以在经验所及的自然中有其充分的道理，但这里所谈的不仅仅是连这种小颗粒以及其他任何还留存着的东西都能溶解、直到溶解完成的一种溶解力的可能性。溶液所占的体积可以与相互溶解的物质在混合前所曾占有的空间的总和相同，或比它更小，也可以更大，根据吸引力与排斥力的比例而定。这两种力在溶液中每一种自身、并且两种又联合起来，构成**一个弹性媒介**。甚至**仅仅**这一点就可以提供一个充足的理由，说明被溶解的物质为什么不因为自身的重量而重新从溶剂中离析出来。因为溶剂的吸引既然朝一切方面都同样强地进行，就抵消了被溶解的物质的阻抗，而且要假设液体中有某种黏性，这也和诸如此类被溶解的物质，例如用水稀释的酸，施加于金属物体上的巨大力量根本不符。酸并不仅仅附着于金属物体，如同它们仅仅在自己的媒质中游动时必将发生的那样，而是以巨大的引力将金属物体相互分离，并在这个载体的整个空间中扩散开来。假定技艺没有掌握这种造成完全溶解的化学溶解力，自然也许会在其植物的和动物的活动中证明它，并由此也许产生出一些尽管是混合的、但却没有任何技艺能够可以将之重新离析开来的物
〔532〕质。甚至还可以在两种物质中的一种同样不被另一种所拆散、不在严格意义上被溶解的地方，也会遇到这样一种化学的透入，就像热的材料透入物体那样。在这里，如果热的材料仅仅分布到物体空的空隙之中，那么，固态的实体本身就会依然是冷的，因为它们不能吸收到任何热。同样，人们甚至可以用这种方式来设想某些物质好像是自由地透入另一些物质，例如磁性物质，而不必为此给它在一切物质中，甚至是最密的物质中准备开放的通道和空的间隙。但是，这里毕竟不是为特殊的显象找出假说的地方，而是仅仅要找出可用来判断这一切显象的原则。凡是使我们免除乞灵于空的空间的需要的东西，对于自然科学来说都有现实的好处。因为空的空间给想象力提供了太多的自由，来用虚构弥补内在自然知识的不足。绝对的空和绝对的密在自然学说中大约相当于形而上学的宇宙科学中盲目的偶然和盲目的命运，亦即是占统治地位的理性的拦路石，以使虚构要么取代理性的地位，要么让理性在模糊性质的软床上歇息。

但现在，至于自然科学中就其一切课题中最重要的课题，即解说**物质**的某种无限可能的**种类差异**而言的处理方式，我们在这方面只能采取两条途径：**力学的**途径，通过把绝对充实与绝对空虚相结合来解释物质的一切差异；或者与它相对立的**动力学的**途径，仅仅通过在结合排斥和吸引两种源始的力时的差异来解释物质的一切差异。前者以**原子**和**虚空**为其推演的材

料。一个原子就是物质的一个在物理学上不可分的小部分。一个物质，其各部分是以一种不可能被存在于自然中的任何运动力所制服的力联系起来的，在物理学上就是**不可分的**。一个原子，如果它凭自己的形状而与别的原子在种类上不同，就叫做**最初的微粒**。一个物体（或者微粒），其运动力取决于自己的形状，就叫做**机械**。把物质作为机械，通过其最小部分的性状与组合来解释其种类差异，这种解释方式就是**力学的自然哲学**；但是，不是把物质作为机械，亦即仅仅作为外部运动力的工具而从物质出发，而是从物质源始固有的吸引与排斥两种运动力出发推导出物质的种类差异，这种解释方式可以被称为**动力学的自然哲学**。力学的解释方式由于对数学是最顺从的，所 〔533〕
以从古代的**德漠克里特**起，直到**笛卡尔**以至我们的时代，它一直在**原子论**或者**微粒子哲学**的称号下保持着它的威严和对自然科学原则的影响，很少有所改变。它的实质性内容在于对源始物质的**绝对不可入性**的预设，在于这种材料的**绝对同类性**和惟一剩下来的形状的区别，以及在于这些基本微粒自身中物质的联系的**绝对不可克服性**。这就是产生出种类不同的物质的**材料**，它不仅是为了给种和属的不变性保有一种不变的、尽管如此却以不同的方式塑形的基本材料，而且还要从这些作为机械（它们什么也不缺，只缺少一个从外部施压的力）的最初部分的形状出发**以力学的方式**解释种种自然结果。但是，这个体系首要的和最高的证明，却是基于据说为了物质**密度种类上的区分**而利用**空的空间**的不可避免的**必要性**，人们把这些空的空间分布到物质内部和那些微粒之间，其比例正如人们认为为了一些显象而有必要假设的那样大小，即哪怕是最密的物质的体积，其充实的部分对于空的部分来说也几乎可以视为无。——现在，为了引入一种动力学的解释方式（它对于实验哲学更为适合和有益得多，因为它直接引导人们找出物质固有的运动力及其规律，反之对假设空的间隙和具有一定形状的基本微粒的自由加以限制，这两者都不能通过实验来规定和找出来），根本没有必要去策划新的假设，只要对纯然力学的解释方式的公设，**即不可能脱离空的空间的混入来设想物质密度的种类差异**，仅仅通过引证能无矛盾地思考空间的方式而加以驳斥就可以了。因为只要纯然力学的解释方式立足于其上的上述公设作为原理被宣布为无效，那么不言而喻，只要还留存有即便不用任何空的间隙也可以设想密度的种类区别的可能性，人们就不必把这个公设作为自然科学中的假说来接受。不过，这种必要性却是基于，物质并非（如纯然力学的自然研究者所假定的）通过绝对的不可入性，而是通过具有自己的程度的推斥力来充实其空间，这种程度在不同物质中是各不相同的，而且既然这个空间与符合物质的量的引力毫无共同之处，不可入性在不同物质的同一种
〔534〕引力那里按其程度又是**源始地不同的**，因而甚至这些物质的扩张程度在物质的同一个量上，或反过来物质的量在同一个体积上，都是源始地允许有极大的种类差异的，也就是说，物质的密度允许有这样的差异。以这种方式，人们将会发现，设想这样一种物质不是不可能的（例如人们想象出以太）：它不用任何虚空而完全充实自己的空间，但却是用物质无比小的量，以与我们能够对之进行试验的一切物体相同的体积充实这一空间。推斥力在以太那里必须按照与以太固有的引力的比例，被设想为比在其他一切已为我们所知的物质那里都无比地大。而这也正是我们仅仅由于**它可以被设想**就来假定的惟一东西，这只是为了反对一个假说（即空的空间），这个假说仅仅靠一个借口来支持：即这样的物质离开空的空间就**不能设想**。因为除此之外，就既不可以对吸引力的任何规律，也不可以对排斥力的任何规律作先天的大胆猜想，而是必须从经验的数据中推论出一切，甚至推论出作为重力的原因的万有引力及其规律。诸如此类的

东西在化学的亲和性那里则更是只能通过实验的途径来尝试。因为先天地根据其可能性来认识源始的力，这完全在我们理性的视野之外，毋宁说，一切自然哲学都在于把给定的、表面上各不相同的已知的力追溯到更少数的力和功能，它们足以用来解释前面那些力的结果，但这种归结却只能进行到我们的理性不能超出的那些基本力为止。这样，在作为物质的经验性概念之基础的东西背后进行的形而上学研究，就只有在下述意图上才是有用的：只要自然哲学还是可能的，就把它引导到动力学的解释根据的研究上，因为惟有这些根据才使人可以指望这些解释的确定的规律，因而可以指望它们真正的理性联系。

这就是为了构想物质概念，因而为了在物质以一定程度充实一个空间所凭借的那些属性方面把数学运用于自然科学，形而上学所能够提供出来的一切。也就是说，把这些属性视为动力学的，而不是像纯然数学的研究将会设定它们那样视为无条件的源始状态。

世界上空的空间的偶然性的著名问题可以作为结束语。这些空间的**可能性**是无可争辩的。因为物质的一切力都要求有空间，而且既然空间也包含着这些力的扩散规律的条件，所以空间也必然在一切物质之前被当做前提条件。这样，吸引力被 〔535〕
赋予了物质，乃是就物质通过吸引而**占据**自己周围的空间、尽管如此却没有充实它而言的；因而，空间即使在物质起作用的地方也可以被设想为空的，因为物质在这里不是通过排斥力起作用的，所以并不充实空间。然而，把空的空间假设为**现实的**，对此，没有任何经验，或者出自经验的推论，或者解释经验的必要假说给我们以权利。因为一切经验只是使我们认识相对空的空间，这些相对空的空间不需要空的空间，便可以在一切任意的程度上从物质以更大或者一直小到无限的扩张力来充满空间的属性出发得到完满的解释。

〔536〕
第三章
力学的形而上学初始根据

解说1

物质就是运动物，这是就运动物本身具有运动力而言的。

附释

如今，这是物质的第三个定义。纯然动力学的概念也不能把物质看做静止的；那里所考虑的运动力只涉及对某个空间的充实，而充实这个空间的物质本身却不可以被看做运动的。因此，排斥曾经是一种**给予**运动的源始的运动力；反之，在力学中被考察的是一个被置于运动之中的物质的力，它为的是把这一运动**传递**给另一个物质。但很清楚，运动物如果不是拥有一个源始的运动力，它通过这一运动力而先于自己的一切运动在它所存在的每个地点上都起作用，那么，它就不会**通过自己的运动**而具有任何运动力；并且，如果两个物质不是都具有源始的排斥规律，那么，一个物质就不会对**在它前面**阻碍它的直线运动的物质施加匀速的运动；此外，如果不是二者都具有吸引力，一个物质就不能凭自己的运动迫使另一个物质在直线上**跟随它**（即能够拖着另一个物质走）。因此，一切力学规律都以动力学
〔537〕规律为前提条件，而一个物质，作为运动着的，亦惟有凭借自己的排斥或者吸引才能拥有一个运动力，物质在其运动中作用于排斥和吸引，并借助于它们起作用，由此而把它自己的运动传递给另一个物质。请原谅我在这里不再提到由吸引所造成的运动传递

（例如，当一颗具有比地球更强的吸引能力的彗星在经过地球时把地球拉向自身的时候），而是仅仅提及推斥力的传递，因而是通过压力（如借助被拉紧的弹簧）或者碰撞的传递，此时把这一种传递的规律运用于另一种传递的规律之上，原本只是就方向线而言才是不同的，而除此之外在这两种情况中都是一回事。

解说 2

物质的量是运动物在一定空间中的集合。如果物质的所有部分在其运动中都被视为同时起作用的（运动的），这物质就叫做**质量**，而且如果一个物质的所有部分都在同一个方向运动，**同时**向自身之外施加其运动力，人们就说这个物质以**质量**起作用。一个具有一定形状的质量叫做一个**物体**（在力学意义上的）。**运动的量**（在力学上来量度）是同时通过运动物质的量及其速度来量度的量；**在运动学**上，这量仅在于速度的程度。

定理 1

物质的量只能在与**任何**别的量的比较中通过有给定速度的运动的量来量度。

证明

物质是无限可分的，因此，没有一个物质的量可以通过其各部分的一个集合来直接规定。因为即使在给定物质与一个同类物质的比较中作出这种规定，在这种情况中物质的量与体积的大小成正比，这也毕竟与定理的要求，即物质的量应当在与 〔538〕
任何别的（包括种类不同的）量的比较中来量度，是相悖的。因此，只要人们抽掉物质自己的运动，就既不能直接地、也不能间接地在与任何**别的**物质的比较中来有效地量度物质。所以除了物质的运动的量之外，物质就不剩下任何别的普遍适用的尺度了。但在这运动中，又惟有假定被比较的物质中速度是相同的，才能给出运动基于物质不同的量的区别，如此等等。

附注

物体运动的量处在由其物质的量和其速度的量的关系组合而成的关系中，这就是说，不管我是把一个物体的物质的量加倍并保持其速度，还是把速度加倍而保持其质量，这都是一回事。因为一个大小的确定概念只有通过量的构想才是可能的。但是，就量的概念而言，这个构想无非就是等价物的组合；所以，一个运动的量的构想就是许多相互等价的运动的组合。现在，根据运动学的诸定理，不管我是将某个程度的速度赋予一个运动物，还是将给定速度除以运动物的数量所得出的所有更小程度的速度赋予许多相同的运动物，这都是一回事。从这里首先产生出表面上是运动学关于一个运动的量的概念，即由相互外在、但毕竟结合在一个整体中的运动点的许多运动组合而成。现在，如果这些点被设想为某种**通过自己的运动**而具有运动力的东西，那么，从中就产生出力学关于运动的量的概念。但在运动学中，把一个运动想象为由许多彼此外在的运动组合而成的，这是不可行的，因为运动物既然在这里被想象为没有
〔539〕任何运动力，无论如何与同类的运动物组合都不提供运动大小的差异，除非是仅仅存在于速度中的那种大小。一个物体的运动的量与另一个物体的运动的量的比例，如果正确地理解的话，如同它们的结果的大小与**整个**结果的比例。那些仅仅把一个被阻抗所充实的空间的大小（例如，一个物体以某个速度抵抗重力而能够上升到的高度，或者它在柔软物质中所能够挤入到的深度）假定为整个结果的尺度的人，在**现实的**运动方面造

成了运动力的另外一个规律，亦即由物质的量和其速度的平方的关系组合而成的关系的规律；只是他们忽略了在物体以较小的速度经过其空间的这段给定的时间中结果的大小，而毕竟惟有这个大小才能够是一个被给定的均匀阻抗所消耗掉的运动的尺度。所以，如果在力学上考察运动力，也就是把它看做物体自身运动起来时所拥有的那种力，而不管其运动的速度是有限小还是无限小（仅仅是运动的努力），那么，在活力和静力之间也不可能有任何区别；毋宁说，如果静力和活力这两种称呼真的还值得保留的话，那么，人们就可以更为适当得多地把完全抽掉物质自己的运动，甚至也完全抽掉运动的努力时物质用来作用于另一物质的力，亦即动力学的源始的运动力称为静力，反之把力学上、亦即通过自己的运动的运动力称为活力，而不考虑速度的区别，哪怕其程度无限地小。

附释

为了避免冗长，我们想把上述三个命题的讨论放在一个附释中来加以总括。

正如定义所说明的那样，物质的量只能被设想为（相互外在的）运动物的集合，这是一个值得注意的命题，是一般力学的基本命题。因为由此就表明：物质除了存在于**相互外在**的杂多的**集合**之中的量以外，没有别的量，因此，物质也没有一个带有给定速度的运动力的**程度**是不依赖这个集合而可以仅仅看做内在的量的。当然，如果物质由单子构成，则这种情况也会 〔540〕
出现，单子的实在性在所有的关系中必须有一个可以更大或者更小的程度，不依赖于相互外在的各部分的集合。至于在这同一个解说中的质量概念，人们不能像通常那样把它视为与量的概念相等。液态物质可以通过其自己的运动以一个质量发生作用，但也能在流动中发生作用。在所谓的水锤中，冲击的水是以一个质量，亦即以其一切部分同时起作用的；被装在一个容器里的水也有这种情况，它用自己的重量压着它放置于其上的那个称盘。相反，一条推动磨坊的小溪的水对下面水轮叶片起作用，就不是以一个质量，即不是以流向叶片的水的一切部分同时起作用，而只是一部分接一部分地起作用。因此，如果要在这里确定以某个速度运动而具有运动力的物质的量，人们首先就必须寻找**水物体**，亦即寻找那个能够以质量用某个速度（用它的重量）产生这种作用的物质的量。因此，人们通常也把**质量**一词理解为一个**固体**（装有液体的容器也代表着这液体的固态）的物质的量。最后，把这一定理与附加的附注一起来看，其中就存在着某种令人诧异的东西：根据那个定理，物质的量必须用具有给定速度的运动的量来量度，但根据这个附注，运动的量（即一个物体的量，因为一个点的量仅仅由速度的程度构成）在速度相同时又必须用被推动的物质的量来量度，这就显得是在兜圈子，无论是对这一方还是对那一方都没有希望得到一个确定的概念。不过，这种看上去的循环论证在它是对两个彼此等同的概念作相互的推导时，就会成为现实的。但现在，它一方面只包含对一个概念的解说，另一方面包含着对该概念在经验上的运用的解说。空间中的运动物的量是物质的量；但物质的这个量（运动物的集合）只有通过在同一速度上的运动的量（例如通过平衡），才能在经验中**显示**出来。

还可以看出，物质的量就是运动物中**实体的量**，因而不是实体的某种质（如动力学中所提到的排斥或吸引）的大小，而实体的量在这里无非是指构成物质的运动物的纯然集合。因为只有被运动物的这个集合才能够在同一个速度上给出运动的量
〔541〕中的一个区别。但是，一个物质在**它自己的**运动中所具有的运动力仅仅显示出**实体**的量，这是基于实体的概念的，而实体是空间中不再作为另一主体的谓词的最终**主体**，正因为此，这个

最终主体除了相互外在的同类物的集合的大小之外，不能有任何别的大小。现在，既然物质**自己的运动**是一个规定其主体（运动物）、并在一个作为运动物之集合的物质身上（在同一速度上以同一方式）显示被推动主体的复多性的谓词——这对动力学的属性来说却不是这么回事，动力学属性的大小也可以是一个惟一主体的结果的大小（例如当一个空气分子可以有更大或更小的弹性时），——所以由此可知，何以在一个物质身上实体的量只能以力学的方式来量度，即通过物质自己的运动的量来量度，而不能以动力学的方式通过源始运动力的大小来量度。尽管如此，作为万有引力之原因的**源始的吸引**，毕竟还能够提供物质及其实体的量的一个尺度（如现实中通过称量来比较物质时所做的那样），尽管在这里看来作为基础的并不是具有吸引力的物质自己的运动，而是一个动力学的尺度，亦即引力。但由于在这个引力中，一个物质连同其一切部分的作用是直接施于另一物质的一切部分之上的，因而（在同样距离上）显然是与这些部分的集合成比例的，并且吸引的物体由此甚至也赋予了自己的运动的速度（通过被吸引物的阻抗），这种运动在同样的外部环境中与该物体各部分的集合恰好成比例，所以，量度在这里虽然只是间接地进行，但毕竟事实上是以力学的方式进行的。

定理 2

力学的第一规律。在形体自然的一切变化中，物质的量在总体上不变，既不增加也不减少。

证明

（从一般形而上学出发，如下命题被当做基础：在自然的一切变化中，既没有实体会产生，也没有实体会消失；而在这

里，则只阐明在物质中什么是实体。）在每一个物质中，空间中的运动物都是物质所固有的一切偶性的最终主体，而相互外
〔542〕在的运动物的集合则是实体的量。所以根据实体来看，物质的大小只不过是组成物质的那些实体的集合。因此，除了通过新的物质实体的产生或者消灭之外，物质的量不能增加或者减少。现在，在物质的一切变化中，实体永远不会产生和消失；因此，物质的量由此既不被增加，也不被减少，永远是同一个量，准确地说是在整体上。也就是说，它在世界上的某个地方以同一个量续存下去，虽然这个或者那个物质可以通过各部分的添加或者分离而增加或者减少。

附释

实体仅仅在空间中并根据空间的条件，因而惟有作为**外**感官的对象才是可能的，在这个证明中说明其特征的根本性东西是：实体的大小不能被增加或者减小，而不使有实体产生或者消灭。这是因为，一个仅仅在空间中才有可能的客体，其一切大小都必须**由彼此外在的各部分**来组成，因此，如果这些部分是实在的（是某种运动物），它们就必定是实体。反之，被视为内感官的对象的东西，作为实体却可以有一个**不由相互外在的各部分所组成**的大小，因而它的各部分也不是实体，这些部分的产生或消失也不可以是一个实体的产生和消失，所以它们的增加或者减小也可以不损害实体的持存性这一基本原理。如此看来，**意识**，从而我的灵魂的诸表象的清晰性，并且根据这种清晰性还有意识的能力亦即统觉，但凭借这种能力甚至灵魂的实体，都具有一个**程度**，这个程度能够更大或者更小，却并不为此就可以有任何一个实体产生或者消失。但是，由于随着这个统觉能力逐渐的减小，最终必定会出现它的完全消灭，所以，甚至灵魂实体也毕竟会经受某种逐渐的消失，尽管它的本

性是单纯的，因为其基本力的这种消失不能通过分割（把实体从一个复合物中分离出来），而仿佛是通过熄灭才能达到，而且这种熄灭也不是一瞬间，而是通过这些力的程度的逐渐减弱才能达到，不论这种减弱是出自何种原因。**自我**，即统觉的普遍相关者，甚至仅仅一个思想，作为一个前置词，表示一个含义不确定的事物，亦即一切谓词的主体，不具有把主体的表象与一个一般某物的主体区别开来的条件，因而是这样一个实体，不论它是什么，人们都不可能用这种表述对它拥有一个概念。反之，一个作为实体的物质，其概念则是**在空间中**的运动物的概念。〔543〕因此毫不奇怪，关于后一种实体可以证明实体的持存性，而关于前一种实体则不行，因为在物质那里，从它的**概念**，即它是只有在空间中才有可能的运动物，就已经可以得出，在物质中具有大小的东西包含着**相互外在**的实在物的某种复多性，因而包含着实体的复多性，所以这些实体的量也惟有通过不是消灭的分割才能减少，而且按照持续律，实体中的消灭也是不可能的。相反，自我这种思想完全不是**概念**，而只是内部知觉，因而从它根本得不出任何东西（除了一个内感官的对象与一个仅仅被设想为外感官对象的东西的全然区别之外），所以也得不出作为实体的灵魂的持存性。

定理 3

力学的第二规律。物质的一切变化都有一个外部原因（每一个物体如果不被一个外部原因所迫使而离开原状，就保持自己的静止状态或者在同一方向以同一速度运动的状态）。

证明

（如下命题被从一般形而上学中引为基础，即一切变化都有一个**原因**；这里对于物质，只应证明它的变化在任何时候都必须有一个**外部原因**。）物质纯然作为外感官的对象，没有别的规定，只有空间中的外部关系的规定性，因而不承受任何变化，除非是通过运动。就变化是一个运动与另一个运动的交替，或运动与静止以及反过来静止与运动的交替而言，必须找出它的原因（根据形而上学的原则）。但是，这种原因不能是内部的，因为物质没有绝对内部的规定和规定根据。所以，物质的一切变化都基于外部的原因（也就是说，一个物体持存，等等）。

〔544〕 附释

惟有这条力学规律必须被称为**惯性**规律（lex inertiae），与每个作用相对立的、相等的反作用的规律却不能使用这个名称。因为后一个规律说的是物质做什么，前一个规律却只是说物质不做什么，这更适合惯性的表述。物质的惯性无非是说它作为物质自身的**无生命性**。**生命**是一个**实体**从一个**内在原则**出发规定自己去行动的能力，是一个**有限实体**规定自己去变化的能力，是一个**物质实体**把运动或者静止当做自己状态而规定自己去运动或者静止的能力。现在，我们不知道一个实体有别的内在原则去改变自己的状态，只知道有**欲求**，也根本不知道有别的内在活动，只知道有**思维**连同依赖于思维的东西，即愉快或者不愉快的**情感**、**欲望**或者意志。但是，这些规定根据和行为根本不属于外感官的表象，因此也不属于物质作为物质的规定。所以，一切物质作为物质都是**无生命的**。这就是惯性命题所说的，别无其他。如果我们在生命中寻找物质的任何一种改变的原因，那么，我们就也要马上在另一种虽然与物质相结合、但又与之不同的实体中去寻找生命。因为在自然知识中，有必要在将物质与作用因联结起来之前，首先认识物质作为物质的规律，将物质从一切别的作用因的混杂中纯化出来，以便清楚地辨别，每一种物质独自地起什么作用以及是如何起作用的。一门本真的自然科学的可能性完全是基于惯性规律（除实体的持存性规律之外）的。这一规律的对立面，因此也是一切自然哲学的终结的，就是**物活论**。从惯性作为纯然**无生命性**这同一个概念本身即可得出，它并不意味着维持自己状态的一种积极努力。惟有有生命的存在物才在后面这种意义上被称为惰性的，因为它们对自己所憎恶并尽自己的力量努力去对抗的另一种状态具有一个表象。

定理 4

力学的第三规律。在运动的所有传递中，作用和反作用在任何时候都彼此相等。

证明

（如下命题必须借自一般形而上学，即世界上一切外部作用都是**交互作用**。在这里，为了留在力学的限界之内，应当仅 〔545〕
仅指出，这种交互作用［actio mutua］同时又是**反作用**［reactio］；不过，我终究不能在这里将那个形而上学的共联性规律完全删去，而不损害理解的完备性。）**空间中**物质的一切**主动的**关系和这些关系的一切变化，就它们能够是某些作用的**原因**而言，必须在任何时候都被表现为交互的，也就是说，由于这些关系的一切变化都是运动，所以一个物体的运动不能与一个也应当由此被置于运动之中的**绝对静止的**物体相关来设想，毋宁说，后一物体必须就我们使它与之相关的空间而言被仅仅表现为**相对静止的**，但却和这个空间一起以相反的方向在绝对空间中运动，其运动的量正与被推动物体在绝对空间中相对于它所具有的运动的量相同。因为关系的变化（也就是运动）在两者之间完全是交互的；一个物体向另一个物体的每一部分接近多少，另一物体也就向这一物体的每一部分接近多少，并且由于在这里事情并不在于围绕两个物体的经验性空间，而只在于两者之间的直线（因为这两个物体是按照一个物体的运动撇开与经验性空间的一切关系对另一物体的状态的改变所能够具有的影响，仅仅在相互的关系中予以考察的），所以，它们的运动被视为仅仅在绝对空间中才可确定的，在绝对空间中，这两个物体中的每一个都必定在赋予相对空间中的那个物体的运动中占有同样的份额，因为没有理由赋予其中一个物体比另一个物体更多份额。在这个基础上，一个物体 A 朝另一个静止物体 B 运动。就 B 而言，它是由于被归结到绝对空间之上，亦即仅仅作为作用因的关系彼此相关，才能够是运动的。该运动被这样来考察，即两个物体对于在显象中只被给予物体 A 的那个运动具有同样的份额，而这种情况只能如此发生：在相对空间中仅仅被赋予物体 A 的速度，被按照质量的反比关系在 A 与 B 之间分配，只分配给 A 它在绝对空间中的速度，反之分配给 **B 连同**它静止于其中的**相对空间**的是反方向上的速度。由此就完整地保持了
〔546〕运动的同一种显象，而作用则在两个物体的共联性中以如下方式来构想。

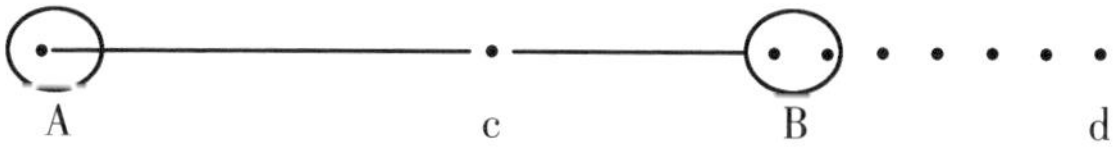

图 5

有一物体 A，以对相对空间而言的速度＝AB 向物体 B 运动，B 就同一个空间而言是静止的。且把速度 AB 分为两部分 Ac 和 Bc，它们与 A 和 B 的质量相互成反比；设想 A 以速度 Ac 在绝对空间中运动，B 则以速度 **Bc 连同相对空间一起**在相反方向上运动，那么，两个运动就彼此相反且相等，而且既然它

们相互抵消，所以两个物体分别使对方处于静止中，亦即在绝对空间中处于静止中。但现在，B 是以速度 BC 在与物体 A 的方向，亦即 AB 正好相反的方向 BA 上，**连同相对空间一起**运动。所以，当物体 B 的运动被碰撞所取消时，相对空间的运动毕竟并未因此被取消。因此在碰撞之后，**相对空间**对两个物体 A 和 B（它们从现在起静止于绝对空间中）而言在方向 BA 上以速度 Bc 运动，或者这样说也一样，这两个物体在碰撞之后以同一速度 Bd＝Bc 在撞击物体的方向 AB 上运动。但现在，根据以上所述，物体 B 在 Bc 方向上以速度 Bc 运动的量，从而还有在 Bd 方向上以速度 Bd 运动的量，都与物体 A 以速度 Ac 在方向 Ac 上运动的量相同。因此，物体 B 通过碰撞在相对空间中获得的这个作用亦即运动 Bd，从而还有物体 A 以速度 Ac 所做的运动，在任何时候都与反作用力 Bc 相等。既然如果不假设对静止物体的碰撞，而假设同一物体对一个同样被推动的物体的碰撞，此外运动通过碰撞的传递与通过牵引的传递的区别仅仅在于两个物质在其运动中相互阻抗的方向，同样的规律（正如数学的力学所教导的）并没有承受任何改变，那就可以得出，在**运动的一切传递**中作用和反作用任何时候都 〔547〕
是相等的（每一个碰撞惟有凭借一个相等的反碰撞，每一个挤压惟有凭借一个相等的反挤压，同样每个牵引惟有凭借一个相等的反牵引，才能把一个物体的运动传递给另一个物体）。①

① 在运动学中，既然一个物体的运动只是就空间而言才被看做**空间中**的关系的变化，所以无论我是承认空间中的物体有一个运动，还是不说它而是承认相对空间有一个相等的、但却相反的运动，都是完全等值的；二者提供的是完全相同的显象。空间的运动的量仅仅是速度，因而物体运动的量同样无非是它的速度（因此，物体可以被视为一个纯然的运动点）。

〔548〕 附注1

由此得出对于一般力学来说并非不重要的自然规律：任何一个物体，不论它的质量有多大，都必定因任何一个别的物体的碰撞而运动，不论后一个物体的质量或者速度有多小。因为A在AB方向上的运动必然与B在BA方向上的一个相反且相等的运动相符。这两个运动通过碰撞而在绝对空间中相互抵消。但因此两个物体在碰击者的方向上得到了一个速度Bd=

但在力学中，既然一个物体是在向另一个物体的运动中被考察的，它通过自己的运动而对另一物体具有一种**因果关系**，亦即它要么在接近时通过不可入性的力，要么在远离时通过吸引力而与该物体处于共联性之中，从而使该物体本身发生运动的因果关系，这时，我是要把运动赋予这两个物体中的某一个，还是要把一个相反的运动赋予空间，就不再是等值的了。因为从这时起，运动的量的另一个概念加入进来了，也就是说，这并不是仅仅就空间而言来设想的、并且仅仅存在于速度中的那个概念，而是在其中必须同时考虑实体（作为运动的原因）的量的那个概念，而且在这里，假定两个物体中的每一个都是运动的，准确地说是以同一运动量在相反方向上运动的，这已不再是随意的，而是**必然的**了；但如果物体具有一个就静止的空间而言的相对运动，那就把必需的运动**连同空间一起**赋予该物体。因为一个物体不能通过它自己的运动作用于另一物体，除非要么在接近时凭借斥力，要么在远离时凭借吸引。现在，既然这两种力在任何时候都是彼此在相反方向上并且相等地起作用的，所以，如果不是恰好另一个物体以相等的运动量起反作用的话，一个物体就不能凭借这两种力通过自己的运动作用于另一个物体。因此，没有一个物体能够通过自己的运动而把运动赋予一个**绝对静止的**物体，而是该物体必须在相反方向上恰好以同一个运动量，即它通过前一物体的运动在同一方向上所应当获得的那个运动量（连同空间一起）被推动。——读者将不难发现，尽管对于运动的传递的这种表象方式本身有些反常，但如果人们不惧怕阐释的详尽性的话，它仍然是可以真相大白的。

Bc，所以，物体 B 为任何碰撞力而运动，不管这个力是多小。

附注 2

因此，这就是作用和反作用相等的**力学规律**，它乃是基于：除非以这两个运动的共联性为前提条件，否则运动的任何**传递**都不成立；因此，没有一个物体会碰撞另一个就它而言是静止的物体，相反，后一个物体就空间而言，惟有当它**连同这个空间一起**在同样的程度但却相反的方向上运动时，才会与在这种情况下成为前一个物体的一个相对份额的运动一起，提供出一个我们会在绝对空间中赋予前一个物体的运动量。因为没有一个就另一物体而言应当**在推动**的运动能够是**绝对的**，但如果它就后者而言是相对的，那么，在空间中就不存在一种并非交互而又相等的关系。——但是，还有另一个规律，即物质的作用与反作用相等的**动力学**规律，这不是就一个物质向另一个物质**传递**自己的运动而言的，而是就它源始地把自己的运动**给予**另一个物质，并通过该物质的抗拒同时在自身中产生出运动而言的。这种运动可以轻而易举地用类似的方式来阐明。因为，如果物质 A 吸引物质 B，它就迫使后者**接近**自己，或者这样说也一样，前者**阻抗**着后者力图**远离**自己所用的力。但由于无论是 B 远离 A 还是 A 远离 B，这都是一样的，所以，这个阻抗同时就是物体 B 在力图远离 A 时施加于 A 的阻抗，因而吸引和反吸引是彼此相等的。同样，如果 A 排斥物质 B，那么 〔549〕
A 就阻抗着 B 的接近。但既然不管是 B 接近 A 还是 A 接近 B 都是一样的，所以 B 也同样多地阻抗着 A 的接近；因此，压力和反压力也在任何时候都是彼此相等的。

附释 1

因此，这就是对运动的传递的构想，它同时带有作为运动之必要条件的作用与反作用相等的规律，**牛顿**根本不相信能先天地证明这一规律，而是因此而诉诸**经验**，别的一些人讨好他，把物质的一种特殊的力以**开普勒**首先提出的**惯性力**（vis inertiae）这个名称引入到自然科学中，因而从根本上说也是从经验推导出这一规律的，最后还把另外一些力设定在一种纯然的运动传递的概念中，他们要把这种传递视为一个物体的运动逐渐地过渡到另一个物体中，此际运动的物体给予被运动的物体多少运动，它也必定正好丧失多少运动，直到它不再给后者强加任何运动（也就是说，当它与后者已经达到在同一方向速度相等时）①，这样一来，他们就从根本上取消了反作用，也就是取消了被碰撞物体对碰撞物体（它也许有能力绷紧一个
〔550〕弹簧时）的一切现实的反作用力。此外，他们也没有证明上述

① 如果人们在运动从一个物体**输入**另一个物体的假说中让运动的物体A将自己的全部运动在一瞬间内传递给另一个静止的物体，以至于它自己在碰撞之后静止下来，则同样可以得出作用与在这一场合错称的反作用的相等，只要人们把这两个物体设想为**绝对坚硬的**（必须把这一属性与弹性区别开来），上述情况就不可避免。但是，既然这个运动规律既不会与经验相一致，也不会在运用中与自身相一致，所以人们也就不得不否认绝对坚硬的物体的实存，而这也就意味着承认这一规律的偶然性，因为它本来应当是基于相互推动的物质的特殊性质的。反之，在我们对这个规律的描述中，无论人们是否要将相互碰撞的物体设想为绝对坚硬的，情况都完全一样。但运动的**输入论者们**要如何按照自己的方式来解释由碰撞而来的**弹性**物体的运动，我却完全不理解。因为这里很清楚，静止的物体并不是作为纯然静止的东西来获得撞击物体所失去的运动，而是它在碰撞中以相反方向对撞击物体施加了现实的力，仿佛是在两者之间压缩了一根弹簧，这就要求它这一方具有一个与运动物体在自己这方面为此所必须具有的运动同样现实（但在相反的方向上）的运动。

规律所指的究竟是什么，对于运动的**传递**也根本没有根据其可能性作出解释。因为运动从一个物体向另一物体过渡这个名称什么也没有说明，而且如果人们不想按字面来接受这个名称（背离如下原理：accidentia non migrant e substantiis in substantias [偶性不从一些实体转移到另一些实体]），除非运动从一个物体到另一个物体，就像水从一个杯子注入另一个杯子中去一样，那么，在这里正好就有一个课题，即这种可能性的解释既然正好基于作用力和反作用力相等的规律从中推导出来的同一个根据，则如何才能使人理解这种可能性。人们根本不能设想，一个物体 A 的运动与另一个物体 B 的运动如何必定有必然联系，除非人们在这两个物体身上设想应先于一切运动（在动力学上）归于它们的力，例如排斥，这时就可以证明，物体 A 的运动通过向 B 的接近而与物体 B 向 A 的接近、而且在 B 被视为静止的时候与物体 **B 连同其空间一起**向 A 的运动有必然联系，只要这两个物体及其（源始的）运动力仅仅被看做在运动中彼此相对的。后面这种情况完全可以这样来先天地看出，即不管物体 B 就经验性上可认识的空间而言是静止的还是运动的，它就物体 A 而言毕竟是必定要被视为运动的，并且是在相反方向上被视为运动的，因为若不然，就会不存在物体 A 对两者的推斥力的影响了，而没有这种影响，也就根本不可能有物质相互的力学作用，即不可能有运动通过碰撞的传递。

附释 2

因此，惯性力（vis inertiae）的称谓必须不顾其首创者的显赫名声而完全从自然科学中排除掉，这不仅是因为它在表述本身中就带有一个矛盾，或者也不是因为惯性（无生命性）规律因此会很容易与任何被传递的运动中的反作用规律相混淆，而主要是因为它维护了那些并未真正精通力学规律的人的一个错误观念，并加强了它。根据这个观念，在惯性力的名目下所谈论的物体的反作用在于，它使运动到处都被消耗、减少或消灭，但惟独不造成运动的传递，因为运动物体只须为此用去其运动的一部分来克服静止物体的惯性（这就会是一种纯粹的损失），单凭剩下的部分它就能使那个静止物体运动起来；但如〔551〕果运动物体没有剩下任何东西，它就会由于静止物体巨大的质量而根本没有通过自己的碰撞使它运动起来。惟有另一个物体的相反运动，而绝不是它的静止，才能够阻抗一个运动。因此在这里，一个阻抗的原因并不是物质的惯性，亦即纯然无能自己运动。一个特殊的、完全独特的力，仅仅是为了阻抗而不能推动一个物体，在一个惯性力的名称下是一个没有任何意义的词。因此，人们可以把一般力学的这三条规律更恰当地命名为：**物质在其一切变化中的独立性**规律、**惯性**规律和**反作用**规律（lex subsistentiae，inertiae et antagonismi）。这些规律，从而目前这门科学的全部定理，在把**实体性**、**因果性**和**共联性**这些概念运用于物质时对它们的范畴作出了详细的解答，对此已不需要进一步讨论了。

对力学的总附释

运动的传递惟有凭借一个物质即便在静止时也固有的这样一些运动力（不可入性和吸引）才发生。一个运动力在一瞬间对一个物体的作用就是对它的**发动**，该物体通过发动而产生的速度，就其能够与时间同比例增长而言，就是加速度的**要素**（因此，加速度的要素必须只包含一个无限小的速度，因为若不然，物体就会由此在一个给定时间内达到一个无限大的速度，而这是不可能的。此外，一般说来，通过加速度的一个持续的要素来**加速**的可能性基于惯性规律)。物质由扩张力而来的发动(例如承载着一个重量而被压缩的空气的发动)在任何时候都是以一个有限的速度发生的,但由此被输入另一个物体(或从另一个物体夺取)的速度只能是无限小的;由于前者只是一个表面力,或者这样说也一样,只是物质的一个无限小的量的运动,所以它必须以有限的速度发生,以便与一个具有有限质量和无限小速度的物体的运动(一个重量)相等。反之,吸引则是一种透入力,而且以这样一种力,物质的一个有限的量把运动力施加于另一物质的同样有限的量。因此,吸引的发动必须是无限小,因为它与加速度的要素(加速度的要素在任〔552〕何时候都必须是无限小的)相等,对于排斥来说则不是这样,在这里,物质的一个无限小的部分要把一个要素输给一个有限的部分。如果物质不是必然通过它自己的吸引力来透入的话,那就不能设想任何具有一个有限速度的吸引。因为一个有限量的物质以一个有限速度施加于一个有限物质的吸引,必然在压缩的一切点上胜过物质通过自己的不可入性,但仅仅以其物质量的一个无限小的部分来起反作用时所使用的任何一个有限速度。如果吸引只是一个表面力,如人们设想联系那样,那么,就会得出与此相反的结论。然而,如果联系应当是真实的吸引(而不只是外部的压缩),这样来设想联系是不可能的。

一个绝对坚硬的物体将会是这样一种物体:它的各个部分如此强地相互吸引,以至于没有什么重力能够分离它们,也不能**在它们**相互间的**位置**方面改变它们。现在,由于这样一个物体的物质的各个部分必须以加速度的一个要素来发动,这个要素对于重力的要素来说是无限小,但对于由此被驱动的质量而言却会是有限的,所以,既然来自作为扩张力的不可入性的阻抗在任何时候都是以物质的一个无限小的量发生的,这种阻抗就必定以比发动的有限速度更大的速度发生,也就是说,物质将会力图以无限的速度扩张自己，而这是不可能的。因此，一个绝对坚硬的物体，即一个碰撞时**在一瞬间**以一个与碰撞的全部力相等的阻抗与一个以有限速度运动的物体相抗衡的物体，是不可能的。因此，物质通过其不可入性或者联系，在一瞬间内只对一个有限运动中的物体的力作出无限小的阻抗。由此得出力学的连续律（lex continui mechanica），即：在任何一个物体身上，静止或者运动的状态以及在运动中速度和方向的状态都不能在一瞬间被碰撞所改变，而是惟有在一个确定的时间内，通过一个无穷序列的中间状态才能被改变，这些中间状态彼此之间的区别比前后状态的区别更小。所以，碰击一个物质的运动物体并不是一下子，而是惟有经过连续的延缓才由于物质的阻抗达到静止的，或者本来静止的物体惟有通过连续的加速才被置于运动中，或者也只是根据同一个规则才由一种程度的速度被置于另一种速度中；同样，其运动的方向被改变为一个与之构成一个角的方向，也惟有借助于可能存在于这一角之间的一切方向，即借助于一个曲线运动（这条规律出于某种类
〔553〕似的理由也可以被扩展到一个物体的状态由于吸引而发生的变化上）。这个 lex continui［连续律］建立在物质的惯性规律之上，相反，**形而上学的**连续律却必然会扩展到一切一般变化（内在的或外在的）上去，因而将会仅仅建立在作为量的一般**变化**及其产生（该产生正如时间本身一样，必然是在一定时间内连续进行的）的**概念**之上，因而在这里不必讨论。

第四章 〔554〕

现象学的形而上学初始根据

解说

物质就是运动物，这是就它作为运动物能够是经验的对象而言的。

附释

正如一切通过感官被表象的东西一样，运动只是作为显象而被给予的。要使运动的表象成为经验，还需要通过知性来思考某物，也就是说，对于表象寓于**主体**之中的方式，还需要通过该表象来规定一个**客体**。因此，当某个客体（因而在这里就是一个物质性的事物）就运动这个**谓词**而言被设想为规定了的时，运动物作为运动物就成为经验的一个对象。但现在，运动就是空间中关系的变化。所以在这里永远有两个相关物，**首先**，在显象中这两个相关物的一个可以和另一个一样被赋予变化，要么**这一个**要么**那一个**可以被称为运动的，因为这两种说法是等值的；或者**其次**，在经验中它们中的一个借助排除另一个而必须被设想为运动的；或者**第三**，它们二者必须被理性必然地表现为同时运动的。在仅仅包含运动的关系（根据其变化）的显象中，并没有包含这些规定性的任何东西；但如果运 〔555〕
动物作为**一个运动物**，即根据其运动，应当被设想为确定的，也就是说，为了一个可能的经验，那么，就必须指明对象（物质）必须在其下以这种或者那种方式由运动这一谓词来规定的条件。这里并不讨论幻相向真相的转化，而是讨论显象向经验的转化；因为在幻相那里，知性以其规定一个对象的判断在任何时候都插手其间，尽管它处在把主观的东西看做客观的东西的危险之中；但在显象中，却根本找不到知性的判断；这一点不仅在此处，而且在整个哲学中都是必须说明的，因为若不然，在谈到显象时，人们就会把这一表述与幻相这一表述在意义上看做相等的，在任何时候都作出错误的理解。

定理 1

一个物质就一个经验性的空间而言的直线运动与这个空间的相反运动不同，只是一个**可能的**谓词。这个谓词根本不与这一运动之外的物质相关，亦即被设想为**绝对的运动**，是**不可能的**。

证明

究竟是一个物体在相对空间中运动而这个空间被称为静止的，还是反过来这个空间在相反的方向上以相同的速度运动而那个物体则应叫做静止的，这并不是关于应归于对象的东西的争论，而只是关于应归于对象与主体的关系，因而应归于显象而非经验的东西的争论。因为如果观察者静止地立身于上述空间里，那么对他来说物体就叫做运动的；如果他（至少在思想上）立身于另一个包含前一空间的空间里，就该空间而言物体同样是静止的，那么前一个相对空间就叫做运动的。因此，在经验（一种将客体规定为适用于一切显象的知识）中，根本不存在是物体在相对空间中运动，还是物体在绝对空间中静止而
〔556〕相对空间在作相反的相同运动之间的区别。现在，通过两个就客体而言等值的、仅就主体及其表象方式而言彼此有别的谓词中的一个来表现一个对象，这并不是根据一个**选言判断**作出的

规定，而只是根据一个**两可的判断**所作出的选择（这两种情况中的前者是从两个客观上相对立的谓词中借助排除对立面而采用了一个谓词，后者则是从两个客观上虽然等值但主观上却相互对立的判断中，不从客体排除对立面——因而只通过选择——而采取一个来当做对客观的规定）①；此外，这就是说：通过作为经验对象的运动的概念，是把一个物体表现为在相对空间中运动的，还是把这个空间就该物体而言表现为运动的，这本身是不确定的，因而是等值的。现在，就两个相互对立的谓词而言本身不确定的东西就是**仅仅可能的**。因此，一个物体在经验性空间中的直线运动与空间的相反而又相等的运动不同，在经验中只是一个可能的谓词；这是第一点。

此外，既然一个关系，从而还有该关系的变化亦即运动，都只是就其能够是经验的一个对象而言，才作为两个相关物而是经验的对象；而人们也与相对的（经验性的）空间相对立而称为绝对空间的那个纯粹空间，却不是经验的对象，在任何地方都什么也不是。这样，与任何经验性东西都没有关系的直线运动，亦即绝对运动，是完全不可能的；这是第二点。

附释

本定理规定了运动就**运动学**而言的模态。

定理 2

一个物体的圆周运动与空间的相反运动不同，是物体的一个现实的谓词；反之，一个相对空间的相反运动，代替物体的

① 关于选言的对立和两可的对立这两者的区别，将在本章的总附释中作更多的阐明。

〔557〕运动来看，就不是该物体的现实的运动，如果它被认为是该物体的现实的运动，它就只是一个幻相。

证明

圆周运动（正如任何曲线运动一样）是直线运动的一个连续的变化，并且既然直线运动本身是就外部空间而言的关系的一个连续的变化，所以圆周运动就是空间中的这种外部关系的变化的变化，因此是新运动的一种连续的产生。现在，由于根据惯性规律，一个运动一旦产生就必定有一个外部原因，但尽管如此物体在这个圆周的每一点上（根据同一规律）却自身力图沿与圆周相切的直线离去，这个运动反作用于那个外部原因，所以，每一个物体在圆周运动中都通过自己的运动表现出一个运动力。现在，空间的运动与物体的运动不同，仅仅是**运动学上的**，并且不具有运动力。因此，这里要么是物体在运动，要么是空间在相反方向上运动，这种判断就是一个**选言**判断，由于它，一方亦即物体的运动被设定时，另一方亦即空间的运动就被排除。因此，一个物体的圆周运动与空间的运动不同，是**现实的**运动。可见，空间的运动即便在显象上与物体的运动一致，也在一切显象的联系中，亦即在可能的经验中，与物体的运动相冲突，因而无非是幻相。

附释

这个定理规定了运动就动力学而言的模态；因为一个没有连续作用的外部运动力的影响就不可能存在的运动，直接或间接地证明了物质本源的运动力，不管是吸引力还是排斥力。——此外，**牛顿**对他置于《自然哲学的数学原理》前面的那些定义的附注，临近结束的地方也可以翻看一下。由这附注
〔558〕可见，两个物体围绕一个共同中点的圆周运动（因而还有地球

的绕轴自转），甚至在空的空间中，因而不与**外部空间**作任何凭经验可能的比较，也仍然可以借助经验来认识；因而说尽管空间本身不是经验性地被给予的，也不是经验的对象，但一个是空间中的外部关系的变化的运动却可以经验性地被给予，这种佯谬是理应得到解决的。

定理 3

在一个物体使自己就另一物体而言运动的每一个运动中，后者的一种相反而相等的运动都是**必然的**。

证明

根据力学的第三条规律（定理 4），两个物体的运动传递只有通过它们源始的运动力的共联性才有可能，而这个共联性又只有通过双方相反而又相等的运动才有可能。因此，二者的运动都是现实的。但是，既然这个运动的现实性不是（像在第二条定理中那样）基于外力的影响，而是从空间中的**运动者**与任何别的由此而**运动者**的关系中直接且不可避免地得出来的，所以后者的运动就是**必然的**。

附释

这个定理规定了运动就力学而言的模态。——此外，这三条定理还就物质运动的**可能性**、**现实性**和**必然性**而言，因而就模态的所有三个范畴而言，规定了物质的运动，这是一目了然的。

现象学的总附释

因此，这里出现了三个概念，它们在一般自然科学中的应

用是不可避免的，为此，对它们作出仔细的规定也是必要的，
〔559〕尽管并不是那么容易和能被理解。这就是：**相对的**（即运动着的）**空间中的运动**的概念，其次是**绝对的**（即不动的）**空间中的运动**的概念，其三是与绝对的运动有别的一般**相对运动**的概念。这一切都以绝对空间的概念为基础。但我们是如何达到这个特别的概念，其应用的必要性的根据又何在呢？

它不能是经验的对象；因为没有物质的空间并不是知觉的客体；尽管如此，它却是一个必然的理性概念，因而不是别的，只是一个纯然的理念。因为即使仅仅为了运动作为显象被给予，就需要运动物与之相关改变自己的关系的那个空间的一个经验性表象，但这个应当被知觉到的空间必须是物质性的，因而按照一般物质的概念必须自身是运动的。现在，为了把它设想为运动的，人们只可以把它设想为包含在一个具有更大范围的空间之内，并把这一空间假定为静止的。但这样一来，就要对一个更广阔的空间作出同样的设想，如此以至无穷，永远不能通过经验达到一个不动的（非物质的）空间，相对于它完全可以赋予任何一个物质以运动或者静止。相反，这些关系规定的概念必将持续地修改下去，因为人们是把运动物与这些空间中的这一个或者那一个联系起来看的。现在，既然把某物看做静止的或者运动的那个条件在相对空间中总又是有条件的，以至于无穷，则由此可见：**第一**，一切运动或者静止都只能是相对的，没有一个是绝对的，也就是说，物质惟有在与物质的关系中，才能被设想为运动的或者静止的，但绝不能就无物质的纯然空间而言被设想为运动的或者静止的，因而，绝对的运动，亦即离开一个物质对另一个物质的任何关系而设想出来的运动，是绝对不可能的；**第二**，也正因为如此，关于相对空间中的运动或者静止，也不可能有对一切显象都有效的概念，相反，我们必须设想一个空间，在其中相对空间本身可以被设想

为运动的，但这个空间按其规定不再依赖于任何别的经验性空间，因而本身不再是有条件的。也就是说，必须设想一个绝对的空间，一切相对的运动都能够与之发生关系，在其中一切经验性的东西都是运动的，正因为如此，物质性东西的一切运动在它里面都只能被看做彼此相对的，看做两可交互的①，但没有一个可以被视为绝对的运动或静止（因为当一方叫做运动的时，与其相关在运动的另一方却仍然被表现为完全静止的）。〔560〕因此，绝对空间并非作为一个现实客体的概念，而是作为一个应当用作规则的理念。以便把在它里面的一切运动都只看做相对的，才是必要的，而一切运动和静止，如果它们的显象应当被转化为一个确定的经验概念（它把一切显象统一起来）的话，就必须被归结到绝对空间上来。

这样，如果我把一个物体设想为就自身而言静止的，把相

① 在逻辑上，**“要么……要么……”**这一表述在任何时候都表示一个**选言判断**，因为当一方为真时，另一方就必定为假。例如一个物体**要么**是运动的，**要么**就不是运动的，亦即静止的。因为人们在这里只谈论知识与客体的关系。在显象学说中，关键在于与主体的关系，以便据此规定客体的关系，情况就不同了。因为在这里，“要么是物体运动而空间静止，要么反过来是空间运动而物体静止”这个命题不是客观关系中的一个选言原理，而只是主观关系中的命题，其中包含的两个判断被视为**两可的**。反之，在这同一种不是仅仅在运动学上，而毋宁说是在动力学上来考察运动的现象学中，选言的命题必须在客观的意义上来对待；也就是说，我不能假设一个物体的静止和空间对它的相反运动来取代一个物体的旋转。但在运动甚至被**在力学上**来考察时（如当一个物体撞上一个表面静止的物体时），就连形式上是选言的判断也必须对客体而言**有分配地**使用，使得运动不是必须**要么**给予这一方**要么**给予那一方，而是给每一方相同的运动份额。就相互对立的谓词而言，对一个概念作出**两可的**、**选言的**和**分配的**规定这种区分是有其重要性的，但在此不能作更进一步的讨论了。

对空间设想为在（感官觉察不到的）绝对空间中以相反的方向运动的，并把这个表象设想为恰好是由这样一个显象提供的，通过这一显象，一个物体也许可以同时具有的那些直线运动的一切可能显象都归溯到将这些显象统统结合在一起的经验概念上，即归结到纯然相对的运动和静止的概念上，那么，该物体在相对空间中的直线运动就被归结到绝对空间上来了。

圆周运动由于按照第二条定理，即使不与外部的、经验性地被给予的空间相关，也能够作为经验中的现实运动被给予，所以毕竟显得事实上是绝对的运动。因为就外在空间而言的相对运动（例如地球的绕轴自转相对于天空的星体）就是一个可以用这一空间（天空）在同一时间内的相反运动作为与其完全等值的来取代之的**显象**，但后者的运动根据这一定理在经验中却绝不
〔561〕可以取代前一运动，因而也不应当把那个旋转表现为外在相对的，那样的话听起来就好像是这种运动方式可以被假定为绝对的似的。

但务必注意，这里谈的是真实的（现实的）**运动**，它毕竟不是**显现**为真实的运动，因此，如果人们要仅仅按照与空间的经验性关系来判断它，它就可能会被看做**静止的**。也就是说，这里谈的是与**幻相**有别的**真实的运动**，但不是作为绝对运动与相对运动对立的运动。因此，圆周运动虽然在显象中并不表现出位置的变化，亦即并不表现出被推动者**与**（经验性的）**空间**的关系的运动学变化，尽管如此却表现出物质**在其空间中**的关系的一种可以通过经验来证明的、连续的、动力学上的变化，例如通过逸散的努力而不断地减小吸引力，来作为圆周运动的结果，并由此可靠地表示圆周运动与幻相的区别。例如，人们可以在无限空的空间中把地球表现为绕轴旋转，甚至用经验来说明这一运动，尽管无论是地球各部分相互之间的关系还是它与外在于它的空间的关系，在运动学上，亦即在显象中都没有改变。因为就作为经验性空间的前者而言，在地球上和地球内

其位置都没有任何改变，而就后一种完全虚空的空间来说，任何地方都不存在改变了的外部关系，因而也不存在一个运动的显象。不过，如果我想象一个通向地球中心的深洞，并让一块石头掉进去，但却发现，虽然在离中心点的任何距离上重力总是指向中心点，而下落的石头却仍会从它下落的垂直方向上不断地偏离，而且是自西向东偏离，那么我就会推出，地球是在自西向东绕轴旋转。或者，即使我使石头向外远远离开地球表面，而且它并不停留在地面上空的同一点上，而是自西向东离开这个点，我也将推出同样的上述地球绕轴旋转，而且这两种知觉将足以证明这种运动的现实性，与外部空间（星空）的关系的改变却不足以证明这一点，因为这个变化纯然是可以出自两个事实上相互对立的根据的显象，它并不是从这一变化的一切显象的解释根据中推导出来的知识，也就是说，不是经验。但这个运动尽管不是与经验性空间的关系的变化，却仍然不是绝对运动，而是物质间相互关系的连续变化，哪怕它被表现在绝对空间中，因而实际上它只是相对的，甚至仅仅因此才是真实的运动。这基于地球的（外在于地轴的）每一个部分与每一个另外以与地心同等的距离在直径上与它相对的部分相互不断 〔562〕
地离开的观念。原因在于，这个运动在绝对空间中是现实的，因为通过它，单是重力本身就给物体造成的上述离散的损耗就可以得到连续不断的补充，而且不用任何动力学的拒斥原因（正如人们在从牛顿的《自然哲学的数学原理》1714 年版第 10 页上①

① 他在那里说：Motus quidem veros corporum singulorum cognoscere et ab apparentibus actu dlscriminare difficillimum est：propterea，quod partes spatii illus immobilis，in quo corpora vere moventur，non incurrunt in sensus. Causa tamen non est prorsus desperata［认识个别物体的真实运动并在实际上把它们与虚假的

选出来的例子中可以看到那样），因而是通过现实的、但只与被推动物质内部所包含的空间（亦即物质的中心点）相关的运动，而不是通过与外在空间相关的运动，得到连续不断的补充。

至于**第三条定理**的情况，为了甚至不考虑经验性空间也指出两个物体彼此相反的相等运动的真实性，甚至连在第二种情况中必需的、通过经验被给予的积极的动力学影响（重力，或者一个绷紧的弹簧）都不需要，相反，单是这样一种影响作为物质的属性在动力学上的可能性（排斥或吸引），就在一个物质的运动那里同时带来了另一物质相反的相等运动，而且是在把一个相对运动放在绝对空间中，亦即根据真实性来考察时从它的纯然概念中带来的。因此，这个可能性与一切单凭概念就可以充分证明的东西一样，是一个绝对必然的相反运动的规律。

因此，也没有绝对的运动，尽管一个物体在空的空间中就另一个物体而言被设想为运动的；所以，二者的运动在这里并不是相对于围绕它们的空间，而只是相对于它们之间仅仅规定其相互的外在关系的空间作为绝对的空间来考察的，因此又只是相对的。故而，绝对运动只会是应当归于一个与任何其他物质都没有关系的物体的运动。这样一种运动只会是**世界整体**亦即一切物质的体系的直线运动。因为假如除了一个物体之外还

运动区分开来，这是困难的，因为那个不动的、物体在其中真实地运动的空间的各个部分，我们的感官感觉不到。但事情也不是绝对没有希望]。为此，他让两个系于一根绳子上的球绕着它们共同的重心在空的空间中旋转，并指出，它们的运动连同其方向的现实性仍然是可以通过经验来发现的。我也曾试图在有所改变的情况下就绕轴自转的地球而言来指出这一点。

有某种别的物体，甚至是由空的空间分离开来的物质，那么，运动就已经会是相对的了。为此，对一个运动规律的任何一种证明，如果其结果是该规律的反面必然会导致整个世界大厦的一种直线运动，那就是对这规律的真实性的无可置辩的证明 〔563〕
了，之所以如此，仅仅是因为由此产生的将会是完全不可能的绝对运动。在物质由运动而来的一切共联性中的对抗性规律就是这样一种规律。因为对这一规律的任何偏离都会使一切物质的重力的共同中心，因而使整个世界大厦的共同中心移出自己的位置。反之，如果人们愿意把这一世界大厦表现为绕自己的轴旋转的话，上述情况就不会产生，因而这种运动总还是有可能来设想的，尽管假定这种运动就我们能够看到的而言不会带来任何可以理解的好处。

甚至关于**空的空间**的各种不同概念也与运动和运动力的各种不同概念有关系。**运动学**角度的空的空间也叫做绝对空间，正确地说它不应当被称为一个空的空间；因为它只是关于一个空间的理念，在这个空间中，我抽掉了一切使它成为经验对象的特殊物质，以便在它里面把物质的空间或者任何经验性的空间仍然设想为运动的，并由此把运动不是仅仅片面地设想为绝对的谓词，而是在任何时候都交互地设想为纯然相对的谓词。因此，空的空间根本不是属于事物的实存的东西，而是只属于概念的规定，且就此而言没有任何空的空间实存。**动力学**角度的空的空间是未被充实的空间，也就是说，在其中没有任何别的运动物来阻抗运动物的侵入，因而没有推斥力在起作用，而且它可以是世界之中的空的空间（vacuum mundanum），或者当世界被表现为有界限的时，也可以是在世界**之外**的空的空间（vacuum extramundanum）；前一种空间也要么被表现为分散开来的空的空间（vacuum disseminatum，它只构成物质体积的一个部分），要么被表现为积聚起来的空的空间（vacuum

coacervatum，它把诸物体如天体彼此分隔开来)，这种区分由于只是基于人们为空的空间在世界上所指定的位置的区别，所以不是本质性的，但毕竟可以应用于不同的方面：其一，是为了从中推导出密度在类上的区别。其二，是为了从中推导出宇宙空间中一个摆脱了一切外部阻抗的运动的可能性。**在第一个方面**没有**必要**假定空的空间，这在动力学的总附释中已经指出过了；但说它是**不可能的**，这却决不能只根据矛盾律从其概念中得到证明。尽管如此，即使在这里找不到拒斥它的纯然逻辑上的根据，也毕竟可能有一个从自然学说来拒斥它的一般物理学根据，即一般物质组合的可能性的根据，只要人们更好地去认识这种组合。因为如果人们为解释物质的联系而假定的**吸引**
〔564〕只应当是虚假的、而不是真实的吸引，毋宁说只是通过外部的、在宇宙空间中到处扩散的物质（以太）而产生的一种**压缩**的作用，而物质本身则惟有通过普遍的和源始的吸引即万有引力才达到这种压力，这样的意见自身是有一些道理的，那么，物质内部的空的空间即使不在逻辑上，也毕竟会在动力学上、因而在物理学上是不可能的，因为任何物质都会将自己扩散到人们在它内部所假设的空的空间中（因为它的扩张力在这里没有受到任何阻抗)，并且在任何时候保持充实它们。世界**之外**的一个空的空间，如果人们把这世界理解为所有那些主要是吸引性的物质（巨大的天体）的总和的话，就出于同一些理由是不可能的，因为根据这些物质的距离增加的规模，就连对以太的吸引力（以太包围着所有那些天体，并在那个吸引力的驱动下，通过压缩维持它们的密度）也成反比地减小，因而以太本身只是无限地在密度上减小，却不会在任何地方让空间成为完全空的。在这里，对空的空间的这种取消完全是以假说的方式进行的，对此不必感到奇怪；毕竟没有更好的办法来坚持空的空间。那些敢于对这个有争议的问题独断地作出裁定的人，无

论他们这样做是肯定还是否定，最终依靠的都是纯粹形而上学的前提，正如从动力学中可以看出的那样；至少有必要在这里指出，动力学对于上述课题根本不能作出裁定。其三，至于**力学方面**的空的空间，它是世界整体内部的积聚起来的虚空，为的是给天体以自由的运动。很容易看出，它的可能性或不可能性不是基于形而上学的根据，而是基于很难解释的自然奥秘，即物质以何种方式为自己的扩张力设置限制。尽管如此，如果在动力学的总附释中关于种类不同的材料虽然物质的量（按其重量）相同却具有无限可能的更大的扩张所说的话得到承认，那么，似乎就没有必要为了天体的自由且持续的运动来假设一个空的空间，因为在这种情况下，阻抗本身在完全充实的空间那里毕竟能够被设想为任意小的。

※　　　　※　　　　※

这样，形而上学的物体学说就以虚空和正因如此而不可理解的东西来结束。在这里，它与理性在追溯到原则时竭力探索事物的原始根据的其他一切尝试具有同样的命运。由于它的本性导致它除了在被给予的条件下所注定的方式之外，永远不能以别的方式去把握某种东西，所以它既不能停留在有条件者那 〔565〕
里，也不能理解无条件者。在求知欲激励它去把握一切条件的绝对整体时，在它那里剩下来要做的就没有别的，只有从对象返回到自身，不是为了探究和规定事物的最后边界，而是为了探究和规定它自己的、听任它自己的能力的最后边界。

中德人名对照表

奥斯瓦尔德	Oswald
奥维德	Ovid
柏拉图	Plato
鲍姆嘉登	Baumgarten
贝克莱	Berkeley
毕提	Beattie
德谟克利特	Demokritus
笛卡尔	Cartes
斐洛	Philo
哈奇森	Hutcheson
赫卡柏	Hecuba
开普勒	Kepler
克雷安特	Kleanth
克鲁修斯	Crusius
兰贝特	Lambert
莱布尼茨	Leibniz
里德	Reid
洛克	Locke
马里奥特	Mariotte
牛顿	Newton
欧几里得	Euklides
欧拉	Euler
普拉特纳	Platner
普里斯特利	Priestley
苏尔策	Sulzer
苏格拉底	Sokrates
特拉松	Terrasson
维吉尔	Virgil
乌尔利希	Ulrich
沃尔夫	Wolff
谢格奈	Segner
休谟	Hume
亚里士多德	Aristoteles

后　记

2004 年，是康德逝世 200 周年，全世界都在采取各种形式纪念这位伟大的哲学家。应中国人民大学哲学系领导的要求，我在完成第三卷的翻译之后，集中精力先完成了《纯粹理性批判》的单行本，同时又应何光沪先生之邀编译了一本《康德论宗教与上帝》。虽然多数文字都已是现成的，但还是费了不少的周章。于是，本卷的翻译就用了一年多的时间，但毕竟还是在 2004 年完成了。

在此期间，《康德著作全集》的第一、二卷，《纯粹理性批判》单行本，《康德论上帝与宗教》已先后面市。正如预料中的那样，由于康德哲学本身在学术界的地位，康德著作的任何译本的出现，都会引起普遍的关注，少不了有见仁见智的议论。感谢学界的一些前辈和朋友，对我的翻译给予了肯定和鼓励，更感谢他们与我就一些译名进行的商榷。作为一个有限的理性存在者，我喜欢赞扬，因为那是我自信的源泉；我不喜欢批评，因为那可能意味着我的失误。但我更知道，既然我没有能力做到完美，则惟有批评才会给我提供改进的机会。因此，我期待着批评，甚至刺耳的批评。

本卷开工之际，恰逢小女李潇出生。于是，本卷的翻译就与这位千金的成长结下了不解之缘。有意思的是，这位千金一方面尽情享受着母亲无边的爱，另一方面却把静静地躺在父亲怀中当做最大的乐趣。人到中年的我，自然不愿放弃这份天伦之乐。于是，本卷中不少文字竟是抱着孩子用一个指头在键盘上捣出来的。却不知懵懂的她，可曾感染到一点思辨的气息？

窗外飘来悠悠的钟声，似乎在提醒人们今夜正是基督教的盛大节日圣诞节的前夕，即俗称的“平安夜”。在基督教传统中，这和中国的春节一样也是一个阖家团圆的日子。一间间的教堂里，此时人们也许正在为平安祈祷。客居异乡的我，此时也在心底向亲人们献上我默默的祝福：祝生我育我的老母亲平安！祝思我念我的妻女平安！

《康德著作全集》的翻译得到“十五”211 工程建设项目（“哲学理论创新与当代中国社会发展”）的资助，特致谢意。

李秋零

二〇〇四年十二月二十四日夜

于香港道风山莲德台

“十五”国家重点图书出版规划项目

Kants Werke

Akademie Textausgabe

康德著作全集 第5卷

实践理性批判
判断力批判

李秋零 主编

中国人民大学出版社

目录

伊曼努尔·康德

1788年

实践理性批判

1788年

实践理性批判

伊曼努尔·康德硕士

李秋零 译

前言 〔3〕

为什么不把这个批判命名为**纯粹**实践理性批判，而是干脆命名为一般实践理性批判，尽管实践理性与思辨理性的对应关系似乎要求前一个名称，对此，这部论著给予了充分的解释。它应当阐明的只是**存在着纯粹的实践理性**，并且在这种意图中批判其全部**实践能力**。如果它做到了这一点，则它就不需要批判纯粹的能力本身，就可以看出理性以这样一种能力作为一种纯然的僭妄而**超越**了自己（就像在思辨理性那里发生的那样）。因为如果它作为纯粹的理性而现实地是实践的，那么，它就通过这个事实证明了它以及它的概念的实在性，而否认它有这样的可能性的一切玄想就都是徒劳了。

凭借这种能力，从此也就确立了先验的**自由**，而且是在绝对的意义上说的，其中思辨的理性在应用因果性概念时需要自由，以便拯救自己，摆脱它要在因果联结的序列中设想**无条件者**时就不可避免地陷入的二论背反；但它提出这一概念，只能是或然地，并非视其为不可思维的，它并不保证这一概念的客观实在性，而是仅仅为了不因为伪托它毕竟至少必须视其为可思维的东西的不可能性，在其本质上受到攻击，被抛入怀疑论的深渊。

自由的概念，就其实在性通过实践理性的一条无可置疑的法则得到证明而言，如今构成了纯粹理性的、甚至思辨理性的一个体系的整个大厦的**拱顶石**，而作为纯然的理念在思辨理性 〔4〕
中依然没有支撑的其他一切概念（上帝和不死的概念），如今就紧跟它，与它一起并通过它获得了持存和客观的实在性，也就是说，它们的**可能性**由于自由是现实的而得到了证明，因为这个理念通过道德法则而显示出来。

但是，在思辨理性的一切理念中，自由也是惟一我们先天地**知道**其可能性、但却看不透的一个理念，因为它是我们知道的道德法则的条件。① 但是，**上帝**和**不死**的理念却不是道德法则的条件，而只是一个由道德法则来规定的意志的必然客体的条件，亦即我们的纯粹理性的纯然实践应用的条件。因此，对于那些理念，我不仅要说对于它们的现实性，而且就连它们的可能性，我们也不能声称**认识**和**看透**了。但尽管如此，它们却是把道德上被规定的意志运用到其先天地被给予的客体（至善）的条件。因此就能够并且必须在这种实践的关系中假定它们的可能性，但却不是在理论上认识和看透它们。对于这后一种要求来说，在实践的意图中它们不包含内在的不可能性（矛盾）就够了。如今在这里，视之为真的一种与思辨理性相比纯然**主观的**根据，毕竟对一种同样纯粹的、但却是实践的理性来说客观有效，由此凭借自由的概念使上帝和不死的理念获得了客观的实在性和权限，甚至获得了假定它们的主观必要性（纯
〔5〕 粹理性的需要），但理性并没有因此而在理论知识中得到扩展，而只是事先仅仅是问题、在这里成了**断定**的那种可能性被给予

① 当我现在把自由称做道德法则的条件、而在后面的论述中断言道德法则是我们惟有在其下才能**意识到**自由的条件时，为了使人们在这里不至于误以为发现了**不一致**，我要提醒的仅仅是，自由当然是道德法则的 ratio essendi［存在根据］，但道德法则却是自由的 ratio cognoscendi［认识根据］。因为如果不是在我们的理性中**早就**清楚地想到了道德法则，我们就绝不会认为自己有理由去**假定**像自由这样的东西（尽管自由并不自相矛盾）。但如果没有自由，在我们里面也就**根本找不到**道德法则。

了，这样就把理性的实践应用与理论应用的诸要素联结起来了。而这种需要绝不是思辨的**随便哪一个**意图的假说性需要，即人们要想在思辨中上升到理性应用的完成就必须假定某种东西，而是**一种合法则的需要**，即假定某种东西，没有这种东西，人们为了自己行止的意图而应当毫不马虎地设定的东西就不可能发生了。

当然，不绕这个圈子就自己解决那些课题，并为了实践应用而把它们作为洞识保存下来，会使我们的思辨理性更为满意；然而，我们的思辨能力却从来不曾如此舒坦。自诩有这样的高等知识的人，不应当秘而不宣，而应当把它们公开地展示出来以供检验和赞赏。他们想去**证明**；那么好吧！他们尽可以去证明，而批判则把自己的全副装备放到他们这些胜利者的脚边。Quid statis? Nolint. Atqui licet esse beatis. ［你们为什么裹足不前？他们不会愿意。但还可以是幸福的。］——因此，既然他们事实上不想，估计是因为他们不能，我们就只好再拿起那些装备，以便在理性的道德应用中去寻找并在这种应用之上建立思辨未给其可能性找到担保的**上帝**、**自由**和**不死**的概念。

在这里，为什么人们能够**否认**思辨中**诸范畴**的超感性应用有客观的**实在性**，却就纯粹实践理性的客体而言承认它们有这种**实在性**，这一批判之谜也首次得到了澄清；因为在此之前，只要人们仅仅按照名称来了解这样一种实践的应用，上述情况就不可避免地看起来是**不一致的**。但现在，如果人们通过对后一种应用的完备分析而觉察到，上述实在性在这里根本不是通向**范畴**的理论**规定**和知识朝向超感性事物的扩展，而是仅仅指它们在这种关系中到处都应有**一个客体**，因为它们要么先天地包含在必然的意志规定中，要么与意志规定的对象不可分割地结合在一起，那么，那种不一致就消失了，因为人们对那些概念作了一种不同于思辨理性需要的应用。与此相反，如今展现 〔6〕

出对思辨性批判的**一贯思维方式**的一种过去几乎无法指望的非常令人满意的证实，即由于这种批判再三提醒要把经验的对象本身，其中甚至包括我们自己的主体都仅仅视为**显象**，尽管如此却把物自身作为它们的基础，因而并不把一切超感性的东西都视为虚构，把它们的概念都视为空无内容的，所以，实践理性现在就独自地、不与思辨理性相约，就使因果性范畴的一个超感性的对象亦即**自由**获得了实在性（尽管是作为实践的概念，也只是为了实践的应用），因而通过一个事实证实了在那里只能被**思维**的东西。此际，思辨的批判的那个令人惊讶的、虽然也无可置疑的主张，即**能思维的主体对它自己来说在内部直观中也纯然是显象**，在实践理性的批判中也同时如此好地获得了完全的证实，以至于即使思辨的批判根本不曾证明这个命题，人们也必定达到这种证实。①

由此我也就懂得了，为什么我迄今还在遭遇的对批判的最显著的指责都在围绕着两个枢纽旋转：也就是说，**一方面**是被用于本体的范畴在理论知识中被否定而在实践知识中被肯定的客观实在性；**另一方面**是那个悖谬的要求，亦即使自己作为自由的主体成为本体，但同时也在自然方面使自己成为自己的经验性意识中的现象。因为只要关于道德和自由还没有形成任何确定的概念，人们就不能猜出，一方面要把什么作为本体来当做所谓显象的基础，另一方面当事先把理论应用中纯粹知性的

① 作为自由的因果性通过道德法则而确立，作为自然机械作用的因果性通过自然法则而确立，它们都是在同一个主体亦即人里面确立的，但如果不把人与前者相关设想为物自身，与后者相关设想为显象，在**纯粹的**意识中设想前者，在**经验性**的意识中设想后者，二者的结合就是不可能的。不这样做，理性与自身的矛盾就是不可避免的。

一切概念都已经仅仅用于显象时，是否在某个地方还有可能对本体形成一个概念。惟有对实践理性的一种详尽的批判才能消除这一切误解，并澄清恰好构成实践理性之最大优点的那种一贯的思维方式。 〔7〕

需要辩护的只是：为什么在这部著作中，纯粹思辨理性的那些毕竟已经经受过特殊批判的概念和原理，在这里时而又再次接受检验，这对于一门要建立的科学的系统进程来说通常是不太合适的（因为已经被判定的事情只须引证，而不必再动它们了），但**在这里**却是允许的，甚至是必要的，因为理性连同那些概念是在向另一种应用的过渡中被考察的，这种应用不同于理性**在那里**对那些概念的应用。但是，这样一种过渡使得旧应用与新应用的一种比较成为必要，为的是把新轨道与以前的轨道清楚地区别开来，同时说明它们的联系。因此，人们将把这种类型的考察，此外把再次、但却是在纯粹理性的实践应用中针对自由概念的考察，不是看做例如应当仅仅用于填补思辨理性的批判体系之漏洞的插叙（因为这个体系就自己的意图而言是完备的），也不是像在一栋仓促建造的房子那里通常发生的那样，在后面装上支架和扶垛，而是看做使体系的联系清晰可见的真实环节，为的是使在那里只能或然地设想的概念如今可以在其实在的展现中被看透。这个提醒尤其涉及自由的概念，关于这个概念人们必然惊讶地发觉，居然还有这么多的人，只是在心理学的关系中考察了它，就自诩完全看透了它并能够解释它的可能性。然而，假如他们事先在先验的关系中仔细地斟酌过这个概念，他们就既会认识到它作为思辨理性的完备应用中的或然概念的**不可缺少性**，也会认识到它的完全**不可理解性**，而且，假如他们事后把它带到实践的应用上去，他们就必定会就这种应用的诸原理而言自己恰好想到这种应用的同一个规定，而往常他们会并不乐意赞同这种规定。自由的概念对于一切**经验论者**来说是绊脚石，但对于**批判的**道德论者来说却也是最崇高的实践原理的钥匙。这些道德论者由此看出，他〔8〕们不得不**合理地**行事。为此，我请求读者不要浮光掠影地忽略分析论结尾时关于这个概念所说的东西。

这样一个体系，就它由纯粹实践理性从对它自己的批判发展出来而言，尤其是为了不错过体系的整体能够被正确地勾画由以出发的那个正确的观点，所花费的辛劳是多还是少，我必须留待这一类工作的行家去评判。它虽然以《**道德形而上学的奠基**》为前提条件，但只是就这部著作使人预先熟悉义务的原则、陈述和辩白义务的一个确定公式而言的①；除此之外它是独立自存的。至于没有像思辨理性的批判所提供的那样为了**完备性**而附加上一切实践科学的**划分**，在这种实践理性能力的性状中也可找到这方面的有效根据。因为把义务特别规定为人类义务，以便对它们进行划分，这惟有当这一规定的主体（人）按照他成为现实所凭借的性状事先被认识到，虽然只是就一般义务而言在必要的范围被认识到时，才是可能的；但这种规定不属于一般实践理性批判，后者只应当完备地说明实践理性的可能性、其范围和界限的原则，并不与人的本性有特别的关系。因此，该划分在这里属于科学的体系，而不属于批判的体系。

那本《**道德形而上学的奠基**》的某位热爱真理且思想敏

① 一个想为责难这部作品说点儿什么的评论家，当他说这里没有提出任何新的道德原则，而只是提出了一个**新的公式**时，他比自己本来要说的意思更切中要害。但是，谁还要引入一切道德的某种新原理，并仿佛是首次发现它呢？就好像在他之前世界在什么是义务这一点上一无所知或者处于普遍的错误似的。但谁知道一个为了遵循课题而完全精确地规定应当做什么并不许出错的**公式**对于数学家来说意味着什么，他就不会把一个就一切一般义务而言做同样一件事的公式视为某种不重要的和多余的东西了。

锐、因而毕竟永远值得尊敬的评论家提出异议说，**善的概念在那里没有先于道德原则而得到确定**（依他所见，这本来是必要的）①，我希望，在分析论的第二章中予以满足；同样，对于那些显露出弄清真理是挂在他们心头之事的意愿的人士，也考虑到了他们对我提出的其他一切异议（因为只是盯着自己的旧 〔9〕

① 人们还可以对我提出这样的异议：为什么我也没有事先解释**欲求能力**或者**愉快情感**的概念；尽管这种责难会是不公平的，因为人们应当能够公正地预设这种解释是在心理学中已被给予的。当然，在那里定义也可以这样来建立，即愉快的情感被当做欲求能力的规定的基础（就像通常实际上也往往如此发生一样），但这样一来，实践哲学的最高原则就必然会**以经验性的方式**失落，而这是首先应予澄清的，并在这个批判中受到了完全的拒斥。因此，我在这里想这样作出这种解释，即它必须是为了一开始就公正地把这一有争议的问题搁置不论。——**生命**是一个存在者按照欲求能力的法则去行动的能力。**欲求能力**是存在者通过**其表象而是这些表象的对象之现实性的原因的能力。愉快是对象或者行动与生命的主观条件相一致的表象**，亦即与**一个表象就其客体的现实性而言的因果性**的能力（或者规定主体产生其客体的各种力量去行动的能力）相一致的表象。为了批判从心理学借用的那些概念，我并不需要更多的东西，其余的由批判本身提供。人们很容易看出，是愉快在任何时候都必须被当做欲求能力的基础，还是它也在某些条件下仅仅继欲求能力的规定而起，这个问题通过这一解释仍然悬而未决；因为它完全是由纯粹知性的那些标志，亦即不包含任何经验性东西的范畴组合而成的。这样一种谨慎在全部哲学中都是很值得推荐的，尽管如此却经常被忽视，即不要通过冒失的定义抢在对概念的完备分析之前就作出精确的判断，这样的分析经常很晚才达到。人们也将通过批判（既是理论理性的批判也是实践理性的批判）的整个进程发觉，在这一进程中有多种多样的机会去弥补哲学古旧的独断进程中的某些缺陷，并纠正人们在对诸概念作**涉及其整体的**理性应用之前发现不了的错误。

体系、事先已决定应当赞同什么和反对什么的人们，毕竟不需
〔10〕要有可能妨碍他们的私人意图的讨论)；而且我也将继续这样做。

当涉及按照其来源、内容和界限对人类灵魂的一种特殊能力作出规定时，人们虽然只能按照人们知识的本性从这些知识的各个**部分**开始，从对它们精确的（就按照我们已经获得的知识要素的目前状况所可能的而言)、完备的展示开始。但还有第二种值得注意的东西，它更具有哲学和**建筑术**的性质，即正确地把握**整体的理念**，并从该理念出发借助于在一种纯粹理性能力中把一切部分从那个整体的概念中推导出来，而在其彼此之间的交互关系中把握那些部分。这种检验和保障惟有通过对体系的最内在的熟知才有可能，而那些就前一种探究而言就已经感到厌烦、因而认为不值得花费力气去获得这种熟知的人，就达不到第二个阶段，即综合地返回事先分析地被给予的东西的那种纵览；而且毫不奇怪，他们到处都发现不一致，尽管使人猜测这种不一致的漏洞并不是在体系本身之中，而是仅仅在他们自己不连贯的思路中被发现的。

就这部论著而言，我丝毫不担心说它要引入一种**新的语言**的责难，因为这种知识方式在此本身就是接近通俗性的。即便是就前一个批判而言，也没有一个不是仅仅翻阅过该书、而是详细研究过它的人赞同这种责难。在语言对于给定的概念来说已经不缺乏表述的地方去人为地制造新的语词，这是一种不通过新的真实思想、但却通过在给旧衣服打上新补丁来在众人中间出风头的幼稚努力。如果那部著作的读者们知道有比那些表述在我看来更通俗的表述，但却同样适合于思想，或者他们敢于说明这些思想本身、因而每一个表示思想的表述同时是无意义的，那么，他们通过前者将会使我心存感激，因为我只求被理解，但就后者而言他们就为哲学作出了贡献。但只要那些思

想还站得住，我就很怀疑为它们还可以找出更合适但又更通用的表述。① 〔11〕

① 我在这里有时（比那种不理解）更为担忧的是对一些表述的误解，我极为谨慎地挑选出这些表述，为的是它们所指的概念不被弄错。因此，在**实践**理性的范畴表中模态这一标题之下，**允许**和**不允许**与接下来的范畴**义务**和**违背义务**，在通常的语言应用中具有几乎同等的意义；但在这里，**前者**应当意味着与一个纯然**可能的**实践规范相一致或者相抵触的东西（就像几何学和力学的一切问题的解决那样）；**后者**则应当意味着与一个**现实地**存在于一般理性里面的法则处于这样的关系之中的东西；而这种含义的区分即便对于通常的语言应用来说也并不完全陌生，尽管有些不习惯。所以，例如对于一位演说家本身来说，锻造新的语词或者语词搭配是**不允许的**；对于诗人来说这在某种程度上是**允许的**；此处在双方的任何一方那里都没有让人想到义务。因为谁想毁掉自己演说家的名声，没有人能够阻止他。这里只涉及**命令式**在**或然的**、**实然的**和**必然的**规定根据之下的区分。同样，我在使不同的哲学学派中的实践完善性的道德理念相互对立起来的那个附释中，把**智慧**的理念与**神圣**的理念区分开来，尽管我甚至在根本上和客观上把它们解释为一回事。不过，我在这个地方所指的只是人（斯多亚派）自以为拥有的、因而被**主观地**捏造成人的属性的智慧（也许斯多亚派大为炫耀的**德性**这个表述能够更好地表现这个学派的特点）。但是，纯粹实践理性的公设这个表述，如果人们把它与纯粹数学的公设所具有的、本身带有无可置疑的确定性的含义混为一谈的话，还是极易引起误解的。但是，纯粹数学的公设所设立的是**一种行动的可能性**，这种行动的对象人们先天地在理论上以完全的确定性预先认识到是可能的。而纯粹实践理性的公设所设立的则是一个**对象**（上帝和灵魂不死）本身出自无可置疑的**实践**法则的可能性，因而是为了一种实践理性设立的；因为所设立的可能性的这种确定性根本不是在理论上、因而也不是无可置疑地、亦即不是就客体而言被认识到的必然性，而是就主体而言为了遵循实践理性的客观的、但却是实践的法则而必要的假设，所以是纯然必要的假说。对于这种主观的、但却真实而又无条件的理性必要性，我无法找出更好的表述。

〔12〕 以这种方式，心灵的两种能力亦即认识能力和欲求能力的先天原则从现在起就已查明，并根据其应用的条件、范围和界限得到了规定，而由此就为一种作为科学的系统的、既是理论的也是实践的哲学奠定了更为可靠的基础。

但是，对于这些努力来说，也许不可能遇到比有人出乎意料地发现任何地方都不存在、也不可能存在先天的知识更为糟糕的事情了。但这没有什么关系。这就好像是有人想要通过理性来证明不存在理性一样。因为我们只是说，如果我们意识到，某种东西即使没有如此在经验中出现在我们面前，我们也能够知道它，那么，我们就是通过理性而认识到它；因此，理性知识和先天知识是一回事。要从一个经验命题榨取必然性（ex pumice aquam［从石头中榨取水］），还要借助这种必然性为一个判断谋取真正的普遍性（没有这种普遍性，就没有理性推理，因而也就没有出自类比的推理，类比是一种至少推测到的普遍性和客观的必然性，所以总还是以真正的普遍性为前提条件），这是不折不扣的自相矛盾。用主观的必然性亦即习惯来偷换仅仅在先天判断中出现的客观必然性，意味着否认理性有对对象作出判断的能力，亦即否认理性有认识对象和应归于对象的东西的能力，例如对于经常和总是跟随某个先行状态的东西，不可以说人们能够从该状态**推论**出那种东西（因为这就会意味着客观的必然性和关于一种先天联结的概念），而是只可以（以与动物类似的方式）期待类似的情况，亦即在根本上把原因概念当做虚假的和纯然的思想欺骗而予以抛弃。要想通过说人们毕竟看不出任何理由赋予其他理性存在者以另外一种表象方式，来弥补客观有效性和由此而来的普遍有效性的这种缺乏，假如这提供了一个有效的推论的话，我们的无知就会比一切深思更多地有助于扩展我们的知识了。因为单是由于我们不了解除人之外的其他理性存在者，我们就会有权利假定他们具有如我们在自己身上认识到的那种性状，也就是说，我们就会现实地了解他们。我在这里甚至不提，不是视之为真的普遍性证明了一个判断的客观有效性（也就是说，它作为知识的有效性），而是即便那种普遍性偶然言中，这也毕竟不能提供与客体相一致的证明；毋宁说，惟有客观有效性才构成一种必然的普遍赞同的根据。〔13〕

对于这个**普遍经验论**的体系，**休谟**会在各个原理中感到很惬意；因为众所周知，他所要求的无非是在原因概念中不要必然性的任何客观含义，而是假定一种纯然主观的含义，亦即习惯，以便否定理性关于上帝、自由和不死的一切判断；而且他肯定善于这样做，为的是只要人们承认他的这些原则，就以一切逻辑上的确凿性从中推出结论来。但是，甚至休谟也没有使得经验论如此普遍，以便把数学也包括在内。他把数学的命题视为分析的，而假如这样做有道理的话，这些命题实际上也就会是无可置疑的，尽管如此却不能从中得出结论说，理性有能力也在哲学中作出无可置疑的判断，亦即作出无可置疑的综合判断（例如因果性的命题）。但如果人们假定这些原则的经验论是**普遍的**，数学也就会因此而被纳入其中。

现在，既然数学与只允许经验性原理的那种理性陷入了冲突，例如这在二论背反中就是不可避免的，此时数学无可辩驳地证明了空间的无限可分性，而经验论却不能允许这种无限可分性，所以，证明的最大可能的自明性就与据称出自经验原则的推论处于明显的矛盾中，于是人们就不得不像切泽尔登的盲人那样发问：是什么在欺骗我，是视觉还是触觉？（因为经验论建立在一种**被感知到的**必然性之上，而理性论则建立在一种**被洞见到的**必然性之上。）这样，普遍的经验论就表现为真正的**怀疑论**，人们不对意指加以限制就把怀疑论归于休谟

是错误的①，因为他至少还在数学那里留下了经验的一块可靠
〔14〕 的试金石，而怀疑论则完全不允许有经验的任何试金石（这种试金石永远只能在先天原则中找到），尽管经验毕竟不是仅仅由感觉、而且也是由判断构成的。

不过，既然在这个哲学的和批判的时代，很难认真地主张那种经验论，它也许只是为了练习判断力，以及为了通过对比而更为清晰地揭示理性的先天原则的必然性才提出来的，所以，对于愿意费力从事这种通常的确没有教益的工作的人，人们还是会心存感激的。

① 标示一个宗派的追随者的名称在任何时候都带有许多曲解；当有人说某某是一个**理念论者**的时候，大约就是这样。因为即使他不仅完全承认，而且坚决主张，与我们对外部事物的表象相对应的是外部事物的现实对象，他也还是希望，外部事物的直观形式并不依附这些对象，而是仅仅依附我们的心灵。

导论：一种实践理性批判的理念 〔15〕

理性的理论应用关注的是纯然认识能力的对象，而关于这种应用的理性批判真正说来所涉及的只是**纯粹的**认识能力，因为这种能力激发了以后也得以证实的怀疑，即它很容易越过自己的界限，迷失在无法达到的对象，或者甚至是相互冲突的概念中间。理性的实践应用则已经是另外一种情况。在这种应用中，理性关注的是意志的规定根据，意志是一种要么产生出与表象相符合的对象、要么规定自己本身去造成对象（无论自然能力是否充足）亦即规定自己的因果性的能力。因为在这里，理性至少能够达到对意志的规定，并且就事情仅仅取决于意愿而言，总是具有客观的实在性。因此，这里的第一个问题是：是纯粹理性独自就足以对意志作出规定，还是它惟有作为经验性上有条件的理性才能是意志的规定根据。如今，这里出现了一个由纯粹理性的批判作出辩护的、虽然不能作出任何经验性描述的因果性概念，亦即**自由**的概念，而且如果我们现在能够找到根据去证明，这种属性事实上应归于人的意志（而且也应归于一切有理性的存在者的意志），那么，由此就不仅说明了纯粹理性能够是实践的，而且说明了惟有纯粹理性，而不是经验性上受限制的理性，才是无条件地实践的。因此，我们将要探讨的，就不是一种**纯粹实践**理性的批判，而只是一般**实践**理性的批判。因为只要阐明了有纯粹理性，纯粹理性就不需要任 〔16〕
何批判。纯粹理性自身就包含着对它的一切应用进行批判的准绳。因此，一般实践理性的批判有责任去阻止经验性上有条件的理性以排他的方式想要独自提供意志的规定根据的僭妄。纯粹理性的应用，惟有当确定无疑有这样一种理性的时候，才是内在的；与此相反，自以为能够独裁的经验性的有条件的应用则是超验的，它表现在完全超出自己的领域的要求和命令中。这与关于思辨的应用中的纯粹理性所能说的东西恰恰是颠倒过来的关系。

然而，既然总还是纯粹理性的知识在这里为实践的应用奠定基础，所以，一种实践理性的批判的划分在总的纲要上还必须按照思辨理性的批判来安排。因此，我们将必须有一个实践理性的**要素论**和一个实践理性的**方法论**，在作为第一部分的要素论中有一个**分析论**来作为真理规则，并有一个**辩证论**来作为实践理性判断中的幻相的描述和解决。不过，分析论的再划分的次序又将与纯粹思辨理性批判中的次序相反。因为在目前的批判中，我们将从**原理**开始前进到**概念**，而从概念出发才在可能的情况下前进到感觉；与此相反，在思辨理性那里我们必须从感觉开始并在原理那里结束。这里的根据又是在于：我们现在必须探讨的是一种意志，而且必须不是在与对象的关系中、而是在与这种意志及其因果性的关系中来考虑理性，因为必须是经验性上无条件的因果性的原理来开头，然后才能去尝试确立我们关于这样一种意志的规定根据、关于上述原理在对象上的应用、最后关于它们在主体及其感性上的应用的概念。出自自由的因果性的法则，亦即任何一个纯粹实践的原理，在这里都不可避免地成为开端，并规定着惟有它才能涉及的那些对象。

第一部分
纯粹实践理性的要素论

〔19〕

第一卷

纯粹实践理性的分析论

第一章

纯粹实践理性的诸原理

第1节

解说

实践的**诸原理**是那些包含着意志的一个普遍规定的命题，这个规定在自身之下有更多的实践规则。如果条件仅仅被主体视为对他自己的意志有效的，那么，这些原理就是主观的，或者是一些**准则**；但如果条件被认识为客观的，亦即对每一个有理性的存在者的意志都是有效的，那么，这些原理就是客观的，或者是一些实践的法则。

附释

如果人们假定，**纯粹**理性能够在自身中包含着一个实践的、亦即足以规定意志的根据，那么，就存在着实践的法则；但如果不是这样，那么，一切实践的原理都将是纯然的准则。在一个理性存在者以病理学的方式受到刺激的意志中，可以发现有种种准则与他自己认识到的实践法则的一种冲突。例如，某人可以把有眥必报当做自己的准则，但同时又看出这并不是实践的法则，而仅仅是他的准则，与此相反，作为对每一个理性存在者的意志来说的规则就会在同一个准则中与自己本身不一致。在自然知识中，所发生的事情的原则（例如在运动的传递中作用与反作用相等的原则）同时就是自然的法则；因为理性的应用在那里是理论的，是由客体的性状规定的。在实践的知识中， 〔20〕
亦即在仅仅涉及意志的规定根据的知识中，人们为自己制定的那些原理还并不因此就是他不可避免地服从的法则，因为理性在实践事务中所涉及的是主体，亦即欲求能力，而规则会以多种多样的方式来遵从欲求能力的特殊性状。——实践的规则在任何时候都是理性的一个产物，因为它以结果为目的，把行动规定为达到结果的手段。但是，对于一个不完全仅仅以理性为意志的规定根据的存在者来说，这种规则就是一个**命令式**，亦即以一个表示行动的客观必要性的应当为标志的规则，并且意味着，如果理性完全规定着意志，则行动就会不可避免地按照这个规则发生。因此，这些命令式被视为客观的，并且完全不同于作为主观原理的准则。但是，这些命令式要么仅仅就结果和达成结果的充足性而言来规定理性存在者的作为作用因的因果性的条件，要么只规定意志，不管它是否足以达成结果。前一些命令式将会是假言命令式，仅仅包含技巧的规范；与此相反，后一些命令式将会是定言的，惟有它们是实践的法则。因此，准则虽然是**原理**，但却不是**命令式**。但是，如果命令式本身是有条件的，亦即不是把意志完全当做意志来规定，而是就一种被欲求的结果而言来规定，也就是说，是一些假言命令式，那么，它们虽然是实践的**规范**，但却不是**法则**。法则必须在我问自己是否在根本上具有达成一个被欲求的结果所要求的能力，或者为了产生这一结果我必须做什么之前，就足以把意志当做意志来规定，因而是定言的，否则就不成其为法则：因为它们没有这样一种必然性，这种必然性要想是实践的，就必须不依赖于病理学的、从而偶然地附着于意志的条件。例如，如果有人说，他在年轻时必须工作和节俭，以免年老时受穷，那么，这就是意志的一条正确的、同时又是重要的实践规范。但是，人们很容易看出，意志在这里被指向了某种**别的东西**，即人们预设它在欲求的某种东西，而人们不必过问他这个行动者本人的这一欲求，是他在他自己挣来的财产之外还指望有别的资助来源，还是他根本不希望活到老，或者是想在将来处于困境时可以对付着过。惟一能够从中产生出应当包含着必然性的一切规则的那种理性，虽然也把必然性置于它的这个规范之中（因为若不然，它就会不是命令式了），但这种必然性却只是主观上有条件的，而且人们不可以在所有的主体里面以同样的程度来预设这种必然性。但是，理性的立法所要求的却是它只需要以〔21〕它**自己本身**为前提条件，因为规则惟有在它无须把一个理性存在者与别的理性存在者区分开来的偶然的、主观的条件有效时，才是客观的和普遍有效的。现在，如果告诉某人他决不应当用谎言来承诺，那么，这就是一个仅仅涉及他的意志的规则；不管此人可能怀有的意图是否能够通过这个意志来达到，纯然的意愿就是应当通过那个规则完全先天地予以规定的东西。如果现在发现这个规则在实践上是正确的，那么，它就是一个法则，因为它是一个定言命令式。所以，实践的法则仅仅与意志相关，而不管通过意志的因果性做到了什么，而且为了纯粹地拥有法则，人们可以把那种因果性（作为属于感官世界的东西）抽掉。

第2节

定理一

凡是把欲求能力的一个**客体**（质料）预设为意志的规定根

据的实践原则，全都是经验性的，不能充当任何实践法则。

我把欲求能力的质料理解为一个其现实性被欲求的对象。现在，如果对这个对象的欲求先行于实践的规则，并且是使实践的规则成为自己的原则的条件，那么我就说（**第一**）：这个原则在这种情况下任何时候都是经验性的。因为这样一来，任性的这一规定根据就是一个个体的表象和这个表象与主体的一种关系，通过这种关系，欲求能力被规定去实现这个客体。但是，与主体的这样一种关系就叫做对一个对象的现实性感到的**愉快**。因此，这种愉快必然被预设为对任性作出规定的可能性的条件。但是，对于任何一个对象的表象，无论它是什么样的，都不能先天地认识到，它是与**愉快**相结合还是与**不快**相结合，或者它是**不相干的**。因此，在这样一种情况下，任性的规定根据在任何时候都必然是经验性的，从而把这个规定根据预设为条件的那个实践的质料原则也必然是经验性的。

现在，既然（**第二**）一个仅仅建立在一种愉快或者不快（它在任何时候都能够被经验性地认识，而不能对一切有理性的存在者都以同样的方式有效）的易感性的主观条件之上的原则，虽然对于拥有这种愉快或者不快的主体来说可以充当**准则**，但却不可以也对这种愉快或者不快本身来说（因为这原则缺乏必须被先天地认识到的客观必然性）充当**法则**，所以，这 〔22〕
样一个原则绝不能充当一个实践的法则。

第 3 节

定理二

一切质料的实践原则，本身全都具有同一种性质，都隶属于自爱或者自己的幸福的普遍原则之下。

出自一个事物的实存的表象的愉快，就它应当是对这个事物的欲求的规定根据而言，建立在主体的**易感性**之上，因为它**依赖于**一个对象的存在；所以，它属于感官（情感），而不属于知性，知性按照概念来表达表象与**一个客体**的关系，而不是按照情感来表达表象与主体的关系。因此，只有当主体从对象的现实性那里所期待的惬意的感受规定着欲求能力的时候，愉快才是实践的。但现在，一个有理性的存在者对于不断地伴随着他的整个存在的那种生活惬意的意识，就是**幸福**，而使幸福成为任性的最高规定根据的原则，就是自爱的原则。所以，一切把任性的规定根据设定在从某一个对象的现实性那里可以感受到的愉快或者不快之中的质料原则，就此而言完全具有**同一种性质**，即它们全都属于自爱或者自己的幸福的原则。

推论

一切**质料的**实践规则都把意志的规定根据设定在**低级的欲求能力**之中，而且，假如根本没有充分规定意志的**纯然形式的**法则，那么，也就**没有任何高级的欲求能力**能够得到承认了。

附释一

人们必然会觉得奇怪，何以一些通常很机敏的人士会相
〔23〕信，从与愉快的情感相结合的**诸表象**是起源自**感官**还是起源自**知性**，就可以找到**低级欲求能力**和**高级欲求能力**之间的一种区别。因为当人们追问欲求能力的规定根据，并将这些规定根据设定在从某种东西那里期待的惬意之中的时候，事情根本不取决于这个令人快乐的对象的**表象**来自何处，而是仅仅取决于它**令人快乐**到何种程度。如果一个表象，即使它无论如何也在知性中有其位置和起源，也只能通过以主体中的一种愉快的情感为前提条件来规定任性，那么，它要成为任性的规定根据，就

完全依赖于内部感官的如下性状，即内部感官能够由此而受到惬意的刺激。对象的表象尽可以归属如此不同的类别，尽可以是与感官的表象相对立的知性的表象，甚至是理性的表象，但它们真正说来构成意志的规定根据所凭借的愉快情感（惬意、人们从推动着创造客体的活动的东西中所期待的快乐），却具有同一种性质，这不仅是就它在任何时候都只能被经验性地认识而言的，而且也是就它刺激起表现在欲求能力中的同一种生命力，并在这一关系中除了在程度上之外，与任何别的规定根据都不可能有任何差异而言的。若不然，人们将如何能够在两个就表现方式而言完全不同的规定根据之间依照大小作出比较，来更喜欢那最能刺激起欲求能力的规定根据呢？同一个人，可以把他只到手一次的一本对他富有教益的书未经阅读就退还，以免耽误打猎；可以在一场精彩的讲演的中途就退场，以免进餐时迟到；可以抛开由他通常很看重的理性交谈而来的消遣，为的是坐到牌桌旁；甚至可以拒绝他通常很乐意周济的一个穷人，因为他现在口袋里剩下的钱，刚好够买一张喜剧门票所用。如果意志的规定所依据的是从某一个原因所期待的惬意或者不惬意的情感，那么，他通过哪一种表象方式受到刺激，这对他来说是完全无所谓的。惟有这种惬意有多么强烈、多么持久、多么容易获得且经常重复，才是他为了决定作出选择而关心的。就像对于为了支出而需要金钱的人来说，只要这金钱到处都以同样的价值被接受，则这金钱的材料亦即金子是从山里挖出来的还是从沙里淘出来的，是完全无所谓的一样，如果一个人仅仅关心生活的惬意，他就不会问是知性表象还是感官表象给他带来快乐，而是只问这些表象在最长的时间里给他带来**多少和多大的快乐**。惟有想要否认纯粹理性有能力无须以任何一种情感为前提条件就规定意志的那些人，才会如此远 〔24〕
离他们自己的解释而误入歧途，把他们自己在此前归为同一种原则的东西在后来却解释为完全不同类的。例如可以发现，人们也能够仅仅由于**力量的运用**、由于在克服与我们的决心相对立的障碍时对自己的精神力量的意识、由于对精神天赋的陶冶等感到快乐，而且我们有理由把这称为**更高尚的**乐趣和愉悦，因为它们比其他乐趣和愉悦更为我们所控制而不致耗损，毋宁说强化着还要更多地享受它们的情感，并且在使其愉悦的同时也陶冶它。然而，由于它们毕竟曾为了那些快乐的可能性而把我们里面的一种关注于此的情感预设为这种满意的首要条件，把它们冒充为与仅仅通过感官而不同的规定意志的方式，就恰如那些热衷于在形而上学中敷衍了事的无知之徒，他们设想物质如此精细，如此过于精细，以至于他们自己都要对此感到眩晕，于是就相信自己以这种方式臆想出了一种**精神的**、但却有广延的存在者。如果我们和**伊壁鸠鲁**一起，在德性上仅仅听凭它所许诺的快乐来规定意志，那么，我们就不能此后又指责他，说他把这种快乐与那些最粗劣的感官的快乐看做是完全同样的；因为人们根本没有理由诿过于他，说他把我们心中的这种情感被激发起来所凭借的那些表象仅仅归于肉体感官了。就人们所能猜到的而言，他同样曾在更高的认识能力的应用中来为这些表象中的许多寻找来源；但是，这并不妨碍、也不能妨碍他按照上述原则把那些或许是理智的表象提供给我们的、而这些表象亦惟有借此才能够是意志的规定根据的那种快乐本身完全看做是同样的。**一以贯之**是一个哲学家的最大责任，但这却鲜有发现。古代希腊各学派在这方面给我们提供的实例，比我们在我们这个**折中主义的**时代所发现的更多；在这个时代，各种互相矛盾的原理的某个**联盟体系**被极其虚伪和肤浅地做作出来，因为它更适合于一个满足于对一切都知道一点儿、对整体一无所知、但却对一切都能应付自如的公众。自身幸福的原则，无论在它那里使用了多少知性和理性，对于意志来说毕竟只包含有与**低级的**欲求能力相适合的规定根据，因而要么根本不存在高级的欲求能力，要么**纯粹理性**必须单就自身而言就是实践的，也就是说，仅仅通过实践规则的形式就能够规定意志，无须以任何一种情感为前提条件，因而无须惬意或者不惬意的表象，惬意或者不惬意是欲求能力的质料，这种质料在任何时候都是原则的一种经验性的条件。然而在这种情况下，理性惟有为自己本身来规定意志（不是为偏好效力），才是在病〔25〕理学上可规定的欲求能力所从属的一种真正的**高级**欲求能力，并且现实地、甚至在**种类上**与前一种欲求能力有别，以至于哪怕与偏好的冲动有丝毫的混杂，都会损害理性的强大和优越，就像把丝毫经验性的东西当做数学证明的条件就会降低和消除这一证明的尊严和坚定性一样。理性在一个实践法则中直接规定意志，并不借助参与其间的愉快和不快的情感，哪怕是对这一法则的愉快和不快的情感，而是惟有它作为纯粹理性就能够是实践的这一点，才使它有可能是**立法的**。

附释二

成为幸福的，这必然是每一个有理性但却有限的存在者的要求，因而也是他的欲求能力的一个不可避免的规定根据。因为他对自己的整个存在的满意绝不是一种源始的财产，不是以他的独立自足性的意识为前提条件的永福，而是一个由他的有限本性本身强加给他的问题，因为他有需要，而且这种需要涉及他的欲求能力的质料，亦即与一种主观上作为基础的愉快或者不快的情感相关的东西，由此他为了对自己的状态感到满意而需要的东西就得到了规定。但正是由于这个质料性的规定根据只能被主体经验性地认识，所以就不可能把这项任务视为一个法则，因为法则在一切场合、对一切有理性的存在者都是客观的，必然包含着意志的**同一个规定根据**。因为尽管幸福的概念到处都是**客体**与欲求能力的实践关系的基础，但它却毕竟只是主观的规定根据的普遍称号，并不特别地规定任何东西，而这却是在这一实践的任务中惟一涉及的东西，而且没有这样的规定，这个实践的任务就根本不能得到解决。也就是说，每个人要把自己的幸福设定在何处，取决于每个人自己特殊的愉快和不快的情感，甚至在同一个主体里面也取决于根据这种情感的变化而各不相同的需要，因此一个**主观上必然的**法则（作为自然法则）**在客观上**就是一个极其**偶然的**实践原则，它在不同的主体中可以而且必然是很不同的，所以永远不能充当一个法则，因为就对幸福的欲望来说，事情并不取决于合法则性的形式，而是仅仅取决于质料，亦即我在遵循法则时是否可以期望得到快乐，以及可以期望得到多少快乐。自爱的原则虽然能够
〔26〕包含技巧（为意图找到手段）的普遍规则，但在这种情况下它们就只是一些理论的原则①（例如想吃面包的人就必须想出一副磨子来）。然而，基于这些原则的实践规范绝不可能是普遍的，因为欲求能力的规定根据是基于愉快和不快的情感的，这种情感绝不能被当做普遍地指向同一些对象的。

但是，即便假定有限的理性存在者也就他们必须当做他们的快乐或者痛苦的情感的客体的东西而言，同样甚至就他们为了达到快乐和防止痛苦而必须利用的手段而言，都想得完全一样，**自爱的原则**也仍将完全不能被他们冒充为**任何实践的法则**；因为这种一致本身毕竟只是偶然的。这个规定根据一直还

① 一些命题在数学或者**自然学说**中被称为**实践的**，真正说来它们应当叫做**技术的**。因为这些学说根本不与意志规定相关；它们只是表明可能行动的那种足以产生某种结果的杂多而已，因而与所有那些表述原因与一个结果的联结的命题一样，都是理论的。谁愿意有结果，他也就必须容忍有原因。

会只是主观有效的和纯然经验性的，并不会具有在每一个法则中所设想的那种必然性，亦即出自先天根据的客观必然性；除非人们根本不把这种必然性冒充为实践的，而是冒充为纯然物理的，亦即这行动是由我们的偏好不可避免地强加给我们的，就如同我们看到别人打哈欠时打哈欠一样。人们宁可主张根本就不存在实践的法则，而是只有为了我们的欲望起见的**建议**，也不能主张把纯然主观的原则提升到实践法则的等级，后者拥有完全客观的、并非仅仅主观的必然性，并且必须通过理性先天地来认识，而不是通过经验来认识（无论这种经验在经验性上如何普遍）。甚至那些一致的现象的规则被称为自然法则（例如力学法则），也只是当人们要么实际上先天地认识它们，要么毕竟（如对于化学法则来说）假定如果我们的洞识更加深刻就会先天地从客观根据出发认识它们的时候。不过，对于那些纯然主观的实践原则来说，被明确地当做条件的是，必须被当做它们的基础的，不是任性的客观条件，而是任性的主观条件；因此，它们在任何时候都只能被当做纯然的准则、但绝不能当做实践的法则来说明。这后一个附释乍一看显得是纯然的咬文嚼字；但它却是对惟有在实践的研究中才能予以考察的极为重要的区别的语词规定。

第 4 节 〔27〕

定理三

如果一个有理性的存在者应当把他的准则设想为实践的普遍法则，那么，他就只能把这些准则设想为这样一些原则，它们不是按照质料，而是仅仅按照形式包含着意志的规定根据。

一个实践原则的质料是意志的对象。这个对象要么是意志的规定根据，要么不是。如果它是意志的规定根据，那么，意志的规则就会服从一个经验性的条件（服从作出规定的表象与愉快和不快的情感的关系），从而就会不是实践的法则。如今，如果人们抽掉一切质料，亦即意志的任何对象（作为规定根据），那么，除了一种普遍的立法的纯然形式之外，一个法则就不剩下什么东西了。因此，一个有理性的存在者要么根本不能把**他的**主观实践的原则亦即准则同时设想为普遍的法则，要么必须假定，这些准则的纯然形式，即它们**适宜于普遍立法**所依据的形式，独自就使它们成为实践的法则。

附释

准则中的哪种形式适宜于普遍的立法，哪种形式不适宜于普遍的立法，普通的知性无须指导也能够作出分辨。例如，我把用一切可靠的手段扩大我的财产当做我的准则。现在，我手头有一件**寄存物**，它的所有者已经去世，而且没有留下这方面的任何字据。这当然就是我的准则所喜欢的。现在我想知道的只是，那条准则是否也可以被视为普遍的实践法则。因此，我把那条准则运用于当前的事例，并且问，它是否能够取得一条法则的形式，因而我是否能够通过我的准则给出这样一条**法则**：每个人都可以否认一件无人能够证明是存放在他这里的寄存物。我马上就发觉，这样一条原则作为法则将会取消自己本身，因为它将会使得根本不存在寄存物。我为此所认识的实践法则必须获得普遍立法的资格；这是一个同一命题，因而是自明的。如果我现在说：我的意志服从一条实践法则，那么，我就不能援引我的偏好（例如在当前事例中我的占有欲）来作为
〔28〕意志的适合做一条普遍的实践法则的规定根据；因为这种偏好远不能适宜于某种普遍的立法，毋宁说它必定在一条普遍的法则的形式中耗尽自身。

因此奇怪的是，一些明理的人士怎么会由于对幸福的欲望，因而还有每个人把幸福设定为自己的意志的规定根据所凭借的**准则**是普遍的，就想到由此把它冒充为一条普遍的**实践法则**。因为既然一条普遍的自然法则通常都使一切相一致，所以在这里，如果人们要赋予准则以一条法则的普遍性，就恰恰会导致与一致性的极端对立，导致准则本身与其意图的严重冲突和完全毁灭。因为在这种情况下，所有人的意志并不具有同一个客体，而是每一个人都有他自己的客体（他自己的福利），这个客体虽然也能够与其他人的同样是针对其自身的意图偶然相合，但还远不足以成为法则，因为人们有权偶尔作出的例外是无穷无尽的，根本不能被确定地包含在一条普遍的规则中。以这种方式，就出现了一种和谐，它类似于某首讽刺诗关于一对自杀夫妇的情投意合所描述的和谐：**啊，美妙的和谐！他想要的，亦是她想要的**，等等；或者人们关于国王**弗兰西斯**一世面对皇帝**查理**五世的自命自许所讲述的：我的兄弟查理所想要的（米兰），亦是我想要的。经验性的规定根据不适宜于任何普遍的外部立法，但也同样不适宜于内部的立法，因为每个人都以自己的主体作为偏好的根据，而另一个人则以另一个主体作为偏好的根据，而在每一个主体本身中时而是这个偏好，时而是另一个偏好占有影响的优势。要找出一条法则把这些偏好全都统辖在这个条件下，亦即所有各方面都协调一致，那是绝对不可能的。

第 5 节

课题一

假设惟有准则的纯然立法形式才是一个意志的充足规定根

据，课题是找到惟有因此才能被规定的意志的性状。

既然法则的纯然形式只能由理性来表现，因此不是感官的对象，故而也不属于显象，所以，它的表象作为意志的规定根据就不同于按照因果性法则的自然中的种种事件的一切规定根据，
〔29〕据，因为在这些事件那里，进行规定的根据自身必须是显象。但如果没有意志的任何别的规定根据，而只有那个普遍的立法形式能够对于意志来说充当法则，那么，这样一个意志就必须被设想为完全独立于显象的自然法则，亦即独立于因果性法则，进一步说独立于前后相继法则。但这样一种独立性在最严格的，亦即先验的意义上就叫做**自由**。因此，惟有准则的纯然立法形式才能够充当其法则的意志，就是一个自由意志。

第 6 节

课题二

假设一个意志是自由的，课题是找出惟一适宜于必然规定意志的法则。

既然实践法则的质料，亦即准则的一个客体，永远只能经验性地被给予，但自由意志作为独立于经验性的（亦即属于感官世界的）条件的，却仍然必须是可规定的，所以，一个自由意志，独立于法则的**质料**，却仍然必须在法则中找到一个规定根据。但是，除了法则的质料之外，在法则中所包含的就无非是立法的形式了。因此，立法的形式只要包含在准则中，它就是惟一能够构成意志的一个规定根据的东西。

附释

因此，自由和无条件的法则是彼此相互回溯的。我在这里

现在并不问：它们是否也在事实上各不相同，不是毋宁说，一个无条件的法则纯然是一个纯粹实践理性的自我意识，而纯粹实践理性则与自由的积极概念完全是一回事；而是要问：我们对无条件实践的东西的**认识**是从哪里**开始**的，是从自由开始，还是从实践法则开始。从自由开始是不可能的；原因在于，我们既不能直接地意识到自由，因为它的最初概念是消极的，也不能从经验推论到自由，因为经验给予我们供认识的只是显象的法则，从而只是自然的机械作用，这恰恰是自由的对立面。因此，正是我们（一旦我们为自己拟定意志的准则就）直接意识到的**道德法则**，才**最先**呈现给我们，并且由于理性把它表现为一个不能被任何感性条件胜过的，甚至完全不依赖于这些条〔30〕件的规定根据，而恰好导向自由概念。但是，对那个道德法则的意识又是如何可能的呢？我们能够意识到纯粹的实践法则，就像我们意识到纯粹的理论原理一样，因为我们注意到理性给我们规定它们所用的必然性，而且注意到理性向我们指出的对一切经验性条件的隔离。一个纯粹意志的概念源自前者，如同一个纯粹知性的意识源自后者一样。至于说这就是我们这些概念的真正的隶属关系，而道德首先向我们揭示自由的概念，从而**实践理性**首先以这个概念向思辨理性提出了最无法解决的问题，通过这个概念使思辨理性陷入最大的困境，这一点已经由如下情况得到说明：既然从自由概念出发在显象中没有任何东西能够得到解释，相反在这里永远必须是自然机械作用构成导线，此外当纯粹理性要上升到原因系列中的无条件者的时候，它的二论背反也就在这一方和另一方同样地卷入到不可理解的东西之中，然而后者（机械作用）毕竟至少在解释显象时有可用性，所以如果不是道德法则以及实践理性与它一起参与进来，并把这个概念强加给我们的话，人们是永远也不会冒险把自由引入科学的。但是，就连经验也证实了我们心中的这种概念秩序。假设某人为自己淫欲的偏好找借口说，如果所爱的对象和机会都来到他面前，那么这偏好对他来说是完全不可抗拒的：如果在他遇到这种机会的房子前面竖起一个绞架，在他享受过淫欲之后马上把他吊在上面，他在这种情况下是否还会不克制自己的偏好呢？人们可以很快猜出他会怎样回答。但如果问他，如果他的君王以同一种毫不拖延的死刑相威胁，无理要求他对于君王想以莫须有的罪名来诋毁的一个清白人提供伪证，此时无论他对生命的热爱有多大，他是否会认为有可能克服这种热爱呢？他是会这样做还是不会这样做，这是他也许不敢作出保证的；但他必定毫不犹豫地承认，这样做对他来说是可能的。因此他作出判断，他能够做某事乃是因为他意识到他应当做某事，并在自身中认识到通常没有道德法则就会依然不为他所知的自由。

第 7 节　纯粹实践理性的基本法则

要这样行动，使得你的意志的准则在任何时候都能同时被视为一种普遍的立法的原则。

〔31〕 附释

纯粹几何学有一些作为实践命题的公设，但它们所包含的无非是这样一个预设，即人们如果被要求应当做某事就**能够**做某事，而这些命题就是纯粹几何学仅有的涉及一个存在的那些命题。因此，这就是一些在意志的一种或然条件下的实践规则。但在这里规则却说：人们应当绝对地以某种方式行事。所以实践规则是无条件的，因而被表现为定言的先天实践命题，意志由此绝对地和直接地（通过实践规则本身，因而这规则在此就是法则）在客观上得到规定。因为**纯粹的、就自身而言实践的理性**在这里是直接立法的。意志作为独立于经验性条件的，作为纯粹意志，被设想为**被法则的纯然形式**所规定的，而这个规定根据则被视为一切准则的最高条件。这件事情是足够令人惊讶的，而且在全部其他实践知识中都没有同样的东西。因为关于一种可能的普遍立法的，因而仅仅是或然的先天思想，不从经验或者任何一个外在意志借取某种东西，就被无条件地要求作为法则。但这也不是一个行动应当发生，从而使一个被欲求的结果成为可能所依据的一个规范（因为那样的话，这规则就会永远在物理上有条件了），而是一个仅仅就意志的准则形式而言来先天地规定意志的规则，而这时至少设想一个仅仅用于种种原理的**主观**形式的法则，作为凭借一般法则的**客观**形式的规定根据，就不是不可能了。人们可以把这条基本法则的意识称为理性的一个事实，这不是因为人们能够从理性的先行资料出发，例如从自由的意识出发（因为这个意识不是被预先给予我们的）玄想出这一法则，而是因为它独立地作为先天综合命题把自己强加给我们，这个先天综合命题不是基于任何直观，既不是基于纯粹的直观也不是基于经验性的直观，尽管当人们预设意志的自由时它会是分析的，但这种意志自由作为积极的概念，就会要求有人们在这里根本不可以假定的一种理智直观。不过，为了把这条法则准确无误地视为**被给予的**，人们还必须注意：它不是任何经验性的事实，而是纯粹理性的惟一事实，纯粹理性借此宣布自己是源始地立法的（sic volo, sic jubeo［我如何想，便如何吩咐］）。

推论

纯粹理性单凭自身就是实践的，并给予（人）一条我们称之为**道德法则**的普遍法则。

〔32〕 附释

前面所说的事实是不可否认的。人们可以只是分析一下众人关于自己的行动的合法则性所作的判断，于是人们在任何时候都将发现，无论偏好在这中间会说什么，他们的理性却仍然坚定不移地和自我强制地把采取一个行动时意志的准则保持在纯粹意志上，亦即保持在自己身上，因为它把自己看做先天地实践的。如今，正是为了不顾意志的一切主观差异而使这条道德原则成为意志形式上的最高规定根据的那种立法的普遍性，理性才把这条道德原则同时宣布为一条对于一切有理性的存在者的法则，只要他们一般而言具有意志，亦即具有通过规则的表象来规定自己的因果性的一种能力，因而只要他们有能力按照原理，从而也按照先天的实践原则（因为惟有这些原则才具有理性为原理所要求的那种必然性）来行动。因此，这条原则并不仅仅局限于人，而是涉及一切具有理性和意志的有限存在者，甚至也包括作为最高理智的无限存在者在内。但在前一种场合，法则具有一种命令式的形式，因为人们虽然能够在作为有理性的存在者的人身上预设一个**纯粹的**意志，但在作为用需要和感性动因来刺激的存在者的人身上却不能预设任何**神圣的**意志，亦即这样一种意志，它不能有任何与道德法则相冲突的准则。因此，道德法则在人这里是一个**命令式**，它以定言的方式发布命令，因为这法则是无条件的；这样一个意志与这条法则的关系就是**依赖性**，名之为责任，它意味着对采取某个行动的一种**强制**，虽然只是通过理性及其客观法则来强制的，所以它叫做**义务**，因为一种在病理学上刺激起来的（虽然并不由此被规定，从而也永远是自由的）任性带有一种愿望，这愿望产生自**主观**的原因，因而也可能经常与纯粹的客观规定根据相悖，从而需要实践理性的某种抵抗来作为道德上的强制，这种抵抗可以被称为内部的，但却是理智的强制。在最为充足的理智中，任性就正当地被表现为不可能有任何不同时能够在客观上是法则的准则，而因此之故应当归于它的那个**神圣性**概念，虽然并没有使任性超越一切实践法则，但却使它超越一切实践上能限制的法则，从而超越责任和义务。意志的这种神圣性仍然是一个必须不可避免地用做原型的实践理念，无限地接近这个原型是一切有限的理性存在者有权利去做的惟一事情，而这个实践理念则经常地和正确地向他们指明纯粹的、因而自身也是神圣的道德法则，保证道德法则的种种准则的这种无限发展的进程和这些准则在不断的前进中的始终不渝，亦即德性，这〔33〕是有限的实践理性所能达成的最高的东西，这种德性本身又至少作为自然获得的能力是永远不能完成的，因为这种保证在这样的场合里不会成为无可置疑的确定性，而且作为臆信是很危险的。

第 8 节

定理四

意志的**自律**是一切道德法则和符合这些法则的义务的惟一原则；与此相反，任性的一切**他律**不仅根本不建立任何责任，而且毋宁说与责任的原则和意志的道德性相悖。因为道德性的惟一原则就在于对法则的一切质料（亦即一个被欲求的客体）有独立性，同时又通过一个准则必须能够有的纯然普遍立法形式来规定任性。但是，那种**独立性**是**消极**意义上的自由，而纯粹的理性、且作为纯粹的而是实践的理性的这种**自己立法**却是**积极**意义上的自由。因此，道德法则所表达的，无非是纯粹实践理性的**自律**，亦即自由的自律，而这种自律本身是一切准则的形式条件，惟有在这条件下它们才能够与最高的实践法则相一致。因此，如果只能是与法则相结合的某种欲求的客体的意欲质料进入实践法则**作为它的可能性的条件**，那么，由此就形成任性的他律，亦即对遵从某种冲动或者偏好的自然法则的依赖性，而意志就不是自己给自己提供法则，而只是提供合理地遵循病理学法则的规范；但是，以这样的方式永远不能在自身包含普遍立法形式的那种准则，就不仅不能以这种方式确立任何责任，而且本身是与一种**纯粹的**实践理性的原则，因而由此与道德意向相悖的，即使从中产生的行动是合乎法则的。

〔34〕 附释一

因此，一个带有质料性的（因而经验性的）条件的实践规范必须永远不被归为实践法则。因为纯粹意志是自由的，它的法则把意志置于一个与经验性领域完全不同的领域中，而它所表达的必然性，由于不应当是任何自然的必然性，所以只能在于一般法则的可能性的形式条件。实践规则的一切质料所依据的永远是主观的条件，这些条件使实践规则获得的不是对有理性的存在者的普遍性，而仅仅是有条件的普遍性（在我**欲求**这件或者那件我为了使它成为现实就必须去做的事情的情况下），而且它们全都围绕着**自身幸福**的原则转。如今，当然不可否认的是，一切意欲也都必须有一个对象，从而有一种质料；但这质料却并不因此就正好是准则的规定根据和条件；因为如果它是这样，那么，这个准则就不能以普遍立法的形式展示出来了，因为对于对象的实存的期待在这种情况下就会是任性的规定原因，而欲求能力对某一个事物的实存的依赖就必然被当做意欲的基础，这种实存永远只能在经验性的条件中来寻找，因而永远不能充当一个必然的和普遍的规则的根据。这样，别的存在者的幸福将可能是一个有理性的存在者的意志的客体。但是，如果这种幸福是准则的规定根据，那么，人们就会必须预设，我们在别人的福利中不仅发现一种自然的快乐，而且还发现一种需要，就像富有同情的气质在人身上所造成的那样。但是，我不能在任何一个有理性的存在者那里都预设这种需要（在上帝那里就根本不能）。因此，虽然准则的质料还可以保留，但它必须不是准则的条件，因为若不然，这准则就不适宜于做法则。因此，一个限制质料的法则的纯然形式，必须同时是把这质料附加给意志的根据，但并不以质料为前提条件。例如，这质料可以是我自己的幸福。如果我把这种幸福赋予每个人（就像我实际上在有限的存在者那里可以做的那样），那么，它就惟有在我把别人的幸福也一并包含在它里面的情况下，才能够成为一个**客观的**实践法则。因此，"促进他人幸福"的法则并不是产生自"这对每个人自己的任性来说都是一个客体"这个预设，而是产生自：理性当做给自爱准则提供一个法则的客观有效性的条件所需要的普遍性的形式，成为意志的规定根据，因而客体（别人的幸福）并不是纯粹意志的规定根据，相反，惟有纯然的法则形式，才是我用来限制我的基于偏好的准则，以便使它获得一个法则的普遍性，并使它这样适合纯粹的 〔35〕
实践理性；惟有从这种限制中，而不是从一个外在的动机的附加中，才能产生出把我的自爱准则也扩展到别人的幸福上去的责任的概念。

附释二

如果**自身**幸福的原则被当做意志的规定根据，那么，这恰好就是道德原则的对立面；就像我上面已指明的那样，一般来说凡是不把应当用为法则的规定根据设定在准则的立法形式中，而是设定在别的什么地方的，都必须归于此列。但是，这种冲突并不像经验性地有条件的、但人们却想将之提升为必然的知识原则的规则之间的冲突那样，纯然是逻辑上的，而是实践的，并且如果理性与意志相关的呼声不是如此清晰，如此不可盖过，甚至对于最普通的人也如此可以听清，这种冲突就会完全毁掉道德；但是，这种呼声却只能还保持在各学派的搅乱头脑的思辨中，这些学派足够胆大包天，为了维护一种不值得伤脑筋的理论而对那种上天的呼声充耳不闻。

如果你平时喜欢的一位朋友以为可以这样在你那里为作出的一项伪证进行辩护：他首先借口自身幸福是依他所说的神圣义务，然后列举他由此所赢得的一切好处，举出他为防止任何人发现，甚至也防止你本人这方面的发现而遵循的聪明，他之所以向你透露这个秘密，只是因为他任何时候都能够否认这一秘密；此后他极为严肃地伪称，他已经履行了一项真正的人类义务；那么，你会要么当面取笑他，要么对此厌恶地退避三舍，即使你在有人仅仅依据自己的好处来操纵自己的原理时不能提出丝毫的东西来反对这种规则。或者假定有人向你们推荐一个人做管家，说你们可以不加考虑地把自己的事务都托付给他，而且为了引起你们的信赖，他称赞此人是一个聪明人，很会关照自己的利益，他又是一个不知疲倦地做事的人，不让这方面的机会未加利用就溜走，最后，为了不让对此人粗鄙的自私自利的顾虑有妨碍，他称赞此人如何懂得正直地生活，不是在聚敛钱财或者毫无顾忌的享乐中，而是在自己的知识的扩展中，在精心选择的富有教益的交往中，甚至在对穷人的行善中，寻求自己的快乐，但除此之外不会由于手段（手段有无价值毕竟只来自目的）而有所顾虑，而且别人的钱财用于此处，
〔36〕只要他知道自己可以不被发现且不受阻碍地这样做，对他来说就像是他自己的钱财一样：那么，你们会要么相信，推荐人是在戏弄你们，要么就是他失去理智了。——道德和自爱的界限如此截然分明，以至于连最平庸的眼睛也根本不会错过某事是

属于道德还是属于自爱这种区别的。以下几点说明对于一个如此明显的真理来说虽然可能显得是多余的，但它们毕竟至少可以用来使普通人类理性的判断获得更多一些清晰性。

幸福的原则虽然能够充当准则，但永远不能充当适宜于做意志法则的那样一些准则，哪怕是人们把**普遍的**幸福当做自己的客体。这是因为，由于对幸福来说，它的知识是基于纯粹的经验材料的，由于对此的每一个判断都极为依赖每个人自己的经验，而这种经验本身又还是极易变化的，所以，这判断也许能够给出**一般性的**规则，但永远不能给出**普遍性的**规则，亦即也许能够给出平时极经常地适用的规则，但却不能给出必须在任何时候都必然有效的规则，因而没有任何实践**法则**能够建立在这上面。正是由于在这里任性的客体为任性的规则提供了基础，因而必然先行于任性，所以这种规则就不能与别的什么东西，而只能与人们所推荐的东西，因而与经验相关，并建立在它上面，而且在这里，判断的差异必然是无穷无尽的。因此，这个原则并不给一切有理性的存在者规定同样一些实践规则，哪怕这些规则都处于一个共同的名目，亦即幸福的名目之下。但是，道德法则之所以被设想为客观必然的，只是因为它应当对每一个具有理性和意志的人都有效。

自爱的准则（聪明）只是**建议**，道德的法则却是**命令**。但是，在人们**建议**给我们的事情和我们**负有责任**的事情之间，毕竟有一种巨大的区别。

按照任性的自律原则要做的事情，对于最普通的知性来说是极容易、不加考虑就可以看出的；而在任性的他律的前提条件下要做的事情，则很难看出，要求有世间知识；也就是说，是义务的东西，自行呈现给每一个人；但带来真正的、持久的好处的东西，则每当要把这好处扩展到整个人生的时候，它就被笼罩在无法穿透的黑暗中，要求有诸多聪明，来使与之相称的实践规则通过机敏的例外，哪怕差强人意地与人生的目的相适合。然而，道德法则却命令每个人遵守，而且是一丝不苟地遵守。因此，要判断按照道德法则应当做的事情，必定不是很难，最普通、最未经训练的知性哪怕没有处世经验也会知道如何对待。

遵守道德的定言命令，这任何时候都在每个人的控制之〔37〕中，而遵守经验性上有条件的幸福规范，则很少如此，而且远远不是对每个人都可能的，哪怕只是就一个惟一的意图而言。原因在于，事情在前者那里仅仅取决于必须是真正的和纯粹的准则，在后者那里却还取决于使一个所欲求的对象成为现实的力量和自然能力。每一个人都应当力求使自己幸福，这个命令是愚蠢的；因为人们从不命令某人做他已经不可避免地自行要做的事情。人们必须只命令他规则，或者毋宁说告诉他规则，因为他不可能做到他想做的一切。但是，以义务的名义命令有道德，则是完全合乎理性的；因为德性的规范首先恰恰不是每个人都乐意服从的，如果它与偏好相冲突的话，至于他如何能够遵守这条法则的做法，在这里是无须教导的；因为他在这方面想做的事情，他也能够去做。

在赌博中**输**了的人，也许会对自己和自己的不聪明感到**恼火**。但如果他意识到自己在赌博中曾经**使诈**（哪怕他因此赢了），那么，只要他用道德法则对照一下自己，他就必定**蔑视**自己。因此，道德法则必定是与自身幸福的原则有所不同的东西。因为不得不对自己说：尽管我充实了自己的钱袋，我却是一个**卑鄙小人**，这与赞许自己说：我是一个**聪明人**，因为我充实了自己的钱袋相比，毕竟还必须有一条不同的判断准绳。

最后，在我们的实践理性的理念中，还有某种东西伴随着对一条道德法则的逾越，亦即这种逾越的**该受惩罚**。现在，享受幸福是根本不能与一种惩罚本身的概念结合在一起的。因为尽管如此作出惩罚的人可能怀有善良的意图，即使这种惩罚也指向幸福目的，但惩罚毕竟必须事先作为惩罚，亦即作为纯然的坏事，才就自身而言是理由充足的，以至于受罚者即便情况依旧，即便他看不出在这种严厉背后隐藏有任何好意，也不得不自己承认，这对于他来说是做得公正的，而且他的命运是与他的作为完全相符的。在任何惩罚本身中，都必须首先有正义，而正义就构成惩罚概念的本质。与正义相结合的虽然也可能有善意，但该受惩罚者根据自己的行为却没有丝毫理由去指望这种善意。因此，惩罚是一种物理上的坏事，它即使不会作为**自然的**后果而与道德上的恶相结合，但却必定会作为按照一种道德立法的原则的后果而与之相结合。现在，如果一切犯罪，哪怕不看就犯罪而言的物理学后果，自身就是可惩罚的，亦即（至少部分地）失去了幸福，那么，说犯罪恰恰在于他由于损害了他自身的幸福（按照自爱原则，一切犯罪的本真概念必定都会是这样）而招致了一种惩罚，这就显然会是无稽之谈了。以这种方式，惩罚就会是把某事称为犯罪的根据了，而正义反倒必定会在于放弃一切惩罚，甚至阻止自然的惩罚；原因在于，在这种情况下，行动中就会不再有恶，因为通常继之而起的、仅仅为此行动才叫做恶的那种坏事，从现在起就被拦住了。但尤其是，把一切惩罚和奖赏都仅仅视为一个更高的权力手中的设备，它仅仅应当用来借此使有理性的存在者为自己的终极意图（幸福）而活动，这极为明显的是他们的意志的一种取消一切自由的机械作用，我们在此没有必要多说。

〔38〕

尽管同样不真实、但却更为精巧的是，那些假定某种特殊的道德感官的人的托词。据说是这种感官，而不是理性，在规定着道德法则，按照这种感官，德性的意识是直接与满足和快乐相结合，而罪恶的意识则是与灵魂的不安和痛苦相结合的，这样他们就把一切都推到对自身幸福的要求上了。我不想把上面所说的东西拉扯到这里，而只想说明这里所发生的欺骗。为了把有罪之人表现为因意识到自己的犯罪而受心灵不安的折磨的，他们就必须根据他的品质的最主要基础已经事先把他表现为至少某种程度上是道德上善的，就像把意识到合乎义务的行动就感到快活的人事先已经表现为有道德的一样。因此，道德性和义务的概念毕竟必须先行于对这种满足的考虑，而根本不能从这种满足中派生出来。但现在，为了感受意识到自己符合义务时的那种满足和人们能够责备自己逾越道德法则时的严厉斥责，人们必须预先估量我们称为义务的东西的重要性、道德法则的威望和遵循道德法则使个人亲眼看到的直接价值。所以，人们不可能先于对责任的认识而感到这种满足或者灵魂的不安，并把它们作为这种认识的基础。为了能对那些感觉哪怕只是形成一个表象，人们必须至少大半已经是一个正直的人。此外，就像人的意志凭借自由可以由道德法则直接规定一样，符合这种规定根据的经常履践在主观上最终也能造成一种对自己本身的满足感，这一点我是根本不否认的；毋宁说，确立并培植真正说来惟一值得被称为道德感的情感，这本身就属于义务；但是，义务的概念并不能由此派生出来，若不然，我们就会不得不去设想对一个法则本身的某种情感，并把只能通过理
[39] 性来设想的东西当做感觉的对象；这即使不应当成为十足的矛盾，也会完全取消义务的一切概念，而仅仅代之以更精巧的、时而与更粗俗的偏好陷入纷争的偏好的机械游戏。

如果我们现在把我们的实践理性（作为意志的一种自律）的形式上的最高原理与道德的一切迄今的质料上的原则进行比较，那么，我们就可以在一个表格中把其余一切原理都表现为这样的原理，通过它们，实际上除惟一的一个形式上的场合之外，同时穷尽了其他所有可能的场合，而且这样就显而易见地证明，寻找一条与现在讲述的原则不同的原则，乃是白费力

气。——也就是说，意志的一切可能的规定根据或者是纯然**主观的**，因而是经验性的，或者也是**客观的**和合理的；但这二者都或者是**外部的**，或者是**内部的**。

道德原则中实践的质料规定根据 〔40〕

主观的				客观的	
外部的		内部的		内部的	外部的
教育（据蒙台涅）	公民宪法（据曼德维尔）	自然情感（据伊壁鸠鲁）	道德情感（据哈奇森）	完善（据沃尔夫和斯多亚学派）	上帝意志（据克鲁修斯和其他神学道德主义者）

处于左边的原则全都是经验性的，显然根本不适宜做道德的普遍原则。但右边的原则则是建立在理性之上的（因为作为事物的**性状**的完善和在**实体**中表现出来的最高的完善，亦即上帝，二者都惟有通过理性概念才可以设想）。不过前一个概念，亦即**完善**的概念，要么可以在**理论**意义上来采用，此时它无非意味着每一个事物在其种类中的完备性（先验的完备性），要么它意味着一个事物仅仅作为一般事物的完备性（形而上学的完备性），对此这里不能论及。但是，**实践**意义上的完善概念是一个事物对各种各样的目的的适用性和充足性。这种完善作为人的**性状**，因而作为内部的完善，无非就是**天赋**，而加强或者补充天赋的东西则是**技巧**。**实体**中的最高完善，亦即上帝，因而外部的**完善**（在实践的意图来看），就是这一存在者对一切一般目的的充足性。因此，如果现在必须预先把目的给予我们，惟有与它们相关完善（我们自身的一种内部的完善或者上帝那里的完善）的概念才能够成为意志的规定根据，但一个目的作为必须先行于通过实践规则对意志的规定、并包含着这样一种规定的可能性的根据的**客体**，因而意志的**质料**作为意志的规定根据来看，在任何时候都是经验性的，从而能够用做**伊壁**

(〔41〕 stands beside the first line of this paragraph)

鸠鲁的幸福论原则，但永远不能用做道德论和义务的纯粹理性原则（如同天赋和对天赋的促进只是由于它们对生活的好处有贡献，或者上帝的意志在与其相一致无须先行的、不依赖于其理念的实践原则就被当做意志的客体时，只能通过我们从中期待的**幸福**来成为意志的动因一样），那么结果就是：**第一**，在此提出的一切原则都是**质料的**；**第二**，它们包括一切可能的质料原则；而最后由此得出的结论是：由于质料原则完全不适宜做最高的道德法则（如已经证明的），纯粹理性的**形式上的实践原则**，即通过我们而可能的普遍立法的纯然形式构成意志的最高的和直接的规定根据所必须依据的原则，就是适宜于在规定意志时用做定言命令式亦即实践法则（这些法则使行动成为义务），并一般而言既在评判中又在应用于人类意志时用做道德原则的**惟一可能的**原则。

〔42〕

一、纯粹实践理性诸原理的演绎

这个分析论阐明，纯粹理性能够是实践的，亦即能够独立地、不依赖于一切经验性的东西来规定意志——虽然这是通过一个事实，在其中纯粹理性在我们这里表明自己实际上是实践的，亦即是通过理性规定意志去行动所借助的道德原理中的自律。——这个分析论同时指出，上述事实与意志自由的意识是不可分割地结合在一起的，甚至与它就是一回事；通过这种意识，一个属于感官世界并认识到自己与服从其他起作用的原因一样必须服从因果性法则的理性存在者，其意志却在实践的东西中同时在另一方面，亦即作为存在者本身，意识到自己在事物的理知秩序中可以被规定的存在，虽然不是按照对它自己的某种特殊的直观，而是按照某些能够在感官世界中规定它的因果性的动力学法则；因为自由既然被赋予我们，就把我们置于事物的一种理知秩序之中，这在别的地方已得到充分的证明。

现在，如果我们把纯粹思辨理性批判的分析论部分与此进行比较，那么，就表现出两者相互之间的一种值得注意的对照。在那里，并非原理，而是纯粹的感性直观（空间和时间），才是使知识先天地、并且仅仅对于感官对象成为可能的最初材料。——原理仅仅出自概念而没有直观是不可能的，毋宁说，原理惟有与感性的直观相关，从而也惟有与可能经验的对象相关才能发生，因为知性的概念惟有与这种直观相结合，才使我们称之为经验的那种知识成为可能。——超出经验对象之外，因而关于作为本体的事物，思辨理性就被完全正当地剥夺了一种**知识**的一切积极的东西。——不过，思辨理性所做的事情就是这些，它保全了本体的概念，亦即保全了思维这种本体的可能性，乃至必要性，而且举例来说，它从消极方面来看针对一切责难拯救了自由，亦即假定与纯粹理论理性的那些原理和限制完全相容的自由，却对于这样的对象没有提供任何确定的东 〔43〕
西供认识，因为它毋宁说完全切断了这方面的一切希望。

与此相反，道德法则尽管没有提供**希望**，但却仍然提供了一种从感官世界的一切材料和我们的理论理性应用的整个范围出发都绝对无法解释的事实，这个事实指示着一个纯粹的知性世界，甚至**积极地规定着**这个世界，使我们对它有所认识，亦即认识到一种法则。

这种法则应当使感官世界作为一个**感性自然**（就有理性的存在者来说）获得一个知性世界，亦即一个**超感性自然的**形式，却并不损害感官世界自身的机械作用。现在，最普遍意义上的自然就是事物在法则之下的实存。一般理性存在者的感性自然就是他们在经验性上有条件的法则之下的实存，因而对于理性来说就是**他律**。与此相反，同样这些存在者的超感性自然就是他们按照独立于一切经验性条件，因而属于纯粹理性的**自律**的那些法则的实存。而且既然这些法则是实践的，按照这些法则，事物的存在依赖于知识，所以，超感性自然就我们对它能够形成一个概念而言，无非就是**一个在纯粹实践理性的自律之下的自然**。但是，这种自律法则就是道德法则，因而它就是一个超感性自然和一个纯粹知性世界的基本法则，这个世界的倒影应当实存于感官世界中，但同时并不损害感官世界的法则。人们可以把前者称为我们仅仅在理性中才认识的**原本的**世界（natura archetypa［原本的自然］），而后者由于包含着前一个世界的理念作为意志的规定根据可能有的结果，可以称为摹本的世界（natura ectypa［摹本的自然］）。因为事实上，道德法则按照理念把我们置于这样一个自然中，在它里面，纯粹理性如果伴有与它相适合的物理能力，就会产生出至善来，而且道德法则还规定着我们的意志，去把这种形式赋予作为理性存在者之整体的感官世界。

对自己本身加以最普通的注意，就可以证实，这个理念确实像作出示范一般，是我们的意志规定的榜样。

〔44〕 如果我打算作证所依据的准则由实践理性来审核，我总是要看一看，倘若它被视为普遍的自然法则，它会是什么样子。显而易见，普遍的自然法则将会以这种方式迫使每个人讲真话。因为承认陈述是作证明的，尽管如此却又故意说假话，这与一个自然法则的普遍性是不能共存的。同样，我在自由处置自己的生命方面所采取的准则，如果我问一问自己，它必须怎样才能使一个自然按照它的一种法则维持下去，也就马上得到了规定。显然，没有人能够在这样一个自然中**任意地**结束自己的生命，因为这样一种状况不会是持久的自然秩序，在所有其他场合也都是这样。但现在，在现实的自然中，如它是经验的一个对象一样，自由意志并不是由自己而被规定有这样一些准

则，它们按照普遍的法则独自就能够建立一个自然，或者哪怕是自动地与这样一个按照普遍的法则安排的自然相适应；毋宁说，这是一些私人偏好，它们虽然按照病理学的（物理学的）法则构成了一个自然整体，但却并不构成一个惟有通过我们的意志，按照纯粹的实践法则才有可能的自然。尽管如此，我们仍然通过理性意识到一条法则，我们的一切准则都服从它，就好像通过我们的意志必然会同时产生出一种自然秩序似的。因此，这条法则必定是一个并非经验性地被给予的、尽管如此却通过自由而可能的、从而超感性的自然的理念，我们至少在实践的关系中给予它以客观实在性，因为我们把它视为我们作为纯粹的理性存在者的意志的客体。

因此，在**意志所服从的**一个自然的法则与一个服从（就具有意志与其自由行动的关系的东西而言）**某个意志**的**自然**的法则之间，其区别乃是基于，对于前者来说，客体必须是规定意志的那些表象的原因，而对于后者来说，意志则应当是客体的原因，以至于意志的因果性只是在纯粹的理性能力中才有自己的规定根据，所以这种能力也可以被称为一种纯粹实践理性。

因此，这两个课题是很不相同的：**一方面**，纯粹理性如何能够先天地**认识**客体；**另一方面**，它如何能够直接地（仅仅通过它自己的准则作为法则的普遍有效性的思想）就是意志的规定根据，亦即有理性的存在者在客体的现实性方面的因果性的 〔45〕
规定根据。

第一个课题，属于纯粹思辨理性的批判，要求首先解释：没有直观，在任何地方就都没有任何客体能够被给予我们，因而也没有任何东西能够被综合地认识，但直观是如何先天地可能的呢？这个课题的解决将导致：直观全都只是感性的，因而也不允许任何比可能经验所及走得更远的思辨知识成为可能，因此，那种纯粹思辨理性的一切原理所建树的，无非就是使经验成为可能，这经验要么是关于被给予的对象的，要么是关于可以无限地被给予，但却永远不能被完全给予的对象的。

第二个课题，属于实践理性的**批判**，不要求解释欲求能力的客体是如何可能的，因为这仍然作为理论的自然知识的课题被托付给了思辨理性的批判，而是仅仅要求解释：理性如何能够规定意志的准则，这种规定是仅仅凭借作为规定根据的经验性表象而发生的，还是就连纯粹理性也是实践的，是一种可能的、根本不能经验性地认识的自然秩序的法则呢？这样一个超感性的自然，其概念同时就能够是其凭借我们的自由意志而有的现实性的根据，它的可能性并不需要任何先天直观（对一个理知世界的先天直观），这种直观在这一场合，作为超感性的，对于我们来说也必定会是不可能的。因为事情仅仅取决于意愿在其准则中的规定根据，取决于那个规定根据是经验性的，还是纯粹理性的一个概念（关于一般准则的合法则性的概念），以及它如何可能是后一种情况。意志的因果性对于客体的现实性来说是充足还是不充足，这仍然被托付给理性的理论原则去评判，是对意愿的客体的可能性的研究，因而对这些客体的直观在实践的课题中根本不构成其要素。事情在这里仅仅取决于意志的规定和意愿作为一个自由意志的准则的规定根据，而不取决于后果。因为只要**意志**对于纯粹理性来说是合乎法则的，
[46] 那么，意志在履行时的**能力**就可以随便如何了，按照一个可能的自然之立法的这些准则可以现实地从中产生出这样一个自然，也可以不产生，批判根本不关心这一点，它在此研究纯粹理性是否以及如何能够是实践的，亦即直接地规定意志的。

因此，在这项工作中，批判可以无可指摘地从纯粹实践法则及其现实性开始，而且它必须由此开始。但是，它不是把直观，而是把这些法则在理知世界中的存在的概念，亦即自由的概念，当做这些法则的基础。因为这个概念并不意味着别的任

何东西，而那些法则惟有与意志的自由相关才有可能，在意志自由的前提条件下则是必然的，或者反过来说，意志的自由是必然的，因为那些法则作为实践的公设是必然的。现在，对道德法则的这种意识，或者换句话说也一样，对自由的这种意识是如何可能的，就不能进一步解释了，惟有它们的可允许性才在理论批判中完全可以得到辩护。

对实践理性的最高原理的**阐述**现在已经作出了，也就是说，首先指明了它包含什么，即它是完全先天地、不依赖于经验性原则而独立存在的，其次指明了它在什么地方与其他一切实践原理区别开来。至于这个原理的客观的和普遍的有效性的**演绎**，亦即对这种有效性的辩护，以及对这样一个先天综合命题的可能性的洞识，人们就不能希望像在涉及纯粹理论知性的原理时那样顺利进行了。因为后者与可能经验的对象相关，亦即与显象相关，而且人们能够证明，惟有通过把这些显象按照那些法则的标准置于范畴之下，这些显象才能作为经验的对象被**认识**，因而一切可能的经验都必须与这些法则相适合。但是，我不能对道德法则的演绎采取这样一种进路。因为道德法则所涉及的不是关于可以在别的地方以某种方式给予理性的那些对象的性状的知识，而是这样的知识，即它本身能够成为对象实存的根据，而且理性通过这种实存就具有一个有理性的存在者中的因果性，亦即能够被视为一种直接规定意志的能力的纯粹理性。

但如今，一旦我们达到了基本的力量或者基本的能力，一切人类的洞识就都到头了；因为这些力量或者能力的可能性是 〔47〕
不能通过任何东西来理解的，但也同样不可以任意地来虚构和假定。因此，惟有经验使我们有权在理性的理论应用中假定它们。但是，就纯粹实践理性能力而言，这种取代从先天知识源泉出发进行演绎的代用品，即列举经验性的证据，也被从我们这里夺走了。因为凡是需要从经验中取得自己的现实性之证据的东西，按照其可能性的根据都必然依赖于经验原则，但纯粹而又实践的理性由于其概念就已经不可能被视为这样的东西。就连道德法则也仿佛是作为纯粹理性的一个事实而被给予的，这个事实是我们先天地意识到的，而且是无可置疑地确定的，即使人们在经验中找不到严格遵守道德法则的实例。因此，道德法则的客观实在性不能由任何演绎，由理论的、思辨的或者得到经验性支持的理性的任何努力来证明，所以即使人们要放弃无可置疑的确定性，也不能由经验来证实并这样后天地得到证明，尽管如此它仍是自身确定无疑的。

取代徒劳地寻求对道德原则的这种演绎的，是某种别的东西，而且是完全荒谬的东西，因为它反过来自己充当一种玄妙莫测的能力的演绎原则。任何经验都不必证明这种能力，但思辨理性却（为了在它自己的宇宙论理念之下按照这能力的因果性找到无条件者，以免它自己与自己相矛盾）必须至少把它假定为可能的，这就是自由的能力。自身不需要任何辩护理由的道德法则不仅证明了自由的可能性，而且在认识到这一法则对自己有约束力的存在者身上证明了它的现实性。道德法则实际上就是因自由而有的因果性的法则，所以是一个超感性的自然的可能性的法则，就像感官世界中的种种事件的形而上学法则是感性自然的因果性的法则一样。因此，道德法则所规定的是思辨哲学不得不任其不被规定的东西，亦即其概念在思辨哲学中只具有消极性的因果性的法则，并因此而首先使这条法则获得了客观的实在性。

〔48〕既然道德法则本身是作为自由这种纯粹理性的因果性的演绎原则而被提出来的，由于理论理性曾被迫至少**假定**一种自由的可能性，道德法则的这种信誉就完全足以取代一切先天的辩护来补偿理论理性的一种需要。因为道德法则以如下方式证明

了自己的实在性，即使对于思辨理性的批判来说也是令人满意的，这就是它给一个曾经仅仅被消极地设想的、思辨理性批判无法理解但却不得不假定其可能性的因果性添加了积极的规定，亦即一个直接地（通过意志准则的普遍合法则的形式的条件）规定意志的理性的概念，而且这样一来就第一次能够赋予那在想要思辨地行事时总是以其理念越界的理性以客观的、虽然只是实践的实在性，并把理性的**超验的**应用转化为一种**内在的**应用（在经验的领域中通过理念本身就是作用因）。

感官世界作为这样一个世界，对它里面的存在者的因果性的规定就绝不能是无条件的，但对于这些条件的全部序列来说，却仍然必须有某种无条件者，因而也必须有一种完全由自身规定自己的因果性。所以，自由作为一种绝对自发性的能力，其理念曾经不是一种需要，而是**就其可能性而言**是纯粹思辨理性的一个分析原理。然而，既然绝不可能根据它而在某一个经验中给出一个实例，因为在作为显象的事物的原因中间不可能找到任何对这种绝对无条件的因果性的规定，所以，我们只有在把关于一种自由行动的原因的这个**思想**运用到感官世界的一个存在者——即使这个存在者在另一方面也被视为本体——身上时，才能为这一思想作**辩护**，因为我们指出过，就该存在者的一切行动都是显象而言把它们视为物理上有条件的，同时却又就这个行动着的存在者是一个知性存在者而言把这些行动的因果性视为物理上无条件的，并如此使自由的概念成为理性的范导性原则，这并不自相矛盾。由此我虽然根本没有认出被赋予这样一种因果性的那个对象是什么东西，但毕竟扫除了如下事情上的障碍，即我一方面在解释世界上的事情，因而也解释有理性的存在者的行动时，公正地对待从有条件者 〔49〕
无限回溯到条件这种自然必然性的机械作用；另一方面却给思辨理性保留下为它空出的位置，亦即理知的东西，以便把无条件者置放到那里。但是，我不能把这个**思想变成实在的**，亦即不能把它转化为对一个如此行动的存在者的**知识**，哪怕是仅仅就其可能性而言。现在，纯粹实践理性通过理知世界中的一种确定的因果性的法则（通过自由），亦即道德法则，填补了这个空出的位置。这样一来，虽然现在对于思辨理性来说，在其洞识方面没有任何增添，但毕竟在它或然的自由概念的**保障**方面有所增添。自由概念在这里获得了**客观的**、虽然只是实践的、但却是无可怀疑的**实在性**。甚至因果性概念，它的应用、因而还有它的意义，本来只是与显象相关，为了把显象联结成为经验才出现的（如同《纯粹理性批判》所证明的那样），纯粹实践理性也没有把它扩展到使它把自己的应用延伸到上述界限之外的程度。因为如果纯粹实践理性旨在于此，那它就会必然想指出，根据与后果的逻辑关系如何能够在与感性直观不同的另一类直观那里得到综合的应用，亦即 causa noumenon［作为本体的原因］是如何可能的；这是它根本不能提供的，但它作为实践理性也根本不考虑这件事，因为它仅仅把作为感性存在者的人的因果性（这已经被给予）的**规定根据**设定**在纯粹理性中**（这理性因此而叫做实践的），因而能够在这里完全抽掉原因概念为了理论知识而在客体上的应用（因为这个概念总是在知性中，也独立于一切经验，而被先天地发现），不是为了认识对象，而是为了就一般对象而言规定因果性，因而不在别的意图上，仅仅在实践的意图上使用原因概念，所以就能够把意志的规定根据置于事物的理知秩序之中，因为它同时乐于承认，根本不理解原因概念对于认识这些事物能够有什么规定。它当然也必须以某种方式来认识意志在感官世界中的行动方面的因果性，因为若不然，实践理性就会不能现实地产生任何行为。但是，它并不需要在理论上为了认识它自己作为本体的因果性的超感性实存而去规定它关于这种因果性形成的概

〔50〕

念，因而不需要就此而言能够赋予这概念以意义。因为这概念本来就获得了意义，虽然只是为了实践的应用，亦即通过道德法则获得的。即便在理论上看，这概念也仍然是一个纯粹的、先天被给予的知性概念，它可以被运用于对象上，无论这些对象是感性地还是非感性地被给予的；尽管它在后一种场合里不具有任何确定的理论意义和理论应用，而仅仅是知性关于一个一般客体的一个形式上的思想，但毕竟是根本的思想。理性通过道德法则使它获得的意义仅仅是实践的，因为一个因果性（意志）的法则，其理念本身就具有因果性，或者本身就是因果性的规定根据。

二、实践理性在实践应用中作出一种它在思辨应用中本身不可能作出的扩展的权限

根据道德原则，我们提出了一条把因果性的规定根据置于感官世界的一切条件之上的因果性法则，并且**思考**了意志，看它作为属于一个理知世界的，而如何是可以被规定的，因而把这个意志的主体（人）不仅作为属于一个纯粹知性世界的、尽管在这种关系中不为我们所知的而加以思考（就像根据纯粹思辨理性的批判就能够做到的那样），而且借助于一条根本不可能被列为感官世界的自然法则的法则，对这个意志就其因果性而言作出了**规定**，因而就把我们的知识**扩展**到了感官世界的界限之外，而《纯粹理性批判》毕竟曾宣布这种僭妄在一切思辨中都毫无意义。如今在这里，纯粹理性的实践应用与它的理论应用就其能力的界限规定而言如何能够一致起来呢？

关于**大卫·休谟**，人们可以说他真正开始了对一种纯粹理性的种种权利的一切反驳，这些反驳使对纯粹理性的全部研究成为必要的。他是这样推论的：**原因**概念是一个包含着把不同 〔51〕

的东西的实存联结起来，而且是就其不同而言联结起来的**必然性**的概念，以至于如果设定了A，我就认识到也必须有某种与它完全不同的东西亦即B必然地实存。但必然性惟有在一种联结先天地被认识的时候才能被赋予该联结；因为经验关于一种结合提供出来供认识的只会是它存在，却不会是它如此必然地存在。如今，他说道，一个事物和**另一个**事物之间（或者一个规定与另一个与它完全不同的规定之间）的结合，如果没有在知觉中被给予的话，先天地认识它并把它认识为必然的，这是不可能的。因此，一个原因的概念本身就是捏造的和骗人的，最客气地说是一种在这方面尚可原谅的错觉，因为把经常相互并存或者相互继存的某些事物或者它们的规定感知为相互伴随的，这种**习惯**（一种**主观**必然性）不知不觉地被当成一种在对象本身中设定这样一种联结的**客观**必然性了，这样一来，一个原因的概念就被骗取了，但它不是合法地获得的，甚至绝不可能被获得或者被认证，因为它要求的是一种就自身而言毫无意义的、幻想出来的、在任何理性面前都站不住脚的联结，根本不可能有任何客体某个时候与这种联结相符合。——这样，首先就涉及事物实存的一切知识而言（因而数学还是被排除在外），**经验论**就被当做种种原则的惟一来源而引入了，但与它同时引入的还有就（作为哲学的）整个自然科学而言的最严厉的**怀疑论**本身。因为我们永远不能按照这样的原理从事物根据其实存被给予的规定**推论**到一个后果（因为这样就会要求一个原因的概念，该概念包含着这样一种联结的必然性），而是只能按照想象力的规则期望与通常类似的情况，但这样的期望绝不是可靠的，即使它也还如此经常地应验。甚至对任何事件人们都不能说：**必定**有某种东西先行于它，它**必然地**跟随其后，也就是说，它必定有一个原因，因而即使人们也还知道有这样的东西先行的情况如此经常发生，以至于能够从中抽出一个规则来，人们也不能由此就假定它总是并且必然地以这种方式发生，而这样，人们就必须也为盲目偶然的事件保留其权利，在它这里一切理性应用都终止了。这就在从结果上升到原 〔52〕
因的推论方面牢固地确立了怀疑论，使它变得无法反驳。

数学此时还安然无恙地置身事外，因为休谟认为数学的命题全都是分析的，亦即为了同一性的缘故，从而按照矛盾律从一个规定推进到另一个规定（但这是错误的，因为数学命题毋宁说全都是综合的，而且即使例如几何学并不涉及事物的实存，而是仅仅涉及事物在一个可能直观中的先天规定，它也像通过因果概念那样从一个规定 A 过渡到一个完全不同的、但仍与它必然联结起来的规定 B）。但最终，这门由于其无可置疑的确定性而被如此高度赞扬的科学，也必定出自休谟用习惯来取代原因概念中的客观必然性的同一个理由而败给原理上的经验论，而且无论它如何骄傲，它也不得不忍声吞气地降低它那大胆的、要求先天地赞同的权利，并指望观察者的厚爱会赞许其命题的普遍有效性，这些观察者作为证人毕竟不会拒绝承认，他们在任何时候也都是这样感知到几何学家所讲述的东西的，因而即便这种东西刚好不是必然的，也毕竟是今后会允许人们可以这样期待的。以这种方式，休谟的原理上的经验论也就不可避免地导向了甚至在数学方面，因而在理性的一切**科学的**理论应用方面的怀疑论（因为这种应用要么属于哲学，要么属于数学）。普通的理性应用（在人们发现知识的这些首领都遭遇到这样可怕的颠覆的时候）是否必定更好地脱险，而不是更加不可挽回地卷入一切知识的同样的毁灭之中，从而并不从这样的原理中产生出一种**普遍的**怀疑论（它当然只涉及学者们），我想把这留给每一个人自己去判断。

现在，就我在《纯粹理性批判》中所做的探讨而言，它虽然是由休谟的那种怀疑学说引起的，但却走得远得多，包括纯

粹理论理性在综合应用中的全部领域，因而也包括人们一般而
〔53〕言称为形而上学的东西，所以，我对于这位苏格兰哲学家涉及因果性概念的怀疑是以如下方式行事的。休谟在（如同几乎到处也都在发生的那样）把经验的对象当成了**物自身**，把原因概念宣布为骗人的和虚假的幻觉时，做得完全正确；因为关于物自身及其规定本身，是无法看出何以由于某物 A 被设定，另一个某物 B 就也必须被必然地设定的，因而他根本不可能承认这样一种关于物自身的先天知识。这个机敏的人物更不可能允许这个概念有一个经验性的起源，因为这种起源完全与联结的必然性相矛盾，而必然性则构成了因果性概念的本质；因此，这个概念遭到了排斥，取而代之的是在遵循知觉的进程时的习惯。

但是，从我的研究中却得出，我们在经验中所涉及的对象绝不是物自身，而仅仅是显象，并且即使在物自身那里根本看不出，甚至也不可能看出，何以如果设定 A，不设定与 A 完全不同的 B（作为原因的 A 与作为结果的 B 之间的联结的必然性）就应当是**矛盾的**，但毕竟完全可以设想，它们作为显象必定**在一个经验**中以某种方式（例如就时间关系而言）必然地结合在一起，而且不能被分开而不与这个经验得以可能所凭借的那种结合**相矛盾**，它们惟有在这个经验中才是对象，是我们可以认识的。而实际上也是这样：以至于我不仅能够对原因概念按照其就经验对象而言的客观实在性作出证明，而且还能够由于它所带有的联结的必然性而把它当做先天概念来加以**演绎**，也就是说，从纯粹知性出发不用经验性来源而阐明它的可能性，而且这样在除去它的起源的经验论之后，就能够首先在自然科学方面，然后由于十分完美地从同样的根据得出的东西而在数学方面，即在这两门与可能经验的对象相关的科学方面，从根本上铲除这种经验论的后果亦即怀疑论，并由此而从

根本上铲除对理论理性号称洞察的一切东西的全部怀疑。 〔54〕

但是，这个因果性范畴（其余一切范畴亦复如是；因为没有它们，就不能实现关于实存者的任何知识）在不是可能经验的对象，而是超越于可能经验的界限之外的事物上的运用情况是怎样的呢？因为我只能就**可能经验的对象**而言演绎这些概念的客观实在性。但正是这一点，即我仅仅在这一场合拯救了这种客观实在性，我指出毕竟可以由此思维一些客体，虽然不是先天地规定它们，这就给这些概念在纯粹知性中提供了一个位置，它们由此出发就能够与一般而言的客体（感性的或者非感性的客体）相关联。如果还缺少什么东西，那就是这些范畴，特别是因果性范畴**运用**于对象的条件，亦即直观；在它没有被给予的地方，它都使得以作为本体的对象的**理论知识为目的**的运用成为不可能的，因而这种理论知识如果有人敢于冒险去做，就将（如在《纯粹理性批判》中也发生的那样）遭到禁止；然而，这个概念的客观实在性毕竟始终还存在，也能够被运用于本体，但在理论上却丝毫不能规定这个概念并由此来产生知识。因为这个概念即便与一个客体相关也不包含任何不可能的东西，这是以如下方式得到证明的，即这个概念无论如何运用于感官的对象，都在纯粹知性中保有自己的位置，而且即使它在此之后与物自身（不可能是经验对象的物自身）相关，不能为了一种理论知识的目的而被规定去表象**一个确定的对象**，它也毕竟总还能够为了一个别的目的（也许是实践的目的）而被规定去运用自己；如果按照休谟的看法，这个因果性概念包含着在任何地方都不可能被思维的对象，就不会是上述情况了。

现在，为了找出把上述概念运用于本体的条件，我们只须回顾一下，**为什么我们并不满足于上述概念在经验对象上的运用**，而是也想把它运用于物自身。因为在这里马上就表现出，

使这种情况对我们成为必然性的，并不是一个理论的意图，而
〔55〕是一个实践的意图。为了思辨，即使我们做得到，我们也不会在自然知识中和一般而言在不能以任何方式被给予我们的对象方面有任何真正的收获，而是至多从感性有条件者（停留在这里并努力遍历这个原因链条已足够我们去做了）向超感性者迈出一大步，以便从根据方面完成我们的知识，并为它划定界限，然而，在那个界限和我们所认识的东西之间永远会留下一条无限的鸿沟填不满，而我们所听从的与其说是一种彻底的求知欲，倒不如说是一种虚荣的提问癖。

但是，除了**知性**与对象（在理论知识中）所处的那种关系之外，知性也有一种与欲求能力的关系，欲求能力由此而叫做意志，而就纯粹知性（它在这样的情况下叫做理性）仅仅通过一个法则的表象就是实践的而言，则叫做纯粹意志。一个纯粹意志的客观实在性，或者这样说也一样，一个纯粹实践理性的客观实在性，是在先天的道德法则中仿佛通过一个事实而被给予的；因为人们可以这样称呼一个不可避免的意志规定，尽管这个意志规定并不基于经验性的原则。但在一个意志的概念中，已经包含着因果性概念，因而在一个纯粹意志的概念中，也包含着一种具有自由的因果性的概念，也就是说，这种因果性不能按照自然法则来规定，因而不能有任何经验性的直观来作为这概念的客观实在性的证明，但仍然在先天的纯粹实践法则中完全地为它的客观实在性作了辩护，却不是（就像很容易看出的那样）为了理性的理论应用，而是仅仅为了其实践的应用。现在，一个具有自由意志的存在者的概念就是一个 causa noumenon［作为本体的原因］的概念，至于这个概念并不自相矛盾，人们已经以如下方式作了保障，即一个原因的概念，作为完全出自纯粹知性的，同时它在一般对象方面的客观实在性也通过演绎得到保障的，此时按照它的起源独立于一切感性

条件的，因而本身不被限制在现象上的（除非是在对此要作一种理论的确定应用的地方），当然能够被运用于作为纯粹的知性存在者的事物上面。但是，由于这种应用不可能被配上任何直观，因为直观在任何时候都只能是感性的，所以 causa noumenon［作为本体的原因］就理性的理论应用而言虽然是一个 〔56〕 可能的、可以设想的概念，但却是一个空洞的概念。但现在，我也并不要求由此**在理论上认识**一个存在者就其具有一个**纯粹**意志**而言**的性状；对我来说，只要由此把它描述为这样一个存在者，从而只要把因果性概念与自由概念（以及与此不可分割地，与作为自由的规定根据的道德法则）结合起来就够了；由于原因概念的纯粹的、并非经验性的起源，我当然应当得到这样的权利，因为我对它除了与规定它的客观实在性的道德法则相关，亦即仅仅作一种实践的应用之外，并不认为自己有权作任何别的应用。

如果我和休谟一样，不仅就事物自身（超感性的东西）而言，而且也就感官对象而言，剥夺了因果性概念在理论应用中的客观实在性，那么，这个概念就会丧失一切意义，并作为一个理论上不可能的概念被宣布为完全无用的，而且由于对不存在的东西不能作任何应用，所以一个**理论上没有意义的**概念的实践应用也就会完全是无稽之谈。但现在，一种经验性上无条件的因果性的概念在理论上虽然是空的（没有适合于它的直观），但毕竟总还是可能的，并且是与一个不确定的客体相关的，而取而代之的则是在道德法则上，因而在实践关系中赋予它意义，所以，我虽然没有任何直观来规定这概念的客观的理论实在性，但它仍然有可以在意向和准则中具体地表现出来的现实运用，亦即有能够被告知的实践实在性；这对于它甚至在本体方面的资格来说也是充分的。

但是，一个纯粹知性概念在超感性事物的领域中的客观实在性一旦被引入，从此就给其余一切范畴提供出也是客观的、只不过仅仅是可以在实践上运用的实在性，尽管总是仅仅就此而言，这些范畴才与纯粹意志的规定根据（道德法则）处于**必然的**结合之中；然而，这种客观实在性对于这些对象的理论知识，即对于通过纯粹理性对这些对象的本性的洞识，却没有丝毫的影响使其得以扩展。如同我们后面也将发现的那样，这些范畴永远只与作为**理智**的存在者相关，而且在这些存在者身上
〔57〕也只与**理性**和**意志**的关系相关，因而始终只与**实践的东西**相关，并不超出这一点进一步自诩对这些存在者有任何知识；但是，与这些范畴相结合，无论还想牵强附会地举出属于这样一些超感性事物的理论表象方式的何种属性，它们在这种情况下也全都不被算做知识，而是仅仅被算做假定和预设这些存在者的权利（但在实践的意图中却完全被算做必然性），甚至在人们按照一种类比，亦即按照我们就感性存在者而言实践上所使用的那种纯粹理性关系来假定和预设超感性的存在者（如上帝）的时候，也是如此这般；这样，就丝毫不会助长纯粹理论理性由于运用于超感性的东西——但仅仅在实践意图上——而游荡到越界的东西中去。

第二章
纯粹实践理性的对象的概念

我把实践理性的对象的概念理解为一个作为因自由而有的可能结果的客体之表象。因此，是实践知识的一个对象本身，这只不过意味着意志与使这对象或者它的对立面成为现实所借助的那个行动的关系，而对某物是不是**纯粹**实践理性的一个对

象的评判，则只不过是对**愿意**有这样一个行动的可能性和不可能性的辨别，借助这个行动，假如我们有这方面的能力（对此必须由经验来判断），某个客体就会成为现实的。如果这客体被假定为我们的欲求能力的规定根据，那么，该客体由于我们的力量的自由应用而来的**物理可能性**就必定先行于它是不是实践理性的一个对象的评判。与此相反，如果先天法则能够被视为行动的规定根据，因而这个行动能够被视为由纯粹实践理性所规定的，那么，关于某物是不是纯粹实践理性的一个对象的判断，就完全不依赖于与我们的物理能力的比较，而问题就仅〔58〕仅是：假如事情由我们控制的话，我们是否会**愿意**有一个指向某个客体的实存的行动，因而这行动在**道德上的可能性**就必须先行；因为在这里，并非对象，而是意志的法则才是这行动的规定根据。

因此，一个实践理性的惟一客体就是善和恶的客体。因为人们通过前者来理解欲求能力的一个必然对象，通过后者来理解厌恶能力的一个必然对象，但二者都依据理性的一个原则。

如果善的概念不是从一个先行的实践法则推导出来的，而是毋宁说应当充任这个法则的根据，那么，它就只能是这样一种东西的概念，这种东西的实存预示着愉快，并这样规定着主体的因果性去产生它，也就是说，规定着欲求能力。由于现在不可能先天地看出哪种表象伴随着**愉快**，反之哪种表象伴随着**不快**，所以，要识别直接地是善或者恶的那种东西，就仅仅取决于经验了。这种经验惟有与之相关才能进行的那种主体属性，就是愉快和不快的**情感**，即一种属于内部感官的接受性；而这样，关于直接是善的东西的概念就会必然仅仅关涉**快乐**的感觉直接与之结合的东西，而关于绝对恶的概念就会必然仅仅与直接激起**痛苦**的东西相关。但由于这已经违背习惯用语，习惯用语把**惬意**与**善**区别开来，把**不惬意**与**恶**区别开来，并要求在任何时候都由理性，因而由能够普遍地传达的概念，而不是由局限于个别主体及其感受性上的纯然感觉来评判善和恶，但一种愉快或者不快就自身而言仍然不能先天地与一个客体的任何表象直接结合起来，所以，相信不得不把一种愉快的情感当做自己的实践评判的根据的哲学家，就会把是达到惬意的一种**手段**的东西称为**善的**，而把是不惬意和痛苦的原因的东西称为**恶**；因为对手段与目的的关系的评判当然是理性的事情。但是，尽管惟有理性才有能力看出手段与其意图的联结（以至于
〔59〕人们也可以用目的的能力来定义意志，因为目的在任何时候都是按照原则来规定欲求能力的根据），但从上述善的概念中仅仅作为手段而产生的那些实践准则，却绝不包含某种单凭自身就是善的东西，而是始终只包含**对于某种目的**是善的东西来作为意志的对象：这善在任何时候都只会是有用的东西，而它对之有用的东西则会必定是在意志之外处于感觉之中的。现在，如果这种感觉作为惬意的感觉必须与善的概念区分开来，那么，在任何地方都不会有任何直接善的东西，而是必须仅仅在达到某种别的东西，亦即达到某种惬意的手段中去寻找善。

各学派的一个古老的语式是：nihil appetimus，nisi sub ratione boni；nihil aversamur，nisi sub ratione mali［我们不欲求任何东西，除非考虑到善；我们不拒绝任何东西，除非考虑到恶］；而它有一种经常是正确的，但也对哲学经常是很不利的应用，因为 boni［善］和 mali［恶］这两个表述包含着一种歧义，对此应负责的是语言的局限；根据这种歧义，它们能够有双重的意义，因而不可避免地使实践法则盘桓不定，并迫使在使用这两个表述时固然完全觉察到在同一词那里的概念差异，但却不能为此找到任何专门表述的哲学作出细腻的区分，而人们在事后亦无法对这些区分达成一致，因为这种区别并没

有能够用任何适当的表述直接表示出来。①

德语有幸拥有一些不使这种差异被忽视的表述。对于用拉丁语的人借助惟一的语词 bonum［善］来称谓的东西，德语有两个很不同的概念，而且也有很不同的表述：对于 bonum 来说就是**善**和**福**，对于 malum［恶］来说则是**恶**和**祸**（或者苦），以至于我们对于一个行动来说所考虑的是它的**善**和**恶**，还是我们的**福**和**苦**（祸），这是两种完全不同的评判。由此已经得出，如果上述心理学命题被这样翻译：我们不欲求任何东西，除非考虑到我们的**福**或者**苦**，那么，它至少还是很不确定的；与此相反，如果人们这样给出它：按照理性的指示，我们不意欲任何东西，除非我们认为它是善的或者恶的，那么，这个命题就是无可置疑地确定的，同时是表达得完全清楚的。〔60〕

福或者**祸**总是仅仅意味着与我们的**惬意**或者**不惬意**、快乐和痛苦状态的一种关系，而如果我们因此而欲求或者厌恶一个客体，那么，这只有在与我们的感性和该客体所造成的愉快和不快的情感相关时才会发生。但是，**善**或者**恶**在任何时候都意味着与**意志**的一种关系，只要这意志由**理性法则**规定，去使某种东西成为自己的客体；就像意志绝不直接由客体及其表象来规定，而是一种使理性的规则成为自己的行动动因（这样一个

① 此外，sub ratione boni［考虑到善］这个表述也是有歧义的。因为它说的可能只是：如果并且**由于**我们**欲求**（意欲）某种东西，我们就把它想象为善的；但也可能是：我们之所以欲求某种东西，乃是**因为**我们把它**想象为善**的，以至于或者欲求是作为一种善的客体之概念的根据，或者善的概念是欲求（意志）的规定根据；因为 sub ratione boni［考虑到善］在第一个场合会意味着我们**在善的理念下**而意欲某种东西，在第二个场合会意味着我们**根据这个**必须作为意欲的规定根据先行于意欲的**理念**而意欲某种东西。

客体就能够成为现实的）的能力一样。因此，善或者恶真正说来与行动相关，而不与个人的感觉状态相关，而且如果某种东西应当是绝对（在一切意图中并且无须进一步的条件）善的或者恶的，或者应当被认为如此，那么，它就会仅仅是行动方式，是意志的准则，从而是作为善人或者恶人的行动着的个人本身，而不是一件可以被如此称谓的事情。

因此，人们总是要嘲笑那个斯多亚主义者，他在痛风极剧烈地发作时喊道：疼痛，你尽管还这样折磨我吧，但我永远不承认你是某种恶的东西（κακου，malum）！他毕竟是有道理的。他所感到的是一种祸，而这是他的喊叫所透露的；但是，他身上由此就有一种恶，这却是他根本没有理由去承认的；因为疼痛丝毫也不减少他的人格的价值，而只是减少他的状态的价值。哪怕他只意识到自己说过一次谎，这谎言就必定打消他的勇气；但是，如果他意识到，他并没有因为任何不正当的行动而招致疼痛，并由此使自己该受惩罚，那么，疼痛则只是用来作为使他高尚起来的诱因。

我们应当称为善的东西，必须在每一个有理性的人的判断
〔61〕中都是欲求能力的一个对象，而恶则必须在每一个人的眼中都是厌恶的一个对象；因而要作出这种评判，除了感官之外还需要理性。与谎言相反的真诚、与强暴相反的正义等，都是这种情况。但是，我们可以把某种东西称为一种祸，但同时每一个人都必须把这种祸解释为善的，有时是间接善的，有时干脆是直接善的。让人给自己做一次外科手术的人，毫无疑问觉得这手术是一种祸；但通过理性，他和每一个人都把这手术解释为善的。但如果有人喜欢戏弄和打扰爱好宁静的人们，终于有一次碰了钉子，并遭到一顿痛揍，那么，这当然是一种祸，但每个人都会为此鼓掌叫好，认为这本身是善的，即使从中并不会进一步产生什么东西；甚至那遭到痛揍的人，也必定在他的理

性中认识到，这对他来说是公正的，因为他看到理性不可避免地向他规劝的安适与行为得体之间的相称在这里精确地实现了。

当然，在我们的实践理性的评判中，**绝对有很多东西**取决于我们的福和苦，而且就我们作为感性存在者的本性而言，**一切**都取决于我们的**幸福**，如果这幸福像理性首先所要求的那样，不是按照瞬息即逝的感觉，而是按照这种偶然性对我们的全部实存以及对这种实存的心满意足的影响来评判的话；但并不是**在根本上一切**都取决于此。就人属于感官世界而言，他是一个有需要的存在者，而且就此而言，他的理性当然在感性方面有一个不可拒绝的使命，即照顾感性的利益，并给自己制定实践的准则，哪怕是为了此生的幸福，可能的话也为了来生的幸福。但是，人毕竟不完全是动物，对理性自言自语所说的一切都无所谓，把理性仅仅当做满足他作为感官存在者的需要的工具来使用。因为如果理性仅仅为了本能在动物那里所建树的东西而为人效劳的话，那么，人具有理性这一点，就根本没有在价值上把人提高到纯然动物性之上；理性在这种情况下就会只是自然利用来装备人以达到它给动物所规定的同一个目的的一种特殊手法，而没有给人规定一个更高的目的。因此，人按照这种曾经对他作出的自然部署当然需要理性，以便在任何时候都考察他的福和苦，但他拥有理性除此之外还为了一个更高 〔62〕
的目的，也就是说，不仅也考虑就自身而言善或者恶的东西，亦即纯粹的、感性上根本不感兴趣的理性只是独自能够作出判断的东西，而且要把这种评判与前一种评判完全区别开来，使它成为前一种评判的最高条件。

对就自身而言善或者恶的东西的这种评判，与只是同福或者苦相关才被如此称谓的东西不同，取决于以下几点。要么一个理性原则就自身而言已经被设想为意志的规定根据，不考虑欲求能力的可能客体（因而仅仅凭借准则的合法则形式），在这种情况下，那个原则就是先天的实践法则，纯粹理性就被看做自身是实践的。法则在这种情况下**直接**规定着意志，符合法则的行动是**就自己本身而言善的**，一个意志的准则在任何时候都符合这法则，这意志就是**绝对地、在一切意图中都善的**，并且是**一切善的至上条件**。要么欲求能力的一个规定根据先行于意志的准则，意志以愉快和不快的一个客体，因而以某种使人**快乐**或者**痛苦**的东西为前提，而促进前者避免后者的理性准则规定着行动，如同这些行动与我们的偏好相关，因而仅仅间接地（考虑到一个另外的目的，作为该目的的手段）是善的一样，而这些准则在这种情况下就永远不能叫做法则，但仍然可以叫做合理性的实践规范。这目的本身，即我们所寻求的快乐，在后一种情况中不是**善**，而是**福**，不是一个理性概念，而是关于感觉对象的一个经验性概念；不过，使用手段来达成这个目的，亦即那个行动（由于为此需要理性的思考）仍然是善的，但不是绝对善的，而是仅仅与我们的感性相关，就它的愉快和不快的情感而言是善的；但意志的准则由此刺激出来，这意志就不是一个纯粹的意志，纯粹的意志仅仅关涉这样的东西，对这东西来说纯粹理性自身就能够是实践的。

这里正是解释一种实践理性批判中的方法的悖论的地方：
〔63〕 **也就是说，善和恶的概念必须不是先行于道德法则（表面上必须是这概念为道德法则提供根据），而是仅仅（如同这里也发生的那样）在道德法则之后并由道德法则来规定**。因为即使我们并不知道道德的原则是一个纯粹的、先天地规定意志的法则，但为了不完全徒劳地（gratis）假定一些原理，我们也必须在开始的时候，至少让意志是仅有经验性的规定根据还是也有纯粹的先天规定根据这一点悬而未决；因为把人们应当首先去决定的东西事先假定为已决定的，这是违背哲学程序的一切

基本规则的。假设我们现在要从善的概念开始，为的是从中推导出意志的法则来，那么，关于一个对象（作为一个善的对象）的这一概念就会同时把这个对象说成是意志的惟一规定根据。现在，由于这个概念并不以任何先天实践法则作为它的准绳，所以善或者恶的试金石就不能被设定在任何东西中，只能设定在对象与我们的愉快或者不快的情感的一致中，而理性的应用就只能在于，有时在与我的存在的一切感觉的整个联系中去规定这种愉快或者不快，有时去规定使我获得这种愉快或者不快的对象的种种手段。现在，既然什么东西是符合愉快的情感的，这惟有通过经验才能够澄清，而实践法则据说应当建立在作为条件的这种东西上面，所以，先天实践法则的可能性就会被直截了当地排除了：因为人们指的是认为事先有必要为意志找出一个对象来，关于它的概念作为一个善的概念就必定会构成普遍的、尽管是经验性的规定根据。但是，毕竟有必要事先研究的是，是否也会有意志的一种先天的规定根据（这个根据绝不会在别的什么地方，只会在一个纯粹的实践法则中被发现，而且是就这法则不考虑某个对象而给准则规定纯然合法则的形式而言的）。但是，由于人们已经把一个对象按照善和恶的概念当做一切实践法则的根据，而那个对象没有先行的法则就只能按照经验性的概念来设想，所以人们已经预先取消哪怕只是设想一个纯粹实践法则的可能性；因为与此相反，如果人们事先分析地探究过纯粹实践法则的话，就会发现不是作为一 〔64〕
个对象的善的概念规定道德法则并使之成为可能，而是反过来，道德法则首先对善的概念就善完全配得上这一名称而言予以规定并使之成为可能。

这个仅仅涉及至上的道德研究的方法的说明，是很重要的。它一下子就解释了哲学家们在道德的至上原则方面的一切失误的诱发根据。因为他们寻找意志的一个对象，以便使它成为一个法则的质料和根据（这样一来，这个法则就不应当是直接地，而是借助于被交给愉快或者不快的情感的那个对象而成为意志的规定根据），而他们本应当首先探究一个先天地直接规定意志、并按照这意志才来规定对象的法则。这时，他们想把这个愉快的对象，即据说提供善的至上概念的对象，设定在幸福中，设定在完善中，设定在道德情感中，或者设定在上帝的意志中，这样他们的原理就总是他律，他们就必定不可避免地遭遇到一个道德法则的诸经验性条件：因为他们惟有按照意志对永远都是经验性的情感的直接态度，才能把他们的作为意志的直接规定根据的对象称为善的或者恶的。惟有一个形式的法则，亦即仅仅将理性的普遍立法形式规定给理性作为各准则的至上条件的这样一个法则，才能够先天地是实践理性的一个规定根据。古人们在这方面毫不掩饰地暴露出这种错误，因为他们把自己的道德研究完全建立在对**至善**概念的规定上，因而建立在对一个对象的规定上，然后他们又想使这对象在道德法则中成为意志的规定根据：这是在道德法则首先自己得到证明并作为意志的直接规定根据得到辩护以后很久、才能对从此在其形式上先天地得到规定的意志表现为对象的一个客体，这件事我们要在纯粹实践理性的辩证论中放胆去做。在近代人这里，关于至善的问题看来已经过时，至少已经仅仅是次要的问题，他们把上述错误（如同在许多别的场合里那样）隐藏在一
〔65〕些未经规定的语词后面，然而人们仍然发现这错误从他们的体系中显露出来，因为在这种情况下，这种错误到处都暴露出实践理性的他律，从中永远也不可能产生出一个先天普遍地颁布命令的道德法则。

现在，既然善和恶的概念作为对意志的先天规定的结果也是以一个纯粹的实践原则，因而以纯粹理性的一种因果性为前提的，所以，它们原初并不像纯粹的知性概念或者作理论应用

的理性的范畴那样（例如作为被给予的直观的杂多在一个意识中的综合统一的种种规定）与客体相关，毋宁说，这些概念或者范畴是把客体预设为被给予的；相反，善和恶的概念全都是一个惟一的范畴亦即因果性范畴的模态，只要它们的规定根据在于一个因果性法则的理性表象，理性把这法则作为自由的法则立给自己，并由此先天地证明自己是实践的。然而，既然行动**一方面**虽然在一个本身并不是自然法则，而是自由法则的法则之下，因而属于理知的存在者的行为，但**另一方面**却也作为感官世界中的事件而属于显象，所以一个实践理性的种种规定将惟有与感官世界相关才能够发生，因而虽然是符合知性范畴的，但却不是为了知性的一种理论应用，以便把（感性）**直观**的杂多置于一个先天的意识之下，而是仅仅为了使**欲求**的杂多服从一个在道德法则中颁布命令的实践理性或者一个纯粹的先天意志的意识的统一性。

这些**自由范畴**，因为我们要这样称谓的是它们，而不是那些作为自然范畴的理论概念，它们就对后者具有明显的优越性，即由于后者只是一些仅仅不确定地通过普遍概念为任何对我们来说可能的直观表明一般客体的思想形式，前者却与此相反，关涉的是一种**自由的任性**的规定（虽然不能完全相应地给予这种规定以任何直观，但这种规定却先天地以一个纯粹实践法则为基础，这是在我们的认识能力的理论应用的任何概念那里都不曾出现的），所以作为实践的要素概念，就不以并不存在于理性本身中，必须从别的地方亦即从感性中得来的直观形式（空间和时间）为基础，而是以在理性中，因而在思维能力 〔66〕
本身中作为被给予的**某种纯粹意志的形式**为基础；由此就发生了如下情况，即由于在纯粹实践理性的一切规范中所涉及的只是**意志的规定**，而不是**实现意志的意图**的（实践能力的）自然条件，所以先天的实践概念在与自由的至上原则相关时立刻就成为知识，可以不为了获得意义而期待直观，而且是出自这一值得注意的理由，即它们是自己产生出它们与之相关的东西的现实性（意志的意向）的，而这根本不是理论概念的事情。只不过人们千万要注意，这些范畴所关涉的只是一般的实践理性，并这样在它们的秩序中从道德上尚未规定的和以感性为条件的范畴前进到不以感性为条件的，仅仅由道德法则来规定的范畴。

善与恶的概念方面的自由范畴表

1.
量
主观的、按照准则的（**个人的意志意见**）
客观的、按照原则的（**规范**）
先天地既是客观的又是主观的自由原则（**法则**）

2.
质
践行的实践规则
（praeceptivae［指令性的］）
舍弃的实践规则
（prohibitivae［禁止性的］）
例外的实践规则
（exceptivae［除外性的］）

3.
关系
与**人格**的关系
与个人**状态**的关系
个人与其他个人的状态的**交互**关系

4.
模态
允许的事情和**不允许的事情**
义务和**违背义务**的事情
完全的义务和**不完全的义务**

〔67〕人们在这里很快就将察觉，在这个表中自由就通过它而可能的那些作为感官世界中的显象的行动而言，被视为一种并不服从经验性的规定根据的因果性，因而与这些行动的自然可能性的诸范畴相关，然而，每个范畴都被看做是如此普遍的，以

至于那个因果性的规定根据也能够被认定是外在于感官世界而处在作为一个理知存在者的属性的自由之中的，直到诸模态范畴引入从一般的实践原则向道德原则的过渡，但这种引入只是**或然的**，然后道德原则才能够通过道德法则被**独断地**展示出来。

我在这里对目前这个表的解释不再附加任何东西，因为它自身就是足够明晰的。这样的按照原则拟定的划分无论是在它的彻底性上还是在明晰性上都是很有助于一切科学的。例如，人们从上表及其第一栏马上就知道，我们在实践的考虑中必须从哪里开始：从每个人建立在他的偏好之上的准则开始，从有理性的存在者就其在某些偏好上相一致而言对它们的类都有效的规范开始，最后是从对一切人都有效而不管它们的偏好的法则开始，等等。以这种方式，人们就概览了我们应当做的事情的整个计划，甚至概览了实践哲学的每一个必须回答的问题，同时概览了必须遵循的次序。

纯粹实践判断力的模型论

善和恶的概念首先为意志规定一个客体。但它们自身却服从理性的一条实践规则，如果理性是纯粹理性的话，这条规则就先天地在意志的对象方面规定意志。现在，一个在感性中对我们来说可能的行动是不是服从这条规则的情况，对此就需要实践的判断力了，通过实践的判断力，在规则中被普遍地（抽象地）说出的东西就被具体地应用到一个行动上。但是，由于纯粹理性的一条实践规则，**第一**，作为**实践的**而涉及一个客体的实存；**第二**，作为纯粹理性的**实践规则**而带有就行动的存在而言的必然性，因而是实践的法则，而且不是通过经验性的规定根据而来的自然法则，而是一个自由法则，按照这法则，意 〔68〕

志应当是能够独立于一切经验性的东西（仅仅通过一个一般法则及其形式的表象）而得到规定的，但对于可能行动来说所出现的一切情况却都只能是经验性的，亦即属于经验和自然。所以，看起来荒唐的是，要在感官世界发现一种情况，它既然就此而言永远仅仅服从自然法则，却又允许一条自由法则运用于其上，而且应当在其中具体地展示出来的道德上的善的超感性理念也能够运用于其上。因此，纯粹实践理性的判断力承受着与纯粹理论理性的判断力同样的一些困难，但后者手中仍然有走出这些困难的一种手段，也就是说，因为就理论应用而言，事情取决于纯粹知性概念能够运用于其上的直观，这些直观（尽管只是关于感官对象的）毕竟能够先天地，从而就杂多在其中的联结而言先天地按照纯粹知性概念（作为**图型**）被给予出来。与此相反，道德上的善是某种按照客体来说超感性的东西，因而不可能为它在感性直观中找到某种相应的东西，所以，从属于纯粹实践理性的法则的判断力看来就承受着一些特殊的困难，这些困难乃是基于，一条自由法则应当被运用于作为事件的行动，而这些事件却是在感官世界中发生的，因而就此来说属于自然。

然而，这里却又给纯粹的实践判断力展开了一个有利的前景。在把一个在感官世界中对我来说可能的行动归摄在一个**纯粹实践法则**之下时，并不涉及该**行动**作为感官世界中的一个事件的可能性；因为这可能性应当由理性的理论应用按照因果性法则来评判，因果性是一个纯粹知性概念，理性在感性直观中对这一概念有一个**图型**。物理的因果性或者它的发生所服从的条件隶属于自然概念，这些概念的图型是先验的想象力所拟定的。但这里所涉及的不是一种按照法则的情况的图型，而是一个法则本身的图型（如果这个词在这里合适的话），因为**意志**

〔69〕 **规定**（不是与其后果相关的行动）仅仅通过法则而无须一个别

的规定根据，就把因果性概念与完全不同于构成自然联结的那些条件的种种条件结合起来了。

自然法则作为感性直观的对象本身所服从的法则，必须有一个图型，亦即想象力的一种普遍的程序（把法则所规定的纯粹知性概念先天地展示给感官）与之相应。但对于自由法则（作为一种根本不是感性上有条件的因果性），因而甚至对于无条件的善的概念，却不能为了其运用而具体地加上任何直观，从而加上任何图型。所以，道德法则除了知性（不是想象力）之外，就没有别的促成其在自然对象上的运用的认识能力了，而知性能加给一个理性理念的并不是一个感性**图型**，而是一个法则，但却是这样一个能够在感官对象上具体得到展示的法则，因而是一个自然法则，但只是就其形式而言，是为了判断力的法则，因此我们可以把这法则称为道德法则的**模型**。

纯粹实践理性的诸法则之下的判断力的规则就是这条规则：问一问你自己，你打算采取的行动如果应当按照你自己也是其一部分的自然的一条法则发生的话，你是否能够把它视为通过你的意志而可能的。实际上，每个人都在按照这条规则来评判行动在道德上是善的还是恶的。于是人们说：如果**每一个人**在他相信设法得到自己的好处时都允许自己去行骗，或者一旦他产生对生活的完全厌倦就认为有权缩短自己的生命，或者对别人的急难视若无睹，而你却一起置身于事物的这样一种秩序中，那么，你会怎样对待你的意志的赞同呢？现在，每一个人都知道：如果他允许自己暗中行骗，并不是每一个人都会因此而这样做，或者如果他不被察觉地心肠硬，并不是每一个人都会马上也这样对待他；因此，他的行动的准则与一条普遍的自然法则的这种比较也并不是他的意志的规定根据。但是，自然法则毕竟是评判他的行动的准则的一个**模型**。如果行动的准则不是这样的性状，使它经受一般自然法则的形式的检验，它

〔70〕在道德上就是不可能的。甚至最普通的知性也是这样作判断的；因为自然法则永远是知性的一切最平常的判断，甚至经验判断的基础。因此，知性在任何时候都持有自然法则，只是在应当对出自自由的因果性作出评判的那些场合里，它仅仅使那个**自然法则**成为**自由法则**的模型罢了，因为知性如果不持有某种它能够使之成为经验场合中的实例的东西，就不能使一个纯粹实践理性的法则在运用时获得应用。

因此，把**感官世界的自然**用做一个**理知的自然的模型**，这也是允许的，只要我不把直观和依赖于直观的东西转用到后一种自然上，而是仅仅把一般**合法则性的形式**（其概念甚至出现在最普通的理性应用中，但并不是在于别的任何意图，而仅仅是为了理性的纯粹实践应用才能够先天确定地被认识）与之相联系。因为法则本身就此而言是一样的，不管它们会从何处取得自己的规定根据。

此外，既然在一切理知的东西中，绝对只有（凭借道德法则的）自由，而且自由也只是就它是一个与道德法则不可分割的预设而言，此外还有自由按照那个法则的指导会把我们导向的所有那些理知对象，才又对我们来说不具有别的任何实在性，而仅仅具有为了同一个道德法则和纯粹实践理性的应用的实在性，但纯粹实践理性有权利，亦有必要把自然（根据其纯粹知性形式）用做判断力的模型：所以，目前这个说明乃是用来防止把仅仅属于概念的**模型论**的东西算做概念本身。因此，这个模型论作为判断力的模型论，保护人免受实践理性的**经验论**的危害，这种经验论把善和恶的实践概念仅仅设定在经验后果（所谓的幸福）之中，尽管幸福和一个由自爱规定的意志的那些极为有用的后果在这个意志同时使自己成为普遍的自然法则时当然可以用做道德上的善的完全合适的模型，但与这个模型毕竟不是一回事。这同一个模型论也保护人免受实践理性的

神秘主义的危害，这种神秘主义把只是用做**象征**的东西当做**图型**，也就是把现实的但却非感性的直观（对一个不可见的上帝之国的直观）加给道德概念的运用，而漫游到越界的东西里面。惟有判断力的**理性论**才适合道德概念的应用，它除了理性自己也能够思维的东西，亦即合法则性之外，不再从感性自然中索取任何东西，而且除了反过来通过感官世界中的行动按照一般自然法则的形式规则现实地得以展示的东西之外，不把任何东西带进超感性的自然。然而，对实践理性的**经验论**的防范却更为重要和更为值得推荐得多，因为**神秘主义**毕竟还是与道德法则的纯粹性和崇高性共容的，此外，把道德法则的想象力拔高到超感性的直观，这也是不那么自然，不那么适合普通的思维方式的，因而在这方面危险并不是那么普遍；与此相反，经验论则在意向中（人类能够和应当通过行动使自己获得的高尚价值毕竟在于意向，而不仅在于行动）把道德连根拔除，并将某种完全不同的东西，亦即诸偏好一般而言在自己中间推动交往所凭借的一种经验性的利益，来取代义务而加给意向，此外，也正因为如此而连同一切如果被提高到一个至上的实践原则的尊严就将贬低人类的偏好（不管它们被剪裁成什么样子），并由于这些偏好仍然如此有利于一切人的性情，出自这一原因而比所有的狂热都更为危险，后者绝不能构成许多人的一种持久状态。 〔71〕

第三章

纯粹实践理性的动机

行动的一切道德价值的本质取决于**道德法则直接规定意**

志。如果对意志的规定虽然是按照道德法则发生的，但却是借助于一种情感，不管为了使道德法则成为意志的充足规定根据而必须预设的这种情感是什么性质的，因而不是**为了这法则**而发生的，那么，这行动就将虽然包含**合法性**，却不包含**道德**
〔72〕 **性**。现在，如果**动机**（elater animi［灵魂的激动］）被理解为一个存在者的意志的主观规定根据，这个存在者的理性并不是已经由于它的本性就必然符合客观法则的，那么，由此将首先得出：人们根本不能赋予属神的意志以任何动机，但属人的意志（以及任何被造的有理性存在者的意志）的动机绝不能是某种别的东西，只能是道德法则，因而客观的规定根据在任何时候都必须是，并且惟有它才同时必须是行动的主观上充分的规定根据，如果这行动不是仅仅应当实现法则的**字句**，却不包含法则的**精神**① 的话。

因此，既然人们为了道德法则的缘故，并且为了使它获得对意志的影响，必须不寻求任何另外的、有可能缺乏道德法则的动机，因为这一切会造成不能持久的十足伪善，甚至哪怕只是除道德法则**之外**还让一切别的动机（作为好处的动机）一起发挥作用，这也是**令人忧虑的**；所以，剩下来的就无非是审慎地去规定，道德法则以何种方式成为动机，以及由于动机是道德法则，对于人的欲求能力来说，将发生什么事情来作为那个规定根据对人的欲求能力的作用。因为一条法则如何能够独自并且直接成为意志的规定根据（这毕竟是一切道德性的本质），这是一个对于人的理性来说无法解决的问题，而且与一个自由意志如何可能的问题是一回事。因此，我们将要先天地指出

① 对于任何合乎法则但却不是为了法则而发生的行动，人们都可以说：它仅仅按照**字句**、但并非按照**精神**（意向）是道德上善的。

的，不是道德法则在自身中充当一个动机由以出发的根据，而是就道德法则是这样的动机而言，这动机在心灵中所起的（更准确地说，必然起的）作用。

由道德法则对意志所作的一切规定的本质就是：意志作为自由的意志，因而并不仅仅是没有感性冲动的参与，而且是甚至拒绝一切感性冲动，并在一切偏好可能违背那个法则时就中止这些偏好，这意志是仅仅由法则来规定的。所以就此而言，道德法则作为动机的作用仅仅是否定的，而且作为这样的动机，这动机是能够被先天地认识的。因为一切偏好以及任何感性冲动都是基于情感的，而对情感（通过偏好所遭到的中止） 〔73〕 的否定作用本身也是情感。所以我们可以先天地看出，道德法则作为意志的规定根据，由于它损害我们的一切偏好，就必定会造成一种可以被称为痛苦的情感，而且在这里我们就有了第一个实例，也许还是惟一的实例，在其中我们有可能从概念出发先天地规定一种知识（在这里就是一种纯粹实践理性的知识）与愉快或者不快的情感的关系。所有的偏好一起（它们当然也可以被归入一个尚可忍受的体系，而它们的满足在这种情况下就叫做自己的幸福）构成了**自私**（solipsismus［唯我主义］）。这种自私要么是**自爱**的，即对自己本身的一种超出一切的**宠爱**的自私（Philautia［爱己］），要么是对自己感到**满意**的自私（Arrogantia［自负］）。前者特别叫做**自重**，后者特别叫做**自大**。纯粹实践理性对自重所做的仅仅是**中止**，因为它把这样一种自然的、且在道德法则之前就在我们心中活跃的自重仅仅限制在与这个法则相一致的条件上；然后这自重就被称为**有理性的自爱**。但纯粹实践理性却干脆**击毁**自大，因为在与道德法则相一致之前发生的对自我赏识的一切要求都是一钱不值的和没有资格的，因为恰恰与这个法则相一致的一个意向的确定性乃是人格的一切价值的第一条件（如我们马上就将说明的那样)，而一切先于这个条件的妄求都是错误的和违背法则的。现在，就自我赏识仅仅基于感性而言，这种癖好也属于道德法则所中止的偏好之列。所以道德法则击毁自大。但既然这个法则毕竟还是某种就自身而言肯定的东西，也就是一种理智的因果性的形式，亦即自由的形式，所以，由于它与主观上的对立物，亦即我们心中的偏好相反在**削弱**自大，它同时就是**敬重**的一个对象，而且由于它甚至**击毁**自大，亦即使之谦卑，它就是最大的**敬重**的对象，因而也是一种肯定的情感的根据，这种情感没有经验性的起源，是被先天地认识的。因此，对道德法则的敬重是一种通过一个理智根据造成的情感，而这种情感是惟一我们能够完全先天地认识，我们能够看出其必然性的情感。

〔74〕 我们在上一章已经看到：凡是**先于**道德法则作为意志的客体呈现出来的东西，都通过这个作为实践理性的至上条件的法则本身，被以无条件的善的名义从意志的规定根据中排除了，而且，存在于准则对普遍立法的适用性之中的纯然实践形式首先规定着就自身而言且绝对地善的东西，并建立起一个纯粹意志的准则，惟有这个纯粹意志才在一切意图中都是善的。但这时，我们发现我们作为感性存在者的本性具有这样的性状，即欲求能力的质料（偏好的对象，无论这偏好是希望还是恐惧）首先情不自禁地产生，而我们的在病理学上可规定的自我虽然通过自己的准则是完全不适用于普遍的立法的，但仍然致力于预先提出自己的要求，并把这些要求当做最先的和源始的要求提出，就好像这自我构成了我们的整个自我一样。人们可以把这种按照其任性的主观规定根据使自己成为一般意志的客观规定根据的癖好称为**自爱**，这种自爱如果使自己成为立法者、成为无条件的实践原则，就可以叫做**自大**。现在，惟有道德法则才真正（亦即在一切意图中）是客观的，它完全排除自爱对至上的实践原则的影响，并无限地中止把自爱的主观条件指定为

法则的自大。如今，在我们自己的判断中中止我们的自大的东西，就是使人谦卑的东西。因此，道德法则不可避免地使每一个人谦卑，因为每一个人都把自己的本性的感性癖好与道德法则作比较。其表象**作为我们的意志的规定根据**而在我们的自我意识中使我们谦卑的东西，就其是肯定的、是规定根据而言，独自就唤起**敬重**。因此，道德法则即便在主观上也是敬重的一个根据。既然在自爱中遇到的一切东西都属于偏好，而一切偏好都基于情感，因而在自爱中将一切偏好全都中止的东西恰恰因此而必然对情感有影响，所以我们就领会到，如何可能先天地看出，道德法则通过排除偏好和使这些偏好成为至上的实践条件的癖好，亦即自爱对至上的立法的任何参与，就能够对情感发挥作用，这种作用一方面是纯然**否定的**；另一方面，确 〔75〕
切地说在纯粹实践理性的限制性根据方面，则是**肯定的**，以及为什么根本不可以把任何特殊种类的情感以一种实践情感或者道德情感的名义假定为先行于道德法则并为之奠定基础的。

对情感（麻烦的情感）的否定性作用，如同对情感的一切影响以及如同任何一般情感一样，是**病理学的**。但作为道德法则的意识的作用，因而在与一种理知的原因，亦即作为至上立法者的纯粹实践理性的主体的关系中，一个有理性的被偏好所刺激的主体的这种情感虽然叫做谦卑（理智的轻视），但在与这种谦卑的肯定的根据亦即法则的关系中，同时又叫做对法则的敬重，对于这种法则来说根本没有任何情感发生，而是在理性的判断中，由于扫清了道路上的阻力，对一个障碍的清除就被等同于对这因果性的一种肯定的促进。因此，这种情感也可以被称为对道德法则的一种敬重的情感，而共同出自这两个理由，它也可以被称为一种**道德情感**。

因此，道德法则就像它通过实践的纯粹理性而是行动的形式上的规定根据一样，就像它以善和恶的名义也是行动对象的质料上的、但却只是客观的规定根据一样，它也是这个行动的主观规定根据，亦即动机，因为它对主体的感性有影响，并造成一种能够促进法则对意志的影响的情感。在这里，主体中没有任何与道德性相配的情感**预先**发生。这本是不可能的，因为一切情感都是感性的；但道德意向的动机却必须是没有任何感性条件的。毋宁说，为我们的一切偏好奠定基础的感性情感虽然是我们称为敬重的那种感觉的条件，但规定这情感的原因却在纯粹实践理性里面，因此这种感觉由于其起源就不能叫做病理学的，而必须是**实践地造成的**；因为道德法则的表象剥夺了自爱的影响和自大的妄念，这就减少了纯粹实践理性的障碍，
〔76〕并产生出其客观法则对感性冲动的优势的表象，因而在理性的判断中相对地（就一个被感性冲动所刺激的意志而言）通过除去对立的重量而产生出其法则的重量。而这样一来，对法则的敬重就不是道德的动机，相反，它就是主观上作为动机来看的道德本身，因为纯粹实践理性由于与自爱相对立而拒绝了自爱的一切要求，从而使现在惟一有影响的法则获得了威严。在此要注意的是：就像敬重是对情感，从而是对一个有理性的存在者的感性的一种作用一样，这种情感也以这种感性，从而以道德法则使其担负起敬重的这样一些存在者的有限性为前提条件，而对于一个最高的、或者甚至摆脱了一切感性的、因而感性也不可能是其实践理性的障碍的存在者来说，是不能赋予它对**法则**的敬重的。

因此，这种情感（以道德情感的名义）是仅仅由理性造成的。它并不用来评判行动，或者干脆去建立客观的道德法则本身，而是仅仅用做动机，以便使道德法则在自身中成为准则。但是，人们能够给这种特殊的、不能与任何病理学的情感相比较的情感更恰当地配上一个什么样的名称呢？它具有如此独特

的性质，即它仅仅受理性，确切地说受实践的纯粹理性的支配。

敬重在任何时候都仅仅关涉人，而绝不关涉事物。后者能够在我们心中唤起**偏好**，而且如果是动物（例如马、狗等）的话，甚至能够唤起**爱**，或者还唤起**恐惧**，例如大海、一座火山、一头猛兽，但绝不能唤起**敬重**。某种已经接近于这种情感的东西就是**惊赞**，而惊赞作为情绪，亦即惊奇，也能够关涉事物，例如参天的山峰，天体的巨大、繁多和遥远，一些动物的强壮和速度，等等。但这一切都不是敬重。一个人对我来说也能够是一个爱的对象、恐惧的对象，或者惊赞的对象，甚至达到惊奇，但并不能因此就是敬重的对象。他的风趣的性情、他的勇气和强壮、他的力量，通过他在别人中间具有的地位，都能够引起我的这样一些感觉，但总是还缺乏对他的内在敬重。**封德耐尔**说：**在一个贵人面前我鞠躬，但我的精神不鞠躬**。我可以补充说：在一个身份低微的普通市民面前，如果我在他身 〔77〕
上察觉到我在自己本人身上没有意识到的某种程度的品格正直的话，**我的精神鞠躬**，不管我愿意还是不愿意，哪怕我依然昂首挺胸，以免他忽视我的优越地位。这是为什么呢？他的榜样给我出示了一条法则，当我把它与我的举止相比较，并亲眼看到事实证明了对这条法则的遵循，从而证明了这条法则的**可行性**时，它就击毁了我的自大。此时我也可能意识到一种同等程度的正直，而敬重也依然如故。因为既然在人身上一切善都总是有缺陷的，所以，法则通过一个实例而直观化，就总是击毁我的骄傲，对此，我亲眼看到的这位人士就充当着一个尺度，他总还是可能带有的不纯洁性对我来说并不像我自己的不纯洁性那样为我所熟知，因而他对我来说就显得更纯粹。**敬重**是我们无论愿意或者不愿意，都不会拒绝给予功德的一种**称赞**；我们顶多可以在表面上不露声色，但我们却不能防止在内心中感到这种敬重。

很难说敬重是一种**愉快**的情感，以至于人们就一个人而言只是不情愿地听任自己敬重。人们试图找出某种东西能够减轻我们敬重的负担，找出某种瑕疵，以便补偿由于这样一个榜样使我们产生的谦卑所造成的损失。就连死去的人，尤其是当他们的榜样显得无法效仿时，也并不总是幸免于这种批判。甚至道德法则，即使其**庄重威严**，也蒙受着这样一种抵制对它的敬重的努力。人们难道认为，除了人们想要摆脱如此严厉地责备我们自己的不配的这种令人害怕的敬重之外，人们之所以喜欢把道德法则贬低成为我们亲切的偏好，可以归咎于某种别的原因吗？难道为了使道德法则成为我们自己应当注意的好处的可爱规范，所作出的这一切努力都是出自别的原因吗？尽管如此，这里面毕竟也又**很难说有什么不快**：人们一旦放弃了自大并允许那种敬重有实践的影响，就又能够对这个法则的壮丽百看不厌，而且灵魂在看到这个神圣的法则高踞于自己和自己的脆弱本性之上时，就相信在同样的程度上提高了自己。虽然伟
〔78〕大的天才们和与他们相称的活动也可以造成敬重或者一种与敬重类似的情感，而且把这种情感献给他们也是完全合适的，而此时看起来就好像惊赞与那种感觉是一回事。然而，人们如果更仔细地观察，就将注意到，既然在这种技巧上生而具有的天才占多大份额，通过自己的勤奋而来的修养占多大份额，这永远还是不确定的，所以理性就以揣测的方式把这种技巧向我们表现为修养的结果，因而表现为功德，这明显地降低了我们的自大，并且要么在这方面责备我们，要么责成我们以适合于我们的方式来追随这样一个榜样。因此，它并不是纯然的惊赞，它是我们对这样一个人物（真正说来是对他的榜样向我们出示的法则）表示的敬重；这一点也由此得到证实，即成群平庸的倾慕者在相信从别的什么地方打听到了这样一个人物（如伏尔

泰）品性上的劣迹时，就放弃了对他的所有敬重，但真正的学者却至少着眼于他的天才，还总是感到这种敬重，因为他本人卷入一种事务和职业中，这就使他在某种程度上把效仿此人当成他的法则。

因此，对道德法则的敬重是惟一的、同时无可怀疑的道德动机，就像这种情感也不指向任何别的客体，而只指向出自这个根据的客体一样。首先，道德法则客观地和直接地在理性的判断中规定着意志；但其因果性惟有通过法则才能得到规定的自由却正是在于，它把一切偏好，因而把对人格本身的赏识都限制在对其纯粹法则的遵循这个条件上。现在，这种限制就对情感发生作用，并产生出从道德法则出发能够先天地认识到的不快的情感。但是，既然这种限制仅仅就此而言是一种**否定性的**作用，它作为从一个纯粹的实践理性的影响中产生出来的作用，尤其在偏好是主体的规定根据时中止主体的活动，从而中止对他的个人价值（这种价值不与道德法则相一致就被贬为一钱不值）的意见，所以，法则对情感的这种作用就仅仅是使之谦卑，因为我们虽然能够先天地看出这种使之谦卑，但在它这里却不能认识到作为动机的纯粹实践法则的力量，而只能认识到对感性动机的阻抗。但是，既然同一个法则毕竟在客观上、〔79〕
亦即在纯粹理性的表象中是意志的一个直接的规定根据，因而这种使之谦卑只是相对于法则的纯粹性才发生，所以，在感性方面对道德上的自我赏识的要求的贬低，亦即使之谦卑，就是在理智方面对法则本身的道德赏识、亦即实践赏识的提高，一言以蔽之，就是对法则的敬重，因而也是一种就其理智原因而言的肯定性情感，这种情感是被先天地认识到的。因为对一个活动的障碍的任何一种减少都是对这个活动本身的促进。但是，对道德法则的承认就是对实践理性出自客观根据的一个活动的意识，这个活动只是由于主观原因（病理学的原因）对它的阻碍才没有在行动中表现出它的作用。所以，对道德法则的敬重也必须被看做这法则对情感的肯定的、但却间接的作用，只要这法则通过使自大变得谦卑而削弱各种偏好的阻碍性影响，因而也必须被看做活动的主观根据，亦即被看做遵循这法则的**动机**，以及被看做一种符合这法则的生活风格的种种准则的根据。从动机的概念中产生出一种**兴趣**的概念，这兴趣永远只能赋予一个有理性的存在者，并且指的是意志的**动机**，只要这动机**通过理性被表现出来**。既然法则本身在一个道德上善的意志中必须是动机，所以**道德上的兴趣**就是纯然实践理性的一个纯粹的、摆脱感官的兴趣。在兴趣的概念之上，也建立起一个**准则**的概念。因此，准则也只有在它基于人们对遵循法则所怀有的纯然兴趣时，才在道德上是纯正的。但所有这三个概念，即**动机**概念、**兴趣**概念和**准则**概念，都只能被运用于有限的存在者。因为它们全都以一个存在者的本性的一种受限制性为前提条件，原因在于该存在者的任性的主观性状与一个实践理性的客观法则并不是自动地协调一致的；这就有一种通过推动某种东西而活动的需要，因为某种内在的障碍是与这种活动相对立的。因此，这些概念不能运用于属神的意志。

在对纯粹的、被去除了一切利益的道德法则的无限尊崇
〔80〕中，有某种如此特别的东西，就像实践理性把它表现给我们来遵循那样，而实践理性的声音甚至使最大胆的恶徒也感到战栗，并迫使他躲避这法则的目光一样，以至于不必为发现纯然理智的理念对情感的这种影响对于思辨理性来说无法解释，不得不满足于毕竟还能先天地看出这样一种情感不可分割地与每个有限的理性存在者心中的道德法则的表象结合在一起，而感到奇怪。假如这种敬重的情感是病理学的，因而是一种基于内部**感官**的愉快情感，那么，要揭示这敬重与某个先天理念的结

合就会是白费力气了。但现在，它是一种仅仅关涉实践的东西的情感，而且这种情感仅仅按照法则的形式，而不是由于法则的某个客体而与法则的表象相联系的，因而既不能被算做快乐，也不能被算做痛苦，尽管如此却产生出对遵循法则的一种**兴趣**，我们把这兴趣称为**道德**兴趣；就像对法则有这样一种兴趣的能力（或者对道德法则本身的敬重）真正说来也是**道德情感**一样。

意志对法则的一种**自由的**服从是与一种不可避免的、但仅仅由自己的理性施之于一切偏好的强制结合在一起的，这种意识就是对法则的敬重。要求并且也引起这种敬重的法则，如人们看到的那样，不是别的法则，而只是道德法则（因为没有任何别的法则排除一切偏好对意志的影响的直接性）。行动按照这一法则借排除一切出自偏好的规定根据而在客观上是实践的，就叫做**义务**，义务因这种排除之故而在其概念中如此**不情愿地**包含着实践上的**强迫**，亦即去行动的规定，不论这些行动如何发生。从这种强迫的意识产生的情感不是病理学的，不是作为这样一种由感官的一个对象引起的情感，而是仅仅实践上的，亦即通过一个先行的（客观的）意志规定和理性的因果性才可能的。因此，作为对一个法则的**服从**，亦即作为命令（它对受到感性刺激的主体宣布强制），这种情感并不包含任何愉快，而是就此而言毋宁说在自身中包含着对行动的不快。但相反，既然这种强制只是通过**自己的**理性的立法而实施的，这情感也包含着**提升**，因而对情感的主观作用，就纯粹的实践理性是其惟一的原因而言，可以叫做只是纯粹实践理性方面的**自我** 〔81〕
批准，因为人们认识到自己是没有任何兴趣而仅仅通过法则被规定为这样的，并从此意识到一种完全不同的、由此而在主观上产生出来的兴趣，这兴趣是纯粹实践的和**自由的**，对一个合乎法则的行动有这种兴趣，绝不是一种偏好建议的，而是理性通过实践法则绝对地命令以及现实地产生的，但因此也就带有一个完全独特的名称，即敬重这个名称。

因此，义务的概念**在客观上**要求行动与法则一致，但在主观上则要求行动的准则对法则的敬重，作为法则对意志的惟一规定方式。**合乎法则地**行动的意识和**出自义务**，亦即出自对法则的敬重而行动的意识之间的区别就基于这一点，其中前者（合法性）即便在仅仅偏好是意志的规定根据的时候也是可能的，但后者（道德性），即道德价值，则必须仅仅被设定在这一点上，即行动乃是出自义务而发生的，亦即仅仅为了法则的缘故而发生的。①

在一切道德评判中极为仔细地注意一切准则的主观原则，以便把行动的一切道德性设定在行动出自**义务**和出自对法则的敬重，而不是出自对这些行动应当产生的东西的喜爱和好感的必然性上，这是极为重要的。对于人以及一切被创造的理性存在者来说，道德的必然性都是强迫，亦即责任，而基于责任的行动都必须被表现为义务，而不是被表现为一种已经被自己所喜爱，或者能够被自己所喜爱的做法。就好像我们在某个时候
〔82〕能够做到，无须与对逾越的恐惧或者至少是担忧相结合的那种对法则的敬重，我们就能够像那超越一切依赖性的神祇那样自发地仿佛是通过意志与道德法则的一种已经成了我们的本性的、永远不可更移的一致（因此，既然我们绝不可能被诱惑去

① 如果仔细地斟酌对人格的敬重这个概念，就像它在前面已被阐明的那样，那么，人们就将察觉到，它总是基于一种给我们出示一个实例的义务的意识，所以敬重绝不能有一个别的根据，而只能有一个道德上的根据，而在我们使用这一表述的地方，处处都注意人在他的评判中对道德法则持有的那种隐秘的和值得惊叹的、但在此也经常出现的顾忌，这是很好的，甚至在心理学方面对人的知识也是很有用的。

背弃道德法则，道德法则最终也就有可能根本不再对我们来说是命令)，在某个时候拥有意志的一种**神圣性**似的。

也就是说，道德法则对于一个极完善的存在者的意志来说是一个**神圣性**的法则，但对于每个有限的理性存在者的意志来说则是一个**义务**的法则，是道德强迫的法则，是通过对这法则的**敬重**并出自对他的义务的敬畏来规定他的行动的法则。必须不把一个别的主观原则假定为动机，因为若不然，行动的结果虽然能够像法则指定它的那样，但由于这行动尽管是合乎义务的，但却不是出自义务发生的，对此的意向就不是道德的，而在这种立法中真正说来关键就是意向。

出自对人们的爱和同情的好意而对他们行善，或者出自对秩序的爱而处事公正，这是很美好的，但这还不是我们行为的真正的、与我们在**作为人**的理性存在者中间的立场相适合的道德准则，如果我们自以为能够仿佛作为见习生以骄傲的自负置义务的思想于不顾，并且不依赖于命令，要从自己的愉快出发去做我们不需要任何命令就会去做的事情的话。我们置身于理性的**纪律**之下，并且在我们顺从这一纪律的一切准则时都不得忘记，不要从它去除任何东西，或者由于我们虽然符合法则地设定我们意志的规定根据，但却把它设定在不同于法则本身和对法则的敬重的地方而通过自重的妄念对法则的威望有所减损(尽管它是我们自己的理性所立的法)。义务和本分是我们必须仅仅给予我们与道德法则的关系的称谓。我们虽然是一个通过自由而可能的、由实践理性介绍给我们去敬重的道德之国的立法成员，但毕竟同时是这个国的臣民，而不是它的元首，而错认我们作为受造者的地位等级并对神圣法则的威望作出自大的拒斥，这已经是在精神上对这法则的背弃了，哪怕这法则的字 〔83〕
句得到了履行。

但是，与此完全协调一致的是如下这样一条诫命的可能性：**爱上帝甚于一切，并爱你的邻人如爱你自己**①。因为它毕竟是作为命令而要求对**指示人去爱**的法则加以敬重，而不是把使这爱成为自己的原则这件事托付给随意的选择。但是，对上帝的爱作为偏好（病理学的爱）是不可能的；因为上帝不是感官的对象。这样一种爱对人来说虽然是可能的，但却不能被命令；因为仅仅遵命去爱某个人，这是任何人都没有能力做到的。因此，这仅仅是在一切法则的那个核心中被理解的**实践的爱**。爱上帝，在这种意义上就叫做**乐意**执行上帝的诫命；爱邻人，就叫做**乐意**履行对邻人的一切义务。但是，使这成为规则的命令却也不能命令人在合乎义务的行动中**具有**这种意向，而是只能命令人朝这一点**努力**。原因在于，一个要人们乐意做某事的命令是自相矛盾的，因为如果我们已经自发地知道我们有责任去做什么，如果我们除此之外也意识到自己乐意去做此事，这方面的一个命令就是完全不必要的，而且如果我们虽然做了此事，但恰恰不是**乐意**的，而是仅仅出自对法则的敬重，那么，一个使这种敬重正好成为准则的动机的命令所起的作用就会恰恰与所命令的意向背道而驰。因此，那条一切法则的法则与福音书的一切道德规范一样，是把道德意向在其全部完善性中展示出来，就像它作为一个神圣性理想是任何受造者都达不到的，但仍然是我们应当努力去接近，并在一个不断的但却无限的进程中与之相同的范型一样。也就是说，假如一个有理性的受造者在某个时候能够做到完全乐意去执行一切道德法则，那么，这就会等于是说：在他心中就连诱惑他背离这些道

① 与这法则构成了一种奇特的对比的，是一些人想使之成为道德的至上原理的自身幸福的原则；它可以这样来表述：**爱你自己甚于一切，但爱上帝和你的邻人则是为你自己的缘故**。

德法则的一种欲望的可能性也不会存在；因为要克服这样一种欲望就总是要求主体作出牺牲，因而需要自我强制，亦即内心强迫去做人们并不完全乐意去做的事情。但是，一个受造者永〔84〕远不可能达到道德意向的这个等级。因为既然它是一个受造者，因而就它达到对自己的状况完全心满意足所要求的东西而言总是有依赖的，所以，它永远不能完全摆脱欲望和偏好，欲望和偏好由于以物理原因为依据，不会自发地与来源完全不同的道德法则相一致，因而它们在任何时候都使得有必要考虑到它们而把受造者的准则的意向建立在道德强迫上，即不是建立在心甘情愿的服从上，而是建立在对法则的哪怕是不乐意地发生的遵循所要求的敬重上，不是建立在那并不担心意志对法则的任何内在拒绝的爱上，但仍然使这种爱，亦即纯然对法则的爱（因为在这种情况下，法则就会不再是**命令**了，而主观上要转变为神圣性的道德性也会不再是**德性**），成为自己努力的不懈目标，哪怕是无法达到的目标。因为对于我们所尊崇、但却（因为对我们的软弱的意识）畏惧的东西来说，由于更容易适应它，充满敬畏的畏惧就转变成好感，敬重就转变成爱；至少这会是一个致力于法则的意向的完成，如果一个受造者有朝一日有可能达到这种意向的话。

这一考察在这里的目的，并不仅仅是用清晰的概念来表达前述福音书的诫命，以便遏制或者尽可能预防在对上帝的爱方面的**宗教狂热**，而是也要直接在对人的义务方面精确地规定道德意向，并遏制或者尽可能预防那感染着许多人头脑的**纯然道德的**狂热。人（按照我们的一切洞识，也包括任何有理性的受造者）所处的道德等级就是对道德法则的敬重。使人有责任遵循道德法则的那种意向就是：出自义务，而不是出自自愿的好感，也不是出自至多不经命令的、自发乐意作出的努力，去遵循道德法则，而人一向都能够处于其中的那种道德状态就是**德**

性，亦即**在斗争中**的道德意向，而不是**在**自以为拥有意志的意向的一种完全的**纯洁性时**的**神圣性**。这完全是道德上的狂热和自大的升级，为此人们通过鼓励去行动而使心灵更为高贵、更
〔85〕为崇高和更为大度，由此而把心灵置入妄念中，就好像构成他们的行动的规定根据，并一再使他们通过遵循法则（**服从**法则）而变得谦卑的不是义务，亦即对他们即便不乐意也必须承受其轭具（尽管如此，这轭具由于是理性本身给我们架上的，所以是柔和的）的法则的敬重；反倒那些行动不是出自义务，而是作为纯粹的功德而期待于他们似的。因为不仅他们通过对这样的行为，亦即出自这样的原则的行为的模仿，丝毫也没有符合法则的精神，这精神在于服从法则的意向，而不在于行动的合法则性（不管原则是什么样的原则），而且他们是**在病理学上**（在同情中或者也在爱己中）、不是在道德上（在法则中）设定动机的，这样，他们就以这种方式产生了一种轻浮的、浮光掠影的、幻想的思维方式，即自以为自己的心灵有一种自愿的驯顺，这心灵既不需要鞭策也不需要管束，对它来说甚至一个命令也是没有必要的，而且在这方面忘掉了他们本应先于功德予以考虑的职责。别人的那些以巨大的牺牲，而且纯然为了义务所发生的行动，当然可以在**高贵的**和**崇高的**行为的名义下得到赞扬，但也惟有在存在着使人猜测这些行动完全是出自对他的义务的敬重，而不是出自心血来潮所发生的迹象时才是这样。但是，如果人们要把这些行动当做仿效的榜样介绍给某人，那么，就绝对必须把对义务的敬重（作为惟一真正的道德情感）用做动机；这种严肃的、神圣的规范并不听任我们虚荣的自爱用病理学的冲动（就它们与道德性相类似而言）来戏耍，以及为**值得赞扬的**价值而沾沾自喜。只要我们好好搜索一下，我们就将在一切值得赞颂的行动上都已经发现一条义务法则，它在**颁布命令**，而不让事情取决于我们那可能让我们的癖

好喜欢的心愿。这是惟一在道德上塑造灵魂的阐述方式，因为惟有它才能胜任稳定的和精确规定了的原理。

如果最一般意义上的**狂热**就是按照原理作出的对人类理性界限的一种逾越，那么，**道德上的狂热**就是这种对人类实践的纯粹理性所设定的界限的逾越，人类实践的纯粹理性通过这界限禁止把合乎义务的行动的主观规定根据，亦即这些行动的道 〔86〕
德动机设定在除法则本身之外的其他任何地方，禁止把由此带入准则的意向建立在除对这法则的敬重之外的任何别的地方，从而命令使既消除一切**狂妄自大**也消除虚荣的**爱己**的义务思想在人心中成为一切道德性的最高**生活原则**。

因此，如果是这样，那么，不仅小说家或者敏感的教育家(尽管他们还如此竭力地反对敏感性)，而且有时甚至哲学家，乃至于一切哲学家中最严格的斯多亚学派，都引入了**道德上的狂热**来取代冷静的、但却是睿智的道德训练，尽管后者的狂热更多地具有英雄气概，前者的狂热则具有陈腐和故作感伤的性状，而且人们可以用不着伪装而完全忠实地照着福音书的道德教诲说：福音书首先通过道德原则的纯粹性，但同时也通过这原则与有限存在者的局限的适合，而使人的一切正当行为都服从一种置于他们眼前的、不让他们在道德上所梦想的完善性之下狂热起来的义务的管教，并给喜欢错认自己的界限的自大和自重设定了谦卑（亦即自知）的限制。

义务！你这崇高的、伟大的名字！你在自身中不包容任何带有谄媚的讨好之物，而是要求服从，但也不为了打动意志而作出任何在心灵中激起自然的厌恶和使人害怕的威胁，而只是树立一条法则，这法则自动地在心灵中找到入口，但却甚至违背意志而为自己赢得崇敬（即使并不总是赢得遵循），面对这法则，一切偏好都哑口无言，尽管它们暗地里抵制它：你的可敬的起源是什么呢？人们在哪里找到你那高傲地拒绝了与偏好的一切亲缘关系的高贵出身的根呢？从哪条根生长出来，才是人们惟一能够自己给予自己的那种价值的不可缺少的条件呢？

这东西不可能逊于把人提升到自己本身（作为感官世界的一个部分）之上的东西，逊于把人与惟有知性才能思维的事物秩序联结起来的东西，而这事物秩序同时下辖整个感官世界，
〔87〕以及人在时间中的经验性上可规定的存在和一切目的的整体（惟有这整体才是与作为道德法则的这样一些无条件的实践法则相适合的）。这东西无非就是**人格性**，亦即对整个自然的机械作用的自由和独立，但同时被视为一个存在者的能力，这个存在者服从自己特有的，亦即由他自己的理性所立的纯粹实践法则，因而人格作为属于感官世界的，就其同时属于理知世界而言，服从于它自己的人格性；因为不必奇怪，人作为属于两个世界的，必须不是以别的方式，而是崇敬地在与他的第二个和最高的使命的关系中看待他自己的本质，并以最高的敬重看待这种使命的法则。

如今，在这个起源之上，建立起一些按照道德理念来标明对象的价值的表述。道德法则是**神圣的**（不可侵犯的）。人虽然够不神圣了，但在他的人格之中的**人性**对他来说却必须是神圣的。在整个创造中，人所想要并能够有所支配的一切都可以**仅仅作为手段**来使用；惟有人亦即每一个理性造物是**目的自身**。因为人凭借其自由的自律而是那本身神圣的道德法则的主体。正是由于自由的缘故，每个意志，甚至每个人格自己特有的、针对他自己的意志，都被限制在与理性存在者的**自律**相一致这个条件上，也就是说，不使理性存在者服从任何不按照一个能够从承受主体本身的意志中产生出来的法则而可能的意图；因此，这个存在者绝不可以仅仅被用做手段，而是同时本身也用做目的。就世界上作为上帝意志的造物的理性存在者而言，我们有理由甚至把这个条件赋予上帝的意志，因为这个条

件基于理性存在者的**人格性**，惟有通过它，理性存在者才是目的自身。

这个把我们的本性（按照其使命）的崇高置于我们眼前的、唤起敬重的人格性理念，由于它同时使我们注意到我们的行为在这种崇高方面欠缺适合，并由此消除了自大，因而甚至对于最普通的人类理性来说也是自然的和容易发觉的。难道不是每个哪怕仅仅中等诚实的人也发现，一个通常无害的谎言，他借此或者能够使自己摆脱一件烦人的事务，或者甚至为一个〔88〕所爱的值得赞扬的朋友谋取利益，但他却放弃了，以免在他自己的眼中轻视他自己？一个正直的人，处身于生活的极大不幸之中，只要他能够漠视义务，就能够避免这种不幸，难道不还是这种意识支持了他，即他毕竟保持了他的人格中的人性的尊严并尊重了这种人性，他在他自己面前没有理由感到羞愧，没有理由畏惧自我反省的内在目光？这种慰藉不是幸福，也不是幸福的极小部分。因为没有人会期望自己有这种机会，也许甚至不期望有一种在这样的情景中的生活。但是他活着，并且不能忍受在他自己的眼中配不上这种生活。因此，这种内心的抚慰对于一切能够使生活舒适的对象来说都是纯然否定性的；也就是说，这种抚慰是在他完全放弃了自己的状态的价值之后，对在人格价值中沉沦这种危险的阻止。它是对某种完全不同于生活的东西的敬重的结果，与这种东西相比和相对照，生活连同其所有的惬意毋宁说都根本没有任何价值。他只是还出自义务活着，并不是因为他对生活感到丝毫的兴趣。

纯粹实践理性的正直动机就是这样；它无非是纯粹的道德法则本身，只要这法则让我们觉察到我们自己的超感性实存的崇高，并主观上在同时意识到自己的感性存在和与此相结合的对其就此而言很受病理学上刺激的本性的依赖性的人们心中，造成对其更高的使命的敬重。于是，能够与这种动机相结合的就完全可能是生活的如此之多的魅力和惬意，以至于仅仅为了它们的缘故，一个理性的并且对生活的最大福祉反复思考的**伊壁鸠鲁主义者**的最聪明的选择就已经会表示赞同道德善举了，而把对生活的快乐享受的这种展望与那个至上的、独自就已经足以作出规定的动因结合起来，可能也是可取的；但如果谈到义务的话，这只是为了与恶习一定会在相反方面用来骗人的种种诱惑保持一种平衡，而不是为了在这里面设定真正的推动力，哪怕一丝一毫也不行。因为那样的话，就恰恰是要在其源
〔89〕头上污染道德意向。义务的威严与生活享受毫不相干；它有自己特有的法则，而无论人们怎样把这二者搅和到一块，以便把它们混合起来，仿佛是作为药剂交给生病的灵魂，它们却也马上就彼此分离，而如果它们不分离，则前者就根本不起作用，即使自然的生活会在这里获得一些力量，道德生活也毕竟要无可救药地衰落下去。

对纯粹实践理性批判的分析论的批判性阐明

我把对一门科学或者它的独自构成一个体系的某个部分所作的批判性阐明，理解为当人们把它与另一个以类似的认识能力为基础的体系进行比较时，对它为什么必须恰好具有这种而不是别样的系统形式所作的研究和辩解。现在，就实践理性和思辨理性都是**纯粹理性**而言，它们都以同样的认识能力为基础。因此，一种理性与另一种理性的系统形式的区别将不得不通过二者的比较来规定，并给出这方面的根据。

纯粹理论理性的分析论讨论的是能够被给予知性的那些对象的知识，所以必须从**直观**、因而（由于直观在任何时候都是感性的）从感性开始，但从这里首先进展到概念（这直观的诸对象的概念），并且惟有在预先准备了这二者之后才可以以原

理结束。与此相反，由于实践理性就对象而言所讨论的并不是**认识**它们，而是实践理性自己（根据对这些对象的认识）实现这些对象的能力，也就是说，是一个**意志**，就理性包含着一种因果性的规定根据而言，这意志就是一种因果性，因而理性在这里不是要指明直观的客体，而是（由于因果性概念在任何时候都包含着与一个在相互关系中规定杂多之实存的法则的关系）作为实践理性只需要指明这种因果性的**一条法则**：这样，就这理性应当是一种实践理性而言，它的分析论的一个批判（这是真正的任务）就必须从**先天的实践原理的可能性**开始。〔90〕惟有从这里出发，它才能前进到实践理性的诸对象的**概念**，亦即绝对善和恶的概念，以便根据那些原理首先给出这些概念（因为这些对象根本不可能通过任何认识能力先于那些原理作为善和恶被给予），而且惟有在此之后，最后一章，亦即关于纯粹实践理性与感性的关系及其对感性的必然的、可先天认识的影响的一章，也就是关于**道德情感**的一章，才结束了这个部分。这样，实践的纯粹理性的分析论对其应用的一切条件的整个范围的划分就与理论的实践理性完全类似，但却次序相反。理论的纯粹理性的分析论被分为先验感性论和先验逻辑论，实践的纯粹理性的分析论则相反，分为纯粹的实践理性的逻辑论和感性论（如果允许我在这里仅仅出于类比而使用这些通常根本不适合的命名的话），逻辑论在前者那里又分为概念的分析论和原理的分析论，在后者这里则分为原理的分析论和概念的分析论。感性论在前者那里由于感性直观的双重性质还具有两个部分；在后者这里感性根本不被视为直观能力，而是仅仅被视为情感（它可以是欲求的一个主观根据），而就情感而言，纯粹的实践理性不允许任何进一步的划分。

甚至这种两部分的划分及其进一步的划分在这里并没有真的（如同人们开始时很可能受到前一种划分的榜样的诱惑而去

尝试的那样）被实施，其理由也很容易就能够看出。由于是**纯粹理性**在这里就其实践应用而言，因而从先天原理出发而不是从经验性规定根据出发被考察的，所以纯粹实践理性的分析论的这种划分的结果就必定类似一个理性推理的划分，亦即从**大前提**中的普遍的东西（道德原则）出发，通过在**小前提**中实施的归摄，即把可能的行动（作为善的行动或者恶的行动）归摄到那些原理之下，而前进到**结论**，亦即主观的意志规定（一种对实践上可能的善以及建立在它上面的准则的兴趣）。对于已
〔91〕经能够确信在分析论中出现的这些命题的人，这样一些比较将使其感到愉快；因为它们有理由引起期望，即也许有朝一日能够一直达到对整个纯粹的理性能力（无论是理论的还是实践的理性能力）的统一性的洞识，并从一个原则中引申出一切来；这是人类理性的不可避免的需要，人类理性惟有在其知识的一种完备的系统统一中才能得到完全的满意。

但现在，如果我们也考察一番我们关于一种纯粹的实践理性并通过这种理性能够拥有的知识的内容，就像纯粹实践理性的分析论将它展示出来那样，那么，在实践理性和理论理性之间虽然有一种值得注意的类似，却也同样有值得注意的区别。就理论理性而言，**一种纯粹的理性认识的先天能力**可以通过出自各门科学的实例（由于这些科学以如此多种多样的方式通过有计划的应用来检验它们的原则，人们在它们这里不必像在普通知识中那样容易担心暗中掺杂经验性的认识根据）来轻而易举地和明晰地得到证明。但是，纯粹理性不掺杂任何经验性的规定根据，独自就也是实践的，这一点人们却必定能够从最普通的实践理性应用出发来阐明，因为人们把这个至上的实践原理认证为这样一个原理，任何自然的人类理性都认识到它作为完全先天的、不依赖于任何感性材料的原理而是其意志的至上法则。人们必须在科学能够掌握这个原理，以便利用它，就好

像它是先行于关于它的可能性的玄想和一切可能从中得出的结论的事实似的之前，就首先按照其起源的纯粹性甚至**在这种普通理性的判断中**对它加以确证和辩护。但是，这种情况也可以从前面刚刚阐述的东西中得到很好的解释，因为实践的纯粹理性必须必然地从原理开始，因而这些原理必须作为最初的材料被奠定为一切科学的基础，而不能首先从科学中产生出来。但是，对作为一种纯粹理性的原理的道德原则的辩护也因此而能够很好地并且以足够的可靠性通过纯然援引普通人类知性的判断来进行，因为一切有可能作为意志的规定根据而混入我们的准则的经验性东西，通过在其激发起欲望时必然附着在意志上 〔92〕
的快乐情感或者痛苦情感，马上就使自己成为**可以辨认的**，但那个纯粹实践理性却完全抵制这种情感，不把它作为条件接纳入自己的原则。这些（经验性的和理性的）规定根据的不同，通过一种实践上立法的理性对一切混合的偏好的抵制，通过一种特有的、但并不先行于实践理性的立法、而毋宁说是惟有通过这种立法并且作为一种强制产生出来的**感觉**方式，亦即通过一种敬重的情感——没有任何人对于偏好具有这样的情感，无论这偏好是什么类型的，但对于法则却可以有这样的情感——而变得如此可以辨认，如此突出和显著，以至于任何人类知性，哪怕是最普通的人类知性，都不会在一个呈现在眼前的榜样中瞬间注意到，他虽然会被意愿的经验性根据劝告去追随它们的诱惑，但却永远不能苛求他除了仅仅**遵从**纯粹的实践理性法则之外，还遵从别的一种法则。

在**幸福学说**中，经验性的原则构成了整个基础，但对于**道德学说**来说，它们却不构成其丝毫的附加，幸福学说与道德学说的区分在纯粹实践理性的分析论中是它的首要的和最重要的职责性工作，它在这件工作中必须像几何学家在自己的工作中那样**一丝不苟地**，甚至也可以说**吹毛求疵地**行事。但对于在这里（就像任何时候在通过纯然的概念、无须概念的构造而来的理性知识中那样）由于不能把任何直观作为（纯粹本体的）根据而必须与更大的困难作斗争的哲学家来说，毕竟也还有益处的是：他能够几乎像化学家一样，在任何时候都用每个人的实践理性来做试验，以便把道德的（纯粹的）规定根据与经验性的规定根据区别开来；也就是说，如果他把道德法则（作为规定根据）附加在被经验性地刺激起来的意志（例如因通过说谎有所获利而会热衷说谎的意志）之上的话。这就好像是化学家在盐晶中把碱加给石灰溶液似的；盐晶马上就脱离了钙而与碱结合，而钙则沉淀到底下。同样，道德法则持立于通常是一个老实人（或者哪怕这一次仅仅想把自己置于老实人的位置）的
〔93〕人面前，他凭这法则而认识到一个说谎者的卑劣，他的实践理性（在关于应当因他而发生的事情的判断中）马上就抛弃了好处，使自己与那为他保持着对他自己的人格的敬重的东西（诚实）相一致，而好处则被每一个人在摆脱和清洗掉理性（它仅仅完全站在义务一边）的附加物之后予以权衡，以便还可以在别的场合与理性建立联系，只是除了他有可能违背道德法则的场合，道德法则永远不离开理性，而是最密切地与理性结合在一起。

但是，幸福原则与道德原则的这一**区分**并不因此就马上是二者的对立，而且纯粹实践理性并不要求人们放弃对幸福的要求，而是仅仅要求只要谈到义务，就根本**不考虑**幸福。就某个方面来说，照管自己的幸福甚至也可以是义务，这部分地是因为幸福（技巧、健康、财富都属于此列）包含着履行他的义务的手段，部分地是因为幸福的缺乏（例如贫穷）包含着逾越他的义务的诱惑。只不过，促进自己的幸福，这永远不能直接是义务，更不用说是一切义务的原则了。既然意志的一切规定根据除了统一的纯粹实践理性法则（道德的理性法则）之外全都

是经验性的，因而作为这样的规定根据属于幸福原则，所以，它们必须全都从至上的道德原理中分离出来，绝不作为条件被归并给道德原理，因为这会取消一切道德价值，正如对几何学原理的经验性掺杂会取消一切数学的自明性这个（按照柏拉图的判断）数学自身所拥有的最杰出的东西，而这种东西甚至比数学的一切用处都更重要。

但是，不对纯粹实践理性的至上原则作出演绎，亦即不对诸如此类的先天知识的可能性作出解释，所能够列举的就无非是：人们即使看出了一个作用因的自由的可能性，也绝不是仅仅看出了作为理性存在者的至上实践法则的道德法则的可能性，而是完全看出了其必然性，而人们是赋予了这些理性存在者以其意志的因果性的自由的；因为这两个概念是如此不可分割地结合在一起，以至于人们也可以通过意志对于惟独道德法 〔94〕 则除外的任何其他东西的独立性来定义实践的自由。然而，一个作用因的自由，尤其是在感官世界里，按照其可能性是绝对不能看出的；只要我们能够充分相信不出现对自由的不可能性的任何证明，并由于要求有自由的道德法则而不得不假定自由，且正由于此而有权假定自由，那就是万幸了！然而，由于还有许多人还总是相信能够像解释任何别的自然能力那样，按照经验性的原则来解释这种自由，并且把它视为**心理学的**属性，其解释仅仅取决于对**灵魂的本性**和意志的动机的一种更仔细的研究，而不是视为一个属于感官世界的存在者的因果性的**先验**谓词（就像事情实际上仅仅取决于此那样），这样就取消了我们通过纯粹实践理性借助于道德法则所遇到的那个美妙的启示，亦即由于认识到自由的那个通常是超验的概念而对一个理知世界的启示，从而也就取消了绝对不假定任何经验性的规定根据的道德法则本身，所以，有必要在这里为了防止这种幻觉并且赤裸裸地展示经验主义的浅薄，而再作一些引证。

与作为自由的因果性不同的作为**自然必然性**的因果性的概念，仅仅涉及事物的实存，只要这实存是**在时间中可被规定的**，因而是作为显象而与其作为物自身的因果性相对立的。如今，如果人们把事物在时间中的实存的规定当做物自身的规定（这是最常见的表象方式），那么，因果关系中的必然性就不能以任何方式与自由一致；相反，它们相互矛盾对立。因为从前者得出的是：任何一个事件，因而任何在一个时间点上发生的行动，都必然以在此前时间里发生过的事情为条件。既然过去了的时间不再受我控制，所以，我所采取的任何行动都由于**不受我控制的**规定根据而是必然的，也就是说，我在我行动的那个时间点上绝不是自由的。的确，即便我假定我的全部存在都
〔95〕不依赖于任何一个外来的原因（如上帝），以至于我的因果性、甚至我的整个实存的规定根据，都完全不在我外面，这也毕竟丝毫不会把那种自然必然性转变成自由。因为在每个时间点上，我毕竟总是服从必然性的，即被**不受我控制的东西**所规定而去行动，我永远只会按照一个已经预先规定好的秩序来延续、却绝不会自行开始的那个来自以前的无限的事件序列，就会是一个连续不断的自然链条，因而我的因果性绝不会是自由。

因此，如果想赋予一个其存在在时间中被规定的存在者以自由，那么，人们在这方面至少不能把他当做他的实存中的一切事件，因而还有他的行动的自然必然性法则的例外；因为这就会等于把他交给了盲目的偶然。但是，既然这法则不可避免地涉及事物的一切因果性，只要它们的**存在**是**在时间中**可被规定的，所以，假如这法则是人们也能够表象**这些物自身的存在**所根据的方式，自由就必然会作为一个无意义的和不可能的概念被抛弃。因此，如果人们还要拯救自由，那么，除了把一个事物的存在就其在时间中可被规定而言，因而也把按照**自然必然性**法则的因果性**仅仅赋予显象**，而把**自由**赋予**作为物自身的**

同一个存在者之外，就无路可走了。这样，如果人们想同时保持两个彼此反感的概念的话，上述做法就当然是不可避免的了；然而，如果人们想把它们解释为结合在同一个行动中，因而想解释这种结合本身的话，那么，在应用中就将出现种种巨大的困难，它们似乎使得这样一种结合变得不可行了。

如果我关于一个犯了偷窃行为的人说，这个行为按照因果性的自然法则从先行时间的规定根据出发是一个必然的后果，那么，这个行为本来可以不发生，就是不可能的了；按照道德法则所作的评判在这里究竟如何能够造成一种改变，并预设这个行为由于道德法则说它本来应当不做而本来可以不做呢？也就是说，这个人在同一时间点上，就同一行动而言，如何能够叫做完全自由的呢？他在该时间点上，就该行动而言，毕竟是服从一种不可避免的自然必然性的。在这里寻找一种托词，说 〔96〕
人们只是使自己按照自然法则的因果性之规定根据的**方式**适合于自由的一个**比较性的**概念（据此，其进行规定的自然根据处在起作用的存在者**内部**的东西，有时就叫做自由的作用，例如，一个被抛出的物体当它在自由运动时所做的事情，人们在这里使用自由这个词，乃是因为它在飞行期间没有从外部受到某种推动，或者就像我们把一块表的运动也称为一种自由运动一样，因为它自己推动自己的指针，因而这指针可以不由外部来移动，同样，人的行动尽管由于它们在时间上先行的规定根据而是必然的，但却还是被称为自由的，因为这毕竟是一些内部的、通过我们自己的力量产生的表象，从而是按照种种诱发状况而产生的欲望，因而是按照我们自己的心愿造成的行动），这是一种可怜的借口，总还是有一些人让自己受这种借口拖累，认为这样稍加咬文嚼字就解决了那个困难的问题，数千年人们都在劳而无功地寻求那个问题的答案，因而这答案是很难这样完全在表面上找到的。因为在追问必须被当做一切道德法则和符合这些道德法则的归责的基础的那种自由时，事情根本不取决于按照一个自然法则来规定的因果性是由于处在主体**之中**的规定根据还是由于处在主体**之外**的规定根据而是必然的，在前一种场合，是由于本能还是由于用理性思考过的规定根据而是必然的；如果这些进行规定的表象按照这同一些人士自己所承认的，毕竟在时间中，确切地说在**先前的状态**中有自己实存的根据，但这个状态又在一个先行的状态中有自己实存的根据，如此等等，那么，尽管它们即这些规定可以始终是内在的，尽管它们可以有心理学的因果性，而不是有力学的因果性，也就是说，通过表象而不是通过身体的运动来产生行动，这也始终是一个存在者的因果性的**规定根据**，只要这个存在者的存在是在时间中可被规定的，从而处于过去时间的一些使之必然的条件之下，因而这些条件当主体应当行动时就**不再受它控制**，所以那些规定根据虽然具有心理学的自由（如果人们要把这个词用于灵魂诸表象的一种内在联结的话），但毕竟带有
〔97〕自然必然性，从而没有留下任何**先验的自由**，先验的自由必须被设想为对于一切经验性的东西，因而对于一般自然的独立性，无论这自然是被视为仅仅在时间中的内部感官对象，还是被视为同时在空间和时间中的外部感官对象，没有这种惟一是先天实践性的（在后面这种本真意义上的）自由，任何道德法则、任何按照道德法则的归责都是不可能的。正是因此缘故，人们也可以把时间中诸事件的一切必然性都按照因果性的自然法则称为自然的**机械作用**，即使人们所指的，并不是那些服从机械作为的事物必须是现实的物质性**机器**。在这里，所关注的只是在一个时间序列中诸事件的联结的必然性，如同它们按照自然法则发展那样，人们这时可以把这一过程发生于其中的主体称为 Automaton materiale［物质的自动机］，此时这个机器是由物质推动的，或者赞同莱布尼茨，称之为 Automaton spi-

rituale［精神的自动机］，此时它是由表象推动的，而且假如我们的意志的自由无非是后一种自由（例如心理学的和比较性的自由，并非同时是先验的亦即绝对的自由），那么，它在根本上一点儿也好不过一把自动烤肉铲的自由，后者一旦上紧了发条，就也会自行完成自己的运动。

现在，为了消除前述场合同一个行动中的自然机械作用和自由之间表面上的矛盾，人们必须回忆一番在《纯粹理性批判》中说过或者由此得出的东西：与主体的自由不能共存的自然必然性，仅仅与服从时间条件的那种事物的诸规定相联系，因而仅仅与作为显象的行动主体的诸规定相联系，所以就此而言，主体的每一个行动的规定根据都处在属于过去的时间而且**不再受它控制**的东西里面（必须归于此列的也有他的已经作出的行为，以及在他自己的眼中作为现象对他来说可以由此得到规定的性格）。但是，另一方面也意识到自己是物自身的同一个主体，却也把自己的存在本身**就其不服从时间条件而言**仅仅视为通过它凭借理性本身给自己立的法则可被规定的，而且在它的这种存在中，对它来说没有任何东西先行于它的意志规定，相反，任何行动，而且一般来说它的存在的任何按照内部感官变更着的规定，甚至它作为感性存在者的实存的整个序列，在对它的理知存在的意识中都必须仅仅被看做后果，而绝不看做它作为**本体**的因果性的规定根据。在这方面，有理性的存在者对它所作出的每个违背法则的行动，哪怕它作为显象是在过去的东西中被充分规定了的，并且就此而言是不可避免地必然的，它也有理由说，它本来是可以不如此行动的；因为这个行动连同规定它的一切过去的东西，都属于它使自己获得的那种性格的惟一现象，而按照这种性格，它作为一个独立于一切感性的原因把那些显象的因果性本身归责于自己。

与此完全相一致的，也有在我们里面我们称为良知的那种奇特能力的判决。一个人尽可以随意地矫揉造作，以便把他还记得起来的一个违法行为文饰为无意的过失，文饰为人们绝不可能完全避免的纯然不小心，因而文饰为他被自然必然性的急流卷入其中的东西，并宣称自己在这件事情上是无辜的，但他毕竟发现，如果他意识到，他在干这件不正当的事的时候毕竟是清醒的，亦即在运用自己的自由的话，那么，这位为他的利益说话的律师绝不可能使他心中的原告沉默不言，而且虽然他用某种由于逐渐地忽略对自己的留意而染上的坏习惯来**解释**自己的违法行为，直到他能够把这行为视为这种习惯的一个自然后果的程度，这却仍然不能使他免于自责和他自己对自己作出的训斥。建立在这上面的也还有对一件早已犯下的罪行在每次回忆起来的时候所怀有的悔恨；一种痛苦的、由道德意向引起的感受，就其不能用来使已经发生的事情不曾发生而言，在实践上是空洞的，甚至会是荒谬的（如同普里斯特利作为一个真正的、一以贯之的**宿命论者**也宣称这种感受是荒谬的一样，而在坦诚方面，他比这样一些人更值得称赞，这些人由于实际上主张意志的机械作用，但在口头上却主张意志自由，就还总是想被认为他们在自己的调和主义体系中把意志自由一起包含进
〔99〕去了，但毕竟没有说明这样一种归责的可能性），但作为痛苦却是完全合法的，因为理性在事情取决于我们的理知实存的法则（道德法则）时不承认任何时间区别，只问这个事件作为行为是否属于我，但此后就总是把这种感受与这行为在道德上联结起来，不管这行为是现在发生的还是早就发生的。因为**感官生命**在对其存在的**理知**意识（自由）方面具有一个现象的绝对统一性，该现象就其仅仅包含着关涉道德法则的意向（性格）的显象而言，必须不是按照应当作为显象归于性格的自然必然性来评判，而是按照自由的绝对自发性来评判。因此，人们可

以承认，假如对我们来说有可能对一个人的思维方式就其通过内部的以及外部的行动表现出来而言具有如此深刻的洞识，以至于它的每一个哪怕是最微小的动机都为我们所知，此外还有所有对这动机起作用的外部诱因，那么，人们就能够确切地测算出一个人未来的行为举止，就像测算出一次月食或者日食那样，这时却仍然主张人是自由的。也就是说，假如我们对于同一个主体还能够有另外一种眼光（但这种眼光当然根本没有被赋予我们，我们所拥有的不是它，而只是理性概念），亦即一种理智直观的话，我们毕竟就会察觉，就总是只能关涉道德法则的东西而言，这整个显象链条都取决于作为物自身的主体的自发性，对这种自发性的规定是根本不能作出物理解释的。在缺乏这种直观的情况下，道德法则向我们保证了我们的作为显象的行动与我们的主体的感官存在者的关系和这个感官存在者本身与我们里面的理知基底相联系所借助的关系之间的这种区别。——在这种对于我们的理性来说自然而然的、虽然无法解释的考虑中，即便是那些极为认真地作出、但初看起来仍然显得与一切公道完全抵触的评判，也可以得到辩护。有一些情况，其中人们自幼甚至受到与他们的其他同龄人一样良好的教育，但仍然如此早地表现出恶意，并且一直强化到他们的成年时代，以至于人们把他们视为天生的恶棍，而且在思维方式上完全视为无可救药的，但仍然为了他们的所作所为同样审判他〔100〕们，同样指责他们的违法行为是罪过，甚至他们（幼童们）自己也认为这些指责是完全有根据的，就好像他们虽然有他们的心灵的那种被归于他们的毫无希望的自然性状，但却仍然要和每个其他人一样负责任似的。这本来是可以不发生的，如果人们不是预设凡是出自人的任意的事情（毫无疑问，每一个故意作出的行动都是如此）都以一个自由的因果性为根据的话，这种自由的因果性从少年时代就在他们的显象（行动）中表现着他们的性格，这些显象由于行为的形式相同而标明了一种自然联系，但这种自然联系却没有使意志的恶劣性状成为必然的，而毋宁说是自愿接受那些恶的和顽固不化的原理的后果，这些原理只会使意志变得更加卑鄙和更该受到惩罚。

但是，如果要在一个属于感官世界的存在者里面把自由与自然机械作用结合起来，自由就还面临着一个困难；一个即便在迄今的一切都得到赞同之后仍以使其完全覆灭威胁着自由的困难。但尽管有这种危险，有一种情况毕竟同时提供了对于自由的主张来说还有幸运的出路的希望，这就是：同一个困难更强得多地（事实上如我们马上就将看到的，仅仅）压制着把时间和空间中可被规定的实存视为物自身的实存的体系，所以它并不迫使我们放弃我们关于作为感性直观的纯然形式，因而作为属于感官世界的主体所特有的纯然表象方式的时间之观念性的最重要的预设，故而只要求把这个预设与自由的理念统一起来。

也就是说，如果人们向我们承认，理知的主体就一个既定的行动来说，即使他作为也属于感官世界的主体就该行动而言是在力学上有条件的，但也还能够是自由的，那么看起来，一旦人们假定上帝作为普遍的元始存在者也是**实体实存的原因**（这是一个永远也不可以放弃的命题，除非把作为一切存在者的存在者的上帝概念，连同在神学中一切东西都依赖的**上帝**之充足性一起放弃掉），人们就必须也承认，人的行动在**完全不**
〔101〕**受它们控制的东西**中，亦即在一个与人不同的、人的存在及其因果性的全部规定所完全依赖的最高存在者的因果性中，有它们的规定根据。实际上，假如人的行动如其属于人在时间中的规定那样，不仅仅是人作为显象的规定，而且是他作为物自身的规定，那么，自由就无法拯救了。人就会是木偶或者一个沃康松式的自动机，由一切工艺制品的那位至高的大师来制作和

上紧发条，而自我意识虽然能使它成为一个能思维的自动机，但在其中当它的自发性被视为自由时，其自发性的意识就会是纯然的错觉，因为既然他的运动的最近规定原因以及这些规定原因上溯到自己的规定原因的一个长长的序列虽然都存在于内部，但最终的和最高的那个规定原因却毕竟被发现完全在一个外来的手中，所以那种自发性就只配被称为比较性的。因此，我看不出那些还总是坚持把时间和空间视为属于物自身的存在之规定的人们，在这里想如何避免行动的宿命，或者，如果他们如此直截了当地（如本来很精明的**门德尔松**所做的那样）只承认时间和空间是必然属于有限的和派生的存在者的实存的条件，却不是必然属于无限的元始存在者的实存的条件，他们想如何为自己辩护，说明他们从何处取得这种权利来作出这样一种区分，甚至，他们想如何避开当他们把时间中的存在视为必然与有限的物自身相联系的规定时所遇到的矛盾，因为上帝是这种存在的原因，但他却不能是时间（或空间）本身的原因（因为时间作为先天必然条件必须被置于事物的存在之前），因而上帝就这些事物的实存而言的因果性本身必须是在时间上有条件的，这时，不利于上帝的无限性和独立性这两个概念的一切矛盾就会不可避免地必然出现。与此相反，把独立于一切时间条件的、与一个感官世界的存在者的实存不同的属神实存的规定，当做**一个存在者自身的实存**而与一个**显象中的事物的实存**区别开来，对于我们来说是很容易的。因此，如果人们不假定时间和空间的那种观念性，所剩下的就只有**斯宾诺莎主义** 〔102〕
了，在斯宾诺莎主义中，空间和时间是元始存在者本身的本质规定，但依赖于元始存在者的事物（因而也包括我们自己）不是实体，而仅仅是依存于元始存在者的偶性；因为如果这些事物仅仅作为元始存在者的结果而在时间中实存，时间是它们的实存自身的条件，那么，就连这些存在者的行动也就会必然是元始存在者随时随地所做出的行为。因此，虽然斯宾诺莎主义的基本理念是荒谬的，但它的推论却比按照创世论有可能发生的远为令人信服，如果这些被假定为实体并自在地**在时间中实存的存在者**被视为一个至上的原因的结果，却并不同时被视为属于元始存在者及其行动的，而是独立地被视为实体的话。

上述困难的解决简明扼要地以如下方式进行：如果**在时间中**的实存是世界上的能思维的存在者的一种纯然的感性表象方式，因而并不涉及作为物自身的这些存在者，那么，对这些存在者的创造就是对物自身的创造，因为一种创造的概念并不属于实存的感性表象方式，不属于因果性，而只能与本体相关。所以，如果我关于感官世界中的存在者说：它们是被创造的，那么，就此而言我就把它们视为本体了。因此，就像说上帝是显象的创造者就会是一个矛盾一样，说上帝作为创造者是感官世界中的行动的原因，因而是作为显象的行动的原因，这也是一个矛盾，尽管上帝是行动着的存在者（作为本体）存在的原因。现在，如果有可能（只要我们假定时间中的存在是某种仅仅适用于显象，而不适用于存在自身的东西）主张自由而不损害作为显象的行动的自然机械作用，那么，行动着的存在者就是受造物，这一点在这里就不会造成丝毫改变，因为创造所涉及的是这些存在者的理知的实存，但不是它们的可感的实存，因而不能被视为显象的规定根据；但如果世间存在者作为物自身在时间中实存，结果就完全不同了，因为实体的创造者就会同时是这个实体身上的全部机械装置的创造者了。

在纯粹思辨理性的批判中所完成的时间（以及空间）与物
〔103〕自身的实存的分离，就具有如此大的重要性。

但是，人们将说，这里所陈述的对困难的解决毕竟自身还有诸多难点，是几乎无法得到明晰的描述的。不过，人们尝试过或者可能尝试的其他任何解决难道就更容易和更易于理解吗？人们毋宁可以说，形而上学的独断教师们在他们对这一难点尽可能视而不见，并希望假如他们闭口不谈也许就不会有人轻易想起这一难点的时候，所表现出的与其说是诚实，倒不如说是滑头。如果要帮助一门科学，那么，就必须把一切困难都**揭示**出来，甚至必须把还在暗中阻碍着它的那些困难**搜寻**出来；因为这些困难的每一种都召唤着一种援助手段，这种手段不可能被找到，却不使科学获得一种或者在范围上或者在确定性上的一种增长，因此这样一来，甚至障碍也成了科学的缜密性的促进手段。与此相反，如果故意地掩盖这些困难，或者仅仅用镇痛剂去消解，那么，它们迟早将爆发为无可挽回的灾难，这些灾难将使科学毁于一种彻底的怀疑主义。

※　　※　　※

既然真正说来正是自由概念，在纯粹思辨理性的一切理念中，惟一在超感性事物的领域里，即便仅仅就实践知识而言，取得了如此巨大的扩展，所以我问自己：**这个概念究竟是从何处独一无二地分获了如此巨大的能产性**，而其他概念虽然为纯粹的可能的知性存在者标明了空缺的位置，但却不能通过任何东西对这些存在者的概念作出规定。我很快就领会到，既然我离开范畴就不能思维任何东西，所以即便是在关于我所探讨的自由的理性理念中，也必须首先寻找范畴，它在这里就是**因果性**范畴，而且，即使自由的**理性概念**作为越界的概念，不可能给它加上任何相应的直观，但尽管如此，对于**自由的理性概念**为了其综合而要求无条件者的那个**知性概念**（因果性概念）来说，却必须事先被给予一个感性直观，用来首先保证它的客观实在性。现在，一切范畴都被划分为两类，即仅仅关涉客体表象中的综合统一的**数学性**范畴，以及关涉客体实存的表象中的综合统一的**力学性**范畴。第一类范畴（量和质的范畴）在任何时候都包含着**同类的东西**的一种综合，在这种综合中根本不可 〔104〕

能为在感性直观中被给予的有条件者在空间和时间中找到无条件者，因为这个无条件者本身会必定又属于空间和时间，因而又总是有条件的；因此，即便在纯粹理论理性的辩证论中，为其找到无条件者和各种条件的总体的两种相互对立的方式也都是错误的。第二类范畴（一个事物的因果性和必然性的范畴）则根本不要求（有条件者和条件在综合中的）这种同类性，因为这里直观被表现，不是如同它由其中的杂多复合而成那样，而是仅仅如同与它相应的有条件的对象的实存附加在条件的实存上面（在知性中作为与之联结的）那样，这时就允许为感官世界中的普遍有条件者（无论是就因果性而言还是就事物的偶然存在而言）设定理知世界中的、尽管在其他方面并不确定的无条件者，并使综合成为超验的；因此，即便在纯粹思辨理性的辩证论中也发生如下情况，即为有条件者找到无条件者的两个表面上相互对立的方式，例如在因果性的综合中为感官世界的原因和结果序列中的有条件者设想不再有感性条件的因果性，实际上并不相互矛盾，而同一个行动，作为属于感官世界的，在任何时候都是有感性条件的，亦即机械必然的，却同时也作为属于行动着的存在者的因果性的，就该存在者属于理知世界而言，能够以一个无感性条件的因果性为根据，从而被设想为自由的。现在，事情仅仅取决于这个**能够**会转变为**是**，也就是说，人们能够在一个现实的场合仿佛是通过一个事实来证明，某些行动无论是现实的还是仅仅被命令的，亦即客观实践上必然的，都以这样一种因果性（理智的、无感性条件的因果性）为前提条件。在现实地在经验中被给予的、作为感官世界的事件的行动上，我们不能指望发现这种联结，因为凭借自由
〔105〕的因果性总是必须到感官世界之外在理知的东西中去寻找。但是，除了感官存在者之外，其他事物并不被给予我们供感知和观察。因此，剩下来的就无非是，也许将找到一条不矛盾的、

确切地说是客观的因果性原理，它从因果性的规定中排除一切感性的条件，也就是说，在这样一条原理中，理性不再援引某种**别的东西**来做因果性方面的规定根据，而是通过那个原理已经本身包含着这个规定根据，因而它作为**纯粹理性**自身就是实践的。但是，这个原理不需要寻找和发明；它早就存在于所有人的理性中，被归并入他们的本质，而且就是**道德**的原理。因此，那个无条件的因果性及其能力，即自由，但连同自由还有一个属于感官世界的存在者（我本人），毕竟同时不仅仅是被不确定地和或然地**设想**为属于理知世界的（思辨理性就已经能够查明这是可行的），而且是甚至就自由的因果性的**法则而言**被**确定地**和实然地**认识**到，理知世界的现实性就这样，确切地说在实践的考虑中**确定地**被给予我们，而这种规定在理论的意图中会是**超验的**（越界的），在实践的意图中却是**内在的**。但是，我们在第二个力学性的理念方面，亦即在一个**必然的存在者**的理念方面，却不能迈出同样的一步。不以第一个力学性的理念为中介，我们就不可能从感官世界出发上升到这个必然的存在者。因为假如我们想试一试，我们就必须大胆地跳跃，离开被给予我们的一切，飞跃到甚至丝毫没有被给予我们的东西那里，由此我们才能促成这样一个理知的存在者与感官世界的联结（因为必然的存在者应当被认识为**在我们之外**被给予的）；与此相反，在**我们自己的**主体方面，就它一方面通过道德法则（借助自由）把自己规定成为理知的存在者，**另一方面**认识到自己是按照这种规定在感官世界中如同现在亲眼所见的那样活动的而言，上述情况倒是完全可能的。惟有自由的概念允许我们可以不超出我们之外去为有条件的东西和感性的东西找到无条件的东西和理知的东西。因为正是我们的理性本身，通过最 〔106〕
高的和无条件的实践法则和意识到这法则的存在者（我们自己的人格），认识到自己是属于纯粹的知性世界的，确切地说，认识到自己甚至负有这个存在者本身能够如何活动的那种方式的使命。这样就可以领会，为什么在全部理性能力中**惟有实践的**理性能力才可能是帮助我们超出感官世界，并使我们获得关于一种超感性的秩序和联结的知识的理性能力，但也正因为此，这些知识当然就只能够在对于纯粹的实践意图有必要的范围内得到扩展。

请允许我借此机会再提请注意一点，即人们凭借纯粹理性所迈出的每一步，哪怕是在人们根本不考虑微妙的思辨的实践领域里，都仍然如此精确地、确切地说自行地与理论理性批判的一切要素相衔接，就好像每一步都以深思熟虑的审慎想好，仅仅是为了使这一批判获得证实似的。实践理性的最重要的命题与思辨理性批判的经常显得过于微妙和不必要的说明的这样一种不以任何方式被寻求，而是（就像人们只要愿意把道德研究一直推进到它的原则就能够相信的那样）自行出现的精确印证，令人惊喜和惊奇，且加强了那条已经被其他人认识到并赞扬过的准则，即在每一种科学研究中都以一切可能的精确性和开放性不受干扰地继续自己的进程，不把这研究在自己的领域之外也许会违背的东西放在心上，而是尽可能将它独立地加以真实完备的完成。频频的观察使我确信，如果人们完成了这件工作，那在这件工作的半途中，在我之外的其他学说看来有时显得很可疑的东西，只要我直到这件工作完成之前对这种疑虑视而不见，并仅仅关注我的工作，最终就以出人意料的方式与丝毫不顾及那些学说、不偏袒和偏爱它们而自行产生出来的东西完全吻合。作者们只要能够以更多一些的开放性从事工作，就会省去许多错误，省去许多徒劳的辛苦（因为这辛苦是花费在幻觉之上的）。

第二卷 纯粹实践理性的辩证论 〔107〕

第一章 纯粹实践理性的一般辩证论

纯粹理性在任何时候都有它的辩证论，不管人们是在它的思辨应用中还是在它的实践应用中考察它；因为它为一个被给予的有条件者要求诸条件的绝对总体，而这个总体惟有在物自身中才能找到。但是，既然事物的一切概念都必须与直观相关，而直观在我们人这里永远只能是感性的，从而对象不能被认识做物自身，而只能被认识做显象，在显象的有条件者和条件的序列中永远不可能找到无条件者，所以，从诸条件的总体（因而无条件者）这个理性理念在显象上的应用中就产生出一个不可避免的幻相，就好像这些显象就是事物自身似的（因为在缺乏一种告诫性的批判时它们在任何时候都被认为是这样的），但是，如果这个幻相不是在把理性为一切有条件者预设无条件者的原理应用到显象上时通过理性与自己本身的**冲突**而自己暴露出来，它就永远不会被发觉是骗人的。但是，理性由此就被迫去探究这个幻相，看它是从何处产生的，以及如何才能消除它，而这惟有通过对全部纯粹理性能力进行一种完备的批判才能做到；以至于纯粹理性在其辩证论中显露出来的二论背反，事实上是人类理性历来可能曾陷入的最有利的迷误，因为它最终推动我们去寻找走出这个迷宫的钥匙，这个钥匙如果被找到，它还将揭示人们不曾寻找却毕竟需要的东西，亦即对事物的一种更高的、不变的秩序的展望，我们现在已经处身于
〔108〕这种秩序中，而且我们从现在起就可以由确定的规范来指导，按照最高的理性规定在这个秩序中去继续我们的存在。

在纯粹理性的思辨应用中如何能够解决那种自然的辩证关系，以及如何防止出自一个除此之外也是自然的幻相的错误，人们可以在那种能力的批判中详细得知。但是，理性在其实践应用中的情况一点也不更好。它作为纯粹的实践理性，同样为实践上的有条件者（基于偏好和自然需要的东西）寻找无条件者，而且不是作为意志的规定根据，而是即便这个规定根据（在道德法则中）已经被给予，也以**至善**的名义寻找的纯粹实践理性**对象**的无条件总体。

在实践上、亦即为了我们的合理性的行为的准则而充分规定这个理念，这也就是**智慧学**，而智慧学作为科学又是古人理解这个词的意义上的**哲学**，在古人那里，哲学曾是对至善必须在其中设立的那个概念和至善必须借以获得的那个行为的指示。如果我们让这个词保留它的古代意义，即作为一种**至善的学说**，那就好了，只要理性致力于在其中使至善成为**科学**。因为一方面，这个附带的限制条件将会符合这个希腊术语（它意味着爱智慧），同时又毕竟足以把爱**科学**，因而爱理性的一切思辨知识，就其既为了那个概念而有助于理性，也有助于实践的规定根据而言，一并包括在哲学的名义之下，却又不会让惟有它能被称为智慧学所因之的那个主要目的从视野中消失。另一方面，对于胆敢以一个哲学家的头衔来自居的人，一旦人们通过定义而把将大大降低他的资格的自我评估尺度摆在他面前，就会吓退他的自大，这也不是坏事；因为做一位**智慧教师**，比起一个还一直没有达到足以用对一个如此高尚的目的的

可靠期待来指导自己，更不用说指导别人的学生来说，也许要意味着更多的东西；它会意味着一个**了解智慧的大师**，它要说的将超过一个谦虚的人所自命的，而哲学将会和智慧本身一样，还一直保持为一个理想，这理想客观上惟有在理性中才被 〔109〕
表现出来，但主观上对人格来说却只是他不断努力的目标，而且惟有能够把这种努力的不容置疑的结果（在对他自己的克制和他对普遍的善首先抱有的无可怀疑的兴趣中）在自己的人格上作为榜样树立起来的人，才有资格声称以一个哲学家的自命名义达到了这个目标，这也是古人为了能够配得上那个荣誉称号所要求的。

就纯粹实践理性的辩证关系而言，在对**至善**的概念进行规定这一点上（如果纯粹实践理性的辩证关系得以解决，这种辩证关系就与理论理性的辩证关系一样，让人期待最有利的结果，因为坦诚地处理而不是隐瞒纯粹实践理性与它自己的矛盾，将迫使对它自己的能力进行完备的批判），我们只想再预先作一个提醒。

道德法则是纯粹意志的惟一规定根据。但由于这个法则是纯然形式的（也就是说，仅仅要求准则的形式是普遍立法的），所以它作为规定根据就抽掉了一切质料，因而抽掉了意欲的一切客体。所以，尽管至善是一个纯粹实践理性，亦即一个纯粹意志的全部**客体**，但它却并不因此就能被视为纯粹意志的**规定根据**，而惟有道德法则才必须被视为使至善和至善的造就或者促成成为自己的客体的根据。这个提醒在一个像对道德原则进行规定这样的棘手场合具有重要的意义，在此即使最小的误解都会歪曲意向。因为人们从分析论中就已经看出，如果人们在道德法则之前把某一个客体以一种善的名义假定为意志的规定根据，然后从它派生出至上的实践原则，在这种情况下，这种原则任何时候都会带来他律，并排斥道德原则。

但不言而喻的是，如果在至上的概念中道德法则作为至上的条件已经一起包含在内了，那么，至善就不仅仅是**客体**，而且是就连它的概念以及它通过我们的实践理性而可能的实存的
〔110〕表象，也同时会是纯粹意志的**规定根据**了；因为在这种情况下，实际上是在这个概念中已经包含着并同时被想到的道德法则，而不是任何别的对象在按照自律的原则规定着意志。关于意志规定的各概念的这种秩序不可受到忽视，因为若不然，人们就将误解自己，以为自己在自相矛盾，其实一切都处在彼此之间最完满的和谐之中。

第二章
纯粹理性在规定至善概念时的辩证论

至高的东西这个概念已经包含着一种歧义，如果人们忽视这种歧义，它就可能引起不必要的争执。至高的东西可以意味着至上的东西（supremum［最上面的东西］），也可以意味着完满的东西（consummatum［完成了的东西］）。前者是这样一种条件，它本身是无条件的，亦即不从属于任何别的条件（originarium［原初的东西］）；后者是这样一个整体，它不是某个同类的更大整体的一个部分（perfectissimum［最完备的东西］）。德性（作为配享幸福的条件）是一切在我们看来只要可能值得期望的东西，因而也是我们谋求幸福的一切努力的**至上条件**，所以是**至上的善**，这在分析论中已经证明。但是，它因此就还不是作为有理性的有限存在者的欲求能力之对象的完整的和完满的善；因为要作为这样的善，就还要求有幸福，而且不仅仅是在使自己成为目的的那种人格的偏颇目光中，而

是甚至在把世界上的一般人格视为目的自身的一种无偏见的理性的判断中亦是如此。因为需要幸福，也配享幸福，尽管如此却没有分享幸福，这是与一个同时拥有一切权力的理性存在者的完善意愿根本不能共存的，哪怕我们只是尝试设想这样一个存在者。现在，如果德性和幸福在一个人格中共同构成对至善的拥有，但此处完全精确地与道德（作为人格的价值及其对幸福的配享）成正比来分配的幸福也构成一个可能世界的**至善**，那么，这种至善就意味着整体，意味着完满的善，但德性在其 〔111〕
中始终作为条件是至上的善，因为它不再有在自己之上的任何条件，幸福则始终是某种虽然使拥有它的人惬意、但却并非独自就绝对善并在一切考虑中都善的东西，而是在任何时候都以道德上的合乎法则的行为为前提条件。

必然地结合在一个概念之中的两个规定必须作为根据和后果联结起来，确切地说，这个**统一体**要么被视为**分析的**（逻辑的联结），要么被视为**综合的**，前者依据的是同一律，后者依据的是因果律。因此，德性与幸福的联结要么可以这样来理解，即努力成为有德性的和有理性地谋求幸福，这并不是两个不同的行动，而是两个完全同一的行动，因为前者除去为了后者之外，不需要有别的任何准则被当做根据；要么那种联结被置于如此境地，即德性把幸福当做某种与德性意识不同的东西产生出来，就像原因产生出一个结果那样。

在古希腊各学派中，真正说来只有两个学派，虽然它们在规定至善概念时就它们不承认德性和幸福是至善的两个不同的要素，因而按照统一性的规则来寻求原则的统一性而言遵循着同样的方法；但就它们在二者中间以不同的方式选择基本概念而言，它们又分道扬镳了。**伊壁鸠鲁学派**说：意识到自己导向幸福的准则，这就是德性；**斯多亚学派**说：意识到自己的德性，这就是幸福。对于前者来说，**聪明**就等于道德；对于为德性选择了一个更高尚的称谓的后者来说，惟有**道德**才是真正的智慧。

人们不得不遗憾的是，这些人士的洞察力（人们毕竟不得不因此而对这种洞察力表示惊赞，即他们在如此早的时代就已经尝试哲学征服的一切可以想出来的道路）不幸被用来在两个极不同类的概念，即幸福概念和德性概念之间苦思冥想同一性。不过，这与他们的时代的辩证精神是相适合的，这甚至现在也还有时诱惑一些敏锐的头脑，通过力图把原则中的根本的和绝对无法统一的区别转化为词句之争，并如此在表面上装出
〔112〕仅仅称谓不同而概念统一的样子，来取消这些区别，而且这通常涉及这样一些场合，其中不同类的根据的结合如此高深，或者要求对通常在哲学体系中被接受的那些学说有一种如此彻底的转变，以至于人们不敢深入讨论实在的区别，而宁可把这区别当做纯然程序的不一致来对待。

当这两个学派力图苦思冥想德性和幸福这两个实践原则的等同性时，在它们想如何硬得出这种同一性这一点上，它们彼此并不一致，而是以无限的距离分道扬镳了，因为一派把自己的原则设定在感性方面，另一派则把它设定在逻辑方面；一派把它设定在感性需要的意识中，另一派则把它设定在实践理性对一切感性的规定根据的独立性中。在**伊壁鸠鲁学派**看来，德性的概念已经蕴涵在促进其自己的幸福这个准则之中；与此相反，在**斯多亚学派**看来，幸福的情感已经包含在自己的德性的意识之中。但是，包含在另一个概念之中的东西，虽然与包含者的一个部分相等，但却并不与整体相等。此外，两个整体虽然由同一种材料组成，但仍然可能在种类上彼此有别，也就是说，如果二者中的各个部分被以完全不同的方式结合在一个整体之中的话。斯多亚学派主张德性就是**整个至善**，幸福只不过是对拥有德性的意识，属于主体的状态。伊壁鸠鲁学派主张幸福就是**整个至善**，德性只不过是谋求幸福这个准则的形式，也

就是说，在于有理性地使用达到幸福的手段。

但现在，从分析论中可以清楚，德性的准则和自己幸福的准则就其至上的实践原则而言是完全不同类的，而且它们尽管都属于一种至善，为的是使至善成为可能，但却远远不是一致的，它们在同一个主体中极力相互限制、相互损害。因此，**至善在实践上何以可能**，这个问题尽管有迄今作出的一切**联合尝试**，也还始终是一个未曾得到解决的课题。但是，使它成为一个难以解决的课题的东西，在分析论中已经给出了，亦即幸福和道德是至善的两个在种类上完全**不同的要素**，因而它们的结合不能被**分析地**认识到（例如，如此寻求自己的幸福的人在他 〔113〕 的这个行为中通过对其概念的纯然分解就会发现自己是有德性的，或者如此遵循德性的人在对这样一种行为的意识中就会发现自己已经实际上有福了），而是这两个概念的一种综合。但是，由于这种结合被认为是先天的，因而在实践上是必然的，从而不是从经验中派生出来的，而至善的可能性不基于任何经验性的原则，所以，这个概念的**演绎**就必须是**先验的**。**通过意志的自由产生出至善**，这是先天地（在道德上）必然的；因此，至善的可能性的条件也必须仅仅基于先天的知识根据。

一、实践理性的二论背反

在对我们来说实践的，亦即要通过我们的意志来使之实现的至善中，德性和幸福被设想为必然地结合在一起的，以至于一方若没有另一方也属于它，就不能被纯粹实践理性所接受。现在，这种结合（与任何一种结合一样）要么是**分析的**，要么是**综合的**。但既然这种被给予的结合如前面刚刚指出的那样，不可能是分析的，所以，它们必须被综合地、确切地说被当做原因与结果的联结来设想：因为它涉及一种实践的善，亦即通过行动而可能的东西。因此，要么对幸福的欲求是德性的准则的动因，要么德性的准则必须是幸福的作用因。前者是**绝对**不可能的：因为（如分析论中已经证明的）把意志的规定根据设定在对自己的幸福的要求之中的准则根本不是道德的，不能建立任何德性。但后者**也不可能**，因为世界上的任何原因和结果的实践联结，作为意志规定的后果，都不是取决于意志的道德意向，而是取决于对自然法则的知识和为了自己的意图而利用这种知识的物理能力，因而不能在世界上通过一丝不苟地遵守

〔114〕道德法则来期望幸福与德性的任何一种必然的和足以达到至善的联结。现在，既然对在自己的概念中包含着这种联结的至善的促进是我们的意志的一个先天必然的客体，而且与道德法则有不可分割的联系，所以，前者的不可能性必定也证明后者的谬误。因此，如果至善按照实践规则是不可能的，那么，要求促进至善的道德法则也必定是幻想的，是置于空的想象出来的目的之上的，因而自身就是错误的。

二、对实践理性的二论背反的批判性消除

在纯粹思辨理性的二论背反中，在世界上的各事件的因果性中自然必然性和自由之间发生了一种类似的冲突。由于已经证明，如果人们把各事件，甚至把各事件在其中发生的世界（如同人们也应当的那样）仅仅视为显象，那就不会有任何真正的冲突，所以，上述冲突已被消除；因为同一个行动着的存在者作为**显象**（甚至在他自己的内部感官面前），具有感官世界中的一种任何时候都符合自然机械作用的因果性，但就同一个事件而言，如果行动着的人格同时把自己视为**本体**（作为纯粹理智，在他不能按照时间来规定的存在中），那么，他就会能够包含着那种按照自然法则的因果性的一个甚至摆脱了一切

自然法则的规定根据。

眼前的纯粹实践理性的二论背反正是这种情况。这两个命题中的第一个命题，即对幸福的追求产生出有德性的意向的一个根据，是**绝对错误的**；但第二个命题，即德性意向必然地产生幸福，则**并不是绝对**错误的，而是仅仅就德性意向被视为感官世界中的因果性的形式而言，因而当我把感官世界中的存在当做理性存在者的惟一实存方式时，才是错误的，因而只是**有条件**地错误的。但是，既然我不仅有权把我的存在也设想为一个知性世界中的本体，而且甚至在道德法则上拥有我的（感官 〔115〕
世界中的）因果性的一个纯粹理智的规定根据，所以，意向的道德性作为原因，而与作为感官世界中的结果的幸福拥有一种即便不是直接的，但也毕竟是间接的（以自然的一个理知的创造者为中介），而且是必然的联系，这并非不可能，这种结合在一个仅仅是感官客体的自然中永远只是偶然地发生的，而且不能达到至善。

因此，尽管一种实践理性与自己本身有这种表面上的冲突，至善仍是一个在道德上被规定的意志的必然的最高目的，是实践理性的一个真正客体；因为它是实践上可能的，而且意志的那些按照其质料与此相关的准则都具有客观实在性，这种客观实在性最初由于道德和幸福按照一条普遍的法则相结合时的二论背反而受到打击，但却是出自纯然的误解，因为人们把显象之间的关系当成了物自身与这些显象的关系。

如果我们发现自己被迫在这样的远距离上，亦即在与一个理知世界的联结中去寻找至善这个由理性告知一切理性存在者的其一切道德愿望的目标的可能性，那么，必定令人感到奇怪的是，无论是古代的哲学家还是近代的哲学家，都仍然能够已经**在此生中**（在感官世界中）发现了与德性有完全适当的比例的幸福，或者能够劝说人们，说意识到了这种幸福。因为无论是**伊壁鸠鲁**还是**斯多亚学派**，都把从生活里面的德性意识中产生的幸福提升到一切东西之上。前者在他的实践规范中并不那么思想卑鄙，就像人们可能从他的理论的那些他为了说明，而不是为了行动而使用的原则所推论出来的那样，或者像许多人被用淫乐这个表述替换满意所诱导，对这一理论所作的解释那样，相反，他把最不自私的善行也算做内心欢乐的享受方式，而且就像哪怕是最严格的道德哲学家所可能要求的那种知足和对偏好的节制，也都属于他对一种愉悦（他把这理解为持久喜悦的心情）的规划；在这方面，他与斯多亚学派的主要分歧仅仅在于，他把动因设定在这种愉悦里面，而斯多亚学派拒绝，
〔116〕确切地说有理由拒绝这样做。因为一方面，有德性的伊壁鸠鲁，正像现在还有许多在道德上具有良好意向的、尽管对自己的原则没有足够地深入反思的人士那样，陷入了在他最初想要为之说明德性动机的那些人格身上已经预设有德性的**意向**的错误（而事实上，正直的人如果不是事先意识到自己的正直的话，是不可能感到幸福的；因为鉴于有德性的意向，他在逾越时会由于他自己的思维方式而被迫对自己作出的责备以及道德上的自我谴责，会剥夺他对他的状态通常可能包含的惬意的一切享受）。但问题是：评价自己的存在的价值这样一种意向和思维方式最初是通过什么才成为可能的，因为在它之前主体中还根本找不到对一般道德价值的任何情感？当然，如果人是有德性的，那么，他不在每个行动中意识到自己的正直就感受不到生活的乐趣，哪怕在物理状态中的幸运对他是如此有利；但是，为了首先使他成为有德性的，因而还在他如此高度评估他的实存的道德价值之前，人们能够夸赞他具有从对一种正直的意识中产生的、而他毕竟对之没有任何意识的心灵平静吗？

但另一方面，这里总是有一种欺诈的错误（vitium subreptionis）的根据，仿佛是对与人们所**感**之事不同的人们所**做**

之事的自我意识中的一种视幻觉的根据，这种视幻觉即便最经受过考验的人也不能完全避免。道德意向是与**直接通过法则**对意志进行规定的意识必然地结合在一起的。现在，对欲求能力进行规定的意识一直是对由此产生的行动感到心满意足的根据；但是这种愉快、这种对自身的心满意足，并不是行动的规定根据，相反，直接地、仅仅通过理性对意志进行的规定，才是愉快情感的根据，而那种规定依然是对欲求能力的一种纯粹的、实践的规定，而不是感性的规定。既然这种规定在内心中起着活动的一种推动的作用，如同从所欲求的行动中被期待的惬意情感会起的作用一样，所以，我们很容易把我们自己所做的事看做我们仅仅被动地感到的事，并且把道德的动机当做感性的推动，如同这通常总是在感官（这里是内部感官）的所谓 〔117〕错觉中发生的那样。人类本性中的某种很崇高的东西，是直接被一个纯粹的理性法则规定而去行动，甚至是这种错觉，即把意志在理智上的可规定性之主观的东西视为某种感性的东西和一种特殊的感性情感（因为一种理智的情感会是一个矛盾）的作用。让人注意到我们的人格性的这种属性，并尽可能地培养理性对这种情感的作用，这也具有很大的重要性。但是，人们也必须小心提防，通过由于人们把特殊的快乐的情感作为根据（它们毕竟只是后果）加给这种作为动机的道德规定根据而对这种规定根据作出的不真实的高度评价，仿佛是由于一种错误的陪衬而贬低和丑化真正的、真实的动机，即法则本身。因此，敬重，而不是愉悦或者对幸福的享受，才是没有一种给理性提供根据的、先行的情感（因为这种情感在任何时候都会是感性的和病理学的）为之可能的某种东西，作为对通过法则直接强迫意志的意识，几乎说不上是愉快情感的类似物，因为它在与欲求能力的关系中所造成的恰恰是同样的东西，但却是出自另外的源泉；不过，人们惟有通过这种表象方式才能达到人们所寻找的东西，即行动不仅是合乎义务地（依照惬意的情感），而且是出自义务而发生的，这必须是一切道德教育的真正目的。

但是，人们就没有一个不像幸福一词那样表示着一种享受、但却指示着对自己的实存的心满意足、指示着必须必然地伴随德性意识的幸福的一种类似物的词吗？有！这个词就是**自我满意**，它在其本真的意义上任何时候都仅仅暗示着对自己的实存的一种消极的心满意足，在这种心满意足中人们意识到自己不需要任何东西。自由和对自由是一种以占优势的意向来遵守道德法则的能力的意识，就是**对于偏好的独立性**，至少是对于作为我们的欲求的规定性（即使不是作为其**刺激性**）动因的那些偏好的独立性，而且就我在遵循我的道德准则时意识到这种独立性而言，它就是一种必然与之结合在一起的、不基于任何特殊的情感的、不可改变的满意的惟一来源，而这种满意就可以叫做理智的满意。基于对偏好的满足的感性的（非本真地
〔118〕
如此称谓）满意，无论它是如何巧妙地挖空心思想出的，都永远不能适合人们对此所设想的东西。因为偏好是变易的，随着人们让它们受到的优待而增长，并且总是留下一个比人们想到去填满的还要更大的壑洞。因此，它们对于一个有理性的存在者来说在任何时候都是**累赘**，而且即使他不能甩掉它们，它们也迫使他期望摆脱它们。甚至对合乎义务之事（例如对善行）的偏好，虽然很能够使**道德**准则更容易发挥作用，但却不能产生任何道德准则。因为在道德准则中，如果行动应当不仅仅包含**合法性**，而且也包含**道德性**的话，一切都必须是为了表现作为规定根据的法则。偏好是盲目的和奴性的，无论它是不是良性的，而理性在事情取决于道德时不仅必须扮演偏好的监护人，而且必须不考虑偏好而作为纯粹实践理性完全只关照它自己的兴趣。甚至这种同情和好心肠的关心的情感，如果先行于什么是义务的思考并成为规定根据的话，对于好心的人格本身

来说也是累赘，它将使他们深思熟虑的准则陷入混乱，并造成摆脱它们并仅仅服从立法的理性的愿望。

由此出发就可以理解：一个纯粹实践理性的这种能力的意识如何能够通过行为（德性）而产生出自己的偏好之上的高等力量的意识，由此就产生出对这些偏好，故而也对总是伴随着这些偏好的不满意的独立性的意识，因而就产生出对自己的状态的一种消极的心满意足，亦即**满意**，这种满意在其来源上就是对自己的人格的满意。自由本身以这样的方式（亦即间接地）将能够有一种享受，这种享受不能叫做幸福，因为它不依赖于一种情感的积极参与，严格说来也不能叫做**永福**，因为它并不包含对偏好和需要的完全独立性，但它毕竟和永福相似，也就是说，只要至少它的意志规定能够保持不受这些偏好和需要的影响，因而至少按照其起源来说与人们只能赋予最高存在者的那种自足类似。

从实践的纯粹理性的二论背反的这种解决得出：在实践的 〔119〕
原理中，道德意识和对作为道德的后果而与道德成比例的幸福的期待之间，一种自然的和必然的结合至少是可以设想为可能的（但当然还并不因此就是可以认识到和看出的）；与此相反，谋求幸福的原理却不可能产生出道德；因此，**至上的**善（作为至善的第一个条件）构成道德，与此相反，幸福虽然构成至善的第二个要素，但却是这样构成的，即幸福只不过是前者的有道德条件的、但毕竟是必然的后果。惟有在这种隶属关系中，**至善才**是纯粹实践理性的全部客体，纯粹实践理性必须把至善必然地表现为可能的，因为它的一条命令就是为产生至善而作出一切可能的贡献。但是，由于有条件者与其条件的这样一种结合的可能性完全属于事物的超感性的关系，而且按照感官世界的法则是根本不能被给予的，即便这个理念的实践后果亦即以使至善成为现实为目标的行动是属于感官世界的，所以，我们将试图首先就直接受我们控制的东西而言，其次在理性作为我们在至善的可能性上的无能的补偿而（按照实践原则必然地）呈现给我们的、不受我们控制的东西中，展示那种可能性的各个根据。

三、纯粹实践理性在其与思辨理性相结合时的优先地位

我把两个或者多个通过理性结合起来的事物之间的优先地位理解为某一个事物是与其余所有事物的结合的首要规定根据这种优势。在狭义的实践意义上，它意味着某一个事物的兴趣的优势，只要其他事物的兴趣都服从于它的兴趣（它的兴趣不能被置于其他兴趣之后）。对于心灵的任何一种能力，人们都可以赋予一种**兴趣**，亦即一个原则，它包含着惟有在其下这能力的实施才能得到促进的条件。理性作为诸原则的能力，规定
〔120〕着一切心灵力量的兴趣，但它自己的兴趣却是自己规定自己的。它的思辨应用的兴趣在于**认识**客体，直到那些最高的先天原则，而实践应用的兴趣则在于就最终的和完备的目的而言**规定**意志。一般理性应用的可能性所要求的东西，亦即理性的各个原则和主张必须不相互矛盾，并不构成理性的兴趣的任何部分，而是一般而言拥有理性的条件；惟有扩展，而不是仅仅与自己相一致，才被算做理性的兴趣。

如果实践理性除了**思辨**理性独自就能够从自己的洞识出发呈献给它的东西之外，不再可以假定任何东西并把它当做被给予的来思维，那么，思辨理性就占有优先地位。但假设实践理性独自就拥有源始的先天原则，与这些原则结合在一起的是某些理论的断定，而这些断定尽管如此却避开了思辨理性的一切可能的洞识（尽管它们也必须不与思辨理性相矛盾），那么问

题就是，哪一种兴趣是至上的兴趣（而不是哪一种兴趣必须退出，因为一种兴趣并不必然与另一种兴趣相矛盾）：对于实践理性交给它去接受的一切东西一无所知的思辨理性，是否必须接受这些命题，并且即使这些命题对于思辨理性来说是越界的，思辨理性也必须把它们当做一笔外来的、被过账给它的财产而与自己的概念一致起来，或者思辨理性是否有权顽固地恪守它自己的被隔离开的兴趣，并按照**伊壁鸠鲁**的准则学把一切不能通过显而易见的、可以在经验中提出的实例来认证自己的客观实在性的东西都当做空洞的玄想而加以拒绝，即使这东西还如此与实践的（纯粹的）应用的兴趣交织在一起，自身也不与理论理性相矛盾，只是由于它就取消思辨理性为自己设定的界限，并使思辨理性经受想象力的一切胡闹或者妄念而言，确实损害着思辨理性的兴趣罢了。

实际上，如果实践理性作为有病理学条件的，亦即作为在幸福的感性原则下仅仅管理诸偏好的兴趣的，而被奠定为基础，那么，就根本不能对思辨理性作出这种苛求。**穆罕默德**的天堂，或者**通神论者**和**神秘主义者**们与神性的融为一体，如同每个人兴之所至那样，都会把他们的巨大的怪物强加给理性，而完全没有理性，以及以这样的方式使理性经受一切梦幻，就 〔121〕
会是同样的事情。然而，如果纯粹理性独自就能够是实践的，而且也确实如此，就像道德法则的意识所证明的那样，那么，就毕竟总是只有同一种理性，无论是在理论的意图中还是在实践的意图中，它都在按照先天原则作出判断，而且在这里很清楚，即使理性的能力在前一个意图中做不到肯定地确立某些命题，然而这些命题却也不与理性相矛盾，正是这些命题，只要它们**不可分割地**属于纯粹理性的**实践兴趣**，虽然是作为一种对纯粹理性来说外来的建议，这建议并不是在纯粹理性的地基上生长起来的，但毕竟得到了充分的认可，理性就必须接受它们，并力图把它们与理性作为思辨理性所能控制的一切进行比较和联结；但要满足于：这并不是理性的洞识，然而却是理性的应用在某个别的、亦即实践的意图中的扩展，这与理性那本身在于限制思辨的违禁的兴趣是根本不相悖的。

因此，在纯粹思辨理性与纯粹实践理性结合成为一种知识时，后者占有**优先地位**，因为已经预设的是，这种结合绝不是**偶然的**和随意的，而是先天地基于理性本身的，因而是**必然的**。因为没有这种隶属关系，就会产生理性与自己本身的一种冲突；因为如果两者仅仅相互并列（并立），那么，前者就会独自紧紧地闭锁自己的边界，而不从后者接受任何东西到自己的疆域中来，但后者仍然会把自己的边界扩展到一切之外，并且在它的需要有要求时，力图把前者一起包括到自己的边界之内。但是，人们根本不能苛求纯粹实践理性隶属于思辨理性，从而把这种秩序颠倒过来，因为一切兴趣最终都是实践的，而且思辨理性的兴趣也只是有条件的，惟有在实践应用中才是完整的。

〔122〕

四、作为纯粹实践理性之公设的灵魂不死

在尘世中造就至善，这是一个可以由道德法则规定的意志的必然客体。但在这个意志中，意向与道德法则的**完全适合**是至善的至上条件。因此，这种适合必须与其客体一样是可能的，因为它是包含在促进这个客体的诫命之中的。但是，意志与道德法则的完全适合就是**神圣性**，是没有一个感官世界的理性存在者在其存在的某一时刻能够达到的一种完善性。然而，既然这种完善性尽管如此仍然作为实践上必要的而被要求，所以它就惟有在向着完全适合的一种**无限**进展的进步中才能被发现，而且按照纯粹实践理性的各原则，把这样一种实践的进步假定为我们意志的实在客体，也是必要的。

但是，这种无限的进步惟有预设同一个理性存在者的一种**无限**绵延的**实存**和人格性（人们把这称为灵魂的不死）才是可能的。因此，至善在实践上惟有预设灵魂的不死才是可能的，因而灵魂不死与道德法则不可分离地结合在一起，是纯粹实践理性的一个公设（我把公设理解为一个**理论的**、但本身不可证明的命题，只要这个命题不可分离地依附于一个先天无条件地有效的**实践**法则）。

关于我们本性的道德规定的这一命题，即惟有在一种无限进展的进步中才能达到与道德法则的完全适合，具有极大的效用，这不仅是考虑到目前对思辨理性的无能的补偿，而且也是就宗教而言的。如果缺少这一命题，则道德法则要么就完全被贬值而失去其**神圣性**，因为人们把它矫饰为**宽纵的**（宽容的），从而适合我们的惬意的，要么就把自己的天职，同时也把自己的期待张大，使之成为一种无法达到的规定，即成为所期冀的意志的神圣性的完全获得，并且迷失在狂热的、与自知之明完 〔123〕
全相矛盾的**通神论的**梦幻中，而这两者都只会妨碍对准确而且完全地遵循一种严格的、不宽纵的、尽管如此也并非理想的、而是真正的理性诫命的不懈**追求**。对于一个理性的、但却有限的存在者来说，惟有从道德完善性的低级阶段向较高阶段的无限进步才是可能的。对于**无限者**来说，时间条件是无，他把这个对我们来说无穷无尽的序列看做与道德法则的那种适合性的整体，而且他的诫命为了在他给每一个人规定的至善份额上与它的公正相符而毫不含糊地要求的神圣性，惟有在对理性存在者的存在的一种理智直观中才可以完全发现。而就这种份额的希望而言惟一能够属于造物的东西，则是对他那经过考验的意向的意识，为的是从他迄今由比较恶到道德上比较善的进步中，从他由此得知的始终不渝的决心中，希望不论他的实存能够达到多久，甚至超出此生，这种进步今后都将坚持不懈地延续下

去[1]，而且绝不是此时或者在他的存在的某个可以预见的未来时刻，而只是在他的存续的（惟有上帝才能综观的）无限性中
〔124〕与上帝的意志完全契合（无须与公正不相称的宽纵和赦免）。

五、作为纯粹实践理性之公设的上帝存在

在前面的分析中，道德法则导致了无须感性动机的任何参与而仅仅由纯粹理性指定的实践任务，也就是至善的第一和主要的部分亦即**道德性**的必然完备性，而且既然这一任务惟有在一种永恒中才能完全得到解决，就导致了**不死**的公设。正是这一法则，也必然和前面一样无私地、仅仅从不偏不倚的理性出发，导致至善的第二个要素的可能性，亦即与那种道德性相适合的**幸福**的可能性，也就是说，导向一个与这种结果相符的原

① 尽管如此，**确信**自己的意向在向善的进步中始终不渝，对于一个造物独自来说似乎是不可能的。因此缘故，基督教的宗教学说也仅仅让这种确信起源自圣灵，圣灵使人神圣，也就是说造成坚定的决心，并与此同时造成在道德进步中的不屈不挠的意识。但是，意识到自己毕生很长时间里直到生命终结都在坚持向着更善进步，并且是出自真正的道德动机的人，也自然而然地可以形成尽管还不是确知却令人慰藉的希望，即他在一种超出此生而继续的实存中还将坚守这些原理，而且尽管在他自己的眼中，他在这里绝没有充足的理由，也不可以凭着所期冀的他的自然完善性的未来增长——但与此同时他的义务也在增长——而在某个时候希望有一个**永福的**未来的前景，尽管如此却可以在这种虽然涉及一个无限推移的目标，但对于上帝来说却已属拥有的进步中希望这一点；因为永福是理性用来表示一种不依赖于尘世中一切偶然原因的完备**福祉**的术语，这种福祉与**神圣性**一样，是一个只能包含在一种无限的进步及其总体性之中的，因而永远不为造物完全达到的理念。

因的存在的预设，亦即把**上帝的实存**公设为必然属于至善（我们意志的这一客体是与纯粹理性的道德立法必然相结合的）的可能性的。我们要令人信服地阐述这一联系。

幸福是尘世中一个理性存在者的状态，对这个理性存在者来说，就他的实存的整体而言**一切都按照愿望和意志进行**，因而所依据的是自然与他的整个目的，此外与他的意志的本质性规定根据的协调一致。现在，道德法则作为一条自由的法则，是通过应当完全不依赖于自然及其与我们的欲求能力（作为动机）的协调一致的那些规定根据发布命令的；但是，在尘世中行动着的理性存在者毕竟并不同时是世界和自然本身的原因。因此，在道德法则中没有丝毫的根据，来使一个作为部分属于世界，因而依赖于世界的存在者的道德性和与之成比例的幸福之间有一种必然的联系，这个存在者正因此而不能通过自己的意志成为这个自然的原因，而且就他的幸福而言，也不能从自己的力量出发使这个自然与他的实践原理完全一致。尽管如此，在纯粹理性的实践任务中，也就是说，在对至善的必然探讨中，〔125〕这样一种联系却被公设为必然的：我们**应当**力求促进至善（所以它毕竟必然是可能的）。因此，整个自然的一个与自然有别的原因的存在也就被**公设**了，这个原因包含着上述联系亦即幸福与道德性精确一致的根据。但是，这个至上的原因应当不仅包含自然与理性存在者的意志的一种法则一致的根据，而且还就这些理性存在者把这一法则给自己设定为**意志的至上规定根据**而言包含着自然与这一**法则**的表象一致的根据，从而不仅包含着自然与道德在形式上的一致，而且还包含着自然与道德在作为他们动机的他们的道德性上的一致，也就是说，与他们的道德意向的一致。因此，惟有假定自然的一个拥有与道德意向相符合的因果性的至上原因，尘世中的至善才是可能的。现在，一个能够按照法则的表象采取行动的存在者就是一个**理智**（理性存在者），而且这样一个存在者按照法则的这种表象的因果性就是他的**意志**。因此，自然的至上原因，就其为至善而必须被预设而言，就是一个通过**知性**和**意志**而是自然的原因（因而是创造者）的存在者，亦即上帝。所以，**派生的至善**（最好的世界）的可能性的公设同时就是一个**源始的至善**的现实性的公设，亦即上帝的实存的公设。现在，对于我们来说，促进至善本就是义务，因而预设这种至善的可能性就不仅是权限，而且也是与作为需要的义务相结合的必然性；既然至善惟有在上帝存在的条件下才是成立的，所以上帝存在的预设就与义务不可分割地结合在一起，也就是说，假定上帝的存在，在道德上是必然的。

这里应当注意的是：这种道德上的必然性是**主观的**，亦即是需要，而不是**客观的**，亦即本身不是义务；因为根本不可能有一种假定某个事物实存的义务（因为这仅仅关涉理性的理论应用）。这也不被理解为，假定上帝的存在是**一切一般责任的一个根据**，乃是必然的（因为如已经充分证明了的，这个根据
〔126〕所依据的仅仅是理性自身的自律）。在这里，属于义务的惟有对尘世中的至善的产生和促进所作的探讨；因此，这种至善的可能性是可以公设的，但是，我们的理性发现，只有预设一个最高的理智，这种可能性才是可思议的；因此，假定一个最高的理智的存在与我们的义务的意识是结合在一起的，尽管这种假定本身是属于理论理性的；仅仅就理论理性而言，这种假定作为解释根据来看可以叫做**假说**，但在与一个毕竟通过道德法则提交给我们的客体（至善）的关系中，因而在与一种实践的意图中的需要的关系中，它就可以叫做**信念**，而且是纯粹的理性信念，因为惟有纯粹的理性（不仅在其理论应用上，也在其实践应用上）才是这种信念由以产生的源泉。

从现在开始，从这一**演绎**出发就可以理解，为什么**希腊**各学派从来未能解决它们关于至善的实践可能性的问题，仅仅因

为它们总是使人的意志应用自己的自由的规则成为这种可能性的惟一的和充足的根据，在它们看来为此并不需要上帝的存在。虽然它们不依赖于这一公设，仅仅从理性与意志的关系出发来确立道德的原则，从而使之成为至善的**至上**实践条件，这一点做得很对，但它却并不因此就是至善的可能性的**全部**条件。**伊壁鸠鲁学派**虽然把一个完全错误的道德原则，亦即幸福的原则，假定为最高的原则，并且把依照每一个人自己的偏好进行任意选择的准则偷换成一条法则，但他们在这里的行事方式却毕竟是足够**前后一致的**，他们同样地、亦即与他们的原理的低下成正比地贬低了他们的至善，而且并不期望有比通过人的明智（节制和偏好的控制也属于明智）所获得的更大的幸福，而如人们所知，这种明智的结果必定是相当贫乏的，并且根据种种情况是极为不同的；就更不用说他们的准则必须不断地承认的、并且使得他们的准则不适合于用做法则的种种例外了。与此相反，**斯多亚学派**完全正确地选择他们至上的实践原则亦即德性来作为至善的条件，但由于他们把德性的纯粹法则所需要的德性程度想象为在此生完全可以达到的，所以他们不 〔127〕
仅把人的道德能力以一个**智者**的名义扩张到超出人的本性的所有限制的高度，并假定某种与一切人类知识相矛盾的东西，而且尤其也根本不想让属于至善的第二个**成分**，亦即幸福，被视为人的欲求能力的一个特殊对象，而是使他们的**智者**宛如一个意识到自己人格的卓越性的神祇一般完全独立于自然（在他的满意方面），因为他们虽然使这位智者遭受生活的不幸，但却不使他屈服于这些不幸（同时也把他表现为摆脱了恶的），这样就实际上删除了至善的第二个要素，亦即自身的幸福，因为他们把这一要素仅仅设定在行动和对自己人格价值的满足中，从而将它包括在道德思维方式的意识中，但在这里，他们通过他们自己的本性的声音就已经能够被充分地驳倒了。

基督教的学说①，即便人们还不把它视为宗教学说，也在
〔128〕这一点上提供了一个至善（上帝之国）的概念，惟有这个概念才使实践理性的最严格的要求得到满足。道德法则是神圣的（不宽纵的），并且要求道德的神圣性，虽然人所能够达到的所

① 人们通常认为，基督教的道德规范就其纯粹性而言，并没有胜过斯多亚学派的道德概念之处；然而，二者的区别毕竟是十分明显的。斯多亚学派的体系使坚忍的意识成为一切道德意向应当绕之旋转的枢纽，而且尽管这一体系的追随者们谈到了义务，也十分清楚地规定了义务，但他们毕竟把动机和意志真正的规定根据置于思维方式超越低级的、仅仅通过懦弱来起决定作用的感官动机之上的升华中。因此，德性在他们那里就是超升于人的动物本性之上的**智者**的某种英雄气概；对于智者本人来说，英雄气概就够了，他虽然给别人讲义务，但自己却超脱了义务，不屈服于任何逾越道德法则的诱惑。但是，如果他们像福音书的规范所做的那样，纯粹且严格地表象这种法则，他们就做不到这一切了。如果我把一个**理念**理解为一种完善性，在经验中没有任何东西能够与它契合地被给予，那么，道德理念因此就不是什么过分的东西，也就是说，不是我们甚至连它的概念也不能充分规定的东西，或者是否某个地方有一个对象与之相应也不确定的东西，就像思辨理性的理念那样；相反，它们作为实践完善性的原型，充当着道德行为不可或缺的准绳，同时充当着**比较的尺度**。如果我从其哲学方面来考察**基督教道德**，那么，它与希腊各学派的理念相比就会表现如下：**犬儒学派**、**伊壁鸠鲁学派**、**斯多亚学派**和**基督徒们**的理念分别是：**素朴**、**明智**、**智慧**和**神圣**。至于达到它们的途径，希腊哲学家们则各不相同，犬儒学派认为**平常的人类知性**就够了，其他的认为只有**科学**的途径才可以，因此二者毕竟都认为单纯**应用自然力量**就足以做到。基督教的道德由于如此纯粹和不宽纵地确立自己的规范（也必须是这样），就剥夺了人至少在此生与它完全契合的自信，但毕竟又这样建立了自信，即如果我们尽我们**能力**所及地行为善良，我们就能够希望，非我们能力所及的东西，将在别的地方使我们受益，无论我们现在是否知道以何种方式。**亚里士多德**和**柏拉图**只是就我们道德概念的起源而言才彼此有别。

有道德完善性都始终只不过是德性，亦即出自对法则的**敬重**的合乎法则的意向，因而是对于逾越，至少是遵循法则的动机不纯，亦即混杂许多不纯正的（非道德的）动机的一种持续的倾向的意识，所以是一种与谦卑相结合的自我欣赏，从而就基督教的法则所要求的神圣性而言，留存给造物的就只有无限的进步，但也正因为此，造物就有理由希望自己无限的存续。一种与道德法则完全适合的意向的**价值**是无限的，因为一切可能的幸福在一个智慧的和万能的幸福分配者的判断中，除了理性存在者对自己的义务缺乏适合之外，没有任何别的限制。但是，道德法则独自说来毕竟不应许幸福；因为按照关于一般自然秩序的概念，幸福并不与道德法则的遵循结合在一起。基督教的道德学说通过把理性存在者在其中尽心尽意地献身于道德法则的世界描绘为一个**上帝之国**而弥补了这一（至善的第二个不可或缺的成分的）欠缺，在上帝之国中，通过一位使派生的至善成为可能的神圣创造者，自然与道德达到了一种对二者中的每一个单独说来都不具有的和谐。道德的**神圣性**已经被指定为他们此生的准绳，但与这种神圣性成正比的福祉，亦即**永福**，却 〔129〕
仅仅被表象为在一种永恒中可达到的，因为**前者**在任何状况中都必须始终是他们的行为的原型，而且向它的进步即便在此生中也是可能的和必然的，而**后者**则在这个尘世中却是不能以幸福的名义达到的（就取决于我们的能力而言），因而仅仅被当做希望的对象。尽管如此，基督教的**道德**原则本身毕竟并不是神学的（因而不是他律的），而是纯粹实践理性独自说来的自律，因为这种道德并不使上帝及其意志的知识成为这些法则的根据，而是仅仅使之成为在遵循这些法则的条件下达到至善的根据，它甚至把遵循这些法则的真正**动机**不是置于所期望的遵循法则的后果中，而是仅仅置于义务的表象中；配得上获得这些后果，就在于忠实地遵循这种义务。

以这样的方式，道德法则就通过至善作为纯粹实践理性的客体和终极目的的概念导致了**宗教**，也就是说，导致了**一切义务是神的诫命的知识**，这些诫命**不是强迫命令，亦即不是一个外来意志的任意的、自身偶然的指令**，而是每一个自由意志自身的根本**法则**，但尽管如此却必须被视为最高存在者的诫命，因为我们惟有从一个道德上完善的（神圣的和仁慈的），同时也是全能的意志那里才能希望至善，从而通过与这个意志的一致才能希望达到至善，而把至善设定为我们追求的对象，则是道德法则使之成为我们的义务的。因此，即便在这里，一切也依然是无私的、仅仅以义务为根据的；不可以把恐惧或者希望作为动机当做基础，它们如果成为原则，就会毁掉行动的全部道德价值。道德法则命令，要使一个尘世中可能的至善成为我的一切行为的最终对象。但是，除非通过我的意志与一个神圣的和仁慈的世界创造者的意志一致，我就不能希望去造成这个至善；尽管在作为一个整体的至善概念中，最大的幸福与最大程度的道德的（在造物中可能的）完善性被表象为以最精确的比例结合在
〔130〕一起的，**我自己的幸福**就一并包含在其中，但毕竟不是幸福，而是道德法则（它毋宁说把我对幸福的无限度追求严格地限制在一些条件上），才是被指定去促进至善的那个意志的规定根据。

因此，即便道德，真正说来也不是我们如何**使得**自己幸福的学说，而是我们应当如何**配享**幸福的学说。惟有当宗教出现时，也才出现我们有朝一日按照我们曾关注不至于不配享幸福的程度来分享幸福的希望。

如果某人拥有一件事物或者一种状态，这与至善是一致的，那么，他就**配享**这种拥有。现在，人们很容易就可以看出，所有的配享都取决于道德行为，因为道德行为在至善的概念中构成了其余的（属于状态的）东西的条件，亦即分享幸福的条件。于是由此得出：人们必须永远不把道德当做**幸福学**

说，亦即当做一种分享幸福的指南来对待；因为它只与幸福的理性条件（conditio sine qua non［必要条件］）相关，而与获得幸福的手段无关。但是，如果道德（它仅仅提出义务，但不给自私的愿望提供规则）得到完备的阐述，惟有在这种情况下，当此前没有一个自私的灵魂能够产生的促进至善（给我们带来上帝之国）的道德愿望被唤醒，并为了这个愿望迈出了走向宗教的步伐之后，这种道德学说才能够也被称为幸福学说，因为对幸福的**希望**是随着宗教才开始的。

人们由此就可以看出：如果就创造世界而言追问**上帝的终极目的**，则人们必须举出的不是世上理性存在者的**幸福**，而是**至善**，至善给这些存在者的那个愿望附加了一个条件，即配享幸福的条件，也就是这同一些理性存在者的**道德性**，惟有道德性才包含着他们据以能够希望凭借一位**智慧的创造者**之手分享幸福的惟一尺度。因为既然**智慧**在理论上来看意味着**至善的知识**，而在实践上来看意味着**意志对至善的适合**，所以人们就不 〔131〕能把一种仅仅基于**仁慈**的目的赋予一个最高的独立智慧。因为只有在与创造者的意志的神圣性① 相一致这个限制条件下，人

① 在这里，并且为了标明这些概念的独特之处，我还要说明的只是：当人们赋予上帝种种不同的属性时，人们发现这些属性的性质也适合造物，只不过它们在上帝那里被提升到最高的程度罢了，例如力量、知识、在场、善等，被称为全能、全知、全在、全善等；但毕竟有三种性质仅仅被赋予上帝，并且不带关于大小的附加语，而且它们全都是道德上的：上帝是**惟一神圣的、惟一永福的、惟一智慧的**；因为这些概念已经具有不受限制性。因此，按照它们的秩序，上帝在这种情况下也是**神圣的立法者**（和创造者）、**仁慈的统治者**（和维护者）、**公正的审判者**，这三个属性包含着上帝借以成为宗教对象的一切，而与它们相适合，种种形而上学的完善性就自行添加进理性中。

们才能把仁慈的这种结果设想成与源始的至善相适合的。因此，那些把创造的目的设定在上帝的荣耀之中（前提条件是，人们不要以神人同形同性论的方式把这种荣耀设想成受称颂的偏好）的人们，也许就发现了最好的表述。因为再也没有比尘世中最宝贵的东西更能荣耀上帝了，这就是：敬重他的诫命，遵循他的法则交付给我们的神圣义务，如果他的壮丽的部署还要使这样一种美好的秩序配上相适合的幸福而得以圆满的话。如果后者（以人的方式来说）使上帝值得爱，那么，他就由于前者而是崇拜（朝拜）的对象。甚至人们虽然也能够通过行善而获得爱，但却永远不能仅仅通过行善就获得敬重，以至于最大的善行也只有通过按照配享来施行，才给他们带来荣耀。

在种种目的的秩序中，人（以及每一个理性存在者）就**是目的自身**，也就是说，人永远不能被某个人（甚至不被上帝）仅仅当做手段来使用，而不同时自身就是目的，因此，我们人格中的人性对我们自己来说必然是**神圣的**，这是从现在起自行得出的结论，因为人是**道德法则的主体**，从而是那种就自身而
〔132〕言神圣的、一般来说某种东西只是因为它并且与它相一致才能够被称为神圣的东西的主体。因为这种道德法则乃是建立在他的意志的自律之上的，作为一种自由的意志，他的意志按照自己的普遍法则必然能够同时与它应当**服从**的东西**协调一致**。

六、总论纯粹实践理性的公设

这些公设全都是从道德性的原理出发的，这个原理不是公设，而是理性用来直接规定意志的一个法则，这个意志正由于它被这样规定而作为纯粹意志要求着遵循它的规范的这些必要条件。这些公设不是理论的教义，而是在必然实践的考虑中的**前提条件**，因而虽然并不扩展思辨知识，但却**总的来说**（凭借

它们与实践的东西的关系）给予思辨理性的理念以客观实在性，并使思辨理性对于它本来甚至不能自诩哪怕是仅仅主张其可能性的概念具有权利。

这些公设就是**不死**的公设、积极地来看（作为一个存在者就其属于理知世界而言的因果性）的**自由**的公设和**上帝存在**的公设。**第一个**公设产生自持存与道德法则的完整履践相适应这个实践上的必要条件；**第二个**公设产生自对感官世界的独立性和按照一个理知世界的法则规定其意志的能力，亦即自由这个必要的前提条件；**第三个**公设产生自通过预设独立的至善亦即上帝的存在来给这样一个理知世界为了成为至善提供条件的必要性。

因此，由于对道德法则的敬重而成为必要的针对至善的意图，亦即由此产生的对至善的客观实在性的预设，就通过实践理性的公设导向了思辨理性虽然能够作为课题提出、但却未能解决的几个概念。所以，1. 导向了这样一个课题，在它的解决中思辨理性只能犯下**谬误推理**（亦即不死的课题），因为它 〔133〕
缺乏持久性的特征，不能把在自我意识中必然被赋予灵魂的那个最终主体的哲学概念补足成一个实体的实在表象，这一点，实践理性通过一种为在作为实践理性的全部目的的至善中与道德法则相适合所要求的持存的公设而做到了。2. 借助于自由的公设，它导向了这样一个概念，关于它思辨理性只包含有**二论背反**，思辨理性只能把这二论背反的解决建立在一个虽然可以或然地思维，但就其客观实在性而言却对思辨理性来说不能证明和规定的概念之上，这就是一个理知世界的**宇宙论**理念，以及对我们在这个理知世界中的存在的意识（至于自由的实在性，它是通过道德法则，与此同时通过一个理知世界的法则来阐明的，对这个理知世界思辨理性只能指出，但却不能规定它的概念）。3. 它使思辨理性虽然想到，但却不得不使之作为纯然的先验**理想**而不加规定的东西，即元始存在者的**神学**概念，获得了意义（在实践的意图中，亦即作为由那个法则所规定的意志的客体之可能性的条件），也就是在一个理知世界中通过在其中实行统治的道德立法使至善的至上原则获得意义。

但是，我们的知识以这样的方式就通过纯粹实践理性得到了现实的扩展，而对于思辨理性来说曾是**超验的**东西，在实践理性中就是**内在的**吗？当然，但**只是在实践的意图中**。因为我们虽然由此既没有对于我们灵魂的本性，也没有对于理知的世界，更没有对于最高的存在者，按照它们就自身而言之所是而有所认识，而只是把它们的概念在作为我们意志的客体的**至善这一实践**概念中结合起来了，而且是完全先天地通过纯粹理性来结合的，但却只是借助于道德法则，并且也仅仅与道德法则相关，就它所要求的客体而言才如此。但是，何以哪怕自由也仅仅是可能的，而且人们如何能够在理论上并积极地表现这个种类的因果性，这却没有由此而看出来，而是仅仅通过道德法则并为了道德法则而公设了有这样一种因果性存在。别的那些理念的情况亦复如是，永远没有任何人类知性按照其可能性来
〔134〕探究它们，但它们不是真实的概念这一点，也将永远没有任何诡辩从哪怕最普通的人的确信中夺走。

七、如何可能设想纯粹理性在实践的意图中的扩展却不同时由此扩展其思辨的知识？

为了不致过于抽象，我们要马上在目前这个场合的应用中来回答这个问题。——为了**在实践上**扩展一种纯粹的知识，必须被先天地给予一个**意图**，亦即一个作为（意志之）客体的目的，这个客体独立于一切理论的原理，通过一个直接规定意志的（定言的）命令式，被表现为实践上必然的，而这在此处就是**至善**。但是，如果不预设三个理论概念（由于它们只是纯粹

的理性概念，所以不可能为它们找到相应的直观，因而不可能沿着理论的途径为它们找到任何客观实在性），亦即自由、不死和上帝，至善就是不可能的。因此，通过要求在一个世界里可能的至善有实存的道德法则，纯粹思辨理性的那些客体的可能性，以及纯粹思辨理性不能向这些客体保证的客观实在性，就被公设出来了；由此，纯粹理性的理论知识当然就获得了一种增长，但这种增长仅仅在于，那些通常对于纯粹理论来说或然的（仅仅可思维的）概念，现在就被实然地解释为应现实地把客体归于它们的概念了，因为实践理性为了自己的而且是实践上绝对必要的客体亦即至善的可能性，不可避免地需要它们的实存，而理论理性由此就被授权去预设它们。但是，理论理性的这种扩展并不是思辨的扩展，亦即不是为了**在理论的意图**中从现在起对它作出一种积极的应用。因为既然在这方面通过实践理性所提供的无非是：那些概念是实在的，而且现实地拥有自己的（可能的）客体，但同时关于这些客体的直观却没有任何东西被给予我们（这也是不可以要求的），所以，没有任何综合命题通过这些概念被承认的实在性而成为可能。因此，这种开放在思辨的意图中对我们没有丝毫帮助，但就纯粹理性的实践应用而言，倒是有助于扩展我们的这种知识。思辨理性 〔135〕
的上述三个理念就自身而言还不是什么知识；但这毕竟是些（超验的）**思想**，在它们里面没有任何不可能的东西。现在，它们通过一个无可置疑的实践法则，作为这个法则要求当做客体的那种东西的可能性的必要条件，获得了客观实在性，也就是说，我们通过那个法则得到指示：**它们拥有客体**，但却毕竟不能指出它们的概念是如何与一个客体发生关系的，而这也就还不是对**这些客体**的知识；因为人们由此根本不可能作出任何综合的判断，也不可能对它们的运用在理论上作出规定，因而对它们根本不能做理性的任何理论应用，而理性的一切思辨知识真正说来就在于这种应用。但尽管如此，**虽然不是这些客体的**，但却是一般理性的理论知识却由此而在下述意义上得到了扩展，即通过这些实践的公设，毕竟把**客体给予了**那些理念，因为一个仅仅或然的思想首先借此获得了客观实在性。因此，这并不是**关于被给予的超感性对象**的知识的扩展，但毕竟是理论理性及其在一般超感性事物方面的知识的扩展，这是就理论理性被迫承认**有这样一些对象**而言的，但对于这些对象却不能作出更详细的规定，因而不能扩展关于这些客体（它们从现在起就出自实践的理由并且也只是为了实践的应用而被给予了理性）的知识本身，因此，纯粹理论理性必须把上述知识的增长仅仅归功于它的纯粹实践能力，而对它来说，所有那些理念都是超验的，都没有客体。在纯粹实践能力这里，它们都成为**内在的**和**建构性的**，因为它们都是使纯粹实践理性的**必要客体**（至善）**成为现实**的那种可能性的根据，除此之外，它们就是**超验的**，是思辨理性的纯然**范导性**原则，这些原则责成思辨理性的事情，并不是超出经验之外去假定一个新的客体，而仅仅是使它在经验中的运用接近完备。但是，一旦理性具有了这种增长，那么，它作为思辨理性（真正说来只是为了保证它的实践应用）借助那些理念进行的工作就将是消极的，也就是说，不是在扩展，而是在澄清，以便一方面抵挡作为**迷信**之源泉的
〔136〕**神人同形同性论**或者通过自以为的经验对那些概念所作的表面上的扩展，另一方面抵挡通过超感性的直观或者诸如此类的感觉应许那种扩展的**狂信**；这一切都是纯粹理性的实践应用的障碍，因此，对它们的防范当然属于我们的知识在实践的意图中的扩展，而同时承认理性在思辨的意图中丝毫也没有因此而有所收获，这与那种扩展并不矛盾。

对于理性就一个对象而言的任何应用，都要求有纯粹的知性概念（范畴），没有它们，就不能思维任何对象。这些纯粹的

知性概念只能被运用于理性的理论应用，也就是说，被运用于同时配备有直观（直观在任何时候都是感性的）的那种知识，因而仅仅是为了通过它们来表现可能经验的一个客体。但现在，理性的这些根本不可能在任何经验中被给予出来的**理念**，在这里却是我必须通过范畴来思维以便认识的东西。不过，这里所说的也不是对这些理念的客体的理论知识，而只是说这些理念一般而言具有客体。纯粹实践理性获得了这种实在性，而在此理论理性所要做的无非是通过范畴仅仅**思维**那些客体，这正如我们在别的地方已经清楚地指出的那样，完全可以不需要直观（无论是感性直观还是超感性直观）来进行，因为范畴在独立于并且先于一切直观、仅仅作为思维能力的纯粹知性中拥有自己的位置和起源，而且它们永远只意味着一个一般客体，**无论它以哪一种方式被给予我们**。现在，就范畴应当被运用于那些理念而言，虽然不可能在直观中给予它们以任何客体；但是，它们毕竟是通过实践理性在至善的概念中毫无疑问地呈现出来的一个客体，通过为了至善的可能性所要求的**那些概念的实在性**，而充分地得到保证：**这样一个客体是现实的**，从而范畴作为一种纯然的思维方式在这里不是空洞的，而是有意义的，尽管如此，也并不由于这种增长而造成根据理论原理的知识的丝毫扩展。

※　　※　　※

除此之外，如果通过取自我们自己的本性的那些谓词来规定上帝、一个理知世界（上帝之国）和不死这些理念的话，那么，人们就既不可以把这种规定视为那些纯粹的理性理念的**感性化**（神人同形同性论），也不可以把它视为对**超感性的**对象的越界知识；因为这些谓词无非是知性和意志，确切地说是当它们在道德法则中被思维时在相对关系中这样看的，因而只是就对它们作一种纯粹的实践应用而言的。在这种情况下，其余一切在心理学上，亦即就我们对我们的这些能力**在它们实施时** 〔137〕

进行经验性观察而言与这些概念有关联的东西（例如，人的知性是推论性的，因而它的表象是思想而不是直观，这些表象在时间中前后相继，人的意志总是带有满意对于其对象的实存的一种依赖性，如此等等，而在最高的存在者里面却不可能是这样），就都被抽掉了，这样，对于我们用来思维一个纯粹知性存在者的那些概念，所剩下的就无非是恰恰为了思维一个道德法则这种可能性所要求的东西了，因而虽然是对上帝的一种知识，但却是仅仅在实践的关系中，由此，如果我们试图把它扩展成为一种理论知识，我们就将得到一种并不思维但却**直观**的知性，一种指向对象而其满意丝毫也不依赖对象的实存的意志（我甚至不想提及那些先验的谓词，例如实存的某种量，亦即持存，但它并不出现在时间中，而时间是我们把存在表现为量的惟一对我们来说可能的手段），完全是些我们对之不能形成任何与对象的**知识**相适合的概念的属性，我们由此也就得知，它们永远不能被运用于关于超感性存在者的**理论**，因而也根本不能够在这方面建立起一种思辨的知识，而是把自己的应用仅仅限制在道德法则的履践上。

后面这一点是如此显而易见，并能够通过事实得到如此清晰的证明，以至于人们可以大胆放心地要求所有自以为的**自然的对神博学者**（一个怪异的名称[①]），哪怕只举出一个（超出

①**博学**真正说来只是各种**历史**科学的总和。因此，惟有启示神学的教师才能叫做**对神博学者**。但是，如果人们也想把那种拥有各种理性科学（数学和哲学）的人称为一个博学者，尽管这已经会与词义（即它在任何时候都仅仅把绝对必须被**教给**，因而不能通过理性自行发明的东西算做博学）相矛盾，那么，哲学家就完全可能以自己作为实证科学的上帝知识给人以太坏的印象，以至于因此不能被称为一个**博学者**。

纯然本体论的谓词）规定他们的对象的属性，例如知性的属性或者意志的属性，让人们不能对之无可争议地表示，如果从中抽掉一切神人同形同性论的东西，给我们剩下的就是纯然的语词，不能把丝毫的概念与之相结合，借以可以希望对理论知识有一种扩展。但就实践的东西而言，从一个知性和意志的那些属性中毕竟还是给我们留下了一种关系的概念，实践法则（它恰恰先天地规定了知性与意志的这种关系）使这个概念获得了客观实在性。这种情况一旦发生，一个道德上受到规定的意志之客体的概念（至善的概念），以及与它一起这客体的可能性的条件亦即上帝、自由和不死的理念，也都被给予了实在性，但永远只是在与道德法则的履践的关系中（不是为了任何思辨的目的）被给予的。 〔138〕

在作了这些提醒之后，现在也就可以很容易地找到这个重要的问题的答案了：**上帝的概念是一个属于物理学**（因而当形而上学只包含物理学在普遍意义上的那些纯粹先天原则时，也属于形而上学）**的概念还是一个属于道德的概念**？对自然安排或者其变化作出**解释**，如果人们乞灵于作为一切事物的创造者的上帝，那么这至少不是一种物理学的解释，而到处都是在承认自己的哲学完结了：因为人们为了能够对自己眼前看到的东西形成一个概念而不得不假定自己对之本来没有任何概念的东西。但是，通过形而上学从对**这个**世界的知识出发**凭借可靠的推论**来达到上帝的概念及其实存的证明，这之所以是不可能的，乃是因为我们必须把这个世界当做最完满的可能整体来认识，从而为此目的而必须认识一切可能的世界（以便能够把它们与这个世界进行比较），从而必须是全知的，以便说这个世界惟有通过一个**上帝**（就像我们必须思维这个概念那样）才是可能的。〔139〕 但是，完全从纯然的概念出发来认识这个存在者的实存，这是绝对不可能的，因为任何一个实存命题，亦即关于一个我对之形成一个概念的存在者说它实存着的命题，都是一个综合命题，也就是这样一个命题，通过它，我超出那个概念，关于这个存在者说出比在概念中所曾想到的更多的东西，亦即对于这个**知性之中**的概念来说，还要设定一个**知性之外**的对象与之相应，而这显然是通过任何一种推论都不可能得出的。因此，对于理性来说，就只剩下一种程序来达到这种知识了，这就是它作为纯粹理性，从它的纯粹实践应用的至上原则出发（因为这种应用本来就仅仅指向作为理性之后果的某物之**实存**）来规定自己的客体。而在这里，就不仅仅是在理性不可避免的任务，亦即使意志必然指向至善的任务中显示出在世界上的这种善的可能性的关系中假定这样一个元始存在者的必要性，而且最值得注意的是，还显示出理性沿着自然道路的进程所完全缺乏的某种东西，即**这个元始存在者的一个得到精确规定的概念**。既然我们只认识这个世界的一个小部分，更不能把这个世界与一切可能的世界进行比较，所以，我们固然可以从这个世界的秩序、合目的性和巨大而推论出它的一个**智慧**、**善意**、**强大**等的创造者，但却不能推论出他的**全知**、**全善**、**全能**等。人们也完全可以承认：自己完全有权通过一个可以容许的、完全合理的假说来弥补这个不可避免的缺陷；也就是说，如果在我们较切近的知识所呈现出的如此之多的部分中都凸显出智慧、善意等，那么，在其余所有部分中就也会是这样，因而把一切可能的完善赋予世界的创造者就是合理的；但是，这并不是我们自以为有所洞识所凭借的什么**推论**，而只是人们能够迁就我们的一种许可，而这种许可为了能够得到应用毕竟还需要其他方面的推荐。因此，上帝的概念沿着经验性的途径（物理学的途径）就依然永远是关于第一存在者的完善的**一个不曾得到精确规定的概念**，不能把它视为与一个神祇的概念是相适合的（但凭借形而上学在其先验部分中却根本不可能有任何建树）。

现在，我试图把这个概念固定在实践理性的客体上，在这里我发现，道德原理惟有在预设一个具有**最高完善性**的世界创造者的情况下才允许这个概念是可能的。这个世界创造者必须是**全知的**，以便在一切可能的场合和在一切未来都认识我的行为，直到我的意向的最深处；他必须是**全能的**，以便赋予我的行为以适当的后果；他同样必须是**全在的**、**永恒的**；等等。从而，道德法则就通过作为一种纯粹实践理性之对象的至善的概念规定着作为**最高存在者**的元始存在者的概念，这是理性的物理学进程（并更高地延伸到形而上学进程），因而其全部思辨进程所无法做到的。因此，上帝的概念是一个原初就不属于物理学的概念，亦即不是对思辨理性来说的概念，而是一个属于道德的概念，而且对于我们上面已经当做理性在其实践应用中的公设来对待的其他那些理性概念，人们也都可以说同样的话。 〔140〕

如果人们在**阿那克萨哥拉**之前的希腊哲学史中没有发现一种纯粹的理性神学的任何清晰的痕迹，那么，原因并不在于这些较早的哲学家们缺乏知性和洞识，以至于不能通过思辨的途径至少借助一种完全合理的假说来把自己提高到这一点；有什么能够比自行呈现给每个人的思想，即不假定不同的世界原因的不确定的完善程度，而是假定一个具有**一切完善性**的惟一理性的世界原因，要更为容易和更为自然呢？但是，世界上的灾祸似乎对他们来说是许多太重要的异议，以至于不能认为有权利作出这样一种假说。因而他们在这一点上表现出来的恰恰是知性和洞识，即他们并不冒昧地作出那种假说，反而在自然原因中去四处寻找，看自己是否能够在这些原因中遇到元始存在者所要求的那种性状和能力。但是，当这个思想敏锐的民族在探究中走过如此之远，甚至对其他民族从来也没有超出过空泛议论的那些道德对象也作了哲学上的探讨之后，他们这时才第一次发现了一种新的需要，即一种实践的需要，这种需要不会不给他们确定地指明元始存在者的概念，而此时思辨理性却袖手旁观，至多还有这样的功劳，即对一个不是在自己的地基上
〔141〕成长起来的概念加以修饰，并且用现在才出现的一系列出自自然观察的证实，来与其说是提高这个概念的声望（这声望已经确立起来了），倒不如说只是用自以为的理论上的理性洞识大讲排场。

※　　　※　　　※

从这些提醒中，纯粹思辨理性批判的读者将完全确信，那个费力的范畴**演绎**对于神学和道德而言是如何极其必要、如何有益了。因为惟有通过这种演绎才能防止，当人们把这些范畴设定在纯粹知性中时与**柏拉图**一起把它们看做天生的，并在这上面用人们无法预见其结局的超感性事物的理论建立起越界的僭妄，却由此使神学成为充满幻影的魔灯；而当人们把这些范畴视为获得的时，则防止人们与**伊壁鸠鲁**一起把它们所有的和每一种应用，甚至是实践的意图中的应用，都仅仅限制在感官的对象和规定根据之上。但现在，批判在那个演绎中证明了，**第一**，这些范畴并没有经验性的起源，而是先天地在纯粹知性中有自己的位置和来源；还有**第二**，既然它们不依赖于对象的直观而与**一般对象**发生关系，它们虽然惟有在运用于通过纯粹实践理性而被给予的对象时也充当对**超感性的东西**的**确定的思维**，但却仅仅是就这种超感性的东西只是通过这样一些必然属于纯粹的、被先天地给予的**实践意图**及其可能性的谓词来规定而言的。对纯粹理性在思辨上的限制和对它在实践上的扩展就第一次把纯粹理性带入了一般理性在其中可以得到合目的的运用的**平等关系**之中，而这个例子就比别的例子更好地证明，通过**智慧**的道路如果应当是可靠的而不是不可通行的或

者引入歧途的，那么它在我们人这里就不可避免地必须经过科学，但人们惟有在这科学完成之后，才能够确信它是导向那个目标的。

八、出自纯粹理性的一种需要的视之为真 〔142〕

纯粹理性在其思辨应用中的一种**需要**仅仅导向**假说**，但纯粹实践理性的需要却导向**公设**；因为在前一种场合，我从派生的东西出发在根据的序列中上升到**如我所愿**的高度，并且需要一个元始根据，不是为了给予那种派生的东西（例如世界上的事物和变化的因果结合）以客观实在性，而只是为了就派生的东西而言完全满足我的研究的理性。这样，我就在我面前的自然中看到了秩序和合目的性，而且并不为了确信它们的**现实性**而需要着手去进行思辨，而只是为了**解释**它们而需要**预设一个神祇**来作为它们的原因；这样，由于从一个结果向一个确定的原因，尤其是像我们必须想到上帝时那样严格一样完全地确定的原因所作的推论永远是不可靠的和困难的，所以这样一个预设就不能超过对我们人来说最合理的意见的程度。① 与此相反，纯粹**实践**理性的一种需要乃是基于一种**义务**的，即是使某种东

① 但即便在这里，倘若不是有一个或然的，但毕竟不可避免的理性概念，即一个绝对必然的存在者的概念摆在我们眼前的话，我们也就不可能借口**理性**有一种需要了。现在要使这个概念得到规定，而这一点，在对此加以扩展的冲动出现时，就是思辨理性的一种需要的客观根据，即对应当用做其他存在者的元始根据的一个必然存在者的概念进一步作出规定，因而使这个存在者成为可识别的。没有这样一些先行的必要问题，也就没有任何**需要**，至少是没有任何**纯粹理性**的需要；其余的就都是**偏好**的需要了。

西（至善）成为我的意志的对象，以便尽我的一切力量去促成它；但我在这里必须预设它的可能性，从而也预设这种可能性的条件，亦即上帝、自由和不死，因为我通过我的思辨理性不能证明它们，尽管也不能反驳它们。这个义务建立在一个当然完全不依赖于后面这些预设的、独自就是无可置疑地确定的法则亦即道德法则之上，因而就此来说并不需要通过关于事物的
〔143〕内部性状、世界秩序或者一个主管世界秩序的统治者的隐秘目的的理论意见来获得其他方面的支持，以便约束我们最完善地作出无条件地合乎法则的行动。但是，这个法则的主观效果，即与它相适合并且通过它也是必然的那个促成实践上可能的至善的**意向**，毕竟至少预设这种至善是**可能的**，否则的话，竭力追求一个其实空洞和没有客体的概念的客体，就会是实践上不可能的。现在，上述公设仅仅涉及至善之**可能性**的那些物理学的或者形而上学的、一言以蔽之处于事物的本性之中的条件，但不是为了一个随意的思辨意图，而是为了纯粹的理性意志的一个实践上必然的目的，纯粹的理性意志在这里并不**选择**，而是**服从**一个严谨的理性命令，这个命令**客观上**在事物的性状中有其根据，只要事物必须由纯粹理性来进行普遍的判断，而且这个命令绝不是建立在**偏好**之上的，偏好为了我们出自纯然**主观的**根据而**期望**的东西，绝对没有权利马上就假定达到这种东西的手段是可能的，或者甚至假定这对象是现实的。因此，这是一个**在绝对必然的意图中的需要**，它并不是把自己的预设仅仅当做允许的假说，而且是当做实践意图中的公设来辩解；而且如果承认道德法则作为命令（而不是作为明智规则）严谨地约束着每一个人，正直的人就完全可以说：**我愿意**有一个上帝，我在这个世界中的存在也要在自然联结之外还是一个纯粹的知性世界中的存在，最后还有我的持存要是无限的，我坚持这些并且非要有这种信仰不可；因为这是惟一的东西，在其中

由于我丝毫不可以忽视我的兴趣，我的兴趣就不可避免地规定着我的判断，而不去注意一些玄想，哪怕我对这些玄想可能会多么难以回答，或者多么难以做到以更加虚假的玄想去对抗它们。[①]

※　　　※　　　※

为了在使用像一种纯粹的实践的理性信念这样一个还是如此不习惯的概念时防止误解，请允许我再附上一个说明。——事情应当看起来差不多是，好像这个理性信念在这里甚至被宣布为**命令**，即把至善假定为可能的。但是，一种被命令的信念是一件荒唐无稽的事情。不过，人们可以回忆一下上面对于被要求在至善的概念中假定的东西所作的辨析，人们将注意到，假定这种可能性，这是根本不可以被命令的，它也不要求有**承** 〔144〕

① 在 1787 年 2 月号的《德意志博物馆》上，有一篇论文出自一位非常敏锐和清醒的人物，即可惜早逝的**魏岑曼**，他在其中否认有从需要推论到该需要的对象的客观实在性的权限，并用一个**热恋者**的例子来阐明他的观点，这个热恋者由于迷恋于本来只是他的幻影的美的理念，就想推论这样一个客体是现实地在某个地方实存着的。在需要基于**偏好**的一切场合里，我承认他在这一点上是完全有道理的，偏好就连对受到其诱惑的人也不是必然能够公设其客体的实存的，更不用说包含对每一个人都有效的要求了，因而是种种期望的一个**主观的**根据。但在这里，需要是一种产生自意志的一个**客观的**规定根据的，亦即产生自道德法则的**理性需要**，道德法则必然地约束着每一个有理性的存在者，因而先天地有权利预设自然中与它相适合的条件，并使得这些条件与理性的完全的实践应用不可分割。义务就是尽我们最大的能力使至善成为现实；因此，至善毕竟也必须是可能的；所以，对于世界上的每一个有理性的存在者来说，预设对至善的客观可能性来说必要的东西，这也是不可避免的。这个预设与道德法则一样是必要的，它也惟有与道德法则相关才是有效的。

认这种可能性的任何实践意向，相反，思辨理性无须申请就必须承认这种可能性；因为毕竟不可能有任何人愿意主张，世界上的有理性存在者与道德法则相适合的配享幸福，与对这种幸福的一种与上述配享成正比的占有相结合，本身是**不可能的**。现在，就至善的前一部分，即涉及道德的东西而言，道德法则仅仅给予我们一个命令，而怀疑那个组成部分的可能性，也就等于对道德法则本身提出质疑。但就那个客体的第二部分，亦即与那个资格完全适合的幸福而言，虽然一般来说承认幸福的可能性根本不需要一个命令，因为理论理性自身丝毫不反对这一点：只是我们应当**如何**设想自然法则与自由法则的这样一种
〔145〕和谐的方式，本身却具有要由我们作出一种**选择**的某种东西，因为理论理性对此不能以无可置疑的确定性作出任何决定，而就这种确定性而言，可以有一种道德的兴趣来起决定性的作用。

我在上面曾经说过，按照世界上的一种纯然的自然进程，精确地与道德价值相适合的幸福是不可指望的，必须被视为不可能的，因此，至善的可能性从这方面惟有在预设一个道德的世界创造者的情况下才能被承认。我曾有意地克制着不把这个判断限制在我们理性的**主观**条件之上，以便惟有在应当对理性的视之为真的方式作出进一步的规定时才使用这种限制。实际上，上述不可能性**仅仅是主观的**，也就是说，我们的理性发现**它不可能**使自己根据一个纯然的自然进程来理解两种按照如此不同的法则而发生的世界事件之间如此精确地适合并完全合目的的联系，尽管就像在所有通常在自然中是合目的的东西那里一样，理性毕竟也不能根据普遍的自然法则来证明，亦即出自客观的理由来充分阐明这种联系的不可能性。

不过，现在有一种不同类型的决定根据加入了游戏，要在思辨理性动摇不定时起决定性的作用。促成至善这个命令在客

观上（在实践理性中）是有根据的，至善的一般可能性同样在客观上（在对此不加丝毫反对的理论理性中）是有根据的。然而，我们应当如何表现这种可能性的方式，是按照普遍的自然法则而无须一个主管自然的智慧创造者，还是仅仅在预设这个创造者的情况下来表现，这是理性不能客观地决定的。现在，这里出现了理性的一种**主观的**条件：惟一在理论上对理性可能的、同时对道德性（它是服从理性的一个**客观的**法则的）只有益处的方式，即把自然王国与道德王国的精确一致设想为至善的可能性的条件。现在，既然促成至善，因而预设它的可能性**在客观上**（但仅仅按照实践理性来说）是必要的，但同时我们要怎样把至善设想为可能的那种方式却是由我们选择的，但在这种选择中纯粹实践理性的一种自由的兴趣却决定要假定一个 〔146〕
智慧的世界创造者，所以，在这里规定我们的判断的那个原则虽然作为需要是**主观的**，但同时作为**客观上**（实践上）必要的东西的促成手段，却也是在道德意图中视之为真的一条**准则**的根据，亦即是一种**纯粹的实践的理性信念**。因此，这种信念不是被命令的，而是作为对我们的判断的自愿的、有益于道德的（被命令的）意图的、此外还与理性的理论需要一致的规定，即预设那种实存，此外把那种实存作为理性应用的基础，其本身是产生自道德意向的；因此，即便在有良好意向的人那里，它也经常可能有时动摇不定，但却永远不会陷入无信念。

九、人的认识能力与人的实践规定明智地相适合的比例

如果人的本性注定要追求至善，那么，他的各种认识能力的程度，尤其是这些认识能力彼此之间的比例关系，也必须被假定为是适合于这一目的的。但现在，对纯粹**思辨**理性的批判

证明理性有极大的不足，不能与这个目的相适合地解决提交给它的最重要的任务，尽管这个批判也没有低估这同一个理性的自然的和不可忽视的提示，同样也没有低估它为了接近这个给它标出的伟大目标而能够迈出的巨大步伐，但它毕竟不能单凭自己在某个时候达到这个目标，甚至借助于最大的自然知识也不行。因此，自然在这里显得只是**继母般地**为我们提供了达到我们的目的所必需的能力。

现在，假如自然在这里顺从了我们的愿望，赋予了我们这样一种我们乐意具有，或者一些人干脆误以为自己已经现实地具有的洞识能力或者光照，那么，从一切迹象来看这会有什么样的后果呢？只要我们的全部本性没有同时得到改变，那么，毕竟总是第一个发言的**偏好**就会首先要求自己的满足，而且与
〔147〕理性的考虑相结合，就会以**幸福**的名义要求自己最大可能的和持久的满足；道德法则在此之后会说话，为的是把那些偏好保持在与它们相称的限制之中，甚至使它们全都服从一个更高的、不考虑任何偏好的目的。但是，不是现在道德意向必须与偏好进行的那场几经失败之后毕竟可以在其中赢得灵魂的道德力量的争斗，而会是**上帝**和**永恒**以其**可怕的威严**持续不断地处于我们**眼前**（因为我们完全能够证明的东西，就确定性而言对我们来说是等于我们因亲眼目睹而确信的东西的）。对法则的违反当然会被避免，被命令的东西会被执行；但由于行动应当从中发生的那种**意向**不可能通过任何命令一起灌输进来，对活动的刺激在这里却是立刻就在手边的，并且是**外部的**，因此，理性不可以首先努力向上，以便通过法则之尊严的活生生的表象来聚集抵抗偏好的力量，那样的话，绝大多数合乎法则的行动的发生就会是出自恐惧，只有少数会出自希望，而根本没有一个会出自义务了，但这些行动的道德价值也就会荡然无存了，而人格的价值，甚至世界的价值在最高智慧的眼中却毕竟

仅仅取决于这种道德价值。因此，只要人们的本性还保持像它现在这样，那么，人们的行为就将会变成一种纯然的机械作用，其中就像是在木偶戏中一样一切都**姿势**对路，但在人物形象中却不会看到**任何生命**。现在，既然在我们这里完全是另一种情况，既然我们凭借我们的理性的一切努力对未来也只有一种极为模糊不清的眺望，世界的统治者只让我们猜测而不是看到或者清晰地证明他的存在及其壮丽，与此相反，我们心中的道德法则并不向我们肯定地有所应许或者有所威胁，而是要求我们无私的敬重，但除此之外，当这种敬重成为主动的和占统治地位的时，它在这种情况下并仅仅由此才允许眺望超感性事物的王国，但也只是以微弱的目光眺望；所以，真正的道德的、直接被奉献给法则的意向是能够发生的，有理性的造物是能够配得上与他的人格的道德价值相适合、而不是仅仅与他的行动相适合的至善份额的。因此，即便在这里，对自然和人的 〔148〕
研究通常充分地教给我们的东西，即我们借以实存的那个不可探究的智慧，在它拒绝给予我们的东西中比在它让我们分享的东西中并不更少值得崇敬，也可以由此而是很正确的。

第二部分
纯粹实践理性的方法论

人们不能把纯粹**实践**理性的**方法论**理解为（无论是在反思中还是在陈述中）就其科学知识而言对待纯粹实践原理的方式，这种知识人们通常本来只在**理论的东西**中才称为方法（因为通俗的知识需要一种**风格**，但科学却需要一种**方法**，也就是说，需要一种**按照**理性的原则的程序，一种知识的杂多惟有借助这种程序才能成为一个**体系**）。毋宁说，这种方法论被理解为人们如何能够使纯粹实践理性的法则**进入**人的心灵并**影响**其准则，亦即使客观的实践理性也**在主观上**成为实践的那种方式。〔151〕

现在虽然很清楚，意志的那些惟一使准则真正成为道德的并赋予它们以一种道德价值的规定根据，法则的直接表象和作为义务的对法则的客观必然的遵守，都必须被表现为行动的真正动机，因为若不然，虽然会造就出行动的**合法性**，但却造就不出意向的**道德性**。但不是那么清楚的、毋宁说初看起来必定对每个人来说都显得难以置信的是，对纯粹德性的那种描述即便在主观上，也能够比由娱乐和一般而言人们可以归为幸福的一切东西的哄骗所可能造成的一切诱惑，或者还有由痛苦和灾〔152〕
祸某个时候所可能造成的一切威胁，都对人的心灵拥有**更多的力量**，并能够提供一种强有力得多的动机去自己造就行动的那种合法性，产生出一些更有力的、出自对法则的敬重把法则置于任何别的考虑之前的决断。尽管如此，事情确实就是这样，而且假如人的本性不是这种性状，那么，也就不会有法则的任何表现方式在某个时候转弯抹角地以劝说的手段来产生意向的道德性了。一切都会是全然的伪善；法则会遭到憎恨乃至于轻视，但为了自己的好处仍然得到遵守。法则的字句（合法性）将会能够在我们的行动中找到，但法则的精神却在我们的意向中根本找不到，而既然我们用尽了自己的一切努力也毕竟在我们的判断中不能完全摆脱理性，所以我们会不可避免地必定在我们自己的眼中显得是毫无价值的、卑鄙的人，即使我们试图以如下方式来补偿在内心的法庭面前受到的屈辱，即我们借助娱乐来使自己轻松愉快，按照我们的妄念，有一个我们所假定的自然的或者属神的法则把这些娱乐与它们的警察机器结合在一起，这警察仅仅关注人们所做之事，对于人们为什么做这件事却不关心。

虽然人们不能否认，为了把一个或者尚无教养或者粗野化了的心灵首次带到道德上的善的轨道上来，需要一些准备性的指导，通过他自己的好处来引诱这心灵，或者通过害处来恐吓它；然而，一旦这种机制、这个襻带起到了一些作用，纯粹的道德动因就绝对必须被带给灵魂，这动因不仅由于它是惟一建立起一种性格（按照不变的准则的实践上一以贯之的思维方式）的动因，而且也由于它教人感到他自己的尊严，而给心灵提供了一种对它自己来说出乎意料的力量，从一切想要占据统治地位的感性依赖性中挣脱出来，并在他的理知本性的独立性和他发现自己被规定要达到的崇高思想中为他所奉献的牺牲找到丰厚的补偿。因此，我们要通过任何一个人都能够进行的观察，把我们心灵的这种属性，把对一个纯粹的道德兴趣的这种感受性，因而把纯粹的德性表象的这种推动力，在它被恰如其分地带给人心的时候证明为最强有力的向善动机，在对道德准
〔153〕则的遵守中关键在于持久性和严格性的时候证明为惟一的向善动机；此际必须同时记住，如果这些观察只是证明了这样一种情感的现实性，却没有证明由此而完成的道德改善，那么，这并不会对仅仅通过义务的纯粹表象就使纯粹理性的客观上实践的法则成为主观上实践的那个惟一的方法造成任何损害，就好像这方法是一种空洞的幻想似的。因为既然这种方法还不曾被实行过，所以，就连经验也还不能关于它的成果展示出任何东西，相反，人们只能要求有对这样一些动机的感受性的证据，

我现在想简明扼要地展示这些证据，然后再稍微勾画一下建立和培养真正的道德意向的方法。

如果注意一下不仅由学者和玄想家而且也由商人和家庭妇女组成的那些混杂的社交聚会的交谈进程，那么，人们就会发现，除了讲故事和戏谑之外，还有闲聊亦即闲谈在其中也占有一席之地；因为讲故事如果应当本身带有新奇同时有趣味的话，很快就会耗尽，而戏谑则很容易走味。在所有的闲谈中，没有什么比关于应当用来确定某个人的性格的这个或者那个行动的**道德价值**的闲谈，更多地激起那些通常在所有的玄想中很快会感到无聊的人们的参与，并把某种生气带入社交聚会了。那些通常对理论问题中的一切玄妙的和苦思冥想的东西都感到枯燥和伤脑筋的人，当事情取决于确定一个被讲述的好行动或者坏行动的道德内涵时，马上就会参加进来，并且像人们在任何思辨客体那里都不可能期待于他们的那样精细、那样苦思冥想、那样玄妙地，把一切能够使意图的纯洁性和意图中的德性的程度减低，或者哪怕只是使其变得可疑的东西都想出来。人们在这些评判中经常看到对别人作判断的人士自己的性格闪现出来，他们中的一些人在他们主要对已死之人行使法官职务时，显得特别倾向于为关于这些人的这个或者那个行为所讲述出来的善作辩护，以反驳一切不正派的伤害性非议，最终为人格的全部道德价值辩护，以反驳虚伪和阴毒的指责，与此相反，另一些人更多盘算的是控告和谴责，不承认这种价值。但 〔154〕
人们毕竟不能总是赋予后一种人以如下意图，即想通过玄想从人类的一切榜样中完全去除德性，以便由此使德性成为一个空洞的名称，相反，这常常只不过是在按照一个毫不容情的法则来规定真正的道德内涵时的善意严格罢了，与这个法则作比较，而不是与榜样做比较，道德事务上的自大就大为降低，而谦恭绝不纯然是教出来的，而是在严厉的自我拷问中被每个人所感到的。尽管如此，人们还是常常能够从为被给予的榜样的意图的纯洁性做辩护的人那里看出，在他们对正直有自己的猜想时，他们也乐意为这些榜样擦去最微小的污点，其动因乃是为了当一切榜样都被怀疑其真实性、一切人类德性都被否认其纯洁性时，德性不会最终被完全视为一种纯然的幻影，从而趋向德性的一切努力都被当做虚荣的做作和骗人的自大而遭到蔑视。

我不知道，为什么青年的教育者们没有早就已经利用理性很乐意在被提出来的实践问题本身中作出审查这种倾向，而且在他们把一种纯然道德的教义问答作为基础之后，却不怀着这种意图搜遍古代和近代的人物传记，以便手中握有所提出的那些义务的凭据，根据这些凭据，他们尤其是通过对不同情况下的类似行动进行比较，而使他们的学生的评判运作起来，以便觉察这些行动的较小或者较大的道德内涵，他们将在这里发现，甚至本来对任何思辨都还不成熟的少年，马上就变得很敏锐，并由于感到自己的判断力的进步而对此产生不小的兴趣，但最重要的是，他们能够有把握地希望，经常练习在其全部纯洁性中去认识和赞许正派的行为，与此相反则惋惜或者轻蔑地去觉察对这种纯洁性的哪怕最小的偏离，即便这直到此时还仅仅是作为小孩子们能够在其中相互比赛的判断力游戏来进行的，但却会留下在一方面作出高度评价并在另一方面表示憎恶的一种持久的印象，它们仅仅通过把这些行动经常地看做值得
〔155〕赞许的或者值得谴责的这种习惯，就会为未来的生活方式中的正直构成一个良好的基础。只不过，我希望别用我们那些多愁善感的作品如此滥用的所谓**高尚的**（过誉的）行动的榜样来打扰这种练习，并把一切都转移到义务和一个人在他自己眼中通过没有违背义务的意识而能够和必须给予自己的价值上，因为凡是导致对高不可攀的完善性的空洞期望和渴求的东西，所产生的全然是小说中的人物，这些人物由于自己对这种夸张的伟

大而自鸣得意，为此就宣布自己可以不遵守平常的和通行的职责，这种职责在这种情况下对他们来说显得微不足道地渺小。①

但如果有人问，真正说来究竟什么是人们必须当做试金石来检验任何行动的道德内涵的**纯粹道德**，那么，我就必须承认，惟有哲学家才能够使这个问题的裁断成为可疑的；因为在平常的人类理性中，这个问题虽然不是通过抽象的普遍公式，但却通过日常的应用而仿佛是左手和右手之间的区别那样早已得到裁断了。因此，我们要首先用一个例子来指出纯粹德性的检验标志，并且通过我们设想它例如被交给一个十岁的小男孩去评判，来看一看他是否无须由老师来指导，自己也必定这样来判断。且讲一个正派人的故事，有人想鼓动他加入一个无辜的、此外没有任何权能的人（例如被英国的亨利八世控告的安妮·博林）的诽谤者的行列。人们提供出好处，亦即重礼或者高位，他都予以拒绝。这在听众的心中将引起的全然是赞许和 〔156〕
认同，因为那是好处。现在人们开始以损失相威胁。在这些诽谤者中有他的一些最好的朋友，他们现在声称与他绝交，有他的一些近亲，他们威胁要剥夺他的继承权（他没有财产），有一些权贵，他们能够在任何地点和任何情况下迫害他和羞辱

① 赞扬那些从中辐射出伟大的、无私的、关切的意向和人性的行动，这是完全可取的。但是，人们在这里必须注意的，与其说是**灵魂的提升**，倒不如说是对**义务**的**由衷的服从**，前者是转瞬即逝的和暂时的，对后者却可以期待有一个更长久的印象，因为它带有原理（但前者却仅仅带有激动）。人们只要稍作一点反思，就总是会发现他以某种方式就人类而言所承担的一种债务（哪怕只是这样一种债务，即有人通过公民状态中人们的不平等而享受好处，为此缘故别的人就必然更加匮乏），以免通过**值得赞扬**这种虚荣的自负来排挤**义务**的思想。

他，有一位君王，他威胁他将失去自己的自由乃至生命。但是，为了让他也感受到惟有道德上善良的心才能相当真切地感受到的那种痛苦，以便苦难忍无可忍，人们可以设想他的受到极度的困苦和匮乏威胁的家庭**恳求他顺从**，他自己虽然正直，但毕竟对于同情和对于自己的困苦并不具有坚定的、无动于衷的感官，在他期望自己永远不过那种使他遭受一种如此难以言说的痛苦的日子的时刻，他却依然忠于自己的正直的决心，毫不动摇或者哪怕是怀疑：于是，我这位年轻的听众就将逐步地被从纯然的认同提升到惊赞，从惊赞提升到惊奇，最后一直提升到极大的崇敬，提升到自己能够成为这样一个人（尽管当然不是在他那种情况下）的强烈愿望；而在这里，德性之所以仍然具有如此之多的价值，只是因为它付出了如此之多，而不是因为它带来了某种东西。整个惊赞，甚至要与这种性格相似的努力，在这里都完全基于道德原理的纯粹性，这种纯粹性惟有通过把人们只要能够归给幸福的一切都从行动的动机中除去，才能够被相当引人注目地表现出来。因此，道德越是被纯粹地展现出来，就越是必定对于人心有更多的力量。由此得出，如果道德法则和圣洁与德性的形象到处都应当对我们的灵魂施加一些影响的话，那么，道德能够施加这种影响，只是就它不混杂对自己的福祉的意图，纯粹地作为动机得到细心照料而言的，因为它在苦难中才最庄严地表现出来。但是，其被清除将加强一种推动力的作用的东西，必定曾是一个障碍。所以，从自己的幸福取得的动机的任何混杂，都对道德法则获得对人心的影响是一个障碍。——此外我主张，甚至在那种受到惊赞的行动中，如果该行动由以发生的动因是对自己的义务的尊重，
〔157〕那么，正是这种对法则的敬重，而绝不是对慷慨大度和高尚可嘉的思维方式的那种内心意见的要求，恰恰会对观众的心灵拥有极大的力量，所以是义务，而不是功德，才必定对心灵有不

仅最确定的影响，而且如果它在自己的不可侵犯性的正当光辉中被表现出来，也必定对心灵有最具渗透力的影响。

在我们的时代，比起通过义务那与人类的不完善和在善中的进步相适应的枯燥严肃的表象来，人们更希望借助于温存的、心肠软的情感或者雄心勃勃的、头脑膨胀的、与其说使人心强健倒不如说使人心萎缩的僭妄，来对心灵产生更多的效果，在这样的时代对这种方法予以提示，就比任何时候都更为必要了。为儿童们树立一些行动，作为高尚的、慷慨的和可嘉的行动使之成为典范，以为通过灌输某种热忱就可以引起他们对这些行动的好感，这完全是违背目的的。因为既然他们在遵守最平常的义务上，甚至在正确地评判这些义务上还如此远远滞后，那么，这就等于要使他们及时地成为幻想家。但即便是在更有学问、更有经验的那部分人那里，这种臆想的动机对人心如果不是具有有害的作用的话，至少也不具有任何真正的道德作用，而人们本来却是想借此达成这种作用的。

一切**情感**，尤其是应当造成如此非同寻常的努力的情感，都必须在它们正猛烈的时刻而且在衰退之前发挥它们的作用，若不然，它们就做不出任何事情；因为人心将自然而然地退回到它的自然的、适度的生命运动，然后沉入到它此前特有的疲惫中去，因为被带给它的虽然是某种刺激它的东西，但却绝不是使它精力充沛的东西。**原理**必须被建立在概念上，在一切别的基础上都只能形成一些心血来潮，它们不能使人格获得任何道德价值，甚至也不能获得对自己本身的信心，而没有这种信心，对自己的道德意向和这样一种性格的意识，即人里面的至善，就根本不可能发生。现在，这些概念如果应当成为主观上实践的，就必须不再停留在道德的客观法则那里，以便惊赞并在与人性的关系中尊重这些法则，而是必须在与人和与人的个体的关系中来考察它们的表象；因为那个法则显现在一个虽然 〔158〕

极其值得敬重，但却不那么讨人喜欢的形象中，并不是好像属于他自然而然地习惯了的要素似的，反而是像要迫使他经常不是没有自我克制地放弃这一要素，而投身于一个更高的要素，在其中他惟有怀着对退步的不断忧虑才能费力地维持下去。一言以蔽之，道德法则要求出自义务；而不是出自偏爱来遵守，人们根本不能也不应当把偏爱当做前提条件。

现在，让我们在一个例子中看一看，在把一个行动表现为高尚的和慷慨的行动时，比起这个行动在与严肃的道德法则的关系中仅仅被表现为义务时，是否有一种动机的更多主观上的推动力。某人冒着极大的生命危险力图从沉船中救人，如果他最终在做这件事时丧失了自己的生命，那么，这行动虽然一方面被算做义务，但另一方面，而且绝大多数情况下也被算做可嘉的行动，然而，我们对这个行动的尊重就由于在这里显得受到某种损害的对自己的义务的概念而受到很大削弱。更具决定性的是为保卫祖国而慷慨捐躯，然而，自行地、不等命令就献身于这种意图，这是否也是如此完善的义务，对此却留有一些疑虑，而且该行动自身并不具有一个典范和推动人去仿效的全部力量。但如果这是不可免除的义务，对它的违反就自身而言并且不考虑人类的福祉就损害了道德法则，仿佛是践踏了道德法则的神圣性（这类义务人们通常称为对上帝的义务，因为我们在上帝里面所想的是实体中的神圣性的理想），那么，对于牺牲一切只会永远对我们的所有偏好中最深切的偏好具有价值的东西来遵守道德法则，我们就献上最完善不过的敬重，而且如果我们凭借这样一个例子能够确信，人的本性有能力超越自然只会永远在相反的动机上具有的一切而达到一个如此大的高度，那么，我们就发现自己的灵魂通过这样一个例子得到了加强和提升。**尤维纳利斯**在一种使读者鲜明地感受到在义务之为义务的纯粹法则中所蕴涵的动机之力量的强调中，表现了这样一个例子：

Esto bonus miles, tutor bonus, arbiter idem
Integer; ambiguae si quando citabere testis
Incertaeque rei, Phalaris licet imperet, ut sis 〔159〕
Falsus, et admoto dicet periuria tauro,
Summum crede nefas animam praeferre pudori
Et propter vitam vivendi perdere causas.
[要做一个好士兵，做一个好监护人，做仲裁者同样要
不偏不倚；一旦你被召来做证人
以决疑案，即使法拉里斯命令你
说假话，并拖来铜牛向你口授伪证，
你也深信罪孽就是舍荣誉而求生，
以及为活命而败坏生存的理由。]

如果我们可以把任何一种讨人喜欢的东西从可嘉的东西中带入我们的行动，那么，动机就已经与自重有所混淆了，因而就从感性方面获得了一些赞助。但惟有把一切都置于义务的神圣性的后面，并意识到人们**能够**这样做，乃是因为我们自己的理性承认这是它的命令，并且宣布人们**应当**这样做，这才叫做仿佛把自己完全提升到感官世界之上，而且在对法则的这同一种意识中也作为一种**控制感性的**能力的动机而与效果不可分割地相结合，尽管并不总是相结合，但通过经常关注这动机并对其应用作最初较小的尝试，效果毕竟也给自己的造就提供希望，以便在我们心中逐渐地产生对这动机的最大的，但却是纯粹的道德兴趣。

因此，这种方法采取如下的进程。**首先**，事情所涉及的仅仅是，使按照道德法则作出评判成为一件自然的，既伴随着我

们自己的自由行动也伴随着对他人的自由行动的观察的工作，并使之仿佛成为习惯，并通过人们首先追问行动是否客观上符合**道德法则**以及符合哪种道德法则，来磨砺这种评判；此际，人们把对仅仅给约束力提供一个**根据**的法则的注意与事实上本身就**有约束力**的法则（leges obligandi a legibus obligantibus [作出约束的法则与被约束的法则]）区别开来（例如，人们的**需要**所要求我的那种东西的法则，与人们的**权利**所要求我的那种东西的法则相对立，其中后者指定的是本质性的义务，前者指定的则是非本质性的义务），并教人把汇集在一个行动中的不同义务区别开来。注意力应当指向的另一点，是如下问题：行动是否也是（在主观上）**为了道德法则**而发生的，因而它不仅仅拥有作为行为的道德正确性，而且也拥有作为意向、按照准则的道德价值。现在毫无疑问，这种练习和由此产生的培养我们仅仅对实践事务作出判断的理性的意识，必定会逐渐
〔160〕地产生甚至对理性的法则，因而对道德上善的行动的某种兴趣。因为我们最终将慢慢喜欢上这样一种东西，对它的考察使我们感到我们认识能力的扩展了的应用，而尤其促成这种应用的是我们在其中发现道德正确性的东西；因为理性惟有在事物的这样一种秩序中，才能很好地适应自己先天地按照原则来规定什么事情应当发生的那种能力。然而，一个自然观察者最终会慢慢喜欢上起初令他的感官反感的对象，如果他在这些对象上揭示出它们的组织的重大合目的性，并如此使他的理性在观察这些对象方面得到享受的话，而莱布尼茨则爱惜地把他用显微镜仔细观察过的一只昆虫重新放回它的叶子上，因为他认为自己通过观看获得了教益，仿佛是从它身上享受了一件善行。

但是，判断力的这种让我们感觉到我们自己的认识能力的工作，还不是对行动及其道德性本身的兴趣。这种工作只是使得人们乐意以这样一种评判来消遣，并给予德性和按照道德法

则的思维方式以一种美的形式，这种形式令人惊赞，但还并不因此而被人寻求（laudatur et alget［他受到赞扬却感到发冷］）；就像所有那些东西一样，我们对它们的观察在主观上造就了对我们的各种表象能力的和谐的意识，而且在它们那里我们感觉到我们的全部认识能力都得到了加强，它们就产生出一种也能传达给别人的愉悦，此时客体的实存仍对我们来说是无所谓的，因为它只被视为觉察到我们心中那些才能的超出动物性之上的禀赋的诱因。但现在，**第二种**练习开始了自己的工作，亦即在借助例子生动地展示道德意向时使人注意到意志的纯洁性，首先只是作为意志的消极的完善性，是就一个出自义务的行动中根本没有任何偏好的动机作为规定根据对意志发生影响而言的；但这毕竟使初学者对自己的**自由**的意识保持注意，并且虽然这种放弃激起了最初的痛苦感觉，但却由于它使那个初学者摆脱了甚至真实的需要的强制，同时也就向他通报了对所有这些需要把他纠缠在其中的各种各样不满意的一种解放，并使心灵对于来自其他源泉的满意感也易于接受。如果在 〔161〕
相关例子已被摆出来的那些纯粹道德决定上，给人揭示出一种内部的，甚至通常根本不为他正确知道的能力，即**内在的自由**，也就是如此挣脱偏好的剧烈纠缠，以至于根本没有任何偏好，哪怕是最喜爱的偏好对我们现在应当利用我们的理性作出的决定产生影响，那么，人心就毕竟从任何时候都暗中压在它上面的重负中得到解放和减轻了。如果**只有我一个人**知道错误在我这一方，而且，尽管坦率地承认错误、提议作出赔礼道歉因虚荣心、自私、甚至对被我侵权的人通常并非不公正的反感而遇到如此巨大的反对，我还仍然能够把所有这些疑虑置之度外，那么在这一种情况中，就毕竟包含着对偏好、对机遇的一种独立性和对自我满足的可能性的意识，即便是在别的意图中，这种可能性对我来说也是处处有益的。而现在，义务的法则通过对它的遵守使我们感到的那种积极的价值，通过在对我们的自由的意识中**对我们自己的敬重**而找到了更方便的门路。如果这种敬重完全被建立起来了，如果没有任何东西比在内部的反省中在人自己的眼中觉得自己是可鄙的和下流的更强烈地使人感到害怕，那么，任何善良的道德意向都能够被嫁接在这种敬重上；因为这是防止心灵受不高尚的和堕落的冲动入侵的最好的，甚至是惟一的守卫者。

结束语

有两样东西，越是经常而持久地对它们进行反复思考，它们就越是使心灵充满常新而日益增长的惊赞和敬畏：**我头上的**
〔162〕**星空和我心中的道德法则**。我不可以把这二者当做遮蔽在黑暗中的或者在越界的东西中的，而在我的视野之外去寻求和纯然猜测它们；我看到它们在我眼前，并把它们直接与对我的实存的意识联结起来。前者从我在外部感官世界中所占有的位置开始，并把我处于其中的联结扩展到具有世界之上的世界、星系组成的星系的无垠范围，此外还扩展到它们的周期性运动及其开始和延续的无限时间。后者从我不可见的自我、我的人格性开始，把我展现在这样一个世界中，这个世界具有真正的无限性，但惟有对于知性来说才是可以察觉的，而且我认识到我与这个世界（但由此也就同时与所有那些可见世界）不是像在前者那里一样处于只是偶然的联结中，而是处于普遍的和必然的联结中。前面那个无数世界之集合的景象仿佛根除了我作为一个**动物性的造物**的重要性，这种造物在它短时间内（人们不知道是怎样）被配备了生命力之后，又不得不把它曾由以生成的物质归还给行星（宇宙中的一个纯然的点）。与此相反，后面这种景象则通过我的人格性无限地提升了我作为一个**理智**的价

值，在这种人格性中，道德法则向我启示了一种不依赖于动物性，甚至不依赖于整个感官世界的生活，至少是从凭借这个法则对我的存在的合目的的规定中可以得出的，这种规定并不局限于此生的条件和界限，而是无限延续的。

然而，惊赞和敬重虽然能够诱人去探索，但却不能弥补探索的缺陷。现在，为了以有用的和与对象的崇高相适合的方式来着手进行这种探索，应该做些什么呢？在这里，例子可以用做警告，但也可以用做效仿。对世界的考察曾经从人类的感官只能永远呈现、我们的知性则只能永远忍受在感官的广袤范围里去追踪的那种最壮丽的景象开始，而终止于——占星学。道德曾经是从人类本性中其发展和培养可望有无限好处的那种最高尚的属性开始，而终止于——狂热或者迷信。一切尚属粗糙的尝试情况都是这样，在这些尝试中，工作的最主要的部分都取决于理性的应用，这种应用并不像双脚的应用那样凭借经常的练习就将自行产生，尤其是当它涉及不能如此直接地在平常经验中展现的那些属性的时候。但是，无论多么迟，在对理性 〔163〕
打算采取的一切步骤都事先周密思考，并只让这些步骤在一种事先深思熟虑的方法的轨道上运行这一准则流行开来之后，对世界大厦的评判就获得了一个完全不同的方向，同时与这个方向一起获得了一个无比幸运的出发点。一块石头的降落、一个投石器的运动，在它们被分解成它们的各个要素和在此表现出来的力并经过数学处理之后，最终就产生出对世界结构的那种清晰的、对一切未来都不可改变的洞识，这个洞识在进一步的考察中可以希望永远只是扩展自身，但绝对不用担心不得不倒退回去。

上述例子能够建议我们在对待我们的本性的道德禀赋时同样选择这条道路，并给予我们达到类似的良好成果的希望。我们手头毕竟有在道德上作出判断的理性的一些例子。现在把这些例子分解成它们的要素概念，在缺乏**数学**时采用一种类似于**化学**的**离析**程序，即在对平常人类知性反复进行的实验中把可能存在于这些概念中的经验性的东西和理性的东西离析开来，这就能够使我们**纯粹地**辨识二者，并确定无疑地辨识每一个单独就能够提供的东西，这样就能够一方面预防一种尚属**粗糙的**、未经练习的评判的失误，另一方面（这更为必要得多）预防天才亢奋，由于这种**天才亢奋**，就像哲人之石的炼金术士们习惯于做的那样，不用任何方法上的研究和对自然的知识，就被许诺了梦想中的宝藏，但真正的宝藏却被挥霍掉了。一言以蔽之：科学（经过批判的寻求和方法上的引导）是导向**智慧学**的窄门，如果这种智慧学不仅被理解为人们应当**做**的事情，而且被理解为应当用做**教师们**的准绳的东西，以便妥善而明确地开辟那条每个人都应当走的通向智慧的道路，并保护别人不走歧路的话；这门科学，哲学在任何时候都必须依然是它的保管者，公众对它的玄妙的研究不感兴趣，但却对按照这样一种研究才能使他们真正恍然大悟的**学说**大感兴趣。

伊曼努尔·康德

1790年

判断力批判

1790 年

判断力批判

伊曼努尔·康德硕士

李秋零　译

前言 〔167〕

第一版，1790 年

人们可以把出自先天原则的认识能力称为**纯粹理性**，而把一般而言对纯粹理性的可能性和界限的研究称为纯粹理性批判；尽管人们只是把这种能力理解为在其理论应用中的理性，如同在第一部著作中也曾以那种称谓出现一样，当时还没有想把理性的能力作为实践理性来按照其特殊的原则而予以研究。在这种情况下，那种批判就仅仅关涉我们先天地认识事物的能力，因而仅仅讨论**认识能力**，而把愉快和不快的情感与欲求能力排除在外；在诸认识能力中则根据其先天原则来讨论**知性**，而把**判断力**和**理性**（作为同样属于理论认识的能力）排除在外，因为在这一进程中情况是，除了知性，没有别的认识能力能够提供先天的建构性认识原则。因此，其他认识能力中的每一种都会伪称出自自己的根源而对知识的现金资产拥有份额，按照这种份额对它们全都进行审理的批判，所留下的东西无非就是**知性**先天地当做法则，为作为显象之总和的自然所指定的东西（显象的形式同样是被先天地给予的）；但是，批判指点其他所有纯粹概念都居于理念之下，理念对于我们的理论认识能力来说是越界的，但在这方面却绝不是无用的或者可以缺少的，而是用做范导性的原则：一方面抑制知性的令人忧虑的僭妄，就好像它（由于它能够先天地指出它所能认识的所有事物的可能性的条件）由此也就一般而言把一切事物的可能性包括 〔168〕
在这些界限之内似的；另一方面为的是在考察自然时按照一条

知性尽管永远达不到的完备性原则来引导知性，并由此来促进一切知识的最终意图。

因此，真正说来是**知性**，就它包含着先天的建构性原则而言，拥有其自己的领域，确切地说是在**认识能力**中拥有，它应当通过一般地如此称谓的纯粹理性批判而针对其余一切追求者来确保他自己独占的财产。同样，惟有就**欲求能力**而言才包含着先天的建构性原则的**理性**，在实践理性批判中分得了自己的财产。

如今，在我们的认识能力的秩序中、在知性和理性之间构成一个中介环节的**判断力**，是否也独自拥有先天的原则；这些先天原则是建构性的还是纯然范导性的（因而不表明任何特有的领域），而且它是否会先天地把规则赋予作为认识能力和欲求能力之间的中介环节的愉快和不快的情感（正如知性为认识能力，而理性为欲求能力先天地指定法则那样），这就是目前的判断力批判所要讨论的。

对纯粹理性亦即我们根据先天原则作出判断的能力进行的批判，如果不把判断力独自作为认识能力也要求的判断力批判作为它的一个特殊部分来探讨的话，就会是不完备的；尽管判断力的诸原则在一个纯粹哲学体系中并不可以构成理论哲学和实践哲学之间的一个特殊部分，而是只能在必要时附带地加入双方中的任何一方。因为如果这样一个体系应当有朝一日以普遍的形而上学名义来实现的话（十分完备地做到这一点是可能的，而且对于理性在一切关系中的应用来说也是极为重要的），那么，批判就必须事先对这座大厦的地基作出如此深的探查，直到不依赖于经验的诸原则之能力的最初基础所在的位置，以便大厦不在任何一个部分上沉陷，这沉陷是会不可避免地导致整体的坍塌的。

〔169〕但是，人们从判断力的本性（判断力的正确应用是如此必

然和普遍地不可缺少，因而健全知性这一名称所指的不是别的什么东西，而恰恰就是这种能力）中轻而易举地就能够得出，要找出判断力的一条特有的原则，这必定伴随着巨大的困难（因为任何一条特有的原则，它都必须先天地包含在自身之中，若不然，它就不会作为一种特殊的认识能力而本身经受最普通的批判了），尽管如此，这原则也必须不是从先天概念推导出来的；因为这些概念属于知性，而判断力仅仅关涉知性的运用。因此，判断力应当自己指出一个概念，通过这概念真正说来没有任何事物被认识，而是这概念仅仅充当判断力的规则，但不是充当判断力能够使自己的判断与之适合的一个客观规则，因为这就会又需要另一种判断力，以便能够裁决该判断是否合规则的胃口。

由于一条原则（不管它是一条主观的还是客观的原则）而导致的这种困境，主要出现在人们称为审美的、与自然或者艺术的美者和崇高者相关的评判中。而尽管如此，对判断力在这些评判中的一条原则的批判性研究，却是对这种能力的一个批判的最重要的部分。因为尽管这些评判单凭自身对于认识事物没有丝毫贡献，但它们毕竟是只属于认识能力的，并且表明这种能力根据某一条先天原则而与愉快或者不快的情感有一种直接的关系，并不与能够是欲求能力的规定根据的东西相混淆，因为欲求能力是在理性的概念中有其先天原则的。——但是，就对自然的逻辑评判而言，在经验提出事物的一种合法则性、而关于感性东西的普遍知性概念不再足以理解或者解释这种合法则性，而且判断力从自身中能够得出自然事物与不可认识的超感性东西之关系的一种原则，也必须仅仅着眼于自身而使用这原则来认识自然的地方，这样一条先天原则虽然能够并且必须被运用于**认识**世间存在者，同时开启对实践理性有利的前景；但是，它与愉快和不快的情感并没有任何直接的关系，这

种关系恰恰是判断力的原则中的难解之点，它使得有必要在批
〔170〕判中为这种能力划出一个特殊的部分，因为按照概念（从概念中永远不能直接推论到愉快和不快情感）作出的逻辑评判至多能够附属在哲学的理论部分连同对它的一种批判性限制上。

既然对作为审美判断力的鉴赏能力的研究在这里不是为了陶冶和培养鉴赏（因为这种陶冶和培养即使没有迄今和以后的所有这样的研究也将进行下去），而纯然是在先验的意图中进行的，所以，我自以为这一研究就缺乏那种目的而言也将受到宽容的评判。但就先验的意图来说，它必须做好准备经受最严厉的检验。然而我希望，即便在这里，解决一个如此纠缠着自然的问题的巨大困难也可以用来为在解决这个问题时的某些不能完全避免的模糊性作出辩解，只要足够清楚地说明，原则已被正确地指出；假如由此推导出判断力这种现象的方式不具有人们在别的地方，亦即对于根据概念的认识所能够正当地要求的所有那些明晰性，则我相信在这部著作的第二部分中也达到了这种明晰性。

因此，我以此结束我的全部批判工作。我将毫不迟疑地着手学说的工作，以便尽可能地为我日增的年龄再争取到对此还算有利的时间。不言而喻的是，对于判断力来说，这里没有一个特殊的部分，因为就判断力而言，效力的是批判而不是理论；相反，根据哲学被划分为理论哲学和实践哲学以及纯粹哲学被划分为同样两个部分，将是自然的形而上学和道德的形而上学来构成学说的工作。

导论 〔171〕

一、哲学的划分

如果就哲学通过概念包含着对事物的理性认识的诸原则（不纯然像逻辑学那样包含着一般思维的形式的诸原则而不问客体的区别）而言，像通常那样把哲学划分为**理论哲学**和**实践哲学**，那么，人们做得完全正确。但在这种情况下，为这种理性认识的诸原则指定了它们的客体的那些概念，就必定是在类上不同的，因为若不然，它们就没有理由被划分开来，划分在任何时候都以分属一门科学的不同部分的理性认识之诸原则的一种对立为前提条件。

但是，只有两种概念，它们允许其对象的可能性有同样多的不同原则：这就是各个**自然概念**和那个**自由概念**。现在，既然前者使一种按照先天原则的**理论**知识成为可能，而后者就前者而言在其概念中就已经只带有一个否定的原则（纯然的对立的原则），与此相反对于意志的规定则建立起扩展的原理，这些原理因而叫做实践的，所以，哲学正当地被划分为两个在原则上完全不同的部分，被划分为作为**自然哲学**的理论哲学和作为**道德哲学**的实践哲学（因为理性根据自由概念所作的实践的立法就是被这样称谓的）。但迄今为止，为了划分不同的原则，并与这些原则一起也划分哲学，流行着对这些术语一种巨大的滥用：因为人们把按照自然概念的实践与按照自由概念的实践当做一回事，并如此在理论哲学和实践哲学这些相同的称谓下 〔172〕
进行了一种划分，通过这种划分事实上什么也没有划分开来

（因为两个部分能够拥有同一些原则）。

也就是说，作为欲求能力的意志，是世界上多种多样的自然原因中的一种，亦即按照概念起作用的那种自然原因；凡是被表现为通过一个意志而可能（或者必然）的东西，都叫做实践上可能的（或者必然的）；与一个结果的物理学的可能性或者必然性不同，后者的原因不是通过概念（而是像在无生命的物质那里通过机械作用，而在动物那里则通过本能一样）被规定为因果性的。——在这里，如今就实践而言尚未规定的是：给意志的因果性提供规则的概念是一个自然概念，还是一个自由概念。

但后一种区别是根本性的。因为如果规定因果性的概念是一个自然概念，那么，诸原则就是**技术实践的**；但如果它是一个自由概念，那么，诸原则就是**道德实践的**；而由于在一门理性科学的划分中，事情完全取决于对象的那种需要不同的原则来认识的不同，所以，前一类原则就属于理论哲学（作为自然学说），后一类原则却完全独立地构成第二部分，亦即（作为道德学说的）实践哲学。

一切技术实践的规则（亦即艺术和一般技巧的规则，或者也有作为对人及其意志施加影响的一种技巧的明智的规则），就它们的原则基于概念而言，必须只被算做理论哲学的补充。因为它们仅仅涉及事物按照自然概念的可能性，属于自然概念的，不仅有为此可以在自然中找到的手段，而且甚至有意志（作为欲求能力，因而作为自然能力），这是就它能够由自然的动机按照那些规则来规定而言的。不过，这样的实践规则并不叫做法则（例如像物理学的法则那样），而是仅仅叫做规范；确切地说之所以如此，乃是因为意志并不纯然服从自然概念，而是也服从自由概念，它的诸原则与自由概念相关时就叫做法则，并且连同其推论构成了哲学的第二部分，亦即实践的部分。

因此，就像纯粹几何学问题的解决并不属于几何学的一个特殊的部分，或者土地丈量术配不上一门与纯粹几何学有别的 〔173〕 实践几何学的名称而作为一般几何学的第二部分一样，实验或者观察的机械艺术或者化学艺术就同样不可以，而且更不可以被视为自然学说的一个实践部分，最后，家庭经济、地区经济、国家经济，交往艺术，饮食学的规范，且不说普遍的幸福学说，甚至就连为了幸福学说的目的对偏好的抑制和对激情的约束也不说，都不可以被算做实践哲学，或者这些东西根本不构成一般哲学的第二部分；因为它们全都仅仅包含技巧的规则，这些规则因而只是技术实践的，为的是产生一种按照原因和结果的自然概念而有可能的结果，这些自然概念既然属于理论哲学，就服从作为出自理论哲学（自然科学）的纯然补充的那些规范，因而不能要求在一种被称为实践哲学的特殊哲学中有任何位置。与此相反，完全建立在自由概念之上、完全排除意志的出自自然的规定根据的那些道德实践的规范，则构成规范的一种完全特殊的方式；它们也像自然所服从的那些规则一样，绝对叫做法则，但却不像后者那样基于感性的条件，而是基于一个超感性的原则，并且在哲学的理论部分之外完全独立地要求一个另外的部分，名叫实践哲学。

由此可见，哲学所提供的实践规范的总和，之所以构成哲学的一个被置于理论部分旁边的特殊部分，并不是由于这些规范是实践的；因为即使它们的原则完全取自自然的理论知识（作为技术上实践的规则），它们也能够是实践的；而是由于它们的原则根本不是借自永远以感性为条件的自然概念，从而是基于惟有自由概念才通过形式的法则使之可以辨识的超感性东西的，所以是道德实践的，亦即不纯然是这种或者那种意图中的规范和规则，而且无须与目的和意图先行发生关系就已是法则；而且如果是这样，那总和就构成哲学的一个特殊部分。

〔174〕

二、一般哲学的领域

先天概念在多大的范围具有其运用，我们的认识能力根据原则的应用所达到的范围就有多大，从而哲学达到的范围就有多大。

但是，那些概念为了尽可能地实现对象的某种知识而与之发生关系的一切对象的总和，可以根据我们的认识能力对这种意图不同的胜任或者不胜任来进行划分。

概念如果与对象发生关系，无论对于这些对象的一种知识是否可能，就都拥有自己的疆场，这个疆场纯然是按照它们的客体与我们的一般认识能力所具有的关系来规定的。——这个疆场的那个我们可能有所认识的部分，就是这些概念和为此所需要的认识能力的一个地域（territorium）。这个地域的那个由这些概念在其上立法的部分，就是这些概念和它们该有的认识能力的领域（ditio）。因此，经验概念虽然在作为一切感官对象之总和的自然中拥有自己的地域，但却没有领域（而是只有其居留地，domicilium）；因为它们虽然被合法地生成出来，但却不是立法的，相反，基于它们的规则都是经验性的，因而是偶然的。

我们的全部认识能力有两个领域，即诸自然概念的领域和自由概念的领域；因为认识能力是通过这两者而先天地立法的。现在，哲学也按照这一点分为理论哲学和实践哲学。但是，哲学的领域建立于其上和哲学的立法**施行**于其上的这个地域，却永远只是一切可能经验的对象之总和，只要这些对象仅仅被当做纯然的显象；因为若不是这样，知性就这些对象而言的立法就会是不可设想的。

通过自然概念来立法，这是通过知性发生的，并且是理论的。通过自由概念来立法，这是由理性而发生的，并且是纯然实践的。不过惟有在实践中，理性才能是立法的；就（自然的）理论知识而言，它只能（作为凭借知性而精通法则的）从所立的法中通过推理而得出结论，这些结论毕竟永远只停留在 〔175〕 自然那里。但反过来，如果规则是实践的，理性却并不因此马上就是**立法的**，因为这些规则也可能是技术实践的。

因此，知性和理性在经验的同一个地域上有两种不同的立法，一种立法不可以损害另一种立法。因为自然概念对于通过自由概念的立法没有影响，同样，自由概念也不干扰自然的立法。——至少无矛盾地设想两种立法以及属于它们的能力在同一个主体中的共存，其可能性是《纯粹理性批判》所证明的，《纯粹理性批判》通过揭示反对的理由中的辩证幻相而摧毁了这些反对的理由。

但是，这两个虽然不在其立法上，但毕竟在其感官世界中的作用上不停地相互限制的不同领域，却构不成**一个东西**，其原因在于：自然概念虽然在直观中表现其对象，但却不是将之表现为物自身，而是表现为纯然的显象；与此相反，自由概念在它的客体中虽然表现物自身，但却不是在直观中表现的，因而双方没有一方能够获得关于自己的客体（甚至关于能思维的主体）作为物自身的一种理论知识，这物自身将会是超感性的东西，人们虽然必须把关于它的理念作为经验那一切对象的可能性的基础，但却永远不能把这理念本身提升和扩展为一种知识。

因此，对于我们全部的认识能力来说，有一个不受限制的、但也不可接近的疆场，这就是超感性东西的疆场，在其中我们为自己找不到任何地域，因而在它上面既不能为知性概念也不能为理性概念拥有一个用于理论认识的领域；这个疆场，我们虽然为了理性的理论应用和实践应用而必须用理念去占领，但我们在与出自自由概念的法则的关系中能够使这些理念获得的，却无非是实践的实在性，据此，我们的理论知识丝毫也没有由此扩展到超感性的东西上面去。

现在，虽然在作为感性东西的自然概念领域和作为超感性〔176〕东西的自由概念领域之间强化了一道明显的鸿沟，以至于从前者到后者（因而凭借理性的理论应用）不可能有任何过渡，就好像这是两个不同的世界，前一个世界不能对后一个世界有任何影响似的；但是，后一个世界毕竟应当对前一个世界有影响，也就是说，自由概念应当使通过它的法则所提出的目的在感官世界中成为现实；因此，自然必须也能够这样来设想，即它的形式的合法则性至少与要在它里面造就的目的按照自由法则的可能性相协调。——所以，毕竟必须存在着作为自然之基础的超感性东西与自由概念实践上所包含的东西的**统一性**的某种根据，这个根据的概念虽然既没有在理论上也没有在实践上达到对这个根据的一种认识，因而不拥有特有的领域，但却仍然使按照一方的原则的思维方式向按照另一方的原则的思维方式的过渡成为可能。

三、作为哲学的这两个部分结合成为一个整体的手段的判断力批判

就认识能力能够先天地提供的东西而言对这些认识能力进行的批判，真正说来在客体方面不拥有任何领域；因为它不是任何学说，而仅仅是要研究，按照我们的能力现有的情况，一种学说通过这些能力是否以及如何是可能的。这个批判的疆场伸展到这些能力的一切僭妄之上，以便把它们置于它们的合法性的界限之内。但是，不能进入哲学的划分之中的东西，却有

可能作为一个主要部分进入对一般纯粹认识能力的批判中来，也就是说，如果它包含着一些自身既不适合于理论应用也不适合于实践应用的原则的话。

包含着一切先天的理论知识之根据的自然概念基于知性的立法。——包含着一切无感性条件的先天实践规范之根据的自由概念基于理性的立法。因此，这两种能力除了按照逻辑形式能够被运用于不论何种起源的原则上之外，还每一个都按照内容有其自己的立法，在这立法之上没有别的（先天的）立法，〔177〕
因而这种立法就论证了把哲学划分为理论哲学和实践哲学的理由。

不过，在高等认识能力的家族中毕竟还有知性和理性之间的一个中间环节。这就是**判断力**，关于它人们有理由按照类比来猜测，它即便不可以先天地在自身包含着一种自己的立法，但却同样可以先天地在自身包含着一条它所特有的寻求法则的原则，也许是一条纯然主观的原则。这个原则虽然不应有任何对象疆场作为它的领域，但毕竟能够拥有一个地域，而对于该地域的某种性状来说，恰恰惟有这条原则才会有效。

但为此，还（按照类比来判断）有一个新的根据，来把判断力与我们的表象能力的另一种秩序联结起来，比起与认识能力家族的亲缘关系，这种联结看起来具有还要更大的重要性。因为一切灵魂能力或者机能都可以被回溯到这三种不能再从一个共同根据推导出来的能力：**认识能力、愉快和不快的情感**和**欲求能力**。[①] 对于认识能力来说，惟有知性是立法的，如果认识〔178〕

① 对于人们作为经验性原则来使用的那些概念，如果人们有理由猜测它们与先天的纯粹认识能力有亲缘关系，那么，由于这种关系而尝试对它们作出一种先验的定义，是有益处的；也就是说，通过纯粹的

能力（如它不与欲求能力相混淆而被单独考察时也必定发生的

范畴来定义，只要仅仅这些范畴就已经充分地说明眼前的概念与其他概念的区别。在这里，人们遵循的是数学家的榜样，数学家让自己的课题的经验性材料尚不确定，而只是把它们在这个课题的纯粹综合中的关系置于纯粹算术的概念之下，并由此使该课题的解决普遍化。——人们曾由于一个类似的程序（《实践理性批判》前言，16 页）而指责我，并指责我对欲求能力的定义，即**凭借其表象而是这些表象的对象之现实性的原因的能力**；因为据说纯然的愿望毕竟也是欲求，但对此每一个人都告诉自己，他仅仅凭借这些愿望是不能产生出它们的客体的。——但这无非是证明了，在人心中也有一些使他自己与自己相矛盾的欲求，因为他仅仅凭借自己的表象就致力于产生客体，但他却不能指望这表象有什么成果，因为他意识到，他的机械力量（如果我可以这样称谓非心理学的力量的话）必须由那个表象来规定，以便（因而是间接地）产生出客体，但这些力量要么不充分，要么所关涉的根本就是不可能之事，例如使发生了的事不曾发生（O mihi praeteritos, etc. ［哦，要是……把逝去的年华送还给我就好了］），或者在焦急的等候中能够取消直到期待的那个瞬间到来的中间时间。——尽管我们在这样一些幻想的欲求中意识到我们的表象不足以（或者根本不适合于）成为它们的对象的原因，但毕竟在每一个愿望中都包含有这些对象的关系作为原因，因而包含着它们的**因果性**的表象，在这个愿望是一种情绪，亦即是**渴望**的时候，这一点就尤其明显。因为这些幻想的欲求由此证明，它们使人心膨胀和萎缩，并如此耗尽力量，以至于这些力量通过表象而反复地紧张起来，但却让心灵在考虑到不可能性时不断地又沉沦回到疲惫中去。甚至对避开巨大的、就人们所看出而言无法避免的灾祸的祈求，以及为达到以自然的方式不可能的目的而采取的诸多迷信的手段，都证明了表象与其客体的因果关系，这种因果关系甚至不能由于意识到不足以达到努力的效果而被阻挡。——但是，为什么在我们的本性中被置入了对有意识地为空的欲求的这种癖好，这是一个人类学上的目的论问题。看起来，如果直到我们确保我们的能力足以产生一个客体之前，我们都不应当被规定去使用力量的话，这些力量在大多数情况下就会依然未曾使用。因为通常我们惟有通过尝试自己的力量才认识自己的力量。因此，在空的愿望中的这种错觉只不过是我们的本性中的一种善意安排的结果罢了。

那样）作为一种理论认识的能力与自然发生关系的话，惟有就自然（作为显象）而言，我们才有可能通过先天的自然概念来立法，而先天的自然概念真正说来也就是纯粹的知性概念。——对于作为一种依据自由概念的高级能力的欲求能力来说，惟有理性（自由概念惟有在理性中才成立）才是先天地立法的。——现在，在认识能力和欲求能力之间所包含的是愉快的情感，就像在知性和理性之间所包含的是判断力一样。因此，至少暂时可以猜测，判断力同样独自包含着一个先天原则，而且既然与欲求能力必然结合在一起的是愉快或者不快的情感（无论愉快或者不快是像在低级的欲求能力那里一样先行于这种能力的原则，还是像在高级的欲求能力那里一样只是从道德法则对这能力的规定中产生出来），判断力同样将造成从纯粹的认 〔179〕
识能力，亦即从自然概念的领域向自由概念的领域的一种过渡，就像它在逻辑应用中使得从知性向理性的过渡成为可能一样。

因此，即使哲学只能被划分为两个主要部分，亦即理论哲学和实践哲学，即使我们关于判断力自己的原则有可能说出的一切在哲学中都必须被算做理论的部分，亦即被算做依据自然概念的理性知识，然而，必须在着手建立那个体系之前就为了它的可能性而澄清这一切的纯粹理性批判，毕竟是由三个部分构成的：纯粹知性批判、纯粹判断力批判和纯粹理性批判，这些能力之所以被称为纯粹的，乃是因为它们是先天地立法的。

四、作为一种先天地立法的能力的判断力

一般判断力是把特殊的东西当做包含在普遍的东西之下、来对它进行思维的能力。如果普遍的东西（规则、原则、法则）被给予了，那么，把特殊的东西归摄在普遍的东西之下的判断力（即使它作为先验的判断力先天地指明了诸条件，惟有

依据这些条件才能被归摄在那种普遍的东西之下）就是**规定性的**。但如果只有特殊的东西被给予了，判断力为此必须找到普遍的东西，那么，这种判断力就纯然是**反思性的**。

规定性的判断力从属于知性提供的普遍的先验法则，它只是归摄的；法则对它来说是先天地预先确定下来的，因此它不必为自己想到一条法则，以便能够把自然中的特殊的东西置于普遍的东西之下。——然而，自然有如此多种多样的形式，仿佛是普遍的先验自然概念有如此之多的变异，它们通过纯粹知性先天地立的那些法则依然未得到规定，因为这些法则仅仅一般而言地关涉一个自然（作为感官的对象）的可能性，但这
〔180〕样，对于这些变异就也必须有一些法则，这些法则虽然作为经验性的法则按照**我们**知性的洞识来看可能是偶然的，但如果它们应当叫做法则的话（就像一个自然的概念也要求的那样），就必须从杂多之统一性的一个尽管不为我们所知的原则出发被视为必然的。——反思性的判断力的职责是从自然中的特殊的东西上升到普遍的东西，因此它需要一个原则，它不能从经验借来这个原则，因为这原则恰恰应当为一切经验性的原则在同样是经验性的、但却更高的原则之下的统一性提供根据，因而为这些原则相互之间的系统隶属的可能性提供根据。因此，这样一个先验原则，反思性的判断力只能当做法则自己给自己确立，不能从别处拿来（因为若不然，它就会是规定性的判断力了），也不能指定给自然，因为关于自然法则的反思取决于自然，而自然并不取决于我们力图去获得一个就这些法则而言完全是偶然的自然概念所依据的那些条件。

现在，这个原则不可能是别的，而只能是：既然普遍的自然法则的根据在我们的知性里面，所以知性把这些法则指定给自然（虽然只是按照自然之为自然的普遍概念），而特殊的经验性法则，就其中通过那些普遍的自然法则依然未得到规定的

东西而言，必须按照这样一种统一性来考察，就好像同样有一个知性（即便不是我们的知性）为了我们的认识能力而给予了这种统一性，以便使一个按照特殊的自然法则的经验体系成为可能似的。这并不是说好像必须以这种方式现实地假定一个这样的知性（因为这只是反思性的判断力，这个理念把它用做原则，是为了反思，而不是为了规定）；相反，这种能力由此是给自己立法，而不是给自然立法。

现在，由于关于一个客体的概念，只要同时包含着这个客体的现实性的根据，就叫做目的，而一个事物与各种事物的那种惟有按照目的才有可能的性状的协调一致，就叫做该事物的形式的**合目的性**，所以，判断力的原则就服从一般经验性法则的那些自然事物的形式而言，就是**自然**在其杂多性中的**合目的性**。也就是说，自然通过这个概念被如此表现，就好像有一个 〔181〕
知性包含着它的经验性法则的杂多之统一性的根据似的。

因此，自然的合目的性是一个特殊的先天概念，它仅仅在反思性的判断力中有其起源。因为人们不能这样把某种东西当做自然在自然产品上与目的的关系来赋予自然产品，而只能运用这个概念，就显象在自然中按照经验性法则已给出的那种联结而言来反思自然。这个概念与（人类艺术的，或者也有道德的）实践的合目的性也是完全不同的，尽管它是按照与后者的类比而被思考的。

五、自然的形式合目的性的原则是判断力的一个先验原则

一个先验的原则，就是借以表现事物惟有在其下才能成为我们知识的一般客体的那种普遍先天条件的原则。与此相反，一个原则如果表现的是其概念必须被经验性地给予的客体惟有

在其下才能被先天地进一步规定的条件，就叫做形而上学的。于是，物体作为实体和作为可变实体，其知识的原则如果表达的是它们的变化必定有一个原因，那这个原则就是先验的；但是，如果它表达的是它们的变化必定有一个**外部的**原因，那这个原则就是形而上学的。因为在前一种场合里，物体惟有通过本体论的谓词（纯粹知性概念），例如作为实体，才可以被思维，以便先天地认识这个命题；但在第二种场合里，一个物体（作为空间中的一个运动物）的经验性概念必须被当做这个命题的基础，但在这种情况下，后面这个谓词（仅仅通过外部原因而有的运动）应当归于物体，这却是完全能够先天地看出的。——这样，正如我马上就要指出的，自然（在其经验性法则的杂多性之中）的合目的性的原则就是一个先验的原则。因为客体只要被思考为服从这个原则的，其概念就只是可能经验〔182〕知识的一般对象的纯粹概念，而不包含任何经验性的东西。与此相反，必须在一个自由**意志**的**规定**的理念中来思考的那种实践的合目的性的原则，却会是一个形而上学的原则，因为作为一个意志的一种欲求能力的概念毕竟必须经验性地被给予（不属于先验的谓词）。但是，这两种原则仍然都不是经验性的，而是先天的原则，因为为了把谓词与它们判断中的主体的经验性概念结合起来，并不需要任何其他的经验，相反，那种结合是完全能够先天地看出的。

自然的一种合目的性的概念属于先验的原则，这一点，人们可以从判断力的那些被先天地当做自然研究之基础的准则中充分地看出来，这些准则仍然只关涉经验的可能性，因而是自然的知识的可能性，但不仅仅是作为一般的自然，而是作为通过特殊法则的一种杂多性来规定的自然。这些准则作为形而上学智慧的格言，借人们不能从概念出发来阐明其必然性的一些规则的机会，足够经常地、但只是分散地出现在这门科学的进程中。“自然取最短之路（lex parsimoniae［节俭律］）；但自然并不飞跃，无论是在其变化的序列中，还是在种类不同的形式的编排中（lex continui in natura［自然中的连续律］）；尽管如此，自然在经验性法则中的巨大的杂多性，却是少数原则之下的统一性（principia praeter necessitatem non sunt multiplicanda［如无必要，勿增原则］）”；如此等等。

但是，如果人们想指明这些原理的起源，并沿着心理学的途径来尝试这样做，那么，这是完全违背这些原理的意思的。因为它们所说的，并不是有什么事情发生，亦即我们的认识能力按照什么规则现实地推进自己的游戏，以及它如何被判断，而是它应当如何被判断；而在这里，如果原则纯然是经验性的，这种逻辑上的客观必然性就不会出现。因此，对于我们的认识能力及其应用来说，明显地从这些认识能力中闪现出来的自然的合目的性就是判断的一个先验原则，因而也需要一个先验的演绎，如此作判断的根据必须借助这个演绎到先天的知识源泉中去寻找。

也就是说，在一个经验的可能性的诸根据中，我们首先找到的是某种必然的东西，亦即普遍的法则，没有它们，一般的 〔183〕
自然（作为感官的对象）就不能被思维；而这些法则是基于范畴，被运用于一切我们可能有的直观的形式条件之上的，只要这些直观同样是先天地被给予的。在这些法则之下，判断力就是规定性的；因为它要做的无非就是在被给予的法则之下进行归摄。例如，知性说一切变化都有其原因（普遍的自然法则）；先验的判断力现在要做的，无非就是指明在已提交的知性概念之下进行归摄的条件，而这就是同一个事物的诸规定的演替。对于一般自然（作为可能经验的对象）来说，那条法则就被认为是绝对必然的。——但现在，经验性知识的对象除了那个形式的时间条件之外还以诸多方式被规定，或者就人们能够先天地作出判断而言是可被规定的，以至于种类不同的自然除了它们都属于一般自然而共有的东西之外，还能够以无限多样的方式成为原因；这些方式中的每一种都（按照一般原因的概念）有其自己的规则，这个规则就是法则，因而带有必然性，尽管我们按照我们认识能力的性状和限制根本看不出这种必然性。因此，我们必须在自然中就其纯然经验性的法则而言来思维无限多样的、对于我们的见识来说仍然是偶然的（不能被先天地认识到的）经验性法则的一种可能性；而且就它们而言，我们把根据经验性法则的自然统一性和经验（作为根据经验性法则的体系）的统一性的可能性评判为偶然的。但是，由于毕竟必须必然地预设和假定这样一种统一性，若不然，就不会出现使经验性知识成为一个经验整体的普遍联系了，因为普遍的自然法则虽然按照事物作为一般自然物的类提供了事物中间的这样一种联系，但却不是特别地按照其作为这样一些特殊的自然存在者的类提供的，所以，判断力为了其自己的应用，必须假定这一点是先天原则，即特殊的（经验性的）自然法则中对人的见识来说偶然的东西，在把它们的杂多结合成为一个就自身而言可能的经验时，仍然包含着一种对我们来说虽然无法探究、
〔184〕但毕竟可以思维的合法则的统一性。因此，由于合法则的统一性是在一个我们虽然按照某种必然的意图（知性的某种需要）、但同时毕竟是当做就自身而言偶然的来认识的结合中被表现为诸客体（在这里就是自然）的合目的性的，所以，就服从可能的（尚待揭示的）经验性法则的事物而言纯然是反思性的判断力，必须就这些法则而言按照对我们的认识能力来说的一个**合目的性原则**去思维自然，这原则也就被表述在判断力的上述准则中。现在，自然的合目的性这个先验概念既不是一个自然概念，也不是一个自由概念，因为它根本没有把任何东西赋予客体（自然），而是仅仅表现着我们关于一个普遍关联着的经验

而对自然的对象作出反思时必须如何行事的惟一方式，因而表现着判断力的一个主观原则（准则）；因此，如果我们在纯然经验性的法则中找到这样一种系统的统一性，我们也感到高兴（真正说来是了结了一种需要），就好像这是一个幸运的、对我们的意图有利的巧合似的；尽管我们必须必然地假定，它是这样一种统一性，我们毕竟不能看出和证明它。

为了确信对眼前概念的这个演绎的正确性和假定这个概念是先验认识原则的必要性，人们只须考虑到这一任务的重大：使一个或许包含着无限多样的经验性法则的自然之被给予的诸知觉成为一个有关联的经验，这个任务是先天地处在我们的知性之中的。知性虽然先天地拥有自然的普遍法则，没有这些法则，自然根本不能是一个经验的任何对象，但是，知性除此之外毕竟也还需要自然在其特殊的规则中的某种秩序，这些规则只能经验性地为知性所认识，而且它们就知性而言是偶然的。没有这些规则，就不会有从一般可能经验的普遍类比向特殊类比的进展，知性必须把这些规则设想为法则（亦即设想为必然的），因为若不然，它们就不会构成任何自然秩序；尽管知性并不认识或者能够在某个时候看出它们的必然性。因此，尽管知性就它们（客体）而言不能先天地规定任何东西，它却必须 〔185〕
为了探究这些经验性的所谓法则，而把一个先天原则，亦即按照这些法则自然的一种可认识的秩序是可能的，奠定为关于自然的一切反思的基础，而表述这同一个原则的是如下的命题：在自然中类和种有一种我们能够把握的隶属关系；那些类和种又按照一个共同的原则而相互接近，以便一个向另一个的过渡并由此向更高的类的过渡成为可能；既然必须为诸自然结果在类上的差异假定同样多不同种类的因果性，这对于我们的知性来说一开始就显得是不可避免的，所以，它们仍然可以服从少数原则，而我们则必须致力于搜寻这些原则；如此等等。自然与我们的认识能力的这种协调一致，是判断力为了自己按照其经验性法则对自然作出反思而先天地预设的，因为知性同时在客观上承认它是偶然的，而惟有判断力才把它当做先验的合目的性（与主体的认识能力相关）赋予了自然；因为我们没有这个预设，就不会有自然按照经验性法则的任何秩序，因而对于应当按照其一切多样性来对待这些规律的经验和自然研究来说就不会有任何导线了。

因为完全可以设想，无论自然事物按照普遍的法则如何齐一，没有这种齐一，经验知识的一般形式就根本不会出现，但自然的诸经验性法则连同其作用在类上的差异却仍可能如此巨大，以至于对于我们的知性来说，不可能在自然中揭示出一种可理解的秩序，把自然的产物划分为类和种，以便把对一个自然产物的解释和理解的原则也运用于对另一个自然产物的解释和把握，并使一种对我们来说如此混乱的（真正说来只是无限杂多的、不适合于我们的理解能力的）材料成为一个有关联的经验。

因此，判断力对于自然的可能性来说也有一个先天原则，但只是在自身的主观考虑中，判断力借此不是给自然指定法则（作为自律），而是为了对自然的反思而给它自己指定法则（再
〔186〕自律），人们可以把这法则称为在自然的经验性法则方面**自然的特殊化**法则，这一法则不是判断力先天地在自然身上认识到的，而是它为了自然的一种可以为我们的知性所认识的秩序，在它关于其普遍的法则所做的划分中，当它要使特殊法则的一种多样性隶属这些普遍法则时所假定的。因此，如果人们说：自然按照对我们的认识能力来说的合目的性原则，也就是说，为了在其必要的工作上适应人类的知性，即为知觉呈现给它的特殊的东西找到普遍的东西，并为不同的东西（虽然对于每一个属来说是普遍的东西）又找到在原则的统一性中的联结，使自己的普遍法则特殊化，那么，人们由此既没有给自然指定一

个法则，也没有通过观察从自然学到一个法则（尽管那个原则可以通过这种观察得到证实）。因为它不是规定性的判断力的一个原则，而纯然是反思性的判断力的一个原则；人们只是希望，自然尽可以随意地按照自己的普遍原则建立起来，人们却绝对必须按照那个原则和建立在它上面的那些准则去探究自然的经验性法则，因为我们惟有在那个原则成立的范围内才能凭借运用我们的知性而在经验中前进并获取知识。

六、愉快情感与自然合目的性概念的结合

自然在其特殊法则的多样性中与我们要为它找出原则的普遍性的需要的协调一致，按照我们的一切见识来说都必须被评判为偶然的，但对我们的知性需要来说毕竟仍然是不可缺少的，因而是自然与我们的仅仅指向知识的意图协调一致所凭借的合目的性。——知性的普遍法则同时是自然的法则，它们对于自然来说与物质的运动法则一样是必要的（尽管是出自自发性）；而它们的产生也不凭借我们的认识能力以任何意图为前提条件，因为我们惟有通过它们才首先对什么是事物（自然）的知识获得一个概念，而且这些法则是应当必然地归于作为我 〔187〕
们认识的一般客体的自然的。然而，自然依据其特殊的法则的秩序，无论有怎样超出我们的把握能力的、至少可能的多样性和不同类性，毕竟还是现实地适合这种把握能力的，这一点，就我们能够看出的而言，是偶然的；而找出这种秩序，是我们的知性的工作，它被有意地引向知性的一个必然的目的，即把诸原则的统一性带进自然；在这种情况下，判断力必须把这个目的赋予自然，因为知性在这方面不能给自然指定任何法则。

任何意图的实现都与愉快情感相结合；如果实现的条件是一个先天表象，就像在这里是反思性的判断力的一个一般原则

那样，那么，愉快情感也就是通过一个先天根据被规定的，而且这规定对每个人都有效；确切地说是仅仅通过客体与认识能力的关系被规定的，合目的性概念在这里丝毫不考虑欲求能力，因而与自然的一切实践的合目的性完全有别。

事实上，既然我们没有、也不可能从知觉与依据普遍自然概念（范畴）的法则的吻合中发现对我们心中的愉快情感的丝毫作用，因为知性在这里是无意地按照其本性而必然行事的，那么另一方面，发现两个或者更多经验性的异质自然法则在一个包含着它们两者的原则之下的一致性，就是一种十分明显的愉快的根据，常常甚至是一种惊赞的根据，乃至是一种即便人们足以熟悉了它的对象也不会停止的惊赞的根据。虽然，只是由于自然的可理解性及其种类划分的统一性，我们按照其特殊法则认识自然所凭借的那些经验性概念才是可能的，而我们在这种可理解性和统一性上已不再感到任何明显的愉快，但是，这种愉快肯定在当时曾经存在，只是由于最平常的经验没有它就会是不可能的，它逐渐地被混同于纯然的知识，而不再被特别注意到罢了。——因此，这就需要在评判自然时使人注意到自然对我们的知性来说的合目的性的某种东西，即一种把自然的不同类的法则尽可能地置于更高的、尽管总还是经验性的法
〔188〕则之下的研究，以便在做到这一点时，对自然对于我们的认识能力来说的这种我们视为仅仅偶然的一致感到愉快。与此相反，自然的这样一个表象绝对会引起我们的反感，人们通过这个表象事先告诉我们，如果超出最通常的经验做丝毫的研究，我们就会遇到自然的诸法则的一种异质性，它使得把自然的特殊法则结合在普遍的经验性法则之下对于我们的知性来说成为不可能的，因为这与自然在其种类中的主观上合乎目的的特殊化的原则和我们以后者为意图的反思性判断力相抵触。

然而，判断力的这个前提条件，在自然对于我们认识能力

的那种理想的合目的性应当被扩展到多远这一点上，仍然是如此地不确定，以至于如果有人对我们说，通过观察而对自然的一种更深刻或者更广泛的认识最终必然遇到一种法则的多样性，任何人类知性都不能把这种多样性回溯到一个原则，那么，我们也将满意，尽管我们更乐意在另外一些人给我们以希望时听到：我们对自然的内部了解越多，或者越能够把它与我们现在还不知道的外部环节作比较，我们就会发现自然在其原则上越是简单，尽管有其经验性法则的表面上的异质性也越是一致，我们的经验就前进得越远。因为我们的判断力的指令就是：按照自然与我们的认识能力相适合的原则，就我们的认识能力所及去行事，不去断定（因为它不是给予我们规则的规定性的判断力）它是否在某个地方有自己的界限，因为我们虽然在我们的认识能力的合理应用方面能够规定界限，但在经验性的领域里对界限的任何规定都是不可能的。

七、自然的合目的性的审美表象

在一个客体的表象上纯然主观的东西，亦即构成这表象与主体的关系、而不构成其与对象的关系的东西，就是该表象的审美性状；但是，在该表象上用做或者能够被用于对象的规定（知识）的东西，则是该表象的逻辑有效性。在对一个感官对象的知识中，这两种关系一起出现。在对我之外的事物的感官表象中，我们在其中直观这些事物的那个空间的性质，就是我对这些事物的表象的纯然主观的东西（这些事物作为客体就自身而言是什么，由此依然未得到澄清），由于这种关系的缘故，对象即便由此也只是作为显象被思维的；但是，空间尽管自己纯然主观的性质，却仍然是作为显象的事物的一个知识成分。**感觉**（这里是外部感觉）同样表达着我们对我们之外的事物的 〔189〕

表象之纯然主观的东西，但真正说来是表达着这些表象的质料性的（实在的）东西（由此某种实存的东西被给予），就像空间表达着这些事物的直观之可能性的纯然先天形式一样；而感觉仍然被用于认识我们之外的客体。

但是，在一个表象上**根本不能成为任何知识成分**的主观的东西，就是与该表象相结合的**愉快**或者**不快**；因为通过它，我在该表象的对象上没有认识到任何东西，尽管它很可能是某种知识的结果。如今，一个事物的合目的性，如果它在知觉中被表现出来，也不是客体本身的任何性状（因为这样一种性状是不能被知觉的），尽管它能够被从一个事物的某种知识中推论出来。因此，先行于一个客体的知识的，甚至不想为了一种知识而使用该客体的表象也仍然与这表象直接地结合着的那种合目的性，就是这表象的主观的东西，它根本不能成为知识的成分。因此，对象在这种情况下之所以被称为合目的的，就只是因为它的表象直接地与愉快的情感相结合；而这表象本身就是合目的性的一个审美表象。问题仅仅在于，一般说来是否有合目的性的这样一种表象。

如果对一个直观对象的形式的纯然把握（apprehensio）无须直观与一个概念的关系就为了一个确定的知识而有愉快与之相结合，那么，这个表象就由此不是与客体相关，而是仅仅与主体相关；而这愉快所能表达的就无非是客体与在反思性的判断力中起作用的认识能力的适应性，而且是就这些能力在其
〔190〕中起作用而言的，因而所表达的纯然是客体的主观的、形式的合目的性。因为使诸形式进入想象力的上述把握，如果不是反思性的判断力哪怕是无意地，至少把这些形式与判断力的把直观与概念联系起来的能力进行比较，是永远不可能发生的。现在，如果在这种比较中，想象力（作为先天直观的能力）通过一个被给予的表象被无意地置于与知性的一致之中，那么，对

象在这种情况下就必定被视为对反思性的判断力来说合目的的。这样一个判断就是对客体的合目的性的审美判断，它不是建立在关于对象的任何现成概念之上的，也不造就关于对象的任何概念。它的对象的形式（不是它的表象的质料性的东西，即感觉）在关于这个形式的纯然反思中（无意于一个要从对象获得的概念）就被评判为这样一个客体的表象上的愉快的根据：这种愉快也被判断为与这客体的表象必然地结合着的，因而不仅是对把握这个形式的主体来说，而是对任何一般而言的作判断者来说都是如此。对象在这种情况下就叫做美的，而通过这样一种愉快（因而也是普遍有效地）作判断的能力就叫做鉴赏。因为既然愉快的根据仅仅被置于一般反思的对象的形式中，因而不被置于对于对象的任何感觉中，也与一个包含着某种意图的概念无关，所以，这就只是主体中一般判断力的经验性应用的合法则性（想象力与知性的统一），在其先天条件普遍有效的反思中，客体的表象与这种合法则性是协调一致的；而且既然对象与主体能力的这种协调一致是偶然的，所以它就造就了该对象就主体的认识能力而言的合目的性的表象。

现在，这里有一种愉快，它与一切不是由自由概念（亦即由通过纯粹理性对高等欲求能力所作的先行规定）所造成的愉快和不快一样，永远不能从概念出发被视为与一个对象的表象必然相结合的，而是在任何时候都必须被认识为仅仅通过反思〔191〕的知觉与表象相联结的，因而与一切经验性判断一样不能预示任何客观必然性和要求先天有效性。但是，鉴赏判断也像任何其他经验性判断一样，只是要求对每个人都有效，这一点即使它有内在的偶然性，也总是可能的。令人惊讶之处和不同之处只是在于：不是一个经验性的概念，而是一个愉快情感（因而根本不是概念），要苛求于每一个人，并与客体的表象相联结，就好像它是与客体的知识结合着的谓词似的。

个别的经验判断，例如一个人在一块水晶中发觉有一个移动的水滴，有理由要求每一个别的人都必定同样发现这一点，因为他是按照规定性的判断力的普遍条件在一般的可能经验的法则之下作出这个判断的。同样，一个人在对一个对象的形式的纯然反思中不考虑一个概念就感到愉快，尽管这个判断是经验性的，是一个个别的判断，他也有理由要求任何人的赞同；因为这种愉快的根据是在反思性的判断的普遍的、尽管是主观的条件中，亦即在一个对象（无论它是自然的产物还是艺术的产物）与诸认识能力相互之间的关系之合目的的协调一致中被发现的，这些认识能力是为每一个经验性知识（想象力和知性的经验性知识）所要求的。因此，愉快在鉴赏判断中虽然依赖一个经验性的表象，并且不能先天地与任何概念相结合（人们不能先天地规定哪个对象将适合或者不适合鉴赏，人们必须试一试它）；但是，愉快毕竟是这个判断的规定根据，这只是由于人们意识到，它是仅仅基于反思及其与一般客体知识的协调一致之普遍的，虽然只是主观的条件的，对这种反思来说，客体的形式是合目的的。

这就是为什么鉴赏判断按照其可能性也经受一种批判的原因，因为这种可能性以一个先天原则为前提条件，尽管这个原
〔192〕则既不是知性的一个认识原则，也不是意志的一个实践原则，因而根本不是先天地作出规定的。

但是，由对事物（既有自然的事物也有艺术的事物）的形式的反思而来的一种愉快的感受性，不仅表明了客体在主体身上按照自然概念在与反思性的判断力的关系中的合目的性，而且也反过来表明了主体就对象而言按照对象的形式乃至无形式根据自由概念的合目的性；而这样一来所发生的就是：审美判断不仅作为鉴赏判断与美者相关，而且作为出自一种精神情感的判断与**崇高者**相关，于是对审美判断力的那个批判就必须分

为两个与此符合的主要部分。

八、自然的合目的性的逻辑表象

在一个于经验中被给予的对象上，合目的性可以要么出自一种纯然主观的根据，被表现为对象的形式在先于一切概念而对该对象的**把握**（Apprehensio）中与诸认识能力为将直观与概念结合成一种知识而有的协调一致；要么出自一种客观的根据，被表现为对象的形式按照事物的一个先行的、包含这形式的根据的概念而与事物本身的协调一致。我们看到过：前一种合目的性的表象基于在仅仅反思对象的形式时对该形式的直接愉快；因此，第二种合目的性的表象由于不是把客体的形式与主体在把握这形式时的认识能力联系起来，而是把它与对象在一个被给予的概念之下的一种确定的知识联系起来，就与对事物的一种愉快情感毫无干系，而与对事物的评判中的知性相关。如果关于一个对象的概念被给予了，那么，在应用这概念达到知识时，判断力的工作就在于**展现**（exhibitio），也就是说，在于用一个相应的直观来支持该概念；无论这件事是通过我们自己的想象力发生的，就像在艺术中，当我们把一个预先 〔193〕
把握到的关于一个对我们来说是目的的对象的概念实现出来时那样，还是通过自然在它的技术中（就像在有机体中那样）发生的，如果我们把我们的目的概念加给自然以评判它的产品的话；在后一场合，不仅自然在事物的形式中的合目的性，而且它的这个作为**自然目的**的产品也都得到了表现。——尽管我们关于自然根据经验性法则在其种种形式中的主观合目的性的概念根本不是关于客体的概念，而只是判断力在自然的这种过于庞大的杂多性中获得概念（能够在这种杂多性中判定方向）的一个原则罢了；但是，我们由此却仿佛是把对我们的认识能力的一种考虑按照一个目的的类比赋予了自然；这样，我们就能够把**自然美**视为形式的（纯然主观的）合目的性这个概念的**展现**，把**自然目的**视为一种实在的合目的性这个概念的展现，我们通过鉴赏（在审美上、借助愉快的情感）来评判前者，通过知性和理性（在逻辑上、按照概念）来评判后者。

把判断力批判划分为**审美的**判断力批判和**目的论的**判断力批判，其根据就在于此；因为审美的判断力被理解为通过愉快或者不快的情感来评判形式的合目的性（通常也被称为主观的合目的性）的能力，目的论的判断力则被理解为通过知性和理性来评判自然的实在的合目的性（客观的合目的性）的能力。

在对判断力的一种批判中，包含着审美的判断力的部分是在根本上属于它的，因为惟有审美的判断力才包含着判断力完全先天地作为它对自然进行反思的基础的那个原则，亦即自然按照其特殊的（经验性的）法则对我们认识能力的一种形式的合目的性的原则，没有这种合目的性，知性就会在自然中找不到路径；与此不同，对于必须存在着自然的客观目的，亦即必须存在着惟有作为自然目的才有可能的事物，根本不能指出任何先天根据，甚至就连其可能性也不是由既作为普遍经验对象也作为特殊经验对象的自然的概念出发来说明的；而是仅仅判断力，无须先天地在自身包含着这方面的原则，在出现（某些产品的）场合时，在那个先验原则已经使知性做好准备把一个
〔194〕目的的概念（至少是按照形式）运用于自然上面之后，就包含着这种规则，以便为了理性而使用目的的概念。

但是，把自然在一个事物的形式上与我们认识能力的主观关系中的合目的性设想为评判这形式的原则，使得我应当在什么地方和在哪些场合把这种评判当做对一个按照合目的性原则的产品，而不是对一个宁可仅仅按照普遍的自然法则的产品的评判来进行，依然悬而未决，并任由**审美的**判断力在鉴赏中去

发现这产品（它的形式）对我们认识能力的适合（只要这种适合不是通过与概念的协调一致，而是通过情感来断定的）。与此相反，作目的论应用的判断力则确定地指出了某种东西（例如一个有机体）能够在其下按照一个自然目的的理念来评判的条件；但是，对于把与目的的关系先天地赋予作为经验对象的自然，哪怕只是不确定地从对这样一些产品的现实经验中假定此类目的的权限，它却不能从这个自然的概念中提出任何原理；这样做的根据在于，必须得出许多特殊的经验，并在其原则的统一性之下来考察它们，以便能够仅仅经验性地在某一个对象上认识一种客观的合目的性。——因此，审美的判断力是按照一个规则，而不是按照概念来评判事物的一种特殊的能力。目的论的判断力则不是什么特殊的能力，而只是一般反思性的判断力，如果它就像处处在理论知识中那样按照概念，但就某些自然对象而言则按照特殊的原则，亦即按照一种纯然反思的、并不规定客体的判断力来行事的话，因而按照其运用它属于哲学的理论部分，并且由于这些特殊的原则并不像在一个学说中必须的那样是作出规定的，它必定也构成批判的一个特殊的部分；与此不同，审美的判断力对认识其对象毫无贡献，因而必须被**仅仅**列入是一切哲学的入门的对判断主体及其认识能力的批判，只要这些认识能力能够提供先天的原则，而不管这些先天原则除此之外还有什么应用。

九、知性的立法和理性的立法通过判断力而联结 〔195〕

知性对于作为感官客体的自然是先天地立法的，以达到在一种可能的经验中对自然的理论知识。理性对于作为主体中的超感性东西的自由及其固有因果性是先天地立法的，以达到一种无条件实践的知识。前一种立法之下的自然概念的领域和后一种立法之下的自由概念的领域，背逆它们独自（每一方根据自己的基本法则）就能够有的相互影响，被把超感性的东西与显象分离开来的那个巨大的鸿沟完全隔离开来。自由概念就自然的理论知识而言不规定任何东西；自然概念就自由的实践法则而言同样不规定任何东西；就此来说，架起一座从一个领域通向另一个领域的桥梁是不可能的。——然而，即使按照自由概念（以及它所包含的实践规则）的因果性的规定根据未在自然中得到证明，而感性的东西也不能够规定主体中的超感性的东西，但这一点毕竟反过来（虽然不是就自然的知识而言，但毕竟是就出自自由概念对自然产生的后果而言）是可能的，并且已经包含在一种凭借自由的因果性的概念之中，这种因果性的**结果**应当按照自由的这些形式法则来在世界上发生，尽管**原因**这个词在运用于超感性的东西时仅仅意味着按照自然事物固有的自然法则，但同时毕竟也与理性法则的形式原则相一致地规定自然事物的因果性来达成一个结果的那个**根据**，这样做的可能性虽然看不出来，但关于其中存在着所谓矛盾的反对理由却可以充分驳倒。[①]——按照自由概念的结果就是终极目的，它

① 在自然因果性与凭借自由的因果性的这整个区分中，各种臆测的矛盾之一就是人们责难这种区分时说的矛盾，即如果我谈到自然给按照自由法则（道德法则）的因果性设置的**障碍**或者自然对这种因果性的**促进**，那么，我就毕竟承认了前者对后者有一种**影响**。但是，只要人们想理解所说的话，那么，误解是很容易避免的。阻抗或者促进并不存在于自然和自由之间，而是存在于作为显象的前者和后者的作为感官世界中的显象的**结果**之间；甚至（纯粹的和实践的理性的）自由的**因果性**也就是一种隶属于自由的自然原因（作为人，因而作为显象来看的主体）的**因果性**，在自由之下被思维的理知的东西以一种在其他情况下（正如构成自然的超感性基底的同一种理知的东西一样）无法解释的方式包含着**规定**这种因果性的根据。

（或者它在感官世界中的显象）应当实存着，为此人们预设了 〔196〕
它在自然中的可能性的条件（即作为感官存在者，也就是作为人的那个主体的可能性的条件）。先天地、不顾及实践而预设这些条件的东西，即判断力，在自然的一种**合目的性**的概念中，提供了自然概念和自由概念之间的中介概念，这个概念使得从纯粹的理论理性到纯粹的实践理性、从按照前者的合法则性到按照后者的终极目的的过渡成为可能；因为这样一来，惟有在自然中并且与自然的法则相一致才能成为现实的那个终极目的的可能性，就被认识到了。

知性通过它对于自然而言的先天法则的可能性提供了一种证明，即自然只是作为显象才为我们所认识，因而同时提供了对自然的一个超感性基底的指示，但却使这个基底完全**未被规定**。判断力通过其按照自然可能的特殊法则来评判自然的先天原则，使自然的超感性基底（无论是在我们之中的还是在我们之外的）获得了**通过理智能力来规定的可能性**。但是，理性则通过其先天的实践法则赋予同一个基底以**规定**；这样，判断力就使得从自然概念的领域到自由概念的领域的过渡成为可能。

就一般心灵能力而言，只要把它们当做高层能力，亦即包含着一种自律的能力来看待，那么，对于**认识能力**（对自然的理论认识能力）来说，知性就是包含着**建构性的**先天原则的能力；对于**愉快和不快的情感**来说，这种能力就是判断力，它不
依赖于能够与欲求能力的规定相关，并由此直接是实践的那些 〔197〕
概念和感觉；对于**欲求能力**来说则是理性，它无须任何一种不论从哪里来的愉快的中介而是实践的，并作为高层的能力为欲求能力规定终极目的，这个终极目的同时带有对客体的纯粹的理智愉悦。——判断力关于自然的一种合目的性的概念还是属于自然概念的，但只是作为认识能力的范导性原则，尽管引起该概念的关于某些对象（自然的对象或者艺术的对象）的审美

判断，就愉快或者不快的情感而言，是一个建构性的原则。各种认识能力的协调一致包含着愉快的根据，这些认识能力的游戏中的自发性使得上述概念适用于作自然概念的领域与自由概念在其后果中联结的中介，因为这种联结同时促进了心灵对道德情感的感受性。——下表可以有助于按照其系统的统一性来概观一切高层的能力。①

〔198〕

心灵的全部能力	认识能力	先天原则	运用于
认识能力	知性	合法则性	自然
愉快和不快的情感	判断力	合目的性	艺术
欲求能力	理性	终极目的	自由

① 有人曾对我在纯粹哲学中的划分结果几乎总是三分的而感到疑虑。但这却在于事物的本性。如果一种划分应当先天地进行，那么，它将要么按照矛盾律是**分析的**；而在这里它任何时候都是二分的（quodlibet ens est aut A aut non A［任何一个存在者都要么是 A，要么是非 A］）。要么它就是**综合的**；而如果它在这一场合应当从先天**概念**出发（而不是像在数学中那样从先天地与概念相应的直观出发）来进行，那么，按照一般综合统一所要求的东西，亦即（1）条件，（2）一个有条件者，（3）从有条件者与它的条件的结合中产生的概念，划分就必须是三元体。

整部作品的划分 〔199〕

第一部分
审美判断力的批判

第一卷
审美判断力的分析论

第一章
美者的分析论

第二章
崇高者的分析论

第二卷
审美判断力的辩证论

第二部分
目的论判断力的批判

第一卷
目的论判断力的分析论

第二卷
目的论判断力的辩证论

附录
目的论判断力的方法论

第一部分

审美判断力的批判

第一卷
审美判断力的分析论 〔203〕

第一章
美者的分析论

鉴赏判断[①]的第一契机，按照质来看
第 1 节　鉴赏判断是审美的

为了区分某种东西是不是美的，我们不是通过知性把表象与客体相联系以达成知识，而是通过想象力（也许与知性相结合）把表象与主体及其愉快或者不快的情感相联系。因此，鉴赏判断不是知识判断，因而不是逻辑的，而是审美的，人们把它理解为这样的东西，它的规定根据只能是**主观的**。但是，表象的一切关系，甚至感觉的一切关系，都能够是客观的（而这时这些关系就意味着一个经验性表象的实在的东西）；惟有与愉快和不愉快的情感的关系不是这样，通过它根本没有标明客体中的任何东 〔204〕

① 这里当做基础的鉴赏的定义是：鉴赏是评判美者的能力。但是，要把一个对象称为美的，这需要什么，必须由对鉴赏判断的分析来揭示。这种判断力在其反思中所注意的要素，我是按照判断的逻辑功能的指引来寻找的（因为在鉴赏判断中，总是还包含着与知性的一种关系）。我首先考察的是质的功能，因为关于美者的审美判断首先考虑的就是质。

西，而是在它里面主体如同被表象刺激那样感觉到自己本身。

凭借自己的认识能力（无论是在清晰的表象方式中还是在含混的表象方式中）去把握一座合乎规则的、合乎目的的建筑，这与凭借愉悦的感觉去意识到这个表象是完全不同的。在后者，表象在愉快或者不快的情感的名义下完全是与主体相关，确切地说与主体的生活情感相关：这就建立起一种完全特殊的区分和评判的能力，它对于认识没有丝毫贡献，而是仅仅把主体中被给予的表象与主体在其状态的情感中意识到的全部表象能力相对照。一个判断中的被给予的表象可以是经验性的（因而是审美的）；但通过那些表象所作出的判断却是逻辑的，如果那些表象在判断中只是与客体相关的话。但反过来，如果被给予的表象完全是合理的，但在判断中却仅仅与主体（它的情感）相关，那么，它们就此而言在任何时候都是审美的。

第 2 节　规定着鉴赏判断的那种愉悦是没有任何兴趣的

被称为兴趣的那种愉悦，我们是把它与一个对象的实存的表象结合在一起的。因此，这样一种愉悦总是同时具有与欲求能力的关系，要么它就是欲求能力的规定根据，要么毕竟与欲求能力的规定根据有必然联系。但现在，既然问题是某种东西是否美，人们就不想知道事情的实存对我们或者任何一个人是否有某种重要性，或者哪怕只是可能有重要性；而是想知道，我们如何在纯然的观察（直观或者反思）中评判它。如果某人问我，对于我眼前看到的那座宫殿我是否觉得美，那么我虽然可以说：我不喜欢此类纯然是为了引人注目而造的事物，或者像那位易洛魁人酋长一样，在巴黎没有比熟食店更让他喜欢的东西了；此外我还可以按十足**卢梭的**方式责骂大人物们的虚荣心，他们把人民的血汗挥霍在如此没有必要的事物上；最后，我可以极为容易就确信，如果我处身在一个无人居住的小岛 〔205〕 上，毫无希望在某个时候重返人类，而且我单凭我的愿望就能够用魔术变出这样一座豪华建筑来，如果我已经有一间对我来说足够舒适的茅舍的话，我也根本不会为此花费这点儿力气。人们可以对我承认和赞同这一切，只是现在不谈这一点。人们只想知道，对象的纯然表象在我心中是否伴随有愉悦，哪怕就这个表象的对象的实存而言我总是无所谓的。人们很容易看到，要说这个对象是**美的**，并且证明我有鉴赏，这取决于我从我心中的这个表象本身得出什么，而不取决于我在其中依赖于该对象的实存的东西。每一个人都必须承认，关于美的判断只要掺杂了丝毫兴趣，就会是偏袒的，就不是鉴赏判断。人们必须对于事物的实存没有丝毫倾向性，而是在这方面完全无所谓，以便在鉴赏的事情上扮演裁决者。

但是，对于这个极其重要的命题，我们不可能作出更好的阐释，除非我们把与兴趣相结合的那种愉悦与鉴赏判断中这种纯粹的、无兴趣的① 愉悦对立起来；尤其是如果我们同时能够肯定，除了马上就应当列举的几种兴趣之外，再也没有别的什么兴趣了。

第 3 节　对适意者的愉悦是与兴趣相结合的

在感觉中使感官喜欢的东西就是**适意的**。在这里，马上就

① 对于愉悦的一个对象的判断可以是完全**无兴趣的**，但却毕竟是很**有趣味的**，也就是说，它并不建立在任何兴趣之上，但却产生出某种兴趣；一切纯粹的道德判断都是这样的判断。但是，鉴赏判断就自身而言也根本不建立任何兴趣。惟有在社交中，拥有鉴赏才是**有趣味的**，其理由将在后面指明。

出现了机会，来指责对感觉这个词所可能有的双重含义的一种极为常见的混淆，并使人们注意到这一点。一切愉悦（人们说的或者想的）本身都是感觉（一种愉快的感觉）。因此，一切
〔206〕招人喜欢的东西都恰恰在它招人喜欢这一点上是适意的（而且按照不同的程度或者与其他适意的感觉的关系而是**妩媚的**、**可爱的**、**赏心悦目的**、**令人高兴的**等）。但是，如果这得到承认，那么，感官的那些规定着偏好的印象、理性的那些规定着意志的原理、直观的那些规定着判断力的纯然反思形式，就对快乐情感的作用而言，都完全是一回事。因为这种作用在对情感状态的感觉中就是适意，而既然对我们种种能力的一切探讨最终必然都目的在于实践的东西，并在作为其目标的实践的东西中结合起来，人们也就不能苛求这些能力对事物及其价值作出别的估价，除非这种估价在于它们所预示的欢娱。事情最终根本不取决于它们如何达到这一点的方式；而且既然手段的选择惟有在这里才造成一种区别，所以人们尽可以相互指责愚蠢和不理智，但绝不可以互相指责卑鄙和恶意：因为他们虽然每一个人都按照自己的方式看待事物，却毕竟全都奔向一个对每一个人来说都是欢娱的目标。

如果对愉快或者不快的情感的一种规定被称为感觉，那么，这一表述就意味着某种完全不同于我在把一件事物的（通过感官，即一种属于认识能力的感受性而来的）表象称为感觉时的东西。因为在后一场合，表象与客体相关，但在前一场合，表象则仅仅与主体相关，并且根本不用于任何知识，也不用于主体借以**认识**自己的东西。

但是，我们在上面的解释中把感觉这个词理解为感官的一个客观的表象；而且为了不总是冒被误解的危险，我想用情感这个通常流行的名称来称谓在任何时候都必定仅仅保持为主观的、绝对不可能构成一个对象的表象的那种东西。草地的绿色

属于**客观的**感觉，是对一个感官对象的知觉；但这绿色的适意则属于**主观的**感觉，通过它不能表现任何对象，也就是说，它属于对象被视为愉悦（这愉悦不是对象的知识）的客体所凭借的情感。

现在，关于一个对象，我宣布它是适意的所凭借的那个判断会表达出对该对象的一种兴趣，这由以下情况来看已可明白，即它通过感觉激起了对这样一个对象的欲望，因而愉悦不是以关于该对象的纯然判断，而是以该对象的实存与我的状态的关系为前提条件的，如果我的状态受到这样一个客体的刺激的话。因此，关于适意者人们不仅仅说：它**招人喜欢**，而且说：它**使人欢娱**。这并不是奉献给它的一个纯然赞许，而是由此产生了偏好；以最鲜活的方式而适意的东西甚至不需要关于客体性状的任何判断，以至于那些永远只以享受为目的（因为享受是人们用来标示欢娱的内在方面的一个词）的人们很乐意使自己免除一切判断。

〔207〕

第 4 节　对善者的愉悦是与兴趣相结合的

借助于理性而通过纯然概念使人喜欢的东西就是**善的**。我们把一些只是作为手段而使人喜欢的东西称为**为某事而善的**（有用的东西）；但把独自就使人喜欢的东西称为**就自身而言善的**。在二者之中，都总是包含着一个目的的概念，因而都包含着理性与（至少可能的）意欲的关系，所以包含着对一个客体或者一个行动的**存在**的愉悦，亦即包含着某种兴趣。

为了认为某种东西是善的，我在任何时候都必须知道对象应当是一个什么样的事物，也就是说，拥有一个关于该对象的概念。为了在它身上发现美，我却不需要这样做。花朵、自由的描画、无意图地相互缠绕而名为卷叶饰的线条，它们没有任何含义，不依赖于任何确定的概念，却毕竟使人喜欢。对美者的愉悦必须依赖于导向某一个（不定是哪一个）概念的、关于一个对象的反思，并由此不同于适意者，适意者是完全基于感觉的。

虽然，适意者与善者在许多场合看起来是一回事。于是，人们通常将说：一切欢娱（尤其是持久的欢娱）是就自身而言善的；这差不多就是说：是持久适意的或者是善的，这是一回事。然而，人们马上就会发现，这纯然是一种错误的语词混淆，因为与这些表述特别相关联的概念是绝对不能互相代换的。〔208〕适意者本身惟有与感官相关才表现对象，它必须通过一个目的的概念才被置于理性的原则之下，以便把它作为意志的对象称为善的。但是，如果我把使人欢娱的东西同时称为**善的**，这就是与愉悦的一种完全不同的关系，这一点，是从以下情况看出的，即在善者那里总是有如下问题：它是仅仅间接善的还是直接善的（是有用的还是就自身而言善的）；与此相反，在适意者这里根本不可能有这方面的问题，因为这个词在任何时候都意味着某种直接招人喜欢的东西（同样，我称为美的东西也是这种情况）。

甚至在最平常的言谈中，人们也把适意者与善者区别开来。对于一道通过调料和其他佐料来提升味道的菜肴，人们毫不犹豫就说它是适意的，而且同时承认它并不是善的；因为它虽然直接使感官**中意**，但间接地，亦即通过那留意后果的理性来看，就不合人意了。甚至在对健康的评判中，人们也还能够发现这种区别。对于每一个拥有健康的人来说，健康是直接适意的（至少在消极意义上，作为对一切肉体痛苦的摆脱）。但要说健康是善的，人们就必须还通过理性使它指向各种目的，亦即它是一种使我们对我们的一切事务都充满兴致的状态。最后，就幸福而言，毕竟每个人都相信，可以把生活之适意的最大总和（无论在量上还是在持久上）称为一种真正的，甚至是最高的善。然而，就连这一点理性也反对。适意就是享受。但是，如果仅仅是为了享受，那么，在使我们获得享受的手段方面顾虑重重，要看这享受是承受自大自然的慷慨，还是通过主动性和我们自己的活动达成的，这就是愚蠢的了。但是，一个人活着仅仅是为了**享受**（而且就这个意图来说他还是忙忙碌碌的），甚至对于同样的目的都仅仅在于享受的其他人来说，他作为这方面的手段是极为有益的，确切地说是因为他由于同感而一起享受一切欢娱，就说他的生存就自身而言具有一种价值，这将永远不能说服理性。惟有通过他不考虑享受而完全自由地、不取决于自然有可能创造出来使他承受的东西就做的事情，他才给予自己的存在作为一个人格的生存以一种绝对的价值；而幸福则连同其全部充沛的适意还远远不是一种无条件 〔209〕
的善。①

但是，即便在适意者和善者之间有所有这些不同，二者毕竟在这一点上是一致的，即它们在任何时候都是与对其对象的一种兴趣相结合的，不仅适意者（第 3 节），以及作为达到某种适意的手段而让人喜欢的间接善的东西（有用的东西），而且绝对善的、在一切方面都善的东西，亦即自身带有最高兴趣的道德上的善，都是如此。因为善是意志（亦即一种由理性规定的欲求能力）的客体。但是，意欲某种东西和对它的存在有一种愉悦，亦即对此有一种兴趣，这二者是同一的。

① 对于享受的责任是一种显而易见的无稽之谈。因此，借口对一切仅仅以享受为其目标的行动有责任，也必定同样是无稽之谈；哪怕这享受被任意地设想成（或者被伪饰成）精神性的，即便它是一种神秘的、所谓上天的享受。

第 5 节　愉悦的三种不同方式的比较

适意者和善者都与欲求能力有一种关系，而且就此而言，前者带有一种生理学上有条件的愉悦（通过刺激，stimulos），后者带有一种纯粹的实践的愉悦，这不仅是由对象的表象，而且同时是由主体与对象的实存被表象出来的联结来规定的。不仅对象，而且对象的实存都让人喜欢。与此相反，鉴赏判断纯然是**静观的**，也就是说，是一种对一个对象的存在漠不关心、仅仅把对象的性状与愉快和不快的情感加以对照的判断。但是，这种静观本身也不是集中于概念的；因为鉴赏判断不是认识判断（既不是理论的认识判断，也不是实践的认识判断），因而也不是**基于**概念、或者也以概念**为目的**的。

因此，适意者、美者、善者表示表象与愉快和不快的情感的三种不同的关系，与此相关，我们把对象或者表象方式彼此区别开来。人们用来表示这些关系中的中意的那些与每一种关系相适合的表述也不是一样的。对于某个人来说，使他**欢娱**的东西就是**适意的**；仅仅让他**喜欢**的东西就是**美的**；**受赏识**、**被赞同**，亦即其中被他设定了一种客观价值的东西则是**善的**。适意也适用于无理性的动物；美仅仅适用于人，亦即动物性的、但毕竟有理性的存在者，但也不仅仅作为有理性的存在者（例如精灵），而且同时作为动物性的存在者；但是，善者却适用于任何一般的理性存在者；这是一个惟有在后面才能得到完全的辩护和解释的命题。人们可以说：在愉悦的所有这三种方式中，惟有对美者的鉴赏的愉悦才是一种没有兴趣的和**自由的**愉悦；因为没有任何兴趣，既没有感官的兴趣也没有理性的兴趣，来强迫作出赞许。因此，关于愉悦可以说：它在上述三种场合与**偏好**，或者**惠爱**，或者**敬重**相关。因为**惠爱**是惟一自由

〔210〕

的愉悦。一个偏好的对象和一个由理性法则责成我们去欲求的对象，并没有留给我们使某种东西成为我们自己的一个愉快的对象的自由。一切兴趣都以需要为前提条件，或者是产生一种需要；而作为赞许的规定根据，需要不再让关于对象的判断是自由的。

至于在适意者那里的偏好的兴趣，每个人都说：饥饿是最好的厨师，有健康食欲的人觉得任何只要可吃的东西都好吃；因此，这样一种愉悦并不证明是按照鉴赏来选择的。惟有当需要被满足之后，人们才能够辨别，在众人之中谁有鉴赏或者没有鉴赏。同样，也有缺乏德性的风尚（品行）、缺乏好意的客套、缺乏正直的体面等。因为在风尚的法则表态的地方，就该做的事情而言，客观上就不再有任何自由的选择；而在自己的举止中（或者在对别人的举止的评判中）显示出鉴赏，这与表现出自己道德上的思维方式是某种完全不同的东西；因为后者包含着一个命令并产生一种需要，而与此相反，风尚的鉴赏却只是拿愉悦的对象做游戏，并不眷恋一个对象。

从第一契机推论出的对美者的解释 〔211〕

鉴赏是通过**不带任何兴趣**的愉悦或者不悦而对一个对象或者一个表象方式作评判的能力。这样一种愉悦的对象就叫做**美的**。

鉴赏判断的第二契机，按照量来看

第 6 节　美者是无须概念而被表现为一种普遍的愉悦之客体的东西

对美者的这种解释可以从上面对美者的解释，即美者是不带任何兴趣的愉悦的对象这一解释推论出来。因为一个东西，某人意识到对它的愉悦在他自己这里是不带任何兴趣的，他就只能这样来评判这东西，即这东西必定包含着使每个人都愉悦的一个根据。因为既然愉悦不是建立在主体的某个偏好之上的（也不是建立在某个别的经过考虑的兴趣之上的），而是判断者就他投入到对象上的愉悦而言感到自己是完全**自由的**；所以，他不可能发现惟有他的主体才依恋的私人条件来做愉悦的根据，因而必须把愉悦视为基于他也能够在任何别人那里预设的东西的；因此，他必须相信有理由指望每个人都有一种类似的愉悦。于是，他将这样来谈论美者，就好像美是对象的一种性状，而判断是逻辑的（通过客体的概念构成对客体的一种知识的）似的；尽管这判断只是审美的，而且仅仅包含对象的表象与主体的一种关系，这是因为，它毕竟与逻辑判断有相似性，即人们能够在这方面预设它对每个人的有效性。但是，从概念中也不能产生出这种普遍性。因为不存在从概念到愉快或者不快的情感的任何过渡（除非是在纯粹的实践法则中，但这些法则带有一种兴趣，这样的东西并不与纯粹的鉴赏判断相结合）。
〔212〕因此，与意识到自身中脱离了一切兴趣的鉴赏判断必然相联系的，是一种不带有被置于客体之上的普遍性而对每个人都有效的要求，也就是说，与它相结合的必须是一种主观普遍性的要求。

第 7 节　通过上述特征把美者与适意者和善者加以比较

就**适意者**而言，每一个人都满足于：他建立在一种私人情感之上、他借以说一个对象让他喜欢的判断，也仅仅是限于他个人的。因此，如果他说：加那利香槟酒是适意的，另一个人纠正他的表述，提醒他应当说：这酒**对我来说**是适意的，他也欣然满意；而且不仅在舌头、腭部和咽喉的鉴赏中，即便在对眼睛和耳朵来说有可能使每个人适意的东西中亦是如此。对一个人来说紫色是温柔的和可爱的，对另一个人来说它则是无生气的和死寂的。一个人喜爱管乐声，另一个人则喜爱弦乐声。对此怀着这样的意图去争执，要把别人与我的判断不同、好像在逻辑上与我的判断相对立的判断斥为不正确的，这会是件蠢事；因此，就适意者而言适用的是如下原理：**每一个人都有他自己的鉴赏**（感官的鉴赏）。

美者的情况则完全不同。如果某人对自己的鉴赏有点自负，想为自己辩护而说：这个对象（我们看到的建筑、那人穿的衣服、我们听到的音乐会、被提交评判的诗）**对我来说**是美的，那就会（恰恰颠倒过来）是可笑的。因为如果只是他喜欢这东西，他就不必把它称为美的。对于他来说，有许多东西具有魅力和适意性，没有人关心这一点；但是，如果他声称某种东西是美的，那么，他就在指望别人有同样的愉悦：他不是仅仅为自己，而且是为每个人作出判断的，而且在这种情况下谈论美，就好像它是事物的一个属性似的。因而他说：这个**事物**是美的，而且绝不是因为他曾发现别人多次赞同他的判断，就指望别人赞同他的愉悦判断，而是**要求**别人赞同他。如果别人作出不同的判断，他就指责别人，并否认别人有鉴赏，而他毕竟要求别人应当具有鉴赏；就此而言，人们不能说：每一个人都有自己特殊的鉴赏。这会等于是说：根本不存在任何鉴赏，亦即不存在任何能够合法地要求每个人都赞同的审美判断。 〔213〕

尽管如此，人们就适意者而言还是发现，在对它的评判中人们之间也可以发现一致性，但在这一致性方面，人们毕竟否认一些人有鉴赏，承认另一些人有鉴赏，确切地说不是在感觉器官的意义上，而是作为在一般适意者方面的评判能力。于是，某人善于用种种适意（以所有的感官来享受的适意）来为自己的客人助兴，使他们皆大欢喜，人们就说这人有鉴赏。但在这里，普遍性只是比较而言的；而此时只有**总体性的**规则（正如所有经验性的规则都是总体性的规则一样），而不是关于美的鉴赏判断所采取或者所要求的**全体性的**规则。就社交基于经验性的规则而言，这是一个与社交相关的判断。就善者来说，虽然判断也有权要求对每个人都有效；然而，善者却只是**通过一个概念**而被表现为一种普遍的愉悦的客体，无论在适意者还是在美者那里，都不是这种情况。

第 8 节　愉悦的普遍性在一个鉴赏判断中只被表现为主观的

在一个鉴赏判断中能够遇到的对一个审美判断的普遍性的这种特殊规定，是一件虽然不是对于逻辑学家，但却对先验哲学家来说值得注意的事情，它要求先验哲学家付出不小的努力去发现它的起源，但为此也揭示出我们的认识能力的一种属性，没有这一分析，这种属性就会依然不为人所知。

首先，人们必须完全确信：人们通过（关于美的）鉴赏判
〔214〕断要求**每个人**都在某个对象上感到愉悦，但却并不基于一个概念（因为这样的话就会是善了）；而且，对普遍有效性的这种要求是如此在本质上属于我们宣称某种东西是**美的**所借助的判断，以至于如果不在这方面考虑到这种普遍有效性，就不会有人想到运用这一表述，而是一切无须概念就让人喜欢的东西都会被算做适意者，就适意者而言人们让每个人各有各的头脑，没有一个人指望别的人赞同自己的鉴赏判断，这在关于美的鉴赏判断中毕竟是随时发生的。我可以把前者称为感官的鉴赏，把后者称为反思性的鉴赏；这是就前者仅仅作出私人的判断，

而后者则作出所谓普适性的（公共性的）判断而言的，但二者都是仅仅在一个对象的表象与愉快和不快的情感的关系方面对该对象作出了审美的（不是实践的）判断。而如今令人奇怪的是，既然对于感官的鉴赏来说，不仅经验表明它的判断（对某种东西愉快或者不快的判断）不是普遍有效的，而且每个人也都是自发地如此谦虚，不那么要求别人的赞同（虽然即便在这些判断中，也确实经常出现一种很广泛的一致），而反思性的鉴赏即使像经验教导的那样，其对自己（关于美者的）的判断对于每个人都普遍有效的要求也足够经常地遭到拒绝，却仍然会感到有可能（它实际上也这样做）设想有一些判断是能够普遍地要求这种赞同的，而且事实上对它的每个鉴赏判断都指望每个人给予这种赞同，作判断者并不为了这样一种要求的可能性而发生争执，而是仅仅在特殊场合为了这种能力的正确应用不能达成一致。

这里首先要注意的是，一种不是基于客体的概念（哪怕只是经验性的概念）的普遍性根本不是逻辑的，而是审美的，也就是说，它不包含判断的一种客观的量，而只包含一种主观的量，对于后者来说，我也使用**普适性**这个表述，这个表述并不表示一个表象与认识能力的关系对每个主体的有效性，而是表示它与愉快和不快的情感的关系对每个主体的有效性（但是，人们也可以把这个表述用于判断在逻辑上的量，只要人们再加 〔215〕
上**客观的**普遍有效性，以有别于纯然主观的普遍有效性，后者每次都是审美的）。

于是，一个**客观上**普遍有效的判断也在任何时候都是主观上普遍有效的，就是说，如果判断对于包含在一个被给予的概念之下的一切都有效，那么，它也对于每个通过该概念表现一个对象的人都有效。但是，从一种**主观的普遍有效性**，也就是说，从不基于任何概念的审美的普遍有效性，不能够推论到逻辑的普遍有效性，因为那种判断根本不关涉客体。但正因为如此，即便被赋予一个判断的审美的普遍性，也必须是特殊种类的，因为它不是把美这个谓词与完全在逻辑的范围内来看的**客体**的概念联结起来，但却同样把该谓词扩展到**作判断者**的整个范围。

就逻辑的量而言，一切鉴赏判断都是**单称**判断。因为既然我必须在我愉快和不快的情感上直接把握对象，而毕竟不是通过概念，所以，那些判断就不可能具有客观普适性的判断的量；虽然在鉴赏判断的客体的单个表象按照规定该判断的那些条件通过比较而被转变成一个概念时，从中是能够形成一个逻辑上普遍的判断的，例如，我通过一个鉴赏判断，宣布我所看到的这朵玫瑰花是美的。与此相反，通过比较许多单个的玫瑰花而产生的判断，即玫瑰花一般而言都是美的，从此就不仅仅被表述为审美判断，而是被表述为一个基于审美判断的逻辑判断。现在，“这朵玫瑰花（在气味上）是适意的”这个判断虽然也是一个审美的单称判断，但却不是一个鉴赏判断，而是一个感官判断。也就是说，它与前者的区别在于：鉴赏判断带有普遍性，亦即对每个人的有效性的一个**审美的量**，这个量在关于适意者的判断中是找不到的。惟有关于善者的判断，虽然它们也在一个对象上规定愉悦，却具有逻辑的、不仅仅是审美的普遍性；因为它们适用于客体，是客体的知识，并因此而对每个人都有效。

如果人们仅仅按照概念来评判客体，那么，美的一切表象就都丧失了。因此，也不可能有任何规则让某人被迫承认某种
〔216〕东西是美的。一件衣服、一座房子、一朵花是否美，对此人们是不能通过一些理由或者原理来说服人接受自己的判断的。人们要让客体经受他自己的眼光，正好像他的愉悦依赖于感觉似的；而尽管如此，当人们在这种情况下称对象是美的时，他相

信自己会获得普遍的同意，并要求每个人都赞同，与此相反，那种私人感觉只是对于观看者及其愉悦来裁定的。

这里应当看到，在鉴赏判断中没有假定别的任何东西，只是就愉悦而言无须概念的中介的这样一种**普遍的同意**；因而是一个能够同时被视为对每个人都有效的审美判断的**可能性**。鉴赏判断本身并不假定每个人都赞同（因为只有一个逻辑上普遍的判断才由于可以举出理由而这样做）；它只是**要求**每个人都作出这种赞同，作为规则的一个实例，就这实例而言它不是期待概念，而是期待别人的赞同来作出证实。因此，普遍的同意只是一个理念（这个理念基于什么，在这里尚未研究）。相信自己作出一个鉴赏判断的人，事实上是否在按照这个理念作出判断，这一点是不能肯定的；但是，他毕竟使判断与之发生了关系，从而这应当是一个鉴赏判断，这一点，他是通过美这种表述来宣布的。但对于自己来说，他单凭意识到把属于适意者和善者的一切与还剩余给他的愉悦分离开来，就可以肯定这一点了；而这就是他之所以指望每个人的同意所为了的一切：这是他在这些条件之下也会有权利提出的一个要求，只要他不违背这些条件而经常出错，因而作出一个错误的鉴赏判断。

第 9 节　对如下问题的研究：在鉴赏判断中是愉快的情感先行于对象的评判还是后者先行于前者

这个课题的解决是鉴赏批判的钥匙，因而值得高度注意。

如果对被给予的对象的愉快先行，而且在该对象的表象的鉴赏判断中只应当承认愉快的普遍可传达性，那么，这样一种处理方式就会陷入自相矛盾。因为这样的愉快就会不是别的，〔217〕
而仅仅是感官感觉中纯然的适意，因而按照其本性只能具有私人的有效性，因为它直接依赖于对象**被给予**所凭借的那个表象。

因此，正是被给予的表象中心灵状态的普遍能传达性，作为鉴赏判断的主观条件必须是这个判断的基础，并以对该对象的愉快为后果。但是，除了知识和属于知识的表象之外，没有任何东西是能够被普遍传达的。因为就此而言，惟有知识才是客观的，并仅仅因此才具有一个普遍的关联点，所有人的表象力都不得不与这个关联点相一致。现在，如果关于表象的这种普遍可传达性的判断的规定根据应当纯然主观地、亦即无须关于对象的一个概念来思考，那么，这个规定根据就无非是在表象力的相互关系中所遇到的那个心灵状态，这是就这些表象力把一个被给予的表象与**一般的知识**联系起来而言的。

被这个表象发动起来的认识能力，在这里处于一种自由的游戏中，因为没有任何确定的概念把它们限制在一个特殊的认识规则上。因此，这个表象中的心灵状态必定是各种表象力在一个被给予的表象上要达成一般知识而进行的自由游戏的情感状态。现在，属于一个对象借以被给予，以便一般而言由此形成知识的那个表象的，有为了直观的杂多之复合的**想象力**和为了结合各表象的概念之统一的**知性**。各认识能力在对象借以被给予的表象这里的**自由游戏**的这种状态，必须是能够普遍传达的；因为知识作为对被给予的诸表象（无论在哪个主体中）都应当与之相一致的那个客体的规定，是惟一对每个人都有效的表象方式。

一个鉴赏判断中表象方式在主观上的普遍可传达性，由于应当不以一个确定的概念为前提条件而发生，就不能是别的任何东西，只能是想象力和知性的自由游戏中的心灵状态（只要
〔218〕
它们像**一般知识**所要求的那样相互一致），因为我们意识到，这个适合于一般知识的主观关系，必须对每个人都有效，因而

是普遍可传达的，正如任何一个确定的知识都是如此，任何确定的知识毕竟总是基于作为主观条件的那种关系的。

对于对象或者对象借以被给予的表象的纯然主观的（审美的）评判，如今先行于对该对象的愉快，并且是对诸认识能力之和谐的这种愉快的根据；但是，惟有在评判对象的主观条件的那种普遍性之上，才建立起我们将之与我们称为美的那个对象的表象结合在一起的愉悦的这种普遍的主观有效性。

能够哪怕是仅仅就认识能力而言传达自己的心灵状态，这会带有一种愉快，对此，人们可以轻而易举地从人对社交的自然倾向出发（经验性地和在心理学上）作出阐明。但这对于我们的意图来说是不够的。我们指望每一个别人都把我们感觉到的愉快当做是必然的，正好像我们称某种东西是美的时，这可以被看做是对象的一种在其身上按照概念得到规定的性状似的；因为美毕竟不与主体的情感相关自身就什么也不是。但是，我们必须把这个问题的讨论留待回答如下问题时进行：先天审美判断是否以及如何可能？

现在，我们所研究的还是较低级的问题：我们是以审美方式意识到鉴赏判断中诸认识能力彼此之间相互在主观上的一致的，是通过纯然的内感官和感觉而在审美上意识到的，还是通过我们借以发动那些认识能力的有意能动的意识而在理智上意识到的？

假如促成鉴赏判断的那个被给予的表象是一个把知性和想象力在对于对象的评判中结合成为客体的一种知识的概念的话，那么，对这种关系的意识就会是理智的（就像批判所探讨过的判断力的客观图型法中那样）。但在这种情况下，判断也就会不是与愉快和不快相关而作出的，因而不是鉴赏判断。但 〔219〕
现在，鉴赏判断不依赖于概念而在愉悦和美这个谓词方面规定客体。因此，关系的那种主观统一就惟有通过感觉才能标明。

激活这两种能力（想象力和知性），使之成为不确定的、但毕竟凭借被给予的表象的诱因而一致的活动，亦即属于一般知识的那种活动，这就是鉴赏判断假定了其普遍可传达性的那种感觉。一种客观的关系虽然只能被思维，但就它按照自己的条件来说是主观的而言，毕竟是能够在对心灵的作用中被感觉到的；而在一种没有概念作基础的关系（就像表象力与一般认识能力的关系那样）那里，也不可能对它有别的意识，除非通过对作用的感觉，这作用就在于两种通过相互协调一致而被激活的心灵力量（想象力和知性）变得轻松了的游戏。一个表象，作为单个的并且不与其他表象作比较却仍然与构成知性的一般工作的那种普遍性的诸条件有一种协调一致，就把诸认识能力带入了我们为一切知识所要求，因而也认为对每个注定要通过知性和感官相结合来作出判断的人（对任何人）都有效的那种合乎比例的相符之中。

从第二契机推论出的对美者的解释

无须概念而普遍地让人喜欢的东西，就是**美的**。

鉴赏判断的第三契机，
按照在它们里面所考察的目的的关系来看

第10节　一般的合目的性

如果人们要按照目的的先验规定（不以某种经验性的东西
〔220〕为前提条件，这类东西是愉快的情感）来解释目的是什么，那么，目的就是一个概念的对象，只要这概念被视为那对象的原因（它的可能性的实在根据）；而一个**概念**在其客体方面的因果性就是合目的性（forma finalis［目的性的形式］）。因此，

在绝不仅仅是关于一个对象的知识，而且作为结果的对象本身（这对象的形式或者实存）都被仅仅设想为通过这结果的一个概念而可能的地方，人们就设想有一个目的。在这里，结果的表象就是这结果的原因的规定根据，并且先行于它的原因。一个关于主体状态的表象，其把主体**保持**在同一状态之中的因果性的意识，在这里可以普遍地表明我们称为愉快的东西；与此相反，不快则是包含着把诸表象的状态规定成它们自己的反面（阻止或者取消它们）的根据的那种表象。

欲求能力，如果它只是通过概念，亦即按照一个目的的表象行动而是可规定的，就会是意志。但是，一个客体，或者一个心灵状态，或者一个行动，尽管其可能性并不必然以一个目的的表象为前提条件，却也被称为合目的的，这仅仅是因为我们惟有把一种按照目的的因果性，亦即一个按照某种规则的表象来这样安排它们的意志假定为它们的根据，才能解释和理解它们的可能性。因此，合目的性可以没有目的，这是就我们并不把这个形式的诸原因设定在一个意志中，但毕竟只能通过从一个意志推导出对这形式的可能性的解释来使我们理解这种解释而言的。于是，我们并不总是必须通过理性（按照其可能性）去认识我们所观察的东西。因此，我们即使不把一个目的（作为 nexus finalis［目的的联系］的质料）当做合目的性的基础，也至少能够按照形式考察合目的性，在对象身上哪怕只是通过反思而发现合目的性。

第 11 节　鉴赏判断仅仅以一个对象（或者其表象方式）的合目的性的形式为根据 〔221〕

一切目的，如果被视为愉悦的根据，就都总是带有一种兴趣，作为关于愉快对象的判断的规定根据。因此，没有任何主观的目的能够作为鉴赏判断的根据。但是，也没有一个客观的目的的表象，亦即对象本身按照目的联结原则的可能性的表象，因而没有善的概念，能够规定鉴赏判断；因为它是一个审美判断，而不是知识判断，所以它不涉及任何关于对象的性状以及对象通过这个或者那个原因而有的内在的或者外在的可能性的**概念**，而仅仅涉及诸表象力相互之间的关系，只要它们通过一个表象被规定。

于是，在把一个对象规定为美的对象时的这种关系，就是与一种愉快的情感相结合的，这种愉快通过鉴赏判断同时被解释为对每个人都有效的；所以，一种伴随着表象的适意，正如对象的完善性的表象和善的概念一样，不可能包含着这种规定根据。因此，惟有一个对象的表象中不带任何目的（无论是客观的目的还是主观的目的）的主观合目的性，因而惟有一个对象借以**被给予**我们的表象中的合目的性的纯然形式，就我们意识到这种形式而言，才构成我们评判为无须概念而普遍可传达的那种愉悦，因而构成鉴赏判断的规定根据。

第12节　鉴赏判断基于先天的根据

先天地澄清一种愉快或者不快的情感作为一个结果与作为其原因的某个表象（感觉或者概念）的联结，这是绝对不可能的；因为这会是一种因果关系，这种因果关系（在经验对象中
〔222〕间）只能任何时候都后天地并且借助于经验本身来认识。虽然我们在实践理性批判中确实已经先天地从普遍的道德概念中推导出了敬重的情感（作为上述情感的一个特别的和独特的变相，它与我们从经验性对象获得的无论是愉快还是不快都不会真正一致）。但是，我们在那里也能够越过经验的界限，并提供出一种基于主体的超感性性状的因果性，亦即自由的因果

性。然而即便是在那里，我们真正说来也不是从作为原因的道德理念推出这种情感，而是仅仅从中推导出了意志的规定。但是，一个无论由什么来规定的意志的心灵状态，就自身而言已是一种愉快情感，并且与意志是同一的，因而并不是作为结果从中得出的，后一种情况惟有在作为一种善的道德的概念先行于通过法则对意志的规定时才是必须假定的；在这种情况下，要从作为一种纯然知识的概念中推导出与该概念相结合的愉快来，就会是白费力气了。

现在，审美判断中的愉快以类似的方式就是这种情况：只不过愉快在这里纯然是静观的，而且不造成对客体的兴趣，与此相反，在道德判断中的愉快则是实践的。在一个对象借以被给予的表象那里，对主体诸认识能力的游戏中纯然形式的合目的性的意识就是愉快本身，因为这种意识在一个审美判断中包含着主体就激活其认识能力而言的能动性的规定根据，所以包含着就一般认识而言，但并不局限于一个确定的知识的一种内在的因果性（这种因果性是合目的的），因而包含着一个表象的主观合目的性的纯然形式。这种愉快也不以任何方式是实践的，既不像出自适意性的生理学根据的愉快，也不像出自被表现的善的理智根据的愉快。但是，它在自身中毕竟有因果性，亦即无须进一步的意图而**保持**表象本身的状态和诸认识能力的活动。我们**流连**于对美者的观赏，因为这种观赏在加强自己和再生自己，这和对象的表象中的一种魅力反复唤起注意时的那种流连是类似的（但毕竟与它不是一回事），在后一种流连中，心灵是被动的。

第 13 节　纯粹的鉴赏判断不依赖于魅力和感动 〔223〕

一切兴趣都败坏着鉴赏判断，并使它失去自己的不偏不倚，尤其是在它不像理性的兴趣那样把合目的性置于愉快的情感之前，而是把合目的性建立在这种情感之上的时候；这后一种情况总是发生在就某种东西使人快乐或者使人痛苦而言对它的审美判断中。因此，如此被刺激起来的判断对于普遍有效的愉悦要么根本不能提出任何要求，要么能够提出的要求如此之少，正如上述方式的感觉处于鉴赏的规定根据中间一样。鉴赏在它为了愉悦而需要混有**魅力**和**感动**，甚至把它们当做自己的赞赏的尺度的地方，任何时候都是未开化的。

然而，魅力毕竟常常不是仅仅作为对审美的普遍愉悦的贡献而被算做美（但美真正说来却只应当涉及形式），而是它们甚至就自身而言被冒充为美，因而是愉悦的质料被冒充为形式；这是一种误解，它与其他一些毕竟还总是有某种真实的东西作为根据的误解一样，可以通过对这些概念的细心规定来消除。

一个不受魅力和感动任何影响（即使它们可以与对美者的愉悦相结合），因而仅仅以形式的合目的性为规定根据的鉴赏判断，就是一个**纯粹的鉴赏判断**。

第 14 节　通过例子来说明

审美判断可以如同理论判断（逻辑判断）一样，被划分为经验性的判断和纯粹的判断。前者是些陈述适意或者不适意的审美判断，后者是些陈述一个对象或者该对象的表象方式的美的审美判断；前者是感官判断（质料的审美判断），惟有后者（作为形式的审美判断）才是真正的鉴赏判断。

〔224〕因此，一个鉴赏判断只是就没有任何纯然经验性的愉悦混入其规定根据而言，才是纯粹的。但是，每当魅力和感动在某种东西应当被宣布为美的所凭借的判断中有一种份额的时候，

上述情况就会发生。

于是，又出现了一些异议，最终伪称魅力不仅仅是美的必然成分，而是甚至单凭自己就足以被称为美的。一种纯然的颜色，例如一片草坪的绿色，一种纯然的音调（不同于声响和噪音），例如一把小提琴的音调，被大多数人宣布为自身就是美的；虽然二者看起来都是以表象的质料、亦即仅仅以感觉为根据的，并因此只配被称为适意的。然而，人们毕竟将同时注意到，无论是颜色还是音调的感觉，都惟有就二者是**纯粹的**而言，才认为自己有资格被视为美的；这是一个已经涉及形式的规定，也是这些表象中惟一可以确定地普遍传达的东西；因为不能假定感觉本身的质在所有的主体中都是一致的，一种颜色的适意性优于另一种颜色，或者一种乐器的音调的适意性优于另一种乐器的音调，这是很难在每个人那里都以同样的方式来评判的。

如果人们和欧拉一样假定，颜色是以太等时相互继起的搏动（pulsus），就像音调是在声响中振动的空气等时相互继起的搏动一样，而且最重要的是，心灵并不仅仅通过感官而知觉到它们对激活器官的作用，而且还通过反思知觉到诸印象的合规则的游戏（因而知觉到不同的表象的结合中的形式）——对此我毕竟没有丝毫怀疑——，那么，颜色和音调就会不是纯然的感觉，而已经是对感觉之杂多的统一的形式规定，在这种情况下就也能够单凭自己被算做美了。

但是，一种单纯的感觉方式的纯粹的东西意味着，这感觉方式的齐一性不被任何异类的感觉所干扰和打断，而且这种纯粹的东西仅仅属于形式，因为人们在这里可以抽掉那种感觉方式的质（即它是否表现和表现着哪一种颜色，它是否表现和表现着哪一种音调）。因此，一切单纯的颜色，就它们是纯粹的而言，都被认为是美的；混合的颜色就没有这种优点，这恰恰

〔225〕是因为，既然它们不是单纯的，对于应当把它们称为纯粹的还是不纯粹的，人们就没有任何评判的尺度。

但是，至于由于对象的形式而被赋予对象的美，就其如人们认为的那样能够通过魅力甚至得到提高而言，这是一个常见的而且对纯正的、不受诱惑的、彻底的鉴赏十分有害的错误；尽管为了除单调的愉悦之外还通过对象的表象使心灵产生兴趣，并这样用于赞扬鉴赏及其培养，尤其是当鉴赏还是粗糙的和未经训练的时候，当然是可以在美之上再加上魅力的。但是，它们实际上损害着鉴赏判断，如果它们作为美的评判根据把注意力吸引到自身上来的话。因为这是大错特错的，以为它们会对美有所贡献，其实它们是必须作为外来者，只是就它们不干扰那种美的形式而言，在鉴赏还孱弱和未经训练的时候，才被接受下来的。

在绘画、雕刻中，甚至在一切造型艺术中，在建筑艺术、园林艺术中，就它们是美的艺术而言，**素描**都是根本性的东西，在素描中，不是在感觉中使人快乐的东西，而仅仅是通过其形式使人喜欢的东西，才构成了鉴赏的一切素质的基础。使轮廓生辉的颜色属于魅力；它们虽然能够使对象自身对于感觉生动起来，但却不能使之值得观赏并成为美的；毋宁说，它们大部分由于美的形式所要求的东西而是十分受限制的，而且甚至在魅力被允许的地方，它们也是仅仅通过美的形式才变得高贵。

感官对象（不仅外部感官的对象，而且间接地还有内部感官的对象）的一切形式，要么是**形象**，要么是**游戏**；在后一种场合要么是形象的游戏（在空间中表情和舞蹈），要么只是感觉的游戏（在时间中）。颜色或者乐器的适意音调的**魅力**可以加进来，但前者中的**素描**和后者中的作曲却构成纯粹的鉴赏判断的真正对象；至于无论是颜色还是音调的纯粹性，或者甚至它们的多样性及其鲜明对比显得对美有所贡献，这却并不等于要说，它们就是因为单凭自身就是适意的而仿佛是对形式的愉悦的一种同类的附加物，而只是因为它们使这种形式更精确、更确定、更完全地直观化了，此外还通过它们的魅力而使表象生动起来，因为它们唤起并保持对于对象本身的注意。〔226〕

甚至人们称为**装饰**（附件）的东西，亦即并不作为组成部分内在地属于对象的整个表象，而只是作为附属品外在地属于它，并且加大鉴赏的愉悦的那种东西，做到这一点毕竟也只是通过它的形式，就像油画的镶框、或者雕像的衣着、或者宏伟的建筑周围的柱廊那样。但是，如果装饰不是自身在于美的形式，如果它像金制的画框那样仅仅是为了通过它的魅力来让油画博得喝彩而安装上的，那么，它在这种情况下就叫做**修饰**，并损害着纯正的美。

感动，即适意在其中仅仅凭借瞬间的阻碍和接踵而至的生命力更强烈的涌流而被产生出来的一种感觉，根本不属于美。但崇高（感动的情感与它结合在一起）要求另一种评判尺度，不同于鉴赏以之为基础的；而这样，一个纯粹的鉴赏判断就既不是以魅力也不是以感动为规定根据的，一言以蔽之，不是以任何作为审美判断之质料的感觉为规定根据的。

第 15 节　鉴赏判断完全不依赖于完善性的概念

客观的合目的性惟有借助于杂多与一个确定的目的的关系，因而惟有通过一个概念才能被认识。仅仅这一点就可以说明：其评判以一种纯然形式的合目的性，亦即一种没有目的的合目的性为基础的美者，完全不依赖于善者的表象，因为善者是以一种客观的合目的性，亦即对象与一个确定的目的的关系为前提条件的。

客观的合目的性要么是外在的合目的性，亦即对象的**有用**

性，要么是内在的合目的性，亦即对象的**完善性**。我们由以把一个对象称为美的那种对该对象的愉悦不能基于该对象的有用性的表象，这是从上面两章可以充分看出的；因为那样一来，
〔227〕它就不会是对该对象的一种直接的愉悦了，而后一种愉悦却是关于美的判断的根本条件。但是，一种客观的内在的合目的性，即完善性，已经很接近于美这个谓词了，因而也被著名的哲学家们认为与美是一回事，但却有一个附言，**如果这完善性被含混地思维的话**。在一个鉴赏批判中断定美是否也可以实际上化解在完善性的概念中，这是非常重要的。

要对客观的合目的性作出评判，我们在任何时候都需要一个目的的概念和（如果那个合目的性不应当是一种外在的合目的性［有用性］，而应当是一种内在的合目的性的话）包含着对象的内在可能性之根据的一个内在目的的概念。就像一般目的是其**概念**可以被视为对象本身的可能性根据的东西一样，为了在一个事物上想象一种客观的合目的性，关于该事物**应当是怎样一个事物**的概念就将走在前面；而在该事物中杂多与这个概念（它给出该事物上杂多之联结的规则）的协调一致就是一个事物的**质的完善性**。作为每一个事物在其种类上的完备性的**量的完善性**与它完全不同，纯然是一个量的概念（全体性），在这个概念那里，**该事物应当是什么**，这已经预先被设想为确定的了，所问的只是它身上是否有为此所需要的一切。一个事物的表象中形式的东西，亦即杂多与一（它应当是什么尚不确定）的协调一致，独自根本不能使人认识到任何客观的合目的性；因为，既然作为**目的**的这个一（该事物应当是的东西）被抽掉了，在直观者心灵中所剩下来的就无非是表象的主观合目的性了，后者虽然表明了主体中表象状态的某种合目的性，并在这种状态中表象了主体把一个被给予的形式把握进想象力的一种惬意，但并不表明在这里不通过一个目的的概念就被设想

的某一个客体的完善性。例如，我在森林中发现一个周围环绕着树木的草坪，而且我在这方面没有设想一个目的，即它也许应当用来开一个乡村舞会，此时就没有丝毫关于完善性的概念通过纯然的形式被给予。设想一个形式的**客观的**合目的性但却没有目的，亦即设想一种**完善性**的纯然形式（没有任何质料和关于与之协调一致的东西的**概念**，哪怕它仅仅是一个一般合法则性的理念），这是一个真正的矛盾。 〔228〕

于是，鉴赏判断就是一个审美判断，亦即一个基于主观根据的判断，而且其规定根据不能是概念，因而也不能是一个确定的目的的概念。所以，通过美这样一个形式的主观合目的性，绝对没有把对象的完善性设想为所谓形式的、尽管如此却还仍然是客观的合目的性；而在美者的概念和善者的概念之间作出的这种区别，就好像二者只是按照逻辑形式被区别开来，前者只是完善性的一个含混概念，后者则是完善性的一个清晰概念，但除此之外在内容上和起源上是一回事，这是没有意义的。因为这样一来，在它们之间就会没有任何**类的**区别，相反，一个鉴赏判断就会正如某种东西被宣布为善的所凭借的那种判断一样，是一个认识判断了；这大概就像平常的人在说欺骗不正当时把自己的判断建立在含混的理性原则之上，而哲学家则把自己的判断建立在清晰的理性原则之上，但在根本上二者都把自己的判断建立在同样的理性原则之上一样。不过，我已经指出过，一个审美判断在其种类上是惟一的，并且绝对不提供关于客体的任何知识（哪怕是一种含混的知识），这后一种情况惟有通过逻辑判断才发生；与此相反，审美判断使一个客体借以被给予的那种表象仅仅与主体发生关系，并且不是使人注意对象的性状，而是仅仅使人注意在规定致力于对象的表象力时的合目的的形式。判断之所以叫做审美的，也正是因为它的规定根据不是概念，而是诸般心灵能力的游戏中那种一致性的（内部感官的）情感，只要那种一致性被感觉到。与此相反，如果要把含混的概念和以之为基础的判断称为审美的，人们就会有一种感性地作判断的知性，或者有一种通过概念表现自己的客体的感官，这两者都是自相矛盾的。概念无论是含混的还是清晰的，其能力都是知性；而尽管作为审美判断的鉴赏
〔229〕判断也（像一切判断那样）需要知性，但鉴赏判断需要它，却毕竟不是把它当做对一个对象的认识能力，而是当做按照判断与主体及其内部情感的关系，确切地说，就这个判断按照一个普遍的规则是可能的而言，来规定判断及其表象（无须概念）的能力。

第16节 在一个确定的概念的条件下宣布一个对象是美的所凭借的鉴赏判断不是纯粹的

有两种美：自由的美（pulchritudo vaga［飘移的美］），或者纯然依附的美（pulchritudo adhaerens［附着的美］）。前者不以任何有关对象应当是什么的概念为前提条件，后者则以这样一个概念以及对象依照这个概念的完善性为前提条件。前一种美的诸般种类叫做这个事物或者那个事物的（独自存在的）美，后一种美则作为依附于一个概念的美（有条件的美），被赋予隶属于一个特殊目的的概念的那些客体。

花是自由的自然美。一朵花应当是一个什么样的事物，除了植物学家之外，很难有别的人知道；而即便是认识花是植物的授粉器官的植物学家，在他通过鉴赏对花做判断时，也并不考虑这种自然目的。因此，这个判断并不以某个物种的完善性，不以杂多的复合与之相关联的内在合目的性为基础。许多鸟类（鹦鹉、蜂鸟、极乐鸟）、大量海洋贝类自身就是美，这些美根本不应归于任何按照概念就其目的而言被规定的对象，

而是自由地并且独自让人喜欢的。所以，à la grecque［希腊式的］素描、用于镶框的或者裱糊纸上的卷叶饰等，自身没有任何含义，它们不表现任何东西，不表现一个确定的概念之下的任何客体，而且是自由的美。人们也可以把音乐中称为幻想曲（无主题）的东西，甚至把整个无文本的音乐都归为这个类型。

在（按照纯然的形式）对一种自由的美的评判中，鉴赏判断是纯粹的。它不以关于某个目的的概念为前提条件，让杂多为了这个目的而服务于被给予的客体，因而对这个客体有所表现，〔230〕那样的话只会限制在观赏形态时仿佛在做游戏的想象力的自由。

然而，一个人的美（而且在这个种类中有一个男人的美，或者一个女人的美，或者一个孩子的美）、一匹马的美、一座建筑（教堂、宫殿、军械库或者花园小屋）的美，都以关于目的的一个概念为前提条件，这个概念规定着该事物应当是什么，因而规定着它的完善性的概念，所以纯然是附着的美。就像适意者（感觉）的条件与真正说来仅仅涉及形式的美相结合就妨碍鉴赏判断的纯粹性一样，善（也就是说，为此杂多对于事物本身来说按照事物的目的是善的）与美相结合也将损害鉴赏判断的纯粹性。

人们可以把许多直接在直观中让人喜欢的东西安装在一座建筑上，除非这座建筑应当是一座教堂；人们可以像新西兰人用其文身所做的那样用各种各样的花饰和轻柔而有规则的线条来美化一个形象，除非这是一个人；而一个人也可以具有更漂亮得多的容貌和更讨人喜欢、更温柔的脸型轮廓，除非他应当表现一个男人，或者甚至表现一个武士。

于是，与规定着一个事物的可能性的内在目的相关对该事物中的杂多的愉悦就是一种基于一个概念的愉悦；但对美的愉悦却是不以任何概念为前提条件，而是与对象借以被给予（而不是对象借以被思维）的那个表象直接相结合的这样一种愉悦。现在，如果就后一种愉悦而言的鉴赏判断被变成依赖于前一种作为理性判断的愉悦中的目的，并由此受到限制，那么，那种鉴赏判断就不再是一个自由的和纯粹的鉴赏判断了。

尽管鉴赏由于审美愉悦与理智愉悦的这种结合而在它被固定下来这一点上，以及在它虽然不是普遍的，但人们毕竟能够就某些合目的地被规定的客体而言给它颁布规则这一点上有所收获。然而，这些规则在这种情况下也不是鉴赏的规则，而纯然是些鉴赏与理性，以及美者与善者相一致的规则，通过这种一致，前者可以被用做就后者而言的意图的工具，以便把这种
〔231〕自己维持并具有主观的普遍有效性的心灵情调配给惟有通过艰难的决心才能维持，但却客观地普遍有效的那种思维方式。但真正说来，既不是完善性通过美而有所收获，也不是美通过完善性而有所收获；而是由于当我们把一个对象借以被给予我们的那个表象通过一个概念与客体（就它所应当是的东西而言）作比较时，不能避免把这表象同时与主体中的感觉放在一起相对照，所以，有所收获的是表象力的**整个能力**，如果这两种心灵状态协调一致的话。

一个鉴赏判断，就一个具有确定的内在目的的对象而言，惟有当判断者要么对这个目的没有概念，要么在自己的判断中抽掉了这个目的时，才会是纯粹的。但在这种情况下，这个判断者尽管由于把该对象评判为自由的美而作出了一个正确的鉴赏判断，却仍然会受到另一个把该对象上的美仅仅视为依附的性状（关注对象的目的）的人的责备，被指责有一种错误的鉴赏，虽然两个人都以自己的方式正确地作出了判断：一个人是按照他在感官面前所拥有的东西，另一个人是按照他在思想中所拥有的东西。通过这种区分，人们就能够调停鉴赏的裁决者们关于美的不少纷争，因为人们向他们指出，一个人坚持的是

自由的美，另一个人坚持的是依附的美，前者所作的是一个纯粹的鉴赏判断，后者所作的是一个应用的鉴赏判断。

第 17 节　美的理想

不可能有任何客观的鉴赏规则来通过概念去规定什么是美的。因为出自这一源泉的一切判断都是审美的；也就是说，它的规定根据是主体的情感，而不是一个客体的概念。寻求一个通过确定的概念来指出美者的普遍标准的鉴赏原则，这是一种徒劳的努力，因为所寻找的东西是不可能的，而且就自身而言是矛盾的。感觉（愉悦或者不悦）的普遍可传达性，确切地说这样一种无须概念就发生的普遍可传达性，可能的话一切时代和一切民族就这种情感而言在某些对象的表象中的一致性，就 〔232〕
是那个经验性的，尽管微弱而且不足以猜测出来的标准，即一个如此通过种种实例所证实了的鉴赏从评判对象在其下被给予人们的诸形式时的那种一致性的根据中起源的标准，这个根据深深地隐藏着，对于一切人来说都是共同的。

因此，人们把鉴赏的一些产品视为**示范性的**；这并不是说，好像鉴赏可以通过模仿别人来获得似的。因为鉴赏必须是一种自己特有的能力；但是，模仿一个典范的人，就其模仿得好而言，虽然表现出技巧，但却惟有在他自己能够评判这一典范的时候才表现出鉴赏。① 但由此得出，最高的典范，即鉴赏

① 在言谈艺术方面鉴赏的典范必须以一种已死的学术语言来撰写：第一，为的是不必忍受活着的语言不可避免地要遇到的那种改变，即高贵的表述变得平庸，常用的表述变得过时，新创的表述只有短暂持续的流行；第二，为的是它具有一种不遭受时尚的任意变迁，而是有其不变的规则的语法。

的原型，是一个纯然的理念，每个人都必须在自己里面产生出这个理念，而且他必须依据它来评判一切是鉴赏的客体，是借助鉴赏进行评判的实例的东西，甚至评判每个人的鉴赏。**理念**真正说来意味着一个理性概念，而**理想**则意味着一个个别的存在者，作为与某个理念相应的存在者的表象。因此，鉴赏的那个原型固然是基于理性关于一个最大值的不确定的理念的，但毕竟不能通过概念，而是只能在个别的描绘中被表现出来，更确切地说被称为美者的理想，这类东西我们虽然并不占有它，但却努力在我们心中创造出它来。但是，它将仅仅是想象力的一个理想，这正是因为它不是基于概念，而是基于描绘；但描绘的能力就是想象力。——于是，我们如何达到美的这样一个理想呢？先天地还是经验性地？此外，美者的哪一个类能够成为一个理想呢？

首先一定要注意：应当为之寻找一个理想的那种美，必须不是一种**飘移的**美，而是一种由一个关于客观合目的性的概念**固定下来的**美，因而不属于一个完全纯粹的鉴赏判断的客体，
〔233〕而属于一个部分地理智化了的鉴赏判断的客体。也就是说，一个理想应当以哪一种评判根据而产生，这里必须有某种理性理念按照确定的概念来作为基础，这理念先天地规定着对象的内在可能性所基于的目的。美的花朵、一件美的家具、一道美的风景，它们的一个理想是不可思议的。但即便是对于依附一个确定的目的的美，例如一幢美的住房、一棵美的树、一个美的花园等，也不能想象任何理想；这也许是因为这些目的未因其概念得到足够的规定和固定，因而合目的性几乎像在**飘移的**美那里一样自由。惟有在自身中就有其实存的目的的东西，即能够通过理性自己规定自己的目的的**人**，或者在必须从外部知觉中取得这些目的时，毕竟能够把它们与本质的和普遍的目的加以对照，并在这种情况下也能够在审美上去评判与那些目的协

调一致的人；因而惟有这人，才能够成为美的一个理想，正如人类在人的人格中，作为理智，能够成为世界上一切对象中的**完善性**的一个理想一样。

但是，为此就需要两个成分：**第一**，是审美的**基准理念**，它是一个把对人的评判的尺度作为一个属于某种特殊动物物种的事物的尺度予以表现的个别直观（想象力的直观）；**第二**，是**理性理念**，它使人类的那些不能被感性地表现出来的目的成为评判人的形象的原则，通过作为其结果的人的形象，那些目的在显象中显现出来。基准理念必须从经验中取得其成为一种特殊种类的动物之形象的要素；但是，在形象的建构中适合于作为对该物种的每个个体的审美评判之普遍尺度的最大合目的性，即仿佛是有意被奠定为自然之技术的基础、惟有整体上的类却没有任何个体特别与之相符的肖像，毕竟仅仅存在于评判者的理念中，但这理念连同其比例作为审美理念却可以在一个典范肖像中完全具体地展示出来。为了在某种程度上使人理解这是如何发生的（因为谁能诱骗自然完全说出其秘密呢?），我们想尝试作一个心理学的说明。

要注意的是：想象力以一种我们完全不理解的方式，不仅善于偶尔地，甚至是从久远的时代唤回诸概念的标志；而且也〔234〕善于从说不清数字的不同种类乃至同一种类的对象中再生产出对象的肖像和形象；甚至如果心灵有意于比较的话，还善于根据一切猜测实际地，尽管不充分有意识地让一个肖像仿佛是叠加在另一个肖像上，并通过同一种类的多个肖像的一致而得出一个平均值，来用做一切肖像的共同标准。某人看见过上千的成年男子。如果他现在对能够以比较的方式加以估量的基准身材作出判断，那么，（在我看来）想象力就可以让大量肖像（也许就是所有那些上千的成年男子）相互叠加；而且如果允许我在这里使用光学描述的类比的话，在大多数肖像合并起来的那个空间中，以及在显示出涂以最浓重颜色的位置的那个轮廓之内，那个**平均身材**就将清晰可辨，它无论是按照高度还是按照宽度都与最大体形和最小体形最外面的边线等距离远；而这就是一个美男子的体形。（人们可以机械地得出同样的结果，如果人们测量这所有上千的成年男子，把它们的高度和宽度[以及胖度] 分别相加在一起，再把总和除以一千的话。然而，想象力乃是通过从对这样一些形象的多种多样的把握在内部感官的官能上产生的动力学效果来做到这同一件事的。）如果现在以类似的方式为这个平均的男子寻找平均的头，为这个平均的头寻找平均的鼻子等等，那么，这个形象就是进行这种比较的那个国度中美男子的基准理念的基础；因此，一个黑人在这些经验性的条件下必不可免地具有另一种不同于白人的形象美的基准理念，而中国人则有另一种不同于欧洲人的基准理念。（某个种类的）一匹美的马或者一只美的狗的**典范**，也会是同样的情况。——这个**基准理念**并不是从取自经验的比例亦即**确定的规则**推导出来的；而是惟有根据它，这些评判规则才是可能的。它是在一切个别的、以诸多方式各不相同的个体直观之间飘浮着的整个类的肖像，自然将这肖像奠立为在这个物种中
〔235〕类的产生的原型，但看起来在任何一个个体中都没有完全达到它。基准理念绝不是这个类中全部的**美的原型**，而只是构成一切美的不可忽视的条件的那种形式，因而仅仅是类的描述中的**正确性**。它就像人们称呼**波吕克勒特**的著名的**荷矛者**那样，是**规则**（同样，**米隆**的母牛在它的种类中也可以用做规则）。正因为这一点，基准理念也不能包含任何物种特有的东西；因为若不然，它就会不是类的**基准理念**了。对它的描述也不是因美而令人喜欢，而只是由于它不与这个类的一个事物惟有在其下才能够是美的那个条件相矛盾。这种描述仅仅是循

规蹈矩的。①

然而，美者的**理想**与美者的**基准理念**还是有区别的，出自已经提到的理由，人们惟有在**人的形象**上可以指望美者的理想。在人的形象上，理想就在于**道德**的表达，没有道德，这对象就不会普遍地而且为此积极地（不仅仅是在一种循规蹈矩的描述中消极地）让人喜欢。对内在地统治着人的道德理念的明显的表达虽然只能取自经验；但是，要把这些道德理念与我们的理性在最高的合目的性的理念中与道德上的善联结起来的一切东西的结合，即心地善良，或者纯洁，或者强大或者宁静等等，在身体的表现（作为内心的作用）中变得仿佛清晰可见，这就需要理性的纯粹理念和想象力的巨大威力在只是想评判它们的那个人身上结合起来，更别说还有谁想描述它们了。美的这样一个理想的正确性表现在：它不允许任何感官刺激掺杂进它 〔236〕
对自己的客体的愉悦，但仍可以对这客体有巨大的兴趣；而这也就表明，按照一个这样的尺度作出的评判绝不可能是纯粹审美的，而且按照一个美的理想作出的评判不是纯然的鉴赏判断。

① 人们将发现，画家想请来坐下给他当模特的一张完全合乎规则的脸容，通常并不表现任何东西，因为它不包含任何表明性格的东西，因而与其说表达了一个人格的特别之处，倒不如说表达了类的理念。这个种类的表明性格的东西，如果它被夸张，亦即损害基准理念（类的合目的性）本身的话，就叫做**漫画**。经验也表明，那些完全合乎规则的脸容，在内心通常也只是暴露出一个平庸的人；这也许（如果可以假定自然在外部表现出内部的比例的话）是因为，如果心灵禀赋中没有一项是突出于仅仅构成一个无缺点的男人所要求的那种比例之上的，那就不可以对人们称为**天才**的东西有任何指望，在天才里面，自然显得为了惟一的一种心灵能力的利益而偏离了其各种心灵能力的正常关系。

从第三契机推论出的对美者的解释

美是一个对象的**合目的性**的形式，如果这形式**无须一个目的的表象**而在对象身上被感知到的话。①

鉴赏判断的第四契机，按照对对象的愉悦的模态来看

第18节　什么是一个鉴赏判断的模态

关于任何一个表象，我都能够说：它（作为知识）与一种愉快相结合，这至少是**可能的**。关于我称为**适意**的东西，我则说它在我心中**现实地**造成了愉快。但关于**美者**人们却想到，它与愉悦有一种必然的关系。这里的必然性是特殊类型的：不是
〔237〕一种理论的客观必然性，在那里可以先天地认识到，每个人在被我称为美的那个对象上都**将感到**这种愉悦；也不是一种实践的客观必然性，在那里通过充当自由行动的存在者们的规则的一种纯粹理性意志的概念，这种愉悦就是一个客观法则的必然

① 人们可能反对这种说明而引述如下事例：有一些事物，人们在它们身上看到一种合目的的形式，却没有在它们身上认出一个目的；例如，经常从古墓中取出的、带有一个用于装柄的孔的石器，尽管在其形象上明显表露出一种合目的性，其目的人们并不了解，因而仍然不被宣布为美的。不过，人们把它们视为一种艺术品，这已经足以使得必须承认，人们把它们的形状与某个意图以及一个确定的目的相关联。因此，在对它们的直观上也根本没有直接的愉悦。与此相反，一朵花，例如一朵郁金香，则被视为美的，因为在对它的知觉中发现有某种合目的性，这种合目的性如我们对它的评判根本不与任何目的相关。

结果，而且除了人们绝对地（没有别的意图地）应当以某种方式行动之外，没有任何别的意思。相反，它作为在一个审美判断中所设想的必然性，只能被称为**示范性的**，亦即**所有人**都赞同一个被视为某个人们无法指明的普遍规则之实例的判断的必然性。既然一个审美判断不是一个客观判断和认识判断，所以这种必然性也不能从确定的概念中推导出来，因而不是无可置疑的。它更不能从经验的普遍性中（从关于一个对象的美的诸判断无一例外的一致性中）推论出来。因为不仅经验会很难为此提供足够多的证据，在经验性的判断之上，也不能建立起这些判断的必然性的概念。

第 19 节　我们赋予鉴赏判断的那种主观必然性是有条件的

鉴赏判断要求每个人的赞同；而谁宣布某种东西是美的，他就想要每个人都应当赞许面前这个对象，并同样宣布它是美的。因此，审美判断中的应当本身是按照为作评判而要求的一切材料说出的，但却只是有条件地说出的。人们追求每一个别人的赞同，因为人们对此有一个对所有人都共同的根据；人们也能够指望这种赞同，只要人们总是能够肯定，该事例是被正确地归摄在作为赞许之规则的那个根据之下的。

第 20 节　一个鉴赏判断所预先确定的必然性就是共感的理念

假如鉴赏判断（与认识判断一样）有一个确定的客观原则，那么，根据这原则作出这些判断的人就会要求他的判断具 〔238〕
有无条件的必然性。假如这些判断就像纯然的感官鉴赏的判断一样没有任何原则，那么，人们就根本不会想到它们有任何必然性。因此，它们必须有一个主观的原则，这原则只通过情感而不通过概念，但却毕竟普遍有效地规定着什么是让人喜欢或者讨厌的。但这样一个原则只能被视为**共感**，它与人们有时也称为共感（sensus communis）的普通知性有着本质的不同；因为后者不是按照情感，而是任何时候都按照概念，尽管通常只是按照被模糊地表象出来的原则来作判断的。

因此，惟有在存在着一种共感（但我们并不把它理解为任何外部感觉，而是理解为我们的诸认识能力的自由游戏的结果）的前提条件下，我是说，惟有在这样一种共感的前提条件下，才能作出鉴赏判断。

第 21 节　人们是否能够有根据来以一种共感为前提条件

知识和判断必须能够连同伴随着它们的那种确信被普遍地传达；因为若不然，就会没有任何与客体的协调一致应当被归于它们，它们就会全都是诸表象力的纯然主观的游戏，恰如怀疑论所要求的那样。但是，如果知识应当被传达，那么，心灵状态，亦即诸认识能力与一种一般知识的那种相称，确切地说对于一个表象（一个对象由以被给予我们的表象）来说适宜于从中产生出知识来的那种比例，必须可以普遍地传达；因为没有这个作为主观的认识条件的比例，就不可能产生出作为结果的知识。这件事实际上任何时候都在发生，如果一个被给予的对象借助于感官而推动想象力把杂多复合起来，而想象力又推动知性达到杂多在概念中的统一的话。但是，诸认识能力的这种相称根据被给予的客体的不同而有不同的比例。但尽管如此却必须有一个比例，在其中这种内在的关系对于激活（一种能力被另一种能力激活）来说就是在一般知识（被给予的对象）方面最有利于两种心灵能力的相称；而这种相称也只能通过情 〔239〕感（不能按照概念）来规定。既然现在这种相称本身必须能够普遍传达，因而这种（在一个被给予的表象那里）的相称的情感也必须能够普遍传达；但是，一种情感的普遍可传达性是以一种共感为前提条件的，所以，这种共感就将能够有理由被假定，确切地说，既然如此，就无须立足于心理学的观察，而把它假定为我们的知识的普遍可传达性的必要条件，这种普遍的可传达性在任何逻辑和任何非怀疑论的认识原则中都必须被当做前提条件。

第 22 节　在一个鉴赏判断中所设想的那种普遍赞同的必然性是一种主观的必然性，它在一种共感的前提条件下被表现为客观的

在我们宣布某物是美的所借助的一切判断中，我们不允许任何人有别的意见；但我们仍然不把我们的判断建立在概念之上，而是仅仅建立在我们的情感之上，因此，我们不是把这种情感作为私人情感，而是作为一种共同的情感奠定为基础的。现在，这种共感为此目的不能被建立在经验之上；因为它要授权人们作出包含着一个应当的判断：它所说的不是每个人都**将**与我们的判断一致，而是每个人都**应当**与我们的判断一致。因此，我在这里把我的鉴赏判断说成是共感的判断的一个实例，因而赋予它以**示范性的**有效性，共感就是一个纯然的理想基准，在它的前提条件下人们就能够有理由使一个与它协调一致的判断以及在该判断中表达出来的对一个客体的愉悦对每个人都成为规则，因为原则虽然仅仅是主观的，但却仍然被假定为主观上普遍的（一个对每个人都必然的理念），在涉及不同的

判断者的一致性时，就能够像一个客观的原则那样要求普遍的赞同；只要人们肯定已正确地将之归摄在这个原则之下了。

一种共感的这种不确定的基准实际上已经被我们当做前提
〔240〕条件：我们自诩能作出鉴赏判断就证明了这一点。至于是事实上存在着这样一种作为经验可能性的建构性原则的共感，还是有一个更高的理性原则使它对于我们来说仅仅成为范导性原则，即为了更高的目的才在我们心中产生出一种共感；因此，鉴赏是一种原初的和自然的能力，或者仅仅是一种还需要获得的和人为的能力的理念，以至于一个鉴赏判断连同它对一种普遍赞同的要求事实上只是一种理性要求，即要产生出性情的这样一种一致性，而应当，即每个人的情感与每个他人的特殊情感相汇合的客观必然性，仅仅意味着在这里达成一致的可能性，鉴赏判断则只是提供了这个原则的运用的一个实例。上述情况，我们在这里还不想也不能作出研究，而是现在仅仅把鉴赏能力分解成为它的诸要素，并最终把这些要素结合在一种共感的理念中。

从第四契机推论出的对美者的解释

无须概念而被认识为一种**必然的**愉悦之对象的东西，就是**美的**。

※　　※　　※

对分析论第一章的总附释

如果人们从上述剖析引出结果，那么出现的就是，一切都归结到鉴赏的概念：鉴赏是与想象力**自由的合法则性**相关的对一个对象的评判能力。如果这里在鉴赏判断中想象力必须在其自由中被考察，那么，它首先就不是被设想为再生的，如同它服从联想法则那样，而是被设想为生产的和主动的（作为可能直观的任意形式的创造者）；而且尽管它在把握一个被给予的感官对象时被束缚在这个客体的一个确定形式之上，就此而言没有任何自由的游戏（就像在作诗时那样），但却毕竟还可以很好地理解：对象能够恰好把这样一种形式交到它手上，这形式包含着杂多的一种复合，就像是想象力在自由地放任自己时，〔241〕与一般的**知性合法则性**相一致地设计了这形式。然而，说**想象力是自由的**，却又是**自发地合法则的**，亦即说它带有一种自律，这是一个矛盾。惟有知性才立法。但是，如果想象力被迫按照某个确定的法则来行事，那么，它的产品在形式上就像应有的那样，是由概念来规定的；但在这种情况下，愉悦如上面已指出的，就不是对美者的愉悦，而是对善者（完善，或许仅仅是形式上的完善）的愉悦，而判断也就不是通过鉴赏的判断。因此，一种合法则性而没有法则，以及想象力与知性的一种主观的协调一致而没有在表象与关于一个对象的确定概念相关时的客观的协调一致，就将是惟一能够与知性自由的合法则性（这种合法则性也被称为合目的性而没有目的）以及与一个鉴赏判断共存的。

于是，几何学上合乎规则的形象，即一个圆形、一个正方形、一个正立方体等，通常都被鉴赏的批评家们当做美的最单纯、最无可怀疑的实例来引用；而尽管如此，它们之所以被称为合乎规则的，乃是因为人们只能这样来表现它们，即它们被视为仅仅是一个确定的概念的展现，这个概念为那个形象指定规则（该形象惟有按照这规则才是可能的）。因此，二者必有一错：要么是批评家的那个判断，即把美赋予上述形象；要么是我们的判断，它认为对于美来说需要无概念的合目的性。

没有人会轻易地认为，要在一个圆形上比在一个乱画的轮廓上获得更多的愉悦，要在一个等边等角的四边形上比在一个歪斜的、不等边的、仿佛是畸形的四边形上获得更多的愉悦，就需要一个具有鉴赏的人；因为为此只需要普通的知性，根本不需要鉴赏。在觉察到某种意图的地方，例如在评判一个场地的大小，或者把握一种划分中各部分的相互关系以及与整体的关系的时候，就需要合乎规则的形象，确切地说需要具有最单纯性质的形象；而愉悦并不是直接基于这形象的外观，而是基
〔242〕于这形象对于各种各样的可能意图的可用性。一个墙壁构成斜角的房间、一块具有这样的风格的园地，甚至一切对于对称性的损害，无论是在动物的形象上（例如独眼）还是在建筑或者花卉画的形象上，都是不讨人喜欢的，因为这是违背目的的，不仅是实践上就对这些事物的一种确定的应用而言，而且对于在各种各样的可能意图上作出的评判来说亦是如此；在鉴赏判断中就不是这种情况，鉴赏判断如果是纯粹的，就不考虑应用或者某个目的，而把愉悦或者不悦直接与对对象的纯然**观赏**结合起来。

导向关于一个对象的概念的那种合规则性，虽然是在一个惟一的表象中把握对象并在对象的形式中规定杂多的必不可少的条件（conditio sine qua non）。这种规定是一个就知识而言的目的；而且与知识相关，这种规定也是任何时候都与愉悦（它与任何一种哪怕是仅仅或然的意图相伴随）结合在一起的。但在这种情况下，愉悦就仅仅是对适合于一个任务的那种解决的赞成，而不是各种心灵能力以我们称为美的那种东西所作的一种自由的、不确定地合目的的娱乐，而且在后者中，是知性为想象力效力，而不是想象力为知性效力。

在一个惟有通过某种意图才有可能的事物上，在一座建筑上，甚至在一个动物身上，存在于对称性之中的那种合规则性，必须把直观的那种伴随着目的概念并同属于知识的统一性

表达出来。但是，在只应当让各种想象力的自由游戏（但却是在知性此时不受任何阻碍的条件下）得到娱乐的地方，在游乐园里，在室内装饰中，在各种各样富有鉴赏的器具上，等等诸如此类，那预示着强制的合规则性就被尽可能地避免；因此，园林中的英国式鉴赏、家具上的巴洛克式鉴赏，都宁可把想象力的自由一直推进到接近于怪诞的地步，而在对规则的一切强制的这种摆脱中，正好确立了鉴赏能够在想象力的设计中展示其最大的完善性的场合。

一切呆板地合乎规则的东西（它接近于数学上的合规则性），本身都有违背鉴赏的成分：它并不以对它的观赏提供长久的娱乐，而是如果它并不明确地以知识或者一种确定的实践目的为意图的话，就将造成无聊。与此相反，想象力能够自然 〔243〕
而然地和合目的地以之游戏的东西，对于我们来说任何时候都是新颖的，而且人们不会对观看它感到厌倦。**马斯登**在其关于苏门答腊的描述中评说道，那里大自然的自由的美到处包围着参观者，因而对他来说很少再有吸引力；与此相反，他在森林中央遇到的一个胡椒园，那里攀绕着这种植物的支架以平行的直线构成了中间的林荫道，对他来说很有魅力；由此推论出，野生的、表面上没有规则的美，只是对于看腻了合乎规则的美的人来说，为了变换口味，才是让人喜欢的。不过，他只需要尝试一下在他的胡椒园里呆一天，就可以领悟到：当知性通过合规则性而置身于它到处都需要的与秩序的相称之中的时候，对象就不再使他得到娱乐，反倒使想象力遭受到一种难受的强制；与此相反，在那里多样性过分丰富到肆无忌惮的大自然，不服从任何人为规则的强制，却能够给它的鉴赏不断地提供营养。——甚至我们不能将之置于任何音乐规则之下的鸟类歌唱，也比哪怕是按照一切音乐艺术规则进行的人类歌唱显得包含有更多的自由，因而包含有更多可鉴赏的东西；因为如果后者经常地和长时间地重复的话，人们就将对它感到厌倦。不过在这里，我们也许把我们对一个可爱小动物的欢乐的同感与它的歌唱的美混为一谈了，这种歌唱，如果由人来完全准确地加以模仿（就像人们有时模仿夜莺的鸣啭一样）的话，我们的耳朵就会觉得全无趣味。

还要把美的对象与对对象（常常是由于遥远而不再能被清晰辨认的对象）的美的眺望区别开来。在后者中，鉴赏显得不仅不是附着于想象力在这一领域所**把握**的东西，反倒是附着于想象力在这里有机会去**虚构**的东西，亦即附着于心灵在连续地被触目所见的多样性所唤醒时用以自娱的真正的想象；就像在注视一团壁炉的火焰或者一条潺潺小溪那变化无常的形象时一
〔244〕样，这二者都不是什么美，但毕竟对想象力带有一种魅力，因为它们使想象力的自由游戏得到娱乐。

第二章
崇高者的分析论

第23节　从对美者的评判能力到对崇高者的评判能力的过渡

美者与崇高者在这一点上是一致的，即二者都自身就让人喜欢。此外，二者都既不以感官判断也不以逻辑的规定性判断，而是以反思判断为前提条件，所以，愉悦既不有赖于一种感觉，如对适意者的感觉，也不像对善者的愉悦那样有赖于一个确定的概念，但却仍然与概念相关，虽然未确定是哪一些概念；因此，愉悦是与纯然的展现或者展现的能力紧密相连的，由此，展现的能力或者想象力在一个被给予的直观那里就作为

对理性的促进，被看做与知性或者理性的**概念能力**协调一致。因此，就连这两种判断也都是**单称的**，但却是预示着自己就每个主体而言都普遍有效的判断，虽然它们仅仅要求愉快的情感，而不要求对象的知识。

不过，二者之间显著的区别也是引人注目的。自然的美者涉及对象的形式，这形式就在于限制；与此相反，崇高者也可以在一个无形式的对象上发现，只要在这个对象上，或者通过这个对象的诱发而表现出**无限制**，但毕竟还给这种无限制联想到总体性；美者似乎被当做一个不确定的知性概念的展现，而崇高者则被当做一个同样的理性概念的展现。因此，愉悦在前者是与**质**的表象相结合，在后者则与**量**的表象相结合。甚至后一种愉悦在种类上也与前一种愉悦有很大的区别，因为前者（美者）直接带有一种促进生命的情感，因而可以与魅力和一种游戏着的想象力相结合；而后者（崇高者的情感）则是一种 〔245〕
仅仅间接地产生的愉快，也就是说，这使得它乃是通过一种对生命力的瞬间阻碍，以及接踵而至的生命力更为强烈的涌流的情感而产生的，因此它作为激动显得不是游戏，而是想象力的工作中的认真。所以，它也不能与魅力相结合，并由于心灵不仅被对象所吸引，而且也交替着一再被对象所拒斥，对崇高者的愉悦就与其说包含着积极的愉快，倒不如说包含着惊赞和敬重，也就是说，它应当被称为消极的愉快。

但是，崇高者与美者的最重要的和内在的区别也许是这种区别：当我们在这里合理地首先只考虑自然客体上的崇高者（因为艺术的崇高者总是被限制在与自然的协调一致的那些条件之上）的时候，自然美（独立的自然美）在其显得仿佛是预先为我们的判断力规定对象所凭借的形式中就带有一种合目的性，于是就独立地构成愉悦的一个对象；与此相反，在我们心中无须玄想仅仅在把握中就激起崇高者的情感的东西，尽管在形式上可能显得对我们的判断力来说是违背目的的、与我们的展现能力不相适合的、对想象力来说仿佛是粗暴的，但仍然只是被判断为更加崇高的。

但是，人们由此马上就看出，当我们把某个**自然对象**称为崇高的时，我们表达得根本不正确，尽管我们能够完全正确地把很多自然对象称为美的；因为怎么能用一个赞许的表述来称谓自身被把握为违背目的的东西呢？我们所能够说的仅仅是，对象适用于展现一种可以在心灵中发现的崇高；因为真正的崇高者不能包含在任何感性的形式中，而是仅仅涉及理性的理念：虽然不可能有任何与这些理念相适合的展现，但这些理念却正是通过这种可以感性地予以展现的不适合性而被激活，并被召唤到心灵之中的。于是，辽阔的、被风暴所激怒的大洋就不能被称为崇高的。它的景象是恐怖的；而且如果要通过这样
〔246〕一种直观，通过心灵受鼓励离开感性而专注于包含着更高的合目的性的理念，而使心灵具有一种本身崇高的情感，那么，人们就必须已经用各种各样的理念装满了心灵。

独立的自然美给我们揭示出自然的一种技巧，这种技巧使自然表现为一个依据法则的体系，这些法则的原则是我们在自己的全部知性能力中找不到的，也就是说，它所依据的是就判断力在显象上的应用来看的一种合目的性的原则，使得这些显象不仅必须被评判为在自然的无目的的机械性中属于自然的，而且也必须被评判为属于与艺术的类比的。因此，它实际上虽然并不扩展我们对自然客体的知识，但毕竟把我们关于作为纯然机械性的自然的概念扩展成为关于作为艺术的自然的概念，这就吸引我们深入地研究这样一种形式的可能性。但是，那在自然中我们经常称之为崇高的，其中却根本没有任何东西导致特殊的客观原则以及符合这些原则的自然形式，以至于自然在大多数情况下激发起崇高者的理念，毋宁说是在它的混乱中，

或者是在它的极其野性的、极无规则的无序和破坏之中，只要可以看出伟大和威力。由此我们看到，自然的崇高者的概念远远不如自然中的美者的概念那样重要和富有结果；它所表明的根本不是自然中的合目的的东西，而只是其直观的可能**应用**中的合目的的东西，为的是使一种完全不依赖于自然的合目的性在我们自己心中能够被感觉到。对自然的美者来说，我们必须在我们之外寻找一个根据，但对于崇高者来说，我们则仅仅在我们心中，在把崇高带入自然的表象之中的那种思维方式中去寻找根据；这是一个很有必要的暂时说明，它把崇高者的理念与**自然**的一种合目的性的理念完全分开，并使崇高者的理论成为对自然的合目的性的审美评判的一个纯然附录，因为由此并没有表现出自然中的任何特殊形式，而仅仅是展示了想象力对自然的表象所作的一种合目的的应用。

第 24 节　对崇高者的情感所作的一种研究的划分 〔247〕

涉及与崇高者的情感相关来划分对象的审美评判的各契机，分析论将可以如同分析鉴赏判断时那样按照同一个原则进行。因为作为审美的反思性判断力的判断，无论是对崇高者的愉悦，还是对美者的愉悦，都必须在**量**上表现为普遍有效的，在**质**上表现为无兴趣的，在**关系**上表现出主观的合目的性，在**模态**上把这种主观的合目的性表现为必然的。因此，在这里方法与前一章的方法并无不同：除了人们必须对如下情况有所考虑，即我们在审美判断涉及客体的形式的地方是从对质的研究开始的；但在这里，由于能够归于我们称为崇高的那东西的无形式性，则将从量开始，量是关于崇高者的审美判断的第一个契机：这样做的根据可以从前一节看出。

但是，崇高者的分析论必须有美者的分析论所不需要的一种划分，亦即划分为**数学的崇高者**和**力学的崇高者**。

因为既然崇高者的情感自身带有一种与对象的评判相结合的心灵**感动**作为其特征，而对美的鉴赏则把心灵预设和维持在**宁静的**沉思中；但这种感动却应当被评判为主观上合目的的（因为崇高者让人喜欢）。所以，这种感动就通过想象力要么与**认识能力**发生关系，要么与**欲求能力**发生关系，但在两种关系中，被给予的表象的合目的性都只是就这两种**能力**而言（没有目的或者兴趣地）被评判的；在这种情况下，前者就作为想象力的一种**数学的**情调、后者就作为想象力的一种力学的情调被加给客体，因而客体就以上述两种方式被表现为崇高的。

〔248〕

一、数学的崇高者

第 25 节　崇高者的名称解说

我们把**绝对地大的**东西称为**崇高的**。但是，“是大的”和“是一个大小”，这是两个完全不同的概念（magnitudo［大］和 quantitas［量］）。同样，**直截了当地**（simpliciter［简单地］）**说**某种东西是大的，这也完全不同于说它是**绝对地大的**（absolute，non comparative magnum［绝对地、并非相比地大的］）。后者是**超越于一切比较之上的大的东西**。——但是，说某种东西是大的，或者是小的，或者是中等的，这种表述想要说的是什么呢？由此所表示的并不是一个纯粹的知性概念，更不是一个感官直观；同样也不是一个理性概念，因为它根本不带有任何知识原则。因此，它必定是一个判断力的概念，或者是起源自这样一个概念，并以表象与判断力相关的主观合目的性为基础。说某种东西是一个大小（quantum［量］），这可以从事物本身中无须与其他事物作任何比较就认识到，也就是说，如果同质的东西的多一起构成一的话。但它有**多大**，这在任何时候都需要本身也是大小的某种别的东西来作为它的尺度。因为在对大小作出评判时，不仅取决于多（数目），而且也取决于单位（尺度）的大小，而单位的大小总是又需要它能够与之比较的某种别的东西来作为尺度；于是我们看到，对显象的一切大小的规定完全不能提供关于一个大小的任何绝对的概念，而是永远只能提供一个比较的概念。

如果我现在绝对地说某种东西是大的，那么看起来，我根本无意作任何比较，至少是无意与客观的尺度作比较，因为由此根本没有确定该对象有多大。但是，尽管比较的尺度是纯然主观的，判断也依然要求普遍的赞同；用"这个人是美的"和"这个人是高大的"这两个判断都并不仅仅局限在作判断的主体上，而是和理论判断一样要求每个人的赞同。

但是，由于在把某种东西绝对地称为大的所借助的一个判 〔249〕
断中，并不仅仅是要说该对象具有一个大小，而是要说这个大小同时是优先于许多其他的同类对象而赋予该对象的，但又没有明确地指明这种优先性；于是，当然就为这种优先性奠立了一种尺度来作为基础，人们预设这种尺度对于每个人来说都可以当做同样的尺度来采用，但它却不能用于对大小的逻辑评判（数学上确定的评判），而只能用于对大小的审美评判，因为它是纯然主观地为对大小作出反思的判断奠立基础的尺度。此外，它可以是经验性的，例如我们熟悉的那些人、某个物种的动物、树木、房子、山岭等诸如此类的事物的中等大小；或者它是一个先天地被给予的尺度，这尺度由于作评判的主体的缺陷而被具体地限制在展示的主观条件上，例如在实践上某种德性或者一个国家里公共自由和正义的大小，或者在理论上所作出的一种观测或者测量的正确性或者不正确性的大小，诸如此类。

这里值得注意的是：即使我们对客体根本没有任何兴趣，

亦即客体的实存对于我们来说是无所谓的，但仅仅客体的大小，哪怕它被视为无形式的，也就能够带来一种愉悦，这种愉悦是可以普遍传达的，因而包含着我们的认识能力的应用中有一种主观的合目的性的意识；但绝不像在美者（因为它可以是无形式的）那里一样是对客体的愉悦，而是对想象力自身的扩展的愉悦。在美者那里，反思性的判断力则是与一般知识相关来合目的地调整的。

如果我们（在上述限制之下）关于一个对象直截了当地说它是大的，那么，这就不是一个数学上的规定性判断，而只是关于该对象的表象的一个反思判断，这表象对于我们的认识能力在大小估量上的某种应用来说是主观上合目的的；而且在这种情况下，我们就在任何时候都把一种敬重与这个表象结合起来，就像把一种轻视与我们直截了当地称之为小的东西结合起来一样。此外，事物或大或小的评判，关涉一切东西，甚至关涉事物的一切性状；因此，我们甚至把美也称为大的或者小的，
〔250〕对此应当到这里来寻找根据，即但凡我们能够按照判断力的规定在直观中展示（因而在审美上表现）的东西，全都是显象，因而也是一种量。

但是，如果我们不仅仅把某种东西称为大的，而且完全地、绝对地、在一切意图中（超越一切比较）把它称为大的，亦即把它称为崇高的，那么人们马上就会看出，我们不允许在该事物之外，而只允许在该事物之中去为它寻找与它相适合的尺度。这是一种仅仅与自身相等的大小。因此，说崇高者不应当到自然的事物中，而只应当到我们的理念中去寻找，就是由此得出的；但它存在于哪些理念中，这却必须留给演绎去谈。

上面的解说也可以这样来表达：**与之相比别的一切都是小的，这种东西就是崇高的。**这里很容易看出：在自然中不可能给出任何东西，即便被我们评判得如此之大，也不会在另一种

关系中来看时被贬低到无限小的东西；而反过来，也没有任何东西如此之小，不会在与更小的尺度相比时对于我们的想象力来说被扩展到一个世界的大小。望远镜对前者的说明，显微镜对后者的说明，都给我们提供了丰富的材料。因此，没有任何能够是感官的对象的东西，立足于此来看可以被称为崇高的。但正因为在我们的想象力中有一种无限前进的努力，在我们的理性中却有一种对绝对的总体性亦即对一个真实的理念的要求；所以甚至我们对感官世界的事物作出大小估量的能力对于这个理念的不适应性，也在我们心中唤醒着一种超感性能力的情感；而且，是判断力为了后者（情感）起见自然而然地在某些对象上的应用，而非感官的对象是绝对地大的，但与这种应用相比任何别的应用都是小的。因此，是因某种使反思性的判断力活动起来的表象而来的精神情调，而非客体应当被称为崇高的。

因此，我们还可以给解说崇高者的上述语式再加上如下语式：**哪怕只是能够设想地表明心灵有一种超越感官尺度的能力的东西，就是崇高的。**

第 26 节　崇高者的理念所要求的对自然事物的大小估量 〔251〕

通过数目概念（或者它们在代数中的符号）所作的大小估量是数学的，但在纯然直观中（根据目测）所作的大小估量则是审美的。如今，我们虽然只能通过尺度为其单位的数目（必要时通过由延伸至无限的数目系列而来的接近）来获得某种东西有**多大**的确定概念；就此而言一切逻辑的大小估量都是数学的。然而，既然尺度的大小毕竟必须被假定为已知的，所以，如果它现在又应当只是通过另一个尺度为其单位的数目来估量，因而在数学上来估量的话，我们就会永远也不能拥有一个第一的或者基本的尺度，因而也不能拥有关于一个被给予的大小的任何确定概念。因此，对基本尺度的大小的估量必定仅仅在于，人们能够在一个直观中直接把握它，并通过想象力把它用于展示数目概念，也就是说，对自然对象的一切大小估量最终都是审美的（亦即主观上确定的，而不是客观上确定的）。

如今，虽然对于数学的大小估量来说没有任何最大的东西（因为数目的权限延伸至无限）；但是，对于审美的大小估量来说，却当然有一个最大的东西；而关于这个东西我要说：如果它被评判为绝对的尺度，主观上（对于评判主体来说）不可能有更大的尺度超过它，那么，它就会带有崇高者的理念，并且产生出没有一种通过数目所作的数学的大小估量（除非那个审美的基本尺度此际被生动地保持在想象力之中）所能够造成的感动；因为数学的估量总是通过与其他同类大小的比较仅仅展示相对的大小，而前一种估量则展示绝对的大小，只要心灵能够在一个直观中把握它。

直观地把一个量接纳入想象力，以便能够把它用做尺度，或者作为单位用于通过数目所作的大小估量，这就需要这种能力的两个行动：**把握**（apprehensio［把捉］）和**总括**（comprehensio aethetica［审美的总揽］）。把握没有什么困难，因为它
〔252〕是能够无限进行的；但是，把握推进得越远，总括就越变得困难，并且很快就达到其最大值，亦即其大小估量在审美上最大的基本尺度。因为如果把握达到如此之远，以至于感性直观的那些最初把握到的局部表象在想象力中已经开始淡化，而想象力却继续推进去把握更多的东西，那么，想象力在一方面所丢失的就与它在另一方面所获得的一样多，而在总括中就有一个它不能超越的最大的东西。

由此就可以解释**萨瓦里**在他关于埃及的报道中所说明的东

西了：为了对金字塔的伟大获得完全的感动，人们就必须不走得离它太近，同样也不离它太远。因为如果离它太远，那么，把握到的那些部分（它的那些层层叠叠的石块）就只是被模糊地表象出来，而它们的表象就对主体的审美判断造不成什么影响。但如果离得太近，那么，眼睛就需要一些时间来完成从底部直到尖顶的把握；但在想象力接受尖顶之前，底部就在把握中部分淡化，而总括就永远不是完备的。——正是这一点，也足以能够解释有人所讲述的参观者第一次进入罗马圣彼得大教堂时突然向他袭来的震惊和某种困惑。因为这里有一种不适合的情感，即对于一个整体的理念来说他的想象力不适合于展示它，在这里想象力达到了它的最大值，而在努力扩展这最大值时就降回到自身，但却因此被置入一种动人的愉悦之中。

我现在还不想就这种愉悦的理由列举任何东西，这种愉悦是与一个人们最不应当有所指望的表象结合在一起的，因为这表象使我们察觉到表象对于判断力在大小估量方面的不适合性，因而也察觉其主观的不合目的性；相反，我仅仅说明，如果审美判断应当**纯粹地**（不与作为理性判断的**任何目的论判断相混淆地**）给出，而且就此应当给出一个完全适合**审美**判断力批判的实例，那么，人们就必须不是去指明艺术产品（例如建筑、柱子等）上的崇高者，那里有一个属人的目的既规定着形式也规定着大小，也不去指明自然事物上的崇高者，**它们的概念已经带有一个确定的目的**（例如具有已知的自然规定的动物），而是去指明未经加工的自然（而且只是就它不带有任何魅力，或者不带有出自现实危险的感动而言）上的崇高者，这是仅仅就它包含着大小而言的。因为在这种方式的表象中，自然不包含任何过大的东西（也不包含壮观的或者可怖的东西）；把握到的大小可以增长到任意的规模，只要它能够被想象力总 〔253〕

括在一个整体中。如果一个对象消除了构成它的概念的那个目的，该对象就是**过大的**。但**庞大的**却只是指称某种概念的展示，该概念对于一切展示来说都几乎太大了（接近于相对过大的东西），因为展示一个概念的目的由于对象的直观对于我们的把握能力来说几乎太大而变得困难。——但是，一个关于崇高者的纯粹判断必须根本不以任何客体的目的为规定根据，如果它应当是审美的并且不与任何一种知性判断或者理性判断相混淆的话。

※　　※　　※

由于一切应当使纯然反思性的判断力不带兴趣地喜欢的东西，都必然在其表象中带有主观的，并且作为主观的而普遍有效的合目的性，但尽管如此这里却没有对象的形式的合目的性（就像在美者那里）作为评判的基础，所以问题是：这种主观的合目的性是什么东西呢？而且，它是通过什么被预先规定为基准，以便在纯然的大小估量中，确切地说在一直被推进到我们想象力的能力在展示一个大小的概念时的不适合性的那种大小估量中，充当普遍有效的愉悦的一个根据呢？

想象力在大小表象所需要的那种总括中自行无限前进，没有某种东西会阻碍它；但是，知性通过数目概念来引导它，那个大小表象则必须为它提供图型；而在这种属于逻辑的大小估量的行事方式中，虽然有某种按照关于一个目的的概念客观合目的的东西（每一次测量都是这类东西），但却没有任何对于审美判断力来说合目的的和让人喜欢的东西。即便在这种有意
〔254〕的合目的性之中，也没有任何东西强迫尺度的大小；因而强迫把多纳入一个直观的那种**总括**的大小一直推进到想象力的能力的界限，推进到想象力在展示中哪怕能达到的地步。因为在对大小的知性估量（算术）中，人们所达到的正是这么远，无论是把单位的总括一直推进到 10（在十进制中），还是仅仅推进

到 4（在四进制中）；但是，大小进一步的产生却是在复合中，或者当量在直观中被给予的时候在把握中，只是累进地（而非总揽地）按照一种假定的累进原则完成的。知性在这种数学的大小估量中都得到了同样好的服务和满足，无论想象力是选择一个人们一眼就能够把握的大小作单位，例如 1 英尺或者 1 竿，还是选择想象力虽然有可能去把握、但却不可能将之总括进一个直观中去（即不能通过 comprehensio aethetica［审美的总揽］总括进一个直观中去，尽管完全可以通过 comprehensio logica［逻辑的总揽］而总括进一个数目概念中去）的 1 德里或者干脆地球直径作单位。在这两个场合，逻辑的大小估量都毫无阻碍地无限前进。

但现在，心灵在自身中倾听着理性的声音，理性对所有被给予的大小，甚至对那些虽然永远也不能完全把握，尽管如此却（在感性表象中）被评判为完整地被给予的大小，都要求总体性，因而要求总括进**一个**直观中去，并为一个日益增长的数目序列的所有那些环节都要求**作出展示**，甚至也不把无限的东西（空间和流逝的时间）排除在这一要求之外，反倒是不可避免地导致把它设想为**完整地**（按照其总体性）**被给予的**。

但是，无限的东西是绝对地（而不是比较地）大的。与这种东西相比较，一切别的东西（具有同一种量度的东西）都是小的。但最重要的是，哪怕只是能够把它设想为**一个整体**，这也表明心灵有一种超越感官的一切尺度的能力。因为这就会要求一种总括，它提供一个作为单位的尺度，这尺度要与无限的东西有一种确定的、可以用数目来说明的比例关系，这是不可能的。但是，**哪怕只是能够设想**被给予的无限者而不矛盾，这也就要求心灵中有一种能力，它本身是超感性的。因为惟有通过这种能力及其一个本身不允许有直观，但却给作为纯然显象的世界直观奠定基底的本体的理念，感官世界的无限者才在纯 〔255〕

粹理智的大小估量中被**完整地**总括在一个概念**之下**，尽管它在数学的大小估量中**通过数目概念**永远也不能被完整地思考。甚至一种能够把超感性直观的无限者设想为（在其理知基底中）被给予的能力，本身就超越了感性的一切尺度，大得甚至超过与数学估量能力的一切比较；当然，这不是在理论的意图中为了认识能力，但毕竟是作为心灵的扩展，心灵感到自己有能力在别的（实践的）意图中超越感性的局限。

因此，自然在它的这样一些显象中是崇高的，这些显象的直观带有其无限性的理念。这后一种情况，只是由于我们的想象力在一个对象的大小估量中即使作出了最大努力也不适合，才会发生。但现在，对于数学的大小估量来说，想象力能对付任何对象，以便为这种大小估量提供充分的尺度，因为知性的数目概念能够通过累进而使任何尺度适合任何一种被给予的大小。因此，必定是**审美的**大小估量，在其中人们感觉到超越想象力的能力而将累进的把握包括到一个直观整体中去的这种总括努力，而与此同时也察觉到这种在进展中不受限制的能力不适合于领会以秩序的最小消耗适宜于大小估量的基本尺度，不适合于用于大小估量。现在，自然的真正不变的基本尺度就是它的绝对整体，它在自然那里就是被总括为显象的无限性。但是，既然这个基本尺度是一个自相矛盾的概念（因为一个无终点的累进的绝对总体性是不可能的）；所以，一个自然客体的这种大小，即想象力徒劳地把自己全部的总括能力运用于其上的大小，必然把自然的概念引导到一个超感性的基底（这基底既是自然的基础，同时也是我们的思维能力的基础），这基底
〔256〕大得超越感官的一切尺度，因而不是那么让人把对象，而反倒是让人把估量对象时的心灵情调评判为**崇高的**。

因此，就像审美的判断力在评判美者时把想象力在其自由游戏中与**知性**联系起来，以便与知性的一般**概念**（无须规定这

些概念）协调一致那样，它也在把一个事物评判为崇高的时把同一种能力与**理性**联系起来，以便主观上与理性的**理念**（不确定是哪些理念）协调一致，也就是说，产生出一种心灵情调，这种情调是与确定的理念（实践的理念）对心灵的影响所会造成的那种心灵情调是相称的，也是能够与之共容的。

人们由此也看出，真正的崇高必须只在判断者的心灵中，而不是在对其评判引起判断者的这种情调的自然客体中去寻找。谁会愿意把不成形的、乱七八糟地堆积起来的山峦以及它们的那些冰峰，或者阴沉沉的汹涌大海等等称为崇高的呢？但是，心灵在它自己的评判中感到被提高了，如果它在观看它们的时候不考虑它们的形式而委身于想象力，并委身于一种尽管完全没有确定的目的而与之相结合、只是扩展着那个想象力的理性，却发现想象力的全部威力仍然不适合于理性的理念的话。

自然在纯然直观中的数学崇高者的例子，全都是这样一些场合提供给我们的，在这些场合里，被给予我们的与其说是一个更大的数目概念，倒不如说是作为想象力的尺度的大单位（为的是压缩数的序列）。我们按照人的身高来估量的一棵树，也许为一座山提供了尺度；而如果这座山例如有一英里高，它就可以用做表达地球直径的数目的单位，以便使地球的直径直观化，而地球的直径对于我们已知的行星系、行星系对于银河系来说亦复如是；这样一些银河系以星云为名的无法测量的集合，也许在它们中间又构成一个诸如此类的系统，使我们在这里就别预期任何界限了。现在，在对一个如此无法测量的整体的审美评判中，崇高者与其说在于数目的大，倒不如说在于我们在这一进展中总是达到越来越大的单位；有助于此的是对宇宙大厦的系统划分，它把自然里面一切大的东西都一再对我们 〔257〕
表现为小的，但真正说来是把我们完全无边无际的想象力，以及与它一起把自然表现为对于理性的理念来说微不足道的，如果想象力要作出一种与这些理念相适合的展示的话。

第 27 节　在对崇高者的评判中愉悦的质

感到我们的能力不适合于达到一个**对我们来说是法则**的理念，这种情感就是**敬重**。现在，把每一个可能被给予我们的显象都总括进一个整体的直观中去的理念，就是这样一个由理性法则托付给我们的理念，它除了绝对整体之外，不知道还有别的什么确定的、对于每个人来说都有效的和不变的尺度。但是，我们的想象力即使作出了最大的努力，就它所要求的把一个被给予的对象总括进一个直观整体中去（因而是为了展示理性的理念）而言，也表现出它的局限和不适合性，但毕竟同时表现出它的使命，即造就与这个作为法则的理念的适合性。因此，对自然中的崇高者的情感就是对我们自己的使命的敬重，我们通过某种偷换（用对于客体的敬重替换对于我们主体里面人性理念的敬重）对一个自然客体表现出这种敬重，这就仿佛把我们的认识能力的理性使命对感性的最大能力的优越性对我们直观化了。

因此，对崇高者的情感就是由于想象力在审美的大小估量中不适合于通过理性进行的估量而产生的不快情感，而且是一种与此同时被唤起的愉快，它是出自恰恰对最大的感性能力的不适合性的这个判断与理性理念的协调一致，如果对理性理念的追求毕竟对于我们来说是法则的话。因为对于我们来说是（理性的）法则并且属于我们的使命的是，把自然作为感官对象所包含的一切对我们来说大的东西，与理性的理念作比较都估量为小的；而在我们心中激起对这个超感性的使命的情感的东西，则与那个法则是协调一致的。现在，想象力在展示大小

〔258〕

估量的单位时的最大努力，就是与某种**绝对大的东西**的关系，因而也是与只把这个绝对大的东西接受为大小的至上尺度的理性法则的关系。因此，对一切感性尺度不适合于理性的大小估量的内在知觉，就是与理性法则的协调一致，而且是一种不愉快，它在我们心中激起我们的超感性使命的情感，按照这种使命，发现任何感性尺度都与理性的理念不适合，这是合目的的，因而是愉快。

心灵在自然里面的崇高者的表象中感到**激动**，而它在对自然的美者的审美判断中则是处在平静的静观中。这种激动可以（尤其是在它开始的时候）比做一种震动，亦即对同一个客体的迅速变换的排斥和吸引。对于想象力来说越界的东西（想象力在直观的把握中一直被推进到这种东西）仿佛是一个深渊，它害怕自己会失足跌入这个深渊；但毕竟对关于超感性东西的理性理念来说，产生出想象力的这样一种努力，却不是越界的，而是合乎法则的；因而它对纯然的感性是排斥的，但在同等程度上又是吸引的。但是，判断本身在这里总还只是审美的，因为它并不把关于客体的一个确定概念作为基础，而只是把心灵力量（感性和理性）本身的主观游戏通过它们的对照表现为和谐的。因为就像想象力和**知性**在对美者的评判中通过它们的一致性产生出心灵力量的主观合目的性那样，想象力和**理性**在这里则通过它们的冲突产生出这种主观合目的性，亦即对我们拥有纯粹的、独立的理性或者拥有一种大小估量能力的情感，这种能力的优越性只能通过那种在展示（感性对象的）大小时不受限制的能力的不足才能被直观化。

对一个空间的测量（作为把握）同时就是对它的描述，因而是想象中的一种客观运动和一种累进；与此相反，把多总括进一中去，不是思想的一，而是直观的一，因而是把相继把握到的东西总括进一个瞬间中去，这却是一种回归，它又取消掉

〔259〕想象力的累进中的时间条件，使**同时存在**直观化。因此，这种总括（由于时间序列是内部感官的一个条件，而且是一个直观）就是想象力的一个主观运动，通过这个运动，想象力对内部感官施加强制力，想象力总括进直观中去的量越大，这种强制力就越是显著。因此，把一个大小尺度纳入个别的直观，把握这一点需要可察觉到的时间，而这种努力则是一种主观上看与目的相悖、客观上却是大小估量所需要的、因而是合目的的表象方式；但在这里却正是通过想象力而使主体遭受到的这种强制力，**对于**心灵的**整个规定来说**被评判为合目的的。

崇高者的情感的**质**就是：它是在一个对象上关于审美评判能力的一种不快的情感，这种不快在其中毕竟同时被表现为合目的的；这之所以可能，乃是由于这种特有的无能揭示出同一个主体的不受限制的能力的意识，而心灵惟有通过前者才能对后者作出审美的评判。

在逻辑的大小估量中，通过在时间和空间中测量感官世界的事物的累进在某个时候达到绝对的总体性的不可能性，被认做是客观的，也就是说，是不可能把无限者**设想**为被给予的，而不是认做纯然主观的，亦即没有能力**把握**无限者；因为这里所留意的，根本不是把总括进一个直观的程度当做尺度，而是一切都取决于一个数目概念。然而在一个审美的大小估量中，数目概念必须去除或者被改变，而惟有把想象力总揽到尺度的单位上（因而避开大小概念相继产生的某种法则的概念），才对它来说是合目的的。——现在，当一个大小几乎达到了我们总括进一个直观中的能力的极致，而想象力却由于数目大小（对于这种大小，我们意识到我们的能力是不受限制的）而被要求在审美上总括进一个更大的单位中去的时候，我们在心灵中就感到审美上被封锁在界限之中了；但是，就想象力必然扩展到与我们的理性能力中不受限制的东西，亦即绝对整体的理

念的适合性而言，这种不快，因而想象力的能力的不合目的 〔260〕
性，对于理性理念及其唤醒来说就被表现为合目的的。但正是由于这一点，审美判断本身对于作为理念源泉的理性，作为这样一种理智总括的源泉的理性来说，就成为主观合目的的，对于这样一种理智总括来说，一切审美的总括都是小的；而对象也就作为崇高的，被以一种愉快接受，这种愉快惟有凭借一种不快才是可能的。

二、自然的力学的崇高者

第 28 节　作为一种威力的自然

威力是一种胜过大的障碍的能力。正是这种威力，当它也胜过那本身就具有威力的东西的抵抗时，就叫做**强制力**。自然，在审美判断中作为对我们没有强制力的威力来看，就是**力学上崇高的**。

如果自然应当被我们在力学上评判为崇高的，那么，它就必须被表现为激起畏惧的（尽管并不反过来说，任何激起畏惧的对象在我们的审美判断中都被认为是崇高的）。因为在（无概念的）审美评判中，对障碍的优势只能按照阻抗的大小来评判。但现在，我们努力阻抗的东西就是一场灾祸，而且如果我们发现我们的能力不能对付这种东西，它就是一个畏惧的对象。因此，对于审美的判断力来说，自然惟有就它被视为畏惧的对象而言，才能被认为是威力，因而是力学上崇高的。

但是，人们可以把一个对象视为**可畏惧的**，并不是**面对**它感到畏惧，也就是说，如果我们这样来评判它，即我们仅仅**设想**这种情况，我们也许要阻抗它，而且此时一切阻抗都会是绝对徒劳的。于是，有德之人畏惧上帝，并不是面对上帝感到畏惧，因为他把要阻抗上帝及其命令设想为他并不担忧的情况。

〔261〕 但是，根据任何这样一种他设想为就自身而言不可能的情况，他都把上帝认做可畏惧的。

谁感到畏惧，他就根本不能对自然的崇高者作出判断，就像被偏好和食欲所支配的人不能对美者作出判断一样。前者逃避去看一个引起他胆怯的对象；而在一种认真说的恐怖上找到愉悦，这是不可能的。因此，出自不再有重负的适意就是**快活**。但是，这种快活由于释去一种危险，而是一种带有永远不再遭受这种危险的打算的快活；甚至人们就连回想一下那种感觉也不乐意，要说他会自己去寻找这种机会，那就大错特错了。

险峻高耸的、仿佛威胁着人的山崖，天边堆叠如山的携带着雷鸣电闪的雷雨云，火山以其全部毁灭性的暴力，飓风连同它留下的破坏，无边无际的被激怒的海洋，一条巨大河流的高悬的瀑布，诸如此类的东西，都使我们与之阻抗的能力与它们的威力相比成为无足轻重的小事。但是，只要我们处身于安全之中，则它们的景象越是可畏惧，就将越是吸引人；而我们乐意把这些对象称为崇高的，乃是因为它们把灵魂的力量提高到其日常的中庸之上，并让我们心中的一种完全不同性质的阻抗能力显露出来，这种能力使我们鼓起勇气，能够与自然表面上的万能相较量。

因为就像我们虽然在自然的不可测度性上，以及在我们的能力不足以采用一个与对自然的**疆域**的审美大小估量相匹配的尺度这一点上，发现了我们自己的局限，但也毕竟仍然在我们的理性能力上同时发现了另一种非感性的尺度，这个尺度把那种无限性本身作为单位置于自己下面，自然中的一切相对于它都是小的，因而在我们的心灵中发现了对处于不可测度性之中的自然的一种优势一样：虽然就连自然的威力的不可阻抗性也使我们作为自然存在者来看认识到自己在物理上的软弱无力，但同时也揭示出一种能力，能把我们评判为不依赖于自然的，并揭示出对自然的一种优势，在此之上建立起一种性质完全不同的自我保存，不同于可能受外在于我们的自然攻击并被其置于危险之中的那种自我保存，此时虽然人不得不屈服于那种强 〔262〕 制力，但我们的人格里面的人性依然未被贬低。以这样的方式，自然在我们的审美判断中被评判为崇高的，并非就其是激起畏惧的而言的，而是因为它在我们心中唤起了我们的力量（这力量不是本性），为的是把我们所操心的东西（财产、健康和生命）看做是渺小的，因而把自然对于我们和我们的人格性的威力（我们就上述东西而言当然是屈服于这种威力的）尽管如此也不视为这样一种强制力，这种强制力，假如事情取决于我们的最高原理以及对它们的主张和放弃的话，我们本来是不得不屈从于它的。因此，自然在这里叫做崇高的，只是因为它把想象力提高到对如下场合的展示，在这样一些场合中，心灵能够使它自己超越于自然之上的使命本身的特有崇高成为它自己可以感到的。

这种自我评价并不因为下面这种情况而失去任何东西，即我们为了感受这种令人鼓舞的愉悦，就必须看到自己是安全的；因而，由于危险不是认真的，我们的精神能力的这种崇高也（就像可能显得那样）同样可以不是认真的了。因为愉悦在这里仅仅涉及我们的能力在这样的场合里被揭示出来的**规定**，如同这种能力的禀赋就在我们的本性之中那样；然而，这种能力的发展和练习却依然被委托给我们，是我们的责任。而真理就在这里，哪怕人在把自己的反思一直延伸到这里时如此会意识到他当前现实的软弱无力。

这个原则虽然看起来太牵强附会和玄想了，因而对于一个审美判断来说是过分的；然而，对人的观察却证明了相反的东西，证明它可以是最普通的评判的基础，尽管人们并不总是意识到它。因为，什么东西即便对于野蛮人来说也是最大的惊赞的对象呢？是一个不惊慌、不畏惧、因而不逃避危险、但同时以充分的深思熟虑精力充沛地做事的人。即使在最文明的状态里，也依然有对战士的这种崇高的敬意；只是人们为此还要求他同时表现出一切和平的德性，温柔、同情，乃至对他自己的人格适当的谨慎，这正是因为在这上面认出了他的心灵不会被危险所征服。因此，人们尽可以在把政治家和统帅作比较
〔263〕时，对于谁比谁更值得崇高的敬重有如此之多的争执；审美判断裁定的是后者。甚至战争，如果它是以秩序和公民权利神圣不可侵犯而进行的，本身就具有某种崇高的东西，同时也使得以这种方式进行战争的人民遭受过的危险越多，并且在其中能够勇敢地坚持下来，其思维方式就越是崇高；与此相反，一种长期的和平通常使得纯然的商贸精神，但与它一起也使得卑劣的自私自利、怯懦和软弱流行，并降低人民的思维方式。

看来会有人反驳对被加在威力之上的崇高者的概念的这种解析：我们通常在暴雨中、在狂风中、在地震以及诸如此类的东西中，把上帝想象成在愤怒中，但同时也在他的崇高中展现出来，而这时却还去想象我们的心灵对这样一种威力的各种作用，乃至看起来还对它的各种意图有一种优势，那就会同时是愚蠢的和亵渎的了。在这里，心灵的情调看起来并不是我们自己的本性的崇高感，反倒是屈服、颓丧和完全的无力感，它是与这样一个对象的显现相适合的，而且通常也是合乎习惯地与这个对象的理念在这类自然事件中结合在一起的。在一般宗教中，跪倒、低头膜拜，带着悔恨的、惶恐的神态和声音，这似乎是面对神灵时的惟一合适的态度，因而绝大多数民族也都采取了并仍在遵守着这种态度。然而，这种心灵情调也远远不是就自身而言并且必然地与一种宗教及其对象的**崇高**理念结合在

一起的。一个人在现实地畏惧着，因为当他意识到以自己卑下的意向违背了某种威力，而这种威力的意志是不可抗拒的，同时是正义的时，他在自身中发现了这畏惧的原因，这个人根本不处在心灵的镇定中，以便惊赞属神的伟大，这要求一种安详的静观的情调和完全自由的判断。只有在他意识到自己那真诚的、神所喜悦的意向的情况下，这种威力的那些作用才有助于在他心中唤起这个存在者的崇高的理念，只要他在自己身上认识到这意向的一种符合这个存在者的意志的崇高，并由此提高到对自然的这样一些作用的畏惧之上，不把这些作用视为这个存在者的愤怒的爆发。甚至谦恭，作为对自己通常在意识到善 〔264〕 的意向时可以轻而易举地以人性的脆弱来加以掩盖的那些缺陷的严厉评判，也是一种崇高的心灵情调，即执意屈服于自责的痛苦，以便逐渐地根除那自责的原因。惟有以这样的方式，宗教才内在地与迷信区别开来，后者在心灵中建立的不是对崇高者的敬畏，而是在极强大的存在者面前的畏惧和害怕，受惊吓的人发现自己屈服于这存在者的意志，但却并不怎么尊重它，从这里面能够产生的，当然无非是邀宠和谄媚，而不是善的生活方式的宗教。

因此，崇高不是包含在任何自然事物中，而是包含在我们的心灵中，只要我们能够意识到对我们里面的自然，并由此对我们外面的自然（如果它影响到我们的话）有优势。在这种情况下，凡是在我们心中激起这种情感——为此就需要自然的**威力**，它激励着我们的种种力量——的东西，就都叫做（尽管是非本真地）崇高的；而惟有在我们心中的这个理念的前提条件下，并且与它相关，我们才能够达到这个存在者的崇高的理念，这个存在者不仅通过它那在自然中表现出来的威力，并且还更多地通过置入我们心中的、毫不畏惧地评判那种威力以及把我们的使命设想为被提高到那种威力之上的那种能力，而在我们心中造成内在的敬重。

第 29 节　关于自然的崇高者的判断的模态

美的自然有无数事物，关于它们我们可以径直要求每个人的判断都与我们一致，并且也能够指望这种一致而不致有特别的差错；但是，凭借我们关于自然中的崇高者的判断，我们却不能如此轻易地在别人那里指望接受。因为看起来，要能够对自然对象的这种优越性下个判断，不仅审美的判断力，而且作为其基础的认识能力，都需要一种大得多的培养。

〔265〕心灵对于崇高者的情感的情调，要求心灵对于理念有一种感受性；因为正是在自然对这些理念的不适合中，因而惟有在这些理念以及想象力把自然当做这些理念的一个图型来对待的这种努力的前提条件下，才有对于感性来说吓人的，但同时又吸引人的东西，因为这是理性施加于感性的一种威力，只是为了与理性自己的领域（实践的领域）相适合地扩展感性，并使感性眺望那对它来说是一个深渊的无限者。事实上，没有道德理念的发展，我们通过文化的准备而称之为崇高的那种东西，对于未开化的人来说就将显得是吓人的。他将从自然在毁灭中的暴力的证据，以及其威力使他自己的力量在其面前消失得无影无踪的尺度上面，所看到的全然是艰辛、危险和窘困，它们会包围着被驱赶到这里的人。于是，善良的，此外也是明智的萨伏依农夫（如索绪尔先生所讲述）就毫不犹豫地把一切冰山爱好者都称为傻瓜。如果那位观赏者纯然像大多数游客习惯做的那样乃是出自爱好，或者为了以后对此能够作出充满激情的描述而承受了他在这里所遭到的种种危险，那么谁又知道，这位农夫就如此完全没有道理呢？但是，索绪尔先生的意图是教导人；这位杰出的人拥有使心灵崇高的感觉，并把这种感觉呈

送给购买他的游记的读者。

但是，即使对自然的崇高者的判断需要教养（比对美者的判断更需要），它却并不由此就正是首先从教养中产生出来的，并不是仅仅符合习俗地在社会中被采用的；相反，它的基础在于人的本性，确切地说在于人们以健康的知性能够同时向每个人建议和向每个人要求的东西，也就是在于对（实践的）理念的情感亦即道德情感的禀赋。

于是，在这上面就建立起别人对崇高者的判断赞同我们的判断的必然性，这种必然性是我们同时一起包括在我们的判断之中的。因为就像我们责备在对我们认为美的自然对象的评判中无动于衷的人缺乏**鉴赏**一样，对于在我们判断为崇高的对象上不为所动的人来说，我们就说他没有**情感**。但是，这两者都是我们要求于每个人的，并预设每个人只要具有一些教养就都有的：只不过区别在于，由于在前者中判断力把想象仅仅与作 〔266〕
为概念能力的知性联系起来，所以我们直截了当地要求每个人具有前者，而由于在后者中判断力把想象力与作为理念能力的理性联系起来，所以我们只是在一种主观的前提条件（但我们相信自己有权可以向每个人建议这种前提条件），亦即人心中的道德情感的前提条件下才要求后者，因而就也把必然性赋予这种审美判断。

在审美判断的这个模态中，亦即在审美判断的这种自以为有的必然性中，有一个对于判断力批判来说的主要契机。因为这种必然性恰恰在这些审美判断上标明了一个先天原则，并把它们从经验性的心理学中提升出来——否则它们就会依然被埋没在欢乐和痛苦的情感之下（只不过附带有**精致的**情感这个什么也没说的修饰词）——以便把它们并凭借它们把判断力归入以先天原则为基础的判断一类，但又将它们作为这样的先天原则纳入先验哲学。

反思性的审美判断力之说明的总附释

在与愉快情感的关系中，一个对象可以要么被视为**适意者**，要么被视为**美者**，要么被视为**崇高者**，要么被视为（绝对的）**善者**（iucundum，pulchrum，sublime，honestum［适意者、美者、崇高者、可敬者］）。

适意者作为欲望的动机，完全具有同样的性质，不论它来自何处，不论其表象（客观地来看就是感官和感觉的表象）是如何在类上不同。因此，在评判其对心灵的影响时，事情仅仅取决于魅力的集合（同时的和相继的），而且仿佛是仅仅取决于适意的感觉的总量；因此，这种适意的感觉就只能通过**量**来使人理解。它也不使人有教养，而是属于纯然的享受。——与此相反，**美者**要求客体的某种质的表象，这质也可以使人理解，并且付诸概念（尽管美者在审美判断中并不付诸概念）；而且使人有教养，因为它同时也教人注意在愉快情感中的合目
〔267〕 的性。——**崇高者**仅仅在于**关系**，自然表象中的感性东西被评判为对于其一种可能的超感性应用来说适宜的。——**绝对的善**，主观上按照它所引起的情感来评判，即（道德情感的客体）作为主体的各种力量通过一个**绝对强制性的**法则的表象的可规定性，首先是通过一种基于先天概念的、不仅本身包含每个人都赞同的**要求**、而且也包含其**命令**的必然性的**模态**来区分的，而且就自身而言虽然不属于审美的判断力，而是属于纯粹的理智判断力；它也不是在一个纯然反思性的判断中，而是在一个规定性的判断中，不是被赋予自然，而是被赋予自由。但是，**主体**通过这个理念的**可规定性**，确切地说一个能够于自身中在感性上感觉到**障碍**，但同时把通过克服这种障碍而对这种障碍的优越性感觉为**它的状态之变相**的主体的可规定性，亦即

道德情感，却与审美判断力及其**形式条件**有亲缘关系，也就是说，这情感可以用来把出自义务的行动的合法则性同时表现为审美的，也就是表现为崇高的，或者也表现为美的，而不损害它的纯粹性；如果人们要把它与适意者的情感置于自然的联系中，上述情况就不会发生。

如果人们从对两种审美判断迄今的说明中引出结论，那么，由此就会得出如下的简要解释：

美的就是在纯然的评判中（因而不是凭借感官的感觉按照知性的一个概念）令人喜欢的东西。由此自行得出，它必须是令人不带任何兴趣而喜欢的。

崇高的就是通过其对感官兴趣的阻抗而直接令人喜欢的东西。

二者作为对审美的普遍有效的评判的解释，都关系到一些主观的根据，亦即一方面是感性的根据，只要这些根据有利于静观的知性，另一方面是当它们违背感性，相反却对实践理性的目的以及在同一个主体中结合起来的二者来说在与道德情感的关系中是合目的的时候是根据。美者使我们做好准备无兴趣地喜爱某种东西，甚至无兴趣地喜爱自然；崇高者则使我们做好准备，甚至违背我们的（感性的）兴趣而高度尊重这些东西。

人们可以这样来描述崇高者：它是一个（自然的）对象，〔268〕**其表象规定着心灵去设想作为理念之展示的自然的不可及。**

字面上来说，而且在逻辑上来看，理念是不能被展示的。但是，如果我们为了直观自然而（以数学或者力学的方式）扩展我们的经验性的表象能力，那么，就不可避免地有理性作为绝对总体的独立性的能力加入进来，并引起心灵的虽然徒劳无功的努力，要使感官的表象去适合这个绝对整体。这种努力和理念凭借想象力不可及的情感，本身就是我们的心灵在为了它的超感性使命而利用想象力的时候的主观合目的性的一种展示，并且迫使我们主观上把自然本身就其总体性而言**设想**为某种超感性的东西的展示，而不能**客观上**实现这种展示。

因为我们马上就察觉，无条件者，因而还有绝对的大，都是完全脱离空间和时间中的自然的，但却是为最平常的理性所要求的。正是因此我们也被提醒，我们只是在与作为显象的自然打交道，而这个自然还必须被视为仅仅是一个自然自身（它是理性在理念中拥有的）的展示。但是，这个超感性者的理念我们虽然不能进一步去规定，因而也不能**认识**作为它的展示的自然，而是只能去**设想**，它却在我们心中通过一个对象被唤起，这个对象的审美评判使想象力竭尽全力一直到它的极限，或者是扩展的极限（在数学上），或者是它对于心灵的威力的极限（在力学上），因为这评判是基于心灵的一种使命的情感（道德情感），这使命完全超越了自然的领域，鉴于这种情感，对象的表象被评判为主观合目的的。

事实上，对自然的崇高者的情感，没有心灵的一种类似于道德情感的情调与之相结合，是无法设想的；而尽管对自然的美者的直接愉快同样以思维方式的某种**自由性**，亦即愉悦对纯然感官享受的独立性为前提条件，并对它加以培养，但由此得到表现的却更多的是**游戏**中的自由，而不是在一种合法的
〔269〕**事务**之下的自由；后者是人的道德的真正性状，在这里理性必须对感性施加强制力，只是在关于崇高者的审美判断中，这种强制力被表现为由想象力本身作为理性的一个工具来实施的。

因此，对自然的崇高者的愉悦也只是**消极的**（与此不同，对美者的愉悦是**积极的**），也就是说，是想象力的自由被它自己剥夺的情感，因为想象力是按照另外的法则，而不是按照经验性应用的法则被合目的地规定的。由此，它获得了一种扩展

和威力，这威力比它牺牲掉的威力更大，但这威力的根据对它自己来说却是隐藏的，它所**感到**的不是这根据，而是牺牲和剥夺，同时还有它所服从的原因。在观看高耸入云的山脉、深深的洞穴和里面汹涌着的激流、阴云密布而勾起人忧郁沉思的荒野等的时候，近乎于惊恐的惊赞、恐惧和神圣的敬畏就会攫住观看者，而在观看者知道自己处于安全之中时，这都不是真正的畏惧，而只是试图凭借想象力使我们参与其中，以便感到这同一种能力的威力，并把由此激起的心灵活动与心灵的宁静结合起来，这样来胜过我们自己心中的自然，因而也胜过我们之外的自然，如果这自然能够对我们的惬意情感有影响的话。因为依据联想律的想象力使我们的满意状态在物理上有所依赖；但恰恰这想象力按照判断力的图型法的原则（因而就它从属于自由而言）却是理性及其理念的工具，但作为这种工具却是坚持我们对自然影响的独立性的一种威力，即把在自然影响上大的东西蔑视为小的，这样把绝对大的东西仅仅设定在他（主体）自己的使命之中。审美判断力把自己提升到与理性相适合（但无须一个确定的理念概念）的这种反思，甚至通过想象力即便有最大的扩展也对理性（作为理念的能力）在客观上的不适合，仍然把对象表现为主观上合目的的。

人们在这里一般而言必须注意上面已经提醒过的东西，即在判断力的先验美学中必须只谈论纯粹的审美判断，因而不可 〔270〕
以从这样一些以关于一个目的的概念为前提条件的美的或者崇高的自然对象中提取例子；因为那样的话，它就会要么是目的论的合目的性，要么是基于对一个对象的纯然感觉（快乐或者痛苦）的合目的性，因而在前一种场合不是审美的合目的性，在后一种场合不是纯然形式的合目的性。因此，人们如果把繁星密布的天空称为**崇高的**，那么，就不得把这样一些世界的概念作为对它的评判的基础，这些世界被有理性的存在者居住着，而现在我们看到布满我们头上的空间的那些亮点，作为它们的太阳在对它们来说安排得很合目的的圆周上运动着；而是仅仅像人们看到它的那样，把它视为一个包容一切的穹窿；我们必须仅仅在这个表象下来设定一个纯粹的审美判断赋予这个对象的那种崇高。同样，海洋的景象也不像我们在充实了各种各样的知识（但这些知识并不包含在直接的直观中）的时候所**设想**的那样；例如把它设想成一个辽阔的水生物王国，或者是一个巨大的水库，为的是蒸发水分，让空中充满云雾以利于田地，或者也是一种契机，它虽然把各大陆相互隔离开来，但仍使它们之间的最大的共联性成为可能，因为这所提供的全然是目的论的判断；相反，人们必须仅仅像诗人们所做的那样，按照亲眼目睹所显示的，在海洋平静地被观赏时把它视为一面仅仅与天际相连的清澈水镜，但在它不平静时则把它视为一个威胁着要吞噬一切的深渊，但却仍然是崇高的。关于人的形象中的崇高者和美者，可以说同样的话，在这里，我们并不回顾他的所有肢体**为之**存在的那些目的的概念，把它们当做判断的规定根据，而且必须不让与那些目的的一致**影响**我们的审美判断（那样的话就不再是纯粹的审美判断了），尽管它们不与那些目的相抵触，这当然也是审美愉悦的一个必要条件。审美的合目的性就是判断力在其**自由**中的合法则性。对于对象的愉悦取决于我们要在其中设定想象力的那个关系：只是想象力是独自把心灵维持在自由的活动之中的。与此相反，如果某种别的东
〔271〕西，或者是感官感觉，或者是知性概念，规定着判断，那么，这判断虽然是合法则的，但却不是一个**自由的**判断力的判断了。

因此，如果人们谈到理智的美或者崇高，那么**首先**，这些表述并不完全正确，因为这是一些审美的表象方式，如果我们是纯然的理智（或者只是在思想上把我们置入这种性质之中）

的话，在我们里面就会根本找不到这些表象方式；**其次**，尽管二者作为一种理智的（道德的）愉悦的对象，虽然就它们不**基于**任何兴趣而言是可以与审美的愉悦一致的，但它们毕竟在其中又难以与审美的愉悦结合起来，因为它们应当**造就**一种兴趣，当那种展示应当与审美评判中的愉悦相一致的时候，这种兴趣在审美评判中就会永远仅仅通过感官兴趣而发生，人们在展示中把感官兴趣与它结合起来，但这样一来，理智的合目的性就受到损害，它变得不纯粹了。

一种纯粹的和无条件的理智愉悦的对象，就是在其威力之中的道德法则，它把这威力在我们心中施加于心灵的一切和每一个**先行于它的**动机；而且既然这种威力真正说来只是通过牺牲才使自己在审美上可以认识的（这是一种剥夺，尽管是为了内在的自由，与此相反，它揭示出我们心中这种超感性能力的一种不可探究的深度，连同它那些延伸到无限的后果），所以，这种愉悦从审美方面来看（与感性相关）就是消极的，亦即违背这种兴趣的，但从理智方面来看则是积极的和与一种兴趣结合在一起的。由此得出：理智的、就自身而言合目的的（道德上的）善者，在审美上来评判，就必须不是被表现为美的，而毋宁是被表现为崇高的，以至于它所唤起的更多的是敬重的情感（这种情感鄙视魅力），而不是爱和亲密的爱慕的情感；因为人的本性不是那么自行地，而是惟有通过理性施加于感性的强制力，才与那个善者协调一致。反过来，即便是我们在我们之外的自然中，甚至在我们里面的自然中称为崇高的那种东西（例如某些激情），也只是被表现为心灵的一种凭借道德原理跃升到**某些**感性障碍之上的威力，并由此而使人感兴趣的。

我要在后者稍作逗留。带有激情的善者的理念叫做**热忱**。这种心灵状态看起来是崇高的，以至于人们通常都预先规定： 〔272〕

没有它任何伟大的事情都不可能完成。但现在，任何激情[①]都是盲目的，要么是在其目的的选择上，要么是在目的的实施上，哪怕这目的是由理性提出的；因为激情是心灵的这样一种运动，它使得心灵没有能力对原理进行自由的思考，以便据以规定自己。因此，它不能以任何方式配得上理性的愉悦。尽管如此，热忱在审美上还是崇高的，因为它是各种力量由于理念而来的一种紧张，这些理念给予心灵一种比由于感官表象而来的推动更为有力、更为持久得多地起作用的激奋。但是（这看起来令人奇怪），就连一个顽强地执著于自己那些不变原理的心灵的**无激情**（Apatheia，Phlegma in significatu bono［冷漠、褒义的迟钝］），也是崇高的，确切地说以高级得多的方式是崇高的，因为它同时在自己那方面拥有纯粹理性的愉悦。惟有这样一类的心灵性质才叫做高贵的：这一表述后来也被用在这样的事物上，例如建筑、一件衣服、行文风格、仪表等，如果这些事物所激起的不仅是**惊奇**（超出期待的新颖性的表象中的激情），而且是**惊赞**（一种即使失去新颖性也不停止的惊奇）的话，当理念在其展示中无意地、没有做作地与审美愉悦协调一致的时候，上述情况就会发生。

每一种具有**英勇性质**的激情〔因为这种激情激发起对我们克服任何阻抗的力量（animi strenui［顽强的精神］）的意识〕，都是**在审美上崇高的**，例如愤怒，甚至绝望（亦即**愤然**

① **激情**与**热情**在类上不同。前者仅仅关系到情感；后者则属于欲求能力，并且是使任性凭借原理的一切可规定性变得困难或者不可能的偏好。前者是猛烈的和非蓄意的，后者是持久的和深思熟虑的，这样，不满作为愤怒就是一种激情；但作为仇恨（复仇欲）就是一种热情。后者永远并且在任何一种关系中都不能被称为崇高的，因为在激情中心灵的自由虽然受到**阻碍**，但在热情中却被取消了。

的绝望，但不是**沮丧的**绝望）。而具有**软化**性质的激情〔它使阻抗的努力甚至成为不快的对象（animum languidum［孱弱的精神］)〕自身并不具有任何**高贵的东西**，但却可以被列为性情的美的东西。因此，能够一直强化到成为激情的那些**感动**也是很不同的。有**勇敢的**感动，有**柔情的**感动。后者在一直上升到成为激情的时候根本没有任何用处；这样一种癖好就叫做**多愁善感**。一种同情的痛苦，它不愿让自己得到安慰，或者我们在它涉及一些虚构的祸害时蓄意参与其中，直到通过幻想而误以为它们是现实的祸害，它证明着和造就着一个温柔的、但同时是孱弱的灵魂，这灵魂表明了美的一面，而且虽然可以被称为幻想性的，但却根本不能被称为热忱的。小说、哭哭啼啼的戏剧、乏味的道德规范，都在卖弄着（尽管是虚假地）所谓的高贵意向，但事实上却使心灵变得干枯，对于严格的义务规范没有感觉，使它不能对我们人格中的人性尊严和人们的权利（它是完全不同于人们的幸福的某种东西）有任何敬重，使它一般而言不能有任何坚定的原理；甚至一篇宗教演说亦是如此，它兜售的是放弃对我们心中自己阻抗恶的能力的一切信任的卑躬屈膝的、低三下四的邀宠谄媚，而不是尝试用我们那些无论怎样脆弱却依然存留下来的力量以克服种种偏好的毅然决心；还有虚假的谦恭，它把人们惟一可能使最高存在者喜欢的方式设定在自我蔑视中，设定在摇尾乞怜的伪装忏悔和一种纯然是逆来顺受的心灵自制之中；这些就连与那能够被视为美的东西都不相容，更不用说与能够被视为性情的崇高的东西相容了。〔273〕

但是，即便是猛烈的心灵运动，不论它们是以振奋的名义与宗教的理念相结合，还是纯然作为属于文化的而与包含着一种社会利益的理念相结合，即使它们如此使想象力紧张起来，也绝不能要求有一种**崇高的**展示的荣誉，如果它们不留下一种心灵情调，这情调哪怕只是间接地影响到对它的力量和追求纯粹的理智合目的性带有的东西（超感性的东西）的决心的意识的话。因为若不然，所有这些感动就都只属于人们为了健康而乐意有的变动。紧随在由于激情的游戏而来的这样一种震撼之
〔274〕后的适意的疲倦，就是从我们里面的种种生命力重建平衡而来的对舒适的一种享受；这种享受最终所导致的，与东方的纵欲者们在仿佛让人按摩自己的身体、轻柔地挤压和屈伸自己的所有肌肉和关节时认为如此惬意的享受所导致的，是同样的结果；只不过对于前者来说运动的原则绝大多数在我们里面，而相反，对于后者来说运动的原则完全在我们外面罢了。于是，有人相信听一次布道就振奋了自己，其实在他心中却没有建立起任何东西（没有建立起任何善的准则的体系）；或者相信看一次悲剧就变好了，其实他只不过是为成功地排遣了无聊而感到高兴罢了。因此，崇高者在任何时候都必须与**思维方式**相关，也就是说，与赋予理智的东西和理性理念以对感性的支配威力的准则相关。

人们不必担忧崇高者的情感会由于这样一类在感性东西上完全否定性的抽象展示方式而丧失掉；因为想象力虽然超出感性东西之外找不到任何它可以求助的东西，它却毕竟也正是通过对它的限制的这种取消而感到自己是无界限的；因此，那种抽象就是无限者的一种展示，这种展示虽然正因为此而永远只能是一种否定的展示，但却毕竟扩展了心灵。也许，在犹太人的法典中没有哪段话比这条**诫命**更崇高了：你不可为自己雕刻偶像，也不可做什么形象，无论是天上的，还是地上的，还是地下的东西，等等。惟有这条诫命才能解释犹太民族在其教化时期与其他民族相比较对自己的宗教所感到的那种热忱，或者解释穆罕默德教所引起的那种骄傲。同样这一点，也适用于我们心中的道德法则和道德性禀赋的表象。担心如果道德性被剥

夺它能够推荐给感官的一切，它在这种情况下就会只带有冷冰冰的没有生气的同意，而不带有任何激动人心的力量或者感动了，这是完全错误的。事情恰恰相反；因为在感官再也看不到任何东西，而不会出错也不可磨灭的道德理念仍然留存下来的时候，就会有必要宁可减弱一种无界限的想象力的激奋，不让它一直上升到热忱，也不出自对这些理念没有力量的畏惧而到偶像和童稚的器械中为它们寻求援助。因此，就连政府也乐意允许让宗教去大量供应后一种附属品，并力图这样来解除他的 〔275〕
臣民把自己的心灵力量扩张到人们为他专断地设定的限制之外的辛劳，但同时也解除他这样做的能力，这样一来，人们就能够更容易地把他当做纯然被动的来处置了。

与此相反，道德的这种纯粹的、提升灵魂的、纯然否定的展示并不带来任何**狂热**的危险，狂热是一种**想要超出感性的一切界限看到某种东西**，亦即按照原理去梦想（凭理性飞驰）的妄念；这正是因为，展示在感性那里纯然是否定的。因为**自由理念的不可探究性**完全切断了一切积极展示的道路，但道德法则就自身而言在我们里面是充分地并且原初地进行规定的，以至于它根本不允许我们在它之外去寻求一种规定根据。如果热忱可以和**狂想**相比的话，那么，狂热就可以与**荒唐**相比，其中后者是一切事物中最不能与崇高者相容的，因为它是想入非非的和可笑的。在作为激情的热忱里面，想象力是无拘无束的；在作为根深蒂固的、冥想的热情的狂热里面，它是没有规则的。前者是暂时的偶然，最健全的知性有时也会遇到；后者则是一种病症，它会破坏最健全的知性。

纯朴（没有做作的合目的性）仿佛就是自然在崇高者里面，甚至也在道德里面的风格，道德是一个（超感性的）第二自然，我们只知道它的法则，但却不能通过直观达到我们自己心中包含着这种立法的根据的那种超感性的能力。

还要说明的是：尽管对美者的愉悦和对崇高者的愉悦一样，都不仅仅是通过普遍的**可传达性**而在其他审美评判中判然有别，而且还通过这种属性而与社会（愉悦在其中得以传达）相关获得一种兴趣，尽管如此，毕竟就连**与一切社会的脱离**也被视为某种崇高的东西，如果这种脱离是基于不顾一切感性兴趣的理念的话。自给自足，因而不需要社会，但却不是不合群，亦即不是逃避社会，这就是某种近乎崇高的东西了，对需求的任何超脱亦是如此。与此相反，由于敌视人们就出自**厌世**

〔276〕而逃避人们，或者由于把人们当做自己的敌人来畏惧就出自**恐人症**（怕见人）而逃避人们，这一方面是丑陋的，另一方面也是可鄙的。尽管如此，有一种（十分非本真地说的）厌世，这种气质往往随着年龄的增长而出现在许多思想正派的人的心灵里，这些人虽然就**好意**来说是足够博爱的，但却由于一种长期的悲伤经验而远离了对人的**愉悦**：离群索居的癖好、在一个偏远的庄园里度其一生的幻想愿望、甚或（在年轻人士那里）在一个不为其余世界所知的岛屿上与小家庭度其一生的梦幻幸福，《鲁滨孙漂流记》式作品的小说家和诗人们很懂得利用的这些，都为此提供了见证。虚伪、忘恩负义、不公正，以及在我们自己认为重要和伟大的目的中的那种幼稚可笑，在追求这些目的时人们甚至相互带来一切想象得出的灾祸：这些都是与人们只要愿意就能够成为的样子的理念如此矛盾，并且与人们要看到自己改善的强烈愿望如此对立，以至于当有人不能爱人们时，为了不恨人们，放弃一切社交的乐趣看起来只是一个小小的牺牲而已。这种悲哀并不是针对命运加在其他人头上的灾祸的（这样的悲哀的原因是同情），而是针对人们自己给自己带来的灾祸的（这种悲哀在原理上是基于反感），这种悲哀由于是基于理念的，所以是崇高的，而前一种则充其量只能被视为美的。——既风趣又缜密的**索绪尔**在对他的阿尔卑斯山之游

的描述中关于萨伏依诸山脉之一的**好人山**说道："那里弥漫着某种**乏味的**悲哀"。因此，他毕竟也知道一种**有趣的**悲哀，它是一片荒野的景象引起的，人们也许很愿意置身于其中，以便不再从世界听到任何东西，也不再从世界得知任何东西，但这荒野毕竟必须不是那么完全不令人流连的，以至于它只是给人们提供一段极其艰苦的逗留时光。——我作出这一说明，意图仅仅在于提醒，即便是忧郁（不是意志消沉的悲哀）也可以被列为**强有力的**激情，如果它在道德理念中有自己的根据的话；但是，如果它是基于同情的，并且作为这样的忧郁也是可爱的，那么，它就仅仅属于**软化的**激情，为的是由此让人注意到这样一种心灵情调，它惟有在前一种情况下才是**崇高的**。

※ ※ ※ 〔277〕

人们也可以把对审美判断现在详细阐述过的先验说明与诸如**博克**和我们中间许多思想敏锐之士曾探讨过的生理学说明比较一番，以便看出一种纯然经验性的说明会导向何处。**博克**[①]在这种探讨方式中堪称最优秀的作者，他沿着这一途径（该书223页）得出："崇高者的情感基于自保的冲动，基于**畏惧**，亦即一种痛苦，这种痛苦由于并不一直达到对肉体各部分的现实伤害，所以就引起一些激动，当这些激动使更细的或者更粗的血管清除了危险的和麻烦的堵塞时，就能够激起适意的感觉，尽管不是愉快，而是一种惬意的颤栗，是某种掺有惊恐的平静"。他把美者建立在爱上面（他毕竟自称懂得把欲望与爱分离开来），把它引导到（251～252页）"肉体纤维的懈弛、放松和疲软，因而是由于快乐而软化、而松弛、而疲惫，是由

① 据他的著作的德文译本：《对我们关于美者和崇高者的概念之起源的哲学考察》，里加，哈特诺赫出版社，1773。

于快乐而倾倒、而舍命、而销魂”。于是，他通过想象力不仅与知性相结合，而且甚至与感官感觉相结合而能够在我们心中激起美者以及崇高者的情感的那些场合，来证实这种解释方式。——作为心理学的说明，对我们的心灵现象的这些分析是绝对出色的，并且给最受欢迎的经验性人类学研究提供了丰富的素材。也不能否认，我们心中的一切表象，不论它们客观上是纯然感性的，还是完全理智的，都毕竟在主观上可能与快乐或者痛苦结合在一起，哪怕二者是不可觉察的（因为它们全都刺激生命的情感，而且它们中没有一个作为主体的变相而可能是无动于衷的）；甚至，就像伊壁鸠鲁所声称的，**快乐**和**痛苦**最终毕竟总是肉体的，无论它是从想象开始还是干脆从知性表
〔278〕象开始；因为生命若没有肉体感官的情感，就会纯然是它的实存的意识，但却不是舒适或者不适亦即促进或者阻碍生命力的情感；因为心灵独自就完全是生命（生命原则本身），而且障碍或者促进必须到它之外，但毕竟是在人里面，因而是在与他的身体的结合中去寻找。

但是，如果把对于对象的愉悦完全设定在对象通过魅力或者通过感动使人快乐这一点上，那么，人们就也必须不苛求任何**别人**来赞同**我们**所作出的审美判断；因为对此每个人都有权仅仅征询他的私人感官。但在这种情况下，对鉴赏的一切审查就都中止了；人们就不得不使别人通过其判断的偶然一致所提供的例子对于我们来说成为赞同的**命令**，而我们毕竟也许会抗拒这一原则，而诉诸自然权利，使基于自己舒适的直接情感的判断服从自己的感官而不是别人的感官。

因此，如果鉴赏判断必须不被视为**唯我主义的**，而是根据其内在本性，亦即由于它自己，而不是由于别人从自己的鉴赏中提供的例子，必然地被看做**多元主义的**，如果人们把它评价成一个可以同时要求每个人都应当赞同的判断，那么，它就必

须以某个（不论是客观的还是主观的）先天原则作为基础，这个先天原则是人们通过探查心灵变化的经验性法则所永远也达不到的；因为这些经验性的法则只是让人认识判断是如何作出的，而不是要求判断应当如何作出，确切地说，这要求根本就是**无条件的**；这类要求是鉴赏判断以之为前提条件的，因为鉴赏判断要懂得把愉悦与一个表象**直接地**联结起来。因此，尽管对审美判断的经验性说明总是作为开端，以便为一种更高的研究提供素材；但对这种能力的一种先验的讨论却毕竟是可能的，并且在本质上属于鉴赏的批判。因为若不是鉴赏拥有这些先天原则，它就不可能能够裁定别人的判断，并对别人的判断哪怕只是以某些权利的外表来作出赞同或者拒斥的表示。

属于审美判断的分析论的其余部分首先包括：

纯粹审美判断的演绎 〔279〕

第 30 节　关于自然对象的审美判断的演绎不可以针对我们在自然中称为崇高的东西，而只能针对美者

一个审美判断对于对每个主体都普遍有效的要求，作为一个必须立足于某个先天原则的判断，需要一个演绎（亦即它的要求的一种合法性证明），这个演绎还必须附加在对这判断的说明之上，也就是说，如果涉及对**客体的形式**的一种愉悦或者反感的话。这类判断就是关于自然的美者的鉴赏判断。因为在这种情况下，合目的性毕竟在客体及其形象中有它的根据，尽管它并不把这根据与其他对象的关系按照概念指示出来（成为知识判断）；而只是一般地涉及对这个形式的把握，这是就该形式在心灵中既与概念的能力也与展示概念的能力（它与把握能力是同一个东西）相符合地显示出来而言的。因此，人们也

可以就自然的美者而言提出各种各样的问题，这些问题涉及自然形式的这种合目的性的原因；例如，人们想如何解释，自然为什么如此挥霍地到处散布了美，甚至在人类的眼睛（美却惟有对于人类的眼睛来说才是合目的的）很少达到的海底，如此等等。

惟有自然的崇高者——如果我们对此作一个纯粹的审美判断，它不掺有作为客观合目的性的完善性的概念；在后一种场合，它就会是一个目的论的判断——才可以完全被看做无形式的或者无形象的，但仍被看做一种纯粹的愉悦的对象，并且表明被给予的表象的主观合目的性；于是，这里的问题就是：对于这种方式的审美判断来说，在对其中所思考的东西所作的说明之外，是否也还能够要求对它关于某个（主观的）先天原则的要求作出一番演绎。

〔280〕对此的回答是：自然的崇高者只是非本真地如此称谓的，而真正说来它必须仅仅被赋予思维方式，或者毋宁说赋予人类本性中这种思维方式的基础。意识到这种基础，对一个通常无形式的和不合目的的对象的把握仅仅提供出诱因，该对象以这样的方式被主观合目的地**运用**，但却不是作为这样一个对象**独立地**，并由于它的形式而被判断（仿佛是 species finalis accepta，non data［被接受的，而不是被给予的目的概念］）。因此，我们对关于自然的崇高者的判断的说明同时就是它的演绎。因为如果我们对这些判断中的判断力的反思加以剖析，那么，我们在它们里面就将发现诸认识能力的一种合目的的关系，这种关系必须被先天地奠定为目的能力（意志）的基础，因而本身就先天地是合目的的：于是这马上就包含着那个演绎，亦即这样一类判断对普遍必然有效性的要求的辩护理由。

因此，我们需要寻找的将只是鉴赏判断的演绎，亦即关于自然事物之美的判断的演绎，并且就这样在整体上为全部审美判断力来完成这个任务。

第 31 节　鉴赏判断的演绎的方法

惟有当判断提出必然性的要求时，才会出现一类判断的演绎，亦即保证其合法性的责任；当判断要求主观的普遍性，亦即要求每个人都赞同的时候，情况也是这样；不过，这种判断毕竟不是知识判断，而仅仅是对一个被给予的对象的愉快或者不快的判断，即自认为具有一种对每个人都普遍有效的主观合目的性，这种合目的性不应当建立在关于事物的概念之上，因为它是鉴赏判断。

既然我们在后面这种场合所面对的不是任何知识判断，既不是把通过知性被给予的一般**自然**概念当做基础的一种理论判断，也不是把先天地通过理性被给予的**自由**理念当做基础的一种（纯粹）实践判断；因而要根据其先天有效性为之作辩护的，既不是表现一件事物是什么的判断，也不是表现我为了造成一件事物应当做什么的判断；所以，为一般判断力而必须阐明的，将只是表述一个对象的形式的某个经验性表象之主观合目的性的一个**单称**判断的**普遍有效性**，以便解释，某种东西仅〔281〕
仅在评判中（无须感官感觉或者概念）就能够让人喜欢，而且就像为了一般**知识**而对一个对象的评判具有一些普遍的规则一样，每一个人的愉悦也都可以对每个他人来说被预示为规则，这是如何可能的。

现在，如果这种普遍有效性不应当是建立在搜罗选票和到处向别人询问其感觉方式上面，而是仿佛基于对（在被给予的表象上的）愉快情感作出判断的主体的一种自律，亦即基于他自己的鉴赏，但尽管如此毕竟也不是从概念推导出来的；那么，这样一个判断——就像鉴赏判断实际上所是的那样——就具有一种双重的而且也是逻辑的特性，也就是说，**首先**，它具有先天的普遍有效性，但毕竟不是一种按照概念的逻辑必然性，而是一个单称判断的普遍性；**其次**，它具有一种必然性（它在任何时候都必须基于先天的根据），但这种必然性毕竟不依赖于先天的证明根据，似乎通过这些根据的表象就能够强求鉴赏判断向每个人所要求的那种赞同。

如果我们在这里一开始就抽掉鉴赏判断的一切内容，亦即愉快的情感，并仅仅把审美形式与客观判断的那种由逻辑学规定的形式相比较，那么，一个鉴赏判断与一切知识判断的区别就在于上述逻辑特性，惟有对这些逻辑特性的解析才足以成为这种特殊的能力的演绎。因此，我们要预先通过讨论一些例子来表明鉴赏的这些具有特征的属性。

第32节　鉴赏判断的第一特性

鉴赏判断就愉悦（作为美）而言规定自己的对象，要求**每个人**都赞同，就好像它是客观的似的。

说这朵花是美的，就等于只是照着说这朵花有自己对每个
〔282〕人都愉悦的要求。它却根本不由于自己的香气而提出什么要求。这香气使这一个人心旷神怡，却使另一个人头晕目眩。除了美必须被视为花本身的一种属性，这种属性并不以这些头脑和如此之多的感官的不同为准，而是这些头脑和感官如果要对它作出判断的话，就必须以它为准之外，人们应当从中猜测出别的什么吗？然而事情却不是这样。因为鉴赏判断恰好就在于，它只是按照这样一种性状才把一件事物称为美的，在这种性状中，该事物以我们接受它的方式为准。

此外，对于每个应当证明主体有鉴赏的判断，都要求主体应当独立地作出判断，而不需要通过经验在别人的判断中到处

摸索，以及由别人对同一个对象的愉悦或者反感来事先教导自己，因而他的判断不应当由于一个事物也许现实地普遍让人喜欢就作为模仿，而是应当先天地陈述出来。但是，人们应当想到，一个先天判断必须包含着关于客体的一个概念，它包含着对这个客体的认识的原则；但是，鉴赏判断根本不是建立在概念上面的，它在任何地方都不是知识，而只是一个审美判断。

因此，一个年轻的诗人不要因为公众的，哪怕是他的朋友们的判断而为他的诗是美的这种劝说所左右；如果他听从他们，那也不是因为他作出了另外的评判，而是因为他在自己对赞扬的欲望中找到理由，即使（至少在他的意图中）全部公众都具有一种错误的鉴赏，也依然（甚至违背他自己的判断）去迎合平庸的妄念。只是到了后来，在他的判断力通过练习而变得更加敏锐了之后，他才会自愿放弃他过去的判断；就像他也坚持自己那些完全基于理性的判断一样。鉴赏只提出自律的要求。把他人的判断当做自己的判断的规定根据，那就会是他律了。

人们有理由把古人的作品称颂为典范，把它们的作者称为经典的，如同作家们中间的一个贵族那样，他通过自己的在先行为而为民众立法；这似乎是指示了鉴赏的后天来源，反驳了鉴赏在每个主体中的自律。然而，人们同样可以说，直到今天还被视为综合方法的最高彻底性和完美性之不可缺少的典范的 〔283〕
那些古代数学家，也证明了我们这方面的一种模仿的理性和理性的一种无能，即不能从自己本身中凭借最大的直觉通过概念的构建产生出严格的证明来。这里根本没有我们各种力量的任何运用，不论这种运用是如何自由，而且甚至也没有理性的运用（理性必须从共同的先天来源汲取它的一切判断），理性运用是在每个主体应当始终完全从他的天性的原始禀赋开始时，即便没有别人以他们的尝试先行于他，也不会陷入到错误的尝试中去的，这不是为了使追随者成为纯然的模仿者，而是通过他们的做法指点别人，以便在自己本身里面寻找原则，并这样来选取他们自己的，往往是更好的道路。甚至在宗教中，无疑每个人都必须是从自己本身获取他的行为举止的规则的，因为他也仍然是自己对这行为举止负责的，不能把他所犯过错的罪责推到作为导师和先行者的其他人头上，但毕竟绝不能通过人们或者从教士们那里或者从哲学家们那里获得的、或者从自己本身取得的普遍规范，达到与通过一个德性或者圣洁的榜样所达到的同样多的效果，这种在历史中树立起来的榜样并不使得德性出自特有的和源始的（先天）道德理念的自律成为多余的，或者是把它转变为模仿的机械作用。与一个在先行为相关的**追随**，而不是模仿，才是一个示范性的创始人的产品对别人所可能具有的一切影响的正确表述；这只是意味着：从那个创始人自己所曾汲取的同一个源泉汲取，并且只向他的先行者学习在这方面行事的方式。但是，在一切能力和才能中间，鉴赏恰恰是这样的东西，由于它的判断不能通过概念和规范来规定，它最需要的是在文化的进展中最长久地维持着赞同的那种东西的榜样，为的是不要马上又变得粗野，跌回到最初的尝试的那种粗糙性中去。

〔284〕

第33节 鉴赏判断的第二特性

鉴赏判断根本不能通过证明根据来规定，就好像它纯然是**主观的**似的。

如果某人认为一座建筑、一片风景、一首诗不是美的，那么**首先**，他不可以受众口一词高度赞颂它所迫使而在内心中表示赞扬。他虽然可以装作好像他也喜欢它的样子，以免被视为没有鉴赏；他甚至可能开始怀疑自己是否通过对足够多的某类对象的了解而也充分地培养了自己的鉴赏（就像一个人相信认出远处的某种东西是一片森林，而所有其他人都把那东西看做是一座城市，他就要怀疑自己的亲眼目睹所作的判断一样）。但是，他毕竟清晰地看出的是：别人的赞扬根本不能充当对美的评判的任何有效证明；别人充其量可以替他去看和观察，许多人以同一种方式所看到的东西，对于相信看出不同的东西的人来说，可以用做理论判断，从而逻辑判断的一个充分的证明根据，但绝不能把别人喜欢的东西用做一个审美判断的根据。别人的不利于我们的判断虽然可以有理由使我们就我们自己的判断而言产生怀疑，但绝不能使我们确信我们自己的判断不正确。因此，不存在任何经验性的**证明根据**去强迫某人作出鉴赏判断。

其次，更不能用一个先天的证明按照确定的规则来规定关于美的判断。如果某人给我朗诵他的诗，或者把我引入一出戏剧，而这最终不能使我的鉴赏感到中意，那么，不论他是引用**巴托**还是引用**莱辛**，还是引用更早的也更著名的鉴赏评论家以及由他们提出的一切规则来作证明，说他的诗是美的；甚至可能我恰恰反感的某些段落与美的规则（就像这些规则在那里被给出并获得普遍的承认一样）完全吻合；我将堵住自己的耳朵，不会去听任何根据和任何玄想，而宁可假定评论家们的那些规则是错误的，或者至少这里不是它们应用的场合，而不假定我应当让自己的判断受先天的证明根据的规定，因为它应当 〔285〕
是一个鉴赏判断，而不是知性判断或者理性判断。

看起来，这就是人们为什么把这种审美的评判能力恰恰冠以鉴赏之名的主要原因之一。因为某人尽可以把一道菜的所有配料给我列举出来，并且对每道菜都加以说明，说它们中的每一道通常对我来说都是适意的，此外也有理由夸赞这食物有利于健康；我却对这所有理由充耳不闻，而是用**我自己的**舌头和味觉去品尝这道菜，而且据此（不是根据普遍的原则）我作出自己的判断。

事实上，鉴赏判断绝对总是作为一个关于客体的单称判断而作出的。知性可以通过把客体在令人愉悦这一点上与别人的判断进行比较而作出一个全称判断；例如，所有的郁金香都是美的；但这样一来，它就不是一个鉴赏判断，而是一个逻辑判断，它使一个客体与鉴赏的关系成为具有某种一般性质的事物的谓词；但是，惟有我借以认为某一个别的被给予的郁金香美，亦即认为我对它感到的愉悦普遍有效的那个判断，才是鉴赏判断。但它的特性却在于：尽管它只有主观的有效性，它却仍然这样来要求**所有的**主体，就像惟有当它是一个基于知识根据并能够通过一个证明来强加于人的时候才总是发生的那样。

第 34 节　不可能有任何客观的鉴赏原则

人们也许会把一个鉴赏原则理解成一条原理，人们能够把一个对象的概念归摄在这个原理的条件之下，并在这种情况下通过一个推论就能够得出，这个对象是美的。但这是绝对不可能的。因为我必须直接在这个对象的表象上感觉到愉快，而这种愉快是不能通过任何证明根据向我侈谈的。因此，虽然如**休谟**所说，评论家比厨师更显得能玄想，但他们却和厨师有同样的命运。他们不能指望从证明根据的力量中，而只能指望从主〔286〕体对他自己的状况（愉快或者不快）的反思中，凭借拒绝一切规范和规则，来获得他们的判断的规定根据。

但是，评论家尽管如此却能够也应当玄想，致使我们的鉴赏判断得到纠正和扩展的东西，并不是要以一个普遍可用的公式来阐明这一类审美判断的规定根据，这是不可能的；而是要研究这些判断中的认识能力及其活动，并在例子中来分析交互的主观合目的性，关于这种合目的性，我们上面已经指出过，它在一个被给予的表象中的形式就是这表象的对象的美。因此，鉴赏批判本身就一个客体借以被给予我们的表象而言只是主观的，也就是说，它是把知性和想象力在被给予的表象中彼此之间的交互关系（与先行的感觉或者概念无关），因而把它们的一致或者不一致置于规则之下，并就其条件而言对它们加以规定的一门艺术或者科学。如果它只是在例子上来指出这一点，它就是**艺术**；如果它把这样一种评判的可能性从作为一般认识能力的这种能力的本性中推导出来，它就是**科学**。惟有后者，作为先验的批判，才是我们在这里到处要做的。它应当把鉴赏的主观原则作为判断力的一个先天原则来加以阐明并为之辩护。批判作为艺术，仅仅力图把鉴赏据以现实地进行的那些生理学的（在这里就是心理学的），因而是经验性的规则运用于鉴赏对象的评判，并对美的艺术的产品进行批判；就像**前一种**批判所批判的是评判这些产品的能力本身一样。

第 35 节　鉴赏原则是一般判断力的主观原则

鉴赏判断与逻辑判断的区别在于：后者把一个表象归摄在关于客体的概念之下，前者则根本不把它归摄在一个概念之下，因为若不然，就会能够通过证明来强迫作出必然的普遍赞同了。但尽管如此，前者在这一点上却是与后者类似的，即它预先规定了一种普遍性和必然性，但却不是按照关于客体的概念，因而是一种纯然主观的普遍性和必然性。由于一个判断中 〔287〕
的诸概念构成了该判断的内容（属于对客体的知识的东西），而鉴赏判断却不是能够通过概念来规定的，所以，它只是建立在一个判断的一般主观形式条件之上的。一切判断的主观条件就是判断能力本身，或者就是判断力。就一个对象借以被给予的一个表象而言来运用这种判断力，要求两种表象能力的协调一致：亦即想象力（为了直观及其杂多的复合）和知性（为了这种复合的统一性之表象的概念）。由于判断在这里不以任何关于客体的概念为基础，所以它只能在于把想象力本身（在一个对象借以被给予的表象那里）归摄到知性一般地从直观达到概念的条件之下。也就是说，由于想象力的自由正是在于它无须概念而图型化这一点上，所以鉴赏判断就必须建立在想象力以其**自由**而知性以其**合法则性**相互激活的一种纯然感觉之上，因而建立在一种情感之上，这情感让对象按照表象（一个对象通过它而被给予）在对认识能力就其自由游戏而言的促进上的合目的性来评判；而鉴赏作为主观的判断力，就包含着一种归摄原则，但不是把直观归摄在**概念**之下，而是把直观或者展示的**能力**（亦即想象力）归摄在概念的**能力**（亦即知性）之下，只要前者**在它的自由中**与后者**在它的合法则性**中协调一致。

现在，为了通过鉴赏判断的一个演绎来找出这种合法根据，惟有这一类判断的形式特性，从而就对这些判断仅仅考察其逻辑形式而言，才能用做我们的指导线索。

第 36 节　鉴赏判断的演绎的课题

可以与对一个对象的知觉直接结合成为一个知识判断的，是关于一个一般客体的概念，关于这客体，那个知觉包含着种
〔288〕种经验性的谓词，而由此就产生出一个经验判断。现在，为了把这个经验判断思考为对一个客体的规定，它是以关于直观的杂多之综合统一性的一些先天概念为基础的；而这些概念（范畴）则要求一个演绎，这个演绎也已经在《纯粹理性批判》中给出，通过它也就能够完成对这个课题的解决：先天综合的知识判断是如何可能的？因此，这个课题涉及纯粹知性及其理论

判断的先天原则。

但是，与一个知觉直接结合的也有一种愉快（或者不快）的情感，和一种伴随着客体的表象并代替谓词为这表象服务的愉悦，而这样就产生出一种不是知识判断的审美判断。一个这样的判断，如果它不是纯然的感觉判断，而是一个形式的反思判断，它要求这种愉悦对每个人来说都是必然的，那么，它就必须以某种作为先天原则的东西为基础，哪怕这原则也许是一个纯然主观的原则（如果对这样一类判断来说一个客观原则本来就不可能的话），但即便是作为这样一种原则也需要一个演绎，以便了解一个审美判断如何能够对必然性提出要求。于是，在这上面就建立起我们现在所探讨的课题：鉴赏判断是如何可能的。因此，这个课题涉及纯粹判断力在审美判断中的先天原则，亦即在这样一些判断中的先天原则，在其中判断力不能（像在理论判断中那样）仅仅被归摄到客观的知性概念之下，并服从一条法则，而是它在其中自己主观上既是对象又是法则。

这个课题也可以这样来表现：一种判断，仅仅从**自己**对一个对象的愉快情感出发，不依赖于这个对象的概念，而先天地，亦即无须等待外来的赞同，就把这种愉快评判为在**每个别的主体中**都附着在同一个客体的表象上的，这种判断是如何可能的？

鉴赏判断是综合的，这一点很容易看出来，因为它们超出了客体的概念，甚至超出了其直观，并把某种根本连知识都不是的东西，亦即把愉快（或者不快）的情感作为谓词附加给那个直观。但是，尽管谓词（即与表象相结合的**自己的**愉快这一谓词）是经验性的，鉴赏判断就其要求**每个人**都赞同而言却仍然是先天判断，或者想要被视为先天判断，这一点，同样已经 〔289〕
包含在它们的要求的这些表述之中了；这样，判断力批判的这个课题就是属于先验哲学的这个普遍问题之下的：先天综合判断是如何可能的？

第 37 节　真正说来在一个鉴赏判断中关于一个对象先天地断言的是什么？

关于一个对象的表象直接与一种愉快相结合，这只能内在地被知觉到，而如果人们只想指出这一点，这就会给出一个纯然经验性的判断。因为我不能先天地把一种确定的情感（愉快或者不快）与任何一个表象相结合，除非那里有一个规定意志的先天原则在理性中作为基础；这时愉快（在道德情感中）就是这个先天原则的后果，但正是由于这一点，它根本不能与鉴赏中的愉快相比较，因为它要求关于一个法则的确定概念；与此相反，鉴赏中的愉快应当是先于一切概念直接与纯然的评判结合在一起的。因此，一切鉴赏判断也都是单称判断，因为它们把自己的愉悦谓词不是与一个概念，而是与一个被给予的个别的经验性表象相结合。

因此，不是愉快，而是被知觉到与心灵中对一个对象的纯然评判相结合的**这种愉快的普遍有效性**，在一个鉴赏判断中被先天地表现为对判断力、对每个人都有效的普遍规则。我用愉快去知觉和评判一个对象，这是一个经验性的判断。但是，我认为它是美的，也就是说我可以要求那种愉悦对每个人来说都是必然的，这却是一个先天判断。

第 38 节　鉴赏判断的演绎

如果承认在一个纯粹的鉴赏判断中对于对象的愉悦是与对其形式的纯然评判结合在一起的，那么，这种愉悦无非就是这形式对于判断力的主观合目的性，我们感觉到这个合目的性是与心灵中对象的表象结合在一起的。既然判断力就评判的形式规则而言，撇开一切质料（无论是感官感觉还是概念），只能是针对一般判断力（它既不被限制在特殊的感官方式上，也不被限制在一个特殊的知性概念上）的应用的主观条件的；因而是针对我们在所有人身上都（作为一般的可能知识所要求的）可以预设的主观的东西的；所以，一个表象与判断力的这些条件的一致就必须能够被先天地假定为对每个人都有效的。也就是说，在对一个一般感性对象的评判中愉快或者表象对诸认识能力的关系的主观合目的性，将是能够有理由向每个人都要求的。① 〔290〕

附释

这个演绎之所以如此容易，乃是因为它并不需要为一个概念的任何客观实在性作辩护；因为美不是关于客体的概念，而且鉴赏判断不是知识判断。它所断言的只是：我们有理由在每个人那里普遍地预设我们在自己心中发现的判断力的同一些主观条件；只是我们还要把被给予的客体正确地归摄到这些条件

① 为了有理由对审美判断力的一个仅仅基于主观根据的判断提出普遍赞同的要求，只须承认以下几点就够了：1. 在所有人那里，这种能力的主观条件，就其中所使用的诸认识能力与一般知识的关系而言，都是一样的；这必定是真实的，因为若不然，人们就不能传达自己的表象乃至于知识了。2. 这个判断仅仅考虑了这种关系（因而仅仅考虑了判断力的**形式条件**），并且是纯粹的，亦即既不掺有关于客体的概念也不掺有感觉来作为规定根据。即便就后者来说有所差错，这也仅仅涉及把一个法则给予我们的权限错误地运用于一个特殊的事例，由此并不一般地取消这种权限。

之下罢了。虽然现在后面这一点有一些不可避免的、并不附着在逻辑判断力上面的困难（因为人们在逻辑的判断力中是归摄
〔291〕到概念之下，而在审美判断力中则是归摄到在客体被表现出来的形式上想象力和知性相互之间彼此相称的一种只是可感觉到的关系之下，在这里，归摄可能很容易骗人）；但由此却丝毫无损于判断力指望普遍赞同这种要求的合法性，这个要求所导致的只是对出自主观根据而对每个人都有效的这个原则的正确性作出判断。因为谈到因归摄到那个原则之下的正确性而来的困难和怀疑，这种归摄并不使对一个一般审美判断的这种有效性的要求之合法性，因而并不使这个原则本身变得可疑，就像逻辑的判断力（虽然不是如此经常和容易地）错误地归摄到自己的原则之下同样也不会使其本身是客观的原则变得可疑一样。但是，如果问题是：先天地把自然假定为鉴赏对象的一个总和，这是如何可能的？那么，这个课题就与目的论有关了，因为为我们的判断力建立合目的的形式，这必须被视为自然的一个本质上与自然的概念相联系的目的。但是，这种假定的正确性还是很可疑的，然而，自然美的现实性对于经验来说却是明摆着的。

第39节　一种感觉的可传达性

如果感觉被当做知觉的实在东西与知识联系起来，那它就叫做感官感觉；而且它的质的独特之处就可以被表现为普遍地以同样的方式可传达的，如果人们假定每个人都有与我们的感官一样的感官的话；但是，这一点却绝对不能预设于一个感官感觉。这样，对于一个缺少嗅觉感官的人来说，这一类感觉就不能传达给他；而且即便他不缺少这种感官，人们也毕竟不能肯定，它对于一朵花是否恰好具有我们对它具有的同样感觉。

但是，我们必须设想人们在同一个感官对象的感觉方面就**适意**或者**不适意**而言还有更多的区别；绝对不能要求对同一些对象的愉快被每个人所承认。由于具有这样一种性质的愉快是通过 〔292〕感官进入心灵的，因而我们此时是被动的，所以，人们可以把它称为**享受**的愉快。

与此相反，由于一个行动的道德性状而对它的愉悦，就不是享受的愉快，而是对能动性及其与自己的使命的理念相符合的愉快。这种情感叫做道德的情感，但它要求有概念，并且所展示的不是自由的合目的性，而是有法则的合目的性，因而也是只能凭借理性来普遍传达的，而且如果这愉快应当在每个人那里都是同样性质的话，它就只能通过十分确定的实践理性概念来普遍传达。

对自然的崇高者的愉快，作为玄想静观的愉快，虽然也对普遍的同情提出要求，但却毕竟已经以一种别的情感，亦即自己的超感性使命的情感为前提条件，这种情感无论多么模糊，都有一种道德的基础。但别的人也将考虑到这些，并在对自然的粗犷的观赏中找到一种愉悦（这种愉悦确实不能归于自然的景象，这种景象毋宁说是可怖的），这一点我却绝对没有理由来预设。尽管如此，我毕竟能够在考虑到应当在每个适当的机会都顾及那种道德禀赋时，也向每个人要求那种愉悦，但只是借助于道德法则，而后者在自己那方面又是建立在理性概念之上的。

与此相反，对美者的愉快却既不是享受的愉快，也不是一种有法则的活动的愉快，也不是按照理念的玄想静观的愉快，而是纯然反思的愉快。不以某种目的或者原理为准绳，这种愉快伴随着对一个对象的平常的把握，这种把握是通过作为直观能力的想象力、与作为概念能力的知性相关、凭借判断力的一种即便为了最平常的经验也必须实施的程序而获得的；只不过判断力不得不这样做，在这里为的是知觉到一个经验性的客观概念，而在那里（在审美评判中）则为的是知觉到表象对于两种认识能力在其自由中的和谐的（主观合目的的）活动的适合性，也就是说，为了用愉快去感觉那种表象状态。这种愉快必须在每个人那里都必然地建立在同样的条件之上，因为这些条
〔293〕件是一般知识的可能性的主观条件，而鉴赏所需要的两种认识能力的比例，也是人们在每个人那里都可以预设的那种平常的和健康的知性所需要的。正因为如此，就连以鉴赏作判断的人（只要他在这种意识中没有出错，不把质料当做形式、把魅力当做美），也可以把主观的合目的性，亦即他对客体的愉悦要求于任何他人，假定他的情感是可以普遍传达的，而且无须借助概念。

第40节　作为一种 sensus communis［共感］的鉴赏

当可以察觉的不是判断力的反思，而毋宁说只是它的结果时，人们往往给判断力冠以一种感觉之名，并谈到一种真理感，谈到对于正派、正义等等的一种感觉；尽管人们知道，至少按理应当知道，这并不是这些概念可以在其中占有一席之地的感觉，更不是说这种感觉会有丝毫的能力去要求有普遍的规则，而是说，如果我们不能超越这些感觉而把自己提升到更高的认识能力的话，我们关于真理、合适、美和正义是永远不会想到这种方式的表象的。**平常的人类知性**，人们把它当做仅仅是健康的（尚未得到培养的）知性而视为极微不足道的东西，是人们只要一个人要求被称为人就总是能从他那里期待的，因而也就有了侮辱性的名声，这种知性可以被冠以共感（sensus communis）之名；确切地说是这样，人们把**平常的**这个词（不仅仅在我们的语言中，它在这个词中确实包含着

一种语义双关，而且在许多别的语言中也是这样）正好理解为到处都遇到的庸常的东西，拥有这种东西绝对不是什么功绩或者优点。

但是，人们必须把 sensus communis [共感] 理解为一种**共同的**感觉的理念，也就是说，一种评判能力的理念，这种评判能力在自己的反思中（先天地）考虑到任何他人在思想中的表象方式，以便使自己的判断**仿佛**是依凭全部人类理性，并由此避开那会从主观的私人条件出发对判断产生不利影响的幻觉，这些私人条件很容易会被视为客观的。做到这一点所凭借 〔294〕
的是，人们使自己的判断依凭别人那些不是现实的，而毋宁说是仅仅可能的判断，并通过人们只是撇开以偶然的方式与我们自己的评判相联系的那些局限，而置身于每个他人的地位；而这又是由此造成的，即人们把在表象状态中是质料，亦即是感觉的东西尽可能地除去，并仅仅注意自己的表象或者自己的表象状态的形式的特性。为了把反思加到我们称为**平常**感觉的这种能力上，对反思的这样一种处理也许显得太做作了；不过，它也只是在我们以抽象的公式表述它的时候才看起来如此；就自身而言，当人们寻找一个应当用做普遍规则的判断时，就再也没有什么比撇开魅力和感动更自然的了。

平常的人类知性的以下准则虽然不属于这里作为鉴赏判断的部分，但却毕竟能够用做其原理的阐明。它们是如下准则：1. 自己思维；2. 站在别人的地位上思维；3. 任何时候都与自己一致地思维。第一个准则是**无成见的**思维方式的准则，第二个准则是**开阔的**思维方式的准则，第三个准则是**一以贯之的**思维方式的准则。第一个准则是一种永不**被动的**理性的准则。对被动的理性，因而对理性的他律的癖好就叫做**成见**；而一切成见中最大的成见就是，把自然想象成不服从知性通过自己的根本法则奠定为它的基础的那些规则：这就是**迷信**。从迷信中解放出来就叫做**启蒙**①；因为虽然这个称谓应当归于从一般成见中解放出来，但迷信却是首先（in sensu eminenti［在突出的意义上］）值得被称为一种成见的，因为迷信置身于其中，甚至将之作为一种责任来要求的那种盲目性，首先使靠别人来

〔295〕引导的那种需要，因而使一种被动理性的状态清晰可辨。至于思维方式的第二个准则，我们通常都习惯于把其才能不堪大用（尤其是重用）的人称为有局限的（**狭隘的，开阔**的对立面）。然而在这里，我们说的不是认识的能力，而是合目的地运用认识能力的思维方式：这种**思维方式**，无论人的自然天赋所达到的范围和程度多么小，仍表明一个人具有**开阔的思维方式**，如果他把如此之多的别人都如同被封闭在其中的主观的私人判断条件置之度外，并从一个**普遍的立场**（他惟有通过置身于别人的立场才能规定这个立场）出发对他自己的判断加以反思的话。第三个准则，亦即一**以贯之的**思维方式的准则，是最难达到的，也惟有通过结合前两个准则并经常遵循它们以至熟练之后才能达到。人们可以说：这些准则中第一个是知性的准则，第二个是判断力的准则，第三个是理性的准则。

我再重新捡起由于这一插曲而偏离了的话题说：与健康知性相比，鉴赏有更多的理由可以被称为 sensus communis［共

① 人们马上就看出，启蒙虽然在论题上很容易，但在假说上却是一件必须艰难而缓慢地进行的事业；因为以自己的理性不是被动地，而是任何时候都自己为自己立法，这对于只想适合于自己的根本目的而不要求知道超出自己知性的东西的人来说，虽然是某种十分容易的事情；但既然追求后者的努力几乎是不可防止的，而且这在其他那些以诸多信心许诺能够满足这种求知欲的人那里是永远也不缺少的；所以，要在思维方式中（尤其是在公共的思维方式中）保持或者确立这种纯然否定的东西（它构成真正的启蒙），必定是很困难的。

感]；而且审美判断力比理智判断力更能够领有一种共同感觉这个名称[1]，如果人们真的要使用感觉这个词来表示纯然的反思对心灵的一种作用的话；因为在这里，人们把感觉理解为愉快的情感。人们甚至可以用对使我们在一个被给予的表象上的情感无须借助概念就**能普遍传达**的那种东西的评判能力来定义鉴赏。

人们相互传达自己的思想的技巧，也要求想象力和知性的一种关系，以便把直观加给概念，再把概念加给直观，它们会聚在一种知识中；但在这种情况下，这两种心灵力量的协调一致就**有法则地**处在确定的概念的强制之下。惟有当想象力在其 〔296〕
自由中唤醒知性，而且知性无须概念就把想象力置于一种合规则的游戏之中的时候，表象才不是作为思想，而是作为心灵的一种合目的的状态的内在情感而普遍地传达。

因此，鉴赏就是先天地评判与被给予的表象（无须借助一个概念）结合在一起的那些情感的可传达性的能力。

如果人们可以假定，仅仅其情感的普遍可传达性就自身而言就已经带有对我们来说的一种兴趣（但人们没有理由从一种纯然反思性的判断力的性状中推论出这种兴趣），那么，人们就会能够明白，情感在鉴赏判断中何以仿佛是作为义务而要求于每个人。

第 41 节　对美者的经验性的兴趣

宣布某种东西是美的所借助的鉴赏判断，必须不以任何兴趣为**规定根据**，这一点上面已作过充分的阐明。但由此却得不

① 人们可以用 sensus communis aestheticus［审美的共感］来表示鉴赏，用 sensus communis logicus［逻辑的共感］来表示平常的人类知性。

出，在这判断被作为纯粹的审美判断而给出之后，不能有任何兴趣与它相结合。不过，这种结合永远只能是间接的，也就是说，鉴赏必须首先与某种别的东西相结合被表现出来，以便能够还把对一个对象（当一切兴趣都在它身上时）的**实存的愉快**联结在关于它的纯然反思的愉悦之上。因为在（关于一般事物的）知识判断中所说的话，即 a posse ad esse non valet consequentia［从能够到存在的结论无效］，这里在审美判断中也适用。这种别的东西可以是某种经验性的东西，亦即人的本性所固有的偏好；或者是某种理智的东西，作为意志能够先天地由理性来规定的属性；这二者都能够包含对一个客体的存在的愉悦，这样就能够给对于无须考虑任何兴趣独自就已经让人喜欢的那种东西的一种兴趣提供根据了。

美者惟有在**社会**中才经验性地产生兴趣；而如果人们承认社会的冲动对人来说是自然的，因而对此的适应性和癖好，亦
〔297〕即**社交性**，对于作为注定有社会的造物的人的需要来说，是属于**人道**的属性，那么，就不可能不也把鉴赏视为对人们甚至能够借以把自己的**情感**向每个他人传达的那种东西的评判能力，因而视为每个人的自然偏好所要求的那种东西的促进手段。

一个孤零零地在一个荒岛上的人，独自一人既不会装饰他的茅屋，也不会装饰他自己，或者搜寻花卉，更不会种植它们，以便用来装点自己；相反，惟有在社会中他才想起自己不仅是个人，而且还按照自己的方式是一个文雅的人（文明化的开端），因为人们把这样一个人评判为一个文雅的人，他愿意并且善于把自己的愉快传达给别的人，而且如果他不能与别人共同感受对一个客体的愉悦的话，这个客体就不会使他满意。每一个人也都期待和要求每个人都考虑到普遍的传达，仿佛是出自一个由人性本身强制接受的源始契约；而这样，当然在开始时只是魅力，例如用来文身的颜料（加勒比人的胭脂树红和易洛

魁人的朱砂），或者花卉、贝壳、颜色美丽的鸟羽，但随着时间的进展还有根本不带有任何快乐亦即享受的愉悦的一些美的形式（如在小船、衣服等等上面），在社会中是重要的，并且与重大的兴趣相结合；直到最后，达到巅峰的文明化从中几乎造就出文雅化了的偏好的主要作品，而各种感觉惟有就它们能够被普遍传达而言才被视为有价值的；于是，在这里尽管每个人对这样一个对象具有的愉快只是微不足道的、自身没有显著的兴趣的，但关于它的普遍可传达性的理念却几乎是无限地增大着它的价值。

但是，这种间接地通过对社会的偏好而附着在美者上面的、因而是经验性的兴趣，对于我们来说在这里并不具有我们只是在可能哪怕只是间接地与先天鉴赏判断相关的东西上能够看到的那种重要性。因为即便以后面这种形式应当表现出一种与此相结合的兴趣，鉴赏也会揭示出我们的评判能力从感官享受向道德情感的一种过渡；而且不仅是人们由此会被更好地引导到合目的地利用鉴赏，就连一切立法所必须依赖的种种人类 〔298〕
先天能力之链条的一个中间环节也会作为这样一个环节得到展示。关于对鉴赏对象以及对鉴赏本身的经验性兴趣，人们同样能够说，由于鉴赏沉溺于偏好，哪怕这偏好还是如此文雅化了的，这种兴趣也毕竟乐意与一切在社会中达到其最大多样性和最高等级的偏好和热情融合起来，而对美者的兴趣，当它建立在这上面的时候，就有可能充当从适意者到善者的一种哪怕是很模棱两可的过渡。但是，这种过渡是否绝不能够由就其纯粹性来看的鉴赏所促进，对此我们有理由来加以研究。

第 42 节　对美者的理智的兴趣

情愿让人们由内在的自然禀赋所推动而从事的一切人类活动都指向人类的最终目的，亦即道德上的善的人，把在一般的美者上面拥有一种兴趣视为一种善的道德品质的标志，这种情况之发生，乃是在于善良的意图。但是，他们不无理由地受到了另一些人的反驳，这些人依据的是经验，即鉴赏的行家们不仅往往，而且甚至是习惯性地表现出爱慕虚荣、自以为是和败坏道德的热情，也许比其他人更不可能要求具有忠实于道德原理的优点；看起来，对于美者的情感（如它实际上所是的那样）与道德情感有类上的区别，而且人们能够与之结合的那种兴趣，也很难与道德的兴趣相协调，更绝对不能通过内在的亲和性相协调。

我现在虽然乐意承认，对**艺术的美者**（我把人为地将自然美运用于装饰，因而运用于虚荣也归为此列）的兴趣根本不能充当一种忠实于道德上的善，或者哪怕倾向于此的思维方式的证明。但与此相反我却断言，对**自然**的美拥有一种**直接的兴趣**（不仅仅为了评判它而有鉴赏），这在任何时候都是一个善的灵
〔299〕魂的特征；而如果这种兴趣是习惯性的，则它至少在乐意与**对自然的观赏**相结合时，表明了一种有利于道德情感的心灵情调。但是，人们必须提醒自己，我在这里真正说来指的是自然的美的**形式**，与此相反，**魅力**虽然通常如此丰富地与这些形式结合着，我也还是把它放在一边，因为对它的兴趣虽然也是直接的，但却毕竟是经验性的。

一个人孤独地（而且没有想把自己的觉察传达给别人的意图）观赏着一朵野花、一只鸟、一只昆虫等美的形体，以便惊赞它、喜爱它，不愿意在自然中根本看不到它，哪怕这样做会对他造成一些伤害，更不用说从中看出对他有什么好处了，这个人就对自然的美拥有一种直接的、虽然是理智的兴趣。也就是说，他不仅在形式上喜欢自然的产品，而且也喜欢这产品的存在，而没有一种感性魅力参与其中，或者说他也没有把某种目的与之结合。

但是，这里值得注意的是，如果人们暗中欺骗这位美的东

西的爱好者，把人造的花（人们能够把它们做得与自然的花一模一样）插进地里，或者把人工雕刻的鸟放在树枝上，而他后来揭穿了这一骗局，那么，他原先对之怀有的直接兴趣就马上消失了，但他也许会发现一种别的兴趣取而代之，亦即用这些东西为别人的眼睛装饰自己的房间的虚荣的兴趣。自然所产生的是前一种美，这个思想必须伴随着直观和反思；惟有在这一点上，才建立起人们对此所怀有的直接的兴趣。否则的话，所剩下的就要么是一个没有任何兴趣的纯然鉴赏判断，要么只是一个与一种间接的，亦即与社会相关的兴趣相结合的鉴赏判断：后者对道德上善的思想方式不提供任何可靠的指示。

自然美对艺术美的这种优势，即前者虽然在形式上甚至会被后者胜过，却独自就唤起一种直接的兴趣，是与一切培养过自己的道德情感的人那净化了的和彻底的思维方式协调一致的。如果一个人有足够的鉴赏以极大的正确性和雅致来对美的艺术的产品作出判断，情愿离开在其中能够遇到那些维持着虚 〔300〕
荣，而且也许维持着社交乐趣的美的房间，转向自然的美者，以便在这里仿佛是在一个他自己永远也不能完全阐明的思路上感到自己精神上的狂喜，那么，我们将以高度的尊重来看待他的这种选择本身，并在他身上预设一个美的灵魂，这种灵魂是任何艺术行家和爱好者都不能因为他对自己的对象所怀有的兴趣就有资格要求的。——现在，对纯然鉴赏的判断中相互几乎难以否认优势的两种客体的如此不同的估量，其区别是什么呢?

我们拥有一种纯然审美的判断力的能力，即无须概念而对形式作出判断，并在对形式的纯然评判中找到一种愉悦，我们同时使这种愉悦成为每个人的规则，却又不使这种判断建立在一种兴趣之上，也不产生这样一种兴趣。——另一方面，我们也拥有一种理智的判断力的能力，即为实践准则的纯然形式（如果它们自行获得普遍立法的资格的话）规定一种先天的愉悦，我们使这种愉悦成为每个人的法则，却又不使我们的判断建立在某种兴趣之上，**但毕竟产生这样一种兴趣**。前一种判断中的愉快或者不快叫做鉴赏的愉快或者不快，后一种则叫做道德情感的愉快或者不快。

但是，既然这也引起了理性的兴趣，即理念（理性在道德情感中对它们造就出一种直接的兴趣）也具有客观实在性，也就是说，自然至少会显示某种痕迹或者提供某种暗示，表明它在自身中包含有某种根据，来假定它的产品与我们不依赖于任何兴趣的愉悦（我们先天地认识这种愉悦对每个人都是法则，却不能把这建立在证明之上）有一种合法则的协调一致，所以，理性必然会对自然与这样一种协调一致类似的协调一致的任何表现都怀有兴趣；所以，心灵如果不是发现自己在此感兴趣，就不可能对**自然**的美进行沉思。但是，这种兴趣在亲缘关系上是道德的；而且对自然的美者有这种兴趣的人，只是就他事先已经很好地建立了对道德上的善者的兴趣而言，才对自然
〔301〕的美者有兴趣。因此，谁对自然的美直接感兴趣，在他那里，人们就有理由至少猜测有一种对善的道德意向的禀赋。

人们会说：根据与道德情感的亲缘关系对审美判断的这种解释，看起来太学究气了，以致不能把它视为对自然借以在其美的形式中形象地对我们言说的那些密码的真正破译。但是首先，对自然的美者的这种直接的兴趣实际上并不常见，而只是为要么其思维方式已经被教养成为善，要么为对这种教养特别易于接受的人们所特有；其次，在纯粹的鉴赏判断和道德判断之间有一种类似性，前者不依赖于某种兴趣而使人感到愉悦，同时先天地把这种愉悦表现为适合于一般人性的，后者从概念出发做着同样的事情，这种类似性甚至无须清晰的、玄妙的和有意的沉思，就把人引向对前一种判断的对象与对后一种判断的对象同等程度的直接兴趣：只不过前者是一种自由的兴趣，

或者是一种基于客观法则的兴趣罢了。应归于此列的还有对自然的惊赞，自然在其美的产品上不是仅仅通过偶然，而是仿佛有意地按照合法则的安排表现为艺术，表现为无目的的合目的性；这种目的既然我们在外面任何地方都找不到，我们自然而然地在我们自己里面寻找，确切地说在构成我们的存在的最终目的中，亦即在道德使命中寻找（但是，关于对这样一种合目的性的可能性之根据的追问，要到目的论中才将谈到）。

在纯粹鉴赏判断中对美的艺术的愉悦并不像对美的自然的愉悦那样与一种直接的兴趣结合在一起，这一点也很容易解释。因为美的艺术要么是对美的自然的这样一种模仿，它一直达到骗人的程度，而在这种情况下，它就作为（被认为是）自然美而起作用；要么它是一种有意地明显指向我们的愉悦的艺术，而在这种情况下，对这个产品的愉悦虽然会直接地通过鉴赏而发生，但所唤起的却无非是对作为基础的原因的间接兴趣，亦即对一种艺术的间接兴趣，这种艺术只能通过它的目的，而永远不能就自身而言引起兴趣。人们也许将说，当一个自然客体通过自己的美仅仅就它被附加上一个道德理念而言才引起兴趣 〔302〕
时，就是这种情况；但是，直接产生兴趣的不是这个客体，而是这种美自己的性状，即它使自己有资格得到这样一种附加。

美的自然中的种种魅力如此经常地被发现仿佛与美的形式融合在一起，它们要么属于光的变相（在着色时），要么属于声音的变相（在发声时）。因为惟有这些感觉，才不仅允许感官情感，而且也允许对感觉的这些变相的形式所进行的反思，于是就仿佛是在自身中包含着自然带给我们的，而且似乎是具有一种更高意义的语言。这样，百合花的白颜色似乎使心灵与纯洁的理念相称，而从红色到紫色这七种颜色则依序使心灵分别与如下理念相称：1. 崇高；2. 勇敢；3. 坦诚；4. 友爱；5. 谦逊；6. 坚毅；7. 温柔。鸟的歌唱宣告着欢乐和对自己的实存的满意。至少我们是这样解释自然的，不论它的意图是不是这样。但是，我们在这里对美所怀有的这种兴趣，绝对需要它是自然的美；一旦人们发觉受骗，而且它只不过是艺术罢了，这种兴趣就完全消失了，甚至，就连鉴赏在这种情况下也不再能在这上面发现美的东西或者某种吸引视觉的东西了。有什么比在宁静夏夜柔和的月光下寂静的灌木丛中夜莺那迷人美妙的鸣啭得到诗人们更高的颂扬呢？然而，人们有这样的事例，即在没有发现有这样的歌唱家的地方，某一位诙谐的店主为了让投宿到他这里来享受乡下新鲜空气的客人们得到最大的满足，而以这样的方式欺骗他们，他把一个恶作剧的男孩藏在灌木丛中，这男孩懂得（用嘴里的芦苇或者哨管）完全类似自然地模仿这种鸣啭。但是，一旦人们觉察到这是一个骗局，就没有人再继续忍受去倾听这先前被认为如此诱人的歌声了；其他任何鸣禽的情况也是这样。这必须是自然，或者被我们认为是自然，以便我们能够对美者本身怀有一种直接的**兴趣**；更有甚者，如果我们甚至指望别人也应当在这上面怀有一种直接的
〔303〕兴趣的话；实际上，当我们把那些对美的自然没有任何**情感**（因为我们就是这样称谓对观赏美的自然的一种兴趣的感受性的）、并且在餐饮之际执著于纯然感官感觉的享受的人的思想方式视为粗俗的和卑下的时，所发生的就是这种事。

第 43 节　一般的艺术

一、**艺术**与自然不同，就像作（facere）与一般行动或者活动（agere）不同，以及前者的产品或者后果作为**作品**（opus）与后者作为效果（effectus）不同一样。

人们沿着法律途径应当只把通过自由而生产，亦即通过以理性为其行动之基础的任性而生产称为艺术。因为尽管人们喜

欢把蜜蜂的产品（合规则地建造的蜂巢）称为一个艺术作品，但这样称谓毕竟只是由于与艺术作品的类比；也就是说，一旦想一想蜜蜂并不是把自己的工作建立在自己的任何理性思考之上，人们马上就说，这是它们的本性（本能）的一个产品，而它作为艺术则只应归于艺术的创造者。

如果在搜索一块沼泽地时，像有时发生的那样，发现一段砍削过的木头，那么，人们就不说这是一个自然产品，而说它是一个艺术产品；产生这产品的原因设想过一个目的，这产品的形式应归功于这个目的。通常人们也在一切如此性状的东西上看到一种艺术，即这东西在原因中的表象必定先行于它的现实（如同哪怕在蜜蜂那里），而这表象的结果却可以并不正好是**所想到的**；但是，如果人们把某种东西绝对地称为一个艺术品，以便把它与一个自然结果区别开来，那么，人们就总是把它理解为一个人的作品。

二、**艺术**作为人的技巧也被与**科学**区别开来（**能够**被与**知道**区别开来），作为实践的能力被与理论的能力区别开来，作为技术被与理论区别开来（就像测量术被与几何学区别开来一样）。而且在这里，就连人们一旦**知道**应当做什么，因而只要充分了解所欲求的结果就**能够**做到的事情，也不被称为艺术。惟有人们即使最完备地了解也并不因此就马上拥有去作的技巧的事情，才就此而言属于艺术。〔304〕**坎培尔**很精确地描述出最好的鞋必须是什么性状，但他肯定不能作出任何鞋来。①

① 在我们这一带，平常的人，如果有人向他提出像哥伦布与他的蛋这样一种课题，就说：**这不是什么艺术，这只是一种科学**。也就是说，如果人们知道，那么人们就**能够**做到；对于变戏法人的一切所谓的艺术，人们说的同样是这些话。与此相反，人们绝不会拒绝把走绳演员的艺术称为艺术。

三、**艺术**甚至也被与**手艺**区别开来；前者叫做**自由的**艺术，后者也可以叫做**雇佣的艺术**。人们这样看待前者，就好像它只是作为游戏，亦即作为独自就使人适意的活动而能够合目的地得出结果（成功）似的；而后者却是这样，它能够作为工作，亦即作为独自不使人适意而只是通过其效果（如佣金）而吸引人的活动，因而强制性地加之于人。在行会的等级表上，钟表匠应当被视为艺术家，而铁匠则与此相反，应当被视为手艺人，这是需要一个与我们在这里所持的观点不同的评判观点的；亦即必须为这些行当的这一种或者那一种提供根据的那些才能的比例。就连在所谓的七种自由的艺术中，是否也可以举出一些应当归给科学，另一些可以与手艺相比，我在这里不想谈论。但是，在一切自由的艺术中，也都仍然要求有某种强制性的东西，或者像人们称谓的那样，要求一种**机械作用**，没有这种机械作用，在艺术中必须是自由的并且惟一给予作品以生命的那个**精神**就会根本不具形体并且完全蒸发；不提醒这一点是不可取的（例如在诗艺中语言的正确和丰富，此外还有韵律和节律），因为好些新派教育家相信，如果他们除掉艺术的一切强制，并使艺术从工作转化为纯然的游戏，就会最好地促进一种自由的艺术。

第 44 节　美的艺术

既没有美者的科学而只有美者的批判，也没有美的科学而只有美的艺术。因为谈到美者的科学，那在它里面就会应当科
〔305〕学地、也就是通过证明根据来澄清，某种东西是否必须被视为美的；因此，关于美的判断如果是属于科学的，它就不会是鉴赏判断。至于后者，一门科学本身应当是美的，它就是荒唐的东西。因为如果人们在作为科学的它里面问询根据和证明的

话，就会被人用一些漂亮的格言（警句）来打发。——那诱发出**美的科学**这种常见表述的东西，毫无疑问不是别的，就是人们完全正确地发现，对于处在其全部完美性之中的美的艺术来说，要求有许多科学，例如古代语言的知识，对那些被视为经典作家的作者们的博闻强记，历史，对古代的知识等等，因此，这些历史性的科学由于它们为美的艺术构成了必要的准备和基础，部分地也由于在它们中间甚至包括对美的艺术的产品的知识（雄辩和诗艺），就通过用词的混淆而本身被称为美的科学了。

如果艺术与对于一个可能对象的**知识**相适合，纯然是为了现实地制作出这对象而作出为此所需要的行动，那么，它就是**机械的**艺术；但如果它以愉快的情感为直接的意图，那它就叫做**审美的**艺术。审美的艺术要么是**适意的**艺术，要么是**美的**艺术。如果艺术的目的是使愉快来伴随作为纯然**感觉**的表象，它就是前者，如果艺术的目的是使愉快来伴随作为**认识方式**的表象，它就是后者。

适意的艺术是纯然以享受为目的的艺术；所有这类艺术都是魅力，它们能够使一次宴会的社交妙趣横生：有趣的叙事把社交置于坦诚生动的交谈中，用戏谑和笑声使之具有某种欢乐的气氛，在这里，如人们所说，可能叽里呱啦地说一些废话，而且没有人愿意对他所说的话负责，因为这只是着眼于眼下的消遣，不是着眼于以后沉思和议论的长久材料。（属于此列的还有为了享受而如何配备餐桌，或者甚至在大吃大喝时的宴会音乐：这是一种奇怪的东西，它只是作为一种适意的响声应当维持心灵的快乐情调，而且即便没有人把丝毫的注意力用于这音乐的乐曲，它也有利于邻座相互之间自由的交谈。）此外，〔306〕
属于此列的还有所有那些并不带有别的兴趣，而只是使时间不知不觉地过去的游戏。

与此相反，美的艺术是这样一种表象方式，它独自就是合目的的，而且尽管没有目的，却仍然促进为了社交传达而对心灵能力的培养。

一种愉快的普遍可传达性就其概念而言就已经带有这一点，即这种愉快不是出自纯然感觉的享受的愉快，而必须是反思的愉快；这样，审美的艺术作为美的艺术，就是这样一种以反思性的判断力，而不是以感官感觉为准绳的艺术。

第 45 节　美的艺术是一种就其同时显得是自然而言的艺术

在美的艺术的一个产品上，人们必须意识到，它是艺术而不是自然；但是，它的形式中的合目的性毕竟必须显得如此摆脱了任性规则的一切强制，就好像它纯然是自然的一个产品似的。在我们诸般认识能力的毕竟同时又必须是合目的的游戏中的这种自由情感之上，建立起惟一可以普遍传达却并不建立在概念之上的那种愉快。自然是美的，如果它同时看起来是艺术；而艺术只有当我们意识到它是艺术而在我们看来它毕竟又是自然的时候才被称为美的。

因为无论是谈到自然美还是谈到艺术美，我们都可以一般地说：**美的就是那在纯然评判中**（而不是在感官感觉中，也不是通过一个概念）**让人喜欢的东西**。现在，艺术在任何时候都有一个要产生出某种东西来的确定意图。但是，如果这种东西纯然是应当伴有愉快的感觉（某种纯然主观的东西），那么，这个产品在评判中就会只是借助于感官感觉而让人喜欢的了。如果这意图是针对产生一个确定的客体的，那么，当这意图通过艺术而达到时，客体就会只是通过概念而让人喜欢的。但在这两种场合，艺术都会不是**在纯然的评判中**，亦即不是作为美的艺术，而是作为机械的艺术让人喜欢的。

因此，美的艺术的产品中的合目的性虽然是有意的，但却毕竟不显得是有意的；也就是说，美的艺术必须**被视为**自然，〔307〕虽然人们意识到它是艺术。但一个艺术产品显得是自然却是由于，虽然惟有按照规则这个产品才能够成为它应当是的东西，而在与规则的一致中看得出所有的**一丝不苟**；但却没有**刻板**，没有显露出学院派的形式，也就是说，没有表现出这规则悬浮在艺术家眼前并给他的心灵力量加上桎梏的痕迹。

第 46 节　美的艺术是天才的艺术

天才就是给艺术提供规则的才能（自然禀赋）。既然这种才能作为艺术家天生的创造性能力本身属于自然，所以人们也可以这样来表述：**天才**就是天生的心灵禀赋（ingenium），**通过它**自然给艺术提供规则。

不论这个定义是怎样一种情况，也不论它只是武断的，还是与人们通常和**天才**这个词相结合的那个概念相适合的（这一点应当到下一节中来讨论），人们毕竟已经能够预先证明，按照这里所假定的词义，美的艺术必然地必须被视为**天才**的艺术。

因为每一种艺术都以一些规则为前提条件，一个产品如果应当叫做艺术的，要通过这些规则的奠立才被表现为可能的。但是，美的艺术的概念不允许关于其产品的美的判断从某个以一个**概念**为规定根据，因而以关于这产品如何可能的概念为基础的规则中推导出来。因此，美的艺术不能为自己想出它应当据以完成自己的产品的规则。既然没有先行的规则一个产品就绝不能叫做艺术，所以，自然就必须在主体中（并通过主体各种能力的相称）给艺术提供规则，也就是说，美的艺术惟有作为天才的产品才是可能的。

人们由此就看出：1. 天才是一种产生出不能为之提供任何确定规则的东西的**才能**，而不是对于按照某种规则可以学习
〔308〕的东西的技巧禀赋；所以，**原创性**就必须它的第一属性。2. 既然也可能存在原创的胡闹，所以天才的产品必须同时是典范，亦即是**示范性的**；因此，它们本身不是通过模仿产生的，但却必须对别人来说用于模仿，亦即用做评判的准绳或者规则。3. 它是如何完成自己的产品的，它自己也不能描述或者科学地指明，相反，它是作为**自然**来提供规则的；因此，一个产品的创作者把这产品归功于他的天才，他自己并不知道这方面的理念是如何在他心中出现的，就连随心所欲地或者按照计划地想出这些理念并在使别人能够产生出同样的产品的这样一些规范中把这些理念传达给别人，这也不是他所能控制的（因此，天才这个词也很可能是派生自 genius［守护神］，即特有的、对于一个人来说与生俱来的保护和引导的精神，那些原创的理念就源自它的灵感）。4. 自然通过天才不是为科学，而是为艺术颁布规则，而且就连这也只是就艺术应当是美的艺术而言的。

第 47 节　对上述关于天才的说明的阐释和证实

在这一点上每个人都是一致的，即天才是与**模仿的精神**完全对立的。既然学习无非就是模仿，所以，机敏好学（接受力）作为机敏好学，这种最大的能力就毕竟不能被视为天才。但是，即便人们自己思想或者创作，而且不仅是把握别人想过的东西，甚至还对于艺术和科学有所发明，这毕竟也还不是真正的根据，以便把这样一个（常常是伟大的）**头脑**（与那种由于从来不能超出纯然的学习和模仿而叫做**蠢才**的头脑相对立）

称为一个**天才**，因为恰好这一点也是**能够**学来的，因而是处在按照规则进行研究和沉思的自然道路之上的，并且与通过勤奋凭借模仿就能够获得的东西没有类的区别。所以，人们完全能够学会**牛顿**在其《自然哲学原理》这部不朽的著作中所讲述的一切，哪怕发明出这类东西需要一个伟大的头脑；但是，人们却不能学会富有灵气地作诗，哪怕诗艺的一切规范是如此详细，它的典范是如此优秀。原因在于，牛顿可以把它从几何学 〔309〕
的最初要素直到他的伟大而深刻的发明所应当采取的一切步骤，都不仅仅向他自己，而且向每个他人完全直观地并为了追随而确定地示范出来；但却没有一个**荷马**或者**维兰德**能够指出，其头脑中那些富有幻想而又毕竟同时思想丰富的理念是如何产生出来并会聚到一起的，这是因为他自己也不知道这一点，因而也不能把它教给任何他人。因此在科学中，最伟大的发明者与最辛劳的模仿者和学徒都只有程度上的区别，与此相反，他与自然使其有美的艺术天赋的人却有类的区别。不过，在这里并没有与在其美的艺术才能方面的自然宠儿相比来贬低人类要如此之多地感恩的那些伟大人物。他们与那些配得上号称天才这一荣誉的人相比一个重大的优点恰恰在于，他们的才能适合于知识和依赖于知识的一切利益不断进步的更大的完善性，同样适合于在同样这些知识中教导别人；而对于后者来说，艺术在某个地方就停滞不前了，因为对艺术设立了一个界限，它不能够再超出这个界限，这个界限也许很久以来就已经被达到并且不能再被扩展；此外，这样一种技巧也不能被传达，而是要由自然之手直接授予每个人，因而也与它一起死去，直到自然有朝一日再次同样赋予另一个人，这个人所需要的只是一个榜样，以便让他在自己身上意识到的才能以类似的方式起作用。

既然自然禀赋必须给艺术（作为美的艺术）提供规则，那么，这些规则究竟是什么性质的呢？它不能以任何公式撰写出来充当规范；因为若不然，关于美者的判断就是可以按照概念来规定的了；相反，这规则必须从事实中，亦即从产品中抽出，在这产品上，别人可以检验他们自己的才能，不是为了让它充当**仿造**的典范，而是为了让它充当**模仿**的典范。至于这一点是如何可能的，却很难解释。艺术家的理念激起他的学徒的类似的理念，如果自然给这个学徒配备上心灵力量的一种类似比例的话。因此，美的艺术的典范是惟一把这艺术带给后来者
〔310〕的引导手段，这种事是不能通过纯然的描述来发生的（尤其是在言语艺术的学科中）；甚至在言语艺术中，也只有在古代的已死的、现在只是作为学术的言说艺术而保留下来的语言中的言说艺术才成为经典的。

尽管机械的艺术和美的艺术，前者纯然作为勤奋的和学习的艺术，后者作为天才的艺术，相互之间颇有区别，但却毕竟没有任何美的艺术，其中不是有某种能够按照规则来领会和遵从的机械性东西，因而有某种**符合学院规则的东西**来构成艺术的本质条件的。因为在这里必须把某种东西设想为目的，若不然，人们就根本不能把自己的产品归于任何艺术；它就会只是偶然的产品。但为了把一个目的确立在作品中，就要求有一定的规则，人们不可以使自己摆脱这些规则。既然才能的原创性构成天才品质的一个（但不是惟一的）本质性成分，所以一些肤浅的头脑就相信，除了他们从一切规则的学院派强制解脱出来，他们就不能更好地表明他们自己就是朝气蓬勃的天才，而且他们相信，他们骑在一匹暴躁的马上比骑在一匹经过训练的马上要更加威风。天才只能为美的艺术的产品提供丰富的**素材**；对这素材的加工和**形式**则要求一种通过训练而形成的才能，以便对那材料作一种在判断力面前经得起考验的应用。但是，如果某人甚至在谨慎的理性研究的事情上也像一个天才那

样说话和作决定，这就尤其可笑了；人们真的不知道，是更应当嘲笑那个骗子，他在自己周围散播如此之多的迷雾，使得人们不能够清晰地评判任何东西，但却更能够去想象；还是更应当嘲笑公众，他们真诚地自以为自己之所以没有能力清晰地认识和领会这种洞识的绝技，乃是因为新的真理是整块地抛给他们的，相比之下（经过精确的解释和对原理的符合学院规则的检验）的细节在他们看来只是粗制滥造的作品。

第 48 节　天才与鉴赏的关系 〔311〕

为了把美的对象评判为美的对象，要求有**鉴赏**，但为了美的艺术本身，亦即为了产生这样一些对象，则要求有**天才**。

如果人们把天才视为美的艺术的才能（它带着这个词的特有含义），并想在这种意图中把它分解成为必须汇聚起来构成这样一种才能的诸般能力，那么，就有必要事先精确地规定自然美和艺术美的区别，对前者的评判只要求有鉴赏，后者的可能性（这是在评判这类对象时也必须考虑到的）则要求有天才。

一个自然美是一个**美的事物**，艺术美则是对一个事物的一个**美的表象**。

为了把一个自然美评判为这样一个自然美，我并不需要事先对这对象应当是一个什么样的事物有一个概念；也就是说，我没有必要了解质料的合目的性（目的），相反，不了解目的单是形式在评判中就独自让人喜欢了。但是，如果这对象是作为一个艺术产品被给予的，并且作为这样一个产品应当被解释为美的，那么，由于艺术总是以原因（及其因果性）中的一个目的为前提条件，所以首先必须奠立一个关于事物应当是什么的概念为基础；而既然一个事物中杂多与该事物作为目的的内在规定的协调一致就是该事物的完善性，所以在对艺术美的评判中也必须同时把事物的完善性考虑在内，而在对自然美的评判（把它评判为这样一个自然美）中则根本不问这种完善性。——虽然在评判中，尤其是在对有生命的自然对象例如这个人或者一匹马的评判中，通常也一起考虑到了客观的合目的性；但这样一来，就连这判断也不再是纯粹审美的判断，而是纯然的鉴赏判断了。自然不再是如其显得是艺术那样被评判，而是就它现实地**是**艺术（尽管是超人的艺术）而言被评判；而目的论的判断就对审美判断来说充当了它不得不考虑的基础和
〔312〕条件。在这样一种场合，即使例如有人说，这是一个美女，实际上人们所想的却无非是：自然在她的形象中美丽地表现出女性身体结构的那些目的；因为人们还必须越过纯然的形式而眺望一个概念，以便以这样的方式通过一个逻辑上有条件的审美判断来设想对象。

美的艺术在这一点上正表现出它的优点，即它美丽地描述的事物在自然中却会是丑陋的或者讨厌的。复仇女神、疾病、战争的破坏等诸如此类的东西，作为祸害都能够被描述得很美，甚至被表现在油画中；惟有一种丑不能按照自然来表现，而不摧毁一切审美愉悦，从而摧毁一切艺术美：这就是唤起**恶心**的那种丑。这是因为，由于在这种特殊的、全然建立在想象之上的感觉中，对象仿佛被表现为好像在强迫人去享受它，而我们却又在用强制力努力拒斥它；所以，这对象的艺术表象与这对象本身的自然在我们的感觉中就不再有区别，而那个表象在这种情况下就不可能被视为美的。雕刻艺术也由于在其作品上艺术与自然几乎被混同，所以就从自己的塑形中排除了丑的对象的直接表象，为此就允许通过一种看起来令人喜欢的隐喻或者标志、因而只是间接地借助于理性的诠释、而不是为了纯然的审美判断力来表现死亡（以一个美的守护神）、战争的勇

气（在玛尔斯身上）。

关于一个对象的美的表象就说这么多，它真正说来只是一个概念借以得到普遍传达的那种展示的形式。——但是，赋予美的艺术的产品以这种形式，所要求的仅仅是鉴赏，艺术家在通过艺术或者自然的诸多例子对这鉴赏加以练习和校正之后，就使自己的作品依凭这鉴赏，并在经过许多满足这鉴赏的往往是辛苦的尝试之后，才发现那使它满足的形式；因此，这形式并不仿佛是灵感或者心灵能力的一种自由振奋的事情，而是一种缓慢的，甚至折磨人的推敲的事情，为的是让形式适合思想，却又不损害这些能力的游戏中的自由。〔313〕

但鉴赏只是一种评判的能力，而不是一种生产的能力；与它相符合的东西，并不因此就是美的艺术的一个作品，它可能是一个按照确定的规则属于有用的和机械的艺术，或者干脆属于科学的产品，这些规则是能够学习来并且必须被严格遵守的。但是，我们赋予该产品的那种让人喜欢的形式却只是传达的载体和一种仿佛是陈述的风格，在这方面人们还在某种程度上保持着自由，尽管除此之外毕竟被束缚在确定的目的上。于是人们就要求，餐具，或者一篇道德论文，甚至一次布道，就自身而言都必须具有美的艺术的这种形式，却又不显得是**矫揉造作的**；但人们并不因此就把它们称为美的艺术的作品。被归为后者的是一首诗、一首乐曲、一条画廊等诸如此类的东西；而在这里，人们可能常常在一个应当是美的艺术的作品上发觉没有鉴赏的天才，在另一个作品上发觉没有天才的鉴赏。

第 49 节　构成天才的各种心灵能力

关于某些人们期待它们至少部分地应当表现为美的艺术的产品，人们说：它们没有**精神**；尽管人们在它们身上就鉴赏而言并没有发现任何可指责的东西。一首诗可能是相当可爱的和漂亮的，但它没有精神；一部历史是精确的和有条理的，但没有精神；一篇祝词是缜密的同时也是精巧的，但没有精神；一些交谈不无风趣，但毕竟没有精神；甚至关于一个少女人们也说：她是俊俏的、口齿伶俐的和乖巧的，但没有精神。人们在这里所理解的精神，究竟是什么呢？

审美意义上的**精神**就叫做心灵中活跃的原则。但是，这个原则借以使灵魂活跃起来的东西，即它为此所用的材料，就是把心灵的各种力量合目的地置于振奋之中，亦即置于这样一种自行维持，甚至为此而加强这些力量的游戏之中。

于是我主张，这个原则不是别的，就是展示**审美理念**的能
〔314〕力；但是，我把审美理念理解为想象力的这样一种表象，它诱发诸多的思考，却毕竟没有任何一个确定的思想，亦即**概念**能够与它相适合，因而没有任何语言能够完全达到它并使它可以理解。——人们很容易看出，它是一个**理性理念**的对应者（对称者），后者反过来是一个不能有任何**直观**（想象力的表象）与它相适合的概念。

也就是说，想象力（作为生产性的认识能力）就用现实的自然提供给它的材料仿佛是创造出另一个自然而言是很强大的。当我们觉得经验太平常的时候，我们就拿自然消遣；我们也可以改造自然，虽然还总是按照类比的法则，但毕竟也按照在理性中地位更高一些的原则（这些原则对我们来说，与知性据以把握经验性的自然的那些原则一样，也是自然的）；此时我们就感到我们对于联想律的自由（联想律是与那种能力的经验性应用相联系的），虽然按照联想律，材料是从自然给我们借来的，但这材料却能被我们加工成某种完全不同的东西，亦即加工成超越自然的东西。

人们可以把想象力的这类表象称为**理念**，这一方面是因为

它们至少追求某种超出经验界限之外存在的东西并这样来试图接近于对理性概念（理智理念）的一种展示，这就赋予了它们一种客观实在性的外表；另一方面，确切地说主要是因为没有任何概念能够完全与作为内部直观的它们完全相适合。诗人敢于把不可见的存在者的理性理念，诸如至福者之国、地狱之国、永恒、创世等诸如此类的东西感性化；或者也把虽然在经验中找得到例子的东西，诸如死亡、忌妒和一切恶习，同样还有爱、荣誉等诸如此类的东西，超出经验的限制之外，借助于在达到一个最大值方面竭力仿效理性的前奏的一种想象力，在一种完备性中使之成为感性的；而这真正说来就是审美理念的能力能够以其全部规模在其中表现自己的那种诗艺。但这种能力独自来看，真正说来只是一种才能（想象力的才能）。

现在，如果给一个概念配上想象力的一个表象，这个表象是展示这个概念所需要的，但独自说来却诱发起如此之多、永 〔315〕
远也不能总括在一个确定的概念之中的思考，因而甚至以不受限制的方式在审美上扩展了该概念；那么，想象力在这里就是创造性的，并且使理智理念的能力活动起来，也就是说，在诱发一个表象方面时思考比在其中能够把握和说明的更多的东西（虽然这属于对象的概念）。

有一些形式，它们并不构成一个被给予的概念的展示，而是仅仅作为想象力的附带表象而表述与此相联结的后果和这个概念与另一些表象的亲缘关系，人们把这些形式称为一个其概念作为理性理念不可能被适当地展示的对象的**标志**（审美标志）。所以，朱庇特的鹰及其爪中的闪电就是这位强大的天帝的一个标志，而孔雀则是仪态万方的天后的一个标志。它们并不像**逻辑标志**那样，表现处在我们关于创造之崇高和壮丽的概念之中的东西，而是表现某种别的东西，这东西给想象力提供诱因，去把自己扩展到有亲缘关系的表象的一个集合之外，这些表象让人思考比人们在一个通过语词来规定的概念中所能够表述的更多的东西；并且给出一个**审美理念**，这个理念取代逻辑的展示而服务于那个理性理念，但真正说来是为了使心灵活跃起来，因为它给心灵展现出有亲缘关系的表象的一个望不到边的疆域的远景。但是，美的艺术并不仅仅在绘画或者雕刻艺术中这样做（在这里，习惯使用标志这个名称）；而是诗艺和演讲术也都仅仅从对象的审美标志中获取那使自己的作品活跃起来的精神，这些审美标志支持逻辑标志，并给予想象力一种振奋，使它在此时虽然以未展开的方式，却思考比在一个概念中，因而在一个确定的语言表述中所能够总括的更多的东西。——为了简短起见，我不得不局限于仅举少数几个例子。

伟大的国王在他的一首诗中这样说道："让我们毫无怨言地从生命中退出，不为某种东西感到遗憾，因为我们以累累善举把世界留在身后。太阳在完成了一天的行程之后，还把一片
〔316〕和煦的光辉撒在天际；而它传送到空中的最后的光线，就是它为世界的福祉吐出的最后一息。"这时他在自己生命的终点还在用一个标志来使他关于世界公民意向的理性理念活跃起来，这个标志是想象力（通过一个晴朗的傍晚在我们心灵中唤起的对已度过的美丽夏日的所有适意的回忆）附加给那个表象的，而这就使得一批自身找不到表述的感觉和附带表象有了生气。另一方面，甚至一个理智概念也能够反过来用做一个感官表象的标志，并这样来通过超感性的东西的理念使得这个感官表象活跃起来；但是，这只是因为那主观上附着在超感性东西的意识上的审美东西被应用于此。例如，某位诗人在描写一个美丽的早晨时说道："太阳喷薄而出，如同安谧从德性涌现。"德性的意识，即便人们只是在思想上置身于一个有德之人的地位，也在心灵中散布一批崇高的和使人安谧的情感，以及一个欢快

的未来的无边远景，它们是任何与一个确定的概念相适合的表述都没有完全达到的。[①]

一言以蔽之，审美理念是想象力的一个加在被给予的概念上的表象，这表象在想象力的自由应用中与各个分表象的这样一种多样性结合在一起，以至于为它找不到任何表示一个确定的概念的表述，因此，它使人对一个概念联想到许多不可言说的东西，对这些东西的情感使认识能力活跃起来，并把精神结合在作为纯然字母的语言上。

因此，那些（在某种关系中）结合起来构成**天才**的心灵力量，就是想象力和知性。只不过，既然在为知识而运用想象力时，想象力被置于知性的强制和与知性的概念相适合的限制之下；但在审美的意图中想象力却是自由的，以便还超越与概念 〔317〕
的那种一致，却自然而然地为知性提供丰富多彩的、未加阐明的、知性在其概念中未曾顾及的材料，但知性并不是客观地为知识，而是主观地为使认识能力活跃起来，所以毕竟也是间接地为知识而运用这材料；那么，天才真正说来就在于没有任何科学能够教会也没有任何勤奋能够学会的那种幸运的关系，即为一个被给予的概念找到各种理念，另一方面又对这些理念作出**表述**，通过这表述那由此引起的主观的心灵情调就能够作为一个概念的伴随物而传达给别人。这后一种才能真正说来就是人们称为精神的那种才能；因为把心灵状态中无法称谓的东西

① 也许，从来没有比在**伊希斯**（**自然**之母）神殿上方的那条题词说出过更崇高的东西，或者更崇高地表述过一个思想了："我是一切现有的、曾有的和将有的，我的面纱没有任何有死者曾揭开过"。**谢格奈**在通过一个置于他的《论自然》之前的一个扉页小花饰利用了这个理念，以便使他准备领进这个神殿的学生事先就充满应当使心灵与肃穆的凝神专注相称的神圣敬畏。

在某个表象那里表述出来并使之可以普遍传达，不论这表述是在语言中、在绘画中还是在雕塑中，这都要求有一种把握想象力的转瞬即逝的游戏并将之结合进一个无须规则的强制就能够被传达的概念（这概念正因为如此而是原创的，同时又展现出一条不能从任何先行的原则或者例子推论出来的规则）之中的能力。

※　　　※　　　※

如果我们根据这些分析回顾一下上面对人们称为**天才**的东西所给出的解释，那么，我们就发现：**第一**，它是一种艺术才能，而不是科学才能，在科学中必须有清晰了解的规则先行，并规定科学中的程序；**第二**，它作为艺术才能，是以关于产品的一个作为目的的确定概念，因而是以知性为前提条件的，但也是为了展示这个概念而以关于材料亦即直观的一个（尽管不确定的）表象，因而以想象力与知性的一种关系为前提条件的；**第三**，它与其说是在实行预先设定的目的时在一个确定的**概念**的**展示**中，倒不如说是在为了那个意图而包含着丰富材料的**审美理念**的陈述或者表述中表现出来的，因而使想象力在其摆脱规则的一切引导的自由中表现为对于展示被给予的概念来
〔318〕说合目的的；最后**第四**，想象力与知性的有法则性的自由一致中的自然而然的、非有意的主观合目的性以这两种能力的这样一种比例和相称为前提条件，这种比例和相称不是遵循规则就能导致的，不论是科学的规则还是机械模仿的规则，而只能是主体的本性产生的。

按照这些前提条件，天才就是：一个主体在其认识能力的**自由**应用中的自然禀赋之典范的原创性。以这样的方式，一个天才的产品（按照其中应归于天才，而不应归于可能的学习或者训练的东西来看）就不是一个模仿的榜样（因为那样的话，它上面是天才并构成作品的精神的东西就会丧失），而是对另

一个天才来说的追随的榜样，这另一个天才由此而被唤起对他自己的原创性的情感，即他在艺术中如此实施了摆脱规则强制的自由，以至于这种艺术由此本身获得了一个新的规则，那才能通过这个新的规则表现为典范的。但是，由于天才是自然的宠儿，这类东西人们只能视为罕见的现象，所以，他的榜样就为别的优秀头脑产生了一种训练，亦即一种按照规则的方法上的传授，只要人们能够从那些精神产品及其独特性中得出这些规则；而对这些优秀头脑来说，美的艺术就是自然通过一个天才为之提供规则的模仿。

但是，如果学生**仿造**一切，直到作为畸形物、天才只是由于不削弱理念就不能消除之才予以容忍的那种东西，那么，这种模仿就成了**因袭**。这种勇气惟有在一个天才那里才是可嘉的事情；而表述中的某种**大胆**和一般而言对通常的规则的一些偏离，对于他来说是很适宜的，但却绝不是值得模仿的，而是就自身而言总还是一个人们必须力求消除的错误，但天才对这种错误来说仿佛有特权，因为他的精神振奋的那种不可模仿的东西会由于怯懦的谨慎而受到损害。**风格化**是另一种因袭，亦即仅仅对一般**特性**（原创性）的因袭，为的是尽可能远离模仿者，却毕竟不具有同时成为**典范**的才能。——虽然一般来说，组织自己的演示思想有两种方式（modus），其中的一种叫做**风格**（modus aestheticus［审美的方式］），另一种叫做**方法**（modus logicus［逻辑的方式］），它们相互之间的区别在于：前者除了展示中的统一性的**情感**之外，没有任何别的准绳，而 〔319〕
后者在这里却遵循着确定的**原则**；因此，惟有前者才被视为美的艺术。不过，一个艺术产品惟有当它里面的理念的演示**着眼于**特异性，而不是被弄得与理念相适合的时候，才叫做**风格化了的**。炫耀卖弄的东西（矫揉造作的东西）、装模作样的东西和装腔作势的东西，仅仅是为了与平常的东西区别开来（但没有精神），就类似于这样一种人的举止，关于这种人，人们说，他自说自话，或者他一举一动，就好像在舞台上似的，为的是引人注目，这在任何时候都暴露出是一个半吊子。

第 50 节　在美的艺术的产品中鉴赏与天才的结合

如果问题在于，在美的艺术的事情上什么更重要，是在它们上面显示天才，还是显示鉴赏，那么，这就等于是问，在这里是想象更重要还是判断力更重要。既然一种艺术就前者而言宁可说配被称为一种**富有灵气**的艺术，惟有就后者而言才配被称为一种**美的**艺术，所以后者至少作为绕不开的条件（conditio sine qua non［必不可少的条件］），就是人们在把艺术评判为美的艺术时必须注意的最重要的东西。为了美起见，并不那么必然地需要在理念上丰富且原创，但却很需要那种想象力在其自由中与知性的合法则性的相适合。因为前者的一切丰富性在其无法则的自由中所产生的无非是胡闹；与此相反，判断力则是使它们适应于知性的那种能力。

鉴赏与判断力一样，一般而言是天才的纪律（或者管束），它狠狠地剪短天才的翅膀，使天才受到教养或者磨砺；但同时它也给予天才一种引导，即它应当扩展到什么上面和扩展到多远，以便保持是合目的的；而由于它把清晰和秩序带进丰富的思想中，它就使得理念成为站得住脚的，能够获得持久的而且同时也普遍的赞同、别人的追随和一种始终进步的培养。因此，如果在一个产品上这两种属性的冲突中应当牺牲
〔320〕某种东西的话，那么，就不得不宁可让这事发生在天才方面；而如果判断力在美的艺术的事情上从自己的原则出发发表意见，那就宁可允许损害想象力的自由和丰富，也不允许损害知性。

因此，美的艺术就需要**想象力**、**知性**、**精神**和**鉴赏**。①

第51节　美的艺术的划分

人们可以一般地把美（不论是自然美还是艺术美）称为审美理念的**表述**：只是在美的艺术中，这个理念必须通过关于客体的一个概念来诱发，但在美的自然中，为了唤起和传达那个客体被视为其**表述**的理念，仅仅对一个被给予的直观的反思就够了，无须关于应当是对象的东西的概念。

因此，如果我们要划分美的艺术，那么，我们为此所能够至少尝试着去选择的更为方便的原则，莫过于艺术与人们言说时为了尽可能完善地相互传达，亦即不仅在其概念上而且也在其感觉上相互传达而使用的那种表述方式的类比。②——这种表述就在于**语词**、**表情**和**格调**（发音、姿态和转调）。惟有这三种表述方式的结合构成了言说者的完备的传达。因为思想、直观和感觉由此同时并且联合起来被传递给别人。

因此，只有三种美的艺术：**言语的**艺术、**造型的**艺术和**感觉**（作为外表感官印象）**游戏**的艺术。人们也可以按照二分法 〔321〕
建立这种划分，使得美的艺术被划分为思想之表述的艺术或者直观之表述的艺术，而后者又可以仅仅按照其形式或者其质料

① 前三种能力通过第四种能力才获得它们的**结合**。**休谟**在其历史著作中使英国人理解了，虽然他们在自己的作品中就前三种属性**分别**来看并不有所逊色于世界上的任何民族，但他们在把前三种属性结合起来的那种属性上，却毕竟不得不落后于他们的邻居法国人。

② 读者不要把对美的艺术的一种可能划分的这种设想评判为预期的理论。它只是人们还能够并且应当着手从事的诸多尝试中的一个罢了。

（感觉）来划分。不过，这样一来它们就会太抽象，看起来不那么适合通常的概念。

一、**言语的**艺术是**演讲术**和**诗艺**。**演讲术**是把知性的事务作为想象力的一种自由游戏来推进的艺术；**诗艺**则是把想象力的一种自由游戏作为知性的事务来实施的艺术。

因此，**演讲者**宣告一种事务，并这样来实施它，就好像它纯然是为了娱乐听众而借助于理念的一种**游戏**似的。**诗人**则仅仅宣告一种借助于理念的一种使人娱乐的**游戏**，但它却对于知性来说得出如此之多的结果，就好像他本来就只是有意推进这事务似的。感性和知性虽然相互不可或缺，但毕竟没有强制和彼此的损害就不能联合起来，这两种认识能力的结合与和谐必须显得是非有意的，并且是自行相互适应的；若不然，它就不是**美的**艺术了。因此，一切做作的东西和刻板的东西在这里都必须避免；因为美的艺术必须在双重意义上是自由的艺术：一方面，它并非作为雇工而是一种工作，这样的工作的大小是可以按照一个确定的尺度来评判、来强制或者付酬的；另一方面，心灵虽然有事可忙，但此时毕竟并不眺望一个别的目的而（不计报酬地）被满足和唤醒。

因此，演讲者虽然给予的是某种他并未许诺的东西，亦即想象力的一种使人娱乐的游戏，但是，他也断绝了某种他所许诺的东西和本是他所宣告的事务的东西，亦即合目的地使用知性。与此相反，诗人许诺得少，而且仅仅宣告了借助于理念的游戏，但却完成了某种配得上是一件事务的东西，亦即在游戏中给知性提供营养，通过想象力赋予知性概念以生命；因此在根本上，前者所做少于其所许诺，后者所做多于其所许诺。

二、**造型**艺术或者理念在**感官直观**中的表述（不是通过纯
〔322〕然想象力的那些由语词激发起来的表象的表述）的艺术，要么是**感官真实**的艺术，要么是**感官幻相**的艺术。前者叫做**塑形艺**

术，后者叫做**绘画**。二者都使空间中的形象成为理念的表述：前者使形象对两种感官成为可知的，亦即视觉和触觉（尽管对后者来说意图并不在于美），后者使形象只对于视觉成为可知的。审美理念（原本、原型）对二者来说在想象力中都是基础，但构成理念的表述的那个形象（副本、摹本）则要么是在其立体的广延中（如同对象本身实存那样）被给予，要么是按照这形象在眼中呈现的方式（按照它在一个平面中的显示）被给予；或者，即便就前者而言，也要么是与一个现实目的的关系，要么只是这目的的外表被当做反思的条件。

塑形艺术，作为第一种美的造型艺术，属于它的有**雕塑艺术**和**建筑艺术**。**前者**是立体地如同事物**在自然中可能实存**那样展示事物的概念的艺术（但作为美的艺术考虑到审美的合目的性）；**后者**则是展示**惟有通过艺术**才有可能的事物的概念的艺术，这些事物的形式不是以自然，而是以一个任意的目的为规定根据，但为此意图，这种展示毕竟也同时在审美上是合目的的。在后一种艺术这里，主要的事情是人为的对象的某种**应用**，它作为条件，审美理念被限制在它上面。在前一种艺术那里，主要的意图只是审美理念的**表述**。这样，人、神、动物的立像等诸如此类的东西是前一种的；但为了公共聚会而建的神殿或者豪华建筑，或者还有为了缅怀荣光而建的住宅、牌坊、立柱、衣冠冢等诸如此类的东西则属于建筑艺术。甚至所有的家具（木匠的作品以及诸如此类的有用之物）也可以归入此列，因为一个产品对某种应用的适合性构成一个**建筑作品**的本质性的东西；与此相反，一个纯然的**塑像作品**是仅仅为了观赏而创作的，它应当独自就让人喜欢，作为有形体的展示是对自然的纯然模仿，但毕竟考虑到了审美理念；于是，在这里**感官的真实**不可以走得如此之远，以至于它不再显得是艺术和任意的作品了。

绘画艺术，作为第二种造型艺术，人为地与理念相结合来

〔323〕展示**感官幻相**，我要把它划分为对**自然**的美的**描绘**的艺术和对自然**产品**的美的**组合**的艺术。前者会是**真正的绘画**，后者则会是**园林艺术**。因为前者给出的仅仅是立体的广延的幻相；后者虽然按照真实给出了立体广延，但它却只是利用和应用于别的目的，而不仅仅为了观赏它们的形式时想象的游戏这种幻相。[①]后者无非是用自然借以把地面呈现给直观的同一种多样性（草地、花卉、灌木丛和树木，甚至流水、山丘和山谷）来装饰地面，只不过是以另一种方式并与某些理念相适合来组合而已。但是，对立体事物的这种美的组合也像绘画那样只是为了眼睛而给出的；触觉的感官对于这样一种形式不能获得任何直观的表象。我还会把用裱糊纸、顶饰和一切只用于**外观**的美的室内家具来装饰房间归为广义的绘画；同样还有按照鉴赏来穿着（各种环、扣等等）的艺术。因为一个种有各种各样花卉的花圃、一个配有各种各样饰物（甚至把女士的首饰也包括在内）的房间，在一个盛大的节日构成了一种画面，它像真正说来的画面（绝不是意在**教人**历史或者自然知识）一样仅仅是为了观看而存在的，以便使想象力在借助于理念的游戏中感到娱

① 园林艺术尽管立体地展示自己的形式，却可以被视为绘画艺术的一种，这看起来令人奇怪；但是，既然它实际上是从自然取来自己的各种形式（树木、灌木丛、草地和花卉都来自森林和田野，至少最初是这样），而且就也不以关于对象及其目的的概念（例如像建筑艺术那样），而是仅仅以观赏中想象力的自由活动为其组合的条件而言，绝不像塑形艺术那样是艺术；所以，它与不具有任何确定主题（把空气、原野和水通过光和影而令人愉悦地组合起来）的纯然审美的绘画在这方面是一致的。——总之，读者只会把这评判为一种把各门艺术结合在一个原则之下的尝试，这原则在这里应当是审美理念（按照一种语言的类比）的表述的原则，而不会把它视为各门艺术被认为已裁定的推导。

乐，并且没有确定的目的而使判断力活动起来。在所有这种装饰方面的制品尽可以在机械性上非常不同，并且要求完全不同 〔324〕 的艺术家；但对于在这种艺术中什么是美的，鉴赏判断却是以同样的方式就此而言被规定的，亦即对于这些形式来说，只是（不考虑一个目的）按照它们对眼睛呈现的那样单个地或者在其组合中根据它们对想象力造成的效果来评判它们。——但是，造型艺术如何能够（按照类比）被归为一种语言中的神情之列，却是由此得到辩护的，即艺术家的精神通过这些形象对他想过什么以及如何想给出了一个立体的表述，并使得事情本身仿佛是绘声绘色地说话：这是我们的幻想力的一种常见的游戏，它给无生命的事物按照其形式配上了一种从它们里面说话的精神。

三、**感觉的美的游戏**的艺术（这些感觉由外部产生，而这种游戏仍然必须是可以普遍传达的）所能够涉及的，无非是这感觉所属的感官不同程度的情调（紧张）的比例，亦即这感官的格调；在该词的这种宽泛的意义上，它被划分为听觉和视觉这两种感觉的艺术游戏，因而分为**音乐**和**色彩艺术**。——值得注意的是：这两种感官除了为凭借其概念从外部对象获得印象而需要的那么多的对印象的感受性之外，还能够具有一种与此相结合的特殊感觉，关于这种感觉人们不能很好地断定，它是以感官还是以反思为基础的；以及这种感受性毕竟有时可能缺乏，尽管感官在其他方面，就它应用于客体的知识而言，根本没有缺陷，而也许是十分出色的。这就意味着：人们不能确定无疑地说：一个颜色或者一个音调（声响）仅仅是适意的感觉，还是就自身而言已经是诸感觉的一种美的游戏，并且作为这样一种游戏带有在审美评判中对形式的愉悦。如果人们想到光的振动速度，或者在第二种方式中想到空气的振动速度，似乎是远远超出了我们直接在知觉中评判通过这速度来划分时间的那个比例的一切能力，那么，人们就应当相信，惟有这些颤

动对我们身体的弹性部分的**作用**才被感觉到，而通过它们**对时**
〔325〕**间的划分**却未曾被发觉并纳入评判，因而与颜色和音调相结合的只是适意，而不是它们的组合的美。但与此相反，**首先**，如果人们想到关于音乐中这些振荡的比例及其评判所能够说出的数学成分，并顺理成章地按照与这种评判的类比来评判色彩的对比；**其次**，如果人们咨询虽然只有罕见实例的那些人，他们拥有世界上最好的视觉却不能分辨颜色，拥有最灵敏的听觉却不能分辨音调，同样，对于能够做到这一点的那些人来说，咨询在色阶或者音阶上以不同的紧张度对一种变化了的质（不只是对感觉的程度）的知觉，此外这些色阶或者音阶的数目对于**可把握的**区别来说是确定的；那么，人们就会发现自己不得不把二者的感觉不视为纯然的感官印象，而是视为在多种感觉的游戏中对形式的一种评判的结果。但是，在对音乐的根据作评判时一种意见或者另一种意见所给出的区别，只会把定义改变为：人们要么像我们所做的那样把音乐解释成为各种感觉（通过听觉）的**美的**游戏，要么解释成为**适意的**感觉的游戏。惟有按照第一种解释方式，音乐才会完全被表现为**美的**艺术，而按照第二种解释方式，它就会（至少部分地）被表现为**适意的**艺术。

第 52 节　在同一个产品中各种美的艺术的结合

演讲术可以与对其主体以及对象的绘画性展示结合在一出**戏剧**中，诗可以与音乐结合在**歌咏**中，而歌咏又同时能够与绘画性的（戏剧性的）展示结合在一场**歌剧**中，音乐中诸感觉的游戏可以与诸形象的游戏结合在**舞蹈**中，如此等等。甚至对崇高者的展示，就它属于美的艺术而言，也可以在一出**押韵的悲剧**、一首**教诲诗**、一曲**圣乐**中与美相结合；而在这些结合中，美的艺术就更加人为化了，但是否也（由于如此多样的不同种类的愉悦相互交织而）更加美了，在这些场合的一些场合里是可以怀疑的。但毕竟在所有美的艺术中，本质性的东西都在于 〔326〕对于观赏和评判来说合目的的那种形式，在这里愉快同时就是教养，并使精神与理念相称，因而使精神能感受更多这样的愉快和娱乐；而不在于感觉的质料（魅力或者感动），在这里着眼的仅仅是享受，这种享受在理念里不留下任何东西，使得精神迟钝，使得对象逐渐变得令人生厌，并使得心灵由于意识到自己在理性的判断中违背目的的情调而对自己不满意和情绪化。

如果美的艺术不是被或近或远地与道德理念结合起来，惟有道德理念才带有一种独立的愉悦，那么，后一种情况就是这些美的艺术的最终命运了。在这种情况下，它们就只是用做消遣，而人们越是利用这种消遣，以便通过越来越使自己无用和对自己不满而驱赶心灵对自己的不满，就越是需要这种消遣。一般来说，自然的各种美是最有利于前一种意图的，如果人们早就习惯于观赏它们、评判它们和惊赞它们的话。

第 53 节　各种美的艺术相互之间审美价值的比较

在所有的审美艺术中，**诗艺**（它的起源几乎完全归功于天才，并且最少要由规范或者由榜样来引导）坚守着至上的地位。它扩展着心灵，因为它把想象力置于自由之中，并在一个被给予的概念的限制之内，在无限多样性的可能与此协调一致的那些形式中间，呈现出一个把这概念的展示与一种没有任何语言表述与之完全符合的思想丰富性联结起来的形式，因而在审美上把自己提升到理念。它使心灵坚强有力，因为它使心灵感到自己自由的、能动的和不依赖于自然规定的能力，即把自然按照外观作为显象来观察和评判的能力，这些外观并不是自然不论是为感官还是为知性自行在经验中呈现出来的，因而也就是把自然用于超感性的东西，仿佛是用做超感性的东西的图
〔327〕型的能力。诗艺用它任意造就的幻相做游戏，但并不以此骗人；因为它把自己的活动本身就解释为纯然的游戏，这游戏尽管如此还可以被知性运用，合目的地运用到它的事务上。——演讲术，就它被理解为游说的艺术，亦即通过美的幻相来骗人的艺术（作为 ars oratoria［能言善辩的艺术］），而不仅仅是善于辞令（口才和风格）而言，是一种辩证法，这种辩证法从诗艺所借取的，只是在人们作评判之前就为演讲者自己的好处而赢得人心并剥夺其自由所必需的东西；因而既不能被推荐给法庭也不能被推荐给布道坛。因为如果所涉及的是公民法律，是各个个人的法权，或者是耐心地教诲和规定心灵去正确地认识和认真地遵循自己的义务，那么，对于一种如此重要的事务来说，哪怕只是让人看出机智和想象力的放肆的一点痕迹，就是有失身份的，更不用说让人看出游说和为某人捞取好处的艺术的痕迹了。因为即使演讲术有时也能被运用于就自身而言合法的和值得称赞的意图，但它毕竟是应予指斥的，因为以这种方式，准则和意向都在主观上受到败坏，尽管行为在客观上是合法的，因为做本身正当之事，这是不够的，而是还要仅仅出自它是正当之事的理由来做它。甚至仅仅这几种人类事务的清晰概念，与在榜样中的生动展示相结合，并且不违背语言流畅和对理性理念表述得体的规则（这些合起来就是善于辞令），就自身而言就已经对人的心灵具有充分的影响，没有必要在这里再加进游说的手法；这些手法由于同样也可以用于美化或者掩盖恶习和错误，是不能完全根除对其瞒天过海的暗中怀疑的。在诗艺中，一切都是诚实地和正直地进行的。它表示，只是想推进那借助于想象力而使人娱乐的游戏，确切地说是在形

式上与知性法则相一致的游戏；而且不要求用感性的展示来蒙骗和纠缠知性。①

如果**所涉及的是魅力和心灵的激动**，那么，我会把这样一种艺术置于诗艺之后，这种艺术在言语艺术中最接近诗艺，也可以很自然地与诗艺结合起来，这就是**音调艺术**。因为尽管它不用概念而全然通过感觉来说话，因而不像诗那样为思考留下了某种东西，但它毕竟更多样化地，而且尽管只是转瞬即逝但却更内在地激动着心灵；但它确实更多的是享受而不是教养（由此附带激起的思想游戏只不过是一种仿佛机械性的联想的作用）；由理性来评判，比美的艺术中任何别的艺术都更少具有价值。因此，它像任何享受一样要求经常的变换，忍受不了多次的重复而不产生厌烦。它那可以如此普遍地传达的魅力看起来乃是基于：语言的每一个表述在联系中都有一个与该表述 〔328〕

① 我不得不承认，一首美的诗总是使我产生一种纯粹的快乐，而读一位罗马公民演说家或者现在的议会演说家或者布道演说家的最好的演说则任何时候都混有对一种阴险的艺术的反感这种不适意的情感，这种艺术懂得把人们当做机器，推动人们在重要的事情上作出在平静思考时必定在他们那里失去任何重要性的判断。口才和善于辞令（合起来就是修辞学）属于美的艺术；但演说家的艺术（ars oratoria）作为利用人们的弱点来达到自己的目的的艺术（哪怕这些意图被认为或者甚至现实地如它们愿望的那样好），却是根本不值得**敬重**的。何况无论是在雅典还是在罗马，它都是在国家急速衰败、真正的爱国主义思维方式已经熄灭的时候才上升到最高阶段的。由于对事情有清晰的洞识而按照其丰富性和纯粹性掌握了语言，并由于一种能产的、对于展示自己的理念来说精明强干的想象力而鲜活地在心灵中分享真正的善的人，就是 vir bonus decendi peritus [有演说经验的好人]，即无须艺术，但却坚强有力的演说家，就像**西塞罗**想有的那种力量一样，但他自己却并没有保持总是忠于这一理想那样。

的意义相适合的音调；这个音调或多或少地表示着说话人的一种激情，并且也在对面倾听者那里产生这种激情，这激情在倾听者那里反过来也激起在语言中以这样的音调所表述的那个理念；而且就像转调仿佛是一种普遍的、对每个人来说都可以理解的感觉语言一样，音调艺术独自以其全部强调，亦即作为激情的语言实施着这种转调，就这样按照联想律普遍地传达着与
〔329〕此自然相结合的审美理念；但是，由于那些审美理念不是概念和确定的思想，这些感觉的复合形式（和声与旋律）就只是代替一种语言的形式，而用于凭借这些感觉的一种有比例的相称（这种相称由于在音调这里就这些音调同时地或者也前后相继地彼此结合起来而言，乃是基于在同一时间里空气振动的数目的比例关系的，所以能够在数学上被置于某些规则之下），来按照构成乐曲中主导激情的某个主题，而表述一种不可名状的思想丰富性之关联整体的审美理念。这种数学的形式虽然不是通过确定的概念表现的，但惟有在这种形式上，才依附着把关于这样一批相互伴随或者前后相继的感觉的纯然反思与感觉的这种游戏联结起来作为其美的对每个人都有效的条件的那种愉悦；而且惟有这种形式，才是鉴赏据以自认为有权预先说出每个人的判断的东西。

但是，对于音乐所产生的魅力和心灵激动，数学肯定没有丝毫的参与；相反，它只是各种印象在其结合以及交替中的那种比例的绕不开的条件（conditio sine qua non［必不可少的条件］），通过这种比例，才有可能把这些印象总括起来，并阻止它们，使它们不是相互破坏，而是通过与之相谐和的激情协调成为心灵的一种连续的激动和振奋，从而成为一种惬意的自我享受。

与此相反，如果人们按照各种美的艺术给心灵造成的教养来评估它们的价值，并以为了认识而必须在判断力中会聚起来的那些认识能力的扩展为尺度，那么，音乐在各种美的艺术中

间地位最低（就像它在同时按照其适意来评估的艺术中也许地位最高一样），因为它仅仅以感觉来做游戏。因此，造型艺术在这方面就远远走在音乐前面；因为当它们把想象力置于一种自由的，毕竟同时与知性相适合的游戏之中时，它们就同时推动着一件事务，因为它们完成了一个产品，这产品把知性概念用做一个耐久的、独自就受欢迎的工具，去促进这些概念与感性的结合，这样就仿佛是促进了高级认识能力的文雅。这两类艺术选取的是完全不同的道路：前一类是从感觉到不确定的理念；而后一类则是从确定的理念到感觉。后一类具有**常驻**的印象，前一类则只具有**短暂的**印象。想象力能够唤回后一类，并以此作适意的娱乐；前一类则要么完全消失，要么当它们不由自主地被想象力重复的时候，对于我们与其说是适意的，倒不如说是累赘的。此外，与音乐相联系的，是某种文雅的欠缺，即音乐尤其是按照其乐器的性状把自己的影响扩展到人们所要求的影响之外（即影响到邻居），这样就仿佛是强迫人，因而损害音乐聚会之外的其他人的自由；这不是那些对眼睛说话的艺术所做的事，因为如果人们不想接受它的印象的话，只要把自己的眼睛转开就可以了。这种情况几乎就像用一种扩散得很远的香味来使自己陶醉一样。一个人从口袋里掏出他的洒满香水的手绢，违背自己周围和旁边所有人的意志款待他们，迫使他们如果想呼吸就同时享受这香味；因此这种事也已经不时兴了。[①]——在造型艺术中，我会给予绘画以优先地位：这部分是因为它作为描绘艺术是其余一切造型艺术的基础；部分是因 〔330〕

① 那些建议在家里作祈祷时也唱圣歌的人，并没有考虑，他们通过这样一种**喧闹的**（正因为此通常是假虔诚的）祈祷而给公众加上了一种巨大的负担，因为他们强迫邻居们要么一起来唱，要么放下他们的思维工作。

为它能够比其余造型艺术所允许的更远地深入到理念的领域，也与这些理念相符合而更多地扩展直观的疆域。

第54节　附释

在**仅仅于评判中让人喜欢**的东西和**使人快乐**的（于感觉中让人喜欢的）东西之间，如同我们经常指出的那样，有一个本质性的区别。后者是某种人们不能像对前者那样要求于每个人的东西。快乐（它的原因尽可以也在理念中）看起来任何时候
〔331〕都在于一种促进人的全部生活，因而也促进肉体的舒适亦即健康的情感；以至于把一切快乐在根本上都冒充为肉体感觉的**伊壁鸠鲁**，在这方面也许会是不无道理的，而且当他把理智的，甚至实践的愉悦都归入快乐之列的时候，他只不过是自己误解了自己罢了。如果人们注意到后一种区别，那么，人们就能够解释，何以一种快乐甚至能够使感觉到它的人反感（如一个贫穷但却思想正派的人对他那爱他但却吝啬的父亲的遗产所感到的高兴），或者何以一种深深的痛苦却能够让承受它的人喜欢（一个寡妇对她功勋卓著的丈夫的死感到的悲伤），或者何以一种快乐此外还能够让人喜欢（如对我们所推进的科学的快乐），或者一种痛苦（例如仇恨、忌妒和报复心）还能够使我们对它反感。愉悦或者反感在这里都基于理性，与**赞同**或者**不赞同**是一回事；但快乐和痛苦则可能仅仅基于情感或者对一种（无论出自什么根据的）可能的**舒适**或者**不舒适**的展望。

感觉（它们不以任何意图为根据）的一切交替着的自由游戏都使人快乐，因为这游戏促进着对健康的情感；无论我们在理性评判时对它的对象，甚至对这种快乐是否有一种愉悦，而且这种快乐能够一直上升到激情，尽管我们对这个对象本身并没有什么兴趣，至少没有这样一种与激情的程度成比例的兴

趣。我们可以把它们划分为**博彩的游戏**、**音调的游戏**和**思想的游戏**。**第一种**游戏要求有一种**兴趣**，无论它是虚荣的兴趣还是自私的兴趣，但它远不如对我们如何力图获得它的方式所感到的兴趣那么大；**第二种**游戏仅仅要求感觉的交替，这些感觉中的每一种都与激情有自己的关系，但与激情的程度无关，都使审美的理念活跃起来；**第三种**游戏仅仅产生自判断力中诸表象的交替，由此虽然没有产生任何带有某种兴趣的思想，但毕竟振奋了心灵。

游戏必须如何使人快乐，而人们却不必把有兴趣的意图在这时当做基础，这是我们的所有社交晚会都表明了的；因为没有游戏，几乎所有的社交晚会都不可能使人娱乐。但是，希望、畏惧、高兴、愤怒、嘲弄这些激情，在这里通过它们每一刻都交换自己的角色而做游戏，而且是如此生动，以至于由此作为一种内在的运动，体内的整个生命活动都看起来得到了促进，就像心灵由此产生的一种生气勃勃所表明的那样，尽管既没有获得什么也没有学到什么。但是，既然博彩游戏并不是什么美的游戏，我们在这里要把它放到一边。与此相反，音乐和笑料却是两种带有审美理念，或者也带有知性表象的游戏，通过它们最终没有思考任何东西，它们只是能够通过自己的交替使人快乐，但仍然是生动的快乐；由此它们就使人相当清晰地认识到，二者中的振奋都只是肉体的，虽然它们都是由心灵的理念激起的，而且对健康的情感通过内脏的一种与那个游戏相对应的运动，就构成了一个热情洋溢的晚会那被称赞为如此高尚风雅的全部快乐。不是对各种音调或者机智念头中的和谐的评判，这和谐连同它的美只不过被用做必要的载体罢了，而是肉体中得到促进的生命活动，即推动着内脏和横膈膜的激情，一言以蔽之对健康的情感（它没有这样的机缘通常是感不到的），构成了人们在也能够通过灵魂掌握肉体以及把灵魂用做 〔332〕

肉体的医生这一点上感到的那种快乐。

在音乐中，这种游戏从肉体感觉进展到审美理念（激情的客体的理念），然后又从这些理念返回，但却是以联合起来的力量返回到肉体。在玩笑（它正如音乐一样，与其说应被归为美的艺术，倒不如说应被归为适意的艺术）中，游戏从思想开始，这些思想就它们要感性地表述自己而言，也全都使肉体活动起来；而且由于知性在这种展示中没有发现所期待的东西而突然松弛下来，于是人们就在体内通过各种器官的振奋感觉到这种松弛的作用，这种作用促进着这些器官的平衡的恢复，并对健康有一种良好的影响。

在一切应当激起一场热烈的哄堂大笑的东西里面，都必须有某种荒谬的东西（因此知性就自身而言在它那里不可能感到愉悦）。**笑是由一种紧张的期待突然转变成虚无而来的激情**。正是这种肯定不会使知性感到高兴的转变，毕竟间接地使人在
〔333〕一瞬间高兴非常。因此，其原因必定在于表象对肉体的影响以及肉体对心灵的交互影响；确切地说并非就表象客观地就是快乐的对象而言（因为一个受骗的期待怎么可能使人快乐呢?），而只是由于这种转变作为纯然的表象游戏而在肉体中产生了各种生命力的一种平衡。

当某人讲述：一个印第安人在苏拉特的一个英国人的筵席上看到打开一瓶英国淡色啤酒，这啤酒全都变成泡沫冒了出来，他用连声呼叫来表示他的巨大惊异，而当英国人问："这里到底有什么可以如此惊异的?"他回答说："我奇怪的也不是它冒出来，而是你们怎么把它塞进去的。"这时我们就会发笑，而且它使我们感到衷心的愉快：不是因为我们发现例如自己比这个无知的人更聪明，或者通常是对知性在这里让我们注意到的某种令人愉悦的东西感到愉快；而是我们的期待曾经是紧张的，而突然消失为虚无。或者当一个富有的亲戚的继承人想给

这亲戚举办一个相当隆重的葬礼，却抱怨自己在这件事上相当不成功，因为（他说），“我给送葬人员的钱越多，让他们看起来悲伤些，他们就看起来越快活”，这时我们就大笑，而理由就在于一种期待突然转变成虚无。人们必须注意的是：这种期待必须不是转变成一个预期对象的积极对立面——因为这总是某种东西并常常会使人悲伤——，而是必须转变成虚无。因为如果某人讲一个故事而激起了我们很大的期待，而我们在结尾马上看出了这个故事的不真实，这就使我们感到反感；例如，关于那些据说由于巨大的忧伤而一夜之间白了头发的人的故事。与此相反，如果有另一个促狭鬼为了回敬这样一类讲述而加油添醋地讲述一位商人的忧伤，说他带着自己的全部财货从印度返回欧洲，在一场大风暴中不得不把它们全都抛到海里，并且忧伤到如此程度，以至于为此在这天夜里他的**假发**都变白了，我们就会发笑，而这就使我们快乐，因为我们把自己在捕捉一个本来对我们无所谓的对象上的失误，或者毋宁说把我们所追逐的理念像一只球那样，在我们只是以为抓住并把牢了它的时候还打来打去了一阵子。在这里，不是打发掉了一个骗子 〔334〕
或者傻瓜而唤起了快乐：因为后面这个一本正经讲出的故事单是自身就已经让一个聚会笑声朗朗了；而前者通常会就连去注意也是不值得的。

值得注意的是：在所有这样一些场合，笑话总是必须包含有某种能够蒙人一时的东西；因此，当幻相消失为虚无的时候，心灵就又回顾，以便把这幻相再次品味一番，这样，心灵就由于快速接踵而至的紧张和松弛而跳来跳去，动荡不安：这种动荡由于是仿佛绷紧了弦的东西突然（不是通过一种逐渐的放松）弹跳出来，必定造成心灵的激动以及与之和谐的内部身体运动，后者不由自主地持续下去，并产生疲倦，但同时也产生快感（一种导致健康的运动的结果）。

因为如果承认，与我们的所有思想和谐地结合在一起的，同时有肉体器官中的某种运动，那么，人们就相当可以理解，何以那样把心灵时而置于这一立场、时而置于另一立场以观察其对象，会有我们内脏的弹性部分的一种传达到横膈膜的交替紧张和放松与之相对应了（就像怕痒的人感到的那类紧张和放松）；这时，肺部以快速前后相继的间歇把空气喷发出去，这样就造成一种有益于健康的运动，惟有这种运动，而不是在心灵中发生的事情，才是对一个根本上什么也不表现的思想感到快乐的真正原因。——伏尔泰说过，上天为了平衡生活的许多艰辛给了我们两样东西：**希望**和**睡眠**。他倒是还可以把**笑**计算在内；只要在有理性者那里激起笑的手段如此容易手到擒来，而机智或者为此所需要的心血来潮的原创性亦不罕见，就像那进行虚构的才能屡见不鲜一样：**伤神地**虚构如神秘的冥想家，**伤身地**虚构如天才，或者**伤心地**虚构如善感的小说家（也有这类的道德家）。

因此我觉得，人们大可以承认伊壁鸠鲁的说法：一切快
〔335〕乐，即便是由那些唤起审美理念的概念所引起的，也都是**动物性的**，亦即肉体的感觉；由此丝毫也不损害对道德理念的敬重这种**精神性的**情感，这种情感不是什么快乐，而是把我们提升到对快乐的需要之上的（对我们里面的人性的）一种自我尊重，它甚至连对**鉴赏**这种稍逊高贵的情感也丝毫不损害。

某种由二者复合而成的东西存在于**天真**之中，天真就是对人性来说原初自然的正直对已成为另一本性的伪装术的逃避。人们嘲笑尚不懂得伪装自己的那种纯朴；但毕竟也为在这里一笔勾销那种伪装术的本性纯朴感到高兴。人们期待着那矫揉造作的、小心翼翼地着眼于幻相的态度的日常习俗；而看吧！未被败坏的无辜的本性根本是人们不期而遇的，是那让看到它的人也不曾想显露出来的。美的、但却虚假的幻相，通常在我们

的判断中很是重要，在这里却突然转化为虚无，仿佛我们心中的那个促狭鬼突然被暴露出来，这就先后产生出心灵朝两个相反方向上的运动，这运动同时有益于健康地使身体抖动。但是，比一切接受下来的习俗都无限好的东西，即思维方式的纯正性（至少是这种思维方式的禀赋），毕竟在人类本性中还没有完全泯灭，这就在判断力的这种游戏中掺进了严肃和尊重。但由于这只是一个短时间内凸显出来的显象，而伪装术的面罩马上就又拉上了，所以在这里面同时就混有一种遗憾，这种遗憾是对温柔的一种触动，它作为游戏可以很好地与这样一种善意的笑结合在一起，而且实际上通常也是与它相结合的，同时也经常给为此提供笑料的人因为自己还没有按照人们的方式变得乖巧而感到的尴尬提供补偿。——因此，一种**天真**的艺术是一种自相矛盾；然而，在一个虚构的人格中表现天真，却是完全可能的，是美的艺术，尽管也是罕有的艺术。切不可把天真与坦诚的纯朴混淆起来，后者之所以不伪装本性，只是因为它不善于本是交往艺术的东西。

至于让人高兴的、与出自笑的快乐有近亲关系并属于精神的原创性的、但恰好并不属于美的艺术的才能的东西，还可以算上**心血来潮的**风格。因为**心血来潮**在褒义上意味着能够把自 〔336〕
己任意地置入某种心灵态位的才能，在这种态位中对一切事物的评判都与平常不同（甚至相反），但毕竟是按照在这样一种心灵情调中的某些理性原则来评判的。不由自主地服从这样一些变化的人，就是**情绪化的**。但能够任意地和合目的地（为了借助一种使人发笑的对比来作一种生动的展示）运用这种变化的人，他和他的表演就叫做**心血来潮的**。然而，这种风格更多地属于适意的艺术，而不是美的艺术，因为后者的对象总是必须就自身而言表现出几分尊严，因而就像鉴赏在评判中所要求的那样在展示中表现出某种严肃。

〔337〕

第二卷

审美判断力的辩证论

第55节

一种判断力要是辩证的，就必须首先是推想的；也就是说，它的判断必须提出普遍性的要求，确切地说是提出先天普遍性的要求①；因为辩证论就在于这样一些判断的相互对立。所以，（关于适意者和不适意者的）审美的感官判断的不一致性并不是辩证的。就连鉴赏判断的冲突，就其每一个都是基于其自己的鉴赏而言，也不构成鉴赏的辩证论；因为没有人想到使自己的判断成为普遍的规则。因此，关于一种辩证法就没有留下任何能够关涉鉴赏的概念，除了鉴赏的批判（不是鉴赏本身）就其诸原则而言的一种辩证论的概念之外；因为在这里，关于一般鉴赏判断的可能性的根据，自然而然地和不可避免地出现了一些相互抵触的概念。因此，鉴赏的先验批判就此而言将只包含一个可以使用审美判断力的辩证论之名称的部分，如

① 每一个判断，如果他宣称自己是普遍的，都可以叫做一个推想的判断（iudicium ratiocinans［进行推论的判断］）；因为就此而言，它可以用做一个理性推理中的大前提。与此相反，一个理性判断（iudicium ratiocinatum［推论出来的判断］）则只能被称为这样一个判断，它被设想为一个理性推理的结论，因而是先天地建立起来的。

果出现了这种能力的诸原则的一种二论背反，它使这种能力的合法则性，因而也使它的内在可能性变得可疑的话。

第 56 节　鉴赏的二论背反的表现

〔338〕

鉴赏的第一句套话就包含在每个没有鉴赏的人都想用以抵挡指责的这个命题中：**每一个人都有他自己的鉴赏**。这就等于是说：这个判断的规定根据是纯然主观的（快乐或者痛苦）；而这判断没有权利要求别人的必然赞同。

鉴赏的第二句套话，是甚至那些承认鉴赏判断有权宣布对每个人都有效的人也运用的，这就是：**关于鉴赏不能争辩**。这就等于是说：一个鉴赏判断的规定根据虽然也可以是客观的，但它不能被置于确定的概念上；因此，关于这个判断本身不能通过证明**裁定**任何东西，尽管对此很可以并且有理由作出**争执**。因为**争执**和**争辩**虽然在力图通过诸判断的相互对抗产生出它们的一致这一点上是相同的，但它们的差别在于，后者希望按照作为证明根据的确定概念来造成这种情况，因而把**客观的概念**假定为这个判断的根据。但在这一点被视为不可行的地方，这种争辩也同样被视为不可行的。

人们很容易看出，在这两句套话之间还缺少一个命题，这个命题虽然并未以谚语的方式流传，但却包含在每个人的意识中，这就是：**关于鉴赏可以争执**（虽然不能争辩）。但是，这个命题包含着最上面那个命题的反面。因为在应当允许争执的地方，就必然有希望相互之间达成一致；因而人们就必须能够指望判断的那些不仅仅具有私人的有效性的根据，因而这些根据就不仅仅是主观的；然而，这仍然与“**每一个人都有他自己的鉴赏**”那个原理是截然相反的。

因此，就鉴赏的原则而言，表现出如下的二论背反：

一、**正论**。鉴赏判断不是建立在概念之上的；因为若不然，对此就可以争辩（通过证明来裁定）了。

二、**反论**。鉴赏判断是建立在概念之上的；因为若不然，
〔339〕尽管这种判断有差异，对此也根本不可以争执（要求别人必然赞同这个判断）。

第57节　鉴赏的二论背反的解决

要消除配给每个鉴赏判断的那些原则（它们无非是上面在分析论中所介绍的两个鉴赏判断特性）的冲突，这是不可能的，除非人们指出：人们使客体在这类判断中与之相关的概念，在审美判断的两个准则中并不是在同样的意义上采用的；这种双重的意义或者评判观点对于我们的先验判断力来说是必要的；但在一方与另一方的混淆中的这种幻相，作为自然的幻觉，也是不可避免的。

鉴赏判断必须与某个概念相关；因为若不然，它就绝不能要求对每个人的必然有效性。但是，它恰恰不能从一个概念得到证明，却是因为一个概念可能要么是可规定的，要么也就自身而言是未被规定的同时又是不可规定的。前一种性质的是知性概念，它是可以通过能够与之相对应的感性直观的谓词来规定的；但第二种性质的是关于超感性东西的先验理性概念，超感性东西是所有那些直观的基础，所以这概念不再能在理论上予以规定。

现在，鉴赏判断针对的是感官对象，但不是为了为知性而规定这些对象的一个**概念**；因为这不是什么知识判断。所以，它作为与愉快的情感相关的单个直观表象，只是一个私人判断，就此而言，它在有效性上会被仅仅限制在作判断的个人身上：对象**对我来说**是一个愉悦的对象，对别人来说可能就是另

一种情况；——每一个人都有他自己的鉴赏。

尽管如此，在鉴赏判断中却无疑包含着客体（同时也有主体）表象的一种扩展了的关系，我们在此之上建立起一种扩张，即把这类判断扩张为对每个人都必然的，因此这扩张就必须必然地以某个概念为基础；但必须是一个根本不**能**通过直观 〔340〕
来规定的概念，通过它也不**能**认识任何东西，因而也不**能**为鉴赏判断**作出任何证明**。但是，一个这样的概念只是关于超感性东西的纯粹理性概念，超感性东西是作为感官客体，因而作为显象的对象（而且还有作判断的主体）的基础。因为假如人们不作这样一种考虑，那么，鉴赏判断对普遍有效性的要求就会无可挽救；假如它建立于其上的概念是一个例如关于完善性的哪怕纯然模糊的知性概念，人们能够相应地把对美者的感性直观加给它，那么，至少就自身而言就会有可能把鉴赏判断建立在证明上，而这是与正论相矛盾的。

但现在，一切矛盾都将被消除，如果我说：鉴赏判断建立在一个概念（关于自然对于判断力的主观合目的性的一般根据的概念）之上，但从这个概念不能就客体而言认识和证明任何东西，因为它就自身而言是不可规定的和不适用于知识的；但是，鉴赏判断却正是通过这个概念毕竟同时获得了对每个人的有效性（尽管在每个人那里作为单称的、直接伴随着直观的判断），因为这判断的规定根据也许就在关于那可以被视为人性的超感性基底的东西的概念之中。

对一个二论背反的解决就取决于这种可能性，即两个在幻相上相互冲突的命题实际上并不相互矛盾，而是能够相互并存，尽管对它们的概念之可能性的解释超出了我们的认识能力。至于这种幻相也是自然的和对于人的理性来说不可避免的，此外为什么会有这种幻相，以及即使它在这种虚假矛盾解决了之后不再骗人但仍然存在，也可以由此得到解释。

也就是说，我们在两个相互冲突的判断中在同一个意义上采用了一个判断的普遍有效性必须建立于其上的那个概念，但却关于它说出了两个相互对立的谓词。因此在正论中本来应当说的是：鉴赏判断不是建立在**确定的**概念之上的；但在反论中本来应当说的是：鉴赏判断毕竟是建立在一个虽然**不确定的**概
〔341〕念（亦即关于显象的超感性基底的概念）之上的；而这样一来，在它们之间就会没有任何冲突。

除了消除鉴赏的要求和反要求中的这种冲突之外，我们不可能提供更多的东西。给出鉴赏的一个客观的确定原则，据此就能够引导、检验和证明鉴赏判断，这是绝对不可能的；因为这样一来，它就不是什么鉴赏判断了。主观的原则，亦即我们心中的超感性东西的不确定的理念，只能被指出是解开这个甚至在来源上也对我们隐藏着的能力之谜的惟一钥匙，但不能通过任何东西作进一步的解释。

这里提出并得到调停的二论背反，是以鉴赏的正确概念，亦即以一个纯然反思性的审美判断力的概念为基础的；而在这里，两个在幻相上相互冲突的原理就相互一致了，因为**二者都能够是真的**，而这也就够了。与此相反，如果被假定为鉴赏的规定根据的（由于鉴赏判断以之为根据的表象的个别性），像一些人所做的那样是适意，或者像另一些人（由于鉴赏的普遍有效性）想做的那样是完善性的原则，并据此建立起鉴赏的定义，那么，由此就产生出一种二论背反，它是绝对不能这样来调停的，即人们指出，**两个**相互对立的（但不只是相互矛盾的）**命题都是假的**，这就表明，每一个命题建立于其上的那个概念本身就是自相矛盾的。因此人们看到，审美判断力的二论背反的消除采取了与批判在解决纯粹理论理性的二论背反时所遵循的进程相类似的一个进程；同样，在这里以及在实践理性批判中，二论背反都违人意志地强迫人超出感性的东西，在超

感性的东西中去寻找我们一切先天能力的结合点，因为没有留下别的出路让理性与它自身一致了。

附释一

既然我们在先验哲学中如此经常地发现把理念与知性概念区分开来的理由，那么，引入与它们的区别相适合的艺术表述，是会有益处的。〔342〕我相信，如果我提出几个这种表述的建议，人们将不会有任何反对意见。——最一般意义上的理念就是按照某个（主观的或者客观的）原则与一个对象相关的表象，不过是就这个表象永远不能成为该对象的知识而言的。理念要么按照诸认识能力（想象力和知性）相互之间协调一致的纯然主观的原则与一个直观相关，在这种情况下就叫做**审美的**理念；要么按照一个客观的原则与一个概念相关，但却永远不能充当对象的一种知识，这就叫做理性理念；在这种场合，概念就是一个**超验的**概念，它与知性概念有别，知性概念在任何时候都能够被配上一个适当地相应的直观，因而叫做**内在的**。

一个**审美的理念**不能成为任何知识，因为它是一个永远不能适当地为之找到一个概念的（想象力的）**直观**。一个**理性理念**永远不能成为知识，因为它包含着一个永远不能适合地为之提供一个直观的（关于超感性的东西的）概念。

现在我相信，人们可以把审美理念称为想象力的一个**不能阐明的**表象，而把理性理念称为理性的一个**不能演证的**概念。对于二者都预设：它们绝不是毫无根据地，而是（按照上面对一个一般理念所作的解释）与它们所属的认识能力的某些原则相符合（前者与主观的原则相符合，后者与客观的原则相符合）而产生出来的。

知性概念作为这样的概念必须在任何时候都是可以演证的（如果把演证像在解剖学中那样仅仅理解为**展示**的话）；也就是

说，与这些概念相对应的对象必须任何时候都能够在直观（纯直观或者经验性直观）中被给予出来；因为惟有这样，它们才能够成为知识。**大小**的概念能够在先天的空间直观中，例如在一条直线等中被给予出来；**原因**的概念能够在物体的不可入性、物体的碰撞等上面被给予出来。因此，二者都能够借过一个经验性直观来证实，也就是说，这方面的思想能够借一个实例来指出（演证、指明）；而这一点必须是能够做到的，否则
〔343〕的话，人们就不能肯定这思想是否空洞，亦即是否没有任何客体。

人们在逻辑学中使用可演证的东西和不可演证的东西这些表述，通常只是就**命题**而言的：这时前者通过仅仅间接的命题这一称谓，后者通过**直接肯定的**命题这一称谓就可以得到更好的表示；因为纯粹哲学也具有这两类命题，如果把它们理解为能够证明的真命题和不能证明的真命题的话。然而，纯粹哲学作为哲学虽然能够从先天根据出发得到证明，但却不能得到演证；如果人们不想完全脱离词义的话，按照词义，演证（ostendere，exhibere［出示、摆出来］）就等于是（无论是在证明中还是仅仅在定义中）把它的概念同时在直观中展示出来，这种直观如果是先天直观，就叫做该概念的构建，但它如果也是经验性的，就仍然是客体的出示，通过这出示来保证该概念的客观实在性。于是，关于一个解剖学家人们说道：当他通过解剖人的眼睛这个器官来使他之前已经用推理的方式讲述过的概念直观化时，他就演证了人的眼睛。

据此，关于一切显象的超感性基底的一般理性概念，或者还有关于与道德法则相关必须被奠定为我们任性的基础的那种东西的理性概念，亦即关于我们的先验自由的理性概念，在种类上就已经是一个不可演证的概念和理性理念了，但德性是在程度上如此；因为前者就自身而言根本不能被给予任何按照质

来说在经验中相对应的东西，而在后者中，那种因果性的任何经验产品都达不到理性理念颁布为规则的那个程度。

就像在一个理性理念上，**想象力**连同其直观达不到被给予的概念一样，在一个审美理念这里，**知性**通过其概念也永远达不到想象力与一个被给予的表象结合起来的整个内在直观。既然用概念来表示想象力的一个表象，就等于**阐明**这表象，所以，审美理念就可以被称为想象力（在其自由游戏中）的一个**不可阐明的**表象。关于这类理念，我在后面还有机会作一些详细的说明；现在我只是说：这两种理念，无论是理性理念还是 〔344〕
审美理念，都必须有其原则；确切地说二者都必须在理性中有其原则，前者是在理性应用的客观原则中，后者则是在理性应用的主观原则中。

据此，人们也可以通过**审美理念**的能力来解释**天才**：由此同时也就指明了在天才的作品中为什么是自然（主体的自然），而不是艺术的深思熟虑的目的（产生美者的目的）在提供规则的理由。因为既然美者必须不是按照概念来评判，而是按照想象力对于与一般概念能力的协调一致的那种合目的的相称来评判的，所以，对于美的艺术中应当提出必须让每个人都喜欢这一合法要求的那种审美的，但却无条件的合目的性来说，能够用做主观的准绳的，就不是规则和规范，而只是纯然是主体中的自然，但却不能在规则或者概念之下来领会的那种东西，也就是说，是主体的一切能力的（没有任何知性概念能够达到的）那个超感性基底，因而是与之相关使我们的一切认识能力协调一致的那种东西，是由理知的东西给予我们的本性的那个最终目的。于是，也只有这一点是可能的，即对于人们不能为之颁布任何客观原则的那种美的艺术来说，有一个主观的，但却普遍有效的先天原则作为基础。

附释二

在这里，自行呈现出如下重要的说明：也就是说，纯粹理性有**三种二论背反**，但它们都在这一点上是一致的，即它们都迫使纯粹理性脱离把感官的对象视为物自身这个通常很自然的预设，而宁可让它们仅仅被视为显象，并给它们配上一个理知的基底（某种超感性的东西，关于它的概念只能是理念，且不容许有真正的知识）。没有这样一种二论背反，理性就永远不会能够下定决心接受这样一个如此大大限制它的思辨疆域的原则，并作出牺牲，使如此多的通常十分闪闪发光的希望不得不完全消失；因为即便是现在，当为了补偿这一损失，一种在实践方面更加伟大的应用向理性敞开的时候，理性看起来也并不
〔345〕能毫无痛苦地与那些希望分手并摆脱旧的羁绊。

有三种二论背反，其根据在于有三种认识能力：知性、判断力和理性，它们每一种（作为高级认识能力）都必须有自己的先天原则；因为理性只要对这些原则本身及其应用作出判断，在所有这些原则方面，它就为被给予的有条件者孜孜不倦地要求有无条件者，但后者是永远也不能找到的，如果人们把感性的东西视为属于物自身的，而不是宁可把它作为显象，给它配上某种超感性的东西（我们之外的自然和我们里面的自然的理知的基底）作为事物自身的话。这样一来，这里就有：1. **对于认识能力来说**，理性在知性一直上升到无条件者的理论应用方面的二论背反；2. **对于愉快和不快的情感来说**，理性在判断力的审美应用方面的二论背反；3. **对于欲求能力来说**，在就自身而言自己立法的理性的实践应用方面的二论背反；只要所有这些能力都必须能够有自己的高级的先天原则，并且按照理性的一个不可回避的要求而根据这些原则**也无条件地**作判断并规定自己的客体。

就那些高级认识能力的两种二论背反，即理论应用的二论

背反和实践应用的二论背反而言，我们在别的地方已经指出，如果这类判断不回溯作为显象被给予的客体的超感性基底的话，这些二论背反就是**不可避免的**，与此相反如果这样做了，它们也就是**可以解决的**。现在，就按照理性的要求在判断力的应用中的二论背反及其这里给出的解决而言，没有任何别的逃避它的办法，除非是**要么**否认审美判断力以某种先天原则为基础，以至于对普遍赞同的必然性的一切要求都是没有根据的、空洞的妄念，而一个鉴赏判断之所以应被视为正确的，只是因为**恰好**有许多人在这方面一致，而且就连这一点真正说来也不是因为人们在这种一致背后**猜测**到一个先天原则，而是（像在味觉鉴赏中那样）因为各主体偶然地具有同样的机体组织；**要么**人们就必须承认，鉴赏判断真正说来是对在一个事物及其中〔346〕的杂多与一个目的的关系上揭示出来的完善性所作出的一个隐蔽的理性判断，因而只是由于与我们的这种反思相联系的含混性才被称为审美的，尽管它在根本上是目的论的；在这一场合，人们就宣称用先验理念来解决二论背反是不必要的和没有价值的，这样就能够把感官的客体不是仅仅作为显象；而是也作为物自身与那些鉴赏法则结合起来。但是，无论是这一遁词还是另一种遁词都怎样不起作用，这一点在对鉴赏判断的阐明中已在多处地方指出。

但是，如果人们对我们的演绎至少承认这么多，即它是沿着正确的道路作出的，虽然还不是在一切部分都作得足够清晰，那么，就表明有三种理念：**第一**是一般的超感性东西的理念，它除了自然的基底之外没有进一步的规定；**第二**是作为自然对我们认识能力的主观合目的性之原则的这同一个超感性东西的理念；**第三**是作为自由的目的的原则和自由与道德中的目的协调一致的原则的这同一个超感性东西的理念。

第58节 自然以及艺术的合目的性的理念论，作为审美判断力的惟一原则

人们最初要么可能把鉴赏的原则设定在这一点上，即鉴赏在任何时候都按照经验性的规定根据，因而按照那些只是后天地通过感官被给予的规定根据来作判断，要么可能承认，鉴赏是从一个先天根据出发作判断的。前者会是鉴赏批判的**经验论**，后者则是其**理性论**。按照前者，我们的愉悦的客体与**适意者**不会有区别；按照后者，如果这判断基于确定的概念，就与**善者**不会有区别；而这样，一切**美**都会被从世界上清除出去，只会取而代之有一个特别的名称，也许为前述两种愉悦的某种
〔347〕混合保留下来。然而我们已经指出过，这愉悦也先天地有根据，因而这些根据能够与理性论的原则共存，尽管它们并不能在**确定的概念**中被领会。

与此相反，鉴赏原则的理性论要么是合目的性的**实在论**的理性论，要么是其**理念论**的理性论。因为现在独自来看，一个鉴赏判断不是什么知识判断，美也不是客体的什么性状，所以，鉴赏原则的理性论就永远不能设定在这一点上，即这种判断中的合目的性被设想成客观的，也就是说，判断在理论上，因而也在逻辑上（哪怕只是在一种含混的评判中）针对客体的完善性，相反，判断只是**在审美上**，在主体中针对其表象在想象力中与判断力的那些本质性原则的一致。所以，甚至按照理性论的原则，鉴赏判断及其实在论和理念论的区别也只能被设定在这一点上，即那种主观的合目的性要么在第一种场合被认为是作为自然（或者艺术）的现实的（有意的）**目的**而与我们的判断力协调一致，要么在第二种场合被认为就自然及其按照特殊法则所产生的那些形式而言，仅仅是与判断力的需求的一种无

目的地自行凸显出来的、偶然凸显出来的合目的的协调一致。

对于自然的审美合目的性的实在论，也就是人们要假定美者的产生在其产生原因中有它的一个理念，亦即一个有利于我们的想象力的**目的**被奠定为基础，有机自然王国中的种种美的形态是很为它讲话的。花卉、花朵，甚至整个植物的形象，一切物种的动物形态那种对它们自己的应用没有必要，但对我们的鉴赏来说仿佛是挑选出来的秀丽；尤其是颜色的那种让我们的眼睛如此愉悦的、富有魅力的多样性和组合（在锦雉身上，在贝类动物、昆虫，直到最普通的花卉身上），这些颜色由于它们仅仅涉及表面，而且即便在这表面上也根本不涉及这些造物的形体，而形体毕竟还是可能为造物的内在目的所要求的，所以，它们似乎完全是以外在的观赏为目的的；这些都给假定自然为了我们的审美判断力而有现实目的的解释方式提供了重 〔348〕
要的砝码。

与此相反，不仅理性通过“任何地方都要尽一切可能防止不必要地增加原则”这个准则来对抗这种假定；而且，自然在它的各种自由形态中也到处显示出如此之多的机械倾向，要产生一些看起来是为我们的判断力的审美应用而造就的形式，却不提供丝毫根据让人去猜测为此还需要比它的机械作用、比单纯自然更多的东西，来让这些形式即使没有任何作为它们基础的理念也能够对我们的评判来说是合目的的。但是，我把自然的一种**自由形态**理解为**这样的**形态，通过它，从**静止的液体**中，由于它的一部分（有时仅仅是热物质的一部分）的挥发或者分离，剩余的东西就在固化时呈现出一种确定的性状或者组织（形态或者结构），它们按照物质的种类差异而各不相同，但在同一种物质中却是完全相同的。但这样做的前提条件是，人们在任何时候都把一种真正的液体理解为什么，亦即物质在它里面完全溶解，也就是说，不能被视为只是一些固体的和纯然悬浮在里面的部分的混合。

在这种情况下，这种形态就是通过**结晶**，亦即通过一种突然的固化形成的，不是通过一种从液体到固态的逐渐过渡，而是仿佛通过一种飞跃，这种过渡也被称为**晶化**。这种形态的最平常的例子就是正在结冰的水，在水里面首先产生笔直的冰针，它们成60度角拼接起来，此时别的冰针同样附着在它们的每一个点上，直到一切都成了冰，以至于在这段时间里这些冰针之间的水不是逐渐地黏稠，而是像它在温度更高得多的时候会是的那样完全是液体的，但却完全具有冰的冷度。在固化的瞬间突然逸出的分离物质，就是可观数量的热材料，由于它是仅仅为液态所需要的，它的离开就使现在这冰丝毫也不比留下此前不久在它里面液体的水更冷。

许多盐类，以及具有一种结晶形体的矿石，都同样是从一种谁知道通过什么样的介质而溶解在水中的地质成分产生的。
〔349〕同样，许多矿物，如正六面体的方铅矿、红金矿等诸如此类的东西，其晶簇状的形态根据一切猜测也是在水中并通过各部分的结晶而形成的，通过它们由于某种原因而被迫脱离这种载体并相互结合成为一定的外部性状。

但是，一切仅仅由于热而是液态并由于冷而形成固态的物质，也在内部断面上显示出一定的结构，并让人由此判断，如果不是由于它们自己的重量或者与空气的接触而受阻的话，它们也会在外表具有自己种类特有的形状的；人们在一些熔化后外表凝固了、但里面还是液态的金属上，通过抽出里面还是液态的部分，让里面存留的其余部分现在平静地结晶，就可以观察到这类情况。那些矿物结晶体中有许多，例如晶石簇、玻璃头、霰石，往往显出极美的形态，就像艺术永远只能想象出它们那样；而安提巴洛斯岛洞穴中的灵光只不过是透过石膏岩层渗出的水的作品罢了。

液态的东西无论如何看，一般来说都比固态的东西更古老，无论是植物，还是动物的肉体，都是从液态的营养物质中形成的，只要这些物质平静地获得形式；当然，它们在这种营养物质中最初是按照某种源始的指向目的的素质（这种素质就像将在第二部分指出的那样，必须不是在审美上，而是在目的论上按照实在论的原则来评判），但附带地却也许还是按照物质的亲缘关系的普遍法则而结晶并自由地形成的。就像在本是不同的气体成分的一种混合的大气层中，被分解开来的水性液体在它们由于热的离去而从大气层中离析出来时就产生出雪的形体，它们根据当时空气混合的不同而具有往往看起来非常艺术的和极美的形状一样，无须从评判有机化的目的论原则获取某种东西，就完全可以设想：在涉及花卉、鸟羽、贝壳无论是就其形状还是就其颜色而言的美时，这种美就可以被归于自然及其能力，即它也能够在自己的自由中，无须指向这种美的特别目的，按照化学法则通过有机化所需要的物质的沉积来在审〔350〕美上合目的地形成。

但是，那直截了当地把自然的美者中合目的性的**理念性**原则证明为我们在审美判断本身中任何时候都当做基础的、而且不允许我们把自然对我们表象能力的某种目的的任何实在论用做解释根据的东西，就是：我们在评判一般的美时是在我们自己里面寻找美的先天准绳，而且审美判断力就判断某种东西是否美而言是自己立法的，这种情况在接受自然合目的性的实在论时就不可能发生，因为我们在这时就会必须向自然学习我们应当认为什么是美的，而鉴赏判断就会服从经验性的原则了。而在这样一种评判中，关键并不在于自然是什么，或者还有什么对我们来说是目的，而是在于我们如何接受它。假如自然是为了我们的愉悦而形成了自己的形式，那么，这就永远会是自然的一种客观的合目的性，而不是主观的合目的性，后者乃是基于想象力在其自由中的游戏，在这种游戏中所有的是我们用以接受自然的那种好意，而不是自然向我们表示的好意。自然对于我们来说包含着机会，使我们在评判它的某些产品时知觉到我们诸心灵力量的关系中有内在的合目的性，确切地说作为这样一种合目的性，它应当从一个超感性的根据出发被宣布为必然的和普遍有效的，自然的这一特性不可能是自然目的，或者毋宁说被我们评判为这样一个目的，因为若不然，由此而被规定的判断就会是他律，而不是像一个鉴赏判断应有的那样是自由的并且以自律为根据。

在美的艺术中，可以更清晰地认识到合目的性的理念论原则。因为这里不能由于感觉而接受合目的性的一种审美的实在论（那样一来它就会不是美的艺术，而是适意的艺术）：这一点是它与美的自然共有的。然而，由审美理念而来的愉悦不必（作为机械性蓄意的艺术）依赖于达到确定的目的，因而甚至在这原则的理性论中，作为基础的也是目的的观念性，而不是其实在性：这一点，也由此而清晰可见，即美的艺术本身必须不
〔351〕被视为知性和科学的产品，而是天才的产品，因而是通过与具有确定目的的理性理念本质不同的**审美**理念获得其规则的。

正如作为显象的感官对象的**理念性**是解释它们的形式能够被先天地规定的惟一方式一样，在对自然的美者和艺术的美者的评判中，合目的性的**理念论**也是前提条件，惟有在这个前提条件下，批判才能解释一个先天地要求对每个人都有效（但并不把这种在客体上表现出来的合目的性建立在概念之上）的鉴赏判断的可能性。

第59节　美作为道德的象征

要阐明我们的概念的实在性，永远需要直观。如果这是经

验性的概念，那么，这些直观就叫做**实例**。如果是那些纯粹知性概念，那么，这些直观就被称为**图型**。如果人们甚至要求，理性概念亦即理念的客观实在性也得到阐明，确切地说是为了对理念的理论知识，那么，人们就是在欲求某种不可能的东西，因为绝对不可能给出任何直观与这些理念相适合。

一切**生动描绘**（展示，subjectio sub adspectum［摆在眼前］）作为感性化都是双重的：要么是**图型的**，此时知性所领会的一个概念被给予了相应的先天直观；要么是**象征的**，此时惟有理性才能思维而没有任何感性直观能与之适合的一个概念被配上这样一种直观，借助于它，判断力的处理方式仅仅类似于它在图型化时所观察到的东西，亦即仅仅按照这种处理方式的规则而不是按照直观本身，从而仅仅按照反思的形式而不是按照内容与这种东西一致。

如果人们把"**象征的**"这个词与**直觉的**表象方式对立起来，那么，这就是对这个词的一种虽然被近代逻辑学家们接受了、但却是意义颠倒了的、不正确的应用。因为象征的表象方式只不过是直觉的表象方式的一种罢了。也就是说，后者（直觉的表象方式）可以被划分为**图型的**表象方式和**象征的**表象方式。二者都是生动描绘，亦即展示（exhibitiones）：不是纯然 〔352〕
的**表征**，亦即通过伴随的感性符号来标示概念，这些符号根本不包含任何属于客体的直观的东西，而是仅仅按照想象力的联想律，因而在主观的意图中用做再生成的手段；这类东西要么是语词，要么是可见的（代数的，甚至是表情的）符号，作为概念的纯然**表述**。①

① 认识的直觉的东西必然与推理的东西（而不是与象征的东西）相对立。前者要么通过**演证**而是**图型的**；要么作为按照一种纯然**类比**的表象而是**象征的**。

因此，人们配给先天概念的一切直观，都要么是**图型**，要么是**象征**，其中前者包含对概念的直接展示，后者包含对概念的间接展示。前者做这件事是以演证的方式，后者则是凭借某种类比（人们也把经验性直观用于类比），在这种类比中判断力完成了双重的任务，首先是把概念运用于感性直观的对象，其次是把纯然对那种直观的反思的规则运用于一个完全不同的对象，前一个对象只是这后一个对象的象征。于是，一个君主制国家如果是按照内部的民族法律来统治的，就被通过一个赋有灵魂的身体来表现，如果是由一个个别的绝对意志来统治的，就被通过一个纯然的机械（例如一个手推磨）来表现，但在这两个场合都只是**被象征地**表现。因为在一个专制国家和一个手推磨之间，虽然没有任何类似性，但在对二者及其因果性进行反思的规则之间却有类似性。这一任务至今还很少被人辨析，尽管它是值得更深入地研究的；然而，这里还不是逗留于此的地方。我们的语言充满了这类按照一种类比进行的间接展示，由此表述所包含的就不是概念的真正图型，而仅仅是反思的一个象征。这样，**根据**（支撑、基础）、**依赖**（由上面把持住）、从中**流出**（而不是跟随）、**实体**（如**洛克**所表述：偶性的承载者）这些语词以及无数其他语词，都不是图型的，而是象征的生动描绘，而且不是凭借一个直接的直观，而是仅仅按照
〔353〕与这直观的类比，亦即按照对一个直观对象的反思向一个完全不同的概念的转换而对概念所作的表述，这个完全不同的概念也许永远不可能有一个直观直接相对应。如果人们已经可以把一种纯然的表象方式称为知识的话（如果这表象方式并不是对于对象就它自身是什么作出理论规定的原则，而是对于这对象的理念对我们以及对这理念的合目的应用来说应当成为什么作出实践规定的原则，那么，这样称谓就是完全允许的），那么，我们关于上帝的一切知识就都只是象征的；而谁把这知识连同

知性、意志等这些惟有在尘世存在者身上才表明其客观实在性的属性当做图型的，就将陷入神人同形同性论，就像如果他除去直觉的东西就将陷入理神论一样，这样一来就在任何地方，哪怕是在实践的意图上也认识不到任何东西。

现在我说：美者是道德上的善者的象征；而且也惟有在这方面（在一种对每个人都很自然而且每个人都作为义务而要求于别人的关系中），美者才让人喜欢而提出每个他人都赞同的要求，此时心灵同时意识到自己的某种高贵化和对一种通过感官印象的愉快的纯然感受性的超升。这就是前一节指出过的鉴赏所眺望的**理知的东西**，因为甚至我们的高级认识能力就是为此而协调一致的，而没有这种东西，在这些能力的本性之间与鉴赏所提出的要求相比所产生的就会全然是矛盾了。在这种能力中，判断力并不认为自己像通常在经验性的评判中那样服从经验法则的一种他律：判断力就一种如此纯粹的愉悦的对象而言自己给自己立法，正如理性就欲求能力而言所做的那样；而且它认为自己既由于主体中的这种内在的可能性，又由于一个与此协调一致的自然的外在可能性，而与主体本身中和主体之外的某种既不是自然，也不是自由，但却和自由的根据亦即超感性东西联结在一起的东西相关，在这超感性东西中理论能力与实践能力以共同的和不为人知的方式结合成统一体。我们要列举这一类比的几个方面，同时也不应忽视它们的差异。

1. 美者**直接地**让人喜欢（但只是在反思性的直观中，而不是像道德那样在概念中）。2. 它**无须任何兴趣**而让人喜欢 〔354〕（道德上的善者即使必然与某种兴趣相结合，但却不是与这样一种先行于有关愉悦的判断的兴趣，而是与通过这判断才引起的兴趣相结合）。3. 想象力（因而我们的能力的感性）的**自由**在对美者的评判中被表现为与知性的合法则性相一致（在道德判断中意志的自由被设想为意志按照普遍的理性法则与自己本身的协调一致）。4. 对美者的评判的主观原则被表现为**普遍的**，亦即对每个人都有效的，但却不是可以通过任何普遍的概念来认识的（道德性的客观原则也被解释为普遍的，亦即对一切主体、同时也对同一个主体的一切行动都是普遍的，但却是可以通过一个普遍的概念来认识的）。因此，道德判断不仅能够有确定的建构性原则，而且**惟有**通过把准则建立在这些原则及其普遍性之上才是可能的。

对这种类比的考虑即便对平常的知性来说也是常见的；我们经常用一些看起来以一种道德评判为基础的名称来称谓自然或者艺术的美的对象。我们把建筑或者树木称做雄伟的和壮丽的，或者把原野称做欢笑的和快乐的；甚至颜色也被称做贞洁的、谦虚的、温柔的，因为它们所激起的那些感觉包含着某种与一种由道德判断造成的心灵状态的意识相类似的东西。鉴赏仿佛使从感官魅力到习惯性的道德兴趣的过渡无须一个过于猛烈的飞跃就有可能，因为它把想象力即便在其自由中也表现为可以为了知性而被合目的地规定的，甚至在感官对象上也教人无须感官魅力而找到一种自由的愉悦。

第60节　附录：鉴赏的方法论

把一种批判先行于科学而划分为要素论和方法论，这不可
〔355〕以运用于鉴赏的批判，因为没有也不可能有美者的科学，而且鉴赏的判断是不能通过原则来规定的。就每一种艺术中关涉其客体之展示中的**真实性**的科学成分而言，这种东西虽然是美的艺术的绕不开的条件（conditio sine qua non［必不可少的条件］），但却不是美的艺术本身。因此，对于美的艺术来说，只有**风格**（modus）而没有**教学方式**（methodus）。大师必须示范学生应当做什么和应当怎么做；他最终把自己的做法置于其

下的那些普遍规则，与其说能够用来把这种做法的主要因素颁布给学生，倒不如说是有机会就把这些因素置入记忆。但在这里仍然必须考虑某种理想，它是艺术必须牢记的，即使它在实施中永远不能完全达到它。惟有通过唤起学生的想象力去适合一个被给予的概念，通过觉察到由于理念是审美的、是概念本身达不到的，因而表述对于理念来说是不充分的，而且通过尖锐的批判，才能够防止摆在他面前的那些榜样马上被他视为原本和不屈从任何更高的规范和自己的评判的模仿典范，就这样使天才，但与天才一起还使想象力本身在其合法则性之中的自由窒息，而没有这种自由，任何美的艺术都是不可能的，甚至就连自己的一种正确的、评判美的艺术的鉴赏也是不可能的。

一切美的艺术的预科，就其着眼于美的艺术的最高程度的完善性而言，看起来都不在于规范，而是在于通过人们称为humaniora［人文学科］的预备知识来培养心灵力量，这也许是因为**人道**一方面意味着普遍的**同情感**，另一方面意味着能够最真挚地和普遍地**传达**自己的能力；这些属性结合在一起就构成与人性相适合的社交性，通过它，人性就与动物性的局限区别开来。无论是这个时代还是各个民族，在它们里面，一个民族由以构成一个持久的共同体的那种**对有法则的**社交的热烈冲动，在与环绕着将自由（因而也将平等）与一种强制（更多的是出自义务的敬重和服从，而不是畏惧）结合起来这一艰巨任务的那些巨大困难进行搏斗；这样一个时代和这样一个民族，首先就必须发明出将最有教养的部分的理念与较粗野的部分相 〔356〕
互传达的艺术，发明出前者的扩展和文雅化与后者的自然纯朴和原创性的协调一致，并以这种方式发明出较高的教养和知足的天性之间的那种媒介，这种媒介即使对于作为普遍的人类感觉的鉴赏来说，也构成了正确的、不能根据任何普遍的规则来陈述的尺度。

一个后来的时代很难使那些典范成为多余的，因为它将越来越不接近自然，并且最终如果不具有自然的持久榜样，就几乎不可能做到为自己形成这样一个概念，即成功地把最高教养的有法则强制与感到这种教养的固有价值的自由本性之力量和正确性结合在这同一个民族中。

但是，既然鉴赏在根本上是道德理念的感性化（凭借对二者的反思的某种类比）的评判能力，也从它里面，从必须建立在它上面的对出自道德理念的情感（它就叫做道德情感）的更大的感受性中，引出了鉴赏宣布为对一般人性、不仅对每一种私人情感有效的那种愉快，所以很明显，对于建立鉴赏来说的真正预科就是发展道德理念和培养道德情感；因为只有当感性与道德情感达到一致时，纯正的鉴赏才能获得一种确定的、不变的形式。

第二部分
目的论判断力的批判

〔359〕 第61节　自然的客观的合目的性

按照先验的原则，人们有充分的根据来假定，自然在其特殊法则中，就对于人类判断力来说的可把握性和把特殊经验联结在经验的一个体系之中的可能性而言，有一种主观的合目的性；在这种情况下，这里在自然的诸多产品中也就可以期待这样一些产品是可能的，这些产品好像真正说来就是为我们的判断力摆出来的，包含着这样一些与判断力相适合的特殊形式，这些形式通过其多样性仿佛是有利于加强和维持各种心灵力量（这些力量在运用这种能力时处在游戏中），因而人们把它们冠以**美的**形式之名。

但是，说自然事物相互充当达到目的的手段，而且它们的可能性本身惟有通过这种方式的因果性才能充分理解，对此，我们在作为感官对象之总和的自然的普遍理念中，根本没有任何根据。因为在上述场合里，事物的表象由于是我们心中的某种东西，就完全也可以被先天地设想为与我们认识能力的内在合目的的相称是适合适宜的；但是，那些既不是我们的、也不能归之于自然（我们并不把自然假定为理智的存在者）的目的，如何毕竟可以或者应当构成一种特殊类型的因果性，至少是构成自然的一种完全独特的合法则性，这却是根本不能用一些根据来先天地推测的。不过更有甚者，即便经验也不能向我们证明这些目的的现实性；这就必定有一种玄想走在前面，它
〔360〕只是把目的概念置入事物的本性，但却不是从客体及其经验知识获取这概念，因而更多的是用它来按照与我们心中表象之联结的一种主观根据的类比而使得自然可以理解，却不是从客观根据出发来认识自然。

此外，作为自然事物的可能性之原则的客观合目的性，离

与自然的概念有**必然的**联系如此之远，以至于客观合目的性毋宁说恰恰是人们主要为了由此证明它（自然）和它的形式的偶然性而援引的东西。因为例如，如果人们援引一只鸟的身体结构、它的骨头中的空腔、它的双翼对于运动的姿态和它的尾巴对于定向的姿态，如此等等，那么人们就说：这一切按照自然中的纯然 nexus effectivus［效果的联系］，而不还求助于一种特殊类型的因果性，亦即目的的因果性（nexus finalis［目的的联系］），就会是在最高程度上偶然的；也就是说，自然作为纯然的机械作用来看，能够以上千种别的方式来形成自己，无须恰恰就遇上按照这样一个原则的统一体，因此，人们惟有在自然的概念之外，而不是在自然的概念之中，才可以希望遇到这方面起码的先天根据。

尽管如此，目的论的评判还是至少或然地有理由被用于自然研究的；但只是为了按照与根据目的的因果性的**类比**而把它置于观察和研究的原则之下，而不是自以为能够据此**解释**它。因此，这种评判属于反思性的判断力，而不属于规定性的判断力。关于自然按照目的的结合和形式的概念，在按照自然的纯然机械作用的因果性法则不够用的地方，毕竟至少是**多了一条原则**来把自然的显象置于规则之下。因为我们引证一个目的论的根据，是在这样的地方，即我们把就一个客体而言的因果性赋予关于客体的概念，就好像这种根据存在于自然里面（不是存在于我们心中）似的，或者毋宁说，我们是按照这样一种因果性（这类因果性是我们在自己心中发现的）的类比来想象对象的可能性的，因而是把自然设想成由于自己的能力而**有技术的**；与此相反，如果我们不把这样一种作用方式赋予自然，那么，自然的因果性就必定被表现为盲目的机械作用。反之，假如我们给自然配上**有意**起作用的原因，因而给这种目的论奠定为基础的就不仅是一个**范导性的**原则，这原则纯然是为了**评判** 〔361〕

显象的，自然按照其特殊的法则可以被设想为是服从这些显象的，而且由此还有一个从自然的原因推导出它的产品来的**建构性的**原则；那么，一个自然目的的概念就会不再隶属反思性的判断力，而是隶属规定性的判断力；但这样一来，事实上它就根本不是属于判断力所特有的（就像美的概念作为形式的主观合目的性那样），而是作为理性概念在自然科学中引入了一种新的因果性，但这种因果性却只是我们从我们自己那里借来并赋予别的存在者的，尽管如此却不想假定这些存在者与我们具有同样性质。

第一卷 〔362〕

目的论判断力的分析论

第 62 节　与质料的合目的性有别的纯然形式的客观合目的性

一切按照一个原则画出的几何图形，本身都显示出一种多样化的、经常被人惊赞的客观合目的性，亦即对于按照一个原则来解决许多问题，并且也许还以非常不同的方式来解决这些问题中的每一个的那种适用性。在这里，合目的性显然是客观的和理智的，而不纯然是主观的和审美的。因为它表述了图形对于产生许多引为目的的形状的适合性，并且被理性所认识。不过，这种合目的性毕竟并不使关于对象本身的概念成为可能，也就是说，这概念并不只是考虑到这种应用而被视为可能的。

在一个像圆这样简单的图形中，包含着解决一大批问题的根据，这些问题中的每一个自身都会要求有各种各样的准备，而这种准备作为这个图形的无限多的突出属性之一就仿佛是自行产生的。例如，如果所说的是用已知的底边和与它相对的角做一个三角形，那么，这个题目就是不确定的，也就是说，它可以用无限多样的方式来解答。然而，圆却把它们全都包括在内，作为一切符合这一条件的三角形的几何轨迹。或者，两条线应当如此相交，使得一个线段的两个部分产生的矩形与另一个线段的两个部分产生的矩形相等，那么，这个题目的解答看起来就具有许多困难。但是，一切在圆内部相交并受到该圆的圆周限制的线段，都是自 〔363〕

行按照这个比例划分的。其他曲线又提供出其他合目的的解答，这些解答在约定这些曲线的作图的那个规则中是根本没有想到的。一切圆锥曲线单独来说和在相互的比较中，在解决一大批可能问题的原则上都是富有成果的，不论规定这些曲线的概念的那种解释是多么简单。——看到古代几何学家探究这一类线段的这些属性的那种热情，是一种真正的快乐，他们没有让自己被狭隘的头脑的问题，即这种知识究竟有什么用，给搞糊涂；例如对抛物线的知识，他们并不了解地球上的重力法则，这法则本来会为他们提供出这知识在有重量的物体（这些物体在其运动中的重力方向可以被视为平行的）的抛掷路线上的运用；或者对椭圆的知识，他们并未预见到即便在天体上也能够发现一种重力，而且不了解重力在与吸引点距离不同时的法则，这法则使得这些天体描画出这种自由运动的路线。在他们自己都没有意识到他们在其中在为后代工作时，他们却对事物的本质中的一种合目的性而心旷神怡，这种合目的性毕竟是他们完全先天地在其必然性中展示的。柏拉图本人就是这门科学的大师，他曾因事物的这样一种我们可以撇开一切经验来揭示的源始性状，因心灵能够从存在者的超感性原则中来汲取这些存在者的和谐的能力（属于此列的还有数目的那些让心灵在音乐中以之游戏的属性）而欢欣鼓舞，这使他超越经验概念提升到理念，而这些理念在他看来只能通过与一切存在者的起源的一种理智的共联性来解释。毫不奇怪，他曾把不懂几何学的人赶出他的学园，因为他想把阿那克萨哥拉从经验对象及其目的联结中推论出来的东西从纯粹的、内在地寓于人类精神的直观中推导出来。因为合目的的东西，以及具有仿佛是有意为我们的应用而如此设立，但尽管如此却仍显得应当原初地归于事物的本质而不考虑我们的应用这样的性状的东西，在其必然性中恰恰就有对自然的巨大惊赞的根据，这根据与其说是在我们之外，倒
〔364〕不如说是在我们自己的理性之中；在这方面完全可以原谅的是，

这种惊赞由于误解会逐渐地一直上升到狂热。

但是，这种理智的合目的性虽然是客观的（不像审美的合目的性那样是主观的），却仍然完全可以按照其可能性被理解为纯然形式的（不是实在的）合目的性，亦即理解为合目的性，却毕竟不需要把一个目的奠定为它的基础，因而不需要目的论，但这种理解只是大体上的。圆形是一个由知性按照一个原则所规定的直观，我任意假定并作为概念奠定为基础的这个原则的统一性，在其运用于同样只是作为表象，确切地说先天地在我心中发现的一种直观形式（空间）之上时，就使得许多从那个概念的作图中产生出来的、在各种各样的可能意图中都合目的的规则可以理解了，无须还可以给这个合目的性配上一个目的或者某个别的根据。这里的情况不同于我在我之外的**事物**的包括在某些界限之内的一个总和中，例如在一个花园中，发现树木、花坛、小径等的秩序和合规则性时那样，这种秩序和合目的性我并不能够希望从我按照一条随意的规则而对一个空间的界限划定推论出来；因为这是实存的事物，它们为了能够被认识就必须被经验性地给予出来，而不只是我心中的一个按照一条先天原则被规定的表象。因此，后一种（经验性的）合目的性作为**实在的**，依赖于一个目的的概念。

但是，就连对一种虽然是在事物（就它们的概念能够被作图而言）的本质中被知觉到的合目的性的惊赞，其根据也是可以很好地、确切地说合法地看出的。多样化的规则的统一性（出自一个原则）激起这种惊赞，这些规则全都是综合的，而且不是从一个客体的**概念**，例如圆的概念得出的，而是需要该客体在直观中被给予。但是，这种统一性由此也获得一种外表，就好像它经验性地具有规则的一个与我们的表象能力不同的外部根据似的，因而就好像客体与知性对规则固有的需求的协调一致就自身而言是偶然的，因而只是通过一个明确针对这

〔365〕种一致的目的才是可能的似的。现在，虽然正是这种和谐，由于它尽管有所有这些合目的性，却仍不是经验性地，而是先天地被认识的，它就应当自行把我们带到这一点上，即客体惟有通过空间的规定（凭借想象力与一个概念相符合）才是可能的，这空间不是我们之外的事物的性状，而只是我们心中的一种表象方式，因而我是把**合目的性带入我与一个概念相适合**而画出的图形中，亦即带入我自己关于从外面被给予我的不论就自身而言是什么的东西的表象方式中，而不是从这东西中经验性地就这个合目的性得到了教诲，因而为了那个合目的性，我不需要客体上在我之外的任何目的。但是，由于这种思考已经要求理性的一种批判应用，因而不可能马上就一起包含在按照对象的属性对它所作的评判中，所以这种评判直接给予我的，无非是诸异质规则（甚至按照它们就自身而言所具有的不同质的东西）在一个原则中的结合，这个原则并不为此要求一个先天地处在我的概念之外以及一般而言处在我的表象之外的特殊根据，但仍然被我先天地认做真实的。现在，**惊异**是心灵对一个表象和通过它而被给予的规则与已经在心灵中作为基础的那些原则的不一致性的一种抵触，因而这种抵触产生了一种怀疑，即人们是否看得正确或者判断得正确；但是，**惊赞**却是即使这种怀疑消失了也还总是出现的惊异。所以，后者是事物（显象）的本质中那种被观察到的合目的性的一种完全自然的作用，这种作用就此而言也无可指责，因为感性直观的那个（叫做空间的）形式与概念能力（知性）的一致不仅由于它恰好是这种一致而不是别的一致，而对我们来说是不可解释的，而且除此之外对心灵来说还是扩展性的，仿佛还预见到超出那些感性表象的某种东西，在其中虽然我们不知道，但却可能遇到那种一致的最终根据。尽管在仅仅涉及我们表象的形式的先天合目的性的时候，我们没有必要去认识这种根据；但是，哪怕只是由于必须去眺望，对于迫

使我们这样做的那个对象来说，就同时产生出惊赞。

人们习惯于把几何形状以及数目的上述属性，由于从其作图的简单性出发并没有预期的它们对各种各样的知识应用的那种先天合目的性，而称为**美**；例如人们谈到圆的这种或者那种美的属性，它会以这种或者那种方式被揭示出来。然而，这不是我们借以认为它合目的的那种审美评判；不是在我们认识能力的自由游戏中使某种纯然**主观的**合目的性清晰可见的那种无须概念的评判；而是一种按照概念的理智评判，它使人清晰地认识到一种客观的合目的性，亦即对各种各样的（无限多样化的）目的的适应性。与其说把它称为数学图形的一种美，倒不如说必须把它称为一种**相对的完善性**。一种**理智的美**这个称谓一般而言也不能有理由被允许，因为若不然，美这个词就必定会丧失一切确定的含义，或者理智的愉悦就必定会丧失对感性的愉悦的一切优越性。人们倒不如说可以把这样一些属性的**演证**称为美的，因为通过这种演证，作为概念能力的知性和作为先天地展示这些概念的能力的想象力感到自己被加强了（这一点连同理性带来的精确性，合在一起就被称做演证的优美）；因为在这里，这种愉悦的根据虽然在概念中，但至少它是主观的，而完善性所带来的却是一种客观的愉悦。 〔366〕

第 63 节　自然与内在的合目的性有别的相对合目的性

经验只是在必须对原因与结果的一种关系作出评判的时候①

① 由于在纯粹数学中并不谈及事物的实存，而是仅仅谈及其可能性，亦即一种与其概念相对应的直观的可能性，因而根本不谈及原因和结果，所以，所有在那里被察觉的合目的性都必须仅仅被视为形式的，而永远不能被视为自然目的。

才把我们的判断力引导到一种客观的和质料的合目的性的概
〔367〕念，亦即引导到一个自然目的的概念，而我们也只是由于我们把结果的理念作为给其原因奠定基础的、使其原因的因果性成为可能的条件而配给其原因的因果性，才认为自己有能力看出原因与结果的关系是有法则的。但是，这一点可能以两种方式发生：要么我们把结果直接视为艺术产品，要么只是视为别的可能的自然存在者之艺术的材料，因而要么视为目的，要么视为其他原因的合目的的应用的手段。后一种合目的性叫做有用性（对人而言），或者也叫做有益性（对任何别的造物而言），是纯然相对的，而前一种合目的性则是自然存在者的一种内在的合目的性。

例如，河流携带着各种各样有利于植物生长的土壤，它们把这土壤有时沉积在陆地中部，经常也沉积在其入海口。涨潮在一些海岸边带着这泥沙漫过陆地，或者把它们沉积在陆地的岸边；而尤其是当人们对此施以援手，以免退潮又将它们带走时，肥沃的土地就增加了，在此前鱼类和贝壳类动物曾栖身的地方，植物界就赢得了地盘。陆地以这种方式的扩展大多数是自然本身完成的，而且还在进行，虽然很缓慢。——现在问题是：这是否由于它包含着对人们的一种有用性，就应当被评判为自然的一个目的；因为对植物界的这种有用性，由于与此相反海洋造物被夺走的与陆地所增加的好处同样多，人们就不能予以考虑。

或者，要举一个某些自然事物作为手段对其他造物（如果人们把它们预设为目的）的有益性的例子，那么，没有任何土地比沙土更有利于云杉的生长了。于是，古代的海洋在从陆地退走之前，在我们北方各地留下了如此之多的沙土带，以至于在这种对于一切种植来说通常如此贫瘠的土地上，却能够冒出辽阔的云杉林，由于不理智地砍光了它们，我们经常责怪自己的祖先；而这时人们就可以问：这种远古的泥沙沉积是否曾有一个为了在这上面可能有云杉林的自然目的呢？这一点是清楚的：如果人们把云杉林假定为自然目的，那么，人们就必须也承认那泥沙是目的，但只是相对的目的，为此古代的海滩及其退走又是手段；因为在一种目的联结的相互隶属的各环节的系列中，每一个中间环节都必须被视为目的（尽管恰恰不是终极 〔368〕
目的），为此它的最近的原因就是手段。同样，一旦世界上要有牛、羊、马等，地上就必须长出草来，但如果骆驼要繁衍起来，沙漠上就必须长出耐盐碱植物，或者，如果应当有狼、老虎和狮子的话，也必须能找到大批上述动物和其他食草动物。因此，建立在有益性之上的客观合目的性不是事物自身的一种客观合目的性，就好像泥沙单独作为从其原因亦即海洋而来的结果，不给海洋加上一个目的，不把结果亦即泥沙视为艺术作品，就不能被理解似的。这种合目的性只是一种相对的、对它被赋予的那个事物本身来说只是偶然的合目的性；而且在上述例子中间，虽然草类独自就可以被评判为自然的有机产品，因而被评判为富有艺术的，但在与以之为生的动物的关系中，它们毕竟只是被视为原材料。

但此外，当人通过自己的因果性的自由而发现自然事物有益于自己那些经常是愚蠢的意图（五彩缤纷的鸟羽有益于他的衣服的装饰，有颜色的土或者植物汁液有益于化妆），有时也是出自理性的意图发现马有益于乘骑，发现牛，甚至在梅诺卡发现驴和猪有益于耕地时，人们在这里就连（在这种应用上的）一种相对的自然目的也不能假定了。因为他的理性懂得给予事物以一种与他的任意念头的协调一致，为此他本人却根本不是由自然注定的。只要人们假定人应当在大地上生活，那么，他们作为动物，甚至作为有理性的动物（不论是在怎样低的程度上）无之便不能生存的那些手段，至少就是必不可少的；但这样一来，为了这一点而不可缺少的那些自然事物，就会也必须被视为自然目的了。

人们由此很容易看出，外在的合目的性（一个事物对其他事物的有益性）惟有在该事物或近或远地对之有益的那个事物的实存独自就是自然目的的条件下，才能被视为一个外在的自然目的。但是，既然那一点从来也不是能够通过纯然的自然考
〔369〕察来澄清的，所以得出：相对的合目的性尽管以假说的方式对自然目的给出指示，却仍然不给人以权利作出任何绝对的目的论判断。

雪在严寒地区保护种子不被冻坏；它还（通过雪橇）便利人们的交往；拉普兰人在那里发现了促进这种交往的动物（驯鹿），它们靠自己必须用蹄子从雪底下刨出来的一种干枯的苔藓就找到足够的食物，却仍然轻易地让人驯服，自愿被夺去它们本来在其中能够很好地保存自己的自由。对于同一个寒带的其他民族来说，海洋含有丰富的动物资源，这些动物除了它们所提供的食物和衣服，以及海上漂来仿佛是供他们建构房屋的木料之外，还为他们提供了烧热他们的小屋的燃料。在这里，于是就有如此之多的自然关系在一个目的上的一种值得惊赞的汇聚；而这个目的就是格陵兰人、拉普兰人、萨莫耶德人、雅库特人等。但人们看不出来，一般而言人类为什么必须生活在那里。因此，如果说**之所以**空气中的水蒸气以雪的形式降落下来，海洋有洋流把在温暖地区长成的木料冲到这里，而且这里有大型的富含油脂的海洋动物，乃是因为提供这一切自然产品的那个原因以对某些可怜的造物有好处这个理念为根据，这就会是一个很鲁莽的和很任意的判断。因为即使所有这些自然有用性不存在，我们也丝毫不会觉得失去了自然原因对这种性状的充分性；毋宁说，哪怕只是要求有这样一种资质并强求自然有这样一个目的（因为本来就只是人类相互之间极度的不相

容才可能使他们一直溃散到如此贫瘠的地区），都会使我们自己觉得是狂妄的和欠考虑的。

第 64 节　作为自然目的的事物的特有性质

为了看出一个事物惟有作为目的才是可能的，也就是说，它的起源的因果性不是在自然的机械作用中，而是必须到一个由概念来规定其起作用的能力的原因中去寻找，就要求该事物〔370〕的形式不是按照纯然的自然法则而可能的，也就是说，不是按照仅仅由我们通过知性在应用于感官对象上时能够认识的那些法则而可能的；相反，甚至这形式根据其原因和结果的经验性知识，也是以理性的概念为前提条件的。由于理性哪怕只是要看出与一个自然产品的产生相联结的条件，也必须在该产品的每一个形式上认识其必然性，但却仍然不能在那个被给予的形式上假定这种必然性，所以事物的形式不顾一切经验性的自然法则而与理性相关的这种**偶然性**，本身就是如此假定自然产品的因果性的一个根据，就好像这因果性正因为如此而惟有通过理性才是可能的似的；但是，这种因果性在这种情况下就是按照目的来行动的能力（一个意志）；而被表现为惟有从这种能力出发才有可能的客体，就会惟有作为目的才被表现为可能的。

如果某人在一个在他看来无人居住的地方发觉在沙滩上画有一个几何图形，也许是一个规则的六角形，那么，他的反思在对该图形形成一个概念时，就会借助于理性尽管模糊却意识到这六角形的产生原则的统一性，并且就这样按照理性而不会把沙滩、邻近的海、风，或者还有他所认识的动物的足迹，或者任何别的无理性的原因，评判为这样一个形状的可能性的根据；因为与这样一个惟有在理性中才有可能的概念巧合的偶然性将会显得如此无限大，以至于正好就像为此完全没有任何自然法则，因而也没有在纯然机械地起作用的自然中的任何原因，而是惟有关于这样一个客体的概念，作为惟有理性才能给出并将对象与之相比较的概念，才能包含着导致这样一个结果的因果性似的，因而这因果性就绝对能够被视为目的，但不是自然目的，也就是说，它能够被视为**艺术**的产品（vestigium hominis video［我看到人的痕迹］）。

但是，为了把人们认做自然产品的某种东西尽管如此毕竟也评判为目的，因而评判为**自然目的**，假如其中绝不存在任何矛盾的话，那么，这就已经有更多要求了。我会暂时这样说：**如果一个事物自己是自己的原因和结果**（尽管是在双重的意义上），那么，它就是作为自然目的而实存的；因为这里有一种
〔371〕因果性，这类因果性如果不给它配上一个目的，就不可能被与一个自然的纯然概念结合起来，但这样一来它虽然能够被无矛盾地设想，但却不能被理解。我们在彻底分析关于自然目的的这个理念的规定之前，想先通过一个例子来阐明它。

第一，一棵树按照已知的自然法则生出另一棵树。但是，它生出的这棵树是同一个类的；这样，按照**类**来说它是自己产生出自己，它在这类中一方面是作为结果，另一方面是作为原因，不断地自己被自己生产出来，同样又经常自己生产出自己，而作为类持久地保持着自己。

第二，一棵树甚至作为**个体**也产生自己。这种作用我们虽然只是称之为生长；但这种生长却必须在这样的意义上来说，即它与任何其他按照机械法则的量的增加完全不同，必须被认为与生殖相同，尽管名称不同。它给自己添加的物质，这植物事先将之加工成类所特有的质，这种质是在它之外的机械作用所不能提供的，而且它是借助于这样一种材料来进一步发展自己的，这种材料就其配制而言是它自己的产品。因为即使就它

从外在于它的自然获得的成分而言，这种材料必须仅仅被视为离析物，但在这种原材料的分离和新组合中，毕竟可以发现这类自然存在者的分离能力和形成能力的这样一种原创性，以至于一切艺术离它都还是无限遥远，如果这艺术试图用通过分解它们所获得的元素，或者还用自然提供给它们作营养的材料再重新制造出植物界的那些产品的话。

第三，这个造物的一个部分也这样自己产生自己，以至于一个部分的保持交互地依赖于别的部分的保持。把一种树上的芽眼插接到另一种树的细枝上，就在一个异质的根株上产生出一个属于它自己种类的植物，嫁接到另一树干上的树枝亦是如此。因此，人们也可以在同一棵树上把每一个细枝或者树叶都视为只是被嫁接或者芽接到这棵树上的，因而看做一棵独自存在的树，它只是附着和寄生在另一棵树上。同时，这些树叶虽 〔372〕
然都是这棵树的产品，但也反过来维持着这棵树；因为一再落叶就会使树死去，而树的生长则依赖于树叶对树干的作用。自然在这些造物中当受到伤害时的自我保护，即当维持相邻部分所需要的一个部分缺乏时由其余部分来补足，以及在生长中的那些畸变和畸形，即某些部分由于出现缺乏或者阻碍而以全新的方式形成自己，以便维持现有的东西而产生出一个不正常的造物来，这些我在这里只想顺便提到，尽管它们属于有机造物的那些最奇妙的属性。

第 65 节　作为自然目的的事物就是有机存在者

按照上一节所引证的特征，一个应当作为自然产品，但同时又只是作为自然目的才可能被认识的事物，必须自己与自己的交互关系就是原因和结果，这是一种有些不真切和不确定的表述，它需要从一个确定的概念作出某种推导。

因果结合就其只是通过知性被思维而言，就是一种构成（原因和结果的）一个不断下降的序列的联结；而那些作为结果的事物是以另一些作为原因的事物为前提条件的，它们不能反过来同时是后一些事物的原因。人们把这种因果结合称为作用因的结合（nexus effectivus［效果的联系］）。但与此相反，毕竟也可以设想一种按照（关于目的的）理性概念的因果结合，这种因果结合当人们把它视为序列时，会既带有一种下降的，也带有一种上溯的依赖性，在其中一度被标明为结果的事物，仍然上溯而理应得到它是其结果的那个事物的一个原因的称号。在实践（亦即艺术）中，人们很容易发现这类联结，例如房子虽然是为出租而收入的金钱的原因，但毕竟反过来，这一可能的收入的表象也曾是建造这所房子的原因。这样一种因果联结就被称为终极因的因果联结（nexus finalis［目的的联系］）。人们也许可以更恰当地把前者称为实在原因的联结，把
〔373〕后者称为理想原因的联结，因为在这样称谓时就理解到，不可能有多于这两种类型的因果性了。

对于一个作为自然目的的事物来说，**首先**就要求：各个部分（按照其存在和形式）惟有通过其与整体的关系才是可能的。因为事物本身是一个目的，因而是在一个概念或者一个理念之下被把握的，这理念必须先天地规定应当包含在该事物之中的一切。但是，如果一个事物只是以这种方式被设想为可能的，那么，它就仅仅是一个艺术作品，也就是说，是一个与它的质料（各个部分）有别的理性原因的产品，这个理性原因的因果性（在造成和结合各部分时）是通过一个关于由此而可能的整体的理念（因此不是通过该事物之外的自然）来规定的。

但是，如果一个事物作为自然产品在自身中以及在其内在的可能性中毕竟包含着与目的的一种关系，也就是说，仅仅作

为自然目的而无须它之外的理性存在者的概念的因果性就是可能的，那么，**其次**就要求：它的各个部分由于相互交替地是其形式的原因和结果，而结合成为一个整体的统一体。因为只有以这样的方式，整体的理念反过来（交替地）又规定所有部分的形式和结合才是可能的，不是作为原因——因为那样的话它就会是一个艺术产品——，而是作为对于作评判的人来说认识那包含在被给予的质料中的一切杂多的形式和结合之系统统一的根据。

因此，对于一个就自身而言并按照其内在可能性应当被评判为自然目的的物体来说，就要求它的各个部分在其形式以及结合上全都交替地产生，并这样从其因果性中产生出一个整体，这整体的概念反过来（在一个根据概念具有与这样一个产品相适合的因果性的存在者中）按照一个原则而是该物体的原因，因而**作用因**的联结就能够同时被评判为**由终极因而来的结果了**。

在这样一个自然产品中，每一个部分，就像它惟有**通过**其余一切部分才存在一样，也被设想成**为了其他部分**以及整体而实存的，也就是被设想成工具（器官），但这是不够的（因为 〔374〕
它也可以是艺术的工具，这样就只是作为一般而言的目的被表现为可能的）；而是作为一个**产生**其他各部分（因而每一部分都交替产生别的部分）的器官，这类器官不可能是艺术的工具，而只能是为工具（甚至为艺术的工具）提供一切材料的自然的工具，而只有这样，并且因为这一点，这样一个产品作为**有机的**和**自己使自己有机化的**存在者，才能被称为一个**自然目的**。

在一块表里，一个部分是其他部分的运动工具，但不是说一个齿轮就是产生另一个齿轮的作用因；一个部分虽然是为了另一个部分的，但却不是通过另一个部分而存在的。因此，这些部分及其形式的产生原因也不包含在自然（这种物质）之中，而是在自然之外包含在一个能够按照通过自己的因果性而可能的整体的理念来起作用的存在者之中。因此，在这块表中也不是一个齿轮产生另一个齿轮，更不是一块表产生其他表，以至于它为此利用别的物质（使它有机化）；所以，它也不自行补上从它那里偷走的部分，或者通过其他部分的加入来补偿它最初形成时的缺陷，或者当它陷入无序时自己修复自己，与此相反，这一切我们都可以期待于有机的自然。——因此，一个有机的存在者不只是机器，因为机器仅仅具有**运动的**力量；相反，有机的存在者在自身中具有**形成的**力量，确切地说是这样一种力量，它把这种力量传递给那些不具有这种力量的物质（使它们有机化），因此，这是一种自己繁衍的形成力量，它是不能仅仅通过运动能力（机械作用）来解释的。

如果把自然在有机产品中的能力称为**艺术的类似物**，那么，关于自然和它的这种能力，人们所说的就太少了；因为那样的话，人们所想的是自然之外的艺术家（一个有理性的存在者）。毋宁说，自然自己使自己有机化，并且在它的有机产品的每个物种中使自己有机化，虽然在整体上是按照同样的范本，但毕竟也有适当的偏离，这种偏离是自我保存根据情况所要求的。如果把它称为**生命的类似物**，也许就更贴近这种无法探究的属性了，但这时，人们就必须要么把一种与物质的本质相冲突的属性赋予作为纯然质料的物质（物活论），要么就给它加上一个与它**处于共联性之中的**异质原则（一个灵魂）；但
〔375〕为此，如果这样一个产品应当是一个自然产品，人们就要么已经把有机物质预设为那个灵魂的工具，因而丝毫也没有使有机物质更可以理解，要么不得不使灵魂成为这个建筑的艺术家，并这样把该产品从自然（有形体的自然）中剔除。所以严格说来，自然的有机化并不具有与我们所了解的某种因果性相类似

的东西。[①] 自然的美由于只是与关于对象的**外部**直观的反思相关，因而只是因为表面的形式才被赋予对象，所以可以有理由被称为艺术的类似物。但是，**自然的内在完善性**，就像那些惟有作为**自然目的**才可能，因而叫做有机存在者的事物具有它那样，却是不能按照某种我们已知的物理能力，亦即自然能力的类比来思考和解释的，甚至，由于我们自己在最宽泛的理解中也属于自然，所以就连通过与人类艺术的一种严格适合的类比来思考和解释也不行。

所以一个事物，作为就自身而言的自然目的，其概念并不是知性或者理性的任何建构性概念，但毕竟能够是一个对反思性判断力来说的范导性概念，按照与我们根据一般目的的因果性的一种远距离类比来指导对这一类对象的研究并思考它们的至上根据；虽然，这后一点不是为了认识自然或者自然的那个初始根据，而毋宁说是为了认识我们心中这种实践的理性能力，我们就是凭借这种能力来在类比中观察那种合目的性的原因的。

因此，有机的存在者是自然中惟一在人们即便单独地、无须与其他事物的关系来看它们时也毕竟必须惟有作为自然的目的才可能被设想的存在者，因此，它们首先使一个并非实践目的，而是**自然**目的的**目的**之概念获得客观实在性，并由此为自然科学取得一种目的论，亦即按照一个特殊的原则评判其客体的一 〔376〕

① 反过来，人们可以通过与上述直接的自然目的的一种类比来说明某种在理念中比在现实中还更多遇到的结合。这样，人们在近代从事一项彻底的改造，即把一个伟大的民族改造成一个国家时，就很恰当地频繁把**有机化**这个词用于建立市政机构等乃至于整个国体。因为在这样一个整体中，每个成员当然都应当不仅是手段，而且同时是目的，并通过参与促成这个整体的可能性，又是按照自己的地位和职能而由整体的理念所规定的。

种方式的根据，这类东西通常是绝对没有理由引入到自然科学中去的（因为人们根本不能先天地看出这样一类因果性的可能性）。

第 66 节　评判有机存在者中的内在合目的性的原则

评判的这个原则，同时亦是它的定义，就叫做：**自然的一个有机产品就是在其中一切都是目的并且交互地也是手段的那种产品**。在它里面，没有任何东西是白费的、无目的的，或者应归于一种盲目的自然机械作用的。

这个原则虽然就其起因来说可以从经验中推导出来，也就是从按照一定方法来安排并叫做观察的那种经验中推导出来；但由于它关于这样一种合目的性所说的普遍性和必然性，它就不能是仅仅基于经验的，而是必须以某个先天原则为基础，哪怕这个原则仅仅是范导性的，而且那些目的仅仅存在于评判者的理念中，而绝不存在于一个作用因中。因此，人们可以把上述原则称为评判有机存在者的内在合目的性的**准则**。

众所周知，植物和动物的解剖学家们为了研究它们的结构并能够看出那些根据，即这样一些部分是为什么以及为了什么目的被给予它们的，这些部分的这样一种状况和结合以及恰好这种内部形式是为什么被给予它们的，就把“在这样一个造物中没有任何东西是**白费的**”那个准则假定为不可回避地必要的，并使它与“**没有任何东西是偶然**发生的”这个一般自然学说的原理同样生效。事实上，他们同样也不可能表示放弃这个目的论原理，就像他们不可能表示放弃一般的物理学原理一样，因为如同离开了后者就根本不会有任何一般而言的经验存留下来一样，离开了前一个原理就不会有任何对我们一度以目的论的方式在自然目的的概念下思考过的某一类自然事物进行观察的导线存留下来。

因为这个概念把理性引进了事物的一种秩序，这种秩序与自然的一种在这里不再能满足我们的纯然机械作用的秩序完全不同。一个理念应当是这种自然产品的可能性的基础。但是，由于这个理念是表象的一种绝对的统一性，相反质料则是事物的一种复多性，这种复多性不能独自提供出复合的任何确定的统一性，所以，如果理念的那种统一性甚至应当用做复合物的这样一种形式之因果性的一种自然法则的先天规定根据，那么，自然的目的就必须涉及包含在它的产品中的**一切东西**。因为一旦我们使这类结果在**整体**上与一个超出自然的盲目机械作用的超感性规定根据联系起来，我们就必须也完全按照这个原则来评判这类结果；而在这里没有任何理由来把这样一个事物的形式还部分地假定为依赖于盲目的机械作用的，因为那样一来，就会由于不同性质的原则的混杂而根本没有任何可靠的评判原则存留下来。 〔377〕

固然，例如在动物的躯体中，有些部分作为凝结物（如皮肤、骨头、头发）是可以按照纯然机械的法则来理解的。然而，搞到适合于此的质料、更改这质料、将它塑形并沉积在它应有的位置上的那个原因，却必须始终以目的论的方式来评判，以至于在这个躯体中的一切都必须被视为有机的，而一切也都在与事物本身的某种关系中又是器官。

第 67 节 把一般而言的自然在目的论上评判为目的系统的原则

我们上面关于自然事物的**外在**合目的性曾经说过：它并不提供充分的理由，让人把它同时作为自然的目的用做这些自然事物的存在的解释根据，并把它们的偶然合目的的结果在理念中按照终极因的原则用做它们的存在的根据。于是，人们不能由于**河流**促进陆地内部各民族之间的交往，由于**山脉**蕴涵着这些河流的源泉并为了在无雨季节维持这些河流而蕴涵着积雪，同样由于陆地的**斜坡**让这些积水流走并使陆地变得干燥，就立
〔378〕刻把它们视为自然目的，因为虽然地球表面的这种形态对于产生和维持动物界和植物界是非常必要的，但它就自身而言毕竟不具有任何东西让人们发现自己不得不为其可能性而假定一种根据目的的因果性。同样这也适用于人用于自己的生计所需和赏心悦目的植物；适用于人如此多方面地部分用于自己的食物、部分用于为自己服役而且大多数情况下根本不可缺少的动物，如骆驼、牛、马、狗等。这些事物中没有一种让人们有理由将之独自视为目的，关于它们，外部关系只能被以假说的方式评判为合目的的。

由于一个事物的内在形式而把它评判为自然目的，这与把该事物的实存视为自然目的是完全不同的事情。对于后一种断言来说，我们不仅需要关于一个可能的目的的概念，而且需要对于自然的终极目的（scopus［目的］）的知识，而这又需要自然与某种超感性的东西的一种关系，这种关系远远超出了我们的一切目的论的自然知识；因为自然本身实存的目的必须超出自然之外去寻找。仅仅一根草茎的内部形式就能够充分证明它那对于我们人类的评判能力来说惟有按照目的规则才可能的起源。但是，如果人们撇开这一点，而仅仅着眼于别的自然存在者对它的利用，因而放弃对内部组织的考察而只着眼于外部的合目的关系，就像草茎对于牲畜来说，牲畜对于人来说都是作为手段而为后者的生存所必需那样，而且人们看不出究竟为什么人类的生存就是必要的（如果人们例如想到新荷兰人和火地岛人，这一点就可能不是那么容易回答了），那么，人们就达不到任何绝对的目的，而是所有这些合目的的关系都建立在一个总是必须继续推出去的条件之上，这条件作为无条件的（一个作为终极目的的事物的存在），完全处在自然目的论的世

界考察之外。但这样一来，一个这样的事物也就不是自然目的；因为它（或者它的整个类）不能被视为自然产品。

因此，这就只有物质了，只要物质是有机的，这样的物质必然带有关于它是一个自然目的的概念，因为它的这种特殊形式同时是自然的产品。但是，这个概念必然导致全部自然是一 〔379〕
个按照目的规则的系统的理念，于是自然按照理性的诸原则的所有机械作用都（至少为了在这上面拿自然显象作尝试）必须服从这个理念。理性的原则作为只是主观的，亦即作为准则而隶属这个理念：世界上的一切都为了某种东西是好的；没有任何东西在世界上是白费的；而且人们凭借自然在它的有机产品上提供的例子，有理由，甚至有职责从自然及其法则那里仅仅期待在整体上合目的的东西。

不言而喻，这不是一条对于规定性的判断力的原则，而只是一条对于反思性的判断力的原则，它是范导性的而不是建构性的，而且我们由此只是获得了一条导线，在与一个已经被给予的规定根据的关系中按照一个新的有法则的秩序来观察自然事物，并按照另一条原则，亦即终极因的原则来扩展自然知识，而不损害它们的因果性的机械作用的原则。此外，由此绝对没有澄清，任何一个我们按照这一原则来评判的某物是否**有意地**是自然目的：草是否为了牛或者羊而存在，而牛或者羊以及其他自然事物是否为了人而存在。好的做法是，即便是让我们讨厌和在特殊的关系中违背目的的东西，也从这一方面来考察。于是，例如，人们可以说：在人们的衣服里、头发里或者床上折磨着他们的寄生虫，按照一种睿智的自然安排乃是对清洁的一种推动，而清洁独自就已经是保持健康的一个重要的手段。或者，使美洲的荒野对野蛮人来说如此难以忍受的蚊虫和其他叮人的昆虫，对于这些成长着的人类来说等于是能动性的激励，以便排引沼地，使密不透风的森林透光，并由此以及通过扩展耕地同时使自己的居住地更有益于健康。甚至在人的内部组织中在人看来违背自然的东西，如果以这种方式来对待，也提供了一种有趣的，有时也有教益的对事物的一种目的论秩序的展望，没有这样一个原则，仅仅纯然物理学的考察是不会把我们引向这种展望的。就像一些人把寄居在人或者动物身上的绦虫判断成仿佛为补偿其生命器官的某种缺陷而被给予人或
〔380〕者动物的那样，我要问的是：梦（没有梦就根本没有睡眠，尽管人们很少回忆起它们）是否会是自然的一种合目的的安排，也就是说，因为它们在一切肉体的运动力量都放松时，有助于凭借想象力及其大肆活动（这种活动在这种状态中大多一直上升到激情）而最内在地推动生命器官；就像在越是吃得太饱而需要这种运动时，想象力在夜间睡眠时通常也越是活泼地游戏；因而，没有这种内在运动的力量和我们抱怨于梦的令人疲倦的不安宁（实际上梦也许倒是恢复的手段），睡眠本身在健康状态中就会根本是生命的一种完全泯灭。

一旦通过有机存在者提供给我们的自然目的对自然所作的目的论评判使我们有理由得出一个巨大的自然目的系统的理念，就连自然的美，亦即自然与我们的认识能力在把握和评判它的显象时的自由游戏的协调一致，也能够以这种方式被视为自然在其整体中的客观合目的性，视为人在其中是一个环节的系统。我们可以把这看做自然为了我们而具有的一种好意①，即

① 在审美部分里曾说过：由于我们在自然的形式上感到一种完全自由的（无兴趣的）愉悦，**我们用好意来看待美的自然**。因为在这个纯然的鉴赏判断中，根本没有考虑这种自然美是为了审美目的而实存的，是为了唤起我们的一种愉快，还是与我们毫无关系而作为目的。但在一个目的论判断中，我们也注意到了这种关系；而且在这里，我们可以把这**视为自然的好意**，即自然要通过列举如此多的美的形态来促进我们的文化。

它除了有用的东西之外还如此丰盛地广施美和魅力，因此我们热爱自然，就像由于它广袤无边而以敬重来观赏它，并在这种观赏中感到我们自己也高尚起来一样，这恰恰就好像自然本来就完全是在这种意图中搭建并装饰自己壮丽的舞台似的。

我们在这一节中想要说的无非是，一旦我们在自然身上揭示出了产生惟有按照终极因概念才能被我们所设想的产品的能力，我们就可以继续前进，把那样一些产品仍然评判为属于一个目的系统的，即使它们（或者它们的虽然合目的的关系）恰恰使得超出盲目起作用的原因的机械作用而为它们的可能性找 〔381〕
出另一个原则成为不必要的，因为前面那个理念已经就它们的根据而言引导我们超出了感官世界；这样一来，超感性原则的统一性必须被视为不仅对自然存在者的某些物种有效，而且以同一种方式对作为系统的整体有效。

第 68 节　目的论原则作为自然科学的内在原则

一门科学的原则对这门科学来说要么是内部的，并被称为本土的（principia domestica［本土的原则］），要么它们是基于只能在这门科学外面找到位置的概念的，是**外来的**原则（peregrina［异乡的］）。包含着后面这些原则的科学以外来命题（前提）作为自己的学说的基础；也就是说，它们从另外一门科学借来一个概念，连同借来一个作安排的根据。

任何一门科学都独自是一个系统；而且在这门科学里面按照原则来建构并作技术上的处理，这是不够的，人们必须把它当做一个独自存在的建筑，在它里面也按照建筑术来从事工作，不是像对待一个附属建筑那样把它当做另一座建筑的一个部分来对待，而是把它当做一个独自的整体来对待，尽管人们事后可以建立从这座建筑到那座建筑的一种过渡或者交互的过渡。

因此，如果人们为了自然科学而在它的关联中引进来上帝的概念，以便使自然中的合目的性得到解释，然后又利用这种合目的性，以便证明有一个上帝存在，那么，在这两门科学的任何一门中，都没有内在的持久性；而一种蒙骗人的循环论证将使每一门都不可靠，因为它们让自己的界限相互搅混了。

一个自然目的这个表述已经足以预防这种混乱，以免把自然科学以及它为了对自己的对象作**目的论的**评判而提供的理由与对上帝的沉思，因而与一种**神学的**推导相混淆；而且人们切不可把这看做无关紧要的，即人们是否把那个表述与自然秩序
〔382〕中一个属神的目的的表述混为一谈，或者干脆把后一种表述冒充为更得当、更适合于一个虔诚的灵魂的，因为毕竟最终不得不达到从一个睿智的世界创造者推导出自然中的那些合目的的形式的地步；相反，人们必须小心谨慎地把自己限制在这个只表达出我们所知道的这么多的表述上，亦即一个自然目的这个表述上。因为在我们还追问自然本身的原因之前，我们就在自然及其产生的进程中发现了这样一些产品，它们按照已知的经验法则在自然中被产生出来，自然科学必须按照这些经验法则来评判自己的对象，因而也必须按照自然本身中的目的规则去寻找它们的因果性。因此，自然科学切不可跳越自己的界限，要把根本不可能有任何经验与其概念相适合，而且人们惟有在自然科学完成之后才有资格斗胆说出的东西当做本土的原则纳入到自身里面。

可以先天地予以演证，因而在其可能性上无须任何经验的加入就可以从普遍的原则看出的那些自然性状，尽管带有一种技术的合目的性，仍然由于它们是绝对必然的，而根本不能被归为自然的目的论，后者是一种隶属于物理学的解决物理学问题的方法。因此，算术的、几何学的类比，同样还有普遍的机

械法则，不论在它们身上把各不相同的、外表看来完全互不依赖的规则结合在一个原则中，这在我们看来要有多么令人诧异和值得惊赞，也不包含要当物理学中的目的论解释根据的要求；而且即使它们值得在一般自然事物的合目的性的普遍理论中被一起纳入考察，这种理论却毕竟会隶属于别的地方，亦即隶属于形而上学，而不会构成自然科学的任何内在原则，就像凭借有机存在者身上的自然目的的经验性法则，不仅允许而且也不可避免地要把目的论的**评判方式**用做自然学说在其一个特殊类别的对象方面的原则一样。

于是，物理学为了严守自己的界限，就完全撇开了自然目的是**有意**如此还是**无意**如此这个问题；因为那会是干涉一件异己的事务（亦即形而上学的事务）。存在着一些惟有按照我们 〔383〕
仅仅在作为原则的目的理念之下才能设想的自然法则才可**解释的**、并且惟有以这种方式才在其内在形式上哪怕只是内在地可**认识的**对象，这就够了。因此，为了不使自己有丝毫僭妄的嫌疑，就好像人们想把某种根本不属于物理学的东西，亦即一种超自然的原因混杂在我们的认识根据中间似的；人们在目的论中就虽然谈到自然，好像在它里面的合目的性是有意的似的，但毕竟同时是这样谈论的，即人们是把这种意图赋予了自然，亦即赋予了物质；由此人们（由于对此不可能发生任何误解，因为就自身而言就已经不会有人把意图在该词本来的含义上赋予一个无生命的材料）想指出的是，这个词在这里指的只是一条反思性判断力的原则，而不是一条规定性判断力的原则，因而不应当引入因果性的任何特殊根据，而只是给理性的应用再附加上一种不同于按照机械法则的研究方式，以便补充后者本身在经验性地探究自然的一切特殊法则方面的不足。因此，人们在目的论中，就其被引向物理学而言，完全有理由谈论自然的智慧、节约、远虑、仁慈，并不因此就使自然成为一个有理智的存在者（因为这就会是荒唐的）；但也并不敢打算把另一个有理智的存在者作为一个建筑师置于自然之上，因为这就会是狂妄的①，而只是要由此按照与我们在理性的技术应用中的因果性的类比来描绘一种自然的因果性，以便牢记必须据以探究某些自然产品的规则。

但是，为什么目的论通常毕竟并不构成理论自然科学的任何特别部分，而是被作为预科或者过渡而引向神学呢？这种情
〔384〕况之所以发生，乃是为了使按照自然的机械作用对自然的研究坚守我们能够使其如此经受我们的观察或者实验，以至于我们能够像自然那样至少根据法则的相似性自己产生出来的东西；因为人们完全看出的，只是人们能够按照概念自己制作和实现的东西。但是，作为自然的内在目的的有机化，无限地超过了通过艺术来作一种类似展示的一切能力，至于外部的被视为合目的的自然安排（例如风、雨等诸如此类的东西），物理学也许考察它们的机械作用；但它们与目的的关系，就这关系应当是一个必然属于原因的条件而言，物理学根本不能予以展示，因为联结的这种必然性所涉及的完全是我们的概念的结合，而不是事物的性状。

① **狂妄的**这个德语词是一个很好的、含义丰富的词。人们作出一个判断时忘记估计其（知性的）力量的尺度，该判断有时可能听起来很谦卑，而毕竟提出了很高的要求，毕竟是很狂妄的。大多数人们借口用来颂扬神的智慧的判断都是这一类的，因为人们在创造和保持的工作中把意图赋予了神的智慧，而这些意图真正说来应当是给玄想家自己的智慧带来荣耀。

第二卷
目的论判断力的辩证论

〔385〕

第 69 节　什么是判断力的二论背反

规定性的判断力独自并不具有确立**关于客体的概念**的原则；它不是什么自律；因为它仅仅在作为原则而被给予的法则或者概念之下进行**归摄**。正因为如此，它也不蒙受它自己的二论背反的危险和它的诸原则的冲突。这样，包含着在诸范畴之下进行归摄的那些条件的先验判断力，就独自来说并不是**立法的**；而是仅仅列举了感性直观的那些条件，在这些条件下，一个被给予的概念作为知性的法则能够被赋予实在性（应用）：在这一点上，规定性的判断力永远不可能与自身陷入不一致（至少在原则上）。

然而，**反思性的**判断力却应当在一个尚未被给予的，因而事实上只是对于对象作反思的一条原则的法则下进行归摄，对于这些对象，我们在客观上完全缺乏一个法则，或者缺乏一个足以充当出现的种种情况的原则的客体概念。既然没有原则就不允许认识能力的任何运用，所以反思性的判断力在这样一些情况下就必须充当它自己的原则；这原则由于并不是客观的，也不能奠定客体的任何对这种意图来说充足的认识根据，所以只应当用做认识能力的合目的应用的主观原则，亦即对某一类对象进行反思的主观原则。因此，与这样一些情况相关，反思性的判断力有自己的准则，确切地说是为了认识经验中的自然

〔386〕法则所必要的准则，以便凭借这些准则来达到概念，哪怕这些概念应当是理性概念；如果反思性的判断力仅仅为了按照自然的经验性法则来认识自然就绝对需要这些概念的话。——在反思性的判断力的这些必要的准则之间，就有可能发生一种冲突，因而发生一种二论背反，在它之上就建立起一种辩证论，当两个相互冲突的准则中的每一个都在认识能力的本性中有自己的根据时，这种辩证论就可以被称为一种自然的辩证论和一种不可避免的幻相，人们必须在批判中解开和消解这种幻相，以免它骗人。

第 70 节　这种二论背反的表现

只要理性与作为外部感官对象之总和的自然打交道，它就能够以法则为基础，这些法则是知性部分地甚至先天颁布给自然的，部分地通过在经验中出现的经验性规定能够扩展至无限的。为了运用前一类法则，亦即一般物质自然的**普遍**法则，判断力不需要任何特殊的反思原则；这时它是规定性的，因为由知性给予了它一个客观的原则。但涉及我们只能通过经验得知的那些特殊法则，在它们中间就可能有一种如此巨大的多样性和异质性，以至于判断力必须把自己本身用做原则，以便哪怕是在自然的显象中寻觅和探查某种法则，因为它需要这样一种法则来做导线，哪怕它应当希望的只是根据自然的一种普遍的合法则性而相互关联的经验知识。鉴于这些特殊法则的偶然的统一性，就可能发生这样的事情：判断力在其反思中从两个准则出发，其中一个准则是只有知性才先天地为它提供的；但另一个准则却是由特殊的经验引发的，这些经验使理性活动起来，以便按照一个特殊的原则来对有形体的自然及其法则作出评判。这里接下来发生的事情是，这两种准则看起来不能相互

〔387〕并存，因而就凸显出一种辩证法，它使判断力在自己的反思的

原则中感到迷惑。

反思的**第一个准则**就是**命题**：物质性事物及其形式的一切产生都必须被评判为按照纯然机械的法则就可能的。

第二个准则就是**反命题**：物质性自然的一些产品不能被评判为按照纯然机械的法则就可能的（它们的评判要求一个完全不同的因果性法则，亦即终极因的法则）。

如果人们现在把对于研究的这些范导性原理转化成客体本身之可能性的建构性原理，那么，它们所说的就会是这样的：

命题：物质性事物的一切产生都是按照纯然机械的法则就可能的。

反命题：物质性事物的一些产生按照纯然机械的法则是不可能的。

在后面这种性质中，作为规定性的判断力的客观原则，这两个命题就会相互矛盾，因而两个命题中的一个就会必然是错的；但在这种情况下，这虽然是一个二论背反，但却不是判断力的二论背反，而是在理性的立法中的一种冲突。但是，理性既不能证明这两个原理中的这一个，也不能证明其另一个；因为我们对于事物根据自然的纯然经验性的法则的可能性，不可能拥有任何先天的规定性原则。

与此相反，就反思性判断力的最先陈述的准则而言，它事实上根本不包含任何矛盾。因为如果我说：对于物质性自然中作为其产品的一切事件，因而还有一切形式，在它们的可能性上我都必须按照纯然机械的法则来**评判**，那么，我由此并没有说：它们**惟有按照这些法则**（排除了任何其他方式的因果性）**才是可能的**；相反，这只是要表明：**我**在任何时候都**应当按照**自然的纯然机械作用来**反思**它们，因而尽我所能地研究这种机械作用，因为不以这种机械作用作为研究的基础，就根本不可能有任何真正的自然知识。于是，这就并不妨碍第二条准则在

偶然的起因上，亦即在一些自然形式上（并根据这些形式的起
〔388〕因甚至在整个自然上）按照一条与按照自然的机械作用所作的解释完全不同的原则，亦即终极因的原则去探索，并对它们作出反思。因为按照第一条准则所作的反思并没有因此而被取消，反倒是要求尽人们所能去遵循它；由此也没有说，按照自然的机械作用，那些形式就会是不可能的。所主张的只是，**人的理性**遵循这条准则并以这种方式将永远不能找到构成自然目的的特殊之处的那种东西的丝毫根据，但也许能够找到关于自然法则的别的知识；这里悬而未决搁置不论的是，在自然本身不为我们所知的内在根据中，在同一些事物身上的物理机械结合和目的结合是否能够在一个原则中联系起来；只不过我们的理性并不能把它们在这样一个原则中结合起来，因而判断力，作为（从一个主观根据出发的）**反思性**判断力，而不是作为（按照事物自身的可能性的一条客观原则的）规定性的判断力，就不得不为自然中的某些形式而把另一条不同于自然机械作用的原则设想为它们的可能性的根据。

第 71 节　解决上述二论背反的准备

我们绝不可能证明有机自然产品通过自然的纯然机械作用来产生的不可能性，因为对于那些只是被经验性地认识到，因而对我们来说是偶然的特殊自然法则，我们不可能按照其最初的内在根据看出其无限的多样性，这样也就绝对不能达到自然之可能性的内在的、普遍充分的原则（这是处在超感性的东西之中的）。因此，自然的生产能力即便对于我们评判为按照目的理念而形成和结合起来的东西，也正如同对于我们相信只需要自然的一种机械作用的东西一样，都是充足的；或者，事实上对于作为真正的自然目的的事物（如同我们必须必然地评判

它们那样）来说，是否会有一种完全不同的源始的、根本不可能包含在质料性自然或者它的理知基底之中的因果性亦即一种建筑术的知性作为基础？对此我们那在因果性概念方面就该概 〔389〕 念应当先天地详加说明而言十分狭隘地受限制的理性却不能作出任何答复。——但是，考虑到我们的认识能力，自然的纯然机械作用对于有机存在者的产生来说也不能充当任何解释根据，这同样是无可置疑地确定的。因此，**对于反思性的判断力来说**，这是一条完全正确的原理：必须为事物如此明显的按照终极因的联结设想出一种与机械作用不同的因果性，亦即一种按照目的来行动的（有理智的）世界因；哪怕这原理**对于规定性的判断力来说**会是仓促的和无法证明的。在前一种场合，这原理只是判断力的准则，此时那种因果性的概念是一个纯然的理念，人们绝对没有打算承认它有实在性，而只是把它用做反思的导线，而反思在这里对一切机械的解释根据来说都始终保持是开放的，并不从感官世界消失；在后一种场合，这原理就会是理性所颁布的、判断力必须决定性地服从的一个客观的原则，但此时理性就超出感官世界而迷失在，也许是被误导进越界的东西之中了。

因此，在真正说来物理学的（机械的）解释方式的准则和目的论的（技术的）解释方式的准则之间有一种二论背反的一切表面现象都是基于：人们把反思性判断力的原理与规定性判断力的原理相混淆了，把前一种判断力（它只是主观地对我们在特殊的经验法则上的理性应用有效）的**自律**与必须遵循由知性所给予的（普遍的或者特殊的）法则的后一种判断力的**他律**相混淆了。

第 72 节　关于自然的合目的性的各种各样的体系

关于自然的某些事物（有机存在者）及其可能性必须按照

终极因的概念来作出判断，这条原理的正确性还没有人怀疑过，甚至只要人们为了通过观察来认识它们的性状而要求一个
〔390〕**导线**，却并不斗胆去研究它们的最初起源。因此，问题只能是：这原理是仅仅主观上有效的，亦即仅仅是我们的判断力的准则，还是自然的一个客观原则，按照这个原则，在自然（按照纯然的运动法则）的机械作用之外，还有另一种因果性应归于自然，亦即终极因的因果性，那些运动法则（运动力量）只是作为中间原因而隶属于终极因的。

现在，人们完全可以让对于思辨来说的这个问题或者课题悬而不决：因为如果我们满足于在纯然自然知识的界限之内的思辨，那么，我们有了那些准则，就足以在人的力量所及的范围里去研究自然，并探究它那些最隐匿的秘密了。因此，这也许是我们的理性的某种预感，或者是一种仿佛由自然给予我们的暗示，即我们凭借那个终极因的概念也许能够甚至伸展到自然之外，并把自然本身与原因序列中的那个最高点联系起来，如果我们放下或者至少在一段时间里搁置对自然的研究（尽管我们在这种研究中还没有走很远），而先来尝试查明自然科学中的那个外来者，亦即自然目的的概念会导向何处的话。

在这里，当然那个无可争议的准则会必然转化成为将开辟一个广阔的争执领域的课题：是自然中的目的联结**证明**了自然的一种特殊的因果性；还是这种联结就自身而言并且按照客观的原则来看，毋宁说与自然的机械作用是一回事，或者是基于同一个根据的，只是由于这个根据对于我们的研究来说在有些自然产品中常常隐蔽得太深了，所以我们就借助一种主观的原则，亦即艺术的原则，也就是说根据理念的因果性的原则来作尝试，为的是按照类比把这种因果性加给自然；这样的应急措施使我们也在许多场合成功，虽然在一些场合看起来是失败的，但在所有的场合都不使我们有理由把一种特殊的、与根据

自然本身的纯然机械法则的因果性不同的作用方式引入自然科学。我们由于在自然的产品中发现的这种与目的类似的东西而把自然的行事方式（因果性）称为技术，我们要把技术划分为**有意的技术**（technica intentionalis［有意向的技术］）和**无意的技术**（technica naturalis［自然的技术］）。前者应当意味着：自然的生产能力必须按照终极因被视为一种特殊的因果性；后 〔391〕 者应当意味着：这种因果性与自然的机械作用在根本上是一回事，而与我们的艺术概念及其规则的这种偶然巧合，作为评判这种因果性的纯然主观条件，被错误地解释成了自然生产的一种特殊方式。

如果我们现在谈论就终极因而言的种种自然解释体系，那么，人们必须清楚地注意的就是：它们全都是独断论的，也就是说，它们全都在争论事物的可能性的客观原则，不论这是由于有意地起作用的原因还是由于全然无意地起作用的原因，却绝不去争论只是对这样一些合目的的产品作判断的主观准则；在后一种情况下**各不相同的**原则倒还能够结合起来，而在前一种情况下**相互矛盾对立的**原则却可能相互取消而不能并存。

就自然的技术，亦即它的根据目的规则的生产力量而言的这些体系是双重的：自然目的的**理念论**的体系，或者自然目的的**实在论**的体系。前者主张：自然的一切合目的性都是**无意的**；后者主张：自然的一些合目的性（在有机存在者中的合目的性）是**有意的**；从这里面也就有可能引出那被作为假说建立起来的结论，即自然的技术，哪怕是与自然整体相关就自然的一切别的产品而言，也都是有意的，亦即都是目的。

一、合目的性（我在这里总是指的客观的合目的性）的**理念论**要么是自然产品的合目的形式中自然规定的**偶发性**的理念论，要么是这种自然规定的**宿命性**的理念论。前一种原则涉及质料与其形式的物理学根据的关系，亦即运动法则；后一种原则涉及其与这些法则以及整个自然的**超物理学**根据的关系。这种被加给伊壁鸠鲁和德谟克利特的**偶发性**体系从字面上看是如此明显地荒谬，以至于我们不必在这里浪费时间了；与此相反，宿命性的体系（人们把斯宾诺莎当做它的首创者，尽管从一切迹象来看它要更古老得多）基于某种超感性的东西，因而我们的洞识达不到它，所以就不那么容易反驳了，这是因为，它关于元始存在者的概念是根本无法理解的。但这一点却是清楚的：世界中的目的结合在这个体系中必然被假定为无意的
〔392〕（因为这种结合派生自一个元始存在者，但并不是派生自它的理智，因而不是派生自它的任何意图，而是派生自它的本性的必然性以及来源于此的世界统一性），因而合目的性的宿命论同时就是合目的性的理念论。

二、自然的合目的性的**实在论**也要么是物理学的，要么是超物理学的。**前者**把自然中的目的建立在一种按照意图来行动的能力的类似物之上，建立在**物质的生命**（在物质中的，或者是由于一种赋予生命的内在原则、世界灵魂而来的）之上，而叫做**物活论**。**后者**把这些目的从宇宙的元始根据中，即从一个带着意图来创造的（原初具有生命的）有理智的存在者中引出来，而是**有神论**。[①]

① 由此可见：在纯粹理性的大多数思辨事物中，就独断论的主张而言，各哲学学派通常都尝试过对于某个问题来说有可能的一切解答。这样，对于自然的合目的性来说，人们为了这一点所尝试过的，时而要么是**无生命的物质**，要么是一个**无生命的上帝**，时而是**有生命的物质**，或者又是一个**有生命的上帝**。对于我们来说没有别的办法，除非是在迫不得已时撇开所有这些**客观的主张**，仅仅在与我们的认识能力的关系中来**批判地**衡量我们的判断，以便为认识能力的原则获得一个准则的有效性，这种有效性不是独断论的，但对于可靠的理性应用来说却是足够的。

第 73 节　上述体系没有一个做到了它预先确定的事情

所有那些体系想干什么呢？它们要解释我们关于自然的目的论判断，并以此这样来着手工作，即一方来否定这些判断的真理性，因而把它们解释成为一种自然的理念论（表现为艺术）；另一方承认它们是真实的，并许诺要阐明一个根据终极因理念的自然的可能性。

一、维护自然中的终极因理念论的那些体系，一方面虽然允许在终极因的原则上有一种根据运动法则的因果性（通过这种因果性，自然事物合目的地实存着）；但是，它们否认这种因果性上有**意向性**，也就是说，否认它对于自然事物的这种合 〔393〕
目的的产生乃是有意地被规定的，换句话说，否认一个目的是原因。这就是伊壁鸠鲁的解释方式，按照这种解释方式，自然的技术与纯然的机械作用的区别就被完全否定了，而且不仅对于生产出来的产品与我们关于目的的概念的协调一致，因而对于技术，而且甚至对于根据运动法则对这种生产的原因的规定，因而对于它们的机械作用，都是把盲目的偶然假定为解释根据，因而没有解释任何东西，就连我们的目的论判断中的幻相也没有解释，所以这种判断中的所谓理念论绝对没有被阐明。

另一方面，**斯宾诺莎**想要由此解除我们对自然目的之可能性的根据的一切探求，并剥夺这个理念的一切实在性，即他根本不让自然目的被视为什么产品，而是让它们被视为依存于一个元始存在者的偶性，而对于这个作为那些自然事物之基底的存在者，他就那些自然事物而言并不赋予它因果性，而只是赋予它自存性，而且（由于这个存在者连同一切作为依存于它的偶性的自然事物那种无条件的必然性）虽然为自然形式保证了一切合目的性所要求的根据统一性，但同时夺走了自然形式的偶然性，而没有这种偶然性，就不可能设想任何**目的统一性**，并且与这种偶然性一起，他还取消了一切**有意的东西**，就像也取消了自然事物的元始根据的一切知性一样。

但是，斯宾诺莎主义并没有做到它要做的事情。它想指出自然事物的目的联结（它并不否认这种联结）的一个解释根据，并且仅仅举出了这些自然事物全都依存的那个主体的统一性。但是，即便人们承认这个主体有这样一种为了世间存在者而实存的方式，但那种本体论的统一性毕竟由此还并不马上就是**目的统一性**，而且绝对没有使得目的统一性可以理解。也就是说，后者是一种完全特殊方式的统一性，它根本不是从事物（世间存在者）在一个主体（元始存在者）中的联结得出的，而是绝对自身带有与一个有理智的**原因**的关系，而且即使人们把所有这些事物都在一个单纯的主体中结合起来，它也毕竟绝不展示一种目的关系，只要人们在它们中间没有想到，第一，作为一个**原因**的实体的内部**结果**；第二，作为**凭借其理智**的原因的同一个实体的内部结果。没有这些形式的条件，一切统一性都是纯然的自然必然性，而且如果它仍然被赋予我们表现为
〔394〕彼此外在的事物，它就是盲目的必然性。有种东西，这个学派称为事物（在与其特有的本质的关系中）的先验完善性，按照这种先验完善性，一切事物就自身而言都具有为了是这一事物而非另一事物所需要的一切，但如果人们想把这种东西称为自然的合目的性，那就是一种用语词替代概念的儿童游戏了。因为如果一切事物都必须被设想为目的，因而是一个事物和是一个目的是一回事，那么，就根本不存在任何值得被特别表现为目的的东西了。

由此可以清楚地看出：斯宾诺莎由于把我们关于自然中合

目的的东西的概念回溯到我们自己在一个无所不包的（但同时又是单纯的）存在者之中的意识，并仅仅在这个存在者的统一性中寻求那种形式，就必然有这样的意图，即不主张自然的合目的性的实在论，而是主张其理念论，但就连这个意图他也未能实现，因为单是基底的统一性的表象，就连一种哪怕只是无意的合目的性的理念也不能产生出来。

二、那些不仅主张自然目的的**实在论**，而且还以为对它作出了解释的人们，相信能够看出一种特殊类型的因果性，亦即有意地起作用的原因，至少能够在其可能性上看出它；若不然，它们就不会着手想要解释那种因果性了。因为为了有权甚至提出最大胆的假说，至少人们假定为根据的东西的**可能性**必须是确定的，而且人们必须能够保证这个根据的概念有客观实在性。

但是，一种有生命的物质（其概念包含着一个矛盾，因为无生命，即 inertia［无活力］构成物质的本质特征）的可能性是就连被设想也不可以的；一种被赋予生命的物质和整个自然作为一个动物的可能性，只是就它在自然微观上的有机化方面在经验中向我们显示出来（为了提出自然宏观方面的合目的性的一个假说）而言，才能够以可怜的方式得到应用，但绝不是先天地根据其可能性就能看出来的。因此，如果人们想从物质的生命推导出自然在有机存在者身上的合目的性，又无非是在有机存在者里面认识这种生命，因而没有这类经验就不可能形成关于这种合目的性的可能性的概念，那就不得不犯循环解释的错误了。因此，物活论没有做到它所许诺的事情。 〔395〕

最后，**有神论**同样不能独断地论证自然目的的可能性是目的论的一把钥匙；尽管它比起目的论的一切解释根据来具有这样的优点，即它通过自己赋予元始存在者的一种理智而最出色地把自然的合目的性从理念论那里解救出来，并为这种合目的性的产生引进了一种有意的因果性。

因为在这里，为了有权把目的统一性的根据以确定的方式置于超出自然之上，首先就必须对于规定性的判断力来说充分地证明，仅仅通过物质的机械作用，物质中的目的统一性是不可能的。但是，我们能够得出的却无非是，根据我们的认识能力的性状和局限（因为我们看不出这种机械作用的最初的、内在的根据本身），我们切不可以任何方式在物质中寻找确定的目的关系的原则，相反，对于物质的产品作为自然目的的产生，除了通过作为世界原因的一个最高理智来评判之外，没有给我们留下任何别的评判方式。但是，这只是对于反思性的判断力的一个根据，而不是对于规定性的判断力的一个根据，绝对不能给人权利来作出客观的断言。

第74节　不能独断地处理自然技术概念的原因是自然目的的不可解释性

如果我们把一个概念视为包含在另一个构成一条理性原则的客体概念之下的，并按照这条原则来规定它，那么，我们对这个概念（尽管它应当是经验性地有条件的）的处理就是独断的。但是，如果我们只是在与我们的认识能力的关系中，因而在与思维它的主观条件的关系中考察它，而不着手对它的客体有所裁定，那么，我们对它的处理就仅仅是批判的。因此，对一个概念的独断的处理，就是对于规定性的判断力来说合法则的处理，而批判的处理则是仅仅对于反思性的判断力来说合法则的处理。

〔396〕于是，关于一个作为自然目的的事物的概念就是一个把自然归摄在一种惟有通过理性才可设想的因果性之下的概念，这种归摄为的是按照这条原则对在经验中关于客体被给予的东西

作出判断。但是，为了独断地把这个概念用于规定性的判断力，我们就必须首先确信这个概念的客观实在性，因为若不然，我们就不能把任何自然事物归摄在它下面。但是，一个作为自然目的的事物的概念虽然是一个经验性地有条件的概念，也就是说，是一个惟有在某些于经验中被给予的条件之下才可能的概念，但毕竟不是从经验中抽象出来的概念，而只是按照评判该对象时的一条理性原则才可能的概念。因此，它作为这样一个原则，根本不能在其客观实在性上被看出并独断地建立起来；而且我们并不知道，它只是一个玄想的、客观上空洞的概念（conceptus ratiocinans［进行推论的概念］），还是一个理性的概念，一个建立知识的、由理性得到证实的概念（conceptus ratiocinatus［推论出来的概念］）。因此，不能为规定性的判断力而独断地处理它，也就是说，不仅不能澄清自然事物作为自然目的来看为其产生是否需要一个完全特殊类型的因果性（根据意图的因果性）；而且就连对此追问也不能，因为自然目的的概念在其客观实在性上是根本不能通过理性来证明的（也就是说，它并非对于规定性的判断力来说建构性的，而只是对于反思性的判断力来说范导性的）。

但是，说这个概念不是这样的，由下面这一点来看就清楚了，即由于它作为关于一个**自然产品**的概念，在同一个作为目的的事物上既包含着自然必然性，但同时却又包含着客体的形式的一种（仅仅与自然法则相关的）偶然性；所以，如果其中不应当有什么矛盾的话，它就必须既包含着自然中事物的可能性的一个根据，但却也包含这个自然本身及其与某种不是经验性地可认识的自然（是超感性的），因而对于我们来说根本不可认识的东西的关系之可能性的根据，以便当人们要澄清它的可能性时，被按照一种不同于自然机械作用类型的因果性来评判。因此，既然一个作为自然目的的事物的概念**对于规定性的**

判断力来说是越界的，如果人们通过理性来考察这个客体（尽
〔397〕管这个概念对于反思性的判断力来说就经验的对象而言可能是内在的），因而不能使它对于规定性的判断来说获得客观实在性的话，所以，由此就可以理解，何以无论人们为独断地处理自然目的的概念和作为一个通过终极因而相互关联的整体的自然的概念构想出什么样的体系，所有这些体系都既不能客观上肯定地，也不能客观上否定地对某种东西作出裁定；因为如果事物被归摄在一个只是或然的概念之下，则这个概念的综合性谓词（例如在这里就是：我们为了事物的产生而设想的那个自然目的是有意的还是无意的）关于客体所提供的就必定是这样一些（或然的）判断，无论它们是肯定的还是否定的，因为人们并不知道是在对某物还是在对无作出判断。一种凭借目的的因果性（艺术）的概念当然有客观的实在性，一种根据自然的机械作用的因果性的概念同样如此。但是，自然的一种根据目的的规则的因果性的概念，而更有甚者一个根本不能在经验中被给予我们的存在者，亦即这样一个作为自然的元始根据的存在者的概念，虽然能够无矛盾地设想，但毕竟不适宜于独断的规定，因为既然它不能被从经验中得出来，也不是经验的可能性所需要的，它的客观实在性就不能通过任何东西来保障。而即便它能够有保障，我又怎么能够把被确定地指明是神的艺术之作品的事物还归为自然产品呢？本来就是自然的这种无能，即按照其法则不能产生这类东西，才使得援引一个与它不同的原因成为必要的。

第75节　自然的客观合目的性的概念是对于反思性判断力来说的一条批判的理性原则

我是说：自然的某些事物的产生，或者还有整个自然的产

生，都惟有通过一个按照意图被规定去行动的原因才是可能的；还是我**按照我的认识能力的特有性状**，对于那些事物的可能性及其产生不能作别的判断，只能设想出这个按照意图起作 〔398〕 用的原因，因而设想出一个按照与知性的因果性的类比而是生产性的存在者；这毕竟是某种完全不同的事情。在前一种场合，我想关于客体澄清某种东西，并有责任阐明一个假定的概念的客观实在性；在第二种场合，理性只是与我的认识能力的特性以及它们的范围和它们的限制的根本条件相适应来规定它们的应用。因此，前一条原则是规定性判断力的一条**客观的**原理，后一条原则却只不过是反思性判断力的一条主观的原理，因而是反思性判断力的一条由理性托付给它的准则。

也就是说，哪怕我们只是要通过连续不断的观察而在自然的有机产品中来研究自然，我们也必不可少地需要给自然配上一个意图的概念；因此，这个概念对于我们的理性的经验应用来说，已经是一条绝对必要的准则了。显然，一旦这样一条研究自然的导线被接受并被认为得到证实了，我们就必然会把判断力的上述准则也在自然整体上至少尝试一番，因为按照这个准则还会有一些自然法则能被发现，它们根据我们对自然机械作用的内部有所洞识的局限，本来会对我们依然是隐藏着的。但是，就后一种应用而言，判断力的那个准则虽然是有用的，却不是必不可少的，因为自然在整体上并没有作为有机的（在这个词上面援引的最严格的含义上）而被给予我们。与此相反，就自然的那些必须只被评判为有意地这样形成而不是那样形成的产品而言，哪怕只是为了获得它们的内部性状的一种经验知识，判断力的那个准则也是根本上必要的，因为甚至认为它们是有机事物的那个思想，若不是一种凭借意图的产生的思想与之结合，也是不可能的。

现在，一个事物，我们把它的实存或者形式在一个目的的条件下表现为可能的，其概念就与它的一种偶然性的概念（按照自然法则）不可分割地结合起来了。因此，就连那些我们认为惟有作为目的才可能的自然事物，也对世界整体的偶然性构成了最重要的证明，并且是惟一既适用于平常的知性也适用于
〔399〕哲学家的证明根据，即世界整体依赖并源自一个在世界之外实存的、确切地说（为了那种合目的的形式起见）有理智的存在者的证明根据，因此，目的论除了在神学中之外，不能完成对它的那些探讨的解释。

但现在，即便是最完备的目的论，最终又证明了什么呢？例如它所证明的，是有这样一个有理智的存在者存在吗？不是；无非是按照我们的认识能力的性状，因而在经验与理性的那些最高原则的结合中，我们关于这样一个世界的可能性绝对不能形成任何概念，除非是我们设想这个世界的一个**有意地起作用的**至上原因。因此，我们不能在客观上阐明“有一个有理智的元始存在者”这个命题；而是只能在主观上为我们的判断力在其对自然中的目的作反思时的应用而阐明它，这些目的不能按照任何别的原则，而只能按照一个最高原因的一种有意的因果性的原则来设想。

如果我们想独断地、从目的论的根据出发来阐明这个至上的命题，那么，我们就会受困于那些我们无法摆脱的困难。因为此时这些推论就必须以如下命题为基础：世界上的有机存在者惟有通过一个有意地起作用的原因才是可能的。但是，由于我们惟有在目的的理念之下才能在其因果结合中去追究这些事物，并按照其合法则性去认识它们，我们也就会有权对于任何能思维和能认识的存在者来说恰恰把这一点预设为必然的，因而与客体而不是仅仅与我们的主体相联系的条件：这是我们在这里不可避免地要主张的。但是，我们以这样一种主张是应付不过去的。因为既然我们真正说来并未把自然中的目的**视为**有

意的，而只是在对自然产品的反思中把这个概念**设想**为判断力在这方面的导线，所以，它们就不是由客体给予我们的。甚至对于我们来说，先天地就不可能在其客观实在性上为这样一个概念辩护，说它是能够假定的。因此，这绝对还是一个只是基于主观条件的，亦即基于与我们的认识能力相适合的反思性判断力的命题，如果人们把它当做客观独断地有效的来表述，它就会是：存在着一个上帝；但现在，对于我们人来说，所允许的只是如下有限的语式：对于那个甚至必然给我们对许多自然 〔400〕 事物的内在可能性的认识奠定基础的合目的性，我们根本不能以别的方式来思维和使人理解，我们只能把这些自然事物以及一般而言把世界想象为一个有理智的原因（一个上帝）的作品。

现在，如果这个建立在我们的判断力的一个不可回避地必然的准则之上的命题，对于我们的理性在任何**人类的**意图中的一切思辨的和实践的应用来说都是完全令人满意的，那么，我想知道的是，当我们不能证明它也对更高的存在者有效，亦即不能从纯粹客观的根据出发证明它的时候，我们在这方面将失去什么。因为完全确定的是，对于有机存在者及其内在可能性来说，按照自然的纯然机械的原则，我们就连充分认识也不能，更不用说解释它们了；确切地说，这一点是如此确定，以至于人们可以大胆地说：哪怕只是作出这样一种估计或者希望，也许有朝一日还会出现一个牛顿，他按照不是任何意图所安排的自然法则来使哪怕只是一根草茎的产生可以理解，这对于人类来说也是荒谬的；相反，人们必须绝对否认人有这种洞识。但要说这样一来，即便在自然中，如果我们在对它那些已为我们所知的普遍法则的详细说明中能够一直深入到它的原则，则有机存在者之可能性的一个充分的根据，无须给它们的产生配上一个意图（因而在它们的纯然机械作用中），也根本不**可能**隐匿起来，这就又会是我们作出的过于狂妄的判断了；因为我们要从何处知道这一点呢？在这事情取决于纯粹理性的判断的地方，盖然性就完全被取消了。——因此，关于是否有一个按照意图来行动的存在者作为世界原因（因而作为创造者）给我们有理由称为自然目的的东西作根据这个命题，我们根本不能客观地作出判断，既不能肯定也不能否定；只有一点是肯定的，即如果我们毕竟至少应当按照我们自己的本性（按照我们的理性的条件和局限）允许我们看出的东西来作判断的话，我们绝对只能以一个有理智的存在者来作为那些自然目的的可能性的基础，惟有这一点才符合我们的反思性判断力的准
〔401〕则，因而符合一种主观的，但却紧密地与人类相联系的根据。

第76节　附释

这个十分值得在先验哲学中不厌其烦地详加阐释的考察，在这里只能附带地出现加以说明（不是要证明这里所陈述的东西）。

理性是一种原则的能力，而且在它的最终的要求中是指向无条件者的；与此相反，知性则永远只是在某种必须被给予的条件下为理性服务。但是，若没有知性的那些必须被赋予客观实在性的概念，理性就根本不能客观地（综合地）作判断，而且作为理论理性，独自绝对不包含任何建构性的原则，而只包含范导性的原则。人们很快便注意到：在知性不能跟上的地方，理性就成为越界的，并在虽然有根据的理念（作为范导性的原则），而不是在客观有效的概念中卖弄自己；但是，不能与理性同步的知性却毕竟为对于客体的有效性所需要，理性的那些理念的有效性则只限于主体，但毕竟是普遍地对于这个类的所有主体而言的，也就是说，它限于这样的条件，即按照我

们的（人类的）认识能力的本性，或者甚至一般而言按照**我们**关于一个一般的有限理性存在者的能力能够**形成**的概念，只能并且必须这样想，但并不断言这样一种判断的根据在客体中。我们要举出一些例子，它们虽然非常重要，但要把它们作为已得到证明的命题强加给读者也很困难，但它们能够给读者提供深思的材料，并用于说明我们在这里特有的工作是什么。

对于人类知性来说，区分事物的可能性和现实性是不可回避地必然的。其根据就在主体及其认识能力的本性中。因为假如为了这些能力的实施并不要求两种完全异质的成分，即为了概念而要求知性，为了客体而要求与概念相对应的直观，那么，就不会有任何这样的（在可能的东西和现实的东西之间 〔402〕
的）区分了。因为假如我们的知性是能直观的，那么，它除了现实的东西之外就会没有任何对象了。概念（它们仅仅指向一个对象的可能性）和感性直观（它们给予我们某种东西，但由此毕竟没有使它作为对象被认识）就会都被取消。但现在，我们对纯然可能的东西与现实的东西所作的一切区分都是基于，前者只是意味着对一个事物相对于我们的概念以及一般而言相对于思维能力的表象的设定，后者则意味着对（外在于这个概念的）物自身的设定。因此，可能事物与现实事物的区分是这样一种仅仅主观上对人类知性有效的区分，因为即使某种东西不存在，我们总还是能够在思想中拥有它，或者即使我们对它还没有任何概念，我们也能够把它表现为被给予我们了。因此，说事物无须是现实的就能够是可能的，因而从纯然的可能性根本不能推论到现实性，这些命题完全正确地适用于人类的理性，但由此却并不证明这种区别就在事物本身里面。因为后者并不能够从那里面推论出来，因而那些命题虽然就我们的认识能力作为感性上有条件的而也关注感官的客体而言，当然也适用于客体，但并不适用于一般的事物，这一点，由理性不断地要求把某个东西（元始根据）假定为无条件地必然实存的，就可以明白了，在这个东西身上，可能性和现实性就根本不再应当有区别，而且对于这种理念，我们的知性绝对没有任何概念，也就是说，不能找到任何方式去想象这样一个事物以及它的实存方式。因为如果它**思维**这个东西（它可以任意思维这个东西），那么，这个东西就只是被表现为可能的。如果它意识到这个东西是在直观中被给予的，那么，这个东西就是现实的，而不是在这里思维某个具有可能性的东西。因此，一个绝对必然的存在者的概念虽然是一个不可缺少的理性理念，但却是一个对于人类知性来说达不到的或然概念。但是，这个概念毕竟适用于我们的认识能力按照其特有性状的应用，因而不是用于客体，从而不是适用于任何能认识的存在者，因为我并不是在任何能认识的存在者那里都能够预设思维和直观是其认识能力之实施的两个不同条件，从而是事物之可能性和现实性的
〔403〕两个不同条件。在某种知性那里不会出现这种区别，对于它来说就会是：我所认识的一切客体都**存在**（实存）；而一些毕竟并不实存的事物的可能性，亦即如果它们实存的话则它们的偶然性，因而还有必须与此区分开来的必然性，就会不可能出现在这样一个存在者的表象中。但是，使我们的知性对在这里以自己的概念与理性并驾齐驱感到如此困难的东西，只不过是：对于它作为人类的知性来说，这是越界的（亦即对于知性认识的主观条件来说是不可能的），但理性却把这作为属于客体的而当做原则。——于是在这里永远有效的就是这条准则，即在对客体的知识超出了知性的能力的地方，我们就按照我们的（亦即人类的）本性实施其能力的主观的、必然与这本性相联系的条件来思维一切客体；而且即使以这种方式作出的判断（正如即便是就越界的概念而言也只能如此一样）不可能是按照客体的性状来规定客体的建构性原则，这也毕竟还是一些范

导性的、在实施中内在的和可靠的、适合于人类意图的原则。

正如理性在对自然的理论考察中必须假定自然的元始根据的一种无条件的必然性这个理念一样，它在实践的考察中也预设了它自己的（就本性而言）无条件的因果性，亦即自由，因为它意识到了它自己的道德命令。但现在，由于在这里行动作为义务的客观必然性，是与这行动作为事件当其根据在自然中而不在自由（即理性的因果性）中时就会具有的那种必然性相对立的，而且道德上绝对必然的行动在物理上被视为完全偶然的（也就是说，那应当必然发生的事情却常常不发生），所以很清楚，下面这种情况只是源自我们的实践能力的主观性状，即道德法则必须被表现为命令（而符合这些法则的行动则被表现为义务），而且理性不是通过一个**是**，而是通过**应当是**来表述这种必然性的；这种情况如果理性无须感性（作为理性运用于自然对象的主观条件）而被按照其因果性，因而被作为一个与道德法则普遍协调一致的理知世界里的原因来考察的话，是不会发生的，在这里，在应当和做之间，在由于我们才成为可 〔404〕
能的东西的实践法则和由于我们才成为现实的东西的理论法则之间，就不会有任何区别了。但现在，尽管一个在它里面一切东西都仅仅因为它们（作为某种善的东西）是可能的就会成为现实的理知世界，甚至作为它的形式条件的自由，对我们来说都是一个越界的概念，不适合于成为一条建构性的原则去规定一个客体及其客观实在性，但自由按照我们的（部分是感性的）本性和能力，对于我们和一切有理性的、与感性世界相结合的存在者来说，只要我们能够根据我们的理性的性状去设想它，毕竟是被用做一条普遍的**范导性**原则，这条原则不是客观地规定作为因果性形式的自由的性状，而是确切地说按照那个理念使这些行动的规则对每个人都成为命令，其有效性并不亚于假如作出那种规定的话。

同样，就我们现有的情况来说，人们也可以承认：假如我们的知性不具有这样的性质，即它必须从普遍的东西进展到特殊的东西，因而判断力就特殊的东西而言若不具有它能够把特殊的东西归摄于其下的普遍法则的话，就不能作出任何确定的判断，那么，在自然的机械作用和自然的技术亦即目的联结之间，我们也不会发现任何区别。但现在，既然特殊的东西作为特殊的东西，就普遍的东西而言包含着某种偶然的东西，但理性却毕竟仍然在自然的特殊法则的结合中也要求统一性，从而要求有法则性（偶然的东西的这种有法则性就叫做合目的性），而且就特殊的法则在自身中所包含的偶然的东西而言，先天地通过规定客体的概念而把特殊的法则从普遍的法则中推导出来是不可能的，所以，自然在其产品中的合目的性的概念就将是一个对于人在自然方面的判断力来说必要的概念，但并不是一个关涉客体本身之规定的概念，因而是对于判断力来说理性的一条主观原则，它作为范导性的（并非建构性的），对于我们**人类的判断力**来说同样是必然有效的，就好像它是一条客观的原则那样。

〔405〕

第77节　人类知性的那种使一个自然目的的概念对我们成为可能的特点

我们在附释中详细说明了我们的（甚至是高级的）认识能力的特点，我们很容易被诱惑而把这些特点作为客观的谓词转用于事物本身；但是，它们所涉及的是理念，没有任何对象能够在经验中与这些理念相适合而被给予，这样一来，这些理念就只能在追究经验时被用做范导性的原则。虽然对于一个自然目的的概念来说，情况与涉及这样一个谓词的可能性的原因时一样，这原因只能在理念中；但是，符合这原因的结果（产品本身）却毕竟是在自然中被给予的，而作为一个按照目的来行动的存在者的自然，其因果性的概念看起来就使自然目的的理念成了它的一条建构性的原则，而在这里，这理念就具有了与所有其他理念都不同的某种东西。

但这种区别之处就在于：上述理念并不是对于知性来说的，而是对判断力来说的一条理性原则，因而只是知性一般而言在可能的经验对象上的运用；确切地说是在这样的地方，在此判断力不能是规定性的，而只能是反思性的，因而对象虽然是在经验中被给予的，但就连按照理念对它**确定地**（更不用说完全适合地）作出**判断**也根本不能，而是只能对它作出反思。

因此，这就涉及**我们的**（人类的）知性就判断力而言在判断力对自然事物的反思中的一个特点。但如果是这样的话，这里就必须有不同于人类知性的另一种可能知性的理念作为基础（正如我们在《纯粹理性批判》中曾必须考虑另一种可能的直观，如果我们的直观应当被视为一种特殊的直观，亦即对象对于它来说只是被视为显象的一种直观的话），以便人们能够说：某些自然产品**必须**按照我们的知性的特殊性状，就其可能性来说**被我们视为**有意的和作为目的生产出来的，却并不因此就要求现实地有一个特殊的原因来以一个目的的表象为它们的规定根据，因而并不否认说，没有不同于人类知性的另一种（更高 〔406〕
的知性），甚至在自然的机械作用中，亦即在一种并不仅仅为其假定一个知性作为原因的因果结合中，也能够发现自然的这样一些产品的可能性的根据。

因此，这里的关键就在于**我们的**知性与判断力的关系，也就是说，我们在其中寻找我们知性的性状的某种偶然性，以便看出我们的知性与其他可能的知性有别的这种特点。

这种偶然性可以完全自然地在判断力应当将其置于知性概念的**普遍的东西**之下的**特殊的东西**中找到；因为通过**我们的**

（人类的）知性的普遍的东西，特殊的东西并未得到规定；不同的，但毕竟在一个共同的特征中相一致的事物能够以怎样多种多样的方式显示给我们的知觉，这是偶然的。我们的知性是一种概念的能力，亦即一种推论的知性，对于它来说，能够在自然中被给予它并且被置于它的概念之下的特殊的东西，会是什么样的以及如何不一样，这当然必定是偶然的。但是，由于毕竟还有直观也属于认识，而且**直观的完全自发性**的能力会是一种与感性有区别的、完全独立于感性的认识能力，因而是最一般意义上的知性，所以，人们也可以设想一种**直觉的**知性（否定地说，就是只作为非推论的知性），这种知性不是（通过概念）从普遍的东西进展到特殊的东西，并这样进展到个别的东西，而且对它来说不会遇到自然在其产品中按照**特殊的**法则与知性协调一致的那种偶然性，这种偶然性使得我们的知性如此难以把这些产品的杂多纳入到知识的统一性中去；这是一件我们的知性惟有通过自然特征与我们的概念能力的非常偶然的协调一致才能完成的工作，但一种能直观的知性就不需要这样做。

因此，我们的知性对于判断力来说有独特之处，即在认识中特殊的东西并未通过普遍的东西而为知性所规定，因而特殊的东西不能单从普遍的东西中派生出来；但自然的多样性中的
〔407〕这种特殊的东西仍然应当（通过概念和法则）与普遍的东西协调一致，以便能够被归摄在后者下面，这种协调一致在这样的情况下就必定是非常偶然的，而且对于判断力来说是没有确定的原则的。

尽管如此，为了能够至少设想自然事物与判断力的这样一种协调一致（我们把它想象为偶然的，因而只是通过一个指向这一点的目的才是可能的），我们就必须同时设想另一种知性，与这种知性相关，确切地说尤其是与被附加给它的目的相关，

我们就能够把自然法则与我们的判断力的那种协调一致想象为**必然的**，这种协调一致对于我们的知性来说惟有通过目的的结合手段才是可以设想的。

因为我们的知性有这样的属性，即它在自己对例如一个产品的原因的认识中必须从**分析的普遍的东西**（从概念）进展到特殊的东西（被给予的经验性直观）；因此在这时，它就这种特殊的东西的多样性而言不规定任何东西，而是必须等待把经验性直观（如果对象是一个自然产品的话）归摄在概念之下的判断力来作这种规定。但现在，我们也可以设想一种知性，它由于不像我们的知性那样是推论的，而是直觉的，所以就从**综合的普遍的东西**（一个整体作为这样一个整体的直观）进展到特殊的东西，也就是说，从整体进展到各个部分；因此，它和它对整体的表象并不在自身包含各个部分为使整体的一种为我们的知性所需要的一个确定的形式成为可能的那种结合的**偶然性**，而我们的知性则必须从作为被普遍思考的根据的那些部分前进到作为后果的各种能被归摄于其下的可能形式。与此相反，按照我们的知性的性状，自然的一个实在整体只能被视为各个部分相互竞争的运动力量的结果。因此，如果我们不想把整体的可能性想象为依赖于各个部分的，就像按照我们的推论的知性那样，而是按照直觉的（原本的）知性的尺度把各个部分的（根据其性状和条件的）可能性想象为依赖于整体的，那么，这按照我们知性的同一个特点就不能这样来做，即让整体包含着各个部分的联结之可能性的根据（这在推论的认识方式中会是一种矛盾），而是只能让一个整体的**表象**包含着该整体的形式以及属于该形式的各个部分之联结的可能性的根据。但 〔408〕
既然整体在这种情况下会是一个结果，即**产品**，它的**表象**被视为它的可能性的**原因**，但一个原因，其规定根据只不过是其结果的表象，它的产品就叫做目的，所以就由此得出：这产品只是出自我们知性的特殊性状的一个后果，如果我们按照不同于物质的自然法则的因果性的另一种因果性，亦即仅仅按照目的和终极因的因果性而把自然的产品想象为可能的话；这条原则并不关涉这样一些事物本身（甚至作为现象来看）按照这种产生方式的可能性，而是仅仅关涉我们知性可能对它们作的评判。这里我们同时看出，为什么我们在自然知识中早就不满足于通过按照目的的因果性来解释自然产品了，因为我们在这种解释中所要求的是对这种自然生产仅仅与我们的评判能力相适合，亦即与反思性的判断力相适合来作出评判，而不是为了规定性的判断力而与事物本身相适合来作出评判。在这里也根本没有必要去证明这样一种 intellectus archetypus［作为原型的理智］是可能的，而是只须证明，我们在把我们推论的、需要形象的知性（intellectus ectypus［作为摹本的理智］）和这样一种性状作对照时，就被导向那个也不包含任何矛盾的理念（一个 intellectus archetypus［作为原型的理智］）。

如果我们把一个物质整体按照其形式视为各个部分及其力量以及自己把自己结合起来的能力的一个产品（再考虑到与这种物质相互供应的其他物质），那么，我们就是在想象这整体的一种机械的产生方式。但以这样的方式，得不出关于一个作为目的的整体的任何概念，这目的的内在可能性绝对以关于一个整体的理念为前提条件，各个部分的性状和作用方式都依赖于这理念本身，就像我们关于一个有机体毕竟必须设想的那样。但正如刚刚指出的那样，由此所得出的却并非这样一个有机体的机械产生是不可能的；因为这会等于是说，想象杂多联结中的这样一种统一性**对于任何知性**都是不可能的（亦即自相矛盾的），如果这统一性的理念不同时是这统一性的产生原因，
〔409〕亦即如果没有有意的生产的话。但事实上，假如我们有权把物质性的存在者视为物自身的话，仍然会得出这一点。因为在这

种情况下，构成各自然形态的可能性之根据的统一性，就会仅仅是空间的统一性，但空间并不是产生的什么实在根据，而只不过是产生的形式条件罢了；尽管空间与我们所寻找的实在根据在这一点上有些类似，即在其中没有任何部分能够不与整体相关而得到规定（因此整体的表象是各个部分的可能性的基础）。但是，既然毕竟至少有可能把物质世界视为纯然的显象，并且把作为物自身的某种东西（它不是显象）设想为基底，但给这基底配上一种相应的理智直观（尽管不是我们的直观），所以，对于我们一同属于的自然来说就出现了一种虽然不能为我们所认识的、超感性的实在根据，因而我们在自然中就会把它里面作为感官对象而必然的东西按照机械法则来考察，但把它里面作为理性对象的、各种特殊法则和据此而有的各种形式的那种我们就自然而言必定评判为偶然的协调一致（甚至作为系统的自然整体）同时按照目的论的法则来考察，并且按照两种原则来评判它们，而并不用目的论的解释方式排斥机械的解释方式，就好像它们相互矛盾似的。

由此也可以看出人们通常虽然能够很容易猜到，但很难确定地主张和证明的东西，即虽然合目的的自然产品的机械派生原则与一个目的论的原则相并列，但它绝不可能使后者成为多余的，也就是说，人们虽然可以在一个我们必须评判为自然目的的事物（一个有机存在者）上尝试机械产生的一切已知的和还有待发现的法则，也可以希望借此有良好的进展，但却永远不能免除为了这样一个产品的可能性而去援引一个与此完全不同的产生根据，亦即凭借目的的因果性的根据；而且绝对没有任何人类理性（也没有任何与我们的理性在质上相似，但在程度上却远远超过的有限理性）能够希望哪怕是从纯然机械原因来理解一棵小草的产生。因为如果原因和结果为了这样一个对 〔410〕
象的可能性的目的论联结对于判断力来说是完全不可缺少的，

哪怕只是为了依照经验的导线来研究这种可能性；如果对于作为显象的外部对象而言根本不可能找到一个与目的相关的充足理由，相反这个也在自然之中的充足理由却必须只在自然的超感性基底中去寻找，但我们对这个基底的一切可能的洞识都被切断了，那么，我们就绝对不可能为目的结合获得取自自然本身的解释根据，而且按照人类认识能力的性状，在一个作为世界原因的源始知性中去为此寻找至上的根据，就是必然的。

第78节　物质的普遍机械作用原则与自然技术中的目的论原则的结合

理性无限重视的就是不放弃自然在其产生中的机械作用，并且在对自然的解释中不忽略这种作用，因为离开这种作用，就不可能达到对事物本性的任何洞识。即使有人向我们承认：有一个最高的建筑师直接创造了自然的各种形式，如同它们向来存在的那样，或者预定了那些在自然的进程中按照同一个范本不断地自己形成的形式，但毕竟由此丝毫也没有促进我们对自然的知识，因为我们根本不可能了解那个存在者的行动方式以及他那些应当包含着自然存在者的可能性之原则的理念，也不可能由他那里自上而下地（先天地）解释自然。但是，如果我们由于相信在经验对象的形式中发现了合目的性，为了解释这种合目的性，而想从这些形式自下而上地（后天地）援引一个按照目的起作用的原因，那么，我们就会是在完全同义反复地作解释，用语词来欺骗理性，更不用说当我们以这种解释方式迷失在自然知识不能追随我们前往的那种越界的东西之中时，理性就被诱入诗意的狂热，而防止狂热本来正是理性最主要的使命。

〔411〕另一方面，理性的一个同样必要的准则就是不要忽略在自

然产品上的目的原则，因为这个原则虽然并不使我们更加理解自然产品的产生方式，但毕竟是探究自然的特殊法则的一个启发性原则；即便假定人们不愿意对这条原则作任何应用，以据此解释自然本身，因为尽管这些自然产品如此明显地呈现出有意的目的统一性，人们也如此长久地还总是把它们称为自然目的，也就是说，不超出自然之外去寻找它们的可能性的根据。但是，由于毕竟最终必定出现它们的可能性的问题，所以，为这种可能性设想一种不在自然之中的特殊方式的因果性，这也是同样必要的，正如自然原因的机械作用也有自己的因果性那样，因为要接受与物质按照机械作用能够具有的形式不同的许多个形式，就必须再加上一个原因（因此这个原因不能是物质）的自发性，没有这种自发性就不可能指出那些形式的任何根据。虽然理性在走出这一步之前必须谨慎从事，切不可试图把自然的每一种技术，亦即自然的一种对于我们纯然的把握在自身显示出形状的合目的性的生产能力，解释为目的论的，而是始终视为仅仅机械地可能的；然而，想在这方面完全排除目的论原则，并且当合目的性在对自然形式的可能性通过其原因所作的理性研究看来，完全不可否认地显示为与另一种因果性的关系的时候，却总是遵循纯然的机械作用，这同样必定使理性耽于幻想，徘徊在关于自然能力的那些根本不能被思维的幻影中间，正如一种根本不考虑自然机械作用的纯然目的论解释方式使得理性陷入狂热一样。

在自然的同一个事物上，这两个原则不可能作为一个由另一个来解释（来演绎）的原理而相互联结，也就是说，不可能为了规定性的判断力而作为自然洞识的独断的和建构性的原则而相互结合。例如当我假定一条蛆虫应当被视为物质的纯然机械作用（当物质要素由于腐烂而被释放出来时物质独自就完成的新形成）的产品时，我就不能把同一个物质当做一种按照目

〔412〕的来行动的因果性而从中推导出该产品。反过来，当我把同一个产品假定为自然目的时，我就不能指望它有一种机械的产生方式，并把这种产生方式假定为就其可能性而言评判该产品的建构性原则，就这样把两个原则结合起来。因为一种解释方式是排斥另一种解释方式的；即便是假定这样一个产品的可能性的两个根据客观上都基于一个惟一的根据，但我们却没有考虑到它。应当使这两种解释方式在按照它们评判自然时的可结合性成为可能的那个原则，必须被置于那处在这两种解释方式之外（因而也处在可能的经验性的自然表象之外），但却包含着这种自然表象的根据的东西中，亦即被置于超感性的东西中，而且这两种解释方式的任何一种都与之相关。现在，既然我们对这超感性的东西只能有一个根据的不确定概念，这个根据使得按照经验性法则评判自然成为可能，但除此之外我们不能用任何谓词来更切近地规定它，所以就得出，这两个原则的结合不能基于为了**规定性的**判断力而按照被给予的法则对一个产品的可能性作**解释**（说明）的一个根据，而只能基于为了反思性的判断力而对这种可能性作**讨论**（揭示）的一个根据。——因为解释就叫做从一个原则作推导，因而这个原则人们必须能够清晰地认识到并且能够清晰地陈述出来。现在，虽然在同一个自然产品上，自然的机械作用原则和自然根据目的的因果性原则必须在一个惟一的高等原则中相互关联，并共同地从中产生出来，因为若不然，它们在自然考察中就不可能相互并存。但是，如果这客观的共同的，因而也使得依赖于它的自然研究准则有理由共联一体的原则具有这样的性质，即它虽然能够被指明，但却永远不能被确定地认识，不能为了在出现情况时加以应用而被清晰地陈述出来，那么，从这样一个原则中就不可能引出对按照那两个异质原则而可能的一个自然产品的可能性的任何解释，亦即清晰且确定的推导。但现在，一方面是机械的

推导，另一方面是目的论的推导，其共同的原则是我们必须配给作为现象的自然的那个**超感性的东西**。但关于这个超感性的东西，我们在理论意图中却不能形成最起码的被肯定地规定了的概念。因此，何以按照这个作为原则的超感性的东西，自然 〔413〕（按照其特殊的法则）对于我们就构成了一个系统，这系统既按照物理学法则的产生原则又按照终极因的产生原则而被认做是可能的，这是绝对不能解释的；而只是在出现我们若不依据目的论原理就不能在其可能性上按照机械作用的原则（这原则在任何时候都有权对一个自然存在者提出要求）加以思考的自然对象这样的事情发生时，预设人们只可以根据这两个原则信心十足地探究自然法则（根据自然产品的可能性是按照这个还是那个原则可以被我们的知性所认识），而不介意在这些产品的评判原则之间凸显出来的表面冲突，因为至少这种可能性得到了保证，即二者即便在客观上也是有可能在一个原则中协调一致的。

因此，尽管就同一个产品及其可能性而言，无论是自然的机械作用还是自然的目的论的（有意的）技术，都能够服从按照特殊法则的自然的一个共同的高等原则，但由于这个原则是**超验的**，根据我们的知性的局限性，在甚至这个产品的内在可能性惟有通过一种根据目的的因果性才**可以理解**（正如有机物质就具有这种性质）的情况下，我们就不能把这两个原则在对同一种自然的产生**作解释时**结合起来，因此，对于上述目的论原理来说依然是：按照人类知性的性状，对于有机存在者的可能性来说，只能假定一个有意地起作用的原因，而纯然的自然机械作用对于解释这些自然产品的可能性来说则可能是根本不够的；但由此却并不是就这样一些事物本身的可能性而言要通过这个原理来作出裁定。

因为既然这个原理只是反思性判断力的一个准则，而不是规定性判断力的准则，因而只是对于我们来说主观地有效，不是对于这类事物的可能性来说客观地有效（那样的话两种不同的产生方式倒是能够在同一个根据中相互关联了）；此外，既然不给这种以目的论的方式设想的产生方式加上任何关于一个可与此同时发现的自然机械作用的概念，这类产生就根本不能
〔414〕作为自然产品来评判，所以，上述两个准则同时就带有把这两种原则在评判作为自然目的的事物时结合起来的必然性，但却不是为了用一个准则完全或者在某些方面取代另一个准则。因为那被（至少是被我们）设想为只有按照意图才有可能的东西，是不能被任何机械作用取代的；而那按照机械作用被认做必然的东西，也不能被任何需要一个目的来作规定根据的偶然性来取代，而只能是使一个准则（机械作用）隶属于另一个准则（有意的技术），按照自然的合目的性的先验原则，是完全可以这样做的。

因为在目的被设想为某些事物的可能性的根据的地方，人们也都必须假定手段，它们的作用法则**自身**不需要任何以一个目的为前提条件的东西，因而是机械的，但毕竟可以是有意的作用的一个从属的原因。因此，甚至在自然的有机产品中，但更多的是当我们受自然的无限集合所推动，把自然原因按照特殊法则的结合中那个有意的东西现在也（至少是通过可以允许的假说）假定为反思性判断力对自然整体（世界）的**普遍原则**时，也可以设想在自然的种种产生中机械法则与目的论法则的一种重大的、甚至是普遍的结合，而不把对这些产生的各种评判原则相混淆，使一个原则取代另一个原则，因为在一种目的论的评判中，物质甚至在它所接受的形式只被评判为按照意图才可能的情况下，也毕竟按照其本性能够根据机械法则也隶属于那个所设想的目的来充当手段；尽管由于这种可结合性的根据乃是在于那种既不是前者也不是后者（既不是机械作用也不

是目的结合)，而是自然的超感性基底的东西之中，对这基底我们没有任何了解，对于我们（人类的）理性来说这样一些客体的可能性的两种表象方式也无法融合，相反，我们只能把它们评判为按照终极因的联结而建立在一个至上知性之上的，因此目的论的解释方式由此并没有被夺去任何东西。

但现在，由于自然的机械作用作为手段对于每个终极意图来说作出了多大贡献，这一点是完全不确定的，对于我们的理性来说也是永远不确定的；而且由于一般自然的可能性的上述理知原则，完全可以假定自然到处都是按照这两类普遍协调一致的法则（物理学法则和终极因法则）而可能的，即使我们根本不能看出这种情况何以发生的方式，所以，我们也不知道对于我们来说可能的机械解释方式会走多远，而是只知道这么多：仅就我们在这方面始终能够达到的而言，这种解释方式对于我们一度承认为自然目的的事物来说毕竟每次都是不够的，因而我们按照我们知性的性状使那些根据全都隶属于一个目的论的原则之下。 〔415〕

于是，在这上面就建立起这种权限，并且由于按照机械作用的原则所作的自然研究对于我们理性的理论应用所具有的重要性，也建立起这种职责：把自然的一切产品和事件，甚至最合目的的，都加以机械的解释，只要这种解释始终为我们所能进行（我们在这种研究方式内部不可能指出它的局限），但此时却永远也不可忽视，对于我们惟有在目的的概念之下才能够哪怕只是提交给理性去研究的那些自然产物和事件，我们就必须根据我们理性的根本性状，不顾那些机械的原因，最终使它们隶属于根据目的的因果性。

〔416〕

附　录

目的论判断力的方法论

第 79 节　是否必须把目的论当做属于自然学说的来讨论

每一门科学都必须在一切科学的百科全书中有自己的确定地位。如果它是一门哲学的科学，那么，就必须给它指出它在这百科全书的理论部分或者实践部分中的位置，而如果它在理论部分中有自己的席位，那就要么必须给它指出它在自然学说中的位置，如果它考虑的是能够作为经验对象的东西的话（因而是在物体学说、灵魂学说和一般的世界科学中的位置），要么就必须给它指出它在上帝学说（关于作为一切经验对象之总和的世界之元始根据的学说）中的位置。

现在问题是：应当给予目的论以哪个位置？它是属于（就本义而言的）自然科学呢，还是属于神学？二者必居其一；这是由于根本没有任何科学属于从一方到另一方的过渡，因为这种过渡只不过意味着体系的接合或者组织，而不是体系中的任何席位。

它尽管可以在神学中得到极重要的应用，但却并不作为神学的一个部分而属于神学，这是不言自明的。因为它把自然的各种产生及其原因作为自己的对象；而且即使它指向最终的原因，即指向一个被预定在自然之外和之上的根据（属神的创造者），但它在考察自然时这样做，却毕竟不是为了规定性的判断力，而只是为了反思性的判断力（为了通过这样一个理念与人类知性相适合地作为范导性原则来引导对世界上的事物的评判）。

但看起来，它同样也不属于自然科学，自然科学为了指出自然结果的客观根据，所需要的是规定性的判断力，而不是纯然反思性的判断力。事实上，就连对于自然理论或者对自然现象通过其起作用的原因所作的机械解释来说，靠人们按照目的的相互关系来考察这些现象，也是一无所获。就自然的产品按照目的论的概念构成一个系统而言开列这些产品上的自然目的，这真正说来只属于按照一个特殊的导线来撰写的自然描述，这里理性虽然完成了一件辉煌的、有教益的、实践上在诸多意图中合目的的工作，但关于这些形式的产生和内在可能性却根本没有给出任何解释，而这毕竟是理论自然科学真正说来要关心的。〔417〕

因此，作为科学的目的论根本不属于任何学说，而是仅仅属于批判，确切地说属于一种特殊的认识能力亦即判断力的批判。但是，就它包含着先天原则而言，它能够而且必须指出必须如何按照终极因的原则来对自然作出判断的方法；这样，它的方法论就对理论自然科学的处理方式至少有消极的影响，而且也对理论自然科学在形而上学中可能作为神学的预科与神学具有的那种关系有消极的影响。

第 80 节　在把一个事物解释为自然目的时机械作用的原则必须隶属于目的论原则

意在一切自然产品的一种纯然机械的解释方式的**权限**，就自身而言是完全不受限制的；但是，仅仅以此就**够用**的那种**能**

力，按照我们知性的性状，如果知性与作为自然目的的事物打交道的话，却不仅是受限制的，而且也是有清晰界限的，也就是说如此清晰，以至于按照判断力的一个原则，仅仅通过前面这种处理方式，对于解释后面这些事物来说就根本不可能有任何建树，因而我们在任何时候都必须使对这样一些产品的评判隶属于一个目的论的原则。

〔418〕因此，合理的，甚至可嘉的是，为了对自然产品作出解释而尽可能追查自然的机械作用，除非也许会发生这样的事，即甚至要放弃这种尝试，不是因为**就自身而言**就不可能沿着这条道路与自然的合目的性会合，而是仅仅因为它**对于我们**作为人来说是不可能的；因为为此就会要求有不同于感性直观的另一种直观和对自然的理知基底的一种确定的知识，由此出发甚至有可能对显象按照特殊法则的机械作用指出根据，而这是完全超出我们的一切能力的。

因此，自然研究者为了在工作中不白费力气，就必须在评判那些其概念无疑是作为自然目的而建立起来的事物（有机存在者）时，总是把某种源始的有机化当做基础，这种有机化利用那种机械作用，为的是产生其他有机形式，或者是把机械作用自己的形式发展成新的形态（但这些形态毕竟永远是从那个目的中并与那个目的相符合地产生的）。

值得称赞的是，凭借一种比较解剖学来探查有机自然这一伟大创造，以便看一看：这里是否有某种与一个系统类似、确切地说在产生原则上类似的东西存在；我们没有必要停留在纯然的评判原则上（这种原则对于洞识有机自然的产生不给出任何解释），垂头丧气地放弃对在这个领域中的**自然洞识**的一切要求。如此之多的动物种类在某种共同的图型中相互一致，这图型不仅在它们的骨架中，而且在其他部分的安排中都看起来是基础，在这方面值得惊赞的简单构架通过缩短一种安排而延长另一安排，卷起这些部分而展开那些部分，就能够产生出物种的如此巨大的多样性，这就使一缕虽然微弱的希望之光照进心田，即这里也许可以凭借自然的机械作用原则而有所建树，没有这个原则就根本不可能有任何自然科学。就种种形式无论有多少差异都显得是按照一个共同的原型生产出来的而言，它们的这种类似性就加强了它们在从一个共同的元始母亲生产出来这方面有一种现实的亲缘关系的猜测，这种猜测凭借的是一个动物种类到另一个动物种类的逐级接近，即从目的原则看起 〔419〕
来得到最多证实的那个动物种类亦即人开始，直到珊瑚虫，从珊瑚虫甚至直到苔藓和地衣，最终到我们可见的最低的自然等级，到粗糙的物质；在有机存在者里面对我们来说如此不可理解，以至于我们相信为此不得不设想另一个原则的那全部自然技术，看起来都按照机械法则（与粗糙的物质在结晶体的产生中据以起作用的法则一样）源自这种粗糙的物质及其各种力。

于是在这里，就任由自然的**考古学家**去让那个庞大的造物家族从自然最古老的变革遗留下来的痕迹中，按照自然的一切他知道或者猜测到的机械作用产生出来（因为如果上述普遍关联的亲缘关系应当有一个根据的话，人们就必须这样想象这些造物）。他可以让刚刚走出其混沌状态的地球（仿佛是一头巨大的动物）的母腹最初生出具有较少合目的形式的造物，让这些造物又生出另外一些与其繁衍场所和相互关系更相适合地完善自己的造物；直到这个子宫本身凝固起来，僵化起来，并把自己的生育局限在那些确定的、今后不再退化的物种上，而多样性就保持为它在那个能产的形成力运作的终点所沉积的那样。——他最终仍然必须把一种合目的地加给所有这些造物的有机化赋予这位普遍的母亲，否则的话动物界和植物界的这些产品的目的形式在其可能性上就是根

〔420〕本不可设想的。① 但这样一来，他只不过是把解释根据进一步推延，并不能自以为已经使那两个界的产生不依赖于终极因的条件了。

甚至，就有机种类的某些个体偶然经受的那种变化而言，如果人们发现，它们的如此被改变了的性质成为可遗传的，并被接纳入生殖力中，那么，这变化就只能确切地被评判为一种在物种中原初就有的、对于该种类的自我保存来说合目的的禀赋的偶尔展现；因为同类的生殖鉴于一个有机存在者的普遍内在合目的性而如此紧密地与这样一个条件结合在一起，即不把任何不也在这样一个目的系统中属于未展现的原初禀赋之一的东西接纳入生殖力。因为如果离开了这个原则，那么，人们就不能可靠地知道，如今在一个物种那里能找到的形式的更多的部分是否同样会有偶然的、无目的的起源；而目的论的原则，即在一个有机存在者中不把任何在其繁衍中保存下来的东西评

① 人们可以把这样一种假说称为理性的一个大胆的冒险；即便在最敏锐的自然研究者中间，可能也很少有人不是偶尔地想到过这一点。因为它的荒谬并不是像 generatio aequivoca［双重生殖］那样，人们把后者理解为一个有机存在者通过粗糙的无机物质的机械作用而产生出来。有机存在者的产生始终还会是在最宽泛的词义上的 generatio univoca［单一生殖］，只要某种有机的东西从另一种有机的东西，尽管在这一类存在者中与它有物种区别的东西中产生出来；例如，如果某些水生动物逐渐地演变成沼泽动物，并从沼泽动物经过若干代生殖之后演变成陆地动物的话。在纯然理性的判断中，这并不先天地矛盾。然而，经验并没有显示这方面的任何实例，毋宁说按照经验，我们所了解的一切生育都是 generatio homonyma［同名生殖］，它不仅是与从无机材料中的生殖相对立的 generatio univoca［单一生殖］，而且还产生出一个在有机化本身中与生产者同质的产品，而 generatio heteronyma［异名生殖］就我们对自然的经验知识所及，还从未遇到过。

判为不合目的的，也就必然会由此而在运用中变得非常不可信赖，而只是对于那始祖（但我们却不再了解那始祖）才有效了。

针对那些认为有必要为所有这样的自然目的假定一个目的论的评判原则，即假定一个建筑师的知性的人们，**休谟**作出了反驳：人们可以有同样的权利问，究竟这样一个知性是如何可能的，也就是说，构成一个同时具有执行力量的知性的那些各种各样的能力和属性，是如何能够合目的地聚集在一个存在者里面的。然而这个反驳是无效的。因为环绕着一个在自身中包含着目的并惟有通过这些目的才可理解的事物的最初产生这个问题的全部困难，乃是基于对把这个产品中**相互外在的**杂多结合起来的那个根据的统一性的探讨；因为如果这个根据被设定 〔421〕
在一个作为简单实体的创造性原因的知性之中，则那个问题就其是目的论的而言，就得到了充分的回答，但如果原因仅仅在作为许多相互外在的实体的一个集合体的物质中去寻找，则对于这物质的形成的内在合目的的形式来说就完全缺乏原则的统一性；而物质在那些被我们的知性仅仅作为目的才能理解的产生之中的**专制**，就是一个没有意义的语词。

由此就导致，那些为物质的客观合目的的形式寻找其可能性的一个至上根据的人，恰好不承认这根据有一个知性，却喜欢使世界整体成为一个惟一的、无所不包的实体（泛神论），或者（这只是对前者的一个更确定的解释）成为依存于一个惟一的**单纯实体**的许多规定的一个总和（斯宾诺莎主义），仅仅是为了弄清楚一切合目的性的那个条件，即根据的**统一性**；这里他们虽然凭借一个单纯实体的纯然本体论的概念而满足了这个课题的一个条件，亦即目的关系中的统一性，但对于**另一个**条件，亦即该实体与其作为目的的后果的关系，他们却毫不提及，而对于该问题的那个本体论根据本来是应当通过这种关系得到更切近的规定的，因而他们也就绝对没有回答**这整个**问题。甚至如果我们不把事物的那个元始根据想象成**单纯的实体**，对于这个简单实体来说不把它为了那些基于它的自然形式的特殊性状，亦即为了目的统一性而具有的属性想象成一个理智实体的属性，但又不把这个理智实体与那些自然形式的关系（由于我们在所有我们只可能设想为目的的东西上发现的偶然性）想象成一种**因果性**的关系，那么，该问题也依然绝对没有得到回答。

第 81 节　在解释一个作为自然产品的自然目的时机械作用对目的论原则的参与

正如根据上一节，自然的机械作用单独地不可能足以用来
〔422〕设想一个有机存在者的可能性，而是（至少按照我们认识能力的性状）必须在起源上隶属于一个有意地起作用的原因，同样，一个有机存在者的纯然目的论的根据，如果不是该存在者的机械作用参与它的话，也不足以把该存在者视为和评判为自然产品，机械作用仿佛是一个有意地起作用的原因的工具，自然在其机械法则中仍然隶属于这原因的目的。两种完全不同的因果性，即处在其普遍合法则性之中的自然与一个把自然限制在自然本身根本不包含其根据的一种特殊形式之上的理念，我们的理性并不理解它们的这样一种结合的可能性；这种可能性处于自然的超感性的基底之中，对此，除了它是我们只了解其显象的存在者自身之外，我们不能肯定地规定任何东西。但那条原则，即“凡是我们假定为属于这个自然（现象）的并假定为自然产品的东西，也都必须与自然相联结而按照机械法则来思考”，却依然有效，因为没有这种因果性，作为自然目的的有机存在者就不会是自然产品。

如果这些存在者的目的论原则被接受（就像不可能是别的

情况一样)，那么，人们就可以要么把**偶因论**，要么把**预定论**作为它们的内在合目的形式之原因的基础。按照前者，至上的世界原因就会根据自己的理念借每次交媾的机会而直接地给在交媾中混合起来的物质提供有机的形态；按照后者，它就会只把禀赋置入它的这种智慧的最初产品中，凭借这禀赋，一个有机存在者就产生出自己的同类，而物质就持久地保存下来，同样，个体由于自己同时致力于其破坏的本性而来的死亡就不断得到补偿。如果人们接受有机存在者的产生的偶因论的话，那么，在这里一切自然连同对这样一类产品的可能性作判断的理性应用都将完全丧失；因此，人们可以预设，将没有任何对哲学有某种兴趣的人接受这种体系。

预定论又可以以两种方式行事。也就是说，它把每一个由其同类所生育的有机存在者要么视为前者的**离析物**，要么视为 〔423〕
前者的**产品**。作为纯然离析物的生殖的体系就叫做**个体预成论**的体系，或者也叫做**释出论**；作为产品的生殖的体系被称为**新生论**的体系。后者也可以被称为**种类预成论**的体系，因为生育者的生产能力毕竟是根据它们的种族所分有的那些内在合目的的禀赋预先形成的，因而物种形式是 virtualiter [以潜能的方式] 预先形成的。据此，人们也可以把对立的个体预成理论更确切地称为**复原论**（或者嵌入论）。

释出论的捍卫者们把每个个体都排除在自然的形成力之外，以便让它直接出自创造者之手，因而他们毕竟不想冒险让个体按照偶因论的假说来发生，以至于交媾只不过是一道手续罢了，一个至上的有理智的世界原因借这道手续来决定每次都亲手去形成一个胚胎，留给母亲去做的只是释出和养育这个胚胎而已。他们宣称赞同预成论；就好像以超自然的方式是让这类形式在世界的开端产生出来还是让它们在世界的进程中产生出来并不是一回事似的，而不是宁可通过随机的创造来节省一大批超自然的部署，之所以需要这些部署，乃是为了在世界的开端就形成的胚胎经过漫长的时间直到它发展出来都不遭受自然的破坏力量而完好无损地保存下来，这同样也会使得多得无法计数的应当在某个时候发展出来的这样一些预先形成的存在者，连同与它们一样多的创造活动，都成为不必要的和无目的的。然而，他们毕竟至少还想在这里给自然留点儿事情做，以免彻底陷入可以不要任何自然解释的完全的超自然学。他们虽然还是坚持自己的超自然学，甚至当他们在畸形怪胎（人们毕竟不可能把畸形怪胎视为自然的目的）上发现一种值得惊赞的合目的性时亦是如此，哪怕这种合目的性的目标只应当是，一个解剖学家有朝一日会对这作为无目的的合目的性的东西感到反感和黯然的惊奇。但是，他们也绝对不可能使杂种的产生适
〔424〕应预成的体系，而是对于他们此前只承认具有用做胚胎最初营养的机械属性的雄性造物精子，毕竟不得不还承认它具有一种合目的地形成的力量，不过就出自同一种类两个造物的一种产生的整个产品而言，他们毕竟不想把这种力量赋予二者中的任何一个。

与此相反，即使人们不了解**新生论**的辩护者就他用来证明自己理论的经验根据而言对前者所拥有的巨大优势，理性也毕竟已经预先以出色的好意对它的解释方式抱有好感，因为这种解释方式就人们在起源上惟有按照目的的因果性才能够想象为可能的事物而言，毕竟至少在涉及繁殖时，把自然视为自我产生的，而不仅仅是展开的，这样就毕竟是尽可能少花费超自然的东西而把从最初开端以来的一切相随的东西都留给了自然（但关于这个最初开端却没有规定什么东西，它是物理学随便用什么样的原因链条来尝试也总要在这上面一事无成的）。

就这种新生论的理论而言，无论是在证明这个理论还是在部分地通过限制它的一种过于狂妄的应用而建立其运用的真正

原则方面，没有任何人比枢密官**布鲁门巴赫**先生有更多的成就了。关于有机物质，他提升了这些形态的一切物理学解释方式。因为他有理由宣称，说粗糙的物质在起源上是按照机械法则自己形成的，说生命能够从无生命的东西的本性中产生出来，物质能够自行使自己适应一种自己保存自己的合目的性的形式，这是违背理性的；但是，他同时在一种源始**有机化**的这种我们无法探究的**原则**之下给机械作用留下了一个无法规定的、同时毕竟也不会认错的份额，为此，一个有机存在者中物质的能力（与普遍寓于物质之中的纯然机械的形成力有别的能力）被他称为一种（仿佛是从属于对前一种形成力的更高引导和指令的）**形成本能**。

第 82 节　有机存在者的外在关系中的目的论体系 〔425〕

我把外在的合目的性理解为这样一种合目的性，在那里自然的一个事物作为达成目的的手段而有利于另一个事物。现在，那些不具有任何内在的合目的性，或者不为其可能性而以内在的合目的性为前提条件的事物，例如土、气、水等，仍然可以外在地，亦即在与其他存在者的关系中，是很合目的的；但是，这些其他存在者必须在任何时候都是有机存在者，亦即是自然目的，因为若不然，那些事物就也不能被评判为手段了。这样，水、气和土就不能被视为堆积起山脉来的手段，因为山脉就自身而言根本不包含任何要求其可能性在目的上有一个根据的东西，因此山脉的原因永远不能与目的相关在一个（用于目的的）手段的谓词下来表现。

外在的合目的性是与内在的合目的性的概念完全不同的一个概念，内在的合目的性是与一个对象的可能性结合在一起的，而不论这个对象的现实性本身是不是目的。关于一个有机存在者人们还可以问：它是为了什么而存在的？但对于那些人们在其身上只认识到自然的机械作用的结果的事物，就不能轻易这样问了。因为在前一些事物中，我们已经为它们的内在可能性设想了一种根据目的的因果性，即一个能创造的理智，并且把这种主动能力与它的规定根据即意图联系起来。只有惟一的一种外在的合目的性，是与有机化的内在合目的性有关联的，而且不可以问这个被如此有机化的存在者正好是为了什么目的而必须实存，但却仍然在一个手段的外在关系中充当目的。这就是两性为了繁衍自己的种类而在相互关系中的有机化；因为在这里人们总还是像在一个个体那里一样问道：这样一对配偶为什么必然实存呢？回答是：这一对在这里首次构成了一个**进行有机化的**整体，虽然不是在一个惟一的身体中被有机化的整体。

现在如果人们问一个事物为了什么而存在，那么，回答要么是：它的存在和它的产生根本不与一个按照意图起作用的原
〔426〕因有关系，而这样一来人们就总是从自然的机械作用来理解它的一种起源；要么就是：它（作为一个偶然的自然存在者）的存在有一个有意的根据，而且这个思想是人们很难与一个有机事物的概念分开的，因为既然我们一度必须给它的内在可能性配上一个终极因的因果性和一个作为这种因果性的基础的理念，所以，我们也就只能把这个产品的实存当做目的来思考。因为被表象的结果，如果它的表象同时是它的产生的有理智的作用因的规定根据，它就叫做**目的**。因此在这种场合，人们就要么说：这样一个自然存在者的实存的目的就在它自身之中，也就是说，它不仅是目的，而且还是**终极目的**；要么就说：它实存的目的在它之外的其他存在者里面，也就是说，它不是作为终极目的，而是必然同时作为手段而合目的地实存。

但是，如果我们通观整个自然，那么，我们在这个作为自然的整个自然中就找不到任何能够要求作为创造的终极目的之优先权的存在者；人们甚至能够先天地证明：那种也许对于自然来说还有可能是一个**最终目的**的事物，按照我们可能给它配备的一切想得出来的规定和属性，毕竟作为自然事物永远不能是一个**终极目的**。

如果看一看植物界，那么，人们一开始就可能由于它借以差不多散布到任何地面上的那种无法测度的能产性，而产生这样的思想，即把它视为只是自然的机械作用的产品，自然在矿物界的形成中就表现出这种机械作用。但对植物界里面那种无法描绘的睿智的有机化的进一步认识，就使我们不固执于这种思想，而是引发出这样的问题：这些造物是为了什么而存在呢？如果人们回答说：为了以它们为生的动物界，以便动物界能够以如此多种多样的种类散布到地球上，那么就又出现这个问题：究竟这些食草动物是为了什么而存在呢？回答也许会是：为了那些只能以具有生命的对象为生的食肉动物。最终的问题是：这些食肉动物连同前面的几种自然界为了什么而是善的呢？是为了人作多种多样的利用，是人的知性教给它对所有那些造物作这样的利用的；而人就是创造在这尘世上的最终目的，因为人是尘世惟一能够给自己形成一个关于目的的概念，〔427〕并能够通过自己的理性把合目的地形成的诸般事物的集合体变成一个目的系统的存在者。

人们也可以与林耐爵士一起走上表面看来相反的道路，并且说：食草动物是为了抑制植物界的疯长而存在的，这种疯长会使许多植物物种窒息；食肉动物是为了给那些食草动物的贪吃设立界限而存在的；最后，人是为了通过追捕和减少食肉动物而在自然的生产力量和毁灭力量之间造成某种平衡而存在的。这样，人尽管也可能在某种关系中被赞赏为目的，但毕竟在另外的关系中又会只具有一个手段的地位。

如果人们使地球造物的种类的多样性及其作为合目的地建构的存在者的相互外在关系中的一种客观的合目的性成为原则，那么，符合理性的是，在这种关系中又根据终极因设想一种有机化和所有自然界的一个系统。然而在这里，经验看起来是与理性准则公然相矛盾的，尤其是涉及自然的一个最终目的时，这个最终目的毕竟是这样一个体系的可能性所需要的，而且我们也只能把它设定在人身上，因为就人作为许多动物种类的一种而言，自然倒是无论就毁灭性力量来说还是就生产性力量来说都没有给人丝毫的例外，而是使一切都服从于自然的没有一个目的的机械作用。

为了地球上的自然存在者的一个合目的的整体而必须在一种安排中有意地建立起来的第一个东西，也许就是这些自然存在者的居住地，即土地和适宜的环境，它们要在其上和其中繁衍自己的后代。然而，对一切有机生产的这个基础之性状的一种更确切的认识所指示的，却不是别的原因，而是完全无意地起作用的原因，甚至与其说是有利于生产、秩序和目的的原因，倒不如说是毁灭性的原因。陆地和海洋不仅包含着它们和一切在它之上和之中的造物所遭受的古代猛烈的摧毁的遗迹；而且它们的整个结构、陆地的地层和海洋的边界，都完全具有一个在混沌状态中劳作的自然那些狂暴的、万能的力量之产品
〔428〕的外观。无论现在陆地的形态、结构和斜坡看起来被安排得对于接受来自空中的雨水、对于多种多样性质（对于各种各样的产品来说）的地层之间的水脉和江河的流淌来说多么合乎目的，毕竟对它们的进一步研究证明，它们只是有的作为火山爆发的结果，有的作为洪水暴发的结果，或者还作为海啸的结果而造成的；不仅是就这种形状的最初产生而言，而且尤其是就这形状后来的重塑连同那些最初的有机生产的衰亡而言，都是

如此。[①] 如果所有这些造物的居住地，即（陆地的）生殖层和（海洋的）生殖区所指示的不是别的，而是其产生的一种完全无意的机械作用，那么，我们又如何并且有什么权利来要求和主张后面这些产品有一个另外的起源呢？尽管就像对那些自然毁灭的残留物所作的最仔细的审视（根据坎培尔的判断）看起来所证明的那样，人并没有被一同包括进这些变革中去，但人毕竟如此依赖于其余的地球造物，以至于如果承认自然有一种普遍支配其他造物的机械作用，人就必然被视为一同包括在其中的；尽管人的知性已经能够（至少在大多数情况下）在这些毁灭中拯救人了。

但是，这个论证似乎所证明的东西要多于当初提出它所考虑的那个意图所包含的，也就是说，它不仅证明人不可能是自然的什么最终目的以及地球上的有机自然事物的集合体不可能是一个目的系统；而且还证明，甚至以往被视为自然目的的那些自然产品，除了自然的机械作用之外，也没有任何别的起源。

然而，在上述对有机自然存在者的机械产生方式和目的论 〔429〕
产生方式各原则的二论背反的解决中，我们已经看到：既然这些原则就按照这些自然存在者的特殊法则（但是，我们却没有打开它们的系统关联的钥匙）而形成的自然而言，只是一些反

① 如果一度被接受的**自然史**这个名称应当为自然的描述而保留下来的话，那么，人们就可以把它字面上所表明的东西，亦即地球那人们不可以指望有任何确定性、却毕竟有很好的理由去大胆猜测的过去的古老状态的一种展现，称为**自然的考古学**，以与艺术相对立。属于前者的会是化石，就像属于后者的会是雕刻过的石头等等一样。因为既然人们虽然于情理之中缓慢地、却毕竟现实地（以一种地球理论的名义）不断从事着这样一种自然史，所以这个名称恰恰不会被给予一种纯然想象出来的研究，而是被给予自然本身在邀请和要求我们去从事的这样一种自然研究。

思性判断力的原则，亦即它们并不去规定这些自然存在者的起源自身，而是仅仅说，我们按照我们知性和我们理性的性状只能根据终极因来在这类存在者中设想它们的起源，在尝试对它们作机械的解释方面的最大可能的努力甚至冒险不仅是允许的，而且我们也被理性召唤着去这样做，尽管我们知道，出自我们知性的特殊性质和局限的种种主观理由（而绝不是由于这种产生的机械作用与按照目的的起源自身相互矛盾），我们这样做是永远不够的；而且最终，在（不论是我们之外的还是我们之内的）自然的超感性原则中也许根本就不可能有表现自然之可能性的这两种方式的一致，因为按照终极因的表象方式只是我们的理性应用的一个主观条件，如果它不只是想要懂得对作为显象的对象作评判，而且要求把这些显象本身连同它们的原则都与那超感性的基底相联系，以便有可能发现它们的统一性的某些法则的话，而这统一性惟有通过目的（对此理性也拥有这样一些超感性的目的）才能使自己表现出来。

第83节　作为一个目的论系统的自然的最终目的

我们在前面指出过，我们有充分的理由把人不仅像一切有机存在者那样作为自然目的，而且在这个尘世上也作为所有其余的自然事物与之相关而构成一个目的系统的那个自然最终目的，按照理性的原理来评判，虽然这不是为了规定性的判断力，却毕竟是为了反思性的判断力。如果那种作为目的应当通过人与自然的联结而得到促进的东西必须在人自己身上来发现，那么，这种目的就必须要么具有这样的性质，即人本身能
〔430〕够通过自然的仁慈而得到满足；要么这就是对自然能够（外在地和内在地）被人利用来达到的各种各样目的的适应性和技巧。

前一种自然目的将会是**幸福**，后一种自然目的将会是人的**文化**。

幸福的概念并不是人也许从他的本能抽出来，并这样取自他里面的动物性的一个概念；而只是一种状态的**理念**，他要使这状态在纯然经验性的条件下与这理念相符合（而这是不可能的）。他自己给自己构想出这个理念，确切地说是以如此各不相同的方式通过他那与想象力和感官纠缠着的知性来构想；他甚至如此经常地改变这个概念，以至于自然即便完全服从他的任性，也毕竟绝对不能为了与这个动摇不定的概念，并这样与每个人任意地为自己设置的目的协调一致，而呈现出任何确定的、普遍的和固定的法则。但是，即使我们要么想把这个概念贬低成我们的种类在其中完全与自己协调一致的那种真正的自然需要，要么在另一方面还想如此提高达成想象出来的目的的技巧，但人所理解的幸福以及事实上是他自己的最终自然目的（不是自由的目的）的东西，毕竟是他永远达不到的；因为他的本性不具有就占有和享受而言在某个地方停下来并被满足的性质。另一方面，自然远远不是把他当做自己特殊的宠儿来对待，善待他超过一切动物，毋宁说自然正如对待任何其他动物一样，并没有使他在其破坏作用方面，在瘟疫、饥饿、水患、严寒，其他大大小小动物的侵袭以及诸如此类的东西方面受到保护；但更有甚者，人身上的**自然禀赋**的那种荒谬的东西还把人置于自己设想出来的磨难中，并把他自己种类的其他人通过统治的压迫、战争的野蛮等置于这样的绝境，而他自己也在尽自己的能力致力于毁灭自己的种类，甚至即便在我们外部有最仁慈的自然，如果自然的目的是针对我们这个物种的幸福而提出的话，这个目的也是不会在尘世的一个自然系统中被达到的，因为我们内部的自然并不易于被这样的外部自然所感动。因此，人永远只是自然目的链条上的一个环节：他虽然就某些目的而言是原则，似乎是自然在自己的规划中通过他自己使自 〔431〕

己成为原则而把他规定为这原则的；但他毕竟也是在其他环节的机械作用中维持合目的性的手段。作为尘世惟一具有知性，因而具有任意地自己给自己设定目的的能力的存在者，他虽然是自然名义上的主人，而且如果人们把自然视为一个目的论系统的话，他按照自己的使命也是自然的最终目的；但这永远只是在这样的条件下，即他理解这一点，并具有给自然和他自己提供出这样一个目的关系来的意志，这目的关系能够不依赖于自然而自给自足，因而是终极目的，但这终极目的是根本不必在自然中寻找的。

但是，为了发现我们在人身上的什么地方至少能够设定自然的那个**最终**目的，我们就必须找出自然为了使他有准备去做他为了成为终极目的就必须去做的事情而能够提供的东西，并把这东西与所有其可能性基于人们只可以期待于自然的条件的那些目的分别开来。尘世的幸福就具有后一种性质，它被理解为人的一切通过人之外和人之内的自然而可能的目的的总和；这是人在尘世的所有目的的质料，这种质料，如果他使之成为他的整个目的，就使他没有能力为他自己的实存设定一个终极目的并与之协调一致。因此，人在自然中的所有目的也就只剩下了形式的、主观的条件，亦即一般而言自己为自己设定目的、并且（在人规定目的时不依赖于自然）一般而言与他的自由目的相适合地把自然当做手段来使用的适应性的条件，这是自然就外在于它的终极目的而言所能够做到的，因而这就能够被视为自然的最终目的。一个有理性的存在者一般而言对随便什么目的的适应性（因而是在他的自由中的适应性）的产生就是**文化**。因此，惟有文化才能够是人们有理由就人类而言归之于自然的最终目的（而不是他自己的尘世幸福，或者根本不只是在外在于他的无理性自然中建立秩序和一致性的最重要的工具）。

但是，并非任何文化都足以成为自然的这个最终目的。**技**

巧这种文化当然是对一般而言促进目的的适应性的最重要的主观条件；但是，它毕竟不足以在规定和选择自己的目的方面促进**意志**，而这种规定和选择却是对目的的一种适应性的全部范围所要求的。适应性的这后一个条件，人们可以把它称为教化（训练），它是否定性的，在于把意志从欲望的专制中解放出来，欲望的这种专制使我们依附于某些自然事物，没有能力自己作选择，因为我们让冲动充当了我们的枷锁，自然赋予我们这些冲动只是充当导线，为的是不忽视或者甚至伤害我们里面的动物性的规定，然而我们毕竟有足够的自由，根据理性的目的所要求来绷紧或者放松、延长或者缩短这些导线。 〔432〕

技巧在人类中不借助于人们中间的不平等也许就不能得到发展，在这里，大多数人仿佛是机械地、为此不需要特殊的艺术而在为另一些从事着文化那些不大急需的部门即科学和艺术的人的舒适和闲暇操办生活必需品，并被后一些人保持在受压迫、辛苦劳累和少有享受的状态中，但较高阶层的文化毕竟有一些逐渐地扩散到这个阶层。但是，随着文化的进步（这进步的顶点就叫做奢侈，如果对必需之物的癖好已经开始对必需之物造成损害的话），磨难也在两个方面同样剧烈地增长着，一方面是由于外来的暴行，另一方面是由于内心的不满足；但是，这种引人注目的苦难毕竟是与自然禀赋在人类中的发展结合在一起的，而自然的目的本身，虽然不是我们的目的，却毕竟在这里得到了实现。自然惟有在其下才能实现自己这个终极意图的那个形式条件，就是人们相互之间的关系中的法制状态，在其中，对彼此之间交互冲突的自由的损害，是由一个叫做**公民社会**的整体中的合法的暴力来对付的；因为只有在这种状态中，自然禀赋的最大发展才可能发生。但是，为了这种法制状态，即便人类聪明得足以发现它，并且睿智得足以自愿服从它的强制，也毕竟还需要一个**世界公民的**整体，亦即所有那

些处在相互起伤害作用的危险之中的国家的一个系统。没有这
〔433〕个系统，由于荣誉欲、统治欲和占有欲尤其在手中握有暴力的人那里甚至给这样一个系统的可能性所设置的障碍，**战争**（在其中有时一些国家分裂并解体为一些更小的国家，有时一个国家使另一些更小的国家与自己合并，并力求构成一个更大的整体）就是不可避免的，战争尽管是人们的一种无意的（由放纵的热情所激起的）尝试，却毕竟是至上智慧的深深地隐藏起来的、也许是有意的尝试，即借助于各个国家的自由，即便不是建立起合法性，并由此建立起各个国家的一个有道德基础的系统的统一性，也仍然为之作了准备，并且尽管有战争加给人类的种种极其可怕的劫难，以及在和平时期从不间断的备战压迫着人们的也许更大的劫难，战争仍然更多的是一种动机（在对一种人民幸福的安宁状态的希望越来越远去的时候），要把一切有利于文化的才能发展到最高程度。

至于偏好，自然禀赋在我们作为一个动物种类的使命方面对它们来说是完全合目的的，但它们却使得人类的发展变得非常困难，就对它们的训练而言，毕竟在文化的这第二个要求上也表现出自然对一种培训的合目的的努力，这种培训使得我们能够接受比自然本身所能提供的更高的目的。鉴赏的文雅化直至其理想化，甚至在作为虚荣的一种食粮的科学之中的奢侈，通过一大批由此产生的无法满足的偏好，把种种灾祸倾倒到我们头上，这些灾祸的优势是无可争议的；与此相反，自然的目的也是一目了然的，即从更多地属于我们里面的动物性并与我们更高使命的培训极端对立的那些偏好（享受的偏好）的粗野和狂暴那里赢得越来越多的东西，为人类的发展腾出地盘。美的艺术和科学借助于一种可以被普遍传达的愉快，借助于对于社交来说的磨砺和文雅化，虽然不能使人在道德上变得更好，但还是使人文明起来，它们从感官癖好的专制那里赢得了很多

东西，并由此使人对惟有理性才在其中执掌权力的那种统治作好了准备，此时，或由自然、或由人们互不相容的自私带给我们的那些灾祸，同时也就召唤、提升和锻炼着灵魂的力量，使〔434〕之不屈服于这些灾祸，并使我们这样感觉到潜存在我们心中的一种对更高目的的适应性。①

第 84 节　一个世界之存在亦即创造本身的终极目的

终极目的是这样一种目的，它不需要任何别的东西作为它的可能性的条件。

如果对于自然的合目的性来说自然的纯然机械作用被假定为解释根据，那么，人们就不能够问：世界上的事物是为了什么而存在的；因为这样一来，按照这样一种理念论的体系，所说的只是事物的物理学的可能性（把这种可能性设想为目的，对我们来说只会是无客体的玄想），人们也尽可以根据偶然或者盲目的必然性来解释事物的形式，在这两种情况下那个问题

① 如果一种价值仅仅按照**人们享受什么**（按照一切偏好之总和的自然目的，即幸福）来估量，则生活对于我们具有一种什么样的价值，就容易作出裁定了。这种价值将降至零下；因为谁会愿意在同样的条件下，或者即便按照一个新的、自己构想的（毕竟是按照自然进程的）、但也仅仅是建立在享受之上的计划，再次涉足生活呢？根据那种按照自然与我们共有的目的而过的生活自身所包含的东西以及在于**人们做什么**（不只是享受什么）的东西来生活，哪怕我们永远只是达成不确定的终极目的的手段，这样的生活具有什么样的价值，这在上面已经指出过了。因此，剩下来的也许只是我们通过我们不仅做什么，而且也如此不依赖于自然而合目的地做什么而赋予我们的生活的价值，以至于甚至自然的实存也惟有在这个条件下才是目的。

都会是空洞的。但是，如果我们假定世界上的目的结合是实在的，并为它而假定一种特殊的因果性，亦即一个**有意地起作用**的原因，那么，我们就不能停留在这个问题上：世界的事物（有机存在者）为什么具有这种或者那种形式、为什么被自然置于对其他事物的这种或者那种关系中；相反，一旦设想一个必须被视为像在事物身上现实地发现的这样一些形式的原因的〔435〕知性，那就必须在这个知性中追问客观的根据，这个根据能够规定这个生产性的知性去得出这种性质的结果，它才是这类事物之所以存在的终极目的。

我在上面说过：终极目的不是自然足以造就并且按照其理念产生出来的目的，因为终极目的是无条件的。这是由于在自然（作为一个感性存在者）中没有任何东西，其处于自然本身中的规定根据不会永远又是有条件的；而且这一点不仅适用于我们之外的自然（物质性的自然），而且也适用于我们之内的自然（能思维的自然），这可以理解为，我在我里面只考察那是自然的东西。但一个事物，必然地由于其客观性状而应当作为一个有理智的原因的终极目的而实存，就必须具有这样的性质，即它在目的的秩序中不依赖于任何其他方面的条件，而只依赖于自己的理念。

现在，我们在世界上只有惟一的一种存在者，它们的因果性是目的论的，亦即是指向目的的，而毕竟同时具有这样的性状，即它们应当据以为自己规定目的的那个法则，被它们自己表现为无条件的和不依赖于自然条件的，但就自身而言却是必然的。这种类型的存在者就是人，但却是作为本体来看的人；惟有这样的自然存在者，我们在它身上从它自己的性状方面，能够认识到一种超感性的能力（**自由**），甚至认识到那种因果性的法则，连同这种因果性的那个能够把自己预设为最高目的的客体（世界上的至善）。

现在，关于作为一个道德存在者的人（同样，关于世界上的任何有理性的存在者），就不能再去问：他是为了什么（quem in finem［为何目的］）而实存的。他的存在在自身中就具有最高的目的，他能够尽自己所能使整个自然都服从这个最高目的，至少他可以坚持不违背这个最高目的而屈从于自然的任何影响。——如果这个世界的事物作为在其实存上有所依赖的存在者而需要一个按照目的来行动的至上原因的话，那么，人就是创造的终极目的；因为若是没有这个终极目的，相互隶属的目的的链条就不会被完备地建立起来；而惟有在人里面，但也是在这个仅仅作为道德性的主体的人里面，才能发现目的方面的无条件立法，因此，惟有这种立法才使人有能力成 〔436〕
为终极目的，整个自然都是在目的论上隶属于这个终极目的的。[①]

① 世界上的有理性存在者的幸福有可能是自然的一个目的，而这样一来，幸福就也会是自然的**最终**目的了。至少人们不能先天地看出，自然为什么不应当如此安排，因为通过它的机械作用，至少就我们所看出的而言，这是完全可能的。但是，道德性和一种隶属于它的按照目的的因果性却绝对不是通过自然原因而可能的；因为规定它们成为行动的原则是超感性的，因而是目的秩序中惟一可能就自然而言完全无条件的东西，从而惟有它们的主体才有资格成为整个自然都隶属于其下的创造的**终极目的**。——与此相反，如同上一节根据经验的见证已指出的那样，就具有胜过其他造物的优点的人而言，**幸福**就连**自然目的**也不是，说它应当是**创造的终极目的**就大错特错了。人尽可以使幸福成为自己最终的主观目的。但是，如果我追问创造的终极目的：人本来是为了什么而必须实存的呢？那么，这说的就是一个客观的至上目的，就像最高理性为自己的创造会要求这样一个至上目的一样。如果人们现在对此回答说：为的是那个至上的原因能够对之行善的那些存在者实存，那么，人们就与人的理性本身使人的最内在的幸福愿望去服从的那个条件（亦即与人自己的内在道德立法的协调一致）相矛盾了。这就证明：幸福只能是有条件的目的，因而人惟有作为道德存在者才能是创造的终极目的；但是，就人的状态而言，幸福惟有作为按照那种协调一致的后果，才与那个作为人的存在目的的终极目的相结合的。

第 85 节　论自然神学

自然神学是理性从自然的种种目的（它们只能经验性地被认识）推论到自然的至上原因及其属性的尝试。一种**道德神学**（伦理神学）则是从自然中的理性存在者的道德目的（它能够先天地被认识）推论到那个原因及其属性的尝试。

前者自然而然地先行于后者。因为如果我们想**以目的论的方式**从世界上的事物推论到一个世界原因，那么，首先就必须
〔437〕有自然的种种目的被给予，然后我们就可以为这些目的寻找一个终极目的，并为这个终极目的寻找这个至上原因的因果性原则。

对自然的许多研究都能够而且必须按照目的论的原则进行，人们没有理由去追问我们在种种不同的自然产物那里遇到的按照目的起作用的可能性的根据。但是，如果人们想对此也有一个概念，则我们为此绝不拥有任何进一步的洞识，而是只有反思性的判断力的准则；也就是说，即使只有惟一的一个有机的自然产物被给予我们，按照我们认识能力的性状，我们对此也不能设想别的任何根据，只能是自然本身（或者是整个自然，或者哪怕是自然的这个部分）的一个原因的根据，这个原因通过知性而包含着该产物的因果性；通过这条判断原则，我们在解释自然事物及其起源方面虽然丝毫没有走得更远，但它毕竟为我们超出自然之外展现出一些远景，以便也许能够更精确地规定一个元始存在者通常如此毫无成效的概念。

现在我要说：自然神学无论被推进多远，毕竟不能关于创造的一个**终极目的**为我们显示任何东西；因为它甚至达不到关于这一终极目的的问题。因此，它虽然能够把一个有理智的世界原因的概念当做关于我们能够按照目的来说明的事物的可能

性的一个主观上对我们认识能力的性状来说惟一适用的概念，来为之进行辩护，但却无论在理论方面还是在实践方面都不能进一步规定这一概念；而且它的尝试也达不到它奠立一种神学的意图，相反，它始终只不过是一种自然目的论而已：因为在它里面的目的关系总是被并且必然被仅仅视为在自然中有条件的；因而甚至根本不能探询自然本身实存的目的（为此必须在自然之外寻找根据），尽管如此，那个高高在上的有理智的世界原因的确定概念、因而一种神学的可能性，仍然是取决于这个目的的确定理念的。

世界上的事物为了什么而相互有用，一个事物中的杂多为了什么而对这个事物是好的，人们何以有理由假定，世界上没有任何东西是白费的，而是在某些事物（作为目的）应当实存的条件下，一切都为了**自然中**的某种东西而是好的，因此，对于判断力来说，理性在这方面关于它不可避免地作出目的论判断的客体的可能性，就其能力而言所拥有的原则，无非是使自 〔438〕
然的机械性从属于一个有理智的世界创造者的建筑术；凡此种种，都是目的论的世界考察十分杰出地、极为令人赞赏地提供的。但是，由于**规定**一个理智的世界原因（作为最高的艺术家）的那个概念所用的素材，从而还有原则，都是纯然经验性的，所以，它们就使得除了经验就其结果向我们显示的之外，不能进一步推论出任何属性；而经验既然绝不能够把整个自然当做体系来把握，所以就必然经常遇到一些（就外表来看）与那个概念抵触并且相互抵触的证明根据，但即便是我们有能力经验性地就其仅仅涉及自然而言通观整个体系，经验也永远不能把我们提升到自然之上，达到自然的实存本身的目的，并由此达到那个高高在上的理智的确定概念。

如果人们缩小一种自然神学所要解决的任务，那么，其解决就显得容易了。也就是说，如果人们把关于一个**神祇**的概念运用于任何一个由我们设想的有理智的存在者，而不论这样的存在者是有一个还是有很多，它具有许多并且十分伟大的属性，但却恰好不具有建立一个与最大可能的目的相一致的自然所要求的一切属性；或者如果人们认为在一个理论中通过任意的附加来弥补证明根据所提供的东西的匮乏是毫无价值的，并且在人们只有理由假定许多完善性（而对于我们来说，什么是许多呢?）的地方，却自认为有权预设**一切可能的**完善性；那么，自然目的论就提出了一些重大的要求，即要求有奠立一种神学的荣誉。但是，如果要求指明究竟是什么敦促我们，此外给我们以权利作出那种补充的，那么，我们在理性的理论应用的原则中寻找为我们辩护的根据就是白费力气了；理性的理论应用绝对要求，为解释经验的一个客体而赋予它的属性不得多于为了它们的可能性而能够发现的经验性材料。在更精确的审视中我们将看到，真正说来，是关于最高存在者的一个基于完全不同的理性应用（实践的理性应用）的理念，在我们里面先天地作为基础，是它敦促我们补充一种自然神学关于自然中种
〔439〕种目的的元始根据的有缺陷的表象，直到使之成为神祇的概念；而且我们不要错误地想象，已经确立了这一理念，并凭借它而通过自然世界知识理论上的理性应用就已经确立了一种神学，更谈不上已经证明了它的实在性。

如果古人设想自己的诸般神灵部分地在其能力上、部分地在其意图和意向上都极为不同，但却都还以人的方式受到限制，即便是他们的元首也不例外，则人们也不能深责古人。因为在他们观察自然中的种种事物的安排和进程时，他们虽然发现了充足的理由来假定某种超出机械性的东西作为自然的原因，并且在这个世界的机械装置背后猜测到某些高高在上的原因的意图，他们只能把这些原因设想为超人的。但是，由于他们发现善与恶、合乎目的的东西与违背目的的东西在这个世界

上，至少对我们的见识来说是极为混杂的，并且不能冒昧地为了一个尽善尽美的创造者的武断理念而假定一些尽管如此仍暗中作为基础的、智慧的和慈善的目的，而他们却看不出这些目的的证明，所以，他们关于至上的世界原因的判断就很难不是这般结果，也就是说，只要他们始终一贯地按照理性纯然的理论应用的准则行事的话。另一些作为物理学家同时又要做神学家的人，想在凭借关于一个存在者的理念来关注理性所要求的自然事物之原则的绝对统一性这一点上，来为理性找到满足，在这个作为惟一实体的存在者里面包含着那些事物全都只是依存的规定，这个实体虽然并不通过理智而是世界的原因，但它作为主体，毕竟可以在它里面发现种种尘世存在者的一切理智；因而是这样一个存在者，虽然它并不按照目的而产生某种东西，但在它里面毕竟一切事物都由于它们仅仅是其规定的那个主体的统一性，即便是没有目的和意图也必须必然合目的地相互关联。于是，他们就引入了终极原因的理念论：因为他们把一大批合目的地结合起来的实体的如此难以找出的统一性，从**对一个实体**的因果依赖性转化成了**在一个实体中**的依存性；就后果而言，这样的体系从依存的尘世存在者方面来看做**泛神论**，从（后来）作为元始存在者的惟一自存的主体方面来看做**斯宾诺莎主义**，就不仅没有解决自然的合目的性的最初根据的 〔440〕
问题，而且还毋宁说是把这一问题宣布为无价值，因为后一个概念被剥夺了一切实在性，就完全成了对关于事物的一种普遍的本体论概念的纯然误解。

因此，按照理性应用的纯然理论的原则（自然神学仅仅基于这些原则），永远不能发现足以使我们对自然作出目的论判断的神祇概念。因为我们要么就宣布一切目的论都是判断力在判断事物的因果结合时的纯然错觉，并且逃避到自然的一种纯然机械性的惟一原则，而自然由于实体的统一性（从这种统一性来看，自然无非是这个实体的种种规定的杂多而已），只是对我们显得包含着种种目的的一种普遍关系而已；要么，如果我们不用这种终极原因的理念论，想依然忠实于这一特殊类型的因果性的实在论的原理，那么，无论我们给种种自然目的配上多个有理智的元始存在者，还是只配上一个，一旦我们为确立关于这个存在者的概念而仅仅拥有从世界上的现实目的结合获得的经验原则，则我们一方面就违背自然就目的统一性而言在许多实例中显示出的不一致性而一筹莫展，另一方面只要我们由纯然的经验来授权得出一个惟一的理智原因的概念，就永远不能为某种无论以什么方式（在理论上或者实践上）而可用的神学足够确定地得出这一概念。

自然目的论虽然敦促我们去寻找一种神学，但却不能产生出一种神学，不论我们在多大程度上通过经验追踪自然，并且通过理性理念（它们对于物理学的任务来说必须是理论的）来支持在自然中所发现的目的结合。如果自然关于终极意图并不告诉，也永远不能告诉我们任何东西，那么，人们就有理由抱怨说，我们把一个伟大的、一个对我们来说无法测度的理智当做所有这些安排的基础，让它按照意图来布置这个世界，又有什么用呢？没有终极意图，我们毕竟就不能形成所有这些自然目的的一个共同的关联点，不能形成一个充足的目的论原则，来一方面全都在一个体系中认识这些目的，另一方面关于作为
〔441〕这样一个自然的原因的至上理智形成一个能够充当我们对这个自然进行目的论反思的判断力的准绳的概念。在这种情况下，我虽然对于种种分散的目的来说有一个**艺术理智**，但对于毕竟必然包含着前者的规定根据的一个终极目的却没有一个**智慧**。但是，惟有纯粹理性才能先天地提供一个终极目的（因为世界上的一切目的都是经验性地有条件的，所能够包含的无非是作为偶然的意图对此或者对彼好的东西，而不是绝对好的东西），

惟有这个终极目的才会教导我应当设想自然的至上原因的什么属性、什么程度和什么关系，以便把自然判断为一个目的论的体系；缺少了这个终极目的，我如何以及有什么权利可以在此随意地把我能够建立在我绵薄的世界知识之上的关于那个源始的理智、关于这个元始存在者实现其理念的力量、关于它这样做的意志的十分受限制的概念加以扩展，直至补充为一个全智的、无限的存在者的理念呢？这如果应当是在理论上发生的，那就会在我自己里面预设一种全知，以便在其完整的联系中洞察自然的种种目的，并且在这之上还能够设想其他一切可能的计划，与之相比目前的计划必须有理由被判断为最好的计划。因为没有对结果的这种圆满的知识，关于至上的原因，我就不能推论出任何确定的概念（这个概念惟有在关于一个在一切方面都无限的理智的概念中，也就是在一个神祇的概念中才能发现），并为神学奠定一个基础。

因此，无论自然目的论有怎样的可能扩展，按照上面所援引的原理，我们还是能够说：按照我们的认识能力的性状和原则，我们不能以别的方式就其种种已为我们所知的合目的的安排而言来设想自然，只能把它设想为一个它所从属的理智的产物。但是，这个理智凭借自然的整体及其产生是否还会有一个终极意图（这个终极意图在这种情况下就不会在感官世界的自然里面），这是理论的自然研究永远不能为我们揭示的；相反，无论对自然有多少知识，那个至上的原因是否在任何地方都按照一个终极目的，而并非毋宁说通过一个由其本性的纯然必然性所决定要产生某些形式的理智（根据与我们在动物那里称为 〔442〕
艺术本能的东西的类比）而是自然的元始根据，这依然是悬而未决的：没有必要因此就哪怕只把智慧赋予这一原因，更不用说把最高的、与其产物的完善性所需要的其他一切属性相结合的智慧赋予它了。

因此，自然神学是一种被误解的自然目的论，惟有作为神学的准备（预科）才是可用的，而且惟有通过附加另一个它能够依靠的原则才对这一意图来说是充足的，但却不是就自身而言、如其名称所要显示的那样是充足的。

第 86 节　论伦理神学

有一个判断，即便最平常的知性在反思世界上的事物的存在以及世界本身的实在时也不能摆脱它，那就是：一切形形色色的造物，无论它们有多么伟大的艺术安排，有多么多种多样的合目的地彼此相关的联系，甚至包括它们的许多我们不正确地称之为世界的体系的那个整体，如果在它们里面没有人（一般的理性存在者），它们的存在就会没有任何目的；也就是说，如果没有人，整个创造就会是一片纯然的荒野，就会是白费的，没有终极目的。但是，世界上其余一切东西的存在都惟有与其相关才获得自己的价值的东西，却也不是人的认识能力（理论理性），就好像是为了要有某人存在来能够**观察**世界似的。因为如果对世界的这种观察向他展现的无非是没有终极目的的事物，那么，从世界被认识这一事实也不能产生出世界存在的价值；而且人们必须已经预设它的一个终极目的，与这个终极目的相关，对世界的考察本身就具有一种价值。我们与之相关而设想创造的终极目的已被给予的东西，也不是快乐及其总和的情感，也就是说，我们据以估量那种绝对价值的，不是安康，不是享受（无论是肉体的还是精神的），一言以蔽之，不是幸福。因为：人如果存在，就使幸福成为自己的终极意图，这却没有提供任何概念，来说明他究竟为何存在，他本身具有
〔443〕什么价值，以使他的实存对他来说成为惬意的。因此，他必须已经被预设为创造的终极目的，以便有一个理性根据，来说明

自然为什么在被按照目的的原则视为一个绝对的整体时，必然与他的幸福相一致。——因此，这种东西仅仅是欲求能力，但不是那种（通过感性冲动）使他依赖于自然的欲求能力，不是就其而言他的存在的价值所依据的是他接受和享受的东西的欲求能力，而是惟有他自己才能给予自己的价值，而且这种价值就在于他做什么，他如何以及按照什么原则不是作为自然的环节，而是以他的欲求能力的自由而行动；也就是说，一种善良意志是他的存在能够具有一种绝对的价值所惟一凭借的东西，而且惟有与这种东西相关，世界的存在才具有一个**终极目的**。

只要人们把判断引导到这一问题上，并且推动对这一问题的研究，那么，甚至健康人类理性的最平常的判断也是与此完全一致的，也就是说：人惟有作为道德的存在者才能是创造的一个终极目的。人们将说，这个人具有如此之多的才能，以至于他甚至由此而颇有作为，并因而对公共事务施加一种有益的影响，所以无论是在与他自己的幸福状况的关系上还是在与他人的好处的关系上都有很大的价值，但如果他不具有善良的意志，这又有什么用呢？如果人们根据他的内心来看他，他就是一个值得鄙视的客体；而如果创造不应当在任何地方都没有终极目的，那么，作为人来说也属于创造的他，就毕竟作为坏人，在一个服从道德法则的世界中必然按照这些道德法则而丧失其主观的目的（幸福），而这主观的目的是他的实存能够与终极目的共存的惟一条件。

如果我们现今在世界上发现一些目的安排，并且像理性不可避免地要求的那样，使种种只是有条件的目的从属于一个无条件的至上的目的，即从属于一个终极目的，那么，人们首先就很容易看出，在这种情况下，这里所谈的不是就自然的实存而言自然的（自然内部的）一个目的，而是自然的实存连同其所有安排的目的，从而是**创造**的终极**目的**，而且在这一终极目的中，真正说来谈论的也是一个终极目的（也就是说，一个最高的理智产生种种尘世存在者的规定根据）惟有在其下才能成立的至上条件。

〔444〕 现在，既然我们只承认作为道德存在者的人才是创造的目的，所以，我们首先就有了一个根据，至少是主要的条件，来把世界视为一个按照目的相互联系的整体，视为种种终极原因的**体系**；但尤其是，对于种种自然目的与一个理智的世界原因的那种按照我们理性的性状对于我们来说必然的关系，我们有了**一个原则**，来设想作为目的王国中的至上根据的这个第一原因的本性和种种属性，并这样来规定它的概念，这是自然目的论所不能做到的，自然目的论关于这个至上根据只能导致一些不确定的、正因为此而不仅对理论应用不适用、而且对实践应用也不适用的概念。

从元始存在者的因果性这条被如此规定的原则出发，我们将必须把这个存在者不仅设想成理智，设想成为自然立法的，而且也设想成一个道德的目的王国中的立法元首。与惟有在他的统治下才可能的**至善**相关，也就是说与服从道德法则的理性存在者的实存相关，我们将把这个元始存在者设想成**全知的**，为的是甚至意向的最内在的东西（这种东西构成了理性的尘世存在者的行动的真正道德价值）对它也不隐藏；把它设想成**全能的**，为的是它能够使整个自然都适合这个最高的目的；把它设想为**全善的**、同时又**公正的**，因为这两个属性（**智慧**把它们结合起来）对于作为服从道德法则的至善的世界来说构成了它的一个至上原因的因果性的条件；此外在它那里还必须设想所有其余的先验属性，例如**永恒性、全在性等**（因为善与公正是道德属性），它们全都是与这样一个终极目的相关被预设的。——以这样的方式，**道德目的论**就弥补了**自然目的论**的缺陷，才建立起一种**神学**；因为后者如果不偷偷地从前者有所借贷，而是应当始终如一地行事，它独自能够建立的就无非是一种不能有确定概念的**鬼神学**。

但是，世界由于其中的某些存在者道德上的目的规定而与一个作为神祇的至上原因相关的原则，做到这一点却并不仅仅是由于它补充了自然神学的证明根据，从而必然地以后者为基础；相反，它为此独自就是充足的，并且推动人们去注意自然的种种目的和研究隐蔽在其形式背后的不可思议地伟大的艺术，为的是根据自然目的给纯粹实践理性所造就的理念提供附带的证实。因为服从道德法则的尘世存在者的概念，是一个先天原则，人必须按照这个原则对自己作出必然的判断。此外，如果到处都存在着一个有意地起作用的、针对一个目的的世界原因，那么，那种道德关系就必然像按照自然规律的关系一样，是一种创造的可能性的条件（也就是说，如果那个有理智的原因也有一个终极目的的话）：理性甚至先天地把这视为一条对它来说为对事物的实存作出目的论的判断所必需的原理。现在关键在于：我们是否有一种对于理性（无论是思辨理性还是实践理性）来说充足的理由，来赋予按照目的行动的至上原因一个**终极目的**。因为在这种情况下，按照我们理性的主观性状，甚至无论我们如何设想其他存在者的理性，这个终极目的都不可能是别的，而只能是**服从道德法则的人**，这对我们来说是可以先天地视为确定的；因为与此相反，自然秩序中的自然目的是根本不能先天地认识的，尤其是，不可能以任何方式发现自然没有这样的目的就不能实存。 〔445〕

附释

假定一个人正处在心灵与道德感相符合的时刻！当他周围是一片美丽的自然，他正在安闲自在、心旷神怡地享受自己的存在的时候，他在内心里感到一种需要，要为此而感谢某人。

或者他在另一个时刻处在同样的心情中，他发现自己有义务的迫切感，他只能并且想通过自愿的牺牲来满足这些义务；这样他就在内心里感到一种需要，要以此同时执行了某种命令，而且顺从了一位上主。或者他轻率地违背了自己的义务，但由此他并不对人负有责任；这样，严厉的自责就将在他心中说话，就好像这是一位审判者的声音，他要对这位审判者为此作出辩
〔446〕解。一言以蔽之：他需要一个道德的理智，以便为了他实存的目的而有一个存在者，这个存在者按照这个目的是他和世界的原因。要在这些情感背后矫揉造作地找出动机来，是徒劳无功的；因为这些情感都直接地与最纯粹的道德意向相联系，**感恩、顺从**和**谦恭**（屈服于应得的责罚）都是义务的特殊心情，而且倾心于扩展自己的道德意向的心灵在这里只是自愿地设想一个不在世界上的对象，以便可能的话也面对这样一个对象证明自己的义务。因此，这至少是可能的，并且在道德思维方式中也有其基础，即想象一个存在者的实存这种纯粹道德需要，在这种需要之下我们的道德性或者获得更大的强度，或者也获得（至少按照我们的表象）更大的范围，亦即为其施展获得一个新的对象；也就是说，从纯粹的道德上的、没有一切外来影响的（在此当然只是主观的）根据出发，丝毫不考虑理论的证明，更不考虑自私的利益，只考虑对一种独自立法的纯粹实践理性的称颂，来假定世界之外的一个道德上立法的存在者。而且尽管这样一种心情鲜有出现，或者也持续不久，而是倏忽即逝，没有持久的效果，或者也没有自己反思在这样一种影象中被表象的对象，没有努力把它置于清晰的概念之下就消失了，但是，不使我们里面作为主观原则的道德禀赋在观察世界时满足于其由于自然原因的合目的性，而是给它加上一个至上的、按照道德原则统治自然的原因，其根据却是显而易见的。——此外还有，我们感到受道德法则所敦促而去追求一个普遍的最

高目的，但我们和整个自然却都没有能力达到这个目的；我们只是就自己在追求它而言才可以判断自己是符合一个有理智的世界原因（如果有这样一个世界原因的话）的终极目的的；而这样，就有了实践理性的一个纯粹道德的根据来假定这个原因（因为这样做不会有矛盾），即使没有更多的根据，也毕竟使我们不致冒把那种努力就其效果而言视为完全无济于事的而使之松弛的危险。

此处这一切只不过是要说明：虽然**恐惧**首先能够产生**诸神**（鬼神），但**理性**却凭借其道德原则首先产生出上帝的概念（即便人们就自然的目的论而言通常是很无知的，或者由于难以通过充分证实了的原则来调解在这方面相互矛盾的现象，也是很没有把握的）；而且他的存在的内在的、**道德的**目的规定补充了自然知识所丢失的东西，因为这种规定要求为一切事物的存在的终极目的——为此目的，它的原则惟有作为**伦理的**才能满足理性——设想一个具有种种属性、以此有能力使整个自然从属于那个惟一的意图（整个自然只是这个意图的工具罢了）的至上的原因（也就是说，作为一个神祇）。 〔447〕

第 87 节　论上帝存在的道德证明

有一种**自然的目的论**，它提供一种对于我们的理论反思性的判断力来说充足的证明根据，来假定一个有理智的世界原因的存在。但是，在我们自己里面，更多地在一个赋有（其因果性的）自由的一般理性存在者的概念里面，我们发现了一种**道德的目的论**，由于我们自己里面的目的关系可以先天地连同其法则一起被规定，从而被视为必然的，所以这种道德目的论为此目的并不需要我们外面的一种有理智的原因来解释这种内在的合目的性：正如我们在图形的几何属性中（对于各种各样可能的艺术实施来说）发现了合目的的东西，但就这种东西而言不可以期待一个把这种东西赋予这些图形的最高理智一样。但是，这种道德目的论涉及我们，毕竟我们是尘世存在者，因而是与世界上的其他事物结合在一起的存在者，正是同一些道德法则，规定我们把自己的判断对准这些其他事物，或者把它们作为目的，或者把它们作为对象，就这些对象而言我们自己是终极目的。这种道德目的论涉及我们自己的因果性与种种目的的关系，乃至与我们必须在世界上期冀的一种终极目的的关系，此外涉及世界与那个道德目的的相互关系和那个道德目的的实现的外部可能性（对此，没有任何自然目的论能够给我们
〔448〕
提供指导），从这种道德目的论出发就产生出一个必然的问题：它是否迫使我们的理性判断超出世界，为自然与我们里面的道德的那种关系寻找一个有理智的至上原则，以便也在与道德的内在立法及其可能的实现的关系中把自然表象成合目的的。因此，当然有一种道德目的论；而且这种道德目的论一方面必然与自由的**立法学**相联系，另一方面必然与自然的立法学相联系，就像公民的立法必然与人们应当在何处寻找行政权的问题相联系一样，而且在一切理性应当于其中说明事物的某种合乎法则的、只是按照理念才可能的秩序之现实性的一种原则的东西里面，都有这种联系。——我们要首先讲述理性从那种道德目的论及其与自然目的论的关系向**神学**的推进，然后着手考察这种推论方式的可能性和确凿性。

如果人们假定某些事物（或者哪怕只是事物的某些形式）的存在是偶然的，因而只是通过作为原因的某种别的东西才是可能的，那么，人们就可以或者在自然的秩序中，或者在目的性的秩序中（按照 nexu dffectivo［效果的联系］或者 nexu finali［目的性的联系］）为这种因果性寻找至上的根据，因而为有条件者寻找无条件的根据。也就是说，人们可以问：什么是至上的产生性原因？或者，什么是这种原因的至上目的（绝对

无条件的目的），亦即它产生这些或者其所有产物的终极目的？这里当然已经预设，这个原因能够有一个目的的表象，因而是一个有理智的存在者，或者至少必须被我们设想为按照这样一个存在者的法则行动的。

现在，如果人们遵从后一种秩序，那么，甚至最平常的人类理性也不得不直接赞同的**原理**就是：如果某个地方有理性必须先天地说明的**终极目的**成立，那么，这个终极目的就不可能是别的，而只能是**服从道德法则的人**（即每一个理性的尘世存在者）。[①] 因为（每一个人都这样判断）：如果世界全然是由无

① 我有意说：**服从**道德法则。创造的终极目的不是**按照**道德法则的人，也就是说，不是一个符合这些法则而行事的人。因为使用后一种表述，我们就会所说多于所知，也就是说，使人在任何时候都与道德法则相适合地行事，这处于世界创造者的权能之中；这就预设了自由和自然的概念（惟有关于后者，人们才能设想一个外在的创造者），这个概念必然包含着对自然的超感性基底及其与通过自由的因果性在尘世中使之可能的东西的同一性的洞识，而这种洞识却远远地超出了我们的理性洞识。惟有关于**服从道德法则的人**，我们才能不逾越我们洞察力的限界而说：他的存在构成了世界的终极目的。这与在道德上对世界进程进行反思的人类理性的判断也是完全一致的。我们相信，即便是在恶人那里，只要我们看到，一个恶贯满盈的罪犯在他死前也受到其罪行的应得惩罚，就发现了一种智慧的目的关系的迹象。按照我们关于自由的因果性的概念，善行或者恶行所依据的就是我们自己；但是，我们把统治世界的最高智慧就设定在：对于前者来说施加的是循循善诱，但对于二者来说都施加了按照道德法则的后果。真正说来，上帝的荣耀就在于这种后果，因此被神学家们并非不恰当地称为创造的终极目的。——还应说明的是：在我们使用**创造**这个语词时，我们所理解的无非是这里所说的东西，即一个**世界**的**存在**的原因，或者世界上种种事物（实体）的存在的原因；就像这个语词的真正概念所带有的那样（actuatio substantiae est creatio［实体的实现就是创造］）；因此，它并不已经自身带有一个自由活动的、从而是有理智的原因的预设（这个原因的存在是我们首先要证明的）。

〔449〕生命的存在者所构成，或者虽然部分地由有生命的存在者所构成，但却是由无理性的存在者所构成，那么，这样一个世界的存在就会根本没有任何价值，因为在它里面没有任何对一种价值有起码概念的存在者实存。与此相反，即使有理性的存在者，但他们的理性却只能把事物存在的价值设定在自然与他们（他们的福祉）的关系中，而不能原初地（在自由中）为自己创造这样一种价值，那么，世界上虽然有（相对的）目的，但却没有（绝对的）终极目的，因为这样的理性存在者的存在毕竟总是没有目的的。但是，道德法则却具有独特的性状，即它们无须条件地、从而恰恰如一个终极目的的概念所需要的那样，为理性把某种东西规定为目的；因此，惟有这样一种在目的关系中能够对自己本身来说是至上法则的理性的实存，换句话说，惟有服从道德法则的理性存在者的实存，
〔450〕才能被设想为一个世界的存在的终极目的。与此相反，如果不是这样，那么，就或者根本没有目的在原因中作为世界存在的基础，或者是没有终极目的的目的作为其基础。

道德法则作为应用我们的自由的形式上的理性条件，独自就使我们负有义务，无须依赖某个目的来作为质料上的条件；但是，它毕竟也为我们乃至先天地规定了一个终极目的，它使我们有义务追求这一目的，而这一目的也就是通过自由而可能的**尘世中的至善**。

人（而且按照我们的一切概念，也是每一个理性的有限存在者）在上述法则之下能够为自己设定一个终极目的，其主观条件就是幸福。因此，在尘世中可能的、应当尽我们所能当做终极目的来促进的自然至善，就是**幸福**；其客观条件就是人与**道德性**亦即配享幸福的法则的一致。

但是，按照我们的所有理性能力，我们都不可能把通过道

德法则为我们提出的终极目的的这两个要求表象为通过纯然的自然原因**联结起来的**、适合上述终极目的的理念的。因此，如果我们不把除自然的因果性之外的另一种（手段的）因果性与我们的自由联结起来，这样一个目的通过运用我们的力量的**实践必然性**的概念，就与实现这一目的的**自然可能性**的理论概念不相一致。

因此，我们必须假定一个道德的世界原因（一个世界创造者），以便按照道德法则为我们预设一个终极目的；而后者在多大程度上是必要的，假定前者也就在多大程度上（亦即在同样的等级上和出自同样的理由）是必要的：也就是说，有一个上帝存在。①

※　　　※　　　※

人们轻而易举地就能使逻辑精确性的形式适应这种证明，它并不是要说：假定上帝的存在与承认道德法则的有效性是同样必要的；因此，不能确信前者的人，就可以判定自己摆脱了根据后者的责任。不！在这种情况下必须放弃的只是通过遵循后者来实现尘世中的终极目的（理性存在者的一种与遵循道德法则和谐一致的幸福，作为最高的尘世福祉）的**企图**。每一个理性的人都必须承认自己始终还是严格地受道德规范制约的；因为道德的法则都是形式的，并且是无条件地发布命令的，并不考虑目的（作为意愿的质料）。但是， 〔451〕

① 这种道德的论证不是要提供上帝存在的一种**客观**有效的证明，不是要向信念不坚定的人证明有一个上帝存在，而是要向他证明，如果他想在道德上始终如一地思维，他就**必须**把这一命题的假定**接受**进他的实践理性的准则中去。——这也不是要说：假定一切理性的尘世存在者都有符合其德性的幸福，乃是**为了道德性**而必要的，相反，它是**由于道德性**而必要的。因此，它是一个**主观上**为了道德的存在者而充足的论证。

终极目的就像实践理性为尘世存在者所规定的那样，其惟一的要求就是通过他们（作为有限的存在者）的本性而置入他们里面的一个不可抗拒的目的，理性只想知道这种目的从属于**作为**不可违反的**条件**的道德法则，或者按照道德法则成为普遍的，并如此把促进与道德性相一致的幸福作为终极目的。（就前者而言）力所能及地促进这一目的，是由道德法则命令我们的；而不管这种努力的结果会是什么样的。义务的履行在于认真的意志的形式，而不在于达成的中间原因。

因此假定：一个人部分地为一切备受称颂的论证的薄弱所动，部分地为自然和道德世界中呈现给他的某些不合规则的现象所动，而相信“不存在一个上帝”的命题；然而，如果他因此就要把义务的法则视为纯然想象出来的、无效的、无约束力的，并且决心无所畏惧地逾越它们，则他就会在他自己的眼中一钱不值。这样一个人，即使他后来能够确信他起初怀疑的东西，也因那种思维方式而依然是一个一钱不值的人；尽管他就
〔452〕结果而言如历来所要求的那样一丝不苟地履行义务，但却是出自惧怕，或者是出自追求报酬的意图。反过来，如果他作为有信仰的人按照自己的意识真诚地和无私地遵循义务，尽管如此却常常为了试验而假定自己可能有朝一日确信不存在一个上帝，就立刻相信自己摆脱了一切道德责任，那么，他心中的内在道德意向就必定只是坏的。

因此，我们可以假定一个诚实的人（例如斯宾诺莎这样的人），他坚持相信不存在一个上帝，而且（由于就道德性的客体而言结果都一样）也不存在一种来生；他将怎样通过他实际上尊崇的道德法则来判断他自己内在的目的规定呢？他并不要求遵循道德法则给他自己带来什么好处，无论是在今世还是来世；毋宁说，他只想无私地促成善，对此那神圣的法则给他的

一切力量指明了方向；但是，他的努力是有局限的；他虽然时而能够指望本性提供一种偶然的支持，但却永远不能指望它提供与他觉得有义务并且受敦促去实现的目的的一种有规律的、按照恒常的规则（如他的准则内在地是并且必须是的那样）来印证的一致。虽然他本人是正直的、和气的、善意的，欺诈、暴行和嫉妒也将总是在他周围横行；而且他在自身之外还遇到的那些诚实的人，无论他们怎样配享幸福，却由于对此不管不顾的自然，而仍然与地球上的其他动物一样，遭受着贫困、疾病和夭亡这一切不幸，而且就一直这样下去，直到一个辽阔的坟墓把他们全都吞噬掉（在这里，正直还是不正直都是一回事），而那些能够自信是创造的终极目的的人们被抛回到他们曾经从中超拔出来的物质无目的的混沌的深渊为止。——因此，这个善良的人当然一定会把他在遵循道德法则时所关注和应当关注的目的视为不可能的而放弃掉；或者他也想对他道德上的内在规定的召唤保持忠诚，不让道德法则直接为了得到遵从而灌注给他的那种敬重因惟一适合其高尚要求的理想终极目的的无效而受到削弱（这种事情的发生不可能不损害道德意向）：这样，他就必须在实践方面，也就是说，至少为了对在 〔453〕
道德上给他规定的终极目的的可能性形成一个概念，而假定一个**道德上的**世界创造者的存在，也就是说，假定上帝的存在；他尽可以作出这种假定，因为这种假定至少自身是不自相矛盾的。

第 88 节　对道德证明的有效性的限制

作为实践能力，也就是作为通过理念（纯粹的理性概念）来规定我们的因果性的自由应用的能力，纯粹理性不仅在道德法则中包含着我们行动的一种范导性原则，而且还由此同时在一个只有理性才能思维、应当通过我们的行动在世界上按照那个法则予以实现的客体的概念中提供了一个主观的建构性原则。因此，在按照道德法则运用自由时的一个终极目的的理念具有主观的**实践的**实在性。我们先天地被理性所规定，要尽一切力量来促进尘世的福祉，这种福祉就在于理性的尘世存在者的最大福利与他们的善的最高条件的结合，也就是说，在于普遍的幸福与合法则的道德性的结合。在这个终极目的中，一方亦即幸福的可能性是经验性地有条件的，也就是说，取决于自然的性状（它是否与这个目的一致），而且在理论上看是成问题的；而另一方，即道德性，就它而言我们是不受自然的合作约束的，所以它在可能性上是先天地肯定的和独断地确定的。因此，关于理性的尘世存在者的终极目的的概念，其客观的理论实在性要求，不仅我们具有一个先天地设定的终极目的，而且创造亦即世界本身就其实存而言也有一个终极目的，这一点如果能够被先天地证明，就会给终极目的的主观实在性附加上客观的实在性。因为如果创造在某个地方有一个终极目的，那么，我们就不能以别的方式来思维它，而只能说它必然与道德的终极目的（惟有道德的终极目的才使关于一个目的的概念成
〔454〕为可能）一致。但这样一来，虽然我们在尘世有种种目的，而且自然目的论在如此程度上展示出它们，以至于如果我们按照理性来做出判断，我们终归有理由假定为自然研究的原则的是，在自然中根本没有任何东西是没有目的的；然而，我们在自然本身中寻找自然的终极目的，是徒劳无功的。因此，就像终极目的的理念只存在于理性之中一样，这种终极目的就其客观可能性而言，只能并且必须在理性存在者里面寻找。但是，理性存在者的实践理性不仅指出了这一终极目的，而且还就一个终极目的惟有在其下才能被我们所思维的种种条件而言规定了这一概念。

于是问题就是：是否能够为了纯粹理性的理论要求而充分地阐明关于创造的一个终极目的的概念的客观实在性，尽管不能为了规定性的判断力而无可置疑地阐明，但却能够为了理论上反思性的判断力的种种准则而充分地阐明。这是人们在思辨哲学中所能够要求的最起码的东西，思辨哲学自告奋勇要凭借一个惟一的目的的理念来把道德目的与自然目的结合起来；但是，即便是这件小事，也毕竟远远地超过了它所能够提供的。

按照理论上反思性的判断力的原则，我们会说：如果我们有理由为自然的合目的的产物假定自然的一个至上原因，它就自然的现实性而言的因果性（创造）必须被设想成不同于自然的机械性所要求的，也就是说，设想成一个理智的因果性，那么，我们根据这个元始存在者就有充分的理由不仅在自然中到处都设想种种目的，而且还设想一个终极目的，尽管这不足以阐明这样一个存在者的存在，但毕竟至少（就像在自然目的论中所发生的那样）使我们确信，我们不仅能够按照目的、而且只能通过赋予这样一个世界的实存一个终极目的，来使我们理解这样一个世界的可能性。

然而，终极目的纯然是我们的实践理性的一个概念，不能为了在理论上对自然作出判断而从经验材料推论出来，也不能与自然的知识发生关联。这一概念不可能有别的应用，而只能按照道德法则用于实践理性；而创造的终极目的就是 〔455〕
世界的那种与我们惟有按照法则才能确定地说明的东西，亦即与我们的纯粹实践理性就其应当是实践的而言的终极目的相一致的性状。——于是，通过把这种终极目的交付给我们的道德法则，我们在实践方面，也就是说为了把我们的力量用于实现这种终极目的，就有了一种理由来假定这种终极目的的可能性亦即可实现性，因而也（由于没有自然来支持这种可实现性的一种不归我们掌握的条件，实现这种终极目的就会是不可能的）假定事物的一种与此一致的本性。因此，我们就有一种道德的理由来设想一个世界也有一种创造的终极目的。

现在，这还不是从道德目的论推论到一种神学，也就是说，不是推论到一个道德的世界创造者的存在，而是仅仅推论到创造的一个以这种方式被规定的终极目的。至于为了这种创造，亦即为了事物符合一个**终极目的**的实存，首先就必须假定一个有理智的存在者，但其次又不仅（就像为了我们不得不判断为目的的自然事物的可能性那样）假定一个有理智的存在者，而且假定一个同时是**道德的**存在者，来作为世界的创造者，从而假定一个上帝，这是第二个推论；它的性质在于：人们发现，它是纯然为了根据实践理性诸概念的判断力而做出的，从而作为这样一种推论乃是为了反思性的判断力，而不是为了规定性的判断力做出的。因为我们不能自以为可以看出，虽然在我们里面道德上的实践理性与技术上的实践理性就其原则而言是有本质区别的，而在最高的世界原因那里，如果它被假定为理智，也就必然是这种情况，而且对于终极目的来说比起纯然对于自然的种种目的来说，需要一种特殊的和不同的因果性；因此，我们对于我们的终极目的来说就有一种**道德的根据**，不仅假定创造的一个终极目的（作为结果），而且假定一个**道德的存在者**来作为创造的元始根据。但是，我们却可以说：**按照我们的理性能力的性状**，没有一位世界的创造者和同时是立法者的统治者，我们就根本不能使自己理解这样一种**与道德法则**及其客体相关的、存在于这种终极目的中的合目的性的可能性。

〔456〕因此，一个最高的道德上立法的创造者的现实性只是**对于**我们理性的**实践应用**来说才得到了充分的阐明，并没有就这位

创造者的存在而言在理论上规定什么东西。因为我们的理性为了它无论如何通过其自己的立法交付给我们的目的的可能性而需要有一个理念，通过这个理念，出自不能按照关于世界的纯然自然概念来遵循这种立法的障碍（对于反思的判断力来说就充分地）就被清除掉了；而这个理念也由此获得了实践的实在性，尽管它对于思辨知识来说根本没有任何手段为自己在理论方面搞到这样一种实在性，来解释自然和规定至上的原因。对于理论上反思性的判断力来说，自然目的论从自然的目的出发充分地证明了一个有理智的世界原因；对于实践上反思性的判断力来说，道德目的论通过一个终极目的的概念也做到了这一点，它在实践方面不得不把这个概念归之于创造。上帝的理念的客观实在性，作为道德的世界创造者的客观实在性，虽然不能**仅仅**通过自然目的来阐明，但尽管如此，如果自然目的的知识与道德目的的知识结合起来，那些自然目的就凭借纯粹理性尽其所能地遵循原则的统一性的准则而获得了重大的意义，以通过那个理念在理论方面已经为判断力而具有的实在性来支持它的实践实在性。

在这里，为了防止一种很容易出现的误解，十分有必要说明：首先，我们只能按照类比来**设想**最高存在者的这些属性。因为如果经验不能显示任何类似的东西，我们要怎样去研究它的本性呢？其次，我们通过这些属性也只能设想这个存在者，而不能据此**认识**它，并且在理论上把这些属性归于它；因为这仅仅适用于我们理性的思辨方面的规定性的判断力，为的是洞察至上的世界原因就**自身而言**是什么。但在这里问题仅仅在于，按照我们认识能力的性状，我们关于这个存在者要形成什么概念，以及我们是否要假定它的实存，只不过是为了对于纯粹实践理性无须任何这样的预设先天地要求我们尽全力去实现的一个目的来说，仍然使之获得实践的实在性，也就是说，仅

仅为了能够设想一种预期的结果是可能的。无论如何，那个
〔457〕概念对于思辨理性来说可能是越界的；我们归之于由此所设想的存在者的那些属性，在被客观地应用时，也可能就在自身中隐藏着一种神人同形同性论：应用它们的意图不是要据此规定它那对我们来说无法达到的本性，而是要规定我们自己和我们的意志。就像我们按照我们关于结果所拥有的概念来称谓一个原因（但只是就它与这个结果的关系而言），但并不因此就想通过关于诸如此类的原因仅仅为我们所知并且必须通过经验被给予我们的属性来内在地规定那个原因的内部性状一样；就像我们例如除其他属性之外，还归于灵魂一种 vim locomotivam [位移的力]，因为确实产生了身体运动，这些运动的原因就在灵魂的表象之中，但并不因此就要把像我们认识运动力量的惟一方式（也就是说，通过吸引、压迫、撞击，从而通过在任何时候都以一个有广延的存在者为前提条件的运动来认识）归之于灵魂一样；——我们也必须假定**某物**，它包含着一种必然的道德终极目的的可能性和实践实在性亦即可实施性的根据；但是，按照期待从这个某物产生的结果的性状，我们能够把它设想成为一个智慧的、按照道德法则统治世界的存在者，而且根据我们认识能力的性状，我们必须把它设想为事物的有别于自然的原因，为的只是表达这个超越我们一切认识能力的存在者与**我们的**实践理性的客体的**关系**，并不因此就要在理论上把惟一为我们所知的这种因果性，即一种理智和意志，归于这个存在者，甚至哪怕是把在它那里所设想的**就对我们来说**是终极目的的东西而言的因果性，作为在这一存在者本身里面的因果性，客观地与就自然（及其一般的目的规定）而言的因果性区别开来，而是只能假定这种区别是对我们认识能力的性状来说主观上必然的，而且对反思性的判断力有效，对客观上规定性

的判断力却无效。但是，如果问题在于实践的东西，那么，这样一种（对于明智和智慧来说的）**范导性**原则，即把某种按照我们认识能力的性状只能被我们以某种方式设想为可能的东西当做目的，根据它来行动，就同时是**建构性的**，也就是说，在实践上作出规定的；然而，这同一条原则，作为判断事物的客观可能性的原则，却绝不是理论上作出规定的（也就是说，惟一一种属于我们的思维能力的可能性也属于客体），而是一种对于反思性的判断力来说的纯然**范导性的**原则。 〔458〕

附释

这种道德的证明并不是一种新发明的证明根据，而至多也不过是一种新得到讨论的证明根据；因为它早在人类理性能力最初萌芽的时候就已经存在于这种能力里面，并且随着其继续培植而越来越发达。一旦人们开始反思公正与不公正，在人们还漠不关心地无视自然的合目的性、利用这种合目的性却没有想到有某种东西不同于自然的惯常进程的时候，就不可避免地必然出现这样的判断：一个人行为真诚还是虚伪、公道还是强横，就结果而言绝不是一回事，哪怕他直到其生命终结也至少看起来没有因其德性而获得幸福，或者没有因其罪行而受到惩罚。这就好像是人们在自身里面听到一种声音说，事情必定不是这样的；因此，也必定隐秘地有过关于他们感到有义务去追求的某种东西的一种表象，尽管只是一种模糊的表象，而这样一种偏移根本不会与那种东西协调一致，或者说，如果他们一旦把世界的进程视为事物的惟一秩序，他们就又不懂得把他们自己心灵的那种内在目的规定与那种东西结合起来。于是，他们就要用各种各样还很粗糙的方法，去设想使这样一种不合规则性（它对于人的心灵来说肯定比人们想加给对自然的判断来作为原则的那种盲目的偶然更令人愤慨得多）能够得到平衡的方式；这样，除了一个按照道德法则来统治世界的至上原因之外，他们毕竟绝不能想象出把自然与他们的内在道德法则结合起来的可能性的另一种原则：因为在他们里面的一个作为义务而提出的终极目的，和在他们之外的一个没有任何终极目的、尽管如此那个目的又应当在其中成为现实的自然，是相互矛盾的。关于那个世界原因的内在性状，他们现在就可能酝酿出好多荒唐无稽的东西；统治世界方面的那种道德关系一直是同一种关系，对于最未得到发展的理性来说，只要它把自己视为实践的，那种关系就是普遍可理解的，相反，思辨理性
〔459〕是远远不能与实践理性同步的。——极有可能也是由这种道德旨趣最初激起对自然的美和目的的注意的，这种注意后来卓越地用于加强那个理念，但毕竟不能论证它，更不能缺少那种道德旨趣，因为甚至对自然的目的的研究也惟有与终极目的相关才能获得这样一种直接的旨趣，它如此大规模地表现在对自然的惊赞中，毫不考虑任何能够从中得出的好处。

第89节　论道德论证的用途

在我们关于超感性事物的一切理念方面把理性限制在其实践应用的条件之上，就上帝的理念而言，这具有显而易见的用途：它防止**神学**上升迷失于**神智学**中（迷失于搅乱理性的越界概念中），或者沉沦为**鬼神学**（对最高存在者的一种神人同形同性论的表象方式）；防止**宗教**陷入**招魂术**（一种狂热的妄想，以为能够感觉到别的超感性的存在者并对之施加影响）或者陷入**偶像崇拜**（一种迷信的妄想，以为能够不通过道德意向而通

过别的手段来取悦于最高存在者)。[1]

因为如果人们允许在超出感官世界的事物方面的玄想的虚骄和狂妄哪怕仅仅在理论上(并且扩展知识地)规定丝毫的东西,如果人们允许夸口说洞察到神的本性的存在和性状,洞察到他的理智和意志、二者的法则以及从它们流溢到世界上的种种属性,那么,我就想知道,人们想在什么地方、在什么位置上为理性的僭妄设置界限;因为在取得那些洞识的地方,正因 〔460〕
为此还可以指望更多的东西(只要如人们认为的那样努力反思就可以)。然而,为这样的要求设置界限,必须按照某一个原则来进行,这样说的理由并不仅仅是因为我们发现这些要求的一切尝试迄今为止都遭到了失败;因为这并不证明任何东西,来反驳一种更好的结果的可能性。但在这里不可能有别的原则,除非是要么假定:就超感性事物而言,绝对没有任何东西能够在理论上被规定(除非是仅仅否定性地被规定),要么就假定我们的理性自身包含着一个尚未利用的知识宝库,这些知识谁也不知道有多么博大,乃是为我们和我们的后代保存下来的、扩展着的知识。——但就宗教而言,也就是说,就与作为立法者的上帝相关的道德而言,如果对上帝的理论知识必须先行的话,那么,道德就不得不取决于神学,并且不仅引入一个至上存在者的外在任意的立法来取代理性内在必然的立法,而且在这种立法中,我们对上帝的本性的洞识所具有的一切缺陷也必

① 实践意义上的偶像崇拜始终还是这样一种宗教,这种宗教设想最高存在者具有这样一些属性,根据这些属性,除了道德性之外,还有别的东西能够是特别适用的条件,即在人能够做的事情上符合它的意志。因为无论人们如何纯粹地和摆脱感性形象地也在理论方面领会了那个概念,它在实践的东西中也还是被表象为一个**偶像**,亦即是按照它的意志的性状被以神人同形同性论的方式来表象的。

然延伸到道德规范上来，并如此使宗教变成非道德的而颠倒之。

就对一种来生的希望而言，如果我们求教于我们按照道德法则的规范自己应当去实现的终极目的，作为关于我们的规定的理性判断的导线（因此，这种判断惟有在实践关系中才被视为必要的或者值得采用的），而是求教于我们的理论认识能力，那么，出于这种意图的灵魂说就如同上面的神学一样，所给出的无非就是关于我们能思维的存在者的一个否定性的概念；也就是说，这个存在者的任何行动和内感官的任何显象都不能作唯物论的解释；因此，关于它们分离的本性和它们的人格性在死后的存续或者不存续，我们绝不可能通过我们全部的理论认识能力从思辨的根据出发作出任何扩展性的、规定性的判断。因此，既然在这里一切都依然被托付于以实践上必要的考虑对我们的存在的目的论判断和对我们的存续的假定，把这种存续当做由理性绝对地交付给我们的终极目的所需要的条件，所以这里也就同时表现出这样的用途（虽然它乍一看显得是损失）：就像神学对我们来说不能成为神智学一样，理性**心理学**也绝不
〔461〕能成为作为扩展性科学的**神灵学**，一如它另一方面也得到保障不会沉沦为**唯物论**一样；相反，理性心理学毋宁说只是内感官的人类学，也就是说，是我们在生命中的能思维的自我的知识，作为理论知识也依然只是经验性的；与此相反，就有关我们的永恒实存的问题而言，理性心理学根本不是理论的科学，而是基于道德目的论的惟一推论的，一如它的全部应用也仅仅由于作为我们的实践规定的道德目的论才是必要的一样。

第90节　论上帝存在的一种目的论证明中的视之为真的方式

对于任何证明来说，无论它是（就像通过观察对象或者

实验进行证明时那样）通过直接经验性地描述应当予以证明的东西进行的，还是通过理性先天地从原则出发进行的，都首先要求的是：他不是使人**臆信**，而是使人**确信**，至少是有助于确信；也就是说，证明根据或者推论不仅仅是赞同的一种主观的（审美的）规定根据（纯然的幻相），而是客观有效的，而且是知识的一种逻辑根据：因为若不然，知性就将被迷惑，而不是被引领。在自然的神学中进行的证明就具有那种虚假证明的性质，在进行这一证明时虽然怀有良好的意图，但却故意隐瞒了它的弱点：如果人们按照目的的原则附会出一大批自然事物的一个起源的证据，而且利用的是人类理性的纯然主观的根据，也就是说，是人类理性自己的偏爱的根据，即只要能够无矛盾地进行，就不是用许多原则，而是只用惟一的一条原则，而且只是在为规定一个概念而在这条原则中遇到一些甚或许多要求的地方，才把其余的原则考虑进去，以便通过任意的补充来完善事物的概念。因为诚然，如果我们在自然中遇到如此之多的产物，它们对我们来说是一个有理智的原因的显示，那么，为什么我们不应当舍弃许多这样的原因，而宁可只设想惟一的一个这样的原因，而且就这个原因而言并不仅仅设想伟大的理智、权能等，而是宁可设想全智、全能，一言以蔽之，把它设想成为一个包 〔462〕
含着这样一些属性的对所有可能的事物来说都充足的根据呢？此外，为什么我们不应当不仅仅为了自然规律和自然产物而赋予这个惟一的全能的元始存在者以理智，而且还把它当做一个道德的世界原因而赋予它最高的道德的实践理性呢？因为通过对概念的这种完善而说明了一个无论是对自然洞识来说还是对道德智慧来说全都充足的原则，而且也没有一个人能够对这样一个理念的可能性哪怕是提出在一定程度上有根据的反驳。在这里，如果同时也发动了心灵的道德动机，并且增添上这些动机的一种生动的旨趣以及雄辩的力量（这些动机也很配得上这种力量），那么，从中就产生出一种具有证明的客观充足性的臆信和一种（在这种证明的应用的大多数场合）也有益的幻相，这种幻相完全摆脱了对证明的逻辑明晰性的一切检验，甚至对此心怀厌恶和反感，就好像它们都是以一种渎神的怀疑为基础似的。——于是，只要人们真正考虑到通俗的可用性，就不应当对此说出任何反对意见。然而，既然毕竟不能也不可以阻止把这个证明分解成论证所包含的两个不同类的部分，也就是分解成属于自然目的论的东西和属于道德目的论的东西，因为二者的融合使人看不出证明的真正关键在于何处，以及为了在最苛刻的检验面前能够坚持它的有效性（即使人们被迫在某一方面承认我们的理性洞识的孱弱）而必须对它在哪一部分作出修订和如何修订，所以哲学家的义务（即使他毫不考虑对他的真诚性的要求）就是：揭露这个尽管如此有益，但却可能产生这样一种混淆的幻相，并且把纯然属于臆信的东西与导致确信的东西（臆信和确信二者不仅在程度上，而且甚至在方式上也都是赞同的不同规定）分离开来，以便把这一证明中的心态以其完全的纯正性坦率地展现出来，并且能够坦然地使这一证明经受最严格的检验。

但是，一种具有确信性质的证明又可以有两种方式，要么是一种应当澄清对象**就自身而言**是什么的证明，要么是一种应当澄清对象按照我们对它作出判断所必需的理性原则对于**我们**
〔463〕（一般而言的人）**来说**是什么的证明（一种 χατ' αληθεια［就真理而言］的证明或者一种 χατ' ανθρωπου［就人而言］的证明，后一个词是在对一般而言的人来说的普遍意义上采用的）。它在第一种场合是建立在对规定性的判断力来说充足的原则之上

的，在第二种场合则是建立在仅仅对反思性的判断力来说充足的原则之上的。在后一种场合，它基于纯然理论的原则，永远也不能有助于确信；但是，如果它以一种实践的理性原则为基础（这个原则因此而是普遍地和必然地有效的），那么，它就可以要求有一种在纯粹实践方面充足的，也就是说道德的确信了。一个证明**有助于确信**，但如果它被作出只是处于通往确信的途中，它就还不是使人确信，也就是说，它只是在自身中包含着确信的客观根据，这些根据尽管还不足以达到确定性，但却具有这样的性质，即它们并不纯然作为判断的主观根据用于使人臆信。

于是，一切理论的证明根据对于如下事项将是充分的：或者（1）对于通过逻辑上严格的**理性推理**作出的证明；或者，在不存在这种推理的地方，（2）对于按照**类比**进行的**推论**；或者，如果就连这种推论也不成立，则毕竟还有（3）对于**或然的意见**；或者最后，最起码，（4）对于一个纯然可能的解释根据的假定，亦即**假说**。——现在我要说：一切有助于理论上的确信的一般证明根据，如果一个元始存在者，作为一个上帝，其实存的命题应当在与这个概念的全部内容相适合的意义上，也就是说，在它作为一个**道德**的世界创造者，因而通过它同时说明了创造的终极目的的意义上得到证明，就都不能造成这种类型的从其最高程度到其最低程度的视之为真。

1. 至于**逻辑上正当的**、从普遍的东西前进到特殊的东西的证明，在批判中已经得到充分阐明的是：既然没有一种对我们来说可能的直观与一个必须超出自然之外来寻找的存在者的概念相应，所以该存在者的概念只要应当在理论上通过综合的谓词来规定，就对我们来说在任何时候都依然是或然的，绝不会出现它的任何知识（由此而对我们的理论知识的范围有丝毫的扩展），而且一个超感性的存在者的特别概念也根本不能被

归摄在事物本性的普遍原则之下，以便从那些原则推论到这种
〔464〕存在者；因为那些原则仅仅适用于作为感官对象的自然。

2. 对于两个不同类的事物，人们正好可以在它们不同类这一点上对它们中的一个按照与另一个的**类比**[①]来进行**思维**；

① （在质的意义上的）**类比**就是根据与后果（原因与结果）之间的关系的同一性，只要类比是不顾诸事物或者包含着类似后果的根据的诸属性本身的特殊差异（也就是说，在这种关系之外来看）而进行的。因此，对于动物的技艺活动，与人的技艺活动相比，我们借助人的类似结果为我们所知的根据（即理性），把前者中的这些结果不为我们所知的根据设想为理性的类似物；并且想由此同时指明：动物的技艺能力的根据以本能来命名，与理性在事实上有着特殊的区别，但在结果上（把海狸的建筑与人的建筑进行比较）却有着一种类似的关系。——但我因此却不能由于人为了自己的建筑而使用了**理性**，就推论出海狸也必然具有诸如此类的理性，而且把这称为一种按照类比的**推论**。然而，从动物的类似的作用方式（我们不能直接知觉到它的根据）出发，与人（我们直接地意识到人）的作用方式进行比较，我们却可以完全正确地推论出：动物也是按照**表象**行动的（不像笛卡尔想说的那样是机器），且不说二者的特殊差异，在种类上（作为有生命的存在者）与人是一回事。如此进行推论的权限的原则，在于把动物就上述规定而言与人算做同一个种类，与把人就我们外在地按照其行动来相互比较而算做同一个种类，其根据是一回事。这是 par ratio［同一个理由］。同样，我也可以通过至上的世界原因在世界上的合目的的产物与人的艺术品进行比较，按照一个知性的类比来设想至上的世界原因的因果性，但却不能按照类比推论到人里面的这些属性，因为这里恰恰缺乏这样一种推论方式的可能性的原则，也就是说，把最高的存在者与人（就他们双方的因果性而言）算做同一个种类的 paritas rationis［理由的同一性］。尘世存在者的因果性总是感性上有条件的（诸如此类的有通过理智的因果性），不能转用到一个除了一般事物的概念之外与它们并不共有一个类概念的存在者上面。

但是，由它们不同类的那一点出发，却不能从一方按照类比**推论**到另一方，也就是说，把特殊区别的这种标志转用到另一方。所以，我可以按照类比借助物体彼此之间交互吸引和排斥中的作用和反作用相等的规律，来思维一个共同体的各成员按照法律规则的共联性；但是，不能把那种特殊的规定（物质的吸引和排斥）转用到这种共联性上，并把它们赋予公民们，以便构成一个叫做国家的体系。——同样，我们尽可以就作为自然目的的尘世事物而言，按照一种知性（作为某些我们称为艺术品的产物的形式之根据）的类比来思维元始存在者的因果性（因为这样做只是为了我们的认识能力的理论应用或者实践应用，我们就世界上的自然事物而言按照某个原则而必须这样应用这个概念）；但是，我们绝不能按照一种类比，从在尘世存在者中间必须把知性赋予一种被判断为人工的结果的原因这一点出发，推论说甚至那与自然完全有别的存在者，就自然而言也拥有我们在人身上感知到的同一种因果性：因为这恰好涉及不同类之处，它是在一种就其结果而言感性地有条件的原因和就其概念而言超感性的元始存在者之间被思维的，因而不能被转用到这个概念上。——正是在我应当仅仅按照与一种知性（除了在感性地有条件的人身上之外，我们没有在其他任何存在者身上发现这种能力）的类比来思维那属神的因果性这一点上，蕴涵着不得把这种知性在其本来意义上赋予那个存在者的禁令。① 〔465〕

3. **有所意见**在先天判断中根本不成立；相反，人们通过先天判断要么认识某物是完全确定的，要么就根本不认识任何

① 人们由此并不觉得在这个存在者与世界的关系的表象中丢失了丝毫的东西，无论是就出自这个概念的理论后果还是就其实践后果而言。至于要研究它就自身而言是什么，则是多管闲事，既无意义也白费力气。

东西。但是，即使我们由以出发的那些被给予的证明根据（例如这里就是从世界上的种种目的出发）是经验性的，人们也毕竟不能凭借它们来超出感官世界而有任何意见，承认这样的贸然判断对于或然性有丝毫的权利。因为或然性是一种在某个根据序列中可能的确定性的一个部分（这种确定性的种种根据在这里与充足根据相比较，是作为部分与整体相比较的），那个
〔466〕不充足的根据必须能够被补充到这一序列根据中去。但是，由于这些根据作为同一个判断的确定性的规定根据必须是同类的，因为若不然，它们就不会一起构成一个大小（诸如此类的大小就是确定性），所以就不可能它们的一个部分处于可能经验的界限之内，而另一个部分则处于一切可能经验之外。因此，既然单纯经验性的证明根据并不导致任何超感性的东西，而在其序列中的缺陷也不能通过任何东西来补充，所以在通过它们来达到超感性的东西及其知识的尝试中，就没有丝毫的逼近，因而在通过从经验获取的论证对超感性的东西所作的判断中，也没有任何或然性。

4. 凡是应当作为**假说**用于解释一个被给予的显象的可能性的东西，至少其可能性必须是完全确定的。我在提出一个假说时放弃对于现实性的知识（这种知识在一种冒充或然的意见那里还是被坚持的），而这就够了，我不可能放弃更多的东西；我当做一种解释的基础的东西，其可能性必须至少是无可置疑的，因为若不然，空洞的幻影就会无休无止了。但是，假定一个按照某些概念来规定的超感性的存在者的可能性，由于为此并没有把一种知识的诸般必要条件的一种按照在其中基于直观的东西给予出来，因而只剩下矛盾律（它所证明的无非是思维的可能性，而不能证明所思维的对象本身的可能性）来作为这种可能性的标准，这就会是一种完全没有根据的预设。

由此结果就是：对于人类理性来说，关于作为一个神祇的元始存在者的存在，或者关于作为一个不死精神的灵魂的存在，哪怕只是为了造成最低程度的视之为真，在理论方面也绝不可能有任何证明；而这是出自完全可以理解的理由：我们根本没有任何材料来规定超感性者的理念，因为我们必须从感官世界里的事物获取这种材料，但这样一种材料又是绝对不适合那个客体的，因而既然对这些理念没有任何规定，所剩下来的就无非只是关于一个非感性的某物的概念了；这个某物包含着感官世界的最后根据，而这根据却还没有构成这个某物的内在性状的任何知识（作为对这个概念的扩展）。

第 91 节　论经由一种实践信念的视之为真的方式 〔467〕

如果我们仅仅关注某物**对我们来说**（按照我们的表象能力的主观性状）能够成为知识客体（res cognoscibilis [可认识的事物]）的方式，那么，在这种情况下，概念就不会是与客体相对照，而是仅仅与我们的认识能力及其对被给予的表象（在理论方面或者实践方面）所能够作的应用相对照；而某物是否是一个可认识的存在者的问题，就不是关涉到事物本身的可能性的问题，而是关涉到我们对它们的知识的问题。

可认识的事物有三种：**意见之事**（opinabile [可推测之事]）、**事实**（scibile [可知之事]）和**信念之事**（mere credibile [纯为可信之事]）。

1. 纯然理性理念的对象，对于理论知识来说根本不能在任何可能的经验中被展示出来，就此而言也根本不是可认识的事物，因而人们就连对它们**有所意见**也不能够；正如要先天地有所意见，这本身就已经是荒谬的，是直通纯粹的幻影的道路。因此，要么我们的先天命题是确凿的，要么它就不包含任何可以视之为真的东西。所以，**意见之事**在任何时候都是一种至少就自身而言可能的经验知识的客体（感官世界的对象），这种经验知识只是按照我们所具有的这种能力的程度而**对我们来说**不可能而已。所以，近代物理学家们的以太，即一种渗透其他一切物质（与它们最均匀地混合在一起）的弹性流质，就是一种纯然的意见之事，但毕竟还具有这样的性质，即如果外感官敏锐到极高程度，它就有可能被知觉到；但是，它却永远不能在某种观察或者实验中被展示出来。假定其他行星上的理性居民，这是一种意见之事；因为如果我们能够接近这些行星，而这自身是可能的，那么，我们就会通过经验来澄清它们是否存在了；但是，我们永远也不会如此接近这些行星，所以也就还停留在有所意见上。然而，认为在物质的宇宙中有纯粹的、无须身体而能思维的精神（也就是说，如果人们正当地排除掉某些假充是这种精神的现实的
〔468〕显象的话），就叫做虚构，它根本不是意见之事，而是当人们从一个能思维的存在者去除一切物质的东西却毕竟给它留下思维时，所剩余下来的一个纯然的理念。但在这种情况下，这种思维（我们只是在人身上，也就是说在与一个身体的结合中才认识这种思维）是否会剩余下来，我们就不能断定了。这样一种事物是一个**玄想出来的存在者**（ens rationis ratiocinantis［进行推论的理性的存在者］），而不是**理性的存在者**（ens rationis ratiocinatae［推论出来的理性的存在者］）；关于后者，毕竟有可能至少为了理性的实践应用而充分地阐明它的概念的客观实在性，因为这种应用具有自己特殊的、确定无疑的先天原则，甚至要求（公设）这一概念。

2. 对于其客观实在性能够被证明的概念（或者是通过纯粹理性，或者是通过经验，而且在前一种场合是出自理性理论上的或者实践上的材料，但在所有的场合都是凭借一种与它们相应的直

观）来说，它们的对象都是（res facti［实际之事］）事实。① （几何学中的）大小的数学属性就是诸如此类的事实，因为它们能够对于理论的理性应用来说有一种先天的**表现**。此外，能够通过经验（亲身经验或者借助于见证的他人经验）来阐明的事物或者事物的性状，也同样是事实。——但十分值得注意的是，这样在事实中间就会甚至有一个理性理念（它就自身而言不能在直观中有任何表现，从而也不能有其可能性的任何理论证明），而这就是**自由**的理念，它作为一种特殊的因果性（这种因果性的概念在理论上来看将会是越界的），其实在性可以通过纯粹理性的实践法则，并按照这些法则在现实的行动中，因而在经验中得到阐明。——在纯粹理性的所有理念中，惟有这一个理念的对象是事实，并且必须被归入 scibilia［可知之事］。

3. 必须与纯粹实践理性的合乎义务的应用相关（或者是作为后果，或者是作为根据）而被先天地思维，但对于其理论应用来说乃是越界的那些对象，是纯然的**信念之事**。应当通过自由来造成的尘世的**至善**就是诸如此类的东西，它的概念不能在任何我们可能有的经验中，因而对理论的理性应用来说按照其客观实在性得到充分的证明，但它被用来最大可能地实现那个目的，却毕竟是由实践的纯粹理性命令的，因而必须被假定为可能的。这一被命令的结果，**连同其可能性的那些我们惟一能思维的条件**，也就是说，上帝的存在和灵魂的不死，都是**信念之事**（res fidei），而且是所有对象中惟一能够被如此称谓的 〔469〕

① 我觉得我在这里有理由把一件事实的概念扩展到这个词的通常含义之外。因为如果说的是事物与我们的认识能力的关系，那么，既然为了把事物仅仅当做一种确定的认识方式的对象来谈论，一种纯然可能的经验就已经足够了，所以把这一表述仅仅限制在现实的经验上，就是不必要的，甚至也是不可行的。

对象。[1] 因为即使我们必须相信我们只能通过见证从别人的经验中学到的东西，这东西也并不因此本身就是信念之事，因为在那些见证人的**某一位**那里，它毕竟曾经是亲身经验和事实，或者被预设为亲身经验和事实。此外，通过这一途径（历史信念的途径）来达到知识也必须是可能的；而历史学和地理学的客体，就像一般而言所有按照我们的认识能力的性状至少可能被认知的东西那样，并不属于信念之事，而是属于事实。惟有纯粹理性的对象也许有可能是信念之事，但并不是作为纯然的纯粹思辨理性的对象；因为在这里，它们根本就不可能被有把握地归入事物，亦即归入对我们来说可能的那种知识的客体。这就是理念，亦即人们不能在理论上保证其客观实在性的一些概念。与此相反，应当由我们来实现的最高的终极目的，即我们惟独因之才能够甚至配得上是一个创造的终极目的的东西，则是一个对我们来说在实践的关系中有客观的实在性的理念，
〔470〕而且是事物；但是，由于我们不能在理论方面为这个概念取得这种实在性，它就是纯粹理性的纯然信念之事，与它一起的还有上帝和不死，它们是我们按照我们的（人类的）理性的性状惟有在其下才能思维我们的自由的合法则应用的那种效果之可能性的条件。但是，在信念之事中的视之为真是纯粹实践方面的视之为真，也就是说，是一种道德的信念，它不为理论上的纯粹理性知识证明任何东西，而只为实践上的、针对其义务的遵循的纯粹理性知识作证明，而且根本不扩展思辨或者按照自爱原则

① 但是，信念之事并不因此就是**信条**，如果人们把信条理解为人们被责成去（内在地或者外在地）**认信**的信仰之事的话；因此，自然的神学并不包含诸如此类的信条。因为既然信条作为信仰之事不可能（像事实那样）建立在理论的证明之上，所以这是一种自由的视之为真，并且惟有作为这样一种视之为真才能与主体的道德性相一致。

的实践上的明智规则。如果一切道德法则的至上原则是一个公设，那么，这些法则的最高客体的可能性，从而还有我们在其下思维这种可能性的条件，也就因此而被一起公设了。这样一来，这种可能性的知识对于这些条件的存在和性状来说，作为理论的认识方式，就既不成为认知也不成为意见，而只是在实践的，并且为了我们理性的道德应用而要求如此的关系中的假定而已。

即使我们表面上能够把关于一个有理智的世界原因的**确定**概念建立在自然目的论如此丰富地呈现给我们的种种自然目的之上，这个存在者的存在也毕竟不是信念之事。因为既然这个存在者不是为了履行我的义务，而只是为了解释自然才被假定的，所以它只会是对我们的理性来说最合适的意见和假说罢了。如今，那种目的论绝不导致关于上帝的一个确定概念，相反，这个概念惟有在关于一个道德的世界创造者的概念中才能够遇到，因为只有后者才指明了终极目的，而我们只有在按照道德法则当做终极目的交付给我们，因而使我们负有义务的东西行事的时候，才能把自己视为这种终极目的。因此，关于上帝的概念惟有通过与我们义务的客体的关系，作为实现这种义务的终极目的之可能性的条件，才获得在我们的视之为真中被视为信念之事的优先权；与此相反，这同一个概念毕竟不能使它的客体作为事实生效，因为虽然义务的必然性对于实践理性来说是非常清楚的，但达到义务的终极目的，就这一目的并不完全由我们控制而言，却只是为了理性的实践应用而假定的，〔471〕
因而并不像义务本身那样在实践上是必然的。①

① 道德法则要求去促进的终极目的并不是义务的根据；因为这根据蕴涵在道德法则之中，而道德法则作为形式的实践原则是绝对地进行引导的，不顾欲求能力的客体（意愿的质料），因而也不顾任何一个目的。我的行动的内在道德价值仅仅在于它们的这种

信念（作为habitus［状态］，不是作为actus［行动］）是在把对于理论知识来说无法达到的东西视之为真时理性在道德上的思维方式。因此，它是心灵持久的原理，即把为了最高的道德上的终极目的的可能性而必须预设为条件的东西由于对这一终极目的的责任而假定为真的[①]；尽管这一目的的可能性

形式的性状（使这些行动从属于普遍有效性的原则），而这种性状是完全由我们控制的；而且我完全能够抽掉我按照那个法则而有义务去促进的目的的可能性或者不可行性（因为在它们里面只有我的行动的外在价值），把它们当做永不完全由我控制的东西抽掉，以便仅仅关注我所能做的事情。然而，促进一切理性存在者的终极目的（幸福，就其与义务一致而可能来说）的意图毕竟正是由义务的法则交付的。但是，思辨理性根本看不出这种意图的可行性（无论是从我们自己的自然能力方面，还是从自然的合作方面）；毋宁说，它必然出自这样一些原因，就我们能够以理性的方式作出判断而言，把我们的善行无须假定上帝和不死而从单纯的自然（我们之内和之外的自然）中得出的这样一种结果视为一种虽然善意的、但却没有根据和没有价值的期望，而且如果它对这一判断能够拥有完全的确定性，它就必然把道德法则本身视为我们理性出于实践考虑的纯然蒙骗。但是，既然思辨理性完全确信后者永远不可能发生，相反那些其对象超越了自然的理念却能够无矛盾地来设想，所以它为了它自己的实践法则和由这法则交付的任务，因而出于道德的考虑，就必须承认那些理念是实在的，以免与自身发生矛盾。

① 它是对道德法则的应许的一种信赖；但是，这种应许并不是作为一种包含在道德法则之中的应许，而是作为一种我放进去的，并且是出自道德上充足的根据放进去的应许。因为一个终极目的不可能为理性的任何法则所要求，而理性却不同时哪怕是不确定地许诺它的可实现性，并且因此而有权把我们的理性惟有在其下才能设想这种可实现性的那些条件视之为真。Fides（信念）这个词也已经表达了这一点；而且可能显得令人疑虑的仅仅是：这一表述和这个特殊的理念是如何进入道德哲学的，因为它最初是与基督教一道被引入的，而采用这个词也许会显得只是对基督教的语言的一种谄媚的模仿。但是，这并不是惟一的实例，即这个奇特的宗教在其极为朴素的陈述中以比哲学迄今所能够提供的远为确定和纯粹的道德性概念丰富了哲学，而这些概念一旦存在，就被理性**自由地**赞同，并且作为理性能够而且应当自行想到和引入的概念而被采纳。

（但它的不可能性也一样）是不能为我们所看出的。信念（干脆就这样称谓）是对于达成一种意图的信赖，促进这一意图则是义务，但实现这一意图的可能性却不是我们所能**洞察**的（因此，惟一能够为我们所设想的那些条件的可能性也不是我们所能洞察的）。所以，与这些特殊的对象相关的信念就是完全道德的，这些对象不是可能知识或者意见的对象（在后一种场合，尤其是在历史的东西中，信念就必须叫做轻信，而不叫做信念了）。信念是一种自由的视之为真，不是对于就理论上规定性的判断力而言可以为其发现独断的证明的东西，也不是对于我们认为自己负有责任的东西，而是对于我们为了一种意图而按照自由的法则所假定的东西；但是，它毕竟不是像一种意见那样没有充分的根据，而是作为在理性之中的（虽然只是就其实践应用而言）而**对于理性的意图来说有充分的**根据：因为没有这种信念，道德的思维方式在违背理论理性对于（道德性的客体的可能性的）证明的要求时就不具有任何牢固的持久性，而是在实践的诫命和理论的怀疑之间摇摆不定。**不信**，意味着沉溺于根本不相信见证这条准则；而某人由于那些理性理念缺乏其实在性的**理论**论证而否认它们的一切有效性，则是**无信念的**。因此，他的判断是独断的。但是，一种独断的**无信念**是不能与一种在思维方式中起支配作用的道德准则共存的（因为理性不可能命令追求一个只能被看做是幻影的目的）；不过，一种**有怀疑的信念**倒是能够做到这一点，对它来说，缺乏由思辨理性的根据而来的确信只不过是障碍罢了，对思辨理性的局限性的一种批判的洞识可以使这种障碍失去对行为的影响，并提供一种占优势的实践的视之为真来取代它。

※　※　※

如果人们想引用另一条原则来取代哲学中的某些错误的尝试，并使之产生影响，那么，看出那些尝试如何以及为什么必

〔472〕〔473〕

然失败，是会带来重大的满足的。

上帝、**自由**和**灵魂不死**是这样一些课题，解决它们是形而上学的一切准备的目的所在，是它的最后的和惟一的目的。于是人们相信，关于自由的学说惟有作为消极的条件才对于实践哲学来说是必要的，关于上帝和灵魂性状的学说则相反，属于理论哲学，必须予以单独的和特别的阐明，以便此后把这二者与道德法则（它只有在自由的条件下才是可能的）所命令的东西联结起来，并由此确立一种宗教。但是，人们很快就能够看出，这些尝试必然失败。因为从一般事物或者一个必然的存在者的实存的纯然本体论概念中，绝对不能形成关于一个元始存在者的由能够在经验中给出、因而能够用于知识的谓词来规定的概念；但是，那个建立在大自然的自然合目的性的经验之上的概念又不能提供任何对于道德、从而对于一个上帝的知识来说充足的证明。同样，即便是通过经验（我们只是在此生中着手进行经验）而来的灵魂知识，也不可能造成一个关于灵魂精神性的、不死的本性的概念，使之对于道德来说是充足的。**神学**和**神灵学**作为思辨理性的诸科学所需要的课题，由于其概念对于我们所有的认识能力来说都是越界的，所以不可能通过任何经验性的材料和谓词来完成。——对这两个概念的规定，无论是上帝还是灵魂（就其不死性而言），都只能通过尽管本身惟有出自一个超感性的根据才可能、但仍然必须在经验中证明自己的实在性的谓词来进行；因为只有这样，它们才能使一种关于完全超感性的存在者的知识成为可能。——诸如此类的概念就是惟一能够在
〔474〕人的理性中发现的服从道德法则的人的自由、连同自由通过道德法则来规定的终极目的的概念，其中道德法则适宜于把包含着二者的可能性的必要条件的那些属性归于自然的创造者，终极目的则适宜于把这些属性归于人，以至于恰好从这一理念中可以推论到那些通常对我们完全隐蔽起来的存在者的实存和性状。

因此，那种证明上帝和不死的意图纯然沿着理论的道路而失败的根据就在于：对于超感性的东西来说，沿着这条道路（自然概念的道路）根本不可能有任何知识。相反，沿着道德的道路（自由概念的道路）则能成功，其根据如下：在这里，在这方面作为根据的超感性的东西（自由），通过从它那里产生的一种确定的因果性法则，不仅成就了其他超感性的东西（道德的终极目的及其可实现性的条件）的知识的材料，而且还作为事实阐明了它在行动中的实在性，但也正因为此，它不能提供别的任何证明根据，而只能提供在实践的意图（它也是宗教所需要的惟一意图）中有效的证明根据。

在这里，依然总是十分值得注意的是：在三个纯粹的理性理念亦即**上帝**、**自由**和**不死**中，自由的理念是超感性的东西的惟一概念，通过自由在自然中可能的结果而（凭借在这个概念中所思维的因果性）在自然身上证明了自己的客观实在性，并由此而使另外两个概念与自然相联结，所有这三个概念彼此相联结为一个宗教成为可能；因此，我们在自身中拥有一条原则，它有能力把我们里面的超感性的东西的理念，但由此也把我们之外的超感性的东西的理念，规定成一种知识，哪怕只是在实践的意图中可能的知识，对此纯然的思辨哲学（它也能够对自由给出一个纯然否定的概念）是必然要绝望的；因此，自由的概念（作为一切无条件的实践法则的基本概念）能够把理性扩展到那些界限之外，在那些界限之内任何自然概念都必定仍然毫无希望地受着限制。

※　　※　　※

目的论的总附释 〔475〕

如果问题是：道德的论证只是把上帝的存在当做实践的纯

粹理性的信念之事来证明，它在哲学的其他论证中间保持着什么级别，则这些其他论证的全部占有都可以轻而易举地忽略不计，这里也就表明，此处别无选择，而只有哲学的理论能力面对一种无成见的批判必须自行放弃它的一切要求。

一切视之为真如果不应当是完全无根据的，就都必须首先建立在事实之上；因此，在证明中只能出现惟一的区别，即对从中得出的结论的视之为真是能够作为理论知识的**认知**还是只能作为实践知识的**信念**建立在这一事实之上。一切事实都要么属于**自然概念**，自然概念是在先于一切自然概念而被给予的（或者可能被给予的）感官对象身上来证明自己的实在性的；要么属于**自由概念**，自由概念是通过理性就某些由于它而在感官世界中有可能的结果而言的因果性来充分地阐明自己的实在性的，而这种因果性是理性在道德法则中不容反驳地公设的。于是，自然概念（仅仅属于理论知识的自然概念）就要么是形而上学的和完全先天的；要么是自然的，亦即后天的和必然惟有通过确定的经验才可思维的。因此，形而上学的自然概念（不以任何确定的经验为前提条件的自然概念）就是本体论的。

于是，从一个元始存在者的概念出发对上帝存在的**本体论证明**，要么是从本体论的谓词（惟有通过这些谓词才能完全确定地设想元始存在者）推论到绝对必然的存在的证明，要么是从某一事物（不论是何事物）的存在的绝对必然性推论到元始存在者的谓词的证明；因为要使一个元始存在者不是派生的，其概念就要求其存在的无条件的必然性以及（为了表现这种必然性）通过它的概念所做的完全规定。于是，人们相信在**最实在的存在者**的本体论理念的概念中能够发现这两种要求：这样就产生了两种形而上学的证明。

以一个纯然形而上学的自然概念为基础的（被称为真正本
〔476〕 体论的）证明，从最实在的存在者推论到其绝对必然的实存；

因为（据说）如果它不实存，那么，它就会缺少一种实在性，也就是说缺少实存。——另一种证明（人们也把它称为形而上学的**宇宙论**的证明）则从某一个事物（由于在自我意识中一种存在被给予我，诸如此类的事物是绝对必须予以承认的）的实存的必然性推论到它作为最实在的存在者的完全规定；因为一切实存者都必须得到完全的规定，但绝对必然者（也就是我们应当当做这样一种事物来认识，因而应当先天地认识的东西）却必须**通过它的概念**来得到完全的规定。但是，这种情况惟有在一个最实在的事物的概念中才能够遇到。在这里，没有必要去揭露这两种推论中的诡辩，这在别的地方已经做过了；而是只需要说明：这样的证明即使可以通过各种各样辩证的细腻来为自己辩护，却永远不能超出学院而进入公众，对纯然的健全知性产生丝毫的影响。

以一个自然概念为基础，这个概念只能是经验性的，但尽管如此却应当超越作为感官对象之总和的自然的界限，这样的证明不能是别的证明，只能是出自自然**目的**的证明。自然目的的概念虽然不能被先天地，而是只能通过经验被给予，但毕竟预示了关于自然的元始根据的这样一个概念，这个概念在我们能够思维的一切概念中间惟一适合于超感性的东西的，亦即是关于作为世界原因的最高理智的概念；这个证明也在实际上按照反思性判断力的原则，亦即按照我们的（人的）认识能力的性状完全做到了这一点。——但现在，它是否有能力从这同一些材料出发提供出一个**至上的**、亦即独立的、有理智的存在者的这一概念，使这个存在者也是一个上帝，亦即是一个服从道德法则的世界的创造者，从而对于世界之存在的一个终极目的的理念来说是充分地规定了的，这是一个一切的关键所在的问题；不论我们是为了全部自然知识而要求关于元始存在者的一个理论上充足的概念，还是为了宗教而要求一个实践的概念。

这个从自然目的论得来的论证是值得尊重的。它对于平常的知性和对于最精细的思想家在使之确信上具有同样的效果；
〔477〕 有一位**莱马鲁斯**，在他尚未被超越的作品中以其特有的缜密性和清晰性详尽地阐述了这一证明根据，由此而立下了不朽的功勋。——然而，这种证明是从哪里获得对心灵的如此强有力的影响，尤其是在通过冷静的理性作出判断时（因为由自然的奇迹引起的感动和振奋，人们可以归之于臆信），获得对一种平心静气的、毫无保留的赞同的如此强有力的影响呢？并不是那些全都暗示着世界原因中的一种神秘莫测的知性的自然目的；因为这些自然目的由于并不满足提问的理性的需要而不足以做到这一点。因为（理性问的是）所有那些艺术安排的自然事物为的是什么呢？人本身，我们作为自然的对我们来说所能设想的最后目的必须就此止步的人本身，是为的什么呢？这整个自然又是为的什么存在呢？什么是如此伟大又如此丰富多彩的艺术的终极目的呢？被创造来享受，或者来静观、来观察、来惊赞（如果停留在这一点上，那也无非是特殊方式的享受罢了），把它当做世界和人自身存在的终极目的，这并不能满足理性；因为理性预设了惟有人才能给予自己的人格价值，把它当做人及其存在惟有在其下才能是终极目的的条件。如果缺少这种人格价值（惟有它才能有一个确定的概念），自然的种种目的就不能满足人的追问，尤其是因为它们不能提供关于最高存在者作为一个最充足的（并且正因为此是惟一的、真正可以这样称谓的**最高的**）存在者、关于它的理智据以是世界的原因的那些法则的任何**确定的概念**。

因此，自然目的论的证明，无论它是否同时是一种神学的证明，都使人确信，这并非出自把自然的种种目的的理念当做一个**最高的**理智的如此之多的经验性证明根据来使用；相反，这里不知不觉地在推论中掺杂进了寓于每一个人心中并最内在地感动着他的道德证明根据，按照这种证明根据，人们也把终极目的赋予在自然的种种目的中以如此不可理解的艺术启示自己的存在者，从而也赋予它智慧（尽管凭借对自然目的的知觉并没有权利这样做），因而任意地就那个论证带有的缺陷而言补足了它。因此，实际上只有道德的证明根据才带来确信，而且也只有在每一个人都最内在地感到自己的赞同的道德考虑中才产生这种确信；但是，自然目的论的论证却只有一件功绩，即把心灵 〔478〕 在观察世界时引向目的的道路，但由此也引向一个**有理智的**世界创造者；因为在这种情况下，与种种目的的道德关系和一个这样的立法者和世界创造者的理念，作为神学概念，虽然是纯粹的附加物，但却仍然显得是自行从那个证明根据发展出来的。

在这里，人们也可以继续任由惯常的**陈述**。因为对于平常的和健全的知性来说，通常很难把它所混淆的、实际上只是从其中的一条正确地得出结论的那些各不相同的原则作为不同类的东西彼此区分开来，如果这种分离需要诸多反思的话。但是，关于上帝存在的道德上的证明根据真正说来也并不只是把自然目的论的证明**补充**成为一个完整的证明；相反，它是一个特殊的证明，它**弥补**了出自自然目的论的证明的对于确信的缺乏，因为后者实际上能够提供的无非是，使理性在对自然和我们惟有通过经验才能认识的偶然的，但却值得惊赞的秩序的根据作出判断时，转向一种按照目的包含着自然的根据的原因（按照我们的认识能力的性状，我们必须把这个原因设想成知性的原因）的因果性，并对此加以注意，但这样就使它更易于接受道德的证明。因为后一个概念所要求的东西与自然概念所能够包含和教导的一切有着如此本质上的不同，以至于它需要一种特殊的、完全独立于前者的证明根据和证明，以便为一种神学充分地说明关于元始存在者的概念，并推论到它的实存。——因此，只要我们在世界上根本找不到自然目的论的材料，或者只找到其模棱两可的材料，那么，道德的证明（但它当然只是在理性实践的、毕竟也不可免除的考虑中作出证明的）就会还一直保持它的力量。可以设想，理性的存在者看到被这样一个大自然包围着，这个大自然没有显示出有机组织的任何清晰痕迹，而是仅仅显示出粗陋物质的一种纯然机械性的结果，因为这些结果的缘故，鉴于一些仅仅偶然地合目的的形式和关系的可变性，似乎没有理由去推论到一个有理智的创造
〔479〕者；在这种情况下，也就会没有理由说一种自然目的论了；尽管如此，在这里通过自然概念没有得到任何指导的理性，在自由概念中以及在建立于自由概念之上的道德理念中，却会找到一种实践的充分根据，来公设元始存在者的概念与这些理念相适合，也就是说，是一个神祇，而自然（甚至我们自己的存在）则是一个与那个神祇及其法则相符合的终极目的，而且是考虑到实践理性的不可免除的诫命来公设的。——但现在，在现实的世界中，对于它里面的理性存在者来说，有自然目的论的丰富的材料（这恰恰不会是必然的），这有助于对道德的论证作出所期望的证实，只要自然能够提出某种与理性理念（道德的理性理念）类似的东西。因为一个具有理智（但这对于一种神学来说是远远不充分的）的至上原因的概念由此就获得了对于反思性的判断力来说充分的现实性；但这个概念并不是在那上面建立道德的证明所需要的；而道德的证明也并不是用于通过按照惟一的一条原则的连续推论而把那个独自根本不指向道德性的证明补足为**一个**证明。作为自然和自由，两条如此不同类的原则只能给出两种不同的证明方式，因为在这种情况下，从自然出发进行道德证明的尝试对于应当证明的东西来说，被认为是不充分的。

如果自然目的论的证明根据足以达到所寻求的证明，那么，对于思辨理性来说，这就会是非常令人满意的；因为它就会给

人以产生出一种神智学的希望（也就是说，人们将会不得不这样称谓对属神本性及其实存的理论知识，它足以解释世界的性状，同时解释道德法则的规定）。同样，如果心理学足以由此达到对灵魂不死的知识，那么，它就会使一种神灵学成为可能，这种神灵学对于思辨理性来说也会同样是受欢迎的。但是，二者无论如何为求知欲的自负所喜爱，都不能满足理性在必须基于事物本性的知识的理论方面的愿望。但是，是否自然目的论作为神学，心理学作为人类学，二者都建立在道德的亦即自由的原则之上，因而与理性的实践应用相适合，就会更好地实现其客观的终极意图，则是我们在这里不必进一步探究的另一个问题。

但是，自然目的论的证明根据之所以不足以成为神学，乃 〔480〕
是因为它没有给出、也不可能给出关于元始存在者的一个对这一意图来说充分规定了的概念，相反，人们不得不完全从别的地方取得这一概念，或者由此而作为一种任意的附加来弥补这一概念的缺乏。你们从自然形式及其关系的伟大的合目的性出发推论到一个有理智的世界原因，但推论到这一理智的什么程度呢？毫无疑问，你们不能够自以为推论到了最高可能的理智；因为为此将会要求你们看出，一个比你们在世界上知觉到种种证据的理智更伟大的理智是不可思议的，而这就意味着把全知赋予你们自己了。同样，你们从世界的伟大出发推论到创造者的一种十分伟大的力量；但是，你们将告诉你们自己，这只是相对于你们的把握能力才有意义，而且既然你们并不认识一切可能的东西，以便将其尽你们所知与世界的伟大相比较，所以你们按照一个如此渺小的尺度是不能推论出创造者的全能的，如此等等。于是，你们由此并未达到一个元始存在者的任何确定的、对于神学来说有用的概念；因为这个概念惟有在与一个理智相结合的种种完善性的大全的概念中才能找到，纯然**经验性**的材料根本不可能在这方面对你们有所帮助；但没有这样一个确定的概念，你们也就不能推论到一个**惟一的**有理智的元始存在者，而是只能（不管是为了什么目的）假定这样一个元始存在者。——现在，人们虽然完全可以允许你们（既然理性不能说出任何有根据的东西予以反对）任意地附加：在发现如此之多的完善性的地方，人们就可以假定一切完善性结合在一个惟一的世界原因中；因为理性在理论上和实践上都能够与一条如此规定的原则更好地相处融洽。但是，你们在这种情况下毕竟不能宣扬元始存在者这个概念是由你们证明了的，因为你们只是为了理性的一种更好的应用而假定了它。因此，对于怀疑你们的推论链条的简要性这种所谓的亵渎所表示的一切悲叹和无力的愤怒，都是无用的自吹自擂，它可能很喜欢人们也许把针对你们的论证自由地表述的怀疑视为对神圣真理的怀疑，只不过是为了让这论证的浅薄性在这道帷幕背后悄悄地溜掉罢了。

与此相反，道德目的论在有牢固的基础这方面并不亚于自
〔481〕然目的论，毋宁说，它由于先天地以与我们理性不可分离的那些原则为依据而理应拥有优势，它导向一种神学的可能性所要求的东西，即导向至上原因的一种确定的**概念**，这个至上原因是依据道德法则的世界原因，因而是一个满足我们道德上的终极目的的原因：为此至少要求全知、全能、全在等来作为它应有的自然属性，这些属性必须被设想为与本身是无限的道德的终极目的相结合，因而是与之相符合的，而这样一来，道德目的论就能够完全独立地提供出适用于一种神学的一个**惟一的**世界创造者的概念。

以这样的方式，一种神学也就直接地导向了**宗教**，也就是说，导向了**对我们的义务是神的诫命的知识**；因为对我们的义务和其中由理性交付给我们的终极目的的知识能够首先确定地产生出上帝的概念，因而这个概念就其起源而言就已经与对这个存在者的责任不可分割了；相反，即使沿着纯然理论的道路

能够确定地找到元始存在者的概念（也就是作为单纯自然原因的元始存在者的概念），此后要通过缜密的证明来赋予这个存在者以一种依据道德法则的因果性，就还有巨大的困难，也许没有任意的添加就根本不可能成功，而没有那种因果性，那个所谓神学的概念就不能构成宗教的任何基础。即使一种宗教能够沿着这条理论的道路建立起来，它也会在意向（它的本质性的东西毕竟在于意向）方面现实地有别于上帝的概念和对上帝的存在的（实践上的）确信产生自道德性的基本理念的那种宗教。因为如果我们必须把一个世界创造者的全能、全知等当做从别的地方给予我们的概念来预设，只不过是为了此后把我们关于义务的概念运用于我们与这个世界创造者的关系，那么，这些概念就必然会严重地带有强制和被迫服从的色彩；相反，如果是对道德法则的敬重完全自由地按照我们自己的理性的规范向我们显示我们的规定的终极目的，我们就以完全有别于病理学的恐惧的真诚敬畏，把一种与这终极目的及其实现协调一致的原因一起接纳入我们的道德景仰，并自愿地服 〔482〕
从于它。①

如果有人问，我们究竟为什么对一般而言拥有一种神学这件事有所牵挂，那么显而易见的是，神学并非对于扩展或者校正我们的自然知识和一般而言任何一种理论来说是必要的，而

① 无论是对美的惊赞，还是一个进行反思的心灵还在对世界的一个有理性的创造者有一个清晰的表象之前就有能力感到的由于自然如此繁多的目的而生的感动，自身就具有某种与**宗教**情感类似的东西。因此，它们看起来首先是通过对它们的一种与道德评判方式相类似的评判方式而作用于道德情感的（对我们不知道的原因感恩和崇敬的情感），因而是在它们引起与比纯然理论的考察所能产生的更多得多的旨趣相结合的那种惊赞的时候，通过激发道德理念而作用于心灵的。

是仅仅对于宗教来说，亦即对于理性的实践应用，尤其是道德应用来说，才在主观的意图上是必要的。如果发生这样的事情，即导向神学对象的一个确定概念的惟一论证本身是道德的，则这不仅不令人诧异，而且如果承认这样一种论证只是对于我们的道德规定，亦即在实践的意图上，才充分地阐明了上帝的存在，而思辨在它里面绝对没有证明自己的力量，或者由此扩大它的疆域的范围的话，那么，人们也将在出自这种证明根据的视之为真对于这一论证的终极意图的充分性方面不会感到任何缺憾。就连此处所主张的一种神学的可能性的这种令人诧异、或者它与思辨理性的批判关于范畴所说的话——即范畴惟有在运用于感官的对象，但绝不应用于超感性的东西时，才能够产生知识——的所谓矛盾，如果人们看到它们在这里被运用于对上帝的知识，但不是在理论的意图上（按照上帝对我们来说玄妙莫测的本性自身所是的东西），而是仅仅在实践的意图上运用的话，也都将消失。——为了借这个机会了结对批判的那个十分必要的、但也令盲目的独断论者感到恼火地使理性返回到其界限之内的学说的误解，我在这里附加上对这一学说的如下解释。

如果我赋予一个物体以**运动的力量**，从而通过**因果性**的范
〔483〕畴来思维它，那么，我就由此而同时**认识**了它，也就是说，我通过特别（作为那种关系的可能性的条件）属于它这个感官对象的东西而规定了它作为一般客体的概念。因为如果我赋予它的这种运动的力量是一种排斥的力量，那么，属于它（尽管我还没有在它旁边设定另一个它对之实施斥力的物体）的就是空间中的一个地点，此外是一个广延，也就是说，在它本身之内的空间，再就是通过其各个部分的斥力对这个空间的填充，最后还有这种填充的规律（即各个部分的斥力的根据的减弱，必然与物体广延的增长和它通过这种力以这些部分所填充的空间

的增加成正比)。——与此相反，如果我把一个超感性的东西设想为**第一推动者**，从而通过因果性的范畴而在同一种世界规定（物质的运动）方面来设想它，那么，我就必须设想它不在空间中的任何一个地点，同样也不是有广延的，我甚至不可以设想它是在时间中并且与其他东西同时实存的。因此，我根本没有任何规定来使我自己能够理解通过这个存在者作为根据而引起的运动的可能性的条件。所以，我通过原因（作为第一推动者）的谓词本身丝毫也没有认识这个存在者；相反，我只是有关于一个某物的表象，这个某物包含着世界中的运动的根据；而关于它与这些运动的关系，作为这些运动的原因，既然它除此之外没有提供属于这个是原因的事物的性状的任何东西，也就使关于这个原因的概念是完全空洞的。其理由在于：我借助惟有在感官世界中才能找到其客体的那些谓词，虽然能够前进到必然包含着感官世界的根据的某物的存在，但却不能前进到它作为超感性存在者的排除那一切谓词的概念的规定。因此，通过因果性范畴，如果我通过一个**第一推动者**的概念来规定它的话，我就丝毫不能认识什么是上帝；但是，如果我从世界秩序中获得理由去把它的因果性不仅**设想**为一个至上的**理智**的因果性，而是也通过对上述概念的这种规定来**认识**它，也许就会有更好的结果，因为这时空间和广延这种累赘的条件就取消了。——当然，世界上的伟大的合目的性使我们不得不把世界及其因果性的一个至上原因**设想**为通过一种理智的；但我〔484〕们由此却根本没有权利把这种理智赋予这个至上原因（例如，把上帝的永恒性设想为在一切时间中的存在，因为若不然，我们就根本不能形成关于纯然的存在作为一个量、亦即作为存续的任何概念；或者把神的全在设想为在一切地点的存在，以便使我们理解对于彼此外在的事物来说的那种直接在场，尽管如此却不可以把这些规定中的某一个当做在上帝那里认识到的而赋予上帝）。如果我通过把人的因果性设想为人的一种理智，来就某些惟有通过有意的合目的性才能解释的产物而言来规定人的因果性，那么，我就不需要停留在这一点上，而是能够把这一谓词作为人的众所周知的属性来赋予人，并由此来认识人。因为我知道，直观被给予人的感官，并通过知性被置于一个概念之下，从而被置于一个规则之下；这个概念只包含共同的标志（借助舍弃特殊的东西），因而是推论性的；为了把被给予的表象置于一般意识之下，诸般规则还在直观之前就被知性给予了，等等；因此，我把这种属性赋予人，是把它当做我由以来**认识人**的属性。但是，如果我想把一个超感性的存在者（上帝）**设想**为理智，那么，这在我的理性应用的某种考虑中不仅是允许的，而且也是不可避免的；但是，自诩能够赋予它以知性，并且把知性当做它的一个属性，由此来**认识**它，这是绝对不允许的；因为我在这种情况下必须舍弃我惟有在其下才认识一个知性的那些条件，从而根本不能把只用于规定人的谓词与一个超感性的客体联系起来，因此，通过一种如此规定的因果性是根本不能认识上帝是什么的。所有的范畴都是如此，它们如果被运用于可能经验的对象，对于理论考虑中的知识就根本不可能有任何意义。——但是，按照与一种知性的类比，我可以，甚至必须在某种别的考虑中设想一个超感性的存在者，尽管如此却不是想在理论上认识它；也就是说，如果对它的因果性的这种规定涉及世界中的一种结果，这种结果包含着一种道德上必要的、但对于感官存在者来说无法实现的意图的话；因为在这种情况下，由于纯然按照类比在上帝身上设想的属性和对其因果性的规定，对上帝及其存在的一种知识（神
〔485〕学）就是可能的，这种知识在实践的关系中具有、但也**仅仅在考虑到这种关系时**（考虑到道德的关系时）才具有一切所要求的实在性。——因此，一种伦理神学是完全可能的；因为没有

神学，道德虽然能够凭借其规则而存在，但却不是凭借正是这种规则交付的终极意图而存在，没有使理性就这种终极意图而言显露出来。但是，一种（纯粹理性的）神学伦理学是不可能的；因为并非理性原初地自己给予的、理性作为纯粹的实践能力也造成对其遵循的法则，就不可能是道德的。同样，一种神学的自然学也会是一种无稽之谈，因为它不会陈述任何自然规律，而是陈述一个最高的意志的安排；与此相反，一种自然的（真正说来是自然目的论的）神学却至少可以用做真正的神学的预科，因为它通过对它提供了丰富材料的种种自然目的的考察，为自然不能提出的一种终极目的的理念提供了诱因；因而虽然能够使一种为了理性最高的实践应用而充分地规定上帝概念的神学的需要变得明显，但却不能产生这样的神学并把它充分地建立在其证据上面。

中德人名对照表

阿那克萨哥拉	Anaxagoras	马斯登	Marsden
安妮·博林	Anna von Bolen	曼德维尔	Mandeville
巴托	Batteux	门德尔松	Mendelssohn
柏拉图	Plato	蒙台涅	Montaigne
波吕克勒特	Polyklet	米隆	Myron
布鲁门巴赫	Blumenbach	穆罕默德	Mahomet
博克	Burke	牛顿	Newton
德谟克利特	Demokritus	欧拉	Euler
法拉里斯	Phalaris	普里斯特利	Priestley
封德耐尔	Fontenelle	切泽尔登	Cheselden
伏尔泰	Voltaire	斯宾诺莎	Spinoza
弗兰西斯一世	Franz Ⅰ	索绪尔	Saussure
哥伦布	Columbus	魏岑曼	Wizenmann
哈奇森	Hutcheson	维兰德	Wieland
荷马	Homer	沃尔夫	Wolff
亨利八世	Heinrich Ⅷ	沃康松	Vaucanson
坎培尔	Camper	西塞罗	Cicero
克鲁修斯	Crusius	谢格奈	Segner
莱布尼茨	Leibniz	休谟	Hume
莱马鲁斯	Reimarus	亚里士多德	Aristoteles

莱辛	Lessing	伊壁鸠鲁	Epikur
林耐	Linnäus	尤维纳利斯	Juvenal
洛克	Locke		

后　记

本卷包含康德的三大批判的两个，之前已有多种汉译版本流行。其中《实践理性批判》已有 6 个译本，《判断力批判》亦已有 3 个译本。在翻译的过程中，我尽可能地参考了这些译本，得益良多。

《判断力批判》译出后，中国社会科学院的赵广明先生对照德文逐字逐句地通读了译文，不仅指出了我的错译、漏译之处，而且就一些概念的翻译为我提出了建议。他的大部分意见都被我采纳。对于他这种无私的贡献，我铭记在心，相信读者们也是受益人。

我的两位责任编辑，既是第一读者，又是出版前的最后把关人。她们都有很高的西方哲学素养，而且编辑业务精熟。在她们近乎挑剔的目光下，汉译《康德著作全集》避免了诸多生涩和错误之处。我也深深感激她们的劳动。

本译著受到了中国人民大学“985 工程”哲学社会科学创新基地的经费支持。

李秋零

2006 年 12 月 4 日

于中国人民大学资料楼

“十五”国家重点图书出版规划项目

Kants Werke

Akademie Textausgabe

康德著作全集 第6卷

纯然理性界限内的宗教 道德形而上学

李秋零 主编

中国人民大学出版社

目录

伊曼努尔·康德

1794 年

纯然理性界限内的宗教

1794 年

纯然理性界限内的宗教

伊曼努尔·康德

李秋零　译

第一版序言

〔3〕

既然道德是建立在人这种自由的存在者的概念之上的，人这种存在者又正因为自由而通过自己的理性使自己受无条件的法则制约，那么，道德也就既不为了认识人的义务而需要另一种在人之上的存在者的理念，也不为了遵循人的义务而需要不同于法则自身的另一种动机。至少，倘若人有了这样一种需要，而且在这种情况下又不能借助别的什么东西来满足这种需要，那么，这就是人自己的过错；因为不是产生自人自身和人的自由的东西，也就不能为人缺乏道德性提供补偿。——因此，道德为了自身起见，（无论是在客观上就意愿而言，还是在主观上就能够而言）绝对不需要宗教，相反，借助于纯粹的实践理性，道德是自给自足的。——因为既然道德的各种法则是通过依照它们所采纳的、作为一切目的的最高（本身是无条件的）条件的准则的普遍合法则性的纯然形式，而使人负有义务，所以它根本不需要自由任性的一种质料性的规定根据。①也就是说，无论是为了认识什么是义务，还是为了敦促人们去

① 那些认为一般来说（合法则性的）纯然形式上的规定根据在义务概念中不足以作为规定根据的人，毕竟承认这种规定根据并不能在以自己的**享乐**为目标的**自爱**中找到。但这样一来，就只剩下了两种规定根据：一种是理性的，也就是自己的**完善**，另一种是经验的，即他人的**幸福**。——倘若他们并非已经把前者理解为只能是独一无二的道德上的完善（即一种无条件地服从法则的意志），从而陷入循环论证，那么，他们所指的必然是人的自然完善，如果人的自然完善能够被提高的话；这种自然完善可以有许

〔4〕履行义务，都不需要一个目的；相反，既然问题取决于义务，那么，道德完全能够而且应该不考虑任何目的。举例来说．为了知道我在法庭上是否应该（或者也能够）在作出证词时真实可靠，或者在索取委托给我的他人财产时保持忠诚，根本不需要询问我在作出说明时想为自己规定要达到的目的。因为无论这是一个什么样的目的，都是完全无所谓的。毋宁说，如果一个人在依法要求他作出供词时，还认为有必要寻求某种目的，那么，他就是一个卑鄙无耻的人。

但是，即使道德为了自己本身起见，并不需要必须先行于意志规定的目的观念，它也很可能与这样的目的有一种必然的关系，也就是说，它不是把这样一种目的当做依照法则所采用的准则的根据，而是把它当做它的必然结果。——原因在于，倘若不与目的发生任何关系，人就根本不能作出任何意志规定，因为意志规定不可能没有任何结果，而结果的观念必然能够被接受，虽然不是作为任性的规定根据和在意图中先行的目的，但却是作为它被法则规定为一个目的而产生的结果（finis in consequentiam veniens［目的转化为结果］）被接受。没有这一目的，任性就不能满足自己本身。因为这样的任性加给有计划的行动的对象（它所具有的或者应该具有的对象），并不

多种（精通各种艺术和科学、鉴赏力、灵敏的身体等诸如此类的东西）。但是，这在任何时候都只是在一定的条件下才是善的，即只是在它们的运用不违背道德法则（只有道德法则才是无条件地颁布命令的）的条件下才是善的。因此，它虽然被当做目的，但却不能是义务概念的原则。同样的道理也适用于以其他人的幸福为目标的目的。因为一个行动在它以他人的幸福为目标之前，必须首先就自身而言按照道德法则加以权衡。因此，该行动对他人幸福的促进，仅仅在一定的条件下才是义务，不能用来作为道德法则的最高原则。

是无论在客观上还是在主观上都确定的。虽然它规定了该行动应该**如何**产生效果，但并不规定该行动应该**朝哪个方向**产生效果。这样，虽然就道德来说，为了正当地行动并不需要一个目的，相反，从根本上来说，包含着运用自由的形式条件的法则对它来说就足够了。但是，从道德中毕竟产生出一种目的，因 〔5〕
为对于理性而言，回答**“从我们的这种正当行为中究竟将产生出什么”**这个问题，将会导致怎样的结果，以及即使此事并不完全由我们掌握，但我们能够以什么作为一个目的来调整自己的所作所为，以便至少与它协调一致，这些都不可能是无关紧要的。因此，虽然这只是一个客体的理念，这个客体既把我们所应有的所有那些目的的形式条件（义务），同时又把我们所拥有的一切目的的所有与此协调一致的有条件的东西（与对义务的那种遵循相适应的幸福），结合在一起并包含在自身之中。也就是说，它是一种尘世上的至善的理念。为使这种至善可能，我们必须假定一个更高的、道德的、最圣洁的和全能的存在者，惟有这个存在者才能把至善的两种因素结合起来。但是，这个理念（从实践上来看）却不是空洞的，因为它满足了我们的自然需要，即为自己的所作所为在整体上设想某种可以由理性加以辩护的终极目的。否则，这种自然需要就会是道德决定的一种障碍。但是，这里最重要的是，这一理念产生自道德，而不是道德的基础；为自己确立一个目的，本身就已经以道德原理为前提。因此，对于道德而言，它是否为自己构成一个所有事物的终极目的的概念（与这个终极目的协调一致，它虽然并不增加道德义务的数目，但却为它们造就了一个把所有的目的结合起来的特殊的关联点），这不可能是无关紧要的；因为只有这样，才能够在客观上赋予出自自由的合目的性与我们根本不能缺乏的自然合目的性的结合以实践的实在性。假定有一个人，他尊重道德法则并且赞同这样的思想（这是他很难避免的)，即如果他能够的话，他会在实践理性的指导下为自己**创造**一个什么样的世界，而且他还要把自己作为一个成员置入这一世界，那么，他就会不仅恰好像至善的道德理念在选择纯然听凭至善时所造成的那样来选择世界，而且还会要求确实存在一个世界，因为道德法则要求实现通过我们而可能的至善，即使他按照这一理念发现自己有为了自己的人格而丧失幸
〔6〕福的危险，因为他很可能会不能符合以理性为条件的幸福的要求。因此，他会感到这一判断是完全公允的，如同由一位局外人作出的，但同时又会感到理性强迫他承认这一判断是他自己的判断。这样一来，人也就证明了自身中在道德上起作用的需要，即要为自己的义务设想一个终极目的，来作为义务的结果。

因此，道德不可避免地要导致宗教。这样一来，道德也就延伸到了人之外的一个有权威的道德立法者的理念。① 在这个

① 如果"存在着一个上帝，因而在尘世上也存在着一种至善"这个命题(作为信条)仅仅是从道德中产生的话，那么，这个命题就是一个先天综合命题。虽然这个命题仅仅是在实践关系中假定的，但是，它却超越了道德所包含的义务概念(而且义务概念不以任性的任何质料为前提，而是以其纯粹形式的法则为前提)，因而不能以分析的方式从后者引申出来。**不过，这样一个先天命题是怎样可能的**？与所有人的一个道德上的立法者的这个纯然的理念协调一致，这虽然与一般义务的道德概念是同一的，而且就此来说，要求这种协调一致的命题也是分析的，但是，假定一个道德上的立法者的存在，其内涵却超出了这样一个对象的纯然可能性。在此，我只能就我相信自己所洞察的，来指出解决这一问题的关键，却不能详细阐述这一问题的解决。

目的在任何时候都是一种**偏好**的对象，也就是说，是一种直接欲求的对象，这种欲求要借助于自己的行动占有一个事物。这就如同**法则**(实践中颁布命令的法则)是**敬重**的对象一样。一个客观的目的(即我们应该具有的目的)就是由纯然的理性当做这样一个目的交给我们的目的。包含着其他所有目的的不可避免的、同时又是充足的条件的目的就是**终极目的**。自己的幸福是理性的尘世存在者的主观的终极目的(由于自己的依赖于感性对象的本性，每一个理性的尘世存在者都**具有**这种主观的终极目的，关于这种目的，说人们**应该**具有它，是愚蠢的)，而所有以这种终极目的为根据的实践命题都是综

立法者的意志中，（创世的）终极目的也就是那种同时能够并且应该是人的终极目的的东西。

合的，同时又是经验性的。不过，每一个人都应该使尘世上可能的**至善**成为自己的**终极目的**。这是一个实践的先天综合命题，而且是一个客观实践的、由纯粹理性提出的先天综合命题，因为它是一个超出了尘世上的义务概念、并附加上了义务的后果（一种效果）的命题，是一个不包含在道德法则之中、因而不能以分析的方式从道德法则中引申出来的命题。也就是说，道德法则无论其结果是什么样的，只要问题在于一个特殊的行动，都绝对地要求甚至强迫我们完全不顾结果，并且由此使义务成为极大的敬重的对象，而不会给我们提出和交付一个必须构成对这些法则的举荐和促使我们履行义务的动力的目的（终极目的）。所有的人，如果他们（像他们应该的那样）只遵循法则中纯粹理性的规定，都能够在这方面得到满足。对于世事所造成的他们在道德上的所作所为的结局，他们需要知道什么呢？对于他们而言，履行自己的义务就够了；即使尘世人生的一切都告完结，甚至在尘世人生中幸福和配享幸福从未相遇过。但是，人及其（也许还包括所有尘世存在者的）实践理性能力的不可避免的局限性之一，就是无论采取什么行动，都要探寻行动所产生的结果，以便在这一结果中发现某种对自己来说可以当做目的、并且也能证明意图的纯粹性的东西。在实施（nexu effectivo［效果的联系］）中，目的是最后的东西，但在观念和意图（nexu finali［目的的联系］）中，它却是最先的东西。尽管这一目的是由纯然的理性提示给人的，但是，人却在这一目的中寻找某种他能够**喜爱**的东西；因此，仅仅引起人的**敬重**的法则虽然并不承认上述东西是需要，但却为了照顾它，而把自己扩展到接受理性在道德上的终极目的为自己的规定根据之一；也就是说，“要使尘世上可能的至善成为你的终极目的”这一命题，是一个先天综合命题。它是由道德法则自身引入的。而这样一来，实践理性仍然超出了道德法则，这种超出之所以可能，乃是由于把法则与人的那种必须在法则之外为一切行动设想一个目的的自然属性联系起来了（人的这种属性，使人成为经验的对象）；而这一先天综合命题（恰如理论的、同时也是先天综合的命题一样）之所以可能，乃是由于它在根本上包含了在经验中认识一种自由的任性的规定根据的先天原则，只要这种经验在人的目的中表现出道德性的效果，并作为尘世上的因果性，赋予德性的概念以客观的、即使只是实践的实在性。——但是，如果应该把最严格地遵循道德法则设想为造成至善（作为目的）的原因，那么，由于人的能力并不足以造成幸福与配享幸福的一致，因而必须假定一个全能的道德存在者来作为世界的统治者，使上述状况在他的关怀下发生。这也就是说，道德必然导致宗教。

※　　※　　※

如果道德是根据其法则的圣洁性来认识极大的敬重的对
〔7〕象，那么，它在宗教的层次上就是根据最高的、实施那些法则的原因来想象**崇拜**的对象，并以崇拜的庄严性表现出来的。但是，所有的东西，包括最崇高的东西，只要人们把他们的理念
〔8〕用来满足自己的需要，就会在人们的手下变得渺小。凡是只有在被自由地敬重时才能确实受到崇敬的东西，都必须服从于只有借助强制性法则才能获得其威望的那些形式。而凡是主动地坦然接受每个人的公开批判的东西，则必须服从于一种拥有权力的批判，即服从于一种书报审查制度。

然而，由于“服从当局”这个诫命也是属于道德的，而且对这个诫命的遵循和对所有义务的遵循一样可以被引导到宗教，所以，对于一篇专门探讨宗教的明确概念的论文来说，自己作出这种服从的榜样，是应当的。但是，这种服从是不能仅凭重视国家的某项个别规定的法律，而无视任何别的规定来证明，而是只能凭对所有规定的总体表示敬重来证明。对书刊作出裁定的神学家，可以要么被委派为一个仅仅对灵魂的得救负责的神学家，要么被委派为一个同时为科学的福祉负责的神学家；前一种裁定者仅仅是神职人员，后一种裁定者同时还是学者。后者作为一个（以一所大学的名义）被委托为了文化和提防各种危害而照管所有科学的公共机构的成员，有责任把前者的过分要求限制在其书报审查不致在科学的领域里造成破坏的条件下；而且既然二者都是圣经神学家，那么，后者作为被委托探讨这种神学的那门科学的大学成员，拥有最高的审查权；因为就第一件事情（灵魂的得救）而言，二者负有同样的使命，就第二件事情（科学的福祉）而言，作为大学学者的神学家还要行使一种特殊的职能。倘若背离了这个规则，那么，最终必然导致通常已经出现过的那种状况（例如在**伽利略**时代），

即圣经神学家为了折辱科学的骄傲并使自己免除从事科学研究的辛劳，悍然侵入天文学或者其他科学，例如旧的地球史学，〔9〕并且像那些发现自己既没有足够的能力也没有足够的危机感来抵御令人担忧的攻击、因而把自己周围的一切都变成不毛之地的民族一样，垄断人类知性的一切尝试。

但是，在科学的领域里，与圣经神学相对的是一种哲理神学，它是另一个学科的受委托照管的财产。如果这个学科仅仅停留在纯粹理性的范围之内，为了证明和阐述自己的命题而利用所有民族的历史、语言、著作乃至《圣经》，但只是为了自己而利用，并不把这些命题照搬到圣经神学中去，试图修改圣经神学的那些神职人员享有特权的公共学说，那么，它就必须有充分的自由去传播自己，直到自己的科学所达到的地方；虽然在哲理神学确实无疑地超越了自己的界限、侵犯了圣经神学的时候，不能否认神学家（仅仅作为神职人员来看）有审查的权利，但是，只要上述情况还存有疑问，因而出现了这样的问题，即它是通过哲学家的一部著作还是通过他的另一种公开的演讲所发生的，那就只有作为**自己那个学科的成员**的圣经神学家才能拥有最高的审查权，因为这种神学家还被委派负责公共事业的第二种利益，即科学的繁荣，并且同样可以充任前一种神学家。

更进一步说，在这样的场合，第一审查权属于圣经神学，而不属于哲理神学；因为惟有前者才对某些学说享有特权，而后者则是以它自己的学说推进着一种公开的自由交往，因此只有前者才能够抱怨说，它独有的权利受到了损害。尽管两个学科的全部学说彼此接近，而且哲理神学方面逾越界限也令人忧虑，但只要考虑到，侵权这种不法行为并不是由于哲学家从圣经神学中借取某种东西用来实现自己的意图而发生的（因为圣经神学自己也不愿否认自己包含着许多与纯粹理性的学说共有的东西，此外还包含着一些属于历史学和语言学，应该由它们

〔10〕来审查的东西），即使他是在一种符合纯然理性的，但也许为圣经神学不满意的意义上使用他从圣经神学借取的东西，那么，由于侵权而发生的怀疑就很容易预防。除非他把某种东西**照搬**入圣经神学，并且由此使圣经神学致力于与它的机制所允许的不同的目的。——例如，自然法的教员从罗马法的典籍中，为自己的哲理法学借取了一些经典的术语和格式。即使他像经常发生的那样，并不完全在按照罗马法学的诠释者们的看法采用它们时应遵守的意义上使用它们，只要他并不要求真正的法学家，或者甚至法庭也这样使用它们，就不能说他侵犯了罗马法学。因为倘若他没有权利这样做，那么，也可以反过来指摘圣经神学家或者循规蹈矩的法学家，说他们无数次地侵犯了哲学的所有权。因为二者由于不能缺少理性，并且就科学方面来说不能缺少哲学，所以也必须经常地（尽管只是为了它们二者的目的），从哲学中借取东西。但是，假如在神学家看来，只要有可能，在宗教事物中就不与理性发生任何关系，那么，人们很容易就能预见到哪一方将会有所损失；因为一种贸然向理性宣战的宗教，是不能长久地与理性对立的。——我甚至冒昧地建议：在完成圣经神学的学术讲授之后，任何时候都要按照一种主导线索，例如像本书（或者另一本书，如果人们能有一本更好的同类的书的话），作为完善地教育学位候补生的必修课，再附加上一种关于纯粹**哲理的**宗教学说的特殊演讲作为结束，这是否会是个好办法？——这是因为，既然每一门科学都首先独自构成一个整体，而且只有在这种情况下才着手尝试把它们结合起来加以考察，那么，各门科学仅仅通过分化就会获得成就。在此，圣经神学家尽可以一听到哲学家的观点，就认为有必要对哲学家的观点表示同意或者加以驳斥。因为只有这样，神学家才能在事先就武装起来以对付哲学家可能给他制造的麻烦。但是，讳言这些麻烦，甚至把它们斥之为不敬神

明，这是一个不能令人信服的蹩脚借口。不过，把这两种人混为一谈，并且圣经神学家方面只是偶尔对此浮光掠影地一瞥，这是缺乏彻底性的表现。由于这种缺乏，最终将没有人真正知 〔11〕
道，应该如何在整体上看待宗教学说才好。

在以下的四篇论文中，为了使人们注意到宗教与人那部分带有善的禀赋、部分带有恶的禀赋的本性的关系，我把善的原则和恶的原则当做两个独立存在的、对人发生影响的动因，介绍了它们的关系。其中第一篇已经刊登在 1792 年 4 月的《柏林月刊》上。但是，由于这部作品的题材之间的密切联系，这里还不能把它省去。在现今增加的三篇论文中，包含着对这些题材的充分的阐述。

由于抄写稿件是由不同的人手完成的，而留给我通读的时间又太短，在第一印张上出现了与我自己不同的拼法，请读者原谅。

〔12〕

第二版序言

在这一版中，除了纠正印刷错误和对少数几处表述作出改进外，没有任何改动。新附加的补充用一个“♀”符号标出，置于正文的下面。

关于这部著作的标题（因为已有人对隐在这个标题之下的意图表示过顾虑），我还要作出以下的说明：由于**启示**至少也能够把纯粹的**理性宗教**包容在自身之中，但不能反过来说后者包容着前者的历史性部分，因而我将能够把前者看做是信仰的一个**比较宽泛的**领域，它把后者作为一个**比较狭小的**领域包容在它自身之中（不是作为两个彼此外在的圆，而是作为两个同心圆）。在这两个圆的后一个圆内，哲学家必须保持作为纯粹的理性导师（从单纯的先天原则出发）的身份，因而在这一方面不考虑任何经验。从这一立场出发，我也可以进行第二种尝试，即从某种被视为经验的启示开始，并且，在我不考虑纯粹的理性宗教（如果它构成了一个独立存在的体系）的时候，也可以根据道德概念仅仅片面地把启示视为**历史性的体系**，并看一看这个体系是否能把人们引回到前面所说的宗教的纯粹的**理性体系**。后者虽然在理论的目的（授课方法作为一种**技巧学说**，其技术实践上的目的也必须计入此列）看来不是独立的，但在道德实践的目的看来却是独立的，并且对于作为先天的理性概念（在排除掉一切经验性的东西之后还剩下来的概念）只存在于这一关系之中的真正的宗教来说，也是足够的。如果这
〔13〕种做法是对的，那么，就可以说，在理性和《圣经》之间不仅可以发现和睦相处，而且可以发现亲如一体的状况，以至于谁

遵循其中的一个（在道德概念的指导下），就不会不同另一个保持一致。假如这种做法不对，那么，就会或者一个人信奉两种宗教，而这是荒唐的，或者一个人既有一种**宗教**又有一种**崇拜**。在这种情况下，由于后者并不（像宗教那样）是自在的目的，而是仅仅作为手段才具有一种价值，因而二者必然经常为了短时间内的相互结合而被搅混在一起，但旋即又像油和水那样彼此分离，并且必然使纯粹道德的东西（理性宗教）浮在上面。

这种结合或者结合的尝试是哲学的宗教研究者全权拥有的工作，不是对圣经神学家的独有权利的侵犯，这一点我在第一版序言中就已经说明过了。从那时起，我已经发现这一论断在一位对这两个专业都颇为精通的人物，即已故的米夏埃利斯的《论道德》（第一部分 5～11 页）中被援引，并由他的整个作品来加以贯彻，并没有发生较高的学科在其中发现自己的权利遭到僭越的事情。

对于那些可尊敬的、具名的和不具名的人士对这部作品的评判，由于它们（和所有国外的文献一样）很晚才到达我们这些地区，我在这第二版中就未能像我所期望的那样予以考虑了。尤其是对蒂宾根著名的施托尔博士先生的 Annotationes quaedam theologicas etc. ［《对某种……神学的诠释》］来说，就更是如此了。施托尔博士先生以其惯常的洞察力，同时也以一种非常值得感谢的勤勉和公正态度审视了这部作品。我虽然打算对这种审视予以回答，但由于高龄尤其给处理抽象的理念这种工作造成的劳累，我未敢作出这种承诺。对于发表在《格赖夫斯瓦尔德新批判通讯》第 29 期上的一篇评论，我可以像评论者自己对这部作品所做的那样简短地把它打发掉。因为按照这位评论者的评判，这部作品无非是对我自己给自己提出的“教会的教义体系在其概念和原理中，按照纯粹的（理论的和实践的）理性是如何可能的”这一问题的答复。——“因而这一尝试无论在任何地方，都与那些既不认识和理解他的（康德的）体系，也不要求能够做到这一点的人毫不相干，所以对于
〔14〕这些人来说，他的体系可以被看做是不存在的”。——对此我的答复是：为了在其本质内容上理解这部作品，只需要通常的道德，而不用研究实践理性批判，更不用研究理论理性批判。而且举例来说，在同一个德性作为合义务地（依照其合法性）**行动**的熟练技巧被称做 virtus phaenomenon［作为现象的德性］，而作为对出自**义务**（由于其道德性）的这些行动的坚定意念被称做 virtus noumenon［作为本体的德性］的时候，这些表述只不过是由于教学的缘故而采用的，但事情本身却是就包含在最通俗的儿童教育中，或者就包含在布道中（哪怕使用了别的术语），是很容易理解的。要是人们能够从关于上帝的本性的那些被归入宗教学说的秘密出发，来赞颂作为本体的德性就好了！这些秘密似乎是完全通俗的，它们被纳入教义问答手册，但后来，如果它们要成为对每个人都可以理解的，就必须首先转化为道德概念。

哥尼斯贝格

1794年1月26日

第一篇
论恶的原则与善的原则的共居或论人性中的根本恶

〔19〕“世界一片糟糕”，这是一种和历史记载同样古老的抱怨。它甚至和更为古老的诗歌创作，乃至和所有创作中最古老的创作，即祭司宗教同样古老。虽然上述这一切都认为世界的开端是善，是黄金时代，是天堂中的生活，或者是一种和天国中的存在者们同在的更幸福的生活，然而它们又都让这种幸福转眼之间就像梦幻一般消失掉，向恶（道德上的恶，但肉体上的恶一直是与它同步前进的）的堕落以加速度的方式，越来越严重地急速下滑。[①]以至于我们如今（但这个“如今”是和历史记载同样古老的）就生活在最后的时代，最后审判的日子和世界的灭亡已即将来临。在印度斯坦的一些地区，世界的审判者和毁灭者**楼陀罗**（通常也称做湿婆）在世界的维持者**毗湿奴**对自己从世界的创造者**梵天**那里接受的职责感到厌倦，自若干个世纪以来就放弃了这一职责之后，已经被当做现今的统治之神受到崇拜。

与此相反的是英雄史诗的看法。这种观点比较晚近，但其传播却要小得多，仅仅在哲学家中间，而在我们这个时代尤其是在教育学家中间才有市场。这种看法就是：世界恰恰是在相
〔20〕反的方向上，即是从恶向比较善不停顿地（尽管是几乎不可察觉地）向前进步，至少可以在人的本性中发现这种进步的禀赋。但是，如果这里所说的是**道德上的**善或者恶（而不是说文明化），那么，这种看法肯定不是从经验中得出上述禀赋的，因为所有时代的历史都对它极为不利。相反，它很可能只是从

① Actas parentum peior avis tulit
Nos nequiores, mox daturos
Progeniem vitiosiorem
［比祖先还要恶劣的父母的时代
生育了更为恶劣的我们，
而将来还会有更为败坏的后代。］

塞涅卡到**卢梭**的道德主义者所作出的一种好心肠的假定。其目的在于，在还能够指望人心中有一种这方面的自然基础的情况下，孜孜不倦地催发也许潜在于我们心中的向善的胚芽。再加上，人们毕竟不得不相信人天生（即如同人通常生下来就是那样）在体质上是健康的，因而也就没有理由不相信人在灵魂上也是天生健康的、善的。因此，本性自身就会帮助我们来培植我们身上这种向善的道德禀赋。**塞涅卡**就说过：Sanabilibus aegrotamus malis，nosque in rectum genitos natura，si sanari velimus，adiuvat［我们患的是可以治愈的疾病，由于我们在本性上是生来向善的，所以，只要我们愿意被治愈，本性就会帮助我们］。

但是，由于的确很有可能人们在上述两种经验中都出现了失误，所以就产生了如下的问题：是否至少可能有一种中间状态，即人就其族类来说可能既不是善的也不是恶的，或者也许既是善的也是恶的，部分是善的部分是恶的？——不过，人们之所以称一个人是恶的，并不是因为他所作出的行动是恶的（违背法则的），而是因为这些行动的性质使人推论出此人心中的恶的准则。人们虽然可以通过经验觉察到违背法则的行动，乃至（最起码在自己身上）觉察到它们是有意识地违背法则的，但是，人们却不能观察到准则，甚至在自己心中也并不总是能够观察到。因此，“行为者是一个恶的人”，这一判断并不能可靠地建立在经验之上。所以，为了称一个人是恶的，就必须能够从一些，甚至从惟一的一个有意为恶的行动出发，以先天的方式推论出一个作为基础的恶的准则，并从这个恶的准则出发，推论出所有特殊的道德上恶的准则的一个普遍地存在于主体中的根据，而这个根据自身又是一个准则。

如果**本性**这一术语（像通常那样）意味着出自**自由**的行动

〔21〕的根据的对立面，那么，它就与**道德上的**善或者恶这两个谓词是截然对立的。为了使人们不致马上对这一术语有反感，就必须说明，这里把人的本性仅仅理解为（遵从客观的道德法则）一般地运用人的自由的、先行于一切被察觉到的行为的主观根据，而不论这个主观的根据存在于什么地方。但是，这个主观的根据自身总又必须是一个自由行为（因为若不然，人的任性在道德法则方面的运用或者滥用，就不能归因于人，人心中的善或者恶也就不能叫做道德上的）。因此，恶的根据不可能存在于任何通过偏好来**规定**任性的客体中，不可能存在于任何自然冲动中，而是只能存在于任性为了运用自己的自由而为自己制定的规则中，即存在于一个准则中。关于这个准则，必然不能再继续追问，在人心中采纳它而不是采纳相反的准则的主观根据是什么。因为如果这个根据最终不再自身就是一个准则，而是一个纯粹的自然冲动，那么，自由的运用也就可以完全追溯到由自然原因造成的规定上，而这与自由是相悖的。因此，如果我们说，人天生是善的，或者说人天生是恶的，这无非是意味着：人，而且是一般地作为人，包含着采纳善的准则或者采纳恶的（违背法则的）准则的一个（对我们来说无法探究的）原初根据①，因此，他同时也就通过这种采纳表现了他的族类的特性。

① 采纳道德准则的原初主观根据是无法探究的，这一点从以下情况就已经可以预先看出：由于这种采纳是自由的，因而必须不是在本性的一种动机中，而总是又要在一个准则中寻找这种采纳的根据（例如，我为什么采纳了一个恶的准则，而不是采纳一个善的准则）；又由于就连这个准则本身也必须有它的根据，但在准则之外却不应该也不能够提出自由任性的任何**规定**根据，因而人们就会在主观的规定根据的系列中越来越远地一直追溯到无限，不能达到原初的根据。

因此，关于这些特性的其中之一（人与其他可能的理性存在者的区分），我们将说：它是**人生而具有的**。但是，我们又总是告诉自己，应为这种特性负咎（如果这种特性是恶的）或者邀功（如果这种特性是善的）的，并不是本性。相反，人自身就是这种特性的创造者。但是，由于采纳我们的准则的原初根据本身又必须存在于自由的任性中，不可能是可以在经验中给定的事实，所以，人心中的善或者恶（作为就道德法则来说采纳这个或者那个准则的主观原初根据）就只是在**这样的**意义上才叫做生而具有的，即它被看做先于一切在经验中给定的自由运用（从孩童时代一直追溯到出生）而被奠定为基础的，是随着出生就同时存在于人心中的；而不是说出生是它的原因。 〔22〕

附　释

上述两种假说的争执基于这样一个选言命题：**人**（天生）**要么在道德上是善的，要么在道德上是恶的**。但是，每一个人都很容易就会想到追问：这种选言方式是否正确？是否会有人断言，人天生不是这二者中的任何一个；而另一个人则断言，人同时是这二者，即在一些方面是善的，在另一些方面是恶的？经验似乎甚至证实了这两个极端之间的一种中间状态。

但是，对于一般道德学说来说，重要的是尽可能地不承认任何道德上的中间物，无论是就行动（adiaphora［中性的］）来说还是就人的特性来说都是如此。因为若是这样模棱两可，一切准则都将面临失去其确定性和稳定性的危险。人们通常把赞同这种严格的思维方式的人（用一个自身包含着某种责备，但事实上是一种赞扬的名称）称做**严峻主义者**，这样，也就可以把他们的对立面称做**宽容主义者**。于是，后者要么是中立的宽容主义者，可以称做**无所谓主义者**；要么是综合的宽容主义者，可以称做**折中主义者**。①

〔23〕 依据严峻主义的决定方式♀②，这一问题的答案基于这样

① 假如存在有善=a，那么，它的矛盾对立面就是非善。后者要么是纯然缺乏善的一种根据的结果=0，要么是善的对立面的一种积极的根据的结果=－a。在后一种场合里，非善也可以叫做积极的恶。（对于快乐和痛苦来说，就存在着这样一种中间物，即快乐=a，痛苦=－a，而在其中不能发现快乐和痛苦这二者中的任何一个的那种状态则是无所谓状态=0。）假如我们心中的道德法则不是任性的任何动机，那么，道德上的善（任性与法则一致）=a，非善=0，但后者纯然是缺乏一种道德动机的结果=a×0。然而，我们心中现在确有动机=a，因此，缺少任性与法则的一致（=0），这只有作为一种对任性的事实上相反的规定的结果，即只有作为任性的一种**反抗**的结果=－a，只有通过一种恶的任性才是可能的；而在判断行动的道德性所必须依据的一个恶的意念和一个善的意念（准则的内在原则）之间，并不存在任何中间物。

♀一个在道德上无所谓善恶的行动（adiaphoron morale［道德上的中间物］）将是一个纯然产生自自然法则的行动，它与作为自由法则的道德法则毫无关系，因为它不是一种作为，对于它来说，无论是**指令**还是**禁令**还是**许可**（合法则的权限）都无法作出，或者都不是必要的。

②席勒教授先生在他的以名家手笔撰写的一篇关于道德中的**优美与尊严**的论文（《塔利亚》，1793，第3期）中，不赞成对责任感的这样一种介绍方式，好像它会造成一种苦思冥想的情绪似的。但是，由于我们在最重要的原则上是一致的，只要我们能够相互理解，我也看不出在这一点上有什么不一致。——我很乐意承认，我不能把**优美**附加在**义务概念上**，这正是为了它的**尊严**起见，因为义务概念包含着无条件的强迫，而优美与它恰恰相反。法则的崇高（就像西乃山上的律法一样）产生出敬畏（不是使人退避三舍的畏惧，也不是诱使人产生亲近感的魅力），敬畏唤起子民对其主宰的**敬重**。但在这一场合里，由于这一主宰就在我们自己心中，敬畏唤起的就是对我们自己的使命的一种**崇高的感觉**，这对我们来说比所有的美都更有吸引

一个对道德来说很重要的说明：任性的自由具有一种极其独特的属性，它能够不为任何导致一种行动的动机所规定，**除非人把这种动机采纳入自己的准则**（使它成为自己愿意遵循的普遍规则）；只有这样，一种动机，不管它是什么样的动机，才能与任性的绝对自发性（即自由）共存。但是，道德法则在理性的判断中自身就是动机，而且谁使它成为自己的准则，他**在道德上**就是善的。但是，假如法则并没有在一个与它相关的行动中规定某人的任性，那么，就必然会有一个与它相反的动机对此人的任性发生影响；而且由于这种情况在上述前提下只有通 〔24〕

力。——但是，**德性**，即严格履行自己的义务这种有坚实基础的意念，就其结果来说是**慈善的**，它比大自然或者这个世界上的艺术所能提供的一切还要多；而且人性的庄严形象，既然在它的这种形态之中被树立了起来，也完全允许诸**美惠女神**的陪伴。然而，如果所说的还仅仅是义务，那么，美惠女神便要敬而远之了。不过，如果注意到德性一旦被普遍接受就会在世界上传播开来的那些优美的结果，那么，关注道德的理性在这种情况下，就会（通过想象力）把感性也召来一并发挥作用。赫拉克勒斯只是在制伏了各种怪物之后才成为**缪斯九女神的首领**，在这样的工作面前，那班善良的姐妹们将栗然而退。维纳斯·乌拉尼亚的这些女伴们一旦想插手规定义务的事务，并为此提供动机，就会成为追随维纳斯·狄俄涅的情姐妹。——如果人们要问：这种仿佛是**德性的气质**的**审美**属性是什么样的，是勇气十足，因而**兴高采烈**？还是胆怯卑躬，俯首屈就呢？这样的问题几乎是没有必要回答的。后一种奴性十足的情绪产生时，绝不可能不伴有对法则的一种暗中**仇恨**，而遵循自己的义务时的愉悦心情（不是在承认义务时的那种惬意），则是德性意念的纯正性的一种标志，即便在**虔诚**中也是如此。虔诚并不在于有忏悔心的罪人的自虐（自虐是很模棱两可的，通常只是对违背了智慧规则的内心责备），而是在于将来加以改善的坚定决心。这种决心受善的进程所鼓舞，必然产生一种愉悦的情绪。没有这样一种情绪，人们就决不会确信自己也**由衷地爱上**了善，也就是说，把善采纳进自己的准则。

过此人把这一动机（因而也连同对道德法则的背离）纳入自己的准则（在这时他就是一个恶的人）才会发生，所以，此人的意念就道德法则而言绝不是中性的（决不会不是二者中的任何一个，既不是善的也不是恶的）。

但是，人在道德上也不能在一些方面是善的，同时在另一些方面又是恶的。因为如果他在某一方面是善的，他就已经把道德法则采纳入他的准则之中了；因此，假如他在另一方面同时又要是恶的，那么，由于遵循一般义务的道德法则仅仅是惟一的和普遍的，所以，与道德法则相关的准则就会既是普遍的，但同时又只是一个特殊的准则；而这是自相矛盾的。①

〔25〕 所谓天生具有这种或者那种意念，作为与生俱有的属性，在这里也并不就意味着，意念根本不是由怀有它的人获得的，即是说，人不是意念的造成者；而是意味着，它只不过不是在时间中获得的（即人**从幼年起就一直**是这样的或者那样的）罢了。意念，即采纳准则的原初主观根据，只能是

① 古代的道德哲学家们几乎详尽地阐述了关于德性所能说的一切，他们也没有漏过上述两个问题。他们把第一个问题表述为：德性必须是学习来的（因而人对德性和罪恶来说天生就是中性的）吗？第二个问题则是：是否不仅仅只有一种德性（因而人岂不就可以在一些方面是善的，在另一些方面是恶的）？上述二者都被他们以严峻主义的明确性予以否定。这是有道理的；因为他们是在理性的理念（人应该是什么样的）中考察德性**自身**的。但是，如果要对道德的存在者，即**显象**中的人，亦即经验使我们认识到的人，就德性而言予以评价，那么，就可以给予上述两个问题以肯定的答复。因为在这种情况下，并不是在纯粹理性的天平上（在一个属神的法庭上），而是按照一种经验的尺度（由一个属人的审判者）来评判人的。关于这一点，后面还要予以讨论。

一个惟一的意念，并且普遍地指向自由的全部应用。但是，它自身却必须由自由的任性来采纳。若不然，它就不能被考虑在内。关于这种采纳，不能再看出其主观的根据或者原因（尽管追问这种主观的根据或者原因是不可避免的；因为若不然，就必须再提出一个采纳这一意念的准则，而这个准则同样又必须有它的根据）。这样，由于我们不能从任性的任何一个最初的时间性行为中，引申出这一意念，或者毋宁说引申出它的最高根据，所以，我们称它为任性的一个属性，这个属性是任性天然地具有的（尽管它事实上是在自由中建立的）。但是，我们有权利把我们所说的人，无论他天生是善的还是恶的，都不是理解为单个的人（因为这样的话，就可以把一个人假定为天生就是善的，把另一个人假定为天生就是恶的），而是理解为整个族类；这一点，只有当人类学的研究表明，使我们有理由把这两种特性的中的一种，作为生而具有的东西，赋予一个人的那些根据，自身就具有这样的性质，以至于我们没有任何根据把一个人作为这种特性的例外，因而这种特性也适用于族类的时候，才能够进一步得到证明。

第一章 〔26〕

论人的本性中向善的原初禀赋

我们有理由把这种原初禀赋与其目的相联系分为以下三类，来作为人的规定性的要素：

1. 作为一种**有生命的**存在者，人具有**动物性的**禀赋；
2. 作为一种有生命同时又**有理性的**存在者，人具有**人性**

的禀赋；

3. 作为一种有理性同时又**能够负责任的**存在者，人具有**人格性的**禀赋。①

1. 人的**动物性**的禀赋可以归在自然的、纯然**机械性的**自爱的总名目下，这样一种自爱并不要求有理性。它又有三个方面：首先是保存自己本身；其次是借助性本能繁衍自己的族类，并保存那些由于和性本能相结合所产生出来的东西；其三是与其他人共同生活，即社会本能。——在这种禀赋之上，可以嫁接各种各样的恶习（但这些恶习却不是以这种禀赋为根

〔27〕源，自动地从中滋长出来的）。这些恶习可以叫做本性**粗野**的恶习，并且在其极度背离自然目的时被称为**饕餮无厌**、**荒淫放荡**、（在与其他人的关系上）**野蛮的无法无天等性畜般的恶习**。

2. **人性**的禀赋可以归在虽然是自然的、但却是**比较而言**的自爱（为此就要求有理性）的总名目下；也就是说，只有与

① 不能把人格性的禀赋看做是已包含在前一种禀赋的概念之中，而是必须把它看做是一种特殊的禀赋。因为从一个存在者具有理性这一点，根本不能推论说，理性包含着这样一种能力，即无条件地、通过确认自己的准则为普遍立法这样的纯然表象来规定任性，而且理性自身就是实践的；至少就我们所能认识到的来说是这样。然而，即便是最具有理性的尘世存在者，为了规定自己的任性，也可能总是需要某些自己从偏好的客体获得的动机；但为此，无论是就动机的最大总和而言，还是就达到由此规定的目的的手段而言，都要运用最具有理性的思考，而不是仅仅预感某物的可能性，即绝对地颁布命令的道德法则宣布自身，亦即宣布自身为最高的动机。假如这种法则并不是在我们心中给定的，我们借助理性也不能把它作为这样一种法则苦思冥想出来，或者附加给任性。然而，毕竟这种法则是惟一使我们意识到我们的任性独立于（我们的自由的）其他所有动机的规定，并由此而同时意识到对一切行动负责的能力的法则。

其他人相比较，才能断定自己是幸福的还是不幸的。由这种自爱产生出这样一种偏好，即**在其他人的看法中获得一种价值**，而且最初仅仅是平等的价值，即不允许任何人对自己占有优势，总是担忧其他人会追求这种优势，最终由此产生出一种不正当的欲求，要为自己谋求对其他人的优势。——在这上面，即在**嫉贤妒能**和**争强好胜**之上，可以嫁接这样一些极大的恶习，即对所有被我们视为异己的人持有隐秘的和公开的敌意。不过，这些恶习本来毕竟不是以本性为其根源，自动地从中滋长出来的，而是由于担心其他人对我们谋得一种令我们憎恶的优势而产生的偏好，即为了安全起见而为自己谋得这种对其他人的优势来作为预防手段；因为大自然只不过是要把这种竞争（它本身并不排斥互爱）的理念当做促进文化的动力来利用罢了。因此，嫁接在这种偏好之上的恶习，也可以叫做**文化**的恶习，并且当它们达到最高程度的恶劣性（因为它们在这种情况下，就只是恶的一种超越了人性的极限的理念），例如**嫉妒成性、忘恩负义、幸灾乐祸**等等时，被称做**魔鬼般的恶习**。

3. **人格性**的禀赋是一种易于接受对道德法则的敬重、把道德法则当做**任性的自身充分的动机**的素质。这种易于接受对我们心中的道德法则的纯然敬重的素质，也就是道德情感。这种情感自身还没有构成自然禀赋的一个目的，而是仅仅当它是任性的动机时，才构成自然禀赋的一个目的。由于这种道德情感只有在自由的任性把它纳入自己的准则中的时候才是可能的，所以，这样一种任性的性质就是善的特性；善的特性一般与自由任性的任何特性一样，都是某种只能获得的东西。但尽管如此，要使它可能，就必须有一种禀赋存在于我们的本性中，在这种禀赋之上，绝对不能嫁接任何恶的东西。只不过，不能把道德法则的理念，连同与它不可分割的 〔28〕

敬重，确切地称做一种人格性的禀赋，它就是人格性本身（完全在理知的意义上看，它就是人性的理念）。但是，我们把这种敬重作为动机纳入自己的准则，其主观根据显得就是人格性的一种附加物，因而理应被称做一种为了人格性的禀赋。

当我们依照其可能性的条件来考察上述三种禀赋时，我们发现，**第一种**禀赋不以理性为根源；**第二种**禀赋以虽然是实践的，但却只是隶属于其他动机的理性为根源；**第三种**禀赋则以自身就是实践的，即无条件地立法的理性为根源。人身上的所有这些禀赋都不仅仅（消极地）是**善的**（即它们与道德法则之间都没有冲突），而且都还是**向善的**禀赋（即它们都促使人们遵从道德法则）。它们都是**源始的**，因为它们都属于人的本性的可能性。人虽然可以与目的相违背地使用前两种禀赋，但却不能根除它们中的任何一个。我们把一个存在者的禀赋既理解为它所必需的成分，也理解为这些成分要成为这样一个存在者的结合形式。倘若它们必然地属于这样一个存在者的可能性，它们就是**源始的**；但是，假如该存在者即使没有它们也自身就是可能的，它们就是**偶然的**。还应该注意的是，这里所说的仅仅是那些与欲求能力和任性的使用直接相关的禀赋。

第二章

论人的本性中趋恶的倾向

我把**倾向**（propensio）理解为一种偏好（经常性的欲望，concupiscentia）的可能性的主观根据，这是就偏好对于一般人性完全是偶然的而言的。♀[1]倾向与一种禀赋的区别在于，它虽然也可能是与生俱有的，但却**不可以**被想象为与生俱有的， 〔29〕
而是也能够被设想为**赢得的**（如果它是善的），或者由人自己**招致的**（如果它是恶的）。——但是，这里所说的仅仅是那种本真恶或者道德上恶的倾向；由于这种恶只有作为对自由任性的规定，才是可能的，而自由任性又只有通过其准则，才能被判定为恶的或者善的，所以，这种恶必须存在于准则背离道德法则的可能性的主观根据中，而且如果可以把这种倾向设想为普遍地属于人的（因而被设想为属于人的族类的特性），那么，这种恶就将被称做人的一种趋恶的**自然**倾向。——还可以补充的一点是，从自然倾向中产生的任性把道德法则接纳或不接纳入自己的准则的能力或无能，将被称做是**善良之心或者恶劣之心**。

可以设想这种倾向有三个不同的层次。**第一**，人心在遵循已被接受的准则方面的软弱无力，或者说人的本性的**脆弱**；**第二**，把非道德的动机与道德的动机混为一谈的倾向（即使这可能是以善的意图并在善的准则之下发生的），即**不纯正**；**第三**，接受恶的准则的倾向，即人的本性或者人心的**恶劣**。

第一，人的本性的**脆弱**（fragilitas）早在一位使徒的抱怨中就已经得到了表述：我所愿意的，我并不做。这也就是

① 倾向本来只是欲求一种享受的**先行气质**，一旦主体有过这种享受的经验，这就会导致人在这方面的**偏好**。如此说来，所有的野蛮人都对麻醉品有一种倾向，因为即使他们中的大多数人根本不知道麻醉是什么，因而对造成麻醉的东西也根本没有欲望，但只要让他们品尝一次这样的东西，就会使他们产生一种对这种东西的几乎无法戒除的欲望。——在倾向和以熟知欲求对象为前提的偏好之间还有**本能**。本能是一种被感受到的要做某事或者享受某物的需求，而对此，人还没有形成概念（就像动物的创作本能或者性本能一样）。从偏好出发，最后还有欲求能力的一个层次，即**激情**（不是**情绪**，因为情绪属于愉快和不愉快的情感），激情是一种排斥对自身的控制的偏好。

说，我把善（法则）采纳入我的任性的准则之中，但是，善客观上在理念中（in thesi［在论题中］）虽然是一种不可战胜的动机，主观上（in hypothesi［在假设中］）如果要遵循准则的话，却（与偏好相比）是较为软弱的动机。

第二，人的心灵的**不纯正**（impuritas，improbitas）在于，
〔30〕准则虽然就对象而言（就有意地遵循法则而言）是善的，并且也许还有足够的力量去实施，但并不是纯粹道德的；也就是说，并不是像应该的那样，**仅仅**把法则作为**充分的**动机纳入自身，而是在大多数情况下（也许在任何时候都如此），为了由此规定任性去做义务所要求的事情，还需要除此之外的其他动机，换句话说，合乎义务的行动，并不是纯粹从义务出发而作出的。

第三，人心的恶劣（vitiositas，pravitas），或者宁可说，人心的**败坏**（corruptio），是任性对各种准则的这样一种倾向，即把出自道德法则的动机置于其他（非道德的）动机之后。这种恶劣或者败坏也可以叫做人心的**颠倒**（perversitas），因为它就一种自由任性的动机而言，把道德次序弄颠倒了，而且即使如此也总还是可以有律法上善的（合法的）行动，但思维方式却毕竟由此而从其根本上（就道德意念而言）败坏了，人也就因此而被称做是恶的。

人们将注意到：在人这里，即使是在（就行动而言）最好的人这里，都提出了趋恶的倾向。如果要证明趋恶的倾向在人们中间的普遍性，或者换句话说也完全一样，如果要证明趋恶的倾向与人的本性的交织，上述情况也必然会发生。

但是，在一个具有善良德性的人（bene moratus）和一个道德上善良的人（moraliter bonus）之间，就行动与法则一致而言，是没有区别的（至少不可以有任何区别）。只是在前一种人那里，行动恰恰并不总是或者从来不曾以法则为惟一的和最高的动机，而在后一种人那里，行动**在任何时候**都以法则为

惟一的和最高的动机。关于前一种人可以说，他是**凭着字句**遵循法则的（即，就法则所要求的行动而言）；关于第二种人则可以说，他是**凭着精意**而遵循法则的（道德法则的精意就在于，惟有它才足以成为动机）。**凡不是出自信心的都是罪**（就思维方式而言）。因为如果为了规定任性去作出**合乎法则的**行动，除了法则自身之外，还必须有别的动机（例如功名欲、一般的自爱，甚至还有慷慨的本能，亦即同情），那么，这些行动之与法则相一致，就完全是偶然的了；因为这些动机同样可能造成越轨。评价一个人物的任何道德价值，都必须依据那个准则的善，但那个准则却是违背法则的；而人也虽然有纯粹善的行动，却依然是恶的。〔31〕

为了规定关于这种倾向的概念，还有必要作出以下的说明。任何倾向都要么是自然的，即它属于作为自然存在者的人的任性；要么是道德上的，即它属于作为道德存在者的人的任性。——在前一种意义上，不存在趋于道德上的恶的倾向，因为道德上的恶必须出自自由；而任何一种运用自由的自然倾向（自然倾向是建立在感性冲动之上的），无论它是为了善还是为了恶，都是一种自相矛盾。因此，一种趋恶的倾向只能附着于任性的道德能力。但是，除了我们自己的行为之外，不存在任何道德上的（即有负责能力的）恶。与此相反，我们把倾向的概念理解为任性的一种主观规定根据，它**先行于任何行为**，所以自身还不是行为；因为，如果这一表述不能在两种不同的、但都可以与自由的概念相结合的意义上使用，那么，在一种纯粹的趋恶倾向的概念中，就会有一种自相矛盾。但是，关于一种一般行为的表述，既能适用于最高准则（合乎法则地或者违背法则地）被纳入任性所借助的那种自由的运用，也能适用于行动自身（就其质料而言，也就是说就任性的对象而言）被按照那个准则来实施时所借助的那种自由的运用。于是，趋恶的倾向是在第一种意义上所说的行为（peccatum originarium [本原的罪]），同时又是在第二种意义上所说的所有违背法则的、就质料而言与法则相抵触的、被称为恶习（peccatum derivativum [派生的罪]）的行为的形式根据；尽管第二种（出自一些并非存在于法则自身之中的动机的）罪可以从多方面加以避免，但第一种罪却依然存在。第一种罪是理知的行为，仅仅通过理性就可以认识到，不受任何时间条件的制约；第二种罪是可感的、经验性的，是在时间中给定的（factum phaenomenon [造成的现象]）。第一种罪，尤其在与第二种罪的比较中，叫做纯然的倾向，并且是生而具有的，因为它是不能被根除的（否则，最高的准则就必须是善的准则，但在那种倾
〔32〕向本身中，最高的准则已被假定为恶的）；但这尤其是因为，对于为什么在我们身上，恶虽然就是我们自己的行为，却败坏了最高的准则，我们并不能进一步说明原因，就像对于属于我们本性的某种基本性质不能进一步说明原因一样。——在现在所谈到的东西中，人们将会发现这样的理由，即为什么我们在本章一开始，就仅仅在按照自由法则激起采纳或者遵循我们的准则的最高根据的那种东西中，而不是在激起（作为感受性的）感性的东西中，去寻找道德上的恶的那三个泉源。

第三章
人天生是恶的

Vitiis nemo sine nascitur
[没有人生而无罪]。

——贺拉斯

依据上文，“人是**恶的**”这一命题无非是要说，人意识到了道德法则，但又把偶尔对这一原则的背离纳入自己的准则。人**天生**是恶的，这无非是说，这一点就其族类而言是适用于人的。并不是说，好像这样的品性可以从人的类概念（人之为人的概念）中推论出来（因为那样的话，这种品性就会是必然的了），而是如同凭借经验对人的认识那样，只能据此来评价人。或者可以假定在每一个人身上，即便是在最好的人身上，这一点也都是主观上必然的。由于这种倾向自身必须被看做是道德上恶的，因而不是被看做自然禀赋，而是被看做某种可以归咎于人的东西，从而也必须存在于任性的违背法则的准则之中；由于这些准则出于自由的缘故，自身必须被看做是偶然的，但倘若不是所有准则的主观最高根据与人性自身——无论以什么方式——交织在一起，仿佛是植根于人性之中，上述情况就又与恶的普遍性无法协调，所以，我们也就可以把这种倾向称做是一种趋恶的自然倾向；并且由于它必然总是咎由自取的，也就可以把它甚至称做人的本性中的一种**根本的**、生而具有的（但尽管如此却是由我们自己给自己招致的）**恶**。

至于这样一种败坏了的倾向必然植根在人身上，我们由于有经验就人们的**行为**所昭示的大量显而易见的例证，也就可以〔33〕
省去迂腐的证明了。有些哲学家们曾特别希望从所谓的**自然状态**中发现人的本性的善良。倘若有人想从这种状态中获取上述例证，那么，他只需要把在**托富阿岛、新西兰岛和纳维加脱群岛**上发生灭绝人性的屠杀事件中的残酷场面，以及在美洲西北部的广阔荒原上所发生的永无休止的、甚至没有一个人从中得到丝毫好处♀①的屠杀事件（希尼船长曾描述了那些事件），与

① 就像阿拉塔维斯考印第安人和多格里普印第安人之间持久的战争除了屠杀之外没有任何其他意图一样。

哲学家们的假说加以比较就行了。无须尽数列举人们的野蛮恶习，就足以排除哲学家们的这种观点。但是，倘若有人赞成下面这种观点，即在文明状态中（在这种状态中，人们的禀赋可以更加充分地展开）可以更清楚地认识人的本性，那么，他必然会听到对于人性的一长串令人忧伤的抱怨。例如尔虞我诈，即使对最亲密的朋友亦是如此，以至在最好的朋友推诚相见时，掌握信任的分寸也被列为交往中通行的明智准则；又如恩将仇报的倾向，即使一个乐善好施的人也得随时对此有所提防；再如某种发自内心的友善，对它可以作出以下的说明："即使在我们最好的朋友的不幸中，也有某种我们并不完全反感的东西"；此外，还有许多隐藏在德性的幌子下的其他恶习，更不用说那些对于大家来说根本不是秘密的恶习了。因为对我们来说，**一个一般意义上的恶人**，就已经是好人了；他会对**文化**和文明的恶习（所有恶习中最令人伤感的恶习）感到厌恶，
〔34〕宁可把自己的目光从人们的所作所为移开，以免自己再犯另一种恶习，即对人类的仇视。但是，如果他对此还不满足，那么，他只消考察一番由二者以奇怪的方式复合而成的状态，即各民族的外部状态就够了。在这种状态中，文明化了的各民族在野蛮的自然状态（一种持久的战争体制状态）的关系中彼此

在野蛮人看来，好勇斗狠是他们的最高美德。即使在文明状态中，它也是受赞赏的一个对象，是那个以它为惟一功勋的阶层要求受到特别敬重的一个根据，而这在理性中也不是完全没有理由的。因为人具有某种在他看来高于自己的生命的东西（荣誉），并把它当做自己的目的，为此他放弃了一切私利，这确实证明了他的禀赋中有某种崇高。但是，从胜利者夸耀自己的丰功伟绩（毫不留情的毁灭、破坏以及诸如此类的事情）时的惬意中却可以看到，惟有他们的优越感和他们不抱有任何其他目的而能够造成的破坏，才是他们真正乐在其中的东西。

对立，并且执意不肯走出这种状态；他将会发现被称做**国家**的那些巨大的团体的与公开的高调截然相反的，但从来也不会放弃的基本原理。♀①还没有一个哲学家能够把它们与道德协调起来，也没有一个哲学家能够（这是令人痛心的）提出可以与人的本性一致的更好的基本原理。结果是，期待一种永恒的、建立在一个作为世界共和国的多民族联盟之上的、和平状态的、**哲学的千禧年说**，和期待全人类在道德上的改善完成的**神学的千禧年说**一样，普遍地被嘲笑为幻想。

首先，这种恶的根据不能像人们通常所说明的那样，被放在人的**感性**以及由此产生的自然偏好之中。因为不仅这些偏好与恶没有直接的关系（毋宁说，它们为能够证明道德意念的力量的东西，即为德性提供了机会），我们不应为它们的存在承 〔35〕
担责任（我们也不能够这样做；因为它们作为造成的东西并不以我们为创造者），但我们要为趋恶的倾向承担责任。趋恶的倾向由于涉及主体的道德性，从而是在作为一个自由行动的存在者的主体中被发现的，所以作为咎由自取的东西，必须能够

① 如果把这些国家的历史纯然看做是人性的那些大部分对我们隐藏着的内在禀赋的现象，那么，就可以发现大自然的某种按照目的——不是它们（各民族）的目的，而是大自然的目的——的机械进程。每一个国家，只要它旁边有另一个它可以希望战胜的国家，都会追求通过这种征服来扩张自己，并由此成为世界帝国。在这样一种体制中，一切自由，并且连带（作为自由的结果的）一切德性、鉴赏力和科学都必然丧失殆尽。然而，这种巨型怪物（在它里面法则逐渐地丧失其力量）在它吞并了所有的邻国之后，最终又自行解体，通过叛乱和分裂分化为许多较小的国家。这些小国家不是去追求建立一个多国联合体（由各自由民族联合而成的共和国），而是每一个都又重新开始同样的游戏，根本不让战争（这种人类种族的灾难）停下来。虽然战争并不像普遍的独裁这坟墓（或者是一种为了不让专制制度在任何一个国家被放弃而建立的多民族联盟）那样不可救药地恶，但它毕竟像一位古人所说的那样，造出的恶人比它所消灭的恶人更多。

被归咎于主体，虽然这种倾向深深地植根于任性之中。由于这一点，人们必须说可以在人的天性中发现它。其次，这种恶的根据也不能被放在为道德立法的理性的**败坏**之中；就好像这种理性能在自身中清除法则本身的威望，并且否定出自法则的责任似的；因为这是绝对不可能的。设想自己是一个自由行动的存在者，同时却摆脱适合于这样一种存在者的法则（道德法则），这无非是设想出一个没有任何法则的作用因（因为依据自然法则作出的规定由于自由的缘故而被取消）；而这是自相矛盾的。——所以，为了说明人身上的道德上的恶的根据，**感性**所包含的东西太少了；因为它通过取消可能从自由中产生的动机，而把人变成了一种纯然**动物性的东西**；与此相反，摆脱了道德法则的、仿佛是**恶意的理性**（一种绝对恶的意志）所包含的东西又太多了，因为这样一来，与法则本身的冲突就会被提高为动机（因为倘若没有任何动机，任性就不能被规定），并且主体也会被变成为一种魔鬼般的存在者。——二者中没有一个可以运用到人身上。

但是，即使这种趋恶的倾向在人的本性中的存在，能够通过人的任性与法则在时间中发生现实冲突的经验证明而得到解释，这些经验证明却没有告诉我们这种倾向的真正性质和这种冲突的根据。相反，这种性质由于涉及自由任性（因而涉及这样一种任性，它的概念不是经验性的）与作为动机的道德法则（其概念同样是纯粹理智的）的关系，因而必须从恶的概念出发，就恶按照自由的法则（责任和负责能力）是可能的而言，而先天地被认识。下面就展开这个概念。

〔36〕 无论以什么样的准则，人（即使是最邪恶的人）都不会以仿佛叛逆的方式（宣布不再服从）来放弃道德法则。毋宁说，道德法则是借助于人的道德禀赋，不可抗拒地强加给人的。而且，如果没有别的相反的动机起作用，人就也会把它当

做任性的充分规定根据，纳入自己的最高准则，也就是说，人就会在道德上是善的。不过，人由于其同样无辜的自然禀赋，毕竟也依赖于感性的动机，并把它们（根据自爱的主观原则）也纳入自己的准则。但是，如果他把感性的动机作为**本身独立自足地**规定任性的东西纳入自己的准则，而不把道德法则（这是他在自身之中就拥有的）放在心上，那么，他就会在道德上是恶的。现在，由于他自然而然地把二者都纳入自己的准则，由于他也把每一个，假若它是独立的，都看做是自身足以规定意志的，所以，如果准则的区别仅仅在于动机（准则的质料）的区别，也就是说，仅仅取决于是法则还是感官冲动提供了这样一种动机，那么，他在道德上就会同时是既善又恶的；而这（根据本书序言）又是自相矛盾的。因此，人是善的还是恶的，其区别必然不在于他纳入自己准则的动机的区别（不在于准则的这些质料），而是**在于主从关系**（准则的形式），**即他把二者中的哪一个作为另一个的条件**。因此，人（即使是最好的人）之所以是恶的，乃是由于他虽然除了自爱的法则之外，还把道德法则纳入自己的准则，但在把各种动机纳入自己的准则时，却颠倒了它们的道德次序；他意识到一个并不能与另一个并列存在，而是必须一个把另一个当做最高的条件来服从，从而把自爱的动机及其偏好当做遵循道德法则的条件；而事实上，后者作为满足前者的**最高条件**，应该被纳入任性的普遍准则，来作为独一无二的动机。

尽管由于他的准则造成的这种动机的颠倒，违背了道德次序，然而，如果理性仅仅是为了以**幸福**的名义，而将偏好的动 〔37〕
机通常所不可能具备的准则的统一性引入到偏好动机中去，而利用道德法则所特有的一般准则的统一性（例如，如果把真诚认定为原则，它就免除了我们对与自己的谎言保持一致，并且陷入到谎言的怪圈之中的忧虑），那么，行动就依然可以产生如此符合法则的结果，就好像它们产生自真正的原则似的。因为在这种情况下，经验性的性质是善的，而理知的性质却始终是恶的。

如果这种倾向是包含在人的本性之中，那么，在人身上就有一种趋恶的自然倾向，而且这种倾向自身，由于归根结底必须在一种自由的任性中来寻找，从而是能够归咎于人的，所以是道德上恶的。这种恶是**根本的**，因为它败坏了一切准则的根据，同时它作为自然倾向也是不能借助于人力**铲除**的，因为这只有借助于善的准则才会实现；而既然假定所有准则的最高主观根据都是败坏了的，这就是无法实现的了。但尽管如此，这种倾向必然是**能够克服**的，因为它毕竟是在作为自由行动的存在者的人身上发现的。

因此，人的本性的恶劣，不能那么确切地被称为**恶意**。就这个词的严格意义来说，它是指一种把恶**之为恶**作为动机纳入自己的准则（故而这准则是魔鬼般的）的意念（准则的主观**原则**）；而宁可把它称做心灵的**颠倒**，这个心灵就其后果而言又叫做**恶的心灵**。这种恶的心灵，能够与一个总的来说善的意志共存。它产生自人的本性的脆弱，即在遵循自己认定的原则时不够坚定；而且与不纯正性相结合，没有按照道德的准绳把各种动机（甚至包括有善良意图的行动的动机）互相区分开来。最后，至多只注意到行动与法则的符合，而没有注意到从法则中把它们引申出来，即没有注意到法则是独一无二的动机。尽管由此并不总是正好产生违背法则的行动及其倾向，即**恶习**，但是，把没有恶习就解释为**意念**与义务的法则相符合（解释为**德性**），这种思维方式本身（由于这里根本没有注意到准则中的动机，而是仅仅注意到了凭着字句遵循法则）就甚至已经可以被称做人的心灵中的一种根本性的颠倒了。

〔38〕 这种**生而具有的**罪（reatus）——之所以这样称它，乃是

因为一旦人表现出自由的运用，就会感知到它。但尽管如此，它又必须是出自自由的，从而是能够被归咎于人的——在其前两个层次（脆弱和不纯正）上可以被断定为无意的罪（culpa），但在其第三个层次上则可以被判定为蓄意的罪（dolus）；它以人心的某种**奸诈**（dolus malus）为特征，即由于自己特有的或善或恶的意念而欺骗自己，并且只要行动的后果不是按照其准则本来很可能造成的恶，就不会因为自己的意念而感到不安，反而认为自己在法则面前是清白的。由此出发，许多（自认为有良知的）人只要在没有诉诸法则，至少法则没有起主要作用的行动中侥幸地避免了恶的结果，就会感到心安理得，甚至会居功自傲，觉得自己不必为任何眼看其他人所犯的那些违背法则的行为负咎；却不深究这是否仅仅是侥幸的功绩，以及按照他们本来完全能够从自己的内心深处揭示出的思维方式，倘若不是无能、气质、教育、诱人一试的时间和地点条件（纯粹是些不能归因于我们的东西）使自己未能那样做的话，那么，只要自己愿意，是否自己就不会犯下同样的恶行呢？这种自我欺骗的，以及阻碍在我们心中建立真正的道德意念的不诚实，还向外扩张成为虚伪和欺骗他人；后者即使不应该称之为恶意，至少也应该叫做猥琐，它包含在人的本性的根本恶之中。这种恶（由于它在应当把一个人看做什么方面败坏了道德的判断力，使责任对内对外都变得不确定）构成了我们这个族类的污点，只要我们不清除掉这个污点，它就妨碍着善的幼芽，像其本来完全可能的那样发展起来。

英国国会的一位议员曾激动地断言："每一个人都有出卖他自己所要的身价"。如果确实如此（这是每一个人都可以自己决定的），如果任何地方都没有一种德性，对于它来说不能德性找到某种程度的诱惑能使它堕落，如果不管是善的精神还 〔39〕
是恶的精神在争取我们，关键仅仅在于谁出价最高，并且能最迅速地付款，那么，对于人来说，使徒所说的话就会是普遍正确的了："这里没有任何区别，他们全都是罪人，——没有人（凭着法则的精义）行善，就连一个也没有。"①

第四章

论人的本性中恶的起源

所谓（最初的）**起源**，是指一个结果从其最初的原因产生，这样一个原因不再是另一个同类的原因的结果。它可以要么作为**理性上的起源**，要么作为**时间上的起源**而被考察。在第一种意义上，所考察的只不过是结果的**存在**；在第二种意义上，所考察的是结果的**发生**，从而也就是把它当做事件与其**在时间中的原因**联系起来。如果把结果与一个按照自由法则同它结合在一起的原因联系起来，就像对道德上的恶一样，那么，对任性进行规定，使它产生结果，就不是被设想为与它在时间中的规定根据相结合，而是被设想为仅仅与它在理性表象中的规定根据相结合，并且不能被从任何一个**先行的**状态中推演出来；相反，如果恶的行动被当做世间的**事件**与其自然原因联系

〔40〕

① 关于在道德上作出审判的理性的这种诅咒性判断，真正的证明不在本章，而是在前一章。本章只包含有借助经验对这一判断的证实，但经验绝对不能在自由任性与法则相联系的最高准则中揭示恶的根源，恶的根源作为**理知的行为**先行于一切经验。——由此出发，即由最高准则的统一性出发，鉴于与之相关的法则的统一性，也可以看出，为什么人的纯粹理智判断必须以善与恶之间的排中律为基础。不过，从**可感的行为**（现实的所作所为）出发的经验判断，却可以置于这样的原则之下，即在这两个极端之间存在着一个中间物，一方面是一种漠视一切教化的消极性的东西，另一方面是一种善恶参半的积极性的东西。但是，后者只是对显象中的人的道德性的判断，在终极判断中从属于前者。

起来，则每一次都必然会发生上述情况。因此，为自由行动本身（完全当做自然结果）寻求时间上的起源，这是一种自相矛盾。所以，就人的道德属性被看做是偶然的而言，对它来说也是如此，因为这种道德属性意味着**运用**自由的根据，它（就像一般自由任性的规定根据一样）必须仅仅在理性表象中去寻找。

但是，无论人心中在道德上的恶的起源是什么性质，在关于恶通过我们族类的所有成员以及在所有的繁衍活动中传播和延续的种种表象方式中，最不适当的一种方式，就是把恶设想为是通过**遗传**从我们的始祖传给我们的。因为关于道德上的恶，人们完全可以说诗人关于善所说的同样的话：genus et proavos，et **quae non fecimus ipsi**，vix ea nostra puto［族类、祖先以及**那些不是我们自己创造的东西**，我都不能把它们算做我们自己的］。① 还应该注意的是，当我们研讨恶的起源时，我们一开始还没有把趋恶的倾向（作为 peccatum in potentia［潜在的恶］）考虑在内，而是仅仅依照其内在的可能性，以及依

① 三个所谓的高级学科（在大学里）将会各以自己的方式来解释这种遗传：即**遗传病**、**遗传债务**或者**原罪**。**1. 医学学科**会把遗传的恶设想得像绦虫。关于绦虫，确实有一些自然科学家认为它必然早就存在于人类始祖的体内，因为它既不能在我们体外的某种元素中找到，也不能（就同一品种而言）在其他任何一种动物身上找到。**2. 法学学科**会视它为接受人类始祖遗留给我们的，但附带有一种重罪的**遗产**的合法结果（因为人被生下来，无非就是学会使用世间的财物，这些财物对我们的继续生存是不可缺少的）。因此，我们必须付出代价（赎买），而最终（由于死亡）又被剥夺了这种占有权。这在法律上是多么合法啊！**3. 神学学科**会把这种恶视为我们的始祖亲自参与了一个邪恶的叛逆者的**堕落**；并认为我们或者当时（尽管现在意识不到这一点了）就参与了叛逆，或者只是现在，由于生而受那叛逆者（作为这个尘世的统治者）的支配，与天国主宰者的无上命令相比，更为贪恋尘世的财富，并且没有足够的诚意从这当中挣脱出来，但将来也难免与那叛逆者同一命运。

照为了实施该行动必然集合在任性之中的东西，考虑了给定的行动的现实的恶。

〔41〕 每一种恶的行动，如果我们要寻求它在理性上的起源，都必须这样看待它，就好像人是直接从天真无邪的状态陷入到它里面一样。因为无论人过去的行事方式如何，无论影响他的自然原因是什么样的，也无论这些自然原因是出现于他内部还是外部，他的行动都是自由的，是不受这些原因中的任何一个规定的，因而能够并且必须始终被判定为对他自己的任性的一种**原初的**运用。无论他处于什么样的时间条件和联系中，他本来都应该放弃这种恶的行动，因为世界上的任何原因都不能使他不再是一个自由的存在者。尽管人们有理由说，就连由人过去的自由的，但却违背法则的行动所产生的**结果**，也应由他负责。但这句话要说的无非是，没有必要求助于这个借口，也没有必要弄明白这些结果是自由的还是不自由的，因为在那作为其原因的公认自由的行动中，就已经现存着使他负责的充足根据了。但是，即使某人直到目前面临的自由行动，还一直为恶(以至于习惯成自然了)，他也不仅过去有义务更善一些，而且现在也有义务改善自己：他必定也有能力这样做，而且如果他不这样做，他也同样有能力在行动的瞬间负起责任。而且责任也被归于他了，就好像是他本来赋有向善的自然禀赋（这种禀赋是与自由不可分割的)，却从天真无邪的状态逾越到了恶似的。——因此，我们不能追问这种行为在时间上的起源，而是必须仅仅追问其理性上的起源，以便在此之后规定、并且尽可能地说明那个倾向，即把越轨纳入自己的准则的主观普遍根据，如果有这样一个根据的话。

以上所说，与《圣经》所使用的表象方式是完全一致的。《圣经》把恶的起源描绘为人的族类中恶的**开端**。它在一个故事中讲述了这一开端，在这个故事中，按照事物的本性（不考虑时间条件）必须被设想为第一的东西，表现为时间上的第一。按照《圣经》的说法，恶并不是从作为基础的趋恶的倾向开始的。因为若不然，恶的开端就不是从自由产生的了，而是从**罪**（罪被理解为对作为**上帝的诫命**的道德法则的逾越）开始的。但是，人在未具有任何趋恶倾向之前的状态，则叫做**天真无邪**的状态。道德法则如同它在人这种并不纯粹，而是被偏好所诱惑的存在者这里所必然的那样，最初是一种**禁令**（《创世记》，第 2 章，第 16—17 节）。然而，人并未径直把这一法则当做充足的动机（惟有这种动机才是无条件地善的，在这方面也是无可置疑的）来遵循，而是还去寻找其他只是在一定的条件下（即只有在由此不损害法则的情况下）才能够为善的动机（《创世记》，第 3 章，第 6 节），并且——如果把行动设想为有意识地由自由产生的——采纳了这样的准则，即，不是出自义务，而是充其量出自对其他意图的考虑，才去遵循义务法则。因此，他开始怀疑那排斥其他任何动机影响的诫命的严峻性，并自作聪明地把对那诫命的顺从降低为对一种手段的仅仅（在自爱原则之下）有条件的顺从①，由此出发，他最终把感官冲动对出自法则的动机的优越性纳入行动的准则，罪也就是这样发生的（《创世记》，第 3 章，第 6 节）。Mutato nomine de te fabula narratur [这故事说的就是你，只不过换了名字]。以上 〔42〕

① 如果不把道德法则当做自己准则中的自身充足的动机，赋予它在任性的其他所有规定根据之上的优越性，那么，对道德法则所表示的所有敬重都是弄虚作假，对此的倾向则是内心的虚伪，即是一种在解释道德法则时欺骗自己，以至于损害道德法则的倾向（《创世记》，第 3 章，第 5 节）。因此，就连《圣经》（基督教部分）一开始也称恶的始作俑者（它就存在于我们里面）为说谎者，并且鉴于恶表现在人心中的主要根据描绘人的特征。

所说清楚地表明，我们每天都正是这样做的，因而“在亚当身上所有人都犯了罪”，并且还在犯罪；只不过在我们身上，已经假定了一种作出越轨行为的生而具有的倾向。而在那第一个人身上，按照时间并没有假定这样的倾向，而是假定了天真无邪的状态，因而越轨在他那里叫做**堕入罪恶**，而在我们这里则不同，越轨被表象为从我们本性的已经生而具有的恶劣性产生出来。但是，这种倾向无非意味着，如果我们想按照其时间上的开端来**说明**恶，我们对于每一次蓄意的越轨都必须到我们人生的前一段时间追溯其原因，一直追溯到理性的使用尚未发展
〔43〕的时间，因而一直追溯到一种因此而叫做生而具有的趋恶的倾向（作为自然的基础），即追溯恶的泉源。而这在已经被看做是具有运用理性的充分能力的第一个人那里，却是既不必要也不可行的，因为若不然，那种基础（恶的倾向）就会必然是造成的了。所以，他的罪直接被描述为从天真无邪中产生的。——但是，我们大可不必为一种应该由我们负责的道德属性寻找时间上的起源，即使这在要**说明**这种属性的偶然存在的时候是不可避免的（因此，《圣经》尽可以根据我们的弱点，这样描述恶的时间上的起源）。

但是，就我们的任性把从属的动机过度抬高、采纳入它的准则的方式而言，它的这种蜕化，即这种趋恶的倾向，其理性上的起源依然是我们所无法探究的，因为它本身必须被归咎于我们，从而那所有准则的最高根据又会要求假定一个恶的准则。恶本来只能产生自道德上的恶（不是产生自我们的本性的限制）；然而原初的禀赋（除了人自身之外，没有别的什么能够败坏这种禀赋，如果他应该为这种败坏负责的话）毕竟是一种向善的禀赋。这样，对于我们而言，就不存在可理解的根据来说明我们道德上的恶最初可能是从哪里来的。——这种不可理解性，连同对我们族类的恶劣性的进一步规定，《圣经》是

以讲故事的方式表述出来的。[①] 它虽然把恶提前到世界的开端，但毕竟没有把它放在人里面，而是放在一个最初具有高贵规定性的**精灵**里面。这样一来，所有恶的**最初**开端，就被看做是我们所完全不能理解的了（因为对于那个精灵来说，恶又是从哪里来的?）；但是，人却被看做是通过**诱惑**陷入恶的，从而不是**从根本上**（甚至就向善的最初禀赋而言）败坏了的，而是还能够改善的，与那个引诱他的**精灵**截然不同。那精灵并不能指望借口肉体的诱惑来减免自己的罪孽。因此，对于虽然心灵败坏，但却总还是具有一个善的意志的人来说，还留存有希望，返回到他曾经背离的善。 〔44〕

总的附释：论重建向善的原初禀赋的力量

人在道德的意义上是什么？以及，他应该成为什么？是善还是恶？这必须由他自己来造成，或者必定是他过去所造成的。善与恶必须是他的自由任性的结果。因为若不然，他就不能为这二者负责，从而他**在道德上**就既不能是善的也不能是恶的。如果这意味着，人被造就成为善的，那么，这意思无非是

① 这里所说的，切不可被看做是在阐释《圣经》，阐释《圣经》是在纯然理性的权利界限之外的。人们可以就如何在道德上利用一种历史记载的方式作出解释，而不必断定这究竟是作者的意思，还是仅仅由我们穿凿附会的意思，只要这个意思自身不需要任何历史证明就是真的，同时又是惟有按照它，我们才能从一段经文中引出对我们来说有助于改善的东西的意思。否则那经文只不过是我们的历史知识的一个不结果实的赘疣而已。如果某种东西，无论怎样理解它，都无助于成为一个更好的人，如果某种能够有助于此的东西即使没有历史证明就已被认识，甚至完全抛开历史证明来认识，那么，非不得已，切勿对它及其历史威望哓哓争辩。那种与此没有对每一个人都有效的内在关系的历史知识，属于每一个人都可以随其喜好来对待的中性物。

说，人被造就为向**善**的，人的原初**禀赋**是善的。但人还没有因此就已经是善的，而是在他把这种禀赋所包含的那些动机接纳或不接纳入自己的准则（这必须完全听任于他的自由选择）之后，他才使自己成为善的或者恶的。假定为了成为善的或者更加善的，还需要一种超自然的协助，无论这种协助是仅仅在于减少障碍，还是也作出积极的援助，人都必须事先就使自己配得上接受这种协助，并且必须**假定**有这种**援助**（这是非同小可的事情）。也就是说，把力量的积极增长纳入自己的准则。只有这样，善才能被归诸他，他才能被看做是一个善的人。

一个在自然情况下的恶人，怎么可能自己使自己成为善
〔45〕人？这超出了我们的所有概念；因为一棵坏树怎么可能结出好果子呢？然而，根据我们前面所承认的，一棵原初（就禀赋而言）好的树确曾结出了坏的果子，[①] 而从善到恶的堕落（如果考虑到这是出自自由的）也并不比那从恶重新升为善更易于理解。这样，后者的可能性也就是不容置疑的了。因为即使有那种堕落，“我们**应当**成为更善的人”这一命令，仍毫不减弱地回荡在我们的灵魂中，因而我们必定也**能够**这样做，即使我们所能够做的这件事单就其本身而言并不充分，我们由此而只是使自己能够接受一种我们所无法探究的更高的援助。——当然，我们在此必须假定，善的种子以其全部的纯洁性被保留下来了，不能被清除或者败坏。这种子毫无疑问不能是自爱[②]；

① 就禀赋而言的好树还不是事实上的好树；因为倘若这样，它当然就不能结出坏的果子了。只有当人把那为了道德法则置入他里面的动机纳入自己的准则时，他才被称做是一个善的人（树才被完全称做一棵好树）。

② 一些能够容纳两种截然不同的涵义的语词，往往长期妨碍人们从清晰的根据得出确信。例如一般所谓的**爱**，就连**自爱**也可以被分为对**善意**的爱和对**满意**的爱（bonevolentiae et complacentiae），并且二者必定（不言而喻）都是合乎理性的。把对善意的爱纳入自己的准则，是自然而然的事情（因为谁不想任何时候都心境

自爱一旦被纳入我们所有准则的原则，就不折不扣地是一切恶的泉源。

因此，在我们身上重建向善的原初禀赋，并不是获得一种 〔46〕 **丧失了的**向善的动机；因为这种存在于对道德法则的敬重之中

舒畅呢?)。但是，就一方面鉴于目的要仅仅选择那能够与最大的、最持久的福利共存的东西，另一方面在幸福的这些要素中，为每一种要选择最适宜的手段而言，对善意的爱又是理性的。理性在这里仅仅是作为自然偏好的婢女出现，但由此而采纳的准则却与道德毫无关系。不过，如果它被当做任性的无条件的原则，那么，它就是对道德的一种大得无法估量的反抗的泉源。——对**自我满意**的一种合乎理性的爱，也许可以这样理解，即我们在上面已经说到的那些以自然偏好的满足为目的的准则（如果通过遵循这些准则达到了那个目的的话）中，对自己感到满意；而在这里，它和爱那种对自己的善意是一回事。这种自我满意，就像是一位在投机买卖中大获成功的商人，鉴于所采纳的准则，对自己的远见卓识感到高兴一样。然而，**无条件的**（不取决于作为行动结果的得失）**自我满意**的自爱准则，将会是一种仅仅在我们的准则隶属于道德法则的条件下，我们才可能有的满足的内在原则。没有一个对道德并非漠不关心的人，在自觉到这样的准则与自己心中的道德法则并不一致的情况下，还对自己感到满意，甚至根本不对自己感到痛苦的不满。这种可以称做是对自己的**理性上的爱**，它防止把出自自己行动的结果的满意的其他原因（以一种由此而可以为自己争得的幸福的名义），与任性的动机作出任何混淆。既然后者被称做是对法则的无条件的敬重，那么，为什么人们还要用一种**合乎理性的**、但仅仅在后一种条件下才是**道德的自爱**这个术语，来毫无必要地给自己清晰地理解这一原则造成困难，使自己兜圈子呢（因为只有当自觉到，自己的准则就是把对法则的敬重当做自己任性的最高动机时，人们才能以道德的方式爱自己）? 根据我们作为依赖于感性对象的存在者的本性，幸福对于我们来说是首要的，是我们无条件地欲求的东西。而根据我们作为赋有理性和自由的存在者的本性（如果人们愿意这样称呼我们生而具有的东西的话），幸福远远不是首要的东西，更不用说无条件地是我们的准则的对象了。毋宁说，这种首要的东西是**配享幸福**，即我们的所有准则与道德法则的一致。至于这种一致在客观上是幸福的愿望能够与立法的理性相和谐的惟一条件，这里包含着所有的道德规定。而在哪怕仅仅这样持有有条件的愿望这一意念中，就包含着道德的思维方式。

的动机，我们永远也不会丧失。要是会丧失的话，我们也就永远不能重新获得它了。因此，这种重建，仅仅是建立道德法则作为我们所有准则的最高根据的**纯粹性**。按照这种纯粹性，道德法则不是仅仅与其他动机结合在一起，或者甚至把这些动机（偏好）当做条件来服从，而是应该以其全然的纯粹性，作为规定任性的自身**充足的**动机，而被纳入准则。原初的善也就是在遵循自己的义务方面**准则的圣洁性**，因而是纯然出自义务的。这使那把这种纯粹性纳入自己的准则的人，虽然自身还还并不由此就是圣洁的（因为在准则和行为之间还有很大距离），但却是已经踏上了在无限的进步中接近圣洁性的道路。在遵循
〔47〕自己的义务方面的这种已经运用自如的坚定决心，就作为其**经验性的特性**（virtus phaenomenon［作为现象的德性］）的合法性而言，也叫做**德性**。它具有**合乎法则的**行动的坚定准则；而任性为此所需要的动机，人们则可以随意从什么地方取来。因此，在这种意义上，德性是**逐渐地**获得的，对一些人来说，叫做（在遵循法则方面的）长期的习惯。借助于它，人通过逐渐地改造自己的行事方式，坚定自己的准则，而从趋恶的倾向转到一种截然相反的倾向。为此并不需要一种**心灵的转变**，而是只需要**习俗**的转变。如果一个人感到自己在遵循自己的义务的准则方面是坚定的，他也就认为自己是有道德的，即使这不是出自所有准则的最高根据，即不是出自义务；而是例如，毫无节制的人为了健康的缘故而回到节制，说谎的人为了名誉的缘故而回到真理，不正义的人为了安宁或者获利的缘故而回到公民的诚实，等等。所有这些都是根据备受赞颂的幸福原则。但是，要某人不是仅仅成为一个**律法上的**善人，而是成为一个**道德上的**善人（为上帝所喜悦的善人），即根据理知的特性（virtus noumenon［作为本体的道德］）是有道德的，如果他把某种东西认作义务，那么，除了义务自身的这种观念之外，

他就不再需要别的任何动机。这一点，只要准则的基础依然不纯，就不能通过逐渐的**改良**，而是必须通过人的意念中的一场**革命**（一种向意念的圣洁性准则的转变）来促成；他只有通过一种再生，就好像是通过一种重新创造（《约翰福音》，第 3 章，第 5 节，参见《创世记》，第 1 章，第 2 节），以及通过心灵的转变来成为一个新人。

但是，如果人在其准则的根据上败坏了，他怎么可能凭借自己的力量实现这一革命，靠自己成为一个善人呢？然而，义务命令我们做这件事，而义务也仅仅命令我们做自己力所能及的事情。把这两点结合起来，无非是说，对于思维方式来讲，革命必定是人所必要的，因而也是可能的；而对于感官方式（感官方式为革命设置了障碍）来讲，逐渐的改良必定是人所必要的，因而也是可能的。这就是说，如果他通过惟一的一次不可改变的决定，扭转了他曾是一个恶人所凭借的准则的最高根据（并由此而穿上一个新人），那么，就原则和思维方式而 〔48〕言，他就是一个能够接纳善的主体；但仅仅就不断的践履和转变而言才是一个善人。也就是说，他能够希望，凭借他接纳为自己任性的最高准则的那个原则的纯粹性和坚定性，走上一条从恶到更善不断**进步**的美好的（尽管狭窄的）道路。对于能够看透心灵的（任性的所有准则的）理知根据、进步的无限性对他来说也就是统一性的那一位而言，即对于上帝而言，这件事就等于说他现实地是一个善人（上帝所喜悦的人）。在这种意义上，这种转变就可以被看做是革命。但是，对于只能按照其准则在时间中获得的对感性的优势来评价自己及其准则的力量的人的判断来说，这种改变就只能被看做是一种向更善的永不间断的努力，从而也就只能被看做是对作为颠倒了的思维方式的趋恶倾向的逐渐改良。

由此可知，人的道德修养必须不是从习俗的改善，而是从思维方式的转变和从一种性格的确立开始。虽然人们通常并不是这样行事，而是个别地与各种恶作斗争，却不触动它们的普遍根据。即使是一个最狭隘的人，也能造成敬重合乎义务的行动的印象，而他越是在思想中使行动摆脱通过自爱可能对行动的准则产生影响的其他动机，上述敬重就越大。就连儿童们也能够发现混杂有不纯正动机的极微小的痕迹。因为在这种情况下，行动在他们看来，马上就失去了所有的道德价值。通过援引善人们（就他们合乎法则而言）的**榜样**，让道德上的学习者从他们的行动的真实动机出发，去判断某些准则的不纯正性，可以无与伦比地培植这种向善的禀赋，并使它逐渐地转化为思维方式，以至**义务**纯粹为了自己本身开始在他们的心灵中获得明显的优势。然而，教人去**惊赞**有道德的行动，无论这样的行动要求作出多大的牺牲，都不是学习者的心灵对道德上的善所应保持的正当情调。因为无论一个人如何有道德，他所能够作
〔49〕出的一切善行，都毕竟仅仅是义务；而履行自己的义务，也无非就是做在通常的道德秩序之中的事情，从而也就是不值得惊赞的。毋宁说，这样的惊赞是我们的道德情感的一种变质，好像顺从义务是某种非同寻常的、有功劳的事情似的。

但是，在我们的灵魂中有一样东西，我们如果恰如其分地将它收入眼底，就禁不住要以极大的惊赞看待它。此时，惊赞是正当的，同时亦是振奋人心的。而这种东西就是我们里面的一般的原初道德禀赋。——我们这种由于如此多的需求而始终依赖于大自然的存在者，同时却在（我们里面的）一种原初禀赋的理念中，如此远远超出于这些需求之上，以至我们认为它们统统不值一提；而且如果我们违背自己的理性借以强而有力地命令我们、但在此际却既不向我们许诺什么也不威胁我们的那种法则，而沉溺于惟一能使我们的人生值得追求的对那些需求的享受，我们就会认为自己是不值得生存的。我们这样做

所凭借的这种在我们里面的东西（人们不妨扪心自问一下）究竟是什么呢？每一个事先被蕴涵在义务理念之中的圣洁性教导过、但却没有升华到探究最先从这个法则产生的自由概念① 的人，哪怕是能力最一般的人，都会深切地感受到这个问题的分量。而这种宣示着一种圣洁起源的禀赋，即便是其不可理解 〔50〕

① 任性自由的概念，并不是先行于对我们里面的道德法则的意识，而是仅仅从我们的任性可被作为一种无条件命令的道德法则所规定推论出来的。只要我们扪心自问，我们是否确定无疑地和直截了当地自觉到了一种能力，能够借助坚定的决心克服越轨的任何无论多么大的动机（Phalaris licet imperet，ut sis falsus，et admoto dictet periuria tauro [即使法拉利斯命令你弄虚作假，并把你带到那公牛旁向你口授伪证]），就会马上信服上面这种说法。每一个人都将不得不承认，如果出现这样一种情况，他**并不知道**自己是否会决心动摇。但尽管如此，义务却无条件地命令他：他**应该**对自己的决心保持忠诚。他由此正当地**推论**出：他必须也**能够**这样做，因而他的任性是自由的。一些人佯称这种不可探究的性质是完全可以理解的。他们用**决定论**（任性由内部的充足理由规定的命题）这个词制造了一种假象，好像困难就在于把这一命题与自由结合起来似的。然而，并没有人想到这一点。相反，认为任意的行动作为事件、其规定性的根据**存在于先前的时间之中**（它连同自己所包含的东西已不为我们所支配）的**预定论**，如何能够同认为行动与否在发生的瞬间都必然为主体所支配的自由共存，这倒是人们期望看到却从未看到的东西。

♀要把自由的概念与作为一种**必然的**存在者的上帝的理念结合起来，这却是没有任何困难的。因为自由并不在于行动的偶然性（即它根本不为任何根据所规定），即并不在于非决定论（即便是对于上帝来说，为善或者为恶也必然同样是可能的，如果人们把他的行动称为自由的话），而是在于绝对的自发性。这种自发性只有在预定论那里才会遇到危险，因为对于预定论来说，行动的规定根据**存在于过去的时间之中**。因此，行动现在已不为我所支配，而是落到了大自然的手中，不可抗拒地规定着我；然而由于在上帝那里并不能设想时间的序列，所以这一困难也就除掉了。

性，也必然对心灵起着振奋的作用，鼓舞它作出只有对自己义务的敬重才能要求它作出的牺牲。经常激励自己的道德使命的崇高感，作为唤醒道德意念的手段，是特别值得称颂的，因为它正好抑制着把我们的任性的准则中的动机颠倒过来的那种生而具有的倾向，以便在作为所有可被采纳的准则的最高条件的对法则的无条件敬重中，重建各种动机中的原初的道德秩序，并由此而重建人心中向善禀赋的纯粹性。

但是，这种凭借运用自己的力量所做的重建，岂不是与关于人相对于一切善生而具有的腐败的那个命题截然对立吗？固然，就这种重建的可理解性，即就我们对其可能性的**洞察**而言，这和所有那些应被看做是在时间中发生的事件（变化）、从而按照自然规律被看做是必然的、其反面却同时又服从道德规律、被看做是由于自由而可能的东西是一样的；不过，那个命题与这种重建的可能性本身并不抵触。因为，如果道德法则命令我们现在**应该**是更善一些的人，那么，不可避免的结论就是，我们也必然**能够**这样做。在道德的**教义学**中，关于生而具有的恶的命题毫无用处；因为不管我们是否具有一种生而具有的越轨倾向，道德的教义学都包含着同样的义务，保持着同样的力量。但是，在道德的**修行法**中，这一命题想要表达的就更
〔51〕多一些，但也无非是说，在从道义上培养我们那被造成的向善道德禀赋时，我们不能从一种对我们来说自然的天真无邪状态开始，而是必须从任性在违背原初的道德禀赋而采纳其准则时的恶劣性假定开始。而且由于这样一种倾向是无法根除的，我们还必须与这种倾向做不停顿的斗争。既然这仅仅导致从恶到更善的一种无限延伸的进步，其结论就是，一个恶人的意念之转变为一个善人的意念，必须建立在按照道德法则对采纳其所有准则的最高内在根据所作出的改变之中，而这个新的根据（新的心灵）本身是不再改变了的。然而，人要确信这一点，

虽然并不能以自然的方式来达到，既不能通过直接的意识，也不能通过自己迄今所经历的人生的证明来达到，因为心灵的深处（他的准则最初的主观根据）对他来说本身是无法探究的。但是，他必须能够**希望**，凭借运用**自己的**力量来达到一条通向那里的、由在根本上改善了的意念为他指明了的道路。因为他应该成为一个善人，但是只有根据作为他自己所做出来的而被归诸于他的东西，他才能被判定为**道德上**善的。

与这种自我改善的要求相违背，那种从本性上对道德上的改进感到厌烦的理性借口自然的无能，提出了各种各样的不纯正的宗教观念（其中就有：把幸福原则附会在上帝身上，说成是他的诫命的最高条件）。不过，我们可以把所有的宗教划分为**祈求神恩**的（纯然崇拜的）宗教和**道德的，即良好的生活方式**的宗教。就前者而言，人或者谄媚上帝，认为上帝能够（通过赦免他的罪责）使他永远幸福，而他自己却没有必要**成为一个更善的人**；或者，如果这在他看来不可能的话，认为**上帝**能够把他**变成为更善的人**，而他自己则除了为此而**祈祷**之外，没有必要为此再做什么。由于祈祷在一位洞悉一切的存在者眼中不外是**愿望**，所以，祈祷实际上是什么也没有做；因为倘若这单凭纯粹的愿望就可以办到，那么，每一个人就都可以是善的了。就道德的宗教而言（在迄今为止所存在的所有公开的宗教中，惟有基督教才是这样的宗教），一条原理就是：每一个人都必须尽其力所能及去做，以便成为一个更善的人。只有当他 〔52〕
不埋没自己天赋的才能（《路加福音》，第 19 章，第 12－16 节），利用自己向善的原初禀赋，以便成为一个更善的人时，他才能够希望由更高的协助补上他自己力所不能及的东西。人也完全没有必要知道这种协助存在于什么地方；也许根本不可避免的是，当它的发生方式在某个时间被启示出来时，不同的人却在别的时刻对它形成了不同的概念，而且全都是真诚的。

不过在这种情况下，下面这个原理也是有效的：“知道上帝为他的永福在做或已做了什么，并不是根本的，因而也不是对每个人都必要的”；但是知道为了配得上这种援助，**每个人自己必须做些什么**，却是根本的，因而对每个人都必要的。

♀本书每一篇都附有一个总的附释，这里的是四个总的附释中的第一个。四个总的附释本来也可以使用这样的标题：1. 论神恩的结果；2. 奇迹；3. 奥秘；4. 邀恩手段。——这些仿佛是纯粹理性界限内的宗教的**补遗**；它们并不属于纯粹理性的界限之内，但却与它接壤。理性意识到自己无能满足自己的道德需求，就扩张自己，一直扩展到似乎能够弥补那种缺陷的超越性理念，但它并不把这些理念当做扩展了的领土据为己有。它并不否认这些理念的对象的可能性或者现实性，它只是不能把它们接纳入自己的思维和行动的准则。它甚至指望，如果在无法探究的超自然物的领域，还有什么东西虽然超出了它能够说明的范围，但对于弥补道德上的无能却是必要的，那么，这种东西即使不可认识，也会对它的善良意志大有益处。这样的指望带有一种信仰，这种信仰可以被称之为（对那种东西的可能性）**进行反思的**信仰，因为它觉得那种宣称自己是一种**知识**的**独断的**信仰是不真诚的或者僭妄的。因为要清除掉（在实践上）自我肯定的东西的各种困难，当它们涉及超验问题时，就只不过是附带的工作（补遗）。至于这些哪怕是**道德**
〔53〕**上的**超验理念，当我们要将它们引入宗教时，从它们所产生的弊端，其结果依照上述的四个类别的顺序为：1. 被认为的内部经验（神恩的作用）的结果是**狂热**；2. 所谓外部的经验（奇迹）的结果是**迷信**；3. 妄称在超自然的事物方面（奥秘）有知性的顿悟，其结果是**顿悟说**，即术士们的幻觉；4. 对超自然事物施加影响的大胆试验（邀恩手段）的结果是**魔术**；这纯粹是一种超越自己界限的理性的迷误，而且是出于自以为道

德上的（上帝喜悦的）意图。——但是，特别就本文第一篇的总的附释而言，对**神恩作用**的召唤就属于最后一种类型，如果理性坚守其界限，神恩作用就不会被接纳入理性的**准则**；正如它一般不会接纳任何超自然的事物一样，因为正是在超自然的事物这里，理性的一切运用都终止了。——**在理论上**说明这些作用的根据何在（即为何它们是神恩的作用，而不是内在的自然作用），是不可能的事情，因为我们对原因和结果概念的使用不能被扩展到经验的对象之外，因而也不能被扩展到自然之外。但是，假定**在实践上**运用这一理念，则是完全自相矛盾的。因为作为运用，它就需要假定一种规则，来规范我们为了达到某种东西而必须自己（出自某种意图）**造成**的善的东西；而期待神恩的作用，则恰恰意味着相反的东西，即善（道德上的善）不是我们的行为，而是另一种存在者的行为，因而我们只能通过**无所作为**来获得它；而这是自相矛盾的。所以，我们可以承认，它是某种不可理解的东西，但是，无论是为了理论上的使用，还是为了实践上的使用，我们都不能把它接纳入我们的准则。

第二篇

论善的原则与恶的原则围绕对人类的统治权所进行的斗争

为了成为一个道德上善的人，仅仅让我们的族类所蕴涵的善的种子不受阻碍地发展是不够的，而且还必须同在我们里面起相反作用的恶的原因进行斗争；这一点，在所有古代的道德主义者中，尤其是斯多亚学派通过**德性**这个他们的特有术语给予了说明；这个术语（无论在希腊语中还是在拉丁语中都一样）标志着英勇无畏的精神，因而假定了一个敌人。鉴于此，**德性**这个名称是一个庄严的名称，至于它经常被滥用来吹牛自夸，并且（如同近代**启蒙**这个词一样）遭到嘲讽，则丝毫无损于它。——这是因为，要求勇敢，就已经足以有一半称得起德性了；与此相反，懒惰的、全然不信任自身的、等待外部帮助的、怯懦的思维方式（在道德和宗教中）松懈了人的所有力量，使人自身不配得到这种帮助。 〔57〕

但是，那些勇敢的人们却错认了他们的敌人。他们的敌人不应该在自然的、只不过是未受教化的、但却毫不掩饰地向每一个人的意识公开呈现的偏好中去寻找，而是一个似乎不可见的、隐藏在理性背后的敌人，因而也就更加危险。理性运用**智慧**去与仅仅是不小心而可能被偏好蒙骗的**愚蠢**进行斗争，却不召唤它去反对用败坏灵魂的基本原理而在暗中腐蚀着意念的（人的心灵的）**恶劣**。①

① 这些哲学家们从人的本性的尊严，即从自由（作为对偏好的势力的独立性）获取他们的普遍的道德原则。他们也不可能以一种更好、更高贵的原则为基础了。他们是直接从仅仅以这样的方式立法的、并且完全通过这样的方式发布命令的理性中汲取各种道德法则的，从而如果赋予人一种未被败坏的、毫不迟疑地把这些法则纳入自己的准则的意志的话，他们就规则来说在客观上，就动机来说在主观上，完全正确地说明了一切。但是，在后面这个假定中恰恰包含着错误。因为无论我们多么早就注意到我们的道德状况，我们都会发现，这种状况已不再是

〔58〕自然的偏好**就其自身来看**是善的，也就是说，是不能拒斥的。企图根除偏好，不仅是徒劳的，而且也是有害的和应予谴责的。毋宁说，人们只需要抑制它们，以便它们互相之间不自相摩擦，而是能够被导向在一个整体中的被称做是幸福的和谐。不过，实现这种状况的理性叫做**明智**。只有道德上违背法则的东西才自身就是恶的，是绝对应予拒斥的、必须根除的；但是，以此来教导人的理性，即使是在它着手这项工作的时候，也只是配被称做**智慧**，尽管恶习与它相比也被称做是**愚蠢**，但也仅仅是在理性于自身之内感到有足够的力量来**鄙视**恶习（以及这方面的所有诱惑），而不只是把它当做一个可怕的存在者来**仇视**，并且武装起来对付恶习的情况下才是如此。

〔59〕因此，如果**斯多亚派**仅仅由于必须把偏好当做遵循人的义务的障碍来克服，而把人在道德上的斗争看做是与自己的

res integra［一个质朴的东西］，而是我们必须以把已经占有位置的恶（但是，如果我们没有把恶接纳入我们的准则，恶本来是不能做到这一点的）从它的席位上驱逐出去作为开端；即是说，人们所能做的最初的真正的善，就是从恶走出来，而这种恶也不应该到偏好中去寻找，而是应该到颠倒了的准则中，因而也就是应该到自由自身中去寻找。偏好只是给**实施**相反的善的准则增加困难罢了。但是，真正的恶在于，当那些偏好诱惑人做出越轨行为时，我们却不**打算**反抗它们，其实，这种意念才是真正的敌人。偏好只不过是一般基本原理（无论它们是善的还是恶的）的敌人罢了。就此而言，道德性的那种高尚的原则作为预习（对偏好的教化）对于借助基本原理来引导主体是很有益的。然而，如果这是**道德上的善**的特殊基本原理，但尽管如此却不是作为准则，那么，就还必须假定在主体中还有这些基本原理的另一个敌人，德性必须与它进行斗争。没有这种斗争，所有的德性尽管不会像那位教父所想说的那样是显著的**恶习**，但却是**显著的可怜**。因为由此虽然经常平息了叛乱，但却从来不会战胜和清除掉反叛者。

（本身无辜的）偏好的争执的话，那么，由于他并不承认任何特殊积极的（本身恶的）原则，他可以把越轨行为的原因仅仅归于**忽视**了与偏好的斗争；但是，由于这种忽视自身就是违背义务（越轨行为），并不仅仅是自然错误，从而其原因不能再（没有循环论证地）到偏好中去寻找，而是只能在把任性规定为自由任性的东西中（在默许偏好的那个准则的内在最初根据中）去寻找。所以，这就可以理解，为什么那些哲学家认为一种永远被掩藏在黑暗之中的解释根据①，虽然是不可避免的，但却是不受欢迎的；为什么他们对于自己相信正在与之进行斗争的善的真正敌人会认错对象。

因此，当一位**使徒**把这个**不可见的**、仅仅由于其对我们的影响才是可认识的、败坏了基本原理的敌人，说成是在我们之外的，而且说成是恶的精灵时，这也就不值得奇怪了。他说道："我们并不是与属血气的争战（自然的偏好），乃是与那些执政的、掌权的、管辖这幽暗世界的，以及天空属灵气的恶魔争战"；这是一个并非为了把我们的知识扩展到感性世界之外，而似乎仅仅是为了使我们无法探究的东西的概念**对于实践的运**

① 能够轻而易举地，而且是一方面从感性动机的强大出发，另一方面从理性动机（对法则的敬重）的无能出发，即从**软弱**出发，来解释人心中在道德上的恶的存在，这是道德哲学的一个很常见的假设。但是，这样一来，就必须能够更容易解释人身上的（在道德禀赋中的）道德上的善。因为一方的可理解性离开了另一方的可理解性是完全不可思议的。但是，理性仅仅凭借一个法则的理念成为所有朝相反方向努力的动机的主宰，这种能力是绝对无法解释的；因此，感性的这些动机如何能够成为如此有威望地发布命令的理性的主宰，这也是无法理解的。因为如果所有的世界都是按照法则的规定进行的，人们就会说，一切都是按照自然的秩序发生的，而没有人会想到哪怕是仅仅追问一下原因。

用变得鲜明生动而提出的表述。因为顺便说一下，如果是为了后者，那么，我们是把诱惑者纯然设定在我们内部，还是也把〔60〕它设定在我们外部，对于我们来说是无所谓的。因为我们在后一种情况下所负的罪责一点也不比在前一种情况下所负的罪责小。在前一种情况下，假如我们没有默许诱惑者，我们本来是不会被他所诱惑的。[①]——我们要把这整个考察分作两章。

第一章

论善的原则关于对人的统治权的律法要求

一、善的原则的拟人化了的理念

惟一能够使世界成为上帝意旨的对象和创世的目的的东西，就是**处于道德上的彻底完善状态的人性**（一般有理性的世俗存在者）。从这种作为最高条件的完善性出发，幸福就是在最高的存在者的意志中的直接结果。——但是，这个惟一使上

① 并不把道德上的善与道德上的恶设想得像天与**地**那样彼此分离，而是把它们设想得像天国与**地狱**那样彼此分离，这是基督教道德的一种特性。这种观念虽然是形象化的，并且就其自身而言是令人反感的，但就其意义而言在哲学上仍然是正确的。——也就是说，它有助于防止，不要把善与恶、光明的王国与黑暗的王国设想为彼此接壤，通过渐进的阶段（或大或小的光明程度）彼此消融在对方之中，而是要把它们表象为被一条深不可测的鸿沟分离开来。人们有可能臣服于这两个王国中的这一个或者另一个，其所遵循的基本原理的截然不同性，以及与适宜于这一个或者另一个王国的那些特性具有接近的亲和性的想象相联系的危险，为这种表象方式提供了理由，即使这种表象方式在自身中包含了令人毛骨悚然的东西，同时却也是很崇高的。

帝所喜悦的人是“太初”就“与上帝同在的”；他的理念出自于上帝的本质；就此而言，他不是被创造的事物，而是上帝的独生子；是“道（生成!）”，“万物是藉着他造的。凡被造的，没有一样不是藉着他造的”（因为正是为了他，即为了尘世上的有理性的存在者，正如按照其道德上的规定性能够被设想的那样，所有的一切才被创造）。——“他是上帝荣耀所发的光”。“上帝爱他就是爱世人”，只有在他身上，并且通过接受他的意念，我们才能够希望“作上帝的儿女”，等等。 〔61〕

把我们自己**提高**到这种道德上的完善性的理想，即提高到具有其全部纯洁性的道德意念的原型，乃是普遍的人类义务，为此，就连理性交付给我们、要我们仿效的这个理念，也能够给我们以力量。但是，正因为我们不是这个理念的创造者，相反，它已经在人身上取得了一席之地，而我们并未理解人的本性是如何哪怕仅仅能够接受它的，所以，人们也可以更正确地说，那个原型是从天国**降临**到我们这里来的，它接纳了人性（因为设想天生的**恶人**自动地放弃恶，并且把自己**提高**到圣洁性的理想，这并不像设想这种理想接纳**人性**——人性本来并不是恶的——并且**屈尊**于人性那么可能的）。因此，如果我们把那个有上帝的意向的人看做是我们的原型，正如他自己虽然是圣洁的，并且作为这样的人与忍受苦难无关，但仍然为了促进尘世的福祉而在最大的程度上承担了这种受难，那么，就可以把这种与我们的结合看做是上帝之子的一种**屈尊俯就**的状态；相反，那尽管也接纳了这同样的意念，却永远不能摆脱罪恶的人，倒是可以把无论以什么方式降临到他头上的苦难看做是由他自己招致的，从而必然认为自己配不上把自己的意念与这样一种理念相结合，尽管这理念是他用做原型的。

我们只能在这样一个人的理念下设想上帝所喜悦的人性的理想（从而还设想一种道德上的完善性的理想，就像在一个依赖于需求和偏好的世俗存在者身上是可能的那样)。这个人不仅自己履行所有的人类义务，同时也通过教诲和榜样，在自己周围的尽可能大的范围里传播善。而且即使受到极大的诱惑，也甘愿为了尘世的福祉，甚至为了他的敌人而承受一切苦难，直至极屈辱的死亡。——这是因为，一种力量如果是一种道德意念的力量，那么，除非人设想这种力量与重重障碍作斗争，并且无论遇到多大的诱惑都能克服那些障碍，否则，他就不能对这种力量的程度和威力形成任何概念。

〔62〕 于是，**在对上帝之子的实践上的信仰中**(就他被设想得好像他接纳了人的本性似的而言)，人可以希望成为上帝所喜悦的(从而也可以得救)。也就是说，他自觉到这样一种道德意念，即他能够**信仰**并且确立以自己为基础的信赖，他将在类似的诱惑和苦难的情况下(正如把它们当做那个理念的试金石一样)对人性的原型忠贞不渝，并且以忠实的仿效保持与自己的榜样的相似，一个这样的人，并且只有一个这样的人，才有权利把自己看做是一个并非配不上上帝的喜悦的对象。

二、这一理念的客观实在性

从实践的观点来看，这一理念在自身之中完全拥有其实在性。因为这种实在性就在我们那在道德上立法的理性之中。我们**应当**符合它，因而我们也必定**能够**符合它。倘若人们必须事先就证明做一个符合这一原型的人的可能性，就像这对于自然概念是不可回避地必然的(以免我们陷入被空洞的概念所阻碍的危险)那样，那么，我们同样也必须容许考虑承认，就连道德法则也具有其威望，是我们的任性的无条件的，然而又是充足的规定根据。其原因在于，单是一种合法则性的理念如何可能是任性的这样一种动机，它比所有只要想得出来的、从利益取得的动机都更强而有力，这是既不能由理性来洞察，也不能由经验的榜样证明的。因为就前者而言，法则是无条件地发布命令的；就后者而言，即使从未有一个人对这一法则做出过无条件的顺从，做一个这样的人的客观必然性也是毫不减少的、不言而喻的。因此，为了使一个在道德上让上帝喜悦的人的理念成为我们的范本，并不需要什么经验的榜样；那理念作为这样一个范本已经蕴涵在我们的理性之中了。——但是，为了承认某个人是与那个理念一致的可供仿效的榜样，谁还要求有比他自己所看到的更多的东西，也就是说，谁还要求有比一个完全无可指摘的、甚至就人们所能要求的而言值得赞扬的品行更多的东西，谁除此之外还要求有通过他或者为了他而必然发生的奇迹来作证明，他同时也就由此承认了他在道德上的**无信** 〔63〕
仰，即缺乏对德性的信仰。任何建立在由奇迹所作的证明之上的信仰（这样的信仰只能是历史性的）都不能弥补这种缺乏。因为只有对那个蕴涵在我们的理性（理性充其量也只能证明，奇迹是可能从善的原则产生的，但却不能从奇迹中获取它自己的证明）之中的理念在实践上的有效性的信仰才具有道德上的价值。

正因如此，提供这样一种人的榜样的经验也必定是可能的（就像人们也可以期望和要求一般地由一种外部经验提供内部的道德意念的证据一样）。因为按照法则，每一个人都完全应当在自己身上，为这一理念提供一个榜样；这样做的原型总还只是蕴涵在理性之中；因为没有任何外部经验中的榜样适合它。外部经验不能揭示意念的内在的东西，而是只能推论出它，尽管这种推论并没有严格的确定性（甚至人对自己本身的内部经验也不能使他如此看透自己心灵的深处，以至他能够通过自我观察，完全确定无疑地认识到自己所信奉的准则的根据及其纯粹性和坚定性）。

倘若这样一个确确实实具有上帝的意念的人，在某一个时刻仿佛从天国降临到地上，就人们对于外部经验所能要求的而言，通过教诲、生活方式和受难，在自己身上提供一个让上帝所喜悦的人的**榜样**（当然，这样一种人的**原型**毕竟在任何时候都不会以任何方式不同于在我们的理性中所能寻找的），倘若他借助这一切，通过在人的族类中发动一场革命，而在世界上造成了一种大得无法估量的道德上的善，那么，我们委实没有理由在他身上假定某种不同于一个自然出生的人的东西（因为一个自然出生的人也会感到有义务在自己身上提供一个这样的榜样），尽管由此也并没有绝对地否认说，他就不会也可能是一个超自然地出生的人。因为在实践的观点看来，假定后者对于我们并没有任何好处，因为我们加给这种显象的那个原型，永远还必须在我们自己（虽然是自然的人）里面寻找。它在人
〔64〕的灵魂中的存在即使就其自身来说也就足以无法理解了，以至根本没有必要在他的超自然的起源之外，还在一个特殊的人身上假定他实体化了。毋宁说，把这样一个圣人提高到超出人的本性的所有软弱性之上，倒是会妨碍按照我们所能洞察的一切，把他的理念在实践上运用于我们的仿效。因为即使那个让上帝所喜悦的人的本性被设想为属人的，以至于他和我们一样具有同样的需求，从而也具有同样的苦难，具有同样的自然偏好，从而也被同样的越轨行为的诱惑所纠缠，但他的本性毕竟可以被设想为超人的，因为意志的那种并非获得的、而是天生的不可改变的纯洁性，使他绝对不可能做出越轨行为。这样一来，与自然的人的距离由此又变得如此无限大，以至那个神性的人对于自然的人来说，再也不能被当做**榜样**。自然的人会说：请给我一个完全圣洁的意志，那样，所有趋恶的诱惑在我这里就会自动地落空；请给我内在的最完善的确定性，确信在短暂的尘世人生之后，我（依照那种圣洁性）将立即分享天国的全部永恒的荣耀；那样，我将不仅甘愿、而且还会充满愉悦

地承受一切苦难，不管它们有多么沉重，甚至包括最屈辱的死亡，因为我亲眼看到了美好的和临近的结局。虽然说，认为那个神性的人亘古以来，就现实地拥有这种高贵和幸福（而且并不是首先通过这样的苦难才可以有资格得到它们）；认为他为了全然不配享有的人，甚至是为了他的敌人而自愿地放弃了它们，以便把这些人从永恒的堕落中拯救出来；这样的思想必然引起我们的心灵对他的惊赞、爱和感激。同样，一种按照如此完善的道德规则行事的理念，对我们而言，固然也是必须遵循的有效规定；但是，他自身却**不会是作为**可供效仿的**榜样**，因而也不是作为一种对**我们**来说如此纯洁和高贵的、道德上的善之可行性和可达到性的证明，而能为我们所想象。①

① 当然，就一个人的行动而言，如果不同时以属人的方式想象它们或者它们的表现，我们就不能设想任何重要的道德价值，这是人的理性的一种须臾不能摆脱的局限性；尽管这并不是要主张，事情本来（χατ' αληθειαυ［就真理而言］）也就是这样的；这是因为我们为了理解超感性的性质，总是需要与自然存在者进行某种比较。因此，一位哲学诗人赋予人——如果他能够同自身之内的趋恶倾向进行斗争，甚至只要他知道应该克服这种倾向——以一种在存在者的道德阶梯上更高的等级，甚至比由于其本性的圣洁性而漠视一切可能的诱惑的天国居民还要高（具有各种缺陷的尘世要比没有意志的天使们的国度更好。——哈勒）。——就连《圣经》也为了使我们按照其程度理解上帝对人类的爱而承认了这种表象方式，它赋予上帝以只有爱着的存在者才能做到的最高的牺牲精神，以便甚至使不配的人也幸福（因而“上帝爱世人”等等）；尽管我们通过理性并不能理解，何以一种极无所不足的存在者能够牺牲某种属于它的幸福的东西，放弃某种占有。这是我们不能缺少的（为了作出解释的）**类比的图型**。但是，把这种图式转化为一种（为了扩展我们的认识的）**规定客体的图型**，则是在道德的观点看来（在宗教中）具有极坏后果的**神人同形同性论**。——在这里，我只想再顺便说明，人们在从感性的东西向超感性的东西上升时虽然很可以**运用图型**（借助与某种感性

〔65〕尽管如此，这同一个具有属神意向的、但完全真正属人的导师，却可以同样真实无误地谈论自己，就好像善的理想在他身上被活生生地展现出来（展现在教诲和周游之中）似的。因
〔66〕为他在这种情况下只会谈论他当做自己的行动规则的意念，但又由于他能够把自己的意念当做对他人的、而不是对自己的榜样展现出来，所以他只是通过他的教诲和行动来把这意念表现在众人眼前："你们中间谁能指证我有罪呢?"但是，如果人们提不出反面的证明，那么，把一个导师为他所教诲的东西——如果这本来就对每一个人来说都是义务——所提供的无可指责的榜样，仅仅归诸他的最纯洁的意念，是公正合理的。这样一种带有为了尘世的福祉起见而承受的一切苦难的意念，就人类的理想而言，对所有时代和所有世界的所有的人来说，面对最高的公正是充分有效的，如果人使他自己的公正像他应该做的

的东西的类比），但绝对不能根据类比从应属于前者的东西**推论出**，这种东西也必须赋予后者（并这样来扩展自己的概念），虽然这是出自极简单的理由。因为这样一种推论是**违背**所有类比的，这个推论只是因为我们要使自己能够理解（通过一个榜样证明）一个概念，就必然要把一个图型来用于这个概念，于是它就想得出这样的结论，即这个图型也必定作为一个宾词应归于对象自身。因为我并不能说，正如我只能按照一个艺匠与他的作品（一只钟表）的关系的类比，来使自己**理解**一株植物（或者任何一个有机物，乃至合目的的世界）的原因，也就是说，通过我赋予这原因以理智来理解它，同样，这（植物、整个世界的）原因自身也就必然**具有**理智。也就是说，赋予它理智，这并不仅仅是我能够进行理解的条件，而是作为一个原因的可能性自身。但是，在这个图型与他的概念的关系和概念的这同一个图型与事物自身的关系之间，却根本没有任何类比，而是只有一种巨大的、正好导向神人同形同性论的飞跃（μεταβασιζ ειζαλλο γευοζ［过渡到另一个类］）。关于这一点，我在其他地方已经证明过了。

那样与这样一种公正相似的话。当然，如果这种公正必须存在于一种完全并且无误地符合那个意念的生活方式之中，那么，它也就永远还不会是我们的公正。但是，如果我们的公正被与原型的意念结合起来，那么，为了我们的公正起见而吸取前一种公正，就必然是可能的，虽然使自己理解它要经受巨大的困难。我们现在就要谈到这些困难。

三、这一理念的实在性方面的困难及其解决

第一个困难使我们身上与立法者的**圣洁性**相联系的、上帝所喜悦的人性的那个理念的可实现性由于我们自己缺乏公正而变得可疑，它也就是下面这种困难。法则说："你们（在自己的生活方式中）要圣洁，就像你们的父在天国是圣洁的一样！"；因为这是树立给我们作榜样的上帝之子的理想。但是，我们在自身中应该造成的善与我们作为出发点的恶的距离是无限的，而且就行为，即就生活方式对法则的圣洁性的符合而言，也是在任何时候都无法达到的。尽管如此，人的道德属性却应该与这种圣洁性保持一致。因此，这种圣洁性必须作为一切善从中发展出来的那个萌芽被确立在意念之中，确立在所作所为与法则相一致的普遍而又纯粹的准则之中，而这种一致又是从一个被人纳入自己的最高准则的圣洁原则出发的。这是一种观念的变革，它必然也是可能的，因为它就是义务。——于 〔67〕
是困难就在于，意念如何能够对**在任何时候**（不是一般地，而是在任何一个时间点上）都有缺陷的行为有效。但是，解决这一困难的基础在于，作为从有缺陷的善向更善的永无止境的不断进步的行为，按照在因果关系概念方面不可避免地局限在时间条件上的我们的评价，永远还是有缺陷的；以至我们必须把显象中的，即就**行为**而言在我们里面的善，**在任何时候**都看做

是对于一种圣洁的法则来说有欠缺的。但是却可以设想由一位具有纯粹理智直观的知人心者，把它向适应这种圣洁法则的永无止境的进步，根据派生这种进步的那种超感性的意念，在行为上也判定为一个完成了的整体。[1] 这样，人即使有其恒久的缺陷，也可以期望成为在**根本上**让上帝所喜悦的，无论他的存在在什么时刻被打断。

第二个困难是当人们把努力向善的人，就这种道德上的善本身而言，放在与上帝的**仁慈**的关系中来考察时出现的，它涉及**道德上的幸福**。这里，并不是把道德上的幸福理解为保证永远拥有作为**自然的幸福**的、对自己的**自然状况**的满足感（摆脱了灾难并且享受着日益增长的乐趣），而是保证永远拥有一种一直在善中向前进的（永不脱离善的）意念的现实性和**坚定性**；因为**只要人们确信这样一种意念是恒定不变的**，那么，持
〔68〕久地“追求上帝的国”，这也无非就是知道自己已经拥有这个国。因为在这种情况下，持有如此意念的人已经发自内心地相信，“其余的一切（涉及自然的幸福的东西）都将会归予他”。

于是，人们虽然可能会把对此担忧的人连同他的愿望指引到“他（上帝）的灵为我们的灵作证”等等，即，谁拥有一个所要求的如此纯粹的意念，他从自身出发就可以感到，他永远也不会陷得如此之深，以致会情愿重新得到恶。然而，这样的

① 绝不可以忽视的是，这里并不是想说，意念应该用来补偿合乎义务的东西的缺乏，从而补偿这个无限的系列中的现实的恶（毋宁说这假定了人的让上帝所喜悦的道德属性现实地存在于意念之中），而是说，取代了无限向前迫近的这个系列之整体的那个信念，只是弥补了与一种存在者在时间中的存在根本不可分的那种缺陷，即：永远不能完美无缺地成为人们在概念中应当成为的东西。至于要补偿在这一进步中出现的越轨行为，将在谈到第三种困难的解决时再予以考虑。

自以为具有超感性起源的情感只是把事情弄糟。人们在任何地方都不会比在有助于对自己的好评的事物中更容易欺骗自己了。甚至就连被鼓励得出这样一种信赖，看来也是不可取的，而毋宁说，通过“**恐惧战兢**（这是一个冷酷无情的语词，如果它被误解，就可能促成最蒙昧的狂热），作成你们得救的工夫”，才是（对于道德性来说）有益的。然而，倘若没有对自己在某个时候已经接纳的意念的**任何**信赖，就几乎不可能有一种在这一意念中继续前进的坚定不移。但是，这种信赖不是把自己交付给甜美的或者可怕的狂热，而是出自把自己迄今为止所奉行的生活方式与自己所下定的决心进行比较。——这是因为，一个人，如果他从接纳善的基本原理的时期开始，经过一段足够长的人生而感知到这些基本原理对行为，即对自己的向越来越善进步的生活方式的影响，并且从中找到机会仅仅以猜测的方式推论出自己的意念的彻底改善，他当然也可以以合乎理性的方式希望，由于这样的进步，只要其原则是善的，就会越来越增强以后的进步的**力量**，所以他在这种尘世人生中就不会再离开这一轨道，而是越来越勇敢地在这一轨道上向前进。甚至可以说，即使在尘世人生之后他还面临着另一种人生，他也将在不同的情况下，根据任何一种看法，按照同样的原则，继续在这一轨道上向前进，并且越来越迫近完善的目标，尽管这个目标是无法达到的。因为他可以根据自己迄今为止在自己身上所感知到的东西，把自己的意念看做是从根本上改善了的。相反，那种即使经常尝试下定向善的决心却从未发现自己停留在这一点上的人，那种永远沉沦于恶之中，或者甚至在其生命进程中也不得不感知到，自己就像在一个斜坡上一样，从恶越来越深地滑入更恶的人，却不能以合理的方式使自己希望，如果自己此生能够活得更长久，或者自己还面临着一种来 〔69〕
生，自己就能使生活变得好起来。因为他鉴于上述这些迹象，必然会把堕落看做是植根于自己的意念之中的。前者是对一种**不可预见的**、但可希冀的、幸福的未来的展望，而后者却是对一种同样**不可预见的苦难**的展望。即，二者对于人们来说，就人们所能够判断的而言，都是对一种或者幸福或者不幸的**永恒性**的展望。这些观念有足够的力量帮助一部分人在善中安宁下来和坚定起来，帮助另一部分人唤醒作审判的良知，以便尽可能地与恶决裂，从而成为他们的动机，而没有必要即使在客观上**独断地**假定善或者恶对于人的命运的永恒性来作为定理①，

① 这属于那些即使能够给予提问者回答、但也增长不了什么聪明见识的问题（因此可以称之为**幼稚的问题**），就连"地狱的惩罚将是有限的惩罚还是永恒的惩罚"这一问题亦是如此。如果用前者来教导人，值得担心的是，一些人（例如所有相信炼狱的人或者穆尔的游记中的那个水手那样）就会说："那么我希望自己能够经受得住"。但是，如果主张后者，并且把它列为信仰中的象征，那么，就可能与人们借此所怀有的意图相违背，将出现一种在无耻的生活之后完全不受任何惩罚的希望。因为在这种人生的终点作事后的忏悔的时刻，那被征求建议和安慰的神职人员，还是必须认为，宣布对某人的永恒谴责是残酷的和不人道的，而他在这种永恒的谴责和完全的赦免之间又没有确定任何中间的东西（而是要么永恒地受惩罚，要么根本不受惩罚）。因此，他不得不给予此人以后面这种希望；也就是说，许诺迅速地把此人改造成一个上帝所喜悦的人。其原因在于，由于再也没有时间来选取一种善的生活方式了，忏悔的自白、信仰定式，以及假如能够更为久远地推迟现今生活的终点就许诺一种新的生活，也就取代了中介的地位。——如果符合这里所倡导的生活方式的未来命运的永恒性被当做**教条**陈述，而不是指导人自己从迄今为止的道德状况去形成一个未来人生的概念，并且把它当做迄今为止的道德状况**自身**的可以自然地预见的结果推论出来，那么，上述情况就是不可避免的后果。因为在这里，结果的系列在恶的统治下的**不可预见性**，与能够期待所宣布命运的永恒性，对人具有同样的道德上的作用（促使他尽其所能，使发生了的事情通过偿还或者弥补，还在其生命结束之前就挽回其影响）；但却不会带来对永恒性的教条的损害（本来，无论是理性的洞见还是《圣经》的诠释都没有权利主张这一教条）；因为恶的人在此生中已经预先指望得到这一很容易获得的宽恕，或者相信在生命的终点仅仅借助于天国的公正对他的要求就可以指望这一点；这种要求是他单凭语词来满足的，然而，人们的权利在这里却一无所得，没有人重新获得存在（这种赎罪方式的一个常见的结果就是，反面的实例几乎被充耳不闻）。——但是，如果有人担心人的理性借

凭借这样的自以为的知识和主张，理性只会越出自己的洞察的

助于良知对自己的批判会太温和，那么，我相信他是大错特错了。因为正是由于理性是自由的，并且甚至对人也应该有所评说，它才是廉洁公正的。况且只要有人在这样一种状态告诉他，他至少有可能不得不马上站在一位审判者面前，那么，我们就可以把他仅仅交给他自己的反思，这种反思将按照一切可能性最严肃地审判他。——我还想再附上几句说明。**“结局好，一切都好”**这句流行格言，虽然可以运用于**道德的**场合，但也仅仅是在把好的结局理解为人成为一个真正善人时才行。然而，他准备凭什么认为自己是一个真正善的人呢？因为他只能从接下来始终不渝的善的生活方式推论出这一点，但在生命的终点，却再也没有时间来实现这种生活方式了。关于**幸福**，这一格言倒是可以承认的，但也仅仅是与人由以看待自己的人生的立场相联系才行；这一立场不是生活的开端，而是其终点，因为他是从终点出发回溯开端的。当人们认为自己已经安全了的时候，经受过的苦难也就不会再留下什么痛苦的追忆，反而只会留下使目前出现的幸福的享受更加津津有味的愉悦。因为享乐或者痛苦（作为属于感性的）是包含在时间系列之中的，也与这一系列一起消逝，与当下实存的人生享受并不构成一个整体，而是被这些作为后来者的东西所排挤。但是，如果把这句话用来评价迄今为止所奉行的人生在道德上的价值，那么，这样来评价人生就可能是毫无道理的，尽管他是以一种完全善的方式结束人生的。因为评价他的人生所必须依据的**意念**在道德上的主观原则（作为某种超感性的东西），并不具有可以将自己的存在在时间中划分为阶段的方式，而是只能被设想为绝对的统一体。而由于我们只能从行动（作为意念的表现）推论出意念，所以为了这种评价起见，只能把人生作为**时间统一体**，即作为一个**整体**来考虑。因为在这种情况下，由人生前一部分的（改善之前的）而来的谴责，与**后一**部分中的赞许同样响亮，而欢庆胜利的呼声，即“结局好，一切都好”，也就会大大减弱其音量了。——最后，与关于在另一个世界的惩罚的持续期的学说相类似，还有另一个学说，尽管二者并不是一回事。这个学说就是：“所有的罪在这里都必须被谅解”；对人生终点的估计必须被完全排除；没有人能够希望把此处错过的东西在彼处再补上。这一学说和前一学说一样不能被宣布为教条，而是只能是实践理性在使用自己的超感性事物的概念时为自己规定规则所借助的一条基本原理，同时它也满足于对超感性事物的客观属性一无所知。它只不过是说，我们只能从我们所奉行的生活方式来推论自己是否是上帝所喜悦的人。而由于生活方式是随着这种生活结束的，所以对我们来说，这样一种考虑也就被限制住了，其结论所提供的仅仅是，我们是否能够认为自己是释罪了的。——一般来说，如果我们不执著于对我们不可能洞察的超感性客体的认识的**建构性**原则，而是把我们的判断限制在**范导性的**、满足于对这些知识的可能的实践运用的原则之上，那么，人的智慧就可以更好地对待许多问题，而不是自以为知道那种人们在根本上一无所知的事物，而养成无根据的、尽管在一段时间里给人一线希望的小聪明，最终从这里产生出对道德性的损害。

〔70〕界限。因此，人们所自觉到的善的和纯粹的意念（它们可以被称为一个善的、统治我们的精神）也自身包含着对其坚定不移
〔71〕和稳固性的信赖，尽管这只是间接的。而当我们的失足由于其坚定不移而令我们感到担忧的时候，这种意念也是安慰者（圣灵）。在这种意念方面的确定性，对人来说既是不可能的，在道德上也是无益的。其原因在于（这一点必须解释清楚），我们不能把这种信赖建立在对我们的意念的不可更移性的直接意识上，因为我们不能看透这一点，充其量必须只从意念在生活方式中的结果推论出意念。但是，这种结论由于只能从作为知觉中，即从善的和恶的意念的显象引出，所以它尤其从来也不能使人肯定无疑地认识到意念的**强而有力**，至少当人们认为在临近预料中的生命终点时已经改善了自己的信念时是这样。因为根本没有对意念的纯真性的那种经验性的证明，再也没有什么生活方式可供确立关于我们的道德价值的判断，而绝望（但是，人的本性不顾所有超出这种生命界限的前景都在黑暗之中，而已经自发地留意使自己不要陷入严重的悲观失望）则是从对自己的道德状况的合理评价中产生的不可避免的后果。

第三个表面上看来也是最大的困难，把每一个人，即使在
〔72〕他选择了向善的道路之后，也设想为在他的整个生活方式面对上帝的公正受审时，仍然是应受谴责的。这种困难如下所述。——无论怎样在人身上假定一种善的信念，甚至，无论人在这方面如何坚定不移地以一种符合这种意念的生活方式向前进，**他毕竟是从恶开始的**，对于他来说，永远不可能抹去这种罪债。即使他在自己的心灵变化之后不再犯下新的罪，他也不能把这看做好像他这样就偿清了旧的罪似的。哪怕他可以在今后奉行的善的生活方式中不超出自己每次本来应该做的事情；因为在任何时候，他的义务都是做自己力所能及的善。——这种原初的或者完全先行于任何他随时能做的善事的罪，也就恰

恰是并且只不过是我们所理解的**根本的**恶的东西（参见第一篇）。但是，甚至就我们根据自己的理性权利所见到的而言，它也并不能由另一个人来偿还。因为它并不像金钱债务（如果是金钱债务，那么，是由债务人自己偿清还是由另一个人代他偿清，对于信仰者来说都是一回事）那样，是可以被转到另一个人头上的**可转账的**债务，而是**最个人性的**债务，即只有应受惩罚的人才能承担、无辜的人无论怎样慷慨地想代他接过来也不能承担的罪责。——既然道德上的恶（对作为上帝的律令的道德法则的逾越，被称做**罪**），不是因为其权威由此而受到伤害的最高立法者（我们根本不理解人与最高存在者的这种过分多情的关系）的**无限性**，而是作为**意念**和一般准则之中的恶（一如**一般的基本原理**相对于个别的越轨行为来说），才带有对法则的伤害的无限性，从而带有罪过的**无限性**（这在一个只考虑个别的犯罪、从而只考虑行为以及与此相关的意念、但不考虑一般的意念的人类法庭面前是另一回事），所以，每一个人都将要对受到一种**无限的惩罚**和被从上帝的国中驱逐出去有所准备。

解决这一困难的基础如下。一个知人心者的审判必须被设想为这样的审判，它是从被告的普遍意念作出的，而不是从这意念的显象、从与法则相背离或者相一致的行动作出的。但 〔73〕
是这里，在人心中假定了一种对事先在他里面起支配作用的恶的原则拥有优势的善的意念。于是问题就在于，背离法则的道德后果，即惩罚（换句话说，上帝对主体不满意的后果），是否也可以与他在改善了的意念中的状态相关联，在这种意念中，他已经是上帝满意的一个对象了。由于这里的问题并不是在改变思想之前施加于他的惩罚是否与上帝的公正相一致（对于这一点没有人怀疑），所以，这种惩罚（在这场审理中）不**应该**被设想为是在改善之前施加于他的。但是，它也不能被设想为是**在改善之后**施加于他的，因为这个人已经过渡到新的生活，在道德上是另一个人了，他现在已被认为与他（一个上帝所喜悦的人）的新品质相符合。尽管如此，最高的公正却必须得到满足，面对它，一个应该受惩罚的人决不能不受惩罚。既然这种惩罚既不是在思想改变**之前**，也不是在思想改变**之后**符合上帝的智慧的，却又是必然的，所以，它必须被设想为是在思想改变的状态中符合上帝的智慧，并被实施的。这样，我们就必须看一下，通过一种道德上的思想改变的概念，是否已经可以把那种灾祸设想为已经包含在这种状态之内。新的具有善的意念的人可以把这种灾祸看做是由自己（在其他联系中）招致的，并且看做使上帝的公正得到满足的那些**惩罚**。① ——这
〔74〕就是说，思想的改变也就是从恶中走出并进入善，是脱去旧的人并穿上新的人，因为主体死于罪过（从而也死于一切偏好，如果它们诱人犯罪的话），乃是为了生于公正。但是，包含在这种作为理智规定的公正之中的，并不是被一段时间间隔截然

① 把世界上的一切灾祸普遍都看做对犯下的越轨行为的惩罚，这种假设不能被认作是为了一种神义论，或者是看做为了祭司宗教（崇拜）冥想出来的发明而接受（因为祭司宗教太粗俗，不可能是如此精巧地设想出来的）。相反，他也许非常接近人的理性。人的理性倾向于把大自然的进程与道德性的法则联系起来，而且它从中很自然地得出这样的思想，即我们在能够要求从人生的灾祸中摆脱出来，或者通过更多的福利使它们得到补偿之前，就应该试图成为更好的人。——因此，（《圣经》中的）第一个人被设想为受到要想吃饭就必须劳动的诅咒，他的妻子则受到要痛苦地生育子女的诅咒，两个人都由于自己的越轨行为的缘故而受到必死的诅咒。尽管这里看不出来，如果不犯下这种越轨行为，动物般的、具备有这样的肢体的造物如何能够期望得到另一种规定。对于印度人来说，人们无非是为了惩罚其昔日的罪行而被禁锢在动物性的肉体之中的精神（被称为 Dewas［提婆］）。甚至一位哲学家（马勒伯朗士）也宁可根本否认无理性的动物有灵魂，因而否认它们有情感，也不愿承认，马“一点也没有吃禁食的干草”却不得不忍受如此多的辛苦。

分开的两种道德行为。相反，它们只是一个惟一的行为，因为只有通过使人进入善的那种善的意念，离开恶才是可能的，反过来说也是一样。因此，离开恶的意念和接受善的意念同样包含着善的原则；而正当地伴随着前者的痛苦则完全是由后者产生出来的。从堕落了的意念走出，进入善的意念（如"在旧的人身上死去，将肉体钉在十字架上"），这本身就已经是牺牲，是接受人生的一长串苦难。新的人是以上帝之子的意念，即纯然是为了善起见，承担起这些苦难的。但是，这些苦难作为**惩罚**，本来却是应该归诸于另一个人，即归诸于旧的人（因为旧的人在道德上是另一个人）。——因此，尽管他**在自然方面**（就他作为感性存在者的经验性的特性来看）是同一个应该受惩罚的人，并且作为这样一个人必须面对一个道德法庭，从而也必须由他对自己进行审判。然而，在他（作为理知存在者）的新的意念中，他面对一个属神的审判者——在这一审判者面前，意念就代表了行为——**在道德上**是另一个人；而这种具有纯粹性的意念，例如他已经纳入自身的上帝之子的意念，或者（如果我们把这一理念人格化）**上帝之子**自己，就为新人、也为所有（在实践中）信仰上帝之子的人，作为**代理人**承担起罪责；作为**拯救者**以受难和死来满足最高的公正；作为**管理者**使人们能够希望在自己的审判者面前可以表现为释了罪。只不过（在这种表象方式中）新的人通过在旧的人身上死去而在人生中必须不断地承担的那种受难①，在人类的代表身上被表象为

① 即使是最纯粹的道德意念，在作为世俗存在者的人身上产生的，也不过是一个在行为（感性世界里发生的行为）上为上帝所喜悦的主体的不断生成。虽然就品质而言（由于道德意念必须被设想为以超感性的方式**确立**），他的道德意念应该并且能够是圣洁的、符合其原型的意念的。但就程度而言——就像

〔75〕一劳永逸地经受死亡罢了。——这里就有上文未及谈到的那种超出工作成绩之上的功劳，而且是一种由**神恩**归于我们的功劳。因为要把我们这里在尘世生活中（也许还在所有的未来时代和所有的世界里）永远处在只是**生成**之中的东西（即，做一个上帝所喜悦的人）归属于我们，就好像我们在这里已经完全拥有了它似的，对此，就我们对自己本身的认识（不是直接地、而是仅仅按照我们的行为来判断我们的意念）而言，我们

它在行动中所启示出来的那样——，他的道德意念永远是有缺陷的，与其原型的意念还有无限远的距离。尽管如此，由于这种意念包含着在弥补这种缺陷方面的不断进步的基础，它作为整体的理智统一就取代了完成了的**行为的地位**。然而问题在于：那个“在他身上没有该定罪的东西”或者必然没有该定罪的东西的人，是否能够相信自己是释了罪的，并且尽管如此是否能够总是把他在趋向越来越善的道路上所遇到的苦难，看做归诸自己的**惩罚**，因此承认该受惩罚，从而也承认有一种让上帝不满的意念？回答是肯定的，但仅仅是就他不断地脱去的那个人的品质而言。他在新人的品质中愉快地、纯粹是为了善的缘故接受在那种品质（旧人的品质）中会要作为惩罚来承受的东西（而且这是人生的所有苦难和灾祸）；因此，那些苦难和灾祸就此而言对于他，而且对于作为一个新人的他，并不是当做惩罚归诸他的，相反，这一表述只不过是要说，他所遇到的所有苦难和灾祸，都是旧的人本来必须作为惩罚归诸自己的。即使他在旧的人身上死去，他也现实地把它们作为惩罚归诸自己，他以新人的品质自愿地接受这些灾祸和苦难，把它们当做考验和锻炼自己趋善意念的如此多的机会。对此来说，那种惩罚既是结果，同时也是原因，因而也是存在于对自己在善中进步（它借助于离开恶而做出一个行动）的意识之中的那种满意和**道德上的幸福**的原因。反之，同样的灾祸在旧人的意念中本来就不仅仅必须看做是惩罚，而且也必须是作为惩罚**被感受到的**，因为它即使作为纯然的灾祸来看，也与人在这样的意念中用来作为自己的惟一目的的那种东西，即**自然的幸福**，是截然相反的。

毕竟没有任何合法要求♀[①]（根据经验的自我认识来看），以至于我们心中的控告者将宁可提出一种诅咒性的判决。因此，〔76〕这永远只是一种出自神恩的判决，尽管（作为建立在补赎之上的，而这补赎对我们来说仅仅存在于被改善了的意念的理念之中，而惟有上帝才认识这理念）如果我们为了信仰中的那种善而放弃一切辩白，也完全符合永恒的公正。

于是还可以追问：对一个虽然负有罪责、但却毕竟转向一种上帝所喜悦的意念的人的**释罪**理念的演绎，是否具有某种实践上的用途？这种用途又可能是什么样的用途？这里还不能忽略它能够对宗教和生活方式造成什么样的**积极的**用途。因为在那种研究中，作为基础的条件是，它所涉及的人已经现实地处于必需的善的意念之中了。道德概念的所有实践上的用途都本来都是以这种意念的要求（它的发展和促进）为目的的。因为说到安慰，那么这样一种意念已经为自觉到它（作为安慰和希望，而不是作为确信）的人带来了安慰。就此而言，这样一种意念只不过是对一个思辨问题的回答，但是，这个思辨问题之所以不能用沉默来避开，乃是因为若不然，理性就会受到指责，说它绝无能力把对赦免人的罪过的希望和上帝的公正结合起来。这是一种在许多方面，尤其是在道德方面对它可能有害的指摘。然而，从这里面为了每一个人在宗教和道德上的目的而能够引出的**消极的**用途却伸展得很广。因为从上面所考虑的演绎可以看出，对于为罪所累的人来说，只有在心灵的彻底变革的前提条件下，才可以设想在天国的公正面前得到赦免。从而所有的

① 而是只有**接受的能力**，它是我们自己能够赋予自己的一切。但是，对一个主宰者关于分配一种善的旨意，子民除了（道德上的）接受的能力之外，别无所有，这种旨意就叫做**神恩**。

赎罪，无论它们是以忏悔的方式还是以节庆的方式，以及所有的祈求和赞美（甚至包括对上帝之子的具代表性的理想的赞美）都不能弥补这种心灵的彻底变革的缺乏。或者说，即使实行了这一切，也丝毫不能增加它们在那个法庭面前的效力。因为这个理想必须被纳入我们的意念，以便取代行为而发生效力。人可望**在人生的终点**从他所奉行的生活方式得到些什么，或者他可能惧怕些什么，这个问题还包含着另外的东西。在此，他必须首先对自己的性格至少有一些了解；从而即使他相信自己的意念发生了改善，也必须同时考察自己作为出发点的旧的（堕
〔77〕
落了的）意念。而且无论他从旧的意念中去掉了什么，去掉了多少，无论自以为新的意念具有什么样的**品质**（是纯粹的还是不纯粹的），达到了什么**程度**，他都必须能够把旧意念接受下来，以便克服它，并且防止重新堕入它。因此，他将不得不终生参考旧的意念。这样，由于他借助直接的意识对自己的现实的意念根本得不出一种肯定的、确定的概念，而是只能从自己现实地奉行的生活方式中接受这概念，所以，对于未来的审判者（他自己心中的清醒的良知，连同由此唤起的经验性的认识）的判决，他想不出证明自己有罪的别样的状况，除了日后向它展示**他自己的全部人生**，而不是仅仅展示人生的一个阶段，也许是最后一个并且还是对自己最有利的阶段之外。但是，他将会自动地在此之上联系着对还要继续下去的（而不是以此为界限的）生活——如果它还会持续更久的话——的展望。在此，他不能让事先认识到的意念代表行为，而是恰恰相反，他应该从展示给他的行为取得自己的意念。读者可能会认为，单是这种思想，根据他迄今为止所奉行的生活方式，将对他未来的命运作何判决呢？这种思想使人（他恰恰不能是最邪恶的人）回忆起许多东西。而通常，如果人们只不过告诉他，说他有理由相信，他有朝一日将面对一位审判者，他早就漫不经心地把这

些东西遗忘掉了。如果在人心中询问存在于他自己心中的审判者，那么，他就会严格地评判自己；因为他不能贿赂自己的理性。但是，如果给他介绍另一个审判者，以及想从其他方面的教训获得关于这位审判者的资讯，那么，他就会违背自己的严格态度而提出许多从人类的软弱性这个借口得出的理由来表示反对。而且一般说来，他会考虑对付这个审判者：这就是，他会考虑通过悔罪的、并非出自改善的真实意念的自虐来预先防止这位审判者的惩罚，或者通过请求和祈祷，甚至通过定式和貌似虔诚的忏悔来打动这位审判者。而且如果使他具有了这样的希望（按照那句格言：结局好，一切都好），那么，他依此就已经早早地作出了估计，以便不致不必要地过多地失去惬意的人生，并在临近人生的终点时迅速地为了自己的利益结账了事。♀① 〔78〕

第二章

论恶的原则在对人类的统治权上的律法要求和两种原则彼此之间的斗争

《圣经》（基督教部分）以一种历史的形式讲述了这种理知

① 那些在临终时让人请来一位神职人员的人，其目的通常是想在他那里获得一位**安慰者**。并不是因为由最终的疾病，甚至仅仅是对死亡的自然恐惧所带来的**生理上的**痛苦（因为对此，那结束痛苦的死亡本身就可以是安慰者），而是因为**道德上的**痛苦，即因为良知的谴责。在这里，按照那句警告："你同你的对头（对你有合法要求的对头）还在路上（即只要你还活着），就赶紧与他和息。恐怕他把你送给审判官……"，宁可**激起**和**增强**这种良知，以便不致错过还能够做些什么善事，或者在他还剩下的时间里把恶清除掉（弥补）的机会。但如果不是这样，而是给良知提供一种鸦片似的东西，则是对他自己和在他之后还活着的人的犯罪，完全违背了在临终时给予这样一种良知的支援得以被视为必要的终极目的。

的道德关系。因为人心中像天堂和地狱那样彼此对立的两个原则，被设想为人之外的两种人格，不仅彼此试验着自己的威力，而且（一方作为人的控告者，另一方作为人的辩护者）还想仿佛面对一位最高审判者那样**通过律法**来实现自己的要求。

人本来被指定为地上一切财富的所有者（《创世记》，第 1 章，第 28 节）。然而，人只应该把这些财富作为自己的下级所有物（dominium utile［可用的财产］），在他的作为上级所有者（dominus directus［直接的所有者］）的创造主和主人的支配下来占有。同时，一种恶的存在者（由于这种恶的存在者最初是善的，所以，它是怎样变得如此之恶，以致对它的主人不忠诚，却是不得而知的）也被造就出来了，它由于自己的堕落而丧失了在天国本来可能拥有的全部财产，现在要在地上获得另一种财产。既然对于作为更高品类的存在者——作为一种精
〔79〕灵——的恶的存在者来说，尘世的和有形体的对象不能提供任何享受，于是，它力图通过使一切人的始祖背叛自己的主人并且依附于它，来重新获得对**心灵**的统治，因为它这样一来终于能够自命为地上的一切财富的最高所有者，即这个世界的王。于是，虽然人们不免怀疑，为什么上帝不对这一叛逆者使用他的威力①，并且最好是一开始就摧毁这一叛逆者蓄意建立的王国。但是，最高的智慧对理性存在者的统治和治理，却是按照他们的自由的原则对待他们的，并且无论他们会遇到什么善的或恶的东西，都应该归之于他们自己。因此，一个恶的国违背

① P. 查尔莱沃斯谈到，当他向自己的易洛魁教义问答手册学生讲述恶的精灵带到开始是善的造物之中的所有的恶，以及这个恶的精灵还在如何不断地试图破坏上帝的这个最好的举措时，这个学生不满地问道：可是，上帝为什么不杀死魔鬼呢？对于这个问题，他坦率地承认自己在匆忙中未能找到答案。

善的原则在这里建立起来了，所有（以自然的方式）起源自亚当的人都臣服于它，而且是他们自己赞同的，因为这个世界的所有财富的幻象把他们的目光从他们注定的堕落的深渊引开了。虽然善的原则因为自己在对人的统治权的律法要求，通过建立一种政府形式才得以保存，这种形式只是安排来对它的名字进行公开的、惟一的崇拜（在**犹太人的**神权政治国家中）。但是，由于在这样的政府形式中，臣民们的心灵依然除了这个尘世的财富之外，不赞同任何其他的动机，从而他们除了借助此生中的奖赏和惩罚之外，也不愿以其他方式被治理。然而，除了一方面使人背上令人厌烦的仪式和习俗，另一方面虽然是道德的，却仅仅产生出一种外部强制的，即仅仅是市民社会的法则之外，没有任何其他法则能够做到这一点，所以，这种安排在本质上并没有与黑暗的王国决裂，而是仅仅有助于把第一所有者的不可取消的权利永远保存在记忆中。——于是，在这同一个民族中，当它充分地感觉到一种等级制度的所有弊病，并且不仅通过这种感觉，同时也许还通过逐渐对它发生影响的希腊世俗智者那些动摇奴隶意识的道德上的自由学说，多数人 〔80〕
开始思索这种状况，从而成熟得足以发动一场革命的时刻，就突然出现了一位人物。他的智慧要比迄今为止的哲学家的智慧更加纯洁，就像从天堂下凡的一样。就他的学说和榜样来说，虽然他也宣称自己是真正的人，但却是一个来自这样一个起源的使者，这个起源处于原初的天真无邪状态中，并没有于其余的人类通过其代表，即始祖与恶的原则缔结的条约同日而语，♀[1] 并且“这个世界的王在他里面是毫无所有”。由此，这

[1] 尽可能地设想一个不具有天生的趋恶倾向的人，以至让他从一个处女母亲出生，是对一种既难以解释然而又无法否认的、似乎是道德上的本能作出迁就的理性

个世界的王的统治就遇到了危险。因为如果上帝所喜悦的这个
〔81〕人抵制他的诱惑，不参与那个契约，而其他人也虔诚地接受了同样的意念，那么，这个世界的王也就丧失了同样多的臣民，他的国也就面临着被彻底摧毁的危险。因此，他向这个人提出建议，如果这个人愿意向他宣誓效忠，只承认他是这整个国的所有者，他就让这个人作为他的整个国的封臣。由于这一企图并没有成功，于是，这个世界的王就不仅从其土地上的这个外来者那里收回了能够使他的尘世生活感到舒适的一切（直到使他成为赤贫），而且对他发动了所有会使恶人愤懑不平的迫害，

的一个理念。其原因在于，由于自然的生育没有双方的情欲就不可能发生，这种生育显得把我们置于（对于人类的尊严来说）与一般的动物交配过于相近的类似性之中，所以我们把它看做是某种我们必须为之感到**羞耻**的东西——这种观念无疑成了僧侣阶层所自以为的圣洁性的真正原因。——因此，这种东西让我们觉得是某种不道德的东西，是与人的完美性无法统一的东西，然而又是被嫁接入人的本性的东西，从而也是作为一种恶的禀赋遗传给他的后代的东西。——一个不带有任何道德缺陷的孩子的不依赖于任何性交往的（处女的）出生，这个理念与这种模糊的（从一方面来看纯然是感性的，但从另一方面来看却又是道德的，因而也就是理知的）观念倒是符合的，但在理论上却不是没有困难的（但就理论而言来规定某种东西，在实践的目的上却是完全没有必要的）。因为按照渐成论的假设，通过**自然的**生育从自己的父母出生的母亲，毕竟会是带有那种道德缺陷的，并且会在一种超自然的生育时，至少也会把这种缺陷的半数遗传给自己的孩子。因此，为了避免这种结果，必须接受胚胎在父母体内**预先存在**的体系，但不能是包含在**女方**中的体系（因为这样一来还是不能避免那个结果），而只是它包含在**男方**中的体系（不是 ovulorum animalculorum［卵源说］的体系，而是 animalculorum spermalicorum［精源说］的体系）。现在男方鉴于一种超自然的怀孕被略去了，而只有在理论上与那个理念相符合，那种表象方式才能够得到维护。——然而，如果这对于实践的东西来说已经够了，所有对此表示同意或者反对的理论，为什么都还把那个理念当做使自己凌驾于恶的诱惑之上的（成功地抵制了恶的）人性的象征，介绍给我们来作为榜样呢？

造成只有善良的人才会真正深切感受到的苦难，以及对他的学说的纯洁目的的诋毁（以便使他失去所有的追随者），而且一直把他迫害得让他最屈辱地死亡。但尽管如此，却仍旧丝毫不会由于对他为纯粹卑贱者的福祉提供的学说和榜样中所表现出来的坚定和正直的冲击而有损于他。而这就是这场斗争的结局！这场斗争的结局既可以看做一种**律法上的**打击，也可以看做一种**生理上的**结局。如果人们看到的是后者（它属于感官领域），那么，善的原则就是失败的一方。而由于他在一种外来的（拥有暴力的）统治之下激发了一场起义，他就不得不在经受了许多苦难之后，在这场斗争中献出自己的生命。♀① 但是，**原则**当权（无论这些原则是善的还是恶的）的国不是自然的国，而是自由的国。也就是说是这样一个国，在它里面，人们只有当统治 〔82〕

① 并不是说他（像 D. 巴尔特以小说的方式所虚构的那样）**寻求死亡**，以通过一种能引起敬仰的光辉榜样来促进善的意图；那样会是一种自杀。因为虽然人们在不背弃一种义不容辞的义务就不能逃避死亡时，也可以冒着失去自己生命的危险做某些事，或者忍受出自他人之手的死亡，但无论是为了什么目的，都不可以把自己及其生命当做手段来支配，从而成为自己的死亡的**制造者**。——然而，这也不是说他（像那位沃尔芬比特尔的残篇作者所怀疑的那样）拿自己的生命**冒险**不是出自道德上的意图，而是仅仅出自政治的、但又是非法的意图，为了推翻祭司统治并使自己以世俗的统治权力取而代之。因为他在已经放弃了保存自己的生命的希望之后，在晚餐时对他的门徒们所作的使人铭记着他的劝告，反驳了这种看法。倘若这是对一个失败了的世俗意图的记忆，那么，它就会是一种令人伤感的、引起对肇事者不满的、因而也就是自相矛盾的劝告了。尽管如此，这一回忆仍然可以和导师的一个非常善的、纯粹道德上的意图的失败发生关系。即还在他在世时，通过推翻那排挤一切道德意念的仪式上的信仰及其祭司的威望而造成一场（宗教中的）**公开的**革命（于复活日把他四散在全国的门徒们召集起来的打算，可能就是以此为目的的）。关于这场革命，人们当然可能至今仍为它不曾成功而惋惜。但是，它并没有失败，而是在他**死**后转化为一场悄悄进行的、但却是在许多苦难之中传播开来的宗教变革。

了心灵的时候才能够支配事物。因为在它里面，没有任何人是奴隶（农奴），除非并且只有当某人自愿如此时才有奴隶；于是，正是他的这一死亡（一个人的苦难的最高级别）成了善的原则的体现，即处于道德上的完善之中的、作为后世的榜样适用于每一个人的人性的体现。关于这一死亡的观念，应该并且可能在他那个时代，甚至于能够在任何一个时代对人们的心灵都产生极大的影响。因为它使人在最鲜明的对比中看到了天国的子女们的自由，和一个纯然的尘世之子的奴役地位。但是，善的原则并不仅仅是在某一个时代，而是从人类起源开始，就以不可见的方式，从天国降临到人性中的（如同每一个注意到了自己的圣洁性，同时也注意到了这种圣洁性与人的感性本性在道德禀赋之中的结合的不可理解性的人，都必须承认的那样），并且在人性中以法的方式拥有了第一个居所。因此，由于在一个作为所有其他人的榜样的现实的人身上表现出，“他到自己的地方来，自己的人倒不接待他。凡接待他的，就是信他的名的人，他就赐他们权柄，作上帝的儿女”。这也就是说，他借助于自己的榜样（就道德理念而言），为每一个愿意和他一样的人打开了自由的大门。这些人对于使道德遭受损失、把他们束缚在尘世生活上的一切都毫不动心，在他们中聚集起一个“在好事上富足，甘心施舍，乐意供给人”的民族，接受他的统治，然而他把这种统治权留给了宁可做道德上的奴仆的他们自己。

因此，这一斗争在这段历史的主人公一方（直到这位主人公之死）的道德上的结局，本来并不是对恶的原则的**胜利**。因为恶的原则的国仍在继续，无论如何仍然还必须出现一个新的时代，它应当在那时被摧毁，——而只是打破了它的权势，
〔83〕无论人们曾经怎样长时间臣服这种权势，它都不能违背人们的意志维持下去。因为在他们面前展示了另一种道德上的统治（因为人必须处于某种统治之下）来作为避难所。在这里，如

果他们愿意离开旧的统治的话，他们就可以获得对他们的道德性的庇护。另一方面，恶的原则还始终被称做这个世界的王，在这个世界里，那些人虽然如此信服善的原则，仍然要始终对这里被看做恶的原则的迫害的那些生理上的苦难、牺牲、对自爱的伤害做好准备。因为这个世界的王只是对那些如此把尘世的幸福作为自己的终极目的的人们，才在自己的国中给予奖赏。

显而易见，如果揭开这一生动的、也许对它那个时代来说还是惟一的**大众化的**表象方式的神秘面纱，那么，它（它的精神实质和理性内涵）在所有时代对于所有的世界在实践上都是有效的、有约束力的。因为它对于每一个人来说都是如此亲近，足以使每一个人都认识到自己在这方面的义务。这种意义就在于：对于人们来说，除了最真挚地把真正的道德基本法则接纳入自己的意念之外，绝对不存在任何得救；这种接纳所抵制的并不是那时常受指控的感性，而是某种自负其咎的颠倒，或者如人们通常称这种恶劣性的那样，是欺骗（fausseté [虚伪]，恶来到世间所凭借的撒旦狡计）。这样一种堕落在所有的人身上都存在，并且不能借助任何东西战胜它，除非凭着完全纯洁的道德上的善的理念，并且意识到，这个理念现实地属于我们的原初禀赋。人们只需要努力地维护它，不受任何不容许的沾染，并且把它深深地纳入我们的信念，以便通过它对心灵逐渐地造成的影响而坚信，恶的可怕的权势对此无可奈何（“阴间的权柄，不能胜过他”）。而且，为使我们不致**以迷信的方式**通过不以任何思想转变为前提条件的赎罪，或者**以狂热的方式**通过自认为的（纯粹被动的）内心顿悟来补充这种信赖的不足，并且与建立在自身主动性之上的善的距离始终很远，除了一种良好奉行的生活方式之外，我们不应赋予这种善以任何其他的标志。——此外，像如今在《圣经》中寻求与理性所教导的**最圣洁的东西**和谐一致的涵义这样一种努力，不能仅仅被

〔84〕看做允许的，毋宁说，它必须被看做是义务。♀[1]在这里，可以回想一下**智慧的**导师对其门徒关于某个走着自己特殊的路、但最终却必然是达到同样的目标的人所说的话："不要禁止他；因为……不敌挡我们的，就是帮助我们的"。

总的附释

如果应该建立一种道德的宗教（它不能被确立在章程和诫命之中，而是必须确立在遵从作为上帝的律令的所有人类义务的心灵意念之中），那么，历史将之与这种宗教的导引联系起来的所有**奇迹**，都必须最终使对一般奇迹的信仰本身变得多余。因为如果除了通过奇迹来使义务的规定——就像它们最初由理性写入我们的心中一样——变得可信之外，人们不想以其他方式承认它们充分的权威，"若不看见神迹奇事，你们总是不信"，那就暴露出道德上的无信仰的一种不可原谅的程度。然而，与人们的通常思维方式完全适应的是，如果一种纯然崇拜和诫命的宗教寿终正寝，一种建立在心灵和诚实（道德意念）之中的宗教要被引入来取代它，那么，后者的序幕虽然现在不需要了，在历史上却毕竟是由奇迹伴随的，似乎也是由奇迹装饰的，为的是宣布前一种没有奇迹就根本不会有权威的宗教的结束。甚至于还可能是这样，即为了获得前一种宗教的信徒们支持新的革命，前一种宗教还被解释为在后一种宗教中作为天意之终极目的的东西如今已得到实现的更古老的原型；在这样的情况下，当那个时代还需要借助这样的辅助手段来作为序幕的真宗教已经出现，并且在如今和将来都能够凭借理性根

［① 在这里可以承认，它并不是惟一的涵义。］

据来维护自身的时候，现在再来反驳那些叙述或者解释，就不会有任何用处了。因为人们必然会愿意假定，对不可理解的事物的纯然信仰和人云亦云（这是每一个人都会的事情，却并不因此就是一个更善的人，或者在某个时候成为一个更善的人），将是上帝所喜悦的一种方式，甚至是惟一的方式，除非一定要用全部的力量来反驳这样的借口。因此很可能，惟一通行于所 〔85〕
有世界的那个宗教的导师，其人格是一个秘密。他在尘世的出现，以及他离开尘世，他那充满了种种业绩的人生和受难，都纯粹是奇迹。甚至于要使所有那些奇迹的讲述都变得可信的历史自身也是一个奇迹（超自然的启示）。所以，我们尽可以让它们全都有自己的价值根据，甚至于也敬重那种曾用来使一个学说公开流行的面纱。这个学说的可信性，建立在一个原始文献不可磨灭地保存在每一个灵魂之中，并且不需要任何奇迹。只要在对这些历史信息的使用上，我们不认为对这些信息的认识、信仰和承认本身，就是我们能够借以让上帝喜悦我们的东西，并把这一点当做宗教的一部分，就行了。

但是，就一般奇迹而言，可以发现，有理性的人们即使仍然被认为不放弃对奇迹的信仰，但却从来不打算使这种信仰在实践中盛行起来。这也就等于是说：他们虽然就**理论**而言也相信存在有诸如此类的东西，但**在实际事务中**却不确认任何奇迹。因此，聪明的政府虽然在任何时候都承认这种观点，甚至还以律法的方式把这种观点纳入官方的宗教学说，即**从前**可能发生过奇迹，但**新的**奇迹却是不允许的。[①] 因为旧的奇迹逐渐

① 甚至把自己的信条与政府的权威联结起来的那些宗教学者（正教徒），也在这方面遵循着与政府同样的准则。因此，当普芬宁格先生为他的朋友**拉法特**先生关于一种永远可能的奇迹信仰的主张辩护时，他正确地指摘那些宗教学者的前后不一致，即他们

〔86〕地已经如此确定并且受到当局的限制，不致在公共事务中引起混乱。但是，由于有了新的行奇迹者，它们当然一定会因为自己可能对公共的平静状态和已采用的秩序的影响而令人担忧。不过，如果要问**奇迹**这个词应该理解为什么，则可以（由于我们重视的本来只是知道它们**对于我们来说**是什么，即对于我们的理性在实践上的运用来说是什么）这样来解释它们，即它们是尘世中的事件。关于这些事件的原因，我们绝对不知道并且必然始终不知道其**起作用的规律**。在这里，人们可以或者设想**有神论的**奇迹，或者设想**精灵的**奇迹，并把后者再划分为**天使的**（善的精灵的）奇迹或者**魔鬼的**（恶的精灵的）奇迹，不过，严格说来，其中只有魔鬼的奇迹被人们所打听，因为善的天使（我不知道为什么）很少或者根本不让人谈论自己。

至于**有神论**的奇迹，我们当然能够对它们的原因（作为一

（因为他明确地把那些在这一问题上**以自然主义的方式**思维的人们排除在外）由于主张在大约 17 个世纪之前有现实地存在于基督教社团之中的行奇迹者，现在却不愿再确认这样的人了，然而他们又不能从《圣经》出发，证明这些人在某个时候就完全不再行奇迹了，以及他们从何时开始完全停止行奇迹（因为说奇迹现在已经没有必要了的那种小聪明，是超出一个人应当可以自信的洞见而强求更大的洞见），而在他看来，他们是应该作出这一证明的。因此，现在不承认和不允许奇迹，这只是理性的准则，而不是对不存在奇迹的客观洞见。但是，这种一次性地留恋在公民事务中令人担忧的胡闹行为的同一个准则，难道对哲学工作和一般理性反思的普通事务中的一种类似的胡闹行为的担忧就无效了吗？——那些虽然不承认**大的**（引起轰动的）奇迹，但却以一种**特殊领导机构**的名义，毫不吝啬地允许**小的**奇迹（因为这后一种奇迹，作为纯然的引导，只需要运用很少的超自然力量的诱因）的人们没有考虑到，这里的关键不是事情的影响极其微小，而是事情的形式，即**那些奇迹是怎样发生的**，是以自然的方式还是以超自然的方式；而对于上帝来说，任何容易与困难的区别都是不可思议的。但是，就超自然影响的**奥秘**来说，对一件事实的重要性的这样一种故意的隐瞒与这种方式还要更不适合一些。

个全能的存在者等等，但又是道德的存在者）起作用的规律形成一个概念，但只是就我们不仅按照自然界的秩序，而且也按照道德的秩序，把他设想为世界的创造主和治理者而言，形成一个**一般的**概念。因为我们能够对它们的这些规律直接地并且独立地获得知识，然后理性可以把这些知识用于自己的用途。但是，如果我们假设，上帝有时以及在特殊情况下，也让自然界偏离自己的这些规律，那么，我们就毫无概念了，并且永远也不能期望对上帝安排这样一种事件时所依照的规律获得一种概念（除了**普遍的道德上的**概念，即他所做的一切都是善的；但由此对这种特殊的事件来说什么也没有规定）。在这里，理性显得好像软弱无力，因为它由此而在自己的按照已知法则的实际事务中被阻碍，却不能通过任何新的法则得到教诲，甚至永远不能希望在世 〔87〕
界上从中得到教诲。不过，在这些奇迹中，精灵的奇迹是最无法与我们的理性的运用相容的奇迹了。因为就**有神论的**奇迹来说，它们至少还有可能对理性的运用有一个消极的标记，即，如果某件事被设想为由上帝在其直接的显现中所命令的，但它却恰恰是与道德性相冲突的，那么，无论它具有怎样一个上帝的奇迹的所有外表，它也绝不可能是这样一种奇迹（例如，如果一个父亲被命令去杀死他的据他所知完全无辜的儿子）。但是，在一个被认为的精灵的奇迹中，就连这种标记也去掉了。与此相反，如果人们想为这样一些奇迹在理性的运用上把握相反的积极的标记，也就是说，如果由此而诱发我们去做一件我们自身已经视为义务的善的行动，因而，这个行动不会是出自一个恶的精灵的，那么在这样的情况下，人们的理解毕竟也可能是错误的。因为恶的精灵也会像人们所说的那样，经常伪装得好像是一个光明的天使。

因此，在实际事务中，人们不可能指望奇迹，或者在运用自己的理性时（理性的运用在人生的任何场合都是必要的）以某种方式把奇迹考虑在内。审判官（无论他在教堂中是如何相信奇迹）是这样听违法者说自己受到了魔鬼的诱惑的遁词的，就好像这人什么也没说似的。即使审判官认为这种情况是可能的，但也总是对下面这种情况有所考虑，即一个头脑简单的市井小人落入了一个老奸巨猾的恶棍的圈套；然而，他并不能传唤这个恶棍，让两个人当堂对质。一言以蔽之，他绝不能从中得出任何合理性的东西。因此，有理性的神职人员会很好地提防托付给他照料灵魂的人的脑子被出自**地狱的普洛透斯**的小故事装满，防止他们的想象力变得芜杂不堪。但是，至于那些善的奇迹，它们也只是被人们当做定式在实际事务中使用。例如医生说，如果不发生某种奇迹，病人就没救了，这也就是说，他死定了。——属于实际事务的还有自然研究者的工作，即就其自然规律来探索事件的原因；我指的是就他能够用经验证明的这些事件的自然规律而言，尽管他必须放弃对按照这些规律起作用的那个物自身的认识，以及对这些规律在关系到另一种
〔88〕可能的感官时，对于我们来说可能是什么的认识。同样，人在道德上的改善也是一个他有责任去从事的事务，并且哪怕是有天界的影响参与这种改善，或者被认为对解释这种改善的可能性是必需的。但是，他既不懂如何把天界的影响肯定无疑地与自然的影响区分开来，也不懂如何使这些影响，从而仿佛也使天界降临到自己身上来。因而，由于他知道没有任何东西是直接以这些影响为开端的，所以，他在这种场合不确认♀[1]任何奇迹，相反，当他服从理性的规定时，他行事的方式就好像所有的思想改变和改善都仅仅取决于他自己所运用的处理方法似的。但是，说一个人由于天生十分**执著地**在理论上相信奇迹，而自己也完全能够制造奇迹，并且能如此一跃而到天国，这就超出理性的界限太

① 这无非是说，他并不把对奇迹的信仰接纳入自己的准则（无论是理论理性的准则还是实践理性的准则），但也不否认它们的可能性和现实性。

远了，我们不必长时间纠缠于这样一个毫无意义的想法。①

① 那些用**魔术**技巧蒙骗轻信的人，或者至少想使他们一般地相信这些东西的人，其通常的借口就是，这些东西是以自然研究者承认自己对它们**无知**为根据的。自然研究者说，我们确实不认识重力、磁力等诸如此类的东西的**原因**。——但是，我们足够详尽地在一定的条件限制下认识这些东西的规律，只有在这些条件下，某些作用才会产生；而这无论是就对于这些力量的可靠的理性运用而言，还是就用于解释其显象来说都足够了，secundum quid［根据这一点］，**向下**可以达到对这些规律的运用，乃是为了在这些规律之下安排经验，尽管并不是 simpliciter［仅仅］为了这一点；而**向上**，乃是为了甚至窥视按照这些规律起作用的力量的原因。——凭这一点，甚至人的知性的内在显象也是可以理解的：为什么人会充满好奇心地去理解所谓的自然奇迹，即虽然悖谬、但却被充分认可了的现象，或者去理解事物出乎意料地出现的、偏离迄今为止所知道的自然法则的性质，并且为什么只要通过宣布一种真实的奇迹而反过来使奇迹得到**消除**，因而使这些现象和性质依然被视为自然的，就仍然能够**鼓舞**心灵。因为那些现象和性质开启了理性食粮的一种新收获的前景，也就是说，它们造成了发现新的自然规律的希望；而真实的奇迹则令人**担忧**，担心失去对已知的东西的信赖。但是，如果使理性失去了经验规律，那么，它在这样一个着了魔的世界上就再也不会有任何用处，甚至对于在这个世界上为了遵循自己的义务而在道德上的运用毫无益处；因为人们再也不知道，是否就连道德动机也会在我们毫无知觉的情况下，由于奇迹而发生变化，对于这些变化来说，没有人能够分辨，他是应该把这些变化归因于自己还是归因于另外一个不可探究的原因。——那些其判断力在这方面变得没有奇迹就不知所措的人，相信可以这样来缓和理性对此的不满，即假定奇迹的发生是很**罕见的**。如果他们借此是想说，这已经蕴涵在奇迹的概念之中了（因为，如果这样一种事件是经常发生的，它就不会被视为奇迹了），那么，人们也许可以把这种诡辩（把一个事物本身是什么的客观问题改变为我们用来指称事物的语词是什么的主观问题）回敬给他们，再问道：**如何罕见**？是百年一次，还是从前有过，但如今再也不会有了呢？在这里，对于我们来说没有任何东西是从对客体的认

识出发而能够规定的（因为根据我们自己的招认，这对我们来说是超越的），而是只能从运用我们的理性的必要准则出发来规定的：即要么承认它们是**每天**（尽管是隐藏在自然变故的外貌之下的）发生的，要么认为它们**从不**会发生；而在后一种场合里，既不能把它们作为我们的理性解释的基础，也不能把它们作为我们的行动规则的基础。由于前者与我们的理性是根本无法共处的，所以，就只剩下假定后一种准则了。因为这一基本原则始终只是判断的准则，而不是理论上的断定。没有人会使对自己的洞察力的自负发展得如此严重，以至要截然宣布，由于每一次新的生育都以机制的全部内在完善性，甚至（如在植物界）以全部通常如此迷人的美丽色调，在每一年春天毫不减弱地再现其原本，而不会让无机自然界的通常如此具有破坏性的力量在秋天和冬天的恶劣天气里，在这方面对它们的种子有什么损害，所以，植物界和动物界中物种的最令人惊赞的保存，可以说纯然是一个遵从自然法则的结果；并且还想**洞察**，为此是否并不每次都还需要创造主的直接影响。——但是，这些都是经验；因此，对于**我们**来说，它们只能被判定为自然结果，也绝不应该被判定为别的什么；因为这需要理性在其要求方面虚怀若谷。但是，超出这一界限，就是在要求方面胆大妄为、恣意苛求；即使人们大多数在断言奇迹时都假意显示出一种谦恭的、放弃自我的思维方式。

第三篇

善的原则对恶的原则的胜利与上帝的国在地上的建立

〔93〕 每一个有良好道德意念的人在此生中，必须在善的原则的率领下，与恶的原则的侵袭所进行的斗争，无论他如何努力，都不可能给他带来比从恶的原则的**统治**下解放出来更大的好处。他成为**自由的**，“既从罪里得了释放，就作了义的奴仆”，这是他所能够争取到的最大的收获。尽管如此，他受到恶的原则的攻击却仍然一点也没有减少。要维护他那不断受到侵袭的自由，他就仍然必须始终做好斗争的准备。

然而，人依然是由于他自己的罪而处于这种充满危险的状态之中。因此，他**有义务**尽其所能，至少运用自己的力量，使自己摆脱这种状态。但怎样摆脱呢？问题就在这里。——如果他寻找为他召来这种危险、并使他处于这种危险之中的原因和条件，那么，他很容易就会相信，这些原因和条件并不是在他离群索居的情况下来自他自己的粗野本性，而是来自他与之处于关系或者联系之中的人们。无须通过粗野本性的诱惑，那本来就应该如此称谓的**激情**在他心中就活跃起来了，这些激情在他的原初善的禀赋中造成了如此大的破坏。他的需求仅仅是很小的，他在为这些需求而操心时的心态，是有节制的和平静的。只有当他担心其他人可能会认为他可怜，并且在这方面蔑视他时，他才很可怜（或者他自认为可
〔94〕怜）。**当他处在人们中间时**，妒忌、统治欲、占有欲以及与此相联系的怀有敌意的偏好，马上冲击着他那本来易于知足的本性。甚至连假定这些人已经堕入恶、假定他们为教唆的榜样也没有必要。他们在这里，他们包围着他，他们都是人，这就足以相互之间彼此败坏道德禀赋，并且彼此使对方变恶了。如果找不到任何手段来建立一种目的完全是在人心中真正防止这种恶并促进善的联合体，即建立一个持久存在的、日益扩展的、纯粹为了维护道德性的、以联合起来的力量抵制恶的社会，那么，无论单个的人想要如何致力于摆脱

恶的统治，恶都要不停地把他滞留在返回到这种统治之下的危险之中。因此，善的原则的统治，假如人们能够致力于这种统治的话，那么，就我们所能洞察的而言，只能通过建立和扩展一个遵照道德法则、并以道德法则为目的的社会来达到。这样一个社会，对于在其范围内包含这些法则的整个人类来说，就通过理性而成为他们的任务和义务。因为只有这样，才能期望善的原则对恶的原则的胜利。在道德上立法的理性，除了它为每个个人规定的法则之外，还树起了一面德性的旗帜，作为所有热爱善的人的集合地，以便他们都聚集在这面旗帜之下，并且这样才对不间断地侵袭他们的恶获得优势。

我们可以根据这一理念的规定，把人们仅仅遵循德性法则的联合体称做一个**伦理的**社会；如果这些法则是公共的，则称做一个**伦理的—公民的**社会（与**律法的—公民的**社会相对立）或者一个**伦理的共同体**。伦理的共同体可以处于一个政治的共同体中间，甚至由政治共同体的全体成员来构成（正如没有政治的共同体作为基础，伦理的共同体就根本不能为人们所实现一样）。但是，伦理的共同体具有特殊的、自身特有的联合原则（德性），因而也具有与政治的共同体在本质上不同的形式和制度。尽管如此，作为两个一般共同体来看，在两者之间还存在着某种类似。就这种类似而言，也可以把伦理的共同体称做一个**伦理的国家**，即德性的（善的原则的）**国**。这种国度的理念在人的理性中有其根据充足的客观实在性（作为要联合成为这样一个国家的义务），尽管在主观上从来不能对人们的善良意志寄予这样的希望，以为人们将会决心全体一致地致力于这一目的。〔95〕

第一章
关于善的原则在尘世建立上帝的国时取得胜利的哲学观念

一、论伦理的自然状态

一种**律法的—公民的**（政治的）**状态**，就是人们相互之间的这样一种关系，即人们共同地服从**公共的律法法则**（这些法则总的来说是强制性的法则）。而一种**伦理的—公民的**状态是这样一种状态，即人们是在无强制的、即纯粹的**德性法则**之下联合起来的。

就像律法的（但因此并不总是合法的）、即就法律而言的自然状态与律法的—公民的状态对立一样，**伦理的自然状态**也与伦理的—公民的状态相区别。在这两种自然状态中，每一个人都给他自己立法，而且这不是一种外在的、他认识到自己与所有其他人都遵循着的法则。在这两种自然状态中，每一个人都是他自己的法官，不存在任何一种**公共的**、具有权力的权威，来按照法则以具有法律效力的方式，规定每一个人在各种可能出现的场合里的义务，并使义务得到普遍履行。

在一个已经存在的政治共同体中，所有的政治公民作为这样的公民，却处在**伦理的自然状态**之中，并且有权利继续停留在这种状态之中。要政治共同体迫使它的公民进入一种伦理的共同体，这是一种自相矛盾（in abjecto［就属性而言］）；因为一个伦理的共同体在自己的概念中本来就包含着无强制性。当然，每一个政治共同体都可能期望，在自身中也找到一种按照德性法则对心灵的统治。因为，由于人类的法官不能透视别人的内心，当政治共同体的强制手段不足时，德性意念就可能会实现所要求的东西。但是，想通过强制来实现一种以伦理目的为准的制度的立法者真是糟透了！因为他由此不仅会恰恰造成伦理制度的反面，而且还会损害和动摇他的政治制度。因此，政治共同体的公民，就政治共同体的立法权限而言，依然是完全自由的，无论他愿意与其他公民一起也进入一种伦理的联合，还是宁可继续停留在这样一种自然状态之中。只是如果一个伦理的共同体必须以**公共的**法律为基础，并且包含一个建立在这上面的制度，那么，那些自愿地结合起来进入这种状态的人，就不会让政治权力来命令自己应该在内心中确立或者不确立这样的制度。但他们却必然会愿意容忍一些限制，也就是说以此为条件，即这种制度中不能包含任何与它的作为**国家公民**的成员的义务相冲突的东西；即使前一种结合是真正的结合，后者反正也没有什么可担忧的。 〔96〕

此外，由于德性义务涉及人的整个族类，所以，一个伦理共同体的概念，总是关系到一个所有人的整体的理想，而且在这里，这个理想与一个政治的共同体的理想是有区别的。因此，一群出自这种意图而联合起来的人，还不是伦理的共同体本身，而只能叫做一个特别的社会，它奋力迈向与所有人（甚至所有有限的理性存在者）的一致，以期建立一个绝对的伦理整体；而每一个局部的社会，都只是它的一个表现或者一个图型，因为每一个局部的社会自身都又可以被想象为处在与其他这一类的社会的关系中，即处在伦理的自然状态中，连同这种状态的全部不完善性（正像各种各样的政治国家，当它们没有通过一种公共的国际法结合起来时，也是这种情况）。

二、人应该走出伦理的自然状态，以便成为伦理共同体的一个成员

就像律法的自然状态是一种每个人对每个人的战争状态一

〔97〕样，伦理的自然状态也是一种存在于每个人心中的善的原则不断地受到恶的侵袭的状态。恶在每一个人身上，同时在其他每一个人身上都存在着，人们（如上所说）相互之间彼此败坏了道德禀赋。即使每一个个别人的意志都是善的，但由于缺乏一种把他们联合起来的原则，他们就好像是恶的工具似的，由于他们不一致而远离善的共同目的，彼此为对方造成重新落入恶的统治手中的危险。此外，就像一种无法无天的外在的（野蛮的）自由和独立于强制性法律之外的状态是不义的、每一个人对每一个人的战争的状态，人应该走出这种状态，以便进入一种政治的—公民的状态①一样，伦理的自然状态也是对德性法则的一种**公共的**、相互的损害，是一种内在的无道德的状态；自然的人应该勉励自己尽可能快地走出这种状态。

在此，我们有了一种具有其独特方式的义务，不是人们

① **霍布斯**的命题：status hominum naturalis est bellum omnium in omnes［人们的自然状态是一切人对一切人的战争］，除了应该说成是 est status belli etc.［是……战争状态……］之外，没有任何别的错误。因为尽管人们不承认，在不为外在的和公共的法律所约束的人们之间，任何时候占统治地位的，都是现实的**敌对**，然而，人们的**状态**（status juridicus［律法上的状态］），即人们在它里面并通过它能够拥有权利（获得权利和维护权利）的那种关系，是这样一种状态，在它里面，每一个人自己都想是他相对于别人而拥有权利的那种东西的法官。但即使对于这种东西，他也没有相对于别人的安全感，也不给予别人安全感，而是每次都只有他自己的暴力。这是一种战争状态，在它里面，每一个人都必须对每一个人一刻也不停地作好战备。霍布斯的第二个命题：exeundum esse e statu natulari［必须走出自然状态］，是从前一个命题得出的结论。这是因为，这种状态是对所有其他人的权利的不断损害，因为他妄想在自己的事情上当法官，而在别人的事情上又不给他们安全感，而只让他们听任他自己的任性。

对人们的义务，而是人的族类对自己的义务。因为有理性的存在者的每个物种在客观上，在理性的理念中，都注定要趋向一个共同的目的，即促进作为共同的善的一种至善。但是，由于道德上的至善并不能仅仅通过单个的人追求他自己在道德上的完善来实现，而是要求单个的人，为了这同一个目的联合成为一个整体，成为一个具有善良意念的人们的体系。只有在这个 〔98〕 体系中，并且凭借这个体系的统一，道德上的至善才能实现；但是，关于这样一个整体、即一个遵循德性法则的普遍共和国的理念，是一个与所有的道德法则（这些道德法则涉及的是我们知道自己能够支配的东西）完全不同的理念；就是说，要致力于这样一个整体，关于这个整体，我们无法知道它作为这样的整体是否能够为我们所支配，所以，这种义务无论是在品类上，还是在原则上，都与其他一切义务不同。我们已经可以预先猜测到，这种义务将需要以另一个理念为前提条件，即一个更高的道德存在者的理念。凭借这种存在者的普遍的活动，单个的人的自身不足的力量才联合起来，共同发挥作用。只是我们必须首先追溯那种一般道德需求的线索，并且看一看这根线索要把我们引向何方。

三、一个伦理共同体的概念是关于遵循伦理法则的上帝子民的概念

如果一个伦理共同体要得以实现，那么，所有单个的人都必须服从一个公共的立法，而所有把这些人联结起来的法则，都必须能够被看做一个共同的立法者的诫命。倘若这个要建立的共同体是一个**律法的**共同体，那么，就必须是联合成为一个整体的人群，自己来当（制度的）立法者，因为立法是从下面这个原则出发的：**把每一个人的自由限制在这样一个条件下，**

遵照这个条件，每一个人的自由都能同其他每一个人的自由按照一个普遍的法则共存。[①] 因而在这里，是普遍的意志建立了合法的外在强制。但是，倘若这个共同体是一个**伦理的**共同体，那么，人民自身就不能被看做是立法的。因为在一个这样的共同体中，所有的法则本来都完全是旨在促进行动的**道德性**（这种道德性是某种**内在的东西**，因而不能从属于人类的公共法则），因为恰恰相反，人类的公共法则——这构成了一个律
〔99〕
法的共同体——仅仅旨在于那些引起注意的行动的**合法性**，而不是这里惟一谈论的（内在的）道德性。因此，对于一个伦理的共同体来说，能够被称得上是公共立法者的，必定是不同于人民的另一个人物。尽管如此，伦理法则也不能被设想为**原初**纯然从这个上峰的意志出发的（设想为若不是他事先发布命令就会没有约束力的法规），因为那样一来，它们就将不是伦理法则，与它们相符合的义务也将不是自由的德性，而会是强制性的律法义务了。因此，只有这样一个人物，才能被设想为一个伦理共同体的最高立法者，对他来说，所有**真正的义务**，因而也包括伦理的义务[②]，必须**同时**被设想为他的诫命；因此，

① 这是所有外在律法的原则。

② 一旦某种东西被认做义务，即使它是由一个属人的立法者的纯然任性赋予的义务，顺从它也同时就是上帝的诫命。虽然不能把规章性的公民法则称做上帝的诫命，但是，如果它们是合法的，那么，**遵守**这些法则也同时就是上帝的诫命。“顺从上帝，不顺从人，是应当的”，这个命题仅仅意味着，如果人们要求某种自身恶（直接违背道德法则）的东西，那么，就不可以也不应该顺从他们。但是反过来说，如果对于一个政治公民的、自身并非不道德的法则，用一个被视为诫命的上帝的规章性法则去和它对立，那么，就有理由把后者看做强加于人的，因为它同一种明确的义务相抵触。但是，即使它确实是上帝的诫命，也绝对不能凭借经验的特征充分使人相信，以便允许根据它去践踏一种平时已存在的义务。

他也必须是一位知人心者，以便也能够透视每一个人意念中最内在的东西；并且就像在任何共同体中必须的那样，使每一个人得到他的行为所配享的东西。然而，这正是关于作为一个道德上的世界统治者的上帝的概念。因此，一个伦理共同体只有作为一个遵循上帝的诫命的民族，即作为一种**上帝的子民**，并且是遵循**德性法则**的，才是可以思议的。

当然，人们也可以设想一种**遵循规章性法则的**上帝子民。也就是说，遵循这样的法则，在遵守它们时，问题不在于行动的道德性，而是仅仅在于其合法性。这样的共同体将是一个律法的共同体，虽然上帝是他的立法者（因而也是神权政治的**制度**），但人作为直接从上帝那里接受他的命令的祭司，却领导着 〔100〕
一种贵族政治的**政府**。不过，这样一种其存在和形式都完全建立在历史基础之上的制度，并不是构成在道德上立法的纯粹理性的、我们在这里惟一要着手完成的任务的那种制度；它将在历史部分中作为遵循政治的公民法则的那种机构来予以考虑。这些法则的立法者虽然是上帝，但却是外在的。而在这里，我们所考虑的仅仅是这样一种制度，其立法纯粹是内在的，它是一个服从于德性法则的共和国，即上帝的一种“热心为善”的子民。

与这样一种上帝的子民相对立，人们可以提出恶的原则的一群**乌合之众**的理念，它是站在恶的一边、以传播恶为目的的人们的联合；这样做的旨趣在于使前一种联合无法实现。即使在这里，那种侵袭德性意念的原则也同样存在于我们自己的心中，而只是形象化地被想象为外在的权力而已。

四、一种上帝子民的理念只能（由人主持而）以一个教会的形式来实行

一个伦理共同体的崇高的、永不能完全实现的理念，在人

们的手中大大地贬低了。也就是说贬低成为这样一个机构，它充其量也只能仅仅纯粹地表现这个伦理共同体的形式，至于实现这一整体的手段，就非常局限在人的感性本性的条件之下了。但我们怎能指望用如此弯曲的木头制作出某种笔直的东西呢？

因此，造就一种道德的上帝子民，是一件不能期待由人来完成、而只能指望由上帝来完成的工作。但是，也不能因此就允许人对这件工作无所作为，听天由命，就好像每一个人都可以只致力于他在道德上的私人事务，却把人类（就其道德上的规定性而言）的事务的整体却托付给一个更高的智慧似的。毋宁说，他〔101〕必须这样行事，就好像所有的一切都取决于他；只有在这个条件下他才可以期望，更高的智慧将使他的善意的努力得到实现。

因此，所有具有善良信念的人的愿望都是："上帝的国降临，他的意志行在地上"；但是，他们此时应该做些什么，才能使自己的这个愿望得以实现呢？

一种遵循上帝的道德立法的伦理共同体是一个**教会**。假如它不是可能的经验的对象，它就叫做**不可见的教会**（即一个关于所有正直的人们在上帝的直接的、但却是道德上的世界统治之下的联合体的纯粹理念，这种世界统治是每一种由人所建立的世界统治的原型）。**可见的**教会是人们现实地联合为一个整体，它与上述理想是一致的。倘若每一个遵循公共的法则的社会，都包含着成员们的隶属关系（就服从这个社会的法则的人与注意维持这些法则的遵循的人之间的关系而言），那么，联合成为那个整体（教会）的人群就是在其上级领导下的**会众**。上级（被称做导师，或者也被称做灵魂的牧人）仅仅管理他们的不可见的最高首脑的事务，并且就这种关系而言，全都是教会的**仆人**。就像在政治共同体中，可见的最高首脑虽然眼中没有一个高于自己的人（通常就连人民的整体本身也不行），但有时也称自己为国家的最高仆人一样。真正的（可见的）教会，是就人们所能实现的而言，在地上体现着上帝的（道德的）国的教会。对真正的教会的要求，从而也是它的标志有以下几点：

1. 教会的**普遍性**，从而也是它的量上的**单一性**。为此，它必须在自身中包含着这样的素质，即：尽管它在偶然的意见上是有分歧的、不一致的，但就本质性的目的而言，它是建立在为了普遍的一致必然把它引向一个惟一的教会（因而也就没有教派的分裂）的那些基本原理之上的。

2. 教会的**性质**（质）；即**纯粹性**。除**道德的**动机之外，不服从任何其他动机的联合（清除了迷信的愚蠢和狂热的疯癫）。〔102〕

3. **自由**原则之下的**关系**。无论是其成员们的内部关系，还是教会与政权的外部关系，二者都在一个**自由国家**之中（因而既不是**等级制**，也不是**顿悟派**，即一种凭借特殊的**灵感**的**民主制**，这种灵感根据每一个人的才智，可能与其他人的灵感截然不同）。

4. 教会的**模态**。即就其**宪章**而言的**不变性**。但按照时间和情况起变化的、仅仅涉及教会的**行政管理**的偶然的规章不在此列。为此，它必须也在自身中（在其目的的理念中）先天地包含着可靠的基本原理（因此，是服从原初的、好像是一度由一部法典公开地规定下来的法则，而不是服从任意的象征。后者由于缺乏可靠性而是偶然的、难以避免矛盾的和可变的）。

因此，一个伦理的共同体，作为教会，即作为一个上帝的国的纯然**代表**来看，本来是没有在其基本原理上与政治制度相似的制度。制度在它里面既不是**君主制的**（服从一个教皇或者宗主教），也不是**贵族制的**（服从各位主教和高级教士），也不是**民主制的**（成为宗派主义的顿悟派）。充其量，它可以被比作服从一位共同的、虽然是不可见的、道德上的父亲的家庭合作社（家族）的制度，这个父亲的那个圣子知道他的意志，同时又与这个家庭的所有成员都有血缘关系，在这个家庭中代表着父亲的地位，他向这些成员们更详尽地宣讲父亲的意志，因而这些成员们崇拜这位圣子就是崇拜父亲，并且彼此之间达到一种自愿的、普遍的和持久的心灵联合。

五、每一个教会的宪章都是从一种历史性的（启示）信仰出发的，这种信仰可以称之为教会信仰，它最好是建立在一部《圣经》的基础之上

虽然惟有**纯粹的宗教信仰**才是可以建立一个普遍教会的宗
〔103〕教信仰，因为它是一种可以告知每一个人使他确信的纯然的理性信仰；而一种仅仅建立在事实之上的历史性的信仰，却只能把它的影响扩展到信息与按照时间条件和地点条件判断它们的可信性的能力相联系所能达到的地方。只不过对于那种纯粹的信仰，决不能寄予这样多的指望，以为它能够做到仅仅以自己为基础来建立一个教会。这一点，应该为之负责的是人性的一种特殊的弱点。

意识到自己在认识超感性事物方面无能的人们，虽然使那种信仰（作为这样一种信仰，对于他们来说必然普遍地是令人信服的）受到完全的敬重，但并不容易相信：始终不渝地热心追求一种道德上善的生活方式，就是为了让人们成为在上帝的国中上帝所喜悦的臣民，上帝所要求于人们的一切。他们只能把自己的义务设想为自己应该向上帝提供的某种**事奉**；在这里，关键不在于行动的内在的道德价值，而毋宁说在于，之所以事奉上帝，乃是为了无论他们自身在道德上怎样千差万别，至少可以凭借被动的顺从来使上帝喜悦。他们不愿去想，他们如果履行自己对人（对自己和对他人）的义务，恰恰由此也就执行了上帝的诫命，从而也就在自己的所有的所作所为中——只要它们与道德有关——**自始至终都处于对上帝的事奉中**，并

且绝对不可能以其他方式更近身地事奉上帝了（因为他们以其他方式只能对世俗事物，而不能对上帝发生作用和影响）。由于世界的每一个伟大的主人，都有一个特殊的需要，即为自己的臣民们所**崇敬**和通过臣服关系来**颂扬**，没有这些东西他就不能期望他的臣民们对他的命令给予他为了能够统治他们所必需的那么多的服从。此外，一个人无论多么有理性，也总是在表示崇敬时感到一种直接的满足。所以，就义务同时是上帝的诫命而言，人们就把义务当做对上帝的、而不是对人的**事务**的推进；由此产生的就是一种**事奉神灵**的宗教的概念，而不是一种纯粹道德的宗教的概念。

由于所有的宗教都在于，我们把上帝看做对我们所有的义务而言都应该普遍受到崇敬的立法者，所以，在规定宗教时，在我们与之相符合的态度方面，取决于我们知道：**上帝愿意如何**被崇敬（和被服从）。——但是，上帝的一种立法意志，或者是通过自身**仅仅是规章性的**法则，或者是通过**纯粹道德上的**法则颁布命令的。就后者而言，每一个人都能够从自身出发，凭借他自己的理性来认识作为他的宗教的基础的上帝意志；因为神明的概念本来就只是出自对这些法则的意识和理性要假定一种力量的需求，这种力量能够为这些法则带来在一个世界上可能的、又与道德上的终极目的一致的全部效果。一种仅仅按照纯粹道德的法则来规定的上帝的意志的概念，使我们如同只能设想**一个**神一样，也只能设想一种宗教，这种宗教就是纯粹道德的。但是，如果我们假定上帝的规章性法则，并且把宗教设定为我们对这些法则的遵循，那么，对这种宗教的认识就不是凭借我们自己的纯然理性，而是只有凭借启示才是可能的。而无论启示为了通过传统或者《圣经》在人们中间传播，对于每一个单个的人来说，是秘密地还是公开地给予的，它都将是一种**历史性的信仰**，而不是**纯粹理性的信仰**。——但是，即使

〔104〕

接受了上帝的规章性法则（它们并不能从自身出发就被认做是有约束力的，而是只有作为上帝的启示了的意志，才能被认作是有约束力的），使上帝的意志最初被写进我们心中的纯粹**道德的立法**，也不仅仅一般地是所有真宗教的不可避免的条件；而且，它还是真正构成真宗教自身的东西，而为此，规章性立法所包含的职能是促进和扩展纯粹道德立法的手段。

因此，如果“上帝愿意如何被崇敬”这个问题，对于每一个**纯然作为人来看的**人来说，应该得到普遍有效的回答，那么毫无疑问的是，对于他的意志的立法不应该仅仅是**道德的**；因为规章性的立法（它以一种启示为前提条件）只能被看做是偶然的。并且作为这样一种并没有也不能涉及每一个人的立法，它也不能被看做对人一般地具有约束力的。因此，“并不是那说‘主啊主啊’的人，而是遵行上帝的意志的人”，因而也就是那并非通过赞颂上帝，即凭借不是每一个人都能拥有的启示出来的概念来赞颂上帝（或者赞颂他那具有神性血统的使者），而是通过善的生活方式——在这方面，每一个人都知道上帝的
〔105〕意志——来试图让上帝喜悦的人，才将是对上帝作出上帝所要求的真崇敬的人。

但是，如果我们自认为有义务不仅是作为人，而且是作为一个尘世的神性国家中的**公民**来行事，并且致力于这样一种以教会名义的联合体的存在，那么，“上帝愿意如何在**教会**（即上帝的所有信徒）中被崇敬”这个问题，似乎就不是通过纯然的理性就能够回答的，而是需要一种规章性的、仅仅通过启示为我们所得知的立法，从而也需要一种历史性的信仰。与纯粹的宗教信仰相反，我们称这种历史性的信仰为教会信仰。因为对于纯粹的宗教信仰来说，问题仅仅在于那构成对上帝的崇敬的质料的东西，即在道德意念中所发生的对作为上帝的诫命的所有义务的遵循；而一个教会，作为许多人在这样的意念

下成为一个道德共同体的联合，却需要一种**公共的**义务承诺，即某种以经验条件为基础的教会形式。这种形式自身是偶然的、多种多样的，因而没有上帝的规章性法则也就不能被认作义务。但是，规定这种形式，却并不马上就被看做属神的立法者的工作。毋宁说，我们有理由设想，那上帝的意志就是：我们应该实现的是这样一种共同体的理性理念本身。尽管人们在对一个教会的某些形式进行尝试时，带有不幸的结果，但是，人们却不应该停止，在必要时还应该通过新尝试来尽可能地避免旧尝试的错误，来继续追求这一目的；因为这件工作同时也是人们的义务，它完全被托付给人们自己了。因此，我们没有理由在某一个教会的建立和形式上，把法则径直看做属神的、**规章性的**，以免除在今后就这些法则的形式作出改善的努力。这是胆大妄为的，甚至是对更高威望的觊觎，以便用教会章程伪装成神圣的权威给群众套上枷锁。但在这方面，如果一个教会就我们所知，与道德的宗教极其一致；此外，如果又无法清楚地认识，在大众对宗教的理解没有相应准备的进步的情况 〔106〕
下，教会是怎样可能一下子出现的，那么，完全否认一个教会像那样组织起来的方式也许有可能是上帝的一种特殊安排，这同样也会是一种自负。就“应该由上帝还是应该由人自己创立一个教会”这个问题的可疑性而言，后者的倾向在一种**事奉上帝的宗教**（崇拜）上表现出来，并且由于这种宗教是以任意的规定为基础的，从而在对上帝的规章性法则的信仰上表现出来。这种信仰的前提条件是：在（无论人按照纯粹道德的宗教的规定能够选择何种）最善的生活方式之上，毕竟还必须加上一种理性所不能认识，而需要启示的上帝的立法；凭这一点，这种生活方式才直接地被视为对最高存在者的崇敬（不是借助于理性已为我们规定的对他的诫命的遵循）。这样一来，就出现了一种情况，即人们将永不会把联合成为一个教会，在应该赋予教会的形式上保持一致，以及为促进宗教中的道德因素而举办**公共**活动看做本身就是必要的。如他们所说的，这只是为了通过隆重的庆典、认信启示出来的法则，以及通过遵循属于教会形式（这形式自身却仅仅是手段）的规定，来事奉他们的上帝。尽管所有这些惯例从根本上来说，都是些在道德上无所谓的行动，但正是由于这些行动仅仅据说是为了上帝而作出的，就被认为是使他更加喜悦的。因此，教会信仰在把人们改造成为一个伦理的共同体方面，以自然的方式♀[1]走在了纯粹宗教信仰的前面，而且寺院（奉献于公共事奉神灵的建筑）也早于**教会**（用于在道德意念方面进行教导和激励的聚会场所），**祭司**（献身于虔诚习俗的管理者）也早于**神职人员**（纯粹道德的宗教的教师），而且这些祭司多半至今还具有大众所承认的地位和重要性。

因此，一旦下面这种情况是不可改变的，即不是把一种规章性的**教会信仰**附加给纯粹的宗教信仰，作为人们为了促进纯粹的宗教信仰而共同联合的载体和手段，那么，我们就必须也承认，对教会信仰的不变的维持、对在它里面所接受的启示
〔107〕的普遍的和千篇一律的传播乃至敬重，很难凭借**传统**，而是只有凭借《**圣经**》，才能得到足够的关照，而《圣经》自身作为对于同时代人和后代来说的启示，又必然是敬重的一个对象。因为要想使人们确信自己的事奉神灵的义务，就要求人们有此需要。一部《圣经》即使在没有读过它、至少未能从中得出有内在联系的宗教概念的人那里（而且恰恰在这些人那里最是如此）也赢得了极大的敬重，而所有的小聪明都挡不住那取消一切异议的绝对裁决：**此处这样写着**。因此，就连书中那些想阐

[① 以道德的方式这应该反过来进行。]

述一个信仰观点的地方，也干脆叫做**箴言**。这样一部经书的某些特定的注释者，也正因为他们这项工作，而本身仿佛也成了圣人。历史也证明，没有一种建立在经书之上的信仰能够被根除，哪怕是通过最具毁灭性的国家革命。然而，那种建立在传统和古老的公共惯例之上的信仰，在国家的毁灭中，也同时被毁灭了。如果这样一部到达人们手上的书，除了它那作为信仰法则的规章之外，同时又完善地包含着最纯粹的道德上的宗教学说，如果这种学说能够与那些规章（作为它的入门的工具）达到极大的和谐，那该多幸运①啊！在这种情况下，这本书一方面由于借此所要达到的目的，另一方面也由于很难根据的自然法则，解释人类靠它所产生过的这样一种觉醒的起源，因而能够保持如同一种启示的威望。

※　　　※　　　※

这里还要补充几句与启示的信仰这一概念相关的话。

只有**一种**（真正的）**宗教**；但却可能有多种多样的**信仰**。——还可以补充说，在由于其信仰方式不同而彼此分离的 〔108〕
各种各样的教会中，却只能找出同一种真正的宗教。

因此，说这个人属于这种或者那种（犹太教的、穆罕默德教的、基督教的、天主教的、路德教的）**信仰**，要比说他属于这种或者那种宗教更为恰当（就像在现实中也运用得更多一样）。平心而论，后一种表述就连在对大众的演说中（在教义问答和布道中）本来也不应该使用。因为它对于大众来说过于学术化和不可理解了，而实际上，近代语言也没有为它提供一

① 幸运是一个表述所有我们既不能预见、也不能凭借我们的追求按照经验规律造成和值得希望的东西的词。因此，如果我们想为它举出一个理由来，那么，除了一种善意的天命之外，我们举不出任何别的理由。

个意义相同的词。一般人在任何时候都把它理解为自己所明白的教会信仰，而并未把它理解为在里面隐藏着的宗教，它取决于道德意念。就大多数人而言，说他们认信这个或者那个宗教，实在是太抬举他们了，因为他们根本不知道也不要求任何宗教。规章性的教会信仰就是他们对这个词所理解的一切。即便是如此频繁地震撼世界、使世界染上血腥的所谓的宗教争端，历来也无非是围绕教会信仰的争吵进行的。受压制者也根本没有抱怨人们阻止他信仰自己的宗教（因为这是任何外在的暴力都做不到的），而是抱怨人们不允许他公开地遵循自己的教会信仰。

如果一个教会像通常发生的那样，冒充自己是惟一的、普遍的教会（尽管它是建立在一种特殊的启示信仰之上的，这种启示信仰作为历史性的东西，再也不能为每一个人所要求），那么，它就会把根本不承认其（特殊的）教会信仰的那种人称做**不信者**，并对他满腹仇恨；把只是部分地（在非本质性问题上）偏离其（特殊的）教会信仰的那种人称做**异端**，并且至少也把他当做传染病人来避开。即使此人最后认信了这个教会，但如果他毕竟在这个教会的信仰的本质性问题（即人们使之成为信仰的东西）上偏离了它，尤其是如果他传播自己的异端思想的话，他就叫做**异教徒**①。就像一个叛乱者那样，被认为比
〔109〕一个外部的敌人更应该受到惩罚，并且被教会通过一种**绝罚**开

① 蒙古人称西藏（据乔治的《藏语词典》，11页）为Tangut-Chadzer，即住房子的人的土地，以便把这些人与自己这种生活在荒漠上的和帐篷底下的游牧民区别开来，由此产生出Chadzaren这个名称，并从这个名称产生出Ketzer［异教徒］这个名称，因为蒙古人忠诚于西藏的那个与摩尼教相一致、也许还是由此起源的信仰（喇嘛教），并在他们入侵时把它传到了欧洲。因此，在很长一段时间里，Haeretici［异教徒］和Manichaei［摩尼教徒］这两个名称是在同等意义上流行的。

除出去（如同罗马人关于那个违背元老院的意志越过卢比孔河的人所宣布的那样），弃之于魔鬼。一个教会的导师与首领们在教会信仰的要点上自称独一无二的正确信仰叫做**正教**。它又可以分为**专制的**（横蛮的）正教和**自由的**正教。如果一个教会把自己的教会信仰冒充为有普遍约束力的，它被称做一个**普世的**教会，而那个对其他教会的这种要求提出抗议（尽管它自己在力所能及的时候也经常乐意行使这种要求）的教会被称做一个**抗议宗的**教会，那么，一个留心的观察者就会遇到许多抗议性的普世教徒的可嘉实例，反过来也会遇到更多极端普世性的抗议宗教徒的可耻实例。前一种人们具有一种**自我扩展**的思维方式（尽管他们的教会的思维方式并非如此），与此形成鲜明对比的是，后一种人具有非常**狭隘的**思维方式，但绝不是具有优越性。

六、教会信仰以纯粹的宗教信仰为最高的诠释者

我们已经指出，虽然一个教会，如果它是建立在一种启示信仰之上，而这种启示信仰作为历史性的（尽管是借助于《圣经》得到广泛传播的、保证能传到最遥远的后代的）信仰，却不能得到普遍有说服力的传达，那它就缺乏其真理性中最重要的特征，即对普遍性的一种合法要求的特征。尽管如此，由于一切人的自然需要，即对于最高的理性概念和根据总是要求**某种能够以感性方式把握的东西**，即任何一种经验证明以及诸如此类的东西（当目的是普遍地引入一种信仰的时候，人们确实也必须也考虑到这一点），因而还必须利用某种历史性的教会信仰，这种教会信仰人们通常也已经亲眼看到了。

但是，为了把一种道德上的信仰的基础与看起来是由一种偶然性故意使之落入到我们手中的这样一种经验性信仰（无论 〔110〕

它是作为目的，还是仅仅作为辅助手段）统一起来，就要求对我们已经得到的启示作出一种诠释，即把它彻底地解释为一种与纯粹的理性宗教的普遍的、实践的规则一致的意义。因为如果教会信仰的理论因素不是致力于履行所有作为上帝的诫命的人类义务（这构成了一切宗教的本质）的话，我们也就不会在道德上对它感兴趣。这种诠释可能在我们看来甚至就文本（启示的文本）而言也常常显得是牵强的，并且实际上也常常是这样的，然而，只要文本有可能接受这种诠释，这种诠释就必然比一种逐字逐句的诠释更受欢迎。或者要么自身根本不包含任何有益于道德性的东西，要么干脆就是与道德性的动机背道而驰的。♀①——我们还将发现，这与部分地被写进各种圣书的

① 举例来说，在《诗篇》第 59 篇第 11—16 节中，就可以发现对过分得令人吃惊的**复仇**的**祈祷**。米夏埃利斯（《论道德》，第 2 部分，202 页）赞同这种祈祷，并且补充说："《诗篇》是富有灵感的。既然在《诗篇》中为一种惩罚而祈祷，那么，它就不可能是不公正的；而我们**除了圣经之外，也不应该有任何更圣洁的道德**"。在此，我抓住后一句话提问，是必须按照《圣经》来解释道德，还是必须按照道德来解释《圣经》？——我且不考虑《新约》中那段话："有吩咐古人的话说……只是我告诉你们，要爱你们的仇敌，为那逼迫你们的祷告"，不论这段话多么富有灵感，与《诗篇》多么能够一致，我都将试图或者使它们符合我的那些独立存在的道德基本原理（这里所说的不是肉体的仇敌，而是肉体的仇敌所象征的、对我们来说更为有害的、不可见的仇敌，即我们必须期望彻底踩在脚下的恶的偏好）；或者如果我不想涉及这一点，那么，我将宁可假设，这段话根本不能在道德的意义上来理解，而是必须在犹太人把上帝看做自己的政治君主的那种关系中来理解，就像《圣经》的另一段话一样。那段话说："主说，伸冤在我，我必报应"。通常，人们把这段话解释为对自行复仇的道德上的警告，尽管它很可能仅仅暗示着在任何国家都通用的那个法则，即由于受到伤害而在最高首领的法庭上寻求补偿。在那里，当法官允许原告提出像他自己所希望的那样严厉的惩罚时，他的复仇欲根本不可以被视为得到认可的。

古代的和近代的所有信仰方式在任何时候都如此合拍，有理性、有头脑的民众教师如此之久地解释这些书，直到使它们在 〔111〕
其本质性内容上真正与普遍的道德的信条一致。**希腊人**中的以及后来**罗马人**中的道德哲学家，正是如此地道地对待他们那神话性的多神学说的。不过，他们最终懂得了把极粗糙的多神论解释为惟一神性存在者的属性的纯然象征性的观念，并且给各种各样的放荡行为、或者还有诗人们那些粗野的、但却是美丽的梦幻加上一种神秘的意义。这种意义使民众信仰（根除这种民众信仰甚至是不可取的，因为由此也许会产生出一种对国家来说更为危险的无神论）接近了一种所有人都能够理解的、惟一有益的道德学说。晚期的**犹太教**，甚至还有基督教，都是由这样的、部分地来说很牵强的解释构成的，但二者都是为了无可置疑地善的、对于所有人来说都必要的目的。**穆罕默德教教徒**（如同**雷兰德**所指出的那样）很懂得给他们对供奉着一切感性的天堂的描述加上一种精神的意义，而**印度人**也正是这样诠释他们的**《吠陀》**的，至少就在他们之中经过启蒙的那部分人民来说是这样。——但人们之所以可以这样做，又不致总是与民众信仰的字面意义相抵触，乃是因为早在这种民众信仰产生之前很久，道德宗教的禀赋就已经蕴藏在人的理性之中了；虽然它最初的粗糙的表现只不过是旨在事奉神灵上的运用，并且为此目的而本身导致了那种所谓的启示，但由此也把它的超感性起源自身的特性放进了这种虚构之中，尽管这并不是有意的。——假如人们不愿意断言，我们赋予民众信仰的象征或者各种圣书的那种意义，也绝对就是它们本来要说的意思，而是把这一点暂且搁置一旁，而仅仅假定如此理解它们的作者的**可能性**，那么，人们也不能指摘这样一种诠释不诚实。因为就连读这些圣书或者了解它们的内容，也是以造就更善的人为最终目的的。但是，对此毫无裨益的历史性因素，是某种自身完全无足轻重的东西。人们愿意怎样对待它，就可以怎样对待它。——（历史性的信仰是“自身已死的”，即，就其自身而言，作为教义来看，它不包含也不引向任何对我们来说具有一种道德价值的东西。）

〔112〕 因此，即使一部经书被认作是上帝的启示，它作为这样一种启示的最高标准却是：“《圣经》都是上帝所默示的，于教训、督责、使人归正等等，都是有益的”。而由于后者，即人在道德上的归正，构成了所有理性宗教的真正目的，所以，这种归正也包含着所有经书诠释的最高原则。这种宗教是“上帝的灵，它引导我们进入一切真理”。但是，这个灵也就是通过**教导**我们而同时也借助行动的各种基本原则**赋予我们生命**的那个灵，它把《圣经》对于历史性的信仰可能还包含的一切，都完全与纯粹的道德信仰的规则和动机联系起来。而惟有纯粹的道德信仰，才在每一种教会信仰之中构成了在它里面是真正的宗教的东西。对《圣经》的所有研究和诠释，都必须从在里面寻找这个灵这条原则出发，而“只有当它证明了这一原则时，人们才能在其中找到永生”。

除了这种圣经诠释者之外，还有另一种圣经诠释者，即**圣经学者**，但他们是附属于前者的。《圣经》作为把一切人联合在一个教会之中的最有价值的、现今在经过启蒙的地方是独一无二的工具，其威望构成了教会信仰。而教会信仰作为民众信仰是不可忽视的，因为对于民众而言，似乎没有任何建立在纯粹的理性之上的学说适宜于成为一种不变的规范。它要求有上帝的启示，从而也要求通过其起源的演绎来历史地证明其威望。由于人的技艺和智慧不能够一直上升到天堂，以便察看那派遣第一位导师的全权证书，而是不得不满足于除了内容之外，还可以从如何引入这样一种信仰的方式得出的征兆，即满足于人类的各种信息。这种信息终归必须在很古老的时代和现在已经死亡了的语言中去寻找，以便根据其历史的可信性来评价它们。所以，为了维护一个建立在《圣经》之上的教会的威望，而不是维护一种宗教的威望（因为宗教为了成为普遍的，就必须任何时候都建立在纯粹的理性之上），就要求有一种**圣经的博学**。尽管这种博学没有带来任何东西，而只有使《圣经》在其起源中不包含任何使它不可能被当做直接的神性的启示来接受的东西。而这就足以不妨碍那些人认为，在这个理念中感到对他们的道德信仰有特别的增强，并由此而乐意接受它了。——但是，不仅是《圣经》的**考证**，而且还有它的**诠释**，也都由于同样的理由而需要博学。因为只能借助翻译来阅读《圣经》的无知者，如何会确知它的意义呢？所以，哪怕是掌握了其基础语言的诠释者，也必须拥有广博的历史知识和批判，以便从当时的状况、风俗和意见（民众信仰）中，获得能够用来向教会共同体揭示其理解的手段。 〔113〕

因此，理性宗教和对《圣经》的博学，是一份神圣文献的真正的、有资格的诠释者和托管者。显而易见，决不能让世俗的权力妨碍它们在这一领域公开地使用它们的洞见和发现，并且把它们束缚在某些信条之上，因为若不然，**平信徒**就会逼迫**神职人员**赞同他们的意见，而他们又只有从神职人员的教诲中，才能获得这种意见。只要国家只是关心不要缺少学者和就其道德性而言有好名声的、管理全部教会事务的人们，国家把这种管理托付给他们的良知，那么，国家就做到了自己的义务和权限所包括的一切。但是，把这些义务和权限引入学院，从事学院的争论（只要这些争论不从大学讲坛引出来，就丝毫也不会干扰教会会众的平静），则是大众可能曾不无冒昧地向立法者提出的过分要求，因为这种要求有损于他的尊严。

但是，对于一个诠释者的席位，还出现了第三个竞争者。它为了认识《圣经》的真正意义以及其神性起源，既不需要理性，也不需要博学，而是只需要一种内在的**情感**。当然，我们不能否认，“人若立志遵着他的旨意行，就必晓得这教训是出于上帝的”。而且也不可否认，甚至阅读《圣经》或者倾听朗诵《圣经》的人，必定都感觉得到的那种趋向善行、趋向正派的生活方式的冲动，也必然会在他身上证明《圣经》的属神性，因为这冲动无非就是使人充满内在的敬重的道德法则的作
〔114〕用，而这法则由此也理应被看做是上帝的诫命。但是，就像很少能够从一种情感推论和查出对法则的认识以及法则是道德的那样，也很少能够，甚至更难以凭借一种情感而推论和查出一种直接的神性的影响的可靠征兆。因为要产生这一结果，可能有不止一种原因。而在这一场合，只有通过理性认识到的法则（和教诲）的道德性，才是那种结果的原因。甚至就在这种起源只有可能性的场合里，只要人们不想为全部狂热敞开大门，不想让明确无误的道德情感由于同其他任何一种幻想的情感类似而丧失其尊严，那么，对这种起源作出后一种解释，就是一种义务。如果情感是从法则中，或者也是按照法则得出来的，而法则在这之前是已知的，那么，每一个人的情感都只是自己的，他也不能强求其他人有这种情感，从而也不能把情感抬高为某种启示的纯正性的标准。因为它根本不说明任何东西，而是仅仅包含了主体在自己的愉快和不快方面被刺激的方式而已，在这上面不能建立起任何知识。

因此，除了《圣经》之外，不存在教会信仰的任何一种规范。除了纯粹的**理性宗教**和**《圣经》的博学**之外，也不存在教会信仰的其他任何诠释者。而在纯粹的理性宗教和《圣经》的博学中，惟有前者才是**确实可靠的**，并且对整个世界都有效的；后者则只是**教义性的**，只是为了把教会信仰对于某个民族在某个时代转化为一个确定的、能够一直保存下来的体系。但是，就教会信仰而言，历史性的信仰没有最终成为一种纯然对

圣经学者及其洞见的信仰，这是不可改变的。当然，这种情况并没有特别地给人的本性带来荣誉，但却通过公开的思想自由使自己重新变善。由于只有通过学者让自己的诠释经受每一个人的检验，自己却同时对更好的见解始终仍保持开放和欢迎，他们才能指望共同体对他们的裁决的信赖，这种公开的思想自由就更为有道理了。

七、教会信仰逐渐地过渡到纯粹的宗教信仰的独自统治，就是接近上帝的国 〔115〕

真正的教会的标志就是它的**普遍性**，但是这种普遍性的征兆又是它的必然性和它的仅仅以惟一的一种方式才可能的规定性。这样，历史性的信仰（它建立在作为经验的启示之上）只有局部的有效性，即对于作为这种信仰之基础的历史所能及的那些人才有效。而且，就像所有的经验认识一样，它并不包含这样的意识，即所信仰的对象**必然**是这个样子而不是别的样子，而是只包含这样的意识，即这对象就是这个样子；从而也就同时包含着对这对象的偶然性的意识。因此，虽然它能够成为一种教会信仰（教会信仰可以有许多种），但是，只有完全建立在理性的基础之上的纯粹的宗教信仰，才能被视为必然的，从而被视为惟一标志着**真正的**教会的信仰。因此，尽管（根据人的理性的不可避免的局限性）一种历史性的信仰作为引导性的手段，刺激了纯粹的宗教，但却是借助于这样的意识，即它仅仅是这样一种引导性的手段。而历史性的信仰作为教会信仰包含着一种原则，即不断地迫近纯粹的宗教信仰，以便最终能够省去那种引导性的手段。于是，一个这样的教会就还是可以叫做**真正的**教会；但是由于永远不能避免关于历史性的教义的争论，它又只能被称做**有争议的**教会。不过展望未来，它最终会发展成为不变的、全体一致的、**凯旋行进的**教会！每一个对于享受永恒的幸福具有道德上的接受能力（资格）的个人，他的信仰我们称之为**造福于人的**信仰。因此，这种信仰也只能是惟一的一种信仰，并且无论教会信仰如何不同，它都能在每一个人身上发现。在每一个人身上，与其目的即纯粹的宗教信仰相联系，它都是实际存在的。相反，一种事奉神灵的宗教，它的信仰是一种**奴役性的**信仰和**有报酬的**信仰（fides mercenaria，servilis［报德的、奴性的信仰］），并且不能被看做造福于人的信仰，因为它不是道德的。造福于人的信仰，必须是一种自由的、建立在纯粹的心灵意念之上的信仰（fides ingenua［高尚的信仰］）。教会信仰误以为通过（尽管是费力的）自身却毫无道德价值的行动（des cultus［崇拜的］行
〔116〕动），从而也就是凭借恐惧和希望强制的、哪怕是一个恶人也能够作出的行动，就能够让上帝所喜悦。相反，造福于人的信仰则为了做到这一点，预设一种道德上善的意念为必要的前提。

造福于人的信仰包含着人对永福的希望的两个条件：一个是就人不能够做的事情而言的，也就是说，使他的已经作出的行动在律法上（在一位属神的法官面前）成为没有发生的；另一个是就人自己能够做并且应该做的事情而言的，也就是说，步入一种新的、符合其义务的人生。前一种信仰是对一种救赎的信仰（偿还其罪债、解脱、与上帝和解），后一种信仰是对自己能够在一种今后奉行的善的生活方式中让上帝喜悦的信仰。——两个条件只构成了一种信仰，并且必然休戚相关。但是，结合的这一必然性只能这样来看：如果我们假设一个条件可以从另一个条件中派生出来，那么，要么是对赦免我们负上的罪债抱有信仰而产生出善的生活方式，要么是对一种在任何时候都要奉行的生活方式的真实的、积极的意念，按照道德上的作用因的法则而产生出对那种赦免的信仰。

在这里就表现出人的理性与自身的一种值得注意的二论背反。要使这种二论背反得到解决，或者假如这种解决是不可能的，则至少是得到调和。只能要么是一种历史性的（教会的）信仰，必须在任何时候都作为造福于人的信仰的本质性部分，附加在纯粹的宗教信仰之上；要么是它作为纯然的引导性手段，能够最终过渡为纯粹的宗教信仰，无论那未来是多么遥远。

（一）假定对于人的罪出现了一种救赎，那么，虽然完全可以理解，每一个罪人都会多么惬意地把这种救赎与自己联系起来，并且因此如果问题仅仅在于**信仰**的话（这种信仰也就意味着宣布，他希望这救赎也发生在他身上），他将会没有一刻犹豫。然而根本无法看出，一个知道自己该受惩罚的理性的人，怎么会认真地以为，他只需要相信关于一种为他所提供的救赎的福音，并且（就像法学家所说的那样）utiliter［有效地］接受它，就把自己的罪看做是涤除了的，而且如此彻底（甚至连根拔掉），以至哪怕对于将来，一种他迄今为止根本没有为之付出丝毫努力的善的生活方式，也会成为由这种信仰和〔117〕对提供给他的善行的接受所带来的一个必然的结果。没有一个深思熟虑的人会使自己怀有这样的信仰，无论自爱怎样常常把一种人们为之什么也没做也不能做的善的纯然愿望转化为一种希望，就好像他的对象将被纯粹的渴望所吸引而自动来临并在自身中完成似的。只能把这种情况设想为，人把这种信仰本身看做上天给予他的东西，因而看做某种他不必向自己的理性作出进一步解释的东西。如果他不能做到这一点，或者还过于正直，不会在自己心中装出这样一种信赖，只是作为阿谀奉承的手段，那么，他无论怎样敬重这样一种热切的救赎，无论怎样期望这样一种救赎也能够向他敞开，都不得不把这种救赎仅仅看做有条件的，即他的生活方式必须首先做出力所能及的改善，以便拿出哪怕极微小的理由，来希望这样一种更高的功德能够给他带来好处。——因此，如果对这种功德的历史知识属于教会信仰，而生活方式则属于纯粹的道德信仰，那么，**后者作为条件就必须先行于前者**。

（二）但倘若人天生就是堕落了的，那么，如果他——虽然意识到自己迄今为止所犯下的过失，但却——依然处于恶的原则的支配之下，并且在自身中没有发现足够的能力在今后作出改善，则无论他如何作出努力，他又怎能相信能使自己成为一个新的、让上帝喜悦的人呢？如果他不能把他自己针对自己而激发起来的正义感看做凭借外来的救赎得到了和解的，而把自己看做通过这种信仰仿佛得到了新生的，并且首先开始了一种新的、将会成为与之结合在一起的善的原则之结果的生活方式，那么，他将在哪里建立起使自己成为一个上帝所喜悦的人的希望呢？——因此，对一种并非他自己的、且使他与上帝和解的功德的信仰必须先行于对善功的一切追求。但这与前一个命题是相冲突的。这种争端是不能通过对人类本质的自由的因果规定，即对那些使一个人变善或者变恶的原因的因果规定的洞见来达到平衡的，从而也不能在理论上达到平衡的；因为这
〔118〕个问题超越了我们的理性的全部思辨能力。但是对于实践的东西而言，问题不是对于我们的自由任性的运用而言什么在物理上是第一性的，而是：什么在道德上是第一性的？即我们应该从哪里开始？是从对上帝为我们所做的事情的信仰开始，还是从我们为了配享这些事情（无论它存在于什么地方）而应该做的事情开始？此时，选择后者就是毫无疑问的了。

这是因为，对造福的第一个必要条件的假定，即对一种替代性的救赎的信仰的假定，充其量也只是对于理论的概念是必要的；我们不可能以其他方式来**理解**赎罪。相反，第二个原则的必要性是实践的，并且是纯粹道德的。我们肯定不能以其他

方式来希望分有一种外来的救赎性的功德，并从而分享永福。我们只能凭借自己在遵循每一种人类义务方面的努力，来取得这种分享的资格，而这种遵循必须是我们的自我改造的结果，更不能是一种我们被动地接受的外来的影响。这是因为，由于这后一种诫命是无条件的，所以，一个人也必然会把它当做准则加在信仰上。也就是说，他会从改善人生开始，这是一种造福于人的信仰可能出现的惟一最高条件。

教会信仰作为一种历史性的信仰，有理由以对救赎的信仰开始；但是，由于它仅仅包含着纯粹的宗教信仰的载体（在宗教信仰中蕴涵着真正的目的），所以，在作为一种实践的信仰的宗教信仰中成为条件的东西，即**行动**的准则，必须造成开端；而**认知**或者理论信仰的准则只是起一种加固和完成前者的作用。

在此还需要说明的是，按照第一种原则，信仰（即对一种替代性的救赎的信仰）被当做人的义务。相反，善的生活方式的信仰，作为由更高的影响所造成的，则被当做对人的神恩。但是，按照第二种原则，情况则恰恰相反。因为按照这一原则，作为神恩最高条件的善的**生活方式**，是无条件的**义务**，相反，更高的救赎只是**神恩的事情**。人们（常常并不是没有道理的）指摘第一种原则是事奉神灵的**迷信**，但它毕竟懂得把一种应受惩罚的生活方式与宗教结合在一起；而指摘后者是**自然主义的无信仰**，这种无信仰兼有对一种通常也许是可仿效的生 〔119〕
活方式的无所谓态度，甚至对所有启示的对抗态度。但是，这并不是（在理论上）解开了绳结，而是（凭借一个实践的准则）斩开了绳结，当然，这在宗教问题中也是允许的。为了满足在理论上解开这一绳结的要求，下面的东西可能是有用的。对上帝所喜悦的人性的原型（上帝之子）的活生生的信仰，**就其自身而言**，是与一种道德的理性理念相关的，只要这种理念不仅被当做我们的准绳，而且还被当做我们的动机。所以，无论我是从这种作为**理性信仰**的信仰开始，还是从善的生活方式的原则开始，都是一回事。相反，对**显象中的**同一个原型（对神人合一者）的信仰，作为**经验性的**（历史性的）信仰，却与善的生活方式的原则（这原则必须是完全理性的）不是一回事；要从这样一种信仰♀[1]开始和要从它里面派生出一种善的生活方式，这是截然不同的东西。这正是上述两个命题的冲突所在。然而，在神人合一者的显象中，所包含的并不是他能够被感知、或者凭借经验认识的东西，而是我们加给神人合一者的那种蕴涵在我们的理性中的原型（因为就他的榜样可感知而言，可以根据那原型来判断他），其实就是造福于人的信仰的客体；而这样一种信仰与一种上帝所喜悦的生活方式是一回事。

因此，这里并没有两种自身有别的原则，似乎从它们的一个或者另一个开始，就是选择了截然相反的道路。相反，这里只有同一个实践的理念；我们由它出发，在一种情况下是由于它把原型表现为存在于上帝之中并从上帝出发，在另一种情况下是由于它把原型表现为存在于我们之中，但在这两种情况下，都是由于它把原型表现为我们的生活方式的圭臬；所以，二论背反只是表面上的，因为它是把只不过在不同的关系之中被看待的同一个实践的理念，通过一种误解视为两种不同的原则。

但是，如果有人要把对这样一个一度在世界上出现过的现象的现实性的历史信仰，当做惟一能造福于人的信仰的条件，
〔120〕那么，就当然会有两种截然不同的原则（一个是经验性的，另

① 这种信仰必须把这样一个人格的存在建立在历史的全部证据上面。

一个则是理性的)。无论人们必须从这一个还是从另一个出发和开始，关于它们都将会产生一种真正的准则之争，而这种准则之争是任何理性都将无法平息的。说我们必须相信曾经有过一个人，他通过自己的圣洁性和功德，不仅为他自己（就他的义务而言），而且也为其他所有人（为他们在义务方面的匮乏）作了救赎（对此理性没有告诉我们任何东西），以便希望我们自己在一种善的生活方式中，最终仅仅借助于那种信仰就能够得到永福。这样一句话所说的，完全不同于下面这句话：我们必须竭尽全力追求一种上帝所喜悦的生活方式的圣洁理念，以便能够相信，只要人类尽其所能，竭力仿效上帝的意志，上帝（已经由理性向我们保证了的）对人类的爱就将顾及这种诚挚的意念而弥补行为的缺陷，无论这种弥补是以什么方式进行的。

但是，前一种信仰并不在每一个人的（包括无教养的人的）能力范围之内。历史表明，在所有的宗教形式中都流行着两种信仰原则的这种争执；因为所有的宗教都有救赎说，不管它们把这种救赎说建立在什么地方。但是，每一个人身上的道德禀赋在自己这方面都免不了要让人听从自己的要求的。不过，在所有的时代，祭司都比道德主义者有更多地抱怨；也就是说，祭司们大声疾呼地（并且要求当局遏制这种胡作非为）抱怨忽视了对神灵的事奉。倡导这种事奉乃是为了使民众与天国和解，并使国家避免不幸。道德主义者则抱怨世风日下，极力把这归罪于那种赎罪手段，凭借那种赎罪手段，祭司使每一个人虽然犯有最严重的罪行，也可以轻而易举地与神明和解。事实上，如果现存有一笔取之不尽的财富，供偿付已经犯下的和还可能要犯的罪债，由于人们只须举手之劳（不管良知提出什么要求，也毫无疑问首先要伸手）就可以使自己洗清罪债，而善的生活方式的决心却可以被推迟到他首先结清了那些罪债的时候，这样，就不易设想，这样一种信仰会有别的什么结果了。但是，如果这种信仰甚至被描绘成这个样子，就好像它真有一种如此独特的力量和这样一种神秘的（或者魔法的）影响，以至虽然就我们所知，它应该被视为纯然历史的，但只要
〔121〕人们沉浸在它和与它相联结的情感之中，它就有能力从根本上改善整个人（从他造就出一个新人），那么，这种信仰本身就必然被看做是直接由天国（与历史性的信仰一起，并在此之下）授予和唤醒的：在这种情况下，所有的一切，连同人的道德属性，最终都导致了上帝的一种无条件的旨意："上帝要**怜悯**谁，就怜悯谁，要**叫谁刚硬**，就叫谁刚硬。"① 从字面上来看，这就是人的理性的 salto mortale［致命的跳跃］。

因此，我们身上的自然禀赋、同时还有道德禀赋——后者既是所有宗教的基础，又是它们的诠释者——的一个必然结果是，宗教最终将逐渐地摆脱所有经验性的规定根据，摆脱所有以历史为基础的、借助于一种教会信仰暂时地为促进善而把人们联合起来的规章。这样，纯粹的宗教信仰最终将统治所有的人，"以便上帝就是一切中的一切"。如果一个人应该襟怀坦

① 这段话可以这样解释：没有一个人能够确定无疑地说，这个人是因何成为一个善的人，那个人是因何成为一个恶的人（二者都是比较而言的）。因为似乎早在出生时就常常已经可以发现这种区别的禀赋；甚至没有人能够预见的人生的偶然性，有时也在这方面起了一种决定性的作用。同样，也不能确定无疑地说，一个人会成为什么样的人。因此，我们必须听凭那全知者对此作出判断。而这一点在此被表述为，好像在人们出生之前，上帝关于人的旨意就明确地规定了每一个人今后应该扮演的角色。在显象的序列中，对于创世主来说，如果在这方面以神人同形同性论的方式来思考他，则**预见**同时也就是**预定**。但是，在按照自由律的事物的超感性的序列中去掉了时间，预见就仅仅是一种**全知的知识**，它不能说明为什么这个人如此行事，而另一个人则按照相反的基本原则行事，但它毕竟也能同时与意志的自由结合在一起。

白，就必须脱去那层当初胚胎借以形成为人的外壳。圣洁的传说及其附属物、规章和诫命的襻带，在当时曾作出过杰出的贡献，但逐渐地成为多余的。最终，当人进入青年时代时，它就成了桎梏。只要他（人类）还“是孩子，其聪慧就如同孩子”，并且知道把无须他的参与就为他规定了的规章制度很好地与博学、甚至与一种能够为教会服务的哲学结合起来。“而既然他长大成人，就丢弃了孩子气的事情”。**平信徒**与**教士**之间的令人屈辱的区别终结了，从真正的自由中产生了平等。但并没有无政府状态，因为虽然每一个人服从的都是他自己为他自己规定的（不是规章性的）法则，但他同时也必须把这法则看做通过理性为他启示的世界统治者的意志。这意志在一个不可见的共同政府之下，把所有的人都联结在一个国中。而在这之前，这个国就通过一个可见的教会得到了不充分的演示和准备。所有这一切，并不能期待由一场外部的革命来实现，这种革命以迅猛的、暴力的方式，造成它的非常依赖于幸运的结果。在其中，凡是在建立一种新制度时一度被忽略了的东西，都被令人遗憾地保存下来达数世纪之久，因为这种东西是无法再改变了，至少除了通过一场新的（在任何时候都是充满危险的）革命之外，不能再改变了。——纯粹的理性宗教，作为对所有的人都不断地发生的神性的（尽管不是经验性的）启示，在其原则中必然蕴涵着向事物的那种新秩序过渡的根据。这种根据一旦从成熟的反思出发来把握，就会借助于逐步向前的改革付诸实现，即在它是人的工作的范围内实现。因为就革命来说，虽然它能够缩短这种进步，但却仍然是听凭天意的，并且不能按计划地、在不损害自由的情况下进行。〔122〕

不过，即使只有教会信仰向普遍的理性宗教、并且进而向地上的一种（神性的）伦理国家的逐步过渡的原则，普遍地、在有些地方甚至**在公众中**扎下了根，我们也仍然可以有根据地说："上帝的国已经降临到我们这里了"，尽管现实地建立上帝的国，对我们来说还是距离无限遥远的事情。这是因为，由于这个原则包含着向这种完善的不断迫近的根据，作为一颗自己发芽生长、之后又重新结果的种子，在它里面蕴涵着有朝一日将照耀和统治世界的那个不可见的整体。但是，在每一个人的自然禀赋中，都不仅蕴涵着认识真和善的根据，而且也蕴涵着心灵分有真和善的根据。真和善一旦成为公共的，就不免要借
〔123〕助于它们与理性存在者的道德禀赋的自然亲和性，普遍地传播开来。它们的传播有时可能会遇到的出自政治的、公民社会的原因的阻碍，宁可说有助于使人们的心灵向善（人们的心灵一见到善，善就再也不会离开他们的思想了）的联合更为密切。①

① 对于教会信仰来说，只要人们既不放弃对它的事奉也不攻击它，就可以保持它作为一种工具的有利影响，尽管如此又取消它作为一种关于事奉神灵义务的妄想，而对真正的（即道德的）宗教的概念的一切影响。这样，虽然规章性的信仰方式各不相同，却可以凭借统一的理性宗教的基本原则来确立各种信仰方式的信徒们彼此之间的互相宽容。在这种统一的理性宗教中，教师可以解释所有那些规章制度和诫命的目的，直到能够随着时间的进展，借助于越来越被接受的真正的启蒙（一种从道德的自由产生的合法则性），在每一个人都同意的情况下，把一种令人屈辱的强制手段的形式，更换为一种符合道德宗教的尊严的教会形式，即更换为一种自由信仰的形式。——把教会的信仰统一和信仰事务上的自由结合起来，这是理性宗教的客观统一性理念，通过我们对它在道德上的兴趣而不断追求解决的一个问题。但是，要在一个可见的教会中实现这一点，如果我们就此求教于人的本性，则希望甚微。理性的理念不可能在一个符合它的直观中对我们展现出来，但它作为实践的范导性原则，为了对纯粹理性宗教的统一这种目的发生作用，却毕竟具有客观的实在性。这里的情况和一部国家法的政治理念一样，如果国家法同时与一种普遍的、具有权力的国际法相联系的话。经验剥夺了我们在这方面的一切希望。

※ ※ ※

因此，善的原则的不能为人的眼睛觉察的、但却是不断向前的工作就是：把人类作为一个遵循德性法则的共同体，在它里面建立一种力量和一个国度，它将宣布对恶的原则的胜利，并且在它对世界的统治下保证一种永恒的和平。 〔124〕

第二章

关于在地上逐步建立善的原则的统治的历史观念

我们不能要求地上的宗教（在这个词的最狭隘的意义上）有一部人类的**普遍历史**；因为它如果是建立在纯粹的道德信仰之上的，就不是公共的状态，而是每一个人都只能独自地意识到他在纯粹的道德信仰方面取得的进步。惟有对于教会信仰来说，我们才能通过按照它的各种不同的、变换不定的形式，把它与独一无二的、不变的、纯粹的宗教信仰进行比较，从而期望一种普遍的、历史的描述。从教会信仰公开承认依赖于宗教

〔在人类中似乎被（也许是有意的）植入了一种倾向，即每一个国家，如果事情按照它的愿望发展的话，都追求征服其他每一个国家，并且建立一个世界帝国。但是，在它达到了某种规模后，就又自己分裂为几个小国家。同样，每一个教会都怀有那傲慢的要求，即成为普遍的教会。但是，一旦它得到扩展，成为占统治地位的，就马上出现了解体和分裂为各种不同的教派的原则。

♀把各国过早地融合为一体是有害的（倒不如在人们在道德上变得更好之后再这样），这种融合——如果允许我们在这里假定天意的一种意图的话——主要受到两个强有力的原因的阻碍，即语言的不同和宗教的不同。〕

信仰的限制性条件和与它一致的必然性出发，**普遍的教会**开始把自己塑造为上帝的一个伦理的国度，并且按照一个对所有的人和所有的时代都保持同一的坚定不移的原则，向这个国度的实现进步。可以预见，这一历史将无非是对事奉神灵的宗教信仰和道德的宗教信仰之间的不断斗争的叙述；在这二者中，人总是倾向于把作为历史性的信仰的前者置于首位，而后者作为惟一能改善灵魂的信仰，却从未放弃对属于它的优先权的要求，并将最终确凿无疑地宣布这种优先权。

但是，只有当这一历史仅仅被局限在人类的那样一个部分的时候，它才可能具有统一性；在这部分人类那里，趋向普遍的教会的统一的那种禀赋，如今已经接近于它的发展。凭借这种禀赋，至少理性的信仰与历史性的信仰之间的区别问题已经公开提出，并且其解决已经成为最重要的道德事务；因为各个
〔125〕不同的、其信仰彼此之间毫无关联的民族，其规章制度的历史，通常并不提供一种教会的统一。但是，在同一个民族中出现某种与先前占统治地位的信仰明显不同的新信仰，这并不能算是教会的统一，哪怕先前占统治地位的信仰，在自身中具有产生新信仰的**诱发性**原因。因为如果人们把各种不同的信仰方式前后相继的序列，算做同一个教会的各种变体的话，则统一就必须是原则的统一。而这部教会的历史就是我们现在反正要研究的东西。

因此，在这一意图中，我们只能讨论这样一种教会的历史，这种教会从它的最初的开端，就包含着趋向真正的、**普遍的**宗教信仰的客观统一的种子和原则，它在逐步地接近这样的宗教信仰。这里首先表明，**犹太教的**信仰与我们要考察其历史的这种教会信仰毫无本质性的联系，也就是说毫无概念上的统一，虽然前者是直接地先行的，并且为后一种（基督教的）教会的建立提供了自然的诱因。

就其最初的建立来说，**犹太教的信仰**只不过是规章性法则

的一个总和，在这个总和之上建立起一种国家的制度。因为无论在当时还是在后来给它**附加上**什么样的道德添加剂，这些东西都绝对不属于犹太教这样一种宗教本身。犹太教严格来说，根本不是一种宗教，而只是一群人的联合。由于共属于一个特殊的氏族，这群人形成了一个服从纯然政治的法则的共同体，从而也就没有形成一个教会；毋宁说，它本应该是一个纯然世俗的国家，以至即使这个国家被不利的偶然情况所粉碎，也总是还给它留下一种（本质上属于它的）政治信仰，即（在弥赛亚来临时）有朝一日重建这个国家。这个国家的制度以神权政治为基础（显然是一种自诩直接从上帝获得指示的祭司或者领袖的贵族政体），从而上帝的名字也并没有使它的制度成为一种宗教制度，因为上帝在这里完全只是作为一个世俗君主受到敬重的，他关于和对于良知根本不提出任何要求。它本来不应该成为这样一种制度，这一点的证据是显而易见的。**首先**，所有的诫命都具有这样的品性，即使一种政治的制度也可以遵守 〔126〕
它们，并且把它们当做强制性的法则让人承担，因为它们只涉及外在的行动。虽然十诫即使不是被官方提出来的，在理性看来也已经是伦理的诫命，然而，在那次立法中，它们根本不是伴随在遵循它们时的**道德意念**（后来，基督教把它的主要工作就建立在这里）的要求一起被给予的，而是绝对地仅仅着眼于外在的遵守。这一点还可以从以下这点得到说明，即：**其次**，从对这些诫命的履行或者触犯所产生的一切后果、任何奖赏或者惩罚，都仅仅局限于那些在这个世界上每一个人都可能有份的奖赏或者惩罚；甚至就连这些奖赏或者惩罚也根本不是依据伦理概念的，因为二者据说也及于在实际上根本没有参与他们的业绩或者罪行的后代。这在一个政治制度中虽然也可能是一种造成服从的聪明办法，但在一个伦理制度中，却是违背一切公正性的。由于如果没有对来世的信仰，任何宗教就都是不可思议的，所以，犹太教本身就其纯粹性而言，根本不包含任何宗教信仰。这一点将通过以下的说明得到进一步的加强。也就是说，犹太人和其他民族、甚至最原始的民族一样，也应当有过对来世、从而对自己的天国和地狱的信仰，这几乎是不可怀疑的。因为这种信仰由于人的本性中的普遍的道德禀赋，对于每一个人来说都是自发地产生的。因此，这个民族的立法者尽管被设想为上帝自身，却对来世**不愿**给予丝毫的注意，这肯定是**有意地**造成的。它表明，这个立法者想建立的只是一个政治共同体，而不是一个伦理共同体。但是，在政治共同体中谈论在此生中不可见的奖赏和惩罚，鉴于那个前提条件，会是一种完全不合逻辑的、不适当的办法。即使不能怀疑犹太人在后来，每一个人都独自地为自己造成某种与他们的规章性信仰的信条混在一起的宗教信仰，它也毕竟从来没有构成一个属于犹太教立法的部分。**最后**，说犹太教构成了属于**普遍的教会**状态的一个阶段，或者甚至说，它在它那个时代就构成了这个普遍
〔127〕的教会，这种说法是如此错误，以至还不如说，它作为一个由耶和华特别为自己选中的、敌视其他所有民族并由此也被每一个民族敌视的民族，把整个人类都从其社会中排斥了出去。至于这个民族为自己规定了一个惟一的、不能凭借任何可见的形象来想象的上帝作为普遍的世界统治者，这一点在此也不能评价过高。因为我们在大多数其他民族那里都能发现，他们的教义也同样是通向那里的，并且仅仅由于**崇敬**某些隶属于那个普遍的世界统治者之下的、有力量的低级神，而招致了多神论的嫌疑。因为一个仅仅希望人们遵循那些诫命、为此却根本不要求一种改善了的道德意念的神，本来就不是我们在一种宗教上必需其概念的那种道德存在者。与其说，宗教是在信仰仅仅被奉献给一个惟一的存在者，但这个存在者却使机械的崇拜成为主要的事情的情况下产生的。倒不如说，宗教还可能产生自对多

个这样的强而有力的、不可见的存在者的信仰，只要一个民族是这样思维这些存在者的，即它们虽然职司各异，但却全体一致地把自己的喜悦仅仅赋予最配享的人，即全心全意地追求德性的人。

因此，如果普遍的教会历史理应构成一个体系，那么，我们也就只能从基督教的起源来开始这种历史；基督教作为对它所由以产生的犹太教的一种完全抛弃，是建立在一个崭新的原则之上的，它在教义中造成了一场彻底的革命。基督教的导师尽可能作出，或者在一开始就尽可能作出过努力，要从这两种宗教里编织出一条相互联系的线索来，于是就想学会把新的信仰看做旧的信仰的一种延续，认为旧的信仰以原型的方式包含了新的信仰的一切事件。这种努力极为清楚地表明，他们在这里所关心的也许或曾经只是用最适当的手段**引入**一种纯粹的道德宗教，来取代一种旧的、民众的习惯过于强大的崇拜，而又不直接与民众的成见相冲突。随之而来的废除形体描绘，促使那个民族与其他民族完全分离开来，单凭这点就可以让人作出判断，这种不受旧信仰的规章束缚，甚至不受任何规章束缚的新信仰，已经必然包含着一种对世界，而不是仅仅对一个惟一的民族有效的宗教了。

所以，基督教是从犹太教中突然地、但并非毫无准备地兴起的。不过，这里所说的犹太教，不再是族长制的、无混杂的、仅仅建立在自己的政治制度（即使它已经支离破碎了）之 〔128〕上的犹太教，而是已经通过逐渐地在这方面公共化了的道德学说，同一种宗教信仰混合了的犹太教，在这样一种状态中，这个过去无知的民族已经获得了许多外来的（希腊人的）智慧，这些智慧也许有助于借助德性概念对这个民族进行启蒙。并且尽管有其规章性信仰的沉重负担，一旦有机会通过使祭司们听命于一个以无所谓的态度看待所有外来的民族信仰的民众的决定权，而削弱他们的权势，就为革命作好准备。福音的导师宣称自己是由天国派来的导师，同时，作为一个不辜负这一派遣的人，他宣布强制的信仰（对事奉神灵的日子、信条和习俗的信仰）是自身毫无价值的，相反，道德的信仰是惟一能够造福于人的信仰，惟有它才能够使人们圣洁，“就像你们的父在天国是圣洁的一样”。他还凭借善的生活方式证明自己的纯正性。但在他通过教诲和受难乃至无辜的、同时又是值得称颂的死①，

① 随着他的死，他的公开的历史（他的历史由此也普遍地被当做仿效的榜样）也就结束了。作为补充而附加上的比较隐秘的、仅仅为他的至交所目睹的、他的**复活**和**升天**（如果我们把它们仅仅作为理性理念来接受，那么，它们将意味着另一种生活的开端，意味着进入永福之地，即意味着与一切善的结合）的历史，却不能无损于它们的历史评价而被用于纯然理性界限内的宗教。这并不是因为它是历史叙述（因为这也是先行的历史叙述），而是因为就字面上来看，它假定了一个虽然很适合人的感性表象方式，但就其对未来的信仰来说却是理性的累赘的概念，即所有世间存在者的物质性的概念。也就是说，它不仅假定了人的只有在那个**肉体**条件下才发生的**人格**的**唯物论**（心理学的唯物论），而且还假定了一般在一个尘世中的**临在**的**唯物论**（宇宙论的唯物论），按照这个原则，这种临在只能是**空间上的**。与此相反，有理性的世间存在者的唯灵论的假设认为，肉体在地上固然是死的，但他的人格却是活着的。同样，人在精神上（就其非感性的质而言）能够达到永福之地，不会被置于环绕着地球的无限空间（我们也称之为天）的任何一个地方；这种假设对于理性来说是更为有利的。这不仅是由于一种能够思维的物质是无法理解的，而且特别是由于我们在死后的存在所遭逢到的那种偶然性，因为这种存在据说只不过是建立在某一团物质以某种形式的黏结之上的。相反，这种假设却要把一个单纯的实体的持久存在，设想为建立在它自己的本性之上的。——但是，在后一种前提条件（唯灵论的前提条件）下，理性既不会有兴趣永恒地拖曳着一个肉体，这个肉体无论怎么纯粹化，都（如果人格是建立在与肉体的同一性之上的）总还是必须由构成其肉体组织的基础的同样材料组成，而肉体本身在生活中却从未随心所欲地取得过这种材料。理性也无法使自己理解，构成了肉体的这种黏土在天上，即在另一个世界领域里应该是什么，恐怕在那里是另一种物质来构成生物存在与维持的条件吧。

在自己的人格上提供了一个符合那惟一让上帝所喜悦的人性原型的榜样之后，他被设想为重新回到了他所来自的天国，因为他口头上留下了他最后的意志（如同在一个遗嘱中那样）。并且就追忆他的功绩、教诲和榜样而言，他能够说，“他（上帝所喜悦的人性的理想）仍然与自己的门徒同在，直到世界的末日”。——在人们由于他的人格的起源和也许是超尘世的等级而可能会对一种**历史性的信仰**感兴趣的时候，这种教诲就会是需要由奇迹来证实了。但是，奇迹作为纯然属于道德上的、能改善灵魂的信仰的东西，却可能缺乏所有这样的证明其真实性的证据。这种教诲在一部《圣经》中还加进了奇迹和奥秘，而奇迹和奥秘的宣示本身又是一种奇迹，并且要求一种只能通过博学才能不仅加以证实、而且在其重要性和意义上加以保证的历史性的信仰。 〔129〕

但是，任何一种作为历史性的信仰而建立在经书之上的信仰，都必须有一个**有教养的**公众来作为自己的担保。在这样的公众中，这种信仰可以通过作为同代人的文献作家仿佛能够得到检验。这些作家不会被怀疑与这种信仰的第一批传播者有一种特别的约定，他们与我们今日的著作界有着不间断的联系。与此相反，纯粹的理性信仰并不需要这样一种证实，而是自己证明自己。在那场革命的时代，统治犹太人并散布在犹太人自己的居住地上的民族（罗马民族）中，就已经有一批有教养的公众，从他们那里，甚至当时的历史就政治制度中所发生的事件而言，也通过一系列作家流传给我们了。尽管这个民族很少 〔130〕
关心它的非罗马臣民的宗教信仰，但毕竟从据说在他们中间公开发生的奇迹来看，这个民族绝不是无信仰的。然而，作为同时代人，他们却不仅根本没有提到这些奇迹，也根本没有提到这些奇迹在臣服于他们的那个民族中（在宗教方面）所导致的那场虽然是公开地进行的革命。只是到了后来，在经过了一代人有余之后，他们才着手研究这场对他们来说迄今为止尚属未知的信仰变化的性质（这场信仰变化的进行并不是没有公开的活动的），但却没有研究这场变化最初的历史，以至在他们的编年史中，根本找不到这段历史。因此，从这个时候直到基督教为自己造就了一个有教养的公众的时代，基督教的历史是模糊不清的。于是，我们也就始终不知道，基督教的学说对他的教徒的道德性造成了什么样的影响，最初的基督徒是确实在道德上改善了的人，还是依然为普普通通的人。但是，自从基督教自己成为一个有教养的公众，或者至少是进入广大有教养的公众之中以来，就人们有理由期待一种道德宗教可以发挥的慈善作用而言，基督教的历史对公众来说决没有什么好印象。——隐士生活和僧侣生活中的神秘主义狂热，和对独身阶层的圣洁性的歌功颂德，是怎样使一大批人对世界变得毫无用处；与此相联系的所谓的奇迹，如此用沉重的枷锁把人民压制在一种盲目的迷信之下；借助一种压迫自由的人们的教阶制，**正统信仰**的可怕声音如此从自封的、惟一钦定的《圣经》诠释者的口中发出，以及基督教世界如此由于信仰的意见（如果人们不把纯粹的理性宣布为诠释者，就绝不能给信仰的意见带来任何普遍的一致）而分裂成激烈对抗的派别；在东方，国家以一种可笑的方式插手祭司和僧侣阶层的信仰规章，而不是把它们控制在只是学者阶层的狭小圈子内（这些规章在任何时候都热衷于把学者阶层转化为一个统治阶层）。我要说的是，这种国家是如此终于不可避免地必然成为最终结束了它的占统治地位的信仰的那些外来敌人的猎物。在西方，信仰获得了它自己的、不依赖于世俗权
〔131〕势而建立的宝座，而公民秩序连同（维护这种秩序的）各门科学，却如此被一个自封的上帝钦差破坏和弄得衰弱不堪。这两个基督教地区如此受到野蛮人的侵袭，就像由于生病而临近解体的植物和动物招引来毁灭性的昆虫以完成这种解体一样。在

西方，那个精神上的领袖如此凭借他那威胁要实行绝罚的魔杖，像对待小孩一样统治和惩罚各个国王，煽动他们去进行灭绝另一地区人口的对外战争（十字军战争），去彼此攻杀，并激怒臣民们反抗自己的政府，去残忍地仇视自己那同一个普遍的所谓基督教的不同想法的同道。这种即使如今也只是由于政治利益才免于激烈爆发的不和，如此隐秘地植根于一种专制地规定的教会信仰的基本原则之中，并一直还令人担忧发生类似的事件。——如果不是基督教的建立一直足够清楚地表明，它真正的初始意图无非是引入一种纯粹的、不可能存在意见争端的宗教信仰，而所有那些曾损害人类、并还在使人类分裂的骚乱之所以产生，完全是因为，由于人的本性的一种恶劣的倾向，那应该在一开始用于引进纯粹的宗教信仰的东西，即把那些习惯于旧的历史性信仰的民族，借助于他们自己的成见争取到新的信仰方面，结果却被当做了一种普遍的世界宗教的基础，那么，只要我们把基督教的这一历史（就基督教本来想要建立在一种历史性信仰的基础之上而言，这一历史也就不会有别的结果）看做一幅全景画，它就会证明那一声惊呼是多么地正确：tantum religio potuit suadere malorum［宗教竟会诱发如此多的恶］。

如果有人问，迄今为止已知的全部教会历史的哪个时代是最好的时代，那么，我毫不犹豫地要说，**就是现在这个时代**。也就是说，人们可以让真正的宗教信仰的种子，如同它现今在基督教界虽然只是由一些人播种、但毕竟已经公开地播了种一样，完全不受阻碍地日益萌发起来，以便由此期待不断地接近那个把所有的人永远联合起来的那个教会，它构成上帝不可见的国在地上可见的体现（图型）。——在依照其本性应该是道德 〔132〕
的和改善灵魂的那些事务上，理性使自己摆脱了一种总是听凭诠释者任性摆布的信仰的重负。这种理性在我们这部分世界的所有国家里，在真正的崇信宗教者中间，**首先**普遍地（即使不是处处都公开地）接受了在谈论所有叫做启示的事务时公允**谦逊**的基本原理：由于没有任何人能够否认，一部就其实践性内容而言，所包含的纯为神性事物的经书的**可能性**，它可能（即鉴于它在历史上所包含的东西）也确实被视为上帝的启示。此外，人们在一个宗教上的联合，若是没有一部《圣经》和一种建立在《圣经》之上的教会信仰，也就没有什么理由能够实现出来并坚持下来。又由于，正如人的洞察力的目前状况那样，的确很难有某个人会去期待一种由新的奇迹引入的新的启示。——因此，最合理和最公正的就是，把这部已经存在的《圣经》继续用做教会课程的基础，不借助毫无用处的、恶意的攻击来削弱它的价值，但也不把对它的信仰当做达到永福所要求的而强加给任何一个人。**第二个**基本原则是：由于纯然是为了教会信仰的目的而编制的《圣经》故事，其自身对于采纳道德准则绝对不能也不应该有任何影响，它仅仅是为了生动地展现道德准则的真正客体（追求圣洁性的德性）而被赋予教会信仰的。所以，《圣经》故事在任何时候都必须被讲授和解释为以道德的东西为目的的。但与此同时还必须小心地和（因为尤其是普通的人在自身中有一种犯被动①信仰毛病的固定倾向）不
〔133〕断重复地提醒，不能把真正的宗教设定在对上帝为我们获得永福正在做或者已经做了的事情的认识和信奉之中，而是应该把它

① 这种倾向的原因之一在于安全原则，即我在一种宗教中出生和接受教育，它的教导不取决于我的选择，在其中我凭借自己的玄想不能够改变任何东西，因而这种宗教的错误也不应由我负责，而是应由我的教育者或者官方为此确定的教师负责，这也是人们不容易赞许一个人公开改宗的原因。此外，当然还有另一个更为深刻的原因，即由于每个人在自身中感到无法确定（在种种历史性的信仰中）哪一种信仰是正确的信仰，而道德的信仰到处都是同样的信仰，所以，人们也就把引起对此的注意看做毫无必要的。

设定在我们为了配享那些东西必须做的事情中，这种事情在任何时候都只是某种自身就具有无可置疑的、**无条件的**价值的东西，因而也只有它才能使我们让上帝喜悦。同时，每一个人都不需要任何《圣经》的博学就可以肯定它的必要性。——不妨碍这些基本原理，以便让它们成为公开的，这是君王们的义务；与此相反，在这方面干预神明天意的进程，为了讨好某些充其量也只是具有一种必须由学者们发现的或然性的历史性教会学说，而通过提供或者拒绝某些市民社会的、通常对每一个人开放的利益来诱惑臣民们的良知，这是非常冒险的，是要后果自负的。① 且

① 如果一个政府愿意懂得，它仅仅禁止**公开地说出**自己的宗教意见，而并不阻挠任何人私下里**思考**他认为好的东西，这就不会被视为对良知的压制，那么，人们对此通常会付之一笑，并且说，这根本不是什么由它所赐予的自由；因为它根本就不能阻挠人们的思维。然而，世俗的最高权力做不到的事情，宗教的权力却能够做到，也就是说，甚至能禁止并且事实上也阻挠思维，以至于它还能够把这种强制施加于它的有权势的世俗上司，即禁止哪怕仅仅是思考与它所规定的不同的东西。这是因为，由于人们有趋于事奉神灵的强制性信仰的倾向，他们自发地趋向于不仅赋予这种信仰以先于道德信仰（借助遵守自己的一般义务来事奉上帝）的最大的重要性，而且赋予它惟一的、能弥补其他所有缺陷的重要性，所以，正统信仰的维护者们作为灵魂的牧者，随时都可以轻而易举地引起他们的牧群虔诚地惧怕对某些建立在历史基础之上的信条的极小的偏离，甚至是惧怕对这些信条的任何研究，以至于他们不敢哪怕是仅仅在思想中让自己产生对强加给自己的信条的怀疑，因为这已经是在听从恶的精灵了。的确，为了摆脱这种强制，人们只可以有**愿望**（对于君王们在官方信仰方面的强制来说，就不是这么回事了），但这种愿望也正是在内心中受到阻挠的东西。不过，这种真正的对良知的压制，虽然已经够糟糕了（因为它诱导出内心的虚伪），但还不像阻碍外在的信仰自由那么糟糕。因为前者通过道德洞察力的进步，和对自己的自由——对义务的真正敬重只能从自由中产生——的意识，必然逐渐地自行消失，而后一种外在的强制则相反，它阻碍那构成了真正教会的本质的、信徒们的伦理共同体中的任何自愿的进步，并且使教会的形式也完全服从政治的规定。

〔134〕不说由此对在这种场合的圣洁自由所造成的损害，它也很难为国家造就好的公民。那些自愿去阻碍神性禀赋趋向尘世的至善这样一种自由的发展，或者甚至还建议别人去阻碍它的人，只要求教于良知对此反思一下，在他们中间还有谁，愿意为所有的人担保可能从这样的粗暴干预中产生的恶呢？这种恶也许会使世界统治者所计划的、在善上的进步长期受到阻碍，甚至还会使它退步，尽管不会有一种人类的力量和机构能够在某个时候完全取消这种进步。

在这段故事中，就天意的指导而言，天国最终也被设想为不仅是处于一种虽然在某些时候停留一下、但却永远不会完全中断的接近程序中，而且也是处于降临之中。当这种历史叙述（在《启示录》中）还被附加上一种预言（如在《西彼拉预言集》中那样），预示这一伟大的世界转变在一个地上的可见的上帝之国的画卷中（在他的崇信降临的代理人和授权者的统治下）的实现；预示在他的领导下，在脱离和排除了再次试图对抗他的叛逆者之后在这尘世应该享有的幸福；还预示对这些叛逆者及其首领的彻底根除，从而是**世界的末日**构成了历史的结束时，人们就可以把天国解释为一种不过是为了更有力地鼓动起人们的希望、勇气和对天国的追求的象征性表象。福音的导师仅仅从庄重的、使灵魂升华的、道德的方面，即配得上成为一个上帝之国的公民的方面，向自己的门徒指明了上帝在地上的国，并且指示他们该做什么，不仅为了自己做到这一点，而且还为了与其他志同道合的人，并且尽可能与整个人类联合起来去做。但是，就构成了人的另一部分不可避免的愿望的幸福而言，他向自己的门徒预言，他们在自己的尘世生活中不能
〔135〕指望得到幸福。毋宁说，他让他们作好承受极大的悲痛和牺牲的准备；不过，他（由于人只要生存着，就不能苛求他完全放弃幸福的自然因素）又补充说：“应当欢喜快乐，因为你们在

天上的赏赐是大的”。上面引用的对教会历史的附加部分，在涉及人们未来的和最终的命运时，把人们设想为最终是**胜利凯旋的**，即在克服了所有的障碍之后，在尘世也达到了幸福的巅峰。——在教会向其完善性进步期间，善人与恶人的区分对这一目的不会有所助益（因为二者彼此之间的混合恰好是为此目的所必需的，这部分是为了磨砺善人的德性，部分是为了用善人的榜样把恶人从恶引开），这种区分被设想在完成了上帝之国的建立之后，是这种建立的最终结果。在这里，还加上了对这个国作为一种政权来看的坚固性的终极证明，加上它对同样也被看做在一个国（炼狱之国）中的所有外部敌人的胜利。这样就使得所有的尘世生活有了一个结束，因为“尽末了毁灭的（善人们的）仇敌，就是死”，双方都开始了不朽，一方是得救，另一方则是沉沦。一种教会的形式也就解体了；地上的授权者也就与作为天国的公民、上升到他那里的人们进入同一个等级，于是，上帝也就是一切中的一切了。①

对自身并非历史的来世作一种历史叙述，这种表象是一个美好的理想，即通过引入真正的普遍宗教造成道德上的、在信仰中**预见到的**世界新纪元，直到其实现。我们不能把这一实〔136〕现作为经验性的实现来**预期**，而是只能在持续不断的进步中和

① 这一表述可以（如果我们排除那些秘奥的、超出了可能经验的所有界限的、纯然属于人们的**圣洁**历史的、从而与我们在实践上毫不相干的东西）这样来理解，即历史性信仰作为教会信仰，需要一部《圣经》来当做人们的襻带，但正因如此也妨碍了教会的统一和普遍性。这种历史性信仰将自行终结并转化为一种纯粹的、对整个世界都明白易懂的宗教信仰。因此，我们今天就已经勤奋地为此工作，通过坚持不懈地使纯粹的理性宗教脱去那层目前尚不可缺少的外壳而发展起来。

♀不是说这种历史性信仰正在终结，而是说它可能终结（因为它作为一种载体，也许总会是有用的和必要的）。这里指的仅仅是纯粹的道德信仰的内在坚固性。

向尘世可能的至善的迫近中（这里没有任何神秘的东西，所有的一切都是以道德的方式自然而然地进行的）来**期望**这一实现，即为这一实现作好准备。反基督者的出现、千禧年、关于世界末日临近的宣告，都可以在理性面前得到其好的、象征性的意义。而关于世界末日临近的宣告，被设想为一个（就像人生的终点或远或近一样）不可预见的事件，很恰当地表达了任何时候都为此作好准备、但在事实上（如果我们赋予这一象征以理知的意义）任何时候都把我们自己现实地看做一个上帝之国的合格公民的必要性。“上帝的国几时来到?”——“上帝的国来到，不是眼所能见的。人也不得说，看哪，在这里。看哪，在那里。**因为上帝的国就在你们的心里！**”（《路加福音》，第 17 章，第 21—22 节）。♀[①]

① 这里所说的不是一个根据一种特殊盟约的上帝之国（不是弥赛亚的国），而是一个**道德的**（单凭理性便可以认识的）国。前者（regnum divinum pactitium [缔约者的神圣国度]）必须从历史中获取它的证明；于是它被划分为根据**旧**约的弥赛亚的国和根据**新**约的弥赛亚的国。值得注意的是，前者的崇敬者（犹太人）虽然四散在全世界，但仍然保持为这样的崇敬者，而其他宗教同道的信仰，通常却与他们散布在其中的民族的信仰融合在一起了。这一现象使许多人觉得如此奇异，以至他们认为，这按照自然的进程是不可能的，而认为它乃是为了上帝的一个特殊的意图而作出的非常的安排。不过，一个具有自己的写下的宗教（《圣经》）的民族，是绝不会与另一个没有这样写下的宗教、而是只有习俗的民族（如罗马帝国——当时是整个文明世界）融合进一种信仰的；毋宁说，它或迟或早地造就了一批认信者。因此，即使是犹太人，在巴比伦之囚以后——他们的《圣经》似乎最早是在那之后成为公开的读本的——也不再由于他们追随外来神灵的倾向而受到指摘了。尤其是肯定也影响过他们的亚历山大里亚文化，可能曾有利于他们赋予那些外来神灵一个体系化的形式。同样，琐罗亚斯德教的信徒波斯人，虽然居住分散，也把他们的信仰保存到了今天；因为他们的大祭司拥有《阿维斯陀注释》。相反，使用茨

总的附释 〔137〕

在所有与宗教相联系的信仰方式中，研究活动在其内在属性的背后，都不可避免地遇到一种**奥秘**，即遇到某种**神圣**的东

冈人这个名称散布各地的印度人，由于他们乃是出自这个民族的渣滓（贱民），他们甚至被禁止阅读自己的《圣经》，因而也就难免与外来信仰混合了。不过，犹太人尽管如此未能单独为自己造成的东西，基督教和后来的穆罕默德教，尤其是基督教却做到了。因为它们是以犹太人的信仰和属于这一信仰的《圣经》为前提条件的（尽管穆罕默德教宣称这些《圣经》是伪造的）。而犹太人尽管在迁徙中很大程度上失去了阅读自己的古老文献的能力，从而也失去了占有它们的兴趣，只剩下了他们从前曾经拥有过这些文献的回忆，但他们总还是能够在从他们那里出发的基督徒那里重新找到这些文献。因此，如果把马拉巴尔海岸的少数犹太人和中国可能有的一个犹太村落（其中前者可能与他们在阿拉伯的信友有着持续不断的商业来往）除开，那么，在上面提到的各国之外，人们也没有发现犹太人，尽管无可置疑的是，他们不会不也散布到那些富裕的国家中去。但由于他们的信仰缺乏与当地的信仰方式的任何类似性，他们完全遗忘了自己的信仰。但是，把令人满意的考察建立在犹太民族及其宗教在对他们来说如此不利的情况下得以如此保存下来的基础之上，是很糟糕的，因为两种意见的每一方都相信可以在这里找到自己的解释。一方把自己所属的民族得以保存，以及自己的尽管散布在如此众多的民族之中却依然纯洁的古老信仰得以保存，看做要为一个未来的地上王国保存这个民族的某种特别的、仁慈的天意的证明。另一方则把它看做不过是一个被摧毁的、抗拒临近的天国的国家的鉴戒性废墟。一个特别的天意之所以还一直保存这废墟，部分是为了使关于一个出自这个民族的弥赛亚的古老预言保存在人们的怀念中，部分是为了在它上面树立一个公正惩罚的榜样，因为这个民族冥顽不化地要从政治上理解弥赛亚，而不是在道德上理解弥赛亚。

西，它虽然可以为每一个单个的人所**知道**，但却不能成为**众所周知的**，即不能被普遍地传达出来。作为某种**神圣的东西**，它必然是一个道德的对象，从而也就是理性的一个对象，并且可以被内在地认做对于实践的运用来说是充足的；但是作为某种**奥秘的东西**，它对于理论的运用来说却不是充足的，因为它在这种情况下必须对每一个人来说都是可传达的，从而也可以成为外在的和众所周知的。

信仰某种我们同时应看做是神圣的奥秘的东西，这可以
〔138〕或者被看做一种**神圣启示的信仰**，或者被看做一种**纯粹理性的信仰**。如果没有极大的迫切需要迫使我们接受前者，那么，我们将立足于后者作为我们的准则。情感并不是认识，因而也不说明任何奥秘。而且既然奥秘是与理性相关的，但又不能被普遍地传达，所以，（如果在任何时候有这样一种东西的话）每一个人都将只能在他自己的理性中寻找它。

先天地、客观地澄清是否存在这样的奥秘，这是不可能的。因此，我们将不得不直接在内心中、在我们道德禀赋的主观因素中去搜索，以便看一看在我们心中是否存在有诸如此类的东西。道德事务虽然是可以公开传达的，但我们却不能给出其原因，而是只能给出供我们认识、但却不能公开传达的东西。然而，我们并不可以把道德事务的对于我们来说无法探明的**根据**算做神圣的奥秘。例如自由，它是人根据自己的任性可以受无条件道德的法则所决定而得知的一种属性，但它不是奥秘，因为对它的认识对每一个人来说都是**可传达的**。但是，这种属性的对于我们来说无法探明的根据是一个奥秘；因为它并**没有被给予**我们供我们认识。但恰恰惟有这种自由，才是那种当它被运用于实践理性的最终客体、即道德终极目的的理念的实现时，就不可避免地把我们引导到神圣的奥秘的

东西。①

由于人不能自己实现与纯粹的道德意念不可分割地结合在一起的至善理念（不仅是从隶属于它的幸福方面来说，而且还从人们为整个目的的必然联合方面来说），尽管如此，却在自身中发现了必须致力于此的义务，所以，人发现自己被引向了对一个道德的世界统治者所做的协助或者安排的信仰，只有借助他的协助和安排，这一目的才是可能的；于是，关于上帝在这方面会做什么，是否可以一般地把**某种东西**归之于他，以及可以把**什么**特别地归之于他（上帝），在人面前就呈现出一个奥秘的深渊。不过，人在每一种义务中所认识的，无非是为了能够配享那种不为他所知、至少不为他所理解的襄助，他自己应该做些什么。 〔139〕

① 例如，世界上所有物质普遍具有重力的原因是我们所不知道的，以至我们甚至可以认为，它绝不会为我们所知；因为单是它的概念就已经以一种无条件地包含在它本身中的第一推动力为前提了。然而，它并不是一种奥秘，而是可以向每一个人说明的，因为它的法则是被充分认识到的。当**牛顿**把第一推动力设想为仿佛是上帝在显象界无所不在（omnipraesentia phaenomenon [作为现象的无所不在]）时，这不是试图去解释它（因为上帝在空间中的存在包含着一种矛盾），但却是一个庄严的比喻，它仅仅着眼于通过赋予有形的存在者一个无形的原因，而把有形的存在者结合成为一个世界整体的问题。同样的情况似乎也发生在试图去洞察把有理性的世俗存在者联合为一个伦理国家的独立原则、并由此出发解释这种联合的场合。我们只知道使我们如此的义务；即使我们服从义务，预期的结果的可能性也超出了我们的所有洞察力的界限之外。——存在有自然界的奥秘、隐秘（arcana [玄秘的事物]），也可能存在有政治的奥秘（保守秘密，secreta [机密]），它们不应该成为众所周知的。但是，由于二者都是以经验性的原因为基础的，它们都是**能够**为我们所知的。就人们普遍有义务认识的东西（即道德事务）而言，不可能存在有任何奥秘。但就只有上帝才能做到的事情而言，参与其事超出了我们的能力，因而也超出了我们的义务，只有这时才会存在真正的奥秘，即宗教的神圣奥秘（mysterium）。关于它们，对于我们有用的只是知道并且理解到有这样的东西存在，而不是去洞察它。

一个道德的世界统治者的这一理念，是我们的实践理性的一个课题。我们感兴趣的并不是知道上帝就其自身而言（就其本性而言）是什么，而是知道他对于作为理性存在者的我们而言是什么。虽然我们为了这一关联必须这样思考和设想上帝的那个本然属性，即对于这种关系来说，在为贯彻他的意志所要求的完善性中是必要的（例如作为一个不变的、全知的、全能的存在者等等），而且离开这一关联，我们在他那里就不能认识任何东西。

根据实践理性的这种需求，普遍的真正的宗教信仰也就是信仰上帝：1. 他是天地的全能的创造者，即在道德上是**圣洁的**立法者；2. 他是人类的维护者，是人类的**慈善的**统治者和道德上的照料者；3. 他是他自己的神圣法则的主管者，即**公正的**法官。

〔140〕 这种信仰本来不包含任何奥秘，因为它仅仅表示了上帝与人类在道德上的关系。它也自发地呈现在所有的人类理性面前，因而我们在大多数文明民族的宗教中，都可以发现这种信仰。① 它蕴涵在一个作为共同体的民族的概念之中，在一个这

① 在关于末世的神圣预言故事中，**世界审判者**（真正说来是这样一个身旁者，他把属于善的原则之国的人们作为自己人，置于他的统治之下，并把他们拣选出来）不是被设想和称做上帝，而是被设想和称做人子。这似乎表明，**人类自己**由于意识到自己的局限性和脆弱，将在这一拣选中判决**自己**。这是一种仁慈，但并不损害正义。——与此相反，如果人们的审判者表现在他的神性中，就像他按照为我们所承认的神圣法则和我们自己的责任对我们的良知讲话那样（圣灵），那么，他只能被设想为按照法则的严峻性作审判，因为我们自己根本不知道，要怎样归咎于我们的脆弱才能对我们有利，而只不过清楚地知道在意识到我们的自由的情况下所做出的逾越行为，知道完全可以归咎于我们的对义务的损害，从而也就没有理由在审判者关于我们的判决中假定仁慈。

样的民族中，任何时候都必须考虑这样一种三重的高层权力（pouvoir），只不过它在此被设想为伦理的罢了。因此，人类的道德元首的这种三重性质，可以被设想为在同一个存在者中结合在一起。而它们在一个律法的公民国家中，则必须被分配在三个不同的主体之下。♀①

但是，由于这种为了一般宗教而使人与最高存在者的道德关系脱除了有害的神人同形同性论因素、并使之符合一个上帝子民的真正品德的信仰，是首先在一种（基督教的）教义中提出，并且仅仅在这一教义中才向世界公开提出的，所以，我们倒是可以把颁布这种信仰称做迄今为止，由于人们自己的罪过而对人们仍是奥秘的东西的启示。〔141〕

这一教义宣称：**首先**，我们既不应该把最高的立法者本身设想为**仁慈的**，从而对人们的弱点也就是**宽容的**（容忍的），

① 我们找不出理由来说明，为什么如此多的古老民族在这个理念上是一致的。除非理由在于，当我们要设想一个民族政府，并且（根据与一个民族政府的类比）设想一个世界政府的时候，这个理念就蕴涵在普遍的人类理性之中。**琐罗亚斯德教**有这三个神的位格：奥尔穆兹德、密特拉和阿里曼；**印度教**有梵天、毗湿奴和湿婆（区别仅仅在于，前者不仅把第三个位格，就其是惩罚而言设想为灾祸的始作俑者，而且甚至于设想为使人遭受惩罚的道德上的恶；而后者则仅仅把它设想为进行审判和惩罚的）。**埃及人的**宗教有卜塔、克奈夫和内特，其中，就来自这个民族远古时代的信息的模糊性使人能够猜测而言，应该是第一个原则体现与物质有别的精神，它是**世界的创造者**，第二个原则体现起维护和**治理**作用的仁慈，第三个原则体现限制仁慈的智慧，即**正义**。**哥特人**的宗教崇敬奥丁（万有之父）、弗莱亚（仁慈）和托尔，即从事审判（惩罚）的神。甚至犹太人似乎在其等级制度的最后时代也追随过这些理念。因为在法利赛人关于基督被称做上帝之子的指控中，他们的指控似乎并没有特别强调认为上帝有一个儿子的学说，而是仅仅强调基督自称是上帝的这一儿子。

也不应该把他设想为**专制的**，仅仅根据他的无限制的权力颁布命令的；也不应该把他的法则设想为任意的，与我们的道德概念一点也不相似的，而应该将这法则设想为与人们的圣洁性相关的法则。**其次**，我们不得把他的仁慈设定在对他的造物的一种无条件的**宠爱**之中，而是必须设定在这一点之中，即他首先关注这些造物借以能够使他**喜悦**的那些道德品性，只是在此之后才来弥补他们在由自己来满足这一条件方面的无能。**再次**，他的公正不能被设想为**仁慈的**和**软心肠的**（这包含着自相矛盾），更不能被设想为以立法者的**圣洁性**的品质（面对这种品质，没有一个人是公正的）实施，而是只能被设想为把仁慈限制在这样的条件下，即人们就作为**人的子女**能够符合神圣法则的要求而言，与这种法则保持一致。一言以蔽之：上帝要人们以一种三重的、类别不同的道德品质来事奉，对于这样一种品质来说，同一存在者的不同人格（不是自然方面不同，而是道德方面不同）的这种命名，并不是什么不合适的表述。信仰的这种象征同时表达出了整个纯粹的道德宗教。否则，没有这种区别，按照人把神明设想得和一个人类元首一样（因为人类元
〔142〕首在其统治中通常不是把这三重的品质彼此分开，而是经常把它们掺杂或者混淆起来）的倾向，纯粹的道德宗教就会面临蜕化为一种神人同形同性论的强制信仰的危险。

但是，如果这种（对上帝的三位一体的）信仰不是仅仅被视为一个实践理念的表象，而是被视为一种应当表现上帝本身是什么的信仰，那么，它就会是一种超越了人的所有概念的、从而不能启示给人的理解力的奥秘，并且可以从这种角度被宣布为这样一种奥秘。对这种奥秘的信仰，作为对人关于上帝的本性的理论认识的扩展，只会是对一种完全不为人所理解的，即使人们能够理解，也是教会信仰的神人同形同性论象征的信奉，这对道德上的改善没有丝毫帮助。——只有我们在实

践关联中能够很好理解和洞察、但在理论方面（为了规定客体自身的本性）却超越了我们的所有概念的东西，才是（在一种关联中的）奥秘，并能够（在另一种关联中）被启示。上述奥秘就是属于后一类的。它可以被划分为三种借助我们自己的理性启示给我们的奥秘：

1. **天职**（我们作为公民对一个伦理国家的天职）的奥秘。——只是就我们把自己同时看做上帝的**造物**而言，我们才能设想人普遍地、**无条件地**服从上帝的立法；就像上帝之所以能够被看做所有自然规律的制作者，只是因为他是自然事物的创造者一样。但是，存在者应如何被**创造得**能够自由地运用自己的力量，这对我们的理性来说是绝对不可理解的。因为按照因果律，对于一个被视为产生出来的存在者而言，除了产生它的原因置于它里面的那种根据之外，我们不能赋予它其他任何内在的行动根据。它的任何行动都是由产生它的原因置于它里面的根据（从而也就是由一个外在的原因）决定的，因而这个存在者本身也就是不自由的。因此，我们的理性洞见无法把上帝的、圣洁的、从而仅仅涉及自由的存在者的立法与自由的存在者被创造这个概念一致起来。相反，我们必须把自由的存在者看做是已经实存的自由存在者，它们并不是因为其被创造而由其自然依赖性所决定，而是由一种纯然道德的、按照自由律 〔143〕
可能的强制，即一种成为上帝之国的公民的天职所决定的。因此，在这一目的上的天职，在道德上是完全清楚明白的；但是对于思辨来说，这一天职的可能性是一个无法看透的奥秘。

2. **救赎**的奥秘。就像我们所知道的那样，人是堕落了的，并且绝不能自动地符合那种圣洁的法则。尽管如此，既然仿佛是上帝的仁慈把人召唤到存在，即邀请到一种特殊的实存方式（成为天国的一员），那么，他就也必然有办法从他自己丰富的圣洁性中弥补上人在这方面所不可少的适宜性的缺乏。然而，这是与自发性（它对于一个人自身可能具有的所有道德上的善和恶来说，都是前提条件）相悖的。根据自发性，这样一种善如果应该能够被归功于他的话，就必须不是出自另一个人，而是出自他自己。——因此，就理性所能洞见的来说，没有任何别的人能够通过善行的充盈，或者通过其功德来代替他。或者说，即使**假定**这种情况，也只是在道德方面才有必要**假定**它，因为对于玄想来说，它是一个无法达到的奥秘。

3. **拣选**的奥秘。即使承认那种替代性的救赎是可能的，但在道德信仰上假定这种救赎，毕竟是一种向善的意志规定，它已经以人心中的上帝所喜悦的意念为前提条件，但人在本性的堕落之后是不能由自己在自己心中产生这种意念的。不过，说在他里面应当有一种天国的**神恩**在起作用，这种圣宠不是按照劳作的功德，而是通过无条件的**决定**赐给一个人这种帮助，拒绝给予另一个人这种帮助的；我们人类的一部分被拣选出来获得永福，另一部分则被永罚，这同样不能使人理解上帝的公正，而顶多会必然地和某种其规则对我们来说绝对是一个奥秘的智慧发生关联。

现在，关于这些奥秘，就其涉及每一个人的道德生活史而言，也就是说，一般道德上的善或者恶会存在于世界上，这种事情究竟是怎么发生的？以及（如果恶存在于所有人身上，并存在于所有时间中）善是怎样从恶中产生，并在任何一个人身上确立起来的？或者说，为什么当**这种情况**发生在一些人身上时，另一些人却被排除在外？——对此，上帝没有也不能为我
〔144〕们启示任何东西，因为我们反正不会**理解**♀[①]它们。这就好像

① 通常，人们会毫不犹豫地去要求宗教的初学者信仰奥秘。因为我们不能**理解**它们，即不能洞察它们的对象的可能性，这同样不能使我们有理由去拒绝接受它们。

我们想要从人的自由出发去**解释**和**理解**所发生的事情，而上帝对此虽然通过我们心中的道德法则启示了他的意志，但却使一个自由的行动在尘世发生或者不发生的**原因**遗留在幽暗中。凡是应该根据因果律来理解，但作为历史又是出自自由的东西，对于人们的研究来说，都必然停留在这样一种幽暗之中。♀[①] 不过，就我们的行为的客观规则而言，凡是我们需要的东西都（通过理性和《圣经》）充分地对我们启示出来了，而这种启示同时对于每一个人来说都是可以理解的。

说人由道德法则召唤而走向善的生活方式，说人由于心中蕴涵有对道德法则的永不消逝的敬重而在自己身上发现某种预兆，预示自己也会对这种善的精神产生信任，并会希望无论如何都能够做得让它满意；最后，说他必须通过把后一种期望与道德法则的严格诫命加以对照，不断地检查自己，如同在一位法官面前被要求作出解释，所有这些，都是理性、心灵和良知同时教导和推动的。要求为我们显露更多的东西，乃是希望过分。即使真要如此，他也不应把这算做是人的普遍需求。 〔145〕

就像有机物质的生殖能力一样，也没有人理解它，但并不因此就能被拒绝接受，尽管它对于我们来说是并将仍然是一个奥秘。不过，我们很清楚地**懂得**这一术语要说的是什么，对于这一对象有一个经验性的概念，同时又意识到其中并不包含自相矛盾。对于每一个向信仰提出来的奥秘，我们都可以有理由要求自己**懂得**这意味着什么。之所以如此，并不是因为我们**逐一地**弄懂了暗示这奥秘的那些语词，即把它们与一种意义结合起来，而是因为它们被概括为一个概念，必然还是容许有一种意义的，而一切思想在这里并没有被说尽。说只要我们在自己这方面不缺少诚意，上帝就很可能会凭借**灵感**让我们得到这种知识，这是不可思议的。其原因在于，我们内心根本没有这种知识，因为我们的知性的本性没有能力得到这种知识。

① 因此，我们在实践关联中（如果谈的是义务）完全可以懂得什么是自由；但在理论方面，就自由的因果性（似乎是它的本性）而言，却连设想要弄懂它而不陷入自相矛盾也不可能。

不过，即使能够使那在一个定式中包含着上述一切东西的重大奥秘，对每一个人来说都可以理解为实践上必需的宗教理念，我们还是可以说，为了成为宗教的道德基础，特别是成为一种公共宗教的道德基础，这一奥秘只有在被公开地讲授、并被当做一个崭新的宗教时代的象征时，才会被启示出来。**礼仪上的定式**通常都包含着它们自己的、仅仅为属于一个特殊团契（一个行会或者一个共同体）的人规定的、有时是神秘的、并不为每一个人都理解的语言。人们也应该有理由（出自敬重）把这种定式仅仅用于某种庆祝活动的目的（例如当某人应被作为成员接纳入一个把自己与其他人隔离开来的团契时那样）。然而，有限的造物在道德上的完善这一最高的、人们绝不能完全达到的目的，却是对法则的爱。

根据这一理念，在宗教中一个信仰原则就是："上帝就是爱"；在上帝里面。我们可以**崇敬**那施爱者（连同在道德上**喜悦**人们的爱，假如人们符合他的圣洁法则的话），即**圣父**；此外，在他里面，假如他体现在他的维护一切的理念之中，即体现在由他自己所生和所爱的人性原型之中，我们可以**崇敬**他的**圣子**；最后，假如他把这种喜悦限制在人与那种喜悦的爱的条件相一致的条件上，并且由此证明它是建立在智慧基础之上的
〔146〕爱，我们可以**崇敬圣灵**[①]；但真正说来，我们不可以在如此多

① 这个圣灵把作为赐福者的上帝的爱（真正说来是我们根据这种爱作出的回应之爱），与在作为立法者的上帝面前的敬畏，也就是说，使受条件制约的东西与条件结合起来，从而被设想为"从二者出来的"。除了"他要引导你们明白一切的真理（遵循义务）"之外，这个圣灵同时也是人们（在面对自己的良知时）的真正的审判者。因为可以在双重的意义上理解审判：或者是对功德和缺乏功德的审判，或者是对罪过和无罪的审判。把上帝作为**爱**（在他的圣子中）来看，他审判人们，是就人在自己的罪责之上还有一种

重的位格中向他**祈祷**的（因为这会暗示着本质的不同，而他始

功德对自己有利而言的。而他的判决也就是：**配得上**或者**配不上**。他把还能够算做有这样一种功德的人拣选出来作为他的自己人。其余的人则一无所得。与此相反，依照**公正性**的审判者（这是真正以圣灵的名义应如此称谓的审判者）关于不可能有一种功德对其有利的人们的判决是：**有罪**或者**无罪**，即诅咒或者释罪。——在前一种场合里，**判决**意味着把有功德者从无功德者中**拣选**出来，双方都是在谋求一种奖赏（永福）。但是，**功德**在这里不是被理解为在与法则的关联中道德性的优越（在法则方面，我们不可能在遵循义务上，获得超出我们罪责的盈余），而是仅仅被理解为，在与其他人就其道德意念而言的比较中道德性的优势。**配得上**始终也只有否定的意义（不是配不上），即在道德上有接受这样一种仁慈的能力。——因此，就第一种品质进行审判的审判者（作为 Brabeuta［裁判］），是在**两种**谋求奖赏（永福）的个人（或者党派）之间作出选择判断的；而就第二种品质作出审判的审判者（真正的审判者），其判决是关于同一个人，当这个人面对在起诉人和辩护人之间作出判决的法庭（良知）时作出的。——现在，倘若假设所有的人都犯有罪责，但他们中的一些人却可以有一种功德对他们有利，那么，所作出的就是**出自爱心的审判者**的判决。如果没有这种审判者，则只会引起一种**驳回性判决**，但这样一来，**诅咒性判决**（由于人在这种情况下就落入了出自正义的审判者手中）就将是它的不可避免的结果了。——在我看来，以这种方式也就可以把以下两个相互冲突的命题：即"上帝之子将降临，审判活人和死人"，另一方面则是"上帝差他的儿子降世，不是要定世人的罪，乃是要叫世人因他得救"（《约翰福音》，第 3 章，第 17 节），统一起来了；并且与下述命题也达成了一致，即"不信圣子的人，罪已经定了"（《约翰福音》，第 3 章，第 18 节）。这里所借助的就是圣灵；关于圣灵，经中说道："它将为了罪、为了正义的缘故而审判世人"。——在纯然理性领域内所进行的这样的区分，精细得令人可怕，就好像它是被指派做这种区分似的。我们很容易就可以把这种精细视为毫无用处的、令人讨厌的繁琐。假如这是为了对上帝的本性进行研究，情况也的确会如此。但是，由于人们在自己的宗教事务中，总是倾向于由于自己的罪过而指望上帝的仁慈，尽管如此，却不能回避他的公正，而在同一个人格身上，**仁慈的审判者**是自相矛盾的，所以，我们清楚地看到，即使在实践方面，人们对此的概念也必然是摇摆不定的、难以自圆其说的。因此，纠正和精确地规定它们，具有重要的实践意义。

〔147〕终只是一个惟一的对象），而倒是可以用他自己在万物之上所崇敬的、所爱的那个对象的名称来向他祈祷。与那个对象在道德上保持一致，既是我们的愿望，也是我们的义务。此外，在理论上皈依对上帝在这三重品质中的本性的信仰，也只不过属于一种教会信仰古典定式，以便把这种教会信仰同其他各种由历史渊源派生出来的信仰方式区别开来。很少人有能力把它与一个清晰的、确定的（不会被误解的）概念结合起来。而它的讨论更多被归于教师（作为一部《圣经》在哲理上的和学识上的诠释者）相互之间的关系，以便在它的意义问题上达成一致。这种意义并不是全都适合一般的理解力，或者适合这个时代的需求的，而仅仅字面上的信仰则与其说改善了真正的宗教意念，倒不如说败坏了它。

第四篇
论善的原则统治下的事奉和伪事奉，或论宗教与教权制

〔151〕 如今，已经有了善的原则的统治的一个开端，有了“上帝的国降临我们”的一个信号，即使仅仅是它的宪章的基本原理开始成为**公共的**。因为它已经存在于知性世界，为此，惟一能够造成它的那些根据，已经普遍地植下了根，尽管它在可感世界的显现的完全展开还被推移到不可预见的遥远未来。我们已经看到，联合成为一个伦理的共同体，是一种特殊的义务(officium sui generis)。尽管每一个人都服从自己的私人义务，从中也许可以推论出，即使为此不需要特别的安排，所有的人也可能会**偶然地一致**趋向一种共同的善，但是，如果不是把所有的人为了上述目的而彼此联合起来，并建立一个遵循道德法则的**共同体**，来作为联合起来的、因而更为强大的力量来对抗恶的原则的侵袭（否则，人们将彼此诱惑去充当恶的原则的工具），由此而形成一项特别的事业，那就不可以期望所有人的那种一致。——我们还看到，作为一个**上帝的国**，这样一个共同体只有通过**宗教**才为人们所实现，而且最终为了使这种宗教
〔152〕 成为公共的（这为一个共同体所要求的），这种共同体有可能以一个**教会**的感性形式表现出来。因此，建立教会是人们有责任去促成的一件工作，它既是托付给人们的，也是要求人们的工作。

但是，按照宗教法则建立一个作为共同体的教会，所要求的智慧似乎要比可以相信人们所具有的智慧更多（无论是在洞察力方面，还是在善的意念方面）；特别是因为，为了这一目的，似乎必须**假定**这样一种安排所期望的道德上的善已经存在于人们身上。事实上，说**人们**应该**创立**上帝的国（就像的确可以说，他们能够建立一个人类君主的国一样），这也是一个自相矛盾的说法。上帝的国的缔造者必须是上帝自己。只是由于我们不知道上帝为了在现实中展现他的国的理念——我们在自身中发现了成为这个国中的公民和臣民的道德规定性——直

接地在做些什么，但却清楚地知道，我们为了使自己适宜于成为这个国的一员而必须做些什么。因而这个理念，无论它是由理性还是由《圣经》在人类心中唤起并使之成为**公共的**，才把我们为了建立教会而结合起来；就后一种情况而言，上帝自身作为教会的创立者，是教会**宪章**的缔造者，而人们作为这个国的成员和自由的公民，在任何情况下都是这个**组织**的缔造者。因为人们中间那些根据这一组织管理它的公共事务的人，作为教会的仆从，构成了这一组织的**行政管理机构**，而其他所有的人则构成了一个服从其法则的团体，即**会众**。

由于一种纯粹的理性宗教作为公共的宗教信仰，只容许关于一个教会的纯然理念（即一个不可见的教会的纯然理念），而只有建立在规章之上的可见的教会，才需要并且能够实现一个由人所创立的组织，所以，在不可见的教会中，善的原则统治之下的事奉，不能被视为对教会的事奉，任何宗教都没有作为一个伦理共同体**官员**的法定侍从。一个伦理共同体的每一个成员都直接地从最高立法者那里接受他的指令。但是，由于尽管如此，就我们的所有义务（我们必须把它们同时通统看做上帝的诫命）而言，我们在任何时候都处于对上帝的事奉中，所以**纯粹的理性宗教**以所有慎思明辨的人为自己的**仆从**（但却不是**官员**）。只不过他们就此而言不能被叫做一个教会（即一个 〔153〕
可见的教会，这里所谈的只是可见的教会）的仆从罢了。然而，由于每一个建立在规章性法则之上的教会，都只是就它在自身之中包含着能够不断地接近纯粹的理性信仰（这样一种理性信仰如果是实践的，就在任何一种信仰中真正地构成了宗教），并且随着时间的流逝摆脱教会信仰（就在它里面的历史性的东西来说）的原则而言，才能是真正的教会，所以，我们也就毕竟可以在这些法则中，并且凭借在此之上建立的教会的官员确立一种对教会的**事奉**（cultus［崇拜］），只要这些官员在任何时候都把自己的学说和指示对准那个最终的目的（一种公共的宗教信仰）。与此相反，一个教会的仆从若是根本无视这一目的，反倒把向这一目的的不断接近宣布为该诅咒的，却把对教会信仰的历史性和规章性部分的忠诚宣布为惟一能够造福于人的，就可以有理由指控他们为对教会或者对善的原则统治之下的（通过教会表现出来的）伦理共同体的**伪事奉**。我把一种伪事奉（cultus spurius［虚假的崇拜］）理解为说服某人通过那些事实上使他的这个意图适得其反的行动来事奉。但是，伪事奉在一个共同体中之所以发生，乃是因为为了满足一位元首的意志，只具有手段价值的东西被说成是、并取代了直接使我们让他喜悦的东西。这样一来，这位元首的意图也就落空了。

第一章

论在一般的宗教中事奉上帝

宗教（从主观上来看）就是把我们的一切义务都认作是上
〔154〕 帝的诫命。[①] 如果在一种宗教中，为了把某种东西承认为我的

① 通过这一定义，将防止对宗教概念的一些错误解释。**首先**：就理论上的认识和认信而言，并不因为如果缺少了我们对超感性对象的洞见，这种认信就已经有可能是虚伪的了，从而在宗教中要求有实然的知识（即便是对上帝存在的实然的知识），而是只要求一种根据思辨对事物的最高原因作出的**或然的**假设（假说）。但是，就我们在道德上颁布命令的理性指示我们去造成的对象而言，一种预告理性的这种终极意图之结果的、实践的、因而也是自由的**实然**信仰，却是被当做了前提条件。这种信仰只需要**上帝的理念**，严肃的（因而也是虔诚的）、向善的道德修养，

义务，我必须事先知道它是上帝的诫命，那么，这种宗教就是**启示的**（或者是需要一种启示的）宗教。与此相反，如果在一种宗教中，我必须在能够承认某种东西是上帝的诫命之前，就知道它是义务，那么，这种宗教就是**自然宗教**。如果一个人只是把自然宗教宣布为道德上必需的，也就是说，宣布为义务，那么，他也可以被称做（信仰事务上的）**理性主义者**；如果他否认任何超自然的上帝启示的现实性，那么，他就叫做**自然主**

都会必然不可避免地导向这个理念，但这种信仰并不用自以为能够凭借理论上的认识保证这个理念的客观实在性。对于能够被当做每一个人的义务的东西，**最低限度的**认识（可能有一个上帝存在）在主观上必然就已经是足够的了。**其次**，通过这个一般宗教的定义，将防止这样一种错误的观念，就好像宗教是那些**特殊的**、直接与上帝相关的义务的一个总和似的。而且，由此防止我们（人们本来是很热衷于这样做的）在人们的伦理公民义务（人对人的义务）之外，还纳入**对宫廷的事奉**，并在此之后反过来试图用后者来弥补就前者而言的缺陷。在一种普遍的宗教中，不存在任何对上帝的特殊义务，因为上帝不能从我们接收任何东西，我们不能对他和为他造成影响。如果想把对他的应有敬畏当做这样一种义务，那就是没有考虑到，这并不是一种特殊的宗教行动，而是在我们的所有合乎义务的行动中的宗教意念。即使说，“顺从上帝，不顺从人，是应当的”，这也无非是意味着：如果规章性的诫命——就它们来说，人能够是立法者和审判者——与义务——它们是理性无条件地规定的，并只有上帝才能裁决是遵循了它们还是逾越了它们——发生了冲突，那么，前者的权威必须为后者让路。但是，如果要把在其中必须顺从上帝甚于顺从人的东西理解为规章性的、由一个教会伪称的上帝诫命，那么，上述基本原理就会很容易成为虚伪的、有统治欲的教士为了反叛他们的世俗当局而发出的那种多次听到过的战斗叫声了。因为世俗当局所要求的被许可的东西**无疑**是义务，但是否某种本身虽然是被许可的、但却只有通过上帝的启示才对我们来说是可以认识的东西确实是上帝所要求的，这却是（至少绝大部分是）极不确定的。

义者；如果他虽然容许这种超自然的上帝启示，但却主张认识
〔155〕这种启示并认为这种启示是现实的，这对于宗教来说并不是必须要求的，那么，他可以被称做一个**纯粹的理性主义者**；但是，如果他认为对这种启示的信仰是为普遍的宗教所必需的，那么，他就可以叫做信仰事务上的纯粹的**超自然主义者**。

理性主义者必然由于他的这一称号，自动地就已经把自己限制在人的洞察力的限度之内了。因此，他绝不会作为自然主义者来否认，既不会否认一种启示的内在可能性，也不会否认一种启示作为引导真宗教的手段的必要性；因为对此没有一个人能够凭借理性有所断定。所以，有争议的问题仅仅涉及纯粹的理性主义者和超自然主义者在信仰事务上的相互要求，或者涉及一方或另一方认为是惟一真宗教所必要并且充分的东西，或仅仅是它偶然的东西。

如果划分宗教不是按照它的最初起源和它的内在可能性（在此，宗教被划分为自然宗教和启示宗教），而是仅仅按照使它**能够对外传达**的性能，那么，它可以有两种类型：要么是**自然宗教**，每一个人都可以凭借自己的理性使自己相信它（只要它一存在）；要么是**博学的宗教**，人们只能借助于博学（宗教在这种博学中并通过它被引出来）使别人相信它。这种区分非常重要，因为仅仅从一种宗教的起源出发，对于它是否适宜作为一种普遍的人类宗教而言，推不出任何东西。但从它是否能够被普遍传达的性能出发，就能很好地做到这一点。不过，前一种特性构成了应当联结每一个人的那种宗教的本质特征。

依此，一种宗教可能是**自然**宗教，尽管如此，也可能同时是**启示**宗教，只要它具有这样的性质，即人们虽然不会像所要求的那样早和在那样广泛的传播中想到它，但却仅仅凭借使用自己的理性就**能够**并且**应该**自发地**想到**它，从而它的启示也就

会指向某个时间和某个地点，就能够对人类非常有用，以至由此而引入的宗教一旦存在并且成为众所周知的，此后每一个人〔156〕就都可以凭借自身和自己的理性来相信它的这种真理。在这种情况下，宗教尽管**在主观上**是一种启示宗教，但**在客观上**却是一种自然宗教。因此，它也理所当然地拥有自然宗教的名称。因为人们今后也许会完全忘却曾经发生过这样一种超自然的启示，但在这种情况下，那种宗教却无论在其可理解性方面还是在其确定性方面，还是在对心灵的力量方面，都不会有丝毫的损失。不过，对于那种由于其内在的性质而只能被看做启示宗教的宗教来说，就是另外一回事了。如果它不是被保存在一个十分可靠的传统，或者作为原初文献的《圣经》中，它就会从世界上消失。于是就必须要么有一种每时每刻重复的启示，要么在每一个人的内心中持续不断地发生一种超自然的启示；如果没有这样的启示，这样一种信仰的传播和延续就会是不可能的。

但是，至少就一个方面来说，每一种宗教，甚至包括启示宗教，都必然包含自然宗教的某些原则。因为启示只有通过理性才能被考虑进一种**宗教**的概念，其原因在于，这个概念自身，作为从一个**道德上的**立法者的意志要求的责任中引申出来的东西，是一个纯粹的理性概念。这样，我们自己就将能够把一种启示宗教一方面仍作为自然宗教，另一方面又作为**博学的**宗教来考察、审查，并且区分它从这一个源泉或者另一个源泉应该得到什么以及得到多少。

不过，如果我们的意图是谈论一种启示宗教（至少是一种被假定为启示宗教的宗教）的话，倘若不从历史中抽取某个这方面的实例，是无法这样做的，因为我们必须想出一些事件来作为实例，以便弄明白哪些事件的可能性对于我们来说会是有争议的。但是，除了拿起某一部包含着诸如此类的实例的经书，尤其是一部紧密交织着道德的、从而接近理性的学说的经书，作为阐明我们关于一般启示宗教的理念的媒介，我们也不可能有更好的办法。在这种情况下，我们是把这部经书当做众多凭借一种启示的信誉讨论宗教和德性的经书中的一部来作为事例，
〔157〕来说明那种本来就有用的方法，即找出对我们来说在其中可能包含有纯粹的，从而也是普遍的理性宗教的东西，但并不打算干涉那些受委托把这部经书诠释成为实证的启示学说的总和的人们的事务，也不打算借此攻击他们那建立在博学之上的诠释。毋宁说，由于他们与哲学家追求的是同一个目的，即道德上的善，所以，使哲学家凭借自己的理性达到他们想沿着别的途径达到的目的，这对于他们来说是有利的。

此时此地，这部经书也就可以是指《新约》，它是基督教教义的源泉。按照我们的意图，我们打算分两节，根据其内容和在其中出现的原则，首先介绍作为自然宗教的基督教，然后介绍作为博学的宗教的基督教。

一、作为自然宗教的基督教

自然宗教作为道德（与主体的自由相联系），与能够对其终极目的产生效果的东西的概念（作为道德上的世界创造者的**上帝**的概念）相结合，并联系到人与这整个目的相适宜的存续（不朽），是一个纯粹的实践的理性概念。不过，虽然这一概念是无限富有成果的，但它毕竟只以很少的理论上的理性能力为前提条件，就可以说服每一个人在实践上充分地坚信自然宗教，至少可以要求每一个人把它的影响作为义务。它在自身就包含着对真正的教会的重大要求，即普遍性的资格，如果我们把这理解为对每一个人的有效性（universalitas vel omnitudo distributiva［分布的普遍性或者全体性］），即普遍的一致性的

话。为了在这种意义上使它作为世界宗教传播开来并且保持下来，它固然需要一批纯然是不可见的教会的仆从（ministerium），但并不需要官员（officiales）。也就是说，它需要教师，但并不需要首领，因为还没有任何一个教会凭借每一单个的人的理性宗教来作为普遍的联合（omnitudo collectiva［集合的全体性］）实际存在，或者凭借那个理念被真正当做目的。——但是，这样一种一致性不是由自己来维持自身，从而 〔158〕
如果不成为一个可见的教会，就不能在其普遍性中延续下去，而是只有当出现了集体的普遍性，即信徒按照一种纯粹的理性宗教的原则联合为一个（可见的）教会时才能如此。但是，可见的教会却不是自动地从那种一致产生的，或者说，即使它被建立起来，也不会被它的自由的追随者（如上文所指出的）带入一种固定的状态，成为信徒的团契（因为在这些觉悟了的人中，没有一个人认为为了自己的宗教意念而需要他人在这样一种宗教中的伙伴关系）。所以，如果在自然的、可以单凭理性认识的法则之上，不再加上某些规章性的，但同时也伴有立法威望（权威）的规定，那么，就始终会缺少那种构成人们的一种特殊义务、构成达到人们的最高目的的一种手段的东西，即缺少使人成为一个普遍的可见教会的那种固定的联合。成为这种教会的缔造者的那种威望，是以一种事迹为前提条件的，而不仅仅是以纯粹的理性概念为前提条件的。

现在假定有一位导师，有一段历史（或者至少是普遍的、不能彻底否认的意见）谈到了他，说他甚至不顾一种成为人们负担的、不以道德意图为目的的、占统治地位的教会信仰（其强制性的事奉可以作为其他任何一种在本质上纯然是规章性信仰的样板，诸如此类的信仰当时在世界上比比皆是），最先公开地宣讲了一种纯粹的、所有世人都能够理解的（自然的）、深刻的宗教，因而其教义作为我们所保有的东西，我们自己就可以检验。如果我们发现，他使那种普遍的理性宗教成为每一种宗教信仰的最高的、不可忽略的条件，并附加上一些包含着各种形式和教规的规章，这些形式和教规应该用做实现一个必须建立在这些原则之上的教会的手段，那么，虽然他那以此为目的的规定具有偶然性和任意性，人们还是不能否认这样的教会理应被称做是真正的普遍的教会，也不能否认他本人具有这样的威望，即感召人联合到这样一种教会中来，又不用新的、给人以负担的规定来增加信仰，或者从由他首先作出的规定中产生出一些特殊的、圣洁的、自身作为宗教的一个部分而具有约束力的行动。

〔159〕根据这一描绘，我们不能错过这个人物，他即便不是不包含任何规章、写在所有人的心田里的**宗教**的**创始人**（因为这种宗教的起源不是任意的），但却可以被推崇为第一个真正的**教会**的**创始人**。——为了证明他的这种作为上帝使者的身份，我们要把他的一些教诲，作为一个宗教的无可怀疑的文献来引用，而不管历史究竟是怎样的（因为在理念自身中，已经蕴涵着作此假定的充分理由）。这些教诲当然也只能成为纯粹的理性教诲，因为惟有它们才能够证明自身，尤其是别的教诲的证明必须以它们为基础。

首先，他希望，不是遵循外在的公民义务或者规章性的教会义务，而是只有纯粹的道德上的心灵意念，才能使人让上帝喜悦（《马太福音》，第 5 章，第 20—48 节）。思想中的罪在上帝面前是被视为等同于行动的（《马太福音》，第 5 章，第 28 节）。完全的圣洁是他应该追求的目标（《马太福音》，第 5 章，第 48 节），例如，在心中恨无异于杀人（《马太福音》，第 5 章，第 22 节）；施加于邻人的不义，只能够借助于对他的补救，而不能借助事奉神明的行动来补偿（《马太福音》，第 5 章，第 24

节）；而在真诚性问题上，民事上的逼迫手段[①]，即起誓，会损害对真理自身的敬重（《马太福音》，第 5 章，第 34—37 节）。

人心的自然的、但也是恶的倾向应该彻底扭转；复仇的惬 〔160〕
意必须转化为宽容（《马太福音》，第 5 章，第 39—40 节）；对仇敌的恨必须转化为善行（《马太福音》，第 5 章，第 44 节）。所以他说，他是要成全犹太人的律法的（《马太福音》，第 5 章，第 17 节），但在这里，显然不是书面学问，而是纯粹的理性宗教，才必然是这种律法的诠释者；因为从字面上来看，它所允许的恰恰是这一切的反面。

此外，借助窄门和小路的提法，他也没有无视对律法的误解，人们允许自己作出这种误解，是为了回避自己真正的道德义务，并通过履行教会义务来补偿损失（《马太福音》，第 7 章，第 13 节）。[②]尽管如此，他仍然要求这些纯粹的意念也在

① 对为使人面对民事法庭招供而采取的建立在纯粹的迷信之上、不是建立在良知感之上的强迫手段的明确禁止，究竟为什么被宗教导师们视为如此不重要，我们无法参透。因为人们在这里最指望起作用的是一种迷信，这一点可以由此看出，即人们的律法裁决（存在于尘世的神圣的东西）建立在一种庄重的证词的真实性之上，而对于一个人们并不信任他会在这证词中说出真相的人，却相信他会被一种定式所打动，这定式对于他的证词来说，所包含的无非是他将为自己招致上帝的惩罚（由于这样一种谎言，他无论如何也不能逃避上帝的惩罚），这就好像是说，是否在这个最高的法庭面前作出说明，完全取决于他自己似的。——在上面引证的经文中，这种保证方式被表现为一种**荒唐的**大胆妄为，仿佛是要凭借几句咒语使不为我们所支配的东西变成现实。但是，我们清楚地看到，智慧的导师在这里说，凡是超出了作为真理保障的是就说是、否就说否的东西，都是出自于恶。他清楚地意识到了起誓所导致的恶劣后果，即赋予起誓以更大的重要性，就使平常的谎言几乎成了可以允许的。

② 导向永生的**窄门**和小路是善的生活方式的门径，许多人所走的**宽门**和大路是教会。这并不是说，好像教会及其规章要为人们的迷失负责似的；而是说，它们要为**加入**教会、认信它的规章、履行它的仪式被看做想真正地事奉上帝所借助的方式负责。

行为中得到证明（《马太福音》，第 7 章，第 16 节）。相反，他剥夺了这样一些人的奸诈的期望，这些人想要通过在最高立法者的使者的位格上呼唤和赞美这位立法者来补偿这些行为的缺乏（《马太福音》，第 7 章，第 21 节）。他期望这些行为也作为可供仿效的榜样而在公众中发生（《马太福音》，第 5 章，第 16 节），而且是出自欢快的心情，不要像是奴隶般被强制的行为（《马太福音》，第 6 章，第 16 节）。他期望，传递和散播这样的意念的微小开端，就像是好田地里的一颗谷种，或者是善的酵母，宗教就由此凭借内在的力量逐渐地扩展为上帝的国（《马太福音》，第 13 章，第 31、32、33 节）。

最后，他把所有的义务概括为：(1) 一个**普遍的**规则（这个规则自身既包含了人们内在的道德关系，也包含了人们外在的道德关系）：履行你的义务，除了出自对义务的直接尊重外，不要出自任何其他动机。也就是说，爱上帝（一切义务的立法者）甚于爱一切。(2) 一个**特殊的**规则，它作为普遍的义务涉及与其他人的外在关系，即爱每一个人如同爱自己，也就是说，出自直接的、并非从自私的动机引申出来的善意来促进自己的福利。这些诫命不仅是德性法则，而且是我们应当追求的
〔161〕**圣洁性**的命令，但就圣洁性而言，单是这种追求就已经叫做**德性**了。——因此，对于那些想要袖手旁观消极地等待这种道德上的善像上天的恩赐一样从天上掉下来的人，他剥夺了他们的在这方面的任何希望。谁把人性中蕴藏的趋善自然禀赋（作为委托给他的才能）搁置不用，懒惰地相信一种更高的道德上的影响将会另外弥补自己所缺乏的道德品行和完善，他就警告这种人说，甚至你从自然的禀赋出发可以做出的善，也要由于这种耽搁而对你无用（《马太福音》，第 25 章，第 29 节）。

至于人极其自然地期待有一个在幸福方面与人的道德行为相符合的好运，尤其是在因为道德行为本来必定可以得到的幸

福有时却要牺牲掉的情况下，他许诺酬报一个来世（《马太福音》，第 5 章，第 11—12 节）。但是，根据在做出这种行为时意念的不同，酬报那些**为了酬报**（或者为了赦免一种罪有应得的惩罚）而履行义务的人，与酬报那些纯粹是为了义务自身而履行义务的更好的人，是有不同的方式的。受自私即这个世界的神所支配的人，如果不能摆脱自私，而只是凭借理性来使它更精致，扩展到超出目前事物的狭隘范围，那么，他就被看做一个这样的人，他通过自己来欺骗他的那个主人，使主人为了义务而作出牺牲（《路加福音》，第 16 章，第 3—9 节）。因为如果他在思想上意识到，他终有一日，也许很快，就必须离开这个世界，他不能把自己在这里所占有的任何东西带到另一个世界去，那么，他就会决定，把他或者他的主人，即自私，在这里按照律法可以向贫困的人们要求的东西从账上抹去，并且仿佛是由此而为自己弄到了一笔在另一个世界里可以兑现的汇款。这样一来，他虽然在这样一种善行的动机上是**聪明**多于**道德**，但毕竟行为方式是符合道德法则的，至少在字面上是如此，从而也就可以希望，他在未来不会不因此也得到酬报。① 人们可以把这与关于出自纯然义务的动因对穷人作出的善行所说的话（《马太福音》，第 25 章，第 35—40 节）加以比较。在 〔162〕
那里，世界的审判者宣布，那些为饥寒交迫的人们提供帮助、却根本连想也没想过这事是值得酬报的、并不以为仿佛是通过

① 我们对于未来一无所知，除了与道德动机和道德目的合乎理性地结合在一起的东西外，我们也不应该探究更多的东西。属于此例的还有那种信仰，即没有任何善的行为不在来世里为做出这一行为的人带来好的结果。因此，无论一个人在临终时觉得自己如何应受谴责，他都必须不使自己因此而放弃至少是还做出**一件**力所能及的善行。此时，他就有理由希望，根据他在当时所怀有的纯粹的善的意图的程度，这件善行总还是会比那种无所作为的悔罪具有更多的价值，这种无所作为的悔罪无助于减轻罪过，却想要弥补善行的缺乏。

这他们才与上天在酬报上发生关联的人，正因为他们在这样做时丝毫没有考虑酬报，因而是属于他那个国的真正选民。这样，我们就可以清楚地看到，当福音的导师谈到来世的酬报时，他并没有想由此把酬报说成是行动的动机，而是仅仅（作为引导人类去实现上帝的仁慈和智慧的一种鼓舞灵魂的表象）把它作为对一种在整体上判断人的规定性的理性而表示的最纯粹的敬意和最大的道德上的满意的客体。

在此，我们已经把一种完备的宗教呈现在所有的人面前，让他们能凭借自己的理性理解和信服了。它使我们作为仿效的原型的东西（就人们有能力仿效它而言），在其可能性和必然性上，借助一个榜样得到了直观的说明，而无须对那些教诲的真理性以及导师的威望和身份，作出其他任何一种证明（这需要的是博学和奇迹，而这并不是每一个人都能够做到的）。即使这里出现了援引更古老的（摩西的）立法和预示的现象，就好像它们应当被用来证明它似的，那么，这些东西之所以被提出来，也不是为了所说的教诲本身的真理性，而仅仅是为了在那些完全并且盲目地墨守古训的人中间提供引导。这在那些头脑中充满了规章性信条、对于理性宗教几乎没有接受能力的人们中间，任何时候都必然要比把它们交给没有学识、但也没有
〔163〕堕落的人的理性更为困难的多。因此，如果发现一种迁就当时成见的报告，尽管它处处都透射着、同时也常常明确地指示着一种可以让每一个人理解、并且不用任何博学就能够坚信的宗教学说，但对于当今时代来说，却感到神秘难解，并且需要一种小心谨慎的诠释，那么，任何一个人都不会感到惊奇的。

二、作为博学的宗教的基督教

如果一种宗教把不能凭借理性认识、尽管如此却应该（就

其本质内容而言）未加歪曲地传达给未来所有时代的所有人们的信条作为必然的来阐明，那么，它（如果人们不愿意接受假设一种连续不断的启示的奇迹的话）就应该被看做一种委托给**学者们**照料的神圣财富。因为尽管它**最初**伴随着奇迹和行为，即使在凭借理性不能证实的事情上，也到处都能找到办法，然而，就连这些奇迹的福音，连同需要由这些奇迹来证实的教诲，**随着时间的流逝**，也有必要以书面的形式，借助于文献原封不动地传授给后人。

接受一种宗教的基本原则，这是在高级形式下的**信仰**（fides sacra［神圣的信仰］）。因此，我们将一方面把基督教信仰视为一种纯粹的理性信仰，另一方面把它视为一种**启示信仰**（fides statutaria［规章性的信仰］）。前者又可以被视为由每一个人自由地接受的信仰（fides elicita［诱导出来的信仰］），后者又可以被视为一种指定的信仰（fides imperata［规定下来的信仰］）。关于人心所包藏的、任何一个人都不能免除的恶，关于凭借自己的生活方式在任何时候面对上帝自以为已经释了罪的不可能性，以及虽然如此这样一种在上帝面前有效的正义的必要性，关于用教会的戒律和虔诚的强制性事奉，来作为对缺乏诚意的补偿手段的不适宜性，以及与此相反成为一个新人的不可免除的责任，这些都是每一个人可以凭借自己的理性来相信的，而使自己相信这些，就属于宗教。

但是，由此出发，由于基督教的学说是建立在事迹之上，〔164〕
而不是建立在纯然的理性概念之上的，所以它不再仅仅是基督**宗教**，而是成了为一个教会提供基础的基督教**信仰**。因此，对一个奉献给了这样一种信仰的教会的事奉，是两方面的：一方面是按照历史性的信仰必须对它作出的事奉，另一方面是它根据实践的和道德上的理性概念理应得到的事奉。在基督教教会中，二者中的任何一个都不能作为独立自存的而与另一个分开。后者之所以不能与前者分开，乃是因为基督教信仰是一种宗教信仰；前者之所以不能与后者分开，乃是因为基督教信仰是一种博学的信仰。

作为**博学的**信仰，基督教信仰是以历史为依据的，并且就它（客观上）以博学为基础而言，它不是一种本来**自由的**、从充足的理论证据的洞识中推导出来的**信仰**（fides elicita [诱导出来的信仰]）。假如它是一种纯粹的理性信仰，那么，尽管给它作为对一个神性的立法者的信仰提供基础的道德法则是无条件地颁布命令的，它也必须被视为自由的信仰，就像在上一节中也曾说明过的那样。甚至只要人们不把信仰当做义务，如果每一个人都博学多识，它也会有可能作为历史性的信仰，又是一种理论上的自由信仰。但是，如果它对于每一个人，即使是对于无学问的人也应当有效，那么，它就不仅仅是一种指定的信仰，而且也是对诫命的盲目服从，即不探究诫命是否确实是上帝的诫命就去服从信仰（fides servilis [奴性十足的信仰]）。

但是，在基督教的启示学说中，我们绝不能从对被启示的（对于理性来说自身隐秘的）信条的**无条件的信仰**开始，而让博学的知识仅仅作为对付背后袭击的敌人的防御措施而跟随其后。因为若不然，基督教信仰就不仅仅是 fides imperata [规定下来的信仰]，而且甚至还会是 fides servilis [奴性十足的信仰]。因此，在任何时候，都必须把它当做 fides historice elicata [历史地诱导出来的信仰] 来讲授。也就是说，那时在作为被启示的信条的基督教信仰中，**博学**必须不是构成后卫，而是构成先锋。少数《圣经》学者（教士）也绝对不能缺乏世俗学识，他们将把大批本身对《圣经》一无所知的无学识者
〔165〕（平信徒）硬拖向自己（其中甚至世界公民的统治者）。要使这种情况不发生，就必须使一种自然宗教中的人类普遍理性，在基督教的信仰学说中被承认和推崇为最高的、颁布命令的原

则。而为了使前者即使对于无知者也是可以理解的，并得到广泛而持久的传播，则为一个教会提供基础的、需要学者们来作为诠释者和保管者的启示学说，就必须作为纯然的手段、然而也是最值得重视的手段受到爱护和培植。

这就是在善的原则统治下真正对教会的**事奉**，而想使启示信仰先行于宗教的那种事奉则是**伪事奉**，它使道德秩序本末倒置，无条件地要求人们那仅仅是手段的东西（就好像它是目的似的）。信奉那些无学识的人既不能凭借理性、也不能凭借《圣经》（就《圣经》必须首先得到证实而言）确认的信条，这种信仰将会被当做绝对的义务（fides imperata [规定下来的信仰]），并且就这样同其他与此关联的戒律一起，被抬高到一种即使没有行动在道德上的规定根据，也作为强制性事奉能够造福于人的信仰的水平上。一个教会，如果它是建立在后一种原则之上的，就不会像前一种状态的教会那样，真正地拥有**仆人**（ministri），它所拥有的是高高在上颁布命令的**官员**（officiales）。即使他们（如在一个新教教会中那样）不是戴着教阶制的光环，表现为拥有外在权势的神职官员，甚至在口头上还对这种现象表示抗议，但事实上他们却很愿意听到说，在他们夺去了纯粹的理性宗教任何时候都作为一部《圣经》的最高诠释者这一当之无愧的地位，并要求仅仅为了教会信仰的目的而利用《圣经》的博学之后，他们已经被视为一部《圣经》的惟一有资格的诠释者了。他们以这种方式把对教会的**事奉**（ministerium）转化成为对教会成员的**统治**（imperium），尽管他们为了遮掩这种非分要求而使用了事奉这个谦虚的称号。但是，对于理性本来会是很容易的这种统治，现在却给教会造成了严重的后果，即浪费了大量的学问。因为“由于对自然盲目无知，它把整个古代世界捡来顶在头上，把自己埋葬在它下面”。——这件事情随后所采取的步骤如下：

首先，由基督学说的第一批传播者聪明地遵循的、为这一
〔166〕学说在本民族中谋得传入途径的方法，被当做宗教本身的一个对所有时代和所有民族都有效的部分，以至人们应该相信，**每一个基督徒都必须是一个其弥赛亚已经降临的犹太人**。但是，与此毫无关联，一个基督徒本来并不受犹太教（作为规章性的犹太教）的任何法则制约。尽管如此，他却必须虔诚地接受这个民族的整部《圣经》，把它当做上帝的、对于所有人来说都是给定的启示。♀[①]——于是，这部经书的真实性（它的一些章节、甚至包括其中出现的全部《圣经》故事，在基督徒们的经书中都被为了他们的这一目的而利用，这还远远没有证明它的真实性）就遇到了许多麻烦。在基督教开始出现之前，甚至在基督教获得可观的发展之前，犹太教还没有进入**博学的公众**，即还没有为其他民族博学的同时代人所知，他们的历史仿

① 门德尔松机智地利用了基督教惯常的思维方式的这一弱点，完全驳回了任何强使一个以色列子弟改宗的非分要求。因为据他说，即使基督徒也承认，犹太教的信仰是最下面的楼层，基督教作为上面的楼层是以犹太教为基础的；所以，上述要求就好像是强求一个人拆除第一层楼，以便居住在第二层楼那样。不过，他的真实意见表达得相当清楚。他想说的是，如果你们要把犹太教从你们的**宗教**中清除出去（在历史性的信条中，它可以作为文物继续保留），我们是会考虑你们的建议的（事实上，在这种情况下剩下来的无非是纯粹道德的、不掺杂任何规章在内的宗教）。抛去外在戒律的轭具，如果我们又被加上另一种轭具，即《圣经》故事教义的轭具，我们的负担就一点也没有减轻，因为后者对于有良知的人来说压迫更为沉重。——此外，这个民族的《圣经》虽然不是为了宗教的目的，但却为了学问保存下来了，并一直受到重视。因为没有一个民族的历史像这个民族的历史那样，连同一些值得相信的假象一起，一直回溯到可以把我们已知的所有世俗历史全部置于其中的史前时期（甚至直到世界的开端），并且由此填补了其他民族必然留下的巨大空白。

佛还没有受到检验。他们的《圣经》是由于其古老而获得历史可信性的。此外，即使承认这一点，仅仅借助翻译了解这部《圣经》，并且就这样传达给后代，还是不够的。为了确保建立在它上面的教会信仰，还要求在所有未来的时代、在所有的民族中，都有学者精通希伯来语言（就这件事在惟有一部经书使 〔167〕
用的这种语言中的可能性而言）。而且，有一批人充分精通这种语言，以便确保世界拥有真正的宗教，这不应当仅仅是一般历史科学的事情，而是人们的永福所依赖的事情。

虽然基督教的命运与此有些类似，即：尽管基督教的各种神圣事件都是在一个博学的民族眼皮底下公开发生的，但它的历史在进入这个民族的博学的公众之中以前，却迟到了足足一代人有余，从而它的真实可靠性也就必然缺乏同时代人的证实。然而，与犹太教相比，基督教却表现出巨大的优势，即它被表现为**出自第一位导师之口**，是一种并非规章性的、而是道德的宗教；并且以这种方式达到了与理性最紧密的结合，可以借助于理性由自己、无须历史性的博学、就以极大的可靠性传播到所有的时代和所有的民族中。但是，**团契**的第一批建立者却认为，有必要把这与犹太教的历史结合起来。根据他们当时的状况，但也许仅仅对于当时的状况来说，这曾经是一种聪明的办法；这在他们遗下的圣迹中一起流传给了我们。不过，**教会**的建立者却把这种附带性的宣传手段纳入了那些根本性的信条之中，并且要么借助传统，要么从宗教大会获得律法效力，或者借助博学得到证实的诠释来扩充它们。关于博学或者它的对立物，即每一个平信徒也都能够自以为拥有的内心的觉悟，还无法看出它们会使信仰面临多大的改变。只要我们不是在我们里面，而是在我们以外寻找宗教，这就是不可避免的。

第二章

论在一种规章性的宗教中对上帝的伪事奉

惟一真正的宗教所包含的无非是法则，即这样一些实践的原则，我们能够意识到它们的无条件的必然性，我们因此而承
〔168〕认它们是由纯粹的理性启示的（不是经验性的）。只是为了一个教会——一个教会可能有各种各样的同样好的形式——的目的，才可能有规章即被看做神圣的规定，它们对于我们纯粹的道德判断来说，是任意的和偶然的。认为这种规章性的信仰（它充其量局限于一个民族，不能包含普遍的世界宗教）对于一般地事奉上帝是根本性的，并且把它当做使上帝喜悦人的最高条件，这是一种**宗教妄想**。① 奉行这种妄想就是一种**伪事奉**，即对上帝的这样一种自以为是的崇敬，由于它，人们与真正的、由上帝自己所要求的事奉恰好背道而驰。

① 妄想是错觉，即把一件事物的纯然表象与事物本身视为等同的。例如一个守财奴就会产生吝啬的妄想，他把只要自己愿意就可以使用一下自己的财产这种表象，视为自己从不使用这些财产的十足的替代品。荣誉妄想重视他人的赞扬，而他人的赞扬其实只不过是对他的（也许内心根本没有的）敬重的外在表象而已，本来他只应该把这种看重放在对他的敬重本身之上。属于此类的还有对头衔和勋章的追求，因为这些东西也只不过是一种对别人拥有优越地位的外在表象罢了。因此，甚至**疯狂**也有这一称谓，因为它惯于把（想象力的）纯然表象，当做事物本身在场那样来评价。——关于拥有一种达到某个目的的手段的意识（在使用那个手段之前），只不过是在表象中拥有那个手段罢了。因此，满足于这种意识，就好像它真能代替对手段的拥有似的，这是一种实践的妄想。这里所谈的仅仅是这种妄想。

一、论宗教妄想的普遍主观根据

人们在关于上帝及其本质的理论表象中，几乎无法避免神人同形同性论，此外，神人同形同性论（只要它不影响到义务概念）又毕竟不足以造成危害。但就我们与上帝的意志的实践关系而言，以及对于我们的道德性本身来说，它是极其危险的。因为在这里，**我们为自己创造了一个上帝**。[①] 我们相信轻而易举地就可以争取他为我们谋利益，从而免除那种对我们的道德意念的内核有影响的艰辛而又无止境的烦劳。人通常为了 〔169〕
这种关系给自己制定的原理是：借助于我们仅仅为了让神灵喜悦所做的一切（即使它们丝毫无助于道德性，只要它们不那么直接违背道德性就行），我们作为顺从的、并且恰恰因此也是上帝所喜悦的臣民，而向上帝证明了我们的事奉意愿，从而也就（in potentia［潜在地］）事奉了上帝。

使人相信作出了对上帝的这种事奉的，可以不必总是牺牲。就连庆典、甚至公众的娱乐，例如在希腊人和罗马人那里，也常常都必须用在这方面，而且还用来使神灵对一个民族变得仁慈，甚至根据该民族的妄想，对单个的人变得仁慈。然

① 说每一个人都为自己**创造**一个**上帝**，甚至必须根据道德概念（再加上无限伟大的属性，这些属性属于在这个世界上体现一个与那些道德概念相符合的对象的能力），自己为自己创造一个这样的上帝，以便在他身上崇敬那个创造他的人，这听起来固然令人忧虑，但却绝不是应受谴责的。因为一个存在者无论以什么方式被另一个存在者宣布和描述为**上帝**，即使是这样一个存在者出现在他面前（如果可能的话），他都必须把这一表象首先与他的理想加以对照，以便判断他是否有权把它视为和崇敬为神灵。仅仅从启示出发，不**事先**把那个概念按照其纯粹性作为基础，当做试金石，就不可能有任何宗教，所有对上帝的崇敬都将是**偶像崇拜**。

而，牺牲（忏悔、苦行、朝圣等诸如此类的东西）在任何时候都被看做是更为有力、对上天的神恩更有影响、更适用于涤罪的，因为它们有助于更强烈地证明对上天意志的无限制的（尽管不是道德上的）臣服。这样的自虐越是无用，越是不以人在道德上的普遍改善为目的，就越是显得圣洁。因为正是由于它们在这个世界上毫无用处，却又耗费气力，才显得是仅仅以证明对上帝的献身为目的的。

人们说，尽管上帝在此并没有通过这样的行为在任何方面受到事奉，但他却在其中看到了善的意志，看到了虽然在遵循他的道德诫命方面过于软弱、但却通过证明自己在这方面的热忱而弥补了这一缺陷的心灵。在这里，表现出对一种做法的倾向，这种做法自身没有任何道德价值，而只能作为手段把感性的表象能力提高到伴有理智的目的，或者当这种能力可能与理智的目的理念背道而驰时对它作出压抑。[①]然而，我们却根据
〔170〕
自己的意见，赋予这种做法以目的自身的价值，或者换句话说也一样，我们赋予接受献身于上帝的意念的心情（被称做虔诚）

① 对于那些凡是在感性因素与理智因素的区分对他们不太熟悉的地方，却认为发现了纯粹理性批判与理性自身相矛盾的人，我在这里要说明，如果谈到促进（纯粹的道德意念的）理智因素的感性手段，或者谈到感性手段用来对抗理智因素的障碍，那么，两种如此不同类别的原则的这种互相影响，就必须永远不被设想为**直接的**。也就是说，我们作为感性存在者，只能在**理智原则的显象**上，即我们的自然力量受行动中显露出来的**自由任性**所决定方面，才能去违背或者有利于法则，以至原因和结果在行动中被设想为是同类的。但是，就超感性的因素（我们心中的道德性的主体原则，它隐秘地蕴涵在自由的不可理解的属性中），例如就纯粹的宗教意念而言，除了其法则之外（不过这已经够了），我们看不出任何东西涉及人心中的因果关系。也就是说，我们不能从人的道德性质出发，为自己**解释**作为感性世界的事件的行动的可能性，把它们解释为归因于道德性质的，这恰恰是因为它们是自由的行动，而所有事件的解释根据都必须从感性世界得出。

以这种意念自身的价值。因此，这种做法只不过是一种宗教妄想，这种妄想可能会采取各种各样的形式，在其中的一种形式上，它可能会显得比在另一种形式上更近似于道德。但是，无论在什么样的形式上，它都不只是一个无意中的错觉。相反，它甚至还是一个准则，即把自在的价值不是赋予目的，而是赋予手段。而由于这一准则，这一妄想在所有的形式中都同样是背谬的，并且作为欺骗的隐秘偏好，都是应受谴责的。

二、与宗教妄想相对立的宗教的道德原则

我首先把如下命题当做不需要任何证明的基本原则：**凡是人自认为为了让上帝喜悦，除了善的生活方式之外还能够做的事情，都是纯然的宗教妄想和对上帝的伪事奉**。我之所以说人认为能够做的事情，乃是因为在**我们**能够做的所有事情之 〔171〕
上，是否还可能有存在于最高智慧的奥秘中的事情，它是只有**上帝**为了使我们成为他所喜悦的人才能够做的事情，这一点并没有由此而被否认。然而，如果教会要宣称这样一种奥秘是启示出来了的，认为**信仰**像《圣经》故事给我们叙述的这种启示，并（无论是内在地还是外在地）**认信**这种启示，本身就会是我们让上帝喜悦自己所凭借的东西，这种意见毕竟将会是一种危险的宗教妄想。其原因在于，这种信仰作为对固执地视妄想为真的内在认信，确确实实是一种由恐惧逼迫出来的**行为**，以至一个正直的人宁可接受其他任何条件，也不接受这一条件。因为他在做其他任何强制性事奉时，所做的至多只是某种多余的事情，而在这里却要在一种他并不相信其真实性的声明中做某种与良知相冲突的事情。因此，他说服自己认信这一点，即这本身（作为对一种送上门来的善的接纳）就可以使他让上帝喜悦。这种认信是某种他自以为在遵循尘世中应该实施

的道德法则时的善的生活方式之外还能够做的事情，因为他想凭借自己的事奉直接面向上帝。

首先，理性使我们不致由于缺乏自己的（在上帝面前有效的）正义而毫无慰藉。它宣布，谁为了（至少在向完全符合法则的不断接近中）履行自己的责任，而以真诚的、奉献于义务的意念做他力所能及的事情，他就可以希望最高的智慧**以某种方式**（这种方式能够使这种不断接近的意念成为始终不渝的）补上他力所不能及的事情。但理性并不强求规定这种方式，也不强求知道这种方式存在于何处。这种方式很可能会如此神秘，以至上帝充其量有可能在一种象征性的表象中把它启示给我们。在这种表象中，惟有实践的东西才是我们可以理解的，而在理论上，即使上帝愿意给我们揭示这样一种奥秘，我们也根本不能把握上帝与人的这种关系自身是什么，并且把它与概念结合起来。——现在，假定某个教会宣称，确定无疑地知道上帝弥补人类的那种道德缺陷所采取的方式，并且同时判处所有这样一些人永受谴责，因为他们不知道那种以自然的方式不
〔172〕为理性所知的释罪手段，从而也没有接受它和认信它，把它当做宗教的原理。那么，这样一来，谁在这里是真正的不信仰者呢？是那种信赖、但却不知道自己所希望的东西如何发生的人，还是那种想要知道人从恶中解脱出来的这种方式、否则就会放弃对此的一切希望的人呢？——其实，后一种人恰好并不那么重视对这种奥秘的知识（因为他的理性已经告诉他，知道某种他不能有所作为的事情，对他来说毫无用处）。相反，他知道这些，只是为了能够（哪怕只会内在地发生）使自己从对所有这些被启示的东西的**信仰**、接受、认信和赞颂当中，产生一种对上帝的事奉，这种事奉能够在为一种善的生活方式花费自己的任何力量之前，因而也就是白白地就给他争取到上天的神恩，完全以超自然的方式造成一种善的生活方式，

或者当他的行动违背这种生活方式时，至少能够补偿这种越轨行为。

其次，只要人稍稍偏离上述准则，那么，对上帝的伪事奉（迷信）就再**没有任何界限**了。因为超出了这一准则，所有的一切（只要不直接违背道德）就都是任意的了。从他不费吹灰之力的口头上的牺牲，到本来可以更好地用于人们的福利的自然财产的牺牲，直到由于他（作为隐士、苦行僧、修士）自绝于世而造成的他自己的人格的牺牲，他向上帝奉献了一切，惟独没有奉献他的道德意念。而当他说还奉献了自己的心时，他所理解的并不是一种让上帝所喜悦的生活方式的意念，而是一种衷心的愿望，即希望那些牺牲将被接受为那种意念的代用品（natio gratis anherans，multa aendo nihil agrns. ——Phaedrus.［一个徒劳无功、碌碌无为的民族。——斐德鲁斯］）。

最后，一旦人们转向一种自以为使上帝喜悦自己的、必要时也使他息怒的、但并非纯粹道德上的事奉的准则，那么，在仿佛机械式的事奉方式中，就不存在使一种方式优于另一种方式的本质区别了。就价值（或者宁可说无价值）而言，它们全都是一路货色。凭借**更为精巧地**偏离真正崇敬上帝的惟一的理智原则，就自以为比那些允许自己犯下一种据说是**更粗劣地** 〔173〕
堕落到感性的罪过的人优秀些，这纯粹是扭怩作态。无论是信徒按照规章加入**教会**，还是他前往**劳莱托**或者巴勒斯坦的圣地朝圣，无论他是用**双唇**还是像西藏人那样用一种**经转子**把自己的祈祷定式送达天庭（西藏人相信，这些愿望也能够以书面的形式写下，只要借助于某种东西推动，例如写在旗帜上借助于风推动，或者写在一个密封的盒子中作为转动机械的借助手推动，就可以同样达到其目的），无论在道德上事奉上帝的代用品是什么样的，所有这些都是一路货色，其价值没有什么两样。——在此，关键并不在于外在形式的差别，而是一切都取决于接受还是背离那个惟一的原则，即要么是当道德意念在作为它的显象的行动中活生生地体现出来时，就仅仅凭借道德意念使上帝喜悦，要么是凭借虔诚的娱乐行为或者无所事事来使上帝喜悦。[①]不过，就没有一种超越于人的能力界限之上，与卑躬屈膝的宗教妄想可以并列在自我欺骗这个总类之下的、令人头晕目眩的德性妄想吗？没有！德性意念关注的是某种**现实的**、自身就使上帝喜悦的、与世上的至善一致的东西。尽管它可能伴有自负的妄想，自认为符合自己的圣洁义务的理念，但这毕竟只是偶然的。把最高的价值放在这一理念中，这并不是妄想，不像教会的祈祷活动中的妄想那样，而是更纯粹地为促进世上的至善作出贡献。

此外还有一种惯例（至少是教会的惯例），即：把人凭借
〔174〕德性原则能够做到的称做**本性**，把只是用来补偿人的各种道德能力的阙失的、并且由于道德能力的充足也是我们的义务因而只能想望、或者也可以希望和祈求的东西称做**神恩**，把二者一起看做一种足以导致上帝所喜悦的生活方式的意念的作用因，但又不仅仅把二者相互区分开来，而是干脆把二者截然对立起来。

劝人相信可以把神恩的作用与本性（德性）的作用区分开

① 在一个必须信仰的规章性因素少一点的教派中，信徒由此觉得自己变得高贵了，感到自己的头脑更清晰，这是一种心理学现象；虽然他们还保留了足够多的规章性信仰，不可以（像他们实际上所做的那样）从他们自认为的纯洁性的高处轻蔑地俯视他们那些还处在教会妄想之中的弟兄。这种现象的原因在于他们认为，无论多么不起眼，自己毕竟由此而更为接近一些纯粹的道德宗教。尽管他们始终还沉溺于那种妄想，即想要借助于只带有一点消极理性的虔诚戒律，来补充纯粹的道德宗教。

来，或者干脆可以在自身中造成神恩的作用，这是一种**狂热**。因为我们既不能在经验中根据某种东西认识超感性的对象，也更不可能对它产生影响，把它降低到我们的层次。尽管在心灵中有时也发生一些影响道德的活动，我们也无法解释它们，被迫承认对它们无知。“风随着意思吹，你听见风的响声，却不晓得从那里来，往那里去”。要在自身中**感知**上天的影响，这是一种疯狂，它里面甚至也可能包含有方法（因为那些自认为内在的启示，也还必须始终附属于道德理念，从而也附属于理性理念），但它却总还是一种危害宗教的自我欺骗。要相信可能有、而且为了弥补我们德性追求的不完善性，还必须有**神恩的作用**，这就是我们对此所能够说的一切。此外，我们没有能力就神恩作用的特征规定任何东西，更不用说为导致神恩的作用做某些事情了。

凭借宗教上的崇拜活动，在面对上帝释罪方面有所作为，这种妄想是宗教上的**迷信**。同样，想凭借追求一种自以为的与上帝的交往而达到这种作为，这种妄想则是宗教上的**狂热**。想凭借每一个人都能够做、但无须他是一个善人的那些行动使上帝喜悦（例如凭借认信规章性的教义、遵循教会的戒律和礼仪等诸如此类的东西），是一种迷信的妄想。但是，它之所以被称做迷信的，乃是因为它仅仅选择了自然的（不是道德的）手段，而这些手段本身对非自然的东西（即道德上的善）却绝对不可能有任何影响。不过，当甚至想象出来的手段是超感性的、并不是人所能支配的，即使不考虑由此预期的超感性目的是无法达到的，这时的一种妄想也叫做狂热的。因为最高存在者直接临在这种情感，以及这种情感与其他任何一种情感——包括道德情感——的区分，是对一种直观的接受能力，而人的本性中并没有进行这种直观的感官。由于迷信的妄想包含着对某种人来说是既适用、同时也可能的手段，至少能用来抵制对 〔175〕

一种让上帝所喜悦的意念的障碍。因此，它就此而言，与理性倒是接近的，只是偶尔由于把仅能作为手段的东西当做直接让上帝喜悦的对象而应受谴责。相比之下，狂热的宗教妄想是理性在道德上的死亡，而没有理性就根本不可能有宗教。因为和所有的道德性一样，宗教一般必须建立在一些基本原则之上。

因此，一种教会信仰补救或者预防一切宗教妄想的基本原则是：除了它迄今为止不能完全缺少的那些规章性信条之外，它在自身中还必须包含一种原则，即把善的生活方式的宗教作为真正目的引进来，以便有朝一日能够不要那些信条。

三、论对善的原则的伪事奉中作为一种管理制度的教权制♀①

孤立无助的人受自然的、建立在对自己的无能的意识之上
〔176〕 的畏惧所迫，崇敬强大的、不可见的存在者，这并不是与一种宗教同时开始的，而是从对上帝（或者偶像）的一种奴性的事奉开始的。当这种事奉获得了某种公开的法定的形式时，它就是**对寺庙的事奉**。只有在这些法则逐渐地与人的道德教化结合起

① 这一仅仅表明一个神父（παππα）的权威的名称，只是由于一种精神专制的附属概念，才包含某种谴责的意思。在所有的教会形式中，无论它们怎样宣布自己是简朴的和大众化的，都可以发现这种精神专制。因此，绝不可以认为我好像是要在各教派的对比中，想让一个教派凭借其习俗和规定来相对地轻视另一个教派。所有的教派，就它们的形式都是可怜的凡人在尘世将上帝之国感性化的尝试而言，都理应得到同样的尊重；但如果它们把（在一个可见的教会中）体现这一理念视为事情本身，就都理应受到同样的责难。

来时，才成为一种**对教会的事奉**。二者都以一种历史性的信仰为基础，直到人们最终**开始**把历史性的信仰仅仅视为临时性的，并把它看做一种纯粹的宗教信仰的象征性体现和促进手段为止。

我们应该相信，从一个通古斯**萨满**直到同时治理教会和国家的欧洲**高级教士**，或者（如果我们不考虑首脑和领袖，而是仅仅考虑那些信徒自己的思维方式）在一大早把一张熊皮的爪子顶在头上，简短地祈祷"别杀死我"的完全感性的**乌古伦人**和**康涅狄格州**的高贵的**清教徒**、公理会教徒之间，虽然有**风格**上的巨大差异，但却没有**原则**上的巨大差异。因为就这一点来说，他们统统属于同一个等级，即他们在本身并不造就出一个更善的人的那种事情中（在对某些规章性信条的信仰中，或者在对某些任意的戒律的履践中）放进了自己对上帝的事奉。惟有那些认为只能在一种善的生活方式的意念中发现对上帝的事奉的人，才通过超越到一种截然不同的、远远高于前者的原则而与上述的人区别开来。他们通过这一原则而认信一个（不可见的）教会，这个教会囊括了所有思想正派的人，就其根本性质而言，惟有它才是真正的、普遍的教会。

把支配人们命运的不可见的力量引导向人们的利益，这是所有的人们都怀有的意愿。只不过如何开始，人们却见仁见智。如果人们把那种力量视为一种有理智的存在者，因而赋予它一种意志，那么，他们的追求就在于仅仅选择一种方式，即自己这样一些服从它的意志的存在者，怎样才能凭借自己的所作所为使它喜悦？如果人们把它设想为道德的存在者，那么，他们凭借自己的理性就会轻而易举地相信，获得它喜悦的条件必须是自己在道德上善的生活方式，尤其是作为这种生活方式的主观原则的纯粹意念。但是，最高的存在 〔177〕
者也许在此之外还愿意以这样一种方式被事奉，这种方式是我们单凭理性所不能认识的。也就是说，要凭借这样一些行动，我们虽然从这些行动本身看不出任何道德的东西，但它们却或者是由最高的存在者所要求的，或者是仅仅为了证明我们对它的顺从而由我们任意地采取的。在这两种行事方式中，如果它们构成了系统地安排好的各种活动的一个整体，那么，这些行动就在根本上建立起了对上帝的一种**事奉**。如果二者应当结合在一起，那么，就必须假定，要么每一种方式都直接是让上帝喜悦的方式，要么一种方式作为另一种方式——对上帝的真正事奉——的手段而是让上帝喜悦的方式。对上帝在道德上的事奉（officium liberum［自由的事奉］）直接地让上帝喜悦，这是不言而喻的。但是，如果有酬报的事奉（officium mercenarium［计酬的事奉］）可以被看做**单由自身**就让上帝喜悦的，那么，对上帝在道德上的事奉就不能被承认为一切喜悦在人身上的最高条件（一切喜悦已经包含在道德性的概念之中了）。因为在这种情况下，没有人会知道，在眼前的事件中，为了据此对自己的义务作出判断，什么样的事奉是更有价值的；或者，它们是如何相互补充的。因此，自身没有任何道德价值的那些行动，只是就它们作为手段用来促进在行为中直接善的因素（促进道德性）而言，即**为了在道德上事奉上帝的缘故**，才必须被认定为是上帝所喜悦的。

如果一个人的行动自身不包含让上帝喜悦的因素（道德的因素），他却将这些行动当做争取上帝对自己的直接喜悦、并从而实现自己的愿望的手段来使用，那么，他就处于这样一种妄想之中，以为他拥有一种通过完全自然的手段来造成超自然的作用的技艺。诸如此类的尝试，我们通常称做**魔术**。但是，我们却要把这个词（由于它自身带有与恶的原则结合的附属概念，相比之下，那些尝试却可以被设想为另外出自善的道德意图因误解而作出的）换作**物神化**这个在其他情况下已被认识到的词。不过，一个人只是由于自以为对上帝起作用，并把上帝当做手段来使用，以便在这个世界上产生一种作用，他的超自然作用才会是一种他可以想象的作用。而对于这一点来说，他的力量，甚至他对这种作用是否也会让上帝喜悦的洞见，都是不够用的。单是在他的概念中，这就包含着一种悖论。〔178〕

但是，如果一个人除了凭借直接使他成为上帝喜悦的对象的东西（凭借一种善的生活方式的积极意念），还试图借助某些仪式来使自己**配得上**一种超自然的帮助对他的无能的弥补，并且出自这一意图认为可以凭借一些虽然没有任何直接的价值、但却可以作为手段来促进那种道德意念的戒律，来使自己对于达到自己善的道德愿望的客体只不过**易于**接受一些，那么，他虽然为了弥补自己的自然无能而指望某种**超自然**的东西，但却不是指望某种由**人**（通过影响上帝的意志）**造成的**东西，而是指望某种**接受到的**的东西，某种他可以希望、但却不能造成的东西。

不过，如果那些就我们所知自身不包含道德因素、不包含让上帝所喜悦的因素的行动，在一个人看来仍然可以充当某种手段、甚至充当期待直接由上帝来维护他的愿望的条件，那么，他必定处于这样一种妄想之中，即，尽管他对于这种超自然的东西既没有自然的能力，也没有一种道德上的接受能力，但是，他却可以凭借**自然的**、自身与道德性毫不相干的行动（采取这些行动不需要任何上帝所喜悦的意念，因而最恶的人也能够与最善的人同样好地采取这些行动），凭借祈祷定式、凭借认信一种有酬报的信仰、凭借教会的戒律等诸如此类的东西来造成它，就仿佛是**用魔术召来**神灵的帮助似的。因为在纯粹自然的手段和一种道德上的作用因之间，根本没有一种按照可以由理性设想的、根据它就可以想象前者决定后者达到某些结果的某种法则的结合。

因此，谁把遵循规章性的、需要有一种启示的法则，作为宗教所必需的，并且不是仅仅作为道德意念的手段，而且还作为由此直接让上帝喜悦的客观条件置于前面，把对善的生活方式的追求置于这种历史性的信仰之后（而不是认为这种遵循作
〔179〕为只能**有条件地**让上帝喜悦的东西，必须以惟一**绝对**让上帝喜悦的善的生活方式为准则），他就把对上帝的事奉转化为一种纯然的**物神化**，实行了一种伪事奉。这种伪事奉将使趋向于真宗教的一切修行化为乌有。当我们要把两个好的东西结合起来时，我们用来结合它们的那种次序竟是如此重要！然而，真正的**启蒙**就存在于这种区分之中。对上帝的事奉由此才成了一种自由的、从而也是道德上的事奉。但是，如果我们背离了这一点，那么，加之于人的就不是上帝的儿女的自由，而是一种法则（规章性法则）的轭具；这种法则由于无条件地迫使人们信仰某种只能历史地认识、从而并非对每一个人来说都是有说服力的东西，所以是一种对于有良知的人们来说可能比加给人们的虔诚戒律的全部废物还沉重得多的轭具①；

①“这轭具是柔和的，担子是轻松的”。在这里，每一个人都负有的义务可以被看做由他自己，并且是通过他的理性加给他自己的。因此，他是自愿地给自己加上这轭具的。但具有这种特性的只有作为上帝诫命的道德法则。关于这些法则，惟有纯粹的教会的缔造者才可以说：“我的诫命并不难守”。这一表述只不过是要说，它们之所以不**难守**，乃是因为每一个人都从自身看到了遵循它们的必要性，从而没有任何东西由此强加给他。相比之下，专制地颁布命令的、虽然是为我们的福利（但并不是通过我们的理性）加给我们的、我们却看不出有什么好处的规定，则仿佛是人们被迫屈从的折磨（苦工）。但是，就其来源的纯粹性来看，由那些道德法则所要求的行动本身，恰恰是人感到最难的行动。如果可以用极重的虔诚的苦工来抵偿这样的行动，那么，他宁可做这样的苦工也不采取那样的行动。

对于这些戒律来说，人们只要执行它们，以便与一个建立起来的教会共同体保持协调，这就够了。用不着某人内在地或者外在地宣称认信这个教会共同体的信仰，把它看做是**由上帝确立**的秩序；因为这样一来，就会真正地给良知加上重负。

因此，**教权制**是这样一个教会的制度，在它里面，占统治地位的是一种**物神崇拜**。凡在不是由道德的原则，而是由规章性的诫命、教规、戒律构成了教会的基础和本质的地方，都可以发现这种物神崇拜。虽然有一些教会形式，物神化在其中如此多种多样，如此机械呆板，以至它看来排挤了所有的道德 〔180〕
性，从而也排挤了宗教，取代了它们的地位，并且非常接近于异教的边缘了。但是，当价值或者无价值建立在具有最高约束力的原则的性质之上时，问题的关键并不在于量上的多少。如果这个原则加给人的不是应对道德法则抱有的**最高的**自由敬重，而是作为强制性事奉，顺从地屈服于某种规章，那么，无论加给人们的戒律多么少，只要它们被宣布为无条件地必须的，就都足以成为一种物神信仰。它操纵群众，并通过对一个教会（不是对宗教）的顺从而剥夺了他们的道德自由。无论教会的体制（教阶制）是君主制、是贵族制、还是民主制，这都仅仅涉及组织；教会的宪章在所有这些形式中都是、并且始终是专制的。如果信仰的规章被归入宪章的法则，那么，实行统治的就是**教士阶层**，它相信可以完全用不着理性、甚至也用不着《圣经》学问；因为它作为不可见的立法者的意志的惟一有资格的维护者和诠释者，有独自掌管信条的权威，并且由于具有这种权威，可以不是说服，而是**仅仅发布命令**。——由于在这个教士阶层之外，其余的一切都是**平信徒**（就连政治共同体的首脑也不例外），所以，教会最终也统治了国家，不完全是凭借权势，而是凭借对心灵的影响，此外还凭借佯称国家据说可以从精神训导本身已经使民众的思维习惯了的一种无条件的顺从中得到的好处。但是在这里，这种虚伪的习惯不知不觉地葬送了臣民的正直和忠诚，使他们变得乖巧起来，甚至在公民义务中也成为假事奉，并且和所有错误地设定的原则一样，造成的恰恰是预期的东西的反面。

※　　※　　※

但是，所有这一切都是惟一造福于人的宗教信仰的两个原则初看起来似乎并不令人担心的易位所造成的必然结果。因为关键在于，人们应该把两个原则中的哪一个置于首位，承认
〔181〕为最高的条件（另一个原则是从属于这个条件的）。必须公平合理地承认，并不只是“按着肉体有智慧的”，即学者或智者，才被委任在自己的真实得救方面进行启蒙——因为整个人类都应该能够接受这种信仰——，而是“世上愚拙的”、甚至无知的或者最缺乏概念能力的人，也必须能够要求得到这样一种教化和内在的确信。虽然听起来似乎是，一种历史性的信仰，尤其是当它为了理解福音所需要的概念完全是人类学的、是很符合感性的时，就正属于这种类型。因为还有什么比理解和彼此传达这样一种适合感性的、纯朴的叙述，或者关于奥秘却重复那些根本不必与一种意义结合的语词更容易的呢？这种信仰，尤其是由于它预示着巨大的利益，要找到普遍的赞同该是多么容易。而对这样一种建立在长期以来被承认真实可靠的文件之上的叙述的真实性的信仰，该是多么根深蒂固。因此，这样一种信仰当然也是适合最平凡的人类能力的。不过，虽然无论是这样一种事件的宣示，还是对建立在它上面的行事规则的信仰，都不会正好为了或者主要为了学者或者世俗智者才被给予的，但毕竟也没有把他们从中排除。因此就产生了如许的疑问，有的是关于它的真实性，有的是关于应在什

么意义上陈述它，把这样一种受到如此多（自以为真诚的）争议的信仰当做一种普遍的、惟一造福于人的信仰的最高条件，这是人们所能够设想的最荒唐无稽的事情。——但是，有这样一种实践的知识，虽然它仅仅以理性为基础，不需要任何历史学问，但对每一个人，即便是头脑最简单的人，都是如此易于理解，就好像它是逐字逐句地写在他的心中似的。这就是这样一种法则，人们需要提到它，只是为了对它的权威马上与每一个人取得一致，它在每一个人的意识中都具有**无条件**的约束力，它就是道德性的法则。不仅如此，这种知识或者单凭自己就已经导致对上帝的信仰，或者至少单凭自身就把上帝的概念规定为一个道德上的立法者的概念，从而，它引导人们达到一种不仅为每一个人所理解，而且也 〔182〕
为每一个人所极其崇敬的纯粹的宗教信仰。它引导人达到这里是如此自然，以至只要人们试一试就会发现，完全可以从每一个人那里鞠问出这种宗教信仰来，即使他在这方面没有受过任何教育。因此，不仅由纯粹的宗教信仰开始，让历史性的信仰与它协调一致地跟随其后是明智的举动，而且我们的义务也是把它当做最高的条件，惟有在这一条件下，我们才能希望分享一种历史性的信仰总是要向我们预示的永福，以至只有根据纯粹的宗教信仰给这种历史性的信仰提供的诠释，我们才能够或者才允许承认历史性的信仰是有普遍约束力的（因为它包含着普遍有效的教诲）。同时，就道德上的信仰者认为历史性的信仰有助于振奋自己纯粹的道德意念而言，他毕竟对历史性的信仰也是开放的。惟有采取这样一种方式的信仰，才具有一种纯粹的道德价值，因为它是自由的，不为任何威胁所强迫（因为那样的话，它就绝不可能是真诚的）。

但是，即使在一个教会中，对上帝的事奉主要集中于根据为一般人性规定的法则而纯粹在道德上崇敬上帝，我们也还是可以问：在这种事奉中，是否总是只有**虔敬教义**，还是也有纯粹的**德性教义**，各自不同地构成了宗教陈述的内容？前一个名称，即**虔敬教义**，也许在客观的意义上最好地表达了 religio［宗教］这个词的涵义（就像当今所理解的那样）。

虔敬包含了在与上帝的关系中对道德意念的两个规定：对上帝的**敬畏**就是在出自**应尽的**（臣民的）义务，即出自对法则的尊重而遵循上帝的诫命时的这种意念；而对上帝的**爱**则是出自自己的**自由选择**和出自对法则的喜悦（出自子女的义务）。因此，二者在道德性之上还包含着一个超感性存在者的概念。这个存在者具有为了使借助道德性所要达到的、但却超出了我们的能力之外的至善得以完成所需要的一些属性。如果我们超出了这个存在者的理念与我们在道德上的关系，关于它的**本性**的概念，就总是会陷入这样一种危险之中，即我们会以神人同形同性论的方式，从而常常是以直接危害我们的道德基本原则的方式来进行设想。因此，它的理
〔183〕念并不能自身存在于思辨的理性本身当中，而是把自己的起源，甚至还有自己的力量，都完全建立在与我们的以自身为基础的义务规定的关系之上。在青年最初的训诲中，甚至在布道词中，什么是更为自然的呢？是在虔敬教义之前要讲德性教义，还是在德性教义之前（甚至根本不提德性教义）要讲虔敬教义呢？显而易见，二者之间有必然的联系。但是，它们并不是**一回事**。所以，必须只把其中的一个设想为目的，把另一个仅仅设想为手段，并且也这样来宣讲，这种结合才是可能的。不过，德性教义是由自己而自存的（甚至也不需要上帝的概念），而虔敬教义却包含了一个我们自己设想的对象的概念。我们设想它与我们的道德性相联系，是我

们在道德的终极目的方面的无能的补偿性原因。因此，虔敬教义不能独自构成道德追求的终极目的，而是只能被用作加强那本身构成一个更善的人的东西的手段，即加强德性意念的手段。这种加强作用在于，虔敬教义为德性意念（作为对善，甚至对圣洁性的一种追求）预示和保证了对终极目的的期望，这是德性意念所无法做到的。相反，德性概念出自人的灵魂。尽管德性概念还没有展开，但人已经在自身中完全拥有了它，并且不可以把它像宗教概念那样，凭借推理玄想出来。在德性概念的纯粹性中，在对那种意识——意识到一种我们通常从未猜测到的、能够制伏我们里面的最大障碍的能力——的唤醒中，在人类的尊严——人在自己的人格以及那种为了使人格实现而追求着的人格规定性中必须敬重这种尊严——中，蕴藏着某种升华灵魂、并导向神明本身的东西，这种神明只有凭借其圣洁性和作为德性的立法者，才是值得崇拜的。其结果是，即使在人远未给予这个概念以影响自己的准则的力量的时候，他也并非不愿意从这个概念吸取营养，因为他感到自己通过这个理念，已经在某种程度上变得高尚了；然而，一个把这种义务变成我们的诫命的世界统治者的概念，离他还有很大一段距离。而且如果他以这概念为开端，还会挫败他那（参与构成德性本质的）勇气，使他陷入把虔敬转化为在一种专制地发布命令的权势面前阿谀奉承、奴颜婢膝地屈从的危险之中。这种独立自主的勇气本身，甚至通过接踵而至的和解教义，将得到加强，因为这种 〔184〕 教义把不可改变的东西设想为解决了的，并且为我们开启了一条通向一种新的生活方式的小道，而不至于在以这种教义为开端时，由于白费力气地想使已经发生了的事情得到挽回（赎罪），由于对这种白费力气的奉献而产生的害怕，由于想象我们根本没有能力达到善，以及由于对堕回到恶的恐惧，

而不得不消磨掉人的勇气①，把人置入一种长吁短叹的道德上

① 各民族的不同信仰类型，逐渐地也赋予它们一种外在地呈现在公民关系之中的性格；这种后来附加给它们的性格，就好像完全是气质特性似的。例如，**犹太教**由于其最初的那种想借助一切可以想象出来的、在有些地方令人难堪的戒律，把一个民族同其他所有民族隔离开来、并防止他们与这些民族有任何混杂的制度，就招来了**仇视人类**的责难。**穆罕默德教**的与众不同之处就在于**骄傲**，因为它不是在奇迹中，而是在对许多民族的战胜和奴役中找到了其信仰的证明，而它的虔诚习俗全都具有勇敢无畏的性质♀。**印度教**信仰由于同穆罕默德教截然相反的原因，而赋予其信徒以**怯懦**的性格。——如果由于那些最真心诚意地对待基督教信仰、但却以人的堕落为出发点而怀疑任何德性、因而把自己的宗教原则仅仅放在**虔诚**（它被理解为鉴于上界力量所期待的虔敬而采取消极态度的基本原则）之中的人们，能够对基督教信仰作出类似的责难，那么，问题肯定不在于基督教信仰的内在性质，而是在于它接近人们心灵的方式，因为这些人从未在自身中确立一种信赖，而是在持久的恐惧中寻求一种超自然的援助，甚至在这种自卑（自卑并不是谦恭）中自认为拥有一种能够赢得神恩的手段。这种状况的外在表现（无论是在敬虔主义中还是在伪虔诚中），都显露出一种奴性十足的心态。

♀这种值得注意的现象（一个虽然聪慧、但却无知的民族为自己的信仰而骄傲）也可能根源于创始人的那种自负，似乎惟有他才又在世界上恢复了上帝及其超感性本性的统一的概念。假如可以说他有功绩的话，那就是这一概念使他的民族从圣像崇拜和多神论的无政府状态中解放出来而变得高尚了。——至于第三类，即以误解了的谦恭为基础的宗教会众的性格，由于考虑到法则的圣洁性而在评估自己的道德价值时降低自负，就不应该造成自卑，倒是应该造成一种决心，要按照我们里面的这种高贵的禀赋，越来越接近于符合那种圣洁性，而不是把本来存在于造成这种决心的勇气之中的德性，当做一个已经有自负之嫌的名称推给异教，反过来却赞扬那种奴颜婢膝的邀恩。——伪虔诚（bigotterie，devotio spuria［偏执狂、假虔诚］）是一种习惯，它不是把虔诚的锻炼放在（在履行所有的人类义务方面）上帝所喜悦的行动中，而是放在通过表现出敬畏而直接与上帝交往之中。在这种情况下，这种锻炼就必须被看做强制性事奉（opus operatum，因功生效），只不过要成为迷信，它还需要加上自以为具有超感性的（上天的）情感这种狂热的妄想罢了。

的消极状态，在这种状态下，做不成任何伟大的和善的事情，〔185〕而是把一切寄望于等待。——在涉及道德意念的事物中，一切都取决于人们使自己的义务隶属的那个最高概念。假如对上帝的**崇敬**是首要的，人们因而把德性隶属于它，那么，这个对象就是一个**偶像**，也就是说，它被设想为一个我们不是凭借在世上的道德善行，而是凭借祈祷和阿谀奉承就可以希望使它喜悦的存在者。但在这种情况下，宗教也就是偶像崇拜。因此，虔敬不是德性的代用品，以至可以缺少德性；相反，它是德性的实现，以便能够为最终达到我们的所有善的目的的希望加冕。

四、宗教事务中良知的引导

这里的问题不是良知应当如何被引导（因为良知不需要引导者，有良知就够了），而是怎样才能把良知本身用做最令人忧虑的道德决定中的引导。

良知是一种自身就是义务的意识。但是，由于对我们所有的表象的意识仅仅在逻辑观点上、从而仅仅有条件地，即当我们想澄清自己的表象时，才显得是必然的，因而也就不能无条件地是义务，所以，怎样才可能设想这样一种良知呢？

这是一个不需要任何证明的道德基本原理：**切勿冒不义的风险做任何事情**（quod dubitas，nefaceris！——Plinius. ［凡是你怀疑的事情，就不要去做。——普林尼］）。因此，“**我要采取的**行动是正义的”这种**意识**是无条件的义务。而一个行动〔186〕一般来说是正义的还是不义的，对此作出判断的是知性而不是良知。对于所有可能发生的行动都知道它们是正义的还是不义的，这也不是绝对必要的。但是，对于**我**要采取的行动，我不仅必须作出判断，表明态度，而且还必须确知它不是不义的。

这种要求是良知的一种公设，而盖然说，即“仅仅认为一个行动可能是正义的，就足以使人采取该行动”这种基本原则，是与良知的这种公设截然对立的。——我们也可以这样定义良知：它是**自己对自己作出裁决的道德判断力**。只是这一定义，还极需对其中包含的概念先行作出说明。良知并不是把行动当做隶属于法则之下的案例来裁决的。因为这样做的是理性，理性是主观实践的（因此是 casus conscientiae［良知的案例］，亦即作为良知的辩证论的一种类型的诡辩）。相反，在此是理性对自己作出裁决，尽管它事实上是极其慎重地对行动作出那种判断的（即它是正义的还是不义的）。而且，它还把人自己推上**起诉自己**或者**辩白自己**的证人席，证实这种情况是发生了还是没有发生。

举例来说，有一个异端审判官，他固执地墨守自己的规章性信仰的惟一性，甚至到了必要时以身殉道的地步。他要对一个被指控犯有不信罪的所谓异端（在其他情况下是一个好的公民）作出判决。在此我要问：如果他判决这个异端死刑，那么，人们是能够说，他是按照自己的（尽管是误入歧途的）良知作出判决的，还是不论他是弄错了还是有意做出了不义的行为，都可以指摘他完全丧失了良知呢？因为人们可以当面指摘他在这样一个案例中，根本不能确定自己的所作所为不会有不义的可能。虽然他也许坚信，一种超自然地启示出来的上帝意志（或许是根据 compellite intrare［勉强人进来］那句箴言）允许他——即使不是把这作为他的义务——把所认为无信仰连同不信者一起彻底灭绝。但是，他难道真的如此相信这样一种启示出来的教义及其意义，以至于达到胆敢杀死一个人所需要求的程度吗？因为一个人的宗教信仰而夺去他的生命，这毫无
〔187〕疑问是不义的，除非（极而言之）一种例外地为他所知的上帝意志作出了别的安排。但是，说上帝曾经表现出过这种可怕的

意志，这是以历史文件为基础的，并且绝不是不容争辩地确定的。他毕竟只有通过人才能够获得启示，而且启示也是由人给他解释的。如果在他看来启示也是来自于上帝自身的（就像下达给亚伯拉罕的命令，要他把自己的儿子当做羊羔杀死那样），那么，至少毕竟有可能在这里出现了某种失误。但这样一来，他就会冒着做出某种极其不义的事情的危险，而他在这里的行动正好就是没有良知的。对于一切历史性的信仰和现象性信仰来说，情况都是如此。也就是说，总是还留下了在其中发现某种错误的**可能性**。因此，不顾这种信仰所要求或者所允许的事情也许是不义的这种可能性，也就是冒着违反一种自身确定无疑的人类义务的危险而去接受这种信仰，这是没有良知的。

不仅如此，即使一个由这样一种积极的（被认为是积极的）启示法则所要求的行动本身是允许的，问题仍然在于，教会的上层或者导师是否可以根据自己自以为的确信来责成民众把它当做信条认信（哪怕有损于他们的地位）呢？由于确信除了历史的证据之外，自身没有别的证据，但在这民众的判断中（只要它稍稍反省一番自己），总是还有一种也许由此或者在他们对经典作诠释时产生错误的绝对可能性，所以，神职人员就会强迫民众至少是在内心中，就像他们信仰一个上帝，即仿佛是面对上帝那样，认信某种他们毕竟并不确切地知道其为真的东西是真实的。例如，承认指定某一个日子定期公开地增进虔敬之心，是由上帝直接规定的宗教节日，或者认信某种他们根本不理解的奥秘为自己坚信的。这时，他们的教会上层就会是在违背良知行事，是在强迫别人信仰某种他自己也绝不可能完全确信的东西。因此，他应该公平地想一想他所做的事情，因为他必须为从这样一种强制性的信仰中产生的滥施强暴负责。——因此，在被信仰的东西中可能有真理，但在信仰中

（或者甚至在对它的只是内心的认信中），也同时可能有不真实性，而这不真实性本身就是该诅咒的。

〔188〕 尽管如上所说，仅仅刚刚开始自由思维的人[①]，由于他们过去处在一种信仰的奴隶桎梏之中（例如新教徒），马上就认为仿佛自己越是不被迫信仰（信仰实证的东西和由教士规定的东西），就越是变得高尚了。然而，对于那些还没有能够或者不愿意作出这种尝试的人来说，情况则截然相反；因为他们的基本原则是：在信仰上最好是宁多毋少；因为做的比应做的更多，起码没有什么坏处，也许还会有所助益。——宗教事务中的所谓安全准则（argumentum a tuto［出自安全理由］），就是建立在把宗教认信中的不诚实作为基本原则这种妄想之上的（由于宗教又弥补了每一种错误，因而也弥补了不诚实的错误，人们就更容易采取这种妄想了）。如果我关于上帝所认信的东

① 我承认，我确实不能苟同于一些聪明人也使用的下述说法：某个（正在探讨一种合法的自由的）民族对于自由是不成熟的；一个庄园主的农奴们对于自由还不成熟；此外还有，一般人对于信仰自由还不成熟。按照这样一种前提条件，自由就永远不会出现。因为我们如果不事先被置于自由之中，对于自由就不可能**成熟起来**（为了能够在自由中合目的地运用自己的力量，我们就必须是自由的）。当我们还必须服从他人的命令，但又处于他人的关照之下的时候，最初的尝试当然是不成熟的，通常还与一种更为困难、更为危险的状况结合在一起。然而，不借助**自己的**尝试（要想做这些尝试，我们就必须是自由的），我们永远也不能以其他方式在理性方面成熟起来。我并不反对那些手中握有权力的人，为情势所迫把甩脱这三种桎梏的时代推得远之又远。但是，说自由根本不适宜于那些一度隶属于他们之下的那些人，说人有权利在任何时候都让这些人远离自由，把这当做基本的原则，这就侵犯了把人创造成为自由的那个神明的特权。当然，如果能够贯彻这样一种基本原则，则在国家中、在家庭中、在教会中实行统治，的确是更惬意的。然而，这难道也更正义吗？

西是真的，那么我就碰中了；如果它不是真的，此外也没有什么自身不容许的东西，那么，我信仰它只不过是多余的，它虽然没有必要，但也只不过是给我加上了一种并非罪过的负担。从自己的装模作样的不诚实性中产生的危险；**对良知的违背**；在上帝面前谎称某种东西是确定无疑的；而自己又明明知道，它并不具有能够以无条件的信赖加以保证的性质；〔189〕
所有这一切，**在伪君子看来都无关紧要**。——真正的、惟一能够与宗教相统一的安全准则恰恰是相反的准则：作为永福的手段和条件，凡是不能凭借我自己的理性，而是只能凭借启示为我所知，并且仅仅借助于一种历史性的信仰才能为我认信，但除此之外与纯粹的道德基本原则并不矛盾的东西，我虽然不能相信并且保证它是确定无疑的，但也不能把它当做肯定错误的东西予以拒斥。不过，虽然就这方面而言并未规定什么，但我仍然期望其中能够包含着某种能为人降福的东西。如果我不由于缺乏对一种善的生活方式的道德意念而使自己不配享它，它就会给我带来好处。在这一准则中，蕴涵着真正的道德上的安全，即面对良知的安全(对一个人不能要求更多的东西)。与此相反，最大的危险和不安全，是由要狡猾地避开不认信给我带来的不利后果、并由于同时讨好双方而与双方交恶这种自作聪明的手段带来的。

一部信经的作者，或者一个教会的导师，甚至每一个人，——就他据说在内心中向自己承认确信一些信条是上帝的启示而言——如果他扪心自问：你敢在知人心者的临在中，冒着丧失所有你认为宝贵和圣洁的东西的危险，来担保这些信条的真实性吗？那么，我将必须对人的（至少不是完全无能为善的）本性形成一个很糟糕的概念，才不会预见到，即便是最大胆的信仰导师，也必然在这里不寒而栗。

〔190〕 ♀[1]但如果真是这样，那么，它与那种公事公办的态度是多么一致啊！这种态度仍然要求对信仰作这样一种不允许任何限制的解释；甚至把这样一种胆大妄为的保证本身，冒充作义务和对上帝的事奉，但由此也就把道德方面的一切东西（诸如此类的东西也就是接受一种宗教）上所绝对要求的人们的自由完全弃之于地、甚至连在此说“我信。但我信不足，求主帮助”的善良意志，也不给留下容身之地了。♀[2]

① 就是说，如果一个人胆敢说“谁不相信这个或者那个历史性教义是一个可贵的真理，**他就该受诅咒**”，那么，他也必须能够说：“如果我在这里向你们讲述的东西不是真的，**我就该受诅咒**”。——如果有某人提出这样一种可怕的要求，那么，我将建议，可以按照波斯人关于一个**哈吉**的那句谚语来对待他：如果某人（作为朝圣者）去过一次麦加，那么，你就迁出他与你共住的那座房子；如果他去过两次，那么，你就迁出他所在的那个街道；但如果他去过三次，那么，你就干脆离开他居留的那座城市，甚至离开那个国家。

② **啊，正直**！你这从地上逃逸到天上的阿斯特赖亚，我们怎样才能把你（良知的基础，因而也是一切内在的宗教的基础）从那里重新拉回到我们这里呢？尽管非常令人痛心，但我还是可以承认，在人的本性中找不到襟怀坦白（说出知道的全部真理）。然而，我们却必然可以要求每一个人**正直**（凡是说出来的东西，都是真诚地说出来的）；而如果就连正直的禀赋也不存在于我们那仅仅是疏于培植的本性中，那么，人类即便是在自己的眼中也必定会是一个极度受蔑视的对象。但是，所要求的那种心灵特性是这种一种特性，它备受诱惑，且要求作出某些牺牲，因此也要求道德上的力量，即德性（德性必须是获得的），但必须比其他任何一种特性都更早地受到监护和培植。因为如果我们让相反的倾向扎下根来，那就极难再彻底铲除。——我们可以把这与我们的教育方式进行比较，尤其是在宗教问题上，或者确切地说，在教义问题上。在这里，不用考虑认信的可靠性（对此从来也不能加以检验），单是回答涉及它们的问题时记忆的可靠性，就被认为足以造就出一个对他所保证是圣洁的东西一窍不通的信徒，而我们也将不再对由于缺乏正直所造成的真正内心的伪君子这种事感到惊讶了。

总的附释

凡是人按照自由律能够独立地做出的善行，与只有借助超自然的帮助才使他可能达到的那种能力相比而言，我们都可以称之为**本性**，以便有别于**神恩**。这并不是说，好像我们借助前一个术语所理解的是一种自然的、有别于自由的属性似的。我们之所以使用它，仅仅是因为我们至少认识了这种能力的**法则**（**德性**的法则），因为理性对于它——作为一个**自然的类似物**——也有一个自己可见的、可把握的导线；与此相反，**神恩**是否以及什么时候在我们里面起作用，以及起什么作用和起多〔191〕大作用，对我们来说仍然完全是隐秘的。而理性在这方面，就像在一般的超自然事物（道德性作为**圣洁性**就属于此列）那里一样，对于它的发生所遵循的法则一无所知。

对我们道德上虽然是有缺陷的能力，甚至对我们履行自己的所有义务时的不完全纯净的、至少是薄弱的意念加上的一种超自然帮助的概念，是超验的，是一个纯然的理念，没有任何经验能够向我们保证它的实在性。但是，即便是把这个理念假定为仅仅实践意图上的理念，这也是很冒险的，与理性很难统一的。因为凡是作为道德上的善的行为而应该归功于我们的，都必然不是借助外来的影响，而必须是仅仅借助于尽可能正确地运用我们自己的力量而发生的。不过，这方面的（二者并行不悖的）不可能性也是同样不能证明的，因为自由本身虽然在其概念中不包含任何超自然的东西，但就其可能性而言，仍然和人们为了代替对自由的自身主动的、但不充分的规定而假定的超自然事物一样，是我们所不能理解的。

但是，由于我们关于自由至少还能够知道用来规定它的那些法则（道德法则），但关于一种超自然的帮助，无论是在我们里面察觉到的某种道德力量是否确实是由此产生的，还是在什么样的场合以及在什么样的条件下可以期待这种力量，我们都一无所知。所以，除了普遍地假定：凡是本性在我们里面不能造成的，只要我们尽可能地运用我们的本性（即我们自己的力量），神恩就将会造成它，此外，我们对这个理念就不能做任何别的利用了，无论是我们如何（除非不断追求善的生活方式）争取它的协助，还是我们如何确定在什么样的场合我们可以期望得到它都不行。这一理念完全是超越的。此外，把它当做一种神圣的东西，对它敬而远之，以免我们由于自己制造奇迹的妄想，或者在自己里面感知到奇迹的妄想，而使自己不适宜于任何理性运用，或者听凭自己惰性的诱惑，在消极的悠闲中，期待我们本应该在自身中寻求的东西从天上掉下来，这是有益的。

〔192〕 因此，**手段**也就是人为了用来实现某种意图**所能够支配的**中间原因；而为了配得上上天的帮助，这里也只有（也不可能有别的什么东西）认真努力地尽可能改善自己的道德性质，由此使自己易于接受本来不为自己所支配的、使这些道德性质符合上帝的喜悦方面的完善，因为他所期待的那种上帝的帮助自身，本来就仅仅是以他的道德性为目的的。但是，不纯洁的人不是在这里，而是宁可在某些感性的活动中（他虽然能够支配这些活动，但这些活动自身并不能造就任何更善的人，而这里却要以超自然的方式造成这一结果），这倒是我们已经可以先验地预料到的事情，而且事实上也的确发生了。一种所谓的**邀恩手段**的概念，虽然它（根据以上所说）是自相矛盾的，但在这里却充当了自欺的手段，而自欺是既庸俗又对真宗教有害的。

作为属于上帝之国的臣民，但同样（遵照自由律）作为上帝之国的公民，信仰者对上帝必须作出的真正的（道德上的）事奉，虽然就像上帝之国自身一样是不可见的，即是一种**心的事奉**（用心和诚实的事奉），并只能存在于把所有真正的义务作为上帝的诫命来遵守的意念之中，不能存在于仅仅为了上帝而规定的行动之中。然而在人这里，不可见的东西却需要借助某种可见的东西（感性的东西）来体现。进一步说，为了实践的事物起见，需要有某种可见的东西来伴随，并且尽管它是理知的，却需要仿佛被（根据某种类比）直观化。虽然这种东西是仅仅为说明我们在事奉上帝方面的义务的一种事实上不可缺少的手段，但同时也是一个颇有被误解的危险的手段，它通过一种对我们起蒙蔽作用的妄想，而极容易被视为**对上帝的事奉**本身，并且通常也是这样被称谓的。

这种对上帝的所谓事奉，如果回溯到它的精神实质和它的真实涵义，即一种专注于在我们里面和在我们之外的上帝之国的意念，那么，它本身可以借助理性划分为对义务的四种遵循方式。但是，某些与它们并没有必然联系的仪式，也被一一对应地配置给它们了。因为这些仪式在用做它们的图型，从而 〔193〕
在唤醒和保持我们对真正地事奉上帝的注意力方面，自古以来就被当做好的感性手段。它们全都立足于促进道德上的善这个意图：(1) **在我们自身里面坚定地**确立这种善，并且反复地在心灵中唤起它的意念（私下默祷）；(2) 通过在法定的礼拜日公共聚会来**向外扩展**这种善，以便让人在那里宣读宗教教义、表达愿望（以及诸如此类的意念），并且普遍地相互传达这些东西（前往教堂）；(3) 通过把新加入的成员接纳入信仰团契，而把这种善**灌输**给后代，这也是使他们在其中受到教导的义务（在基督教中就是**洗礼**）；(4) 通过反复举行的公共仪式**维护这个团体**，这些公共仪式使这些成员们结成一个伦理实体的那种联合，也就是按照彼此之间权利平等和共享道德上善的成果的原则的那种联合得以存续（领圣餐）。

宗教事务中的任何开端，只要人们不是纯然在道德上作出的，而是把它当做**本身**就让上帝喜悦的、从而通过上帝来满足我们的所有愿望的手段，就都是**物神信仰**。它是这样来说服人们的：无论是按照**自然**法则还是按照道德上的理性法则，都不能造成任何效果的东西，却可以这样来造成人们所期望的东西，即，只要人们坚定地相信它能够造成诸如此类的东西，并把某些仪式与这种信仰结合起来。甚至在这里的一切都取决于只能从行动中产生的道德上的善这种意念已经深入人心的地方，感性的人还要为自己寻找避开那种困难条件的秘密路径。也就是说，即使他履行的仅仅是**方式**（形式），上帝也会把它当做行动本身来接受。这当然必须被称做上帝的一种超验的神恩，如果不是反倒会成为在懒惰的信赖中梦见的神恩，或者干脆是一种虚伪的信赖本身的话。这样，人就在所有的公共信仰方式中，都把某些习惯自己设想为**邀恩手段**，尽管它们并不是在所有的信仰方式中都像在基督教中那样，与实践的理性概念以及与之相符合的意念相关（例如在穆罕默德教的信仰方式
〔194〕中，有五种重要的诫命：净礼、祈祷、斋戒、施舍、赴麦加朝圣。其中惟有施舍，如果它是出自真正的、对人类义务既是道德上的也是宗教上的意念作出的，并且由而确实值得被看做一种邀恩手段的话，就理应被当做例外。但在这里情况则相反，由于这种手段按照该信仰甚至可以同时从别人那里强夺以穷人的身份祭献给上帝的东西，它就不应当被当做例外）。

也就是说，可以有三种**妄想信仰**有可能使我们在超自然事物（按照理性法则，它既不是理论运用的对象，也不是实践运用的对象）方面逾越我们理性的界限。**首先**是这样一种信仰，即凭借经验能够认识某种我们自己也能够认为按照客观的经验规律不可能发生的事情（对**奇迹**的信仰）；**其次**是这样一种妄想，即必须把我们自己凭借理性并不能形成任何概念的事物，当做我们在道德上的至善所必需的而接纳在我们的理性概念之下（对**奥秘**的信仰）；**最后**是这样一种妄想，即凭借运用纯粹

自然的手段能够造成一种对我们来说是奥秘的结果，也就是说，造成上帝对我们的道德的影响（对**邀恩手段**的信仰）。——关于前两种人为的信仰方式，我们在本书上两篇的《总的附释》中已经讨论过了。因此，现在我们有必要对邀恩手段加以讨论（它与**神恩作用**♀[①]，即超自然的道德上的影响，还是有区别的。对于后者，我们只是容忍，但对它的自以为的经验，却是一种纯然属于情感的狂热妄想）。

一、**祈祷**被设想为对上帝的一种**内在的、按照程式的**事奉，从而被设想为邀恩手段，它是一种迷信的妄想（一种物神化）。因为它纯然是对一个存在者**宣告出来的愿望**，而这个存在者却不需要对愿望者的内在意作出任何宣告。因此，这里也就没有做出任何事情，没有履行作为上帝的诫命我们必须履行的任何义务，因而也没有真正地事奉上帝。让上帝喜悦我们的一切所作所为这样一种衷心的愿望，即伴随我们的一切行动、就好像这些行动是在对上帝的事奉中发生的那样来从事这些行 〔195〕
动的意念，是**祈祷的精神实质**，它能够而且应该“不住地”在我们里面出现。但是，用语词和定式来表达这种愿望（即使这纯粹是在内心中进行的）[②]，充其量也只能具有反复地在我们

① 参见**第一篇**的《总的附释》。

② 在一个作为祈祷的精神实质的愿望中，人只是试图对自己产生作用（借助**上帝的理念**振奋自己的意念）。但在这种愿望中，当它借助语词，从而也就是向外宣告的时候，却是试图对上帝产生作用。在前一种意义上，尽管人并不强求自己甚至能够毫无疑问地保证上帝的存在，但祈祷却可以是以充分的真诚进行的。在第二种作为**致辞**的形式中，他认定这个最高的对象是亲自临在的，或者至少是（甚至在内心中）仿佛他是从这个对象的临在引出的意见那样，认为即使事实并非如此，至少也没有什么坏处，毋宁说还会给他带来好处。因此，在后一种（字面上的）祈祷中，不能像在前一种祈祷中（在祈祷的纯

〔196〕 里面振奋那种意念的一种手段的价值，与上帝的喜悦没有任何

然精神中）那样完满地发现真诚。——每一个人，如果他自认为是一个虔诚的、有善良意愿的人，都会认为上述附释的真理性已经得到了证明。但如果他是除此之外还自以为是在这样一些提纯了的宗教概念方面所知有限的人，别人就会对他感到惊异了。我指的不是在大声的祈祷方面，而是仅仅在把这种祈祷显示出来的举止方面。不用我说，人们自己就会预料那个人在这方面会陷入混乱或者尴尬，就好像这是一种他会为自己感到羞愧的状态。但是，为什么会是这样呢？一个人被发现在大声地自言自语，这显然会使他被怀疑有点发神经。同样，如果我们在他独处的时候，发现他正在做出只有当一个人看到有人在自己面前时才会做出的活动或者表情，我们也会对他作出这样的判断的（这并非全无道理）。但是，在上述假定的例子中，情况并不是这样。——然而，福音的导师用某种措辞十分精彩地表达了祈祷的精神实质，这种措辞不仅使祈祷，而且由此也使它自身（作为字面上的东西）成为多余的了。在这种措辞中，我们发现的无非是趋向善的生活方式的决心，它与意识到我们的脆弱性相结合，包含着一种持久的愿望，即成为上帝之国中一个合格的成员。因此，它不是真正地祈祷某种上帝根据自己的智慧也可能会拒绝给予我们的东西，而是这样一个愿望，如果它是认真的（积极的），它就会自己造成自己的对象（成为一个让上帝所喜悦的人）。甚至对我们某一天维持生存的手段（面包）的愿望，由于它并不是明确地针对生存的延续的，而是一种被感觉到的纯然动物性需求的结果，所以与其说是对**人**想要的东西的特别深思熟虑的祈祷，倒不如说是对我们里面的**自然**想要的东西的表白；这类祈祷就会是对他日的面包的祈祷，这种情况在此也十分清楚地被排除了。——这样一种发生在道德的（仅仅凭借上帝的理念振奋起来的）意念之中的祈祷，由于它作为祈祷在道德上的精神实质是自己造成自己的对象（成为上帝所喜悦的）的，因而只能发生在**信仰**中；而信仰也无非就是认为，自己的祈祷**能被满足**是有保障的；不过，只有我们里面的道德性才具有这样的性能。因为即使在祈求仅仅涉及今日的面包的情况下，也没有人能够认为，祈祷会得到满足是有保障的，即满足他的祈求与上帝的智慧是必然地结合在一起的。也可能，让他今天死于这种匮乏更能与上帝的智慧一致。凭借死缠硬磨的祈求来试探是否能使上帝（为了我们眼前的利益）偏离其智慧的计划，这也是一种既荒唐无稽又大胆妄为的妄想。因此，我们不能确信任何有一种并非道德的对象的祈祷是能够被满足的，即不能在**信仰**中祈求这样的东西。甚至，即便对象是道德的，但却只能借助超自然的影响才是可能的（或者

直接的关系，正因为此也不是每一个人的义务。因为一种手段 〔197〕

至少，我们之所以期望这样的对象，不过是因为我们不愿自己为此费力劳神；例如思想改变、穿上新人、再生），毕竟也很难确定，上帝是否会认为以超自然的方式，弥补我们的（自负其责的）缺陷是符合他的智慧的。毋宁说，我们有理由预期相反的东西。因此，人不能在信仰中祈求这些东西。——由此也就可以解释一种制造奇迹的信仰（它总是与一种内在的祈祷结合在一起的）会是什么样的情况了。由于上帝不能赋予人超自然地发挥作用的任何力量（因为这是自相矛盾的），由于人在自己这方面不能按照自己从世上可能的善的目的形成的概念，来规定上帝的智慧在这方面会作出什么判断，因而不能凭借在自己里面、并由自己产生的愿望来把上帝的力量用于自己的意图，所以，一种奇迹的赐予，即人能否拥有它完全取决于人自己（“你们若有信心像一粒芥菜种”，等等）的那种奇迹的赐予，从字面上看是不可思议的。因此，这样一种信仰，如果它在任何地方都要意味着某种东西，就不过是关于人的道德性质——假如人在自己全部让上帝喜悦的完善（然而，人却永远达不到这种完善）中拥有这种道德性质的话——的重要性，超越上帝在其最高智慧中拥有的其他一切动因的重要性的一个理念，从而也是这样一个根据，它使人能够信赖，如果我们**完全**是或者一旦成为我们应该是、并且（在不断的接近中）能够是的那种样子，自然本性必然会顺从我们的愿望，而我们的愿望在这种情况下也决不会是不智的。

但是，就通过前往教堂所期望获得的**陶冶**而言，公共的祈祷在这里虽然也不是邀恩手段，但却是这样一种伦理的庆典，它或者通过合唱信仰的赞美诗，或者也通过按照规定借助神职人员之口代表全体会众向上帝所作的**致辞**进行。这致辞把人的一切道德事务都包括在自身中，由于它把这些道德事务表现为公共事务，在这里每一个人的愿望都应该表现为是与所有人的愿望联合为一个目的（建立上帝的国）的。所以，它不仅能够把感动提高到道德上的鼓舞（而不像私下默祷那样，由于私下默祷是在缺少这种崇高的理念的情况下作出的，它通过习惯逐渐地完全丧失了对心灵的影响），而且还比私下默祷更多地包含着把构成祈祷的精神实质的道德愿望穿上正式的致辞外衣的理性根据。但它在这里并没有把最高存在者设想为临在的，或者把这种演说形态固有的特有力量设想为一种邀恩手段。因为在这里有一个特殊的目的，即通过一种外在的、体现出那种在对上帝之国的共同愿望中**所有人大联合**的庆典，来更多地调动每一个人的道德动机。除了通过向这个国的主宰致辞，就好像他特别地在某个地方临在一样之外，不可能以更好的方式进行这件事了。

只能规定给为了某种目的而**需要**它的人，但远远不是每一个人都需要这种（在自己里面、事实上也就是**同自己**、但却伪称更可理解为**同上帝**交谈的）手段。毋宁说，每一个人都必须通过对道德意念连续不断的净化和提高来达到这样一种地步，即惟有祈祷的精神实质在我们里面能够得到充分的振奋，而祈祷（至少是为我们自己的利益所作的祈祷）的条文则能够最终被略去。因为这种条文毋宁说像所有间接地指向某个目的的东西一样，削弱了道德理念（从主观上来看，它叫做**虔敬**）的作用。在最渺小的事物上考察上帝创世的深刻智慧，在伟大的事物上考察这种智慧的威严——它自古以来就已经能够为人们认识到，但在近代却扩展为极大的惊赞——，这种考察具有这样一种力量，它不仅把心灵沉入到那种深沉的、仿佛把人在自己的眼睛中消灭掉的那种情调，人们称之为**崇拜**，而且如果考虑到人自己的道德上的规定性，其中也包含着一种升华灵魂的力量，以至相比之下，语词，即便是身为国王的祈祷者大卫（他很少知道所有那些奇迹）的语词，也必然像空洞的声响一样消逝掉。因为出自从对上帝之手的这样一种直观的情感是说不出来的。——此外，由于人们虽然其心灵倾向于宗教，但却很乐
〔198〕意把所有本来只与他们自己的道德改善相关的东西，转化为对宫廷的事奉。而在对宫廷的事奉中，谦卑和赞颂越是词汇丰富，通常也就越是很少被人在道德意义上感受到。所以，倒是哪怕在最初给还需要条文的孩子们安排祈祷练习时，就有必要小心翼翼地再三叮嘱他们，言语（即便是在内心中说出的言语，甚至是使心灵适合于把握上帝理念的尝试，据说这种理念是接近于一种直观的）在这里没有什么自在的价值，而只是被用来振奋趋向一种上帝所喜悦的善的生活方式的意念。那种言语只不过是想象力用来这样做的一种手段罢了。因为若不然，所有那些谦恭敬畏的证明都将带来一种危险，即所造成的仅仅

是对上帝的虚伪崇敬，而不是对上帝的一种实践上的事奉，这种事奉并不是仅仅存在于情感之中的。

二、**前往教堂**，它被设想为在一个教堂中隆重举行的、**对上帝的外在事奉**。鉴于它是信徒团契的一种感性体现，它不仅是一种对每个**个人**而言**陶冶**[①]自身的值得推荐的手段，而且对于**整体**而言，这也是就他们作为必须在这尘世中体现出来的、上帝之国的公民义不容辞的义务。其前提是，这个教会并不包含可能导向偶像崇拜的、并从而使良知背上沉重负担的仪式。〔199〕例如，在上帝处于一个人的名义之下的无限仁慈的人格中而对上帝所作的某些崇拜。因为以感性的方式描绘上帝，就违背了理性的那个诫命：**“不可为自己雕刻偶像”**，等等。但是，想把它本身当做**邀恩手段**来使用，就好像是由此直接事奉了上帝，好像上帝把特殊的**神恩**与这种庆典的庄重性（只不过是宗教的

① 如果我们要为这一表述寻找一个合适的涵义，那么，也许只能这样来规定它，即它被理解为**由虔敬在主体身上产生的道德上的结果**；这一结果，虽然大多数自以为虔敬的人（因此也可以称他们为**虔敬之士**）把它建立在感动之中，但它却并不在于感动（感动已经包含在虔敬之中了）。因此，**陶冶**这个词必须意味着由虔敬在人的现实改善方面造成的结果。然而，要使这种改善成功，人们就必须有系统地进行工作。按照正确理解的概念，把确定的基本原则深深地植入人心，在此之上建立起各种意念，去和这些基本原则所关系到的、诸般义务的各种不同的重要性程度相符合，提防和维护它们免受偏好的侵袭，仿佛是**陶冶**出一个新人，作为**上帝的圣殿**。人们很容易看出，这一建筑物只能慢慢地进展；但是，至少也应该看到有些什么**已经建立起来了**。然而，虽然人们相信自己（通过听，或者读和唱）已经受到了相当的**陶冶**，但却没有任何东西被建立起来，甚至连着手开始建造也没有。也许这是因为，人们希望那座道德的建筑物将像忒拜城的城墙那样，凭借叹息和急切愿望的音乐就自己耸立起来吧。

普世性的一种感性的体现）联结在一起了似的，这是一种妄想，它虽然与一个**政治共同体**的好**公民**的思维方式和外部体面是一致的，但作为**上帝之国中的公民**，这种妄想不仅不能对他的品质有所增益，而且还会败坏它，用炫目的色彩在他人眼前、甚至在他自己的眼前，掩饰其意念的道德上恶劣的内容。

三、加入教会团契的一次性的庄重**典礼**，即最初被接纳为**一个教会的成员**（在基督教中是通过**洗礼**），是一种很有意义的庆典。它要么使加入者（如果他能够自己来认信自己的信仰），要么使他的保证人（他们自愿负责前者在信仰方面的教育）承担起重大的责任，并且是以某种神圣的东西（把一个人塑造为神圣国家的公民）为目的的。但是，它自身却不是其他那些人的一个神圣的行动，或者不是在这个人身上造就出圣洁性和接受神恩的能力的行动，因而也不是什么**邀恩手段**。尽管它在最初的希腊教会中也曾有过如此被夸大的威望，似乎能够一下子涤清所有的罪过。由此，这种妄想与一种几乎更多的是异教的迷信之间的亲缘关系，也就大白于天下了。

四、根据**平等**的法则为庆祝**这个教会团契的复兴、存续和传播**，而反复多次举行的**庆典（领圣餐）**。必要时还可以按照这样一个教会的创始人的榜样（同时也是为了纪念他），通过在同 张餐桌旁共享的仪式来举行这种庆典包含着某种伟大的东西，这种东西把人们狭隘的、自私的和难以共处的思维方式——尤其是在宗教事务中——扩展成为一种世界公民的**道德**
〔200〕**团体**的理念。而且，这种庆典也是振奋一个团契，使它达到在其中体现的兄弟之爱的道德意念的一种好手段。但是，称颂说是上帝把特殊的神恩与这种庆典的庄重性结合在一起，并且把认为那本来只不过是一种教会活动的庆典又可以是一种**邀恩手段**的命题接纳入信条，这就是宗教的一种妄想了。它所能够起的作用恰恰只不过是与宗教的精神实质背道而驰。——这样一

来，从根本上来说，**教权制**就会完全是神职人员通过装出一副独占邀恩手段的样子而篡夺的对心灵的统治。

※　　※　　※

所有诸如此类的在宗教事务上人为的自欺，都有一个共同的基础。在上帝所有的道德方面的属性——圣洁、神恩和正义——中，人习惯性地转向了第二种，以便避开符合第一种的要求这一令人生畏的条件。作一个好的**仆人**，这是费力劳神的（在此总是只听到说义务）。因此，他宁可作一个**宠儿**，这时，他的许多事情都可以得到宽恕，或者，即便他过于严重地违背了义务，也可以凭借某一个在最高的程度上蒙恩的人的调解来补偿一切。而同时，他始终还是他曾经是的那个任性的奴仆。但是，为了在他的这种意图的可行性方面以一些假象满足自己，他把自己关于一个人（连同其缺陷）的概念，像通常那样套用到神灵身上。并且，就像即使在**我们族类**最好的**统治者**身上，立法的严明、仁慈的恩宠和一丝不苟的公正，也不是（像其应该的那样）每一个都单独地、独立地致力于对臣民的行动产生道德影响，而是在人类的领袖作出决定时，在他的思维方式中**混合**在一起，因而人们只可以尝试去掌握这些属性中的一种，即人类意志的脆弱智慧，使另外两个屈从于它那样，他也希望由此而在上帝那里发现这种情况，仅仅转向了**神恩**（因此，借助一个三重位格的理念，把上帝的上述诸般属性，或者 〔201〕
毋宁说把上帝与人的诸般关系分离开来，对于宗教来说曾经是具有重要意义的。应当参照这个理念设想出那种分离，使每一种属性或者关系都得到特殊的标明）。为此目的，他尽力参与一切能想象出来的仪式，以此想要显示他是多么**崇敬**上帝的诫命，以至于没有必要来**遵守**它们了。为了能用他那些不付诸行动的愿望来补偿他对这些诫命的逾越，他喊着："主啊！主啊！"只是为了不必"遵行天父的旨意"。这样，他把用某些手段振奋真正实践意念的庆典，理解为邀恩手段本身，伪称相信这些庆典是邀恩手段，这本身就是宗教的一个本质部分（平庸的人甚至把它看做宗教的全部）。至于由此使自己成为一个更善的人，他完全听凭上帝仁慈的垂顾。他致力于**虔诚**（对上帝的法则的一种消极的崇敬），却不致力于**德性**（把自己的力量运用于自己所崇敬的义务），而毕竟惟有后者**与前者相结合**，才能构成人们在**虔敬**（真正的宗教意念）这个词中所理解的那个理念。——如果这种自以为的天之宠儿的妄想发展成为狂热的自负，认为在自身中感受到特别的神恩作用（甚至狂妄地相信自以为与上帝有隐秘的**交往**），那么，德性最终就会干脆使他感到厌恶，成为他蔑视的对象。因此，如果有人公然抱怨宗教始终很少有助于人的改善，抱怨那些蒙恩的人的（放在斗底下的）内在的光，不愿通过善功向外照耀，也就是说（正如人们按照他们的这样一种伪称可能会要求的那样）并不比其他那些自然可敬的人们**优秀**，那些人简明扼要地接受宗教不是为了取代、而是为了促进积极地显现在一种善的生活方式之中的德性意念，那么，这也是毫不稀奇的。尽管如此，福音的导师还是把外部经验的这些外在证据作为试金石交给了人们。凭借这种试金石，也就是凭借这种外部经验的结果，人们就可以认识那些蒙恩的人，而且每一个人都可以认识自身。然而，人们还没有看到，那些自以为特别蒙恩的人（拣选出来的人），全少
〔202〕有一点胜过我们在交往中、在事业中、在急难中能够信赖的自然可敬的人。毋宁说，他们总的来看经不起与自然可敬的人比较。这也就证明了，从蒙恩前进到德性并不是正确的道路，正确的道路毋宁说是从德性前进到蒙恩。

伊曼努尔 · 康德

1797 年

道德形而上学

1797 年

道德形而上学

伊曼努尔·康德　著

张　荣　李秋零　译

第一部
法权论的形而上学初始根据

〔205〕

前　言

继《**实践**理性批判》之后的，应当就是《**道德**形而上学》这一体系，它分为**法权论**的形而上学初始根据和**德性论**的形而上学初始根据（作为已提交的《**自然科学**的形而上学初始根据》的一个姊妹篇），为此，下面的导论介绍二者中的体系形式，并部分地使之直观化。

现在，法权论作为道德论的第一部分，被要求有一个从理性中产生的体系，人们可以把这个体系称为**法权形而上学**。但是，既然法权概念是一个纯粹的、却被建立在实践（出现于经验之中的事例上的运用）上面的概念，因而一个**法权形而上学体系**在其划分上也必须考虑那些事例的经验性的多样性，以便使划分完备（这对于建立一个理性体系来说是必不可少的要求），但对**经验性的东西**进行划分的完备性是不可能的，而且在人们尝试获得这种完备性时（至少是为了接近它），这样的概念不能作为不可缺少的部分进入体系，而是只能作为实例进入说明，所以，对于道德形而上学第一部分唯一恰当的表述就是**法权论的形而上学初始根据**；因为鉴于运用的那些事例，能够指望的只是接近体系，而不是体系本身。因此，对于这些初始根据来说，就像对于（先前的）自然科学的形而上学初始根据一样，这里也给予偏爱；也就是说，把属于先天地拟订的体系的那些法权放在正文中，但把与特殊的经验事例相关的那些
〔206〕法权放在部分地详尽的附释中，因为若不然，在这里是形而上学的东西就不能与是经验性的法权实践的东西很好地区别开来了。

人们常常指责我的哲学陈述晦涩难解，甚至根本就是一种故意的、要造成见解深刻的外表的模棱两可，除了我心甘情愿接受**伽尔韦**先生，一个真正意义上的哲学家，给每个作家，尤其是给从事哲学思维的作家所规定为义务的东西之外，我不可能更好地先发制人或者纠正这种责难了，而且我在自己这方面把这种要求仅仅限制在这样的条件上，即只在必须予以纠正和扩大的那门科学的本性所许可的范围内去遵循这种要求。

这个睿智的人（在他冠名为《**杂文集**》的著作的第 352 页以下）合理地要求，任何一种哲学学说，如果学者不应当甚至落入其概念晦涩难懂的嫌疑之中的话，就必须能够**通俗化**（一种足以普遍传达的感性化）。我很乐意承认这一点，只不过对理性能力本身的一种批判的体系以及所有只能经由对批判的这种规定来证明的东西是例外，因为它是把我们知识中感性的东西与超感性的、但仍然是理性职权范围内的东西区分开来所需要的。这一点绝不能通俗化，正如一般而言任何形式的形而上学都绝不能通俗化一样；尽管它的结果对于健康理性（一个不知道这一点的形而上学家的健康理性）而言完全能够使之变得明白易懂。这里不要去想什么通俗性（大众语言），倒是必须坚决要求学究气的一丝不苟，哪怕这种一丝不苟被指责为吹毛求疵（因为这是**学术语言**），因为只有这样，才可能使鲁莽的理性达到在其独断的命题面前首先理解自己的地步。

但是，如果**学究们**自诩能够用一些完全适用于学校的人为术语（在讲台上或通俗作品中）对公众讲话，那么，这不能归咎于批判的哲学家，就像不能把咬文嚼字者（logodaedalus）的无法理解归咎于语法学家一样。在此，只能讥笑这个人，但不能讥笑科学。

断言在批判哲学出现以前还根本不曾有过任何哲学，这听起来狂妄自大、自以为是，而且对那些尚未放弃他们的旧体系

〔207〕的人来说，是不屑一顾的。——为了能够否定这种表面上的僭妄，关键是如下问题：**是否真的能够有一种以上的哲学**。为了在此之上或多或少成功地建立一个体系，不仅已经有过不同方式的哲学思维和向最初的理性原则的回溯，而且必定有过许多这种方式的尝试，它们中的每一种也都对当前的尝试有贡献；但是，既然客观上来看毕竟只能存在**一种**人类理性，所以，也不可能存在多种哲学，也就是说，只有**一种**从原则出发的真正哲学体系才是可能的，哪怕人们对同一个命题也进行过如此多种多样的、经常是相互矛盾的哲学思考。于是乎，**道德主义者**有理由说：只有**一种**德性和德性论，也就是说，只有一个体系，它通过一个原则把一切德性义务结合起来。**化学家**有理由说：只有**一种**化学（依据**拉瓦锡**的化学）；**药学家**有理由说：对于疾病划分体系来说只有一个原则（依据**布劳恩**），却并没有因为**新的体系**排斥其他一切体系而贬低（道德主义者、化学家和药学家的）旧的体系的贡献；因为，如果没有这些旧的体系的发现甚或失败的尝试，我们也不会在一个体系中达到整个哲学的真正原则的那种统一性。——因此，如果某人宣布一个哲学体系是他自己的产品，那么，这就恰恰等于他好像在说：在这种哲学之前还根本不曾有别的哲学。因为如果他愿意承认，曾经有一种别的（并且是真正的）哲学，那么，关于同样的对象，就会有过两种真正的哲学，这是自相矛盾的。——所以，如果批判哲学宣布自身就是这样一种哲学，在它之前任何地方都还没有过任何哲学，那么，批判哲学所做的，无非就是所有那些按照自己的计划设计一种哲学的人已经做过、将要做和必须做的事情。

然而，说一个使这种哲学在根本上与众不同的部分并不是这种哲学自己的产物，而或许是从另一种哲学（或者数学）借来的，这种指责的意义**不大**，但却并非完全不重要：这种指责是一个蒂宾根的评论家自称作出的发现，而且关涉《纯粹理性批判》的作者冒充为他自己的并非无关紧要的成果、但早在很多年前就已经被另一个人几乎以同样的表述作出过的那个一般哲学的定义。① 我且让每个人去评判，intelectualis quaedam 〔208〕 constructio est［是某种理智的构造］这几个词是否已经能够产生**在一个先天直观中展示一个被给予的概念**的思想，由于它，哲学一下子就被完全确定地与数学分离开来。我确信，**豪森**本人会拒绝承认对他的术语的这种解释，因为一种先天直观的可能性，以及空间就是这样一种先天直观，而且并不排除彼此外在的杂多的一种仅仅被给予经验性直观（知觉）的并存（如沃尔夫对空间的解释那样），已经有理由会使他退避三舍了，因为他由此感到自己被卷入了浩瀚无边的哲学研究。**这种仿佛通过知性**作出的展示对敏锐的数学家来说，所指的无非就是按照一个概念（经验性地）**画一条线**。在画线时所重视的只是规则，但操作时不可避免的偏离却被抽掉了；就像人们在几何学中也能够从方程式的结构上觉察到这一点那样。

但是，就这种哲学的精神而言，**最没有**意义的大概就是这种哲学的一些模仿者利用一些词语的胡作非为了，这些词语在《纯粹理性批判》本身中不好用别的流行词语来替代，也不必在它之外用于公共的思想交流。上述胡作非为当然应予惩治，

① Porro de actuali constructione hic non quaeritur, cum ne possint quidem sensibiles figurae ad rigorem definitionum effingi; sed requiritur cognitio eorum, quibus absolvitur formatio, quae intelectualis quaedam constructio est［同样，这里不问实际的构造，因为感性形象不能被想象成严格的定义，而是追问对被去除了其形成的那些事物的认识，这种形成是某种理智的构造］。C. A. 豪森：《数学原理》，第一部分，86 页，1734。

就像**尼古莱**先生所做的那样，虽然他满足于在他们特有的领域内对这种哲学的完全缺乏、似乎处处只是暗藏的思想贫乏不下判断。——然而，讥笑**不通俗的学究们**，与讥笑**非批判的无知者**相比，当然要更有趣得多（因为事实上，死死地抓住其体系不放、不把任何批判放在心上的形而上学家可以归入后面这一类，尽管他只是有意**不认识**他无法容忍的东西，因为它不属于他的更陈旧的学派）。但是，如果按照**沙夫茨伯利**的论断，这是一种学说（尤其是实践学说）之真理性的一块不可忽视的试金石，如果这种学说经得起嘲笑，那么，有朝一日，必定要轮到批判哲学家**最后**来笑，而且也笑得**最好**；如果他看到那些长期以来大言不惭的人们的纸糊体系先后倒塌，而这些体系的所有追随者们一哄而散的话：这是他们无法避免地要面对的命运。

在本书结尾处，有几章我处理得不够详细，不及人们与前面几章相比所可能期待的：部分是因为我觉得它们可以轻而易举地从前面几章推论出来，部分也是因为后面（有关公共法权的）几章恰恰现在有如此之多的讨论，尽管如此又如此重要，它们可以很好地说明把决定性的判断推迟一些时间的理由。

我希望不久就能够提交**德性论的形而上学初始根据**。

道德形而上学导论

〔211〕

一、人的心灵的能力与道德法则的关系

欲求能力就是通过自己的表象而成为这些表象的对象之原因的能力。一个存在者按照自己的表象去行动的能力就叫做**生命**。

首先，与欲求或憎恶相结合的，任何时候都是**愉快**或者**不快**，人们把对它们的感受性称为**情感**；但并不总是反过来说。因为可能有一种愉快，它根本不与对对象的欲求，而是已经与人们关于一个对象所形成的纯然表象（表象的客体存在与否都无所谓）相联结。**其次**，对欲求对象的愉快或者不快也并非总是先行于欲求，而且不可以每次都被视为欲求的原因，而是也能够被视为欲求的结果。

但是，人们之所以把鉴于一个表象而有愉快或者不快的能力称做**情感**，乃是因为二者所包含的，是我们表象的关系中的**纯然主观的东西**，根本不是为了对象的可能知识（甚至不是我们的状态的知识）而与一个客体的关系①；通常在这里，甚至

① 人们可以通过我们的一般表象的主观东西来解释感性；因为知性首先把表象与一个客体联系起来，就是说，惟有它才借助表象**思维**某种东西。现在，我们表象的主观东西可能要么是这样的，即它也能够被与一个客体为了对该客体的认识而联系起来（按照形式或者质料，在前一种场合叫做纯粹直观，在后一种场合叫做感觉）；在这一场合，感性，作为上述表象的感受性，也就是**感官**。要么表象的主观东西根本不可能成为知识成分，因为它**仅仅**包含表象与**主体**的关系，不包含任何为客体的**知识**可用的东西；在这种情况下，表象的这种感受性就叫做情感，它包含表象（无论这表象是感性的或者理智的）对主体的作用并且属于感性，虽然表象本身可以属于知性或者理性。

〔212〕各种感觉，除了由于主体的性状而附着于它们的性质（例如红色、甜味等等）之外，毕竟还作为知识成分被与一个客体联系起来，但（对红色或者甜味的）愉快或者不快则绝对不表示客体上的任何东西，而是仅仅表示与主体的关系。愉快和不快自身，确切地说正是由于上述理由的缘故，而不能进一步解释，相反，我们充其量只能指出它们在某些关系中有什么样的后果，以便使它们在应用中可以被认识。

人们可以把与欲求（对其表象如此刺激人的情感的那种对象的欲求）必然相结合的那种愉快称为**实践的愉快**：不论它是欲求的原因还是结果。反之，人们可以把与对象的欲求并不必然相结合的，因而在根本上并不是对表象的客体之实存的愉快，而是仅仅附着于表象的那种愉快称为纯然沉思的愉快或者**无为的愉悦**。我们把后一种愉快的情感称为**鉴赏**。所以，在一种实践哲学中所谈的鉴赏，不是一个**本土的**概念，而充其量只是**插入的**。但是，涉及实践的愉快，那么，这种愉快作为原因就必须必然地先行于对欲求能力的规定，这种规定在狭义上成为**欲求**，而习惯性的欲求就叫做**偏好**，而且由于愉快与欲求能力的结合，只要这种联结被知性按照一个普遍的规则（充其量也只是对主体而言）判定为有效的，就叫做**兴趣**，所以，在这一场合实践的愉快就叫做一种偏好的兴趣，相反，如果愉快只能继欲求能力的先行规定而起，那么，它将必须被称为一种理智的愉快，对象上的兴趣就必须被称为一种理性兴趣；因为如
〔213〕果兴趣是感性的，不仅仅基于纯粹的理性原则，那么，感觉就会必然与愉快相结合，并能够这样来规定欲求能力。尽管在必须仅仅假定一种纯粹的理性兴趣的地方，我们不能把偏好的兴趣强加给它，但是，为了方便语言的应用，我们却可以承认对只能是一种理智愉快之客体的东西的偏好有一种源于理性兴趣的习惯性欲求，在这种情况下，偏好就不会是这后一种兴趣的

原因，而是它的结果了，而且我们可以把它称为**不受感官约束的偏好**（propensio intellectualis［理智的偏好］）。

还应当把**情欲**（心血来潮的欲望）与欲求本身区别开来，情欲是规定欲求的诱因。情欲任何时候都是一种感性的、但尚未达到欲求能力的任何行动的心灵规定。

从概念上看，如果使欲求能力去行动的规定根据是在其自身里面，而不是在客体里面发现的，那么，这种欲求能力就叫做一种**根据喜好有所为或者有所不为**的能力。如果它与自己产生客体的行为能力的意识相结合，那它就叫做**任性**。但是，如果它不与这种意识相结合，那么，它的行为就叫做一种**愿望**。如果欲求能力的内在规定根据，因而喜好本身是在主体的理性中发现的，那么，这种欲求能力就叫做意志。所以，意志就是欲求能力，并不（像任性那样）是与行动相关来看的，而是毋宁说与使任性去行动的规定根据相关来看的，而且意志本身在自己面前真正说来没有任何规定根据，相反，就理性能够规定任性而言，意志就是实践理性本身。

就理性能够规定一般欲求能力而言，在意志之下可以包含**任性**，但也可以包含纯然的**愿望**。可以受**纯粹理性**规定的任性叫做自由的任性。而只能由**偏好**（感性冲动、stimulus［刺激］）来规定的任性则是动物的任性（arbitrium brutum）。相反，人的任性是这样的任性：它虽然受到冲动的**刺激**，但不受它**规定**，因此本身（没有已经获得的理性技能）不是纯粹的，但却能够被规定从纯粹意志出发去行动。任性的**自由**是它不受感性冲动**规定**的那种独立性。这是它的自由的消极概念。积极的概念是：纯粹理性有能力自身就是实践的。但是，这只有通 〔214〕
过使每一个行动的准则都服从它适合成为普遍法则这个条件才是可能的。因为作为纯粹理性，运用于任性而无视它的这个客体，它作为原则的能力（而且在此是实践原则的能力，因而是作为立法的能力）就可能由于缺少法则的质料，只是使任性的准则对普遍法则本身的适应性的形式成为任性的至上法则和规定根据，而且既然人出自主观原因的准则并非自动地与那些客观的原因相一致，所以，它只能绝对地把这个法则当做禁令或者戒律的命令式来颁布。

与自然法则不同，这些自由法则叫做**道德的**。就这些法则仅仅涉及纯然外在的行动及其合法则性而言，它们叫做**法学的**；但是，如果它们也要求，它们（法则）本身应当是行动的规定根据，那么，它们就是**伦理的**。这样一来人们就说：与前者的一致叫做行动的**合法性**，与后者的一致叫做行动的**道德性**。与前一些法则相关的自由只能是任性的外在应用的自由，而与后一些法则相关的自由则不仅是任性的外在应用的自由，而且也是其内在应用的自由，只要它是由理性法则规定的。于是，人们在理论哲学中说：在空间中只有外部感官的对象，而在时间中则有一切对象，既有外部感官的对象，也有内部感官的对象；因为两者的表象毕竟都是表象，而且就此而言都属于内部感官。同样地，无论是在任性的外在应用中，还是在其内在应用中来考察自由，其法则作为一般自由任性的纯粹实践理性法则，都毕竟必须同时是这任性的内在规定根据，虽然它们并非总是可以在这种关系中来考察。

二、一种道德形而上学的理念和必要性

对于涉及外部感官之对象的自然科学来说，人们必须有一
〔215〕些先天原则，而且把这些原则的一个体系以一种形而上学的自然科学的名义置于被运用到特殊经验上的自然科学亦即物理学之前，是可能的，甚至是必要的，这一点，在另一个地方已经证明过了。只有后一种科学才可能（至少当它致力于让错误远

离自己的命题时）认为一些根据经验的见证的原则是普遍的，虽然这种原则如果应当是在严格的意义上普遍有效的，就必须是从先天根据中推导出来的，正如牛顿曾认为的，在物体的相互影响中作用与反作用相等的原则就建立在经验之上，而且尽管如此还把这个原理扩展到整个物质自然界。化学家走得更远，他们把关于物质通过其自己的力量进行结合与分离的最普遍法则完全建立在经验之上，并且仍然如此信赖其普遍性和必然性，以至于在以这些法则所做的实验中，他们根本不担心发现错误。

然而，道德法则却是另一种情况。仅仅就它们能够被**看出**是有先天根据的和必然的而言，它们才作为法则有效，甚至关于我们自己和我们的所为所不为的概念和判断，如果它们包含着仅仅可以从经验中学到的东西，那就根本就没有任何道德的涵义了，而且，如果人们会受到蛊惑，让来自经验源泉的某种东西成为道德原理，那么，人们就陷入最严重、最有害的错误的危险之中了。

如果道德论只是一种幸福理论，那么，为了这种幸福理论而去寻求先天原则，就会是件荒唐的事情了。因为哪怕这一点是如此显而易见，即理性还在经验之前就能够看出，人们通过哪些手段能够达到真正的生活喜悦的持久享受，但毕竟人们对此先天地教导的一切，都要么是同义反复，要么是毫无根据的假设。只有经验才能教导，什么会给我们带来喜悦。对食、色、静、动的自然欲望和（在发挥我们的自然禀赋时）对荣誉、对扩大我们知识等诸如此类事物的欲望，独自就能够、而且能够让每一个人以自己特殊的方式认识到，他应当把那些喜悦设定在哪里，同样这些欲望也能够教会他用来**寻找**那些喜悦的手段。在这里，一切表面上的先天玄想，说到底无非是通过归纳上升到普遍性的经验，这种普遍性（secundum principia 〔216〕 generalia，non universalia [根据共有的而非普遍的原则]）对此还是非常欠缺的，以至于人们不得不允许每一个人有无限多的例外，以便使其生活方式的那种选择与他的特殊偏好和他对享乐的感受性相适应，并且最终只是通过他的或者别人的损失变得聪明罢了。

然而，各种道德论却是另一种情况。它们对每个人都提出要求，却不顾他的偏好，只因为并且只要他是自由的而且具有实践理性。它们的法则中的教诲不是取自对他自己和他心中的兽性的观察，不是取自对世事的知觉，即发生了什么以及如何对待它（虽然德语 Sitten 这个词和拉丁语 mores 这个词一样，都只是行事风格和生活方式的意思），而是理性要求人们应当如何应对，即使还没有发现这样做的任何榜样，理性也丝毫不考虑这样做会给我们产生的利益，这种利益当然只能由经验教导给我们。因为虽然理性准许以一切对我们来说可能的方式谋求我们的利益，此外立足于经验的见证，理性很可能也能够指望，遵守它的命令，尤其是当明智地遵守时，一般要比违背理性命令更有益处，但是，毕竟不是作为**命令**的理性规范的权威建立在这上面，而是理性把这些规范（作为劝告）仅仅当做一个对反面误导的制衡来使用，以便预先弥补实践评判中的一个有偏袒的天平的错误，并在这种情况下首先保证这种按照一个纯粹实践理性的先天根据的重要性而作出的评判起到决定性的作用。

因此，如果一个出自纯然概念的先天知识体系叫做**形而上学**，那么，一种不是以自然，而是以任性的自由为对象的实践哲学就将预设并且需要一种道德形而上学，也就是说，**拥有**这样一种道德形而上学甚至是**义务**。每个人心中也都拥有这种形而上学，虽然通常只是以模糊的方式拥有；因为他怎么可能没有先天原则就相信自己心中有一种普遍的立法呢？可是，正如在自然形而上学中必然也存在着把那些关于一个一般自然的普遍的最高原理应用到经验对象上去的原则一样，也不能让一种 〔217〕 道德形而上学缺少这样的原则，而且，我们将经常不得不以人的仅仅通过经验来认识的特殊**本性**为对象，以便在它上面**指明**从普遍的道德原则得出的结论，但这样做并没有使后者的纯洁性有所损失，同样并没有使其先天的起源受到怀疑。——这要说的恰恰是：一种道德形而上学不能建立在人类学之上，但却可以被应用于它。

与道德形而上学相对的部分，作为一般实践哲学的划分的另一个分支，将会是道德的人类学，但是，道德人类学将会只包含人的本性中**贯彻**道德形而上学法则的主观条件，既包含阻碍性的也包含促进性的条件，即道德原理的产生、传播、增强（在教育中，在学校教导和民众教导中）以及其他这类基于经验的学说和规定，而且道德人类学可能是不可缺少的，但绝对不必被置于道德形而上学之前或者与之混淆；因为那样一来，人们就会冒产生虚假的或者起码是可通融的道德法则的危险：这些道德法则把未被达到的东西冒充为不可达到的，而它之所以未被达到，仅仅是因为法则还没有在其纯粹性上（法则的力量也在于这种纯粹性）被看出和被陈述，或者，根本不纯正的和不纯粹的动机被使用到本身合义务的、善的东西上去，而这些动机无论是对于评判的引导还是对于心灵在遵循义务方面的训练来说都没有留下任何可靠的道德原理，义务的规定本来绝对只能由纯粹理性先天地提供。

不过，关于现在刚提到的这种划分所从属的那种高级的划分，即哲学划分为理论哲学和实践哲学，以及实践哲学只能是道德的世俗智慧，我已经在别的地方（《判断力批判》）作出了说明。一切根据自然法则而可能的实践的东西（真正的艺术活动），按其规定完全依赖于自然理论；只有根据自由法则的实

践的东西才可能具有不依赖任何理论的原则，因为超出自然规定以外就不存在任何理论。所以，哲学不能把实践的部分（与
〔218〕 理论的部分相邻）理解为**技术实践的**学说，而只能理解为**道德实践的**学说，而且，如果遵循自由法则与自然相对立的任性的技巧在这里也应当被称为**艺术**，那么，它就会必须被理解为这样一种艺术，它使一个自由的体系像一个自然的体系一样成为可能；如果我们能够借助于这种艺术也完全执行理性给我们规定的东西，并使这种理念付诸实施，那么，它真的就是一门属神的艺术了。

三、道德形而上学的划分①

对于任何立法（它可以是内在的或者外在的行动，而且这些行动要么先天地通过纯然的理性，要么通过另一个人的任性来作出规定）来说，都需要两个部分：**首先**是**法则**，它把应当发生的行动**在客观上**表现为必然的，就是说，它使行动成为义务；**其次**是动机，它把对这种行动的任性的规定根据**在主观上**与法则的表象联结起来；所以，第二个部分就是：法则使义务

① 一个体系的划分的**演绎**，就是说：不仅要证明划分的**完备性**，而且要证明划分的稳定性，亦即在细划分的整个序列中不经过跳跃（divisio per saltum［经过跳跃的划分］）便从被划分的概念过渡到划分的环节，这对一个体系的建筑师而言，是最难实现的条件之一。甚至**最高的、被划分的概念**对于划分来说是**允许的还是不允许的**（aut fas aut nefas），也是令人疑虑的。这是一般**自由任性**的行为。就像本体论的教师们在最上面从**某物**和**虚无**开始，而没有注意到，这已经是一种划分的诸环节了一样，为此还缺乏被划分的概念，这个概念不能是别的，只能是关于一个一般**对象**的概念。

成为动机。通过第一部分，行动被表现为义务，这就是对任性的可能规定亦即实践规则的一种纯然理论认识；通过第二部分，如此行动的责任就在主体中与一般任性的一个规定根据结合起来。

因此，任何立法（它也可以就它使之成为义务的行动而言与另一种立法一致，例如行动在所有场合都可以是外在的行动）就其动机而言毕竟可能是不同的。使一种行为成为义务，同时使这种义务成为动机的立法是**伦理学的**。而在法则中不连同包括后者，因而也准许另外一个与义务本身的理念不同的动机的立法，是**法学的**。就后一种立法而言，人们很容易看出，这种与义务的理念不同的动机，必定是从偏好和反感这种任性的**病理学**规定根据，而且在偏好和反感中间是从后一种方式的规定根据取得的，因为这应当是一种立法，而不是一种诱惑，前者是强制性的，后者是邀请性的。 〔219〕

人们把一个行动不考虑其动机而与法则的纯然一致或者不一致称为**合法性**（合法则性），但把其中出于法则的义务理念同时是行为的动机的那种一致或者不一致称为**道德性**（合道德性）。

遵循法学立法的义务只能是外在的义务，因为这种立法并不要求这种内在的义务理念自身就是行动者的任性的规定根据，而且既然这种内在义务毕竟需要一种适合于法则的动机，所以，只有外在的义务才能和法则相结合。相反，伦理的立法虽然也使内在的行动成为义务，但是绝不排除外在的行动，而是一般而言关涉一切是义务的东西。不过，正因为伦理的立法也把行动的内在动机（义务的理念）一起包含在其法则之中，这样的规定绝对不必进入外在的立法，所以，伦理的立法不可能是外在的立法（甚至不是一个属神意志的立法），尽管它把基于另一种立法，亦即外在的立法之上的义务作为**义务**接纳进它的立法，使之成为动机。

由此可以看出，一切义务只因为是义务才同属于伦理学；但是，义务的**立法**却并不因此而总是被包含在伦理学中，许多义务的立法就在伦理学之外。于是，伦理学要求，我必须兑现在一个契约中作出的承诺，尽管契约的另一方不能马上强迫我这么做：只有伦理学才把出自法权论的法则（pacta sunt servanda［约定的东西应受维护］）和与法则相应的义务假定为被
〔220〕给予的。所以，被接受的许诺必须遵守，这立法不是在伦理学中，而是在法学中。据此，伦理学只教导说，即便去除法学立法使之与那种义务相结合的动机，即外在的强制，仅仅义务的理念也已经足以充当动机了。因为如果不是这样，立法本身不是法学的，因而来源于立法的义务不是真正的法权义务（和德性义务不同），那么，人们就会把忠诚的履行（依照他在一个契约中的诺言）与善意的行动和使这些行动成为义务归为一类，而这根本就不可以。遵守诺言不是德性义务，而是一种法权义务，对于这种法权义务，可以强制人们来履行。但是，在不可以**执行**强制的地方，如果也遵守诺言，那倒是一种有德性的行为了（德性的证明）。因此，法权论和德性论相互有别，不是因其不同的义务，而毋宁说是因立法的差异，是立法使一个动机或者另一个动机与法则联系起来。

伦理的立法（义务或许也可能是外在的义务）是那种不**可能**是外在的立法，法学的立法则是那种也可能是外在的立法。这样，遵守依照契约的诺言就是一种外在的义务；但是，仅仅因为它是义务而不考虑其他动机就遵守它的命令，只属于**内在的**立法。所以，不是作为特殊性质的义务（人们负有责任的一种特殊性质的行动）——因为无论在伦理学中还是在法权中都有一种外在的义务，——而是由于上述场合中的立法是一种内在的立法，而且不可能有外在的立法者，责任才被归给伦理学。出自同样的理由，善意的义务，尽管它们是外在的义务

（外在行动的责任），毕竟被归给伦理学，因为其立法只能是内在的。——伦理学当然也有其特殊的义务（例如对自己本身的义务），但毕竟也与法权共有一些义务，只不过不共有**承担责任**的方式罢了。因为仅仅由于是义务就采取行动，而且不论义务来自何处，都使其本身的原理成为任性的充足动机，这是伦理立法的独特之处。因此，虽然有许多**直接伦理的**义务，但内在的立法却也使其他义务统统成为间接伦理的义务。〔221〕

四、道德形而上学的预备概念

（Philosophia practica universalis［一般实践哲学］）

自由概念是一个纯粹的理性概念，正因为如此，它对理论哲学而言是超验的，也就是说，它是这样一个概念，不可能在某种可能的经验中给它提供任何恰当的例证，因此，它并不构成一种对我们而言可能的理论知识的任何对象，绝对不能被视为思辨理性的一个建构原则，而只能被视为范导原则，确切地说只是纯然否定的原则。但在理性的实践应用中，它的实在性却通过实践的原理得到了证明，实践原理作为法则，独立于规定任性的一切经验性条件（一般而言的感性东西），证明了纯粹理性的一种因果性，证明了我们心中的一种纯粹意志，道德概念和法则的起源就在于这种纯粹意志。

在这一（实践方面的）积极的自由概念之上，建立起无条件的实践法则，这些法则就叫做**道德的**；就我们而言，由于我们的任性受到感性的刺激，而且这样一来不是自行去适合纯粹的意志，而是常常与之矛盾，这些法则就是**命令式**（命令或者禁令），确切地说是绝对的（无条件的）命令式，由此它们就与那些任何时候都只是有条件地下命令的技术的法则（技艺的规定）区别开来，按照它们，某些行动是**允许的**或是**不允许**

的，即在道德上是可能的或不可能的，而这些行动中的一些，或者其对立面，则在道德上是必要的，亦即有责任的，由此对那些行为来说就产生了一种义务的概念，遵守还是违背这种义务虽然也与特殊性质的愉快或者不快（一种道德**情感**的愉快或者不快）相结合，但对这种愉快或者不快，我们在理性的实践法则中却根本不予考虑〔因为它不可能涉及实践法则的**根据**，而只能涉及在通过那些实践法则规定任性时心灵中的主观**作用**，并且（无须对它的那种有效性或者影响客观地，即在理性的判断中添加或消除某种东西）可能因主体的不同而不同〕。

〔222〕 下述概念对道德形而上学来说在其两个部分中是共有的。

责任是服从理性的绝对命令式的一个自由行动的必然性。

命令式是一条实践规则，通过它，就自身而言偶然的行动被**变成**必然的。它与一条实践法则的区别在于，实践法则虽然表现一个行动的必然性，但却不考虑这个行动就自身而言是已经**内在地**必然寓于行动主体（例如一个神圣的存在者）之中，还是（例如对人来说）偶然的，因为在有前者的地方，就不出现命令式。所以，命令式是一条规则，其表象使主观偶然的行动**成为**必然的，因此把主体表现为一个必然被**强迫**（使之不得不）与这条规则相一致的主体。——绝对的（无条件的）命令式是这样的命令式，它绝不是间接地、通过一个凭借行动能够达到的**目的**的表象，而是通过这个行动本身（其形式）的纯然表象，因而是直接地把该行动设想为客观必然的，并使之成为必然的；例如，只有规定责任（道德责任）的实践学说才能提出这类命令式。一切别的命令式都是**技术的**，全都是有条件的。但是，绝对命令式的可能性的根据就在于：它们与任性的任何其他规定（通过这种规定就可能给任性加上一种意图）都没有关系，而只与任性的**自由**有关。

允许的是一个并不违背责任的行动（licitum [被允许的东西]）；而这种不受相反命令式限制的自由就叫做权限（facultas moralis [道德能力]）。由此，什么是**不允许的**（illicitum），就不言而喻了。

义务是某人有责任采取的行动。因此，义务是责任的质料，而且，义务（在行为上看）可能是同样的义务，尽管我们可能以不同的方式有责任。

绝对命令式由于表示就某些行动而言的一种责任，所以是一条道德实践的**法则**。但是，由于责任不只包含实践的必然性 〔223〕
（这类东西表示一个一般的法则），而且还包含**强制**，因此，上述命令式要么是要求的法则，要么是禁止的法则，根据做还是不做被表现为义务而定。一个既不被要求也不被禁止的行动，就只是**允许的**，因为就这种行动而言，根本就不存在任何限制自由（权限）的法则，而且也没有任何义务。这样一种行动叫做道德上无关紧要的（indiffferens，adiaphoron，res merae facultatis [无关紧要的东西、中性物、完全有可能的事情]）。人们会问：是否有这样的行动呢？如果有这样的行动，那么，某人可以随便按照自己的喜好做或不做某种事，对此在要求的法则（lex preaeceptiva，lex mandati [指令性的法则、嘱托的法则]）和禁止的法则（lex prohibitiva，lex vetiti [制止的法则、禁止的法则]）之外就还要求有一个许可的法则（lex permissiva [允许的法则]）？如果是这样，那么，权限就会不总是涉及一个无关紧要的行动（adiaphoron [中性物]）；因为对于这样一种行动来说，如果人们按照道德法则来看它，将会不需要任何特殊的法则。

一个行动叫做**行为**，如果它服从责任法则的话，因而也是如果行动中的主体被按照其任性的自由来看的话。行动者由于这样一个行为被视为结果的**事主**。而且这结果连同行动本身都可以**归责**于他，如果人们事先了解使他承担一种责任的法则的话。

人格是其行为能够归责的主体。因此，**道德上的**人格性不是别的，就是一个理性存在者在道德法则之下的自由（但是，心理学的人格性只是意识到其自身在其存在的不同状态中的同一性的那种能力）。由此得出，一个人格仅仅服从自己（要么单独地、要么至少与其他人格同时）给自己立的法则。

物品是一个不能归责的事物。自由任性的每一个客体，本身缺乏自由，所以叫做物品（res corporalis［有形之物］）。

一般而言**正当的**或者**不正当的**（rectum aut minus rectum）是一个行为，如果它是合乎义务的或者不合乎义务的（factum licitum aut illicitum［允许的行为或者不允许的行
〔224〕为］）；义务本身可以在内容或者来源上随便是什么性质的。一个与义务相悖的行为就是**违背**（reatus）。

一种**并非蓄意的**违背，仍然可以被归责，但只叫做过失（culpa）。一种**蓄意的**（亦即与它是违背这种意识相结合的）违背就是**犯罪**（dolus）。按照外在法则来看正当的事情，就叫做**公正的**（iustum），若不然，就叫做**不公正的**（iniustum）。

种种义务的冲突（collisio officiorum s. obligationum［种种义务或者责任的冲突］）就会是它们之间的关系，通过这种关系，其中一个（全部或者部分地）取消另一个。——但是，既然义务和责任一般而言都是表述某些行动的客观的和实践的**必然性**的概念，而且两条彼此对立的规则不能同时是必然的，而是如果根据其中一条规则去行动是义务，那么根据相反的规则去行动就不仅不是义务，而且甚至是有悖义务，所以，**义务**和责任的**冲突**就是根本无法想象的（obligationes non colliduntur [责任不能互相冲突])。但是，这很可能是责任的两个**根据**(rationes obligandi [责任的根据])，它们的这一个或者那一个不足以使人承担义务(rationes obligandi non obligantes [责任的根据不能使人承担责任])，它们在一个主体中或者在主体给自己制定的规则中结合起来，此时有一个不是义务。——如果这样两个根据彼此冲突，那么，实践哲学所说的就不是：较强的责任占了上风(fortior obligatio vincit [较强的责任取胜])，而是较强的**使人承担义务的根据**保持着这位置(fortior obligandi ratio vincit [较强的使人承担责任的根据取胜])。

对于赋予责任的法则而言，一种外在的立法是可能的，一般而言这些法则就叫做外在的法则(leges externae)。在这些法则中间，有一些法则，对它们的责任即便没有外在的立法也能被理性先天地认识，它们虽然是外在的法则，但却是**自然的**法则；与此相反，离开了现实的外在立法就根本不赋予责任的法则(因此，它们离开后者就会不是法则)，则叫做**实证的**法则。所以，可以设想一种全然包含实证的法则的外在立法；但这样一来，就必须有一种自然的法则先行，它为立法者的权威(亦即通过他的纯粹任性约束其他人的权限)提供根据。

使某些行动成为义务的原理是一种实践法则。行动者出自 〔225〕
主观的根据使之成为自己的原则的规则，叫做他的**准则**；因此，即便法则相同，但行为者的准则却可能大相径庭。

一般而言，仅仅表示什么是责任的绝对命令式就是：按照一个同时能够被视为一条普遍法则的准则行动！——因此，你必须首先按照其主观的原理来看待你的行动，但是，这条原理是否也是客观有效的，你只能根据下面一点来认识：由于你的理性使它经受这样的检验，即通过它同时把你自己看做普遍立法的，所以它就取得了这种普遍立法的资格。

这一法则与可能由此得出的重大且众多的结论相比较，它的简单性，此外显然不带有一个动机就提出要求的威望，当然一开始就必定使人惊奇。但是，如果人们在对我们理性通过一个准则取得一条实践法则的**普遍性**的资格的纯然理念来规定任性的一种能力的惊赞中被教导说：正是这些实践法则（道德法则）最先表明任性的一种属性，思辨理性无论是出自先天的根据还是通过某种经验都猜测不到这种属性，而且即使它猜测到这种属性，也不能在理论上通过任何东西来阐明其可能性，但那些实践法则却还是无可争议地阐明了这种属性，亦即自由；那么，发现这些法则像数学公设那样虽然**不可证实**但却**无可置疑**，同时看到在自己面前开放了实践知识的整个领域，其中理性以同样的自由理念，甚至以其在理论事物中超感性东西的理念的任何一个，都必然发现一切都在该理念面前封闭起来了，这也将不怎么令人奇怪。一个行为和义务法则的一致就是**合法则性**（legalitas［合法性］）。——行为准则和法则的一致就是行为的**道德性**（moralitas）。但是，**准则是主观的**行动原则，主体自己使这原则成为自己的规则（也就是说，它想如何行动）。反之，义务的原理是理性绝对地，因此客观地要求于主体的东西（它**应当**如何行动）。

〔226〕所以，道德论的最高原理就是：按照一个同时可以被视为普遍法则的准则行动。——任何不具备上述资格的准则，都是与道德相悖的。

法则来自意志，准则来自任性。任性在人里面是一种自由的任性；仅仅与法则相关的意志，既不能被称为自由的也不能被称为不自由的，因为它与行动无关，而是直接与为行动准则立法（因此是实践理性本身）有关，因此也是绝对必然的，甚至是不**能够**被强制的。所以，只有**任性**才能被称做**自由的**。

但是，任性的自由不能通过遵循或者违背法则来行动的选择能力（libertas indifferentiae［无区别的自由］）来界定——如一些人可能就有过这种尝试——，虽然任性作为**现象**在经验中提供着这方面的一些常见的例子。因为我们只知道自由（正如我们通过道德法则才能够认识的那样）是我们的一种**消极的**属性，即不受任何感性的规定根据的**强制**而去行动。但是，作为**本体**，也就是说，按照纯然作为理智的人的能力来看，正如它就感性的任性而言是**强制的**那样，因而按照其积极的性状来看，我们**在理论上**却根本不能展示它。我们只能清楚地看出这一点：尽管人作为**感官存在者**，按照经验来看，表现出一种不仅**遵循**法则，而且也**违背**法则作出选择的能力，但毕竟不能由此来**界定**他作为**理知存在者**的自由，因为显象不能使任何超感性的客体（毕竟自由的任性就是这类东西）得以理解。而且，自由永远不能被设定在这一点上，即有理性的主体也能够作出一种与他的（立法的）理性相冲突的选择；尽管经验足够经常地证实这种事曾经发生（但我们却无法理解发生这种事的可能性）。——因为承认一个（经验的）命题是一回事，而使之成为（自由任性的概念的）**解释原则**并且成为普遍的区分标志（与 arbitrio bruto s. servo［动物的或者奴性的任性］相区分）则是另一回事：因为前者并没有断定这标志**必然**属于概念，但 〔227〕
这却是后者所必需的。——与理性的内在立法相关的自由本来只是一种能力；背离这种立法的可能性就是一种无能。但是，前者如何才能通过后者得到解释呢？这是一个定义，它在实践的概念之上还附加了它的如经验所教导的**实施**，是一个在错误的光照下展示这个概念的**混血的解释**（definitio hybrida［混合的定义］）。

法则（一个道德实践的法则）是一个包含绝对命令式（命

令）的命题。通过一个法则下命令者（imperans）就是**立法者**（legislator）。他是根据法则的责任的创作者（autor），但并不总是法则的创作者。在后一种情况下，法则就会是实证的（偶然的）和任意的。先天地和无条件地通过我们自己的理性约束我们的法则，也可以被表述为产生自最高立法者的意志，亦即产生自一个只有法权而没有义务的立法者的意志（因而是属神的意志）。但是，这仅仅指的是一个道德存在者的理念，其意志对所有人而言都是法则，不过无须把它设想为法则的创作者。

归责（imputatio）在道德的意义上就是使某人被视为一个后来叫做**行为**（factum）并受法则支配的行动之事主（causa libera［自由因］）的**判断**；这判断如果同时带有出自这一行为的法权后果，那么，它就是一种具有法权效力的归责（imputatio iudiciaria s. valida），否则就会只是一种**评判性的**归责（imputatio diiudicatoria）。——有权作出具有法权效力的归责的（自然的或道德的）人格叫做法官，或者也叫法庭（index s. forum）。

某人按照义务所做的**多于**遵照法则能够迫使他所做的，就是**有功德的**（meritum）；他所做的刚好**符合**法则，就是**本分**（debitum）；最后，他所做的**少于**法则所要求的，就是道德上的**缺失**（demeritum）。一种缺失的**法权**后果便是**惩罚**（poena），一个有功德的行为的法权后果便是**奖赏**（praemium）（前提是：这种在法则中已经预告的奖赏是动因）；行事与本分
〔228〕相符便完全没有法权后果。——善有善报（remuneratio s. repensio benefica）与行为根本没有**法权关系**。

一个本分行动的好的或者坏的后果——同样，放弃一个有功德的行动的结果——不能被归责于主体（modus imputationis tollens [取消归责的尺度])。

一个有功德的行动的好的后果——同样，一个不合法的行动的坏的后果——可以被归责于主体（modus imputationis ponens [设立归责的尺度]）。

在主观上，行动的可归责性（imputabilitas）的程度可以根据此时必须被克服的障碍的大小来估量。——自然障碍（感性的障碍）越大，道德上的障碍（义务的障碍）越小，**善的行为**就越是被算做功德；例如，当我付出很大牺牲把一个我完全不认识的人从危难中救出的时候。

反之：自然障碍越小，出自义务的理由的障碍越大，违背（作为过失）就越被归责。——因此，心灵状态，即主体是感情用事还是深思熟虑地行事的，在归责中将造成具有后果的区别。

〔229〕

法权论导论

第一节 什么是法权论

可能有一种外在立法的那些法则的总和叫做**法权论**(Ius)。如果这样一种立法是现实的，那么，它就是**实证法权**的学说，而这种学说的法学家或者法权学者（Iurisconsultus）就叫做**有法权经验的**（Iurisperitus)，尽管他是外在地，亦即在其运用于经验时发生的事例中了解外在的法则的，这种学说仍可以成为**法权机智**（Iurisprudentia)，但如果没有二者的结合，就依旧是纯然的**法权科学**（Iurisscientia)。后一个称谓应归于自然的法权论（Ius naturae）的**系统**知识，尽管法学家必须在后一种学说中为了一切实证的立法而提供不可改变的原则。

第二节 什么是法权

对于**法权学者**来说，如果他不想以同义反复来行事，或者不想没有给出普遍的解答却让人去看法律在某个国家某个时候想要的是什么，那么，这个问题会同样使他尴尬，就像“**什么是真理?**”这个合理的要求使逻辑学家尴尬一样。什么是合法的（quid sit iuris)，亦即法律在某时某地说些什么或者说过什么，他还是能够清楚说明的，但是，它们想要的东西是否也是正当的，以及人们能够据以认出正当和不正当（iustum et iniustum）的那个普遍的标准，对他来说大概还是隐蔽的，如果他没有长时间离开那些经验性的原则，仅仅在理性中寻求那些判断的源泉（虽然对他来说那些法则为此可以出色地充当主导思想），以便为一种可能的实证立法奠定基础的话。一种纯然经验性的法权论是（就像斐德鲁斯的寓言中那个木制的头颅一样）一颗可能很美、只可惜没有脑子的头颅。 〔230〕

法权的概念，就它和一个与自己相对应的责任相关而言（亦即法权的道德概念），**首先**，只涉及一个人格对另一个人格的外在的、确切地说实践的关系，如果他们的行动作为行为能够（直接地或者间接地）互相影响的话。但是**其次**，法权概念并不意味着任性与他人愿望（因此也与纯然的需要）的关系，例如在行善或者冷酷的行动中，而仅仅意味着与他人的**任性**的关系。**第三**，在任性的这种交互关系中，也根本不考虑任性的**质料**，亦即每个人以他所想要的客体而当做意图的目的，例如不问某人就他为了自己的生意从我这里购买的货物而言是否也能得到好处，而是只问双方任性的关系中的**形式**，只要这种任性被看做自由，以及通过行动，双方中的一方是否可以与另一方的自由按照一个普遍的法则保持一致。

所以，法权是一个人的任性能够在其下按照一个普遍的自由法则与另一方的任性保持一致的那些条件的总和。

第三节　法权的普遍原则

“任何一个行动，如果它，或者按照其准则每一个人的任性的自由，都能够与任何人根据一个普遍法则的自由共存，就是**正当的**”。

因此，如果我的行动，或者一般地说我的状况能够与任何人根据一个普遍法则的自由共存，那么，阻碍我行动的人对我

〔231〕所做就不正当；因为这种障碍（这种阻抗）不能与根据普遍法则的自由共存。

由此也得出：不能要求这个一切准则的原则本身又是我的准则，也就是说，我使它**成为我的**行动的**准则**；因为每个人都可以是自由的，即便我对他的自由全然不关心，或者即便我内心里很想破坏他的自由，只要我通过自己的外在行为并没有损害他的自由。使依法行动成为我的准则，这是伦理学向我提出的一个要求。

所以，普遍的法权法则："如此外在地行动，使你的任性的自由应用能够与任何人根据一个普遍法则的自由共存"，虽然是一条赋予我一种责任的法则，但却根本就没有指望、更没有要求我完全为了这种责任而应当把我的自由限制在那些条件**本身**上，而是理性仅仅说，我的自由在其理念上被限制在这上面，而且事实上它也可能受到他人的限制；而且理性把这说成是一个根本无法进一步证明的公设。只要意图不是教人德性，而是仅仅阐明什么是正当的，那么，人们甚至不可以也不应当把那个法权法则表现为行动的动机。

第四节　法权与强制的权限相结合

与一种作用的障碍相对立的阻抗，就是对这种作用的促进，而且与之相一致。于是，一切不正当的东西，都是根据普遍法则的自由的一种障碍，但是，强制就是自由所遭遇的一种障碍或者阻抗。因此，如果自由的某种应用本身就是根据普遍法则的自由的一个障碍（亦即不正当的），那么，与这种障碍相对立的强制，作为对一个**自由障碍的阻碍**，就与根据普遍法则的自由相一致，亦即是正当的，所以，按照矛盾律，与法权相联结的同时有一种强制损害法权者的权限。

第五节　严格的法权也可以被表现为一种与每个人根据普遍法则的自由相一致的普遍交互强制的可能性 〔232〕

这个原理要说的正是：法权不可以被设想为由两个部分，亦即根据一个法则的责任和一个通过其任性约束另一个人的人来强制此人这些做的权限复合而成的，相反，人们可以把法权的概念直接设定在普遍的交互强制与每个人的自由相联结的可能性中。也就是说，就像一般的法权仅仅以行动中外在的东西为客体一样，严格的法权，即不掺杂任何伦理性因素的法权，就是除了外在的规定根据之外不要求任性的其他任何规定根据的法权；因为这样一来，它就是纯粹的、不掺杂任何德性的规定。所以，一种**严格的**（狭义的）法权，人们只能称之为完全外在的法权。现在，这种法权虽然基于每个人根据法则的责任意识，但据此来规定任性，如果它应当是纯粹的，它就不可以也不能够依据这种作为动机的意识，而是因此就立足于一种外在的、与每个人根据普遍法则的自由都能够共存的强制之可能性的原则之上。——所以，如果说，一个债权人有一种法权要求债务人偿还其债务，这并不意味着：他能够使债务人记住，是理性本身责成他这样做，而是一种强迫每个人这样做的强制，完全能够与每个人，因而也能够与他自己根据一个普遍的外在法则的自由共存；因此，法权和强制的权限是同一个意思。

在普遍自由这一原则下一种与每个人的自由必然相一致的交互强制的法则，仿佛就是那个概念的**构造**，也就是说，在一个纯粹的先天直观中，按照物体在**作用与反作用相等**这个法则下的自由运动之可能性的类比来展示这个概念。就像我们在纯 〔233〕

粹数学中不能直接从概念中推出，而只能通过概念的构造来发现其客体的属性一样，不但法权的**概念**，而毋宁说被置于普遍的法则之下和法权的概念相一致的普遍交互的、使得那个概念的展示得以可能的强制，亦复如是。可是，由于这个力学的概念还以纯粹数学（例如几何学）中的一个纯然形式的概念为基础，所以，理性所关心的是：为了法的概念的构造，为知性尽可能多地提供先天直观。——直（rectum）作为**直线**，一方面与**曲线**相对立，另一方面与**斜线**相对立。前者是一条具有如下性质的线的**内在性状**，即在两个已知的点之间只能有一条**唯一的**直线，但后者就是两条相交的或相切的**线的状况**，具有如此性质的也只能有一条**唯一的**（垂直）线，这条线倾向于一边并不多于另一边，而且它把两边的空间均分，按照这种类比，甚至法权论也要（以数学的精确性）知道每一个人被规定**属于他自己的东西**，这在德性论中是不可以指望的，德性论不能拒绝给例外以某种空间（latitudinem）。——但是，不用涉入伦理学领域，就存在着两种要求作出法权裁决，但却不可能找出裁决人的情况，它们仿佛是属于伊壁鸠鲁的 intermundia［星际空间］。——我们首先必须把这些情况从真正的、我们马上就要讨论的法权论中清理出去，以免它们的摇摆不定的原则对真正法权论的坚实原理产生影响。

附录：论有歧义的法权（Ius aequivocum）

任何**狭义**的法（Ius strictum）都结合有强制的权限。不
〔234〕过，人们还想到一种广义的法权（ius latum），在那里，强制的权限不可能由任何法则来规定。——这些真正的或者所谓的法权有两种：**公道**和**紧急法权**；其中前者假定一种没有强制的法权，后者假定一种没有法权的强制，而人们也不难察觉，这

种歧义真正说来乃是基于，存在着一个受怀疑的法权的各种情况，推举不出任何法官对它们作出裁断。

一、公道

公道（客观地看）绝不是只向他人的伦理义务（他人的善意和仁爱）提出要求的一个根据，相反，从这一根据出发要求某种东西的人，乃是基于他的**法权**，只不过他缺乏对于法官来说所必需的条件，根据这些条件，法官就能够规定，此人的要求有多少或者以何种方式能被满足。一个商业公司关注利益的平等，某人尽管如此在其中却比别的成员**做事**更多，但由于事故而比别的成员**损失**更多，**按照公道**，他可以向公司要求比仅仅与其他成员平分秋色更多的东西。然而根据真正的（严格的）法权，由于即便人们在他的事例中设想一位法官，这个法官也没有任何确定的提示（data［材料］）来澄清按照合同他应当得到多少，所以他的要求就会被驳回。一个家丁，被付给他直到年终才发的工资，而给的却是在这段时间内贬值了的货币，他用这笔钱已经办不到当初签合同时可以办到的事情了，数值虽然相同，但货币价值却不同，所以，他就不能根据自己的法权来保证自己不因此而受损失，而是只能呼唤公道来作根据（一个不可能被听到的沉默的神灵），因为对此合同中没有任何规定，但一个法官不可能根据未规定的条件来作出判决。

由此也得出：（在他人关于自己的法权的争论中的）一个**公道法庭**自身就包含着一个矛盾。只有在涉及法官自己的法权的地方，在他能够凭自己的人格处置的事情上，他才可以并且 〔235〕
应当倾听公道的呼声，例如，当王室自己承担他人在其效力时所蒙受的、并且恳求王室予以补偿的损失时，尽管按照严格的法权，王室可以借口他们是自担风险地承受这些损失的，而拒绝这种要求。

这样，**公道的格言**（dictum）虽然是"最严格的法权是最大的不法"（summum ius summa iniuria），但是这种灾祸却不可能沿着法权途径来消除，虽然这涉及法权要求，因为这种要求只适用于**良知法庭**（forum poli［上天的法庭］），相反，任何法权问题都必须诉诸**公民法权**（forum soli［地上的法庭］）。

二、紧急法权（Ius necessitatis）

这种想当然的法权应当是一个权限，即在我自己有丧命危险的情况下剥夺另一个丝毫没有加害我的人的生命。很显然，这里必定包含着法权论的一种自相矛盾——因为这里说的不是一个不正当地袭击我的生命的人，对这样的人，我可以通过剥夺他的生命而先发制人（ius inculpatae tutelae［正当防卫的法权］），节制（moderamen）的劝告甚至不属于法权，而只属于伦理学，相反，这里说的是允许对一个不曾对我实施任何暴力的人实施暴力。

很明显，这种主张不应当客观地、按照一个法则会规定的东西来理解，而只能主观地、按照法庭上会作出的判决去理解。也就是说，不可能存在这样的**刑法**，它判处这样一个人死刑：在船沉时此人和另外一个人一起在同样的危险中漂浮，他为了自己活命而把那个人从其曾经赖以活命的木板上推开。因为，法律所威胁的惩罚毕竟不可能比这个人丧命的惩罚更大。于是，这样一种刑法根本不可能具有预期的作用；因为以一个尚**不确定的**灾祸（由法官判决而来的死亡）来威胁，不可能胜过对**确定的**灾难（亦即淹死）的恐惧。所以，暴力的自我保存的行为绝不应当被评判为**无可指摘的**（inculpabile），而只能

〔236〕被评判为**无法惩罚的**（imopunibile），而且这种**主观的**免于惩

罚由于一种奇特的混淆，被法权学者们看做一种**客观的**免于惩罚（合法性）。

紧急法权的格言是："事急无法"（necessitas non habet legem）。尽管如此，却不可能存在任何紧急状况使得不正当的事情成为合法的。

可以看出，在两种法权评判（根据公道法权和根据紧急法权）中，**歧义**（aequivocatio）来源于法权实施的主观根据和客观根据（面对理性和面对法庭）的混淆。因为这样一来，某人有充分的理由认为对自己而言正当的东西，在一个法庭面前就得不到证实，而他本人必然评判为不正当的事，倒能够获得同一个法庭的谅解，因为法权的概念在这两个场合并不是在同一个意义上使用的。

法权论的划分

一、法权义务的一般划分

人们完全可以按照乌尔皮安的方法进行划分，只要我们给他的公式加上一层虽然他自己可能没有思考清楚、但这些公式却允许从中引申出来或者添加进去的意思。这些公式如下：

1. **做一个正派的人**（honeste vive［正派地活着］）。**法权上的正派**（honestas iuridica）在于：在和他人的关系中维护自己作为一个人的价值的那种价值，这种义务是由如下命题来表述的："不要让你自己成为他人的纯然手段，要对他们来说同时是目的。"在下文中，这项义务将被解释为出自我们自己人格中的人性**法权**的责任（Lex iusti［正当的法则］）。

2. **不要对任何人做不正当的事**（neminem laede［不要伤害任何人］），此外，你也应当摆脱与他人的一切干系，必须避免一切社交（Lex iuridica［司法的法则］）。

[237] 3. **进入**（如果你无法避免社交）与他人的社交，在其中要能够维护每个人他自己的东西（suum cuique tribue）。——这最后一个公式，如果翻译成"给每个人他自己的东西"，就会是胡说八道了；因为人们不能给予任何人他已经拥有的东西。因此，如果它要有意义，那就必须是："**进入**一种状态，在其中能够针对每一个他人来保证每个人他自己的东西"（Lex iustitiae［正义的法则］）。

因此，以上三个经典公式同时是法权义务体系的划分原则，即划分为内在的、外在的义务，以及包含着通过归摄而从前者的原则推导出后者的义务。

二、法权的一般划分

1. 作为系统的**学说**，法权划分为**自然法权**和**实证法权**，前者建立在全然的先天原则之上，后者则来自于一个立法者的意志。

2. 作为使他人承担义务的（道德的）**能力**，亦即作为对他人的一个法律根据（titulum）的法权，其最高划分就是划分为**生而具有的**法权和**获得的**法权，其中前者是那种不依赖于一切法权行为而应天生归于每个人的法权；后者则是需要这样一种法权行为的法权。

生而具有的“我的”和“你的”也可以被称为**内在的**“我的”和“你的”（meum vel tuum internum），因为外在的“我的”和“你的”在任何时候都必须是获得的。

生而具有的法权只有一种

自由（对另一个人的强制任性的独立性），就它能够与另一个人根据一个普遍法则的自由并存而言，就是这种惟一的、源始的、每个人凭借自己的人性应当具有的法权。——生而具有的**平等**，亦即除了人们也能够相互赋予责任的事情之外、不在更多的事情上被他人赋予责任的独立性；因而人做**自己主人**（sui iuris［自主］）的品质，此外一个由于在一切法权行为之 〔238〕
前没有对任何人做过不正当的事情而是正直的人（iusti）的品

质；最后还有对他人做就自身而言无损于他们的事情的权限，哪怕他们不想关注这样的事情；这类事情只是向他人传达自己的思想，给他人讲述或者许诺什么，无论是真实的和诚实的，还是不真实的和不诚实的（veriloquium aut falsiloquium［真话还是假话］），因为他们是否愿意相信他，仅仅取决于他们自己；① ——所有这些权限都已经包含在生而具有的自由的原则之中了，而且实际上（作为在一个更高的法权概念之下的划分的环节）与自由也没有区别。

人们之所以把这样一种划分引入自然法权体系（就它与生而具有的法权有关而言），其意图在于：一旦对获得的法权发生了争执，出现了问题，谁有责任作出证明（onus probandi［证明的责任］），要么证明一个受到怀疑的事实，要么当这个事实被澄清时，证明一个受到怀疑的法权，否定自己具有这种责任的人，就可以在方法上像依据不同的法权条文那样援引他生而具有的自由法权（这种法权现在就根据其不同的关系而被专门化了）。

① 有意地，虽然只是以轻率的方式说出不实之词，虽然习惯上常常被称做**谎言**（mendacium），因为至少就忠实地复述这种不实之词的人作为一个轻信者成为他人的笑柄而言，它也可能是有害的。但在法权的意义上，人们还是要只把在另一个人那里直接损害其法权的那种不实之词称为谎言，例如虚假地伪称一个和某人签订的合同，为的是使那个人失去自己应得的东西（falsiloquium dolosum［阴险的假话］），而对一些非常接近的概念做这种区分并非是没有根据的，因为在仅仅解释自己的思想时，永远是听任别人如其所愿地接受这种解释的，尽管“此人是这样一个人，他的话人们不能相信”这种有根据的毁谤如此接近称他是说谎者这种谴责，以至于分界线只不过正是把属于法学的东西与属于伦理学的东西区别开来罢了。

既然就生而具有的，因而内在的“我的”和“你的”而言，没有诸多法权，而只有一种法权，所以，这种最高的划分就可以作为由两个在内容上极不相同的部分组成的东西被抛入导论中，而法权论的划分则只能与外在的“我的”和“你的”相关。

〔239〕

一般道德形而上学的划分

一

一切义务，要么是**法权义务**（officia iuris），亦即对这样一些义务来说，一种外在的立法是可能的；要么是**德性义务**（officia virtutis s. ethica［德性的或者伦理的义务］），对这样一些义务来说，一种外在的立法是不可能的。——但是，后一些义务之所以不能隶属于外在的立法，只是因为它们关涉一个**目的**，这个目的（或者拥有这个目的）同时也是义务；而预先设定一个目的，这不可能通过任何外在的立法来办到（因为这是心灵的一个内在行为）；虽然可能要求一些导致它的外在行动，但毕竟主体并不使它们成为自己的目的。

但是，道德论（道德）为什么通常（尤其被**西塞罗**）冠以**义务**论，而不也冠以法权论的名称呢？因为前者毕竟是与后者相关的。——根据在于：我们惟有通过**道德命令式**才知道我们自己的自由（一切道德法则，进而甚至一切权利和义务都是由这种自由出发的），道德命令式是一个要求义务的命题，随后从这个命题中可以展开使他人承担义务的能力，亦即法权的概念。

二

既然在义务论中，人按照其完全超感性的自由能力的属性，因而也仅仅按照其**人性**，可以并且应当被表现为独立于物理学规定的人格性（homo noumenon［作为本体的人］），与同一个被表现为受那些规定所累的主体的人（homo phaenomenon［作为现象的人］）不同，所以，法权和目的又在这种二重属性上与义务相关，将给出如下的划分。

按照法则与义务的客观关系的划分 〔240〕

	对自己的义务		对他人的义务
完全的义务	1. 我们自己人格中的人性的法权	（法权）义务	2. 人的法权
不完全的义务	3. 我们人格中的人性的目的	（德性）义务	4. 人的目的

三 〔241〕

既然就诸主体而言要思考法权与义务的一种关系（不论允许还是不允许），诸主体准许有不同的关系，所以，也可以在这种意图中作出一种划分。

按照赋予义务者和承担义务者的主观关系的划分

1. 人与既没有法权也没有义务的存在者的法权关系。 阙如 因为这是些无理性的存在者，它们既不赋予我们责任，我们也不能被它们赋予责任。	2. 人与既有法权也有义务的存在者的法权关系。 实有 因为这是一种人与人的关系。
3. 人与只有义务却没有法权的存在者的法权关系。 阙如 因为这会是些没有人格性的人（农奴、奴隶）。	4. 人与一个只有法权却没有义务的存在者（上帝）的法权关系。 阙如 也就是说在纯然的哲学中阙如，因为这不是可能经验的对象。

因此，只有在第二种场合，才存在着法权与义务之间的一种**实在**关系。之所以在第四种场合也没有发现这种关系，理由在于那会是一个**超验的**义务，也就是说是这样一种义务，不可能与它相应地**给出**任何外在的赋予义务的主体，因此，从理论上看，这里的关系仅仅是**观念上的**，也就是说，是与一个思想物的关系，这个思想物是我们自己给自己**制造**出来的，但却不是通过其完全空洞的概念，而是通过与我们自身及内在道德准则相关，因而在实践的内在意图上富有成果的概念制造出来的，
〔242〕在这方面，我们全部**内在的**（可以履行的）义务仅仅在于这种纯然设想出来的关系。

对作为一般义务的一个**体系**的**道德**的划分

- 要素论
  - 法权义务
    - 私人法权
    - 公共法权
  - 德性义务
- 方法论
  - 教学法
  - 修行法

等等，一切不仅包含一个科学的道德论的质料，而且包含其建筑术形式的东西；如果形而上学的初始根据完备地找出普遍的原则的话。

※　※　※

自然法权的最高划分不能（像偶尔发生的那样）是划分为**自然的**法权和**社会的**法权，而是必须划分为自然的法权和**公民的**法权：其中前者被称为**私人法权**，后者被称为**公共法权**。这是由于与**自然状态**相对立的不是社会状态，而是公民状态，因为在社会状态中虽然完全可能存在社会，但是惟独没有**公民**社会（通过公共法律保障“我的”和“你的”的社会），所以自然状态中的法权叫做私人法权。

第一卷 〔245〕

私人法权

第一篇

将某种外在的东西作为自己的来拥有的方式

第 1 节

法权上的"我的"（meum iuris）是这样的东西，我与它如此结合在一起，以至于一个他人未经我的许可而使用它就会伤害我。使用的可能性的一般主观条件就是**占有**。

但是，某种外在的东西只有当我可以假定下述情况有可能时才会成为"我的"，即**我并不占有一个物品**，尽管如此一个他人对它的使用仍然会伤害我。——所以，把某种外在的东西作为自己的来拥有是自相矛盾的，如果占有概念不能有不同涵义，亦即**感性的**占有和**理知的**占有的不同涵义，而且前者可以被理解为对同一个对象的**有形的**占有，后者可以被理解为对它的**纯然法权的**占有的话。

但是，"一个对象**在我之外**"这个表述可能要么只是意味着：它是一个仅仅与我（主体）**有别的**对象；要么也意味着：它是处于空间或时间中**另一个地方**（positus）的对象。只有从第一种意义上看，占有才能被设想为理性占有。但在第二种意义上，占有就会必须叫做一种经验性的占有。——一种**理知的**占有（如果这样一种占有是可能的）是一种**无须持有**（deten- 〔246〕
tio［占用］）的占有。

第2节　实践理性的法权公设

把我的任性的任何一个外在对象作为我的来拥有，这是可能的；也就是说，按照一个准则，如果它是法则的话，任性的一个对象**就自身而言**（客观上）必然会成为**无主的**（res nullius［无主之物］），那么，这个准则就是有悖法权的。

因为我的任性的一个对象，就是我**在物理上**有权使用的某种东西。如果对它的使用毕竟**在法权上**不属于我的权限，也就是说，不能和每个人根据一个普遍法则的自由并存（是不正当的），那么，自由就会剥夺自己在其任性的一个对象方面对任性的任何使用，因为它把**可使用的**对象置于**使用**的一切可能性之外了，也就是说，在实践的角度上毁灭了这些对象并使之成为 res nullius［无主之物］；虽然从形式上看，任性在使用物品时与每个人根据普遍法则的外在自由是一致的。——现在，既然纯粹实践理性仅仅把任性使用的形式法则奠定为基础，因而不考虑任性的质料，即不考虑客体**当它只是任性的一个对象时**的其余性状，所以，就这样一个对象而言，纯粹实践理性就不可能包含使用该对象的任何绝对禁令，因为这种禁令将会是外在的自由与自身的一个矛盾。——然而，我的**任性**的一个对象就是我有物理能力随意去使用、我有权（potentia）使用的东西；与此还必须区别开来的是，我以强制权拥有同一个对象（in potestatem meam redactum［被迫落入我的控制的东西］），后者不仅预设了一种**能力**，而且预设了任性的一个**行为**。但是，为了把某种东西仅仅**设想**为我的任性的对象，我意识到我有权拥有它，这就够了。——所以，实践理性的一个先天前提就是：把我的任性的每一个对象都当做客观上可能的“我的”或“你的”来看待和对待。

人们可以把这个公设称为实践理性的许可法则（lex permissiva），它给予我们一个权限，这个权限是我们无法从一般法权的纯然概念中得出来的：这就是把一个责任强加给所有其他人的权限，这些人本来并没有这个责任，即放弃使用我们的任性的某些对象，因为是我们最先把这些对象纳入了我们的占有。理性希望：这个法则作为原理生效，更确切地说，作为**实践**理性生效，实践理性就是凭借这个先天公设来扩展自己的。〔247〕

第 3 节

一个人想声称一个物品是自己的，就必须处在对一个对象的占有中；因为如果他并不处在这种占有中，那么，他就不可能因为另一个人未经他的许可就使用这个对象而受到损害；因为如果是在他之外的、与他根本没有在法权上结合起来的某种东西侵袭了这个对象，那么，它不可能侵袭到他本人（主体），而且不可能对他行不义。

第 4 节　外在的“我的”和“你的”之概念的阐明

我的任性的外在对象只能有三种：1. 在我之外的一个（有形体的）**物品**；2. 另一个人作出一个确定的行为的**任性**（praestatio［担保］）；3. 另一个人与我相关时的**状态**；这依据的是我和外在对象之间根据自由法则的**实体性**、**因果性**和**共联性**三个范畴。

（1）我不能把**空间**中的一个对象（一个有形体的物品）称为“我的”，除非是：**虽然我不处在对它的有形占有中**，但我仍然可以断言处在对它的另外一种现实的（因而不是有形的）

占有中。——于是，我把一个苹果称为“我的”，并不是因为我在手里拿着它（有形的占有），而是只要我能够说：即便我从手中丢掉它，无论丢到哪里去，我仍然占有它；同样，关于我在其上安营扎寨的土地，我不能因我在其上安营扎寨就说它是“我的”；而是只有当我可以断言，即便我离开了这个地方，它也永远还在我的占有中时，我才能这样说。因为在第一种场
〔248〕合（经验性占有的场合）想从我手中夺下苹果，或者想将我从自己的营地拖走的人，虽然就**内在的**“我的”（自由）而言当然伤害了我，但就外在的“我的”而言却没有伤害我，如果我不是也能够断言自己无须持有就占有一个对象的话；所以，我也不能把这些对象（苹果和营地）称为“我的”。

（2）我不能把通过另一个人的任性所**成就**的某种东西称为“我的”，如果我只能说，这种成就是与他的承诺**一起**（pactum re initum [以物立的约]）处在我的占有中的，而是只有当我可以断言我处在对他人的任性的占有（为这成就而规定他人）之中时才能这样称谓，尽管取得成就的时间应当才刚刚到；因此，后者的承诺属于财产（obligatio activa [主动的债务]），并且我可以把它们算作“我的”，但不仅是当我已经占有**被许诺的东西**（如在第一种场合那样）时，而且即便我还没有占有它们时也是这样。所以，我必须能够设想自己不依赖于受时间条件限制的占有，因而不依赖于经验性的占有，毕竟已经占有这个对象。

（3）我之所以可以把一个**妻子**、一个**孩子**、一个**仆役**以及一般而言一个别的人格称为“我的”，不是因为我现在把他们当做隶属于我的家室的人来命令，或者强制、控制和占有他们，而是在即便他们挣脱了强制，因而我并没有（经验性地）占有他们，我却仍然可以说，我仅仅通过我的意志占有他们，无论他们在何时何地实存，因而是在**纯然法权上**占有他们时，

才能这样称谓；所以，当且仅当我能够断言后一种情况时，他们才属于我的财产。

第 5 节　外在的“我的”和“你的”之概念界定

名称解释，即仅仅足以把客体与其他所有客体**区别**开来、从对概念的一个完备而确定的**说明**产生出来的解释，将会是：外在的“我的”就是在我之外的东西，妨碍我随意地使用它，就会是伤害（对我的可以与每个人根据一个普遍法则的自由并存的自由的损害）。——但是，对这个概念的**实际解释**，亦即也足以**演绎**这个概念（对象的可能性的认识）的解释，现在就是：外在的“我的”就是这样的东西：干扰我使用它就会是伤害，**尽管我并没有占有它**（不是它的持有人）。——如果外在的对象应当叫做**“我的”**，那么，我就必须处在对该对象的某种占有中；因为否则的话，违背我的意志侵袭这个对象的人，就不会同时侵袭我，因而也不会伤害我。所以，根据第 4 节就必须预设一种**理知的占有**（possesio noumenon［作为本体的占有］）是可能的，如果应当存在一种外在的“我的”或“你的”的话；这样一来，经验性的占有（持有）就只是**显象**中的占有（possesio phaenomenon［作为现象的占有］），虽然我所占有的**对象**在此并非像先验分析论中所做的那样被看做显象，而是被看做物品自身；因为在那里，理性所关心的是对事物的本性的理论认识，以及这种认识能达到什么程度，而在这里，理性关心的则是根据**自由**法则对任性的实践规定，而不管对象是可以通过感官来认识，还是只能通过纯粹知性来认识的，而且，**法权**就是自由法则之下的任性这样一个纯粹实践**理性概念**。〔249〕

正因为如此，按理人们也不应当说：对这个或那个对象拥有一个法权，而毋宁说，是**纯然在法权上**占有它；因为法权已经是对一个对象的一种理智占有，而占有一个占有，就会是一个没有意义的表述。

第 6 节　对一个外在对象的纯然法权上的占有（possesio noumenon［作为本体的占有］）之概念演绎

一种外在的“我的”和“你的”是如何可能的？这个问题现在就转化为这样一个问题：一种**纯然法权上的**（理知的）占有是如何可能的？而这个问题再次转化为第三个问题：一个先天**综合的**法权命题是如何可能的？

一切法权命题都是先天命题，因为它们都是理性法则（dictamina rationis）。就**经验性占有**而言的先天法权命题是**分**
〔250〕**析的**；因为它所说的并不多于根据矛盾律从经验性占有中得出来的东西，也就是说，如果我是一个物品的持有者（因此与它有形地结合起来），那么，违背我的许可侵袭它（例如把我手中的苹果夺走）的人，就会侵袭、减损了内在的“我的”（我的自由），因而在其准则中与法权的公理正好相矛盾。所以，关于一个经验性的合法权的占有的命题，并没有超出一个人格就其自身而言的法权。

反之，关于占有一个**在我之外的**物品的可能性的命题，在剥离空间和时间中的经验性占有的一切条件（因此是预设一种possesio noumenon［作为本体的占有］的可能性）之后，就超出了那些限制性的条件，而且由于它把一种甚至无须持有的占有也规定为对于外在的“我的”和“你的”这一概念来说必然的，所以它是**综合的**，而现在，能够充当理性的课题的，就是指明：这样一个使自身扩展到经验性占有之外的先天命题是如何可能的。

以这样的方式，例如，占有一块孤立的土地就是私人任性的一个行为，但毕竟不是**专横的**。占有者所依据的是对土地的与生俱来的**共同占有**和先天地与之相应的、在同一块土地上的一种被允许的**私人占有**的普遍意志（因为闲置的物品通常就自身而言并且根据一个法则会被变成无主之物），而且占有者通过第一次占有而原初地获得一块确定的土地，因为他有权（iure）抗拒任何会妨碍他私自使用这块土地的他人，尽管在自然状态下他不是出自法权（de iure）而抗拒的，因为在这种状态下还不存在一种公共的法则。

尽管一块土地会被看做或者解释为**无人占有的**，亦即对每个人的使用都开放的，但人们毕竟不能说：土地天生地和**源始地**、在一切法权行为之前就是无人占有的，因为就连这也会是一种与物品，亦即与拒绝任何人占有它的土地的一种关系；相反，这是由于土地的这种无人占有对任何人来说都会是一项不得使用的禁令；为此，对土地的一种共同占有就是必需的了，而这种共同占有若离开契约就不可能发生。但是，一块只有通过这种契约才可能无人占有的土地，实际上必然处在所有（结合在一起的）交互禁止或中止使用它的人们的占有中。

土地及其上面的物品的这种**源始的**共联性（communio 〔251〕
fundi originaria）是一个具有客观的（法权上实践的）实在性的理念，完全不同于那种虚构出来的**初始的**共联性（communio primaeva）；因为后者必须是一种建立起来的共联性，而且必须产生自契约，通过契约所有人都放弃了私人占有，而且每个人都通过把自己的占有和每一个别人的占有联合起来而使私人占有转变为共同占有，对此历史必定会给我们一种证明。可是，把这样一种程序视为**源始的**占有，以及说每个人的特殊占有能够并且应当以此为基础，则是一种自相矛盾。

与占有（possessio）不同的还有住所（sedes），而且和有朝一日获得这块土地的意图中对土地的占有不同的，还有**移民**、定居（incolatus），后者是对一个位置的持续的私人占有，它取决于主体在这个地方的在场。这里说的不是作为可能继占有之后的或者也可能完全停止的第二次法权行为的移民，因为移民就会不是源始的占有，而是从他人的同意派生出来的占有。

对土地的纯然有形的占有（持有）已经是在一个物品中的法权，尽管肯定还不足以把土地看做"我的"。与他人有关，这种占有作为（就我们所知的）第一次占有，与外在自由的法则相一致，而且同时包含在源始的共同占有之中，后者先天地包含着一种私人占有的可能性的根据；因此，妨碍一块土地的第一个持有者使用这土地，就是一种伤害。所以，第一次占有本身就有法权根据（titulus possessionis［占有的合法要求］），这个根据就是源始的共同占有，而"占有者是有福的！"因为没有人有责任去查明他的占有，这个命题就是自然法权的一条原理，它把第一次的占有确立为获得的一个法权根据，每个第一次占有者都能够以此为据。

因为在一个**理论的**先天原理中，（根据《纯粹理性批判》）
〔252〕必须给被给予的概念配上一个先天直观，因而必须给对象之占有的概念**添加**某种东西；然而在这种实践的原理中，程序正好相反，给经验性占有奠定基础的一切直观条件必须**被排除**掉（对它们视而不见），以便把占有概念扩展到经验性占有之外并且能够说：任性的每一个外在对象，我无须处在对它的占有中就能控制它（并且也仅仅就我能控制它而言），都可以被算做法权上的"我的"。

这样一种占有的可能性，从而一个非经验性的占有的概念演绎建立在实践理性的法权公设之上："要这样对待他人，使得外在的（可使用的）东西也能够成为任何一个人的‘他的’，这是一项法权义务。”同时，这演绎与后一个概念的阐明相关，这个概念使外在的“他的”仅仅建立在一种**非物理的**占有之上。然而，后一种占有的可能性绝不能被单独地证明或者看出（正因为它是一个不可能被给予任何直观与之相应的理性概念），而是来自被设想的公设的一个直接后果。因为，如果遵循那个法权原理来行动是必然的，那么，（一种纯然法权上的占有的）理知的条件也就必须是可能的。——任何人都不要感到诧异的是：外在的“我的”和“你的”的**理论**原则沉迷在理知的东西之中，而且并不表现任何扩展了的知识，因为这些原则所凭依的自由概念无法对这种占有可能性进行理论演绎，只能从作为同一个理性的行为的理性实践法则（绝对命令式）中推论出来。

第 7 节　外在的“我的”和“你的”的可能性原则在经验对象上的运用

一种纯然法权上的占有的概念不是经验性的（依赖空间和时间条件的）概念，但它仍然具有实践的实在性，也就是说， 〔253〕
它必须可以运用到经验对象上去，对这些对象的认识依赖于那些条件。——鉴于作为可能的外在的“我的”和“你的”这些条件而对法权概念的处理如下：仅仅处在理性之中的法权概念，不能**直接**被运用于经验客体、运用到一种经验性的**占有**的概念，而是必须首先被运用于一种一般**占有**的纯粹知性概念，以至于所思考的不是作为占有的一个经验性表象的持有（detentio），而是不考虑一切空间和时间条件的**拥有**的概念，而且只是对象**在我控制之中**（in potestate mea positum esse）这一点；这样一来，**外在的东西**这一表述所指的，就不是在与我所在的地方不同的**另一个地方**的存在，或者不是我的意志决定和假定像建议的假定那样在另外一个时间中的存在，而仅仅是一个和我有别的对象。现在，实践理性通过其法权法则所要的是：我在对象的运用中不是根据感性条件，而是由于这涉及根据自由法则对任性的一种规定，所以撇开这些条件来思考“我的”和“你的”及其占有，因为惟有一个**知性概念**才能被归摄在法权概念之下。所以我将说：我占有一块土地，虽然它是一个与我实际所在完全不同的场所。因为这里所说的只是与对象的一种理智关系，只要我能控制它（占有的一个独立于空间规定的知性概念），而对象是“**我的**”，乃是因为我那自己规定自己去随意使用的意志并不与外在自由的法则相抵触。**撇开**对我的任性的这个对象在显象中的占有（持有），实践理性要知道，占有是按照知性概念，不是按照经验性概念，而是按照能够先天地包含着占有的条件的这样一些概念来思考的，关于占有的这样一个概念（possessio noumenon［作为本体的占有］）作为一种普遍有效的立法，其有效性的根据恰恰就在这里；因为这样一种立法就包含在“这个外在的对象是我的”这一表述之中，这是由于在这种情况下，所有其他人就被强加上一种他们本来并不具有的责任，即放弃对这个对象的使用。

所以，把外在于我的某种东西当做我的来拥有，其方式是〔254〕主体的意志和那个对象纯然在法权上的结合，不依赖与对象在空间和时间中的关系，遵循的是一种理知的占有的概念。——地球上的一个场所并不因为我以自己的肉体占领了它（因为这里只涉及我的外在的**自由**，因而只涉及对我自己的占有，不涉及在我之外的任何东西，所以只是一种内在的法权）而成为一种外在的“我的”；而是当我尽管离开了那个地方而去了别处，我还占有它时，它才成为一种外在的“我的”，只有在这种情况下才涉及我的外在法权，而且一个要使通过我的人格对这个场所的持续占据成为把它当做“我的”来拥有的条件的人，必须要么宣称，把某种外在的东西当做自己的来拥有是根本不可能的（这和第二节的公设是相抵触的）；要么他要求，为了能够这样做，我同时在两个地方；但这就等于说：我应当在一个地方又不在一个地方，这样他就自相矛盾了。

这也可以被运用于我接受了一个承诺时的情况；因为这时我对所承诺的东西的拥有和占有并不因为承诺者在一个时间说“这个物品应当是你的”，但在此后的一个时间他关于同一件物品却说“我现在要说这个物品不应当是你的”而被取消。因为这样一些理智关系的情况是这样的，似乎承诺者无须他的两次意志声明之间的一个时间就来说“它应当是你的”和“它不应当是你的”，这是自相矛盾的。

这同一种说法也适用于一个属于主体之财产的人格（他的妻子、孩子、仆役）在法权上的占有的概念，因为这种家庭共同体及其所有成员状态的彼此占有并不因为**处所上**彼此分离的权限而被取消，因为联结他们的是一种法权关系，而这里外在的“我的”和“你的”正如在上述几种情况中一样，完全基于一种无须持有的纯粹理性占有的可能性这一前提条件。

对于外在的“我的”和“你的”概念中的法权实践理性的批判来说，这种理性真正说来由于关于这样一种占有之可能性的命题的一种二论背反而被迫，也就是说，只是由于一种无法避免的辩证法，其中正论和反论双方对两个彼此冲突的条件的有效性提出同样的要求，理性也在其实践的（有关法权的）应 〔255〕
用中而被迫，在作为显象的占有和仅仅可以通过知性来思维的占有之间作出区分。

命题：把某种外在的东西当做“我的”来拥有是**可能的**，虽然我并不处在对它的占有中。

反命题：把某种外在的东西当做“我的”来拥有是**不可能的**，如果我并不处在对它的占有中的话。

解决：两个命题都是真的：第一个命题，如果我把这个词理解为经验性的占有（possessio phaenoumenon［作为现象的占有］），另外一个命题，如果我把它理解为纯粹理知的占有（possessio noumenon［作为本体的占有］）的话，它们就都是真的。——但是，一种理知的占有，从而也是外在的“我的”和“你的”的可能性是看不出来的，而是必须从实践理性的公设中得出，此时还特别值得注意的是：这种实践理性不需要直观，甚至不需要一个先天直观，仅仅通过自由法则所授权的对经验性条件的**排除**来扩展自身，这样就能够提出先天综合的法权命题，这些命题的证明（正如马上就应当指明的那样）可以随后在实践方面以分析的方式进行。

第 8 节　把某种外在的东西当做自己的来拥有，这惟有在一种法权状态中、在一种公共立法的强制权之下，亦即在公民状态中，才是可能的

如果我（用语词或者通过事实）宣布：我希望某种外在的东西应当是“我的”，那么，我就是在宣布每个他人都有责任放弃我的任性的对象：这是一种没有任何人会无须我的法权行为就拥有的责任。但是，在这种非分要求中同时就承认：就外在的“他的”而言每个他人彼此间都有责任作出同等程度的放弃；因为责任在这里出自外在法权关系的一个普遍规则。所以，我并没有责任不动用他人外在的“他的”，如果不是每个
〔256〕他人也都向我保证，就我的东西而言他将会遵守同样的原则来行事的话；这种保证根本就不需要一个特别的法权行为，而是已经因普遍性而包含在一个外在的法权上的承责的概念之中、

因而也出自一个普遍的规则而包含在责任的交互性之中。——现在，就一个外在的，因而偶然的占有而言的单方面的意志不能用做对每一个人的强制法则，因为这样的强制法则会损害根据普遍法则的自由。所以，只有一个赋予每个其他人以责任的、因此是集体普遍的（共同的）和掌握权力的意志，才是能够向每个人提供那种安全的意志。——但是，在一个普遍的、外在的（亦即公共的）、伴有权力的立法之下的状态就是公民状态。所以，惟有在公民状态下，才能有一种外在的“我的”和“你的”。

结论命题：如果把一个外在的对象当做自己的来拥有在法权上必须是可能的，那么，就必须也允许主体**强迫**关于这样一个客体发生“我的”和“你的”之争执的每个其他人与他一起进入一种公民宪政。

第 9 节　在自然状态中毕竟可能有一种现实的、但仅仅暂时的外在的“我的”和“你的”

一种公民宪政中的**自然法权**（亦即对这种宪政来说能够从先天原则中推导出来的东西）不能由于这种状态的章程性法则而蒙受损害，于是，这个法权原则依然有效：“遵循一个准则行事的人，如果按照该准则，把我的任性的一个对象当做我的来拥有是不可能的，那么，他就是在伤害我”；因为只有公民宪政才是这样一种法权状态，通过它，每个人的“他的”都得到了保障，但真正说来并没有得到澄清和规定。——所以，一切担保都已经在预设某人的“他的”（某人的“他的”得到了保障）。因此，在公民宪政之前（或者**不考虑**它），必须假定一种外在的“我的”和“你的”是可能的，同时假定一种法权，即强迫每一个我们可能以某种方式与之打交道的人与我们一起

〔257〕进入一个可以确保那种东西的状态。——在对只能被建立在共同意志的一个法则之上，因此与这种共同**意志**的可能性相一致的这样一个状态的期望和准备之中的占有，就是一个临时的法权上的占有，与此相反，在这样一种**现实的**状态中遇到的占有，会是一种**永久**的占有。——在进入主体所乐意进入的这种状态之前，主体有权反对那些不想下决心进入这种状态并且想干扰他的临时占有的人，因为除了他本人之外，所有其他人的意志都想强加给他一种放弃某种占有的责任，这种意志仅仅是**单方面的**，因而为反对而具有的法律力量（与惟有在普遍意志中才发现的法律力量相比）与他为了维护所具有的法律力量一样少，但他毕竟在赞同和建立一个公民状态方面具有优势。——一言以蔽之，**在自然状态中**把某种外在的东西当做自己的来拥有的方式，是一种有形的占有，这种占有自身具有法权上的**假定**，即通过在一种公共的立法中与所有人的意志相一致而使这种占有成为一个法权上的占有，而且在期待中**相对而言**被视为一种法权上的占有。

按照**占有者有福**（beati possidentes）的公式出自经验性占有状态的这种法权特权并不在于：由于他具有一个**法权上的人**的假定，他不必去证明自己合乎法权地占有某种东西（因为这只在有争议的法权中适用），而是在于，由于按照实践理性的公设，任何人都应当具有能力把他的任性的一个外在对象当做自己的来拥有，因而任何持有都是一个其合法权性基于那个由先行意志的一个行为而来的公设的状态，而且这种状态在没有另一个人对同一个对象更早的占有与此相悖的情况下只是暂时的，所以按照外在自由的法则，任何不想和我一起进入一个公共合法的自由之状态的人，都有权利阻止这样一个对象的使用的一切僭妄，为的是按照理性的公设而使一个要不然会在实践上被毁灭的物品服从于他的使用。

第二篇 〔258〕

获得某种外在的东西的方式

第 10 节　外在的获得的普遍原则

如果我使得（efficio）某种东西成为“我的”，我就获得了它。——源始的“我的”是即便没有一个法权行为也是“我的”的那种外在的东西。但是，一种获得源始地就是那种并非从一个他人的“他的”中派生出来的获得。

没有任何外在的东西源始地就是“我的”；但它却完全可以源始地，亦即无须从任何一个别人的“他的”中派生出来，而被获得。——“我的”和“你的”的共联性（communio）的状态绝不能被设想为源始的，而是必须（通过一个外在的法权行为）被获得；虽然对一个外在对象的占有只能是源始地共同的。即使人们（或然地）设想一种**源始的**共联性（communio mei et tui originaria［“我的”与“你的”源始的共联性］），它也毕竟必须与**初始的**共联性（communio primaeva）区别开来，后者被假定为是在人们中间有法权关系的最初**时间**建立起来的，并且不像前者那样能够建立在原则上面，而是只能建立在历史上面，此时，后者毕竟总是必须被设想为获得的和派生的（communio derivativa［派生的共联性］）。

外在的获得的原则是：某种东西，我（按照外在**自由**的法则）把它置于我的**控制**之中，并且有能力（按照实践理性的公设）把它当做我的任性的对象来使用；归根结底，我（按照一个可能联合起来的**意志**的理念）要使它成为“我的”，这种东西就是“我的”。

因此，**源始的**获得的因素（attendenda［值得注意的东西］）是：1. 对一个对象的**占领**，该对象不属于任何人，否则这种占领就会与别人根据普遍法则的自由相冲突。这种**占领**就是在空间和时间中对任性的对象的占有；因而是我把自己置于其中的占有（possessio phaenomenon［作为现象的占有］）。2. **标明**（declaratio［宣布］）对这个对象的占有和我的任性阻止
〔259〕任何别人占有该对象的行为。3. **归己**（appropriatio［适己］），作为一个外在普遍地立法的意志的行为（在理念中），通过这个行为，每个人都有责任与我的任性保持一致。——获得的最后一个因素，作为外在对象是"**我的**"这个结论所依据的，其有效性，亦即占有作为一种**纯然**法权上的占有（possessio noumenon［作为本体的占有］）是有效的，乃是基于：由于所有这些行为都是**法权上的**，因而都出自实践理性，故而在什么是正当的这一问题上可以排除占有的经验性条件，所以，外在的对象是"我的"这一结论就被从可感的占有正确地引向理知的占有。

对任性的一个外在对象之源始的获得就是强占（occupatio），而且只能发生于有形体的事物（实体）之上。于是，在发生这样一种获得的地方，作为经验性占有的条件，它就需要对于每个想强占一个物品的他人在时间上的在先（qui prior tempore potior iure［时间上在先者在法权上更有力］）。获得作为源始的，也只是**单方面的**任性的后果；因为如果为此需要的是一个双方面的任性，那么，这种获得就是从两个（或多个）人的契约中，因而从他人的"他的"中派生出来的。——任性的这样一种行为，作为那种占有，如何能够为每个人的"他的"提供根据，这并不是容易看出的。——不过，**第一次的**获得并不因此马上就是**源始的**获得。因为通过把所有人的意志联合成为一个普遍的立法而对一个公共的法权状态的获得，

会是这样一种获得：任何获得都不能先于它发生，而它却毕竟是从每个人的特殊意志中派生出来的，并且是**全面的**，因为一种源始的获得只能从单方面的意志中产生出来。

外在的“我的”和“你的”这种获得的划分

1. 根据**质料**（客体），我要么获得的是一个有形体的**物品**（实体性），要么是一个他人的**成就**（因果性），要么是这另一个**人格**本身，也就是说，这另一个人格的状态，只要我得到一个支配这种状态的法权（与这个人格的交往关系）。

2. 根据**形式**（获得方式），这要么是一个**物品法权**（ius 〔260〕
reale），要么是一个**人身法权**（ius personale），要么是把另一个人格当做一个物品来占有（虽然不是使用）的一个物人法权（ius realiter personale［采用物的方式的人身法权］）。

3. 根据获得的**法权根据**（titulus）；这真正说来并不是法权划分的一个特殊环节，但毕竟是实施这种划分的方式的一个因素：要么是通过一个**单方面的**任性的行为，要么是通过一个**双方面的**任性的行为，要么是通过一个**全面的**任性的行为（facto，pacto，lege［行为、契约、法律］），由此某种外在的东西被获得。

第一章　物品法权

第 11 节　什么是物品法权？

对**在一个物品中**的法权（ius reale，ius in re）的习惯解释：“它是**反对该物的任何占有者**的法权”，是一个正确的名词定义。——但是，是什么在这里使得我能够由于一个外在的对象而与该对象的每个持有者打交道，并（per vindicationem

[通过索回]）强迫他让我又占有这个对象的呢？我的任性的这种外在法权关系也许是与一个有形体的事物的一种**直接的**关系吗？设想自己的法权不是直接与人格相关，而是与物品相关的人，当然就必定会（虽然只是以模糊的方式）这样想象：也就是说，由于与一方面的法权相应的是另一方面的义务，所以外在的物品尽管已经不在第一个占有者手中了，但毕竟始终对他**负有义务**，就是说，它拒绝任何别的僭妄的占有者，因为它已经对前一个占有者负有责任。而且就这样，我的法权就像是一个陪伴着物品、保护它不受任何外来侵袭的**守护神**一样，总是把外来的占有者指引向我。所以，设想一个人格对物品的责任，以及反过来设想，都是荒唐的，尽管在必要时可以允许通过这样一个形象使法权关系直观化，并这样作出表述。

因此，实际的定义就会必须这样来说：**在一个物品中的法**
〔261〕**权**就是对我和所有别人都处于其（源始的或者建立起来的）共同占有之中的一个物品的私人使用的法权。因为后者是惟一的条件，惟有在这个条件下，我才能够阻止任何其他占有者私自使用该物品（ius contra quemlibet huius rei possessorem [反对该物品的任何占有者的法权]），因为不预设这样一种共同占有，就根本无法设想，毕竟并不处于对该物品的占有之中的我，如何会受到其他处于对该物品的占有之中并且使用它的人的伤害。——通过单方面的任性，我不能使任何别人承担责任放弃对一个物品的使用，他本来对此没有任何义务，因此，我惟有通过所有人在一个共同占有中联合起来的任性才能这样做。若不然，我就会必须这样来设想在一个物品中的法权，就好像该物品对我有一种责任似的，并且首先从中推导出反对该物品的任何占有者的法权；而这是一个荒唐的表象方式。

此外，物品法权（ius reale）这个词不仅被理解为在一个物品中的法权（ius in re），而且被理解为涉及物的“我的”和“你的”的一切法则的总和。——但显而易见，世上一个完全独处的人真正说来根本不能把一个外在的东西当做“他的”来拥有或获得，因为在作为人格的他和作为物的所有其他外在物品之间根本没有责任的关系。所以，在本真的和字面的意义上来理解，在一个物品中也就不存在任何（直接的）法权，而只有反对一个与所有其他人（在公民状态下）处于共同占有中的人格而应当归于某个人的东西，才能被这样称谓。

第 12 节　对一个物品的第一次获得只能是对土地的获得

土地（被理解为一切可以居住的陆地），就它上面一切可活动的东西而言，可以被视为**实体**，但后者的实存则只能被视为**依存**，而且就像在理论意义上偶性不能在实体之外实存一样，在实践意义上，土地上可活动的东西也不可能是某人的“他的”，如果此人不是事先被假定为处于对它（作为此人的“他的”）的法权上的占有之中的话。

因为如果假定土地不属于任何人，那么，我将能够为了占 〔262〕
领土地本身而把它上面的任何可活动的物品从其位置上推开，直至它们完全消失，而不会因此损害任何其他此时正好不是其持有者的人的自由；但是，一切可能被破坏的东西，一棵树、一座房子等等，都是（至少从质料上看）可活动的，而如果人们把不破坏其形式就不能被移动的物品称为**不动产**，那么，在那个物品中的“我的”和“你的”就不是被理解为对实体的，而是被理解为对依存于它的东西的，后者并不是物品本身。

第13节　任何一块土地都能够被源始地获得，而这种获得的可能性的根据是一般土地的源始的共联性

就第一部分而言。这个命题基于实践理性的公设（第2节）；第二部分则基于如下证明。

所有人都源始地（就是说，在任性的一切法权行为之前）处于对土地的合乎法权的占有之中，也就是说，他们有权处于自然或者偶然（无须他们的意志）把他们置于的地方。这种与作为一种随意的，因而是获得的、**持续的**占有的那种驻地（sedes）不同的占有（possessio），是因作为球面的地球表面的一切场所的统一性而有的一种**共同的**占有；因为如果地球表面是一个无边无际的平面，人们就可能在上面如此走散，以至于他们根本就无法进入任何彼此之间的共联性，因而这种共联性就不会是他们在世上存在的一个必然后果。——世上一切人的、先行于其一切法权行为的（由大自然本身建立的）的占有是一种**源始的共同占有**（communio possessionis originaria），其概念不是经验性的，不依赖于时间条件，如同虚构出来的、但永远无法证明的一种**初始的共同占有**（communio primaeva）的概念那样，而是一个先天地包含原则的实践理性概念，惟有按照这原则，人才能根据法权利用世上的场所。

〔263〕 第14节　这种获得的法权行为就是强占（occupatio）

占领（apprehensio），作为对空间中一个有形体物品的持有（possessionis physicae［有形的占有］）的开端，惟有在时间方面**在先**这一条件下，亦即惟有作为本是任性的一个行动的

第一次占有（prior apprehensio），才与每个人的外在自由的法则协调一致（因此是先天的）。但是，“物品（因而也是世上一个确定的被划分开来的场所）应当是‘我的’”这种意志，亦即归己（appropriatio），在一种源始的获得中只能是**单方面的**（voluntas unilateralis s. propria［单方面的或者个别的意志］）。通过单方面的意志对任性的一个外在的对象的获得就是**强占**（occupatio）。所以，对一个外在对象，因此也是对一块有尺寸的土地的源始的获得，只能通过强占来进行。

以这种方式来获得，其可能性是以任何方式都无法看出、也不能通过根据来阐明的，相反，它是出自实践理性公设的直接后果。但是，这同一个意志却毕竟只能就它包含在一个先天地联合起来的（亦即通过把一切可能进入一个相互之间的实践关系中的人的任性联合起来的）、绝对颁布命令的意志中而言，才授权一种外在的获得；因为单方面的意志（就连双方面的、但毕竟是**特殊的**意志，也属于此列）不能把一种就自身而言偶然的义务强加给每一个人，相反这需要一个**全面的**意志，不是偶然的、而是先天地、因而必然地联合起来的、仅仅因此而立法的意志；因为只有按照这种意志的原则，每一个人的自由任性和每个人的自由的一致，因而一种一般而言的法权，从而甚至一种外在的“我的”和“你的”，才是可能的。

第15节　只有在公民宪政中，某物才能被永久获得，反之，在自然状态下，某物虽然也能被获得，但只能被暂时获得 〔264〕

虽然公民宪政的现实性在主观上是偶然的，但这种宪政在客观上，亦即作为义务，却仍然是必然的。所以，就这种宪政及其建立而言，存在着一种现实的自然法权法则，一切外在的获得都服从这一法则。

获得的**经验性资格**曾是建立在土地的源始共联性之上的有形占领（apprehensio physica），由于只能把一种显象中的占有配给根据法权的理性概念的占有，所以，就必须有一种理智的占领（借助排除空间和时间中的一切经验条件）的资格与前一个资格相应，这种理智的占领建立了如下命题："凡是我按照外在自由的法则置于我的控制之中并要它应当是'我的'的东西，就成为'我的'。"

但是，获得的**理性资格**只能存在于所有人的一个先天联合起来的（必然要联合起来的）意志的理念中，这一理念在这里是作为绕不过去的条件（conditio sine qua non［必不可少的条件］）而默默地预设的；因为通过单方面的意志并不能强加给他人一种他们自身通常不会具有的责任。——但是，一个为了立法而普遍现实地联合起来的意志的状态，就是公民状态。因此，只有与一个公民状态的理念相符合，亦即就公民状态及其造就而言，但在这种状态实现以前（因为若不然，获得就会是派生的了），因而仅仅是**暂时地**，某种外在的东西才能被**源始地**获得。——永久的获得只发生在公民状态中。

然而，那种暂时的获得仍然是一种真实的获得；因为按照法权实践理性的公设，无论人们在何种状态中并存（因而哪怕是在自然状态中），获得的可能性都是私人法权的一个原则，按照这个原则，每个人都有权利行使强制，惟有通过强制，人才能走出那种自然状态并进入公民状态，而惟有公民状态才使一切获得成为永久的。

〔265〕问题是：占据一块土地的权限伸展到多远？与将它置于自己的控制之中的能力一样远，也就是说，和他想将之据为己有时能够捍卫的范围一样远；就好像土地在说：如果你们不能保护我，你们也就不能对我发号施令。因此，关于海洋是**开放的**

还是**封闭的**，其争论也必须据此来裁决；例如，在大炮的射程之内，任何人都不可以在已经属于某个国家的陆地岸边从事捕鱼，从海底采琥珀等诸如此类的事情。——此外：土地的耕种（开垦、耕耘、排水等诸如此类的事情）对于获得土地来说是必然的吗？不！因为既然这些形式（特殊化的形式）只是偶性，它们也就不构成一种直接占有的客体，只是就实体事先就被承认为主体的“他的”而言才能属于主体的占有。如果关键在于第一次获得的问题，那么，耕种就仅仅是占据的一个外在符号，人们可以拿很多其他不费多少力气的符号来取代它。——此外：人们可以阻止某人的占据**行为**，以至于双方中任何一方都分享不到在先的法权，这样土地就永远不属于任何一方而闲置着吗？这种阻止**完全**不可能发生，因为为了能够这样做，他人自己就必须也处身于某一块比邻的土地上，所以他本人在那里就可能受到阻止，因此，一种绝对的阻止就会是一个矛盾；但**鉴于**某一块（处在中间的）土地，让它作为**中立的**、为把两块比邻的土地分离开来而闲置不用，那将会和强占的法权完全一致了；但这样一来，这块土地就真的为双方所共有了，而且不是**无主的**（res nullius［无主之物］），这恰恰是因为它被双方所**使用**，以便把他们彼此分离开来。——此外，在一块土地上，其中没有任何部分是某人的“他的”，人们可以把一个物品当做自己的来拥有吗？可以，例如在蒙古，每个人都可以把他所拥有的行李放下来，或者把他已经走失了的马当做自己的而纳入自己的占有，因为整个土地应当归于民族，故而其使用应当归于每个个人；但是，某人可以把一个他人的土地上的一个可活动的物品当做自己的来拥有，这虽然是可能 〔266〕
的，但却惟有通过**契约**。——最后问题是：两个比邻而居的民族（或者家族）可能在采用某种方式使用一块土地上彼此冲突，例如狩猎民族与游牧民族或者农民，或者农民与种植园主等彼此冲突吗？当然；因为他们究竟想怎样在土地上**定居**，如果他们持守在自己的边界之内的话，其方式纯然是喜好的事情（res merae facultatis［纯然是能力的事情］）。

最后还可以问：如果既不是自然，也不是偶然，而纯然是我们自己的意志把我们置入与一个民族的相邻关系中，而这个民族并没有预示出与它结成一种公民关系的任何前景，那么，我们是否就无权有意去建立这种关系并把这些人（野蛮人）置于一种法权状态（例如对美洲的野蛮人、霍屯督人、新荷兰人），也许用暴力，或者用（这好不了多少）欺骗性的收购来建立殖民地，成为他们土地的占有者，并且不顾他们的第一次占有而利用我们的优势呢？尤其看来是自然本身（当它厌恶空虚时）如此要求的，若不然，就文明居民而言其他大陆那些现在人丁兴旺的广阔地带就依然是荒无人烟，甚至必然永远是荒无人烟，这样创世的目的就会落空吗？然而，人们很容易就看穿为了善的目的而批准一切手段这种不义（耶稣会教义）的面纱；所以，这种获得土地的方式是应当谴责的。

可外在地获得的对象无论在量方面还是在质方面的不确定性，使得这个课题（惟一源始的外在获得的课题）成为所有课题中最难解决的。但尽管如此，毕竟必然存在着外在东西的某种源始的获得；因为不可能所有的获得都是派生的。因此，人们也不能把这个任务当做不可解决的和本身不可能的而予以放弃。但是，即使它通过源始的契约得到解决，如果这个契约不延伸到整个人类的话，获得也毕竟永远只是暂时性的。

〔267〕

第 16 节　土地的源始获得之概念的阐明

所有的人都源始地处在对整个地球上的土地的共同占有（communio fundi originaria［土地的源始共联性］）之中，具有天生应归于他们的意志（每一个人的意志）来使用这土地（lex iusti [公正法则]），由于一个人的任性与另一个人的任性天然不可避免地对立，如果不是这意志同时包含着任性的法则，按照这法则能够给每一个人规定在共同的土地上的一种**特殊的占有**（lex iuridica [司法法则]）的话，这意志就会取消对这土地的一切使用。但是，每个人在土地方面的“我的”和“你的”这种分配法则，按照外在自由的公理，只能产生自一个**源始地**和先天地联合起来的意志（意志为了这种联合并不以一个法权行为为前提条件），因而只能在公民状态中产生（lex iustitiae distributivae [分配的正义法则]），惟有这个意志才规定，什么是正确的，什么是法权的，什么是正当的。——但在这种状态中，亦即在建立这种状态之前而毕竟有意于这种状态时，也就是说**暂时地**、按照外在获得的法则行事，是意志的义务，从而也是意志的一种法权能力，即让每个人都承担责任，承认占据和归己的行为是有效的，哪怕它是单方面的；所以，土地的一种暂时的获得连同其一切法权后果都是可能的。

但是，这样一种获得，就法权上可能的占有本身的界限规定而言，需要而且也具有法律的一种许可（lex permissiva [许可的法则]），因为它先行于法权状态，而且只是作为这种状态的前奏，还不是永久的，但这种许可仅仅延续到别人（参加者）同意建立这种法权状态，而在别人反对进入这种状态（公民状态）时，而且只要反对还在继续，这种许可就带有一种合乎法权的获得的一切效果，因为这种结局是基于义务的。

第 17 节　源始获得之概念的演绎 〔268〕

我们已经在土地的一种源始的共联性中，因而在一种外在占有的空间条件下找到了获得的**资格**，但**获得的方式**却是在占领（apprehensio）的经验性条件中发现的，与之相结合的是把外在的对象当做自己的对象来拥有的意志。现在，还有必要对获得本身，亦即对从两个被给予的部分得出的外在的“我的”和“你的”，也就是对对象的理知占有（possessio noumenon [作为本体的占有]），按照其概念所包含的东西，从纯粹法权实践理性的原则出发作出阐明。

外在的“我的”和“你的”的**法权概念**，就其是实体而言，在涉及“**外在于我**”这个词的时候，不可能意味着一个与我所在不同的地方：因为它是一个理性概念；而是由于能被归摄在它下面的只是一种纯粹的知性概念，这个法权概念仅仅意味着某种**与我不同**的东西，而且不是意味着一个经验性的占有（仿佛是持续占领）的概念，而是仅仅意味着外在对象**在我控制之中**（占有与作为使用的可能性之主观条件的我的联结）的概念，这是一个纯粹知性概念。现在，去除或不考虑（抽离）作为人格与没有责任的**对象**之关系的占有这些感性条件，无非就是一个人格与多个人格之关系，即在物品的使用上通过前者的**意志**约束所有的后者，只要前者的意志符合外在自由的公理，符合这个被先天地设想为联合起来的意志之能力的**公设**和普遍**立法**；所以，这是一种对物品的**理知占有**，亦即一种通过纯然法权的占有，尽管对象（我所占有的物品）是一个感官对象。

对一块土地的第一次耕种、划界，或者一般而言对它的**塑形**，并不能充当该土地的获得的资格，就是说，偶性的占有不能充当实体的法权占有的一个根据，而是毋宁说反过来，“我的”和“你的”按照规则（accessorium sequitur suum principale [附属的东西服从其基本的东西]）必须是从实体的所有
〔269〕物中得出，而且一个在并非此前已经属于自己的土地上辛勤劳作的人，对这块土地白白浪费自己的辛苦和劳动，这一点自身

就如此明显，以至于人们很难把那种如此古老并且还在广泛流传的意见归于别的原因，只能归于暗中起支配作用的欺骗，亦即使物品人格化，而且就好像某人通过在物品上付出的劳动就能够使物品对自己负有责任、除了他之外不为任何别人所使用、并且自认为对它们**直接**拥有一种权利似的；因为人们很可能也不会如此轻易地忽略（上面已经提及的）自然而然的问题："一个物品中的法权是如何可能的?"因为对一个物品的每一个占有者的法权，仅仅意味着特殊的任性使用一个客体的权限，只要该任性能够被设想为包含在综合普遍的意志之中，并且与该意志的法则相一致。

涉及一块已经属于我的土地上的物体，如果它们本来就不是别人的，那它们就属于**我**，我为了这个目的并不需要一个特别的法权行为（不是 facto［凭借行为］，而是 lege［根据法则］）；也就是说，因为它们可以被看做依存于实体的偶性（iure rei meae［根据我的物品的法权］），甚至一切与我的物品如此相结合的东西都属于此列，以至于一个别人不改变"我的"本身(例如镀金，把一种属于我的材料与其他物质相混合，毗邻的河床的沉积甚或改道以及由此发生的我的土地的扩展等等)，就无法把该物品与"我的"分开。但是，可获得的土地是否能够扩展到陆地之外，亦即甚至超出一段海底（还在我的岸边捕鱼、采集琥珀等的法权），这必须按照同样的原理来评判。就我从自己的**驻地**具有机械能力保证我的土地不受他人侵犯而言（例如，就岸上的大炮的射程所及而言），土地属于我的**占有**，而且海洋到此为止是封闭的（mare clausum［领海］)。但是，由于在宽阔的海面上甚至不可能有一个驻地，所以，占有也不可能一直被扩大到那里，而开放的海洋是无人占有的（mare liberum［公海］)。但是**搁浅**，无论是人们还是属于人们的物品，作为意外，〔270〕
不能被海滩的所有者归为获得的法权；因为它不是伤害（甚至

根本不是行为），而且落在一块毕竟属于某个人的土地上的物品，也不能被当做 res nullius［无主之物］来处理。相反，一条河，就它的河岸的占有所及而言，恰如每一块土地一样，在上述限制之下，可以被占有两岸的人源始地获得。

※　　※　　※

外在对象在实体上是某人的“他的”，它就是这个人的**财产**（dominium），在这个物品中的一切法权（就像实体的偶性那样）都依存于它，因而所有者（dominus）可以随便支配这个物品（ius disponendi de re sua［支配自己的物品的法权］）。但由此自行得出：这样一个对象只能是一个有形体的物品（人们对它没有任何责任），因而一个人能够是他自己的主人（sui iuris），但不能是**他自己**的所有者（sui dominus，可以随意支配自己），更不用说是别人的所有者了，因为他对自己的人格中的人性负责；虽然这一点属于人性的法权，而不属于人身法权，在此并没有其特有的位置，仅仅是为了更好地理解刚刚所说的东西而顺便提及。——另外，对同一个物可能有两个完全的所有者，却没有一个共同的“我的”和“你的”，而只是作为那本是“**他的**”而仅仅属于**一个人**的东西的共同占有者，如果所谓的共同所有者（condomini）中归于一方的只是全部占有而没有使用，归于另一方的则是对物品的一切使用连同占有，因而前者（dominus directus［直接的所有者］）只是把后者（dominus utilis［使用的所有者］）限制在不断支付的条件上，并不限制他的使用的话。

〔271〕

第二章　人身法权

第 18 节

对他人任性的占有，作为通过我的任性规定他人任性去采取某种行为的能力（就一个他人的因果性而言的外在的“我的”和“你的”），是一种法权（我对同一个人格或者对他人可能拥有多种这样的法权）；但我据以能够处在这种占有之中的法则的总和（系统），则是人身法权，它只是一种独一无二的法权。

对一种人身法权的获得决不能是源始的和专横的（因为这样一种获得会不符合我的任性的自由与每个人的自由相一致的原则，因此是非法的）。同样，我也不能通过另一个人的**违法**行为（facto iniusto alterius）来获得；因为即使我本人遭遇到这种伤害，而且我可以正当地要求他人作出赔偿，由此毕竟只是一分不少地保存下“我的”，但却没有获得任何超出我事先拥有的东西。

因此，通过一个他人的行为，即我按照法权法则规定他作出的行为的获得，在任何时候都是从这个他人的“他的”派生的，而且这种派生作为法权行为，不可能通过这种作为**消极**行为的行为，亦即**离弃**的行为，或者一种对“他的”作出的**放弃**（per derelictionem aut renunciationem［通过离弃或者拒绝］）的行为来实现，因为这样一来，只是一个人或者其他人的“他的”被取消了，但没有获得任何东西，——相反，它只能通过**转移**（translatio）来实现，而转让惟有通过一个共同意志才是可能的，借助这种意志，对象总是落入这一个人或者另一个人的控制之中，随后，一个人放弃了自己对这种共联性的份额，这样客体就通过接受这个份额（因而通过任性的一个积极行动）而成为“他的”。——自己的**所有物**转移给一个他人就叫**转让**。一般而言一个人的“他的”通过两个人格联合起来的任性的行为而过渡给他人，这种行为就是**契约**。

〔272〕

第 19 节

在任何契约中，都有任性的两个**作准备的**和两个**建构性的**法权行为；前两个行为（**谈判**的行为）是**提议**（oblatio）和**赞同**（approbatio），后两个行为（即**签订**的行为）是**承诺**（promissum）和**接受**（acceptatio）。——因为一项建议不能叫承诺，除非我事先作出判断，即所建议的东西（oblatum）是某种能够让受承诺者感到**惬意**的东西；这一点通过前两种申明显示出来，但仅仅通过这两种行动还没有获得任何东西。

但是，既不是通过承诺者的**特殊**意志，也不是通过受承诺者（作为接受者）的特殊意志，而是只有通过二者**联合起来的意志**，因此只是就二者的意志**同时**被申明而言，前者的“他的”才过渡给后者。但现在，这一点凭借必须是必然地在时间中前后相继、而绝非同时的经验性申明行为是不可能的。因为如果我承诺了，而另一个人想接受，那么，在这中间的时间里（无论它如何短暂），我可能会感到懊悔，因为我在接受之前还是自由的；就像另一方面接受者同样因此也可以认为并不受自己紧接着承诺作出的响应声明所约束一样。——签订契约时的外在仪式（solennia），诸如击掌，或者折断两个人手握的一根秸秆（stipula），以及一切时而发生的对自己先前声明的重申，毋宁说证明了这些缔约者的窘境：他们想怎样并且以何种方式把这些总是仅仅前后相继的声明表现为在一个瞬间**同时**存在的东西，但他们毕竟没有成功，因为这始终只是在时间中前后相继的行为，在这里，当一个行为存在时，另一个行为要么**尚未**存在，要么**不再**存在。

但是，惟有对通过契约的获得这一概念的先验演绎才能消除所有这些困难。在一种外在的法权关系中，我对一个他人的任性的占有（并且如此交互地占有），作为这个他人采取一个行动的规定根据，虽然首先是经验性地通过双方中任何一方在时间中进行声明和响应声明，被设想成占有的感性条件，在这里两个法权行为始终只是前后相继的，因为那种关系（作为一种法权关系）是纯粹理智的，通过作为一种立法的理性能力的意志，那种占有作为借助抽掉那些经验性条件的一种根据自由概念的理知占有（possessio noumenon［作为本体的占有］），被表象为“我的”或者“你的”；在那里，两个行为，即承诺和接受，不是被表现为前后相继的，而是（恰恰作为 pactum re initum［以物立的约］）被表现为从一个惟一的**共同**意志中产生的（这用“**同时**”这个词来表达），而对象（承诺）则通过去除经验性条件而按照纯粹实践理性的法则被表现为获得的。〔273〕

这就是对通过契约的获得这一概念的真正的、惟一可能的演绎，这一点，由法权研究者（例如莫色斯·门德尔松在他的《耶路撒冷》中）为了证明那种可能性而作出的费神的、却总是徒劳的努力得到了充分的证实。——问题曾是：我**为什么应当**遵守我的诺言？因为我**应当**这样做，每一个人都自行这样理解。但是，还对这个绝对命令式作出一个证明，这是绝对不可能的；正如对于几何学家来说不可能用理性推论证明，我为了画一个三角形就必须画出三条线（一个分析命题），但其中两条线之和必定大于第三条线（这是一个综合命题，但两个命题都是先天的）一样。这是纯粹的（在涉及法权概念时不考虑空间和时间的所有感性条件的）理性的一个公设，而且抽掉那些条件、其占有并不因此被取消的可能性的学说，本身就是通过契约的获得这个概念的演绎；就像前一节中关于通过强占外在物品而获得的学说一样。

第20节

但是，我通过契约所获得的外在东西是什么呢？既然它仅仅是他人的任性在向我承诺的成果方面的因果性，所以，我由此直接获得的就不是一个外在的物品，而是他人的一个行为，
〔274〕通过这种行为那个外在的物品被置于我的控制之中，以便我使它成为“我的”。——所以，通过契约我获得另一个人的承诺（而非所承诺的东西），但毕竟有某种东西添加在我的外在的财富上了；我通过获得一种积极的责任而在他人的自由和才能方面变得更富有了（locupletior）。——但是，我的这种法权只是一种**人身法权**，亦即对一个**确定的**自然人格的法权，确切地说是影响其因果性（其任性），给我提供某种东西，而不是对那个**道德上的人格**的一种**物品法权**，道德上的人格无非是**所有人格先天地联合起来的任性**的理念，而且惟有这样，我才能获得一种**对这种任性的每个占有者的法权**，就像在**一个物品中**的所有法权都在于此一样。

“我的”通过契约而转让，是根据持续性法则（lex continui［连续律］）进行的，也就是说，对象的占有在这个行动期间没有任何片刻中断，否则，我在这个状态中就会获得一个作为某种不曾有任何占有者的东西（res vacua［闲置之物］）的对象，因而是源始地获得它的；这和契约概念是矛盾的。——不过，这种连续性导致：不是双方（promittentis et acceptantis［承诺者和接受者］）中的一方的特殊意志，而是其联合起来的意志，把“我的”转让给他人；所以，转让不是以这种方式进行的：承诺者首先为他人的利益而放弃（derelinquit）自己的占有，或者放弃自己的法权（renunciat），另一方随后进入这种法权，或者反之亦然。所以，转让是这样一种行为，在其中对象有一瞬间共属于双方，就像在一个被抛出的石头的抛物线轨迹中，该石头在其最高点有一瞬间可以被视为同时处在上升和降落之中，这样才从上升过渡到降落。

第 21 节

在一个契约中，一个物品并不是通过**接受**（acceptatio）承诺、而只是通过**交付**（traditio）被承诺的东西而被获得。因为任何承诺都涉及**履行**，而且如果所承诺的东西是一个物品，那么，履行就只能通过一个行为来完成，通过这个行为，〔275〕
接受承诺者被承诺者置于对该物品的占有中，也就是说，是通过交付来完成的。所以，履行在交付和接受之前还没有发生。物品还没有从一个人过渡到另一个人，因此没有被另一个人获得，所以，出自一个契约的法权仅仅是一种人身法权，只有通过交付才变为一个**物品法权**。

交付直接继之而起的契约（pactum re initum [以物立的约]）排除缔结和履行之间的任何中间时间，而且不需要任何特殊的、尚需期待的行动，来使一个人的“他的”被转让给另一个人。但是，如果在那两者之间还允许有一个（确定的或者不确定的）时间段以供交付，那就要问：物品是否在这交付之前就已经通过契约成了接受者的“他的”，而且后者的法权是否就是一个物品中的法权？或者是否还有一个特殊的、只涉及交付的契约必须补充上来，因而由这种纯然的接受而来的法权仅仅是一种人身法权，要通过交付才成为一种物品中的法权？——事情的确如后者所说，这一点，从以下所说可以看出：

如果关于一个物品，例如关于一匹我要获得的马，我签订一项契约，而且同时把它牵到我的马厩里来，或者以其他方式把它纳入我的有形占有，那么，它就是我的（vi pacti re initi［根据以物立的约的效力］），而我的法权就是一个物品中的法权；但是，如果我把马留在卖主的手中，和他并没有特殊约定，在我占有（apprehensio）之前，因而在占有变迁之前，这个物品应当由谁有形占有（持有），那么，这匹马就还不是我的，而我所获得的法权则只是对一个确定的人格，即对卖主的法权，即由他**被置于占有之中**（poscendi traditionem［要求交付］），作为对这匹马的一切任意使用之可能性的主观条件，也就是说，我的法权仅仅是一种人身法权，即要求卖主**履行**让我占有物品的承诺（praestatio［保证］）。现在，如果契约（作为 pactum re initum［以物立的约］）**不同时**包含交付，因而在缔结契约和占有获得的东西之间有一段时间流逝，那么，
〔276〕在这段时间里，我就只有通过采取一个特殊的法权行为，即占有行为（actum possessorium），才能达到占有，这个行为构成了一个特殊的契约，而这个契约就是：我说，我将让人把物品（马）取走，卖主对此表示同意。因为此人（卖主）将为了另一个人的使用而冒着自己的风险去保管这个物品，这并不是不言而喻的，而是为此需要一个特殊的契约，根据这个契约转让自己的物品的人在**一定的时间**内还一直是所有者（而且必须承担物品可能遇到的一切风险），但获得者却只有当他对这段时间犹豫不决时，才可能被卖主视为好像该物品已经提交给他了似的。所以，在这种占有行为之前，所有通过契约获得的东西都只是一种人身法权，而接受承诺者则惟有通过交付才能获得一个外在的物品。

第三章　采用物的方式的人身法权

第 22 节

这种法权就是占有**作为一个物品**的外在对象，并使用**作为一个人格**的该对象的法权。——根据这种法权的“我的”和“你的”，就是**家庭的**“我的”和“你的”，而在这种状态中的关系就是自由存在者的共联性的关系，这些自由存在者通过交互影响（一个存在者的人格对另一个存在者的影响）按照外在自由的原则（**因果性**）构成由一个整体的诸成员（处在**共联性**之中的各人格）组成的社会，这个整体就叫做**家庭共同体**。——这种状态以及在这种状态中的获得方式，既不是通过专横的行为（facto），也不是通过纯然的契约，而是通过法则（lege）发生的，法则由于不是一个物品中的法权，也不仅是对一个人格的法权，而同时也是对一个人格的占有，所以必须是一种超出任何物品法权和人身法权之上的法权，亦即是我们自己人格中的人性的法权，这种法权以一种自然的允许法则为结果，通过它的许可，这样一种获得对我们来说就是可能的。

第 23 节 〔277〕

根据这种法则的获得按照对象有三种：**男人**获得一个**妻子**，**夫妻**获得**孩子**和**家庭**获得**帮工**。——所有这些可获得的，都同时是不可转让的，这些对象的占有者的法权是**最具人格性的**法权。

家庭社会的法权之第一款：婚姻的法权

第 24 节

性关系（commercium sexuale）是相互的使用，即一个人使用另一个人的性器官和能力（usus membrorum et facultatum sexualium alterius），而且要么是一种**自然的**使用（由此能够生育出其同类），要么是**非自然的**使用，而且后一种使用要么是在同性的一个人身上，要么是在一个与人类不同的物种的动物上；这种对法则的违背、非自然的恶习（crimina carnis contra naturam［反自然的肉体罪恶］），也是难以名状的，作为对我们自己人格中的人性的伤害，根本不可能通过任何限制和摒除，使之从彻底的扭曲中得到拯救。

自然的性关系要么是遵循纯然的动物本性的性关系（vaga libido，venus volgivaga，fornicatio［无序的情欲、不稳定的情爱、私通］），要么是遵循**法则**的性关系。——后者就是婚姻（matrimonium），即两个不同性别的人格的结合，以便终生彼此占有其性属性。——生育和教育子女的目的可能永远都是自然的一个目的，自然为了这个目的而培养两性彼此的倾慕；但是，结婚的人的这种结合的合法性，并不要求他**必须**把这个目的强加给自己；因为若不然，一旦生育停止，婚姻就会同时自行解体。

也就是说，即便为了彼此使用其性属性而以快乐为前提，〔278〕婚约也不是任意的契约，而是通过人性的法则而必然的契约，亦即如果**男人**和女人愿意按照其性属性而彼此享受，那么，他们就**必须**不可避免地结婚，而且这是按照纯粹理性的法权法则而必然的。

第 25 节

因为一个性别对另一个性别的性器官的自然使用，是一种**享受**，为了这种享受一方委身于另一方。在这一行为中，一个人自己使自己成为物品，这是与其自己人格中的人性法权相抵触的。只有在惟一的条件下，这种情况才是可能的，即当一个人格被另一个人格**同时当做物品**而获得时，这个人格又反过来获得了那个人格；因为这样一来，这个人格就重获自身并且重建了自己的人格性。但是，获得人身上的一个肢体同时就是获得整个人格，——因为人格是一个绝对的统一体；——因此，委身和为了另一个性别的享受而接受一个性别，不仅在婚姻的条件下是准许的，而且只有在这种条件下才是可能的。但是，这种人身法权毕竟同时是**采用物的方式**的，这是因为：一旦夫妻的一方走散了，或者投身到另一个人的占有中了，另一方在任何时候都有权不容争辩地把他当做物品一样重新纳入自己的控制。

第 26 节

出自同样的理由，夫妻双方的关系是一种**平等**占有的关系，既平等占有彼此交互占有的人格（因此只发生在**一夫一妻制**中，因为在多配偶制中，委身的人格所获得的只是其把自己完全托付给的那个人的一个部分，并且因此使自己成为纯然的物品），又平等占有物质财富。然而在这方面，夫妻双方都有权利放弃对一部分财富的使用，尽管这只有通过一个特殊的契约才行。

非婚同居不能具有合法持久的合约，尽管很少是为了一次

性的享受而出让一个人格（pactum fornicationis［私通的契
[279] 约］），这是从上述理由得出的。因为就后一种契约而言，每个人都将承认，订立这种契约的人格一旦后悔，就不能在法权上要求他履行自己的承诺；而且这样一来，第一种契约，即非婚同居的契约，（作为 pactum turpe［可耻的契约］）也就被废除，因为这种契约会是出让的合约（locatio－conductio［出租一承包］），确切地说是出让一个器官供另一个人使用，因而鉴于一个人身上各器官不可分割的统一性，这个人格就会把自己本身当做物品而委身于另一个人的任性；所以，任何一方只要愿意，都可以终止自己和另一方已经订立的契约，而另一方则不能有根据地抗议自己的法权受到了伤害。——同样的道理也适用于门户不相当的婚姻，这种婚姻利用双方地位的不平等，以便一方更有力地控制另一方；因为事实上，按照纯然的自然法权，这种婚姻与非婚同居没有什么分别，并不是真正的婚姻。——因此如果问题是：当法律说，一个与妻子处于这种关系之中的男子应当是你的主人（他是命令的一方，她是服从的一方），这是否也与夫妻平等本身自相矛盾呢？那么，如果这种控制仅仅以在造就家庭共同体的共同利益方面男人的能力对女方的自然优势以及建立在这上面的命令法权的自然优势为根据的话，这就不能被视为与一对夫妻的自然平等相冲突，因此，这甚至也能从就目的而言的统一和平等的义务中推导出来。

第 27 节

婚姻契约只有通过**婚内同居**（copula carnalis［肉体的结合］）来**实现**。不同性别的两个人格的契约，如果秘密商定或者放弃肉体关系，或者明知一方或双方没有这种能力，这个契约就是**假冒的契约**，建立不起婚姻；这个契约也可以被双方中的任何一方随意解除。但是，如果无能只是后来出现的，那么，那种法权就不能因为这种无辜的偶然情况而受到损害。

因此，**获得**一个妻子或者丈夫，并不是仅仅 facto［依据事实］（通过同居）而无须先行的契约，也不是 pacto［根据契约］（通过纯然的婚姻契约而无须随之而来的同居），而是仅仅 lege［根据法律］做到的，也就是说，作为出自责任的法权后果进入一种性的结合，仅仅是借助于两个人格的相互占有，这种占有只有通过同样的相互使用其性属性才得以实现。〔280〕

家庭社会的法权之第二款：父母的法权

第 28 节

正如从人对自己的义务，亦即对人自己人格里面的人性的义务中，产生出两性作为人格以物的方式通过婚姻彼此互相获得的法权（ius personale［人身法权］）一样，从这种关系里面的**生育**中得出了一种意在其**成果**的抚养和照料的义务，也就是说，子女作为人格由此同时拥有一种源始的和与生俱来的（不是继承来的）要求其父母抚养，直至他们能够自己养活自己为止的法权；更确切地说，是通过法律（lege）直接拥有的，也就是说，为此不需要一个特殊的法权行为。

因为既然被生产者是一个**人格**，而且不可能对通过一种物理的程序生育出一个赋有自由的存在者形成一个概念①：所

① 甚至对于**上帝**如何可能**创造**自由的存在者也不能形成一个概念；因为在这里，看起来自由存在者的一切未来行动都由那第一个行为预先规定，包含在自然必然性的链条中，因而不会是自由的。但是，他们（我们人）毕竟是自由的，这是道德实践意图中的绝对命令式证明了的，例如通过理性的绝对命令，

〔281〕以，在**实践方面**，这就是一个完全正确的、也是必要的理念，即把生育看成这样一种行为，我们通过这种行为把一个人格未经其同意就置于世界中，而且是专横地把他带到世界上来；对于这种行动，父母现在也背负一个责任：尽其所能使他对自己的这种状态感到满意。——父母不能把自己的孩子仿佛当做自己**制造的产品**（因为这样一个产品不可能是赋有自由的存在者），与自己的私有财产一样予以毁坏，或者让他听天由命，因为在这个孩子身上，被置入一种状态的不仅是一个尘世存在者，而且还是一个世界公民，按照法权概念，他们不能对这个世界公民漠不关心。

第 29 节

从这种义务中，也必然产生父母**监护**和塑造孩子的法权，只要孩子还不能自己运用其肢体，同样不能运用其理智，即除

但是理性毕竟不能在理论意图中使人理解一种原因与结果的这种关系的可能性，因为两者都是超感性的。——人们在这里惟一能够要求理性的，仅仅是它去证明，在**自由的存在者的创造**这个概念中没有矛盾；而这一点完全可以如此做到，即指出：只有当借助因果性范畴，在与感官对象的关系中不可能避免的**时间条件**（亦即一个结果的根据先行于该结果）同时被越界置入超感性事物彼此间的关系中（如果理论意图中的那个因果概念应当得到客观实在性，这种情况确实必定发生）时，矛盾才会发生，但是，当在道德实践的意图中，因而在非感性的意图中，纯粹范畴（无须一个配给它的图型）被使用到创造概念上时，它——矛盾——就会消失。

哲学的法权教师不会声称，这种直达先验哲学最初要素的探究在一种道德形而上学中是不必要的、迷失于毫无目的的幽暗之中的苦思冥想，如果他考虑到这项有待解决的任务的困难，当然也考虑到在这里满足法权原则的必要性的话。

了要养活和照料孩子外，还要教育孩子，既有**实用的**教育，以便他将来能够自己养活自己继续活下去，也有**道德的**教育，因为若不然，其疏于管教的罪责就会落在父母头上，——这就是塑造孩子；这一切一直要到离家（emancipatio）的时候，那时父母才能既放弃下命令的父权，也放弃在费用上对回报他们迄今的照料和操劳的一切要求，对此，而且在完成教育之后，父母能够指望孩子们（对父母）的责任只是纯然的德性义务，即感激。

从孩子的这种人格性也得出：既然孩子绝不能被视为父母的私有财产，但毕竟属于父母的“我的”和“你的”（因为孩子像物品一样处在父母的占有中，可以被父母从任何他人的占有中重新置入自己的占有，哪怕违背孩子的意志），所以，父母的法权不是纯然的物品法权，因此是不可转让的（ius personalissimum［最具人格性的法权］），但却不是一种纯然人身的法权，而是一种采用物的方式的人身法权。 〔282〕

因此，这里显而易见的是，在法权论中除物品法权和人身法权之外还必须再加上一种**采用物的方式**的人身法权的条款，所以迄今那种划分是不完备的，因为如果说到父母对作为家庭一部分的孩子的法权，那么，当孩子逃跑时，父母就不仅可以援引孩子的义务有权把他们领回来，而且还有权可以把他们当做物品（迷失的家畜）强行抓回来和关起来。

家庭社会的法权之第三款：家长的法权

第 30 节

与父母一起组成一个**家庭**的家生孩子，甚至无须任何宣告解除他们迄今的依赖性的契约，仅仅通过达到其自养的能力（这一方面是作为自然的成熟一般而言按照自然的普遍进程，另一方面按照其特殊的自然性状出现的）就成为**成年的**（maiorennes），就是说，成为他们自己的主人（sui iuris），并且不需要特殊的法权行为，因而只是通过法律（lege）就获得这种法权，——他们不为自己的教育欠父母任何东西，就像另一方面父母也以相同的方式摆脱了自己对他们的责任一样，借此双方都获得或者重获了自己的自然的自由，——但是，那个按照法律曾是必不可少的家庭社会，从现在起就解体了。

现在，双方事实上可以维持同一个家庭共同体，但却是以
〔283〕另一种承担义务的形式，亦即家长与帮工（家中的男仆或者女仆）的联结，从而维持同一个家庭社会，但现在是把它作为**家长制的**社会（societas herilis）通过一个契约来维持的，家长通过契约与已经成人的孩子，或者如果一个家庭没有孩子就与（家庭合作社的）另外的自由人组建一个家庭社会，这个社会将会是一个不平等的社会（**下命令者**或者主人和服从者亦即仆人的社会，imperantis et subiecti domestici）。

现在，帮工属于家长的“他的”，确切地说，就形式（**占有状况**）而言像按照一种物品法权一样；因为如果帮工逃跑了，家长就可以通过单方面的任性把他置于自己的强制力之下。不过就质料而言，亦即就他可以怎样**使用**他的这个家庭成员而言，他绝不能表现为这个成员的所有者（dominus servi），因为后者只是通过契约才被置于他的强制力之下，但是，通过一个契约，一方为了另一方的利益而放弃其全部自由，从而不再是一个人格，因此也没有遵守一个契约的义务，而是仅仅承认了强制力，这个契约就是自相矛盾的，亦即无效的（在此不说对因为犯罪而丧失其人格性的人的财产法权）。

所以，家长与帮工的这种契约不可能具有这样的性状，即对帮工的**使用**会是一种**滥用**，但对此的判断不仅应归于家长，而且也应归于仆人（因此仆人绝不能是农奴）；因此，这种契

约的签订不能终生有效，而是充其量只能在不确定的时间内有效，在这个时间内，一方可以对另一方宣布解除关系。但是，孩子（甚至一个由于犯罪而成为奴隶的人的孩子）在任何时候都是自由的。每个人都是生而自由的，因为他还没有犯法，而且直至他成年的教育费用也不能作为一个他必须偿还的债务算到他头上。因为奴隶如果有能力就也必须教育其孩子，不能与孩子结算这方面的费用；所以，奴隶的占有者在奴隶没有这种能力的时候便要替奴隶承担责任。

※　　　※　　　※ 〔284〕

因此这里也与前两款一样，可以看出有一个采用物的方式的人身法权（对帮工的支配法权），因为人们可以把他们要回来，并且作为外在的“他的”从任何占有者那里索回他们，甚至在可以审查使他们能够这样做的理由和他们的法权之前。

一切可以从契约中获得的法权的独断划分

第 31 节

关于一种形而上学的法权论，可以要求它先天地就完备而又确定地列举出划分的各个环节（divisio logica［逻辑的划分］），并这样来建立一个真正的划分**体系**；相反，一切**经验性的划分**都纯然是**残缺不全的**（partitio［分配］），而且不能确定是否还有更多的环节是为解释被划分的概念的全部范围所需要的。——人们可以把按照一个先天原则进行的划分（与经验性的划分相对立）称做**独断的**。

任何契约就自身而言，亦即**客观上**来看，都是由两个法权行为组成的：承诺和接受承诺；通过后者的获得（如果它不是一种要求交付的 pactum re initum［以物立的约］的话）不是契约的一个**部分**，而是契约的一个法权上的必然**后果**。——但

主观上来看，就是说，作为对那种在理性看来必然的后果（它**应当**就是**获得**）是否也将真的**发生**（是**有形的**后果）这一问题的回答，对此我通过接受承诺还不能**保证**。所以这种接受，作为外在地属于契约之模态的，即属于通过契约的获得之**确定性**的，是达到契约之意图亦即获得的手段之完备性的一个补充部分。——为了这个目的而出现了三个人格：**承诺者、接受者和担保者**；通过担保者及其与承诺者的特殊契约，接受者虽然就客体而言并不多获得任何东西，但却获得了得到"他的"之强制手段。

〔285〕按照逻辑的（理性的）划分的这些原理，现在真正说来只有三种简单的和**纯粹的**契约方式，但是那些混合的和经验性的契约方式还给按照纯然的理性法则的"我的"和"你的"之原则添加了一些章程性的和约定的原则，它们有无数种，但它们处于形而上学的法权论的范围之外，在此应当描画的只是形而上学的法权论。

也就是说，一切契约：一、要么以**单方面的**获得（行善契约）为目的；二、要么以**交互性的**获得（承责契约）为目的；三、要么根本不以任何获得，而是仅仅以**"他的"**之**安全**为目的（这种契约一方面可能是行善的，但另一方面毕竟也可能同时是使人承责的）。

一、**行善契约**（pactum gratuitum［无偿契约］）。

1. **保管**被托管的财物（depositum［寄存物］）。
2. **出借**一个物品（commodatum［出借物］）。
3. **捐赠**（donatio［赠送］）。

二、**承责契约**。

1. **转让契约**（permutatio late sic dicta［广义的交换］）。
   a. **交换**（permutatio stricte sic dicta［狭义的交换］）。

以货易货。

b. **买与卖**（emtiomai venditio [买卖]），以钱易货。

c. **借贷**（mutuum），转让一个物品，以重新获得同类物品为条件（例如，借粮还粮，借钱还钱）。

2. **出让契约**（locatio conductio [出租、承包]）。

a. **出让我的物品**给另一个人供其使用（locatio rei [出租物品]），如果该物品可以拿同类的物品偿还，那么，这种出让作为承责契约也可能和生息相结合（pactum usurarium [有息契约]）。

b. **薪酬契约**（locatio operae [出租劳动]），就是说，准许另一个人以一定的价格（merces [薪酬]）使用我的力量。根据这种契约的工人就是雇工（mercennarius [雇来的仆人]）。

c. **委托契约**（mandatum [委托]），代替他人和以他人的**名义**经营，经营如果仅仅是代替他人、而不同时以他人（被代理人）的名义进行，它就是**无委托的经营**（gestio negotii [业务的执行]）。但如果它是以他人的名义进行的，就叫**委托**，在此，委托作为出让契约就是一个承责 〔286〕
契约（mandatum onerosum [承责的委托]）。

三、**担保契约**（cautio [担保]）。

1. **抵押**和**担保**在一起（pignus [典当]）。

2. 为他人的承诺**担保**（fideiussio [诚信担保]）。

3. **人身担保**（praestatio obsidis [人质担保]）。

在将"他的"转让（translatio）给一个他人的所有方式的这个表中，有这种转让的客体或者工具的概念，这些概念看来完全是经验性的，甚至就可能性来看在一种**形而上学的**法权论中真正说来并没有位置，在这种法权论中必须按照先天原则进行划分，因此必须撇开交往的质料（它可能是约定的）而只考虑其形式，出现在**买**与**卖**的条款中、与其他所有可转让的物品亦即**商品**不同的**货币**概念就是这类概念，或者一本**书**的概念。——然而这却表明：在人与物品交往的所有手段中最重要和最适用的手段的概念，被称为**买**和**卖**（交易），同样地还有一本书的概念，作为最重要的思想交流的手段，却能够转化到纯粹的理智关系中去，这样就不会由于经验性的混杂而使纯粹契约表变得不纯粹了。

一、什么是货币？

货币是一种只有通过**转让**才可能**使用**的物品。这是对货币的一个很好的**名词解释**（根据阿亨瓦尔），因为它足以把任性的这种对象与其他一切对象区别开来。然而，它并没有向我们说明这样一种物品是何以可能的。但人们毕竟看出：**首先**，这种在流通中的转让并不是以捐赠，而是以（通过一个承责契约）**交互**获得为目的的；**其次**，由于货币是一个（在一个民族中）人人喜欢的纯然交易手段，就自身而言没有任何价值，是
〔287〕与一种作为商品的物品（亦即具有这样一种价值，并且与这个民族中的这个或者那个人的特殊需要相关的东西）相对立而被思维的，所以，货币便**代表**一切商品。

一桶粮食作为满足人们需要的手段具有极大的直接价值。人们可以用它饲养牲畜，牲畜有助于我们的营养，有助于我们的运动，可以代替我们工作，因此在这种情况下也就是凭借粮食来增加和维持人口。人不仅能够一再生产出那些自然产品，而且还可以通过人工产品来满足我们的一切需要：有助于建造我们的房屋、制衣、满足特别的享受以及工业财富所构成的一

切舒适。与此相反，货币的价值只是间接的。人们甚至不能享受它，或者把它当做这样一个东西直接用于某种目的；但是，它毕竟是所有物品中具有最大适用性的手段。

在这上面就可以暂时建立起货币的**实际定义**：货币是**人们彼此交换其努力的普遍手段**，这样，国民财富就其是借助货币获得的而言，真正说来不过是努力的总和而已，人们以努力相互酬报，而努力则由在民众中间流通的货币来代表。

因此，那种应当叫做货币的物品，为了生产它，或者把它也交到他人手中，本身也要花费如此之多的努力，以至于这种努力与（自然产品或者人工产品中的）商品被获得所必须借助的、前者与之交换的那种**努力**是相等的。因为，如果叫做货币的那种材料作为商品更容易搞到，那么，投放市场的货币就会比有待出售的商品还多，而且由于购买者必须比更快速地获得货币的购买者要花费更多的努力于他的商品上，于是，用在制造商品上的努力以及一般的制造业就会随着以公共财富为结果的经营努力一起同时下降和削减。——因此，纸币和汇票不能被看做货币，尽管它们在一段时间里可以代替货币，因为制作它们几乎根本不用花费劳动，它们的价值仅仅建立在今后继续迄今已成功地将它们兑换为**商品**这种做法的见解之上，而一旦意外地发现并不存在大批足以方便稳妥地流通的商品，这种兑 〔288〕换就将突然消失，并使得停止支付成为不可避免的。——于是，在秘鲁和新墨西哥开采金矿和银矿的人，尤其在寻找矿脉时付出的努力往往是徒劳的，尝试往往是失败的，他们的获利努力可能要比在欧洲用于制造商品的努力更大，而且由于这种努力得不到酬报，从而自行减弱，如果不是欧洲人的努力正好受到这些原料的刺激，同时成正比地扩大，以便通过向他们提供奢侈商品来使他们开矿的兴致始终保持活跃的话，那些国家就会很快陷于贫困。这样，就总是有努力与努力相互竞争。

但是，起初曾是商品的东西，最后却变成了货币，这是怎么可能的呢？如果一种物质的一个强大的、有权势的消费者，起初只是把它用做自己的（宫廷）仆人的装饰而使其耀眼生辉（例如金、银、铜，或者是一种漂亮的贝壳，即货贝，或者像在刚果是一种席垫，被称为**里库塔**，或者像在塞内加尔是铁棒，在几内亚海岸甚至是黑奴），也就是说，如果一国之主要求他的臣民以这种材料（作为商品）纳税，并且以同样的东西按照他们中间以及与他们（在市场上或者在交易所中）进行交换的一般规定，而酬报在置办这些东西时被鼓动起努力的臣民的。——惟有这样，（在我看来）一种商品才能成为臣民彼此之间交换努力，因而也是交换国家财富的一个合法手段，即**货币**。

因此，货币的经验性概念所隶属的理智概念是关于这样一个物品的概念，该物品在占有的流通（permutatio publica［公共的流通］）中来理解，规定着其他一切事物（商品）的**价格**，其中甚至包括科学，只要科学不是被无偿地教授给他人，所以，货币在一个民族中的集量构成了该民族的财富（opulentia）。因为价格（pretium）就是对一个物品与作为相互交换**努力**（流通）的普遍代表性手段的东西之成比例的集量相关的**价值**（valor）所作的公共判断。——因此，在大量贸易交往的地方，无论是**金**还是铜都不被视为真正的货币，而是仅仅
［289］被视为商品，因为金子太少，而铜却太多，不能方便地进入流通，尽管如此却仍然被铸成如此小块，用以在极小的买卖中置换商品或者一批商品所必需。所以，**银**（或多或少掺入铜）在世界上的大量贸易交往中被当做货币真正的材料，而且当做计算所有价格的尺度；其余金属（因此更多地还有非金属材料）只能出现在一个贸易交往少的民族中。——前两种金属在不仅被确定重量、而且被铸上印记、亦即被打上一个它们应当价值几许的符号时，它们才是法定的货币，亦即**铸币**。

“因此，货币（在**亚当·斯密**看来）是这样的物体，它的转让是人们和各民族相互之间借以从事贸易交往的手段，同时亦是其努力的尺度。”——这种解释由于仅仅注意承责契约中的相互偿付的形式（而忽视了它们的这种质料），把货币的经验性概念引导到理智的概念，从而引导到“我的”和“你的”一般的交换（commutatio late sic dicta［广义的交换］）中的法权概念，为的是适当地把一种独断的先天划分，从而把法权的形而上学的上述表格表现为一个体系。

二、什么是一本书？

一本书是一部著作（无论是用笔写的还是用打字机打的，篇幅是长还是短，在此都无关紧要），它表现出某人用可见的语言符号向公众发表的演说。——以自己的名义向公众**讲话**的人叫**著作者**（autor）。通过一部著作以另一个人（作者）的名义公开说话的人，就是**出版者**。出版者如果是经作者的许可这样做的，那就是合法的出版者。不过，他如果未经许可就这么做，那就是非法的出版者，即**盗版者**。原著（样书）的所有复制品的总和就是版次。

书籍的盗版被依法禁止

著作不是对一个**概念**的直接描述（例如，一幅铜版画作为**肖像**，或者一尊石膏塑像作为半身像表现一个特定的人），而 〔290〕
是对公众的一个**演说**，就是说，著作者通过出版者公开**讲话**。——但后者，亦即**出版者**（通过他的技师，即 operarius［工人］、印刷者）讲话，却不是以他自己的名义（因为若不然，他就会假冒为作者），而是以著作者的名义，所以他只有通过著作者授予他的**全权**（mandatum［委托］）才有权力这么做。——现在，盗版者通过擅自出版，虽然也以著作者的名义讲话，但却没有为此获得著作者的授权（gerit se mandatarium absque mandato［必须授权的东西没有授权而发生］）；因此，他就对作者委托的（所以是惟一合法的）出版者犯下了盗窃后者从其法权的应用中能够并且希望得到的利益的罪行（furtum usus［使用赃物］）；因此，**书籍的盗版被依法禁止**。

一种像书籍的盗版这样第一眼就如此强烈地引人注目的不义，却有合法的表面，其原因在于：书籍一方面是一种有形的人工产品（opus mechanicum［机械的产品］），这种产品是可以仿制的（被合法占有该书一个原件的人仿制），因而在这上面有一种**物品法权**；但**另一方面**，书籍也只是出版者对公众的一个演讲，出版者未经作者委托是不可以公开跟着说的（praestatio operae［劳动的付出］）。这里就有一种**人身法权**，而如今错误在于把两种法权混为一谈。

※　　　※　　　※

人身法权和物品法权的混淆在另一个属于出让契约的情况（二，2，a）中，即在**承租**契约（ius incolatus［居住权］）中，还是一个有争议的话题。——亦即问题是：所有者如果把他租给某人的房子（或者他的土地）在出租期满之前卖给另一个人，那么，他有责任在购买合同上附上继续出租的条件吗？或者人们可以说：购买使出租中断（毕竟是在一个由使用来规定的解除契约的时间里）了吗？——在第一种情况下，房子实际上有一种建立在自身之上的**承责**（onus［责任］），有一个在该

〔291〕物品中的法权，它是承租者在这个物品（房子）上获得的；这也是很可能发生的（通过把租赁合同扩大到房子上），但这样一来，就不会是纯然的租赁合同了，而且还必须补充一个另外的契约（对此没有多少出租者愿意这么做）。所以，“购买中断

出租”这个命题有效，也就是说，在一个物品中的完全法权（所有权）压倒一切不能与它并存的人身法权；但在这里，承租者依然可以从人身法权的理由提出控诉，因出自撕毁契约的损失而要求得到补偿。

插入章　对任性的一个外在对象的观念性获得

第 32 节

我把不包含时间中的因果性，因而只以纯粹理性的理念为根据的获得称为**观念性的**。它仍然是**真正的**、并非想象出来的获得，之所以不叫做实在的，只是由于获得的行为不是经验性的，因为主体是从另外一个人那里获得的，这个人或者**尚未**存在（关于那个人，人们只假定他存在的可能性），或者因为这个人刚刚**停止存在**，或者如果他**不再**存在的话。所以，达到这种占有只不过是理性的一个实践理念而已。——这里有三种获得方式：1. 通过**时效**；2. 通过**继承**；3. 通过**不朽的功勋**(meritum immortale)，就是说，要求死后有一个好名声。所有这三种方式虽然只有在公共的法权状态中才能有效果，但却不仅基于这种法权状态的建立和专断的法规，而是也先天地存在于自然状态中，确切地说必然在此之前就可以设想，以便此后据此在公民宪政中确立法律（sunt iuris naturae [它们合乎自然法权]）。

一、通过时效的获得

第 33 节

我仅仅通过**长期占有**而获得一个他人的财产（usucapio [根据时效的获得]）；这不是因为我可以合法地**预设**他同意我

〔292〕这样做（per consensum praesumtum［经过同意而预先使用］），也不是因为既然他不反对，我就能假定他放弃了自己的物品（rem derelictam［被放弃的物品］），而是因为，即便有一个真正的、作为所有者对这个物品提出占有要求的人（提出要求者），我毕竟仍然可以仅凭自己长期的占有而**排除**他，无视他迄今的存在，而且根本就像是他在我占有期间仅仅作为一个思想物而存在一样行事，尽管我后来不仅会被告知他的现实性，而且会被告知他的要求的现实性。——人们并不完全正确地把这种获得的方式称为通过**时效**（per praescriptionem）的获得；因为排除只能被视为那种获得的后果，获得必须是先行的。——以这种方式获得的可能性现在就应当予以证明。

谁不把一个外在的物品作为自己的而实施一种持久的**占有行为**（actus possessorius），他就有理由被视为一个（作为占有者）根本就不实存的人；因为只要他没有使自己有权得到一个占有者的头衔，他就不能抱怨自己受到了侵害，而且即便他在事后，在已经有另一个人占有了此物时，宣布自己对此有权，他所说的毕竟也只是，他以前曾经是所有者，而不是他现在仍是所有者，而且这种占有无须一种连续的法权行为而仍然不被打断。——因此，这只能是一个法权的、确切地说是一个连续地保持自己的和有文件证明的占有行为，通过这种行为他在长期不使用时仍然确保这种“他的”。

因为如果假定：对这种占有行为的疏忽不会导致一个他人把一种正当持久的占有（possessio irrefragabilis［不可否认的占有］）建立在他的合法的、清白的占有（possessio bonae fidei［信誉良好的占有］）之上，把处于他的占有之中的物品视为自己获得的，那么，根本就不会有什么获得是最终的（有保障的），而是一切获得都仅仅是暂时的（临时性的），因为历史文件不能把其探究一直追溯到第一个占有者及其获得行为。所以，根据时效的获得（usucapio）所依据的假设不仅作为**猜测**是**合乎法权的**（允许的，iusta），而且作为根据强制性法律的预设（suppositio legalis［法律的预设］）也是法权上的（praesumtio iuris et de iure［法权的和出自法权的假设］），谁疏忽了用文件证明自己的占有行为，谁就丧失了其当下占有者的资格，此时疏忽的时间长短（根本不能也不可以被确定下来）仅 〔293〕
仅是为了这种放弃的确定性才被提及。但是，一个迄今不为人知的占有者，如果其占有行为（也可能他是无辜的）被中断了，却总是能够重新获得（要求归还）物品（dominia rerum incerta facere［使得物品的占有不确定］），这与法权实践理性的上述公设相矛盾。

但现在，如果他是一个共同体的成员，亦即在公民状态中，国家就完全能够（代表他）为他保留他的占有，尽管这种占有作为私人占有被中断了，而且现在的占有者既不可以把自己的获得资格一直证明成为最初的获得，也不可以建立在通过时效的获得的资格上。但在自然状态中，后者是合乎法权的，即不是真正地借此获得一个物品，而是即便没有一个法权行为也保持对这个物品的占有，对要求的这样一种摆脱在这种情况下通常也被称为获得。——因此，更早的占有者的丧失时效属于自然法权（est iuris naturae）。

二、继承（Acquisitio haereditatis［遗产的获得］）

第 34 节

继承是经过双方意志的协调一致，一个将死的人的财产转让（translatio）给还活着的人。——**继承者**的获得（haeredis instituti［继承人的决定］）和**遗赠者**（testatoris）的放弃，亦即“我的”和“你的”的这种交替，是在一个瞬间（articulo

mortis [死亡的关节点]) 发生的，亦即在后者刚刚停止存在时发生的，因而真正说来不是在经验性意义上的转让 (translatio)，这种转让以两个前后相继的行为为前提条件，即一方先放弃自己的占有，然后另一方进入占有；相反，这是一种观念性的获得。——由于继承在自然状态中离开遗嘱 (dispositio ultimae voluntatis [最后意志的安排]) 是无法想象的，而且是一个**继承契约** (pactum successorium)，还是**单方面的遗产指定** (testamentum [遗嘱])，取决于一个问题，即"我的"和"你的"的过渡是否并且如何恰好是在主体停止存在的
〔294〕那一瞬间而可能的，所以，通过继承的获得方式如何可能这一问题，必须独立于其实施 (这种实施仅仅发生在一个共同体中) 的众多可能形式来探究。

"通过遗产指定而获得是可能的。"——因为遗赠者**卡尤斯**作出承诺，并在他的最后遗愿中对丝毫不了解这承诺的**提修斯**宣布，他的财产在死时应当转交给提修斯，因此，只要他还活着，他就仍然是其财产的惟一所有者。现在，虽然通过纯然单方面的意志没有任何东西能够转交给他人，而是在承诺之上还要求另一方的接受 (acceptatio) 和一个同时的意志 (voluntas simultanea)，这意志毕竟在此还不存在；因为只要卡尤斯还活着，提修斯就不能为了由此获得而明确接受：因为卡尤斯只是就他死亡这种情况作出了承诺 (否则，财产有一瞬间就是共同的，而这不是遗赠者的意志)。——但是，提修斯毕竟不知不觉地获得了一项作为物品法权的对遗产的特有法权，亦即独一无二地接受它 (ius in re iacente [在遗物上的法权])。因此，这种遗产在所说的那个时间点上就叫做 haereditas iacens [留下的遗产]。现在，既然每个人必然地接受 (因为他由此或许有所得，但绝不会有所失)，因而也是不知不觉地接受了这样一项法权，而且提修斯在卡尤斯死后就处于这种情况，所

以，他就可以通过接受承诺而获得遗产，而遗产在这时也绝不是完全没有主人的（res nullius［无主之物］），而仅仅是**闲置的**（res vacua［闲置之物］），因为惟有他才拥有选择的法权，是要把遗留下来的财产变成他自己的财产，还是不这样做。

所以，遗嘱即便根据纯然的自然法权也是有效的（sunt iuris naturae）；但是，这种主张应当这样来理解：它们能够而且值得在公民状态中（一旦在某个时候出现了公民状态）被采用和核准。因为只有这种状态（在这种状态中的普遍意志）才在遗产还在接受和拒绝之间摇摆、真正说来不属于任何人的时候保证对它的占有。

三、一个死后好名声的遗产 (Bona fama defuncti［死者的好名声］) 〔295〕

第 35 节

认为死者在死后（因此当他不再存在时）还能够拥有某种东西，这种想法是荒谬的，如果他遗留的是一件物品的话。但是，**好名声**却是一种天生的外在的，尽管是观念性的“我的”或者“你的”，它依附于作为一个人格的主体，关于这个人格的本性，它是随着死亡而完全停止存在，还是永远还作为这样的人格存留下来，我可以而且必须撇开不问，因为我在与其他人的法权关系中仅仅根据其人性来看待每一个人格，因此实际上是把他看做 homo noumenon［作为本体的人］，这样，任何在他死后对他加以恶毒诽谤的试图都永远是令人忧虑的；即便对他的一种有根据的指责完全成立（因而 de mortuis nihil nisi bene［只说死人好话］这一原理是不正确的），因为对一个无法为自己辩护的缺席者散布种种责难，如果这些责难没有极大的确定性，就起码是不够大度的。

人通过其无可指责的一生和结束这种生命的死亡，在他作为 homo phaenomenon［作为现象的人］不再实存时，获得一种（负面的）好名声，作为存留给他的“他的”，而且还活着的人（无论是亲属还是陌生人）有权利也在法权面前为他辩护（因为在死亡时，由于相似的遭遇，那些不实的指责把他们统统置于危险中），我要说他能够获得这样一种法权，这是把自己的命令和禁令也扩展到生命界限之外的先天立法理性的一个特殊的，尽管是无法否认的现象。——如果有人散布会使一个死者在生之时名誉扫地，或者哪怕只是贬低他的一种罪行，那么，任何一个能够证明这种谴责是蓄意捏造和撒谎的人，都可以公开宣布，诽谤死者的人是一个恶意中伤者，因而使他本人名誉扫地；他本来是不可以这样做的，如果不是他有理由预设，死者即使死了也会由此而受伤害，而且即使他不再存在了
〔296〕也要通过那种辩解来补偿他的话。[①] 他也不可以证明自己有权

① 但在这里，人们并不是在幻想中推论对一种未来生活的预感和与已故灵魂的不可见的关系，因为这里说的只不过是也在生活中出现在人们中间的纯粹道德的和法权的关系，通过在**逻辑上除去**，亦即**抽掉**一切物理的东西（属于其空间和时间中的实存的东西），人们是作为理知存在者处在这种关系之中的，但并不是说除去了他们的这种本性，而让他们成为精神，在这种状态中他们就感觉到通过中伤者而来的伤害。——百年之后编造我坏话的人，现在就已经在伤害我；因为纯粹的法权关系完全是理智的，在它里面，一切物理条件（时间）都被抽除了，而毁誉者（诽谤者）同样应当受惩罚，就像他在我有生之年做过这事似的；只不过不是通过刑事判决，而只是通过按照报应的法权由公共舆论让他受到他曾加之于他人的同样的名誉损失罢了。——甚至一个作家对死者的**剽窃**，即使并没有玷污死者的名誉，而是仅仅盗窃了他的名誉的一个部分，也仍然有理由被当做对死者的伤害（绑架）而受到制裁。

扮演死者的辩护人的角色；因为每个人都不可避免地自以为拥有这种权限，就好像它不仅属于德性义务（在伦理上看），而是甚至属于一般人性的法权似的，而且为了使死者的朋友和亲属们有权作出这样一种斥责，并不需要特别的、由于死者身上的这样一个污点可能给他们带来的亲身损失。——所以，这样一种观念性的获得以及人死后对还活着的人的一种法权是有根据的，这一点不容辩驳，尽管这种法权的可能性是无法演绎的。

第三篇

通过一种公共的司法权的判决而来的主观上有条件的获得

第 36 节

如果自然法权只是被理解为非法规的，因而仅仅是先天地可以为每个人的理性认识的法权，那么，不仅诸人格之间 〔297〕 在其彼此的相互交往中生效的正义（iustitia commutativa［交换正义］），而且进行分配的正义（iustitia distributiva［分配正义］），都将同样属于自然法权，正如根据其法则，可以先天地认识到，分配正义必须作出自己的判决（sententia）一样。

主管正义的道德人格就是**法庭**（forum），在它履行职责的状态中就是**审判**（iudicium）：这一切都仅仅是先天地按照法权的条件来设想的，而不考虑这样一种宪政实际上应当如何建立并组织起来（法规、因而经验性的原则属于此列）。

所以，这里的问题并非仅仅是：什么是**就自身而言正当**

的，亦即，每个人对此应当如何独自作出判断？而是：什么是在法庭面前正当的，也就是说，什么是根据法权的？在此有**四种**情况：其中两个两个的判断其结果是不同的而且是对立的，但仍然可以彼此并存：因为它们是从两个不同的、从两方面看都是真实的视角出发作出的，有两个是根据私人法权，另两个是根据公共法权的理念；——它们是：1. **捐赠契约**（pactum donationis）。2. **借贷契约**（commodatum）。3. **重新获得**（vindicatio）。4. **宣誓**（iuramentum）。

法权教师们有一个**偷换概念**的习惯性毛病（vitium subreptionis），即把一个法庭为了自己的目的（因此在主观的意图上）有权利，甚至为了对每一个"他的"作出应有的判决和裁定而有责任接受的法权原则，也在客观上视为就自身而言正当的东西；因为前者毕竟与后者有很大的区别。——因此，使人认清并注意这种类属的差异是十分重要的。

一、捐赠契约

第 37 节

我借以将"我的"、我的物品（或者我的法权）**无偿地**（gratis）转让出去的这个契约（donatio［捐赠］），包含着我
〔298〕 这个捐赠者（donans）和一个他人即受赠者（donatarius）根据**私人法权**的一种关系，通过这种关系，"我的"通过后者的接受就过渡到他头上了（donum［捐赠品］）。——但是，不可假定我在这里指的是被迫遵守我的承诺，因此也白白地放弃我的自由，仿佛要抛弃我自己似的（nemo suum iactare praesumitur［无人被假定抛弃他自己］），这倒是有可能按照法权发生在公民状态；因为在这里，应当受赠者可以**强迫**我履行自己

的承诺。所以，如果事情出现在法庭上，亦即按照一种公共的法权，那就必须要么假定捐赠者同意这种强制，而这是荒谬的；要么假定法庭在他的判决（宣判）中根本就不在意捐赠者是否想保留放弃承诺的自由，而是着眼于确定的东西，亦即承诺和接受承诺者的接受。所以，正如可以猜测的那样，尽管承诺者已经想到，如果在履约前他还在后悔自己已经作出了承诺，那么，人们就不能使他受这承诺的约束，但法庭却毕竟假定：他本来必须明确地对这一点作出保留，而既然他不曾这样做，就可以被强迫履行这一承诺，而且法庭之所以假定这一原则，乃是因为若不然，就会使它的判决无限困难，或者根本不可能。

二、借贷契约

第38节

在我借以允许某人无偿使用我的东西的这种契约（commodatum［借贷］）中，如果这是一件物品，那么，立约双方就会在这一点上达成一致，即这个人要把**同一个**物品重新置于我的控制中，在这里，接受借贷物的人（commodatarius［借贷方］）就不能同时假定，借贷物的所有者（commodans［贷方］）也承担由于他把该物品交给借贷者占有而可能产生的物品或者物品对他有用的性状之可能损失的一切风险（casus）。因为所有者除了同意借贷接受者使用他自己的物品（对该物品与使用不可分割的损坏）之外，也免除了对由于他使之离开自己的保管而可能产生的一切损失的**担保**，这并不是不言而喻的；相反，对这一点必须订立一个特殊的契约。所以问题只能是：双方，即贷方和借贷方，谁有责任明确地给借贷契约加上承担物品可能遭遇的风险的条件，或者如果没有这样做，人们 〔299〕

就会**假定**是谁**同意**为贷方的财产（通过归还该物品或者一个等价物）担保？不是贷方，因为人们不可能假定，他无偿地同意多于对该物品的纯然使用的东西（亦即此外也不能假定他为财产的安全承责），但可能是借贷方，因为他在这时所提供的，并不多于刚好在契约中所包含的。

例如，如果我在倾盆大雨中走进一个人家，并请求借我一件雨衣，但雨衣却也许由于从窗户不小心倒出的染料彻底弄脏了，或者由于我把它放在我所走进的另一户人家而被偷了，那么，对任何人来说，我的下述主张都必定是荒谬的：我只需把雨衣照样归还回去，或者只是通报一下发生了的盗窃事件；或许，鉴于这种损失向所有者表示一下惋惜，还是一种礼貌，因为他从自己的法权出发不能要求任何东西。——如果我在请求这种使用时鉴于物品在我手里万一出事的情况而事先请求也承担这种风险，因为我很穷，无力赔偿损失，那就是完全不同的事情了。没有人会认为后者是多余的和可笑的，除非贷方是一个公认有钱并且乐善好施的人，因为在这种情况下，不假定他会慷慨地免除我在这一事例中的债务，差不多就会是侮辱了。

※　　※　　※

现在，既然对于出自借贷契约的“我的”和“你的”，如果（就像这种契约的本性所带有的那样）对物品会遭遇的可能变故（casus风险）没有约定任何东西，因而由于那种同意仅仅是假定的，这个契约是一个不确定的契约（pactum incer-
〔300〕tum），那么对此的判断，亦即谁必须承受那种不幸的裁决，不可能从契约本身的条件出发作出，而是只能像它**仅仅面对一个法庭**那样作出，这个法庭永远只关注那个契约中确定无疑的东西（在这里就是对作为财产的物品的占有），所以，在**自然状态**中的，亦即根据物品的内在性状的判断就将是：因一件被

借出的物品出了事故而产生的损失由**借入方**承担（casum sentit commodatarius［借贷者承担损失］）；反之，在**公民状态**中，因而面对一个法庭，判决的结果将是这样：损失由**借出方**承担（casum sentit dominus［物主承担损失］），确切地说它因如下理由而与纯然健康理性的判决不同，即一个公共的法官不可能考虑关于这一方或者那一方可能想到的东西的假定，而是不曾要求通过一个特殊的附加契约来避开在借贷物品上的所有损失的一方，必须自己承担这些损失。——所以，在纠正法权判断的时候，像法庭必须作出的那种判断和每个人的私人理性独自就有资格作出的判断之间的区别，是一个绝对不可忽视的问题。

三、重新获得（追回）所失去的（vindicatio［索回］）

第 39 节

一件物品本就是我的，它在持续存在时就还是我的，尽管我并不处在对它的持续持有中，而且即便没有一个法权行为（derelictionis vel alienationis［放弃或者转让］），它也自行不停地是我的，而我应当有在这个物品中的一项法权（ius reale［物品的法权］），因而反对任何持有者，而不仅是反对一个特定的人格（ius personale［人身法权］），这一点，从以上所说便可明白。但是，如果我**只是没有放弃**这项法权，而物品却处在一个他人的占有中，那么，这项法权是否也必定被**每个他人**看做一个独自持续的所有权，这却是一个问题。

如果一个物品从我手中丢失（res amissa［丢失的物品］），并这样被一个他人**真诚地**（bona fide）当做一个想当然的捡拾之物，或者通过以所有人自居的占有者的正式转让，而回到我 〔301〕

手中，尽管这个占有者不是真正的所有人，那么问题就是：既然我不能从一个**非所有人**（a non domino）那里获得一个物品，那么，我是否由于他而被取消了在这个物品中的一切法权，从而只保留反对非法占有者的一项人身法权。——很明显，后者就是这种情况，如果仅仅是按照其内在的授权根据（在自然状态中），而不是根据一个法庭的习惯来评判获得的话。

因为任何可转让的东西都必须能够被某个人获得。然而，获得的合法性却完全基于一个他人所占有的东西过渡到我头上或者被我接受所依据的形式，亦即基于物品的占有者和获得者之间的交换（commutatio）的法权行为的形式，而我不能追问：此人是怎样得到它的，因为这样问就会是冒犯（quilibet praesumitur bonus，donec etc.［任何人都被假定为善的，直到等等］）。假定后来发生了这样的情况：那个人并不是所有者，而是一个他人，那么我就不能说，所有者能够径直与我打交道（就像也不能与任何可能是该物品的持有者的他人打交道一样）。因为我并没有窃取他任何东西，而是例如按照法律（titulo emti venditi［买卖的法律条款］）买了一匹在公共市场上正待出售的马，因为从我这方面讲，获得的资格是无可争议的，但我（作为购买者）没有责任去追究他人（出售人）的占有资格，甚至连这样做的权利也没有，因为这种追究会没完没了地持续下去。所以，通过这种正当的有资格的购买，我不是马的纯然**被假定的**所有者，而是其真正的所有者。

但是，出现了不利于此的下列法权根据：一切来自一个并非物品所有者的人（a non domino）的获得，都是毫无意义的。我从一个他人的“他的”引渡到我头上的，不能多于他自己合法地拥有的，而且就获得的形式（modus acquirendi）而言，如果我买的一匹在市场上正待出售的马是被人偷来的，则尽管我是完全合法地行事，但毕竟缺乏获得的资格，因为马不是真正的出售者的“他的”。我尽可以始终是这匹马的**诚实的**所有者（possessor bonae fidei），但我毕竟只是一个**自命的**所有者（dominus putativus [被假定的所有者]），而真正的所有者具有**重新获得**（rem suam vindicandi [索回他的物品的]）〔302〕的法权。

如果有人问，（在自然状态中）人们中间按照其彼此交换的正义原则（iustitia commutative [交换正义]），在获得外在物品方面什么是**就自身而言**正当的？那么，人们必定承认：谁想这么做，谁就完全有必要再探究一下，他想获得的物品是不是已经属于一个他人了；就是说，即便他已经仔细考察从另一个人的“他的”中引渡该物品的形式条件（在市场上按部就班地购买一匹马），他所能获得的充其量仍然只是就一个物品而言的一种**人身法权**（ius ad rem [占有物品的法权]），只要他还不清楚，另一个人（作为卖主）是不是该物品的真正所有人；以至于，如果出现一个人，他能用文件证明他对该物品的先行所有权，那么，对于想当然的新所有者来说，就一无所有了，除了作为诚实的占有者直到这一刻曾经合法地享受他迄今从中得出的好处。——现在，既然在一系列相互导出其法权的自命的所有者中间，不可能找出绝对最初的所有者（原始所有者），所以，以外在物品进行的任何交换都无法保障一种可靠的获得，即便它可以与这种正义（iustitia commutativa [交换正义]）的形式条件充分保持一致。

※　　　　※　　　　※

在这里，法权的立法理性又伴随着**分配正义**的原理出现，即把占有的合法性当做占有的准绳来接受，不是如其**就自身而言**在与每个人的私人意志的关系中（在自然状态中）被判决那样，而是仅仅如其**面对一个法庭**在一个通过普遍联合起来的意志而产生的状态中（在公民状态中）被判决那样：这样一来，在这种状态中，与获得的那些就自身而言只是说明了人身法权之理由的形式条件的一致，就被公设为足以代替质料性根据（这些质料性根据说明了从一个先行提出要求的所有者的“他的”导出的理由），而一种**就自身而言的**人身法权，**被带到一个法庭面前**，就被视为一种物品法权，例如在公共的、由督察
〔303〕法律维持秩序的市场上有待出售给每个人的马，如果严格遵循买卖的所有规则，成为我的财产（但毕竟真正的所有者依然有因自己更早的、并未丧失的占有而要求是卖方的法权），而我本来的人身法权就转变为物品法权，根据它，无论我在哪里发现“我的”，我都可以把它取回（索回），而不关心卖方如何得到它的方式。

所以，这仅仅是为了在一个法庭前的判决（in favorem iustitiae distributivae［出于对分配正义的赞许］）而发生的，即就一个物品而言的法权不是**如其就自身而言是怎样**（作为一种人身法权），而是如其怎样才能**被最简便、最可靠地判决**（作为物品法权），而被按照一个纯粹先天原则来接受和讨论的。——而此后的各种法规性法则（法令）都建立在这种原则之上，这些法则目的在于确立一种获得方式惟有在其下才应当有法权效力的那些条件，**以使法官**可以**最容易**和**最无疑虑地**判定每个人的“他的”，例如，在“购买使租赁中断”这一命题中，按照契约的本性，亦即就自身而言是一种物品法权的东西（租赁）被视为一种纯然的人身法权，而反过来，如上述情况中，就自身而言仅仅是人身法权的东西被视为一种物品法权；如果问题是：一个公民状态中的法庭，为了在其有关每个人应得的法权的判决中最可靠地行事，应当给它指定哪些原则。

四、通过宣誓而获得保障 (Cautio iuratoria [宣誓的保障])

第 40 节

人们不能给出任何别的、能够在法权上赋予人责任的理由，使人**相信**并承认存在着一些神灵，除非是这样的理由，即为了让他们发誓，并能够被对一个无所不知的、他们在自己的证词虚假的时候不得不郑重地召唤其报复的至上权力的恐惧所迫使，在作证词时真实无妄，在承诺时信守诺言。在这里，人们所考虑的不是这两件事的道德性，而仅仅是它们的一种盲目 〔304〕迷信，这从下面这一点就可以看出，即人们并不指望他们在法权事务上面对法庭**仅仅**作出**郑重的**证词就具有可靠性，虽然诚实的义务在事情取决于只有在人中间才可能的最神圣的东西（取决于人的法权）的场合里对每个人来说是如此清楚，因而是纯然的童话构成了动因：例如在苏门答腊岛上一个异教民族**雷简人**中的童话，据**马斯登**的见证，他们在自己死去亲人的尸骨旁发誓，尽管他们根本就不相信还会有死后的生命，或者**几内亚黑人**对着他们的偶像，也许是一根鸟羽起誓，他们认为这鸟羽会折断他们的脖子，等等。他们相信，一种看不见的力量，无论是否有理智，都已经在其本性上具有这种魔力，这魔力将通过这种呼唤付诸实施。——这样一种信仰名为宗教，真正说来应当叫做迷信，但却是司法不可缺少的，因为如果不指靠它，**法庭**就不能充分地查明被掩盖的事实并作出判决。所以，一条约束人这样做的法律显而易见只是为了审判的权力而订立的。

但现在的问题是：人们有什么根据认为，某人在法庭上应当有责任把一个他人的誓言当做其陈述之真实性的合法有效的、结束一切争执的证明根据来接受？也就是说，是什么在法权上使我有责任去相信，另一个人（起誓的人）一般说来拥有宗教，以至于让我的法权为他的誓言而冒险？同样反过来问：一般而言我可以被赋予责任去发誓吗？这两者就自身而言都不是正当的。

但与一个法庭相关，因而在公民状态中，如果人们假定，除了誓言就没有任何别的方法在某些情况下探明真相，那么，人们就不得不预设每个人都拥有宗教，以便为了一个**法庭上**的司法程序而把它当做一个应急手段（in casus necessitates [在必要的情况下]）来使用，法庭把这种精神强制（tortura spiritualis [精神上的折磨]）看做揭示秘密的一个更为便利的、更适合于人的迷信癖好的手段，并认为自己有权利使用这种手段。——但是，立法权赋予司法权这种权限，在根本上是行事
〔305〕不当：因为即便在公民状态中，强制起誓也是有悖不可失去的属人自由的。

就职誓言通常是**承诺性的**，亦即人们有合乎义务地履行职责的真正决心，如果它们被转变成**断定性的**，即职员在一年（或者多年）结束时会有责任为在这期间忠于其职守而起誓，那么，这种誓言就会比那种承诺誓言更能打动人的良知，承诺誓言事后还总是留下内在的借口，人们即使决心坚定，也不曾预见到只是后来在履行职责时才会经历的困难，而且对义务的违背，如果其积累通过留意的人而彰显的话，则由于受谴责而引起的忧虑，也甚于它们一个接一个地受到谴责（此时前面的已经被忘记了）。——至于**信仰**（de credulitate）的起誓，这是根本不能向一个法庭提出的要求。因为首先，这本身包含着一个矛盾：这种意见和知识之间的中间物，人们可能敢用它**打赌**，但绝不可能敢对它**发誓**。其次，法官为了查明某种和他的

意图有关、假定甚至是公共福利的东西，而无理要求当事人作出信仰誓言，就严重违背了起誓者的认真，这一方面是由于这种誓言诱导人轻率行事，由此法官就使他自己的意图破灭，另一方面是由于一个人必定会感到良心受谴责，因为他今天从某种立场出发来看会认为一件事是很可能的，但明天从另一种立场出发来看会认为这件事完全不可能，因而就伤害了他逼迫作出这样一种誓言的人。

一般而言从自然状态中的“我的”和“你的”向法权状态中的“我的”和“你的”的过渡

第 41 节

法权状态是人们相互之间的一种关系，这种关系包含着一些条件，惟有在这些条件下，每个人才能分享他自己的法权，〔306〕而这种状态的可能性的形式原则，按照一个普遍立法的意志的理念，就是公共的正义，它可以要么与根据法律占有对象（作为任性的质料）的可能性相关，要么与其现实性相关，要么与其必然性相关而被划分为**保护的正义**（iustitia tutatrix）、**交换的正义**（iustitia commutativa）和**分配的正义**（iustitia distributiva）。——法律在这里**首先**只是说明，什么样的行为内在地在形式上就是**正确的**（lex iusti [正当的法则]）；**其次**，什么作为质料还外在地是能够合法的，亦即其占有状况是有法权的（lex iuridica [判决的法则]）；**再次**，什么以及在一个法庭上关于什么的判决在已有法律下的一个特殊案例中是**正当的**（lex iustitiae [正义的法则]），在这里，人们也把那个法庭本身称为一个国家的**正义**，而且可以把是否存在这样一种正义当做所有法权事务中最重要的事务来探询。

非法权状态，亦即其中没有分配正义的状态，叫做自然状态（status naturalis）。与它相对立的，不是可以叫做一种**人为**状态（status artificialis）的**社会**状态（如阿亨瓦尔所认为），而是处于一种分配正义之下的社会的**公民**状态（status civilis）；因为即便在自然状态中也可能存在合乎法权的社会（例如婚姻社会、父权制社会、一般而言的家庭社会，以及其他随便什么更多的社会），对它们来说，并不适用一种“你应当进入这种状态”的先天法则，就像对于法权状态完全可以说，所有彼此（哪怕不情愿地）能够发生法权关系的人都应当进入这种状态那样。

人们可以把第一种状态和第二种状态称为**私人法权**的状态，而把最后一种，即第三种状态称为公共法权的状态。这种公共法权所包含的人的义务并不多于或者不同于在前一种状态中所能想到的；私人法权的质料在两种状态中是同一种质料。所以，后一种状态的法律只涉及其共处的法权形式（宪政），就这形式而言，这些法律必不可免地被设想为公共的。

甚至**公民的联合**（unio civilis）也不能被称做一个**社会**；
〔307〕因为在**统治者**（imperans）和**臣民**（subditus）之间没有合作关系；他们不是伙伴，而是彼此**隶属的**，不是**并列的**，而彼此并列的人，必须因此而相互视为平等的，只要他们是处在共同的法律之下的。所以，那种联合与其说**是**一个社会，倒不如说它在**造成**一个社会。

第42节

现在，由自然状态中的私人法权产生出公共法权的公设：你在和所有他人无法避免的彼此共存的关系中，应当从自然状态走出而进入一种法权状态，亦即一种具有分配正义的状态。——其理由可以分析地从在外在关系上与暴力（violentia）相对立的**法权**概念出发来阐明。

任何人都没有责任放弃对他人的占有的干预，除非他人也同样给予他保证，将对他恪守同样的节制。所以，他不可以一直等待，直到他也许通过一种惨痛的经验而得知他人相反的意向；因为应当赋予他责任的东西，首先就是吃一堑长一智，此时他就能在自己身上充分地察觉一般而言人们都有支配他人的偏好（当他们感到自己在力量和计谋上超过他人时，就不重视他人法权的优势），而不必等着现实的敌意；他有权对本性上已经以此威胁着他的人施加强制（quilibet praesumitur malus, donec securitatem dederit oppositi [无论是谁，只要他给敌人提供了安全，就被假定为邪恶的]）。

鉴于要在这种外部无法的自由状态中生活并且维持下去的决心，如果他们相互之间彼此攻击，他们也根本没有**互行**不法；因为适用于一个人的，也交互地适用于另一个人，就像是达成了协议似的（uti partes de iure suo disponunt, ita ius est [他们越是让人分享自己的法权，那就越是法权]）；但在根本上，他们愿意生活并维持在一个状态中，这个状态不是法权状态，在这种状态中任何人都无法面对暴行来确保“他的”，这 〔308〕
却是在最高程度上行不法。①

① 仅仅在形式上不法的事和在内容上也不法的事之间的这种区别，在法权论中有各种各样的使用。敌人在一个被包围的要塞被攻陷时并不老老实实地实施其投降，而是在其撤离要塞时还毁坏它，或者除此之外还撕毁这个条约，则如果他的对手有时也同样地捉弄他的话，他就不能抱怨不正当了。但是，他们一般而言都在最高程度上行为不法，因为他们剥夺了法权概念本身的任何效力，似乎是合法地把一切都交给野蛮的暴力，这样就颠覆了一般而言的人的法权。

第二卷
公共法权

〔311〕

第一章　国家法权

第 43 节

为产生一个法权状态而需要公之于众的那些法律的总和，就叫做**公共法权**。——所以，公共法权是对于一个民族亦即一群人而言，或者对于一群民族而言的一个法律体系，这些民族处在彼此之间的交互影响之中，为了分享正当的东西而需要在一个把他们联合起来的意志之下的法权状态，需要一种**宪政**（constitutio）。——单个的人在民族中彼此相关的这种状态，就叫做**公民状态**（status civilis），而这些人的整体与其自己的成员相关，就叫做**国家**（civitas），国家由于其形式，作为通过所有人生活在法权状态之中这一共同利益联合起来的，被称为共同体（res publica latius sic dicta［广义的国家］），但与其他民族相关就干脆叫做一种**权力**（potentia），因而就有 **Potentaten**［**当权者**］这个词，这种共同体也由于（自以为）世代相传的联合而自称为种族（gens），这样在公共法权这一普遍概念下使人不仅想到国家法权，而且还想到**国际法权**（ius gentium）；由于大地不是一个无边无际的，而是一个自我封闭的表面，在这种情况下公共法权势必把二者引向一种**多民族的国家法权**（ius gentium）或者**世界公民法权**（ius cosmopoliticum）的理念；以至于在这三种可能的法权状态的形式中，只要有一种缺乏通过法律限制外在自由的原则，那么，所有其余两种形式的大厦就必定会被削弱，最终坍塌。

第 44 节

〔312〕

使我们得知人的暴力行为的准则及其在一种外在的权威立法出现之前彼此为敌的恶意的，绝不是经验，因而绝不是一个必然造成公共法权强制的事实，而是不管人们被随意设想得多么温顺与守法，毕竟先天地存在于这样一种（非法权的）状态的理性理念中的是：在达到一个公共的法律状态之前，个别的人、民族和国家永远不可能在彼此之间的暴力行为面前是安全的，确切地说，是根据每个人自己的法权做**他觉得正当和好的事**，而在这方面并不受他人意见的左右；因此，如果他不想放弃所有的法权概念，那么，他必须决定的第一件事就是如下原理：人们必须走出每个人都按自己的想法行事的自然状态，并与所有其他人（他不可能避免与他们陷入彼此影响中）联合起来，服从一种公共法律的外在强制，因而进入这样一种状态，在其中每个人都**在法律上**被规定了他应当得到的东西，并通过充足的**权力**（不是他自己的权力，而是一种外部的权力）去分享它，也就是说，他首先应当进入一种公民状态。

虽然他的自然状态并不会因为彼此仅仅根据其强制力的纯然尺度相遇就是一个**非正义**（iniustus）的状态；但是，它毕竟是一种无法权的状态（status iustitia vacuus），在这种状态中，一旦法权有争议（ius controversum），就找不到一个有权威的法官作出有法权效力的判决，而现在每一个人都可以用强制力逼迫他人从这种状态进入一个法权状态；因为尽管按照每个人自己的**法权概念**，某种外在的东西可以通过强行占有或者契约来获得，但只要这种获得本身还没有为自己获得一个公共法律的核准，它就毕竟只是**暂时的**，因为它并没有通过任何公共的（分配的）正义来规定，而且没有通过任何实施法权的权力来保障。

如果人们在进入公民状态之前根本不愿意承认任何获得是有法权的，甚至连暂时承认都不愿意，那么，那种公民状态本
〔313〕 身就会是不可能的。因为在形式上，关于自然状态中的“我的”和“你的”的法律包含着公民状态中的法律所规定的同样的东西，只要这种公民状态是根据纯粹理性概念来思考的；只不过在后一种状态中，将那些获得（按照分配正义）付诸实施的条件才被提供出来。——所以，既然在自然状态中也不曾暂时有过“我的”和“你的”，也就不会有这方面的法权义务，因而也没有从那种状态走出的命令。

第 45 节

一个国家（civitas）就是一群人在法权法则之下的联合。就这些法则作为先天法则是必然的，亦即从一般外在法权的概念中自行得出的（不是法规性的）而言，它的形式就是一般国家的形式，亦即**理念**中的国家，就像它按照纯粹的法权原则应当是的那样，这些原则充当着每一种成为一个共同体的现实联合（因而在内心深处）的准绳（norma）。

每一个国家都包含着三种**权力**，亦即在三重人格（trias politica［政治三一体］）中普遍地联合起来的意志：立法者人格中的**统治权**（主权）、治理者人格中（按照法律）的**执法权**和审判者人格中（根据法律判定每个人的“他的”）的**司法权**（potestas legislatoria，rectoria et iudiciaria），就像是一个实践理性推理中的三个命题：大前提，包含着那个意志的**法律**；小

前提，包含着依法行事的**命令**，亦即使之归摄到那个意志之下的原则；结论，包含着对当下案例中什么是正当的所作的**宣判**（判决）。

第 46 节

立法权只能归于人民的联合意志。因为既然一切法权都应当出自立法权，立法权就必须绝对不能通过其法律对任何人行不义。现在，如果有人对另一个人发号施令，那么，就总是有可能他由此对此人行了不义，但绝不是在此人关于自己所决定的事情上（因为 volenti non fit iniuria［对自愿者不会有不义］）。所以，只有所有人的一致的和联合的意志，就每个人关 〔314〕
于所有人，并且所有人关于每个人决定同样的事情而言，因而只有普遍联合起来的人民意志，才能是立法的。

这样一个社会（societas civilis［公民社会］），亦即一个国家为立法而联合起来的成员们，就叫做**国家公民**（cives），而国家公民法权上的、与其共同体（作为这样的共同体）不可分离的法律属性，首先是合法的**自由**，即除了他表示赞同的法律外，不服从任何别的法律；其次是公民的**平等**，即就自己而言不承认**人民**中有什么上司，而只承认他在法权上有道德能力赋予其责任的人，就像这人也可以赋予他责任一样；第三是公民的**独立**的属性，即不能把自己的生存与维持归功于人民中另一个人的任性，而是归功于其自己作为共同体成员的法权和力量，因而是公民的人格性，即在法权事务中不可为任何人所代理。

只有表决的能力才构成国家公民的资格；但表决的能力却以国家公民在人民中的独立性为前提条件，国家公民不仅要是共同体的一个部分，而且要是它的一个成员，也就是说，在与其他人的共联性中出自自己的任性是共同体的行动着的部分。但是，后一种性质就使得有必要把**积极的**国家公民与**消极的**国家公民区分开来，虽然消极的国家公民这一概念看起来与一般国家公民的解说相矛盾。——下面的例子可能有助于消除这种困难：在一个商人或者在一个手工艺人那里的帮工，家仆（不是为国家服务的人），未成年人（naturaliter vel civiliter [无论是在生理上还是在市民身份上]），所有女人和一般而言每个不能凭借自己的经营、而是不得不受他人雇用（国家的雇用除外）以维持自己的生存（食品和保护）的人，都缺少公民的人格性，其生存仿佛仅仅是依存。——我为自家院子雇的木工；与可以把自己的劳动产品当做商品公开出售的欧洲木匠或者铁匠相比，带着自己的锤子、铁砧和风箱走街串巷、在那里加工
〔315〕铁器的印度铁匠；与学校教师相比的家庭教师；与租户相比的佃农，等等诸如此类，都只是共同体的帮工，因为他们必然要受其他个人的命令或者保护，因而不具有公民的独立性。

尽管如此，这种对他人意志的依附性和不平等绝对没有违背他们**作为**共同构成一国人民的**人**的自由和平等；毋宁说，只有按照自由与平等的条件，这国人民才能成为一个国家，并且进入一种公民的宪政。但是，在这种宪政中享有表决权，也就是说，是国家公民，而不仅仅是国家帮工，这并不是所有人都有同样的法权获得的资格。因为从他们能够要求被所有他人按照自然的自由与平等的法则把自己当做国家的**消极**部分来对待这一点，得不出也作为**积极的**成员来对待、组织国家本身或者协助引进某些法律的法权，而是仅仅得出：无论他们所赞同的实证法律是什么方式的，它们都必须不违背自由和所有人在人民中与这种自由相适应的平等的自然法则，亦即使自身从消极状态提升到积极状态。

第 47 节

国家中所有那三种权力都是**身份**，而且作为根本的权力，是为了建立国家（立宪）而从一个一般国家的理念中必然地产生出来的，是**国家身份**。它们包含着一个总的**元首**（按照自由法则来看，他只能是联合起来的人民本身）与作为**臣民**的人民的分散群体的关系，亦即**命令者**（imperans）与**服从者**（subditus）的关系。——人民借以自己把自己构建成一个国家的那种行为，但真正说来只不过是国家的理念，只有按照这种理念才能设想国家的合法性，这就是**源始的契约**，根据这个契约，**人民**中的所有人（omnes et singuli［所有人和每个人］）都放弃自己的外在自由，以便作为一个共同体，亦即被视为国家的人民的诸成员（universi［统统都有的］）而立刻重新接受这种自由，而且人们不能说：国家、国家中的人为了一个目的而牺牲了其一**部分**与生俱来的外在 〔316〕
自由，而是说他完全放弃野蛮的、无法的自由，以便在一种法律的依附性中，亦即在一个法权状态中一点不少地重新获得自己一般而言的自由，因为这种依附性产生自他自己的立法意志。

第 48 节

所以，国家中的三种权力，**首先**是作为三个道德人格相互并列（potestates coordinatae），也就是说，为了国家宪政的完备性而一方是另一方的补充（complementum ad sufficientiam）；但**其次**，它们也是相互隶属的（subordinatae），以至于一方不能同时篡夺另一方所执掌的职能，而是有其自己的原则，就是说，虽然是以一个特殊人格的品质，但毕竟是在一个更高人格的意志的条件下来发布命令；**第三**，是通过二者的联合赋予每个臣民其自己的法权的。

就其身份来看，关于这些权力要说的是：**立法者**（legislatoris）在涉及外在的“我的”和“你的”的事情上的意志是**不容非议的**（irreprehensibel），**最高执政者**（summi rectoris）的执行能力是**不可违背的**（irresistibel），最高**法官**的判决（supremi iudicis）是**不可变更的**（inappellabel）。

第 49 节

国家的**摄政者**（rex，princeps）就是应拥有执行权（potestas executoria）的那个（道德的或自然的）人格，是任命官员、给人民制定规则的国家**代理人**，根据这些规则，人民中的每个人都能够按照法律（通过把一个案例归摄到法律之下）获得某种东西或者保持“他的”。作为道德人格来看，他就叫做**内阁**、政府。他对人民和官员及其负责**国家管理**（gubernatio）的侍臣（部长）的**命令**就是规定、**谕令**（不是法律）；因为它们所关涉的是在一种特殊情况下的裁决，而且是作为可变更的而颁布的。一个**政府**如果同时是立法的，它就可以被称做**专制的**，与**慈父般的**政府相反，但慈父般的政府不是被
〔317〕 理解为一种**父权制的**政府（regimen paternale），这是所有政府中最专制的政府（把公民当做孩子一样对待），而是被理解为**祖国的**政府（regimen civitatis et patriae [国家和祖国的统治]），在这里，国家本身（civitas）虽然把它的臣民仿佛当做一个家庭的成员来对待，但毕竟同时当做公民来对待，也就是说，根据他们自己的独立性的法则，每个人都自己占有自己，不依附任何在他之外或在他之上的他人的绝对

意志。

所以，人民的统治者（立法者）不可能同时是**摄政者**，因为后者服从法律，并因此通过法律而对一个**他者**亦即主权者负有义务。前者也可以剥夺后者的权力，罢免他，或者改造他的管理，但不能**惩罚**它（英国的流行说法所指的就只是这一点：国王亦即最高执法权不能行不义）；因为那样的话，这会又是执法权的行为了，按照法律，执法权应当有最高的**强制**能力，但自身却屈服于一种强制，这是自相矛盾的。

最后，无论国家统治者还是执政者都不能进行审判，而是只能任命法官为官员。人民通过其同国人的那些经由自由选举、作为人民的代表、确切地说为每一种行为而特别任命的人来自己审判自己。因为宣判（判决）是公共正义（iustitiae distributivae［分配正义］）通过一个国家管理者（法官或者法庭）针对臣民，亦即一个属于人民的臣民的一个个别行为，因此，并没有被赋予一种判给（分配给）他“他的”的权力。现在，既然人民中的每一个人按照这种关系（与当局的关系）都仅仅是消极的，所以，前两种权力中的任何一种在对每一个人的“他的”有争议时对臣民所作出的决定上都有可能对其行不义，因为并不是人民自己这样做的，而且无论是**有罪**还是**无罪**，也不是人民对其同国人宣判的；现在，法庭必须把法律运用到对诉讼案件中对事实的那种查明上，并且凭借执法权而拥有司法权，使每个人都能享有“他的”。所以，只有**人民**才能通过自己所委派的代表（陪审团）在法庭上对每个人作出审判，尽管只是间接地。——充当法官，亦即使自己有可能行不义并这样陷入被起诉的案件中，也会有失国家元首的尊严（a rege male informato ad regem melius informandum［使缺乏训练的君王成为训练有素的君王］）。〔318〕

所以，这就是三种不同的权力（potestas legislatoria, executorial，iudiciaria［立法权、执法权、司法权］），国家（civitas）通过这些权力而拥有自决，亦即按照自由法则自己塑造自己和维护自己。——国家的**福祉**就在于它们的联合（salus reipublicae suprema lex est［国家的福祉是最高的法律］）；人们必须不把这理解为国家公民的**安康**及其**幸福**，因为这种联合（例如卢梭也这么主张）在自然状态中或者甚至在一种专制政府之下也许能够有更适意、更如愿的结果；而是把它理解为宪政与法权原则最大一致的状态，理性**通过一个绝对命令式**使我们有责任朝着这个状态努力。

从公民联合体的本性出发关于法权作用的总附释

一

最高权力的起源，对于处在它之下的人民来说，在实践意图上是**无法探究的**，也就是说，臣民**不应当**为这种起源而劳神**玄想**，把它当做一种就对它应有的服从而言还值得怀疑的法权（ius controversum［有争议的法权］）。因为既然为了有法权效力地对最高国家权力（summus imperium）作判断，人民就必须被视为已经在一个普遍立法的意志之下联合起来，所以，人民就只能也只可以按照当下的国家元首（summus imperans）所希望的那样作判断。——无论在起源上是一个臣服于他的现实契约（pactum subiectionis civilis［公民服从的契约］）作为一个事实已经先行，还是权力先行而法律只是随后出现，或者也应当在这种秩序中跟进，这对现在已然处在公民法律之下的人民而言，是完全没有目的的、却使国家濒临危险的玄想；因为现在对后一种起源绞尽脑汁的臣民，如果要反抗目前占统治地位的权威，那么，他就会按照权威的法则，亦即
〔319〕有充分的理由被惩罚、被消灭，或者（作为被剥夺公民权

的，exlex［法权之外的］）被逐出。——一项法律，它是如此神圣的（不可侵犯的），以至于**在实践上**哪怕只是对它产生怀疑，因而有一刻中止了它的效果，就已经是一种犯罪了，这种法律就被这样来表现，就好像它不是来自人，但却必须是来自某个最高的、无可指摘的立法者似的，而这就是“一切权力来自上帝”这个命题的涵义，这个命题表达的不是公民宪政的一个**历史根据**，而是一个作为实践理性原则的理念：应当服从目前现存的立法权，而不管其来源究竟是什么。

于是由此得出如下命题：国家中的统治者对臣民只有法权而没有（强制的）义务。——另外，即便统治者的机构亦即**摄政者**违背法律行事，例如，违背在分配国家负担上的平等法则来征税、征兵等等，臣民虽然可以对这种不公正提出申诉（gravamina），但却不能反抗。

甚至在宪法中也不能包含任何使得国家中的一种权力有可能在最高执政者违宪的情况下反对他，因而限制他的条款。因为应当限制国家权力的人，毕竟必须具有比被限制者更多的、或者至少是相同的权力，而且作为一个命令臣民反抗的合法统率者，他必须也能够**保护**他们，并且在出现任何情况时都作出有法权效力的判断，因而可以公开指挥反抗。但这样一来，最高执政者就不是前者，而是后者了；这是自相矛盾的。在这种情况下，统治者就是通过其大臣同时作为摄政者行事，因而专制地行事，而且，使人民通过其委托人来扮演限制性权力的假象（因为人民真正说来只拥有立法权）并不能如此掩盖专制，使得专制不从大臣所使用的手段中显露出来。由自己（在国会中）的委托人来代表的人民，在其自由和法权的这些保障人身上拥有了一些人，他们强烈地关切自己及其家庭，以及在陆军、海军和国家官员中对他们的依赖于大臣的照管，而且他们

〔320〕(不是对抗政府的僭妄，对抗的公开宣布本来就需要在人民中已经为此准备好了的一致，但这种一致在和平时期是不能允许的）毋宁说时刻准备着把自己巧妙地交到政府手中。——因此，所谓温和的国家宪政，作为国家的内在法权体制，是不合情理的，而且不是属于法权的，只是一个权宜之计，为的不是尽可能多地使人民法权的那些强大的践踏者为所欲为地影响政府，而是为了在允许人民有一种反对的假象下掩饰这种影响。

因此，对于立法的国家首脑来说，人民没有合法的反抗；因为只有通过服从国家首脑的普遍立法意志，一种法权状态才是可能的；所以，没有暴动（seditio）的法权，更没有叛乱（rebellio）的法权，尤其是对于作为单个人格（君主）的国家首脑，不能借口他滥用权力（tyrannis）而侵犯其人格，甚至侵犯其生命（monarchomachismus sub specie tyrannicidii［借口杀死暴君的君主制］）。这方面的极轻微的尝试即是**谋反罪**（proditio eminens［显著的叛逆］）。而且这种方式的叛逆者，作为一个企图**颠覆**自己**祖国**的人（parricida［叛国者］），起码可以被处以死刑。——人民有义务容忍对最高权力的滥用，即便这种滥用被伪称是无法容忍的也要容忍它，其根据在于：人民对最高立法本身的反抗，永远必须被设想为违法的，甚至被设想为摧毁整个合法的宪政的。因为为了有权反抗，就必须现成有一部公共的法律来允许人民反抗，也就是说，最高立法本身已经包含着一个规定，即它不是最高的立法，而且使作为臣民的人民在同一个判断中成为臣民之上的、人民臣服的统治者；这是自相矛盾的，而且这种矛盾通过下面的问题马上就引起人们的注意：在人民和统治者之间的这种冲突中，究竟谁应当是法官（因为从法权上看，他们毕竟始终是两个不同的道德人格）；这表明的是，人民要在其自己的事情上是法官。①

① 由于**废黜**一个君主毕竟也可以被设想为自愿被免去王冠并借助于把权力归还给人民而放弃权力，或者也可以被设想为一种对最高人格没有任何侵犯，由此将其置于一种私人状态的退位，所以，逼迫这最高人格的人民，其罪行毕竟还至少有**紧急法权**（casus necessitatis）为自己的借口，但是绝没有任何法权因为他亦即首脑从前的执政而惩罚他；因为他从前以一个首脑的身份所做的一切，必须被视为外在地合乎法权的，而且由于他是法律的来源，他自己不可能行不义。在通过叛乱而颠覆国家的所有惨闻中，甚至**谋杀**君主也还不是最糟糕的事情，因为人们还可以想象，谋杀之所以发生，是因为人民**害怕**：如果君主继续活着，他可能东山再起，而且使人民感到自己应受惩罚，因此谋杀不可能是对惩罚正义的使用，而仅仅是对自我保存的使用。正式的**处死**使满怀人权观念的灵魂感到毛骨悚然。每当人们想起这种惊人的事件，例如查理一世和路易十六的命运，人们就反复地感到这种毛骨悚然。但是，人们如何为自己解释这种感觉呢？在此，这感觉不是审美的（一种同情、置身于受难者地位的想象力的作用），而是道德的，是所有法权概念被完全颠倒的感觉。它被看做一种永恒存在且绝不可能被根除的罪行（crimen immortale，inexpiabile），看起来与神学家们称为无论在今生还是在来世都不能得到宽恕的罪的那种罪行相似。对人们心灵中这种现象的解释看起来是出自关于自身的以下那些使人们明了国家法权原理的反思。

对法律的任何一种违背都只能且必须这样来解释，即违背来源于罪犯的一个准则（使这样一种罪行成为自己的规则）；因为如果人们从感性动机中引申出这种违背，那么，它就会不是作为一个**自由**存在者的罪犯所犯下的，而且不能被归责于他；但是，主体如何可能采取这样一条有悖立法理性的明确禁令的准则，这却是绝对不能得到解释的；因为只有遵循自然机械作用的事件才能得到解释。于是，罪犯犯下他的罪行，可能要么是根据一个被接受的客观规则（作为普遍有效的）的准则，要么仅仅是作为规则的一个例外（使自己有时不受规则限制）；在**后一种**场合，他**只是**（尽管是蓄意地）**背离**了法律；他可能同时为他自己的违背感到厌恶，而且不是真的不再服从法律，而是只想要回避它；但在**前一种**场合，他却拒绝了法律本身的

〔321〕 因此，（不完善的）国家宪政的变革有时也许是必要的，但这种变革只能由统治者自身通过**改革**来完成，但不能由人
〔322〕 民，从而通过**革命**来完成，而且即便革命发生，那种变革所涉及的也只能是**执法权**，而不是立法权。——在一种其性状为人民通过自己（在国会中的）的代表可以合法地对抗执法权及其代表（大臣）的宪政——这种宪政在此情况下叫做有限的宪政——中，仍然不允许人民有任何积极的对抗（任意纠集人民，强迫政府采取某种行动措施，因而甚至是采取执法权的一种行为），而是只允许一种消极的反抗，亦即（在议会中的）

权威，而他面对自己的理性毕竟不能否认法律的有效性，而且他是把有悖法律而行动当成自己的规则；所以他的准则不是仅仅**以欠缺的方式**（negative ［消极地］），而甚至是**以损害的方式**（contrarie ［相反地］），或者如人们所说**针锋相对地**、作为矛盾（仿佛是有敌意似的）与法律相对。就我们所能看出，犯下这样一种真正的（完全无益的）恶意的罪行，对人来说是不可能的，但毕竟（尽管是至恶的纯然理念）在一个道德体系中是不可忽视的。所以，在想到一个君王**被他的人民**正式处死时那种毛骨悚然的根据是：**谋杀**只是被看做人民使之成为自己准则的那个规则的**例外**，而**处死**却必须被看做统治者和人民之间关系的那些原则的一种完全**颠倒**（使必须把自己的存在仅仅归功于统治者的立法的人民成为主宰统治者的人），而且暴力行径被这样厚颜无耻地抬高了，并且根据原理抬高到最神圣的法权之上；这就像一个不容回头地吞噬一切的深渊，作为一个由国家对人民实施的自我谋杀，看起来就是一种不能赎买的罪行。所以，人们可以认为原因在于：对这样的处死的赞同实际上不是出自一个想当然的法权原则，而是出自对也许有一天东山再起的国家对人民进行报复的恐惧，而且采取那种正式的处死，也只是为了赋予那种行为以惩处的色彩，因而赋予一种**司法程序**的色彩（这样的程序就不会是谋杀了），但这样的掩饰是不成功的，因为人民的这种僭越还是甚至比谋杀更可恶，在此这种僭越包含着一个原理，这个原理甚至必然会使得重建一个被颠覆的国家成为不可能的。

拒绝：并非总是在执法权借口为国家管理所必需的那些要求上顺从它；毋宁说，如果总是顺从它，那么，这就会是一个确切的信号，即人民已经堕落，其代表可被收买，而政府中的首脑通过其大臣成为专制的，而大臣本人就是人民的背叛者。

此外，一旦革命成功并且建立一种新的宪政，那么，开始并实施这种宪政的不合法性就不能使臣民免除作为好公民顺应 〔323〕 事物新秩序的责任。而且臣民们不能拒绝真诚地服从现在掌权的当局。被废黜的君主（经历了那种颠覆而存活下来的君主）不能因为他从前的执政而受苛求，但更不能被惩罚，如果他重新回归到一个国家公民的状态，宁愿自己和国家和平，而不愿意冒着舍弃公民身份的风险，去作为一个谋求王位者而经受复辟的探险历程的话，无论这是借助秘密策划的反革命，还是依靠其他强权的支持。但是，如果他喜欢后一种情况的话，那么，他这么做的法权并没有被剥夺，因为逼他退位的叛乱是非法的。可是，其他强权是否拥有法权为了这个失败的首脑而结合为一个国家联盟，仅仅为了使人民犯下的罪行不至于不受制裁，甚至把这罪行当做所有国家的耻辱，因而是否有权、有资格借助暴力使一种在任何别的国家**通过革命**完成的宪政退回到其旧的宪政，这属于国际法权。

二

统治者可以被看做（土地的）最高所有者吗？或者，他必须仅仅被看做就人民而言通过法律的最高管辖者吗？由于土地是最高的条件，只有在这条件下才可能把外在的事物当做“他的”来拥有，对它的可能的占有和使用构成首要的可获得的法权，所以，从作为邦君，更准确地说作为最高所有者（dominus territorii）的统治者那里，将必定派生出所有这样的法权。

人民作为臣民的集合，也隶属于统治者（人民是他的人民），但他不是所有者（按照物的法权），而是最高的管辖者（根据人的法权）。——但是，这种最高的所有，仅仅是一个公民联合体的理念，为的是表现人民中一切人的私有财产在一个公共普遍的占有者之下必然联合成为对特殊财产的规定，这种联合所根据的不是**聚集**的原理（这种聚集以经验性的方式从部分进
〔324〕展到整体），而是按照法权概念进行**划分**（土地的分配）的必然形式原则。按照法权概念，最高所有者不能对某一块土地拥有私有权（因为若不然，他就使自己成了私人），这种私有权只属于人民（而且不是在集体的意义上，而是在分配的意义上说的）；不过，一个被统治的游牧民族可以是例外，在他们中间就根本不存在土地的私有。——所以，最高的管辖者不能拥有供私人使用（宫廷的供养）的**领地**，即地产。因为既然在这种情况下，他的地产应当扩大到什么程度，就全凭他自己的喜好，所以，国家就会面临这样的危险，即发现一切土地所有权都落入政府手中，并把一切臣民看做**臣服于土地的**（glebae adscripti［依附于土地的］），他们所占有的往往只是另一个人的财产，所以被剥夺了一切自由（servi［奴隶］）。——关于一个邦君人们可以说：**他不占有任何东西**（作为自己的东西），除了他自己；因为如果他与一个他人一起在国家中拥有某种东西作为自己的，那么，与这个他人就可能发生一种任何法官都无法分解的冲突。但人们也可以说：**他占有一切东西**，因为他有对人民发号施令的法权（让每个人分得"他的"），一切外在的事物（分别地）都属于人民。

由此得出：国家中也不能有任何团体、任何等级和教团，能够作为所有者而把土地为了独家使用（无止境地）传给以后的世代。在任何时候，国家都能够取缔它们，只不过条件是对存活者给予补偿。**骑士团**（作为团体，或者哪怕仅仅是个别

的，尤其是有荣誉的人的阶层）、被称为教会的那种**教界**的教团，绝不能通过他们由以受惠的这些特权而获得对土地的一种可以传给后世的所有权，而只能获得对土地的暂时使用权。如果公共舆论出于资金上的考虑，不再通过军功来保护国家以防止在捍卫国家方面的冷漠，或者不再通过弥撒、祈祷和大量指定的牧师来敦促国家里的人们以使他们免受永火之苦，那么，一方面是骑士团辖区，另一方面是教会财产，都可以毫不犹豫地（当然是在前述的条件下）予以取缔。在此卷入改革的人们不能抱怨说他们的财产被剥夺了，因为他们迄今为止占有的根 〔325〕据仅仅在于**人民的舆论**，而且只要这种舆论继续存在，他们的占有就必定有效。但是，一旦这种舆论消失，更确切地说，哪怕只是在由于其功勋而最有资格领导人民的人们的判断中消失了，那种想当然的所有权就必然会终止，就好像这是通过人民向国家提出的一个申诉而发生的似的（a rege male informato ad regem melius informandum [使缺乏训练的君王成为训练有素的君王]）。

最高的管辖者，作为最高的所有者（邦君），其对土地的私人所有制**课税**的法权，亦即要求缴纳土地税、货物税、关税或者劳役（这样的劳役就是服兵役的士兵的地位）的法权，就是建立在这种原初获得的基本所有权之上的；然而这样一来，就是人民自己给自己课税，因为这是在此按照法权法则行事的惟一方式，如果它是通过人民的代表团体来作出的话，哪怕是作为在国家陷入其分崩离析的危险时被迫根据至高法权来（与迄今所形成的法律相背离地）借贷，也是允许的。

建立在这上面的还有国有经济、财政金融和警察的法权，后者所关照的是公共的**安全**、**舒适**和**体面**（因为体面的情感 [sensus decori] 作为否定性的趣味，并没有由于乞讨、马路噪音、恶臭、公开的淫欲 [venus volgivaga] 伤害了道德感而变得麻木不仁，这就减轻了政府在通过法律引导人民方面的工作）。

为了维持国家，还需要第三种法权，亦即**监督**的法权（ius inspecctionis），也就是说，任何能够对社会的公共福利（publicum）产生影响的社团，都不能（由国家的顿悟派或者宗教的顿悟派）向国家隐瞒，而是只要为警察所要求，就不能拒绝公开其章程。但是，搜查每个人的私人住宅的法权，仅仅是警察的一种紧急举措，为此警察必须在每一种特殊情况下通过一个更高的权威机关来授权。

三

最高的管辖者**间接地**，亦即作为人民义务的承担者，应拥
〔326〕有为维持它（人民）自己而向它征收捐税的权利，在这里就是：**贫民院**、**育婴堂**和**教堂**，通常被称为温馨基金或者慈善基金。

也就是说，普遍的人民意志联合成为一个应当不断维持下去的社会，并且为了这一目的而服从内部的国家权力，以便维持社会的那些不能自己维持自己的成员，因此，为了国家的缘故，政府有权强迫富人提供维持那些在最必要的自然需求上不能自己维持自己的人的资金；因为他们的生存同时既是置于保护之下的行为，也是共同体为了他们的存在而必需的预先绸缪，为此，国家如今把自己的法权建立于其上的富人们就使自己有责任为保存他们的同国公民而作出他们自己的贡献。现在，这可以通过向国家公民的私有财产或者其贸易往来征税，或者通过建立基金会及其利息来实现；不是为了国家需要（因为国家是富裕的），而是为了人民的需要，但不只是通过**自愿的**奉献（因为这里说的仅仅是国家对人民的法权），其中有一

些奉献是追求赢利的（例如博彩会造成比通常更多的穷人，并且是对公共财富来说危险的穷人，因而是不应当允许的），而是强制性的，是国家捐税。现在的问题是：对穷人的供养是应当通过**当前的**奉献，让每一个时代养活它自己的穷人，还是应当通过逐渐积攒起来的**储备**和一般而言的慈善基金（这类基金就是寡妇救济院、养老院以及诸如此类的设施）来完成，更确切地说，不是通过近乎抢劫的乞讨，而是通过依照法律的定额来完成那件事呢？——前一种规定必须被看成是惟一合乎国家法权的规定，国家不能抛弃任何一个要活下去的人；因为即便这些基金随着穷人的增加而增加，也不会（像应由慈善基金做到的那样）使贫穷成为懒汉谋生的手段，因而也不会是政府加给人民的不公平负担。

说到那些出自贫困或者羞耻而被遗弃，或者很可能因此而被杀害的儿童的抚养，国家有权给人民强加一种义务，不要故意地让国力的这种增长，尽管是不受欢迎的增长丧失。但是，
这一点是可以通过向那些毕竟对此负有责任的单身男女（这指 〔327〕
的是**富有的**单身）征税，凭借为此建立的孤儿院来进行，还是可以有理由以其他方式进行（但很难会有防止那种事情的其他手段），迄今为止还是一项其解决尚未能既不违背法律又不违反道德而完成的任务。

既然就连必须与作为内在意向完全处在公民权力的作用范围之外的宗教仔细区别开来的**教会**（作为人民公共**侍奉上帝**的机构，侍奉上帝的发祥地也是人民，无论是意见还是信念）也成为一种真正的国家需要，即把自己看做一种至高无上的**不可见**权力的臣民，臣民们必须崇奉这种权力，而且它可能经常与公民权力陷入一种力量非常悬殊的冲突，所以，国家就有法权，绝对不是内部的制宪立法法权，即根据自己的意思，如他觉得有利的那样建立教会，给人民规定或者命令信仰和礼拜仪

式（ritus，因为这种法权必须完全留给人民自己给自己选择的教师和首领），而只是**消极的**法权，即防止那些公共教师对**可见的**政治共同体产生可能对公共的安宁有害的影响，从而在有内部冲突或者不同的教会彼此之间有冲突时使公民的和睦不陷入危险之中，因此这是一种警察法权。至于一个教会必须有某种信仰以及有什么样的信仰，或者它必须一如既往地保持其信仰，并且不可以自己对自己进行改革，这些都是当局的权力有失身份的干预；因为当局的权力在这种作为学院口角的事情上让自己与自己的臣民平起平坐了（君主使自己成了教士），而臣民则完全可能对它说，它在这方面一窍不通，尤其是就后者，即禁止内部的改革而言；——因为全体人民对自己不能作出决定的事情，立法者也不能对人民作出决定。但现在，没有哪个国家的人民能够作出决定，在自己有关信仰的洞识（启蒙）上永远不再前进，因而也在教会方面永不改革；因为这会有悖于人民自己人格中的人性，从而有悖于人民的最高法权。所以，即便是当局的权力，也不能对人民作出决定。——但
〔328〕是，说到维持教会的费用，出于同样的理由，这些费用也不能由国家来负担，而是必须由人民的那个皈依一种或者另一种信仰的部分，亦即只能由信众来承担。

四

国家中最高的管辖者的法权也涉及：1. **职位**的分配，这些职位是与薪水相结合的业务管理；2. **尊荣**的分配，这些尊荣作为无须金钱而对地位的提高，也就是说，作为就地位低的人（他们虽然是自由的，并且只受公共法律的约束，但预先注定应当服从地位高的人）而言给地位高的（注定下命令的）人授予等级，仅仅以荣誉为基础。——3. 除了这种（尊重的和

善意的）法权外，还涉及**惩罚的法权**。

就公民职位而言，这里出现的问题是：统治者有权凭着自己的喜好又褫夺他已经授予一个人的职位（即便此人这方面没有任何罪过）吗？我的回答是：不！因为人民的联合意志对其公民官员永不作出决定的事情，国家首脑也不能对这个意志作出决定。现在，人民（人民应当承担雇用一个官员对它产生的费用）毫无疑问希望这位官员完全胜任他那委托给他的工作；但是，这只能通过对这项工作历经足够时间的不断准备和学习才能实现，为此他耽误了本来他可以用来学习另外一种谋生工作的时间；因此，职位一般会被交给没有获得为此所必需的技能和通过训练达到的成熟判断力的人，这是有悖于国家的意图的，为了这个意图甚至要求每个人都必须能够从较低的职位升迁到较高的职位（否则较高的职位就会全然落入不合适的人手中），因而也必须能够指望生计的供养。

说到**尊荣**，不仅一个职位本身可能带有的尊荣，而且还有使占有者甚至无须特殊的服务就成为一个较高阶层的成员的尊荣，就是**贵族**，贵族与人民所处的公民阶层有别，遗传给男性后裔，也可以通过这些男性后代遗传给非贵族出身的女性后 〔329〕
代，只不过贵族出身的女性不能反过来把这种等级传递给她们的丈夫，而是使自己回到纯然公民的（人民的）阶层。——现在的问题是：统治者是否有权在他和其他国家公民之间建立一个贵族阶层，作为一个**可继承的**中间阶层？在这个问题上关键并不在于：把一个虽然自身是臣民，但就人民而言却天生是管辖者的人（起码是有特权的人）的阶层提高到人民之上，鉴于统治者和人民的利益，这是否符合统治者的智慧？而仅仅在于：这是否符合人民的法权？——对这个问题的回答，在这里与前面一样，乃是出自如下原则："人民（臣民的整个集合）不能对自己及其同伴作出决定的事情，统治者也不能对人民作出决定”。现在，一种**世袭的**贵族就是一个先行于功德，甚至使人毫无理由对功德抱有希望的等级，因此是一个没有任何现实性的思想物。因为即便一个祖先有功德，他也毕竟不能把这种功德遗传给他的后代，相反后代永远必须自己为自己挣得功德，因为大自然并没有如此刻意安排，以至于使得有可能为国家建功立业的才能和意志也可以**遗传**。由于不能假定任何人将抛弃自己的自由，所以普遍的人民意志不可能赞同这样一种毫无根据的特权，因而统治者也不能使之生效。——然而，虽然这样一种不正常现象曾经在一个古代政府（几乎完全具有战争性质的采邑制）的机制中蔓延，一些臣民想不仅仅是国家公民，亦即想是天生的官员（例如一个世袭教授），但国家却只能通过停止和不分配位置来逐渐地重新修正他自己犯下的违法授予世袭优先权这一错误，这样国家就暂时有权在名义上延续这种尊荣，直到甚至在公共舆论中，统治者、贵族和人民的划分让位于统治者和人民的惟一自然的划分为止。

在国家中不可能有一个人没有任何尊荣，因为他起码有国家公民的尊荣；除非他由于自己的**犯罪**丧失了它，因为在这种
〔330〕情况下，他虽然维持着生命，但却成了一个他者（或者是国家、或者是另外一个国家公民）的任性的纯然工具。谁是这后一种情况（但他只有通过判决和法权才能是这种情况），就是一个**农奴**（servus in sensu stricto［严格意义上的奴隶］），成为一个他者的财产（dominium），因而这个他者不仅是他的主人（herus），而且是他的**所有者**（dominus），可以把他当做物件来转让和随意（只要不是为了卑鄙下流的目的）使用，并且支配他的劳动力，尽管不能随意支配（处置）他的生命和肢体。没有人能够通过一个契约使自己受制于这样一种依附关系，这样一来他就不再是人格了；因为只有作为人格他才可以订立契约。于是，虽然看起来一个人能够通过一个承租契约

(locatio conductio) 使自己对一个他者负有某些在质上被许可，但在程度上**未被规定的**（对于工资、膳食或者劳保来说）服务的义务，而且他由此只是成为仆从（subjectus），而不是成为奴隶（servus）；然而，这毕竟只是一个错误的假象。因为如果他的主人有权随意使用其仆从的力量的话，那么，他也可以把这仆从的力气榨干（就像甘蔗种植岛上黑人的情况那样），直到其死亡或者绝望，而且仆从确实已经把自己当做财产交给他的主人了；而这是不可能的。——所以，他只能在质上和程度上按照确定的劳动出让自己：要么作为按天计酬的临时工，要么作为定居的仆从；在后一种情况下，他部分地为了不拿按天计酬的工资而使用其主人的土地，而在同一块土地上提供劳役，部分地为了自己对该土地的使用而按照一个租赁合同缴纳一定赋税（租金），而不使自己沦为**庄园的仆从**（glebae adscriptus），那样的话他就会失去自己的人格性，从而他就能建立一种定期佃权或者世袭佃权。但现在，他尽可以由于自己的犯罪而成为一个**人格上的**仆从，但这种仆从性毕竟是不能**遗传**给他的，因为他只是通过他自己的过错而招致这种仆从性的，而对一个奴隶所生育的人，同样不能因为他造成的教育费用而向他提出要求，因为教育是父母的一项绝对的自然义务，而如果父母是农奴，那么，教育就是主人绝对的自然义务了，主人由于占有他的仆从，也就承担着他们的义务。

五、惩罚的法权和赦免的法权 〔331〕

1

惩罚的法权是管辖者对付卑下者的法权，让后者因自己的罪行而遭受一种痛苦。因此，国家中的至高者不能受惩罚，而是只能摆脱他的统治。——对公共法律的违背使得作出这种违背的人不能再是国家公民，这种违背就叫做不折不扣的犯罪(crimen)，但也叫公共犯罪（crimen publicum）；因此，前者（私人犯罪）被交给民事法庭，后者则被交给刑事法庭。——**侵吞**，亦即贪污被托付用来交易的金钱或者货物，买卖中在他人的眼皮底下诈骗，这就是私人犯罪。与此相反，制造假币或者伪造汇票、偷盗或者抢劫等等诸如此类的事情就是公共犯罪，因为是共同体，而不仅是个别的人由此受到了伤害。——它们可以被划分为卑鄙性情的犯罪（indolis abiectae）和暴力性情的犯罪（indolis violentae）。

司法的惩罚（poena forensis）有别于**自然的惩罚**，恶习就是通过自然惩罚自己的，立法者根本不予考虑，司法的惩罚永远不能仅仅作为促进另一种善的手段而为了罪犯本人或者为了公民社会来实行的，而是在任何时候都必须仅仅是因为罪犯**犯了罪**而施加于他的；因为人绝不能仅仅作为手段被用于一个他者的意图，被混同于物的法权的对象，他与生俱来的人格性保护他免受这种待遇，尽管他完全可能被判决失去公民人格。在人们还想到从这种惩罚中为他本人或者他的同国公民得出一些好处之前，他必须被认定是应受惩罚的。刑法是一条绝对命令，凡是爬行通过幸福学说的羊肠小道，为的是寻找通过其所许诺的好处使自己免于惩罚，或者哪怕是免除一种程度的惩罚的人，按照法利赛人的格言，即“一个人的死胜过全体人民的
〔332〕 堕落”，他就要倒霉了！因为如果正义消失了，人活在尘世上就不再有任何价值了。——因此，对于如下的建议，即如果一个死刑犯同意在他自己身上进行一项危险的试验，而且试验如此幸运地成功了，以至于医生由此获得了一种新的、对共同体有益的教训，那就保存他的生命，人们应该怎样看待呢？一个法庭会轻蔑地拒绝提出这种建议的医学院；因为如果正义为某种价格出卖自己，那正义就不再是正义了。

但是，是哪种方式的惩罚和什么程度的惩罚使得正义成为原则和准绳呢？不是别的，就是平等的原则，即（在正义的天平上指针的状态中）不偏不倚。所以：你使人民中的一个他者遭受什么无辜的灾祸，你就把它加给了你自己。你辱骂他，就是在辱骂你自己；你偷窃他的东西，就是在偷你自己；你打他，就是在打你自己；你杀死他，就是在杀你自己。只有**报复法权**（ius talionis［罪罚相等的法权］），但听好了，是在法庭面前（而不是在你的私人判断中）的报复法权，才能明确地规定惩罚的质和量；其他一切法权都是摇摆不定的，而且由于其他种种干预性的考虑，不能与纯粹的和严格的正义之判决相符合。——于是，虽然看起来阶层的区别不允许以怨报怨的原则；但是，尽管这不是按照条文可能的，但它毕竟在结果上，或者更准确地说，在更高贵者的感觉方式上可能总是有效的。——例如，由于口头侮辱而罚款与侮辱完全没有关系，因为有钱人也许可能为了取乐而出口侮辱人；但是，对一个人的求名欲的侮辱毕竟能够与对另一个人的高傲的伤害匹敌：如果通过判决和法权强迫后者不仅公开地道歉，而且尽管前者的地位更低，或许同时还要吻前者的手的话。同样，如果一个粗暴的高贵者由于打了地位低但却无辜的国家公民而被判罚除了道歉之外，还有孤独且辛苦的禁闭的话，因为这样一来，除了不舒适之外，肇事者的虚荣心也遭受了痛苦的打击，而这样他就 〔333〕
通过这种羞耻被以怨报怨了。——但是，“你偷窃他的东西，就是在偷你自己”，这是什么意思呢？无论谁偷了东西，就使得所有其他人的财产都不安全；因此，（根据报复的法权）他就剥夺了自己所有可能的财产的安全；他一无所有，而且他也不可能获得任何东西，但他毕竟想活着；而这惟有别人养活他才是可能的。但是，由于国家是不会白白这样做的，所以他必须把自己的力量出让给国家，从事对国家来说任意的工作（劳改或者监禁劳动)，而且在一定时间里或者根据情况甚至永远都沦落到奴隶的境地。——但是，如果他杀了人，他就必须**死**。这里没有任何抵偿物来满足正义。在一种哪怕如此忧愁的生命和死亡之间没有任何**相似性**，因此也不存在犯罪和报复的相等，只有依法院判决对凶手执行死刑，但不能有任何虐待，虐待会使承受的人格中的人性变得令人憎恶。——即便是公民社会以所有成员的赞同要解体（例如，住在一个岛屿上的人民决定分手并分散到世界各地)，也必须先把监狱里的最后一名杀人犯处决掉，以便每个人都亲历他的行为所应得的，并且不使血债铭记在人民心头，人民并不坚决要求这种惩罚：因为人民可以被看做对正义的这种公开侵犯的同谋。

惟有通过法官按照严格的报复法宣判死刑才有可能的惩罚相等，清楚地表现在：只有通过这种方式，对一切罪犯的死刑判决才与罪犯的**内在恶意**成比例地表达出来（即便这涉及的不是一种谋杀，而是另外一种只有用死刑才能清偿的叛国罪)。——假定：就像在最近一次苏格兰的反叛中，鉴于这次反叛的不同参与者（如**巴尔默里诺**和其他人）相信通过其暴动所做的无非是履行对斯图亚特王室应尽的义务，与此相反其他人则怀着私人的意图，所以由最高法庭作出判决就会是这样：每一个人都应当具有在死亡和劳改之间作出选择的自由；这样
〔334〕 我就说：正直的人选择死亡，而无赖选择劳役；这是人类心灵的本性使然。因为前者知道他甚至比生命还要更重视的某种东西：亦即**名誉**；后者却毕竟总是把一种被耻辱玷污的生命看得比根本不存在更好（animam praeferre pudori［舍荣誉而求生］。——尤维纳利斯)。于是，前者之该受惩罚，毋庸置疑要少于后者，而这样的话，他们由于判处所有人死刑而受到的惩罚就是完全相称的，前者会觉得是轻判，后者会觉得是重判；与此相反，如果统统被判处劳改，那么，前者就会被判罚太

重，而后者就其卑鄙无耻而言则会被判罚太轻；这样，即便是在对由密谋纠集起来的一群罪犯的判决中，公共正义面前的最佳清算者也是死刑。——此外，从来没听说一个因谋杀而被判处死刑的人会抱怨，这对他来说太过分，因而不公正；如果他这样说的话，每个人都会嘲笑他的。——否则，人们就必须假定，虽然罪犯按照法律并没有受到不公正的对待，但国家中的立法权却毕竟没有资格判处这种惩罚，而它如果这么做了，就会陷入自相矛盾。

所以，有多少谋杀者实施了谋杀，或者哪怕是指令谋杀，或者是参与谋杀，就必须也有多少谋杀者承受死刑；这是作为遵循普遍的、先天建立的法则的司法权之理念的正义所希望的。——但是，如果参与这样一个行为的共犯（correi）如此之多，以至于国家可能为了不要这样一些罪犯就会导致再也没有任何臣民，而且国家毕竟不想解体，也就是说，它不想过渡到更恶劣的、缺乏任何外在正义的自然状态（尤其是不想通过刑场的喧闹使人民的情感麻木不仁），那么，统治者也必须有权在万不得已的情况下（casus necessitatis）自己充当（扮演）法官并且作出判决，给罪犯以另外的惩罚来代替死刑，使人民群众得以保全，这样的惩罚就是流放；但是，这本身不是遵循一种公共的法律，而是通过一个政令，即通过一个至高法权的行动，这种行动作为赦免只能永远在个别情况下采用。

与此相反，**贝加里亚**伯爵从一种矫揉造作的人道的同情性多愁善感（compassibilitas）出发，提出他的一切死刑均**不合法**的主张：因为在源始的公民契约中不可能包含有死刑。而如果那样的话，人民中的每个人就都必须同意，一旦他真的杀了（人民中的）一个他人，他就要偿命；但是，这种同意是不可能的，因为没有人能够支配自己的生命。全然是诡辩和对法权的歪曲。 〔335〕

有人遭受惩罚不是因为他想要惩罚，而是因为他想要一种**应受惩罚的行动**；因为如果有人得到了他想要的，那就不是惩罚，而**想要**被惩罚是不可能的。——说我想要在我谋杀了某人时被惩罚，这就等于是说：我与其他所有人一起服从法律，这些法律在人民中有罪犯的时候自然就将成为刑法。我作为制定**刑法**的共同立法者，不可能是作为臣民按照法律受惩罚的同一个人格；因为作为这样一个臣民，亦即作为罪犯，我不可能在立法中有选举权（立法者是神圣的）。所以，如果我起草了一部针对作为罪犯的我自己的刑法，那么，在我心中就是纯粹的、法权的和立法的理性（homo noumenon［作为本体的人］）使我自己作为一个有犯罪能力的人，从而作为另一个人格（homo phaenomenon［作为现象的人］）与一个公民联合体中的所有其他人一起去服从刑法。换句话说，不是人民（人民中的每一个人），而是法庭（公共的正义），从而是另一个作为罪犯的人，在操纵着死刑，而在社会契约中根本不包含让人惩罚自己并如此处理自己及其生命的承诺。因为如果惩罚的权限必须以犯罪者的一个**想要**让人惩罚自己的**承诺**为基础，那么，认为自己是可以惩罚的，这一点就也必须听凭于他，而罪犯就会成为他自己的法官。——这个诡辩的错误的要害（πρωτον ψευδος）就在于：人们把罪犯自己的判决（人们必须相信他的**理性**必然作出这种判决），即必须丧失生命，视为**意志**的一个决断，即取消自己的生命，并由此想象法权的实施与法权的判决在同一个人格中结合在一起。

然而，却有两种应得死刑的犯罪，就它们而言，**立法**是否
〔336〕有权限对它们处以死刑，还是有疑问的。诱人犯这两种罪的是荣誉感。一种是**家族的荣誉**，另一种是**战争的荣誉**，确切地说这是真正的荣誉，是这两类人中的每一类都应承担的义务。一种犯罪是母亲**杀婴**（infanticidium maternale）；另一种是**谋杀**

战友（commilitionicidium），即决斗。——既然立法不能去除非婚生育的耻辱，同样不能抹去一个下级军官出自贪生怕死之嫌疑的污点，如果他不以自己不怕死的力量来抵制轻蔑的待遇，这种嫌疑就会落到他头上，所以看起来，这些场合中的人是处在自然状态之中的，在这种情况下甚至不必叫做**谋杀**（homicidium dolosum）的**杀人**（homicidium），在这两种场合中固然是应受惩罚的，但却不能由最高权力以死刑来惩罚。非婚来到世界的婴孩是在法律（因为这就叫做婚姻）之外，因而也是在法律的保护之外降生的。他仿佛是偷偷溜进共同体的（与违禁的商品一样），以至于共同体可以对他的生存（因为公道地讲，他本来就不应该以这种方式生存下来），从而也对他的毁灭置若罔闻，而且一旦母亲的未婚生育败露，那她的羞耻便是任何规定都无法除去的。——被任命为下级军官的军人受到辱骂，他同样发现自己由于他那个阶层的同伴的公共舆论，而被迫设法获得侮辱者的赔罪，而且就像在自然状态中一样获得对侮辱者的惩罚，他这样做不是通过法律诉诸一个法庭，而是通过使他自己也面临生命危险的**决斗**，以便证明自己的战斗勇气，他那个阶层的荣誉在根本上就基于这种勇气，哪怕这样做也是与**杀死**对手结合在一起的，在这种公开并且经过双方同意、但毕竟也是不情愿地发生的战斗中，杀死对手真正说来并不能被称为谋杀。——这样，在上述两种（属于刑事正义的）场合里什么是正当的呢？——在此，惩罚正义完全陷入了窘境：要么通过法律宣布荣誉概念（它在这里并不是妄念）是无效的，并由此以死刑来惩罚，要么免去罪犯应得的死刑，而这样就要么是残暴的，要么是宽纵的。这个死结的解法是：惩罚正义的绝对命令（违法杀害他人必须以死刑来惩罚）依然存在，〔337〕 但立法本身（因此也是公民宪政）只要还是野蛮的和不文明的，就对如下情况负有责任，即荣誉的动机在人民中

（主观上）不想与（客观上）符合其意图的规章相契合，以至于公共的、从国家出发的正义就出自人民的正义而言成为一种不义。

2

对罪犯的**赦免法权**（ius aggratiandi），要么是减轻惩罚，要么是完全减免惩罚，大概是统治者的所有法权中最有漏洞的法权了，本为了显示其威严的光辉，却因此而极大地行了不义。——在**臣民们**彼此之间的犯罪方面，统治者绝对不应当行使赦免权；因为在此免除惩罚（impunitas criminis）是对臣民最大的不公正。所以，只有当**他本人**受伤害（crimen laesae maiestatis）时，他才能使用这种法权。但是，甚至在由于不予惩罚而人民自己在其安全方面可能遇到危险时，也不能使用这种法权。——这种法权是惟一配被称为君王法权的法权。

公民与祖国以及与外国的法权关系

第 50 节

一片**疆域**（territorium），其居民通过安居，亦即不必实施一个特殊的法权行为（因此仅仅通过出生）就已经是同一个共同体的共同成员，这片疆域就叫做**祖国**；没有上述条件他们就不能居住的疆域则叫做**外国**。而如果外国构成疆域统治本身的一个部分，那它就叫做**行省**（在罗马人使用这个词的意义上），行省由于毕竟不作为同国公民的住处而构成帝国（imperii）的一个联结起来的部分，而是仅仅作为一个**别院**构成帝国的一个**领地**，所以必须把统治国的土地当做**母国**（regio domina［作为女主人的国土］）来崇敬。

1. **臣民**（也被视为公民）有移居国外的法权；因为国家不能把他当做自己的财产来加以阻拦。不过，他只能带走其动产，不能带走不动产，但是，如果他有权变卖他迄今为止占有的土地并且把所得款项随身带走的话，那么后者还是可以的。 〔338〕

2. **国主**拥有庇护外人（殖民者）移居入境和定居的法权，尽管他的子民会对此侧目而视；只要后者在这块土地上的私人财产不被减少。

3. 在臣民犯罪败坏了同国公民为了国家而与他的所有联系的情况下，国主也有把他放逐到国外一个行省的法权，在那里他不享有一个公民的任何法权，也就是说，国主有**流放**的法权。

4. 国主也有一般的驱逐出境的法权（ius exilii），把他遣送到遥远的世界去，也就是说，遣送到一般而言的外国（在古德语中被称为 **Elend**［不幸］）；由于国主如今不再给予他任何保护，这就等于是说在国主的疆界内剥夺了他的公民权。

第 51 节

从一个一般的**共同体**（res publica latius dicta［广义上的国家］）的概念产生的国家中的三种权力，只不过是联合起来的、先天地源自理性的人民意志的三种关系，是关于一个国家首脑的纯粹理念，这个理念具有客观的实践实在性。但是，这个国家首脑（统治者）就其还缺乏一个表现最高的国家权力，并使这个理念获得对人民意志的影响力的自然人格而言，仅仅是一个（表现全体人民的）**思想物**。这样，最高的国家权力和人民意志的关系可以以三种不同的方式来设想：要么是**一个**人在国家中统率一切人；要么是一些彼此平等的人联合起来统率所有其他人；要么**一切**人共同统率每个人，因而也统率自己本身，也就是说，**国家的形式**要么是**独裁制的**，要么是**贵族制的**，要么是**民主制的**。（**君主制的**而不是**独裁制的**，这个表述
〔339〕并不适合人们在此所想说的概念，因为**君主**是拥有**最高**权力的人，而**独裁者**或者**专制者**则是拥有**一切**权力的人。后者是统治者，前者只是代表统治者而已。）——不难看出，独裁制的国家形式是**最简单的**国家形式，亦即是一个人（国王）与人民的关系，因此这里只有一个人才是立法者。贵族制的国家形式已经是由两种关系**复合**而成的，亦即贵族（作为立法者）相互之间的关系，为的是做统治者，然后是这个统治者与人民的关系；但民主制的国家形式是最复杂的，亦即首先把所有人的意志联合起来，为的是从中形成人民，其次把国家公民的意志联合起来，为的是形成一个共同体，再次为这个共同体任命统治者，他就是这种联合起来的意志本身。[①] 说到国家中法权的**运用**，当然最简单的运用也同时是最好的运用，但就**法权**本身而言却是对人民来说考虑到它极易导致的专制主义而是最危险的运用。简单化虽然在通过强制法律把人民联合起来的机制中是合理的准则，也就是说，如果在人民中所有人都是被动的并且服从一个在他们之上的人的话；但是，这并不提供作为**国家公民**的臣民。至于人民应当借以满足自己的这种空话，亦即君主制（真正说来这里指的是独裁制）是最好的国家宪政，**如果君主好的话**（也就是说，他不仅有意志，而且有这方面的见识），这属于同义反复的智慧格言，它所说的无非是：最好的宪政就是使国家管理者成为最好的执政者的宪政，也就是说，最好的宪政就是最好的宪政。

① 关于这些形式由于未经准许的掌权者的闯入而发生的失真（**寡头政体**和**暴民政体**），同样地，关于所谓**混合的**国家宪政，我在这里一点也没有提及，因为那会走得太远。

第 52 节

探究这种机制的历史证物是徒劳的，也就是说，人们不可能达到公民社会开始的时刻（因为野蛮人并没有设立他们服从法律的任何工具，而且从原始人的天性也可以看出，他们是以暴力开始的）。但是，在或许以暴力方式改变现行宪政的意图中进行这种研究，是应予惩处的。因为这种改变必须通过聚众 〔340〕 造反的人民来进行，因而不是通过立法来进行；但是，在一种已经现存的宪政中造反，就是对一切公民的法权关系的颠覆，因而是对一切法权的颠覆，也就是说，它不是公民宪政的改变，而是它的解体，而在这种情况下向更好的宪政的过渡就不是形变，而是需要一个新的社会契约的再生，从前的（现今被废除了的）契约对此没有任何影响。——但是，毕竟统治者必须在现行的国家宪政不能与原始契约的理念相一致的情况下有可能修改它，同时却使本质上属于人民构成一个国家的那种形式保持下去。于是，这种改变不可能在于国家把自己从这三种形式的一种建构成另两种形式的一种，例如，贵族们一致同意服从独裁政体，或者愿意融合进一个民主政体，反之亦然；就好像统治者想让人民服从哪种宪法，这基于统治者的自由选择和爱好似的。因为即便他决定改变成为民主政体，他也毕竟可能对人民行不义，因为人民自己可能讨厌这种宪政，而且可能认为其余两种宪政中的一种对自己更为有利。

国家形式只是公民状态中源始立法的**字面**（littera），因此，它们尽可能一直存在下去，只要它们作为属于国家宪政机制的，被古老而悠久的习惯（所以只是主观上）认为是必要的。可是，那种源始契约的**精神**（anima pacti originarii）却包含着制宪权的责任，亦即使**政府性质**适合那个理念，而且即便不能一下子完成，也要把政府性质逐渐地和不断地改变下去，直至它与惟一合法的宪政，亦即一个纯粹的共和国的宪政**在效果上**协调一致，而那些只是用来造成人民**顺从**的古老的和经验性的（法规的）形式融入到源始的（理性的）形式中去，只有这种形式才使得**自由**成为原则，甚至成为一切**强制**的条件，强制是国家本义上的法权宪政所必需的，并且即便在字面上也被
〔341〕最终引导到这种宪政。——这是惟一常驻的国家宪政，在它里面**法律**是专断的，不依附任何特殊的人格；一切公共法权的最终目的就是这个状态，只有在这种状态中，才能**永久地**给予每个人他自己的东西；然而，只要那些国家形式在字面上应当表现同样多不同的被授予最高权力的道德人格，那么，就只能承认一种**暂时的**内在法权，而不是公民社会的绝对的法权状态。

但是，任何真正的共和国都是并且只能是人民的一个**代议制**系统，为的是以人民的名义，通过所有的国家公民联合起来，借助其议员（代表）来照管国家公民的法权。但是，一旦一个国家首脑在人格上（无论是国王、贵族阶层，还是全体人民、民主制的联合体）也可以被代表，那么，联合起来的人民就不是仅仅**代表**着统治者，而就是统治者本身；因为在它（人民）上面原初就有最高权力，作为纯然的臣民（充其量作为国家官员）的个人的一切法权都必须从这种最高权力中派生出来，而从这时起建立起来的共和国就不再必须放弃对政府的控制，把它重新交给那些从前进行这种控制，而现在可能通过绝对的任性又否定一切新的法规的人。

因此，我们这个时代一个强有力的统治者的判断力的一个重大错误就是：要以如下方式使自己摆脱由于巨大的国家债务而陷入的窘况，即委托人民按照其自己的愿望承担和分摊这种负担；这时人民自然就不仅在向臣民征税方面，而且就政府而

言都把立法权掌握在自己手中：亦即阻止政府别通过浪费或者战争造成新的债务，因而君主的统治权就完全消失了（不仅仅被解除了），并且转移给人民，这时每一个臣民的“我的”和“你的”就服从于人民的立法意志。人们也不能说：在这里必须接受国民议会的一个默默的、但却是合乎契约的承诺，即不是为了最高统治权而成立，而仅仅是管理这种最高统治权的工 〔342〕
作，但在完成这种工作后，再将摄政的控制交到君主手中；因为这样一种契约就自身而言是空洞的、毫无意义的。共同体中最高立法的法权不是一种可以转让的法权，而是最具人格性的法权。拥有这种法权的人，只能通过人民的全体意志来支配人民，但不能支配全体意志本身，全体意志是一切公共契约的始基。一个使人民有义务重新归还其权力的契约就不会归于作为立法权的人民所有，但却会使人民承担责任，按照没有人能够伺候两个主人的定理，这是一个矛盾。

第二章　国际法权 〔343〕

第 53 节

构成一个人民的人们，可以按照生自一个共同的祖先的类比，被设想成同胞（congeniti [一起生长的]），虽然他们并非真的如此，但仍然在理智的和法权的意义上如此，被设想成由一个共同的母亲（共和国）所生，仿佛构成一个家族（gens，natio），其成员（国家公民）是出身相同的，而且并不自甘下贱地与在他们之外愿意生活在自然状态的人混杂，虽然这些人（野蛮人）在自己那方面又由于他们所选择的无法无天的自由而觉得自己更高贵，他们同样构成一个部落，但却不是国家。各国在彼此关系中的法权〔这在德语中被不完全正确地称做 **Völkerrecht**，而毋宁说应当叫做 Staatenrecht（ius publicum

civitatum)〕是我们必须以国际法权的名义来考察的法权：在国际法权中，一个国家作为一个道德人格，面对另一个处于自然的自由状态，因而也处于不断的战争状态的国家来看，有时以**准备**战争的法权为己任，有时以战争**之中**的法权为己任，有时以彼此强迫结束这种战争状态的法权，因而以确立持久和平的宪政，也就是说以战争**之后**的法权为己任，而且只带有单个的人或者家族（在彼此关系上）的自然状态的法权和各国人民的法权的区别之处，即在国际法权中，不仅在整体上考虑一个国家与别的国家的关系，而且考虑这一个国家的个别人格与别
〔344〕的国家的个别人格的关系，同样也考虑他们与整个他国的关系；但是，与纯然自然状态中的个别人格的法权的这种区别只需要一些很容易从后者的概念中推论出来的规定。

第54节

国际法权的要素是：1. 各国在彼此的外在关系中来看，（和没有法律的野蛮人一样）天生处在一种非法权的状态中；2. 这种状态是一种**战争**状态（更强者的法权的状态），即便不是现实的战争，是持久的现实的结仇（敌对性），这种结仇（由于双方都不想有所改善）虽然没有使任何人被他人待以不义，但毕竟自身是极端不义的，而彼此相邻的国家就结合起来走出这种状态；3. 按照一个源始的社会契约的理念结成的国际联盟必须是虽然彼此不干预其内部纷争，但却保护其不受外部民族侵犯；4. 这种结合毕竟必须不包含最高的权力（像在一种公民宪政中那样），而只包含**合作**（邦联），一种在任何时候都可以宣布解除，从而必须时时更新的结盟，——in subsidium［借助于］另一个源始法权的法权，阻止它们彼此之间陷入现实的战争状态（foedus Amphictyonum［安菲克蒂欧尼同盟］）。

第 55 节

就自然状态中自由国家彼此之间准备战争的那种源始法权（或许是为了建立一个趋于法权状态的状态）而言，首先产生的问题就是：国家**对他自己的臣民**有什么法权把他们用于对其他国家的战争，利用他们的财产，甚至生命，或者拿它们去冒险，以至于这并不取决于他们自己关于他们是否愿意去参加战争的判断，而是取决于统治者的最高指挥权是否可以把他们送上战场。

这种法权似乎不难阐明；也就是说，出自对待人们想要的“他的”（所有权）的法权。不过，某人在实体上自己**制造**的东 〔345〕
西，他对此拥有一种无可争议的所有权。——所以，这里有一个演绎，就像一个纯然的法学家就会作出这种演绎那样。

在一个地区有多种多样的**自然产品**，就某一类自然产品的**总量**而言，它们毕竟必须被同时视为国家的人为作品（artefacta），因为如果不存在一个国家和一个有序地进行治理的政府，而是居民们处在自然状态中，那么，这个地区就不会提供这样总量的自然产品。——家鸡（最有用的家禽品种）、绵羊、猪、牛类，以及其他等等，或者由于缺乏饲料，或者因为猛兽袭击，在我生活的地方，如果没有一个政府来保障居民们的营生和占有的话，就要么根本见不到，要么极其罕见。——同样的说法也适用于人口数量，就像在美洲荒漠上一样，甚至即使人们为之付出最大的努力（他们还没有这样做），人口数量也只能很少。居民只会非常稀少，因为没有任何居民能够和他的雇工一起在一块总是处在被人或者野兽和猛兽蹂躏的危险之中的土地上有大的发展；因此，对于像如今在一块土地上生活的这样大的人群来说，就会得不到足够的生活资料。——现在，就像农产品（例如马铃薯）和家畜由于就总量而言都是人的制品，所以可以说人们能够使用、消耗和吃掉（让人杀死）它们一样，似乎关于国家中的最高权力亦即统治者也可以说，他有权带领他的大部分是他的作品的臣民参加战争，就像是去狩猎一样，有权带领他们去参加一场野战，就像是去参加一次娱乐聚会一样。

但是，这种法权根据（它大概也会模糊地浮现在君主们心中）虽然在能够是人的一种**财产**的动物方面当然有效，但却绝对不要被运用到人，尤其是作为国家公民的人身上，国家公民必须始终被视为共同立法的成员（不单单是作为手段，而且也同时作为目的自身），而且因此，公民不仅一般而言对于进行战争，而且对于任何特殊的宣战，都必须借助其代表作出自由
〔346〕的赞同，惟有在这一限制性条件下，国家才能支配他那充满危险的兵役。

所以，我们或许可以从统治者对人民的**义务**引申出这种法权（而不是相反）；在这里，人民必须被视为已经投票，从这种性质上，人民虽然是被动的，但也是主动的，扮演着统治者本身。

第 56 节

在各国的自然状态中，**准备战争的法权**（敌对性）是被许可的方式，通过它，一个国家通过自己的**暴力**遵循自己对另一个国家的法权，也就是说，如果它认为自己受到这个国家的侵害的话，因为在自然状态中，这不可能通过**诉讼**来实现（惟有通过诉讼，法权状态中的纷争才得以调停）。——除了实际的伤害（第一次侵犯，它与第一次敌对有别），它就是**威胁**。属于这方面的，或者是首先着手**备战，先发制人**的法权（ius praeventionis）就以此为基础，或者也只是另外一个国家**可怕地**（通过领土的获得）增长着的力量（potentia tremenda）。这种力量对弱国之所以是一种伤害，只是因为在**强国**无任何**行动**之前的**状态**，而且在自然状态下，这种攻击当然是合法的。所以，在这上面就建立起所有实际相接触的国家的均势法权。

至于提供了一种**准备战争的法权**的**实际伤害**，属于这方面的有为一国人民受到另一国人民的冒犯而自己接受的赔偿，有不（通过和平途径）在别国那里寻求补偿的**报复**（retorsio），在形式上与此类似的是没有先行宣布中止和平（**宣战**）就爆发战争，因为如果人们一时想找到一种在战争状态中的法权，那就必须假定某种与一个契约类似的东西，也就是说**假定**另一方宣布，双方都想以这种方式寻求自己的法权。

第 57 节 〔347〕

战争之中的法权正是国际法权中最为困难的法权，难以对之哪怕形成一个概念并且设想这种无法状态中的一条法律（inter arma silent leges［战时法律行不通］）而不自相矛盾；它必定是这样一种法权：遵循这样一些原理进行战争，遵循它们就总是还有可能从各国（在彼此的外部关系中）的那种自然状态中走出并进入一种法权状态。

各独立国家彼此间的战争不可能是**惩罚战**（bellum punitivum）。因为惩罚仅仅发生在一个上司（imperantis）对下属（subditum）的关系中，这种关系不是国家彼此之间的关系。——但既不是**灭绝战**（bellum internecinum），也不是**奴役战**（bellum subiugatorium），后者会是对一个国家的道德绝灭（该国的人民此时与征服者的人民要么融为一体，要么沦为奴隶）。不是说好像国家达到和平状态的这种紧急手段就自身而言与一个国家的法权相矛盾，而是因为国际法权的理念仅仅带有一种遵循外在自由原则的对抗的概念，为的是维持在其自己的东西上，但不带有一种获得的方式，因为这种方式可能通过一个国家的力量的扩张对别的国家有威胁。

所有方式的保卫手段对于一个被攻打的国家都是允许的，只是不允许其使用会使该国的臣民不能是国家公民的手段；因为那样的话，它就会使自己同时不能在国家关系中按照国际法权被视为一个人格（与其他人格分享同样的法权）。这些不允许的手段有：利用它自己的臣民做间谍，利用这些间谍，甚至外国人做刺客、投毒者（属于这一类的，或许还有在埋伏处伏击单个人的所谓狙击手），或者哪怕仅仅利用他们散布谣言；一言以蔽之，利用这样一些阴险的手段，这些手段会摧毁为将来建立一种持久和平所必需的信任。

在战争中允许要求被征服的敌人纳贡，并且征收占领税，
〔348〕但是不允许掠夺人民，亦即强征个别人自己的东西（由于这就会是抢劫，因为不是被征服的人民，而是统治人民的国家**通过人民**进行的战争），而是通过**签发**来对待已出具的票据，以便在接下来的和平中按比例地分摊强加给这个国家或者行省的负担。

第 58 节

战争之后，亦即在缔结和约的时刻并考虑到战争的后果的法权在于：胜利者提出了条件，关于这些条件，通常会为与战败者达成一致并和平结合而订立条约，确切地说不是按照某种借口因敌人的所谓伤害而应得的法权，而是他对这个问题置之不理，依据自己的力量提出这些条件。所以，征服者不能对战争费用的赔偿提出要求，因为那样的话，他就不得不伪称敌人

的战争是不义的；而是即便他可能想到了这个证据，他也毕竟不能援引它，因为若不然，他就会把这场战争宣布成一场惩罚战，这样就又会是实施伤害了。与此相关的也有（无须赎金就进行的）俘虏交换，而不考虑人数对等。

被征服的国家或者它的臣民并不因为国土被占领而丧失其国家公民的自由，以致国家会沦为殖民地，臣民会沦为奴隶；因为若不然，它就会是一场惩罚战，而这是自相矛盾的。——**殖民地**或者行省是这样一种人民，它虽然有其自己的宪政、立法和土地，在这土地上属于另外一个**国家**的人仅仅是外人，但这个国家却对那人民拥有最高的**执政**权。这个国家就叫做**母国**。女儿国受母国的统治，但毕竟由自己（通过它自己的议会，充其量由一个总督来领导）来治理（civitas hybrida [混合的城邦]）。这类国家过去有与不同的岛屿相关的雅典，今天有与爱尔兰相关的大不列颠。

更不能从一个民族通过战争被征服而得出**奴隶制度**及其合法性，因为人们为此就不得不假定一场惩罚战。更不用说一种 〔349〕
世袭的奴隶制度，它完全是荒谬的，因为罪责不可能从某人的犯罪来继承。

至于也有大赦与和约结合在一起，这已经包含在条约的概念之中了。

第 59 节

和平的法权是：1. 当邻国发生战争时保持和平的法权，或者**中立**的法权；2. 能够保证已缔结的和约继续有效的法权，亦即**保障**的法权；3. 多个国家相互**结合**（同盟合作），共同保护自己免受一切外部或者内部的某种袭击的法权，这不是一个进攻的和内部扩张的联盟。

第60节

一个国家反对一个**不义之敌**的法权是没有界限的（或许虽然在质上有界限，但在量上，亦即在程度上却没有界限）：也就是说，受害国虽然不可以使用**一切**手段，但毕竟可以在其力所能及的范围内使用就自身而言被许可的手段来维护自己的东西。——可是现在，在国际法权中，正如一般而言在自然状态中一样，每一个国家在其自己的事情上都是法官，那么在它的概念中，什么叫做一个**不义之敌**呢？它是这样一个国家，其公开（无论是在语词上还是在行为上）表达的意志显露出一个准则，如果使该准则成为普遍规则，那么按照它，各民族间的和平状态必定成为不可能的，而自然状态必定被永恒化。对公共契约的破坏就是这一类东西，关于它人们可以预设，它关涉所有民族的事情，他们的自由都由此而受到威胁，而且这就要求他们联合起来反对这种胡作非为，剥夺其这方面的力量；——但这毕竟也不是**为了瓜分其领土**，好像要使一个国家从地球上消失似的；因为这会是对该民族的不义，该民族不可能丧失其把自己结合进一个共同体的源始法权；相反，是让它采用一种新的、在本性上反对战争偏好的宪政。

此外，“自然状态中的一个不义之敌”这一表述是**烦冗的**；
〔350〕因为自然状态本身就是不义的状态。一个正义之敌会是这样的敌人，在我这方面与之作对就是我对之不义；但这样一来，这个敌人也就不会是我的敌人了。

第61节

既然各民族以及各个人的自然状态是人们为了进入一个法

律状态而应当走出的状态，所以，在这个事件发生之前，各民族的一切法权和各国的一切可以通过战争获得或者保持的外在的“我的”和“你的”就是**暂时的**，而且只能在一个普遍的**国家联合体**（类似于一个民族借以成为国家的那种东西）中成为**永久**有效的，成为一个真正的**和平状态**。但是，由于在这样一个多民族国家扩展得太过庞大而越过广阔的疆界时，它的管理，从而还有对每个成员的保护就必然最终成为不可能的事情，但大量这样的合作组织又会导致一种战争状态，所以，**永久和平**（整个国际法权的最终目标）当然是一个无法实现的理念。可是，以此为目标，亦即以达成各国的这样一些结合而用于对永久和平的**不断接近**的政治学原理，却不是不可实现的，而是就像这种接近是一个建立在义务之上，因而也建立在人们和国家的法权之上的任务一样，当然是可以实现的。

人们可以把一些**国家**为了维护和平组成的这样一种**联合体**称为**常设的国家代表大会**，是否参加这个代表大会则由每个相邻的国家自己决定；这类联合体（至少就国际法权以维护和平为目的的形式而言）在本世纪的前半叶还曾在海牙的国际会议上出现；在这次会议上，大多数欧洲王室，甚至连最小的共和国的部长们都已经对一个国家遭到另一个国家攻击提出了控诉，并就这样完全把欧洲设想成一个唯一的联盟国家，他们在自己的那些公开纷争中把这个联盟国家似乎当成法官，与此相反，到后来国际法权只留存在书本中，但却从各个内阁中消失了，或者在已经实施暴力之后被以放逐的形式托付给阴暗的档案馆了。

但在这里，**代表大会**仅仅被理解为不同国家的一个任意 〔351〕
的、在任何时候都**可能解体的**聚会，而不是这样一种（像美利坚合众国那样）建立在一种国家宪政之上，因此不可解体的结合；——惟有通过它，各民族的一种公共的法权，即以民事的方式，仿佛是通过一场诉讼，而不是以野蛮的方式（按照野蛮人的方式），亦即通过战争，来裁决它们的纷争，才能够得到实现。

〔352〕

第三章　世界公民法权

第 62 节

尘世所有彼此之间能够发生实际关系的各民族的一个**和平的**、尽管还不是友好的、普遍的共联性，这一理性理念绝不是博爱的（伦理的），而是一个**法权**的原则。自然已经把它们全都（由于他们的居住地是球形，作为 globus terraqueus［地球］）包围在一定的界限之内；而既然对地球居民能够生活于其上的土地的占有，总是只能被设想为对一个特定整体的一个部分的占有，因而被设想为这些居民的每一个都源始地对它拥有一种法权，所以，一切民族都源始地处于一种土地的共联性（communio）之中，但并不是处于占有、从而使用或者对其所有权的法权共联性之中，而是处在自然可能的**交互作用**（commercium）之中，亦即处于一个人与其他所有人自愿相互**交往**的普遍关系之中，并拥有尝试交往的法权，外人没有权力把他因此当做一个敌人来对待。——这种法权，就它涉及一切民族在其可能交往的某些普遍法律方面可能的联合而言，可以被称为**世界公民法权**（ius cosmopoliticum）。

海洋可能看起来把各民族置于一切共联性之外，尽管如此，海洋却借助航海而恰好是他们进行交往的最有利的自然设施，相互邻近的**海岸**越多（如地中海的海岸），交往就能够越
〔353〕活跃，固然有人造访这些海岸，但更多的是在上面居住，为了把它们与母国联结起来，同时就有了诱因，使得我们这个星球上某个地方的灾祸和暴行在所有地方都被感受到。可是，这种可能的滥用并不能废除一个地球公民的法权，即**试图**与所有人建立共联性，并为了这一目的而**造访**地球的任何地方，虽然这

不是一种在另一个民族的土地上**定居**的法权（ius incolatus），后者要求有一个特殊的契约。

但问题是：一个民族在新发现的国土上是否可以甚至不经一个已经在这样一个地区占有一席之地的民族的同意，就与它比邻而居（accolatus）并占有土地？

如果定居发生在离前者的居住地如此之远的地方，以至于双方没有一方对另一方在使用其土地方面造成损害，那么，这样做的法权是毋庸置疑的；但是，如果这是游牧民族或者狩猎民族（例如霍屯督人、通古斯人和大多数美洲民族），其生计依赖于广阔荒凉的地带，那么，这就不能以暴力，而只能以契约来进行，而且就连契约也不能以利用那些居民在转让这样一些土地方面的无知来进行；尽管辩护的理由表面上很充足，说这样一种暴行会带来世界的福利；部分是通过教化未开化的民族（就像使得甚至毕兴也要原谅基督宗教在德国的血腥传播的那个借口一样），部分是为了把那些堕落的人从其自己的国土上清理出去，并且希望他们或者他们的后代在另一个地方（例如在新荷兰）变好；因为所有这一切想当然的良好意图毕竟不能洗涮为此所用的手段上的不义污点。——与此相反，如果人们提出异议说：假若对以暴力开始建立一个法律状态心存这样的疑虑，也许整个地球还会处于一个无法律的状态之中，那么，这与国家革命主义者的借口一样不能废除那种法权条件，后者认为，如果宪政堕落了，人民就应当有权以暴力改造它们，在根本上一劳永逸地不义，以便此后更加可靠地建立正义并使之繁荣昌盛。

※　　※　　※ 〔354〕

结束语

如果某人不能证明一个事物存在，那么，他就尽可以去尝试证明它不存在。如果这二者他都做不到（这是经常出现的情况），那么，他还可以问：他是否**有兴趣**去**假设**（通过一个假说）一方或者另一方，而且虽然这种假设要么是理论方面的，要么是实践方面的，亦即要么只是为了解释某种现象（例如对于天文学家而言，为了解释行星的倒行或者停顿现象），要么是为了达到某种目的，这种目的又要么是实用的（纯然的技艺目的），要么是**道德的**，亦即可能是这样一个目的，设定它的准则本身就是义务。——不言而喻：对那个目的的可实现性的**假设**，是一个纯然理论的、为此还成问题的判断，在此被当成义务的，不是这种假设，因为对此（相信某事）不存在责任；而是按照那个目的的理念去行动，尽管在这里不存在那种目的能够被实现的任何理论上的可能性，但尽管如此，它的不可能性同样不可能得到演证，这种行动就是我们应当为之承担义务的东西。

现在，道德实践理性在我们心中宣布了其不可抗拒的否决：**不应当有任何战争**。不仅在自然状态中的我和你之间，而且在作为虽然内部处于法律状态，但外部（在彼此关系中）却处于自然状态中的国家的我们之间，都不应当有战争；——因为这不是每个人应当寻求其法权的方式。因此问题不再是：永久和平究竟合乎不合乎情理，以及如果我们假设它合乎情理，我们在自己的理论判断中究竟是否在自我欺骗，而是：我们必须这样行动，就好像事情就是——也许不是——致力于建立永久和平和一种看起来最适合于此的结构（也许是一切国家无一例外的共和主义），以便达致和平，结束不可救药的交战，迄今为止所有国家都毫无例外地使自己的内部机构集中在这种交战上。而且即便与这种意图的达成相关的后一点总还是一个虔
〔355〕诚的愿望，但我们毕竟肯定不是凭借假设为此不断努力的准则而自欺欺人；因为这个准则是义务；但是，假设我们自己心中

的道德法则是骗人的，这会产生使人厌恶的愿望：宁可失去一切理性，看着自己按照自己的原理与其他动物种类一起，被抛入一种相同的机械作用之中。

人们可以说：对和平的这种普遍而持久的创建，不只构成了纯然理性界限内的法权论的一个部分，而是它的全部最终目的；因为惟有和平状态才是大量相互比邻的人中间“我的”和“你的”受**法律**保障的状态，因而这些人共同生活在一种宪政中，但宪政的规则却必须不是把迄今为止在这方面感觉最好的人的经验，当做他人的规范而从中得出，而是通过理性先天地从人们在一般公共法律之下的法权结合的理想中得出，因为一切例证（作为例证它们只能说明，但却不能证明任何东西）都有欺骗性，而这样就当然需要一种形而上学，其必要性是那些讥讽形而上学的人毕竟一不小心就要承认的，例如就像他们经常做的那样，如果他们说“最好的宪政就是其中掌权的不是人而是法律的宪政”。因为还有什么比这个理念更能够在形而上学上得到升华呢？这个理念即便按照那些人自己的主张也具有最可靠的、在现有的情况中也很容易得到阐明的客观实在性，而且惟有这个理念，如果它不是按照革命的方式，通过一个飞跃，亦即通过暴力颠覆一个迄今现存的有缺陷的宪政——（因为那样一来，中间就会出现一个摧毁一切法权状态的时刻），而是通过逐渐的改革，按照确定的原理得到试验和贯彻的话，才能在不断的接近中把人引向最高的政治上的善，引向永久和平。

附录 〔356〕

法权论的形而上学初始根据的解释性附释

我写这些解释性的附释，其原因绝大部分源自 1797 年 2

月 18 日《哥廷根杂志》第 28 期上关于本书的一篇书评；该评论写得有见识、审读严厉，但同时毕竟也有同感和“希望，即那些初始根据将对科学来说有助益”，我在这里想把它用做评判这个体系的导线，此外也把它用做对这个体系做一些扩充的导线。

※　　※　　※

在法权论导论的一开始，我的审读严厉的评论家就遇到一个定义。——什么叫做**欲求能力**？文章说，欲求就是通过自己的表象而成为这些表象的对象之原因的能力。——与这一解释相对立的是：“一旦人们抽去欲求后果的**外部**条件，那么，欲求就成为乌有。——但是，欲求能力就连对唯心论者来说也是某种东西，虽然外部世界对他来说是乌有”。回答是：但不是也有一种热烈的、然而同时却明知是徒然的渴望吗（例如，上帝啊，让那个人还活着吧!)？这种渴望虽然是**没有行为的**，但却不是**没有后果的**，而且虽然对外部事物没有影响，但毕竟在主体自己的内心有强烈的影响（使之生病）。一种欲求作为努力（nisus），凭借着它的表象成为**原因**，尽管主体看出后者不足以达到预期的结果，它也毕竟始终是因果性，起码在主体的
〔357〕内心是这样。——在这里构成误解的是：既然对自己的**一般**能力的意识（在上述情况下）同时就是对自己在外部世界方面的**无能**的意识，所以这个定义便不能运用到唯心论者身上。然而，既然这里说的仅仅是一个原因（表象）和一般结果（感觉）的关系，所以，就表象的对象而言，在欲求能力的概念中必须考虑到表象（不管它是外部的还是内部的）的因果性。

一、为重新冒险提出一个法权概念所作的逻辑准备

如果精通法权的哲学家们想把自己一直提升到法权论的形

而上学初始根据，或者擅自提出这些初始根据（没有这些初始根据，他们的所有法权科学就会纯然是章程性的），那么，他们就不能对保证自己的法权概念**划分**的完备性漠然视之，因为若不然，那门科学就会不是一个**理性体系**，而纯然是捡拾来的堆砌物而已。——为了体系的形式，各原则的**位置学**必须是完备的，也就是说，必须给一个概念指出按照划分的综合形式对这个概念来说开放的**位置**（locus communis [公共的位置]）：人们以后也可以这样来说明，即被置放在这个位置的一个或者另一个概念自身就是自相矛盾的，并失去这个位置。

迄今为止，法学家们占据了两个公共位置：**物品**法权的位置和**人身**法权的位置。这当然要问：既然鉴于两者结合为一个概念的纯然形式，还有两个作为先天划分的环节的位置是开放的，亦即一种采用人身方式的物品法权的位置，以及一种采用物的方式的人身法权的位置，所以，这样一个新添加的概念是否也是允许的，并且虽然是或然的，却必定首先在完备的划分表中被发现？后者是不容置疑的。因为纯然逻辑的划分（它抽掉了认识的内容——客体）永远是**二分法**，例如，每一种法权都要么是一种物品法权，要么是一种非物品法权。但是，这里所说的划分，亦即形而上学的划分，也可以是四分法：因为除 〔358〕
了划分的两个简单的环节之外，还添加了两种关系，即限制法权的诸条件的关系。在这些条件下，一种法权与另一种法权相结合，这种结合的可能性需要加以特别的研究。——**一种采用人身方式的物品法权**的概念是无论如何要排除的；因为不能设想一个**物品**对一个**人格**的法权。现在问题是：把这种关系颠倒过来是否同样是不可思议的，或者这个概念，亦即**一种采用物的方式的人身法权**这个概念，是否不但没有内在矛盾，而且本身是一个必然的（在理性中先天地被给予的）概念，属于外在的“我的”和“你的”这一概念的概念，即以类似的方式把人

格当做**物品**来对待，虽然不是在所有方面，但毕竟**占有**他，并且在许多关系中把他们当做物品来处理。

二、为一种采用物的方式的人身法权的概念所作的辩护

现在，采用物的方式的人身法权的定义简明扼要地说就是："这是人的法权，即把自身之外的一个**人格**当做**自己的**①来拥有。"我故意说：一个**人格**；因为人们可以把另一个由于犯罪而失去其人格性的人（变成了农奴）作为自己的来拥有；但这里不谈这种物品法权。

现在，那个"作为法学天空的新现象"的概念究竟是一颗 Stella mirabilis［奇异的星星］（一种一直成长为最大的星星，
〔359〕之前从来无人见过，但渐渐地又消失，或许某个时候再来的现象），还是纯然是一颗**流星**？这是现在应当予以探讨的。

三、例证

把某种外在的东西当做自己的来拥有，在法权上就叫做占有；但占有是使用的可能性的条件。如果这种条件仅仅是作为

① 我在这里也不说：把一个人格作为属于我的（用形容词）人格来拥有，而是说，作为我的（to meum，用名词）来拥有。因为我可以说：这个人是**我的父亲**，这只表示我与他一般而言的自然关系（联结）。例如：我**有**一个父亲。但我不能说，我把他当做**我的**来拥有。但如果我说：我的妻子，那么，这就意味着占有者与一个作为**物品**的对象（哪怕是一个人格）的一种特殊的，亦即法权的关系。但是，占有（有形的占有）是把一个东西当做物品来**使用**（manipulatio）的可能性的条件；尽管这在另一种关系中必须同时被当做人格来对待。

有形的条件来设想的，那么，占有就叫做**持有**。——现在，合乎法权的持有虽然独自不足以因此就把对象说成是我的，或者使之成为我的；但是，无论出自什么根据，如果我有资格坚持对一个摆脱或者挣脱了我的强制力的对象的持有，那么，这个法权概念就是一个征兆（如同出自其原因的结果），表示我认为自己有资格把它当做**我的**，但在对它的关系上也处在对它的**理知的**占有中，并这样来使用这个对象。

“他的”虽然在这里并不意味着对另一个人的、在人格所有权上的“他的”（因为所有者根本不能是一个占有自己本身的人，更不用说是占有另一个人格的人了），而是仅仅意味着在使用收益权（ius utendi fruendi）上的“他的”，直接把这个人格当做物品一般来使用，但并不侵犯他的人格性，把他当做达成我的目的的手段来使用。

但是，这个目的作为使用之合法性的条件，必须在道德上是必要的。丈夫渴望得到妻子，不能是为了把她当做物品来**享受**，亦即不能是为了在与妻子的纯然动物性结合上感受直接的快乐；妻子也不能为此而献身于他，而不使双方都放弃自己的人格性（肉欲的或者兽性的交媾），也就是说，不能不以**婚姻**为条件，婚姻作为相互献出自己的人格本身供对方占有，必须**在此之前**缔结，以免由于一方对另一方的肉体使用而丧失人的尊严。

离开了这个条件，肉体的享受在原理上（尽管并非总是就结果来看）就是**野蛮的**。是用嘴和牙齿，还是女方由于怀孕和也许由此而来对她来说致命的分娩、男方由于从妻子对丈夫性能力的频繁要求中产生的衰竭而被**耗尽**，这只是在享受方式上 〔360〕
有别，而一方就另一方而言在这种对性器官的交互使用中确实是一个**可以用尽的**物品（res fungibilis），所以，借助一个契约使自己成为这样一个物品，这个契约就会是一个违法的契约（pactum turpe）。

同样，丈夫与妻子不可以生育作为双方的**作品**（res artificialis）的孩子，却不双方对这孩子以及相互间承担抚养这孩子的**责任**：这毕竟也是获得一个人如同获得一个物品，但只是在形式上如此（与一种仅仅采用物的方式的人身法权相适合）。父母[1]对占有脱离他们强制力的孩子的任何人都拥有一种反对的法权（ius in re［在物品中的法权］），同时拥有强迫孩子做任何事情并凡事听从他们命令的法权，只要这些命令不违背一种可能的法律自由（ius ad rem［占有物品的法权］），因而他们对孩子也有一种人身的法权。

最后，当孩子步入成年，父母对孩子的抚养义务终止时，父母还有把孩子们当做服从他们命令的家庭成员来使用以维持家庭的法权，直到允许他们离开；这就是父母对孩子们的义务，它产生自对父母法权的自然限制。直到此时，他们虽然是家庭成员，并且属于**家庭**，但是从现在起他们就属于家庭的仆从（famulatus）。所以，他们只能是通过契约添加到家长的"他的"（作为他的驯养物）上去。——同样，就连**家庭之外的**仆役也可以按照一种采用物的方式的人身法权被变为家长的"他的"，作为帮工（famulatus domesticus）被他通过契约而获得。这样一种契约不是一种纯然雇佣的契约（locatio conductio operae［作为劳务出租的契约］），而是将自己的人格献给家长占有的契约，是**租赁**（locatio conductio personae［作为人格出租的契约］），它和那种雇佣的区别在于，帮工要做事
〔361〕关家庭福利，并且不是作为预定的和有特殊规定的工作被交付

① 在德语的写法中，老人（Ältern）一词被理解为 Seniores［长者］，而父母（Eltern）则被理解为 Parentes［生育者］；这在发音上不能区别，但在意思上却差别很大。

给他的**一切被允许的事情**；相反，受雇于特定工作的雇工（手工艺人或日工）并不献身于别人的“他的”，而且这样也就不是家庭成员。——后者由于并不处在一个使其有义务完成某些工作的别人的法权占有之中，所以，即便他是家长的家内住户（inquilinus），家长也不能（via facti [以既成事实的方式]）把他当做一件物品**强行占有**，而是必须按照人身法权催促他完成他允诺的事情，这是通过法权手段（via iuris [以法权方式]）归他支配的。——关于自然的法律学说中的一个令人惊异的、新添加的法权条款的解释和辩护就说这么多，其实它已经悄悄地总是在使用了。

四、物的法权和人身法权的混淆

另外，“购买中断出租”这个命题(法权论，第 31 节，129 页[①]）也被斥责为我在自然的私人法权中的异端邪说。

有人会在约定的租住时间到期之前向承租者宣布取消其房子的出租，因此看起来，哪怕他是在习惯的民法期限中通常的搬迁时间这么做的，也是对承租者食言了，这乍一看似乎无疑是违背了出自一个契约的一切法权。——但是，如果能够证明：承租者在签订其租约时就知道或者必须知道，**出租者**作为房子的所有人对他的承诺自然而然地（这用不着在契约中强调说明)、因此默默地与如下条件相联系：**假如出租者在这段时间里不出售房子的话**（或者在破产降临到他头上时不得不把房子交给债权人)。这样，出租者就没有违背他那已经就自身而言在理性上有条件的诺言，而承租者并没有因为在租期届满之

① 本书边码 290～291 页。——译者注

前向他宣布废约而减少其法权。

〔362〕 因为承租者出自租约的法权是对某个人格可以向另一个人格提供的东西的人身法权（ius ad rem［占有物品的法权］），不是针对物品的任何占有者的一种物的法权（ius in re［在物品中的法权］）。

现在，承租者本来能够在其租约中保障自己，使自己获得对房子的一种物的法权，也就是说，他只要让人把租约**刻写**（登记）在出租者的房子上，作为附在房基上的东西；在这种情况下，他就不会在约定时间届满之前，由于所有人宣布废约，甚至不会因为其死亡（自然的死亡，或者还有民事的死亡，即破产）而被剥夺承租权。如果他不这样做，因为他或许想有在别处签订一个条件更好的租约的自由，或者因为所有者不想看到他的房子被强加上了这样一种义务，那么，由此就可以推论出：双方中的任何一方在宣布废约的时间方面（对此有民事规定的期限除外）都意识到，自己已经签订了一个默默的、有条件的合同，意识到可以按照习惯再解除它。对通过购买来中断出自这种权限的重申，也表现在从这样一个**无附加条款的**租约得出的某些法权结论上；因为如果承租者死了，那么，他的继承人毕竟不被苛求有责任继续承租：因为承租只是某个人的责任，随着他的死这责任也就终止了（此时，宣布废约的法定时间却总是必须张榜公布）。同样，如果没有一个特殊契约，承租人作为这样一个承租人的法权也不能转移给他的继承人；就像他在双方都在世时没有明确的协议，就没有资格去认定一个**转租人**一样。

五、刑法概念讨论的补充

人们中间的一种国家宪政的纯然理念，就已经带有应归于最高权力的一种惩罚正义的概念。问题仅仅在于，如果惩罚的方式只是作为手段用于消除犯罪（作为在每一个人的“他的”的占有方面对国家安全的危害），那么，它们对立法者来说是否无所谓呢？或者，是否也必须考虑对罪犯人格中的人性（亦即对人类）给予尊重呢？更确切地说，这是从纯然的法权根据出发的，因为我还总是把 ius talionis［罪罚相等的法权］看做作为刑法原则的唯一先天作出规定的（不是来自经验，即哪些应对手段是最有力的手段）理念。①——但是，如何对待那些不允许任何**报应**的惩罚呢？惩罚之所以不允许报应，是因为这些惩罚要么自身是不可能的，要么本身就是对一般**人性**的一种应惩罚的犯罪，例如，强奸罪，同样还有鸡奸罪或者兽奸罪。前两种犯罪用阉割的方式来惩罚（或者是一个白种阉人，或者是苏丹宫殿的一个黑种阉人），后一种犯罪通过从公民社会中永远驱逐出去来惩罚，因为罪犯自己使自己配不上人类社会。——Per quod quis peccat，per idem punitur et idem［犯什 〔363〕

① 任何惩罚中都有某种（以法权）伤害被告荣誉感的东西，因为它包含着一种纯然单方面的强制，这样在被告身上一个国家公民作为这样一个公民的尊严就在一种特殊的情况下至少是被中止了；因为他屈服于一个外在的义务，在他自己这方面，他不可以抗拒这个义务。贵人和富人被处以罚款而感到屈辱，即不得不屈服于地位更低的人的意志，要甚于感到损失了金钱。既然**应受惩罚**的论据是**道德的**（quia peccatum est［因为有罪］），所以，**惩罚的正义**（iustitia punitiva）在这里就必须与惩罚的精明区别开来，因为后者纯然是实用性的（ne peccetur［不要犯罪］），而且是建立在什么能最有效地防止犯罪的经验之上的。惩罚的正义在法律概念的位置学中具有一个完全不同的位置，即 locus iusti［公正之事的位置］，不是某种意图上的 conducibilis［有益之事］或者**有利之事**的位置，也不是纯然 honesti［正直之事］的位置，其位置必须在伦理学中去寻求。

么罪，就受什么罚，一模一样]。——上述犯罪之所以叫做反自然的，乃是因为它们是对人性本身犯的罪。——对它们施加**任意的**惩罚是完全违背**惩罚正义**的概念的。惟有当罪犯因自己的罪行而自食其果，尽管不是按照刑法的条文，而是按照刑法的精神承受他对别的人犯下的罪行时，他才不能抱怨说受到了不公正的对待。

六、凭时效占有的法权

"**凭时效占有**（Ususcapio）的法权应当根据 131 页以下①通过自然法权得到论证。因为如果不假定通过正当的占有来论证这里所说的一种**观念的获得**，那么，就根本无法保证任何获得是永久性的。（但是，康德先生甚至在自然状态中假定一种仅仅暂时性的获得，因而坚决要求公民宪政的法学必要性。——然而，我作为正当的占有者，只是针对那个无法证明他比我更早地是该物品的正当占有者，并且无意不再是其占有者的人，来维护自己。）"——这里说的并不是这一点，而是，我是否也能够作为所有者来**维护**自己，如果同时有一个提出要求者声称自己就是该物的**更早的**真正所有者，但却**绝对**不可能查明他作为占有者的实存及其作为所有者的占有地位的话；而如果此人根本不曾发出他不间断地占有的一个公开有效的信号（不管是出自自己的过失还是没有自己的过失），例如通过登记注册，或者在公民大会上无异议地赞同他是所有者，则后一种情况就会发生。

〔364〕

因为这里的问题是：谁应当证明其合法的获得？不能把这

① 本书边码 291 页以下。——译者注

种责任（onus probandi［证明的责任］）强加在占有人身上；因为只要已查明的历史足够，他就处在对该物的占有中。该物所谓早先的所有人，由于那段他没有发出他的所有权的任何对公民有效的信号的间歇，按照法权原则就被完全与前后相继的占有者的序列分割开来。没有采取任何一种公开的占有行动，使他成为一个没有名分的要求者。（与此相反，这里与在神学中一样，叫做：conservatio est continua creatio［保持就是不断的创造］。）尽管也会有一个人迄今为止没有宣布过，后来却带着找到的文件提出要求，但在他这里也仍然存在疑问：是否还可能出现一个更老的要求者，并且其要求建立在他更早的占有之上？——要最终通过时效获得该物（acquirere per usucapionem），其关键不在于占有**时间的长度**。因为，假设一种无法权由于持续时间久就渐渐变成一种法权，这是荒唐的。**使用**（无论多久）都是以物品中的法权为前提条件的：要是后者建立在前者之上就大错特错了。所以，**凭时效占有**（ususcapio） 〔365〕
作为凭长期使用一个物品的**获得**，是一个自相矛盾的概念。作为**保持方式**的要求的**失效**（conservatio possessionis meae per praescriptionem［对我凭时效的占有的保持］）也同样是一个自相矛盾的概念，然而，这毕竟是一个与前一概念不同的概念，关涉据为己有的论据。也就是说，这是一个消极的理由，亦即完全**不使用**其法权，甚至连表示自己是占有人这样必要的理由都不是，被视为对法权的**放弃**（derelictio），这是一种法权行为，亦即使用其法权对付另一个人，以便通过排除其要求（per praescriptionem［凭时效］）来获得该法权的客体，这包含一个矛盾。

所以，我无须证明并且无须任何法权行为就获得：我不需要证明，而是通过法律（lege）；然后怎么样呢？**公开地**摆脱种种要求，也就是说，**在法律上保障我的占有**，乃是由于我不可以作出证明，并且立足于一种不间断的占有。但是，自然状态中的一切**获得**都是暂时性的，这对**占有**已经获得的东西的安全性问题没有影响，这个问题必定先行于那种获得。

七、继承

关于继承的法权，评论家先生这一次失去了击中我的主张之证明要害的敏锐目光。——我在 135 页[①] 说的不是：任何一个人都必定接受任何**提供**给他的物品，如果他通过接受该物品只会有所得而不会失去任何东西的话（因为这样的物品根本就不存在），而是说：任何一个人都总是确实会在某个时刻不可避免地和默默地，但同时毕竟有效地接受**提供的法权**，也就是说，当事情的本性就使得废约绝对不可能的时候，亦即在他死亡的时刻；因为此时立约人不能废约，而受约人不可以采取任何一种法权行为，在同一时刻就是接受者，不是所允诺的遗产
〔366〕的接受者，而是接受或者拒绝遗产的法权的接受者。在这个时刻，在遗嘱打开时他便发觉，自己在接受遗产之前就已经变得比过去更富有；因为他仅仅获得了**接受的权限**，这权限就已经是一种富有状况。——在此，为了使某种东西在有人不在世之时成为一个**他人**的**“他的”**，一种公民状态被当做前提条件，财产从死者手中的这种过渡，丝毫不改变按照自然法权的普遍原则去获得的可能性，虽然把这些原则运用到所发生的案例上，必须以一种公民宪政为基础。——也就是说，一个我自由选择无条件地接受或者拒绝的物品，叫做 res iacens［遗物］。如果一个物品的所有人无偿向我提供某种东西，例如我正要搬

① 本书边码 294 页。——译者注

出的房子的一件家具（他答应我，这应当是我的），那么，只要他不撤回承诺（如果他在这期间亡故了，承诺就不可能被撤销），就只有我具有接受所提供的东西的法权（ius in re iacente [在遗物上的法权]），就是说，只有我才能随便接受它或拒绝接受它：我获得这种独一无二地作出选择的法权，不是凭借一个特殊的法权行为，即我声明：我希望，这种法权应当归我所有，而是无须这一法权行为（lege [凭借法律]）。——所以，我虽然可以声明：我希望，**这个物品不应当属于我**（因为这种接受可能导致我与他人交恶），但是，我不能希望独一无二地具有选择：**它是否应当属于我**。因为我无须任何接受声明，直接通过提供就拥有这种（接受或者拒绝的）法权：因为如果我甚至能够拒绝拥有选择，那么，我就会选择不选择；而这是一个矛盾。这样，这种选择的法权在遗赠者死亡的那一刻就让渡给我了，通过他的遗嘱（institutio haeredis [对继承人的指定]），我虽然还没有获得遗赠者的任何财产，但却获得了这财产或者其一个部分的**纯然法权的**（理知的）占有，这时，我可以为了他人的利益而放弃接受这财产，因而这种占有没有一刻中断，而是继承作为一个持续不断的序列，通过继承人的接受，由死者过渡给指定的继承人，这样“遗嘱属于自然法权”这一命题就不容置疑地巩固下来了。

八、国家在其臣民的永久基金会方面的法权 〔367〕

基金会（sanctio testamentaria beneficii perpetui [根据遗嘱对连续资助的认可]）是一种自愿的慈善机构，由国家批准，为国家的某些前后相继的成员所设立，直到他们全部死亡为止。——如果为维护这些成员所制定的规章与国家的宪法本身相结合，这种基金会就叫做永久的（因为国家必须被看做永久的）；但是，它的行善的目的要么是为了一般而言的人民，要么是为了人民的一个按照某些特殊原理联合起来的部分，为了一个**阶层**，要么是为了一个**家庭**和其子孙后代的永久存续。第一种的例子是**收养院**；第二种的例子是**教会**，第三种的例子是**骑士团**（宗教的和世俗的），第四种的例子是**长子继承制**。

关于这些团契及其继承的**法权**，现在人们说，它们不能被废除，因为这种法权通过遗嘱而成为指定继承人的所有物，而废除这样一种宪政（corpus mysticum［奥秘团体］）就等于是剥夺了某人的"他的"。

1

为穷人、残疾人和病人设置的行善机构，是建立在国家财力之上的（在养老院和收养院中），当然是不可取缔的。但是，如果不是条文，而是捐赠者意志的意思应当具有优先权的话，那就也可能出现一些临时情况，使得取缔这样一种基金会至少在形式上是可取的。——这样，人们就发现了：如果给予穷人和病人（疯人院的病人除外）某种（与时间的需要成比例的）数额的金钱资助，使他可以随自己的意在他的亲戚或者另外的熟人那里租房居住，那么，他们得到的照料要比——例如在格林维希收养院——豪华的、然而限制自由的、配有昂贵的人员的机构所做到的更好、更便宜。——这时，人们就不能说：国家剥夺了有权享受这种基金的人民的"他的"，而毋宁是国家促进了人民的"他的"，因为国家选择了更聪明的办法来维护人民。

〔368〕

2

并不在肉体上传宗接代的神职人员（天主教的神职人员），

凭借国家的优待占有土地和依附于这土地的臣民，这些臣民属于一个精神国家（被称为教会），世俗之人为救赎自己的灵魂而通过遗嘱把自己当做自己的财产奉献给这个国家，而这样，教士作为一个特殊的阶层就拥有一份财产，这份财产可以按照法律从一个时代传给另一个时代，并且通过教皇的训谕充分地得到文件证明。——现在人们可以假定，神职人员与平信徒的这种关系能够由于世俗国家的绝对权力而径直从前者那里被剥夺吗？而且这不就等于是用暴力夺走某人的“他的”，就像法兰西共和国的无信仰者尝试过的那样？

这里的问题是：教会是否可以作为“他的”而属于国家，或者国家是否可以作为“他的”而属于教会？因为两个最高的权力不可能没有矛盾地彼此隶属。——只有**前一种宪政**（politico－hierarchica［政治教权等级制］）才能长治久安，这是自身就显而易见的；原因在于任何公民宪政都是关于**此**世的，因为它是一种世俗的权力（人的权力），这种权力连同它的后果都可以在经验中表现出来。信众的**国**在**天上**，在**来世**，只要人们把一种与这个国相关的宪政（hierarchico－politica［教权等级制政治］）归于他们，他们就不得不在世俗人的最高权力之下屈从于这个时代的苦难。——所以，只存在第一种宪政。

宗教（在表现上）作为对教会章程的信仰、对作为这样一种宪政的贵族的教士之权力的信仰，或者即便这种宪政是君主制的（教皇制的），它也既不能被任何国家公民权力强加给人民，也不能被剥夺，也不能（像在大不列颠对待爱尔兰民族那样）因为国家公民信仰的宗教与王室的宗教不同，就把他从国家公职和由此给他带来的利益中排除出去。

这样，如果某些虔诚笃信的人们为了分享教会向信众许诺也在他们死后显现的恩典，而创建了一个永久性基金会，由此他们的一些土地在他们死后应当成为教会的财产，而国家则使 〔369〕

自己在这个或者那个**部分**上，或者甚至**全部**对教会有保护义务，以便通过祈祷、赦罪和忏悔来分享那种恩典，而教会委以此任的仆役（神职人员）则通过这些许愿让他们在另一个世界交上好运，那么，这样一种想当然地永久设立的基金就绝不是永久建立的，而是国家可以甩掉教会强加给它的这个负担，只要它愿意。——因为教会本身是一个仅仅建立在信仰之上的机构，而如果由于人民的启蒙，来自这种意见的欺骗消失了，那么，教士建立在这上面的可怕权力也将被废除。国家有充分的法权没收教会的非分财产，即通过遗嘱捐赠给教会的土地；尽管这个存在至今的机构的采邑拥有者可以从自己的法权出发，要求在有生之年不受损失。

甚至为穷人设立的永久基金会，或者教学机构，一旦它们具有某种由捐赠者按照自己的理念设计的格式，就不可能永久建立，并且土地也会因此引起麻烦；而是国家必须有按照时代需要建立基金会的自由。——全面贯彻这种观念（例如赤贫的人不得不通过乞讨卖唱来补充已经设立的慈善学校基金）难以持久，这一点谁也不用惊讶；因为，那个乐善好施但毕竟同时又有点儿虚荣地建立一个基金会的人，并不希望另一个人按照自己的概念来改造基金会，而是希望他自己在基金会里永垂不朽。可是，这并没有改变事情本身的性状和国家的法权，甚至改变不了国家改造任何基金会的义务，如果基金会与国家的维持和改善进步相悖的话，因此，这种基金会绝不能被看做永久建立的。

3

一个自身不是处在一种贵族的宪政之下，而是处在一种君主制的宪政之下的国家，其贵族总还可以是一个对某个时代来说被允许的，或许是必要的组织；但绝对不能主张，这个阶层能够永久地建立起来了，一个国家首脑不应当有权限彻底废除这种阶层的优惠，或者如果他这么做了，人们就可以说，他剥 〔370〕 夺了他的（贵族）臣民应当以继承的方式得到的**“他的”**。贵族是一种时间性的、由国家授权的行会，这种行会必须适应时代状况，并且不可以损害已中止如此之久的普遍人权。——因为国家中的贵族等级不仅仅依赖宪法本身，而且仅仅是宪法的一个偶性，只有通过依存性才能够在国家中生存（一个贵族肯定可以被设想为仅仅是国家的贵族，而不是自然状态中的贵族）。所以，如果国家修改其宪法，那么，因此失去其头衔和优惠的人就不能说他的“他的”被剥夺了：因为他只有在这种国家形式继续存在的条件下，才能把这称做“他的”，但国家有权对国家形式作出修改（例如变为共和制）。——所以，骑士团和拥有某些标志的优先权，并没有提供这种占有的**永久**法权。

4

最后，说到**长子继承制的基金**，既然一个财产占有者通过遗产的指定来安排：在先后相继的继承人的序列中，总是家庭中最亲近的人应当成为财产的主人（与一个国家的一种君主世袭制宪政类似，在后者，这就是成为**邦国的主人**），所以，这样一种基金不仅能够借助所有父系亲属的同意随时予以取消，不可以永久地——就好像继承的法权黏附在土地上似的——持续下去，而且也不能说，让基金终止就侵犯了基金及其男祖先亦即捐赠者的意志；而是国家即便在这里也有权利，甚至有义务，在它自己的改革的原因逐渐出现时，不让它的臣民这样一种邦联体制像王公似的（类似于君主和总督）在灭亡之后死灰复燃。

结论

最后，评论家先生关于在**公共法权**的栏目下阐述的理念，即关于如他所说篇幅所限不宜发表意见的理念，还作出了如下
〔371〕说明："就我们所知，还没有任何一个哲学家承认过这个所有荒谬命题中最荒谬的命题：最高统治的纯然**理念**就应当强迫我把任何自命为我的主人的人，当做我的主人来服从，而不问问：是谁给了他命令我的法权？人们应当承认最高统治和首脑，和人们应当把这个或者那个其存在甚至都不是先天地被给予的人，先天地视为自己的主人，这应当是一回事吧？"——好吧，权且承认这里有**悖谬**，我希望，更仔细地考察，这至少不能被划归**异端邪说**；毋宁说，这个明智而且责人以宽的、缜密的评论家（他不顾那种已引起的反感，"把法权论的这些形而上学初始根据在整体上视为科学的收获"）应当不会为至少把它们当做一种无须第二次审视的尝试，针对其他人的固执而又浅薄的轻蔑议论替它们进行了辩护而后悔。

认为必须服从对人民拥有最高命令权和立法权的人，确切地说如此在法学上无条件地服从，以至于哪怕只是按照法律条文对他获得上述权力进行公开的**研究**，因而对他抱有怀疑，以便在他也许不在场时反对他，这都已经是该惩罚的，认为一个绝对的命令式就是：**你们要服从对你们拥有权力的当局**（在一切不违背内心道德的事情上），这是令人厌恶的命题，应当被拒斥。——但是，不仅仅是这条把一个事实（强占）作为条件来当做法权的基础的原则，而且甚至统治人民的**纯然理念**，都迫使我这个属于人民的人，无须先行的研究就服从这种僭越的权利（法权论，第 49 节），这似乎激怒了评论家的理性。

任何事实（实事）都是（感官的）**显象**中的对象；反之，只能通过纯粹理性来表现的东西，必须被归于**理念**，不可能为理念相应地在经验中给出任何对象，人们中间的一种完全**合法的宪政**就是这样的东西，它就是物自身。

这样，如果有人民通过法律在一个当局之下联合起来，那么，按照人民**一般而言**在一个掌权的最高意志之下的统一性的理念，它是作为经验对象被给予的；但当然只是在显象中被给予的；也就是说，存在着一种该词一般意义上的合法宪政；而 〔372〕
且尽管它可能带有重大的不足和严重的缺点，需要逐步地作出重要的改善，但是，反对它却是绝对不允许的和应予惩罚的：因为如果人民认为自己有权用暴力反对这种虽然还有缺点的宪政和最高权威，那么，人民就会自以为拥有一种法权，即用暴力取代至高地规定一切法权的立法；这将会充当一个自己毁灭自己的最高意志。

一般而言一种国家宪政的**理念**，同时对任何人民来说都是按照法权概念作判断的实践理性的一条绝对命令，是**神圣的**和不可违抗的；而且即使国家的组织由于自身的缘故就有缺点，但毕竟在国家中没有任何下级权力能够以实际的反抗来反对国家的立法首脑，而是国家尚未克服的缺陷必须通过国家自身进行的改革来逐渐地加以消除，因为若不然，如果臣民们有相反的准则（按照专擅的任性行事），那么，一种好的宪政本身就只能通过盲目的偶然事件来完成。——“你们要服从对你们拥有权力的当局”这一命令并不深究当局是怎样获得这种权力的（以便在必要时削弱这种权力）；因为已经存在、你们就生活在其下的权力，已经拥有立法权，你们虽然可以对这种权力公开地作出玄思，但却不可以自命为对抗的立法者。

无条件地使人民意志（它就自身而言是未联合的，因此是无法律的）服从于一个**行使主权的**（通过一项法律把所有人联合起来的）意志，是只能通过夺取最高权力才能开始的行动，而且首先建立了一种公共法权。——还允许反对这种绝对的权力（这种反对限制了那种最高的权力），是自相矛盾的；因为那样一来，那种（可以反抗的）最高权力就会不是合法的最高权力，本来就是后者首先规定了什么是公共地正当的和不正当的。——而且这个原则已经先天地存在于一种一般而言的国家宪政的**理念**中，也就是说，存在于实践理性的一个概念中，虽然不能**相应地**给这个概念配上经验中的任何例证，但它作为规范，也必定没有任何经验与之矛盾。

第二部
德性论的形而上学初始根据

〔375〕

前 言

如果关于某个对象有一种**哲学**（由概念构成的理性知识体系），那么，对于这种哲学来说，必定也存在纯粹的、不依赖任何直观条件的理性概念的一个体系，亦即一种**形而上学**。——问题只是：对于每一种作为义务学说的**实践**哲学来说，因而对于**德性论**（伦理学）来说，是否也需要**形而上学的初始根据**，以便能够把它作为真正的科学（系统地）、不只是作为零星搜检到的学说的堆砌（残缺不全地）建立起来？——关于纯粹的法权论，没有人会怀疑有这种需要，因为它只涉及有待按照外部关系中的自由法则来限制的任性的**形式东西**；不考虑任何**目的**（作为任性的质料）。因此，义务学说在这里就是一种纯然的**知识学说**（doctrina scientiae）。①

① 因此，一个**精通实践哲学的人**恰恰不是**一个实践哲学家**。后者就是使**理性的终极目的**对自己来说成为**其行动**的原理的人，因为他同时把为此必需的知识与此结合起来了：这种知识，既然它以行动为目标，就不可以一直展开到形而上学的最细微的线索，如果它绝不关涉法权义务——例如在法权义务这里，必须在正义的天平上按照作用与反作用相等的原则精确地规定**"我的"**和**"你的"**，因而类似于数学的准确——而是关涉一种纯然的德性义务的话。因为这不只取决于知道做**什么**是义务（鉴于所有人自然拥有的目的而不难指明这一点），而是首先取决于意志的内在原则，亦即这种义务的意识同时就是行动的**动机**，以便关于把这种智慧原则与其意志联结起来的人说：他就是一个**实践哲学家**。

于是，在这种哲学（德性论）中，似乎与这种知识学说的理念恰恰相悖的是：一直回溯到**形而上学的初始根据**，以便使义务概念排除一切经验性的东西（任何情感）而毕竟成为动机。因为如果德性应当是从形而上学的武库中借用它的武器的，那么，人们能够为自己形成怎样一个具有一种力量和赫拉克勒斯般强大的概念，来克服产生恶习的偏好呢？形而上学本来是思辨的事情，只有少数人懂得运用。所以，教室里的、布道坛上的和通俗读物中的一切德性论，如果用一些形而上学碎片来装饰，就显得十分可笑。——但即便如此，在一种形而上学中去探寻德性论的最初根据，毕竟不是没有用处的，更不用说可笑了；因为任何一个人作为哲学家都毕竟必须去寻找这个义务概念的最初根据，因为若不然，对于德性论来说，就根本既不能指望可靠性，也不能指望纯粹性。既然如此，信赖某种情感，该情感因具有预期的作用而被称为**道德的**，这大概也能使民众导师满意；因为作为一种德性义务的试金石，看它是不是德性义务，他要求人们牢记如下任务："如果每个人在任何情况下都使你的准则成为普遍法则，那么，这样一个准则究竟如何才能与自己一致呢？"但是，如果仅仅是情感使得也把这个命题当做试金石成为我们的义务，那么，这种义务在这种情况下就不是由理性授意的，而是仅仅按照本能，因而是盲目地为此接受下来的。 〔376〕

然而事实上，建立在某种情感之上的并不像人们也许误以为的那样是一种道德原则，而实际上无非是模糊思维过的形而上学，它是每一个人在自己的理性禀赋中固有的；就像试图**以苏格拉底的方式**给自己的弟子讲授义务命令式以及在对其行动作出道德评判上的运用的教师很容易意识到的那样。——如果教师根本无意把弟子培养成哲学家，那么，他的**讲授**（技艺）就不可以总是形而上学的，语言不可以是学究气的。但是，**思**

想却必须一直回溯到形而上学的诸要素，没有这些要素，就别指望德性论中有什么可靠性和纯粹性，甚至就连打动人的力量也别指望。

如果偏离这条原理，而从病理学的或者纯感性的，哪怕是道德的**情感**（主观实践的情感而不是客观的情感）开始，也就是说，从意志的质料亦即**目的**开始，而不是从意志的形式亦即
〔377〕 **法则**开始，为的是由此出发规定义务，那么，当然就没有德性论的**形而上学初始根据**——因为无论情感由什么所激发，它都始终是**自然的**。——但德性论在这种情况下也就在其根源上堕落了，无论是在学校里还是在布道坛上等等，都是一回事。因为一个人被什么动机作为手段引向一个好的意图（遵从一切义务），这并不是无关紧要的。——因此，那些**预言般地**甚或**天才般地**对义务学说评头论足的所谓智慧教师尽可以讨厌形而上学，但对于自命为智慧教师的人们来说，甚至在德性论中回溯到它的那些原理，并在它们的岩层上首先自成一派，毕竟是不可推卸的义务。

※ ※ ※

人们肯定在这里有理由感到惊讶：然而，根据迄今为止就义务原则从纯粹理性派生而言对其所作的一切解释，还怎么可能把它重新追溯到幸福学说呢？毕竟这样一来，归根结底将想到某种不依据经验性原因的**道德上的**幸福，而这是一个自相矛盾的荒唐说法。——因为能思维的人每当战胜了恶习的诱惑、意识到自己已经履行了自己那常常艰巨的义务之后，就处于一种灵魂的宁静与满足状态，人们完全可以把这种状态称为幸福，在其中德性就是它自己的报酬。——于是，**幸福论者**就说：这种极乐、这种幸福就是他为什么要合乎德性地行动的真正动因。不是义务概念**直接**规定着他的意志，而是仅仅**借助**预期的幸福，他才被推动去履行自己的义

务。——但现在很明显，既然他只能指望从已经履行自己的义务这种意识获得德性的报酬，因此，这种意识就必须先行发生；也就是说，在他想到幸福将是遵循义务的后果之前，而且在他没有想到这一点的时候，他就必须认为自己有责任履行自己的义务。他在自己的**原因论**中陷入了**循环论证**。也就是说，只有当他意识到自己遵循义务时，他才能希望是**幸福的**（或者内心有福的），但是只有当他预见到通过遵循义务他将使自己幸福时，他才能被打动去遵循自己的义务。——但是，这在这种玄思中也是一个**矛盾**。因为一方面，他应当遵循自己的义务，而不先问一下，这对他的幸福将有什么作用，因而是出自一个**道德上的**根据；但另一方面，他毕竟只是在他可以指望这将给他带来的幸福时，才能为了他的义务而承认某种东西，因而是依据**病理学**的原则，而这恰恰是前者的反面。 〔378〕

我在另一处地方（《柏林月报》）已经对**病理学**的愉快与道德的愉快的区别如我所相信的那样，作出了最简单的表述。也就是说，为了使人依照法则行动而必须走在对法则的遵循之前的愉快是病理学的，而且行事方式遵从的是**自然秩序**；但是，为了被感觉到而法则必须走在其前面的愉快则处于**道德秩序**中。——如果不注意这一区别，如果**幸福**（幸福原则）取代**自由**（内在立法的自由原则）被确立为原理，其后果便是一切道德的**安乐死**（平和的死亡）。

这些错误的原因无非如下：那些只习惯于生理学解释的人无法理解这些法则专断地由以产生的绝对命令式；尽管他们毕竟感到自己不可抗拒地被这绝对命令式所渗透。但是，无法说明完全超出那个范围的东西（任性的**自由**），哪怕正是人的这种优越性，即能够拥有这样一个**理念**，如此令灵魂升华，这一点被往往在其他领域感到自己的能力如此强大的思辨理性的自负要求所刺激，仿佛是普遍**征召**支持理论理性之万能的同盟者们去反对那个理念，而且在今天以及也许更长的时间里攻击道德上的自由概念，尽可能地使之变得可疑，尽管这种攻击最终毕竟是徒劳的。

德性论导论 〔379〕

伦理学在古时候就意味着一般**道德论**（philosophia moralis [道德哲学]），后者人们也称之为**义务的学说**。后来人们觉得最好把这个名称只转用于道德论的一个部分，亦即转用于不服从外部法则的义务的学说上（人们在德语中恰当地给它找到**德性论**这个名称），这样，总的义务学说的体系现在就被划分为能够有外部法则的**法权论**（ius）体系和不能有外部法则的**德性论**（Ethica）体系。这一点也就说到这里。

一、一种德性论的概念阐释

义务概念自身就已经是通过法则来**强迫**（强制）自由任性的概念；这种强制可以是一种**外在的**强制或者**自我强制**。道德**命令式**通过其绝对的表述（无条件的应当）宣布了这种强制，因而强制并不关涉一般理性存在者（其中可能也有**神圣的**存在者），而是关涉作为理性的**自然存在者**的**人**，人还不够神圣，他们虽然承认道德法则的威望本身，也可能会一时感到违背它的愉快，甚至当他们遵从它时，也仍然**不乐意**（借助抵制他们的偏好）这样做，而这正是强制之所在。①——但是，既然人

① 但是，人毕竟认为自己作为**道德存在者**同时〔当他客观地（按照他自己人格中的**人性**）观看自己，看他被自己的纯粹实践理性规定为什么的时候〕神圣得足以**不乐意**违背内在的法则；因为还没有如此卑鄙的人，在有这种违背时在内心感受不到抗拒和对自己的厌恶，若有这种厌恶他本来必定会对自己加以强制的。——现在，人在这个十字路口（在这里，

〔380〕毕竟是一个**自由的**（道德的）存在者，义务概念所包含的就只能是**自我强制**（仅仅通过法则的表象），如果所考虑的是内在的意志规定（动机）的话；因为只有这样，才有可能把那种**强制**（即便它是一种外在的强制）与任性的自由结合起来，但这样一来，义务概念也将是一个伦理学概念。

因此，本性的冲动包含了人的心灵中实施义务的障碍和（有时强有力地）反抗的力量，因此人必须判断自己有能力与它们战斗，并且不是将来才用理性战胜它们，而是现在（与思想同时）马上用理性战胜它们，也就是说，**能够**做法则无条件地命令他应当做的事情。

反抗一个强大但却不义的敌人的能力和深思熟虑的决心是**勇气**（fortitudo），就我们心中的道德意向的敌人而言是**德性**（virtus，fortitudo moralis［道德上的勇气］）。所以，总的义务学说在不是把外在自由，而是把内在自由置于法则之下的部分中，就是德性论。

法权论只与外在自由的**形式**条件（当其准则被当做普遍的法则时，通过与自身的一致）相关，也就是说，只与**法权**相关。反之，伦理学还提供一种**质料**（自由任性的一个对象），即纯粹理性的一个**目的**，这个目的同时被表现为客观必然的目的，亦即对人来说被表现为义务。——因为既然感性偏好把人诱导到可能与义务相悖的目的（作为任性的质料），所以，立
〔381〕法的理性要阻止它们的影响，只能再次通过一个相反的道德目

美丽的寓言把赫拉克勒斯置于德性和肉欲之间）更多地表现出服从偏好而不是服从法则的倾向，这一现象不可能得到解释：因为我们只能解释什么发生了，我们是按照自然法则从一种原因中推出它的；但是如此一来，我们就不是把任性设想为自由的了。——但是，这种交互对立的自我强制及其不可避免性，毕竟使人认识到**自由**本身无法理解的特性。

的，因而这个道德目的必须不依赖爱好而先天地被给予。

目的是（一个理性存在者的）任性的一个对象，通过它的表象，任性被规定采取一种产生这个对象的行动。——现在，我虽然可能被别人强制采取一些行动，这些行动作为手段指向一个目的，但我绝不可能被别人强制着去**拥有一个目的**，而是只能自己使某种东西**成为我的**目的。——但是，我也有责任使包含在实践理性概念中的某种东西成为我的目的，因而在任性的形式规定根据（就像法权包含着这一类东西一样）之外还拥有一个质料的规定根据，即一个目的，它可能与出自感性冲动的目的相对立：这就会是一个**本身就是义务的目的**的概念；不过，这种目的学说不可能属于法权论，而是属于伦理学，惟独伦理学才在自己的概念中带有按照（道德）法则的**自我强制**。

从这一理由出发，伦理学也可以被界定为纯粹实践理性的**目的**体系。——目的和义务把总的道德论的两个部门区分开来。伦理学包含着人们不可能被他人（以物理的方式）强制去遵从的义务，这仅仅是从伦理学是一种**目的**学说得出的结论，因为为此（拥有这些目的）的一种**强制**是自相矛盾的。

但是，说伦理学是一种德性论（doctrina officiorum virtutis［德性义务的学说］），这是从对德性的上述解释中，与上面已指出其特征的责任相比较而得出的。——也就是说，不存在对任性的别的规定，任性由于其概念就已经适合于不受他人的**任性**甚至**以物理的方式**来强制，除非把它规定为一个**目的**。另一个人虽然可以**强制**我去**做**某种不是我的目的（而只是达到另一个人的目的的手段）的事情，但不能强制我**使它成为我的目的**，而且如果我不使它成为我的目的，我不可能有任何目的。后者是一个自相矛盾：一个自由行为同时却不自由。——但是，为自己本身设定一个同时是义务的目的，这并不是矛盾，因为这时是我自己强制自己，这与自由是完全

契合的。①——但是，这样一个目的何以可能？这就是现在的
[382] 问题。因为一件事情的概念的可能性（概念并不自相矛盾）并不足以假定该事情本身（概念的客观实在性）的可能性。

二、一种同时是义务的目的的概念阐释

人们可以用两种方式来思考目的与义务的关系：或者从目的出发，发现合乎义务的行动的**准则**；或者相反，从义务出发，发现同时是义务的**目的**。——**法权论**走的是第一条道路。每个人想为自己的行动设定什么目的，这听凭他的自由任性。但是，行动的准则却是先天地确定的：就是说，行动者的自由能够与任何他人的自由按照一条普遍的法则并行不悖。

但是，**伦理学**选择的是一条相反的道路。它不能从人要为自己设定的目的出发，并由此而拥有他应采纳的准则，亦即拥有他的义务；因为这会是准则的一些经验性根据，它们并不提供义务概念，义务概念（绝对的应当）惟独在纯粹理性中才有其根源；无论如何，如果准则应当按照那些目的（它们都是自私自利的）来采用，那么，真正说来就根本谈不上义务概念。——因此在伦理学中，将是**义务概念**导向目的，并且必须按照道德原理就我们应当给自己设定的目的而言建立**准则**。

① 人越是能够少以物理的方式被强制，就反过来越是能够多以道德的方式（通过义务的纯然表象）被强制，因而就越自由。——例如，一个决心足够坚定、灵魂足够坚强的人，不会放弃已开始的娱乐，哪怕人们向他展示他由此将招致如此之多的损害，但是想到他这样做就会疏于职守或者冷落了一个患病的父亲，他就会毫不迟疑地、尽管不乐意地放弃自己的意图，这正好证明他的最高程度的自由，即他不能反抗义务的呼声。

姑且不论这种自身就是义务的目的究竟是怎样一种目的，不论这样一种目的是如何可能的，在此只需指出：这一种义务名为**德性义务**，以及为什么是这样。 〔383〕

所有的义务都对应着**一种**法权，它被视为**权限**（facultas moralis generatim [一般道德能力]），但并不是所有义务都对应着一个他人强制某人的**法权**（facultas iuridica [司法能力]）；后者特指**法权义务**。——同样，所有伦理责任都对应着德性概念，但并非所有的伦理义务都因此而是德性义务。因为德性义务并不涉及某个目的（质料、任性的客体），而是仅仅涉及道德的意志规定的**形式东西**（例如，合乎义务的行动也必须是**出自义务**发生的）。只有一个**同时是义务的目的**才能被称为**德性义务**。因此，后一类义务有好多种（也有各种不同的德性）；与此相反，关于前一类义务只能设想一种义务，但却对所有的行动都有效（有德性的意向）。

德性义务与法权义务的本质区别在于：对于后者来说，一种外在的强制是道德上可能的，但前者仅仅依据自由的自我强制。——对有限的**神圣**存在者（他们就连被引诱去违背义务也根本不可能）而言，没有德性论，而是只有道德论，后者就是实践理性的自律，然而前者同时包含着实践理性的一种**专制**，也就是说，包含着一种尽管不是直接被感知到的、但却是从道德的绝对命令中正确推论出来的**能力**意识，即能够控制自己那不服从法则的偏好。这样，人的道德性在其最高阶段上毕竟不比德性多任何东西；即便它完全是纯粹的（除了义务的动机外，完全不受任何外来的动机影响），因为它在这种情况下通常作为一种理想（人们必须不断地迫近的理想）被诗意地以**智者**的名义人格化。

但是，德性也不能仅仅被解释和评价为**技能**和（就像宫廷布道人科修斯的获奖论文所说的那样）长期的、通过练习获得的道德上良好的行动的**习惯**。因为如果这种习惯不是那种深思

熟虑的、牢固的、一再提纯的原理的一种结果，那么，它就像
〔384〕出自技术实践理性的任何其他机械作用一样，既不曾对任何情况都作好准备，在新的诱惑可能引起的变化面前也没有保障。

附　释

作为**逻辑上的反面**（contradictorie oppositum［矛盾地相对的］）与德性＝＋a 相对立的，是**否定的无德性**（道德上的软弱）＝0，而作为**对立物**（contrarie s. realiter oppositum［相反地或者实际地相对的］）与之相对立的，则是邪恶＝－a，而且这是一个不但多余、而且有伤风化的问题：重大**犯罪**是否绝不比重大**德性**更需要灵魂的力量。因为我们把灵魂的力量理解为一个赋有自由的人的决心的力量，因而是就他人能够控制自己（有理智）而言的，所以是处于人的**健全**状态的。但是，重大犯罪就是其景象使灵魂健全的人不寒而栗的那种发作。所以，问题也许就成为：一个人在暴怒时是否可能会比他有理智时具有更多的物理力量？如果把灵魂理解为人在自由使用其力量时的生命原则，那就可以承认上面说的，用不着因此赋予他更多的灵魂力量。因为既然那些重大犯罪的根据仅仅在于**削弱**理性的偏好的势力，这并不证明其灵魂的力量，所以，这个问题就会与如下问题结果相当一样：一个人在发病时是否能比他在健康时表现出更多的力量？这个问题可以径直给予否定性的回答；因为缺乏在于人的所有肉体力量之平衡的健康，是这些力量的系统中的一种削弱，人们只能根据这一系统来评判绝对的健康。

三、设想一个同时是义务的目的的根据

目的是自由任性的一个对象，其概念规定任性去采取一个

行动（由此那个对象被产生出来）。因此，每一个行动都有其目的，而且既然不**自己**使其任性的对象成为自己的目的，就没有人能够有一个目的，所以，拥有行动的一个目的，这是行动主体的**自由**的一个行为，而不是**自然**的一个作用。但是，由于这个规定一个目的的行为是一个实践原则，这个原则所要求的不是手段（因而不是有条件的），而是目的本身（因此是无条件的），所以，它就是纯粹实践理性的一个绝对命令式，从而是把一个**义务概念**与一个一般目的概念联结起来的绝对命令式。〔385〕

于是，就必然存在这样一个目的和一个与该目的相应的绝对命令式。因为既然存在自由的行动，就必然也存在那些自由的行动作为客体所指向的目的。但是，在这些目的中间，必然也存在一些同时（亦即按照其概念）是义务的目的。——因为如果不存在这类目的，那么，由于毕竟没有任何行动能够是无目的的，所以一切目的对于实践理性来说就会永远只被视为达成其他目的的手段，而**绝对**命令式就会是不可能的；这将取缔一切道德论。

因此，这里所说的不是人按照其本性的感性冲动而给自己**制订**的目的，而是服从自己的法则的自由任性的对象，**人应当使**这些对象**成为**自己的目的。人们可以把前者称为技术的（主观的）、真正实用的、在其目的的选择中包含着精明规则的目的论，但人们必须把后者称为道德的（客观的）目的论；这种区分在此毕竟是多余的，因为道德论已经通过其概念把自己与自然学说（在此是人类学）清楚地区别开来了，后者依据的是经验性的原则，与此相反，探讨义务的道德目的论依据的则是先天地在纯粹实践理性中被给予的原则。

四、哪些目的同时是义务的目的

它们是：**自己的完善、他人的幸福**。

人们不能把这些目的相互调换，使一方面**自己的幸福**与另一方面**他人的完善**成为自身就是同一个人格的义务的目的。

〔386〕因为**自己的幸福**虽然是一个所有人（由于其本性的冲动）都具有的目的，但这个目的却永远不能被视为义务而不自相矛盾。每个人不可避免地已经自动想要的东西，就不属于**义务**的概念；因为义务是**强制**具有一个不乐意采纳的目的。所以，说人**有义务**全力促成其自己的幸福，是自相矛盾的。

同样，使一个他人的完善成为我的目的，并认为我对促成这种完善有义务，亦是一个矛盾。因为另一个人作为一个人格，其完善恰恰就在于这一点，即他**自己**有能力按照他自己关于义务的概念为自己设定自己的目的，而且要求（使之成为我的义务）我应当做除了他自己之外没有别的人能够做的事情，是自相矛盾的。

五、这两个概念的阐释

1. 自己的完善

完善这个词遭受了一些误解。它有时被理解为一个隶属于先验哲学、合并起来构成一个事物的杂多之**全体性**的概念，——但也被理解为属于**目的论**的，这样它就意味着一个事物的诸性状与一个**目的**的协调一致。人们可以把前一种意义上的完善称为**量的**（质料的）完善，把第二种意义上的完善称为**质的**（形式的）完善。前者只能是一种完善（因为隶属一个事物的东西的全体是一）。但关于后者，在一个事物中就可以有许多种。我们在此真正要讨论的也是后一种完善。

如果关于属于一般人的（真正说来属于人类的）完善说：使它成为自己的目的，这本身就是义务，那么，它就必须被设定在能够是人行为的结果，而不只是人不得不归功于本性的礼物的东西之中；因为若不然，它就不是义务了。因此，它无非

是人的能力（或者自然禀赋）的**陶冶**，其中**知性**作为概念的，〔387〕
从而也是关涉义务的概念的能力是最高的能力，但同时也是对遵循一切一般义务的意志的（道德的思维方式）的**陶冶**。1. 人有义务：努力脱离其本性的粗野，脱离动物性（quoad actum［行为上的］），越来越上升到人性，惟有借助人性人才能为自己设定目的；通过教导来弥补其无知，纠正其失误，而这不只是他的其他方面的意图的技术实践理性（技艺）**建议**给他的，而是道德实践理性绝对地**命令**他这样做，并且使这一目的成为他的义务，以便和他身上的人性相称。2. 把他的**意志**的陶冶一直提升到最纯粹的德性意向，亦即**法则**同时成为他的合乎义务的行为的动机，并且出自义务来服从法则，这就是内在的道德实践的完善性，这种完善性由于是他自己心中的立法意志对据此行动的能力施加的作用的一种情感，因此是**道德情感**，仿佛是一种特殊的**感觉**（sensus moralis［道德感觉］），这种感觉固然的确往往被狂热地滥用，就好像它（如同苏格拉底的灵机一样）先行于理性，或者也能够根本不需要理性的判断似的，但它毕竟是一种道德上的完善，亦即使每一个同时是义务的特殊目的成为对象。

2. 他人的幸福

幸福，亦即对自己的状态的满足，只要人们确信幸福的持存，期望幸福和寻求幸福就是人的本性不可避免的；但正因为如此，它也不是一个同时是义务的目的。——既然一些人还在道德幸福和自然幸福之间作出区分（前者在于对自己的人格及其特有的道德行为的满足，因而是对他的**所作所为**的满足，后者在于对自然所赐的满足，从而是对他当做外来赠品来**享受**的东西的满足），所以，人们必须注意到：且不指责对这个词的滥用（它已经在自身包含着一个矛盾），前一种感受方式仅仅属于上一节，即完

〔388〕善那一节。——因为在仅仅意识到自己的正直时感到自己幸福的人，已经拥有上一节被解释为同时是义务的目的的那种完善。

因此，如果关键在于幸福，把幸福当做我的目的来追求应当是义务，那么，这必须是**其他人**的幸福，**我由此也使这些人的**（被允许的）**目的成为我的目的**。至于这些人愿意把什么算做他们的幸福，依然听凭他们自己去评判；只不过我也有权拒绝某些**他们**归入此列、而我并不赞成的东西，如果他们通常并没有权利将这他们自己的事情要求于我的话。但是，用一种假托的责任与那个目的相对立，即必须也关照我**自己的**（自然的）幸福，并且就这样使我自然的、纯然主观的目的成为义务（客观的目的），这是对上述义务划分（四）的一种虚假的、常常被使用的反对意见，是需要谴责的。

令人讨厌的事、痛苦和匮乏是违背自己的义务的重大诱惑。因此，富裕、强大、健康和一般而言的福祉，是和那种影响相对立的，它们看起来也能被视为同时是义务的目的；也就是说，促成其自己的幸福，使它不仅仅为了他人的幸福。——但这样一来，这种幸福就不是目的，而主体的道德性才是目的，为这个目的清除障碍，只是被允许的手段；因为没有其他人有权要求我牺牲我那并非不道德的目的。为自己谋求富裕，并不直接地是义务，但却间接地能够是这样一种义务：亦即防止贫穷，贫穷是恶习的一大诱惑。但这样一来，它就不是我的幸福，而是我的道德性了，保持道德性的完美无疵是我的目的，同时也是我的义务。

六、伦理学不为行动立法（因为这是法学的事），而是只为行动的准则立法

义务概念直接与**法则**相关（即便我还抽掉作为法则的质料
〔389〕的一切目的）；就像义务的形式原则在“要如此行动，使你的行

为准则能够成为一个普遍**法则**”的绝对命令式中已经显示的那样；只不过在伦理学中这个法则被设想为**你**自己的**意志**的法则，而不是被设想为也能够是他人意志的一般意志的法则；这样一来，在伦理学中，它就会提供一种不属于伦理学领域的法权义务。——准则在此被视为仅仅**获得资格**进行一种普遍立法的主观原理；这只是一个否定的原则（与一个一般法则并不矛盾）。——但在这种情况下，还怎么可能对行动准则有一个法则呢？

惟有一种同时是义务、为伦理学所特有的目的的概念，才论证了行动准则的法则，因为主观目的（人人都有的目的）被置于客观目的（人人都应当使之成为自己目的的目的）之下。“你应当使这个或者那个（例如他人的幸福）成为你的目的”，这一命令式涉及任性的质料（一个客体）。既然不是行动者同时企求一个目的（作为任性的质料），就没有任何自由的行动是可能的，所以，如果有一个同时是义务的目的，行动准则作为达成目的的手段就必定只包含着获得一种可能的普遍立法的资格的条件；对此，同时是义务的目的使得具有这样一个准则成为一个法则，然而对于准则本身来说，与一种普遍的立法相一致的纯然可能性就已经足够。

因为行动的准则可以是**任性的**，而且仅仅受制于作为行动的形式原则的、一种普遍立法的资格的限制性条件。但是，一个法则取缔行动的任性的东西，而且在这一点上与一切**颂扬**（这里只要求知道达成一个目的的最恰当手段）不同。

七、伦理义务是广义的责任，而法权义务则是狭义的责任 〔390〕

这个命题是从上一个命题得出的结论；因为如果法则要求行动的准则，而不能要求行动本身，那么，这就是一个信号，即法则为遵循（遵从）留下了自由任性的一个活动空间（latitudo），也就是说，不能确定地说明应当如何通过行动为同时是义务的目的而发挥作用，以及发挥多少作用。——但是，一种广义的义务并不被理解为对行为准则之例外情形的一种许可，而只是一个义务准则被另一个义务准则所限制（例如，因为爱父母进而爱邻人）的许可，由此事实上扩大了德性实践的领域。——义务越宽泛，从而人去行动的责任越不完全，尽管如此他（在自己的意向中）使遵从这种责任的准则越接近**狭义的**义务（法权义务），其德性行动就越完全。

所以，惟有不完全的义务才是**德性义务**。德性义务的履行是**功德**（meritum）＝＋a；但对它的违背却并不马上就是**过失**（demeritum）＝－a，而仅仅是道德上的**无价值**＝0，除非主体的原理就是不服从那些义务。第一种情况中决心的坚强其实只是德性（virtus），第二种情况中的软弱与其叫做**恶习**（vitium），还不如说只是**无德性**，是道德上的坚强的缺乏（defectus moralis［道德上的匮乏］）。（正如德性这个词源于“适用”一样，无德性源于“一无所用”。）任何违背义务的行动都叫做**犯罪**（peccatum），而蓄意的、已经成了原理的犯罪则真正构成人们称为**恶习**（vitium）的东西。

虽然行动对法权的适应（做一个守法的人）不是什么有功德的事，但这样一些行动的准则的适应，作为义务，亦即对法权的**敬重**，却是**有功德的**。因为人由此**使**人性的，或者还**使**人的法权**成为**自己的**目的**，并且由此使其义务概念扩展到**本分**（officium debiti［亏欠的义务］）概念之外；因为一个他人从
〔391〕自己的法权出发可以要求我作出遵循法则的行动，但却不能要求这条法则也同时包含着作出这些行动的动机。“出自义务而合乎义务地行动”，这个普遍的伦理命令也具有这种情况。在内心建立并激发这种意向，与前面的意向一样是**有功德的**，因为它超出了行动的义务法则，并且使法则自身同时成为动机。

但正因为如此，这些义务也必须被归为广义的责任，就广义的责任而言出现了其伦理**回报**的主观原则（确切地说是为了使这些义务尽可能接近一种狭义的责任的概念），亦即按照德性法则对它们的易感性的主观原则，也就是一种道德上的愉快的原则，这种愉快超出了纯然的对自己的满意（这只能是否定性的），而且人们赞美它：说德性在这种意识中就是它自己的酬报。

如果这种功德是人对他人的功德，即促成他人的自然的、被所有人承认的目的（使他人的幸福成为自己的幸福），那么，人们就可以把这称为**甜美的功德**，对它的意识带来一种道德上的享受，人们愿意通过同喜同乐而**沉浸**在这种享受中；然而，**苦涩的功德**，亦即对于他人的真正福祉来说，即便他人没有认出它就是福祉，毕竟也（在无法辨认的、吃力不讨好的事情上）促成它，却通常没有这样一种反作用，而是只会造成对自己的**满意**，虽然在后一种情况下这种功德还会更大些。

八、对作为广义义务的德性义务的解说

1. 自己的完善作为同时是义务的目的

a. **自然的**完善，亦即促成由理性提交的目的的所有一般**能力**的**培养**。这是义务，因而本身就是目的，而且那种培养甚至无须考虑它向我们保证的好处，不以一个有条件的（实用的）命令式为基础，而是以一个无条件的（道德的）命令式为基础，这一点应当由此看出来。一般而言为自己设定某个目的 〔392〕
的能力，是人类的显著特征（与兽类有别）。因此，与我们自己人格中的人性的目的相结合的，也有理性意志，因而有如下义务，即一般而言通过培养为人性作出贡献，就实现各种各样可能目的的**能力**在人本身可以发现而言获得或者促进这种能力，也就是说，是培养其本性中的原始禀赋的义务，惟有这样

动物才升华为人：因此是义务自身。

然而，这种义务仅仅是伦理的，亦即具有广义的责任。人们究竟在培养方面（在扩展或者校正自己的知性能力方面，亦即在知识或者技艺能力方面）应当走多远，并没有任何理性原则作出明确的规定；人们可能进入的处境的不同，也使他应当为之培植其才能的工作的种类选择非常任意。——所以，这里没有行动的理性法则，而是只有行动准则的理性法则，这个准则就是，“培养你的心灵力量和肉体力量以适应你可能碰到的一切目的”，不确定的是其中哪些目的将来会成为你的目的。

b. 我们心中的**道德性的培养**。人的最大的道德完善是：尽自己的义务，确切地说是**出自义务**而尽义务（法则不单是行动的规则，而且是行动的动机）。——现在，这种法则虽然乍看起来似乎是一种**狭义**的责任，每一行动的义务原则似乎以一个法则的精确性和严格性不但要求**合法性**，而且要求**道德性**，亦即意向。但事实上，法则在这里也只要求**行动的准则**，即不是在感性冲动（好处或者坏处）中，而完全是在法则中寻找承担义务的根据，——因而不是要求**行动本身**。——因为对于人来说，如此看穿他自己的内心深处，以至于他往往只是在**一个**行动中就能完全确知，其道德意图的纯粹性和意向的纯洁性是不可能的，即便他毫不怀疑这个行为的合法性。毋宁是那制止一种犯罪冒险的软弱，被同一个人视为德性（它提供了坚强的概念），而且有多少人可以度过漫长无罪的人生，他们只是**侥
〔393〕幸地**避开了如此多的诱惑；就每一次行为而言，究竟有多少纯粹道德的内容处于意向中，对他们自己来说依然是隐秘的。

因此，就连这种不仅按照合法性，而且按照道德性（意向）来评估其行动之价值的义务，也仅仅具有**广义的**责任，法则并不要求人的心灵本身中的这种内在行动，而只要求行动的准则：尽一切能力使得对一切合乎义务的行动来说，义务的思

想独自就是充分的动机。

2. 他人的幸福作为同时是义务的目的

a. **自然的福祉**。**善意**可以是漫无边际的，因为这里可以不做任何事情。而**行善**施行起来要困难得多，尤其是当它应当不是出自对他人的好感（爱慕），而是出自义务，要牺牲和伤害某些情欲而发生的时候。——这种善行是义务，这一点产生自：由于我们的自爱不可能与被他人爱（在危难时得到帮助）的需要相分离，所以我们使自己成为他人的目的，而且这种准则永远只有通过取得一个普遍法则的资格，因而通过一个意志，才能让人有责任也使他人对我们成为目的，所以，他人的幸福就是一个同时是义务的目的。

然而，我应当拿我自己的一部分福祉奉献给他人而不图回报，因为这是义务，而且这可以走多远，不可能给出一个明确的界限。这在很大程度上取决于，对于每个人来说，按照他的感知方式，什么将是真正的需要，这种需要必须听凭每个人自己去决定。因为以牺牲自己的幸福（真正的需要）来促成他人的幸福，本身就会是一个自相矛盾的准则，如果人们使它成为普遍的法则的话。所以，这种义务只是一种**广义的**义务，它在这方面做多做少，有一个回旋的余地，不能明确地给出它的界限。——法则只适用于准则，而不适用于确定的行动。

b. 他人**道德上的福乐**（salubritas moralis）也属于其幸 〔394〕
福，促成这种幸福对我们来说是义务，但只是消极的义务。一个人出于内疚而感到的痛苦，虽然其起源是道德上的，但毕竟在结果上是自然的，例如忧伤、恐惧和任何其他病态的状况。防止那人被这种内心责难理所当然地击中，这虽然本来就不是**我的**义务，而是**他自己的**事情；但是，不做任何事情，按照人的本性就会是误导人做其良知事后使他可能为之痛苦的事情，人们把这称为丑闻。——但是，这不是什么确定的界限，在这些界限之内这种小心谨慎可以被视为他人在道德上的满意；因此，以此为基础的仅仅是一种广义的责任。

九、什么是德性义务

德性就是人在遵循自己的义务时准则的力量。——任何力量都只是通过它能够克服的障碍才被认识到；但在德性这里，这些障碍就是可能与道德决心相冲突的自然偏好，而且既然正是人为自己的准则设置了这些路障，所以，德性就不单是一种自我强制（因为那样的话，一种自然偏好就可能力图强制另一种自然偏好），而且是一种依据一个内在自由原则，因而通过义务的纯然表象依据义务的形式法则的强制。

一切义务都包含着一个由法则而来的**强制**的概念；**伦理**义务包含着这样一种强制，对于它来说只可能有一种内在的立法，与此相反，法权义务则包含着这样一种强制，对于它来说也可能有一种外在的立法；因此，二者都有一种强制，无论是自我强制还是通过他人来强制：这样一来，前者的道德能力就可以被称为德性，产生自这样一种意向（对法则的敬重）的行动就可以被称为德性行动（伦理的），尽管法则表达的是一种法权义务。因为正是**德性论**要求把人的法权视为神圣的。

但是，做了就是德性的事情，并不因此马上就是真正的**德性义务**。前者只能涉及准则的**形式东西**，后者则关涉准则的质料，亦即关涉一个同时被设想为义务的**目的**。——但是，既然
〔395〕对那些可能有许多种目的的伦理责任只是一种**广义**的责任，因为它在这里只包含着一个对行动准则来说的法则，而且目的就是任性的质料（客体），所以，就存在着许多因合法目的不同

而不同的义务，这些义务被称为**德性义务**（officia honestatis）；这正是因为它们只服从自由的自我强制，不服从别的人，而且它们规定着同时是义务的目的。

德性，作为在坚定的意向中建立的意志与任何义务的一致，与所有**形式的东西**一样都仅仅是同一个义务。但就行动的同时是义务的目的而言，亦即就人们应当使之成为自己的目的的东西（质料的东西）而言，就可能有更多的德性，而对目的准则的责任就叫做德性义务，因此，德性义务有许多种。

德性论的至上原则是：你要按照一个**目的**准则行动，拥有这些目的对任何人而言都可以是一个普遍法则。——按照这一原则，人无论对自己还是对他人都是目的，而且他既无权把自己也无权把他人仅仅当做手段来使用（这时他毕竟可能对他人也漠不关心），这还不够；相反，使一般而言的人成为自己的目的，这本身就是人的义务。

德性论的这一原理，作为一个绝对命令式，不可以作任何证明，但完全可以从纯粹实践理性出发作一种演绎。——在人与自身及他人的关系中**能够**是目的的东西，就是纯粹实践理性面前的目的；因为纯粹实践理性就是一种一般的目的能力，所以就这些目的而言漠不关心，亦即对它们毫无兴趣，这是一个矛盾，因为那样的话，它也就不会规定行动的准则（后者在任何时候都包含着一个目的），因而就会不是实践理性了。但是，纯粹理性不能先天地要求任何目的，除非它把这样一些目的同时宣布为义务；这些义务在这种情况下就叫做德性义务。

十、法权论的至上原则是分析的，而德性论的至上原则却是综合的 〔396〕

外在的强制，就它是一种与按照普遍法则而协调一致的外在自由的障碍相对立的阻抗（外在自由的障碍的障碍）而言，能够与一般的目的并行不悖，这一点按照矛盾律是显而易见的，而且为了看出它，我不可以超出自由的概念；每个人都有的目的可能就是他所愿望的。——因此，至上的**法权原则**是一个分析命题。

与此相反，德性论的原则超出了外在自由的概念，而且按照普遍的法则还把一个它使之成为义务的**目的**与外在自由的概念联结起来。所以，这个原则是综合的。——其可能性就包含在演绎之中（第九节）。

义务概念的这种扩展，超出了外在自由及其因自己普遍一致的纯然形式的东西而受限制的概念，在这里建立起来的是**内在的**自由而不是来自外部的强制，是自我强制的能力，确切地说不是凭借别的偏好，而是通过纯粹实践理性（它蔑视所有这种中介），这种扩展就在于：通过它建立起了法权完全弃之不顾的目的，它由此也高过了法权义务。——在道德命令式和为它所必需的自由前提中，**法则**、**能力**（实现法则的能力）和规定准则的**意志**构成了所有形成法权义务概念的要素。但是，在要求德性义务的意志中，还在一种自我强制的概念之上添加了一个**目的**的概念，这个目的不是我们具有的，而是我们应当具有的，因而是纯粹实践理性自身具有的，纯粹实践理性最高的、无条件的目的（但毕竟始终还是义务）就被设定在：德性就是它自己的目的，就它为人作出的功德而言，它也是它自己的酬报〔在这里，德性作为理想如此光辉灿烂，以至于它在人的眼里似乎使永不被诱惑犯罪的**神圣**本身也黯然失色①；这仍

① 人即便有其缺陷，
也胜过一群无意志的天使。
——哈勒

然是一种欺骗，因为既然我们没有尺度来衡量作为那时已经可 〔397〕
以被克服的障碍（就是存在于我们内心的偏好）之大小的强度，我们就受到误导，把评价一种大小的**主观**条件视为大小自身的**客观**条件〕。不过，与都有其需要克服的障碍的**人类目的**相比，具有其正确性的是：德性本身作为它自己的目的，其价值远远胜过一切用处和一切经验性的目的，以及它本来可能作为自己的后果带来的好处。

人们也完全可以说：人理应**有**德性（作为一种道德力量）。因为尽管绝对能够并且必须**预设**由于自己的自由而克服一切感性地起相反作用的冲动的能力（facultas），但毕竟这种能力作为力量（robur）是某种必须来获得的东西，其方式是通过对我们心中的纯粹理性法则之尊严的沉思（contemplatione），但同时也通过**练习**（exercitio）来振奋道德的**动机**（法则的表象）。

十一、德性义务的图型可以按照上述原理以如下方式来图示 〔398〕

德性义务的质料性东西

内在的德性义务	1. **自己的目的**，对我来说同时就是义务。（我自己的**完善**）	2. **他人的目的**，促成它对我来说同时就是义务。（他人的**幸福**）	外在的德性义务
	3. **法则**，同时是动机。一切自由的意志规定的**道德性**都依据它。	4. **目的**，同时是动机。一切自由的意志规定的**合法性**都依据它。	

德性义务的形式性东西

〔399〕
十二、心灵对于一般义务概念的易感性之感性论先行概念

正是这样一些道德性状，如果人们不具有它们，也就不可能有义务使自己拥有它们。——它们是**道德情感**、**良知**、**对邻人的爱**和对自己的**敬重**（**自重**），不存在拥有它们的责任；因为它们是作为对义务概念的易感性的**主观**条件，而不是作为客观条件为道德性奠定基础的。它们全都是感性的，而且是先行的，但却自然的心灵禀赋（praedispositio），可以被义务概念所激发；拥有这些禀赋，并不能被看做义务，相反，它们是每个人都具有的，而且凭借它们每个人都可以被赋予义务。——对它们的意识不具有经验性的起源，而只能是作为道德法则对心灵的作用，在一种道德法则的意识之后发生。

1. 道德情感

道德情感只是对于出自我们的行动与义务法则相一致或者相冲突这种意识的愉快或者不快的易感性。但是，任性的一切规定都是从可能的行动的表象出发，通过对行动或者其后果感兴趣的愉快或不快的情感，而达成事实的；在这里，**感性的**状况（内感官受刺激的状况）要么是一种**病理学的**情感，要么是一种**道德的**情感。——前者是一种先行于法则的表象的情感，而后者则只能是继法则的表象而起的情感。

现在，不可能存在任何拥有一种道德情感或者获得这样一种道德情感的义务，因为一切责任意识都把道德情感当做基础，以便意识到蕴涵在义务概念中的强制；而是每个人（作为

一个道德存在者）心中原本就有这种道德情感；但是，责任只能在于**培养**这种情感，甚至通过对其不可探究的起源的惊赞来强化它，做到这一点，乃是通过指出，它是如何排除一切病理学的刺激并在其纯洁性上通过纯然的理性表象恰恰最强烈地激发出来的。〔400〕

把这种情感称为道德**感觉**并不恰当；因为感觉这个词通常被理解为一种理论的、与一个对象相关的感知能力；与此相反，道德情感（例如一般而言的愉快或者不快）是某种纯然主观的东西，它并不提供认识。——没有人不具有任何道德情感；因为如果对这种感受完全没有易感性，人在道德上就会死了，而如果（用医生的话说）道德的生命力不再能对这种情感造成任何刺激，那么，人性（仿佛是按照化学法则）就会化为纯然的动物性，而且会不可逆转地混杂进大量其他的自然存在者之中。——不过，虽然人们经常这样表述，但正如我们对真理很少有一种特殊的**感觉**一样，我们对（道德的）善与恶同样很少有一种特殊的感觉，而是有自由任性对自己被纯粹实践理性（及其法则）所推动的易感性，而这就是我们称之为道德情感的东西。

2. 良知

同样，良知也不是什么可以获得的东西，而且没有任何获得一种良知的义务；而是每一个人作为道德存在者都本来在心中**有**这样一种良知。说有责任有一种良知，就会等于是说：对自己有义务承认义务。因为良知就是在一个法则的任何事例中都告诫人有作出赦免或者宣判的义务的实践理性。因此，良知的关系不是与一个客体的关系，而是仅仅与主体的关系（通过其行为激发道德情感）；因而是一种必然发生的事实，并不是责任和义务。因此如果人们说：这个人没有良知，则人们说的是：他没把良知的呼声当回事。因为如果他真的没有良知，他也就不会把自己归为合乎义务的，或者指责自己是违背义务的，因而也根本不可能设想自己有义务具有良知。

〔401〕

在此，我还不打算讨论良知的种种划分，只是提醒注意从上述引证中得出的东西，也就是说，一个**会犯错误的**良知是胡说八道。因为在某种东西是不是义务的客观判断中，人们有时很可能出错；但在我是否为了作出那种判断已经把它与我的实践理性（在此是判决的理性）进行了比较的主观判断中，我不可能出错，因为那样的话，我在实践上就根本不会作出判断；在这种情况下就既没有错也没有对。**无良知**不是缺乏良知，而是不把良知的判断放在心上的癖好。但是，如果有人意识到已经是在按照良知行动的，那么，就罪过或者无辜而言，就不能再要求他任何东西。他的责任仅仅是对自己关于什么是义务或者不是义务的知性进行启蒙；不过，一旦他开始这样做或者已经做了，良知就不由自主地和不可避免地要说话。因此，按照良知去行动，本身不可能是义务，因为若不然，就还必须有一个第二良知，来意识到前者的行为。

义务在这里只是培养自己的良知，磨砺对内在法官的呼声的注意力，并运用一切手段（因此只是间接的义务）来倾听良知。

3. 人类之爱

爱是**感知**的事情，不是意愿的事情，而且我能够爱，不是因为我**愿意**，但更不是因为我**应当**（被强制去爱）。因此，一种**爱**的义务是胡说八道。不过，**善意**（amor benevolentiae [善意的爱]）作为一种行为可以服从于义务法则。但是，人们常常把一种对他人无私的善意也（尽管不是本义的）叫做**爱**；不错，在善意所涉及的不是他人的幸福，而是使自己的所有目的完全并且自由地顺从于另一个（哪怕是一个超人的）存在者的目的的地方，人们说的是同时对我们而言是义务的爱。但是，一切义务都是强迫，是一种强制，哪怕它是按照一个法则的自我强制。不过，人们出于强制而做的事，并不是由于爱而这么做的。

尽我们的能力向他人**行善**是义务，不论爱不爱他们，即便人们不得不作出忧伤的说明："真可惜，我们的族类并不适合于在人们更仔细了解它时，可以认为它特别值得爱"，也丝毫无损于这种义务的重要性。——**仇视人**在任何时候都是**可恨的**，哪怕它没有实际的攻击而仅仅在于对人的完全抛弃（分裂主义的厌恶人类）。因为善意始终还是一种义务，哪怕是对于仇视人类者，人们当然不可能爱这种人，但毕竟可以向他表示善意。 〔402〕

但是，憎恶人身上的恶习，既不是义务也不是违背义务的，而是对恶习的一种纯然厌恶感，意志对这种情感并没有一些影响，或者反过来这种情感对意志也没有一些影响。**行善**是义务。经常履行这种义务，并且实现了自己的行善意图的人，最后就真的爱上了那个他曾经对之行善的人。所以，如果这叫做你应当**爱**你的邻人如你自己，那么，它就并不叫做你要直接地（首先）去爱并且借助这种爱（然后）行善，而是叫做对你的邻人**行善**，并且这种行善将在你心中造成人类之爱（作为一般行善偏好的能力）！

因此，惟有对**满意**的爱（amor complacentiae）才会是直接的。但是，对这种爱（作为一种与一个对象的实存的表象直接结合的愉快），亦即不得不被迫对此感到愉快，这是一个矛盾。

4. 敬重

敬重（reverentia）同样是某种纯然主观的东西，一种独特的情感，不是关于一个有义务去造就和促成的对象的一个判断。因为义务作为义务来看，只有通过我们对它持有的**敬重**才能被表现出来。因此，有义务去敬重就会等于是说让人有义务去有义务。——据此，如果说人有自重的**义务**，那么，这种说法就是不正确的，而毋宁是必须说：人心中的法则迫使他不可
〔403〕避免地**敬重**他自己的本质，而这种情感（它是一种独特的情感）就是某些义务，亦即某些能够与对自己本身的义务共存的行动的一个根据；而不是说：人**有**敬重自己的义务；因为人必须对内心的法则本身持有敬重，哪怕只是为了可以设想一种一般的义务。

十三、在讨论一种纯粹的德性论时的道德形而上学普遍原理

第一，对于一个义务来说，也只能找出承担义务的一个**惟一的**根据，如果对此作出两个或者更多的证明，那么，这就是一个可靠的标志，说明人们要么还根本没有一个有效的证明，要么也存在着多个并且不同的义务，人们却把它们视为一个。

因为一切道德的证明作为哲学的证明，都只能借助于一种**出自概念**的理性认识来进行，而不是像数学提供的证明那样是通过概念的构造来进行的；后者允许对同一个命题有多种证明，因为在先天**直观**中对一个客体的性状可以有多种规定，它们都回溯到同一个根据。——例如，如果对于诚实的义务来说，首先要从谎言对他人造成的**损害**出发作出一个证明，但然

后也要从一个说谎者的**卑鄙**和对自我敬重的侵犯出发作出一个证明，那么，在前一个证明中得到证明的就是一种善意的义务，而不是一种诚实的义务，因而不是人们要求证明的这种义务，而是另一种义务。——但是，涉及对同一个命题的多种证明，人们沾沾自喜于根据的数量将弥补单独采用任何一个根据而在分量上的欠缺，那么，这就是一种非哲学的托辞，因为它表露出欺诈和不真诚。——因为把不同的不充分的根据**并列**起来，并不使一个根据弥补另一个根据的不足而达到确定性，甚至连或然性也不能达到。它们必须作为根据和后果而**在一个序列中**一直**前进**直至充足的根据，并且也只能以这种方式进行证明。——而尽管如此，这却是说服艺术的惯用技巧。 〔404〕

第二，德性与恶习的区别绝不能在遵循某些准则的程度中去寻找，而是必须仅仅在这些准则特殊的质（与法则的关系）中去寻找。换句话说，（亚里士多德的）受到称赞的原理，即把德性设定为两种恶习之间的**中道**，是错误的。[①] 例如，假设好的家政就是两种恶习，亦即浪费与吝啬之间的**中道**，那么，它作为德性就不能被表现为通过上述两种恶习的第一种的逐渐减少（节省）而产生的，也不能被表现为通过顺从第二种恶习

① 惯常的、语言上的伦理学经典语式：medio tutissimus ibis［走中道最妥当］；omne nimium vertitur in vitium［过犹不及］；est modus in rebus［万事有限度］等等；medium tenuere beati［持守中道有福］；insani sapiens nomen habeat［智者有狂名］等等，包含着一种索然无味的智慧，它根本就没有什么确定的原则，因为两个极端之间的这个中道究竟由谁来给我说明呢？**吝啬**（作为恶习）与节俭（作为德性）的区别并不在于后者做得**太过分**，而是有着一个完全**不同的原则**（准则），亦即把家政的目的不是设定在享受其财富，而是放弃这种享受而仅仅**占有**财富，就像**浪费**这种恶习不应当在过度享受其财富中，而应当在坏的准则中去寻找一样，这种恶的准则使得不加保留的使用成为惟一的目的。

的人的开支增加而产生的，就好像它们按照相反的方向在好的家政中相遇似的；相反，这两种恶习的每一种都有其自己与别的准则必然相抵触的准则。

同样，而且出自同样的理由，没有任何恶习一般而言能够用对某些意图的实施**大于**其合目的性来解释（e. g. Prodigalitas est excessus in consumendis opibus［例如，浪费就是消费财物过度］），或者用对某些意图的实施小于恰如其分来解释（e. g. Avaritia est defectus etc. ［例如，吝啬就是消费财物不足］）。因为既然由此根本没有规定**程度**，而行为是否合乎义务，一切都取决于这个程度，所以，这就不能用于作解释。

第三，伦理义务必须不是按照赋予人的遵循法则的能力来评价，而是相反，道德能力必须按照无条件地发布命令的法则
〔405〕来评价，因而不是按照我们关于人是怎样的的经验性知识来评价，而是按照关于人依据人性的理念应当是怎样的的理性知识来评价。对一种德性论的科学探讨的这三条准则是与更古老的格言正相对立的：

1. 只有一种德性，且只有一种恶习。
2. 德性就是遵循两种相反意见之间的中间道路。
3. 德性必须（与精明一样）从经验中学到。

一般德性

德性意味着意志的一种道德力量。但这还没有穷尽这个概念；因为这种力量也可能属于一个**神圣的**（超人的）存在者，在他身上没有任何阻碍的冲动来抵制他的意志的法则；因此，他很乐意遵循法则来做这一切。所以，德性是一个**人**在遵从其**义务**时意志的道德力量，义务是由其自己的立法理性而来的一种道德**强制**，如果这理性把自己构建成一种执行法则的力量本

身的话。——德性并非自身就是义务，或者拥有德性并不是义务（因为若不然，就必定会有为义务而承担义务），而是义务发布命令，并且以一种道德的（按照内在自由法则可能的）强制来伴随其命令；但由于强制应当是不可抗拒的，为此就需要力量，力量的程度我们只能通过人由于其偏好而给自己造成的障碍的大小来度量。恶习，作为违背法则的意向的产物，是人现在必须与之战斗的怪物；所以，这种道德力量，作为**勇气**（fortitudo moralis［道德勇气］），也构成了人最大的、惟一的、真实的战斗荣誉，它也被称为真正的智慧，亦即实践的**智慧**，因为它使人生存于世的**终极目的**成为自己的目的。——只有拥有了它，人才是自由的、健康的、富有的，是一个国王，如此等等，而且人既不能因为偶然也不能因为命运而受损，因为人自己拥有自己，有德性的人不可能失去其德性。

与人类在其道德完善方面的理想有关的种种赞美，不会因为人们现在是、曾经是、或者也许将来是的样子的反面实例而在其实践的实在性上有丝毫损失，从纯然的经验知识产生的 〔406〕 **人类学**不可能对由无条件地立法的理性确立的**人类规范学**造成损害，而且尽管德性（就其与人的关系，不是与法则的关系而言）有时也可以叫做有功德的，而且值得称赞，但它毕竟必须独自就像它是它自己的目的一样，也被看做它自己的酬报。

德性，在其完全的完善性上看，就被表现得不像是人拥有德性，而好像是德性拥有人似的，因为在前一种情况中，看起来就好像人还曾作选择似的（那样一来，他就会还需要另一种德性，以便在每一件别的提供出来的物品之前挑选德性）。——设想有多种德性（毕竟这样想是不可避免的），无非是设想有不同的道德对象，意志被从德性的惟一原则出发导向这些对象；相反的恶习的情况也同样如此。使两者人格化的表述就是一台感性的机器，但却是一台指向一种道德感觉的机器。——因此，一种道德的感性论虽然不是道德形而上学的一个部分，但却是其主观的展示：在这里，伴随着道德法则的强制性力量的情感，可以使人感受到那种力量的效用（例如讨厌、害怕等，它们使道德的厌恶感性化），以便对纯然感性的刺激赢得优势。

十四、德性论与法权论相分离的原则

就连一般**道德论**的总划分所依据的这种分离也是基于：为德性论和法权论所共有的自由概念使得划分为**外在**自由的义务和**内在**自由的义务成为必然的；其中只有后一种义务才是伦理的。——因此，这种义务，确切地说作为一切**德性义务**的条件（正如上面良知的学说作为所有一般义务的条件一样），必须被
〔407〕作为准备性的部分（discursus praeliminaris［跨越前面的门槛］）放在前面。

附释：遵循内在自由原则的德性论

熟巧（habitus）是行动的一种轻松和**任性**的一种主观完善。——但是，并不是任何这样的**轻松**都是一种**自由的**熟巧（habitus libertatis）；因为如果它是**习惯**（assuetudo），亦即通过经常重复的行动成为**必然性**的行动的千篇一律，那么，它就不是一种从自由产生的熟巧，因而也不是道德的熟巧。所以，人们不能以自由的合法行动中的**熟巧**来定义德性。不过，如果补充说，“在行动时通过法则的表象来规定自身”，那就可以了，此时这种熟巧就不是任性的性状，而是作为一种以自己所接纳的规则同时普遍立法的欲求能力的意志的性状，只有这样

一种熟巧才能被算做德性。

但是，内在自由要求两点：在一个给定的情况下**控制**自己（animus sui compos［把握自己的灵魂］）和做自己的**主人**，这就是说，**驯服**自己的激情、**驾驭**自己的情欲。——在这两种状态中的**性情**（indoles）是**高尚的**（erecta），但在相反的情况下则是卑下的（indoles abiecta serva）。

十五、德性首先要求对自己本身的控制

激情与**情欲**在本质上是彼此不同的；前者属于**情感**，这是就情感先行于思虑，使得思虑本身不可能或者更难而言的。因此，激情就叫做**突如其来的**（animus praeceps），而理性则通过德性概念说话，人应当**把握**自己；然而，在人的知性使用上 〔408〕
的这种弱点与心灵运动的强烈相结合，只是一种**无德性**，仿佛是某种童稚的、软弱的东西，完全能够与最好的意志共存，并且本身还具有惟一的善，亦即使得这种风暴很快平息。因此，一种激情的癖好（例如**愤怒**）与恶习并不像情欲那样有密切关系。与此相反，**情欲**是已经成了持久偏好的感性**欲望**（例如与愤怒相对立的仇恨）。沉湎于这种情欲的那种平静准许思虑，允许心灵就此为自己制定原理，而且一旦偏好落到违背法则的事情上，就孵化这偏好，使之深深扎根，并由此把恶（作为故意的）纳入自己的准则；在这种情况下，这就是一种**经过培养的**恶，即一种真正的**恶习**。

因此，德性只要基于内在的自由，对人来说就也包含着一项肯定的命令，亦即把人的一切能力和偏好都纳入自己的（理性的）控制之下，因而是对自己的统治的命令，这种统治添加在禁令之上，即不让自己受情感和偏好的统治（**不动情**的义务），因为，若不是理性执掌驾驭的缰绳，情感和偏好就会对

人扮演主人。

十六、德性必然以不动情（被看做坚强）为前提

不动情这个词，好像就是没有情感，因而就任性的对象而言意味着主观的漠然，就落了个坏名声；人们视其为弱点。这种误解可以这样来预防，即人们把这种与冷淡不同的无激情称为**道德上的不动情**：此时出自感性印象的情感之所以失去了对道德情感的影响，只是由于对法则的敬重总的来说要比上述情感更强有力。——惟有一个发烧病人虚假的力量，才把对**善**的
〔409〕 强烈关切一直提升到激情，或者毋宁说使其蜕化为激情。人们把这一种激情称为**狂热**，而到了这里也就该解释**节制**了，人们习惯于把它甚至推荐给德性的实施（insani sapiens nomen habeat aequus iniqui — ultra quam satis est virtutem si petat ipsam［智者有狂名，直者有枉名——超出这种德性获得德性本身就够了］。——贺拉斯）。因为若不然，认为人们也可能**太有智慧、太有德性**，就是荒唐的。激情永远属于感性，无论它被一个什么样的对象激起。德性的真正力量就是**平静中的心灵**及其一种深思熟虑的和果断的决定，即实施德性的法则。这就是道德生活中的**健康**状况；与此相反，激情即便是由**善**的表象激起的，也仍是一种昙花一现、留下疲倦的现象。——但是，这样的人毕竟可以被称为幻想有德性的，他不承认在道德性方面**无关紧要的事物**（adiaphora），而且亦步亦趋地紧紧跟随义务，而不认为当我拥有两者时，究竟是吃肉还是吃鱼、喝啤酒还是喝葡萄酒，本是无关紧要的事；这是一种事无巨细的观点，如果人们把它纳入德性论，它就会使德性的统治成为暴政。

附 释

德性始终处在进步中，但也总是**从头**开始。——前一种情况乃是出自，德性**客观上**看是一个理想，不可企及，但尽管如此，不断地逼近这个理想仍然是义务。第二种情况**主观上**看基于人受偏好刺激的本性，在本性的影响下德性以其一劳永逸地采纳的准则永远不能使自己平静和停滞，而是只要不处在上升中就不可避免地要沉沦，因为道德准则不像技术准则那样可以建立在习惯之上（因为这属于其意志规定的自然性状），而是即便德性的实施成为习惯，主体也会在采用其准则时失去**自由**，而这种自由正是一个出自义务的行动的特征。

十七、德性论之划分的预备概念 〔410〕

第一，就**形式的东西**而言，划分的这一原则必须包含一切有助于把总的道德论的一个部分与法权论区别开来，确切地说按照类属的形式区别开来的条件，而这样做是通过：1. 德性义务是对之没有任何外在立法的义务；2. 既然毕竟一切义务都必须以一个法则为基础，所以这个法则在伦理学中就可以是一个义务法则，它不是为行动而立，而只是为行动的准则而立的；3.（又从这一点得出）伦理义务必须被设想为**广义的**义务，而不是被设想为狭义的义务。

第二，就**质料的东西**而言，德性论必须不仅被确立为一般的义务学说，而且也被确立为**目的学说**，以至于人有责任既把自己也把任何他人设想为自己的目的（人们习惯于把它称为爱自己和爱邻人的义务），这些术语在此是在非本真的涵义上使用的，因为对爱来说不可能存在什么义务，倒是对行动来说有，人通过行动使自己和他人成为目的。

第三，就在义务原则中把质料的东西与形式的东西区分开来（把合法则性与合目的性区分开来）而言，应当注意的是：并非每一种**德性的义务承担**（obligatio ethica［伦理的承担义务］）都是一种德性义务（officium ethicum s. Virtutis［伦理的或者德性的义务］）；换句话说，对一般法则的敬重还没有建立一种作为义务的目的，因为只有后者才是德性义务。——所以，只存在**一种**德性的义务承担，但却有**多种**德性义务，因为虽然有许多客体对于我们来说是目的，拥有它们同时就是义务，但只有一种作为主观规定根据的有德性意向，即履行自己的义务，这种义务也延伸到法权义务上面，但法权义务却因此而不能使用德性义务的名称。——因此，伦理学的一切划分将仅仅关涉德性义务。关于即使不考虑可能的外在立法也有责任的方式的科学，就是按照其形式原则来看的伦理学本身。

〔411〕

附　释

但是人们将问，既然我在法权论中能够免于划分为要素论和方法论，我怎么会想到把伦理学划分为**要素论**和**方法论**呢？——原因是：伦理学与**广义的**义务相关，而法权论则与纯**狭义的**义务相关。所以，后者按照其本性必须是严格地（准确地）进行规定的，与纯粹数学一样不需要一种普遍的规定（方法），就像在判断中应当做的那样，而是通过事实使之成为真实的。——与此相反，伦理学由于准许它的不完全的义务有活动余地，不可避免地导致要求判断力去澄清的问题，即应当如何在特殊的情况中运用一个准则，确切地说使得这个准则又提供一个（从属的）准则（在这里，总是又可以追问把这个准则运用于出现的情况的一个原则）；这样，伦理学就陷于一种**决**

疑论，法权论对这种决疑论却是一无所知。

因此，**决疑论**既不是一门**科学**，也不是科学的一个部分；因为这会是独断论，不那么是如何发现某种东西的学说，而是应当如何寻找真理的练习；所以是**残缺不全地**、不是系统地（像学说必然是的那样）**织入科学**，只是像笺注一样添加给体系。

与此相反，与其说练习判断力，倒不如说练习理性，确切地说既在其义务的**理论**中，也在**实践**中练习，这作为道德实践理性的方法论，特别属于伦理学；其中**前一种**练习在于：询问学生关于义务概念已经知道的东西，并且可以被称为**询问的**方法，这样做要么是因为人们已经告诉他，仅仅出自他的记忆，这叫做真正的**问答的**方法，要么是因为人们预设这已经自然而然地包含在他的理性中，只需要从中开发出来，这叫做**对话的**（苏格拉底的）方法。

与作为理论练习的问答法相应的，作为实践事务中的对立面，是**修行法**，它是方法论的这样一个部分，其中不仅讲述德 〔412〕
性概念，而且也讲述**德性能力**和意志能够怎样被实施和培养。

因此，按照这些原理，我们将在两个部分中，即在**伦理要素论**中和在**伦理方法论**中确立这个体系。每部分都分为若干篇，它们在第一部分中按照人要对之负有一种责任的那些**主体**的不同，在第二部分中按照理性责成人拥有的那些**目的**以及对这些目的的易感性的不同而划分为不同的章节。

十八

实践理性为了在一种**伦理学**中建立其概念的一个体系而构建的划分（建筑术的划分），现在可以按照两种原则、或分别或结合在一起来进行，一个原则**按照质料**来表现承担义务者与赋予义务者的**主观**关系，另一原则**按照形式**来表现一个体系中伦理法则与一般义务的**客观**关系。——**第一种**划分是与之相关可以设想一种伦理责任的**存在者**的划分；**第二种**划分会是纯粹伦理实践理性**概念**的划分，这些概念属于实践理性自己的义务，所以只要伦理学应当是**科学**，这些概念就属于伦理学，从而是一切按照第一种划分所发现的命题的方法论组合所必需的。

〔413〕 **伦理学的第一种划分**

按照主体及其法则的区别

伦理学包括：

义务

- 人对人的义务
  - 对自己的义务
  - 对他人的义务
- 人对非人类存在者的义务
  - 对人下存在者的义务
  - 对人上存在者的义务

伦理学的第二种划分

按照一个纯粹实践理性体系的原则

伦理学的

- 要素论
  - 教义学
  - 决疑论
- 方法论
  - 问答法
  - 修行法

因此，后一种划分由于涉及科学的形式，必须先行于作为整体之纲要的前一种划分。

伦理要素论

第一部分 〔417〕
对自己的一般义务

导　论

第 1 节　一种对自己的义务的概念包含（按照最初的外表）一个矛盾

如果**赋予义务的**我与**承担义务的**我是在同一种意义上来对待的，那么，对自己的义务就是一个自相矛盾的概念。因为，在义务概念中包含着一种被动的强制（我被**赋予责任**）的概念。但是，在“这是一个对我自己的义务”这一命题中，我把自己设想为**赋予责任的**，从而处于一种主动的强制中（我，同一个主体，是赋予责任者）；而表达对自己的一种义务的命题（我应当自己赋予自己责任），会包含着一种被赋予责任的责任（被动地承担责任，但同时在关系的同一个意义上是一种主动地承担责任），因而包含着一个矛盾。——人们也可以这样来澄清矛盾：人们指出，赋予责任者（auctor obligationis）在任何时候都能够解除被赋予责任者的责任（terminus obligationis）；因此（如果二者是同一个主体）他根本就不对他加给自己的一种义务负有责任：这包含着一个矛盾。

第 2 节　毕竟存在着人对自己的义务

因为假设不存在这样一种义务，那么，就会在任何地方都根本不存在义务，也根本不存在外在的义务。——因为我不可能认识到自己对他人负有责任，除非我同时赋予自己责任，因为我认为自己被赋予责任所凭借的法则，在一切情况下都产生
〔418〕自我自己的实践理性，通过实践理性我被强制，因为我同时就是我自己这方面的强制者。①

第 3 节　对这种表面的二论背反的阐明

在一种对自己的义务的意识中，作为这个义务的主体，人在双重的性质中看待自己：首先，作为**感官存在者**，也就是说，作为人（属于动物物种之一）；但然后，也作为**理性存在者**（不仅仅是有理性的存在者，因为理性按照其理论能力也完全可以是一种有生命的形体存在者的性质），它不是任何感官能达到的，而只能在道德实践关系中被认识到，在道德实践关系中不可理解的自由特性通过理性对内在立法意志的影响使自己显露出来。

现在，人作为有理性的**自然存在者**（homo phaenomenon [作为现象的人]）可以被其理性作为**原因**来规定而作出感官世界中的行动，而在此尚未考虑到一种责任的概念。但同一个人按照其**人格性**，亦即作为赋有内在**自由**的存在者（homo noumenon [作为本体的人]）来想，则被视为一个有能力承担义务的存在者，确切地说是对自己（其人格中的人性）承担义务，这样人（在两种意义上来看）就可以承认一种对自己的义

① 例如，如果这涉及我的名誉挽救或者自保的问题，人们就这样说："我自己理当做这事。"即便有意义不大的义务，亦即它们不涉及我遵循义务的必然，而只涉及其功德，我还是这样说，例如"我自己理当扩展我与人打交道的技巧等等（陶冶自己）"。

务，而不陷于自我矛盾（因为关于人的概念并不是在同一个意思上被设想的）。

第 4 节　对自己的义务的划分原则

划分只能就义务的客体而言，不能就赋予自己义务的主体而言来进行。这个既是承担义务的又是赋予义务的主体永远**只** 〔419〕
是人，而虽然在理论方面允许我们在人身上把灵魂和肉体作为人的自然性状彼此区分开来，但毕竟不允许我们为了有理由划分为对**肉体**的义务和对**灵魂**的义务，而把它们设想成使人承担义务的不同实体。——无论是通过经验还是通过理性推论，我们都没有被充分地教导，人是否包含着一个灵魂（作为居住在人里面的、与肉体有别的、能够独立于肉体进行思维的、亦即精神的实体），或者是否毋宁说生命是物质的一种特性，而且即便事情是前一种情况，也毕竟还是不能设想人对一个**肉体**（作为赋予义务的主体）的义务，哪怕它是人的身体。

1. 因此，将只有一种客观的划分，即把对自己的义务划分为义务的**形式性东西**和**质料性东西**；其中一些义务是**限制性的**（否定的义务），另一些是**扩展性的**（对自己的肯定的义务）；就人的本性的**目的**而言，前者**禁止人**违背这种目的而行动，因此只关涉道德的**自保**，后者**命令**使任性的某个对象成为自己的目的，关涉人自己的**完善化**；其中二者要么作为无为的义务（sustine et abstine［阻止和禁止］），要么作为有为的义务（viribus concessis utere［运用许可的力量］）而属于德性，但都是作为德性义务而属于德性的。前者属于人的道德**健康**（ad esse［为了存在］），既作为其外感官的对象，又作为其内感官的对象，为的是**保持**自己本性的完善（作为**接受性**），后者属于道德的**富足**（ad melius esse，opulentia moralis［为了更好地存在，道德的富足］），这种富足在于拥有一种足以实现一切目的的**能力**，这是就这种能力是可以获得的并且属于其自己的**陶冶**（作为实际的完善）而言的。——对自己的义务的前一个原理在于如下格言：按照自然生活（naturae convenienter vive），也就是说，**保持**你自己本性的完善；第二个原理在于如下命题：**使你自己**比纯然的自然所造就的你**更完善**（perfice te ut finem，perfice te ut medium［完善你自己如目的，完善你自己如中道］）。

2. 人对自己的义务的一种主观划分将是这样一种划分，
〔420〕按照它，义务的主体（人）要么把自己视为**动物性的**（自然的），同时又是道德的主体，要么视为纯然**道德的**存在者。

在这里，就人的**动物性**而言，自然冲动是：a. 大自然想借以保持人自身的冲动；b. 借以保持物种的冲动；c. 借以保持人对于舒适的、但毕竟仅仅是动物性的生活享受的能力的冲动。——这里与人对自己的义务相悖的恶习有：**自杀**、有人对**性偏好**的所作的非自然的使用、削弱其遵循目的地使用其力量的能力的**饕餮无度**。

但是，说到人对仅仅作为道德存在者（不考虑其动物性）的自己的义务，它在于其意志的准则与其人格中人性的**尊严**协调一致的**形式性东西**；因此在于如下禁令：他不得剥夺自己作为一个道德存在者的**优点**，亦即按照原则来行动，也就是不得剥夺自己的内在自由，不得由此使自己成为纯然偏好的游戏，因而成为物品。——与这种义务相悖的恶习有：**说谎**、**吝啬**、和**虚假的谦卑**（阿谀奉承）。这些恶习所采纳的原理，与作为道德存在者的人们的品性，亦即人的内在自由、生而具有的神圣（在形式上就已经）截然相悖，这就等于是说：这些恶习以不具有任何原理，这样也无任何品性为自己的原理，亦即把自暴自弃、使自己成为蔑视的对象当做自己的原理。——与所有这些恶习相对立的德性可以被称为**对名誉的爱**（honestas interna，iustum sui aestimium [内在的名誉，珍惜自己的公正]）、一种与**虚荣心**（ambitio，它也可能是非常卑鄙的）有天壤之别的思维方式，但它将在下面特别以这个标题出现。

第一卷

对自己的完全义务 〔421〕

第一篇

人对作为一种动物性存在者的自己的义务

第 5 节

人对自己在其动物性的性质上的虽然不是最主要的，但却是**第一个**义务，就是在其动物本性上的**自保**。

该义务的对立面是任意的**肉体死亡**，这种死亡又可以被设想为要么是整体的，要么仅仅局部的。——因此，自然死亡，即自戕（autochiria），也可能是整体的（suicidium）或者局部的，即**自毁**（自残），后者又分为**质料的**自残和**形式的**自残，质料的残废是因为人们**剥夺**自己某些作为**器官**的有机**部分**，也就是说使自己身残，而形式的残废是因为人们（永远或者一时）**剥夺**自己在肉体上（而且由此间接地也在道德上）**使用**其力量的**能力**。

既然在本章只谈消极的义务，因而只谈无为，所以义务条款将必须是针对与对自己的义务相对立的恶习的。

〔422〕

第一款　自杀

第 6 节

任意地戕害自己，惟有当可以证明它完全是一种罪行，要么是对我们自己的人格犯罪，要么也是通过对人格的这种自戕对其他人格犯罪（例如，当一个孕妇自杀时）时，才能被称为**自我谋杀**（homicidium dolosum［阴险地杀人］）。

1. 自戕是一种罪行（谋杀）。这种罪行虽然也可以被视为违背了自己对其他人的义务（夫妻的义务、父母对孩子的义务、臣民对其政府或者其同国公民的义务，最后还有对上帝的义务，人没有被召回就放弃上帝托付给我们在尘世的职位）；——但是，这里只谈对一种对自己的义务的伤害，也就是说，即使我置之不理所有那些考虑，人是否毕竟只是由于其作为人格的性质就有责任保持自己的生命，并在这一点上必须承认对自己的一种（确切地说严格的）义务。

人能够自己伤害自己，这似乎是荒唐的（volenti non fit iniuria［对自愿者不会有不义］）。所以，斯多亚派视为人（智者）的人格性的一个优点是，不受当下的或者令人忧虑的灾祸所逼迫，以宁静的灵魂离开生命（如同离开一个冒烟的房间），因为他在此生中不可能再有什么用了。——但是，正是这种不畏惧死亡、知道人可以把某种东西看得比自己的生命更高的勇气，这种灵魂的力量，对他来说本来必须是一个更加大得多的动因：不毁灭自己这样一个具有如此强大、能够制服最强烈的感性动机的存在者，因而不剥夺自己的生命。

只要说的是义务，因而只要人活着，他就不能放弃自己的人格性，而有权限摆脱一切责任，也就是说，如此自由地行动，就好像这种行动根本不需要任何权限似的，这是一种矛盾。把道德性的主体在其自己的人格中毁灭掉，就等于是说， 〔423〕把道德性甚至就其实存而言尽自己所能从世界上根除掉；而道德性毕竟是目的自身；因此，把自己当做达到对他来说随便一个目的的纯然手段来支配，就叫做贬损在其人格中的人性（homo noumenon［作为本体的人］），而人（homo phaenomenon［作为现象的人］）毕竟是为了保持而被托付给这种人性的。

剥夺自己一个作为器官的有机部分（自残），例如，捐赠或者出售一颗牙，以便把它植入另一个人的下颌，或者让人阉割自己，以便能够作为歌手更舒适地生活，等等诸如此类的事情，就属于局部的自我谋杀；但是，让人通过截肢去掉自己一个已经死亡的、或者濒临死亡的、因而对生命有害的器官，或者去掉虽然是身体的一个部分、但却不是身体的一个器官的东西，例如头发，就不能被算做对其自己人格的犯罪；虽然后一种情况如果是意在外部牟利的话，就不是完全无罪的。

决疑论问题

为了拯救祖国而陷于某种死亡（如库尔修斯），是自我谋杀吗？——或者，一般而言为人类的救赎而献身牺牲，这种有意的殉道也像前一种行为那样应当被视为英雄行为吗？

在自己的上峰的不义死刑判决之前抢先自杀是许可的吗？——即便这个上峰允许他这么做（如尼禄对塞涅卡）。

一个伟大的、不久前死去的君王，曾随身携带一种发作迅猛的毒药，也许是为了如果他在亲自从事的战争中被俘，他绝不被迫接受可能有损于他的国家的赎身，人们能够把这看做他的犯罪企图吗？因为人们可以把这种意图强加给他，而没有必要在这下面猜测一种纯然的傲骨。

一个男子已经感到怕水，这是他被疯狗咬过的结果，而在他表示他还从未经历过有人曾被治愈之后，他自杀了，正如他
〔424〕在遗书中所说的那样，这是为了他不在自己的狂犬病中（他已经感到它的发作了）也给其他人造成不幸；问题是：他是否行为不当呢？

谁决定让人接种天花疫苗，就是在拿他的生命做毫无把握的冒险，尽管他这样做是**为了保持自己的生命**，而且处在义务法则的一个比航海家更令人忧虑的情况之中，航海家毕竟至少没有制作他所任其肆虐的风暴，而前者却自己招致了把他带入死亡危险的疾病。因此，疫苗注射是允许的吗？

第二款　性愉快上的自取其辱

第 7 节

正如对生命的爱是由自然所规定以保持**人格**一样，对性的爱由自然所规定以保持**物种**；也就是说，这两种爱的任何一种都是**自然目的**，人们把自然目的理解为原因与一个结果的联结，在这种联结中，甚至无须赋予原因一个理智，它毕竟也被设想为按照与这样一个理智的类比产生出结果，因此仿佛是有意地产生出人来。现在的问题是，后一种能力就实施这种能力的人格本身而言的使用，是否服从一个限制性的义务法则？或者人格即便没有意在那个目的，是否有权将其性属性的使用贡献给纯然动物性的快乐，而并没有因此有悖对自己的义务而行动？——在法权论中已经证明：人不能脱离通过一个法权契约而来的特殊限制去利用**另一个**人格以迎合这种愉快；在这里，两个人格交互使对方承担义务。但这里的问题是：就这种享受

而言，是否存在人对自己的一种义务，对这种义务的违背就是对其自己人格中的人性的一种**羞辱**（不单单是贬低）。那种享受的冲动被称为肉欲（也是不折不扣的淫欲）。由此产生的恶习叫做淫荡，但就这种感性冲动而言的德性则叫做贞洁，它在这里就应当被表现为人对自己的义务。如果人不是受实际的对象所刺激，而是受这个对象的想象所刺激，因而有悖于目的，是自己给自己制造对象，那么，一种性愉快就是**非自然的**。因 〔425〕
为这样一来，它就造成一种与自然的目的相悖的欲求，确切地说自然的目的是一种甚至比对生命的爱这一目的还要重要的目的，因为后者仅仅以个体的保持为目的，而前者则以整个族类的保持为目的。

对自己的性属性的这样一种违背自然的使用（因此是滥用），是对那种对**自己本身**的义务的侵犯，确切地说是一种在最高程度上与道德性相冲突的侵犯，这一点，每个人在有那种使用的想法的同时就会注意到，它激起对这种想法的一种抛弃，以至于就这种恶习自己的名称而言，哪怕是提到它，就被看做不道德的，而在自我谋杀的恶习那里就没有这种情况；人们一点也不担忧把自我谋杀以其全部的恐怖（以一种 species facti［事实的形象］）展现在世人面前；就好像能够如此对待自己的人格，甚至把自己贬低为畜生，人完全会感到羞愧似的：以至于甚至婚姻中两性被允许的（本身当然只是动物性的）性交，在文明的交往中一旦谈到它，也引起和要求诸多文雅，以便给它蒙上一层面纱。

但是，对自己性属性的那种非自然的使用，甚至还有只是不合乎目的的使用，作为对那种对自己的义务的侵犯（确切地说，前一种使用是最高程度的侵犯），其不被允许的理性证明却不是那么容易作出。——**证明的根据**当然在于，人由于把自己仅仅用做满足其动物性冲动的手段，而（以丢弃的方式）放弃了其人格性。但是，由于这样一种恶习以其非自然性而对他自己人格中的人性之侵犯的严重程度，在这里并没有得到阐明，因为这种恶习在形式（意向）上看起来甚至还超过自我谋杀的恶习。除非是，由于在后一种情况中把自己当做一种生命的负担固执地予以丢弃，起码没有懦弱地委身于动物性的诱惑，而是要求有勇气，在此对其自己人格中的人性的敬重始终还找到了位置，所以，前者是完全听凭动物性的偏好，使人成为可享受的、但在这一点上毕竟同时违背自然的物品，就是说，使人成为**令人恶心的**对象，这样就剥夺了对自己的一切敬重。

〔426〕

决疑论问题

在两性的同居中，自然的目的就是物种的繁衍，亦即物种的保持；因此，至少不可以违背那个目的而行动。但是，也**不考虑这一自然目的**，自以为可以做那种使用（哪怕是发生在婚姻中），这是允许的吗？

例如，在妻子怀孕时，在妻子不能受孕（因为年龄或者疾病）时，或者在妻子本人对此没有感到任何刺激时，使用自己的性属性，岂不与在非自然的性愉快那里一样，在一方或者另一方身上是违背自然目的的，因此也违背对自己的义务吗？或者，一个道德实践理性的许可法则在对其规定根据的违背中，使得某种自身虽然不许可的东西为了防止一种更严重的违背（仿佛宽容地）成为许可的，这里有这样的许可法则吗？——从什么时候起，人们就能够把对一种广义的责任的限制算做**纯粹主义**（一种在遵循义务方面就遵循的广度而言的学究气），并准许这些具有背离理性法则危险的动物性偏好有一个活动余地？

性的偏好也被称为**爱**（在该词的最狭义上），并且事实上是对一个对象有可能的最强烈的感官愉快。——不纯然是像对这样一些对象的**感性**愉快，这些对象是在关于它们的纯然反思中让人满意的（因为对这种愉快的易感性叫做鉴赏），而是从对另一个人格的**享受**中得到的愉快，因此这种愉快属于**欲求能力**，确切地说属于欲求能力的最高阶段，即情欲。但是，它既不能算做愉悦的爱，也不能算做善意的爱（因为二者宁可说都阻挡肉体的享受），而是一种特殊种类（sui generis）的愉快，而且性欲冲动与道德上的爱真正说来没有任何共同之处，虽然在实践理性以其限制性条件加上来时，它也能够与后者发生紧密的结合。

第三款　因在使用享用品或者哪怕是食品方面的无度而来的自我麻醉 〔427〕

第 8 节

这种方式的不节制中的恶习，在这里并不是从人由此招致的损失或者肉体疼痛（这样的疾病）出发来评判的。因为如果那样的话，应当用来抵制这种恶习的就会是一个健康和舒适（因而是幸福）的原则，但它永远不能确立一种义务，而是只能确立一种精明规则，至少它不会是一种直接义务的原则。

在食品享用方面的动物式无度是对享用品的滥用，由此理智地使用它的能力受到妨碍或者被消耗殆尽。**酗酒**和**暴饮暴食**就是属于这个类别的恶习。在醉酒状态中，人仅仅像一个动物一样，不能当做人来对待。由于吃食物太多而处在这样一种状态中，他对于在使用其力量时需要熟练和思考的行动来说有时就麻木了。——将自己置于这样一种状态就是对一种对自己的义务的侵犯，这一点是不言而喻的。这些自我贬抑，甚至贬抑到动物本性，其第一种通常由发酵了的饮料所造成，但也由其他麻醉品，例如罂粟汁和植物界的其他产品所造成，而且变得有诱惑力，即由此不时产生梦想中的幸福和无忧无虑，甚至也可能产生想象的强大，但也产生沮丧和孱弱，而最糟糕的是导致重复使用麻醉品的必要性，甚至完全是由此增强这种必要性。暴饮暴食还处在那种动物性的感官取乐之下，因为它仅仅把感官当做消极的性状来役使，连想象力都不用，后者毕竟还是表象的一种**积极的**游戏，就像在前面提到的享受中就是这种情况一样；因此，它更接近牲畜的状态。

〔428〕

决疑论问题

人们虽然不是作为赞颂者，但至少作为辩护者，能够因为对葡萄酒的使用毕竟使社交生气勃勃而话语滔滔不绝，并把襟怀坦荡与此相结合，就允许这种使用，一直达到近乎喝醉吗？——或者，人们可以把促成塞涅卡关于卡托所赞颂的事情，即 virtus eius incaluit mero［他的勇气是用酒点燃的］，完全归功于这种使用吗？——把鸦片和烧酒当做享用品来使用更接近卑下，因为尽管梦想健康，它们却使人缄默不语、拘谨和难以沟通，因而也只是作为药品被许可的。——但是，一个正准备过渡到他对于**测度**来说不再有清晰眼光的状态之中的人，谁能够为他规定**尺度**呢？所以，完全禁酒的伊斯兰教很糟糕地作出了选择，允许鸦片取代酒。

盛宴，作为这两种享受中的无度的正式邀请，在纯然肉体的舒适生活之外，毕竟本身还具有某种旨在道德目的的东西，亦即聚集起许多人来长时间地彼此交流，但尽管如此，由于恰恰人群（如切斯特菲尔德所说，当人群超过了缪斯女神的数目）只准许一种小型的交流（与最邻近的同席），因而集会仍与那个道德目的相抵触，所以，它始终还是诱导出不道德的东西，亦即诱导出无度、违背对自己的义务；即便不考虑过量饮食对身体的危害，这些危害也许可以由医生来消除。听命于对无度的这些邀请的道德权限有多大呢？

第二篇

人对纯然作为一个道德存在者的自己的义务

这些义务与下述恶习相对立：**说谎**、**吝啬**和**假谦卑**（阿谀奉承）。

一、说谎 〔429〕

第 9 节

就人对于纯然作为道德存在者来看（其人格中的人性）的自己的义务来说，最严重的侵犯就是诚实的对立面：说谎（aliud lingua promtum，aliud pectore inclusum gerere［口若悬河是一回事，封闭心灵是另一回事］）。在表达自己的思想时任何刻意的不真实，在不从无害得出任何权限的伦理学中，都无法拒斥这个刺耳的名称（在法权论中，只有当它侵犯其他人的法权时，它才使用这一名称），这是不言自明的。因为伴随着说谎的坏名声（是道德蔑视的一个对象），也如影随形地伴随着说谎者。说谎可能是一种外在的说谎（mendacium externum），或者也可能是一种内在的说谎。——由于前者，他使自己在别人眼里成为蔑视的对象，但由于后者，他使自己更为严重地在他自己的眼里成了蔑视的对象，并且伤害了其人格中的人性的尊严；此时，从中可能对他人产生的损害并不涉及这种恶习的独特之处（因为那样的话，这种独特之处就会仅仅在于侵犯了对他人的义务），因而这里不予考虑，甚至也不考虑他自己给自己招致的损害；因为那样的话，恶习就会仅仅作为精明的错误而与实用的准则相抵触，而不是与道德的准则相抵触，而且根本不能被视为对义务的侵犯。——说谎就是丢弃，仿佛就是毁掉其人的尊严。一个人自己都不相信他对另一个人（哪怕是一个纯然观念上的人格）所说的话，所具有的价值，甚至比他纯然是物品所具有的价值还要小；因为对于它的这种利用某种东西的属性，另一个人毕竟可以作某种应用，因为它是某种现实的、给定的东西；但是，通过毕竟（有意地）包含着说话人此时所想的东西的反面的语词，来把自己的思想传达给某人，是一个与他的传达其思想的能力之自然合目的性截然相反的目的，因此是对其人格性的放弃，是人的一个纯然欺骗性的显象，而不是人本身。——在解释时的**诚实**也被称为**真诚**，而且当这些解释同时是承诺时，就被称为**可靠**，但一般被称为**正直**。

〔430〕说谎（在该词的伦理学意义上）作为一般而言蓄意的不真实，也不需要对别人**有害**才能被宣布为卑鄙的。因为那样的话，它就会是对他人的法权的侵犯。说谎的原因，也可能只是轻率，或者完全是好心，甚至可能是旨在一个真正善的目的，但是，致力于这一目的的方式却由于纯然的形式而是人对他自己人格的一种犯罪，而且是一种必定使人在他自己的眼中变得可鄙的无耻行径。

证明人们所犯的某些**内在**说谎的现实性并不难，但解释其可能性似乎要困难得多，因为为此需要一个人们有意要欺骗的第二人格，但存心欺骗自己，看起来自身包含着一个矛盾。

作为道德存在者的人（homo nonmenon［作为本体的人］）不能把作为自然存在者的自己（homo phaenonmenon［作为现象的人］）当做纯然的手段（说话机器）来使用，这个手段不会受制于内在的目的（思想的传达），而是受制于与对前者的解释（declaratio）协调一致的条件，并且对自己承担起**诚实**的义务。——例如，如果他撒谎说信仰一个未来的世界审判者的话，因为他在心中实际上并没有发现这种信仰，但他说服自己，在思想中向知人心者表白自己的信仰，以便在任何情况下都骗取他的恩惠，这毕竟不可能有坏处，但却有好处。或者，即便他在这种情况下并不怀疑，但毕竟是在以对其法则的内心崇敬阿谀奉承，因为除了害怕惩罚的动机之外，他在自身毕竟没有感到别的任何动机。

不正直纯然是缺乏**认真**，就是说，缺乏在他被设想为另一个人格的**内心**审判者面前作表白的纯洁性，如果这个人格就其最高的严厉来看的话，在这里，一个愿望（出于自爱）就被当做行为，因为愿望自身就有一个本来就善的目的；而内在的说谎，即便它并不违背人对自己的义务，在这里也获得了一种缺陷的名称，就像一个情人的愿望纯粹就是发现他所爱的人身上的优良品质，这使他对爱人的明显缺点视而不见。——然而，人们对自己本身所犯的这种解释中的不纯洁，却算得上是最严肃认真的谎言，因为从这样一种道德败坏的地方（虚伪，它似乎是根植于人的本性）出发，一旦最高的诚实 〔431〕
原理受到侵犯之后，不诚实这种恶习就也在与他人的关系中蔓延。

附　释

值得注意的是：《圣经》记下的恶借以来到世间的第一次犯罪不是（该隐的）**谋杀兄弟**，而是第一次**说谎**（因为本性毕竟是反对谋杀的），并且把它当做一切恶的始作俑者，称为元始的说谎者和谎言之父；虽然理性不能对人那毕竟必须是先行的伪善倾向（esprit fourbe）作出进一步的说明，因为自由的一个行为不能（像一个自然结果一样）按照全都是显象的结果和其原因的联系这一自然法则来演绎和解释。

决疑论问题

出于纯然的客套的不真实（例如写在一封信末尾的“**最顺从的仆人**”）可以被视为说谎吗？没有人会因此上当。——一个作者问他的一个读者：您喜欢我的作品吗？给予回答虽然可能是徒劳的，因为人们讥笑这样一种问题令人难堪；但是，谁手边总是有幽默呢？稍稍迟疑作出回答，就已经是对作者的伤害；因此，读者可以顺着这位作者说话吗？

在现实的事务中，重要的是“我的”和“你的”，如果我这时说假话，我就必须为可能由此产生的所有后果负责吗？例如，一个家长吩咐过：如果某个人问到他，他就应当拒绝这个人。佣人这样做了，但却由此使得家长溜走并且犯下重罪，这种罪行通常会由被派来监督家长的看守阻止的。在这里，谁来承担罪责（根据伦理学的原理）呢？当然，佣人也有责任，他在这里由于撒谎而侵犯了对自己的义务；撒谎的后果通过他自己的良知被归责于他。

二、吝啬 〔432〕

第 10 节

这里，我把这个名称并不理解为**贪婪的吝啬**（把自己对舒适生活手段的获得扩展到真正需要的界限之外），因为这种吝啬也可以被视为仅仅侵犯了对他人的义务（善行）；也不理解为**抠唆的吝啬**，这种吝啬如果是该骂的，就被称为**小气**或者**守财**，但毕竟可能仅仅是疏忽了自己对他人的爱的义务；而是把他自己对舒适生活手段的享受压缩到自己真正的需要的尺度之下；这种吝啬真正是这里所指的吝啬，它与**对自己**的义务相抵触。

在对这种恶习的斥责上，人们可以澄清所有通过纯然的**程度**对德性和恶习的解释的不正当性的一个例子，同时阐明**亚里士多德的**如下原理的不适用性：德性在于两种恶习之间的中道。

因为如果我在浪费和吝啬之间把**好的家政**视为中道，而中道应当是程度的中道，那么，一种恶习就只会通过德性而过渡到相反的（contrarie）恶习，而这样，德性就会无非是一种减少了的，或者毋宁说正在消逝的恶习，而在当前的场合里结论就会是：对舒适生活的手段根本不予利用就是真正的德性。

如果应当把一种恶习与德性区别开来，那么，必须作为不同的东西来认识和讲述的，就不是道德准则的执行**尺度**，而是这些准则的客观**原则**。——**贪婪**的吝啬（作为浪费者）的**准则**是：**以享受的意图**搞到并且保持舒适生活的一切手段。——反之，**抠唆的**吝啬的准则是获得并且保持舒适生活的一切手段，但**没有享受的意图**（也就是说，目的不是享受，而仅仅是占有）。

因此，后一种恶习的特有标志是占有达成各种目的的手段这一原理，但保留条件是，不想把这些手段的任何一个用于自己，并剥夺自己舒适的生活享受，这在目的上与对自己的义务 〔433〕

截然相反。[①] 因此，浪费和抠唆并不是通过程度，而是在类别上通过相反的准则彼此区别开来。

① “人们做任何事都不应当过头或者不及”，这个命题等于什么也没说；因为它是同义反复。什么叫做得过头？**回答**是：比正好更多。什么叫做得不及？**回答**是，比正好做得更少。什么叫做“**我应当**（做某事或不做某事）”？**回答**是：所做的比正好**更多**或者更少，就**不是正好**（与义务相悖）。如果这就是我们应当追溯到古人（亚里士多德）那里来研究的智慧，好像这样一些古人更接近源泉，即：virtus consistit in medio，medium tenuere beati，est modus in rebus，sunt certi denique fines，quos ultra citraque nequit consistere rectum［德行在于中道，持守中道有福，万事有限度，归根结底有一定的界限，在这些界限之外不可能有正当的东西］，那么，我们就作出了糟糕的选择，转向了古人的神谕。——在诚实和说谎（作为 contradictorie oppositis［矛盾地对立的东西］）之间没有中道，但是在坦率和矜持（作为 contrarie oppositis［相反地对立的东西］）之间却可能有中道，因为就解释自己的见解的人而言，他说的**一切**都是真的，但他并没有说出**全部的真理**。于是，要求德性导师向我指出这个中道，这是完全自然而然的事情。但他做不到这一点；因为两种德性义务都有一个运用的回旋余地（latitudinem），而应当做的事情只能由判断力按照精明的规则（实用的规则），而非道德性的规则（道德的规则），亦即不是作为**狭义的**义务（officium strictum），而只是作为**广义的**义务（officium latum）来裁决。因此，遵循德性原理的人，虽然在执行时在比理性所规定的或多或少方面犯错（peccatum），但却不在他严格地忠实于这些原理方面实施一种恶习（vitium），而且贺拉斯的诗句：insani sapiens nomen habeat aequus iniqui，ultra quam satis est virtutem si petat ipsam［智者有狂名，直者有枉名，超出这种德性获得德性本身就够了］，在字面上来看，是根本错误的。Sapiens［智者］在此可能仅仅意味着一个**聪颖的**人（prudens），他并非以幻想的方式来设想德性的完善，德性的完善作为理想虽然要求接近这一目的，但并不要求完成，这样的要求超越了人的力量，并且把荒唐的东西（幻想）带入了其原则。因为**绝对有德性**，亦即绝对忠实于其义务，就会差不多等于是说：使一个圆绝对圆，使一条直线绝对直。

决疑论问题

既然这里只谈对自己的义务，为了浪费而贪婪（在赢利方面贪得无厌），与守财（在花销方面斤斤计较）一样以**自私自利**（唯我主义）为基础，而且无论是浪费还是抠唆，二者之所以看起来是应予谴责的，乃是因为它们的结果都是贫穷，在一个人那里是意料之外的贫穷，在另一个人那里是随意的贫穷（愿意贫穷地生活），——这样问题就是：无论是这一种还是那一种，两种贫穷是否应当被完全称为恶习，而不是毋宁被称为两种纯然的不精明，因此可能不完全处于对自己的义务的界限之外。但是，抠唆不单单是被误解了的节俭，而是使自己本人奴役般地屈从于物质财富，不是物质财富的主人，这是侵犯对自己的义务。它与一般思维方式的**豁达**（liberalitas moralis [道德上的豁达]）相对立，不与慷慨（liberalitas sumptuosa [花销上的豁达]）相对立，后者只是前者在一个特殊情况上的应用，也就是说，与除了法则之外不依赖其他任何东西的原则相对立，而且是主体对自己犯下的诈骗。然而，这是一个什么样的法则，其内在的立法者本身居然不知道，它可以在什么地方运用？我是应当住口不吃不喝，还是只应当停止外在的挥霍？是到年老时还是在年轻时就做？或者，节约从根本上说就是一种德性？ 〔434〕

三、阿谀奉承

第 11 节

自然系统中的人（homo phaenomenon，animal rationale [作为现象的人、有理性的动物]）是一种意义不大的存在者，与其余作为大地产品的动物具有共同的价值（pretium vulgare）。即便他领先这些动物而具有理智，并且能够自己给自己设定目的，这给予他的毕竟只是其可用性的一种**外在**价值（pretium usus），亦即一个人在另一个人面前的外在价值，也就是说，作为一个商品在与这些作为物品的动物的交换中的一个**价格**，在此他所具有的价值毕竟还低于一般交换物，即货币，因此，货币的价值被称为优等的（pretium eminens）。

人惟有作为**人格**来看，亦即作为一种道德实践理性的主体，才超越于一切价格之上；因为作为这样一种人（homo noumenon［作为本体的人］），他不可以仅仅被评价为达成其
〔435〕他人的目的的手段，哪怕是达成他自己的目的的手段，而是应当被评价为目的自身，也就是说，他拥有一种**尊严**（一种绝对的内在价值），借此他迫使所有其他有理性的世间存在者**敬重**他，与同类的任何其他人媲美，在平等的基础上评价自己。

其人格中的人性就是他可以向任何别的人要求敬重的客体；但是，他也必须不使自己失去敬重。因此，他能够而且应当按照一个既小又大的标准来评价自己，这要看他把自己视为感官存在者（按照其动物本性），还是视为理知存在者（根据其道德禀赋）。但是，既然他必须把自己不仅视为一般人格，而且视为人，也就是说，视为一个肩负着他自己的理性赋予他的义务的人，所以，他作为**动物人**的低能不能损害他作为**理性人**的尊严的意识，而且他不应当在考虑到后者时否认道德上的自我评价，也就是说，他不应当阿谀奉承、卑躬屈膝（animo servili）地，就好像谋求恩惠一般，去谋求他那就自身而言是义务的目的，他不应当否定自己的尊严，而应当始终意识到其道德禀赋的崇高（这种意识已经包含在德性概念中），而这种**自我评价**就是人对自己的义务。

人的道德价值与**法则相比较**的低能意识和情感就是**谦卑**

(humilitas moralis [道德上的谦卑])。关于他的这种价值之大的臆信，但只是出自缺乏与法则的比较，可以被称为**德性的骄傲**(arrogantia moralis [道德骄傲])。——在臆信中放弃对自己的某种道德价值的所有要求，正是由此而获得一种借来的价值，这就是道德上虚伪的阿谀奉承（humilitas spuria [不正当的谦卑]）。

与他人相比较的谦卑（甚至一般地与任意一个有限的存在者相比较，而且哪怕这会是一个撒拉弗）根本不是义务；毋宁说，在这种关系中与其他人平起平坐或者超过他们的努力，因由此也使自己获得一种更大的内在价值的臆信而是傲慢（ambitio），这种价值恰恰是与对他人的义务相悖的。但是，仅仅作为获取一个他人（无论是谁）的恩惠的手段而想出的对其自己道德价值的降低（虚伪和谄媚[①]），是假的（捏造的）谦卑，而且作为对其人格性的贬低而与对自己的义务相悖。〔436〕

从我们与道德法则（其神圣性和严格性）的真诚而又精确的比较中，必然不可避免地得出真正的谦卑，但从我们能够作出这样一种内在的立法，（自然）人感到有崇拜其人格中的（道德）人的要求中，同时得出**升华**和最高的自我评价，作为一种对其内在价值（valor）的情感，依照这种情感，他不为任何价格（pretium）所收买，而且拥有一种不会失去的尊严（dignitas interna [永恒的尊严]），这种尊严引起了人对自己的敬重（reverentia）。

第 12 节

或多或少，人们可以在如下例子中说明与我们里面的人性

① **虚伪**（heucheln，本来是 häucheln）似乎派生自呻吟的、打断语言的吐气（Hauch，短促的叹息）；反之，**谄媚**（Schmeicheln）似乎源自**偎依**（Schmiegen），偎依作为仪表被称为 Schmiegeln，最终被高地德语称为 Schmeicheln。

的尊严相关的，因而也是对我们自己的义务。

不要成为人们的奴仆；——不要被他人不受惩罚地践踏你们的法权。——不要欠你们没有充分把握偿还的债务。——不要接受你们可能缺少的善行，而且不要做寄生虫或者谄媚者，或者根本不要做乞讨者（这当然只是在程度上与前者有别）。因此要精打细算，以便不穷到要饭的地步。——抱怨、哀求、哪怕仅仅是在肉体疼痛时喊叫，都与你们不般配，如果你们意识到是自己招致了这种痛苦，那就最不般配了，因此，一个违法犯罪的人由于视死如归，他的死就变得高贵（防止羞辱）。——下跪或者匍匐在地，即便是为了由此使对上天对象的崇拜感性化，也有悖于人的尊严，就像在当下的景象中要呼唤尊严那样；因为如果这样做了，你们就不是在一个你们自己

〔437〕的理性为你们树立的**理想**之下，而是在一个本是你们自己的造物的偶像之下卑躬屈膝。

决疑论问题

在人里面，其使命的崇高感情，亦即作为对其自己的评价的**心灵升华**（elatio animi），是不是与那种同真正的**谦卑**（humalitas moralis［道德上的谦卑］）截然对立的自负（arrogantia）太过关系密切，以至于不宜鼓励那种真正的谦卑，哪怕是在与其他人的比较中，不仅是与法则的比较中？或者，这种自我否定岂不是更加助长了他人的要求，直至低估我们的人格，并且因此与对我们自己的义务（敬重）相悖吗？在一个人面前俯首帖耳，在任何情况下都显得有失一个人的尊严。

在公民宪政中用语词和文风本身对一个并不颐指气使的人表示特别的敬重——敬意、鞠躬（致敬）、高雅的——以心细入微的准确来表示地位区别的套话，——它们与礼貌（它对于

自己就像对敬重者一样是必要的）完全不同——称呼中的你、他、你们和您，或者阁下、尊贵的、极尊贵的、至为尊贵的、高贵的（ohe，iam satis est［哦，已经够了］!）——在这种拘泥死板方面，德国人在世界上的所有民族中间（印度的种姓也许是个例外）做到了极致，这难道不是一个在人们中间蔓延的阿谀奉承癖好的证明吗？当然，谁使自己成为蠕虫，事后就不能抱怨自己被人用脚踩。

第一章　人对天生是自己的审判者的自己的义务

第 13 节

任何一个义务概念都包含因法则（作为道德的、限制我们自由的命令式）而来的客观强制，并且属于给予规则的实践知〔438〕性；但是，一个行为，作为一个受法则支配的事例，其内在的**归责**（in meritum aut demeritum［惩罚或者赦免］）属于**判断力**（iudicium），它作为行动归责之主观原则，无论是否作为行为（受一个法则支配的行动）发生，都在作出有法权效力的判断；因为理性推论（判决），即法权结果和行动的联结（宣判或者赦免）就跟随在这后面，这一切都是在审判人员面前（coram indicio）进行的，后者作为一个使法律产生效果的道德人格，被称为**法庭**。——在人身上，一个**内在审判**（在它面前，人的思想彼此起诉或者辩护）的意识就是**良知**。

每个人都有良知，发现自己由于一个内在的审判者而受到监视、威胁，并且一般而言受到尊重（和畏惧结合在一起的敬重），而这种守护着他心中的法则的力量不是某种他自己给自己（任意地）**造就**的东西，而是被并入他的本质的。当他打算逃脱时，良知就如影随形地跟随着他。人虽然可能通过种种愉快和消遣来麻醉自己，或者让自己进入梦乡，但却无法避免时时回归自我或者醒悟，在这种情况下他就会听见良知可怕的声音。他在自己最严重的堕落中也许能够做到根本不再把良知的声音放在心上，但他毕竟不能避免对它的**倾听**。

这种源始的禀赋、理智的禀赋和（因为它是义务的表象）道德的禀赋，被称为良知，自身包含着独特之处：尽管这种良知的事是人与自己的事，但人却毕竟发现被自己的理性所迫使，做这事是**按照另一个人格**的指令。因为争执在这里就是在法庭面前进行一场诉讼（causa）。但是，把被良知**控告**的人与审判者表象为**同一个人格**，这是对一个法庭的一种荒唐的表象方式；因为这样的话，控告方在任何时候都会败诉的。——因此，人的良知在一切义务那里都将必须设想一个（与一般的人，亦即）与自己不同的**他者**，作为他的行动的审判者，如果良知不应当处在与自己的矛盾之中的话。这个他者可以是一个
〔439〕现实的人格，或者是理性为自己造就的纯然理想的人格。[1]

[1] 在双重的人格性中，在良知中被控诉和审判的人不得不想到：这个双重的自我，一方面不得不站在一个毕竟是被交托给他自己的法庭的门槛前颤抖，但另一方面自己手中掌握着出自生而具有的权威的审判者职务，这种双重的人格性需要一种解释，以便理性不与自身陷入矛盾之中。——自我，既是原告但也是被告，是同一个**人**（numero idem［数目上是同一个］），但是，作为道德的、从自由概念出发的立法的主体，其中人服从于一种他自己为自己立的法则（homo noumenon［作为本体的人］），他应当被视为一个不同于赋有理性的感性人的他者（specie diversus［在类属上不同的］），不过只是在实践的方面看。——因为关于理知的东西与感性的东西的因果关系，不存在任何理论，——而且这种类属的不同就是人的表现其特征的能力（高级能力和低级能力）的不同。前者是原告，针对原告，被告也被准许有一种法律支援（被告的诉讼代理人）。案件结束之后，内在的审判者作为掌权的**人格**，作出幸福或者不幸的判决，来作为行为的道德后果；在这种品质中，我们不能通过自己的理性进一步谋求这个人格（作为世界统治者）的权力，而是只能崇拜那无条件的 iubeo［命令］或者 veto［禁令］。

这样一种理想的人格（已授权的良知审判者）必须是一个知人心者；因为法庭就建于人的**内心**。——但同时，他必须也是**最能赋予义务的**，也就是说，他必须是这样一个人格，或者被设想为这样一个人格，在与他的关系中一切义务都完全应当被视为他的命令，因为良知对于一切自由行为来说就是内在的审判者。——现在，既然这样一个道德存在者同时必须具有（天上和地上的）一切权力，因为若不然他就不能使其法则产生与之相应的效果（这毕竟是审判者的职务必然需要的），但这样一个对一切都握有权力的道德存在者就叫做**上帝**，所以，良知就必须被设想为在上帝面前应当为其行为承担责任的主观原则，的确，后一个概念（尽管仅仅是模糊地）将在任何时候都包含在那种道德的自我意识之中。

这要说的无非是：人通过他的良知不可避免地把他引向的理念而有资格，但再少说一点，人通过他的良知而**有责任**把自身之外的这样一个最高存在者当做**现实的**来**接受**；因为这个理念不是**客观地**，通过理论理性被给予他的，而仅仅是**主观地**，通过实践的、自己赋予自己义务的、遵从理念而行动的理性被给予他的；而且人借助这种理性，**仅仅根据**与一切有理性的世间存在者的一个立法者的**类似性**，就得到一个纯然的指引，把有良知（它也被称为 religio［宗教］）想象成在一个与我们自己有别、但却对我们来说最亲密地临在的神圣存在者（道德上立法的理性）面前负责任，并且使自己的意志服从正义的规则。一般宗教的概念在此对人来说，纯然是“把人的所有义务评判为神的诫命的一个原则”。 〔440〕

1. 在一场良知的诉讼（causa conscientiam tangens）中，人在决断之前就想到一个**告诫性的**良知（praemonens）；此时，如果涉及一个义务概念（某种本身就是道德性的东西），在良知是惟一的审判者的那些案件中（casibus conscientiae），最极端的疑心（scrupulositas）不能被评判为小题大做（事无巨细），一种真正的违背不能被评判为小过错（peccatillum），并（根据 minima non curat praetor［大人不管小事］的原理）被托付给一个独断专行的良知顾问。因此，把一个广义的良知归于某人，就等于把他称为**无良知的**。

2. 如果行为已经结束，那么，在良知中首先出场的是**原告**，但同时和他一起出场的还有一个**律师**（辩护人）；这时，辩论必定不是心平气和地（per amicabilem compositionem［通过友好的协商］）进行的，而是按照严格的法权作出判决；然后就是：

3. 良知对人作出有法权效力的判决，即**宣布他无罪**或者**谴责**他，就此结束诉讼；这时应当注意的是：前者绝不可能包含一种**奖赏**（praemium），作为某种以前没有存在过的东西的收获，而仅仅包含一种摆脱了被认定应受惩罚的危险的愉悦，因此在其良知那满怀安慰的允诺中，幸福不是**积极的**（作为快乐），而只是**消极的**（在先前的担心之后的安心），这种情形只能被赋予作为与人心中的恶的原则的影响进行斗争的德性。

〔441〕 第二章　一切对自己的义务的第一命令

第 14 节

这个命令就是：**认识**（研究、探索）**你自己**，不是按照你的自然完善（对各种你随意的或者也是规定给你的目的的适宜性或者不适宜性），而是按照与你的义务——你的心灵——相关的道德完善——，无论这心灵是善的还是恶的，无论你的行动的源泉是纯洁的还是不纯洁的，而且这一命令可以要么作为源始的而属于人的**实体**，要么作为派生的（获得的或诱发的）而被归于人自身，而且能够属于道德的**状态**。

要求深入到更加难以探究的心灵深处（深渊）的道德上的自我认识，是所有人类智慧的开端。因为这种在于一个存在者的意志与终极目的的协调一致的智慧，在人这里首先需要清除内在的障碍（一个在人心中丛生的恶的意志），然后需要发展在他心中的一个善良意志的那种永远不会失去的源始的禀赋（只有自我认识的地狱之行才开辟出一条神化之路）。

第 15 节

这种道德的自我认识将首先排除对作为（其整个族类的）一般人的自己的**狂热**蔑视；因为这种蔑视是自相矛盾的。——甚至惟有通过存在于我们心中的美好的、使人配得上敬重的向善禀赋，才能使他认为违背这种禀赋而行动的人（自己，但不是其心中的人性）是应当受到轻视的。——但这样一来，它也就与如下**自爱的**自我评价相悖，即认为纯然的愿望如果是以还如此强烈的渴望发生的，在它们就自身而言毕竟没有付诸行动的时候，就是一个善良心灵的证明（**祈祷**也只不过是在一个知人心者面前内心许下的愿望）。在与法则的比较中评判我们自己时的不偏不倚和自我承认其内心的道德价值或者无价值时的正直，都是对自己的义务，这些义务就是从自我认识那个第一命令中直接得出的。〔442〕

插入章　道德的反思概念的双关性：把本是人对自己的义务的东西视为对他人的义务

第 16 节

按照纯然的理性来判断，人仅仅对人（自己或者他人）才有义务；因为他对任何一个主体的义务都是通过其意志作出的道德强制。因此，作出强制的（赋予义务的）主体**首先**必须是一个人格，**其次**这个人格必须是作为经验对象被给予的，因为人应当对其意志的目的产生影响，这只有在两个实存的存在者的相互关系中才能做到（因为一个纯然的思想物不可能按照目的成为某个结果的原因）。但现在，除了人之外，我们凭借我们所有的经验不知道别的存在者能够赋予义务（无论是主动地还是被动地）。因此，人除了对人的义务之外，对任何一种存在者都没有义务，而如果他仍然想象自己有这样一种义务，那是由于一种**反思概念的双关性**使然，而他想当然地对其他存在者的义务只不过是对自身的义务罢了；他之所以被诱导产生这种误解，乃是因为他把自己**就**其他存在者**而言**的义务混同为**对**这些存在者的义务了。

这种想当然的义务可能与**无人格的**，或者虽然是有人格但却绝对**不可见的**（无法向外感官显现的）对象有关。——前者（**非人的**对象）可能是纯然的自然物，或者是为繁衍而有机化，但却无感觉的自然物，或者是自然界赋有感觉和任性的部分（矿物质、植物、动物）；第二种对象（**超人的**对象）可以被设想为精神的存在者（天使、上帝）。——这两种存在者和人之间是否有一种义务关系以及有什么义务关系，是现在要问的。

〔443〕

第 17 节

就自然界中的**美的**、虽然无生命的东西而言，一种纯然毁坏的癖好（spiritus destructionis）与人对自己的义务是相悖的；因为这种毁坏削弱或者根绝了人的这样一种情感，这种情感虽然并非独自就已经是道德的，但毕竟至少为此准备了感性的那种对道德性有很大促进作用的情调，亦即甚至没有使用的意图也喜爱某种东西（例如美丽的晶体、植物界无法描绘的美）。

就造物的有生命、虽然无理性的部分而言，放弃粗暴地、同时残酷地对待动物这种义务被更加深切得多地与人对自己的义务对立起来，因为这种对待使人心中对动物苦难的同情变得麻木，而且一种在与他人的关系中非常有利于道德性的自然禀赋就被削弱了，并且被逐渐地根除；虽然利落的（没有痛苦地进行的）屠宰，或者还有它们的只要不一直紧张得超出能力的劳役（这类事情也必定是人所不能忍受的），也隶属在人的权限之下；因为与此相反，纯然为了观察而进行的折磨重重的自然实验，应当遭到憎恶，即便没有这些实验，目的也能实现。——哪怕对一匹老马或者老狗的长期效劳心存感激（就好像它们是家庭一员似的），都**间接地**都属于人的义务，亦即**就**这些动物**而言**，但**直接地**来看，这种感激往往只是人**对**自己的义务。

第 18 节

就完全处于我们的经验界限之外，但根据其可能性却在我们的理念中，例如在关于上帝的理念中发现的东西而言，我们同样也有一种义务，它被称为**宗教义务**，亦即“认识我们所有的义务都是（instar［类似于］）神的诫命”的义务。但是，这不是一种**对上帝**的义务的意识。因为既然这个理念完全是从我们自己的理性中产生的，是由我们或者是以理论的意图，即为了解释世界整体的合目的性，或者也是为了在我们的行为中用于动机，而自己**制作**的，所以在这里，我们在自己面前就没有 〔444〕
一个被给予的、我们对之必须承担义务的存在者；因为那样的话，这个存在者的现实性就必须首先通过经验得到证明（启示）；相反，这是人对自己的义务，即把这个不可避免地要呈现给理性的理念运用到我们心中的道德法则上去，在此这一点具有极大的道德效益。所以，在这种（**实践的**）意义上就可以说：拥有宗教是人对自己的义务。

第二卷

人对自己的不完全义务（就其目的而言）

第一章

在发展和增强自己的自然完善性方面，亦即在实用意图上对自己的义务

第 19 节

培植（cultura）自己作为达成各种可能目的的手段的自然力量（精神的、灵魂的和肉体的力量），是人对自己的义务。——人对自己（作为一个有理性的存在者）负有责任的是：不让自己的理性有朝一日可以利用的自然禀赋和能力不被利用，仿佛让它们生锈似的，而是假设他也能够满足他的能力对于自然需要来说生而具有的分量，这样就必定是他的理性向他指出对其能力的微小分量的这种**满足**首先是通过原理使然，因为他作为一个能够有目的（使对象成为自己的目的）的存在者，必须把自己的能力的使用不单单归功于自然本能，而是归功于他借以规定这种分量的自由。所以，这并不是顾及其（达成各种
〔445〕目的的）能力的培养能够带来的**好处**，因为这种好处也许会（按照卢梭式的原理）结果对自然需要的粗野性有利；相反，道德实践理性的命令和人对自己的**义务**是：培养自己的能力（在这些能力当中，根据其目的的不同培养一种能力比培养另一种能力更多），并且在实用方面做一个与自己的生存目的相适合的人。

精神的力量就是其实施惟独通过理性才有可能的力量。就

它们的使用不是汲取自经验，而是先天地派生自原理来说，它们是创造性的。这类力量是数学、逻辑学和自然形而上学，后两者也被列入哲学，即理论哲学，在这种情况下理论哲学虽然并不像字面意思那样意味着智慧的学问，而是只意味着科学，但毕竟能够有助于智慧的学问达到其目的。

灵魂的力量就是供人为了满足随意的意图而使用的知性和规则来支配，并就此而言被按照经验的导线来引导的力量。这类力量是记忆、想象力等诸如此类的东西，在这上面就能够建立起博学、鉴赏（内在的和外在的美化）等等，它们为各种各样的意图提供工具。

最后，**肉体的力量**的培养（真正的体操）就是照料在人身上构成材料（质料）的东西，没有这些东西，人的目的就会依然是未付诸实施的；因此，持续不断地、有意识地活跃人身上的动物性，就是人对自身的目的。

第 20 节

这些自然的完善中哪一种是**优先的**，在相互的比较中以什么样的比例使它们成为自己的目的而是人对自己的义务，这一点依然听凭在对某种生活方式的愉快方面对它们自己的理性思考和同时对人为此所必需的力量的评价，以便从中作出选择（例如，它应当是手工业，还是商业，还是学问）。因为且不说自身不能建立任何义务的自保的需要，人对自己的义务就是做 〔446〕
一个对世界有用的成员，因为这也属于其自己人格中的人性的价值，因而他不应当贬低这种人性。

但是，人在其**自然**完善性方面对自己的义务仅仅是广义的和不完全的义务，因为它虽然包含着行动的准则的一个法则，但就行动本身而言却在其方式和程度上没有规定任何东西，而是准许自由的人性有一个活动空间。

第二章

在提高其道德完善性方面，亦即在单纯道德的意图中人对自己的义务

第 21 节

首先，它主观上在于义务意向的**纯洁性**（puritas moralis［道德上的纯洁性］）：也就是说，这里也不掺杂从感性中取得的意图，法则独自就是动机，而行动不仅是合乎义务地，而且是**出自义务**作出的。——“你们要圣洁”在这里就是诫命。**其次**，客观上就涉及完善性，亦即涉及他的全部义务和他自己这方面道德目的的完备性之实现的整个道德目的而言，“你们要完善”就是诫命，但追求这个目标，在人这里却永远只是从**一种**完善向另一种完善的前进，这“也许是一种德性，也许是人们追求的一种称赞”。

第 22 节

这种对自己的义务是一种在性质上**狭义的**和完全的义务，尽管在程度上是一种广义的和不完全的义务，这是由于人性的脆弱（fragilitas）。

因为义务是**追求**这种完善性，而不是（在此生）**实现**这种完善性，因而对这种义务的遵循只能在于不断的进步，所以这种完善性在客体（人们应当使其实施成为自己目的的理念）**方面**虽然是对自己的狭义的和完全的义务，但**考虑**到主体却是对自己的广义的，仅仅是不完全的义务。

〔447〕 人的心灵的深度是无法探究的。谁感觉到自己遵循义务的动机，他就充分地了解自己，这种遵循究竟是不是完全出自法

则的表象，或者是否另一些着眼于好处（或者为了防止一种害处），并且借其他机会也完全可能为恶习所利用的感性冲动在同时起作用。但是，说到作为道德目的的完善性，虽然在理念上（在客观上）只有**一种**德性（作为准则的道德力量），但在事实上（在主观上）却有大量具有异质性状的德性，在它们中间，如果人们想寻找的话，不可能不发现某种非德性（尽管它们正是因为德性而通常不使用恶习的名称）。但是，自我认识永远不使我们充分了解种种德性的总和是完备的还是有欠缺的，它可以说明只有不完全的义务才是完全的。

※　　　※　　　※

因此，就我们自己人格中的人性这一目的而言对自己的一切义务都只是不完全的义务。

第二部分 〔448〕

对他人的德性义务

第一篇

对纯然作为人的他者的义务

第一章

对他人的爱的义务

划　分

第 23 节

最高的划分可以是这样的划分：就你通过履行义务而同时

使他人承担责任而言对这些他人的义务，和其遵循并不以他人的责任为后果的对这些他人的义务。第一种履行是（鉴于他人）**有功德的**，第二种履行是**应尽的**义务。——**爱**和**敬重**就是伴随着这些义务的执行的情感。它们可以分开（每一种独自）来考虑，也可以这样存在（对邻人的**爱**，尽管这位邻人可能很少值得**敬重**；同样，对每个人必要的**敬重**，尽管他会被评判为几乎不配得到爱）。但是，它们在根本上按照法则来看是任何时候都彼此结合在一个义务之中的；只不过是，时而这种义务，时而那种义务构成了主体心中的原则，另一种义务以附属的方式与之相联结。——于是，我们将认识到，我们有义务对一个穷人行善；但是，由于这种恩惠却也包含着他的幸福对我的慷慨的依赖性，而慷慨毕竟是对他人的贬抑，所以，通过一
〔449〕种把这种善行要么表现为纯然本分，要么表现为微不足道的帮助，来免除接受者的自卑，并且维护他的自尊心，就是义务。

第 24 节

如果谈的是义务法则（而不是自然法则），确切地说，是在人们彼此间的外在关系上谈论的，那么，我们就是在一个道德的（理知的）世界中考察我们，在这个世界中，按照与自然世界的类比，有理性的存在者们（在尘世）的结合是通过**吸引**和**排斥**造成的。凭借**互爱**的原则，他们被安排得彼此之间不断接近，而通过他们彼此间应有的**敬重**的原则，他们被安排得彼此间保持距离；而且如果这些强大的道德力量中的一个下降，那么，“虚无（无道德性）就会张开（道德的）存在者的大嘴，像喝一滴水一样喝掉整个王国”（如果我在这里可以使用哈勒的语词的话，只不过是在另一种关系中使用）。

第 25 节

然而，**爱**在这里并不是被理解为**情感**（审美的），即理解为对他人的完善性的愉快，不是被理解为对**愉悦**的爱（因为不可能由别人赋予义务来具有这种情感），而是必须被设想为**善意**（作为实践的）的准则，它以善行为结果。

关于对他人应予表明的**敬重**，也必须说同样的话，也就是说，这里所理解的不仅是出自我们自己的价值与他人的价值相比较的情感（这类情感是一个孩子对他的长辈，一个学生对他的老师，一个一般而言的下属对他的上司出自纯然的习惯所感到的），而仅仅是通过一个他人的人格中的人性之尊严来限制我们的自我评价的一个**准则**，从而是在实践意义上的敬重（observantia aliis praestanda ［显示对他人的敬重］）。

对他人的自由敬重的义务，由于真正说来只是消极的（不把自己抬高到他人之上），而且与不减少任何人的“他的”的法权义务相似，尽管被视为纯然的德性义务，但与爱的义务相比却被视为狭义的义务，爱的义务因此被视为广义的义务。〔450〕

因此，爱邻人的义务也可以这样来表述：它是使他人的目的（只要这些目的不是不道德的）成为我自己的目的的义务；敬重我的邻人的义务包含在下述准则之中：不要把他人贬低为仅仅是达成我的目的的手段（不要求他人为了醉心于我的目的而放弃自己）。

通过我对某人实施第一种义务，我同时使一个他人承担义务；我为他作出了贡献。但是，通过遵循后一种义务，我只是使我自己承担义务，限制我自己，以便不从他人作为人有权设定在自己本身中的价值夺走任何东西。

爱的义务专论

第 26 节

人类之爱（博爱）由于在这里被设想为实践的，从而不是被设想为对人身上的愉悦的爱，所以必须被设定在实际的善意中，并因此涉及行动的准则。——就其把人们纯然视为这样的人而言以人们的福乐（salus）为乐的人，当其他所有人都康乐时就有福乐了，这样的人一般来说叫做**以人为友者**（博爱主义者）。只有当别人倒霉的时候才有福乐的人，叫做**以人为敌者**（实践意义上的厌恶人类者）。只要自己有福乐，他人境况如何对他来说无关紧要的人，是**自私自利者**（solipsista）。——但是，即便愿意所有人**有福乐**，却由于无法在人们身上感受到**愉悦**而逃避人们的人，可以被称为**遇人胆怯**（审美的厌恶人类者），而他对人们的回避可以被称为恐人症。

第 27 节

善意的准则（实践上的以人为友）是所有人们彼此间的义务，不论人们认为这些人是否值得爱，所依据的是伦理学的完善法则：爱你的邻人如爱你自己。——因为对人们的一切道德
〔451〕实践关系都是人们在纯粹理性的表象中的一种关系，亦即遵循准则的自由行动的一种关系，这些准则获得了普遍立法的资格，所以不可能是利己主义的（ex solipsismo prodeuntes［从自私自利中表现出来的］）。我愿意任何他人都对我有善意（benevolentiam），因此，我也应当对每个他人有善意。但是，既然在我之外的所有**他人**不会是**所有**人，因此准则不会具有一个法则自身的普遍性，而这种普遍性对承担义务来说毕竟是必

要的，所以，善意的义务法则也将在实践理性的命令中把我一同理解为这一法则的客体：并不是好像我由此就会有责任爱我自己（因为即使没有义务法则，这种情况照样不可避免地发生，对此并不存在任何义务的承担），而是在其一般人性的理念中包括整个族类（因此也一起包括我）的立法理性，而不是人，作为普遍立法者，将我和我之外的所有他人一起，按照平等的原则包括在交互善意的义务之中，并且**允许**你自己对自己有善意，其条件是：你也对任何他人有善意，因为只有这样，你的准则（行善的准则）才获得普遍立法的资格，一切义务法则都建立在这上面。

第 28 节

现在，普遍的人类之爱中的善意虽然从**范围**上看是最广博的，但从**程度**上看却是最小的，而且如果我说：我只是根据普遍的人类之爱关心这个人的福乐，那么，我在这里所有的关切只是可能有的最小的关切。就这种关切而言，我只是不漠然而已。

但是，一个人对我来说毕竟比另一个人更近，而我在善意中是我自己最近的人。现在，“把你的邻人（你的同类）当做你自己来爱”这个公式如何是正确的呢？如果一个人对我来说（在善意的义务中）比他人更近，因而我有责任对一个人比对他人有更大的善意，但对我来说我自己承认（即便按照义务）比任何他人都更近，那么，看来我要不与自己相矛盾就不能说：我应当爱每个人如同爱我自己；因为自爱的标准不会准许有程度上的差别。——人们马上就看到：这里所说的不单是**愿望**中的善意，这种善意真正说来就是对任何他人的福乐的纯然愉悦，甚至为此可以不作出某种贡献（每一个人为自己，上帝为我们），而是一种实际的、实践的善意，亦即使他人的福乐 〔452〕

和得救成为自己的**目的**（行善）。因为在愿望中，我对所有人**同样**有善意，但在行善时，程度却按照被爱者的不同（他们中的一个人与我的关系比他人更近）而毕竟很为不同，这并不侵犯准则的普遍性。

爱的义务的划分

它们是：一、行善的义务；二、感激的义务；三、同情的义务。

一、行善的义务

第 29 节

善待自己，就其单是以生活为乐（保养自己的肉体，但不至于到柔弱的地步）就有必要而言，属于对自己的义务；它的反面是：出自**吝啬**而（奴隶般地）剥夺自己愉快的生活享受所必需的东西，或者出自对自己的自然偏好过分的**管束**而（狂热地）剥夺自己对生活乐趣的享受，——这两者都与人对自己的义务相冲突。

但是，在就别的人而言的愿望的**善意**（这不费我们什么事）之外，人们怎么还能作为义务来要求这种善意是实践的，亦即要求每个有这种能力的人就有需要者而言**行善**？——善意就是以他人的幸福（福乐）为乐；但行善却是把这种善意当做目的的准则，而且这方面的义务就是通过理性强制主体把这种准则当做普遍法则来接受。

并非自动地引人注目的是：这样一种法则完全蕴涵在理性之中；毋宁说，“每一个人为自己，上帝（命运）为我们所有人”这一准则看起来是最自然的准则。

第 30 节

〔453〕

行善，即尽自己的能力帮助身处困境的其他人得到他们的幸福，对此并不希冀某种东西，这是每个人的义务。

因为每个身处困境的人都期望自己能得到其他人的帮助。但是，如果他让自己的准则，即不想在其他人身处困境时又向他们提供援助，声张出去，也就是说，不使它成为普遍的准许法则，那么，当他本人身处困境时，每个人都同样会拒绝给他以自己的援助，或者至少有权拒绝他。所以，如果自私自利的准则会成为普遍的法则，它本身就将自相矛盾，也就是说，它是有悖义务的，进而对有需要的人行善这一公益性准则就是人们的普遍义务，确切地说是因为这些人就应当被看做同类，即看做是有需要的、在一个居住地由自然为了互相帮助而联合起来的理性存在者。

第 31 节

行善对于**富有的**人（多余地，亦即超过其自己的需要拥有达成他人幸福的**手段**的人）来说，几乎根本不应当被看做行善者有功德的义务；虽然他由此同时使他人承担责任。因此，他以此自己给自己造成的、不用他作出任何牺牲的欢乐，是一种沉浸于道德情感的方式。他也必须小心避免一切假象，好像他想借此让他人承担责任似的，因为若不然，这就不是真正的行善了，他向他人显示这种善行，是通过他表示想要给后者强加一种责任（这在后者自己看来往往是对他的侮辱）。毋宁说，如果他不是（那样更好些）完全悄悄地从事其行善活动的话，他就必须表示通过他人的接受使自己承担责任，或者感到荣幸，因而义务仅仅是他的本分。——如果行善的能力受到限制，而行善者强大得足以默默地自己承担起他让他人免除的灾祸的话，这种德性就更伟大了，这样一来，他就确实应当被视为道德上**富有**了。

〔454〕

决疑论问题

人们在行善时使用自己的能力应该到多大程度呢？毕竟不应当到最终自己也会需要他人行善的地步。人们在临终时（在通过遗嘱告别人世时）提供的善行有什么价值呢？——有人行使由国家法律准许他对另一个人拥有的最高权力，他剥夺了后者按照自己的选择来幸福生活的**自由**（这是他的一个庄园的世袭农奴），我要说，如果他按照**他**自己的幸福概念仿佛父亲那样照料后者，那么，这个人可以把自己视为行善者吗？或者毋宁说，剥夺一个人的自由这种不公正，岂不是某种与一般法权义务如此相悖的东西，以至于在这种条件下，依赖于主子的行善而委身，对于心甘情愿同意这样做的人来说，就会是对人性的最大放弃，而主人为后者的最大的预先关心根本就不会是什么善行吗？或者，兴许善行的功德能够如此之大，以至于能够抵消人权？——我不能按照**我**的幸福概念向某人行善（未成年的孩子和有障碍的人除外），而只能按照**那人**自己的概念去行善，不能打算通过强加给他一个礼物来向他提供一种善行。

行善的能力取决于物质财富，它多半是由于政府的不公正而从对不同的人们进行帮助产生的一个结果，政府提倡贫富不平等，而这就使得他人的行善成为必要。在这样的情况下，富人可能向身处困境的人们提供的援助，完全应当得到人们如此乐意当做功德而自鸣得意的慈善的名称吗？

二、感激的义务

感激是由于一种向我们提供的善行而对一个人格的**崇敬**。与这种评判结合在一起的情感是对（使他承担义务的）行善者的敬重情感，反之，行善者对接受者则只是在爱的关系中来看。——甚至他人的一种没有有形后果的纯然由衷的**善意**也理 〔455〕
应得到一种德性义务的名称；于是，这就说明了**实际**的感激和纯然**感情上的**感激之间的区别。

第 32 节

感激是一种义务，也就是说，不单单是一个**精明的准则**，即由于我曾经受惠于善行而表示我的责任，以鼓动他人多多行善（gratiarum actio est ad plus dandum invitatio [感激的举动是对更多给予的邀请]），因为在这时，我是把这种感激仅仅当做达成我的另外意图的手段来使用；相反，感激是由道德法则而来的直接强制，亦即是义务。

但是，感激也必须还被特别地视为**神圣的**义务，也就是说，视为这样一种义务，对它的侵犯甚至能够在原理中毁灭行善的道德动机（作为令人愤慨的例证）。因为“神圣的”是指这样的道德对象，就它而言，责任并不能通过遵循义务的行为被完全取消（在这方面，被赋予义务者始终还是负有义务的）。其他一切义务都是**普通的**义务。——但是，人们不能通过对一个被接受了的善行的酬谢来**回应**这种善行，因为接受者永远不能从这个施与者那里夺取施与者所拥有的功德的优先性，即曾是善意中的第一人。——但是，即便没有这种行为（行善），纯然由衷的善意就已经是承担感激义务的根据。——这样一种感激的意向就被称为**谢意**。

第33节

至于这种感激的**广度**，它并不单单涉及同时代人，而且还涉及祖先，甚至涉及人们无法肯定地说出名字的人。这也就是之所以不尽可能地为那些可以被视为我们老师的古人进行辩护，使他们免于一切攻击、指责和低估，被看做不高尚的原因；但同时，一个愚蠢的妄念是，为了古代的缘故而捏造说古人在才能和善良意志方面比近人占优势，好像世界正在根据自
〔456〕然法则持续不断地降低其源始的完善性似的，与此相比轻视一切新事物。

但是，至于**强度**，亦即对这种德性的责任的程度，它可以根据被赋予义务者从善行中得到的利益，以及根据这种善行借以被给予他的那种无私性来评价。最低的程度就是：向能够接受帮助的（还活着的）行善者提供**同样的**帮助，而如果行善者不能接受，就向他人提供帮助：不是把一个已经被接受的善行视为一个人们乐意摆脱的负担（因为如此受惠的人比他的施主低了一个等级，而且这伤害了他的自尊心）；而是甚至把行善的起因当做道德的善行来对待，也就是说，当做被给予的、使人承担人类之爱这种德性的责任并这样来培养人类之爱的机会来对待，这种德性以其善意意向的**热忱**同时就是善意的**细腻**（在义务的表象中对这种德行的最小程度的注意）。

三、同情的感受完全是义务

第34节

同甘和共苦（sympathia moralis［道德上的同情］）虽然

是对他人的快乐和痛苦状况的一种（因此可被称为审美的）愉快或者不快的感性情感（同感、同情的感受），自然早已把对它们的易感性置入人心了。但是，把这种易感性作为促成实际的和理性的善意的手段来使用，还是以**人性**（humanitas）为名义的一种特殊的、虽然是有条件的义务？因为在这里人不只是被看做有理性的存在者，而且也被看做赋有理性的动物。现在，这种易感性可以被设定在就其**情感**而言互相**传达**的**能力**和**意志**之中，或者只是设定在对快乐或者痛苦的共同情感（humanitas aesthetica［审美的人性］）的易感性之中，这是自然本身所给予的。前一种情感是**自由的**，因此被称为同情性的（communio sentiendi liberalis［自由的感觉共联性］，基于实践理性；第二种情感是**不自由的**（communio sentiendi illiberalis，servilis［不自由的、奴性的感觉共联性］），可以叫做**传达性的**（例如热情或者传染性疾病的感觉），也叫共患难；因为它是以自然的方式在比邻而居的人们中间蔓延的。惟独对第一种情感才存在责任。 〔457〕

曾经有**智者**的一种崇高的表象方式，就像斯多亚派在听人说到智者时所设想的那样：我期望有一个朋友，不是在我贫穷、生病、被囚等等时给**我**提供帮助的朋友，而是为了我能够帮助**他**和救助一个人；而尽管如此，正是这个智者，当他的朋友无法救助时，却对自己说：这关我什么事？也就是说，他拒绝共患难。

事实上，当一个他人受苦，而且我也（借助想象力）让自己被他那我毕竟不能解除的痛苦所感染时，就是两个人在受苦了；尽管灾祸真正说来（在自然中）击中的只是一个人。但是，增加世界上的不幸，因而也不是出自**共苦**而行善，这不可能是义务；如果真的这样，这会也是一种侮辱性的行善，因为行善表达的是一种善意，它与不配得到的人相关，而且被称为**仁慈**，而在那些恰恰不可以自夸配享幸福的人们中间，相互之间根本不可能出现行善。

第 35 节

但是，虽然与他人共苦（而且因此也同甘）就自身而言并不是义务，但在我们心中培植共苦的自然（审美）情感，而且把它们当做如此之多的手段用于出自道德原理和遵循这些原理的情感的同情，毕竟是对他人命运的实际同情，因此归根结底是间接的义务。这样义务就是：不要回避那些缺乏最必需的东西的穷人所在的地方，而要寻找他们，不要为了逃避人们无法抵御的极痛苦的同感而躲开病房或者犯人的监狱等等诸如此类的东西；因为这种同感毕竟是自然置入我们心中的冲动之一，去作出义务表象独自不会去完成的事情。

〔458〕

决疑论问题

如果人的一切道德性都毕竟极认真地只限于法权义务，善意则被列入无关紧要的东西，那么，世界福乐的情况岂不是会更好一些吗？不那么容易看出的是，这会对人们的幸福有什么样的后果。但在这一场合，毕竟起码会缺少世界的一种伟大的道德光彩，亦即人类之爱，因此这种人类之爱甚至无须计较好处（幸福的好处），独自就是把世界看做处于其全部完善性之中的一个美的道德整体。

感激真正说来并不是被赋予义务者对行善者的回报之爱，而是对他的**敬重**。因为能够而且必须把义务的相等作为普遍的邻人之爱的基础；但在感激中，被赋予义务者比他的行善者低了一个等级。这不该是有些忘恩负义的原因，亦即看着一个人胜过自己的自尊，无法置身于与他（就义务关系而言）的完全平等之中的反感吗？

与人类之爱截然（contrarie）对立的人类之恨的恶习

第 36 节

这些恶习构成了**妒忌**、**忘恩负义**和**幸灾乐祸**的丑恶家族。——但是，仇恨在此不是公然的和残暴的，而是隐蔽的和遮遮掩掩的，这给对邻人的义务遗忘还增添了卑鄙，同时侵害了对自己的义务。

1. 妒忌（livor），作为一种痛苦地感知他人福乐的癖好，虽然并没有因此损害他人的福乐，但如果导致了行为（减损那种福乐），就叫做**情节严重的妒忌**，否则就只叫做嫉妒（invidentia），但毕竟只是一种间接邪恶的意向，亦即不情愿看到我们自己福乐由于他人的福乐而黯然失色，因为我们懂得不是在福乐的内在价值中，而是仅仅在与他人福乐的比较中评价福 〔459〕乐的标准，并使这种评价直观化。——所以，人们也可能会说一个婚姻或者家庭中的**值得嫉妒的**和睦和幸福等等；就好像在某些情况下允许妒忌某人似的。因此，妒忌这种冲动就在人的本性之中，惟有它们的爆发才使之成为一种怨恨的、自我折磨的并且至少在愿望上指向破坏他人幸福的情欲的丑恶恶习，因而既与人对自己的义务相对立，又与人对他人的义务相对立。

2. 对其行善者（恩人）的**忘恩负义**，如果甚至发展到了恨自己的行善者的地步，就叫做**情节严重的忘恩负义**，否则就只叫做**无谢意**，是一种虽然在公共判断中极其让人讨厌的恶习，尽管如此人却由于它而如此声名狼藉，以至于说人们会由于已经显示出来的善行甚至给自己树一个敌人，被认为不是不可能的。——这样一种恶习的可能性的根据在于误解了对自己的义务，即由于他人的善行强加给我们对他人的责任，所以不需要和鼓励这种善行，而是宁愿自己承受生活的艰辛，也不给他人增加负担，因而在他人那里欠账（承担义务），因为这样一来，我们就担心会陷落到受保护者对其保护者的卑微级别；这与真正的自我珍重（为其自己人格中的人性的尊严而自豪）是相悖的。因此，对那些在行善上**不可避免地**必定抢在我们之前的人的感激（在怀念中对祖先，或者对父母的感激）是慷慨的，但对那些同时代人的感激却只是微弱的，甚至为了掩盖这种不平等的关系，显示出来的将完全是感觉的反面。——但这样一来，这就是一种引起人类公愤的恶习，不只因为这样一个例子必然给一般人带来的损失使人不敢再行善（因为他们可能以真正道德的意向正是在对所有这样的酬报的鄙弃中，为行善设定一种更大的内在道德价值），而是因为人类之爱在这里被头脚倒置了，爱的缺乏被庸俗化为仇视爱者的权限。

3. **幸灾乐祸**，恰恰是同情的反面，对人的本性来说也不陌生；尽管如此，当它太过分地有助于甚至造成灾祸或者恶
〔460〕时，它就作为**情节严重的幸灾乐祸**显示出对人类的仇恨，而且以其恐怖的面目出现。当他人骇人听闻的不幸或者堕落宛如背景一般被配给我们自己的安康，以便更清楚地显出这种安康时，更强烈地感到自己的福乐，甚至自己的得体行为，这按照想象力的法则，亦即对比的法则，无疑是人的本性使然。但是，直接对这种毁灭普遍的世界福利的**怪物**的存在感到高兴，因而甚至期望看到这类东西，这是一种秘密的人类之恨，是我们应当作为义务的人类之爱的截然反面。——他人在不间断的安康中的**傲慢**和得体行为中的**自负**（但真正说来只是在于还往往避开了公共恶习的诱惑的幸运），自爱的人把这两者都算做自己的功德，它们产生了这种敌意的快乐，这种快乐与按照（太伦斯那里真诚的克勒摩斯的）同情原则的义务，即“我是人，凡是人所遭遇的也都与我相关”，截然相反。

这种幸灾乐祸中最惹人喜爱的是**复仇欲**，它为此还具有最大的法权，甚至责任（作为法权欲）的假象，即甚至无须自己的好处也使伤害他人成为自己的目的。

任何伤害一个人的法权的行为都理应受到惩罚，由此犯罪在肇事者身上得到**复仇**（不是仅仅加给损失以补偿）。但现在，惩罚不是受害者的私人权威的一个行为，而是一个与他有别的法庭的行为，法庭使高踞于所有臣服它的人之上的一个**上峰**的法则产生效果，而且如果我们（如在伦理学中必要的那样）在一个法权状况中，但**按照纯然的理性法则**（不是公民法则）看待人，那么，任何人都无权施加惩罚，并报复人们遭受的伤害，除非他也是最高的道德立法者，而惟有这个立法者（亦即上帝）才能说："复仇在我，我要报应"。因此，不仅仅自身纯然出自复仇的德性义务，是不以仇恨回应他人的敌意，而且甚至也不要求世界审判者进行报复；这一方面是因为人受够了自己的罪，以至于非常需要宽恕本身；另一方面是因为，确切地说主要是因为，任何惩罚，无论由谁来施加，都不可以出自仇 〔461〕
恨。——所以，和解（placabilitas）是人的义务；但绝不能把它与对伤害的温和忍让（mitis iniuriarum patientia［对不义的温和忍让］）相混同，后者是为了防止他人的继续伤害而对强硬手段的放弃；因为如果那样的话，就是把自己的法权抛在他人脚下，是对人对自己的义务的侵犯。

附释：一切甚至使人的本性变得可恨的恶习，如果要在原理的意义上对待它们（作为情节严重的），客观上看都是**非人的**，但主观上考虑却毕竟是**属人的**，也就是说，就像经验使我们认识到我们的族类那样。因此，尽管人们极其厌恶地想把其中一些恶习称为**魔鬼般的**，就像其反面可以被称为**天使德性**一样，但两个概念却毕竟只是关于一个最大值的理念，被设想为用于比较道德性程度的标准，因为人们给人指定出其在**天堂**或者**地狱**的位置，并没有使他成为一个既不占据其中一个位置，又不占据另一位置的中间存在者。哈勒在其《天使和牲畜的模糊中间物》中说得是否更准确，这里依然不能澄清。但是，在异质事物的一种组合中进行二分，根本得不出一个确定的概念，而且在存在者的秩序中，按照它们不为我们所知的等级差异，没有任何东西能够把我们引向这一概念。前一种对立（天使德性与魔鬼恶习的对立）是夸张。第二种对立，尽管人真是遗憾地也堕入了**牲畜的恶习**，却毕竟没有资格给人添加这方面的一种**属于其物种的**禀赋，就像林中一些树木的畸形很难是使它们成为植物的一个特殊种类的一个理由一样。

第二章

〔462〕

出于他人应得的敬重而对他人的德性义务

第37节

一般而言在要求上**有节制**，亦即一个人的自爱自愿受他人的自爱的限制，叫做**谦虚**；在配被他人**爱**这方面缺乏**这种节制**（不谦虚），叫做**自爱**（philautia）。但是，要求被他人**敬重**的不谦虚，就叫**自负**（arrogantia）。因此，我对别人怀有的，或者一个他人能够要求于我的**敬重**（observantia aliis praestanda [对他人表示敬重]），就是对其他人身上的一种**尊严**（dignitas）的承认，亦即对一种无价的、没有可以用价值评估（aestimii）的客体与之交换的等价物的价值的承认。——把一个事物评判为没有价值的东西，就是蔑视。

第38节

每个人都有权要求其邻人的敬重，而且他也**交互地**对任何他人有这方面的责任。

人性本身就是一种尊严；因为人不能被任何人（既不能被他人，也甚至不能被自己）纯然当做手段来使用，而是在任何时候都必须同时当做目的来使用，而且他的尊严（人格性）正在于此，由此他使自己高于一切其他不是人、但可能被使用的世间存在者，因而高于一切事物。所以，就像他不能以任何价格出卖自己（这会与自我珍重的义务相抵触）一样，他也不能与他人作为人同样必要的自我珍重相悖而行动，也就是说，他有责任在实践上承认任何其他人的人性的尊严，因此，他肩负着一种与必然要向每个他人表示的敬重相关的义务。

第 39 节 〔463〕

蔑视（contemnere）他人，也就是说，拒绝给他人一般人应得的敬重，在任何情况下都是违背义务的；因为他们是人。与他人相对而言在内心**轻视**（despicatui）他们，虽然有时是不可避免的，但把这种轻视外在地表现出来却毕竟是一种伤害。——**危险的**东西并不是蔑视的对象，而且也不是有恶习的人；如果对此人的攻击占有的优势使我有资格说：我蔑视他，那么，这只是意味着，即使我对他根本不作出防卫，此时也没有危险，因为他暴露出了自己的堕落。但我自己仍然不能拒绝给予这位作为人的有恶习者以任何敬重，起码在一个人的品质上，人们本来不能剥夺他这种敬重；即便他因为自己的行为而使自己不配敬重。这样，就可能有一些侮辱人的、有辱人性本身的惩罚（例如四马分尸、让狗撕咬、割掉鼻子和耳朵），它们不单对那些爱荣誉的人（要求他人的敬重，这是每个人必须做的）来说比丧失财富和性命更加痛苦，而且剥夺了旁观者为属于一个人们居然可以如此对待的族类而感到的羞愧。

附释：在其理性的逻辑使用上对人自身的敬重的义务就建立在这上面：不是以荒谬、无聊的判断等等名义来指斥理性的失足，而毋宁说预设在这判断中毕竟必定有某种真实的东西，并找出这种东西；但同时也揭示骗人的假象（判断的规定根据的主观因素，它由于一种疏忽而被视为客观的），并且通过解释出错的可能性而保持对他的理智的敬重。因为如果人们在某个判断中通过那些表述否定其对手有任何理智，那么，人们要怎样才能使他明白是他犯错误了呢？——对恶习的指责也同样是这种情况，指责必须永远不以完全蔑视和否定有恶习者的一切道德价值为结果，因为如果按照这种假说，他永远也不能被
〔464〕改造好；这与一个本身（作为道德存在者）永远不会失去一切向善禀赋的**人**的理念是无法统一的。

第40节

主观上被描述为道德情感的对法则的敬重，与对人的义务的意识是一回事。正因为如此，显示对作为道德的（极为高看其义务的）存在者的人的敬重，本身也是他人对他拥有的一项义务，是他不能放弃其要求的一项法权。——人们把这种要求称为**爱名誉**，其在外在的举止中的现象叫做**可敬**（honestas externa［外在的可敬］），而对它的违背则叫做**丑闻**；是不敬重义务的一个能够造成效仿的榜样，**给出**这样一个榜样虽然极其违背义务，但在纯然荒谬的（paradoxon）、否则就在自身善的东西上**获取**榜样，则是一个妄念（既然人们也把不可使用的东西视为不允许的），一个对德性来说是危险的、有害的错误。——因为对其他给出榜样的人的应有敬重不可能一直蜕变为盲目的模仿（既然使用，亦即 mos［习俗］，被提升到一个法则的尊严）；对民间道德的这种专制会与人对自己

的义务相悖。

第 41 节

不履行纯然爱的义务，就是**无德性**（peccatum［过失］）。但是，不履行从对每个人一般而言应有的**敬重**中产生的义务，就是**恶习**（vitium［恶］）。因为对第一种义务的疏忽并没有伤害任何人；但是，不履行第二种义务，就在人的合法要求方面损害了他。——第一种违背是**对立面**的有悖义务的东西（contrarie oppositum virtutis［德性的相反对立面］）。但是，不仅不是道德补充，而且甚至取消通常对主体会有益的道德补充之价值的东西，则是**恶习**。

正因为如此，就连对邻人的出自其应得的敬重的义务也只是得到否定的表述，也就是说，这种德性义务只是被间接地 〔465〕（通过对立面的禁止）表述出来。

伤害对他人的敬重之义务的恶习

这类恶习是：一、**傲慢**；二、**毁谤**；三、**嘲讽**。

一、傲慢

第 42 节

傲慢（superbia，正如这个词所表述的那样，是一种总是**向上**浮的倾向）是一种**虚荣**（ambitio），我们按照这种虚荣要求其他人在与我们相比时贬低自己，因而是一种与每个人都可以合法要求的敬重相违背的恶习。

它与作为**爱名誉**的**骄傲**（animus elatus），亦即在与别人相比时一点也不错过其人的尊严的那种谨慎（因此，它通常也被配上“高贵的”这个形容词）不同；因为傲慢要求别人敬重，自己却不敬重别人。——但是，这种骄傲本身却毕竟成为错误和伤害，尽管它只是要求别人关注自己的重要性。

傲慢仿佛是贪图名誉者对追随者的一种谋求，并相信自己有权蔑视地对待他们，它是**不义的**，而且与对人应有的尊重完全相抵触；傲慢是**愚蠢**，亦即在使用种种手段以达成在某种关系中完全没有充当目的的价值的东西时的虚荣心；它甚至就是**白痴**，亦即一种冒犯性的不理智，使用一些在他人那里必定恰恰产生其目的的反面的手段（因为傲慢者越是表现出这种追求，每个人就越是拒绝敬重他），——这一切都是不言自明的。
〔466〕但毕竟要稍加说明的是：傲慢者任何时候在内心深处都是**卑鄙的**。因为如果他不是在自身发现，当幸福对他来说逆转时，他根本不会认为自己这方面现在也阿谀奉承，并且放弃他人的一切尊重是难以接受的，那么，他就不会要求他人在与他比较时轻视自己了。

二、毁谤

第 43 节

恶意的议论（obtrectatio）或者毁谤，我并不把它理解为**中伤**（contumelia）、一种**错误的**、应当诉诸法权的议论，而是仅仅理解为直接的、不怀任何特殊意图的偏好，即散布某种不利于对他人的敬重的流言飞语，它与对人性应有的敬重完全相悖，因为任何给出的丑闻都会削弱这种敬重，而且尽可能地使人怀疑它，而向着道德上的善的动力毕竟是基于这种敬重的。

有损他人名誉的东西哪怕是真的，也不归公共的司法权管辖，故意**散布**（propalatio）这种东西，就是在降低对一般人性的敬重，以至于最终给我们的族类本身投上卑鄙无耻的阴影，使厌恶人类（遇人胆怯）或者蔑视成为主流的思维方式，或者使其道德情感由于这种思维方式屡见不鲜而变得麻木不仁，对此习以为常。因此德性义务是，不要对暴露他人的错误幸灾乐祸，以便由此确保自己的意见是正确的，至少不比其他所有人差，而是不仅通过缓和我们的判断，而且通过隐瞒这些判断来给他人的错误蒙上人类之爱的面纱；因为他人给予我们的敬重的榜样也能够使得在同样的程度上配享这种敬重的努力活跃起来。——因此之故，对他人的道德的窥视癖（allotrio-episcopia [不良的暴露]）本身就已经是人类学的一种侮辱性的多管闲事，每一个人都可以正当地把它当做对自己应得的敬重的侵犯来反抗。

三、嘲讽 〔467〕

第 44 节

轻率的责难欲和纯然使他人成为笑柄的癖好，为了使他人的错误成为自己取乐的直接对象的**嘲弄欲**，都是恶意，与朋友间只是表面上当做错误，但其实却是当做有勇气偶尔也在时尚的规则之外的长处来取笑的那种**玩笑**、亲密完全不同（这时它就不是**嘲笑**了）。但是，使真实的错误成为笑柄，或者就好像它们是真实的似的而使虚构出来的、旨在剥夺人格应得的敬重的错误成为笑柄，以及这方面的癖好，即尖刻的**嘲弄欲**（spiritus causticus），本身就具有某种残酷的喜悦，并因此而恰恰是对敬重他人的义务的一种更为严重的伤害。

不过，以蔑视而对一个对手的侮辱性攻击给予戏谑的，尽管是嘲弄性的回击（retorsio iocosa），则与此不同，由此，嘲弄者（或者一般而言一个幸灾乐祸的、但却没有力量的对手）

受到同等程度的嘲弄，而且这是对他可以向前者要求的敬重的合法捍卫。但是，如果对象真正说来不是幽默的对象，而是理性必然对之有一种道德关切的对象，那么，即便对手发出如此之多的嘲弄，同时自己却如此之多地出丑招人发笑，但对于对象的尊严和对人性的敬重来说，更加适当的却是：对攻击要么根本不作任何防卫，要么作出有尊严的和严肃的防卫。

附释：人们将发觉：在前面的标题下不是那么赞颂德性，反倒是在谴责与德性相对立的恶习；但这已经蕴涵在敬重的概念之中了；就像我们有责任对他人表示敬重一样，敬重只是一种**消极的**义务。——我没有责任**崇敬**他人（只是作为人来看），也就是说，对他人表示**积极的**尊重。我天生对之有责任的所有
〔468〕敬重，一般而言都是对法则的敬重（reverere legem），而这却不是一般而言崇敬他人（reverentia adversus hominem），或者在其中为他们提供某种东西，这是对他人的普遍的、无条件的人类义务，这种义务作为他们原本应得的敬重，可以要求于每一个人。

根据人们性状的不同，或者根据其部分地是基于任意的安排的偶然关系的不同，亦即年龄、性别、出身、强弱的不同，或者干脆是地位和身份的不同，而向他人表示的不同敬重，不可以在德性论的**形而上学**初始根据中详细陈述并加以分类，因为这里要讨论的只是德性论的纯粹理性原则。

第二篇

人们相互之间就其状态而言的伦理义务

第45节

这些义务（德性义务）虽然在纯粹伦理学中不能提供理由

形成其体系中的一个特殊篇章；因为它们不包含人们作为人彼此之间承担义务的原则，因此真正说来不能充当德性论的**形而上学**初始根据的一个部分，而仅仅是按照把德性原则（依据形式的东西）**运用**于经验中出现的事例（质料的东西）的主体之不同而变化的规则，因此它们也与一切经验性的划分一样不允许有可靠完备的分类。然而，就像要求自然形而上学对物理学有一种具有其特殊规则的跨越一样，也有理由要求道德形而上学作出一个类似的跨越，亦即通过把纯粹的义务原则运用到经验事例上而仿佛使道德形而上学**图型化**，并阐明其已可以作道德实践的使用。——因此，对待人，例如在其状态的道德纯洁性中或者在其堕落中，采取什么态度是适宜的；在开化的或者粗野的状态中什么是适宜的；对于有学识的人或者无学识的人，以及对于在使用其科学时作为会处事的（精炼的）学者或 〔469〕
者在自己的专业中不会处事的学者（书呆子）、务实的学者或者更多地旨在精神和鉴赏的学者的那些人来说，什么是适宜的；按照地位、年龄、性别、健康状况、富裕或者贫穷等等的差异，什么是适宜的：这并不是如此多种多样的在伦理上**承担义务**的**方式**（因为只有**一种**，亦即一般德性的承担义务），而仅仅是**运用**的种种方式（附论）；因此这些方式不能作为伦理学的章节和一个体系之**划分**的环节（体系必须先天地从一个理性概念出发）被提及，而只能是附带提到。——但是，恰恰这种应用却属于体系阐述的完备性。

要素论的结束语：爱与敬重在友谊中最紧密的结合

第 46 节

友谊（在其完善性上来看）就是两个人格通过相同的彼此的爱和敬重而结合。——不难看出，它是分享和传达这两个通过道德上善的意志而结合起来的人格任何一方的福乐的一个理想，而且即使它并不造就出生活的全部幸福，把它接纳入他们双方的意向也是配享幸福的，因此，人们之间的友谊是人们的义务。——但是，友谊是一个纯然的（但毕竟是实践上必要的）理念，是虽然在实施时无法达到、但却由理性托付去追求的（作为彼此间善良意向的一种最高境界）、绝非普通的、而是十分光荣的义务，这一点很容易就可以看出来。因为对于处在与邻人的关系之中的人来说，怎么可能查明一个人身上同一种义务为此所需的各部分中的一个（例如交互的善意）同他人身上的同一个意向是**相同**的？不过更有甚者，在同一个人格中出自一种义务的情感与出自另一种义务的情感（例如出自善意的情感与出自敬重的情感）具有什么关系？而且，如果一个人
〔470〕在**爱**上更热烈，那么，他是否并不恰恰因此而在**敬重**他人上失去某种东西，以至于爱和敬重两方面在主观上很难达到平衡均匀？什么对于友谊来说毕竟是不可缺少的呢？——因为人们可以把前者视为吸引，把后者视为排斥，而且如果吸引的原则要求接近，排斥的原则要求彼此间保持恰当的距离，那么，由“即便最好的朋友相互间也不应当**不分彼此**”这一规则所表达的对亲密的这种限制就包含着一个准则，这个准则不仅适用于地位高的人对地位低的人，而且反过来也一样适用。因为地位高的人转眼之间就感到自己的自豪感被伤害了，并且想知道地位低的人的敬重也许一时被推迟了，但并没有被取消；不过，敬重一旦被伤害，在内心就无法挽回地失去了；即使它的外在标志（礼节）又依然如故地进行。

友谊就其纯洁性或者完备性而言，把它设想为可达到的（在俄瑞斯忒斯和皮拉得斯之间、忒修斯和珀里托俄斯之间的友谊），是小说家的癖好；与此相反，亚里士多德说：我亲爱的朋友，其实没有任何朋友！下面的说明可以使人注意到友谊

的困难。

在道德上考虑，一个朋友让另一个人觉察到自己的错误，无疑是义务；因为这是为他好，所以是爱的义务。但是，他的伙伴却把这看做自己指望从他那里得到的敬重的一种缺乏，确切地说，他要么在这一点上已经栽了，要么由于受到他人的监视和暗地的批评而常常冒着丧失其敬重的危险；甚至，他被监视和控制，这本身就已经让他觉得是侮辱了。

一个处在困境中的朋友，他是多么不受欢迎啊（好好想想，如果他是一个积极的、乐于自己花费而助人的朋友的话）！但是，感到自己与他人的命运紧密相连，肩负着他人的需要，这毕竟也是一个巨大的负担。——所以，友谊不能是一种旨在彼此得到好处的结合，而必须是纯粹道德的，而且，双方中任何一方在紧急情况下都可以指望对方给予的支援，必须不是指友谊的目的和规定根据——那样的话他就会失去另一方的敬重——而只能是指发自肺腑的善意的外在标志，并不使事情取 〔471〕 决于总是有危险的试验，因为任何一方都考虑要慷慨地解除他人的这种负担，一个人独自承担它，甚至对他完全隐瞒这负担，但毕竟总是可能自夸说，在紧急情况下他将能指望他人的支援。但是，当一个人从他人那里接受一个**善行**时，他所能够指望的是爱上的平等，而不是敬重上的平等。因为他清楚地看到自己低一个等级，负有责任而不能相互赋予责任。——尽管相互接近直至融为一个人格的这种交互拥有是甜蜜的，友谊却毕竟同时是某种如此**娇柔**的东西（teneritas amicitiae），以至于如果人们让它基于情感，不给这种彼此的倾诉和顺从配上原理或者防止不分彼此并且通过敬重的要求来限制交互之爱的规则，就一刻也不能保证它免于**中断；这类事情在不开化的人那里是司空见惯的，尽管他们并不因此总是导致破裂**（因为群氓互相斗殴，群氓又互相容忍）；他们可能并不分道扬镳，但也并不相互一致，因为吵架本身就是他们的需要，为的是在和解中品尝和睦的甜蜜。——但无论如何，友谊中的爱不能是**冲动**：因为冲动在选择上是盲目的，在延续时将灰飞烟灭。

第 47 节

道德的友谊（与审美的友谊有别）是两个人格在彼此坦承其隐秘判断和感受时的完全信赖，只要它能够与双方的彼此敬重共存。

人是一种注定要有社会的存在者（虽然毕竟也是非社会的存在者），而且在社会状态的培植中，他强烈地感到有向他人**开放**自己的需要（甚至不以某种东西为目的）；但另一方面，也由于害怕他人可以滥用他的想法的这种袒露而变得狭隘和受到警告，他发现自己不得不把他的一大部分想法（尤其是关于
〔472〕其他人的）**封闭**在自己心中。他喜欢与某个人聊一聊自己对与之打交道的人有什么想法，对政府、宗教等等有什么想法；但他不可以冒险这样做，部分是因为小心翼翼地不说出自己的判断的他人会利用这来伤害他；部分是因为如果他完全开诚布公地对他人呈现自己的话，就公开他自己的错误而言，他人会隐瞒其自己的错误，这样他就会在他人的敬重上有所损失。

因此，如果他发现一个有理智的人，他在这个人那里就那种危险而言根本不必担心，相反他能够完全信任地对他开放自己，此外这个人自身也具有一种与他自己相一致的评判事物的方式，那么，他就可以倾诉自己的看法；他在其思想上就不像在监狱中那样是完全是**孤独的**，并且享受着一种自由，他在人群中就缺乏这种自由，在那里他必须封闭自己。每一个人都有

秘密，不可以盲目地信赖他人；这部分是因为大多数人不高尚的思维方式，对此作了有害于他的利用，部分是因为一些人在评判和区别这种招人议论的事情时不理智，或者不是这样（轻率），这样一些品质很难发现共存于一个主体中（rara avis in terris et nigro simillima cygno［世间罕有极像黑天鹅的鸟］）；尤其是因为最亲密的友谊要求这个有理智的、可以信赖的朋友同时有责任，没有前者明确的许可，不得把同一个托付给他的秘密告诉另一个被认为同样可靠的人。

这种友谊（纯然道德的友谊）不是理想，而是（黑天鹅）时而以其完善性现实地存在着；但那种虽然出自爱，但却被他人的目的所拖累的（实用的）友谊既不可能有纯洁性，也不可能有所要求的完备性，而这种完备性是一个作精确规定的准则所不可缺少的，而且它是一个愿望的理想，这个理想在理性概念中没有边界，但在经验中却必然是始终受限制的。

但是，一个一般的**人类之友**（亦即整个族类之友）是这样一个人，他在审美上分享着所有人的福乐（同乐），而且绝不会没有内在惋惜地去干扰这种福乐。不过，一个人类之**友**这个表述与纯然爱人类者（**博爱主义者**）这个表述相比更是狭义的。因为在前者中，也包含着人与人之间**平等**的表象和忠告，〔473〕因而包含着由此而被赋予责任的理念，因为人们有责任向他人行善；就好像属于一个愿所有人幸福的共同父亲的众兄弟似的。——因为作为行善者的保护人与作为有感激义务者的被保护人的关系虽然是一种互爱的关系，但却不是友谊，因为二者相互之间应得的敬重不是一样的。作为朋友对人有善意（一种必要的降尊纡贵）这种义务以及铭记这种义务，有助于抵制那些拥有行善能力的幸运之人常有的骄傲。

附录

交往的德性（virtutes homileticae）

第48节

以其道德的完善性彼此间推进交往（officium commercii，sociabilitas［交往的义务，社会性］），不把自己孤立起来（separatistam agree［离群索居］），不仅是对自己的义务，而且是对他人的义务；虽然不是给自己制作一个其原理的不动的中心，但却毕竟也把这个围绕自己划出的圆圈视为构成世界公民意向的一个无所不包的圆圈之部分的圆圈；不是为了恰恰把世界福利当做目的来促成，而只是培养间接地导致世界福利的相互意向，培养这意向中的安逸、容易相处、互相的爱和敬重（平易近人和举止得体，humanitas aesthetica et decorum［审美的和文雅的人性］），并给德行添加光彩；做到这一点，本身就是德性义务。

这虽然只是些**外围的东西**或者**附属的东西**（parerga），它们给人一种美的、类似于德性的外表，但这外表也不骗人，因为每个人都知道，他必须把这外表当做什么来对待。虽然这只是小事情，但却毕竟通过努力使这种外表尽可能接近真实，在**易于交往**、**健谈**、**礼貌**、**好客**、**婉转**（在反驳而不吵架时）
〔474〕中，把它们全都当做与表现出来的责任打交道的方式，促成了德性情感本身，由此人们同时使其他毕竟致力于德性意向的他人承担责任，因为它们至少使得德性变得**可爱**。

但这里的问题是：人们是否也可以习惯于同有恶习者交往。人们不能避免与他们会面，若不然，人们就必须离开世界；而且甚至我们对他们的判断也是没有权威的。——但是，在恶习是一种丑闻，亦即是蔑视严格的义务法则的一个公然给出的实例，因而本身带有寡廉鲜耻的地方，即便国家法律不惩罚它，直到那时还存在的交往也将被中断，或者被尽可能地回避，因为继续交往会使德性丧失一切名誉，并把它出卖给每一个富裕得足以用奢侈享乐来向寄生虫行贿的人。

〔477〕

伦理方法论

第一章　伦理教学法

第49节

德性必须被获得（不是生而具有的），无须可以援引从经验中获得的人类学知识，这一点已经蕴涵在德性的概念之中了。因为人的道德能力倘若不是通过决心的力量在与强大的相反偏好的冲突中产生的，它就会不是德性了。德性是出自纯粹实践理性的产品，这是就后者在意识到自己对前者（出自自由）的优越性时获得了支配权而言的。

德性能够并且必须被教授，这是从它并非生而具有得出的；因此，德性论是一种**教义**。但是，由于仅仅通过人们为了适合德性概念而应当如何行事的学说，还没有获得实施规则的力量，于是，斯多亚派就只是认为，德性不可能通过纯然的义务表象、通过告诫（以敦促的方式）来**教授**，而是必须通过尝试与人心中的内在敌人进行斗争（以修行的方式）来培养，来练习；因为如果人们不事先尝试和练习自己的力量，他就不**能**马上做到他想做的一切，但这方面的**决定**却无疑必须一下子完全作出，因为若不然，意向（animus）由于为了逐渐地抛弃恶习而与之妥协，本身就可能是不纯洁的，甚至是有恶习的，因此也不可能产生德性（因为德性以一个惟一的原则为依据）。

〔478〕

第50节

现在，就教义的方法（因为每一个科学学说都必须是**有方**

法的，否则，陈述就是**混乱不堪的**）而言，如果德性论应当表现一门科学，这方法就也不能是**残缺不全的**，而必须是**系统的**。——不过，陈述可能要么是**讲授的**，因为它所遇到的所有他人都纯然是听众，要么是**询问的**，在报告中教师问他的学生他想教给他们的东西，而且这种询问的方法又要么是教师向学生们的**理性**提问，是**对话的**教学方式，要么只向他们的**记忆**提问，是**问答的**教学方式。因为如果有人想向他人的理性提问某种东西，那就只能以对话的方式进行，亦即通过教师和学生互相**交替**提问和回答来进行。教师通过提问，通过提出事例来仅仅开发学生心中对某些概念的禀赋，而引导着学生的思想进程（他是学生思想的助产士）；此时认识到自己有能力思考的学生，通过其反问（关于晦暗不明的东西或者与已被认可的原理对立的怀疑）促使**教师**按照 docendo discimus［在教中学］来自己**学习**他必须如何恰当地提问〔因为一个给逻辑学提出的、还没有被充分铭记的要求是：逻辑也要提供人们应当如何合目的地**探索**的规则，也就是说，并非总是仅仅为**规定性**的判断，而且也为先行的判断（iudicia praevia）提供规则，人们就是通过后者产生思想的；这是一种甚至对数学家也能够是发明的指导，并且也经常被数学家运用的学说〕。

第 51 节

德性论对还稚嫩的学生来说首要的和最必要的**学说**工具是一部道德**问答手册**。这种手册必须先行于宗教问答手册，并且不能只作为插入物被一起织入宗教学说，而是必须单独地、作为一个独立自存的整体来阐述，因为只有通过纯粹道德的原理，才能实施从德性论向宗教的跨越，因为若不然，这种宗教的认信就会是不纯正的。——所以，恰恰是那些最可尊敬的和

〔479〕最伟大的神学家，都对为章程性的宗教学说写一个问答手册（同时为它担保）表示反感；因为人们毕竟应当相信，这会是人们从他们的博学的巨大宝藏中有权期待的最无关紧要的东西。

反之，一部纯粹**道德的**问答手册，作为德性义务的启蒙教师，就不具有任何这样的疑虑或者困难，因为它（按照其内容）可以从普通的人类理性中开发出来，并且（按照形式）只可以与第一种传授的教学规则相适应。但为了这个目的，这样一种课程的形式原则就不允许苏格拉底式的对话的教学方式，因为学生就连他应当如何提问也不知道；因此，惟有教师才是提问者。但是，教师有条理地从学生的理性中诱导出的回答必须以确定的、不易改变的表述来措辞和保存，因此必须相信他的记忆：在这一点上，**问答的教学方式**不仅与**独断的教学方式**（这里惟有教师在说话）有别，而且与**对话的教学方式**（这里双方相互问和答）有别。

第 52 节

德性教育的**实验**手段（技术手段）是以教师本人为**模范**实例（具有示范性的表现），以他人为**告诫**实例；因为仿效对于还未受教育的人来说是接受他今后采取的准则的第一次意志规定。——养成习惯或者戒除习惯就是通过频繁地满足一个偏好来确立这个没有任何准则的固执偏好；而且它是感官方式的一种机械作用，而不是思维方式的一个原则（在这方面，后来的**荒废**要比**学会**更难）。——但是，就显露给癖好供仿效或者告诫的**样板**的力量（无论是为善还是为恶）而言①，他人给予我

①“**实例**”是一个德文词，通常人们将它用于与它同样适用的“样板”，但它与后者涵义并不相同。以某事

们的东西，不能确立德性准则。因为这种准则恰恰在于每个人的实践理性的主观自律，因此不是其他人的举止，而是法则必须充当我们的动机。所以教育者不会对他养成坏习气的学生说：以那个好少年（规矩的、勤奋的少年）为榜样！这只会成为学生憎恨这少年的原因，因为学生由于这少年而暴露出其弱点。好的样板（示范性的转变）不应当充当典范，而只应当充当合乎义务的东西的可行性的证明。因此，并非与某个他人的比较（他是怎样的），而是与他应当怎样的理念（人性）的比较，因此是与法则的比较，必须给教师提供其教育的绝不可少的准绳。 〔480〕

附释：一部道德问答手册的片段

教师向他的学生的理性询问他要教给学生的东西，如果学生不会回答该问题，教师就提示他（引导他的理性）。

1. 教师：什么是你生活中最大的，甚至是全部的要求？学生：不知道。——教师：是对你来说一切事情依照愿望和意志进行，并且始终这样。

2. 教师：人们如何称呼这样一种状态？学生：不知道。教师：人们把它称为**幸福**（持久的康乐、快乐的生活、对自己状态的完全满意）。

3. 教师：如果你现在手中拥有（世界上可能有的）一切

为样板，与为了理解一个表述而举出实例，这是完全不同的概念。样板是一个**实践**规则的特殊情况，如果这个规则表现的是一个行为的可行性或者不可行性的话。反之，一个实例只是殊相（concretum［具体的东西］），被表现为按照概念（abstractum［抽象的东西］）包含在共相之下，并且只是对一个概念的理论展示。

幸福，你会独自保有所有这些幸福，还是也把它们传达给你的邻人？——学生：我会传达它们，使他人也幸福和满足。

4. 教师：这清楚地表明，你差不多还有一颗善良的**心**；但且看一看，你在这里是否也表现出健全的**理智**。——你会使
〔481〕懒汉获得软和的枕头，让他能够在甜蜜的无所事事中过日子；或者使酒鬼不缺酒喝，而通常这属于麻醉品；使骗子有讨人喜欢的仪表和举止，以便施计骗他人；或者使暴徒有勇敢和铁拳，以便能够制服他人吗？这肯定是每个人所期望的一些手段，以便按照自己的方式幸福。学生：不，不是这样。

5. 教师：因此你发现：如果你手中也拥有一切幸福，并为此拥有最善良的意志，你毕竟不会不假思索地把那幸福送给每一个抓取的人，而是首先要检查一下，每一个人在多大程度上**配享**幸福。——教师：但对你本人而言，你毕竟会毫不犹豫地拿你列入自己幸福的一切首先供给自己？学生：是的。教师：但这样一来，你思想中不也就出现了一个问题：你本人是否也能配享幸福呢？学生：当然。教师：现在，在你心中仅仅追求幸福的，就是**偏好**；但把你的偏好限制在首先配享幸福的条件上的，是你的**理性**，而你能够通过自己的理性限制、制服你的偏好；这就是你的意志的自由。

6. 教师：现在，为了知道你怎样开始，以便分享幸福而又毕竟不变得不配幸福，这方面的规则和指导就完全只在你的**理性**中；这就等于是说：你没有必要从经验中，或者从他人那里通过其传授来学会你的行止的规则；你自己的理性将直截了当地教导你并命令你，什么是你应当做的。例如，当你遇到一个案件，由于你能够通过一个精心编造的谎言给你或者你的朋友谋得一个很大的好处，肯定还不会因此而损害任何其他人，那么，你的理性对此将说什么呢？学生：我不该撒谎；好处对我和我的朋友而言会与他一直想要的一样大。撒谎是**卑鄙的**，

并且使人**不配**幸福。——这里有一种因一个理性命令（或者禁令）而来的无条件的强制，我必须服从这个命令：反之，我的所有偏好都必须默不作声。教师：人们怎样称呼这种直接由理性加给人的、按照理性的一种法则来行动的必然性呢？学生：〔482〕
它叫做**义务**。教师：因此，对人来说，遵循自己的义务就是配享幸福的普遍的和惟一的条件，而且后者与前者就是同一个东西。

7. 教师：但是，如果我们也意识到这种善良的和积极的意志，由于它我们认为自己配享（至少不是不配）幸福，那么，我们能够也把分享这种幸福的可靠希望建立在这上面吗？学生：不！不能仅仅建立在这上面；因为谋求这种幸福并非总是取决于我们的能力。而且自然的进程也不是如此自动地依据功德，相反，生活的幸福（我们一般而言的福利）取决于一些远远不是人都能控制的情况。因此，我们的幸福永远都只是一个愿望，除非有某种别的力量加入，这种愿望在那时才能成为希望。

8. 教师：理性自己有充足的理由认为这样一种根据人的功过来分配幸福、掌管整个自然、并以至高的智慧统治世界的力量是现实的，亦即信仰上帝吗？学生：是的；因为我们在我们能够评判的自然的作品上看到如此广博而且深刻的智慧，我们只能用一个世界创造者的一种无以名状的伟大的艺术来解释这种智慧，这样，就世界最高的光彩所在的道德秩序而言，我们也有理由期望世界创造者有同样睿智的治理，亦即如果我们没有通过违背我们的义务而使我们自己**不配幸福**，那么，我们就也能够希望**分享**幸福。

在这部必须通过德性和恶习的一切条款来实施的问答讲义中，最大的注意力集中在：义务命令肯定不是被建立在从遵循该命令中为该命令应当使之承担责任的人产生的好处或者害处之上，甚至也根本不是被建立在对他人产生的好处或者害处之上，而是完全纯粹地建立在道德原则之上，提及这些好处或者害处只是附带的，是作为就自身而言可有可无的，但对于天生
〔483〕软弱的人的口味来说充当纯然工具的补充。在任何地方都必须重点描述的，是恶习的**可耻**，而不是它（对当事人自己）的**危害**。因为如果德性的尊严在行动中不是被提高到一切之上，那么，义务概念本身就会消失，并化为纯然实用的规定；因为在那种情况下，人在其自己的意识中的高贵就会消失，而人就会待价而沽，把自己出售给对他来说有诱惑力的偏好。

如果这是聪明地和认真地根据人逐渐踏上的年龄、性别和地位的不同阶段而从人自己的理性中展现出来的，那么，就还有某种东西必须作出决定，内在地打动灵魂，将人置于这样一种境地，在这里他只能怀着对自己固有的源始禀赋的极大惊赞来看待自己，而且对此的印象永不消失。——也就是说，如果他在结束自己的课程时依序再一次扼要陈述（重述）自己的义务，如果他在每一次课程中都被提请注意，一切灾祸、烦恼和生活的苦难，甚至在他忠诚地服从其义务时可能击中他的死亡威胁，都毕竟不能夺去他高于这一切，并且是它们的主人的意识，那么，他就极为容易想到如下问题了：在你心中那敢于以自然的一切力量在你里面和你周围投入战斗，并且在它们与你的道德原理发生冲突时战胜它们的东西是什么呢？这个问题的解决完全超出了思辨理性的能力，尽管如此它还是自行出现了，如果它引起人们的关注，那么，就连灵魂的这种自我认识中的不可理解性也必定提供一种升华，灵魂受到的诱惑越多，这种升华就只会越强烈地鼓舞灵魂去尊崇自己的义务。

在这种问答的道德课程中，对道德教化来说具有很大用处的会是：在每次剖析义务时拟出一些决疑论问题，并且让孩子

们聚集起来尝试自己的理智，看他们中的每一个人打算如何解决摆在他面前的棘手课题。——不只是因为这是对**理性**的一种与未受教育者的能力最相适宜的培养（因为这种培养在涉及什么是义务的问题上能够比就思辨问题而言远为容易得多地作出决定），并且是一般而言使青年的理智更加敏锐的最适当的方式，而主要是因为人的本性就爱这么做，在这件事中和在对它的处理中，人一直形成了一门科学（借此他如今就明白了），而这样，学生就通过这类练习不知不觉地被引入到对道德事务的关切之中。 〔484〕

但是，教育中最重要的事情是：不要把道德问答手册与宗教问答手册混同起来陈述（融合），也不要让它跟在后者后面；而是在任何时候都要对前者作出最清晰的说明，确切地说要以最大的勤奋和详尽做这件事。因为不这样做，以后从宗教中产生的就无非是伪善，即出自恐惧而认信义务，并撒谎说对那些并不放在心上的人有一种关切。

第二章　伦理的修行法

第 53 节

德性中的练习（exercitiorum virtutis）的规则旨在两种心灵情调，即在遵循其义务时顽强的和愉快的心情（animus strenuus et hilaris）。因为德性必须与障碍进行斗争，为了克服这些障碍，它必须集中自己的力量，同时牺牲一些生活乐趣，失去这些乐趣有时可能使心情变得沮丧和闷闷不乐；但是，人们并非愉快地，而只是当做劳役做的事情，对于在此服从其义务的人来说，就没有任何内在的价值，并且不受欢迎，而是尽可能地逃避实施它的机会。

德性的培养，亦即道德的**修行法**，就精力充沛的、顽强的和勇敢的德性练习的原则而言，拥有**斯多亚派**的格言："你要习惯于**忍受**偶然的生活灾难和缺少同样多余的闲情逸致（assuesce incommodis et desuesce commoditatibus vitae）。"对于
〔485〕人来说，保持道德健康是一种饮食学。但健康只是一种消极的康乐，它本身不能被感觉到。必须附加某种东西，来保障一种舒适的生活享受，而且毕竟是纯然道德的。这就是有德性的**伊壁鸠鲁**的理念中任何时候都快乐的心灵。因为谁应当比没有意识到任何故意的违背并由于堕落而被固定在这样一种违背中的人有更多的理由去拥有愉快的心情，并且不把置身于一种愉快的情调并使之成为习惯甚至视为一种义务呢（hic murus aheneus esto etc.［你就应当是这堵铜墙……］——贺拉斯）？——反之，僧侣的修行法出自迷信的畏惧或者对自己虚伪的厌恶，以自我折磨和肉身钉上十字架为业，也不是旨在德性，而是旨在狂热的涤罪，自己给自己施加惩罚，而且不是在道德上（亦即怀着改善的意图）**悔罪**，而是要**赎罪**，即便自己选择并且执行了惩罚，这（因为惩罚必须是他人施加的）也是一个矛盾，而且也不能造成伴随着德性的愉悦感，而毋宁说不可能没有对德性命令的隐秘仇恨。——所以，伦理的训练只在于与自然冲动作斗争，这种斗争要达到的程度就是在出现威胁着道德性的情况时能够制服自然冲动；因此它使人顽强，并在意识到重获自由时快乐。为某事**悔恨**（这在回忆从前的违背时是不可避免的，在这方面不让这种记忆消失甚至就是义务），以及加给自己一种**忏悔**（例如斋期），不是出于饮食学的考虑，而是出于虔诚的考虑，这是两种十分不同的、有道德意义的防护措施，其中后者是不愉快的、阴沉的和闷闷不乐的，它使得德性甚至成为可恨的，并且使其信徒望而却步。因此，人自己加给自己的管束（纪律）只能通过伴随管束的愉悦感成为值得称赞的和示范性的。

结束语 〔486〕

宗教学说作为对上帝的义务的学说，处于纯粹道德哲学的界限之外

阿布德拉的**普罗泰戈拉**在他的书中开篇写下这样的词句：**"诸神存在还是不存在，对此我不知道说什么。"**① 所以，他被雅典人从城里和他的地产上驱逐出去，他的书被当着公众聚会焚烧（昆提利安：《论修辞学》，第 3 卷，第 1 章）。——在这一点上，雅典法官作为人虽然对他所行很**不义**；但是作为**国家官员**和法官，他们对待他的方式完全是**合法的**和一贯的；因为如果不是公开和合法地**以高层当局的名义**（de par le Senat [以元老院的名义]）来命令，人们怎么能够发誓说：有诸神存在？②

① "De diis, neque ut sint, neque ut non sint, habeo dicere."

② 虽然后来一个伟大的道德上立法的智者把这种誓言当做愚蠢的、同时近乎于渎神的，而予以完全禁止；但出于政治的考虑，人们还总是相信绝对不能缺少这种机械的、用于公共正义的管理手段，并且想出了一些温和的解释，以便回避那种禁令。——既然认真地发誓说有一个神存在是荒唐的（因为人们哪怕只是为了能够发誓，就必须已经公设了这个神），那么，还留下的问题就是：一个誓言是不是可能以及有效，因为人们只是对有一个神存在**这种情况**（无须像普罗泰戈拉那样澄清某种东西）发誓的。——事实上，一切真诚地、同时深思熟虑地发出的誓言都不是在任何其他意义上发出的。——因为一个人完全自愿地发誓说有一个神存在，这虽然看起来不是一个可疑的提议，不管他信神还是不信神。如果有一个神存在（骗子将说），那我就说对了；如果没有一个神存在，那么，也没有任何人使我承担责任，我通过这样一个誓言没有使自己陷入任何危险。——但在这种情况下，**如果这样一个神存在**，就不因蓄意的，甚至为了欺骗神而作出的谎言而遇到任何危险吗？

〔487〕 但是，承认这种信仰并且认可**宗教学说**是一种普遍的**义务学说**的一个不可缺少的部分，现在关于它所属的**学科**的界限规定的问题却是：宗教学说是必须被视为伦理学的一个部分（因为在这里谈不上人们相互的法权），还是完全处在一种纯粹哲学的道德的界限之外。

一切宗教，如果人们这样来解释它，说它是"一切**作为**（instar［类似］）神的诫命的义务的总和"，那么，其**形式的东西**就属于哲学道德，因为由此所表达的只是理性与神的**理念**的关系，这种理念是理性自己给自己制作的，而在这种情况下，一种宗教义务还没有成为**对**（erga）作为一个在我们的理念之外实存的存在者的神的义务，因为我们在这里还不考虑神的实存。——所有人类义务都应当按照这种**形式的东西**（这些义务与一个属神的、先天地被给予的意志的关系）来思想，这样做的根据只是主观的和逻辑的。也就是说，不在这里设想一个**他者**及其意志（普遍立法的理性只是他的代言人），亦即神，我们就不能完全使义务的承担（道德的强制）对我们直观化。——只有这种**就**神（真正说来是我们给自己制作的关于这样一个存在者的理念）**而言**的义务才是人对自己的义务，也就是说，不是客观的、对一个他者提供某种服务的责任，而只是主观的、在我们自己的立法理性中强化道德动机的责任。

但是，说到宗教的**质料的东西、对**（erga）神的义务的总和，亦即应当为神提供的服务（ad praestandum），宗教就会能够包含特殊的、不是仅仅从普遍立法的理性出发的、因而不能被我们先天地认识而是只能经验性地认识的、从而只是属于启示宗教的、作为神的诫命的义务；因此，宗教也不能任意地预设这种存在者的存在，并不仅仅是实践意图中关于这种存在者的理念，而是当做直接地（或者间接地）在经验中被给予的来阐释。但这样一种宗教，无论它怎样有根有据，都毕竟不能构成**纯粹哲学的道德**的一个部分。

因此**宗教**，作为**对**神的义务的学说，处在纯粹哲学的伦理学的一切界限之外，而且这权充是本书作者的辩护，即他没有像通常习惯的那样，为了伦理学的完整性而把在那种意义上设想的宗教拉入到伦理学中。〔488〕

虽然可以说有一种“纯然理性**界限内**的宗教”，但这宗教并不是从纯然理性中派生出来的，而是同时建立在历史学说和启示学说之上的，而且仅仅包含着纯粹实践理性与这些学说的**一致**（即它不与这些学说相冲突）。但在这种情况下，它也就不是**纯粹的**，而是**运用于**一种现有历史的宗教学说，对它来说，在一种作为纯粹实践哲学的**伦理学**中就没有位置了。

最后的附释

理性存在者的一切包含着一个人的意志与另一个人的意志相一致的原则的道德关系，都可以归溯到**爱**和**敬重**，而且就这个原则是实践的而言，意志就爱而言的规定根据可以归溯到**目的**，就敬重而言的规定根据可以归溯到他人的**法权**。——如果这些存在者中的一个是对别的存在者只有法权而没有义务的存在者（上帝），因而别的存在者对前者就只有义务而没有法权，那么，他们之间的道德关系的原则就是**超验的**（反之，人们的意志是彼此交互限制的，人与人的道德关系具有一种**内在的**原则）。

就人类而言的属神目的（人类的创造与引导），人们只能把它设想为仅仅出自**爱**，也就是说，它就是人的**幸福**。但是，上帝的意志就限制着爱的作用的应有敬重（敬畏）而言的原则，亦即属神法权的原则，只能是**正义**的原则。人们也可以（按照人的方式）这样表述：上帝创造了理性存在者，仿佛是出自在自身之外拥有某种东西的需要，他可以爱这东西，或者他也被这东西所爱。

〔489〕 但是，属神的正义在我们自己的理性的判断中，确切地说作为**惩罚的**正义，向我们提出的要求就不仅同样高，而且要更高（因为原则是限制性的）。——因为**酬报**（praemium，remuneratio gratuita [酬报、白白的奖赏]）根本不与对那些对别的存在者只有义务而没有权利的存在者的正义相关，而仅仅与爱和行善（benignitas）相关；在这样一个存在者那里更不可能有报酬（merces）的要求，而一种**酬报的**正义（iustitia brabeutica）在上帝对人的关系中就是一个矛盾。

但是，一个不容对其目的有任何损害的存在者，在其正义之实施的理念中，毕竟有某种不太能与人对上帝的关系统一的东西，亦即可能施加于不受限制的和不可企及的世界统治者的一种**伤害**的概念；因为这里说的不是人们彼此间施加的、并且由上帝作为审判者来裁决的对法权的侵犯，而是据说上帝本身及其法权遭到的侵犯，这种侵犯的概念是**超验的**，也就是说，完全处在我们能够为之举出某个实例的一切惩罚正义的概念（亦即在人们中间的概念）之外，而且包含着越界的原则，这些原则根本不能与我们在经验情况中会使用的原则相一致，因而对我们的实践理性来说是完全空洞的。

一种属神的惩罚正义的理念在此被人格化了；不是一个特殊的进行审判的存在者在实施这种正义（因为那样的话，就会出现这个存在者与法权原则的矛盾），而是**正义**就像是如同古代的哲理诗人的命运（厄运）一样还在朱庇特之上的实体（通常被称为**永恒的**正义），按照铁一般的、不可扭转的、对我们来说无法进一步探究的必然性作出判决。——现在举一些这方面的实例。

惩罚（按照贺拉斯的说法）没有无视在它面前趾高气扬的

罪犯，而是不停地紧跟着他，直至逮住他。——无辜地流出的血呼喊着复仇。——犯罪不能不受到报复；如果罪犯不受到惩罚，那么，其后代就必将付出代价；或者如果这不在他活着时 〔490〕 发生，那就必然在他死后的一种生活① 中发生，明确地接受并且乐于相信这些，为的是弥补永恒正义的要求。——“我不愿意让任何血债发生在我的国家，因为我赦免了一个变得邪恶的、你们为之求情的决斗者”，一位明智的君主曾经这样说道。——罪债必须偿还，而且就连一个完全无辜的人也应当献身作赎罪的牺牲品（无疑，这时他所承受的苦难真正说来不能叫做惩罚——因为他自己没有犯任何罪）；从这一切可以看出，不是有一个掌管正义的**人格**，人们赋予它这种判决权（因为它会不能如此宣判而不对他人行不义），而是纯然的正义，作为越界的、设想给一个超感性主体的原则，在规定着这个存在者的法权；这虽然符合这个原则的**形式的东西**，但却与它的质料的东西，亦即总是作为人的幸福的目的相冲突。——因为如果总是这样续写其债务登记簿的罪犯出其意料地多，那么，惩罚的正义就不会把创造的**目的**设定在世界创造者的**爱**中（就像人们必然设想的那样），而是设定在对**法权**的严格遵循中（使法权本身成为被设定在上帝的**荣耀**中的**目的**），而既然后者（正

① 在这里，就连为了把那种威胁着的惩罚表现为在实施中完备的，也不可以掺入关于一种来世生活的假说。因为人就其道德性来看，被评判为不遵循时间条件在一个超感性的审判者面前的超感性对象；这说的只是他的实存。他的尘世生活不论短暂还是长久，哪怕是永恒的，都只是他在显象中的此在，而正义概念不需要任何更详细的规定；就像真正说来也无须对一种来世生活的信仰先行，以便让惩罚正义在它上面看到自己的作用一样，而是毋宁说反过来，从惩罚的必然性推论到一种来世的生活。

义）只是前者（有效性）的限制性条件，这就显得与实践理性
〔491〕的原则相矛盾，按照这些原则，一种提供一个与创造者的只能以爱为根据的意图相冲突的产品的创世就必定不会发生。

由此可见：在作为内在立法的纯粹实践哲学的伦理学中，只有**人**对**人**的道德关系对我们来说才是可理解的：但在上帝与人之间这方面存在怎样一种关系，却完全超出了伦理学的界限，而且对我们来说是绝对无法理解的；这就证实了上面所主张的：伦理学不能扩展到相互的人类义务的界限之外。

汉德人名对照表

阿亨瓦尔	Achenwall	赫拉克勒斯	Hercules
阿里曼	Ahriman	贺拉斯	Horatius
阿斯特赖亚	Aströa	霍布斯	Hobbes
奥丁	Odin	伽尔韦	Garve
奥尔穆兹德	Ormuzd	卡尤斯	Caius
巴尔默里诺	Balmerino	卡托	Cato
巴尔特	Bahrdt	克奈夫	Kneph
贝加里亚	Beccaria	科修斯	Cochius
查尔莱沃斯	Charlevoix	库尔修斯	Curtius
毕兴	Büsching	昆提利安	Quinctilianus
布劳恩	Brown	拉法特	Lavater
卜塔	Phtha	拉瓦锡	Lavoisier
查理一世	Karl I	雷兰德	Reland
俄瑞斯忒斯	Orestes	楼陀罗	Ruttren
法拉里斯	Phalaris	卢梭	Rousseau
梵天	Brahma	路易十六	Ludwig XVI
斐德鲁斯	Phaedrus	马斯登	Marsden
弗莱亚	Freyer	门德尔松	Mendelssohn
该隐	Kain	密特拉	Mithra
豪森	Hausen	穆尔	Moore

内特	Neith	苏格拉底	Sokrates
尼古莱	Nicolai	太伦斯	Terenz
尼禄	Nero	忒修斯	Theseus
牛顿	Newton	提修斯	Titius
皮拉得斯	Pylades	托尔	Thor
毗湿奴	Wischnu	沃尔夫	Wolff
珀里托俄斯	Pirithous	乌尔皮安	Ulpian
普芬宁格	Pfenninger	维纳斯·狄俄涅	Venus Dione
普罗泰戈拉	Protagoras	维纳斯·乌拉尼亚	Venus Urania
普洛透斯	Proteus	席勒	Schiller
切斯特菲尔德	Chesterfield	希尼	Hearne
塞涅卡	Seneca	亚当	Adam
沙夫茨伯利	Shaftesbury	亚里士多德	Aristoteles
湿婆	Siba 或 Siwen	伊壁鸠鲁	Epikur
施托尔	Storr	尤维纳利斯	Juvenal
斯密	Smith		

后　记

本卷包含康德的两部著作。其中《纯然理性界限内的宗教》，原由我译出，经邓晓芒先生审校后于 1997 年由香港卓越书楼出版。在编入 2004 年中国人民大学出版社出版的《康德论上帝与宗教》时，我对照原文做了一些修订。这次编入全集，我又对照原文看了一遍，结果仍发现了几处不满意的地方，做了修订。于是深感翻译之不易，遂有译业无止境之叹。

《道德形而上学》由张荣先生译出初稿，我逐字逐句对照原文修订，张荣先生再对照原文和两个译稿审读，提出修改意见，最后由我定稿。在这个过程中，我与张荣先生发生了一些分歧。张荣先生甚至措辞激烈地坚持自己的某些译法。遗憾的是，并不是所有的学术分歧都能够用“对”与“错”来下结论，而合作翻译却必须最终统一在某个人的意见上。定稿时，我尽可能地吸取了张荣先生的意见，但还是动用主编的权力，按照我的理解处理了我们的一些分歧之处。这也是一个无奈之举，希望张荣先生可以通过其他渠道来发表自己的见解。当然，由于是我最终定稿的，翻译的成功之处自然是张荣先生与我共同劳动的结晶，而错误和不妥之处则完全应当由我来承担。

本译著受到了中国人民大学“985 工程”哲学社会科学创新基地的经费支持。

李秋零

2006 年 12 月 19 日

于中国人民大学资料楼

"十五"国家重点图书出版规划项目

Kants Werke

Akademie Textausgabe

康德著作全集 第7卷

学科之争 实用人类学

李秋零 主编

中国人民大学出版社

目录

伊曼努尔 · 康德

1798 年

学科之争

实用人类学

1798年

学科之争

伊曼努尔·康德硕士

李秋零　译

献给

格廷根教授

卡尔·弗里德里希·施托伊德林

博士先生

〔5〕
前　言

一个开明的、为人类精神解除枷锁的、并且恰恰通过思维中的这种自由而能够造成更为心甘情愿的服从的政府，如今允许发行眼下这几个印张，它们也要同时为作者所利用的自由承担责任，即关于在事物的这种变迁中涉及他本人的事情，首先作出一番简短的历史叙述。

国王弗里德里希·威廉二世是一位勇敢的、正直的、仁慈的和——且不说某些气质特征——绝对优秀的主人，他也认识我本人，时不时地也使他的恩典惠及我。有一位神职人员，后来被擢升为宗教事务部大臣，公正地讲人们有理由加给他的也不是别的意图，而是建立在内在信念之上的善良意图。由于他的鼓动，国王在1788年颁发了一道**宗教敕令**，不久之后颁发了一道非常限制一般而言的写作，因而也捎带着使上一道敕令更为严厉的书报审查敕令。人们不能否认：先行于后来发生的那种爆发的某些兆头，必定使得政府认识到在那个专业作出一种改革的必要性；这是沿着未来公共民众导师的学术讲授的平静道路就可以达到的，因为这些人作为年轻的神职人员，是以这样的口气来给自己的说教讲章定调的：谁爱开玩笑，就不能通过**这样的**导师得到教诲。

就在宗教敕令无论对于本国的还是对于外国的作家都有强
〔6〕烈的影响期间，我的题为《纯然理性界限内的宗教》的论著也发表了①，而且由于为了不被指控有任何不正当途径，我把我

① 这个题名是有意这样安排的，为的是人们不把那篇论文解释为：好像它指的是出自纯然理性（没有启示）的宗教似的；那样的话就有太多的僭妄了：因为

的名字置于我的所有作品之前，所以在 1794 年我就收到了如下的国王批示；关于这道批示，值得说明的是：由于我只是让我最信赖的朋友知道过它的存在，所以它也是现在刚刚公之于众的。

蒙上帝之恩，普鲁士国王弗里德里希·威廉……

首先致以我们的友好问候。尊敬的和博学的人，亲爱的忠实朋友！我们的至尊很久以来就已经怀着很大不满注视着：您是怎样滥用您的哲学来歪曲和贬低《圣经》和基督教的一些主要的和基本的学说的；您是怎样尤其在您的《纯然理性界限内的宗教》一书中，此外在其他短篇论文中做这件事的。我们曾期待您有更好的著作，因为你必定明白，您的所作所为是怎样不负责任地违背了您作为青年导师的义务，怎样违背了您清楚知道的我们国君的意图。我们要求您尽早作出最认真的辩解，并且期望您，为了避免失去最高的恩宠，今后不要再犯这样的错误，而毋宁说要根据您的义务，把您的威望和才能用于越来越多地实现我们国君的意向；否则，如果继续执拗，您肯定将准备着接受令人不快的处置。

友好地祝您蒙恩

柏林，1794 年 10 月 1 日
受国王陛下极仁慈之特命
韦尔讷

> 宗教的学说毕竟有可能出自受到超自然感动的人们；相反，我在这里只想在一种联系中介绍在被相信是启示而来的宗教的文本中，亦即在《圣经》中**凭借纯然理性也**能够被认识到的东西。

〔7〕 外件——致我们尊敬的和博学的教授，也是亲爱的和忠实的康德

普鲁士

哥尼斯贝格

送交日 1794 年 10 月 12 日

对此，我这方面作出了如下极为恭顺的答复。

极为仁慈的……

至尊的国王陛下，您于今年 10 月 1 日向我发出并于同月 12 日送达我的命令使我承担了以下谦卑的义务：**第一**，“由于我尤其是在我的《纯然理性界限内的宗教》一书中和其他短篇论文中滥用自己的哲学，歪曲并贬低了《圣经》和基督教的一些主要的和基本的学说，由于这样一来就落到我头上的罪过，即逾越一个青年导师的义务和违背我很清楚的国君的最高意图，所以，我必须作出最认真的辩解”。**第二**，我“以后不得重犯这样的错误”。——就这两项而言，我一定在如下的解释中向国王陛下为我的极为恭顺的服从提供证明。

就**第一项**，亦即对我提出的指控，我的最认真的辩解如下：

我**作为青年导师**，也就是说，如我所理解的那样，在学术讲演中从未掺入、也不可能掺入对《圣经》和基督教的评判。这一点，被我当做基础的**鲍姆嘉登**的几本手册就已经可以证明，惟有它们才会与这样一种演讲有一些关系：因为这些手册中，根本不包含，而且作为纯然哲学也不可能包含《圣经》和基督教的题目；但是，逾越一门有计划的科学的界限或者让这些界限彼此交叉的错误，是极少能够责难于我的，我在任何时

候都抨击它并让人警惕它。

我也绝没有**作为民众导师**在作品中，尤其是在《纯然理性界限内的宗教》一书中，违背至高的、我所知道的国君意图，也就是说，绝没有损害公共的**国家宗教**；这一点，由以下情况就可以看出来：那本书根本不适宜于做这件事，毋宁说提供出来的是一本对于公众来说不可理解的、难以接近的书，它只是专业学者们之间的一种商榷，民众对它毫不在意；但就这种商榷而言，各学科本身依然有自由根据自己的最佳知识和良知公开地作出评判，而且只有被任命的民众导师（在学校里和在布道坛上）才受那些商榷为国家政权批准其公开讲授的结果的约束，确切地说是因为，国家政权也不是**自己**想出来其自己的宗教信仰，而是只有沿着这样的道路，亦即沿着由有资格的学科（神学学科和哲学学科）进行审查和纠正的道路才能接受这种信仰，因而国家政权有理由不仅允许这些学科，而且也要求它们通过自己的作品，使政府认识到这些学科认为对一种公共的国家宗教有益的东西。 〔8〕

在上述的这本书里，由于它根本不包含对基督教的任何**评价**，所以也不能说我犯了**贬低**基督教的罪过，因为真正说来这本书只包含对自然宗教的评价。只有为了证实宗教的某些纯粹的理性学说而引用若干《圣经》段落，才可能为这种误解提供了诱因。但是，在自己的哲学道德中正是如此行事的已故的**米夏埃利斯**，在这方面却已经表明，他被认为由此既没有把某种《圣经》的东西引入哲学，也没有从《圣经》中引出某种哲学的东西，而是仅仅通过与他人（也许是诗人和演说家）的判断的真正的或者想当然的一致，来说明和证实他自己的理性命题。——但是，即便理性在这里如此说话，就好像它独自就是充分的，因而启示学说是多余的（如果客观地如此理解，这确实必定会被视为对基督教的贬低），那也无非是对它本身的评

价的表述；不是按照它的能力，是按照它规定要做的事情，如果仅仅从它就产生出构成一种宗教的本质的那些信仰学说的**普**
〔9〕**遍性、统一性和必然性**，这种本质就在于道德实践的东西（即我们**应当**做的事情），相反，我们根据历史的证据有理由信仰的东西（因为在这里不适用任何**应当**），亦即启示，则被视为就自身而言偶然的信仰学说，被视为本质之外的，但并不因此就被视为不必要的和多余的；因为启示可用来弥补纯粹理性信仰自己并不否认的**理论**缺陷，例如在恶的起源、从恶到善的转变、人处在后一种状态之中的确定性等等诸如此类的问题上，而且作为一种理性需要的满足，有助于根据时代条件和人的不同或多或少地对此作出贡献。

此外，我还通过上述那本书中的解释对基督教中的《圣经》信仰学说表现了我的崇高敬意，在书中《圣经》被我赞美为进行公共宗教训导的现有最佳向导，适宜于建立和维护一个永垂千古的、真正改善灵魂的国家宗教，因而就连针对在学校里或者布道坛上或者民众读本中进行这种训导的理论的、包含奥秘的学说的那种苛求（因为在各学科中必须允许这样做），即激起对它们的异议和怀疑，也受到我的谴责，被我宣布为胡闹；但这还不是对基督教的最大敬意的表现。这里所举出的基督教与最纯粹的道德理性信仰的一致，才是基督教的最佳的和最持久的颂词，因为正是由于这一点，而不是由于历史的博学，如此经常蜕化的基督教才一再得以重建，此外在遇到即便将来也不可避免的类似命运时，惟有这样才能够得以重建。

最后，我在任何时候都并且主要地向其他奉行信仰者提倡认真的诚挚，不要再在这方面作出预先规定，并且当做信条强加给别人，除非他们自己确信，同样，我也在撰写我的作品时，任何时候都想象我本人心中的这位裁判者就站在我的身旁，以便不仅远离任何败坏灵魂的错误，而且甚至远离表述上的任何激起反感的不谨慎；因为我现在也已经 71 岁，在这个年龄很容易想起：我很可能不久就必须到那知人心的世界裁判者面前去为这一切作解释了，我也就能够坦率地呈交由于我的 〔10〕 学说而要求我作出的现在这个辩解了，它是我完全**认真**地撰写的。

至于第二项，即我以后不得再犯这样的（被指控的）歪曲和贬低基督教的罪过，哪怕为了回避丝毫的嫌疑，我认为最保险的就是作为**国王陛下您最忠实的臣民**①，借此郑重宣布：我今后将完全放弃一切有关宗教的公开陈述，无论是有关自然宗教，还是有关启示宗教，无论是在讲演中，还是在著述中。

不胜恭顺之至，顿首……

持续地推进到一种越来越远离理性的信仰，其进一步的历史是众所周知的。

现在，神职人员职位候选人的考试被委托给**信仰委员会**，为其提供根据的是依据虔敬派格式的一个 schema Examinationis［考试大纲］，它使有良知的神学候选人成群结队地对神职人员职位退避三舍，并使法学学科人满为患；这是一种哪怕是偶尔附带有好处的迁移。——要对这个委员会的精神给出一个概念，那就是：根据一种必须先行于蒙恩的忏悔的要求，还需要一种更深的悔恨的**哀恸**（maeror animi［心灵的哀恸］），对这种哀恸又问，人是否也能够自己作出这种哀恸。回答是：Quod negandum ac pernegandum［这应予否定和断然否定］，充满悔恨的罪人必须特别地向上天祈求这种悔恨。——于是显

① 即便是这一表述，我也是精心挑选的，为的是我并非**永远**，而是仅仅在这位陛下有生之年，放弃我在这种宗教事务上作出判断的自由。

而易见，那还必须（为其逾越）祈求悔恨的人，并非真的对其行为感到懊悔；这看起来的自相矛盾，正如关于祈祷说，它如果应当是可听到的，就必须是在信仰中作出的。因为如果祈祷者有信仰，他就不需要为此而祈求：但如果他没有信仰，他的祈求就不可能是可听到的。

这种捣乱从现在起已得到控制。因为最近，不仅对于一般〔11〕共同体（对它来说宗教是国家最重要的需求）的公民福祉，而且特别是对于科学的利益（借助一个被任命来促进这种利益的高等教育委员会）来说，发生了一件幸事，即一个睿智的政府选中了一位开明的政治家，他不是由于对科学的一个特殊专业（神学）的片面偏爱，而是鉴于整个教师阶层的广泛利益，而具备促进这一使命的才能和意志，并将针对蒙昧主义者的一切新进犯来保障科学领域里的文化进步。

※ ※ ※

这里在《学科之争》这个总标题下出版的，是我怀着不同的意图，也是在不同的时间里撰写的三篇文章，但它们仍然具有被结合在一部著作中所需要的那种系统的统一性，我是后来才觉察到，它们作为**低等**学科与三个**高等**学科的争执，（为了避免分散）可以很得体地放在同一本书中。

第一篇
哲学学科与神学学科的争执

〔17〕

导　论

有人最初想到仿佛**按照工厂的样子**通过分工来处理学问的整体（真正说来就是献身于学问的那些人物），并建议把这种想法公开实施，这并不是一个糟糕的念头。在这里，科学有多少种专业，就要聘用多少种公共教师，即**教授**，来作为这些专业的受托人，这些人一同构成一种自治的（因为只有学者才能对学者本身作出判断）学术共同体，即所谓的**大学**（或者高等学校）；他们被授权借助自己的**学科**①（根据大学学者们分布于其中的学问主要专业的不同而有的不同的小社团）一方面接收从低等学校努力升到大学的学生，另一方面也从自己的权力出发把一种被每个人都承认的等级授予自由的（不是大学的成员的）教师们，即所谓的**博士**，亦即**塑造**他们。

〔18〕 除了这些**行会**的学者之外，还有一些**无行会的**学者，他们不属于**大学**，而是由于只探讨学问整体的一个部分，要么构成某些自由的社团（所谓的**科学院**，还有**各门科学的学会**）来作为如此之多的作坊，要么仿佛是生活在学问的自然状态之中，

① 这些学科各自拥有自己的**主任**来作为该学科的管理者。这个借自星象学的称号，原初指的是主管黄道某宫（30度）的三个星灵中的一个，这三个星灵每个掌管10度。它先是被从星宿引入军营（ab astris ad castra，参见萨尔马修斯的 De annis climacteriis［《论命年》］），最后甚至被引入大学；但毕竟在这里并不同样关注10这个数字（10位教授）。人们不能责怪学者，说他们对此念念不忘，如今政治家们用来装点自己的荣誉称号几乎全都是他们首先想出来的。

每个人独自地不按公共的规范和规则，作为**爱好者**而从事着学问的扩展和传播。

还要把一些**文人**（受过高等教育者）与真正的学者区分开来，这些文人作为政府的工具，被政府为了自己的目的（并非正是为了科学的福祉）而授予一个职位，他们虽然必定在大学里受过教育，但或许也会把其中的许多东西（就理论而言）都忘掉了，如果他们只保留担任一个公民职位所需要的那么多（但这些东西按照其基本学说，只能出自学者），亦即其职位的规章（因而关涉到实践）的经验性知识的话；因此，人们可以把这些文人称为**学问的业务员**或者技师。这些人由于作为政府的工具（神职人员、司法职员和医生）对公众有合法的影响，并构成文人的一个特殊阶层，且不是自由地出自自己的智慧，而是惟有在各学科的监督下来对学问作公共的应用，所以就必须由政府来严加管束，以免他们漠视应归于各学科的裁定权，因为他们直接面向由外行构成的民众（犹如教士面向信众），在自己的专业里虽然不具有立法权，却部分地具有执行权。

各学科的一般划分

按照通行的做法，各学科被分为两个等级，即**三个高等学科**的等级和**一个低等学科**的等级。显而易见，这种划分和称谓不是问之于学者的阶层，而是问之于政府。因为被归为高等学科的，只是那些其学说应具有如何性状或者是否公开宣讲为政府本身所关切的学科；与此相反，那个只应关照科学的利益的学科，则被称为低等学科，因为它尽可以坚持自己的命题，只要它认为好。但是，政府最关切的，是它借以使自己对民众产生最强有力和最持久的影响的东西，这类东西就是各高等学科的对象。因此，政府为自己保留**核准**高等学科本身的学说的权 〔19〕

利；它把低等学科的学说托付给有学问的民众自己的理性。——但是，即便它核准学说，它（政府）毕竟不自己去**讲授**它们；而是只想让某些学说被相应的学科接纳入自己的**公开宣讲**，而与它们相对立的则被排除在外。它并不讲授，而是仅仅指挥讲授的人们（至于真理如何则随它去），因为这些人在接任其职位[①]时通过与政府的契约就已经同意这一点。——某个政府去从事讲授，因而也从事科学的扩展和改善，从而要自己以其最高人格来扮演学者，只会由于这种学究气而丧失其本应享有的敬重，而且混迹于民众（民众的学者阶层）亦有失它的体面，学者阶层可不会闹着玩儿，它对一切涉足科学的人都一视同仁。

对于学术共同体来说，在大学里必须还有一个学科，它就自己的学说而言独立于政府的命令[②]，它并没有颁布命令的自由，但却毕竟有对一切与科学的旨趣相关，亦即与真理相关的 〔20〕

① 人们必须承认，大不列颠议会的原理是：要把在位国王的话视为其大臣的作品（因为要是被指出错误、无知或者说谎，就会有悖君主的尊严，但议会仍必须有权对其内容作出判断、审查和抨击其内容），我要说，这个原理构思得非常精妙和正确。同样，对某些被政府特批用于公开宣讲的学说的拣选，也必须依然接受学者们的审查，因为它必须不是被视为君主的作品，而是被视为一个受命而为的国家官员的作品，关于这个官员，人们假定，他也很有可能误解甚至还歪曲其主人的意志。

② 一位法国大臣召集一些最显赫的商人，向他们征求如何使贸易好转的建议：就好像他善于在这中间选出最好的建议似的。在这个人建议这、那个人建议那之后，一位一直沉默的老商人说：修好路，铸好钱，颁布最便利的交易法，等等，但除此之外“让我们自己干”！如果政府就它要给学者们一般规定的那些学说来咨询哲学学科，哲学学科可能给出的回答大概就会是：只要不阻碍洞识和科学的进步。

命令作出评判的自由，在这里理性必须有权公开说话：因为没有这样一种自由的话，真理就不会大白于天下（这将对政府本身有害），但理性按其本性是自由的，不接受任何把某种东西视之为真的命令（不是 crede［你要信］，而仅仅是一种自由的 credo［我信］）。——但是，这样一个学科虽然有这种巨大的优点（自由），却仍被称为低等学科，其原因要到人的本性中去寻找，也就是说，能下命令者尽管是另一个人的一个恭顺的仆人，却觉得自己毕竟比一个虽然自由但却无人可命令的人更高贵。

第一章

[21] 各学科的关系

第一节　高等学科的概念和划分

人们可以假定，如果一切人为的安排都以一个理性理念（就像关于一个政府的理性理念那样）为基础，而这个理性理念则应当在实践上根据经验的一个对象（目前的整个学问领域就是诸如此类的对象）而得到证明，那么，这些安排就不是通过仅仅偶然地搜集和任意地编排呈现出来的种种情况，而是根据哪怕只是模糊地存在于理性之中的某个原则和以此为根据的计划来尝试的，这个计划就使得某种划分成为必要。

从这一理由出发，人们就可以假定，一个大学的组织就其各部门和各学科来说不是如此完全取决于偶然，相反，且不用颂扬政府有先见的智慧和学问，政府由于它自己被感受到的需要（凭借某些学说对民众发挥作用）就已经能够先天地想到一个划分原则，这个原则通常显得有一种经验性的起源，与现今所采用的原则却极为吻合；尽管我并不想为此奉承政府，就好像它是完美无缺的似的。

按照理性（亦即在客观上），政府为它自己的目的（对民众施加影响）而能够利用的动机处于如下的秩序中：首先是每一个人的**永恒的**福祉，其次是作为社会成员的**公民的**福祉，最后是**肉体的**福祉（长寿和健康）。通过**第一种**福祉方面的官方
[22] 学说，政府自己能够对臣民们的思想的内核和最隐秘的意志意见有极大的影响，即揭示前者，驾驭后者；通过与**第二种**福祉

相关的官方学说，它能够使臣民们的外部行为处于公共法律的管束之下；通过第三种官方学说，强壮而又人数众多的民众的生存有了保障，它发现这样的民众可以用于它自己的意图。——因此，按照**理性**，在高等学科中间就也许会出现通常所采用的那种等级秩序；也就是说，首先是**神学学科**，其次是**法学学科**，最后是**医学学科**。与此相反，按照**自然本能**，对于人来说医生就是最重要的人物，因为医生为他维持着他的**生命**；然后首先是法律专家，法律专家许诺为他保持他的偶然所得；尽管涉及永福，人也只是到了最后（几乎只是到了临终时）才去找神职人员，因为就连神职人员自己，无论他怎样颂扬来世的幸福，也毕竟因为他眼前看不到这种幸福的任何东西，而热切地期望医生让他在这个尘世中再维持一段时间。

※　　※　　※

所有这三个高等学科都把政府托付给它们的学说建立在**经书**之上，在一个由学问来引导民众的状态中也不可能是别的样子，因为没有这种经书，就不会有任何持久的、对于每一个人来说都可以接近的、能够遵循的规范。至于这样一部经书（或者书籍）必然包含着**规章**，亦即从一个在上者的任性出发的（独自不能从理性中产生出来的）学说，这是不言而喻的，因为若不然，这种经书就不能作为由政府核准的，而绝对地要求服从了；而且就那些必须公开宣讲的学说而言，这也适用于法典本身；这些学说同时也能够从**理性**推导出来，但那法典却并不顾及理性的威望，而是以一个外部的立法者的命令为基础。——作为法典精神的（自以为）完备的提要，为了更易于领会的概念和公众（学者和非学者）更可靠的应用，而由各学科撰写的那些书，例如**信条神学的书**，与作为法规的法典是完全有别的。它们只能要求被视为方便每一个人理解的**工具**，而且根本没有任何权威；即便是例如通过某一专业最重要的学者 〔23〕

们一致同意，使这样一本书取代他们的学科的规范而生效也不行；他们根本没有这样做的权利，相反，他们只有权利暂时把它作为教学方法引入，但这种方法仍然是依时间条件而变化的，并且在根本上也只涉及宣讲的形式的东西，但在立法的材料方面却绝对没有澄清任何东西。

因此，圣经神学家（作为属于高等学科的）并不是从理性，而是从《**圣经**》获得其学说的；法学家不是从自然法，而是从**国家法**获得其学说的；医学家不是从人体物理学，而是从**医学制度**获得其**深入大众的医疗方法**的。——只要这些学科中的某一个胆敢把某种东西作为从理性借用的而混杂进来，它就会损害通过它们而进行治理的政府的权威，并插手哲学学科的事务，哲学学科则毫不爱惜地拔光它所有从理性借来的耀眼的羽毛，按照平等和自由的尺度来对待它。——因此，高等学科最好小心谨慎，不要与低等学科陷入不匹配的婚姻，而是要对它敬而远之，以免自己的规章的威望被它的自由的玄想所损害。

一、神学学科的特性

至于有一个上帝，圣经神学家对此的证明，是从上帝曾在《圣经》中言说这一点出发的；在这方面，《圣经》还谈到上帝的本性（甚至达到理性与《圣经》不能保持同步的程度，例如关于上帝的三重位格的无法达及的奥秘）。但是，上帝自身曾通过《圣经》言说，由于这是一件历史之事，所以圣经神学家本身不能，也不可以作出证明，因为这件事属于哲学学科。因此，圣经神学家将把这当做信仰之事，建立在《圣经》本身对于学者们的某种（当然不是可以证明或者可以解释的）属神性的**情感**之上，但根本不必在对民众的公开陈述中揭示《圣经》起源（在字面意义上来看）的这种属神性问题，因为民众毕竟根本不精通这件学问之事，由此就会被卷入多管闲事的苦思冥想和怀疑之中；与此相反，人们在这里可以更有把握地指望民众对其教师的信赖。——圣经神学家也不可能有权利把一种与表述并不确切吻合的意义加给《圣经》的箴言，而只能有权利把一种道德的意义加给它，而且既然没有一个由上帝授权的人间解经家，所以圣经神学家必须宁可指望通过一种导入一切真理的精神来超自然地开启理解，也不允许理性混杂其中，作出自己的（缺乏一切更高的权威的）解释。——最后，就神的诫命在我们的意志上的实施而言，圣经神学家确实不必指望人的本性，亦即人自己的道德能力（德性），而是必须指望神恩（一种超自然的，尽管如此同时也是道德的影响），但人也不能以别的方式，而是只能凭借一种内在地转变心灵的信仰来分享神恩，但毕竟又可以期望从神恩得到这种信仰本身。——如果圣经神学家就这些命题中的某一个而言掺杂了理性，假定这种理性也以极大的真诚和极大的认真追求着同样的目标，那么，他就（像罗慕路斯的兄弟那样）越过了惟一造福于人的教会信仰之墙，迷失在自己的评判和哲学的旷野中，在这里他避开了教会的统治，遭受着无政府状态的一切危险。——但是，人们必须注意，我在这里谈的是**纯粹的**（purus，putus）圣经神学家，他还没有沾染上理性和哲学的受到诋毁的自由精神。因为我们一旦把两种不同的事物混为一谈，使其相互交错，就对它们中的每一个的特性都不能形成任何确定的概念。 〔24〕

二、法学学科的特性

有经书学问的**法学家**不是在自己的理性中，而是在公之于众并由最高机构核准的法典中来寻找确保“**我的**”和“**你的**”的法律。这些法律的真理性与合法性的证明，以及针对理性对其提出的反对意见的辩护，按理说是不能要求于他的。因为是 〔25〕

规定首先使得某种东西是正当的，而现在追问规定本身是否也可能是正当的，就必然被法学家当做荒唐的而径直驳回。由于一个外在的和至上的意志据说与理性不一致就要摆脱对它的服从，这会是可笑的。因为政府的威望正是在于，它不让自己的臣民有按照其自己的概念去判断正当和不正当的自由，而是要按照立法的权力的规范去判断。

但有一点，法学学科对于实践来说情况毕竟要好过神学学科：也就是说，法学学科有一个可见的法律诠释者，亦即要么是一个法官，要么是由他上诉至一个法律委员会以及（在最高的上诉中）立法者本身，这一点，在神学学科的一部圣书中的那些要诠释的经文方面，就将不是那么有利了。然而，这个优点在另一方面也被一个并不更小的缺点抵消了，亦即尘世的法典必须总是在经验提供更多或者更好的见识之后服从变化，与此相反，圣书却不作出变化（减少或者增多），而且宣布自己是永远封闭的。法学家抱怨说，希望有一个严格确定的司法规范（ius certum [确定的法]），这差不多是徒劳的，这种抱怨不会出现在圣经神学家那里。因为圣经神学家坚持声称，他的教义学并不包含这样一种清晰的和在一切场合都确定的规范。此外，当法学的实践者（律师或者法律代理人）给当事人出了馊主意，并由此给当事人造成了伤害，却不愿为此承担责任（ob consilium nemo tenetur [无人因提建议而被迫认错]）时，神学的业务员们（布道人和精神指导者）却毫不犹豫地承担了这一点，并且保证，亦即据其口气保证，一切东西都将如他们在此世所做成的那样在来世受到审判；尽管如果要求他们正式声明，他们是否敢于拿自己的灵魂为他们根据圣经权威相信他们所知道的一切
〔26〕东西的真理性作担保时，他们很可能会请求原谅的。尽管如此，这毕竟已包含在这些民众导师的原理的本性中，即绝不让人怀疑他们的保证的正确性，他们当然可以更为放心大胆地这样做，因

为他们在此生中不用担心他们的保证被经验所反驳。

三、医学学科的特性

医生是一个艺术家，由于他的艺术直接借自自然，而且因此必须从一门自然科学导出，因而，他毕竟作为学者而归属于一个学科，他在这个学科中接受教育，并且必须一直服从它的评判。——但是，由于政府对医生处理民众健康的方式必然有很大的兴趣，所以它有权通过该学科选出来的业务员（开业医生）的会议，通过**高等卫生委员会**和医学规定来监督医生的公共业务。但是，由于这个学科的特殊性状，亦即它不像前面两个高等学科那样必须从一个上司的命令，而是必须从事物的本性来获取自己的行事规则，——正因为如此它的学说在起源上也必须属于最宽泛理解的哲学学科，——所以，医学规定就与其说是关于医生们应当做什么，毋宁说是关于他们应当放弃什么：也就是说，**第一**，对于公众来说一般而言有**医生**；**第二**，没有庸医（没有按照 fiat expermentum in corpore vili［可以在低贱的身体上做试验］的原理而 ius impune occidendi［杀人不获罪的权利］）。现在，既然政府按照第一个原则关注的是**公共的舒适**，按照第二个原则关注的是（在民众的健康事务上的）**公共的安全**，而这两部分就构成了一种**督察**，所以，一切医学规定真正说来只涉及**医学的督察**。

因此，这个学科在高等学科中就比前两个学科自由得多，并且与哲学学科非常接近；甚至就它的那些借以**培养**医生的学说而言，它是完全自由的，因为对于它来说，不可能有任何由最高权威核准的书籍，而只能有从自然出发创作的书籍，也没有真正的法律（如果人们把法律理解为立法者不变的意志的话），而是只有规定（**敕令**），了解这些规定并不就是学问，因 〔27〕
为学问要求有种种学说的一个系统的总体，该学科虽然拥有这个总体，但（作为不包含在任何**法典**中的东西）政府却没有权限去核准它，而是必须把这种权限托付给该学科，而政府所关心的只是通过药典和医疗设施来帮助该学科的业务员们发展该学科在公共应用中的实践。——但是，这些业务员在政府所关切的涉及医学督察的事情上，依然要服从其学科的判断。

第二节　低等学科的概念和划分

人们可以把大学只探讨不以上司的命令为准绳而接受的学说的那个等级，或者就那个等级如此做而言，称为低等学科。现在，虽然可能发生这样的事情，即人们出于服从而遵循一种实践的学说；但是，由于被命令（de par le Roi［根据君主的命令］）而把它当做真的来接受，这不仅在客观上（作为一个不应当存在的判断），而且在主观上（作为这样一个无人**能够**作出的判断）也是绝对不可能的。因为像自己所说的那样想犯错的人，实际上并不犯错，而且事实上并不把错误的判断当做真的来接受，而是仅仅假装视之为真，在他心中毕竟是找不到这种视之为真的。——因此，如果说的是某些应当公开宣讲的学说的**真理性**，那么，教师在这种情况下就不能援引最高的命令，学生也不能装作是根据命令而相信了，而是惟有在说的是**行为**的时候才可以如此。但在这之后，他毕竟必须通过一种自由的判断认识到，确实有这样一种命令发出，同样他有义务或者至少是有权顺从这命令，否则他的接受就是一种空洞的借口和谎言。——现在，人们把按照自律，亦即自由地（与一般思维原则相符合地）作出判断的能力称为理性。因此，哲学学科由于必须担保它应当接受或者哪怕只是承认的那些学说的**真理性**，就此而言必须被认为是自由的，仅仅服从理性的立法而不服从政府的立法。

但在大学里，也必须建立这样一个部门，亦即必须有一个 〔28〕
哲学学科。就三个高等学科而言，它可以用来监督它们，并且正是由此而对它们有用，因为一切都取决于**真理性**（这是一般学问的本质性的和第一位的条件）；但高等学科为了政府而承诺的那种**有用性**，则只是一个二等的要素罢了。——人们或许也可以承认神学学科那种骄傲的要求，即哲学学科是它的婢女（这里毕竟还总是有这样的**问题**：这个婢女究竟是在这位仁慈的夫人**前面举着火炬**，还是在她**后面提着拖裙**），只要人们不把哲学学科赶走或者让它闭嘴；因为正是这种简朴，即只要求是自由的，但也让别人自由，仅仅为了每一门科学的利益而寻求真理，并把它提供给高等学科任意使用，必然把哲学学科作为无可怀疑的，甚至不可缺少的而推荐给政府。

这样，哲学学科就包含两个部门，一个是**历史知识**的部门（历史、地理学、学术的语言知识、人文学以及关于经验性知识的博物学所提供的一切，都属于此列），另一个是**纯粹的理性知识**（纯粹数学和纯粹哲学、自然形而上学和道德形而上学），以及学问的这两个部分的彼此间的交互关系。它正是因此而伸展到人类知识的所有部分（因此也在历史学方面伸展到高等学科之上），只是它并不把所有部分（亦即高等学科的独特学说和诫命）都当做内容，而是为了科学的利益把它们作为自己审核和批判的对象。

因此，哲学学科可以要求一切学说，让它们的真理性接受审核。只要它的活动不违背政府的真正的、根本的意图，政府就不可以对它下达禁令，而且各高等学科也必须容忍它公开提出的异议和怀疑，尽管它们当然会认为这是讨厌的，因为如果没有这样的批评家，它们本来是能够不受干扰地安享自己不论是以什么名义所占有的东西，并且专断地发号施令的。只是对于那些高等学科的业务员们（神职人员、司法职员和医生）来
说，当然就可以禁止这样做，使他们不得公开与在履行其各自 〔29〕

职务时与由政府托付给他们宣讲的那些学说相抵触，大胆地扮演哲学家的角色；因为只有各学科才可以这样做，而由政府聘任的公职人员却不允许这样做：因为这些人只是从那些学科取得自己的知识的。也就是说，这后一些人，例如教士和司法职员，如果他们一时心血来潮要向民众讲述他们对宗教立法或者世俗立法的反对和怀疑，就会把民众煽动起来反对政府；与此相反，各学科只是作为学者相互争论这些东西，而民众在实践中对此是毫不注意的，即使它们被民众所知晓，民众也会由于满足于玄思并不是他们的事情，而觉得有责任仅仅持守由为此所聘用的政府职员告诉他们的东西。——但低等学科不可被削减的这种自由的成果是，各高等学科（甚至更有学问地）把职员们越来越多地带入真理的轨道，这样一来，这些职员在自己这方面也将更好地弄清自己的义务，在宣讲变化时不会有反感；因为宣讲只不过是对达到相同的目的的手段有一种更好的理解，而这一点，无须对迄今存在的教学方式进行论战的和只会引起不安的攻击，完整保持其材料就完全可以做到。

第三节　高等学科与低等学科的违法争执

种种意见的一种公开争执，从而一种学术争执是**违法的**，要么是由于**质料**，如果根本不允许对一个公开的命题进行**争执**的话，因为根本不允许对该命题及其反命题公开作出判断；要么是纯然由于**形式**，如果进行争执的方式不是在于指向对方的理性的客观根据，而是在于主观的、通过**偏好**来规定其判断的动因，以便通过狡计（贿赂亦属于此列）或者强制力（威胁）来使对方同意的话。

现在，各学科的争执是围绕对民众的影响进行的，而且只
〔30〕有当它们中的每一个都能够使民众相信自己善于最好地促进公

众的福祉时，它们才能获得这种影响，但这里毕竟就它们想做到这一点的方式来说，它们却是彼此截然对立的。

但是，民众并不把他们的最高福祉设定在自由中，而是把它设定在自己的自然目的中，因而设定在这三件事中：死后的**永福**，生活中在其他人中间通过公共法律来确保“**他的**”，最后，期待对**生活**自身的肉体享受（亦即健康和长寿）。

但是，惟有通过自己从理性中借来的规范才能参与讨论所有这些愿望，因而忠实于自由原则的哲学学科，却仅仅关注人自己能够和应当添加的东西：**正直地**生活，不做任何**不正当的事情**，在享受上**有节制**和在疾病上能忍耐，此际尤其是指望自然的自救；为了这一切，当然不需要有多大的学问，人们甚至在大多数情况下可以没有这种学问，只要愿意约束自己的偏好并且托付理性来统治就行，但这作为自我努力却根本不适合于民众。

于是，民众（民众在上述学说中发现没有认真对待他们对**享受**的偏好和对为此**劳作**的反感）就敦请三个高等学科从自己那方面给出更易于接受的建议；而且对学者们的要求是如下说法：你们**哲学家**在这里喋喋不休地说的东西，我自己早就知道了；但我想从作为学者的你们这里知道的是，即便我过去的生活是**声名狼藉的**，我也如何仍然能够在天国大门封闭之前不久为自己搞到一张进入天国的门票，即便我做了**非法的事情**，我也怎样毕竟还能够打赢我的官司，即便我随心所欲地使用和**滥用**了我的体力，我也怎样毕竟还能够保持健康和长寿。你们肯定研究过这些，必定比我们（被你们称为白痴的）中只能诉诸健全知性的某一位知道的更多。——但在这里，就好像民众到学者这里，是和到那了解超自然事物的预卜者和魔法师那里一样似的；因为无学问者很乐意对他有所苛求的学者形成夸张的概念。所以，自然而然地可以预见，只要有人足够大胆地冒充这样一个法师，民众就将涌向他，并将轻蔑地离开哲学学科一方。 〔31〕

但是，如果不允许哲学学科公开地做与他们相反的工作的话，三个高等学科的业务员们就会在任何时候都是这样的法师，这种相反的工作并不是为了推翻他们的学说，而仅仅是为了反驳公众迷信地附会给他们以及与他们相结合的惯例的那种魔力，就好像由于消极地委身于这样一些高明的领袖，一切自身的努力都将被免去，将极为舒适地被他们引导来达到那些关切的目的似的。

如果高等学科接受这样一些原理（这当然不是它们的使命），那么，它们就会陷入并且永远处在与低等学科的争执之中；但这种争执是**违法的**，因为它们不仅不把触犯法则视为一种障碍，而是反倒把它视为所期望的机会，即展示它们的伟大艺术和技巧，使得一切重新变好，甚至变得比没有这些艺术和技巧时所会发生的更好。

民众愿意**被引导**，亦即（用煽动者的语言说）愿意**被欺骗**。但民众并不愿意被学科的学者们来引导（因为这些人的智慧对民众来说太高了），而是愿意被学科的那些擅长粗制滥造（savoir faire）的业务员来引导，被神职人员、司法职员和医生们来引导，这些人作为实践者为自己获得了最有利的猜想；这样一来，只能通过他们来影响民众的政府，自身就**受到诱惑**，要把一种不是出自各学科的学者们的纯粹洞识，而是指望各学科的业务员们由此能够对民众产生的影响的理论强加给各学科，因为民众自然是最拥护他们最没有必要自己费力和动用其自己的理性、又能最好地使义务与偏好相容的东西；例如在神学专业中，说是字面上的“信”，无须研究（甚至连正确理解也不需要）应当信什么，本身就是能带来救恩的，通过参加某些合乎规范的仪式就能直接洗清罪过；或者在法学专业中，说是按照条文遵循法律比研究立法者的意思更重要。

于是，在高等学科和低等学科之间就有一种本质性的、无
〔32〕法调解的非法争执，因为对于前者来说的立法原则，人们把它

归于政府，它会是一种由政府授权的无法状态本身。——因为既然**偏好**和一般而言某人认为有利于自己的**私人意图**的东西，绝对没有资格成为一种法则，因而也不能作为这样一种法则由高等学科来宣讲，所以，一个核准这类东西的政府，由于它自己违背了理性，就会把那些高等学科与哲学学科置于一种争执之中，这种争执是根本不能容许的，因为它将完全毁掉哲学学科，这当然是结束一场争执的最便捷手段，但也是（用医生的话说）一种置人于死地的**英雄**手段。

第四节　高等学科与低等学科的合法争执

无论政府有权通过自己的核准而交给高等学科公开宣讲的那些学说具有什么样的内容，它们毕竟只能作为出自政府任性的法规和作为并非不会出错的人类智慧而被接受和尊重。然而，由于这些学说的真理性对于政府来说绝对不可以是无关紧要的，就真理性而言它们必须依然服从理性（理性的利益应由哲学学科照管），但这惟有通过允许完全自由地对它们进行一种公开的审核才是可能的，所以，由于专断的、尽管是最高方面核准的规章与被理性断言为必然的学说并不那么总是可以自行一致，高等学科与低等学科之间的争执就首先是不可避免的，但其次也是**合法的**，而且即使不公开说出**全部**真理，却毕竟关注如此说出来的、当做原理提出来的东西都是真的，这不仅是低等学科的权限，而且也是它的义务。

如果某些被核准的学说的来源是**历史性的**，那么，它们尽可以被当做神圣的而推荐给信仰的不假思索的服从；哲学学科则有权，甚至有责任以批判的思考来探究这种起源。如果这些 〔33〕
学说即使是以一种历史性知识（作为启示）的口气提出的，其来源却是**理性的**，那么，就不能阻止它（低等学科）从历史性的宣讲中找出立法的理性根据，此外对它们是技术实践的还是道德实践的作出评价。最后，如果宣布自己是法则的学说，其来源完全只是**感性的**，也就是说，是建立在一种与某个学说相结合的感觉之上的（这感觉既然不充当客观的原则，就会只是主观上有效的，不适宜于从中得出一种普遍的法则，例如是对一种超自然影响的虔诚感觉），那么，就必须任由哲学学科以清醒的理性公开地审查和评价这样一种所谓的教导根据的起源和内容，不被人们伪称感觉到，并决定把这种想当然的感觉付诸概念的那种对象的神圣性所吓倒。——以下几点，包含着进行这样一种争执的形式原理和由此产生的后果。

1. 这种争执不能也不应当通过和平的一致（amicabilis compositio［友好的和解］）来调停，而是（作为诉讼）需要一种**判决**，亦即一个法官（理性）的有法律效力的判词；因为争执被调解，这只能通过不正当的做法、对纠纷原因的隐瞒和游说来做到，但这类准则与一个哲学学科的精神，亦即旨在公开展示真理的精神是完全相悖的。

2. 这种争执永远也不可能停止，而且哲学学科是那个必须在任何时候都对此做好备战的学科。政府对于要公开宣讲的学说，必须总是有法规性的规范，因为把自己的所有意见都大呼小叫地告知公众的那种不受限制的自由，一方面对于政府来说必定是危险的，但另一方面对于公众来说也必定是危险的。但政府的一切规章，由于它们是出自人的，至少是由人来核准的，所以在任何时候都有犯错误或者违背目的的危险；因此，就政府提供给高等学科的核准来说，它们也是这种情况。所以，哲学学科对于威胁着托付给它来保护的真理的那种危险，永远不能放下武器，因为高等学科永远不会放弃其统治欲。

〔34〕 3. 这种争执绝不可能损害政府的威望。因为它不是各学科与政府的争执，而是一个学科与另一个学科的争执，政府可

以对它袖手旁观；因为尽管就政府把高等学科的某些命题规定给这些学科的业务员来公开宣讲而言，它把这些命题置于自己的特殊保护之中，但它把作为学术社团的各学科置于保护之中，却毕竟不是由于这些学科要公开宣讲的学说、意见和主张的真理性，而是仅仅由于它（政府）自己的利益，因为对这些学说的真理性作出裁决、甚至扮演学者，这不符合它的尊严。——也就是说，高等学科只为它们交给其**业务员们**公开宣讲的那些指导和教诲对政府负责；因为它们深入作为**公民**共同体的公众之中，并且由于它们有可能损害政府对公众的影响，它们就要服从政府的核准。与此相反，各学科以理论家的名义在自己中间形成的学说和意见，深入另一种公众，亦即一个从事科学的**学术**共同体的公众；民众满足于对此一无所知，而政府则认为从事学术活动对自己来说是不体面的。[①]高等学科的等级（作为学术议会的右翼）为政府的法规辩护，而在一个像它必须所是的那 〔35〕

① 与此相反，如果争执在公民共同体面前（公开地、例如在布道坛上）进行，就像业务员们（以实践者的名义）喜欢尝试的那样，那么，它就是被以未经授权的方式带到了民众的法庭前（而民众在学术事务上根本无权作判断），并不再是一种学术争执；这样一来，就会出现上面警告过的那种非法争执的状态，其中就会适应民众的偏好来宣讲学说，并散播骚动和拉帮结派的种子，而由此就把政府置于危险中。这些专横地以此自居的民众领袖就此而言走出了学者阶层，干涉公民宪政（世俗活动）的法权，真正说来是**标新立异**者，但是，这个有理由遭人憎恨的称号，当它指涉学说和教学形式方面的一种新颖性的每个倡导者的话，就被严重误解了（因为旧的为什么就总是最好的呢?）。与此相反，真正说来理应被打上这个印记的，是那些引进一种完全不同的政府形式，或者毋宁说引进一种无政府状态（混乱）的人，因为他们把本来仅仅是学术的事情交给民众的声音去决定，而又能够通过对其习惯、情感和偏好的影响而随意地操纵民众的判断，并这样赢得对一个合法政府的影响。

样自由的宪政中，在涉及真理的时候，还必须有一个反对党（左翼），它就是哲学学科的坐席，因为没有哲学学科的严厉审查和异议，政府就不会充分地得到教诲，什么对它来说是有益的或者有害的。——但是，如果这些学科的业务员们想在为公开宣讲所作的规定方面依着自己的头脑作一些改变，那么，政府的监管就可以把这些人当做对自己可能有害的**革新者**，但尽管如此却不是直接地，而是仅仅根据由高等学科所作的极为恭顺的鉴定来谈论他们，因为政府只能**通过学科**来指定这些业务员去宣讲某些学说。

4. 这种争执完全能够与学术共同体和公民共同体的和谐在准则上共存，遵循这些准则必将造成两个学科等级向着更大的完善性不断进步，并最终为解除由政府的任性加给公开判断的自由的一切限制做好准备。

以这种方式，有朝一日将会实现最后的学科成为头等的学科（低等学科成为高等学科），尽管不是在权力的拥有上，但毕竟是在为掌权者（政府）提供建议方面，政府会在哲学学科的自由中以及在由此产生的洞识中，比在它自己的绝对权威中，更好地发现达到它的目的的手段。

结论

因此，这种对抗，亦即两个为一个共同的最终目的而联合起来的党派的**争执**（concordia discors，discordia concors [不和谐的和谐，和谐的不和谐]），并不是**战争**，也就是说，不是出自在学术上的“**我的**”和“**你的**”方面的最终意图之对立的一种
〔36〕分歧，这种学术上的“我的”和“你的”，和政治上的“我的”和“你的”一样，由**自由**和**财产**构成，而前者作为条件又必须必然地先行于后者；所以，不能允许高等学科拥有法权，却不同时允许低等学科把自己对这种法权的质疑告知有学问的公众。

第二章

附录：借助神学学科和哲学学科之间争执的实例来解释各学科的争执

一、争执的内容

圣经神学家真正说来是为了**教会信仰**的**圣经学者**，他依据的是规章，亦即产生自他人的任性的法则；与此相反，理性神学家则是为了**宗教信仰**的**理性学者**，因而依据的是可以从每一个人自己的理性发展出来的内在法则。至于事情确实如此，也就是说，宗教永远不能建立在规章（无论它们有多么高等的起源）之上，这甚至已从宗教的概念出发得到说明。宗教不是某些作为神的启示的学说之总和（因为这种总和叫做神学），而是我们一切作为神的**诫命**的一般义务之总和（而且主观上是把这些义务当做诫命来遵循的准则之总和）。宗教并不是按照内容亦即客体而在某一部分上与道德有别，因为道德关涉一般的义务，相反，它与后者的区别是纯然形式的，也就是说，它是理性的一种立法，为的是通过由道德产生的上帝理念而给予道德以对人的意志的影响，去履行其所有的义务。不过，它也因此而是惟一的宗教，而且不存在不同的宗教，但却有对神的启示的不同信仰方式及其不可能产生自理性的规章性学说，亦即神的意志的感性表象方式的不同形式，以便赋予神的意志以对众心灵的影响；在这些不同的形式中，就我们所知，基督教是最合适的形式。这在《圣经》中是由两个不同类的部分组成的，一个部分包含着宗教的法规，另一个部分包含着宗教的工 〔37〕

具或者载体，其中前者可以被称为纯粹的**宗教信仰**（无须规章而建立在纯然的理性上），后者可以被称为**教会信仰**，它完全以规章为依据，这些规章要想被视为神圣的学说和生活的规范，就需要一种启示。——但是，既然如果可以把这一引导器假定为神的启示，把它用于那个目的就也是一种义务，所以由此就解释了：为什么在说到宗教信仰时，通常也同时包含了建立在《圣经》之上的教会信仰的意思。

圣经神学家说：你们查考《圣经》吧，你们要在里面找到永生。但是，由于永生的条件不是别的，而是人在道德上的改善，所以没有一个人能够在某一部经书中找到永生，除非是他把这种道德上的改善加进去，因为为此所要求的概念和原理真正说来不是从其他某个人那里学来的，而是必须仅仅借一次陈述的机缘从教师自己的理性出发来展开。但是，《圣经》所包含的，要多于就自身而言为永生所要求的东西，亦即属于历史信仰、而且就宗教信仰而言作为纯然的感性手段虽然（对于这个或者那个人物、对于这个或者那个时代）可能是有益的、但却并不必然与它相关的东西。圣经神学学科坚决要求这种东西是属神的启示，其程度如同对这种东西的信仰属于宗教。但是，就这种混杂和圣经神学学科关于真正的宗教在自身中所包含的真实的东西而言，哲学学科却与圣经神学学科相抵触。

属于这种载体（也就是说，还附加在宗教学说之上的东西）的，也还有**教学方法**；人们可以把这种方法看作是托付给众使徒本身的，不可以看作是神的启示，而是能够假定为与当时那个时代的思维方式相关的（χατ' ανθρωπου [就人而言]），作为教育用品不能假定为就自身而言（χατ' αληθειαυ [就真理而言]）生效的，而且要么是消极的，作为纯然对某些当时流行的、就自身而言错误的意见的容许，以免违背当时的一种流行的、毕竟在本质上不与宗教抵触的妄念（例如被鬼附体的人的妄念），要么也是积极的，以便利用一个民族对其现在已经应当终结的旧教会信仰的偏爱，来引进新的教会信仰（例如把旧约的历史解释成新约中发生的事情的样板，这一历史作为犹太教，如果被错误地接纳入信理学说，当做它的一个部分，就很可能引起我们的叹息：nunc istae reliquiae nos exercent［如今，那些遗产使我们烦恼］——西塞罗）。〔38〕

为此，基督教的圣经学问遇到了某些解释艺术的困难；关于这种解释艺术及其原则，高等学科（圣经神学家）必然陷入与低等学科的争执，因为前者作为主要关照理论的圣经知识的学科，怀疑后者用哲学思维除去了一切作为真正的启示学说而必须一字不差地接受的学说，并随便强加给它们一种意义，而后者则作为关注实践的东西，亦即关注宗教多于关注教会信仰的，反过来通过这样的手段指责前者完全忽视了终极目的，而终极目的作为内在的宗教必然是道德的，并且是基于理性的。因此，以真理为目的的后者，从而也就是哲学，在关于一段经文的意义发生争执的情况下，就以为自己有规定这种意义的优先权。以下的是释经的哲学原理，通过它们并不是想理解那解释是哲学的（以扩展哲学为目的的），而是仅仅想理解那解释的**原理**必须是如此性状的：因为一切原理，无论它们所涉及的是历史批判的解释还是语法批判的解释，在任何时候都必须是直接从理性产生的，但在这里却特别是因为，凡是从经文中可以为了**宗教**（宗教只能是理性的一个对象）而查明的东西，也必须是直接从理性产生的。

二、解决争执的哲学释经原理

（一）包含着某些**理论的**、被宣布为神圣的、但却**超越**一切理性概念（甚至超越道德的理性概念）的学说的经文，**可以**作出有利于实践理性的解释；但包含着与实践理性相矛盾的命题的经文，则**必须**作出有利于实践理性的解释。以下的东西包含着这方面的一些实例。

1. 从三位一体说中，按照字面来看，即使人们相信理解它，也不能得出**任何实践的东西**，更不用说人们觉察到，它根
〔39〕本就超越了我们所有的概念。——我们在神里面是崇拜3个还是10个位格，学生都将同样轻而易举地在字面上接受，因为他对一个在多个位格（实质）中的上帝根本没有任何概念，但这更多的是因为他从这种不同中根本不能为他的生活方式得出不同的规则。与此相反，如果人们把一种道德的意义置入信条（如我在**《纯然理性界限内的宗教》**中所尝试过的那样），它所包含的就不会是一种没有结果的信仰，而是一种与我们的道德规定相关的可理解的信仰。关于神的一个位格成为人的学说也是同样的情况。因为如果这个神人不是被表现为人性以其完全为上帝所喜悦的道德完善性永恒地存在于上帝里面的理念[①]（上引书73～74页），而是被表象为"以肉体的方式寓于"一个现实的人里面，而且是作为第二本性在他里面起作用的神性，那

① 威尼斯的波斯特鲁在16世纪关于这一点的狂想具有如此原创的性质，可以如此出色地用做实例来说明：如果把对一个纯粹的理性理念的感性化转变为一个感官对象的表象，人们就会怎样误入歧途，而且是**借着理性**发狂。因为如果不是把那个理念理解为人性的一个抽象物，而是理解为一个人，那么，这个人就必须有某种性别。如果这个由上帝所生的人是男性（一个儿子），具有人们的弱点，并担负起人们的罪，那么，另一个性别的弱点和越轨与男性的弱点和越轨就有类的区别，而人们就将不无根据地试图假定，后一个性别也将获得它的特殊代表（仿佛是一个属神的女儿）来做和解人；而波斯特鲁相信，在威尼斯的一位少女的人格中已找到这位和解人。

么，从这个奥秘中，也不能为我们得出任何实践的东西，因为我们毕竟不能要求我们自己应当与一个上帝媲美，因此这个上帝就此而言不能成为我们的榜样而不引起困难，即如果这样的结合是可能的，为什么神性不让所有的人都分享它，那样的话人们就必然都会是让上帝所喜悦的。——关于这同一个人的复活和升天的故事，可以说同样的话。

我们将来是否根据灵魂生活，或者在此构成我们的肉体的同一种物质是否为我们在另一个世界里的同一性所必需，因而灵魂并不是一个特殊的实体，我们的肉体本身必须被复活，这一切对于我们来说，在实践方面是完全无所谓的；因为如果肉体对一个人来说可能是多余的，谁还会如此喜爱自己的肉体，以至于乐意永远吃力地拖着它呢？因而使徒的结论，即"若基督没有复活（就肉体而言成为活的），我们就都将不复活（在死后根本不再活）"，就不是令人信服的。但即便它并不是不令人信服的（因为人们毕竟也不会以一种灵感来作为论证的基础），它毕竟由此也只不过想说：我们有理由相信基督还活着，而且如果甚至一位如此完善的人在（肉体）死后也不活着，那么，我们的信仰就是毫无价值的；理性给他（如同所有的人）输入的这种信仰，推动他达到对一个公众事件的历史信仰，他真诚地认定这事件是真的，而且把它用做对来生的一种道德信仰的证明根据，并未察觉他本人如果没有这种道德信仰，就很难赋予这个事件以信仰。尽管表象方式自身带有他在其中受教育的学术概念的特征，但道德意图却在这里已经达到。——此外，对那个事件有一些重要的反驳：为怀念他而举行圣餐仪式（一种悲伤的助兴），这看起来就像是一种正式的告别（并不纯然是期待不久再见）。对十字架的抱怨性语词表达着一种落空了的意图（即还在他活着的时候就使犹太人接受真正的宗教），因为毕竟应当期待的是对一种实现了的意图的欢愉。最后，门 〔40〕

徒们在《路加福音》中的说法，即“我们原想他要救赎以色列的”，也并不使人得出，他们对期待中三日后的复活作好了准备，更不用说他们关于他的复活曾风闻什么了。——但是，如果关键在于宗教，而理性给我们注入的实践关系中的信仰本身就已经是充分的，为什么我们要由于我们应当使其永远停留在原地（置于可有可无境地）的一种历史叙述，而卷入如此之多的学术研究和争执呢？

2. 在对其表述与我们关于神的本性及其意志的理性概念
〔41〕相冲突的经文的解释中，圣经神学家们早就使之成为规则的是：以人的方式（ανθρωποπαθωζ）表述的东西，必须按照与神匹配的意义（θεοπρεπωζ）来**解释**；由此他们完全明确地抛弃了这样的知识，即理性在宗教事务中是《圣经》的至上解释者。——但是，即便不能把《圣经》作者实际上与其表述联结起来的、不同于一种与我们的理性根本矛盾的意义的那种意义加给《圣经》作者，理性也毕竟觉得有权利就像它认为符合《圣经》作者的原理那样来解释他的经文，而不应当按照字面来解释，如果它根本不想指摘《圣经》作者的一个错误的话；这看起来是完全违背诠释的至上原则的，但它的出现仍然总是赢得最受称颂的神学家们的赞同。——圣保罗关于神恩的拣选的学说就是如此，该学说极为清晰地显示出，他的私人意见必然是该词最严格意义上的前定。因此，它也被一个庞大的新教教会纳入自己的信仰，但后来又被大部分新教教会抛弃，或者尽人们之所能作出了别的解释，因为理性认为它与自由、行动的负责以及整个道德无法统一。——即便在《圣经》信仰并不陷入某些学说对种种道德原理的违背，而是仅仅陷入其对评判自然现象时的理性准则的违背的地方，《圣经》的某些故事讲述，例如关于被鬼附体的人们（着魔的人们），尽管与《圣经》中的其他神圣故事是以同样的历史口吻陈述的，而且几乎不可

怀疑它们的作者逐字逐句地认为它们是真实的，但释经者却几乎得到普遍赞同地这样来解释它们，使得理性在这里能够长存（以免给一切迷信和骗局造成自由的入门途径），而人们也没有否认他们有这种权限。

（二）真正说来必须被启示出来的那些《圣经》学说，如果它们应当被认识的话，对它们的信仰自身就不是**功德**；而这种信仰的缺乏，甚至与它相对立的怀疑，就自身而言也就不是**负罪**；相反，在宗教中一切都取决于**作为**；而这种终极意图，从而还有一种与这种终极意图相符合的意义，必须被加给所有的《圣经》信理学说。〔42〕

所谓信条，人们并不把它们理解为应当信仰的东西（因为信仰不允许任何绝对命令），而是理解为有可能并且合目的地在实践（道德）方面予以假定的东西，尽管这种东西并不同样可以证明，从而是只能信仰的东西。如果我纯然在一种理论上视之为真的意义上，例如在符合历史地基于他人见证的东西的意义上，或者还由于我只能在这个或那个前提条件下来解释某些被给予我的现象，假定没有这种道德考虑的信仰为一个原则，那么，由于这样一种信仰既不造就一个更好的人，也不证明这样一个人，它就根本不是**宗教**的一个部分；但是，如果它仅仅被装扮成通过恐惧和希望而在灵魂中强制产生的，那么，它就是违背真诚的，从而也是违背宗教的。——因此，如果经文是这样说的，就好像它们不仅把对一种启示学说的信仰看作是就自身而言有功德的，而且干脆提高到道德方面的善功之上，那么，它们就必须被这样解释，就好像由此所指的只是道德的、通过理性来改善和升华灵魂的信仰；即使假定字面的意义，例如谁在这里信仰并且受洗就将有福等等，与这种解释相悖。因此，关于那些规章性的教条及其真实性的怀疑，并不会使一个道德的、善良的灵魂感到不安。——尽管如此，同样一些命题仍然可以被视为对某种**教会信仰**的**陈述**的根本要求。但由于这种教会信仰只是宗教信仰的载体，从而就自身而言是可变的，必须依然能够逐渐地净化，直至与宗教信仰吻合，所以不可以使它成为教条，尽管也不可以在教会中公开攻击和粗暴践踏它，因为它是受关照公共的和睦与和平的政府所保护的；然而，警告人们不要赋予它一种独立存在的神圣性，而是毫不迟疑地转向以此为引导的宗教信仰，则是教师的职责。

（三）行为必须被表现为从人自己对自己的道德力量的利用中产生的，不可以被表现为一个外部的、更高的、人被动地
〔43〕与之发生关系的作用因的影响的结果；因此，对在字面上显得包含着后者的经文的解释，就必须有意地以与前一条原理一致为基准。

如果本性被理解为在人里面起支配作用的促进其**幸福**的原则，而神恩则被理解为寓于我们里面的不可理解的道德禀赋，亦即**纯粹道德性的**原则，那么，本性与神恩就不仅相互有别，而且还经常相互冲突。但是，如果本性（在实践的意义上）被理解为从自己的一般力量出发达成某些目的的能力，那么，就人被他自己内在的、但却超感性的原则（他的义务的表象）规定去行动而言，神恩无非就是人的本性；由于我们想对自己解释这种原则，但尽管如此却对此不知道任何进一步的根据，这种原则就被我们表现为由神在我们里面造成的向善冲动，对此我们并没有自己在我们里面建立禀赋，因而也就被我们表现为神恩。——也就是说，罪（人类本性中的恶）使得惩戒的律法（如同对于奴隶）成为必要，而神恩（也就是说，通过对我们里面的原初向善禀赋的信仰和通过在上帝之子身上的为上帝所喜悦的人性的榜样而变得生动的、对这种善的发展的希望）则只要我们让它在我们里面起作用，也就是说，让一种类似于那个神圣榜样的生活方式的意念活动起来，就能够并且应当在我

们（作为自由人）里面变得更为强大。——因此，看起来包含着对一个外在的、在我们里面造成神圣性的力量的消极顺从的经文，必须这样来解释，使得从中可以看出，我们必须**自己从事于**发展我们里面的那种道德禀赋，尽管它本身证明着一种（在对原因的理论研究方面）高于一切理性的起源的属神性，因而拥有这种禀赋并不是功德，而是神恩。

（四）在自己的作为不足以使人在他自己的（严格地进行审判的）良知面前释罪的地方，理性当然有权虔诚地假定他的有缺陷的义有一种超自然的弥补。

这种权限就自身来说是清晰的；因为人按照其规定应当是什么样子（也就是说，符合神圣的律法），他也就必须能够是〔44〕那个样子；而如果这不能通过自己的力量以自然的方式成为可能，那么，他就可以希望这通过外在的神的合作（无论以什么方式）来发生。——人们还可以补充说，对这种弥补的信仰是造福于人的，因为人们惟有如此才能把握住使上帝喜悦的生活方式（作为希望永福的惟一条件）的勇气和坚定意念，不至于对达到自己的终极意图（成为使上帝喜悦的）感到绝望。——但是，说他必须能够知道并且确定地说明，这种补偿的手段（这种手段归根结底毕竟是越界的，无论上帝自己就此对我们说过什么，对我们来说也是不可理解的）存在于**什么地方**，这同样是不必要的，甚至哪怕是要求有这种知识，也是胆大妄为。——因此，看起来包含着这样一种特殊启示的经文，必须这样来解释，使得它们仅仅为了一个民族，按照其迄今流行的信理学说而涉及那种道德信仰的载体，而且不关涉（为了一切人的）宗教信仰，从而仅仅关涉教会信仰（例如，对于犹太基督徒来说的教会信仰）；后者需要的是并非每一个人都能够分享的历史证明；相反，宗教（作为建立在道德概念之上的宗教）必须自身就是完备的和无可置疑的。

※　　　　※　　　　※

但是，我听到圣经神学家们异口同声地起来反对一种哲学释经的理念：人们说，这种理念首先是以一种自然主义的宗教，而不是以基督教为意图的。**答复**是：基督教是宗教的理念，宗教一般而言是建立在理性之上的，而且就此来说必须是自然的。但是，基督教包含着把宗教引入人们中间的一种手段，即《圣经》，它的起源被认为是超自然的，就它（无论它的起源是什么样的）对于理性的道德规范来说在其公开的传播和内在的振奋方面是有益的而言，它可以被算作是宗教的手段，而且作为这样一种手段也尽可以被假定为超自然的启示。现在，只有当一种宗教把不承认任何这样一种启示作为原理的时候，人们才可以把它称为**自然主义的**。因此，基督教尽管纯
〔45〕然是一种自然的宗教，但却不是一种自然主义的宗教，因为它并不否认《圣经》可以是引入宗教并且建立一个公开传授和认信宗教的教会的一种超自然的手段，而只是在取决于宗教学说的时候不考虑这种起源罢了。

三、事关释经原理的指责及其答复

我听到有人高喊反对这些释经规则：**首先**，这全都是些哲学学科的判断，因此，它们擅自干涉了圣经神学家们的事务。——**答复**是：教会信仰要求历史知识渊博，而宗教信仰则仅仅要求理性。把前者解释为后者的一种手段，当然是理性的一种要求，但是，这样一种要求在什么地方比在某种东西作为手段对于另一种东西作为终极目的（宗教就是诸如此类的东西）而拥有一种价值的地方还更正当呢？在任何地方，如果关于真理有了争执，还有比理性更高的裁决原则吗？如果哲学学科利用神学学科的规章，通过与神学学科的一致来加强它自己

的学说，这也不会损害神学学科；毋宁说，人们应当想到，神学学科由此而获得了一种荣誉。但是，就释经而言，如果在二者之间绝对有争执，那么，我所知道的调解就只有下面这种：**如果圣经神学家停止为自己的目的而利用理性，那么，哲理神学家就也停止为加强自己的命题而使用《圣经》**。但我很怀疑前者会参与这项条约。——**其次**，那些解释是寓意的和神秘主义的，因而既不是《圣经》的也不是哲学的。**答复**是：恰恰相反，也就是说，如果圣经神学家把宗教的外壳当做宗教本身，那么，譬如说，倘若他不想假定，旧约在当时就已经是真宗教（真宗教毕竟不能比真更真），由此新约成为多余的，则他就必须把整个旧约解释为还将出现的宗教状态的（关于榜样和象征的表象）一种向前进的**寓意**。但是，就所谓理性解释的神秘主义而言，如果哲学在经文中探求一种道德的意义，甚至把它强加给文本，那么，这种解释就恰恰是阻止神秘主义（例如，某位**施魏登贝格**的神秘主义）的惟一手段。因为想象力如果不把超感性的东西（在一切叫做宗教的东西中都必须想到的东西）与理性的某些概念（道德概念就是诸如此类的东西）联结起来，在宗教事务中就不可避免地迷失于越界的东西之中，并导致一种内在启示的顿悟论，在这种情况下每一个人都有他自己的内在启示，再也不会有任何公共的真理试金石。〔46〕

但是，还有理性对自己提出的反对《圣经》的理性解释的一些指责，我们要试图按照上面列举的解释规则简要地说明它们，并予以清除。1. **指责**是：作为启示，《圣经》必须从自身出发来解释，而不能通过理性来解释；因为知识的源泉本身不在于理性，而是在于别处。**答复**是：正是由于那部书被认定为神的启示，所以这种启示必须不仅按照历史学说的原理（与自身相一致）在理论上作出解释，而且按照理性概念在实践上作出解释；因为说一种启示是属神的，这是永远不能通过经验所提供的标志来认出的。这种启示的特性（至少是作为 conditio sine qua non［必要条件］）始终是与理性解释为对神合适的东西的一致。——2. **指责**是：在一切实践的东西之前，毕竟总是必须有一种理论先行，而且既然这种理论作为启示学说也许能够包含着上帝意志的种种意图，我们不可能实现这些意图，但促进这些意图却可以是我们的职责，所以对诸如此类的理论命题的信仰自身看起来就包含着一种职责，而对这些命题的怀疑看起来就包含着一种罪。**答复**是：如果说的是教会信仰，人们可以承认这一点；就教会信仰而言，受关注的不是别的实践，而是有安排的习俗的实践；在这里，如此皈依一个教会的人们，为了视之为真而不再需要任何东西，除了这种学说并非不可能之外；与此相反，宗教信仰需要对真理的**确信**，但这种确信并不能通过规章（说它们是神的箴言）来证明；因为说它们是神的箴言，这一点必须一再地通过历史来证明，而历史并
〔47〕没有权利把**自己**冒充成神的启示。因此，就完全针对生活方式的道德性的宗教信仰而言，虽然是《圣经》的、但也是历史的学说本身无所谓道德上的价值或者无价值，属于可有可无的东西。——3. **指责**是：对一个精神上的死人来说，如果不同时有一种把生命注入他里面的超自然的力量来伴随，人们怎么能够对他大声喊"你起来行走"呢？**答复**是：这声喊叫在人身上是通过他自己的理性发生的，只要理性在自身拥有道德生活的超感性原则。通过这种原则，人虽然也许不能立刻被唤醒生命，而且自己站起来，但毕竟可以有所行动，并被唤醒一种向善的生活方式的努力（就像一个只是力量在沉睡、但并未因此而消逝的人一样），而且这已经是一种作为，继续下去就能够造就一种预期的生活方式。——4. **指责**是：对我们自己的义的缺乏有一种不为我们所知的弥补方式的信仰，因而作为他者的善行，是满足我们所感觉到的需求的一个徒然假定的原因

(petitio principii [原则的要求])。因为我们关于一个在上者的神恩所期待的东西，我们不能就好像是不言而喻的那样来假定它必然为我们所分享，而是只有当它确实被许诺给我们，从而只有通过一种对我们来说曾发生的确定的许诺的兑现，就像通过一项正式的条约那样来假定。因此，我们看起来只能就那种弥补确实由神的**启示**许诺了而言来希望和预设它，而不是靠碰运气。**答复**是：在“你的罪已被赦免”这一安慰性的箴言中，神的一种直接启示就会是一种超感性的经验，而超感性的经验是不可能的。但是，就基于道德的理性根据、而且由此而先天地确定的、至少在实践的意图上确定的东西（如宗教）而言，这种启示也是不必要的。关于一个神圣的和仁慈的立法者，人们也不能以别的方式来设想就脆弱的、但尽自己的全部力量努力遵循自己视为义务的东西的造物而言的法令。甚至理性的信仰和对这样一种弥补的信赖，也无须增添一种确定的、经验性地给予的许诺，就比一种经验性的信仰所能做的更多地证明着真正的道德意向，从而证明着对那种所希望的神恩显现的敏感。

※　　※　　※ 〔48〕

以这样的方式，一切释经**如果涉及宗教**，都必须按照在启示中引以为目的的道德性的原则来进行，而且如果没有这种原则，就要么在实践上是空洞的，要么干脆就是善的障碍。——惟有在这种情况下，它们才真正说来是**可靠的**。也就是说，我们心中的上帝本身就是解释者，因为除了通过我们自己的知性和我们自己的理性同我们说话之外，我们不理解任何人，因此，就**我们的**理性的概念是纯粹道德的，因而是确实可靠的而言，除了通过它们，一种向我们颁布的学说的属神性，不能通过任何东西来认识。

总的附释：论宗教教派

在真正说来理应被称为宗教的东西里面，不可能存在教派的差异（因为宗教是惟一的、普遍的和必然的，从而是不变的），但在涉及教会信仰的东西里面，无论教会信仰仅仅基于《圣经》，还是也基于传统，如果对纯然是宗教的载体的东西的信仰被视为宗教的信条的话，却都可能存在教派的差异。

如果人们把**基督教**理解为**弥赛亚主义的**信仰的话，那么，哪怕是仅仅把基督教的各教派都列举出来，就是一件艰巨的、吃力不讨好的工作；因为在这里，基督教只不过是弥赛亚主义信仰的一个教派罢了①，以至于它将与狭义上的**犹太教**（在其对人民的完整统治的最后时刻的犹太教）相对立。这里的问题
〔49〕是："那应当来的是你吗？还是我们应当等候别人呢？"最初，罗马人也是这样认为的。但在这种意义上，基督教就会是一个建立在规章和经书之上的民族信仰，人们无法知道，这种信仰是不是对所有的人都有效，或者是不是基督教必须继续保持的终极的启示信仰，或者能不能期待未来有其他更为接近目的的

① 我们的宗教的信徒们自称**基督徒**（Christ），这是德语用语习惯（或者滥用）的一个特殊之处；就好像有不止一个基督，每一个信徒都是一个基督（Christus）似的。他们本来必须称自己为**基督教徒**（Christianer）。——但是，这一名称会立刻被一些人视为一个教派名称，而仿效这些人（就像在《异乡客普洛透斯》中发生的那样）就可能有诸多弊端。这种情况就基督徒而言是没有出现的。——有位评论家就曾这样在《哈勒学报》上要求，耶和华（Jehovah）的名字应当用**雅威**（Jahwoh）来发音。但是，这一改变会显得是表示一个纯然的民族神，而不是世界之主。

属神规章。

因此，为了有一个把一种信理学说划分为各教派的确定的图型，我们不能从经验性的材料开始，而是必须从可以先天地通过理性思维的种种差异开始，以便在信仰事务内思维方式之区别的梯状序列中，确定差异最初会奠定一种教派区别的那级阶梯。

在信仰事务中，按照**所采用的**思维方式进行划分的原则要么是**宗教**，要么是**异教**（它们就像 A 和非 A 那样相互对立）。通常，前者的信奉者被称为**信仰者**，后者的信奉者则被称为**不信者**。宗教是把对上帝的一切崇拜的**本质性东西**置于人的道德性之中的信仰，异教则是不把这种本质性的东西置于道德性之中的信仰；这要么是因为这种信仰根本缺乏一个超自然的和道德的存在者的概念（Ethnicismus brutus［粗笨的异教］），要么是因为它把某种不同于一种道德上认真奉行的生活方式的意向的东西，从而把宗教的非本质性的东西当做宗教成分（Ethnicismus speciosus［精致的异教］）。

于是，同时应当被设想为神的诫命的那些信条，要么是纯然**规章性的**，因而对于我们来说是偶然的，是启示学说，要么是**道德的**，因而是与其必然性结合在一起的，是可以先天地认识的，也就是说，是信仰的**理性学说**。前一种学说的总和构成**教会信仰**，而后一种学说的总和则构成纯粹的**宗教信仰**。①

为一种教会信仰要求**普遍性**（catholicismus hierarchicus［等级制的大公主义］），这是一种矛盾，因为无条件的普遍性以必然性为前提条件，而必然性则惟有在理性本身充分地论证

① 我并不把这种划分冒充为精确的、适合于通常的言说方式的，它可以暂时在此生效。

信条的地方才能成立，因而这些信条就不是纯然的规章。与此
〔50〕相反，纯粹的宗教信仰拥有对普遍有效性的合法要求（catholicismus rationalis [理性的大公主义]）。因此，信仰事务中的教派纷呈在后者中就永远不会出现，而在发现这种教派纷呈的地方，它总是产生自教会信仰的一种错误：把它的规章（甚至神的启示）视为宗教的本质性部分，从而把信仰事务中的经验主义强加给理性主义，并由此把仅仅偶然的东西冒充为就自身而言必然的。既然在偶然的学说中可能存在着各种各样相互冲突的东西，有时是规章，有时是对规章的解释，因而很容易就可以看出，纯然的教会信仰，不通过纯粹的宗教信仰来净化，就将是信仰事务中无限多的教派的一个丰沛源泉。

为了确定地说明这种净化之所在，我觉得，最适用的试金石就是如下命题：每一种教会信仰，如果它把纯然规章性的信理学说冒充为本质性的宗教学说，就都有某种**异教的混杂**；因为异教就在于把外在的东西（外在于本质的东西）冒充为本质性的。这种混杂可能逐渐地达到如此地步，以至于整个宗教都在这方面转变为把习俗冒充为律法的一种纯然的教会信仰，并在此后成为真正的异教①，针对这种骂名，说那些学说毕竟是神的启示也没有用；因为并非那些规章性的学说和教会的义务本身，而是赋予它们的无条件的价值（绝不纯然是载体，

① **异教** [Heidentum]（异教信仰）按照词义解释是从林（荒原 [Heiden]）中的民族的宗教迷信，也就是说，是这样一群人的宗教迷信，他们的宗教信仰还没有任何教会制度，从而也没有公共的律法。但是，犹太教徒、伊斯兰教徒和印度教徒并不把他们的律法之外的东西视为律法，并且用指摘的称号（Goj、Dschaur 等等）亦即不信者来称谓不具备同样的教会戒律的其他民族。

而是本身就是宗教成分，尽管它们本身不带有任何内在的道德内容，从而所带有的不是启示的质料，而是把启示接纳入其实践意念的形式），才是以这样一种信仰方式理应得出异教这个名称的东西。按照这样一种信仰祝福或者诅咒的教会权威，会被称为教士制。如此自称的新教徒，如果他们要把自己的信理学说的本质性的东西置入对理性未告诉他们任何 〔51〕
东西的命题和戒律的信仰之中，而且最坏的、最卑鄙的人与最好的人在同等的程度上适宜于信奉和遵循这些命题和戒律的话，也不能被从这一荣誉称号排除；哪怕他们再任意地加上种种德性的一个还如此庞大的后卫军，就像这些德性从前者的奇妙力量中产生出来（从而不具有自己的根源）似的。

因此，从教会信仰由以开始运用权威为自己说话、不关注通过纯粹的**宗教信仰**来校正自己的那个点上，也开始了教派的纷呈；因为既然纯粹的宗教信仰（作为实践的理性信仰）不可能失去其对人的灵魂的那种与自由意识相联结的影响，而教会信仰则对良知实施控制，所以每一个人都力图为了自己的意见，而把某种东西带进教会信仰，或者从教会信仰得出某种东西。

这种控制要么导致与教会的纯然分离（分离主义），也就是说，放弃与教会的公开交往，要么导致就教会形式而言的持不同意见者的公开分裂，尽管他们就质料而言皈依同一个教会（分裂主义者），要么导致就某些信理学说而言的无教派者会聚在特殊的、并非总是秘密的、但毕竟不为国家所认可的社团中（宗派主义者），他们中的一些还从同一个资源得出了特殊的、并不属于广大公众的、秘密的学说（仿佛是虔诚俱乐部会员），最后导致错误的和平缔造者，他们认为通过把不同的信仰方式融合起来就能够满足所有的人（混合主义者）；他们比宗派主义者还更为糟糕，因为在宗教本身方面的漠然态度被奠定为基础，而且因为在民众中毕竟必须有一种教会信仰，一种教会信仰只要被政府适当地应用于自己的目的，就和其他教会信仰一样地好；一条原理，在统治者本身的口中虽然是完全正确的，甚至也是睿智的，但在必须从其自己的，而且是道德的旨趣出发来考虑这件事情的臣民本身的判断中，却会暴露出对宗教的极度蔑视；因为宗教的手段是什么性状，某人把什么纳入他的教会信仰，这对于宗教来说并不是无所谓的事情。

就教派纷呈（它尽可以昂首阔步，直至使教会数目繁多，
〔52〕就像在新教徒那里发生的那样）而言，人们虽然习惯于说：有多种多样的宗教（真正说来是一个国家中的种种教会信仰方式）是好事，而且就这是一个好的标志，亦即信仰自由被留给了民众而言，这样说也是正确的；但是，真正说来这只是对政府的一种赞扬。就自身而言，这样一种官方的宗教状态毕竟不是好事，它的原则具有这样的性质，使得它并不像一种宗教的概念毕竟要求的那样，自身就带有本质性的信仰准则的普遍性和统一性，并把起源于本质之外的东西的争论与那种状态区别开来。因此，就宗教的手段对于作为终极意图（亦即在道德上改善人）的宗教来说或更大或更小的适用性和不适用性而言，意见的差异充其量能够造成教会教派的不同，但不可以由此造成宗教教派的不同，后者恰恰是与宗教（因而也就是不可见的教会）的统一性和普遍性相悖的。因此，经过启蒙的公教徒和新教徒将能够彼此视为信仰兄弟，但并不相互混同，二者都在期待（并且为此目的而努力）：时代在政府的庇护下将逐渐地使信仰的形式（在这种情况下，信仰当然不必是这样一种信仰，即通过某种别的东西，而不是通过纯粹的道德意念来使上帝宠爱或者与上帝和解）接近其目的亦即宗教本身的尊

严。——即使就犹太教徒而言，如果像现在所发生的那样，在他们中间出现净化了的宗教概念，并且抛弃如今没有任何用处的、毋宁说排斥一切真正的宗教意念的旧崇拜的外衣，这也无须犹太教徒普遍皈依[①]（皈依作为一种弥赛亚主义信仰的基督教）的幻梦就是可能的。既然他们曾经如此之久地拥有**无人之衣**（无宗教之教会），但**无衣之人**（无教会之宗教）也仍然未能得到很好的保护，因而他们需要一个在其目前状态下最适宜于终极目的的教会的某些形式，所以，人们可以把这个民族的一个非常优秀的人物**本·大卫**的思想，亦即公开接受**耶稣**的宗教（也许连同其载体，即**福音**），不仅视为有利的，而且视为惟一的建议，其实施会使这个民族无须在信仰事务上与其他人混同，就很快作为一个博学的、道德良好的、能够获得公民状态的一切权利的、其信仰也能够被政府认可的民族而引人注目；在这方面，当然必须让他们的释经（对托拉和福音的释经）是自由的，以便把作为犹太人的耶稣对犹太人说话的方式与作为道德教师的耶稣对一般人说话的方式区别开来。——犹太教的安乐死是离开一切旧的规章学说的纯粹的道德宗教，这些规章学说的一些却还必须保留在（作为弥赛 〔53〕

① 莫色斯·门德尔松以一种为他的**聪明**增光（通过一种 argumentatio ad hominem［因人而宜的论证］）的方式驳斥了这种无理要求。只要（他说）不是上帝从西奈山上像他（在雷鸣电闪中）给予我们律法那样郑重地取缔我们的律法，也就是说，直到永远，我们都受着这种律法的制约；由此他大概是想说：基督徒们，如果你们把犹太教从**你们**自己的信仰中清除掉，我们也将抛弃我们的信仰。——但是，他通过这种严厉的要求断绝了他自己的信仰同伴起码减轻沉重的负担的希望，尽管他也许认为少许这样的负担在本质上是属于他的信仰的，至于这是否为他的善良**意志**增光，且让这些人自己去决定。

亚主义信仰的）基督教之中；最后，这种教派的区分毕竟也必须消失，并且至少在精神上造成人们称之为尘世宗教变迁之伟大戏剧的结束的东西（万物的复归），因为只有一个牧人和一个牧群。

※　　※　　※

但是，如果有人不仅问基督教是什么，而且问基督教的教师如何开始，以便在人们的心中确实发现这样一种基督教（这与下述任务是一回事：怎么做才能使宗教信仰同时造就更好的人?），那么，目的虽然是同一个目的，并且不可能造成教派的区分，但达成目的的手段的选择却很可能会造成这种区分。因为对于同一个结果来说，可以设想不止**一个**原因，因而就可能造成意见的分歧和争执，即是这一种手段还是另一种手段最适合目的，哪一种手段是属神的，从而造成在说明〔54〕一般宗教的本质性的东西（在主观的意义上）的那些原则方面的分离。

既然达成这一目的的种种手段不可能是经验性的——因为这些手段充其量影响行为，但并不影响意念——，所以，对于把一切**超感性的东西**都视为**超自然的东西**的人来说，上述任务就必然转化为以下问题：再生（作为某人由以成为另一个新人的转变的结果）是如何通过属神的直接影响而可能的？而为了获得这种影响，人应当做什么呢？我断言，无须求教于历史（历史虽然能够说明种种意见，但却不能说明它们的必然性），人们就可以先天地预言一种不可避免的教派区分。单是这一任务就在那些把为一种自然的结果而呼吁超自然的原因当做小事一桩的人那里造成了这种区分。甚至这种分裂也是惟一的分裂，使人有权称谓两个不同的宗教教派；因为人们错误地如此称谓的其他分裂，只是教会教派，并不关涉宗教的内核。——但是，任何一个问题都首先由任务的**澄清**构成，其次由**解决**构成，最后由为解决提供了所要求的东西的**证明**构成。因此：

1. 任务（正直的**施佩纳**热情地向教会的所有学说呼吁的任务）是：宗教陈述必须以使我们成为**别样的人**为目的，不仅仅以使我们成为更好的人为目的（就好像我们已经是好人，只不过是就程度而言被忽略的好人罢了）。这个命题对**正教徒**（一个想得不坏的名称）形成了障碍，他们除了可敬的（尽管混杂有种种越轨，但经过那些越轨又总是能够变好的）生活方式之外，还把对纯粹的启示学说的信仰和由教会规定的戒律（祈祷、去教堂和圣事）当做取悦上帝的方式。——因此，任务完全是建立在理性之中的。

2. 但是，解决的结果却完全是**神秘主义的**，就像人们在宗教的原则方面能够期待于超自然主义的那样；由于人是天生在罪中死的，超自然主义使人对从自身的力量出发的改善不抱希望，甚至对从他的本性中的源始的、不可篡改的道德禀赋出发的改善也不抱希望。这种禀赋虽然是**超感性的**，但却被称做肉身，之所以如此，乃是因为它的结果并不同时是**超自然的**。除非在这种场合，其结果的直接原因只是（上帝的）灵。—— 〔55〕
对那一任务的神秘主义的解决，把信徒们划分为超自然影响的**情感**的两个教派：在一个教派那里，情感必然是**研磨心灵**（悔恨）型的，而在另一个教派那里，情感则必然是**融化心灵**（融解为与上帝的永福结合）型的，以至于问题的解决（使恶人成为好人）是从两个对立的立场出发的（“立志虽然善良，却缺乏行动”）。也就是说，在一个教派中，问题仅仅在于**摆脱**自身中恶的统治，此后善的原则就会自动地到来；在另一个教派中，问题则在于将善的原则纳入自己的意向，此后凭借一种超自然的影响，恶就再也不能为自己找到位置，惟有善占据统治地位。

关于人的一种道德的，但却仅仅通过超自然的影响才成为可能的转变的理念，尽管早就**萦绕**在信徒们的大脑中，但却只是在近代才被付诸语言，并且在转变学说中造成了**施佩纳—法兰克**的教派区别和**迈伦—钦岑多尔夫的**教派区别（敬虔主义和迈伦主义）。

按照**前一种**假说，善与（人的本性与之融合的）恶的分离乃是通过一种超自然的行动，通过心灵在**忏悔**中的悔恨和研磨而发生的；忏悔是一种近乎绝望的、但毕竟也惟有通过一个上天精神的影响才能在其必要的程度上达到的**哀恸**（maeror animi［心灵的哀恸］）。人必须自己请求这种哀恸，因为他自己对自己不够哀恸而感到哀恸（因而遗憾对他来说毕竟不能完全是发自内心的）。这种"自我认识的地狱之行，如已故的**哈曼**所说，开辟了通往成圣的道路"。也就是说，在这种忏悔的热情达到其最大高度之后，就发生了突破，而且再生者的纯金在包围着它，但却并不使它在不纯的渣滓之下闪闪发光，很适宜于在一种善的生活方式中作出为上帝所喜悦的应用。——因此，这种变化开始于一个**奇迹**，结束于人们通常习惯于称为自然的东西，因为它是**理性**规定的，也就是说，
〔56〕结束于道德上善的生活方式。但是，由于甚至在神秘主义倾向的想象力极度高扬之时，也毕竟不能使人免除一切自行作为而不使人完全成为机器，所以，坚持不懈的热情**祈祷**是他还应当做的事情（如果人们委实要把这视为一种作为的话），而且他指望惟有祈祷给他带来那种超自然的结果；但在这里，毕竟也出现了如下疑虑：既然顾名思义，祈祷只是就它在信仰中发生而言才是可满足的，而信仰本身则是一种神恩的结果，也就是说，是人从自己的力量出发不能达到的某种东西，所以他就被以他的神恩手段引入了循环，最终也根本不知道他应当怎么办。

按照**第二个**教派的意见，意识到自己的有罪性状的人为了改善而迈出的第一步，完全是自然地、通过理性发生的；理性通过在道德法则中把镜子竖在人面前，让人在其中看到自己的卑鄙，而利用向善的道德禀赋，使人下决心此后使道德法则成为自己的准则，但这一决心的实施却是一个**奇迹**。也就是说，他离开恶的精神的旗帜，来到善的精神的旗帜下，这是一件轻而易举的事情。但是，坚守善的精神的旗帜，不重新落回到恶里面，而是在善里面日益前进，这是他以自然的方式无能为力的事情，毋宁说所要求的无非是一种超自然的结合的情感，甚至是与一个上天的精神不断交往的意识；在这里，虽然在他和后者之间一方面并不缺少指点，另一方面也不缺少请罪，但毕竟有一种不和或者（从神恩的）倒退是令人担忧的；如果他仅仅考虑不断地培植这种本身是一种连续的祈祷的交往的话。

在此，作为任务的关键，即成为一个新人，提出了一种双重的神秘主义的情感理论；此处所涉及的不是一切宗教的**客体**和目的（不是上帝所喜悦的生活方式，因为在这一点上双方是一致的），而是**主观**的条件，惟有在这些条件下我们才获得在我们里面实施那种理论的力量；这里所说的不可能是德性（德性是一个空洞的名称），而只能是**神恩**，因为各派在不能自然地进行这一点上是一致的，但又在下面这一点上分道扬镳， 〔57〕
即一方必须通过与恶的精神的**殊死**斗争，为的是摆脱它的控制，而另一方则认为这根本不必要，甚至作为善功的神圣性是可鄙的，而径直与善的精神缔结盟约，因为过去与恶的精神的盟约（作为 pactum turpe［可耻的盟约］）根本不会造成对此的异议；在这种情况下，再生作为灵魂状态中一劳永逸地进行的超自然的和彻底的革命，就会也外在地使得从双方如此形成鲜明对比的情感产生的一种教派区别变得清晰可见。①

3. 证明：如果发生了第2点所要求的东西，那么，第1点的任务就将由此得到解决。——这一证明是不可能的。因为人必须证明，在他里面发生了就自身而言是一个矛盾的一种超自然的经验。充其量可以承认，人在自己里面会得出一种经验（例如，关于新的、更好的意志规定），关于他只会凭借一个奇迹来解释的一种变化，因而就是关于某种超自然的东西。但是，对于一种经验，人们干脆就连证明它事实上是一种经验也不能，因为它（作为超自然的）不能被回溯到我们知性的本性的任何规则并由此而得到证实，那么，这种经验就是对某些感觉的解说，关于这些感觉人们不知道应当用它们来做什么，不知道它们是作为属于知识的而有一个现实的对象，还是纯然是幻梦。由于神明的理念仅
〔58〕仅存在于理性之中，因此，想**感受**神明本身的直接影响，是一种自相矛盾的僭妄。——因此，这里一种任务连同其解决，都没有任何一种可能的证明；从中也永远不能得出某种理性的东西。

关键还在于来探究，除了上述两个根据教派的原则之外，《圣经》是否包含着解决那个施佩纳式问题的其他原则，能够来补偿

① 在这些教派中的某一个里面受教育（如果诸如此类的事情是可能的话）的整个民族，会具有什么样的国民外貌呢？这样一种区别会表现出来，这是毫无疑问的。因为对心灵所造成的经常重复的，尤其是反自然的印象将表现在举动和语言的声调中，而表情最终将成为固定的面部特征。**有福的**，或者如尼古莱先生所称，**受到祝福的**面容会有别于其他有教养的、开化的民族（恰恰不属于其长处）；因为这是对虔诚的漫画式素描。但是，使敬虔主义者的名称成为教派名称（教派名称总是与某种蔑视结合在一起）的，却不是对虔诚的蔑视，而是幻想的和虽有谦恭的一切假象却傲慢的僭妄，即自称为超自然的、受宠的上天子女。尽管就人们所能够看到的而言，他们的生活方式并不比他们所说的尘世子女在道德性上表现出丝毫优势。

纯然正统的教会原理的无结果性。事实上，不仅仅在《圣经》中可以找到这样一个原则已为人们所注意，而且令人信服地确定的是，惟有通过这一原则和包含在这一原则之中的基督教，这部经书才能够获得其如此广大的作用范围和对世界的持久影响，这是任何启示学说（作为这样一种启示学说）、对奇迹的任何信仰、众多皈依者的任何联合起来的声音都不能产生的一种作用，因为这种作用不是汲取自人本身的灵魂，从而必然总是保持为外来的。

也就是说，在我们里面有某种东西，我们一旦发现了它，就永远不可能停止惊赞它，而且这同时也是把理念中的**人性**提高到人们在作为经验对象的**人**身上不可以猜测的某种尊严的那种东西。说我们是服从道德法则的，甚至以牺牲一切与这些法则相抵触的生活安逸而由我们的理性规定为遵循这些法则的存在者，人们对此并不感到惊奇，因为顺从那些法则，这客观地存在于作为纯粹理性之客体的事物的自然秩序之中，普通的和健全的知性从来不会想到询问，我们是从哪里得到那些法则的，以便也许在我们知道它们的起源之前推迟对它们的遵循，或者干脆怀疑它们的真理性。——但是，我们也有为了道德而在我们的感性本性方面做出如此巨大牺牲的**能力**，以至于我们也**能够**做到我们轻而易举地就清楚地领会我们应当去做的事情；**感性的人**对于我们里面的**超感性的人**来说（如果发生冲突）是**无**，尽管后者在自己的眼中就是一切；超感性的人对感性的人的这种优越性，我们里面这种道德的、与人性不可分割的禀赋，是最高的**惊赞**的对象；人们凝视这个真正的（并非臆 〔59〕
造的）理想越久，这种惊赞就越是提高，以至于一些人由于被这种理想的不可理解性所诱惑，把我们里面的这种**超感性的**东西因其毕竟是实践的而视为**超自然的**，也就是说视为根本不受我们支配，并且作为自己的而属于我们的某种东西，而是毋宁说视为来自另一个更高的精神的影响，这些人也是很可以原谅的；但他们在这一点上还是有很大错误的，因为这种能力的结果在这种情况下不是我们的行动，从而也不能被归于我们，因而这方面的能力就不会是我们的能力。——对这种以不可理解的方式寓于我们之中的能力的理念的利用，自少年时代起并且继续在公开的陈述中对这一理念的关心，这包含着那个（关于新人的）问题的真正解决。而且甚至《圣经》也不曾留意别的东西，也就是说，不曾暗示应当替代理性来造成这种革命的超自然的经验和狂热的情感，而是暗示基督的精神，为的是就像基督以教诲和榜样来证明这种精神那样，使这种精神成为我们的精神。或者毋宁说，既然这种精神已经与源始的道德禀赋一起存在于我们里面，所以只是为它腾出空间。这样，在冷漠的**正统主义**和扼杀理性的**神秘主义**之间，《圣经》的信理学说就像它凭借理性就能够从我们自身发展出来那样，是以神的力量设法使所有人的心灵都趋向于彻底的改善的、把所有人都联合在一个普遍的（尽管是不可见的）教会之中的、建立在实践理性的批判主义之上的、真正的宗教学说。

※　　　※　　　※

但是，在这一附释中真正说来，关键在于对如下问题的回答：政府是否能够给予情感信仰的一个教派以一个教会的认可；或者，它是否虽然能够容忍和保护这样一个教派，但却不能以那种特权来使它增光，且不违背自己的意图而行动。

如果可以假定（就像人们有理由可以这样做那样）：关心臣民们的未来永福，并且为他们指出通达这种永福的道路，这根本不是政府的事情（因为它必须让这些臣民自己做这件事，
〔60〕甚至统治者本身通常也从民众及其教师那里获得自己的宗教），那么，它的意图就只能是，也通过这种手段（教会信仰）来获得顺从的、道德上善的臣民。

归根结底，首先，政府将不认可任何**自然主义**（没有《圣

经》的教会信仰)，因为就自然主义而言，根本不会存在任何服从政府影响的教会形式，这是与前提条件相矛盾的。——因此，《圣经》正统就会是政府要使官方的民众教师负有义务的东西；就这些教师而言，《圣经》正统又处于相关各学科的评判之下，因为若不然，就会产生一种教士制，亦即教会信仰的操作者们的统治，来按照它的意图统治民众。但是，它不会通过自己的权威来确认**正统主义**，亦即关于教会信仰足以成为宗教的意见，因为这种意见将使道德性的自然原理成为次要的事情，而道德性毋宁说是政府如果应当信赖自己的民众的话，就必须能够指望的主要支柱。①最后，政府至少可以把作为民众关于自己能够分享超自然的灵感的意见的神秘主义，提高到一种官方的教会信仰的级别，因为它根本不是什么官方的东西，因而摆脱了政府的影响。

① 惟一可以使国家在宗教事务中感兴趣的东西，就是宗教事务的教师们应当督促的东西，以便国家拥有有用的公民、良好的战士和一般而言忠诚的臣民。如果它为此选择加强在规章性信理学说和这样的神恩手段方面的正统信仰，那么，它在这里就要倒霉了。因为既然接受这些规章是一件容易的事情，而且对于思想坏的人来说比对于好人来说更容易，与此相反，道德上的意念改善则造成众多和长久的艰辛，但是他却被告知主要从前者来希望得到永福，所以，他恰恰可以不使自己为(毕竟是小心翼翼地)逾越自己的义务而深感忧虑，因为他手中有一个屡试不爽的手段，通过它对神恩手段的一切奥秘和恳切利用的正确信仰来避免神的惩罚正义；与此相反，如果教会的那种学说要径直指向道德性，那么，他的良知的判断的内容就会截然不同，也就是说，就他不能对他所做的恶有所补偿而言，他必须为此而对一个未来的审判者作出回答，而且没有任何教会性的手段，没有任何由恐惧逼迫出来的信仰，也没有任何一种祈祷能够使他逃避这种命运(desine fata deum flecti sperare precando[别再用祈祷来希望神改变命运])。——国家因什么样的信仰而更安全呢?

[61]

学科之争的媾和与调停

在仅仅关涉纯粹的，但却是实践的理性的种种争执中，哲学学科不容置疑地拥有作出陈述的优先权，而且就形式上的东西而言拥有**指导**进程的优先权；但就质料上的东西而言，神学学科则可以占有标志着优势的位置，这并非因为它在理性的事务中能够比其他学科具有更多的洞识，而是因为这涉及人类最重要的事情，因而它就拥有**最高等**学科的头衔（但只是作为 prima inter pares [同类中间的领先者]）。——但是，它并不是按照纯粹的和先天可认识的理性宗教的法则说话（因为这样一来，它就会自贬身份，坐到了哲学的板凳上），而是按照**规章性的**，在一部特别被称为**《圣经》**的书中，亦即在人与上帝于许多世纪前缔结的旧约和新约之启示的古书中所包含的信仰规范说话。这部古书作为一种历史信仰（并不正好是道德的信仰；因为道德的信仰也可以从哲学得出），其可靠性可以期待于阅读《圣经》对人心造成的作用，毕竟要比期待于凭借对其中所包含的学说和叙述进行的批判审视而提出的证明更多，它的**解释**也不是被委托给平信徒的自然理性，而是被委托给圣经学者们的洞察力。①

[62] **《圣经》**信仰是一种**弥赛亚主义的**历史信仰，上帝与亚伯

① 在教会信仰的罗马公教体系中，关于这一点（《圣经》阅读）比在新教体系中有更多的一贯性。——新教布道人**拉·科斯特**对他的教友们说道："神的言取自源泉（《圣经》）本身，在那里你们可以纯粹地、毫不掺假地拥有神的言；或者你们必然在《圣经》中找到的，无非就是我们在其中找到的东西。——现在，亲爱的朋友们，请你们最好告诉我们，你们在《圣经》中找到了什么，以免我们不必要地自己在其中寻找，最终我们自以为在其中找到的东西又被你们称为对《圣经》的错误解释。"—— 公教教会在"教

拉罕之约的经书是它的基础，由一种**摩西**弥赛亚主义的教会信仰和一种**福音**弥赛亚主义的教会信仰构成。它如此完备地叙述了上帝子民的起源和命运，以至于它从世界历史中至高的、没有一个人当时在场的东西开始，也就是说从世界的开端（在《创世记》中）开始，一直把它追溯到万物的终结（在《启示录》中）。除了期待于一位属神的受感动的作者之外，不能期待于别的任何人；——在这里，就神圣纪元的各个重要时期而言，却呈现出一种令人忧虑的数字神秘教义，它会对这种《圣经》的**历史叙述**之可靠性的信仰有所削弱。①

并非从人的理性得出的、但毕竟在终极目的上与人的理性 〔63〕

会（公教教会）之外无救恩”的命题中，也说得比新教教会更具一贯性，后者则说：作为公教徒也能够有福。因为如果是这样（**波舒哀**语），那么，人们选择皈依前者就最为可靠。因为毕竟没有一个人能够要求比有福更有福。

① 70 个启示录月（在这个周期中有 4 个），每个月为 29.5 年，就得出了 2065 年。其中每第 49 年作为大安息年（在这个时域有 42 个）被除去，剩下正好 2023 年，就是亚伯拉罕从上帝赐给他的迦南地走出到埃及去的那一年。——由此开始直到以色列的子孙占领那块土地，是 70 个启示录周（等于 490 年）——而且将这样的年周乘以 4（等于 1960 年）并加上 2023 年，按照 P. **佩托**的计算，恰恰得出基督的诞生年（等于 3983 年），一年也不差。——之后 70 年是耶路撒冷被毁（也是 个神秘主义的时期）。——但是，**本格尔**（《时代的序列》，第 9 章，第 218 页以下）不是得出 3939 年是基督诞生的数字吗？然而，这丝毫无损于由 7 构成的数字的神圣性。因为从上帝召唤亚伯拉罕到基督诞生，年的数字是 1960，分为 4 个启示录时代，每个是 490 年，或者也分为 40 个启示录时代，每个是 7×7＝49 年。如果从每第 49 年除去大安息年，并从每个**最大的**安息年亦即第 490 年除去一年（一共 44 年），则剩下的恰恰是 3939 年。——因此，3983 和 3939 这两个年数作为说法不同的基督诞生年，区别就仅仅在于，如果在前者的时间中属于 4 个大时期的时间的东西，被减去安息年的数字，就产生出前者。按照**本格尔**的说法，圣史的年表如下：

亦即道德实践的理性完全一致的、**规章性的**（因而是出自一种启示的）属神意志的律法书，亦即《圣经》，只要能够被证明为上帝的言，而且其可靠性能够获得证据的话，就会是引导人和公民获得暂时的和永恒的福祉的最有力的工具。但是，这种情形面临着许多困难。

因为即便上帝确实对人说话，人也毕竟永远不能**知道**有上帝在对他说话。人通过自己的感官把握无限的上帝，把上帝与感官存在者区分开来，并根据什么东西来**认识**上帝，这是绝对不可能的。——但是，人相信听到其声音的，**不**可能就是上帝，这一点，他却能够在一些实例中使自己确信；因为如果通过这些实例向他呈现出的东西与道德法则相悖，那么，无论那显现如何让他觉得多么庄严，并且超越了整个自然：他也毕竟必须把它视为欺骗。①

2023：向亚伯拉罕应许占领迦南地；
2502：得以占领迦南地；
2981：第一圣殿落成；
3460：发布命令建造第二圣殿；
3939：基督诞生。

就连大洪水年也可以这样先天地计算出来。也就是说，4 个等于 490 年（=70×7）的时期是 1960 年。从中除去每个第 7 年（=280 年），剩下 1680 年。从这 1680 年再除去其中所包含的每一个第 70 年（=24 年），还剩 1656 年，就是大洪水年。——从大洪水到召唤亚伯拉罕也是 366 整年，其中一年是闰年。

对此，人们还应当补充说什么呢？神圣的数字决定了世界的进程吗？——**弗兰克**的《约比莱式周期》同样是围绕着神秘主义年代学的这个中心旋转的。

① 关于亚伯拉罕根据神的命令想通过屠宰和焚烧他自己惟一的儿子——可怜的孩子毫不知情地还自己背着柴——来献祭的神话，可以用做例子。亚伯拉罕必然答复这误以为的神的声音说："我不应当杀我的好儿子，这是毫无疑问的；但是向我显现的你是上帝，这一点我却不知道，而且也不可能知道"，即使这声音是从（可见的）天而降的。

《圣经》作为一种在教诲和例证中充当规范的福音弥赛亚主义信仰，其证明不能被视为取自其作者关于上帝的知识（因为他始终是一个有可能犯错误的人），而是必须就自身而言，被视为由人民的教师们取自其内容对人民的道德性的作用——而这些教师们也是出自作为（科学事务上的）愚氓的人民之中的，因而被视为取自普遍的、每一个平常的人固有的理性宗教的纯粹源泉，这种理性宗教恰恰由于这种纯朴而必然对人民的心灵具有最广泛和最有力的影响。——《圣经》凭借某些规章性的规范而是这种理性宗教的工具，它给予宗教在公民社会中的实施以作为某种治理的**形式**，并因此而证明了这一律法书作为属神的律法书（我们的一切义务作为神的诫命的总和）的可靠性，就这一律法书的精神（道德的东西）而言证实了自身；但就字面（规章性的东西）而言，这部书中的规章并不需要证明，因为它们并不属于本质性的东西（principale［首要的东西］），而是仅仅属于其附加物（accessorium［附属的东西］）。——但是，把这部书的起源建立在其作者的受感动之上（deus ex machina［救急神］），以便也使其非本质的规章成为神圣的，则与其说加强对它的道德价值的信赖，毋宁说是削弱了它。 〔64〕

证明一部这样的经书是一部属神的经书，这不可以从历史叙述引申出来，而是只能从它经受过考验的那种在人心中建立一种宗教，并且在这宗教由于种种（旧的或者新的）规章而蜕变的时候，通过自己的纯朴本身而重建其纯粹性的力量引申出来，这种工作并不因此就不再是**自然**的作用和**神意**的普遍进程中进步着的道德文化的成就，而且需要被解释为这样一种作用，以免这部书的实存被**不信地**归于单纯的偶然，或者被**迷信地**归于一种**奇迹**，而理性在这两种场合则被搁浅。

由此得出的结论如下：

通过作为一种系统的信理学说的文本，历来无论在教义问答的陈述中还是在讲道陈述中对人们的心灵所施加的影响，《圣经》在自身中就包含着其（道德上的）属神性在实践方面的充分证明根据，以便把它不仅作为普遍的和内在的理性宗教的工具，而且作为一种规章性的、在不可预见的时代里充当导线的信理学说的遗嘱（新约）保存下来：即使对于理论地和历史地探究它的起源的学者们和对于其历史的批判探讨来说，它在理论方面或多或少地缺乏证据。——它的道德
〔65〕内容的**属神性**充分地在历史叙述的属人性方面补偿了理性，历史叙述就像是一部古羊皮书那样有时不可读，必须通过调整和补正而在与整体的联系中来得到理解，并且在这方面毕竟有权得出以下命题：《圣经》**就好像是一种属神的启示一样**，理应被保存，被在道德上使用，并作为宗教的引导手段加给宗教。

自以为如今已经长成而不再需要教会信仰之襻带的那些大天才们，无论他们如今作为爱神者在官方为此建立的教会中，还是作为神秘主义者伴着内在启示的灯光如醉如痴，其鲁莽都会很快使政府对自己的宽容感到遗憾，即忽视了公民秩序和安定的那种创建手段和领导手段，并听凭人轻率处理。——也不能期望，一旦我们所拥有的《圣经》失去了信誉，就会出现另一部《圣经》取而代之；公开的奇迹并不能两次在同一事情上成功，因为先行奇迹的失败就持久性而言将夺去对后来奇迹的一切信仰；——尽管在另一方面，即使在《圣经》的某些涉及经书的形式多于涉及其信仰内容的规章中，应当指摘其作者一些东西，那也不必理会**警告派**的叫嚷（国家处在危险中），因为禁止对一种学说进行检验是违背学术自由的。——但是，说一种历史信仰是义务，并且属

于永福，那就是一种迷信。①

关于《圣经》的**诠释艺术**（hermeneutica sacra［神圣的诠释术］），既然它不能听凭平信徒们进行（因为它涉及一个科学的体系），就宗教中规章性的东西而言，就只能要求诠释者 〔66〕

① **迷信**是对被认为并非以自然方式发生的事情比对可以按照自然规律解释的事情给予更大的信赖——无论是在自然事物中还是在道德事物中——的癖好。因此，人们可以提出这样的问题：是应当由圣经信仰（作为经验性的信仰），还是反过来应当由道德（作为纯粹的理性信仰和宗教信仰）来充当教师的导线；换句话说：是教诲因在《圣经》中而是上帝的，还是教诲因是上帝的而在《圣经》中？——前一个命题显然是矛盾的，因为这里必须以此书的属神威望为前提条件，以便证明教诲的属神性。因此，惟有第二个命题能够成立，但它是绝对不能够被证明的（Supernaturalium non datur scientia［不存在超自然事物的知识］）。——且举一例。——摩西弥赛亚主义信仰的信徒们在耶稣去世后，认为其出自上帝与亚伯拉罕之约的希望完全落空了（我们原希望他会救赎以色列）；因为在其《圣经》中，拯救仅仅被应许给亚伯拉罕的子孙。如今所发生的是，当圣灵降临节门徒们聚会时，其中的一个突然产生了出色的、符合细腻的犹太人诠释艺术的念头：即便是异教徒（希腊人和罗马人），如果他们相信亚伯拉罕想用他惟一的儿子向上帝献的祭（作为救世主的惟一献祭的象征）的话，也能够被视为已纳入这个约；因为在这里，他们也是亚伯拉罕在信仰上的子孙（最初是通过割礼，但后来就也不用割礼）。——在一次大规模的民众聚会上，这一发现开启了一个如此无法比拟的前景，它仿佛是圣灵的直接作用一般，被极为欢欣鼓舞地接受，被视为一个奇迹，并且作为这样一个奇迹进入《圣经》的历史（《使徒行传》）。但就《圣经》历史而言，把它当做事实来信仰，并把这种信仰强加给人的自然理性，这却根本不属于宗教，这件事并不是一个奇迹。因此，就这样一种教会信仰而言，为恐惧所迫使的顺从作为永福所要求的，就是一种迷信。

向自己说明，他的说法是应当被理解为**真实的**，还是应当被理解为**学说的**。——在前一种场合，诠释必须在字面上（在语言文献学上）符合作者的意思；但在第二种场合，作者就享有（在哲学上）把《圣经》章节以道德实践的意图（为感化学习者）在诠释上所接受的那种意义加给它们；因为对一个纯然历史命题的信仰，就其自身而言是死的。——如今，前者对于《圣经》学者来说，间接地对于民众来说，在某种实用的意图上可能是足够重要的，但宗教学说的真正目的，即在道德上造就更好的人，却由此而不仅被错过，而且在根本上被阻碍。——因为《圣经》的作者们作为人也可能犯错误（如果人们不假定一种通过《圣经》不断延续的奇迹的话）。例如**圣保罗**与他的神恩拣选。他真诚地把神恩拣选由摩西弥赛亚主义的《圣经》学说转变为福音的《圣经》学说，尽管他对于某些人还在出生前就遭抛弃的不可理解性感到很尴尬，并且在人们假定《圣经》学者们的解释术是诠释者不断分享的启示的时候，
〔67〕不得不经常地损害宗教的属神性。——因此，惟有不（经验性地）要求知道神圣的作者把一种什么样的意思与其语词结合在一起，而是要求知道理性（先天地）就道德方面而言在使一段话成为《圣经》文本的时候，能够配上一种什么样的学说的**学说性**诠释，才是惟一在真正的、内在的和普遍的宗教中教导民众的福音的和《圣经》的方法；这种宗教有别于作为历史信仰的局部教会信仰。在这种情况下，一切都真诚而且开放地进行，没有欺骗，因为与此相反，用民众中没有一个人能够证明的一种历史信仰来取代每一个人都领会的道德信仰（惟一造福于人的信仰），而在其意图（民众必然具有的意图）上**进行欺骗**，民众是会抱怨自己的教师的。

就一个被教会了崇敬神圣经书的民众的宗教而言，对该经书所做的与其（民众的）道德旨趣——感化、道德改善和由此

得福——相关的学说性诠释同时也是真实的：也就是说，上帝愿意知道他在《圣经》中启示出来的意志被如此理解。因为这里所说的不是一种公民的、将民众置于纪律之下的（政治的）政府，而是一个以道德意念的内核为目的的（从而是属神的）政府。通过我们自己的（道德实践的）理性说话的上帝，是他的这种言的一个可靠的、普遍可理解的诠释者，而且他的言也绝对不可能有别的任何（以历史的方式）得到证明的诠释者，因为宗教是一个纯粹的理性事务。

※　　　※　　　※

这样，学院的神学家们自身就有义务，因而也有权利维护《圣经》信仰，但不应损害哲学家在任何时候对《圣经》信仰进行理性批判的自由，哲学家们在短时间内可以允许那种高等学科拥有的一种专制状态（宗教敕令的专制）的情况下，通过郑重的公式尽可能地保护自己：Provideant consules, ne quid respublica detrimenti capiat [执政官们深谋远虑，不让国家蒙受什么损失]。

附录：关于神圣经书的实践利用和可能存续时间的圣经历史学问题 〔68〕

无论种种意见如何变迁，神圣经书还长久地保持着威望。在政府就一个国家中民众的和睦与安定而言的旨趣与此紧密相连时，政府的智慧为此提供了担保。但是，保证神圣经书的永恒性，或者也以千禧年主义的方式让它转变为尘世的一个新的上帝之国，却超出了我们的全部预卜能力。——因此，如果教会信仰有朝一日不得不缺少引导民众的这一重大手段的话，会发生什么事情呢？

谁是《圣经》各卷（旧约和新约各卷）的编辑呢？而且，

正典是在什么时候完成的？

为了维持一旦接受的信仰规范，语言文献学的、好古的知识将总是必要的吗？或者，理性将有能力自行地以普遍的赞同来安排这些知识的应用吗？

人们有根据所谓的七十译者的《圣经》之可靠性的充足证明文件吗？而且，人们从什么时候开始能够有把握地确定它的年代？如此等等。

※　　　※　　　※

对这部经书的实践利用，尤其是在布道中对它的官方利用，毫无疑问是有助于使人们改进以及激发其道德动机（感化）的利用。其他所有意图如果与它有抵触，都必须置于它的后面。——因此，人们必然感到惊奇的是，这条准则居然还可能受到怀疑，而且对一个文本的**释义性的**处理即使没有被置于**告诫性的**处理之前，但后者毕竟至少不应当由于前者而黯然失色。——不是《圣经》学者，不是人们借助他们那些通过往往只是不成功的推测的语言文献学知识而从《圣经》**抽取出**的东西，而是人们借助道德思维方式（因而是按照上帝的精神）**带入**《圣经》的东西，以及从不骗人、也从不可能没有有益作用的学说，必然给予这种对民众的陈述以指导：也就是说，把文
〔69〕本**仅仅**（至少是**主要**）当做一切在此可以设想的道德改善的动议来处理，不可以探究神圣的经书作者们在此自己所想到的东西。——一次以感化为终极目的的布道（就像每一次布道都应当是的那样），如果由此要造成的意念应当是纯正的，就必须展示出从听众的**心灵**出发，也就是说从自然的道德禀赋出发，哪怕是从最没有学问的人的自然道德禀赋出发的教诲。与此相结合的经书**见证**也不应当是**证实**这些学说的真理性的历史证据（因为在这里，道德上的积极理性并不需要这些证据；而且经验性的知识也做不到这一点），而应当纯然是把实践的理性原

则运用到《圣经》故事的事实之上，以便使其真理性更为直观的例证；这对于全世界的民众和国家来说也有一种非常可贵的好处。

附录：论宗教中的一种纯粹的神秘主义①

我从《纯粹理性批判》中学到，哲学绝不是一门表象、概念和理念的科学，或者是一切科学的科学，或者是其他类似的东西；而是人、人的表象、思维和行动的科学；——它应当按照人的一切组成部分，如人所是和应当是的那样，也就是说，既按照人的自然规定性，也按照人的道德性境况和自由境况来展示人。在这里，旧哲学通过使人在这个世界上成为机器，作为机器不得不完全依赖世界或者外部事物和情景，而给人指定了在这个世界上的一个完全错误的位置；因此，它使人成为世界的一个几乎纯然被动的部分。——现在，理性的批判出现 〔70〕
了，并且给人在世界上规定了一种完全**主动的**生存。人本身原初就是他的所有表象和概念的创造者，并且应当是他的一切行动的事主。前一个“**是**”和后一个“**应当**”导向人身上的两种完全不同的规定性。因此，我们也在人身上觉察到两个完全不同的部分，亦即一方面是感性和知性，另一方面是理性和自由意志，它们相互之间是有根本区别的。在自然中一切都**是**，在

① 博士论文《纯粹神秘主义和康德宗教学说之间的相似性》(作者卡尔·阿尔诺德·**威尔曼斯**，比勒费尔德—居斯特法罗，哈里斯萨克森，1797）附有一封信，经作者允许，并删去抬头和结尾的客气话，我在这里把它登出来。它把这位如今献身于药学的年轻人表现为在其他科学领域也可以指望有很多成绩的人。尽管如此，我在这里并不是说要无条件地承认我的表象方式与他的表象方式的那种相似性。

它里面谈不上任何**应当**；但是，感性和知性只是永远旨在规定是什么和是怎样；因此，它们必须是被规定给自然的，被规定给这个尘世世界的，从而是属于它的。理性不断地要进入超感性的东西，就像这种东西生性就要超出感性自然一样；因此，理性虽然是一种理论能力，但尽管如此却看来根本不是被规定给这种感性的；不过，自由意志确实在于对外部事物的一种独立性；这些外部事物不应当是人的行动动机；因此，人更不能属于自然。但他属于什么呢？人必须是被规定给两个完全不同的世界的，一方面是被规定给感官和知性的王国的，因而是被规定给这个尘世的；但另一方面也是被规定给另一个我们不了解的世界的，是被规定给道德王国的。

说到知性，它自身就已经被它的形式限制在这个尘世；因为它纯然是由范畴，亦即只能与感性事物相关的表现方式构成的。因此，它的界限是给它清晰划定的。在范畴止步的地方，知性也就止步了，因为是范畴形成和构成了知性〔我觉得，这也是知性的纯然尘世的规定性或者自然规定性的一个证明，即我们在知性力量方面在自然中发现一个阶梯，从最聪明的人直到最愚蠢的动物（因为我们毕竟也可以把本能视为知性的一种，如果自由意志并不属于纯然的知性的话）〕。但在道德性方面就不是这样，它是在人性止步的地方止步的，而且它在所有人身上原初就是同样的东西。因此，知性必须仅仅属于自然，而且如果人仅仅具有知性而没有理性和自由意志，或者没有道德性，那么，他就会与动物没有任何区别，也许仅仅处在动物
〔71〕阶梯的顶端，与此相反，他现在拥有道德性，作为自由的存在者，与动物，哪怕是最聪明的动物（其本能常常比人的知性更清晰、更确定地起作用）都完全不同、根本不同。——但是，这种知性是人的一种完全主动的能力；人的一切表象和概念都纯然是知性的造物，人原初就以其知性来思维，因此，他给自

己创造**他的**世界。外部事物只是知性作用的偶因，它们刺激知性去行动，而这种行动的产品则是表象和概念。因此，这些表象和概念与之相关的事物不可能是我们的知性所表象的东西；因为知性只能创造表象和**它的**对象，却不能创造现实的事物，也就是说，事物不可能被知性通过这些表象和概念，按照它们就自身而言所可能是的样子来认识；我们的感官和我们的知性所展示的事物，毋宁说就自身而言只是显象，也就是说，是我们的感官和我们的知性的对象，它们是出自知性的偶因和作用之会合的产品，但因此之故它们毕竟不是假象，相反，我们在实践生活中，可以为我们而把它们视为现实的事物和我们的表象的对象；这正是因为我们必须把现实的事物设想为那些偶因。自然科学提供了一个实例。外部事物作用于一个能行动的物体，并由此刺激这个物体去行动；其产品就是生命。——但生命是什么？是在物理学方面对它在世界上的生存和它与外部事物的关系的承认；物体有生命，乃是通过它对外部事物作出反应，把它们视为它的世界，并把它们用于它的目的，并不进一步关心它们的本质。没有外部事物，这个物体就不是有生命的物体，而没有物体的行动能力，外部事物就不是它的世界。对于知性来说也是一样。惟有通过它与外部事物的会合，它的这个世界才产生；没有外部事物，它就是死的，——但没有知性，就没有表象，没有表象就没有对象，而没有对象就不会有它的这个世界；就像对于另一个知性就会有另一个世界一样，这通过疯子的实例就可以清晰看出。因此，知性是它的对象和由这些对象构成的世界的创造者；但是，现实事物则是它的活动的偶因，因而是表象的偶因。 〔72〕

这样一来，人的这些自然力量就在本质上与理性和自由意志区别开来了。理性和自由意志虽然也构成主动的能力，但它们的行动的偶因却不应当取自这个感性世界。因此，理性作为理论能力在这里根本不能有对象，它的结果只能是理念，也就是说，是理性的表象，没有对象与它们相对应，因为并非现实的事物，而仅仅是知性的活动在这里是理性的行动的偶因。因此，理性作为理论的、思辨的能力根本不能在这个感官世界来运用（而且由于它毕竟作为这样的能力而存在，它必定是被规定给另一个世界的），而是只能作为实践的能力为了自由意志来运用。自由意志纯然并且仅仅是实践的；它的根本之处在于，它的行动不应当是反应，而应当是纯粹的客观行动，或者它的行动的动机不应当与其对象叠合；因此它不依赖于知性的表象，因为这会是一种颠倒的和败坏的作用方式；它也应当不依赖于思辨理性的理念来行动，因为这些理念既然没有任何现实的东西与之相对应，所以能够轻易地造成一种错误的和没有根据的意志规定。因此，自由意志的行动的动机必须是某种基于人自身的内在本质，并且与意志自身的自由不可分割的某种东西。这种东西就是道德法则，它使我们完全挣脱了自然，并把我们提高到自然之上，以至于我们作为道德的存在者，既不需要自然事物作为意志的行动的动机，也不能把它们视为我们的意欲的对象，毋宁说惟有人性的道德人格出现在它们的位置上。因此，道德法则为我们保证了一种仅仅为人所特有的、把人与其余所有自然部分区别开来的特性，即道德性，我们凭借道德性而是独立的和自由的存在者，而道德性本身又是通过这种自由建立的。——因此，使人成之为人的，是这种道德性，而不是知性。哪怕知性也是一种完全主动的、就此而言独立的能力，但它毕竟为自己的行动而需要外部事物，并且也同时局
〔73〕限于外部事物；与此相反，自由意志是完全独立的，并且只应当被内在的法则所规定，也就是说，人应当仅仅被他自己所规定，只要他把自己提高到他的源始的尊严，提高到对一切不是法则的东西的独立性。因此，如果说我们的这种知性没有它的

这些外部事物就会不是任何东西，至少不是这种知性，那么，理性和自由意志却依然是理性和自由意志，它们的作用范围想有多大就有多大（在这里，能够有些可能地作出那个当然是超自然的结论——“随着人的肉体的死亡，他的这种知性也死去，并且连同它的尘世表象、概念和知识一同消失，因为毕竟这种知性永远只对尘世的、感性的事物来说才是可用的，而一旦人想升入超感性的东西，在这里，一切知性的运用就马上止步了，与此相反出现了理性的应用”吗？这就是我后来也在神秘主义者们那里发现的一个理念，但在他们那里只是被模糊地思考过，而没有得到断定；这个理念肯定会有助于安慰许多人，也许还有助于他们的道德改善。知性和肉体一样很少取决于人自身。鉴于一种有缺陷的肉体构造，人们安慰自己，因为人们知道，它并不是什么根本性的东西——一副好身材惟有在这尘世才有其优势。假定理念会是普遍的，知性亦是如此，那么，这对于人的道德性来说岂不是有益的吗？新近的人的本性说与这种理念十分契合，因为它把知性仅仅视为某种依赖于肉体的东西，而且视为大脑作用的产品。参见莱尔的心理学著作。就连关于灵魂的物质性的古老见解也可以由此追溯到某种实在的东西）。

对人的灵魂能力的批判研究，其进一步的发展提出的自然而然的问题是：理性关于宇宙、因而我们自己以及道德法则的创造者的那个不可避免的、而且不可抑制的理念，既然任何理论根据就其本性而言都不适用于加固和保证那个理念，它或许也有一个有效的根据吗？由此产生上帝存在的那种如此美妙的道德证明，它对每个人来说，哪怕他不愿意，也必定私下里是清晰的和充分的证明。但是，从由它所建立起来的关于一个世界创造者的理念中，却最终产生出关于我们的一切义务的一位普遍的道德立法者的理念，这个立法者就是我们固有的道德法 〔74〕

则的作者。这个理念给人呈现出一个全新的世界。人感到自己被创造是为了另一个王国，这个王国不同于感官和知性的王国，亦即人被创造是为了一个道德王国、为了上帝之国。他认识到自己的义务同时是神的诫命，而且在他里面产生出一种新的知识、一种新的情感，亦即宗教。——尊敬的父亲般的人，这就是我在研读您的著作时得出的，我认识一类人，人们把他们称为分离主义者，但他们自称是神秘主义者，在他们那里我发现几乎是逐字逐句地在实施您的学说。当然，在这些人的神秘主义语言中重新发现您的学说，这在最初是很困难的；但是，我在坚持不懈的寻求之后做到了。我发觉，这些人的生活完全没有上帝崇拜；他们抛弃了一切叫做上帝崇拜、不在于履行其义务的东西；他们把自己视为有宗教信仰的人，甚至视为基督徒，但却不把《圣经》视为自己的法典，而是仅仅谈到一种内在的、亘古以来就内在于我们的基督教。——我研究这些人的生活方式，并且在他们（除了人们在每个群体中由于其自私而发现的害群之马）那里发现了纯粹的道德意念和他们的行动中的一种几乎是斯多亚主义的结果。我研究他们的学说和他们的原理，在根本之处又发现您的道德和宗教学说，但总还是有区别的，即他们把他们所说的内在法则视为一种内在的启示，因而肯定把上帝视为这法则的作者。的确，他们把《圣经》视为一部以某种他们不再参与讨论的方式具有属神起源的书；但是，人们如果更仔细地研究，就将发现，他们只是从《圣经》、《圣经》中所包含的学说与他们的内在法则的协调一致中，推论出《圣经》的这种起源的；因为如果人们例如问他们，这究竟是为什么？他们的回答就将是：它在我的内心中证明了自己的身份，而你们如果遵从自己的内在法则的指示或者《圣经》的教诲，也将同样发现这一点。正因为此，他们也不把它视为自己的法典，而是仅仅视为一个历史证明，他们在其中重新发现了原初就确立在他们心中的东西。总而言之，这些人如果是哲学家的话，就会成为真正的康德学派（请原谅我使用这个表述）。但是，他们多半是出自商人、手工业者和农民阶级；但我毕竟有时也在更高的阶层里、在学者们中间发现一些人；但却从未发现一位神学家；对于神学家来说，这些人是真正的眼中钉，因为他们发现自己的上帝崇拜没有得到这些人的支持，但由于这些人的模范的生活方式和对任何公民制度的顺从，而丝毫不能为难这些人。这些分离主义者与贵格派的区别并不在于他们的宗教**原理**，但也许在于把这些原理运用于日常生活。因为例如，他们穿着中规中矩，缴纳一切捐税，无论是国家的还是教会的。在他们中有教养的一部分人那里，我从未发现狂热，而是发现了对宗教对象的自由的、没有成见的思考和判断。 〔75〕

第二篇
哲学学科与法学学科的争执

重新提出的问题：人类是否在不断地向着更善进步？ 〔79〕

一、人们在这里想要知道什么？

人们要求有一部人的历史，确切地说不是一部关于过去时代的历史，而是一部关于未来时代的历史，因而是一部预言的历史，如果它不是按照已知的自然法则（像日食和月食那样）进行的，那么，它就被称为**预卜的**但却是自然的，但如果它仅仅是通过超自然地传达和扩充对未来时代的展望而获得的，那么，它就被称为**预示的**（先知的）①。此外，如果要问，人类（总的来说）是否在不断地向着更善进步，那么，这里所讨论的也不是人的自然史（例如将来是否会产生新的人种），而是**道德史**，确切地说不是依据 singulorum［各个个人的］**类概念**，而是依据在世间联合成为社会的、划分为各个民族的人们的（universorum［全体人们的］）**整体**。

二、人们如何能够知道它？

作为对未来时代中将要发生的事件的预卜的历史描述，也就是作为对应当发生的事件的一种先天可能的阐述。——但是，一种历史是如何先天地可能的呢？——回答是：如果预卜 〔80〕

① 从皮提亚到吉卜赛女人，凡是擅自从事预卜的（做这件事既无知识、又不真诚）的人，就可以说，他是在**占卜**。

者自己**造成**并且安排了他事先宣告的事件。

犹太先知们曾经出色地预示：或迟或早，他们的国家不仅将要衰败，而且将要彻底解体；因为他们自己就是这命运的创作者。——作为民族的领袖，他们却使自己的体制承受起如此众多的教会方面以及由此而产生的民事方面的负担，以至于他们的国家完全不适合独立地存在，尤其是无法与邻近的民族共存，因此，他们的祭司们的哀歌必定要自然而然地枉自消散在空中：因为这些人顽固地坚持自己那一种站不住脚的、由他们自己制造的体制的决心，这样，他们自己就能够明白无误地预见结局。

我们的政治家们尽自己影响所及做着同样的事情，并且也在预卜方面同样幸运。——他们说，必须如人们实际所是的那样，而不是如对世界一窍不通的学究或者好心肠的幻想家们所梦想人们应是的那样去看待人们。但是，**如人们实际所是的那样**，这应当是说，是我们通过不公正的强迫，通过奸诈的、提供到政府手中的阴谋**已使**人们**成为**的样子，亦即顽固不化和反抗成性；在这种情况下，倘若政府稍稍放松自己的缰绳，当然就会发生悲惨的结果，而这些结果就将证实那些自以为聪明的政治家们的预示。

有时，神职人员也预卜宗教的彻底衰败以及敌基督者的即将出现，在这时候，他们恰恰在做导致宗教的彻底衰败所必需的事情：因为他们所关心的不是给自己的教徒灌输直接导向更善的道德原则，而是使间接造成更善的戒律和历史信仰成为根本的义务，由此虽然也能够产生像在一种公民宪政中的那种机械的一致，但却不能产生道德意向中的一致；在这种情况下，他们却去抱怨他们自己所造成的无信仰，因此，他们即便没有特殊的预卜才能也能够预告这种无信仰。

三、关于人们想对未来预知的东西之概念的划分

〔81〕

能够包含一种预言的情况共有三种。人类在道德规定上或者是在持续地向着更恶倒退，或者是在不断地向着更善**进步**，或者永远**停滞**在它现今在创造的诸成员中间所拥有的道德价值阶段上（在圆周中环绕同一个点所作的永恒旋转与这种停滞是一回事）。

人们可以把**第一种**主张称为道德上的**恐怖主义**，把**第二种**主张称为**幸福主义**（从宏观上考察进步的目的，也可以把幸福主义称为**千禧年主义**），但把**第三种**主张称为**阿布德拉主义**：因为既然在道德事务中，真正的停滞是不可能的，所以，一种不断变迁的上升与同样经常、同样严重的倒退（仿佛是一种永恒的摇摆）的结果只能是，似乎主体停留在同一个位置上，处于停滞之中。

1. 人类历史的恐怖主义表象方式

在人类中，向更恶的堕落不可能不间断地持续；因为在这种堕落的某个程度上，人类自己就会把自己消耗殆尽。因此，在堆积如山的重大恶行以及与此相应的灾祸增长时，就有人说：如今再也不能变得更恶了；而虔诚的幻想家们如今已经在梦想着，在这个世界于火中毁灭之后万物的复兴和一个更新了的世界。

2. 人类历史的幸福主义表象方式

形成我们本性的善和恶的数量在禀赋中总是保持同一，而且在同一个个人身上既不能增多也不能减少，这一点总是可以承认的；——而既然禀赋中善的这种分量的增加必须通 〔82〕

过主体的自由来进行，但为此目的主体又会需要比它往常所拥有的更大的善库，那么，这种分量应当如何才能增加呢？——结果不能超过作用因的能力；这样，在人身上与恶相混杂的善的分量也不能超出善的某种限度，而超出这一限度，人才能努力向上，并这样也一直向着更善进步。因此看起来，幸福主义连同其乐观的希望是站不住脚的，而且就在善的轨道上不断继续进步而言，对一部预示的人类历史也很少有助益。

3. **为预先规定人类历史而提出的人类的阿布德拉主义假说**

这种意见大约会得到多数人的赞同。忙忙碌碌的愚蠢是我们这个族类的性格：迅速地走上善的轨道，但又不坚守它，而是为了不被束缚在一个惟一的目的上，哪怕只是出自轮换的缘故而这样做，也要逆转进步的计划；建设，乃是为了拆除，而且让自己承担起毫无希望的辛劳，把西绪福斯的石头推上山，乃是为了让它再滚下来。——因此，人类自然禀赋中恶的原则在这里看来并不那么与善的原则相融合（交融），而毋宁说是一个被另一个所中和，而结果就是无所作为（在这里就叫做停滞）：让善与恶通过前进和倒退而如此相互交替，以至于我们这个族类在这个地球上相互交往的全部活动，必须被视为一出纯然的闹剧，这真是碌碌无为，在理性的眼中，这并不能使我们这个族类获得比其他动物种类所具有的更大的价值，这些动物种类从事这种活动，所付出的代价很少，而且不用浪费知性。

〔83〕

四、进步课题不能通过经验来直接解决

即使会有人认为，人类在整体上看曾有很长一段时间在向

前行进，并处在进步之中，但毕竟没有人能够担保，由于我们族类的自然禀赋，倒退的时代不会恰恰现在来临；而反过来，即使人类倒退，加速下坠到更恶，人们也不可气馁，认为不会恰恰此时就可以发现转折点（punctum flexus contrarii［逆向转折的点］），在这里凭借我们人类中的道德禀赋，人类的行程重新转向更善。因为我们所研究的是能够自由行动的存在者，尽管可以事先**规定**他们**应当**做什么，但却不能**预言**他们**将**做什么，他们懂得在事情变得相当糟糕时，鉴于感受到他们自己加给自己的灾祸，而采取一种强化了的动机，毕竟要使事情变得比那个状态之前更好。——但是，“可怜的有死之人（修道院长**科耶尔**说），在你们中间，除了反复无常之外，没有任何常驻的东西”。

之所以人类事物的进程在我们看来如此荒谬，或许毛病也出在我们选错了我们观看这一进程由以出发的观测点。从地球上看，行星时而后退，时而停滞，时而前进。但若从太阳上选取观测点，按照哥白尼的假说，它们就始终合规则地向前运行，不过，这种选取只有理性能够做到。但是，一些通常并非不明智的人，即使自己会在这方面纠缠进第谷的圆和周转圆，乃至荒唐无稽，也喜欢僵死地固守在自己解释显象的方式和曾经选取的观测点上。——但不幸恰恰在于，在涉及对自由行动的预言时，我们没有能力把自己置于这个观测点上。因为这会是**神意**的观测点，它超越了人类的一切智慧，人类智慧也延伸到人的自由行动，但人虽然能够**观看**它们，却不能准确无疑地**预见**它们（对神的眼睛来说，这里没有任何差别），因为为了能够预见，人就需要依照自然法则的联系，但就未来的自由行动而言，人却必然缺少这种引导或者指示。〔84〕

如果可以赋予人一种生而具有的、始终不渝的善的、尽管有限的意志，那么，人就会能够有把握地预告自己的族类向着更善的这种进步，因为这涉及一件他自己能够造成的事情。但是，由于禀赋中恶与善的混杂，而它并不了解这种混杂的程度，所以，他自己并不知道，他能够从这中间期望得到什么样的结果。

五、然而，预卜的人类历史却必须与某种经验相联系

在人类中，必然出现一种经验，它作为事件指示着人类的一种性状和一种能力，亦即是人类向着更善移动的**原因**及其（既然这种移动应当是一种赋有自由的存在者的业绩）**肇始者**；但是，当共同对此起作用的种种情况发生时，是可以从一个被给予的原因出发预告一个作为结果的事件的。然而，这些情况必定在某个时候发生，对这一点，就像在博弈中的概率统计一样，也许能够一般地加以预告，但却不能确定，这是否将在我有生之年发生，以及我是否将对此拥有证实那种预告的经验。——因此，必须寻找一个事件，它将指示这样一个原因的存在，也指示该原因在人类中的因果性的活动，而在时间方面并不确定，而且它将使人推论出向着更善的进步，作为不可避免的结论，然后这一推论也可以延伸到过去时代的历史（即人类过去一直处在进步中），以至于那个事件并非本身必须被视为进步的原因，而是必须被视为指示性的，被视为**历史征兆**（signum rememorativum，demonstrativum，prognosticum［回忆的、演证的、预示的征兆］），而这样就能够在**整体**上来看，亦即不是按照个人来看（因为这会成为无休无止的列举和计算），而是像人类在世间分成各部族和国家那样来看，证明人类的**趋势**。

六、我们时代的一个证明人类道德趋势的事件 〔85〕

这个事件绝不在于由人作出的重大业绩或者罪行，它们使得伟大的东西在人们中间变得渺小，或者使得渺小的东西变得伟大，而且就像是玩魔术一样，使得古老的、辉煌的国家机构消失，而另一些国家机构就像是从地底下冒出来一样取代了它们。不，完全不是这回事。它仅仅是旁观者的思维方式，这种思维方式在大转变这场戏中**公开地**表露出来，并且透露出对一方的演出者的一种如此普遍却又不谋私利的同情，来反对另一方的演出者，甚至甘冒这种偏袒会对他们非常不利的危险，但这样一来就（由于普遍性）证明了人类在整体上的一种品性，并同时（由于无私性）证明了人类至少在禀赋中的一种道德品性，这种道德品性不仅使人期望向着更善的进步，而且就人类的能力目前所能及而言，其本身就是一种进步。

我们在自己这个时代目睹了一个富有才智的民族进行的革命，这场革命可能会成功或者失败；它可能会如此充满了不幸和暴行，以至于一个思维健全的人如果会希望第二次从事时成功地完成革命的话，就绝不会决定以这样的代价来进行这场试验。——依我说，这场革命的确如愿以偿地在所有旁观者（他们自己并没有卷入这场戏）的心灵中获得了一种同情，这种同情几乎接近于狂热，其表现本身就带有危险，因此，除了人类里面的一种道德禀赋之外，它不可能以别的什么为原因。

这种道德上的影响原因是双重的：第一是**法权**的原因，亦即一个民族必须不为别的强权所阻挠，去为自己建立一种它自己觉得好的公民宪政；第二是目的（它同时就是义务）的原因，亦即一个民族的宪政，惟有那种依其本性具有按照种种原理避免侵略战争的性状的，才就自身而言是**合法的**和道德上善

〔86〕 的，这样的宪政不是别的，只能是共和主义的宪政，至少在理念上是这样[①]；因而这种宪政就有条件去制止战争（一切灾祸和道德堕落的渊薮），并这样消极地保障人类不论多么脆弱都向着更善进步，至少在进步时不被干扰。

因此，这一点以及对善的带有**激情**的同情，即**热忱**，尽管由于一切激情作为激情都是应当受到指责的，所以热忱并不完全可取，但却毕竟借助这段历史为对人类学来说重要的说明提供了诱因：真正的热忱总是只涉及**理想的东西**，准确地说只涉及纯粹道德的东西，这类东西就是法权概念，而且不能被嫁接到自私自利之上。通过金钱酬报，并不能使革命者的敌手产生纯然的法权概念在革命者心中所产生的那种热情和崇高思想，甚至古代军事贵族的荣誉概念，在那些注意到自己所属的人民的**法权**[②]、并且视自己为其保护者的人们的武器面前也消失了；外在

① 但这并不是说，一个拥有一种君主制的民族因此就自以为有权，哪怕只是在心中暗暗怀有这种愿望，要看到这种君主制被改变；因为它在欧洲也许极为疏散的位置会劝告它，那种宪政是惟一能够使它在强邻之间自保的宪政。就连臣民们不是由于政府的内政，而是由于政府例如在阻碍外国人的共和化时对外国人的态度所发的牢骚，也根本不是该民族对其自己的宪政不满的证明，而毋宁说是对这种宪政的爱的证明，因为其他民族越是共和化，该民族就越得到保障而免于自己的危险。——尽管如此，造谣中伤的告密者们为了抬高自己的身份，却企图把这种无辜的政治闲谈诬陷为革新欲、雅各宾派和危害国家的结党，不过，这种说辞却没有丝毫的根据，尤其是在一个远离革命场地一百多里之遥的国家里。

② 关于这样一种为人类维护法权的热忱，人们可以说：postquam ad arma Vulcania ventum est，—mortalis mucro glacies ceu futilis ictu dissiluit［由于遇到了伏尔甘的武器，凡人的刀剑犹如脆冰，一击便碎］。——为什么还从来没有一位统治者敢于公然宣称，他根本不承认人民有反对他的**法权**；人民的幸福仅仅归功于一个使其得到这种幸福的政府的**行善**，而臣民们对于反对这个政府的一种法权的一切非分

的、旁观的公众对这种慷慨激昂深有同感，却丝毫无意参与。 〔87〕

七、预卜的人类历史

在原理中必须有某种道德的东西，理性把它视为纯粹的，但同时由于其巨大的、划时代的影响，亦把它视为向人的灵魂指明为此而受到承认的义务，并在人类之联合（non singulorum，sed universorum［不是各个个人的、而是全体人们的联合］）的整体上关涉人类的某种东西，人类以如此普遍的和无私的同情为它的预期的成功和它的尝试而欢呼。——这个事件

要求（因为这种法权自身包含着一种被允许的反抗的概念）都是荒唐无稽的，甚至干脆是应受惩罚的？——原因在于：即使所有的臣民像驯服的绵羊一样，由一位善良而且聪慧的主人来领导，受到妥善的饲养和有力的保护，无须为其福利的欠缺有任何抱怨，这样一种公开的声明仍然会激怒这些臣民来反对他。——因为赋有自由的存在者并不满足于享受他也能够从他人（在这里就是从政府）那里得到的生活舒适；而是关键在于他为自己搞到这种舒适所依据的**原则**。福利没有任何原则，无论对于接受它的人还是对于分配它的人都没有原则（前一种人把它设定在这里，后一种人把它设定在那里）：因为这里关键在于意志的**质料性的东西**，它是经验性的，而且这样就不能具有一个规则的普遍性。因此，一个赋有自由的存在者在意识到他对无理性的动物的这种优越性时，能够并且应当根据其任性的**形式**原则，为他所属的人民不要求任何别的政府，只要求人民在其中参与立法的这样一种政府，也就是说，应当服从的人们的法权必须必然地先行于对福利的一切考虑，而且这是一种超越一切价值的神圣的东西，任何政府，无论它如何仁慈，都不可以侵犯它。——但是，这种法权毕竟始终只是一个理念，它的实施局限于它的**手段**与道德性相一致的条件，人民不可以逾越这一条件；这不可以通过革命来达成，革命在任何时候都是不义的。——以君主制来**统治**，同时毕竟以共和制，亦即以共和制的精神并且类似于共和制来**治理**，这就是使一国人民对自己的宪政感到满意的东西。

不是一场革命的现象，而是（像艾哈德先生所表达的那样）一种**自然法权的**宪政之**进化**的现象，虽然仅仅在野蛮的战争下，
〔88〕这种进化本身尚未实现——因为内部战争和外部战争摧毁了所有迄今为止存在过的**规章性的**宪政——，但它毕竟引导人去谋求一种能够不嗜好战争的宪政，亦即共和制的宪政；它可以要么甚至按照**国家形式**就是共和制的，要么仅仅按照**政府方式**而是共和制的，即虽然元首（君主）是一个，却仿效一国人民会依据普遍的法权原则给自己订立的那些法律来管理国家。

现在我断言，即便不具备预知者的头脑，也能够根据我们时代的各个方面和种种征兆，向人类预言将达到这个目的，由此同时预言人类将向着更善前进，从这时起不再完全倒退。因为人类历史上的这样一种现象**不再被遗忘**，这是由于它揭示了人的本性中向着更善的一种禀赋和一种能力，这类东西不是任何政治家从事物迄今为止的进程中推敲出来的，而且惟有它才在人类中按照内在的法权原则把自然和自由统一起来，但就时间来说，它只能是不确定的，并且只能应许出自偶然的事件。

但是，即使现在仍然没有达到在这个事件中所预期的目的，即使一国人民的宪政的革命或改革功亏一篑，或者在这革命或改革持续了一段时间之后，一切又重新回到旧日的轨道（就像政治家们目前预卜的那样），那种哲学的预告也没有丧失其丝毫力量。——因为那个事件太重大了，与人类的兴趣交织得太紧密了，按照其影响它广泛地传播到世界上的所有地区，以至于它在有利情况的某种诱使下不会不被各国人民想起，并唤起他们去重复这一类的新尝试；因为在这种情况下，在对人类如此重要的事情上，预期的宪政最终毕竟必然在某个时刻达到一种稳定性，这种稳定性是经由频繁的经验而来的教诲不会不在所有人的心灵中造成的。

因此，有一个命题，不仅用心善良、在实践方面值得推荐，而且不管有多少无信仰者，即便是对于最严格的理论，也

是站得住脚的，这就是：人类曾经始终处在向着更善的进步中，今后亦将继续前进。如果人们不仅关注在某国人民中所可能发生的事情，而且也关注向地球上所有将逐渐地参与其事的人民的传播，那么，这就将开启对一个无法预见的时代的展望；只要（按照**坎培尔和布鲁门巴赫**的说法）在人类出现之前仅仅埋葬动物界和植物界的自然剧变的第一时期之后，绝不接着出现对人类如法炮制、以便让其他造物登上这个舞台的第二时期，如此等等。因为对于自然来说或者毋宁说就其对于我们而言无法企及的至上原因的全能来说，人又只不过是一种微不足道的东西罢了。但是，就连他自己的族类的统治者们也这样看待他，把他当做这样一种微不足道的东西来对待，有时动物般地把他纯然当做自己的意图的工具来加负，有时将他置于他们相互之间的争斗中，让他们杀戮他，——这就不是微不足道的小事了，而是颠倒了创造本身的**终极目的**。 〔89〕

八、论着眼于向世界福利进步的准则在公开方面的困难

人民的启蒙就是公开地教给人民对其所属的国家的义务和法权。由于在这里仅仅涉及自然的、从普通的人类理智产生的法权，所以，这些法权在人民中的自然宣示人和解释人就不是由国家任命的官方法权教师，而是自由的法权教师，亦即哲学家。哲学家正是为了他们允许自己拥有的这种自由的缘故，而触犯了始终只想统治的国家，并且以**启蒙者**的名义被诋毁为危害国家的人；尽管他们的声音并不是**亲近地**对人民发出的（作为人民，他们很少注意或者根本不注意此事和哲学家的著作），而是**恭敬地**对国家发出的，而且国家被恳求把人民的法权需求铭记在心；而除了公开性的途径之外，这件事不可能通过其他途径来实现，如果整个人民都想倾诉自己的疾苦（gravamen）的话。

这样，对公开性的**禁止**就阻碍着一国人民向着更善的进步，哪怕是在涉及其最低要求，亦即仅仅涉及其自然法权的事情上。

〔90〕 另一种隐瞒尽管很容易就能识破，但却是合法地向一国人民发出命令的，这就是对其宪法的真正性状的隐瞒。说英国人民有一种**不受限制的君主制**，这会是对英国人民威严的伤害；相反，有人愿意说，这应当是一种通过作为人民代表的议会两院来**限制**君王意志的宪政，而且毕竟每一个人都很清楚地知道，君主对这些代表的影响如此巨大、如此不容置疑，以至于除了君主愿意，并由他的大臣所提议的事情之外，上述两院不会作出任何别的决议；在这种情况下，他有时也会申请一些决议，就这些决议而言，他明知自己会被否决，并且也**使得**自己被否决（例如关于黑奴贸易），以便为国会的自由提供一种虚假的证明。——事物性状的这种表象自身具有欺骗的成分，即根本不再去寻求真正的、正当的宪政，因为人们自以为在一个现存的事例中找到了它，而一种骗人的公开性则伪托一种受出自人民的法律所**限制的君主制**①来欺骗人民，人民的代表们却

① 人们并非直接看出其性状的某个原因，通过必然与之联系的结果表现出来。——什么是一个**绝对的**君主呢？他是这样一个君主，如果他说，应当有战争，按照他的命令就马上有了战争。——与此相反，什么是一个**受限制的**君主呢？他是这样一个君主，他事先必须询问人民是否应当有战争，而如果人民说不应当有战争，那就没有战争。——因为战争是一种状态，在这种状态中，国家的**一切**力量都必须供国家元首支配。如今，大不列颠君主已经进行过相当多的战争，却没有为此寻求过那种赞同。因此，这个国王就是一个绝对的君主，尽管按照宪法他不应当是一个绝对的君主；但是，他总是能够无视宪法，因为正是通过国家的那些力量，即他有权分配一切官职和尊衔，他能够确保人民代表们的赞同。但是，为了成功，这种收买制度当然必须不具有公开性。因此，它始终处在秘密的那种非常透明的面纱之下。

被收买，背地里使人民听命于一个**绝对的君主**。

※　　　※　　　※

一种与人的自然法权相吻合的宪法的理念，亦即服从法律的人们联合起来，同时也应当是立法者，这是一切国家形式的基础；而按照这个理念通过纯粹的理性概念所设想，叫做一种柏拉图式**理想**的那种共同体（respublica noumenon［作为本体的国家］），并不是一个空洞的幻影，而是一切一般而言的公民宪政的永恒规范，并且消除一切战争。按照这个理念组织起来的一个公民社会，是这个理念按照自由法则，通过经验中的一个事例的展现（respublica phaonomenon［作为现象的国家］），而且惟有在经过各种各样的争斗和战争之后才能艰难地获得；但是，这个社会的宪政一旦大致实现，就有资格成为一切宪政中最好的宪政，以便远离战争这个一切善的事物的摧毁者；因此，进入这样一种社会是义务，但（由于这不会很快实现）君主的义务暂时是：虽然**以专制的方式**统治，却**以共和的方式**（不是以民主的方式）治理，也就是说，按照符合自由法则精神的原则（就像具有成熟理性的人民会为自己规定的原则那样）来对待人民，尽管在字面上看不会征询人民的赞同。 〔91〕

九、向着更善的进步将给人类带来什么样的收益?

这种收益并不是意念的**道德性**的一种日益增长的量，而是意念在合乎义务的行动中的**合法性**之产物的增多，不管这种增多是由什么样的动机引起的；也就是说，人类向着更善的努力的收益（结果）只能被置于人们越来越多并且越来越好的善良**行为**之中，因而被置于人类的道德性状的现象之中。——因为我们只拥有**经验性的**材料（经验），可以作为这种预言的根据；亦即是以我们的行动的自然原因为根据，就这些行动发生，因而本身是显象而言的，却不是以其道德原因为根据，道德原因包含着关于应当发生之事的义务概念，而且惟有这个概念才能被纯粹地、先天地建立起来。

渐渐地，来自强者方面的暴行将越来越少，而对法律的遵从将越来越多。部分是出自荣誉心，部分是出自得到正确理解
〔92〕的私人利益，在共同体中或许将更多地出现慈善，更少地出现诉讼中的争吵，更多地出现信守诺言上的可靠性等等，而且这最终也将扩展到各国人民互相之间的外部关系上，直到世界公民社会，而人类中的道德基础在这时却不必有丝毫的扩大；要做到这一点，还会需要一种新的创造（超自然的影响）。——因为在人们向着更善的进步方面，我们也必须不对人们期待过多，以免遭到政治家有理由的嘲弄，政治家喜欢把这种进步的希望视为一个偏激的头脑的梦幻。①

① 臆想出符合理性要求（尤其是在法权方面）的国家宪政，这毕竟是**甜美的**；但是，推荐这些宪政，就是**胆大妄为的**，而煽动人民去废除现存的国家宪政，则是**应受惩罚的**。

柏拉图的大西洋国、**莫尔**的乌托邦、**海灵顿**的大洋国、**阿兰**的塞维兰比亚，逐渐地被搬上舞台，但却从未被人哪怕只是尝试过（**克伦威尔**那个不成功的专制共和国怪胎除外）。——创造国家与创造世界是一样进行的：当时没有一个人在场，也没有一个人能够在这样一种创造中出现，因为若不然，他就会必须是他自己的创造者。希望无论多迟，有朝一日完成像人们在这里所设想的一个政治产物，这是一个甜美的梦；但是，不断地接近它，这就不仅是**可以设想的**，而且就它能够与道德法则共处来说，这就是**义务**，不是国家公民的义务，而是国家元首的义务。

十、惟有在什么样的秩序中才能够期待向着更善的进步？

回答是：不是通过事物**自下而上**的进程，而是通过事物**自上而下**的进程。——期待通过在家庭传授中，继而在从低级直到最高级的学校里，在经过宗教学说强化的精神陶冶和道德陶冶中对青年的教育，最终将达到不是仅仅教育出好的国家公民，而是把他们教育成为永远继续进步并维持下去的善，这是一个很难让人希望如愿成功的计划。因为不仅人民认为教育其青年的费用不是由自己，而是由国家来负担，但国家却与此相 〔93〕 反，在自己这方面由于把一切都用于战争，而没有余钱来给能干并且乐于履行自己职责的教师发薪（就像**毕兴**所抱怨的那样）；而且，这种教育的整个机制如果不按照国家最高权力的一项深思熟虑的计划，且按照它的这种意图来设计和运行，并且也始终如一地保持在这种状态中，它就不具有任何连贯性；要做到这一点，或许需要国家时而改良自己，尝试进化而不是革命，不断地向着更善进步。但是，既然应当进行这种教育的毕竟也是人，因而是自己必须为此而受教育的人，所以，由于人类本性的这种脆弱性，鉴于有利于这样一种效应的各种情势的偶然性，人类进步的希望就只能期待于一种自上而下的智慧（它如果是我们看不见的，就叫做神意）来作为积极的条件，但对于在这里能够期待和要求于人的东西来说，则只能期待消极的智慧来促进这个目的了，也就是说，人们将被迫使得道德的最大障碍，亦即总是使这个目的落空的战争，首先逐渐变得更加符合人性，然后变得更加稀少，最后作为侵略战争完全消失，以便选择一种依照其本性毫不减弱地建立在法权原则之上，能够坚持不懈地向着更善进步的宪政。

结束语

一位医生天天用空话安慰自己的病人，说他们很快就会痊愈。他告诉第一个病人脉搏跳动会改善，告诉另一个病人咳痰预示着改善，告诉第三个病人出汗预示着改善，等等。病人的一位朋友来访，第一个问题就是："朋友，您的病怎么样了？""会怎么样呢？**全是些改善，我都要烦死了！**"——任何人如果就政治灾祸而言开始对人类的救赎及其向着更善的进步丧失信心，我都不会责怪他；然而，我相信休谟开出的那个可以产生迅速疗效的英雄式药方。——"如果我现在（他说道）看到各民族处在互相敌对的战争中，那就仿佛是我看到两个醉鬼在一
〔94〕家瓷器店里用棍棒斗殴。因为他们要长时间地治疗彼此造成的肿块还不够，他们事后还必须赔偿他们所造成的一切损失。"Sero sapiunt Phryges.［弗里济亚人聪明起来已经晚了。］但是，当代战争的惨痛后果却能够迫使政治预言家承认，人类向着更善的转变即将来临，这种更善现在已经在望。

第三篇
哲学学科与医学学科的争执

〔97〕

论心灵通过纯然的决心来控制其病感的力量

致宫廷顾问胡弗兰德教授先生的一封回信

我对您在 1796 年 12 月 12 日赠送给我《**论延长人类生命的艺术**》这本富于教益而又令人愉快的书所表示的感谢，甚至会是在指望一种长寿，这一点，您也许有理由从我在今年 1 月份的这一回信的日期推断出来，如果衰老不是本身就已经带有对一些重要的终结的延迟（procrastinatio）的话；这样的终结或许就是死亡的终结，死亡对我们来说总是来得太早，而人们有无穷无尽的借口让它等待下去。

您要求我对您的努力作出一个判断，即您“致力于以道德的方式处理人身上的自然的东西；把整个人，也是自然的人展现为一个要有道德性的存在者，并且指出道德陶冶对于到处都仅仅处在禀赋之中的人性的自然完善来说，是不可缺少的”，此外，“至少我能够保证，这不是什么先期形成的意见，而是我通过工作和研究本身不可抗拒地被引入这种处理方式”。——对事物的这样一种观点显露出的是哲学家，而不是纯然的理性匠人；是这样一个人，他不只是像法国修道院众领导人中的某一位那样，熟巧地（在技术上）如经验所提供的那样，为其医术得出理性所安排的实施**手段**，而是作为医生团体中的立法成员从纯粹理性得出这些手段，纯粹理性除了善于熟巧地安排**有助益的**

〔98〕东西之外，还善于智慧地安排同时本身就是**义务**的东西，以至于道德实践哲学同时提供了一种万能医学，它虽然并不在一切

事情上帮助一切人，但毕竟在任何处方中都不能缺少。

但是，这种万能手段只涉及**养生学**，也就是说，它只是**否定性地**、作为**预防**疾病的艺术发挥作用。不过，这样的艺术以一种能力为前提条件，惟有哲学或者绝对必须预设的哲学精神才能提供这种能力。与这种精神相关的是最高的养生学任务，它就包含在如下题目中：

论人的心灵通过纯然的坚定决心来控制其病感的力量

证实这种说法的可能性的实例，我不能得自**别人**的经验，而是首先只能得自在我自己身上形成的经验，因为这种经验是从自我意识产生的，然后才可以去询问别人：他们是否在自己身上同样觉察到这一点。——因此，我发现自己不得不让我的**自我**来**发言**，这在教义性的陈述中[①]显得不谦虚，但如果这不涉及共同的经验，而只涉及我为了把某种并非每个人都自动地、无须引导就赞成的东西提供给他判断，而必须首先在我自己身上作出的一种内在试验或者观察，那就是值得原谅的。——要用我的思想活动的内在经历去为别人助兴，这会是该受指责的僭妄，因为这种经历虽然包含着主观的（对我来说的）重要性，但却不包含客观的（适用于每个人的）重要性。但是，如果对自身的这种注意和由此产生的感知并不那么普通，而每个人被要求这样做却是一件需要并且值得的事情，那么，以自己的私人感受来为别人助兴这种弊病至少就是可以原谅的。

① 在教义性的—实践的陈述中，例如在以义务为目的的、关涉每个人的那种对自己本身的观察中，宣讲者不说“**我**”，而说“**我们**”。但在叙述性的陈述中，即在对私人感受（病人对其医生所作的表白）或者自己对自己的经验的陈述中，却必须说“我”。

如今，在我斗胆阐述我在养生学方面进行的自我观察的结果
〔99〕之前，我还必须就**胡弗兰德**先生提出**养生学**，亦即与**治愈**疾病的**治疗学**相对立的**预防**疾病的艺术之任务的方式作出某种说明。

养生学对他来说叫做“延长人类生命的艺术”。

他这样称谓，乃是得自人们最急切地期望的那种东西，尽管它也许会很少值得期望。人们虽然乐意同时有两种愿望：亦即**长寿**并且在这期间**健康**；但是，前一种愿望并不以后一种愿望为必要条件，相反，它是无条件的。如果让医院的病人长年累月地在其病床上忍受病痛、苦挨日子，并且经常听到他期望**死亡**能尽快地使他摆脱这种折磨，你们也别去信他，这不是他的真心话。虽然他的理性对他这样说，但他的自然本能要的却是别的东西。当他向作为解放者（Jovi liberatori [解放者朱庇特]）的死神示意时，他毕竟一直还要求一个小小的期限，并且一直有**延迟**（procrastinatio）其不可更改的命令的一种托词。自杀者在狂怒中作出的结束自己生命的决定在这一点上也不例外：因为它是一种被一直激化成为妄念的情绪的结果。——在为遵循子女义务而作出的两种应许（“愿你安康，并愿你长寿”）中，后者包含着更强烈的动机，即便在理性的判断中亦复如是，也就是说是作为义务，遵循这义务同时就是**值得赞扬的**。

尊敬老年人的义务真正说来并不是基于人们要求年轻人针对老人的衰弱所作的那种理所应当的照顾，因为它并不是他们应有的一种**敬重**的根据。因此，年老还要被视为某种**值得赞扬的**东西，因为人们承认要**尊敬**它。所以，绝不是因为德高望重之年同时就带有通过长时间的丰富经验所获得的**智慧**来指导年轻人，而仅仅是因为只要没有任何耻辱玷污它，一个人已活过这么长的时间，也就是说，能够这么长时间地逃避了有死性这种关于一个理性存在者所能够提出的最屈辱的说法（“你是尘土，也将归于尘土”），并且仿佛是赢得了不死性，我说，是因

为这样一个人已活过这么长的时间，把自己树立为榜样。

与此相反，作为第二种自然愿望的健康，却情况有点儿糟糕。人能够**感觉到**自己健康（从对他自己的生命的舒适感觉出发来判断），但绝不能知道某人是健康的。——自然死亡的任何原因都是疾病；不管人们是否感觉到它。——有许多人，人们倒不是要讥笑他们，说他们总是**病恹恹的**，却从不会**生病**；他们的养生之道就是不断交替地离开又回到自己的生活方式，而且他们在生命中尽管不是在力量表现上，但却在长寿上收益良多。但是，有多少我的朋友和熟人，我岂不比他们活得更长久，他们鉴于一种某个时候采纳的有序的生活方式而以完全健康自豪：然而，死亡的种子（疾病）不知不觉地在他们身上，濒于发展，而**感觉到**自己健康的人，并不**知道**自己有病；因为人们毕竟不能把一种自然死亡的**原因**称做别的，只能称做疾病。但是，人们不能感觉到**因果性**，为此需要知性，知性的判断可能有错；不过，感觉是不骗人的，但惟有在人们**感觉到**有病时才使用这个名称；可是，哪怕人们没有这样的**感觉**，但它毕竟会已经以隐蔽的方式存在于人身上，并马上发展；因此，缺乏这种感觉所允许人对自己安康的表述只是，他**看起来**是健康的。因此，如果回过头来看，长寿只能证明所**享受**到的健康，而养生学将首先在**延长**生命（不是**享受**生命）的艺术中来证明自己的技巧或者知识：**胡弗兰德**先生也是要这样说的。 〔100〕

养生学的原理

养生学必须不考虑**安逸**；因为对自己力量和感觉的这种照顾乃是娇惯，也就是说，它的结果是虚弱无力，以及生命力因缺乏锻炼而逐渐熄灭；就像生命力因过于频繁的使用而耗尽一样。因此，作为养生学原则的**斯多亚主义**（sustine et abstine

[要坚忍并且节制]）不仅属于作为**德性论**的实践**哲学**，而且也属于作为**治疗术**的实践**哲学**。——这种治疗术在只有人心中的
〔101〕 理性通过一种自己给予自己的原理来控制感性感觉的那种力量，在规定着生活方式的情况下，就是**哲学的**。与此相反，如果它**到自身之外**在有形体的手段（药物或者手术）中寻求帮助，来激起或者消除这些感受，那它就是纯然经验性的和机械性的。

温暖、**睡眠**和对无病之人的细心**照料**，就是对安逸的这样一些娇宠。

1. 按照我对我自己的经验，我不能赞同如下规定：人们应当使头和双脚保持温暖。与此相反，我认为使它们保持清凉更可取（俄国人把胸部也归入此列），这恰恰是出于细心，**以免让我着凉**。——用温水洗脚，这当然比在冬季用差不多冰凉的水洗脚更为舒服；但用后一种做法，人们就可以避免在离心脏如此之远的部位里血管萎缩的弊病，这在老年经常会招致一种无法治愈的脚病。——使腹部保持温暖，尤其是在寒冷的天气中，这与其说是为了舒适，倒不如说是养生学的规定，因为腹部所容纳的是肠胃，它们要让一种非流质的东西通过一段长长的过道向前运动；过去的所谓腹带（一种保持下腹并支撑其肌肉的宽带子）就是为此所用，但真正说来却不是为了暖和。

2. **长睡**或者（一再地、通过午休而）**多睡**当然是同样多地规避不适，这种不适是生命在清醒时不可避免地带来的，而希望长寿，以便大部分用睡觉来度过它，这可是够奇怪的。但是，这里真正说来关键所在的东西，这种自以为的长寿手段，即舒适，在其意图本身上却自相矛盾。因为在漫漫冬夜里交替着醒来又入睡，是会麻痹和毁坏整个神经系统，并在一种虚假的休息中耗尽精力的，因此，舒适在这里是缩短生命的一个原因。——床是一大批疾病的巢穴。

3. 老年时**照料**自己或者让人照料，纯然是为了通过避免不

舒服（例如在坏天气出门）或者一般而言把自己能够做的工作转给别人来**爱惜**自己的力量，这样来延长生命，这种细心所造成的恰恰是其反面，即早衰和生命的缩短。——就连“长寿的人**大多数是结了婚的人**”，也是很难证明的。——在一些家族里，长寿是遗传的，与这样一个家族联姻大概就会产生这种家族特征。为了促进婚姻而赞扬婚姻生活使人长寿，这也不是什么坏的政治原则；尽管经验总是相对而言很少提供这方面的例证，即这样一些人在一起生活尤其长寿；但是，问题在这里只是涉及长寿的生理学根据，即自然是怎样规定的，而不涉及政治学根据，即国家的习惯怎样要求公共舆论与它的意图相符合。——此外，**进行哲学思维**，不是因此就当哲学家，也是防止一些不快的感觉的一种手段，并且毕竟同时是心灵的**激动**，心灵在活动时带有一种兴趣，这种兴趣是不依赖外在的偶然性的，并且正因为此，尽管只是作为游戏，却是有力的和真挚的，而且使生命力不致停滞。与此相反，**哲学**的兴趣在于理性的终极目的的整体（这个目的是一个绝对的统一体），它自身就带有一种力量感，这种感觉能够通过对生命价值的理性评估来补偿老人身体上的衰弱。——但是，新开启的扩充其知识的前景，即使不属于哲学，毕竟也提供同样的东西，或者提供某种类似的东西；只要数学家对此有一种**直接的兴趣**（不是作为对服务于别的意图的一种工具的兴趣），那他就也是哲学家，并在一种青春焕发、不尽延长的生命中享受着其力量的这样一种激发方式的好处。 〔102〕

但是，对于头脑有限的人来说，作为替代品，即便是在一种无忧无虑的状态中的纯然嬉戏，也提供几乎相同的东西，而且那些总是无所事事而又忙忙碌碌的人，通常也会长寿。——一位年事已高的男人对他房间里的许多座钟必定总是先后报时，没有一个与另一个同时报时大感兴趣；这使他和钟表匠终日有足够的事做，并且让后者有钱可挣。另一位发现饲养和训

〔103〕练他的会唱歌的鸟是充足的事务，可以填满他自己吃饭与睡觉之间的时间。一位老而富有的妇人在纺车旁靠插入无足轻重的谈话找到了满足，并因此而在年事很高时抱怨说，就像失去了一种好的社交一样，由于她从此再也不能感觉到手指之间的线了，她会有因无聊而死去的危险。

不过，为了使我关于长寿的讨论不至于让您感到无聊，并恰恰因此而变得危险，我要给谈兴就此设置界限，这种谈兴，人们通常即便不责备，也把它当做老年的一种缺点来予以取笑。

一、论忧郁症

胆怯地沉溺于自己一般而言病态的感觉，而没有一个确定的客体（因而不去尝试通过自己的理性去控制它们），这种软弱就是臆症（hypochondria vaga［游移不定的忧郁症］）①，它在身体中根本没有确定的位置，是想象力的一个造物，因而也可以叫做**虚构性的**臆症。在这种臆症中，病人相信在自己身上发现了他从书上读到的一切疾病。这种软弱与心灵控制自己的病感的那种能力截然对立，亦即是沮丧，对人们可能遭遇的灾祸苦思冥想，不能在它们来临时抵抗它们；它是一种妄念，当然会以某种病症（胀气或者便秘）为基础，但不是像它刺激感官那样被直接感觉到，而是被虚构性的想象力假想成即将来临的灾祸；在这种情况下，自我折磨者（heautontimorumenos）不是使自己振作起来，而是无谓地呼求医生的帮助；因为只有他自己才能通过他的思想活动的养生学，来消除不自觉地产生的烦人的表象，确切地说是关于那些一旦真的发生就无从应对的灾祸的表象。——对于有这种疾病的人，而且只要他有这种

① 与**位置确定的**忧郁症（hypochondria intestinalis）有别。

疾病，就不能要求他通过纯然的决心来控制自己的病感。因为如果他能够做到这一点，他就不是忧郁病人了。一个有理性的人不会**得**这样的忧郁症，相反，当他产生那些要发展成怪念头，亦即自己虚构出的灾祸的不安的时候，他就问自己，是否存在这些不安的一个客体。如果他找不到任何东西能够充当这种不安的有根据的原因，或者他看出即便真有这样一个客体存在，毕竟在这时也不可能做什么来防止其作用，他就以其内在感觉的这种要求回归正常，也就是说，他让自己的忧郁（它在这种情况下纯然是有位置的）处在自己的应有位置上（就好像与他无关似的），而把自己的注意力集中在他要做的事情上。 〔104〕

由于我的胸部又平又窄，给心和肺的运动留下的空间不多，所以我有一种忧郁症的自然素质，它在早年几乎达到对生命的厌烦。但是，考虑到这种心灵忧郁的原因也许是纯然机械性的，而且无法消除，很快我就根本不把它放在心上了，而且在我感到压抑时，头脑中毕竟是宁静和明朗占主导地位，即便是在社交中也不是按照变幻不定的情绪（就像忧郁症患者通常那样），而是有意地和自然地向人传递这种宁静和明朗。而且既然人们通过在自由地利用生命时所**做**的东西，比通过所**享受**的东西更多地感到生命的乐趣，所以脑力劳动能够以另一种提升了的生命感，与纯然关涉身体的那些拟制对立。压抑对我来说依旧，因为它的原因在于我的身体构造。但是，就它对我的思想和行动的影响来说，我通过把我的注意力从这种感觉转移开来控制它，就好像这种感觉与我毫不相干似的。

二、论睡眠

土耳其人按照他们的预定论的原理，关于适度是这样说的：世界之初就为每个人规定好了他一生可以吃多少东西的份额，如果他大吃大喝来消耗自己微薄的一份，他能指望**吃**，从

〔105〕 而**存在**的时间就更短了。这话在一种作为**育儿学**的养生学（因为在享受方面，就连成人也经常必须被医生当做孩童来对待）中也可以充当规则，即每个人一开始就被命运规定好了他**睡觉**的份额，而在成年时把过多的时光（超过三分之一）用于睡觉的人，就不能指望有很长的时间来睡觉，亦即来生活和长寿了。——谁要是把睡觉当做假寐（西班牙人的**午睡**）中的甜美享受或者（在漫漫冬夜里）消磨时间，把自己超过三分之一的时光用在这上面，哪怕是部分地（有间隔地）这样做，并非每天如此，他就一方面在程度上，另一方面在长度上错估了自己**生命的量**。——既然很难会有一个人去期望自己根本不需要睡眠（由此倒可以得出，他感到漫长的生命是一种漫长的痛苦，他睡去多少，就少承担了多少艰辛），所以，无论是对于感觉还是对于理性来说，更为可取的是，把这没有享受也无所作为的三分之一完全放到一边，把它交给不可缺少的自然恢复，但要精确地确定时间，确定从何时开始，持续多久。

※　※　※

不能在确定的和习惯的时间睡觉，或者不能保持清醒，这都属于病感；尤其是前者，即怀着这种意图躺到床上，却无法入眠。——从头脑中排除一切**念头**，虽然是医生通常给予的建议，但这些念头还会回来，或者其他念头取代它们，并保持清醒。惟一的养生学建议是，在感知到或者意识到某个兴奋的念头时马上把注意力由此转移开（就好像人们闭上眼睛，把眼睛转向另一边一样），然后通过打断每一个意识到的念头，逐渐地产生一种表象的混乱，由此对自己身体（外在）状况的意识就被打消，并出现一种完全不同的秩序，即想象力的一种不自觉的活动（这在健康状态中就是**梦**），在这种活动中，通过动物性
〔106〕 组织的一种值得惊赞的技巧，身体在心灵运动方面**松弛**下来，但在生机运动方面却受到最内在的**激发**，确切地说是通过**梦**，

尽管我们在醒来时不能记得这些梦，但它们仍不会不来，因为若不然，假如完全没有梦，当从表象的驻地——大脑出发的神经力量，不与内脏的肌肉力量相结合而起作用的时候，生命就一刻也不能维持。因此，大概所有的动物在睡眠时都会做梦。

但是，每个上床准备睡觉的人，都会偶尔无论如何想方设法来转移自己的念头，却仍然无法入睡。在这种情况下，他会在大脑中感到某种**痉挛**（抽搐状），这也与如下观察完全吻合：一个人醒来后比待在床上、哪怕此际醒着时身长大约多半寸。——由于失眠是虚弱的老人的一种毛病，而且左侧一般而言是更弱的一侧①，所以，我自大约一年来就感到这种抽搐的发作和非常明显的这类刺激（尽管不是像抽搐那样，肢体受到刺激而有实际的和可见的运动），我不得不按照别人的描述把这视为**痛风**症状，并为此去看医生。但是，在感到无法入睡而烦躁不安时，我便马上采用我那斯多亚主义的手段，把我的念头努力固定在某个由我选择的无关紧要的客体上，不管它是什 〔107〕
么（例如，固定在西塞罗的名字上，它包含着许多附带的表象），从而把注意力从那种感受引开；这样，这种感受就会很快

① 有一种完全错误的托词，说就运用自己外部肢体时的强壮而言，身体两侧的哪一侧是更强的或者更弱的一侧，只取决于锻炼以及人们早年的习惯；例如在击剑时是用右臂持剑还是用左臂持剑，骑手站在马镫上是从右侧向左侧还是反方向跃上马，等等。但经验却教导说，谁让人以左脚来取他的鞋的尺寸，当鞋正适合左脚时，它对右脚来说就太小了。但这不能怪罪父母没有更好地教导自己的孩子。右侧对左侧的优势也可以在这一点上看出，即想跳过一条深沟的人，是用左脚立定而用右脚起跳；否则他就要冒跌进沟里的危险。普鲁士步兵被训练用左脚**起步**，这并不与那个命题矛盾，而是毋宁说证明了它；因为他把左脚前置，就如同站在了一个支点上，以便用右侧做出他用右侧对左侧所做的攻击动作。

迟钝，而睡意就这样压倒它。任何时候，每当夜间睡眠小有中断而这类侵袭再现时，我都这样做，效果都同样好。但是，这绝不是想象出来的疼痛，第二天早上左脚脚趾显得通红，使我确信这一点。——我深信不疑，许多**痛风**症状，只要享受的养生方法不完全与之相悖，甚至**抽搐**和**癫痫**症状（只是不适用于妇女和孩童，他们不具有这样的决心的力量），哪怕是被骂做不可治愈的**足痛风**，在其每次新发作时，都可以用决心（把自己的注意力从这样一种病痛引开）的这种坚定性来抵挡，并逐渐地完全消除它们。

三、论饮食

在健康和年轻状态下，享受方面最妥当的就是在时间和量上仅仅征询**胃口**（饥和渴）；但是，鉴于随着老年而出现的衰弱，某种经过检验的、被认为有益的生活方式的习惯，亦即一日如何做，就常年如何做，是一个最有利于长寿的养生学原理；但条件是，这种吃法在胃口拒绝时要有相应的例外。——因为在老年时，胃口拒绝大量的流食（喝汤或者许多水），尤其是对于男性。与此相反，它要求比较粗糙的食物和比较刺激的饮料（例如葡萄酒），既是为了促进肠胃的**蠕动**（在所有的内脏中，肠胃看起来最有 vita propria［自己的生命］，因为如果把它们活着从动物身上撕下来并且弄碎的话，它们就像蠕虫那样爬行，其活动人们不仅能够感觉到，而且甚至能够听到），
〔108〕同时也是为了促进这些部位的血液循环，它们由于自己的刺激性而有助于保持机体的血液循环运动。

但是，如果水自身不包含与血液适应的成分（葡萄酒就是这种东西）以及带有对血管的一种刺激使其运动的成分，那么，它在老人那里就需要更长的时间，才能在被吸收入血液后，走过其与血液成分的分离经肾到膀胱的漫长路途；但是，刺激性的成分在这种情况下是被当做药物使用的，其人为的运

用正因此而真正说来不属于养生学。饮水的胃口（渴）的出现在大多数情况下只不过是习惯罢了，不要马上去顺从它，在这方面所下的**坚定决心**，就把这种刺激控制在对应当配给固体食物的流食的自然需要的尺度内，在老年甚至会由自然本能来抵制大量享用流食。由于这种过量饮水，人们也睡不好，至少是睡不沉，因为血液温度由此被降低了。

经常有人问：就像 24 小时里只睡一觉那样，按照养生学规则，是否在同样多的小时里也只能同意吃一顿饭？或者，在午餐时节制一些胃口以便能够晚上再吃岂不**更好**（更健康）？当然后者更消磨时间。——我认为，后者也在所谓的最佳年岁（中年）更为有益，而前者在晚年更为有益。因为既然为了消化，老年时肠胃工作的状态无疑比年轻时更慢，那就可以相信，前一顿饭尚未消化完毕，（在晚餐时）又交给自然一份新的工作定额，必定对健康有害。——以这样的方式，就可以把中午吃得足够饱之后还要吃晚餐的刺激视为一种病感，人们可以通过一种坚定的决心来如此控制它，使得它的发作逐渐地不再被感觉到。

四、论出自思维不是时候的病感 〔109〕

对于一个学者来说，**思维**是一种营养，离开这种营养，**当他清醒且独处的时候**，他就不能生活。这种营养或许就在于**学习**（读书），或者在于**构想**（沉思和发现）。但是，在吃饭或者走路的时候同时苦苦思索某个特定的思想，让头和胃或者头和脚同时承担两种工作，前者将产生忧郁症，后者将产生晕眩。因此，为了通过养生学来控制这种病态，所要求的无非是让胃或者脚的机械活动与思维的精神活动交替进行，在这段（用于恢复的）时间里阻止有意的思维，听凭想象力的（与机械活动类似的）自由活动；但是，对于一位研究者来说，为此就要求**思维时注意养生**的一种普遍的坚定决心。

如果人们吃饭时没有同伴，同时在读书或者思考，就会出现病感，因为生命力被大脑的工作从人们使之承受负担的胃引开了。如果这种思考被与双脚耗费体力的工作（在散步时）[①]结合起来，也同样如此（人们还可以加上**彻夜工作**，如果不是非习惯性地这样做的话）。然而，出自这些不是时候地（invita Minerva [违背理智地]）作出的精神劳作的病感，毕竟不具有这样的性质，即不能直接地通过纯然的决心在瞬间消除它们，而是只能通过凭借一种相反的原则戒除这种习惯，来逐渐地消除它们，这里只谈前面的情况。

〔110〕

五、论在呼吸时通过决心来清除和预防病感

几年前，我还时常受到感冒和咳嗽的侵袭，这两种病症有时在去睡觉时发生，对我来说就更加不是时候。仿佛是被对夜间睡眠的这种干扰所激怒，就第一种病症而言，我决意紧闭双唇，完全用鼻子来吸气；我起初只能以一种微弱的嘶嘶声来做，而由于我并不放弃或者让步，气流就越来越强，最终完全顺畅，做到用鼻子来呼吸，这样我就马上入睡了。——**咳嗽**是一种仿佛抽搐性的呼气，中间伴有急促的吸气（不像笑时那样是一种连续的呼气），震颤着发出响声，就它而言，尤其是普通人在英国称为老人咳（躺在床上时发生）的那种咳嗽，对我来说更不是时

① 研究者们很难放弃在独自散步时只以思考本身为乐。但是，我在自己身上发现，也从我所咨询的别人那里听到，走路时使劲思考会很快使人疲倦；与此相反，如果听凭想象力自由活动，这种运动就能使精力恢复。如果在做这种与思考结合起来的运动时，还同时与一个他人会谈，情况就更是如此，以至于人们很快就发现，不得不坐着来继续其思想的活动。——在野外散步的意图，就是通过对象的更替来使自己对每一个个别对象的注意力**松弛**下来。

候，因为它有时是在躺在床上刚刚暖和起来时发生，并且延迟入睡。要抑制这种由于张开嘴巴吸入空气刺激喉头而激起的咳嗽①，

① 难道不是大气层的空气，当它通过咽鼓管（因而是在双唇紧闭时）流动时，通过在这一临近大脑的弯道布放氧气，就造成生命器官得到强化的清新感吗？这种感觉就好像是人在**饮用**空气；虽然空气没有气味，这时它毕竟在强化嗅觉神经及其附近吮吸的管道。在有些天气里，这种享受空气的清新感不会发生；但在另一些天气里，在漫步时通过深呼吸饮用空气确实是一件惬意的事情，这是张开嘴巴吸气所不能提供的。——但是，在养生学上具有极大重要性的是，要使紧闭双唇用鼻子呼吸成为**习惯**，以至于即便在熟睡时也不会改变，只要张开嘴巴呼吸就会马上醒来，仿佛受到惊吓一般；我一开始在养成以这样的方式呼吸的习惯之前，有时就经历过这种事。——当人们不得不快步行走或者爬山时，就要有更大的决心，不背离那个规则，并且宁可放缓步伐，也不制造例外；同样，在涉及一个老师要让其学童所做的剧烈运动时，也宁可让他们动作迟缓些，而不要让他们经常用嘴巴呼吸。我的年轻朋友们（过去的听众）赞扬这个养生学准则行之有效，有益于健康，而且不把它当做小事，因为它是使得医生成为并非必需的纯然家常手段。——值得注意的还有：由于在长时间连续**说话**时，看起来也老是张开嘴巴**吸气**，因而那个规则在这里被违背而没有害处，但实际上并不是这样。因为毕竟还是在用**鼻子**呼吸。假如鼻子这时堵塞了，人们就会说演讲者在用鼻子说话（一种非常难听的声音），而他实际上并没有用鼻子说话，相反，当他实际上是在用鼻子说话时，则会说他不是用鼻子说话。宫廷顾问**利希藤贝格**先生幽默而又正确地看出了这一点。——这也是长时间说话的人（讲演者或者布道人）为什么能够连着讲一个小时而嗓子不哑的原因：因为他真正说来是在用鼻子，而不是在用嘴巴**吸气**的，只不过在用嘴巴**呼气**罢了。——这种总是紧闭双唇来呼吸的习惯在人们独处至少不在讲话的时候还有一个附带的好处，那就是：不断分泌出来并润湿喉咙的 Saliva［**唾液**］在这里同时有消化剂（stomachale）的作用，也许（咽下去）还有泻剂的作用，如果人们足够坚定地下决心不通过不良习惯浪费它的话。

〔111〕需要一种并非机械的（药物的），而仅仅是直接的心灵运作：即通过把对这种刺激的**注意力**使劲集中在某个客体上（就像在上述抽搐症状上一样）而将它完全转移，从而阻止空气的喷出；我清晰地感觉到，这样做把血液压迫到我面部，但此时由同一种刺激引起的唾液（saliva）却在阻止这种刺激的作用，亦即空气的喷出，并导致把这种水分咽下去。——这是一种需要相当大程度的坚定决心的心灵运作，但也正因为如此，这种决心的好处也就更大。

六、论这种紧闭双唇呼吸的习惯的结果

其**直接**结果就是：这种习惯即便在睡眠中也在继续，而且我只要偶尔张开双唇，用嘴巴吸一口气，就会从睡眠中惊醒；
〔112〕人们由此可以看出，睡眠以及做梦并不是完全脱离清醒者的状态，并不是也有对自己在那种状态中的情况的一种注意力掺和进来；人们也可以从如下情况得出这一点：头天晚上准备要比通常早起（例如为了开车兜风）的人，也会更早**醒来**；也许他们是被城市的钟声唤醒的，因而他们也必须在睡梦中听到并注意到这钟声。——这种值得赞扬的习惯的**间接**结果是：它防止了两种状态下的不情愿的、被迫的咳嗽（不是作为有意吐痰的那种**咳痰**），这样就通过纯然决心的力量防止了一种疾病。——我甚至发现，当我在熄灯后（刚刚躺到床上）突然感到强烈口渴，为了喝水解渴，我不得不在黑暗中走到另一个房间，摸索着走来走去寻找水瓶时，我忽然想起做几次扩胸深呼吸，仿佛是用鼻子**饮用**空气；这样，几秒钟后口渴就消失了。它是一种病态的刺激，通过一种相反的刺激被消除。

结束语

心灵在一些病症方面拥有能够通过人的纯然坚定意志，来控制其感觉的能力，它是理性动物的一种高级力量；这些病症都是痉挛性的（抽搐性的）；但是，人们不能反过来说，所有这类病症都能够通过纯然的坚定决心来抑制或者清除。——因为它们中的一些具有这样的性状，即让它们屈服于决心的力量的尝试毋宁说还加剧了抽搐的痛苦；我自己就发生过这种情况，大约一年前被《哥本哈根报》描述为“流行性的、伴有**头部压迫感**的伤风”的那种疾病（在我这里有一年多了，但毕竟有类似的感受），使我对一些脑力劳动来说仿佛是紊乱了，至少使我虚弱和迟钝了，而且由于这种压迫感是施加在老人的弱点之上的，它差不多同时要了我 〔113〕
的命。

如果思维就是对一个概念（联结起来的诸表象之意识的统一性）的坚持的话，那么，病人那伴随和妨碍思维的病态性状，就会产生思维器官（大脑）的一种痉挛状态的感觉，作为一种虽然真正说来并不削弱思维和反思，同样并不削弱对过去所想的东西的回忆，但在陈述（口头的陈述或者书面的陈述）时应当保证诸表象在其时间秩序上的固定联系，以防分心的压迫，它甚至造成大脑的一种不自觉的痉挛状态，使它不能在前后相继的表象的更替中保持其意识的统一性。因此，我就遇到过这样的情况：当我像在每一次讲演中随时所做的那样，首先（让听众或者读者）为我要讲的东西做准备，给他概述了我要达到的对象，然后再把他引回到我由以出发的地方（缺少这两种指引，讲演就不连贯），现在我应当把前者与后者联结起来，我却不得不突然问我的听众（或者默默地问我自己）：我刚才讲到哪儿了？我是从什么地方开始的？这种缺陷并不算是精神的缺陷，也不只是记忆的缺陷，而是（在联结时）**精神在场**的缺陷，也就是说，是不自觉的**分心**，是一种非常令人痛苦的缺陷，人们虽然在作品中（特别是在哲学作品中，因为人们在这里并不能够总是那么容易回顾由以出发的地方）竭尽全力防止这种缺陷，但无论如何也无法完全避免。

数学家在直观中把自己的概念或者其替代物（量和数的符号）置于自己面前，而且他所完成的一切都是正确的，这一点是能够有保证的；对他来说，情况就与主要是纯粹哲学（逻辑学和形而上学）专业的工作者有所不同，后者必须让自己的对象在自己面前保持虚无缥缈，并且不仅仅是一部分一部分地，而必须在任何时候都同时在（纯粹理性的）体系的整体中展示和检验它。因此，如果一个形而上学家比一个其他专业的研究者、比实务哲学家更加没用，也就不值得奇怪了；然而，毕竟
〔114〕必须有他们中的一些人完全献身那个专业，因为如果没有一般而言的形而上学，就根本不可能有哲学。

由此也就能够解释，某人何以能够自诩**老年**健康，尽管就他职责所在的工作而言，他也必须被归入病人之列。因为**无能**同时阻碍着生命力的运用，也随之阻碍着对它的滥用和耗费，而他就仿佛只是在一个较低的层次上（作为苟延残喘的存在者）活着，亦即能吃、能走、能睡，这对于他的动物性生存来说是健康的，但对于他的公民性生存（对公共事务负有义务的生存）来说却叫做有病，亦即无用，所以，这位死亡候选人由此并不自相矛盾。

延长人类生命的艺术就导向这一点：人最终在活着的人们中间这样遭人白眼，这恰恰不是最令人愉快的情况。

但在这一点上我本人有过失。因为，我为什么不也给努力

向上的更年轻一代腾出位置？为什么要为了活着而贬低惯常的生活享受？为什么要通过种种禁忌来特别地延长一个虚弱的生命，通过自己的例子来搅乱那一并考虑天生虚弱的人的格局及其可能的寿命的生死簿，让人们通常称为命运的一切（人们谦卑虔诚地服从它们）服从自己的坚定决心？这毕竟很难被接受为，理性直接实施其治疗力量所遵循的普遍养生学规则，并且在那时排斥药房的治疗模式。

后记

因此，我也许可以敦促延长人类生命（也尤其是文字工作的生命）的艺术的作者，要他也善意地考虑读者的**眼睛**（尤其是现在大量的女读者，她们可能更为强烈地感到戴眼镜的弊端），由于印书人讨厌的矫揉造作（因为字母成为绘画，毕竟自身绝对没有任何美感），读者的眼睛如今在每一页书上都在受打击；在摩洛哥，由于所有的房子都被粉刷成白色，很多城市居民都成了盲人；为了不使这种恶果由于类似的原因，也在我们这里蔓延，毋宁将印书人置于治安法律之下。——与此相 〔115〕
反，现在的**时尚**却是另一回事；亦即：

1. 不是用黑色油墨，而是用**灰色**油墨印刷（因为它在上好的白纸上更柔和、更可爱）。

2. 用细脚**狄多**字母，而不是用会与其**铅字**（仿佛是要站稳的书中棍杖）这个名称更加吻合的布赖特科普夫字母。

3. 用**拉丁**字体（甚至是斜体）印一部德国内容的著作，对此布赖特科普夫有理由说：没有什么人的眼睛读拉丁字体坚持得像读德文字体那样久。

4. 字体能有多小就有多小，只要对于附在下面的脚注来说，更小的（对眼睛来说更不适合的）字体依然可读。

要控制胡闹，我建议：以《柏林月刊》的印刷为榜样；因为无论拿到哪一期，人们都将感到被上述阅读所害苦的眼睛，因其外观而明显地振作起来。①

① 在眼睛的**病症**（不是真正的眼疾）中，我对其中的一种有过经验，我首先是在40岁时遇到它一次，后来隔上几年就不时遇到，但现在是每年都遇到几次；这种现象就在于：在我读的书页上，突然所有的字母都乱成一团，由于照在上面的某种光亮而混在一起，根本无法阅读；这种状态持续不会超过6分钟，它对于一位习惯于照本宣科的布道人来说是很危险的，但对于我来说，在我的逻辑学和形而上学讲堂上，可以按照相应的准备（从头脑出发）自由讲述，所担忧的无非是，这种病症会是失明的先兆；对此我现在仍然放心：因为尽管这种病症如今比过去更经常发生，我在自己惟一健康的眼睛（因为左眼大约5年来就失明了）上并没有发现视力有丝毫下降。——有一次，当那种现象发生时，我偶然想到闭上眼睛，甚至为了更好地遮挡外来的光线，我把手放在眼睛上，然后我就看到雪亮的、就像黑暗中用磷在一个板子上画出的图形，类似于日历上用来标明最后四分之一的图形，但是有一个在凸面上呈锯齿状的边缘，它的光亮渐渐消退，并在上述时间里消失。——我很想知道，别的人是否也做过这种观察，以及应当如何解释这种现象；它真正说来并不在眼睛中，——这个图像并不在眼睛运动时同时随着运动，而是始终被在同一个位置上看到——，其位置是在 Sensorium commune［共通的感觉中枢］。同时，稀奇的是有人会**失去**一只眼睛（在一段时间里，我估计大约3年）而不**惦记**这件事。

1798 年

实用人类学

伊曼努尔·康德硕士

李秋零　译

前 言 〔119〕

在人借以形成自己的学术的文化中，一切进步都以把这些获得的知识和技巧用于世界为目标；但在世界上，人能够把那些知识和技巧用于其上的最重要的对象就是人，因为人是他自己的最终目的。——因此，按照人的类，把他作为赋有理性的地上存在者来认识，这是特别值得被称为**世界知识**的，尽管人只是构成了地上造物的一个部分。

一种系统地安排的关于人的知识的学说（人类学），可以要么是**生理学**方面的，要么是**实用**方面的。——生理学的人类知识关涉**大自然**使人成为什么的研究，实用的人类知识则关涉人作为自由行动的存在者使自己成为或者能够并且应当使自己成为什么的研究。——谁对于例如记忆能力可能以之为基础的自然原因作出深思，他就可能对所获得的感觉留下的印象在大脑中存留的痕迹反复玄想；但他在这时必须承认，他在自己的表象的这种活动中是纯然的旁观者，而且必须听任自然，因为他既不认识脑神经和纤维，也不善于把它们用于自己的意图，因而对此的一切理论玄想都是纯粹的白费力气。——但是，如果他把对被认为妨碍或者促进记忆的东西的知觉用于扩展记忆或者使之敏捷，并且为此运用人的知识，那么，这就会构成**实用**人类学的一个部分，而这正是我们在这里要讨论的人类学。

这样一种人类学，作为必然跟随在**学术**之后的**世界知识**来看，如果它所包含的是世界上的**事物**的广泛知识，例如不同国度和气候下的动物、植物和矿物的广泛知识，真正说来就还不 〔120〕

被称为**实用的**，而是在它包含着作为**世界公民**的人的知识时才如此。——因此，甚至作为属于自然活动之产物的人种，其知识也还不算实用的世界知识，而**只**被算做理论的世界知识。

认识世界和**拥有**世界这两个表述在含义上相距甚远，因为前者只是**理解**他所旁观到的活动，后者则是**参与**这一活动。——但是，要评判所谓的**上流**社会，即高贵者阶层，人类学家处在一种很不利的立场上，因为这些人彼此过于接近，离其他人又太远。

旅游，哪怕只是阅读游记，就属于在范围上扩展人类学的手段。但是，如果人们想知道，为了在更大的范围扩展人类知识，自己应当在外面寻求什么，那么，他就必须事先在家里通过与自己的城乡同胞①的交往来获得这种知识。没有这样一个计划（它已经以人类知识为前提条件），世界公民在其人类学方面就总还是很受限制的。在这一点上，**总体知识**如果是由哲学来整理和引导的话，就总是走在**局部知识**的前面；没有哲学，一切所获得的知识就只能充当零碎的摸索，而不能充当科学。

※　　※　　※

但是，要达到这样一种具有周密性的科学的一切尝试，都面临着明显的、依附于人的本性自身的困难。

〔121〕 1. 那觉察到有人在观察他并且试图研究他的人，将要么

① 一座大城市，是一个国家的中心，该国的政府机关就驻守在那里，它拥有一所大学（为了扶植科学），同时还有便于海上贸易的位置，这位置既有助于通过河流与该国内陆交往，又有助于与语言风俗不同的遥远邻国交往，——这样一座城市，例如普列格河畔的**哥尼斯贝格**，就可以被视为一个既扩展人类知识，又扩展世界知识的适宜之地，在此即便不去旅游也能获得这些知识。

显得尴尬（害羞），而此时他就不能表现出自己的本来面目；要么就**伪装**自己，而此时他是不**想**被认出自己的本来面目。

2. 哪怕他只想研究自己，首先就他在这种情况下通常不容**伪装**的情绪状态而言，他也陷入一种临界的境地，也就是说，当动机在活动时，他不观察自己，而当他观察自己时，动机又平息了。

3. 地点和时间如果是持续不断的，就造成了**习惯**；习惯如人们所说，是第二本性，它给人对自己的判断，即他应当把自己看成什么人，增加了困难，但更给他应当对与他交往的另一个人形成一个概念增加了困难；因为人由于自己的命运而被置入，或者他也作为冒险家自己把自己置入的境地的改变，使得人类学更加难以把自己提升到正式科学的地位。

最后是一些虽然并非人类学的源泉，但毕竟是它的辅助手段的东西：世界历史、传记，甚至戏剧和小说。因为虽然配给后两者的真正说来不是经验和真实，而仅仅是虚构，而且这里允许对个性和人被置于其中的情境仿佛在梦幻中一样加以夸张，因而它们显得对于人类知识来说没有教导任何东西，但那些个性，诸如理查逊或者莫里哀这些人所构想的，却毕竟在其**基本特点**上必须取材于对人的现实活动的观察，因为它们虽然在程度上有所夸张，但在质上却毕竟必须与人的本性相吻合。

一种系统地构想，但毕竟通俗地（通过联系让每个读者都能够就此找到的例子）在实用方面安排的人类学，给读者们带来的好处是：能够把观察到的、具有实践效果的这种或者那种人类特性置于其下的诸标题，其完备性借此给予读者如此之多的推动和要求，让他们把每一种特性都当做一个专题，以便把 〔122〕
它置于属于它的专业之中；由此人类学中的种种工作就自动地

分配到这种研究的爱好者们中间，并通过计划的统一性而最终联合成为一个整体；这样就促进和加快了公益科学的成长。①

① 在我最初自主接受的、后来作为教职托付给我的**纯粹哲学**的教学工作中，我30多年来举办过两种以**世界知识**为目的的讲座，亦即（冬季学期的）**人类学**和（夏季学期的）**自然地理**，就连外行人也认为，把它们当做通俗报告来听是可取的；其中前者就是眼前这个小册子，至于后者，要从我用来讲课的，也许除了我没有别人能够辨认的手稿出发，提供这样一个小册子，就我现在的高龄来说，几乎是不太可能的。

第一部分
人类学的教学法
——论既认识人的内心又认识其外表的方式

〔127〕

第一卷
论认识能力

论对自己的意识

第 1 节　人能够在其表象中具有自我，这把他无限地提升到其他一切生活在地球上的存在者之上。由此，他是一个**人格**，并且凭借在其可能遇到的所有变化时的意识统一性而是同一个人格，也就是说，是一个由于等级和尊严而与人们能够随意处置和支配的、诸如无理性的动物这样的**事物**截然不同的存在者，哪怕他还不能说“我”，因为他毕竟在思想中有“我”；一切语言在用第一人称说话时都毕竟必须想到“我”，尽管它们并不用一个特别的词来表达这种“我性”。因为这种能力（亦即思维的能力）就是**知性**。

但值得注意的是：已经能够相当流利地说话的孩子却相当迟（也许要到 1 年之后）才开始用“我”说话，在这么久的时间里他却用第三人称来说自己（卡尔要吃，卡尔要走，等等），而当他开始用“我”来说话时，对于他来说就仿佛是升起了一道光明，从这一天起他就再也不退回以前那种说话方式了。——之前他只是**感觉**到自己，现在他是在**思维**自己了。——对这种现象的解释会使人类学家感到相当困难。

关于一个孩子在出生后三个月内既不表现出哭泣也不表现出微笑，这种察觉看来同样基于某些受伤害和受委屈的表象的发展，这些表象完全是在预示着理性。——他开始用眼睛跟踪
〔128〕在这段时间里举在他面前的发光对象，这是**知觉**（对感觉表象

的把握）之进步的大致开端，为的是把知觉扩展成为有关感官对象的**知识**，亦即**经验**。

此后，当他试图说话时，磕磕巴巴使他在母亲和保姆看来如此可爱，使她们乐意于总是抱他、亲他，甚至通过满足他的每一个愿望和意志而把他娇惯成小司令官；在发育成人的这段时间里，小家伙的这种可爱一方面必须归于他的一切尚有缺陷的表现之天真和坦白，这里还没有任何隐瞒和狡诈，但另一方面也必须归于保姆要使一个以讨好的方式完全听凭别人之任性的小家伙感到愉快的自然倾向，因为同意他有一段玩耍的时光，这是所有时光中最幸福的时光，此时教育者也由于仿佛把自己变成了孩子，而再次享受到这种快乐。

但是，他童年的**回忆**却远远达不到那段时光，因为它不是经验的时光，而只是零散的、尚未在客体的概念下统一起来的知觉的时光。

论自我主义

第 2 节　从人开始用“我”来说话的那一天起，只要可以，他就显露出他那心爱的自我，而自我主义就不可阻挡地向前挺进；即便不是公开地（因为有别人的自我主义与它相冲突），也毕竟是隐蔽地，为的是用表面的自我否定和假装的谦虚，来更为可靠地使自己在别人的判断中表现出一种优秀的价值。

自我主义可以包含三种僭妄：知性的僭妄、鉴赏的僭妄和实践兴趣的僭妄，也就是说，它可以是逻辑的、审美的或者实践的。

逻辑的自我主义者认为没有必要按照别人的知性来检验自

己的判断；就好像它根本不需要这个试金石（criterium veritatis externum［真理的外在标准］）似的。但毋庸置疑，我们不能缺少确保我们的判断的真理性的这个手段，这也许是有教养的民族如此急切地要求**写作自由**的最重要原因；因为如果这种
〔129〕自由被拒绝，我们同时就被剥夺了一个检验我们自己的判断之正确性的重大手段，而我们就被丢弃给错误了。甚至不要说至少**数学**有特权从自己的绝对权力出发来裁决；因为如果不是此前已经发现数学家的判断，与其他所有以其才能和勤勉献身这个专业的人的判断普遍吻合的话，数学自身就不会被免除在某个地方陷入错误的忧虑。——但也有一些场合，甚至只说我们自己感官的判断，例如一串铃声是仅仅存在于我们的耳朵里，还是听到了真实发出的铃声，我们也不肯定，而是认为还有必要咨询别人，看他们是否也觉得是这样。而尽管我们在哲学研究中并不能全像法律研究者援引有法律经验的人的判断那样，援引别人的判断来证实我们自己的判断，但毕竟每一个找不到任何追随者的作者，都会与他那公开发表的、本来很重要的意见一起，落入错误的嫌疑。

正因为如此，向众人卖弄一种违背普遍意见，甚至违背理解的主张，就是一种**冒失**。自我主义的这种表现就叫做**悖逆**。冒着出错的危险敢于做某件事不是勇敢，而是惟有冒着少有理解者的危险敢于做某件事才是勇敢。——对悖逆的偏爱虽然是**逻辑上的固执己见**，不想做一个随声附和的人，而是表现得与众不同，但与此相反，这样一种固执己见常常只是造成**稀奇古怪的人**罢了。但是，由于每个人都毕竟有**自己的**见解，并且必须维护它（Si omnes patres sic，at ego non sic［如果所有教父都是这样，那我就不这样了］——阿伯拉尔），所以，如果悖逆不是基于仅仅想与众不同的虚荣心，对它的非难就不具有任何贬意。——因为悖逆与有普通意见来支持的**日常的东西**相对

立。但是，日常的东西的可靠性如果不是更少，也是同样少，因为它使人麻木；与此相反，悖逆唤起心灵的注意和研究，后者往往导致发现。

审美的自我主义者是这样的人，对他来说他自己的**鉴赏**就够了；哪怕别的人会认为他的诗、画、音乐等等诸如此类的东西很糟糕，予以指责甚或是嘲笑。当他以自己的判断把自己孤立起来，孤芳自赏，并且只在自身中寻找艺术美的试金石时，〔130〕他就使自己不能向着更好进步。

最后，**道德上的**自我主义者是这样的人，他把一切目的都局限在自身，他仅仅在对他有用的东西上看到用处，也许还作为幸福主义者仅仅在用处和自己的幸福中，而不是在义务表象中确立自己意志的最高规定根据。因为既然每个别的人都对自己算做幸福的东西形成了别的概念，所以恰恰是自我主义走得如此之远，根本不具有真正的义务概念的试金石，而这样的试金石绝对必须是一个普遍有效的原则。——因此，一切幸福主义者都是实践的自我主义者。

能够与自我主义相抗衡的惟有**多元主义**，亦即这样的思维方式：不是把自己当做将整个世界囊括在自己的自我之中的人，而是当做一个纯然的世界公民来看待和对待。属于人类学的就是这些了。因为说到这种根据形而上学概念的区别，它完全处在这里所讨论的科学的领域之外。也就是说，如果问题只是：我作为能思维的存在者，除了我的存在之外，是否还有理由承认其他与我处在共联性之中的存在者的一个整体（被称为世界）的存在，那它就不是人类学的，而纯然是形而上学的。

附释：关于自我主义语言的格式

在我们的时代，国家元首对人民使用的语言通常是复数的

(我们以神恩的名义，等等)。问题是，这里的意思是否不是那么自我主义的，亦即显示自己的绝对权力，并不意味着西班牙国王以他的 Io，el Rey（我，国王）所说的同一种东西？但显而易见：那种最高权威的格式最初应当意味着**降尊纡贵**（我们、国王及其议会或者各等级)。——但是，在古代经典语言中相互用“**你**”来称呼，从而表达为**单数**，而各不同民族，尤其是日耳曼各民族用“**你们**”表示**复数**，这是怎么发生的呢？为此德国人还发明了两种暗示着对与之谈话的人物更加褒扬的
〔131〕表述，亦即“**他**”和“**他们**”（就好像根本不是称呼，而是在讲述不在场的人，更何况或者是一位，或者是多位)。此后，最终为了完成对被称呼者假意的卑躬屈膝和把别人抬举到自己之上这种荒唐事，被称呼者的地位品级的抽象概念(诸如“仁慈”、“尊贵”、“高贵”、“宽厚”等等诸如此类的东西）取代人格而被使用。——这一切可能都是由于封建制度，封建制度所关心的是从国王的尊严开始，通过递减，直到人的尊严完全终止，只剩下了人，亦即直到被其主子只用“**你**”来称呼的农奴的等级，或者一个还不可以有自己意志的孩子的等级，——更高贵者应得的敬重的**程度**，是不会被弄错的。

论对自己表象的自主意识

第3节　要意识到自己的表象，这种努力要么是**注意**(attentio)、要么是**撇开**一个我意识到的表象（abstractio)。——后者绝不是纯然对前者的放弃或者搁置（因为这就会是分心［distractio]），而是认识能力的一种现实的行为，即阻止我所意识到的一个表象与其他表象在同一个意识中相

结合。——因此，人们不说抽出（分离）**某种东西**，而是说**从某种东西**，亦即我的表象对象的一个规定抽出，由此这个规定就获得了一个概念的普遍性，并这样被接纳到知性之中。

能够从一个表象抽出，哪怕它是通过感官强加于人的，这是一种比注意的能力大得多的能力，因为它表现出思维能力的一种自由和心灵**控制自己表象的状态**的专权（animus sui compos［能控制自己的心灵］）。——考虑到这一点，在涉及感官表象的时候，**抽象能力**比注意能力困难得多，但也更重要。

许多人是不幸的，因为他们不能抽象。求婚者惟有能够不理会其情人脸上的赘疣或者齿豁，才能缔结一桩美满 〔132〕 婚姻。但是，我们的注意能力的一个特别的坏习惯恰恰在于，也情不自禁地让自己的注意盯牢别人身上有缺陷的东西：把自己的眼睛对准正对他脸部的一枚脱落的上衣纽扣，或者齿豁，或者一个习惯性的语病，由此而使别人不知所措，但也使自己在交往中兴味索然。——如果主要方面是好的，那么，**不理会**别人的缺陷，甚至不理会我们自己的幸福状态的缺陷，这不仅是合情合理的，而且也是明智的；但是，这种抽象能力是惟有通过锻炼才能获得的一种心灵的坚强。

论对自己的观察

第 4 节　留意（animadvertere）还不是一种对自己的**观察**（observare）。后者是对在我们自己身上所作的知觉进行一番有条有理的整理，这些知觉为**一个自我观察者的日记**提供了材料，很容易导致狂热和妄念。

在与人打交道时，对自己的注意（attentio）虽然是必要的，但在交往中必须不显山露水；因为它要么造成**害羞**（尴尬），要么造成**装腔作势**（矫揉造作）。二者的反面是**从容不迫**（air dégagé）——对自己在仪表上不会被别人作出不利评判的一种自信。那种装模作样，就好像一有机会就要在镜子前评价自己的人，或者说话就像在听自己说话（不仅仅是像一个别人在听他说话）的人，是一种演员。他要**讲排场**，要装出一副他是特殊人物的样子；这样，当人们在他身上觉察到这种煞费苦心时，他在别人的判断中就受到损失，因为它激发了一种有意欺骗的嫌疑。——在表现自己的风格上，人们把这种不给人理由产生任何这样的疑心的坦然称做举止**自然**（它并不因此就排斥一切美的艺术和鉴赏的教养），而且它单是由于表现上的**真诚**就让人喜欢。但是，如果坦率同时出自**简单**，亦即出自缺乏一种已成为规则的修饰艺术，出自表达方式，那它就叫做**幼稚**。

〔133〕在一个及笄少女或者一个对城市风度一无所知的乡下人身上，表现自己的坦率方式由于天真和简单（对表现艺术无知），而在娴熟圆滑地掌握了这门艺术的人们那里引起一种快活的笑声。不是带有鄙视的**嘲笑**；因为人们这时在心中毕竟还是尊重纯洁和正直的；而是一种善意的和亲切的发笑，笑的是不懂这门恶劣的、尽管是基于我们已堕落的人性的**表现艺术**，如果人们把这种艺术与一种尚未堕落的本性的理念相比较的话，那就更应当对之叹息而不是见笑了。①这是一种瞬间的高兴，就像一片乌云密布的天空，一下子在某个地方裂开了，让阳光透

① 考虑到这种理念，可以这样来套用**佩尔修**的诗句：Naturam videant ingemiscantque relicta［他们得见本性，而叹之被弃］。

射而出，但马上又重新合拢，以便保护鼹鼠差劲的自私眼睛。

但是，说到这一节的真正意图，亦即上述**告诫**，千万不要去窥探自己思想情感**不由自主的**历程的一种内在历史，仿佛是有研究地撰写它似的，之所以提出它，乃是因为那是在自以为有更高灵感和没有我们的参与、谁也不知道从哪儿来影响我们的力量的头脑混乱中，陷入顿悟主义和恐怖主义的捷径。因为我们在这里不知不觉地自以为发现了我们自己带到我们心中的东西；诸如**布里隆**以谄媚的表象，**帕斯卡**以恐惧的和畏怯的表象陷入其中一样；甚至一个本来很有头脑的人**阿尔布雷希特·哈勒**也陷入了这种情况，他在长期但也时常中断地记录自己的灵魂状态时，最终达到了这一步，即他质询一位著名的神学家、他以前的大学同事**莱斯**博士：他是否能够在自己的神学知识的丰富宝藏中，找到对他惊恐不安的灵魂的安慰？

在我**唤起表象力**的时候观察表象力在我心中的不同活动，这是很值得深思的，对于逻辑学和形而上学来说也是必要的和有用的。——但是，在它**不招自来地**进入心灵（这是由无意间进行创造的想象力的活动造成的）的时候想要窥视它，就是对 〔134〕
认识能力中的自然秩序的一种颠倒，而且要么已经是心灵的一种疾病（郁郁不乐），要么是导向这种疾病并导向疯人院；因为在这种情况下，思维的原则不是（像它们应当的那样）走在前面，而是跟在后面。有谁关于**内部经验**（仁慈、诱惑）善于讲述许多东西，在他为研究自己所做的探险之旅中，还是请他先到安提库拉去。因为那些内部经验并不像关于空间中的对象的**外部**经验一样，在外部经验中，对象相互并列地显现，并且显现为**常驻**固定的。内感官只是在时间中，从而在流动中来观察诸规定之间的关系，在流动中没有任何观察的持久性，而持久性对于经验来说毕竟是必要的。①

〔135〕

论我们没有意识到就拥有的表象

第5节 **拥有表象却没有意识到它们**，在这一点上显得矛盾；因为如果我们没有意识到它们，我们怎能知道拥有它们呢？洛克作出过这种反驳，他因此也否认这样一类表象的存在。——然而，我们毕竟能够**间接地**意识到拥有一个表象，即使我们没有直接意识到它。——这样的表象在这种情况下就叫做**模糊的**表象；其余的表象就是**清楚的**，而当它们的清晰性也扩展到它们的整体的分表象和它们的结合之上时，它们就是**清**

① 如果我们有意识地想象两种活动，也就是说：使一个**概念**（一个思想）成为可能的内部活动（自发性），即**反思**，以及使一个**知觉**（perceptio）亦即经验性**直观**成为可能的感受性（接受性），即**把握**，那么，对自己的意识（apperceptio［统觉］）就可以划分为反思的意识和把握的意识。前者是知性的意识，后者则是内感官的意识；前者是**纯粹的**统觉，后者则是**经验性的**统觉，因为前者在这种情况下被错误地称为内**感官**。——在心理学中，我们根据我们内感官的表象来研究我们自己；但在逻辑学中，根据的却是理智意识所提供的东西。——在这里，自我对我们来说显得是双重的（这会是自相矛盾的）：1. 作为思维主体的自我（在逻辑学中），意味着纯粹的统觉（纯然反思的自我），关于它根本不能再说什么，它只是一个极简单的表象；2. 作为知觉的、因而内感官的**客体**的自我，它包含着使一种内部**经验**成为可能的那些规定的杂多性。

当人意识到他的心灵（他的记忆或者被他接受的原理）的不同内在变化时，他是否鉴于这些变化还能够说，他是**同一个人**（根据灵魂），这个问题是一个荒唐的问题；因为他惟有通过在不同的情境下把自己想象为同一个**主体**，才能意识到这些变化，而且人的自我虽然在形式上（在表象方式上）是双重的，但并非在质料上（在内容上）也是双重的。

楚的表象，不管它们是思维的表象还是直观的表象。

当我意识到我在离我很远的一片草地上看到了一个人，尽管我并没有意识到我看见了他的眼睛、鼻子、嘴巴等等时，我真正说来只是**推断**出，这是一个人；如果我由于自己没有意识到我对头部的这些部分（同样还有这个人的其他部分）的知觉，就断言我在自己的直观中根本不**拥有**这些部分的表象，那么，我也就不能够说，我看见了一个人；正是由这些部分表象复合成整个（头或者人的）表象的。

我们的那些虽然能够确定无疑地推断出我们拥有，但我们却没有意识到的感官直观和感觉，亦即人心中的（同样还有动物心中的）**模糊**表象，其领域是不可测度的，与此相反，清楚的表象却只包含它们呈现给意识的少得多的点，仿佛在我们心灵的巨大**地图**上只有少数地方被**照亮**一样，这可能使我们对我们自己的本质产生惊异；因为一个更高的力量只要喊一声：要有光，那么，即便不添加任何东西（例如，当我们接受一个作家，连同他在自己的记忆中拥有的一切时），就仿佛有半个世界呈现在他眼前。用望远镜或者显微镜装备起来的眼睛所发现的一切（例如在月球上或者在纤毛虫身上），都是仅仅由眼睛看到的；因为这些光学手段带给眼睛的，并不比没有那些人工仪器也会描画在视网膜上的光线以及由此产生的图像更多，而 〔136〕只是扩大了它们，以便让我们意识到它们。——同样的说法也适用于当音乐家用十指和双脚在管风琴上演奏一支幻想曲，同时还与一个站在他旁边的人说话时听觉的感受，此时大量的表象在很短的时间里在灵魂中被唤起，它们中的每一个为了被选择，在此之外都还需要对适宜性的一个特殊判断，因为只要有一个不符合和声的音符，都会马上被听成不和谐，而整体的结果却是这样的，即自由幻想的音乐家常常会希望把他的一些即兴之作保留在乐谱中，这样的东西他平时也许尽一切努力也无法期望如此好地实现。

这样，**模糊**表象的领域就是人心中最大的领域。——但是，由于这个领域只能在其被动的部分中，作为感觉的活动而被知觉，所以模糊表象的理论毕竟只属于生理学的人类学，而不属于这里真正目的所在的实用人类学。

也就是说，我们经常用模糊表象做游戏，并且有一种兴趣，使喜爱的或者不喜爱的对象在想象力面前黯然失色；但我们自己更经常地就是一种模糊表象的游戏，而且我们的知性即使承认模糊表象是欺骗，也不能使自己摆脱它们的影响把它置入其中的那种荒唐。

性爱就是这样，只要它真正说来所要的不是好感，而是对其对象的享受。有多少才智不是自古以来就被用来给某种事情蒙上一层薄薄的面纱！这种事情虽然可爱，但却让人看出人与普通的动物品种有如此接近的亲缘关系，以至于由此就要求有羞耻心，而且这些表述虽然透明得足以导致微笑，也不可以在其社交中不加掩饰地登场。——在这里，想象力甘愿在黑暗中漫步，如果为了避免**犬儒主义**，人们不想冒险陷入可笑的**纯正主义**的话，就总是需要不平常的艺术。

另一方面，我们也经常做这样一些模糊表象的游戏，即使知性照亮这些模糊表象，它们也不愿意消失。在自己的花园里
〔137〕还是在一棵浓荫大树下，在田地里还是在旱地上为自己指定墓地，对于一个垂死的人来说是一件重要的事情，尽管他在前一种场合没有理由希望有秀丽的风景，在后一种场合也没有理由担忧潮湿而引起伤风。

衣着装扮人，这在某种程度上也适用于有理智的人。虽然俄罗斯谚语说："接客看衣着，陪客看理智"，但是，理智毕竟不能防止一个衣着光鲜的人造成具有某种重要性的模糊表象的印象，最多只能决意事后纠正对他作出的一时的判断。

甚至使用学术上的模糊也是有预期成果的，为的是装扮得思想深刻和缜密；就像在**朦胧**中或者通过雾气看到的对象总是看起来比本来更大一样。① Skotison（要模糊！）是一切神秘主义者的命令，为的是通过人为的模糊来诱惑智慧的掘宝人。——但一般来说，即便是一部作品中某种程度的费解，也并非不受读者欢迎，因为他由此将可以感觉到他自己把模糊的东西化解成清楚的概念的洞察力。

论对自己表象的意识中的清晰和不清晰

第 6 节　对自己的表象的意识足以把一个对象与其他对象**区分**开来，这种意识就是**清楚**。而使诸表象的**复合**也变得清楚的就叫做**清晰**。惟有后者才使得诸表象的一个总和成为知识；然后在知识里面，由于每一个有意识的复合都以意识的统一性，亦即以复合的一种规则为前提条件，所以在这种杂多中就设想了**秩序**。——人们不能以**混乱的**表象（perceptio confusa），而是必须只以**不清晰**的表象（mere clara）来与清晰的表象对峙；混乱的东西必定是复合的；因为在简单的东西中既不存在秩序也不存在**混乱**。因此，混乱是不清晰的**原因**，而不是它的**定义**。——每一种**知识**都是复杂表象（perceptio comple- 〔138〕

① 与此相反，在**白天的光线**下来看，比周围的对象更鲜亮的东西也显得更大，例如白袜子比黑袜子使小腿显得更丰满；夜里在高山上燃起的火比实测时显得更大。——也许，由此也可以解释在接近地平线时月亮显得更大，同样，星星则看起来彼此距离更远；因为在这两种场合，发光物体接近地平线时是通过一个更具遮蔽性的气层被看到的，显得比升至中天时更大，而昏暗的东西由于周围的光线也被判断为更小。因此在打靶时，一个中间带有白色圆圈的黑靶子比相反情况更有利于命中。

xa，因为知识总是要求有直观和概念），在每一个这种复杂表象中，清晰都是基于**秩序**的，诸部分表象都被按照秩序复合起来，它们要么（只涉及形式）导致纯然在逻辑上划分为上位表象和下位表象（perceptio primaria et secundaria），要么导致**实在地**划分为主要表象和附加表象（perceptio principalis et adhaerens）；凭借这样的秩序，知识就成为清晰的。——人们也许看出，如果一般**认识**能力应当叫做**知性**（在这个词的最广义上），那么，知性就必须包括：对被给予的表象的**把握能力**（attentio［注意］），以便产生**直观**；对许多表象所共有的东西的**抽象能力**（abstractio［抽象］），以便产生**概念**；以及**思考能力**（reflexio［反思］），以便产生对象的知识。

人们把在很高程度上拥有这些能力的人称为一个**有头脑的人**；把只在很小程度上赋有这些能力的人称为一个**笨蛋**（因为他总是需要由别人来引导）；但把在运用这种能力时甚至带有原创性的人（他凭借这种独创性从自身中产生出通常必须在他人引导下学得的东西）称为一个**天才**。

没有学过毕竟必须被教导才能知道东西的人，如果他要想做一个学者就本应当知道这种东西，那他就叫做**不学无术之人**；因为不提这个要求，他就可能是一个伟大的天才。尽管可能学习很多但却不**自己思维**的人，被称为一个**头脑狭隘之人**（目光短浅）。——有人可能是一个**渊博的**学者（像自己被传授的那样传授
〔139〕别人的机器），而在理性地应用自己的历史知识方面却很**目光短浅**。——其对待自己所学的东西的做法在公开传达时暴露出学术强迫（因而缺乏自己思维时的自由）的人，是**书呆子**；无论他除此之外是学者还是士兵，哪怕是廷臣。在这些人中间，一个有学问的书呆子在根本上还是最可以接受的人，因为人们毕竟能够从他那里学到点儿东西；与此相反，程序上的拘泥死板（学究气）在这些人那里就不仅是毫无用处，而且由于书呆子不可避免地带

有的骄傲而令人发笑，因为这是一个**不学无术之人**的骄傲。

但是，以社交**口吻**说话并且一般而言显得时尚的艺术，或者毋宁说熟巧，尤其是在涉及科学时被误称为**通俗**，因为它毋宁说应当叫做粉饰的浅薄；它掩盖了头脑狭隘之人的贫乏。但是，只有小孩子才会受它的迷惑。“你的鼓就是你的象征”，在艾迪生的作品中，贵格会教徒对马车上坐在他旁边喋喋不休的军官说，“它响，是因为它空”。

为了按照其认识能力（一般而言的知性）来评判人们，可以把人们分成必须承认其具有**共通感**（sensus communis），当然不是通俗感（sensus vulgaris）的人，以及科学的人。前一些人是在运用的场合（in concreto［具体地］）精通规则的人，后一些人是独自并且在其运用之前就（in abstracto［抽象地］）精通规则的人。——人们把属于前一种认识能力的知性称为**健全的**人类知性（bon sens），把属于后一种认识能力的知性称为**头脑聪明**（ingenium perspicax［天资聪慧］）。——值得注意的是，人们不是仅仅把前一种通常只是被视为实践认识能力的知性，设想为一种可以无须培养的知性，而是设想为这样一种知性，即当培养被推进得不够远时，甚至对它有害，因而人们盛赞它直到狂热的程度，把它表象成隐藏在心灵深处的宝藏的一个矿坑，有时也把它的格言当做神谕（苏格拉底的守护神），宣称它比学来的科学总会供应的一切都更加可靠。——有一点是肯定的：当问题的解决基于知性普遍的和天生的规则（具有这种规则被称为天生的机智）时，寻求学来的和人为制定的原则（学来的机智）并据此作出结论，要比让它取决于判断的 〔140〕 那些存在于心灵隐秘处的大量规定根据的作用更为不可靠。人们把这称为逻辑上的**举止得体**：这种思考在诸多方面表象对象，并得出一个正确的结果，却没有意识到在心灵内部发生的行为。

但是，健全的知性只能就一个经验对象而言来证明它的这种优越性：不是仅仅**通过**经验增长为知识，而是扩展它（经验）本身，但不是在思辨方面，而是仅仅在经验性实践方面扩展。因为在前一方面，需要先天的科学原则；但在后一方面，也可以是一些经验，亦即一些通过尝试和成果而不断验证的判断。

论与知性相反的感性

第 7 节　就表象的状态而言，我的心灵要么是**行动的**，表现出**能力**（facultas），要么是**承受的**，在于**感受性**（receptivitas）。一种**知识**把这二者结合起来，包含在自身之内，拥有这样一种知识的可能性，则从知识的最主要部分，亦即心灵把表象彼此联结起来或者分离开来的活动中，获得了**认识能力**的称号。

一些表象，心灵就它们而言处于承受状态，因而主体通过它们受到**刺激**（不管这主体是自己刺激自己还是被一个客体所刺激），这些表象就属于**感性的**认识能力。但是，那些只包含一个**行动**（思维）的表象，就属于**理智的**认识能力。前者也被称为**低级的**认识能力，但后者被称为**高级的**认识能力。[①] 前者

① 把**感性**仅仅设定为表象的不清晰，与此相反把**理智性**设定为清晰，并由此用意识的一种纯然**形式的**（逻辑学的）区别来取代不仅涉及思维的形式，而且涉及其内容的**实在的**（心理学的）区别，这是莱布尼茨—沃尔夫学派的一大错误，亦即把感性仅仅设定为一种**缺乏**（各部分表象缺乏清楚），因而设定为不清晰，但把知性表象的性状设定为清晰；因为为了产生知识，前者毕竟是某种很积极的东西，并且是后者的一种不可缺少的补充。——但真正说来，**莱布尼茨**要对此负责。因为他追随柏拉图学派，接受了被称为理念的那些天生的知性直观，这些理念据说如今只是模糊地存在于人的心灵中，我们只能把关于客体就自身而言何所是的知识，归功于对这些理念的分析和通过注意力对它们的阐明。

具有感觉的内部感官的**被动**性质，后者则具有统觉亦即构成思维的那种行动的纯粹意识之自发性，那种行动属于逻辑学（知性规则的一个体系），就像内部感官属于**心理学**（一切在自然法则之下的内部知觉的一个总和）并建立起内部经验一样。〔141〕

附释：仅仅包含着我如何被其刺激的方式的表象对象，只能如它对我显现的那样被我认识，而一切经验（经验性认识），不管是内部经验还是外部经验，都只是对象如同它们**显现**给我们那样的知识，而不是如同它们（就自身来看）所**是**那样的知识。因为在这种情况下，关键并不仅仅在于表象客体的性状，而是在于主体及其感受性的性状，这种方式将是感性的直观，主体的思维（关于客体的概念）跟随其后。——这种感受性的形式性状，现在就不能又还被感官所包容，而是必须（作为直观）先天地被给予，也就是说，它必须是即便一切经验性的东西（包含**感官感觉**的东西）都被去掉也依然存留的一种感性直观，而直观的这种形式的东西在内部经验那里就是**时间**。

由于经验是经验性的知识，但知识（由于它基于判断）却要求思考（reflexio［反思］），从而要求在按照意识统一性的规则来编排表象的杂多时的能动性的意识，亦即要求**概念**和（与直观有别的）一般思维。这样，意识就被分成**论证的**意识（它由于提供规则，必须走在前面）和**直觉的**意识；前者（其心灵行动的纯粹统觉）是简单的。反思的自我并不把任何杂多保持在自身中，它在一切判断中都始终是同一个自我，因为它只是意识的这种形式的东西，与此相反，**内部经验**则包含意识的质料和经验性内部直观的杂多，即**把握**的自我（因而是一种经验性的统觉）。〔142〕

作为能思维的存在者的我，虽然与作为感官存在者的**我**是同一个主体，但作为内部经验性直观的客体，也就是说，如果我在内部受到时间中同时存在或者前后相继的感觉的刺激，我却毕竟只是如我对我自己显现的那样，而不是作为物自身来认识我。因为这毕竟依赖于那并非知性概念（因而并非纯然的自发性）的时间条件，因而依赖于这样一个条件，就它而言，我的表象能力是承受性的（而且属于感受性）。——因此，我通过内部经验永远只是如我对我显现的那样来认识我；这句话常常被恶意地曲解，认为它想说的只是：我有某些表象和感觉，甚至一般而言我存在，这都只是**显现**给我的（mihi videri）。——幻相是一个出自主观原因的错误判断的根据，这些原因被误以为客观的；但显象却根本不是判断，而只是经验性的直观，它通过反思和由此产生的知性概念而成为内部经验并由此成为真相。

内部感官和**统觉**这两个词被灵魂研究者们通常当做同义词，哪怕前者只应当表示一种心理学的（应用的）意识，而后者则仅仅表示一种逻辑学的（纯粹的）意识，这是上述误解的原因。但是，我们通过前者只能**如我们对我们显现的那样**来认识我们，这可以由此得到说明，即对前者的印象的把握（apprehensio）以主体的内部直观的一个形式条件，亦即时间为前提，而时间不是知性概念，因而仅仅被视为主观条件，就像内部感觉是按照人的灵魂的性状被给予我们的一样，因此，时间并不像客体自身那样是供我们认识的。

※　　※　　※

这个附释真正说来并不属于人类学。在人类学中，按照知性法则统一起来的显象是经验，这时根本不问那些即便不考虑其与**感官**的关系（因而就自身而言）也存在的事物的表象方
〔143〕式；因为这种研究属于要讨论先天知识之可能性的形而上学。但是，毕竟有必要追溯到如此之远，哪怕只是为了防止思辨的头脑在这个问题上犯错误。——此外，既然人通过内部经验得来的知识，由于他大多数情况下也据此评判别人，所以是意义重大的，但同时，毕竟也许比正确地评判别人更加困难，因为研究自己内心的人很容易不是纯然地观察，而是把一些东西带

进自我意识，那么，从自身中被观察到的一些**显象**开始，然后才前进到主张某些关涉人的本性的命题，亦即前进到**内部经验**，这是可取的，甚至是必要的。

为感性辩护

第 8 节　每个人都对**知性**表现出一切敬重，把知性称为**高级的**认识能力，就已经表现出这一点；谁要想称颂它，就会被人用那位赞扬**德性**的演说家的嘲讽（stulte! Quis unquam vituperavit［愚蠢啊！谁责备过它呢］）来打发掉。但感性却处在坏名声中。人们议论着它的诸多坏处：例如，1. 它**搅乱**表象力；2. 它说大话，作为知性的**统治者**它是顽固的和难以驯服的，而它本来应当只是知性的**仆人**；3. 它甚至**骗人**，而人对它却不能存有足够的戒心。——但另一方面，它也不缺少赞颂者，尤其是在诗人和有鉴赏力的人们中间，他们不仅把对知性概念的**感性化**盛赞为功绩，而且恰恰在这里以及在概念必须不被如此仔细入微地分解成它们的组成部分这一点上，来确立语言的**言简意赅**（思想丰富）或者**加重语气**（强调）以及表象的**清楚明白**（意识中的明朗），但径直把知性的赤裸裸解释为贫乏。① 我们在这里不需要任何赞扬者，而只需要一个对付起诉人的律师。

感性中我们毕竟不能摆脱的**被动性**，真正说来是人们议论它的一切弊端的原因。人的内在完善性就在于：他在自己的权力中使用自己的一切能力，以便使这种使用服从他的**自由任** 〔144〕

① 既然这里只谈认识能力，因而只谈表象（不谈愉快或者不快的情感），所以，**感觉**无非意味着既与概念（思维）有别，亦与纯粹直观（空间表象和时间表象）有别的感官表象（经验性直观）。

性。这就要求**知性**来统治，但又不削弱感性（感性就自身而言是贱民，因为它不思维），因为没有感性，就会没有为了立法知性的使用而被加工的材料。

针对第一条控告为感性辩护

第 9 节　**感性并不搅乱**。对于虽然**把握**了一个被给予的杂多但却**尚未整理**它的人，人们不能议论说他把它搅乱了。感官的知觉（有意识的经验性表象）只能叫做内在的**显象**。添加于其上并且在一条思维规则下把它们联结起来（把**秩序**带入杂多）的知性，才使它们成为经验性的知识，亦即**经验**。因此，责任在于玩忽职守的**知性**，是它大大咧咧地作出判断，没有事先按照概念整理感官表象，事后却抱怨感官表象混乱，说这种混乱必定是人以感性的方式形成的本性犯下的。上述责备既击中了关于感性搅乱外部表象的毫无根据的抱怨，也击中了关于感性搅乱内部经验的毫无根据的抱怨。

当然，感性表象先于知性的表象，并且大量地呈现出来。但是，如果知性以它的秩序和理智形式添加于其上，并且把例如对概念的**言简意赅的**表述、对情感的加重语气的表述和对意志规定的**有趣的**表象带入意识，收获就更加丰富了。——在演
〔145〕说术和诗艺中一下子（大量）向知性展示的**财富**，虽然经常由于知性的理性应用而使知性难堪，而且知性在应当把它在这里现实地、尽管是在模糊状态中进行的一切反思活动弄清楚，并加以阐明时常常陷入混乱，但感性在这里却是无辜的，相反，给知性呈现出丰富的材料，这毋宁说是感性的功绩，面对这些材料，知性的抽象概念常常只是些闪光的蹩脚之物。

针对第二条控告为感性辩护

第 10 节　**感官并不掌控**知性。毋宁说，它们把自己交给知

性，只是为了安排自己的效劳。它们并不想知道自己的重要性被忽视，这种重要性理应归于它们，尤其是在人们称为人类共通感（sensus communis）的事情上，这一点，不能被算做它们僭妄得要统治知性。虽然有一些判断，人们并不是把它们**正式地**拉到知性的法庭面前，以便让它判罪；因此，它们显得是直接由感官支配的。所谓的箴言或者根据神谕的心血来潮（就像苏格拉底把其表述归于自己的守护神的心血来潮一样）就包含着这类判断。因为在这里被预设的是：关于在一个发生的事件中怎么办才是正当的和睿智的，**第一个**判断通常也是**正确的**判断，冥思苦想只会使其受害。但实际上，这些判断并不是来自感官，而是来自知性现实的、尽管模糊的思考。——感官对此没有提出要求，它们像普通民众——如果不是贱民（ignobile vulgus）的话——乐意服从其长官一样乐意服从知性，但毕竟想让它垂听自己。不过，如果某些判断和见识被当做直接从内部感官（不借助知性）产生的，这内部感官被当做自作主张的，感觉被当做对判断有效的，那么，这就是真正的**狂热**，它与感官的错乱乃是近亲。

针对第三条控告为感性辩护 〔146〕

第 11 节 **感官并不骗人**。这个命题是在反驳人们对感官提出的最重要的、但仔细斟酌也是最无效的指责；这不是因为它们永远判断正确，而是因为它们根本不作出判断；所以，错误永远只被归咎于知性。——然而，**感官幻相**（species，apparentia）尽管不给知性带来辩护，却毕竟给它带来宽恕；据此，人常常有这种情况，即把自己表象方式的主观的东西视为客观的东西〔把远处他**看**不到其棱角的塔楼视为**圆的**，把远处的部分通过更高的光线进入他视野的海洋视为比海岸**更高**（altum mare），把他透过一层有雾的空气看到的在地平线上升起的满月，与它出现在中天时相比，即使是通过同一个视角进入他视野的，也视为更遥远，因此也视为**更大**〕，并这样把**显象**视为**经验**；但这样一来就陷入错误，它是知性的缺陷，而不是感官的缺陷。

※　　※　　※

逻辑学对感性提出的责难是：人们指责由感性促成的知识**肤浅**（个别，局限于单个的东西），与此相反，那关涉共相，但正因为此就不得不抽象的知性，则被指责为**枯燥**。但是，以通俗性为第一要求的审美态度，却选择了一条能够避开两种缺陷的道路。

论一般认识能力方面的能

第12节　上一节是在没有人**能**的事情上讨论虚假的能力，它把我们引导到对**轻易的和沉重的**（leve et grave）这两个概念的讨论；它们在德语中从字面上看虽然只是物体的性状和力量，但像在拉丁语中那样却按照某种类比应当意味着**可行的**

〔147〕（facile）和**相对不可行的**（difficile）；因为几乎不可行的事情，毕竟在一个对自己为此需要的能力的程度持怀疑态度的主体看来，在主体的某些处境和境遇中就是**主观不可行的**。

切不可把做某件事的**轻易**（promptitudo［便利］）与在这样一些行动中的**熟巧**（habitus［惯熟］）混为一谈。前者意味着某种程度的机械能力："如果我愿意，我就能够"，它标志着主观的**可能性**；后者标志着主观实践的**必然性**，亦即**习惯**，从而标志着通过经常重复地使用自己的能力而获得的某种程度的意志："我愿意，因为它是义务命令的"。因此，人们不可以这样解释**德性**，说它是在自由的合法行动中的**熟巧**；因为那样的话，它就纯然是力量运用的机械作用了。相反，德性是在遵循自己义务时**道德上的强大**，它永远不会成为习惯，而是始终全新地和源始地出自思维方式。

轻易被与**沉重**对立起来，但也经常被与**麻烦**对立起来。一件事情，主体在自己里面能够发现自己的能力超过一个行为所需运用的力量而绰绰有余，则这件事情对于该主体来说就是**轻易的**。有什么比举行拜访、祝贺和吊唁这些仪式更轻易呢？但是，对于一个忙人来说，有什么更麻烦呢？有一些友好的**麻烦**（烦恼），每个人都从心里希望摆脱，然而也毕竟有顾虑，怕违背习俗。

这样的麻烦并不在于外在的、被归于宗教的习俗中，但真正说来却在于引向教会形式的习俗中：在这里，恰恰在它们毫无用处这一点上，以及在制服信徒，让他们通过仪式和戒律、忏悔和苦修（越多越好）来耐心地责备自己这一点上，被设定为虔诚的可嘉之处；然而，这些劳役虽然都是**在力学上轻易的**（因为在这里不必牺牲任何堕落的偏好），但对于有理性的人来说却必然感到**在道德上很是麻烦**和讨厌。——因此，当那位伟大的人民道德教师说“我的诫命不难守”时，他由此并不是想说，履行它们只需要花费很少的力气；因为实际上，它们作为要求纯粹的心灵意念的戒律，是一切可能被要求的事情中最沉重的事情；但是，对于一个有理性的人来说，比起一种碌碌无 〔148〕为（gratis anhelare，multa agendo nihil agere［气喘也枉然，多劳而无功］）的诫命，例如犹太教所建立的那类诫命来说，却要轻易得多；因为当有理性的人看到浪费在这上面的辛劳毫无用处的时候，他就会觉得力学上轻易的东西百倍沉重了。

使某种沉重的东西变得轻易，这就是**功绩**；而尽管人们甚至不能做到也把它**预先描画**成轻易的，这就是**欺骗**。做一件轻易的事情，这就是**毫无功绩**。方法和机器以及在这些条件下不同手艺人中间的分工（工场劳动），使得许多用自己的双手而不用其他工具来做的事情变得轻易了。

在人们给出着手做的规定之前就**指出**困难，虽然会是吓人的，但这毕竟比**隐瞒**困难更好。一个人把自己打算做的一切都视为轻易的，就是**轻率**。让自己做的一切都变得容易，则是**精明能干**；就像自己的所作所为显露得费力的人是**笨拙的**一样。——社交的娱乐（交谈）是一种纯然的游戏，在其中一切都必须是轻松的和让人轻松的。因此，在这种娱乐之中的礼仪（刻板的东西），例如宴会之后的隆重告别，作为陈旧的东西已被废除。

在从事一件工作时，人们的心绪因气质的差异而不同。一些人开始说困难和忧虑（忧郁的人），而在另一些人那里，首先想到的就是希望和自以为的轻而易举。

但是，如何看待强者的那句并不基于纯然气质的大言不惭的格言，即"**人想**做的，就是他**能**做的"呢？它不过是一种高调的同义反复罢了，也就是说：他**根据发布道德命令的理性的指令**想做的，就是他**应当**做的，因而也是他**能**做的（因为理性不会命令他做不可能的事情）。但是，若干年前曾有这样一些赶时尚的人，他们也在物理学意义上鼓吹这一点，并且就这样宣布自己是早已绝种的对世界掀起狂飙的人。

最后，**习以为常**（consuetudo），亦即同一类感觉通过其长期不变的持存而把注意力从感官转移开来，人们几乎不再意
〔149〕识到它们，虽然使得对灾祸的忍受变得**轻易**（人们在这种情况下错误地用一种德性的名称亦即耐心来荣耀这种忍受），但也使得对感受到的好事的意识和回忆变得**困难**了，这通常会导致忘恩负义（一种真正的无德性）。

但是，**习惯**（assuetudo）是一种肉体的内在强迫，强迫人今后如人们至今所做的那样以同样的方式行事。它之所以甚至使良好的行动丧失其道德价值，正是因为它损害了心灵的自由，此外被导向同一行为的下意识重复（单调），并由此变得可笑。——习惯的语助词（只是为了填补思想空白的**赘词**）使得听众总是担心不得不一再听到老一套的话，并使讲演者成了说

话机器。他人的习惯在我们心中激起厌恶，其原因乃是从人身上过分地表现出动物性，这种动物性就像另一个（非人的）的本性一样，**本能地**按照习惯的规则被引导，并冒着与畜生成为同类的危险。——不过，某些习惯也可以有意地形成并得到承认，也就是说，如果自由任性的本性拒绝习惯的帮助的话，例如，在老年时习惯于饮食甚至就寝的时刻和质量，并逐渐地变得刻板；但是，这只是被视为例外和迫不得已。通常，一切习惯都是应予抛弃的。

论用感官幻相所做的人为游戏

第 13 节　由感官表象给知性造成的**错觉**（praestigiae）可以是自然的，也可以是人为的，它要么是**幻觉**（illusio），要么是**欺骗**（fraus）。——这种错觉迫使人们把某种眼睛见证的东西视为现实的，尽管这种东西被同一个主体通过其知性解释为不可能的；这种错觉就叫做**视觉蒙蔽**（praestigiae）。

幻觉是这样的错觉，尽管人们知道自以为的对象并不是现实的，这种错觉也依然存在。——心灵利用感官幻相的这种游戏是惬意的和令人开心的，例如一座庙宇内部的透视画，或者 〔150〕
如拉斐尔·门格斯关于《逍遥学派》这幅画（我觉得是出自柯勒乔）所说的："如果长时间注视他们，他们就显得在走动"；或者如阿姆斯特丹市政人楼里画着带有半开着的门的阶梯，它引诱每个人去沿着它向上走。

但感官的**欺骗**却是：一旦人们知道对象是什么样子，幻相也就随之消失了。各种各样的魔术戏法就是这类东西。——衣着的颜色使得面容更好看，这是幻觉；但脂粉却是欺骗。前者诱惑人，后者却愚弄人。——因此也有这样的情况：人们不能容忍用自然颜色来描画人形或者动物形状的**塑像**：因为人们每一瞥都受骗，经常在它们突然闯入眼帘时认为它们是活的。

在一种本来健全的心灵状态中，**迷惑**（fascinatio）是这样一种感官错觉，人们说它不是以自然事物发生的，因为说一个对象（或者对象的一种性状）存在的判断在注意力运用其上时，与说**它不存在**（或者形象不同）的判断不可抗拒地相互交替，——因此，感官就显得自相矛盾了；就像一只鸟对着镜子看到了自己，它扑打着翅膀，一会儿认为它是一只真实的鸟，一会儿又认为它不是。对人的这种戏弄，使他们**不相信自己的感官**，尤其出现在那些受到情欲强烈侵袭的人那里。对于（按照爱尔维修的说法）看到自己的情人在别人的怀抱之中的恋人来说，那位完全拒绝了他的情人可能这样说："不忠诚的人，你不再爱我，你更加相信你看到的，甚于我告诉你的。"——更加严重、至少更加有害的是**腹语家**、巫咒术士、**催眠术士**等等这些自认的妖术师所施行的欺骗。人们旧时把那些贫穷无知而自以为能够如此做某种超自然之事的女人称为**巫婆**，而直到本世纪这种信念还没有被完全根除。① 看来，对某种闻所未闻
〔151〕的事情的惊赞本身就对弱者具有许多诱惑：这不仅仅是因为突然给他展现出新的远景，而是因为他由此而被诱导摆脱使他讨厌的理性运用，与此相反使别人在无知上与自己平起平坐。

① 直到本世纪，在审讯这样一个案子时，苏格兰的一位新教神职人员还作为证人对法官说："先生，我以我的教士荣誉向您保证，这个女人是一个**巫婆**(Hexe)。"法官则答道："而我以我的法官荣誉向您保证，您不是一个巫师。"现在成为德语的Hexe这个词，来自圣饼祝圣时的弥撒用语开始几个词，信徒用**肉**眼看圣饼是一小片面包，但在说完那几个词之后就必须用**精神的**眼睛把它看作是一个人的身体。因为hoc est［这是］这两个词先是加上了corpus［身体］这个词，这时"说hoc est corpus［这是圣体］"就被改变成"施行hocuspocus［障眼法］"，也许是出自对直呼其名而亵渎心存敬畏吧；就像迷信的人为了不玷污超自然的对象而对它们常做的那样。

论所允许的道德外表

第14节　人们总的说来越文明就越是演员；他们接受了爱慕、敬重别人，庄重，无私等外表，没有欺骗任何一个人，因为每一个别人都同意，这并不是那么认真的，而且世风如此也是件很好的事。因为通过扮演这种角色，人们长期以来只是装扮出其外表的那些德性，最终将逐渐被唤醒，并过渡到意念。——但是，欺骗我们自己内心的骗子，即偏好，这又是返回到对德性法则的顺从，而且不是欺骗，而是我们自己的无害的幻觉。

这样，由于心灵在自己不懈追求的那些感觉方面的空虚，由于**无聊**而对自己的生存感到**厌恶**，同时又感到惰性的沉重，亦即感到对一切由于与辛劳相结合而可以叫做劳动、并能够驱除那种厌恶的活动发生厌倦的沉重，这是一种极其有害的情感，它的原因不是别的，只是对**安逸**（没有疲劳先行的一种安宁）的自然偏好。——但是，哪怕理性使之成为人的法则的那些目的是，**当人根本不做任何事情时**（无目的地苟生）可以因 〔152〕
自己毕竟**没有做任何坏事**而自鸣得意，就这些目的而言这种偏好也是骗人的。因此，再欺骗这种偏好（这是通过用美的艺术来游戏，但大多数情况下通过社交娱乐就能够做到的），这叫做**消磨时光**（tempus fallere）；在这里，这种表述已经暗示着如下意图：当心灵通过美的艺术在游戏中娱乐，哪怕只是通过一种纯然的、就自身而言没有目的的游戏在一种和睦的竞赛中至少造成心灵的陶冶时，欺骗了对无所事事的安宁的偏好；若不然，这就会叫做**浪费时间**。——用强力来对付偏好中的感性是毫无建树的；人们必须用巧计来智胜它，就像**斯维夫特**所说的那样，抛一只桶给鲸鱼玩儿，以便拯救船舶。

大自然甚至为了拯救德性，或者说为了引向德性，睿智地给人植入喜欢被人哄骗的倾向。好的、可敬的**礼貌**是引起他人**敬重**（使自己不俗）的外表。虽然在男人并不显得醉心于女人的魅力时，女人会对此不满意。但是，**庄重**（pudicitia）这种掩饰情欲的自我强制，毕竟作为幻觉是很有益的，这为的是在两性之间造成必要的距离，以免把一方贬低成另一方的纯然享乐工具。——总的来说，被人们称为**得体**的一切，都具有同样的性质，即无非是**美的外表**。

彬彬有礼（politesse）是一种招人喜爱的降尊纡贵的外表。**鞠躬**（致意）和全部**宫廷式的殷勤**，连同口头上最热切的山盟海誓，虽然并不那么总是真相（我亲爱的朋友，其实没有任何朋友！——**亚里士多德**），但它们毕竟也并不是**欺骗**，因为每个人都知道自己应当如何看待它们，而尤其是因为，善意和敬重的这些最初空洞的符号逐渐地将引向这种方式的真实意念。

交往中的一切人类德性都是辅币，把它们当成真金的人就是小孩子。——但是，在流通中有辅币毕竟比根本没有这样的手段更好，而且即使有明显的耗损，这种手段最终毕竟能够兑
〔153〕换成现金。把它们说成是根本没有任何价值的纯粹**筹码**，像冷嘲热讽的斯维夫特那样说："正直是一双在污泥中踏破的鞋"等等，或者像布道人**霍夫斯特德**那样在攻击马蒙特尔的《**伯利萨**》时甚至诽谤苏格拉底之类的人，为的是阻止任何一个人相信德性，这就是一种对人性犯下的叛逆罪。甚至别人身上的善的外表，对我们来说也必定是有价值的，因为用争取也许本来不配的敬重的那些伪装来游戏，最后也能够成为认真的。——只是**在我们自己里面**的善的外表必须毫不留情地去掉，自爱用来掩盖我们道德缺陷的面纱必须撕掉，因为在人们通过没有任何道德内容的东西来假装清偿了罪债，或者干脆抛弃这种东西

假装信服自己清白无辜，这种外表就是在**欺骗**，例如在把临终时对恶行的忏悔说成是真实的改恶向善，或者把蓄意的越轨说成是人性的软弱时。

论五种感官

第 15 节 认识能力中的**感性**（直观中的表象能力）包含两个部分：**感官**和**想象力**。——前者是**在**对象在场**时**直观的能力，后者是**没有**对象在场时也有的直观能力。——但是，感官又被划分为**外部**感官和**内部**感官（sensus internus）；前者是人的身体受到有形事物刺激时的感官，后者是人的身体受到心灵的刺激时的感官；这里要注意的是：后者作为纯然的知觉能力（经验性直观的知觉能力），被设想成与愉快和不快的**情感**不同的，即与主体由某些表象所规定来保持或者拒斥这些表象的某种状态的那种感受性不同，人们可以把这种状态称为内心的感官（sensus interior［更内在的感官］）。——由感官而来的一个表象，人们意识到它是这样一个表象，如果这感觉同时激起对主体状态的注意的话，就特别地叫做**感受**。

第 16 节 人们首先可以把肉体感觉的感官划分为**生机感觉**（sensus vagus［游移的感觉］）和**器官感觉**（sensus fixus［固定的感觉］），而且由于它们全都只在有神经的地方被发现， 〔154〕
又可以划分为刺激整个神经系统的感觉或者仅仅刺激属于身体某个部分的神经的感觉。——对**暖**和**冷**的感觉，甚至通过心灵所激起的感觉（例如通过迅速生成的希望或者恐惧），都属于**生机感官**。甚至在崇高者的表象上侵袭着人的那种**敬畏**，夜晚保姆的童话把孩子赶上床去所凭借的那种**毛骨悚然**，都属于这一类型；它们渗透于身体，只要在其中有生命。

但是，器官感官就其与外部感觉相关而言，可以说不能列举出多于或者少于五种。

不过，其中的**三种**是客观多于主观的，也就是说，它们作为经验性**直观**对于外部对象的**认识**，要比它们激活对受刺激的器官的意识，有更多的贡献；——但有**两种**是主观多于客观的，也就是说，由它们而来的表象与外部对象的认识相比更多的是**享受**的表象；因此，关于前者人们易于同意别人，但就后者而言，在对象的同一种外部经验性直观和命名上，主体**如何**感到受该对象刺激，就可能截然不同。

前一类感官是：1. **触觉**感官（tactus）；2. **视觉**感官（visus）；3. **听觉**感官（auditus）。——第二类是：1. **味觉**感官（gustus）；2. **嗅觉**感官（olfactus）。它们全都是器官感觉的感官，仿佛是大自然为动物分辨对象准备了这么多的外部入口。

论触觉感官

第 17 节　触觉感官位于指尖及其神经突触（papillae），为的是通过接触一个固体的表面而了解它的形状。大自然似乎只给人分配了这种器官，以便人通过所有方面的触摸能够对一个物体的形状形成一个概念；因为昆虫的触角看来只是以物体
〔155〕的在场为目的，而不是以了解其形状为目的。——这个感官也是惟一具有**直接**外部知觉的感官；正因为如此，它也是最重要的、最可靠地教导人的感官，但尽管如此也是最粗糙的感官，因为我们应当通过接触来在形状上了解其表面的那种质料，必须是固体的（这里不谈表面摸起来柔软与否的生机感觉，更不谈它摸起来是暖还是冷的生机感觉）。——没有这种器官感官，我们对一个物体的形状根本不能形成任何概念，因此，为了获得经验知识，第一类的另两种感官必须原初就与物体形状的知觉相联系。

论听觉感官

第 18 节　听觉感官是具有纯然**间接的**知觉的感官之一。——通过包围着我们的空气，并且凭借空气，一个相当遥远的对象被认识到，并且通过同一种由发音器官即嘴巴振动起来的媒介，人们能够最容易也最完备地将自己与别人置入思想和感觉的共联性之中，尤其是在每个人让别人听到的声音是发音清晰的，并且在其由知性而来的合法则的联结中构成一种语言的时候。——对象的形状不是通过听觉被给予的，语言的声音也不直接导向对象的表象，但正因为如此，并且因为它们本身不意味着任何东西，至少不意味着任何客体，而是至多仅仅意味着内在的情感，所以它们是表示概念的最合适手段，而天生的聋子必然因此也照样是哑巴（没有语言），永远也不能达到比理性的一个**类似物**更多的某种东西。

但是，就生机感官而言，**音乐**作为听觉感觉的一种合规则的活动，生机感官不仅被它非常强烈地和多种多样地打动，而且被它加强，因此音乐仿佛是一种纯然感觉的（没有任何概念的）语言。声音在这里就是**音调**，它对于听觉就是颜色对于视觉所是的那种东西；它是在一个空间中向周围远处所有在场的人传达情感，是一种社会性的享受，这种享受并不因参与人数众多而减少。

论视觉感官 〔156〕

第 19 节　就连视觉也是**间接**感觉的一个感官，这种间接感觉是经由一种只能为某个器官（眼睛）所感受的运动物质亦即**光**而来的。光不像声响那样仅仅是一种流质元素在空间中向四面八方扩散的一种波动，而是一种辐射，通过它为空间中的客体规定一个点。而且凭借光，具有一个如此无法测度规模的世界大厦为我们所知，以至于尤其是在发光天体那里，当我们将它们的距离与我们地球上的尺度相比较时，我们就会由于数字的序列而感到疲倦。而且在这里，我们比由于对象的庞大几乎有更多的理由，对这种感官在知觉到如此微弱的印象方面敏感的感受性感到吃惊，特别是当人们算上微观世界的时候；微观世界借助于显微镜展现在我们眼前，例如在纤毛虫那里。——视觉感官即使不比听觉感官更不可缺少，也毕竟是最高贵的感官，因为它在所有感官中离触觉感官这种知觉的最受限制的条件最远，并且不仅包含着知觉在空间中的最大领域，而且它的器官最少感到受刺激（因为若不然，它就不会是纯然的看了），因此更接近一种**纯粹的直观**（被给予的客体的直接表象，没有掺杂明显的感觉）。

※　　※　　※

这三种外部感官通过反思把主体导向作为外在于我们的一个事物的对象的认识。——但是，当感觉如此之强，以至于器官运动的意识变得比与一个外部客体的关系的意识更强时，外部表象就被转化为内部表象。——在可触摸的东西中察觉到的光滑或者粗糙，与由此了解外部物体的形象，完全是另一回事。同样，当别人说话如此大声，以至于如人们所说，让一个人耳朵生痛时，或者当某人从一个黑暗的房间走进明亮的阳光中，眯起眼睛时，后者在一段时间里就由于过强或者突然的照
〔157〕耀而变盲，前者则由于刺耳的声音而变聋，也就是说，两个人都由于感官感觉的强烈而不能达到关于客体的概念，相反，他们的注意力都纯然被束缚在主观的表象亦即器官的变化上。

论味觉和嗅觉的感官

第 20 节　味觉和嗅觉的感官都是主观甚于客观；前者在于外部对象**接触舌头**、**喉咙**和**双腭**器官，后者通过吸入与空气相混合的异味，此时散发这气味的物体甚至可能离器官很远。

二者相互之间有很近的亲缘关系，缺乏嗅觉的人，在任何时候都只有一种迟钝的味觉。——可以说，二者都是被**盐**（固态的盐和挥发的盐）刺激的，其中一些盐是由口中的液体分解的，另一些是由空气分解的，这些盐都必须渗进器官，才能给器官带来它们的特殊感觉。

关于外部感官的总附释

第 21 节　可以把外部感官的感觉划分为**力学**影响的感觉和**化学**影响的感觉。属于力学影响的是三种最高的感官，属于化学影响的是两种较低的感官。前者是**知觉**的感官（表面的），后者是**享受**的感官（最内在的吸收）。——因此就有这样的情况：**恶心**，即一种通过食道的最短路径排掉所吃的东西的刺激（呕吐），作为一种如此强烈的生机感觉被加给人，因为那种内在的吸收对动物来说可能变得危险。

然而，由于也有一种**精神的享受**，它就在于思想的传达，但当它被强加于我们，而作为精神食粮对我们来说并没有益处时，心灵就认为这种享受是令人作呕的（例如总是重复同一个本来机智的或者引人发笑的念头，就可能由于这种千篇一律而对我们自己无益），所以，摆脱这种享受的自然本能就根据类比而同样被称为恶心，尽管它属于内部感官。〔158〕

嗅觉仿佛是一种远距离的味觉，而且别的人不管是否愿意也都被迫一起享受，所以它作为反自由的，而比味觉更不合群。在味觉那里，客人可以按照自己的喜好在众多菜肴或者酒水中间选择一种，别人并不被迫一同享受它。——肮脏引起恶心，似乎与其说是由于对眼睛和舌头来说反感的东西，倒不如说是由于从它能猜到的恶臭。因为与通过嘴巴或者喉咙的吸收相比，通过嗅觉吸收（进到肺里）的管道更为内在。

感官在施加给它们的影响的同一程度上，越是强烈地感到

受刺激，它们所**教**人的东西就越少。反过来，如果感官要教人很多东西，它们就必须受刺激适度。在最强的光线里，人们**看**不到（分辨不出）任何东西，而一种竭力洪亮的声音则**震耳欲聋**（压抑思维）。

生机感官对于印象越敏感（越温柔，越善感），人就越不幸；人对于器官感官来说越敏感，相反对于生机感官来说越久经锻炼，他就越幸福；——我说的是越幸福，而不是道德上越善；——因为他更能够控制自己的安康的情感。人们可以把出自**亢奋**的感觉能力称为细腻的**感受性**（sensibilitas sthenica [亢奋的感受性]），把出自主体不能充分地抵抗感官影响侵入意识，亦即违背意志地注意这种影响的**细弱**的感觉能力称为温柔的**感受性**（sensibilitas asthenica [孱弱的感受性]）。

问题

第22节　哪一种感官是最吃力不讨好的感官，并且显得最多余呢？**嗅觉**感官。为了享受而培养它或者提高它是不值得的；因为与它能带来的惬意相比，有更多的恶心的对象（尤其是在人多的地方），而通过这个感官得来的享受即便使人快乐，也总是易逝的和暂时的。——但是，作为安康的消极条件，为
〔159〕了不吸入有害气体（炉烟、泥坑和腐尸的恶臭），或者把腐败的东西当做食物，这种感官并不是不重要的。——具有同样的重要性的还有第二种享受感官，即**味觉**感官，但它有自己特殊的优越性，即它有利于享受时的社交，这是前一种感官做不到的；此外，味觉早在食物进入肠道入口的大门处就预先评判了食物的益处；因为只要奢侈和纵欲没有扭曲感官，则上述益处与这种享受中的惬意，亦即对上述益处的相当可靠的预告，是大致相结合的。——病人想吃的东西，通常对他们来说也像一剂良药一样有益。——食物的气味仿佛是一种预尝，饿

汉被所喜欢的食物的气味引诱着去享用，就像饱汉被它挡住一样。

有没有感官的一种替代物，亦即用一种感官取代另一种感官呢？对**聋子**来说，只要他过去**曾经**能够听见，人们就可以通过表情动作，亦即通过他的眼睛而引出通常的语言；此外还有对双唇运动的观察，甚至在黑暗中通过对运动着的双唇的触感也能产生同样的效果。但是，如果他是生来就聋的，那么，**视觉**感官就必须从语言器官的运动出发，把人们在教导他时引发出来的声音转化为对他自己的发音肌肉的运动的一种**感觉**；尽管他由此永远不能达到真实的概念，因为他为此所需要的符号不能具有任何普遍性。——尽管纯然生理的听觉未受损害，但却缺乏一种音乐听觉，因为听觉虽然能够听到声音，但却听不出音调，从而人虽然能够说，但却不能唱，这是一种很难解释的畸变；就像有一些人，他们视力很好，但却不能分辨颜色，对于他们来说一切对象都如同显现在铜版画中。

哪一种感官的缺陷或者丧失更影响重大，是听觉感官还是视觉感官？——如果这种缺陷或者丧失是天生的，那么，前一种在所有的缺陷和丧失中是最少得到补偿的；但是，如果它是后来的，是在眼睛的使用发生之后，不管是用来观察表情动作，还是更直接地通过阅读一种文字而得到培养，那么，这样一种丧失——尤其是在有钱人那里——就还可以将就着用视觉来补偿。〔160〕但是，一个在老年耳聋的人就对这种交往手段的丧失非常在乎了，而且就像人们看到许多盲人侃侃而谈、喜欢交际、在餐桌旁兴高采烈一样，人们将很难发现一个丧失了听觉的人在社交中不是闷闷不乐、猜忌多疑和愤愤不满的。他在同桌吃饭的人的表情上看到各种各样的情绪表现或者至少是兴趣表现，而且绞尽脑汁也猜不出它们的含义，因此，他注定即便在社交中也要寂寞。

※　　※　　※

第23节　后两种（主观甚于客观的）感官还需要对于外部感官感觉的某些客体有一种感受性，这些感官感觉具有特殊的性质，即它们纯然是主观的，通过一种刺激作用于嗅觉和味觉器官，但这种刺激既不是气味也不是味道，而是作为某些刺激感官导致特殊**分泌**的固体盐的作用被感觉到的。因此，这些客体并不是真正被享受、并被最内在地接受到器官中的，而是仅仅接触器官，并且马上就在器官上被清除；但正是因为如此，也就可以整天（除了吃饭时间和睡觉）百品不厌地使用它们。——这些客体的最普通的材料就是**烟草**，不管是用鼻子**嗅**它，还是把它放在口中腮和腭之间来刺激分泌唾液，又或者是用烟斗，甚至像**利马**的西班牙女郎那样用点燃的雪茄**抽**。马来亚人在后一种情况中不使用烟草，而是使用槟榔果，卷在蒌叶（槟榔叶）中，这起到同样的作用。——这种瘾（Pica），撇开在两种器官中液体分泌所造成的医学上的好处和坏处不谈，作为纯然对一般感官感觉的刺激，仿佛是反复推动注意力集中在自己的思想状态上，要不然它就会昏昏欲睡或者由于千篇一律和单调乏味而感到无聊，相反，那种手段总是一次又一次地重
〔161〕新唤醒注意力。人的这种自娱方式代替着一种社交，因为它不用谈话，而是用一再被重新激起的感觉和转瞬即逝但又一再更新的刺激，来充实时间的空闲。

论内部感官

第24节　内部感官不是纯粹的统觉，即对人所**做**之事的一种意识，因为这种意识属于思维能力，而是在他被他自己的思想活动所刺激的时候对他所**承受**之事的一种意识。它的基础是内部直观，因而是诸表象在时间中的关系（就像它们在时间

中同时存在或者相继存在一样)。对这种关系的知觉和通过这些知觉的联结复合而成的(真实的或者虚假的)内部经验,并非仅仅是**人类学的**,在这里人们不考虑人是不是拥有一个灵魂(作为特殊的无形体的实体),而是**心理学的**,在这里人们相信在自身中知觉到这样一个灵魂,而被想象成纯然的感觉能力和思维能力的心灵,则被视为居住在人里面的特殊实体。——在这种情况下,就只存在一个内部感官,因为没有不同的器官,让人在内心中感觉到自己;可以说,灵魂就是内部感官的器官,于是就说内部感官也屈服于**幻觉**,这种幻觉就在于,人把它的显象要么当成外部显象,亦即把想象当成感觉,要么干脆视为灵感,其原因是另一个存在者,但这个存在者却不是外部感官的对象。在这种情况下,幻觉或者是**狂热**,或者是**视灵术**,二者都是对内部感官的欺骗。在这两种场合,都有**心灵的疾病**,即倾向:把内部感官的表象的活动假定为经验知识,其实这只是一种虚构;甚至经常也持有一种矫揉造作的心绪,也许是因为人们认为这种心绪是有益的,是高于感官表象的庸俗性的;而且以据此形成的直观(白日做梦)来欺骗自己。——因为人最终把他自己蓄意带入心灵的东西,视为某种事先就已经在心灵中的东西,并且相信在自己的灵魂深处只是发现了其 〔162〕
实是他强加给自己的东西。

布里隆式的狂热而又诱人的内部感觉或者**帕斯卡**式的狂热而又吓人的内部感觉就是这个样子。心灵的这种变态无法确切地用理性的表象来消除(因为理性表象能够做什么来对付自以为的直观呢?)。这种在自身中颠三倒四的倾向连同内部感官的由此而来的幻觉,惟有通过把人带回到外部世界,从而返回到呈现给外部感官的那些事物的秩序之中,才能使之有秩序。

论感官感觉在程度上增强或者减弱的原因

第25节　感官感觉在程度上增强是通过：1. 对比；2. 新颖；3. 变换；4. 提高。

一、对比

衬托（对比）是把彼此不相容的**感官表象**在同一个概念下并列起来激起注意。它与**矛盾**不同，矛盾在于彼此冲突的**概念**的结合。——一片沙漠中一块精耕细作的土地仅仅由于对比就**提高**了它的表象；就像叙利亚的大马士革地区的所谓乐土地带一样。——一座宫殿或者哪怕是一座大城市的喧嚣和荣华处在乡下人的宁静、质朴但却满足的生活之旁，一座茅草屋顶的房子，里面却发现配有讲究舒适的房间，这些都使得表象活跃起来，而且人们乐意在此驻足，因为感官由此而被加强。——与此相反，贫穷却盛气凌人，一位珠光宝气的盛装女士却内衣不干净，或者像从前一位波兰贵族那样，饮宴时挥霍无度，侍从
〔163〕成群，但却穿着树皮鞋，这些都不是对比，而是矛盾，一个感官表象否定或者削弱另一个，因为它要把对立的东西统一在同一个概念之下，而这是不可能的。——不过，人们也可以进行**滑稽**的对比，以真理的**口吻**讲一个明显的矛盾，或者以赞颂的语言讲某种显然可鄙的东西，以便使荒诞的东西更为明显，就像**菲尔丁**在他的《大伟人江奈生·魏尔德传》中，或者如**勃卢冒尔**在他用讽刺体裁对维吉尔的改写中，以及例如把一部令人心情抑郁的小说，如《克莱丽莎》，模仿成欢快宜人的滑稽作品，并这样通过使感官从虚假有害的概念掺杂给它们的冲突中解放出来，来加强感官。

二、新颖

新东西，此外还有罕见的东西和保守隐秘的东西，都使得**注意力**活跃起来。因为这是收获；因此，感官表象由此而获得了更多的强度。**日常的东西**或者**习以为常的东西**则消磨感官表象。不过，不要把这理解成为发现、接触或者公开展出一件**古物**，由此而使一件事情来到当代，按照事物的自然进程，本应当猜想时间的力量早就把这件事情毁掉了。坐在（维罗纳或者尼姆）罗马人的古代剧场废墟的一块石头上，双手拿着一件从许多个世纪之后在熔岩下面发现的古代赫库兰尼姆出土的那个民族的家具，能够出示一枚马其顿诸王的硬币或者一块古代雕刻的宝石，诸如此类的事情，都唤起内行的感官的极大注意。仅仅由于一种知识的新颖、罕见和隐秘而去获取它，这种倾向被称为**猎奇**。这种偏好虽然只是用表象做游戏，通常对其对象没有兴趣，只要它不涉及窥探本来只使别人感兴趣的东西，它就是无可指责的。但是，说到纯然的感官印象，则每个早上仅是由于其感觉的**新颖**，就使得感官的一切表象（只要这些表象本来不是病态的）比它们通常在傍晚时更加清楚和更加活跃。

三、变换 〔164〕

单调（在诸感觉中完全千篇一律）最终造成感觉的**松弛**（对自己的状态的注意力的疲惫），而且感官感觉被削弱。变换则使其焕然一新。就像一篇用同一语调诵读的布道，不管是声嘶力竭还是温言细语，都使得全体教众打瞌睡一样。——既有工作又有休息，既有城市生活又有农村生活，在交往中既有谈话又有游戏，在独处时时而以历史消遣，时而以诗歌消遣，一会儿以哲学消遣，然后以数学消遣，这都使心灵得到加强。——正是同一种生命力使诸感觉的意识保持活跃；但是，这些感觉的不同器官在其活动中却互相交替。这样，用**走路**来消磨一段较长的时间，由于此时（腿部的）一块肌肉与另一块肌肉**交替**休息，就比僵立在同一个地方，其时某一块肌肉不得不在一段时间里不松懈地起作用，要更为轻松。——因此，旅行是很诱人的；只不过害处是，它在懒散的人们那里留下了一种**空虚**（疲惫），这是深居简出的生活之单调的后果。

大自然虽然自己就已经是这样安排的，即痛苦偷偷地混入到惬意的感觉和使感官娱乐的感觉之间，使得生活有趣。但是，为了变换而有意地掺入痛苦，使自己难受，让人唤醒自己，以便真切地感觉重新入睡，或者像在**菲尔丁**的小说（《**弃儿**》）中，这本书的一个出版人在作者死后再加上最后一部分，为了有变换还把吃醋带进婚姻（小说原以婚姻结束）那样，却是无聊的；因为一种状态的恶化并不增强感官对此的兴趣；哪怕是在一出悲剧中。因为终结并不是变换。

四、直到饱和的提高

程度上**不同的**、前后相继的感官表象的一个连续序列，如
〔165〕果后继的总是比先行的更强烈，就有一个**紧张**（intensio）的极点，**激发**它去接近，一旦穿越就又**松弛**下来（remissio）。但在划分两种状态的这个点上，是感觉的**完成**（maximum［最大值］），其结果是无感受性，从而是呆滞。

如果想保持感官能力的活跃，人们就必须不从强烈的感觉开始（因为它们使我们对后继的感觉没有感受性），而是宁可一开始就拒绝它们，只让自己略有感觉，以便能够越升越高。布道人在引言中以知性的冷静教导开始，它指明要把一个义务概念铭记在心，然后把一种道德的兴趣带入对其文本的分析，并在吁请中以通过能够加强那种兴趣的诸感觉，来推动人类灵魂的一切动机为结束。

年轻人！你要放弃满足（娱乐、饮宴、爱情等等的满足），即便不是出自斯多亚主义的意图要根本没有它，而是出自精致的伊壁鸠鲁主义的意图要预见一种总是还在增长的享受。对你生活情感的现金的这种节省，由于**推迟**享受而使你实际上更富有，即便你在临终时大多数情况要放弃对它的使用。把享受控制在自己手中这种意识和一切理想的东西一样，要比一切通过一下子被消耗殆尽并这样放弃整体的总量的东西更加有益、更加全面。

论感官能力的受阻、削弱和完全丧失

第 26 节　感官能力可能被削弱、被阻碍，或者完全被剥夺。因此就有酒醉、睡眠、昏厥、假死（窒息）和真正的死亡。

酒醉是没有能力按照经验法则整理自己的感官表象的反常状态，如果这种状态是过量饮用酒的结果的话。

按照字面的解释，睡眠就是一个健康人没有能力意识到由外部感官而来的表象的一种状态。为此找到实际的解释，那是〔166〕生理学家们的事情，如果他们能够的话，他们是愿意解释这种毕竟同时是为重新获得外部感觉积聚力量的松弛的（人发现自己由此好像在世界上新生了，而由此我们寿命的三分之一也就不知不觉、毫不可惜地逝去了）。

感觉器官的麻木的结果是对自己的注意比在正常状态下更弱，这种反常状态与酒醉类似，因而从沉睡中被迅速唤醒的人被称为睡醉了。——他还没有完全恢复知觉。——但是，即便是在清醒时，一种突然侵袭某人的窘迫，即要考虑在一个出乎意料的场合应当怎么办，作为对他的反思能力的正常的和习惯性的应用的阻碍，也能够产生感官表象活动中的一种停滞。这时人们就说：他失去了常态，失去了自制，（由于高兴或者惊恐而）**不知所措，目瞪口呆，惊慌失乱**，找不着**北**[1]，诸如此类。而这种状态可以被视为一种瞬间袭来的睡眠，它需要集聚自己的感官感觉。在强烈的、突然激起的情绪（惊恐、愤怒，还有高兴的情绪）中，如人们所说，人就**失去了自制**（处在**神游象外状态**中，如果人们相信自己正处在一种直观之中，而这种直观不是感官的直观的话），不能支配自己，有一段时间对于外部感官的使用来说仿佛是瘫痪了。

第27节　往往随着一阵晕眩（许多不同种类的感觉的一种迅速转圈子兜回，并且超出制衡力的变换）而来的**昏厥**，是死亡的一种前奏。这些感觉全部受阻就是窒息或者**假死**，就人们在外表上知觉到的而言，假死惟有通过结果才能与真正的死亡区别开来（如在溺死者、绞死者、烟雾中窒息而死者那里）。

没有人能够在自己身上经验到**死亡**（因为要有一种经验，
〔167〕这需要生命），而是只能在别人身上觉察。死亡是否痛苦，这是不能从垂死者的喘息或者抽搐出发来评判的；毋宁说，这看来是生命力的一种纯然机械的反应，也许是逐渐从一切痛苦解脱出来的一种平和的感觉。——因此，对所有人，甚至对最不幸的人或者对最睿智的人来说，也都是自然而然的对死亡的恐惧，并不是对**死亡**感到害怕，而是蒙台涅说的对，是对**死去**（即死了）的思想感到害怕；因此，死亡的候选人自认为死后还有思想，是因为他把不再是他自己的尸体设想成在阴暗的坟墓中或者任何别的地方的他自己。——在这里，幻觉是无法消除的；因为它就在作为与自己交谈和谈论自己的思维的本性

① 北极星叫做 Tramontano 或者 Tramontana，而失去常态，不能镇静就叫做 perdere la tramontana，即找不着北极星（作为航海者的导航星）。

中。**我不在**这种思想是根本不能**存在**的；因为如果我不在，我就也不能意识到我不在。我尽可以说我不健康等等，可以否定性地思维关于我自己的**谓词**（就像在所有的 verbis［动词］那里所做的一样）；但是，以第一人称说话来否定主体自己，如此这个主体就自己把自己否定掉，这是一个矛盾。

论想象力

第 28 节　想象力（facultas imaginandi）作为即便对象不在场也有直观的能力，要么是**生产的**，亦即源始地展现（exhibitio originaria）对象的一种能力，因而这种展现先行于经验；要么是**再生产的**，是派生地展现对象的一种能力，这种展现把一个已有的经验性直观带回心灵中；纯粹的空间直观和时间直观属于前一种展现；其余的直观都以经验性直观为前提条件，经验性直观如果与对象的**概念**相结合，因而称为经验性知识，就叫做**经验**。——想象力如果不由自主地也产生想象，就叫做**幻想**。习惯于把幻想视为（内部的或者外部的）经验的人，就是一个**幻想家**。在**睡眠**（一种健康状态）时有其想象的一种不由自主的活动，就叫做**做梦**。

想象力（换句话说）要么是**创作的**（生产的），要么是纯然**召回的**（再生产的）。但是，生产的想象力尽管如此也并不 〔168〕
就是**创造性的**，亦即不能产生一个之前从未被给予我们的感官能力的感官表象，相反，人们总能够指出这个感官表象的材料。对于在七种颜色中从未见过**红色**的人，人们永远不能使他了解红色的感觉，对于天生的盲人则根本不能使他了解任何颜色的感觉；甚至由两种颜色的混合产生的中间色也不行，例如绿色。黄和蓝彼此混合产生绿；但是，如果不是**看**到过它们相混合，想象力对这种颜色就不会产生丝毫的表象。

所有五种感官中每一种特殊的感官也都是这样，因为出自五种感官的感觉就其复合而言不能是由想象力制作的，而是必须源始地从感官能力引出来。曾有一些人，他们对于光线表象来说，在自己的视觉能力中除了白或者黑之外没有更多的储存，对于他们来说，尽管他们能看清楚，但可见世界却只是显现得像一幅铜版画。同样，有很多人，比人们大概相信的更多，他们有良好的，甚至极其精细的听觉，但却绝对不是音乐的听觉，他们的感官对于音调完全没有感受性，这并不仅仅是为了模仿音调（歌唱），而是哪怕把它们与纯然的声响区别开来。——味觉和嗅觉的表象也可能是同样情况，也就是说，对于这种享受材料的一些特殊感觉缺乏**感官**，而且一个人相信在这方面理解另一个人，然而，一个人的感觉不仅在程度上，而且在类别上都可能与另一个人的感觉完全不同。——有一些完全没有嗅觉感官的人，他们把用鼻子吸入纯净空气的感觉视为气味，因此，无论人们怎么对他们描述这种感觉方式，他们都不会变得聪明；但是，在没有嗅觉时，味觉就也十分缺乏，而在没有味觉时，说明和传授味觉就是白费力气的劳动。但是，饥饿和对饥饿的满足（吃饱）与味觉完全不是一回事。

因此，尽管想象力是一个很伟大的艺术家，甚至是魔术师，它也毕竟不是创造性的，而是必须从感官那里汲取自己创
〔169〕作的**素材**。但是，这些创作在刚刚回忆起来之后却不像知性概念那样可普遍传达。不过，人们（尽管只是非本真地）也把对于想象力的表象在传达中的感受性称为一种感官，并且说，这个人对此没有**感官**，尽管这并不是感官的无能，而部分地是知性的无能，即不能把握传达来的表象并在思维中把它们联结起来。他自己对他所说的话不加任何思考，因而别人也就不理解他；他说的是**胡话**（Unsinn，non sense），这种缺陷与意义空洞（Sinnleeren）还不一样，后者是把思想组合得让另一个人

不知道应当从中得出什么。——感官（Sinn）这个词（但只用单数）如此经常地被用做思想，甚至应当表示一个比思维还更高的等级；关于一句格言（Ausspruch），人们说有一种丰富的或者深刻的**意义**（Sinn）在它里面〔因此有箴言（Sinnspruch）这个词〕；人们也把健全的人类知性称为共通感（Gemeinsinn），而且尽管这个表述本来只是表示认识能力的最低等级，却把它置于上面，其根据在于：想象力给知性配上材料，以便使知性的概念获得内容（成为知识），它就凭借自己的（虚构出的）直观与现实的知觉的类似性而显得使它们获得了实在性。

第 29 节　要激起或者平息想象力[①]，有一种服用麻醉品的有形手段，这些麻醉品中的一些作为毒品是**削弱**生命力的 〔170〕
（某些真菌、波尔什、野生爵床属植物、秘鲁人的契卡和南太平洋印第安人的阿瓦、鸦片），另一些是**加强**生命力的，至少是提高生命力的情感的（例如发酵饮料、葡萄酒和啤酒，或者

① 我在这里略过并非一个意图的手段、而是某人被置于其中的那种境遇的自然结果的东西，由于那种境遇，单是他的想象力就使他失去常态。从一个陡峭的高处（或者哪怕是一座没有栏杆的窄桥）的边沿往下看时的**晕眩**和**晕船**，都属于此列。——木板如果搁在地上，感觉自己孱弱的人踩在上面也不会引起害怕；但如果把它作为一座小桥架在一个深渊上，那么，单是有可能失足的那种思想就足以能够使他在尝试时真的陷入危险。——晕船（我自己在一次从皮劳到哥尼斯贝格的航行中有过一次晕船的经验，只要人们还**愿意**把这次航行称做航海的话）及其发作导致呕吐，如我相信已经注意到的那样，纯然是由于眼睛给我造成的；这时在船的晃动中从船舱向外看，落在我眼中的一会儿是潟湖，一会儿是高高的巴尔加城堡，上升之后又下沉，借助于想象力，通过腹部肌肉诱发出肠胃的一种反向的运动。

是它们的含酒精的提取物，即烧酒），但都是反自然的和人工的。如此过量服用它们，以至于在一段时间里不能够按照经验法则来整理感官表象的人，就叫做**酒醉的**或者**麻醉的**。自愿地或者有意地使自己处于这种状态，就叫做自我**麻醉**。但是，所有这些手段据说都有助于使人忘记似乎是源始地位于一般生命之中的负担。——这种十分流行的偏好及其对知性应用的影响，是尤其值得在一门实用人类学中予以考察的。

一切**缄默**的麻醉，亦即不使社交和彼此的思想交流活跃起来的麻醉，自身都具有某种有害的东西；鸦片和烧酒的麻醉就是这一类麻醉。在葡萄酒和啤酒之中，前者仅仅是刺激性的，后者则更多是营养性的，而且可以像饭菜一样充饥，它们用来做社交性的麻醉；不过这里也有区别，狂饮啤酒更多的是做梦般沉默寡言，经常也是粗俗的，但狂饮葡萄酒却是欢快的、热闹的和妙趣横生的。

当然，在酒筵上无节制地一直喝到神志不清，如果是踉踉跄跄，至少是步履不稳地或者纯然是嘟嘟囔囔地从酒筵走出，则不仅就人们以之消遣的社交而言，而且在自重方面，这都是男人的一种坏习气。但是，也可以举出许多东西来缓和对这样一种过失的判断，说自制的界限是容易被忽视和**逾越**的；因为东道主毕竟希望通过这种好客的行为让客人十分满足地（ut conviva satur［为了让宾客满足］）走出去。

醉意所造成的无所顾忌，也许还有随之而来的不谨慎，是一种虚假的生命力增强的感觉；有醉意者这时感觉不到本性不懈地致力于克服的那些生命障碍（健康也就在于克服这些障碍），而且在他的弱点上是幸福的，因为本性在他里面确实在
〔171〕努力逐渐地增强他的生命力来逐步地重建他的生活。——妇女、教士和犹太人通常不喝醉，至少是小心地避免一切喝醉的表现，因为他们**在公民性上**是软弱的，并且需要克制（为此绝

对要求清醒)。因为他们的外在价值仅仅在于别人对他们的贞操、虔诚和分离主义合法性的**信任**。说到犹太人，所有这些分离主义者，亦即不仅服从一种公共的国家法律，而且还服从一种特殊的(教派的)法律的分离主义者，作为怪人和所谓的被拣选者，特别受到社会的注意和尖锐的批评；因此，他们在这种注意中也不能放任自己，因为使人丧失这种谨慎的那种醉意对于他们来说就是一种**丑闻**。

卡托的斯多亚主义崇拜者说他，“他的德性因葡萄酒而增强(virtus eius incaluit mero)”；而一位近代人这样说古代德国人，“他们喝着酒表达自己的主张(决定一场战争)，以免有失果断；他们清醒着思考，以免有失理智”。

喝酒放纵舌头(in vino disertus [酒中出辩才])。——但是，喝酒也打开心扉，并且是一种道德属性亦即坦诚的物质载体。——矜持及其思想对于一个真诚的心灵来说是一种压抑的状态，而兴致勃勃的饮者也不容易忍受有人在酒筵上十分节制；因为此人扮演着一个留心人，他关注着别人的错误，但自己却保持着矜持。**休谟**也说：“耿耿于怀的伙伴是讨厌的；今天的蠢事必须忘掉，以便为明天的蠢事腾出地盘。”允许男人由于社交的高兴而暂时稍稍逾越清醒的界限，其前提条件是好心肠；半个世纪之前流行这样的策略，北方的宫廷派出很能喝酒的使节，自己不喝醉，但把别人灌醉，以便套别人的话或者说服别人，这种策略是很狡猾的；但那个时代的这种粗鄙习俗已经消失，现在就文明阶层而言，针对这些恶习写一封警告信也许是多余的了。

人们是否也能够在喝酒时研究喝醉的人的气质或者其性格呢？我不相信。这是一种新的液体掺进了他血管中流淌的液体，是对神经的另一种刺激，它不是更清晰地**揭示自然的**气质，而是**带入**了另一种气质。因此，喝醉的人有的热恋，有的自吹自擂，有的吵吵闹闹，有的(尤其是喝啤酒时)表现得心 〔172〕

地慈善，或者态度虔诚，甚或默不作声；但在酒醒之后，如果让他们回想头天晚上自己说的话，他们都将自己对这种奇怪的心境或者其感官的失常发笑。

第30节　想象力的独创性（不是模仿性生产）如果与概念合拍，就叫做**天才**；如果不与概念合拍，就叫做**狂热**。——值得注意的是，对于一个**有理性的**存在者来说，除了一个人的形象之外，我们想不出别的合适形象。任何别的形象至多会表现出人的某个属性的一个象征——例如，蛇作为阴险狡猾的形象——但并不表现有理性的存在者自身。这样，我们就在自己的想象中用纯粹人的形象来布满所有别的天体，尽管他们很可能由于承载和养育他们的土地和构成他们的元素的不同而具有很不一样的形象。我们要赋予他们的一切别的形象都是**丑模怪样**。①

如果天生缺乏一种感官（例如视觉感官），残疾人就尽可能地培养另一种感官来做前一种感官的**代理者**，并大量练习生产性的想象力：他试图通过**触觉**来把握外部物体的形式，而在大得摸不到的地方（例如一栋房子），还通过另一种感官例如**听觉**感官，亦即通过一个房间中的回声来把握其**宽敞**；但最终，如
〔173〕果一次成功的手术解救了这种感觉器官，他这才必须**学习**看和听，也就是说，试着把自己的知觉归到这类对象的概念之下。

对象的概念经常诱人情不自禁地（通过生产性的想象力）给他们配上一个自己创造的形象。在读到或者听人讲到一位在才

① 因此，**神圣的三位**：一位老人、一位青年和一只鸟（鸽子），不能被想象成真实的、与其对象相似的形象，而是只能被想象成一些象征。从天降临和升天的形象表达的就是这种意思。为了给我们关于有理性的存在者的概念配上直观，除了将他们拟人化之外，不能以别的方式行事；但是，如果在这个时候把象征的表象抬高到事物自身的概念，那就是不幸的或者童稚的做法。

能、功绩或者地位上伟大的人物的生平和业绩时，人们通常就被诱导在想象力中给予他一个魁梧的身材，而与此相反，给予一个按照描述性格细腻温柔的人一个小巧柔韧的形象。不仅是农民，就连一个有足够阅历的人，如果他按照所讲述的业绩来设想的英雄表现给他的却是一个矮子，反过来细腻温柔的休谟表现给他的却是一个矮墩墩的汉子，也都要大吃一惊的。因此，由于想象力自然而然地就有走向极端的偏好，人们也不要对某物抱太大的希望；因为现实总是比用来做阐释它的模型的理念更有局限。

要把一个人初次引入社交中去，事先对他作出许多高度的评价，这是不可取的；毋宁说，这常常可能是一个爱开玩笑的人使他成为笑料的恶作剧。因为想象力把所期待的事情的表象抬得如此之高，以至于所说的人与先入为主的理念相比只能受到损害。如果以夸大其词的赞颂来预告一部著作、一出戏或者别的属于美妙风格的东西，也将发生同样的事情；因为这样一来，它在展现出来的时候就只会掉价。哪怕是读过一个好的剧本，也已经削弱看演出时的印象。——但是，如果之前受到赞颂的东西与紧张期待的东西正好相反，此外又没有什么害处，那么，这个对象的登场就会引起哄堂大笑。

变动不居的、被置于运动之中的、自身真正说来并不具有能够引起注意的意义的那些形象，诸如壁炉火光的闪烁，或者一条小溪在石头上流过时的一些旋涡和泡沫转动，都以大量完全不同方式的表象（与这里的视觉表象不同），维持着想象力在心灵中游戏，并在沉思中深化。〔174〕甚至音乐对于不是作为内行来听的人来说，也能够将一位诗人或者哲学家置入某种心境，在其中每个人都能够按照自己的事务或者其爱好去捕捉思想，也能够驾驭这些思想，这些思想是他独处在自己的房间中不会如此幸运地获得的。这种现象的原因似乎在于：当感官被一种自身根本不能引起注意的杂多，从对某个别的更强烈地落入感官的对象的注意引开时，思维就不仅更加轻松，而且更加活跃，也就是说，如果为了给自己的知性表象配上材料，就需要一种更加努力、更加持久的想象力的话。——英国的《旁观者》讲过一位律师，他习惯于在做辩护时从口袋里掏出一根绳子，不停地在手指上绕来绕去；有一次，爱开玩笑的对方律师偷偷地从他口袋中抽走了绳子，他就完全陷入了窘态，语无伦次。因此人们说：他失去了自己说话的线索。——被固定在一种感觉上的感官（由于习惯）使人不注意别的相异的感觉，因此不被它分心；但是，想象力在这时就能够更好地保持在合乎规则的运行中。

论不同种类的感性创作能力

第 31 节　有三种不同种类的感性创作能力。这就是空间中直观的**造型**能力（imaginatio plastica [造型的想象力]），时间中直观的**联想**能力（imaginatio associans [联想的想象力]）和从表象的共同的相互起源而来的**亲缘关系**的能力（affinitas [亲和性]）。

一、论造型的感性创作能力

在艺术家能够（仿佛是可触摸地）展示一个有形体的形象
〔175〕之前，他必须在想象力中完成它，而这个形象在这种情况下就是一种创作，这种创作如果是不由自主的（例如在梦中），就叫做**幻想**，并且不属于艺术家；但如果它是由任性来控制的，它就被称为**作品**、**发明**。现在，如果艺术家是按照与大自然的作品相似的图像工作的，那么，他的产品就叫做**自然的**；但如果他是按照不能在经验中出现的图像来制作如此塑造的对象的（就像西西里的帕拉戈尼亚亲王那样），那么，他的产品就叫做离奇荒诞的、非自然的，是些丑陋形象，而这样一些念头就仿佛是一个醒着的人的梦中景象（velut aegri somnia vanae fin-

guntur species［虚幻的观念宛如病人的梦一样是虚构出来的］）。——我们常常喜欢玩弄想象力；但想象力（作为幻想）同样经常拿我们做游戏，有时是很不合适的。

幻想在睡眠中捉弄人，这就是梦，并且是在健康状态中也有的；与此相反，如果在清醒时也发生，那就是一种病态了。睡眠作为一切外部知觉能力，尤其是自主运动能力的松弛，看来对于一切动物，甚至对于植物（根据后者与前者的类比），为了聚集在醒着时消耗的力量，都是必要的。但是，看起来做梦也是这种情况，以至于如果不是在睡眠时通过做梦来使生命力保持活跃，它就必定会熄灭，同时最深沉的睡眠必定会导致死亡。——当人们说睡了一个好觉，没有做梦时，这毕竟只不过是人们在醒来时根本不记得这些梦了。在想象迅速交替的时候，这种情况也会在一个人醒着时遇到，也就是说，他处在分心的状态中，其时若问目光呆滞地在一段时间里死盯着同一个点的人，他在想什么，得到的回答是：我什么也没有想。如果醒着时在我们的记忆中不是有许多漏洞（由于不注意而被忽略了的其联结作用的中间表象）的话，如果我们下一夜又在我们前一夜中断的地方开始做梦，则我就不知道，我们是否会误以为生活在两个不同的世界。——做梦是大自然的睿智安排，为的是在基于任性的身体运动亦即肌肉运动中止时，通过与不由自主地创作出来的事情相关的激情来激起生命力。——只是切不可把梦中的故事当做出自一个不可见的世界的启示。〔176〕

二、论联想的感性创作能力

联想的法则是：经常前后相继的感性表象在心灵中造成一种习惯，即如果一个表象被产生出来，就也让另一个产生。——要求对此作出一种生理学的解释，那是白费力气；哪怕人们为此可以使用不管什么样的假说（它本身又是一种创作），就像笛卡尔关于其大脑中的所谓物质性理念的假说那样。至少，没有任何这一类的解释是**实用的**，也就是说，人们不能把它们用于任何艺术活动；因为对于在表象仿佛是相互（至少间接地）接触时出自表象的印象痕迹能够相互交感而共鸣的那个大脑和大脑中的位置，我们没有任何知识。

这种相邻关系经常走得很远，而且想象力从第一百到第一千经常走得如此之快，以至于看来人们根本就是在观念的链条中跳过了某些中间环节，虽然只是没有意识到它们，这样人们也就不得不经常问自己：我在自己的谈话中刚才是从哪儿出发的？我是怎样达到这个终点的？①

三、论亲缘关系的感性创作能力

我把**亲缘关系**理解为从杂多起源自同一根据来进行联
〔177〕结。——在一种社交娱乐中，从一个话题跳到一个完全不同类的话题，而表象的经验性联想，其根据纯然是主观的（也就是说，这些表象在一个人那里被联想得与在另一个人那里不同），依我说，这种联想被引导到这个话题上，这在形式上是一种胡闹，它打断和破坏了一切娱乐。——惟有当一个话题谈完了并稍事休息时，某人才能开始另一个有趣的话题。无规则地四处游荡

① 因此，开始一场社交讨论的人必须从他身边和当下的事情开始，并逐渐地引向更遥远的事情，如果它能够引起兴趣的话。对于从大街上走进一个为相互娱乐而聚集的社交活动的人来说，坏天气是一个不错的和习惯性的临时话题。因为在走进房间时从刚刚见报的来自土耳其的消息开始，就对别人的想象力施加了强制，这些人看不出是什么把他带到这个话题上的。对于一切思想的传达来说，心灵都要求某种秩序，在这方面，无论是在讨论中还是在讲道中，引导性的表象和开场白都是很重要的。

的想象力，由于与任何东西都无客观联系的表象的变换，如此使人头昏脑涨，以至于从这种社交出来的人，心情就好像做了梦一般。——无论是在凝神思维时还是在传达思想时，都必须总是一个题目，杂多的东西按照它来整理，因而也有知性在这时起作用；但是，想象力的活动在这里服从的毕竟是感性的法则，感性为此提供素材，而素材的联系则在没有意识到规则的情况下毕竟是按照规则，因而是按照知性建立起来的，虽然不是从知性派生的。

亲缘关系（affinitas［亲和性］）这个词，在这里使人想到取自化学、与那种知性联结相类似的交互作用，即两种不同类的、有形体的、最密切地相互作用并追求统一的元素的交互作用；在此，这种**联结**造成了某种第三者，它具有惟独通过两种异质元素的结合才能产生的属性。知性和感性尽管不同类，但毕竟自动地结拜为干姐妹以造就知识，就好像它们一个起源于另一个，或者二者都起源于一个共同的主干似的；这是不可能的，至少我们无法理解，如何能够从同一个根上生出不同类的东西。①

① 可以把前两种表象的复合方式称为**数学的**方式（扩大的方式），但把第三种称为**力学的**方式（产生的方式）；由于它而出现一个全新的事物（就像在化学中的中性盐一样）。无论是在无生命的自然中还是在有生命的自然中，无论是在灵魂中还是在肉体中，各种力量的活动都是寄予不同类的东西的分离和联结。我们虽然通过对它们的作用而达到对它们的认识，但最上面的原因和它们的元素被溶解于其中的简单组成部分，对于我们来说却是不可及的。——我们所了解的一切有机存在者，它们的物种惟有通过两性（人们称之为雄性和雌性）的结合才能繁衍，其原因会是什么呢？人们毕竟不能假定，创造者只是由于性情古怪，并且只是为了在我们地球上做一个他如此喜欢的安排，就仿佛只是玩儿了一次；而是看来是这样，即若不是两性为此作出贡献，就肯定**不可能**从我们地球的质料中通过繁衍产生出有机造物。——当人类力学在这里想着手论证这种起源，哪怕只是猜测这种起源时，它迷失在哪一种幽暗之中了？

〔178〕 第32节　不过，想象力并不像人们借口说的那样是创造性的。对于一个有理性的存在者来说，除了一个人的形象之外，我们想不出别的任何形象是合适的。因此，如果雕刻家或者画家来刻画一个天使或者一个神，他在任何时候所刻画的都是一个人。任何别的形象在他看来都包含着按照他的理念，不能与一个有理性的存在者的构造结合在一起的部分（如翅膀、爪子或者蹄子）。与此相反，他可以随意来构想大小。

由人的想象力的**强大**而来的幻觉经常走得如此之远，以至于人相信在自己之外看到和感觉到本来只在头脑中才有的东西。因此向深渊中张望的人就会受到晕眩的侵袭，尽管他周围有一块足够宽的平地使他不会掉下去，甚至是站在一个完全牢固的栏杆旁。奇怪的是一些心灵有病的人对一种内心冲动会发作的那种畏惧，害怕自己会完全自愿地跳下去。——看到别人吃恶心的东西（例如，通古斯人从自己孩子的鼻子中一下子吸出鼻涕并吞下去），同样激起旁观者的恶心，就好像他自己被迫吃这种东西一样。

在瑞士人（而且如我从一位见多识广的将军口中听到的那样，一些地区的威斯特法伦人和波莫瑞人也一样）被安置在别的州时侵袭他们的**乡愁**，是通过唤回其少年时代的无忧无虑和邻里聚会的景象而激起对他们曾享受的非常质朴的生活乐趣的那些地方的一种渴望的结果，因为他们后来在重访这些地方时
〔179〕 发现自己的期望落了空，这样也治好了乡愁；尽管是认为那里的一切都变化很大，但事实上是因为他们不可能在那里再次度过自己的少年时代了；这里毕竟值得注意的是，这种乡愁侵袭一个**缺少钱财**，但却通过兄弟关系和亲戚关系结合起来的行省的那些乡下人，要甚于侵袭忙于赚钱、把 patria ubi bene [活得好的地方就是祖国] 当做座右铭的人。

如果之前听说这个人或者那个人是一个恶人，那么，人们

就相信能够在他脸上读出狡诈，而且虚构在这里与经验混杂成一种感觉，尤其是再加上激情和情欲的时候。据爱尔维修说，一位妇女用望远镜在月亮上看到了两个恋人的影子；此后用望远镜看过的教士则说："不对，夫人，那是一个大教堂上的两个钟楼。"

人们还可以把因想象力的同感而有的结果归于这一切。看到一个人抽搐甚或癫痫发作，会引起类似的痉挛动作；就像别人打哈欠会使自己与他们一起打哈欠一样；医生米夏埃利斯先生引证说：在北美的军队中，当一个人大发雷霆时，三两个站在旁边的人由于看到这种情况就也突然陷入暴怒，尽管这种发作只是暂时的；因此，对于一个神经虚弱的人（忧郁症患者）来说，出自好奇而参观疯人院是不可取的。大多数情况下他们也自动避免这样做，因为他们担心自己的头脑。人们也将发现，当某人带着情绪，尤其是愤怒的情绪向活泼的人讲述自己所遭遇的某件事情时，后者强烈关注，脸上棱角分明，并情不自禁地被置入与那种情绪相适应的表情活动之中。——人们据称也注意到：相处融洽的夫妻逐渐地在面部特征上有一种相似性，并且把这解释成他们因这种相似性而结婚（similis simili gaudet［物以类聚］）；但这种解释是错误的。因为大自然在两性的本能上宁可是促进应当相爱的人们的不同，以便把它植入人们胚胎中的一切多样性都发展出来；只是他们在自己单独交谈时紧紧相依，经常并长时间相互注视的那种亲密和倾慕，才产生了同感的相似表情，这种表情固定下来，最终就转化为永 〔180〕
久性的面部特征。

最后，人们也可以把无恶意地**说谎**的倾向，算做生产性想象力的这种无意的游戏，而生产性想象力在这种情况下就可以被称为**幻想**；这种倾向差不多作为遗传的毛病在孩子们那里**总是**遇到，在成人那里，但通常是在心地善良的人们那里**时而**遇到；这里在讲述时，事件和所谓的奇遇像滚落的雪崩一样增长，从想象力中产生出来，并不是为了某种好处，而是仅仅给自己逗乐；就像莎士比亚所写的骑士约翰·福斯塔夫，他在结束自己的故事之前，已把两个穿着粗呢衣服的人变成五个角色。

第 33 节　由于想象力在表象上比感官更富有、更多产，所以如果有情欲加入，对象不在场就比对象在场更能激活想象力；如果发生某件事情，它把自己那看起来经过一段时间由于分心而被磨灭的表象又唤回到心灵之中的话。——曾有一位德国王侯，本来是一个粗犷的战士，但毕竟是一个高尚的人，为了从心中抹去对他宫中一位平民女子的爱而到意大利旅行；但是，他归来时第一眼看到她的住处，就比持续的交往更强烈得多地唤起想象力，以至于他毫不犹豫地就顺从了那个幸好也符合期望的决定。——这种毛病，作为一种创作的想象力的结果，是无法疗治的；除非用**婚姻**医治，因为婚姻就是真相（eripitur persona，manet res［除去假面具，留下的就是真相］）。

创作的想象力提供了与我们自己打交道的一种方式，尽管仅仅是作为内部感官的显象，但毕竟根据与外部显象的一种类比。夜晚激活了它，并把它抬高到它的实际内容之上；就像傍晚的月亮在天上形象很大，在白天看起来却只是像一个不起眼的云点。在那于夜晚的寂静中通宵达旦工作，或者与自己想象出来的对手争执，或者在自己的房间里徘徊着想入非非的人身上，这种想象力如醉如痴。但是，一切在此时他觉得重要的东西，在一觉睡醒的早上就失去了其全部重要性；但他也许因花
〔181〕在这种坏习惯上的时间而感到心神疲惫。因此，通过为了能够早起而早睡来抑制自己的想象力，是一条属于心理学养生之道的很有用的规则；但是，妇女和忧郁症患者却更喜欢相反的行为方式（他们通常也正因为此而有他们的疾苦）。为什么精灵

的故事在深夜还大有人听，早上刚起床就让每个人感到乏味，对于谈话显得完全不适合？与此相反，人们此时问的是家里或者社会上发生了什么新事，或者继续自己前一天的工作。原因在于：本身只是**游戏**的事情，适宜于放松一整天消耗的心力，而本身是**工作**的事情，则适宜于经过夜间休息而精力充沛、仿佛是新生了的人。

想象力的消散（vitia）是：它的创作要么是纯然**脱缰的**，要么是根本**无规则的**（effrenis aut perversa）。后一种缺点是最恼人的。前一种创作毕竟也许能够在一个可能世界（寓言）中找到自己的位置；后一种创作则根本不能在任何世界找到位置，因为它们自相矛盾。在利比亚沙漠的拉斯-塞姆，经常可以看到雕刻在石头上的人兽形象，它们使阿拉伯人看着害怕，因为阿拉伯人把这样一些形象视为受到诅咒而石化的人，这属于第一类的想象，亦即脱缰的想象力的想象。——但是，按照同一些阿拉伯人的意见，这些动物像柱在普遍复活的那一天将向艺术家发出咆哮，指责他制作了它们却不能赋予它们灵魂，这就是一种矛盾了。——脱缰的幻想总是还能够让人信服（如把一本书题献给枢机主教爱斯特的那位诗人的幻想，爱斯特在他递过这本书时问他："阿里奥斯陀大师，鬼知道，您是从哪儿搞到所有这些了不起的玩意儿的？"），它是从它的富有而来的繁茂；但是，无规则的幻想就接近妄念了，在这里幻想完全是在拿人做游戏，不幸的人根本不能控制自己的表象的驰骋。

此外，一个政治的艺术家同样能够像一个审美的艺术家那样用想象来领导和治理世界，他懂得把这些想象冒充成现实，例如人民的**自由**，这种自由（如在英国国会中）或者等级和**平等**的自由（如在法国国会中）仅仅存在于形式中（mundus vult decipi［世界愿意被欺骗］）；不过，哪怕只拥有这种使人类高尚起来的善的外表，也毕竟比感到这种善被强行夺去更好一些。〔182〕

论通过想象力使过去和未来成为现在的能力

第 34 节　有意地使过去成为现在的能力是**回忆的能力**，而想象某种本属未来的东西则是**预见的能力**。二者就其都是感性的而言，都基于主体过去的状态和未来的状态的表象与现在的状态的**联想**。而且尽管不是知觉，它们也有助于知觉**在时间中**的联结，即通过**现在**存在的东西把**不再**存在的东西与**尚未**存在的东西在一个连贯的经验中联结起来。它们叫做回顾和前瞻的**回忆能力**和**预见能力**（如果可以允许这些表述的话），因为人们意识到，自己的表象是在过去状态或者未来状态中会遇到的。

一、论记忆

记忆与纯然再生产的想象力的区别在于，它能够**自主地**再生产昔日的表象，因而心灵不是那个表象的纯然游戏。幻想，亦即创造性的想象力，不得混杂其中，因为那样的话，记忆就会是**不忠实的**。——马上把某种东西**抓入**记忆，轻而易举地**想到**它，并长久地**保持**它，这是记忆在形式上的完善。但是，这种属性却很少一同出现。如果某人相信在记忆中有某件事，但却不能意识到它，他就说自己不能**想起**它了（es entsinnen，不是 sichentsinnen，因为这等于是说使自己没有感觉）。如果人们还力求想起来，则这方面的努力是很伤神的，而且人们最好是用另外的思想让自
〔183〕己分一会儿心，渐渐地只是浮光掠影地回顾那个客体；这样，人们通常就会捕捉住联想起来的表象中的某一个来唤回那个表象。

有条有理地把某件事情抓入记忆（memoriae mandare［托付给记忆］），叫做**记诵**（不是**背诵**，就像平常人谈到只是背出自己将要做的布道词的布道人时所说的那样）。这种记诵可以是**机械的**，或者是**灵活的**，或者也可以是**判定的**。第一种仅仅基于

经常的、逐字逐句的重复，例如学会乘法表，此时学习者必须纵贯以惯常的秩序前后相继的语词的整个序列，才能得到要找的东西。例如，如果问学生：3 乘 7 得几？则他从 3 乘 3 开始，就顺利地得出 21；但如果人们问他：7 乘 3 得几？他就不能如此之快地想到了，而是必须把两个数字颠倒过来，以便将它们置入习惯的秩序。如果学会的东西是一种庄重的套话，其中不得改变任何表述，而是必须如人们说的那样念经般地诵读它，那么，大概记忆力最好的人也不敢信赖记忆力（因为这种胆怯本身就能够使他们出错），并因此而认为有必要**照本宣科**；就连训练有素的布道人也是这样做的，因为在这时对语词的丝毫变动都会是可笑的。

灵活的记诵是通过与相邻表象的联想来牢记某些表象的一种方法，这些表象就自身而言（对知性来说）相互之间根本没有亲缘关系，例如一种语言的声音与应当和它们相应的完全不同类的图像之间；此时，为了轻而易举地把某种东西抓入记忆，人们还用更多的相邻表象来加重记忆的负担；因此是**荒唐的**，是想象力在把不能共属于同一个概念之下的东西拼凑在一起时的无规则做法；同时是手段和意图之间的矛盾，因为人们试图减轻记忆的劳动，事实上却由于不必要地把很不相同的表象的联想强加给记忆，而使得这种劳动更沉重了。① 机智的人很少有忠实的记忆（ingeniosis non admodum fida est memoria），这就是说明上述现象的一个注解。 〔184〕

① 这样，像图解《圣经》，乃至用图画来介绍的**法学学说**，这样的图解课本是一个幼稚的教师用来使自己的学生变得比原来更为幼稚的光学匣子。说到法学学说，有《法学大全》的一个以这样的方式被托付给记忆的标题可以作为例子：de heredibus suis et legitimis［论继承人及其合法财产］。第一个词被用一个带有挂锁的匣子来形象化，第二个词被用一头母猪来形象化，第三个词被用摩西的两块板来形象化。

判定的记诵不是别的，就是在思想中对一个体系（例如，林耐的体系）的**划分**表格的记诵；在这里，在据称忘掉了某种东西的时候，人们就能够通过列举自己记得的各个环节而重新回想起来；或者，这也是对一个变得可视的整体的各个**部分**（例如，在一幅地图上一个国家按照东南西北分布的各个省份）的记诵，因为人们为此也使用知性，而知性则与想象力相互帮助。最常见的是**索引**，亦即为被称为**常用套话**的一般概念所编的一种专业书，它像人们在一个图书馆里把图书分放在贴有不同标签的书柜中那样，通过分类来回忆。

一种作为总的学说的**记忆术**（ars mnemonica）是没有的。在特别与此相关的窍门中，有诗体的格言（versus memoriales [诗句便于记忆]），因为格律包含着一种合规则的抑扬顿挫，它对于记忆的机械作用大有好处。——对于那些记忆奇人，诸如米兰多拉的皮科、斯卡里吉尔、安格鲁斯·波里塔努斯、马格里阿贝奇等等来说，对于把要用一百峰骆驼来驮载的书作为各门科学的资料，用自己的脑袋随身携带的那些博学的人来说，切不可因为他们也许不具备对于挑选这一切知识来做合目的的应用的能力来说合适的**判断力**，就轻蔑地谈论他们；因为搞到丰富的原始资料，这毕竟已足以是功绩；尽管别的人在事后还必须再用**判断力**对这些资料进行加工（tantum scimus, quantum memoria tenemus [我们所知道的，也就是我们所记住的那么多]）。有一位古人说过，"书写术毁掉了记忆（部分地使之成为多余）"。这句话有某种真理：因为平常的人往往按照线索才能更好地依序处理和想起加之于他的杂多；之所以是
〔185〕这样，乃是因为记忆在这里是机械的，没有玄想混入；与此相反，对于许多奇特的附带思想在其脑子中穿行的那种学者来说，他的任务或者家庭琐事的许多东西都由于分心而逃逸，因为他没有充分的注意力把握它们。但是，用口袋中的写字板来

保险，十分精确地、毫不费力地重新找到记在脑子里来保存的一切，倒是一个很大的便利。书写术总还是一种美妙的艺术，因为即便它不会被用来向别人传达自己的知识，它也毕竟能代理最广博、最忠实的记忆，弥补记忆的缺失。

与此相反，**健忘**（obliviositas）是一种更为严重的毛病，这样的大脑虽然也经常被充满，但却像一个穿空了的容器一样总是空空如也。这种毛病有时是无辜的；如在老年人那里，他们虽然能够很好地回忆起他们年轻时代的事情，但却总是忘却最近发生的事情。但是，这常常是一种习惯性的分心的结果，这种分心尤其经常侵袭小说的女读者。因为既然这种阅读只是为了一时消遣，人们知道这是纯然的虚构，因而女读者有充分的自由在阅读时按照自己想象力的驰骋来创作，这自然就使人分心，并习惯性地使人**心不在焉**（缺乏对眼前事物的注意），所以，记忆就不可避免地由此受到削弱。——在艺术中消磨时间，使自己对世界毫无用处，但事后却抱怨生命短暂，且不说这种习惯所带来的耽于幻想的心境，它是对记忆力的最有敌意的侵袭之一。

二、论预见能力（Praevisio）

第 35 节　拥有这种能力，比拥有其他任何能力都更为利益攸关，因为它是一切可能的实践的条件，是人使用自己的力量与之相关的目的。一切欲求都包含着对通过这些力量而可能的东西的一种（没有把握的或者确定无疑的）预见。对过去进行回顾（回忆），只是为了由此使预见未来成为可能，因为我们是在一般而言现在的立场上看自己的周围，为的是决定某件事，或者对它有所准备。〔186〕

经验性的预见是**对类似情况的期待**（exspectatio casuum similium），并且不需要对原因和结果的理性知识，而只需要对观察过的事件的回忆，看它们通常是怎样前后相继的，而重复的经验就在这里产生出一种熟巧。风和天气将怎样，这很令船夫和农夫感兴趣。但是，我们的预报所及在这方面却不能比所谓的农历更远，农历的预报如果说中了，就受到赞扬，如果说不中，就被忘掉，总是保持着一些信誉。——人们差不多应当相信，神意是有意把天气的嬉戏如此看不透地编织在一起，以使人们不那么轻而易举地为每一时间都作出所要求的安排，而是被迫使用自己的理智，为一切情况做好准备。

无忧无虑地过日子（无须慎重和担忧），虽然并不那么给人的理智增光；就像那个早上卖掉自己的吊床，晚上却为不知道如何过夜而狼狈不堪的加勒比人一样。但是，只要这时不对道德性出现任何违背，那么，人们也可以把一个经得住一切事变的人，视为比总是用阴暗的前景使自己失去生活乐趣的人更幸福。但是，在人但凡能够有的所有前景中，也许最令人安慰的前景就是：他根据自己当下的道德状态有理由预期延续和今后向着更善的进步。与此相反，如果他虽然勇敢地下了决心，从现在起选择一种新的、更好的生活方式，但却不得不对自己说：这毕竟将毫无用处，因为你经常（由于延期）对自己作出这种许诺，但总是在下不为例的借口下将它打破，那么，这就是期待类似情况的一种绝望状态。

但是，在事情取决于可能高悬于我们之上的命运，而不是
〔187〕取决于我们的自由任性的运用时，对未来的展望要么就是预先感觉，亦即**预感**（praesensio）①，要么就是预期（praesagitio）。

① 新近有人想在 ahnen 和 ahnden 之间作出区分；不过，前者不是一个德文词，这就只剩下后者了。——**预感**（ahnden）与**惦念**（gedenken）的意思一样。我有所**预感**，说的就是：某事模模糊糊地浮现在我的回忆中；**预感某事**，意思是恶意地惦念某人的行为（亦即惩罚这行为）。这总是同一个概念，但用法不同。

前者似乎暗示着对尚未在场的东西的一种隐秘的感觉，后者则暗示着通过对事件前后相继的法则（因果性的法则）的反思而产生的未来事物的意识。

人们很容易看出，一切预感都是一种幻影，因为人们怎能感觉到尚未存在的东西呢？但是，如果这是些从这样一种因果关系的模糊概念出发的判断，那么，这就不是预先感觉，而是人们可以展开导致预先感觉的概念，而且就像对于上述判断来说应有的那样，可以解释这些概念。——预感大多数情况下具有忧心忡忡的性质；具有**肉体**原因的忧虑走在前面，不管恐惧的对象是什么。但是，也有一些狂热之人的快活而又大胆的预感，这些人揣测到将要揭露出人对之没有任何感官感受性的秘密，并且相信看到对他们作为诗人在神秘直观中所期待的东西的预先感觉刚刚被披露。——苏格兰山民的第二视力也属于这种着魔状态，他们中的一些人相信借助这种视力看见了吊在桅杆上的人，而当他们真的驶入那个遥远的港口时，就冒称已经得到了那人死亡的消息。

三、论预卜能力（Facultas divinatrix）

第 36 节　预言、预卜和预示的区别是：**第一种**是依据经验法则的预见（因而是自然的），**第二种**是违背已知的经验法则的（反自然的），但**第三种**是或者被视为一个与自然不同的原因的灵感（超自然的），其能力由于显得来自一个神的影响，也被称为本真的**预示能力**（因为任何一种对未来事物的敏锐揣测也都非本真地被称为预言）。〔188〕

如果说某人在**预卜**这种或者那种命运，那么，这就能够显示出一种完全自然的技巧。但是，对于在伪称有一种超自然洞识的人，则必须说他在**占卜**；例如把从手出发预卜称为**观星象**的印度血统的茨冈人；或者占星术士，以及就连炼金术士也与之结伴的寻宝者们，在古希腊有皮提亚，而在我们的时代里则有卑鄙的西伯利亚萨满比他们都突出。罗马人的飞鸟占卜和解剖占卜的预卜，与其说是为了揭示世上诸般事件进程中的隐秘之处，倒不如说是为了揭示按照他们的宗教而必须服从的诸神意志。——但是，诗人们是如何甚至达到这一步的，即把自己视为受到鼓舞的（神灵附体的）、能预卜的（vates），并且能够自诩在其心血来潮（furor poeticus［诗兴大发］）时具有灵感，这只能用如下情况来解释，即诗人不像散文作家那样悠闲地完成预定的工作，而是必须捕捉他那突然感到的内在情思的有利时机，此时生动强烈的形象和情感自动地向他泉涌而来，而他此刻仿佛只是在承受；认为**天才**掺杂着某种剂量的癫狂，这已经是一个古老的说法。建立在此基础的，也有对那些在盲目选出的著名（仿佛受灵感驱使的）诗人诗句中猜出的神谕的信仰（sortes Virgilianae［维吉尔式的谶语］）；这是一种与现代的伪虔诚者用来揭示上天意志的小百宝箱相类似的手段；或者也有对巫书的解释，这些巫书据说曾对罗马人预报国家的命运，可惜他们由于过分的吝啬而使这些巫书部分地丧失了。

一个民族不可转移的命运毕竟是由它自己招致的，因而是由**它的自由任性**造成的；对这种命运作出预报的一切预示，除了由于该民族毕竟不能逃避它，因而预知对它来说**毫无用处**这一点之外，自身就有荒唐之处，亦即在这种无条件的厄运
〔189〕（decretum absolutum［绝对的裁定］）中去设想某种**自由机制**，其概念是自相矛盾的。

占卜中的荒唐或者欺骗的最极端之处，也许就是一个疯子被视为一个（对不可见事物的）**先知**；就好像在他里面仿佛有一个精神在说话，这个精神代表着早已告别身体住所的灵魂似的；再就是一个精神病人（或者也只不过是一个癫痫病人）被

视为一个**有魔力的人**（神灵附体者），而如果附在他身上的神灵是一个好的精灵，他在希腊人那里就叫做一个**神巫**，而其解释者就叫做**先知**。——必须干尽一切蠢事，才能跳过凭借知性通过经验才有可能达到的一切阶段，而把我们如此感兴趣去预见的未来事情握在我们自己手中。O，curas huminum！［唉，人们的忧虑啊！］

天文学预报了天体无穷尽的变化，除此之外，再也没有如此可靠而又毕竟延伸到如此大范围的预卜科学了。但是，这毕竟不能阻止神秘主义立刻掺进来；神秘主义绝不像理性所要求的那样，想让世界各时期的数字取决于事件，而是反过来让事件取决于某些神圣的数字，并这样把年代学这个一切历史的必然条件转变成一个虚构故事。

论健康状态中不自主的创作，亦即论做梦

第 37 节　就其自然性状而探讨**睡眠**、**做梦**和**梦游**（还有出声说梦话亦属此列），这是处在**实用**人类学的领域之外的；因为从这种现象不能得出做梦状态中的**行事**规则；这些规则只适用于不想做梦或者昏睡的清醒者。一个人梦见自己杀死了皇帝，他把自己的梦讲给自己的朋友听。希腊皇帝借口说，“如果他在清醒时没有这样的打算，他就不会做这样的梦”，从而判处他死刑。那位皇帝的判断是与经验相悖的和残酷的。“如果我们是清醒的，我们就有一个共同的世界；但如果我们睡着了，则每个人就都有他自己的世界。”看来，做梦如此必然地 〔190〕
属于睡眠，以至于假如不是梦作为想象力对内部生命器官的一种自然的，尽管是不自主的鼓动加入进来，那么睡眠就会与死亡是一回事了。于是，我非常清楚地回想起我小时候，当我玩儿累了躺下睡觉时，在入睡的瞬间被一个梦陡然惊醒，好像是

我掉进了水里，就要沉没，在水里团团打转。但这是为了马上又更平静地入睡，也许是因为在完全依赖于任性的呼吸中胸肌的活动逐渐减弱，而这样随着呼吸的迟滞就必定阻碍心脏的运动，但由此就又调动起梦的想象力。——在所谓**梦魇**（incubus）时梦的有益作用也属于此列。因为没有关于一个压迫我们的精怪以及所有的肌肉力量都在努力把我们带到另一种处境去的这种可怕的想象，血液的停滞就会迅速使生命终结。正因为此，大自然看来是这样安排的，即大多数的梦都是完全包含着麻烦和充满危险的情境，因为这样一类的表象比一切都按照意愿和意志进行时更多地刺激起灵魂的力量。人们经常梦见不能伫立在自己的双脚上，或者迷路，在布道时说不出话来，或者在大型集会上忘记戴假发却戴着一顶睡帽，或者能够在空中随意地飘来飘去，或者不知道为什么高兴地笑醒。——何以我们经常在梦中被置于早已逝去的时光，与早已去世的人说话，甚至试图把这视为一个梦，但毕竟发现自己不得不把这种想象视为现实，这大约永远得不到解释。但是，人们倒是尽可以把这看作是安全的，因为不可能有没有梦的睡眠，而误以为不曾做梦的人，只是把自己的梦忘掉了而已。

〔191〕

论标记能力（Facultas signatrix）

第 38 节　把当下事物当做联结被预见事物的表象与过去事物的表象的手段来认识，这种能力就是**标记能力**。——心灵造成这种联结的行动就是**标记**（signatio），它也被称为标识，其更大的程度被称为**标明**。

事物的形象（直观）如果只是通过概念充当表象的手段，它们就是**象征**，通过象征而有的知识就叫做象征的或者**形象的**（speciosa）。——**个性**还不是象征；因为象征也能够是纯然间接的（indirecte）符号，它们自身没有任何意义，而只是通过加入而引导到直观，并通过直观引导到概念；因此，**象征的**知识必须不是与**直觉的**知识相对，而是与**论证的**知识相对，在后者中符号（个性）只是作为看守者（custos）伴随着概念，以便伺机把概念再生产出来。因此，象征的知识不与直觉的（通过直观的）知识相对，而是与理智的（通过概念的）知识相对。象征纯然是知性的手段，但只是间接地通过与某些直观的一种**类比**才是这样。知性的概念可以运用于这些直观，以便通过展示一个对象来使该概念获得意义。

永远只能以象征的方式表达自己的人，还很少有知性的概念，而对于野蛮人（有时甚至是一个尚未开化的民族中自以为的智者）在其谈话中让人听到的生动展示，如此经常受人惊赞的东西无非是概念的贫乏，因而也是表达概念的语词的贫乏；例如，如果美洲的野蛮人说“我们要埋掉战斧”，那么，这就等于是说：我们要缔造和平，而事实上，从荷马开始直到奥西恩，或者诸如俄尔甫斯直到先知们，古代的诗歌都应当把他们的吟唱的光辉仅仅归功于缺乏表达自己的概念的手段。

把真实的、摆在感官前的世界显象（与**施魏登贝格**一起）冒充为一个隐藏在背后的理知世界的纯然象征，这就是**狂热**。但是，在展示那些属于构成一切宗教之本质的道德性，因而属于纯粹理性的概念（被称为理念）时，把理智事物的象征（宗教的上帝崇拜）这种虽然在一段时间里有用并且必要的**外壳**与事情本身区别开来，这却是**启蒙**，因为若不然，一个**理想**（纯粹实践理性的理性）就被替换成一个**偶像**，并错过其最终目的。——地上的一切民族都是以这种替换开始的，而且如果涉及的是这些民族的教师们自己在撰写其神圣经文时确实所想的东西，人们在这种情况下就必须不是以象征的方式，而是**按照字面**来解释这些经文，这一点是毋庸置疑的，因为曲解他们的 〔192〕

语词将会是行为不当。但是，如果不仅涉及教师的**真诚**，而且还，确切地说在根本上涉及学说的**真理性**，那么，人们就能够并且应当把这些经文当做通过引入仪式和习惯来伴随那些实践理念的纯然象征的表象方式来解释，因为若不然，构成最终目的的理智意义就会丧失掉。

第39节　可以把符号划分为**自主的**（艺术的）**符号**、**自然的符号**和**奇迹的符号**。

一、属于第一类的有：1. **神情符号**（表演的符号，它们部分地也是自然的符号）；2. **文字符号**（字母，它们是语音的符号）；3. **音符**（乐谱）；4. 仅仅为了视觉而在个别人之间约定的符号（**数码**）；5. 以世袭特权为荣的自由人的**等级符号**（纹章）；6. 在法定服装（制服、号衣）上的**值勤符号**；7. 功勋的**荣誉符号**（勋带）；8. **耻辱符号**（烙印等等）。——此外还在文章中有句号、问号或者感叹号、惊叹号（标点符号）。

一切语言都是思想的标记，反过来，标记思想的最优越方式，就是通过语言这种理解自己和别人的最伟大手段的方式。思维就是与自己**说话**（塔希提岛的印第安人把思维称为肚子里的语言），因而也是在里面（通过再生产的想象力）**倾听**。对于天生的聋子来说，他说话就是他的唇、舌和腭活动的感觉。而且在他说话时，除了既不具有真正的概念也不思维而以肉体的情感进行的活动之外，几乎不可能想象他还能做更多的事
〔193〕情。——但是，就连那些能这样说和听的人，也并不因此就总是能够理解自己或者别人。由于缺乏标记能力，或者对这种能力的错误使用（当把符号当做事物和把事物当做符号时），尤其是在理性的事情上，在语言上一致的人们却在概念上彼此有天壤之别；这只是在每个人都按照自己的意思行事时，才偶然地显露出来。

二、其次，说到自然符号，按照时间，符号与被标记的事

物的关系要么是**演示的**，要么是**纪念的**，要么是**预测的**。

脉搏向医生标记着病人当下的发烧状态，就像烟标记着火一样。试剂向化学家揭示处于水中的隐秘材料，就像风信旗揭示风一样，如此等等。但是，**脸红**是透露出负罪的意识，还是毋宁说透露出一种脆弱的自尊心，哪怕只是不得不忍受某种令人羞愧的东西的无理要求，这在面临的各种场合里是不确定的。

坟丘和陵墓是纪念死者的符号；金字塔同样或者也是为了纪念一位国王昔日的伟大权力。——远离海洋的陆地上的贝壳层，或者高耸的阿尔卑斯山上凿穴蛤的洞孔，或者在如今并不从地下冒火的地方的火山遗迹，都向我们标记着世界的古代状况，给一门自然**考古学**提供了根据：当然并不像战士愈合了的伤口那么直观。——巴尔米拉、巴勒贝克、波斯波利的废墟是**古代**国家艺术状况生动的纪念符号和**一切**事物变迁的令人伤感的标志。

预测的符号在一切符号中是最令人感兴趣的，因为在变化的序列中当下只不过是一瞬间，而欲求能力的规定根据只是为了未来的结果（ob futura consequentia）才来牢记当下的东西，而且主要关注这些结果。——就未来的世间事件而言，最可靠的预测就在天文学中；但是，如果把星象、行星位置的结合和变化想象成为人所面临的命运在天上的字符（在 Astrologia iudiciaria〔裁断的占星术〕中），那么，这种天文学就是童稚的和幻想的。

一种将临的疾病或者痊愈的自然预测符号，或者（如 facies Hippocratica〔希氏面容〕）即将死亡的自然预测符号，都是一些显象，它们以长期且经常的经验为基础，也可以根据对这些显象作为原因和结果的联系的认识来为医生充当诊疗中的指导；病情危急的日子就是这类东西。但是，罗马人出于政治 〔194〕

上的精明而举行的飞鸟占卜和解剖占卜，却是一种由国家神圣化了的迷信，为的是在危急关头驾驭人民。

三、至于**奇迹的符号**（在其中颠倒了事物的本性的那些事件），除了人们现在毫不在乎的符号（人畜的怪胎）之外，天上的征象和奇观如彗星、高空中飞速掠过的光球、北极光，甚至日食和月食，尤其是当许多这样的征象汇集在一起，并且也许真的伴随有战争、鼠疫等等诸如此类的东西时，受到惊吓的大众就会觉得它们是预告不再遥远的最后审判和世界末日的事物了。

附录

在这里，还值得说一说想象力的一种奇特活动，它使人把符号与事情相混淆，给予符号一种内在的实在性，就好像事情必定与符号相符合似的。——月球的运行按照4个方位（新月、上弦、满月、下弦），就整数而言不能比分为28天更精确了（因此，阿拉伯人把黄道带分为月球的28宫），7天构成其四分之一。这样，7这个数字就由此获得一种神秘的重要性，以至于就连世界的创造也必须按照这个数字来进行；特别是因为据说（按照托勒密体系）有7个行星，音阶上有7个音，虹有7种单纯的颜色，以及有7种金属。——由此也产生出各年龄阶段（7×7，而且由于9在印度人那里也是一个神秘的数字，就有7×9，同样还有9×9），据说在这些年龄阶段终结时人有重大的危险。70个年周（490年）也实际上在犹太教
〔195〕和基督教年代学中不仅构成（在上帝对亚伯拉罕的呼召和基督的诞生之间）最重要的变化的各个阶段，而且也完全精确地规定着各个阶段的界限，这种规定仿佛是先天的，就好像不是年代学必须遵循历史，而是反过来历史必须遵循年代学似的。

但在其他场合，也有使事情依赖于数字的习惯。病人让自

己的仆人给医生送去酬金，如果医生打开纸包发现里面有 11 个杜卡特，他就会怀疑这个仆人也许侵吞了 1 个杜卡特；因为为什么不满一打呢？在一次拍卖会上买同样制作的瓷餐具的人，如果这不是一整打，就会出价少一些；而如果这是 13 个盘子，那么，他就只有在为了保证即使打破一个也拥有那个整数的情况下，才会考虑第 13 个盘子。但是，既然人们不是成打地邀请客人，给予这个整数一种优越性又有什么意思呢？一个人在遗嘱中留赠给他的堂弟 11 把银匙，并附言道："为什么我不把第 12 把留赠给他，这他自己知道得最清楚"（这个不诚实的年轻人曾经在那人的餐桌上偷偷地把 1 把银匙藏进口袋，那人清楚地觉察到了，但当时却不想让他丢脸）。在打开遗嘱时，人们就能够轻而易举地猜出立嘱人指的是什么，但这仅仅是出自假定的成见，即只有一打才是一个整数。——就连黄道的 12 个星宿（在英国，看起来是仿效这个数字聘用了 12 个法官）也包含了这样一种神秘的意义。在意大利、德国，也许还有别的地方，同桌吃饭的恰恰 13 个客人，就被认为是不祥之兆，因为人们会臆测，此后他们之中不管是哪一位，总有一位将在年内死掉；就像在一个 12 位法官的席旁，坐在他们中间的第 13 位不是别人，只能是应受审判的罪犯一样（我本人曾有一次坐在这样一个餐桌旁，女主人在落座时觉察到这种自以为的弊端，悄悄地叫他坐在中间的儿子起来到另一个房间吃饭，以免扫了兴致）。——但是，就连数字的纯然大小，即使人们厌烦这个数字所标记的事物，单是由于它在计数时未满足一个符合十进制的（因而就自身而言是任意的）数值，就会引起惊异。据说中国皇帝拥有一个 9 999 艘船的舰队，人们对这 〔196〕
个数字暗中问自己：为什么不再多 1 艘呢？尽管回答可能是：因为这个数目的船只足够用了；但在根本上，这个问题的意图并不是针对使用，而是针对着一种数字的神秘主义。——尽管并不少见，但却更有害的是：某人由于吝啬和欺诈获得了9万塔勒现金的财产，于是一直到他足足拥有10万而不使用之前，他都不得安宁；而为了这件事，他即使不给自己买来，也至少将给自己挣来绞刑架。

如果人听凭感性的缰绳引导，那么，即便是在他的成年时代，他都将陷入什么样的幼稚！我们现在想看一看，如果他在知性的光照下遵循自己的道路，他将在多大程度上做得好一些。

论建立在知性之上的认识能力

划分

第40节　**知性**，作为**思维**（通过**概念**来表象某种东西）的能力，也被称为**高级的**认识能力（与作为**低级的**认识能力的感性有别），这是因为直观（纯粹直观或者经验性直观）的能力只包含对象中的个别的东西，与此相反，概念的能力则包含对象之表象的普遍的东西，即**规则**，感性直观的杂多必须从属于这规则，以便产生关于客体的统一性的知识。——因此，虽然知性当然比感性**更高贵**，但无知性的动物凭借感性依据被植入的本能就能够凑合着对付了，这就像一个没有首领的民族一样；相反，一个没有民族的首领（没有感性的知性）则根本不能做任何事情。因此，在这二者之间并没有等级之争，尽管一个被称为上司，另一个被称为下属。

但是，**知性**这个词也是在特殊的意义上使用的，因为它是作为划分的一个成员与另两个成员一起隶属于一般意义上的知
〔197〕 性的，而在后者这里高级认识能力（在质料上，亦即不是单独来看，而是与对象的**知识**相关来看）是由**知性**、**判断力**和**理性**构成的。——现在，让我们首先在一个健全的灵魂中，然后也

在心灵疾病中着手考察人，看一个人与另一个人在这些心灵能力及其惯常的运用或者滥用中如何不同。

三种高级认识能力相互之间的人类学比较

第 41 节　一个正确的知性是：它与其说是由于概念的众多而闪光，倒不如说是由于这些概念**适宜**于认识对象，因而**适宜**于把握**真理**而包含着能力和熟巧。有些人头脑中有许多概念，它们全都导致与人们想从他那里知悉的东西的**类似性**，但却与客体和客体的规定毫不相干。他可以有大量的概念，甚至是些**灵活的**概念。对于普遍知识的概念来说正确的知性就够了，它就是**健全的**（日常够用的）知性。它借尤维纳利斯笔下的守夜人之口说道：Quod sapio，satis est mihi，non ego curo-esse quod Arcesilas aerumnosique Solones [我满足于我所知道的，我并不想——成为阿尔凯西劳和忧患重重的索伦们]。不言而喻，一种仅仅正直的和正确的知性的自然禀赋将在要求这种知性的知识的范围方面限制自己，而具有这种禀赋的人将行事**谦逊**。

第 42 节　如果知性这个词一般而言指的是规则的认识能力（而且是这样通过概念的），那么，由于它在自身中包括了全部**高级**认识能力，所以，这些规则就不能被理解为**大自然**就像在由自然本能驱使的动物那里所做的那样，来引导人的行为所遵循的那些规则，而是仅仅被理解为人自己**制定**的规则。凡是他仅仅学来并如此托付给记忆的东西，他都只是机械性地（暗中再生产的想象力的法则）完成的，用不着知性。一个只是按照一种规定好了的程式鞠躬问候的仆役是不需要知性的，也就是说，他没有必要自己思维。但是，当他在自己的主人不在家而必须照料家中的事情时，也许就需要知性了；此时，各 〔198〕

种各样不能逐字逐句地预先定好的行事规则就会成为必要。

一种**正确的**知性、**熟练的**判断力和**缜密的**理性，构成了理智认识能力的整个领域；尤其是如果这种认识能力也被当做促进实践事务，亦即目的方面的精明强干来评判的话。

一种正确的知性，如果它包含着概念对概念之使用目的的适宜性，就是健全的知性。就像充分性（sufficientia）和**精确性**（praecisio）结合起来，就构成**适宜性**，亦即概念不多也不少正好包含着对象所要求的东西的那种性状（conceptus rem adaequans［与事物相等的概念］）。这样，在理智能力中，一种正确的知性就是第一位的和最主要的能力，因为它用**最少的**手段来满足自己的目的。

奸诈，即居心叵测，常常被视为虽然被滥用，但却是强大的知性；但是，它恰恰只不过是那些很受限制的人们的思维方式，与聪明大不相同，那些受限制的人自身所具有的是聪明的假象。人们欺骗诚实的人只能一次，然后这将对狡猾的人自己的意图产生很不利的后果。

处于严格的命令之下的家庭仆人和国家公仆只需要具有知性；至于军官，对于委托给他的任务来说，只是指定了一般的规则，而在出现的情况中应当怎么办，则听凭他自己决定，所以他需要判断力；统帅应当评判种种可能的情况，并为这些情况自己想出规则，所以他必须具有理性。这些不同的预防措施所需要的才能是很不同的。“有些人在第二等级上闪闪发光，到了最上面的等级上就看不到了。”（Tel brille au second rang，qui s'eclipse au premier.）

精打细算并不具有知性，就像瑞典的克利斯蒂娜卖弄一些准则，其行为却与这些准则相矛盾，就不叫做有理性一样。——对此，罗彻斯特伯爵给英国国王查理二世的回答也是这样。查理二世遇到他时，他正在沉思，国王就问他：“你在如此苦思冥想些什么?”——回答是：“我在为陛下想墓志铭。”——问：“怎么说?”——答：“这里安息着国王查理二世，他一生说过许多聪明话，但却从未做过聪明事。” 〔199〕

在聚会时一言不发，只是偶尔作出一个完全平庸的判断，这看起来是有知性的，就像某种程度的**粗鲁**被冒充为（旧德意志的）**正直**一样。

※　　　※　　　※

自然的知性还是可以通过许多概念的教导而丰富起来，并用规则装备起来的；但是，第二种理智能力，也就是区分某种东西是不是规则的一个事例的能力，亦即**判断力**（iudicium），却不能**被教导**，而只能被练习；因此，它的成长叫做成熟，叫做非经年累月就不能达到的知性。甚至轻而易举地就能看出，这不可能是别的情况；因为教导是通过规则的传达而发生的。因此，如果说应当有对判断力的教导，那么，就必定有能够用来区分某种东西是不是规则的事例的普遍规则，这就是一种无限的追问。因此，这就是人们所说的非经年累月不能达到的知性；它是建立在自己的长年经验之上的，法兰西共和国是在所谓的元老院里寻找它的判断。

这种能力仅仅着眼于什么是可行的，什么是合适的，以及什么是恰当的（对于技术的、审美的和实践的判断力来说），它并不像扩展性的能力那样闪闪发光；因为它只是支持健全知性，在健全知性和理性之间建立联系。

第 43 节　如果说知性是规则的能力，判断力是发现特殊的东西的能力，只要这特殊的东西是规则的一个事例，那么，**理性**就是这样一种能力，它从普遍的东西推导出特殊的东西，并因此而按照原则来表象特殊的东西，把它表象为必然的。——因此，人们也可以用按照原理来作**判断**并（在实践方面）采取**行动**的能力来解释理性。对于任何道德的判断（因而

也有宗教判断）来说，人都需要理性，不能够立足于章程和引入的习惯。——**理念**就是理性概念，在经验中不可能有任何对
〔200〕 象与它们相对应。它们既不是直观（如空间和时间的直观），也不是情感（如幸福论所寻找的），这两者都属于感性；而是关于一种完善性的概念，人们虽然能够一直逼近这种完善性，但却永远不能完全达到它。

玄想（没有健全理性）是对理性的一种错过最终目的的使用，部分地由于无能，部分地由于观点失误。**驾着理性狂奔**，这叫做：在其思想的形式上虽然是按照原则行事，但在质料或者目的上却是在运用与这个目的截然相反的手段。

下属必须不作玄想（推断），因为应当据以行动的原则经常必须对他们隐瞒，至少保持不为他们所知；但是，司令官（将军）必须具有理性，因为不可能在面临每一种情况时都给他指令。不过，认为所谓宗教事务上的平信徒（Laicus），由于必须把宗教当做道德来尊崇，就不应当使用自己的理性，而是应当追随被任命的神职人员（Clericus），因而追随外来的理性，这一点是不公正的要求，因为在道德事务上每一个人都必须为自己的行止负责，而神职人员是不会冒自己的危险来为此作出说明的，或者每一个人也只能为自己的行止负责。

但在这些场合里，人们倾向于把自己的人身安全更多地寄托于放弃自己对理性的一切运用，被动驯服地顺从引入的圣徒们的章程。但是，他们这样做并不是因为感到自己的洞识方面的无能（因为一切宗教的根本毕竟是很快就自动使每个人明白的道德），而是因为**奸诈**，一方面是为了在可能出错时能够把责任推给别人，另一方面，并且主要是为了有效地逃避那个根本的东西（心灵的改变），它比崇拜要困难得多。

智慧作为理性的合法则的和完善的实践运用的理念，对人也许要求太高了；但是，哪怕是在最小的程度上，人也不能让

另一个人给自己灌输智慧，而是必须从自身中产生出智慧。要达到这一点，方案包括三条引导到此的准则：1. 自己思维；2.（在与人们的交流中）站在他人的地位上思维；3. 任何时候都与自身一致地思维。

人达到完全运用自己的理性的时期，就其**熟巧**（实现任意意图的艺能）而言大约可确定在 20 岁，就**聪明**（为自己的意图而利用他人）而言可确定在 40 岁，最后就**智慧**而言大约可确定在 60 岁；但在这最后一个阶段，智慧更多的是**否定的**，即看出前两个阶段的愚蠢；这时人们就会说，“遗憾的是，人们刚刚学会应当如何正确地生活，就不得不死去”。而即便是这种判断，在这时也是罕见的；因为生命在行动和享受中所具有的价值越少，对生命的依恋就越强。 〔201〕

第 44 节 就像为一般的东西（规则）找出特殊的东西的能力是**判断力**一样，为特殊的东西想出一般的东西的能力就是**机智**（ingenium）。前者着眼于在杂多而又部分地同一的东西中察觉区别，后者着眼于杂多而又部分地不同的东西中的同一性。——二者中的最杰出的才能就是察觉哪怕是最微小的类似性和不类似性。这方面的能力就是**敏锐**（acumen），而这类察觉就叫做**精细**。如果这种精细并不扩展知识，就叫做空洞的**吹毛求疵**或者毫无价值的**玄想**（vanae argutationes），并使一般知性的尽管并非虚妄，但毕竟无用的运用发生过失。——因此，敏锐不仅受制于判断力，而且应归于机智；只不过它被视为可嘉的，在第一种场合更多的是由于**精确性**（cognitio exacta [精确的认识]），在第二种场合则是由于**博学多才**，因此机智也被称为**才华横溢**。就像大自然在它的花朵上显得更多的是在做游戏，与此相反在果实上显得是在做工作一样，在博学多才中所发现的才能，与应归于精确性的才能相比，（根据理性的目的）被评判为在等级上较低一些。普通的和**健全的**知性既不要求机智，也不要求敏锐，它们是大脑的一种奢侈，与此相反，知性把自己限制在真正的需要上。

〔202〕

论灵魂在其认识能力方面的孱弱和疾病

一、总的划分

第45节　认识能力的缺陷要么是**心灵的孱弱**，要么是**心灵的疾病**。灵魂在认识能力方面的疾病可以分为两大类。前者是**臆症**（忧郁症），后者是**精神失常**（躁狂症）。对**前者**来说，病人清楚地意识到，他的思想活动进行得不正常，因为他的理性没有足够的力量控制自己，去校正思路，去阻止它或者推动它。不时高兴，不时忧伤，在他心里情绪变换得就像无论怎样人们都不得不接受的天气。后者则是他的思想的一种自主的活动，它有自己的（主观的）规则，但这规则却又与那些（客观的）同经验法则相一致的规则背道而驰。

就感性表象而言，精神失常要么是**荒唐**，要么是**妄念**。作为判断力和理性的颠倒，它叫做**狂妄**或者**癫狂**。在想象中习惯性地忽视与经验法则相比较（清醒地做梦）的人是**幻想家**；如果他带有**激情**，他就叫做**狂热的人**。幻想家不期而至的心血来潮叫做**突发奇想**（raptus［谵妄］）。

头脑简单的人、不聪明的人、笨伯、愚妄之徒、傻瓜和呆子，不仅在程度上，而且在其不同性质的心灵紊乱上，都与失常的人有别，他们还不至于因为自己的缺陷而进疯人院。疯人院是这样一个地方，在那里，人们虽然在年龄上已经成熟和强壮，但在最起码的生活事务上都不得不由外来的理性来料理。——带有激情的妄念是**疯狂**，它经常可能是原创地、但此时又是不由自主地发作的，而在这种情况下，就像是诗兴大发

(furor poeticus) 接近于**天才**一样。然而，理念更容易的、但无规则的涌现这样一种爆发，在它涉及理性时就叫做**狂热**。对同一个毕竟没有任何可能目的的理念，例如对毕竟不能使之复生的丈夫的丧生苦思冥想，要从痛苦本身中寻找安慰，则是无言的**精神错乱**。——**迷信**更多地可与妄念相比，而**狂热**则可与**狂妄**相比。后一种精神病人常常被（用温和的表述）称为**过度兴奋**，也可以被称为性情乖僻。 〔203〕

发烧时的胡言乱语，或者有时在仅仅凝视一个狂怒的人时由于强烈的想象力而以交感的方式激起的、那种与癫痫相似的勃然大怒（因此，对于神经过敏的人们来说，让他们的好奇心一直延伸到这些不幸之人的隐私之处，是不可取的），作为暂时的东西，还不能被视为精神失常。——但是，人们称之为一个**蛀虫**（不是心灵的疾病；因为人们通常把这理解为内部感官的抑郁乖戾）的那种东西，大多是人的一种接近妄念的**傲慢**，这种人无理要求别人与他相比时应当轻视自己，这种要求与他自己的意图（如同一个疯子的意图）恰恰背道而驰；因为他刺激产生这种意图，正是通过以一切可能的方式来损害、折磨自己的自负，并由于他那冒犯人的愚蠢而惹人耻笑。——温和一些的是某人在自身中养一只**蟋蟀**（marotte）的说法：一个本应通俗的原理却在聪明人那里根本找不到赞赏，例如关于他的预感才能、某些与苏格拉底的守护神类似的灵感、某些尽管无法解释但却应当在经验中有根有据的影响，诸如同感、反感、特异反应（qualitates occultae [隐秘的质]），它就像一只家蟋蟀那样在脑中唧唧吵闹，别人却听不见。——关于健全知性的界限的一切离题说法中最温和的说法是**木马**；这是一种爱好，即故意在知性仅仅为消遣而玩耍的想象力对象上像从事一项工作，就好像是一种忙忙碌碌的闲荡一样。对于年老赋闲而又有钱的人们来说，这种仿佛又回到无忧无虑的童年的心灵状态，

不仅作为对健康的一种总是保持生命力活跃的鼓动而是有益的，而且也值得去喜爱，但也是值得发笑的；不过被笑者也会
〔204〕 好脾气地一起笑。——但是，即便在年轻人和事务繁忙的人那里，这种骑术也是有助于休养的。那些板起学究面孔叱责这些如此轻微的无害愚行的聪明人，理当受到**施泰恩**的责备，“让每个人骑着自己的木马在城市的街道上来回驰骋吧，**只要他不强迫你坐在后面**”。

二、论认识能力中的心灵孱弱

第46节　缺乏机智的人是头脑**迟钝**的（obtusum caput）。他可能在其他取决于知性和理性的事情上很有头脑；只是一定不要苛求他去扮演诗人：就像克拉维乌斯一样，他的老师已经想让他去学打铁，因为他不能做诗；但是，当他手中得到一本数学书的时候，他就成了一个伟大的数学家。——一个理解**迟缓**的头脑还并不因此就是一个孱弱的头脑；就像具有灵活概念的头脑并不总也是一个缜密的头脑，而常常是很肤浅的一样。

缺乏判断力且**无**机智就是**愚笨**（stupiditas）。但缺乏判断力且**有**机智则是**瞎闹**。在事务中表现出判断力的人是**明智的**。如果他同时还有机智，那他就叫做**聪明的**。——只是以这些特性中的某一种来装腔作势的人，不管是**插科打诨**还是**自作聪明**，都是一个令人讨厌的家伙。——人们吃一堑而**长一智**；但是，谁在这种教育中走得如此之远，能够让别人通过自己吃亏来变得聪明，他就是**聪明过头了**。——**无知**并不是愚笨。一位学者问：“马夜里也吃草吗？”某位女士答道：“一个如此博学的人怎么会如此愚笨？”通常，人哪怕只知道自己应当如何正确提问（为了或者从大自然或者从另一个人那里得到教诲），就是良好知性的证明。

用知性能把握的东西**不多**的人，是**头脑简单的**；但是，他并不因此就是愚笨的，如果他不是颠倒地把握的话。老实但却**愚笨**（如一些人不妥当地描述波莫瑞仆役那样），这是一种错误的和极其应予指责的说法。说它是错误的，是因为老实（出自原理而遵循义务）乃是实践的理性。说它是极其应予指责的，是因为它预设：每一个人，只要感到自己精于此道，就都会骗人，而他不骗人，这只是出自他的无能。——因此，“他不见得聪明，他不会叛国，他不是魔术师”，这些谚语暴露出敌视人类的原理：因为人们不是在预设我们了解的人的一种善良意志时，而是惟有在他们无能时才能安全。——所以**休谟**说，大苏丹不是把他的后宫托付给应当守卫它的人们的德性，而是托付给他们（作为黑宦官）的无能。——在其概念的**范围**上很有限（**眼光狭窄**），这还不至于构成愚笨，而是要看这些概念的**性状**（原理）。——至于人们让自己被掘宝者、炼金术士和彩票经营者拖住，这不能归于他们的愚笨，而是要归于他们恶的意志：不用自己相应的努力而靠他人的钱来致富。**诡计多端**，即狡猾、诡谲（versutia，astutia），是欺骗他人的熟巧。问题在于：骗子是否必定比轻易受骗的人**更聪明**，后者是不是笨蛋。轻易**信赖**（相信、给予信贷）的**坦诚天真**之人，由于他对于促狭鬼来说是一个容易上钩的猎物，也可以有时被称为**傻瓜**，尽管是很不妥当的。有这样的谚语：傻瓜进市场，生意人高兴。说我永远不再相信一度欺骗我的人，这是正确的和聪明的；因为这个人在他的原理上败坏了。但是，由于**某个人**欺骗过我，就不相信任何**别的**人，这就是**愤世嫉俗**了。骗子才真正是傻瓜。——但是，当他突然由于一场大骗局而知道自己陷入了既不需要他人的信赖也不需要自己的信赖的境地时，情况怎样？在这种情况下，他用来**表现**自己的性格也许有所改变，但只不过是受了骗的骗子遭到**嘲笑**，幸运的骗子遭到**唾弃**而已；

〔205〕

这里毕竟也没有持久的好处。①

① 生活在我们中间的犹太人，由于他们的高利贷精神，自从他们被流放以来，即便是就绝大多数而言，也都获得了不无根据的骗子名声。于是，虽然设想一个骗子**民族**是奇怪的；但是，同样奇怪的也是设想一个全是商人的民族，它的绝大部分是由古老的、被他们生活于其中的国家所承认的迷信联结起来的，他们不寻求任何公民荣誉，而是想通过用计谋胜过他们所托庇的民族的好处来补偿他们在公民荣誉上的损失，甚至让他们相互补偿。现在，就整个民族全是作为不从事生产的社会成员的商人（例如波兰人中的犹太人）而言，这种情况也不可能是别的样子；因此，虽然他们使“主顾们，睁大眼睛瞧啊!”成为他们与我们交往时的道德的最高原理，他们那由古老的章程认可的、被他们生活于其中的我们（我们与他们共有某些神圣的经书）自己承认的心境，却不能绝然予以取消。——我不想制定那种白费力气的计划，去使这个民族在欺骗和诚实问题上道德化，我宁可想就这种奇特的心境（亦即一个纯粹商人的民族的心境）来说明自己的猜测。——财富在最早的时候是通过与印度的贸易并从那里经由大陆，一直被导向地中海东岸和腓尼基（也包括巴勒斯坦）各港口的。——现在，财富虽然也能够取道经由另外一些地方，例如巴尔米拉，更早些时候经由推罗、西顿，或者绕一些道，经由作为以旬迦别的海洋和埃拉特，也可以从阿拉伯海岸到大底比斯，这样经由埃及到达其叙利亚海岸；但是，以耶路撒冷为首府的巴勒斯坦对于商队贸易来说也是位置非常有利的。很可能，昔日的所罗门财富这种现象就是上述情况的作用，而这个国家甚至直到罗马人的时代还到处都是商人，这些商人在这个城市被摧毁之后，由于他们在这之前已经与持这种语言和信仰的其他商人广泛交往，并一起逐渐地扩散到距离（欧洲）遥远的国家，所以就继续保持联系，并在他们所迁入的国家里因长于经商而能够找到庇护；——这样，他们虽然在宗教和语言上统一却散布到全世界，必须不被算在对这个民族发出的一种**诅咒**的账上，而毋宁说被视为**赐福**。尤其是他们的财富，作为个人来估量，也许现在超过了任何一个人口同样多的民族。

第 47 节　**分心**（distractio）是注意力从某些主导的表象上由于被分布到其他不同类的表象上而移开（abstractio）的状态。如果它是故意的，它就叫做**放松**；但不自主的分心就是**魂不守舍**（absentia）。〔206〕

在心灵的孱弱中，有一种是通过再生产的想象力来盯牢人们把很大的或者持续不断的注意力运用于其上的一个表象，并且不能从它移开，也就是说，不能使想象力重新自由运转。如果这种毛病成为习惯性的并且集中于同一个对象，这就有可能〔207〕导致妄念。在社交时分心，是**不礼貌的**，常常也是可笑的。女人通常不听命于这种心血来潮；她们在这时必定忙于长学问。一个在餐桌旁服侍时分心的仆役，通常是脑子里有某种坏主意，要么是他打算做的，要么是他设法得到其后果的。

但是，**使自己分一下心**，也就是说，使自己那不自主地再生产的想象力转移一下，例如在神职人员要做机械背诵的布道，要在头脑中阻止回响时，这就是预先保护自己心灵健康的一种必要的、部分地也是人为的做法。对于同一个对象持续不断地反复思考，仿佛是留下一种回声，这种回声（如同同一支舞曲如果长时间演奏，就对从舞会返回的人还一直回鸣一样，或者就像孩子们不停地重复同一句他们那种 bon mot［妙语］，尤其是当它听起来有节奏时那样）可以说是令人头疼的，惟有通过分心和把注意力用到别的对象上，例如读报纸，才能被排除。——**重聚精神**（collectio animi）以便为任何新的工作做好准备，这就是在建立自己各种心力的平衡，有益于心灵的健康。为此，如同游戏一般充满了变化多端的主题的社交谈话是最有益的手段；但是，这种谈话必须不违背理念之自然亲缘关系地从一个主题跳到另一个主题；否则社交就将在一种心灵涣散的状态中解体，因为这会离题万里，并完全失去交谈的统一性，于是心灵就觉得凌乱不堪，而需要重新分心来摆脱那种交谈。

由此可见：对于忙人来说，有一种属于心灵养生学的艺术，即为了聚集力量而分心。——但是，如果人们聚拢自己的思想，也就是说，做好准备按照任意的意图来使用它们，那么，一个人在不适宜的地方或者在与别人的诸如此类的关系中有意地沉湎于自己的思想，此外对那些关系不管不顾，人们就
〔208〕不能把他称为**分心的人**，而只能指责他心不在焉，这当然在**社交**中是某种不适宜的东西。——因此，使自己分一下心，这是一种非同一般的艺术，但毕竟不是每次都分心；后者如果成为习惯性的，就给染上这种毛病的人以一个梦幻者的模样，使他对于社交来说成为毫无用处的，因为他在自己的自由游戏中盲目地追随不受任何理性规范的想象力。——**读小说**除了引起某些别的心灵变态之外，也导致这样的后果，即使得分心成为习惯性的。因为即使它通过对确实可以在人们中间找到的个性的描绘（尽管有些夸张），给予思想以一种如在一段真实历史中的**联系**，思想的陈述始终必须以某种方式是**系统的**，但毕竟也同时允许心灵在阅读期间插入一些离题的东西（亦即插入另外一些虚构的情节），而思想进程就成为**支离破碎的**，以至于人们使得同一个客体的诸表象分散地（sparsim），而不是按照心灵中的知性统一性结合起来（conjunctim）去活动。讲台上和学术报告厅里的教师，或者还有法庭上的起诉人和律师，如果应当在自由的（即席的）报告中，必要时也在陈述中表现出心灵的镇定，就必须表现出**三种**注意：一是着眼于他**现在**所说的东西，以便清楚地介绍它；二是回顾他**说过**的东西；三是预见他正**想说**的东西。因为如果他不注意这三者中的某一个，亦即不在这种秩序中编排它们，那么，他就使得自己和他的听众或者读者分心，而一个本来很有头脑的人却在此时无法否认自己是一个**稀里糊涂的人**。

第 48 节　一个自身健全的（没有心灵弱点的）知性毕竟也可能在其实施方面伴有孱弱，这些孱弱使得有必要要么**延迟**，直至**成长**得达到相应的成熟阶段，要么在具有公民性质的事务上通过另一个人格来**代表**自己的人格。一个在其他方面健全的人对于在公民事务上自己运用自己的知性方面的（自然的或者法律上的）无能，就叫做**受监护**；如果这种受监护是基于年龄上的不成熟，那它就叫做**未成年**（年幼）；但是，如果它是基于公民事务方面的法律安排，那它就可以被称为**法律上的** 〔209〕
或者**公民性的**受监护。

孩子们自然而然是受监护的，他们的父母就是他们的自然监护人。任何年龄的**妇女**都被宣布为公民性上受监护的；其丈夫就是其自然监护人。但是，如果她与丈夫分家过日子，那就是另一个人。——因为尽管妇女按照其性别的本性，其辩才在事情取决于说话的时候，哪怕是在法庭面前（在涉及所有权时）也足以代表自己及其丈夫，因而在字面上完全能够被宣布为**超成年的**，但妇女们却就像其性别很少有权利被征召上战场一样，也很少能够亲自为自己的权利辩护，并独立地从事国家公民事务，而是只能借助于一位代理人。而公共交涉方面的这种法律上的受监护只是使她们在家庭福利方面更能干，因为这里出现了**孱弱者的权利**。男性通过自己的本性就已经感到负有尊重和维护这种权利的使命。

但是，**使**自己受监护，即使这会降低身份，却毕竟是十分舒心的。当然，可能也不乏一些首领懂得利用广大群众的这种驯服（因为群众很难自动地统一起来），并把无他人指导而运用其**自己的**知性这种危险说得很大，甚至是致命的。政府首脑们把自己称为**国父**，因为他们比自己的**臣民们**更懂得如何能够使这些臣民们幸福；但是，人民为了其自己的利益而注定受持久的监护。当**亚当·斯密**不恰当地说政府首脑们甚至无一例外地都是最大的挥霍者时，他毕竟受到在一些国家已经颁布的（睿智的！）反浪费法的有力反驳。

教士严格地和持久地把**平信徒**保持在其受监护状态中。人民在其前往天国所选取的道路方面既没有发言权也没有判断力。要达到天国，这并不需要人自己的眼睛；已经有人在引导他，而即便把《圣经》交到他手中，让他用自己的眼睛去看，
〔210〕他也会受到他的引导者的告诫，“除了这些引导者保证在里面可以找到的东西之外，在里面找不到任何东西”。无论在什么地方，人在他人的统治之下的机械行动都是遵从一种法律秩序的最可靠手段。

学者在家务安排方面通常喜欢被自己的夫人保持在受监护状态。当一位仆役喊叫说有间房子着火了时，埋头于自己的书本之中的学者回答说，“你知道，这样的事情归我夫人管”。——最后，一位挥霍者已经获得的成年地位也可能以国家的名义招致回归到公民性的受监护地位，如果他在法律上进入成年之后，在自己财富的管理方面表现出知性的弱点，使他显得就像孩子或者低能儿的话；但对此的判断已经处在人类学的领域之外。

第 49 节　**头脑简单**（hebes）类似于未经锻炼的刀或者斧，人们不可能教会这种人任何东西；他对于学习来说是无能的。只精于模仿的人叫一支**画笔**；与此相反，自己能够是一件精神产品或者艺术产品的作者的人才叫一个**头脑**。与此完全不同的是**淳朴**（与**做作**相反）。关于淳朴人们说：“完美的艺术又成为自然”，人们只是很晚才达到淳朴，即通过节省手段——也就是说，直截了当地——来达到同一个目的的能力。拥有这种才能的人（智者）虽然淳朴却绝不是头脑简单的。

愚笨主要是指不能被用来做事情的人，因为他不具有判断力。

傻瓜是为了无价值的目的而牺牲有价值的东西的人；例如，为了其家庭之外的荣光而牺牲家庭的幸福。傻气如果是侮辱人的，就叫做**呆气**。——人们可以说某人冒傻气，这并不侮辱他，甚至他自己也可以承认这一点；但是，把促狭鬼的笑柄（据蒲伯说）称做**呆子**，却是没有人能够听下去的。[1]**傲慢**是一种呆气，因为首先，无理要求别人在与我相比时应当轻视自己，这是**冒傻气**，这样别人就将总是与我**捣乱**，使我的意图破灭。不过，这只能招致**嘲笑**。但在这种无理要求中，也包含着侮辱，而侮辱则造成应有的仇恨。用于女人的**呆娘儿们**这个词，并没有严厉的意思，因为一个男人不相信会被女人虚荣的僭妄所侮辱。这样，呆气看来就只是与一个男人的傲慢的概念绑在一起了。——如果把（暂时地或者永久地）自己伤害自己的人称为一个呆子，因而虽然他并没有侮辱我们，也在对他的鄙视中掺入了仇恨，那么，人们就必须把这种鄙视看作是对一般人性的侮辱，因而看作是对一个他人实施的。行动与自己的合法利益背道而驰的人，有时也被称为呆子，尽管他只是伤害他自己。伏尔泰的父亲**阿鲁埃**曾对祝贺他有两个声名卓著的儿子的某人说：“我有两个呆子儿子，一个是散文中的呆子，另一个是诗中的呆子”（一个投身詹森派而受到迫害，另一个不得不因自己的讽刺诗而受巴士底狱之苦）。一般来说，在应当以理性的方式行事时，傻瓜赋予**事物**以更大的价值，呆子则赋予**自己**以更

〔211〕

① 如果回应某人的趣事时说“你**并不聪明**”，那么，这就是说“你在**开玩笑**”或者“你并不**明智**”的一种有点儿平淡的说法。——一个明智的人是一个正确地、实际地并且不加修饰地作判断的人。经验虽然能够使一个明智的人**聪明**，也就是说，使他精于有艺术性的知性应用，但惟有自然才能使他明智。

大的价值。

给一个人以**花花公子**或者**愚妄之徒**的头衔，也是以他们的作为呆气的**不聪明**这个概念为基础的。花花公子是一个年轻的呆子，而愚妄之徒则是年老的呆子；二者都受到促狭鬼或者恶棍的诱骗，在这方面前者毕竟还招致同情，后者却招致辛辣的嘲笑。一位机智的德国哲学家和诗人用一个例子来解释 fat［花花公子］和 sot［愚妄之徒］（在 fou［荒唐鬼］这个共名之下）这两个头衔："前者"，他说："是一个迁往巴黎的年轻德国人；后者是同一个德国人，是他刚从巴黎回来。"

※　　※　　※

心灵的完全孱弱，要么甚至不足以动物般地应用生命力
〔212〕（就像瓦莱州的**克汀病患者**那样），要么也刚好只够纯然机械地模仿外在的、动物就能做的行动（拉锯、挖掘等等），就叫做**低能**，而且不能被叫做灵魂的疾病，而宁可叫做没有灵魂。

三、论心灵的疾病

第 50 节　最高的划分，如上面已经说明的，是划分为**臆症**（忧郁症）和**精神失常**（躁狂症）。前者的命名，取自在夜的寂静中留神听一只灶马子（家蟋蟀）的唧唧叫声的类比，这叫声扰乱了睡眠所需要的心灵宁静。忧郁症患者的疾病就在于：某些内部的肉体感觉非但没有揭示身体中的一种现实存在的毛病，反而只是让人为它担忧，而人的本性则具有特殊的性状（动物所不具有的性状），即通过对某些局部**印象**的注意来增强这些印象的感觉，或者也使它们经久不息；与此相反，一种要么是有意的、要么是由其他有分心作用的活动所造成的**走神**则减弱那些印象，而且如果它成为习惯性的，就使得那些印

象完全消失。[1] 以这样的方式，作为臆症的忧郁症就成为想象有身体毛病的原因，病人意识到这些毛病就是想象，但有时候却不能抑制自己，把它们视为某种现实的东西，或者反过来从一种现实的身体毛病（如饭后因吃了有胀气作用的食物而产生的不适）中，形成各种各样令人忧虑的外部遭遇的想象和对自己的事务的担忧，而一旦在消化完成之后胀气停止，这些想象和担忧就马上消失了。——忧郁症患者是最令人操心的捉蟋蟀者（幻想者）：他固执地抓住自己的想象不放，总是纠缠为他煞费苦心、也只能把他当做一个孩子（用面包屑做成的小丸来代替药剂）来安慰的医生；而如果这个一直病恹恹却从来不会病倒的病人去请教医学书，他就将完全不能忍受，因为他想象在自己身上感觉到他在书中读到的一切毛病。——可以作为这种想象病的症状的有：异常快活、妙趣横生、开怀大笑，这个病人有时感到听命于这些症状，这样他的情绪就总是变化无常。以幼稚可笑的方式忧心忡忡地对死亡的思想产生的恐惧滋长着这种疾病。但是，不以男子汉的勇气把死亡的思想置诸脑后的人，一辈子也不会真正快活。 〔213〕

处在精神失常的界限这一边的，还有**情绪的突然变化**（raptus［谵妄］），即出人意料地从一个题目跳到一个完全不同的、没有人想得到的题目。有时，它先行于它所预告的那种失常，但常常头脑已经被如此颠倒，以至于无规则性的这些侵袭对他来说成为规则。——自杀往往只是某种**谵妄**的结果。因为在情绪激烈的时候割喉管的人，马上就会耐住性子让人给他把喉管缝上。

消沉（melancholia）也可能纯然是**沮丧的**（有忧伤倾向的）自我折磨者给自己制作的一种不幸的妄念。它自身虽然还

① 我在另一篇文章中说明过：把注意力从某些痛苦的感觉及其造成的劳累转移到某一个别的、任意抓入思想中的对象上，能够如此抵御那些感觉，使它们不能导致疾病。

不是精神失常，但也许会导致精神失常。——此外，说一个**消沉的**数学家（例如豪森教授），这是一种错误的、但毕竟常常出现的说法，其实人们指的只是深思的数学家。

第 51 节　醒着的人在**发烧**状态中的**胡说八道**（delirium）是一种肉体的病态，需要医学上的防护措施。惟有医生在其身上没有察觉这样一些病态发作的胡说八道者，才叫做**精神错乱的**；对此，**失常**这个词只是一种温和的表述而已。因此，如果某人有意造成了一场不幸，而这时的问题在于他是否为此承担责任以及承担什么责任，所以必须事先弄清楚他当时是否精神错乱了，那么，法庭就不能把他提交给医学学科，而是必须（由于法院没有资格）把他提交给哲学学科。因为被告在作案时是否掌控着自己的自然
〔214〕知性能力和判断能力，这个问题完全是心理学的，而且即使灵魂器官肉体上的不正常也许有时会是非自然地违反（内在于每个人的）义务法则的原因，但医生和一般而言的心理学家却毕竟并不进一步要如此深地看出人里面的机制，以至于他们能够由此出发来解释或者（无须肉体解剖而）预见这样一种暴行的心血来潮；而且一种**法庭上的药物学**（medicina forensis）——如果事情取决于作案者的心灵状态是精神错乱还是以健全的知性作出的决定这个问题的话——是对陌生的事务的干预，法官对此本来一窍不通，至少必须把它作为不属于其法庭的事情而提交给另外一个学科。①

① 于是，这样一位法官在某人由于被判监禁、出自绝望而杀害一名儿童的案子里宣布此人精神错乱，并因此而免于死刑。——因为他说，谁从错误的前提推出正确的结论，他就是精神错乱的。现在，那个人当做原理的是：监禁是一种不可磨灭的羞辱，它比死亡更严重（这毕竟是错误的），并通过推理由此得出为自己争取死刑的意图。——因此他是精神错乱的，并且作为精神错乱的人应免于死刑。——根据这个论据，也许可以轻而易举地把所有罪犯都宣布为精神错乱的人，人们倒是必须怜悯和治疗他们，而不是惩罚他们。

第 52 节　对本来是根本的和不可救药的紊乱的东西作出一种系统的划分是很难的。致力于研究它也很少有用，因为既然主体的力量并未参与进来（就像在肉体疾病中也许就是这种情况一样），而毕竟惟有通过自己的知性应用才能达到这个目的，故而在这种意图上的一切治疗方法都必定终归是徒劳的。然而，人类学在这里虽然只能是间接实用的，亦即只命令作出放弃，但却要求至少尝试为人类这种最深的、但却发源自本性的羞辱提供一个总的概要。人们可以把一般的精神错乱划分为**骚乱的**、**有条理的**和**系统的**精神错乱。

1. **荒唐**（amentia）是没有能力把自己的表现哪怕是置入为经验的可能性所必需的联系之中。在疯人院里，女性最多由于自己的絮叨而受制于这种疾病，也就是说，在她们所叙述的〔215〕东西中间插入了如此之多来自她们那生动的想象力的东西，以至于没有人理解她们本来想说什么了。这第一种精神错乱是**骚乱的**。

2. **妄念**（dementia）是心灵的这样一种失常，此时这个精神错乱的人所讲述的一切虽然都合乎思维的那些为一个经验的可能性而有的形式法则，但由错误地创作的想象力自己制作的表象却被视为知觉了。那些相信在自己周围到处都有敌人的人就是这样的；他们把别人的一切表情、话语和其他无关紧要的行动都视为针对自己的，视为给自己设下的圈套。——这些人以自己的不幸的妄念在解释别人无心做的事时，为把它说成是针对自己的，往往如此敏锐，以至于只要材料是真实的，人们就不得不给予他们的知性以一切敬意。——我从未看到某人被治愈过这种疾病（因为这是一种驾着理性狂奔的特殊禀赋）。但是，他们毕竟不能算做疯人院的呆子，因为他们只是为自己操心，只是把他们自以为的精明集中在他们自己的保存上，并没有把别人置于危险之中，因而不需要为了安全起见把他们关起来。这第二种精神错乱是**有条理的**。

3. **狂妄**（insania）是一种失常的**判断力**，由于它，心灵受到类比的阻滞，这些类比被与相近事物的概念混淆起来，而这样，想象力就把互不相干的事物的一种与知性相类似的联结活动伪装成普遍的东西，后面这些表象就包含在其中。这一类精神病患者大多都是兴高采烈的，无聊乏味地创作，因在他们看来相互联系的概念的一种如此广泛的亲缘关系的财富而沾沾自喜。——这种类型的疯子是无法医治的，因为他就像一般的诗人一样是创造性的，并且以多种多样性为消遣。——这第三种精神错乱虽然是有条理的，但却仅仅是**残缺不全的**。

4. **癫狂**（vesania）是一种**理性**失常的疾病。——这种精神病患者飞越整个经验的阶梯，去捕捉可以完全摆脱经验的试金石的原则，并妄想去把握不可把握的东西。——发明求圆面
〔216〕积的方法，发明永动机，揭示大自然的超感性力量，以及把握三位一体的秘密，这些都在他的掌控之中。他在所有住院病人中是最安静的，并且由于他那自我封闭的思辨而最远离狂怒，因为他以充分的自我满足对研究的一切困难都不管不顾。——这第四种精神错乱，人们可以称为**系统的**。

因为在最后一种精神失常中，不仅有紊乱和对理性应用规则的偏离，而且还有**积极的非理性**，亦即**另外**一种规则，一种完全不同的立场，灵魂可以说是被置于这个立场中，从它出发灵魂看一切对象都是另一种样子，并发觉自己从（动物的）**生命**的统一所要求的 Sensorio communi［共同感觉］被移植到一个远离它的位置上（因而就有了**错乱**这个词）；如同一处多山的风景，从鸟瞰的角度来描绘，就导致关于对象的另一种判断，完全不同于从平原所观察。尽管灵魂并未在另一个位置上感觉或者观察（因为它不能按照自己在空间中的位置来知觉自身而不犯下自相矛盾，若不然，它就会在对自己来说只能是内

部感官的客体的同时，把自己当做其外部感官的客体来直观）；但是，人们却由此可以尽可能好地解释所谓的精神错乱。——不过值得惊赞的是，受到损害的心灵的各种力量毕竟在一个体系中井井有条，而且大自然也甚至努力把这些力量的结合原则带入非理性之中，以便使思维能力即使不客观地为了事物的真实知识，也毕竟纯然主观地为了动物性生命的需要而不致无事可做。

与此相反，通过物理的手段在一种接近于精神错乱、人们自主地置身于其中的状态中来观察自己，以便通过这种观察更好地看出不由自主的状态，这种尝试充分表现出探究显象之原因的理性。但是，用心灵来做实验，在某种程度上使它生病，以便观察它，并通过在此可能出现的显象来研究它的本性，这却是危险的。——**赫尔蒙特**就是这样声称在服用某种剂量的纳培尔（一种毒根）之后发现一种感觉，就好像他是**在胃里思维** 〔217〕
似的。另一位医生曾逐渐增大樟脑的剂量，直到他觉得街上的一切都好像处在巨大的骚动之中似的。更多的人长期用鸦片在自己身上做实验，直到他们如果放弃继续使用这种提神辅助剂的话，就会陷入心灵孱弱。——一种人为的妄念很容易就会成为一种真正的妄念。

零散的附释

第 53 节　随着生殖因子的发育，精神错乱的因子也同时发育起来；就像后者在这种情况下也是遗传的一样。哪怕在家庭中只有一个这样的家伙，与这样的家庭联姻也是危险的。因为一对夫妇哪怕有如此之多的孩子，由于他们例如全都继承了父亲或者其祖父和祖先而不曾受到这种糟糕的遗传的影响，但只要母亲在自己的家庭中有过一个精神错乱的孩子（即使她本人并没有这种毛病），在这一婚姻中就会有朝一日出现一个孩子，他属于母系家庭血统的孩子（就像人们也可以从体形相似中发现这一点一样），并具有**遗传来的**心灵失常。

人们常常想知道如何说明这种疾病的偶然原因，以至于要把它想象成并非遗传的，而是招致的，就好像患者自己对此有责任似的。“他由于**爱情**而发了疯”，人们这样说一个人；而关于另一个人则说，“他由于**傲慢**而精神错乱”；关于第三个人甚至说，“他**读书入了迷**”。——迷恋一位有地位的人物，而此人则把侈求婚姻视为极大的呆气，这种迷恋并不是疯狂的原因，而是它的结果；说到傲慢，一个无关紧要的人强求别的人在他面前俯首帖耳，以及对着他自己**自鸣得意**的那种体面，是以一种疯狂为**前提**条件的，没有这种疯狂，他就不会有这样一种态度。

但说到**读书入迷**①，则没有必要以此来警告年轻人。在这
〔218〕 里，年轻人所需要的与其说是管束，倒不如说是鞭策。甚至在这一点上的最热烈、最持久的追求，虽然可能使心灵**疲惫**，使人甚至因此而怨恨科学，但却不会使心灵**变态**，如果不是心灵在此之前就已经是乖戾的，因而对那些超出人类健全知性的神秘主义书籍和启示发生兴趣的话。属于此列的还有一种倾向，即完全沉浸于读那些获得了某种祝圣的书籍，仅仅是因为这种文字，而不以其道德含义为目的，对此某位作者想出了如下表述：“他是文字狂”。

在一般的疯狂（delirium generale）和附着于一定对象上

① 商人**做生意入迷**，超出自己的理论沉迷于庞大的计划，这是一种常见的现象。但是，对于过奖年轻人的勤奋（只要他们的头脑本来是健全的），操心的长辈们没有什么可担心的。大自然已经自动地在防止知识的这样一些超载，因为学习者绞尽脑汁而又百思不得其解的事物将使他感到讨厌。

的疯狂（delirium circa obiectum）之间是否有区别，对此我持有怀疑。**非理性**（它是某种积极的东西，不仅仅是缺乏理性）与理性一样，仅仅是能够使客体与之相适应的一种形式，因此，二者都着眼于普遍的东西。但是，在精神错乱的禀赋**爆发**时（这种爆发通常是突然发生的），首先抛掷给心灵的东西（即后来供瞎扯的偶然遇到的**材料**）却是精神错乱者自此以后主要醉心的东西，因为它通过印象的新颖性而比其余后来的东西更牢固地附着在他心中。

人们也这样说某个思维跳跃的人："他跨过赤道了"，就好像一个人第一次越过热带中线就会有丧失知性的危险似的。但这只是误解。这里想说的只不过是：希望不费什么劲到印度旅行一趟就一下子捞到金子的愚妄之徒，在这里已经是作为呆子在制订自己的计划；但在这计划实施期间，年轻的疯狂就在增长着，而当他归来时，即便他走运，这种疯狂也表现出臻于完善。

一个**出声地自言自语**的人，或者一个被人撞见独自在房间里**手舞足蹈**的人，已经有头脑不正常的嫌疑落在他头上了。——如果他自恃灵感的恩赐或者光顾，并相信自己处在与 〔219〕
更高的存在者的交谈和交往之中的话，这种嫌疑就更大了；不过，如果他虽然承认别的圣徒也许有能力做这种超感性的直观，但并不误以为自己被拣选做这件事，甚至就连期望这样做也不承认，因而使自己成为例外，那么，他就不会有这种嫌疑。

精神错乱的惟一普遍标志就是丧失**共通感**（sensus communis），以及与此相反出现的逻辑**偏执**（sensus privatus［私人感觉］），例如，一个人大白天在他的桌子上看到一团燃烧的火光，而另一个站在旁边的人却没看到，或者听到一种没有任何别人听到的声音。因为我们的一般判断的正确性，从而还有我们知性的健全性的一个主观上必要的试金石在于：我们也让我们自己的知性适应**别人的知性**，并不用我们的知性把我们自己**孤立**起来，用我们的私人表象却仿佛是作为**公共的**判断。因此，查禁仅仅着眼于理论意见的书籍（尤其是当它们对合法的行止根本没有影响的时候），就是在侮辱人性。因为这样一来，即便没有夺去我们校正我们**自己的**思想的惟一手段，却毕竟夺去了其最重大和最有用的手段，这种手段就是通过我们公开地提出我们的思想，以便看一看它们是否也与别人的知性相符合而产生的；若不然，纯然主观的东西（例如习惯或者偏好）也许就会被视为客观的，而其中恰恰就有人们所说的骗人的假象，或者毋宁说诱导人们在运用一种规则时欺骗自己的假象。——根本不把这种试金石放在心上，而是坚决要承认无须共通感，甚至违背共通感的私人感觉就已经有效的人，沉溺于这样一种思想游戏，在其中他不是在一个与别人共有的世界里，而是（就像是在梦中一样）在他自己的世界里来观察自己、处理事情和作出判断。——有时，一个思路明晰的人的外部知觉不想与共通感的原则相一致，他坚持他自己的感觉，这毕竟责任只在于他想把这些知觉传达给别人所用的那些表述。《大洋国》的那位风趣的作者**海灵顿**就这样有过奇特的想法，他排出的气味像苍蝇一样从他的皮肤弹落。但这也许是对一个
〔220〕超载这种材料的身体的放电作用，人们声称通常也有过这方面的经验，而海灵顿也许只是想以此来暗示他的感觉与这种弹落类似的某种东西，而并非看到了这些苍蝇。

带有**狂怒**（rabies），以及带有使人对一切外来印象都没有感觉的某种（针对一个真实的或者想象出来的对象的）激怒的精神错乱，只是精神失常的一种变体，它经常看起来比其在后果中更吓人，就像暴病的发作一样，它与其说是植根于心灵，倒不如说是由物质原因所激起的，并且常常能由医生用一剂药

而消除。

论认识能力中的种种才能

第 54 节 人们把**才能**（天赋）理解为认识能力的这样一种优点，它不取决于讲授，而是取决于主体的自然禀赋。这些才能就是**生产性的机智**（ingenium strictus s. materialiter dictum [在较严格的意义上和实质上说的机智]）、**洞察力**和思维中的**原创性**（天才）。

机智要么是**比较性的**机智（ingenium comparans），要么是**玄想性的**机智（ingenium argutans）。机智把往往按照想象力（联想）的法则相距甚远的表象**结合**起来，是一种独特的类比能力，就知性（作为认识普遍的东西的能力）对于对象作出归类而言，它属于知性。据此，它需要判断力，以便在普遍的东西之下规定特殊的东西，并把思维能力运用于**认识**。——要成为**机智的**（在言谈和写作中），这是不能通过学校的机械作用及其强迫来学到的，而是作为一种特殊的才能属于在相互的思想交流中性情的**豁达**（veniam damus petimusque vicissim [我们相互给予并相互索取这种恩惠]）；它是一般知性的一种难以解释的特性，——仿佛是知性的**通融**——，与把普遍的东西运用于特殊的东西之上（把类概念运用于属概念之上）时判断力的**严谨**（iudicium discretivum）形成鲜明对照，后者不仅限制同化能力，而且也**限制**同化倾向。

论比较性的机智和玄想性的机智的属差 〔221〕

一、论生产性的机智

第 55 节 在不同种类的事物中找出类似性，并且就机智所做的而言，为知性提供材料，以便使知性的概念成为普遍的，这是适意的、令人喜爱的和令人高兴的。与此相反，判断力限制着概念，有助于校正概念更甚于有助于扩展概念，它虽然被大加赞扬和推崇，但却是严肃的、严谨的，就思想自由而言是有局限的，但正因为此而是不令人喜爱的。比较性的机智的所作所为更多的是游戏；但判断力的所作所为却更多的是事务。——前者宁可说是青年的花朵，后者则更多的是老年的成熟果实。——在更高的程度上把二者结合在一个精神产品中的人，则是**聪颖的**（perspicax）。

机智捕捉的是**一闪念**；判断力追求的则是**洞识**。审慎是**市长的德性**（在城堡的最高指挥权下根据已有的立法保卫和管理城市）。与此相反，以排除判断力的种种疑虑来**大胆地**（hardi）否定，这却被《自然体系》的伟大作者**布丰**的同胞们算做他的功绩，尽管这作为冒险行为看起来相当冒昧（草率）。——机智要的是**汤汁**，判断力要的则是**营养**。对**趣话**（bons mots）的追求，如修道院院长特鲁布列特丰富地展示并在此时使机智备受折磨那样，造成浅薄的头脑，或者简直使缜密的头脑感到厌恶。在**时尚**中，也就是说，在一些被采用的行为规则中，机智是有独创性的，这些规则惟有通过新颖性才让人喜欢，并且在它们变成**习惯**之前，就必定被另一些同样如此转瞬即逝的形式所替代。

玩弄文字游戏的机智是**乏味的**；但判断力空洞的苦思冥想（钻牛角尖）则是**迂腐的**。**诙谐的**机智是这样一种机智，它产生自头脑与**悖谬**的相称，这里在真诚的淳朴语气背后，却闪现出（狡猾的）促狭鬼，要把某人（或者还有他的意见）当做笑
〔222〕料；因为值得赞颂的东西的对立面被用表面上的赞词抬高了（揶揄）。例如**斯维夫特**的《诗艺中的拍马术》，或者**巴特勒**的《哈迪布拉斯》；这样一种机智通过对比而使可鄙的东西变得更为可鄙，由于对出乎意料的东西感到惊奇而令人兴奋；但是，

这毕竟总还只是一种**游戏**和轻松的机智（就像伏尔泰的机智那样）；与此相反，那种表达真正的和重要的原理的机智（就像扬在其讽刺作品中那样），则可以被称为一种沉重的机智，因为这是一件**工作**，所激起的惊赞甚于娱乐。

谚语（proverbium）不是**趣话**（bon mots），因为它是一种已经流行的套话，这种套话表达着一种通过模仿传播开来的思想，在第一个人口中可能**曾是**一种趣话。因此，用谚语说话，是下等人的语言，表明完全缺乏与上层社会交往时的机智。

缜密虽然不是机智的事情，但如果机智能够通过自己附加给思想的形象的东西，而对于理性来说成为一种载体或者外壳，对于理性的道德实践理念来说成为这种载体或者外壳的运用，那么，就可以设想一种缜密的机智（与肤浅的机智不同）。作为**撒缪尔·约翰逊**关于女人的据说值得惊赞的名言之一，在《瓦勒传》中被引用的是，“他毫无疑问称赞过许多他会不敢与之结婚的女人，而他也许娶了一个他会羞于称赞的女人”。反题的游戏之处在这里构成了全部值得惊赞的东西；理性由此一无所获。——但是，当事情取决于对理性来说有争执的问题时，他的朋友**波斯维尔**就无法套出任何他所不懈寻求的、会显露出丝毫机智的谶语了；相反，他关于宗教或者一个政府的法权问题上的怀疑者，或者哪怕是关于一般人类自由所说出的一切，都由于他那自然的、因谄媚者们的骄纵而根深蒂固的独断专横而导致粗野无礼，他的崇拜者们喜欢把这称为**粗犷**①；但

① 据波斯维尔讲，当某位勋爵当着他的面对约翰逊没有受过更高雅的教育表示惋惜时，**巴勒蒂**说道，“不，不，我的勋爵！无论教育怎样去改造他，他也永远是一头**熊**”。“但也许会是一只**会跳舞的熊吧**?”另一个人说。第三个人是他的朋友，说道，**“他只不过是有一张熊皮而已”**，自以为这样就可以缓和上述说法。

〔223〕这种粗犷却表明他完全没有能力在同一思想中把缜密与机智结合起来。——他的朋友们提议，他是对议会来说特别合适的议员，有影响的人士们并不赞同，但看来也很重视他的才能。——因为足够撰写一种语言的词典的那种机智，尚不足以唤醒和激活洞察重要事务所需要的那些理性理念。——**谦虚**自动地进入那发现自己有资格做这件事的人的心灵，怀疑自己的才能，不能独自作出决定，而是还要考虑别人的判断，这是从未侵袭过约翰逊的一种特性。

二、论洞察力或者探究能力

第 56 节　要**发现**某种东西（它要么隐藏在我们心中，要么隐藏在别处），在许多情况下需要一种特殊的才能，即知道人们应当如何正确地去寻找，这是一种**先行判断**（iudicii praevii）在什么地方也许能够找到真理的天赋；即探索事物，利用极微小的亲缘关系诱因，以便发现或者发明所寻找的东西。在这方面，学校里的逻辑学没有教给我们任何东西。但是，一位维鲁兰姆的培根却在他关于方法的《工具论》中，提供了如何能够通过实验来发现自然事物的隐秘性状的一个光辉榜样。不过，就连这个榜样也不足以按照一定的规则来提供人们应当如何成功地寻找的教诲，因为在这件事情上，人们不得不总是首先预设某种东西（从一个假说开始），人们要从这里开始自己的行程；按照原则，这必须以某些迹象为结果，而人们如何嗅出这些迹象却恰恰在于这一点。因为盲目地、碰运气地去冒险，要在一块石头上绊一跤并找到一个矿层，由此也发现一条矿脉，这也许是对研究的一种拙劣的指点。尽管如此，还是有一些人有一种才能，仿佛
〔224〕是不用学习，就手持探矿叉去探寻知识的宝藏；这一点，他们也不能教给别人，而是只能做给别人看，因为这是一种天赋。

三、论认识能力的原创性或者天才

第57节　**发明**某种东西是与**发现**某种东西完全不同的。因为人们发现的事情，是被看做之前已经存在的，只不过它尚不为人所知罢了，例如哥伦布之前的美洲；但人们所**发明**的东西，例如**火药**，却在制作它的艺人[①]之前还根本不为人所了解。这二者都可以说是功绩。但是，人们也可能**找到**根本没有去寻找的东西（例如炼金术士找到磷），而这却根本不是功绩。于是，发明的才能就叫做**天才**。但是，人们总是把这一称号仅仅给予一位**艺人**，因而给予懂得**制作**某种东西的人，而不是给予仅仅了解和**知道**许多东西的人；不过，也不给予一位仅仅模仿的艺人，而是给予一位有兴致**原创地**生产出自己的作品的艺人；最后，也仅仅给予这样的艺人，即他的产品是**典范性的**，也就是说，是值得被当做榜样（exemplar）来模仿的。——因此，一个人的天才就是"他的才能的典范原创性"（就这种或者那种艺术产品而言）。但是，人们也把一个对此具有禀赋的人物称为天才；因为在这种情况下，这个词不仅指的是一个人的天赋，而且也指这个人本身。——在许多专业里都是天才，这就是一个**伟大的**天才（就像列奥纳多·达·芬奇那样）。

真正属于天才的领域是想象力的领域，因为想象力是创造性的，并且比别的能力更少受到规则的强制，但由此也就更能够具有原创性。——由于教学在任何时候都在强迫学生去模 〔225〕
仿，所以其机械作用对于一个天才的萌发，也就是说就他的原

① 火药早在修士**施瓦茨**时代就已经在围攻阿尔赫西拉斯城时使用了，而火药的发明看来属于中国人。但是，毕竟很可能是那个将这种粉末弄到手的德国人对它进行了分析试验（例如用碱洗去其中包含的硝酸钾，冲掉碳末并烧尽硫黄），并这样**发现**了火药，尽管并没有**发明**火药。

创性而言，固然是不利的，但任何艺术都毕竟需要某种机械的基本规则，亦即产品对相配的理念的适应性，也就是说，在展示被思维的对象时的**真实性**。这种东西必须严格学习，当然是模仿的一个结果。但是，把想象力也从这种强制下解放出来，让独特的才能甚至违背自然毫无规则地乱冲乱撞和**东游西荡**，这也许可以充当原创的疯狂，但这种疯狂当然不会是典范性的，因而也不会被算做天才。

精神是人里面**赋予生命的**原则。在法语中，**精神**和**机智**用的是同一个名字，即 Esprit。在德语中则是另一回事。人们说：一次讲演、一篇文章、社交中的一位女士等等是漂亮的，但却没有精神。机智的储备在这里毫不相干，因为人们也可能由于机智的作用并没有留下什么持久的东西而对它反感。如果所有上述那些事情和人应当叫做**富有精神的**，那么，他们就必须激发某种**兴趣**，确切地说是通过**理念**。因为这就把想象力发动起来，而想象力则发现自己面前有那些概念的一个广阔的活动空间。因此，如果我们用德语的**独特精神**来表达法语的 génie［天才］，又会怎么样呢？因为我们这个民族让自己相信，法国人在他们自己的语言中有一个词表达这个意思，而我们在自己的语言中却没有这样的词，而是必须从他们借来，而他们**自己**毕竟是从拉丁语（genius［守护神］）中借来这个词的，它除了独特精神之外，没有别的任何意思。

但是，才能的典范原创性用这个**神秘主义的**名称来命名，其原因就是具有这种才能的人不能给自己解释这种才能的爆发，或者也不能使自己理解他是如何掌握一门他不可能学到的艺术的。因为（一个结果的原因的）**不可见性**本就是精神（才华横溢的人出生时就已经被赋予的一个 genius［守护神］）的附属概念，他仿佛是惟有遵从这个精神的注入。但在这里，心灵的各种力量必须借助想象力而和谐地运动起来，若不然，它们就不会赋予生机，而是会相互干扰，而这又必须通过主体的**本性**来实现。因此，人们也可以把天才称做这样的才能，“通过它，自然为艺术提供规则”。 〔226〕

第 58 节　伟大的天才们是否在整体上为世界作出了特别的贡献，因为他们毕竟经常选定了新的道路，开启了新的前景，或者，机械的头脑虽然不是划时代的，却是否以他们日常的、拄着经验的拐杖缓慢前进的知性为各门艺术和科学的成长作出了最多的贡献（因为他们中虽然没有一个人激起过惊赞，却毕竟也没有造成任何混乱），这里依然不予讨论。——但是，他们中有一类人，被称为**才子**（被称为才猿就更好了），打着那种招牌混了进来，他们说着与得天独厚的头脑相应的语言，把费力的学习和研究说成是拙劣的，伪称牢牢地捕捉住了一切科学的精神，但把它凝聚为小剂量，并有力地展示出来。这类人就像江湖术士和市场小贩一样，对于科学教养和道德教养中的进步是很有害的，尽管他们在宗教、国家关系和道德方面以断然的口气把行家或者掌权者从智慧的宝座上贬斥下来，并懂得以这种方式来掩盖精神的贫乏。对此，除了付之一笑，并且勤勤恳恳地、有条有理地、明明白白地耐心继续走自己的路，对那些江湖骗子不屑一顾之外，还能够怎么办呢？

第 59 节　天才似乎也根据其生而具有的国别和地域的不同而自身具有不同的源始因子，并以不同的方式把这些因子发展出来。这在德国人那里更多地着落在**树根**，在意大利人那里着落在**树冠**，在法国人那里着落在**花朵**，而在英国人那里则着落在**果实**。

还与作为创造性头脑的天才不同的是**普遍性的**头脑（把握所有不同类的科学的头脑）。普遍性的头脑能够在可以学习的事情上成为天才，也就是说，在所有科学迄今为止所做的事情上他都拥有历史知识（**博学的人**），例如尤里乌斯·凯撒·斯卡里吉尔。创造性的头脑是这样的人，与其说他具有精神的博大**范围**，倒不如说他具有在自己所从事的一切事情上都开创时代的深邃（例如牛顿、莱布尼茨）。**建筑性的**头脑有条有理地洞察一切科学的联系以及它们如何相互支持，是一种仅仅下等
〔227〕的、但毕竟并不平庸的天才。——但是，也有**巨人式的**博学，它毕竟往往是**独眼巨人式的**，也就是说缺少一只眼睛，亦即真正的哲学的眼睛，不能通过理性合乎目的地利用这学富五车的大量历史知识。

头脑方面的纯然自然主义者（élè ves de la nature，Autodidacti［自然的学生，自学者］）在有些场合也可以被视为天才，因为他们虽然能够从别人那里学习他们所知道的东西，但却是独自想出来的，而且在就自身而言并不属于天才的事情上毕竟是天才。例如就机械艺术而言，瑞士就有一些人在这些艺术上是发明家。但是，一个早慧的神童（ingenium praecox），如早夭的吕白克·**海奈克**或者哈勒·**巴拉蒂尔**，是大自然对自己的规则的偏离，是自然标本室里的稀珍，虽然使人们惊赞他们过早的成熟，但往往也使那些提携他们的人在心底里懊悔。

※　　※　　※

由于归根结底认识能力的全部应用，哪怕是要在理论知识中使自己得到提高，都毕竟需要赋予规则的理性，惟有按照这种规则它才能够得到提高，所以，人们可以把理性对认识能力所提出的要求概括为三个问题，他们是按照认识能力的三个门类提出来的：

我想要什么？（知性问道）①

①“想要”在这里仅仅是在理论意义上来理解的：我想要把什么断言为**真的**？

这取决于什么？（判断力问道）

从中产生什么？（理性问道）

各种头脑在回答所有这三个问题的能力上是很不同的。——第一个问题仅仅要求一个理解自己的清晰的头脑；而这种天赋在一些文化中是相当普通的；尤其是当人们注意到这一点的时候。——对第二个问题作出恰当的回答，这要罕见得多；因为对眼下的概念的规定和对问题的表面解决呈现出多种多样的方式：哪一种方式是完全适合这一问题的惟一方式呢（例如在诉讼中，或者在为达到同一个目的的某些行动计划开 〔228〕
始时）？为此，有一种拣选出在某种场合恰好合适的东西的才能（iudicium discretivum［辨别的判断力］），它很令人向往，但也很罕见。律师引证**许多**根据来证明自己的论断，就使得法官很难作出判决，因为法官自己只有来回摸索；但如果他懂得在解释自己想要的东西之后一语中的（因为这个“的”是惟一的一个“的”），那么，事情很快就解决了，而理性的判词就自动跟来了。

知性是积极的，并且驱除无知的黑暗——判断力则更多的是消极地防止错误，这些错误乃是出自对象显现于其中的朦胧光线。——理性堵塞错误（成见）的泉源，并借此通过原则的普遍性来保障知性。——博览群书虽然增多知识，但如果没有理性加入，也就不扩展概念和洞识。不过，理性与**玄想**、即以撇开理性法则而使用理性时的纯然试验所做的游戏不同。如果问题是，我是否应当相信鬼魂，那么，我可以用各种各样的方式对这个问题中鬼魂的可能性进行**玄想**；但是，**理性**禁止**以迷信的方式**，亦即撇开按照经验法则解释这种现象的原则来承认这种现象的可能性。

通过种种头脑在如何观察同一些对象以及相互观察的方式上的巨大差异，通过他们的相互摩擦和既相互结合又相互分离，大自然在无限多种多样的观察者和思想者的舞台上造就一出值得一看的戏剧。对于思想者阶层来说，以下的准则（上面已经提到它们是导向智慧的）可以被当做永恒不变的命令：

1. **自己**思维。

2. （在与人们的交流中）站在每个**他人**的地位上思维。

3. 任何时候都**与自身一致地**思维。

第一条原则是否定的（nullius addictus iurare in verba Magistri［不必根据任何大师的格言去宣誓］），是**不受强制者**的原则；第二条原则是积极的，是**宽宏大量的**、迁就他人的概念的人的原则；第三条原则是**一以贯之的**（合乎逻辑的）思维

〔229〕方式的原则；对于这些思维方式的每一种，而更多的是对于它的对立面，人类学都能够举出例证。

人内心中最重要的革命就是，“人从他自己咎由自取的受监护状态中走出”。他不再像迄今为止那样由别人代替他思维，他则只是模仿或者让自己依靠襻带被引导，现在他敢于用自己的双脚在经验的地面上向前行走，虽然还摇摇晃晃。

第二卷 〔230〕

愉快和不快的情感

划分

1. **感性的愉快**；2. **理智的愉快**。**前者**要么是（A）通过**感官**（快乐），要么是（B）通过**想象力**（鉴赏）；后者（亦即理智的愉快）要么是（a）通过可展示的**概念**，要么是（b）通过**理念**来表现，——就连其对立面亦即**不快**也是这样表现的。

论感性的愉快

一、论对适意者的情感或者在感觉到一个对象时的感性愉快

第 60 节　**快乐**是一种由感官而来的愉快，而使感官愉快的东西，就叫做**适意的**。**痛苦**是由感官而来的不快，而产生痛苦的东西，就是**不适意的**。——它们并不像获得和缺乏（＋和 0）那样，而是像获得和丧失（＋和－）那样相互对立，也就是说，一个与另一个不仅作为**反面**（contradictorie s. logice oppositum［矛盾或者逻辑对立］），而且作为**对立面**（contrarie s. realiter oppositum［相反或者实际对立］）而相互对立。——关于让人**喜欢**或者**不喜欢**的东西，以及介于二者之间的**无所谓**的东西，其表述太**宽泛**了；因为它们也能指向理智的东西；在这里，它们就会与快乐和痛苦不契合了。

人们也可以通过对我们自己状态的感觉在心灵上造成的影

〔231〕响来解释这些情感。直接（通过感官）驱使我**离开**我的状态（从它走出）的东西，对我来说是**不适意的**——它使我痛苦；同样，驱使我**保持**我的状态（逗留在它里面）的东西，对我来说是**适意的**，它使我快乐。但是，我们是不停地在时间之流以及与它相结合的感觉变迁中继续向前的。尽管离开一个瞬间和进入另一个瞬间是同一个（变迁的）行为，但毕竟在我们对这种变迁的思想和意识中有一个时间序列；它是与原因和结果的关系相称的。——如今问题是：**离开**当下状态的意识，或者**进入**一个未来状态的展望，是否在我们心中唤起快乐的感觉。在第一种情况下，快乐无非就是一种痛苦和某种消极的东西的消除；在第二种情况下，它会是一种适意的预感，因而是愉快状态的增强，从而是某种积极的东西。但是，也可以预先猜出，只有第一种情况将发生；因为时间把我们从当下状态拖到未来的状态（不是反过来），而我们是首先被迫从当下状态走出，我们将进入**哪一种**别的状态却不确定，只不过它是一种别的状态，惟有这才能是适意情感的原因。

快乐是提升的情感；痛苦则是生命的某种障碍的情感。但（动物的）生命正如医生们已经说明的那样，就是二者相对抗的一种连续不断的游戏。

因此，在任何快乐之前必定有痛苦先行，痛苦总是第一个。因为从生命力的持续不断的、毕竟不能越过某种程度的提升中，除了迅速地**高兴得要死**之外，还会有别的什么结果吗？

也不可能有任何快乐直接跟随另一种快乐，而是在一种快乐和另一种快乐之间必定有痛苦。生命力的一些小小的阻滞连带着混杂在其间的生命力的提升，这种提升就构成了健康状态，我们错误地把它视为一种连续不断地感到的安康；因为它毕竟只是由脉冲式地（带有总是插入其间的痛苦）前后相继的适意情感构成的。痛苦是能动性的刺激，而在这种能动性中我们才感到我们的生命；没有这种刺激就会出现没有生命的状态。

缓慢地消失的痛苦（例如从某种疾病逐渐痊愈或者慢慢地挣回一笔失去了的资本）**不能产生强烈的快乐**，因为这过渡是无法觉察的。——**维利**伯爵的这些话我是充分信服地赞同的。 〔232〕

用例证来说明

为什么赌赛（尤其是为钱的赌赛）如此吸引人？而且为什么如果不是太惟利是图，赌赛就是长时间的紧张思考之后的最好的消遣和休息？其实什么也不做才能慢慢地休息。原因在于：赌赛是一种不断变换着担心和希望的状态。赌赛之后的晚餐更对胃口，更易消化。——为什么**戏剧**（无论是悲剧还是喜剧）如此诱人？原因在于：在一切戏剧中，都有某些麻烦——希望和高兴之间的担忧和困顿——进入，这样，相互冲突的激情活动在终场时由于打动观众的内心，而对于观众来说是生命的提升。——为什么一部爱情小说以婚礼结束，为什么一个出自半吊子手笔还在婚姻中延续这小说的附加续篇是令人反感的和乏味的呢？原因在于：吃醋作为恋人在其高兴和希望之间的痛苦，对于读者来说在婚姻**之前**是调料，在婚姻**之中**却是毒药；因为用爱情小说的语言来说，"爱情痛苦的结束同时就是爱情的结束"（与激情一致）。——为什么工作是享受自己生命的最佳方式？原因在于：工作是辛苦的（就自身而言不适意的，并且惟有通过成就才使人轻松愉快的）事务，而休息则仅仅通过长时间劳累的消失就成为可感觉到的愉快，即快活；若不然，它就会不是什么可享受的东西。——烟草（无论是抽的还是嗅的）首先是与某种不适意的感觉结合在一起的。但恰恰是由于自然素质（通过口腔或者鼻子黏液的分泌）一瞬间就消除了这种痛苦，烟草（尤其是抽的）就成为一种通过维持和一再重新唤起感觉乃至思想来进行社交的方式；即使这些感觉和思想在此只是在信马由缰。——最后，即便没有积极的痛苦刺激人去

〔233〕 行动，至少也有一种消极的痛苦，即**无聊**，作为习惯于感觉交替的人在自身知觉到的感觉方面的**空虚**，由于他毕竟力求用感觉来充实自己的生命欲望，而经常如此刺激着他，使得他觉得受到驱使，与其什么也不做，倒不如做点儿什么来伤害自己。

论无聊和消遣

第61节　因此，感到自己的生命，让自己快乐，这无非就是：感到自己连续不断地被驱使着从当下状态走出（因此，这种状态必定是一种同样经常地重复的痛苦）。由此就也可以解释对一切注意自己的生命、注意时间的人（有教养的人）来说无聊的那种压迫人的，甚至可怕的重负。① 使人离开我们所在的那个时刻并过渡到下一时刻的这种压力或者驱动是加速度的，并且可以一直增长到作出决定结束自己的生命，因为耽于享乐的人尝试过一切方式的享受，对他来说再也没有什么新的享受了；例如人们在巴黎谈到摩丹特勋爵时就说，"英国人绞死自己，为的是消磨时间"。——在自身知觉到的感觉方面的空虚激起一种畏惧（horror vacui［对空虚的畏惧］），并仿佛是激起对一种缓慢死亡的预感，这种死亡被认为比命运迅速斩断生命之线更为痛苦。

由此也可以解释，为什么时间的缩短与快乐被当做一回事，因为我们越是忘却时间，我们就越是感到神清气爽；例如

① 加勒比人由于天生缺乏活力而没有这种重负。他可以数小时之久拿着钓竿坐着，什么也不钓；没有思想是缺乏能动性的刺激，这种刺激总是带有某种痛苦，而加勒比人则摆脱了这种痛苦。——我们的趣味高雅的读书界由于一些短命文章而总是对泛泛阅读（无所事事的一种方式）保持着好胃口，甚至是嘴馋，不是为了陶冶自己，而是为了**享受**，以至于此时头脑依旧空空，而不必担心腻味，因为他们给予自己的碌碌无为以一种工作的外表，并在这种外表中欺骗自己，说时间花费得很值，其实这种花费一点儿也不比《**奢侈与时尚杂志**》给读者带来的花费更为值得。

在乘车出游时，一次社交长达三个小时之久因谈话而兴趣盎然，在下车时，如果其中一个人看一下表，就会高兴地说：〔234〕“时间不知不觉就过去了！”或者“时间对我们来说过得真快啊！”因为与此相反，如果对时间的注意不是对我们尽力摆脱的某种痛苦的注意，而是对快乐的注意，人们就会合情合理地对时间的任何损失感到惋惜。——那种很少包含表象变换的商谈叫做**冗长无聊的**，正因为此也是烦人的，而一个**逗笑令人觉得时间短的**人即使不被视为一个重要人物，也毕竟被视为适意的人物，一旦他走进房间，所有在座的客人都满面生辉，就像从重负下面解放出来那样快活。

但是，一个人在其人生的大部分时间里都在用无聊折磨自己，以至于他每天都**度日如年**，但在临终时却抱怨**人生苦短**，这种现象该如何解释呢？——其原因可以在与一个相似的观察的类比中来寻找：为什么德国的里（不是测出的或者像俄国的里那样配有里程标志的里）离都城（例如柏林）越近就越**小**，离之越远（在波莫瑞）就越**大**呢？因为看到的对象（村庄和农舍）的**充实**，就在记忆中造成错误的推理，认为已走过一大段距离，因而也为此需要比按照钟表所会得出的更长时间；但后一种情况中的**空虚**，却很少造成看到的东西的记忆，因而就造成路程较短，因而时间也较按照钟表所会得出的更短的推理。——同样，用各种各样变化多端的工作标志着生命最后部分的那些阶段，其总和会给老年人激起这样的想象，认为所经过的生存时间比他按照年数所相信的更长，而他为了实现一个预期的目的而有计划地向前推进的工作就充实了时间（vitam extendere factis［用工作来延长生命］），这是感到人生的乐趣但毕竟也满足于生活的惟一可靠手段。“你想得越多，做得越多，就活得越长久（甚至在你自己的想象中）。”——于是，生命就会以**心满意足**而结束。

但是，在生命期间的**心满意足**（acquiescentia）又是怎样的

呢？——它是人无法达到的，无论是在道德方面（在行为正派
〔235〕上对自己满意），还是在实用方面（对他认为通过技巧和聪明为自己挣得的舒适满意）都达不到。大自然把痛苦当做能动性的刺激置入他里面，他不能摆脱这痛苦，为的是始终向着更善进步，而且即便是生命的最后一刻，对生命的最后一个阶段的心满意足也只能如此称为相对的（部分是由于我们把自己与别人的命运相比较，部分是由于我们也把自己与自己相比较）；但它绝不是纯粹的和完备的。——在生活中（绝对地）心满意足，这就会是没有行动的**平息**和动机的静寂，或者是感觉和与之相联结的能动性的迟钝。但是，这样一种迟钝与一个动物体内心脏的静寂一样，是不能与人的理智生命共存的；如果不是（通过痛苦）产生出一个新的刺激，继这种静寂之后的，不可避免地是死亡。

附释：在这一卷中，本来还应当讨论**激情**，即在人心中超越内在自由的界限的那些愉快和不快的情感。然而，既然这些情感往往被混同于将在另外一卷，即欲求能力那一卷中出现的**情欲**，而且毕竟也与情欲有亲缘关系，所以我将在这第三卷中着手讨论它们。

第 62 节　习惯性地心境快活，虽然多半是一种气质特点，但却也常常可能是原理的作用；例如**伊壁鸠鲁**那被别人如此称谓并因此受到诋毁的**享乐原则**，它真正说来应当指的是智者**永远快活的心情**。——既不使自己快乐也不使自己忧伤的人是**镇静的**，他与对生活的偶然事件**漠然**，因而情感迟钝的人是非常不同的。——与镇静不同的是**乖张的**性情（它最初大概叫做月来疯），它是一种主体突然发作而高兴或者悲伤的倾向，对这些突然发作，主体自己也不能说明理由，而且这种性情尤其是附着于忧郁症患者。它与**幽默的**才能（诸如巴特勒或者施泰恩的幽默才能）迥然有别，后者是机智的头脑有意颠倒对象的位置（仿佛是头足倒置），以狡黠的淳朴给听众或者读者造成自

己立身于正确位置的快乐。——**敏感**并不与那种镇静相悖。因为镇静是既允许愉快状态也允许不快状态，或者也不让它们影 〔236〕
响心灵的一种**能力**和**强大**，因而有一种选择。与此相反，**多愁善感**却是一种**孱弱**，是由于对别的仿佛能够任意玩弄感受者的官能的人的状态产生同感，而让自己也情不自禁地受到刺激。也就是说，镇静是男子汉的；因为要对一个女人或者孩童忍住不说艰辛和痛苦的男人，必须具有不是按照**他自己的**强大，而是按照**别人的孱弱**来评判别人的感觉所必需的细致情感，而且他的感觉的**细腻**是为宽宏大量所必需的。与此相反，他的情感的空无行动的同感，即以同情的方式让他自己的情感与别人的情感共鸣，让自己纯然承受性地受刺激，这是愚蠢的和幼稚的。——这样，就可能并且应当有好心情的虔诚；这样，人们就可能并且应当以好心情去从事艰辛但又必要的工作；甚至以好心情去死亡；因为这一切若是以坏心情和闷闷不乐的心境去做或者承受，就失去其价值了。

人们故意地把痛苦当做一种应当陪伴终生的东西来苦思冥想，关于它人们说道：某人为某事（一件坏事）**揪心**。——但是，人们不必为任何事情揪心；因为凡是不可改变的东西，都必须从思想中排除掉，原因在于，想使发生了的事情不曾发生，这是毫无意义的。改善自己，这当然不错，而且也是义务；但是，在我已经不能控制的事情上还想改善自己，这是荒唐的。不过，把每个人都会理解为人们要下定决心去在意的好建议或者好教诲的那种东西**铭记在心**，这是一种深思熟虑的思想倾向，即把自己的意志与实施这种意志的足够强的情感联结起来。——不是迅速地把自己的意向运用于一种更好的生活方式，而是去做自我折磨的忏悔，这纯粹是白费力气，而且也许会有糟糕的后果，即认为仅仅由此（通过悔罪）就一笔勾销了自己的罪债，于是就不用现在以理性的方式加倍努力去改善了。

第 63 节　有**一种**使自己快乐的方式同时就是**陶冶**，亦即扩大还更多地享受这种快乐的能力；这类快乐就是对科学和美的艺术感到的快乐。但**另外**一种方式则是**损耗**，它使我们越来
〔237〕越不能继续享受。不过，无论人们沿着什么途径寻找快乐，如上面说过的那样，一个主要的准则就是：要这样获得快乐，使得自己还总是能够以此上升；因为对此感到腻烦，就将造成令人厌恶的状态，它对于爱挑剔的人来说使得生命甚至成为负担，并且使女人因情绪不好而憔悴。——年轻人！（我再说一遍）你要热爱劳动；要对快乐有所拒斥，这不是为了**断绝**它们，而是为了尽可能永远把它们保持在审视之内！不要过早地让享受来磨钝对娱乐的敏感性！老年人的成熟使人绝不为任何一种物质享受的缺乏而遗憾，它甚至会在这种牺牲中为你保障一种心满意足的资本，这资本既不取决于偶然，也不取决于自然法则。

第 64 节　但是，我们也通过对我们自身的某种**更高的**（亦即道德上的）喜欢或者讨厌来对快乐和痛苦作出判断，看我们是应当拒绝它还是放任它。

1. 对象可能是适意的，但它带来的快乐却可能让人**讨厌**。因此就有**苦味的高兴**这种说法。——一个人处在尴尬的幸运状态之中，继承了其长辈或者某个可敬而又善意的亲戚的遗产，免不了对其去世感到高兴；但也免不了对这种高兴感到自责。一位继任者怀着并非假装出来的悲伤为他尊敬的前任送葬，心中发生的是同样的事情。

2. 对象可能是**不适意的**，但它带来的**痛苦**却让人**高兴**。因此就有**甜蜜的痛苦**这种说法：例如，一个获遗赠颇丰的寡妇，她是不要人来安慰的；那往往被解释成不得体的装腔作势。

与此相反，快乐还是让人喜欢的，也就是说，因为人是在这样的对象上得到快乐的，关注这些对象会使人获得荣誉：例

如以美的艺术来消遣，而不是纯然的感官享受，此外还有为自己（作为一个高雅之士）能够有这样一种快乐而欢喜。——同样，一个人在这上面的痛苦也可以让他讨厌。一个被侮辱者的任何仇恨都是痛苦；但思想正派的人却不得不自责的是，甚至在得到赔罪之后，他还一直保留着对那人的怨恨。

第 65 节　人们**自己**（合法地）赢得的快乐被双重地感觉到；一是作为**收获**，此外还作为**功德**（内心把自己归为这种快乐的作者）。——劳动挣来的钱比在赌博中赢来的钱至少使人的快乐**更持久**，而即便无视抽彩的普遍害处，在通过抽彩而来的收获中，毕竟有让一个思想正派的人必定感到羞愧的东西。——外部原因造成的灾祸**令人痛苦**，但人们自己造成的灾祸则**令人苦恼**和沮丧。 〔238〕

但是，对于某人从别人那里所遭受到的灾祸，却有两种不同的说法，这该如何解释或者统一呢？——例如，受害者中一人说："只要我对此有一丁点儿过错，我就会无怨无艾"；另一个人则说："我对此完全没有过错，这就是我的慰藉"。——无辜受害**令人愤慨**，因为这是来自别人的伤害。——有过受害**令人沮丧**，因为这是内心的自责。——很容易看出，那两个人中后者是**更好的人**。

第 66 节　通过与别人的痛苦相比较而提高自己的快乐，通过与别人类似的或者还要更大的苦难相比较而减轻自己的痛苦，这恰恰不是在人身上最可爱的发现。但是，这种作用是纯然心理学的（根据对比律：oppositia iuxta se posita magis elucescunt［相反的东西彼此并列就显得更清楚］），而且与道德上的东西没有关系：例如期望别人受苦，以便能够更真切地感受到自己状态的舒适性。人们凭借想象力而同情别人（就像在看到有人失去平衡将要跌倒时，人们不由自主地徒然向对面倾过身子，仿佛要把他扶正似的），只是为没有被牵扯进同样的

命运而高兴。[1] 因此，民众带着强烈的欲望去看一个罪犯押送和处决，就像是去看戏一样。因为在他的面容和举动上表现出
〔239〕 来的心灵活动和情感，对观众起到同感的作用，并在观众受惊吓之余，通过想象力（其强度还由于庄严而得到提高）而留下温和的，但毕竟又严肃的松弛感，这种松弛使得继之而来的生命享受更为明显。

即便是把自己的痛苦与自己身上其他可能的痛苦相比较，人们也将由此而变得更能忍受。对于断了一条腿的人来说，人们如果告诉他这本来是很容易掉脑袋的，就可以使他更能忍受自己的不幸。

平息一切痛苦的最彻底而且最容易的手段，就是人们也许能够使一个有理性的人产生的思想：一般而言，在取决于幸运机遇的生活享受方面，生命根本没有自己的价值，而惟有在指向什么样的目的的生命运用方面，它才具有一种价值，这种价值不是幸运，而是惟有**智慧**才能给人带来；因此，它是人能够控制的。对生命的丧失忧心忡忡的人，将永远活得不快活。

二、论对美者的情感［亦即在被反思的直观中部分是感性的部分是理智的愉快］，或者论鉴赏

第 67 节　**鉴赏**在这个词的本真意义上，如上面说过的，

① Suave, mari magno turbantibus aequora ventis,
E terra alterius magnum spectare laborem;
Non quia vexari quenquam est iucunda voluptas,
Sed quibus ipse malis careas quia cernere suave est.
［当大海上狂风肆虐水面的时候，
从陆地看别人苦苦挣扎是件幸事；
并非因为某人受折磨赏心悦目，
而是因为发现自己免于这样的灾祸实属万幸。］
——卢克莱修

是一个器官（舌、腭和咽喉）的属性，即在吃喝时受到某些溶解了的物质的特殊刺激。它在自己的应用中要么仅仅被理解为**辨别的鉴赏**，要么也同时被理解为**精鉴赏**〔例如，某种东西是甜的还是苦的，或者，所品尝的东西（甜的或者苦的东西）是否**适意**〕。前者可以在如何**命名**某些物质的方式上提供普遍的一致，而后者则绝不能提供普遍有效的判断：亦即对我来说适意的东西（例如苦的东西）也对每个人来说都是适意的。这方面的理由很清楚：由于愉快或者不快并不属于有关客体的认识能力，而是主体的规定，因而不能被赋予外在的对象。——因 〔240〕 此，精鉴赏同时包含着通过喜欢或者讨厌来作出某种辨别的概念，我把这种辨别与知觉或者想象中对象的表象结合在一起。

但现在，**鉴赏**这个词也被当做一种感性的评判能力，即不仅根据对我来说的感官感觉，而且根据某个被表现为对每个人都适用的规则来做选择。这个规则可以是**经验性的**，但在这种情况下，它就不能要求有任何真正的普遍性，因而也不能要求有必然性（那样的话，在精鉴赏上每个他人的判断就**必须**与我的判断相一致）。也就是说，吃饭方面的鉴赏规则对于德国人来说是以汤开始，对于英国人来说则是以粗食开始，因为一种通过模仿传播开来的习惯使这形成了餐桌程序的规则。

但是，还有一种精鉴赏，其规则必须是**先天地**建立起来的，因为这规则预示着**必然性**，因而也预示着对每个人的有效性，就像一个对象表象必须与愉快或者不快的情感相关来评判一样（因此，理性在这里暗中参与了活动，尽管人们不能从理性原则推导出理性的判断，并据此来证明它）；人们可以把这种鉴赏称为**玄想性的**鉴赏，以与作为感官鉴赏的**经验性**鉴赏相区别（把前者称为 gustus reflectens［反思的鉴赏］，把后者称为 gustus reflexus［被反思的鉴赏］）。

对自己本人或者自己的艺术的一切**带有鉴赏的展示**，都以一种**社会状态**（相互传达）为前提条件，这种状态并不总是好交际的（参与别人的愉快），而是开始时通常**野蛮的**、不好交际的和纯然竞争性的。在完全的孤独中，将没有人美化或者装饰自己的房子；他做这件事也不是针对自己人（妻子和孩子），而是仅仅针对外人，为的是显得好看。但在（选择的）**鉴赏**中，亦即在审美的判断力中，这却并不直接是**感觉**（对象之表象的材料），而是如自由的（生产的）想象力通过创作所组合出来的那样，也就是说，是**形式**，即产生对它的喜悦的东西：
〔241〕因为只有形式才能够为愉快的情感要求有一个普遍的规则。对于因主体感官能力的差异而可能非常不同的感官感觉，就不可以期待这样一个普遍的规则。——因此，人们可以这样来解释鉴赏，“鉴赏是审美判断力作出普遍有效的选择的那种能力”。

因此，鉴赏就是在想象力中对外部对象作出**社会**评判的能力。——在这里，心灵感到自己在想象（因而感性）的游戏中的自由；因为与其他人的社交是以自由为前提条件的，——而且这种情感就是愉快。——但是，这种愉快对每个人的**普遍有效性**，把带有（对美者的）鉴赏的选择与通过纯然的（对仅仅主观上令人喜欢的东西的）感官感觉作出的选择区别开来，自身就带有一种法则的概念；因为惟有根据这个概念，喜欢对于每个评判者的有效性才能是普遍的。但是，普遍者的表象能力是**知性**。因此，鉴赏判断既是一个审美判断，又是一个知性判断，但却是在二者的结合中被思维的（因而后者不被视为纯粹的）。——通过鉴赏对一个对象作出评判，是对想象力游戏中的自由与知性的合法则性和睦还是抵触的判断，因而只关涉对形式（感官表象的这种一致性）作出审美**评判**，而不关涉产生在其中知觉到形式的那些产品；因为毕竟这得是**天才**，天才勃勃的生机往往需要用鉴赏的端庄来缓和和限制。

惟有**美**属于鉴赏的范围。**崇高者**虽然也属于审美评判，但却不属于鉴赏。不过，崇高者的**表象**却就自身而言可以并且应当是美的；若不然，它就是粗暴的、野蛮的和乏味的。甚至恶的或者丑的东西（例如弥尔顿那里人格化了的死神形象），其**展示**也可以并且必须是美的，只要应当以审美的方式来表现一个对象，哪怕它是一个**忒耳西忒斯**；不然的话，这种展示就要么造成淡而无味，要么造成恶心，这二者都包含着一种努力，即把呈现出来供享受的表象从自身排除。与此相反，**美**却带有诱人与对象最亲密地结合，亦即直接享受的概念。——凡是可以说使美成为与之最亲密结合的目的的，人们都用**美的灵魂**这一表述来表示；因为**灵魂之大**和**灵魂之强**涉及质料（实现某些目的的工具）；而**灵魂之善**则涉及纯形式，一切目的都必须能够在这个纯形式之下结合起来，因而它在被发现的地方，就像寓言世界的厄洛斯一样是**源始创造性的**，但也是**超尘世的**，——这种灵魂之善毕竟是一个中心，围绕这个中心，鉴赏判断把自己对可以与知性的自由相协调的感性愉快的所有判断都聚拢起来。 〔242〕

附释：尤其是现代语言，用一个仅仅指示着某个感觉器官（口腔内部）及其对可享用物的辨别和选择的表述（gustus，sapor［味觉、口味］）来表示审美评判能力，这究竟是怎样发生的？——没有一种场合像好伙伴们一起吃一顿美餐那样，能够把感性和知性结合在一种享受中，如此长久地延续，并常常是兴致勃勃地重复它们。——但是，美餐在这里只是被视为社交娱乐的载体。这时，东道主的审美鉴赏表现在作出普遍有效的选择这种熟巧上；但他却不能通过他自己的感官来做到这一点，因为他的客人也许会每个人都按照自己的私人感觉来挑选另外的食物和饮料。因此，他要把宴会办得**多种多样**，也就是说，让每个人都按照自己的感觉找到自己的东西；这是一种比较而言的普遍有效性。关于他为了相互之间普遍娱乐而选择客人的熟巧（这种熟巧也可以被称为鉴赏，但真正说来是理性被运用于鉴赏，与鉴赏还是不一样的），在眼下的问题中是不能谈的。而这样，通过一个特殊的感官而来的器官感觉就为一种理想的感觉，亦即一种感性上普遍有效的选择的感觉提供名称。——更为奇特的是，通过感官来检验某种东西是不是同一个主体的享受对象（并非检验其选择是不是普遍有效）的熟巧（sapor［口味］），甚至被提升来为智慧（sapientia）命名；这也许是因为一个绝对必要的目的不需要考虑和尝试，而是直接〔243〕地仿佛通过品尝有益的东西而进入灵魂。

第68节　**崇高者**（sublime）是在规模和程度上都激起敬畏的**伟大**（magnitudo reverenda［应受敬畏的伟大］），接近它（以便用自己的力量去适应它）是诱人的，但对与它相比较时在自己的评价中相形见绌的恐惧同时是让人退避的（例如我们头上的雷霆，或者一座高峻荒芜的山脉）；这时，如果人自己是安全的，那么，聚拢自己的力量来把握这现象，同时又担心不能达到它的规模，**惊奇**（一种通过不断地战胜痛苦而来的适意情感）就被激起来了。

崇高者虽然是美者的相对物，但却不是它的对立面，因为提高自己去把握（apprehensio）对象的努力和尝试，唤起主体对他自己的伟大和力量的情感；但是，这情感在**描述**或者展示中的思想表象可以并且必须永远是美的；因为若不然，惊奇就成了**惊惧**，后者与人们在评判时称奇不已的**惊赞**是非常不同的。

有悖目的的大（magnitudo monstrosa［古怪的大］）是**惊人庞大的东西**。因此，那些想颂扬俄罗斯帝国幅员辽阔的作家们做得很糟糕的是，他们把这个帝国称做庞然大物；因为在这里有一种责难，好像它对于一个惟一的统治者来说**过于大了**似的。——一个人具有这样的癖好，即把自己编织进真正讲起来就像一篇小说那样的事件中去，这个人就是**喜欢猎奇的**。

因此，崇高者虽然不是一个鉴赏的对象，而是激动情感的对象；但是，这情感在描述和润饰中（在其副产品、parerga［附加物］上）的艺术展示却可以并且应当是美的，因为若不然，它就是粗野的、粗暴的和令人讨厌的，这样就有悖于鉴赏。

鉴赏包含着一种从外部促进道德性的趋势 〔244〕

第 69 节　鉴赏（仿佛是作为形式的感官）旨在把自己的愉快或者不快的情感传达给别人，并且包含着一种易感性，愉快地受到这种传达本身的刺激，与别人共同地感受这方面的愉悦（complacentia［共同愉悦］）。于是，这种愉悦就能够不仅被视为对感受主体有效，而且被视为对每个他人有效，也就是说，被视为普遍有效的，因为它必须先天地包含着（这种愉悦的）必然性，因而包含着它的一个原则，才能被设想为这样一种愉悦，它是根据一个必须源自感觉者的普遍立法，因而源自理性的普遍法则，对主体的愉快与每个他人的情感协调一致的愉悦。也就是说，根据这种愉悦作出的选择在形式上处于义务的原则之下。因此，理想的鉴赏具有一种从外部促进道德性的倾向。——使人在自己的社交场合**温文尔雅**，这虽然并不能等于是说，把他塑造成**道德上善的**（有道德的），但毕竟通过在这种场合使别人愉悦（受到喜爱或者赞赏）的努力而为此做好了准备。——以这种方式，人们就能够把鉴赏称为外在表现上的道德性；尽管这一表述在字面上看包含着一种矛盾；因为温文尔雅毕竟包含着道德上善的**外貌**或者仪态，甚至包含着某种程度的道德上的善，也就是说，包含着也把道德上善的外表当做一种价值的偏好。

第 70 节　温文尔雅、举止得体、端庄大方、有教养（同时拒斥粗野），这毕竟只是鉴赏的消极条件。这些属性在想象力中的表象可以是对一个对象或者对拥有鉴赏的他自己本人的一种外部**直觉的**表象方式，但只是对于两个感官即听觉和视觉而言。音乐和造型艺术（绘画、雕刻、建筑和园林艺术）要求的鉴赏是对外部直观的纯然形式的一种愉快情感的易感性，前者是就听觉而言的，后者是就视觉而言的。与此相反，通过口头语言或者文字进行的**推理的**表象方式包含着两种能够表现出鉴赏的艺术：**雄辩术**和**诗艺**。

〔245〕 关于鉴赏的人类学说明

一、论时尚鉴赏

第 71 节　人的一种自然倾向是，在自己的行为举止中与更重要的人物相比较（孩子与成人相比较，较卑微的人与较高贵的人相比较），并模仿他的方式。这种模仿纯然是为了显得不比别人更卑微，确切地说是在除此之外不顾及任何用处的事情上，其法则就叫做**时尚**。所以，这种时尚被归在**虚荣**名下，因为在这种意图中没有任何内在的价值；同样又被归在**愚蠢**的名下，因为这里毕竟有一种强制，即奴颜婢膝地让自己纯然受社会上许多人给我们提供的榜样引导。**入时**是一件鉴赏的事情；**不入时**而留恋一种旧时的习惯，则叫做**因循守旧**；干脆认为不入时有某种价值的人则是一个**怪僻的人**。但是，做一个入时的呆子毕竟总胜过做一个不入时的呆子，如果人们想一般地用“呆子”这个严厉的名称来称呼那种虚荣的话；毕竟，如果对时尚的追求为了那种虚荣而牺牲了真正的利益，甚至牺牲了义务，那么，呆子这个称号的确是这种追求当之无愧的。——一切时尚按照其概念就已经是变化无常的生活方式。因为如果模仿的游戏被固定下来，那么，这种模仿就成为**习惯**，在这种情况下就根本不再关注鉴赏。因此，新颖就是使得时尚惹人喜爱的东西，而且，在各种各样的外在形式中具有独创性，哪怕这些形式常常蜕化成稀奇古怪的东西和有点儿丑陋的东西，这也属于宫廷人士，尤其是女士们的**格调**，然后别人就对他们趋之若鹜，而当他们已经抛弃这些形式的时候，别人在下层社会中还长久地受这些形式的拖累。——因此，时尚真正说来并不是鉴赏的事情（因为它可能是极其有悖于鉴赏的），而是主要与纯然的虚荣有关，是相互之间以此来争奇斗艳的事情（那些 élegants de la cour［宫廷里的摩登人士］，通常被称做 petits maîtres［纨绔子弟］，是一些轻浮的家伙）。

可以与真正的、理想的鉴赏相结合的，是壮观，因而同时是某种既美又崇高的东西（如壮观的星空，或者如罗马的 〔246〕
圣彼得大教堂，如果这听起来不过于俗气的话）。但虚夸地展示出来供人看的**豪华**，虽然也能够与鉴赏相结合，却并非不拒绝鉴赏，因为豪华是迎合大众的，其中包括许多下等人，他们的鉴赏是迟钝的，要求感官的感受更甚于评判的能力。

二、论艺术鉴赏

我在这里只考察言说艺术：**雄辩术**和**诗艺**，因为它们是旨在某种心境的，心灵直接被它们唤醒而活动起来，所以它们在**实用**人类学中有各自的位置，在这里，人们力图根据人能够被塑造成什么来了解人。

人们把通过**理念**来赋予活力的心灵原则称为**精神**。——**鉴赏**是对联结想象力中的杂多时的形式作评判的纯然范导性能力；但是，精神却是理性为想象力的那种先天形式提供一个**模式**的生产性能力。精神和鉴赏，**前者**是要创造理念，**后者**是要为了与生产性的想象力的法则相适合的形式而限制这些理念，并这样来**源始地**（并非模仿地）**塑造**（fingendi）它们。一个用精神和鉴赏来创作的产品可以一般地称之为**诗**，并且是**美的**

艺术的作品，不管它是借助眼睛还是借助耳朵来直接展现给感官，这种美的艺术也可以称之为**诗艺**（poetica in sensu lato [宽泛意义上的诗艺]），无论它是绘画、园林、建筑艺术，还是音律和诗律艺术（poetica in sensu stricto [严格意义上的诗艺]）。但是，与**雄辩术**相对而言的**诗艺**，却只是按照知性和感性的相互从属关系而与雄辩术区别开来，因而诗艺是感性的**游戏**，用知性来**规范**，雄辩术则是知性的**工作**，用感性来**变得生动**。但二者，无论是演说家还是诗人（广义上的），都是**作家**，
〔247〕都从自身出发在自己的想象力中创造出新的形象（感性的东西的组合）。①

由于作家的天赋是一种艺术技巧，而且与鉴赏相结合，是一种美的艺术的才能，而美的艺术部分地旨在于欺骗（尽管是甜蜜的，往往也是间接有益的欺骗），所以，在生活中不让它有大的（往往也是有害的）用处，这是不会有错的。——因此，关于作家的性格，或者也关于他的工作对他和别人的影响，以及对这种影响的评价，也许值得提出一些问题和说明。

① **展示**一个概念，其**新颖性**是美的艺术对作家的一个主要要求，即使概念本身也可以不是新颖的。——但对于知性来说（且不谈鉴赏），人们对我们的知识通过新的知觉来增加有如下表述。——**揭示**某种东西，首先察觉已经存在的东西，例如美洲、指向两极的磁线、大气电。——**发明**某种东西（使尚不曾存在的东西成为现实），例如罗盘、气球。——**找出**某种东西，通过寻找重新找到失去了的东西。——**想出**和**设想**（例如手艺人的工具、机器）。——**虚构**，有意识地把不真实的东西说成是真实的，例如在小说中，如果这只是为了消遣的话。——但冒充为真实的虚构则是**谎言**。

（Turpiter atrum desinit in piscem mulier formosa superne [上面是美女，丑陋地终结于黑色的鱼]

——贺拉斯）

在各门美的（言说的）艺术中间，为什么在同一些目的上，诗所赢得的赞扬要超出雄辩术？——因为它同时是音乐（可以歌唱）和音调，是一种独自就适意的声音，纯然的语言则不是这样的声音。甚至雄辩术也从诗那里借来一种接近于音调的声音，即**重音**。没有它，演讲就缺少其间必要的平静和激动的瞬间。但是，诗所赢得的赞扬并不仅仅超出雄辩术，而且超出其他任何一门美的艺术：超出绘画（雕刻亦属于此列），甚至超出音乐。因为音乐只是由于充当诗的载体才是**美的艺术**。在诗人中间，也没有像在音乐家中间那么多的浅薄的（对工作毫无用处的）人物，因为诗人们毕竟也对知性说话，而音乐家则只对感官说话。——一首好诗是振奋心灵的最有力的手段。——但是，不仅对于诗人来说，而且对于每一个拥有美的 〔248〕
艺术的人来说都适用的是：人们必须天生如此，不能通过勤奋和模仿来达到这一点；同样，艺术家要使自己的作品成功还需要一种突如其来的好兴致，仿佛是有灵感的一瞬间（因此，他也被称为 vates［充满灵感的诗人］），因为按照规章和规则做的事情，其结果是没有精神的（盲目服从的），而一个美的艺术的产品不仅要求能够建立在模仿之上的鉴赏，而且要求思想的原创性，这种原创性在从自身出发来赋予活力时，就被称为**精神**。——手拿画笔或者羽毛笔（后一种情况也出现在散文或者诗里面）的**自然画家**并不是美的精神，因为他只是模仿；惟有**理念画家**才是美的艺术的大师。

为什么人们通常把诗人理解为一个**分行**写作，亦即以一种抑扬顿挫的（像音乐那样有节奏地说话的）言辞写作的作家呢？因为他在宣布一个美的艺术的作品时，是庄严地出现的，这种庄严必定让最精致的鉴赏（在形式上）感到满足；若不然，它就会不是美的。——但是，由于这种庄严大多数情况下是崇高者的美的表象所要求的，所以，如果不分行，这类装腔作势的庄严就被（胡果·布莱尔）称为**“不堪忍受的散文”**。——另一方面，分行也不是诗，如果它没有精神的话。

为什么近代作家们的诗行中的韵律，如果它成功地包含着思想，就在我们这片大陆成为鉴赏的一种重大需求呢？与此相反，为什么有对古代诗歌中的分行的一种逆反的违背，以至于例如在德文中，无韵的诗行很少让人喜欢，但拉丁诗人维吉尔押韵的诗行竟然更不能中人们的意呢？这大概是因为在古代经典作家那里，诗体学已经确定，但近代语言绝大多数还缺少这种诗体学，而在这种情况下，通过以同音的方式把诗行与前面的诗行连接起来的韵律，就毕竟补偿了耳朵在这方面的损失。在散文体的庄严演说中，一句偶尔插入其他句子之间的韵文就会成为可笑的。

演说家毕竟无权拥有的那种间或违背语言法则的**诗性自由**，又是根据什么来写作呢？大概是根据，他表达一个伟大的思想，并不完全受形式的法则所限制。

为什么一首平庸的诗不堪入耳，但一篇平庸的演讲却还可
〔249〕以忍受呢？原因似乎在于，音调的庄严在任何诗性产品中都激起很大的期望，并且正由于这种期望未得到满足，就比通常这产品的散文价值也许还会挣得的跌落更深。——若一首诗以一个能够被当做警句来保存的诗行结尾，这就会造成回味中的快乐，并由此使某种乏味的东西重新生光，因而也属于作家的艺术。

在老年时**诗性才能**枯竭，在一段时间里科学还一直对好的头脑预示着良好的健康和工作上的能动性，这大概是因为：美是一朵**花**，而科学则是**果实**，也就是说，诗必须是一种自由的艺术，它由于杂多性而要求轻松，但在老年这种轻松的感官却（而且是合理地）消失了；此外，是因为只在科学的同一条轨道上继续前进的**习惯**同时就带有轻松，所以，对自己的每一个

产品都要求具有原创性和**新颖性**（为此就要求灵活性）的诗，就不能与老年协调一致了；除非是在**尖刻的**笑话中，在箴言诗和讽刺短诗中，但诗在这里更多的是严肃而不是游戏。

诗人不能造成像律师和其他职业学者所造成的那种幸福，这已经包含在一般而言天生的诗人所要求的气质的禀赋之中了，也就是说，通过思想的欢快游戏来驱除忧虑。——但是，一种涉及**个性**的特点，亦即**没有个性**，而是反复无常、脾气古怪以及（没有恶意地）不守信用，故意地给自己制造敌人，其实却并不恨某个人，尖刻地嘲弄自己的朋友，却并不想给他带来痛苦，这种特点就在于一种乖戾机智的禀赋，它部分地是天生的，支配着实践的判断力。

论奢靡

第 72 节　**奢靡**（奢侈）是在一个共同体中**带有鉴赏的**社会舒适生活的过度（因此，奢侈是有悖于这个共同体的福利的）。但是，这种过度如果**没有鉴赏**，那就是公共的**纵情享乐**(luxuries)。——如果要考察对福利的两种不同的影响的话， 〔250〕
那么，奢靡就是一种造成**贫穷**的**不必要的浪费**，而纵情享乐则是一种造成**疾病**的浪费。前者毕竟还能够（在艺术和科学中）与民族进步着的文化相一致，而后者则是一味享受，最终导致恶心。二者都是虚夸（外部闪闪发光）甚于自己享受；前者是为了理想的鉴赏而考究（例如在舞会上和剧场里），后者则是为了**鉴赏**的感官而丰富多彩（肉体的感官，例如一次贵族气派的盛宴）。——政府是否有权用反浪费法来限制二者，是一个不必在此回答的问题。但是，无论是美的艺术还是适意的艺术，都部分地使人民弱化，以便更好地统治他们，如果简单粗暴地干预，它们都会起与政府的意图背道而驰的作用。

好的生活方式是舒适生活与社交相适应（因而带有鉴赏）。由此可见，奢侈损害好的生活方式，而对于一个有钱人或者上等人所使用的“他懂得生活”这一表述，意味着他在社交享受中做选择的熟巧，他头脑冷静，使享受在两方面都受益，算计久远。

由此可见，既然奢靡真正说来不能被归于家庭生活，而只能被归于公共生活，所以，国家公民与共同体的关系，就竞争中有必要时把美化自己的人和物（在节日、婚礼和葬礼上，直到日常交往的良好气氛）方面优先于用途的自由而言，是很难用反浪费的禁令来加重负担的，因为奢靡毕竟带来了激活艺术的好处，并且把这样一种浪费可能给共同体造成的费用又偿还给共同体了。

第三卷 〔251〕

论欲求能力

第 73 节　**欲望**（appetitio）是一个主体的力量的自我决定，借助的是对作为这力量之结果的未来东西的表象。习惯性的感性欲望叫做**偏好**。不运用力量来创造客体的欲求就是**愿望**。这愿望可能指向主体感到自己没有能力去搞到的对象，在这种情况下他就是一种**空洞的**（闲散的）愿望。能够消磨欲求和获得所欲求者之间的时间的那种空洞愿望就是**渴望**。就客体而言不确定的欲望（appetitio vaga［飘忽的欲望］）只是驱使主体走出其当前的状态，却不知道自己要进入什么状态，这种欲望可以被称为**情绪变化无常的**愿望（没有任何东西来满足它）。

很难或者根本不能用主体的理性来驯服的偏好就是**情欲**。与此相反，在当前状态中的愉快或者不快的情感，如果在主体中不能引起**思考**（人们应当放任还是拒斥这种情感的理性表象），那就是**激情**。

屈服于激情和情欲，这也许总是**心灵的疾病**，因为二者都排斥理性的统治。二者在程度上也都是同样强烈的；但是，就它们的性质而言，它们在根本上是相互有别的，无论是在预防方法上，还是在精神病医生可能采用的治疗方法上。

论与情欲相对置的激情 〔252〕

第 74 节　激情是由于使心灵失去自制（animus sui compos）的那种感觉而惊异。因此，它是来去匆匆的，也就是说，它迅速地达到一种使得思考不可能的情感程度（是不审慎的）。——无激情却不减弱行动动机的强度，这是健全知性中的**淡泊**，是能干的人（animi strenui）的一种品性，即不让那些动机的强度使自己失去平静的思考。愤怒的激情没有马上做出的事情，人就根本不再去做了；而且很容易忘掉它。但是，仇恨的情欲却不着急，为的是深深植下根来，惦记着自己的对头。——一位父亲，或者一位学校教师，只要他们有耐心听取道歉（而不是辩解），就不会去惩罚。——客客气气地劝请一个怒气冲冲地闯进你的房间、在盛怒中对你出言不逊的人坐下来，如果你做到了这一点，那么，他的责骂就变缓和了；因为从容坐谈是一种松弛，它与威胁的举动和站着喊叫是不大相容的。与此相反，情欲（作为属于欲求能力的心境）却从容不迫、深思熟虑，哪怕它也是强烈地要达到自己的目的。激情的作用就像冲垮堤坝的洪水，情欲的作用则像在自己的河床中越冲越深的河流。激情对健康的影响就像中风，情欲对健康的影响则像肺结核或者痨病。——激情看起来如同酒醉，一觉醒来就好，尽管头痛随之而来，而情欲看起来则如同吞了毒药的疾病或者残疾，需要一个内部的或者外部的精神病医生，但医生大多数情况下开不出根治的药剂，而几乎总是只能开出镇静止痛的药剂。

激情多的时候，通常情欲就少；例如在法国人那里，他们因自己的活泼而与意大利人和西班牙人（还有印度人和中国人）相比变化多端，后者心怀怨恨而策划复仇，或者爱情执著乃至妄想。——激情是开诚布公的，与此相反，情欲则是阴险
〔253〕狡诈的。中国人指责英国人“如鞑靼人一样”狂躁易怒，而英国人则指责中国人是地地道道的（但却不动声色的）骗子，他们根本不让这种指责把自己在情欲中搞糊涂。——激情可被视为**酒醉**，一觉醒来就好，而情欲可被视为**妄念**，它执著于一个表象，其根越扎越深；**爱情**中的人也许还能够依然**有眼光**；而

热恋中的人则不可避免地对所爱对象的缺点视而不见，尽管后者通常在婚后八天就又让他恢复了视力。——被激情通常像谵妄症一样侵袭的人，哪怕那激情是良性的，这人也毕竟像是一个精神失常的人；但是，由于他很快就对此感到后悔，所以这只是一种人们称之为**不审慎**的发作。有些人也许甚至期望自己能够发怒，苏格拉底就曾经怀疑，发怒是否有时也有好处；但是，如此能够控制激情，以至于能够冷酷地考虑是否应当发怒，这看起来是某种自相矛盾。——与此相反，没有人期望有情欲。因为如果人是自由的，谁愿意让人把自己置于锁链之中呢？

专论激情

一、心灵在激情方面的掌控

第 75 节　**不动心**的原则：也就是说，智者必须永不激动，甚至对他最好的朋友的不幸也无动于衷，这是斯多亚学派的一个完全正确的和崇高的道德原理；因为激情使人（或多或少地）盲目。——尽管如此大自然仍把这种禀赋植入我们心中，这是大自然的智慧，要在理性还没有达到相应的坚强之前就**暂时地**施加管束，亦即给向善的道德动机还加上生理（感性）刺激的动机，来作为理性的临时代用品，而造成振奋。因为除此之外，激情单独来看任何时候都是不聪明的；它使得自己没有能力去追求自己的目的，因而故意地让心中产生激情是不智的。——尽管如此，理性却能够在道德上的善的表象中通过把其理念与加给它们的直观（实例）联结起来，来造成意志的振奋（在对民众，甚至寂寞中对自己作宗教演说乃至政治演说时），因而在善这方面不是作为激情的结果，而是作为激情的原因，是振奋精神的，此时理性毕竟一直在施加管束，并产生出一种善的决心的**热忱**，但这热忱真正说来必须被归为 〔254〕

欲求能力，而不能被归为激情，即一种更强烈的感性**情感**。

如已经说过的，在灵魂足够坚强时的某种**不动心**的**自然天赋**就是幸福的**淡泊**（在道德意义上的）。有这种天赋的人，虽然由此还不足以是一位智者，但毕竟受到大自然的惠顾，比别人更容易成为智者。

一般而言，构成了激情状态的，并不是某种情感的强烈，而是缺少把这种情感与在其状态中一切（愉快或者不快的）情感之总和作比较的思考。一位富人，他的仆人在节日里搬东西时笨拙地打破了一只漂亮而又珍贵的高脚酒杯，如果他在这一瞬间把这**一种**快乐的损失与他作为一位富人的幸福状态向他呈献的**所有**快乐的总量相比较的话，他就会把这一事故不当一回事了。但现在，他完全放任自己的这一种痛苦情感（而不在思想中迅速做出那种算计）；因而就毫不奇怪，他此时的心情就是这样的，就好像他失去了自己的全部幸福似的。

二、论不同的激情本身

第 76 节　促使主体**停留**在其所处状态的情感是**适意**；但促使它**离开**该状态的情感就是**不适意**。与意识相结合，前者叫做**快乐**（voluptas），后者叫做**恼怒**（taedium）。作为激情，前者叫做**高兴**，后者叫做**悲伤**。——**放情的高兴**（不被对某种痛苦的忧虑所减弱的高兴）和投入的悲伤（不由希望来减轻的悲伤），即**悲痛**，都是威胁生命的激情。然而，人们从死亡登记表
〔255〕中看出，与后者相比，有更多的人由于前者而**突然**丧生，因为**希望**，作为由于意外地展开一种不可度量的幸福的前景而来的情感，使心灵完全沉浸在它里面，从而让这激情一直上升到令人窒息的程度；与此相反，对于总是让人恐惧的悲痛来说，心灵毕竟总还是自然而然地与之抗争，因而它只是慢慢地致命。

惊惧是突然激起的恐惧，它使心灵失去镇定。与某种惊惧

类似的，是令人**诧异**（尚未**震惊**）并唤起心灵去集中思考的**异乎寻常的东西**；它是引发**惊奇**（惊奇自身就已经包含着思考）的刺激。有经验的人不大容易遇到这种事；但是，把司空见惯的东西从异乎寻常的一面来表现，这属于艺术。**愤怒**是一种同时迅速激起与灾祸抗争的力量的惊惧。对一个要带来不确定的灾祸的对象的恐惧就是**担忧**。可能与一种担忧相联系而又不知道一个特殊客体的，是一种出自纯然主观原因（一种病态）的**不安**。**羞怯**是由于担心某位**在场的**人物的蔑视所感到的畏惧，其本身就是一种激情。通常，一个人也可能在使他羞怯的人不在场时敏感地羞怯；但在这种情况下，它就不是一种**激情**，而是像悲痛那样是一种**情欲**，既持久而又徒劳地用蔑视来折磨自己；与此相反，作为激情的羞怯是突然发生的。

一般而言，激情是病态的发作（症状），并且可以（按照与布劳恩体系的某种类比）划分为出自强壮的**亢奋性**激情和出自孱弱的**衰退性**激情。前者具有**激发性的**，但由此常常也是耗竭精力的性状，后者具有放松生命力的，但常常由此也为复原做好准备的性状。——带有激情的**笑**是一种**痉挛性的**高兴。**哭**伴随着对命运，或者对其他人如同受到他们伤害一般的某种无能为力的愤怒的**痛苦**感觉；而且这种感觉就是**悲哀**。但是，笑和哭这二者都使人心情开朗；因为都是通过宣泄使人从生命力的障碍中解放出来（因为当笑得精疲力竭时，人们甚至可能笑得流泪）。笑是**男子汉的**，哭则相反，是**娘儿们的**（在男人那里就是**女人气的**），惟有泪水的**突然涌出**，而且是出自对别人 〔256〕
苦难的那种高尚却又无能为力的同情，才能扭曲一个男人。眼泪在他的眼眶中闪烁，他却不让它们滴落出来，更不让它们伴有啜泣，奏出这样一种讨厌的音乐来。

论胆怯和勇敢

第 77 节　担忧、畏惧、惊恐和恐慌都是各种程度的恐惧亦即对危险的害怕。带着思考去承担危险的心灵镇定就是**勇气**；内感官的坚强（Ataraxia［心神安定］），即不轻易因危险而陷入恐惧，就是**无畏**。缺乏勇气就是**怯懦**[1]，缺乏无畏就是**畏缩**。

大胆的，就是**不惊慌**的人；有**勇气**的，就是考虑到危险而**不退避**的人；**勇敢的**，就是其勇气在危险中**持久不变**的人。**莽撞的**，是轻率的人，他敢于冒险，是因为他不了解危险。**有胆量的**，是尽管了解危险也敢于冒险的人；**胆大包天的**，是显然不可能达到目的也置身于极大危险的人（例如查理十二在本德尔）。土耳其人把他们的亡命徒（也许是抽了鸦片）称为**疯子**。——因此，怯懦就是**不光彩的沮丧**。

惊慌不是容易陷入恐惧的**习惯性**的性状，因为这种性状叫做畏缩；而纯然是一种**状态**，是偶然的处置，多半是纯然取决于身体上的原因，对一个突然撞见的危险感到不够镇定。一位统帅身穿睡袍，被告知敌人不期而至，他也许会在一瞬间让血凝结在心房里；而如果某位将军胃里有酸水的话，他的医生就会说他胆小畏缩。但是，**大胆**只是气质属性。与此相反，**勇气**则基于原理和某种德性。理性在这种情况下就给予果敢的人以大自然有时拒绝给予他的坚强。在战斗中的惊慌甚至造成有益
〔257〕的排便，这导致了一句讽刺性的成语（心跳出腔）；但是要注意，在战斗号令发出时慌忙跑去排便的水手，后来在战斗中却是最有勇气的。当猎鹰飞临苍鹭上空，苍鹭准备与之搏斗时，人们在苍鹭身上也发现有同样的情况。

[1] 懦夫（Poltron）这个词（取自pollex truncates［截去大拇指］）在较晚的拉丁文中是以murcus一词出现的，指的是截去自己的大拇指，使自己不能去从军打仗的人。

据此，**忍耐**并不是勇气。忍耐是一种女人的德性：因为它并不竭尽全力来抵抗，而是希望通过习惯来使受苦（忍受）变得不明显。在手术刀下或者在痛风和结石疼痛时**叫喊**的人，在这种状态中并不因为叫喊就是怯懦的或者软弱的；这就像是人们在行走时绊在一块落在路上的石头（用大脚趾，由此得出 hallucinari［做鬼脸］一词）时的咒骂，它也许是愤怒的一种爆发，自然本能在这种爆发中力图用喊叫来驱散血液在心头的凝结。——但是，美洲的印第安人却表现出特殊方式的忍耐，他们在被包围时，扔下自己的武器，不请求饶恕而平静地任人屠杀。在这里，比起欧洲人在这种情况下一直抵抗到最后一个人所表现的，有更多的勇气吗？我觉得，这只是一种野蛮人的虚荣：他们的敌人不能强迫他们哀诉和叹息，来作为他们屈服的证据，这就保全了他们部族的荣誉。

但是，作为激情的（因而在一方面是属于感性的）勇气也可以通过理性来唤起，这样就是真正的勇敢（德性的强大）。不让自己被对可敬的事情的挖苦和用机智来使之尖锐，但正因为此而只是更加危险的嘲弄所吓退，而是坚定地遵循自己的道路，这是一种道德的勇气，是一些在战场上或者在决斗中证明自己是一个亡命徒的人所不具备的。也就是说，属于坚毅的，是义务所命令的某种东西，即甚至敢于冒受别人嘲笑的危险，这甚至是一种更高程度的勇气，因为**爱荣誉**是德性的常任伴侣，而通常足够镇定地对付暴力的人，如果有人用嘲笑来拒绝他对荣誉的这种要求，毕竟很少觉得自己是经得起嘲弄的。

装出一副有勇气的外表，即与别人相比在受尊敬上毫不逊色，这种体面就叫做**张狂**；它与**难为情**相反，后者是对于别人不看重自己的一种畏缩和忧虑。——肆无忌惮作为对自己的公正信任，可以不去指责。但给人以不在乎别人对自己的评价的外表 〔258〕

的那种体面上的**张狂**[①]，却是**狂妄无知**、厚颜无耻，温和点儿说也是不谦虚；因此，这种张狂并不属于道德词义上的勇气。

自杀是也以勇气为前提，还是始终只以沮丧为前提，这不是一个道德问题，而是一个纯然心理学的问题。如果实施自杀，纯然是为了避免不名誉地活着，因而是出自**愤怒**，那么，它就显得是勇气；但是，如果这是在苦难中被那慢慢地耗尽一切忍耐力的**悲哀**耗尽了忍耐力，那么，这就是一种**沮丧**。当人不再能热爱生命时，直面死亡而不害怕它，这显得是人的一种英雄主义。但是，如果他尽管害怕死亡，却毕竟总是不能停止在任何条件下都热爱生命，从而必定有一种出自畏惧的心灵纷乱先行，才走向自杀，那么，他就是死于怯懦，因为他不再能够忍受生命的折磨。——实施自杀的方式在某种程度上使人认识到这种心境的区别。如果为此选择的手段是突然致死的，而且没有获救的可能；例如手枪枪击或者（如一位伟大的君王防备被俘而在战争中随身携带的）烈性升汞，或者深水和装满石头的口袋；那么，人们就不可以否认自杀者有勇气。但如果是绳索，被别人剪断，或者是普通毒药，被医生从体内排除，或者是脖子上割一道伤口，能被再缝合并治愈；就这些谋杀来
〔259〕说，自杀者一旦还被救活，通常都很高兴，而不再试图自杀；那么，这就是出自软弱的怯懦的绝望，而不是坚强的绝望，后者还要求采取这样一个行为的心灵镇定的强度。

① 这个词本来应当写做Dräustigkeit（出自Dräuen或者Drohen［威胁］），而不是Dreistigkeit，因为这样一个人的口气乃至表情都让别人担心他也许会是粗野的。同样，人们也写liederlich来代替lüderlich，但毕竟前者是指一个轻浮的、恶作剧的、此外不无用处的和好心肠的人，后者却是指一个放荡的、让任何别人都讨厌的人（出自Luder［无赖］一词）。

决定以这样的方式摆脱生命的重负的，并不总是只有堕落的和渺小的灵魂；毋宁说，人们倒是不必轻易地担忧那些对真正的荣誉没有感觉的人会采取这类行为。——不过，由于这类行为毕竟总还是令人毛骨悚然的，而且人由此而使自己成为面目可憎的家伙，所以毕竟值得注意的是，在某种革命状态（例如法兰西共和国的福利委员会）的公共的、被宣布为合法的不公正时期，一些爱荣誉的人士（例如罗兰）曾试图在被依法处决之前自杀，在立宪时期他们本来甚至会把自杀宣布为应予谴责的。其根据就是：在每一种依照**法律**的处决中，都有某种侮辱性的东西，因为它是**惩罚**，而如果它是不公正的，则成为法律的牺牲者的人可以不承认这种惩罚是一种应得的惩罚。但是，他是这样来证明这一点的：如果他终归一死，那么，他宁愿像一个自由人那样选择它，并且**自己**执行它。因此，就连暴君（如尼禄）也把允许被判决者自杀冒充成一种恩宠的表示，因为它在这种情况下有更多的荣誉。——但是，我并不要求为它的道德性辩护。

但是，战士的勇气与决斗者的勇气还有很大不同，尽管**决斗**得到政府的宽容，并且在军队里遇到伤害荣誉的事情，而军队的头目并不介入其中时，在某种程度上还成为正当防卫；但它毕竟没有通过法律得到公开的允许。——对决斗睁一只眼闭一只眼，这是一个未经国家首脑深思熟虑的可怕原则；因为也有一些卑劣之徒，他们为了某种利益而把生命当儿戏，却根本无意为了维护国家而去冒自己的危险做什么事情。

勇敢是**合法的**勇气，即在义务所命令的事情上甚至不怕丧失生命。单是无所畏惧还不行，而是必须有道德上的无可指责(mens consciarecti［问心无愧］）与之结合，就像在骑士贝亚尔(chevalier sanspeur et sans reproche［无畏无瑕的骑士］）那里一样。

论就其目的而言削弱自身的激情 〔260〕

(Impotentes animi motus［不能自主的心灵运动］)

第78节　愤怒和羞怯的激情有独特之处，即就其目的而言削弱自身。这是一些对某种作为伤害的灾祸突然激起的情感，但它们却由于其强烈而同时使人没有能力抵御这种灾祸。

谁更为可怕，是在强烈的愤怒中**脸色发白**的人，还是此时**脸色发红**的人？前者是在当时可怕；后者则是事后更可怕（由于复仇欲）。在前一种状态中，失去镇定的人害怕自己一时冲动而使用暴力，事后会对此后悔。在第二种状态中，惊恐突然转化为恐惧，怕对自己无能自卫的意识变得**显而易见**。——这两种人，如果能够通过迅速的心灵镇定来发泄怒气，则对于健康都没有损害；但如果不是这样，那么，他们就有的甚至会有生命危险，有的在其爆发被抑制下去的时候，会留下一种怨恨，也就是说，留下没有体面地对付伤害的屈辱；但只要他们有说话的机会，这种屈辱就可以避免。然而，这两种激情都具有使人语塞，因而显然不利于人的性质。

狂怒或许还可以通过心灵的内在约束来戒除，但羞怯中某种细腻的荣誉感这个弱点却不是那么容易改掉的。因为就像**休谟**所说的那样（他本人就有这种弱点，即公开讲话时难为情），第一次试图张狂如果失败，就会使人更加怯懦，而且对此没有别的办法，惟有脱离与人们很少重视其对礼仪的判断的人物的交往，逐渐地放弃别人对我们的判断的那种误以为的重要性，并在这方面内心立足于与别人的平等来估量自己。这方面的习惯就造成**爽直**，它离**难为情**和伤害人的**张狂**同样遥远。

我们虽然同情别人作为一种痛苦的羞怯，但却不同情其**愤**
〔261〕**怒**，如果他在这种激情中当场给我们**讲述**被刺激得愤怒的话；因为在处于这种状态的人面前，那听他讲述（关于某种受到的伤害）的人自己是不安全的。

惊奇（处于意外之中的不知所措）是对情感的这样一种激发，它最初阻碍自然的思想活动，因而是不适意的，但此后就更多地促使思想涌向意外的表象，因而是适意的；但是，**惊愕**真正说来，惟有在人们根本不能确定知觉是在醒着还是在梦中发生的时候，才叫做这种激情。一个新生婴儿对一切都感到惊奇；但是，通过多方面的经验而熟悉了事物的进程的人，就把不对任何东西感到惊奇（nihil admirari）当做自己的原则了。与此相反，以研究的目光在大自然巨大的多样性中反复思考、密切注视大自然的秩序的人，就会对他所不曾料到的智慧陷入惊愕，即一种无法摆脱的惊赞（惊奇不已）；但是，这种激情在此情况下只被理性激起，是一种眼见在自己跟前打开了超感性事物的深渊的神圣战栗。

论大自然用来机械地促进健康的激情

第 79 节　健康被大自然通过一些激情来机械地促进。属于此列的特别是**笑**和**哭**。而愤怒，如果人们可以起劲痛骂（但不用担心反抗）的话，也是一种相当安全的助消化手段，而某些主妇没有别的任何内心动机，只是要大声叱骂孩子和仆人，而当孩子和仆人表现得一味忍耐时，生命力的一种适意的疲倦就通过机体千篇一律地散布开来；但是，由于担心那些家庭成员的反抗，这种手段毕竟也不是没有危险的。

与此相反，善意的（不是与愤恨相结合的恶意的）**笑**更可爱，更有益于健康，它就是据说人们向那位悬赏"发明一种新娱乐"的波斯国王推荐的东西。——空气在此时一阵阵地（仿佛痉挛似的）呼出（对此，打喷嚏只有一种虽小但毕竟也提神的效果，如果呼出空气的响声可以不被抑制地发出的话），通过横膈膜有益的运动**加强**着生命力的感觉。这可以是一位雇来的喜欢插科打诨的人（丑角）逗我们发笑，或者是一位属于朋友圈子的计谋多端的促狭鬼，他没有任何恶意，"一脸狡黠"，不跟着笑，而是表面天真，突然抖开了一个扣人心弦的包袱（如同一根绷紧的弦）。这样，笑总是那些与消化有关的肌肉在颤动，它比医生的智慧所能 〔262〕

做到的更好得多地促进消化。就连失误的判断力大冒傻气——当然是自以为的聪明人出丑——也能造成同样的效果。①

哭是一种在与流泪相结合时伴随着啜泣而发生的（痉挛性的）吸气，作为一种缓解痛苦的手段，同样是大自然为健康作出的预先安排。一位寡妇，如人们所说的，并不想让人安慰，也就是说，不想制止眼泪的涌流，即使她并不知道或者本来没想这么做，但却照顾了自己的健康。在这种状态中插进来的愤怒，会很快抑制住流泪，但却有损于健康；尽管能使妇女和孩子流泪的，并非总是悲哀，而是也有愤怒。——因为鉴于一种强烈的激情（不管是
〔263〕愤怒还是悲伤），其对**自己**面对一种灾祸的**软弱无力的感觉**，就召唤来外在的自然标记来帮忙，这些标记在此情况下至少也（按照弱者的权利）使一个男子汉的灵魂解除武装。但是，温情作为女性的弱点，它的这种表现虽然不会把有同情心的**男人**感动到哭的地步，但毕竟也许会使他热泪盈眶，因为他在前一种情况下会亵渎自己的性别，并且如此以他的女人气也无助于保护弱者一方，但在第二种情况下他不会向女性表示同情，他的男子气概使这种

① 后者的例子可以举出一大堆。但我只想举一个我从已故的凯瑟琳伯爵夫人口中听来的例子，这位女士是女性的翘楚。当时受命负责在波兰建立马耳他骑士团（出自奥斯特罗格授命）的**撒格拉莫佐**伯爵曾造访她，恰好有一位出生于哥尼斯贝格、但在汉堡为了一些富商的业余爱好而被雇为这些人的收藏室的生物标本收集人和管理人的硕士，因拜访他在普鲁士的亲戚也到了场。伯爵为了与他攀谈，用结结巴巴的德语对他说："Ick abe in Amburg eine Ant ge-abt（我在汉堡曾有一个姑母），但她已经死了"。硕士马上接过话头问道："为什么你不让人把它剥制成标本呢？"他把意为姑母的英语词 Ant 听成了 Ente［鸭子］，并且由于他马上想到它必定是很稀有的，所以就对这个巨大的损失感到惋惜。可以想象，这个误解必定激起怎样的大笑。

同情变成自己的义务，即保护女性；就像骑士小说赋予勇敢的男人的个性所造成的那样，这种个性正在于这种保护。

但是，为什么年轻人更喜爱悲剧，并且在想与自己的长辈一起搞一次庆祝的时候也宁可演出**悲**剧，而老年人则更喜欢**喜**剧乃至滑稽剧呢？前者的原因部分地正是促使孩子们敢于去做危险事情的原因，也许是由于一种自然本能，要尝试一下自己的力量，但部分地也是因为，一旦戏剧终场，由于年轻人的漫不经心，压抑心灵的或者吓人的印象并没有留下伤感，而是只留下强烈的内心感动之后的一种适意的疲倦，它重新使人心情快乐。与此相反，在老年人那里，这种印象并不那么容易消失，老年人并不那么容易又在心中产生快乐的心情。一位才思敏捷的丑角，通过他的突发奇想造成老年人的横膈膜和内脏的有益颤动，这样一来，对接下来的社交晚餐的胃口就提高了，而且由于健谈而有益于健康。

总的附释

某些内部的身体感觉是与激情**有亲缘关系的**，但毕竟不是激情本身，因为它们只是瞬间的、暂时的，并不留下自己的痕迹；孩子们在晚上听保姆讲鬼故事时突然感到的**毛骨悚然**就是这类东西。——仿佛是冷水灌顶（如在骤雨时）的**战栗**亦属于此列。不是对危险的知觉，而是仅仅危险的想法——即使人们知道并没有危险——就产生出这种感受，如果这种感受仅仅是心血来潮，而不是惊惧的爆发的话，看来倒也不是不适意的。〔264〕

晕眩，甚至**晕船**，就其原因而言似乎是属于这样的观念上的危险之列。——在一块搁在地上的木板上，人们可以毫不摇晃地向前走；但是，如果它是架在一个深渊上，或者对于神经衰弱的人来说，哪怕只是架在一个坑上，则对危险的空幻担忧往往就真的成为危险的。一艘船即便在微风时也会摇晃，一时沉下去，一时升起来。在沉下去时，自然本能就有升起来的努力（因为所有的下沉一般来说都带有危险的表象），因而胃和内脏自下而上的运动就与一种呕吐的刺激机械地结合在一起，如果患者在船舱里向窗子外面看，交替地一会儿看见天空，一会儿看见海，那么这种刺激就会更加强烈，这就更使他产生出他的立足之地在下陷的幻觉。

一位演员，本人是清醒的，但只要他具有知性和很强的想象能力，就可能被一种做作出来的（装模作样的）激情所感动，往往比真实的激情更厉害。一位认真的恋人在其所爱的人在场时是窘迫的、笨拙的和不怎么讨人喜欢的。但是，一个人只是装作**恋人**，此外又具有才能，就能够如此自然地扮演自己的角色，使那可怜的姑娘受骗，完全落入他的圈套；这恰恰是因为他的心是不拘束的，他的头脑是清醒的，因而他完全能够自由地运用自己的技巧和力量，来很自然地模仿出爱人的假象。

善意的（坦诚的）笑（属于欢快的激情）是**合群的**，恶意的笑（冷笑）是**敌意的**。心不在焉的人（如特拉松头上不戴假发而戴着睡帽，把帽子夹在腋下，架子十足地争论着古人和今人在科学方面的优点走过来）往往给善意的笑提供诱因；他被人**取笑**，但毕竟并不因此而被人**嘲笑**。并不愚笨的**怪人**被人笑话，这对他来说算不了什么；他也跟着笑。——一个机械地（空无内容地）笑的人是乏味的，并且使得社交没有情趣。在社交中根本不笑的人，要么是郁郁寡欢的，要么是书呆子气的。孩子们，尤其是小
〔265〕姑娘，必须早早习惯于开诚布公的、无拘无束的微笑；因为此时面部表情的开朗会逐渐地印入心扉，并奠定一种欢快、友善和合群的**素质**，它将早早地为对善意德性的这种接近做好准备。

在社交中使一个人成为开玩笑的靶子（戏弄他），但毕竟不是伤人的（不带挖苦的取笑），对这种玩笑别人也准备有自己的玩笑来予以类似的回击，并愿意这样来给社交带来一阵欢快的笑声，这是对社交的一种善意的，同时也是文雅的活跃。但是，

如果这要由一个傻瓜来承担，人们把他像一个球一样打给别人，那么，这种笑就是幸灾乐祸的，至少是不雅的。如果这发生在一个寄生虫身上，他为了大吃大喝而把自己委身于恶作剧的戏弄，或者让人把自己当做小丑，那么，这就证明那些能够对此放声大笑的人，其鉴赏之低劣和道德情感之迟钝。但是，一个宫廷小丑为了善意地通过挖苦至尊人物的高贵臣仆来使他的横膈膜颤动而用笑来佐餐，其地位各人有各人的看法，**好**极了或者**坏**透了。

论情欲

第 80 节　产生出某种先行于其对象之表象的欲望，其主观的**可能性**就是**倾向**（propensio）；——还在人们了解这个对象之前就占有它，欲求能力的这种内在**强制**就是**本能**（如性交冲动，或者动物保护其幼崽的母性冲动等等）。——对主体来说充当规则的感性欲望叫做**偏好**（inclinatio）。——阻碍理性在做某种选择时将之与一切偏好的总和作比较的那种偏好就是**情欲**（passio animi）。

很容易看出，情欲由于能够与最平静的思考相配合，因而不会像激情那样不假思索，也不会是暴风雨般的并且转瞬即逝，而是根深蒂固的，甚至能够与玄想共存，——所以对自由损害极大。而如果激情是一种**迷醉**，情欲就是一种**疾病**，它厌恶一切药方，〔266〕因而比所有那些转瞬即逝的，毕竟至少还激发自我改善的决心的心灵运动更坏得多；它不激发那种决心，而是一种拒绝改善的蛊惑。

人们用**“欲”**这个词来称谓情欲（求名欲、复仇欲和统治欲等等），除了那种没有陷入**迷恋**的爱情的情欲。原因在于，如果这后一种欲望（通过享受）得到满足，那么，至少就同一个人而言，这欲望就同时终止了，因而人们也许可以把一种狂热的迷恋列为情欲（只要另一方坚持拒绝），但却不能把肉体的爱列为情欲，因为它就客体而言不包含**持久的**原则。情欲总是以主体的某种准则为前提条件，按照由偏好给主体规定的目的来行动。因此，它在任何时候都是与主体的理性结合在一起的，而且人们不能把情欲赋予纯然的动物，就像不能赋予纯粹的理性存在者一样。求名欲、复仇欲等等，由于它们永远不会被完全满足，正因为此被当做疾病而算做情欲，对付这种疾病只有缓解剂。

第81节 情欲对于纯粹实践理性来说是痼疾，而且多半无法治愈，因为病人不愿意被治愈，并且要摆脱那惟一能够治愈他的原理的统治。理性也在感性实践的东西中从普遍到特殊遵循如下原理：不为讨好一种偏好而把其余的偏好都置于阴影中或者置于角落里，而是注意使前者能够与**所有**偏好的总和共存。——一个人的**求名欲望**尽可以永远是他的偏好的一个由理性所批准的方向；但是，求名欲望毕竟也愿意被别人所爱，他需要与别人的友好交往，需要保持自己的能力状态等等更多的东西。但是，如果他是**狂热地**渴求名誉，那么，他对于自己的种种偏好同样在吸引他前往的这些目的来说就是瞎眼的。而且他被别人所恨，或者在交往中被人逃避，或者面临由于浪费而变穷的危险，——这一切他都视而不见。这是即便在理性的形式原则中也与理性正相矛盾的蠢事（把自己的目的的某个**部分**当做**整体**）。

〔267〕因此，情欲并不纯然像激情那样，是酝酿着许多灾祸的**不幸**心境，而且也无一例外地是**恶的**心境，而最良善的欲望，即便是旨在（在质料上）属于德性，例如乐善好施的东西，毕竟（在形式上）一旦转化为情欲，就不仅**在实用上**是有害的，而且也**在道德上**是可鄙的。

激情对自由和自我控制造成一种瞬间的损害。情欲则放弃自由和自我控制，并且在奴隶意识上找到自己的愉快和满足。然而，由于理性毕竟不放松自己对内在自由的呼吁，不幸的人就在自己的枷锁之下呻吟，尽管如此他仍不能挣脱这枷锁，因为这枷锁仿佛是已经与他的肢体长在一起。

尽管如此，情欲也找到了它们的赞颂者（因为一旦恶在原理中取得了位置，哪里找不到它们的赞颂者呢?），而这就是，“世界上从来没有什么伟大的事情是没有强烈的情欲而办成的，神意本身把它们睿智地像发条一样植入了人的本性”。——对于各种各样的**偏好**来说，人们也许可以承认这一点，它们作为一种自然的和动物性的需求，是有生命的本性（甚至人的本性）所不能缺少的。但是，它们可以，甚至应当变成**情欲**，这就不是神意所想要的了，而且在这种观点上来表现神意，对于一位诗人来说是可以原谅的（亦即用蒲柏的话说：“如果理性是一块磁石，那么情欲就是风”）；但是，哲学家却不可以把这个原理加诸自身，哪怕是为了把情欲当做神意的一种临时安排来颂扬，说神意在人类达到相应的文化程度之前，有意地把情欲置入人的本性。

情欲的划分

情欲被划分为**自然的**（天生的）偏好的情欲和产生自人们的**文化的**（获得的）偏好的情欲。

第一类情欲是**自由偏好**和**性偏好**，二者都与激情相结合。**第二类**情欲是**求名欲**、**统治欲**和**占有欲**，它们并不与一种激情的狂热相结合，而是与一个旨在某些目的的准则的执著相结合。前一类可以被称为**炽热的**情欲（passiones ardentes），后一类，例如吝啬，可以被称为**冷漠的**情欲（frigidae ）。但是，一切情欲都永远只是人对人的欲望，而不是人对事物的欲望。而且人们虽然可以对一块肥沃的耕地或者诸如一头母牛之类在使用它们方面有许多偏好，但却没有**癖好**（癖好存在于对与别人的**共联性**的偏好中），更不用说某种情欲了。 〔268〕

一、论作为情欲的自由偏好

第 82 节　自由偏好在自然人那里，在自然人不能避免与别人相互有要求的状态中，是一切偏好中最强烈的偏好。

谁惟有按照某个**他人**的选择才能幸福（哪怕这个人像人们总是希望的那样心地良善），他就有理由感到不幸。因为他有什么担保，让他的强大的邻人在关于安康的判断中与他自己的判断一致呢？野蛮人（还不习惯于卑躬屈膝的人），只要还没有公共的法律来保障他，就不知道有比陷入这种卑躬屈膝更大的不幸，并且理应知道这种不幸，直到纪律使他逐渐对此有了耐心。因此，这是他的不断战争的状态，目的是使别人尽可能远地离开自己，并散居在荒野里。甚至刚刚脱离母腹的婴儿，与其他一切动物不同，大声哭叫着来到世上，似乎也只是因为他把没有能力运用自己的肢体视为**强制**，于是马上就宣告对自由的要求（对这种要求，没有任何别的动物有一个表象）。[①] ——

① **卢克莱修**作为诗人，以另外的方式把这个事实上值得注意的现象翻转过来：

Vagituque locum lugubri complet, ut aequumst
Cui tantum in vita restet transire malorum!
[而他则用可怜的哭声充满了房间，这很有道理，
留给他的，是要度过生命中如此之多的灾祸!]

新生婴儿也许不可能有这种预见；但是，他心中不快适的情感并非来自肉体的痛苦，而是来自某个自由的模糊理念（或者与这个理念类似的表象）和自由的障碍，即**冤屈**，这一点，是由出生后几个月伴随着他的哭叫的**眼泪**透露出来的；这表现出当他力图接近某个对象或者只是一般地改变自己的状态并感到在这方面受阻时的某种怨恨。——这种具有自己的意志并把对这意志的阻挠当做一种伤害的本能，也特别地因他的音调而醒目，并显示出一种恶劣性，母亲认为这种恶劣性不能不加以惩罚，但通常被回报以更激烈的哭叫。当他因自己的过错而摔倒时，也会发生同样的事情。其他动物的幼崽很早就相互嬉戏，而人的幼儿则很早就相互吵嘴，这就好像是某个法权概念（它与外在的自由相关）是与动物性同时发展起来的，而绝不是逐渐学会的。

各游牧民族，由于他们（作为牧人）不被束缚于土地上，例如 〔269〕
阿拉伯人，所以他们如此强烈地依恋他们那尽管不是完全无拘无束的生活方式，同时有一种轻蔑地俯视**定居**民族的高傲精神，以至于与此不可分割的艰难困苦在数千年里也没有使他们远离这一点。纯然的狩猎民族（例如**鄂伦春—通古斯人**）甚至通过这种自由感（与其他和他们有亲缘关系的部族相分离）而确实使自己高贵起来了。于是，并不仅仅是自由概念在道德法则之下唤起一种被称为热忱的激情，而是外在自由的纯然感性的表象，通过与法权概念的类比，把坚持或者扩展这种自由的偏好一直提升到强烈的情欲。

对于纯然的动物，人们也不把最强烈的偏好（例如交媾的偏好）称为情欲，因为它们不具备理性，惟有理性才建立起自由概念，而情欲则与之相抵触；因此，情欲的爆发可以被归于人。——人们虽然说人**狂热地**喜爱某些事物（喝酒、赌赛和打猎）或者憎恨某些事物（例如麝香、烧酒）；但是，人们并不把这些不同的偏好或者反感称为同样多的**情欲**，因为这只是如此多的不同的本能，亦即欲求能力中如此多种多样的**纯然承受性的东西**，因而不配按照欲求能力的那些作为**事物**的客体（它
们有无数个）来分类，而是按照使用或者滥用的原则来分类。〔270〕
人们相互之间滥用自己的人格和自由，是因为一个人使别人仅仅成为自己的目的的手段。——情欲真正说来仅仅旨在于人，而且也只能通过人来满足。

这些情欲就是**求名欲**、**统治欲**和**占有欲**。

由于它们是这样一些偏好，即仅仅旨在于占有种种手段，以便满足一切直接与目的有关的偏好，所以，它们就此而言具有理性的外表：也就是说，努力追求一种与自由相结合的能力的理念，惟有通过这种能力，才能一般而言达到目的。当然，拥有实现**任何**意图的手段，比仅仅指向一个个别偏好及其满足

的那个偏好，范围要大得多。——因此，它们也被称为妄念的偏好，这个妄念就在于：把别人关于价值的纯然意见当做真实的价值一样来评估。

二、论作为情欲的复仇欲

第 83 节　由于情欲只能是人针对人的偏好，只要这些偏好是指向相互协调一致或者相互冲突的目的的，亦即是爱或者恨；但是，法权概念由于直接产生自外在自由的概念，与善意的概念相比，就重要得多，并且是更为强有力得多地推动着意志的动力；所以，由于遭遇到不公而产生的恨，亦即**复仇欲**，就是不可遏制地产生自人的本性的一种情欲，而且哪怕它是恶意的，却毕竟是理性的准则凭借着所允许的**法权欲**（复仇欲是它的类似物）而与偏好交织在一起，并且正因为此，它是最强烈、最根深蒂固的情欲之一；这种情欲在看起来已经熄灭的时候，也毕竟总是暗中余下一种仇恨，如同余烬未熄的火，它被称为**怨恨**。

既然**法权**所希望的东西每个人都可以有份，所以，与自己的邻人处于某种状况和关系之中的**欲望**当然不是情欲，而是自
〔271〕由任性由纯粹实践理性而来的一个规定根据。但是，这种欲望由纯然的自爱，亦即仅仅为了自己的好处，不是为了给每个人立法而来的**敏感性**，却是仇恨的感性动力，不是对不公正的仇恨，而是对那对我们**不公正的人**的仇恨；由于这种偏好（迫害和毁灭的偏好）是以一个理念为基础的，尽管这个理念当然是被自私地利用的，就把针对伤害者的法权欲转化成了以牙还牙的情欲，这种情欲往往强烈到癫狂的程度，任由自己毁灭，只要敌人也逃不脱这毁灭，并且（在血亲复仇中）使得这种仇恨甚至在部族之间成为世袭的；因为据说，被伤害但却尚未复仇者的血在**叫喊**，直到无辜抛洒的血用血——哪怕是伤害者的一

个无辜后辈的血——来洗雪为止。

三、论对一般而言影响别人的能力的偏好

第 84 节　这种偏好最接近技术的—实践的理性，亦即精明准则。——因为把别人的偏好纳入自己的控制，以便能够按照自己的意图来驾驭和规定它们，这几乎就等于是**占有**别人，把别人当做自己的意志的纯然工具。毫不奇怪，对影响别人这样一种**能力**的追求就成为情欲。

这种能力仿佛包含着三重的力量：**声誉**、**强制力**和**钱**；如果占有了它们，人们就能够用它们来对付任何人，不是用这种影响就是用那种影响，并且把这人用于自己的意图。这方面的偏好如果成为情欲，就是**求名欲**、**统治欲**和**占有欲**。当然，我们在这里不谈人成为他自己的偏好的愚弄对象（被欺骗者），并且在使用这样的手段时错过了自己的最终目的；但我们也不谈根本不允许任何情欲的**智慧**，而是只谈人们可以用来操纵呆子的那种**精明**。

但是，一般而言的情欲，哪怕它们作为感性动机总是强烈的，毕竟在理性给人规定的事情上是纯粹的**弱点**。因此，统治 〔272〕
别人的情欲越大，聪颖的人把理性用于自己的目的的能力就成比例地越小。

求名欲是人的一种可以通过其**意见**来对之施加影响的弱点，**统治欲**是可以通过其**恐惧**来对之施加影响的弱点，而**占有欲**则是可以通过其自己的**利益**来对之施加影响的弱点。——这里到处都有一种奴隶意识，如果一个他人掌握了这种意识，就通过它而具有了通过其自己的偏好而把它用于自己的意图的能力。但是，对这种能力自身以及拥有满足自己的偏好的手段的意识，要比使用这些手段更能够激起情欲。

1. 求名欲

第 85 节　求名欲不是**爱荣誉**，即人由于自己的内在（道德）价值可以期望于别人的高度评价，而是对**名望**的追求，流于表面就够了。对于傲慢（要别人与我们相比时轻看自己的一种无理要求，一种与其自己的目的背道而驰的愚蠢）——对于这种傲慢，依我说人们只消加以**奉承**，就可以通过蠢人的这种情欲来控制他了。奉承者[①]，唯唯诺诺的人，都喜欢把伟大的字眼给予一位重要的人物，他们助长着这种使他孱弱的情欲，并且坑害沉醉于这种魔法的伟人和强者。

傲慢是一种颠倒的、与其自己的目的背道而驰的荣誉欲，
〔273〕 并且不能被视为把别人用于自己目的的有意手段（自己使别人反感）；毋宁说，傲慢的人是促狭鬼的道具，被称为呆子。有一次，一位很有理性的、正派的商人问我："为什么傲慢的人在任何时候也都是卑鄙的？"（因为此人有过这样的经验：吹嘘自己的财产是占优势的商贸实力的人，在后来其财产败落时，也毫不犹豫地阿谀奉承。）我的意见是：既然傲慢是要别人与他相比时**轻视**自己的一种无理要求，但这样一种念头，除了感到自己愿意去做卑鄙之事的人之外，是没有人想到的，所以对于这样的人的卑鄙来说，傲慢自身就已经是一个不会弄错的预示性标志了。

① Schmeichler［奉承者］这个词据说大概最初写成 Schmiegler［依附者］（一个俯首帖耳的人），为的是任意摆布一位自负的强者，甚至是借助他自己的傲慢。同样，Heuchler［伪君子］这个词（据说本来被写成 Häuchler［叹气者］）据说是指一种骗子，他在一位富有的神职人员面前边说话边**叹息**，伪装**虔诚**恭顺。

2. 统治欲

这种情欲就自身而言是不公正的，而且它的表现招来一片反对。但是，它却始自对受别人统治的恐惧，考虑的是及时使自己拥有控制别人的优势；这毕竟是把别人用于自己的意图的一种糟糕的、不公正的手段，因为它一方面唤起反抗，是**不精明的**，另一方面与每个人都可以要求的法律之下的自由相违背，是**不公正的**。——至于**间接的**统治术，例如女性通过自己在男性那里引起的对自己的爱来把男性用于自己的意图，这种统治术并不包括在那种名号之下，因为它不带有强制力，而是懂得通过其自己的偏好来统治和束缚臣民。——这并不是说，好像我们人类的女性一方没有统治男性一方的偏好似的（恰恰其反面才是真的），而是因为女性并不使用男性所使用的同样**手段**来达到这种意图，亦即不使用**强大**这种优势（在这里**统治**这个词指的就是强大），而是使用**魅力**，它自身就包含着另一方被统治的偏好。

3. 占有欲 〔274〕

钱是咒语，财神惠顾谁，对不怎么富有的人关闭着的一切大门就都朝他洞开。这种手段通常没有任何可用性（至少不可以有任何可用性），只是用于交换人们的勤劳，但由此也用于在人们中间交换一切物质财富，特别是在它用金属来体现之后。这种手段的发明造成了一种占有欲，它最终也不包含享受，在纯然的占有中，甚至（守财奴）放弃一切使用而包含着一种实力，人们相信这种实力足以补偿任何别的实力的欠缺。这种完全没有才智的情欲即使并非总是在道德上可指责的，但毕竟是被纯然机械地引导的，它尤其附着在老年人身上（作为其生理上的无能的补偿），并且使那个普遍的手段由于其巨大的影响也不折不扣地获得了一种**能力**的称号。它是一种一旦出现就不容改变的情欲。如果说三种情欲中第一种使人**可恨**，第二章使人**可怕**的话，它作为第三种就使人**可鄙**。①

论作为情欲的妄念的偏好

第86节　我把作为欲望的一种动机的妄念理解为内在的实践幻觉，即把动因中的主观因素视为客观的。——大自然时而要有对生命力的更强烈的激发，来翻新人的活动，以免他在纯然的享受中将生命感丧失殆尽。为了这个目的，大自然十分睿智和善意地把各种对象按照生性懒惰的人的想象当做真实的目的（荣誉、强制力和钱的赢得方式）来哄骗他，这些目的使得不乐意从事一件**工作**的他有足够的事情去**干**，并以**无所事事**
〔275〕给他许多事情去**做**；此时，他对此发生的兴趣是纯然妄念的兴趣，因而大自然确实是在戏弄人，并且鞭策他（主体）去追求自己的目的，但他却（客观上）相信，已经给自己设立了一个自己的目的。——妄念的这些偏好恰恰由于幻想在这里是自我创造者，就适合于在最高程度上成为**狂热的**，尤其是当它们旨在于人们的一种**竞争**的时候。

小男孩的游戏在于打球、摔跤、赛跑和扮士兵；此外，男人的游戏在于下棋和打牌（下棋时目的在于纯然的知性优势，打牌时则目的同时在于赢钱）；最后是市民的游戏，市民在公共社交中用法老牌或者掷色子来试自己的运气；它们全都不知不觉地被更睿智的大自然激励起来，成为在与别人的争斗中尝试自己的力量的冒险活动；真正说来，这是为了防止一般而言的生命力疲惫并使其保持活跃。这样的两个争斗者以为自己在

① 在这里，鄙视要在道德意义上来理解；因为如蒲柏所说，“魔鬼在一阵五十翻一百的金雨中落到高利贷者的怀中，并捉住了他的灵魂”，如果这样说贴切的话，则在公民意义上，广大群众反而**欣赏**表现出如此大的商业智慧的人士。

相互游戏；但事实上是大自然在拿他们两个做游戏，如果他们想一想，他们所选择的手段与他们的目的是多么不相符，理性就能够清楚地使他们相信这一点。——但是，在这种激动期间的舒适，由于与妄念的（尽管解释糟糕的）理念联系密切，正因为此而是倾向于最强烈并且持久的情欲的原因。①

妄念的偏好使孱弱的人迷信，使迷信的人孱弱，也就是说，使他们偏好于期待，那些不可能是（害怕或者希望某种东西的）**自然原因**的事情尽管如此却会有让人感兴趣的结果。猎人、渔夫，还有赌徒（尤其是在博彩中），都是迷信的，而诱使人产生把主观的东西当做客观的、把内部感官的心境当做对事物本身的知识这种**幻觉**的妄念，同时使人可以理解迷信的倾向。

论最高的、自然的善 〔276〕

第 87 节　根本不掺杂厌恶的最大感官享受，在健康状态中就是**劳动之余的休息**。——在健康状态中没有先行劳动就休息的倾向则是**懒惰**。——毕竟，为了积聚力量而较长时间拒绝重新去干**工作**和甜美的 far niente［无所事事］，还并不因此就是懒惰，因为人们（哪怕是在赌博）可以适意地，毕竟同时有益地**忙碌**，而且，就连根据各种劳动的特殊性状而交替进行，也同时是如此多样化的精力恢复；与此相反，重新去干一件繁重的、未完成就放弃了的工作，需要相当的毅力。

在**懒惰**、**怯懦**和**虚伪**这三种恶习中，看来第一种是最可鄙

① 汉堡的一位在那里输光了一笔可观的财产的人，如今靠看人赌博打发时间。别人问他：如果他想到曾经一度拥有这样一笔财产，他会是什么心情。他回答说："如果我再次拥有它，我也毕竟不懂得以更适意的方式来运用它。"

的。不过在这种评价中，人们常常可能对一个人不公正。因为大自然也睿智地把对无休止的劳动的憎恶置入了某些人的本能中，这种本能是对己对人都有益的。因为他也许忍受不了长时间的或者无穷尽地经常重复的精力消耗，而是需要一定的休息来恢复精力。所以，**德米特里**并非毫无理由地总是还能为这个恶魔（懒惰）规定一个祭坛；因为如果不是**懒惰**介入其间，那**不知疲倦的**恶就会在世界上造成比现有的多得多的灾祸；如果不是**怯懦**怜悯人，那战争的嗜血成性马上就会歼灭人们；而如果不是**虚伪**〔因为在大批（例如一个团）联合起来搞密谋的许多恶棍中间，总要有一个人出卖它的〕，鉴于人类本性的天生的恶，整个国家马上就会被颠覆。

那些最强烈的自然冲动，取代了冥冥中通过一种更高的、普遍地照料着自然的世界福利的（世界统治者的）理性来驾驭人类的力量，而人类理性却不可以谋求这一点。它们就是**对生命的爱**和**对性的爱**；前者是为了保存个体，后者则是为了保存物种，因为我们这个赋有理性的类就是通过两性在整体中的混合而得以**继续**保存的，尽管这个类在有意地（通过战争）致力于自己**毁灭**自己。然而，即便是在战争中，这种毁灭也挡不住
〔277〕在文化上一直成长着的理性造物，在前景中去为未来世纪的人类清晰地设想一种不再倒退的幸福状态。

论最高的、道德的一自然的善

第 88 节　这两种善，即**自然的**善和**道德的**善，是不能掺杂在一起的；因为这样的话，它们就会相互抵消，根本不能致力于真正幸福的目的；而是处在相互斗争之中的过**舒适生活**的偏好和**德性**以及后者的原则对前者的原则的限制，构成了文明的一方面是感性的、另一方面又是道德上理智的人的全部目的；

但是，由于在使用中难以阻止混杂，人就需要通过起反作用的手段（reagentia）来进行分解，以便知道那些彼此联合起来、能够带来对一种**文明幸福**的享受的因素及其结合的比例是什么。

在**交往**中把舒适生活与德性结合起来的思维方式就是**人道**。在这里，问题并不在于舒适生活的程度；因为对于人觉得为舒适生活所需要的东西，一个人要的多，另一个人却要的少；而是仅仅在于关系的种类，即应当如何用德性的法则去限制过舒适生活的偏好。

善于交际也是一种德性，但**交往的偏好**却常常变成情欲。但是，如果浮夸地用铺张浪费来提高社交享受，那么，这种虚假的善于交际就不再是德性，而是一种损害人道的舒适生活。

※　　　※　　　※

音乐、跳舞和赌博构成一种无言的社交（因为赌博所需要的少量言词并不为一种要求有思想的相互交流的交谈提供理由）。人们伪称赌博只是用来填补饭后交谈的空闲，但通常它却是要事：是作为赢利手段，此时激情被强烈地发动起来，某 〔278〕
种极为礼貌地相互掠夺的自私惯例被建立起来，一种在赌博持续期间完全的唯我主义被奠定为没有一个人否认的原理；对于这种交谈来说，无论它以赌博的风度造就了什么样的教养，社交舒适生活与德性的结合，从而真正的人道都很难指望从它得到真正的促进。

看来与德性还最为协调一致的舒适生活，就是**在好朋友圈子中**（如果可能的话，也是轮流地）举行**一次盛宴**。切斯特菲尔德说：它必须不低于**美惠三女神**之数，也不高于**缪斯九女神**之数。①

① 一桌十人，因为款待客人的东道主不计算在内。

如果我举办一次纯粹由有鉴赏力的男士（在审美上取得一致）组成的宴会[①]，他们的意图并不仅仅是共同享受一顿饭，而是相互享受（在这种情况下，他们的总人数就不能多于美惠三女神），那么，这个小型宴会的意图就必须不那么是肉体的满足——这种满足每个人独自也能够做到，——而是社交的快乐，为此，肉体的满足必须显得只是载体；在这种情况下，为了不使谈话中断，或者划分成分散的与邻座的小聚会，上述人数正好足够。那种小聚会根本没有交谈的情趣，交谈的情趣总
〔279〕是带有一直是一个人与所有人（不是仅仅与他的邻座）说话的那种教养；与此相反，所谓的节日盛情款待（大吃大喝，酒足饭饱）是完全没有情趣的。在这里，不言而喻的是，在所有的宴会上，甚至在那些一张餐桌的宴会上，由一个冒失的同桌公开说出的对某位不在场者不利的话，却不可以用于这宴会**之外**，不可以随后传出去。因为即使没有为此订立一个特殊的契约，在事后于宴会之外有可能给宴会的同桌添麻烦的事情上，每次宴会都有某种神圣性和义务来保持沉默。因为没有这种信任，那么，对道德修养本身如此有益的在宴会中享受，甚至享受这宴会的快乐就会被毁掉。——因此，我要说，如果在一次

① 在一次节日宴会上，女士们的在场将自动地把绅士们的自由限制在文雅的事情上，时而发生的突然寂静就是一种糟糕的、有无聊兆头的偶然情况，此时没有一个人敢于引入适合于把谈话继续下去的某个新话题，因为他不能凭空捏造，而是应当从当天的新闻引出话题，而这新闻又必须是有趣的。常常只有一个人，特别是这家的女主人，才能防止这种中断，维持谈话流畅进行，也就是说，使它像在一场音乐会中那样，以普遍的和大声的欢乐结束，并正因为此而更有益；就像柏拉图的宴会那样，客人说，“你的宴席不仅使人在享受它们时高兴，而且常常使人想起它们时也高兴”。

所谓的公众宴会（因为真正说来，一次哪怕如此庞大的**宴会**也始终只是私人宴会，一般而言在理念上惟有国家公民的宴会才是公共的）上，如果有人说出某种对我的最好的朋友不利的话，我虽然会为他辩护，必要时不顾我自己的危险而用强硬和尖刻的表述来袒护他，但不会让人把我当做工具来利用，把这种流言飞语传播开去，并且把它所关涉的人当做负担。——这不仅是必须引导着交谈的社交**鉴赏**，而且是对于人们在交往中坦诚交流自己的思想来说，应该充当其自由的限制性条件的原理。

在这里，在一张桌子旁共同进餐的人们之间的信任与古老的风俗有某种类似之处，例如阿拉伯人的风俗。在阿拉伯人那里，陌生人只要能够在他的帐篷里从他手上弄到一点儿吃喝（一口水），也就不用担心自己的安全了；或者，当从莫斯科来迎接俄国女皇的使者们给她递上**盐**和**面包**的时候，她吃下这些东西，就也由于客人的权利而不用担心任何追踪了。——但是，在一张桌子旁共同进餐，这被视为这样一种安全条约的仪式。

独自进餐（solipsismus convictorii［宴会上的唯我主义］）对于一位**研究哲学的**学者来说是不利于健康的①；这不是恢 〔280〕

① 因为**研究哲学的**人必须不断地把自己的思想带到各处，以便通过多方面的尝试来发现，他应当系统地把这些思想联结在哪些原则上，而且理念由于不是直观，所以仿佛是在空中一样向他浮现。与此相反，历史学者或者数学学者可以把自己的思想摆在自己面前，这样来用手中的笔按照理性的普遍规则，毕竟又是当做事实来经验性地整理它们。于是，由于前面的东西在某些点上是确定无疑的，在今后的日子里工作就从他留下这些点的地方继续下去。——至于**哲学家**，人们根本不能把他视为建设科学大厦的**工人**，亦即不能把他视为学者，而是必须把他视为**智慧的研究者**。这就是这样一种人的纯然理念，这

复精力，而是（特别是当独自**大吃大喝**时）耗损精力；这是使人精疲力竭的工作，而不是振奋人的思想游戏。**享用的**人在独自进餐期间于思维中消耗着自己，逐渐地丧失活力。与此相反，如果有一位同桌，用自己轮番出现的奇思异想将他自己本来找不出来的新材料提供给他，使他得到振奋，他就会获得活力。

在一次丰富的菜肴只是为了长时间地把客人们聚在一起（coenam ducere［延长宴会］）的盛宴上，谈话通常都经历三个阶段：1. **讲述**；2. **抱怨**；3. **戏谑**。——A. 当天的新闻，首先是本地的，然后也有外地的、通过私人信件和报纸传来的。——B. 当这种最初的食欲被满足时，宴会就已经变得更活跃了；由于在玄想时，对于同一个被引上轨道的话题很难避免评判的不同，而每个人又恰恰并不认为自己的评判是最微不足道的意见，所以就产生了争执，它刺激起对酒菜的食欲，并在这种争执和对它的参与的热烈程度上也是有益的。——C. 但是，由于玄想总是一种劳动和努力，而这种努力通过一种在玄想期间相当丰富的享受最终变得劳累，所以谈话就自然而然地落到纯然的玩笑游戏上，部分地也使在场的妇女感
〔281〕到高兴。对她们的性别的小小恶作剧的，但并不使人难堪的攻击，会对她们起到在开她们玩笑时甚至表现出益处的作用，而这样，宴会就以**大笑**结束；如果笑是大声的和善意的，大自然就通过横膈膜和内脏的运动，使笑真正有利于胃

种人在实践上以一切知识的终极目的为对象，并且（为了知识）也在理论上以它为对象。人们不能在复数上，而是只能在单数上使用这个称号（哲学家这样或者那样判断），因为它表示一个纯然的理念，但说**哲学家们**，就会暗示着本来是绝对单一性的东西的复多性了。

的消化和身体的健康；然而，多么奇怪！宴会的参加者们却觉得是在大自然的一个意图中发现了精神文化。——大人物的节日盛宴上的宴会音乐，是大吃大喝时总会想到的最没有情趣的胡闹。

富有情趣的宴会**活跃**着社交，其规则如下：A. 选择一个使大家感兴趣、并总是引起某人作适当补充的话题。B. 在谈话中不让出现死一般的静寂，而只让出现短暂的休息。C. 没有必要就不改变话题，不从一个内容跳到另一个内容，因为心灵在宴会结束时像在一出戏剧结束时一样（有理性的人走过的全部人生也是这类东西），不可避免地全神贯注于对谈话的各个场景的回忆；这时，如果心灵找不出任何联系的线索，它就会感到迷惘，不满地觉得自己在文化上没有进步，而宁可说是后退了。对于一个助兴的话题来说，在转向另一个话题之前，人们必须差不多穷尽了它，而在谈话卡壳时，则必须懂得把某种与此相近的东西尝试着不知不觉地引入社交。这样，社交中某个惟一的人就能够不知不觉地和不遭嫉妒地接过驾驭谈话的任务。D. 不让**固执己见**产生或者延续，无论是对自己还是对社交伙伴，毋宁说，由于这种消遣不应当是一件工作，而只是游戏，所以要通过一种适当插入的戏谑而避开那种严肃性。E. 在仍然无法避免的严肃争执中，小心地约束自己和自己的激情，使得总是表现出相互尊重和善意；这时，重要的与其说是谈话的内容，倒不如说是谈话的**声调**（它必须不是大喊大叫的或者傲慢自大的）；为的是在座客人中没有一位与别人**不和地**从社交场合回到家里。

即使文雅的人性的这些法则会显得无足轻重，尤其是在人〔282〕们把它们与纯粹道德的法则相比较的时候，然而，毕竟一切促进着社交性的东西，哪怕只在于讨人喜欢的准则和风度之中，也是打扮德性的一件外衣，它也可以被认真考虑地推荐给德性。——没有社交舒适的**犬儒派**的**纯粹主义**和**隐修士**的**残害肉体**，都是德性的扭曲形象，对于德性来说是没有诱惑力的；相反，被美惠三女神所抛弃，它们就不可能有资格谈人道。

第二部分

人类学的个性法

——论从外表认识人的内心的方式

〔285〕

划分

1. 人格的个性；2. 性别的个性；3. 民族的个性；类的个性。

一、人格的个性

在实用方面，一般的、**自然的**（不是民事的）符号学（semiotica universalis [一般符号学]）是在双重意义上使用**个性**这个词的：人们一方面说，某个人具有**这种**或者那种（身体上的）个性；另一方面说，他尤其具有**一种**个性（一种道德的个性），这种个性只能是一种惟一的个性，或者根本不能是一种个性。前者是人作为一个感性的存在者或者自然存在者的辨别标志；后者是人作为一个理性的、赋有自由的存在者的辨别标志。有原理的人，人们有把握地知道绝不能从他的本能，而是要从他的意志来看待他，他就有一种个性。——因此，在个性法中，无须在属于其欲求能力的东西（实践性的东西）上的同语反复，人们可以把**有个性的东西**划分为：a. **天性**或者自然禀赋；b. **气质**或者性情，c. 地地道道的**个性**或者思维方式。——前两种禀赋表明可以使人成为什么；后一种（道德的）禀赋表明他准备让自己成为什么。

（一）论天性

人有一个好的**心灵**，这意味着：他不是固执的，而是随和的；他虽然被激怒，但却很容易被平息，而且并不心怀怨恨

（这是消极的善）。——与此相反，要能够说他“有一颗善**心**”，虽然这也属于性情，但却已经说得更多了。它是趋向实践上的善的一种冲动，尽管并不是按照原理行事的，以至于好心肠的人和有善心的人都是一个狡猾的客人可以随心所欲地利用的人。——这样，天性就与其说（客观地）关涉**欲求能力**，倒不如说（主观地）如一个人被别人所刺激那样，关涉愉快或者不快的**情感**（而且情感在这里可能具有某种有个性的东西）；在这里，生命不仅在情感中**内在地**显示出来，而且在行为中**外在地**，尽管只是按照感性的动机显示出来。在这种关系中就存在着**气质**，而气质还必须与一种习惯性的（通过习惯导致的）倾向区别开来，因为后者不以自然禀赋、而是以纯然的机缘为根据。 〔286〕

（二）论气质

从生理学上看，人们在谈到气质时所理解的是**身体的体质**（强壮的或者孱弱的体格）和**禀性**（身体中流质的、由生命力合乎法则地推动的东西，其中热和冷也一并包括在对这种体液的影响中）。

但**从心理学上**考虑，亦即作为**灵魂**的气质（情感能力和欲求能力），那些从血液性状借来的表述就仅仅表现为按照情感和欲望的活动与身体动因（其中血液是最重要的）的类比得出的。

这里可以得出：我们仅仅归于灵魂的那些气质，毕竟也许暗中也以人里面的属于身体的东西为共同起作用的原因；——此外，**首先**由于它们对气质作出高层划分，即划分为**情感**的气质和**行为**的气质；**其次**，每一种气质都能够与**生命力**的兴奋（intensio）或者松弛（remissio）相结合，所以正好只能提出四种单纯的气质（如同三段论通过 medius terminus［中项］

有四个格一样)：**多血质的**、**黑胆汁质的**、**胆汁质的**、**黏液质**
〔287〕 **的**；由此，这些旧的形式就可以保留下来，并且只是获得一种与这种气质学的精神相符合的较为合适的解释。

在这里，**血液性状**这种表述并不是用于说明受到感性刺激的人的种种现象的**原因**，不管是根据体液病理学还是根据神经病理学；而只是用于根据观察到的结果对它们进行分类；因为人们并不要求事先知道，是血液的哪一种化学混合使人有权命名某种气质特点，而是要求事先知道，在观察人的时候把哪些情感和偏好编排起来，以便为他恰如其分地规定一个特殊的类的名称。

因此，气质学说的高层划分可以是这样的划分：划分为**情感**的气质和**行为**的气质，而这种划分又可以通过低层划分分为两种，总共就有四种气质。——我这时归给**情感**气质的是**多血质**（A）和它的反面**黑胆汁质**（B）。——前者具有这样的特性，即感觉被迅速并且强烈地刺激起来，但并不深入（不持久）；与此相反，在第二种气质中，感觉并不显著，但却植根很深。人们必须**在这里**而不是在快乐或者悲伤的倾向中确立情感气质的区别。因为多血质的人的轻松倾向于欢快，与此相反，执著于一种感觉的深沉却夺去了欢乐的轻易可变性，而并不因此就导致忧伤。——但是，由于人们能够控制的一切变迁一般而言都激活和强化心灵，那种马马虎虎对待自己所遇到的一切事情的人，与拘泥在使其生命力僵化的感觉之上的人相比，尽管不是更加睿智，却无疑更加幸福。

1. 情感的气质

A. 开朗的人的多血质气质

多血质在以下的表现上让人认识他的性情。他无忧无虑，
〔288〕 怀有好的希望；立刻赋予每件事以很大的重要性，下一刻却可能想不起它了。他真诚地许诺，但却不守信，因为他并没有事

先足够深入地想过自己是否能够守信。他足够善意地为别人提供帮助，但却是一个糟糕的债务人，并且总是要求延期。他是一个很好的社交伙伴，诙谐风趣，兴致勃勃，喜欢不赋予任何事情以很大的重要性（Vive la bagatelle［琐事万岁］!），以一切人为朋友。他通常不是坏人，但却是一个要糟糕地使之皈依的罪人，他虽然对某事感到很是懊悔，但却很快把这种**懊悔**（它永远不会变成**忧伤**）忘掉。他在工作中感到困倦，但却不遗余力地忙于纯然是游戏的事情，因为游戏带有调剂，而坚持不懈却不是他的事情。

B. 深沉的人的黑胆汁质气质

有黑胆汁质倾向的人（不是黑胆汁质的人；因为这意味着一种状态，而不是纯然对某种状态的倾向）对关涉他自身的一切事情都给予很大的重要性，到处都发现担忧的原因，并且把自己的注意力首先集中在困难上，就像与此相反，多血质的人从成功的希望开始一样。因此，前者思维深刻，就像后者只是肤浅地思维一样。他不轻易许诺，因为守信对他来说是珍贵的，但守信的能力却是令人忧虑的。不是说这一切都是出自道德原因发生的（因为在这里所说的只是**感性**动机），而是因为相反的东西将给他带来麻烦，并正因为此而使他担心、多疑和疑虑，但由此也不能接受快乐感。——此外，这种心境如果是习惯性的，就毕竟与博爱主义者的那种心境至少在魅力上是相反的，后者更多的是多血质的人的遗传素质：因为**自己**都必定缺少快乐的人，将很难给予别人欢乐。

2. 行为的气质 〔289〕

C. 热血的人的胆汁质气质

关于他，人们说：他是**暴躁的**，像秸秆点燃的火一样迅速燃烧起来，得到别人的让步就可以很快平息下来，在这种情况下发怒而不记恨，也许甚至还喜爱很快就向他让步的人。——

他的行为是**迅捷的**，但并不持久。他忙忙碌碌，但自己并不喜欢承担工作，这正是因为他并不持久，因而喜欢仅仅当司令官，领导工作，但自己却并不想去执行。因此，他的占统治地位的情欲是求名欲；他喜欢从事公共事务，想受到大声赞扬。所以，他爱面子，爱**形式上的**排场；他喜欢为人辩护，外表上宽宏大量，但不是出自爱，而是出自骄傲；因为他更爱他**自己**。——他守秩序，因而显得比实际上更聪明。他贪财，为的是不吝啬；他彬彬有礼，但在交往中拘于礼仪、呆板和装腔作势；他喜欢有某个谄媚者，来作为自己开玩笑的靶子；他由于别人抵制自己**骄横的**无理要求而承受的伤害，甚至多于吝啬鬼由于别人抵制自己**贪财的**无理要求所承受的，因为一点儿尖刻的玩笑就会吹散他的重要性的名望，而吝啬鬼却通过赢利来补偿自己这方面的损失。——总而言之，胆汁质气质在一切情况下都是最不幸福的，因为它给自己招来的抵制最多。

D. 冷血的人的黏液质气质

黏液质意味着**无激情**，而不是惰性（无生气），而且不可以由于一个人有很多黏液就马上把他称为一个冷漠的人，或者称他是冷淡的，在这个名称下把他归入懒汉之列。

黏液质作为**弱点**，是无所事事的倾向，即不让自己哪怕是
〔290〕被强有力的动机推动去工作。这方面的麻木不仁就是自甘无用，而偏好就只对准了吃饱睡足。

与此相反，黏液质作为**长处**，却是这样一种特点：不是轻易地或者**迅速地**，但尽管缓慢却**持久地**被打动。体内混有适当剂量黏液的人是慢慢地热起来的，但他保持这热度却更长久。他不轻易陷入愤怒，而是先考虑自己是否应当愤怒；另一方面，即使胆汁质的人发火，他也不能使这个坚定的人离开自己的冷血状态。

大自然给冷血的人装备有完全正常的理性剂量，但同时装

备了这种黏液，他并不光华四射，但却是从原理而不是从本能出发的，他不会为任何事情感到后悔。在他这里，他那幸运的气质代替了智慧，人们甚至在日常生活中常常称他为哲学家。他由于这种气质而胜过别人，却并不伤害别人的虚荣心。人们也常常称他为**狡黠的**；因为所有射到他身上的弹丸都像射到一个羊毛口袋上一样从他身上弹开了。他是一个容易相处的丈夫，知道怎样获得对妻子和亲属的统治，但他又显得顺从所有人的意愿，因为他懂得用自己那不屈不挠的、但却深思熟虑的意志，使他们的意志转变成他自己的意志，就像质量小而速度大的物体在发生碰撞时钻穿阻碍它们的障碍，速度小而质量大的物体则把这障碍一起带走，并不击碎它一样。

如果一种气质就像人们通常认为的那样，应当与另一种气质结伴，例如：

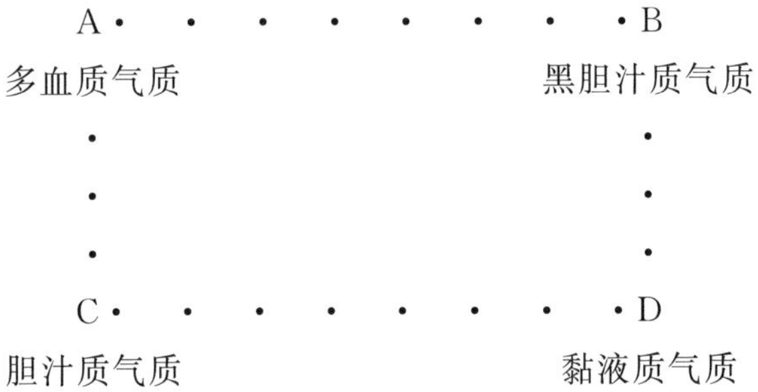

那么，它们就要么相互**对抗**，要么相互**中和**。如果要设想多血质气质与黑胆汁质气质以及胆汁质气质与黏液质气质在同一个 〔291〕
主体身上结合起来，就会发生前一种情况，因为它们（A 和 B 以及 C 和 D）相互矛盾。——第二种情况，亦即中和，会在多血质气质与胆汁质气质以及黑胆汁质气质与黏液质气质（A 和 C 以及 B 和 D）相混合（仿佛是化学的混合）时就会发生的。因为不能设想好脾气的快乐在同一个行为中与吓人的愤怒相融

合，同样不能设想自我折磨者的痛苦与自我满足的心灵的满意平静相融合。——但是，如果这两种状态在同一个主体身上一个与另一个交替出现，那么，这是纯然的情绪，而不是任何确定的气质。

因此，不存在一种**复合的**气质，例如一种多血胆汁质气质（轻浮的人都自称有这种气质，他们在这种情况下装扮成仁慈而又严厉的主人），相反，总共只有四种气质，它们的每一种都是单纯的，而且人们不知道该怎样评价那种说有一种混合的气质的人。

欢乐和轻松、深沉和妄念、慷慨和固执，最后，冷漠和迟钝，都只是作为气质的结果，在与其原因的关系中才被区别开来的。①

（三）论作为思维方式的个性

能够绝对地说一个人："他有一种**个性**"，这对于他来说就

〔292〕不仅是**说**了很多，而且是**称赞**了很多；因为这是激起对他的敬重和钦佩的一种罕见性质。

① 气质的不同对公共事务有什么影响，或者反过来，公共事务（由于公共事务中惯常的练习对气质的作用）对气质的不同有什么影响，人们在这种情况下也声称是一方面通过经验、另一方面也借助于揣测的偶然原因挖空心思想出来的。这样说，例如：

在宗教中胆汁质的人是**正统的**，
多血质的人是自由**思想家**，
黑胆汁质的人是**狂热者**，
黏液质的人是**冷漠主义者**。

不过，这是些已经被抛弃的判断，它们对于个性法来说，只具有滑稽的玩笑所赋予它们的那点儿价值（valent，quantum possunt［它们有多大能力，才有多大价值］）。

如果人们把这种称谓一般而言理解为可以有把握地期待于他的东西，无论是好的东西还是坏的东西，那么，人们通常就补充说：他有**这种**或者**那种**个性，而且在这种情况下，这个表述就说的是**性情**。——但是，绝对地具有一种个性，这意味着意志的这样一种属性，按照它，主体把自己束缚在某些实践原则之上，这些原则是他通过自己的理性不变地为自己规定的。现在，尽管这些原理有时候也会是错误的和有缺陷的，但意志中一般而言形式上的东西，即按照坚定的原则来行动（不是像在一群蚊蝇之中那样时而跳到这边，时而跳到那边），则自身具有某种珍贵的和值得惊赞的东西；就像它在这种情况下也是某种罕见的东西一样。

在这方面，重要的不是大自然把人造就成什么，而是人**把自己造就**成什么；因为前者属于气质（在这方面，主体大多数情况下是被动的），而惟有后者才使人认识到他具有一种个性。

人的其他一切好的和有用的特性都具有一种**价格**，可以与别的带来同样多好处的特性进行交换；才能有一种**市场价格**，因为领主或者庄园主能够以各种各样的方式来使用这样一个人；——气质具有一种**亲和价格**；人们能够与他愉快地聊天，他是一个适意的社交伙伴；——但是，个性却具有一种内在的**价值**①，并且高于一切价格。

① 在一次聚会中，一位水手听到学者们关于自己中间根据其学科而有的等级的争论。他就以自己的方式来裁定这场争论，也就是说：他所掳获的一个人在阿尔及尔的市场上会让他卖得多少钱。在那里没有一个人会需要神学家和法学家；但医生却懂一门手艺，能够卖现钱。——给英国国王雅各一世喂过奶的保姆曾请求这位国王，让他使自己的儿子成为**绅士**（文雅的人）。雅各回答说："这我做不到；我大可以使他成为伯爵，但他必须自己使自己成为绅士"。——第欧根尼（犬儒学派）曾经（像所谓的历

〔293〕

论仅仅由人具有一种个性或者没有个性而产生的特性

1. **模仿者**（在道德事务上）没有个性；因为个性正在于思维方式的原创性。它是从它自己开发的源泉汲取其行为举止的。但是，有理性的人毕竟也不可以因此就是**怪人**；甚至他永远不会是这样，因为他立足于对每个人都有效的原则。怪人是有个性的人的**效法者**。出自气质的乖顺是一幅水彩画，而不是个性特征；但如果把个性特征画成漫画，那就是对具有真正个性的人的肆意嘲讽了，因为他并不参与一度成为公共习俗（成为时尚）的恶事，就这样被说成是一个怪人。

2. 作为气质禀赋的恶毒毕竟不像没有个性的气质禀赋的乖顺那样糟糕；因为人们能够通过个性来对恶毒取得优势。——甚至一个具有恶的个性的人（如苏拉），即便他由于其坚定准则的残暴而激起憎恶，却毕竟是一个钦佩的对象，就像**刚毅**一般而言与**仁慈**相比较一样。当然，为了产生比在现实中更是理想的东西，也就是说，为了配得上**思想崇高**这个称号，必须发现这二者在主体中结合起来。

3. 在下定决心时强硬的、不屈不挠的精神（如在查理十二那里），虽然是一种对个性十分有益的自然禀赋，但一般而

史所说的那样）在一次航海时于克里特岛被劫掳，并在市场上被拿出来当做奴隶公开出售。“你能干什么，你懂得什么？”把他带到高台上的经纪人问他。“我懂得**统治**”，哲学家回答说，“你给我找一个需要一位**主人**的买主吧。”商人埋头沉思了这个古怪的非分要求，做了这笔古怪的交易：他把自己的儿子交给第欧根尼去教育，随他意把这个儿子造就成什么，自己则到亚洲去经商若干年，然后回来时发现他那过去粗野的儿子已被改变成一个精干的、有礼貌的、有德性的人。——这样，人们大概就能够估量出人的价值的层次了。

言还不是一种确定的个性。因为这要求有从理性和道德实践原则产生的准则。所以，人们不能有理由说：这个人的恶毒是他的一种个性特点；因为那样的话，他就会是魔鬼般的；但是，人绝不**赞同**心中的恶，这样，真正说来就没有出自原理的恶毒，而是只有出自离弃原理的恶毒。〔294〕

※ ※ ※

因此，人们最好是以否定的方式来陈述涉及个性的那些原理。它们是：

A. 不要故意说假话；因此，也要说话谨慎，以免招致反悔的责骂。

B. 不要虚伪；不要当面显得是善意的，背后却是敌意的。

C. 不要撕毁自己的（所承认的）许诺；这也包括：甚至还尊重对一种如今已破裂的友谊的**怀念**，并且不在后来滥用别人以前的信任和坦诚。

D. 不要在鉴赏交往中与思想败坏的人为伍，牢记 noscitur ex socio etc. [因其友而知其人等等]，把交往只限制在工作上。

E. 不要把出自别人浅薄和恶意的判断的流言飞语放在心上；因为若不然，就已经暴露了弱点；同样，也要控制对违背时尚的恐惧，时尚是一种转瞬即逝的、易变的东西，而且如果时尚已经获得一些重要的影响，就至少不要把它的要求扩展到道德上去。

意识到自己的思维方式中有一种个性的人，并不是天生就具有这种个性，而是在任何时候都必须**获得**它。人们也可以假定：个性的确立就如同一种再生，具有某种他为自己立下誓言的庄重性，它使得这誓言和在他内心发生这种转变的时刻如同一个新时期一样对他来说难以忘怀。——教育、榜样和教诲能够造成在原理上的这种坚定性和持久性，一般而言**并不是逐渐**

地，而只是仿佛通过在厌倦了本能的动摇状态之后突然产生的一种爆发进行的。也许，只有少数人在30岁之前尝试过这种变革，而在40岁之前牢固地确立了这种变革的人就更少了。——想要抱残守缺地成为一个更好的人，这是一种徒劳的尝试；因为当人们努力于另一种印象的时候，前一种印象就消
〔295〕失了；但是，一种个性的确立是一般生活方式的内在原则的绝对统一。——人们也说：**诗人**没有个性，例如在放弃一个奇思妙想之前伤害自己最好的朋友；或者说，在必须服从一切形式的宫廷侍臣那里根本找不到个性，而在以同一种心境同时既向天上的主也向地上的主献殷勤的神职人员那里，个性的坚定性也是很糟糕的，因此，具有一种内在的（道德的）个性，也许只是，并将依然是一种虔诚的愿望罢了。但是，也许完全是**哲学家**要为此负责：因为他们还从未尝试特别地充分澄清这个概念，只是残缺不全地，而从未**完整地**使德性以其美丽形象呈现出来，引起所有人的注意。

一言以蔽之：使得在对自己表白的内心中，同时在对待别人的态度中的真诚成为自己最高的准则，这是一个人意识到自己具有一种个性的惟一证明；而由于具有个性是人们能够向一个有理性的人所要求的最小值，但同时也是内在价值（人的尊严）的最大值，所以做一个有原理的人（具有一种确定的个性），这对于最普通的人类理性来说也必定是可能的，因而在地位上胜过最大的才能。

论相面术

相面术是从一个人的可见形象，因而是从外表出发来评判他的内心的艺术，所依据的是他的性情或者思维方式。——人们在这里评判他，不是在他的疾病状态，而是在他的健康状态时；不是在他心灵激动时，而是在他心灵平静时。——不言而

喻，如果人们怀着这种意图来评判的人，发觉人们在观察他，在窥视他的内心，那么，他的心灵就不平静，而是处在强制和内在激动状态，甚至是处在发现自己遭受别人审查的不满状态。

如果一块表有一个招人喜欢的外壳，那么，人们由此（一位著名的钟表匠说）并不能有把握地判断其内部也是优秀的；但是，如果外壳做得很差，那么，人们就能够相当肯定地推断其内部也不怎么样；因为工匠毕竟不会由于忽视其费工最少的 〔296〕 外壳，而败坏一件努力并且精心制造的作品的声誉。——但是，按照一个人类的工匠与大自然的无法探究的创造者的类比，这里也会作出荒唐的推论，说他大概也会给一个善良的灵魂配上一个漂亮的躯体，以便在别的人那里推荐他所创造的这个人，使他被接受，或者也反过来使一个人被别人吓退（hic niger est，hunc tu Romane caveto［这里有个黑人，罗马人，你可要提防他啊！］）。因为**鉴赏**包含着一个人对别人（根据其美或者丑）是喜欢还是反感的纯然主观的根据，对于客观上以带有某些自然性状的人的此在为目的（这目的我们绝对不能看出）的那个**智慧**来说，并不能充当准绳，以便在人身上把这两种异质的东西设想为在同一个目的中结合起来的。

论大自然导向相面术

对于我们应当信任的人，无论他怎样让我们有好印象，我们都要事先看一看他的脸，尤其是看一看他的眼睛，以便探究一下我们面对他能够期待什么，这是一种自然冲动，而他的神情中的排斥力或者吸引力则决定着我们的选择，或者也使我们在了解他的品德之前有所疑虑，而这样就不容置疑，有一种相面术的个性法，但它永远不能成为科学，因为暗示着被观察主体的某些偏好或者能力的人类**相貌**特征，是不能通过按照概念进行的描述，而只能通过直观或者其模仿中的反映和展现来理解的；这时人的相貌通常是按照其多样性来接受评判的，其中每一种都应当暗示着人内心中一种特殊的内在特性。

巴普蒂斯塔·波塔的人物头部漫画据说按照类比，与某些具有个性的人物面部相比较来表现动物头部，并由此推论到二
〔297〕者里面自然禀赋的一种类似性，它们早已被遗忘；**拉法特**对这种鉴赏的广泛传播，通过剪影而在一段时间里成为普遍受欢迎的、价廉物美的货物，新近已被完全抛弃；剩下来的几乎只有（冯·阿痕霍尔兹先生的）那种含混的说明：人们通过扮鬼脸来私下模仿一个人的脸，这张脸也同时激起与此人的个性相一致的某些思想和感觉；——在此之后，作为借助某些外部的、不自觉地给出的符号来窥视人的内心的艺术，相面术完全无人问津了，它所剩下的，无非是培养鉴赏的艺术，而且不是在事物上，而是在道德、风度和习俗上，为的是通过一种有益于与人的交往和一般人类知识的批判来襄助鉴赏的培养。

相面术的划分

关于具有个性的东西：1. 在**脸型**上；2. 在**面部特征**上；3. 在**习惯性的面部表情**（神情）上。

1. 论脸型

值得注意的是：希腊艺术家也在头脑中有过（诸神和英雄们的）脸型理想，它应当表现永恒的青春，同时表现没有任何激情的平静——在**浮雕**和**凹雕**塑像中——，而不加进一种**魅力**。——**希腊的**垂直**剖面**使眼睛比按照我们的鉴赏（它着眼于魅力）所应有的凹陷更深，甚至一座美第奇时期的维纳斯塑像也缺乏魅力。——其原因可能是：由于理想应当是一个确定不变的规格，所以从面部突出与额头形成一个角度（在这种情况下，这个角度可大可小）的鼻子，并不会像属于规格的东西所要求的那样，充当相貌的一个**确定的规则**。即便是现代的希腊

人，尽管他们通常在其余身体结构上具有美的造型，毕竟在他们的面部不具有剖面的那种庄重的垂直性，这种剖面似乎证明了在作为**典范**的艺术品方面的那种理想性。——按照这些神话的范型，眼睛凹陷得更深，在鼻根处有点儿被置入阴影中；与此相反，当今时代的人被视为美的脸，带有鼻子从额头方向的一个小凸起（鼻根处的凹陷），人们认为更美。 〔298〕

如果我们就人们实际所是的样子来听从我们的观察，那么就表现出：一种完全匀称的**合规则性**往往显示出的是一个平常的没有精神的人。**中等**显得是美的基本尺度和基础，但还远远不是美本身，因为美本身要求某种具有个性的东西。——但是，人们也可以在一张脸上发现这种具有个性的东西却没有美，其中表情毕竟对他十分有利，尽管是在别的（也许是道德的或者审美的）关系中；也就是说，时而在这里，时而在那里，时而在额头、鼻子、下巴或者头发的颜色等处对一张脸挑剔，尽管如此却承认，对于人物的个体性来说，这张脸毕竟比合规则性无懈可击时更招人喜欢，因为合规则性往往也带有无个性。

但是，人们不应当挑剔一张脸的**丑陋**，只要它在自己的特征中没有暴露出一个被恶习败坏了的心灵，或者也有这方面的一种自然的、但却不幸的倾向：例如，一说话就狞笑的人的某种特征，或者在看别人脸时毫无宽和温柔之色的狂妄无知的某种特征，并由此表明，人们拿他的那种判断毫无办法。——有一些人，他们（如法国人所说）面目**可憎**，据说人们可以用这些脸把孩子吓得上床睡觉，或者有一张被天花毁坏并极为古怪的脸，或者如荷兰人所说，有一张 wanschapenes（仿佛是在妄念中、在梦中想出的）脸，但毕竟同时表现出如此之多的和善与欢乐，以至于自己拿自己的脸开玩笑，因而绝不可以被称为丑陋，尽管有一位女士说他们（如谈到法兰西科学院的**佩里松**时），“佩里松滥用男人们丑陋的特许”，此时他们也许根本

不生气。更恶劣和更愚蠢的是：一个人们可以指望他有品德的
〔299〕人，却像下等人那样甚至挑剔一个残疾人的那些往往只是有益于提高其精神优势的缺陷；这如果针对的是幼年时遭到的不幸（说：你这瞎狗、你这瘸狗），便真的使他们恶毒起来，并对身体完好因而自命不凡的人怀恨在心。

通常，对于从未走出自己国土的人们来说，外国人本乡本土的异常面孔往往就是他们取笑的对象。于是在日本，小孩们追着在那里做生意的荷兰人喊："啊呀，好大的眼睛，好大的眼睛！"中国人则觉得有些造访他们国家的欧洲人的红头发是令人反感的，而蓝眼睛则是好笑的。

仅就头盖骨而言，它们的形状构成了人们相貌的基础，例如坎培尔，尤其是布鲁门巴赫所描述的黑种人、卡尔梅克人、南太平洋印第安人等等，对此的说明更多地属于自然地理学，而不是实用人类学。二者之间的一个中间物则是如下说明：即便是在我们这里，男性的额头通常也是**平的**，而女性的额头则更多的是**圆的**。

一个翘鼻子是否表明一个爱嘲笑的人；中国人的脸型特点是否是他们的固执的一个迹象，人们说他们的下颚比上颚更突出一些；或者美洲人的脸形特点是否是一种天生低能的标志，他们的额头两边也长满了毛发，等等；这些都是只允许做一种不可靠的解释的揣测。

2. 论面部特征上具有个性的东西

对于一个男人来说，哪怕是在女性的判断中，有损于他的事情并不是他的脸由于肤色或者痘痕而变丑并且不可爱；因为如果在他的眼睛里闪烁着和善，同时从他的目光中闪烁出正直的人在意识到自己的力量时与平静相结合的表情，那么，他可以一直是可爱并值得爱的，而且普遍被视为这样。人们拿这样的人及其可爱之处（per antiphrasin［通过说反话］）来逗乐，一

个妻子也可以为有这样一个丈夫而自豪。这样一张脸并不是**漫画**，因为漫画是在激情中对这张脸的蓄意夸张的描绘（**歪曲**），是为了取笑而虚构的，属于表情；毋宁说，必须把这张脸算做大自然中的某种变异，而且不能被称为丑脸（丑脸会是吓退人的），而是能够唤起爱情的，尽管它并不可爱，虽不美却毕竟不丑。① 〔300〕

3. 论神情的具有个性的东西

神情是活动起来的面部特征，人们是被或多或少强烈的激情置入这种活动的，而这种激情的倾向就是人的个性特征。

一种激情的痕迹很难不通过神情暴露出来；它通过在表情上或者在声音上的努力克制而自动暴露出来，而且在控制自己的激情方面太弱的人，在他那里神情活动也将（违背他的理性的酬谢）把他喜欢隐藏起来、瞒过别人眼睛的内心揭露出来。但那些精于此道的人，如果他们毕竟被人猜了出来，就不被视为人们可以信任地与之打交道的最好的人；尤其是在他们熟练地装出与他们的所作所为相矛盾的神情时。

① 在伦敦有一位德裔音乐家**海德格**，他是一个长相怪诞，但却头脑清醒、聪明伶俐的人，就连上流人士也喜欢在社交中与他谈话。——有一次他突发奇想，在一个潘趣酒会上对一位勋爵断言说，自己的脸在伦敦是最丑的。勋爵想了想，建议打赌，要给他找出一个更丑的人来，并派人叫来一个嗜酒成瘾的女人。这女人一出现，整个酒会都哄堂大笑，并且喊道："海德格，你打赌输了！"——"没有这么快"，海德格回答说，"现在让这女人戴上我的假发，而我要戴上她的圆锥帽；然后我们再看。"这样一来，所有的人都笑得要背过气了。因为那女人看上去像一个风度翩翩的男人，而小伙子则像一个巫婆。这证明，要说某人美，至少还算漂亮，人们必须不是绝对地，而是始终只是相对地作出自己的判断，而且对于一个小伙子来说，根本不能因为他不太漂亮就说他丑。——惟有脸上令人恶心的肉体损伤才能让人这样说。

〔301〕 对于那些不自觉地暴露出内心，但毕竟在这里是蓄意欺骗的神情，其解释艺术可以给许多巧妙的说明提供理由，我只想考虑其中的一种。——如果某人平常并不斜视，在他讲话时看着自己的鼻子尖，并由此斜视，那么，他所讲的话就任何时候都是谎言。——但是，人们必须不把一个斜视者有生理缺陷的眼睛状态归入此列，他是可能完全没有这种恶习的。

此外，有一些大自然所制定的表情，它们使一切种族和一切气候的人们即便没有约定也相互理解。属于此类的有**点头**（肯定）、**摇头**（否定）、**仰头**（抗拒）、**晃头**（惊奇）、**皱鼻**（嘲讽）、**冷笑**（嘲笑）、拉**长脸**（拒绝要求）、**皱眉**（苦恼）、**迅速张合嘴**（呸!）、来回**摆手示意**、**双手拍头**（吃惊）、**握拳**（威胁）、**鞠躬**、**手指放在嘴上**（compescere labella［管住嘴巴］）以要求沉默、**发嘘声**等诸如此类。

零散的附释

经常重复的、不自觉地伴随着心灵活动的神情，逐渐地成为常驻的面部特征，但在死时就消失了；因此，如拉法特所觉察的，在活着时显露出是一个恶棍的那种吓人面孔，在死时（反而）仿佛是变高尚了，因为当一切肌肉都松弛下来时，仿佛剩下的就是无辜的宁静表情。——于是，就也可能有这样的情况：一个人不受诱惑地度过了自己的年轻时代，在后来的岁月里尽管身体完全健康，却由于生活放荡而有了另一副面孔；但不能由此推论出他的自然禀赋。

人们也谈到**平庸的**面孔，以与讲究的面孔相对立。后者无非是指与谄媚的优雅风度相结合的那种自以为是的装腔作势。这种装腔作势惟有在大城市里才泛滥开来，在这里人们相互摩擦，把自己的棱角都磨光了。因此，那些在农村出生和受教育的官员，当他们带着家眷被提升到城市的显赫职位上来，哪怕只是与地位相符地取得这方面的资格，都不仅在他们的风度 〔302〕上，而且在面部表情上表现出某种平庸的东西。因为既然他们几乎只与自己的下属打交道，在自己的活动范围里感到为所欲为，所以面部肌肉就没有获得那种柔韧性，即在所有关系中，对更高贵、更卑微和平等的人，培养出适合于与他们的交往以及与此相结合的激情的神情活动，这种活动并不付出什么东西，但却是被顺利接纳入社交所要求的。与此相反，同等级的精于城市风度的人们由于意识到在这方面对别人有一种优越性，就使这种意识通过长期练习成为习惯性的，以稳定的特征铸压在其面孔上。

恭顺的人如果长时间在机械的礼拜仪式中受到训练，并仿佛在这方面僵化了似的，就在占统治地位的宗教或者崇拜方面给全体人民带来了该宗教界限内的**国民特征**，这些特征使得他们自己具有了相面术的个性。弗·尼古莱先生就是这样谈到巴伐利亚那些令人讨厌的**受祝福的**面孔的；与此相反，旧英格兰的**约翰·布尔**则无论到哪里去，在外地或者是在其本国面对外国人，都已经在脸上带有不拘礼节的自由。因此，也有一种国民相貌，它恰恰不可以被视为天生的。——在法律为惩罚而集中起来的团契中，有一些具有个性的标志。关于阿姆斯特朗的**拉斯斐斯**监狱、巴黎的**比赛特**监狱和伦敦的**新街**监狱中的囚犯，一位机灵的德国游医觉察：这多半是一些有骨感的并且意识到自己的优越性的家伙；但是，没有一个人可以用演员**奎因**的话说，“如果这家伙不是一个无赖，那造物主的作品就叫人看不懂了”。因为要如此强加否定，那就需要更多的区别能力，即把大自然仅仅为了产生气质的多样性而以其构成的形式推进的活动，与它在这里为了道德而做或者不做的活动区别开来，比某个有死的人可以自诩拥有的区别能力更多。

〔303〕

二、性别的个性

与其他用较大的力气的机器相比，在所有用较小的力气就可以达成同样多的效果的机器中，必定被注入了**艺术**。因此，人们已经可以预先假定：大自然的筹划注入女性肌体中的艺术要多于注入男性肌体中的艺术，因为它给男人装备了比女人更大的力气，以便把二者为了最紧密的**肉体**结合而聚在一起，但也作为**有理性的**存在者为了其最关注的目的聚在一起，即种的保存，此外在那种性质（作为有理性的动物）中给他们配备了社会偏好，即在家庭结合中延续他们的两性联合。

对于一种结合的统一性和不可分解性来说，两个人格的任意会合是不够的；一方必须**服从**另一方，并且交互地一方在某一点上胜过另一方，以便能够控制或者统治另一方。因为在相互不可或缺的两个人的要求**相等**时，自爱所造成的就全是争吵。在**文化的进展**中，一方必须以异质的方式占优势：男人通过自己的体力和勇气胜过女人，女人则通过控制男人对自己的偏好的天赋而胜过男人；与此相反，在尚未开化的状态中，优势只在男人一边。——因此在人类学中，女性的特点比男性的特点更多的是哲学家的研究对象。在原始的自然状态中，人们可能认识女性的特点与认识野生苹果和野生梨的特点一样少，后者的多样性惟有通过枝接或者芽接才揭示出来；因为文化并没有带入这些女性性状，而只是推动它们去发展，并在有利的条件下清晰可辨。

女性的名字就是软弱。人们拿这开玩笑；傻瓜们以此来嘲笑她们，但有理性的人却很清楚地看到，软弱恰恰是驾驭男性并将之用于自己的那种意图的工具。男人是容易研究的，而女
〔304〕人则不暴露自己的秘密，尽管别的女人的秘密（由于她的多嘴）在她这里保守得很差。男人喜欢**家庭和睦**，并且甘愿服从

女人的统治，只要发现自己的事务不受阻碍；女人不怕**家庭纷争**，她用口舌来进行这种纷争，大自然就是为此目的而赋予她以饶舌和充满激情的辩才，这种辩才使得男人缴械投降。男人立足于强者的权利，即在家中发号施令，因为他应当保护家庭而抵御外部敌人；女人立足于弱者的权利，即受男方保护而抵御别的男人，并用怨恨的眼泪，通过指责男人没有气量来使男人失去抵抗能力。

当然，在原始的自然状态就是另一回事了。女人在那时是一种家畜。男人手拿武器走在前头，女人背负装着家什的口袋跟随其后。但即便在一种野蛮的公民宪政使得多妻制成为合法的地方，最受宠幸的女人也懂得在自己的宫墙（被称为后宫）里面赢得对男人的统治，而男人的麻烦是，在许多女人围绕惟一者（应当控制他的那一个）的争吵中，马马虎虎地制造平静。

在公民状态中，女人委身于男人的欲望，只能通过婚姻，确切地说是**一夫一妻制**的婚姻。在这里，当文明化还没有一直上升到**风流**中的女性自由（除了一个男人之外还公开有别的男人作为情人）的时候，男人对有外遇而威胁到他的妻子施加惩罚。①

① 关于俄国人有一个古老的传说：如果妻子不在某个时候得到丈夫一顿痛打的话，她们就要怀疑自己的丈夫与别的女人有来往了，这通常被认为是胡编乱造。然而，人们在库克的游记中发现：当一位英国水手在塔希提岛看到一个印第安人用痛打来管教他的妻子时，他想表现骑士精神，威胁着向那人冲去。女人原地转身冲着英国人，问这与他有何相干：男人必须这样做！——同样，人们也将发现，如果已婚妇女公开招蜂惹蝶，而她的丈夫根本不再关注此事，而是用潘趣酒会、聚赌或者其他情人来补偿这方面的损失的话，在女方产生的就不仅是蔑视，而是还有**仇恨**，因为妻子在这一点上看出，丈夫如今把她看得一钱不值了，并且毫不在乎地把自己的老婆让给别人，来啃同一块骨头。

但是，当风流成为时尚，而吃醋变得可笑时（这种事在奢侈的
〔305〕时候并不缺少），女性的个性就揭示出来了：用自己对男人们的惠顾来要求自由，同时也要求对整个男性的征服。——这种偏好虽然被称为卖弄风情，名声不好，但毕竟不是没有一个现实的根据来作辩护。因为一个少妇毕竟总是有成为寡妇的危险，这就使得她把自己的魅力施展到一切碰巧了就能结婚的男人身上；这样，如果发生了那种情况，她就不会缺少求婚者了。

蒲柏相信，人们可以通过两点来说明女性（当然，是指女性开化了的部分）的个性：**统治**的偏好和**享乐**的偏好。——但人们一定不要把后者理解为家庭的享乐，而是要理解为公共的享乐；在这里事情显得对她们有利并且出众；这时第二种偏好也融入前一种偏好，也就是说：在讨人喜欢方面不逊于她们的情敌，而是通过自己的鉴赏和自己的魅力来尽可能战胜所有情敌。——但是，就连上述第一种偏好，也与一般偏好一样，并不适用于说明一般而言一类人在对另一类人的态度上的个性。因为对有利于我们的东西的偏好，是所有人共有的，因而也是只要我们有可能就会进行统治的偏好；所以它并不**说明个性**。——但是，这个性别与自己不断争斗，相反与另一个性别相处时却名声相当不错，这一点倒也许能够算做女性的个性，如果一个女人在男人们的宠爱和顺从方面占了别的女人的上风，这不纯然是竞争的自然后果的话。因为在这种情况下，**统治**的偏好是现实的目的，而**公共享乐**，就它使女性魅力的活动空间得到扩展来说，只是使前一种偏好获得效果的手段而已。

惟有通过不是把我们当做自己目的的东西，而是把确立女性时是**大自然的目的**的东西用做原则，人们才能达到这个性别的个性法，而由于这个借助于人们的愚蠢来达成的目的

本身，毕竟按照自然意图来看必须是智慧，所以这些揣测的目的也能够被用于充当自然意图的原则，这个原则并不取决于我们的选择，而是取决于对人类的一种更高的意图。它们是：1. 种的保存；2. 通过女性来陶冶社会，使社会变得 〔306〕
文雅。

一、当大自然把它最珍贵的信物，亦即物种，在使人类得以繁衍和永恒化的胎儿身上托付给女人的腹部时，它仿佛在种的保存方面有所恐惧，并把这种**恐惧**，亦即对**身体**受伤的恐惧，以及对这类危险的畏怯，植入了女性的本性；由于这样的软弱，这个性别有权要求男性给予自己保护。

二、大自然由于也想引起属于文化的更文雅的感觉，亦即善于交际和举止得体的感觉，所以及早聪明地使这个性别通过其端庄、善于辞令和神情而成为男性的统治者，要求男性温存有礼地对待她们，以至于男性从孩提时代就无形中受到自己的宽宏大量的束缚，而且即使没有看到自己被带到道德性本身，也毕竟被带到是道德性之外衣的东西那里，即文明得体，它是道德性的准备和劝勉。

零散的附释

女人要统治，而男人则要被统治（尤其是在婚前）。因此就有古代骑士们的风流。——这种风流早就包含着招人喜欢的信心。年轻人总是担心招人讨厌，因此在女人圈子里不知所措（拘束）。——女人从其性别的头衔出发就已经在坚持女性的这种骄傲，即用自己所引起的尊重来摆脱男人的一切纠缠，以及即便没有功绩也要求对自己尊重的权利。女人是**拒绝者**，男人是**追求者**；女人的屈从就是恩惠。——大自然要让女人被追求，所以女人在（按照鉴赏）作选择时不必那么挑剔，而大自然也把男人构造得更为粗犷，只要他在自己的形象上表现出保护女人的力量和精干，他就已经招女人喜欢；因为假如女人在形象美这方面是令人恶心的，并且在能够恋爱的选择上是挑剔的，那么，她就会不得不表现为追求者，而男人则表现为拒绝者；这甚至会在男人的眼睛中完全降低女性自己的价值。——
〔307〕在爱情中，女人必须显得冷淡，与此相反，男人必须显得充满激情。对于男人来说显得丢脸的是不顺从一个恋人的要求，而对于女人来说则显得丢脸的是轻易顺从一个恋人的要求。女人要在一切文雅男人身上施展其魅力的欲望是卖弄风情，而显得爱上所有女人的姿态则是风流；二者都可以是纯然成为时尚的矫揉造作，没有任何认真的结果，就像**招情夫**是已婚女人的一种装腔作势的自由，或者过去同样地在意大利存在过的**高级妓女业**一样（此外，在 *Historia concilii Tridentini* ［《特兰托公会议史》］中说：erant ibi etiam 300 honestae meretrices，quas cortegianas vocant［那里当时甚至有300名高级妓女，他们称之为交际花］），对此有人说，比起在私人家中的混杂聚会的文化来，它包含着更多的**公开**文明交往的纯正文化。——男人在婚姻中只追求**他自己的**妻子，但女人却追求**一切**男人的倾慕；她们只是出自嫉妒而为了自己这个性别的眼睛来**打扮**自己，即要在魅力上或者在高贵举止上压倒别的女人；与此相反，男人是为了女性打扮自己，如果只是为了不因自己的上衣而让自己的妻子蒙羞也可以叫做打扮的话。 男人温和地评价女性的缺点，女人则评价起来（公开地）很严厉，而年轻女人如果能够选择是让一个男性法庭还是让一个女性法庭来评判她们的过失，则肯定会选择前者来做她们的法官。——当精致的奢侈高涨的时候，女人只是出于被迫才表现得端庄，并且毫不隐讳地期望自己最好能变成男人，那样她们就能够给自己的偏好以一个更大的和更自由的活动空间；但没有一个男人想变成一个女人。

女人并不过问男人在婚前的节制，但男人却无比重视女方的节制。——在婚姻中，女人们嘲笑不宽容（一般男人的吃醋），但这只是她们的玩笑罢了；**未婚**女子则对此极为认真。——至于有学问的女人，她们使用自己的**书籍**就像使用自己的**表**一样，也就是说，戴表是为了让人看到她们有表；尽管这块表通常是停摆的或者是没有对准时的。

女性的有德或者无德与男性的有德或者无德无论在方式上还是在动机上都有很大区别。——女人应当是**有耐心的**，男人则必须是**忍耐的**。女人是**敏感的**，男人则是**体贴的**。——男人的家务是**挣钱**，女人的家务是**节约**。——男人**如果爱**就嫉妒，〔308〕女人不爱也嫉妒：因为别的女人获得了多少情人，对于她的崇拜者圈子来说就失去了多少情人。——男人有鉴赏是为了**自己**，女人使自己成为鉴赏的对象是为了**每一个人**。——“世人所说的就是**对的**，世人所做的就是**好的**”，这是一个女性的原理，它是很难与狭义上的**个性**统一起来的。但是，毕竟有一些头脑清醒的女人，她们在与自己的家务相关时光荣地坚持着一种与她们的这个使命相符的个性。——弥尔顿的妻子曾经劝他接受在克伦威尔死后委任给他的一个拉丁文秘书的职位，尽管现在把一个他从前说是违法的政府解释成合法的，这违背他的原理。“啊”，他回答妻子说，“我亲爱的，你和你们性别的其他人都想搭便车，但我，却必须是一个正直的男人。”——苏格拉底的妻子，也许还有约伯的妻子，都被她们头脑清醒的丈夫逼入了困境，但男性的德性却在她们的个性中得到维护，而对于女性的德性来说，在它被置入的这种关系中，也毕竟没有减少她们的个性的功绩。

实用的结论

女性必须在实践事务中自己提高自己和约束自己；男性却

不善于这样做。

年轻的丈夫控制着自己**年纪大些的**妻子，这基于醋意。按照醋意，在性能力上不及另一方的一方，担忧另一方侵犯自己的权利，由此而发现自己不得不勉力对他顺从和殷勤。——因此，每个有经验的妻子，都会劝阻与一个年轻男人的婚姻，哪怕是**同样**年龄；因为在岁月的进程中，毕竟女方比男方老得快，而如果人们连这种不平等也忽略的话，就不能可靠地指望建立在平等之上的和睦了，而一个年轻聪慧的女人却毕竟可以与一个健康然而明显较老的男人更好地使婚姻幸福。——但
〔309〕是，一个也许在婚前就已经放荡地把自己的**性能力**挥霍殆尽的男人，将是他自己家里的小丑；因为他惟有在不亏欠合理的要求时，他才能拥有这种家庭统治权。

休谟注意到，对**婚姻状态**的讽刺比对其**性别**的**挖苦**更使女人们（甚至老处女们）恼怒。——因为后者从来都不当真，而前者也许会当起真来，如果人们把未婚的人所超脱了的那种状态的疾苦相当清晰地表现出来的话。但是，在这个领域里的自由放纵必然会对整个女性来说具有恶劣的后果，因为这个性别会沦为另一个性别满足偏好的纯然工具，但这种偏好却很容易就能发展成厌倦和轻佻。女人因婚姻而自由，男人则因婚姻而失去自己的自由。

尤其是在一个年轻男人身上，窥探他结婚**之前**的道德品质，这绝不是一个女人的事情。她相信能够改善他；她认为一个有理性的女人就已经能够把一个变坏的男人带上正途，她在这种判断中多半发现自己被以最可悲的方式欺骗了。属于此列的还有那些天真的人们的意见：这个人在婚前的纵欲可以既往不咎，因为只要他还没有消耗殆尽，他将在自己的妻子身上充分地满足这种本能。——好孩子们没有想到：在这个领域的放荡恰恰在于享受的交替，而婚姻中的单调将很快使他回到上述

生活方式。①

在这种情况下，谁应当在家中拥有高高在上的指挥权呢？因为毕竟只有一个人能够把所有事务都纳入一种与其目的协调一致的联系中来。——我会用风流的语言（但不无真理）说：女人应当**统治**，而男人应当**治理**；因为是偏好在统治，而理智在治理。——丈夫的态度必须表现出：他把自己妻子的康乐放在心上，胜于其他一切。但是，由于男人必须最清楚地知道，〔310〕他的地位如何，他能够走多远，所以他将像一位大臣对待他那要开始一次庆典或者建造一座王宫的只想享乐的君王一样，首先对他的指挥权表示理所应当的顺从；只不过，例如，国库现在无钱，在这之前必须先完成某些更为迫切的必要事情，等等，以至于最高统治者可以干他想干的一切事，但条件是由他的大臣把这种意志交到他手中。

既然女人应当被追求（因为这个性别所需要的那种拒绝要求这一点），所以，她将不得不在婚姻本身中也试图普遍地招人喜欢，以便如果会成为年轻的寡妇，就可以为自己找到情人。——男人则随着结婚就放弃了所有这样的要求。——因此，因女人这种卖弄风情而吃醋是不公道的。

但是，婚姻中的爱依其本性是**不宽容的**。女人们有时嘲笑这一点，但正如上面说过的，只有在开玩笑时是这样；因为容忍和宽恕外人对这些权利的侵犯，必将导致女方对这样一个丈夫的蔑视，从而也导致对他的恨。

通常，父亲**娇惯**自己的女儿，母亲则**娇惯**自己的儿子，而

① 其结果如同在伏尔泰的游记中那样："终于，"他说，"我回到了我的故乡坎底亚，在那里娶了一个女人，很快就戴上了绿帽子，并发现这是所有生活方式中最惬意的"。

在儿子们中间那个最具野性的小伙子，通常都受到母亲的娇惯：其原因似乎是考虑到两位老人在**死亡降临**时的需要；因为如果男人死去了妻子，他毕竟有自己的长女来做照料他的依靠；如果母亲死去了其丈夫，长大成人的、身强力壮的儿子就负有义务，也有自然的偏好，来尊重她，资助她，使她作为寡妇生活安适。

※ ※ ※

在个性法的这个标题下，我已经逗留过久，似乎与人类学的其他章节不成比例；但是，大自然为了它那无非是种的保存的目的，也给它的这种家政注入了如此丰富多彩的安排，以至〔311〕于如果更为详细地研究，将还有大量足以成为问题的材料，来赞叹并在实践上应用逐渐地发展着的自然禀赋的智慧。

三、民族的个性

人们把**民族**（populus）这个词理解为在某个地域联合起来的人**群**，这是就他们构成一个**整体**而言的。这个人群或者哪怕是它的一部分，认识到自己由于共同的出身而联合成一个公民整体，就叫做**国民**（gens）；使自己置身于这些法律之外的那个部分（这个民族中的野蛮人群）就叫做**暴民**（vulgus）①，其非法的联合就是**纠集**（agere per turbas［聚众行事］）；是一种使它不具有国家公民性质的举动。

休谟认为：如果国民中每一个人都致力于表现自己的特殊

① La canaille du peuple［人中下流胚］这个骂名大概是来源于canalicola，即古罗马一群在水渠旁走来走去并戏弄干活的人的游手好闲之徒（cavillator et ridicularius［爱嘲弄者和爱耍笑者］，参见普劳图斯：《酒徒》）。

个性（如在英国人中间），那么，国民本身就没有个性。我觉得，他在这里错了；因为做作出一种个性，恰恰就是他所属的那个民族的普遍个性，而且是对一切外人的蔑视，这特别是因为，它相信惟有自己能够以一种真正的、把内部的国家公民自由与对外的武力结合起来的宪政而自夸。——这样一种个性与容易造成家人感的**彬彬有礼**相反，是傲慢的**粗野**；一种出自自以为是的独立性而对每一个他人的固执态度，由于这种态度，人们相信不需要他人，因而也可以省掉对他人的殷勤。

以这种方式，地球上的两个**最文明的**民族①，其个性对比鲜明，而且也许主要是因为这一点，他们不断地彼此争斗。这就是英国和法国。他们后天获得的和人为的个性只是其天生个 〔312〕
性的结果罢了，而即便是按照他们的天生个性，他们也或许是惟一能够被认为具有一种确定个性的民族了，而且只要他们不被战争暴力混合起来，这种个性就不会改变。法语成了通用的**会话**语言，尤其是在女性的高雅世界里，而英语则成了商业社会最广泛的**贸易**语言②，这大概是在于他们的大陆位置和岛屿位置的区别。但是，说到他们现在实际上具有的天性及其通过语言的培养，这也许就必须从他们出身的原始民族的天生个性推导出来了；不过，我们缺少这方面的文献。——但在一种实用人类学中，我们只关心：把这两个民族现在如何的个性展示在若干例子中，并且尽可能地系统化；这些例子让人作出判断，一个民族能够对另一个民族期待什么，一个民族如何能够为自己的好处而利用另一个民族。

① 不言而喻，在这个分类中不谈德意志民族，因为若不然，笔者作为一个德国人，其夸赞就会是自夸了。
② 商人精神在吹牛时语气的不同上也表现出其傲慢的某些饰变。英国人说："这人**价值**一百万"；荷兰人说："他**支配**一百万"；法国人则说："他**拥有**一百万"。

那些继承下来的、仿佛是通过长期运用而变成本性并嫁接在本性上的准则，表现着一个民族的性情，它们只不过是一些大胆的尝试，即对一切民族的自然倾向中的**多样性**分类，这与其说是哲学家们在按照理性原则分类，倒不如说是地理学家们在经验性地分类。①

〔313〕 认为一个民族具有什么样的个性，取决于政府种类，这是一种没有根据的、什么也没有说明的说法。因为那样的话，政府自身又从哪里得到它的独特个性呢？——即便是气候和土地，也不能为此提供钥匙；因为所有民族的迁徙都证明，他们都没有因为新的居住地而改变自己的个性，而是仅仅视情况使自己的个性适应新的居住地，毕竟此时在语言、谋生方式上，甚至在衣着上，还总是让人看出他们出身的痕迹，从而也看出他们的个性。——我将更多地从他们的缺点和对规则的偏离方面，而不是从更美的方面（但毕竟也不是用漫画）来勾勒他们的肖像画；因为除了谄媚使人**堕落**，责备倒使人**改善**之外，批

① 把基督教欧洲称为法兰克斯坦的土耳其人，如果去旅行，以求认识人及其民族个性的话（除了欧洲民族之外，没有一个民族这样做，这证明了其他所有民族在精神上的局限性），就会根据人们个性中的缺陷来描绘，也许以如下方式来划分民族个性：1. **时尚之国**（法国）。——2. **情绪之国**（英国）。——3. **预感之国**（西班牙）。——4. **豪华之国**（意大利）。——5. **头衔之国**（德国，连同丹麦和瑞典，都是日耳曼民族）。——6. **主子之国**（波兰），在这里每一个国家公民都想做主子，但除了不是国家公民的人外，这些主子中没有一个人想做臣民。——俄国和欧洲部分的土耳其，二者都多半起源于亚洲，都超出了法兰克斯坦之外：前者是斯拉夫血统，后者是阿拉伯血统，出自两个种族，这两个种族一度统治过的欧洲部分，比其他任何民族所扩展得都更大，并且陷入了一种有法而没有自由的宪政状态，因而其中没有人是国家公民。

评者如果一无例外地只挑剔人们的缺点，便很少会触犯人们的自尊，除非他通过更多或者更少的赞扬而只会激起被评判者相互之间的嫉妒。

1. **法兰西国民**在所有其他国民中因会话鉴赏而独具个性，在这方面他们是所有其他国民的楷模。他们**彬彬有礼**，尤其是对来拜访他们的外人，尽管现在**彬彬有礼**已经不时兴。法国人这样做并不是出自利益，而是出自相互传达的直接鉴赏需要。既然这种鉴赏首先涉及与广大的女性世界的交往，所以女士语言就成了这个世界的通用语言，而且完全没有争议的是：这种方式的偏好按照原理也必定影响到提供服务的心甘情愿、乐于助人的善意，并逐渐影响到普遍的博爱，使这样一个民族在整体上**可亲可爱**。

事情的另一面，是没有充分地用深思熟虑的原理来约束的**活跃**和虽有明见的理性的一种漫不经心，仅仅由于某些形式被评定为陈旧的，哪怕只是被评定为过分的，尽管人们在这些形式上感觉良好，也不让它们长久存在。还有一种传染性的**自由精神**，它也或许把理性自身拉入了它的活动，并在民族与国家的关系中导致了一种震撼一切的热忱，这种热忱还超出了极限。——以印刷术、但却是按照生活描绘出来的这个民族的种种特点，无须进一步的描述，单凭互不关联地抛出的只言片语，作为个性法的材料，就很容易表现为一个整体。 〔314〕

这样一些词：Esprit（代替 bon sens）、frivolité、galanterie、petit maître、coquette、étourderie、point d'honneur、bon ton、bureau d'esprit、bon mot、lettre de cachet，等等，都不能轻易译成别的语言，因为它们与其说描绘了浮现在思维者面前的对象，倒不如说描绘了说这些词的那个国民的性情特点。

2. **英吉利民族。不列颠人**（Briten[①]）的古老部族（一支凯尔特民族）似乎曾经是一帮精干的人；然而，德意志人和法兰西部族的迁入（因为罗马人短暂的出现未能留下明显的痕迹），如同他们混杂的语言所证明的，熄灭了这个民族的原创性，并且由于它的国土的那种抵御外来攻击相当安全、反倒诱惑自己成为攻击者的岛国位置，使它成了一个强大的海上贸易民族，所以它就有了一种自己为自己创造的个性，尽管它真正说来天生不具备一种个性。因此，英国人的个性指的无非是通过早期的教训和榜样而学来的原理，他们不得不为自己制作一种个性，也就是说，装出一种个性；因为一种僵化的思想，即固执于一种自愿接受的原则，或者不偏离某个（不管什么样的）规则，给予一个人的重要性是：人们肯定知道，有人能够从他这里期待什么，而他能够从别人那里期待什么。

说这种个性与法兰西民族截然相反，比与任何一个别的民族都更加严重，可以由此得到解释：因为英国人在与别人交往，甚至在他们自己中间交往时，放弃了作为法兰西民族最优秀的交往特性的一切可爱之处，仅仅要求敬重，此外每个人都想仅仅按照自己的想法生活。——英国人为自己的同胞们建立
〔315〕了庞大的、一切其他民族闻所未闻的慈善机构。——但是，由于命运而流落到他们那土地上并陷入困境的外国人，却总是丧生在垃圾堆上，因为他们不是英国人，也就是说不是人。

但是，即便是在他们自己的祖国，英国人也把自己孤立起来，他们自己付钱吃饭。与在餐馆吃饭相比，他们宁可付同样的钱在一个单独的房间里独自吃饭，因为在餐馆里毕竟需要点儿客气。而在外地，例如在法国，英国人去那里，只是为了把

① 如**毕什**教授正确地书写的那样（根据的是 britanni 一词，而不是 brittanni 一词）。

所有的道路和旅馆都宣布成可憎的（如 D. 夏普），他们聚集在这些旅馆里，也只是在他们中间才保持社交。——但奇怪的是，法国人通常喜欢英吉利国民，并敬重地称赞他们，尽管如此，（不曾走出自己国土的）英国人却普遍憎恨和蔑视法国人；这也许不能归咎于邻国的竞争（因为英国认为自己无可争议地胜过法国），而是要归咎于一般的商贸精神，这种精神以形成最重要的地位为前提条件，在该民族的商人中间是很不爱交际的。[①] 由于这两个民族就双方的海岸而言彼此邻近，只通过一条海峡（它当然也可以叫做一个海）彼此分开，所以他们相互之间的竞争就毕竟导致了在他们的争斗中的一种以不同的方式来修正的政治个性：一方面是**担忧**，另一方面是**憎恨**；这是它们的互不相容性的两种方式，其中前者的意图是**自保**，后者的意图是**统治**，但在截然对立的情况下要根除另一方。

我们现在可以更简短地来把握对其他民族的个性描绘了。这些民族的国民特性不像前面两个民族那样，多半可以从他们不同的文化种类中得出，反倒要从他们通过其原初不同的部族之混合而来的本性禀赋中得出。

3. 从欧洲血统与阿拉伯（摩尔人）血统的混合中产生的 〔316〕
西班牙人，在其公共的和私人的举止上都表现出某种**庄重**，甚至农民面对他也以法律的方式顺从的上司，亦表现出对自己**尊严**的一种意识。——西班牙的庄重风度以及甚至存在于他们的

① 商贸精神与贵族精神一样，一般而言自身就是不爱交际的。一间铺子（商人这样称谓他的商行）是通过他的生意与另一间铺子分开的，就像一块**骑士领地**是通过一个吊桥与另一块骑士领地分开，并且无须仪式就拒绝友好往来一样；除非是与受它**保护**的人交往，但这些人在这种情况下不会被视为它的成员。

会话语言中的夸张，都表现出一种高贵的国民自豪。因此，法国的亲密恶作剧完全让他们反感。他们温顺地服从法律，尤其是衷心地服从他的古老宗教的法律。——这种庄重也不妨碍他们在轻松愉快的日子里（例如用唱歌跳舞来开始收获时）来享乐，而且当某个夏夜愉快地跳起**凡丹戈舞**的时候，也不乏现在有余暇的劳动者们，在大街上伴着这种音乐翩翩起舞。——这是他们好的一面。

较坏的一面是：他们不向外人学习，不为了认识别的民族而旅行[①]；在科学上也许落后几个世纪；对一切改革都困难重重，以可以不工作为荣，具有像斗牛那样的浪漫主义精神情调，像过去的 Auto da Fé［宗教法庭的火刑］所证明的那样残酷，而且在其鉴赏中部分地表现出非欧洲的起源。

4. **意大利人**把法国人的活跃（欢快）与西班牙人的严肃（坚韧）结合起来，而且其审美个性是一种与激情相结合的鉴赏，就像从其阿尔卑斯山眺望迷人的山谷，一方面给勇气提供材料，另一方面给宁静的享受提供材料一样。这种气质在这里不是混合的，也不是散乱的（因为这样它会产生不出个性），而是一种对崇高者情感的一种感性情调，这是就它同时可以与对美的东西的情感相一致而言的。——在他们的神情上，表现出他们的感觉的强烈活动，而他们的面容是表情丰富的。他们的律师面对法庭的辩护如此充满激情，以至于看起来就像是在舞台上的一篇朗诵。

就像法国人在会话鉴赏方面杰出一样，意大利人在**艺术鉴**

① 一切没有被以自己的眼睛来认识外部世界的无利害好奇心所侵袭、更不想（作为世界公民）移居到外部世界的民族，其精神的局限性就是他们身上的某种具有个性的东西，这使得法国人、英国人和德国人在其他民族面前出类拔萃。

赏方面杰出。前者更喜欢**私人**娱乐，后者更喜欢**公共**娱乐：盛大的游行、大型戏剧、狂欢节、化装舞会、公共建筑的豪华、用画笔或者用镶嵌工艺所作的绘画、气势宏伟的罗马遗迹、为了观看也为了在大庭广众之中被观看；但同时（毕竟为了不忘记私利）：**汇票**、**银行**和**彩票**的发明。——这是好的一面：就像威尼斯游艇船夫和那不勒斯流浪汉面对贵人也可以采用的**自由**一样。 〔317〕

较坏的一面是：就像卢梭所说的那样，他们在宫殿里谈话，却在老鼠窝里睡觉。他们的茶话会就像一个交易所，其中一个大型聚会的主妇让人递上某种东西供品尝，以便在四处走动中互相传递当天的新闻，为此却不需要友谊，而且只从中挑选出一小部分人共进夜宵。——但**糟糕的**一面是：拔刀子、拦路抢劫、刺客在宗教避难所躲难、警探玩忽职守等等，这些毕竟不能归咎于罗马人，毋宁说要归咎于其双头政府形式。——但是，这些指责我绝不能为之负责，它们通常是英国人传扬开来的，英国人除了他们自己的宪政之外，不喜欢任何别的宪政。

5. **德国人**有一种好个性的名声，亦即诚实和节俭的名声；这是些恰恰不适合于炫耀的特点。——德国人在所有文明民族中最容易并且最持久地服从他们所隶属的政府，并且对于采用了的制度，最远离革新的欲望和反抗。他们的个性是与理智相结合的淡泊，既不对已经采用的制度玄想，也不自己想出一种制度来。在这方面，他们毕竟是一切国土和气候的男子汉，轻而易举地移居国外，并不狂热地迷恋自己的祖国；但是，他们在作为殖民者来到外国的时候，马上就与自己的同乡结成一种公民团体，这个团体通过语言的、部分地也是宗教的统一而使他们融入一个小民族，它在更高的当局之下，在一种宁静的、道德的状态中，以勤奋、整洁和节俭而表现出自己对其他民族

〔318〕的定居点的优越性。甚至英国人对北美的德国人的称赞也是这么说的。

由于淡泊（在好的意义上说的）是冷静思考和在追求自己的目的时坚持不懈、同时忍受得住与此相结合的艰难困苦的气质，所以，对于他们的正确知性和他们的深刻反思的理性的才能，人们所可以期待的，与可以期待于任何别的能够有最伟大的文化的民族一样多；除了机智和艺术鉴赏的领域，他们在这方面也许不能与法国人、英国人和意大利人并驾齐驱。——这是他们在通过坚持不懈的**勤奋**能够达成的东西中好的一面，而且这正好不需要**天才**①；天才也远远不具有德国人与健全的知性才能相结合的勤奋的那种有用性。——德国人在交往中的个性就是谦虚。他们比任何别的民族都学习更多的外语，是（像罗伯逊所说的那样）博学方面的**批发商**，在科学领域首先发现了许多踪迹，后来才由别人一哄而上来利用；他们没有一种国民的傲慢，像世界主义者一样也不眷恋自己的故乡。但在自己的故乡，他们比任何一个别的民族都更好客（如波斯维尔所承认的）；他们严厉地管教自己的孩子要懂规矩，就像他们在这

① **天才**是**发明**不能教授或者学习的东西的才能。人们完全能够从别人那里学习应当如何较好地分行，但却不能学习应当如何作一首好诗，因为这必须自动地产生自作者的本性。因此，人们不能靠订购或者付足够的钱把它当做工业品来期待它，而是必须把它当做灵感来期待，对于这灵感，诗人自己也说不清他是如何得到的，也就是说，它是一种偶然的意向，其原因他并不知道（scit genius, natale comes qui temperat astrum［守护神知道，他作为旅伴掌控着出生的星辰］）。——因此，天才作为瞬间的、间或显现又消失的现象，不是随意点燃并燃烧任意一段时间的火光，而是像迸发的火星那样闪烁的，这些火星是精神的一种幸运的心血来潮，从生产的想象力中诱发出来。

种情况下也宁可根据自己对秩序和规则的倾向专制地统治自己，而不从事什么革新（尤其是在政府中的擅自革新）一样。——这是他们好的一面。

他们不好的一面是模仿的倾向，很少认为自己是能够原创的（这恰恰是固执的英国人的反面）；但尤其是某种条理癖，〔319〕即绝不按照一种接近平等的原则，而是按照优先权的阶梯和某种等级秩序，来非常认真地给自己与其他国家公民进行分类，并在这种等级图形中，在头衔（高贵者和尊贵者，名门、望族和贵胄）的发明中层出不穷，由于一味拘泥迂腐而奴颜婢膝；当然，这一切都可以归咎于德国国家宪政的形式；但在这里，无须讳言一种评论，即这种拘泥迂腐形式本身的产生毕竟是出自德国人的国民精神和自然倾向：在统治者直到应当服从者之间置放一架阶梯，其中每一级都标上与它相应的声望等级，而那没有营生、但同时也没有**头衔**的人，就如同所说的那样，什么也不是了；这当然给授予这种头衔的国家带来了点儿什么，但不管这一点，也在臣民们那里激起了限制别人在意见上的重要性的要求。这必定让别的民族觉得好笑，而事实上，这种为了把一个整体置于一个概念之下来把握，而有条理地作出划分的严密性和需要，暴露出天生才能的局限。

※　　　※　　　※

由于**俄国尚不是**一个需要对正准备发展的自然禀赋有一个确定概念的国家，而**波兰不再**是这样一个国家，欧洲的**土耳其**民族**从未是，也将永远不是**需要取得一种确定的民族个性的国家，所以，对他们的描绘在这里就可以适当地跳过去。

一般而言，由于这里谈的是各国国民天生的、自然的个性，它可以说就在于人们的混血，而不是其获得的、**人为的**（或者修饰过分的）个性的特点，所以，人们在描绘个性时就必须十分小心谨慎。在处于**土耳其人**的严酷压迫及其**僧侣**的并

不温和多少的压迫之下的**希腊人**的个性中，他们的性情（活跃和轻浮）与他们的体型、相貌和面部特征一样，并没有损失多
〔320〕少，相反，如果宗教形式和政府形式通过幸运的事件使他们获得重建的自由的话，这种特性也许就会重新事实上建立起来。——在另一个基督教民族即**亚美尼亚人**那里，占统治地位的是某种特殊的商贸精神，亦即徒步从中国边境出发，一直走到几内亚海岸的**科尔索海角**去做生意，这种精神表明这个有理性且勤勉的民族有一个特殊的起源。这个民族在一条从东北到西南的路线上几乎穿越了整个旧大陆，而且懂得与它所遇到的一切民族和睦相处，与现在的希腊人的轻佻和卑躬屈膝的个性相比，表现出一种优越的个性，这种个性的最初形成我们就不再能够研究了。——也许可以大致上作出这样的判断：各部族（在大的征服时）的混合逐渐地抹去了个性，它不顾一切所谓的博爱主义，对于人类毫无助益。

四、种族的个性

就种族而言，我可以援引宫廷枢密顾问**吉尔塔讷**在他的著作中（根据我的原理），为阐明和扩展而作的优美且透彻的陈述；——只是对于在同一个种族中可以发觉的**家族类型**和多样性或者变种，我还想作一些说明。

在这里，大自然使之成为自己的法则的，不是它有意在不同种族的融合中造成**相互类似**，而是恰好相反，也就是说，在这类种族（例如白人）的某个民族中，不是在种族的形成中让个性一往直前地相互接近，——那样的话最终就只有同一幅肖像，就像用一个铜模印出来的一样——，毋宁说在这类部族中，甚至在同一个家族中，在身体和精神上都无限地多样化。——虽然保姆们为了奉承一位长辈而说：“这孩子有这一

点是来自父亲，有那一点是来自母亲”；果真如此，人类生殖的一切形式就会早就用尽了，而且繁衍也就会停滞了，因为交配中的**多产性**是通过个体的异质性来得到补充的。——这样，〔321〕灰白发色（cendrée）绝不是来自一个深褐色头发的人和一个金黄色头发的人的混合，而是标志着一个特别的家族类型。而大自然自身有充足的储存，不至于由于自己储备的形式贫乏而把一个过去有过的人遣送到世界上来；就像众所周知的那样，亲缘相近也造成不育一样。

五、类的个性

要就某种存在者的类来说明一种个性，就需要把他们与我们熟知的存在者置于一个概念之下来把握，而把使他们彼此区别开来的东西当做特性（proprietas）来说明和用做区别的根据。——但是，在把我们了解的一种存在者（A）与另一种我们不了解的存在者（B）进行比较时，由于我们缺少比较的中间概念（tertium comparationis［比较的第三者］），人们在这里怎么能够期望或者要求说明前者的个性呢？——最高的类概念可以是一种尘世的有理性存在者的概念，这样，我们就不能列举这种存在者的一种个性，因为我们对于有理性的**非尘世**存在者没有知识，不能说明他们的特性，并这样来把那种尘世的存在者置于一般有理性的存在者之中来刻画其个性。——所以看起来，说明人类个性这个问题是绝对无法解决的，因为解决必须通过由**经验**对有理性存在者的两个物种作出比较来进行，而经验并没有给我们提供这种比较。

因此，为了在有生命的自然体系中给人指定他的类别，并这样来刻画他的个性，给我们剩下来的无非就是：人有一种他自己给自己创造的个性，因为他有能力按照他自己给自己选取的目的来使自己完善化；他由此就能够作为赋有**理性能力**的动物（animal rationabile）把自己造就成为一个**有理性的**动物（animal rationale）；——在这种情况下，他首先**保存**自己和他
〔322〕 的种；其次，他训练和教诲这个种，**教育**它有一种家庭团契；第三，把它作为一个有系统的（按照理性原则安排的）、对于社会来说恰如其分的整体来**治理**；但在这时，人类与尘世可能的一般有理性存在者的理念相比，其具有个性的东西就是：大自然把**不和**的种子置入人类，并且想要人类自己的理性从这种不和中得出那种**和睦**，至少是向那种和睦的不断逼近，那种和睦虽然在**理念**中是**目的**，但**事实**上前者（不和）在大自然的计划中却是一个最高的、我们无法探究的智慧的**手段**：即通过文化的进步，即使伴有人的生活乐趣的诸多牺牲，也造成人的完善化。

在有生命的**地球居民**中，人通过他利用事物的**技术性**禀赋（与意识相结合的机械禀赋）、通过他的**实用性**禀赋（灵巧地利用别人来达到自己的意图）以及通过他本质中的**道德性**禀赋（按照法则之下的自由原则来对待自己和别人）而与其余一切自然存在者明显有别，而且这三个阶段的每一个都独自就已经能够把人区别开来，具有与其他地球居民有别的个性。

1. **技术性的禀赋**。问题是：人原初是被规定为四足行走（如莫斯卡蒂所提议，也许仅仅是提议作为博士论文题目），还是被规定为两足行走的？——长臂猿、猩猩、黑猩猩等等是不是被规定了的（林耐和坎培尔在这一点上彼此争执）？——人是一个食果动物（因为他有一个膜状胃）还是一个食肉动物？——由于他既没有利爪也没有锐齿，因而（没有理性就）没有任何武器，他天生是猛兽还是一种温和的动物？——对这些问题的回答没有什么疑惑。充其量，还可以提出这些问题：

他天生是**好社交的**动物还是独居的和厌恶邻居的动物？其中后者也许是极有可能的。

第一对人类夫妇已经训练有素地被大自然置放在食物中间，如果不同时赋予他们一种毕竟在我们现在的自然状态中并不具有的自然本能的话，他们就很难与大自然保存种的远见相一致。第一个人会在他遇到的第一个池塘里淹死；因为游泳已经是人们必须学习的一种艺术；或者，他会享用毒根和毒果，从而不断地有丧命的危险。但是，如果**大自然**给第一对人类夫妇**植入**了这种本能，他们怎么可能未把它遗传给自己的孩子？这种事情毕竟现在从未发生啊！ 〔323〕

虽然鸣禽都教给幼鸟某些鸣曲，并通过传承把它们延续下去，以至于一只还未睁眼就被从巢中取出并喂大的孤独的鸟，在它长大后就没有鸣曲，而只有某种天生的嗓音。但是，那第一首鸣曲是从哪里来的呢？① 因为它不是学来的，而如果它是按照本能产生的，为什么鸟不把它遗传给幼鸟呢？

人作为一种有理性的动物，其个性刻画已经出现在他的**手**、**手指**和**指尖**的形状和组织上，部分地在于构造，部分地在于细腻的感觉。这样，大自然就使人灵巧起来，这不是为了利

① 人们可以与林耐爵士一起为自然考古学接受这种假设：从覆盖着整个地球的茫茫大海中，首先在赤道下面耸起了一个岛屿来作为山峰，从这个山峰上逐渐产生出从其低岸边的赤道炎热直到其峰顶的极地寒冷的所有气温阶段，连同与它们相适应的植物和动物。说到所有种类的鸟，鸣禽模仿着如此多种多样声部的天生嗓音，并且只要它们的喉咙允许，就把每一种与另一种结合起来，由此每一种鸟类都形成了自己确定的鸣曲，此后就通过教授（像一种传统那样），一只鸟把这鸣曲传给另一只；人们也发现，不同的国度里的燕雀和夜莺的鸣啭也有一些不同。

用事物的一种方式，而是不确定地为了所有方式，因而是为了使用理性。人作为一种**有理性的**动物，其类的技术性的禀赋或者灵巧禀赋就是以此为标志的。

2. 由文化而来的文明化，尤其是交往特性的**实用性禀赋**，以及人类的自然倾向，即在社会关系中走出单凭个人暴力的粗野状态，并成为一种有教养的（尽管还不是有道德的）、注定和睦的存在者，这如今是一个更高的阶段。他能够并且需要在

〔324〕教导和管束（纪律）中接受教育。这里（赞成或者反对卢梭）就有一个问题：人类的个性按照其自然禀赋，在其本性的**粗野状态**中是否比在后果难以预料的**文化艺术状态**中处境更好？——首先必须注意：在其余一切各凭自己的动物那里，每个个体都实现着它的全部规定性，但在人这里，顶多只有**类**才能做到，以至于人类惟有通过在一系列无穷多的世代中的**进步**，才能努力追求自己的规定性；在这里，目标对他来说毕竟永远处在展望之中，尽管如此，对这个最终目的的**趋势**虽然也许经常受到阻挠，但绝不可能完全倒退。

3. **道德性的禀赋**。这里的问题是：人是天生**善的**，还是天生**恶的**，还是在他落入这双或者那双塑造他的手中时（cereus in vitium flecti etc. ［把蜡一般的他捏弄成罪恶……］），天生对于善或者恶都同样易于接受。在后一种情况中，**类**自身就没有个性。——但是，这种情况是自相矛盾的；因为一个被赋予实践理性能力和其任性的自由意识的存在者（一个人格），即使处于一个义务法则之下的最模糊的表象中间，处于**他**受到或者通过他**别人**受到公正或者不公正待遇的情感（这情感在这种情况下就叫做道德情感）之中，也发现自己在这种意识之中。这已经甚至是一般人性的**理知**个性，而且就此而言，人按照其天生禀赋（天生）是善的。但是，由于毕竟经验也表现出，在他里面有一种积极欲求不允许的东西的倾向，尽管他不

知道这是不允许的，也就是说，一种对恶的倾向，这种倾向如此不可避免地、如此早地表现出来，只要人开始运用自己的自由，因此也可以被视为天生的，所以，人按照他的**可感的**个性也可以被评判为（天生）恶的，这在论及**类的个性**时并不自相矛盾；因为人们可以假定，类的自然规定性在于向着更善的不断进步。

就人的规定性而言的实用人类学的总体和人的培养的个性法如下：人由于自己的理性而被规定为与人们一起处在一个社会中，并在社会中通过艺术和科学来使自己受到**教化**、**文明化**和**道德化**，无论他**消极地**沉溺于他称之为幸福的安逸 〔325〕
和舒适生活的诱惑的那种动物性倾向有多大，他倒是**积极地**在与因他本性的粗野而纠缠着他的障碍的斗争中使自己配得上人性。

因此，人必须被**教育**成善的；但是，应当教育他的人又是一个还处在本性粗野状态、如今却要造成他自己所需要的东西的人。所以就有不断偏离自己的规定性和一再重新回到自己的规定性。——我们要列举解决这个问题的种种困难及其种种障碍。

1

人的第一种肉体规定性就在于人保存自己作为动物种类的类的冲动。——但在这里，人发展的自然阶段并不已经与公民性的阶段相吻合。按照**前者**，他在自然状态中至少在 15 岁就受到**性本能**的**驱动**，并且也**有能力**生育和保存他的种。按照**后者**，他（就平均值来说）在 20 岁之前却很难敢于这样做。因为即使少年人足够早地有能力满足他和一个女人作为世界公民的偏好，但他毕竟还远远没有能力作为国家公民来维持他的妻儿的生活。——他必须学会一种营生，有人垂顾，以便与一个女人开始一种家庭生活；但在较为精练的民族类型中，在他成熟得足以达到自己的规定性之前，大概也要有25年的时光流逝。——于是，他用什么来填充这段被迫节欲和不自然节欲的时间空白呢？几乎只有恶习。

2

作为一种使人性高尚的文化，对科学的冲动在人类的整体中并不与寿命成比例。一位至今还在文化中深入钻研、以求扩展文化领域本身的学者被死神召走了，初学者取代了他的位置，而初学者在迈进了同样的一步之后，在其生命终结之前不
〔326〕久又把自己的位置转让给另一个人。——如果像阿基米得、牛顿或者拉瓦锡这样的人，以其勤奋和才能，受到大自然的眷顾，再延长寿命一个世纪而生命力不减，那会有多大量的知识、有怎样的新方法的发明已经现成摆在这里？但是，人类在科学上的进步总是未完成的（在时间上），并且由于倒退而得不到保障，由于期间出现的颠覆国家的野蛮，科学的进步总是受到这种倒退的威胁。

3

就幸福而言，人类似乎同样很少达到它的规定性；人的本性驱使人不断地去追求幸福，但理性却把他限制在配享幸福的条件，亦即道德之上。——人们同样不可以把**卢梭**对敢于走出自然状态的人类的忧郁的（情绪恶劣的）描述视为宣扬重新回到自然状态和回到森林，并把这当做他的真实意见，他是在表述我们人类进入不断逼近自己规定性的轨道的困难；人们不会凭空捏造出这种描述。古代和现代的经验必定使每个对此加以思考的人都感到困窘和怀疑，我们人类的状况是否在某个时候会变得好一些。

卢梭有三篇文章谈到损害：1. 从大自然走出、走进**文化**通过削弱我们的力量给我们人类造成的损害；2. **文明化**通过不平等和相互压迫所造成的损害；3. 自以为的**道德化**通过反自然的教育和思维方式的畸形所造成的损害；——这三篇文章，依我说是把自然状态表现为一种**天真无邪**的状态（天堂的守门人拿着火剑阻挡人们重新退回到这种状态），它们只是充当他的**《社会契约论》**、**《爱弥儿》**和**《萨伏依副主教的自白》**的导线罢了，要从我们人类通过其自己的罪过给自己罩上灾祸的迷宫中走出。——卢梭在根本上并不想让人重新**回到**自然状态，而是让人从他现在所处的阶段上**回顾**。他假定：人**天生**（如其可以遗传）是善的，但却是以否定 〔327〕
的方式，亦即并非自动地和有意地是恶的，而是仅仅在被恶的或者不适当的向导所传染和腐蚀的危险中才如此。但是，由于为此就又要求有好人，他们自己必须是被教育成好人的，而且他们中也许将没有一个人不在自身中具有（天生的或者招来的）败坏之处，所以，我们**人类**的道德教育问题不仅在程度上，甚至在原则的性质上也都依然未得到解决，因为人类天生的恶的倾向也许受到普遍人类理性的谴责，可能的话也受到抑制，但毕竟没有由此被根除。

※　　　※　　　※

在人类中人为地把善的禀赋提高为其规定性的最终目的，其最高程度就是一种公民宪政；在公民宪政中，毕竟**动物性**比纯粹的**人性**在表现上更早，并且归根结底也更强有力，而驯服的牲畜只是通过使其**弱化**才比野兽对人更有用。自己的意志随时都在对其邻人的厌恶中爆发，并且在任何时候都致力于实现自己对无条件自由的要求，即不仅是独立的，而且是凌驾于其他天生与自己平等的存在者的至上主宰；这一点，人们甚至在

极小的孩童身上就已经觉察①；因为大自然在他身上致力于从
〔328〕文化引导到道德性，而不是致力于（像理性所规定的那样）从道德性及其法则开始，引导到一种着眼于此的合目的的陶冶；这不可避免地造成一种颠倒的、反目的的倾向：例如，如果本来应当必然地是一种**道德**陶冶的宗教课，以仅仅是培养记忆力的**历史**陶冶开始，并徒劳地试图由此得出道德性的话。

人类在其类的**整体**上的教育，也就是说，是**集体**而言的（universorum），不是所有个人（singulorum）的整体，在其中人群不是一个体系，而只是一个收拢起来的聚合体，这种教育着眼于追求一种公民的、应当基于自由原则、但同时也基于

① 一个刚刚出生的婴儿让人听到的喊叫，并不带有悲伤的腔调，而是带有愤慨和激怒的腔调；这并不是因为什么使他痛苦，而是因为什么使他恼怒；大概是因为他想运动，并感到他在这方面的无能就像是一种束缚，夺去了他的自由。——大自然让婴儿大声喊叫着降生到这个世界，它会有一种什么样的意图呢？这在**原始的自然状态**中毕竟对于婴儿和母亲来说是极其危险的。因为这甚至会招引来一匹狼、一头野猪，趁母亲不在或者因分娩而乏力时把婴儿吃掉。但是，除了人（像他现在这样）之外，没有任何动物在降生时**大声地宣布**自己的存在；这似乎是大自然的智慧为了保存种而这样安排的。因此，人们不得不假定：在大自然的早期阶段，就这种动物种类（亦即粗野时期）而言，婴儿在其出生时的大声喊叫还不存在；因此只是后来，才出现第二个阶段，其时双亲已经达到为**家庭**生活所必需的那种文化；我们却不知道，大自然是怎样以及它通过哪一些共同起作用的原因造成了这样一种发展。这种说明可以走很远，例如导向这样一种思想：是否继这个第二阶段之后，由于重大的自然剧变，还可以有第三个阶段；其时一只猩猩或者一只黑猩猩把用来行走、用来触摸对象和用来说话的器官培养成人的肢体构造，其内部包含着一个使用知性的器官，并通过社会文化逐渐地发达起来。

合法的强制原则的宪政，人毕竟只能期待于**神意**，也就是说，期待于一种智慧，这智慧虽然不是**他的**智慧，但毕竟是他自己的理性的那个（由于他自己的罪过而）无力达到的**理念**，——这种自上而下的教育，依我说是有益的，但却是粗暴的，是对大自然的严厉的、通过诸多不幸并且临近毁灭整个人类的改造，亦即把人并非有意要的、但一旦存在就继续保持下去的**善**，从永远自己与自己内在分裂的**恶**里面产生出来。神意指的正是这种智慧，它是我们在那些不断地促成自己物种的毁灭、尽管如此又总是保护它的有机自然存在者的物种的保存中，怀着惊赞知觉的，但并不因此就假定在预先的关怀中有一个更高的原则，比我们假定为了保存植物和动物已经在使用的原则更高。——此外，人类应当并且**能够**是自己幸福的创造者；只不过这一点不能先天地从我们关于人类已知的自然禀赋推论出 〔329〕
来，而是只能从经验和历史中，以某种有根据的期望推论出来，之所以有根据，乃是因为必须不对人类向着更善的这种进步绝望，而是（每一个人，只要轮到他头上）以一切聪明和道德光芒来促进向这个目标的逼近。

因此可以说：人类的第一个性就是作为理性存在者的能力，亦即既为他的人格，也为大自然将他置于其中的社会，创造一种一般而言的个性；但这已经以他里面的一种有益的自然禀赋和一种对善的倾向为前提条件，因为恶（由于恶自身带有与自己的冲突，不允许自己有常驻的原则）是没有个性的。

一个有生命的存在者的个性，就是从中可以预先认出他的规定性的那种东西。——但是，人们可以把这假定为作为原理的自然目的：大自然要每个造物都通过其本性的一切禀赋合目的地为了它而得到发展，来达到它的规定性，以便即使不是每个**个体**，也是物种来实现大自然的意图。——在无理性的动物那里，这种情况是现实地发生着的，并且就是大自然的智慧；

但在人这里，却只是类才达到这一点；对此，我们在尘世的有理性存在者中间只知道一个类，亦即人类，而在人类中也只知道大自然对这个目的的一种倾向，亦即通过人类自己的活动有朝一日实现从恶到善的发展：这样一个前景，如果不是自然剧变一下子打断它的话，是能够以道德上的（对促成那个目的的义务来说充分的）**确定性**来期待的。——因为正是人，也就是说，虽然败坏了、但毕竟赋有发明才能、同时也赋有一种道德禀赋的有理性存在者，随着文化的增进只会越来越强烈地感受到他们相互之间自私地造成的灾祸，而且由于他们在自己面前看不到对付这些灾祸的任何别的手段，除非使（个别人的）私人感觉服从（所有人联合起来的）共同感，尽管不情愿也服从一种（公民强制的）纪律，而他们只是按照由他们自己所立的法来服从这种纪律的，所以他们通过这种意识感受到自己高尚
〔330〕起来了，亦即属于适合于人的规定性的类，就像理性在理想中把这规定性介绍给人那样。

对人类个性的描述的基本特征

1. 人并不像家畜那样被规定属于一个畜群，而是像蜜蜂那样被规定属于一个蜂房。——这是一种成为某一个公民社会的一个成员的**必然性**。

建立一个公民社会的最简单、最少矫揉造作的方式，是在这个蜂房里只有一位蜂王的方式（君主制）。——但是，许多这样的蜂房相互并立，很快就作为盗蜂彼此争斗（战争），毕竟不像人所做的那样，为了通过与其他蜂房的联合来加强自己的蜂房——比喻到此为止——；而是仅仅为了**自己**，用计谋或者暴力来利用**别人**的勤奋。每一个民族都试图通过奴役相邻的民族来加强自己；而这就是扩张欲，或者在没有抢在别的民族之先的时候，对被别的民族吞并的恐惧。这样，我们人类的内部或者

外部战争，哪怕是一种如此巨大的灾祸，却毕竟作为神意的一种机制，在相互冲突的力量虽然通过摩擦彼此造成损失，但却由于别的动机的碰撞或者牵引而被长时间地保持在合规则的进程之中的时候，同时是从原始的自然状态过渡到公民状态的动机。

2. **自由**和**法律**（通过它来限制自由）是公民立法绕之旋转的两个枢纽。但是，为了使法律有效果而不是空喊，就必须加上一个中介①，亦即与那两个枢纽相联结，使这些原则产生结果的强制力。——但现在，人们可以设想强制力与前两者的四种组合：

A. 没有强制力的法律和自由（无政府状态）；

B. 没有自由的法律和强制力（专制主义）；

C. 没有自由和法律的强制力（野蛮状态）； 〔331〕

D. 有自由和法律的强制力（共和国）。

可以看出，惟有最后一种理应被称为真正的公民宪政；但在这里，人们所说的并不是三种国家形式中的某一种（民主制），而是把**共和国**仅仅理解为一个一般而言的国家。有个古老的法理：Salus civitatis (nicht civium) suprema lex esto［国家（并非众公民的）的福利应当是最高的法律］，它并不意味着：共同体的感性之福（众公民的**幸福**）应当用做国家宪政的至上原则；因为这种安康是每个人根据自己的私人偏好这样或者那样描绘的，根本不适合成为某一个要求普遍性的客观原则。相反，那句箴言所说的无非是：**理智之福**，即维持既存的**国家宪政**，是一个一般而言的公民社会的最高法律；因为这个社会惟有通过那种宪政才存在。

人类的个性，就像它从一切时代的经验和在一切民族中间

① 类似于一个三段论中的中项，它把主词和谓词联结起来、产生出三段论的四个格。

可以辨识的那样，就是这种个性：人类，就集体（作为人类的一个整体）而言，是一个前后相继和同时并存的人群，这些人不能**缺少**和平共处，但尽管如此又同时不能**避免**相互不断憎恶；因而感到自己被大自然规定为通过在出自他们自身的法律之下的相互强制，结成一个不断受分裂威胁、但却普遍地向着一个**世界公民社会**（世界主义）进步的联合体，但这个自身无法达到的理念却不是一个建构性的原则（期待在人们最强烈的作用和反作用中间有一种和平的原则），而仅仅是一个范导性的原则，即并非毫无根据地去猜测对这个理念的一种自然趋势，努力地把这个理念作为人类的规定性来追求。

如果有人问：依我说，是应当把人类（如果人们把人类作为一个有理性的**地球存在者**的物种，与其他行星上有理性的存在者相比较，设想为产生自惟一造物主的一群造物，那么也可以把人类称为**种族**）视为一个好的种族还是视为一个糟糕的种族，那么，我就不得不承认，对此没有多少可以夸口的。毕
[332] 竟，某人如果不是仅仅在古老的历史中，而是在当今的历史中把人们的行为收入眼帘，他就会虽然经常试图在他的判断中愤世嫉俗地充当**提蒙**，但更经常而又中肯得多地充当**摩摩斯**，觉得在我们人类的个性特征中愚蠢比恶意更为突出。但是，由于愚蠢与恶意的某种特征相结合（它在这种情况下就叫做呆气），在我们人类的道德相面术中是不可忽视的，所以，仅仅从每一个聪明人觉得必需的思想的一个相当部分被隐瞒起来，就已经可以足够清晰地看出，在我们的种族里每个人都觉得陷入了心存戒备、不让人**完全**看透自己真实面目的境遇；这已经暴露出我们人类相互敌视的倾向。

也许会有这样的情况：在别的某个行星上存在着一些有理性的存在者，他们只能有声地思维，也就是说，在醒着时和在梦中一样，不论他们在社交中还是在独处时，不同时**说出**来就

不能有任何思想。这会是怎样一种与我们人类不同的相互关系呢？如果他们并不都是**天使般的纯洁**，那就无法预料他们能够如何和睦相处，一个人如何对别人能有一些敬重，并能够相互容忍。因此，虽然要了解别人的思想，但却不流露自己的思想，这已经属于一个属人造物的原初构成，属于他的类概念了；在这种情况下，这种较为正派的特点就这样免不了逐渐地从**伪装**推进到有意的**假象**，并最终一直到**撒谎**。在这种情况下，这就会是我们人类的一幅漫画，它不仅授权善意地**嘲笑**人类，而且授权在构成人类个性的东西上表示**蔑视**，亦即授权承认，有理性的尘世存在者这个种族在其他（不为我们所知的）种族中不配有一个值得尊重的地位①——如果不恰恰是这种拒斥的判断显露了我们心中的某种道德禀赋、理性的某种天生要 〔333〕

① 弗里德里希二世按照功绩而器重杰出的苏尔策，并委托他管理西里西亚的教育机构。他有一次问苏尔策，事情进行得怎么样了。苏尔策回答说："自从人们在（卢梭的）人本性善的原理上继续努力以来，事情就开始好转了。""啊，"国王说，"mon cher Sulzer, vous ne connaissez pas assez cette maudite race a laquelle nous appartenons [我亲爱的苏尔策，您根本不了解这个包括我们在内的该死的种族]。"——属于我们人类个性的还有：人类在追求公民宪政的时候也需要一种通过宗教而来的纪律，以便通过**内在的**（良知的）强制来造成通过**外在的**强制所不能达成的事情；因为人的道德禀赋在政治上被立法者利用，这是属于人类个性的一种倾向。但如果在民族的这种纪律中，道德不是先行于宗教，那么，宗教就使自己成为道德的主宰，而章程性的宗教就成为**信仰专制**之下的国家强权（政治）的一个工具；这是一种不可避免地败坏个性、并诱使用**欺诈**（被称为政治手腕）来进行统治的灾祸；对此，**公开**表白自己只不过是国家的最高公仆的那位伟大君王，也唉声叹气地私下承认不能隐瞒事情的反面，但他却原谅自己，把这种败坏归咎于那个叫做人类的糟糕**种族**。

求的话，即甚至努力反对那种倾向，因而不是把人类展示为恶的类，而是展示为有理性存在者的一个从恶到善不断进步、在阻力之下奋起向上的类；这样，它的意愿总的来说是善的，但实现却变得困难，因为目的的达到不是靠**个人**的自由协调，而是惟有通过不断进步地把地球公民组织进并且组织成作为一个世界主义地结合起来的体系的类，才能够有希望。

中德人名对照表

阿伯拉尔	Abaelard	阿痕霍尔兹	Archenholz
阿基米得	Archimed	阿兰	Allais
阿鲁埃	Arouet	艾迪生	Addison
爱尔维修	Helvetius	艾哈德	Erhard
爱斯特	Este	奥西恩	Ossian
巴拉蒂尔	Baratier	巴勒蒂	Baretti
巴特勒	Butler	保罗	Paulus
鲍姆嘉登	Baumgarten	贝亚尔	Bayard
本格尔	Bengeln	毕什	Büsch
毕兴	Büsching	柏拉图	Plato
波里塔努斯	Politanus	勃卢冒尔	Blumauer
波舒哀	Bossuet	波斯特鲁	Postellus
波斯维尔	Boswell	波塔	Porta
布尔	Bull	布丰	Buffon
布莱尔	Blair	布赖特科普夫	Breitkopf
布劳恩	Brown	布里隆	Bourignon
布鲁门巴赫	Blumenbach	查理二世	Karl Ⅱ
查理十二	Karl Ⅻ	达·芬奇	Da Vinci
德米特里	Demetrius	第欧根尼	Diogenes
俄尔甫斯	Orpheus	厄洛斯	Eros

菲尔丁	Fielding	伏尔泰	Voltaire
弗兰克	Frank	弗里德里希	Friedrich
哥伦布	Columbus	哈勒	Haller
哈曼	Hamman	海德格	Heidegger
海灵顿	Harrington	海奈克	Heinecke
豪森	Hausen	赫尔蒙特	Helmont
贺拉斯	Horatius	荷马	Homer
霍夫斯特德	Hofstede	胡弗兰德	Hufeland
吉尔塔讷	Girtanner	卡托	Cato
凯瑟琳	Keyserling	坎培尔	Camper
克拉维乌斯	Clavius	柯勒乔	Correggio
克利斯蒂娜	Christina	克伦威尔	Cromwelle
科耶尔	Coyer	库克	Cook
奎因	Quin	拉法特	Lavater
拉·科斯特	La Coste	拉瓦锡	Lavoisier
莱布尼茨	Leibniz	莱尔	Reil
莱斯	Less	理查逊	Richardson
利希藤贝格	Lichtenberg	林耐	Linnäus
罗伯逊	Robertson	罗彻斯特	Rochester
洛克	Locke	卢克莱修	Lucrez
罗兰	Roland	卢梭	Rousseau
马格里阿贝奇	Magliabecchi	马蒙特尔	Marmontel
门德尔松	Mendelssohn	门格斯	Mengs
蒙台涅	Montaigne	弥尔顿	Milton
摩丹特	Mordaunt	莫尔	Morus
莫里哀	Moliere	摩摩斯	Momus
莫斯卡蒂	Moscati	尼禄	Nero
尼古莱	Nicolai	牛顿	Newton

帕拉戈尼亚	Palagonia	帕斯卡	Pascal
佩尔修	Persius	佩里松	Perisson
佩托	Petau	皮科	Pico
蒲柏	Pope	普劳图斯	Plautus
切斯特菲尔德	Chesterfield	撒格拉莫佐	Sagramoso
莎士比亚	Shakespeare	施泰恩	Sterne
施托伊德林	Stäudlin	施瓦茨	Schwarz
施魏登贝格	Schwedenberg	斯卡里吉尔	Scaliger
斯密	Smith	斯维夫特	Swift
苏尔策	Sulzer	苏格拉底	Sokrates
苏拉	Sylla	忒耳西忒斯	Thersites
特拉松	Terrasson	特鲁布列特	Trublet
提蒙	Timon	威尔曼斯	Wilmans
韦尔讷	Woellner	维吉尔	Virgil
维利	Veri	威廉二世	Wilhelm Ⅱ
沃尔夫	Wolff	西塞罗	Cicero
西绪福斯	Sisypheus	休谟	Hume
亚伯拉罕	Abraham	雅各一世	Jakob I
亚里士多德	Aristoteles	扬	Young
伊壁鸠鲁	Epikur	约翰逊	Johnson
尤维纳利斯	Juvenal		

后　记

在炎炎的夏日里，终于完成了这一卷的翻译。

与前面几卷晦涩的文字相比，本卷的大部分内容，可以说是直接来源于康德对人生的观察和思考。以前虽也浏览过这两篇文字，却是浮光掠影，未及细细品尝。此番逐字逐句地翻译，感觉自是大不相同，仿佛有一股亲切的生活气息扑面而来，时而忍俊不禁，时而扼腕长叹。委实想不到，毕生罕有离开哥尼斯贝格、一向被人视为老学究的康德，对生活居然有如此细腻的感受。中国人说：秀才不出门，便知天下事。康德也说：住在哥尼斯贝格，即便不出门游历，亦可获得丰富的世界知识。翻译这样的著作，不啻为一种享受。

本书的翻译，得到了中国人民大学“985 工程”哲学社会科学创新基地的经费支持。

李秋零

2007 年 7 月 23 日

于中国人民大学佛教与宗教学理论研究所

“十五”国家重点图书出版规划项目

Kants Werke

Akademie Textausgabe

康德著作全集 第8卷

1781年之后的论文

李秋零 主编

中国人民大学出版社

《康德著作全集》编委会

目录

伊曼努尔·康德

1782年

《兰贝特书信往来》通告

给医生们的报道

1782年

《兰贝特书信往来》通告

李秋零　译

报　道 〔3〕

斯时在这份报纸上预告的**约翰·贝努利**先生的计划，即出版著名的**兰贝特**的遗著供订购，以那位功绩卓著的学者的久经考验的谨慎，进行得如此之快，现在（自 1781 年 12 月以来）在柏林出版了《**兰贝特书信往来**》第 1 卷。

在第二个报道中，贝努利先生公布：紧接《书信往来》的这个第 1 卷之后，将是**哲学和语言文献学**论文的**第 1 卷**，而在这个第 1 卷之后，将在约 1783 年 3 月底有**《书信往来》**的**第 2 卷**，迄今这 3 卷书一共只收一个杜卡特的订购款。在这个期限之后，要为后面的 3 卷缴纳同样多的预付款，即**哲学论文**的第 2 卷和**《书信往来》**的第 3 卷、第 4 卷。虽然，由于在出版人活动积极和值得信赖方面，订购者们不会有疑虑，所以如果他们愿意马上为所有 6 卷（假若他们平时能够毫不为难地一下子支付更大一笔钱）预付两个杜卡特，在我们看来他们就会做得更简便。

从我们面前摆放着的《书信往来》第 1 卷中，人们已经看出：对于这个伟大人物渊博的精神及其无法描述的成就，人们在以后几卷中可以期待什么。他在一切科学中窥探出缺陷、出色地想出弥补缺陷的方案和尝试的那种洞察力，他改造时代退化了的鉴赏（尤其是在上世纪由于博学和发明而引人注目，现在却堕落成无聊的玩笑机器，或者纯然复制有时是过时的，有时至少仅仅是外来的产品）的计划，也许能够比其他任何东西都更强有力地协助重新复苏学者们那几乎熄灭的热情，去传播有益且缜密的科学，并促使他们去实施兰贝特所肇始的东西， 〔4〕

亦即建立一个联盟，它以联合起来的力量来抵制日益滋生的野蛮，并部分地通过改善某些迄今尚有缺陷的方法，来重新启动科学中的缜密性。

附带通报的是：贝努利的《**短篇游记和其他有助于扩展地理知识和人文知识的报道集**》，附有**铜版画**，第5卷，作为第2年度的第1卷，刚刚出版；第1年度的4卷，惟有在同时并且在3月中之前也为后面4卷支付一个杜卡特的订购金的情况下，才以一个杜卡特的价格出售。

瓦格纳和**邓格尔**书店直到3月中都接受上述两部著作的订购，并将尽可能及时地为有兴趣者寄送这些书。

1782年

给医生们的报道

李秋零　译

给医生们的报道

〔6〕

刚刚在我们这里减退的那种值得注意的、奇怪的传染病，就它的症状以及有效的治疗手段而言，虽然是医生们的一个话题；但是，它在广袤土地上的传播和蔓延却毕竟也激起了仅仅从一种自然地理学的观点来看待这种异常现象的人的诧异和研究。考虑到这一点，如果我从扩展了的概念出发，要求医生们尽可能眼界开阔地追查这种看来并不是通过空气性状，而是仅仅通过感染来传播的疾病的进程，人们将不把这视为对别人工作的一种干涉。欧洲通过船舶和商队与世界的所有部分都建立了联系，这种联系把许多疾病带到了整个世界，例如人们很可以相信，俄罗斯对中国的陆地贸易把若干种有害的昆虫从最遥远的东方带到了他们的国家，这些昆虫也许会逐渐地广为蔓延。按照官方报道，我们的传染病是在彼得堡开始的，从那里逐步发展到波罗的海海岸，没有跳过中间地带，一直到达我们这里，朝着并且越过西普鲁士和但泽继续向西发展，几乎就像是**拉塞尔**所描述的**阿勒颇**的黑死病，尽管后者在损害方面根本不能与这场可怕的瘟疫相比。彼得堡来信告诉我们它叫做**流行性感冒**，而看起来它就是 1775 年在**伦敦**肆虐的同一种疾病，当时那里的来信同样把它称为**流行性感冒**。但是，为了能够让专家们比较这两种传染病，我在这里附上著名的（现在已经亡故的）**福瑟吉尔**医生的一则报道的译文，如其由一位朋友转告我的那样。

伊·康德

摘自1776年2月的《绅士画报》，按照在伦敦的观察对一种传染病的描述

上个月初，我在许多家听说，几乎所有的佣人都生病了；他们有流鼻涕、咳嗽、嗓子哑，以及其他不同的病症。——在8天的时间里，对此的怨诉越来越普遍。少数佣人得以幸免。
〔7〕特别是多半必须外出的男性佣人，许多女佣也一样，还有地位较高的人们，都受到它的侵袭。就连孩子们也未完全幸免。迄今任其发展，至多服用着凉时的家庭常备药物来抵抗的这种疾病，最终引起了科学院的注意，在差不多三周的时间里，所有的医生都在为此忙碌。我所看到的大多数病人都受到侵袭（而且经常是如此突然，以至于他们马上就觉察到），头晕，或者稍有头疼，嗓子红肿，感到全身发冷，特别是在四肢；随后就马上咳嗽，流鼻涕，眼睛泪汪汪，恶心，尿频，一些人腹泻，或多或少地发烧烦躁，焦虑不安；随后很快就胸部疼和全身疼；只是程度不同。——许多人在有这些症状期间还能够从事其工作；另一些人则不得不待在房间里，不少人卧床不起。——舌头随时都是湿润的，皮肤则罕见地特别热或者干；脉搏常常有力，跳动快，而且比人们鉴于皮肤的这样一种性状所会猜想的更强。——许多人受到腹泻的侵袭。自然的排便任何时候都是黑色的或者深黄的，用通便剂来排便的大多数人也一样。——在短短几天里，疾病就减轻到只剩咳嗽，它持续最久，在夜初时很折磨病人。黎明时通常出汗，伴有轻痰。开始时鼻涕多和痰多，一两夜之后大量自然排泄黑色有苦胆气味的大便，大量排泄深色小便，并自动大量出汗的人，最先恢复

健康。

在许多病例中，由于脉搏的性状和咳嗽的剧烈，放一些血是必要的；血通常是黏稠的，看起来就像浮在深黄色的血清中的一块扁平的黄油蛋糕。——有少数病例，黏液呈药片状，这是在真正的发烧病中通常都遇到的。

用热的、稀释的、散热的饮料，温和的发汗剂，再用温和的通便剂，在平时健康的人那里很快就可除病；有时，反复放血是必要的；有时，针对咳嗽使用斑蝥有效，咳嗽总是持续最久的。在必要的通便之后，镇痛剂通常疗效良好。

在许多病例中，这种病在最后都有一种间歇热的样子；但是，金鸡纳树皮却不能每次都退烧。经常在肝火旺盛的疾病中出现的症状，有时用了这种药会更严重。但是，一些剂量的温和的通便药，通常却完全除病。

许多不重视这种病、此时四处溜达的人，经常重新着凉，这造成极危险的发烧，一些人很快死掉。

患有**哮喘**的老人，也无例外地在此时遭罪；渐渐地出现一种**肺炎型的**发烧，经常是以病人的死亡为终结。那些幸免于死的病人，好起来也很慢，治疗起来困难重重。——也有这样的情况，即少数人没有发作就摆脱了这种疾病，而许多人通常已经患有的其他疾病却由此变得更加严重。——它也通过咳嗽和腹泻导致了许多十分年幼的孩子的死亡。 〔8〕

然而，也许在这个城市里从未有一种传染病，让如此之多的人在如此之短的时间里患上，但死亡的人却如此之少。——尽管确定传染病的原因的尝试通常所拥有的疑似性要多于缜密性，但提及一些引起我注意的材料不会是坏事。——也许别人做过更多值得关注的观察。

在夏季的大部分时间里，在我所逗留的这块土地（切希尔）上，我每次觉察到的气温都千篇一律。——在两个月的时间里，（华氏）温度计里的水银有一次上升到 68°，有一次下降到 56°。只不过在六个星期的时间里，昼夜温差在 60°和 66°之间。气压计也很少变动。——天气在这段时间里变化多端，主要倾向于潮湿，而且尽管在六星期的时间里几乎每隔一天都下雨，但总的来说仍然没有下过超常量的雨。雨水落下来渗入地里，使得遍地泥泞，但很少使得溪流涨水或者造成泛滥。

在这段时间里，就连马和狗也得病，特别是那些饲养良好的。马剧烈咳嗽，躁动不安，失去胃口，而且很久才痊愈。我没有听说有很多死掉；却有各种狗死掉了。——关于新近的传染病的这篇小报告被推荐给该市的科学院，以便它作出更成熟的思考，如果它的意见与这种叙述不一致，则由于事情还记忆犹新，请它公布自己的观察，以便把关于这种疾病的一种尽可能详细的报道留给我们的后代。

如果农村的医生先生们得到这个报道，友好地通告这种传染病到达他们附近的时间，以及它在什么地方与前面的描述不同，无论是在症状上还是在治疗方式上，那么，他们将由此而促进这同一个善良的目的。整个科学院联合起来的意见必然极大地胜过一个惟一成员的意见，哪怕他孜孜不倦地致力于他的职业的福利。

伦敦 1775 年 12 月 6 日

约翰·福瑟吉尔（签名）

伊曼努尔·康德

1783年

舒尔茨的《不分宗教适用于所有人的道德学说的一种指南尝试》第一部书评

1783年

舒尔茨的《不分宗教适用于所有人的道德学说的一种指南尝试》第一部书评

李秋零　译

《不分宗教适用于所有人的道德学说的一种指南尝试》，附有关于死刑的附录，第一部分，柏林，1783 年，施塔尔鲍姆出版。 〔10〕

这个第一部分据说只是作为一个新的道德体系的导论，就人在存在者的阶梯中所占据的位置，就人的能感觉、能思维并通过意志来活动的本性，就自由和必然，就生、死和一种来生，提出后面要建立的心理学原理；这部著作，由于独立思考的作者先生的坦率，更多地由于他那从许多十分引人注目的悖论中依然闪现出来的美好意图，在每一位读者那里必然激起焦急的期待，看一种建立在这类前提之上的道德学说将有什么样的结果。

评论者将首先简明扼要地追溯作者先生的思路，结束时附上他对整体的判断。

一开始，生命力的概念就被如此扩展，以至于它不加区别地关涉一切造物，也就是说，**纯然作为在一个造物中现存的，并且属于它的本性的一切力量的总和**。由此产生一条所有存在者的**难以驾驭性**的法则，这里在巨大的阶梯上，每一个存在者都在上面和下面有自己的邻舍，但却使得造物的任何种类都处在这些造物只要依然是这个种类的成员就不能逾越的界限之间。因此，真正说来并不存在无生命的东西，各个种类只是由于生命力的程度而彼此有别。灵魂作为一个与物体有别的存在者，纯然是想象的一个造物；最崇高的撒拉弗和树是两种造出来的机器。关于灵魂的本性就说这么多。

一种类似的阶梯状联系存在于一切认识中。错误和真理不是在类上有区别，而仅仅是像较小者与较大者那样相互有别，不存在绝对的错误，相反，任何知识当它在人那里产生的时候，**对人来说**都是真的。纠正只是添加之前尚缺少的表象，以 〔11〕

前的真理后来将仅仅由于知识的进展而转变成错误。我们的知识相对于一位天使的知识全然是错误。理性不可能出错，任何力量都被标出它的轨道。理性自己对自己的判决也不是在人们作出判断的时候发生的，而是在人们已经处在另一个位置上、并且获得了更多的知识之后发生的。我不应当说：一个孩子出错了，而是应当说：他所理解的还不像他未来将理解的那样好，这是一个较小的判断。因此，智慧和愚蠢、科学和无知，都不值得赞扬，不值得指责；它们仅仅应当被视为本性的逐渐进步，就本性而言我并不是自由的。——至于意志，一切偏好和冲动都包含在一个惟一的意志之中，亦即**自爱**，但就自爱而言，每个人都有他自己特殊的心境，但这心境也永远不能背离一种普遍的心境。自爱每次都是由所有的感觉一起来规定的，但却是要么更模糊的感觉，要么更清晰的感觉对此参与最多。**因此，不存在自由的意志**，相反，意志处在严格的必然性法则之下；然而，如果自爱不是由清晰的表象，而是仅仅由感觉来规定，那么，人们就把这称为**不自由的**行动。一切懊悔都是毫无价值的和荒唐无稽的；因为肇事者不是从他过去的心境，而是从他当前的心境出发来评判自己的行为的，这当前的心境如果当时出现，固然会阻止该行为，但由此却错误地预设，它也应当阻止这样的行为，因为在过去的状态中确实不可能发现这种心境。懊悔纯然是一个被误解的表象，即人们如何能够**在未来更好地行动**，而事实上在这里除了改善的目的之外，大自然没有别的意图。对上帝如何能够是罪的创造者这一困难的解决。**德性与恶习并非在本质上有别**（因此，这里又把通常接受的**类的**区别转化为**程度上的区别**）。没有恶习的德性不能存在，而且恶习只不过是变好（因而升高一个等级）的偶因罢了。人们不能在他们称为德性的东西上相互比较，除非是在没有它则没有一种人类福利有可能的德性，亦即**普遍的德性**上相互比较；但是，背离这种德性，对人来说是绝对不可能的，如此背离它的人并不是有恶习的，而是愚笨的。犯上一种普遍恶习的人，会违背自爱而行动，这是不可能的。所以，普遍德性的道路如此平坦，如此笔直，在两边都有篱笆围着，以至于所有人都必须留在这条道路上。无非是每个人的特殊心境，在人们中间就此而言造成了一种区别；如果人们交换彼此的位置，就会一个人恰恰像另一个人那样行动。道德上的善或者恶，所指不过是完善性的一种较高的或者较低的程度。人们与天使相比，天使与上帝相比，都是有恶习的。因此，由于没有自由，一切报复性的惩罚都是不义的，尤其是死刑，取代死刑而必须构成律法的意图的，无非是赔偿和改善，但绝不是纯然的警告。由于一种有益的行为而获得**奖赏**，这很少表示人的知识；人被规定和教育去如此做，与杀人放火犯被规定和教育去烧一座房子是一样的。奖赏仅以鼓励行事人和其他人采取类似的善的行为为意图。 〔12〕

作者先生把这种关于必然性的学说称为一种**致福的学说**，并宣称，通过这种学说，道德学说才获得了它真正的价值，此际他附带说明：对于犯罪来说，就应当要求有某些如此轻易地描绘**与上帝和解**的教师。在这里不可以领会错了我们的作者的意图。他要知道，毕竟经常被当做自身就是和解性的来推荐的那种纯然忏悔的和没有结果的懊悔已被清除，并且引进拥有更善的生活方式的坚定决心来取代它；他试图通过上帝的一切造物尽管沿着不同的道路但却向着完善和永恒幸福的进步，来捍卫上帝的智慧和仁慈，把宗教从休闲的信仰引回到行为，最后也使民事的惩罚更人性，并且无论是对特殊的福祉还是对公共的福祉都更有益。就连他的思辨论断的大胆，一个人如果熟知**普里斯特利**这位同样因其虔诚和洞识而备受敬重的英国神学家与我们的作者异口同声地宣称、甚至还更为大胆地表述的东

〔13〕西，以及这个国家的好多神职人员尽管才能远在此人之下、但却毫不犹豫地跟着他说的东西，哪怕只是新近**埃勒斯**教授先生对意志自由给出一个什么样的概念，亦即能思维的存在者按照**自己每次的思想状况**来行动的一种能力，对他来说就将不怎么惊世骇俗。

尽管如此，每一个没有成见的，尤其是在这种思辨方式上训练有素的读者都不会不觉察到：普遍的宿命论在这部著作中是主要的、刺激一切道德的、强制性的原则，因为它把人的一切行止都转化为纯然的木偶戏；它完全取消了责任的概念，与此相反，把实践法则与自然法则区别开来的应当或者命令式，却也在理念上把我们完全置于自然链条之外，因为这种宿命论并不把我们的意志设想成自由的，它是不可能的和荒唐的，毋宁说我们在这种情况下剩下的只是等候和观看上帝凭借自然原因在我们里面为了作出决定将起的作用，而不是我们**从自身出发**作为行事人能够和应当做的；由此必然产生最粗野的狂热，它将取消健全理性的一切影响，尽管作者先生曾经致力于维护健全理性的权利。——自由的实践概念实际上与依然完全听凭形而上学家们的思辨概念毫不相干。因为我现在应当在其中行动的状态原初是从哪里来到我这里的，这可以对我来说完全无所谓；我只问我现在可以做什么，而在这里，自由就是一个必要的实践预设，是我惟有在其下才能把理性的诫命视为有效的一个理念。甚至最顽固的怀疑主义者都承认，如果说到行动，一切诡辩的疑虑就由于一种普遍骗人的假象而必须统统清除。最坚决的宿命论者也同样必须这样，他在沉湎于纯然的思辨时是这样的人，尽管如此，一旦对他来说涉及智慧和义务，他在任何时候都是如此行动，**就好像他是自由的似的**，而且这个理念也实际上产生与此一致的行为，也惟有它才能产生这样的行为。把人完全放到一边是很难的。作者先生在不管每个人的行动对其他人来说显得如何无趣，都从其特殊心境的根据出发予以辩护之后，在第 137 页说道："假如你不是和别人一样行动无趣，假如你只是处在他人的位置上，我宁愿失去暂时和永远能够使我幸福的一切，绝对的和没有例外的一切（一个大胆的表述）。"然而，由于毕竟按照他自己的论断，此前在一个时刻的最大信念并不能保证，由于在另一个时刻，当知识继续进步之后，此前的真理随后成为错误：此时那种极为大胆的保证情况会是什么样的呢？但是，尽管他自己不想承认，他已经在自己的灵魂深处预先设定，理智按照任何时候都有效的客观根据，具有规定自己的判断的能力，并不处在后来可能变化的纯然主观地规定的原因的机械作用之下；因此，他总是接受思维自由，没有这种自由就没有理性。同样，如果他愿意在自己的那种我并不怀疑其正派的生活方式中按照永恒的义务法则行事，而不是他的本能和偏好的一种游戏的话，他也必须预设行动中的意志自由，没有这种自由就没有道德，尽管他在同一时间否认自己有这种自由，因为若不然，他就不能使自己的实践原理与思辨原理相一致，在这方面，尽管没有人达到，实际上却不会有多少损失。 〔14〕

伊曼努尔·康德
1784 年

关于一种世界公民观点的普遍历史的理念

回答这个问题：什么是启蒙？

1784 年

关于一种世界公民观点的普遍历史的理念[①]

① 在今年《**哥达学报**》第 12 期的“简讯”中有一段话，无疑摘自我与一位过访的学者的谈话，它使我不得不作出这篇阐释，没有这篇阐释，那段话就会不具有可理解的意义。

李秋零　译

无论人们在形而上学观点上关于**意志自由**形成一个什么样的概念，意志的**显象**，即人的行动，毕竟与任何别的自然事件一样，都是按照普遍的自然法则被规定的。无论这些显象的原因隐藏有多深，以叙述这些显象为己任的历史仍然可以使人希望：当它**宏观地**考察人的意志之自由的活动时，它能够揭示这种自由的一种合规则的进程；而且以这种方式，在个别的主体那里杂乱地、没有规则地落入眼底的东西，在整个类那里毕竟将能够被认做其原初禀赋的一种虽然缓慢，但却不断前进的发展。这样，婚姻及由之而来的出生和死亡，由于人的自由意志对它们有如此之大的影响，看起来不服从人们能够据以通过计算来事先规定它们的数目的任何规则；然而，各大国关于它们的年表却证明，它们同样是按照稳定的自然法则发生的，正像如此不稳定的气候一样，人们不能逐一事先规定气候的事件，但在整体上，气候却不会不把植物的生长、江河的奔流以及其他自然部署维持在一个齐一的、不间断的进程中。个别的人、甚至整个民族都很少想到：当他们每一个都按照其自己的心意，而且经常是一个违背另一个的心意，追逐着其自己的意图时，他们在不知不觉地依照他们自己并不知道的自然意图，就像依照一条导线那样前进，并且在为促进这个自然意图而工作；即便他们知道这个自然意图，毕竟也很少会把它放在心上。 〔17〕

既然人在其努力中不像动物那样仅仅依照本能行事，但也不像有理性的世界公民那样在整体上依照一个商定的计划行事，所以，他们似乎也不可能（像蜜蜂或者海狸那样）有一个合乎计划的历史。如果把他们的行止置于世界大舞台上来看，并且发现虽然在个别人身上偶尔闪现出智慧，毕竟最终一切在宏观上都是由愚蠢、幼稚的虚荣交织而成的，常常也是由幼稚的恶意和毁灭欲交织而成的，那么，人们就无法抑制某种不

〔18〕满；在这方面，人们最终也不知道，应当对我们这个如此以自己的优势自负的类形成一个什么样的概念。在此，哲学家没有出路，除非是：既然宏观上根本不能在人及其活动中预设任何理性的**自有意图**，他便尝试看能不能在人类事务的这种荒诞进程中揭示一个**自然意图**；从这个自然意图出发，行事没有自己的计划的造物却仍然可能有一个遵从自然的某个计划的历史。——我们要看一看，我们是否将做到为这样一种历史找到一条导线，然后要任凭自然去产生能够依照这导线来撰写历史的人物。自然曾产生一位**开普勒**，他以一种出人意料的方式使行星的离心轨道服从一定的法则，并且曾产生一位**牛顿**，他从一个普遍的自然原因出发解释了这些法则。

命题一

一种造物的所有自然禀赋都注定有朝一日完全地并且合乎目的地展开。在所有的动物那里，无论是外在的，还是内在的或者分析性的考察，都证实了这一点。一个据说不被使用的器官，一项达不到自己目的的安排，在目的论的自然学说中都是一种矛盾。因为如果我们放弃那个原理，那么，我们就不再有一个合乎法则的自然，而只有一个茫无目的地戏耍着的自然；而且取代理性的导线的，是令人沮丧的盖然性。

命题二

在人（作为尘世间惟一有理性的造物）**身上，那些旨在运用其理性的自然禀赋，只应当在类中，但不是在个体中完全得到发展**。一个造物里面的理性是把运用自己所有力量的规则和〔19〕意图扩展到远远超出自然本能之外的一种能力，而且不知道其规划有任何界限。但是，理性自身并不是依照本能起作用，而是需要尝试、练习和传授，以便逐渐地从洞识的一个阶段前进到另一个阶段。因此，要想学会完全地运用自己的所有自然禀赋，每个人都必须长生不死；或者，如果自然只规定了他短暂的生涯（就像实际上所发生的那样），那么，它就也许需要一个难以估量的世代序列，其每一个世代都把自己的启蒙传给别的世代，以便最终把它在我们的类中的胚芽推进到完全适合于它的意图的那个发展阶段。而这个时刻必须至少在人的理念中是其努力的目标，因为若不然，自然禀赋大部分必须被视为白白浪费的、无的放矢的；这会取消一切实践的原则，并由此使自然惟独在人身上有儿戏之嫌，而在评判其余一切安排时，通常都必须把自然的智慧用做原理。

命题三

自然期望：人完全从自身出发来产生超出其动物性存在的机械安排的一切，而且仅仅分享他不用本能，通过自己的理性为自己带来的幸福或者完善。也就是说，自然不做任何多余的事情，而且在运用各种手段来达到自己的目的这方面并不挥霍无度。既然自然赋予人以理性以及基于理性的意志自由，所以，就人的装备而言，这已经清晰地表明自然的意图。也就是说，人不应当由本能来引导，或者由生而具有的知识来关照和教导；毋宁说，人应当从自身出发来产生一切。其食物、衣物、外部安全和防卫的发明（自然为此赋予人的，既不是公牛的角，也不是狮子的爪，也不是狗的牙，而仅仅是双手）、一切能够使生活变得舒适起来的乐趣，甚至其洞识和聪明，乃至其意志的良善，完全应当是其自己的作品。在这里，自然似乎是在炫耀自己的极度节约，而且如此紧凑、如此精确地根据一 〔20〕

种初期生存的最高需求来权衡其动物性装备，就好像它期望：人如果有朝一日会从极度的野蛮状态努力上升到极高的技巧、思维方式的内在完善，并且（只要在世间有可能）由此上升到幸福，就可以完全单独居功，而且只感谢他自己；就好像自然着眼于人的理性的自尊，更甚于一种福祉。因为在人类事务的这种进程中，有大批的艰辛在等着人。但是，自然似乎不曾关心让人生活安适，而是关心让人如此努力，以便使自己通过自己的所作所为配享生活和福祉。在这里始终令人惊讶的是：先前的世代似乎只是为了后来的世代而从事其艰辛的工作，也就是说，为了给他们准备一个阶段，让他们能够从这里出发把自然当做自己意图的那幢建筑增高；然而，惟有最后的世代才应当有幸住在这座大厦中，而他们的一长列祖先为这座大厦工作过（固然是无意地），本身却不能分享自己所准备的幸福。然而，无论这多么令人困惑不解，它毕竟同时是必然的，只要人们假定：一个动物的类应当具有理性，并且作为有理性的存在者的等级，这些有理性的存在者全都将死亡，其类却是不死的，仍将达到其禀赋之发展的完备性。

命题四

自然用来实现其所有禀赋之发展的手段，就是这些禀赋在社会中的对立，只要这种对立毕竟最终成为一种合乎法则的社会秩序的原因。在这里，我把这种对立理解为人们的**非社会的社会性**，也就是说，人们进入社会的倾向，但这种倾向却与不断威胁要分裂这个社会的一种普遍对抗结合在一起。这方面的禀赋显然蕴涵在人性之中。人有一种使自己**社会化**的偏好，因
〔21〕为他在这样一种状态中更多地感到自己是人，也就是说，感到自己的自然禀赋的发展。但是，他也有一种使自己**个别化**（孤

立化）的强烈倾向，因为他在自身中也发现了非社会的属性，亦即想仅仅按照自己的心意处置一切，并且因此而到处遇到对抗，就像他从自身得知，他在自己这方面喜欢对抗别人一样。正是这种对抗，唤醒人的一切力量，促使他克服自己的懒惰倾向，并且在求名欲、统治欲和占有欲的推动下，在他的那些他无法**忍受**，但也不能**离开**的同伙中为自己赢得一席之地。这时，就迈出了从野蛮到文化的真正的第一步，而文化真正说来就在于人的社会价值；于是，一切才能都逐渐得到发展，鉴赏得以形成，甚至通过不断的启蒙而开始建立一种思维方式，这种思维方式能够使道德辨别的粗糙的自然禀赋逐渐转变成确定的实践原则，并且就这样使形成一个社会的那种**病理学上**被迫的协调最终转变成一个**道德的**整体。每个人在提出自己自私的非分要求时必然遇到的对抗，就是产生自非社会性。这种属性就自身而言并不可爱，但如果没有这种属性，在一种田园牧歌式的生活中，尽管有完全的和睦一致、心满意足和互相友爱，一切才能却会永远隐藏在其胚芽里面：人们温驯得犹如自己放牧的绵羊，很难会为自己的存在赢得一种比其家畜的存在更大的价值；他们不会作为有理性的自然去填补创造就其目的而言的空白。因此，为了难以共处，为了妒忌地进行竞争的虚荣，为了无法满足的占有欲甚或统治欲，还真得要感谢自然才是！没有这些东西，人性中的一切优秀的自然禀赋将会永远沉睡，发展不出来。人想要和睦一致；但自然更知道什么对人的类有益：它想要不和。人想生活得舒适惬意、轻松愉快；但自然却想让人超出懒惰和无所作为的心满意足，投身于工作和辛劳之中，以便反过来也找到办法，机智地重新摆脱工作和辛劳。因此，这方面的自然动机，即那产生了如此之多的灾祸，但毕竟也又促使人重新鼓足干劲，从而促使人更多地发展自然禀赋的 〔22〕
非社会性和普遍对抗的源泉，也许显露出一位睿智的创造者的安排；而且绝不是一只在其美好部署中搅局或者嫉妒地败坏它的恶意精灵的手。

命题五

自然迫使人去解决的人类最大问题，就是达成一个普遍管理法权的公民社会。既然惟有在社会中，确切地说是这样的社会，它拥有最大的自由，从而有其成员的普遍对立，但毕竟对这种自由的界限有最精确的规定和保证，以便他们能够与别人的自由共存，——既然惟有在这种社会中，自然的最高意图，亦即发展其所有禀赋，才能够在人类中达成，自然也期望人类就像实现其规定性的所有目的那样来为自己实现这个目的，所以，一个在其中可见到**外在的法律之下的自由**在最大可能的程度上与不可违抗的强制力相结合的社会，也就是说，一种完全**公正的公民宪政**，对于人类来说必然是自然的最高任务，因为惟有凭借这个任务的解决和完成，自然才能以我们的类来达成它的其他意图。是困境迫使通常对无拘无束的自由颇有好感的人们进入这种强制状态的；确切地说，这是所有困境中最大的困境，亦即人们相互加诸自身的困境，他们的偏好使得他们无法在放任的自由中长期共存。惟有在公民联合这样一种樊笼中，同样这些偏好才随之造成最好的结果：就像一片森林中的树木一样，正是因为每棵树都力图夺取别的树的空气和阳光，它们就互相迫使到自己的上方去寻求空气和阳光，并由此长得漂亮、挺拔；相反，那些自由地、相互隔离地、称心如意地伸展自己枝杈的树木，却长成了畸形，又歪斜，又弯曲。一切装扮人的文化和艺术及最美好的社会秩序，都是非社会性的果实，非社会性被自身所逼迫而管束自己，并这样通过被迫采用的艺术，来完全地发展自然的胚芽。

命题六

[23]

这个问题是最难的问题，同时也是人类最后解决的问题。即使是这个任务的纯然理念就已经彰显出的困难是：人是这样一种动物，当他生活在自己的其他同类中间时，就**必须有一个主人**。因为他肯定对自己的其他同类滥用自己的自由；而且尽管他作为有理性的造物而期望有一项法律来给所有人的自由设置界限，然而，他的自私的动物性偏好却诱使他，在允许的时候使自己成为例外。因此，他需要一个主人，来制伏他自己的意志，并强迫他去顺从一个普遍有效的意志，在这个意志那里每个人都能够是自由的。但是，他从哪里去得到这样一个主人呢？只能出自人类。但是，这个主人同样是一个必须有主人的动物。因此，无论他怎样开始去做这件事，都无法看出，他怎样能够使自己得到一个自身公正的公共正义元首；无论他是求诸一个个别的人，还是求诸许多为此精选出的人组成的一个团体。因为这个团体的每一个人，如果他在自己之上没有一个人来按照法律对他行使强制力，就将总是滥用自己的自由。但是，最高元首应当**自身**是公正的，而且毕竟是一个**人**。所以，这个任务是所有任务中最困难的任务；甚至它的完全解决是不可能的：从造就出人的如此弯曲的木头中，不可能加工出任何完全直的东西。惟有接近这个理念，才是自然责成我们的。①

① 因此，人的角色是非常人为的。我们并不知道其他行星上的居民及其本性是什么性状；但是，如果我们很好地实现了自然的这个委托，那么，我们也许就能够自夸，因为我们在我们世界大厦的邻居中间可以保有一个并非微不足道的地位。也许在这些邻居那里，每个个体都能够在自己有生之年完全达成自己的规定性。在我们这里情况不同；惟有类才能希望做到这一点。

此外，说它也是最后着手解决的任务，也是得自于：为此需要对一种可能宪政的本性有正确的概念，需要见多识广、经验丰富，以及在这一切之上，需要一个为接受这种宪政做好准备的善良意志；但是，这三者是很难有朝一日凑齐的，而如果凑齐，也是很晚，是在经过许多徒劳无功的尝试之后。

〔24〕

命题七

建立一种完善的公民宪政的问题，取决于一种合法的外部国际关系的问题，而且没有这种关系就不能得到解决。着手在个人中间建立一种合法的公民宪政，也就是说，着手安排一个共同体，这有什么用呢？迫使人们这样做的同一种非社会性，又是每一个共同体在外部关系上，以及作为一个国家在与各国的关系上，处于无拘无束的自由之中，而且因此一个国家必然有可能从别的国家蒙受那些压制个人并迫使他们进入一种合法的公民状态的同样灾祸。因此，自然再次把人们，甚至这类造物的庞大社会和国家机体的难以相处当做一种手段来使用，以便在其无法避免的对立中找到一种平静和安全的状态；也就是说，它通过战争，通过极度紧张而从不松懈的备战，通过最终每一个国家甚至在和平状态中也内在地必然感觉到的困境，推动人去做一些起初并不完善的尝试，但最终，在经过许多蹂躏、颠覆，甚至普遍内在地耗尽自己的力量之后，推动人去做即便没有如此之多的悲惨经验，理性也会告诉他们的事情，也就是说，走出野蛮人的无法状态，进入一个国际联盟；在这个联盟里，每个国家，哪怕是最小的国家，都能够不指望自己的权力或者自己的法律判决，而是只指望这个大国际联盟（Foedus Amphictyonum［邻邦联盟］），指望一种联合起来的权力，指望按照联合起来的意志的法律作出的裁决，来取得自己的安全和法权。无论这个理念看起来多么耽于狂妄，而且作为这样一种理念，在诸如圣皮埃尔教士或者卢梭那里已经受到嘲笑（也许是因为他们认为这样的理念在实行上太接近了），这却是人们彼此将对方置入的那种困境的不可避免的出路。那种困境必然迫使各国作出野蛮人同样不情愿地被迫作出的同一种决定（无论它们多么难以接受），也就是说，放弃自己残暴的自由，并且在一种合法的宪政中寻找平静和安全。——据此，一切战争都是建立新的国际关系，并通过摧毁，至少是肢解旧的机体来形成新的机体的尝试（虽然不是在人的意图中，但毕竟是在 〔25〕
自然的意图中），但这些新的机体又或者在自身中，或者相互之间不能维持下去，因而必须承受新的、类似的革命；直到最后有一天，一方面在内部通过公民宪政的可能最佳安排，另一方面在外部通过共同的磋商和立法，建立起一种类似于一个公民共同体的状态，就像一部**自动机器**能够维持下去那样。

人们是否应当从诸作用因的一种**伊壁鸠鲁式的**会合中期待，各国就像微小的物质尘埃一样，通过其偶然的碰撞来尝试各种各样的形态，这些形态又被新的冲撞所摧毁，直到最后有一天，**偶然地**形成这样一种能够按照自己的形式维持下去的形态呢（这是一种也许很难每次都出现的幸运！）？或者毋宁说，人们是否应当假定，自然在这里遵循着一种合乎规则的进程，确切地说是通过自己的，尽管强加于人的艺术，把我们的类从动物性的低级阶段开始，逐渐地一直引导到人性的最高阶段，并且在这个表面上野蛮的安排中完全合乎规则地发展那些原初的禀赋呢？或者，人们是否宁可期望：从人们的这一切作用和反作用中，总的来说任何地方都不会产生任何结果，至少不会产生任何聪明的结果，事情将保持自古以来的样子，而且因此人们就不能预言，对我们的类来说如此自然的那种不和，是否最终会在一种还如此文明的状态中，由于它也许将会通过野蛮的蹂躏来重新毁灭这种状态本身以及此前在文化中的一切进步（这是人们在盲目的偶然性的统治之下无法担保的命运，而如果人们不给无法的自由配上一条暗中与智慧相联结的导线，则它与这种统治事实上是一回事!），而为我们准备一个灾祸的深渊呢？这大致归结为如下问题：在各部分中假定自然部署的**合目的性**，却在整体上假定**无目的性**，这究竟是否合乎理性？因此，野蛮人的无目的状态所造成的情况，亦即这种状态抑制着我们的类中的一切自然禀赋，但最终却通过这种状态把我们的类置于其中的灾祸，迫使我们的类走出这种状态，并进入所有
〔26〕那些胚芽在其中都能够得到发展的公民宪政，而已经建立起来的国家的野蛮自由也造成这种情况，亦即：由于把各共同体的一切力量都运用于相互之间的扩军备战上，由于战争所造成的蹂躏，但更多地由于持久地为此做好准备的必要性，虽然自然禀赋的完全发展在其进程中受到阻碍，但与此相反，由此产生的灾祸却迫使我们的类为众多国家产生自其自由的、就自身而言有益的相互对抗找到一条平衡法则，并引进一种联合起来的强制力来强调这条法则，从而引进一种公共的国家安全的世界公民状态，这种状态不是没有任何**危险**，以免人类的各种力量沉睡，但毕竟也不是没有其相互**作用和反作用**的一种**平衡**原则，以免它们相互摧毁。在实现这个最后步骤（亦即国际联盟）之前，因而差不多只是在国家联盟形成的半途中，人性在外在福祉的虚假外表下忍受着最冷酷无情的灾祸；而且当**卢梭**偏爱野蛮人的状态时，他并非没有道理，也就是说，如果人们删去我们的类尚待攀登的这个最后阶段。我们已在很高程度上通过艺术和科学而**开化**。我们已**文明化**得对各种各样的社会风度和礼仪不堪重负。但是，认为我们已经**道德化**，那还差得很远。因为道德性的理念还属于文化；但是，这个理念的仅仅导致在求名欲和外在礼仪中类似道德的东西的那种运用，只是构

成文明化。不过，只要各国把其一切力量都运用于其虚荣的和残暴的扩张意图上，并这样来不断地阻碍内在地塑造其公民的思维方式的缓慢努力，甚至撤销在这个意图上对他们的一切支持，那么，就不能对这种方式有任何指望：因为这需要每个共同体的长期内在努力来塑造其公民。但是，一切未嫁接在道德上善的意念之上的善，都无非是全然的幻相和硬装的体面。也许人类将停留在这种状态中，直到它以我所说过的方式从其国家关系的混乱状态中挣脱为止。

命题八 〔27〕

人们在宏观上可以把人类的历史视为自然的一个隐秘计划的实施，为的是实现一种内部完善的，并且为此目的也是外部完善的国家宪政，作为自然在其中能够完全发展其在人类里面的一切禀赋的惟一状态。这个命题是出自上一个命题的一个推论。人们看到：哲学也能够有自己的**千禧年**；但却是这样一种千禧年，哲学的理念虽然还很遥远，但却能够促成它的实现，因而它一点也不狂妄。问题仅仅在于，对于自然意图的这样一种进程，经验是否能够揭示某种东西。依我说，它能够揭示**少许东西**；因为这种循环要等到完成似乎需要如此之久，以至于人们从人类以这种意图走过的一小部分出发，只能同样没有把握地规定它的轨道的形貌以及各部分与整体的关系，就像从迄今为止的一切天象观察出发，只能没有把握地规定我们的太阳及其整个卫星群在大的恒星系中所采取的路径一样；尽管从宇宙有条不紊的状态的普遍根据出发，以及从人们观察到的少许东西出发，足以可靠地推断这样一种循环的现实情况。然而，人的本性具有这样的特点：甚至对于我们的类应当经历的最遥远的时代也不会无动于衷，只要能够有把握地期待它。尤其是在我们的情况中就更不能无动于衷，因为似乎我们能够通过我们自己的理性策划，使这个令我们的后代如此欣喜的时刻早日到来。因此之故，甚至接近这个时刻的微弱迹象对我们来说也变得十分重要。现在，各国已经处在一种如此人为的相互关系之中，以至于没有一个国家能够在内部文化上削弱，而不丧失对于其他国家的权力和影响；因此，即便不是自然的这个目的的进展，也是它的维持，甚至通过各国的求名意图而得到相当的保障。此外，公民自由现在也不可能受到严重侵犯，而感受不到此事在所有行业中，尤其是在贸易中的弊端，以及在对外
〔28〕关系中国力的削弱。但是，这种自由在逐渐地发展。如果阻碍公民以他自己所喜爱的、只不过能够与别人的自由共存的一切方式去寻求他的福祉，那么，人们也就阻碍了一般经营的活跃，从而阻碍了整体的力量。因此，对公民的行止的人身限制日益被取消，普遍的宗教自由得到允许；而这样，随着妄念和怪念头的出现，逐渐地产生出**启蒙**，启蒙是一大笔财富，人类甚至必然从其统治者自私的扩张意图中得到这笔财富，只要这些统治者懂得其自己的好处。但这种启蒙，连带得到启蒙的人对自己完全了解的善不可避免怀有的某种向往，必然逐渐地一直上达君王们那里，甚至影响他们的治理原理。例如，虽然我们的世间统治者由于一切都已经预支给未来的战争，因而目前没有余钱用于公共的教育机构，以及一般而言用于涉及世间福祉的事情，但是，他们毕竟将发现，至少不去阻碍其人民在这方面虽然微薄和缓慢的自行努力，对他们有好处。最后，甚至战争也逐渐地不仅成为一种如此人为的、在结局上双方都没有把握的行动，而且由于国家在一种日益加重的、无望清偿的债务压力（一项新发明）中所感受到的恶果，而成为一种如此令人担忧的行动。此际，在我们这个由于其经营而如此息息相关的大陆上，任何国家动荡都影响其他国家，这种影响如此显而

易见，以至于这些国家虽然没有法律上的威望，但却被其自己的危险所迫，而自愿做仲裁人，并这样遥遥地为未来的一个史无前例的庞大国家机体准备一切。尽管这个国家机体目前还只是处在粗略的构思中，但是，在每一个都重视维持整体的所有成员那里，仍仿佛已经有一种情感开始流露出来；而这种情感就使人可以希望，在经历了若干次改造的革命之后，自然当做最高意图的东西，即一个普遍的**世界公民状态**，作为人类一切原初禀赋在其中得以发展的母腹，总有一天将实现。

命题九 〔29〕

按照自然的一项以人类中完全的公民联合为目标的计划来探讨普遍的世界历史，这样一种哲学尝试必须被视为可能的，甚至是有益于这个自然意图的。想要按照世界进程如果应当符合某些理性目的便必然如何进行的理念来撰写一部**历史**，这虽然是一个令人诧异的、表面上荒唐的打算，似乎以这样一种意图只能产生一部**小说**。然而，如果人们可以假定：甚至在人的自由的活动中，自然行事也不是没有计划和最终意图的，那么，这个理念就毕竟能够成为大有用处的；而且，尽管我们目光太短浅，不能看透自然策划的隐秘机制，但是，这个理念毕竟可以给我们充当导线，来至少在宏观上把人的行为的一个通常没有计划的**集合**展示为一个**系统**。因为如果人们从**希腊的**历史——任何别的更古老的历史或者同时代的历史都是通过这部历史给我们保存下来的，至少必须通过它得到确证①——开始；如果人们把希腊的历史对于吞并希腊国家的**罗马**民族国家机体形成和变形的影响，以及罗马民族的国家对于又摧毁它的**野蛮人**的影响，一直追溯到我们的时代；但在这时其他民族的国家历史，就关于它们的知识正是通过这些已启蒙的国民逐渐

地传给我们而言，**像插曲一样**添加进来，那么，人们就将发现在我们这块大陆（它很可能有朝一日为所有其他大陆立法）上
〔30〕 国家宪政改善的一个合乎规则的进程。此外，公民宪政及其法律和国家关系由于自身所包含的善，在一段时间里有助于提升和荣耀各民族（连带也提升和荣耀艺术和科学），但也由于这些民族所带有的弊端而再度使他们倾覆，但毕竟总是留下一个启蒙的胚芽，这个胚芽通过每一次革命而得到更多的发展，并为下一个更高的改善阶段做好准备；就此而言，只要人们到处留意公民宪政及其法律，留意国家关系，我相信将呈现出一条导线，它不仅能够用于说明人类事物如此混乱的活动，或者用于未来国家变迁的政治预卜术（这是人们虽然把人类历史视为一种没有规则的自由的不相连贯的结果，却向来已经从它得到的一项用途）；而且将（不预设一项自然计划，人们就不能有根据地抱此希望！）打开一幅令人欣慰的未来远景，在这幅远景中，人类被遥遥地设想如何最终毕竟攀升到自然置于它里面的一切胚芽都能够完全得到发展，它的规定性在此尘世得到完全实现的那个状态。为自然——或者不如说**神意**——所作的这样一番**辩解**，对于选择考察世界的一个特殊观点来说，并不是一个无关紧要的动因。因为如果在最高智慧的大舞台上这个包

① 惟有从其开端就不间断地一直延续到我们的一个**有学问的读书界**，才能确证古老的历史。在这个读书界之外，一切都是 terra incognita［未知的领域］；而生活在这个读书界之外的各民族的历史，只能从他们进入这个读书界的时刻开始。对于**犹太**民族来说，历史就是在托勒密王朝时代通过希腊文的《圣经》翻译开始的，没有这种翻译，人们就会很难相信他们那些**孤立的**报道。从此时（在这个开端恰当地被查明之后）起，人们才能上溯我们的叙述。对于其余所有民族来说也是如此。**修昔底德**书中的第一页（**休谟**说）是一切真实的历史的惟一开端。

含着所有这一切的目的的部分——即人类的历史——据说一直在与最高智慧唱反调，眼见这种情形使我们不得不嫌恶地把我们的眼光从它那里移开，而且由于我们对有朝一日在其中发现一个理性意图得以完成感到失望，而使得我们只是在另一个世界中期望它，那么，赞美无理性的自然界中创造的壮丽和智慧，并且劝人加以考察，又有什么用呢？

认为我想以一部世界历史的这个在某种程度上有一条先天导线的理念，来排斥对真正的、纯然**经验性地**撰写的历史的探讨，会是对我的意图的误解；这只是关于一个有哲学头脑的人（此外，他必须很精通历史）还能够从另一种观点出发来尝试的事情的一种想法罢了。此外，人们现在撰写当代史时的繁琐，通常是值得赞赏的，但它毕竟自然而然地使每一个人产生疑虑：我们的后代将如何着手把握我们在若干世纪后会留给他们的历史重负呢？毫无疑问，他们将只从他们感兴趣的事情，〔31〕亦即各民族和政府在世界公民观点上已贡献或者损害的东西的观点出发，来评估对于他们来说文献可能早已不复存在的最古老时代的历史。但是，考虑到这一点，同时考虑到国家元首们及其仆从们的求名欲，为了使他们注意到能够将对他们的光荣怀念带到最后时代的惟一办法就是——这还能额外提供一个**小小的**动因——去尝试撰写这样一部哲理的历史。

1784 年

回答这个问题：什么是启蒙？

李秋零　译

启蒙就是人从他咎由自取的受监护状态走出。受监护状态就是没有他人的指导就不能使用自己的理智的状态。如果这种受监护状态的原因不在于缺乏理智，而在于缺乏无须他人指导而使用自己的理智的决心和勇气，则它就是**咎由自取的**。因此，Sapere aude［要敢于认识］！要有勇气使用你自己的理智！这就是启蒙的格言。 〔35〕

为什么有这么大一部分人，在自然早就使他们免除外来的指导（naturaliter maiorennes［自然方面的成年人］）之后，仍然乐意终生保持受监护状态？为什么另外一些人如此容易自命为他们的监护者？其原因就是懒惰和怯懦。受监护状态是如此舒适。如果我有一本书代替我拥有理智，有一位牧师代替我拥有良知，有一位医生代替我评判饮食起居，如此等等，那么，我就甚至不需要自己操劳。只要我能够付账，我就没有必要去思维；其他人会代替我承担这种费劲的工作。绝大部分人（其中有全体女性）除了由于迈向成年是艰辛的之外，也认为它是很危险的；那些监护人已经在为此操心，他们极好心地担负起对这些人的指挥之责。他们首先使自己的家畜变得愚蠢，小心翼翼地提防这些安静的造物胆敢从他们将其关入其中的学步车跨出一步，然后向这些家畜指出如果试图独自行走它们就会面临的危险。这种危险固然并不那么大，因为在摔几次跤之后， 〔36〕
它们会最终学会走路的；然而，这一类的例子毕竟造成胆怯，并且通常吓阻一切进一步的尝试。

因此，对于每一个人来说，都难以挣脱几乎已经成为其本性的受监护状态。他甚至喜欢上了受监护状态，而且眼下确实没有能力使用自己的理智，因为人们从来没有让他做这样的尝试。章程和公式，这些理性地运用或者毋宁说误用其天赋的机械性工具，是一种持续的受监护状态的脚镣。无论谁甩脱这脚镣，都仍然会即便跳过极窄的沟，也是没有把握的一跃，因为他还不习惯这样的自由运动。因此，只有少数人得以通过其自己的精神修养挣脱受监护状态，并仍然走得信心十足。

但是，公众给自己启蒙，这更为可能；甚至，只要让公众有自由，这几乎是不可避免的。因为在这里，甚至在广大群众的那些被指定的监护人中间，也总是有一些自己思维的人，他们在自己甩脱了受监护状态的桎梏之后，将在自己周围传播一种理性地尊重每个人的独特价值和自己思维的天职的精神。在这方面特别的是：之前被他们置于这种桎梏之中的公众，之后在其一些自己没有能力进行任何启蒙的监护人的煽动下，却强迫他们留在桎梏之下；培植成见是非常有害的，因为成见最终也将使它们的制造者或者继承者自食其果。因此，公众只能逐渐地达到启蒙。通过一场革命，也许将摆脱个人的独裁和利欲熏心的或者惟重权势的压迫，但却绝不会实现思维方式的真正改革；而是无论新的成见还是旧的成见都成为无思想的广大群众的学步带。

但是，这种启蒙所需要的无非是**自由**；确切地说，是在一切只要能够叫做自由的东西中最无害的自由，亦即在一切事物中**公开地运用**自己的理性的自由。但现在，我听到四面八方都
〔37〕在喊：**不要理性思考**！军官说：不要理性思考，而要训练！税务官在说：不要理性思考，而要纳税！神职人员在说：不要理性思考，而要信仰！（世界上只有一位君主说：**理性思考吧**，思考多少、思考什么都行；**但是要服从**！）这里到处都是对自由的限制。但是，什么样的限制有碍启蒙呢？什么样的限制无碍启蒙甚至有助于启蒙呢？——我的回答是：对其理性的**公开**运用必须在任何时候都是自由的，而且惟有这种使用能够在人们中间实现启蒙；但是，对理性的**私人运用**往往可以严加限制，毕竟不会因此而特别妨碍启蒙的进步。但是，我把对其理性的公开运用理解为某人**作为学者**在**读者世界**的全体公众面前所作的那种运用。至于他在某个委托给他的**公民**岗位或者职位

上对其理性可以作出的那种运用，我称之为私人运用。于是，好多涉及共同体利益的事务秩序有某种机制，凭借这种机制，共同体的一些成员必须纯然被动地行事，以便政府通过一种人为的协调来使他们为公共的目的服务，或者至少使他们不破坏这些目的。在这里，当然不能允许理性思考，而是必须服从。但是，如果机器的这个部分同时把自己视为整个共同体的成员，甚至视为世界公民社会的成员，因而具有一个通过著作来面向真正意义上的公众的学者的身份，那么，他当然能够理性思考，由此并不会损害他部分地作为被动成员所从事的事务。这样，如果一位军官被其长官命令做某件事，他在值勤时要对这个命令的合目的性或者有用性大声挑剔，这就会十分有害；他必须服从。但是，按理不能阻止他作为学者对军务中的错误作出评论，并把这些评论交给公众去评判。公民不能拒绝缴纳向其征收的捐税；甚至如果这样的义务是他应当履行的，那么对这样的义务的滥加指摘就可以当做一种丑行（它可能引起普遍的违法）来加以惩罚。尽管如此，同一位公民如果作为学者 〔38〕
公开地表达自己的思想，反对这样一些捐税的不适当或者甚至不义，则他的行动并不违背一位公民的义务。同样，一位神职人员有责任按照他所服务的教会的信条对其教义问答课程的学生和教区信众宣讲；因为他就是按照这个条件被录用的。但是，他作为学者有充分的自由甚至天职，把他经过谨慎检验的、善意的关于那种信条中有错之处的所有想法，以及关于更好地安排宗教事务和教会事务的建议告诉民众。在此，这也不是什么能够归咎于他的良知的事情。因为他把自己依据其职务作为教会代理人所教导的东西，设想为他没有自由的权力按照自己的想法去教导，而是他被聘用来按照规定并且以另一个人的名义去宣讲的某种东西。他将会说：我们的教会教导这或者那；这就是教会所使用的证据。在这种情况下，他从规章中为自己的教区信众谋取一切实际的好处，他自己却会并非深信不疑地赞同这些规章，尽管如此仍能够自告奋勇地去阐述它们，因为其中并非完全不可能隐含着真理，但无论如何，至少其中毕竟没有任何与内在宗教相矛盾的东西。因为如果他相信在其中发现与内在宗教相矛盾的东西，那么，他就会不能凭良知来履行自己的职务；他会必须放弃良知。因此，一位被聘用的教师在自己的教区信众面前运用自己的理性，纯然是一种**私人运用**：因为这些信众即便人数众多，也始终只不过是一种内部的聚会；而且就此而言，他作为教士并不是自由的，也不可以是自由的，因为他是在履行一项外来的委托。与此相反，作为通过著作对真正的公众亦即世界说话的学者，神职人员在**公开运用**自己的理性时享有一种不受限制的自由，去使用他自己的理性，并且以他自己的人格说话。因为人民（在宗教事务中）的监护者自己又应当是受监护的，这是一件荒唐的事情，其结果是使种种荒唐的事情永恒化。

但是，难道不是一个神职人员的团体，例如一个教会会议，或者一个值得尊敬的 Classis［长老监督会］（如其在荷兰人中间自称的），应当有权以誓约的方式在自己内部对某个不变的信条承担义务，以便这样对其每一个成员，并借此对人民
〔39〕行使一种不断的最高监护，甚至使这种监护永恒化吗？我要说：这是完全不可能的。这样一个为永远阻止人类的一切进一步的启蒙而缔结的契约，是绝对无效的，即便它由最高的权力、由帝国议会和最隆重的和约来批准。一个时代不能联合起来，共谋将下一个时代置于一种状态，使其必然不可能扩展自己的知识（尤其是十分迫切需要的知识），涤除错误，并且一般来说在启蒙上继续进步。这会是一种违背人的本性的犯罪，人的本性的原初规定恰恰在于这种进步；因此，后代完全有权把那些决议当做以未经授权的和犯罪的方式作出的，而抵制它

们。关于一国人民，能够通过决议产生出来作为法律的一切，其试金石在于如下问题：一国人民是否能够让自己承担这样一种法律呢？现在，仿佛是在期待一种更好的法律，这在一段确定的短时间内是可能的，目的是引进某种秩序：因为人们同时允许每一位公民，特别是神职人员，以一位学者的身份公开地，亦即通过著作对当前制度的缺陷作出自己的评论，而采用的秩序还一直延续下去，直到对这些事情的性状的洞识公开达到如此程度并得到证实，以至于它能够通过其声音（尽管不是所有声音）的联合而为君主提出一项建议，以便保护那些例如按照自己对更好的洞识的概念而同意变更宗教制度的教区信众，而又毕竟不妨碍那些想守旧的教区信众。但是，哪怕是在一个人的一生之内，同意一种持久的、不容任何人公开怀疑的宗教宪章，并且由此而在人类向着改善的进程中仿佛消除一段时间，使它徒劳无功，甚至由此而遗祸后代，这是绝对不允许的。一个人虽然能够对他个人，而且在这种情况下也只是在若干时间里，在他应该知道的东西上推迟启蒙；但放弃启蒙，无论是对他个人，甚或是对于后代，都叫做侵犯和践踏人的神圣权利。但是，一国人民根本不可以对自己作出决定的事情，一 〔40〕
个君主就更不可以对人民作出决定了；因为他的立法威望正是基于，他把整个人民的意志统一在他自己的意志中。如果他只是关注让一切真正的或者自以为的改善与公民秩序共存，那么，他就能够让他的臣民们除此之外只是自己去做他们为了自己的灵魂得救而认为必须做的事情；这种事情与他无关，但要提防一个人用暴力阻碍别人尽自己的全部能力去规定和促进这种事情。如果他由于认为他的臣民们用来试图澄清自己的洞识的著作应当受到他的政府监督而插手此事，不仅他从自己的最高洞识出发来这样做，为自己招致 Caesar non est supra grammaticos [恺撒并不比语法学家更高明] 的指责，而且更甚者，他把自己的至上权力降低到如此程度，在他的国家里支持一些暴虐者的宗教专制来对付其余的臣民，那么，这甚至有损他的威严。

如果现在有人问：我们目前是生活在一个**已启蒙的**时代吗？那么回答就是：不是！但却是生活在一个**启蒙的**时代。说人们如目前的情况，在整体上来看，已经处在或者哪怕只是能够被置于在宗教事务中无须他人的指导而自信妥善地使用自己的理智的水平上，还相差甚远。然而，现在毕竟为人们敞开了自由地朝此努力的领域，而且普遍启蒙或者走出人们咎由自取的受监护状态的障碍逐渐减少，对此我们却毕竟有清晰的迹象。就这方面来说，这个时代是启蒙的时代，是**弗里德里希**世纪。

一位君主，如果他认为，说他把在宗教事务中不给人们规定任何东西，而是让人们在这方面有充分的自由，这并不有失其身份，因此他甚至自动拒绝**宽容**这个高傲自大的名称，那他自己就是已启蒙的，而且作为至少在政府方面首先使人类摆脱受监护状态并任由每个人在一切涉及良知的事情上使用自己的理性的君主，他理当受到心怀感激的世界和后世的颂扬。在他
〔41〕治下，值得尊敬的神职人员尽管有其职责，仍可以以学者的身份自由地和公开地向世界阐述他们在这里或者那里偏离已被采纳的信条的判断和洞识，以供检验；而其他每个不受职责限制的人就更是这样了。这种自由精神也向外传播，甚至是在它必须与一个误解自身的政府的外在障碍进行斗争的地方。因为对于这个政府来说毕竟闪现着一个榜样，在自由时不必对公共的安定团结有丝毫的担忧。人们在自动地逐渐挣脱粗野状态，只要不是有人蓄意想方设法把他们保持在这种状态之中。

我把启蒙亦即人们走出其咎由自取的受监护状态的要点主要放在**宗教事务**中，因为就艺术和科学而言，我们的统治者们没有兴趣扮演其臣民们的监护人；此外，那种受监护状态如其是所有受监护状态中最有害的一样，也是最有损声誉的。但是，

一位促进启蒙的国家元首，其思维方式再继续前进，并将看出：甚至就其**立法**而言，允许其臣民们**公开地**运用自己的理性，乃至于以对已立之法的一种坦率的批评来公开地向世界阐述自己关于更好地拟订法律的想法，这并没有危险；对此，我们有一个光辉的榜样，还没有一位君主由此超过我们所敬爱的那位君主。

但是，也惟有自己已启蒙、不惧怕阴影、但同时手中握有一支训练有素且人数众多的军队以保障公共安定的君主，才能够说一个共和国不可以斗胆说出的话：**理性思考吧，思考多少、思考什么都行；只是要服从**！在这里，就这样展示出人类事务的一种令人惊讶的、出乎意料的进程；正如通常在宏观上观察这种进程时也是一样，其中几乎一切都是悖谬的。一种较大程度的公民自由似乎有利于人民的**精神**自由，但却给它设下了不可逾越的限制；与此相反，一种较小程度的公民自由却给这种精神获得了尽其一切能力展开自己的空间。当自然在这个坚硬的外壳下把它精心照料的胚芽亦即**自由**思考的倾向和天职展开来之后，这个胚芽就逐渐地反过来影响人民的性情（人民由此逐渐地变得能够有行动的自由），并最终也甚至影响**政府**的原理，政府发现，按照如今**不止是机器**的人的尊严来对待 〔42〕
人，对政府自己是有益的。①

普鲁士哥尼斯贝格

1784 年 9 月 30 日

① 今天，即 9 月 30 日，我在**毕兴**的 9 月 13 日的《每周报道》上读到本月的《柏林月刊》的通告，其中提到**门德尔松**先生对同一个问题的回答。我尚未看到他的回答，否则它就会制止现在这个回答了，现在它能出现在这里，只是为了试一试，巧合在多大程度上能够带来思想的一致。

伊曼努尔·康德

1785年

1785年

约·戈·赫尔德的《人类历史哲学的理念》第一部、第二部书评

李秋零 译

一 〔45〕

《人类历史哲学的理念》，约翰·戈特弗里德·赫尔德著

Quem te Deus esse iussit et humana qua parte locatus es in re disce.

[上帝命令你是谁，以及你被置于哪个人群，你要实际了解。]

第一部，318 页，4 开本

里加与莱比锡，哈特科诺赫出版，1784 年

我们这位富有巧思且善于辞令的作者的精神在这部著作中展示出其已经得到承认的特色。因此，它像好多别的出自他笔端的著作一样，不大可以按照通常的尺度来评判。这就好像他的天才绝非仅仅从科学和艺术的广阔领域里搜集理念，以便给它们增添其他可传达的理念，而是他（借用他的表述）按照某个**同化**法则，以他独有的方式，把它们转化为他的特殊的思维方式，这样一来，它们就变得与其他灵魂借以滋长的那些理念（292 页）明显有别，并且更加难以传达。因此，对他来说叫做人类历史哲学的东西，可能与我们通常对这个名称所理解的东西完全不同：绝不是在规定概念时的一种逻辑缜密，或者对原理的仔细区分和证明，而是一种驻留时间不长、包揽甚多的目光，一种在发现类比时成熟的机敏，但在运用类比时是大胆的想象力，与通过情感和感觉使人对他那始终保持在朦胧远方的对象产生好感的技巧相结合，这些情感和感觉作为一种庞大的思想内涵的作用，或者作为暧昧的暗示，让人猜测的东西多过冷静的评判也许会在它们里面直接见到的。然而，既然思维中的自由（这里大量见到这种自由）由一个多产的头脑来行

使，总是给思维提供材料，所以，倘使我们想顺利的话，我们要尝试从他的理念中抽取最重要且对他来说最具特色的理念，并且在他自己的表述中予以展现，但最后要附上对整体的一些评论。

〔46〕 我们的作者以扩大视野开始，以便为人指定他在我们的太阳系的其他行星居民中间的地位，并且从人所居住的天体的居中的、不无有利的位置推论出一种纯然“中等的地球理智和一种含混得多的人类德性，它们是人在这里必须依赖的，但却——既然我们的思想和力量显然只是萌发自我们的地球组织，并且一直努力改变和转变自己，直到它们大约发展到我们这种创造所能够允许的纯粹性和精雅性为止，而且如果类比可以做我们的向导的话，在其他星球上也不会是别的样子——让人猜测，人与其他星球的居民将共有一个目标，以便最终不仅漫游到不止一个星球上，而是也许甚至得以与如此之多并且不同的姊妹世界的所有已臻于成熟的造物相交往”。由此，这种考察转向人产生之前发生的变革。“在我们的空气、我们的水、我们的土能够产生之前，各种各样分解、凝聚着的纤状物是必不可少的；而且种类繁多的土、石、晶体，甚至贝类、植物、动物，最后是人里面的组织，有多少分解和一方向另一方的转变不以这些纤状物为前提条件呢？人是一切元素和存在者之子，是它们的精华荟萃，仿佛是地球创造的花朵，只能是自然的最后宠儿，为了他的形成和孕育，必须有许多发展和变革先行。”

在地球的球体形状中，他找到对该性状不顾一切可以想到的多样性而造成的统一性所感到的惊讶的一个对象。“一旦牢记住这个形状，谁还会去皈依哲学和宗教中的一种圣言信仰，或者为此而怀着模糊但却神圣的热忱去杀人呢？”同样，黄道的倾斜给他提供机缘去考察人的规定性：“在我们倾斜运行的太阳下面，人的一切作为都是以年为周期的。”对大气层的进一步认识，甚至天体对大气层的影响，如果被进一步认识的话，在他看来都会对人类历史有一种巨大的影响。在关于陆地和海洋之分布的那一章里，地球的构造被援引为各民族历史之差异的解释根据。“亚洲在道德和习俗上如此相互关联，如同它在土地上连成一片；与此相反，小小的红海却已使道德分化，小小的波斯湾更是如此；但是，美洲的许多湖泊、山脉和河流以及大陆不无根据地在温带有如此广阔的延伸，而且旧大陆就其是人最早的居处而言，其构造被自然安排得不同于新世界。”第二卷探讨地球上的组织，并且从花岗岩开始，光、热、一种恶劣的空气和水都对它起作用，而且也许促使砾石成为钙质土，在其中形成了最早的海洋生物，即甲壳类生物。此外，植被开始出现。——人的发展与植物的发展相比较，以及人的性爱与植物的开花相比较。植物界对人的用处。动物界。动物和人随气候而有的变化。古代世界的气候是不完美的。“造物的类别离人越远就越扩展，离人越近就变得越少。——在所有造物中有一个主要形式，一个类似的骨架。——这些过渡使得下面这种情况不无可能，即在海洋生物、植物，也许甚至在**所谓无生命的**存在者里面，可能是同一种组织禀赋占统治地位，只不过无限地更粗糙、更混乱罢了。在视一切都在一种联系之中的永恒存在者的眼光中，也许冰粒如其产生时的形状与雪花在其中形成时的形状，还总是与胎儿在子宫中的形成有一种类比的关系。——人在动物中间是一种居中的造物，这就是说，是最开阔的形式，在这种形式中，**一切种类的一切特征**都集其精华之大成于人一身。——我从空中和水中仿佛看到动物从高处和低处趋向于人，并且一步步地接近人的形状。”这一卷结尾说：“哦，人啊，为你的地位感到高兴吧！在生活于你周围的一切里面研究你这种高贵的居中造物吧！” 〔47〕

第三卷把植物和动物的结构与人的组织进行比较。在这里，既然他是把自然描述者们的观察用于自己的意图，我们就无法跟随他了；只是有一些结论："通过诸如此类的器官，造
〔48〕物从静止不动的植物生命中为自己产生有活力的刺激，并且从这种刺激的总和中，通过精细的管道予以纯化，产生出感觉的媒介。刺激的结果成为**冲动**，感觉的结果成为**思想**，这是有机创造的一个永恒的进程，**被置于每个有活力的造物中**。"作者并不指望胚芽，而是指望一种有机的力量，对植物和对动物都是这样。他说："就像植物自身是有机生命一样，珊瑚虫也是有机生命。因此，有许多有机的力量，生长的力量、肌肉刺激的力量和感觉的力量。神经越多、越精致，脑子越大，类就越聪明。**动物灵魂**是在一个组织中起作用的所有力量的总和"，而且本能并不是一种特殊的自然力量，而是自然通过其温度给予所有那些力量的方向。自然的这一有机原则，我们时而称为**造形的**（在石头中），时而称为**催生的**（在植物中），时而称为**感觉的**，时而称为**人为建造的**，而根本上只不过是同一种有机力量罢了，它越是分布到更多的器官和不同的肢体中，越是在它们里面有一个自己的世界，本能就越是消失，而对感官和肢体的一种独立自由的运用（如像在人那里一样）就开始了。最后，作者达到了人的根本的自然区别。"人的直立行走**惟独**对人是自然的，它确实是为了他的类的全部天职而有的组织，并且是他的与众不同的品质。"

并非由于人注定有理性，才给他指定直立的姿势，以便按照理性来运用其四肢，而是他通过直立的姿势而获得理性，理性乃是为了让他仅仅直立行走而必需的那种安排的自然结果。"让我们以感激的目光，怀着惊异，驻留在这个神圣的艺术品上，驻留在使我们的类成为人类的这种善举上，因为我们看到，在人类的直立形象中开始了诸般力量的何种新组织，以及

人是如何仅仅通过这个形象而成为一个人的。”

在第四卷中，作者先生进一步阐明这个观点，“与人类似的造物（猴子）缺少什么，使它没有成为人”，——而且，人是通过什么成为人的？通过头的造形**适于直立的形象**，通过内部组织和外部组织适于垂直的重心；——猴子拥有人所拥有的大脑的所有部分；但按照它的头颅的形状，它却是在一种后仰的姿态中拥有它们，而它拥有这种姿态，乃是因为它的头是在另一个角度下造形的，并且不是为了直立行走而造的。一切有机力量马上就作用不同了，——“因此，人啊，朝天仰望吧！战栗着庆幸你的不可测度的优越性吧！世界的创造者把这种优越性联结在一个如此简单的原则上，即你的直立形象。——昂立于土地和杂草上方，占支配地位的不再是嗅觉，而是眼睛。——借助直立行走，人成为一件艺术品，他获得了自由的、艺术的双手，——惟有在直立行走中，才出现了真正的人类语言。——在理论上和实践上，理性无非是某种**获悉的东西**，是各种理念和力量的习得的比例和方向，人按照其组织和生活方式被造就成这种比例和方向。”而现在说自由，“人是创造的第一个被释放者，他直立起来”。羞耻，“它必定因直立形象而很快发展”。他的本性不蒙受任何特别的变异。“何以至此？由于他的直立形象，不因为任何别的东西。——他被造就出人道；和睦、性爱、同情和母爱，是其直立造形的人道的枝芽。——正义和真理的规则就建立在人自身的直立形象之上，这种形象也把他造就成体面；宗教是最高的人道。匍匐的动物感觉模糊；上帝把人抬起来，使人哪怕自己不知道且不愿意，也会窥探事物的原因，并且发现你这个万物的伟大联系。但是，宗教产生对不死的希望和信仰。”关于不死，是第五卷谈的。“从石头到晶体，从晶体到金属，从金属到植物的创造，从这里到动物，最后到人，我们看到组织的形式在上升，而造 〔49〕

物的力量和冲动也随之变得多种多样，而且最后都在人的形象中，就这种形象能够包容它们而言，结合在一起。”

“通过这一系列的存在者，我们觉察到越来越接近于人的形象的主要形式有一种类似性。——同样，我们也看到各种力量和冲动在接近人。——在每一种造物那里，其寿命也是按照它应当促进的自然目的来安排的。——一个造物越是有组织，
〔50〕它的结构就越是由低等领域组合而成。人是世界的一个简编：钙、土、盐、酸、油和水，生长、刺激和感觉的力量，都在人身上有机地结合。——这促使我们也假定一个处在与创造的可见王国里同样精确的联系和过渡之中的**不可见的力量王国**，以及不可见力量的一个上升的序列。——这**全都**说明了灵魂不死，不仅如此，而且还说明了世界创造之一切起作用和有生命的力量的延续。力量不会消失，器官倒会损坏。赋予万物生命者使之有生命的，就有生命；起作用的，就在其永恒的联系中永恒地起作用。”这些原则并没有得到阐明，“因为这里不是做这件事的地方”。然而，“我们在物质中看到如此多类似于精神的力量，以至于精神和物质这两种当然很不相同的存在者的一种完全的对立和矛盾，即便不是自相矛盾的，看起来也毕竟至少是完全未经证明的”。——“没有任何眼睛看到过预先形成的胚胎。当谈到一种后成时，人们是非本真地说的，就好像肢体**从外面**长上来似的。这是造形（生成），是**内在力量**的一种作用，自然为这些内在力量准备一个团块，这些内在力量使之成形，它们应当在其中使自己成为可见的。给肉体造形的，不是我们的理性灵魂，而是神的手指，即有机的力量。”现在说道：“1. 力量和器官虽然紧密地结合，但并不是同一个东西。2. 每一种力量都与其器官和谐地起作用，因为它只是为了彰显自己的本质而使它成形，并使自己适应。3. 当外壳脱落时，力量依然存在，这力量事先虽然在一个低级的状态中并且同样

是有机的，但先于这个外壳已经存在。”接着，作者对唯物主义者们说：“就算我们的灵魂与物质、刺激、运动、生命的所有力量原初是一回事，只不过是在一个更高的级别上、在一个更完善更精致的组织中起作用罢了；竟然有人哪怕只是看到过一种运动和刺激的力量消逝，而且这些低级的力量与其器官是同一种东西吗?”关于这种东西的联系说道，它只能是进展，“人们可以把人类视为低级的有机力量的大总汇，这些力量应在人身上萌芽，以形成人道”。

至于人的组织在一个精神力量的王国中出现，是这样表示 〔51〕
的：“思想与感官给其带来的东西相比，完全是一个别的东西；关于其起源的一切经验，都是一个虽然有机的、但依然自主的、按照精神联结的法则起作用的存在者的凭证。2. 就像肉体通过食物增长一样，精神是通过理念增长的；我们甚至在精神那里觉察到同样的同化、生长和产生的法则。简言之，在我们里面形成一个内在的精神的人，他有他自己的本性，并且把身体仅仅当做工具来使用。——更清澈的意识，人类灵魂的这个巨大的优越性，是以一种精神的方式通过人道才对灵魂形成的，等等。”一言以蔽之，如果我们正确地理解，灵魂是从逐渐地添加的精神力量中生成的。——“我们的人道只是预备，是一朵未来之花的蓓蕾。自然逐步地抛弃卑下的东西，与此相反扩充精神的东西，使精致的东西更加精致，而这样，我们就能够希望其艺术家之手使我们的人道蓓蕾也将在那种存在中以其本然的、真正的、属神的人形出现。”

作为结论的是如下命题：“人现在的状态可能是联结两个世界的中间环节。——当人作为地球组织最高和最后的环节结束了其链条时，他也正好由此作为造物的一个更高的类的最低级的环节开始了其链条，而且这样他就可能是两个相互衔接的创造体系之间的中间一环。——他一下子向我们展示了两个世界，而且这使得他的本质看起来有双重性。——生命是一场斗争，而纯粹的、不死的人道之花是一顶难以赢得的冠冕。——因此，我们更高级别的兄弟们爱我们，肯定甚于我们能够寻找和爱他们；因为他们看我们的状态更清楚。——而且他们也许教育我们作为他们的幸福的分享者。——无法想象，未来的状态对于现在的状态来说应当是如此完全直接的，就像动物在人身上能够相信的那样。——这样，没有更高的指导，语言和最初的科学似乎就是无法解释的。——即便在后来的时代里，对地球的最重大的作用也是通过无法解释的情况产生的。——甚
〔52〕至疾病往往就是这方面的工具，如果器官对于地球生活的日常范围变得无用；以至于不息的内在力量也许会获得一个不受干扰的组织所不能得到的印象，这似乎是自然而然的。——然而，人应当不是以观看而是以信仰进入自己未来的状态。”（但是，一旦他相信自己能够以观看进入，人们怎么能够阻止他时而试图使用这种能力呢?）——“可以肯定的是，在他的每一种力量中都有一种无限性；就连宇宙的力量似乎也隐藏在灵魂中，灵魂只需要一个组织或者一系列组织，就可以使这些力量去活动和练习。——因此，就像花朵挺立，并以**直立的形象**结束了地下的、尚无生命的创造之王国一样，人又**耸立**在一切朝地匍匐的东西（动物）之上。他以抬起来的目光和举起来的双手站在这里，就像在家中的一个儿子等待着其父亲的召唤。”

附录

这第一卷（一部看起来有多册规模的著作）的理念和最终意图如下。它要避免一切形而上学的研究，从与物质的自然形态尤其是在其组织方面的类比出发，来证明人的灵魂的精神本

性、它在完善性方面的持之以恒和进步。为此目的，物质仅仅构成其建材的精神力量，就被假定为某个不可见的创造王国，这个王国包含着赋予生命的力量，它把一切都组织起来，确切地说，使得这个组织的完善的图型就是人，一切地球造物从最低的级别开始都向人接近，直到最后正是通过这个完成了的组织而形成人，这种完成了的组织的条件主要是动物的直立行走。人的死亡不能再结束先前已经冗繁地在所有的造物种类那里显示的各种组织的进展和上升，而毋宁说让人期待自然会跨越到精致得多的程序，以便由此把人推动并且提升到未来更高的级别，并继续无限发展。评论者不得不承认：即便他愿意承 〔53〕
认自然造物的那种连续递进连同其规则，亦即向人接近的规则，他也毕竟不能从自然的类比中看出这种推论。因为这里是些**不同的**存在者，它们占据着日益完善的组织的各个级别。因此，按照这样一种类比，会只能够推论说：在某个**别的地方**，例如在另一个行星上，又可以有造物，它们保有着在人之上的下一个更高的组织级别，但不能推论说，**同一个体**能达到这一步。在由蛆或者毛虫发展出来的飞虫身上，这里有一种十分独特的、与自然的通常程序不同的安排，而且即便是在这里，再生也不是继**死亡**而仅仅是继**虫蛹状态**而至。与此相反，这里必须证明的倒是：自然让动物甚至在其腐烂或者火化之后仍然从其灰烬上升到在类上更为完善的组织，以便人们按照类比也能够从再次化为灰烬的人身上推论出这一点。因此，同一个人在来生升级到一种更完善的组织，和人们在一个自然王国的完全不同的种类和个体中间能够设想的阶梯之间，没有丝毫的类似性。在后一种情况下，自然让我们看到的无非是：它任由个体完全毁灭，而仅仅保存种类；但在前一种情况下，人们却要求知道，是否就连人的个体也将在其于此世毁灭之后继续活着，这也许能够从道德的或者如果人们愿意就从形而上学的根据中推论出来，但绝不能按照一种可见生育的类比推论出来。但是，至于诸般起作用并且独立自主的力量的那个不可见的王国，却无法看出，作者在相信能够从有机生育可靠地推论到这个王国的实存之后，为什么不是宁可让人里面的思维原则直接地、作为纯然精神的本性过渡到这个王国，而无须通过组织的构造从混沌中推出这个王国呢？除非必定是这样，即他把这些精神力量视为完全不同于人的灵魂的某种东西，而且不把灵魂视为特殊的实体，而是视为一种对物质起作用的、赋予物质以生命的、不可见的、普遍的本性的效果，不过，我们公道地对
〔54〕把这种意见加给他而心存疑虑。然而，对于不可见的、造成组织的力量的假说，从而对于想从**人们还了解较少的东西**出发来解释**人们所不了解的东西**的举动，应当怎样去想呢？对于后者，我们毕竟至少能够通过经验去认识法则，尽管其原因当然依旧不得而知；对于后者，我们甚至被剥夺了一切经验，而哲学家在此除了纯然绝望于在某种自然知识中找到说明，以及被迫决定在虚构力的肥沃田野上寻求这种知识之外，还能援引什么来为自己的预先规定辩护呢？即便这也始终是形而上学，甚至是十分独断的形而上学，尽管就连我们的作家也由于赶时髦而拒斥形而上学。

然而，说到种种组织的阶梯，如果它不足以达到他那远远超出这个世界的意图，人们则不必为此对它多有责难；因为它在此世的自然王国方面的运用也同样毫无结果。如果人们把各个类按照其**相似性**加以排列，则鉴于如此巨大的多样性，区别的细微正是这种多样性的一个必然结果。只不过它们中间的一种**亲缘关系**，要么一个类源自另一个类，而所有的类都源自一个惟一的本源类，要么例如源自一个惟一生育的母腹，会导向一些**理念**，但这些理念如此庞杂，使理性望而却步。我们不可以把这类东西归给我们的作者而不失公道。说到作者通过所有

的动物类，一直下降到植物，而为比较解剖学所做的贡献，则探讨自然学的人可以自行判断，他在这里为新的考察所提供的指导在多大程度上能够对他们有用，以及这种指导究竟是否有些根据。但是，有机力量就一切有机造物的多样性而言自己形成，此后按照这些器官的差异通过它们以不同的方式起作用，构成有机造物多种多样的类和种属的全部区别，其统一性（141 页）是一个理念，它完全处在观察的自然学说的领域之外，而且属于纯然思辨的哲学，如果它得以进入，也会在思辨哲学中，在已被采纳的概念中间造成严重的破坏。脑袋的哪种组织化在外部就其形状而言、在内部就其大脑而言与直立行走的禀赋必然相结合？更有甚者，一个仅仅指向这个目的的组织 〔55〕
如何包含着理性能力的根据，而使动物分享理性能力？单是对这些问题作出规定，就显然超越了一切人类理性，无论理性是要循着自然学的导线摸索，还是要循着形而上学的导线飞翔。

然而，对于这部如此思想丰富的著作来说，不应当因这些提醒而一笔勾销其所有功绩。其中一项优点（这里且不提诸多不仅言辞优美而且思想高尚和真切的反思）是其作者的勇气，对于理性单凭自己究竟能有多大成就的纯然试验来说，作者知道要有勇气去克服对他的水平的那种如此经常使一切哲学都受到局限的疑虑。在这方面，我们期望他有许多追随者。此外，自然本身将它在其造物的组织及其分类上的工作裹入的那种深奥莫测的晦涩性，也要为一部哲学的人类历史的这第一部分所带有的晦涩性和不确定性分担责任。这第一部分旨在将这部人类历史的两个端点，即它由以开始的端点和它超出地球历史而迷失在无限中的端点，尽可能联结起来。这项尝试虽然大胆，但对于我们理性的研究欲来说毕竟是自然而然的，而且即便没有完全做到也并非不光彩。但是，更应当期望的是，我们这位有才智的作者在继续撰写这部著作时，由于他将在自己面前发现一片坚实的土地，而对他奔放的天才稍加约束；而且，哲学的关切更多地在于修剪茂密的嫩芽，而不是促使它们生长，但愿哲学不是通过暗示，而是通过确定的概念，不是通过猜想来的法则，而是通过观察来的法则，不是凭借一种无论是受形而上学还是受情感所激励的想象力，而是通过一种在设计时大胆铺开、在实施时小心谨慎的理性，来引导它完成自己的计划。

〔56〕

二

赫尔德《人类历史哲学的理念》的评论者（《文学总汇报》第4期及副刊）关于《德意志信使报》2月号中一封反对这篇评论的投书的一些提醒

在《德意志信使报》2月号的148页上，以一位牧师的名义，出现了赫尔德先生这本书的一位辩护人，来反对我们在《文学总汇报》上的所谓攻击。让一位受到敬重的作者的名字一起卷入评论者和反评论者之间的争执，这是不合适的；因此，我们在这里想仅仅为我们在介绍和评断上述著作时的行事方式辩解，认为它符合这份刊物奉为圭臬的谨慎、公正和婉转准则。牧师在其投书中痛斥他心目中的一位形而上学家，此人如他所想象，对于通过经验途径得来的一切教诲，或者如果这些经验途径未了结事情，对于按照自然的类比所作的推论，都已完全败坏，并要使一切东西都来适应他那经院派的无益抽象的模子。评论者大可以忍受这种斥责，因为他在这一点上与牧师意见完全一致，而且评论本身就是最佳的证明。但是，既然他相信自己相当了解一门人类学的材料，同样对于运用人类学来尝试就人类规定性的整体而言建立一部人类历史的方法也有所了解，所以他坚信，这些材料必须既不是在形而上学中，也不是在自然标本室里通过比较人的骨骼与其他动物类的骨骼来寻找；而这种比较尤其根本不能导向人对另一个世界的规定性；而是这些材料只能在其彰显自己个性的**行动**中找到；他也被说服，赫尔德先生从来没有打算在其著作的第一部分（这个部分只是在总的自然体系中把人作为动物提出来，因而是未来理念的一个前驱）中为人类历史提供现实的材料，而是仅仅提供思想，这些思想能够促使自然学家尽可能地扩展自己通常仅仅集中在动物结构的机械意图之上的探究，一直扩展到对于把理性运用于这种造物来说合目的的组织上；尽管他在这方面赋予这些思想的分量，比它们以往所能够获得的更多。持后一种意见的人也没有必要（像牧师在 161 页所要求的那样）去证明：人的理性在组织的**另一种形式**中哪怕只是**可能的**，因为这和它惟有在目前的形式中才有可能一样，都是难以有朝一日洞悉的。对经验的理性运用亦有其界限。经验虽然能够教导说，某种东西是这样那样性状的，但却绝不能够教导说，它**根本不可能是别的样子的**；也没有任何类比能够填满偶然者和必然者之间的这道不可测度的鸿沟。评论中说过："如果人们把各个类按照其**相似性**加以排列，则鉴于如此巨大的多样性，区别的细微正是这种多样性的一个必然结果。只不过它们中间的一种**亲缘关系**，要么一个类源自另一个类，而所有的类都源自一个惟一的本源类，要么例如源自一个惟一生育的母腹，会导向一些**理念**，但这些理念如此庞杂，使**理性**望而却步。我们不可以把这类东西归给我们的作者而不失公道。"这些话误导牧师，使他相信在对这部著作的评论中可以发现**形而上学的正统性**，因而发现不宽容；而且他补充说，“**听任其自由的健全理性也不在任何理念面前望而却步**”。但是，在他所臆猜的一切东西中，并没有任何可怕之物。这仅仅是普遍的人类理性的 Horror vacui[对虚无的恐惧]，亦即当我们遇到一个理念，在其中**根本没有任何东西可思考**时**望而却步**，而在这方面，也许本体论的习惯可以充当神学习惯的规范，确切地说正是为了宽容。此外牧师认为，归于这本书的**思想自由**这项功绩，对于一位如此著名的作者来说太过寻常了。他无疑是认为，这里谈的是**外在的**自由，外在的自由由于依赖于地点和时间，实际上根本不是什么功绩。然而，这篇评论已经注意到那种**内在的**自由，亦即摆脱习以为常的并且经舆论强化的概念和思维方式之束缚的自由；这是一种**根本不**寻常的自由，以至于甚至仅仅信奉哲学的人也只是罕见地能够奋力达到这种自由。他指责这篇评论：
〔58〕
“**它摘录那些表述结论的段落，但却不同时摘录那些为结论做准备的段落**。”这也许是一种对所有的作者来说都无法避免的弊病，但与单靠摘录这段话或那段话就一般而言地加以褒贬，这无论如何总还是更可以忍受的。因此，这里依然坚持怀着一切应有的敬重，甚至是怀着对作者的**声名**，尤其是其**身后之名**的同情对上述著作作出的判断，因而这判断完全不同于牧师在161页（不很认真地）强加给它的东西：**此书并未完成其书名所许诺的事情**。因为书名根本没有许诺，在仅仅包含一般自然学的预习的第一册里，就完成期待以后几册（就人们能够判断的来说，它们将包含真正的人类学）的事情；而且，这种提醒并不是多余的：在人类学中要限制在那些预习中可能理当谅解的自由。此外，要完成书名所许诺的事情，现在只取决于作者本人，由于他的才能和博学，人们有理由希望他做到这一点。

三

里加与莱比锡，哈特科诺赫出版，《人类历史哲学的理念》，约翰·戈特弗里德·赫尔德著 第二部，344 页，8 开本，1784 年

这一部写到第 10 卷，它首先在**第 6 卷**的 6 章里描述北极附近与亚洲地脊周围各民族、已开化各民族和非洲各民族的地带、热带岛屿上的人和美洲人的组织。作者以期望搜集各民族的新图片来结束描述，而尼布尔、帕金森、库克、赫斯特、乔治已经开始做这件事。“如果某个能手搜集关于我们人类之差异的那些散布各地的忠实画面，并由此为一门**准确的人类自然学和相面学奠定**基础，这会是一份美妙的礼物。艺术难以使用得更为哲学化，而像**齐默尔曼**曾尝试绘制一幅动物学地图，上 〔59〕面只需勾画出人类的不同那样，一幅人类学的地图也要以所有表现和考虑来勾画，这样一幅地图会使这部博爱主义的著作臻于完善。”

第 7 卷首先考察如下命题：人类尽管有如此不同的形式，仍到处只是一个类；而且这一个人类在地球上到处都适应了气候。接着，气候对人的形成在身体和灵魂上的作用得到了阐明。作者机敏地觉察到，在我们能够建立一门自然学和病理学的气候学、更不用说建立一门关于一切思维能力和感觉能力的气候学之前，还缺乏许多先期工作；而且，要把在这里由地带的高和低、地带及其产品的性状、食物和饮料、生活方式、工作、衣着，甚至习惯的态度、娱乐和艺术连同其他情况一起构

成的混乱一团的原因和结果整理成一个世界，其中每一件事物、每一个别的地区都得到自己的权利，而且没有一个所获过多或者过少，这是不可能的。因此，他以值得称道的谦逊，也在92页把99页以下的总附释只是当做问题来预告。这些问题包含在以下的主要命题之中：1. 各种各样的原因在地球上促成了生物的生活所需的一种气候的共联性。2. 我们的地球的可居住之地集中在大多数生物以最令它们满足的形式起作用的地区；各大陆的位置对所有这些大陆的气候都有影响。3. 地球的造山运动不仅使地球的气候对于极为丰富多彩的生物千变万化，而且也尽其所能地防止人类的扩散。在这一卷的第4章中，作者断言：生成的力量是地球上一切形态之母，气候只是对它产生有利的或者不利的作用；而且他以关于**生成和气候的冲突**的若干附释作为结束，此外他在这里也期望有一部**我们人类依气候和时代而起源和变种的自然地理学历史**。

在第8卷中，赫尔德先生探索人的感官的运用、人的想象力、人的实践知性、人的冲动和幸福，并通过不同民族的事例

〔60〕来阐明传统、意见、练习和习惯的影响。

第9卷探讨人在发展自己的能力时对别人的依赖性，探讨作为人的形成之手段的语言，探讨各门艺术和科学经由模仿、理性和语言而被发明，探讨作为人们中间已确立的秩序而大多出自沿袭的传统的政府，并且以对宗教和最古老的传统的评论作为结束。

第10卷所包含的大部分是作者在别处陈述过的思想的结论；因为它除了考察人最初的居住地和亚洲关于大地与人类之创造的传统之外，还根据《**人类最古老的文献**》这部作品重述了关于摩西《创世记》的假说的最根本之处。

即便对于这一部来说，这份枯燥的通告也应当只是这部著作的内容之预告，而不是它的精神之阐述；它应当邀人去读这

部著作，而不是取代对它的阅读或者使之不必要。

第 7 卷和第 8 卷所包含的几乎大部分只是民族志的摘录，当然挑选巧妙，安排出色，而且到处都伴有自己的意味深长的评判；但正是因此更不能有一个详尽的摘录。我们的意图在这里也不包括摘录或者分析如此之多充满诗意雄辩的美妙段落，它们自己会向每一位有感触的读者展示风采。但是，我们也同样不想在这里探究：使表述生动起来的诗性精神是否也不时闯入作者的哲学呢？是否有时同义词被当做解释，而比喻被当做真理呢？是否有时并非从哲学语言领域到诗性语言区域的相邻过渡，而是完全挪动了二者的边界和领地呢？而且，是否在很多地方，大胆的隐喻、诗性的图像、神话的暗示织成的东西宁可被当做就像在一条**大蓬裙**下面那样遮盖思想的躯体，而不是让它就像在一件透明的长袍下面那样令人愉悦地闪闪发光呢？我们留给哲学文笔优美的批评家们去做，或者留给作者自己最后去润色的，是去研究例如：说“**不仅昼与夜以及季节的交替改变着气候**”，是否会比 99 页说“**不仅昼与夜以及交替的季节的轮舞改变着气候**”更好呢？100 页在对这些变化的一种自然史描述之后，接上一幅酒神颂歌中的无疑美妙的图画，“它（地球）的时序三女神围着朱庇特的王座跳一支轮舞，而在她们脚下形成的，虽然只是一种不完善的完善性，因为一切都是建立在不同类的事物的统一之上，但是通过一种内在的爱和相互婚配，到处都诞生出自然之子，即感性的合规则性和美”，这是否合适呢？或者，对于从游记作家对不同民族的组织和对气候的评论过渡到由此抽绎出的通则的搜集来说，第 8 卷开头有如下转折：“对我来说，这就像对一个要从大海的波涛里航行到空中的人一样，因为我现在就是按照人类的形态和自然力量来探讨其精神，并且敢于从陌生的、残缺的和部分地不可靠的报道出发，来研究其精神在我们辽阔的地球上变化不定的性 〔61〕

质”，这是否太**像史诗**了？我们也不探究：他的雄辩之河是否偶尔把他卷入矛盾之中呢？例如，248页提到，发明家往往必然把自己的发现的好处留给后世，甚于为自己而发明，这对于证明“人的那些与运用其理性相关的自然禀赋，只会在类中，而不会在个体中得到完全的发展”来说，是否在这里有一个新的例证？然而，他毕竟在206页倾向于责怪这个命题连同一些由此导出，尽管并未完全正确地领会的命题，认为它们差不多是**侮辱自然的庄严**（其他人用散文体把它称为亵渎神明）；在这里，考虑到给我们设定的篇幅，我们不得不把这一切搁置不论。

有一件事，评论者不仅期望于我们的作者，也期望于其他任何有志于人的一种一般自然史的哲学工作者，亦即：会有一个历史批判性的头脑已经为他们全都做好准备，他从不计其数
〔62〕的民族志或者游记及其所有可能与人性相关的报道中，特别摘录出那些互相矛盾的材料，并对它们加以排比（但附上每个叙述者的可信度的提示）；因为这样就不会有人如此大胆地不事先仔细衡量别人的报道，就以片面的报道为依据了。但现在，人们如果愿意，就能够从一大堆风土描述出发来证明，美洲人、西藏人和其他真正的蒙古人种各民族没有胡须；但谁要是更喜欢，也能够证明他们全都天生有胡须，只不过把这胡须拔掉了；美洲人和黑人是一个在精神禀赋上低于人类其他成员的种族，但另一方面，根据同样表面上的报道，他们在涉及自然禀赋的方面应得到与任何其他世界居民都相同的评价，因而哲学家是要假定本性的差异，还是要按照 tout comme chez nous［一切都跟我们这里一样］的原理来评判一切，就有待他来选择了，这样一来，他的所有建立在一个如此摇摇晃晃的基础之上的体系就必然看起来如同即将倒塌的假说。我们的作者不赞成把人类划分为**种族**，尤其是建立在遗传的肤色之上的划分，

这可能是因为种族的概念对他来说尚未得到清晰的规定。在第 7 卷第 3 章里，他把人随气候而有的差异的原因称为一种**发生学的**力量。评论者对该表述的含义在作者的意思上形成如下概念。作者一方面想拒绝进化系统，但另一方面也想把外部原因的纯然机械的影响当做不适用的解说根据来予以拒绝，并假定一个按照外部情势的差异而在内部与之相适应地调整**自己**的生命原则来作为人随气候而有的差异的原因。在这一点上，评论者完全赞同他，只是有如下保留：如果**从内部**进行组织的原因由于其本性而也许被限制在其造物之发展的某个数量和程度的差异上（在造成了这些差异之后，它就不会有进一步的自由，在情势变化时按照另一个类型去造形了），人们也许可以把造形的自然的这种自然规定称为胚芽或者原初的禀赋，而无须因此就把这些差异视为最初就被置入、只是偶尔展开的机器和蓓蕾（就像在进化系统中那样），而是视为纯然是对一种自我造形的能力的无法进一步解释的限制，而这种能力我们同样不能解释或者说明。〔63〕

随着**第 8 卷**，就开始了一种新的思想进路，它一直延续到这一部的结尾，并且包含着人作为一种理性造物和道德造物的造形的起源，从而包含着一切文化的开端。按照作者的意思，这个开端不可以在人类固有的能力中，而是要完全在它之外，在其他存在者的教诲和教导中去寻找。由此开始，文化中的一切进步都无非是凭借一个原初的传统的进一步传达和偶然的繁盛罢了，人应当把他向智慧的一切接近都归功于这个传统，而不是他自己。既然评论者在迈出自然和理性的认识之路时就无计可施了，既然他根本不精通博学的语言研究和对古文献的认识或者评判，因而不懂得在哲学上去利用其中所阐述且同时由此得到验证的事实，所以他自动安于在此不作出判断。然而，从作者的博览群书和用一个观点去把握零散的材料的特殊才能，也许可以事先猜想，关于人类事务的进程，就它能够有助于进一步认识这个类的个性，而且可能的话甚至认识它的某些典型差异而言，我们至少将读到许多美妙的东西，即便是对关于一切人类文化的最初开端见解不同的人来说，这也能够有所教益。作者（在338～339页及注释中）简短地这样表述了他自己的见解的基础："这段（摩西的）有教益的历史讲述的是：第一批被创造出来的人与教导他们的诸神有交往，他们在这些神的指导下通过对动物的认识获得了语言和占统治地位的理性，而且由于人也想以一种被禁止的方式在对恶的知识方面与诸神相同，他便以自己的损失为代价得到了这种知识，并从此占据了另一个位置，开始了一种新的、更人为的生活方式。因此，如果神灵愿意让人行使理性和谨慎，他必定也以理性和谨慎来照顾人。但是，诸神是如何照顾人的呢？也就是说，他们
〔64〕是如何教诲、告诫和教导人的呢？如果对此提出问题不像回答那样大胆，那么，传统本身就应当在另一个地方就此为我们作出说明。"

在一片渺无人迹的荒漠上，一位思想家必然与旅行者一样，可以任凭己意选择自己的道路；人们必须等待，看他怎样做到这一步，以及他在达到自己的目标之后，是否安然又及时地回到家中，也就是说回到理性的驻地，因此也能够指望有追随者。为此，评论者对于作者选取的独特思想之路无话可说，只不过他相信有权维护被作者在这条道路上攻击过的若干命题，因为他必然也拥有为自己预先确定其轨道的那种自由。260页说："对于人类历史的哲学来说，有一个虽然**简易**，但却**邪恶**的原理：人是这样一种动物，他需要一个主人，并且把自己的最终规定性的幸福寄望于这个主人或者众主人的结合。"它尽可以是简易的，因为一切时代的经验并且在一切民族身上都证实了它，但何以是邪恶的呢？205页说："神意宅心仁厚，

比起大社会的人为终极目的，它更偏爱个别的人的更简易的幸福，并且尽其所能为时代省去那种昂贵的国家机器。”完全正确！但首先是一个动物的幸福，然后是一个孩子、一个青年的幸福，最后是一个成人的幸福。在人类的所有时代里，以及同一时间在所有阶层里，都有一种幸福，恰恰与造物的概念及其对自己出生和成长的环境的习惯相适应；论及这一点，甚至连比较幸福的程度并且说明人的一个阶级或者世代对另一个阶级或者世代的优势也根本不可能。但是，如果神意的真正目的不是每个人为自己制作的幸福剪影，而是由此启动的、一直前进和成长着的活动和文化，其最大可能的程度只能是一种按照人权的概念来安排的国家宪政的产物，因而是人自己的作品，则又如何呢？根据 206 页，就会是“每个个别的人心中都有其幸福的尺度”，在幸福的享受上不逊于任何一个后来人；但是，不说他们存在时其状态的价值，而是说他们的存在本身的价值，亦即他们究竟为什么存在，那么，就惟有在这里才会在整 〔65〕
体上显露出一个睿智的意图。难道作者先生认为，如果塔希提岛的幸福居民从不被文明民族所造访，注定在其宁静的闲散中也生活数千个世纪，那么，对于“他们究竟为什么存在”，以及“这个岛让幸福的牛羊居住，是否与让只会享受的幸福的人居住同样好”这样的问题，人们就能够给出令人满意的答案吗？因此，那个原理并不像作者先生认为的那样**邪恶**。——大概是一个**邪恶的人**说出了它吧。——第二个要维护的命题如下。212 页说：“如果有人说，不是个别的人，而是类在受教育，那么，他说的话我就不理解了，因为类和种属除了存在于个别的存在者里面之外，便只是普遍概念。——就像我一般地谈到动物性、石头性、金属性，并且用最美妙的，但是在个别的个体中却相互矛盾的属性来装饰它们一样！——我们的历史哲学不应当在这条阿维罗伊哲学的道路上徘徊。”当然，谁要是说：没有任何一匹马有角，但马这个种属却长了角，他就会是在胡说八道。因为在这种情况下，种属无非是指特征，所有个体都必须恰恰在这个特征上彼此一致。但是，如果人类是指一个进展至无限（不可规定）的繁衍序列的整体（这种意义是十分常见的），而且假定这个序列不断地接近与其相伴延伸的其规定性之线，那么，说它在自己的所有部分上都渐近于这条线，而且毕竟在整体上与它相合，换言之，并非人类一切繁衍的一个环节，而是惟有类才完全达到其规定性，就没有矛盾了。数学家能对此给出阐释；哲学家会说：人类在整体上的规定性就是**不断的前进**，而其规定性的完成则是一个纯然的理念，但却是一个在所有方面都很有用的理念，即关于我们应当按照神意的意图努力追求的目标的理念。不过，在上面所引的争论性段落中的这种错误只是一桩小事。更重要的是它的结
〔66〕论，（那里说）“我们的历史哲学不应当在这条阿维罗伊哲学的道路上徘徊”。由此可以推断，我们这位曾如此经常地对人们迄今冒充为哲学的一切东西感到厌恶的作者，如今在这部详尽的著作中，将不以一种徒劳无益的语词解释，而是通过事实和例证，来为世界阐释真正的哲学思维方式的一个典范。

1785 年

论月球上的火山

李秋零　译

在 1784 年的《绅士杂志》上，开卷便有俄国枢密官**艾皮努斯**先生致**帕拉斯**先生的一封公开信，谈的是**马格兰**先生通报给**彼得堡**皇家科学院的一个消息，涉及**赫舍尔**先生于 1783 年 5 月 4 日发现的月球上的一座火山。这个新闻令艾皮努斯先生感兴趣，如他所说，更多的是因为按照他的见解，这个新闻**证明了他关于月面不平起源自火山的猜测的正确性**，他在 1778 年作出这猜测，1781 年在柏林通过出版物公之于众；[①] 而且在这里，如他高兴地承认的那样，有三位自然研究者不约而遇：他自己即彼得堡的**艾皮努斯**先生、都灵的**贝加里亚**教授和格廷根的**利希藤贝格**教授。不过，既然由于哈密尔顿骑士，人们的注意力如此普遍地被集中在所有国家的火成环形山上，所以，那种猜测就可以比做一颗熟透了的果实，必定落在最先偶尔碰到树的人的手中。最后，为了不致由于对最先作出猜测这种荣誉的要求而在同时代人中间激起纷争，他举出著名的**罗伯特·胡克**为这猜测的第一个作者，是胡克在其《显微图集》的第 20 章中正巧发现了同一些理念。Sic redit ad Dominum. [他就这样回到主那里。] 〔69〕

赫舍尔先生的发现，作为对贝加里亚先生的侄子和邓·乌罗阿那些含含糊糊的观察的证实，当然具有很大的价值，并且把人引向月球（可能还有别的天体）与我们的地球的相似性，否则这些相似性就会只能被视为大胆的猜测。然而，**艾皮努斯先生的猜测并不证实它们**（如我所认为的那样）。无论环形的月坑与火山的环形山怎样相似，在二者之间仍有一种明显的区别，而与此相反，这些月坑与我们地球上其他**非火山形成的山脉**或者地脊的环形走向却表现出一种确切的相似性，以至于宁 〔70〕

① 《论月球的不平整》，载《自然研究之友协会论文集》第 2 卷。

可说由此可能证实了关于天体形成的另一个猜测，尽管这个猜测只是在某种程度上与那个猜测类似。

当然，月球上与环形山相似的环形隆起很可能起源自**喷发**。但是，我们在我们的地球上发现了两种环形的隆起：其中一种隆起无一例外地只有如此小的规模，以至于从月球出发来看，它们根本不能用望远镜来分辨，而且构成它们的物质也表现出它们起源自火山喷发。与此相反，另一种隆起包括一个布有或高或低的山脉并成环形延伸的地脊内部整块整块的陆地或者面积数百平方里的地区。这种隆起惟有从月球出发、确切地说从与我们在月球上发现的那些环形月坑相同的大小出发才能看到，只要它们的覆盖物（森林或者其他植物）绝不妨碍在如此远的距离上分辨它们。因此，这种隆起也让人猜想到**喷发**，它们可能是通过喷发产生的，但根据构成它们的物质的见证，这些喷发**绝不可能是火山喷发**。——维苏威环形山最上面的圆周（据**德拉·托里**）有 5 624 巴黎尺，因而约 500 莱茵兰丈，直径近 160 莱茵兰丈；这样一个环形山肯定不能借助望远镜在月球上认出。① 与此相反，月球上类似环形山的**第谷**月坑直径
〔71〕近 30 德里，能够与波希米亚帝国媲美，而邻近它的**克拉维**月坑在大小上能够与梅伦边疆伯爵领地媲美。于是，地球上的这些国家同样也与环形山相似地被群山包围，从它们，与从第谷

① 但是，它的喷火本身在月球的夜间仍然能够看到。在上面援引的信中，对贝加里亚先生的侄子和邓·乌罗阿的观察作出了评论，即两个火山必定规模惊人，因为赫舍尔先生可能只是刚刚并且在所有参与观察者中间只是独自觉察到他自己的火山的。不过，对于自己发光的物质来说，要被清晰地看到，关键并不那么在于规模，而在于火的纯净；关于火山，众所周知的是，它们的火焰有时散发明亮的光，有时散发烟雾缭绕的光。

月坑一样，山脉仿佛呈星状伸展开来。但是，如果我们这些被地脊包围的环形山状的地槽（它们全都为江河提供了水的聚集地，陆地到处都为它们所覆盖）毕竟不会给月球带来类似的景观——如实际上也只是会为一些人所猜测的那样——那么，这就会只能归因于偶然的情况：月球大气层（其真实性通过**赫舍尔**的发现得到证明，因为那里有火在燃烧）远远没有达到我们的大气层那么高（如这个卫星边缘上不显著的光线折射所证明），从而月球的山脊伸到了植被的界限之外；与此相反，在我们这里山脊大部分为植物所覆盖，因此当然不能与被包围的地槽的平面形成特别鲜明的对比。

因此，我们在地球上有两种类似环形山的地表形成：一种起源自火山，直径 160 丈，因而面积约达 20 000 平方丈；另一种绝对不是起源自火山，近 1 000 平方里，因而在面积上约大 200 000 倍。如今，我们要把月球上的环形隆起（**据观察**，它们没有一个小于 1 德里，有一些大约直径 30 德里）与哪一种相比较？——我想：按照类比来作出判断，只能与后一种非火山起源的相比较。因为单是形状并不具有重要性；大小的巨大区别也必须考虑在内。但在这种情况下，**赫舍尔**先生的观察虽然证实了月球上的火山的理念，但却只是证实了其环形山既不曾被他也不曾被别的某人看到，也不能被看到的那些火山的理念；与此相反，他的观察并没有证实这样的意见，即月面上可见的环形组态是火成环形山。因为它们（如果人们在这里应当按照与地球上的相似巨大地槽的类比来判断）极有可能不是火成环形山。因此，人们必须只说：既然月球就类似环形山的地槽而言与地球上为江河构成水的聚集地，但却并非火成的地槽有如此之多的相似性，所以人们就能够猜测，月球也在处于〔72〕地球上的火成环形山方面有相似的形成。我们虽然不能在月球上看到火成环形山；但毕竟在月球的夜间察觉到自己发光的点，作为月球上有火的证据，它们最好是从按照类比可以猜测的这个原因出发来解释。①

且把上述著名人物的结论中的这种小小含混性搁置一边，人们究竟能够把地表上如此普遍地可遇到的非火成环形山，亦即江河的地槽，归于什么原因呢？喷发在这里必定自然而然地被奠定为基础；但它不可能是火成的，因为构成这些地槽的边缘的那些山脉，并不包含这样一种物质，而是看起来产生自水成的混合物。我想：如果人们想象地球原初是一团分解在水中的混沌，那么，必定到处，甚至从最深处发生的最初喷发就将是**气球状的**（在该词的本真意义上）。因为人们大可以假定：我们现在位于地表之上的气海（气球）此前是与地块的其余物质在一团混沌中混在一起的；它连同许多其他有弹性的**云雾**一起仿佛巨大的气泡一样从炽热的球体中喷出；在这种沸腾（地表没有一个部分得免）中，构成原初山脉的物质呈环形山状被抛出，并由此为江河的所有地槽奠定了基础，整片大陆就是由这些地槽作为一张网的网眼交织而成的。那些边缘既然是由在水中泡软的物质构成的，就必然让它们的溶解水逐渐地流走，这些水在流走时冲刷出凹槽，那些现在呈山脉状和锯齿状的边缘就由此与呈现出一种连续的山脊的火成边缘区别开来。于
〔73〕是，在没有如此迅速地结晶或者变硬的其他物质，例如角岩和原初的白垩，与之分离之后，最初的山脉就由**花岗岩**构成；在这些山上，当沸腾在同一地方变得越来越弱，从而越来越低的

① **贝加里亚**把从月球的环形隆起射线状延伸的山脊视为熔岩流，但这些山脊与从我们地球的火山流出的熔岩流就其大小而言的十分巨大的区别却驳斥了这种意见，并且使得下面这种情况成为可能，即它们是像我们地球上的山脉一样从一个山脉主干射线状延伸的山脉。

时候，白垩作为冲刷出来的物质，按照其较小的重量或者在水中的溶解能力逐级地沉淀下来。因此，表面不平的最初塑成原因是一种气态的沸腾，但我宁可把它称为**混沌的**，来表示这种沸腾的最初开端。

人们必须设想，一种**海洋的**淤积逐渐地把大半已经包含着海洋生物的物质分层堆积在这表面之上。因为在那些混沌的环形山上，大团的物质仿佛**编组排列**，这些环形山形成了幅员辽阔的隆起，高于其他沸腾不那么激烈的地区。这些隆起形成陆地及其山脉，其他地区则形成海底。于是，由于出自那些地槽的多余的结晶水冲刷着它们的边缘，而且一个地槽让自己的水流入另一个地槽，而所有地槽都让自己的水流向正在形成着的地表的最低部分（亦即海洋），所以，这就形成了未来江河的通道，人们还惊奇地看着它们穿行在陡峭的悬崖峭壁之间，寻找着海洋。因此，这本来会是地表骨架的形态，如果它是由花岗岩构成的话。花岗岩在随后的海洋淤积堆在其上面的所有矿层之下延伸。但正因为如此，陆地的形态即便在新的地层完全覆盖了出自深处的古老花岗岩的地方也必然成为环形山状的，因为它们的基础是这样形成的。所以，人们如果通过属于一条大河的所有河流的源头画一条延伸的线，就可以在地图（上面没有标出山脉）上画出地脊，这条线在任何时候都将围成一个作为江河之地槽的圆。

既然海洋的池盆很可能变得越来越深，并且把所有从上述地槽流出的水引向自己，由此就产生出河床和陆地现在的整个结构，这结构使得有可能把出自如此之多的地槽的水统一在一条渠道之中。因为一条河流如今从大片陆地排走水的河床正是被这些水及其退却冲刷出来的，没有任何东西比这更自然的了，水如今流向河床，亦即从海洋及其远古的淤积流向河床。〔74〕
如**布丰**所希望的在一个总的大洋之下，并且通过大洋底的海流，按照这样一个规则的冲刷根本不可思议，因为在水下不可能有海底的倾斜的流动，海底的倾斜毕竟在这里构成了最本质的东西。①

火山的喷发看起来是最晚的喷发，亦即在地球已经在其表面变坚固之后。它们也没有使陆地及其水解作用上合规则的结构形成河流的流程，而是只形成了个别的山岭，这些山岭与整个大陆的结构及其山脉相比，只不过些无关紧要的东西。

上述著名人物的思想所能够具有的而且**赫舍尔**的发现哪怕只是间接地证实了的用途，在宇宙起源论方面具有重要意义：亦即天体差不多是以相似的方式接受了它们的最初形成。它们全都在最初处于液体状态；它们的圆球形状，以及在可以观察它们的时候还有按照绕轴旋转和其表面上的重力而变得扁平的形象证明了这一点。但是，如果没有热就没有液态。**于是，这种源始的热是从哪里来的呢**？与**布丰**一样从炎日推导出这种热，所有行星的球体仅仅是从炎日分离出的碎片，这只不过是临时的权宜之计罢了；因为**太阳的热是从哪里来的呢**？如果人们假定（这从其他根据出发也是很可能的），一切天体的初始材料最初雾状地散布在它们如今在其中运动的整个广袤空间之中，起初按照化学引力的法则，此后并且主要按照宇宙论引力的法则从中形成，那么，**克劳福德**的发现就给出一种暗示，即用天体的形成同时就能使人理解人们自己希望的那种程度的炽热的产生。因为如果热的元素本身就在宇宙空间中到处以同样

① 在我看来，河流的流程是地理理论的真正钥匙。因为这要求：陆地首先被地脊仿佛划分为池塘；其次，这些池塘为了最终把自己的水引入一个渠道而相互传递水的地基是由水本身建构和塑形的，水逐渐地从较高的地槽，亦即从海洋一直流回最低的地槽。

的形式散布着，但只是在不同的物质以不同的方式吸引它的程度上附着在这些物质上；如果像他所证明的那样，雾状散布的物质在自身中包含着，也为一种雾状的扩散而需要比它们一旦过渡到浓密团块状态，亦即结合成为天球时所能够持有的更多得多的基本热；那么，这些天球就必定包含着过多的热物质，超过与它们所处的空间中的热物质的自然平衡；也就是说，它们就宇宙空间而言的相对热就将是过多的（这样，当含硫酸的空气接触到冰时，它就一下子失去自己的雨雾状态，而且这样一来，热就以冰在此刻融化的规模增多）。增长会有多大，我们并不了解；毕竟，原初稀释的规模和此后变密的程度及其时间的长短在这里似乎应当予以考虑。既然后者取决于把分散的材料结合起来的吸引，但前者取决于形成着的天体的物质的量，所以，变热的大小也必然与物质的量成正比。以这种方式，我们就会看出，为什么中心的天体（作为每个星系的最大团块）也能够拥有最高的炽热，并且到处都是一个太阳；同样能够不无可能地猜测，较高的行星由于一方面多半比较低的行星更大，另一方面由更稀薄的材料形成，可能具有比较低的行星更多的内热，后者看起来也需要这些内热（因为它们从太阳得到的光差不多只够被看到）。我们的观察所及的天体，即地球、月球和金星，其表面的山脉形成出自其原初炽热的、混沌液态的团块的气状喷发，这会让我们觉得是一个相当普遍的法则。最后，地球、月球，甚至太阳的火山喷发（**威尔逊**在像**惠更斯**把土星环的现象相互比较那样把太阳的现象富有意义地相互比较时，在日坑中看到了太阳的环形山），都会获得推导和解释的一个普遍原则。 〔75〕

如果人们在这里想把我上面在布丰的解释方式中发现的指责转用到我身上，并且质问：那些原子的最初运动究竟是从哪里来的？则我会回答说：我由此并不曾自告奋勇去说明一切自

〔76〕然变化的最初变化，这在事实上是不可能的。但尽管如此我认为，停留在一种与我们按照通常已知的法则至少能够猜测其原因的现象有相似之处的自然性状上，例如停留在太阳的炽热上，并且以绝望的方式吁请直接的属神安排，这是不允许的。虽然这种属神安排在谈到整体的自然时不可避免地必然终结我们的追问，但对于自然的每一个时期来说，既然没有一个时期在一个感官世界里能够被说成是绝对第一个时期，我们因此就免除不了这样的责任，即尽我们所能在世界的原因中去寻找，并按照我们已知的法则去追踪它们的链条，只要它们是彼此联系的。

1785 年

论书籍翻印的不合法性

李秋零　译

想把一本书的出版视为对一个样本上的所有权（无论是作为手稿从作者，还是作为手稿的印刷从一个已经存在的出版商来到拥有者手中）的使用，在这种情况下毕竟通过保留某些法权，无论是作者的法权还是由作者指定的出版商的法权，还把这种使用限制在不允许翻印上，这些人绝不能由此达到目的。因为作者在他思想上的所有权（尽管人们承认，这样一种所有权是按照外在的法权出现的）即使翻印也还是他的；而既然**明确地赞成**一本书的购买者限制他们的所有权，这根本不能适当地进行[①]，所以，一种纯然**假定的**限制，对于购买者的责任来说，是怎样更不够用得多呢？ 〔79〕

但我相信，有理由不把出版视为以**他自己的名义**进行商品买卖，而是视为以**另一个人的名义**，亦即以作者的名义**照管一项业务**，并且以这种方式就能够轻而易举并且清晰地阐明翻印的不合法性。我的论据包含在一个证明**出版商法权**的理性推理中；继之而起的是应当驳斥**翻印者要求**的第二个理性推理。

一、出版商反对翻印者的法权的演绎

谁以另一个人的名义、尽管如此却违背此人的意志来从事此人的业务，就有义务把由此可能给他带来的一切收益转让给此人或者其全权代表，并补偿由此给此人或者其全权代表产生的一切损失。 〔80〕

① 一个出版商会敢于让每个人在购买他的出版社作品时受这样的条件约束，即如果由于此人蓄意或者也由于不小心，出版商所出售的样书被用于翻印，就被起诉盗用一个外来的、被托付给此人的财物吗？很难会有某人同意，因为他由此会使自己招致各种各样探究和负责的麻烦。因此，出版社会为那人操心的。

于是，翻印者就是**这样一个人**，他以另一个人（作者）的名义，尽管如此却违背此人的意志来从事此人的业务。**因此，他有义务**把由此可能给他带来的一切收益转让给此人或者其全权代表（出版商），并补偿由此给此人或者其全权代表带来的一切损失。

大前提的证明

既然侵入的业务代办以未经允许的方式以另一个人的名义行事，所以，他没有权利要求从这项业务产生的好处；而是他以其名义照管这项业务的那个人，或者那人所委托的另一个全权代表，才拥有把这好处作为其所有权的果实来占有的法权。此外，由于这个业务代办未经授权插手他人业务，从而损害了拥有者的法权，所以他不可避免地必须补偿一切损失。这一点，毫无疑问蕴涵在自然法权的基本概念之中。

小前提的证明

小前提的第一点是：**出版商通过出版社从事另一个人的业务**。——在这里，一切都取决于作为作者的一项劳动，一般而言一本书或者一部著作的概念，并且取决于一般而言出版商（无论他是否被全权委托）的概念：也就是说，一本书是否是作者能够无论是间接还是凭借另一个人而与公众进行买卖的商品，因而保留或者不保留某些法权而转让；或者，它是否毋宁说仅仅是在**使用他自己的力量**（opera），他虽然能够**允许**（concedere）这种使用，但却不能**转让**（alienare）这种使用；此外，出版商是以自己的名义从事自己的业务，还是以另一个人的名义从事另一个人的业务。

在一本作为著作的书中，作者在向自己的读者**讲话**；而一个印刷这部著作的人，则通过他的样书不是独自、而是完全彻底以作者的名义**讲话**。他公开地把作者作为讲话者推举出来，并且仅仅促成把这番言论转达给公众。这番言论的样本无论是在手稿中还是在印本中，可以随意属于某人；这样，为自己使用这个样本，或者用它进行交往，就毕竟是它的每个财产所有者都能够**用他自己的名义**并且任意地从事的一项业务。然而，**让**某人公开地**讲话**，把他的言论本身带到公众中，这就叫做以他的名义讲话，并且仿佛是对公众说，"通过我，一位作家使这种东西或者那种东西以书面的方式透露、教给你们，等等。我不为任何东西负责，甚至不为那位作家通过我公开讲话的自由负责；我只不过是抵达你们的一个中介人罢了"。这毫无疑问是人们只能以另一个人的名义、绝不是以其自己的名义（作为出版商）办理的业务。这个人虽然以他自己的名义添置了**把作者的一番言论转达给公众的哑巴工具**①；但是，他通过印刷把上述言论**带到公众中**，从而他表现为**作者**对公众**讲话**所**通过**的那个人，这件事他只能以别人的名义来做。 〔81〕

小前提的第二点是：**翻印者**接手（作者的）业务，不是仅仅没有财产所有者的任何允许，而甚至是**违背他的意志**。因为既然他之所以是翻印者，乃是由于他插手了另一个人的业务，这个人是被作者本人**全权委托**进行出版的，所以问题就是：作者是否能够还把同样的权限授给另一个人，并同意他这样做。但显而易见的是：由于在这种情况下，第一个出版商和随后自

① 一本书是把一番言论转达给公众的工具，不仅是把思想转达给公众，像绘画、某个理念或者事件的象征性表现一样。这里，最根本的东西在于，由此转达的不是一件事情，而是一部 opera［作品］，亦即言论，确切地说是以书面的方式转达的。通过把它称为一个哑巴工具，我把它与通过一种声响来转达言论的东西区别开来，例如一个话筒，甚至别人的嘴巴。

以为能够出版的人（翻印者）这两人中的每一个都会在从事作者与同样的全体公众的业务，一方的工作必然使另一方的工作变得无用，并且对于双方中的任何一方都是有害的；因此，作者与一个出版商的契约带有除他之外还可以允许另一个人出版自己著作的保留，这是不可能的；所以，作者无权把这样做的许可授予另一个人（翻印者），因而就连假定翻印者有这种许
〔82〕可也不可以；所以，翻印是一项完全违背财产所有者的**被允许的意志**，尽管如此却以他的名义进行的业务。

※　　※　　※

从这一理由也得出，不是作者，而是作者的全权委托的出版商受到了伤害。因为既然作者完全地、没作出还以另外的方式来支配的保留而把管理他与公众的业务的法权托付给了出版商，就惟有出版商是进行这项业务的财产所有者，而翻印者损害的是出版商的法权，而不是作者的法权。

※　　※　　※

但是，由于进行一项业务的这种法权一点不差地同样可以由另一个人来行使，——如果对此没有特别的约定，它单独来看不能被视为不可转让的（ius personalissimum［最人格性的法权］），所以，出版商有把自己的出版法权也托付给另一个人的权限，因为他是全权的财产所有者；而且既然作者必须同意这样做，所以，从第二人手中接手这项业务的人就不是翻印者，而是合法地被授予全权的出版商，也就是说，是被作者指定的出版商把其全权转让给的一个人。

二、对翻印者反对出版商的假托法权的反驳

还剩下需要回答的问题是：是否并不由于出版商把他的作者的著作在公众中出售，就从样书的所有权中自动产生出版商

(因而还有授予他全权的作者) 对任意使用样书的同意，所以也有对翻印的同意，无论翻印怎样让他不快。因为也许是利益诱使那人冒着这种危险来接手出版商的业务，并不通过一个明确的契约把购买者排除在外，因为这会使他的业务倒退。—— 〔83〕至于样书的所有权并不造成这种法权，我通过以下的理性推理来证明。

对另一个人的一种人格性的肯定法权绝不能仅仅从一件事物的所有权推论出来。

现在，出版的法权就是一种人格性的肯定法权。

因此，它绝不能仅仅从一件事物（样书）的所有权推论出来。

大前提的证明

虽然抵制每个要在对一件事物的任意使用上阻碍我的人的否定法权与该事物的所有权相结合，但**对一个人格的肯定法权**，即要求他提供某种东西或者在某件事上为我效力，却不能仅仅从某件事物的所有权中得出。虽然这后一种法权可以通过一个特别的约定附加在契约上，我通过这契约从某人那里获得一个所有权；例如，当我购买一件商品时，卖主也应当免费把它寄到某一个地方。但在这种情况下，对一个人格的法权，即为我做某件事，却不是得自我所购买的事物的纯然所有权，而是得自一个特别的契约。

小前提的证明

某人能够**以他自己的名义**任意地支配的东西，他对这东西就实际上拥有一种法权。但是，他只可以**用另一个人的名义**去办理的事情，他就如此这般来从事这项业务，使得别人赋有责任，就好像这业务是由他自己进行的似的（quod quis facit per alium，ipse fecisse putandus est［某人通过别人做的事情，应视为自己做的］）。因此，我以一个别人的名义进行一项业务的法权是一种人格性的肯定法权，亦即迫使业务的作者担保某种东西，也就是说，担保他通过我让人做的，或者他通过我使自己有责任的一切。现在，出版是以作者的名义（通过印刷）对
〔84〕公众的一番言论，因而是以一个别人的名义的一项业务。因此，这样做的法权是出版商对一个人格的法权；不是仅仅在任意使用自己的所有权方面抵御他，而是迫使他把出版商以自己的名义进行的某项业务认做他自己的业务并为之负责，——因而是一种人格性的肯定法权。

出版商让人印刷所依照的样本，是作者的一个作品（opus），并且在出版商不管以手稿还是印刷的形式买到它之后，它就完全属于出版商，可以用它做他想做以及**以他自己的名义**能够做的一切事情；因为这是在一个物件上的完全法权的一项要求，亦即所有权的一项要求。但是，他无非是**以一个别人**（亦即作者）**的名义**对此所能做的使用，则是这个别人通过样本的财产所有者进行的一项**业务**，为此，除了所有权之外，还需要一个特殊的契约。

现在，书的出版是只可以用一个别人（亦即作者）的名义进行的一项业务（出版商提及作者是通过自己对公众讲话）；因此，这样做的法权不属于依附于一个样本的所有权的那些法权，而是惟有通过与作者的一个特别契约才成为合法的。但是，谁没有与作者的这样一个契约（或者，如果作者已经把这项法权授予另一个人来做真正的出版商，则没有与此人的契约）而出版，他就是翻印者，因此，翻印者伤害了真正的出版商，并且必须补偿他的一切损失。

总的附释

出版商不是仅仅以他自己的名义，而是以一个别人[①]（亦即作者）的名义来进行他的出版商业务，并且没有这个别人的同意就根本不能进行这项业务，这一点从按照普遍的承认而依附于这项业务的某些责任得到证实。如果作者在把自己的手稿转交给出版商以供印刷，而且出版商使自己对此负有责任之后死去，那么，也并不听任出版商把这手稿当做自己的财产压下来；而是在缺少继承人时，公众拥有法权强迫他出版，或者把手稿转让给另一个自愿出版的人。因为这曾经是作者要通过他与公众进行的一项业务，而且他自愿作为业务代办做这件事。公众也不必知道作者的这个承诺，也不必接受它；公众只是通过法律要求对出版商的这种法权（担保某种东西）。因为出版商只是在把这部手稿用于作者与公众的业务的条件下才占有它的；但是，对公众的这种责任即便在对作者的责任因作者的去世而停止的情况下也依然存在。在这里，被奠定为基础的不是公众对手稿的法权，而是对与作者的一项业务的法权。如果出版商在作者去世后以篡改或者歪曲的方式出版作者的著作，或者使它缺少对需求来说必要数量的样本，那么，公众就有权强迫他更为正确或者增加印数，否则就以别的方式设法出版。如果出版商的法权不是从他在作者和公众之间**以作者的名义**进行的一项业务中派生的，这一切就不可能发生。 〔85〕

① 即使出版商同时是作者，两项业务毕竟也是有别的；而且它是以一个商人的身份来出版他以一个学者的身份写作的东西。然而，我们可以把这种案例放到一边，把我们的讨论仅仅限制在出版商不同时是作者的案例上；后面将很容易把结论也扩展到前一种案例上。

但是，对于出版商的这种人们大概会承认的责任来说，也必须有一种建立在这责任之上的法权与之相适应，亦即对能够履行那种责任就必须具有的一切东西的法权。这种法权就是：只有他来行使出版权，因为他的业务的其他竞争者会使得进行这项业务对他来说实际上不可能。

但是，作为物件的**艺术品**却可以按照人们合法地获得的其样本来模仿、仿制，并且公开买卖其摹本，不需要其原作的作者或者他作为匠人而利用其理念的那些人的同意。
〔86〕某人勾画的一幅画，或者由另一个人刻在铜版上，或者让人制作在石头、金属或者石膏上，可以由购买这些产品的人压制或者浇铸并且公开买卖；就像某人能够**以他自己的名义**用他的物件所做的一切都不需要一个别人的同意一样。李佩特的《珠宝收藏》可以由它的任何一个懂行的拥有者去模仿并展销，它的发明者不能抱怨干预了自己的业务。因为它是一个作品（opus，不是 opera alterius［另一个人的工作］），每一个拥有这作品的人都可以无须列出其始作者的名字而转让它，因而也可以模仿并且以他自己的名义当做他自己的东西用于公开买卖。但是，一个别人的著作是一个人格的**言论**（opera），而出版它的人只能以这个别人的名义对公众讲话，并且除了作者通过他（Impensis Bibliopolae［书商的花费］）对公众讲下面的言论之外，自己不再说任何东西。因为**以自己的名义**讲一番言论，而这番言论按照他自己的广告并且根据公众的需求本应当是**一个别人的言论**，这是一个矛盾。因此，为什么可以模仿别人的艺术品用来公开销售，但已经有其指定的出版商的书却不可以翻印，其根据就在于：前者是**作品**（opera），后者则是**行动**（operae），其中前者能够作为独立自存的事物有其存在，后者则惟有在一个人格中才能够有其存在。所以，这后者应当仅仅归于作者

的人格[①]；而且作者对此有一种不可转让的法权（ius personalissimum［最人格性的法权］），即通过每个别人都永远是**自己**讲话，也就是说，没有人可以以别的方式对公众讲这番言论，除非是以他（始作者）的名义。然而，如果人们如此改变一个别人的书（缩写或者扩写或者改编），由于如果从这时起用原作作者的名义发行就会甚至非法，那么，以编者自己的名 〔87〕
义进行的改编就不是翻印，因而不是不允许的。因为在这里，是与第一个作者不同的另一个作者在通过出版商从事另一项业务，因而并没有干预他与公众的业务；出版商并不把那个作者，而是把一个别人介绍为通过他讲话的。翻译成另一种语言，也不能被当做翻印；因为它并不是作者的同一番言论，尽管思想可能完全是同一些思想。

如果这里被奠定为基础的一般图书出版理念被正确领会，并且（我自诩这是可能的）用必需的罗马法学的优雅来进行加工，那么，对翻印者的抱怨也许就可以被带到法庭面前，而没有必要首先为此谋求一部新的法律。

① 样书的作者和财产所有者都能够以同样的法权说：这是我的书！但却是在不同的意义上说的。前者把书当做著作或者言论；后者则把它仅仅当做把言论转达给他或者公众的哑巴工具，亦即样书。但是，作者的这种法权不是物件亦即样书中的法权（因为财产所有者能够在作者眼前把它烧掉），而是一种在他自己的人格中的天生法权，亦即阻止别人不经他的同意就让他对公众讲话，这种同意根本不能假定，因为他已经把它以排他的方式授予别人。

1785年

人的种族的概念规定

李秋零　译

新的旅行关于人类中的多种多样性所传播的知识，迄今与其说有助于满足知性，倒不如说有助于刺激知性在这一点上进行探究。很多情况下这是因为，在人们为了自己的缘故征询经验之前，没有事先清楚地规定要通过观察来澄清的概念；因为人们只有在事先知道自己应当寻找什么的情况下，才在经验中找到自己所需要的东西。关于不同的**人种**有很多谈论。一些人把它们干脆理解为人的不同**种属**，另一些人与此相反，虽然把自己限制在比较狭窄的意义上，但看起来却认为这种区别并不比人们通过化妆或者穿衣而在彼此之间造成的区别更显著。现在，我的意图只是精确地规定这个**种族**概念，如果在人类中存在种族的话；对人们认为能够使用这个称谓的现存种族的起源作出解释，只不过是人们可以随意去喜爱的副产品罢了。不过我看到，除此之外一些敏锐的人士在评判若干年前仅仅以那个意图所说的东西[①]时，只关注这件次要的事情，亦即原则的假说性运用，但对于原则本身却是轻描淡写，而毕竟一切都取决于原则。这是更多的回溯到原则的探究所遭受的一种命运；因此，这种命运能够劝阻在思辨事物上的一切争执和辩护，但与此相反却仅仅把对被误解的东西作出更详细的规定和澄清称赞为可取的。 〔91〕

一、惟有在一个动物类中遗传的东西，才能有资格成为一个族群区别

在其故乡被空气和阳光晒灼成棕褐色的**摩尔人**（毛里塔尼亚人），由于其肤色而与德国人或者瑞典人大为不同，而在西 〔92〕

① 参见**恩格尔**的《世界哲学家》，第 II 部，125～126 页。

印度群岛的法裔或者英裔的**克里奥耳人**则如同大病初愈，看起来苍白无力，他们就像西班牙由于其省份的绵羊无一例外都是黑羊毛，而如同教书先生一般身着黑装走过来的**拉曼查**农民一样，为此缘故都不能被算做人类不同的族群。因为如果摩尔人在房间里长大或者克里奥耳人在欧洲长大，二者就与我们这块大陆的居民们不可区别。

传教士**德马内特**装出一副样子，就好像由于他在**赛内冈比亚**待过一段时间，惟有他才有权对黑人的黑作出判断似的，并且否认他的同胞法国人对此作出的一切判断。与此相反我断言，对于在法国长期居留过的黑人的肤色来说，但更准确地说对于在法国出生的黑人的肤色来说，如果想据此来规定他们与其他人的族群区别的话，人们在法国能够比在黑人的故乡本身作出远为正确得多的判断。因为在非洲阳光给黑人的皮肤印上的因而对他来说仅属偶然的东西，必然在法国消失，而惟有黑色遗留下来，这黑色本是他通过自己的出生获得的，他继续繁衍这黑色，因而惟有这黑色才能够被用做一种族群区别。对于南太平洋海岛居民的真正肤色，按照所有迄今的描述，人们尚未能形成一个可靠的概念。因为尽管他们中的一些被认为是桃花心木色，但我毕竟不知道，这种棕褐色有多少可被归于纯然由阳光和空气来着色，有多少可被归于出生。由这样一对夫妇在欧洲生育的孩子，毫无异议会仅仅表露出他们**天生**特有的肤色。从**卡特雷**（当然，他在自己的航程中很少上岸，但尽管如此却看到过乘坐其小艇的不同海岛居民）的游记中的一段话，我作出推论：大多数岛屿上的居民必定是白人。因为如他所说，他在**弗莱维尔—艾兰**（在被视为印度水域的那些岛屿附近）首先看到的是印度人肤色的**真正黄色**。因此，**马里克罗岛**上头的形状是应归于自然还是归于造化，卡菲尔人的**自然**肤色与黑人的肤色有多大的区别，以及还有其他的独特属性，它们

是遗传的，在出生时由自然本身印上的，还是仅仅偶然地印上的，这还要久久地不能以裁定的方式澄清。 〔93〕

二、就肤色而言，人们可以采用四种族群区别

我们确定无疑地了解的肤色的遗传区别，不外是：**白人**、**黄色的**印第安人、**黑人**和**红铜色的**美洲人。值得注意的是：**首先**，这些特征之所以看起来特别适合于人类的族群划分，乃是因为这些族群的每一个就其居留地来说都是相当隔离的（也就是说，与其余的族群分离，就自身而言却是成为一体的）；**白人**族群从菲尼斯特雷角经过北角、奥普斯特罗姆、小布哈拉、波斯、沙特阿拉伯、阿比西尼亚、撒哈拉沙漠的北部边界，直到白非洲的丘陵地带或者塞内加尔河的入海口；**黑人**族群从这里直到内格罗角，并且除了卡菲尔人之外，退回到阿比西尼亚；**黄色人**族群在真正的印度斯坦直到科摩林角（他们的一个亚种在印度的另一个半岛和附近的一切岛屿上）；**红铜色人**族群在一个完全隔离的大陆上，即美洲。尽管有人觉得肤色区别很不重要，这些特征特别适合于族群划分的**第二个**理由却是：通过散发气味而分泌必然是大自然的筹谋的最重要的部分，如果人这种造物——被置于各种各样的地带，受到空气和阳光的极为不同的刺激——应当以一种极少需要艺术的方式活下去的话，而皮肤被视为分泌的器官，它自身带有自然特征的这种不同的痕迹，有资格把人类划分为明显不同的族群。——此外我请求，要一直承认肤色的迄今有争议的**遗传**区别，直到今后出现证实它的机会；此外请允许我假定：就这种自然服装而言， 〔94〕
除了上述四种之外，不再有遗传的民族特征；理由仅仅是，那个数字是可以证明的，但除它之外就不能确定无疑地说明任何别的数字。

三、在白人族群里，除了一般而言属于人类的东西之外，没有别的特有属性是必然遗传的；在其他族群中亦复如是

在我们白人中间，有四种遗传的性状，它们不属于类的特征，在其中家族甚至民族相互区别开来；但它们也没有任何一个是**必然**形成的，而是带有这些性状的人与白人族群的其他人也生育出缺少这些区分性状的孩子。这样，在丹麦占优势的是金发的区别，而在西班牙（但更多的是在亚洲被算做白人的那些民族身上），占优势的是深褐的肤色（连同其后果，即眼睛和毛发的颜色）。甚至在一个隔离的民族中，这后一种肤色能够无一例外地遗传（例如在中国人那里，他们觉得蓝眼睛是可笑的）：因为在这些人那里，找不到一个金发人能够把他的颜色带进生育。然而，如果这些深褐肤色的人中的一个有一位金发的妻子，则他将生出深褐肤色的或者金发的孩子，全看这些孩子偏重这一方还是那一方；反过来也是这样。在某些家族中，有遗传的肺结核、乜斜、妄念等等；但是，这些不计其数的遗传疾病中没有一个是**必然**遗传的。因为尽管在结婚时通过留意家族类型来谨慎地避免这样一些结合要更好，但我自己毕竟多次察觉，一个健康的丈夫与一个肺结核的妻子生出一个孩子在所有的面相上都像丈夫并且健康，此外另一个孩子则看起来像母亲并且有肺结核。同样，我在一个理性的人与一个只是出自有妄念遗传的家族、本人却是理性的妻子的婚姻中，在不同的聪明孩子中间只发现一个有妄念的孩子。这里是**仿效**，但它在父母双方不同的事情上并不
〔95〕是必然的。同样这条规则也可以深信不疑地在其余的族群那里作为基础。黑人、印第安人或者美洲人也有他们的个人

的，或者家族的，或者地区的不同；但这些不同中没有一个将在**与同一族群的**人杂交时把其各自的特点**必然地**带入生育并继续繁衍。

四、在上述四个族群的相互混合中，每一个族群的特性都必然形成

白种男人与黑种女人或者反过来，生出**黑白混血儿**，与印第安女人生出**黄**印欧混血儿，与美洲人生出**红**印欧混血儿；美洲人与黑人生出**黑加勒比人**，反之亦然（人们尚未尝试过印度人与黑人的杂交）。族群的特征在不同方式的杂交中都**必然地**形成，而且根本没有这方面的例外；但在人们认为引证了例外的地方，其实是以一种误解为基础，因为人们把一个**白化病患者**或者**色素缺乏症患者**视为白人了。这种变异在同一个孩子身上任何时候都是双方的，绝不是仅仅一方的。白人父亲给他印上自己族群的特征，黑人母亲也给他印上自己的特征。因此，任何时候都必定产生一个中间类型或者混血儿，这种混血方式在与同一个族群的或多或少代生育之后将逐渐消失，但如果它限制在其同样的方式上，将毫无例外地继续繁衍并永恒化。

五、关于必然混血生育的规律的考察

这是一个很值得注意的现象：由于在人类中有好多部分地重要的，甚至以家族的方式遗传的特征，但在一个纯然以肤色为特点的人类族群内部毕竟没有任何一种特征必然地遗传；与此相反，这后一种特征无论多么微不足道，却毕竟无论在这个族群内部，还是在这个族群与其余三个族群之一的杂交中普遍 〔96〕

地和**必然地**形成。也许，从这种罕见的现象出发，关于这样一些并不在本质上属于类的属性形成的原因，仅仅从它们是必然的这种状况就可以猜测某种东西。

首先：先天地澄清是什么有助于一般而言某种并不属于类的本质的东西能够遗传，这是一件棘手的事情；而且在知识来源的这种不明朗中，假说的自由如此不受限制，以至于在这种情况下着手反驳，就只会对辛苦劳作感到惋惜，因为每个人在这些事例中都固执己见。我自己这方面在这些事例中只关注特殊的**理性准则**，每个人都是由这个理性准则出发的，并且通常也都懂得按照这个准则找到有利于那些事例的事实；然后，我搜寻我的事实，这些事实使我在懂得为我澄清反对的理由之前，就不相信所有那些解释。现在，如果我认为我的准则是可靠的，完全适合自然科学中的理性应用的，并且惟一适用于一以贯之的思维方式的，那么，我就遵循它，而不把那些假托的事实放在心上，那些事实几乎仅仅是从一度选定的准则来借取自己的可信性和对被接受的假说的允分性的，此外人们能够毫不费力地用上百个别的事实来与它们相对立。经由怀孕妇女的想象力或者哪怕是宫廷马厩里的母马的作用而来的遗传；拔光整个民族的胡须，以及剪短英国马的尾巴，由此迫使大自然渐渐地从自己的生育中删去它起初被安排要得到的一个产品；被弄得扁平的鼻子，起初是由父母在新生儿身上做出来的，后来就会被大自然接纳进它的生育力：这些以及其他解释根据会很难靠为了它们而引证的事实——人们能够举出一些更好得多的可靠的事实来与它们相对立——来获得信用，如果它们不是从在其他方面完全正确的理性准则而获得其推荐，亦即这个理性准则：宁可在猜测时从给定的现象出发大胆做一切事情，也不为了它们而假定特殊的第一自然力或者生而具有的禀赋（按照 principia praeter necessitatem non sunt multiplicanda［如无必要，勿增原则］的原理）。然而，有另一个准则与我相对立，它限制着那个节省多余的原则的准则，亦即：在整个有机自然界中，无论个别的生物如何变化，它们的种属却不变地保存下来（按照学校的公式：Quaelibet natura est conservatrix sui［任一物种都能保存自己］）。现在很清楚：如果想象的魔力或者人在动物躯体上的造作被承认有一种能力，甚至改变生育力，改造大自然的原初模式，或者通过添加物来使它发生畸变，这些添加物尽管如此会在此后顽强地保持在随后的生育中，那么，人们就会根本不再知道，大自然是从什么样的原型出发的，或者对这原型的改变究竟能够走多远；而且既然人的想象没有界限，类和种属最终还可以变成什么怪模样。按照这种考虑，我自己采取的原理是：根本不承认想象力有任何混入大自然的生育事务的影响，不承认人有任何能力通过外在的造作在类或者种属的古老原型上造成改变，把这样的改变带入生育力，并使之遗传。因为哪怕我允许这一类的一个事例，那就好像是我承认了哪怕只是一个精灵故事或者魔术似的。理性的界限在这种情况下一旦被打破，妄念就成千上万地通过这个缺口涌入。我在做这个决定时故意地使我对现实的经验视而不见，或者换句话说也一样，固执地不相信它们，这也没有什么危险。因为所有诸如此类的离奇事件都毫无区别地自身带有标记，因为它们根本**不**想允许**实验**，而是只想通过捕捉偶然的感觉来证明。但是，凡是这一类的东西，亦即虽然完全能够进行实验，但却经不起任何实验，或者总是以各种各样的借口逃避实验，就无非是妄念和虚构。这就是我为什么不能赞同一种在根本上怂恿对魔术的狂热癖好的解释方式的原因，这种魔术期望得到一切遮掩，哪怕是最微小的遮掩：也就是说，形成，哪怕只是偶然的、并不总是成功的形成，每次都能够是与在类本身中蕴涵的胚芽和禀赋不同的另 〔97〕

一个原因的结果。

〔98〕 但是，即使我想承认从偶然的作用产生的、尽管如此却变得可以遗传的特征，也毕竟会不可能由此解释，何以那四种肤色区别在所有遗传的区别中是**惟一必然地**形成的。除了它们必然蕴涵在人类不为我们所知的原初祖源的胚胎之中，确切地说是作为必须至少在类的繁衍的最初时期为维持类所必然需要的，因而在随后的生育中必然出现的自然禀赋而蕴涵于其中，此事的原因还能是别的样子吗？

因此，我们被迫假定：人类曾经一度有过**不同的祖源**，大约在我们今天遇到人们的居住地上，为了类的保持，它们被大自然严格按照其不同的地带，从而也是各自不同地组织起来；四种不同的肤色就是其外在的标志。这种肤色如今对于每一个祖源来说并不仅仅在其居住地将必然遗传，而是在人类已经使自己足够强大（也许，只是逐渐地达到完全的发展，或者通过逐步地使用理性，大自然的艺术能够提供帮助）之后，也在任何别的地区在同一族群的所有生育中毫不减少地保持下来。因为这种特征既然是维持种属所需要的，就必然附着在生育力上。但如果这些祖源是**原初的**，那么，就根本不能解释和把握，为什么在这些祖源的相互杂交中，其差异的特征恰如实际上所发生的那样**必然地**形成。因为大自然最初赋予每一个祖源以其特征，是与其气候相关并为了适应气候的。因此，每一个祖源的组织都有一个与别的祖源的组织完全不同的目的；而既然尽管如此，两个祖源的生育力甚至在其特有的差异的这个点上应当如此相配，以至于从中不仅能够产生，而且简直是**必须**必然地产生一个中间类型：鉴于原初祖源的差异，这就根本不能理解了。只有当人们假定，必须在**惟一一个最初祖源**的胚芽
〔99〕 中必然地蕴涵着所有这些族群差异的禀赋，以便它适用于不同地带的逐渐移民，才可以理解：为什么在这些禀赋偶尔并且据

此也不同地展开时，产生出人的不同族群，它们也必须把自己确定的特征在后来必然地带进与任何别的族群的生育，因为这种特征属于它自己的生存的可能性，从而也属于种属繁衍的可能性，并且是从祖源类的必然最初禀赋派生的。因此，关于这样一些必然地、确切地说甚至在与其他族群的杂交中仍然混血地遗传的属性，人们被迫推论到它们的这种派生，即派生自一个统一的祖源，因为没有这个祖源，形成的必然性就会是不可理解的。

六、惟有在人类的气候差别中必然地遗传的东西，才能使人有权命名一个特殊的人种

在本质上属于类本身，因此为所有人本身共有的属性，虽然必然地遗传；但由于其中并不蕴涵着人们的差别，所以在划分种族时并不考虑它们。人们（不分性别）借以彼此**区别开来**的物理特征，确切地说惟有遗传的物理特征，才予以考虑（参见三），以便把类的划分，即划分为族群，建立在它们上面。但是，这些族群惟有在那些特征**必然地**形成（既在同一族群中，也在与任何别的族群的杂交中）的情况下才能被称为**种族**。因此，种族的概念首先包含着一个共同的祖源的概念，其次必然地包含着该祖源的后裔相互之间的族群差别的**遗传**特征。通过这后一点，就确认了可靠的区分根据，我们依据它们就能够把类划分为族群，这些族群由于前一点，亦即祖源的统一性，就绝不能叫做**种属**，而是必须只叫做**种族**。白人族群并不是作为人类的特殊种属与黑人族群相区别；根本没有**人类不同的种属**。至于由此会否认人类能够由以产生的祖源的统一性；如从其族群特征的必然遗传出发所证明的那样，人们并没有这样做的根据，对其反面倒是有一 〔100〕

个十分重要的根据。①

因此，种族的概念是：**同一个祖源的动物的族群差别，如果它是必然遗传的话**。

这就是我在这篇论文中作为真正意图的规定；其余的东西人们可以视为属于附属意图的，或者视为纯然的附加物，接受它或者抛弃它。惟有前者我视为已得到证明的，此外为自然史中的研究可用做原则，因为它能够经受一种实验，这实验能够可靠地引导那个没有这实验就会摇摆不定和不可靠的概念的运用。——如果形象不同的人被置于杂交的情况中，那么，只要生育是混血的，就已经有一种强烈的猜想：他们也许属于不同的种族；但是，如果他们杂交的这种产品**在任何时候**都是混血的，那么，这种猜想就有了确定性。与此相反，哪怕只有一次生育不是中间类型，人们也可以确定，同一个类的两个父母无论看起来多么不同，也仍然属于同一个种族。

我只假定了人类的四个种族，并不是好像我完全确定，绝
〔101〕对没有更多种族的任何迹象；而是因为仅仅在这四个种族身上，发现了我为一个种族所要求的东西，亦即混血的生育，但在其他任何人类族群身上都没有充分证明这种东西。这样，帕

① 起初，在只看到比较（按照类似或者不类似）的特征时，人们在一个类之下获得生物的**族群**。此外，如果人们关注其起源，那就必然表现出，那些族群要么是同样多的不同**种属**，要么仅仅是**种族**。狼、狐狸、豺、鬣狗和家犬是这么多的四足动物族群。如果人们假定：这些族群中的每一个都需要一个特殊的起源，则就有这么多的种属；但如果人们承认，它们也能够产生自一个祖源，那么，它们就只是四足动物的种族。种属与类在自然史中（在其中只涉及生育和起源）就自身而言没有区别。这种区别只出现在对自然的描述中，那里只取决于对特征的比较。在后者叫做种属的，在前者常常只被称为种族。

拉斯先生就在他对蒙古诸部族的描述中说道：一个俄罗斯男人与一个蒙古部族的妇女（一个布拉特女人）的第一代已经生育有漂亮的孩子；但他没有注意到，在这些孩子身上是否根本看不到卡尔梅克出身的痕迹。这是一种值得注意的情况，如果一个蒙古人与一个欧洲人的混合会完全抹去前者的特有容貌的话；这些特有容貌毕竟在与更南边的部族（也许与印第安人）的混合中还总是在**中国人**、**阿瓦人**、**马来人**等身上或多或少地清晰可辨。然而，蒙古特性真正说来涉及身材，而不涉及肤色，迄今为止的经验仅仅教导说惟有肤色有一种必然的形成来作为一个种族的特征。人们也不能确定无疑地澄清，巴布亚土人以及与他们相似的各种太平洋海岛居民的卡菲尔人身材是否表示一个特殊的种族，因为人们尚不知道他们与白人杂交的产品；但他们由于其浓密的、尽管卷曲的胡须而与黑人有足够的区别。

附释

当前假定某些原初的、在最初的和共同的人类祖源中真正说来**着眼于**如今现存的种族区别的**胚芽**的理论，完全基于这些区别形成的**必然性**，这种必然性在上述四个种族那里通过一切经验而得到证实。谁把这种解释根据视为在自然史中不必要地增多原则，并且相信人们完全可以没有诸如此类的特殊自然禀赋，而且由于假定第一对始祖是白人，就从后世空气和阳光对后来的后裔造成的影响出发来解释其余的种族，如果他援引说，某些别的特性纯然出自一个民族长期居住在同一个地带而也许最终变成遗传的，并且构成了一种物理的民族特征，他就还没有证明任何东西。他必须为这样一些特性的形成的**必然性**援引一个实例，确切地说不是在同一个民族中，而是在与任何 〔102〕

别的民族（在这方面与它不同的民族）的杂交中援引，使得生育无一例外地是混血的。但是，他举不出这样一个实例。因为除了我们提到过的，并且由以开始穿越一切历史的那种特征之外，对于任何别的特征都不存在有利于此的实例。如果他想宁可假定不同的最初人类祖源具有这样一些遗传特征，那么首先，在这种情况下必须求助于不同的造物，甚至在这时毕竟总是丧失类的统一性的哲学就会不怎么适用了。因为一些动物其差异如此之大，以至于为了其实存就必须有同样多不同的创造，它们也许能够属于一个**名义的类**（以便按照某些相似性进行分类），但绝不属于一个**实际的类**，因为要属于一个实际的类，就绝对至少需要起源自惟一一对动物的可能性。但找到实际的类，真正说来说自然史的事务；而自然描述者则满足于名义的类。但**其次**，即便是在这种情况下，也毕竟总是会假定两个不同的类的生育力特别的一致，它们就其起源而言彼此十分相异，尽管如此却能够相互杂交而生育，全无来由，没有别的原因，除非是大自然喜欢这样。如果有人想为了证明这后一种情况而援引尽管其最初祖源不同却仍发生这种情况的动物，那么，每一个人在这样一些场合都将否认后一种前提条件，毋宁说恰恰从出现这样一种能生育的杂交出发推论到祖源的统一性，例如从狗和狐狸等的杂交所作的推论。因此，父母双方特性的**必然形成**是它们所属的种族不同的惟一真正的、同时也是充分的试金石，而且是它们所源自的祖源的统一性的一个证明，也就是说，是被置于这个祖源之中的、在生育的序列中展开的原初胚芽的一个证明，没有这些胚芽，那些遗传的多样性就不会产生，尤其是不能成为必然遗传的。

一种组织中**合目的的东西**毕竟是我们推论到原初以这种意
〔103〕图被置于一个造物的本性之中的装备，而且如果这个目的只是后来才能达到的话，推论到天生的胚芽的普遍根据。现在，虽

然在任何一个种族的特性上都不可能像在**黑人种族**身上这样清晰地证明这种合目的的东西；然而，仅仅取自这个种族的实例，也使我们有权利按照类比至少猜测其他种族有同样的东西。也就是说，人们现在知道：人血仅仅由于燃素过量就会变黑（就像在血块的底边可以看到的那样）。现在，黑人强烈的、通过任何整洁都不能避免的气味就给人以理由猜想，他们的皮肤从血中排除了许多燃素，而且这种皮肤的本性必须这样组织起来，使得血液在他们那里能够以比在我们这里大得多的规模**排除燃素**，而在我们这里排除燃素多半是肺的事情。然而，真正的黑人也居住在这样的地带，那里空气通过茂密的森林和潮湿而被植被覆盖的地区而如此充满燃素，以至于按照**林德**的报告，对于英国水手来说，哪怕只是为了买肉而在**冈比亚河**上航行一天，也有死亡的危险。因此，这是由大自然作出的一个十分睿智的安排，即如此组织他们的皮肤，以至于血液由于通过肺长时间尚不能足够地排除燃素，就能够通过皮肤比在我们这里强烈得多地排除燃素。因此，血液必定往动脉的终端运送了非常多的燃素，因而在这个位于皮下的地方，有过量的燃素，从而看起来是黑的，尽管在肉体的内部是足够红的。此外，黑人皮肤的组织与我们的组织的差异即便在情感上也已经是显而易见的。——但是，说到从肤色就能够推论出的其他种族的组织的合目的性，人们当然不能以同样的盖然性来阐述它；但是，对于肤色来说，毕竟也不是完全缺乏能够支持对合目的性的那种猜想的解释根据。修道院院长**丰塔纳**针对骑士**兰德利亚尼**宣称，在每一次呼气时从肺里喷出的固态空气，并不是从大气层沉淀下来的，而是从血液自身来的，如果他说的有道理，那么，也许就可能有一个人种具有这种气酸过量的血液，肺不能独自排除这种气酸，皮肤血管还必须为此作出自己的贡献 〔104〕
（当然不是以空气形态，而是与别的雾化的材料相结合）。在这种情况下，所说的气酸就会给血液中的铁分子以微红的锈色，这种锈色把美洲人的皮肤区别开来；而因此，这种皮肤性状的形成就获得了必然性，使得这块大陆现在的居民能够从亚洲的东北部，因而仅仅在海岸，也许根本就只是越过北冰洋的冰，达到他们现今的居住地。但是，这片海洋的水必定在其连续的冰冻中也连续地释放着巨量的固态空气，因而那里的大气层也许将比别的任何地方都更多地有过量的固态空气；因此，为排除这种固态空气（由于这种空气在吸入后未充分地从肺中清楚固态空气），大自然预先就要在皮肤的组织中有所照料了。事实上，人们据说在原初的美洲人的皮肤上察觉到的敏感性也少得多，这可能是那种组织的后果，它在后来一旦发展成为种族区别，即便在较暖和的气候中也保持下来。但是，为了完成那种组织的工作，即便在较暖和的气候中也不缺乏材料；因为所有食品都自身包含着大量固态空气，它们通过血液被摄入，并通过上述途径被排除。——**液态碱**也是大自然必须从血液中排除的成分；为了分泌液态碱，大自然同样要为最初祖源的那些在人类发展的最初时刻就会在干热地带找到自己的居留地的后裔们安排皮肤特殊组织的某些胚芽，干热地带使他们的血液特别能够过量地生产那种成分。印度人的手即便满是汗也凉，显然证实了一种与我们不同的组织。——不过，这对于哲学来说在拼凑假说方面很少是什么安慰。然而，对于一个在对主要命题提不出什么有力的异议时，对假定的原则根本不能使人理解现象的可能性而欢呼雀跃的对手来说，这些假说却有助于以一种同样的、至少同样虚假的假说游戏来报复他的假说游戏。

〔105〕 但是，人们可以随意接受一个体系；毕竟可以确定无疑地说，现今存在的种族如果防止他们之间的一切杂交，就能够不再消失。对于处在我们中间的**茨冈人**来说，已表明他们在出身上是**印度人**，他们就为此提供了最清晰的证明。人们察觉他们

在欧洲已远远超过 300 年；他们在自己祖先的形象上还没有一点儿蜕化。据说在**冈比亚**蜕化成黑人的**葡萄牙人**是与黑人**交配而蜕化**的白人的后裔；因为说第一批到达这里的葡萄牙人携带有同样多的白种女人，这些女人也都足够长寿，或者由别的白人替代，以便在一个陌生的大陆上建立一支纯粹的白人血脉，哪里有这样的报道，而且它哪怕只是可能呢？与此相反，这方面更准确的消息是：1481 年至 1495 年在位的国王**约翰二世**由于对他来说所有派往**圣托马斯**的垦殖者都死光了，就纯粹让受了洗的（带有葡萄牙基督教良知的）犹太儿童移民这个岛，据人们所知，该岛上目前的白人就源自这些犹太儿童。北美洲的黑种克里奥耳人，爪哇的荷兰人，都保持着对自己的种族的忠诚。切不可把阳光在他们的皮肤上添加的、但较冷的空气又抹去的颜色与种族特有的肤色相混淆；因为前者毕竟永不遗传。因此，原初为种族的产生而置于人类的祖源中的胚芽，必定已经在最古老的年代里当长期居留时按照气候的需要发展出来了；而在这些禀赋中的一种在某个民族那里发达了之后，它就完全抹去了其他禀赋。因此，人们也不可以假定，不同种族按照某种比例的杂交即便在今天也能够重建人类祖源的形象。因为若不然，从这种不同方式的交配中生育的变种即便在今天（与当时的最初祖源一样）也会在他们移居不同的气候时的生育中自动地又分解成其原初的肤色，没有任何迄今为止的经验使人有权做出这样的猜想，因为所有这些杂交生育在它们自己进一步的繁衍中都与它们源自其杂交的种族一样顽强地维持着自己。因此，最初的人类祖源的形象（按照皮肤性状）会是怎 〔106〕
么样的性状，今天已无法猜测；甚至白人的特征，也只不过是诸般原初禀赋与其余禀赋一起能够在那种特征中发现的一种禀赋的发展罢了。

伊曼努尔·康德

1786年

人类历史揣测的开端

戈特利布·胡弗兰德的《试论自然法权的原理》书评

什么叫做在思维中确定方向?

关于路德维希·海因里希·雅各布的《门德尔松的〈晨课〉的检验》的一些评论

1786 年

人类历史揣测的开端

李秋零　译

在一部历史的**进程中插入**揣测，以便填补报道中的空白， 〔109〕
这也许是允许的，因为作为遥远的原因而先行的东西和作为结果而后继的东西能够为发现中间原因提供一种相当可靠的指导，以便使人理解过渡。然而，让一部历史完全从揣测中**产生**，这似乎比为一部小说拟定提纲好不了多少。它也会不能叫做一部**揣测的历史**，而只能叫做纯然的**虚构**。——尽管如此，在人类行动的历史的进程中不可冒险去做的事情，对于其**最初的开端**，就**大自然**造成这种开端而言，倒是可以通过揣测去尝试。因为这个开端不可以虚构，却可以取自经验，如果人们预设，人类的行动在最初的开端并不比我们现在所遇到的更好或者更坏：这是一个合乎自然类比、本身不带有任何冒险成分的预设。因此，自由从其在人的本性中的原初禀赋出发的最初发展的历史，与自由在其进展中的历史相比，完全是某种不同的东西，后者只能建立在报道之上。

尽管如此，既然揣测不可以过高地要求赞同，而是必须宣布自己充其量只是允许想象力在理性的陪伴下为心灵的休养和健康而从事的一种活动，但不是一种严肃的工作，所以，它们也不能与关于同一个事件作为真实的报道而建立起来并为人所相信的那种历史相比，后者的检验基于完全不同于纯然的自然哲学的根据。正因为此，而且既然我斗胆在这里做一次纯然的游乐，所以，我也许可以指望得到宠爱，允许我为此把一份神圣的文献用做地图，并且同时想象，我凭借想象力的翅膀、尽 〔110〕
管并非没有一条通过理性而联结在经验之上的导线所做的游历，似乎恰恰邂逅那份文献以历史的方式勾勒出的同一路线。读者可以打开那份文献（《创世记》，第 2～6 章）各页，并逐步查看，哲学按照概念所采取的道路是否与历史所指示的道路相吻合。

如果人们不沉溺于揣测，那么，就必须以不能通过人的理性从先行的自然原因做任何推论的东西为开端，因此以**人的实存**为开端；确切地说以他**业已长大**为开端，因为他必须无须母亲的协助；以一对伴侣为开端，以便人繁衍自己的种属；而且还是只有一对伴侣，以免在人彼此接近但又彼此陌生时马上发生战争，或者以免大自然受到指责，说它由于起源的不同，并未为社会性这个人类规定性的最伟大的目的作最恰当的布置；因为所有人都应当起源自单一的家族，毫无疑问是对此最佳的安排。我把这对伴侣置于一个不会受到猛兽侵袭，并且由大自然丰富地提供一切食物的地方，因而仿佛是置于一个终年温暖的气候带的**园地**里。更有甚者，我只是在这对伴侣已经在利用自己的力量的熟巧方面迈出重大一步之后才来考察他们，因而不是从其本性的全然粗野状态开始；因为如果我想着手填补这个可能包括很长一段时间的空白，对于读者来说很容易揣测太多，而或然性却太少。因此，第一个人能够**站立**和**行走**，能够**说话**（《创世记》，第2章第20节）①，甚至能够**谈论**，也就是说，按照连贯的概念来说话（第23节），因而能够**思维**。这些全是他统统必须自己去获取的熟巧（因为如果它们是天生的，
〔111〕它们就也会遗传下去，但这与经验相抵触）；但我现在假定他已经被配备这些熟巧，以便仅仅考察他的行止中的道德成分的发展，后者必然地以那种熟巧为前提条件。

① **倾诉的冲动**必然首先促使尚独处的人对他之外的生物，特别是发出一种他能够模仿并随后用以命名的声音的生物宣告他自己的实存。人们也还在儿童身上，在无思想的人们身上看到这种冲动的一种类似的作用，他们通过格格作响、喊叫、吹口哨和其他喧嚣的娱乐（经常也有这类的祈祷）来骚扰共同体的思维着的那部分人。因为除了他们想要在自己周围广为宣告其自己的实存之外，我看不出这样做的其他任何动因。

起初，必然是本能这种一切动物都顺从的**上帝之声**在独自引导这个新手。这种本能允许他以一些东西为食物，禁止他以另一些东西为食物（第 3 章第 2～3 节）。——但是，没有必要为此目的假定一种现在已丧失的特殊本能；这可能只是嗅觉及其与味觉器官的亲近关系，后者与消化工具的已知同感以及因而仿佛是一道菜肴适于或者不适于享用的预感能力，我们现在也还察觉到这类能力。人们甚至可以假定在第一对伴侣身上这种感官并不比现在更敏锐；因为在仅仅关注其感官的人和同时关注其思想，但因此而避开其感觉的人之间感知力量上发现什么样的区别，是众所周知的。

只要没有经验的人听从大自然的这种召唤，他就在这方面感觉良好。然而，**理性**很快就开始躁动起来，并且试图通过把所享用的东西与另一个不与本能相结合的感官，例如视觉感官，向他出示的与通常所享用之物相类似的东西作比较，而把他对食物的知识扩展到本能的界限之外（第 3 章第 6 节）。这种尝试，尽管本能不建议，只要它不反对，偶尔就还会能够有好的结果。然而，理性的一种特性就是，它能够凭借想象力的协助来装出欲望，不仅**无须**一种指向这种欲望的自然冲动，而且甚至**违背**自然冲动。这些欲望起初被称为**贪婪**，但由此逐渐地炮制出一大堆不必要的，甚至违背自然的偏好，可以称之为**淫逸**。背弃自然冲动的机缘可以只是一桩小事；然而，第一次尝试的成果，亦即意识到理性是一种能够把自己扩展到一切动 〔112〕
物被拘禁于其中的界限之外的能力，却是十分重要的，并且对于生活方式来说是决定性的。因此，尽管这只是一颗果实，其外貌由于类似于人们通常品尝过的可口果实而诱人去尝试；如果为此还有一种动物的榜样，这样一种享用适合其本性，正如与此相反它对人有害一样，所以在人身上就有一种与此抵触的自然本能；这就已经能够给理性提供最初的机缘，去刁难自然之声（第3章第1节），并且不顾自然的反对，而第一次去尝试作出一次自由选择，这尝试作为第一次尝试，其结果可能与预期不符合。不论这种损失是如何微不足道，人毕竟对此睁开了眼睛（第7节）。他在自身发现一种能力，即为自己选择一种生活方式，不像别的动物那样受制于惟一的一种生活方式。在这种觉察到的优势可能为他唤起的瞬间欣悦之后，毕竟是必然立刻继之以恐惧和忧虑：他尚未按照事物的隐秘性质和长远作用认识任何事物，他应当如何用自己这种新发现的能力行事呢？他仿佛站在一个深渊的边缘；因为从本能迄今为他指定的其欲望的各个对象中，为他展开了这些对象的一种无限性，他还根本不知道如何去选择这些对象；而从这种一度品尝过的自由状态中，他现在已不可能重新返回（在本能统治下的）臣服状态。

除了大自然借以保存每个个体的饮食本能之外，大自然借以照料种属保存的**性本能**是最重要的本能。一度活跃起来的理性如今毫不犹豫地也在这种本能上证明自己的影响。人马上就发现：性的吸引力在动物那里仅仅基于一种短暂的、绝大部分是周期性的冲动，对人来说却能够通过想象力而延长，甚至增加，对象越是**脱离感官**，想象力虽然就越是有节制，但同时却也越是持久和一贯地推进自己的工作，而且由此就防止了一种
〔113〕动物性欲望的满足所带来的厌烦。因此，与理性在其发展的前一阶段所证明的相比，无花果叶（第7节）是理性的一种重大得多的表现的产物。因为通过使一种偏好的对象脱离感官而使该偏好更加热情和持久，这已经表现出对理性对冲动有些控制的意识，而且不仅仅是像前一步那样，表现出以或大或小的规模为冲动提供服务的一种能力。**拒绝**是技巧，为的是从纯然感受到的吸引力过渡到观念的吸引力，从纯然动物性的欲望逐渐过渡到爱，并借助爱从纯然适意的情感过渡到对美的鉴赏，起

初只是对于人身上的美，但后来也是对于自然的美。此外**端庄**，即一种通过良好的风度（对可能激起轻视的东西的掩饰）引起别人对我们的敬重的偏好，作为一切真正的社会性的本真基础，为作为一种道德生物的人的发展提供了最初的暗示。——这是一个微小的开端，但却由于给思维方式提供了一个全新的方向而是划时代的，它比接踵而至的一连串数不清的文化扩展都更为重要。

在理性介入了被直接感受到的最初需求之后，它的第三步就是深思熟虑地**期待未来的东西**。不是仅仅享用当下的生活瞬间，而是想到未来的、常常很遥远的时刻，这种能力是人的优势的最关键性的标志，为的是按照他的规定性为遥远的目的作准备，——但同时也是不确定的未来所激起的忧虑和苦恼的最无穷尽的源泉，而所有的动物都免于这些忧虑和苦恼（第13～19 节）。必须供养自己和一个妻子连同未来的孩子的男人，预见着自己的工作日益辛苦；女人则预见着大自然使其性别承受的麻烦，此外还预见着更强大的男人加诸她的麻烦。双方都在辛劳的生活后面，在画面的背景上，恐惧地预见着所有动物固然都不可避免地会遭遇，但却毕竟不使它们担忧的东西，亦即死亡，而且他们看起来都谴责自己运用了给他们引起所有这些灾祸的理性，使这种运用成为犯罪。生活在他们的后代中间，这些后代也许能够过得更好，或者也能够作为一个家庭的成员减轻他们的劳 〔114〕
累，这也许是鼓励他们的惟一安慰性前景（第 16～20 节）。

把人完全提高到不与动物为伍的理性，所采取的第四步及最后一步是：他（尽管只是模糊地）认识到，他真正说来是**自然的目的**，而且没有任何生活在地上的东西能够在这方面成为他的竞争者。当他第一次对羊说：**大自然赐给你蒙在身上的皮，并不是为了你，而是为了我**，并且把皮从羊身上剥下来，穿在自己身上时（第 21 节），他觉察到自己凭借自己的本性而对一切动物拥有一种特权，如今他不再把动物视为他在创造中的同伴，而是视为听凭他的意志支配的、为达成他的任意意图的手段和工具。这种观念包含着（尽管是模糊地）对立的思想：他不可以对任何**人**这么说某种东西，而是必须把这人视为大自然的赏赐的平等分享者；这是为理性将来就其同胞而言应当加诸意志的限制所作的一项长远的准备，对于建立社会来说，这种准备远比好感和爱更为必要。

这样，人便进入了一种**与一切有理性的存在者的平等**之中，不论他们的地位如何（第 3 章第 22 节），也就是要求：**本身就是目的**，被任何别人也尊为这样一个目的，并且不被任何人仅仅当做达成其他目的的手段来使用。人甚至与更高的存在者也拥有如此不受限制的平等，即便他们在自然禀赋上往往不可比拟地优于人，他们中也没有一个因此就有权恣情任意地支配人和统治人，其根据就在于此，而不在于理性，就像理性仅被视为满足各种各样的偏好的一种工具一样。因此，这一步同时与人**脱离**大自然的母腹相结合：这是一种虽然可敬，但也充满了危险的变化，因为大自然把人逐出了无忧无虑的和安全的襁褓状态，仿佛是逐出了一个无须他辛劳就供养他的园地（第 23 节），并且把他推进广阔的世界中，那里有诸多忧愁、辛劳和未知的灾祸在等着他。将来，生活的辛苦将经常诱使他去期望一个乐园，这是他的想象力的造物，在那里他能够在平静的
〔115〕无所事事和持久的和平中虚度或者浪费自己的存在。但是，在他与那个想象出来的幸福之地之间，却驻扎着不知疲倦的、不可抗拒地驱使他所秉受的能力去发展的理性，而且这理性不允许他返回粗野和淳朴状态，就是这理性把他从那种状态拉出来的（第 24 节）。这理性驱使人仍耐心地承受他所憎恶的辛劳，追逐他所轻视的装饰品，并且由于他更害怕失去的所有那些琐碎东西而忘记他所恐惧的死亡本身。

附释

从对人类最初历史的这种描述中得出：人走出理性给他呈现为他的类的最初居留地的乐园，无非是从一种纯然动物性的造物的粗野过渡到人性，从本能的学步车过渡到理性的指导，一言以蔽之，从大自然的监护过渡到自由状态。如果人们关注的是人的类的规定，这规定无非在于向着完善性的进步，无论最初甚至在其一长列成员中前后相继地实现这一目标的尝试结果多么有缺陷，那么，人通过这场变化是有所得还是有所失，可能就不再是问题了。——然而，对于类来说是从较坏向较好的这种进程，对于个人来说就不是同样如此了。在理性觉醒之前，还没有诫命或者禁令，因而还没有逾越；但是，当理性开始自己的工作，并且无论怎样孱弱也与动物性及其全部力量发生冲突时，就必定产生灾祸，而且更糟糕的是，鉴于开化了的理性而产生恶习，它们对于无知状态，因而对于无辜状态来说是完全陌生的。因此，从这种状态走出的第一步，在道德方面是一种**堕落**；在自然方面，一大堆从来不知道的生命灾祸就是这种堕落的后果，因而是惩罚。因此，**自然**的历史从善开始，因为它是**上帝的作品**；**自由**的历史从恶开始，因为它是**人的作品**。对于在运用其自由时只关注自己的个人来说，在发生这样一种变化时有所损失；对于把自己有关人的目的集中在类上面 〔116〕
的自然来说，这样一种变化却是收获。因此，个人有理由把他所忍受的一切灾祸和他所犯下的一切恶都归咎于他自己，但同时也作为整体（一个类）的一个成员来欣赏和赞颂这种安排的智慧与合目的性。——以这种方式，人们也能够使著名的 J. J. **卢梭**经常被误解的、表面上相互抵触的主张彼此一致，并与理性一致。在他**关于科学的影响**和**关于人们的不平等**的著作中，他完全正确地指出文化与人类的本性不可避免的冲突，因为人类作为一个自然物种，在其中每一个个体都应当完全实现自己的规定；但在他的**《爱弥儿》**中，在他的**《社会契约论》**和其他著作中，他又试图解决如下更困难的问题：文化必须如何进展，以便使作为一个道德物种的人类的禀赋得到与其规定相应的发展，使得这个人类不再与作为自然物种的人类相抵触。从这种抵触中（既然文化按照人和公民的**教育**的真正原则也许尚未开始，遑论完成）产生一切压迫人的生活的真正灾祸和一切
〔117〕玷污人的生活的恶习①；然而，导致这些恶习，人们因此而责难的诱惑，就自身而言却是善的，并且作为自然禀赋是合乎目

① 一方面，人类致力于其道德规定，另一方面，它始终不渝地遵循为其本性中的粗野和动物性状态所设的法则，为给这二者之间的冲突列举若干例子，我引证如下：

大自然把成年期，亦即繁衍其种属的冲动和能力的时期，确定在大约 16 岁至 17 岁的年龄：粗野状态中的少年到了这个年龄，就完全是一个男人了；因为他在这时具有养活自己、繁衍其种属，也养活种属连同其妻子的能力。需求的简朴使他很容易做到这一点。与此相反，在开化状态中，做到这一点就需要许多在熟巧以及有利的外部环境方面的谋生手段，以至于这个时期在公民意义上至少平均要延迟约 10 年之久。然而，大自然并不随着社会精致化的进步同时改变自己的成熟时刻，而是固执地遵循它为保存作为动物种类的人类所设的法则。由此就产生出由道德对自然目的和由自然目的对道德的一种不可避免的损害。因为在某个年龄上，当公民人（他毕竟并不停止是自然人）只是少年，甚至干脆只是儿童时，自然人就是成人了；因为人们确实能够这样称谓那由于其年龄而（在公民状态中）根本不能养活自己，遑论养活其种属的人，尽管他自己拥有繁衍其种属的冲动和能力，从而拥有自然的召唤。因为大自然肯定没有在生物中置入本能和能力，使他们抗拒和压制这样的召唤。因此，生物的禀赋根本不是设立在文明状态上的，而仅仅是设立在作为动物物种的人类的保存上的；因此，开化状态就与

的的，但这些禀赋既然是设立在纯然的自然状态上的，就通过进展着的文化受到损害，并反过来损害着这种文化，直到完善的文化又成为本性为止：这就是人类的道德规定的最终目标。〔118〕

后者陷入了无法避免的冲突，惟有一种完善的公民宪政（文化的最终目标）才能取消这种冲突，因为现在，那个中间时段往往充斥着恶习及其后果，即各种各样的人类苦难。

另一个例子可以证明以下命题的真理性：大自然在我们里面为两个不同的目的，亦即作为动物物种的人类和作为道德物种的人类，建立了两种禀赋；这个例子就是希波克拉底所说的 ars longa，vita brevis［艺术长久，生命短暂］。一个科学和艺术的天才，一旦通过长期的练习和获得的知识而在判断上达到了真正的成熟，只要他以上述年轻的精神力量来经历赋予所有历代学者的时间总和，科学和艺术就能够通过他而远远超过所有历代学者前仆后继能够达到的成就。现在，大自然显然是出自另一个观点，而不是出自促进科学的观点来就人的寿命作出决定的。因为当最幸运的天才濒临他因自己的熟巧和经验而可以希望的最重大发现时，老年却来临了；他变得迟钝，而且不得不委托下一代（他们又从头开始，必须再次穿过他走过的全部行程）去在文化的进步中再添加一段。因此，人类实现其全部规定的进程似乎不停地中断，并且始终处在跌回到旧的粗野状态的危险之中；而希腊哲学家则并非全无道理地抱怨：**遗憾的是，正当人们开始了解自己真正说来应当如何生活时，却不得不去死**。

第三个例子可以是人们中间的不平等，确切地说不是他们的自然禀赋或者财富的不平等，而是他们的普遍人权的不平等：这是**卢梭**曾经相当真切地抱怨过的不平等，但只要文化仿佛是毫无计划地进展着（这在长时间里是同样无法避免的），这种不平等就无法与文化分开，而大自然肯定没有规定人有这种不平等，因为它赋予人以自由，以及限制这种自由的理性，这种限制所凭借的无非是这种自由固有的普遍的，虽然是外在的合法性，而这种合法性就叫做**公民法权**。人应当自己努力使自己摆脱其自然禀赋的粗野状态，并且在超越这些自然禀赋时，仍然注意不违背它们；这是他惟有迟迟并在经历诸多失败的尝试之后才能期望的一种熟巧，而在这中间的时段里，人类却在它出自无经验而加诸自己的灾祸中间叹息。

这段历史的终结

继之而起的时期的开端是：人从安逸与和平的时代过渡到**劳动和纷争**的时代，这是联合为社会的序幕。在这里，我们必须再一次大跳跃，让人一下子就拥有驯养动物和他自己通过播种或者栽培就能够复制以供食用的植物（第 4 章第 2 节），尽管从野性的狩猎生活到第一种状态的过渡和从不安定的掘根或者采果到第二种状态的过渡可能进行得十分缓慢。此时，迄今和平地相邻生活的人们之间已经开始纷争，其后果是他们因不同的生活方式而分离，并且分散在地球上。**放牧生活**不仅是安逸的，而且也提供着最有保障的生计，因为在一片辽阔而无人居住的土地上，是不可能缺乏饲料的。与此相反，**农耕**或者栽培是非常辛苦的，取决于气候的无常，因而无保障，也要求有固定的居所、土地的所有权和足够的武力来保卫土地；但牧人却憎恨这种限制其牧场自由的所有权。说到前者，农人可能显得羡慕牧人得天独厚（第 4 节）；但事实上，牧人只要还与他
〔119〕为邻，就令他十分讨厌；因为食草的牲畜并不顾惜他的种植园。既然对于牧人来说，在造成了损失之后，带着自己的牧群远遁而去，并且逃避一切赔偿，是一件轻而易举的事情，因为他并不留下任何他不能随处照样重新找到的东西，所以，也许农人就不得不使用武力来对抗这样一些在另一方看来并非不允许的损害，并且（既然这种事的机缘绝不可能完全停止）如果他不想丧失自己长期勤奋的成果，最终就不得不尽可能地**远离**那些从事放牧生活的人（第 16 节）。这种分离就开创了第三个时代。

一块其耕作和种植（特别是树木的种植）为生计之所系的土地，要求有固定的居所；而捍卫这块土地抵御一切侵犯，就

需要一群相互提供支援的人。因此，鉴于这种生活方式，人们就不能再以家庭的方式分散而居，而是必须聚合起来，建立村落（被在非本真的意义上称为**城市**），以便针对野性的猎人或者四处游荡的牧人部落来保护自己的所有权。一种**不同的生活方式**所要求置办的最初的生活需要（第 20 节），如今可以相互**交换**。由此必定产生**文化**，以及**艺术**的开端，既有消遣的艺术，也有勤奋的艺术（第 21、22 节）；但最主要的，是也为公民宪政和公共正义作出的一些安排，最初当然只是针对最严重的暴行，对它们的复仇如今不再像在野蛮状态中那样被托付给个人，而是托付给一种凝聚整体的合法权力，亦即一种政府，在它自身之上则不实施强制（第 23、24 节）。从这种最初的和粗糙的禀赋中，如今能够逐渐地、慢慢地发展出一切人类的艺术，其中社会性和公民安全的艺术是最有益的艺术，人类能够繁殖，并且通过派遣受过教育的垦殖者，像蜂房一样从一个中心散布到各地。随着这个时代，人们中间的不平等，这个如此多的恶但也是一切善的丰富源泉，也开始了，并且继续增长。

如今，只要还有只认上帝为自己的主人的游牧民族聚集在 〔120〕
以一个人（当权者）为主人的城市居民和农人（第 6 章第 4 节）[①] 四周，并且作为一切土地所有权的死敌而敌视他们，并又为他们所憎恨，则双方之间固然有持续的战争，至少有无休止的战争危险，而且双方的民族都因此而在内部至少感到自由

① 阿拉伯的贝都因人依然自称是一位昔日的**酋长**，即其部落的创立者（如**贝尼·哈雷德**以及诸如此类的人物）的子孙。但这个酋长绝不是他们的主人，不能随己意对他们实施强制。因为在一个游牧民族里，既然没有人拥有他必然留下的不动产，则每个感到不合意的家庭都能够十分容易地脱离部落，去加入另一个部落。

这个无价之宝的乐趣——（原因在于，战争的危险即便在今天也是惟一缓和独裁制的东西，因为一个国家现在要成为强国就需要有财富，但没有**自由**便没有能够创造财富的勤奋。在一个贫穷的民族中，必须代之以对维持共同体的踊跃参与，而惟有当这个民族在其中感到自由时，这种参与才是可能的。）——但随着时间的推移，城市居民开始奢侈，尤其是讨人欢心的艺术，城市妇女借此使得荒漠的肮脏少女黯然失色，这必然对于牧人们来说是一种强有力的诱饵（第 2 节），使得他们与城市居民发生联系，被引入城市硬装的体面之中。在这种情况下，由于两个昔日相互敌对的部族融合在一起，随着一切战争危险的结束，同时在一方面是一切自由的结束，因而是强大君主的独裁，是在文化刚刚肇始就有的在最可耻的奴役之中的无灵魂的淫逸，与粗野状态的一切恶习相混合，另一方面是人类不可抗拒地偏离大自然为其预先规定的发展其向善的禀赋的进程；而这样一来，就使得自己不配作为一个注定统治地球、并非牲畜般地享受和奴隶般地服役的类而生存（第 17 节）。

结语

能思维的人感到一种忧愁，这种忧愁也许甚至能够成为道
〔121〕德沦丧，而无思想的人对此一无所知，这就是在他估算极度并且（似乎）无望改善地压迫着人类的灾祸时，对在整体上统治着世界行程的神意的不满。但最重要的却是：**对神意感到满意**（尽管神意为我们在尘世预先规定了一条如此辛苦的道路）：一方面是为了在辛苦之中始终还鼓起勇气，另一方面是为了在我们将此事的罪责推诿给命运的时候，不致无视我们自己那或许是所有这些灾祸的惟一原因的罪责，并在自我改善中不致疏忽防止这些灾祸的帮助。

人们必须承认：为我们招致压迫着各文明民族的那些最大灾祸的，是战争，确切地说，与其说是现实的或者过去的战争，倒不如说是对于未来战争的从不减弱，甚至不断加强的**准备**。国家的一切力量，其文化的一切成果，本来能够被用于一种更为伟大的文化，却都被用到这上面；自由在如此多的地方受到严重的损害，而且国家对各个成员的母亲般的照料转变成为一种无情强硬的要求，此时这种无情强硬毕竟由于对外部危险的担忧而得到辩护。然而，如果不是那种总是令人害怕的战争本身迫使国家元首们有这种**对人性的敬重**，那么会看到这种文化吗？会看到共同体的各阶层为了相互促进他们的富裕而紧密结合起来吗？会看到聚居吗？甚至，会看到尽管在极度限制性的法律之下却依然余留下来的自由程度吗？只要看看**中国**：它按照自己的位置也许必须一度担心一场出乎意料的侵袭，但却无须担心任何强大的敌人，且因此自由的一切痕迹在那里都被灭绝。所以，在人类目前尚处的文化阶段上，战争是使文化继续进展的一种不可或缺的手段；而且惟有在一种文化完成（谁知道什么时候）之后，一种持久的和平才会对我们有益，而且也惟有通过那种文化才有可能。因此，说到这一点，对于我们发出如此愤恨的抱怨的那些灾祸，我们毕竟也许自己有罪责；而且这份神圣的文献把各民族融合成一个社会，以及他们在文化刚刚肇始的时候就完全摆脱了外部危险，表现为一切进一步的文化的一种障碍，并且是向无可救药的堕落的一种沉沦，这是极有道理的。

人们的**第二种不满**涉及就**生命短暂**而言的自然秩序。虽 〔122〕
然，如果还能够期望生命比其实际期限存续更久，人们必定不懂得重视生命的价值；因为这会只不过是在延长一场与全然的艰辛不断地进行斗争的游戏罢了。但是，人们也许不会责怪一种幼稚的判断力，说它害怕死亡而不爱惜生命，而且每一天差强人意地勉强维持生存就将让它感到困难，却还从不多嫌重复这种折磨的日子。但是，只要想一想，为了有办法度过如此短暂的一生，有多少忧虑在折磨我们，又由于期望一种未来的、哪怕是不怎么持久的享受，有多少不义之事被做出来，人们就必定合情合理地相信：如果人能够预见寿命在 800 岁以上，那么，父亲在自己的儿子面前，一个兄弟在别的兄弟面前，或者一个朋友在别的朋友身旁，就会几乎没有生命安全感了，而寿命如此长的人类的恶习则必定达到一种高度，使得他们除了在一场普天下的大洪水中被从地球上灭绝之外，就不配享有任何更好的命运（第 5 章第 12～13 节）。

第三个愿望，或者毋宁说空洞的渴望（因为人们意识到，我们绝对无法得到所期望的东西），是诗人们如此称颂的**黄金时代**的剪影：在那里，据说摆脱了淫逸加诸我们的、一切想象出来的需求，满足于纯然的自然需求，人们普遍平等，人们中间有持久的和平，一言以蔽之，纯粹地享受着一种无忧无虑的、在懒散中虚度或者以孩童的游戏浪费的生命：这种渴望使得鲁宾孙们和去南太平洋群岛的游记如此迷人，但在根本上却证明了能思维的人当仅仅在享受中寻找文明生活的价值，并且在例如理性提醒他通过行动来赋予生命一种价值的时候把懒散的平衡作用考虑在内时，对这种生活感到的厌倦。这种返回那个淳朴和无辜时代的愿望将充分显示出来，如果人们通过对于
〔123〕上述原初状态的介绍受到教诲：人不能保持在原始状态中，因为他不满足于原始状态；他更不愿意有朝一日重新返回原始状态；因此，他毕竟总是得把当下的艰辛状态归于他自己和他自己的选择。

因此，对人的历史的这样一种阐述，有益于和有助于人的教诲和改善，它向人指出：他不得因为压迫他的灾祸而归罪于神意；他也没有权利把他自己的犯错归咎于其始祖的一桩原初

的罪行，使后代身上作出类似逾越的癖好成为遗传的（因为任意的行动不能带有任何遗传的东西）；而是他必须以充分的理由把在始祖身上发生的事情承认为由他自己所做的，因而把因误用他的理性而产生的一切灾祸完全归咎于他自己，因为他能够十分清晰地意识到，他在同样的情况下会有完全相同的举止，并且使得对理性的第一次运用就是对它的误用（甚至违背自然的提示）。如果上述关于道德的灾祸这一点是有理由的，那么，本真的自然灾祸在功过相抵中就很难为我们的利益而产生一份盈余。

这就是一部由哲学来尝试的最古老的人类历史的结果：对神意和人类事务在整体上的行程感到满意，这行程并不是从善开始而前进到恶，而是由较坏逐渐地发展到较好；对于这种进步，每一个人都受到大自然本身的召唤，来尽自己的力量作出自己的一份贡献。

1786 年

戈特利布·胡弗兰德的《试论自然法权的原理》书评

李秋零　译

《试论自然法权的原理》，连同一个附录，哲学与双法学博士戈特利布·胡弗兰德著，莱比锡 G.J.格申出版，1785 年。 〔127〕

在其对象必须纯用理性概念来思维的各门科学中，例如在构成实践哲学的各门科学中，不仅回溯到最初的基本概念和原理，而且由于这些基本概念和原理可能缺乏允许以及甚至通过其对个别出现的事例的充分性也没有得到足够证明的客观实在性，而在理性能力自身中探索它们的源泉，这是胡弗兰德先生在这里就自然法权而言所承担的一项光荣的工作。他在 10 章中阐述了自然法权的概念、法权概念的发展、自然法权原理的必要属性，然后阐述了这方面的不同体系和对这些体系的检验，前者具有历史的详尽性，后者具有批判的精确性；在这里，人们看到诸如格劳秀斯、霍布斯、普芬多夫、托马修斯、海因里希和萨穆埃尔·冯·科塞吉、沃尔夫、衮德龄、拜尔、特洛伊尔、克勒、克拉普罗特、施毛斯、阿亨瓦尔、苏尔策、费德尔、埃贝哈德、普拉特纳、门德尔松、伽尔韦、霍普夫讷、乌尔里希、措尔讷、哈曼、泽勒、弗拉特、施莱特魏因的原理，而且不会轻易错失一个，这对于喜欢概览在这个学科里所发生的一切事情的整体，并着手总括它的人来说，是一个适意的便利。他寻找原理上的这种差异的原因，在此之上确定自然法权的形式条件，在一种由他自己想出的理论中推导出自然法权的原理，更详细地规定自然法权中的责任，并通过由此引出的结论来完成这部著作；在附录中还附有那些概念和原理的一些特殊运用。

对于如此丰富多彩的材料，就一些个别的问题作出评论，会既是冗长的，也是不合目的的。因此，从第 8 章起挑出说明 〔128〕 这部著作特色的建立自己体系的原理，并指明它的来源以及规定就够了。因为作者认为不顾一切客体而仅仅规定自由意志的形式的那些原则，不足以成为实践法则，因而不足以从中推导出责任。所以，他为那些形式的规则寻找一种质料，也就是说，寻找一个能够被假定为事物的本性给一个理性存在者规定的最高目的、被假定为公设的客体，并把它设定在**该理性存在者**的完善化中。因此，至上的实践原理就是：促进一切有感觉的，特别是有理性的存在者的完善，——因而也促进你自己的完善；由此得出如下命题：阻止这种完善在别人身上的减弱，——特别是在你自己身上的减弱（如果别人是这种减弱的原因），后者是一种阻抗，因而显然包含着一种强制。

我们作者的体系的独特之处如今在于，他把一切自然法权和一切权限的根据设定在一种先行的自然责任之中，人之所以有权强制别人，乃是因为他（按照原理的后一部分）有责任于此；此外他认为，这种强制的权限是无法解释的。现在，虽然整个自然法权的科学都建立在责任之上，但他毕竟警告说，不可把这种责任理解为别人满足我们的法权的责任（霍布斯已经察觉，在强制伴随着我们的要求的时候，就不能再设想别人服从这种强制的责任）。他由此推论出，责任的学说在自然法权中是多余的，并且可能经常误导。在这一点上，评论者很乐意赞同作者。因为在这里问题只是：我在哪些条件下可以行使强制，而不与法权的普遍原理相抵触？别人是否可以按照同一些原理被动地对待或者作出反应，对此作出探讨是他自己的事情，也就是说，只要一切都是在自然状态中的，因为在公民状态中对于判给一方法权的判决来说，任何时候都有对方的一种责任与之相应。这种觉察在自然法权中也有其很大的好处，为的是不因为掺入伦理学问题而搅乱真正的法权根据。然而，强制的权限甚至必须完全以由自然本身加诸我们的一种对此的责
〔129〕任为基础，这一点在评论者看来并不清楚；特别是因为根据所包含的多于得出那个结论所必需的。因为由此似乎得出，人们

对于自己的法权甚至不能从为此允许我们作出的一种强制**减免任何东西**，因为这种允许是基于一种内在的责任，即完全并且因此而在任何情况下都用暴力去夺取对我们来说有争议的完善性。看起来还有：按照所假定的权限标准，对于我拥有一种法权的东西的评判，即便在最平常的生活事例中也必然有如此人为的结果，以至于甚至训练有素的理智也会不断地感到困难，尽管不是根本不可能确定无疑地澄清自己的法权延伸到多远。——关于**赔偿**的法权，作者断言，它在纯然的自然状态中作为强制法权并未出现，但他毕竟承认，他之所以放弃这种法权，纯然是因为他认为不能证明它。在同样的状态中，他也不承认任何**归罪**，因为当时没有法官。——作者先生在附录中给予了一些应用指南：在这里他论及最初的经营，论及通过契约、国家法和国际法进行的经营，并最终建议一门新的必要的科学，它能够填补自然法权和实证法权之间的空白。人们不能否认，这部著作包含着许多新颖的、思想深刻的、同时真确的东西，但到处都包含着某种为揭示自然法权的诸命题中的真理标准以及为自然法权的独有地基规定界限而做准备并给予指导的东西。不过，评论者还很指望作者先生今后还在他讲课时继续利用他的原理。因为这种实验在任何一种出自纯然概念的知识中，都不像在有关基于纯然理性的法权问题中那样必要，并且同时还如此相宜；但是，与有机会在他必须经常审视的整个体系给他展示的如此之多的结论上来检验所假定的原则的人相比，没有人能够更多样化地和更详细地进行这类尝试了。对一部建立在评论者关于同样的对象曾形成的特殊体系之上的作品提出异议，会是不恰当的；评论者的权限并不超出仅仅检验所陈述的命题相互之间的一致或者与他能够假定为作者所承认的〔130〕
这样一些真理的一致。因此，我们可以再补充说的无非是：眼前的作品证明了作者活跃的和探究的精神，今后对这精神还可以期待更多，以及一种相似的处理，即无论是在这门理性科学中还是在别的理性科学中都小心翼翼地纠正原则，是适合这个时代的鉴赏力，并且或许也适合其使命的，因而应当受到普遍的赞颂。

1786 年

什么叫做在思维中确定方向？

李秋零　译

我们尽可以如此高悬我们的概念，并且在这时如此抽掉感性，但毕竟还总是有形象的表象与它们相联系，这些表象的真正规定，是使得通常并非从经验导出的概念适用于**经验的运用**。因为如果不给我们的概念配上某种直观（这直观最终总还必须是出自某个可能经验的实例），我们还要怎样使我们的概念具有意义和意指呢？据此，如果我们从这种具体的知性行动去除形象的掺入，首先去除由感官而来的偶然知觉，然后甚至去除一般的纯粹感性直观，那么，剩下的就是那个其范围如今被扩展，并包含着一般思维规则的纯粹知性概念。以这样的方式，甚至普遍的逻辑学也已经实现；而好多启迪学的思维方法在我们的知性和理性的应用中也许还秘而不宣，如果我们懂得谨慎地把它们从那种经验中抽取出来，它们本来是能够用好多有益的准则甚至在抽象的思维中丰富哲学的。 〔133〕

据我所知，已故的**门德尔松**，只是在其最后的作品（《**晨课**》，164～165 页；《致**莱辛的朋友**书》，第 33 页和第 67 页）才明确地信奉的原理，就是这一类；也就是说，在理性的思辨应用（他通常是就超感性对象的认识而言如此信赖这种应用，甚至达到演示的自明性）中通过某种引导手段来确定方向的必要性的准则，这种引导手段他时而称为**共通感**（《晨课》），时而称为**健全理性**，时而称为**淳朴的人类知性**（《致莱辛的朋友书》）。谁会想到，不仅这种承认对他关于理性在宗教事务上的思辨应用的有益意见来说变得如此有害（这事实上是不可避免的）； 〔134〕 而且甚至平常的健全理性也会鉴于他在与思辨的对立中放弃使用这种能力的模棱两可，而陷入充当狂热和完全罢黜理性的原理的危险？而且毕竟这件事发生在**门德尔松**和**雅各比**的争执中，尤其是通过《**结论**》的敏锐作者那些并非不重要的推论。[1]虽然我并不想把启动一种如此有害的思维方式的意图加诸两位中的任何一位，而是宁可把后者的行为视为 argumentum ad hominem［对人辩论］，人们也许为了纯然的防守而有权使用这种辩论，为的是利用对手露出的空当而不利于他。另一方面，我将指出：门德尔松认为必须并且宣扬以之确定方向的，事实上**纯然**是理性，而不是一种所谓的隐秘的真理感，不是以信仰的名义的一种越界的直观，让传统或者启示无须理性的赞同就可以嫁接于其上，而是如门德尔松坚定地和以正当的热情断言的那样，仅仅是真正的纯粹人类理性；尽管在这里，当然这种理性的思辨能力的高要求，特别是它的独自颁布命令的威望（通过演示）必须去除，而且就它是思辨的而言，剩下的必须不超出它为一般的理性概念清除矛盾的工作和针对其自己对一种健全理性的准则的诡辩攻击而作出辩护。——**确定方向**这个扩展了的和精确规定了的概念可能有助于我们清晰地阐明，健全理性在其达成超感性对象的认识的研究中的准则。

确定方向，在该词的本真意义上叫做：从一个给定的方位（我们把视域划分为四个方位）出发找到其他方位，特别是找到**日出**。如果我看到天际的太阳并且知道现在是中午时刻，我就会去找到东南西北。但为此目的，我绝对需要在我自己的主体身上有一种区别的感觉，即左手和右手的区别。
〔135〕我把它称为一种**感觉**，乃是因为外部的这两边在直观中没有表现出明显的区别。没有这种能力，即在画一个圆圈时，不

① **雅各比**：《关于**斯宾诺莎**学说的书信》，布雷斯劳，1785 年。——《雅各比驳门德尔松有关〈关于斯宾诺莎学说的书信〉的指责》，莱比锡，1786 年。——《雅各比哲学和门德尔松哲学的结论：一位志愿者的批判性研究》，同上。

需要在它上面有对象的某种差异，但要把从左到右的运动与相反方向上的运动区别开来，并由此先天地规定对象位置上的一种差异，我就会不知道，我是应当把西方设定为视域的南点的右边，还是把它设定为左边，并这样完成通过北和东一直再到南的圆周。因此，我**在地理学上**即便有天际的一切客观的资料，却毕竟只是通过一个**主观的**区分根据来确定方向的。而且如果在某一天，由于一桩奇迹，一切星象虽然都保持着同样的形象和彼此之间同样的位置，只是它们往常朝东的方向现在变成了朝西，那么，在下一个星光灿烂的夜里，虽然没有人眼会觉察到极微小的变化，而且即便是仅仅关注自己看到的东西，而不同时关注自己感觉到的东西的天文学家也会不知不觉地**迷失方向**。但是，虽然由大自然赋予，但却是通过经常的练习而习惯的借助左手和右手进行区分的能力则完全自然而然地帮助他；而且他只要看到北极星，就将不仅能够觉察到已经发生的变化，而且虽有这种变化也能够**确定方向**。

现在，我把确定方向的程序的这个地理学概念加以扩展，并把它理解为：在一个给定的空间中一般地，因而仅仅**以数学方式**确定方向。在黑暗中，我在一个我熟知的房间中确定方向，哪怕我只能摸到一件我记得其位置的物件。但在这里，显然帮助我的无非是按照一个主观的区分根据来确定位置的能力：因为我根本看不到我应当找到其位置的客体；而且如果某人与我开玩笑，把所有物件虽然以彼此之间同样的秩序置放，但却把原在右边的放在左边，那么，我在一个通常四壁完全相同的房间里会根本不能找到方向。但是，我很快就单凭我的两边，即左边和右边的区别的感觉确定了方向。当我夜间走在我通常熟知的道路上，而我现在区分不开任何房子，却行走自如时，发生的是同样的事情。

〔136〕 最后，我还可以再扩展这个概念，此时它在于不仅仅在空间中，亦即以数学方式，而是一般而言在思维中，亦即**以逻辑方式**来确定方向的一种能力。人们可以按照类比轻而易举地猜出，这将是纯粹理性的一项工作，即当它从已知的（经验）对象出发，要扩展到经验的一切界限之外，并且根本找不到直观的任何对象，而是只为直观找到空间时，引导纯粹理性的应用；在这种情况下，他根本不再能够按照知识的客观根据，而是仅仅按照一个主观的区分根据来在规定它自己的判断能力时对某个准则作出自己的判断。① 在这种情况下还剩下的这个主观的手段，不是别的，就是理性固有的**需求**的感觉。如果在所知道的并不如作出一个规定性判断所需要的那样多的地方，不放肆地作出判断，那么，人们就能够不犯任何错误。因此，无知就自身而言虽然是局限性的原因，但却不是我们知识中的错误的原因。但是，在要不要对某种东西作出确定的判断并不那么随心所欲的地方，在一种现实的**需求**，也许甚至是这样一种附着在理性自身上面的需求使得必须作出判断，而尽管如此就需要作出判断的事情而言知识的短缺限制住我们的地方，就需要一个我们据以作出判断的准则；因为理性要在某个时候得到满足。在这种情况下，如果事先已经澄清，这里对客体根本不可能有直观，甚至就连与该客体同类，使得我们能够给我们扩展了的概念展示适合于它们的对象，因而在它们的实在可能性方面保障它们的某种东西也没有，那么，对于我们来说，剩下能做的事情就无非是：首先好好检验我们想斗胆超越一切可能经验之

① 因此，一般而言在思维中确定方向，就叫做：鉴于理性的客观原则不足，在视之为真时按照理性的主观原则规定自己。

外所凭借的概念，看它是否也没有矛盾；然后，至少把对象与诸经验对象的**关系**置于纯粹的知性概念之下，由此我们还根本没有使个概念感性化，但毕竟设想某种超感性的东西至少适宜于我们的理性的经验应用；因为没有这种谨慎，我们就会对这样一个概念根本不能作出任何应用，不是在思维，而是在遐想。〔137〕

单凭这一点，亦即通过纯然的概念，毕竟就这个对象的实存及其与世界（可能经验的一切对象的总和）的现实联结而言还没有任何建树。但现在，出现了理性的**需要的法权**，这种需要就是预设和假定理性不可以妄称通过客观的根据而知道的某种东西，并且因此而在思维中、在超感性的东西那不可测度并由漆黑的夜来填充的空间中，仅仅通过理性自己的需要来确定方向的一个主观根据。

可以设想好多超感性的东西（因为感官的对象毕竟填充不满一切可能性的整个领域），在这里，理性尽管如此感觉不到一直扩展到它们的任何需要，更不要说假定它们的存在了。理性在世界上显示给感官的原因（或者至少与如此显示给它们的那些具有同样的性质的原因）那里找到了足够多的事情做，以便不为此目的而需要纯粹精神性的自然存在者的影响，毋宁说假定这些存在者会对理性的应用不利。因为既然我们对于这样一些存在者能够起作用所遵循的法则一无所知，但对于那些，亦即感官的对象却知道很多，至少还能够希望经验到它们，所以，通过这样的预设毋宁说会发生对理性的应用的损害。因此，对此进行研究，或者以这类幻觉做游戏，这根本不是需求，毋宁说是纯然的多管闲事，其结果无非是梦幻。关于一个最初的原始存在者的概念则与至上的智性完全不同，同时也与至善完全不同。因为不仅仅是我们的理性已经感到一种需要，即把不受限制者的**概念**奠定为一切受限制者，因而一切别的事

〔138〕 物的概念的基础①；这样，这种需求也关涉不受限制者的**存在**的预设，没有这种预设，理性关于世界上的事物实存的偶然性就根本不能给出任何令人满意的根据，但最不能给出令人满意

① 既然理性为了一切事物的可能性而需要把实在性预设为给定的，并且把事物因与它们相联系的否定而有的差异视为限制，所以，它就发现自己被迫把惟一一种可能性，亦即不受限制的存在者的可能性作为原初的而奠定为基础，但把一切别的可能性都视为派生的。既然每一个事物的无一例外的可能性绝对必须在一切实存的整体中来发现，至少无一例外的规定的原理惟有以这样的方式才使得我们的理性把可能的东西与现实的东西区别开来，所以，我们就找到了必要性的一个主观根据，亦即我们的理性自身的一种需求，即把一个最实在的（最高的）存在者奠定为一切可能性的基础。这样，现在就产生了**笛卡尔主义**关于上帝存在的证明，因为为理性的应用（它在根本上永远只是一种经验应用）预设某种东西的主观根据被视为客观的——因而被视为**为了洞识的需求**。对于这个证明来说是这样，对于可敬的**门德尔松**在其《晨课》中的所有证明来说也是这样。它们没有为了一种演示的目的而提供任何东西。但它们并不因此就是绝对无用的。因为且不说对我们理性的应用的主观条件所作的这种极其敏锐的阐发为完备地认识我们的这种能力提供了何种美好的理由，以及对于这个目的来说它们是永久的实例，当我们缺乏理性应用的客观根据而我们尽管如此还被迫作出判断的时候，从其主观根据出发的视之为真就永远还具有很大的重要性；只是我们必须不把只是被迫地**预设**的东西冒充成**自由的洞识**，以免不必要地向我们与之讨论**教条化**的对手暴露弱点，这对手会利用我们的弱点而对我们不利。门德尔松也许没有想到，以纯粹理性所作的**教条化**在超感性的东西的领域里是通向哲学狂想的捷径，而惟有对同一种理性能力的批判才能彻底清除这种弊病。虽然经院哲学的方法（例如他也因此而建议的沃尔夫的方法）的纪律，由于一切概念都必须通过定义来规定，一切步骤都必须通过原理来辩护，确实能够在一段时间里阻止这种胡闹，但绝不能杜绝它。因为人们想以什么权利来阻止自己承认一度在那个领域如此获得成功的理性在这同一个领域里还继续前进呢？而且，在这种情况下哪里是理性必须停下来的界限呢？

的根据的，是人们以如此令人惊赞的程度（在微观上更甚于宏观，因为微观更接近于我们）到处发现的合目的性和秩序。不假定一个有理智的初创者，即便不陷入全然的荒唐，至少提不出**任何可理解的**根据；而且尽管我们不能**证明**这样一种合目的性不可能没有一个最初的**有理智的原因**（因为在这种情况下，我们就会没有作出这种描述的充分客观根据，并且不需要诉诸客观根据），虽然有这种洞识的缺乏，毕竟 〔139〕 假定这个原因的一个充足的主观根据依然在于，理性**需要**预设某种对它来说可理解的东西，以便由此解释这个被给予的现象，因为它通常以一个概念与之结合的一切，并不能满足这种需求。

但是，人们可以把理性的需求视为双重的：**首先**是在其**理论**应用中，**其次**是在其**实践**应用中。前一种需求我刚才已经举出；但人们也许看到，它只是有条件的，也就是说，我们必须假定上帝的实存，如果我们**要**对一切偶然的东西的最初原因，尤其是在被现实地置于世界之中的诸目的的秩序中**作出判断**的话。远为重要的是理性在其实践应用中的需求，因为它是无条件的，而且我们不是仅仅在我们**要**作出判断的时候，而是因为我们**必须作出判断**，而被迫预设上帝的实存的。因为理性的纯粹实践应用就在于道德法则的规定。但是，这些法则全都导向在世界中可能的**至善**的理念，这是就这种至善惟有通过**自由**才可能而言的：**道德**；另一方面也导向不仅取决于人的自由，而且也取决于**自然**的东西，亦即导向最大的**幸福**，这是就它被与前者成比例地分配而言的。现在，理性需要假定这样一种**依赖的**至善，并为了它而假定一个作为**非依赖的**至善的至上智性：虽然不是为了从中推导出道德法则赋予责任的威望，或者推导出遵循道德法则的动机（因为如果它们的动因是从某种别的东西，不是仅仅从自身无可争议地确定无疑的道德法则本身推导出来的，它们就会没有道德价值)，而是仅仅为了给予至善的概念以客观实在性，也就是说，防止至善连同整个道德仅仅被视为一种纯然的理想，如果其理念不可分割地伴随着道德性的至善不在任何地方实存。

因此，**门德尔松**（不知不觉地）在思辨思维中用来确定方向的，不是理性的**知识**，而是理性的被感觉到的①**需求**。而且
〔140〕既然这种引导手段不是一个客观的理性原则，不是一个洞识的原理，而是仅仅由于理性的界限而允许理性的应用的一个纯然主观的原则（亦即一个准则），是需求的一个结论，并且**独自**就构成了我们关于最高存在者的存在的那种判断的全部规定根据，在关于同一个对象的思辨尝试中确定方向，只不过是这个根据的一个偶然应用罢了，所以，他相信这种思辨具有如此多的能力，独自就能够沿着演示的道路建树一切，在这一点上他当然没有错。前一种手段的必要性，惟有当完全承认后一种手段的不足时才能够出现：如果凭着更为长寿，也能够赋予他那更多地为青春年代所固有的才思敏捷，在科学的状态改变之后轻易地转变旧的、习惯的思维方式，他的敏锐本来是会使他作出这种承认的。然而，他毕竟依然是有功的，他坚持：在这里和在任何地方一样，**只能在理性中**寻找一个判断的可靠性的最终试金石，理性在选择自己的命题时，可以由洞识或者纯然的需要以及它自己的有益性的准则来引导。他把其后一种应用中的理性称为普通的人

① 理性并不感觉；它看出自己的缺陷，并且通过认识冲动来造成需求的感觉。这和道德情感的情况是一样的，道德情感并不引起道德法则，因为道德法则完全产生自理性，而是由道德法则，因而由理性所引起或者造成，因为活跃而又自由的意志需要确定的根据。

类理性；因为这种理性在任何时候首先看到的是它自己的旨趣，而人们已经必须从自然精神走出，以便忘掉那种旨趣，悠闲地以客观的考虑在概念中窥探，只是为了扩展他的知识，不论它是否必要。

但是，既然**健全理性的格言**这种表述在眼前的问题中总是还模棱两可，可以或者甚至像门德尔松也误解的那样，被当做一个出自**理性洞识**的判断，或者像《结论》的作者所采用的那样，被当做一个出自**理性灵感**的判断，所以就有必要给这个评判的源泉以另一个称谓，而且没有一个称谓比一种**理性信念**的称谓更适合它了。每一种信念，甚至历史的信念，虽然都必须是**有理性的**（因为真理的最终试金石始终是理性）；然而，一种理性信念是除了包含在**纯粹**理性中的材料之外，不建立在任 〔141〕
何别的材料之上的信念。一切**信念**都是一种主观上充足的，但客观上**有意识地**不充足的视之为真；因此，它被与知识对立起来。另一方面，如果出自客观的，尽管有意识地不充足的根据把某种东西视之为真，因而是仅仅**有所意见**，那么，这种**有所意见**毕竟能够通过逐渐地补充这一类的根据而最终成为一种**知识**。与此相反，如果视之为真的根据按照其种属根本不是客观有效的，那么，信念就不能通过理性的任何应用在某个时候成为一种知识。历史的信念，例如关于一些信件报道的一位伟大人物逝世的信念，当地方当局公布他的逝世、他的葬礼、遗嘱等等的时候，就**能够成为一种知识**。因此，历史地仅仅根据见证把某种东西视之为真，亦即相信它，例如世界上有一个罗马城，而且毕竟从未到那里的人也可以说：**我知道**，而不仅仅是**我相信**，有一个罗马实存着，这是完全相互支持的。与此相反，纯粹的**理性信念**通过理性和经验的一切自然材料也永远不能转变为一种知识，因为视之为真的根据在这里纯然是主观的，也就是说，是理性的一种必然需求（而且只要我们是人，就将永远是这样)，即仅仅**预设**一个最高存在者的存在，而不是演示它。理性对其令它满意的**理论**应用的这种需求不会是别的，只会是纯粹的**理性假说**，也就是说，是一种意见，它从主观的根据出发对于视之为真来说是充足的：这是因为，人们要解释给定的结果，除了这个根据之外，永远不能期待一个别的根据，而理性毕竟需要一个解释根据。与此相反，基于**实践**方面的理性应用的需求的那种理性信念，可以叫做理性的一种**公设**：不是说好像有一种满足对确定性的一切逻辑要求的洞识似的，而是因为这种视之为真（只要在人里面一切都在道德上是善的）在程度上并不比任何知识逊色①，尽管它按照种属与知识完全不同。

〔142〕因此，一种纯粹的理性信念就是路标或者罗盘，思辨的思维者在超感性对象领域里做自己的理性漫游时用它来确定方向，但具有普通的，却毕竟（道德上）健全的理性的人，则无论在理论方面还是在实践方面都能够与他的规定性的整个目的相符合地标出自己的道路；而这种理性信念也就是必须奠定为任何别的信念，甚至任何启示的基础的那种理性信念。

关于上帝的**概念**，甚至对他的**存在**的深信，都只能在理性中发现，只能从理性出发，既不能通过灵感，也不能通过得来的消息而从哪怕如此伟大的权威首先到达我们心中。如果我遇

① 信念的**坚定性**需要其不可改变的意识。现在，我完全可以确定，没有人能够对我反驳**“有一个上帝”**这个命题；因为他要从哪里获取这种洞识呢？因此，理性信念的情况就与历史信念的情况不同，对于后者来说，总是还有可能为其反面找到证明，而且在这里人们始终还必须有所保留，即如果我们对事物的认识应当扩展，就要改变自己的意见。

到自然据我所知根本不能给我提供的这样一种类型的直接直观，那么，毕竟必须有一个关于上帝的概念来充当准绳，即使这种现象与一种神性的特征所要求的一切都吻合。尽管我根本看不出，何以可能某一个现象哪怕仅仅在质上是始终只能思维，但却绝不能直观的那个东西，毕竟至少清楚明白的是，哪怕只是为了判断，那个向我显现、内在地或者外在地作用于我的情感的东西是否就是上帝，我就必须把这个上帝与我关于上帝的理性概念相比并据此检验，不是他是否与这个概念相符，而是他是否不与这个概念相矛盾。同样，即便对于他向我直接揭示自己所凭借的一切来说，不会发现任何与那个概念相矛盾的东西，这种现象、直观、直接的启示，或者随便人们想怎样称谓这样一种描述，都绝不会证明一个存在者的存在，它的概念（如果这个概念不应当是不可靠地规定的，因而蒙受一切可能的妄念的掺杂的）要求大小上的**无限性**以与一切受造物相区别，但却没有任何经验或者直观能够与这个概念相符，因而也绝不能明白无误地证明这样一个存在者的存在。〔143〕因此，关于最高存在者的存在，不能通过某种直观使任何人首先深信；理性信念必须先行，而在此之后，必要的话某些表现或者显示来提供机会去区分，我们是否有权把对我们讲话或者向我们展示的东西视为一种神性，并且视情况证实那种信念。

因此，如果否认理性在涉及诸如上帝的存在和来世这样的超感性对象的事情上有首先说话的应有权利，那么，就为一切狂热、迷信，甚至无神论洞开了大门。而毕竟，在雅各比和门德尔松的争执中，似乎一切都着眼于这种颠覆，我并不确切知道是仅仅理性洞识和知识的颠覆（通过思辨中自以为的强大），还是也甚至是理性信念的颠覆，而与此相反则着眼于建立另一种每个人都能够恣情任意形成的信念。人们如果把斯宾诺莎主

义关于上帝的概念视为惟一与理性的所有原理相一致的①、尽
〔144〕管如此却应予抵制的概念而提出来，几乎就应当推论到后者。因为尽管承认思辨理性本身根本不能像我们必须设想上帝那样看出一个存在者的**可能性**，这与理性信念完全协调一致，但它毕竟根本不能与任何信仰，并且在任何地方都不能与一个存在的视之为真共存，因为理性根本不能看出一个对象的**不可能性**，尽管如此却能够从其他源泉出发认识它的现实性。

① 几乎无法理解，所谓的学者们竟能够在《纯粹理性批判》中找到对斯宾诺莎主义的怂恿。《批判》就超感性对象的认识而言，完全斩断了独断论的翅膀，而斯宾诺莎主义则在这一点上如此独断，以至于它甚至与数学家在证明的严格性上竞争。《批判》证明：纯粹知性概念表必须包含纯粹思维的一切材料；斯宾诺莎主义则谈到毕竟是自己思维的思想，因而谈到一种毕竟同时独自作为主体实存的偶性：这是一个根本不存在于人的知性中，并且也不能带入人的知性中的概念。《批判》指出：在一个甚至设想出的存在者的概念中没有任何自相矛盾的对象，这还远远不足以断言该存在者的可能性（尽管在这种情况下，必要时当然允许假定这种可能性）；但斯宾诺莎主义则伪称看出了一个其理念全然由纯粹知性概念构成的存在者的不可能性，人们只要把感性的一切条件与它分离开来，因而其中绝不能发现一种矛盾，而毕竟根本不能用任何对象来支持这种超越一切界限的僭妄。而正是由于这种僭妄的缘故，斯宾诺莎主义恰恰导向了狂热。与此相反，除了纯粹理性能力的那种界限规定之外，没有任何可靠的手段来把所有的狂热连根拔掉。——同样，另一位学者在《纯粹理性批判》中找到了一种怀疑论，尽管《批判》正是旨在就我们知识的范围而言先天地规定某种确定无疑的东西。同样，在批判研究中有一种**辩证法**，它毕竟是着眼于解决并永远根除到处都独断地被引导的纯粹理性用来羁绊和纠缠自己的那种不可避免的辩证法的。新柏拉图主义者自称折中主义者，因为他们在事先把他们自己的怪念头搬进去之后，懂得在更早的作者们那里到处发现这些怪念头，他们的行事同样如此；所以，就此而言太阳底下无新事。

具有精神能力并具有拓宽了的意念的人们啊！我尊敬你们的才能，并且喜爱你们的人类情感。但是，你们也考虑过你们所做的事情吗？你们对理性的攻击意欲何为？毫无疑问，你们希望维护**思维的自由**不受伤害；因为没有这种自由，甚至你们自由的天才活力也会马上终结。我们要看一看，如果你们所开始的这样一种行事方式不断发生，从这种思维自由中必将产生什么。

其一，与思维的自由相对立的，是**公民的强制**。虽然人们说：即便**言论**或者**写作**的自由能够被上面的强制力夺走，但**思维**的自由却是它根本夺不走的。然而，如果我们不是仿佛在与别人共同思维，我们把我们的思想**传达**给别人，别人把他们的思想**传达**给我们，那么，我们会有多少**思维**，以及会怎样正确地**思维**呢！因此，人们也许可以说，夺走人公开地**传达**自己思想的自由的那种外部的强制力，也夺走了**思维**的自由：这是尽管有一切公民负担也还为我们留存下来的珍宝，而且惟有通过它，才能还设法抵御这种状态的一切灾祸。

其二，思维的自由也在**良知的强制**与之相对立的意义上使用；在这里，无须宗教事务上的任何外部的强制力，一些公民〔145〕自命为其他公民的监护人，并且懂得不是排除由规定好的、以对**自己探究的危险**的忧心忡忡的恐惧来伴随的信式而来的论据，而是排除通过早先由心灵的印象而对理性的一切检验。

其三，思维中的自由也意味着理性除了**它自己为自己立的法则**之外，不服从任何别的法则；而其对立面则是理性的一种无法则应用的准则（以便由此如天才所误以为的那样，比在法则的限制之下看得更远）。其后果自然而然地是：如果理性不愿意服从它自己为自己立的法则，它就必然屈从于一个别人为它立的法则的桎梏；因为没有某个法则，就根本没有任何东西能够长时间地推进自己的游戏，甚至最大的胡闹也不能。因此，所解释的思维中的无法则性（从由理性而来的限制解放出来）不可避免的后果是：思维的自由最终由此受损，并且由于绝不是不幸，而是真正的自负对此负有责任，而在该词的本义上**成为玩笑**。

事物的进程大概就是这样。首先，天才在其大胆的活跃中自得其乐，因为它摆脱了理性通常用来控制它的缰绳。它很快也用绝对的命令和重大的期待来蛊惑别人，似乎从现在开始坐到了一个王位上，而缓慢的、笨拙的理性却把这王位装饰得如此糟糕；此时，它仍然一直使用着理性的语言。在这种情况下所采用的准则，即在最上面立法的理性无效，我们普通人称之为**狂热**；但仁慈的大自然的那些宠儿则称之为**彻悟**。然而，由于很快就必然在这些人自身中间产生一种语言混乱，因为既然惟有理性才能对每个人都有效地颁布命令，现在每个人却顺从自己的灵感，所以，最终就必然从内在的灵感中产生由外在的见证来证明的事实，从最初甚至是选择的传统中随着时间的推移产生强加的文献，一言以蔽之，产生理性对事实的完全服从，亦即迷信，因为迷信毕竟至少能够给自己一个有法则的形式，并由此给自己一个休息。

由于人的理性一直还追求着自由，所以，如果它一度打碎
〔146〕了枷锁，它对一种长期戒除的自由的第一次应用就必然蜕化为滥用和对自己的能力独立于一切限制的狂妄自信，蜕化为思辨理性独自尊大的游说，它除了能够通过**客观的**根据和独断的深信得到辩护的东西之外，什么也不接受，但把其余的一切都大胆地抛弃。理性不依赖于**自己的需求**（放弃理性信念）的准则如今叫做**不信**：不是一种历史的不信；因为人们根本不能把这种不信设想为蓄意的，因而也不能把它设想为可归责的（因为每个人都必须像相信一个数学演示那样相信一个有充分保障的事实，不论他愿意还是不愿意）；而是一种**理性的不信**，它是人的心灵的一种尴尬状态，它最初剥夺了道德法则对人的心灵的一切推动力量，随着时间的推移甚至剥夺它们的一切权威，造成人

们称之为**自由精神**的思维方式，亦即根本不再认识义务的原理。在这里，现在当局也加入了游戏，为的是不让公民事务甚至陷入极大的无序；而且既然最敏捷的且毕竟最果断的手段对它来说恰恰是最佳的手段，所以它就干脆取消思维的自由，使思维与其他营生一样服从国家的规定。而这样，思维中的自由在想甚至独立于理性的法则而行事的时候，就最终摧毁了自己本身。

热爱人类以及对人类来说最神圣的东西的人们！去假定你们觉得经过谨慎的和真诚的检验之后最值得相信的东西吧，无论是事实，还是理性根据；只是不要否认理性拥有使它成为尘世最高的善的东西，亦即充当真理的最终试金石的特权。① 若不然，你们就将不配这种自由，也肯定将损害它，并且还使这 〔147〕
种不幸殃及其他无辜的人，他们本来是很会为了世间福利而**合法则地**，因而也是合目的地使用自己的自由的。

① **自己思维**就叫做在自己本身中（也就是说，在其自己的理性中）寻找真理的至上试金石；而在任何时候都自己思维的准则就是**启蒙**。它如今所需要的并不是如同把启蒙设定为知识的那些人所想象的那些：因为它毋宁说是其认识能力的使用中的一个否定原理，而且经常有知识绝对丰富的人，在理性的应用上却最少得到启蒙。使用自己的理性，所要说的无非是：对于人们应当接受的一切来说，都问一问自己是否认为，使为何接受某种东西的根据或者从所接受的东西所产生的规则成为其理性应用的普遍原理，是可行的。每一个人都可以自己着手做这种实验；而且他将看到迷信和狂热在做这种检验时马上就消失了，尽管他远未具有从客观的根据出发来反驳这二者的知识。因为他仅仅使用了理性的**自保**准则。因此，通过教育在各个主体里面建立启蒙，是十分容易的；只是必须及早开始让年轻人熟悉这种反思。为一个时代启蒙，是很费时费力的；因为有许多外在的障碍，它们一方面禁止那种教育方式，另一方面使得它举步维艰。

1786年

关于路德维希·海因里希·雅各布的《门德尔松的〈晨课〉的检验》的一些评论

李秋零　译

如果读门德尔松这最后一部由他自己编辑出版的作品，并且在其中感知到这位受到诱惑的哲学家对纯粹理性所有命题中那个最重要的命题的**演示**证明方式丝毫也不减弱的信赖，那么，人们将抑制不住要认为审慎的批判为这种认识能力设定的狭窄界限是没有根据的疑虑，并把对这样一种做法的**可能性**的一切质疑都视为已被**事实**反驳的。现在，虽然看起来，对于一件有益的并为人类理性不可或缺的事情来说，把它建立在某个人或者另一个人可能视之为正式证明的揣测之上，至少不会有害处；因为人们不论通过什么途径，最终毕竟必须达到同样的命题，因为理性没有这种命题就不能完全满足自己。然而，这里却在人们选取的途径方面出现了一种重要的疑虑。因为人们一旦承认纯粹理性在其思辨应用中有通过洞识扩展到感性事物的界限之外的能力，就再也不可能把它限制在这个对象上了；而且，它在这种情况下发现为一切狂热打开了一个广阔的天地还不够，它也相信自己能够对一个最高存在者（按照宗教所使用的那个概念）的可能性作出裁定——我们在斯宾诺莎身上，甚至在我们的时代都遇到了这方面的实例——而且就这样通过僭妄的独断论来**推翻**那个命题，其大胆与人们自诩能够**建立**那个命题如出一辙；如果不这样做，而是在超感性事物方面通过严格的批判来斩断独断论的翅膀，那种信仰就能够在一个实践上有充分根据，但理论上不可反驳的预设中得到完全的保障。因此，无论那些僭妄本意多么好，对它们的一种反驳对于这件事情本身来说远远不是有害，毋宁说十分有益，甚至是绝对必要的。 〔151〕〔152〕

当前这部著作的作者先生承担了这种反驳，而在他告知我这部著作的一小部分既证实作者的洞识才能也证实其通俗性的样品之后，我非常乐意于为这部作品附上一些赞同这个主题的沉思。

在《晨课》中，敏锐的**门德尔松**为了通过对纯粹理性的这种能力的完备批判而免除对纯粹理性与自己本身相冲突作出裁决这件麻烦的事务，而使用了通常懒散的法官也许会习惯于使用的两种技巧，亦即要么平和地**调解**冲突，要么把冲突当做根本与法庭无关的而**拒之门外**。

第一个准则处于第一版的第 214 页：**您知道，我是多么倾向于把各哲学学派的一切争执都解释成为纯然的语词之争，或者毕竟至少原初从语词之争推导出它们**；而且他几乎通过整部著作的所有论战性文章来使用这个准则。与此相反，我持一种截然相反的意见，并且断言，在人们尤其是在哲学中久久争论不休的事物中，绝不是以一种语词之争，而是始终以关于事物的真正争论为基础的。因为尽管在每种语言中都有一些语词是在多种不同的意义上使用的，但毕竟根本不可能持续很久，那些在使用同样的词源时如此不统一的人们就会觉察到误解，并使用其他语词来替代它们：因而最终同音异义词和异音同义词就会同样少。于是，**门德尔松**试图把规定意志时的**自由**和**自然必然性**的争执（1783 年 7 月的柏林晨课）回溯到纯然的语词争执，因为语词必定是在两种不同的意义（有时是客观的意义，有时是主观的意义）上使用的；但是，这就（用**休谟**的话说）好像是他想用一根扫帚塞住大洋的决口似的。因为哲学家
〔153〕们早就抛弃了这种容易误解的表述，并且把争执问题纳入更一般地表达它的公式：世界上的事件（就连我们的任意行动也属于此列）是不是在先行的作用因序列中被规定的；而且这里显然不再是语词争执，而是一个重要的、用独断的形而上学永远不能裁决的争执。精明的人如今在他的《晨课》中，在实在不能继续解决困难的地方，几乎到处都使用这种技巧；但令人担忧的是：由于他到处都装作挖空心思想出了字谜，他自己则与此相反陷入了玩词弄句，哲学不可能蒙受比它更有害

的东西了。

第二个准则旨在于在某个阶段（它还远远不是最高阶段）上表面看来合法则地阻止纯粹理性的探究，总之是封住提问者的嘴巴。在《晨课》的第116页说道："如果我告诉你们一个事物造成或者承受什么，你们就不要再问它是什么！如果我告诉你们，你们对于一个事物能够形成一个什么样的概念，进一步问这个事物就自身而言是什么就没有任何意义"，等等。但是，如果我毕竟（如同在《自然科学的形而上学初始根据》中所指出的）看出，我们对于有形体的自然所认识的，无非是空间（空间还根本不是什么实存的东西，而只是外部相互之间的位置的条件，因而是纯然外部关系的条件），此外是空间中的事物，就连空间也在它里面（也就是说，它自身有广延），除了运动（位置，因而是纯然关系的变化）之外没有任何别的作用，因而除了推动力和可动性之外没有任何别的力量或者承受的属性供认识，那么，**门德尔松**，或者任何别的人代替他，就毕竟能够告诉我，如果关于一个事物我所知道的无非是，它是某种处在外在关系之中的东西，在它自身里面有外在关系，那些外在关系在它身上并且通过它而在别的事物身上能够被改变，以至于其根据（推动力）就在这些关系之中，则我是否能够相信按照它所是而认识了它；一言以蔽之，既然我所认识的无非是某种东西与某种别的东西的关系，关于后者我同样只能认识外部关系，没有某种内在的东西被给予或者能被给予我，则我是否能够说，我对物自身有一个概念，而且在所有这些关 〔154〕系中都是主体的事物究竟就自身而言是什么，这个问题是否合法。就是这一点，也完全可以在灵魂的经验概念上来阐明，这个概念所包含的纯然是内感官的显象，还不是确定的主体概念；不过，它在这里会导致我过分的啰嗦。

当然，如果我们了解一个事物的作用，它们事实上就能够是一个物自身的属性，那么，我们就不可以继续问，事物除了这些属性之外就自身而言是什么；因为在这种情况下，它恰恰就是通过那些属性被给予的东西。现在，有人将要求我应当说明这类属性和作用力，以便人们能够把它们，并通过它们把物自身与纯然的显象区别开来。我的回答是：这早就有人做过了，确切地说是你们自己做的。

你们只消想一想，你们是如何形成关于上帝作为最高的智性的概念的。你们在这个概念中所想到的全然是真正的实在性，亦即某种不仅（如人们通常认为的那样）被设定与否定相对立，而且与，并且尤其与显象中的实在性（realitas Phaenomenon［作为显象的实在性］）相对立，这类显象全都必须通过感官给予我们，并且正因为此而被称为 realitas apparens［显现的实在性］（尽管用的不是一个完全适当的概念）。现在，如果所有这些实在性（理智、意志、至福、权能等等）都在程度上减弱，它们也毕竟在种属（质）上依然始终是同样的实在性，这样，你们就有了物自身的属性，你们也可以把这些属性运用于上帝之外的其他事物。你们不可以设想别的实在性，其余的一切都只不过是显象中的实在性（一个作为感官对象的事物的属性）罢了，你们通过它们永远想不到一个事物如其就自身而言所是的样子。我们只是通过首先把一切实在性都还原到关于上帝的概念，并且如这个概念在其中出现那样，也运用于别的作为物自身的事物上，才能恰如其分地规定我们关于物自身的概念，这虽然显得有点奇怪。然而，却惟有这样做，才是把一切感性的东西和显象与通过知性作为属于事物自身的来沉思的东西分别开来的办法。——因此，对于我们惟有通过经验才能对事物拥有的一切知识来说，它们的作为物自身的客体究竟会是什么，这样的问题根本不能被视为没有意义的。

现在，形而上学的事情就处在这样一个基础之上，裁决其争执的卷宗差不多已经就绪，可以作出判决了，以至于只是还需要少许耐心和判断上的不偏不倚，以便也许看到最终有一天澄清它们。

哥尼斯贝格

1786 年 8 月 4 日

伊·康德

伊曼努尔·康德

1788年

论目的论原则在哲学中的应用

1788 年

论目的论原则在哲学中的应用

李秋零　译

如果人们把**自然**理解为按照法则确定地实存的一切东西的总和，把世界（作为真正所说的自然）与其至上原因放在一起来看，那么，自然研究（它在第一种场合是物理学，在第二种场合是形而上学）就可以沿着两条路径来尝试，即或者沿着纯然**理论的**路径，或者沿着**目的论的**路径，但沿着后一条路径，作为**物理学**，就只是把通过经验能够为我们所知的这样一些目的用于它的意图，与此相反作为**形而上学**，与其使命相符就只能把通过纯粹理性而确定的一个目的用于它的意图。我在别的地方指出过，理性在形而上学中沿着理论的自然路径（就对上帝的知识而言）不能如愿达到其**全部**意图，因此对它来说只剩下了目的论的路径；而这样，就必须不是仅仅基于经验的证明根据的自然目的，而是一个先天地由纯粹实践理性来规定而被给予的目的（在至善的理念中）来弥补不充分的理论的缺陷了。我曾经在一篇关于人种的短文中试图证明一种相似的权限，甚至是需求，即在理论抛弃我们的地方从目的论原则出发。但是，这两种场合都包含着一种要求，知性不乐意于服从这种要求，而且它可能为误解提供了足够的诱因。 〔159〕

理性有理由在一切自然研究中首先诉诸理论，只是后来才诉诸目的规定。没有任何目的论能够还用实践上的合目的性来弥补前者的缺乏。我们在作用因方面总还是无知，尽管我们还能够如此说明我们的预设与终极原因的适应性，无论是自然的终极原因还是我们的意志的终极原因。在甚至必须有实践的法则先行，以便首先说明我打算为之规定一个原因的概念的地方，这种抱怨看起来极有根据，这个概念以这样的方式似乎根本与对象的本性无涉，而仅仅是对我们自己的意图和需求的一番探讨罢了。 〔160〕

每当在这样的场合，在理性有一种双重的、相互限制的旨趣时，就难以在原则上取得一致。但是，甚至仅仅关于这类原则也难以相互理解，因为它们在规定客体之前就涉及思维方法，而且理性相互抵触的要求使得人们必须由以出发来考察自己的对象的观点变得模棱两可。在现在这份杂志上，我关于两种非常不同的对象并且具有非常不同的重要性的两篇文章都经受了一种敏锐的鉴定。在一次鉴定中，我**没有被理解**，尽管我期待理解，但在另一次鉴定中，我却出乎一切意料**被很好地理解**了；二者都出自具有杰出的才能、青春的力量和日隆的声誉的人物。在前一次鉴定中，我陷入了要通过宗教的文献来回答**物理学的**自然研究的一个问题的嫌疑；在另一次鉴定中，我被免除了要通过证明一种**形而上学的**自然研究的不足来损害宗教的嫌疑。在这两次鉴定中，被理解的困难都基于这种尚未足够澄清的权限，即在理论的知识源泉不够的地方，可以使用目的论的原则，但对其使用有这样一种限制，即保证理论思辨的探究具有**优先权**，以便首先在这上面尝试它的全部能力（此时在形而上学探究中，有理由要求纯粹理性事先为这种能力以及一般而言为其裁决某种东西的要求作出辩护，但同时要揭示自己的**能力状态**，以便可以指望得到信赖），此外在进程中任何时候都不剥夺它的这种自由。在这里，大部分分歧都基于理性应用的自由要受到损害的忧虑；如果消除了这种忧虑，我相信就能够轻而易举地清除一致性的障碍。

在《柏林月刊》1785 年 11 月号，刊登了对我早就发表过的关于人种的概念和起源的意见的一种解释，针对这种解释，枢密顾问格奥尔格·福斯特尔先生在《德意志信使报》1786 年 10 月号
〔161〕和 11 月号上陈述了反对意见，我觉得，这些反对意见纯然是出自对我由以出发的原则的误解。虽然这位著名的人物一开始就认为，事先确定自然研究者甚至在寻找和观察时也应当使之引导自己的一个**原则**，而且尤其是这样一个使观察集中于应当由此来促进的**自然历史**以别于纯然的**自然描述**的原则，是糟糕的，就像这种区分自身就是不允许的一样。然而，这种分歧可以轻而易举地消除。

说到第一种疑虑，完全无可置疑地确定的是，通过纯然经

验性的摸索而没有一个引导的原则来让人们能够据以寻找，就不会在某个时候找到任何合目的的东西；因为在方法上着手去经验，仅仅叫做**观察**。我感谢纯然经验性的旅行者及其叙述，特别是当这涉及一种有联系的认识，理性应当为了一种理论的目的而由此得出什么时。通常，他在人们有所问的时候回答说：如果我知道人们会有所问，我就会很注意这种东西。毕竟，福斯特尔先生遵从**林耐**的植物授粉的部分特性恒定不变的原则的引导，没有这个原则，对植物界的系统的**自然描述**就不会如此值得称赞地井然有序和扩展。某些人如此不谨慎地把他们自己的理念带入观察（而且，就像这位伟大的自然科学家自己身上也或许发生过的那样，根据某些实例把那些特性的相似性视为植物力量的相似性的一种指示），很遗憾，这是非常真实的，就像选择对于敏捷的理性思考者（他们也许与我们两人毫不相干）来说完全有根有据一样。不过，这种滥用毕竟不能取消规则的有效性。

但是，说到受怀疑的，甚至干脆是受谴责的自然描述和自然历史之间的区分，如果人们要把后者理解为对没有任何人类理性所达到的自然事件的**叙述**，例如植物和动物的最初产生，那么，这样一种自然历史当然就会像福斯特尔先生所说的那样，是临在的，甚或是创造者的神灵们的一门科学，而不是人的一门科学。然而，仅仅按照我们不是虚构的，而是从自然如今呈 〔162〕
现给我们的各种理论推导的作用法则，回溯自然事物的某些现在的性状与其在更早时代中的原因的联系，只是达到类比所允许的程度，这就会是自然历史，确切地说是这样一种自然历史，它不仅是可能的，而且也例如在地球理论中（著名的**林耐**的自然历史也在其下找到了自己的位置）为缜密的自然研究者们足够经常地尝试过，不管他们借此所建树的是多还是少。甚至福斯特尔先生关于**黑人**的最初起源的揣测也肯定不属于自然描述，而仅仅属于自然历史。这种区别就蕴涵在事物的性状中，而且我由此不要求任何新的东西，而是仅仅要求小心翼翼地把一件事务与另一件事务分别开来，因为它们是完全**异质的**，而且在一方（自然描述）作为科学以一个庞大体系的全部排场出现的时候，另一方（自然历史）只能指明一些残片或者动摇不定的假说。通过这种分别以及对第二门科学作为一门独特的科学，尽管现在（也许还永远）与其说可以完成倒不如说处在剪影之中的科学（在它里面，对于大多数问题来说，可以认为是标出了空白）的描述，我希望造成的是，人们不要以臆想的洞识而对一门科学的某种本来仅仅属于另一门科学的对象洋洋得意，并且更确定地认识自然历史中的现实知识（因为人们拥有一些这样的知识）的范围，同时还有其蕴涵在理性自身中的界限，以及能够以尽可能好的方式扩展它们所遵循的原则。人们已经必须原谅我的这种严密，因为我在其他场合经历过，并且不那么让每个人都喜欢地指出过因漫不经心让各门科学的边界相互交错而产生的如此之多的乱子；此外，我在这里完全确信，仅仅通过把人们事前搅混在一起的不同类的东西分别开来，就经常对各门科学来说升起一道全新的光芒，此时虽然揭露了事前能够隐蔽在异类知识背后的贫乏，但也开辟了许多真正的知识源泉，在这里人们根本不应当揣测知识。对于这种自以为的革新来说，最大的困难仅仅在于名称。**历史**这个词在它所表述与希腊词 Historia（叙述、描述）一般无二的意义上，已经用得太
〔163〕多太久，以至于人们不应当轻易地容忍把能够表示起源的自然研究的另一种意义赋予它；尤其是因为要在后者中为它找到另一个适当的技术术语，也不是没有困难。[①]不过，在区分时的语言困难并不取缔事物的区别。也许，正是这类由于也

① 对于自然描述来说，我会建议**自然图志**这个词，但对于自然历史来说，则建议**自然谱系**这个词。

在种族概念上出现的对**古典**术语的一种尽管不可避免的偏离而有的分歧，是对于事情本身不一致的原因。我们在这里所遭遇的，是**施泰恩**借一场按照他的幽默的念头使斯特拉斯堡大学所有学科陷入骚乱的相面术争执的机会所说的：逻辑学家本来会对事情作出裁决的，**只要他们不遇到一个定义**。什么是一个**种族**呢？这个词根本不处在一个自然描述的体系中，因此，就连事物本身也或许不在自然中的任何地方。然而，这个术语所表示的**概念**，却毕竟对于每一个为不同杂交生育的动物的一种并不包含在其类的概念之中的、遗传下来的特性而设想一种原因的共联性，确切地说设想一个原初被置于类本身的祖源之中的原因的共联性的自然观察者来说，在其理性中都是完全有根据的。至于这个词并不出现在自然描述中（而是用变异这个词代替它），这并不妨碍他认为在自然历史方面需要这个词。只不过，他当然必须为此目的清晰地规定这个词；而我们在这里就要试图这样做。

种族这个名称，作为指示着一种共同的起源、并且同时不仅允许同一个动物类、而且允许同一个祖源的众多这样一些持久地遗传下来的特征的**根本**特性，并不是不适当地想出来的。我会用**变种**（progenies **classifica**［**族群的**种族］）来翻译它，以便把种族与**蜕变**（degeneratio s. progenies specifica［蜕变或者**种属的**种族］）[①] 区别开来，人们不能承认蜕化，乃是因为它 〔164〕

① classes［族群］和 ordines［等级］的称谓十分模棱两可地表示**理性**在其概念中间为了纯然的**比较**而作出的一种纯然**逻辑的**分别：但 genera［类］和 species［种属］却也能够意味着**自然**本身在其造物中间就其**繁衍**而言作出的**自然的**分别。因此，种族的特征能够足以据此把造物分成族群，但并不足以从中造成一个特殊的**种属**，因为种属也能够意味着一种特别的起源，我们却不想知道种族的名称被理解成这种特别的起源。不言而喻，我们在这里不是像在**林耐**体系中那样在广义上采用族群这个词的，但我们也把它用于在完全不同的意图上的划分。

违背自然的法则（以不变的形式保存其种属）。progenies［种族］这个词表明，这不是原初的、通过如此之多的作为同一个类的种属的祖源来分配的特征，而是首先在繁衍的序列中发展的特征，因而不是不同的**种属**，而是**变种**，但毕竟是如此确定和持久，以至于它们有资格成为一种族群区别。

按照这些预先规定的概念，**人类**就会能够在一个自然历史体系中（按照其在自然描述中的普遍标记）被划分成**祖源**（或者诸祖源）、**种族**，或者变种（progenies classificae）和不同的**人型**（varietates nativae［自然的变种］），后者不包含必然的、按照一个可说明的法则遗传下来的标记，因而也不包含足以作出族群划分的标记。但是，这一切都如此久远地只是理性如何才能把生育中的极大多样性与血统的极大统一性结合起来的理念。在人类里面是否真有这样一种亲缘关系，必须由标明血统的统一性的观察来裁决。而在这里，人们清晰地看到：人们必须由一个确定的原则来引导，以便纯然地**观察**，也就是说注意能够指示血统，而不只是特征相似性的对象，因为我们在这种情况下，要打交道的是自然历史的一个任务，而不是自然描述和纯然方法上的称谓的一个任务。如果某人不是按照那个原则着手进行他的探究，那么，他就必须再次尝试；因为为了澄清在造物中间是有一种实在的亲缘关系，还是只有一种名义上的亲缘关系，他所需要的东西并不会自动向他呈现。

关于原初祖源的不同，除了两个遗传上不同的人类分支不
〔165〕可能通过杂交获得能生育的后代之外，不可能有可靠的征兆。但是，如果获得了能生育的后代，那么，即便形象上有如此之大的不同，也不是认为其一种共同的血统至少有可能的障碍；因为就像它们尽管有这种不同，毕竟通过生育而能够**结合**在一个包含双方特征的产物之中一样，它们也能够从一个原初在自

身中隐藏着两种特征发展的禀赋的祖源，通过生育而**分成**如此众多的种族；而理性非不得已，如果一个原则就能够够用的话，就不从两个原则出发。但是，可遗传的特性的可靠征兆，作为同样多的种族的标志，已经过引证。现在，还要关于可遗传的**变异**说明某种东西，这些变异为命名一个人型或者别的人型（家族类型和民族类型）提供了理由。

一种变异是可遗传的特性，它不是族群的，乃是因为它并不必然地繁衍；因为要甚至对于自然描述来说有资格作出族群划分，就要求有可遗传特征这样一种持久性。一种在繁衍中只是偶尔复制最切近的父母的特征，确切地说大多数情况下只是单方面地（与父亲或者母亲想象地）复制的形象，并不是人们能够认出父母双方血统的标志，例如金发与褐发的区别。同样，种族或者变种是一种**必然的**遗传特性，它虽然有资格作出族群划分，但毕竟不是种属的，因为必然混血的相像（因而其区别的特征的**融合**）至少不使人把这判断为不可能的，即把其遗传来的不同也视为在其祖源中是原初的，视为在纯然的禀赋中**结合在一起的**，只是在繁衍中逐渐地展开和**分离开来的**。因为如果一个动物种类与另一个动物种类属于自然的同一个生育体系，人们就不能使它成为一个特殊的种属。因此，在自然历史中，类和种属就会是同一个意思，亦即不能与一种共同血统相统一的遗传特性。但是，能够与之共存的遗传特性，要么是必然遗传的，要么不是。在前一种场合，它构成**种族**的特征，在另一种场合就构成**变异**的特征。

关于在人类中能够被称为**变异**的东西，我在这里要说明的是，人们即便在变异方面也不是把自然视为完全自由地塑造的，而同样被视为在种族特征方面只是发展它们，并且是被原 〔166〕
初禀赋预先规定在它们上面的：因为就连在**这种变异**中，也发现了合目的性以及与它相符合的准确性，这不可能是偶然性的作品。**莎夫茨伯利**爵士已经觉察到的东西，即在每一张人脸上都发现某种原创性（仿佛是一个现实的计划），它使得个体与众不同，是注定为了他并不与别人共有的目的的，尽管破解这些符号超出了我们的能力，这一点，每一个思维自己艺术的肖像画家都能够予以证实。人们看出一张画得栩栩如生且表情丰富的画像具有真实性，也就是说，它不是来自想象。但是，这种真实性在于什么呢？毫无疑问在于这张脸的许多部分中的一个与其他所有部分的一种确定的比例，为的是表现一种个人的特征，它包含着一个模糊地表现出来的目的。这张脸没有一个部分虽然对我们表现得不合比例，却能够在绘画中保持其余部分的同时被改变，而不让那虽然不曾见到原型的行家眼睛在与由自然复制的肖像比较时，马上发觉二者中哪一个包含着全然的自然，哪一个包含着虚构。同一个种族的人们中间的变异极可能与种族区别一样，都曾是合目的地被置于原初的祖源之中的，前者是为了鉴于极为不同的目的而建立并在后来发展出最大的多样性，后者则是为了建立并在后来发展出对少数，但却更为根本的目的的适宜性；在这里，毕竟存在着区别，即后一些禀赋在一度发展出来之后（这必定是在极古老的年代里就发生了的），就不让这类新形式再继续产生，让旧形式逐渐消失了；与此相反，前一些禀赋至少按照我们的知识似乎显示着一个在新特征（既有外在的新特征也有内在的新特征）上层出不穷的自然。

就变异而言，自然似乎在防止**融合**，因为它与自然的目的，亦即特征的多样性相悖；与此相反，说到种族区别，自然即使不促进，至少也允许这种东西（亦即融合），因为这样一来，造物就将适宜于更多的气候，尽管这些气候中没有一个在
〔167〕最初的形成使之适合造物的程度上适合。因为说到普通的意见，认为（我们白人族群的）孩子们应当从其父母那里对半继

承（如人们所说：孩子这来自父亲，那来自母亲）属于变异的特征（身材、面相、肤色，甚至一些残疾，既有内在的也有外在的），则我按照对家族类型的认真关注而不能苟同。他们长得即使不像父亲或者母亲，却毕竟未曾混杂地要么像一个家族，要么像另一个家族；而且尽管对于近亲杂交的厌恶也许多半是道德的原因，此外其不能生育也未得到足够的证明，但毕竟这种厌恶广为传播，甚至达到未开化的民族，这就给人以理由来揣测，这种厌恶的根据以遥远的方式在于自然之中，自然不希望总是旧的形式重新生产出来，而是应当产生它置于人类祖源的原初胚芽之中的一切多样性。在一个家族类型，甚至在一个民族类型中出现的某种程度的千人一面，也不可以被归之于其特征的混血的形成（这种形成在我看来就变异而言根本不出现）。因为婚姻双方一方或者另一方的生育力占优势，有时几乎所有的孩子都偏向父系，或者都偏向母系，这对于最初巨大的特征差异来说，通过作用和反作用，亦即通过与一方的相像越来越罕见，而减少着多样性，并造成某种千人一面（这只有外人才看得出来）。不过，这只是我的附带的意见，我把它交给读者去任意评判。更重要的是，在其他动物那里，几乎人们在它们身上要称之为变异的一切（例如大小、皮肤性状）都是混血地形成的，而这一点，如果公道地按照（在繁衍方面）与动物的类比来观察人们，似乎包含着对我区分种族和变异的一种反驳。为了对此作出判断，人们必须已经采用解释这种自然安排的一个更高的立场，亦即无理性的动物的实存仅仅作为手段才能有价 〔168〕
值，它们因此而必然以不同的方式在禀赋中就为不同的应用（如不同的狗种，它们在**布丰**看来可以从共同的牧羊犬祖源推导出来）装备好了；与此相反，目的的更大一致在人类中并不要求形成的自然形式有如此之大的差异；因此，必然地形成的自然形式只可以着眼于在少数几个彼此特别不同的气候中保存物种。不过，由于我只想为种族概念辩护，所以我没有必要保证变异的解释根据。

在消除了这种常常比原则上的分歧更多地为一种争执负责的语言分歧之后，我现在希望少遇到一些维护我的解释方式的障碍。福斯特尔先生在这一点上是与我一致的，即他在不同的人的形象中至少认为有一种遗传特性，亦即**黑人**和其他人的遗传特性足够大，不会让人把它视为纯然的自然游戏和偶然影响的作用，而是要求有原初赋予祖源的禀赋和种属的自然配置。我们的概念的这种一致已经是重要的，并且也使得在双方的解释原则上有可能接近；而不是像平常的肤浅表象方式那样，把我们的类的一切区别都建立在同样的，亦即偶然性的基础之上，使它们还总是像外部境况所安排的那样有生有灭，这种表象方式把这一类的一切研究都宣布成多余的，并由此甚至把种属以同一种合目的的形式的持久性也宣布为毫无价值的。只是我们的概念的两个差异依然存在，但它们相距并不如此之远，以至于使得一种绝不能调解的分歧成为必然：第一个差异是上述遗传的特性，亦即**黑人**与所有其他人有别的特性，据说是惟一应当被视为原初植入的特性；而与此相反，我却判断还有更多的特性（**印度人**和**美洲人**的遗传特性，**白人**亦属此列）同样有理由使人作出完备的族群划分；第二个但并不既涉及观察（自然描述）也涉及要假定的理论（自然历史）的偏离是：福
〔169〕斯特尔先生为了解释这些特征认为必须有两个原初的祖源，而按照我的见解（我与福斯特尔先生同样把这些特征视为原初的特征），把它们视为被植入一个祖源之中的合目的的禀赋的发展，是可能的，同时也更适合哲学的解释方式；这也不是如此之大的分歧，以至于如果人们有疑虑，有机生物的最初自然起源与其繁衍中的混血形成一样对我们二人，以及一般而言对人

类理性依然是无法解释的，理性在这方面同样不会施以援手。既然一开始就被分开并在两个祖源中被隔离开的，但尽管如此后来却在事先分开的两个祖源的杂交中又和睦地融合起来的胚芽的体系，与原初被植入同一个祖源的不同的，在后来**对于最初的普遍移民来说合目的地**发展的胚芽的体系相比，一点也不使理性更容易理解；而且后一种假说在这里毕竟带有节省不同的局部创造的优点；此外，既然在有机生物这里，就关涉其种属的保存的东西而言，根本不要想省掉**目的论的**解释根据，以便用物理学的解释根据来取代它们，因而后一种解释方式并没有在自然研究反正绝不能摆脱的解释根据，亦即在这里仅仅依从**目的原则**之上给它增加新的负担；既然福斯特尔先生仅仅被自己的朋友，著名的哲学分析家**薛莫林**先生的发现所规定，认为黑人与其他人的区别，比那些喜欢把一切遗传的特征都相互抹去并把它们视为纯然的偶然投影的人所满意的更为显著，而且这位杰出的人物表示赞同黑人体态就其故乡而言的完全合目的性[①]，然而，毕竟在头骨结构上看不出与其土地有比皮肤这 〔170〕
个应当把一切从血液中排除出去的大分泌工具的组织更可理解的适应性，——因此，他似乎是从黑人体态的全部其他优秀的自然安排（其中皮肤的性状是一个重要的成分）来理解这种适

① **薛莫林**关于黑人与欧洲人的身体差异在第 79 页：“人们在黑人的身材上发现一些属性，它们使黑人对于自己的气候来说成为最完美的造物，也许成为比欧洲人更为完美的造物”。这位杰出的人物（在同一部作品的第 44 节）怀疑**肖特**医生关于黑人组织得更合适的皮肤能更好地排除有害物质的意见。然而，如果人们把**林德**（讨论欧洲人的疾病等等）关于赞比亚河周围因沼泽的变化而燃素化的空气的有害性，它使英国水手迅速致死，但黑人却在其中生活得如鱼得水的报导结合起来，那种意见就毕竟获得许多或然性。

应性的，而且列出皮肤的组织，仅仅是作为对解剖学家来说最清晰的标志，这样，但愿福斯特尔先生在已经证明，还有少数其他虽然不属于分析艺术专业，但却同样持久地遗传下来，按照气候的分级根本不相混合，而是分别鲜明的特性的情况下，不要反对承认它们有同样的资格是一些特殊的、原初的、被合目的地植入祖源的胚芽。但是，为此是需要假定多个祖源还是只假定一个共同的祖源，但愿我们最终还能够取得一致。

因此，需要排除的只是妨碍福斯特尔先生赞同我的意见的困难，这意见与其说是原则方面的，倒不如说是使这个原则恰如其分地适应运用的一切场合的困难方面的。在其论文（1786年10月号，第70页）的第一节中，福斯特尔先生铺设了一道肤色阶梯，从北欧居民经过西班牙、埃及、阿拉伯、阿比西尼亚，一直到赤道，从那里又以相反的分级随着移至温暖的南方，越过卡菲尔人和霍屯督人的地区（按照他的意见），以一个与各地气候如此成比例的程度序列从棕色到黑色又返回来（在这里，他不假证明地假定，从尼日利亚迁徙到非洲南端的垦殖者，逐渐地纯然由于气候的作用转变成了卡菲尔人和霍屯督人），使他感到惊讶的是，人们何以能够对此视而不见。但是，必须公道地更多感到惊讶的是，人们何以能够对必然混血生育的应当足够确定地、惟一有理由被视为决定性的标志视而不见，在这里毕竟一切都取决于
〔171〕它。因为无论是极北的欧洲人在与西班牙血统的欧洲人的杂交中，还是毛里塔尼亚人或者阿拉伯人（也许还有与阿拉伯人血缘相近的阿比西尼亚人）在与切尔克斯女人的杂交中，都一点也不服从这个法则。人们也没有理由在把他们地区的阳光给后者的每个个人印上的东西排除之后，把他们的肤色判断为某种与白种人中间皮肤黝黑者不同的东西。但是，说

到也许会经受住混血生育考验的卡菲尔人与黑人相似的成分，以及同一地区霍屯督人在较小的程度上与黑人相似的成分，极有可能的是，这些人无非是一个黑人民族与在极古老的年代里造访这片海岸的阿拉伯人的混血后裔。因为，何以这里所谓的肤色阶梯不也存在于非洲西海岸？在那里，毋宁说大自然从棕色的阿拉伯人或者毛里塔尼亚人突然一跃而至塞内加尔的最黑的黑人，而没有事先经过卡菲尔人这中间一段路。这样一来，第 74 页所建议并且预先作出裁定的检验也就作废了，它本应当证明我的原则应予拒斥，亦即黑棕色的阿比西尼亚人与一个卡菲尔女人杂交，在肤色上不会产生中间类型，因为二者的肤色是一样的，亦即黑棕色。因为如果福斯特尔先生假定，阿比西尼亚人的棕色在像卡菲尔人所拥有的那种深度上是其天生的，确切地说，这种棕色在与一个白种女人的杂交生育中必然产生一种中间肤色，那么，这个检验的结果当然会如福斯特尔先生之所愿；但是，他也没有证明任何不利于我的东西，因为种族的差异毕竟不是按照在其身上相同的东西，而是按照在其身上相异的东西来评判的。人们会只能说，也有深棕色的种族，他们在**别的特征**（例如骨架）上与黑人或者其种源有别；因为只有就这些特征而言，生育才会产生一个混血种，而我的肤色表才会增多一种肤色。但是，如果在自己的国家里长大的阿比西尼亚人自身带有的深肤色并不遗传，而是仅仅像一个自小在同一个国家里受教养的西班牙人的深肤色那样，那就毫无疑问，他的自然肤色与卡菲尔人的自然肤色会产生一个生育的中间类型，但由于加上了由阳光而来的偶然涂色，这个中间类型会〔172〕
被遮蔽，看起来是一个同类的类型（按照肤色）。因此，这个设计出来的检验并不证明任何东西来反对必然遗传的肤色对于区别种族的适用性，而是仅仅证明了，就这种肤色是天生的而言，在阳光以偶然的化妆遮蔽它的地方，难以正确地规定它，而且证实了我的要求的合法性，即为这一目的而偏重同样的父母在外国的**生育**。

关于后者，在自若干世纪以来就在我们北方国家繁衍的一个小民族的印度肤色上，亦即在**茨冈人**身上，我们有一个决定性的实例。不依赖于他们的肤色，他们的语言就证明了他们是一个印度民族。但是，大自然却如此顽固地保持着他们的这种肤色，尽管人们能够追溯他们在欧洲直到 12 代之久，这种肤色还一直如此完备地表现出来，以至于如果他们在印度长大，就会在他们和当地土著之间无论怎么揣测也找不到任何区别。在这里说，要到北方的空气使他们的遗传肤色完全褪色，人们必须再等 12 个 12 代，是让自然研究者久等迟滞的答案，并且寻找借口。但是，把他们的肤色冒充为纯然的变异，例如深褐色的西班牙人对丹麦人，就是怀疑自然的标记。因为他们与我们古老的土著生育出必然混血的孩子，不管白人种族在其任何特别的变异方面服从什么法则。

但是，第 155～156 页出现了极重要的反证，如果它是有根据的，就会证明，即便人们承认我所说的**原初禀赋**，人对其故乡的适应在**其散布**到各地时也毕竟不能还存在。福斯特尔先生说道，充其量还能够辩护说，**恰恰那些其禀赋**适应这种或者那种**气候**的人，会由神意的睿智安排生在这里或者那里；但是，他继续说道，这种神意怎么会变得如此短视，没有想到**第二次迁徙**，让那种只适应一种气候的胚芽变得完全没有目的。

〔173〕说到第一点，请回忆一下，我并没有假定那些最初的禀赋是**在不同的人中间分配的**——因为那样的话，就会产生如此之多的不同祖源——而是假定它们**结合**在人的第一对夫妇身上；这样，在他们的后代身上，适用于一切未来变异的**全**

部原初禀赋尚未分离，他们的后代适应一切气候（在潜能上），也就是说，那种使他们或者他们的早期后代适应自己进入的地带的胚芽，就在那里发展。因此，不需要一种特别的睿智神意，来把他们带到他们的禀赋适应的这样一些地方；而是他们偶然地来到某个地方，并在那里长时间繁衍生息，对这个地区来说处在他们的组织之中的，使他们适应这样一种气候的胚芽就发展起来。是禀赋的发展遵照地点，而不是像福斯特尔先生误解的那样，必须按照已经发展起来的禀赋去寻找地点。但这一切都惟有从远古时代出发才能理解，那个时代要持续得足够久（对于逐渐的移民来说），以便首先使一个拥有一块定居地的民族获得发展其与这块定居地相适应的禀赋所需要的气候和土地的影响。但他接着说：那个在这里如此正确地计算应当有什么样的土地和什么样的气候相遇的理智（按照前一点，它们**必须总是**相遇，尽管人们希望，不是一个理智，而只是如此普遍合目的地在内部安排动物的组织的同一个大自然，也为保存动物而同样精心地配备土地和气候），一下子变得如此短视，以至于它没有预见**一种第二次迁徙**的情况？这样一来，只适应一种气候的天生特性就变得没有目的了，等等。

说到反对意见的这第二点，我承认，那个理智，或者宁可说是那个自己合目的地起作用的大自然，实际上根本没有按照已经发展起来的胚芽来考虑迁徙，并不因此就可以被怪罪为不智和短视。毋宁说，它通过自己造就的与气候的适应来阻止气候的混淆，特别是温暖气候与较冷的气候的混淆。因为它自动地要阻止的，正是新气候带与旧气候带的居民已经形成的体质的这种糟糕的适应。印度人或者黑人不是试图扩散到北方的什么地方吗？——但是，来到那里的，在其后裔（如克里奥耳**黑人**或者名为茨冈人的**印度人**）中据说从未产生出适宜于定居的 〔174〕

农民或者手工业者的类型。①

① 后一点说明在这里并不作为证明来引用，但毕竟不是微不足道的。在**施普伦格**先生的《论文集》（第5部分，287～292页）中，一位内行人士反对拉姆齐把所有的黑人奴隶都当做自由工人来使用的愿望而举证说：人们在美洲和英国遇到成千上万的被释放的黑人，在他们中间他没有看到一个实例，有某一个人从事一种人们真正说来能够称之为工作的事务，毋宁说他们一旦获得自由，就放弃他们过去作为奴隶而被迫从事的一件容易的手艺，成为小商贩、可怜巴巴的饭店侍应生、号房佣人、意在渔猎的人，一言以蔽之，成为为生活奔波的人。人们在我们中间的茨冈人那里也发现了同样的情况。同一位作者在这里注明：绝不是北方的气候使他们不乐意工作；因为他们如果必须在其主子的马车后面，或者于极严寒的冬夜里在剧院的冰冷入口处（在英国）等待，就毕竟宁可忍耐，也不去打谷、掘土、搬运重物等等。人们岂不应当由此推论出，除了工作的能力之外还有一种直接的、不依赖于任何诱惑的从事活动（特别是人们称之为勤勉的活动）的冲动，它特别与某些自然禀赋交织在一起，而无论是印度人还是黑人，关于这种冲动带进别的气候并遗传下来的，都不多于他们在自己的故乡为了保存自己所需要并从自然接受的，而且这种内在的禀赋是与外部可见的禀赋一样很少消失的。但是，在那些地区少得多的需求和只不过是满足这种需求所要求的少量辛劳，并不要求更多的从事活动的禀赋。——在这里，我还想从马斯登关于苏门答腊岛的周密描述（参见施普伦格的《论文集》，第6部分，198～199页）引证某种东西。“他们（勒姜人）皮肤的颜色通常是黄色，不掺杂造成铜色的红色。他们几乎无一例外地比印度其他地区的混血儿肤色更浅一些。苏门答腊岛居民与同一气候带的其他民族相比的白肤色在我看来是一个有力的证明，即皮肤的颜色绝不直接取决于气候（关于在那里出生的欧洲人和黑人的第二代孩子，他说过同样的话，并且揣测，在此处长期居留的欧洲人较深的肤色，是在那里人人都患有的胆病的一个后果）。——我在这里还必须说明，尽管气候炎热，土著和混血儿的手通常都是凉的。”（一个重要的情况，它说明，特有的皮肤性状必定不是出自任何表面的外部原因。）

但是，同样的东西，被福斯特尔先生视为不利于我的原则的一个不可克服的困难，却在某种运用中对这种理论作出了最有利的说明，解决了任何别的理论都束手无策的困难。我假定，从人类的开端时代经过为了完全适应一种气候而存在于人类里面的禀赋的逐渐发展，需要如此之多的世代，来使人类随着这个物种令人忧虑的增多，能够散布到地球的绝大部分地区，而这多半是由剧烈的自然巨变迫使的。如果有古代世界的一个小民族也受这些原因驱使从南方地区来到北方地区，那么，为了适应南方地区也许尚未完成的形成就必然逐渐停滞下来，反过来让位于禀赋的一种相反发展，亦即适应北方气候的发展。假定这个人型向东北方向迁徙越来越远，一直到达美洲——这是一种据说有极大或然性的见解——，那么，在它能够又显著地向南扩散之前，它的自然禀赋就会已经尽可能地发展，而且这种发展如今作为完成了的，必然使得对一种新气候的一切进一步的适应都不可能。因此，这就奠立了一个种族，它在自己向南迁移时对一切气候都永远是一个样子，因而实际上不恰如其分地适应任何气候，因为其出发前在南方的适应在其发展的中途被打断，被对北方气候的适应所取代，就这样奠立了这个人群的持久状态。实际上，**邓·乌罗阿**（一个极其重要的证人，他了解两个半球的美洲居民）担保发现了这个地区的居民们特殊的形象无一例外地十分相似（就肤色而言，近代一位我现在不能可靠地举出名字的航海家这样描述它：如同**铁锈**，混合着**油**）。但是，既然他们的体质没有达到与某一种气候的**完全**适应，所以也可以由此看出，很难举出另一个根据，来说明为什么这个种族还深深地处在黑人本身之下，黑人毕竟在我们称之为种族差异的所有其他等级中占着最低的等级；这个种族对于沉重的劳动来说太孱弱，对于勤勉的劳动来说太漠不关心，对于一切文化来说太无能，为此毕竟身旁就有足够的

〔175〕〔176〕

榜样和鼓励。

现在，且把一切别的可能假说都用这个现象来检验！如果人们不想用一种第二次创造，亦即美洲人的创造来增多已经由福斯特尔先生建议的特殊创造，那就只剩下一个答案，即美洲太**冷**了，或者太**新**了，不能在某个时候造成黑人或者黄种印度人的变种，或者不能在它被居住的如此之短的时间里已经形成这种变种。第一个主张，就这块陆地炎热的气候而言，已受到足够的反驳；至于第二个主张，亦即只要人们有耐心再等上若干个世纪，就或许会在某个时候于此地也通过逐渐的阳光影响形成黑人（至少按照遗传的肤色），则人们必须首先确信，阳光和空气能够做到这样的灌输，以便通过一种被置于远方的、一再任意地推移的、纯然揣测到的成功来针对**反对意见**为自己辩护；由于那种情况本身还是十分可疑的，一种纯然随意的揣测不能被提出来，这与事实相对立！

对通过原初并且合目的地为保存物种而共处于一个人类祖源之中的禀赋的发展来推导出必然遗传的差异来说，一个重要的证实就是：由此发展出来的种族不是**零星地**（在所有大陆上，在同一种气候中，以同样的方式），而是**成群结队地**散布的，这些群队被发现分布在一个地区的边界之内，每一个群队都能够在其中形成自己。这样，**黄肤色人**的**纯粹**血统被封闭在**印度斯坦**的边界之内，离此不远的**阿拉伯**多半处在同样的气候带，不包含黄肤色人的任何东西；但这二者都不包含任何**黑人**，黑人只能在**塞内加尔**和**内格罗角**之间（以及继续在这块大陆的内地）发现；而整个**美洲**既不包括前一种人也不包括后一种人，甚至根本不包括旧世界的任何种族特征（**爱斯基摩人**除外，他们按照不同的、既有从其形象得出亦有从其才能得出的特征，似乎是来自某一块旧大陆的后来的新人）。这些种族的每一个仿佛都是隔离的，而且由于它们虽然气候相同却毕竟相

〔177〕

互有别，确切地说是通过一种不可分割地与它们中的每一个的生育能力相联系的特征而相互有别，所以，它们就使得种族的起源是气候的作用的见解很不可能，与此相反却证实了由于起源统一而虽然有普遍的生育上的亲缘关系，但同时在它们自身中，不仅仅是在气候中有族群区别的一种**原因**的揣测，这种区别为了与繁衍的地点相适应而发挥自己的作用，必然要求漫长的时间，而在这种作用一旦实现之后，就不再可能通过任何移置形成新的变种，这个原因只能被视为逐渐合目的地发展的、被置于祖源之中的、按照空气影响的主要差异被限制在某个数字上的**原初的禀赋**。散布在属于南亚以及进一步向东属于太平洋的岛屿上的**巴布亚人**，我与**福里斯特**船长一样把他们称为卡菲尔人（因为他大概部分地在肤色上、部分地在头发和胡须上找到原因而不把他们称为黑人，他们与黑人的特性相悖，能够把头发和胡须梳理成漂亮的一周），这个种族似乎有损上述证明根据。但是，在其近旁可以发现的还有其他种族，亦即哈拉弗拉人和某些更多地与纯印度祖源相似的人的奇妙分布就又有利，因为这也削弱了气候作用于其遗传特性的证明，这种作用在同一个气候带的结果毕竟是如此不同。因此，人们也有充分的根据认为，也许可以不把他们视为原住民，而是视为由于谁知道什么样的原因（也许是一种强烈的地理巨变，它必定是自西向东起作用的）被从其居住地驱赶出来的外来者（那些巴布亚人大概来自马达加斯加）。因此，不管我根据记忆（也许不正确）引证**卡特雷**的报道谈到的**弗莱维尔—艾兰**的居民性状如何，人们都可以从其祖源的居住地大概在**大陆**而非在**海岛**这一点来寻找种族区别的证据，这些海岛无论怎么看都是在大自然早就完成了作用之后 〔178〕
才有人居住的。

我把有机生物的一个**自然种类**（species naturalis，就它们是通过生育能力而有联系，并且能够起源自一个祖源[①]而言）与**学术种类**（species artificialis，就它们处在纯然比较的一个共同特征之下而言）相区别，其中前者属于自然历史，后者属于自然描述，就我推导同一个自然种类的有机生物的可遗传的多样性这个概念而言，其辩护就说这么多。现在，还要对福斯特尔先生自己关于其起源的体系说些什么。我们在这一点上是一致的，即一门自然科学中的一切都必须**以自然的方式**来解释，因为若不然，它就会不属于这门科学。我如此小心翼翼地遵从这个原理，以至于就连一位敏锐的人物（教会高等监理会成员**毕兴**先生在对我上述作品的评论中）也由于大自然的意图、智慧和护佑等表述而使我成为一位**自然主义者**，但附上了**"以自己的方式"**这个同位语，因为我在关涉纯然自然知识以及自然知识达到什么程度的论文中（在这里，**以目的论的方式**来表述是十分得体的），认为使用目的论的语言并不可取；为的是十分小心翼翼地为每一种知识方式划清其界限。

不过，同一个原理，即自然科学中的一切都必须以自然的
〔179〕方式来解释，同时划清了自然知识的界限。因为当人们使用所有解释根据中还能够通过**经验**证实的最终解释根据时，就达到

① 属于同一个祖源，并不马上就意味着由一对原初的**夫妇**所生育；它要说的只是：如今在某个动物种类中能够发现的多样性，不可以因此就被视为如此多的原初差异。如果第一个人类祖源是由如此之多的（两个不同性别的）个人组成的，但这些个人都是同类的，那么，我就能够从惟一一对夫妇与从多对夫妇一样好地推导出现在的人。福斯特尔先生怀疑我想断言后者是一个事实，确切地说是依据一种权威来断言；然而，它只是一个完全自然而然地从理论得出的理念。但是，说到由于猛兽，人类若肇始于惟一一对夫妇就会没有保障，这种困难不可能给这对夫妇造成特别的艰辛。因为他们那繁育一切的大地，可以只是比人更迟才把这些猛兽产生出来。

了自然知识最外面的界限。在这些解释根据终止，人们必须凭借自己想出的物质力量按照闻所未闻的，并且不能有任何证明的法则开始的地方，人们就越出了自然科学，尽管人们还总是把自然事物称为原因，但同时却给它们附上其实存不能通过任何东西来证明，甚至其可能性也很难与理性统一的力量。由于一个有机生物的概念自身已经包含着它是一种物质，其中一切都作为目的和手段处在相互关系之中，而这甚至只能被设想为**终极原因的体系**，因而它的可能性至少对**人的**理性来说，剩下的只有目的论的解释方式，但却绝没有物理学力学的解释方式，所以在物理学中就不能追问，一切有机化本身原初来自何处。如果这个问题一般而言对我们来说是可理解的，那么，对它的回答就会明显在自然科学**之外**而在**形而上学**之中。我在自己这方面，（通过生育）推导**有机生物**的一切组织，以及按照在其祖源的组织中可以发现的**源始禀赋**逐渐发展的法则（这类法则在移植植物时经常遇到）推导（这个种类的自然事物）后来的形式。至于这个祖源自身是如何**产生**的，这个任务超出了人可能有的一切物理学的界限，而我相信自己毕竟必须坚守在这些界限之内。

因此，我并不为福斯特尔先生的体系对某个异端法庭有任何担心（因为异端法庭在这里会同样以为自己有其领域之外的一种审判权），必要的话我也赞同有一个仅由自然研究者组成的哲学**审查委员会**（第 166 页），而且毕竟是几乎不相信这个委员会的判决结果会对他有利。“临产的大地（第 80 页）无须同类相生，就让动物和植物从它那柔软的、从海洋沉积物受孕的母腹中产生，建立在这上面的是各有机种类的局部生育，**非洲**产生它的人（黑人），**亚洲**产生它自己的人（其余所有人，第 158 页），由此推导出所有以一种不可察觉的等级从人到鲸鱼（第 77 页），并且就这样继续下降（也许直到苔藓和地衣， 〔180〕

不仅仅是在比较体系中，而且是在出自共同祖源的生育体系中）而行的有机生物的自然链条[①] 的亲缘关系。”——这些东西虽然不会使得自然研究者在它们面前就像在一头巨兽面前（第 75 页）战栗后退（因为这是有的人在某个时候用来取乐的游戏，他却由于这无所建树而又放弃了），但他毕竟却会畏畏缩缩，因为他观察到，他将由此而不知不觉地从自然研究的肥沃土壤迷失，来到形而上学的荒漠。此外，我还知道一种同样并非（第 75 页）**不像男子汉的**畏惧，亦即在一切使理性摆脱其首要原理，并且允许它在无边无际的想象之中游荡的东西面前战栗后退。也许，福斯特尔先生由此也只是想讨好某一位**超级形而上学家**（因为也有这一类人，也就是说，他们并不了解基本的概念，他们也装作蔑视这些概念，并且毕竟是英雄般地企图去征服），并且为他的想象力提供素材，以便在此之后取笑他。

真正的形而上学知道人的理性的界限，此外还知道它绝不能否认的先天缺陷：它既不能也不可以先天地虚构任何**基本力量**（因为它在这种情况下就会是全然编造出空洞的概念），而是除了把如经验教导它的那些基本力量（就它们只是表面上不同，根本上却是同一的而言）归为尽可能小的数字，并且在涉及物理学的时候**在世界之中**寻找属于它的**基本力量**，而在涉及形而上学（亦即说明不进一步依赖的基本力量）的时候则或许**到世界之外**去寻找。但是，关于一种基本力量（既然我们只是通过原因与作用的关系来了解它），除了取自作用并且恰恰只

① 关于这个主要通过**博奈特**而大受欢迎的理念，值得一读**布鲁门巴赫**教授的提醒（《自然历史手册》，1779 年，前言，第 7 节）。这位有见识的人物也不把他用来如此多地解释生育学说的构成冲动赋予无机物质，而是仅仅赋予有机生物的成员。

表示这种关系之外，我们不能给出任何别的概念，不能为它想出别的称谓。[①]如今，有机生物的概念是：它是一个物质的生 〔181〕
物，这个生物惟有通过它里面所包含的一切作为目的和手段的相互关系才是可能的（就像每一个解剖学家作为生理学家也确实从这个概念出发那样）。因此，一个组织借以起作用的基本力量，必须被设想为一个按照目的起作用的原因，确切地说，必须使得这些目的被奠定为作用的可能性的基础。但是，我们**按照这类力量的规定根据**通过经验认识它们，**仅仅在我们自己里面**，亦即在我们的理智和意志上，它们是某些完全按照目的安排的产物，亦即**艺术品**的可能性的原因。理智和意志在我们这里是基本力量，其中后者就其由前者来规定而言，是一种**按照一个**被称为目的的**理念**来产生某种东西的能力。但是，我们不应当独立于一切经验而虚构任何新的基本经验，这类力量会是在一个生物里面起作用的力量，却不在一个**理念**中有其规定

① 例如，人里面的想象就是一种作用，我们认识到它与心灵的其他作用不是一回事。因此，与此相关的力量只能被称为想象力（作为基本力量）。同样，在推动力的名称下，排斥力和吸引力都是**基本力量**。为了实体的统一，不同的人都曾相信必须假定一个统一的基本力量，甚至认为认识到了它，因为他们只提到不同的基本力量的**共同名称**，例如，灵魂的惟一基本力量就是表象世界的力量；就好像我说：物质的惟一基本力量就是推动力，因为排斥和吸引都处在共同的运动概念之下。但是，人们要求知道，它们是否也能够从运动推导出来，而这是不可能的。因为**较低的**概念按照它们所拥有的不同的东西不能从**较高的**概念推导出来；而说到实体的统一，似乎它在自己的概念中就已经带有基本力量的统一，则这种错觉基于一个不正确的力量定义。因为力量并不是包含着偶性的现实性之根据的东西（这是实体），而仅仅是实体与偶性的关系，这是就实体包含着偶性的现实性的根据而言的。但是，完全可以赋予实体以不同的关系（不损害其统一）。

根据。因此，关于一个生物从自身出发**合目的地**，但却**没有**蕴涵在它里面或者在它的原因里面的**目的**和意图而起作用的能力的概念——作为经验未为其提供任何实例的一种特殊基本力量——完全是虚构的和空洞的，也就是说，没有丝毫保证一般
〔182〕而言有某个客体能够与它相应。因此，哪怕能够**在**世界**之中**或者**在**世界**之外**发现有机生物的原因，我们也必须要么放弃它们的原因的一切规定，要么为此想出一个**理智的存在者**；并不是好像我们（如已故的门德尔松和其他人相信的那样）看出，出自另一个原因的这样一种作用是**不可能的**，而是因为我们为了借助排除终极原因而把另一个原因奠定为基础，就必须**虚构**出一种基本力量，而理性绝对没有权限这样做，因为在这种情况下，恣情任意地解释一切，不会给它造成任何辛劳。

※　　　※　　　※

而现在，对所有这一切总结如下！目的与**理性**有一种直接的关系，不管它是外来的理性，还是我们自己的理性。然而，为了把这些目的也设定在外来的理性之中，我们就必须把我们自己的理性至少作为外来理性的一个类似物而奠定为基础：因为没有我们自己的理性，就根本不能设想外来的理性。现在，目的要么是**自然**的目的，要么是**自由**的目的。在自然中必定存在着目的，这一点没有任何人能够先天地看出；与此相反，他完全能够先天地看出，在自然中必定有原因与作用的一种联结。因此，目的论原则在自然方面的使用任何时候都是有经验性条件的。自由的目的也会是这种情况，如果必须事先由自然（在需求和偏好上）给予它意欲的对象来作为规定根据，以便仅仅凭借这些对象相互之间以及与其总和的比较，来通过理性规定我们使之成为我们的目的的东西。不过，实践理性的批判指明，有一些纯粹的实践原则，理性通过它们被先天地规定，因而它们先天地说明理性的目的。所以，如果为解释自然而对

目的论原则的使用，由于目的论原则被限制在经验性的条件上，而绝不能完备地，并且对于一切目的来说都足够确定地说明合目的的结合的元始根据，那么，人们就必须与此相反，期待一种纯粹的目的学说（它不能是别的，只能是自由的目的学说）来做到这一点，这种目的学说的原则先天地包含着一般理性与一切目的的整体的关系，并且只能是实践的。但是，由于一种纯粹的、实践的目的论，亦即一种道德，注定要在世界之 〔183〕
中实现自己的目的，所以它不可以忽视这些目的在世界中的**可能性**，无论是就其中给定的**终极原因**而言，还是就**至上的世界原因**与作为结果的一个一切目的的整体的适宜性而言，因而既不可以忽视自然**目的论**，也不可以忽视一个一般自然的可能性，亦即先验哲学，以便保证实践的纯粹目的学说在实施时就客体的可能性，亦即它规定要在世界之中实现的目的的可能性而言具有客观的实在性。

在两方面，**《关于康德哲学的书信》的作者**都出色地证明了自己的才能、洞识和把这种洞识有益地运用于普遍必然的目的的值得称赞的思维方式；而尽管这是对当前这份看起来过于接近谦虚的杂志的杰出编者的一种苛求，我毕竟不能不请求他允许，把我对那些书信未署名的、直到不久前我还不知道的作者为一种按照固定的原理被引导的思辨理性和实践理性的共同事业所取得的功绩的赞赏，就我曾致力于为它作出一种贡献而言，可以刊登在他的杂志上。清楚明白地，甚至优雅地阐述枯燥抽象的学说而又不失其缜密，这种才能是如此罕见（极少被赐予老年），尽管如此又如此有益，我想说不是仅仅有益于介绍，而是有益于洞识的清晰、可理解性以及与此相联结的说服力，以至于我认为自己有义务，公开地向这位人士道谢，他以这种方式弥补了我的作品，本来我是无法使它们获得这种简易的。

借这个机会，我只想再用寥寥数语提及在一部篇幅相当大的著作中，尚未在整体上领会它之前就揭露了所谓的矛盾的指责。如果人们把这些所谓的矛盾与其他东西相结合来考察，它们就全都自动消失。在《莱比锡学报》1787 年第 94 号上，《纯粹理性批判》1787 年版的导论第 3 页第 7 行的话，与紧接着在第 5 页第 1 行和第 2 行看到的话，被说成处于直接的矛盾之中；因为在前一处我说道：在先天知识中，根本不**掺杂**任
〔184〕何经验性成分的知识就叫做**纯粹的**，而且作为反面的例子引用的命题是：一切**变化的东西**都有一个原因。与此相反，我在第 5 页引用同一个命题作为一种纯粹先天知识的例子，也就是说，作为一种不**依赖**于任何经验性成分的知识的例子；——"纯粹的"这个词有两种意义，但我在整部著作中只与后者打交道。当然，我本来能够用前一种命题的例子来防止误解的：一切**偶然的东西**都有一个原因。因为在这里，根本不**掺杂**任何经验性的东西。但是，谁去考虑引起误解的一切诱因呢？——我在《**自然科学的形而上学初始根据**》前言第 16～17 页的一个注中遭遇到同样的事情，在那里我虽然把范畴的演绎说成是重要的，但却没把它说成是**极其必要的**，但在《批判》中毕竟曾起劲地主张后者。但是，人们很容易看出，范畴在那里只是为了一个**消极的**意图才被考虑的，亦即为了证明，单凭它们（没有感性直观）根本不能达成事物的任何知识，因为人们哪怕只是看一看范畴的**阐明**（作为仅仅运用于一般客体的逻辑功能），就已经清楚明白。但是，由于我们毕竟对它们作出一种应用，其中它们现实地属于客体的**知识**（经验），所以，这样一些先天概念的一种客观有效性的可能性，就必须在与经验性的东西的关系中予以特别的证明，以免它们被判断成为毫无意义的，或者也不是经验性地**产生的**；而这就是**积极的**意图，就它而言，**演绎**

当然是不可或缺地必要的。

我现在刚刚得知，上述书信的作者是**赖因霍尔德**顾问，不久前担任了耶拿哲学教授；这种力量的增添，对于这所著名的大学来说只能是十分有利的。

伊·康德

伊曼努尔·康德

1790年

论一个据说一切新的纯粹理性批判都由于一个更早的批判而变得多余的发现

1790 年

论一个据说一切新的纯粹理性批判都由于一个更早的批判而变得多余的发现

伊曼努尔·康德

李秋零　译

埃贝哈德先生发现，如他的《哲学杂志》第 1 卷第 289 页所说："**莱布尼茨**哲学与新近的哲学一样包含着一种理性批判，此时它仍然引入了一种建立在对认识能力的精确分析之上的独断论，因而包含着后者的一切真东西，但除此之外还更多地在对知性领域的一种有根据的扩展中包含着真东西。"他虽然不曾解释，人们怎么会没有早就在这位伟大人物的哲学及其女儿亦即沃尔夫哲学中看到这些事物；然而，在向不称职的诠释者们指出他们应当关注的东西之后，他们现在将完全清晰地在古人身上看到多少被视为新颖的发现！ 〔187〕

单是对新颖性的要求落空，也许还过得去，只要更早的批判在其结果中并不包含与新批判的截然对立；因为在这个案例中，就连埃贝哈德先生由于害怕他自己的论证可能不充分而明智地（有时也像第 298 页那样用曲解词句来）使用的 argumentum ad verecundiam［针对羞愧感的论证］（如**洛克**所称），也会是接受新批判的一个巨大的障碍。然而，通过**书本**（它们毕竟自身不能是从别的源泉，而是从我们与其作者同样接近的源泉创造出来的）来反驳纯粹的理性命题，是一件棘手的事情。埃贝哈德先生无论怎样敏锐，毕竟这一次也许看得不对。此外，他有时（如第 381 页和第 393 页注）这样说话，就好像他恰恰不想为莱布尼茨担保似的。因而最好是：我们让这位著名的人物出局，把埃贝哈德先生以这个人物的名义写下并且用做反对《批判》的武器的词句当做他自己的主张；因为若不然，我们就陷入了糟糕的境地，即他以他人的名义发出的打击击中我们，而我们理当回击之所用的打击却会击中一个伟大的人物，这只会使我们在这个伟大人物的崇敬者那里招来仇恨。

我们在这场争执中应当关注的第一点，按照法学家们在进行一场诉讼时的榜样，是形式的东西。对此，埃贝哈德先生以如下方式作出了解释："按照这份杂志自身带有的安排，完全 〔188〕

可以允许我们任意地中断和重新继续我们漫长的旅程，**我们向前走和向后退**，能够拐向所有的方向。”——现在，人们也许能够承认：一份杂志在其不同的划分和版块中包含着截然不同的事物（就像也在这份杂志中那样，在一篇关于**逻辑真理**的论文之后直接跟上一篇论**胡须**的历史的文章，在此之后跟上一首**诗**）；然而，在同一种划分中，不同类的事物混在一起，或者最后的东西弄到最前面，最下面的东西弄到最上面，尤其是在像这里那样涉及两个体系的相互对立时，埃贝哈德先生就难以用一份杂志的特性（它在这种情况下就会是一个杂货铺）来辩护了：实际上，他也远远不能这样判断。

对诸命题的这种假装不讲艺术的编排，实际上是很讲计划的，为的是在还没有确定真理的试金石，因而读者还不知道它之前，就事先使他对于需要严格检验的命题有好感，然后不是像本来应当的那样从试金石自己的性状出发，而是通过那些它以之进行检验的命题（不是这些命题以它进行检验）来证明事后选择的试金石的有效性。这是一种人为的 **ὑστερον προτερου** [次序倒置]，它应当蓄意地帮助回避对我们的先天知识之要素及其先于一切经验在客体方面的有效性的根据的探究，从而以巧妙的手腕回避其客观实在性的演绎（作为费时费力而又困难的辛劳），并且尽可能一笔勾销《批判》，但同时为纯粹理性的一种不受限制的独断论腾出地盘。因为众所周知，纯粹知性的批判是从以解决普遍的问题为目的的这种探究开始的：先天综合命题是如何可能的？而且惟有在费力地讨论为此所要求的一切条件之后，它才能达到决定性的结论：没有一个概念的客观
〔189〕实在性能够以别的方式来保证，除非它能够在一个与它相应的直观（这直观对我们来说任何时候都是感性的）中被展示，所以，在感性的界限之外，从而在可能经验的界限之外，绝对不可能有任何知识，也就是说，不可能有任何人肯定其不空洞的

概念。——《杂志》以通过证明反面，亦即知识当然有超越感官对象的一种扩展来反驳这一命题为开始，以这样的扩展何以通过先天综合命题而可能的研究为终结。

因此，真正说来埃贝哈德的《杂志》第 1 卷的行动是由两个行为构成的。在**第一个**行为中，应当阐释我们非感性事物的概念的客观实在性，在另一个行为中应当解决先天综合判断何以可能的课题。因为就他已经在第 163～166 页陈述的充足理由律而言，它在这里是要澄清这个综合原理中的理由概念的实在性；但是，按照作者自己在第 316 页的解释，它也属于综合判断和分析判断的章节，在这里才应当就综合原理的可能性而言澄清某种东西。其余的一切，事先或者其间说来说去的东西，都是由对未来的东西的提示、对先行的证明的援引、对莱布尼茨和其他人的主张的引证、对种种表述的攻击、通常是对其意义的歪曲等等诸如此类的东西构成的；真正是遵循**昆提利安**给演说家的建议，就其论据而言，为了征服自己的听众：Si non possunt valere，quia magna sunt，valebunt，quia multa sunt. -Singula levia sunt et communia，universa tamen nocent；etiamsi non ut fulmine，tamen ut grandine [它们即便不能因重大而有力量，也将因众多而有力量。——个别的无足轻重，共同的、普遍的才有分量；纵然不像雷霆，也要像冰雹]；这些东西本来只配在一篇后记里提到。与一个不讲秩序的作者打交道是糟糕的，但与装出无序，以便让肤浅的或者错误的命题不知不觉地溜进去的作者打交道则更糟糕。

〔190〕

第一章

论不能被给予任何相应的感性直观的那些概念的客观实在性，据埃贝哈德先生

埃贝哈德先生在第 157～158 页迈向这项工作，用的是一种与它的重要性相符合的郑重：说到他为一门科学（形而上学）所作的长期的、不带任何偏爱的努力，他把这门科学视为一个王国，如果不得已的话它可以失去一个可观的部分，但毕竟总还是余有更为可观得多的国土；谈到本体论的**无可争议的**肥沃田野所应许的鲜花和果实①，并且即便是在宇宙论的有争议的田野方面，也鼓励人不要撒手不管；因为据他说，“我们能够一直继续工作来扩展它，我们能够一直尝试用新的真理来丰富它，而**不明显过问这些真理的先验有效性**（这在此处指的应当就是：它的概念的客观实在性）”，现在他补充说：“以这种方式，甚至数学家也完成了全部科学的描画，**而一字不提它们的对象的实在性**。”他是想让读者认真注意这一点，因为他说：“这可以用一个值得注意的实例来证明，这个**实例**太恰切、太有**教益**了，以至于我在这

① 但是，恰恰是这些鲜花和果实，它们的概念和原理**作为对一般事物的知识的要求**而受到质疑，并且被限制在可能经验的对象这块狭窄的田野上。不想明显地过问涉及 titulum possessionis［占有权］的问题，就立刻暴露出一种不让法官看到真正的争执之点的手腕。

里不得不引证它。”的确是有教益；因为绝没有一个更恰切的实例来警示，不要援引出自人们不懂得的科学的证明根据，甚至不要援引仅仅关于这些科学做过报告的其他著名人士的说法，因为可以预料的是人们也不懂得这些科学。埃贝哈德先生不可能比正好通过模仿**博莱里**而关于**阿波罗尼**的圆锥所作的判断更有力地反驳他自己和他正好现在宣布的计划了。 〔191〕

阿波罗尼首先构思一个圆锥的概念，也就是说，他先天地在直观中展示它（这只是几何学家预先阐明其概念的客观实在性的第一个行动）。他按照一个确定的规则来分割它，例如与垂直地通过圆锥的顶点分割圆锥（conus rectus [直立的圆锥]）底部的那个三角形的一条边相平行，并且根据直观先天地证明通过那个截面在这个圆锥的表面上产生出来的曲线的性质，就这样形成这些曲线的纵坐标与参数的关系的概念，这个概念，亦即（在这个事例中）抛物线，由此在直观中先天地被给予，从而它的客观实在性，亦即能够存在一个具有上述性质的事物的可能性，就得到了证明，不是以任何别的方式，**而是人们给它配上了相应的直观**。——埃贝哈德先生想证明：人们完全能够扩展自己的知识，并用新的真理来丰富它，而不事先过问它是否并不考虑一个也许完全空洞的、根本不可能有一个对象的概念（一种与健全的人类知性完全冲突的主张），并且为了证明自己的意见而把自己往数学家身上贴。他不可能更不幸地安家落户了。——但不幸来自于，他并不了解阿波罗尼本人，并不理解对古代几何学家的方法作出反思的**博莱里**。博莱里谈到（除圆之外的）圆锥曲线的概念的机械**构思**，并且说：数学家教人圆锥曲线的性质，并不提及机械构思，一个虽然正确却十分无关紧要的评论；因为按照理论的规定**画**一条抛物线，这种指导只适用于

艺术家，而不适用于几何学家。① 埃贝哈德先生可以从他自己
〔192〕引自博莱里的说明，甚至加以强调的这段话中来使自己在这方面受教。这段话就是：Subjectum enim definitum assumi potest，ut affectiones variae de eo demonstrentur，licet praemissa non sit ars subjectum ipsum efformandum delineandi［得到定义的主词可以提供出来，以便从它演证出不同的结果，虽然前面说的并不是画出要构思的主词本身的艺术］。但是，极其荒唐的是伪称他想说：几何学家首先期待于这种机械构思的是这样一条线的可能性的证明，因而是他的概念的客观实在性。人们宁可说可以对近代人提出这样一种指责：不是他们从一条曲线的定义推导出它的性质，却未在其客体的可能性上得到保证（因为他们以这个定义同时意识到纯粹的、仅仅图型的构思，并且，需要的话也按照它完成**机械的**构思），而是他们任意地设想这样一条线（例如通过公式 $ax=y^2$ 来设想抛物线），

① 为了保证概念的**构思**这个《纯粹理性批判》以各种各样的方式谈到并由此而把理性在数学中的行事方式与在哲学中的行事方式首先精确地区分开来的表述不被误解，下面的东西可能是有用的。在普遍的意义上，一个概念通过（主动地）产生一个与它相应的直观而有的一切**展示**都叫做构思。如果它通过纯然的想象力而先天地符合一个概念，那么，它就叫做**纯粹的**构思（数学家必须把这类构思奠定为他的一切演证的基础；因此，他根据自己用棍子在沙滩上画的圆，无论它的结果怎样不合规则，都能如此完善地证明一个一般的圆的性质，就好像是最好的艺术家在铜版画上画出它似的）。但是，如果它借助某一种物质来实施，那么，它就会能够叫做**经验性的**构思。第一种也能够被称为图型的构思，第二种也能够被称为技术的构思。后一种确实只是非本真地如此称谓的构思（因为它不属于科学，而是属于艺术，并且是借助工具达成的）。如今要么是借助圆规和直尺的**几何学的**构思，要么是**机械的**构思，为此还需要其他工具，例如画除圆之外的其余圆锥曲线。

不是按照古代几何学家的榜样事先把它作为在圆锥截面中给定的而产生出来，这样做会更符合几何学的优美，为了这种优美，人们多次建议在如此富有发明的分析方法之外不要这样完全疏忽古人的综合方法。

因此，埃贝哈德先生不是按照数学家们的榜样，而是按照那种能用沙子搓成一条绳的艺术人士的榜样以如下的方式着手工作的。

他在其《杂志》的第 1 卷中已经把知识的**形式**的原则，应 〔193〕
当是矛盾律和充足理由律，与知识的**质料**的原则（在他看来就是表象和广延）——他把质料的原则设定为知识由以构成的单纯的东西——区别开来，而现在则由于没有人反驳他矛盾律的先验有效性，他试图首先阐明**充足理由**律的先验有效性，从而阐明理由概念的客观实在性，其次也阐明**单纯存在者**的概念的实在性，无须像《批判》所要求的那样，可以通过一个相应的直观来证明它。因为凡是真的东西，对它就不可以首先去问它是否可能，就此而言，逻辑学就与形而上学共有这一原理：abesse ad posse valet consequentia [从存在到能够的推论有效]，或者毋宁说它从形而上学借用了这一原理。——我们现在也想按照这种划分来划分我们的检验。

一、充足理由概念的客观实在性的证明，据埃贝哈德先生

首先也许应当说明：埃贝哈德先生自称知道充足理由律仅仅被算做知识的**形式**原则，然后在第 160 页却把这视为由《批判》引起的一个问题：**"它是否也有先验的有效性"**（一般而言是一个先验的原则）。埃贝哈德先生要么必定对知识的一个**逻辑**（形式）原则和一个**先验**（质料）原则的区别毫无概念，要

么更有可能这是他的艺术措辞之一，为的是把没有人问的某种别的东西硬塞进来，取代问题所在的东西。

任何一个命题都必须有一个理由，这是知识的逻辑（形式）原则，它并不是与矛盾律为伴，而是从属于矛盾律。①**每一**
〔194〕**个事物都必须有其理由**，这是先验的（质料的）原则，过去和将来都没有一个人从矛盾律出发（或者一般而言从纯然概念出发而不与感性直观相关）来证明这个原则。这是足够明显的，并且在《批判》中说过无数遍，即一个关于客体及其可能性的先验原则必须先天地规定某种东西，因而不像逻辑原则做的那样（因为逻辑原则完全抽掉了涉及客体的可能性的东西）仅仅涉及判断的形式条件。但是，埃贝哈德先生在第163页要在"**一切**都有一个理由"这个公式下贯彻他的命题，而且由于他（就像从他在这里援引的例子中可以看出的那样）想凭借矛盾律让实际上是质料的因果性原理混进来，他使用了"**一切**"这个词，并且避免说"**每一个事物**"，因为说它不是知识的一个

①《批判》说明了或然判断和实然判断之间的区别。一个实然判断就是一个**命题**。逻辑学家通过一个用语词来表达的判断来定义一个命题，做得根本就不对；因为我们对于我们并不冒充为命题的判断，也必须在思想中使用语词。在"如果一个物体是单纯的，它就是不变的"这个有条件的命题中，是两个判断的一种关系，这两个判断没有一个是命题，而仅仅是后者（consequens［后件］）从前者（antecedens［前件］）推出构成了命题。"一些物体是单纯的"这个判断尽可以总是有矛盾的，但它毕竟可以提出来，以便看一看，如果它作为断定亦即命题说出来，从中得出什么。"每一个物体都是可分的"这个实然判断说的要比仅仅或然的判断（可以设想每一个物体都是可分的等等）更多，并且处在命题的普遍逻辑原则之下，亦即每一个命题都必须**有理由**（不是一个仅仅可能的判断），这个原则是从矛盾律得出的，因为若不然，那个命题就会不是一个命题。

形式的和逻辑的原理，而是一个质料的和先验的原理，这个原理已经能够在逻辑学中（如同每一个基于矛盾律的原理一样）有其位置，在这里会是十分引人注目的。

但是，他坚决要求从矛盾律出发证明这个先验原理，这件事，他做起来同样不是没有深思熟虑，而且有一个意图，他却乐意对读者隐瞒这个意图。他要使理由这个概念（与它一起也不知不觉地有因果性这个概念）适用于一切一般事物，也就是说，证明它的客观实在性，不把这种客观实在性仅仅限制在感官的对象上，并这样来避开《批判》附加的条件，即它还需要一个直观，由此这种实在性才是可证明的。〔195〕现在就清楚了，矛盾律是一个一般而言适用于一切哪怕我们只能思维的东西的原则，无论它是不是一个感性的对象并且能够拥有一个可能的直观：因为它不考虑一个客体而适用于一般思维。因此，不能与这个原则共存的东西，显然就什么也不是（甚至连一个思想也不是）。所以，如果他想引进理由概念的客观实在性，而不使自己由于限制在感性直观的对象上而受制，那么，他就必须把适用于一般思维的原则用于确立理由概念，但也必须这样来确立这一概念，使得它虽然事实上仅仅具有逻辑条件，但在这方面毕竟显得在自身之下包含着实在理由（从而包含着因果性的实在理由）。但是，他更多的是相信读者有天真的信仰，而不是在读者那里哪怕预设最一般的判断力。

然而，就像对于计谋来说通常会发生的那样，埃贝哈德先生自己被他自己的计谋缠住了。之前，他把整个形而上学吊在两个门链上：矛盾律和充足理由律；而且他在自己的这种主张上无一例外，因为他借口遵照莱布尼茨（亦即按照他解释莱布尼茨的方式），为了形而上学就必须用后者来补充前者。现在，他在第163页说："充足理由律的普遍真理性只能从这个定律

（矛盾律）出发来**演证**”，他在此之后马上就勇敢地做这件事。但在这种情况下，整个形而上学就又只吊在**一个**门链上，而之前却据说是两个；因为仅仅出自一个原则的结论，丝毫没有增添运用的新条件，而是处在这个原则的全部普遍性之中，那就根本不是一个弥补前者的缺陷的新原则。

但是，埃贝哈德先生在提出充足理由律的这个证明（随之真正说来是一个原因的概念的客观实在性，但无须多于矛盾律的东西）之前，通过第161～162页的划分的某种排场，确切地说又通过他自己的方法与数学家的方法的比较来吊读者的胃
〔196〕口，但这种比较在任何时候都给他带来失败！**欧几里得**自己据说“在他的公理中具有也许还需要一个证明，但未加证明就被阐述出来的命题”。现在，他在谈到这位数学家的时候补充说：“一旦人们否定他的**公理**中的某一个，当然所有依赖于该公理的定理也就作废了。但这是**一种如此罕见的情况**，以至于他不相信必须为它牺牲自己的**陈述**的那种并非夹缠不清的简易和自己的学术大厦的优美**比例**。哲学必须更讨人喜欢。”因此，毕竟现在也有一种 licentia geometrica［几何学的纵情］，就像早就有一种 licentia poetica［诗艺的纵情］一样。要是**讨人喜欢的哲学**（在证明时，如紧接着就说的）也如此讨人喜欢就好了，从**欧几里得**那里引入一个例子，他在那里把一个**数学上**能证明的命题当做公理提出；因为仅仅在哲学上（从概念出发）能够证明的东西，例如整体大于其部分，对其证明就不属于数学，如果数学的学理完全严格地确立起来的话。

接下来是应许的**演证**。幸好它不冗长；所以它的简要就更引人注目。因此，我们要全文照录。“要么是一切都有一个根据，要么不是一切都有一个根据。因此，在后一种场合里某种东西是可能的和可思维的，没有任何东西会是其理由。——但

是，如果两个相反的事物中的一个能够是无须充足理由的，那么，这两个相反事物中的另一个就也能够是无须充足理由的。例如，如果一股空气能够向东运动，因而风朝东吹，在东方却没有空气更暖和更稀薄，那么，这股空气就能够与向东运动**一样好地**向西运动；因此，同一股空气就能够**同时**向两个相反的方向运动，即向东并且向西，因而向东并且不向东，也就是说，某种东西能够**同时**存在并且不存在，这是自相矛盾的和不可能的。"

哲学家本应当通过这个证明对于缜密性来说显得甚至比数学家更讨人喜欢，这个证明具备一个证明必须具备的一切性质，可以在逻辑学中充当例子——如人们应当不证明的那样。——因为**首先**，要证明的命题是模棱两可地提出的，以至于人们能够使它成为一个逻辑原理，或者也使它成为一个先验原理，因为"**一切**"这个词能够指我们当做命题关于某种东西作出的每一个**判断**，或者也能够指每一个**事物**。如果它是在第 〔197〕
一种意义上作出的（此时它必须这样说：每一个命题都有自己的理由），它就不仅是普遍地真，而且也是直接从矛盾律推论出来的；但是，如果把"**一切**"理解为每一个**事物**，这就会要求一种完全不同的证明方式。

其次，证明缺乏统一性。它是由两个证明构成的。第一个证明是著名的鲍姆嘉登证明，现在大概没有人再援引了，而且它在我画出破折号的地方就完全终止了，除了缺少结尾的公式之外（这自相矛盾），但每个人都必然联想到它。直接紧随其后的是另一个证明，它通过"**但是**"这个词而被陈述为推理链条中的一个纯然延续，为的是达到前一个证明的结论，而且如果人们删去"**但是**"这个词，它毕竟就独自构成一个独立存在的证明；就像它为了在"某种东西无须理由"这个命题中找到一种矛盾而比前一个证明还需要更多的东西一样，前一个证明直接就在这个命题本身中找到了矛盾：因为后一个证明与此相反，还必须加上这样的命题，即在这样的情况下这个事物的反面也会无须理由，以便制造出一种矛盾，从而与鲍姆嘉登证明完全不同，后者毕竟应当是它的一个环节。

其三，埃贝哈德先生要给予他的证明的**新措辞**，在第164页是很不成功的；因为这个证明借以转向的理性推理是用四只脚行走的。——如果人们把它套入三段论形式，那它就是这样的：

一阵毫无理由向东运动的风，也能（不向东运动）同样好地向西运动；

现在，（如充足理由律的敌对者假托的那样）风在毫无理由地向东运动。

所以，它能够**同时**向东并向西运动（这是自相矛盾的）。至于我有充分的权利在大前提中插入"**不向东运动**"，这是很清楚的；因为不意识到这种限制，就没有任何人能够承认大前提。如果有人把某笔款子用来掷宝并且赢了，那么，想让他戒掉赌博的人完全能够说：他同样可能掷不中而输掉同样多的钱，但只是在**没有**掷中时，不可能在同一掷里**同时**掷不中和掷
〔198〕中。用一块木头雕出一个神的艺匠，能够同样好地（不雕神像）用它制作一个凳子；但由此不能得出，它能够同时从中制作出这二者。

其四，命题本身在如其实际上具有的这种不受限制的普遍性中，如果应当适用于事物，就显而易见是错误的；因为按照它，就会绝对没有任何无条件的东西；但是，想通过说元始存在者虽然也没有一个其存在的理由，但这理由就蕴涵在它自身中，来规避这种麻烦，这是一种自相矛盾：因为一个事物存在的理由作为实在理由，任何时候都是与该事物有别的，而这个事物在这种情况下必须被设想为必然依赖于另一个事物的。关

于一个命题，我可以说它在自身就有它的真理性的理由（逻辑理由），因为主词的概念是某种不同于谓词的概念的东西，并且能够包含着后者的理由；与此相反，如果关于一个事物的存在不允许假定任何与该事物自身不同的理由，那么，我借此要说的是，它没有别的实在理由。

因此，埃贝哈德先生没有实现任何他在因果性概念方面想导致的东西，亦即使这个范畴，也许与它一起还有其他范畴适用于一般事物，不把这个概念对于**认识**事物的有效性和应用限制在经验的对象上；而且他徒劳地为此目的而使用不受限制的矛盾律。《批判》的主张永远是确定的：没有一个范畴，如果不能够给予它一个相应的、对我们人来说永远是感性的直观的话，能够包含或者产生一丁点知识，因而永远不能凭借其在事物的理论知识方面的应用而达到一切可能经验的界限之外。

二、在经验对象上对单纯者概念的客观实在性的证明，据埃贝哈德先生

前面，埃贝哈德先生谈到一个也能够运用于感官对象的知性概念（因果性的概念），但它毕竟是一个也不局限于感官对象而能够适用于一般事物的知性概念，并且自以为这样就证明了至少一个范畴，亦即原因范畴的客观实在性不依赖于直观的条件。现在，他在第 169～173 页又迈出一步，想保证一个关于据称根本不能是感官对象的东西的概念，亦即一个**单纯存在者**的概念具有客观实在性，并这样来自由地打开通向他所赞颂的理性心理学和理性神学的肥沃田野的通道，《批判》的美杜莎之头曾想把它们由此吓退。他在第 169～170 页的证明是：

“具体的时间①，或者我们**感觉**到的时间（也许应当说：我们在其中感觉到某种东西的时间），无非就是我们的表象的
〔200〕 演替；因为就连运动中的演替也可以归溯到表象的演替。因此，具体的时间是某种复合的东西，其单纯的要素就是表象。既然一切**有限的**事物都处在一种不断的流动中（他从哪里知道

① 第 170 页一种**抽象的**时间的表述与这里出现的**具体的**时间的表述相对立，是完全错误的，必须公正地绝不准许，尤其是在事关极大的逻辑缜密性的地方，尽管这种滥用甚至是由近代逻辑学家们授权的。人们并不把**一个概念**抽象为共同特征，而是在一个概念的**使用**中抽掉包含在它之下的东西的差异。化学家惟有在从别的物质中提取一种液体，以便特别地拥有它时，才能够抽掉某种东西；哲学家抽掉他在概念的某种应用中要考虑的东西。谁要制定教育规则，他就可以这样做，他要么抽象地把一个孩子的概念，要么（具体地）把一个公民孩子的概念奠定为基础，而不谈抽象孩子和具体孩子的区别。抽象与具体的区别仅仅关涉概念的使用，不关涉概念自身。对这种经院哲学的缜密性的忽视，**常常**歪曲关于一个对象的判断。如果我说：抽象的时间或者空间具有这些或者那些属性，那就是说，好像时间和空间首先是在感官的对象上被给予，就像红颜色在玫瑰花、朱砂等等上被给予，只是在逻辑上从中提取出来似的。但如果我说：在时间和空间上，抽象地来看，也就是说，先于一切经验性条件，可以发现这些或者那些属性，那么，我认为我至少还可以把这些属性视为能够独立于经验（先天地）来认识的，如果我把时间视为一个纯然抽掉经验的概念，这就不随我的意了。在前一种场合，我关于纯粹的时间和空间能够与经验性规定的时间和空间有别，通过先天原理作出判断，至少是能够通过抽掉一切经验性的东西来尝试作出判断，因为我抽掉一切经验性的东西，而这是我在第二种场合，如果我把这些概念（如人们所说的那样）仅仅从经验抽象出来（如在上面关于红颜色的例子中），所不允许做的。——这样，以自己的假知识想要回避精确的检验的那些人，就必须隐藏在那些能够使这种假知识悄悄溜入的表述背后。

这是先天地说一切有限的事物，而不仅仅是说显象呢?)，所以，这些要素绝不能被**感觉**到，内感官绝不能分别地感觉到它们；它们总是连同某种先行的和后继的东西被感觉到的。此外，既然一切有限事物的变化之流是一种**持久的**（这个词是他自己加着重号的）、不间断的流动，所以，时间没有任何**可感觉的**部分是最小的部分，或者是一个完全单纯的部分。因此，具体时间的单纯要素**完全**处在感性的领域之外。——但是，知性使自己超出这个感性领域，因为它揭示**无形象的**单纯的东西，没有这种东西，感性的形象即便在时间方面也是不可能的。因此他认识到，时间的形象首先要求某种客观的东西，即这些不可分的要素表象，它们与处在有限精神的界限中的主观理由同时为感性提供具体时间的形象。因为由于这些界限，这些表象不能是同时的，而由于同样这些界限，它们在形象中不能被区别开来。”第 171 页关于空间说道：“直观的另一个形式亦即空间与时间多方面的同类性，免去了我们在对它的分析中重复与对时间的分析共有的一切的辛劳，——空间与其同时存在的复合物的最初要素，与时间的要素一样，是单纯的，并且处在感性的领域之外；它们是知性存在者，没有形象，它们不能在任何感性形式之下被直观；但它们尽管如此仍是真实的对象；这一切都是它们与时间的要素共有的。”

埃贝哈德先生选择他的证明，尽管在逻辑上不是特别成功地简明扼要，但却每次都是深思熟虑，适合于他的意图，而且 〔201〕
尽管他出自容易猜出的原因并没有透露自己的意图，但把它的计划带到光天化日之下，毕竟不难，而且对于评判它来说也不多余。他要证明单纯存在者作为纯粹知性存在者的概念的客观实在性，并且在本是感官对象的东西的**要素**中寻找这种知性存在者；一个表面上未加考虑并且与他的意图相矛盾的手法。然而，他有充分的理由这样做。如果他想普遍地仅仅从概念出发进行他的证明，如通常那样证明命题，即复合者的初始理由必须在单纯者中来寻找，那么，人们就会承认他这一点，但同时补充说：这虽然适用于我们的理念，如果我们想思维我们根本不能获得丝毫知识的物自身，但绝对不适用于感官对象（显象），惟有后者才是对我们来说可认识的客体，因而那个概念的客观实在性根本没有得到证明。因此，他必须甚至不情愿地在感官对象中寻找那些知性存在者。结果会是怎样的呢？他必须通过一个他让读者不易觉察的措辞，赋予非感性者的概念以另一种意义，不同于不仅《批判》，而且一般而言每个人都习惯于与之结合的意义。时而说，在感性表象上有不再被有意识地感觉到的东西，但毕竟知性知道它存在，就像物体或者还有我们的表象能力的规定的微小部分一样，人们并不是分别清晰地表象它们；但时而（主要是如果事关应当把那些微小部分确切地设想为单纯的）说，它是无形象的东西，它不可能有任何形象，不能在任何一个感性形式（亦即一个形象）下被表象（第171页）。——如果在某个时候有理由指责一个作家歪曲（不是混淆，混淆也可能是无意的）一个概念，那就是在这个事例中。因为在《批判》中，到处都是把非感性的东西仅仅理解为根本不能被包含在一个感性直观中的东西，哪怕是在极小的部分上，而且为此把感官客体上的某种东西塞给未经训练的读者，这是对他的一种蓄意诱惑，因为对这种东西不能给出任何形象（它被理解为一个直观，在某种关系中包含着一个杂
〔202〕多，从而在自身中包含着一个形状）。如果这种（并不十分精巧的）欺骗在他这里生效，那他就相信，知性在仅仅于理念中遇到的事物上所设想的真正单纯的东西对他来说如今（他没有觉察到矛盾）被在感官对象上指点出来，而这样这个概念的客观实在性就在一个直观上得到阐明。——现在，我们要详细地检验这个证明。

证明建立在两个陈述之上：**首先**，具体的时间和空间由单纯的要素构成；**其次**，这些要素尽管如此不是感性的东西，而是知性存在者。这两个陈述同时有同样多的错误，第一个是因为它与数学相矛盾，第二个是因为它与自身相矛盾。

就第一个错误而言，我们在这里可以简练从事。尽管埃贝哈德先生似乎与数学家们（虽然他常常援引他们）并不特别相熟，他毕竟会认为凯尔在其《真物理学导论》中关于仅仅通过一条直线与无限多别的直线相交所作出的证明是明白易懂的，并且从中看出：仅仅按照几何学的原理，即只能有一条直线通过给定的两个点，这条直线就不可能有单纯的元素。这种证明方式还能够以多种方式变化，并且同时包含着不可能在时间中假定单纯的部分的证明，如果人们把一个点在一条直线中的运动奠定为基础的话。——现在，人们在这里不可以寻找托词，说具体的时间和具体的空间不服从数学关于其作为想象的存在者的抽象空间（和时间）所证明的东西。因为不仅仅是由于以这种方式，在许多场合（例如在落体法则中）必须担忧物理学如果严格地遵从无可争辩的几何学学说就会陷入错误，所以同样可以如此无可争辩地证明，每一个事物在空间中，每一个变化在时间中，一旦它们占据空间或者时间的一个部分，就恰恰被分为如此之多的事物和如此之多的变化，与其被分为其所占据的空间或者时间的部分一样。为了也消除人们在这里所感到的悖谬（因为那需要首先把单纯者奠定为一切复合者的基础的理性，因此而抗拒数学在感性直观上证明的东西），人们可以 〔203〕
并且必须承认，空间和时间是纯然的思想物和想象力的存在者，不是它们通过想象力被虚构出来，而是想象力必须把它们奠定为其一切复合和虚构的基础，因为它们是我们的感性和直观的接受性的本质形式，一般而言通过它们对象被给予我们，它们的普遍条件必然同时是一切作为显象的感官客体的可能性的先天条件，因而必须与它们相一致。因此，时间序列中以及空间中的单纯的东西是绝对不可能的，而如果莱布尼茨偶尔如此表述，以至于人们有时可以这样来解释他关于单纯存在者的学说，就好像他知道质料是由此复合而成的，那么，更公正的是，只要与他的表述能够一致，就这样来理解他，就好像他所说的单纯的东西不是质料的一个**部分**，而是我们称之为质料的显象的那个完全超越一切感性的东西的、完全不为我们所知的理由（这个理由或许也是一个单纯的存在者，如果构成显象的质料是一个复合者的话），或者，如果与之不能一致，人们甚至必须放弃莱布尼茨的说法。因为他并不是第一个，也将不是最后一个必须容忍他人在研究中的这种自由的伟大人物。

第二个错误涉及一个如此明显的矛盾，以至于埃贝哈德先生必定已经觉察这种矛盾，但却尽自己所能黏合和粉饰它，以便使它不被察觉，也就是说，一个经验性直观的整体处在感性领域之内，但该直观的单纯要素却完全处在感性领域之外。因为他不想让人们**通过理性思考**把单纯的东西作为**理由**加给空间和时间中的直观（这样一来他就会过于接近《批判》了），而是想让人们在感性直观的基本表象上遇到它（虽然没有清晰的意识），并且要求由它复合而成的东西应当是一个感官存在者，而其部分却不是感官的对象，而是知性存在者。他在第 170 页说道，“具体时间（以及这样一种空间）的要素并不缺少这种直观者”，但尽管如此，“它们不能在任何感性形式下被直观”（第 171 页）。

〔204〕 首先，是什么导致埃贝哈德先生陷入这样一种罕见的、看起来荒谬绝伦的混乱的？他自己看出，不给予一个概念以相应的直观，它的客观实在性就不确定。现在，既然他要保证某些理性概念，例如这里的一个单纯存在者的概念，具有客观实在性，确切地说是这样来保证，即这个单纯存在者绝不会是一个

客体，关于它（如《批判》所声称的）绝对不可能有进一步的认识，在这种情况下那个为其可能而设想出那种超感性客体的直观，就必须仅仅适用于显象，而这是他同样不想承认《批判》的，所以，他不得不用非感性的部分来复合而成感性直观，这就是一个明显的矛盾。①

但是，埃贝哈德先生如何帮助自己摆脱这种困难呢？其手段是一种纯然的语词游戏，这些语词应当借助其双重含义拖上一刻。一个**不能被感觉的**部分完全处在感性领域之外；但不能被感觉的是绝不能被**分别**感觉的东西，而这就是事物中以及我们的表象中的单纯的东西。应当使一个感官表象或者其对象的各部分成为知性存在者的第二个词，是**无形象的**单纯物。这个表述似乎让他最满意；因为他后来使用这个表述最频繁。不能被感觉却构成能被感觉的东西的一个部分，他自己也觉得，要由此把非感性者的概念要弄进感性直观，是显著地自相矛盾的。

一个**不能被感觉的**部分，在这里指的是一个经验性直观的一个部分，也就是说，它的表象人们**没有意识到**。埃贝哈德先生不愿意明说；因为如果他对此作出后一种解释，他就会承认，〔205〕在他那里感性无非就是在直观的一种杂多中含混的表象的状态，但他却想逃避《批判》的这种指责。与此相反，如果在本真的

① 人们在这里必须注意，他现在想不把感性仅仅规定为表象的含混，而是同时规定为一个**客体**被给予感官（第 299 页），恰如他为自己的利益而由此达成了某种东西似的。他在第 170 页把时间的表象归给感性，因为它的单纯的部分鉴于有限精神的界限而不能被区别开来（因此那个表象是含混的）。此后（第 299 页）他却想对这个概念有所限制，以便他能够逃避对此有理由的指责，并且附加上那个条件，而那个条件恰恰是对他来说最不利的条件，因为他想证明单纯的存在物是知性存在物，这样就把一个矛盾带进了他自己的主张。

意义上使用“能被感觉”这个词，那么显而易见的是：如果一个感官对象没有一个单纯的部分是能被感觉的，那么，这个对象作为整体自身也根本不能被感觉，而反过来说，如果某种东西是感官和感觉的一个对象，那么，所有的单纯部分都必须是感官和感觉的一个对象，即便对它们可能缺乏表象的清晰性；但是，一个整体的部分表象的这种含混性，只要知性看出它们尽管如此仍必须包含在整体及其直观中，就不能把它们置放在感性领域之外，使它们成为知性存在者。牛顿的那些构成物体的颜色粒子的小薄片，还没有任何显微镜能够发现，而是知性认识到（或者揣测出）它们不仅存在，而且也确实在我们的经验性直观中被表象，虽然没有意识。但因此就伪称它们是根本不能被感觉的，并进一步伪称它们是知性存在者，他的追随者们没有一个人想到这一点；但在如此小的部分和完全单纯的部分之间，除了在减小的程度上之外，没有进一步的区别。一切部分都必须必然地是感官的对象，如果整体应当是感官的对象的话。

但是，说一个单纯的部分尽管自己是一个形象，亦即一个感性直观的部分，却没有**形象**，这并不能把它提升到超感性事物的领域。单纯的存在者当然（如《批判》所指出的）必须被设想为提高到感性事物领域之外的，其概念不能相应地被给予任何形象，亦即某一个直观；但在这种情况下，人们就也不能把它们作为部分归给感性事物。但是，如果它们毕竟（违背数学的证明）被归给感性事物，那么就得出，没有任何形象与它们相应，根本没有，它们的表象是某种超感性的东西；因为它是单纯的感觉，因而是感性的要素，而知性由此就不再使自己超越感性，除非它把感性设想为复合的。因为前一个概念只是后一个概念的否定，而后一个概念同样是一个知性概念。只有
〔206〕在这种情况下，它才会使自己超越感性，即它把单纯的东西完全从感性直观及其对象中逐出，并用质料的无限可分性（如数

学所要求的那样）来开启对微观世界的一种展望，但正是从感性复合物的这样一种内在解释理由的不充分（这种理由由于在划分中完全缺少**单纯者**而没有完备性）而推论到感性直观的整个领域之外的这样一种单纯的东西，这种单纯的东西不是被设想为感性直观中的一个部分，而是被设想为感性直观的不为我们所知而仅仅存在于理念之中的理由；但在这时，埃贝哈德先生如此难以作出的承认，即对于这种超感性的单纯者不可能有丝毫知识，就会是不可避免的了。

实际上，为了避开这种承认，在所谓的证明中占支配地位的是一种罕见的双关语。"**一切有限事物**的变化之流是一种持久的、不间断的流动，——没有任何**可感觉的**部分是最小的部分，或者是一个完全单纯的部分"，这段话如此说，就好像是数学家在口授。但紧接着，却在同一些变化中有了单纯的部分，只不过知性未认识它们，因为它们是不可感觉的。但它们一旦在其中，变化之流的那个 lex continui［连续律］就是错误的，它们是一阵一阵地发生的，而且它们不像埃贝哈德先生错误地表述的那样被感觉，亦即被有意识地**感知**，这根本不取消它们的特殊属性，即作为部分**属于**纯然经验性的感官直观。埃贝哈德先生也许应当对**持久性**有一个确定的概念吧？

一言以蔽之：《批判》曾宣称，不给予一个概念以相应的直观，它的客观实在性就绝不能得到澄清。埃贝哈德先生要证明相反的东西，并且联系到某种显而易见错误的东西，亦即知性在时间和空间中作为直观对象的事物上认识到单纯的东西，虽然如此，我们还是愿意承认他这一点。但这样一来，他就没有反驳《批判》的要求，而是按照他的方式满足了它。因为《批判》所要求的，无非是在直观上证明客观实在性，但由此就给予概念以相应的直观，这恰恰是《批判》所要求而他想反驳的。〔207〕

对于一件如此清晰的事情，我不会长时间在这里纠缠，它自身就带有一个无可置疑的证明，证明埃贝哈德先生如何根本看不出《批判》在区分对象的感性的东西和非感性的东西时的意思，或者如果他愿意，是他曲解了《批判》。

三、从感性的东西上升到非感性的东西的方法，据埃贝哈德先生

埃贝哈德先生从上述证明，特别是后一个证明引出的结论，就是第 262 页的结论："因此，由于空间和时间同时有主观理由和客观理由，这个真理就这样会得到完全无可争辩的证明。得到证明的会是，它们的**最终客观理由**就是物自身。"现在，《批判》的每一个读者都将承认，这恰恰是我自己的主张，因此，埃贝哈德先生以他的无可争辩的证明（它们如何无可争辩，人们可以从上面看出）没有主张**任何不利于《批判》的东西**。但是，这些客观的理由，亦即物自身，不能在空间和时间中来寻找，而是要在《批判》称之为空间和时间在感性之外的或者超感性的基底（本体）的东西中寻找，这是我的主张，埃贝哈德先生想证明它的反面，但却从来不愿明说，即便此处在结论中也不愿明说。

在第 258 页第 3 和第 4，埃贝哈德先生说道，"空间和时间除了主观理由之外也有**客观理由**，而这些客观理由并不是显象，而是真实的、可认识的事物"；第 259 页说道，"它们的**最终理由**是物自身"，这一切是《批判》一字不差地和反复地同样主张的。埃贝哈德先生通常对自己有利时目光足够锐利，这次对自己不利时就不锐利了，这是怎么发生的？我们是在与一个做作的人打交道，他看不到某种东西，乃是因为他不想让它
〔208〕 被看到。他真正想要的是读者不要看出，他那些不应当是显象，而是物自身的客观理由纯然是显象的**部分**（单纯的部分）：因为在这里，人们马上就会觉察到这样一种解释方式的不适用

性。因此，他使用“**理由**”这个词，因为部分毕竟也是一个复合物的可能性的理由，而在这里他与《批判》用的是同一种语言，亦即关于那些不是显象的最终理由。但是，如果他坦率地谈论显象的部分毕竟自身不是显象，谈论一个感性物的部分毕竟是非感性的，那么，这种荒唐就会引人注目（尽管人们承认单纯部分的预设）。但是，“理由”这个词掩盖了这一切；因为不小心的读者相信是把它理解为与那些直观完全不同的某种东西，如《批判》所想要的那样，而且劝服自己认为对超感性事物的一种认识能力通过知性本身在感官对象上得到了证明。

特别是在评判这种欺骗时，关键在于读者牢记我们关于埃贝哈德对空间和时间以及一般而言感官认识的定义所说的东西。在他看来，某种东西只有在其表象包含着如他所表述**可被感觉**，亦即在直观中被有意识地感知的部分时，才是感官知识和同样的显象的客体。表象很快就不再是感性的，而且对象不再作为显象，而是作为物自身被认识，一言以蔽之，从现在起，一旦知性看出并且揭示显象的最初**理由**，这种东西就是本体，而这些最初理由在他看来应当是这种显象自己的部分。因此，在一个作为现象的物和它以之为理由的本体的表象之间的区别，无非就是在我远远地看到的一个人群和我如此接近，以至于能够数出每一个人的同一个人群之间的区别；只不过他宣称，**我们绝不能如此接近它**，但这并不构成实际上的区别，而是只构成我们的感知能力的程度上的差别，我们的感知能力在这里就种类而言始终是同样的感知能力。如果这一点确实是《批判》在其感性论中花费如此大的力气，在作为显象的事物的知识和按照事物作为物自身所是的东西关于它们的概念之间所作出的区别，那么，这种区分就会是一种纯然的儿戏，甚至 〔209〕
对它的一种详尽的反驳也会不配有更好的名称。但现在，《批判》指出（在众多例子中只举一个例子），在作为外感官的一切对象之总和的物体世界里，虽然到处都有复合的东西，但在它里面却根本没有发现单纯的东西。但它同时证明，理性如果设想一个由实体复合而成的东西，作为物自身，那么，它就绝对必须把这个东西设想为由单纯的实体构成。按照空间中对象的直观必然自身带有的东西，理性不能够也不应当设想**它们里面的**单纯的东西，由此得出：即使我们的感官会无限地敏锐，对它们来说，也必定依然完全不可能哪怕只是更接近单纯的东西，更不用说最终遇到它了，因为根本没有在它们里面发现它；在这种情况下就没有出路了，除非承认：物体根本不是物自身及其我们用有形事物来命名的感官表象，无非是某种惟有作为物自身才能包含单纯者①的东西的显象，但对于我们来说依然完全不可认识，因为它惟有在其下才被给予我们的直观，并

① 把一个客体表象为单纯的，这是一个纯然否定的概念，它对于理性来说是不可避免的，因为惟有它才包含着一切复合物（作为一个物，不是纯然的形式）的无条件的东西，复合物的可能性在任何时候都是有条件的。因此，这个概念不是扩展性的知识成分，而是仅仅表示一个应当与感官客体（它们都包含着一种复合）区别开来的某物。如果我现在说：充当复合物的可能性的**根据**的东西，因而惟有它不能被设想为复合的，它就是本体（因为在感性物中找不到它），那么，我由此并不是说：对于作为显象的物体来说，有一个由**如此多的单纯存在者**作为纯粹的知性存在者组成的集合体来充当根据；而是说：作为基底处在那个显象之下的超感性的东西，作为物自身是复合的还是单纯的，对此没有人知道一丝一毫的东西，而且，这是关于感官对象的学说的一种完全误解了的表象，这些对象作为纯然的显象，人们在想象自己或者试图想象别人时必须加给它们某种超感性的东西，由此指的是，质料的超感性基底就像我划分质料本身一样，被按照其单子划分；因为这样的话，单子（单子只是复合物的一个不再有条件的条件的**理念**）就会被置入空间，而在空间中它就不再是一个本体，并且又自身是复合的了。

不提供它独自属于它自身的属性，而是仅仅提供我们的感性的主 〔210〕
观条件，我们惟有在这些条件下才能对它们获得一种直观的表象。——因此，在《批判》看来，显象中的一切东西自身都又是显象，只要知性总是能够把它分解成它的各部分，并且证明感官不再达到其清晰感知的其各部分的现实性；但在埃贝哈德先生看来，它们在这种情况下就立刻不再是显象，而是事物自身。

由于对于读者来说也许显得难以置信，埃贝哈德先生居然肆意如此明显地曲解他要反驳的《批判》所给出的关于感性物的概念，甚或关于感官存在者与知性存在者的区别据说提出了一个如同表象方式的纯然逻辑形式般乏味的、在形而上学中完全没有目的的概念，所以，对于他所认为的东西，我们要让他自己作出解释。

也就是说，埃贝哈德先生在第 271～272 页毫无必要地花费许多力气来证明从来没有人怀疑过的东西，此外自然而然地也感到惊奇，这样就有某种东西可能被批判的唯心论忽视了，即一个概念个别地只能在经验的对象上得到证明的客观实在性，毕竟无可争议地也普遍地，亦即一般而言对于事物来说可被证明，而且这样一个概念并非没有某种客观实在性（尽管结论是错误的，即这种实在性由此也对于不能是经验对象的事物的概念得到了证明）。在此之后，他接着说："我在这里必须利用一个例子，关于它的适当的可用性，我们可以下面再继续确认。**人在其当前状态中**的感官和想象力不能对一个千角形构成一个精确的形象；也就是说，不能构成一个使其把千角形例如与九百九十九角形区别开来的形象。惟有当我知道一个图形是千角形时，我的知性才能附加上它的不同谓词等等。因此，怎样能够证明，知性关于一个**物自身**既根本不能肯定任何东西，也不 〔211〕
能否定任何东西，乃是因为想象力不能对它构成一个形象，或者是因为我们并不认识属于它的个体性的所有规定？"后面，亦即在第291～292页，他这样来解释《批判》在逻辑意义上的感性和先验意义上的感性之间所作出的区别，“知性的对象是**无形象的**对象，与此相反，感性的对象是**有形象的**对象”，并从莱布尼茨①那里援引永恒性的例子，我们对于永恒性不能构成形象，但却能够构成一个知性理念，但他同时也援引上述千角形的例子，关于千角形他说，“人的感官和想象力**在其当前状态中**不能构成一个使其把它与九百九十九角形区别开来的形象”。

现在，人们不能要求有比埃贝哈德先生在这里给出的更清晰的证明了，我不想说它是出自对《批判》的任意曲解，因为要由此来行骗，它显然还远远不够，它是出自对关键在于何处这个问题的完全无知。一个五角形在他看来还是一个感官存在物，但一个千角形就已经是一个纯然的知性存在物，是某种非感性的东西（或者如他所表述，某种无形象的东西）了。我担心，一个九角形就已经处在从感性的东西到超感性的东西的半途上了；因为如果不用手指数一遍各边，人们就难以通过纯然的概览来规定各边的数目。问题是：对于不能被给予一个相应的直观的东西，我们是否能够希望获得一种知识。就不能是感官对象的东西而言，这是被《批判》**否定**了的，因为对于概念的客观实在性来说，我们总是需要一个直观，但我们的直观、
〔212〕甚至在数学中被给予的直观，都是感性的。与此相反，埃贝哈

① 读者千万不要马上把埃贝哈德先生从莱布尼茨学说推论出来的东西记在这位莱布尼茨的账上。莱布尼茨要驳斥洛克的经验论。对于这个意图来说，这类例子由于是数学例子，是十分合适的，为的是证明，数学知识能够比经验性获得的概念扩展到更远得多的地方，并由此针对洛克的攻击来捍卫数学知识的先天起源。至于对象由此而不再仅仅是感性直观的客体，并且预设另一种存在者来充当根据，他根本不可能想到去这样主张。

德先生**肯定**这个问题，并且不成功地援引任何时候都在直观中演证一切的数学家，就好像数学家没有在想象力中给予他的概念以一个**精确**相应的直观，就完全能够通过知性给它的对象配上不同的谓词，因而也无须那个条件就认识它。如果**阿基米德**围着圆画一个**九十六角形**，并且也在圆里面画一个九十六角形，以便证明圆比前者小并且比后者大，以及小多少和大多少，那么，他在这时是不是给他关于上述正多角形的概念加上了一个直观？他不可避免地把它奠定为基础，但并不是通过它把这个多角形现实地画出来（这是一个不必要的和荒唐的要求），而是通过他了解构思自己的概念的规则以及自己把多角形的大小任意地规定得接近客体的大小，因而按照概念在直观中给出它的能力，并这样来证明规则本身，从而也证明这个概念对于想象力的应用的实在性。如果人们让他去查明用单子如何能够复合而成一个整体，那么，由于他知道自己不能在空间中寻找这类理性存在者，他就会承认，人们对此根本不能说任何东西，因为这是些超感性的存在物，它们只能出现在思想中，但绝不能作为这样的存在者出现在直观中。——但是，就这样的存在者要么对于我们感官的敏锐程度来说太小，要么它们的众多在一个被给予的直观表象中对于想象力当时的程度及其把握能力来说太大而言，埃贝哈德先生希望它们被视为**非感性的**对象，对于它们，我们应当能够通过知性认识很多东西；在这方面，我们也要随他去吧，因为关于非感性的东西的这样一个概念与《批判》对此给出的概念没有任何相似之处，而且既然他已经在表述中带有一种矛盾，就将很难有仿效者。

从迄今为止所讲的东西中，人们清晰地看出：埃贝哈德先生在感官中寻找一切知识的材料，在这一点上他不无道理。但是，他毕竟也想把这种材料加工成超感性事物的知识。给他充当这种过渡的桥梁的，就是充足理由律，他不仅不受限制地普 〔213〕

遍接受它，但他在这里却要求感性的东西与理智的东西的一种完全不同于他想承认的区别方式，而且他还按照它的公式小心翼翼地把它与因果律区别开来，因为他会因它而在自己的意图上遇到障碍。①但是，这座桥梁是不够的；因为在彼岸，人们不能用任何感官表象的材料来建设。现在，他虽然使用这些材料，因为他（与每个人一样）没有别的材料；但是，他事先相信作为感官表象的部分所找到的单纯的东西，他却通过致力于**演证**它是质料而为它洗涮和涤清这种污点，因为它在感官表象中绝不能仅仅通过知觉被发现。但现在，毕竟这个局部表象（单纯的东西）一度在质料中，作为感官的对象，按照他的托词是现实的；而且在这里，尽管有那种演证，总还是有小小的疑虑，即一个只能在一个感官对象上来证明的概念，如果它应当指的是一个根本不能是一个感官对象（也不能是这样一个对象的同质的部分）的存在者，人们应当如何保证它的实在性。因为一度不确定的是，如果人们从单纯的东西除去使它能够是质料的一个部分的所有属性，究竟是否剩下某种能够叫做一个可能事物的东

① 一切事物都有其理由，或者换句话说，一切都只是作为结果而实存，亦即按照其规定依赖于某种别的东西，这个命题毫无例外地适用于在空间和时间中作为显象的一切事物，但绝不适用于物自身，而埃贝哈德先生本来是为了物自身而给予这个命题以那种普遍性的。但是，如此普遍地把它表述为因果性原理：一切实存的东西都有一个原因，也就是说，仅仅作为结果而实存，就更不适用于他的事情了：因为他正是打算证明关于一个不再依赖于任何原因的元始存在者之概念的实在性。这样，人们就看到自己被迫隐藏在任意曲解的表述背后了，如他在第259页这样使用“理由”这个词，以至于人们被诱导去相信，他指的是某种与感觉有别的东西，因为他毕竟这一次所理解的仅仅是部分感觉，人们在逻辑方面也习惯于把它们称为一个整体的可能性的理由。

西。所以，他通过那种演证证明了单纯的东西作为质料的部分，因而作为一个仅仅属于感官直观和一个**就自身而言可能的**经验的客体的实在性，但绝没有证明对于每一个对象，甚至对于感官直观之外的超感性对象的实在性，而这毕竟恰恰是问题所在。〔214〕

在所有从第 263～306 页得出并且应当用来证实上述内容的东西中，如人们轻而易举就能够预见的，所能发现的无非是对《批判》的命题的歪曲，特别是对仅仅涉及思维形式（不考虑某一个对象）的逻辑命题的曲解和与先验命题（它们是知性完全纯粹地，而且无须除了自身之外的一个别的源泉而把那种形式先天地用于认识事物的方式）的混淆。属于前者的，其中之一就是第 270 页把《批判》的推论翻译成一个三段论的形式。他说，我是这样推理的，"所有不是显象的表象都空无感性直观的形式（一个不恰当的表述，它从未出现在《批判》中，但可以就此打住）。——所有关于物自身的表象都是并非显象的表象（就连这一点的表述也违背《批判》，那里说的是：它们是并非显象的事物的表象）。——因此，它们绝对是空的"。在这里，有四个基本概念，而我如他所说，本来必须推论说，"因此，这些表象空无感性直观的形式"。

现在，后者确实是人们惟一能够从《批判》得出的结论，而前者则只是埃贝哈德先生杜撰的。但是，按照《批判》却有如下附加三段论紧随其后，通过它们最终得出那个结论。也就是说：空无感性直观形式的表象，则空无一切直观（因为我们的一切直观都是感性的）。——现在，物自身的表象是空无什么什么的。——因此，它们空无一切直观。而最后：空无一切直观的表象（它们作为概念，不能被给予任何相应的直观）是绝对空的。——现在，关于并非显象的事物的表象空无一切直观。——因此，它们（在知识上）是绝对空的。

在这里，人们应当怀疑埃贝哈德先生什么呢：是洞识还是正直?

〔215〕 在这里，关于他对《批判》的真实意思完全认识错误，关于他伪称为了一个更好的体系可以用来替代前者的东西毫无根据，只能给出若干凭据；因为即便是埃贝哈德先生的最坚决的争执伙伴，也会对把他的异议和反主张的要素置入一个自身相契的联系之中这件工作感到疲劳。

他在第275页问道："谁（什么）给予感性以其材料，亦即感觉?"在此之后，他相信反驳了《批判》，因为他在第276页说，"我们可以选择我们想要的东西——这样，我们想到**物自身**"。现在，这正是《批判》始终不渝的主张；只不过它并不把感性表现的材料的这种理由又设定为作为感官对象的事物，而是设定为作为其**理由**，而且我们对之不能有任何知识的某种超感性的东西。它说的是：作为物自身的对象为经验性直观（它们包含着根据其感性来规定表象能力的理由）**提供**材料，但它们并不是经验性直观的材料。

紧接着问的是，知性现在如何加工那种材料（无论它是从何处被给予的）。《批判》在先验逻辑中证明：这是通过把（纯粹的或者经验性的）感性直观归摄在范畴之下进行的，关于一般事物的这些概念必须先天地建立在纯粹知性之中。与此相反，埃贝哈德先生在第276～279页阐明他的体系，他说，"我们不能有任何普遍的概念，不是我们从我们通过感官感知到的或者我们在我们自己的灵魂中意识到的事物**抽象**出来的"，然后他在同一段话中严格地规定了这种与个别的东西的分离。这是知性的第一个行动。据第279页，第二个行动在于：它用那种提炼出的材料复合成概念。因此，知性凭借**抽象**（从感官的表象）一直达到范畴，而现在，它由此以及由事物的本质性成分上升到事物的属性。这样，第278页说道，"知性因此而借助理性获得新的
〔216〕 复合概念；就像它甚至通过抽象**上升**到越来越普遍的和单纯的概

念，直至达到**可能的东西**和**有根据的东西**的概念一样”等等。

这种上升（也就是说，如果这能够叫做上升，它只是在知性的经验应用中对经验性的东西的一种抽象，然后剩下我们甚至按照我们知性的自然性状事先就先天地置入的理智的东西，亦即范畴）只是**逻辑的**，亦即上升到更普遍的规则，但这些规则的应用始终只停留在可能经验的范围之内，因为关于可能经验中的知性应用，那些规则恰恰是抽象的，在这里，范畴被给予一个相应的感性直观。——对于真正的**实在的**上升，亦即上升到另一个类的存在者，不同于一般而言能够被给予感官，甚至最完善的感官的存在者，就会要求另一种直观，我们称之为理智直观（因为属于知识且非感性的东西，不可能有别的名称和意义），但对这种直观来说，我们不仅不再需要范畴，而且范畴即便有知性的这样一种性状也不会有用。谁会给我们注入这样一种直观着的知性，或者如果这样一种直观着的知性隐秘地处在我们里面，而使我们认识它呢？

但是，现在埃贝哈德先生也有办法。因为根据第 280～281 页，“也有**一些并非感性的直观**（但也不是知性的直观）——是一种与空间和时间中的感性直观不同的直观”。——“具体时间的最初要素和具体空间的最初要素不再是显象（感性直观的客体）。”因此，它们是真正的事物，是**物自身**。他在第 299 页这样把非感性直观与感性直观区别开来，即它是这样的直观，在它里面，某种东西“通过**感官**被**不清晰地**或者含混地表象”，而且他在第 295 页要通过“清晰认识的能力”来定义知性。——因此，一种非感性的直观与感性的直观的区别就在于，具体空间和时间中的单纯部分在感性直观中被含混地表象，但在非感性直观中却被清晰地表象。以这种方式，《批判》在关于单纯存在者的概念的客观实在性方面的要求就自然而然得到满足，因为它被给予了一个相应的直观（只不过不是感性的直观）。

〔217〕 这是一种**上升**，为的是跌得**更深**。因为如果那些单纯的存在者被通过理性思考置入直观中，那么，它们的表象，作为包含在经验性直观中的部分，就得到了证明，而对它们来说也依然有直观，它是就整体而言的直观，亦即是感性的。一个表象的意识并不造成它的类属性状中的任何区别；因为这种意识能够与所有的表象相结合。一个经验性直观的意识就叫做感知。因此，那些所谓的单纯部分不被感知，这并不造成与它们作为感性直观的性状的任何区别，以使我们的感官，同时也有想象力如果更敏锐，就有意识地把握其直观的杂多，如果其再扩
〔218〕 展，就凭借这种表象的清晰性[①] 在它们那里感知某种非感性的

① 因为也有一种直观中的**清晰性**，因而也有个别物的表象的清晰性，不仅仅是一般的事物表象的清晰性（第 295 页），它可以被称为**感性的**，与逻辑的、通过概念的清晰性完全不同（就像一个**新荷兰**野蛮人最初看到一座房子，并且离它足够近，可以区分它的所有部分，但毕竟对它没有丝毫概念时的清晰性一样），但当然不能包含在一本逻辑手册之中，因此也根本不允许不用《批判》的定义，在那里知性被解释为**通过概念进行认识的能力**，而如他所要求的那样，为此目的来假定**清晰**认识的能力。但尤其是，前一种解释之所以是惟一合适的解释，乃是因为知性由此也被称为原初仅仅从它产生的概念（范畴）的先验能力，与此相反，后一种解释则仅仅表明逻辑的能力，即充其量通过纯然清楚的表象及其特征的分别也使感官的表象获得清晰性和普遍性。但是，埃贝哈德先生很在意的是，通过给他的定义加上模棱两可的特征来回避最重要的批判研究。属于此列的也有一种普遍事物的知识这个表述（第 295 页以及别的地方），这是一个完全应予摈弃的经院哲学概念，它可能重新唤起唯名论者和唯实论者的争执，而且它虽然处身于好多形而上学纲要之中，却毕竟绝对不属于先验哲学，而仅仅属于逻辑学，因为它并不表示事物的性状的区别，而只表示概念的应用的区别，即概念是被一般地运用还是被用在个别的东西上。然而，这个表述毕竟除了无形象者的表述之外，有助于拖住读者一刻，就好像由此思考了一种特别的客体，例如单纯的要素似的。

东西。——在这里，也许读者将想起来问一问：当埃贝哈德先生一度（第 169 页）超越感性领域时，他为什么却一直使用非感性者的表述，而不宁可使用**超感性者**的表述。然而这件事也是深思熟虑地做出来的。因为对于后者来说，会非常引人注目的是，他不能把它从感性直观中挑拣出来，正因为这直观是感性的。但是，非感性表示一种纯然的欠缺（例如在一个感官对象的表象中欠缺对某种东西的意识），而读者并未立刻察觉，由此悄悄地把一个关于另一种现实对象的表象送到了他手中。我们后面要谈到的表述，亦即普遍事物（不是事物的普遍谓词）的表述，读者由此认为必定是理解了一类特殊的存在物，或者**非同一的**判断（不是综合判断）的表述，同样是这种情况。为把贫乏当做重要的事物兜售给读者，在选择不确定的表述时，是需要很多艺术的。

因此，如果埃贝哈德先生正确地解释了莱布尼茨—沃尔夫关于直观的感性的概念：即它仅仅在于直观中表象的杂多的含混，而这直观毕竟表象着物自身，但物自身的清晰认识则基于知性（知性认识到那直观中的单纯的部分），那么，《批判》就没有给那种哲学捏造和错误地强加任何东西，剩下的只是还要澄清，它是否也有权利说：那种哲学为了说明感性（作为一种特殊的接受性能力）的特征而采取的立场是错误的。[①]他在第

① 埃贝哈德先生在第 298 页对这样一种指责（他在上面强加给它一种错误的表述）的放肆也以一种可笑的方式破口大骂、大动肝火。如果有人想到指责西塞罗，说他的拉丁语写作不好，那么，就会有某个**西奥皮乌斯**（一位著名的语法狂）相当不客气地，但毕竟有道理地指出他的局限；因为什么是好拉丁语，我们只能从西塞罗（以及他的同时代人）学习。但是，如果有人相信能在柏拉图或者莱布尼茨的哲学中发现错误，那么，甚至在莱布尼茨身上也有某种东西可指责，这种激动就会是可笑的。因为什么在哲学上是正确的，没有一个人能够并且必须从莱布尼茨学习，相反，一个人和另一个人同样接近的试金石，是共同的人类理性，而且不存在哲学的经典作家。

303 页是这样来证实感性概念在《批判》中被赋予莱布尼茨哲
〔219〕学的这种意义的：他把显象是含混的表象的主观理由设定为**没有能力**区别一切征象（感官直观的部分表象），而且当他在第 377 页指责《批判》没有说明这个理由的时候，他说道：它就在于主体的局限。至于除了直观的逻辑形式的这些主观理由之外，显象也有**客观的**理由，《批判》自己就是这样主张的，而且在这一点上它与莱布尼茨并无抵触。但是，如果这些客观理由（单纯的要素）作为部分就在显象自身中，只是由于含混而不能作为这样的要素被感知，而只能被演证进去，那么，这些直观就应当叫做感性的直观，但毕竟不仅仅叫做感性的直观，而是由于后一种原因也叫做**理智的**直观，这却是一个明显的矛盾，而且不能这样来解释莱布尼茨关于感性和显象的概念，要么是埃贝哈德先生对莱布尼茨的见解给出了一个完全错误的解释，要么是必须毫不犹豫地摈弃他的见解。二者必居其一：要么按照客体完全是理智的，也就是说，我们直观事物，是如其就自身而言之所是，而在这种情况下，感性就仅仅在于与这样一种无所不包的直观不可分割的含混；要么它不是理智的，我们把它仅仅理解为我们被一个就自身而言完全不为我们所知的客体刺激我们的方式，而这时，感性就根本不再有含混，以至于毋宁说，它的直观毕竟也可能具有最高程度的清晰性，而如果在它里面有单纯的部分，它也能够扩展到对这些部分的清晰的区分，但尽管如此所包含的却一点也不会多于纯然的表象。二者不能在同一个感性概念中来思维。因此，要么埃贝哈德先生赋予莱布尼茨的感性仅仅由于逻辑形式（含混）而与知性知识有别，此时它在内容上所包含的全然是物自身的知性表象，要么它也先验地，亦即在起源和内容上与知性知识有别，因为
〔220〕它根本不包含客体自身的性状的任何东西，而只包含主体被刺激的方式，此外它可以想怎样清晰就怎样清晰。在后一种情况

下，这就是《批判》的主张，人们若不把感性仅仅设定为被给予的直观所包含的表象的含混，就不能用第一种意见来与它相对立。

一种感性理论把感性视为一种具有其可以按照普遍的原则来规定的先天形式的特殊直观方式，一种感性理论把这种直观假定为对物自身的纯然经验性把握，它只是由于表象的不清晰而（作为感性直观）有别于一种理智直观，这两种理论之间的无限区别，人们不能比埃贝哈德先生违背自己的意志所做的更好地展示它了。也就是说，从表象力的**无能**、**孱弱**和**局限**（全然是埃贝哈德先生自己所使用的表述）中，人们不能推导出知识的任何扩展，推导出客体的任何积极规定。被给予的原则必须自身是某种积极的东西，它为这样一些命题构成基底，但当然只是纯然主观的，只是就客体仅仅被视为显象而言适用于客体。如果我们除去埃贝哈德先生的感性直观对象的单纯部分，并且承认他以力所能及的最佳方式讲解了它们按照其理由律的结合，他要怎样以及通过哪些推理来从他关于单子以及单子通过力量的结合的概念得出空间的表象：它作为完整的空间有三个维度，此外在它的三种边界中，有两个自身还是空间，第三个，亦即点，则是一切边界的边界？或者就内感官的客体而言，他要怎样把为内感官奠定基础的条件亦即时间理性思考为量，但只具有一个维度，而且理性思考为（正如空间也是那样）由其单纯部分组成的持续不断的量，按照他的见解感官虽然感知到这些单纯的部分，但却不是分别感知它们的，与此相反知性却思维到它们，并且要从局限、不清晰，因而从纯然的缺陷推导出一种如此积极的知识，它包含着在一切知识中最能先天地扩展自己的科学（几何学和一般自然学说）的条件？他必须把所有这一切属性都假定为错误的和纯然杜撰的（就像它们也与他所假定的单纯的部分正相矛盾一样），或者他必须不 〔221〕

在物自身中，而是在作为显象的物中寻找这些属性的客观实在性，也就是说，他在主体中以及在主体的接受性中寻找其表象（作为感性直观的客体）的形式，即能够接受被给予对象的一个直接的表象，这种形式如今先天地（也在对象被给予之前）使人可以理解客体惟有在其下才显示给感官的那些条件的一种杂多知识的可能性。现在，人们可以把埃贝哈德先生在第377页说的话与此进行比较，“在显象那里什么是主观的理由，康德先生没有予以规定。——它们就是主体的局限”（如今这是他的规定）。且请阅读并且作出判断。

我是否“把感性直观的形式理解为认识能力的局限，由此杂多就成为时间和空间的**形象**，或者就是这些一般而言的形象本身”，对此埃贝哈德先生（第391页）**不能肯定**。——“谁设想原初地，而不是在其理由中获取它们，谁就是在设想一种qualitatem occultam［隐秘的质］。但是，如果他接受上述两种解释中的一种，那么，他的理论就要么完全、要么部分地包含在莱布尼茨的理论中。”在第378页，他要求对那种**显象形式**有一种教诲，他说，“无论它是温和的还是生硬的”。他自己喜欢在这一章中主要接受后一种口气。我却想用第一种口气，它适合于在自己这方面有优势理由的那种人。

《批判》绝对不允许任何天赋的或者生而具有的**表象**；一切表象，无论是属于直观还是属于知性概念，它全都假定它们是**获得的**。但是，也有一种原初的获得（就像自然法权的教师们所表述的那样），从而也是之前根本还不实存，因而在这个行动之前不属于任何事物的东西的获得。这类东西如《批判》所主张的那样，**首先**是事物在空间和时间中的形式，**其次**是杂多在概念中的综合统一；因为二者中没有一个是我们的认识能力从客体获取的，是在客体中就自身而言被给予的，相反，它们是我们的认识能力从自身先天地实现的。但是，在主体中必须有这样做的一个理由，它使得所说的表象有可能这样而不是那样产生，并与尚未被给予的客体联系起来，而且至少这个理由是**生而具有的**。（既然埃贝哈德先生自己发觉，为了有权利使用“**天赋的**”这个表述，人们必须预设上帝的存在已得到证明，为什么他还在涉及一切知识的最初基础的批判中使用它，而不使用“生而具有的”这个旧表述呢？）埃贝哈德先生在第390 页说，“关于空间和时间的普遍的、尚未确定的形象的理由，而且灵魂是以它们被创造的”，但是在下一页又怀疑，我是把直观的形式（应当叫做：直观的一切形式的理由）理解为认识能力的**局限**，还是理解为那些**形象**本身。他如何能够哪怕只是以可疑的方式揣测出前者，这一点是根本无法理解的，因为他毕竟必须意识到，他要与《批判》相对立地实施对感性的那种解释方式；但后者，亦即他怀疑我是否并不理解关于时间和空间的不确定的形象，也许可以得到解释，但却无法得到赞同。因为我当时在什么地方把形象在其中才得以可能的空间和时间的直观本身称做形象了（这些形象任何时候都以一个概念为前提条件，它们是该概念的**展示**，例如一个三角形的概念的不确定形象，为此既未被给予各边的比例也未被给予各角）？他如此在思想上陷入骗人的把戏，不是**在感性上**使用“**形象的**”这个表述，以至于这个表述到处都伴随着他。感性直观的可能性的理由不是这二者中的任何一个，既不是认识能力的局限也不是形象；仅仅是心灵的特有**接受性**，当它被某种东西（在感觉中）所刺激时，就按照其主观的性状而获得一个表象。惟有这第一个形式理由，例如空间直观的可能性的理由，是生而具有的，空间表象本身则不然。因为要规定认识能力首先达到一个客体的表象（它在任何时候都是一个自己的行动），就总是需要印象。这样，人们称之为空间的形式**直观**就是作为原初获得的表象（一般外部对象的形式）产生的，其理由尽管如

〔222〕

此（作为纯然的接受性）却是生而具有的，而其获得则远远先行于符合这个形式的事物的确定的**概念**；后者的获得是 acqui-
〔223〕sitio derivativa［派生的获得］，因为它已经以普遍的先验知性概念为前提条件，先验知性概念同样不是生而具有的①，而是获得的，但其 acquisitio［获得］和空间的那种获得一样，同样是 originaria［原初的］，并且不以任何生而具有的东西为前提，除了思维自发性的主观条件（与统觉的统一性相符合）。关于纯粹感性直观的可能性之理由的这种意义，没有人能够怀疑，除非是也许借助一部字典浏览过《批判》，但却没有通盘思考过它的人。

埃贝哈德先生是如何绝少理解《批判》的极为清晰的命题，或者他是如何蓄意地曲解它们的，下文可以充当实例。

在《批判》中说过：仅仅实体范畴（和任何别的范畴一样），所包含的无非是逻辑功能，一个客体就这种逻辑功能而言被思维成确定的，因此，仅仅通过它，**如果我们不给它配上一个感性直观**，就根本产生不了对象的任何知识，哪怕只是通过起码的（综合的）谓词；由此合理地推论出：既然我们没有范畴就根本不能对事物作出判断，所以对**超感性事物**就绝对不可能有任何知识（在这里，不言而喻总是在理论关系中）。埃贝哈德先生在第 384～385 页伪称即便没有感性直观的襄助也能够获得纯粹的实体范畴的这种知识，“这就是造成偶性的**力量**”。但现在，力量本身又无非是一个范畴（或者是范畴的可陈述的东西），亦即**原因**范畴，关于原因范畴我同样主张，没

① 莱布尼茨在对知识的某些要素使用“生而具有的”这个词时，是在什么意义上采用它的，后面可以对此作出评判。希斯曼在《德意志信使报》1777 年 10 月号上的一篇文章可以使得这种评判简便一些。

有配给它的感性直观，同样不能证明它的客观有效性，就像不能证明实体概念的客观有效性一样。如今他在第 385 页也确实把这种证明建立在感性（内部）直观中偶性的展示上，因而也是作为其理由的力量的展示上。因为他确实把原因概念与心灵在时间中的诸状态、前后相继的表象或者其程度的一个结果联系起来，这个结果的理由就包含“在按照其一切现在的、过去的和未来的变化都完全确定的事物之中”，“而因此之故”，他说道，“这个事物就是一种力量，因而它是一个实体”。但是，《批判》所要求的，确实也不过是在内感性**直观**中**展示**力量概念（顺便说明，它是某种完全不同于他想保证其实在性的那个概念，亦即实体概念[①] 的东西），而一个作为感官存在者的实体的客观实在性就由此得到了保障。但是，这说的是那种实在性是否能够被证明适用于作为纯粹范畴的力量概念，也就是说，哪怕它不运用于感性直观的对象，从而也适用于超感性的东西，亦即纯然的知性存在者：因为在这种情况下，一切基于 〔224〕

① 命题“事物（实体）**是**一种力量”，而非完全自然的命题“实体**有**一种力量”，是一个与所有的本体论概念相抵触，并且在其后果中对形而上学十分有害的命题。因为这样一来，就会完全丧失实体概念，亦即在一个主体中的依存性的概念，然后设定对一个原因的隶属性概念来取代它；正如斯宾诺莎想要的那样，斯宾诺莎把世界一切事物对一个作为其共同原因的元始存在者的普遍依赖性，通过使这个普遍的作用力量本身成为实体，恰恰如此把它们的隶属性转化为在实体中的依存性。一个实体除了它作为**主体**与偶性（及其依存性）的关系之外，也许还与偶性有作为**原因**与结果的关系；但前者与后者并不是一回事。力量并不是包含着偶性实存之理由的东西（因为是实体包含着其理由），而是仅仅关于实体与偶性的关系的概念，如果实体包含着偶性的理由，而且这种关系与依存性的关系完全不同。

时间条件的意识，从而还有过去的东西、现在的东西和未来的东西的任何序列，连同改变了的心灵状态的整个连续律，都必须略去，而这样一来就不剩下任何东西能够被用来给予偶性，或者为力量概念充当**证明**。因此，他现在按照要求除去了人的概念（在这个概念中已经包含着一个身体的概念），同样除去了其在时间中的存在可以规定的表象的概念，从而除去了一切包含着外直观以及内直观的条件的东西（因为如果他想按照其实在性来保证作为纯粹范畴，亦即作为必要时也能够用于认识超感性事物的范畴的实体概念和原因概念，他就必须这样做），
〔225〕这样，他关于实体概念所剩下的，就无非是一个其实存必须只被设想为一个主体的实存，但不得设想为另一个主体的一个纯然谓词的实存的某物的概念：但关于原因的概念，给他留存的就只有某物与某种别的东西在存在中的一种关系的概念，按照这种关系，如果我设定前者，就也规定并且必然地设定后者。从二者的这些概念出发，他如今绝对不能得出关于如此性状的事物的认识，甚至就连这样一种性状是否哪怕只是可能，亦即是否可能存在让人发现这样一种性状的某种东西也不能得出认识。现在，由此不可以得出这样的问题：**与先天的实践原理相关**，如果关于一个事物（作为本体）的概念作为基础，在这种情况下实体和原因的范畴是否并不获得理性的纯粹实践规定方面的客观实在性。因为一个仅仅作为主体而不能总是又作为另一个主体的谓词实存的事物，或者在别的实体的实存方面与其具有理由的关系，并不反过来具有结果的关系的属性，其可能性虽然为了对它的理论认识而必须被配上一个与这些概念相应的直观，因为不这样做，就没有赋予这种可能性以客观的实在性，从而没有实现这样一个客体的认识；然而，如果那些概念不应当充当理性应用的建构性原则，而是应当仅仅充当其范导性的原则（就像对于一个本体的理念来说总是这种情况那样），

那么，它们也就是作为对于其可能性不可证明的事物的概念的纯然逻辑功能，对理性来说具有其在实践方面不可或缺的应用，因为它们在这种情况下不是被视为本体的可能性的客观理由，而是现象方面的（理性的理论应用或者实践应用的）主观原则。不过，如上所说，在这里还总是只谈事物知识的建构性原则，至于通过我仅仅借助范畴来谈论某个客体，却并不借助直观（直观在我们这里始终是感性的）来证明这些范畴，而是否可能如埃贝哈德先生所认为的那样对该客体获得一种知识，却是无论他怎样赞颂贫瘠的本体论荒漠的肥沃也办不到的。

〔226〕

第二章

课题的解决：先天综合判断是如何可能的？据埃贝哈德先生

这个课题就其普遍性来看，是一切形而上学的独断论者因之不可避免地必然失败的绊脚石，因此他们尽可能远地绕过它：正如我还没有发现一个《批判》的对手，研究过对这个课题的适用于一切场合的解决。埃贝哈德先生依据他的矛盾律和充足理由律（他却把它只陈述为一个分析的命题），敢做这件工作；至于运气如何，我们马上就将看到。

埃贝哈德先生看起来对《批判》称之为独断论的东西没有清晰的概念。他在第 262 页谈到他自称已作出的无可置疑的证明，并补充说，“如果确定无疑地假定物自身的人是一个独断论者，那么，我们无论如何也必须承受独断论者这个骂名”；然后他在第 289 页说，“莱布尼茨哲学与康德哲学一样包含着一种理性批判；因为它把自己的独断论建立在对认识能力的一种精确分析之上，这无论怎样也是可能的”。现在，如果它确实是这样做的，那么，它就的确不包含我们的《批判》现在采用这个词的意义上的独断论。

也就是说，《批判》把形而上学的**独断论**理解为：**没有**对认识能力本身的先行**批判**，仅仅由于其成功而普遍地相信它的原则；但把**怀疑论**理解为：仅仅由于其论断的不成功，没有先行的批判就对纯粹理性表示的普遍怀疑。① 处理一切属于形而上学的东西的程序上的（推延的怀疑的）**批判论**则与此相反，〔227〕是在并没有于我们认识能力的本质条件中看出形而上学的综合命题的可能性的一种普遍理由之前，对其一切综合命题的一种普遍怀疑的准则。

因此，对于有根有据的独断论指责来说，人们不是如第 262 页所做的那样，通过援引对自己的形而上学主张的所谓无可置疑的证明来解脱；因为即便在它们里面没有发现任何明显的错误（这肯定不是上面那种情况），其失误在它们身上也是如此司空见惯的，而且反面的证明常常以同样大的清晰性给它们制造麻烦，以至于怀疑论者即使根本不知道提出任何东西来反对论据，却毕竟完全有权在这中间插入他的 non liquet［事态不明］。惟有当证明沿着这样的途径来进行，其中一种臻于成熟的批判事先可靠地指明先天知识的可能性及其普遍的条件时，

① 在应用先天原则上的成功是对这些原则在其运用于经验方面的普遍证实，因为在这里，人们几乎不要求独断论者有先天证明。但是，导致怀疑论的那种应用的失败，只出现在仅仅能够要求先天证明的地方，因为经验对此不能证明或者反驳任何东西，而且这种失败在于，恰恰阐明其反面的具有同样力量的先天证明，包含在普遍的人类理性之中。前一些证明也只是经验可能性的原理，并且包含在分析论中。但是，由于它们在《批判》没有事先妥善保证它们是这样一些原理的情况下，很容易被视为不仅仅适用于经验对象的原理，所以就产生出一种超感性事物方面的独断论。后一些证明关涉对象，不像前者那样通过知性概念，而是通过绝不能在经验中被给予的理念。现在，由于为其而设想仅仅用于经验对象的那些证明在这样的场合里必然相互矛盾，所以，如果人们忽视了惟一能够规定界限划分的批判，就必然不仅产生一种就一切通过纯然的理性理念被思维的东西而言的怀疑论，而且最终产生一种对一切先天知识的怀疑，这种怀疑最终招致普遍的形而上学的怀疑学说。

形而上学家才能为自己洗清独断论，后者在所有的证明上若没有批判，就毕竟永远是盲目的，而《批判》对于这种评判的法规就包含在对这个课题的普遍解决中：**先天综合知识是如何可能的？**如果这个课题事先尚未解决，那么，所有形而上学家直
〔228〕到这个时刻也没有摆脱盲目的独断论或者怀疑论的指责，尽管他们可以通过别处的功绩而有一切权利拥有如此大的声名。

埃贝哈德先生喜欢别出心裁。他做得就好像这样一种为先验辩证法中如此众多的实例表明正确的警示根本不是对独断论者发出的似的，而且早在对我们作综合判断的先天能力进行批判之前，就假定一个历来极有争议的综合命题，亦即时间和空间以及它们里面的事物是由单纯的要素构成的，是确定无疑的，并不哪怕是由于通过超感性事物的理念对感性事物的这样一种规定的可能性而作出丝毫先行的批判研究，这种研究由于数学的矛盾而必然仍旧纠缠着他，而且他在自己的程序上对《批判》称为独断论的东西给出了最佳的实例，这种独断论必须被永久地逐出一切先验哲学，而且其意义如我所希望的那样，现在借他自己的实例使他能够明白。

如今，在人们着手解决那个主要课题之前，当然不可回避地必要的是，对如下东西拥有一个清晰的和确定的概念：**首先**，《批判》把与一般分析判断有别的综合判断理解成什么；**其次**，它以这个表述关于同样的判断、作为与经验性判断有别的先天判断想说的是什么。——《批判》尽其所能要求于它的，清晰地和一再地阐明了前者。它们是这样一些判断，通过其谓词我赋予判断的主词的东西**多于**我在我陈述其谓词的概念中所思维的，因此谓词增多了关于那个概念所包含的东西的知识；这类事情并不通过分析判断发生，分析判断所做的，无非是把已经在被给予的概念中现实地思维过并包含在其中的东西仅仅当做属于它的而清晰地表象和陈述出来而已。——后者，亦即

什么是一个与经验性判断有别的**先天判断**，在这里并不造成困难，因为这是一种在逻辑学中早已熟知并命名的区别，不像前者那样至少（如埃贝哈德先生所想要的那样）以一个新的名称出现。不过，为了埃贝哈德先生起见，这里并非多余地指出：通过一个先天命题被赋予一个主词的谓词，正因为此而被（与后者的概念不可分割地）陈述为**必然地**属于后者的。这样的谓 〔229〕词也被称为属于本质（概念的内在可能性）的（ad essentiam① pertinentia）谓词，因而一切先天有效的命题都必须包含着这类谓词；其余的谓词，亦即与该概念（不损害该概念地）可分的谓词，叫做本质之外的标志（extraessentialia）。前者要么是作为本质的组成成分属于本质（ut constitutive [如建构性的东西]），要么是作为在本质中有充分理由的结果出自本质（ut rationata [如有理由的东西]）。前者叫做本质性成分（essentialia），因此不包含任何能够从其他包含在同一个概念中的谓词派生的谓词，而且这些谓词的总和就构成逻辑本质（essentia）；后者被称为属性（attributa）。本质之外的标志要么是内在的标志（modi），要么是关系标志（relationes），并且不能在先天命题中充当谓词，因为它们与主词的概念是可分的，因而不必然地与它结合。——现在就清楚了，如果人们不事先通过说一个先天综合命题的谓词是一种属性，而给出先天综合命题的某种标准，那就不能以任何方式阐明它与分析命题的区别。因为通过把它称为一种属性，所说的不外是，它能够作为必然的结果从本质派生出来：至于这是分析地按照矛盾

① 为了在这个词上避免哪怕极轻微的**循环解释**假象，人们可以不使用 ad essentiam [属于本质的] 这个表述，而使用在这个地方意思相同的 ad intermam possibilitatem pertinentia [属于内在可能性的] 这个表述。

律，还是综合地按照某个其他原理，依然是完全不确定的。这样，在“每一个物体都是可分的”这个命题中，谓词是一种属性，因为它能够作为必然结果从主词概念的一个本质性成分亦即广延派生出来。但是，它是这样一种属性，它被表象为按照矛盾律属于物体的概念的，因而命题本身尽管是在陈述主词的一个属性，却依然是分析的。与此相反，持久性也是实体的一个属性；因为它是实体的一个绝对必然的谓词，但并不包含在实体本身的概念中，因而不能通过任何分析从实体概念中（按照矛盾律）得出，而“每一个实体都是持久的”这个命题就是
〔230〕一个综合命题。因此，如果关于一个命题说：它以主词的一个属性为自己的谓词，则没有人知道，它是分析的还是综合的；因此人们必须补充说：它包含着一个综合的属性，亦即在一个综合判断中包含着一个必然的（尽管是派生的），因而可先天认识的谓词。因此，在埃贝哈德先生看来，对先天综合判断的解释就是：它们是一些陈述事物的综合属性的判断。埃贝哈德先生陷入了这种同义反复，为的是尽可能不仅关于先天综合判断的特性说出更好和更确定的东西，而且在对它们下定义的同时指明其普遍的原则，按照这个原则就能够对它们的可能性作出评判，这是《批判》惟有经过各种各样艰辛的努力才能够提供的。在他看来（第 315 页），“分析判断是这样一些判断，它们的谓词陈述主词的本质，或者陈述主词的一些本质性成分；但综合判断（第 316 页）在是必然的真理的时候，则以属性为其谓词”。通过属性这个词，他把综合判断称为先天判断（因为其谓词的必然性），但同时称为陈述本质的 rationata [有理由的东西]，并不陈述本质自身或者本质的一些成分的判断，因而指示着充足理由律，惟有凭借充足理由律，这些 rationata 才能成为主词的谓词，而且他相信，人们并未注意到，这个理由在这里只**可以**是一个逻辑的理由，亦即它所表示的，无非是

谓词虽然只是间接地，但却总是按照矛盾律从主词的概念派生，由此它虽然陈述一个属性，却毕竟能够是分析的，因而不带有一个综合命题的标志。至于它必须是一个综合的属性，以便能够把它为之充当谓词的命题归入后一类，他小心翼翼地谨防说出这一点，尽管他必定十分赞同这种限制是必然的：因为若不然，同义反复就会非常醒目，而这样，他就说出了一个对于没有经验的人来说显得新颖并且具有内涵的事物，但实际上这事物却纯然是很容易看透的云雾。

人们这时也看到，他的充足理由律想说的是什么，他在上面这样讲述充足理由律，以至于人们应当（特别是根据他在这时援引的实例）相信，他是从实际理由出发理解理由的，因为 〔231〕
理由和结果实际上是彼此有别的，而联结它们的命题以这种方式是一个综合命题。绝非如此！毋宁说，他深思熟虑地在当时就已经预见到它的应用的未来情况，并且如此不确定地陈述它，以便他能够偶尔必要时给予它一种意义，从而能够也有时把它用做分析判断的原则，而读者对此却没有觉察。究竟“每一个物体都是可分的”这个命题更少是分析的，乃是因为它的谓词能够首先从直接属于概念的东西（本质性成分），亦即广延中通过分析得出吗？如果从一个按照矛盾律直接在一个概念上认识到的谓词推论出另一个同样按照矛盾律由这个概念派生的谓词，那么在这种情况下，后者就比这个谓词更少按照矛盾律从前者派生吗？

因此，显而易见的首先是，通过以其主词的属性为谓词的命题来解释综合命题的希望，如果人们不想补充说**它们是综合的**，并且就这样犯下一种明显的同义反复的话，就破灭了；其次，充足理由律如果应当扮演一个特殊的原则，就被设置了界限，即它作为这样一个定律，除了使人有权对概念进行一种综合的联结之外，绝不以别的方式在先验哲学中被允许。人们现在可以把作者在第 317 页的欢呼与此相比较，“因此，我们就这样已经从最有益和最明晰的理由（这指的是他在上面赞誉的肥沃的本体论田野）中引导出判断的区分，即区分为分析判断和综合判断，确切地说**极为清晰地说明了它们的界限规定**（前者仅仅关涉本质性的东西，后者仅仅关涉属性），并且具有**最完全的确定性**，以至于划分完全**穷尽**了划分的理由”。

然而，埃贝哈德先生在发出这种凯旋式的胜利呼声时毕竟显得不是那么完全确定。因为在第 318 页，在他认为毫无疑问沃尔夫和鲍姆嘉登早就了解并且明确地、尽管是以别的方式表示了《批判》以另一种名称引上轨道的同样东西之后，他突然
〔232〕变得无法确定我在综合判断中指的是哪些谓词了，而这样就激起了能够在判断中出现的谓词之区分和分类的尘雾，使得所说的事情不再能被看到；这一切都是为了证明，我**应当以**与我所做的**不同的方式来定义**与分析判断有别的综合判断，尤其是先天综合判断。在这里，也根本还没有谈到我解决这类判断何以可能这个问题的方式，而是仅仅谈到我把它们理解成什么，而且如果我假定一类谓词，它就太宽泛了（第 319 页），但如果我理解的是另一类谓词，它又太狭窄了（第 320 页）。但现在就清楚了，如果一个概念是首先从定义中产生的，那么它就不可能太狭窄或者太宽泛，因为它在这种情况下所指的不多也不少，恰恰就是定义关于它所说的。人们还能够指责这个定义的一切东西就是：它包含着就自身而言不可理解的，因而根本不适合作说明的东西。但是，在遮蔽清晰的东西方面最伟大的艺术家不能树立任何东西来反对《批判》关于**综合**命题给出的定义：它们是这样一些命题，其谓词在自身所包含的，多于在主词的概念中实际所思维的；换句话说，通过其谓词，某种原本并不包含在主词思想中的东西被附加给主词思想了；**分析**命题则是这样一些命题，其谓词只包含在这些判断的主词的概念中被思维的同样的东西。现在，前一类命题如果是先天命题，其

谓词就可能是一种属性（判断主词的属性），或者谁知道是别的什么东西，于是这种规定就可以，甚至必须不出现在定义中，尽管这种属性以如此有教益的方式，如埃贝哈德先生所阐明的那样，为主词所证明；这属于通过必须首先**按照**定义出现的这样一类判断来认识事物的可能性的演绎。但现在，他发现定义是不可理解的，太宽泛或者太狭窄，因为它不适应他自以为对这样一些判断的谓词的进一步规定。

为了把一件十分清楚的、简单的事情尽可能搅混，埃贝哈德先生使用了各种各样的手段，但这些手段却造成了一种完全违背他的意图的结果。

第308页说道，“整个形而上学如康德先生所断言的那样，所包含的**全然是分析判断**”，并且作为他的苛求的证据，引用了出自《导论》第33页的一段话。他如此表述这一点，就好像我说的是**一般**形而上学似的，而实际上毕竟在这个地方绝对只**就其命题建立在有效的证明之上而言**来谈迄今的形而上学。因为关于形而上学自身，在《导论》的第36页说道，“**真正的形而上学**判断全都是综合的”。但关于迄今的形而上学，在《导论》中紧接上面引用的一段话说道，“它**也陈述一些人们乐意承认，但却绝没有得到先天证明的综合命题**”。因此，在上述那段话中所主张的，并不是迄今的形而上学不包含综合命题（因为它包含的综合命题太多了），并且在这些综合命题中也有完全正确的命题（也就是说，它们是一种可能经验的原则），而只是它没有从先天理由出发**证明**这些命题罢了。而为了反驳我的主张，埃贝哈德先生只可以援引同一个无可置疑地证明了的命题；因为充足理由律连同他在自己杂志的第163～164页的证明确实不能反驳我的主张。同样捏造的还有第314页，“我主张，形而上学是惟一包含着先天综合判断的科学”。他没有引用据说由我说出这一点的那段话；但是，毋宁说我不厌其 〔233〕

烦地主张相反的东西，先验的主要问题的第二部分，即纯粹自然科学是如何可能的（《导论》，71～124 页），必定明白无误地展示在他眼前了，如果他不是喜欢恰恰看到相反的东西的话。在第 318 页，他归给我的主张是，“除去形而上学的判断，只有经验判断是综合的”，因为毕竟《批判》（第一版，158～235 页）提出了形而上学的，确切地说**综合的**原理的一个完整体系的介绍，并且通过先天证明阐明了它。我的主张是：尽管如此，这些原理只不过是**经验可能**的原则罢了；他由此得出，“它们只不过是**经验判断**罢了”，从而把我称之为经验的理由的东西变成了经验的结果。这样，从《批判》中落到他手里的一切，都事先被歪曲和丑化，以便使其一时显示出错误。

还有另一种手法，为的是在他自己的相反主张上不被抓
〔234〕住，那就是：他以完全普遍的表述，并尽其所能抽象地陈述它们，而且谨防引用让人们能够肯定地认识到他以此想说什么的实例。这样，他在第 318 页把属性划分为要么先天地要么后天地被认识的属性，并且说：**他觉得**，我把我的综合判断理解为“纯然是不绝对必然的真理，而关于绝对必然的真理，则是后一类判断，它们的必然谓词只能后天地被人类知性认识”。与此相反，我却觉得，以这些话所说出的，应当是某种与他实际所说的不同的东西；因为明摆着的，里面有一个明显的矛盾。只被后天地认识而且毕竟被认识为**必然**的谓词，此外按照第 321 页人们“不能从主词的本质推导出来”的这样一类属性，按照埃贝哈德先生自己在上面给出的说明，是完全不可思议的东西。现在，如果应当在其下仍思维某种东西，而且回答埃贝哈德先生从这种至少不可理解的区分出发对《批判》关于综合判断给出的定义的可用性提出的指责的话，那么，他就毕竟至少必须对那个罕见类型的属性给出一个实例；但是，我无法反驳一种我不能把任何意义与其结合起来的指责。他尽其所能地

避免从形而上学引用实例，而是只要有可能就坚持出自数学的实例，他也完全按照他的旨趣来对待这些实例。因为他想逃避那严厉的指责，即**迄今的**形而上学绝对不能证明自己的先天综合命题（因为它要从自己的概念出发来证明这样一些命题是对物自身有效的），并且因此而选择出自数学的实例，数学的命题被建立在严格的证明上，因为它们以先天直观为根据，但他却绝对不能让先天直观被视为**一切**先天综合命题的可能性的本质条件，如果他不想同时放弃把自己的知识扩展到没有任何对我们来说可能的直观与之相应的超感性东西的一切希望，并且就这样让他那丰收在望的心理学和神学田野荒芜的话。因此，如果人们不能特别地赞同他的洞识，或者也是他的意志，即在一件有争议的事情上作出说明，那么，人们就必须公正地对待他的聪明，即不让任何哪怕是虚假的判断被弃之不用。

但是，如果发生埃贝哈德先生偶然发现一个出自数学的实 〔235〕
例这样的事情，那他任何时候都要因此而倒霉，确切地说，它所证明的恰恰是他想由此证实的东西的反面。上面他曾想证明，在矛盾律之外必然还有另一个定律，并且毕竟说，这个定律必须从矛盾律推论出来，就像他也确实试图从中推导出这个定律那样。如今他在第 319 页说，“一切必然的东西都是永恒的，一切必然的真理都是永恒的真理，这个命题**显然**是一个**综合**命题，而且它毕竟能够被先天地认识”。但是，它**显然**是**分析的**，而且人们从这个实例中能够充分地看出，埃贝哈德先生还一直对他伪称毕竟从理由出发认识到的这种命题区别形成什么样的颠倒概念。因为他毕竟不想把真理视为一个在时间中实存的，其存在要么是永恒的要么是只持续某段时间的特别事物。一切物体都是有广延的，这必然地并且永恒地是真的，无论它们自身是不是实存，实存短暂还是长久，或者历经一切时间，亦即是永恒的。命题想说的只是：它们并不依赖于经验

（经验必须是在某个时间取得的），因而根本不局限于任何时间条件，也就是说，它们可以被先天地认识为真理，这和“它们可以被认识为必然的真理”这个命题是完全同一的。

第 325 页所引用的实例同样也是这种情况，这里人们必然同时注意到他在援引《批判》的命题时的精确性的一个实例，因为他说，“我看不到人们怎样想否认形而上学的一切综合判断”。现在，《批判》远远没有这样做，毋宁说（正如之前已经说明的那样）提出了这样一些作为真正原理的判断的一个完整的和事实上完备的体系；只不过它同时指出，这些原理全都仅仅陈述直观的杂多的综合统一（作为经验的可能性的条件），因而只能就对象能够在直观中被给予而言用于对象。关于先天综合命题，他毕竟以“如果形而上学证明这样一个命题”这个谨慎的限制来引用的形而上学实例是，“一切有限的事物都是
〔236〕可变的，而且，无限的事物是不可变的”，这个实例在两个场合都是**分析的**。因为实际上，也就是说，**按照存在**，可变的是其规定能够在时间中前后相继的东西；因此，惟有只能在时间中实存的东西才是可变的。但是，这个条件并不必然地与一个一般有限事物（它不具有一切实在性）的概念相结合，而是只与一个作为感性直观的对象的事物相结合。现在，由于埃贝哈德先生要主张他的先天命题是不依赖于这后一个条件的，所以，他的命题，即一切有限的东西作为这样的东西（也就是说，仅仅由于其概念，从而也是作为本体）都是可变的，就是错误的。因此，一切有限的东西作为这样的东西都是可变的，这个命题就必须从它的概念的规定出发，因而**在逻辑上**来理解，因为在这种情况下，“可变的”指的是通过其概念未被一无例外地规定的东西，因而是能够以多种多样相反的方式来规定的东西。但这样一来，**有限的**事物，亦即除了最实在的事物之外的一切事物在逻辑上（就人们关于它们能够形成的概念而

言）都是可变的，这个命题就是一个分析命题；因为说我通过一个有限的事物**不**具有**一切**实在性来思维它，和说通过关于它的这个概念没有规定我应当赋予它什么样的实在性或者**多少**实在性，这是完全同一的；也就是说，我能够时而赋予它这种东西，时而赋予它那种东西，不顾关于它的有限性的概念而以各种各样的方式**改变**它的规定。以同样的方式，亦即在逻辑上，无限的存在者是不变的，因为如果这被理解为由于其概念而无非以实在性为谓词，从而通过该概念已经一无例外地（正确地理解，是就我们确知其是否真的实在的谓词而言的）被规定的那个存在者，那么，就不能不顾它的概念而用另一个谓词来取代它的任何一个谓词；但在这里也同时澄清了：这个命题是一个纯然分析的命题，也就是说，除了能够通过矛盾律从其主词展开的之外，它没有赋予其主词任何别的谓词。① 如果只是玩 〔237〕

① 一些命题仅仅属于逻辑学，但由于其表述的含混性而混同于属于形而上学的命题，就这样尽管是分析的，却被视为综合的，属于此列的也有如下命题：**事物的本质是不变的**，也就是说，人们在那本质上属于其概念的东西上不能改变任何东西，而不同时一起取消这个概念自身。这个命题处于鲍姆嘉登的《形而上学》第 132 节，确切地说在关于可变者与不变者的一章，在这里（它也是有道理的）**变化**是通过一个事物的各种规定的前后相继的实存（它们的演替），因而是通过它们在时间中的序列来解释的，它这样说，就好像由此陈述了自然的一个法则，这个法则**扩展**了我们关于感官对象的概念（尤其是因为说的是时间中的实存）似的。因此，就连学生们也相信由此学到了某种可观的东西，而且通过说事物的本质是不变的，就简明扼要地打发了例如一位矿物学家的意见，即好像硅石能够逐渐地转变成黏土似的。然而，这个形而上学的格言是一个贫乏的同一命题，它与事物的存在及其可能的或者不可能的变化毫不相干，而是完全属于逻辑学，并且叮嘱的是某种反正没有一个人能够想到去否认的东西，亦即如果我想保持关于同一个客体的概念，我就必须不改变它上面的任何东西，也就是说，不从那个概念出发来陈述我通过它所思维的东西的反面。

弄人们一点儿也不关心其客观实在性的概念，那么，人们可以轻而易举地得出来许多对科学的这类骗人的扩展，而不需要直观，但一旦人们旨在增多对客体的知识，这说的就是完全不同的东西了。属于这样一种扩展，但纯然是虚假的扩展的，也有如下命题：无限的存在者（就那种形而上学意义来说）自身不**在实际上**是可变的，也就是说，它里面的各种规定不在时间中相继（这是因为，它作为纯然本体的存在，不能在时间中被思维而无矛盾），这同样是一个纯然分析的命题，如果人们把空间和时间的综合原则预设为作为现象的事物的形式直观的话。因为在这里，它与《批判》的命题，即**最实在的存在者的概念不是一个现象的概念**，是同一的，而且远远不是它应当作为综合命题扩展对无限的存在者的知识，毋宁说它通过否认对它有直观而排除了它的概念的一切扩展。——还要说明的是，埃贝哈德先生通过提出上述命题而小心翼翼地补充说，“如果形而上学能够证明它们的话”。我马上就指出了这些命题的证明理由，它们通常就是通过这个理由来骗人的，就好像这个理由随身带有一个综合命题似的，而且这个理由也是惟一可能的理
〔238〕由，以便把与（概念的）逻辑本质相关而具有某种意义的规定（如不变者的规定）事后在完全不同的意义上用于实在的存在者（客体的本性）。因此，读者不可以让自己被延缓的回答（它们归根结底毕竟通向受欢迎的鲍姆嘉登，他也把概念当做事物）拖住，而是可以立刻自己作出判断。

人们从这一章的全部讨论中看出：埃贝哈德先生对于先天综合判断要么是绝对没有任何概念，要么很可能是有意地试图把这个概念搞乱，以便读者对自己本来了如指掌的东西产生怀疑。两个仅有的形而上学实例，尽管精确地看是分析的，他却喜欢把它们偷换成综合的，那就是：一切必然的真理都是**永恒的**（在这里，他本来可以同样好地使用“**不变的**”这个词），

以及，必然的本质是**不变的**。实例的匮乏完全可以解释，然而，《批判》本来给他提供过一大堆真正综合的命题。他所关心的是为自己的判断拥有这样一些他仅仅从主词的概念出发就能够证明为主词的属性的谓词。现在，由于如果谓词是综合的，这就根本行不通，所以，他必须为自己找出这样一个谓词，人们已经在形而上学中习惯于玩弄这个谓词，因为人们时而在与主词概念的纯然逻辑关系中看待它，时而在与对象的实在关系中看待它，却相信在其中发现了同一种意义，这就是可变者和不变者的概念；这个谓词，如果人们把其主词的实存置入时间中，当然就是这种实存的一个属性，并且提供一个综合判断，但在这种情况下也预设了感性直观和事物本身，尽管只是作为现象，但是，他根本不关心把这假定为综合判断的条件。现在，他不是把"**不变的**"这个谓词当做对事物（在其实存中）有效的来使用，而是在事物的概念上使用它，因为在这种情况下，当然不变性是所有必然地属于某个概念的谓词的一个属性；无论这个概念是有某个对象与它相应，还是它也是一个空洞的概念。——之前，他用理由律做了同样的游戏。人们 〔239〕
应当想到，他陈述的是一个先天地关于事物规定某种东西的形而上学定律，而且它是一个纯然的逻辑定律，所说的无非是：要使一个判断是一个命题，它就必须不是仅仅被表象为可能的（有疑问的），而是同时被表象为有理由的（无论是分析的还是综合的，都是一回事）。形而上学的**因果**律他完全了解；但是，他谨防触及它（因为他关于后者所引用的实例，并不适合一切综合判断的那个所谓的至上原理的普遍性）。原因是：他要把一个完全是分析的、抽掉事物的一切性状的逻辑规则偷换成惟有形而上学才与之打交道的自然原则。

埃贝哈德先生必定害怕读者最终会看穿这种障眼法，因此在这一章结束时于第 331 页说道，"一个命题是分析的命题还是综合的命题，其争执在该命题逻辑上的真方面是一个微不足道的争执”，为的是一劳永逸地让读者看不到它。但这是徒劳的。单是健全的人类知性就必定坚持这个问题，只要这个问题一朝清晰地提交给它。至于我能够把我的知识扩展到一个被给予的概念之外，是我的知识通过扩大着的经验而逐日增多地教给我的。然而，如果说，我即便没有经验也能够把我的知识增多到被给予的概念之外，也就是说，能够先天地作出综合判断，而且人们补充说，为此必然要求多于拥有这些概念的某种东西，还需要一个理由，以便真实地添加上比我在那些概念中已经思维的更多的东西，那么，倘若他告诉我，这个命题，即我必须超出我的概念还有某个理由，以便说的比在我的概念中所包含的更多，是已经足以造成那种扩展的原理本身，我就会嘲笑他，因为我只可以想象，我先天地设想为属于一个事物的概念，但却不包含在它里面的这种更多的东西，就是一种**属性**。因为我想知道，究竟是什么理由使我除了本质上为我的概念所固有的东西以及我已经知道的东西之外，认识更多的，确切地说必然作为属性而属于一个事物的，但毕竟并非包含在该事物的概念之中的东西。现在我发现：我的知识通过经验的扩
〔240〕展基于经验性的（感官的）直观，在其中我遇到许多与我的概念相应的东西，但也能够学到比与这个概念相结合的更多的、在这个概念中尚未被思维的东西。于是，只要人们把我引导到此，我就轻而易举地领会：如果应当发生知识的一种超出我的先天概念的扩展，那么，就像那里要求有一种经验性的直观一样，为了后者就要求有一种先天纯直观；只是我不知所措的是，我应当在哪里找到它，以及我应当如何给自己解释它的可能性。现在，我通过批判而得到指点，删除空间和时间中的一切经验性的东西或者确实可感知的东西，因而在其经验性的表象上消除一切事物，而这样一来我就发现，空间和时间如同个

别的存在者一样留存了下来，对它们的直观先行于它们和在它们里面的事物的一切概念，鉴于这些源始的表象方式的这种性状，我必须永不把它们设想成别的样子，必须把它们设想成仅仅是我的感性主观的（但却是积极的）形式（不是仅仅设想成由于感性而缺乏表象的清晰性），而不是**物自身**的形式，因而只是一切感性直观的客体的形式，从而是纯然显象的形式。这样一来我就不是仅仅弄清了先天综合判断无论在数学中还是作为自然科学何以可能，因为那些先天直观使得这种扩展成为可能，并且使得知性为思维那些直观的客体就每次都必须给予它们的杂多的综合统一成为现实；而是必须同时注意到，既然知性在自己这方面不能也直观，那些先天综合命题就不能被推进得超出感性直观的界限，因为超出这个领域的一切概念都必然是空的，没有一个与它们相应的对象；因为我为了达到这样的知识，就必须敢于从我用于认识感官的对象的储备中删除一些东西，而这些东西在感官的对象上本来是绝不可以删除的，或者如此联结别的东西，这种东西本来是不能被联结在那种东西上的，而且必须敢于如此形成概念，尽管这些概念里面没有矛盾，关于它们我毕竟永远不能知道，它们究竟有没有一个对象与之相应，因而它们对我来说是完全空的。

于是，读者通过把这里所说的东西与埃贝哈德先生自第316页始关于自己对综合判断的说明所吹嘘的东西相比较，就 〔241〕
可以自己判断，我们两人中间谁为公共交往提供的不是实际知识，而是废话。

还有第316页，综合判断的特点是，“它们对**永恒的**真理来说拥有主词的属性，对**暂时的真理**来说拥有偶然的性状或者与其谓词的关系”，而现在他在第316页与这个按照第317页**最有益**和最明晰的划分理由相比较的是《批判》关于它们给出的概念，亦即综合判断是这样一些判断，它们的原则并不是矛盾律！“但那是哪个定律呢?”埃贝哈德先生不耐烦地问道，然后举出了他的发现（据说是从莱布尼茨的著作得出的），亦即理由律，因此它是**分析**判断绕之旋转的矛盾律之外，人类知性依之运动的第二门枢，也就是说，在它的**综合**判断中。

于是，人们从我刚刚作为知性批判分析部分的缩写结论而引用的东西中看出，知性批判以一切必需的详尽性阐述了一般综合判断必然从其定义得出的原则，亦即：**它们惟有在配给其主词的概念的一个直观的条件下才是可能的**，如果它们是经验判断，这个直观就是经验性的，如果它们是先天综合判断，这个直观就是先天纯直观。至于这个命题不仅对于人类理性的应用的界限规定，而且甚至对于洞察外面的感性的真实本性有什么样的结果（因为这个命题不依赖于导出空间和时间的表象就能够得到证明，并且还在我们把空间和时间的表象从其内在性状推论出来之前，就能够用于证明它们的同一性），想必每一位读者都能够轻而易举地看出来。

现在，请把对先天综合命题的本性的埃贝哈德式规定所带有的所谓原则与此进行比较。“它们是从一个主词的概念出发陈述其属性的命题”，也就是说，是这样一些属性，它们必然地，但只是作为结果属于该概念，而且由于它们作为这样一些属性来看，必须与某个理由联系起来，所以，它们的可能性是通过理由原则而可理解的。但现在人们有权利问，它们的谓词
〔242〕的这个理由是按照矛盾律应当在主词中去寻找（在这种情况下，即便有理由原则，判断也始终只会是分析的），还是按照矛盾律不能从主词的概念中导出，惟有在这种情况下，属性才是综合的。因此，无论是属性的名称，还是充足理由律，都未把综合判断与分析判断区分开来，而是如果综合判断指的是先天判断，那么，按照这个称谓，人们所说的就只能是，它们的谓词必然以某种方式在主词概念的本质中**有其理由**，从而是属

性，但并不仅仅遵照矛盾律。但是，这个谓词既然不能通过分析主词的概念从中得出，如今是如何作为综合的属性与主词的概念结合起来的，从属性的概念和“它有某个理由”这个命题是看不出来的；因此，埃贝哈德先生的规定完全是空洞的。但是，《批判》清晰地指出了可能性的这个理由，亦即：必须有纯粹的、被配给主词概念的直观，凭借它，甚至惟有凭借它，才有可能把一个综合谓词先天地与一个概念结合起来。

在这里面起决定作用的是，逻辑学绝对不能对“先天综合命题何以可能”这个问题给出答复。如果它想说：请从构成你们的概念之本质的东西中导出由此得到充分规定的综合谓词（它们在这种情况下将叫做属性），那么，我们与之前走得同样远。为了以我的概念来超出这个概念本身，并且关于它说出多于在它里面所思维的东西，我应当如何开始呢？如果人们像逻辑学所做的那样，仅仅从知性方面考虑知识的条件，课题就绝没有得到解决。感性，确切地说作为一种先天直观的能力，在这里必须一并予以考察，而且谁自以为在逻辑学对概念所作的分类（因为它如同也必须的那样，抽掉了概念的一切客体）中找到了安慰，谁就会白费力气和劳动。与此相反，埃贝哈德先生以这种意图并且按照他取自属性概念（以及仅仅属于属性的先天综合判断原理，即充足理由律）的迹象，把逻辑学评判为对于解释先验哲学中的隐晦问题来说如此丰富并且有指望，以 〔243〕
至于他干脆在第 322 页为逻辑学拟定了一个新的判断划分表（但在这个表中，《批判》的作者不要其中给他指定的位置），是**雅各布·贝努利**通过第 320 页引用的所谓新的判断划分促使他这样做的。关于这类逻辑发明，人们大可以像有一次在一份学术报纸上那样说：**遗憾！**新近又发明了一种温度计。因为只要人们还总是必须满足于两个固定的划分点，即水的冰点和沸点，不能规定热在这两个点的某一个上面与绝对的热的关系，那么，这间隔被分成 80 度还是分成 100 度等等，都是一回事。因此，只要人们还未在总体上得到教诲，那些毕竟不能从主词自身的概念中展示的属性（不言而喻是综合的属性）究竟是怎样得以成为主词的必然谓词的（第 322 页，I，2），或者干脆能够作为这样的谓词与主词一起被接受，所有那种应当同时说明判断之可能性，但毕竟在极少场合能够做到这一点的系统划分，就是记忆力的一种完全无用的负担，并且很难会在一个更为新颖的逻辑学体系中赢得位置，就像先天综合判断的纯然理念（埃贝哈德先生很荒唐地称它为**非本质的**）绝对不归属逻辑学一样。

最后，还要谈谈埃贝哈德和其他人所表达的主张：综合判断与分析判断的区分不是新近，而是早就为人所知（大概也是因为它不重要而只是后来才得到探讨）。对真理感兴趣的人，尤其是当他使用一种至少迄今**不曾尝试的**区分时，可能很少关心它是否被某人做过，而且科学中的一切新东西，人们都发现它们毕竟在前人那里至少早就为人所知，这也已经是它们的司空见惯的命运，如果人们不能以任何东西来与之对抗的话。然而，如果从一个被陈述为新颖的说明中，马上跃入眼帘的毕竟是哪怕那种说明已经此前被做过也不可能被人忽视的引人注目的重要结果，那么，就必然产生对那种划分自身的正确性或者
〔244〕重要性的一种怀疑，这种怀疑会妨碍它的应用。但是，如果这种划分被免除了怀疑，同时这些结果自动涌现的必然性也引起注意，那么，人们就能够以极大的或然性假定，它还没有被做过。

现在，先天**知识**何以可能，这个问题早就尤其是自**洛克**时代以来就被提出和探讨；一旦在同一种知识中清晰地觉察到分析的成分与综合的成分的区别，人们就会把这个普遍的问题限制为特殊的问题：先天**综合**判断何以可能？什么比这更为自然

呢？因为一旦提出这个问题，每个人就恍然大悟，亦即形而上学的存殁仅仅基于解决后一个课题的方式；人们肯定会一直停用对待它的一切独断论处理，直到人们对这个惟一的课题获得充分的说明；纯粹理性的批判会成为口号，就连理性的独断论主张最响亮的长号也不能在它面前吹响。由于这一点现在尚未发生，所以人们只可以作出这样的判断，即所说的判断区别从未被恰如其分地看出。这一点也是不可避免的，如果他们像使其谓词成为属性与主词的本质和本质性成分的区别的埃贝哈德先生那样评判这种区别，因而将它归给逻辑学的话，因为这些人从来不按照它们的内容来讨论知识的可能性，而是仅仅就知识是一种**推理的**知识而言讨论它们的形式，但先天地从对象研究知识的起源，就必须仅仅留待先验哲学来做了。上述划分如果用来取代分析判断和综合判断的表述的，是如此糟糕地选择的、像**同一**判断和**非同一**判断这样的表述，就不能达到这种洞识和确定的可用性。因为通过后者，丝毫没有指明先天表象的这样一种结合的可能性的特殊方式；相反，（与分析判断相对立的）**综合**判断的表述立刻就带有对一般先天**综合**的指点，并且必定自然而然地推动根本不再是逻辑的，而已经是先验的研究：是否并不存在这样的概念（范畴），它们为了一般客体的 〔245〕
概念所陈述的无非是（在某个直观中）一种杂多的纯粹**综合**统一，而且先天地是一般客体的一切知识的基础；而既然这些概念现在仅仅涉及一个一般对象的思维，是否并不也为这样一种综合知识同样先天地预设这个对象必须如何被给予的方式，亦即其直观的一种形式；因为在这里，集中于此的注意力会明白无误地把那种在别处就不可能有任何用处的逻辑研究转变为一个先验课题。

因此，如果《批判》**首先**通过与综合判断相对立的分析判断这个称谓来说明，完全基于同一律或者矛盾律的判断与还需要另一个定律的判断的区别，那么，这并不纯然是一种语词的矫揉造作，而是更贴近实际知识的一步。因为在被给予的概念之外还必须有某种东西作为基底附加，它使得以我的谓词来超越这个概念成为可能，这一点，已通过综合这个表述得到清晰说明，因而研究就被集中于为了一般知识而有的表象之综合的可能性上面，这种综合必然很快导致这样的结果，即承认**直观**，但对于先天知识来说承认**纯直观**是知识的不可或缺的条件；这是人们从通过**非同一**判断对综合判断的解释中不可能指望的一种引导，就像它也从来没有从这种解释中产生一样。为了确保这一点，人们只消检验迄今所援引的实例，就可以证明，上述区分已经完全展开，尽管是用别的表述，而在哲学中为人所知。第一个实例（由我自己援引的，但只是作为某种类似的东西）来自**洛克**，他提出了由他如此称谓的共存和关系的知识，前者是在经验判断中提出的，后者是在道德判断中提出的；但是，他并不是在普遍者中称谓判断的综合成分的；就像他也没有从这种与同一性命题的区别中为一般的先天纯粹知识得出丝毫普遍的规则一样。出自**罗伊施**的实例完全适用于逻辑学，并且只指明了使被给予的概念获得清晰性的两种不同方式，没有关注知识的扩展，特别是就客体而言的先天知识的扩
〔246〕展。来自**克鲁修斯**的第三个实例仅仅引用了不能通过矛盾律来证明的形而上学命题。因此，对于这种区分来说，没有人就其为了一种一般理性批判而有的普遍性来说理解它；因为若不然，就会必定在上面提出数学连同其先天综合知识方面的巨大财富来作为实例，但数学与纯哲学的鲜明对比以及纯哲学在这类命题方面的贫乏（但它在分析命题上却足够富有）却必然不可避免地促成对先天综合知识的可能性的探究。不过，每一个人是否意识到，总的来说在别处眼见过并在别人那里发现过这种区别，这留给每一个人自己的判断；只要他不因此而把上述

研究当做多余的，并把它的目标当做早就达到了的而予以忽视。

※　　※　　※

对于一种所谓只是重建的、更早的、使形而上学有权提出重大要求的纯粹理性批判的这场讨论，现在和永远都可以说足够了。这样就从中充分看出，如果有过这样一种批判，那么，至少埃贝哈德先生并非注定要看到它，理解它，或者在某一点上满足哲学的这种需求，哪怕只是转手来满足。——其他迄今致力于通过自己的异议维持着批判事业的正直人士，请不要如此解释我的意图（根本不参与任何正式的争议）的这个惟一的例外，就好像他们的论据或者他们的哲学威望对我来说显得无足轻重似的：此次之所以这样做，只是为了使人关注那本身具有特别之处并且对埃贝哈德先生来说显得独特和值得注意的某种举止罢了。此外，纯粹理性的批判如果能够，就可以通过其内在的坚定继续维持自己本身。它将不会在一度流行之后消失，却不导致纯粹哲学的一个比迄今现存的更牢固的体系。但是，如果人们尝试想一想这样一种情况，那么，事物现在的进程将使人充分认识到，如今还在纯粹哲学的对手们之间流行的 〔247〕
虚假和谐只不过是一种被遮蔽的不和罢了，因为就他们想用来取代纯粹哲学的原则而言，他们彼此之间有天壤之别。因此，如果他们有一段时间搁置他们与其共同敌人的争执，但却事先就他们对此想采用的原理商定一致，这就会是一场令人开心的，但同时也有教益的游戏；但是，他们会像不是横跨河面而是想顺着河架桥的人那样，同样不能在某个时候达到目标。

鉴于哲学思维的民族由于只认一个不可见的事物，亦即理性为自己惟一的宗主，而在该民族不可避免地流行的无政府状态，把骚动不安的群众聚拢在某个作为联合点的伟大人物周围，曾始终是一种应急措施。然而，**理解**这个伟大人物，对于没有携带其自己的理智，或者没有兴趣使用它，或者虽然二者都不缺少却装得好像只是让自己的理智依赖另一个人的理智的人来说，都是一种困难，这种困难至今妨碍着营造一种持久的状态，并将在相当的时间里还至少使它很难。

莱布尼茨先生的形而上学首先包含着三个独特之处：1. 充足理由律，确切地说，如果它只是表明矛盾律对于认识必然真理的不足的话；2. 单子论；3. 关于前定和谐的学说。由于这三个原则，他受到许多不理解他的对手们的折磨，但也（如他的一位伟大的相知和可敬的赞颂者借某次机会所说）受到他的所谓的**追随者**和诠释者的虐待；就像古代的其他哲学家的情况一样，他们完全可以说：上帝只需在我们的朋友面前保护我们，而我们的敌人我们自己就会留意。

一、莱布尼茨自称通过把作为迄今哲学的添加物的充足理由律看得非常重要，而知道客观地（作为自然法则来）理解充足理由律，这究竟可信吗？它是如此众所周知，并且（在恰如其分的限制之下）如此清楚明白，以至于就连最差劲的头脑也
〔248〕不可能相信这是一个新的发现；它也没有遭到误解它的对手们的冷嘲热讽。然而，这个原理对他来说纯然是一个主观的，亦即仅仅与一种理性批判相关的原则。因为在矛盾律之上还必须添加别的原理，这是什么意思呢？它说的无非是：按照矛盾律，惟有已经蕴涵在客体的概念之中的东西才能被认识；如果还要关于客体说更多的东西，那么，就必须在这个概念之上添加某种东西，而且何以可能添加这种东西，为此还需要寻找一个特殊的、与矛盾律有别的原则，也就是说，它们必须有自己特殊的理由。既然后一类命题（现在至少）叫做综合的，所以莱布尼茨想说的无非是：在矛盾律（作为分析判断的原则）之上还必须添加一个别的原则，亦即综合判断的原则。这当然是

对在形而上学中还应当进行的研究（这些研究实际上近来做过了）的一种新颖的和值得注意的提示。如果他的追随者把这种对一个特别的，当时还要寻找的原则的提示冒充成（综合知识的已经找到的）原则，莱布尼茨被指用这原则作出了新的发现，那么，他的追随者岂不由于想向他致颂词，而使他遭受嘲笑吗？

二、莱布尼茨，一个如此伟大的数学家，想用单子复合而成物体（因而也用单纯的部分复合而成空间），这究竟可信吗？他指的不是物体世界，而是物体世界对我们来说不可认识的基底，即理知世界，它仅仅处在理性的理念之中，而且我们在它里面当然必须把我们在其中设想为复合的实体的一切，都表象为由单纯的实体构成的。他似乎也与柏拉图一样赋予人类精神以对这些超感性存在者的一种源始的，尽管现在只是被遮蔽的理智直观，但他并不把其中任何东西与感官存在者联系起来，他想知道感官存在者被视为与我们仅仅为了对我们来说可能的知识才能有的一类直观相关的事物，在最严格的意义上被视为纯然的显象、（类别上独特的）直观形式；在这方面，人们必须不让自己受把感性解释成为一种含混的表象方式所干扰，而毋宁是用另一种与自己的意图相适应的解释取代它，因为若不然，一个体系就与自身不一致。〔249〕如今为了其有意的、睿智的慎重而接受这种错误（就像模仿者为了相当像其原型而也模仿其原型的神情或者语言错误一样），这很难为了他们大师的荣耀而算做他们的功绩。某些概念是天赋的，作为他仅仅用来反对除了经验性起源之外不承认任何别的起源的洛克所使用的、就我们知识的先天原则而言的一种**基本能力**的表述，如果人们按照字面来对待它，就同样被理解错了。

三、相信莱布尼茨以其灵魂和肉体之间的先定和谐来理解两种按照其本性完全相互独立并且也不通过自己的力量发生联系的存在者的协调，这可能吗？这恰恰会是预示着唯心论；因为如果有可能把在灵魂中发生的一切都视为灵魂自己力量的结果，灵魂也完全孤立地实施自己的力量，那么，人们究竟为什么应当假定肉体呢？灵魂和我们称之为肉体的那些**显象**的完全不为我们所知的基底，虽然是完全不同的存在者，但这些**显象**本身，作为其直观的纯然基于主体（灵魂）性状的形式，是纯然的表象，而且这里可以按照某些先天法则来思考在同一个主体里面知性和感性之间的共联性，而且毕竟同时可以思考感性对外部事物必然的自然依赖性，而不把感性丢弃给唯心论。关于知性和感性之间的这种和谐，就它使得关于普遍的先天自然法则的知识成为可能而言，《批判》在根本上说明，没有这种和谐就不可能有经验，因而对象（由于它们部分地按照它们的直观而符合我们感性的形式条件，部分地符合杂多按照整理进一个意识的诸原则而有的联结，这种联结是对象认识的可能性的条件）根本不会被我们接受进意识的统一性并且进入经验，从而对我们来说就会是无。但是，我们毕竟不能说明任何理由，即为什么我们恰恰具有这样一种感性和知性的这样一种本
〔250〕性，经验就是通过它们的结合而可能的；更有甚者，为什么它们作为在其他地方完全异质的知识源泉，与一般经验认识的可能性，但主要是（如《**判断力**批判》将让人注意这一点那样）与一种关于在其多种**特殊的**、并且是纯然经验性的、知性没有先天地给我们教导任何东西的法则之下的自然的经验之可能性，毕竟如此好地总是协调一致，就好像自然是为了我们的领会力而有意地设立的似的；这一点，我们不能（而且也没有人能）进一步解释。其理由，莱布尼茨特别是就物体的知识，而且在物体中间首先就我们作为这种关系的中间理由的肉体的知识而言，称之为一种**先定的和谐**，通过它，他显然并没有，也不想解释那种一致，而只是表明，我们由此就可以思考无论是

我们自己还是我们之外的一切事物的至上原因的安排中的某种合目的性，而且这种合目的性虽然已经被思考为被置入创造的（先定的），但不是彼此外在的事物的先定，而只是我们心中的心灵力量亦即感性和知性按照各自独特的性状相互之间的先定，就像批判教导的那样，为了认识事物，它们必须先天地在心灵中相互之间处于关系之中。至于这是他的真实的、尽管没有清晰展开的意见，这一点可以由此看出，即他把那种先定和谐比灵魂和肉体之间的协调一致还延伸得远得多，亦即还延伸到**自然**王国和**恩典**王国（与终极目的亦即道德法则之下的人相关的目的王国），在这里，应当予以思考的是出自我们的自然概念的结果与出自自由概念的结果之间的一种和谐，从而是处在我们心中的完全不同类的原则之下的两种完全不同的能力的和谐，而不是处在和谐中的两种不同的彼此外在的事物（如实际上道德所要求的那样），但是，就像批判教导的那样，这种和谐绝对不能从世界存在者的性状出发来把握，而是作为一种对我们来说至少偶然的协调一致，只能通过一个理智的世界原因来把握。

这样，《纯粹理性批判》就会是莱布尼茨自己的真正辩护，来反对他那些用不敬的颂词来抬高他的追随者们；就像它对于不同的更早的哲学家们也能够是真正的辩护一样，有的哲学史 〔251〕
家无论怎样赞扬他们，毕竟让他们说的净是胡言乱语，其意图他猜不出，因为他忽视了从纯然概念出发对纯粹理性产品的一切诠释的钥匙，即理性批判本身（作为对所有人来说的共同源泉），并且在对那些哲学家们说过的东西的字面研究之上，不能看到他们想说的东西。

伊曼努尔·康德

1791 年

论神义论中一切哲学尝试的失败

1791 年

论神义论中一切哲学尝试的失败

李秋零　译

人们把神义论理解为针对理性从世界上与目的相悖的东西出发，对世界创造者的最高智慧提出的抱怨而为这种最高智慧所作的辩护。——人们称这是捍卫上帝的事情；尽管在根本上它无非是我们狂妄的，但在这里认错了其界限的理性的事情，它虽然并不就是最美好的事情，但就（那种自负被搁置一边）人作为一种理性存在物有权利在他服从引起他敬意的所有命题、所有学说之前先检验它们，以便这种敬意是正直的而不是虚伪的而言，它却可以是被允许的。 〔255〕

要作出这种辩护，就要求自封的上帝辩护人**要么**证明：我们在世界上判定为与目的相悖的东西，其实并不与目的相悖；**要么**证明：即便是那么回事，它也不必被判定为所作所为，而是必须被判定为出自事物本性的一个不可避免的结果；最后**要么**证明：它至少不必被看做所有事物的最高创造者的所作所为，而是必须被仅仅看做能够有所归咎的世间存在物、即人的（充其量还是更高级的、善的或恶的、精神性的存在物的）所作所为。

因此，一种神义论的作者同意把这场官司提交理性的法庭判决，并且自告奋勇地要作为辩护人通过郑重其事地反驳敌手的所有控诉来维护受到指控的部分，在诉讼进行期间却不可以借助人类理性法庭的不被允许的绝对命令（exceptionem fori［拒之门外］）来驳回这些控诉，也就是说，不可以借助一种强加给敌手的对世界创造者最高智慧的承认来打发这些控诉，这种承认会把对此可能生发的所有怀疑都不加研究地立刻宣布为毫无根据的；相反，必须研究这些责难，借助澄清和清除这些责 〔256〕
难来使人理解，它们何以丝毫无损于最高智慧的概念。①——

① 尽管一种**智慧**的特有概念只是表现出一种意志的特质，充其量被看做符合所有事物的**终极目的**；相比之下，**艺术**只是为**某些目的**使用最适合的手段的一种能力；然而，如果艺术表现为符合理念的艺术，

不过，有一种责难他大可不必去研究，这种责难说他从这个世界上的经验所教导的东西出发甚至要证明上帝的最高智慧；他这样做绝对不能成功，原因在于，要根据一个给定世界（一如它在经验中供认识那样）来认识完美性，是要求无所不知的；因为关于这种完美性，人们可以确定无疑地说，在世界的创造和管理中，任何地方都不可能有更大的完美性了。

不过，世界上可以与其创造者的智慧相对立的与目的相悖的东西计有三种：

一、绝对与目的相悖的东西，既不能作为目的也不能作为手段被一种智慧认可和追求。

二、有条件地与目的相悖的东西，虽然不是作为目的，但却是作为手段而与一个意志的智慧共存。

第一种是道德上与目的相悖的东西，是真正的恶（罪）；
〔257〕**第二种**是自然的与目的相悖的东西，是灾祸（痛苦）。——但现在，当道德上的恶一旦存在并且不能或者不应阻止的时候，

这些理念超越了人类理性的一切认识（例如，如果手段和目的像在有机物体中那样相互产生），那么，艺术作为一种**神的艺术**，就有理由能够使用智慧的名字了；不过，为了不致混淆概念，还是使用世界创造者的**艺术智慧**，来区别于他的**道德智慧**。目的论（自然神学也通过它）在经验中为前者提供了丰富的证明。但是，从它出发却不能推论出世界创造者的道德智慧，因为自然法则和道德法则要求完全不同种类的原则，而后一种智慧的证明完全是先天地进行的，所以绝对不必建立在世界上所发生事情的经验之上。由于对宗教来说应当适用的上帝概念（因为我们并不为了解释自然，从而出自思辨的目的使用这一概念）必然是一个把上帝当做道德存在者的概念；由于这一概念既不是建立在经验之上的，也不能从一个对我们来说完全超越性的绝对必然存在者的纯粹先验概念得出，所以这就充分地表明，这样一种存在者存在的证明只能是一种道德的证明。

在灾祸与道德上的恶的关系中，即在作为惩罚的灾祸和痛苦与作为犯罪的恶的结合中，还存在着一种合目的性。就世界上的这种合目的性而言，问题在于，世界上是否每一个人都获得了自己的权利。因此，必须还能够设想世界上的：

第三种与目的相悖的东西，即世界上的犯罪与惩罚的不相称。

从而，那些与目的的相悖性作为责难所反对的世界创造者的最高智慧的特性也有三种：

第一，与世界里面道德上与目的相悖的东西相对立，世界创造者作为**立法者**（造物主）的**神圣**。

第二，与理性的世间存在物的无数灾祸和痛苦相对照，世界创造者作为**统治者**（维持者）的**仁善**。

第三，与世界上放荡的人不受惩罚和他们的犯罪之间的不和谐所表现出的弊端相比，世界创造者作为**审判者**的**正义**。①

① 三种特性中的一个绝不可以回溯到另一个，例如把正义回溯到仁善，从而把整体回溯到一个较小的数字；三种特性共同构成了道德上的上帝概念。也不可能改变三种特性的顺序（例如把仁善作为创世的最高条件，立法的神圣亦从属于它），而不损害以这一道德上的概念为基础的宗教。我们自己的纯粹理性（更确切地说纯粹实践理性）规定着这一顺序，如果立法甚至屈居仁善之后，就不再有立法的尊严和义务的固定概念了。人虽然首先期望幸福，但却发现并且满足于（尽管是不情愿的）配享幸福，即自己自由的运用与神圣法则相一致，在创造者的意旨中是他仁善的条件，因而必然先行于仁善。因为以主观目的（自爱）为基础的愿望，不能决定无条件地给意志以规则的法则所规定的客观目的（智慧）。——就连惩罚在正义的实施中也绝不是单纯的手段，而是作为目的在立法的智慧中建立的：逾越被与灾祸结合起来，这并不是为了得出另一种善，而是因为这种结合自身就是，即在道德上是必要的和善的。正义虽然以立法者的仁善为前提条件（因

〔258〕 因此，针对那三种抱怨，必须以上面所提到的三种不同方式设想辩解并根据其有效性予以检验。

一、针对从使世界即神的作品变得丑陋的道德上的恶出发对神的意志的神圣提出的控诉，第一种辩解如下：

1. 像我们为之逾越自己理性的纯粹法则的这样一种绝对与目的相悖的东西，根本就不存在，相反，它只是对人类智慧的违背；神的智慧按照完全不同的、我们无法理解的规则来判断这些违背，在这里，我们虽然与自己的实践理性及其规定相联系合理地认为应予谴责的东西，在与神的目的以及最高智慧相关时，也许无论对我们的特殊福祉来说还是作为世间最好的东西来说，都恰恰是最合适的手段；至高者的道路不是我们的道路（sund Superis sua iura［上苍自有其律法］），如果我们把只是相对于人在此世是律法的东西完全判定为这样一种律法，并且把从如此低劣的立场出发在我们对事物的考察看来与目的相悖的东西也当做从最高的立场出发看来与目的相悖的东西，我们就会犯错误。——在这种护教学中，辩护比抱怨更为糟糕；它并不需要任何反驳，肯定可以自由地听凭每一个对道德稍有感情的人去厌恶。

2. 第二种所谓的辩解虽然承认道德上的恶在世界上的现实性，但却这样为世界的创造者辩护，说它不可能阻止道德上的恶，

为如果他的意志不是旨在其臣民的福祉，那么，他也就不能使自己的臣民承担顺从他的义务）；但它却不是仁善，而是作为正义，与仁善有本质的区别，尽管包含在智慧的普遍概念中。因此，就连对缺少在人们此世分摊的命运中表现出来的正义所作的抱怨，也不是针对好人过得不**好**，而是针对恶人过得不**坏**（尽管如果让恶人过得好，对比还将加大这种不满）。因为在一种神的统治中，就连最好的人也不能把自己幸福生活的愿望建立在神的正义上，而是必须在任何时候都把它建立在神的仁善上，因为只是履行了自己责任的人，不能对神的善行提出合法的要求。

因为它建立在作为有限存在者的人的本性的局限上。——但这样 〔259〕
一来，那种恶自身就会得到辩解；而由于它不能作为人的过失归咎于人，所以人们必须不再把它称为道德上的恶。

3. 第三种辩护：假定就我们称为道德上的恶的东西而言，确实有一种过失要人承担，但却大可不必把任何过失归于上帝，因为他只不过是出自睿智的原因允许那种作为人的行为的道德上的恶，但却绝对没有认可它、希望它或者促成它；——这种辩护（即使人们对于一个作为世界独一无二的创造者的本质的单纯**允许**的概念没有什么反感）却与前一种护教学（第 2 种）导致的是同一种结果：也就是说，由于上帝不可能阻止这种恶，却不损害其他更高的，甚至是道德的目的，所以，这种灾祸（因为这样一来，人们就必须如此称呼它）的理由就不可避免地必须在事物的本质中，即在人性作为有限本性的必然局限中去寻找，从而也不能归咎于人性。

二、针对从这个世界上的灾祸即痛苦出发对神的仁善提出的抱怨，对神的仁善的辩解同样在于：

1. 在人们的命运中，被错误地假定了灾祸对生活的惬意享受占优势，因为每一个人，无论他的情况多么糟糕，都更愿意生而不愿意死；少数决定赴死的人，甚至在他们还在自己推迟它的时候，也还总是在承认那种优势；即便他们足够愚蠢地赴死，在这种情况下也不过是要转移到无知无觉的状态，在这种状态中同样不能感觉到痛苦。——然而，人们肯定可以把这种诡辩术的回答交给每一个具有健康理智、活得足够长久、反思过生命价值、能够对此作出一种判断的人的说法，只要人们问他：他是否有兴趣——我不愿说在这些条件基础上，而是在别的任何他所喜欢的条件基础上（只不过不是一个仙境，而是我们这个尘世）——再次玩一遍生命的游戏。

2. 对第二种辩解：痛苦的感觉对惬意的感觉的优势不能与 〔260〕

像人这样的动物性造物的本性分开（就像威利伯爵在关于娱乐的本性的书中断言的那样），——人们将回答说：如果觉得是这样，那就出现了另外一个问题，即：既然生命按照我们正确的估计对于我们来说并不是值得期望的，我们存在的创造者为什么要让我们获得生命呢？这里的不满，就如同那个印度妇女回答未能因遭受的暴行、因未来的安全给她提供补偿的成吉思汗那样："既然你不愿意保护我们，那你究竟为什么征服我们？"

3. 死结的第三种解法应当是：上帝是为了一种未来的幸福，也就是说出自仁善，而把我们置入世界的，但是，在那个值得期望的极大的永福之前，绝对必须先有当下生活的一个艰难的、痛苦的状态，在这种状态中，我们正应当通过与可恶的东西斗争来配享那未来的美好。——然而，这个考验期（绝大多数人都要经历的，在考验期里，即便是最好的人也不能感到人生的乐趣）在最高的智慧面前绝对必然是未来我们享受的欢乐的条件，而让造物满足于其生命的每一个时期是不可能的，这虽然是可以规定的，却是绝对不能认识的；因此，人们当然可以通过诉诸这样期望的最高智慧来斩开这个死结，但不能解开它；不过，神义论却自告奋勇能够做到这一点。

三、对最后一种控诉，即针对世界审判者的正义[①]提出的控诉的回答是：

① 值得注意的是，在把世界各种事件的进程与其创造者的神性统一起来的所有困难中，没有一个像中间缺少**正义**这种表面现象的困难如此强烈地撞击心灵。如果发生这样的事情（虽然这鲜有发生），一个不义的、尤其是掌握暴力的恶棍不是不受惩罚地从世界上逃逸，那么，与上天仿佛已经和解、通常无党争的旁观者就会欢呼雀跃。没有一种自然的合目的性会通过对它的惊羡而如此使他情感激荡，而上帝之手仿佛已可以在此发现。为什么呢？它在这里是道德的，是惟一具有人们还可以希望在世界上发觉的方式的。

1. 世界上恶人不受惩罚的借口是没有根据的；因为每一件罪行根据其本性在这里都已经带着惩罚，良知的内在谴责要比复仇女神更厉害地折磨恶人。——然而，在这个判断中明显有一个误解。因为有道德的人在这里把自己的心灵特征借赁给恶人了，这就是极为严格的良知；人越有道德，良知就越因为使道德法则在他里面失效的极小草率而严格地惩罚他。然而，在缺少这种思维方式以及与它相关的良知的地方，也就缺少对犯下的罪行的折磨。而恶人哪怕只是能够逃脱由于自己的罪行而发生的外在惩罚，就会嘲笑正派人自己用自我责骂来折磨自己的那种怯懦；但他有时候可能作出的小小责备，要么他作出时根本没有经过良知，要么他内心中还多少有一点良知，这样，这些责备就通过他惟一感兴趣的感官享受得到了绰绰有余的平衡和补偿。——此外，如果那种控诉 〔261〕

2. 应当由此得到反驳：虽然不可否认，在世界上的过失和惩罚之间绝对不存在符合正义的关系，人们必然在世界的进程中经常不情愿地发现一种以显著的不义进行的、尽管如此直到终点还是幸福的生活；但这是在自然中蕴涵的、并非有意造成的从而并非道德上的不愉快，因为与可恶的事情斗争，这是德性的一个特质（有道德的人通过把自己的不幸与恶人的幸福作出比较必然承受的痛苦也属于它），而苦难只会提高德性的价值，从而面对理性把生活无辜的灾祸的不谐和化解为最美妙的道德和谐；——而与这种化解相对立的是：在这些灾祸作为德性的砺石**先行于**德性或者伴随着德性的情况下，如果至少生命的终点将为德性加冕并惩罚罪恶，则虽然可以把这些灾祸想象为与德性处在道德上的一致中，但是，如果像经验提供了无数实例的那样，这个终点是荒谬的，那么，苦难对于有道德的人来说就显得是偶然发生的，不是**为了**他的德性是纯洁的，而是**因为**他的德性是纯洁的（但与此相反，是违背聪明的自爱的 〔262〕

规则的）：这恰恰是人能够理解的正义的反面。因为就这种尘世生活的终点也许不是所有生活的终点这种可能性而言，这种可能性并不适用于为天意**辩解**，而仅仅是虔信道德的理性的绝对命令，由此怀疑者被要求有耐心，却没有被满足。

3. 如果最终要尝试人的道德价值和他们分摊的命运之间这种不和谐的关系的第三种解决，采取的方式是人们说：在这个世界上所有的福祉或者灾祸都必须被判定为从按照自然法则运用人的能力中产生出来的结果，与人们被运用的技巧和聪明相称，但同时也与人们偶然地陷入的处境相称，却不是根据他们与超感性目的的一致；与此相反，在一个未来的世界里，将出现事物的另一种秩序，每一个人都分有他的行为在尘世间按照道德判断所值的东西；——那么，这个前提条件也是任意的。毋宁说，理性如果不作为道德上立法的能力根据它的这种旨趣作出绝对命令，就必须仅仅按照理论认识的规则把这看做可能的，即世界的进程将按照自然的秩序决定我们的命运，无论是此时还是今后。因为理性为了作出理论上的猜测，不以自然法则为导线，还以什么为导线呢？而且，尽管它像前面（第 2 条）苛求它的那样被要求改善自己，对未来的东西持有耐心和希望，但是，由于事物按照自然秩序的进程在这里也自身就是睿智的，它怎么能够期望，这一进程按照同样的法则在一个未来的世界里就是不智的呢？因此，由于按照自然的秩序，在遵循自由法则的意志的内在规定根据（即道德思维方式）和我们遵循自然法则的幸福的（绝大部分是外在的）不依赖于我们意志的原因之间，根本不存在可理解的关系，所以，人的命运与一种神的正义的协调一致，按照我们关于正义形成的种种概念，无论在哪里都很少能期望，这种猜测依然存在。

※ ※ ※

〔263〕 哲学法庭前的这场诉讼的结局是：迄今为止任何一种神义

论都没有提供它所许诺的东西，即针对从这个世界的经验提供认识的东西出发，对统治世界的道德智慧提出的怀疑为它作出辩解；固然这些怀疑作为责难，就我们对自己的理性在责难方面的性质所能达到的而言，也不能证明其反面。但是，是否不能随着时间的流逝再找到为道德智慧辩解的更有利的理由，不（像迄今那样）仅仅 ab instantia [从现在出发] 而赦免被指控的智慧，在此处依然还是悬而未决的；如果我们不能做到确定无疑地阐明，我们的理性绝对没有能力认识**一个世界——无论我们如何借助经验认识它——与最高智慧处在一种什么样的关系中**，那么在这种情况下，自以为的人类智慧其他所有认识神性智慧道路的尝试就都被驳回了。因此，至少一种否定性的智慧，即认识我们在对我们来说太高的东西方面的非分要求的必然局限性，对于我们来说还是可以达到的，这一点还必须予以证明，以便一**劳永逸地**结束这场诉讼；而这一点完全可以做到。

也就是说，我们关于安排这个世界方面的**艺术智慧**有一个概念，对于我们的思辨理性能力来说，为达到一种自然神学，这一概念并不缺少客观的现实性。同样，依据我们自己的实践理性的道德理念，我们还有一个关于可能由一个最完善的创造者置入一个世界的**道德智慧**的概念。——但是，关于那种艺术智慧与道德智慧在一个感性世界中**和谐一致的统一性**，我们却没有任何概念；也永远不能希望达到这一概念。因为是一个造物，以及作为自然存在物，仅仅服从自己创造者的意志，尽管如此却作为自由行动的存在物（他具有不依赖于外部影响的、能够以各种各样的方式与外部影响对立的意志），有责任能力，他自己的行为同时也可以看做一个更高本质的作用；这就是我们虽然必须在一个作为最高的善的世界理念中一并思维，但却 〔264〕
只有达到超感性的（理知的）世界的认识并发现这个世界何以是感性世界的基础的人才能认识的各种概念的协调一致；只有

根据这样的认识，世界创造者的道德智慧的证明才可以在感性世界中得到论证，因为感性世界只不过是前一个世界的显象——这是一种任何必死的人都不能达到的认识。

※　　※　　※

就上帝通过大自然显示他的意志的意图而言，所有的神义论都是对大自然的**诠释**。如今，对一个立法者宣布出来的意志的任何诠释都要么是**教义式的**，要么是**确实可信的**。第一种是从那种意志所利用的表述出发与立法者通常已为人知的意图相结合推论出那种意志的诠释；第二种则是立法者自己所作的诠释。

世界作为上帝的一个作品，可以被我们也看做对上帝意志的**意图**的一种显示。不过在这里，这种显示对我们来说经常是一本锁起来的书；但**任何时候**，尽管这种显示是一个经验的对象，只要是根据从它甚至可以得出上帝的**终极意图**（它在任何时候都是道德上的）而受重视的，它都是这样一本书。这一种诠释的哲学尝试是教义式的，它们构成了真正的神义论，因此人们可以称它们为教义式的神义论。——然而，如果单纯地排除针对神的智慧提出的异议是一种**属神的绝对命令**，或者（这在本事例中结果一样）如果它是理性的表述，我们使作为一个道德上的和睿智的本质的上帝的概念成为必然的和先于一切经验的，凭借的就是这种理性，那么，人们也不可以拒绝它使用神义论的名称。因为在这里，上帝乃是凭借我们的理性自己成为他通过创造宣布的意志的诠释者；而这种诠释我们可以称之为**确实可信的诠释**，但在这种情况下，这并不是一种**推论的**（思辨的）理性，而是一种**掌权的**实践理性的诠释，这种实践理性就像它不用其他理由就在立法中完全是发号施令的一样，可以被看做上帝的直接声明和声音，通过它，上帝赋予自己的创造的字母一种意义。这样一种确实可信的诠释，我发现在一部古老的圣书中得到了寓意的表述。

约伯被表现为这样一个人，人们为了使他完善而哪怕仅仅能够想出的一切都统一成为他的生活享受。健康、富足、自由、对他能够使之幸福的其他人发号施令、在一个幸福家庭的怀抱中、处在情深义重的朋友中间；而在所有这一切之上（这是最重要的）还有在一种善的良知中的自我满足。除了最后一点之外，一次沉重的、为考验而施加给他的命运突然夺去了所有这些财富。从对这种出乎意料的剧变感到晕眩，逐渐地达到理智，他突然开始抱怨自己的厄运；对此，在他和他的据说赶来安慰他的朋友之间很快就产生了一场辩论，其中双方各自根据自己的思维方式（但尤其是根据自己的处境）提出了自己的神义论，为的是在道德上解释那次悲惨的命运。约伯的朋友拥护从神的**正义**出发把世界上的所有灾祸解释为对犯下的罪行作出的如此众多的惩罚的体系；而且，尽管他们不能列举出一件应当由这位不幸的朋友承担过错的罪行，但他们却相信可以先验地作出判断，认定他必须承担起这样的罪责，因为不然的话，按照神的正义，他就不可能是不幸的。与此相反，约伯——他愤怒地保证，他的良知终生都没有对他提出过责备；但就人类不可避免的错误而言，上帝自己知道，是他把约伯自己创造成一个有缺陷的人的——表示赞同**神的无条件的意旨**的体系。“只是他心志已定，”约伯说，“他心里所愿的，就行出来。”① 〔265〕

双方理性思考或者超理性思考的对象中很少有值得注意的东西。但是，他们这种做法的特点却值得更多的注意。约伯说的如同其想的，他的心情也许是每一个人在他的处境中都有的心情；与此相反，他的朋友们所说的，如同他们被更强大者暗中窃听一样，他们正在裁决这位更强大者的事情，凭借自己的

①《约伯记》，第 23 章，第 13 节。

判断讨他的欢心，对他们来说要比真理更受关切。他们维护自己本来必须承认一无所知的事物，只是为了装装样子，他们伪装出一种自己事实上并不具有的信念，他们的这种狡诈与约伯
〔266〕的坦率形成了非常有利于后者的鲜明对比，约伯的坦率如此远离虚伪的阿谀奉承，以致几乎接近于放肆。他说："你们要为神说不义的话吗？为他说诡诈的言语吗？你们要为神徇情吗？要为他争论吗？他查出你们来，这岂是好吗？人欺哄人，你们也要照样欺哄他吗？你们若暗中徇情，他必要责备你们。……因为不虔诚的人，不得到他面前。"①

后者真实地证实了故事的结局。因为上帝赏识约伯清楚地，尤其是从其不可探究性一面知道他的创造的智慧。他让约伯看一看创造美好的一面，那里世界创造者的智慧和仁善的预防措施清楚无误地说明了可以理解的目的；但与此相反，也让他看一看恐吓的一面，因为他向约伯列举了自己权势的产品，其中也有后患无穷的事物，它们中的每一个虽然对其自身或者对其类来说是安排得合乎目的的，但就其他事物而言，甚至就人而言，它们却显得是摧毁性的、违背目的的、与一个借助仁善和智慧安排的普遍计划不合拍的；但在这里，他证明了宣报智慧的世界创造者的整体安排和维持，尽管同时他那对我们来说无法探究的道路，无论是在事物的自然秩序中，还是宁可说在自然秩序与道德秩序（对我们的理性来说就更无法参透了）的联结中，都必然是隐秘的。——结论就是：由于约伯自觉到自己的正直，他承认不是**亵渎神灵地**、而仅仅是不智地轻蔑谈论对他来说太高深、他不理解的事物，所以，上帝对他的朋友们作出了诅咒，乃是因为他们未像上帝的仆人约伯那样好地

①《约伯记》，第13章，第7～11节、16节。

（按照良知）谈论上帝。如果考察一番双方中任何一方所维护的理论，宁可说他的朋友们的理论可以说更多地带有思辨理性和虔诚恭顺的样子；而约伯则极可能在每一个教义学神学家的法庭面前、在一个宗教会议面前、在一个宗教法庭面前、在一个令人敬畏的部门面前，或者在我们时代的任何一个高等教会监理会（只有一个例外）面前，都招致一种悲惨的命运。因此，不是认识上的优势而是心灵的坦诚，直言不讳地承认自己的怀疑的正直不阿，对在人们感觉不到的时候，尤其是不面对 〔267〕 上帝的时候（在上帝面前这种狡诈就荒唐无稽了）伪装信念感到厌恶，只有这些禀性才是在约伯这个人身上决定在神的裁决中一个正直的人相对于宗教上的马屁精的优势的东西。

但是，通过对他的怀疑令人惊异的化解即仅仅通过证明他的无知就产生的信仰，也只能进入这样一个人的灵魂，他在最强烈的怀疑时还能够说（《约伯记》，第 27 章，第 5、6 节）："我至死必不以自己为不正。我持定我的义，必不放松。"因为他以这样的意向证明了，他不是将自己的道德性建立在信仰之上，而是将信仰建立在道德性之上：在这种情况下，无论信仰多么脆弱，它都具有纯粹和真实的性质，即具有奠立一种宗教的性质，这种宗教不是争宠的宗教，而是良好的生活方式的宗教。

结束语

就像这里已经指出的那样，神义论不仅涉及一种有利于科学的任务，而且涉及一种信仰的事务。从确实可信的神义论出发我们看到：在这样一些事情中，关键并不那么在于理性思考，而是在于在发现我们的理性无能方面的坦率，在于在表述时不粉饰自己的思想的正直，无论这种粉饰是出自多么虔诚的意图。——这就引起了以下对一种内容丰富的材料的简要考察，即对作为信仰事务中主要要求的、与作为人类本性中的主要缺陷的虚伪倾向和不正派倾向相对立的坦率的考察。

一个人不能在任何时候都担保，他对自己本人或者对另一个人说的东西是**真的**（因为他有可能出错误）；但是，他能够并且必须担保，他的承认或者表白是**真诚的**：因为他直接地意识到这一点。也就是说，在前一种场合，他是在逻辑判断中把自己的表述与客体（借助知性）进行比较；而在第二种场合，由于他承认自己的视之为真，他是把自己的表述与主体（在良知面前）进行比较。如果他就客体而言作出承认却没有意识到主体，他就是在说谎，因为他说出的东西与他意识到的东西不
〔268〕同。——在人心中有这样的不正派，这一发现并不新鲜（因为约伯已经发现）；但是，人们差不多应当相信，对这种不正派的注意对于道德学者和宗教学者来说是新鲜的：且不说即便是人们**想**按照义务行动，净化人的意向自身也带有的困难，人们很少发现这些学者充分地利用那种发现。——人们可以把这种真诚称之为形式的**良知**；**质料**的良知在于不冒任何不义的风险的谨慎；与此相反，形式的良知就在于需要的话运用这种谨慎的意识。——道德主义者们谈到一种出错的良知。但出错的良知是一种荒唐无稽的东西；而且，如果有这样一种良知，那么，人们就永远不能肯定是正确地行动了，因为甚至最高级次的审判者也还是有可能出错的。我虽然可能在**我相信**自己有道理的一个判断中出错，因为这属于只是客观地作出判断（正确或者错误）的知性；但在**我事实上是否相信**（或者只是伪称）自己有道理的意识中，我根本不可能出错，因为这个判断或者毋宁说这个命题只是说：我是这样判断对象的。

在意识到这种相信（或者不相信）、不伪称没有意识到的视之为真的谨慎态度中，所包含的正是这种形式的良知，它是真诚的基础。因此，那种对自己本人（以及在上帝面前，这在

宗教认信中是一回事）说**他相信**，但也许根本没有查看一下自己本人是否确实意识到这种视之为真或者这样一种程度的视之为真的人①，所说的谎言就不仅是一种最荒唐无稽的谎言（在

① 真诚在外部表述中的强制手段，即**誓言**（tortura spiritualis［精神的拷问］）在一个人类的法庭面前不仅是允许的，而且也被视为不可缺少的：人们对真理少有敬重的明证，甚至发生在公共正义的庙堂上，在这里，单是真理的理念自身就应当引起极大的敬重。但是，人们甚至还在其内在的认信中，谎称具有信念，而他们至少不以他们所伪称的那种方式或者在那种程度上具有这种信念；而且，由于这种不诚实（因为它逐渐地得出现实的说服的结果）还可能具有外在的有害结果，所以真诚的那种强制手段，即誓言（但当然只是一种内在的誓言，即视之为真是否也经得起认信的一种内在**宣誓的**监听的检验）也可以同样很好地被用来即使不能阻止厚颜无耻的、总是还外在地强词夺理的声言的放肆，至少也能使人对它产生怀疑。——由一个人类的法庭对发誓者的良知不能苛求别的东西，除非是自己站出来说：如果有一个未来的世界审判者（从而有上帝和一种未来的生活），他愿意为自己外在认信的真实性对这个审判者负责；至于**有一个这样的世界审判者**，法庭并不要求他必须承认，因为如果第一次保证未能阻止谎言，那么，第二次虚伪的承认同样很少会引起疑问。因此，根据这种内在的宣誓，人们就会自问：你敢面对所有对你来说珍贵的和神圣的东西担保那个重要的或者另一个被认为重要的信条的真实性吗？鉴于这种苛求，良知由于人们所蒙受的危险而受到恐吓，比能够肯定地断言时更多地作假；在这里，认同涉及一个沿着知识（理论认识）的道路根本不能达到的对象，但它的假定，由于惟有这种假定才使最高的实践理性原则与理论的自然认识原则之间的关联在一个体系里成为可能（从而理性与自身一致），而在一切之上是值得推荐的，但又始终是自由的。——但是，信仰认信的源泉是历史的，如果它作为规定被强加给其他人，它就必须更多地经受真诚的考验：因为在这里，不诚实和伪装的信念广为传播，而其罪责则被归咎于仿佛为他人的良知担保的人（因为人们很乐意消极地对待自己的良知）。

〔269〕一个知人心者面前），而且还是最违法的谎言，因为它损害了每一个道德决心的基础，即正直。这样盲目的和外在的**认信**（它很容易与一种同样不真实的内在认信达成一致）如果提供**谋生手段**，就会逐渐地把某种虚伪带入甚至一般人的思维方式，这一点很容易就可以看得出来。——然而，对思维方式的这种公开净化很可能要延迟到遥远的时代，直到也许有朝一日在对思想自由的保护下它成为普遍的教育原则和学术原则，就此而言，这里还想用几行字来考察一番那种似乎深深地植根于人性之中的坏习惯。

在一个正直的、远离一切虚伪和积极掩饰的性格的确立中，包含着某种动人的、升华灵魂的东西；但由于思维方式的〔270〕诚实、单纯的淳朴和直率（尤其是当人们不要求它襟怀坦白的时候）是人们对于一种好的性格所能够提出的最低要求，由此就不能忽视我们给予这样一个对象的那种惊羡究竟是建立在什么上面的：事情必然是这样的，即正直是人性离得最远的一种特质。一个可悲的发现！因为正是通过它，其他所有特质只要建立在基本原则之上，就能够具有一种内在的真正价值。一个静心养性的厌世者（他不期望任何人恶，却倾向于相信人们的一切恶）可能只有一点是成问题的，即他是否应当认为人们是**值得恨的**，或者他宁可认为人们是**值得鄙视的**。他初次相遇就判定人们训练有素所根据的特质，就是他们蓄意造成损害的特质。而在他看来使人们蒙受后一种鄙视的那些特质，则可能无非是一种**自在地恶**的倾向，尽管它不损害任何人：这是一种不为任何目的而应当当做手段来运用的倾向；因而客观上没有任何好处。第一种恶也许无非是**敌意**（委婉点说：无爱）的恶；第二种恶则无非是**欺骗**（虚伪，甚至没有任何目的地造成损害）。**第一种**偏好具有一种意图，其运用在某些别的关系中可能是被允许的、是好的，例如对不可救药的捣乱分子的敌意。

但第二种倾向是运用一种手段（说谎）的倾向，无论是为了什么目的，它都没有任何好处，因为它自在地是恶的、应予抵制的。第一种人的品性中包含的是**恶意**，在某些外部关系中为了良善目的的精明能干还可以与它结合，它只是在手段中犯罪，而这些手段也并不是对任何目的来说都是应予抵制的。后一种恶则是**卑鄙无耻**，由此而剥夺了人的一切品质。——我在这里主要说的是深深地埋藏在隐蔽的东西之中的不诚实，因为人甚至会伪造面对他自己的良知的内在表述。外在的欺骗倾向越来越不令人感到奇怪；情况必定是这样的，即虽然每一个人都被教会识别他在流通中使用的硬币的真伪，但尽管如此假硬币仍然能够保持畅通无阻。

在**德·吕克**先生关于山脉、地球的历史和人的书信中，我 〔271〕想起来曾经读到他那部分是人类学的旅行的如下结果。博爱的作者怀着我们族类原初善良的假定出发，在城市的享乐不可能有这样败坏心灵的影响的地方，在从**瑞士山脉**到**哈尔茨山脉**的群山中寻找这种善良的证实；在他对无私提供帮助的偏好的信仰由于在瑞士山脉的经验而有点动摇之后，他却最终得出了这一结论：**就善意而言，人是足够好的**（不是什么奇迹，因为这建立在以上帝为创造者的植入的偏好上面）；**要是人不固有一种对高明骗术的糟糕倾向就好了**（这也不值得惊奇；因为阻止这种骗术是以人必须自己在自身形成的性格为基础的）！——这一研究的结果，每一个人即使不到群山中旅行，在他的同胞中间，更精确地说在他自己的心底里，都可能遇到的。

伊曼努尔·康德 1793年

论俗语：这在理论上可能是正确的，但不适用于实践

1793 年

论俗语：这在理论上可能是正确的，但不适用于实践

李秋零　译

如果实践规则在某种普遍性上被思考为原则，并且在这时抽掉一堆毕竟必然对其实施有影响的条件，那么，人们就把这些实践规则的总和本身称为**理论**。反过来，并非任何操作，而是只有对一个目的的促成才叫做**实践**，这种促成被视为对某些普遍地设想的行事原则的遵循。 〔275〕

无论理论如何完备，在理论和实践之间还要求有一个联结并从一个过渡到另一个的中间环节，这是显而易见的；因为包含着规则的知性概念必须附加上判断力的一个行为，实践者由此区分，某种东西是不是规则的事例；而且既然对于判断力来说，不能总是又提供规则，让它在归摄时来遵循（因为这会没有穷尽），所以就可能有一些理论家，终生永远不可能成为实践的，因为他们缺乏判断力：例如有些医生或者法学家，曾优秀地完成自己的学业，当他们必须决定时，却不知道应当怎么办。——但是，即便是在发现了这种天赋的时候，也毕竟还可能有一种前提方面的欠缺；也就是说，理论可能是不完备的，其补充也许只能通过尚待进行的试验和经验来进行，走出其学校的医生、农艺师、财政官员能够并且应当从这些试验和经验抽出新规则，并使其理论完备。这时，如果理论还不太适用于实践，责任就不在于理论，而是在于这里的理论**不充足**，此人本应当从经验学得理论，而且这是真正的理论，即便他没有能力自行提出这理论，并作为教师以普遍的命题来系统地阐述它，从而不能要求一个理论的医生、农艺师等等诸如此类的名号。因此，没有人能够冒充实践上精通一门科学，却又轻视理 〔276〕
论，而不暴露出他在自己的专业上是一个无知者：因为他相信，凭着在试验和经验中四处摸索，无须给自己搜集某些原则（真正说来，这些原则就构成我们称之为理论的东西），而且无须关于自己的事务为自己设想一个整体（这个整体如果在这里得到有条理的处理，就叫做体系），他就能够比理论所能够带领他的，走得更远。

然而，一个无知者伪称理论在他自以为的实践中不必要和可有可无尚可容忍，不可容忍的是，一个自以为聪明的人承认理论及其对于学业的价值（也许只是为了训练头脑），但同时却断言：这在实践上完全是另一回事；人们在从学校走出进入世界时，就会意识到是在追求空洞的理想和哲学的梦幻；一言以蔽之，在理论上听起来很好的东西，对于实践来说却没有效力（人们也经常如此表述这一点：这个或者那个命题虽然 in thesi [在命题的意义上] 有效，但 in hypothesi [在假说的意义上] 却不然）。现在，经验性的机械师想如此贬低一般机械学，或者炮手想如此贬低关于弹道的数学学说，说这方面的理论虽然构思精致，但在实践上却根本无效，因为在实施时，经验所提供的与理论所提供的是完全不同的结果，对于他们，人们只会加以嘲笑（因为如果给前一种理论再加上摩擦理论，给后一种理论再加上空气阻力理论，因而一般而言只要加上更多的理论，它们就会与经验完全协调一致）。然而，对于一种涉及直观对象的理论来说，其情况完全不同于对象在其中仅仅通过概念被表现出来的理论（分别事关数学的客体和哲学的客体）：后一种对象也许能够十分妥当且无可指摘地（从理性方面）**被思维**，但也许根本不能**被给予**，而可能纯然是空洞的理念，对于它们来说，在实践中要么根本不可使用，要么甚至有一种有害于实践的使用。因此，在这样的实例中，那个俗语就可能有其充分的正确性。

然而，在一种基于**义务概念**的理论中，对于这个概念之空
〔277〕洞的观念性的忧虑就完全消失了。因为如果我们的意志的某种作用并不也在经验（无论它是被设想为完成的，还是被设想为一直接近完成的）中可能，那么，企求这种作用就会不是义务；而在本文中所说的只是这类理论。因为作为哲学的丑闻，

关于这种理论屡见不鲜地有人借口说，在其中可能正确的东西，对于实践来说却无效：确切地说是以一种高傲蔑视的口气，充满狂妄，想要在理性安置其最高荣誉的东西里面通过经验来改进理性本身；且以智慧自负，凭借死盯着经验的鼠目寸光，能够比一种被创造得昂首直立、凝视天穹的存在者所分有的眼睛看得更远、更准。

这种在我们这个夸夸其谈而无行动的时代里已经变得十分常见的准则，当它涉及某种道德事务（德性义务或者法权义务）时，就造成极大的危害。因为在这里，所关切的是理性（在实践事务上）的法规，此时实践的价值完全基于它与配给它的理论的适宜性，而如果履行法则的经验性的，从而偶然的条件被当成法则本身的条件，并且就这样，一种考虑到按照**迄今的**经验而可能的结局的实践，被赋予权利去主宰自身独立的理论，那么一切就都完了。

我按照三种不同的立场来划分本文，那位如此满不在乎地蔑视理论和体系的可敬人士就经常从这三种立场出发来评判自己的对象；因而就是以三重身份来划分：1. 作为私人，但毕竟是**业务人**；2. 作为**国家人**；3. 作为**世界人**（或者一般的世界公民）。这三种人格在攻击为他们全体并为他们的福祉探讨理论的**学术人**这一点上是一致的：为的是既然他们自以为理解得更好，就把学术人当做一个对实践迂腐、只是妨碍他们的历练智慧的学究，赶回自己的学校。(illa se iactet in aula [让他在那个庭院里卖弄自己吧]!)

因此，我们将分三节来阐明理论与实践的关系：**首先**是在一般**道德**中（着眼于每个人的福祉），**其次**是在**政治**中（与国家的福祉相关），**再次**是在世界主义的观点中（着眼于**人类**整体的福祉，确切地说，就人类置身于在未来一切时代的繁衍系列里向这种福祉的进步之中而言）——但出自从本文自身得出 〔278〕

的理由，各节的标题是通过在**道德**、**国家法权**和**国际法权**中理论与实践的关系来表述的。

一、论一般道德中理论与实践的关系

（答伽尔韦教授先生的一些异议）①

在我着手讨论关于在使用同一个概念时可能仅仅对理论有效或者对实践有效的东西的真正争执点之前，我必须把我的理论，如同我在别的地方介绍过的那样，与**伽尔韦**先生对它所作的介绍放在一起，以便事先看一看，我们是否也相互理解。

（一）我曾把道德解释为一门不是教导我们如何得到幸福，而是教导我们如何配享幸福的科学的导论。② 在那里，我并不曾忘记说明，由此人并未被要求在取决于遵循义务时，应当**放弃**其自然目的，即幸福；因为就像一般而言任何有限的理性存在者一样，他做不到这一点；而是他在义务的诫命出现时，必须完全**排除**这种考虑；他必须绝对不使这种考虑成为遵循理性

① **伽尔韦著：《试论出自道德和文学的不同对象》**，第 1 部，111～116 页。我把对我的命题的辩驳称为这位可敬的人士对他期望与我（如我所希望的）达成共识的东西的**异议**，而不是作为否定性的论断会激起辩护的攻击。对于这类攻击，此处不是讨论的地方，我也没有兴趣讨论。

② 配享幸福，这是一个人格基于主体自己的意志而有的资质，符合这种资质，一种普遍的（既为自然也为自由意志）立法的理性才会与这个人格的一切目的协调一致。因此，它与为自己谋取幸福的熟巧截然不同。因为如果他拥有一个与惟一适合于理性的普遍立法的意志并不协调一致，并且不能被一起包含在其中的意志（也就是说，它与道德性相冲突），那么，他就甚至不配有这种熟巧和自然为此而赋予他的才能。

为他规定的法则的条件；甚至尽其所能地意识到，不让任何由那种考虑派生的动机不知不觉地混入义务的规定。之所以如此，乃是因为人们宁可设想义务与遵循它（德性）所需要付出的牺牲相结合，也不设想它与遵循它给我们带来的好处相结合，为的是就义务诫命的全部的、要求无条件顺从的、自给自足的、不需要任何别的影响的威望来阐明它。 〔279〕

1. 如今，伽尔韦先生是这样表述我的这个命题的："他曾经断言，对道德法则的遵循完全不考虑幸福，它对人来说是**惟一的终极目的**，因为它必须被视为创造者的惟一目的"（按照我的理论，创造者的惟一目的既不是人的道德性自身，也不单是幸福自身，而是在世间可能的至善，它就在于二者的统一和协调一致）。

（二）此外我曾说明，这个义务概念不需要以任何特殊的目的为根据，毋宁说为人的意志**带来**另一种目的，亦即尽一切能力造就在世间可能的**至善**（在世界整体中与最纯粹的道德也相结合的普遍的、符合这种道德的幸福）。既然我们虽能掌控一面，但却无法两面兼顾，这就迫使理性**在实践角度**信仰一个道德的世界统治者，并且信仰一种来世的生活。并不是好像惟有预设这二者，普遍的义务概念才会获得"支持和稳固性"，也就是说，获得一个可靠的根据和一种**动机**的必要强度，而只是为了这个概念在纯粹理性的那个理想上也获得一个**客体**。① 因为就自身而言，义务无非是把意志**限制**在一种普遍的、因一 〔280〕

① 假定在世间有一种也通过我们的参与而可能的**至善**是一切事物的终极目的，这种需求并不是出自欠缺道德动机的需求，而是出自欠缺外部境遇的需求，惟有在这些外部境遇中，才能按照这些动机产生一个作为目的自身的客体（作为道德的**终极目的**）。因为没有任何**意志**能够不具有一切目的；尽管在取决于对行动的法则上的强制时，人们必须不考虑目的，而且惟有法则才构成意志的规定根据。但是，并非

个被采纳的准则而可能的立法的条件上，不管意志的对象或者目的如何（因而也包括幸福）；但是，在此完全不考虑这种对象，也不考虑人们可能有的任何目的。因此，在道德**原则**的问题上，关于**至善**——作为一个由道德所规定，并符合道德法则的意志的最终目的——的学说可以（作为附带的）完全略过，搁置一旁；如下文也会说明，在事关真正的争执点时，根本不考虑这一点，而是仅仅考虑普遍的道德。

2. 伽尔韦先生把这些命题表述如下："有德者绝不能，也不可以无视那个（自身幸福的）观点，因为若不然，他就会完全丧失进入不可见世界、通往对上帝存在和不死的信念的通
〔281〕道；然而，按照这种理论，上述信念是绝对必要的，以便**为道德体系提供支持和稳固性**"；而最后，他简明扼要地概括了被

每一个目的都是道德的（例如，自身幸福这个目的就不是），相反，这种目的必须是无私的；而且，一个由纯粹理性交付的、把一切目的的整体囊括在一个原则之下的终极目的的需求（一个作为也通过我们的参与而可能的至善的世界），是为产生一个客体（至善）而还**扩展**到对形式法则的遵循之外的无私意志的需求。——这是一种特殊的意志规定，亦即由一切目的之整体的理念来规定，这里被奠定为基础的是：**如果**我们与世间的事物处于某些道德关系之中，那么，我们处处都必须服从道德法则；而且在此之上还再加上一种义务，即尽一切能力去促成这样一种境遇（一个符合最高道德目的的世界）实存。在这里，人按照与神明的类比来思维自己，神明虽然主观上不需要任何外在的事物，但却不能被设想为其将自己封闭在自身之内，而是甚至由其完全自足性的意识所决定，要在自身之外产生至善：这种必然性（它在人身上就是义务）在最高的存在者身上就只能**被我们**设想为道德的需求。因此，在人这里，存在于因其参与而在世间可能的至善的理念之中的动机，也不是在此时期望的自身幸福，而只是这个作为目的自身的理念，从而是对它作为义务的遵循。因为它并不包含对幸福的指望，而只包含对幸福和主体的配享之间的一种比例的指望，不管主体如何。但是，一种把自己及其想要归属这样一个整体的意图限制在这个条件之上的意志规定，就**不是自私的**。

归诸我的全部主张："有德者依据那些原则，持之以恒地致力于使自己配享幸福，但**只要**他是真正有德的，就绝不致力于使自己幸福"（"**只要**"这个词在此造成了一种歧义，必须事先消除这种歧义。该词可以无非是意指：**在**他作为有德者服从自己的义务的**行为中**；而这样，这个命题就与我的理论完全吻合。或者它意指：只要他一般而言是有德的，并且因此而甚至在不事关义务且与义务不相抵触的时候，有德者也根本不应当考虑幸福；而这样，这就与我的主张完全相矛盾）。

因此，这些异议无非是误解（因为我不可以把它们视为曲解）。人类有一种癖好，就连在评判他人的思想时，都要遵循其一度习惯的思路，并这样把那种思路带入他人的思想中，如果不是这种癖好足以说明这样一种现象，上述误解的可能性就会必定令人诧异。

在对上述道德原则做过论辩性的探讨之后，如今接下来的是一个反面的独断主张。也就是说，伽尔韦先生这样作出分析的推论："在**概念**的秩序中，察觉和分辨诸般状态，从而给予一种状态以相对于另一种状态的**偏爱**，这必须先行于在诸般状态中选择一个，因而先行于预先规定某一个目的。一个赋有对自己及其状态的意识的存在者，当一种状态临在并为他所察觉时，与其他存在方式相比他所**偏爱**的这种状态，就是一个**好的**状态；而一系列这样好的状态，就是**幸福**这个词所表述的最普遍的概念。"——此外，"一个法则预设动机，但动机则预设一个较坏的状态与一个较好的状态的事先被察觉的区别。这种被察觉的区别就是幸福这个概念的要素，等等"。此外，"**从幸福**——在该词最普遍的意义上——**中产生出每一种努力的动机**，因此，也产生出遵循道德法则的动机。在我能够问履行道德义务是否属于善的范畴之前，我必须首先一般而言知道某物是善的；**在**人们能够为人预设一个其活动应当指向的**目标之** 〔282〕

前[1]，人必须有一个**动机**使他活动”。

这种论证不外是在玩弄“**善**”这个词的歧义：因为这个词或者是指就自身而言并且无条件地善，与就自身而言的恶相对立；或者是与较坏的或者较好的善相比较，指始终仅仅有条件的善，这时选择后者的那种状态就可能只是一种相对善的状态，但就自身而言却毕竟是恶的。——无条件地遵循自由任性的一个定言地颁布命令的法则（亦即义务），根本不考虑任何被奠定为基础的目的，其准则与追求自然本身作为某种行动方式的动机加给我们的目的（总的来说叫做幸福）的准则，在根本上——亦即**在种类上**——是不同的。因为前一个准则是就自身而言善的，后一个准则却绝对不然；在与义务相冲突的情况下，它可能是十分恶的。与此相反，如果某个目的被奠定为基础，因而没有任何法则无条件地（而是只在这个目的的条件下）颁布命令，那么，两个相对立的行动就可能都是有条件地善的，只不过一个比另一个更善而已（后者因此就会叫做相对恶的）；因为它们不是**在种类上**，而是仅仅**在程度上**彼此有别。一切不是以无条件的理性法则（义务），而是以我们任意地奠定为基础的目的为动机的行动，其情况都是如此。因为这个目的属于一切目的的总和，这个总和的达成被称为幸福；而对于我的幸福，可能一个行动贡献更多，另一个行动贡献更少，因而一个行动比另一个行动更好或者更坏。——但是，偏爱意志规定的一种状态甚于另一种状态，这只不过是自由的一个活动

① 这一点恰恰是我所坚决要求的。在人被预设一个目标（目的）之前，他事先能够怀有的动机显然只能是法则本身，经由法则（不管人们可能怀有什么目的，以及通过遵循法则可能达到什么目的）引起的敬重。因为就任性的形式的东西而言，法则就是在我排除掉任性的质料（伽尔韦先生把它称为目标）之后惟一剩下的东西。

而已（如法学家所说，res merae facultatis [纯属机缘之事]），在这种活动中，此事（意志规定）就自身而言究竟是善的还是恶的，根本不予考虑，因而对于双方来说都是同等有效的。

与某个**被给予的目的**相联结，我偏爱一个状态甚于**同类的**任何其他状态，这个状态就是一个相对善的状态，也就是说，在幸福的领域里的一个相对善的状态（幸福永远只是以有条件的方式，就人们配享幸福而言，才**被理性**承认为**善的**）。但是，在我的某些目的与义务的道德法则相冲突的情况下，我意识到自己偏爱义务，这种状态就并不仅仅是一个更善的状态，而是单就自身而言善的状态：这是出自一个完全不同的领域的善，在这个领域里，可能提供给我的种种目的（因而这些目的的总和，即幸福）根本不予考虑，而且不是任性的质料（一个被奠定为基础的客体），而是其准则的普遍合法则性的纯然形式，构成了任性的规定根据。——因此，绝对不能说，我甚于任何别的存在方式而偏爱的每一个状态都被我归为幸福。因为我必须首先肯定，我并没有违背我的义务而行动；然后我才被允许，在我能够将幸福与我的那种道德上（不是自然上）善的状态统一起来的范围内，去寻求幸福。① 〔283〕

当然，意志必须有动机；但这些动机却不是某些作为目的所预设的、关涉自然情感的客体，而无非是无条件的法则本

① 幸福包含着自然为我们提供的一切（而且也仅仅如此）；但德性却是除了人自己之外，没有人能够予取予夺的东西。如果有人抗辩说：由于偏离德性，人至少会招致责备和纯粹的道德自责，因而招致不满足，从而使自己不幸福，则这一点或许可以予以承认。但是，惟有有德者或者在成为有德者的途中的人，才能有这种纯粹的道德上的不满足（不是出自对他不利的行动后果，而是出自行动违背法则本身）。所以，这种不满足不是他有德的原因，而仅仅是其结果；而有德的动因不能取自这种不幸福（如果人们愿意这样称谓出自一件罪行的痛苦）。

身，意志对于这法则的感受性，即处在作为无条件的强制的法则之下，就叫做道德情感；因此，道德情感并非意志规定的原因，而是其结果；如果那种强制不在我们心中先行，我们在心
〔284〕中对道德情感就不会有丝毫察觉。所以，说这种情感，从而我们使之成为我们目的的愉快，构成意志规定的最初原因，于是幸福（那种愉快作为要素属于幸福）就构成行动的一切客观必要性的根据，从而构成一切义务承受的根据，这种陈词滥调属于玄想的**把戏**。也就是说，人们如果在为某个结果列举一个原因时能够不停地追问下去，最终就使结果成为其自身的原因。

现在，我该谈到我们在这里真正要讨论的问题，亦即借实例来证明和检验理论和实践所谓在哲学中相互抵触的旨趣。伽尔韦先生在其上述论著中为此提供了最佳的证明。他首先说（当他谈到我在我们应当如何得到**幸福**的学说和我们应当如何**配享**幸福的学说之间所发现的区别时）："就我而言，我承认，我在自己的**脑**中很能理解对理念的这种划分，但我在自己的**心**中却找不到对愿望和努力的这种划分；我甚至无法理解，某个人如何能够意识到，已经把自己对于幸福本身的要求隔离干净，因而完全无私地履行了义务。"

我首先答复后一点。也就是说，我乐意承认，没有人能够确定无疑地意识到，自己完全无私地**履行了**自己的义务；因为这属于内部经验，而要对其心灵状态有这种意识，就需要对一切通过想象力、习惯和偏好而与义务概念伴生的附带表象和考虑有一个通透清晰的表象，而在任何情况下都不能要求有这个表象；一般而言，某物（因而也包括一个暗中想到的好处）之不存在也不能是经验的对象。但是，人**应当**完全无私地**履行**自己的义务，并且**必须**把自己对幸福的要求与义务概念完全隔离，以便完全纯粹地拥有这个概念，这却是他极其清晰地意识到的；或者，如果他不相信是这样，则可以要求他尽自己所能是这样，

因为正是在这种纯粹性中，才能发现道德性的真正价值，而且他也因此而必定能够是这样。也许，从来没有一个人完全无私地（没有其他动机掺入）履行了其已知的、并且为他所尊崇的 〔285〕义务；也许，也将永远没有一个人经过极大的努力而达到这个地步。但是，他在最审慎地反省时能够在自己心中觉察到，自己不仅没有意识到任何这样的参与其事的动机，而毋宁是在许多与义务理念相对立的动机方面意识到自我否定，从而意识到致力于那种纯粹性的准则；这是他能够做到的；而这对于他遵循义务来说也就够了。与此相反，如果借口人性不允许这样一种纯粹性（他毕竟也不能确定无疑地断言这一点）而使助长这样一些动机的影响成为准则，这就是一切道德性的死亡。

至于伽尔韦先生刚才的告白，即在他的**心**中找不到那种划分（真正说来是分离），我则毫不顾虑地径直反驳他的自我归责，针对他的脑来保护他的心。他这位正直的人，实际上任何时候都在自己心中（在他的意志规定中）找到这种划分；但这种划分只是不愿为了思辨的目的，为了理解无法理解（无法解释）的东西，亦即定言命令式的可能性，在他的脑中与心理学解释（这些解释全都以自然必然性的机械作用为基础）的惯常原则协调罢了。①

① 伽尔韦教授先生（在他关于**西塞罗**的《论义务》一书的注释中，第 69 页，1783 年版）作出过值得注意并且与他的机敏相称的告白："按照他的最真挚的信念，自由将永远是无法解决的，永远得不到解释。"绝对不能找到自由的现实性的证明，无论是在直接的经验中还是在间接的经验中；而没有任何证明，人们也就不能假定它。现在，既然自由的证明不能从纯然理论的根据出发（因为这些根据必须在经验中去寻求），因而是从纯然实践的理性命题出发，但也不是从技术性的实践命题出发（因为这些命题又要求有经验根据），因而只是从道德性的实践命题出发来作出，所以人们必然感到奇怪，为什么伽尔韦先生不求助于自由概念，以便至少挽救这样一些命令式的可能性。

但是，伽尔韦先生最后说："在**反复思考**个别对象时，理念的这样一些精细的区别就变得**暗淡**了；但在把它们运用到欲
〔286〕求和意图上，而事关**行动**时，它们就**完全消失**了。我们由对动机的考察过渡到现实的行动的步骤越简单、越迅捷、越没有清晰的表象，就越不可能精确并且可靠地认识每一个动机以这种而不是他种方式引导这个步骤所添加的确定分量。"此时，我不得不大声并且竭力反驳他。

义务概念在其完全的纯粹性之中，与任何取自幸福的或者与幸福和对幸福的考虑相混杂的动机（这在任何时候都需要很多艺术和思考）相比，不仅无可比拟地更为简单、更为清晰，对于每个人来说为了实践运用而更易把握、更为自然，而且甚至在最普通的人类理性的判断中，只要它被带给人类理性，确切地说与这些动机相隔离，甚至与之相对立，被带给人的意志，与一切借自后一种自私原则的动因相比，都远远**更为有力**、更为强劲、更有成功的希望。——例如，有这样的事例，某人手中持有一笔他人寄存的财产（depositum），其所有者已经去世，而其继承人对此一无所知，也不可能有所获悉。且把这个事例甚至讲给一个大约八九岁的孩子听，而且同时，这笔寄存财产的持有人（并非由于其过错）恰恰在此时陷入其幸运境遇的完全衰落之中，环顾周围是悲苦的、饥寒交迫的妻小家人，如果他把那笔寄存财产占为己有，就会立马摆脱这种窘困；同时，他是与人为善和慈悲为怀的，但那些继承人却为富不仁，极度奢侈挥霍，以至于他们的财富的这笔附加是否被扔进海里，事情都会是一样。而现在人们要问，在这种情况下，把这笔寄存财产挪为己用，是否能够被视为允许的。毫无疑问，被问的人将回答说：不可！并且不顾一切理由只能说：**这是不义**，也就是说，这与义务相冲突。没有比这更为清楚的了；但这确实不是说：他通过退还而促进着他自己的幸福。因

为如果他指望对幸福的企图来规定他的决断，他就可能例如这样来思维："如果你将存放在你这里的他人财产主动交给真正的所有者，他们也许将为你的真诚而酬谢你；或者如果不是这样，你将赢得一个广为传播的好名声，这可能对你十分有利。 〔287〕但是，这一切都很不确定。对此，当然也出现一些疑虑：如果你想侵吞寄存的财产，以便自己一举摆脱窘境，那么，当你迅速地使用它们时，你就会引起对你的怀疑，即你是如何以及通过什么途径如此快地改善了自己的处境；但如果你想慢慢地着手做，困境就会在这期间如此加剧，以至于根本无法再做补救。"——因此，遵从幸福原则的意志在其各种动机之间摇摆不定，不知道应当作出什么决定；因为他关注绩效，而绩效是很不确定的；要从蜂拥的正反理由中挣脱出来，并在结算时不欺骗自己，需要一个好头脑。与此相反，如果他自问在这里什么是义务，则对于应当给予自己的答案，他根本不会被难住，而是当场就确知他应当做什么。的确，如果义务概念在他这里有效力，那么，哪怕他只是着手估算自己从违背义务能够得到的好处，他也甚至将感到一种厌恶，就好像他在这里还有这项选择似的。

因此，伽尔韦先生说，这些区别（如上文所指出，这些区别并不如他所认为的那样精细，而是以最粗浅和最易懂的文字书写在人的灵魂中的）**在事关行动时就完全消失了**，这甚至与他自己的经验相矛盾。虽然并不是与阐述从这个或者那个原则汲取的准则之**历史**的经验相矛盾，因为在这里，很可惜，它证明的是这些准则多半出自后一种（自私的）原则；而是与只能内心具有的经验相矛盾，即升华人类心灵并鼓舞它直至心潮澎湃的理念，莫过于一种把义务推崇得超乎一切，与生活的无数灾祸，甚至其最惑人的引诱作斗争，并且仍然（人们有理由假定，人能够做到这一点）战胜它们的纯粹道德意念的理念。人意识到由于自己应当做到这一点，自己就能够做到，这在他心中开启了一个属神禀赋的纵深，这个纵深使他对自己的真正使〔288〕命的伟大和崇高仿佛感到一种神圣的敬畏。而如果人经常被提醒这一点，并且习惯于让德性完全摆脱其由于遵循义务而获得的好处袋的一切财富，就其完全的纯粹性来设想它；如果在私人传授和公开传授中，“经常利用这一点”成为原理（这是一种使人牢记义务的方法，几乎总是被忽略），那么，人的道德必定会迅速改善。历史经验迄今尚未证明德性学说的良好绩效，这也许正要归咎于如下的错误预设：派生自义务自身的理念的动机，对于普通的理解力来说太过精细，与此相反，从某些因遵循法则（并不把法则当做动机来留意）而能在此世，甚至也在一个来世期待的好处获取的较为粗浅的动机，却会更为有力地影响心灵；而且，人们迄今把赋予对幸福的追求甚于理性使之成为最高条件的东西，亦即配享幸福以偏爱，当成教育和授课的原理。因为人们如何使自己幸福，至少能够防免自己的不利，其**规范**并不是**诫命**。它们绝对不约束任何人；而且在一个人受到警告之后，如果他乐意忍受自己的遭遇，他可以选择他觉得恰当的事情。在这种情况下，由于忽视给予他的劝告而会对他产生的灾祸，他没有理由视之为惩罚；因为惩罚仅仅关涉自由的、但违背法则的意志；但是，自然和偏好并不能为自由立法。对于义务的理念来说，情况就完全不同了，对义务的违反即使不考虑由此对他产生的不利，也直接地影响到心灵，并且使人在他自己的眼中成为卑鄙的和应予惩罚的。

如今这里有一个清晰的证明，即凡是在道德中对理论来说正确的东西，就必然对实践来说也有效。——因此，在一个人的资质中，作为一个由于其自己的理性而服从某些义务的存在者，每个人都是一个**业务人**；而且既然他作为人，毕竟绝不因成长而不再需要智慧的学校，所以他绝不能作为一个自以为通过经验而对“人是什么”和“人们能够对他要求什么”受到了更好的教育的人，以傲慢的轻蔑将理论的追随者逐回学校。因为所有这些经验都无助于他摆脱理论的规范，而是至多在人们 〔289〕 已经把理论接纳入自己的原理时，助他学会如何能够更好地和更普遍地将理论付诸实施；但在这里所说的，不是这种实用的熟巧，而只是上述原理。

二、论国家法权中理论与实践的关系

（驳霍布斯）

在一群人借以结成一个社会的所有契约（pactum sociale［社会契约］）中，在他们中间建立一种**公民宪政**的契约（pactum unionis civilis［公民联合的契约］）具有如此独特的性质，以至于尽管就**实行**而言，它与任何别的契约（这种契约同样是指向随便某一个必须共同促成的目的的）都有许多共同之处，但在其奠立的（constitutionis civilis［公民体制的］）原则上，它却与所有其他契约都与本质的区别。许多人为了某个（共同的）目的（所有人都**怀有**这个目的）而结合起来，这在所有的社会契约中都可见到；但是，如果他们的结合自身就是目的（每一个人都**应当怀有的**目的），因而是在不得不发生相互影响的人们的任何一种一般而言的外部关系中无条件的和首要的义务，则这样一种结合就只能见诸一个处在公民状态中的，也就是说构成一个共同体的社会之中。如今，在这样的外部关系中自身就是义务，甚至是其余一切外在义务的至上形式条件（conditio sine qua non［必要条件］）的目的，就是人们在**公共的强制性法律**之下的法权，这些法律能够为每个人规定“他的”，并保障它免受任何他人的侵犯。

但是，一种一般而言的外在法权的概念完全出自人们的相互外在关系中的**自由**的概念，并且与所有人自然怀有的目的（对幸福的企望）以及达到幸福的手段的规范根本无关，以至于也因为此，这种目的绝对不可作为人们的规定根据混入那种
〔290〕法律之中。**法权**是把每一个人的自由限制在其与任何一个人的自由相协调的条件之上，只要这种协调按照一个普遍的法律是可能的；而**公共法权**就是使得这样一种普遍的协调成为可能的**外在法律**的总和。如今，既然由一个他人的任性对自由的任何限制都叫做**强制**，所以就得出，公民宪政是**自由**人的一种关系，这些自由人（尽管他们在其与别人相结合的整体中是自由的）毕竟处在强制性法律之下，因为理性本身想要这样，确切地说是纯粹的、不考虑任何经验性目的（这类目的都被包含在幸福这个共同的名称之下）的先天立法的理性想要这样；就经验性目的而言，以及每一个人想把它置于何处，人们的想法根本不同，以至于他们的意志不能被归于一个共同的原则之下，因而也不能被归于任何外在的、与每个人的自由相协调的法律之下。

因此，公民状态仅仅作为有法权的状态来看，建立在如下的先天原则之上：

1. 社会中作为**人**的每个成员的**自由**；
2. 社会中作为**臣民**的每个成员与每个他人的**平等**；
3. 一个共同体中作为**公民**的每个成员的**独立**。

这些原则不仅是已经建立起来的国家所立的法，而且惟有依据它们，才有可能按照一般外在人权的纯粹理性原则建立起国家。因此：

1. 作为人的**自由**；对于一个共同体的制度来说，我以如下程式来表述这种自由的原则：没有人能够强迫我按照他的方式（他设想其他人的福祉的方式）去得到幸福，而是每一个人都可以沿着他自己觉得恰当的途径去寻求自己的幸福，只要他

不损害他人追求一个类似目的的自由（亦即他人的这项法权），这种自由是能够按照一种可能的普遍法律与每个人的自由共存的。——若一个政府，建立在就像一个**父亲**对于子女那样对于人民的仁爱的原则之上，也就是说，是一个**父亲的**政府（imperium paternale），因此，臣民们在这里像不能分辨什么对自己真正有利或者有害的子女，被迫仅仅采取被动的态度，以便 〔291〕 对于他们**应当**如何得到幸福，仅仅期待国家元首的判断，而对于国家元首也愿意这样做，则仅仅期待他的善意；这样一个政府，就是能想得出的最大的**专制主义**（这种宪政取消臣民的一切自由，他们在这种情况下根本没有任何法权）。惟一能够为能有法权的人们且与统治者的仁爱相关来设想的政府，不是一个**父亲的**政府，而是一个**祖国的**政府（imperium non paternala，sed patrioticum）。也就是说，如果国家中每一个人（国家的元首亦不例外）都把共同体视为母亲的怀抱，或者把国土视为生于斯、长于斯、还必须将之当做信物传下去的父亲的土地，只是为了通过共同意志的法律来保护共同体的法权，但不是以为自己有权让共同体屈服于自己无条件的意愿来使用，这种思维方式就是**祖国的**。这种自由的法权应归于他，即作为人的共同体成员，也就是说，只要这个人是一个一般而言能有法权的存在者。

2. 作为臣民的**平等**；其程式可以表述如下：共同体的每一个成员都对任何其他成员拥有强制性法权，其中惟有共同体的元首例外（此乃因为他不是共同体的一个成员，而是它的开创者或者维持者），惟有他有权去强迫，而自己不屈服于一个强制性法律。但是，凡是**处在**法律**之下**的，在一个国家里就都是臣民，因而像共同体的所有其他成员一样服从强制性法权；一个惟一者（自然的人格或者道德的人格），即国家元首则是例外，一切法权上的强制惟有通过他才能被执行。因为如果这个人也能够受到强制，他就会不是国家元首，而隶属关系的系列就会无限向上延伸。但是，如果他们是两个（不受强制的人格），二人中就没有一人会处在强制性法律之下，而且一人也不能对另一人行事不义；而这是不可能的。

但是，在一个国家里作为国家的臣民，人们的这种普遍平等却与他们的财富的数量和等级上的极大不平等和睦相处，无论是就身体上或者精神上对他人的优势而言，还是就他们身外〔292〕的财物而言，以及就对他人的一般法权（这种法权可能有很多种）而言；以至于一个人的福利非常依赖于另一个人的意志（穷人的福利依赖于富人），一个人必须服从（如子女服从父母，或者妻子服从丈夫），而另一个人则命令他，一个人服劳役（作为短工），另一个人付报酬等等。但在**法权**上（作为普遍意志的表达，法权只能有一种，而且它涉及法权的形式，而不涉及质料或者我拥有一项法权的客体），他们作为臣民仍然都是相互平等的，因为没有任何人能够强制某个他人，除非是通过公共法律（以及它的执行者，即国家元首），但任何他人也在同样的程度上通过公共法律来抗拒他，没有人能够丧失这种强制（因而是对他人拥有一项法权）的权限，除非是由于他自己的罪行，而且也不能自动地放弃它，亦即通过一个契约，从而是通过一个法权上的行动，使得自己没有法权，而只有义务，因为这样一来，他就会剥夺自己缔结一个条约的法权，从而这个契约就会取消自己。

从共同体中作为臣民的人们平等这个理念，也产生出如下程式：共同体的每个成员都必须可以达到共同体中他的才能、他的勤奋和他的幸运能够使他达到的一个等级的每一个级别（这个级别是能够归于一个臣民的）；而他那些也是臣民的同胞则不可以通过一种**世袭的**特权（对某一个等级享受特别优惠）来妨碍他，将他及其后代永远压制在这种特权之下。

因为既然一切法权都仅仅在于将每个他人的自由限制在其自由能够与我的自由按照一个普遍的法律共存的条件上，而且公共法权（在一个共同体中）仅仅是一种现实的、符合这个原则的、并且与权力相结合的立法的状态，由于这种立法，所有属于人民的人都作为臣民处在一种一般而言有法权的状态（status iuridicus）之中，亦即处在一种依据普遍的自由法则相互限制的任性的作用和反作用相等的状态中（这就叫做公民状态），所以，每一个人在这种状态中**生而具有的法权**（亦即在一切法权行为之前）就强制每个他人，使之始终停留在其自由的运用与我的自由相协调的界限之内的权限而言，是一律**平等**的。如今，既然出生并不是被生育者的一个行为，因而并不由此为他招致法权状态的不平等和对强制性法律的服从，惟有他作为惟一的至高立法权力的臣民与所有其他人共有的那种服从除外，所以，共同体的一位成员同为臣民，就不可能对另一位成员拥有生而具有的特权；而且没有人能够把他在共同体中占有的**等级**特权传给其后代，从而仿佛是出生使他有资格跻身统治者等级似的，也不能强行阻止其后代通过自己的功绩达到隶属关系（superior［上级］与 inferior［下级］的隶属关系，但并非其中一人是 imperans［统治者］，另一人是 subiectus［臣民］）的更高级别。其他一切本身是物件（不涉及人格性）、作为财富能被获得、也能被他转让的东西，他都可以传下去，并且这样经过一系列后代，在共同体的成员中间造成财产状况的一种显著的不平等（雇佣兵与雇主、地主与农奴等等的不平等）；只是不能阻碍这些成员如果其才能、其勤奋和其幸运使他们可能，就有权限将自己提升到同样的状况。因为若不然，他就会可以强制，而不能通过其他反作用又被强制，并且逾越一个同为臣民的级别。——但是，生活在一个共同体的一种法权状态中的人，除非由于他自己的罪行，绝不能无论是通过契约还是通过战争暴 〔293〕

力（occupatio bellica）而失去这种平等；因为他不能通过任何法权行为（无论是他自己的，还是另一个人的法权行为）而停止是他自己的所有者，并且跻身家畜行列，人们任意地使用家畜从事一切劳役，而且无须其同意，只要人们愿意，就让它保持在这种状况中，尽管有不得残害和杀戮它的限制（这种限制也许会得到宗教的认可，就像在印度人那里）。在任何状态中，人们都能够假定他是幸福的，只要他意识到，只怪他自己（他的能力或者认真的意志）或者他无法归咎于任何他人的境遇，但
〔294〕不怪他人的无法抗拒的意志，他才没有上升到与其他同为臣民、在涉及法权的事情上没有任何胜他之处的人相同的级别。①

① 如果人们想把一个确定的（与“善良的”、“慈善的”、“护佑的”之类还有区别的）概念与**“仁慈的”**这个词结合起来，那么，它就只能被赋予**不**受**强制性法权**制约的人。因此，惟有造成和分配一切按照公共法律而可能的善的**国家行政**元首（因为颁立公共法律的**主权者**仿佛是不可见的；他就是被人格化的法律本身，不是代理者），才能被称为**仁慈的主人**，作为惟一不受强制性法权制约的人。这样，甚至在一个贵族政体中，例如在威尼斯，**元老院**就是惟一仁慈的主人；构成元老院的显贵，甚至**大公**也不例外（因为惟有**大参议会**才是主权者），全都是臣民，而且就法权行使而言与其他所有人都平等，也就是说，臣民对显贵中的每个人都拥有一种强制性法权。如今，王储（亦即对政府拥有一项继承法权的人格）虽然就这种指望而言并且由于那些资格而也（按照宫廷礼仪，Par courtiosie）被称为仁慈的主人，但依其占有等级，他们毕竟同为臣民，就连他们的最卑微的仆人，也凭借国家元首，而必然对他们拥有一种强制性法权。因此，在国家中，只能有惟一的一个仁慈的主人。但是，就诸位仁慈的（真正说来是高贵的）夫人而言，她们可以被如此看待，她们的**等级**连同其**性别**（因而只是针对男性而言）使她们有权得到这个头衔，而且这是因为道德的雅致化（被称为绅士风度），按照这种雅致化，男性相信，比起他承认优美的性别对自己拥有优势，他更多的是在荣耀自己。

3. 共同体的一个成员作为**公民**，亦即作为共同立法者的**独立**（sibisufficientia）。在立法本身这一点上，所有在已经现存的公共法律之下自由而平等的人们，就颁立这些法律的法权而言，毕竟不能被视为全都平等的。不能有这项法权的人们，作为共同体的成员仍然屈从于对这些法律的遵循，并由此分享按照这些法律的保护；只不过不是作为**公民**，而是作为**受保护的伙伴**。——因为一切法权都依赖于法律。但是，一项公共法律为所有人规定对他们来说在法权上什么是允许的或者不允许的，则是一种公共意志的活动，一切法权都从公共意志出发，因此它自身必须不能对任何人行事不义。但是，除了全体人民的意志（在这里，所有人对所有人做决定，因而每一个人对自己做决定）之外，没有任何别的意志有可能做到这一点。因为惟有对自己，才无人能够行事不义。但如果这是另一个人，仅 〔295〕
仅一个与他不同的人的意志就不能对他作出任何不可能不义的决定；因此，这另一个人的法律就还需要另一个法律来限制他的立法，因而没有任何一种特殊的意志能够为一个共同体立法（真正说来，要构成共同体这个概念，就要外在的自由、平等和**所有人**的意志的**统一**这三个概念齐聚，对于后者来说，既然需要投票，则当前两者合并起来时，独立就是其条件）。人们把这个只能出自普遍的（联合起来的）意志的基本法称为**源始的契约**。

如今，在这种立法中拥有投票权的人，就叫做**公民**（citoyen，亦即**国家公民**，不是城市公民，亦即 bourgeois）。为此所需要的资质，除了自然资质（他不是孩童，不是妇女）之外，惟一的资质是：他是**他自己的**（sui iuris［自己的法权的］）**主人**，因而拥有某种**财产**（就连任何艺术、手艺或者美术或者科学都能够算在内）来维持生计；也就是说，在他为了生活而必须从他人那里有所获得的情况下，他仅仅通过**转让归**

他所有的东西①来获得，不是通过他同意他人使用他自己的力量来获得，因而他除了为共同体服务之外，不在该词的本义上为任何人**服务**。在这里，艺匠与大地主（或者小地主）都相互
〔296〕平等，也就是说，每个人都只有权投一票。因为就地主而言，姑且不考虑如下问题：某人所占有的土地多于他凭借自己的双手自己能够利用的，这究竟如何可能凭借法权发生呢（因为通过战争掠夺的获得并不是最初的获得）？此外，许多原本全都能够获得一份固定资产的人，为了能够生活而沦为仅仅为地主服务的境地，这是如何发生的呢？这样，如果一项法律赋予地主以等级的特权，使他们的后代要么永远都是（封地的）大地主，这些封地不可以出售或者通过继承而分割，并且因此而不可以为人民中更多的人所利用，要么即便有这种分割，但除了属于某个任意为此指定的人群的人之外，没有人能够从中有所获得，这就会已经与上述平等原理发生抵触。也就是说，大地主消灭了许多本来能够占有其地位的较小的所有者，连同其选

① 制作一件 opus［作品］的人，能够通过**转让**把它交给另一个人，就好像它是自己的财产似的。但是，prastatio opera［劳动的付出］却不是转让。家仆、店员、短工，甚至理发匠，都仅仅是 operarii［工人］，不是 artificies［艺人］（在该词较宽泛的意义上），而且不是国家成员，从而也没有资格是公民。尽管我让他清理我的柴火的人和我让他把我的布制成一件衣服的裁缝看起来与我的关系十分相似，但前者却与后者不同，就像理发匠与假发制造者（我也可能为此把头发交付给他）不同，因而就像短工与艺术家或者手艺人不同一样，后者制作一件作品，只要他未得到酬报，作品就属于他。因此，作为经营者的后一种人与他人交换的是自己的财产（opus［作品］），前一种人交换的是自己的力量的使用，他同意一个他人使用他自己的力量（operam［劳动］）。——我承认，要能够对一个是其自己的主人的人的地位提出要求，其需要有些难以规定。

票；因此以他们的名义投票，所以就只有一票。因此，既然要使每个人一次获得其中的一个部分，而所有人获得整体，这必须仅仅取决于共同体的每个成员的能力、勤奋和幸运，但这种区别在普遍的立法中却无法予以考虑，所以，对于立法来说能够投票者的数目就必须按照拥有财产者的人数，而并非按照财产的多寡来判定。

但是，就连**所有**拥有这种投票权的人，也必须与这种公共正义的法律协调一致；因为若不然，在与之不协调一致的人和前一些人之间就会有一种法权争执，这种争执甚至还需要一个更高的法权原则来作出裁定。因此，如果不可以期待全体人民都是前者，从而只有选票的多数，确切地说不直接是投票者的多数（在人民众多时），而仅仅是作为人民代表受此委托的人的多数才是人们能够预期为可达到的东西，所以，甚至“让这种多数得到满足”这个原理，假定得到了普遍的赞同，因而是经由一项契约的，也必须是建立一种公民宪政的至上根据。

结论 〔297〕

这里就是一种**源始的契约**，惟有在它上面，才能在人们中间建立起一种公民的，从而普遍有法权的宪政，并确立一个共同体。——然而，这个契约（被称为 contractus originarius [源始契约] 或者 pactum sociale [社会契约]）作为一个民族中每个特殊的和私己的意志联合成为一个共同的和公共的意志（为了一种纯然法权上的立法的目的），绝对不可以被预设为一个**做成之事**（甚至根本不可能是这样一种做成之事）；就好像首先必须从历史中事先证明，我们作为后代继承了其法权和责任的人民，曾经实际上完成过这样一个行动，并且必然曾以口头或者书面给我们留下了一个可靠的报道或者一份档案，以便我们认为自己受到一种已经存在的公民宪政的制约。它反倒是理性的一个**纯然的理念**，但这个理念却具有无可置疑的（实践的）实在性，也就是说，约束每个立法者，使他如此颁立自己的法律，就仿佛它们**能够**从整个民族的联合起来的意志中产生出来，而且每个公民只要愿意是公民，就如此看待他，仿佛他一起赞同了这样一种意志。因为这是任何一种公共法律的合法权性的试金石。也就是说，如果公共法律的性状使得全体人民**不可能会**赞同它（例如，由于某个阶层的**臣民**应当世袭拥有**统治者等级**的优先权），那么，它就不是公正的；但是，**只要有可能**人民赞同它，那么，义务就是视此法律为公正的，即使假定人民目前处在其思维方式的这样一种状况或者情调之中，以至于当他们被询及此事时，也许会拒绝赞同它。①

但是，这个限制显然只适用于立法者的判断，而不适用于臣民的判断。因此，如果人民作出判断，在某个现行的立法下
〔298〕极有可能会丧失自己的幸福，那他们该怎么办呢？他们不应当抵制它吗？答案只能是：除了服从之外，他们什么也不能做。因为这里说的不是臣民从共同体的创立或者管理中可以期待的

① 例如，当公布 项对所有臣民按比例摊派的战争税时，这些臣民就不能因为这项税是压下来的而说：由于这场战争譬如在他们看来是不必要的，这项税就是不义的。因为他们没有权利对此作出评判；反倒是由于这场战争之不可避免和这项税之不可或缺始终是可能的，所以，这项税必须在臣民的判断中被视为合乎法权的。但是，如果某些地主在这样一场战争中被课以捐输，但同一等级的另一些地主却得以豁免，那么，人们就容易看出，全体人民不可能赞同这样一种法律，并且由于不能把捐税的这种不平等摊派视为公正的，而有权至少对这种法律提出反对意见。

幸福，而首先只是由此而保障给每个人的法权：这是最高的原则，凡是涉及一个共同体的准则都必须由它出发，而且它不被任何别的原则所限制。就前者（幸福）而言，根本不能为法律给出任何普遍有效的原理。因为不仅时势，而且某人将自己的幸福置于其中（但是，没有人能够为他规定，他应当把幸福置于其中）的那种严重相互冲突并且在此际始终变动不居的妄念，都使一切稳固的原理成为不可能，并且不适合单独作为立法的原则。Salus publica suprema civitatis lex［公共的福祉是国家的最高法律］，这个命题的价值和威望依然完好无损；但是，要首先考虑的公共福祉恰恰是通过法律保障每个人的自由的那种有法律的宪政，在这里，只要他不损害那种普遍的合法的自由，从而不损害其他同为臣民的人的法权，他就可以随意地沿着他认为最好的任何途径去寻求自己的幸福。

如果至上权力颁立的法律是首先指向幸福（公民的富裕、人口等诸如此类的东西）的，那么，这样做就不是建立一种公民宪政的目的，而仅仅是保障有法权的状态的手段，特别是针对人民的外部敌人。对此，国家元首必须有权自己并且独自作出判断，看这类手段是否属于为既在内部又针对外部敌人来保障共同体的强大和稳定而需要的繁荣；但这并不是仿佛要违背人民的意志而使人民幸福，而只是要使人民作为共同体而实存。[1] 在评判采取前一种措施是否**明智**时，立法者固然可能犯错误，但当他问自己这种法律是否也与法权原则相协调时，在这种评判上他却不会犯错误；因为在这里，他以源始契约那个 〔299〕

① 属于此列的有某些进口的禁令，以便为了臣民的福利，而非为了外国人的好处和鼓励其他人的勤奋，来促进谋生手段，因为没有人民的富裕，国家就不会拥有足够的力量来抵抗外敌，或者作为共同体而维持自己。

理念作为可靠的准绳，确切地说是先天地掌握它（而且不可以像在幸福原则那里一样期待必须首先教导他其手段的适宜性的经验）。因为全体人民无论感到多么艰辛，都赞同这样一种法律，只要这一点不自相矛盾，这种法律就符合法权。但是，如果一种公共法律符合法权，因而在法权方面是无可挑剔的（irreprehensibel），那么，与它相结合的就也有强制的权限，另一方面有不可以暴力来反抗立法者的意志的禁令；也就是说，在国家中使法律生效的权力也是不可抗拒的（irresistibel），而且若无这样一种暴力来镇压一切内部的抵抗，就不会有任何一个法权上成立的共同体实际存在，因为这种抵抗会按照一种准则来发生，这种准则如果成为普遍的，就会摧毁一切公民宪政，并根除惟一能够使人们一般而言拥有法权的状态。

由此得出：对于至上立法权力的一切反抗，使臣民的不满成为暴力的一切煽动，在叛乱中发作的一切暴动，都是共同体中的最高的且最应惩罚的罪行，因为它摧毁共同体的根基。而且，这项禁令是**无条件的**，以至于无论是那种权力还是其代理人，即国家元首，都甚至违背源始契约，并由此而按照臣民的看法丧失了做立法者的法权，因为他们授权政府极度残暴地（专横地）行事，但尽管如此仍不允许臣民以暴易暴，予以反
〔300〕抗。其根据在于：鉴于一种已经存在的公民宪政，人民不再有权作出判断，来规定应当如何治理那种宪政。因为假定人民有这样一种法权，确切地说与现实的国家元首的判断相悖，那么，谁应当来裁定法权在哪一方呢？双方中没有一方能够在其自己的案件中作为法官作出裁定。因此，在元首之上就会必须还有一个元首，在元首和人民之间作出裁定；而这是自相矛盾的。——这里也绝不能出现一种急难法权（ius in casu necessitates [必要场合的法权]），它作为在极度的（自然的）急难

中行**不义**的一种所谓的**法权**，本来就是件荒唐事[①]，而且为打开限制人民的专横的拦木提供了钥匙。因为就像臣民们认为对其无端苦难的怨尤使他们有理由反叛元首一样，元首同样认为，臣民的桀骜不驯使他有理由严厉地对付他们；而谁应当在此作出裁定呢？惟有拥有至上的公共司法权的人，才能作出裁定，而这正是国家元首；且因此，在共同体中没有人能够拥有一种法权来否定他拥有这种司法权。

尽管如此，我仍然发现一些值得敬重的人士，主张臣民在某些情势下对其上司以暴易暴这种权限。在这些人士当中，我在这里只想举出在其自然法权学说中十分谨慎、明确且谦逊的**阿亨瓦尔**[②]。他说："当出自长期忍受元首的 〔301〕

① 除非在义务相互冲突，亦即**无条件的义务**和（虽然或许重大，但毕竟）**有条件的义务**相互冲突的场合，否则不存在 Casus necessitates [必要场合]；例如，当事关通过出卖一个人来防止国家的不幸时，而这个人与一个他人有诸如父子般的关系。防止国家的灾祸是无条件的义务，但防止这个人的不幸却只是有条件的义务（也就是说，就他并没有犯下一桩叛国罪而言）。这个他人向当局告发这个人的活动，也许是他极不情愿做的，但却是为急难（亦即道德上的急难）所迫使。——但是，一个人为了保全他自己的生命而将另一个遭遇海难者撞下其木板，如果说他由于自己的急难（自然的急难）而获得了这样做的法权，那就是完全错误的。因为保全我的生命，这只是有条件的义务（如果无须犯罪就能够做到这一点）；但对于另一个并未冒犯我，甚至根本未**陷**我于丧失自己生命的危险之中的人来说，不剥夺他的生命，是无条件的义务。一般公民法权的教师仍然非常一以贯之地处理他们所承认的这种急难救助在法权上的权限。因为当局不能把任何**惩罚**与这种禁令结合起来，原因在于这种惩罚必然是死刑。但是，当某人在危险的境遇中不愿赴死时，用死亡来威胁他，是一种荒唐的法律。

②《自然法权》，第 5 版，下卷，203～206 节。

不义而威胁着共同体的危险大于因拿起武器反对他而能令人担忧的危险时，人民就可以反抗他，为了这项法权而放弃其服从契约，把他当做暴君而废黜。”而且，他推论说：“人民以这样的方式（与其过去的统治者相关）返回到自然状态。”

我乐意相信，无论是**阿亨瓦尔**，还是任何一位曾与他一致地对此作出理性思考的正直人士，在任何一种情况发生时，都不会建议或者赞同如此危险的举动；也几乎不可怀疑，如果使瑞士、尼德兰联邦或者哪怕是大不列颠赢得其现在被人赞颂为如此成功的宪政的那些起义失败了，这些国家的历史的读者们就只会把它们现在如此被推崇的发起人受到处决视为大叛国者应受的惩罚。因为结局经常介入我们对法权根据的评判，尽管前者是不确定的，而后者却是确定的。但清楚的是，就后者来说——尽管人们承认，这样一种起义并没有对君主（他大概破坏了作为与人民的一种现实的基础性契约的 joyeuse entrçe [欢乐进军]）行事不义——人民却通过这种追求其法权的方式而在最高程度上行了不义；因为这种方式（被采纳为准则的话）使得一切有法权的宪政成为不安全的，并且引入一种完全无法的状态（status naturalis [自然状态]），其中一切法权都至少不再有效果。——鉴于如此多的善意的作家们为人民说话这种倾向，我只想说明：其原因部分地在于一种常见的蒙骗，即在谈到法权原则时，把幸福原则强加给他们的判断；部分地也是在于，在找不到一项
〔302〕实际上向共同体提出、被共同体的元首接受并由双方批准的契约的任何档案时，他们就将关于一个源始契约的始终在理性中作为基础的理念假定为必然**实际上**发生过的某种事物，并且就这样总想为人民保全一种权限，即在受到严重的，但却是由人民自己如此评判的侵犯时，任意地脱离这项

契约。①

人们在这里明显看到，幸福原则（真正说来，幸福根本不能有任何确定的原则）也在国家法权上造成什么样的恶，就像它在道德中造成恶一样，即便道德原则的教师有最好的见解。主权者想按照自己的概念使人民幸福并成为独裁者；人民想坚持人类对自己幸福的普遍要求并成为反叛者。如果人们首先问道，什么是合乎法权的（在这里，原则是先天确定的，没有任何经验论者能够介入其中），那么，社会契约的理念就会保持其无可置疑的威望；但并不是作为做成之事（如**丹东**所想的那样，没有这种做成之事，他就宣称在确实实存的公民宪政中存在的一切法权和一切所有权都是子虚乌有），而是仅仅作为评判一切一般而言的有法权的公共宪政的理性原则。而且人们会认识到：在普遍的意志存在之前，人民对其统治者根本不拥有强制权，因为人民惟有通过其统治者才能在法权上强制；但如果有了那种普遍的意志，人民同样不能对统治者实施强制，因为在这种情况下，人民本身就会成为至上的统治者；因此，人民对于国家元首绝无强制性法权（在言辞和行动上的反抗）。

我们也看到这种理论在实践中得到充分的证实。在大不列 〔303〕

① 即使人民与统治者的实际契约受到侵犯，人民毕竟在这种情况下不能立即**作为共同体**，而是只能通过结党来作出反应。因为迄今存在过的宪政已为人民所撕毁，但一个新的共同体尚有待首先组织起来。在这里，就出现了无政府状态，以及至少由此而可能的一切恐怖；且这里所发生的不义在这种情况下就是每一个党派加给另一个党派的东西，这一点，也可以从所援引的实例看出。在那里，那个国家起义的臣民们最后都想用暴力把一种宪政强加给对方，而这种宪政会变得比他们所抛弃的宪政更有压迫性；也就是说，被教士和贵族们耗尽，而不能在一个统治所有人的元首之下期待在分配国家负担上有更多的平等。

颠，人民如此吹嘘他们的制度，就好像它是全世界的楷模。在其宪政中我们却发现，它闭口不提在君主违背 1688 年的约法时人民应有的权限；因此在君主想违背宪政时，由于不存在这方面的法律，就暗中保留着对他的反叛。因为如果制度对这种情况包含着一项法律，赋予推翻一切特殊的法律由之出发的现行宪政（假定契约也遭到破坏），那么，这就是一个明显的矛盾，因为宪政在这种情况下就必须也包含着一种**公开建立的**[①]对抗力量，从而还必须有第二个国家元首，来针对第一个国家元首保卫人民的法权，但还得有第三个国家元首，在前两个国家元首之间裁定法权在谁的一方。——那些人民的领导者（或者如果人们愿意，就叫做监护人）也担心，譬如他们的行动失败时，会有这样一种指控，而宁可捏造说被他们威胁退位的君主是自愿逊位的，而不是自以为拥有废黜他的法权，如果那样，他们就会使宪政陷入明显的自相矛盾。

现在，如果人们确实不因为我的这些主张而指责我通过这种不可侵犯性来过度讨好君主，那么，但愿人们也将免去如下指责，即如果我说针对国家元首，人民同样有自己不可丧失的法权，尽管这些法权不可能是强制性的法权，则我的主张不是在过度偏袒人民。

霍布斯持相反的意见。在他看来（《论公民》，第 7 章第 14 节），国家元首并不因为契约而受人民任何约束，并且不可

① 国家中没有任何法权能够通过一种秘密的保留而仿佛被阴险地隐瞒；至少，人民当做一种属于体制的法权而自以为拥有的那种法权不能这样，因为体制的一切法律都必须被设想为出自一个公开的意志。因此，如果体制允许起义，它就必须公开宣布这种法权以及应当以什么样的方式去行使这种法权。

能对公民行事不义（他可以任何差遣人民）。——如果人们把不义理解为一种损害，它允许受伤害者对于待他不义的人有一种**强制性法权**，这个命题就会完全正确；但这样在总体上，这个命题就是令人恐惧的。〔304〕

并非桀骜不驯的臣民必须能够假定，其统治者不**想**对他行事不义。因此，既然每个人都毕竟拥有其不可丧失的法权，他即便愿意也绝不能放弃这些法权，而且他自己有权对这些法权作出判断；但按照上述预设，他在自己看来所遭遇的不义，只不过是因对出自至上权力的法律的某些后果的疏忽或者无知罢了；所以，国家公民，确切地说得到统治者自己的优待，应当有权限对于统治者的指令中在他看来对共同体有不义之处的东西公开发表自己的意见。因为假定元首永远都不可能犯错，或者不可能对一件事情无知，这会是把他设想为赋有上天的灵感，超出人类之上。因此，**言论自由**——通过宪政自己所造成的臣民们的自由思维方式而保持在尊重和热爱人们生活于其中的宪政的限度内（而且各种言论也自行相互限制，以便它们不丧失自由）——是人民法权的惟一守护神。因为想也否定人民有这种自由，就不仅等于（在霍布斯看来）剥夺他们在对最高统帅方面的法权的一切要求，而且也使其意志惟有通过代表普遍的人民意志才对作为公民的臣民发号施令的最高统帅，在他如果知道就会自己修正的事情上，失去一切知识，而且使他陷入自相矛盾。但是，引起元首去担忧，由于自己思维和表达思想会在国家中激起不安，这就等于唤起他对自己的权力的不信任，或者唤起对自己的人民的仇恨。

但是，一个民族**消极地**评判自己的法权，也就是说，仅仅评判什么可以被视为**并非**最高的立法以其至善的意志所**规定**的，其依据的普遍原则就包含在如下命题中：**人民不能对自己作出决定的事，立法者也不能对人民作出决定**。

因此，如果问题例如是：一项法律，把某个过去订立的教
〔305〕会宪章规定为恒久不变地延续的，它是否能够被视为从立法者的真正意志（其意图）出发的，那么，人们首先就自问：人民是否可以使外在宗教的某些一度采纳的信条和形式保持永久不变成为自己的法律？因此，它是否可以阻止自己的后代在宗教认识中继续进步，或者修正可能有的旧错误？在这里显而易见的是，人民的一项源始契约如果使这一点成为法律，就会自身成为毫无价值的，因为它与人类的使命和目的相冲突；因此，一项据此所颁立的法律不能被视为君主的真正意志，因此能够对君主提出反对意见。但凡是在某种事情仍然受最高立法如此支配的情况下，虽然能够作出普遍的和公共的判断，但绝不能号召对此进行口头的或者行动上的反抗。

在每个共同体中，都必须有依照强制性法律（关涉整体的强制性法律）对国家宪政的机制的一种服从，但同时必须有一种自由精神，因为每个人在关涉人的普遍义务的事情上，都要求通过理性而确信，这种强制是合乎法权的，以免自己陷入自相矛盾。有服从而无自由精神，是一切秘密团契的成因。因为人类的一项自然使命就是彼此沟通，尤其是在关涉一般而言的人的事情上；因此，如果这种自由得到促进，那些团契就会消失。而且，除了让在其起源和其作用上都如此值得敬重的自由精神表现出来，政府还能有什么别的办法来获得有助于自己的根本意图的知识呢？

※　　※　　※

一种忽略一切纯粹理性原则的实践贬低理论，从未比在有关一种良好的国家宪政要求的问题上更为狂妄。原因在于，一种长期存在的法律宪政使人民逐渐地习惯于一种规则，即按照一切迄今都平静进展的状态来评判其幸福和法权；但不是反过
〔306〕来，按照理性为幸福和法权二者提供的概念来评估这种状态；

毋宁说，偏爱那种消极的状态总是还甚于寻找一种更好的状态那种充满危险的处境（在这里，希波克拉底要医生们铭记在心的话是适用的：iudicium anceps，experimentum periculosum [判断不可靠，实验危险]）。现在，既然一切存在足够久的宪政，不论它们有什么缺陷，无论它们有什么差异，在这方面都只有一种结果：亦即满足于人们现在处于其中的宪政，所以，在关注人民的康乐时，真正说来根本没有任何理论有效，而是一切都基于一种服从经验的实践。

但是，如果在理性中有某种可以通过“国家法权”这个词来表述的东西；又如果这个概念对于处在其自由相互对抗之中的人们有约束力，因而具有客观的（实践的）实在性，不可以还关注由此可能对他们产生的祸福（对此的知识仅仅基于经验），那么，国家法权就是建立在先天原则之上的（因为什么是法权，不可能是经验教导的）；而且有一种国家法权理论，不与这种理论一致，就没有任何实践是有效的。

针对这一点，如今能够提出的反对意见无非是：尽管人们在头脑中有自己应有的法权的理念，但毕竟由于硬心肠而不能并且不配被据此对待，而且因此，一种仅仅依照明智规则行事的权力就可以而且必须保持他们的秩序。但是，这种绝望的跳跃（salto mortale [致命的跳跃]）却具有这样的性质，即一旦所说的不是法权，而仅仅是暴力，人民就也可以试用自己的暴力，并这样使一切法律宪政变得不安全。如果不是有某种通过理性直接使人不得不敬重的东西（如人权那样），那么，对人的任性的一切影响就都不能驯服任性的自由；但如果除了善意之外，法权也高声说话，那么，人的本性就未表现得如此堕落，以至于它不怀着崇敬去倾听法权的声音（Tum pietate gravem meritisque si forte virum quem Conspexere，silent arrectisque auribus adstant [对于这个因虔敬和功绩而有威望的人，一看到他，他们就默不做声，竖耳伫立〕——维吉尔)。

三、论国际法权中理论与实践的关系

〔307〕

——在普遍仁爱的亦即世界主义的观点来看①

（驳莫色斯·门德尔松）

人类在整体上可爱吗？或者，它是人们必须怀着厌恶去观察的一个对象，人们虽然（为了不成为厌恶人类的）期望它一切都好，但却必定决不指望它如此，因此宁可将自己的目光从它身上移开吗？对这个问题的回答，基于人们对另一个问题将给予的答案：在人的本性之中，是否有一些禀赋使人们能够由此得出，这个类将一直向着更善进步，而且现在和过去时代的恶将消失在未来时代的善中吗？因为这样的话，我们至少还能够就这个类向善的不断接近来说爱它，若不然，我们就必然憎恨或者蔑视它；矫揉造作的普遍人类之爱（它在这种情况下顶多只会是一种善意之爱，不会是满意之爱）尽可以随便说什么反对的话。因为是恶并且保持为恶的东西，尤其是在蓄意相互侵犯最神圣的人权时的恶，人们即便尽最大的努力勉强自己去爱，也毕竟不能避免去憎恨它；并不是恰恰要给人们添灾加祸，但毕竟要尽可能地少与他打交道。

莫色斯·门德尔松就持后一种见解（《耶路撒冷》，第2章，44～47页），他以这种见解来与他的朋友**莱辛**关于人类的

① 一个普遍仁爱的预设如何指示着一种世界公民的宪政，而这种宪政如何指示着一种国际法权的建立，作为惟一使得我们人类值得爱的人性禀赋能够得到恰如其分的发展的状态，这无法一眼看出来。——本节的结论将展示这种联系。

神性教育的假说相对立。对他来说，这是一种幻觉："整体，亦即尘世的人类，在时间的序列中一直向前移动，并使自己完善。"他说："我们看到，人类在整体上做着一些小幅的摆动；它从来都是前进几步，紧接着就以加倍的速度滑回到其先前的状态。"（这正是西绪弗斯的石头；而且人们以这种方式，像印 〔308〕
度人一样假定地球是现在已记不起来的那些罪恶的赎罪场）——"人继续走着；但人类却不断地在确定的界限之间上下摇摆；但在整体上看，却在时间的一切阶段上都大约保持着道德的同样等级，宗教与无宗教、德性与恶习、幸福（?）与不幸的同样程度。"——他是这样提出这些主张的（第 46 页），他说："你们想猜测天意对人类有什么意图吗？不要编造任何假说（他之前把假说称为理论）；你们只消环顾实际上所发生的事情，并且如果你们能够对一切时代的历史加以鸟瞰，就环顾自古以来所发生的事情。这就是事实；这必定属于智慧的意图，必定在智慧的计划中得到准许，或者至少一起被接纳。"

我持另一种见解。——如果目睹一个有德之人与令人讨厌的事情和恶的诱惑斗争，并且对此立场坚定，这是一幅配得上神明的景象，那么，目睹人类从一个时期到另一个时期迈步升向德性，而此后不久又同样深地堕回到恶习和不幸之中，这是一幅且不说与神明，就连与最平常但心地善良的人也极不相配的景象。观赏这出悲剧片刻，也许能感动人，并且是有所教益的；但是到最后，帷幕却必须落下来。因为长此以往，这就成了滑稽剧；而且即使演员由于都是丑角而乐此不疲，观众却厌烦了；如果他能够有理由从中得知，这出永无终结的戏剧总是千篇一律，那他看一幕或者另一幕就够了。虽然如果它仅仅是一出戏剧，则终场时随之而来的惩罚就能够通过结局来又补偿令人不快的感觉。但是，让无数的恶习（尽管有期间出现的德性）在现实中层层堆叠，以便有朝一日能大加惩罚，则至少按照我们的概念，甚至违背了一个睿智的世界创造者和统治者的道德性。

因此，我可以假定：既然人类在作为其自然目的的文化方
〔309〕面不断向前推进，则这种推进也包含在它的存在的道德目的方面向着更善的进步中，而且这种进步虽然时而被**打断**，但绝不会被**断绝**。我没有必要证明这种预设，其反对者才必须证明。因为我依据的是我天生的义务，即在繁衍序列——我（作为一般而言的人）身处其中，而毕竟在要求于我的道德性状上并不像我应当因而也能够的那样好——的每个环节上都如此影响后代，使他们越来越善（因此也必须假定这件事的可能性），并且就这样使这个义务能够依照法权从繁衍的一个环节传给另一个环节。现在，也可能还有人从历史出发对我的这些希望提出如此之多的怀疑，这些怀疑如果有证明力，就能够打动我放弃一件表面上徒劳无功的工作；这样，只要这一点无法被完全确定，我就不能把这个义务（作为 liquidum［明确之事］）换做不力争不可行之事的明智规则（作为 illiquidum［不明确之事］，因为它是纯然的假说）；而且，无论我对是否可以为人类希望更善的东西总是并且依然怎样不确定，这都毕竟不能有损这个准则，因而也不能有损它在实践方面的必要预设，即此事是可行的。

没有对更善的时代的这种希望，要做某种对普遍福祉有益之事的真诚渴望就绝不会温暖人心，这种希望也曾始终影响着善意的人们的工作；而当善良的**门德尔松**如此热心地致力于他所属的民族的启蒙和福利时，他必定也曾寄望于这一点。因为如果不是别人在他后面继续走在同一条轨道上，他就不能以理性的方式希望自己独自造就这种启蒙和福利。虽有并非出自自然原因而压迫人类的灾祸，而是人们相互加诸自己的灾祸的悲

惨景象，心灵却由于人类将来会变得更好的前景而开朗起来，确切地说是由于无私的善意，如果我们将早早在坟墓中，不收获我们自己曾参与播种的果实的话。否定这些基于希望而作出的决定之成功的经验性证明根据，在这里一事无成。因为迄今尚未成功的事情因此也将永不成功，这一点绝不给人权利去放 〔310〕
弃一种实用的或者技术的意图（例如用气体静力学的气球航空的意图）；但更不给人权利去放弃一种道德的意图，只要这意图的实现不是明确不可能的，它就成为义务。此外，可以给出许多证明，即与过去的所有时代相比，人类在整体上确实在我们的时代里显著地在道德上向着善甚至更善推进了（短暂的阻碍不能反证任何东西）；再者，人类不可阻挡地日益堕落的喊声正是来自：当人类站在道德性的一个更高等级上时，它就向前看得更远，而且我们在我们已知的世界进程的整体中已经攀登过的等级越多——它与人们应当如何相比，关于人们实际如何的判断——从而我们的自责就越是严厉。

如果我们现在问：用什么办法可以保持甚或加快这种向着更善的不断进步，则人们很快就看到，这种遥遥无期的成功并不取决于**我们**做什么（例如我们为更年青一代提供的教育），以及**我们**应当依照什么方法行事来促成此事；而是取决于人的本性在我们身上并且凭借我们做什么，以**强迫**我们进入一条我们不易自行顺从的轨道。因为惟有从人的本性，或者毋宁（因为要完成这个目的，就需要最高的智慧）从**天意**，我们才能期待有一种关涉整体，再由此关涉各部分的成功，与此相反，人连同其**规划**仅仅从部分出发，甚或仅仅停留在部分上，而且尽管能将其理念，但却不能将其影响延伸到整体，整体这样一种东西对人来说太巨大了，特别是因为人在自己的规划上相互憎恶，难以会出自自己的自由决断为此联合起来。

就像全面的残暴和由此产生的急难最终必然使一个民族决

定去服从理性本身为其规定为手段的强制，亦即公共法律，并进入一种**国家公民**宪政一样，由各国又企图相互削弱或者征服的战争而来的急难最终也必然使得各国甚至违心地或者进入一
〔311〕种世界公民宪政，或者如果这样一种普遍和平的状态（如其在超大的国家中也多次发生过的那样）由于导致最可怕的专制，而在另一方面对自由来说更加危险，这种急难就必然迫使各国进入这样一种状态，它虽然不是一个元首领导下的世界公民共同体，但却是遵从一种共同约定的**国际法权**来结成**联盟**的有法权状态。

因为既然各国向前推进的文化，连同同时增长的以他国为代价而通过诡计或者暴力来扩张自己的倾向，必然使战争增多，并且由于一直（在饷金不变的情况下）扩充的、常备不懈且纪律严明的、以日益增多的军械装备起来的军队，而造成越来越高的费用；而一切必需品的价格持久增长，却无法期望表现这些价格的金属有一种与这些价格成比例的持续增长；也没有一场和平如此持久，以至于期间的节余能与下次战争的花费持平，对此发明国债虽然是一种构思巧妙的辅助手段，但这种手段最终却要毁灭自己，所以，力不从心感最终必然造成善良意志本应当去做但却未做的事情，即：每一个国家都在其内部如此组织起来，使得不是真正说来不为战争付出任何代价的国家元首（因为他是以别人，亦即以人民为代价来从事战争），而是自己为战争付出代价的人民对于是否应当进行战争拥有决定权（当然，为此必须预设那个源始契约理念得到实现）。因为人民不会出自纯然的扩张欲或者为了仅仅口头上的所谓侮辱就使自己置身于并不关涉元首的个人匮乏的危险之中。而这样，就连后代（没有任何并非由他们所亏欠的债务被推到他们身上）也能够甚至在道德意义上一直向着更善进步，而无须以对后代的爱，只需每个时代的自爱为其原因；因为每个共同体

如果没有能力以暴力来伤害另一个共同体，就只得遵守法权，并且能够有理由期望其他同样形构的共同体在这方面帮助它。

然而，这仅仅是意见，并且纯然是假说；它与一切想为一个并非完全受我们支配的预期结果说明惟一适合于它的自然原因的判断一样不确定；而且甚至作为这样一种假说，它在一个现存的国家里也不包含一个原则，让臣民们去强求它（如前面指出的），而是只让不受强制的元首去强求它。尽管按照惯常的秩序任意地放弃自己的强制力，这恰好不在人的本性之中，但在紧急境况下，这仍然不是不可能的，所以，期待**天意**提供为此所需要的境况，人们可以把这视为一种与人（在意识到自己的无能时）的道德愿望和希望并非不适合的表述：为人类尽可能通过自由运用自己的力量来达成自己的最终使命，天意将使**人类**就其类的整体而言的目的获得的结局，分别看来，恰恰是人们的目的所抵制的。因为正是产生恶的种种偏好的相互抵制，使理性游刃有余地将它们全部征服，并且使一旦存在就自行保持下去的善取代自己毁灭自己的恶而成为统治者。 〔312〕

※ ※ ※

人的本性表现得不可爱，莫过于在整个整个的民族相互敌对的关系中。没有任何国家面对其他国家在其独立或者财产方面得到片刻的保障。相互征服或者削弱国力的意志随时存在；而且为卫国而进行的往往使得和平甚至比战争还更具有压迫性、对于内部福祉更具有摧毁性的备战绝不可松懈。现在，对付这种情况，除了一种建立在伴有权力的、每个国家都必须服从的公共法律之上的国际法权（类似于单个人的公民法权或者国家法权），不可能有任何别的办法；——因为凭借所谓的**欧洲诸强平衡**而有的一种持久的普遍和平，纯属幻觉，就像**斯威夫特**之房，它由一位建筑师按照一切平衡法则建造得如此完美，以至于只要一只麻雀落在上面，它就立刻倒塌。——但

是，有人将说，各国毕竟绝不会服从这样的强制性法律；而且
〔313〕组建一个普遍的合众国，所有各国都应自愿地顺从它的强制力，服从它的法律，此建议虽然在诸如**圣皮埃尔**教士或者**卢梭**的理论中听起来那样优美，它毕竟对实践无效；就像它也被大政治家们、但更多的是被国家元首们在任何时候都嘲笑为一种出自学校的迂腐幼稚理念一样。

与此相反，在我这方面，我却信赖这样一种理论，它从人与人和国与国之间的关系**应当是**怎样的法权原则出发，并且向尘世诸神宣扬如下准则：在自己的争执中任何时候都如此行事，即由此开创一个普遍的合众国，并且因此而假定这个合众国是可能的（in praxi［在实践上］），以及它**能够存在**；但同时我也（in subsidium［辅助性地］）信赖事物的本性，它迫使人们走向自己不乐意去的地方（fata volentem ducunt，nolentem trahunt［愿意者命运领着走，不愿意者命运拖着走］）。于是就事物的本性而言，人的本性也被一并考虑：既然在人的本性中，总是还有对法权和义务的敬重生气勃勃，我就不能或者不愿把人的本性视为如此沉沦于恶之中，以至于道德上的实践理性不会在经历多次失败的尝试之后最终战胜恶，并且也展示人的本性是可爱的。因此，即便在世界主义的角度，我也还是主张：出自理性根据对理论有效的，也对实践有效。

伊曼努尔·康德

1794年

论月球对气候的影响

万物的终结

1794年

论月球对气候的影响

李秋零　译

格廷根的枢密顾问**利希藤贝格**先生以聪明伶俐且思想丰富的文风在其著作的某处说道：“月球虽然本不应当对气候有影响，但它竟然对气候有影响。” 〔317〕

A. **命题**：“它本不应当有影响。”因为我们只知道两种能力，使它在如此遥远的地方能够对我们的地球有影响：它作为一个由太阳照亮的天体所反射的**光**①，以及它与一切物质所

① 借这里评论月光哪怕是与月球要遮蔽的一颗恒星自己发射的光线相比之微弱的机会，我冒昧地给对更精确地认识天体形状作出如此贡献的利林塔尔的 O. A. **施勒特尔**先生的一个观测（《天文学论文集》，1793 年版，第 193 页）补充一种揣测的解释。“**毕宿五**（如是说）并不由于月球的前移而马上消失；而且（由于施勒特尔先生如愿清晰地看到二者，即月球边缘和毕宿五）它在月球边缘前面足足有 2～3 秒钟之久**在轮盘上**清晰可见；然后，不等光亮有所减弱，人们在它身上发现直径变化，它就如此突然地消失了，以至于其消失本身远远没有一整秒，而是大约只有半秒，至少肯定不多于半秒。”在我看来，这种现象并不归因于光学上的错觉，而是归因于光从月球远方的星球抵达地球所需要的时间，它大约持续 1.2 秒，在此期间毕宿五已经被月球遮蔽。除对已经在月面范围内（不仅是与月面接触）看到这颗星的思考之外，同样除对它如今消失了的察觉和意识之外，是否不可能有其余的 0.8 秒（它真正说来并不属于观察）流逝，因而真正的和自以为的、尽管不可避免的虚假观察合起来绝不是总计 2 秒钟（如施勒特尔先生同样承认的那样多），这必须留待这位敏锐且训练有素的观察者自己去判断。

按照同是这位先生在别的地方关涉月面结构的惊人发现，月球朝着我们的半球似乎是一个类似于燃尽的火山渣且不能居住的天体。但是，如果人们假定，只要这个天体还处在液体状态，可塑性物质从这个天体内部的喷发更多地转向朝着地球的一面，如同离开背对地球的一面那样（既然地球的引力与月球中心的引力的差别比月球中心与背对的一面的引力之间的差别更大，而且在液态中上升的可塑性物质越受压就越扩散，这就必然在这个天体凝结时也在它的内部在朝着地球的一面比在背对地球的

〔318〕共有的作为重量原因的**引力**。关于这二者，我们能够充分地既说明其效用的法则，也通过它们的结果来说明其效用的程度，以便从作为原因的它们出发来解释它们所导致的变化。但是，为了某些现象而臆想出与已知的力量并没有处在由经验充分证明的结合之中的力量，这是一门健全的自然科学并不轻易允许的冒险行为。于是，它将坚决拒绝例如置于月光下的鱼比放在月亮阴影中的鱼先腐烂的所谓观察，因为那月光即便是由最大的凸镜或者凹镜来汇聚，也不能对最敏感的温度计产生丝毫显著的作用；——但是，对于在孟加拉人那里，于日食期间发烧病人因月球影响而加速死亡的观察，它倒是有一些关注，因为月球的引力（它在此时与太阳的引力联合起来）通过其他经验明白无误地表现出它十分显著地作用于地球上的物体的能力。

〔319〕因此，如果事关先天地裁定月球对气候是不是有影响，那么，所说的不可能是它投向地球的光；所以，这就只剩下了它的引力（按照普遍的重力法则），对大气层的这种作用必须从它出发才是可解释的。而今，它通过这种力量的直接作用只在于增加或者减少空气的重量；但是，如果这种增加或者减少是显著的，就必须在气压计上可以观察。因此，上述说法（A）就会是：气压计指数与月球位置合规则地协调一致的变化不能

一面留下更大的隆起），那么，人们将大可以设想，这个天体的轻重的中心并不与大小的中心重合，而是偏向背对的一面，其结果是也许存在于这个地球卫星上的水和空气离开朝着地球的一面，并且由于它们流到背对地球的一面，从而使仅仅这一面可以居住。——此外，这个天体出自同一原因（亦即对于一个围绕自己的行星运转的卫星来说，由于它对这个行星的接近比这个行星对太阳的接近大得多而有的两个半球的引力的差别）的性质，即以它公转的同样时间绕自己的轴旋转，是否可以假定为所有卫星所固有，必须留待更精通引力理论的人去裁定。

从这个地球卫星的引力出发得到解释。因为：

1. 可以先天地阐明，月球引力就我们空气的重量可能由此增多或者减少而言，比这种变化在气压计上能够觉察到的小得太多（**卢罗夫**的《对地球的数学和物理学知识导论》，第 312 节）——人们如今可以把空气设想为**流体的**（非可塑的）存在物，其中它的表面在月球的引力改变其重力的方向时会完全水平；或者同时如实际情况那样，设想为**可塑的**流体，此时还有的问题是，它在不同高度的各同样密度的气层是否即便在这时也还保持平衡；但这里不是讨论后一点的地方。

2. **经验**证明月球引力不足以导致空气重量的显著变化。因为它必须像落潮和涨潮那样在 24 小时内两度显示在气压计上；但对此却没有觉察到丝毫痕迹。①

① 惟有在月球和太阳的引力对气压计指数有直接影响的情况下，人们才能对其作用形成正确的概念。如果海洋（以及这样的话也有大气层）涨潮，而且这个流体的水柱升高，那么，有些人就想象，这些水柱的重量（就像空气对气压计的压力一样）按照理论必定增大（因而气压计指数升高）；但情况恰恰相反。水柱之所以**升高**，只是因为它们由于外来的吸引而**变轻**；而今，既然水柱在空旷的海洋上从未得到足够的时间，来达到当月球和太阳停留在它们联合起来影响最大的位置上时，它们由于那种吸引而会采取的整个高度，则在涨潮最大的地方，海洋的压力（以及这样的话也有空气对气压计的压力）更小，因而还有气压计指数更低，但在落潮时更高。——故而就此来说，**托阿尔多**的规则与如下**理论**完全吻合，亦即气压计在朔望时下落，在上下弦时上升：只要后者能够使人理解，那些天体的引力一般而言能够对气压计指数有显著的影响。

但是，说到海水在**海峡**和长长的**海湾**里，尤其是在朔望大潮时的超常高的水位，它在我们的课题里根本不予考虑，因为它不是直接地、**在流体静力学上**由引力造成的，而只是间接地由产生自那种变化的**洋流运动**，因而是**在水力学上**造成的；而风在由那种引力发动，被迫掠过海角、航道和群岛中仅仅为航道开放的海峡时，大约也是这种性状。

〔320〕 B. **反命题**："月球仍然对气候有一种（有时在气压计上显著的，有时在别的地方可见的）影响。"——气候（temperies aëris）包含两种因素：风和天气。后者要么作为明亮的天仅仅是可见的，有时晴空万里，有时浮云飘过，有时乌云密布；要么也是可感觉的，冷或者暖，湿或者干，在呼吸时清新或者沉闷。伴随同一种风的，并不总是却毕竟经常是同样的气候；是一个改变空气混合、连同改变气候的局部原因带来一种风，还是这种风带来这种气候，并不总是能够查清的；而且，即便气压计指数会与月球位置按照某个规则处于和谐之中，也毕竟有不同的天气能够与它结合。——然而，如果风的变换不仅独自、而且与四季的变换相结合并遵循月球的盈亏，那么，月球就毕竟（间接地或者直接地）对**气候**有影响，尽管并不能按照月球的盈亏来规定天气，因而找出的规则应当对海洋人比对陆地人更为有用。——但是，对于这种主张来说，至少表现出暂时充分的类比，尽管它们无法与天文学上计算出的历法法则相媲美，却毕竟作为规则，为了在未来的气象学观察中考虑它们而注意。亦即：

1. 在新月时，人们几乎每次都至少觉察到大气层改变风
〔321〕 的方向的**努力**，其结果是，风或者在经历一些来回摇摆之后回到它的老位置，或者（如果它主要在每日太阳运动的方向上完全或者部分穿过罗盘）采取一个使它整个**月**处于支配地位的位置。

2. **每季**，在二至点和二分点以及接踵而至的新月时，这种努力就被更为清晰地觉察；而且此后哪一种风在前两三个星期占优势，通常也在整个季度处于支配地位。

一段时间以来，年历中的天气预报似乎也考虑了这些规则。因为甚至普通人也自称注意到，天气预报现在毕竟比在此之前更准确了，这也许是由于年历的作者们如今也会在这方面

就教于托阿尔多了。启动**没有迷信的年历**的动议没有绩效（同样没有绩效的如某位**威廉**的迅捷决定：没有《圣经》的公开宗教演讲），这最终未必不是件好事。因为在这时，那部民众之书的作者为了不滥用民众的轻信，直至其完全不信以及由此导致丧失其为频繁的兜售所必需的信誉，而被迫顺从迄今所发现的、尽管尚未完全确保的气候规则，逐渐地使它们获得更多的测定，至少使它们接近一种经验的确定性，以至于事先从迷信中盲目地接受的东西最终能够转化为一种不仅**理性的**、而且甚至对根据进行**理性思考**的信仰。——所以，对于**"种得好就收得好"**这样的标记来说，在年历中还始终有其位置，因为月球是不是像对一般有机自然界领域那样，特别对植物界确实有一种显著的影响，尚未得到澄清，而这就要求有哲学头脑的园林家也尽可能地满足公众的这种需要。惟有可能诱使普通人在自己的健康上马虎从事的标记，必须毫不怜惜地删掉。

这里，在否认月球有一种能力的**理论**和承认它有一种能力的**经验**之间出现了一种冲突。

冲突的平息 〔322〕

月球的引力，从而使月球能够对大气层以及或许也对气候有影响的惟一推动力，按照**静力学**法则**直接地**作用于空气，也就是说，就空气是一种**可测重的**流体而言。但这样一来，月球就远远没有能力在气压计指数上，并且就气候**直接**取决于气压计指数的原因而言，也在气候上造成一种显著的变化；故而（按照 A）它就此而言不应当对气候有任何影响。——但是，如果人们假定一种远远地延伸到可测重的空气之上的（正因为此也因更强的月球引力而更多地受到改变的）、覆盖大气层的**无法估量的**物质（或者多种物质），它被月球的引力所推动，并因此而在不同的时间里与下部的空气混合或者与其分离，由于与后者的亲和性（因而不是由于其重量）而能够有时加强有时削弱其可塑性，并这样**间接地**（亦即在前一种场合通过造成升高的气柱的流失，在后一种场合通过空气向降低的气柱的流
〔323〕入）改变其重量①，那么，人们将发现有可能月球能够间接地对气候的变化（按照 B）有影响，但真正说来是按照**化学**法则。——但是，在“月球**直接地**对气候没有任何影响”这个命题和“月球**间接地**对气候有影响”这个反命题之间，没有任何矛盾。

这种无法估量的物质或许也必须被假定为**无法约束的**（不可阻挡的），也就是说，假定为这样一种物质，它只是由于与别的物质有亲缘关系（在磁铁和单纯的铁之间就有这类亲缘关系）才能被别的物质所**阻挡**，却自由地贯穿其余一切物质而起

① 这种解释虽然真正说来仅仅关涉气候与气压计指数的一致（因而关涉 A）；而且还剩下的是，就各种各样的气候和气压计指数而言从同样的原则出发来解释风与月球方位和季度（按照 B）的一致（在这里总是要注意，所说的绝对只是月球的影响，以及必要时也说到太阳小得多的影响，但只是凭借它的引力，而不是凭借它的热）。在这里如今令人惊异的是，月球在上述天文学点上于不同的、却处在同一纬度的陆地上空以不同的方式兴风布雨，并预先规定它们。但是，由于要确认和测定占支配地位的风，就需要不同的日子乃至星期，在这段时间里月球引力对空气重量，因而对气压计的作用必然相互抵消，因而不能产生风的任何确定方向，所以，我不能以别的一些方式来理解那种现象，只能设想那种达到大气层上方的无法估量的物质有许多彼此外在和彼此相伴的或者也彼此内在的（相互包容的）圆形的或者旋涡形的、由月球的引力造成的、与水龙卷相似的运动：这些运动按照地面（山脉、水域甚至地面上的植被）的不同，能够使月球对同一个同心圆的大气层的影响彼此不同。但在这里，经验离开我们太远了，就连以勉强的或然性来有所意见也不能。

作用：如果人们考虑较高的、超出闪电区域之上的区域（**朱庇特**区域）的空气与地下的、深处山脉之下的区域（**伏尔甘**区域）的那种在一些陨石上不无清晰地显露的**联系**的话。也许为此还需要在某些地区某个时间**以传染的方式**（真正说来以蔓延的方式）造成一些疾病的空气性状，这种性状证明了它不仅对于一个人的群体，而且对于某些种类的动物或者植物群体的影响，累根斯堡的**舍费尔**博士先生在其**关于感受性**的敏锐著作中把它们的生命原则不是置于**它们**里面，而是置于一种渗透它们、与那种感受性相类似的**外部**物质里面。

※　　　　※　　　　※

因此，这个“某物”只是微不足道的，或许略多于对无知的承认，但是，自从诸如德·卢克向我们证明，我们根本看不出一朵云是什么以及它如何可能（一件在 20 年前易如反掌的事情）以来，它就不可能再特别引人注目和令人惊异了。然而，这种情况对于我们来说，恰如我们在自己的童年一字不差地记住并且相信自己理解的教义问答一样，但我们越是年长和能思考，就越是不理解它，因而理应重回学校受指点，只要我们能够找到某个人（除了我们自己之外）会更好地理解它。

但是，关于德·卢克先生的云，如果他希望，对它的更为经常的观察能够有朝一日给我们带来化学中的重要说明，则不要去想这一点，相反，这大概只会对消炎药生产商有妨碍。因为后者的工厂或许就坐落在我们不能为了做试验而抵达的区域；而且人们宁可期待化学为气象学提供新说明，而不是期待气象学为化学提供新说明。 〔324〕

1794年

万物的终结

李秋零　译

主要是在虔诚的语言中，有一种流行的说法，即让一个临死的人说：他要**从时间进入永恒**。〔327〕

如果在此应当把**永恒**理解为无限绵延的时间，则这种说法就会事实上没有说出任何东西来；因为这样的话，人就绝不会脱离时间，而只是一直从一段时间前进到另一段时间。因此，这里指的必须是虽然人不间断地持存却有**一切时间的终结**，但这种持存（人的存在作为量来看）毕竟也是作为一个完全无法与时间相比的量（duratio Noumenon [作为本体的绵延]），对它来说，我们当然不能形成任何概念（除非是纯然否定的概念）。这种想法有令人害怕之处：因为它仿佛导向一个深渊的边缘，坠入其中的人不可能再返回（"永恒以其强有力的双臂/把他强留在那 /什么也不让留下的严肃的地方"——**哈勒**）；不过，它也有吸引人之处，因为人们止不住地一再把自己惊恐的目光投向那里（nequeunt expleri corda tuendo [他们无法满足地看个不够] ——**维吉尔**）。它是可怖地**崇高的**，部分是由于它的隐晦，在隐晦之中，想象力通常比在光天化日之下有更强烈的作用。最后，它毕竟也必须以奇特的方式与普遍的人类理性纠结，因为在所有以理性思维的民族中间，在一切时代里，它都以一种或者另一种方式着装出现。——当我们探究从时间到永恒的过渡（不论这个理念作为知识的扩展来看是否具有客观的实在性）时，就像理性在道德方面为自己所作出的过渡那样，我们就遇到作为时间存在物和作为可能经验之对象的**万物的终结**；但是，在各种目的的道德秩序中，这种终结同时是万物作为**超感性的**因而并不处在时间条件之下的存在物的一种持存的开端，所以这种持存及其状态将只能有其性状的道德规定。

〔328〕**日子**仿佛是时间的子女，因为随后的日子连同它所包含的东西都是前面的日子的产物。就像最后的孩子被称为其父母的幺儿一样，我们的语言喜欢把最后的日子（结束一切时间的那个时刻）称为**末日**。因此，末日仍然属于时间；因为在这个日子还要**发生**某件事情（不是属于永恒的事情，在永恒中不再有任何事情发生，因为这会是时间的延续），也就是说，对人们一生中的行为作出结算。它就是**审判日**；因此，世界审判者的赦免判决或者诅咒判决就是时间中万物的真正终结，同时是（有福的或者无福的）永恒的开端，而在这永恒中，归给每个人的命运就保持为他在宣判（判决）的那一刻所分得的那样。因此，末日同时也包含着**末日审判**。——而今，如果应当算做**最后的事物**的，还有以其目前形态显现的世界的终结，亦即诸星从作为一个穹顶的天际陨落，这个天本身坍塌（或者天就挪移，好像书卷被卷起来），二者都焚烧殆尽，一个新天和一个新地被创造出来，作为有福者的居所，而地狱被创造出来，作为受诅咒者的居所，那么，上述审判日当然不会是末日；而是还会有其他不同的日子随之而来。然而，既然万物的终结这个理念并不是源自对世间万物的**自然**进程的理性思考，而是源自对其道德进程的理性思考，并且仅仅由此而产生；这种道德进程也只能与诸如永恒的理念这类超感性的东西（它惟有在道德事物上才可理解）联系起来，所以，那些应当在末日**之后**来临的最后的事物的表象，就必须仅仅被视为末日连同其道德上的、此外在理论上对我们来说无法理解的后果的一种感性化。

但要说明的是：自最古老的时代以来，已有两种涉及未来永恒的体系。一种是未来永恒的**一元论者**的体系，他们把永恒的至福判给所有人（通过或多或少长时间的忏悔而净化）；另一种是**二元论者**的体系，他们把至福判给**若干**选民，但把永恒[1]的诅咒判给**其余的**所有人。一个使所有人都注定要**受诅咒**的体系不大可能找到存身之地，因为若不然，他们究竟为什么被创造出来，就不会有任何辩解的理由；但是，**消灭**所有的人，就显示出一种颠三倒四的智慧，它对自己的作品不满，除了毁灭它之外，不知道有别的办法来弥补其缺陷。——然而，对于二元论者来说，也总是有阻碍着去设想对所有人的一种永恒诅咒的同样困难，因为人们会问：即便是少数人被归入此列，哪怕是只有一个人，如果他只是为了被永恒诅咒而存在，他为什么被创造出来呢？这比根本不存在还要糟糕。 〔329〕

虽然，在我们能够看透的范围内，在我们能够研究我们自己的范围内，二元论的体系（但却只是在**一个**至善的元始存在者之下）在**实践**方面对于每个要审判自己的人（尽管不是他有权限审判别人）来说都有一个占优势的理由：因为就他认识自己而言，除了从他迄今奉行的生活方式出发，他自己的良知在生命终结时为他开启的那种展望之外，理性未给他留下任何其他对永恒的展望。但是，对于**教条**来说，从而要由此形成一个

① 在古代波斯宗教（琐罗亚斯德教）中，这样一个体系建立在两个处在永恒的相互斗争之中的元始存在者，即善的原则**奥尔穆兹德**和恶的原则**阿里曼**的预设之上。——奇特的是，两个相距遥远、但与现在的德语区相距更远的国家，其语言在称谓这两个元始存在者时都是德语。我想起在**松内拉特**那里读到过，在**阿瓦**（缅甸人的国土），善的原则被称为古德曼［Godeman］（这个词似乎也蕴涵在大流士·科多玛努斯［Darius Codomannus］的名字中）；而既然阿里曼这个词听起来与**恶人**［arge Mann］十分相同，如今的波斯语也包含着大量源自德语的词，所以，这就可以是古代研究者的一个课题，即沿着语言亲缘关系的导线，去探索一些民族现今的**宗教**概念的起源（参见松内拉特的《游记》，第 4 卷，第 2 章，B）。

就自身而言（客观上）有效的理论命题，它作为纯然的理性判断却是远远不够的。因为什么人认识自己、谁认识别人如此透彻，以至于能够断定：如果他把人们称为幸福的功绩的一切东西，如他天生的善良气质，他自然具有的更强的高级能力（知
〔330〕性和理性，以控制他的冲动），此外也还有他因偶然而幸运地避免他人所遭遇的诸多诱惑的机遇，与他自以为良好地奉行的生活方式的原因分别开来；如果他把这一切与他真实的个性分别开来（为了恰如其分地评价他真实的个性，他必须把这一切都扣除，因为他不能把幸福所赐的这一切归为他自己的功绩）；那么我就说，有谁要断定在一个世界审判者洞察一切的眼前，一个人在其内在的道德价值上是否处处都比别人有某种优势呢？而且这样的话，以这种肤浅的自我认识来对他自己和他人的道德价值（以及应得的命运）作出某种有利于自己的判断，这是否会是一种荒谬的自负呢？——因此，无论一元论者的体系，还是二元论者的体系，二者作为教条来看，似乎都完全超出了人类理性的思辨能力，似乎一切都使我们回头把那些理性理念绝对仅限制在实践应用的条件上。因为我们毕竟眼前看不到任何东西，能够现在就把我们在来世的命运告诉我们，除非是我们自己的良知的判断，也就是说，我们当前的道德状况，就我们认识它而言，让我们以理性的方式对此作出判断：我们发现直到我们生命终结时都在支配着我们的那些生活方式的原则（无论它们是善的原则还是恶的原则），甚至在死后也将继续这样下去；我们没有丝毫理由假定这些原则在来世会有所改变。因此，我们也必须对于永恒来说，预期在善的原则或者恶的原则的统治下，会得到与那种功绩或者这种罪责相称的后果；所以，考虑到这一点，睿智的是如此行动，就好像另一种生命，以及我们在结束当前生命时的道德状况，连同其在进入另一种生命时的后果，都是不可改变的。因此，在实践方面，

应当接受的体系必须是二元论的体系；但却不要去澄清，这二者中哪一个在理论以及纯然思辨的方面应有优越性，特别是因为一元论的体系似乎过于使人沉溺于漠然的安全感。

但是，人们**究竟**为什么在期待**世界的终结**呢？而且，即使向他们承认有这种终结，为什么恰恰是一种（对于人类的绝大部分来说）恐怖的终结呢？……**前者**的根据似乎在于，理性告诉他们说，只是就世间的理性存在者合乎其存在的终极目的而言， 〔331〕
世界的绵延才有一种价值，但如果这个终极目的无法达成，创造本身就对他们来说显得没有目的：就像一出戏剧，根本没有结局，也看不出有任何理性的意图。**后者**建立在关于人类的堕落性状①

① 在一切时代，都有一些自命的智者（或者哲学家），装模作样地不屑一顾人的本性中的向善禀赋，竭尽全力以令人厌恶的、有时令人恶心的比喻把我们的地球世界、人的居留地十分轻蔑地表现为：1. 一个**客栈**（荒漠商队旅店），如那位伊斯兰教托钵僧侣所看待，在那里，每一个在其生命之旅中投宿的人，都必须准备马上被一个后继者取代；2. 一座**监狱**，婆罗门教、西藏和其他东方的智者（甚至柏拉图）对这种见解抱有好感，这是堕落的、被从天上放逐的精灵、现在是人或者动物的灵魂的受惩罚和净化的场所；3. 一座**疯人院**，在这里，不仅每个人毁灭他自己的意图，而且一个人将一切想得出的心灵痛苦加诸他人，而且还把能够这样做的熟巧和力量视为最大的荣耀；最后 4. 一个**下水道**，出自其他世界的一切垃圾都被排放其中。最后这种奇想以某种方式是原创的，并且应归功于一位波斯的俏皮人，他把乐园即第一对人的居所置于天上，在这座园林中可以见到足够多的树，树上结满了美妙的果实，其享用之后的残渣由于不知不觉的蒸发而消失；园林中惟独有一棵树是例外，它虽然结有一颗诱人的果实，但这颗果实却不会挥发掉。由于我们的始祖不顾禁令很想尝一尝它，为使他们不弄脏天上，惟一的办法就是有一位天使指着遥远的地球对他们说了如下的话：“这就是整个宇宙的厕所”，然后把他们带到那里，以完成急需做的事，并且把他们留在那里而飞回天上。地球上的人类就是由此产生的。

的意见之上，这种意见之大，一直到无望的境地；为人类制造一个终结，确切地说一个可怖的终结，是惟一（在绝大多数人看来）与最高的智慧和正义相称的措施。——因此，就连末日的预兆（因为一种由伟大的期望所激发的想象力在什么地方缺乏征兆和奇迹呢?）也都具有可怖的性质。一些人在剧增的不
〔332〕义、富人的纵情享乐对穷人的压迫和忠诚与信仰的普遍沦丧中，或者在全球范围爆发的血腥战争等等中，一言以蔽之，在道德沦丧和恶习的迅速增长连同伴随它们的灾祸这类他们误以为从未见过的东西中，看到了这些预兆。与此相反，另一些人则在非同寻常的自然变化中，在地震、风暴和洪水或者彗星和气象中看到了这些预兆。

事实上，人们并非没有缘故地感觉到自己存在的负担，尽管他们自己就是这种负担的原因。其根据我觉得就在于这里。——在人类的进步中，才能、熟巧和鉴赏（连同其后果，即淫逸）的陶冶自然而然地抢在道德性的发展之前；而这种状况恰恰不仅对于道德，而且对于自然的福祉，都是最麻烦的和最危险的状况，因为需求的增长比满足需求的手段强烈得多。但是，人类那（如贺拉斯所说：poena pede claudo［惩罚瘸足而行］）总是滞后于这种陶冶的道德禀赋，却将有朝一日超越这种在其匆忙的进程中打磕绊、并且经常失足的陶冶（如人们在一个睿智的世界统治者治下或许可以希望的那样）；而且这样的话，按照我们的时代与过去一切时代相比在道德上的优越性的经验证明，人们应当能够怀有这样的希望，即末日会宁可以一种以利亚升天的方式，而不是以可拉一伙人相似地下地狱的方式而来临，并且导致尘世万物的终结。然而，对德性的这种英雄式的信仰，似乎不像对被设想为先行于最后的事物的、伴随着恐怖的场景的信仰，在主观上对心灵的皈依有如此普遍有力的影响。

※ ※ ※

附释：既然我们在这里只与理性为它自己创造的理念打交道（或者以其游戏），它们的对象（如果它们有对象的话）完全处在我们的视野之外，然而这些理念虽然对于思辨知识来说是越界的，却不能因此就被视为在一切关系中都是空洞的，而是在实践方面由立法的理性自身提交到我们手中，这绝不是要去思索它们的对象就自身而言并且依其本性是什么，而是要去思索为了指向万物的终极目的的道德原理，我们应当如何设想 〔333〕
它们（由此这些在其他情况下完全空洞的理念就获得了实践的客观实在性）：——这样，我们面前就有了一个**自由的**领域，去把我们自己的理性的这种产物，即万物的终结的普遍概念，按照它与我们的认识能力的关系来加以划分，并对隶属于这个概念的事物进行分类。

据此，整体被划分为：1. 万物的**自然的**①终结，按照属神智慧的道德目的的秩序，因此我们能够（在实践方面）**正确理解**这种终结；2. 万物的**神秘的**（超自然的）终结，在我们一**点也不理解**的作用因的秩序中；3. 万物的**反自然的**（颠倒的）终结，这种终结是由我们自己由于**误解**终极目的而导致的；它分三个部分来介绍，其中第一部分刚才已经探讨，现在接着探讨其余两个部分。

※ ※ ※

在《启示录》（第 10 章第 5～6 节）中，“一位天使向天举

① **自然的**，（在形式上）指按照某种秩序——不论何种秩序，因而也包括道德秩序（故并不总是仅仅物理秩序）——的法则必然产生的东西。与它相对立的是**非自然的**东西，后者可能或者是超自然的东西，或者是反自然的东西。出自**自然原因**的必然的东西也会被表现为质料上必然的（物理上必然的）。

起手来，并且指着那位创造了天……直活到永恒无尽的，起誓说：**此后不会再有时间了**”。

如果人们不假定，这位“七雷发声”（第 3 节）的天使所要呼喊的是废话，那么，他指的必然是：此后不会再有**变化**了；因为如果世界上还有变化，就会也有时间，原因在于，变化只能在时间中发生，而不预设时间，变化就根本不可思议。

在这里，所表现出来的是作为感官对象的万物的终结，而我们对这终结却根本不能形成任何概念，因为我们只要想从感官世界跨入理知世界一步，就不可避免地使自己陷入矛盾；这
〔334〕种情况在此处之所以发生，就在于构成感官世界的终结的那个瞬间，也应当是理知世界的开端，因而前者与后者被放在同一个时间序列中了，而这是自相矛盾的。

但我们也说，我们把绵延设想为**无限的**（设想为永恒）：不是由于我们或许对它的量有某个确定的概念——因为既然这种绵延完全没有时间作为其尺度，这就是不可能的；而是由于那个概念只是关于永恒绵延的一个否定概念，因为在没有时间的地方，也就**没有终结**发生。由此，我们在自己的知识上并没有前进寸步，而只是要被告知，在终极目的的（实践）方面，理性不能在持续变化的道路上得到满足，尽管理性如果凭借世间存在者的状态的静止和不变性原则来尝试，在其**理论**应用方面同样无法得到满足，而毋宁会陷入完全无思想的状态；因为在这种情况下，给理性剩下的无非是在向终极目的的不断进步中设想一种（在时间中）无止境地前进的变化，而在这种进步中，**意念**（它不像进步那样是一个现象，而是某种超感性的东西，因而不是在时间中可变化的）保持不变，始终如一。因此，依照这个理念在实践上应用理性的规则所要说的无非是：我们必须这样对待我们的准则，就好像在由善向着更善的一切无止境的变化中，我们的道德状况在意念上（homo Noumenon［作为本体的人］，“他周游于天上”）根本不会屈从于任何时间的变迁。

但是，有朝一日将来临一个时刻，斯时一切变化（连同时间本身）都将终止，这却是一个令想象力愤慨的表象。因为这样一来，整个自然界就将僵化，仿佛化为石头，于是，最后的思想、最后的情感就停留在思维主体中，没有变迁，始终如一。对于只能在时间中意识到自己的存在及其量（作为绵延）的存在者来说，这样一种生命，如果它还能叫做生命的话，必然显得如同灭亡，因为要设想自己处于这样一种状况，它毕竟必须思维某种东西，但思维包含着一种反思，而反思本身只能在时间中发生。——因此，其他世界的居民就被表现为：他们依其居住地的不同（天上或者地狱），或者始终唱着同一首歌，〔335〕
即他们的哈利路亚，或者永远唱着同一首悲叹调（第 19 章第 1～6 节；第 20 章第 15 节）：由此应当表现出在他们的状况中完全没有变迁。

尽管如此，不论这个理念如何超出我们的领悟力，它毕竟在实践方面与理性密切相关。即便我们假定人在此生也处在最佳境地的道德自然状态，亦即不断地向着最高的（被定为他的目标的）善进步和逼近的状态，他也毕竟不能（即使意识到其意念的不变性）把**满足**与对其状态（无论是道德状态还是自然状态）的一种永恒绵延的变化的展望结合起来。因为他现在所处的状态，与他准备进入的更佳状态相比，毕竟始终是一种灾祸；而向着终极目的的一种无止境进步的表象，毕竟同时是对一个无穷系列的灾祸的展望，这些灾祸虽然被更大的善所胜过，却毕竟不会带来满足。惟有通过最终有朝一日**达到**终极目的，人才能设想这种满足。

于是，苦思冥想的人在这方面就陷入了**神秘主义**（因为理性由于不易满足于其内在的亦即实践的应用，而是乐意在超验的东西中冒险，就也有它的秘密），在这里，他的理性并不理解它自己以及它想要的东西，而是宁可耽于幻想，而不是像一个感官世界的理智居民理所应当的那样，把自己限制在这个感官世界的界限之内。因此就出现了**老子**关于**至善**的体系的那种怪诞。至善据说就在于**无**，也就是说，在于通过与神性合流，因而通过消除自己的人格性而**感觉**到自己被吞没到神性的深渊之中的意识；为了对这种状态有预感，中国的哲学家们在暗室里闭着眼睛，努力思考和感受他们的这种无。因此，就出现了（西藏人和其他东方民族的）**泛神论**，以及后世从泛神论的形而上学升华中产生的**斯宾诺莎主义**：这二者与远古所有人的灵魂都出自神灵（而且它们最终被吸入同一神灵）的**流溢体系**密切相关。这一切都只是为了让人最终毕竟会享有一种永恒的安
〔336〕宁，而这种安宁就构成了人们所谓的万物的至福终结；真正说来，它是这样一个概念，由于它，人们同时失去理智，而一切思维本身亦告终结。

※　　※　　※

即便人们有善的目的，经由人手的万物的终结也是**愚蠢**：这就是说，为了自己的目的而使用恰恰违背这些目的的手段。**智慧**，亦即恰当地采用其与万物的终极目的即至善完全符合的措施的实践理性，只是在上帝那里才有；只要不明显地违背智慧的理念而行动，就是人们或许能够称为人的智慧的东西了。但是，人惟有通过尝试和经常改变自己的计划才可以希望达到的对愚蠢的警戒，就更是"一个珠宝，即便是最善的人也只能追求它，遑论**想要取得**它了"；但对此，他绝不可让自己产生虚荣的臆想，更不要依此行事，就好像他已经取得这珠宝。——因此，也就有了时时变化的、往往不合乎情理的策划，为的是有适当的手段，使**宗教在全体人民中成为纯洁而又有力的**；以至于人们或许能够高喊：可怜的有死之人，你们除

了反复无常之外，没有任何恒常的东西！

然而，如果这些尝试最终有朝一日发展到如此地步，以至于共同体能够并且愿意不仅聆听传统的虔诚学说，而且聆听由这些学说启迪的实践理性（对于一种宗教来说，这也是绝对必要的）；如果（以人的方式出现的）智者们在民众当中不是凭借在他们之间所作的约定（作为一个教士团），而是同为公民来作策划，并且在这件事上大多协调一致，而这些策划则无可置疑地证明他们以真理为怀，并且民众由于普遍感觉到的、并非基于权威的有必要培植自己的道德禀赋的需求，也大体上（尽管尚未在最微小的细节上）对这些策划感兴趣，那么，既然这些智者曾在涉及他们所追求的理念的事情上有良好的进展，则让他们尽管去做并且继续自己的进程，似乎是再可取不过了；但是，谈到出自为最佳终极目的选取的手段的成效，既然这种成效如同它按照自然的进程会出现的结果那样总是不确 〔337〕
定，则最好把它委诸**天意**。因为人们无论如何**不轻言信仰**，但只要绝对不可能确切地预见出自某些依据一切人类智慧（如果它要名副其实，就必须仅仅关涉道德事务）而采取的手段的成效，人们就毕竟必须以实践的方式信仰属神的智慧与自然进程的契合，如果人们不愿完全放弃自己的终极目的。——虽然有人会反对说：很早以前经常有人说，当前的计划是最佳的计划，从现在起必须永远坚持这个计划，这就是永恒的状态。“（按照这个概念）为善的，永远为善；（违背这个概念）为恶的，永远为恶”（《启示录》，第 22 章第 11 节）：仿佛永恒连同万物的终结现在已经能够出现；而尽管如此，此后总是有新的计划被纳入轨道，其中最新的计划往往只是重提一个旧计划，而今后也将不缺**更多最后的**策划。

我十分清楚地意识到自己没有能力在这里进行一次新的成功尝试，故而我宁可去建议（这当然不需要任何伟大的发明能力)：让事情一如其最后的样子，一如其几近一个世代证明为在后果方面差强人意的样子。但是，既然具有要么是伟大精神要么是进取精神的人士不这么认为，那就容我谦卑地说明，他们要关注的不是自己必须做什么，而是自己违背什么，因为若不然，他们就会违背自己的意图（即使这会是最佳的意图）而行动。

基督教除了其法则的神圣性令人折服地引起的极大敬重之外，自身还具有某种**可爱之处**（我在这里指的不是以巨大的牺牲而赢得我们的那个人格的可爱，而是事情本身亦即他所建立的道德状况的可爱；因为前者只能从后者推断出来）。敬重毫无疑问是首要的东西，因为没有敬重，就没有真正的爱发生；尽管人们没有爱，仍可怀有对某人的极大敬重。但是，如果不仅事关义务的表象，而且事关对义务的遵循，如果人们追问行
〔338〕动的主观根据（如果人们可以预设这种根据，就能够从它出发来率先预期人**将做**什么），而不仅仅是追问人**应做**什么的客观根据，那么爱，亦即自由地把一个他人的意志接纳在自己的准则之下，就是人的本性的不完满（必须被迫去做理性凭借法则所规定的事情）的一种不可或缺的补充物。因为一个人不乐意做的事情，他就如此吝啬地、或许也以诡辩地规避义务的命令来做这件事，以至于如果没有爱的参与，对作为动机的义务就不可以有很多的指望。

现在，如果人们为了臻于完善，给基督教再附加上某种权威（哪怕这权威是属神的权威），则不论这权威的意图如何美好，目的实际上如何善良，基督教的可爱性却毕竟消失了，因为**命令**某人不仅做某事，而且应当**乐意**做此事，这是一个矛盾。

基督教的意图是：为了遵循其一般而言的义务这件事而促进爱，并且也产生爱，因为它的创立者并不是以一个司令官的

资质，而是以一个人类之友的资质说话的；司令官让其同胞留心**他的**要求服从的**意志**，人类之友则让其同胞留心他们自己被正确理解的意志，也就是说，他们如果恰如其分地省察自己，就会自觉自愿地依照这意志行动。

因此，这是**自由的**思维方式——与奴役感和放任的距离同样遥远，基督教期望这种思维方式为其教义带来效果，它凭借这教义就能够为自己赢得人心，而人们的理智已经通过其义务的法则的表象受到启迪。在选择终极目的时的自由感使得这种立法对人们来说成为可爱的。——因此，尽管基督教的导师也预示**惩罚**，但这毕竟不可以理解为：惩罚应当成为遵从基督教的诫命的动机，至少这样的解释不符合基督教的独特性质；因为那样的话，基督教就会不再可爱了。倒是人们可以把这仅仅诠释为亲切的、出自立法者的善意的警告，以防止不可避免地从违背法则必然产生的伤害（因为 lex est res surda et inexorabilis [法则是冷漠无情之物] ——李维）；因为并非作为自愿采纳的生活准则的基督教而是法则在这里威慑着。作为不变地 〔339〕
存在于事物的本性之中的秩序，法则甚至不听任这样或者那样裁定这种秩序的后果的造物主任性。

当基督教许诺报酬（例如："你们要欢喜且有信心，你们将在天上得到一切报偿"）时，按照自由的思维方式，不得把这诠释为：这是一种赏格，要借此仿佛收买人去达致善的生活方式；因为这样的话，基督教自身就又不可爱了。惟有对于这样一些出自无私动因的行动的要求，才能使人对提出要求的人产生敬重；但没有敬重，就没有任何真正的爱。因此，人们不得赋予那种许诺以这样的意义，就好像应当把酬报当做行动的动机。把一种自由的思维方式与一个行善者捆绑在一起的爱，并不取决于匮乏者所接受的善，而是仅仅取决于愿意施善的人的意志的慈善；即使他或许没有能力这样做，或者被其他考虑到普遍公益的动机所阻止而未能付诸实施。

这就是基督教自身带有的道德上的可爱，这种可爱透过诸多外部附加给基督教的强制，尽管意见经常变迁，也依然显露出来，并且使基督教免受它若不然就必定会遇到的嫌恶，而且（值得注意的是）在人们中间有过的最伟大的启蒙时代，这种可爱越来越显现出自己的辉煌。

如果基督教一旦达到它不再可爱的地步（如果它不是用其温柔的精神来武装，而是用专横的权威来武装，这种情况或许就会发生），那么，由于在道德事务上不出现任何中立（更不用说相互对立的原则的联合了），对基督教的嫌恶和反抗就必定成为人们的主流思维方式；而本来就被视为末日的先驱的**敌基督**就会开始其（大概是建立在恐惧和自私之上的）统治，尽管这统治是短暂的；但这样一来，由于基督教虽然**注定**是普遍的世界宗教，但却并非由命运**厚爱**而成为这样的，则在道德方面，（颠倒的）**万物的终结**就会来临。

伊曼努尔·康德

1795年

论永久和平——一个哲学策划

1795 年

论永久和平

——一个哲学策划

伊曼努尔·康德

李秋零　译

论永久和平 〔343〕

那位荷兰旅店主人的店招上绘有一个教堂墓地，上面的这个讽刺性标题究竟是针对一般而言的**人**，还是特别针对决不会对战争感到厌倦的国家元首们，甚或只是针对做着那个甜美的梦的哲学家们，姑且搁置不论。但是，本文作者作为条件所要求的是，既然实践的政治家对待理论的政治家，是极为自负地俯视他，把他当做一个凭其空洞无物的理念，不会给必须从经验原理出发的国家带来任何危险的学究，而且人们总是能够任他去做不可能做到的事情，而**老于世故的**政治家可以不把此事放在心上，所以，后者即便在与理论的政治家发生争执时，也必须行事始终如一，不要在他贸然提出并且公开发表的意见背后嗅到对国家的危险；——凭借这项 **Clausula salvatoria**［保留条款］，本文作者想以最佳形式明确地使自己免受一切恶意的诠释。

第一章
国家间的永久和平的临时条款

1.“任何和约的缔结，如果是以为了一场未来的战争而秘密地保留物资来进行的，均不应当被视为和约的缔结。”

因为在这种情况下，和约的缔结就会只是一种停火，是敌对行为的延迟，而不是**和平**。和平指的是一切敌对行为的终结，而把“**永久的**”这个修饰语附给它，是一个已经有嫌疑的赘语。未来战争的现有的、尽管目前也许尚未为缔造和平者本身所知的原因，通过和约的缔结而被消灭殆尽，哪怕它们被以 〔344〕
如此敏锐的侦探技巧从档案文卷中挑拣出来。——一些旧有的、未来才能够想得出的要求，现在没有一方愿意提及，因为双方都已筋疲力尽，无法继续战争；这些要求的保留（reservatio mentalis［心中有保留］），鉴于利用第一个有利时机来达到这个目的的邪恶意志，归属耶稣会士的决疑论，而且有失君主的尊严，就像顺从这类演绎有失君主的一位大臣的尊严一样，如果人们就这件事本身来评判它。

但是，如果按照得到启蒙的治国术概念，国家的真正荣耀在于权力的不断扩大，不论使用什么手段，那么，上述判断当然显得是学究和迂腐的。

2. “任何独立自存的国家（大或小，在此都一样）均不应当能够通过继承、交换、购买或者馈赠而被获取。”

也就是说，一个国家并不（例如像它位于其上的土地那样）是一笔财产（patrimonium）。它是一个人类社会，除了它自己之外，无人能够命令和支配它。它自身作为树干有它自己的根，但把它作为接枝并入另一个国家，就等于取消它作为一个道德人格的实存，并且使这个道德人格成为一个物件，因此与源始契约的理念相矛盾，而没有这个理念，就无法设想关于人民的任何法权。[①] 在我们的时代，直到最近为止，这种获取方式的成见已把欧洲——因为别的大陆从不知道这种方式——带入什么样的危险之中，亦即就连国家也能够相互联姻，这是尽人皆知的，有时这是一种新型的产业，甚至不费力气地通过家族结盟使自己处于优势，有时也以这样的方式扩展领土。——就连一个国家的军队受雇于另一个国家以对抗一个非共同的敌人，也可以归为此列；因为在这时，臣民们被当做可以任意操纵的物件来使用和消耗。

① 一个世袭王国并不是一个能够由另一个国家遗赠的国家，而是其统治法权被遗赠给另一个自然人。在这种情况下，是国家获取一个君主，而不是这个君主作为这样一个君主（也就是说，已经拥有另一个王国的君主）获取国家。

3. “常备军（miles perpetuus）应当逐渐地完全废除。” 〔345〕

因为它通过准备表现得总是在扩军备战而无休止地用战争威胁其他国家；诱使这些国家在没有止境的武装人员数量上相互超越，并且由于用在这上面的花费最终使和平比一场短期战争更具压力，所以常备军本身就成为侵略战争的原因，为的是摆脱这种负担；此外，受雇于杀人或者被杀，似乎包含着把人仅仅当做另一人（国家）手中的机器和工具来使用，这与我们自己人格中的人性法权是无法一致的。至于国家公民自愿定期从事武装操练，借此保卫自己及其祖国免受外来侵略，则是完全不同的事情。——财富的积累同样如此，它会被其他国家视为战争威胁，迫使其发动先发制人的攻击（因为在**军事力量**、**同盟力量**和**经济力量**这三种力量当中，后者或许会是最可靠的战争工具），如果不是其多寡难以探知而阻止战争。

4. “任何国家均不应当在涉及外部国家纠纷时举债。”

为了国家经济（改善道路、新的移民、为令人担忧的荒年购置仓储等等）而在国外或者国内寻求援助，这种援助来源没有嫌疑。但是，债务增长漫无边际，却始终不愁当前的索债（因为毕竟不会所有债权人一下子都索债），这种信贷制度——这是一个经商民族在本世纪里的巧妙发明——作为强权相互之间对抗的机器，是一种危险的经济力量，亦即一种用于进行战争的财富，它超过所有其他国家的总财富，且只能被一朝来临的税收亏损所耗尽（但也由于凭借反作用于工业和经营而活跃贸易，这种亏损还被延迟很久）。因此，这种进行战争的轻易性与掌权者那似乎植入人性之中的战争偏好相结合，就成为永久和平的一大障碍，禁止此事愈发必须是永久和平的一个临时条 〔346〕
款，因为一个国家最终无法避免的破产必然使诸多其他国家未举债也一起蒙受损失，而这会是对这些国家的一种公开侵害。所以，其他国家至少有权联合起来反对这样一个国家及其非分要求。

5.“任何国家均不应当武力干涉另一个国家的宪政和政府。”

因为什么使它有权这样做呢？难道是它给予另一个国家的臣民的不光彩吗？毋宁说，这另一个国家能够通过人民因其目无法纪而招致的重大灾祸的榜样来充当警示；而一般来说，一个自由人格给另一个人格提供的坏榜样（作为 scandalum acceptum [承受而来的不光彩]）并不是对后者的侵害。——如果一个国家由于内部不和而分裂成两个部分，其中每个部分都独自扮演一个提出整体要求的特殊国家，则虽然还不至于达到如此地步；此时向其中一个部分提供支持，对一个外国来说不能被算做干涉别国的宪政（因为在这种情况下是无政府状态）；但是，只要这种内部争执尚未成定局，外部强权的这种干涉就会是侵害一个只是与其内部疾病斗争的、不依赖于任何其他国家的民族，因而甚至是给予不光彩，并将危及所有国家的自主权。

6.“任何国家在与另一个国家作战时，均不应当容许自己采用必然使得未来和平时的相互信任成为不可能的那些敌对行为，诸如雇用**刺客**（percussores）和**放毒者**（venefici）、**撕毁条约**、在敌国**煽动叛乱**（perduellio）等。”

这都是些不光彩的谋略。因为在战争期间，对敌人的思维方式的某种信任还必须保留下来，若不然，也就不能缔结任何和约，而且敌对行为就会发展成为一种灭绝战（bellum internecinum）；既然战争毕竟只是自然状态中的可悲的应急手段（这里没有能够作出具有法定效力的判决的法庭），以武力来维护其法权；此时，双方中没有一方可以被宣布为不义的敌人（因为这就预设了法官的判决），而是战争的**结果**（如同在

〔347〕一个所谓上帝的法庭面前）来裁定法权在哪一方；但是，在国与国之间，惩罚战（bellum punitivum）是不可以设想的（因为在它们之间，不存在一个上司和一个下属的关系）。——由此得知：一场可能使得双方连同一切法权都同归于尽的灭绝

战，只会让永久和平在人类的大墓地里去降临。因此，这样一种战争，从而还有导致这种结果的手段的运用，都必须是绝对不允许的。——但是，上述手段不可避免地导致这种结果，可以从以下情况得知：既然那些地狱的艺术就其自身而言是卑鄙的，它们在投入使用时，就不会长久地保持在战争的界限之内，例如对间谍的使用（uti exploratoribus），所利用的只是**他人**的寡廉鲜耻（这是不可能在某个时候根绝的），而是也会转移到和平状态中，而这样就会完全毁掉这种使用的意图。

※　　　※　　　※

尽管在客观上，亦即在掌权者的意向上，上述法则都纯属**禁制法则**（leges prohibitive），但毕竟其中一些法则是**严厉的**，不分情势而适用（leges strictae），它们是**立刻**就坚决要求去取缔的（如第 1 条、第 5 条、第 6 条）。但其他法则（如第 2 条、第 3 条、第 4 条），虽然不是法权规则的例外，但考虑到其执行而视情势在主观上对于权限有所扩展（leges latae），并且容许**延缓**实施，而不会失去其目的。这个目的并不容许这种延缓，例如延缓**恢复**某些国家按照第 2 条被剥夺的自由，遥遥无期地拖延下去（像奥古斯都经常应诺的：ad calendas graecas [到猴年马月还债]），因此是不恢复，而是只为了这种恢复不仓促行事而与意图本身南辕北辙，才容许拖延。因为禁制在这里只涉及今后不应当有效的**获取方式**，但不涉及**占有状态**，这种占有状态虽然不具备必要的法权名义，但毕竟在其（被错认为有效地获取的）时代，按照当时的公共舆论，被所有国家视为符合法权的。①

① 除了纯粹理性的命令（leges praeceptivae）和禁制（leges prohibitivae）之外，是否还能够有其**许可法则**（leges permissivae），这至今不无理由地受到怀疑。因为一般而言的法则包含着某些行动之客观的实践必然性的一个根据，但许可却包含着它们的实践偶

第二章

〔348〕

国家间的永久和平的确定条款

共同生活的人们之间的和平状态不是自然状态（status

然性的一个根据；因此，一个**许可法则**就会包含着强制，即强制去采取一个行动，强制去做某人不能被强制去做之事，如果法则的客体在两种关系中具有同一种意指，这就会是一种矛盾。——但现在，在许可法则中，所预设的禁制仅仅关涉一种法权的未来获取方式（例如通过遗产），但对这种禁制的豁免，亦即许可，却关涉当前的占有状态，这种占有状态在从自然状态过渡到公民状态时，按照自然法权的一个许可法则，仍能够作为一种虽然不合乎法权、但依然**正当的占有**（possessio putative［被错认为有效的占有］）而再延续下去，尽管一种被错认为有效的占有一旦被认定为这样的占有，在自然状态中就是禁止的，而一种相似的获取方式在此后的公民状态中（在过渡发生之后）也是禁止的；如果这样一种臆想的获取发生在公民状态里，就不会有那种持续占有的权限；因为在它的不合法性被发现之后，它作为侵害就必须立刻终止。

我就此只是想顺便让自然法权的教师们注意一种 lex permissiva［许可法则］的概念，这个概念自行呈现给进行系统划分的理性，尤其是因为在民法（有章程的民法）中，经常使用许可法则，区别仅仅在于，禁制法则独自成立，许可却不被作为限制性条件（如其应当那样）一并纳入禁制法则，而是被归诸例外。——那里说的是：这件事或者那件事被禁止，除非第一、第二、第三，以至无穷，而许可只是以偶然的方式，不是依据一个原则，而是通过在出现的事例中来回摸索，才附加给法则；若不然，这些条件就必须一并归入**禁制法则的程式**之中，这样一来，禁制法则就会同时成了一种许可法则。——因此，值得惋惜的是，既睿智又敏锐的**温迪施格雷茨伯爵**先生的颇具深意而仍未得到解决的征文题目恰恰是坚持探讨这后一点的，但马上被抛开了。因为这样一种（与数学程式相似的）程式的可能性，是一种一以贯之的立法的惟一真正试金石，若没有这种可能性，则所谓的 ius certum［确定的法］将永远是一个虔诚的愿望。——否则，人们将只有**一般的**法则（**大体上**有效的法则），却没有一项法则的概念似乎毕竟要求的那样**普行的**法则（**普遍地**有效的法则）。

naturalis），自然状态毋宁是一种战争状态，也就是说，尽管 〔349〕
并非总是爆发敌对行为，但毕竟一直受到敌对行为的威胁。因此，必须**创立**和平状态；因为敌对行为的放弃对人们来说尚不是安全，而且若不是一个邻居由另一个邻居提供安全（但这只能发生在一个**有法律的**状态中），前者就可能把他曾要求其提供安全的后者当做一个敌人来对待。①

永久和平的第一条确定条款：每个国家中的公民宪政应当是共和制的

首先依据一个社会的成员之**自由**的原则（作为人），其次

① 通常有人假定，人们不可以对任何人采取敌对态度，除非此人已经实际上**伤害**我；而且如果双方都处在**公民法律**状态，这一点也是完全正确的。因为通过此人进入这种状态，他就为那人（凭借对双方都有强制力的当局）提供了必要的安全。——但是，处在纯然的自然状态中的人（或者民族），正是由于这种状态，由于他与我共在，就使我失去了这种安全，并伤害了我，尽管他并未实际上（facto）、但由于其无法状态（statu iniusto）而伤害了我，我因这种状态而不断地受到他的威胁，而且我能够强迫他，要么与我一起进入一种共同的有法状态，要么就脱离我的邻里关系。——因此作为下面所有条款的基础的公设是：所有能够互相影响的人们必须隶属某个公民宪政。

但是，一切法权宪政，就处在它里面的人格而言，就是：

1. 在一个民族中依据人的**国家公民法权**的宪政（ius civitatis）；

2. 依据各国在相互关系中的**国际法权**的宪政（ius grntium）；

3. 依据**世界公民法权**的宪政（ius cosmopoliticum），这是就处在相互影响的外在关系中的人和国家可以被视为一个普遍的人类国家的公民而言的。

这种划分并不是任意的，而是必然地与永久和平的理念相关。因为这些宪政中只要有一个人处在对别人有自然影响的关系中，并且毕竟是处在自然状态中的，就会有战争状态与此相结合，而摆脱战争状态，正是这里的意图。

〔350〕依据所有成员对一个惟一的共同立法之**附属性**的原理（作为臣民），再次依据这些成员之**平等**的法则（作为**国家公民**）所建立的宪政——由源始契约的理念所产生、一个民族的一切法权立法都必须建立于其上的惟一宪政——就是**共和制的**宪政。①

① **法权上的**（因而外在的）**自由**不能像人们通常会做的那样，通过如下权限来定义，即只要不对任何人行事不义，就可以为所欲为。因为什么叫做**权限**？就是一个行动的可能性，如果人们通过该行动不对任何人行事不义。因此，解释应当是：自由就是不使人们对任何人行事不义的行动的可能性。只要人们不对任何人行事不义，人们就不对任何人行事不义（不论人们做什么事情），因此，这是空洞的同义反复。——毋宁说，我的外在的（法权上的）自由应当这样来解释：它是除了我已经能够同意的法则之外不服从任何外在法则的权限。——同样，一个国家中的外在的（法权上的）**平等**是国家公民们的这样一种关系，依据它，没有人能够在法权上责求别人做什么事情，而不同时服从**能够**被后者转而以同样的方式也责求的法则（**法权上的**附属性的原则既然已经蕴涵在一般而言的国家宪政的概念之中，就不需要解释了）。——这些生而具有的、必然地属于人性并且不可转让的法权，其有效性由于人自己与更高的存在者（如果人设想这样的存在者）的法权关系的原则，通过人根据同一些原理也把自己设想为一个超感性世界的公民，而得到证实和提升。因为就我的自由而言，我自己在属神的、我只能凭借理性来认识的法则方面没有任何责任，除非我已经能够赞同它们（因为通过我自己的理性的自由法则，我才对属神意志形成一个概念）。至于就上帝以外我或许可以设想的最崇高的世间存在者（一个伟大的**依涌**（Äon）[分神体]）而言谈到平等原则，则没有任何理由来说明，为什么当我像那位依涌在他的岗位上履行他的义务一样在我的岗位上履行我的义务时，我却应当只有服从的义务，他却应当有命令的法权。——这个平等原则并不（像自由原则那样）也适用于对上帝的关系，其理由就是，惟有在这个存在者那里，义务概念终止了。

因此，就法权来说，这种宪政本身就是原初作为一切种类的公民制度之基础的宪政；而现在问题只是：它是否也是惟一能够导向永久和平的宪政？

但现在，共和制宪政除了其起源的纯正，即产生自法权概念的纯粹源泉之外，还有指望达到所期望的后果，即永久和平；其理由如下。——如果（在这种宪政中只能如此）为了决定是否应当开战，需要有国家公民的赞同，那么，再自然不过的是，既然他们必须为自己战争的一切苦难（诸如自己去战斗，从其自己的财产中提供战争的费用；艰苦地去改善战争遗留下来的破坏；最后，再不幸不过的是还要自己承担一笔使和平本身变得苦涩、由于紧接着临近总是发生的新战争而绝无法清偿的债务）作出决定，他们将为开始一场如此糟糕的游戏而思虑再三。与此相反，在一种臣民不是国家公民，因此并非共和制的宪政中，开战是世界上最毫不迟疑的事情，因为元首不是国家的合伙人，而是国家的所有者，不因战争而在其宴席、狩猎、度假行宫、宫廷节庆方面有丝毫损失；因此，他可能出 〔351〕

但是，就所有国家公民作为臣民而平等的法权而言，在回答**世袭贵族**的许可性的问题时，仅仅事关是国家所授予的（一个臣民优于另一个臣民的）**等级**必须先行于**功绩**，还是功绩必须先行于那种等级。——于是显而易见的是：如果等级与出身相结合，则功绩（称职与尽职）是否也随之而来，是完全不确定的；因此，这就等于是说：等级无须任何功绩被授予受惠者（成为施令者）；普遍的人民意志决不会在一个源始契约（它毕竟是一切法权的原则）中采纳这一点。因为一个贵族并不因此就马上是一个高贵的人。就**职务贵族**（如人们称谓一个较高职位的等级那样，而且人们必须凭借功绩获取这种等级）来说，等级并不作为财产附着于人格，而是附着于岗位，而平等并不由此受到伤害，因为当此人放弃职务时，他同时就脱离其等级而回到民间。

自毫不起眼的原因而开战，例如举办一次娱乐聚会，并且为了体面起见，毫不在意地让随时待命的外交使团为这场战争辩护。

※　※　※

为了人们不（像通常发生的那样）把共和制的宪政与民主
〔352〕制的宪政混为一谈，必须作出以下说明。一个国家（civitas）的形式可以要么按照执掌国家最高权力的人格的区别，要么按照其元首对人民的**治理方式**来划分，而不管元首是谁；真正说来，前者叫做**统治**的形式（forma imperii），它只有三种是可能的，也就是说，其中要么只有**一个人**，要么**一些人**联合起来，要么构成公民社会的**所有人**一起拥有统治权力（**专制政体**、**贵族政体**和**民主政体**，即君主权力、贵族权力和人民权力）。后者是政府的形式（forma regiminis），而且涉及国家基于制度（使群众成为人民的普遍意志的行动）而使用其绝对权力的方式，就此而言要么是**共和制的**，要么是**独裁制的**。**共和制**是把（政府的）行政权与立法权分离开来的国家原则；**独裁制**是国家恣意地执行它自己所立的法的国家原则，亦即被君主当做其私人意志来操控的公共意志。——在三种国家形式中，**民主政体**的形式在这个词的真正意义上必然是一种**独裁制**，因为它建立一种行政权，让所有人对一个人作出决定，而且或许是不利于一个人的决定（因此这个人并不同意），所以是毕竟并非所有人的所有人在作出决定；这是普遍意志的自相矛盾，并且与自由相矛盾。

也就是说，一切非**代议制**的政府形式，真正说来都是一个怪物，因为立法者在同一个人格中竟能够同时是他的意志的执行者（就像在一个理性推理中，大前提的普遍者不能同时是在小前提中把特殊者置于普遍者之下的归摄一样）；而且尽管另两种国家宪政就其给这样一种治理方式提供发展空间而言都始终是有缺陷的，但在它们这里毕竟至少有可能它们采取一种符合代议制制度精神的治理方式，例如弗里德里希二世就至少说过：他只是国家的最高仆人罢了①；与此相反，民主制国家宪政使这件事成为不可能，因为在这里一切都想当家做主。—— 〔353〕
因此，人们可以说：国家权力的班子（统治者的人数）越小，反之代议机构越大，国家宪政就越是与共和制的可能性相称，而且它可以期望通过逐渐的改革而最终提升为共和制。出自这个理由，在贵族政体中就已经比在君主政体中更困难，而在民主政体中就只可能通过暴力革命来达到这种惟一完善的法权宪政了。但是，人民无可比拟地关心治理方式②甚于国家形式（尽管国家形式对那个目的的或多或少的适应性也十分重要）。

① 人们往往指责一个统治者常常被冠上的尊号（一个属神的涂膏者、神的意志在尘世的代理人、神的意志的代表）是粗鄙的、令人眩晕的谄媚；但我觉得没有理由。它们远远不足以使君主骄傲自大，毋宁说必然在他的灵魂中羞辱他，如果他有理智（人们毕竟必须预设这一点）并且想到，他接受了一个对一个人来说过于大的任务，就是管理上帝在尘世所拥有的最神圣的东西，亦即**人的法权**，并且不得不始终担忧在某个地方侮辱了上帝的这个眼珠子。

② 马利·杜庞以其天才口吻但却空洞无物的语言夸耀说：在多年经历之后终于信服了**蒲柏**的这句名言的真理性："让呆子们为最好的政府去争论吧；管理得最好的政府就是最好的政府。"如果这等于是说：管理得最好的政府得到最好的管理，那么，按照史威夫特的说法，他咬开了一个核桃，核桃用一条蛆来报答他；但是，如果这意味着，这种政府也是最好的治理方式亦即国家宪政，那么，这就是根本错误的；因为好政府的样本不能为治理方式证明任何东西。有谁比诸如**提修斯、马库斯·奥勒留**治理得更好呢？而毕竟一个传位于**多米提安**，另一个传位于**科莫都斯**；对于一种好的国家宪政来说，这种事情不可能会发生，因为他们不适合于这个岗位，足够早地就为人所知，而统治者的权力也足以把他们排除。

但是，如果治理方式要符合法权概念，它就需要代议制度，惟有在代议制度中，一种共和制的治理方式才是可能的，而没有代议制度，治理方式就是独裁的和残暴的（不论宪政是什么样的）。——在古代所谓的共和国中，没有一个共和国知道这种制度，而且它们因此也绝对必然沦为独裁制，而在惟独一人的最高权力之下的独裁制，仍是一切独裁制中最可忍受的独裁制。

〔354〕

永久和平的第二条确定条款：国际法权应当建立在自由国家的一种联盟制之上

各国人民作为国家，可以像单个的人那样来评判，各国在其自然状态中（亦即在对外在法则的独立性中）已经由于其相邻存在而受到侵害，而且每个国家都为了自己的安全起见，能够并且应当要求别国与它一起进入一种与公民宪政相似的宪政，其中每个国家的法权都能够得到保障。这就会是一种**国际联盟**，但这个国际联盟仍不一定是一个合众国。不过，合众国中会有一种矛盾，因为每一个国家都包含着一个上司（立法者）与一个下属（服从者，亦即人民）的关系，但一个国家中的许多民族只会构成一个民族，而这一点（既然我们在此是就**各民族**应当构成如此多的不同国家而且并不融合于一个国家之中而衡量它们彼此间的法权的）与预设相矛盾。

野蛮人对他们的无法的自由有一种执著，他们宁可无休止地互相争斗，也不愿服从一种本可由他们自己来建立的法律强制，因而偏爱放纵的自由甚于理性的自由；我们以深度的轻蔑看待这种执著，并把它视为粗野、无教养和对人性的禽兽般贬抑；同样，人们应当想到，各文明民族（每一个民族独自联合成为一个国家）必然急于尽早摆脱一种如此邪恶的状态，但其实每个国家并非如此，而是认为自己的威严（因为人民的威严是一个荒唐的表述）恰恰在于根本不服从任何外在的法律强制，而且其元首的荣光就在于，成千上万的人供他驱策，去为一件与他们毫不相干的事情牺牲自己，而他却偏偏可以不去履险。① 而欧洲野蛮人与美洲野蛮人的区别主要在于，后者的好多部落被其敌人吃光了，前者则懂得比吃掉其被征服者更好地利用他们，而且懂得宁可扩大其臣民的人数，从而也扩大借此从事更大规模战争的工具的数量。〔355〕

在各民族的自由关系中，可以赤裸裸地看到人的本性的邪恶（不过，在公民法律状态中，这种邪恶被政府的强制大大掩盖了）；但即便有这种邪恶，毕竟令人惊奇的是，**法权**这个词并不能作为迂腐的而被完全逐出战争政治，而且还没有一个国家敢于公开宣布赞同上述意见；因为尽管**雨果·格劳秀斯**、**普芬多夫**、**瓦特尔**等人（纯属讨厌的安慰者）在哲学上或者外交上所拟订的法典并不具有、哪怕只是能够具有丝毫**法律**效力（因为各国作为国家并不处在一个共同的外在强制之下），他们还总是被真诚地援引来为一场军事攻击**辩护**，不过却没有一个这样的例子，某个时候一个国家被用如此重要的人物的见证来支持的论据所打动而放弃其计划。——每个国家对法权概念（至少在语词上）表示的敬意毕竟证明，在人里面可以发现一种更重大的、虽然此时沉睡着的道德禀赋，有朝一日将主宰他里面的邪恶原则（他无法否认这一点），并且希望别人也这样；因为若不然，法权这个词就绝不会出自想要互相攻击的各国之口，除非只是为了借此来嘲讽，就像那位高卢君主所宣称的："弱者应当服从强者，这是自然已经给予强者对于弱者的优

① 于是，一位保加利亚君主回答善意地想以一场决斗来了结其与这位君主的争执的希腊皇帝说："一个拥有钳子的铁匠是不会用自己的双手从煤中取出烧红的铁的。"

先权。”

既然各国追求其法权的方式绝不能像在一个外在的法庭里那样是诉讼，而只能是战争，但法权并不是通过战争及其有利结果亦即胜利来裁定的，而且**和约**虽然或许使这场战争终结，但未使战争状态（一直能找到一个新的借口的状态）终结（人们也不能直截了当地宣布这种状态为不义，因为在这种状态中，每个国家都在其自己的事情上是法官），尽管如此，在无法状态中按照自然法权适用于人的，即“应当走出这种状态”，却并不按照国际法权同样适用于国家（因为它们作为国家，内部已经有一种法权宪政，因而不再需要他方的强制，来按照其
〔356〕法权概念将自己置于一种扩大了的法律宪政之下），然而，毕竟理性从其最高的道德立法权力的宝座上走下来，绝对诅咒以战争为诉讼程序，反之使和平状态成为直接的义务，但是若无各民族之间的一项条约，和平状态就无法建立或者得到保证；所以，必须有一种特殊的联盟，人们可以称之为**和平联盟**（foedus pacificum），它与**和约**（pactum pacis）的区别会在于，后者仅仅试图终结**一场**战争，但前者却试图永远终结**一切**战争。这个联盟并不旨在获取国家的某种权力，而是仅仅旨在维持和保障一个国家本身连同其他结盟国家的**自由**，但这些国家可以不因此（像自然状态中的人一样）而服从公共法律及其下的一种强制。——这个应当逐渐地扩展到所有国家并且就这样导向永久和平的**联盟制**理念，其可行性（客观实在性）是可以展示的。因为如果幸运如此安排，让一个强大而且已受到启蒙的民族能够形成一个共和国（它在本性上必然倾向于永久和平），那么，这个共和国就为其他各国提供了一个联盟统一的中心，以便它们加入其中，并这样依照国际法权的理念来保障各国的自由状态，且通过更多的这类联合来逐渐地越来越扩展更远。

人民说，“在我们中间不应当有战争；因为我们想形成一

个国家，也就是说，为我们自己设立一个立法的、行政的和司法的最高权力，让它来和平地调停我们的一切争执”——这是可以理解的。但是，如果这个国家说，“在我和其他国家之间不应当有战争，尽管我不知道有任何立法的最高权力，让它来保障我的法权，且我也保障它的法权”，那么，我要把我对我的法权的信赖建立在什么上面，这是根本不可理解的，除非有公民社会联盟的替代物，亦即自由的联盟制，而理性必须将这种联盟制与国际法权的概念必然地结合，如果应当到处都在这方面留下某种可思维的东西。

如果国际法权作为一种进行战争的法权，就其概念而言，真正说来根本没有任何可思维的东西（因为它应当是这样一种法权，即并非按照普遍有效的、限制每个个人的自由的外在法 〔357〕
律，而是按照单方面的准则通过武力去决定什么是法权），它在这种情况下就必须被理解为：如果有此居心的人同归于尽，并因此而在掩埋暴行的一切恐怖连同其始作俑者的广大坟墓中找到永久和平，那是他们合该如此。——对于处在相互关系之中的国家来说，在理性看来，没有任何别的办法来摆脱所包含的全然是战争的无法状态，除非它们如同单个的人一样，放弃其野蛮的（无法的）自由，顺从公共的强制性法律，并这样形成一个最终会把地球上所有民族都包括在内的（当然一直增长着的）**合众国**（civitas gentium）。但是，既然这些国家按照它们的国际法权理念完全无意于此，因而 in hypothesi［在假说的意义上］拒斥 in thesi［在命题的意义上］正确的东西，那么，取代**一个世界共和国**的积极理念的（如果不应当失去一切的话），就只能是一个拒绝战争的、现存并且一直扩大着的联盟的**消极**替代物，来遏制惧怕法权的、敌意的偏好的潮流，但仍不断有爆发的危险（Furor impius intus - fremit horridus ore cruento［罪恶的疯狂在心中咆哮，张着血污的嘴令人毛骨悚然〕——维吉尔)。[①]

永久和平的第三条确定条款：世界公民法权应当被限制在普遍友善的条件上

在这里，就像在前面的条款中一样，说的不是仁爱，而是
〔358〕 **法权**，而且在这里，**友善**（好客）意味着一个外地人不由于自己抵达另一个人的地域而受到此人敌意对待的法权。此人可以拒绝他，如果这不会使他死亡，但只要他在自己所到之处态度和善，就不可以敌意地对待他。这不是这个外地人能够要求的**宾客法权**（这会需要一个特别的行善协议，使他在某段时间里成为共住之人），而是一种所有人都享有的**造访法权**，亦即由于共同拥有地球表面的法权而愿意交往，在地球表面这个球面上，他们不可能无限地分散，而是最终必须容忍相邻存在，但原初没有任何人比其他人有更多的法权住在地球的某处。——这个地表无法居住的部分，即海洋和沙漠，把这种共联性分隔，但**舟船**或者**骆驼**（沙漠之**舟**）使得有可能越过无主的地区而相互接近，并且利用人类所共有的**地表**法权来达成一种可能的交往。因此，海滨居民（例如巴巴利人）劫掠近海的船只，

〔① 在结束一场战争之后，缔结和约时，对于一个民族来说也许并非不当的是，在感恩庆典之后宣布一个忏悔日，来以国家的名义祈求上天宽恕人类还一直犯的这种重大罪孽，即在与其他民族的关系中不愿服从任何法律宪政，而是为其独立自豪，宁可使用战争的野蛮手段（但由此所寻求的东西，亦即每一个国家的法权，却未得到澄清）。——在战争期间为一场赢得的**胜利**举行的感恩庆典，（用十足的以色列方式）为万军之主所唱的颂歌，与人父的道德理念形成极强烈的反差，因为它们除了带来对各民族寻求其相互法权的方式的漠然（这是足够可悲的）之外，还带来了毁灭许多人或者他们的幸福的欢愉。〕

或者使遇难船员成为奴隶；沙漠居民（阿拉伯的贝都因人）将游牧部落的接近视为抢劫他们的一种法权；这种不好客是违背自然法权的。但这种友善法权，亦即新到的外来人的权限，只是延伸到**尝试**与原住民的一种交往的可能性的条件上。——以这种方式，彼此远离的各大陆就能够和平地建立关系，而这些关系最终将成为公共法律的，并这样就能够使人类最终越来越接近一种世界公民的宪政。

如果人们把我们这个大陆的各文明国家，尤其是从事商贸的国家的**不友善**行为与此进行比较，则它们在**造访**陌生国家和民族（对这些国家和人民来说，这种造访与**征服**他们被视为一回事）时所表现的不义达到令人吃惊的地步。美洲、黑人国家、香料群岛、好望角等等，在被发现时对它们来说都是无主之地，因为它们把当地居民视若无物。在东印度（印度斯坦），它们纯然以打算设立货栈为借口，便引进外国军队，但连带也引进对土著的压迫、煽动当地各国进行大规模的战争、饥荒、〔359〕
叛乱、背信，以及一切说得出来的压迫人类的灾祸。

中国[①]和日本（即 **Nipon**）领教过这样的客人，因此应对

① 要用这个大帝国自己称谓自己所使用的名称来书写它（亦即 **China**，不是 Sina 或者一个与此相似的语音），人们只需翻阅乔治的《藏语词典》第 651～654 页，尤其是注 b 下面。真正说来，根据彼得堡**菲舍尔**教授的说明，它并没有自己称谓自己的任何确定名称；最常用的名称还是 Kin 这个词，亦即“金”（西藏人用 Ser 来表述它），因而皇帝被称为“**金**之王”（世界上最美妙的国家之王）。这个词大约在该帝国本身读作 Chin，但可能被意大利传教士（由于喉音字母的缘故）念成 Kin。——人们由此可知，罗马人所谓的 Serer 之国就是中国，但丝是越过**大西藏**（大概是经由**小西藏**和布哈拉越过波斯继续前行）被输送到欧洲的，这引发关于这个奇特的国家的古代与印度斯坦的古代相比较、**与西藏地区相关联并通过它与日本相关联的诸多考察**；然而，据说是其邻国加诸它的名称 Sina 或者 Tschina 则没有造成任何影

有方，中国虽然允许他们接近，但却不允许他们进入，日本也只允许惟一一个欧洲民族亦即荷兰人接近，但却在此时使他们像囚犯一样不能与土著人来往。在这方面最恶劣的（或者从一个道德法官的立场来看是最好的）就是：这样的客人从未因这种暴行感到快乐，所有这些商社都濒临崩溃，安的列斯群岛这个最残暴且最想得出来的奴隶制的所在地，并未取得真正的收益，而只是间接地有益，确切地说用来达成一个并不十分值得称道的意图，亦即训练战舰的水手，因而又用来进行欧洲的战争，而且做这件事的，都是大加利用虔诚，并且在他们享受不

响。——就连欧洲与西藏地区的远古的，尽管从未充分为人所知的联系，也或许可以从赫绪丘斯在这方面为我们所保留的东西，亦即伊流欣努秘仪中祭司长的呼叫 Κουξ'Ομπαξ（Konx Ompax）中得到解释（参见《小阿纳卡尔西斯游记》，第5部，第447页及以下）。——因为根据乔治的《藏语词典》，Concioa 这个词意指**“神”**，与 Konx 有一种引人注目的相似性，而很容易就能被希腊人念作 pax 的 pah-cio（同上，第520页），则意指 promulgator legis［律法的颁布者］，即遍布于整个自然界的神性（也被称为 Cencresi，第177页）。——但 Om 被拉·克洛泽翻译做 benedicus，即**“受祝福的”**，在运用于神性时，或许只能意指**“被赞誉享至福者”**（第507页）。**弗兰西斯·赫拉修**神父经常问西藏**喇嘛**，他们把神（Concioa）理解为什么，每次他得到的回答都是“神是一切圣者的集合”（也就是说，至福灵魂的集合，这些灵魂经过喇嘛教的转世，在多次轮回遍历种种躯体之后，最后回到神性，转变为 Burchane，亦即值得崇拜的存在者），既然如此，那个神秘的词 Konx Ompax 或许就意指神圣的（Konx）、至福的（Om）和睿智的（Pax）、遍及世界各处的最高存在者（被人格化的自然），并且在希腊**秘仪**中使用时，或许对于悟者来说就暗示着与民众的**多神**论相对立的**一神论**；尽管**赫拉修**神父（同上）在这里嗅到一种无神论。——但是，那个神秘的词如何经过西藏地区传到希腊，可以用以上的方式来解释，反过来，这也使得欧洲与中国经过西藏地区的早期交往（或许比与印度斯坦的交往还更早）很有可能。

义如饮水时却希望自己在正信上被视为选民。

既然如今在地球各民族间一度普遍剧增的（或较狭隘的或较广泛的）联系已达到如此程度，以至于在地球的**一个**地方对法权的侵害被所有民族都感觉得到，所以，一种世界公民法权的理念就不是法权的一种幻想的和夸张的表象方式，而是既对国家法权也对国际法权的未成文法典的一种必要补充，以达到一般而言的公共人权，并这样达到永久和平，惟有在这个条件下，人们才可以自诩在不断地接近永久和平。 〔360〕

第一条附论　论永久和平的保障

提供这种**担保**（保障）的，正是**自然**这位伟大的艺术家（natura daedala rerum［自然这位万物的能工巧匠］），从自然的机械进程中明显地凸显合目的性，即凭借人们的不和甚至违背人们的意志而让和谐产生，而且因此，仿佛是作为一个在其作用法则上不为我们所知的原因的强制，被称为**命运**，但考虑到其在世界进程中的合目的性，作为一个指向人类的客观终极目的，并且预先规定这个世界进程的更高原因的深邃智慧，被称为天意①，我们虽然真正说来并不能在自然的这种匠心独运 〔361〕 〔362〕

① 人（作为感官存在者）一起隶属于自然，在自然的机械作用中，表现出一种作为自然的实存之根据的形式，我们不能以别的方式理解这种形式，除非我们给它配上一个预先规定它的世界创造者的目的。我们把这个世界创造者的预定一般而言称为（属神的）**天意**，而且就它被置于世界的**开端**而言，称为**奠基的天意**（providentia conditrix; semel iussit, simper parent［他一下命令，他们就永远服从］——奥古斯丁），但就它在自然的进程中按照合目的性的普遍法则维持这种进程而言，称为掌管的天意（providentia gubernatrix），此外就特殊的、但不能被人预见的、而是只能从成果去揣测的目的而言，称为**引导的天意**（providentia directrix），最后，甚至在作为属神目的的个别事件方面，不再称为天意，而是称为**安排**（directio extraordinaria），但要想认识

上**认识**天意，或者哪怕是从中**推论**到天意，而是（像在事物的

这种安排（既然它事实上指示着奇迹，尽管这些事件并不这样被称为奇迹）本身，却是人的愚蠢的狂妄，因为从一个个别事件推论到作用因的一个特殊原则（即这个事件是目的，而不是从另一个完全不为我们所知的目的产生的自然机械性的附带结果），却是荒唐且又自负的，无论其语言说得多么虔诚和谦恭。——同样，就连按照天意涉及世间的**对象**（**在质料**上来看）把天意划分为**普遍的**和**特殊的**，也是错误的和自相矛盾的（例如，天意虽然是为维持造物的类而有的一种预先眷顾，却把个体委诸偶然）；因为它同样在这方面被称为普遍的，以便没有任何一个事物被设想为它的例外。——或许人们在这里指的是按照天意的实现方式对它所作出的划分（**在形式上**来看），亦即分为**有序的**（例如自然按照季节的变迁每年死亡和复苏）和**序外的**（例如洋流把树木带到北极海岸，树木无法在那里生长，而当地居民没有它就无法过活）。在这里，虽然我们能够很好地解释这些现象的自然机械原因（例如通过温带国家长满树木的河岸，那些树木落在河中，或许就被湾流带走），我们仍然不得忽视目的论的原因，这种原因指示着一个支配自然的智慧的预先眷顾。——惟有在学院里常见的对感官世界中的一个结果的属神参与和协助（concursus）这个概念，却必须废除。因为要想使不同类的东西相配（gryphes iungere equis［让鹰头狮身怪与马相配］），以及在世界进程中让自己就是世界变化的完备原因者来**补充**其自己的预作决定的天意（天意因此就会必然是有缺陷的），例如说，**除了**上帝**之外**，医生也治愈了病人，因而作为助手参与此事，这首先自身就是矛盾的。因为causa solitaria non iuvat［一个孤立的原因无济于事］。上帝是医生连同其所有医疗手段的创造者，而这样，如果人们真想一直攀升到我们在理论上无法理解的最高元始根据，结果就必须完全归因于上帝。或者，如果我们把这个事件当做可以按照自然的秩序来解释的，而在世间原因的链条中追踪它，人们就也可以完全把它归因于医生。**其次**，这样一种思维方式也使人丧失了评判一个结果的一切确定原则。但是，在道德实践方面（因此，它是完全针对超感性事物的），例如在只要我们的意念是真诚的，上帝也会通过我们无法理解的手段来补充我们自己的正义的不足，因此我们应当毫不松懈地追求善这种信仰中，属神的concursus［协助］这个概念就是完全适当的，甚至是必要的；但在这方面不言而喻的是，任何人都不得试图由此来解释一个善的行动（作为世间的事件），这是对超感性事物的一种伪称的知识，因而是荒谬的。

形式与一般而言的目的的所有关系中那样）只能并且必须**想到**天意，以便与人类的艺术活动相类比，对其可能性形成一个概念；但是，表现天意与理性直接为我们规定的目的（道德目的）的关系和协调一致，是一个虽然在理论方面越界，但在实践方面（例如就**永久和平**的义务概念而言，以便利用自然的那种机械作用达到永久和平）却是独断的，而且在其实在性上是大有根据的。——即便像在这里，所关心的只是理论（不是宗教），使用“自然”这个词也比一个我们所无法认识的天意的表述更适合于人类理性（就结果与其原因的关系而言，人类理性必须持守在可能经验的界限之内）的局限，而且**更谦虚**。人们狂妄地用“天意”这个表述给自己安上伊卡洛斯的翅膀，要去接近神秘莫测的天意的秘密。

如今，在我们更详细地规定这种担保的提供之前，有必要先探讨自然已经为在其大舞台上活动的角色所安排的状态，就是这种状态最终使得它对和平的保障成为必要的；——然后再 〔363〕
探讨自然提供这种保障的方式。

自然的临时安排如下：1. 它已眷顾地球上所有地区的人，使他们能够在那里生活；2. 它已通过**战争**把他们驱入各地，甚至驱入最荒僻的地区，去垦殖那里；3. 它已通过同样的战争迫使他们进入或多或少有法律的关系之中。——在北冰洋畔寒冷的荒漠里，还生长着苔藓，**鹿**把它们从雪下刨出，而鹿自身则是奥斯特雅克人或者萨摩耶德人的食物甚或役畜；或者，盐碱的沙漠毕竟还有**骆驼**，它仿佛是为游历沙漠而被创造，使沙漠不致闲置无用，这已经值得惊赞。但是，如果人们觉察到，在北冰洋岸除了毛皮动物之外，还有海豹、海象和鲸如何以其肉为当地居民提供食物，以其油脂为他们提供燃料，目的就凸显得更清晰了。但是，自然的预先眷顾最激起惊赞的是通过它为这些不毛之地带来的漂木（没有人真正知道它来自何处），若没有这种材料，他们就既无法备置其交通工具和武器，也无法备置其居留的小屋；在这里，对动物的战争就够他们忙活了，在他们中间不会有敌意的生活。——但是，过去把他们**赶到这里来的**，大概无非是战争。不过，人在垦殖地球期间学会驯服和家养的所有动物中，最早的**战争工具**就是**马**（因为象属于较晚的时代，亦即已经建立起国家的奢侈时代），同样，栽培某些对于我们来说现在已不再能认识其源始性状的、被称为**谷物**的草类的艺术，以及通过移栽和嫁接来繁衍和改良果类（也许在欧洲只有野生苹果和野生梨），亦只能在已经建立起国家的状态产生，此时已经有得到保障的地产；——在人事先已在无法律的自由中历经**狩猎生活**①、渔民生活和牧人生活直至
〔364〕**农耕生活**，而**盐**和**铁**已被发现之后。也许，它们是各民族的贸易往来最早普遍寻求的货物，这最先使各民族处于一种相互的**和平关系**之中，且这样与遥远的民族建立相互的了解、联系与和平关系。

而今，由于自然已经眷顾，使人们**能够**在地球上到处生活，它也同时蛮横地想要人们**应当**到处生活，即便违背人们的偏好，甚至这种应当并不同时预设一个凭借一项道德法则来责

① 在所有的生活方式当中，**狩猎生活**无疑最违背文明宪政，因为在此必须单独生活的各家庭，很快就变得彼此陌生起来，而且在此之后就分散在广袤的森林中，很快也变得**敌对**起来，因为每一个家庭为了获得其食物和衣着都需要许多空间。——**诺亚禁血令**（《创世记》，第 9 章第 4～6 节。这个禁制经常被重提，后来甚至被犹太裔基督徒当做条件来要求新接纳的非犹太裔基督徒，尽管是出自别的考虑，《使徒行传》，第 15 章第 20 节；第 21 章第 25 节）似乎原初无非是猎人生活的禁制，因为在这种生活中必定经常出现生吃肉的情形，因而禁吃生肉的同时就禁吃血。

成他们这样做的义务概念，而是自然为了达到它的这个目的而选择了战争。因为我们看到一些民族，其语言的统一使其祖源的统一清晰可辨。例如一方面在北冰洋畔有**萨摩耶德人**，另一方面在**阿尔泰**山脉有一个操类似语言的民族相距 200 里之遥，另一个骑马且以之进行战争的民族，亦即蒙古民族曾闯入其间，就这样使其部族的前一部分远离后一部分，溃散到最荒僻的冰冻地带，他们肯定不是出自自己的偏好而散布到这里的。① 同样，欧洲极北地区被称为**拉普人**的**芬兰人**，与现在同样距离遥远，但语言上却与他们有渊源关系的**匈牙利人**，被闯入其间的哥特民族和萨马提亚民族分开；而且，除了自然当做手段来使用以使地球上到处都有人居住的战争，还有什么能够〔365〕把**爱斯基摩人**（他们也许是远古的欧洲冒险家，一个与所有美洲人完全不同的种族）赶到美洲北部，把**佩沙拉人**赶到美洲南部，直到火地岛呢？但是，战争本身不需要任何特殊的动因，而是似乎被嫁接在人的本性上，且甚至被视为某种高贵的东西，人受荣誉感的鼓舞无须自私的动机就去从事它，以至于**作战勇敢**（既为美洲野蛮人所有，也为骑士时代的欧洲野蛮人所有）被判定具有直接的重大价值，不仅是**在**有战争**时**勇敢（这是理所当然的），而且是勇敢地**要**有战争，而且往往只是为了表现那种勇敢而发动战争，因而战争自身就被赋予一种内在

① 有人会问：如果自然想要这些冰岸不应当始终无人居住，那么，若是它有朝一日不再为这里的居民带来漂木（如可以预料的那样），这些居民会成为什么样的呢？因为可以相信，鉴于文化的进步，温带居民将更好地利用其河岸上生长的树木，不让它们落入河中，就这样漂到海里。我的回答是：**鄂毕河**、叶尼塞河、勒拿河等地的居民将通过贸易给他们带来木材，并以此交换北冰洋附近海洋富有的动物界产品，只要它（自然）已先把和平强加在他们中间。

的**尊严**，甚至也大有哲学家称颂战争是人性的某种高贵化，而忘了那个希腊人的格言，“战争之恶劣在于，它所造就的恶人多于它所除去的”。——关于自然**为了它自己的目的**而在作为一个动物物种的人类身上所做的事情，就说到这里。

现在有个问题，它涉及永久和平的意图的本质，即：在这种意图中，就人自己的理性使之成为其义务的目的来说，因而为促进人的**道德意图**，自然有什么作为呢？而且，自然如何提供担保，让人按照自由法则**应当**做却未做之事，也由于自然强制他**将**这样做而无伤这种自由就得到确保，确切地说是在公共法权即**国家法权**、**国际法权**和**世界公民法权**这所有三种关系上得到确保？——关于自然如果我说：它想要这件事或者那件事发生，这不等于是说：它加诸我们一种义务去做此事（因为惟有不受强制的实践理性才能够如此），而是它自己做这件事，不论我们是否愿意（fata volentem ducunt，nolentem trahunt [愿意者命运领着走，不愿意者命运拖着走]）。

1. 即使一个民族不受内部不和所迫去接受公共法律的强制，毕竟会有战争从外部做这件事，因为按照前面提到的自然安排，每一个民族都发现面前有另一个逼迫着它的民族做邻
〔366〕居，它必须在内部组成一个**国家**，以便作为**政权**扩军备战来对付这另一个民族。现在，**共和制的**宪政是惟一完全适合人的法权的宪政，但也最难创立，遑论维持了，以至于许多人断言，这必须是一个**天使**之国，因为人以其自私的偏好不可能拥有形式如此高雅的宪政。但如今，自然却来协助受尊敬、但对于实践来说却软弱无力、基于理性的普遍意志，确切地说恰恰是凭借那些自私的偏好。因此，问题仅仅在于一个良好的国家组织（它当然是人力所能及的），来使那些偏好的力量彼此针锋相对，使一种偏好抑制或者抵消另一种偏好的毁灭性作用，以至于对理性来说，其结果是好像两种偏好都根本不存在，而这样

人也就被迫成为一个好人，即便不是一个道德上的好人。建立国家的问题无论听起来多么艰难，纵然对于一个魔鬼民族（只要魔鬼有理智）来说也是可以解决的，这个问题就是："一群有理性的存在者，全都为了保存自己而要求有普遍的法律，但他们每一个都暗中倾向于使自己成为例外，要这样来安排他们并建立他们的宪政，使得他们虽然在自己的私人意念中彼此对抗，但却毕竟如此相互抑制这种意念，以至于在其公开的行为中，结果恰恰是好像他们并没有这些恶的意念似的。"这样一个问题必须是**可以解决的**。因为这个课题要求知道的，并不是人在道德上的改善，而只是自然的机械作用，即人们如何能够在人身上利用这种机械作用，以便在一个民族中如此调整人的不和的意念之冲突，使得他们不得不互相强迫对方接受强制性法律，并这样来产生法律在其中有效力的和平状态。人们也能够在实际现存的、组织得还很不完善的国家里看到这一点，即他们毕竟在外在举止上已经非常接近法权理念所规定的东西，尽管其原因肯定不是道德性的内核（就像也不能指望道德性来产生好的国家宪政，反倒是要指望好的国家宪政来产生一个民族的良好道德教养），所以自然的机械作用就能够通过自然而然地即便在外部也相互对抗的自私偏好而被理性当做一种手段来使用，为理性自己的目的即法权规范创造空间，并借此也就 〔367〕
国家本身力所能及而言，促成和确保内部的和外部的和平。——因此，这里说的是：自然不可阻挡地想要法权最终获得最高权力。人们如今在这里疏忽未做之事，最终将自行实现，尽管带有诸多的麻烦。"如果把芦苇弯得太厉害，它就折断；而谁想要的太多，就是不想要任何东西。"——**布特维克**

2. 国际法权的理念以许多相互独立的相邻国家之**分离**为前提条件；而且尽管这样一种状态自身就已经是一种战争状态（如果不是这些国家的一种结盟联合来预防敌对行为的爆发），

但按照理性理念，甚至这种状态也毕竟好过这些国家被一个因膨胀而盖过别的强权并且过渡为一种一统君主制的强权所融合，因为政府的规模越是扩大，法律就越是丧失其压力，而一种冷酷的独裁制在根除了善的胚芽之后，就最终毕竟沦为无政府状态。然而，这却是每个国家（或者其元首）的要求，即以这种方式将自己置于持久的和平状态，可能的话统治整个世界。但是，**自然想要**的却是别的东西。——它使用两种手段来阻止各民族的混合，并将它们分开，这就是**语言**和**宗教的不同**。① 这种不同虽然带有相互仇恨的倾向和战争的借口，但毕竟在文化增长和人们逐步接近原则上的更大一致时，导向在一种和平中的谅解，产生和保障这种谅解，并不像那种（在自由的墓地里的）独裁制那样，靠的是削弱一切力量，而是靠在这些力量的最活跃的竞争中保持它们之间的平衡。

〔368〕 3. 就像自然明智地把各民族分开，每个国家的意志，确切地说是根据国际法权的理由，喜欢凭借诡计或者暴力把各民族统一在自己之下一样，自然在另一方面也凭借相互的自私把世界公民法权的概念不会确保其免遭暴行和战争的民族统一起来。这就是**商贸精神**。这种精神与战争无法共存，而且或迟或早将制服每个民族。也就是说，由于在隶属于国家权力的所有力量（手段）中，**金钱的力量**或许会是最可靠的力量，所以各

① **宗教的不同**：一个奇怪的表述！恰如人们也说不同的**道德**似的。或许可能有不是归入宗教而是归入为促进宗教所使用的东西的历史的、归入博学领域的历史手段的不同**信仰方式**，同样有不同的**宗教经典**（《阿维斯陀注释》、《吠陀经》、《可兰经》等等），但只有一种对所有人和在所有时代都有效的**宗教**。因此，信仰方式所能包含的或许无非是宗教的载体，这种载体是偶然的，而且可能随时间和地点的不同而不同。

国都发现自己（当然未必就是由于道德性的动机）不得不促进高贵的和平，并且无论在世界上何处有爆发战争的威胁，都通过斡旋来防止它，就好像它们因此而有持久的盟约似的；因为按照事物的本性，为战争而有的大型联合罕有发生，更罕有成功。——以这种方式，自然就凭借人的偏好的机械作用来保障永久的和平；当然这样一种安全并不足以（在理论上）**预言**永久和平的未来，但毕竟在实践方面是足够的，并且使得努力达成这个（并不纯然是幻觉的）目的成为义务。

第二条附论　永久和平的秘密条款

探讨公共法权时的一项秘密条款在客观上，亦即在其内容上来看是一个矛盾；但在主观上，就提出这种条款的人格的资质来评判，其中却完全可能有一个秘密，也就是说，他认为公开宣称自己是这项条款的作者，对于他的尊严来说是可虑的。

惟一的这类条款包含在如下命题中：**哲学家们关于公共和平的可能性之条件的准则，应当被为战争而武装起来的国家引为忠告**。

一个国家的立法权威，人们当然必须认为它有最大的智慧。但是，就它对其他国家的态度的原理而求教于**臣民**（哲学家），对它来说似乎是贬低；尽管如此，这样做却是十分可取的。〔369〕因此，国家将**悄无声息地**（因而通过它使此事成为一个秘密）**要求**哲学家们**做这件事**，这就等于是说：它将**让**哲学家们自由且公开地**谈论**进行战争和缔结和约的普遍准则（因为只要人们不禁止他们，他们自己就将这样去做），而各国在这一点上的彼此一致也不需要它们在这个意图上彼此有特殊的约定，而是已经蕴涵在因普遍的（道德上立法的）人类理性而有的义务中。——但借此并不是说：国家必须承认哲学家的原理对法学家（国家权力的代表）的裁决有优先权，而只是说人们要**聆听**哲学家。法学家已把法权之**秤**，此外还把正义之**剑**当做其象征，他使用正义之剑，通常并不只是为了抵御对法权之秤的一切外来影响，而是当这一个秤盘不想下降时，就把剑一起放进去（vae victis［呜呼，失败者］）。不同时（包括在道德性上）是哲学家的法学家，就会有极大的诱惑去这样做，因为他的职责只是运用现行的法律，但并不探究这些法律本身是否需要改善。而且由于他的学科的等级有权力来相伴（就像另外两门学科也是这种情况一样），他把这个事实上较低的等级算做较高的等级。——哲学学科在这个联合的势力之下处在一个很低的级别上。例如关于哲学，据说它是神学的**婢女**（对于另两门学科来说也是这样说）。——但人们并未正确地看到，“这个婢女究竟是在她的仁慈的夫人们前面举着火炬，还是在她们后面提着托裙”。

国王们思考哲学，或者哲学家成为国王，这是无法指望的，也是不能期望的，因为权力的占有不可避免地败坏理性的自由判断。但是，国王或者国王般的（根据平等法则来统治自己的）人民不让哲学家阶层消失或者沉默，而是让其公开说话，这对于双方来说为了了解其事务都是不可或缺的，而且由于这个阶层依其本性而言没有能力结党结派，便没有从事**宣传**流言飞语的嫌疑。

〔370〕 附录

一、就永久和平论道德与政治之间的不和

道德作为无条件地颁布命令的、我们应当依之行动的法则的总和，自身就已经是一种在客观意义上的实践，而在人们承

认这个义务概念的权威之后，还要说毕竟做不到，这显然是荒唐的。因为在这种情况下，这个概念就自行从道德中取消了(ultra posse nemo obligatur［没有人有义务去做超出能力的事情］)；因此，作为执行的法权学说的政治与作为这样一种法权学说，但却是实践的法权学说的道德不可能有冲突（因而实践与理论不可能有冲突)。不然，我们就必须把道德理解为一种普遍的**明智学说**，也就是说，是一种准则的理论，即为算计好处的意图选择最适当的手段，也就是说，否认在根本上有道德存在。

政治说，**"你们要聪明如蛇"**；道德则（作为限制性条件）补充说，**"且要真诚如鸽"**。如果二者不能在一个命令中共存，那么，实际上就有政治与道德的一种冲突；但是，如果二者绝对应当统一起来，那么，关于对立的概念就是荒谬的，而且应当如何调停那种冲突的问题也就根本不能当做课题提出。尽管**"诚实是最佳的政治"**这个命题包含着一种理论，可惜是实践常常与之相矛盾的理论，但同样具有理论性的命题，即**"诚实好过一切政治"**，则无限地胜过一切反驳，甚至是政治的绕不过去的条件。道德的守护神并不向朱庇特（权力的守护神）让步；因为朱庇特还要服从命运，也就是说，理性不够澄明，无法综览作为预定的原因的系列，而这些原因却使人根据自然的机械作用，从人的所作所为出发确切地预告幸运的或者不幸的结果（尽管希望它如愿)。但是，人们为了（按照智慧的规则）留在义务的轨道上应当做什么，因而对于终极目的，理性却到处都明明白白地告诉了我们。

但现在，实践家（对他来说道德是纯然的理论）绝望地否 〔371〕
定了我们的善意希望（尽管承认**应当**和**能够**)，真正说来其根据在于：他借口从人的本性预见到，人绝不会想要为实现那个导向永久和平的目的而需要的东西。——当然，**所有单个的人**的这种想要，即要按照自由原则生活在一个法律宪政中（**所有**

人的意志之**分布的**统一），是不足以促成这个目的的，而是**所有人一起**想要这种状态（联合起来的意志之**集体的**统一）才行。要形成公民社会的整体，还需要对一个困难的课题的这种解决。因此，既然在所有人的局部意愿的这种不同以外，还必须附加上它的一个联合性原因，以便产生一个共同的意志，而这是所有人中没有一个人能够做到的，所以，在**履行**那个理念时（在实践中），就不能指望法权状态的任何别的开端，除非是凭借**暴力**的开端，在暴力的强制之上，随后建立起公共法权；当然，这种情况（既然人们在这方面本来就很少能够把立法者的道德意念估算在内，指望他在乌合之众联合成为一个民族之后，任凭它凭借这群人的共同意志去实现一种法权宪政）使人事先就已经预料到在实际经验中对那个理念（理论）的重大背离。

因而这就是说：谁一旦暴力在手，就不会让人民给他制定法律。一个国家一旦有能力不服从任何外在的法律，就不会让自己在针对别国寻求自己的法权的方式上依赖别国的裁判，甚至一个大陆，如果它感觉到自己比另一个对它并无妨碍的大陆有优势，就不会不利用通过掠夺或者干脆控制该大陆而使自己的力量强大起来的手段；就这样，国家法权、国际法权和世界公民法权的理论的一切计划都化为空洞无物的、无法实现的理想。与此相反，一种基于人的本性之经验性原则的实践，并不认为从世事的运行方式中为自己的准则汲取教诲是件低贱的事，才能有希望为自己的治国术体系找到一个牢靠的基础。

〔372〕当然，如果没有自由以及建立在它上面的道德法则，而是一切发生的或者能够发生的事情都纯然是自然的机械作用，那么，政治（作为利用这种机械作用来治理人们的艺术）就是全部的实践智慧，而法权概念就是空洞无物的思想。但是，如果

人们认为绝对有必要把法权概念与政治结合，甚至把它干脆提升为政治的限制性条件，那么，就必须承认二者的可统一性。现在，我虽然能够设想一个**道德的政治家**，也就是说，一个将治国术的原则看得能够与道德共存的政治家，但却无法设想一个**政治的道德家**，让他去锻造一种对政治家的利益有所助益的道德。

道德的政治家使之成为原理的是：一旦在国家宪政或者在国际关系中出现人们无法防止的缺陷，尤其是对于国家元首来说，就有义务去考虑怎样才能尽可能快地改善它们，使之合乎在理性的理念中作为典范呈现在我们眼前的自然法权，即使这要牺牲他们的私利。如今，既然国家联合或者世界公民联合的纽带在有一种更好的宪政准备取代它之前就被撕毁，是违背一切在这方面与道德一致的治国术的，所以，要求立刻剧烈地修正那种缺陷，固然是件荒唐的事情，但至少掌权者最真挚地心怀这样一种修正的必要性的准则，以便保持在对目的（在法权法律上最好的宪政）的不断接近中，这却毕竟是可以要求于他的。一个国家即使按照现行制度仍拥有独裁的**统治权力**，也能够以共和制的方式**治理**自己，直到人民逐渐地有能力只受法律权威的理念所影响（就好像法律拥有自然的力量），且因此而被认为有本事自己立法（这种立法原初是基于法权的）。即使经过一场由坏宪政所引起的**革命**的狂暴，以不合法权的方式形成了一种更合法的宪政，在这种情况下使人民回到旧的宪政，也毕竟必须被视为不再允许之事，尽管在革命期间，每个以暴力或者诡计的方式参与其事的人都会理应受到对叛乱者的惩罚。〔373〕但是，说到外部的国际关系，一个国家只要有立刻被别国吞并的危险，就不能要求它放弃自己的宪政，即便这种宪政是独裁的（这种宪政毕竟在与外部敌人的关系中是更强有力的）；因此，就那种修正的打算来说，也毕竟必须允许延迟实施，直到更好的时机。[①]

因此，尽管独裁制的（在实施时犯错的）道德家以各种各样的方式违背治国术（由于仓促采取或者支持的措施）的事情可能总是发生，但在他们违背自然时，却毕竟有经验必然逐渐地使他们走上更好的轨道；反之，进行道德说教的政治家则通过粉饰违背法权的国家原则，借口人的本性没有**能力**按照理性所规定的理念达到善，而尽其所能地**使**这种改善**成为不可能**，并使对法权的侵犯永恒化。

这些治国有术的人士撇开他们自诩的实践，而玩弄起**权术**，因为他们只考虑讨好当前的统治力量（以免错失其私利），借此出卖人民，可能的话出卖整个世界；犹如擅攻政治的真正的法学家（职业法学家，不是**立法**的法学家）。因为既然这些人的事务不是对立法本身作出理性思考，而是执行国家法的现行命令，所以对他们来说，任何现行的法律宪政都必定是最好的宪政，而当这种宪政被上面修正时，接下来的宪政就是最好的宪政；这样一来，一切都处在其恰如其分的机械秩序之中。
〔374〕 但是，如果这种对一切都应付自如的熟巧给他们注入妄念，使他们认为即便对一般而言的**国家宪政**的原则也能够依照法权概念（因而先天地，不是经验性地）作出判断；如果他们吹嘘认

① 让一种带有不义的公共法权状态依然维持下去，直到一切要么自行成熟得可以进行完全的变革，要么通过和平的手段使其接近成熟，这是理性的许可法则，因为一种法权宪政，哪怕只在很小的程度上合乎法权，也毕竟聊胜于无，一种**仓促的**改革就会遭到这后一种命运（无政府状态）。——因此，在事物目前所处的状态中，治国智慧将把合乎公共法权理想的改革当做自己的义务；但是，在自然自行引起革命的时候要利用革命，不是为了粉饰一种更大的压迫，而是把它当做自然的呼召，通过彻底的改革来实现一种建立在自由原则之上的法律宪政，这是惟一经久不变的宪政。

识**众人**（这当然是可以指望的，因为他们与许多人打交道），却毕竟不认识**人**，也对能够使人成为什么（这需要人类学考察的一种更高的立场）毫无认识，但配备了这些概念，便去讨论理性所规定的国家法权和国际法权，那么，他们就只能凭借无理取闹的精神来作出这种僭越，因为甚至在理性的概念想知道一种仅仅依照自由原则而合法、惟有借此一种理应持存的国家宪政才有可能的强制乃有根有据的地方，他们也遵循其惯常的处事程序（一种依据独裁地颁立的强制性法律之机械作用的程序）；假装的实践家不理会那个理念，以为能够经验性地、从迄今还极好地存在的、但多半违背法权的国家宪政如何确立的经验出发来解决这个课题。——他所使用的准则（尽管他不让它们张扬开去）大约可以归结为如下诡辩的准则。

1. Fac et excusa［做了再说］。抓住有力的时机去任意地占有（或者是国家对其人民的一种法权，或者是国家对另一邻国人民的法权）；**行动之后**再辩护，并且粉饰暴力（尤其是在第一种情况下，在国内的最高权力同时也就是立法当局，人们必须服从它，不必对此作出理性思考时），与事前想出令人信服的理由并且还等待反驳的理由相比，要远为容易和漂亮得多。这种厚颜无耻本身造成内心坚信行为合乎法权的某种外表，而成功之神事后就是最佳的法权代理人。

2. Si fecisti，nega［做过就否认］。对于你自己所犯的罪，例如牺牲你的人民，使之绝望并因此叛乱，要否认这是你的过错；而是声称，这是臣民的桀骜不驯或者在你侵袭邻国人民时亦是人的本性之过，如果人不抢在别人之前使用暴力，则他肯定能预期别人先发制人来侵袭他。〔375〕

3. Divide et impera［分而治之］。这就是说：如果你的人民中的某些享有特权的首领们仅仅选择你做他们的元首（primus inter pares［同侪之首位］），你就在他们中间挑拨离间，并且使他们与人民不和。要支持人民，用更大的自由哄骗他们，这样一切都将取决于你的无条件的意志。或者这是外国，则在他们中间挑起纠纷是相当可靠的手段，在扶助弱者的幌子下使他们逐一臣服你。

如今，固然没有人被这些政治准则所蒙骗；因为它们全都已经是众所周知的；但也没有因它们而感到羞愧的情况，就好像不义太过显而易见似的。因为列强从不在面对普通群众的判断时感到羞愧，而只会一个列强在另一个列强面前感到羞愧，但是说到那些原理，则能够使它们羞愧的，不是那些原理的暴露，而只是其**失灵**（因为在准则的道德性方面，列强之间都是一致的），所以，总是有它们肯定能够指望的政治荣誉给它们留下来，这就是其势力的扩大，不管这种扩大是以什么途径获得的。①

① 尽管仍会有人怀疑在一个国家中共同生活的**人们**有某种植根于人的本性的邪恶，并且不是把这种邪恶，而是煞有介事地把一种进步得远远不够的文化的缺陷（野蛮）援引为人们的思维方式的违法表现之原因，但在**各国**相互之间的外部关系中，这种邪恶却毫不遮掩且无可置疑地映入眼底。在每个国家内部，这种邪恶被公民法律所掩盖，因为有一种更大的力量，亦即政府的力量，在强有力地抑制着公民们相互施暴的偏好，且这样不仅给予整体一种道德的色彩（causae non causae［不是原因的原因］），而且由于违法偏好的发作受到了阻挠，道德禀赋向对法权的直接敬重的发展也实际上变得容易多了。——因为如今每一个人都自信，他会把法权概念视为神圣的并恪守之，只要他能够预期每个他人也照样去做，而这后一点是政府部分地向他保证的；这样一来，就向道德性迈出了一大步（尽管还不是道德的一步），甚至为了这个义务概念本身的缘故而不计回报地信守它。——但是，既然每一个人虽然对自己有好评，却毕竟都假定其他所有人有恶的意念，所以他们就相互判断对方说：就**实事**而言，他们所有人都不太行（既然毕竟不能归咎于作为一个自由存在者的人的**本性**，则这从何说起，就可以存而不论）。但是，既然就连人绝对不能摆脱的对法权概念的敬重也极郑重地认可适合这个概念的能力的理论，所以每一个人都看到，他在自己这方面必须依照这个概念去行动，而不管别人怎样看待。

※　　　※　　　※

从自然状态的战争状态产生人与人之间的和平状态，这样一种非道德的明智学说的所有这些曲折至少说明：人们无论是〔376〕在其私人关系中还是在其公共关系中，都不能回避法权概念，并且不敢公然把政治仅仅建立在明智的技巧之上，因而宣布完全放弃对一种公共法权的概念的服从（这在国际法权的概念中尤其引人注目），而是让这个概念自身得到一切应得的荣誉，即使他们会想出无数借口和饰词，以便在实践中规避这个概念，并且为狡黠的暴力捏造出是一切法权的起源和联合的权威。——为了使这种诡辩终结（即便未使由这种诡辩粉饰的不义终结），并且使地球上的强者的虚假**代表们**承认他们所支持的不是法权，而是权力（他们在谈到权力时使用一种口吻，就好像他们自己在这里可以发号施令），宜揭穿人们用来骗己骗人的假像，找出永久和平的意图由以出发的至上原则，并且指出：阻碍永久和平的一切恶都产生自，政治的道德家在道德的政治家理当终止的地方开始，而且由于他使原理隶属于目的（也就是说，把马套在车后），而使他自己要使政治与道德一致的意图破灭。

为了使实践哲学与自身一致，有必要首先裁定如下问题：在实践理性的课题中，是必须从其**质料**原则亦即目的（作为任〔377〕性的对象）开始，还是从其**形式**原则开始？其形式原则是这样的原则（仅仅置于外部关系中的自由之上），它说的是：要这样行动，使你能够想要你的准则应当成为一个普遍的法则（不管目的是什么样的目的）。

毫无疑问，后一个原则必须先行；因为它作为法权原则，具有无条件的必然性，反之，前一个原则惟有在预定目的的经验性条件，亦即预定目的的实现的预设下才是强制性的，而且如果这个目的（例如永久和平）也是义务，则毕竟这个预设本身就必须是从外在行动的准则的形式原则派生的。——而今，前一个原则，即**政治的道德家**的原则（国家法权、国际法权和世界公民法权的问题）只是一个**技艺课题**（problema technicum），反之，第二个原则作为**道德的政治家**的原则，对他来说却是一个**道德课题**（problema morale），要造就如今人们不仅当做自然的善，而且当做一种从对义务的承认中产生的状态来期望的永久和平，就与另一个原则有天壤之别。

要解决第一个问题，亦即治国术的问题，需要许多自然知识，以便利用自然的机械作用来达成上述目的，而所有这些知识，就其涉及永久和平的成果而言，毕竟都是不确定的；不论说的是公共法权的三个部分的哪一个。是靠严厉还是靠虚荣诱饵，是靠单独一个人的无上权力还是靠诸多首领的联合，或许也仅仅是靠一个职务贵族还是靠内部的人民权力，能够使人民更好地长期保持服从，且同时保持繁荣昌盛，这是不确定的。所有的治理方式（惟一的例外是真正共和制的治理方式，但惟有一个道德的政治家才能想到它）在历史上都有反面例子。——更不确定的是依照内阁计划在章程上伪称建立起来的**国际法权**，它在事实上只是一纸空文，而且所依据的条约在其缔结的同一行动中就同时包含着违约的秘密保留。与此相反，第二个问题亦即**治国智慧问题**的解决则可说是自行发生的，对
〔378〕每个人来说都是显而易见的，并且使一切矫揉造作都成为耻辱；但要记住聪明些：不要仓促地用暴力来强求这个目的，而是按照有利情势的性状不断地接近它。

在这种情况下就可以说：“先追求纯粹实践理性的王国及其**正义**，然后你们的目的（永久和平的好事）就将自行归于你们。”因为这是道德自身具有的独特之处，确切地说是在公共法权的原理方面（因而与一种可先天地认识的政治相关），即它越少使行为取决于预定的目的，即预期的好处，不论它是自

然的还是道德的，它就反而越多地大体上与这个目的相吻合；这种情况之所以发生，乃是因为惟一规定什么是在人们中间合乎法权的，恰恰是先天地被给予的普遍意志（在一个民族中，或者在不同民族的相互关系中）；但是，只要在实施时一以贯之地行事，所有人的意志的这种联合也能够按照自然的机械作用同时成为原因，产生所企求的结果，并使法权概念具有效果。——例如，道德的政治的一个原理是：一个民族应当按照惟一的自由和平等的法权概念联合成为一个国家，而且这个原则并不基于明智，而是基于义务。与此相反，无论政治的道德家对一个进入社会的人群的使上述原理失效、并使其意图破灭的自然机械作用作出多少理性思考，或者还通过古代和近代组织拙劣的宪政（例如没有代议制的民主政体）的例子来试图证明他们的相反主张，他们的话都不值一听；尤其是因为这样一种败坏的理论甚至自身就造成它所预言的灾祸，它把人和其余有生命的机器归于一类，要使这些机器在其自己的判断中成为一切世间存在者中最可怜的存在者，只需它们还会意识到自己不是自由的存在者。

有一个真实的命题固然听起来夸夸其谈，却像谚语一样流行：fiat iustitia，pereat mundus［即便世界毁灭，也要让正义伸张］，用德语来说就是，“哪怕世间的无赖全都完蛋，也要让正义伸张”。它是一个正直的、切断一切由奸诈或者暴力来标出的邪门歪道的法权原理；只不过它不可被误解，例如理解为允许极为严厉地利用其自己的法权（这会与伦理义务相冲突），而是被理解为掌权者的责任，即不因对其他人的不满或者同情而否定或者削弱任何人的法权；这首先需要国家的一种按照纯粹的法权原则建立起来的内部宪政，其次也需要使国家与其他相邻的甚或遥远的国家联合起来的宪政，以便依法调停其争执（这类似于一个普世的国家）。——这个命题所要说的无非是： 〔379〕

政治准则不得从每一个国家因遵循它们而可期待的繁荣和幸福出发，因而不得以每一个国家使之成为其对象的目的（意愿）为治国智慧的最高的（但是经验性的）原则而从它出发，而是必须从法权义务的纯粹概念（从纯粹理性先天地给予其原则的应当）出发，不管由此会产生什么样的自然后果。世界绝不会因恶人减少而毁灭。道德上的恶所具有的与其本性不可分割的特性就是，它在自己的意图中（尤其是在对其他心志相同者的关系中）与自己相抵触，并且毁灭自己，并这样为善的（道德）原则腾出地盘，尽管是经过缓慢的进步。

※　　　※　　　※

因此，**客观上**（在理论中）根本不存在道德与政治的任何冲突。反之，**主观上**（在人的自私倾向中，但这种倾向由于并不基于理性的准则，尚不得被称为实践）这种冲突将存在，而且可能一直存在，因为它充当着德性的砺石，德性的真正勇气（按照 tu ne cede malis，sed contra audentior ito［不要对恶让步，而要更勇敢地迎向它］这个原则）在当前的情况下不在于以坚定的决心对抗在此必须承受的灾祸和牺牲，而是在于正视我们自己心中恶的原则并战胜其奸诈，这种原则更为危险得多，它是骗人的和阴险的，但毕竟是理性思考的，以人的本性的弱点为借口来为一切越轨作出辩护。

〔380〕事实上，政治的道德家可能说：君主和人民，或者人民和人民在以暴力或者诡计相互攻击时，并没有相互行事不义，尽管在他们完全放弃对惟一能够永久建立和平的法权概念这一点上，他们一般而言行事不义。因为既然一方违反自己对另一方的义务，而另一方正好同样想违背法权地对待他，所以，如果他们相互歼灭，而这个种族却总还是留下足够的人，让这场游戏直到极遥远的时代也不停止，以便后代子孙将来以他们为前车之鉴，则**这样做**对他们双方来说都是完全公道的。在这方

面，世界进程中的天意是公平的；因为人心中的道德原则从不熄灭，而且在实用上善于依照那个原则来实现法权上的理念的理性还在通过总是在进步的文化而持续成长，但那些违反的罪也随着它成长。然而，这样一帮堕落的存在者居然存在于世上，这种创造却似乎是任何神义论都不能为之辩解的（如果我们假定，人类的境况永远不可能变得更好）；但是，这种评判立场对我们来说太高了，使得我们不能在理论方面把我们（关于智慧）的概念加诸我们无法探究的至高力量。——如果我们不假定，纯粹的法权原则具有客观实在性，也就是说，它们可以实现，那么，我们就不可避免地被逼向这样一些绝望的结论；而且不管经验性的政治对此提出什么反对理由，人民在国家中，进而国家相互之间都必须依此行动。因此，真正的政治若不先尊重道德，就会寸步难行，而且尽管政治本身是一种困难的艺术，但它与道德的结合却毕竟根本不是艺术；因为一旦二者冲突，道德就斩开政治所不能解开的结。人的法权必须被视为神圣的，不管统治权力会蒙受多大的牺牲。在这里，人们不能走中间道路，想出一种在实用上有条件的法权中间物（在法权和利益之间），而是所有政治都必须在法权面前屈膝，但能够由此希望，虽然缓慢却要达到它将持久地光辉灿烂的级别。

二、依据公共法权的先验概念论政治与道德的一致 〔381〕

如果我像法权教师们通常设想的那样，抽掉公共法权的所有**质料**（按照人们在国家中或者还有各国相互之间不同的经验性给定的关系），则给我剩下的还有**公开性的形式**，任何一种法权要求都在自身中包含着这种形式的可能性，因为若无这种形式，就不会有任何正义（正义只能被设想为可**公开宣布的**），因而也不会有只是来自正义的任何法权。

任何法权要求都必须拥有这种可公开性，因此，既然能够易如反掌地评判在一个发生的事例中是不是有这种可公开性，也就是说，它是不是能与行动中的原理相结合，故而这种可公开性就必然是一种使用方便的、可以先天地在理性中发现的标准，使人在没有这种可公开性的事例中仿佛是凭借纯粹理性的实验立刻认出上述要求（praetensio iuris [法权要求]）的虚假性（违法性）。

在这样抽掉国家法权和国际法权的概念所包含的一切经验性的东西（这类东西就是人的本性的邪恶成分，它使得强制成为必要的），人们就可以把如下命题称为公共法权的**先验程式**：

> 一切与其他人的法权相关的行动，其准则与公开性不相容者，皆是不正当的。

这个原则不仅可被看做伦理的（属于德性学说），而且可被看做法学的（关涉人的法权）。因为一个准则，我不可以**张扬**它而不由此使我自己的意图同时破灭，它要达到预定目的就必须完全**保密**，而且我不可能公开奉行它而不由此必然激起所有人来抗拒我的意图，其之所以引起所有人对于我的这种必然且普遍的，因而可以先天地看出的反应，无非是由于它借以威胁着每个人的那种不义。——此外，这个原则只是**消极的**，也
〔382〕就是说，它只供借以认识什么对他人不义。——它像一个公理那样不证自明，此外也易于运用，这可从公共法权的如下事例看出：

1. **就国家法权**（ius civitatis），亦即内部法权**而言**，在它里面出现的这个问题是许多人认为难以回答、而先验的公开性原则极易解决的："对于人民来说，叛乱是摆脱所谓暴君（non titulo, sed exercitio talis [不是依头衔，而是依如此行事而言]）的压迫权力的一种合乎法权的手段吗？"人民的法权受

到了伤害，而且他（暴君）被废黜并未对他不义；这是毫无疑问的。尽管如此，臣民们以这种方式追求自己的法权，毕竟是极大程度的不正当，而且如果他们在这场斗争中失败，事后因此必然受到最严酷的惩罚，则他们同样不能抱怨不义。

在这里，如果人们想通过法权根据的独断演绎来澄清，则可以找出许多支持和反对的理由；然而，公共法权的公开性的先验原则却能够省去这种繁琐。按照这个原则，人民在确立公民契约之前就扪心自问：自己是否敢于把存心偶尔举事暴动的准则公之于众呢？人们很容易看出，如果人们在创立一种国家宪政时想使在出现某些情况时对元首实施暴力成为条件，那么，人民就必然自以为对元首有一种合乎法权的权力。但在这种情况下，元首就会不成其为元首了，或者如果使二者都成为建立国家的条件，则建立国家就会是绝无可能之事，而这毕竟是人民的意图。因此，叛乱之不义之所以显而易见，乃是因为叛乱的准则由于人们**公开奉行**就会使其自己的意图成为不可能。因此，人们必然会隐瞒这个准则。——但是，在国家元首方面，隐瞒却正是不必要的。他可以坦白说出，他将以处死首犯来惩治任何叛乱，哪怕这些首犯一直认为，是他在自己那方面首先违反了基本法；因为如果他意识到自己拥有不可抗拒的最高权力（这也是在任何公民宪政中都必须采纳的，因为不拥有足够权力来保护人民中的每个人免受他人侵犯的人，就没有对人民发号施令的法权），他就不必担忧因把自己的准则公之 〔383〕 于众而使他自己的意图破灭；与此大有联系的是，如果人民的叛乱成功，那个元首就必须退居臣民的地位，既不可发动任何复辟的叛乱，但也不必害怕因其过去的执政而被追究责任。

2. **就国际法权而言**。——惟有预设某种法权状态（也就是说，人在其下确实能够享有一种法权的那种外部条件），才能谈到一种国际法权，因为它作为一种公共法权，在其概念中就已经包含着一个为每个人规定其权益的普遍意志的公示，而且这个 status iuridicus［法权状态］必须产生自某个契约，而这个契约却不可以（像一个国家由以产生的契约）基于强制性法律，而是至多能够是一种**持久自由的**联合的契约，如上面提到的不同国家的结盟的契约。因为若没有某个把不同的（自然的或者道德的）人格积极地联结起来的**法权状态**，因而即是在自然状态中，就只能有私人法权存在。——这里，也出现政治与道德（被视为法权学说的道德）的一种冲突，其间那个准则公开性的标准同样可以轻易地运用，但只是要说：契约把各国结合起来，只是为了在它们之间并且一起对其他国家把自己维持在和平中，但绝不是为了造成获取。——下面是政治和道德之间的二论背反的事例，同时有与之结合的解决之道。

A.“如果这些国家中的一个对另一个有所许诺，无论是提供支援，或者割让某些土地，还是金援等等，它都自问，自己在一件事关国家福祉的事情上是否能够因想要被视为双重人格，首先是作为**主权体**，因为他在自己的国家里不对任何人负责，但其次又是仅仅作为最高的**国家官员**，必须对国家有所交代，而使自己不遵守诺言？由此得出的结论就是：它以第一种资质所承受的责任，以第二种资质解除。”——但是，如果一
〔384〕个国家（或者其元首）张扬他的这个准则，那么自然而然的就是，别的任何国家都要么躲避它，要么与其他国家联合起来，以便抵制它的狂妄。这就证明，政治无论怎样狡猾，在这个（坦率的）立足点上却必然使自己的目的破灭，因而那个准则必然是不正当的。

B.“如果一个膨胀到可怕程度（potentia tremenda）的邻近势力激起忧虑，那么，人们能够假定，它由于**能够**而也**想要**压迫，而且这就给予力量较小的势力以一种法权，即使没有先行受到冒犯也（联合起来）攻击它吗？”——一个想要在这里

宣称赞同自己的这个准则的国家，只会更确切也更快地招来灾祸。因为较大的势力会抢在较小的势力之前动手，而就较小的势力的联合来说，对于懂得利用 divide et impera［分而治之］者来说，只是一根脆弱的芦苇秆而已。——因此，这个治国术准则一经公开宣示，就必然使其自己的意图破灭，所以是不正当的。

C. “如果一个较小的国家因其位置而阻隔一个较大的国家的联系，而这种联系毕竟对于后者的维系来说是必要的，那么，后者有权征服前者且兼并它吗?”——人们很容易看出，较大的国家必然不让这样一个准则张扬出去；因为要么较小的国家会及早联合起来，要么其他强者会为这个猎物争执，因此这个准则就因其公开而使自己不可行；这就是一个信号，说明它是不正当的，甚至可能是极度不正当的；因为不义的客体虽小，但并不妨碍在此显示的不义很大。

3. **至于世界公民法权**，我在这里就略过不谈了，因为既然它与国际法权类似，就很容易给出其准则并加以评价。

※　　　※　　　※

在这里，人们虽然把国际法权的准则与公开性的不相容视为政治与道德（作为法权学说）的不一致的十足标志，但人们还需要知道，究竟什么是政治与各民族的法权相一致的条件。因为不能反过来推论说：由于拥有笃定至上强权者可以不隐瞒自己的准则，则容许公开的准则就因此而是正当的。——国际法权之可能性的条件一般而言是：先有一种**法权状态**存在。因为若没有这种状态，就没有任何公共法权，而人们在这种状态之外（在自然状态中）能够设想的一切法权就只是私人法权。而今，我们在上文已经看到：各国意在远离战争的结盟状态是惟一能够与其自由相结合的法权状态。因此，政治与道德的协调一致惟有在一种结盟联合体中才是可能的（因此，这种联合 〔385〕

体是按照法权原则先天地给定的和必然的)，而一切治国术皆以尽可能大规模地创立这种联合体为法权基础，若无这个目的，其一切智虑就都是无知和被掩饰的不义。这种伪政治有其**决疑论**来媲美最好的耶稣会学派，即 reservatio mentalis［心中有保留］：在拟订公开契约时使用这样一些人们有时可以随己意作出有利于自己的诠释的表述（例如 status quo de fait［事实的状态］和 de droit［法权的状态］的区别)；——有**或然论**，挖空心思编派别人的邪恶意图，甚或把别人的可能优势的或然性当做危害其他和平国家的法权根据；——最后有 peccatum philosophicum［哲人的过错］(peccatillum，bagatelle［小过错，鸡毛蒜皮］)，对一个**小**国的吞并如果使一个**大**得多的国家为据称更大的世间福祉得益，就视之为一桩可轻易原谅的小事。①

政治在道德方面的两面性助长着这种做法，即为自己的意图而利用道德的这个分支或者另一个分支。——爱人和敬重**法权**这二者都是义务；但前者只是**有条件的**义务，而后者则是**无条件的**、绝对颁布命令的义务，想要沉浸于行善的甜美情感之
〔386〕 中的人，必须首先完全保证自己未曾违反这后一种义务。对于前一种意义上的道德（作为伦理学)，政治易于认同，为的是把人们的法权交给其首领；但对于政治必须屈从的第二种意义上的道德（作为法权学说)，政治却认为最好根本不涉足什么

① 这样一些准则的例证，人们可以在枢密顾问伽尔韦先生的论文《论道德与政治的结合》(1788 年）中发现。这位可敬的学者一开始就承认，无法为这个问题给出一个令人满意的答案。尽管如此，他仍赞同这种结合，却承认不能完全排除对此产生的异议，这似乎是对热衷于滥用它的人的一种超乎值得称许的迁就。

契约，宁可否认它的一切实在性，把一切义务解释成全然的善意；然而，一种见不得光的政治只要敢于让哲学家公开发表自己的意见，其上述诡计就不难被哲学凭借其准则的公开性予以破除。

在这方面，我提出公共法权的另一个积极的先验原则，其程式如下：

所有**需要**公开性（以免错失其目的）的准则，均与法权和政治协调一致。

因为如果这些准则惟有凭借公开性才能达到自己的目的，那么，它们就必须合乎公众的普遍目的（幸福），而与这种目的协调一致（使公众对其状态心满意足），则是政治的真正任务。但是，如果这个目的惟有凭借公开性，亦即凭借消除对其准则的一切不信任才能达到，那么，这些准则就必须也与公众的法权相一致；因为惟有在这种一致中，所有人的目的的统一才是可能的。——对这个原则的进一步论述和讨论，我必须另找机会；只不过由于排除了作为法则的质料的一切经验性条件（幸福论），而且仅仅考虑普遍的合法则性的形式，可以看出它是一个先验的程式。

如果实现一种公共法权的状态，哪怕只是无穷进步地接近它，若同时是有根据的希望，则就是义务，那么，继迄今被如此误称的和约缔结（真正说来是停火）而至的永久和平就不是一个空洞的理念，而是一项逐步得到解决而不断接近其目标（因为迈出同样步骤的时间可望越来越短）的任务。

伊曼努尔・康德

1796年

论哲学中一种新近升高的口吻

一场基于误解的数学争执的救平

一项哲学中的永久和平条约临近缔结的宣告

1796 年

论哲学中一种新近升高的口吻

李秋零　译

哲学的名称在离开了它的第一种意义，即一种科学的生命智慧的意义之后，很早就已经作为修饰知性的头衔，不为普通的思想家所问津，对于他们来说，哲学如今扮演着对一个秘密的某种揭露。——马卡里荒漠的**修行者们**把他们的修道生活叫做哲学。**炼金术士**自称为 philosophus per ignem［凭借火的哲学家］。古代和近代的**秘密团契**都是一个传统的秘密的持守者，他们猜忌地不想把这秘密告诉我们（philosophus per initiationem［凭借入伙的哲学家］）。最后，最新的秘密占有者是这样一些人，他们**在心中**拥有这秘密，但却不幸地不**能**说出并且凭借语言普遍地传达它（philosophus per inspirationem［凭借灵感的哲学家］）。而今，如果有一种超感性事物的知识（它惟有在理论方面才是一个真正的秘密），在实践方面对于人的知性来说当然有可能揭露之，那么，知性作为一种**凭借概念**而有知识的能力，这样一种出自它的知识毕竟会远远滞后于作为一种**直观**能力能够直接通过知性来感知的知识；因为推论的知性凭借前者，为了在知识中有所进步，就必须把许多劳动用于按照原则来分解并重新组合其概念，反之，一种**理智直观**会直接地并且一下子就把握并且展示对象。——因此，谁觉得自己拥有理智直观，就将轻蔑地俯视知性；而反过来，这样一种理性应用的悠然自得是一种强烈的诱惑，来肆无忌惮地假定这样一种直观能力，同时衷心地推荐一种建立在这上面的哲学：这从人的那种为理性所默默地迁就的、自然而然的自私倾向可以轻而易举地得到解释。〔389〕

也就是说，这种倾向不仅在于人的自然而然的懒惰，而且在于人的虚荣（一种被误解的自由），因为**能够生存**的人，不管富有还是贫乏，与为了生存就必须劳动的人相比，都自视为**高贵者**。——**阿拉伯人**或者**蒙古人**蔑视城里人，并且与后者相比觉得自己高贵，因为赶着自己的马和羊在荒漠上迁徙比劳动有更多的乐趣。**森林里的通古斯人**说："你要像一个**布莱特人**〔390〕

那样自己养自己的牲畜!”此时，他觉得是在用一道诅咒勒死自己的兄弟。他进一步发出这种魔咒说:“你要像**俄罗斯人**那样去耕耘!”后者也许将按照他的思维方式说:“你要像德意志人那样坐在织机旁!”——总而言之:所有人都在认为自己可以不劳动的程度上觉得自己高贵;而且按照这个原理，最近竟达到了如此程度，以至于一种自命的哲学赤裸裸地公开宣告来临，有了它人们可以不**劳动**，而是仅仅倾听自己心中的神谕，就可以从根本上把哲学所关注的全部智慧纳入自己的财产，确切地说是以这样一种口吻宣告的，这种口吻表明:他们根本不认为与那些——**以学院的方式**——视自己有责任从对自己认识能力的批判缓慢而又从容不迫地前进到独断的认识的人站在同一条线上，而是——**以天才的方式**——慧眼一瞥其内心就能够提供勤奋所能够提供的一切，也许还要更多。对于要求劳动的各门科学来说，例如数学、自然科学、古代历史、语言学等等，甚至对于哲学来说，如果它被迫从事对概念的有条理的阐发和系统地汇编，许多人也许对学究方式感到骄傲;但是，除了不通过自我认识的艰巨劳动而由下向上，而是飞越过它，通过一种自己不用付出任何代价的神化而由上向下来显示自己的**直观**哲学家之外，没有一个别的人想到显摆**高贵**，因为他在这里是从自己的威望出发说话，因而没有责任在任何人面前答辩。

而现在则回到事情本身!

※ ※ ※

〔391〕 **柏拉图**，做数学家和做哲学家同样好，在某些几何图形例如圆形的性质上赞叹一种**合目的性**，亦即对出自一个原则多种多样的问题之解决或者同一问题之多种多样的解决(例如在关于几何学的位置的学说中)的适宜性，就好像构思某些量的概念的要求是被**有意地**置入自身似的，尽管它们能够被先天地认识和证明为必然的。但是，合目的性惟有通过对象与一种作为

原因的知性相关才是可思议的。

现在，既然我们以我们作为一种**凭借概念**的认识能力的知性不能把我们的知识扩展到我们的先天概念之外（而这毕竟在数学中是现实地发生的），所以，柏拉图就不得不为我们人假定先天**直观**，但这种先天直观的**最初起源**并不在**我们的**知性中（因为我们的知性不是直观能力，而只是一种推论的能力或者思维能力），而是在这样一种知性中，它同时是万物的元始根据，亦即是属神的知性，那些直观在这种情况下就理应**直接**被称为原型（理念）。但是，我们对这些属神理念的直观（因为我们要想理解在纯粹数学中的先天综合命题，就毕竟必须有先天直观）对我们来说就只是**间接的**，是对摹本（ectypa）的直观，仿佛是对万物的阴影的直观，我们先天综合地认识万物，以我们的出生而分有它们，但出生同时就带有通过遗忘其起源而对这些理念的一种遮蔽，这是我们的精神（现在被称为灵魂）被置入一个肉体的后果，而逐渐地摆脱肉体的桎梏，现在必然是哲学的高贵事务。[①]

① 柏拉图在所有这些推理上至少是行事一以贯之的。毫无疑问在他面前浮现一个问题，尽管是以隐晦的方式，这个问题只是不久前才清楚地得到表述："先天综合命题何以可能？"若是他当时猜到后来才被发现的东西，即当然有**先天直观**，但不是人的知性的先天直观，而是感性直观（以空间和时间的名义），因而感官的一切对象对我们来说都仅仅是显象，甚至我们能够在数学中先天地规定的形式，也不是物自身的形式，而是我们的感性的（主观）形式，因而这些形式适用于可能经验的一切对象，但也不能再多走一步，那么，他就不会在属神知性中寻找纯粹直观（他需要纯粹直观来使自己理解先天综合知识）及其一切存在者的作为独立客体的原型，且就这样染上火炬的迷狂了。——因为他也许发现，如果他想断言能够在作为几何学的基础的直观中经验性地直观客体自身，那么，几何学判断和整个数学就会是纯然的经验科学；这就与**必然性**相矛盾，而必然性（除了直观性之外）恰恰是保证数学在所有科学中间有一个如此高的地位的东西。

〔392〕 但是，我们也不得忘记现在我们当然少有人知的**毕达哥拉斯**，以便关于他的哲学的形而上学原则澄清某种可靠的东西。——就像在柏拉图那里是**形象**（几何学）的奇迹一样，在毕达哥拉斯这里，是**数字**（算术）的奇迹，也就是说，某种合目的性的外表和一种仿佛是有意地置入数字的性状中的解决数学（在数学中必须预设先天直观，而不仅是一种推论的思维）的许多理性课题的适宜性，仿佛以**魔术**的方式唤起了注意，仅仅为的是使自己不仅理解扩展我们的量的概念的可能性，而且理解数字的特殊的、仿佛充满秘密的属性的可能性。——历史说明，发现声调中的数字关系和声调惟有依之才构成一曲音乐的法则，使他想到，由于在这种感觉的游戏中数学（作为数字科学）同样包含着这种游戏的形式的原则（确切地说，如显现的那样，因其必然性，是先天地包含），我们就具有对一个由一种统治它的知性按照数字方程来安排的自然的直观；这些理念在运用于天体的时候，就也产生了天宇和谐的学说。而今，再也没有什么比音乐更能激活感官；但人里面的激活原则就是**灵魂**；而且既然在毕达哥拉斯看来，音乐仅仅基于被感知到的数字关系，而（要牢记这一点）人里面的那个激活的原则，即灵魂，同时是一个自由的、自己规定自己的存在者，所以，也许就可以理解他的灵魂定义，即anima est numerus se ipsum movens［灵魂是自己推动自己的数字］，
〔393〕 并且如果人们假定，他通过这种自己推动自己的能力想表示与自身没有生命并且惟有通过某种外物才能被推动的质料的区别，从而表示自由的话，也在某种程度上为他的灵魂定义辩护。

因此，无论是毕达哥拉斯还是柏拉图，其**哲学思考**的都是**数学**，因为他们把一切先天知识（它可能包含直观和概念）都算做理智的东西，并认为通过这种哲学发现了一个**秘密**。这里没有任何秘密，之所以如此，并不是因为理性能够回答所有给它提出的问题，而是因为问题如果被提到如此高度，以至于理

性此时再也没有理解的话，它的神谕就默不作声了。例如，如果几何学列出圆的一些被称为美的属性（如人们在蒙托克莱的书中能够查看到的那样），并且有人问：它是从哪里获得这些看起来包含着一种广泛的可用性和合目的性的属性呢？则对此不可能有别的回答，而只能是：quaerit delirus，quod non respondet Homerus［疯子问的，荷马无法回答］。想在哲学上解决一个数学课题的人，就此与自己相矛盾；例如，什么使得一个直角三角形的三条边的合理比例只能是数字 3、4、5 的比例？但是，对一个数学课题进行**哲学思考**的人，相信在这里发现了一个秘密，并且正因为此而看到了某种超大的东西，在这里他什么也看不见，而且认为真正的哲学恰恰在于，他在心中苦思冥想一个他既不能让自己理解也不能传达给别人的理念（philosophia arcani［秘密的哲学］）。在这里，诗人的才能在狂想的情感和享受中为自己找到了食粮：这当然比通过劳动为自己赢得一笔财产的理性法则更为诱人和光彩得多；——但在这方面，就连贫乏和傲慢也提供可笑的现象，倾听哲学以一种高贵的口吻说话。

与此相反，**亚里士多德**的哲学是劳动。但是，我在这里只把他（如前两位那样）视为形而上学家，亦即把一切先天知识分析成其要素者，并且作为理性的艺术家又把它们由此（范畴）组合起来；他的处理就其所达到的而言，保持着它的可用性，尽管它在**前进**中未能成功地把在感性事物上适用的这些原理也扩展到超感性事物上（他并没有注意到他在这里的危险跳跃），他的范畴达不到这一步：必须事先在自身中划分思维的 〔394〕
工具，按照理性的两个领域即理论领域和实践领域来划分理性，但这个工作是留给后世来做的。

现在，我们毕竟要来听一听哲学思考（在这里，人们可以没有哲学）中的新口吻并予以评价。

※ ※ ※

高贵的人士进行哲学思考，哪怕是攀升到形而上学的尖端，这必须被算做他们的极大荣耀，而且他们对学院的（几乎不可避免的）反感也值得原谅，因为他们毕竟俯就学院到了公民平等的地步。①——但是，想成为哲学家的人**显摆高贵**，这却是绝对不能原谅他们的，因为他们把自己抬高到其**同行**之上，在纯然理性的事情上侵犯后者的自由和平等的法权。

〔395〕想通过一种更高的**情感**的影响来进行哲学思考，其原则在所有的原则中是最适合于高贵的口吻的；因为谁会想反驳我的情感呢？如果我能够使人相信，这种情感不是仅仅主观地在我心中，而是能够要求于每一个人的，从而也客观地并且作为知识成分，所以绝不仅仅作为概念来玄思，而是作为直观（对对象本身的把握）而有效，那么，我就比所有为了可以自诩自己

① 这毕竟是作哲学思考和做哲学家之间的一种区分。如果因死守一种盲目的信仰而有的对人民的理性（甚至哪怕是对其自己的理性）的专制被伪装成哲学，就是以高贵的口吻做哲学家。例如，属于此列的就有“对马可·奥勒留时代的雷霆军团的信仰”，同样还有“对为戏弄叛教者尤里安而在耶路撒冷的废墟下通过一种奇迹燃起的火的信仰”，这种信仰被伪装成原本的真哲学，而其对立面则被称为“烧炭工的不信”（恰如烧炭工在深山老林里因根本不信他们听到的童话而得此恶名）。对此也有一种保证，即哲学自两千年以来该终结了，因为“斯塔吉拉人对于科学来说斩获如此之多，以至于他很少留下可观的东西再供后继者们去探究了”。这样，政治宪政的平均主义者们就不仅是在卢梭看来因每个人都是一切而想要国家公民全都相互平等的人，而且还是因为除一个人之外所有人都是无而想要所有人相互平等的人，而且是出自妒忌的君主主义者：他们时而奉柏拉图为王，时而奉亚里士多德为王，以免在意识到自己没有能力自己思维的时候忍受与其他同时生活的人的可恶的比较。而这样，（特别是由于后一种格言）高贵的人就通过以遮掩而终结一切进一步的哲学思考来做哲学家。——人们不可能比通过福斯的寓言（《柏林月刊》，1975年11月，最后一页）来更恰如其分地展示这种现象了，这是一首惟一配得上一场大祭的诗。

的主张是真理就必须首先为自己辩护的人有很大优势。因此，我就能够以一个颁布命令者的口吻说话，他被免除了为自己财产的名义作出证明的麻烦（beati possidentes [幸福的占有者]）。——因此，出自情感的哲学万岁！它恰恰把我们引领到事情本身。出自概念的玄思滚蛋！它只是尝试走普遍特征的弯路，并且在它还没有一种它能够直接捕捉的材料之前就事先要求有它能够把那种材料置于其下的确定形式。而假定理性根本不能进一步解释获得这些高级洞识的合法性，那么，“哲学有其**可感觉的**秘密”就毕竟是一个事实。[①]

① 一位著名的理性持有者对此这样表示：“只要理性作为意志的立法者，对这些现象（在此不言而喻，是人的自由行动）必须说，**你让我满意——你让我不满意**，则它就必须把这些现象视为实在性的结果。”然后他由此推论出：理性的立法不仅需要一种**形式**，而且需要一种**质料**（材料、目的）来做意志的规定根据，也就是说，如果理性应当是实践的，就**必须**有对一个对象的**一种愉快**（或者不快）的**情感先行**。——这个错误，如果人们让它蔓延，就会根除一切道德，所剩下来的无非是幸福准则，而幸福准则真正说来根本不可能有任何客观的原则（因为它依主体的不同而不同）；这种错误，我要说，惟有通过如下的**情感试金石**才能使之大白于天下。那种为了行动发生而必须必然地走在**法则前面**的**愉快**（或者不快）是**病理学的**；但是，为了行动发生而**法则**必须必然地走在**其前面**的那种愉快，则是**道德的**。前者以经验性的原则（任性的质料）为根据，后者则以纯粹的先天原则为根据（对这种根据来说，问题仅仅在于意志规定的形式）。——借此，就连诡辩（fallacia causae non causae [不是原因的原因虚假]）也能够轻而易举地予以揭露，因为幸福论者伪称：一个正直的人预先具有愉快（**满意**），以便有朝一日在自己奉行的生活方式的意识中感觉到它（因而就是对自己未来幸福的展望），毕竟是奉行他的生活方式的真正动机。因为既然我毕竟必须事先假定这种生活方式是正直的和服从法则的，也就是说，是一种法则先行于愉快的生活方式，以便未来在对其奉行的生活方式的意识中感觉到一种灵魂的愉快，所以，这就是一个推理中的空洞循环，为的是使本是一个**后果**的愉快成为那种生活方式的**原因**。但是，说到

〔396〕 一个毕竟只能在纯粹理性中发现的对象，其这种伪称的可感觉性情况如下。——迄今，人们只听说视之为真的三个阶段，直到它消失在完全的无知中，此即：知识、信念和意见。①

一些道德主义者的**折中主义**，即虽然并不完全、毕竟**部分地**使**幸福**成为道德的客观原则（尽管人们承认，那幸福不知不觉地也在主观上影响人的与义务协调一致的意志规定），则这毕竟是没有任何原则的捷径。因为掺入其中的、从幸福借来的动机虽然造成与从纯粹的道德原理得出的同样**行动**，却同时污染和削弱着道德**意念**本身，后者的价值和高等地位恰恰在于不顾那些动机，甚至克服一切叫卖，除了法则之外不对任何别的东西表示自己的服从。

① 人们在理论意义上有时也把中间这个词用做与视某物为**或然**等义；而且在这里必须说明的是，关于超出一切可能经验界限的东西，既不能说它或然，也不能说它非或然，因而就这样一个对象来说，信念这个词绝非在**理论意义**上出现。——人们把"这或者那是**或然的**"这个表述理解为意见和知识之间（视之为真的）中间物，而且在这里，对它来说和对所有其他中间物一样，人们可以使它成为**自己想要的东西**。——但是，如果例如有人说，死后有灵魂活着，这至少是**或然的**，则他并不知道**自己想要什么**。因为所谓或然的，是被视之为真的东西，在自己这方面胜过确定性（充足理由）的一半。因此，理由全都必须包含着一种局部的知识，即所判断的客体的**知识**的一个部分。而今，如果对象根本不是一个对我们来说可能的知识的客体（这类东西就是作为也在与一个身体的结合之外的有生命实体，亦即作为精神的灵魂的本性），则关于其可能性就既不能作出或然的判断，也不能作出非或然的判断，而是根本不能判断。因为所谓的知识理由既然与某种超感性的东西相关，关于这种东西本身不可能有任何理论的知识，它们就处在一个根本不去接近充足理由，从而不去接近知识的序列之中。

对另一个人的涉及某种超感性东西的**见证**的信念同样是这种情况。对一个见证的视之为真永远是某种经验性的东西；而我应当相信其见证的人格，必须是一个经验的对象。但是，如果它被当做一个超感性的存在者，那么，关于它的实存本身，从而是这样一个存在者在向我见证这件事，我就不能通过任何经验得到教导（因为这是自相矛盾的），也不能从除非由于一种超自然的影响，否则在主观上就不可能给我解释一种对我来说成为内在的呼声的显现而推论到此（按照上面关于依据或然性的评判所说的东西）。因此，不存在对超感性的东西的理论信念。但在实践（道德现在加上一个新的阶段，它与逻辑学根本没有共同之处，不应当是知性的进步，而应当是对根本不是感官对象的东西的预感(praevisio sensitive [感性的预见])，亦即对超感性的东西的**预感**。〔397〕

这里有某种神秘主义的节拍，有一种从概念到不可思议的东西的跳跃（salto mortale [致命的跳跃]），一种捕捉没有任何概念所达到的东西的能力，一种对秘密的期待，或者毋宁是对秘密的等候，但真正说来则是使大脑败坏成狂想——这是不言自明的。因为预感是隐晦的预期，并且包含着对一种解说的希望，但这种解说在理性的任务中却惟有凭借概念才是可能的，因而如果那些秘密是超验的，并且不能导向对象的任何特有**知识**，就必然许诺一种知识的代用品，即超自然的传达（神〔398〕

实践）的意义上，对超感性的东西的一种信念则不仅是可能的，而且它甚至是与这种意义不可分割地结合在一起的。因为我心中的全部道德性，尽管是超感性的，因而不是经验性的，却是以显而易见的真理性和权威（通过一个定言命令式）被给予的，但这个权威命令的是一个理论上看没有一个世界统治者的参与权力而仅凭我的力量就不能实现的目的（至善）。不过，在道德实践上**相信**这个世界统治者，并不就是事先在理论上假定他的现实性为真，以使人们为理解那个受命的目的而获得启蒙，且为促成那个目的而获得动机，因为对此，理性的法则独自就已经是客观地充足的；而是为了按照那个目的的理想而行动，就好像这样一种世界统治是现实的似的，因为那个命令式（它不是命令相信，而是命令行动）在人这一方包含着使自己的**任性**顺从和臣服法则，在命令给人一个目的的**意志**一方则同时包含着一种与目的相适应的能力（这种能力不是属人的能力），为此人的理性固然能够命令行动，但不能命令行动的成果（达成目的），这种成果并不总是或者完全为人所掌控。因此，在质料上是实践的理性的定言命令式对人说的是：我想要使你的行动与万物的终极目的协调一致；在这个定言命令式中，已经同时想到预设一个包含着一切力量的立法意志（属神意志），并不需要特别加上。

秘主义的顿悟）——而这就是一切哲学的死亡。

因此，**学院派**的柏拉图就成了一切利用**哲学**的狂想之父，虽然这不是他的过错（因为他使用自己的理智直观，只是向后退，为了**解释**一种先天综合知识的可能性，而不是向前进，为了通过那些在属神理智中能够读出的理念来**扩展**先天综合知识）。——但是，我并不愿意把（新近译成德语的）书信作者柏拉图与前者混为一谈。这个柏拉图称“在属于知识的四件**事物**，即对象的**名称**、**描述**、**阐述**和**科学**之外，还有**第五个**［车轮］，亦即还有对象本身和**它的真实存在**”。——“这个不变的存在者只能在灵魂中并通过灵魂来直观，但在灵魂中如同被一颗迸出的火星点燃那样自行点燃，他［作为兴奋若狂的哲学家］自称把握了它；尽管如此人们不能谈论它，因为人们马上就会被证明无知，最起码对于民众来说是这样，因为任何这一类的尝试都已经是危险的，部分是由于这些高级的真理遭到一种粗笨的蔑视，部分是（这在此处是惟一理性的东西）由于灵魂会急切地追求空洞的希望和认识重大秘密的虚荣妄念。”

谁在这里看到的不是秘教祭司！他并非仅仅独自狂想，而同时是俱乐部会员，并且通过对自己的信徒说话而与民众（被理解为一切未入门者）相对立，以其自命的哲学显摆**高贵**。——请允许我举出这方面的一些新例证。

有人以较新的神秘主义柏拉图式的语言说：“人们的一切
〔399〕哲学都只能描画朝霞，太阳则必须去预感。”但是，毕竟没有人能够在不曾见过一个太阳的情况下去预感太阳；因为很可能在我们的星球上有规则地夜以继日（就像在摩西的《创世记》中那样），人们却由于天空总是阴云密布而不曾得以见到太阳，而且一切事务仍然按照（日子和季节的）这种更替而有恰如其分的进程。然而，在事物的这样一种状态中，一位真正的哲学家虽然不会**预感**一个太阳（因为这不是他的事情），但毕竟也

许能够**猜到**它，以便通过采纳关于这样一个天体的假说来解释那种现象，并且也能够如此幸运地说中它。——虽然往太阳（超感性的东西）里面看而不失明是不可能的；但是，在反射（道德上照耀灵魂的理性）中以及甚至在实践方面充足地观看它，如老年柏拉图所做的那样，则是完全可行的。与此相反，新柏拉图主义者们"只肯定地给我们一个剧中的太阳"，因为他们想通过情感（预感），也就是说，通过根本没有任何关于对象的概念而给予的东西来欺骗我们，以便用客观的东西的一种知识的妄念来羁绊我们，而这种客观的东西完全意在越界的东西。——以这样一些应当使人理解那种预感的形象表述，如今柏拉图化的情感哲学家滔滔不绝，例如，"如此接近智慧女神，以至于人们能够听到她的衣服**簌簌作声**"；但也赞颂**伪柏拉图**的艺术，"既然他不能揭去伊西斯的面纱，就使它如此稀薄，让人们能够在它下面**预感**女神"。如何稀薄，这里没有说；大概还如此厚密，使人们能够用幽灵做成自己想要的东西，因为若不然，这就是一种着实应当避免的看。

为了同样的目的，而今在缺乏清晰的证明的情况下，"类比、或然性"（上面谈到过它们）以及"阉割因形而上学的[①]纯化而变得如此敏感的理性的危险"，即它在与恶习的斗争中将难以为继，被当做论据提出；因为毕竟正是在这些先天原则 〔400〕

① 新柏拉图主义者迄今所说的，就讨论他的主题而言，纯属**形而上学**，因而只能关涉理性的形式原则。但是，它也偷偷地塞进一种超物理学，亦即绝非实践理性的原则，而是一种关于超感性事物的本性（关于上帝、人的精神）的理论，并且想要这种超物理学编织得"不过于精致"。但是，何以如果它（如在先验神学中那样）不小心翼翼地拆去一切经验性的丝线，就**根本没有任何东西**是一种在这里涉及纯粹理性概念的质料（客体）的哲学，可以通过以下的例证来说明。

中，实践理性真正感觉到它在别的地方从未被预感到的强大，却被偷运进来的经验性的东西（这些东西正因为此而不适用于普遍的立法）所阉割和致瘫。

关于上帝作为**最实在的**存在者的先验概念，在哲学中是绕不过去的，不管它多么抽象；因为它属于一切具体的、以后可以进入应用神学和宗教学说的概念的结合，同时属于它们的提纯。现在问的是：我是应当把上帝设想为一切实在性的**总和**（complexus，aggregatum），还是设想为一切实在性的最高根据？如果我做的是前者，那么，我就必须对我用来复合而成最高存在者的这种材料列举例证，以免其概念是完全空洞的和没有意义的。因此，我将赋予它例如**理智**，或者还有**意志**等等诸如此类的东西，来作为实在性。但现在，我所了解的一切理智，都是一种**思维**的能力，也就是说，是一种推论的表象能力，或者是一种通过诸多事物共有的一种特征（因此，我必须在思维中抽去这些事物的区别）而可能，因而不对主体作出**限制**就不可能的表象能力。所以，不能把一种属神的理智假定为思维能力。但是，我对另一种也许是直观能力的理智没有丝毫概念；因此，关于我在最高存在者里面设定的一种理智的概念就是完全没有意义的。——同样，如果我在它里面设定另一种实在性，一个**意志**，它凭借这意志而是除它之外的一切事物的原因，那么，我就必须假定这样一种意志，在它那里，它的满意（acquiescentia）绝对不依赖于在它之外的事物的存在；因为这会是限制（negatio）。现在，我又没有丝毫概念了，也不能对一个主体不把自己的满意建立在其意愿的**达成**，因此不**依赖于**外部对象的存在的意志给出任何例证。故而，关于最高存在者的意志，作为一种依存于它的实在性，其概念就如同前一个概念那样要么是一个空洞的概念，要么（这更糟糕）是一个神人同形同性论的概念，这个概念如果像不可避免的那样，被引入实践，就将败坏一切宗教，把它们转化成偶像崇拜。——但是，如果我关于 ens realissimum［最实在的存在者］形成作为一切实在性的根据的概念，则我说的就是：上帝是这样一个存在者，它包含着世间一切**我们有必要为之假定一种理智**的东西（例如世间一切合目的的东西）的根据；他是这样一个存在者，一切世间存在者的存在都起源自它，不是出自其**本性**的必然性（per emanationem［经过流溢］），而是按照一种关系，**我们人**为了理解这种关系

最后，最新颖的德国智慧让它**通过情感来进行哲学思考**的 〔401〕
呼吁（绝不像更早若干年前的智慧那样，**通过哲学**来让道德**情感**生效）经历一种它必不可免地失败的检验。它的挑战是，“人类哲学的纯正性之最可靠的标志不是它使我们更确信无疑，
而是它使我们**更善良**”。——对于这种检验来说，不能要求人 〔402〕
（由秘密情感造成的）变得更善良由一个在其检验室中研究人的道德性的硬币监造官来鉴定；因为固然每个人都能够轻而易

的可能性，就必须为之假定**一个自由意志**。在这里，什么（客观上）是最高存在者的本性，对我们来说可能是完全无法探究的，完全处在一切对我们来说可能的知识的领域之外的，而毕竟（主观上）**在实践考虑**（考虑到生活方式）中留下了这个实在性概念，也惟有与这种实在性相关联，才能够假定属神的理智和意志与人的理智和意志及其实践理性的一种**类似**，虽然在理论上来看它们之间根本没有任何类似。从我们自己的理性以权威给我们规定的道德法则中，不是从物自身的本性的理论中，产生上帝的概念，是纯粹实践理性迫使**我们自己**形成这个概念的。

因此，强人们新近兴奋地宣布一种不使他们花费气力的智慧，因为他们伪称抓住了这位女神的衣角并且逮住了她，如果他们中的一位说：他蔑视想**形成**自己的**上帝**的人，那么，这属于他们的等级的特性，其口吻（作为特别的宠儿）就是**高贵的**。因为不言自明的是：一个必须出自我们的理性的概念，必然是由我们自己形成的。如果我们想从某一个显象（一个经验对象）得出它，则我们的认识根据就会是经验性的，并且不适用于对每个人的有效性，因而不适用于一个普遍归责的法则必须具有的无可争辩的实践确定性。毋宁说，我们必须把一种对我们显得有人格的智慧首先在那个由我们自己形成的概念上视为原型，以便看一看这个人格是否也符合那个自己形成的原型的特性；且甚至当我们在这个人格身上没有发现任何与这种特性相矛盾的东西的时候，不凭借超感性的经验而去认识与这种特性的适应性，也毕竟是绝对不可能的（因为对象是超感性的）——而这是自相矛盾的。因此，**神显论**用柏拉图的理念制作了一个只能以迷信的方式来崇敬的**偶像**；与此相反，从我们自己的理性的概念出发的**神学**，则提出了一个迫使我们去崇拜的**理想**，因为它自己是产生自不依赖于神学的最神圣的义务。

举地衡量善的行动的重量，但它们在意念中包含多少纯金纯银，谁能够对此作出**有公共效力的**见证？而且毕竟由此证明，那种情感一般而言造成更善良的人，与此相反，在科学的理论徒劳无益和没有实效的情况下，这样一种见证才是见证。因此，这方面的试金石不可能是任何经验提供的，而是必须仅仅在实践理性中作为先天给定的来寻找。内在经验和情感（它自身是经验性的，从而是偶然的）只是通过对每个人清晰地说话并且能够有一种科学知识的理性的声音（dictamen rationix）才被激起；但绝不是通过情感为理性引入一种特殊的实践规则，这是不可能的，因为那种规则在别的地方绝不可能是普遍有效的。因此，人们必须能够先天地认识到，哪种原则能够并将造就更善良的人，只要人们清晰地和不间断地把这原则带给人们的灵魂，并且注意到它对人们的灵魂造成的强有力的印象。

而今，每个人都在自己的理性中发现义务的理念，而且如果在他心中产生诱使他不服从义务的偏好，他在倾听义务的坚强的声音时就会颤抖。他坚信：即便这些偏好全都联合起来密谋反对义务，他自己的理性给他规定的法则的庄严也必定毫无疑问地胜过它们全体，因而他的意志也有能力做到这一点。所有这一切都能够并且必须即便不是科学地也毕竟清晰地介绍给人，以便他既确信他那给他颁布命令的理性的权威，也确信理性的命令本身的权威；而且就此而言就是理论。——而今，我提出人如何扪心自问：在我心中，是什么使我能够为一个未给我应许任何好处并且在违反它时未以任何损失威胁我的法则，而牺牲我的冲动的最深切的诱惑和所有愿望；甚至这法则越严厉地命令我，为此提供的东西越少，我就越真挚地敬重它呢？
〔403〕这个问题通过对人性中内在禀赋的伟大和崇高以及它所遮掩的秘密（回答说它就是**自由**，便会是同义反复，因为正是自由构

成了秘密本身）的惊奇，激励着整个灵魂。人们百看不厌地注视着它，并且在自己心中惊赞着一种不对自然的任何力量退让的力量；而这种惊赞正是从理念中产生的情感，如果关于学院和布道坛上的道德学说，还有对这种秘密的阐述，构成对学说的一种特别的、经常重复的探讨，则这种情感就会深入人心，并且不会不使人在道德上变得**更善良**。

而今，这里就是阿基米德所需要却没有找到的东西：一个稳固的点，理性可以把自己的杠杆支在上面，确切地说，既不把它支在今世，也不把它支在来世，而是把它仅仅支在其通过不可动摇的道德法则而表现为可靠基础的内在自由理念上，以便即使有整个自然的阻抗也通过其原理来推动人的意志。这就是秘密，它惟有通过知性概念和精心检验的原理的缓慢发展，因而惟有通过劳动，才能成为**可感觉的**。——它不是经验性地（给理性提出来解决）而是先天地（作为我们的理性的界限内的现实洞识）被给予的，并且甚至扩展着理性认识，但只是在实践方面，一直达到超感性的东西：绝不是通过为知识提供根据的**情感**（神秘主义的情感），而是通过一种影响情感（道德情感）的明晰**知识**。——这种真实秘密的自命的持有者的口吻不可能是高贵的，因为惟有独断的知识或者历史的知识才自我吹嘘。前者通过对其自己理性的批判而降下声调的知识不可避免地迫人在要求上节制（谦虚）；但后者的僭妄，即在柏拉图和仅仅属于鉴赏文化的古典作家们那里的博学，却不能有权以此就想做哲学家。

在如今这个时代，对这种要求的斥责在我看来并不是多余的，此时用哲学的头衔来装饰自己成为一件时尚的事情，而且**幻景**哲学家（如果人们承认有这样一种哲学家）由于凭借毫不费力的大胆跳跃而达到洞识的尖端这种惬意，会不知不觉地在自己周围聚集起一大批追随者（就像大胆是传染性的），这是 〔404〕

科学王国里的督察所不能容忍的。

以“一个**提供形式的手工作坊**”的名称来轻蔑地把我们知识中的**形式的东西**（这种东西毕竟是哲学的最主要的事务）称做一种学究气，这种蔑视的方式证实了这种嫌疑，亦即一种隐秘的意图：在哲学的幌子下事实上放逐一切哲学，并且作为胜利者对哲学显摆高贵（pedibus subiecta vicissim Obteritur, nos exaequat victoria coelo［在下者遭乱脚践踏，胜利使我们与天齐高］）。——但是，这种尝试在一种始终警惕的批判的照耀下如何很少得逞，从以下的实例可以看出。

事物的本质就在于形式（在经院学者那里说：forma dat esse rei［形式给予事物以存在］），这是就该本质应当被理性所认识而言。如果这个事物是一个感官对象，那么，本质就是事物在直观中的形式（作为显象），而且甚至纯粹的数学也无非是纯粹**直观**的一种形式学说；就像形而上学作为纯哲学把它的知识建立在**思维形式**的最上面，然后那个客体（知识的质料）才可以被归摄于其下。一切我们不能否认拥有的先天综合知识的可能性都基于这些形式。——但是，理性不可阻挡地驱使我们向超感性的东西过渡，而且它只能在道德实践方面这样过渡，它也只是通过这样一些（实践的）法则促成这种过渡，这些法则不是使自由行动的质料（它们的目的）——而是仅仅使它们的形式，即它们的准则对一种一般而言的立法的普遍性的适用性——成为原则。在两个领域（理论领域和实践领域）里，这都不是一种**有计划地**甚或**批量生产地**（为了国家）安排的、任意的形式提供，而是主体的一种在一切操纵被给予的客体的**手工作坊**之前，甚至没有这样一种想法时先行的勤奋的和谨慎的劳动，即接受并且评价其自己的（理性的）能力；与此相反，为超感性的东西的幻景吐露一种神谕的正直的人，将不可能自行拒绝着眼于对头脑的机械处理，并且只是为了尊敬而赋予这种处理以哲学的名称。

※ ※ ※

但是，两个党派在根本上拥有同一个良好的意图，亦即使人们睿智且正直，在它们之间的所有这些争执却又是为了哪般呢？它是不为任何东西的噪声，是出自误解的不和，对这种不和来说不需要任何和解，而是只需要一种相互的解释，以便缔结一项使未来的和睦更在内心深处的条约。〔405〕

我们双方都对之屈膝的戴着面纱的女神，就是我们心中有其不容侵犯的庄严的道德法则。我们虽然获悉她的声音，并且也完全理解她的诫命；但是，在聆听时却不免怀疑，她是因人自己的理性本身的绝对权力而出自人，还是出自另一个其本质不为人所知，而通过人自己的这种理性对人说话的存在者？在根本上，我们也许最好是给自己免除这项探究，因为它是纯然思辨的，而且我们有责任（客观上）去做的事，永远是同样的事情，无论人们以这个还是那个原则为基础：只不过按照逻辑的学术方式把道德法则付诸清晰的概念的教学方法，真正说来只是**哲学的**，但把那种法则人格化，使道德上颁布命令的理性成为一个戴着面纱的伊西斯（尽管除了按照那种方法发现的之外，我们并不赋予这位伊西斯任何别的属性），则是同一个对象的一种**审美的**表象方式；人们在通过前者已经将原则纯化之后，可以使用这种表象方式，以便通过感性的、尽管只是类比的展示来使那些理念赋有生命，但却总是有些陷入迷狂的幻景的危险，这种幻景就是一切哲学的死亡。

因此，能够预感到那位女神，就会是这样一个表述，它所指的无非是：在人们还未能够澄清道德情感所依赖的原则之前，就被其道德情感引导向义务概念；对一个法则的这种预感，一旦该法则通过系统的探讨而过渡到清晰的洞识，就是哲学的真正事务，而没有哲学，理性的那个要求就会是一道蒙受各种各样的诠释的神谕的声音。①

〔406〕 此外，“如果”，且别接受这个建议去比较，就像封德耐尔在另一个地方所说，“N 先生毕竟绝对要相信神谕，没有人能够阻止他这样做”。

① 这种兜售秘密的方式十分独特。它的门徒们毫不隐晦自己是在柏拉图那里燃起了自己的光，而这位伪称的柏拉图则坦率地承认：如果人们问他秘密究竟在何处（由此说明什么），他却不知道怎么说。但这样就更好了！因为在这里就不言而喻，他，即另一位普罗米修斯，为此直接从天上盗来了火种。这样，人们就大可以用高贵的口吻说话，如果他出自古老的世袭贵族阶层，并且能够说：“在我们早慧的时代里，通常一切从感觉出发说出或者做出的东西，很快就被视为狂想。可怜的柏拉图，如果你身上没有古代的印记，如果人们不读你的书就能够提出博学的要求，那么，在最高的智慧就是除了脚边的东西之外什么也不看、除了伸手就能抓住的东西之外什么也不接受的散文时代，谁还会读你的书呢？”——但不幸的是，这个推论并不合乎逻辑；它证明的太多了。因为亚里士多德，一位极其散文型的哲学家，毕竟毫无疑问也在身上有古代的印记，并且按照那个原理要求有人阅读！——在根本上，也许一切哲学都是散文的；而且现在再以诗的方式进行哲学思考的建议也许可以这样被接受，如同对商人的建议：将来别以散文的方式，而是以诗行的方式来记自己的账簿。

1796年

一场基于误解的数学争执的敉平

李秋零　译

在《柏林月刊》(1796 年 5 月号，第 395 页、第 396 页)的一篇文章中，我在对数学对象进行**哲学思考**的尝试可能诱使的狂想的其他实例中，也给毕达哥拉斯式的数字神秘主义者提出了如下问题："什么使得一个直角三角形的三条边的合理比例只能是数字 3、4、5 的比例?"——因此，我假定这个命题是真的；但是，博士和教授**莱马鲁斯**先生反驳它，并且证明(《柏林月刊》，8 月号，第 6 篇)，能够有比所说的更多的数字处在上述比例中。 〔409〕

因此，看起来再清楚不过的是，我们正处在一场现实的数学争执(这类争执一般而言几乎是闻所未闻的)中。但是，这种分歧纯属误解。双方中的每一方都是在别的意思上采用表述的；因此，一旦人们相互理解，争执就消失了，而且双方都有道理。——命题和反命题如今处在如下关系中：

莱马鲁斯说(至少他这样设想自己的命题)："在**所有可能数字**的无穷**集合**中(**分别开来**想)，就直角三角形的边来说，有比数字 3、4、5 的比例更多的合理比例。"

康德说(至少他这样设想自己的反命题)："在**所有以自然的秩序**(从 0 开始不断地加 1)**前进的数字**的无穷**序列**中，在**直接彼此相继**的数字中(因此，**结合起来**想)，那些边除了数字 3、4、5 的比例外没有合理的比例。"

两个命题各自有严格的证明，而且两个所谓的对手中没有一个拥有是这些证明的第一个发明者的功绩。

因此，问题仅仅在于澄清这种**误解**的过错在于谁。——如果论题是纯数学的，那么，康德必须承担过错；因为**命题**是在**普遍地**表述数字的上述属性(没有考虑它们的序列)。然而在这里，它应当仅仅充当在人们想对数学的命题进行**哲学思考**时，毕达哥拉斯式的数字神秘主义用数学作出的胡闹的**实例**；而且在这里，也许可以预设，人们将在一个神秘主义者能够相 〔410〕

信在数字的属性中发现某种**特别的**和审美上值得注意的东西的意义上来对待那个**反命题**：这类东西是一种限制在数字的无穷序列中三个彼此关系最临近的数字上的结合；尽管数学在这里没有发现任何值得惊赞的东西。

因此，莱马鲁斯先生毫无必要地致力于证明一个据我所知还没有人怀疑过的命题，但愿他不把这算做我的过错。

1796 年

一项哲学中的永久和平条约临近缔结的宣告

伊曼努尔·康德

哥尼斯贝格大学教授

李秋零 译

第一节 〔413〕

永久和平临近的欢乐前景
——从人的生命本性的最低级别直到其最高级别，即哲学

克吕西波以其斯多亚主义的铿锵语言说："自然不给猪盐，而给它一个灵魂，以免它腐败。"① 这是人的本性在一切文化之前的最低级别，亦即纯然动物性的本能。——但是，这就好像是哲学家在这里对我们时代的生理学体系投去了预言家的一瞥似的；只不过，人们现在不喜欢使用灵魂这个词，而喜欢使用**生命力**这个词（在这方面人们也做得对，因为从一个结果大可以推论到产生它的一种**力量**，但不可以立刻推论到一个特别适宜于这种结果的**实体**），但认为**生命**在于刺激力量的**作用**（生命刺激）和**反作用**于刺激力量的能力（生命能力），并把均衡的刺激在其中既不造成一种过度的影响也不造成一种太小的影响的人称为**健康的**，因为若不然，自然的**动物**程序就将转化为**化学**程序，其结果就是腐败，以至于必定不是（像人们通常相信的那样）腐败从死亡并在死亡之后产生，而是死亡从先行的腐败中产生。——在这里，**自然**在人身上还是在人的人性之前，因而是在其普遍性中来设想的，就像它在动物中活动，只是为了发展以后人能够按照自由法则来运用的那些力量一样；但是，这种活动及其激发不是实践的，而只是机械的。

① 西塞罗：《论诸神本性》，第 2 卷，第 160 行。

〔414〕

一、论人的哲学的自然原因

且不说使人对所有其他动物独领风骚的**自我意识**这种属性，人由于这种属性而是一种**理性的**动物（人也由于意识的统一而只能被赋予一个灵魂）；这样就有了如下癖好：利用这种能力来进行**理性思考**，渐渐地有条理地、确切地说仅仅通过概念来进行理性思考，也就是说，进行**哲学思考**；然后也以自己的哲学与其他人论战摩擦，也就是说**论争**，而且由于这样做不易没有激情，就为了自己的哲学而**争吵**，最后联合起来相互（学派对学派，就像军队对军队）**进行**公开的**战争**；——这种癖好，依我说宁可是**渴求**，必须被视为自然的行善和睿智的安排之一，它借此试图使人摆脱肉身腐败的巨大不幸。

论哲学的自然结果

作为哲学的结果，它是**理性的健康**（status salubritatis）。——但是，既然人的健康（据上一条）是一种不断的生病和再愈，仅凭实践理性的养生（如实践理性的体操）还不足以获得叫做健康并且悬浮在发梢上的平衡；而是哲学必须（在治疗上）起药剂（materia medica）的作用，这种药剂的使用需要药典和医生（但后者也仅仅有权开药方规定这种使用）——此时这方面的督察必须是清醒的，是行会医生而非纯然的爱好者就自以为能够建议什么哲学是人们必须研习的，且就这样在一门他们并不了解最初要素的艺术中擅自行事。

关于哲学作为药剂的力量，斯多亚主义哲学家**波塞多纽**通过伟大的庞培在场时在他自己身上所做的一个实验提供了一个例证（西塞罗：《图斯库卢姆问题集》，第 2 卷，第 61 行）：他通过对伊壁鸠鲁学派的生动反驳而克服了痛风的一次激烈发

作，把痛风降到脚上演示，不让它上达心和头，就这样证明了 〔415〕
自然通过哲学想要达到的直接**自然结果**（肉体的健康），当时他朗诵着如下命题：**疼痛并不是什么恶的东西**。①

论哲学与其持久的和平状态无法统一的假象

独断论（例如沃尔夫学派的独断论）是供人入睡的软垫，并且是一切生机的终结，而后者恰恰是哲学的善行。——**怀疑论**如果贯彻到底，就构成前者的截然对立，不拥有任何使它能够对活跃的理性施加影响的东西，因为它把一切都不加使用地置之一旁。——**中庸论**旨在中分点，认为在主观的**或然性**中找到智者之石，并妄想通过积累许多孤立的理由（它们中没有一个是独自能够证明的）来弥补充足理由的欠缺，根本不是哲学；而且这种药剂（荣耀颂）与鼠疫滴剂或者威尼斯解毒剂的情况一样：它们由于在自己里面左边或者右边捡起的**太多的好处**而**不对任何东西有好处**。

① 在拉丁语中，比在希腊语中更容易防止**灾祸**（malum）和**恶**（pravum）这两个表述的歧义。——就安康和灾祸（疼痛）而言，人（就像所有感官存在者一样）处在**自然**法则之下，是纯然承受的；就**恶**（和善）而言，则处在自由法则之下。前者包含着人所**承受**的东西；后者则包含着人自愿**做**的东西。——就**命运**而言，**右**和**左**之间的差别（fato vel dextro vel sinistro）纯属人的外部关系中的差别。但就其自由和法则与其偏好的关系而言，它就是人内心中的一种差别。——在前一种场合里，**直**与**斜**（rectum obliquo）相对立；在第二种场合里，直与**曲**、畸形（rectum pravo s. varo，obtorto）相对立。

拉丁人把一个不幸的事件置于左侧，也许是因为人们用左手不怎么像用右手那样动作灵活地防御攻击。但是，在占卜时，当占卜人把脸转向所谓的神庙（在南方）后，他就把在左方发出的电闪说成是幸运的，这似乎是以被设想与占卜人相对而立的雷神在这种情况下把自己的闪电引向右方为根据的。

〔416〕 **论批判哲学与哲学的一种持久和平状态的现实的可统一性**

批判哲学是这样一种哲学，它并不是以建设或者摧毁体系，甚或只是（像中庸论那样）为了偶尔的安顿而把一个没有房子的屋顶置于柱子上的**尝试**开始的，而是从研究人的理性（无论抱有什么样的意图）从事征服的**能力**开始的，并且不是像在谈到不能在任何可能经验中有其证明的哲学命题时那样漫无目的地玄思。——在人的理性中毕竟有某种东西，它不能通过任何经验为我们所认识，却毕竟在经验所展示的结果中证明自己的实在性和真理性，因而也（确切地说按照一个先天原则）绝对能够呈现出来。这就是**自由**概念和源自自由的定言命令式，亦即绝对地颁布命令的命令式。虽然我们凭借**理念**不可避免地被指向我们的终极目的的认识根据，但这些理念对于纯然思辨的理性来说却会是完全空洞的，通过定言命令式，它们获得了一种虽然只是道德实践的实在性——也就是说，我们如此**行事**，就好像它们的那些人们在那种（实践的）考虑中可以公设的对象（上帝和不死）是被给予的似的。

这种哲学是一种始终（针对反过来把显象与事物自身混为一谈的哲学）武装起来的状态，正因为此也是不停顿地伴随着理性活动的武装状态，它一方面通过无能**在理论上**证明相反的观点，另一方面通过假定其原则的**实践**理由的强大，为哲学家之间的永久和平开启了前景；是为了这样一种和平，它除此之外还有一种优点，即让由于攻击而被置于表面上的危险之中的主体的力量一直保持活跃，并促成自然不断地激活主体并通过哲学防止死睡的意图。

※　　※　　※

从这种观点出发来看，一位不仅在他本来的专业（数学专
〔417〕 业）中，而且也在许多其他专业中都出类拔萃的人，以活动众多、还一直焕发青春的高龄达到巅峰，当他完全否认哲学家们

有一种惬意地歇息在误以为的荣誉桂冠上的和平时[①]，人们必须把他的格言不是诠释为一个不幸信使的格言，而是诠释为一个**幸福愿望**；因为这样一个格言当然只会使力量松懈，只会使自然在作为人类终极目的的恒久激活手段的哲学方面的目的破灭；与此相反，好斗的状态还不是战争，而是通过实践理由对反面理由的明确优势来遏止战争，并且这样就能够并且应当保证和平。

二、人的生命的有利于一种生命哲学的超自然基础

凭借理性，人的灵魂被赋予一种精神（Mens，νους），以便他不是过一种仅仅适宜于**自然**的机械作用及其技术实践法则的生活，而是也过一种适宜于自由的自发性及其道德实践法则的生活。这个生命原则不是建立在**感性事物**的概念上，这些概念全都首先（在理性的一切实践应用之前）以**科学**亦即理论认识为前提条件，而是首先并且直接从一个**超感性事物**亦即**自由**的理念出发，而且从道德上的定言命令式出发，是这个命令式首先告知我们这种自由的；并且就这样建立起一种哲学，这种哲学的学说绝不（像形而上学那样）是一个好工具（用于任意目的的工具），反之，使它成为原理**本身就是义务**。

作为在所有科学中构成人的最大需求的学说，哲学是什么？
它是其名称就已经表明的：**智慧的探究**。但智慧是意志与 〔418〕

① 若人们遵循智者所言，
则战争将永远避免；
然后所有人都保持和平，
惟独哲学不行。
——凯斯特讷

终极目的（至善）的协调一致；而既然这个目的就其可达到而言也是义务，反过来如果它是义务就也必须是可达到的，但行动的这样一个法则就叫做道德的，所以，智慧对于人来说就无非是遵循道德法则的**意志**的内在原则，不管它的**对象**是什么种类的；但是，意志在任何时候都将是超感性的，因为由一个经验性的对象来规定的意志也许能够说明对一个规则的技术实践的遵循，但不能说明**义务**（义务是一种非自然的关系）。

论我们知识的超感性对象

它们是**上帝**、**自由**和**不死**。——1. **上帝**，作为全面归责的存在者；2. **自由**，作为人针对自然的一切力量来坚持遵循自己的义务（如同属神的诫命）的能力；3. **不死**，作为人与自己的道德价值成正比地分享甘苦的状态。——人们看得出来，它们共同仿佛处在一个归类的**理性推理**的三个命题的链条之中；而且既然正因为它们都是超感性事物的理念，不能在理论方面给予它们任何客观的实在性，所以，如果尽管如此仍应当使它们获得这样一种实在性，就只能在实践方面，作为道德实践理性的**公设**①，承认它们有实在性。

因此，在这些理念中，中间的理念，亦即**自由**的理念，由于其实存就包含在不容有任何怀疑的定言命令式之中，在其结果中自身就带有其余两个理念；因为绝对命令式，即**智慧**的至

① 公设是一个先天地被给予的、不能对其可能性作出任何解释（因而也不能作出任何证明）的实践命令式。因此，人们不是公设事物，或者一般而言公设某一个对象的存在，而只是公设一个主体行动的准则（规则）。——现在，如果义务就是促成某个目的（至善），那么，我也就必须有权假定：对义务的这种履行惟有在其下才有可能的条件是存在的，尽管这些条件是超感性的，而且我们（在理论方面）没有能力达到对它们的任何知识。

上原则，因而也预设最完善的意志的终极目的（与道德性协调一致的最高幸福），所包含的纯然是惟有在其下才能满足这个 〔419〕
意志的条件。因为惟独能够实施这种按正比分配的存在者就是上帝；而这种在理性的世间存在者身上的实施惟一能够完全与那个终极目的相符合地进行的状态，就是一种已经建立在其本性之中的生命持存，亦即**不死**。因为如果生命的持存不是建立在其中的，那么，它就会仅仅意味着一种对来生的希望，但不会意味着一种由理性（作为道德命令式的后果）必然地预设的来生。

结论

因此，这纯属误解或者道德性的道德实践原则与理论原则的混淆，在这些原则中间，如果对哲学作为智慧学说所说的东西还提出一种争执，则惟有前者能够在超感性事物方面带来知识；而对于哲学，由于对它没有并且不可能提出任何显著的异议，人们就有充分的理由**宣告一项哲学中的永久和平条约临近缔结**。

第二节
哲学中临近永久和平的可虑前景

施洛塞尔先生是一位具有伟大的作家天赋和一种（如人们有理由相信的那样）赞同促成善的思维方式的人士，他为了在一个毕竟不是无事可做的闲暇里从强制的、处在权威之下的法律管理中得到休息，出乎意料地走上了**形而上学**的战场：在这里，争斗的惨烈远远超过他刚刚离开的领域。——他尽管只是从其产生出来的结果看待批判哲学，却相信了解它，而且他由于并未谨慎勤勉地遍历导致这些结果的步骤，就必不可免地误解它，批判哲学就激怒了他；这样，他飞快地成了“一个（按照他的说法）想研习批判哲学的年轻人”的教师，自己却不事先了解，就要劝阻这位年轻人。

〔420〕他所关心的只是尽可能地除掉纯粹理性的批判。他的建议如同那些向羊提建议的好朋友的保证：只要羊把狗赶走，就与它们兄弟般地生活在持久和平中。——如果学生听从这个建议，他就是大师手中的一个玩具，“通过古代的作家们（以游说艺术，通过主观的赞同根据，而不是以说服艺术，通过客观的赞同根据）来固定他的鉴赏力（如这位大师所说）”。然后他肯定：那个学生会受骗把绝对只能先天地从理性产生的判断中的**真理外表**（verisimilitudo）视为**或然性**（probabilitas），而把或然性视为确定性。“批判哲学的粗鲁的、野蛮的语言”不中他的意；其实，一种精美的表述被移入基础哲学，在那里就必然被视为野蛮的。——他痛惜“一切预感、对超感性事物的眺望、诗艺的每一个天才，都被斩断了翅膀”（在关涉哲学的

时候!)。

哲学在那个包含着知识学说，而且即便哲学绝大部分指向对理论知识中的僭妄的限制也毕竟绝对不可忽视的部分中（在理论部分中），发现自己在其实践部分同样被迫返回作为自由概念的纯然**形式**原则之总和的（道德）**形而上学**，同样问题在于行动的目的（意愿的质料）。——我们的反批判的哲学家跳过了这个阶段，或者毋宁说他完全错认了这个阶段，以至于他完全误解了能够充当一切权限的试金石的那个原理，亦即**要按照一个你同时能够愿意其成为一个普遍法则的准则行动**，并给予它一种把它限制在经验性条件之上，并如此使它不适宜于作为纯粹道德实践理性的一个法典（这类法典毕竟存在一个）的意义；这样一来，他就投身于一个与那个法典给他指点的完全不同的领域，并且得出了离奇的结论。

但显而易见的是：这里说的不是为某个目的而使用手段的一个原则（因为在那种情况下，它就是一个实用的原则，不是 〔421〕
一个道德的原则）；并非如果我的意志的准则被当做普遍的法则时与**另一个人**的意志的准则相矛盾，而是如果它与**自己**相矛盾（对这一点，我仅从概念出发，先天地，无须任何经验关系，例如“是把财富平等还是把财产纳入我的准则”），就能够按照矛盾律来判断，这就是行动在道德上不可能的一个明白无误的标志。——仅仅无知，或者还有某种恶的刁难癖好，就能够造成这种攻击，但这种攻击无损于**哲学中的一种永久和平的宣告**。因为一个具有这样的性状的和平联盟，即如果人们相互理解，它也就立刻（无须投降）被缔结，能够被预告为缔结了的，至少是临近缔结。

※　　　　※　　　　※

即使哲学仅仅被设想为**智慧学说**（这也是它的真正意义），也毕竟不能越过作为知识学说的哲学：如果这种（理论）知识包含着纯粹理性所使用的基础概念；假定这种情况的发生，只是为了指明纯粹理性的界限。人们是**应当**坦率地**承认**自己事实上关于纯粹理性的对象（感性的对象和超感性的对象）确实知道什么，以及从何处得知这种东西，还是在实践方面（因为假定这种东西对理性的终极目的有所促进）仅仅预设它，这几乎不可能是前一种意义上的哲学的问题。

很可能并非一个人视之为真的，就都是真的（因为他可能**犯错误**）；但凡是他说的，他都必须是**真诚的**（他不应当**欺骗**），不管他的知识纯然是内在的（面对上帝），抑或也是一种外在的知识。——对这种真诚义务的违反叫做**说谎**；因此有外在的说谎，也有一种内在的说谎，因此二者既可能联合起来发生，也可能彼此矛盾地发生。

但是，说谎无论是内在的还是外在的，都有两种方式：
〔422〕 1. 如果人们把自己毕竟意识到非真的东西冒充是**真的**；2. 如果人们把自己毕竟意识到主观上不确定的某种东西冒充是**确定的**。

说谎（"说谎之父，一切恶都借它来到世上"）是人的本性中真正腐败的污点；哪怕同时**真诚**的口吻（按照许多中国小商贩的实例，他们在自己的商店上方挂着金字招牌"童叟无欺"）尤其在涉及超感性事物时是惯常的口吻。——"**你不应当**（哪怕是怀着最虔诚的意图）**说谎**"，这个诫命在被真挚地接纳到作为智慧学说的哲学中并作为原理时，单凭它就不仅能够促成，而且也在未来永远保证哲学中的永久和平。

伊曼努尔·康德

1797年

论出自人类之爱而说谎的所谓法权

1797 年

论出自人类之爱而说谎的所谓法权

李秋零　译

论出自人类之爱而说谎的所谓法权 〔425〕

在**邦雅曼·贡斯当**的著作《1787 年的法国》（第 6 卷，第 1 款：论政治上的反作用）中，第 123 页包含着如下说法：

> 说真话是一种义务，如果人们无条件地并且处处采纳这个道德原理，它就会使任何社会成为不可能。对此，我们从一位德国哲学家自这个原理得出的非常直接的结论中得到了证明，他走得如此之远，并且断言：如果一个凶犯问我们，我们那被其追杀的朋友是否躲在我们家中，对该凶犯说谎也会是一种犯罪。①

法国哲学家在第 124 页以如下方式反驳这个原理：说真话是一种义务。义务的概念与法权的概念不可分割。一种义务是在一个存在者那里与另一个存在者的法权相符合的东西。在不存在任何法权的地方，就不存在任何义务。因此，说真话是一种义务；但只是针对对真话有一种法权的人。但是，没有人对伤害别人的真话拥有法权。

在这里，πρωτον ψευδος［首要的错误］就在于这个命题：**“说真话是一种义务；但只是针对对真话有一种法权的人。”**

首先要注意，“对真话有一种法权”这个表述是个没有意 〔426〕

① 哥廷根的 J. D. **米夏埃利斯**比**康德**更早地表达了这个奇异的见解。至于**康德**是这段话所说的哲学家，则是这篇文章的作者自己告诉我的。——K. Fr. 克拉默

这确实是我在某段话中讲的，但我现在再也记不起来，我借此予以承认。——I. 康德

义的词。人们毋宁必须说：人对他自己的**真诚**（veracitas），亦即在他的人格中对主观的真话有一种法权。因为客观上对真话有一种法权，就会等于是说：一般而言就"我的"和"你的"来说，一个被给予的命题是真的还是假的，取决于他的**意志**；这就会是一种奇怪的逻辑。

现在**第一个问题**是：人在他不能回避用"是"或者"否"来回答的场合里，是否有**权限**（法权）不真诚。**第二个问题**是：他是不是完全有责任在一种不义的强制迫使他作出的某个陈述中不真诚，以便防止一个威胁着他的、对他或者对一个他者的犯罪行为。

人们不能够回避的陈述中的真诚，是人对每个人的形式义务①，不管由此是给他还是给一个他者带来多么大的坏处；而且尽管我在伪造陈述时并没有对以不义的方式迫使我作出陈述的人行事不义，但我毕竟通过这样一种由此也（虽然不是在法学家的意义上）能够被称为说谎的伪造而在**一般而言的**义务的最根本部分上行事不义，也就是说，我在事情取决于我的时候使得陈述（声明）一般而言没有获得任何信任，因而也使得所有建立在契约之上的法权被取消，丧失其力量；这是一般而言的人性所遭受的不义。

因此，说谎在仅仅被定义为有意对另一个人作出不真的声明时，并不需要补充说，它必然伤害一个他者；就像法学家为定义它所要求的那样（mendacium est falsiloquium in praeiudi-

① 我在这里不可以把这个原理强化到如此程度，以至于说，"不真诚就是侵犯对自己的义务"。因为这个原理属于伦理学，但这里谈的是法权义务。——德性学说在那种违反中只关注说谎者为自己招致责难的**卑劣**。

cium alterius [说谎是损害另一个人的谎言])。因为它在任何时候都在伤害一个他者，即便不是另一个人，但毕竟是一般而言的人性，因为它使得法权的源泉变得不可用。

但是，这种好心的说谎也**可能**由于一种**偶然**（casus）而变成可按民法来惩罚的；不过，仅仅由于偶然而逃避惩罚的东西，也能够按照外在的法律被判为不义。也就是说，如果你**以一次说谎**阻止了一个现在要去凶杀的人的行动，则你对由此可能产生的所有后果要负法律责任。但是，如果你严守真诚，则公共的正义不能对你有所指摘；不管无法预见的后果会是什么。毕竟有可能的是，在你真诚地用“是”来回答凶犯他所攻击的人是否在家的问题之后，这个人不被察觉地走出去了，就这样没有落入凶犯的手中，因而行动就不会发生；但是，如果你说谎，说他不在家，而且他确实（尽管你不知道）走出去了，凶犯在他离开时遇到了他，并且对他实施行动，则你有理由作为此人死亡的肇事者而被起诉。因为如果你尽自己所知说真话，则也许凶犯在家中搜寻自己的敌人时会受到路过的邻居们的攻击而行动被阻止。因此，谁**说谎**，不管他这时心肠多么好，都必须为由此产生的后果负责，甚至是在民事法庭前负责，并为此受到惩罚，不管这些后果多么无法预见，因为真诚是一种必须被视为一切能够建立在契约之上的义务之基础的义务，哪怕人们只是允许对它有一丁点儿例外，都将使它的法则动摇和失效。 〔427〕

因此，这是一个神圣的、无条件地颁布命令的、不能通过任何习俗来限制的理性诫命：在一切说明中都要**真诚**（正直）。

在这里，贡斯当先生关于对这样一些严厉而且据说迷失在不能实行的理念之中的、但由此而是应予谴责的原理的叱骂所作的评论，是好意的，同时是正确的。——“每次（他在第123页下面说），当一个被证明为真的原理显得无法运用时，其原因都在于，我们不了解包含着运用手段的**中间**原理。”他（在第 121 页）提出**平等**学说来作为构成社会链条的第一环：“（第 122 页）因为没有一个人不能通过这样一些法律来约束，他一起参与了这样一些法律的形成。在一个结合紧密的社会
〔428〕中，这个原理可以直接运用，而且并不为了成为通常的原理而需要任何中间原理。但是，在一个人口十分众多的社会里，人们就必须还为我们在这里提出的原理附加上一个新的原理。这个中间原理就是：个别的人都能够或者以自己的人格或者通过**代理人**参与法律的形成。谁要把前一个原理运用于一个人口众多的社会，不为此采用中间原理，就肯定会造成这个社会的堕落。然而，仅仅见证了立法者的无知或者笨拙的这种状况，不会证明任何东西来反对原理。”——他在第 125 页的结束语是，“因此，一个被承认为真的原理必须永不被背离，无论在这里存在的危险多么显著”（不过，善良的人由于无条件的真诚原理给社会带来的危险而自己背离了它，因为他不能发现用来防止这种危险的任何中间原理，而且这里也确实插不进任何中间原理）。

如果人们想保留这里所提及的人格的名字，则“法国哲学家”把某人由于说出自己不能回避其承认的真话而**伤害**（nocet）另一个人的行动与他行事**不义**（laedit）的行动混为一谈了。陈述的真诚伤害家中的居住者，这纯属**偶然**，而不是一个自由**行为**（在法学的意义上）。因为从他要求另一个人应当为他的好处而说谎的法权中，会得出一种与一切合法性相冲突的要求。但是，每个人不仅有一种法权，而且甚至有一种极严格的义务在陈述中真诚，哪怕这种真诚会伤害他自己或者他人。因此，他真正说来并没有借此伤害由此受难的人，而是偶然**引起**了这种伤害。因为既然真诚（在他一度必须说话时）是无条件的义务，每个人在这一点上都根本不是自由地选择的。——

因此，“德国哲学家”将不把“说真话是一种义务；但只是针对**对真话有一种法权**的人”这个命题接受为自己的原理：首先是由于该命题不清晰的程式，因为真话并不是财富，能够肯定一个人对之有法权，却否认其他人对之有法权；但尤其是由于真诚的义务（这里惟一说的就是这种义务）并不在人们对之有这种义务，或者人们对之也能够宣布放弃义务的人格之间作出区分，而是由于它是在所有的关系中都有效的**无条件的义务**。 〔429〕

而今，为了从一种法权**形而上学**（它抽去了一切经验条件）达到一个**政治**的原理（它把这些概念运用于经验场合），并凭借这个原理达到依照普遍的法权原则对政治的一个课题的解决，哲学家将给出：1. 一个**公理**，亦即一个无可争议的确定的命题，它直接产生自外部法权的定义（按照普遍的法律任何一个人的**自由**与每个人的自由协调一致）；2. 一个**公设**，即外部公共法律的公设，作为所有人按照**平等**原则联合起来的意志，没有平等就不会有每个人的自由；3. 一个**问题**，即如何才能使得在一个如此庞大的社会中还按照自由和平等的原则保持和睦（亦即凭借一种代议制），这就将是**政治**的一个原理，政治的活动和秩序如今将获得从人的经验认识得出，仅仅以法权管理的机制以及这种机制如何合目的地建立为目的的法令。——法权永远不必适应政治，但政治却必须在任何时候都适应法权。

作者说：“一个被承认为真的（我补充：先天地被承认为真的，因而无可争议的）原理必须永不被背离，无论在这里存在的危险多么显著。”只是人们在这里必须理解的不是**伤害**的危险，而是一般而言**行事不义**的危险。如果我使完全无条件的，并且在陈述中构成至上法权条件的真诚义务成为一个有条件的，还从属于其他考虑的义务，并且即便我由于某次说谎事实上没有对任何人行事不义，却毕竟侵犯了在所有一般而言必不可免的陈述上的法权原则（在形式上行事不义，尽管不是实际上行事不义），就会发生后一种情况；这比对某一个人行事不义更加糟糕，因为这样一种行为并不那么总是以主体中的一个原理为前提条件的。

〔430〕 一个人，面对另一个人对他提出的质问，即他在自己现在应当作出的陈述中是不是愿意真诚，并不是已经由于借此对他表示的怀疑而感到不满，而是请求允许自己想一想可能的例外，这个人就是一个说谎者了（in potential［潜在地］），因为他表明自己并不承认真诚是义务自身，而是为自己保留对一个规则的例外，而这个规则就其本质而言是不能有例外的，因为它在这种例外中完全与自身相矛盾。

一切法权实践的原理都必须包含着严格的真实性，而且这里所说的中间原理只能包含着它们（按照政治的规则）运用于出现的事例的进一步规定，但绝不能包含着它们的例外，因为这些例外毁掉了普遍性，而他们只是因为普遍性才享有原理之名的。

伊曼努尔·康德

1798年

论编书——致弗里德里希·尼古莱先生的两封信

1798 年

论编书

——致

弗里德里希·尼古莱先生的两封信

伊曼努尔·康德

李秋零　译

第一封信 〔433〕

致作家弗里德里希·尼古莱先生

杰出的（经常也诙谐地刻画的）默泽尔的博学遗稿落到了他多年的朋友弗里德里希·尼古莱先生手中。这是**默泽尔**的一篇未完成论文的一个部分，标题是：《论理论和实践》。这个标题是在手稿中被告知尼古莱先生的，而且如尼古莱先生所假定，如果默泽尔全部完成这篇论文，他会亲自告知这个标题的；而且在这里作出了评论：默泽尔不仅是忠君主义者，而且如果人们愿意这样说，也是一个贵族主义者和世袭贵族的捍卫者，令德国的许多新派政治家惊奇和恼火。此外，人们（参见康德的《法权论的形而上学初始根据》，第 1 版，第 192 页）还要断言：从来没有一个民族会出自自由的和深思熟虑的决定来承认这样一种世袭。对此，默泽尔以他那著名的幽默风格虚构了一个故事：其中出现若干身居高位的人，**如副国王般其实是国家的真正臣民**，并且列举了 12 个案例。在前六个案例中，已故官员的儿子遭到冷遇，于是臣民们的处境糟糕；与此相反，人们在后六个案例中选择了他们，此时人民的处境改善；——由此可以清晰地看出：整个民族**完全可以**接受其在一个更高的同为臣民者之下的世袭臣民身份，而举手之劳的**实践**将把这种理论就像好多别的取悦读者的轻率理论那样当做秕糠吹得无影无踪。

为人民的好处考虑的准则总是这种情况：人民无论觉得自己通过经验而变得多么聪明，无论选择谁来做从属的统治者，都可能并将经常可恨地打错算盘，因为聪明的经验方法（实用 〔434〕

的原则）除了吃一堑长一智之外，很难有一种别的引导。——但此时此地说的是一种可靠的、由**理性**来标出的引导，它不想知道人民**将**如何选择，以便满足其每一次的意图，而是想知道人民无条件地**应当**如何选择：无论那种引导对人民来说是不是有益（道德的原则）；也就是说，这里的问题是：如果要求人民作出选择，则人民按照**法权原则**必须决定什么以及如何决定。因为这整个课题都可以被评判为一个属于**法权论**（《法权论的形而上学初始根据》，第192页）的问题：主权者是否**有权**在他和其他国家公民之间建立一个中间阶层？然后就是要求：人民能够并将合乎理性地不接受任何这样的从属权力，因为若不然，人们就会臣服于一个毕竟自身需要被统治的臣民的喜怒哀乐，而这是自相矛盾的。——在这里，评判的原则不是经验性的，而是一个先天原则；就像所有其肯定就同时带有**必然性**的命题一样，也惟有理性判断（与知性判断有别）提供这种必然性。与此相反，**经验性的法权论**如果被归为哲学，而不是被归为章程性的法典，就是一种自相矛盾。①

这是不错；但——就像老保姆通常以童话的口吻讲故事一样——也不是最好的。虚构如今走上了另一条道路。

也就是说，在后六个政府中，当人民普遍高兴地选择了前

① 在幸福的原则（幸福学说）中，找不到任何必然性和普遍有效性（因为它依然任凭每个个人去决定，他按照自己的偏好要把什么算做幸福），按照它，人民当然可以选择这种世袭的行政宪政；——但按照自由论的原则（法权学说是它的一个部分），人民将不确立任何**从属的**外在立法者，因为人民在这里把自己看做既立法同时也臣服这些法律的，因此实践（在纯粹理性的事情上）必然是绝对遵照理论的。——如此命令是**没有道理的**，哪怕它还是如此司空见惯，甚至在许多场合对国家有用；后一种情况毕竟是绝不确定的。

任的儿子之后，就像富有想象力的故事继续讲的那样，部分是 〔435〕
由于在时间中逐步前进的可恶的**启蒙**，部分地也是由于任何一个政府对人民来说都有其负担，这里旧政府与新政府的交替显然是轻而易举的，从此就出现了人民的**领袖**，于是就颁布法令如下：

也就是说，在**第七个**政府中，固然人民选择了前公爵的儿子。但此人在文化和奢侈上却随着时代前移了，很少有兴致通过良好的经济来保持人民的富足，但有更多的兴致去享受。因此，他让旧王宫倾塌，以便为节日的娱乐和行猎，为自己和人民的赏心悦目和鉴赏而建造行宫和猎场。富丽堂皇的剧院连同古老的银制餐具，前者转变成巨大的舞厅，后者转变成更有品位的瓷器；以银比金在国内更能促进贸易流通为借口。——在**第八个**政府中，精心找来的、被人民认可的政府继承人甚至凭借人民的赞同，认为废除迄今通行的长子继承权更为可取；因为此人必定明白，长子毕竟并不因此就是最睿智的。——在**第九个**政府中，人民会认为建立某些有人事更迭的国事咨询委员会要比给政府配备老龄的常设顾问更好、更成功，后者最终通常都在扮演专制者；不考虑所推荐的世袭教士，因为这会必然使神职人员的**愚民行会**永恒化。——在**第十个**以及在**第十一个**政府中，据说对门第不当的婚姻的厌恶是旧的采邑制不利于由自然册封贵族的人的一种怪念头，而这毋宁说是人民在——就像鉴于启蒙中的进步而不可避免的那样——把才能和良好的思维方式置于世袭等级的花名册之上时，其高贵情感萌芽的一个证明；——犹如在**第十二个**政府中那样，人们虽然将对老姑妈的好心肠付之一笑，在年轻的、未成年的、可能注定是未来公爵的孩子还不懂的时候就想说给他听；但使这成为国家原则，却会是荒唐的苛求。而这样，人民如果可以决定给自己一个总督，而他毕竟本身还是臣民，其情绪就将发生畸变，而这些畸

〔436〕变与其意图（幸福）是如此背道而驰，以至于可以说：Turpiter atrum desinit in piscem mulier Formosasuperne［上面是美女，丑陋地终结于黑色的鱼］。

因此，人们可以把任何一种建立在幸福原则之上的宪政**模仿**成可笑的东西，哪怕人们能够先天地有把握说，人们将偏爱它甚于任何别的宪政；而且在人们掷出硬币的背面时，关于想给自己一个主人的人民的选择，说那个希腊人关于婚嫁所说的同样的话："你尽可以去做，——你将后悔。"

因此，弗里德里希·尼古莱先生在据说是一个**他者**（亦即默泽尔）的事情上，其解释和辩护是失败的。但是，当我们看到他在忙他自己的事情时，情况就好一些了。

第二封信

致出版商弗里德里希·尼古莱先生

在一个文化上已经颇有进步、阅读已成为几乎不可或缺的和普遍的需求的共同体中，**编书**并不是不重要的经营部门。——但在一个国家里，如果编书是**以工厂的方式**进行的，则**工业**的这个部分将由此获利非凡；不过，这只能通过一个能够**评判**和**支付**公众的鉴赏和每个待雇的工厂主的技巧的出版商来实现。——但是，这个出版商为了搞活他的出版经营，却恰恰不需要考虑由他所出版的商品的内在成分和价值，但要考虑市场和当前的喜好，出版社或许寿命不长的产品是**在市场上**并且**为了当前的喜好**才能活跃流通，并且找到虽然不持久却迅速的销路。

一个有经验的编书行家，作为出版商，将决不等待乐于写作的、随时准备好的作家为了出售而将自己的商品提供给他；他作为一个工厂的厂长，既想出材料也想出样式，这种样式——要么通过其新颖，要么也通过幽默，使读者们爱不释手，开怀大笑——依我说，或许将有极大的需求，或许哪怕只有极迅速的销售；在这里根本不会有人问：谁或者多少人编了这部极尽嘲弄之能事、在别的地方也许并不适宜于此的作品，但对这样一部作品的指责在这种情况下毕竟不会记在他（出版商）的账上，而是必然击中受雇用的编书人。 〔437〕

以制造和贸易来推进一种与人民的自由可以统一的公共行业的人，永远是一个好公民；随便谁去为此恼火。因为并不违反警察法律的自私自利，就不是犯罪；而作为出版商的尼古莱先生以这种资质将比以一个作者的资质更可靠地获利，因为他所推举的**泽普罗纽斯·贡迪波特**及其同伙作为小丑所作出的歪曲，其可鄙之处并不涉及搭戏台的人，而是涉及在戏台上扮演小丑角色的人。

※　　※　　※

但是，就弗里德里希·尼古莱先生的**作者身份**来说，关于**理论**与**实践**的可恶问题又将如何呢？当前的检查是由作者身份引起的，而且它也与那个问题密切相关。——现在正介绍的**出版机智**的情况，与**出版缜密**的情况相对立（表面对真理有优势），可以像在默泽尔的虚构中的情况那样，按照同样的原理来判决；只不过人们不使用**实践**这个词，它意味着对一个课题的公开的和正直的探讨，而使用**权术**这个词（倒数第二个音节拖长），并这样来试图使一切理论在一个业务员的眼中成为童稚的和可笑的；按照“世界愿意被欺骗，所以它就被欺骗!”的原理，这也不会错失它的目的。

但是，清晰地证明了这些以嘲笑的方式猴子般学样的哲学家完全无知且无能轻蔑地谈论理性判断的，是他们看来根本不理解与经验性知识有别的先天知识（被他们巧妙地称为事先的知识）真正要说的是什么。《纯粹理性批判》虽然经常并且足
〔438〕够清晰地对他们说：这是以其内在**必然性**和绝对**普遍性**的意识（无可争议地）说出的命题，因而它们并不能又被承认为依赖于经验的，所以就自身而言不能是这样或者也是**别样**的；因为若不然，按照那个逗人发笑的例子对判断作出的划分就会失灵：“法老的奶牛是栗色的，毕竟也有其他颜色。”但是，没有人是瞎子，除非他不想看，而且这种“不想”在这里有一种旨趣，亦即通过事物被从自然的位置移出而被表现得头足倒置这种喧闹的奇特，来吸引许多好奇的人，以便通过一大群观众（至少在短时间内）活跃市场，并这样在文献经营中不使贸易

工业入睡；这毕竟也有其用处，尽管不是恰恰期望的用处，亦即从最终令人厌恶的滑稽剧出发，此后越来越认真地准备对科学进行缜密的探讨。

伊・康德

伊曼努尔·康德

1800年

赖因霍尔德·伯恩哈德·雅赫曼的《康德宗教哲学检验》前言

克里斯蒂安·戈特利布·威尔克的《立陶宛语德语—德语立陶宛语词典》笔记

1800 年

赖因霍尔德·伯恩哈德·雅赫曼的《康德宗教哲学检验》前言

李秋零 译

本著内容概要 〔441〕

哲学作为一种科学的学说，可以像任何其他学说那样作为工具用于各种各样任意的目的，但在这方面只具有一种**有条件的**价值。——谁意在这个或者那个产品，就必须这样或者那样着手工作，而且如果人们在这里是按照**原则**进行的，那么，哲学也就能够被叫做一种**实践的**哲学，并且具有其价值，就像任何别的商品和能够借以推动流通的劳动一样。

但是，哲学在该词的字面意义上，作为智慧学说，却具有一种**无条件的**价值；因为它是关于人的理性的终极目的的学说，这个终极目的只能是一个惟一的终极目的，所有别的目的都必须次于它或者被置于它之下，而且完满的**实践**哲学家（一个理想）是在自己身上践履这个要求的人。

现在，智慧是从上面（通过灵感）**灌注**给人，还是从下面通过人的实践理性的内在力量向上**攀登**，这是问题所在。

主张前者这种被动的认识手段的人，给自己设想一种**超感性经验**的可能性这种不合情理的东西，它恰恰与自身相矛盾（把超验的东西表象为内在的），并立足于某种被称为神秘主义的秘密学说，神秘主义与一切哲学截然对立，而且毕竟正是在于，它（像炼金术士一样）假定巨大的发掘，免除一切理性的、却费力的研究工作，在甜美的享受状态中幸福地梦幻。

根除这种伪哲学，或者在它流露出来的地方不让它流行，这是本著的作者、我昔日勤奋且聪明伶俐的听众、如今十分珍贵的朋友，在这部作品中极为成功地致力的目的。这部作品绝对不需要我这方面的称颂，而是我仅仅想为这本书附上对作者的友谊的印记，以做永久的纪念。

伊·康德

哥尼斯贝格

1800 年 1 月 14 日

1800年

克里斯蒂安·戈特利布·威尔克的《立陶宛语德语—德语立陶宛语词典》笔记

李秋零　译

一个朋友的笔记 〔445〕

普鲁士籍立陶宛人很值得就其个性的独特性来说，而且由于语言是教育和保持这种个性的杰出引导手段，也就语言的纯粹性来说，被保持在学校和布道的讲坛上，这是从上面对这种个性的描述就可以看出的。我对此还要补充的是：他比与他相邻的各国人民更远离阿谀奉承，习惯于以平等和亲密的、坦诚的口吻与自己的上司说话；上司也不以此为忤，或者冷淡地拒绝握手，因为他们认为这种口吻是合乎一切情理的。某个相邻的民族的所有高傲之一，就是如果他们中间某人更高贵，就有完全不同的骄傲，或者毋宁说是自己的价值感，它暗示着勇气，并且同时为自己的忠诚提供保证。

但是，且不说国家从具有这种个性的一国人民的支持中能够取得的利益，就连各门科学，尤其是民族迁徙的古代历史，能够从一个远古的、现在被限制在一个狭隘区域并且仿佛离群索居的部族的尚未混杂的语言中获得的好处，也是不可小觑的，而且为了保存它的独特性，自身就已经具有巨大的价值。因此，**毕兴**为哈勒的博学教授图恩曼的早死非常悲痛，后者曾以有点过人的努力把自己的力量用在这项研究上。——总而言之，即便不是在每一种语言上都可以期待同样大的收益，毕竟对于在一个国家里每一个小民族的教育来说，例如在普鲁士籍波兰人那里，哪怕最纯粹的（波兰的）语言只是在国外才说，也在学校和布道的讲坛上按照它来讲授，并且使它逐渐地流行起来，也具有重要性，因为这样一来，语言就将更符合民族的独特性，并由此使民族的概念更澄明。

伊·康德

伊曼努尔·康德

补遗（1764年）

西尔伯施拉格的《1762年7月23日出现的火流星的理论》一书书评

补遗

西尔伯施拉格的《1762 年 7 月 23 日出现的火流星的理论》一书书评

李秋零　译

马格德堡、施滕达耳和莱比锡 〔449〕

赫希特尔及其公司出版了“《1762 年 7 月 23 日出现的火流星的理论》，马格德堡圣灵教会牧师、柏林王家普鲁士科学院院士约翰·以赛亚·西尔伯施拉格撰，附有铜版画，1764 年，四开本 135 页”。这个非同寻常的火球以远远超出满月之光的光芒几乎照亮了德国的四分之一，确切地说是在它以一个流星显现出来的大小首先被发现的时刻，按照博学的作者的观察至少高于地面 19 德里。壮丽的流星以一颗炮弹的飞行无法媲美的速度，在约两分钟的时间里划过几乎 8 万法尺的空间，水平上从离莱比锡不远的略克上空的垂直点直到波茨坦和法尔肯雷的旁边，并且在经过 15 德里的坠落后在 4 德里的高空爆裂，其霹雳声后来才听到，胜过了雷声。这个火流星的大小符合所有这些显象，而且按照我们的作者的几何学规定在直径上至少有 3036 巴黎尺，也就是说，超过一德里的四分之一的一半。世上每一个能够有一些高贵感觉的人，都必然多亏博学且可敬的作者先生而知道，他通过自己对我们还很少知道的空间的研究，要把这种巨人的诞生（光芒四射和令人惊恐有时如同巨型的人，但也同样快地被虚无的辽阔深渊所吞噬）从遗忘中拯救出来。但是，自然研究者们将在我们敏锐的作者的杰出的考察和评论中发现进行新讲授和扩展其自然洞识的诸多诱因。这部作品由两部分构成，其第一部分讨论云雾层，第二部分讨论火流星，还附有一个关于传入的消息和感受的附件。既然博 〔450〕
学的牧师先生在关于云雾层的平常理论中找不到任何满足，他就陈述了自己在这方面的思想，并发现自己被迫采取一种自然研究者们不习惯的跳跃，一直达到形而上学的高度。他试图通过有多种含义、却未足够展开的根据来阐明，有形实体在空间的现存真正说来是一个有其动力学范围和中心的效应领域。从这个领域和在其中起作用的各种力量的不同中，按照实体的区别，他导出了空气和以太的张力、凝缩、震颤，声响、声调、光、颜色和热，同样还有物质的引力。所有这些都在第一部分的第一章中被运用于空气及其变化。在第二章中，气海被视为一个云雾层，并且除了关于水蒸气、雾、云和雨的相当多的不同说明之外，还讲述了气域的一种新划分。第一个气域是尘埃大气层；然后是水状的大气层，它已经达到高得多的地方；然后是黏液状和发磷光的大气层，它包含着含油的、含树脂的和含橡胶的部分，并且是流星、火流星和飞龙的工作场地；最后是精神的大气层，它一直扩展到气层的边界，其中产生延展辽阔的气火，就像北极光一样。人们处处都遇到新的和很有可能的猜测，它们也许值得与已知的或者尚待观察的现象进行多方面的比较。第二部分分三章探讨这颗流星的轨道、产生和用途。三幅铜版画阐释理论、形象和这个火团所采取的路径。可敬的牧师先生对富有奇迹的自然的可嘉注意力给正在使自己适合于神职的年轻大学生们一个暗示，即学会及时地阅读在他们眼前打开的创造大书，并且能够有朝一日也使别人易于理解其中所包含的秘密。此地以及在埃尔宾和米陶的康特尔书店里价值3弗罗林。

伊曼努尔·康德

附录（1788年）

克劳斯对乌尔利希的《自由学》的书评

附录

克劳斯对乌尔利希的《自由学》的书评

李秋零　译

耶拿，克勒克书店：《自由学或者论自由与必然》，约翰·奥古斯特·乌尔利希著。用于米迦勒节假中的讲演。1788 年。$7^{1}/_{2}$B. 8.（6 gr.） 〔453〕

人身上的自然成分和道德成分的区别，就人一方面作为自然的臣民，感觉到自然原因的不变影响，并且由自己的知性本身来规定，按照自然的确定法则预先估算所有的行动并在事后予以解释，而另一方面作为对自然颁布命令者，相信自己有一种不依赖于自然的能动性，并且给自己立自己的法，他把按照这些法则不顾一切外来的影响而安排自己的未来行动认做一个必不可免的诫命，并且按照他自己心中的一个法官的判决无情地认可或者诅咒以往的行动而言，这种区别是最普通的理性也熟悉的；当然，如果理性想错认或者怀疑这种区别，它就必然——这是它既不能够也不可以做的——不再区分存在和发生的事情与应当存在和发生的事情。与此相反，人身上这种自然的成分和道德的成分的联系，就他应当不仅按照确定的自然必然性的关系，而且也与一种无条件的能动性相关，确切地说把二者合起来思考同一些行动而言，超越了他的精神的一切理解，他的精神根据自己尝试要么依据知性的需求把这些行动假定为由自然规定的，要么依据道德性的要求把它们假定为通过自由产生的，马上就看出，他在前一种情况中必须放弃道德的本质，而在后一种情况中必须放弃知性的使用，而接下来，由于二者中没有一个可以放弃，他将觉察到，这里他面临着一个秘密。如今在这个秘密方面，还剩下什么东西供反复思考呢？〔454〕无非首先是最清晰地揭示自然成分和道德成分的根本区别，并且针对抗拒这种区别的好奇心的一切怀疑和责难来使其获得完全的确定性和可靠性，然后通过对我们的全部认识能力的批判研究来寻求令人满意的解释，即那两种联结的联系为什么是不可理解的，以及（尽管不能探究自然和自由是以什么方式在人里面相联系的）在什么程度上仍然可以没有矛盾地来思考，二者实际上在人里面联合出现。当然，看起来很少是这样，而且比贪婪的求知欲所要求的更少，尽管也就是生活的目的所可能一直要求的这么多。但是，如果现在完全是鉴于给我们提供那种解释的研究，显示和证明出，正是通过对其知识的限制，通常在其关于理论的东西和实践的东西的思辨中与自身分裂的理性就二者来说达到最完善的和谐，而且正是通过对其没有能力使自然和道德相互匹配的讨论，我们的精神得以最欢快地看到一个与感官世界有别的知性世界，并且最符合理想地展望自己的使命和尊严，那么，倘若有人对限制我们的知识和我们的精神的无能提出抱怨，则就是短视，而倘若有人想拒绝承认尽管如此却不可否认的东西，亦即理性的所有问题中最重要的和最吸引人的问题对于我们来说在尘世间不可解决，则就是愚昧。然而，即便有人如此清晰地指出这一切，人们也一点不少地看到，时而还总是有解决这个问题的尝试出现；因为人的情况一度就是这样，他在反复思考的事务上，尤其是关于隐晦的和正因为此而吸引人的对象，达到一切知识而不是达到对自己的无知的知识，勉强自己达到一切更易于达到承认自己的无能；而且事情也许必然是这样，因为这类尝试绝不像涉及数学中的越界发明的类似尝试那样，源自科学中的新手和外行，而是经常源自这样的人士，他们的洞识和知识几乎不会让人怀疑，他们——尽管如此却是这种情况——会误解课题的问题所在，或
〔455〕者会把对困难的一种遮掩误认为对困难的一种现实解决；当前的这部作品以一切方式为此提供了一种证明。这部作品的既敏锐又博学的作者在其中致力于在**决定论**的名称下把人的一切力量表现之无一例外的自然必然性的体系阐述为惟一正确的体系，而且在道德方面不仅把它宣称为与道德相容的，而且把它赞颂为促进道德的。对此要求有哪怕新颖的措辞和方法，遑论

证明和根据了，就叫做错认数千年以来人的精神尝试和耗尽精力的处理对象。因此，如同一方面就这种学说的正确性而言，一切都**和通常一样**导致，仅仅以某种方式通过外部感官或者内部感官才能感知的东西就此而言应当通过知性被理解，也根据知性的要求凭借排除偶然而必须具有必然的规定，而据此作为自然存在者的人也就处在自然法则之下（一个当然无可辩驳的命题，只不过还总是留下了问题所在：人究竟是否只能被视为自然存在者）；另一方面，关于自然必然性和道德性的关系，一切都又——除去某些逻辑形式——**在名称上几乎完全如同**在已知的**一种适用于所有人的道德学说的尝试**中那样，导致使承责和归责的真正概念无法继续存在的宿命论。这不会让任何行家感到惊讶；但是，毕竟使我们感到惊讶的，部分是作者在第 8 页的暗示，"不允许任何保留和蓄意冥思苦想的双关语或者不确定性"；部分是他的信心，他以这种信心在致**他的灵魂的情人**，亦即他最珍爱的听众的献词中，"不再期望任何东西，除了他们在他的这个学说中会找到一切他自己经历过的慰藉和满意，而且这个学说要求通过实例来指出，正确地（如他在这里阐明的那样来理解）领会的决定论并不取消道德，而是支持道德"。事实上，二者与作品的诵读和内容相比，相互之间部分地构成了一个奇妙的对比，而且通过下面对主要思想的阐明使读者更仔细地看到这种对比，这无疑将是做得不错的。也就是说，既然**应当**以**能够**为前提条件，因而不依赖于一切现实地发生的事情的应当以同样不依赖于一切现实地发生的事情的能够为前提条件，或者道德责任以源始的能动性为前提条件，而这种能动性真正说来就是人们在思维**自由**之下所拥有而毕竟不知道如何理解的东西，所以，作者就为了回避这种不可理解性，试图反过来找到一种从能够到应当的过渡。当然，这时就有一种也大可以叫做自由并且毕竟完全可以理解的能够：也就 〔456〕

是说，只要人不是像机器那样通过撞击，或者像动物那样通过情感，而是通过思想起作用；而且只要可以凭借内部感官以某种方式对人临在，并且适合于感知的一切思想在其产生、停止、再现、其清晰度的增长和减退、活跃和有效方面，简言之在其显现和更迭方面，与感官世界的所有其他现象一样必然可以理解和解释。而这也就是作者由以出发的东西，而他除此之外还（第 59 页）通过我们实践知识的优越性来说明自由，并且在列举实践知识的获得和发展所依赖的原因时，例如一方面是机会、传授、经验，另一方面是有意的反复思考、有意的注意和练习等等，就后者来说到处都，特别是在第 62 页坦率地补充说："所有这些有意的东西都又依赖于存在于（自然原因的）全部联结之中的千万种情势。"他的体系当然绝对需要这种承认，因为一切生理学的东西在可解释性方面都作为感知的对象而列入机械的东西、化学的东西和有机的东西之中，并由此作为如此多的特殊分类形成自然的东西的主类。但是，如今从这种无法是**自然必然性**的名义自由到与此完全割断的道德性，或者从这种不自主的能够到绝对的应当的过渡呢？——过渡？是的，作者不是指出毕竟一切都取决于的过渡，而是在第 17 页抱怨说，"绝对应当的概念（它当然对于经验性的道德主义者来说是真正的讨厌鬼了）是全部道德中的最困难的概念之一，他把对这个概念的研究留待另一个时间"；他在第 38 页请
〔457〕求自己的听众，"回想他们在道德讲演中值费力地展开义务理念之际关于绝对的应当所听到的东西"，而且读者对此可惜一无所知；他讨价还价，而且收买人，即便不就过去的东西而言，至少有一半就未来的东西而言来挽救他的学说的正确性；直到最后，对真理的爱还在倒数第 2 页的修订和附录中诱使他提出幼稚的问题："如果一切道德的成分最终都可以回归到自然的成分，这会怎么样呢？"——这会怎么样呢？——无非是

最终根本不存在任何道德的成分，而且随着自然的成分与道德的成分的区别，存在和发生的事情与应当存在和发生的事情的区别同时消失。但是，这正是作者要求自己灵魂的情人们通过其转变来反驳的理论。但如上所说，作者除此之外还提出了动议。“人应当（第 63、82 等页说道）变得不同或者更好，他也能变成这样，**只不过没有人现在就已经与他所是不同或者比他所是更好**。”因此，只是现在已经和直到现在还不。但是，如果就像从向前流动的点产生出线一样，从向前流动的**现在**产生出永远，而且就像无论向上看还是向下看，点都适用于线的每个位置一样，现在同样适用于未来的时间和过去的时间的每个位置，那将怎样呢？事实上，如果所有未来的东西都将像所有过去的东西临在过那样在那时临在，那么，人的行止如果**直到现在**每次都是由必然性规定的，就必然以同样的方式为所有的后世直到永远所规定；被假定为必然性的边界的现在就必须按照序列无限地穿越这些后世。或者，如果作者想否定这一点，那么，他就必须断言，例如耶拿人在逝去的一年里的行止如今在年底是绝对必然如其所是，但在年初就不是必然如其所是，以同样的方式，所有人在所有时间序列中的行动虽然从 B 到 A 回头看不可能是别的样子，但从 A 到 B 向前看就可能是完全不同的样子：据此，关于同一个事物的同一个判断客观地来看就会同时是对的和错的，这是一种比应当通过回避道德自由来避免的不可理解性更大的不可理解性，且绝不是仅仅作者因疏 〔458〕
忽而身陷其中，而是尽管小心在意，每个人都必然沿着同样的途径以不变的方式最终纠缠其中。而这样，在清除了用**现在**、**已经**和**将来**玩弄的障眼法之后，就表现得很明显，即作者的主要思想绝对是站不住脚的，而且他的作品即便有他所寄托的信心，也不外是对自身清晰的命题的证明所作出的一种多余的贡献罢了：**自由**如果是道德的基础，**就不能被理解**，而如果能够被理解，就不能充当道德的基础；而毋宁说它是旨在把整个基于个人自身力量的、道德的知性世界转化为一个自然的感官世界，在这里一切都按照一种从别的地方规定的并且不变的自然必然性来进行，而且在这里〔如果（第 90 页）没有人通过自己的有意努力真正说来对他每次有无道德价值的状态作出或者能够作出某种贡献的话〕既没有一个只是原因而不是肇事者的人在自己或者他人的行止上，也甚至没有在一切里面都看到自己的作品并且只看到自己在行动的神祇，能够在我们所有人身上找到丝毫的东西来指责，而且在这里不再可以谈义务和责任，而只可以谈行为和事件，不再可以谈功绩和罪过、德性和恶习，而只可以谈幸福和不幸、享乐和受苦；就这个世界而言，所剩下的无非是让晕眩的理性通过幻想这个可恶的慰藉者来进入关于一个天意的怪梦，这个天意在必然原因——在它们的成果中一个行善的妄念的一些力量在我们看来是自由的行动——的自然链条上把所有人和所有理性存在者或者人格都全当做现实的自动机，一些迟一点沿着所谓恶习的弯道，一些早一点沿着自以为的德性的正途，推向一个共同的、外在的幸福目标。这样一种体系（尽管不可以轻易地说一个有反思、但从不让事情过脑子的人）如何能够提供完全的满意，本身就是奇怪的；但完全是在作者方面令人诧异，因为他自己对此表示了一种显著的忧虑。也就是说，在他的作品针对康德的自由理论
〔459〕（一种配得上一个真正的世间智者的理论，他在能够以某种方式拥有科学的确定性的地方就坚决要求它，但在根本不能排除无知的地方也诚实地承认无知，关于这种理论的首要基本特征，在这篇书评的开头就阐述过了）的论战部分，乌尔利希先生径直承认（第 33 页），如果人们承认时间只是显象的一个纯然主观的形式这个命题是确定无疑的，那么，这种理论就会是无可辩驳的；由此十分清楚地产生出如下思考，即如果人们既

不能推翻命题本身，也不能驳倒这个命题所基于的证明，那么，这种理论就会必然有其正确性，而据此，与这种理论相对立的体系从乌尔利希先生那里赢得的满意就会必然是纯然的错觉。针对这种忧虑，他只能这样来保障自己，即他清楚明白地阐明那个命题或者真正说来通过那个命题所表述的思想是完全不允许的；对于这个举动，如果它成功，无论是康德哲学的敌手还是其知音，甚至其作者，都会感激它；前者之所以感激，乃是因为他们获得一种手段，来跳越如迄今显示的那样只是因那个命题才可以解决的理性的二论背反，并因有希望获得一场完全的胜利而自鸣得意；后者之所以感激，乃是因为他们从中获得了对人类知识的出乎意料的说明，对他们来说，这类说明比只要给他们提供不可或缺的和预期的说明他们就喜爱的那些体系更加完善。然而，那个命题却不是用纯然的反声明（如在这里第 33 页："这个命题，随便人们怎么说，通过一切也尚未得到证明，而对此如此经常地也由它说出的东西，尚未得到回答"）或者用纯然的指责就对付得了的，尤其是当后者要么导致全然的误解，要么只是击中命题的说明而没有击中命题本身的时候——关于这两种异议，这里已经提出很多了。此外，在第 34 页说道："在主张纯粹理性能力的一种源始的能动性的时候，人们要如何规避如下问题，即为什么这种能力在某些行动中被运用，在另一些运动中不被运用，因为要么是这一次必然有运用的根据，另一次必然有不用的根据，要么不是这样，从而在前一种场合出现必然性，在后一种场合出现偶然？"因为对于这个和所有以人们应当对自由有所知道，不仅知道**它确实是这种性状**，而且知道**它何以是这种性状**为前提条件的类似问题来说，是完全诚实地通过如下承认来规避的，即人们就后者来说不能知道任何东西，因为自由不是通过感性感知来显示的，尽管人们对它的**结果**，就这些结果呈现给我们的知觉而 〔460〕

言，像对所有其他在时间中发生的现象一样，能够说明规定根据，因而在这方面不需要规避那个问题。另一个指责（第38页）也是同样的情况，那里说的是：康德自己承认，我们的理性在实践上并非没有障碍，因而我们的能动性并非没有阻碍地生效，因为这些通过感性感知呈现给我们的阻碍和障碍又仅仅适用于一般而言在我们身上可以被感知的东西，但不适用于避开这种感知而只能**思维**的东西。对待更多的指责也是以同样的方式，这些指责要求澄清一个概念，而关于这个概念在整个经验领域不能找到任何相似的东西，关于它的对象，亦即自由，思辨哲学必须（以放弃对其性状的洞识来）满足于能够认识：它既不能就自身而言也不能在与其现象亦即我们的行动的自然必然性的结合中自相矛盾地，而是能在人里面按照其在时间序列中和在一切时间规定之外的双重存在方式有联系地来思维。

中德人名对照表

阿波罗尼	Apollonius	阿亨瓦尔	Achenwall
阿基米德	Archimed	埃贝哈德	Eberhard
埃勒斯	Ehlers	艾皮努斯	Aepinus
奥古斯丁	Augustin	奥古斯都	August
奥勒留	Aurelius	拜尔	Beyer
鲍姆嘉登	Baumgarten	贝加里亚	Beccaria
贝努利	Bernoulli	毕达哥拉斯	Pythagoras
毕兴	Büsching	柏拉图	Plato
博莱里	Borelli	博奈特	Bonnet
波塞多纽	Posidonius	布丰	Buffon
布鲁门巴赫	Blumenbach	布特维克	Bouterwek
成吉思汗	Dschingischan	丹东	Danton
德拉·托里	della Torre	德·卢克	de Luc
德·吕克	de Lüc	德马内特	Demanet
第谷	Tycho	多米提安	Domitian
恩格尔	Engel	费德尔	Feder
菲舍尔	Fischer	封德耐尔	Fontenelle
丰塔纳	Fontana	弗拉特	Flatt
弗里德里希	Friedrich	福里斯特	Forrester
福斯	Voß	福瑟吉尔	Fothergill

福斯特尔	Forster	伽尔韦	Garve
格劳秀斯	Grotius	贡迪波特	Gundibert
贡斯当	Constant	衮德龄	Gundling
哈勒	Haller	哈曼	Hamman
哈密尔顿	Hamilton	海因里希	Heinrich
贺拉斯	Horatius	赫尔德	Herder
赫拉修	Horatius	赫舍尔	Herschel
赫斯特	Höst	赫希特尔	Hechtel
赫绪丘斯	Hesychius	霍布斯	Hobbes
霍普夫讷	Höpfner	胡弗兰德	Hufeland
胡克	Hooke	惠更斯	Huygens
卡特雷	Carteret	凯尔	Keill
开普勒	Kepler	凯斯特讷	Kästner
克拉默	Cramer	克拉普罗特	Claproth
克拉维	Klavius	克劳福德	Crawford
克勒	Köhler	克鲁修斯	Crusius
克吕西波	Chrysippus	科塞吉	Cocceji
库克	Cook	昆提利安	Quinctilianus
拉·克洛泽	La Croze	拉姆齐	Ramsay
拉塞尔	Russel	莱布尼茨	Leibniz
莱马鲁斯	Reimarus	莱辛	Lessing
赖因霍尔德	Reinhold	兰贝特	Lambert
兰德利亚尼	Landriani	利希藤贝格	Lichtenberg
李佩特	Lippert	李维	Livius
林德	Lind	卢罗夫	Lulof
卢梭	Rousseau	洛克	Locke
罗伊施	Reusch	马格兰	Magellan
马利·杜庞	Mallet du Pan	马斯登	Marsden

门德尔松	Mendelssohn	蒙托克莱	Montucla
米夏埃利斯	Michaelis	默泽尔	Möser
尼布尔	Niebuhr	尼古莱	Nicolai
牛顿	Newton	帕金森	Parkinson
帕拉斯	Pallas	庞培	Pompejus
蒲柏	Pope	普芬多夫	Pufendorf
普拉特纳	Platner	普里斯特利	Priestley
齐默尔曼	Zimmermann	乔治	Georgi
欧几里得	Euklides	舍费尔	Schäffer
莎夫茨伯利	Shaftesbury	圣皮埃尔教士	Abbévon St. Pierre
施莱特魏因	Schlettwein	施勒特尔	Schröter
施洛塞尔	Schlosser	施毛斯	Schmauβ
施普伦格	Sprengel	施泰恩	Sterne
史威夫特	Schwift	舒尔茨	Schulz
斯维夫特	Swift	松内拉特	Sonnerat
苏尔策	Sulzer	特洛伊尔	Treuer
提修斯	Titius	图恩曼	Thunmann
托阿尔多	Toaldo	托马修斯	Thomasius
瓦特尔	Vattel	威尔克	Wielcke
威尔逊	Wilson	维吉尔	Virgil
温迪施格雷茨	Windischgrätz	沃尔夫	Wolff
乌尔利希	Ulrich	乌罗阿	Ulloa
西奥皮乌斯	Scioppius	希波克拉底	Hippokrates
西尔伯施拉格	Silberschlag	西塞罗	Cicero
希斯曼	Hiβmann	肖特	Schott
休谟	Hume	修昔底德	Thucydides
薛莫林	Sömmering	雅各比	Jacobi

雅各布	Jacob	雅赫曼	Jachmann
尤里安	Jurian	约伯	Hiob
约翰二世	Johann II	泽勒	Selle
朱庇特	Jupiter	措尔讷	Zöllner

后　记

即便是在建构其庞大的批判哲学体系的年代里，康德的广泛兴趣也依然没有受到限制，而是继续涉猎众多科学的领域：医学、天文学、历史、政治、法学和宗教学等等。这样，翻译者就有了苦头吃。他不得不追随着康德老人广泛的兴趣和广博的知识，到某个自己并不熟悉的领域里去弄明白康德那个时代的某种理论，或者去查找某个也许早已无人再使用的术语，有时为了查出一个单词，不知要翻阅多少参考书。若是写作，自然可以绕过去，但翻译却不能这样做。因此，这一卷的篇幅虽然是《康德著作全集》中差不多最小的，翻译却用了一年多的时间，也差不多是最长的了。

从内容上看，这一卷所包含的都是一些短文。文章虽然短小，却堪称精悍。《关于一种世界公民观点的普遍历史的理念》、《回答这个问题：什么是启蒙?》、《论永久和平》等文，都是康德哲学体系的重要组成部分，在历史上备受关注。几篇书评，使康德借评点他人思想的机会表明了自己的思想，而如《论一个据说一切新的纯粹理性批判都由于一个更早的批判而变得多余的发现》等论战性文章，则使康德借捍卫自己思想的机会从不同角度对自己的思想进行了阐发、补充和澄清，对理解康德的那些大部头著作亦颇有帮助。

本书的翻译，得到了中国人民大学“985 工程”哲学社会科学创新基地的经费支持。

李秋零

2008 年 9 月 26 日

于中国人民大学人文楼

“十五”国家重点图书出版规划项目

Kants Werke

Akademie Textausgabe

康德著作全集 第9卷

逻辑学、自然地理学、教育学

李秋零 主编

中国人民大学出版社

目录

伊曼努尔·康德的

逻辑学

一部讲义

戈特劳布·本亚明·耶舍编

李秋零　译

〔3〕 前　言

自**康德**委托我整理出版他在公开讲课时为其听众讲授的**逻辑学**，并以**简明手册**的形式将它交付公众以来，已经一年有半。为此目的，我从他那里得到了他自己在讲课时使用的手稿，他对我表示了特别的、令人荣幸的信任，即我熟知他的体系的一般原则，在这里也容易进入他的思路，不致歪曲或者篡改他的思想，而以必要的清晰和明确，同时在恰如其分的秩序中把它展示出来。既然我接受了这一荣幸的委托，并且试图尽我之所能，按照这位**值得赞誉的大师**、我极为尊敬的老师和朋友的愿望和期待去完成它，以这种方式，一切涉及**讲授**、思想的表达和解释、阐述和整理的东西，部分地应记在**我的**账上，所以，我就当然也有责任就此向康德的这一新著的读者们作出一些解释。因此，此处有关于这一点的一种说明，以及别的更详细的说明。

自 1765 年以来，**康德**教授先生就不间断地以作为入门书的**迈耶尔**教科书（格奥尔格·弗里德里希·迈耶尔的《理性学说》选辑，哈勒格鲍威尔出版社，1752 年版）为他的讲课的基础。其理由，康德在一份由他为预告他 1765 年的讲课而提供的提纲中说明过。他在自己讲课时使用的上述大纲的样本，
〔4〕与他为同样的目的使用的其他所有教科书一样，是用空白纸夹钉的；无论是他的一般批注和说明，还是首先与个别章节中大纲文本相关的特殊批注和说明，有的写在夹钉的空白纸上，有的写在教科书本身的空边上。而这里那里在散见的批注和说明中笔录下来的东西，如今就一起构成了康德在此为自己讲课而

编制的**资料库**，而且他随时或者以新的理念扩充它，或者就不同的个别材料而言一再地重新修订和改善它。因此，它至少包含着迈耶尔教科书的这位著名的注释者通常在其以自由风格讲授的课上关于逻辑学讲给他的听众，而且他认为值得记下来的一切的要旨。

至于这部著作中的内容的阐述和整理，我相信，如果我在整体的布局和划分上一般而言坚持这位伟人的明确声明，就将最贴切地执行他的理念和原理；按照他的声明，可以被接纳入真正的逻辑学探讨的，尤其是接纳入逻辑学的**要素论**的，不外是关于思维的三种根本的主要功能的理论：**概念**、**判断**和**推理**。因此，一切仅仅探讨一般而言的知识及其逻辑完善性、在迈耶尔的教科书中先行于概念的学说、几乎占全书一半的东西，据此都必须归还给导论。"之前"，康德在迈耶尔讲授关于概念的学说的第八章一开始就说明，"先讨论一般而言的知识，作为逻辑学的**入门**，现在随之而来的是**逻辑学本身**"。

因此，依照这种明确的指示，我把直至这里提到的那一章的所有东西都收入导论，出自这一理由，它获得了比通常在其他逻辑学教科书中大得多的篇幅。其后果在这种情况下也就是，现在有理由被我们的近代逻辑学家们归入方法论领域的材料，例如关于证明的学说等诸如此类的东西，已经在导论中谈论过了，作为本著的另一个部分的**方法论**就必然越是简短。仅仅为了使不完备的东西完备，并把一切都置于恰如其分的位置上，就在本书中适当的地方再次提及这些材料，是一种既无必要也不恰当的重复。然而，就**定义**和**概念的逻辑划分的**学说而言，我毕竟这样做了，它在迈耶尔的大纲中属于第八章，亦即属于概念的要素论；康德也在讲授时保持了这个次序。 〔5〕

此外，不言而喻的是，这位伟大的哲学改革家，而且就逻辑学的布局和外在形式而言，也特别是理论哲学的这个部分的改革家，会按照**他的**在《纯粹理性批判》中已经勾画出其基本线条的建筑草图来修订逻辑学，如果他喜欢，且如果他科学地为真正的哲学，亦即真实无妄和确定无疑的东西的哲学奠定基础的事业，亦即惟有他首先并且惟有他才能以**他的**独创性来完成的这一更重要和更困难的事业，允许他考虑亲自修订一门逻辑学的话。然而，他完全可以把这项工作交给能够以洞识和没有成见的评判来利用他的建筑理念，去真正合乎目的地和井然有序地修订和处理这门科学的人来做。这正是我们德国哲学家中许多缜密且无成见的思想家们所期待的。而且这种期待也没有使**康德**和他的哲学的朋友们失望。许多较新的逻辑学教科书就整体的布局和编排而言，都或多或少应当被视为**康德**关于逻辑学的那些理念的果实。而且这门科学由此确实有所收益，它虽然既没有更丰富，真正说来在内容上也没有更坚实，或者就自身而言更有根据，但却**更纯净**了，一方面是清除了它的异质成分，另一方面是清除了一些无用的细腻和纯然的辩证游戏，使它变得**更为系统**，同时就方法的一切科学严格性而言**更为单**
〔6〕**纯**了：对此，每个人只要对逻辑学的独有特性与合法界限具有正确的和清晰的概念，哪怕是把旧的逻辑学教科书与新的、按照康德的原理修订的教科书浮光掠影地加以比较，都必然确信无疑。因为尽管在这门科学的旧手册中间，也有一些以方法中的科学严格性，以解释中的清晰、明确和精确，以证明中的简洁明了而出众，但它们中间几乎没有一本，不是在其中**仅仅入门的**、**独断论的**和**技巧的**、**纯粹的**和**经验性的**东西在较宽泛的意义上属于一般逻辑学的不同领域的界限如此互相渗透，互相交叉，以至于不能明确地把一种东西与另一种东西区别开来。

固然，**雅各布**先生在他的逻辑学的第一版前言中评论道：

"沃尔夫杰出地把握了一般逻辑学的理念，而且如果这位伟人落脚于完全抽象地讲授纯粹逻辑学，他无疑会凭借其有条理的头脑为我们提供一部杰作，它会使一切后来的这类工作变得无用"。但是，沃尔夫从未阐述这个理念，在他的后继者中间也没有一个人阐述过这个理念，尽管除此之外，**沃尔夫**学派围绕真正**逻辑的东西**，即我们哲学知识中**形式上的**完善所建立的功绩，一般来说是巨大的和有根基的。

且不说在通过纯粹的和纯然形式的逻辑学与经验性的和实在的或者形而上学的命题的分离，来完善逻辑学的外部形式上还可能发生和必然发生的事情，如果对这门科学的内涵的评判和规定被视为科学，那么，**康德**关于这一点的判断就是无可置疑的。对此，他多次确定而且明确地声明：逻辑学应当被视为一门抽象的、独立存在的并且在自身中有根据的科学，因此它也自其诞生并由**亚里士多德**首次完善以来，直到我们的时代，真正说来在科学论证方面未能有任何收益。因此，依照这一断言，**康德**既不想通过一个更高的原则来论证逻辑学的同一律和矛盾律，也不想演绎判断的逻辑形式。他承认和探讨矛盾律，〔7〕是把它作为一个在自身就具有自明性、不需要从一个更高的原理派生的命题。只不过他限制了矛盾律的使用、有效性，因为他把它从独断论试图使之有效的形而上学领域逐出，并把它限制在纯然逻辑的理性应用上，使其仅仅对于这种应用才有效。

但是，逻辑学的同一律和矛盾律是否确实自身绝对不能和不需要进一步演绎，这当然是另一个问题，它导向具有多重含义的问题：一般而言，是否有一切知识和科学的一个**绝对第一的**原则？这样一个原则是否可能以及能否找到？

知识学相信在纯粹的、绝对的自我中揭示了这样一个原则，并且借此不仅在纯然形式上，而且也在内容上完善地论证了全部哲学知识。而且通过预设这个绝对统一的和无条件的原则的可能性和无可争议的有效性，知识学在不承认逻辑学的同一律和矛盾律，亦即命题 A＝A 和－A＝－A 无条件地有效，而是声称它们是能够并且必须通过知识学及其最高命题**“我是”**才得到证明和规定的**从属**命题时，其探讨也是完全一以贯之的（参见《知识学基础》，第 13 页等）。以一种同样一以贯之的方式，**谢林**也在他的《先验唯心论体系》中声明反对把逻辑原理预设为**无条件的**，亦即不能从一个更高原理派生的原理，因为逻辑学一般来说只是通过对确定命题的抽象，而且如果它是以科学的方式产生的，就只能通过对知识的**最高**原理的抽象来产生，所以已经以知识的这些最高原理以及随之以知识学本身为前提条件。但是，既然从另一方面来说，知识的这些最高原理作为**原理**来看，同样必然地已经以逻辑形式为前提条件，所以，正是由此产生了那个虽然对于科学来说不能解决、但毕竟可以解释的循环，即通过承认哲学的一个在形式和内容上均为第一的（形式的和质料的）原则来解释，在这个原则中，形式和内容二者互为条件，互为根据。于是在这个原则
〔8〕中，就会有一个点，在这个点上，主观的东西和客观的东西、同一的知识和综合的知识就会是同一种东西。

据此，通过预设这样一种必然毫无疑问地属于这样一个原则的尊严，逻辑学就会和其他每门科学一样，必然从属于知识学及其原则。

但是，无论出现什么样的情况，有一点却是确定无疑的：在任何情况下，逻辑学在其领域内部，就本质的东西而言是保持不变的；而且“逻辑学命题是否能够并且需要从一个更高的、绝对的原则派生”这个先验问题，并不能对它自身及其法则的有效性和自明性有什么影响，就像“数学中的先天综合判断何以可能”这个先验课题不能对纯粹数学在其科学内容方面有什么影响一样。如同数学家作为数学家一样，逻辑学家也能

够作为逻辑学家在自己的科学的领域内部，在解释和证明时从容不迫地和安全地向前走自己的路，不必担忧先验哲学家和知识学家那个处在他的领域之外的先验问题：**作为科学的纯粹数学或者纯粹逻辑学何以可能**？

因此，鉴于对一般逻辑学的正确性的这种普遍承认，即便是怀疑论者和独断论者关于哲学知识的最终根据的争执，也从来没有在每个有理性的怀疑论者和独断论者都完全承认其规则有效的逻辑学的领地上进行，而是任何时候都在形而上学的领地上进行。情况怎么可能是别的样子呢？真正的哲学的最高课题确实绝不涉及主观知识，而是涉及客观知识；不涉及同一知识，而是涉及综合知识。因此在这里，逻辑学作为**逻辑学**是完全置身事外的，无论是批判还是知识学，都不可能想到——即便是一种知道把先验的立场与纯然逻辑的立场明确区别开来的哲学，也不可能想到——要在纯然逻辑学的领地内部去寻找实在的哲学知识的最终根据，并想从一个仅仅作为逻辑学命题来看的逻辑学命题中挑拣出一个**实在的客体**。

因此，真正的（一般的）逻辑学作为一门纯然形式的科学、仅仅作为思维的科学来看，谁明确地看到它与先验哲学这门统一的质料的或者实在的纯粹理性科学、真正的知识的科学之间的区别，并且绝不再忽视这种区别，就将能够轻而易举地评判，应当如何评价**巴尔迪利**先生新近（在他的《第一逻辑学纲要》中）所做的尝试，即从逻辑学本身发掘其在先者，期待沿着这个研究途径发现：“一个**实在的客体**，要么由**它**（纯然的逻辑学）设定，要么除此之外无从设定任何实在的客体；通向自然的本质的钥匙，要么由它提供，要么除此之外哪里也不可能有任何逻辑学和任何哲学”。然而委实看不出来，**巴尔迪利**先生以何种可能的方式能够从他所提出的逻辑学在先者、即思维的绝对可能性的原则——按照这个原则，我们就能够把一 〔9〕

作为**多**（不是杂多）中的**同一个一**来无限多次地重复——中找出一个实在的客体。显然，这个误以为新发现的逻辑学在先者，不多不少正是旧的、早就被承认的、处于逻辑学的领地内部的、被置于这门科学的尖顶的同一律：**我所思维的，我在思维**，而我现在能够**正在无止境地重复**思维的，正是这种东西，而不是别的任何东西。——即便是在正确地理解的逻辑学的同一律中，究竟谁想的是一种杂多，而不是**纯然的多**，它当然不是也不能通过任何别的东西来产生，而只是通过同一个思维的纯然重复、通过仅仅重复设定 A＝A＝A，如此进行以至无穷来产生。因此，沿着**巴尔迪利**先生为此建议的途径，按照他为此利用的那种启迪学方法，也许很难找到哲学思维的理性关心的东西，即它在自己的研究中能够由以出发且又能够返回的**始点和终点**。因此，巴尔迪利先生对**康德**及其哲学思维方法提出的最主要和最重要的异议，所可能击中的也不那么是**逻辑学家**
〔10〕**康德**，而毋宁是**先验哲学家和形而上学家康德**。因此，我们在这里可以让它们全都到该去的地方去。

最后，我在这里还想说明的是：康德的形而上学的手稿也已经在我手头，一旦我有余暇，我将以同样的风格修订、出版它。

哥尼斯贝格大学哲学博士和私人讲师

奥得河畔的法兰克福学会会员

戈特劳布·本亚明·耶舍

1800 年 9 月 20 日于哥尼斯贝格

导　论 〔11〕

一、逻辑学的概念

在自然中，无论是在无生命的世界里还是在有生命的世界里，一切都是**按照规则**发生的，尽管我们并不总是了解这些规则。——水按照重力的法则下落，而在动物那里，行走的运动也按照规则发生。鱼按照规则在水里游，鸟按照规则在天上飞。真正来说，整个自然无非是显象依照规则的联系；而且在任何地方都**没有无规则性**。在我们认为发现了这样一种无规则性的时候，我们在这种情况下只能说：规则对我们来说是未知的。

就连我们的力量的施展，也是按照我们所遵从的某些规则发生的，起初是**无意识地**遵从它们，直到我们逐渐地通过尝试和较长时间使用我们的力量而达到对它们的认识，最后使它们对于我们来说如此娴熟，以至于我们要花费许多力气去抽象地思维它们。例如，普遍的语法就是一种语言的一般形式。但是，人们不了解语法也说话；而且不了解语法而说话的人，实际上有语法，并且是在按照规则说话，但他并没有意识到这些规则。

我们的所有力量全都一样，特别地说，**知性**在其行动时也受到我们能够研究的规则的制约。是的，知性可以被视为一般而言思维规则的源泉和能力。因为就像感性是直观的能力一样，知性是思维的能力，也就是说，把感官的表象置于规则之下的能力。因此，知性热衷于寻找规则，并且在发现了规则时

〔12〕就感到满足。所以问题是，既然知性是规则的源泉，它自己按照什么规则行事呢？

因为毫无疑问：除非按照某些规则，我们就不能思维，或者就不能使用我们的知性。但是，我们又能够单独地思维这些规则，也就是说，我们能够**离开它们的运用**或者抽象地思维它们。于是，这些规则是什么东西呢？

※　　※　　※

知性行事所依据的规则，要么是**必然的**，要么是**偶然的**。前者是这样一些规则，没有它们，就根本不可能有知性的应用；后者是这样一些规则，没有它们，某种确定的知性应用就不会发生。依赖于一个确定的认识客体的偶然规则与这些客体一样多种多样。例如，在数学、形而上学、道德中等等，都有一种知性应用。在上述科学中这种特殊的、确定的知性应用的规则都是偶然的，因为我思维的是这些特殊的规则与之相关的这个还是那个客体，这是偶然的。

但是，如果我们现在把我们必须仅仅从**对象**借来的一切知识放在一边，仅仅对一般而言的知性应用进行反思，那么，我们就发现了知性应用的这样一些规则，它们在所有方面并且不考虑一切特别的思维客体，绝对是必然的，因为没有它们，我们就根本不会思维。因此，这些规则也能够先天地，亦即**不依赖于一切经验**而被看出，因为它们**不分对象**，仅仅包含着知性应用的条件，不管这应用是**纯粹的**还是**经验性的**。而且由此同时得出：一般思维的普遍的和必然的规则只能涉及思维的**形式**，绝不涉及其**质料**。据此，包含着这些普遍的和必然的规则的科学，就仅仅是一门关于我们的知性知识或者思维的形式的科学。因此，我们能够对这样一门科学的可能性形成一个理
〔13〕念，就像一种**一般的语法**一样，它无非包含着一般语言的纯然形式，不包含属于语言质料的语词。

这门关于一般知性和理性的必然法则的科学，或者换句话说也一样，关于一般思维的纯然形式的科学，我们现在称之为**逻辑学**。

※　　　※　　　※

作为一门关涉一切一般思维、不考虑作为思维质料的客体，逻辑学：

1. 可以被视为其他一切科学的**基础**，被视为一切知性应用的**入门**。但是，它也正因为完全抽掉了一切客体，而

2. 不能是科学的**工具**。

也就是说，我们把**工具**理解为应当如何得出某种知识的指南。但这就要求，我已经了解要按照某些规则产生的知识的客体。因此，各门科学的工具并不是纯然的逻辑学，因为它以对各门科学及其客体和源泉的精确知识为前提条件。例如，数学就是一种出色的工具，作为科学，它包含着在某种理性应用方面扩展我们的知识的根据。与此相反，逻辑学既然作为一切一般知性应用和理性应用的普遍入门，不可进入各门科学并预先推定其质料，就只是一种使知识一般而言符合知性的形式的**普遍的理性艺术**（canonica Epicuri［伊壁鸠鲁的准则学］），因而仅仅就此而言可以被称为工具，但它当然不是用于我们的知识的**扩展**，而是仅仅用于对我们的知识的**评判**和**纠正**。

3. 但是，作为思维的必然法则的科学，没有这些法则，就根本没有知性和理性的任何应用，因此这些法则就是知性惟有在其下才能够并且应当与其自身协调一致的条件——知性的正确应用的必然法则和条件：逻辑学是一种**法规**。而且作为知性和理性的一种法规，它因此也既不可以从任何一门科学，也不可以从任何一种经验借来任何原则；它所包含的必须全然是先天法则，这些先天法则是必然的，并且关涉一般而言的 〔14〕
知性。

固然一些逻辑学家在逻辑学中以**心理学**原则为前提条件。但是，把这类原则引入逻辑学，却和从生活中提取道德一样是荒唐的。如果我们从心理学，亦即从对我们知性的观察中获取原则，那么，我们就会仅仅看到，思维是**怎样**发生的，以及它**怎样**处在各种各样的主观障碍和条件之下；因此，这会导向对仅仅**偶然的**法则的认识。但在逻辑学中，问的不是**偶然的**规则，而是**必然的**规则；不是我们如何思维，而是我们应当如何思维。因此，逻辑学的规则必须不是从**偶然的**知性应用，而是从人们无须任何心理学在自身就找到的**必然的**知性应用提取的。我们在逻辑学中不想知道：知性是怎样的，它如何思维，以及它迄今在思维中是如何行事的，而是想知道，它在思维中应当如何行事。逻辑学应当教导我们正确地使用知性，亦即与其自身协调一致地使用知性。

※　　　※　　　※

从已经给出的对逻辑学的解释中，也还可以引出这门科学的其余根本属性；也就是说，它：

4. 是一门理性科学，这不是就纯然的形式，而是**就质料而言**，因为逻辑学的规则不是提取自经验，且因为它同时以理性为自己的客体。因此，逻辑学是知性和理性的自我认识，但不是就它们在客体方面的能力而言，而是仅仅就形式而言。我在逻辑学中并不问：知性认识**什么**，亦即它能够认识**多少**，或者它的知识能够走**多远**？因为这会是在其**质料**应用方面的自我认识，因此属于形而上学。在逻辑学中问题仅仅是：**知性如何认识自己本身**？

最后，作为一门在质料上和形式上均是理性的科学，逻辑学也是：

5. 一种**学说**或者**得到演证的理论**。因为既然它不研究普

〔15〕通的，因而纯然经验性的知性应用和理性应用，而是仅仅研究

一般思维的普遍的和必然的法则，所以，它基于先天的原则，它的一切规则都能够派生自这些原则，并从中得到证明，它们是理性的一切知识都必须符合的原则。

由于逻辑学作为一门先天的学科或者作为一种学说应当被视为知性应用和理性应用的法规，它便在本质上与**美学**有别，美学作为纯然的**鉴赏批判**没有任何法规（法则），而是只有一种规范（纯然是为了评判而有的典范和准绳），这规范就在于普遍的一致。也就是说，美学包含着知识与感性的法则协调一致的规则；与此相反，逻辑学则包含着知识与知性和理性的法则协调一致的规则。如果人们把学说理解为一种从先天原则出发的独断传授，其中人们无须别处来的、从经验借来的教导，通过知性就看出一切，而且给予我们规则，遵循这些规则就能获得所要求的完善性，那么，美学就只有经验性的原则，因此绝不能是科学或者学说。

有些人，特别是演说家和诗人，试图对鉴赏作出理性思考，但他们从来未能对此作出决定性的判断。法兰克福的哲学家**鲍姆嘉登**曾为一门作为科学的美学制订了计划。然而，**霍姆**更正确地把美学称为**批判**，因为它不像逻辑学那样给出充分地规定判断的先天规则，而是后天地提取其规则，且只是通过比较来使我们据以认识较不完善的东西和较完善的东西（美者）的经验性法则变得更普遍。

因此，逻辑学不只是纯然的批判；它是一种事后用做批判，亦即用做评判一切一般而言的知性应用的原则的法规，尽管只是就纯然的形式而言批判知性应用的正确性，因为它和一般的语法一样不是工具。

另一方面，作为一切一般而言的知性应用的入门，一般逻辑学也同时与**先验逻辑学**有别；在先验逻辑学中，对象本身被表现为纯然知性的对象；与此相反，一般逻辑学关涉一切一般而言的对象。

〔16〕 如果我们现在概括为了详细地规定逻辑学的概念所需的一切本质特征，那么，我们将必须关于它提出如下概念：

逻辑学是一门理性科学，这不是仅就形式而言，而是就质料而言；它是一门关于思维的必然法则的先天科学，但不是就特殊的对象而言，而是就一切一般对象而言；——因此，它是一门一般而言正确的知性应用和理性应用的科学，但不是在主观上，也就是说，不是按照知性如何思维的经验性（心理学）原则，而是在客观上，也就是说，是按照知性应当如何思维的先天原则。

二、逻辑学的主要划分——讲授——这门科学的用途——其历史的概述

逻辑学被划分为：

1. **分析论**和**辩证论**。

分析论通过分解，揭示我们在一般思维时所做的一切理性行动。因此，它是对知性形式和理性形式的一种分析，也有理由叫做真理的逻辑，因为它包含着一切（形式的）真理的必然规则，没有这些规则，我们的知识——且不说对象——即便在自身中也是非真的。因此，它也不外是评判（我们知识的形式上的正确性）的法规。

如果人们想把这种纯然理论的和普遍的学说用做一种实践的艺术，亦即用做一种工具，那么，它就会成为**辩证论**。这是如果其特征毕竟必须从与客体的一致，因而从内容来提取的一种真知识的假象被按照**纯然的逻辑形式**伪装，就从分析论的纯然滥用中产生的**假象逻辑**（ars sophistica，disputatoria［诡辩术、辩论术］）。

在过去的时代里，辩证法曾被大力研究。这门艺术曾在真理的假象下讲授错误的原理，并且依据这些原理试图按照假象来断言事物。在希腊人那里，辩证法家就是代言人和演说家，他们能够把民众引向他们想要的地方，因为民众能被假象蒙骗。因此，辩证法在当时是假象的艺术。在逻辑学中，辩证法曾有一个时期是以**辩论术**的名义讲授的，而且在这段时间里，逻辑学和哲学就是某些饶舌的人士伪装任何假象的艺术。但是对于一个哲学家来说，再也没有比这样一种艺术的培养更不般配的了。因此，它在这种意义上必须完全被取缔，而代替它被导入逻辑学的毋宁是对这种假象的一种批判。 〔17〕

据此，我们就会有逻辑学的两个部分：讲授真理的形式标准的**分析论**和**辩证论**，后者包含着一些特征和规则，我们据此就能够认识，某种东西并不与真理的标准相一致，尽管它显得与真理的标准相一致。因此，在这种意义上的辩证法作为知性的**净化剂**就会有其好用途。

此外，人们通常把逻辑学划分为：

2. **自然的**或者**通俗的**逻辑学和**艺术的**或者**科学的**逻辑学（logica naturalis，log. Scholastica s. artificialis [自然的逻辑学，学院派的或者精巧的逻辑学]）。

但是，这种划分是不许可的。因为自然的逻辑学或者普通理性（sensus communis [共识]）的逻辑学真正说来不是逻辑学，而是一门人类学的科学，它只具有经验性的原则，因为它只探讨自然知性和理性应用的规则，这些规则只能具体地、因而无须对它们的抽象意识而被认识到。——因此，惟有艺术的或者科学的逻辑学才配享这个名称，它是思维的必然的和普遍的规则的科学，这些规则不依赖于具体的、自然的知性应用和理性应用，能够并且必须被先天地认识到，尽管它们首先只是通过对那种自然的应用的观察才能被发现。

3. 逻辑学还有一种划分，即划分为**理论的**逻辑学和**实践的**逻辑学。然而，这种划分也是不正确的。

一般逻辑学，作为纯然的法规抽掉了一切客体，不能有实践的部分。不然就会是一种 contradictio in adjecto [用词自相矛盾]，因为一种实践的逻辑学以对它运用于其上的一类对象
〔18〕为前提条件。所以，我们能够把任何一门科学称为**实践的逻辑学**；因为在每一门科学中，我们都必须有思维的形式。因此，一般逻辑学，作为实践的来看，只能是**一般学问的技术**，一种**学术方法的工具**。

因此，按照这种划分，逻辑学就会有一个**独断的**部分和一个**技术的**部分。前者可以叫做**要素论**，后者可以叫做**方法论**。逻辑学的实践部分或者技术部分会是排列、逻辑术语和区别方面的一种逻辑艺术，为的是使知性由此易于活动。

但是，无论是在技术的部分中还是在独断的部分中，都既不可以对思维的客体也不可以对思维的主体有丝毫的考虑。在后一种关系中，逻辑学将能够被划分为：

4. **纯粹的**逻辑学和**应用的**逻辑学。

在纯粹的逻辑学中，我们把知性与其余的心灵力量分开，并考察它独自做什么。应用的逻辑学考察知性，是就它与其他心灵力量混在一起而言的，其他心灵力量影响知性的行动，将它引向歧途，以至于它不能遵照自己清楚地洞见到其正确的法则行事。应用的逻辑学真正说来不应当叫做逻辑学——这是一种心理学，在其中我们考察我们的思维通常是怎样进行，而不是应当怎样进行。最后，应用的逻辑学虽然讲人们应当做什么，以便在各种各样的主观障碍和限制之下正确地使用知性；我们从应用的逻辑学也学到什么有助于正确地使用知性，以及正确地使用知性的辅助手段或者逻辑缺点和错误的医治手段。但是，它毕竟不是入门。因为在应用的逻辑学中一切都必须取

自心理学，而心理学是诸多哲学科学的一个部分，对于这些科学来说，逻辑学应当是入门。

固然人们说：应当在应用的逻辑学中讲授建设一门科学的技术或者方法。但这是徒劳的，甚至是有害的。人们在占有材料之前就开始建设，也许给予形式，但却缺少内容。技术必须在每一门科学中去讲授。

最后：

5. 至于把逻辑学划分为**普通**知性的逻辑学和**思辨**知性的逻辑学，我们在这里说明：这门科学根本不能这样来划分。〔19〕

它不能是思辨知性的科学。因为作为思辨的知识或者思辨的理性应用的逻辑学，它就会是其他科学的一种工具，而不是应当关涉知性和理性的一切可能应用的纯然入门。

逻辑学同样不能是**普通知性的一个产物**。也就是说，普通知性是具体地洞察知识的规则的能力。但逻辑学却应当是关于抽象的思维规则的一门科学。

然而，人们可以把普遍的人类知性当做逻辑学的客体，而且就此来说，逻辑学抽掉思辨理性的特殊规则，因而与**思辨知性**的逻辑学区别开来。

※ ※ ※

至于逻辑学的讲授，它可以或者是**学院派的**，或者是**通俗的**。

如果逻辑学的讲授适合于想把逻辑规则的知识当做一门科学来探讨的人们的求知欲、能力和培养，它就是**学院派的**。但是，如果它迁就并不把逻辑学当做科学来研究，而是仅仅为了启蒙自己的知性而使用它的人们的能力和需要，它就是**通俗的**。——在学院派的讲授中，规则必须**普遍地**或者抽象地展示；与此相反，在通俗的讲授中，规则必须**特殊地**或者具体地展示。学院派的讲授是通俗的讲授的基础；因为惟有能够更透彻地讲授某种东西的人，才能以一种通俗的方式来讲授它。

此外，我们在这里把**讲授**与**方法**区别开来。也就是说，**方法**应当被理解为如何能够充分认识方法要运用于其认识的某个客体的方式。它必须从科学自身的本性提取，因而作为思维的一种由此被规定的和必然的秩序，是不可改变的。**讲授**却只意
〔20〕味着一种风格，即把自己的思想传达给别人、以便使一种学说可以理解。

※　　※　　※

从我们迄今关于逻辑学的本质和目的所说的东西出发，从现在起就可以按照一个正确的和确定的标准，对这门科学的价值和研究它的用途作出评估。

因此，逻辑学固然不是普遍的发明艺术，不是真理的工具，——不是借以揭示隐秘的真理的代数学。

但是，它作为**知识的一种批判**，或者对于评判普通理性和思辨理性，却是有用的和不可或缺的，这不是为了教导理性，而只是为了使理性**准确**且与自身相一致。因为真理的逻辑原则就是知性与它自己的普遍法则相一致。

※　　※　　※

最后，关于逻辑学的历史，我们只想列举如下的东西：

现在的逻辑学的写法来白丁**亚里丄多德的《分析篇》**。这位哲学家可以被视为逻辑学之父。他把逻辑学当做工具来讲授，并且把它划分为**分析论**和**辩证论**。他的教学方式是十分学院派的，并且关涉作为逻辑学基础的最普遍的概念的发展；但这没有什么用途，因为除了从中引出不同的知性活动的称谓之外，几乎所有的东西所导致的就是纯然的细腻。

此外，逻辑学自亚里士多德的时代以来在**内容**上收益不多，而且就其本性来说它也不可能有什么收益。但是，它在**精**

确性、**确定性**和**清晰性**方面却可以大有收益。只有少数科学能够有一种持久的、不再改变的状态。逻辑学，还有形而上学就属于这些科学。亚里士多德没有漏掉知性的任何一个要素；我们在其中只是更精确、更有条理和更有次序罢了。

关于**兰贝特的《工具论》**，人们虽然相信它会大大扩展逻辑学，但它所包含的却无非是更细腻的划分，这些划分像所有正确的细腻一样，也许使得知性敏锐，但却没有任何根本的用处。〔21〕

在近代的世俗智者中间，有两个人推进了一般逻辑学，这就是**莱布尼茨**和**沃尔夫**。

马勒布朗士和**洛克**没有探讨真正的逻辑学，因为他们也讨论知识的内容和概念的起源。

沃尔夫的一般逻辑学是人们拥有的最好的逻辑学。一些人，例如**罗伊施**，把它与亚里士多德的逻辑学结合起来。

鲍姆嘉登是一个在这方面有诸多功绩的人，他凝练了沃尔夫的逻辑学，而**迈耶尔**此后又对鲍姆嘉登加以评注。

属于近代逻辑学家的，还有**克鲁秀斯**，但他没有考虑过逻辑学是什么样一种情况。因为他的逻辑学包含着形而上学原理，因而就此来说超越了这门科学的界限；此外，他的逻辑学提出了一个不能是标准的真理标准，因而就此来说为一切幻想大开方便之门。

在现时代，刚好没有任何著名的逻辑学家，我们也不需要为逻辑学有什么新发明，因为它仅仅包含思维的形式。

三、一般哲学的概念——按照学院概念和世间概念来看哲学——哲学思维的根本要求和目的——这门科学的最普遍的和最高的任务

解释一门科学被理解成什么，这有时是困难的。但是，科

学通过确定其明确的概念而获得精确性，而且出自某些理由在人们尚未能把该科学与同它相近的科学区别开来时，会使得从别处混入的一些错误也被避免。

〔22〕 然而，我们在试图给出哲学的定义之前，必须先研究不同的知识本身的特性，而且由于哲学知识属于理性知识，就必须先解释应当把理性知识理解成什么。

理性知识被与**历史的**知识对立起来。前者是**出自原则**（ex principiis）的知识，后者是**出自实事**（ex datis）的知识。——但是，一种知识可能从理性产生，尽管如此却是历史的；例如，如果一位纯然的文学匠学习他人理性的产品，则他关于这类理性产品的知识就是纯然历史的。

也就是说，人们区别各种知识可以：

1. 按照其**客观的**起源，亦即按照一种知识惟有以此出发才有可能的源泉。在这方面，所有的知识要么是**理性的**，要么是**经验性的**。

2. 按照其**主观的**起源，亦即按照一种知识能够被人获得的方式。从这后一种观点来看，知识要么是**理性的**，要么是**历史的**，不管它们就自身而言如何产生。因此，某种知识可以客观上是一种理性知识，主观上却是历史的。

※ ※ ※

对于一些理性的知识来说，仅仅历史地知道它们，这是有害的，反之对于另一些理性的知识来说则是无关紧要的。例如，船长从其图表中知道航海的规则，而这对他来说就够了。但是，如果法学家纯然历史地知道法学知识，那么，他去做真正的法官就糟透了，做立法者就更糟了。

从上述**客观的**理性知识和**主观的**理性知识之间的区别也可以看出，人们在某些方面可以学习哲学，却不能进行哲学思维。因此，想真正成为哲学家的人，就必须练习自由地而不是纯然模仿地，或者说机械地使用自己的理性。

※　　　※　　　※

我们已经把理性知识解释为出自原则的知识，而且由此得出：理性知识必须是先天的。但有两种知识，它们都是先天的，尽管如此却有显著的区别，这就是**数学**和**哲学**。 〔23〕

人们通常断言，数学和哲学按照**客体**而彼此有别，因为前者探讨**量**，后者则探讨**质**。这一切都是错误的。这两门科学的区别不能基于客体，因为哲学关涉一切，因而也关涉量，并且就一切都有大小而言也部分地关涉数学。惟有数学和哲学中**理性知识或者理性应用的不同方式**才构成这两门科学之间的种差。也就是说，哲学是**出自纯然概念的理性知识**，数学与此相反，是**出自概念的构思的理性知识**。

当我们无须经验而在先天直观中展示概念时，或者，当我们在直观中展示对象，该对象与我们关于它的概念相符合时，我们就是在**构思**概念。——数学家绝不能按照纯然的概念来使用自己的理性，哲学家绝不能通过概念的构思来利用自己的理性。在数学中，人们具体地使用理性，但直观却不是经验性的，而是人们在这里使某种先天的东西成为直观的对象。

而且在这里，如我们所看到的，数学对哲学有一种优势，即数学的知识是**直觉的**知识，与此相反，哲学的知识则只是**推理的**知识。但是，我们为什么在数学中更多地考虑量，其原因在于，量能够在先天直观中构思，与此相反，质则不能在直观中展示。

※　　　※　　　※

因此，哲学是哲学知识或者出自概念的理性知识的体系。这就是关于这门科学的**学院概念**。按照**世间概念**，它是关于人类理性的最终目的的科学。这个崇高的概念赋予哲学以**尊严**，

〔24〕亦即一种绝对的价值。而且哲学实际上也是这样，惟有哲学才具有内在的价值，并且赋予其他一切知识以价值。

然而，人们终究还是要问，哲学本身作为科学，按照学院概念来看，哲学思维及其终极目的有什么用?

在这个词的学院派意义上，哲学只关涉**熟巧**；反之，与世间概念相关，哲学则关涉**可用性**。因此，在前一个角度，哲学是一种**熟巧的学说**；在后一个角度，哲学则是**智慧**的学说，是理性的**立法者**，哲学家就此而言**不是理性的艺术家**，而是**立法者**。

理性的艺术家，或者如**苏格拉底**称谓的那样，**爱意见者**，仅仅追求思辨的知识，并不关注知识对人类理性的最终目的有多少贡献；他为理性用于各种各样随意的目的提供规则。实践的哲学家，凭借学说和榜样的智慧教师，是真正的哲学家。因为哲学是一种完美的智慧的理念，它给我们指出人类理性的最终目的。

按照学院概念，属于哲学的有两种成分：

首先，理性知识的充分储备；**其次**，这些知识的一种系统联系，或者它们在一个整体的理念中的结合。

允许这样一种严格系统联系的，不仅是哲学，但哲学甚至是惟一在最本真的意义上拥有这样一种系统联系并赋予其他所有科学以系统统一性的科学。

但是，说到按照世间概念（in sensu *cos*mico）的哲学，人们也可以把它称为**一门关于应用我们的理性的最高准则的科学**，如果人们把准则理解为在不同的目的中间作出选择的内在原则的话。

因为后一种意义上的哲学确实是一切知识和理性应用与人类理性的终极目的之关系的科学，对于作为最高目的的终极目的来说，其他一切目的都是从属的，并且必须在它里面联合成为统一体。

在这种世界公民意义上的哲学的领域可以归为以下问题： 〔25〕

1. **我能够知道什么**？

2. **我应当做什么**？

3. **我可以希望什么**？

4. **人是什么**？

形而上学回答第一个问题，道德回答第二个问题，宗教回答第三个问题，人类学回答第四个问题。但在根本上，人们可以把所有这一切都归给人类学，因为前三个问题都与最后一个问题相关。

因此，哲学必须能够规定：

1. 人类知识的源泉；

2. 一切知识的可能的和有益的应用的范围；最后是

3. 理性的界限。

最后一点是最必需的，但也是最困难的，爱意见者对此漠不关心。

对于一个哲学家来说，主要有两种东西：1. 才能和熟巧的培养，以便把它们用于各种各样的目的。2. 在为任意的目的而使用一切手段方面的技巧。二者必须联合起来；因为没有知识，就绝不能成为哲学家，但仅仅有知识，如果不加上一切知识和熟巧合目的地结合为统一体，以及对它们与人类理性的最高目的的协调一致的洞识，也不能造就哲学家。

总而言之，不能进行哲学思维的人不能自称哲学家。但哲学思维只能通过练习和独立应用理性来学习。

真正说来，应当如何学习哲学呢？可以说，每一位哲学思想家都是在一位他者的废墟上建造他自己的作品的，但却没有一个作品达到在其所有的部分上都经久不变的境地。因此，单凭哲学**尚未被给予**这个理由，人们就已经不能学习哲学。但即便假定**确实现存一种哲学**，也毕竟不会有一个人学了它就能够说自己是一个哲学家，因为他在这方面的知识毕竟始终只是**主观的和历史的**。

〔26〕在数学中，事情就不同了。人们在某种程度上是可以学习这门科学的，因为证明在这里是如此明晰，以至于能够使每一个人都对此确信不疑；数学也能够由于它的自明性而仿佛是作为一种**确定的和经久不变的**学说得以维持。

与此相反，想学习哲学思维的人，只可以把一切哲学体系都视为**使用理性的历史**，视为练习他的哲学才能的客体。

因此，真正的哲学家必须作为自己思维的人自由地和亲自地而不是奴隶般模仿地使用他自己的理性。但是，也不能**辩证地**使用，也就是说，不能以给予知识以**真理**和**智慧**的**假象**为目的来使用。这是纯然的**诡辩家**的事情，但与作为智慧的知音和教师的哲学家的尊严绝不相容。

因为科学惟有作为**智慧的工具**才具有一种内在的、真正的价值。但作为这样的工具，它对于智慧来说也是不可或缺的，以至于人们大可以断言：离开了科学的智慧是我们永远不能达到的一种完善性的幻影。

人们把仇视科学、反倒愈益爱智慧的人称为**厌恶论证者**。厌恶论证通常源自空无科学知识和某种与此相结合的虚荣。但有时，也有一些人起初非常勤勉和成功地探究科学，但最终却在其全部知识中找不到任何满足，而陷入厌恶论证的错误。

哲学是惟一善于使我们得到这种内在满足的科学，因为它仿佛是画出科学的圆，然后各门科学才通过它获得秩序和联系。

因此，为了在自己思维或者哲学思维中做练习，我们对我们的理性应用的方法的关注，将胜于对我们通过这种方法来达到的命题的关注。

四、哲学史简述 〔27〕

普通的知性应用在哪里终止和**思辨的**知性应用在哪里开始，或者普通的理性知识在哪里成为哲学，要规定它们的界限，是有一些困难的。

然而，在这里毕竟有一个相当可靠的区别特征，亦即：

对共相的抽象知识是**思辨的**知识，对共相的具体知识是**普通的**知识。哲学知识是理性的思辨知识，因而是在普通的理性应用着手在对共相的抽象知识中进行尝试的地方开始的。

从对普通的理性应用和思辨的理性应用之间的区别的这种规定出发，就可以评判，人们必须从哪一个民族来确定哲学思维的开端。因此，在所有的民族中，是希腊人才开始哲学思维的。因为他们率先尝试不是按照形象的引导，而是抽象地培育理性知识；反之，其他民族始终只是试图**通过形象**来具体地使概念可以理解。即便现在也还有一些民族，例如中国人和一些印第安人，虽然讨论仅仅从理性中得出的事物，讨论神、灵魂的不死等等，但毕竟不是试图按照概念和规则来抽象地研究这些对象的本性。他们在这里并没有在具体的理性应用和抽象的理性应用之间作出分离。在**波斯人**和**阿拉伯人**那里，虽然有一些思辨的理性应用，但他们是从**亚里士多德**那里，因而毕竟是从希腊人那里借来这方面的规则的。在**琐罗亚斯德的《阿维斯陀注释》**中，人们没有发现哲学的丝毫踪迹。这一点也同样适用于备受称颂的埃及智慧，与希腊哲学相比，它是一种纯然的儿戏。

就像在哲学中一样，在**数学**方面也是希腊人率先按照一种思辨的、科学的方法来培育理性知识的这个部分的，因为他们是从要素出发来演证每个定理的。

〔28〕 但是，在希腊人中间，哲学精神是**何时何地**首先产生的，这真正说来却无法确定。

首倡思辨理性的应用、人们也从他得出人类知性迈向科学文化的第一步的人，是**伊奥尼亚**学派的创始人**泰勒士**。他的别号是**自然哲学家**，尽管他也是数学家；一般而言，数学总是走在哲学前面。

此外，第一批哲学家用形象来表达一切。因为诗无非是用形象来表达思想，它比**散文**更古老。因此，最初即便对于仅仅是纯粹理性的客体的事物，人们也必须使用形象语言和诗性文体。据说**菲莱基德**是第一位散文作家。

继**伊奥尼亚学派**之后的是**爱利亚学派**。爱利亚哲学及其创始人**克塞诺芬尼**的原理是：**感官中的是错觉和假象，惟有在知性中才有真理的源泉**。

在这个学派的哲学家中间，**芝诺**作为一个具有伟大的知性和敏锐的感觉的人物，并且作为细腻的辩证法家而出类拔萃。

起初，**辩证法**指的是在抽象的、与一切感性相分离的概念方面的纯粹知性应用的艺术。因此，在古人那里这门艺术备受赞扬。后来，当那些完全抛弃感官见证的哲学家们在这种主张中不可避免地想出许多细腻的东西时，辩证法就蜕化成主张和反驳任何一个命题的艺术。而这样，它就成为**智者们**的一种纯然练习，他们要对一切都说三道四，专心致志于混淆真伪，颠倒黑白。因此，本来人们在智者这个名称下想到的是一个对所有事情都能够理性地和有洞见地说话的人，现在这个名称也变得如此令人憎恶和蔑视，取代它的是**哲学家**这个名称。

※　　　※　　　※

大约在伊奥尼亚学派时代，在大希腊出现了一位罕见的天
〔29〕 才人物，他不仅也建立了一个学派，而且同时制订并实现了一

个史无前例的规划。此人就是出生于**萨摩斯岛**的**毕达哥拉斯**。也就是说，他创建了一个哲学家团契，哲学家们通过严守秘密的律法联合成一个社团。他把自己的听众划分为两类：即必须只听讲的**听讲者**（ἀχουσματιχοι）和也可以发问的**传授者**（ἀχροαματιχοι）。

在他的学说中，一些是他向全体民众讲授的**公开**学说；其余的则是秘密的和**秘传的**，只讲给其社团成员的，他从这些成员中吸收一些人成为他最亲信的朋友，与其余的人完全隔离。他使**物理学**和**神学**，因而是可见之物和不可见之物的学说成为他的秘密学说的载体。他也有不同的象征，这些象征大概无非是毕达哥拉斯学派用于相互理解的符号。

他的社团的目的看来无非是：**从宗教中涤除民众的妄念，缓和暴政和把一些合法性引入国家**。但是，暴君们开始惧怕这个社团，它在毕达哥拉斯死前不久就被摧毁了，而且这个哲学团体也被解散，部分是由于其成员被处死，部分是由于其成员大部分逃亡和被放逐。尚留下的少数人都是新手。而且既然这些新手关于毕达哥拉斯的独特学说所知不多，人们对此也就说不出什么确定无疑的和明确的东西。后来，人们把许多学说都归于此外也很有数学头脑的毕达哥拉斯，但这些学说肯定都只是杜撰的。

※ ※ ※

最后，希腊哲学最重要的时期是从**苏格拉底**开始的。因为正是他给予哲学精神和所有思辨的头脑以一个崭新的**实践**方向。在所有人中间，他也是惟一其行为最接近**一位智者的理念**的人。

在苏格拉底的学生中间，**柏拉图**较多地研究了他的实践学说。而在柏拉图的学生中间，则是又提高思辨哲学的**亚里士多德**最为著名。 〔30〕

继**柏拉图**和**亚里士多德**之后的，是**伊壁鸠鲁学派**和**斯多亚学派**，这两个学派相互是死敌。**前者**认为**至善**就是他们称之为**欢乐**的**愉快心情**；**后者**则仅仅在**灵魂的高尚和坚强**中找到至善，此际人们可以缺少生活的一切安适。

此外，斯多亚学派在思辨哲学中是**辩证的**，在道德哲学中是**独断的**，而且在其以之为历来存在的最崇高的意念撒播种子的实践原则中，表现出颇多的尊严。斯多亚学派的创始人是**基蒂翁的芝诺**。在希腊世俗智者中出自这个学派的最著名人物则是**克雷安特**和**克吕西波**。

伊壁鸠鲁学派从未能获得斯多亚学派的那种声誉。但是，无论人们怎么说伊壁鸠鲁学派，有一点是确定无疑的：他们在享受上表现出极大的节制，并且在希腊的所有思想家中是**最好的自然哲学家**。

我们在此还要说明的是，最主要的希腊学校都有特殊的名称。柏拉图的学校叫**学园**，亚里士多德的学校叫**吕克昂**，斯多亚派的学校叫**画廊**（στοα），即一个有顶的走廊，斯多亚派的名称就由此而来，而伊壁鸠鲁的学校叫**花园**，因为伊壁鸠鲁在花园里讲学。

继**柏拉图**的学园之后，还有他的学生们创办的三个别的学园。第一个是**斯彪西波**创办的，第二个是**阿尔凯西劳**创办的，第三个是**卡尔涅阿德**创办的。

这些学园倾向于怀疑论。**斯彪西波**和**阿尔凯西劳**两人规定了他们倾向**怀疑**的思维方式，**卡尔涅阿德**在这方面又推进了一步。因此之故，怀疑论者这些细腻的、辩证的哲学家们，也被称为**学园派**。因此，学园派都追随第一个伟大的怀疑者**皮浪**及其后继者。对此，他们的老师**柏拉图**本人为他们提供了机缘，因为柏拉图**以对话的方式**讲授了他的许多学说，以至于赞成的理由和反对的理由都被引证，他本人却对此不作出裁定，尽管他在别的地方是很**独断的**。

人们如果以皮浪为怀疑论时期的开端，就获得了怀疑论者的一个完整的学派，他们在其思维方式和哲学思维的方法上与**独断论者**有本质的区别，因为他们使之成为一切哲学思维的理性应用之第一准则的是：**即便在最显得是真理的时候，也要克制其判断**；而且提出的原则是：**哲学在于判断的均衡，并且教我们揭示错误的假象**。但是，关于这些怀疑论者，给我们留下来的无非是塞克斯都·恩披里柯的两部著作，他在其中收集了所有的怀疑。 〔31〕

※ ※ ※

当后来哲学从希腊人过渡到罗马人的时候，它并没有扩展自己；因为罗马人始终还只是**学生**。

西塞罗在思辨哲学上是柏拉图的一个学生，在道德上属于斯多亚学派。属于斯多亚学派的，还有**爱比克泰德**、**哲学家安托尼**和**塞涅卡**最为著名。在罗马人中间，除了留下一部《博物志》的**小普林尼**之外，没有**自然学者**。

最后，文化也在罗马人这里消失，而兴起了**野蛮**，直到**阿拉伯人**在 6 世纪至 7 世纪开始关注科学，使亚里士多德重新流行为止。因此，现在科学在西方重新兴盛，尤其是亚里士多德的威望，但人们是以一种奴隶般的方式追随他的。在 11 世纪至 12 世纪，出现了**经院学者**；他们**诠释**亚里士多德，并且无穷无尽地推行细腻。人们所做的事情全然是抽象。经院哲学的这种伪哲学思维的方法在宗教改革时代受到排挤。此时哲学中有**折中主义者**，亦即这样一些自己思维者，他们不委身于任何学派，而是寻找真理，并且不管在哪里找到，就都接受之。

但是，哲学在近代的改善，**部分地**归功于对自然更多的研究，**部分地**归功于数学与自然科学的结合。通过这些科学研究而在思维中产生的秩序，也扩展到真正的世俗智慧的特殊分支 〔32〕

和部分之外。近代第一位而且最伟大的自然研究者，是**维鲁兰姆的培根**。他在自己的研究中走上了经验之路，并且使人注意到**观察**和**实验**对于揭示真理的重要性和不可或缺性。此外，思辨哲学的改善真正说来是从哪里发源的，这还很难说。笛卡尔在这方面作出了不小的功绩，因为他通过提出真理的标准，对**赋予思维以清晰性**作出了很多贡献，他认为真理的标准就是**知识的清楚和自明**。

但是，在我们的时代里，要把**莱布尼茨**和**洛克**归入哲学最伟大和最功绩卓著的改革者中。洛克试图分析人的知性，并且指出哪些心灵力量和及其哪些活动属于这种或者那种知识。但是，他没有完成自己的研究工作，他的行事方式也是独断的，尽管他对人们开始更好地和更透彻地研究灵魂的本性作出了贡献。

至于哲学思维的特殊的、**莱布尼茨**和**沃尔夫**特有的、独断的方法，是十分错误的。其中有如此之多的骗人的东西，以至于大有必要将整个行事方式弃之不用，启动另一种行事方式，即**批判的哲学思维的方法**。这种方法就在于，研究理性自身的行事方式，分析人的全部认识能力，并且检验这种能力可能达到的界限。

在我们的时代，**自然哲学**处在最繁荣的状态，而且在自然研究者中间，有例如**牛顿**这样的伟大名字。近代哲学家们现在真正说来不能享有出众的和永久的声名，因为在这里一切都仿佛处在流动中。一个人所建立的，另一个人加以拆除。

在道德哲学中，我们并未比古人走得更远。但是，就形而上学来说，看起来就好像我们在研究形而上学真理时变得疑心重重似的。现在对这门科学表现出一种**漠不关心**，因为人们似乎引以为荣的是把形而上学的探究轻蔑地说成是纯然的**苦思冥想**。而毕竟形而上学是本真的、真正的哲学！

我们的时代是**批判的**时代，而且人们必须看到，从我们时代的批判尝试，特别是哲学和形而上学方面的批判尝试中将生成什么。 〔33〕

五、一般知识——直觉的知识和论证的知识；直观和概念，特别是它们的区别——知识在逻辑上的完善性和在审美上的完善性

我们的一切知识都具有**双重的**关系：**首先**是与**客体**的关系，**其次**是与**主体**的关系。在前一种考虑中，知识与**表象**相关，在后一种考虑中，知识与**意识**，即一切一般而言的知识的普遍条件相关。（真正说来，意识是一种表象，即另一个表象在我心中）。

在任何知识中，都必须区分**质料**（亦即对象）和**形式**（亦即我们认识对象的方式）。例如，如果一个野蛮人看到远处的一座房子，他并不了解房子的用处，那么，他固然在表象中所拥有的，与另一个明确地了解房子是为人建造的住宅的人所拥有的，正是同一个客体。但在形式上，对同一客体的这种知识在两个人那里却是不同的。它在一个人那里是**纯然的直观**，在另一个人那里则同时是**直观**和**概念**。

知识形式的差异基于一个伴随着一切认识的条件，即基于意识。如果我意识到表象，它就是**清楚的**；如果我没有意识到它，它就是**模糊的**。

既然意识是知识的一切逻辑形式的根本条件，所以，逻辑学就能够并且可以也只研究清楚的表象，但不研究模糊的表象。我们在逻辑学中看不到表象如何产生，而只看到表象如何与逻辑形式相一致。总而言之，逻辑学也可以根本不探讨纯然的表象及其可能性。它把这交给形而上学去做。它自己仅仅就

一切思维由以发生的概念、判断和推理来研究思维的规则。当
[34] 然，在一个表象成为概念之前，就发生了某种事情。我们也将在适当的地方指出这一点。但是，我们将不研究表象是如何产生的。固然逻辑学也探讨认识，因为在认识时已经发生思维。但是，表象还不是知识，而是知识始终以表象为前提条件。而这后一点也完全无法解释。因为人们毕竟必须总是又通过另一个表象来解释**什么是表象**。

逻辑规则只能运用于清楚的表象，一切清楚的表象可以在**清晰性**和**不清晰性**方面作出区分。如果我们意识到整个表象，但未意识到其中所包含的杂多，那么，该表象就是不清晰的。为了解释这件事，先举一个直观中的例子。

我们在远处看到一座农舍。如果我们意识到，被直观到的对象是一座房子，那么，我们就必然也具有这座房子的不同部分即窗户、门等的表象。因为倘若我们未看到各部分，就会也未看到房子本身。但是，我们并未意识到这个关于其各部分的杂多的表象，因而我们关于上述对象本身的表象就是一个不清晰的表象。

此外，如果我们想举一个关于概念中的不清晰性的例子，那么，美的概念可以派这种用场。每一个人对美都有一个清楚的概念。然而，在这个概念中却出现不同的特征，其中就有：美者必须是某种：1. 进入感官的东西；2. 普遍令人喜欢的东西。如果我们现在不能把美者的这些和那些特征的杂多讲个明白，我们对此的概念就毕竟始终还不清晰。

沃尔夫的学生们把不清晰的表象称为一种**混乱的**表象。然而，这种表述是不恰当的，因为混乱的反面不是清晰，而是秩序。固然清晰是秩序的一种结果，而不清晰是混乱的一种结果；因而任何混乱的知识也都是一种不清晰的知识。但这个命题反过来是无效的；并非一切不清晰的知识都是一种混乱的知

识。因为对于其中不存在杂多的知识来说，就不存在秩序，但也不存在混乱。

一切从未变得清晰的**简单**表象都有这种情况；不是因为在其中可以发现混乱，而是因为在其中不能发现杂多。因此，人们必须把它们称为不清晰的，但不得称为混乱的。〔35〕

甚至对于在其中能够区别特征之杂多的复合表象来说，不清晰性也经常不是源自混乱，而是源自**意识的微弱**。也就是说，某种东西可能在**形式**上是清晰的，亦即我能够意识到表象中的杂多；但在**质料**上，清晰性却可能在意识的程度变小时减弱，尽管一切秩序还在。抽象的表象就是这种情况。

清晰性本身可以是一种双重的清晰性：

首先，是一种**感性的**清晰性。这种清晰性在于对直观中的杂多的意识。例如，我看到银河是一条白色的光带，光带中各星的光线必然射入我的眼睛。但我对此的表象是清楚的，并且通过望远镜才变得清晰，因为我现在才看到包含在银河光带中的各个星辰。

其次，是一种**理智的**清晰性，**在概念中的清晰性或者知性的清晰性**。这种清晰性基于就包含在概念之中的杂多而言对概念的分析。例如，在德性的概念中作为特征包含着：1. 自由的概念；2. 对规则（义务）的执著性的概念；3. 克服偏好的力量的概念，如果偏好与那些规则相冲突的话。现在，如果我们把德性的概念分解成它的个别成分，我们就正是通过这种分析而使它对于我们清晰。但是，通过这种清晰化我们并没有对一个概念有所添加；我们只是在解释它。因此，就概念的清晰性而言，不是在**质料**上，而是仅仅在**形式**上有所改善。

※ ※ ※

如果我们对我们的知识在其由以产生的感性和知性这两种根本不同的基本认识能力方面作出反思，那么，我们在这里就〔36〕

遇到了直观与概念的区别。也就是说，我们的一切知识在这个角度来看，都要么是**直观**，要么是**概念**。前者的源泉在**感性**，即直观的能力；后者的源泉在**知性**，即概念的能力。这就是知性和感性之间的**逻辑**区别，按照这种区别，感性所提供的无非是直观，反之知性所提供的无非是概念。两种基本能力当然也可以从另一方面来考察，以另一种方式来定义；也就是说，感性是**接受性**的能力，知性是**自发性**的能力。然而，这种解释方式不是逻辑学的，而是**形而上学的**。人们通常把感性也称为**低级的**能力，反之把知性称为**高级的**能力，其理由在于感性仅提供思维的材料，而知性则对这种材料作出安排，并把它置于规则或者概念之下。

在上述**直觉**知识和**论证**知识之间或者直观和概念之间的区别之上，建立起知识的**审美完善性**和**逻辑完善性**的差异。

一种知识能够是完善的，要么是按照感性的法则，要么是按照知性的法则；在前一种场合，它是在审美上完善，在后一种场合，它是在逻辑上完善。因此，审美上的完善性和逻辑上的完善性性质不同，前者关涉感性，后者则关涉知性。知识在逻辑上的完善性基于它与客体的一致；因此基于**普遍有效的**法则，并且因此也是按照先天的规范来评判的。审美上的完善性在于知识与主体的一致，建立在人的特殊感性之上。因此，就审美的完善性而言，没有客观的和普遍有效的法则，使它与之相关先天地以一种对所有一般而言的存在者都普遍有效的方式受到评判。然而，如果也存在感性的普遍法则，这些法则即便不是客观地并且对一切一般而言思维着的存在者都有效，却毕竟主观上对全人类有效，那就也可以设想一种审美的完善性，
〔37〕它包含着一种主观上普遍的愉悦的根据。这就是美，是在**直观**中让感官喜欢并正因为此能够是一种普遍的愉悦之对象的东西，因为直观的法则就是感性的普遍法则。

由于与感性的普遍法则的这种一致，在方式上，其本质在于**纯然的形式**的**真正的**、**独立的美者**就与**适意者**区别开来，后者只在由刺激或者触动产生的感觉中令人喜欢，因此之故也只能是一种纯然的私人愉悦的根据。

也就是这种根本的审美完善性，在所有完善性中能够与逻辑完善性相容，并极好地与之结合。

因此，从这方面来看，就那个本质上的美者而言的审美完善性就能够对逻辑完善性有益。但在另一种考虑中，它也对逻辑完善性有害，如果我们在审美完善性上只关注非本质的美者的话，它是在纯然的感觉中令感官喜欢的**刺激的**或者**触动的**东西，并且不是与感性的纯然形式相关，而是与感性的质料相关。因为刺激和触动最能败坏我们的知识和判断中的逻辑完善性。

总而言之，在我们的知识的审美完善性和逻辑完善性之间，当然总是有某种无法完全排除的冲突。知性愿意受教，感性愿意被振奋，知性渴望洞识，感性渴望领会。如果知识应当教人，它们就此而言就必须是缜密的；如果它们应当同时娱人，则它们就必须也是美的。如果讲授美但浅薄，则它只能使感性喜欢，但不能使知性喜欢。反过来如果它缜密却枯燥，则它只能让知性喜欢，却不能也使感性喜欢。

然而，既然人的本性的需要和知识的通俗性的目的要求我们力图把两种完善性彼此结合，我们就必须也关心使一般来说能够具有一种审美完善性的知识获得这种完善性，并通过审美的形式使一种有条理的、逻辑上完善的知识通俗化。但是，就 〔38〕
在我们的知识中把审美完善性与逻辑完善性结合起来这种努力而言，我们必须不忽略如下规则，即：1. 逻辑完善性是其余一切完善性的基础，因此完全不可从属于任何别的完善性或者被牺牲掉；2. 主要关注**形式的**审美完善性，即一种知识与直观的法则的协调一致，因为本质上的美者就在于此，它最能够与逻辑完善性相结合；3. 对于一种知识借以影响感觉并对这种感觉保持一种兴趣的**刺激**和**触动**，必须十分谨慎，因为这很容易会把注意从客体引向主体，显而易见，由此必然对知识的逻辑完善性产生一种十分不利的影响。

※　　　※　　　※

为了使知识的逻辑完善性和审美完善性之间出现的本质性差异不仅一般地，而且从许多特殊的方面更为清晰可辨，我们想在量、质、关系和样式这四个要素方面对二者予以相互比较。对知识的完善性的评判就取决于这四个要素。

一种知识：1. 在量上是完善的，如果它是**普遍的**；2. 在质上是完善的，如果它是**清晰的**；3. 在关系上是完善的，如果它是**真的**；最后，4. 在样式上是完善的，如果它是**确定的**。

因此，从上述观点来看，一种知识在量上是逻辑上完善的，如果它具有客观的普遍性（概念或者规则的普遍性）；在质上是逻辑上完善的，如果它具有客观的清晰性（概念中的清晰性）；在关系上是逻辑上完善的，如果它具有客观的真理性；最后，在样式上是逻辑上完善的，如果它具有客观的确定性。

与这些逻辑完善性相应的，是与那四个要素相关的如下审美完善性；亦即：

〔39〕 1. **审美的普遍性**。这种普遍性在于一种知识可以运用于大批客体，这些客体是用做例子的，知识可以运用于这些例子，而且由此它同时可以用于通俗性的目的。

2. **审美的清晰性**。这是直观中的清晰性，其中通过例子具体地展示或者阐明一个被抽象地思维的概念。

3. **审美的真理性**。一种纯然主观的真理性，它就在于知识与主体和感官外表的法则相一致，因而无非是一种普遍的外表。

4. **审美的确定性**。这种确定性基于根据感官的见证而必然的东西，也就是说，基于通过感觉和经验被证实的东西。

※ ※ ※

就刚刚列举的完善性来说，总是出现两种成分，它们在其和谐的结合中构成一般而言的完善性，这就是：**杂多性**和**统一性**。对于知性来说，统一性在概念中，对于感官来说，统一性在直观中。

没有统一性的纯然杂多性不能使我们满足。因此，在所有的完善性中，真理性是主要的完善性，因为它通过我们的知识与客体的关系而是统一性的根据。即便是对于审美的完善性来说，真理性也总还是 conditio sine qua non［必要条件］，是最主要的否定性条件，没有它，某种东西就不能普遍地令鉴赏喜欢。因此，如果不以其知识中的逻辑完善性为基础，就没有人可以指望在美的科学中前进。实际上，一般而言在应当同时兼顾教人和娱人的知识方面，在逻辑完善性与审美完善性的最大可能的结合中，也表现出天才的特性和艺术。

六、知识的特殊的逻辑完善性 〔40〕

A 知识在量上的逻辑完善性——量——外延的量和内涵的量——知识的广泛性和缜密性或者重要性和有益性——我们知识的视野的规定

知识的量可以在双重的意义上来说，要么是作为**外延的**量，要么是作为**内涵的**量。前者与知识的**范围**相关，因而在于知识的批量和杂多性；后者与知识的**内容**相关，内容涉及一种知识如果被视为许多重大的结果的根据，其多效性或者逻辑上的重要性和有益性（non multa sed multum［不在于博，而在于精］）。

在按照外延的量扩展或者完善我们的知识时，最好估算一下，一种知识在多大程度上与我们的目的和能力协调一致。这种考虑涉及我们知识的**视野**的规定，视野可以理解为**全部知识的量与主体的能力和目的的适应性**。

视野可以

1. **在逻辑上**按照与**知性的兴趣**相关的能力或者认识力量来规定。在此我们可以评判：我们在自己的知识中能够走多远，我们在其中必须走多远，某些知识从逻辑学来看在多大程度上作为手段用于作为我们目的的这种或者那种主要知识。

2. **在审美上按照**与情感的兴趣相关的**鉴赏**来规定。在审美上规定自己的视野的人，试图按照公众的鉴赏来安排科学，也就是说，使它**通俗**，或者一般而言只获取可以普遍传达、就连不学无术者阶层也能喜欢和感兴趣的知识。

〔41〕 3. **在实践上**按照与**意志的兴趣**相关的**用途**来规定。实践的视野如果按照一种知识对我们的道德所具有的影响来规定，就是**实用的**和极为重要的。

因此，视野涉及对人**能够**知道什么、他**可以**知道什么以及他**应当**知道什么的评判和规定。

※　　　※　　　※

现在，特别就理论上或者逻辑上被规定的视野来说，——在这里只能谈这种视野，——我们可以要么从**客观的**观点出发，要么从**主观的**观点出发来考察它。

就**客体**而言，视野要么是**历史的**，要么是**理性的**。前者比后者广阔得多，甚至大得不可测量，因为我们的历史知识没有界限。与此相反，理性的视野可以固定下来，例如可以规定数学知识不能扩展到哪一类客体上。哲学的理性知识也是这样：在这里，先天理性离开了经验究竟能走多远呢？

与**主体**相关，视野要么是**普遍的**和**绝对的**视野，要么是一种**特别的**和**有条件的**视野（私人视野）。

绝对的和普遍的视野可以被理解为人的知识的界限与一般而言人的全部完善性的界限完全一致。因此，在这里问题就是：作为一般而言的人，人能够知道什么？

对私人视野的规定取决于种种经验性的和特殊的考虑，例如年龄、性别、地位、生活方式等诸如此类的东西。因此，每个特殊阶层的人与其特殊的认识力量、目的和立场相关，都有其特殊的视野，每个人按照其力量和其立场的个体性的标准，都有他自己的视野。最后，我们也可以设想一个**健全理性**的视野和一个**科学**的视野，后者还需要一些**原则**，以便根据它们来规定，**我们能够知道什么和不能够知道什么**。

我们不**能够**知道的东西，**超出**了我们的视野，而我们**可以**不知道或者不需要知道的东西，则**处在**我们的视野**之外**。对于达到这些或者那些特殊的私人目的来说，某些知识不仅毫无助益，且甚至是有妨碍的，但上述后一种说法却只能与此相关而**相对**有效。因为尽管我们并不总是能够看出一种知识的用途，毕竟没有一种知识在所有方面都完全没有用处和不可使用。因此，对于勤勉地致力于科学的伟人们来说，如果毫无情趣之辈此际问道：**这有什么用**？那便是一种既不睿智也不公正的责难。人们在想研究科学的时候，必然不止一次地提出这个问题。假定一门科学只能够就某一可能的客体给出解释，那么，因此之故它就会是足够有用的了。任何逻辑上完善的知识总是有某种可能的用途，这种用途即便直到今天也不为我们所知，毕竟也许将被后代发现。如果人们在培植科学时总是只注重物质利益，注重科学的用途，我们就不会有算术和几何学。此外，我们的知性也是这样设置的，它在纯然的洞识中就获得满足，比在由此产生的用途中获得的满足还要多。柏拉图已经觉察到这一点。人在这时才感觉到他自己的卓越性，他感觉到什 〔42〕

么叫做有知性。没有感觉到这一点的人必然会嫉妒动物。知识通过逻辑的完善性而有的**内在**价值，是它的**外在**价值，即在运用中的价值无法比拟的。

就像处在我们视野**之外**的东西，如果我们按照我们的意图视之为对于我们来说多余的东西，就**可以**不知道它一样，**在**我们视野**之下**的东西，如果我们视之为对我们**有害的**东西，就**应当**不知道它，这知识在一种**相对的**意义上，但绝不能在绝对的意义上去理解。

※　　　※　　　※

关于我们的知识的扩展和划界，可以推荐以下的规则：

人们必须

〔43〕 1. 虽然**尽早**规定自己的视野，但当然只是到了自己能够规定它的时候才能做到，这通常在 20 岁之前不会发生；

2. 不轻易和经常地改变自己的视野（不由一个视野转向另一个视野）；

3. 不按照自己的视野去衡量别人的视野，并且不认为对**我们**毫无用处的东西就是无用的；要去规定别人的视野是鲁莽的，因为人们既不充分了解别人的能力，也不充分了解别人的意图；

4. 既不过于扩展也不过于限制自己的视野。因为想知道的太多的人，最终一无所知，而反过来相信一些事物与自己毫无关系的人，常常骗了自己；例如，哲学家相信历史对他来说是多余的；

人们也试图

5. 预先规定全人类（就过去和未来的时代而言）的绝对视野，就像也特别地

6. 规定我们的科学在全部知识的视野中的地位，作为各门科学的一览表（Mappe-monde [世界地图]）的**大百科全书**

就是干这个的；

7. 在规定自己的特殊视野本身时，要仔细地检验：自己对知识的哪一个部分最有能力和愉悦，就某些义务而言什么是或多或少必需的，什么与**必然的**义务不能共存，最后

8. 总是试图扩展自己的视野而甚于收缩自己的视野。

总而言之，关于知识的扩展，不必担忧达兰贝尔关于它所担忧的东西。因为不是负担在压迫我们，而是我们知识的空间的容积在限制我们。理性、历史和历史著作的批判，大量地而不仅是在细节上关涉人的知识的一种普遍精神，将总是把范围缩小，而不在内容上减少什么。从金属上脱落的只是渣滓，或者无关紧要的载体、迄今尚需要的外壳。随着自然史、数学等 〔44〕
等的扩展，新的方法将被发明出来，它们将简化旧的东西，使大量书籍成为多余的。基于这样一些新方法和原则的发明，我们将能够不使记忆负担过重，借助它们任意地去自己发现一切。因此，以能够永存的理念来把握历史的人，将像天才那样为历史做贡献。

※　　※　　※

与知识在其范围方面的逻辑完善性相对立的，是**无知**。这是一种**消极的**不完善性或者匮乏的不完善性，由于知性的局限性，它与我们的知识依然不可分离。

我们可以从一种**客观的**观点和一种**主观的**观点来考察无知。

1. 客观地说，无知要么是一种**质料的**无知，要么是一种**形式的**无知。前者在于欠缺历史知识，后者在于欠缺理性知识。人们必须不在任何一个专业中一无所知，却为了更多地致力于理性知识而限制历史的知识，或者反过来

2. 在**主观的**意义上，无知要么是一种学识上的、**科学上的**无知，要么是一种**普通的**无知。清晰地看出知识的局限，因

而看出其由以开始的无知领域的人，例如看出并且证明人们由于缺乏必要的材料而在金的结构方面能够知道的多么少的哲学家，是**在艺术上**或者以一种学识的方式无知。与此相反，看不出知识的界限的根据，且对此漠不关心的人，就是以一种普通的方式、而非科学的方式无知。这样一个人从来不知道自己一无所知。因为除非通过科学，人们就不能设想自己的无知，就像一个盲人，除非他复明，就不能设想黑暗一样。

因此，对自己的无知的知识以科学为前提条件，同时使人谦虚；与此相反，自负的知识则自吹自擂。这样，苏格拉底的
〔45〕无知就是一种值得称颂的无知，真正说来按照他自己的承认是对无知的一种知。因此，对于拥有许多知识、尽管如此却对大量自己不知道的东西感到惊奇的人，无知的责难恰恰不能适用。

总而言之，在其知识超越我们的视野的事物上，无知是**无可指责的**（inculpabilis），就我们的知识能力的思辨应用而言，如果在这里对象虽然**不超越**我们的视野，但毕竟处在我们的视野**之外**，则无知是**允许的**（尽管也只是在相对的意义上）。但是，在我们很有必要且又容易知道的事情上，无知就是**可耻的**。

不知道某种东西和**无视**亦即**不注意**某种东西，是有区别的。对于许多知道了对我们不好的东西，无视它们是一件好事。与二者不同的还有**抽象**。但是，人们在无视一种知识的运用时，就是在抽象这种知识，由此人们抽象地获得它，并且能够普遍地将它作为原则来更好地考察它。对在认识一件事物时不属于我们意图的东西的这样一种抽象，是有用的和值得称赞的。

通常，理性教师是在历史方面无知的。

没有明确界限的历史知识就是**博闻**，这种博闻自吹自擂。

博学关涉理性知识。二者，即既有扩展得没有明确界限的历史知识又有理性知识，就可以叫做**全知**。关于学问的工具的科学——**语文学**属于历史知识，它在自身包含着对书籍和语言的一种批判知识（**文献学**和**语言学**）。

纯然的博闻是一种**独眼巨人式的**学问，它缺少一只眼睛，即哲学的研究；所谓数学家、历史学家、博物学家、语文学家和语言学家的独眼巨人，就是一个学者在所有这些事情上都有长处，但却认为一切哲学在这方面都是多余的。

人们把古文献学理解为对古人的知识，它构成语文学的一个部分，促进**科学与鉴赏的结合**，去粗存精，促进**人道**所在的长于交际和温文尔雅。

因此，古文献学涉及在按照古人的典范用于培养鉴赏的事物上的一种指导。属于此列的例如有辩才、诗艺、博览经典作家等等诸如此类的东西。所有这些人文主义知识都可以算做语文学的**实践**部分，其目的首先在于鉴赏教育。但是，如果我们把纯然的语文学家与人文主义者分开，那么，二者之间的区别在于，前者在古人那里寻找**学问**的工具，后者与此相反，寻找**鉴赏教育**的工具。 〔46〕

美文学家（bel esprit）是在活语言中遵循同时代的典范的人文主义者。因此，他不是学者，因为如今只有**死语言**才是学识语言，而仅仅是一个鉴赏知识追逐**时髦**、无须古人的**半吊子**。人们可以把他称为人文主义者的猴子。博闻者作为语文学家必须是**语言学家**和**文献学家**，而作为人文主义者必须是**经典学家**和诠释者。作为语文学家他是**有文化的**，作为人文主义者他是**文明的**。

※　　　※　　　※

就科学而言，有两种流行鉴赏的蜕化：**学究气**和**媚俗**。前者推进科学，纯然是为了**学院**，由此就在其**应用**方面限制了科学；后者推进科学，纯然是为了交际或者世俗，由此就在其**内容**方面限制了科学。

学究要么是作为学者与善于处世的人相对立，就此而言他是没有处世知识，亦即对把自己的科学传达于人的方式没有知识的傲慢学者，要么固然被视为一般而言有才干的人，但却只是在**形式**上，而非就本质和目的而言。在后一种意义上，他是一个**死抠形式的人**；就事情的核心而言有局限，只关注服装和外表。他是**有条理的**人的失败模仿和**漫画**。因此，人们也可以把学究气称为在形式上挖空心思的认真和无用的精确（琐碎）。这样一种学院之外的学院方法的形式，不仅在学者和学术事情
〔47〕上，而且在其他阶层和其他事情上也能遇到。**宫廷**里、**交际**中的**礼仪**，不是追逐形式和过分挑剔，还是别的什么？在军队里不完全如此，尽管看起来是这样。但在谈话中，在衣着上，在饮食上，在宗教中，经常流行着许多学究气。

形式上的一种合乎目的的精确是**缜密**（合乎学术的、学院派的完善性）。因此，学究气是一种**矫揉造作的**缜密，就像媚俗，作为一个纯然的鉴赏掌声的追求者，无非是一种矫揉造作的通俗性罢了。因为媚俗只是力图博得读者的好感，所以决不用费解的语词去冒犯读者。

要避免学究气，要求不仅在科学本身中，而且在科学的应用方面都有广博的知识。因此，惟有真正的学者才能摆脱学究气，学究气始终是狭隘头脑的属性。

在致力于使我们的知识获得既有学院派的缜密又有通俗的完善性，此外不陷入一种矫揉造作的缜密或者一种矫揉造作的通俗的上述错误时，我们必须首先关注我们知识的学院派的完善性，即缜密的合乎学术的形式，然后才关心我们如何使有条理地在学校里学到的知识真正通俗化，也就是说，使之能够如此容易和普遍地传达给别人，使得缜密毕竟不被通俗性所排

挤。因为切不可为了通俗的完善性，为了取悦民众，而牺牲学院派的完善性，没有学院派的完善性，一切科学都不过是玩具和游戏罢了。

但是，为了学习真正的通俗性，必须读古人的作品，例如西塞罗的哲学作品，读**贺拉斯**、**维吉尔**等诗人的作品；在近代人中，读**休谟**、**莎夫茨伯利**和其他更多都与高雅社会有多方面交往的人的作品，没有这种交往，人们就不能通俗。因为真正的通俗性要求许多实践的处世知识和处人知识，要求对人的概念、鉴赏和偏好的知识，在阐述时，甚至在选择得体的、适合通俗性的表述时，始终要考虑这些知识。在对公众理解力和习惯表述作出这样一种俯就（随和）时，不是把学院派的完善性放在最后，而是仅仅这样来安排思想的表达，使人们看不到草图，即那种完善性的**合乎学术的**和**技术的**东西（就像人们用铅笔划线，在线上书写，此后把线擦掉一样），知识的这种真正通俗的完善性事实上是一种伟大的和罕见的完善性，它表现出对科学的诸多洞识。除了许多其他功绩之外，这种完善性还有一种功绩，即它能够为完备地了解一件事情提供证明。因为对一种知识的纯然学院派检验还留下怀疑：检验是不是片面的？知识本身是不是也具有一种所有人都归给它的价值？学院和普通知性一样具有其成见。在这里，一方纠正另一方。因此，重要的是在其知性不依附于任何学院的人那里去检验一种知识。〔48〕

知识凭借它的这种完善性就获得了可以轻易地和普遍地传达的资格，人们也可以把这种完善性称为一个知识的**外部延伸**或者外延的量，只要它在**外部**许多人中间传播。

※　　※　　※

既然有如此之多且杂的知识，所以最好制订一个计划，依照它来整理各门科学，使之极好地与自己的目的协调一致，并且有助于促成这些目的。一切知识相互之间都处于某种自然的联结之中。如果人们在致力于扩展知识的时候不关注它们的这种联系，那么，无论知识如何渊博，都无非是纯然的史诗吟唱。但是，人们如果以一门主要科学为目的，把所有其他知识都仅仅视为达到这门科学的手段，那就使得自己的知识有某种系统的性质了。因此，为了在扩展自己的知识时按照这样一个井然有序且合乎目的的计划着手工作，人们就必须力图认识相
〔49〕互之间的那种联系。科学的**建筑术**为此提供指南，它是**一个遵循理念的体系，在其中各门科学就其亲缘关系和系统的结合而言，在人类感兴趣的知识的一个整体中被考察**。

※ ※ ※

但是，特别就知识的**内涵的**量，亦即知识的内容或者其多效性和重要性而言，如我们上面所说明的，它与外延的量，即其纯然的**广泛性**，有本质的区别，我们对此只想再作出如下几点说明：

1. 在知性的使用中关涉**宏观**，亦即**整体**的知识，应当与微观的细腻（琐碎）区别开来。

2. 任何促成**在形式上的**逻辑完善性的知识，例如任何数学命题，任何清晰地了解的自然法则，任何正确的哲学解释，都可以被称为**逻辑上重要的**。人们不能去**预见实践的**重要性，而是必须**等待**它。

3. 切不可把重要性与**困难**混为一谈。一种知识可能是困难的，却并不重要，反之亦然。因此，困难既不有利于也不无利于一种知识的价值和重要性。重要性基于结果的重大和众多。一种知识所具有的结果越多，越重大，对它可以做的应用越多，它就越重要。一种没有重要结果的知识叫做**苦思冥想**，例如经院哲学就是这类知识。

七

B　知识在关系上的逻辑完善性——真理性——质料的真理性和形式的或者逻辑的真理性——逻辑真理性的标准——虚假和错误——作为错误源泉的假象——避免错误的方法

知识的主要完善性，乃至知识的一切完善性之本质的和不可分离的条件，就是**真理性**。人们说，真理在于知识与对象的一致。因此，依照这种纯然的字面解释，我的知识要被视为真的，就应当与客体一致。但现在，我惟有**通过我认识客体**，才能把客体与我的知识进行比较。因此，我的知识应当自己证实自己，但这还远远不足以成为真理。因为既然客体在我之外，知识在我之内，则我毕竟总是只能评判：我关于客体的知识是否与我关于客体的知识相一致。解释上的这样一个圆圈，古人称之为循环论证。而实际上，怀疑论者也总是指责逻辑学家有这种缺点，他们评论说：对真理的那种解释，其情况如同某人在法庭上陈述，并且援引一个没有人认识的证人，但后者要通过断言，那个援引他的人是一个诚实的人，来使自己成为值得信任的。当然，这种指控是有根据的。只不过，解决上述课题是绝对不可能的，对任何人都不可能。〔50〕

也就是说，这里问的是：是否以及在什么程度上有一种可靠的、普遍的并且可以应用的真理标准？因为这应当是指那个问题：**什么是真理**？

为了能够裁定这个重要的问题，我们必须把我们知识中属于其**质料**并与**客体**相关的东西，与涉及**纯然的形式**——作为条件，没有它，一种知识就根本不会成为一般而言的知识——的东西明确区别。因此，考虑到我们的知识中**客观的**、**质料的**关系和**主观的**、**形式的**关系之间的区别，上述问题分为两个特殊的问题：

1. 有普遍的、质料的真理标准吗？以及

2. 有普遍的、形式的真理标准吗？

一种普遍的、质料的真理标准是不可能的；它甚至是自相矛盾的。因为作为一个**普遍的**、对所有一般而言的客体有效的真理标准，它必须完全抽掉客体的一切区别，而且同时作为一种质料的标准恰恰与这种区别相关，以便能够规定，一种知识
〔51〕是否恰恰同它与之相关的客体，而不是与任何一个一般客体——其实根本不能说与这个客体——相一致。但是，质料的真理必须在于一种知识同它与之相关的确定客体的这种一致。因为一种就一个客体而言为真的知识，可能与其他客体相关就是虚假的。因此，要求一个普遍的、质料的真理标准，这个标准应当同时抽掉又不抽掉客体的一切区别，这是荒唐无稽的。

但是，如果问的是**普遍的**、**形式的**真理标准，那么，裁定在这里就容易作出，当然可能有这类标准。因为**形式的**真理仅仅在于知识与自身的一致，完全抽掉一切客体，抽掉客体的一切区别。据此，普遍的、形式的真理标准就无非是知识与自己本身相一致或者——换句话说也一样——与知性和理性的普遍法则相一致的普遍逻辑特征。

这种形式的、普遍的标准尽管对于客观真理来说当然不充分，但毕竟可以被视为其 conditio sine qua non［必要条件］。

因为在“知识是否与客体相一致”这个问题之前，必须有“它是否与自身（在形式上）相一致”的问题先行。而这就是逻辑学的事情。

逻辑学中的形式的真理标准就是：

1. **矛盾律**；

2. **充足理由律**。

一种知识的**逻辑可能性**是通过前者来规定的，其**逻辑现实**

性则是通过后者来规定的。

也就是说，属于一种知识的逻辑真理性的有：

首先，它在逻辑上是可能的，也就是说，**不自相矛盾**。但是，内在的逻辑真理性的这个标志只是**否定性的**；因为一种自相矛盾的知识固然是虚假的，但不自相矛盾的知识却并不总是真的。

其次，它在逻辑上是有根据的，也就是说，它：a. 有根据；b. 没有虚假的结果。

外在的逻辑真理性或者知识的**合理性**的这第二个涉及一种知识与根据和结果的逻辑联系的标准是**肯定性的**。而且在这 〔52〕
里，生效的有如下规则：

1. 从**结果的真理性**可以推论到**作为根据的**知识的**真理性**，但只是**否定性地**推论：如果从一种知识得出虚假的结果，则该知识本身就是虚假的。因为如果根据是真的，则结果也必然是真的，因为结果是由根据规定的。

但是，人们不能反过来推论：如果从一种知识中没有得出虚假的结果，则该知识就是真的；因为人们也可以从一个虚假的根据引出真的结果。

2. **如果一种知识的所有结果都是真的，那么该知识就也是真的**。因为如果在该知识中有某种虚假的东西，则也必定出现一种虚假的结果。

因此，从结果固然可以推论到一个根据，但却不能规定这个根据。惟有从一切结果的总和，人们才能推论到**一个确定的根据**，即这个根据是真的根据。

按照前一种推论方式，结果只能是一种知识的真理性的一个**否定性地**和**间接地**充分的标准，这种推论方式在逻辑学中叫做**间接证明的**推论方式（modus tollens [否定式]）。

在几何学中被频繁使用的这种程序，有一种优点，即为了证明一种知识的虚假性，我只需从它引出一个虚假的结果。例如，为了阐明地球不是平的，我无须提出肯定性的和直接的根据，只需间接地推论：如果地球是平的，则北极星就必须总是同样高；现在，北极星并不是这种情况，所以地球不是平的。

对于另一种即**肯定性的**和**直接的**推论方式（modus ponenes［肯定式］）来说，就出现了困难，即不能确凿无疑地认识结果的全体，因此上述推论方式，只能导向一种或然的和**假设**为真的知识（假说），其前提条件是：在有许多结果为真的地方，其余的结果也可能都是真的。

因此，我们在这里可以提出三条原理，作为普遍的、纯然形式的或者逻辑的真理标准；这三条原理是：

1. **矛盾律和同一律**（principium contradictionis und iden-
〔53〕 titatis），一种知识对于**或然**判断的内在可能性由它得到规定；

2. **充足理由律**（principium rationis sufficientis），一种知识的（逻辑的）**现实性**就基于它，即它作为**实然**判断的材料是有根据的。

3. **排中律**（principium exclusi medii inter duo contradictoria），一种知识对于**必然**判断的（逻辑的）必然性——即必须这样而不是那样来判断，也就是说，反面是虚假的——就基于它。

※ ※ ※

真理的反面是**虚假**，虚假如果被视为真理，就叫做**错误**。因此，一个错误的判断——因为无论错误还是真理都只存在于判断中——就是把真理的假象与真理本身混为一谈的判断。

真理如何可能，这是很容易看出的，因为在这里，知性是按照它的根本法则行动的。

但是，**错误在该词的形式意义上，亦即思维的反知性形式**，如何可能，却是难以理解的，就像一般而言无法理解某一种力量会背离它自己的根本法则一样。因此，我们不能在知性本身及其根本法则中去寻找错误的根据，也不能在知性的**局限**

中寻找，尽管**无知**的原因在知性的局限中，但错误的原因却绝不在其中。如果除了知性，我们没有别的认识能力，我们就绝不会犯错误了。然而，除了知性，我们还有另一种不可或缺的知识源泉。这就是**感性**。感性给予我们思维的材料，并在此时按照与知性不同的法则起作用。但是，感性就自身单独来看，从中也不可能产生错误，因为感官根本不作判断。

因此，一切错误的产生根据将必须仅仅在**感性对知性的未被察觉的影响**中，或者更精确地说，在**判断**中来寻找。也就是〔54〕
说，这种影响造成：我们在判断中把纯然**主观的**根据视为**客观的**根据，因而把**纯然的真理假象与真理本身**混为一谈。因为因此缘故而能被视为一个根据的假象，其本质正在于把一个虚假的知识视为真的。

因此，使得错误成为可能的，就是**假象**，在判断中，纯然**主观的**东西被按照假象与**客观的**东西混为一谈。

在某种意义上，人们也大可以使知性成为错误的始作俑者，也就是说，只要知性由于缺乏对感性的那种影响的应有注意，让自己受由此产生的假象诱导，把判断的纯然主观的规定根据视为客观的规定根据，或者把仅仅按照感性的法则为真的东西视为按照它自己的法则为真的。

据此，惟有无知的过失才在于知性的局限，而错误的过失应当归于我们自己。尽管自然拒绝给予我们许多知识，使我们对某些东西处在一种不可避免的无知之中，但它毕竟不造成错误。把我们诱导到错误的，是我们自己即便是在我们由于自己的局限而没有能力作判断和作裁定的地方也要作判断和作裁定的癖好。

※ ※ ※

但是，人的知性有可能陷入其中的一切错误，都是局部的，在任何错误的判断中都必然总是有某种正确的东西。因为

全然的错误会**与**知性和理性的法则完全冲突。错误，作为全然的错误，怎么能够以某种方式来自知性，而且只要它毕竟是一个判断，怎么能够被视为知性的一个产物！

考虑到我们的知识中的真者和误者，我们把一种**精确的**知识与一种**粗糙的**知识区别开来。

一种知识如果符合自己的客体，或者如果就自己的客体而言没有发生丝毫错误，它就是**精确的**；如果其中可能有错误，但无碍于意图，它就是**粗糙的**。

〔55〕这种区别涉及我们知识的**较宽泛的**或者**较严格的**规定性(cognitio late vel stricte determinata)。起初，在一个较宽泛的范围规定（late determinare）知识，特别是就历史事物而言，有时是必要的。但在理性知识中，一切都必须是精确地(stricte)规定的。对于**宽泛的规定**，人们说：一种知识是praeter propter［近似地］规定的。一种知识应当是粗糙地还是精确地规定，总是取决于该知识的意图。宽泛的规定总是还为错误留下活动空间，但错误毕竟能够有其确定的界限。错误特别出现在宽泛的规定被当做严格的规定的地方，例如在道德性事务中，在这里一切都必须严格规定。不这样做的人，被英国人称为**放任自由者**。

人们还可以把作为知识的一种**主观**完善性的**细腻**与作为知识的一种客观完善性的精确——因为知识在这里与客体完全吻合——区别开来。

对一件事情的知识，如果人们在其中揭示出通常别人注意不到的东西，就是细腻的。因此，它要求更高程度的注意，更多地耗费知性的力量。

许多人因为他们达不到细腻，而指责一切细腻。但是，细腻就自身而言总是给知性造成荣耀，甚至是有功的和必要的，只要它被运用于一个值得观察的对象。但是，人们如果用知性的一种较小的注意和努力就能够达到同一目的，而毕竟在这上面用得较多，那就是在做无用的耗费，而陷入固然困难但却毫无用处的细腻（nugae difficiles［困难的琐事］）。

就像粗糙与精确相对立一样，**粗笨**与细腻相对立。

※　　　※　　　※

在错误的概念中，如我们所说明的，除了虚假之外，还作为一个本质的特征包含着真理的假象。从错误的本性中，为我们的知识的真理性产生如下重要的规则：

为了避免错误，——而且至少没有错误是绝对或者完全**不可避免的**，尽管对于我们不可避免地，甚至冒着犯错误的危险要作判断的场合里，错误**或许**会是不可避免的——因此，为了避免错误，人们必须试图揭露和解释错误的源泉，即假象。但是，哲学家做过这件事的极少。他们只是试图反驳错误本身，而不去指明错误由以产生的假象。但是，与直接反驳错误本身相比，对假象的这种揭露和化解是对真理的一种更大得多的功绩；通过直接反驳错误，人们并不能堵塞错误的源泉，并且防止由于不认识假象，就让同一假象在别的场合又诱导向错误。因为即便我们确信自己犯了错误，假如作为我们错误的基础的假象本身未被消除，我们就依然心怀疑虑，就像我们也不能提出什么为它们辩解一样。 〔56〕

此外，通过对假象的解释，人们也使犯错误者获得一种公正。因为没有人会承认，他在没有任何一种真理假象的情况下犯了错误，假象也许还能欺骗一个敏锐的人，因为这里取决于主观的根据。

在假象即便对普通的知性（sensus communis）也显而易见的时候，一种错误就叫做**愚蠢**或者**荒唐**。被指责为荒谬总是一种必须避免的人身指责，特别是在反驳错误的时候。

因为对于主张一件荒唐之事的人来说，甚至作为这种明显的虚假之基础的假象也不是明显的。人们必须首先**使**假象对他明显。如果他在此之后依然固执己见，那他当然是愚蠢的了；但在这种情况下，对他也就没什么可说的了。他由此使自己既没有能力也不配对待任何进一步的指正和反驳。因为真正说来，人们不能向一个人证明他是荒唐的；在这里一切理性思维都是徒劳的。如果人们证明了荒唐，那人们就不是在与执谬的人，而是在与有理性的人讲话了。但在这里，没有必要去揭露荒唐（deductio ad absurdum［归谬法］）。

〔57〕人们也可以把一种**愚蠢的**错误称为没有任何东西能够为之辩护的错误，**就连假象也不能**；就像粗笨的错误是一种证明在普通知识上无知或者违反普通的注意的错误一样。

原则中的错误比**原则的运用**中的错误更大。

※　※　※

真理的一个**外在的**特征或者一个**外在的**试金石，是我们自己的判断与他人的判断的比较，因为主观的东西不是以同样的方式寓于所有他人那里的，因而假象就能够由此得到解释。因此，他人的判断与我们的判断**无法一致**，可以被视为错误的一个外在的特征，被视为一种暗示，去检查我们在判断中的程序，但并不是因此就立刻抛弃它。因为人们也许可能**在事情上**有道理，只是**在风格上**，亦即在讲授上不恰当。

要避免**有技艺的**知性应用的错误，普通的人类知性（sensus communis）就自身而言也是一种试金石。这就是说，如果人们把**普通**知性作为样品用于评判**思辨**知性的正确性，就是**在思维中**或者在思辨的理性应用中通过普通知性来**取向**。

※　※　※

总而言之，避免错误的普遍规则和条件是：1. 自己思维；2. 在一个他者的位置上思维；3. 任何时候都与自己一致地思维。人们可以把自己思维的准则称为**启蒙了的思维方式**，把在思维中置身于他人观点之中的准则称为**扩展了的思维方式**，把任何时候都与自己一致地思维的准则称为**一以贯之的**或者**连贯的思维方式**。

八 〔58〕

C　知识在质上的逻辑完善性——清楚—— 一般特征的概念——不同种类的特征——事物的逻辑本质的规定——逻辑本质与实在本质的区别——审美的清晰性和逻辑的清晰性——分析的清晰性和综合的清晰性之间的区别

人的认识在知性方面是**论证的**，也就是说，它是通过表象发生的，表象使许多事物共有的东西成为知识的根据，因而认识就是通过作为表象的**特征**发生的。所以，我们的知识**通过特征**来认识事物，而这就叫做由**识别**而来的**认识**。

特征是一个事物中构成对该事物的知识之一部分的那种东西，或者说——这是一回事——是一个**局部表象，只要这个表象被视为整个表象的知识根据**。据此，我们的所有**概念**都是特征，而一切**思维**都无非是通过特征来表象。

每一个特征都可以从两方面来考察：

首先，作为表象自身；

其次，作为从属的，就像一个分概念那样从属于一个事物的整个表象，并由此而作为该事物本身的知识根据。

一切特征，作为知识根据来看，都有**双重的**应用，要么是一种**内在的**应用，要么是一种**外在的**应用。**内在的**应用在于**推导**，为的是通过作为其知识根据的特征来认识事物本身。外在的应用在于**比较**，只要我们能够通过特征，按照**同一**或者**差异**的规则把一个事物与另一个事物相比较。

※　　　　※　　　　※

在特征之间，有种种特殊的区别，如下的特征分类就建立在这些区别之上。

〔59〕 1. **分析的**特征或者**综合的**特征。**前者**是我的**现实的**概念的分概念（我在现实的概念中已经思维它们），与此相反，后者是**仅仅可能的**整个概念的分概念（因此，整个概念是通过许多部分的一种综合才**产生**的）。前者全都是**理性概念**，后者则可能是**经验概念**。

2. **同位的**特征或者**隶属的**特征。对特征的这种划分涉及它们**相继的**联结或者**相属的**联结。

特征如果每一个都被表象为事物的一个**直接的**特征，那就是**同位的**，如果事物上面的一个特征惟有借助另一个特征才被表象，那就是**隶属的**。同位的特征结合成为概念的整体，就叫做**集合**，隶属的特征的结合则叫做**系列**。前者，即同位的特征的集合构成概念的整体性，但后者在综合的经验性概念方面永远不能是完成了的，而是与一条**没有界限**的直线相似。

隶属的特征的系列 a parte ante［往前看］，或者在根据方面，将遇到不可分解的概念，这些概念由于其单纯性而不能再分析；与此相反，a parte post［往后看］，或者在结果方面，它是**无限的，因为我们固然有最高的 genus［类］，但却没有最低的 species［属］**。

在同位的特征的集合中，**外延的**或者**广度的**清晰性随着每个新概念的综合而增长，就像在隶属的特征的系列中，**内涵的**或者**深度的**清晰性随着对概念的进一步分析而增长一样。后一种清晰性由于必然用于知识的**缜密**和**连贯**，所以主要是哲学的事情，特别是在形而上学研究中最为提倡。

3. **肯定的**特征或者**否定的**特征。通过前者我们认识事物是什么，通过后者我们认识事物不是什么。

否定的特征用于防止我们犯错误。因此，它们**在不可能犯**

错误的地方就是不必要的，惟有在它们防止我们犯我们可能轻易陷入的重大错误的场合里，它们才是必要的和重要的。例如，就关于一个像**上帝**这样的存在者的概念而言，否定的特征就是十分必要和重要的。

因此，我们通过肯定的特征，是想**理解某种东西**，通过否定的特征——人们可以把所有特征全都转变成否定的特征——则只是想不**误解**，或者只是想不在其中**犯错误**，尽管我们从中不了解任何东西。 〔60〕

4. **重要的**和**有益的**特征或者**空洞的**和**不重要的**特征。

如果一个特征，**部分地**就它的**内在**应用，即推导中的应用而言，只要它足以使人由此对事物本身认识很多东西，**部分地**考虑到它的**外在**应用，即比较中的应用，只要它用于既认识一个事物与许多别的事物的**相似**也认识该事物与许多别的事物的差异，而是重大且众多的结果的知识根据，那么，它就是重要的和有益的。

此外，我们在这里必须把**逻辑上的**重要性和有益性与**实践上的**重要性和有益性、**有用性和可用性**区别开来。

5. **充分的和必然的**特征或者**不充分的和偶然的**特征。

一个特征，如果它足以在任何时候都把事物与所有别的事物区别开来，就是**充分的**；否则，它就是不充分的，例如狗的吠声的特征。但是，特征的充足性与其重要性一样，都只能在一种相对的意义上来规定，与通过一种知识所预期的目的相关。

最后，**必然的**特征是在表象事物时必定任何时候都能发现的特征。这类特征也叫做**本质的**特征，与**非本质的**和**偶然的**特征相对立，后者是能够与事物的概念分离的。

但是，在必然的特征中间，也还有一种区别。

必然的特征中的**一些作为**同一事物的其他特征的**根据**而属于事物，另一些与此相反，只是**作为**其他特征的**结果**而属于事物。

前一些是**原始的**和**建构性的**特征（constitutiva，essentialia in sensu strictissimo［在最严格的意义上根本的、本质的特征］），另一些叫做**属性**（consectaria，ratioata［随之而来的、推论出来的特征］），固然也属于事物的本质，但只是就它们必然从事物的那些本质成分推导出来而言；例如，一个三角形的概念中的三个角就必然从三条边中推导出来。

〔61〕

非本质的特征又有两种，它们要么涉及一个事物的**内在**规定（modi），要么涉及其外在关系（relationes）。例如，**学问**的特征就标志着人的内在规定。**是主人还是奴隶**，则只是人的一种外在关系。

※　　　※　　　※

就同位或者隶属而论，一个事物的所有本质成分的总和或者其特征的充足性，就是**本质**（complexus notarum primitivarum，interne conceptui dato sufficientium；s. complexus notarum，conceptum aliquem primitive constituentium［已知的原始的、内在地对于被给予的概念来说充足的特征的总和，或者已知的原始地建构某个概念的特征的综合］）。

但在作出这种解释时，我们在这里切不可想到事物的**实在本质**或者**自然本质**，那是我们在任何地方都不能看出的。因为既然逻辑学抽掉了知识的一切内容，因而也抽掉了事物本身，在这门科学中就只能谈论事物的**逻辑**本质。而这是我们可以轻而易举地看出的。因为属于逻辑本质的，无非是所有谓词的知识，就它们而言，一个客体通过其概念而被规定；而不是事物的实在本质（esse rei）要求那些谓词的知识，属于该事物的存在的一切都取决于那些谓词，以它们作为规定的根据。例如，如果我们想规定物体的逻辑本质，则我们根本没有必要到自然中为此搜寻材料；我们可以把我们的反思仅仅指向作为本质成分（constitutiva，rationes［建构性的成分，根据］）原初建构物体的基本概念的特征。因为逻辑本质甚至本身无非是**一个事物的一切必然特征的第一基本概念**（esse conceptus）。

※ ※ ※

因此，我们的知识在质上的完善性的第一个级别是它的清楚。第二个级别或者更高程度的清楚就是**清晰性**。清晰性在于**特征**的**清楚**。 〔62〕

在这里，我们必须**首先**把一般而言逻辑的清晰性与审美的清晰性区别开来。逻辑的清晰性基于特征的客观的清楚，审美的清晰性则基于其主观的清楚。前者是通过**概念**而清楚，后者是通过**直观**而清楚。因此，后一种清晰性在于纯然的**生动**和**可理解性**，也就是说，在于通过具体的例子而来的纯然清楚（因为许多东西能够是可理解的，却并不清晰，而反过来，许多东西能够是清晰的，却难以理解，因为它一直追溯到遥远的特征，这些特征与直观的联结惟有通过一个长长的系列才有可能）。

客观的清晰性常常引起主观的模糊，反之亦然。因此，逻辑的清晰性并不罕见地惟有损害审美的清晰性才有可能，而反过来，通过并非精确地适合，而是仅仅按照一种类比来采用的例子和比喻而有的审美的清晰性，往往对逻辑的清晰性有害。此外，例子也一般来说不是特征，并不作为部分属于概念，而是作为直观仅仅属于概念的应用。因此，通过例子而有的清晰性，纯然的可理解性，完全不同于通过作为特征的概念而有的清晰性。**明晰**就在于二者，即审美的或者通俗的清晰性与学院派的或者逻辑的清晰性的结合。因为人们认为，**明晰的头脑**就是对抽象的和缜密的知识作出一种明明白白的、适合**普通知性**的领会能力的表述的才能。

然后特别地就逻辑的清晰性而言，它可以被称为一种**完备的**清晰性，只要共同构成整个概念的一切特征都达到清楚的程度。一个**完备地**或者**完满地**清晰的概念能够如此，要么是就它的**同位的**特征的完整性而言，要么是考虑到它的**隶属的**特征的完整性。一个概念的**外延上**完备的或者充分的清晰性，也叫**周详**，就在于同位的特征的完整清楚。隶属的特征的完整清楚构成**内涵上**完备的清晰性，即**深邃**。

〔63〕 前一种逻辑的清晰性也可以被称为特征清楚的**外在的完备性**（completudo externa），就像另一种可以被称为特征清楚的**内在的完备性**（completudo interna）一样。后者只能从纯粹的理性概念以及从任意的概念获得，但不能从经验性的概念获得。

清晰性的外延的量，只要它不过分，就叫做**准确**（确切）。周详（completudo）和确切（praecisio）共同构成**适当**（cognitionem，quae rem adaequat［与事物相当的知识］）；而**一种知识圆满的完善性**（consummata cognitionis perfectio）**就在于**（在质上）**内涵上适当的知识，在于深邃，与周详和准确中外延上适当的知识相结合**。

※　　※　　※

既然如我们已说明的，**使清楚的概念成为清晰的**，是逻辑学的工作，所以现在要问的就是：逻辑学以什么方式使清楚的概念成为清晰的呢？

出自**沃尔夫**学派的逻辑学家们认为，一切使知识清晰的工作的仅仅在于分析知识。然而，并不是一切清晰性都基于对一个被给予的概念的分析。由分析产生的清晰性仅仅是就我们已经在概念中思考的特征而言的，但绝不是考虑到作为整个可能的概念的部分才加到概念上的特征。

这种并非通过特征的分析，而是通过其综合而产生的清晰性，就是**综合的**清晰性。因此，在“**制成一个清晰的概念**”和“**使一个概念清晰**”这两个命题之间，有一种本质的区别。

因为当我制成一个清晰的概念时，我是从部分开始，并从这些部分前进到整体的。在这里，还没有特征现成存在；我是通过综合才得到它们。因此，从这种综合的方法中产生综合的清晰性，它通过在（纯粹的或者经验性的）直观中作为特征附加在我的概念上的东西而在内容上现实地扩展我的概念。数学 〔64〕家，还有自然哲学家也使用在使概念清晰上的这种综合的方法。因为真正数学的知识以及一切经验知识的所有清晰性，就基于通过特征的综合而有的这样一种知识扩展。

但是，当我使一个概念清晰时，通过这种纯然的分析，我的知识根本没有在内容上增长。内容还是同一个内容，只是形式改变了，因为我只是更好地把已经处在被给予的概念之中的东西区别开来，或者学会以更清楚的意识来认识它。就像仅仅照亮一幅地图并没有给它增添任何东西一样，仅仅凭借分析其特征来澄清一个被给予的概念，也丝毫没有对这个概念有所增加。

综合是使**客体**清晰，分析是使**概念**清晰。后者是**整体**走在**部分前面**，前者是**部分**走在**整体前面**。哲学家只使被给予的概念成为清晰的。有时，人们使用综合的方法，即使人们想以这种方式使之清晰的概念已经**被给予**。这经常发生在经验命题中，只要人们尚不满足于在一个被给予的概念中已经思考的特征。

逻辑学惟一能够从事的产生清晰性的分析方法，是在使我们的知识清晰时的第一要求和最主要要求。因为我们关于一个事物的知识越清晰，这知识就也能够越坚实，越有效。只不过分析切不可走得如此之远，以至于最终对象本身消失。

如果我们意识到我们知道的这一切，我们就必然对我们的知识量之大感到惊异。

※　　※　　※

就我们一般而言知识的客观内容而言，可以设想如下**等**

级，知识在这个方面能够按照这些等级得到提高：

知识的**第一个**等级是：**表象**某种东西。

第二个等级是：有意识地表象或者**知觉**（percipere）某种东西。

〔65〕 **第三个**等级是：**识别**（noscere）某种东西或者**在与别的事物的异同比较中**表象某种东西。

第四个等级是：**有意识地**识别，亦即**认识**（cognoscere）某种东西。动物也**识别**对象，但它们不**认识**对象。

第五个等级是：**理解**（intelligere），亦即**通过知性借助于概念**来认识或者**构想**某种东西。这与**把握**大有区别。人们能够构想很多东西，尽管不能把握它们。例如永动机，在力学中已经指明它的不可能性。

第六个等级：通过理性来认识或者**洞识**（perspicere）某种东西。我们在少数事物上达到这一步，而且我们越想在内容上使我们的知识完善，它在数目上就将越少。

最后，**第七个**等级：**把握**（comprehendere），亦即在**这个**等级上通过理性或者先天地、相对于我们的意图充分地认识某种东西。因为我们的一切把握都只是**相对的**，亦即对于某种意图来说才充分的，我们根本未**绝对地**把握任何东西。再也没有任何东西比数学家演证的东西更可以把握了，例如在圆中一切直线都成比例。但数学家却未把握：一种如此简单的图形怎么会有这些属性。因此，理解或者知性的领域比把握或者理性的领域大得多。

九

D　知识在样式上的逻辑完善性

确定性——一般而言视之为真的概念——视之为真的样

式：意见、信念和真知——确信和臆信——判断的克制和延迟——暂时性的判断——成见及其源泉和主要种类

真理性是知识的**客观属性**，是某种东西借以被**表象**为真的判断；与一个知性的关系，因而与一个特殊的主体的关系，**主观上**就是**视之为真**。〔66〕

视之为真一般而言有两种方式，一种**确定的**视之为真或者一种**不确定的**视之为真。确定的视之为真或者**确定性**与必然性的意识相结合，与此相反，不确定的视之为真或者**不确定性**与偶然性或者反面的可能性的意识相结合。后者又要么是**无论主观上还是客观上**都不充分，要么固然**客观上不充分**，但**主观上却充分**。**前者**叫做**意见**，**后者**则被称为**信念**。

据此，视之为真有**三个种类或者样式：意见**、**信念**和**真知**。意见是一种**或然的**判断，信念是一种**实然的**判断，真知则是一种**必然的**判断。因为我仅仅有所意见的东西，我在判断中是有意识地仅仅视之为**或然的**；我相信的东西，我视之为**实然的**，但不是在客观上而是在主观上必然的（只对我有效）；最后，我**知道**的，我视之为**必然确定的**，也就是说，视之为普遍客观地必然的（对所有人有效的），即便是假定，这种确定的视之为真所关联的对象本身是一个纯然经验性的真理。因为按照上述三种样式对视之为真作出的这种区别，仅仅涉及在把一个判断归摄到客观的规则之下的主观标准方面的**判断力**。

例如，我们对不死的视之为真，如果我们如此行动，**就好像我们会不死似的**，则它就仅仅是或然的；但**如果我们相信我们是不死的**，则它就是**实然的**；**最后，如果我们大家都知道**，在今生之后还有来生，则它就是**必然的**。

据此，在意见、信念和真知之间，有一种本质的区别，我们在这里还要加以更精确、更周详的讨论。

1. **意见。**意见或者由一种既非主观上充分亦非客观上充分的知识根据而来的视之为真，可以被视为人们不可能轻易缺少的一种**暂时性的**判断（sub conditione suspensiva ad interim [在当时悬而未决的条件下]）。人们在作出假定和断言之前，必须先有意见，但在这里也要提防把一种意见视为某种比纯然
〔67〕的意见更多的东西。在我们的所有知识中，我们多半是从意见开始的。有时，我们对真理有一种模糊的预感，一件事情在我们看来似乎包含着真理的特征；还在我们以明确的确定性认识它之前，我们就已经**预感**到它的真理性。

但是，纯然的意见真正说来是在哪里发生的呢？不在包含着先天知识的科学中，因而既不在数学中，也不在形而上学中，也不在道德中，而是仅仅在**经验性的**知识中：物理学和心理学，等等。因为**先天地有意见**，这自身就是荒唐的。事实上，再也没有比例如在数学中只是有意见更可笑的事情了。在这里，与在形而上学和道德中一样，应当是**要么知道，要么不知道**。因此，**意见之事**始终只能是经验知识的对象，这些对象**就自身而言**虽然是可能的，但只是按照我们的经验能力的经验性限制和条件，以及这种能力为我们所拥有的取决于这些限制和条件的程度，它们**对我们来说**就是不可能的。例如，近代物理学的**以太**就是一个纯然的意见之事。因为关于这种意见，就像一般而言关于任何意见一样，我都看出：反面毕竟是也许能够得到证明的。因此，我的视之为真在这里无论在客观上还是在主观上都不充足尽管它就自身来看，可能成为完备的。

2. **信念**。信念或者由一种虽然客观上不充足但在主观上却充足的根据而来的视之为真，与这样一些对象相关，关于这些对象人们不仅不能知道任何东西，而且也不能有任何意见，甚至连借口或然性也不能，而是只能确定，像人们所设想的那样去设想这类对象，并不自相矛盾。这里剩下的就是一种**自由**

的视之为真了，它只是在实践的、被先天地给予的方面才是必要的，因而是一种对我出自**道德**理由所假定、而且我确定**反面**绝不可能得到证明的东西的视之为真。①

① 信念不是一种特殊的知识源泉。它是一种意识到不完备的视之为真，而且它在被视为限制在特殊种类的客体（只属于信念的客体）上时，它与意见区别开来就不是通过程度，而是通过它作为知识而与行动的关系。例如，要敲定一笔交易，商人需要的并不仅仅是他对自己在这笔交易中必将获利有所意见，而是他相信，自己要从事不确定之事的意见是充分的。现在，我们具有（关于感性事物的）理论知识，在这种知识中，我们能够达到确定性，而且就我们能够称之为人的知识的一切而言，必须有可能达到确定性。在实践法则中，我们具有的正是这样一些确定的、确切地说完全先天的知识，不过这些法则是基于一个超感性的原则（自由）的，确切地说这个原则**就在我们自己心中**，作为实践理性的一个原则。但是，这种实践理性是与一个同样超感性的客体，亦即至善有关的一种因果性，至善在感官世界里是不可能通过我们的能力而有的。尽管如此，自然作为我们的理论理性的客体，必须与此一致，因为在感官世界中，应当发现这个理念的结果或者作用。因此，我们应当为实现这个目的而行动。

我们在感官世界里也发现了**艺术的智慧**的踪迹，而今我们相信：世界的原因也以**道德的智慧**为着至善而起作用。这就是一种为着行动而充足的视之为真，亦即一种**信念**。如今，我们需要这种东西，并不是为了按照道德法则去行动，因为道德法则惟有通过实践理性才被给予，但是，我们需要假定一个最高的智慧，作为我们的道德意志的客体，除了我们的行动的纯然合法性，我们不得不在这个假定之上建立我们的目的。尽管这**在客观上**不是我们的任性的一种必然的关系，但至善毕竟**在主观上**必然是一个善的（甚至人的）意志的客体，而对可以达到至善的信念必然为此被预设。

在通过经验（后天地）获得一种知识和通过理性（先天地）获得一种知识之间，没有任何居间者。但是，在一个客体的知识和这个客体的可能性的纯然预设之间，却有一个居间者，这就是一种经验性的或者理性的根据，与可能客体的领域必然地扩展到其知识对我们来说有可能的客体之外相关，来假定前述客体的可能性。这种必然性仅仅在客体被认做实践的，并且通过理性在实践上是必然的时发生，因为仅仅为了理论知识的扩展而假定某种东西，这在任何时候都是**偶然的**。对一个客体的这种实践上必然的预设，是对作为任性的客体的至善之可能性的预设，因而也是对这种可能性的条件（上帝、自由和不死）的预设。这是一种主观的必然性，即为了必然的意志规定而假定该客体的实在性。这是casus extraordinarius［非常规的情况］，没有它，实践理性在其必然目的方面就不能维持自身，而且在这里，favor necessitatis［必然性的赞许］在实践理性自己的判断中是有益于实践理性的。实践理性不能在逻辑上获得任何客体，而只能抵制在使用这个实践上属于它的理念时阻碍它的东西。

这个信念就是假定一个（关于至善的）概念的客观实在性，亦即假定它的对象作为任性的先天必然的客体的可能性的必然性。如果我们仅仅关注行动，则我们不必拥有这种信念。但是，如果我们想通过行动而扩展到对由此而可能的目的的拥有，我们就必须假定：这个目的是绝对可能的。因此，我只能说：我发现自己按照自由的法则被我的目的所迫，去假定一种至善在世界上是可能的，但**我不能通过理由去强迫任何他者**（信念是自由的）。

因此，理性的信念绝不关涉理论知识，因为在这里，客观上不充足的视之为真纯属意见。它只是理性在主观的、但却绝对必然的、实践的意图上的一种预设。遵循道德法则的意念把人导向可以通过纯粹理性来规定的任性的一个客体。假定这个客体的可行性，因而也就是这方面的原因的现实性，是一种**道德上的**信念，或者是一种自由的、在实现自己的目的的道德意图中必然的视之为真。

※　　※　　※

真正说来，fides［信念］是pacto［契约］中的忠诚，或者相互间的主观信赖，因为一个人要对他人信守自己的诺言，即忠诚和相信。前者是在契约已签订的时候有的，后者是在人们要签订契约的时候有的。

按照类比，实践理性仿佛是**承诺者**，人是**受诺者**，而预期由这个行为而来的善则是**承诺**。

Ⅰ. 因此，信念之事不是**经验性**知识的对象。进而，所谓的历史信念真正说来也不能被称为信念，并且作为历史信念与真知相对立，因为它本身能够是一种真知。根据一个见证视之为真，无论在程度上还是在种类上都与通过自己的经验而视之为真没有区别。 〔68〕 〔69〕

Ⅱ. 信念之事也不是理性知识（先天知识）的客体，既不是理论知识的客体，例如在数学和形而上学中，也不是道德中的实践知识的客体。

人们虽然能够根据见证来相信数学的理性真理，因为错误在这里一方面不大可能，另一方面也能够轻易地被揭示。但是人们毕竟不能以这种方式知道它。但是，哲学的理性真理也绝不能被相信，它们必须仅仅被知道；因为哲学在自身中不允许纯然的臆信。而特别地就道德中的实践理性知识的对象，即法权和义务而言，在它们这方面同样不能出现一种纯然的信念。〔70〕人们必须完全确定：某种东西正当还是不正当，合乎义务还是违背义务，允许还是不允许。人们在道德事物中不能不确定地**鲁莽行事**，不能**冒违背法则的危险**决定任何事情。例如，对于法官来说，**仅仅相信**被控告犯罪的人确实犯过这项罪是不够的。他必须（在法学上）知道这一点，否则就是不负责任地行动。

Ⅲ. 惟有这样一些对象才是信念之事，对于它们来说，视之为真必然是自由的，也就是说，不受客观的、不依赖于主体的本性和兴趣的真理根据所规定。

因此，信念也由于纯然主观的根据而不提供可以传达并且要求普遍赞同的确信，如出自真知的确信。**我自己**只能确定我的实践信念的有效性和不变性，而且我对一个命题的真理性或者一个事物的现实性的信念是与我相关仅仅取代一种知识的东西，并不本身就是知识。

不假定虽然**不可能**知道、但却可能预设、**在道德上必然的**东西的人，是在道德上**不信的**。这种不信总是以缺乏道德兴趣为基础。一个人的道德意念越是伟大，他对于自己从道德兴趣出发感到被迫在实践上必然的意图中假定和预设的东西的信念就也越是坚定和活跃。

3. **真知**。出自一种无论在客观上还是在主观上都充足的知识根据的视之为真，或者确定性，要么是**经验性的**，要么是**理性的**，依它是基于**经验**——无论是自己的经验还是他人传达的经验——还是基于**理性**而定。因此，这种区分与汲取我们的全部知识的两个源泉相关：**经验**和**理性**。

理性的确定性又要么是数学的确定性，要么是哲学的确定性。前者是**直觉的**，后者是**论证的**。

数学的确定性也叫自明性，因为一种直觉的知识比一种论
〔71〕证的知识更清楚。因此，尽管数学的理性知识和哲学的理性知识这二者就自身而言是同样确定的，但二者中的确定性的方式毕竟不同。

如果我从**自己的**经验出发确定某种东西，经验性的确定性就是一种源始的经验性的确定性（originarie empirica），而如果我通过**他人的**经验确定某种东西，它就是一种**派生的**经验性的确定性（derivative empirica）。后者通常也被称为**历史的**确定性。

理性的确定性通过与它相结合的**必然性**意识，而与经验性的确定性区别开来，因此它是一种**必然的**确定性，与此相反，经验性的确定性只是一种**实然的**确定性。人们在理性上确定的，是无须一切经验也会先天地洞识的东西。因此，我们的知识可能涉及经验的对象，其确定性毕竟能够同时是经验性的和理性的，也就是说，如果我们从先天原则中认识一个经验性地确定的命题的话。

我们不可能对一切都有理性的确定性，但在我们能够有理性的确定性的地方，我们必须把理性的确定性置于经验性的确定性之前。

一切确定性都要么是**无中介的**确定性，要么是**有中介的**确定性，也就是说，它们要么需要一种证明，要么不能有也不需要有一种证明。尽管在我们的知识中还有很多东西只是间接地确定的，亦即惟有通过一种证明才确定的，但毕竟必须也有某种**不能演证的东西**或者**直接确定的东西**，而且我们的全部知识都必须从**直接确定的**命题出发。

一种知识的所有有中介的或者间接的确定性所基于的证明，要么是**直接的**证明，要么是**非直接的**，亦即**间接的**证明。如果我从其根据来证明一个真理，则我是在对它做一个直接的证明，而如果我从反面的虚假推论一个命题的真理性，则我是在做一个间接的证明。但是，要使间接证明具有效力，两个命题就必须是**矛盾的**或者**截然**对立的。因为两个仅仅相反对立的命题（contrarie opposita）可能二者皆错。是数学的确定性之根据的证明叫做**演证**，是哲学的确定性之根据的证明叫做**秘传的**证明。每一种一般而言的证明的本质成分是其**质料**和**形式**，或者**证明根据**和**连贯性**。

科学来自真知，科学可以被理解为一种知识作为体系的总和。它与**普通的**知识，亦即一种知识作为**纯然的集合**的总和相对立。体系基于整体的理念，它先行于各部分，与此相反，在普通的知识或者知识的纯然集合那里，各部分先行于整体。有**历史的**科学和**理性的**科学。 〔72〕

在一门科学中，我们常常只**知道知识**，但不知道由知识**所表象的事物**；因此，可能有一门关于这样的东西的科学，对于这种东西，我们的知识不是真知。

※　　　※　　　※

从迄今关于视之为真的本性和种类所作出的说明中，我们可以得出普遍的结论：因此，我们的一切确信要么是**逻辑的**，要么是**实践的**。也就是说，如果我们知道，我们没有任何主观根据，而且视之为真毕竟是充分的，那么，我们就**得到确信**，确切地说**在逻辑上**或者从**客观的**根据中得到确信（客体是确定的）。

但是，由在**实践的关系**中与客观根据一样有效的主观根据而来的完满的视之为真，也是确信，只不过不是一种逻辑的确信，而是**实践的确信**（**我确定**）。而且这种实践的确信或者这种**道德的理性信念**往往比一切真知都更坚定。对于真知来说，人们还倾听反面的根据，但对于信念来说却不这样，因为在这里不是取决于客观的根据，而是取决于主体的道德兴趣。①

〔73〕与确信相对立的是**臆信**，即一种出自不充足的根据的视之为真，关于这些根据人们不知道，它们是纯然主观的，还是也有客观的。

臆信经常走在确信前面。我们意识到许多知识，只是我们不能够判断，我们视之为真的根据是客观的还是主观的。因

① 因此，这种实践的确信就是**道德的理性信念**，在最本真的意义上，惟有它才必须被称为信念，并且作为这样的信念与真知和一切一般而言的理论确信或者逻辑确信相对立，因为它绝不能提高为真知。与此相反，所谓的历史信念如已经说明的那样，不可与真知相区分，因为它作为一种理论的或者逻辑的视之为真，本身就能够是一种真知。我们能够以同一种确定性来接受一种基于他人见证的经验性真理，就像我们通过自己的经验的事实达到这种确定性一样。对前一种经验性的真知来说，有某种骗人的东西，但对于后者来说亦复如是。

历史的或者间接的经验性真知基于见证的可靠性。属于对一个无可指责的证人的要求的，有**真实可靠**（能干）和**完整无缺**。

此，为了能够从纯然的臆信达到确信，我们必须首先**考虑**，亦即看一看一种知识属于什么样的认识能力，然后再**研究**，亦即检验根据在客体方面是充足还是不充足。许多人停留在臆信。若干人达到了考虑，少数人达到了研究。在此知道什么属于确定性的人，将不易把臆信和确信混为一谈，因而也不易臆信。有一种赞同的规定根据，是由客观的根据和主观的根据复合而成的，大多数人不能把这种混合的作用分辨开来。

尽管每一种臆信在形式上（formaliter）都是虚假的，也就是说，如果在这里不确定的知识显得是确定的，但是，它毕竟可以在质料上（materialiter）是真的。这样，臆信也与意见有区别，意见是一种不确定的知识，**只要这种知识被视为不确定的**。

视之为真（在信念中）的充分性可以通过打赌和发誓来检验。前者需要**相对**充足的**客观**根据，后者需要**绝对**充足的客观根据，否则，如果没有客观根据，就仍然是一种绝对在主观上充足的视之为真。

※　　※　　※

人们往往习惯于使用这样的表述：**附和其判断，克制**、**延迟或者放弃其判断**。这些和类似的语式似乎暗示着，在我们的判断中有某种任意的东西，因为我们把某种东西视之为真，是因为我们愿意视之为真。据此，这里问的就是：**意欲是否对我们的判断有一种影响**？

意志对视之为真没有直接的影响；有直接的影响也会是很荒唐的。如果说：**我们乐意相信我们所期望的东西**，则这仅仅 〔74〕
意味着我们的**善良愿望**，例如父亲关于自己的子女的愿望。如果意志对我们确信我们期望的东西有一种直接的影响，则我们就会总是形成一种幸福状态的幻想，然后也总是把它视之为真。但是，意志不能与违背其愿望和偏好的真理的确切证明相抗争。

然而，只要意志要么激励要么阻止知性去探究一个真理，则人们就必须承认它对**知性的应用**有一种影响，从而也间接地对确信有一种影响，因为确信十分有赖于知性的应用。

可是，特别地就我们的判断的**延迟**或者**克制**而言，这种延迟或者克制就在于不使一个纯然**暂时性的**判断成为一个**规定性的**判断的决心。一个暂时性的判断是这样一个判断，通过它我设想，虽然对于一个事物的真理性来说，支持的根据比反对的根据更多，但这些根据尚不足以作出一个**规定性的**或者**确定的**判断，让我直截了当地裁定其为真。因此，暂时性的判断是一种有意识地仅仅或然的判断。

判断的克制可能在两个方面发生：**要么**，为了搜寻规定性的判断的根据，**要么**，为了**绝不**作出判断。在前一种场合，对判断的延迟叫做一种**批判的**延迟（suspensio judicii indagatoria [对判断的探索性延迟]），在后一种场合则叫做一种**怀疑的**延迟（suspensio iudicii sceptica [对判断的怀疑性延迟]）。因为怀疑论者放弃一切判断，与此相反，真正的哲学家在他尚未有足够的根据把某种东西视之为真的时候，就仅仅延迟自己的判断。

按照准则来延迟自己的判断，这要求一种惟有随着年龄的增长才出现的熟练的判断力。总而言之，对我们的赞同的克制是一件很困难的事情，部分是由于我们的知性如此渴望借判断来扩展自己，并且以知识来丰富自己，部分是由于我们的癖好总是集中于某些事情甚于其他事情。但是，谁不得不经常收回自己的赞同并由此变得聪明和谨慎，将出于后来又不得不收回
〔75〕自己的判断的担心，而不如此迅速地表示赞同。这种**撤回**总是一种伤害，并且是对其他一切知识表示不信任的原因。

我们在这里还要说明：质疑判断，这与延迟判断不是一回

事。在延迟判断时，我对事物总还有一种兴趣，但在质疑判断时，并不总是按照我的目的和兴趣去裁定事物是否真实。

对于在一切沉思和研究中的知性应用来说，暂时性的判断都是很有必要的，甚至是不可或缺的。因为它们是用来在其探究中指导知性，并为此把不同的手段交到知性手中。

在我们沉思一个对象的时候，我们总是必须已经暂时性地作判断，而且仿佛是已经嗅到我们将通过沉思分享的知识。而人们如果意在发明和发现，就总是必须制订一个暂时性的计划，否则，思想就纯然是按照偶然之事进行。因此，人们可以把研究一个事物的**准则**视为暂时性的判断。就连**预先推定**，人们也可以称为暂时性的判断，因为早在有规定性的判断之前，人们就已经预先推定自己关于一个事物的判断。因此，这类判断大有用处，甚至可以给出我们应当如何对一个客体暂时作判断的规则。

※　　　※　　　※

必须把成见与暂时性的判断区别开来。

成见**如果被假定为原理**，就是暂时性的判断。每一个成见都可以被视为错误判断的原则，从成见中产生的不是成见，而是错误的判断。因此，人们必须把从成见中产生的虚假的认识与其源泉即成见本身区别开来。例如，梦的意义就自身而言不是成见，而是从假定的如下普遍规则产生的错误：若干次应验的东西，就总是应验，或者应当被视之为真。而梦的意义隶属于其下的这个原理，就是一个成见。

有时，成见是真的暂时性判断，只不过它们作为原理或者作为**规定性的**判断对我们生效，就是不正当的。这种错觉的原因应当在于，由于**缺乏**必须先行于一切判断的**考虑**，主观的根据被视为客观的根据。因为即便我们能够接受许多知识，例如直接确定的命题，而不**研究**它们，也就是说，不检验它们的真 〔76〕

理性的条件，但是，如果不加**考虑**，也就是说，不把一种知识与它由以产生的认识能力（感性或者知性）加以比较，我们就毕竟不能且不可以对任何东西作出判断。即便在不进行研究的地方，这种考虑也是必要的。如果我们不加这种考虑就接受判断，由此就会产生成见，或者由被错误地视为客观根据的主观原因而来的判断原则。

成见的主要源泉是：**模仿**、**习惯**和**偏好**。

模仿对我们的判断有普遍的影响，因为把别人冒充为真的东西视之为真，这是一个强有力的根据。因此，便有了这样的成见：人人都在做的事情，就是正当的。至于从习惯产生的成见，我们惟有通过漫长的时间来清除，其时知性通过反面的根据，逐渐地在判断中被阻止和延迟，由此渐渐地达到一种相反的思维方式。但是，如果习惯的成见同时由于模仿而产生，那么，就很难使拥有这种成见的人摆脱它。人们也可以把出自模仿的成见称为**被动地使用理性的癖好，或者用理性的机械作用取代理性在法则之下的自发性的癖好**。

理性固然是一种积极的原则，它不应当仅仅从他人的权威借用任何东西，甚至在说到理性的**纯粹**使用时，就连从经验借用也不行。但是，很多人的惰性使得他们宁可追随他人的足迹，而不是尽力使用其自己的知性力量。这类人可能总是只成为他人的拷贝，如果所有人都是这样，世界就会永远停滞不前。因此，极其必要和重要的是：不使年轻人像通常发生的那样去纯然地模仿。

〔77〕有许多事物，促使我们习惯于模仿的准则，并由此使理性成为成见的肥沃土壤。属于模仿的这类辅助手段的有：

1. **程式**。这是一些其表达用做模仿的典范的规则。此外，它们对于简化复杂的命题非常有用，因此，最聪明的头脑试图发明这类程式。

2. **格言**，其表达具有一种言简意赅意义的高度确切，以至于看起来用词更少就不能囊括这种意义。人们相信这类总是必须借自他人的箴言（dicta）具有一种确定的无误性，它们由于这种权威性，而用做规则和法则。《圣经》的箴言叫做 χατ' ἐξοχην［地地道道的］格言。

3. **警句**，亦即作为一种成熟的判断力的产品，通过强调其中所包含的思想而给人印象并经常数世纪之久保持其威望的命题。

4. **法规**。这是些用做科学的基础，并指示着某种崇高的和深思熟虑的东西的普遍学理。人们还能够以一种警句式的方式表达法规，以便它们更让人喜欢。

5. **谚语**（proverbia）。这是普通知性的通俗规则或者用来表示其通俗判断的表述。既然这类纯然地方性的命题仅仅用做普通大众的警句和法规，所以它们在受过较典雅教育的人们那里遇不到。

※　　　※　　　※

从成见的上述三种普遍的源泉中，特别地从模仿中，而今产生一些特殊的成见，其中我们在这里想提及的是如下成见，作为最常见的成见。

1. **威望的成见**。算做这些成见的有：

a. **人格的威望的成见**。如果我们在基于经验和见证的事物上把我们的知识建立在其他人格的威望上，则我们由此并不为任何成见负疚，因为在这类事情上，既然我们不能亲历并用 〔78〕
我们自己的知性来把握一切，人格的威望就必然是我们的判断的基础。但是，如果我们使他人的威望成为我们在理性知识方面的视之为真的根据，我们就是在根据纯然的成见来接受这些知识。因为理性真理的有效是匿名的；这里的问题不是：谁说了它？而是：他说了什么？事情不在于一种知识是否有高贵的起源；但尽管如此，对伟大人物的威望的癖好是共有的，部分地是由于自己的洞识的局限性，部分地是由于热衷模仿被作为**伟大的**而描述给我们的东西。此外还有：人格的威望还用来以一种间接的方式来取悦我们的虚荣。也就是说，就像一个强大的专制君主的臣民们引以为傲的是，他们全都受到君主的平等对待，因为就最卑微者和最高贵者面对其统治者的无限权力都什么也不是而言，最卑微者能够觉得自己与最高贵者是平等的那样，如果一个伟大人物的崇拜者们相互之间可能具有的优势相对于伟大人物的功勋来看，可以被视为无关紧要的，那么，他们也可以把自己评判为平等的。因此，受到高度赞扬的伟大人物出自不止一种理由，给这种对人格威望的成见的癖好以不小的助长。

b. **群众威望的成见**。主要是下层民众倾向于这种成见。因为既然下层民众没有能力评判人格的功绩、能力和知识，所以他们宁可坚持群众的判断，其预设是：所有人都说的，必定是真的。然而，这种成见在下层民众这里只与历史事物相关，而在他们本身感兴趣的宗教事务上，他们则听任学者的判断。

总而言之，值得注意的是，无知者对于学问有一种成见，而学者则与此相反，又对普通知性有一种成见。

如果学者在差不多已经周游各门科学之后，其全部辛劳并
〔79〕没有使他获得应有的满足，他最终就对学问产生一种不信任，特别是在这样一些思辨方面，这里概念不能被感性化，其基础是动摇的，例如在形而上学中。但是，既然他毕竟相信，关于某些对象的确定性的钥匙必定能在某个地方找到，而今，在他如此之久沿着科学探究的道路寻找它却徒劳无功之后，他便在普通知性那里寻找它。

然而，这种希望却是骗人的，因为如果受过培养的理性能

力在某些事物的知识方面不能有所建树，那么，未受过培养的理性能力也肯定同样做不到。在形而上学中，援引普通知性的箴言在任何地方都是不允许的，因为在这里，不能够具体地阐述任何事例。但对于道德来说，当然是另一种情况。在道德中，不仅一切规则都能够被具体地给予，而且实践理性通过普通的知性应用的工具来显示自己，要比通过思辨的知性应用的工具更清楚，且更正确。因此，关于道德事务和义务，普通知性常常比思辨知性作出更正确的判断。

c. **时代威望的成见**。在这里，对**古代**的成见是最重要的成见之一。虽然我们当然有理由对古代作出有利的判断，但这只是一种适度的敬重的根据，只不过由于我们使古人成为知识和科学宝库的主人，把他们的作品的**相对**价值提升成**绝对**的价值，盲目地信赖它们的成就，我们常常逾越这种敬重的界限。如此过分地崇尚古人，就是使知性退回到它的童年，并忽视自己的才能的使用。如果我们相信古代所有人都像其作品一直流传给我们的人那样写得经典，我们也会犯错误。也就是说，既然时间筛选一切，惟有具有一种内在价值的东西才保存下来，则我们可以不无根据地假定，我们只拥有古人的最佳作品。

有许多原因产生和维持对古代的成见。

如果某种东西超出了遵循一个普遍的规则的期待，人们最初就对它感到**惊异**，然后这种惊异往往转化为惊赞。当人们在古人那里发现了某种东西，考虑到他们生活于其中的时代状况，人们并未寻找这种东西时，就是这种情况。另一个原因在于这种状况，即古人和古代的知识显示出一种博学和博览，它总是赢得敬重，尽管人们从古人的研究中所汲取的事情自身可能是普通的和无关紧要的。第三个原因就是感激，我们应当对古人持有感激之情，因为是他们为我们开辟了许多知识的道 〔80〕

路。看起来，对他们表示一种特殊的高度评价是公正的，但我们却常常做得过分。最后，第四个原因可以在对同时代人的某种嫉妒中去寻找。不能与近人匹敌的人，便以近人为代价来吹捧古人，以便近人不能居于他之上。

与此相反的成见是**新颖性**的成见。有时，古代的威望和有利于古代的成见降低，特别是在本世纪初，当著名的**封德耐尔**倒向近人一边的时候。对于能够加以扩展的知识来说，当然我们对近人比对古人有更多的信任。但是，这个判断也只是作为一个暂时性的判断才有根据。如果我们使它成为一个规定性的判断，它就成为成见。

2. **由自爱或者逻辑上的唯我主义而来的成见**，按照这种成见，人们把自己的判断与他人的判断的一致视为一个可有可无的真理标准。它们与威望的成见相对立，因为它们是在对自己的知性的产品，例如对自己的学术体系的某种偏爱中表现出来的。

※　　※　　※

放下成见不管，或者干脆庇护成见，这是不是有益的和可
〔81〕取的？令人惊奇的是，在我们这个时代还能够提出这类问题，特别是关于庇护成见的问题。庇护某人的成见，就等于以好意来欺骗某人。让成见不受触动，尚属可行；因为谁能够从事于揭露和清除每一个成见呢？但是，全力以赴地根除成见，这是否可取，却毕竟是另一个问题。与旧的、根深蒂固的成见作斗争，当然是困难的，因为它们甚至为自己辩护，俨然是其自己的法官。人们也试图以根除成见会产生各种害处，来为放任成见不管辩护。但是，人们还是允许这些害处吧，它们在后世会带来更多的好处。

十、或然性——对或然性的解释——或然性与貌似性的区别——数学的或然性和哲学的或然性——怀疑——主观的怀疑和客观的怀疑——怀疑论的、独断论的和批判的思维方式或者哲学思维的方法——假说

关于对或然之物的知识的学说也属于关于我们的知识的确定性的学说，或然之物可以被视为对确定性的一种接近。

或然性可以被理解为一种由不充分的根据而来的视之为真，但这些不充分的根据与反面的根据相比，与充分的根据有一种更大的比例。通过这种解释，我们就把或然性（probabilitas）与纯然的**貌似性**（verisimilitudo）区别开来，后者是一种由不充分的根据而来的视之为真，只要这些根据比反面的根据更大。

也就是说，视之为真的根据要么是**在客观上**、要么是**在主观上**比反面的根据更大。是两种情况中的哪一种，惟有通过人们把视之为真的根据与充足的根据进行比较才能看出；因为在这种情况下，视之为真的根据**能够**比反面的根据更大。因此， 〔82〕
对于或然性来说，视之为真的根据是**客观地有效的**，对于纯然的貌似性来说则与此相反，视之为真的根据只是**主观上有效的**。貌似性仅仅是臆信的量，或然性则是向确定性的一种接近。对于或然性来说，必须总有一个据以能够估算它的尺度。这个尺度就是**确定性**。因为当我把不充足的根据与充足的根据进行比较时，我必须知道，确定性需要多少。但是，这样一个尺度对于纯然的貌似性来说是不存在的，因为我在这里不是把不充足的根据与充足的根据进行比较，而仅仅是与反面的根据进行比较。

或然性的要素可能要么是**同质的**，要么是**异质的**。如果它们是同质的，就像在数学知识中那样，那么，它们就必须是**可数的**；如果它们是异质的，就像在**哲学**知识中那样，那么，它们就必须是**可权衡的**，也就是说，可以按照结果来评价的；但这种结果是按照对心灵中的障碍的克服来评价的。后者与确定性没有关系，而只是与同他物的一种貌似性有关系。由此得出：惟有数学家能够规定不充足的根据与充足的根据的关系，哲学家则必须满足于貌似性，满足于纯然主观的和实践上充分的视之为真。因为在哲学知识中，由于根据的异质性而无法评估或然性；在这里，可以说并不是所有重量都得到说明的。因此，关于**数学的**或然性，真正说来人们也只能说：**它多半是确定的**。

关于一种或然性的逻辑学（logica probablium），人们讲过很多。然而，这种逻辑学却是不可能的；因为如果不能在数学上权衡不充足的根据与充足的根据的关系，则一切规则都毫无用处。除了"不会**在同一方面**遇到错误，在客体中必有赞同的根据"，以及"如果在**两个相反的方面**以同样的**量**和同样的**程度**犯错误，则真理就在**中间**"之外，人们在任何地方也给不出或然性的普遍规则。

※　　※　　※

〔83〕**怀疑**是视之为真的一个反对根据或者一个纯然的障碍，它可以要么**在主观上**、要么**在客观上**来考察。也就是说，**在主观上**，怀疑有时被当做一个优柔寡断的心灵的状态，而**在客观上**，则被当做对视之为真的根据不充足的知识。在后一方面，它叫做**异议**，这就是说，把一种被视为真的知识视为虚假的客观根据。

视之为真的一个纯然主观上有效的反对根据是疑虑。在疑虑时，人们不知道视之为真的障碍是客观的还是仅仅主观的，例如仅仅基于偏好或习惯等等。人们怀疑着，而不去清晰地和明确地解释怀疑的根据，不能洞识这种根据是在于客体本身还是仅仅在于主体。要使这样的疑虑能够被清除，它们就必须被提升为一种异议的清晰性和明确性。因为通过异议，确定性获得清晰性和完备性，而且如果不使反对根据活跃起来，由此能够规定人们离确定性还有多远或者多近，则没有人能够确定一件事情。仅仅答复每一种怀疑也是不够的，人们也必须**消解**它，这就是说：了解疑虑是怎样产生的。若非如此，怀疑就只是**被驳回**，但不是**被取消**，怀疑的种子在这种情况下总还是留存着。在许多场合，我们当然不知道，我们心中视之为真的障碍是仅有主观的根据还是有客观的根据，因而不能通过揭露假象来清除疑虑，因为我们并不总能把我们的知识与客体进行比较，而往往只能把它们相互比较。因此，谦虚就是把自己的异议仅仅作为怀疑讲出来。

※　　　※　　　※

怀疑有一个原理，它就在于以使知识不确定，并指出不可能达到确定性的意图来探讨知识这个准则。哲学思维的这种方法就是**怀疑的**思维方式或者**怀疑论**。它与**独断的**思维方式或者**独断论**相反，后者是仅仅由于表面上的成功而对理性无须批〔84〕判，仅仅通过概念来先天地扩展自己能力的一种盲目信赖。

这两种方法如果成为普遍的，就都是有缺陷的。因为有许多知识，我们都不能独断地对待，而从另一方面，怀疑论通过放弃一切断言的知识，而根除了我们拥有对确定之物的一种知识的一切努力。

但是，无论这种怀疑论多么有害，如果人们把**怀疑的**方法仅仅理解成希望沿着这条途径追踪真理、而把某种东西当做不确定的来对待、并使其达到极度的不确定性的方式，则这种方法还是有用的、合乎目的的。因此，这种方法真正说来只是判断的一种延迟。它对于**批判的**行事方式来说很有用，批判的行事方式应当被理解为哲学思维的这样一种方法，人们按照这种方法去探究自己的主张或者异议的**源泉**，以及它们所依据的根据；一种给人以达到确定性的希望的方法。

在数学和物理学中并未出现怀疑论。惟有既非数学的亦非经验性的知识，即**纯哲学的**知识，才能导致怀疑论。绝对的怀疑论把一切都说成是假象。因此，它把假象与真理区别开来，因而必须有一个区别的特征，从而必须以对真理的一种知识为前提条件，这样一来就自相矛盾。

※　　　※　　　※

关于或然性，我们在上面说到，它仅仅是对确定性的一种接近。假说尤其是这种情况，通过假说，我们绝不能在我们的知识中达到一种必然的确定性，而是永远只能达到一种时而大、时而小的或然性。

假说是因结果的充分的缘故而把关于一个根据的真理性的判断视之为真，或者简言之，是**把一个作为根据的预设视之为真**。

〔85〕据此，假说中的一切视之为真都基于：作为根据的预设足以由此解释其他作为结果的知识。因为人们在这里是从结果的真理性推论根据的真理性。但是，既然如上面说过的，这种推论方式惟有在一个假定的根据的**一切可能的结果**都为真的情况下，才能给出一个充分的真理标准，并导向一种必然的确定性，则由此可见，由于我们永远不能规定一切可能的结果，假说就永远是假说，亦即我们拥有不能达到其完全的确定性的预设。尽管如此，一种假说的或然性仍然可以增长，并且提升为确定性的一个**类似物**，也就是说，如果**我们迄今遇到的一切结果**都能够从预设的根据得到解释的话。因为在这样一种情况下，就没有理由不假定一切可能的结果

都能够由此得到解释。因此，我们在这种情况下就听命于假说，就好像它是完全确定的，尽管它惟有通过归纳才是确定的。

在每一种假说中，毕竟有某种东西必须是必然地确定的，亦即：

1. **预设本身的可能性**。例如，如果我们为了解释地震和火山而预设一种地下火，则这样一种火毕竟必须是可能的，即便并不正是一种燃烧的物体，却毕竟是一种炽热的物体。但是，为了某些别的现象而使地球成为一个动物，在其中内部液体的循环造成了热，却叫做提出一种纯然的虚构，而不是假说。因为现实性可以虚构，但可能性却不行；后者必须是确定的。

2. **连贯性**。从假定的根据中必须正确地引出结果；若不然，假说就成为一种纯然的幻想。

3. **统一性**。一种假说的本质要求就是，它是惟一的，并不需要辅助假说来支持它。如果我们对于一个假说而言不得不求助于更多别的假说，那么，该假说就由此大大失掉其可能性。因为从一个假说能够引出的结果越多，它就越是可能，越少则越不可能。例如，**第谷·布拉赫**的假说就不足以解释许多现象；因此，他为补充而采用更多新假说。在这里已经可以猜出，他采用的假说不可能是真正的根据。与此相反，哥白尼的体系是这样一种假说，应当从它得到解释的一切，**就迄今对我们来说以发生的而言**，都得到了解释。且在这里不需要辅助的假说（hypotheses subsidiarias）。 〔86〕

有一些科学，它们不允许任何假说，例如数学和形而上学。但在自然学说中，假说是有用的和不可或缺的。

附录：论理论知识和实践知识的区别

一种知识被称为**实践的**，与**理论的**知识相对立，但也与**思辨的**知识相对立。

也就是说，实践的知识要么

1. 是**命令式**，而且就此而言与**理论的**知识相对立；要么它们包含着

2. **可能的命令式的根据**，而且就此而言与**思辨的**知识相对立。

一般而言的**命令式**被理解为这样的命题，它陈述一个可能的自由行动，某个目的应当通过这个行动而被实现。因此，任何包含着命令式的知识都应当被称为**实践的**，确切地说与**理论的**知识相对立而应当被称为实践的。因为理论的知识是这样一些知识，它们在这里不陈述应当是什么，而陈述是什么，因而不以**行动**为其客体，而是以一种**存在**为其客体。

与此相反，如果我们使实践的知识与**思辨的**知识相对立，则它们也能够是**理论的，只要能够从它们推导出命令式**。在这种情况下，从这种考虑来看，它们在**内容**上（in potential［在潜能上］）或者**客观地**是实践的。也就是说，我们把思辨的知识理解为这样的知识，从它们不能推导出任何行为规则，或者它们不包含可能的命令式的根据。例如，在**神学**中就有大量纯
〔87〕 然思辨的命题。因此，这类思辨的知识永远是理论的；但不能反过来说任何理论的知识都是思辨的；从另一种考虑来看，理论的知识也能够同时是实践的。

一切都以**实践的东西**为归宿，而且我们的知识的实践价值就在于一切理论的东西和一切思辨就其应用而言的这种倾向。但是，这种价值惟有在知识的实践应用指向的目的是一个**无条**

件的目的时，才是一种**无条件的**价值。我们的知识的一切实践应用最终都必须与之相关的惟一的、无条件的和最终的目的（终极目的）是**道德**，我们为此缘故也把道德称为**完全**或者**绝对实践的东西**。据此，哲学的这个以道德性为对象的部分，就会必须叫做 χατ' ἐξοχην［地地道道的］**实践**哲学；尽管任何别的哲学科学总是也有其**实践的**部分，也就是说，能够从提出的理论中包含着为实现某些目的而对其实践应用的一种指南。

第一篇
一般要素论

第一章 论概念 〔91〕

§1 一般概念及其与直观的区别

一切知识，这就是说，一切有意识地与一个客体相关的表象，都要么是**直观**，要么是**概念**。直观是**个别的**表象（repraesentatio singularis），概念是**普遍的**表象（repraesentatio per notas communes）或者**反思的**表象（repraesentatio discursiva）。

通过概念而有的知识叫做**思维**（cognitio discursiva）。

※　　　※　　　※

附释 1 概念与直观相对立，因为它是一种普遍的表象，或者是对许多客体共有的东西的表象，因而是**一种能够包含在不同的客体之中**的表象。

附释 2 说普遍的或者共同的概念，这纯属同义反复——是基于把概念不正确地划分为**普遍的**概念、**特殊的**概念和**个别的**概念的一个失误。可以如此划分的不是概念本身，而只是**概念的使用**。

§2 概念的质料和形式

在每一个概念上，都可以区分**质料**和**形式**。概念的质料是**对象**，概念的形式则是**普遍性**。

〔92〕

§3 经验性的概念和纯粹的概念

概念要么是一个**经验性的**概念，要么是一个**纯粹的**概念(vel empiricus vel intellectualis)。一个**纯粹的**概念是一个并非得自经验，而是**在内容上**也源自知性的概念。

理念是其对象根本不能在经验中遇到的理性概念。

※ ※ ※

附释 1 经验性的概念是通过比较经验的对象而源自感官的，通过知性仅仅获得普遍性的形式。这些概念的实在性基于现实经验，它们就其内容而言汲取自现实经验。但是，是否有**纯粹的知性概念**（conceptus puri)，它们作为这样的概念不依赖于一切经验而仅仅源自知性，这是形而上学必须研究的。

附释 2 理性概念或者理念根本不能导向现实对象，因为现实对象必须都包含在一个可能的经验中。但是，理性概念或者理念毕竟用于通过理性在经验和经验规则极大完善的使用方面引导知性，或者也表明，并非一切可能的事物都是经验的对象，以及经验的对象之可能性的原则并不适用于物自身，也不适用于经验的作为物自身的客体。

理念包含着知性使用的**原型**，例如关于**世界整体**的理念，它是必然的，**不是作为**经验性的知性应用的**建构性**原则，而是仅仅作为旨在我们经验性的知性应用之普遍联系的**范导性**原则。因此，理念可以被视为一个必然的基本概念，以便要么**客观地完成**隶属的知性行动，要么将之视为**不受限制的**。——理念也**不可通过复合**而获得，因为整体先于部分。然而，毕竟有一些理念可以向其接近。**数学的**理念或者**在数学上产生一个整体的**理念就是这种情况，它们与**动力学的**理念有本质的区别，后者与一切具体的概念完全**异质**，因为整体不（像在数学的理念那里一样）是在量上，而是在**种类**上与具体概念不同。 〔93〕

人们不能使理论理念获得客观的实在性，或者证明这种实在性，惟有关于自由的理念除外，确切地说，是因为这个理念是**道德法则**的条件，而道德法则的实在性是一个公理。关于**上帝**的理念的实在性惟有通过关于自由的理念，因而惟有在**实践的**意图中才能得到证明，也就是说：**要如此行动，就好像有一个上帝似的**。

在一切科学中，尤其是在理性的科学中，科学的理念是科学的一般**草图**或者**轮廓**，因而是属于它们的一切知识的范围。这样一个整体理念——人们在一门科学中必须关注和寻找的首要的东西，是**建筑术的**理念，例如法学的理念。

大多数人缺少人类、一个完善的共和国、一种幸福的生活诸如此类的理念。许多人关于自己想要的东西没有任何理念，因此他们是按照本能和权威行事的。

§4 （先天地或者后天地）被给予的概念和被制成的概念

在质料上，一切概念要么是**被给予的**概念（conceptus dati），要么是**被制成的**概念（conceptus factitii）。被给予的概念要么被先天地给予的，要么是被后天地给予的。

一切经验性地或者后天地被给予的概念叫做**经验概念**，先天地被给予的概念叫做**知性概念**。

※ ※ ※

附释 一个概念作为论证的表象，其形式在任何时候都是被制成的。

§5　概念的逻辑起源

仅就形式而论，概念的起源基于反思，且基于对由某个表象所标明的事物之区别的抽象。因此，这里产生的问题是：**知性的哪些行动构成了概念**，或者——这是一回事——**为从被给予的表象产生一个概念需要知性的哪些行动**？

※　　※　　※

〔94〕**附释 1**　既然一般逻辑学通过概念抽掉了知识的一切内容，或者抽掉了思维的一切质料，所以，它只能就思维的**形式**而言，也就是说，只能**主观地**衡量概念；不是衡量概念如何通过一个特征规定客体，而是衡量概念如何能够与诸多客体相关。因此，一般逻辑学不应当研究概念的**源泉**，不应当研究概念如何**作为表象产生**，而是仅仅研究**被给予的表象如何在思维中成为概念**；此外，这些概念可能包含着某种取自经验的东西，或者也包含着某种虚构的东西，或者从知性的本性借来的某种东西。——概念的这种**逻辑的**起源——其仅就形式而言的起源——在于反思，通过反思产生了多个客体共有的表象(conceptus communis)，作为判断力要求的形式。因此，在逻辑学中，在概念上探讨的**仅仅是反思的区别**。

附释 2　就**质料**而言，一个概念要么是**经验性的**，要么是**任意的**或者**理智的**，概念在质料方面的起源是在形而上学中考虑的。

§6　比较、反思和抽象的逻辑行为

概念在其形式上由以产生的逻辑行为是：

1. **比较**，也就是说，在与意识的统一性的关系中各表象的相互比较；

2. **反思**，也就是说，怎样才能把不同的表象包括在一个意识中的考虑；最后

3. **抽象**或者隔离被给予的表象在其中相互区别的所有其余的东西。

※　　※　　※

附释 1　因此，为了用表象制成概念，人们必须能够**比较**、**反思**和**抽象**，因为知性的这三种逻辑操作是产生任何一般概念的根本的和普遍的条件。例如，我看到一棵云杉、一棵柳树和一棵椴树。当我首先把这些对象相互比较时，我发现，它们在干、枝、叶等方面互不相同；但现在，我随即只反思它们相互之间共有的东西，即干、枝、叶本身，并抽象掉它们的大小、形状等，这样，我就得到了关于树的概念。〔95〕

附释 2　在逻辑学中，人们并非总是正确地使用**抽象**这个表述。我们切不可说：抽出**某物**（abstrahere aliquid），而必须说：抽掉**某物**（abstrahere ab aliquo）。例如，当我在鲜红的布中只想到红颜色时，我就是抽掉了布；如果我把这也抽掉，并且把鲜红色当做一般物质材料来思考，则我们就抽掉了更多的规定，而我的概念就由此变得更为抽象。因为从一个概念中删去的事物区别越多，或者说，在概念中抽掉的规定越多，概念就越抽象。因此，真正说来，人们应当把抽象概念称为**进行抽象的**概念（conceptus abstrahentes），也就是说，在其中发生许多抽象的概念。例如，**物体**概念真正说来并不是抽象概念，因为我不能抽掉物体本身，否则我就不能有关于物体的概念。但是，我必须抽掉大小、颜色、硬度或者流动性，简言之，抽掉特殊物体的一切种属规定。**最抽象的**概念是与同它不一样的东西不共有任何东西的概念。关于**某物**的概念就是这样，因为与它不同的东西是**无**，因此它与某物不共有任何

东西。

附释 3 抽象只是普遍有效的表象能够在其下产生的**否定性**条件，**肯定性的**条件是比较和反思。因为通过抽象不**生成**任何概念，抽象只是完成概念，并把它包括在它的明确的界限内。

§7 概念的内涵和外延

每一个概念，**作为分概念**，都包含在事物的表象中，而作为**知识根据**，亦即作为**特征**，这些事物包含**在它下面**。在前一种考虑中，每个概念都有一个**内涵**，在后一种考虑中，都有一个**外延**。

一个概念的内涵和外延成反比例。也就是说，一个概念**在其下**包含的越多，**在其中**包含的就越少，反之亦然。

※　　　※　　　※

附释 概念的普遍性或者普遍有效性并不基于概念是一个**分概念**，而是基于它是一个**知识根据**。

〔96〕

§8 概念外延的大小

一个概念，能够处在它下面并且通过它被思维的事物越多，它的外延或者**范围**就越大。

※　　　※　　　※

附释 就像关于一个一般而言的**根据**，人们说它把**结果**包含在自身之下一样，关于概念，人们也能够说，它**作为知识根据**把所有它被抽掉的事物包含在自身之下，例如金属的概念把金、银、铜等包含在自身之下。因为既然每个概念作为普遍有效的表象，都包含着不同事物的许多表象共有的东西，所有这些就此而言被包含在它下面的事物就都能够通过它而被表象。而正是这一点构成了一个概念的**可用性**。于是，通过一个概念能够被表象的事物越多，这个概念的范围就越大。例如，**物体**概念的外延就大于**金属**概念的外延。

§9　较高的概念和较低的概念

概念如果有其他概念在自身之下，就叫做**较高的**概念（conceptus superiores），与之相比，那些其他概念就被称为**较低的**概念。一个特征的特征——**远离的**特征——是一个较高的概念，与一个远离的特征相关的概念则是一个较低的概念。

※　　※　　※

附释　既然较高的概念和较低的概念只是**相对而言**（respective）这样叫的，所以，同一个概念在不同的关系中，就能够同时是一个较高的概念和一个较低的概念。例如，**人**的概念与**黑人**的概念相关就是一个较高的概念，与**动物**的概念相关就是一个较低的概念。

§10　属和种

较高的概念就其较低的概念而言叫做**属**（genus），较低的概念就其较高的概念而言叫做**种**（species）。

就像较高的概念和较低的概念一样，**属的概念**和**种的概念**也不是就其本性，而是就其在逻辑隶属中的相互关系（termini a quo 或者 ad quo）而言来区分的。〔97〕

§11 最高的属和最低的种

最高的属是不是种的属（genus summum non est species），就像**最低的**种是不是属的种（species，qua non est genus，est infima）一样。

然而，根据连续律，既不能有**最低的**种，也不能有**最近的**种。

※ ※ ※

附释 如果我们设想一系列互相隶属的许多概念，例如铁、金属、物体、实体和物，则我们在这里就获得越来越高的属，——因为任何**种**都总是能够同时就其较低的概念而言被视为**属**，例如，**学者**概念就**哲学家**概念而言就能够被视为属——直到我们最终达到一个不再能够是**种**的**属**。而且我们最终必然能够达到这样的属，因为毕竟最终必须有一个最高的概念（conceptum summum），对它不能再抽掉任何东西而不使整个概念消失。——但是，一个最低的概念（conceptum infimum）或者一个在其下不再包含任何别的种的最低的种，在种和属的系列中是不存在的，因为这样一个概念是不可能规定的。即便我们有**直接**运用于个体的概念，就它而言，也毕竟可能还存在着我们要么没有觉察、要么忽略的种差。惟有**相对于应用**，才有最低的概念，它们仿佛是人们一致同意不再更深入时，通过约定俗成获得这种意义的。

因此，就种属概念而言，适用的是如下普遍的法则：**有不能再是种的属，但没有据说不能再是属的种**。

§12　较宽的概念和较狭的概念——代换概念 〔98〕

较高的概念也叫做**较宽的**概念；较低的概念也叫做**较狭的**概念。

具有同样范围的概念被称为**代换概念**（conceptus reciproci）。

§13　较低的概念与较高的概念、较宽的概念与较狭的概念的关系

较低的概念并不包含在较高的概念之中，因为它在自身中比较高的概念包含**更多**；但它毕竟包含在较高的概念**之下**，因为较高的概念包含着较低的概念的知识根据。

此外，一个概念比另一个概念**更宽**，不是因为它在其下包含**更多**——因为人们不能知道这一点——，而是就它把**另一个概念**以及**除此之外更多的概念**包含在自身之下而言的。

§14　概念隶属方面的普遍规则

在概念的外延方面，适用的是如下普遍规则：

1. 凡适合较高的概念或者与之矛盾的，也适合包含在那个较高的概念之下的所有较低的概念或者与之矛盾；以及

2. 反过来：凡适合**所有**较低的概念或者与之矛盾的，也适合其较高的概念或者与之矛盾。

※　　　※　　　※

附释　由于事物在其中一致的东西，都来自其**普遍的**属性，而事物在其中彼此不同的东西，都来自其**特殊的**属性，所

以，人们不能推论说：凡适合**一个**较低的概念或者与之矛盾的，也适合与它一起属于一个较高的概念的**其他**较低的概念或
〔99〕 者与之矛盾。例如，人们就不能推论说：凡不适合人的，也不适合天使。

§15 较高的概念和较低的概念产生的条件：逻辑抽象和逻辑规定

通过持续的逻辑抽象，产生出越来越高的概念，就像与此相反，通过持续的逻辑规定，产生出越来越低的概念。最大可能的抽象给出最高的或者最抽象的概念——不能再想去掉任何规定的概念。最高的圆满规定会产生一个**被通盘规定**的概念（conceptus omnimode determinatum），也就是说，一个不能再想加上任何进一步的规定的概念。

※　　※　　※

附释　既然只有个别事物或者个体是被通盘规定的，所以能够有的被通盘规定的知识也只是作为**直观**，但不是**作为概念**；就概念而言，逻辑规定绝不能被视为圆满的（第11节附释）。

§16 概念的抽象使用和具体使用

每一个概念都能被**普遍地**和**特殊地**（in abstacto 和 in concreto）使用。较低的概念就其较高的概念而言被抽象地使用，较高的概念就其较低的概念而言被具体地使用。

※　　※　　※

附释1　**抽象**和**具体**这些表述与概念自身无关——因为每个概念都是一个抽象的概念，倒是与其**使用**相关。而且这种使

用又可以有不同的级别，依人们或多或少抽象地或者具体地对待一个概念，亦即或多或少要么从它去掉要么给它增添规定而定。通过抽象的使用，一个概念接近最高的属，与此相反，通 〔100〕过具体的使用，它接近个体。

附释 2 在概念的抽象使用和具体使用中，哪一种使用比另一种使用更优越？对此不能作出任何裁定。不能把一种使用的价值估评为比另一种使用的价值更小。通过很抽象的概念，我们在**许多**事物上知之甚**少**，通过很具体的概念，我们在**少数**事物上知之甚**多**；因此，我们在一方面获得的，又在另一方面失去。范围大的概念，就人们能够把它运用于许多事物而言，是很有用的；但也因此而在它里面包含的东西更少。例如，在**实体**这个概念中，我想到的就不如在**粉笔**的概念中想到的那样多。

附释 3 **通俗性的艺术**就在于，在同一知识的抽象介绍和具体介绍之间，因而在概念和使概念无论就外延而言还是就内涵而言均达到知识的最大值的阐述之间，找到合适的关系。

〔101〕 第二章

论判断

§17 对一般判断的解释

不同表象如果构成一个概念，判断就是其意识统一性的表象，或者是其关系的表象。

§18 判断的质料和形式

任何判断，作为其本质性成分而属于它的，是**质料**和**形式**。判断的**质料**在于被给予的、在判断中结合为意识的统一性的知识，判断的**形式**在于对不同的表象作为表象而属于一个意识的方式的规定。

§19 逻辑反思的对象：判断的纯然形式

既然逻辑学抽掉知识的所有实在的或者客观的区别，则它就像不研究概念的内容一样，也不研究判断的质料。因此，它仅仅考虑判断在其纯然形式上的区别。

〔102〕

§20 判断的逻辑形式：量、质、关系和样式

判断在形式方面的区别可以追溯到**量**、**质**、**关系**和**样式**这四个要素，就它们而言，正好规定出这样多的不同判断

种类。

§ 21　判断的量：全称的、特称的和单称的

就量而言，判断要么是**全称的**，要么是**特称的**，要么是**单称的**，依主词在判断中是**完全**被谓词的概念所**包含**或者**排斥**，还是仅仅**部分地**被其所**包含**或者**排斥**而定。在**全称**判断中，一个概念的范围完全被包含在另一个概念的范围中；在**特称**判断中，前者的一个部分被包含在后者的范围之下；最后，在**单称**判断中，一个根本没有范围的概念因此就纯然作为部分包含在另一个概念的范围之下。

※　　　※　　　※

附释 1　就逻辑形式而言，单称判断在使用上可视同于全称判断，因为在这两种判断中，谓词无例外地适用于主词。例如在单称命题"**卡尤斯有死**"中，和在全称命题"**所有的人都有死**"中一样不可能发生例外。因为只有一个卡尤斯。

附释 2　就一种知识的普遍性而言，在**总括**命题和**普泛**命题之间有一种实在的区别，但这种区别当然与逻辑学无关。也就是说，**总括**命题是这样一些命题，它们仅仅包含着关于某些对象的共相的某种东西，因而并不包含归摄的充分条件，例如"人们必须使证明缜密"这个命题。**普泛**命题则是关于一个对象普遍地断言某种东西的命题。

附释 3　普遍的规则要么是**分析地**普遍的，要么是**综合地**普遍的。**前者**抽掉差异，**后者**关注区别，从而也在区别方面作出规定。一个客体越是被想得单纯，依据一个概念的分析的普 〔103〕
遍性就越是可能。

附释 4　如果不具体地认识全称命题，就不能看出其普遍性，那么，它们就不能用做准绳，因而在运用上就没有**启迪的**

效力，而是仅仅为了研究在特殊场合被首先认识的东西的普遍根据而成为课题。例如**“谁没有兴趣说谎并且知道真情，谁就说真话”**这个命题，就是无法看出其普遍性的，因为我们惟有通过经验，才认识到是限制在无兴趣者的条件上，亦即人可能出自兴趣说谎，这源于他们未坚守道德性。这是一种教会我们认识人性的弱点的观察。

附释 5 关于**特称**判断要注意：如果它们应当能够通过理性看出，因而具有一种理性的、并非纯然理智的（抽象了的）形式，则主词必然是一个比谓词更宽的概念（conceptus latior），如果谓词在任何时候都是○，主词是□，那么，下图

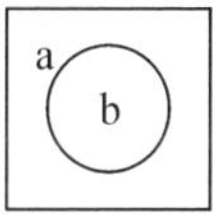

就是一个特称判断，属于 a 下面的有一些东西是 b，有一些不是 b，——这是从理性得出的。但是，如果是下图：

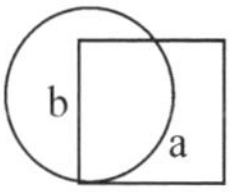

那么，至少倘若 a 较小，则所有 a 都能够包含在 b 下面，但如果 a 较大，则并非所有 a 都能够包含在 b 下面，因此它只是以偶然的方式是特称的。

§ 22 判断的质：肯定的、否定的和无限的

就质而言，判断要么是**肯定的**，要么是**否定的**，要么是**无限的**。在**肯定的**判断中，主词在一个谓词的范围**之下**被思维；在**否定的**判断中，主词被设定在一个谓词的范围**之外**；而在**无**

限的判断中，主词被设定在一个概念的范围**之内**，而这个范围却在另一个概念的范围之外。 〔104〕

※　　※　　※

附释 1　无限判断不仅表明一个主词并不包含在一个谓词的范围之下，而且表明它在该谓词的范围之外，处在无限的范围中的某个地方；因此，无限判断表示谓词的范围**是受限制的**。

一切可能的东西要么是 A，要么是非 A。因此，如果我说：某种东西是非 A，例如人的灵魂是**非有死的**，一些人是**非学者**，等等，则这就是一个无限的判断。因为通过这个判断，超出 A 的无限范围而不能规定客体属于哪个**概念**之下，而只能规定客体属于 A 之外的范围，这真正来说根本不是范围，而只是**一个范围与无限者的接壤**或者**接壤本身**。尽管排除是一种否定，但毕竟对一个概念的限制是一个肯定性的行动。所以，界限是被限制的对象的肯定性概念。

附释 2　按照排中律（exclusi tertii），一个概念的范围相对于另一个范围要么是排除的，要么是包含的。而今，既然逻辑学只谈判断的形式，不在其内容上谈概念，则无限的判断与否定的判断的区分就不属于这门科学。

附释 3　在否定判断中，否定总是涉及系词，而在无限判断中否定涉及的就不是系词，而是谓词，这在拉丁语中表现得最好。

§ 23　判断的关系：定言的、假言的和选言的

就关系而言，判断要么是**定言的**，要么是**假言的**，要么是**选言的**。也就是说，判断中被给予的表象为了意识的统一性而一个隶属于另一个，要么是作为**谓词**隶属于**主词**，要么是作为

结果隶属于**根据**，要么是作为**划分的环节**隶属于**被划分的概念**。第一种关系规定的是**定言**判断，第二种关系规定的是**假言**判断，第三种关系规定的是**选言**判断。

〔105〕

§ 24　定言判断

在定言判断中，主词和谓词构成判断的质料，规定和表述主词和谓词之间关系（一致或者冲突）的形式，则叫做**系词**。

※　　　※　　　※

附释　定言判断虽然构成其他判断的质料，但人们切不可像许多逻辑学家那样相信，无论是假言判断还是选言判断，都无非是定言判断的不同表述，因而全都可以归结为定言判断。所有这三种判断都基于知性的本质上有别的逻辑功能，因而必须按照其种属的差异来衡量。

§ 25　假言判断

假言判断的质料由两个判断组成，它们作为根据和结果而相互联结。这两个判断中包含着根据的那一个是**前件**（antecedens，prius），作为结果而与前者相关的另一个判断则是**后件**（consequens，posterius），两个判断相互之间联结成意识的统一性的这种方式的表象则被称为**连贯性**，它构成假言判断的形式。

※　　　※　　　※

附释 1　对于定言判断来说是系词的东西，对于假言判断来说就是连贯性——假言判断的形式。

附释 2　一些人相信，可以轻而易举地把一个假言命题转换成一个定言命题。然而，这是行不通的，因为二者在本性上是彼此完全不同的。在定言判断中，没有任何东西是或然的，一切都是实然的，与此相反，在假言判断中，只有连贯性是实然的。因此，在假言判断中，我可以把两个虚假的判断彼此联结，因为这里只取决于联结的正确性——**连贯性的形式**，这些 〔106〕判断的逻辑真理性就基于此。在"一切物体都是可分的"和"如果一切物体都是复合的，则它们就是可分的"这两个命题之间有一种根本的区别。在前一个命题中，我直截了当地断定事物，在后一个命题中我只是在一个或然地表述的条件下断定事物。

§ 26　假言判断中的联结方式：肯定式和否定式

假言判断中的联结形式有两种：**肯定式**（modus ponens）和**否定式**（modus tollens）。

1. 如果根据（前件）真，则由它规定的结果（后件）也真；这叫做肯定式。

2. 如果结果（后件）虚假，则根据（前件）也虚假；这叫做否定式。

§ 27　选言判断

如果一个被给予的概念的范围的各个部分在整体中相互规定，或者作为补充（complementa）相互规定成一个整体，那么，一个判断就是**选言的**。

§ 28　选言判断的质料和形式

选言判断由以复合而成的诸多被给予的判断，构成选言判断的质料，并且被称为**选言支或者对立支**。这些判断的形式就在于选言本身，亦即在于把不同的判断作为被划分的知识的整个范围之相互排斥和相互补充的各支，对其关系的规定。

※ ※ ※

附释 因此，一切选言判断都把不同的判断表现**为共处在**
〔107〕**一个范围之中的**，并且每个判断都是惟有通过就整个范围而言对其他判断的限制才产生的，因此，它们规定着每个判断与整个范围的关系，并由此同时规定着这些不同的分支（membra disjuncta［选言支］）相互之间的关系。因此，一个支规定着其他每个支，只要它们全都作为一个完整的知识范围的各部分而共处，而**在这个范围之外则无法以某种关系来设想任何东西**。

§29 选言判断的独特性质

就关系要素来看，一切选言判断的独特性质规定着它们与其余判断，特别是与直言判断的区别，这种独特性质就在于：各选言支全都是或然判断，关于它们想到的无非是，它们像一种知识的范围的各部分，每一个都是在把另一个补充成整体（conplementum ad totum）一样，合起来就等于这种知识的范围。而且由此得出：真理必定包含在这些或然判断的某一个里面，或者——换句话说也一样——这些判断中的某一个必定**实然**有效，因为除了这些判断，该知识的范围在给定的诸条件下就不再包含任何东西，而且一个条件与另一个条件相对立，所以**既不能**在它们**之外**有某种别的东西是真的，**也不能**在它们**中间**有不止一个是真的。

※ ※ ※

附释 在一个定言判断中，其表象被视为另一个上级表象的范围之一个部分的事物，被视为包含在它的这个上级概念之下，因此，这里在范围的隶属中，部分是从部分而与整体相比较的。但在选言判断中，我却是从整体走向所有合起来而言的部分的。包含在一个概念的范围之下的东西，也包含在这个范围的各部分的某一个之下。据此，必须首先对范围进行划分。例如，当我作出选言判断“一个学者要么是一个历史学者，要么是一个理性学者”时，我由此就规定，这些概念就范围而论都是学者范围的部分，但绝不相互是部分，而且这些部分合起来是完全的。

在选言判断中，并非被划分的概念的范围被视为包含在划 〔108〕
分的范围之中，而是包含在被划分的概念之下的东西，被视为包含在划分的各支的某一个之下，定言判断和选言判断之间进行比较的下图将会使这一点更为直观。

在定言判断中，包含在 b 之下的 x 也包含在 a 之下：

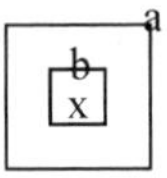

在选言判断中，包含在 a 之下的 x 要么包含在 b 之下，要么包含在 c 之下，如此等等：

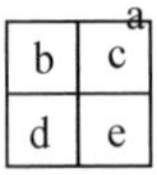

因此，选言判断中的划分表明的不是整个概念的各部分的同位排列，而是其范围的所有部分。在这里，我通过一个概念思维许多事物，在前者，我通过许多概念思维一个事物，例如通过同位排列的所有特征来思维被定义者。

§ 30　判断的样式：或然的、实然的和必然的

整个判断与知识能力的关系是通过样式这个要素来规定

的，就样式来看，判断要么是**或然的**，要么是**实然的**，要么是**必然的**。或然判断伴随判断的纯然可能性的意识，实然判断伴随判断的现实性的意识，最后，必然判断伴随判断的必然性的意识。

※　　※　　※

附释1　因此，样式这个要素仅仅表明判断中某种东西被断定或者否定的方式，即：人们是否对一个判断的真或者非真
〔109〕未澄清任何东西，像在或然判断“人的灵魂可能不死”中；或者人们是否就此规定了某种东西，像在实然判断“人是有死的”中；或者最后，人们是否甚至以必然性的威严来表述一个判断的真理性，像在必然判断“人的灵魂必然不死”中。因此，对纯然可能的或者现实的或者必然的真理性的这种规定仅仅涉及**判断本身**，绝不涉及判断的**事物**。

附释2　人们也可以把或然判断解释成其质料是与谓词和主词之间的可能关系一起被给予的判断，在这些判断中，主词的范围在任何时候都比谓词的范围小。

附释3　判断与**命题**之间的真正区别就基于或然判断和实然判断之间的区别，人们通常习惯于错误地认为判断与命题的区别仅仅在于用词表述，没有这些词人们当然到处都不能作出判断。在判断中，不同表象与意识的统一性的关系仅仅被思维成或然的，与此相反在一个命题中则被思维成实然的。一个或然命题是一种 contradictio in adjecto［用词自相矛盾］。在我有一个命题之前，我毕竟必须先作出判断；而且我对许多我未澄清的东西作出判断，但我一旦把一个判断规定为**命题**，我就必须澄清它们。此外，在人们实然地接受判断之前，最好先或然地作出判断，以便以这种方式检验它。对于我们的意图来说，也没有必要总是拥有实然判断。

§ 31　指称判断

判断中包含着一种肯定，但同时以隐蔽的方式包含着一个否定，以至于肯定固然是清晰地发生的，否定却是隐蔽地发生的，这样的判断是**指称**命题。

※　　　※　　　※

附释　在例如“少数人是有学问的”这个指称判断中，包含着：1. “多数人不是有学问的”这个否定判断，但这是以一种隐蔽的方式；以及 2. “一些人是有学问的”这个肯定判断。既然指称命题的本性仅仅取决于语言条件，人们按照这些条件就能够一下子简短地表述两个判断，所以就要注意到，在我们的语言中有必然被指称的判断，不是在逻辑学中，而是在语法中。

§ 32　理论命题和实践命题 〔110〕

与对象相关并且规定什么应归于或者不应归于对象的命题，叫做**理论**命题；与此相反，**实践**命题是陈述作为对象的必要条件、使一个客体由以可能的行动的命题。

※　　　※　　　※

附释　逻辑学只探讨**形式上的**，就此而言与**理论**命题相对立的实践命题。**内容上的**，并且就此而言与**思辨**命题不同的实践命题，属于道德。

§ 33　不可证命题和可证命题

能够有一个证明的命题，就是**可证**命题；不能够有任何证明的命题，被称为**不可证**命题。直接确定的命题是不可证命题，因而被视为**基础命题**。

§34 原理

直接确定的先天判断可以叫做原理，只要其他判断能够从它们得到证明，但它们自己却不隶属任何别的判断。它们因此缘故也被称为**原则**（开端）。

§35 直觉的原理和论证的原理：公理和论理

原理要么是**直觉的**，要么是**论证的**。前者能够在直观中展现出来，并且叫做**公理**（axiomata），后者只可以用概念来表述，并且可以被称为**论理**（acromata）。

〔111〕

§36 分析命题和综合命题

其确定性基于概念（谓词与主词的概念）的**同一性**的命题，叫做**分析**命题。其真理性并不建立在概念的同一性之上的命题，必须被称为**综合**命题。

※ ※ ※

附释 1 “物体概念（a＋b）应归之的一切 x，**广延**（b）亦应归之它”，这是**分析**命题的一个实例。

“物体概念（a＋b）应归之的一切 x，**引力**（c）亦应归之它”，这是**综合**命题的一个实例。综合命题在质料上增加知识，分析命题仅仅在形式上增加知识。前者包含着**规定**（determinationes），后者仅仅包含逻辑**谓词**。

附释 2 分析的原则并不是公理，因为它们是**论证的**。而综合的原则也只有在它们是**直觉的**时，才是公理。

§37　同义反复的命题

分析判断中概念的同一性可以要么是一种**表述性的**（explicita）同一性，要么是一种**非表述性的**（implicita）同一性。在前一种情况下，分析命题就是**同义反复的**。

※　　　　※　　　　※

附释 1　同义反复的命题是能力上空洞的或者**没有结果**的，因为它们毫无用处。例如，同义反复命题“**这人是人**”就是这类东西。因为如果我关于这个人除了知道说他是人之外什么也不知道，则我关于他就根本没有进一步知道任何东西。

与此相反，非表述性的同一命题不是无结果的或者无成果的，因为它通过**展开**（explicatio）使未展开地（implicite）包含在主词的概念中的谓词成为清楚的。

附释 2　无结果的命题必须与**无意义的**命题区别开来，后者之所以在理解上空洞，乃是因为它们涉及的是对所谓**隐秘的属性**（qualitates occultae）的规定。

§38　公设和问题 〔112〕

公设是一个实践的、直接确定的命题，或者是规定一个可能行动的原理，对于这个可能行动来说，前提条件为：实施它的方式是直接确定的。

问题（problemata）是可证的、需要一种指导的命题，或者陈述一个其实施方式并不直接确定的行动的命题。

※　　　　※　　　　※

附释 1　也可以有为了实践理性的**理论**公设。这就是理论的、在实践理性意图中必要的假说，如上帝存在、自由和来世的假说。

附释 2 属于问题的有：1. 包含着应为之事的**询问**；2. 包含着能成应为之事的方式的**解答**；3. 如果我如此行事，我要求的事情就将发生的**演证**。

§ 39 定理、绎理、外来命题和注疏

定理是能够并且需要有一个证明的命题。**绎理**是从先行命题的某一个中产生的直接结果。科学中预设为已得到证明的命题，不是来自本门科学，而是借自其他科学，则叫做**外来命题**(lemmata)。最后，**注疏**纯然是解释性的命题，因此它们并不作为环节属于体系的整体。

※ ※ ※

附释 每一个定理的根本的和普遍的要素就是论题和演证。此外，人们也可以把定理与绎理的区别设定在：绎理是直接推论出来的，与此相反，定理则是从直接确定的命题通过一系列结果得出来的。

§ 40 知觉判断和经验判断

知觉判断是纯然主观的，来自知觉的客观判断是经验判断。

※ ※ ※

附释 来自纯然知觉的判断之所以可能，无非是因为我把我的表象当做**知觉**来陈述：知觉到一座塔楼的我，在它上面知觉到红的颜色。但是我不能说：**它是红的**。因为这会不仅仅是一个经验性的判断，而会是一个**经验判断**，也就是说，是一个

我借以对客体获得一个概念的经验性判断。例如，“**在触及石头时我感觉到热**”，这是一个知觉判断；与此相反，“**石头是热的**”，这是一个经验判断。对于后一个判断来说，我并未把仅仅在我的主体里面的东西归给客体，因为一个经验判断就是关于客体的一个概念由以产生的知觉；例如，“月亮中光点是**在空气中**运动**还是在我的眼睛中**运动”。

〔114〕

第三章
论推理

§41 一般推理

推理可以被理解为从一个判断推导出另一个判断的思维功能。因此，一个一般推理就是把一个判断从另一个判断推导出来。

§42 直接推理和间接推理

所有推理都要么是**直接的**，要么是**间接的**。

一个**直接**推理（consequentia immediata）就是无须一个中介判断（judicium intermedium），而把一个判断从另一个判断推导出来（deductio）。如果人们为了从中推导知识，除了一个判断自身所包含的概念，还需要其他概念，则推理就是**间接的**。

§43 知性推理、理性推理和判断力推理

直接推理也叫做知性推理，与此相反，所有间接推理要么是**理性推理**，要么是**判断力推理**。这里，我们先讨论直接推理或者知性推理。

一、知性推理 〔115〕

§ 44　知性推理的独特本性

一切知性推理的根本特性及其可能性的原则，仅仅在于判断的**纯然形式**的一种改变，而判断的**质料**，即主词和谓词，则保持**同一不变**。

※　　　※　　　※

附释 1　由于在知性推理中被改变的只是判断的形式而绝不是其质料，这些推理就与一切间接推理有本质区别。在间接推理中，诸判断即便**在质料上**也各不相同，因为在这里必须添加一个新概念，来作为中介判断，或者作为中项概念（terminus medius），以便把一个判断从另一个判断中推论出来。例如，如果我推论说：所有人都有死，所以卡尤斯也有死，那么，这不是一个直接推理。因为在这里，我为了推论还需要一个中介判断：卡尤斯是一个人；但是，通过这个新的概念，判断的质料被改变了。

附释 2　在知性推理中，固然也可以构成一个 judicium intermedium [中介判断]，但在这种情况下，这个中介判断就仅仅是**同义反复**。例如在“所有人都有死，**一些人是人**，所以一些人有死”这个间接推理中，中项概念是一个同义反复的命题。

§ 45　知性推理的样式

知性推理贯穿判断的逻辑功能的所有类别，因此其主要方式是通过量、质、关系和样式这些要素来规定的。如下对这些推理的划分就基于此。

〔116〕 **§46　1. 通过从属判断进行的知性推理（与判断的量相关）**

在 per judicia subalterna［通过从属判断进行的］知性推理中，两个判断在**量**上有所区别，而且在这里，从全称判断推导出特称判断，依据的原理是：**从普遍到特殊的推理有效**（ab universali ad particulare valet consequentia）。

※　　※　　※

附释　一个判断，如果它包含在另一个判断**之下**，就叫做从属的；例如，**特称**判断就包含在**全称**判断之下。

§47　2. 通过对立判断进行的知性推理（与判断的质相关）

在这类知性推理中，变化涉及判断的**质**，确切地说与**对立**有关。而今，既然这种对立是一种**三重的**对立，由此就产生如下对直接推理的特殊划分：**通过矛盾对立的判断进行、通过反对对立的判断进行，通过次反对对立的判断进行**。

※　　※　　※

附释　通过**对等**判断（judicia aequipollentia）进行的知性推理，真正说来不能被称为推理，因为在这里并没有产生结果，它们毋宁说应当被视为表示同一个概念的语词的纯然替换，在这里判断本身即便在形式上也保持不变。例如，“并非所有人都是有德性的”和“一些人不是有德性的”。两个判断说的是同一件事。

§48　a. 通过矛盾对立的判断进行的知性推理

在通过互相矛盾对立并这样构成真正的、纯粹的对立的判断进行的知性推理中，矛盾对立的判断的一个为真，是从另一个为假推论出来的，反之亦然。因为这里出现的真正对立所包含的，不多不少就是属于对立的东西。因此依据**排中律**，两个矛盾的判断不能皆真，但也同样不能皆假。因此，如果一个为真，则另一个为假，反之亦然。 〔117〕

§49 b. 通过反对对立的判断进行的知性推理

反对的或者抵触的判断（judicia contrarie opposita）是这样一些判断，它们中一个普遍肯定，另一个则普遍否定。既然它们中的一个判断说的多于另一个判断所说，并且在另一个判断的纯然否定之外所说的多余成分中可能有虚假，所以，它们固然不能够皆真，但却能够皆假。因此，就这两个判断而言，**从一判断之真到另一判断之假**的推理有效，**但反之并不然**。

§50 c. 通过次反对对立的判断进行的知性推理

次反对的判断是这样一些判断，它们中一个**特称**（particulariter）肯定或者否定的，是另一个特称否定或者肯定的。

既然它们能够皆真，但却不能够皆假，则就它们来说，惟有如下推理有效：**如果这些命题中的一个为假，则另一个命题为真，但反之并不然**。

※　　※　　※

附释　在次反对的判断中，并没有出现纯粹的、严格的对立，因为在一个判断中并不是就**同一些**客体来否定或者肯定在另一个判断中所肯定的或者否定的东西。例如，在“一些人是有学问的，因此一些人不是有学问的”这个推理中，在前一个判断中并不是就**同一些**人来断定在另一个判断中所否定的东西。

〔118〕

§51　3. 通过换位判断或者通过换位进行的知性推理（与判断的关系相关）

通过**换位**进行的直接推理涉及判断的关系，并且在于主词和谓词在两个判断中的更易，使一个判断的主词成为另一个判断的谓词，反之亦然。

§52　纯粹换位和有变换位

在换位时，判断的量要么被改变，要么保持不变。在前一种场合，被换位者（conversum）与换位者（convertente）在量上有区别，换位就叫做一种**有变**换位（conversio per accidens），在后一种场合，换位被称为一种**纯粹**换位（conversio simpliciter talis）。

§53　换位的普遍规则

就通过换位进行的知性推理而言，如下规则有效：

1. **全称肯定**判断只能有变换位；因为这些判断中的谓词是较宽的概念，因此，谓词中只有一些东西包含在主词中。

2. 但是，**全称否定**判断可以纯粹换位；因为在这里，主词被从谓词的范围里取出。最后：

3. **特称肯定**判断可以纯粹换位；因为在这些判断中，主词范围的一个部分被归摄在谓词之下，因此也可以把谓词范围的一个部分归摄在主词之下。

※　　※　　※

附释 1 在全称肯定判断中，主词被视为谓词的一个 contentum［被含之物］，因为它包含在谓词的范围之下。因此，我只可以推理说：所有人都有死，因此，被包含在有死者概念之下的，有一些是人。但是，全称否定判断就可以纯粹换位，其原因就是：两个全称的矛盾概念是**在同样的外延中**相矛盾的。 〔119〕

附释 2 有些全称肯定判断固然也可以纯粹换位，但其根据却不在于**形式**，而是在于其**质料**的特殊性状；例如，“一切不变者都是必然的”和“一切必然者都是不变的”这两个判断。

§54 4. 通过换质判断进行的知性推理（与判断的样式相关）

通过换质进行的直接推理方式在于判断的这样一种更易(metathesis)，在这种移位时，惟有量保持同一，与此相反，**质**却被改变。它们仅仅涉及判断的样式，因为它们是把一个实然判断转变成一个必然判断。

§55 换质的普遍规则

就换质来说，有效的普遍规则是：

所有全称肯定判断均可纯粹换质。因为如果把主词包含在自身之下的谓词被否定，从而整个范围都被否定，那么，它的一个部分，亦即主词，也必然被否定。

※ ※ ※

附释 1 因此，就换位仅仅改变量，换质仅仅改变质而言，判断因换位而更易和因换质而更易是相互对立的。

附释 2 上述几种直接推理方式仅仅与**定言**判断相关。

〔120〕

二、理性推理

§56 一般理性推理

理性推理是通过把一个命题的条件归摄在一个给定的普遍规则之下而对其必然性的知识。

§57 所有理性推理的普遍原则

所有通过理性进行的推理的有效性所基于的普遍原则，可以明确地表述为如下程式：

处于一个规则的条件之下的，也处于该规则本身之下。

※ ※ ※

附释 理性推理以一个**普遍规则**和**归摄**在这个规则的**条件**之下为前提。由此，人们不是在个别中认识先天结论的，而是把它认做包含在普遍之中的，认做必然地处在某个条件之下的。而一切都处在普遍之下，并且在普遍的规则中可以规定，这一点正是**合理性**或者**必然性**的原则（principium rationalitatis sive necessitatis）。

§58 理性推理的根本组成部分

属于每一个理性推理的，有如下三个根本成分：

1. 被称为**大前提**（propositio major）的普遍规则；

2. 把一个知识归摄在普遍规则之下、叫做**小前提**（propositio minor）的命题；最后

3. 就被归摄的知识来肯定或者否定规则的谓词的命题：

结论（conclusio）。

前两个命题相互结合，被称为**先行命题**或者**前提**。 〔121〕

※ ※ ※

附释 规则是在一个普遍的条件之下的断言。条件与断言的关系，亦即后者处在前者之下，就是规则的**指称者**。

条件（在某个地方）出现的知识，就是**归摄**。

被归摄在条件之下的东西与规则的断言的结合，就是**推理**。

§ 59 理性推理的质料和形式

理性推理的**质料**存在于先行命题或者前提中，理性推理的**形式**存在于结论中，只要它包含着连贯性。

※ ※ ※

附释 1 因此，在任何理性推理中，首先就要检验前提的真理性，其次要检验连贯性的正确性。在指责一个理性推理时，切不可首先指责结论，而是始终先要么指责前提，要么指责连贯性。

附释 2 在任何理性推理中，一旦前提和连贯性被给予，结论就马上被给予。

§ 60 理性推理划分为定言的、假言的和选言的

一切规则（判断）都包含着知识的杂多之意识的客观统一，从而包含着一个条件，在这个条件下，一个知识和另一个知识同属一个意识。但现在，只能设想这种统一的三个条件，亦即：诸特征的自存性的主体，或者一种知识对另一种知识的依存性的根据，或者最后，整体中各部分（逻辑划分）的结

〔122〕合。因此，也只能有同样多的普遍规则（大前提），一个判断出自另一个判断的连贯性以它们为中介。

一切理性推理之划分为**定言的**、**假言的**和**选言的**，其根据就在于此。

※　　※　　※

附释 1　理性推理**既不**能按照**量**来划分，因为任何大前提都是一个规则，从而是某种普遍的东西；**也不**能就**质**而言来划分，因为不管结论是肯定的还是否定的，都同样有效；最后，**也不**能考虑**样式**来划分，因为结论总是伴随有必然性的意识，因而有一个必然命题的威严。所以，就只剩下**关系**来作为理性推理的惟一可能的划分根据。

附释 2　许多逻辑学家都只把定言的理性推理视为**正常的**，而把其余的理性推理视为**非正常的**。然而，这是没有根据的和错误的。因为所有这三种推理都是理性的同样正确的、但相互之间又同样有根本差异的功能的产物。

§61　定言的、假言的和选言的理性推理之间的独特区别

上述三种理性推理的区别在于**大前提**。在**定言的**理性推理中，**大前提**是一个定言命题，在**假言的**理性推理中，大前提是一个假言命题或者或然命题，而在**选言的**理性推理中，大前提是一个选言命题。

§62　1. 定言的理性推理

在每一个定言的理性推理中，都有三个**主要概念**（termini），亦即：

1. 结论中的谓词，这个概念叫做**大概念**（terminus ma-

jor)，因为它的范围比主词的范围更大；

2.（结论中的）**主词**，其概念叫做**小概念**（terminus minor）；以及

3. 一个中介特征（nota intermedia），它叫做**中项概念**（terminus medius），因为一个知识是通过它被归摄在规则的条件之下的。 〔123〕

※　　※　　※

附释　上述概念的这种区别只出现在定言的理性推理中，因为只有定言的理性推理才通过一个中项概念来推论；与此相反，其他理性推理只通过一个在**大前提**中或然地和在**小前提**中实然地表现的命题的归摄来推论。

§63　定言的理性推理的原则

所有定言的理性推理的可能性和有效性所基于的原则就是：

应归于一个事物的特征的，也应归于事物本身；与一个事物的特征相矛盾的，也与事物本身相矛盾（nota notae est nota rei ipsius；repugnans notae，repugnant rei ipsi）。

※　　※　　※

附释　从刚刚提出的原则中，可以轻易地演绎所谓的 dictum de omni et nullo [全称肯定和否定命题]，而且因此缘故，它无论对于一般理性推理来说，还是对于特殊的定言理性推理来说，都不能不被视为最高的原则。

也就是说，**属概念**和**种概念**是处在这些概念之下的一切事物的普遍特征。据此，这里有效的规则是：**应归于属或种或者与之相矛盾的，也应归于包含在该属或种之下的一切客体或者与之相矛盾**。这个规则才叫做 dictum de omni et nullo [全称

肯定和否定命题]。

§64 定言的理性推理的规则

从定言的理性推理的本性和原则中，得出其如下规则：

〔124〕 1. 在任何定言的理性推理中，所包含的主要概念(termini) 只能是**三个**，不能多也不能少；因为我在这里应当通过一个中介特征把两个概念（主词和谓词）结合起来。

2. 先行命题或者前提不可以全都是否定的（ex puris negativis nihil sequitrur [从纯粹否定的命题不能得出任何东西]）；因为小前提中陈述一个知识处在规则的条件之下的归摄必须是肯定的。

3. 前提也不可以全都是**特称**（particulare）命题（ex puris particularibus nihil sequitur [从纯粹特称的命题不能得出任何东西]）；因为在这种情况下，就会没有任何规则，也就是说，没有从中能够推论出一个特殊知识的全称命题。

4. **结论永远遵循推理的较弱部分**；也就是说，遵循前提中的否定命题和特称命题，它们被称为定言的理性推理的较弱部分（conclusio sequitur partem debiliorem [结论遵循较弱的部分]）。因此，

5. 如果先行命题中有一个是一个否定命题，那么，结论就必须也是否定的；而且

6. 如果一个先行命题是一个特称命题，那么，结论也必须是特称的。

7. 在所有定言的理性推理中，**大前提**必须是一个全称命题（universalis），但**小前提**必须是一个肯定命题(affirmans)，最后，由此得出

8. 结论就**质**而言必须遵循**大前提**，但就**量**而言必须遵循

小前提。

※ ※ ※

附释 结论在任何时候都必须遵循前提中的否定命题和特称命题，这是很容易看出的。

如果我使小前提只是特称的，并且说：一些东西包含在规则之下，那么，我在结论中也只能说，规则的谓词应归于一些东西，因为我**并未**把**比这更多的东西**归摄在规则之下。而如果我把一个否定命题当做规则（大前提），那么，我就必须也使结论是否定的。因为如果大前提说：就处在规则的条件之下的一切而言，这个或者那个谓词必须被否定，那么，结论也必须 〔125〕
就被归摄在规则的条件之下的东西（主词）而言否定谓词。

§65 纯粹的和混合的定言理性推理

如果在一个定言的理性推理中没有混入直接推理，前提的合乎法则的次序也没被改变，则该推理就是**纯粹的**（purus）；否则，它就被称为一个**不纯粹的**或者**混合的**定言理性推理（ratiocinium impurum oder hybridum）。

§66 通过命题的换位进行的混合理性推理——格

通过命题的换位而产生，因而在其中这些命题的位置并不是合乎法则的位置的推理，被算做混合的推理。这种情况出现在定言的理性推理的后三个所谓格中。

§67 推理的四个格

格可以被理解为推理的四种方式，它们的区别是通过前提及其概念的特殊位置来规定的。

§68　通过中概念的不同位置规定其区别的根据

也就是说，在这里真正说来取决于中项概念的位置。中项概念可以要么1. 在大前提中占主词的位置并且在小前提中占谓词的位置；要么2. 在两个前提中都占谓词的位置；要么3. 在两个前提中都占主词的位置；要么最后4. 在大前提中占谓词的位置并且在小前提中占主词的位置。四个格的区别
〔126〕就是通过这四种情况来规定的。S表示结论的主词，P表示结论的谓词，M表示中项概念，则所谓四个格的图式可以如下表所示：

M　P S　M	P　M S　M	M　P M　S	P　M M　S
S　P	S　P	S　P	S　P

§69　惟一合乎法则的第一格的规则

第一格的规则是：**大前提是一个全称命题，小前提是一个肯定命题**。而既然这必须是一切一般定言的理性推理的普遍规则，由此就得出，第一格是惟一合乎法则的格，是所有其余各格的基础，而且所有其余各格如果应当有效的话，都必须能够通过前提的换位（metathes*in* praemissorum）还原成第一格。

※　　　※　　　※

附释　第一格能够有具有一切量和质的结论。在其余各格

中，只有某种结论；结论的一些式在这里被排除了。这已经表明，这些格不是完善的，而是有某些限制，这些限制使结论不能像在第一格中那样在所有的式中出现。

§70 后三个格还原成第一格的条件

在后三个格的有效性的条件下，每一个格中都有一个推理的正确式是可能的，这个条件归结为：**中项概念**在命题中获得 〔127〕
这样一个位置，由它能够通过直接推理（consequentias immediatas）产生出其遵照第一格的规则的位置。——由此得出后三个格的如下规则。

§71 第二格的规则

在第二格中，**小前提**正常，因此**大前提**必须**换位**，确切地说，它必须保持**全称**（universalis）。这惟有在它**全称否定**的情况下才是可能的；但如果它是**肯定的**，则它就必须换质。在这两种情况下，结论都是**否定的**（sequitur partem debiliorem [它遵循较弱的部分]）。

※　　※　　※

附释 第二格的规则是：一个事物的一个特征与什么东西相矛盾，这个东西就与事物本身相矛盾。在这里，我必须先换位，并且说：一个特征与什么东西相矛盾，这个东西就与该特征相矛盾，或者我必须把结论换位：一个事物的一个特征与什么东西相矛盾，事物本身就与这个东西相矛盾，因而这个东西就与事物相矛盾。

§72　第三格的规则

在第三格中，**大前提**正常，因此**小前提**必须换位；不过是这样换位，即由此产生一个肯定命题。但这惟有在肯定命题**特称**的时候才有可能，因此，**结论**是**特称的**。

※　　　※　　　※

附释　第三格的规则是：应归于一个特征或者与之相矛盾的东西，也应归于包含在这个特征之下的一些事物或者与之相矛盾。在这里我才必须说：它应归于包含在这个特征之下的一切事物或者与之相矛盾。

〔128〕

§73　第四格的规则

如果在第四格中**大前提**是全称否定的，那么，它就可以纯粹（simpliciter）换位，**小前提**特称时亦复如是；因此，结论是否定的。与此相反，如果**大前提**是全称肯定的，则它只可以要么变换位，要么换质；所以结论要么是特称的，要么是否定的。如果结论不应换位（PS 转换成 SP），那么，就必须对前提进行更易（metathesis praemissorum）或者对两个前提进行换位（conversio）。

※　　　※　　　※

附释　在第四格中是这样推理的：**谓词**依附于中项概念，中项概念依附于（结论的）**主词**，所以**主词**依附于**谓词**；但这根本不是得出的，而充其量是它的被换位者。为了使这可能，就必须使大前提成为小前提，反之亦然，并且把结论换位，因为在前一种变化中，小概念转变成了大概念。

§74 关于后三个格的总的结论

从后三个格的上述规则可以看出：

1. 在这三个格的任何一个里面都没有全称肯定的结论，结论永远要么是否定的，要么是特称的；

2. 在每一个格中都混入一个**直接推理**（consequentia immediata），这个直接推理虽然没有明确地标出，但却必须默认，因此缘故

3. 所有这后三个格的推理都不可被称为纯粹的推理，而是必须被称为非纯粹的推理（ratiocinia hybrida，impura），因为每个纯粹的推理都不能多于三个主要命题（termini）。

§75 2. 假言的理性推理 〔129〕

假言推理是以一个假言命题为大前提的推理。因此，它由两个命题构成：1. 一个**先行命题**（antecedens）；2. 一个**后随命题**（consequens）；而且要么是按照 modo ponente［肯定式］，要么是按照 modo tollente［否定式］来推论的。

※ ※ ※

附释 1 因此，假言的理性推理没有中项概念，而是在这些推理中，指明了一个命题出自另一个命题的连贯性。也就是说，在假言的理性推理的大前提中，表述了两个命题相互出自对方的连贯性，其中第一个命题是前提，第二个命题是结论。小前提是或然的条件转变成一个定言的命题。

附释 2 假言推理只有两个命题组成，而没有一个中项概念，由此就可以看出：它真正说来并不是理性推理，而毋宁说只是一个直接推理，从一个先行命题和一个后随命题按照质料

或者形式得到证明（consequentia immediata demonstrabilis [ex antecedente et consequente] vel quoad materiam vel quoad formam）。

每一个理性推理都应当是一个证明。但假言的理性推理只带有证明根据。因此，由此也可清楚看出，它不可能是理性推理。

§76 假言推理的原则

假言推理的原则是**理由律**：A ratione ad rationatum；a negatione rationati ad negationem rationis valet consequentia [从理由到结论、从对理由的否定到对结论的否定的推理有效]。

§77 3. 选言的理性推理

在选言推理中，大前提是一个**选言**命题，因此作为这样的命题，必然有划分支或者选言支。

〔130〕 在这里，要么1. 从一个选言支的真推论到其余选言支的假；要么2. 从一个选言支之外的所有选言支的假推理到这个选言支的真。前者是通过 modum ponentem [否定式]（或者 ponendo tollentem [肯定否定式]）进行的，后者是通过 modum tollentem [肯定式]（或者 tollendo ponentem [否定肯定式]）进行的。

※　　※　　※

附释 1 一个选言支之外的所有选言支合起来，构成这个选言支的矛盾对立面。因此，这里出现了一种二分法，按照这种二分法，二者中一者为真，则另一者必然为假，反之亦然。

附释 2 因此，一切具有多于两个选言支的选言理性推理，真正说来都是**多重推理**。因为一切真正的选言都只能是 bimembris［两支的］，逻辑划分也是两支的，但为了简短起见，membra subdividentia［次划分的支］被置于 membra dividentia［原划分的支］之下。

§78 选言的理性推理的原则

选言的理性推理的原则是**排中律**：A contradictorie oppositorum negatione unius ad affirmationem alterius，a positione unius ad negationem alterius valed consequentia［从对矛盾对立面中的一个的否定到对另一个的肯定、从对一个的肯定到对另一个的否定的推理有效］。

§79 二难推理

二难推理是一种假言选言推理，或者是一个其后件为一选言判断的假言推理。一个假言命题，其后件为选言的，是大前提；小前提肯定后件（per omnia membra［通过所有选言支］为假，而结论则肯定前件为假（A remotione consequentis ad negationem antecedentis valet consequentia［从排除后件到否定前件的推理有效］）。

※ ※ ※

附释 古人们用二难推理搞出很多名堂，并且把这种推理称为 cornutus［有角者辩］。他们善于这样来把对手逼入困境，〔131〕
即他们历数对手能够求助的一切，然后也向他反驳这一切。他们向对手指出其接受的任何意见都有许多困难。但是，不径直反驳命题，而只是指出困难，这是一种诡辩的技巧；尽管在许多，甚至极多事物上是可行的。

如果我们想马上把这一切存在困难的东西都宣布为虚假的，那么，摈弃一切就是一种轻而易举的游戏。虽然指出对立面的不可能性是好的，然而，如果人们把对立面的**不可理解性**视为它的**不可能性**，其中就毕竟有某种骗人的东西。因此，**二难推理**即便能够正确推理，自身也有许多尴尬之处。它们能够被用来为真命题辩护，但也被用来通过人们针对真命题提出的困难来攻击真命题。

§80　正规的理性推理和隐蔽的理性推理 (ratiocinia formalia und cryptica)

正规的理性推理是不仅在质料上包含一切所需的东西，而且在形式上也表述正确和完备的理性推理。与正规的理性推理相对立的，是**隐蔽的**（cryptics）理性推理，一切在其中前提被更易，或者前提中的一个被忽略，最后或者惟有中项概念与结论相结合的理性推理，都能够算做隐蔽的理性推理。在其中没有表述，而只是一同想到某一前提的第二种隐蔽的理性推理，叫做**残缺的**理性推理或者**省略的**理性推理。第三种隐蔽的理性推理被称为**收缩的**理性推理。

三、判断力推理

§81　规定的判断力和反思的判断力

判断力有两种：**规定的**判断力或者**反思的**判断力。前者从**普遍到特殊**，后者从**特殊到普遍**。后者只有**主观的**有效性，因
〔132〕为它从特殊前进到普遍，这种普遍只是一种**经验性的**普遍

性——纯属**逻辑的**普遍性的一个类似物。

§ 82 （反思的）判断力的推理

判断力推理是某些从特殊概念到普遍概念的推理方式。因此，这不是**规定的**判断力的功能，而是**反思的**判断力的功能；因此，它们也不规定**客体**，而是仅仅规定为达到知识而**反思**客体的**方式**。

§ 83 这些推理的原则

作为判断力推理的根据的原则是：**多在一中相一致并非没有一个共同根据，而是以这种方式应归于多者，出自一个共同的根据而是必然的**。

※ ※ ※

附释 既然判断力推理以这样一个原则为根据，则它们因此缘故而不能被视为**直接**推理。

§ 84 归纳和类比——判断力的两种推理方式

判断力在为了从经验，因而并非先天地（经验性地）得出全称的判断而从特殊前进到普遍时，**要么**是从一个种的**许多**事物推论到**所有**事物，**要么**是从同一个种的事物在其中相一致的**许多**规定和属性推论到**其余的**规定和属性，**只要它们属于同一个原则**。前一种推理方式叫做**通过归纳**进行的推理，后一种叫做**依据类比**进行的推理。

※ ※ ※

附释 1 因此，**归纳**从特殊推论到普遍（a particulari ad 〔133〕

universale)，依据的是**普遍化**原则：**应归于一个属的许多事物的，也应归于其余的事物**。**类比**从两个事物的局部的相似性推论到全部的相似性，依据的是**类属化**原则：如果人们从一个属的事物中认识到许多相一致之处，则这些事物在人们从该属的一些事物中认识到，但从另一些事物中未察觉的东西上也相一致。归纳就**许多对象**而言把被经验性地给予的东西从特殊扩展到普遍，与此相反，类比把**同一个事物**的**被给予的属性**扩展到同一个事物的更多的属性。——**“一种东西在多个事物中**，因而在一切事物中”，这是**归纳**；**“多种东西在一个事物中**（也在其他事物中），因而其余的亦在此事物中”，这是**类比**。例如，从每一个造物的自然禀赋的完全发展来证明不死性的根据，就是一种依据类比进行的推理。

此外，依据类比进行的推理并不要求**根据的同一性**（par ratio）。我们依据类比只能推论到有理性的月球居民，而不能推论到人。人们依据类比也不能推论到 tertium comparationis［比较的第三者］之外。

附释 2　每一个理性推理都必须提供必然性。因此，**归纳和类比**都不是理性推理，而仅仅是逻辑的**推测**或者也是经验性的推理；而且通过归纳也许获得总括的命题，但并未获得普泛的命题。

附释 3　为了扩展我们的经验知识，上述判断力推理是有用的和不可或缺的。但是，既然它们只提供经验性的确定性，所以我们必须谨慎小心地使用它们。

§85　简单的理性推理和复合的理性推理

一个理性推理如果只由一个理性推理构成，就叫做**简单的**，如果由多个理性推理构成，就叫做**复合的**。

§86 多重理性推理

在一个复合推理中，多个理性推理不是通过纯然的同位、而是通过**隶属**，亦即作为根据和结果彼此相结合，该推理就被 〔134〕
称为理性推理的链条（ratiocinatio polysyllogistica［多重理性推理］）。

§87 前进三段论和后退三段论

在复合推理的系列中，人们能够以两种方式推论，要么从根据下推到结果，要么从结果上推到根据。前者是通过**后退三段论**进行的，后者是通过**前进三段论**进行的。

也就是说，后退三段论在推理的系列中是这样一种推理，它的前提就是一个**前进三段论**的结论，而前进三段论则以后退三段论的前提为结论。

§88 复合三段论或者连锁推理

由多个简化的、为了一个结论而彼此结合的推理组成的推理，叫做**复合三段论**或者**连锁推理**，它可以要么是**前进的**，要么是**后退的**；依人们是从较近的根据上升到较远的根据还是从较远的根据下降到较近的根据而定。

§89 定言的复合三段论和假言的复合三段论

无论是前进的还是后退的连锁推理，又能够要么是**定言的**，要么是**假言的**。**前者**由作为谓词系列的**定言**命题组成，**后**

者由作为连贯性系列的**假言**命题组成。

§90　谬推——错推——诡辩

尽管自身带有一个正确推理的外观，但在形式上却虚假的
〔135〕理性推理，叫做**谬推**（fallacia）。这样一种推理如果是人们借以自欺的，就叫做**错推**，如果是人们试图借以欺人的，就叫做**诡辩**。

※　　　※　　　※

附释　古人们很热衷于编造这类诡辩的艺术。因此，出现了很多这类诡辩；例如 fugurae dictionis［修辞格的］诡辩，其中中项概念是在不同的意义上使用的。——fallacia a dicto secundum quid ad dictum simpliciter，sophisma heterozeteseos，elenchi，ignorationis［从有所依据的言说到简单的言说的谬推、可能有不同答案的问题的诡辩、反诘、无视的反诘］等等，诸如此类的东西。

§91　推论中的跳跃

推论或者证明中的跳跃（saltus）是一个前提与结论的结合使得另一个前提被忽略。如果每个人都能够轻而易举地想到缺少的前提，这样一种跳跃就是合法的（legitimus），但如果归摄不清楚，这样一种跳跃就是非法的（illegitimus）。在这里，一个远离的特征不用中间特征（nota intermedia）而与一个事物联结起来。

§92　预期原则——循环论证

人们把 petitio principii［预期原则］理解为把一个命题当

做直接确定的命题接受为证明根据，尽管该命题还需要证明。而当人们把自己想要证明的命题当做他自己的证明的根据时，就犯了**循环论证**的错误。

※　　　※　　　※

附释　循环论证经常是很难揭露的，而且恰恰在证明难的地方，这种错误通常犯得最频繁。

§93　多余论证和欠缺论证

一个证明可能证明太多，但也可能证明太少。在**后一种**情况下，它只是应当证明的东西的一个部分，在**前一种**情况下，它也关涉虚假的东西。

※　　　※　　　※

附释　一个证明太少的证明可能为真，因此不可摈弃。但如果它证明太多，则它所证明的就多于真的；而这就是虚假的。例如，反对自杀的证明“谁不能给予自己生命，就不能夺取自己生命”就证明太多；因为从这个根据出发，我们也不能杀死动物。因此，它是虚假的。

第二篇
一般方法论

§94　风格和方法 〔139〕

一切知识及其整体都必须是符合一个规则的（无规则性同时就是无理性）。但是，这个规则要么是**风格**的规则（自由的），要么是**方法**的规则（强制）。

§95　科学的形式——方法

作为科学的知识必须按照一种方法来安排。因为科学是一个作为体系，而不仅仅是作为集合的知识整体。因此，它要求一种系统的，因而按照深思熟虑的规则来拟定的知识。

§96　方法论——其对象和目的

就像逻辑学中的要素论以一种知识的完善性的要素和条件为自己的内容一样，与此相反，一般方法论作为逻辑学的另一个部分，探讨一般科学的形式，或者探讨把知识的杂多联结成一门科学的方式。

§97　促成知识的逻辑完善性的手段

方法论应当讲授我们如何达到知识的完善性的方式。如今，知识的最根本的逻辑完善性之一就在于知识的清晰性、缜 〔140〕
密性和成为一门科学的整体的系统安排。据此，方法论将主要说明促成知识的这些完善性的手段。

§98 知识的清晰性的条件

知识的清晰性及其结合成一个系统的整体，取决于概念的清晰性，无论是就包含在概念之中的东西而言，还是考虑包含在概念之下的东西。

对概念**内涵**的清晰意识要靠对概念的**阐明**和**定义**来促成，与此相反，对概念**外延**的清晰意识要靠对概念的**逻辑划分**来促成。因此，这里首先讨论**在概念的内涵方面**促成概念的清晰性的手段。

一、通过对概念的定义、阐明和描述来促成知识的逻辑完善性

§99 定义

定义是一个充分清晰的和准确的概念（conceptus adaequatus in minimis terminis，complete determinatus）。

※ ※ ※

附释 惟有定义可以被视为逻辑上完善的概念，因为在定义中，结合着概念的两种最根本的完善性：清晰性以及清晰性中的完备性和精确性（清晰性的量）。

〔141〕

§100 分析的定义和综合的定义

一切定义都要么是分析的，要么是综合的。前者是一个**被给予的**概念的定义，后者是一个**被制成的**概念的定义。

§ 101　先天的和后天的被给予概念和被制成概念

一个分析定义的被给予的概念要么是先天地、要么是后天地被给予的；就像一个综合定义的被制成的概念要么是先天地、要么是后天地被制成的一样。

§ 102　通过阐明或者构思进行的综合定义

综合定义源自被制成的概念的综合，这种综合要么是通过（对显象的）**阐明**的综合，要么是通过**构思**的综合。后者是**随意**被制成的概念的综合，前者是经验性地，亦即由被给予的显象作为其质料而被制成的概念的综合（conceptus factitii vel a priori vel per synthe*sin* empiricam）。随意被制成的概念是**数学**概念。

※　　　※　　　※

附释　因此，数学概念以及——如果对于经验性概念来说到处都能够进行定义——经验概念的所有定义都必须是综合地被制成的。因为即便是对于后一类概念，例如经验性概念水、火、气等等东西，我也不应当分析**在它们里面**包含的东西，而是应当通过经验去认识**属于它们**的东西。因此，一切经验性概念都必须被视为被制成的概念，但它们的综合却不是随意的，而是经验性的。

§ 103　经验性地综合的定义之不可能性

既然经验性概念的综合不是随意的，而是经验性的，并且作为这样的综合永远不能是完备的（因为人们在经验中总还能 〔142〕

够揭示概念的更多特征），所以，经验性概念也不能被定义。

※ ※ ※

附释 因此，惟有随意的概念能够综合地定义。随意概念的这样一些定义不仅总是可能的，而且也是必然的，必须先行于借助一个随意概念说出的一切，人们也可以把它们称为**申明**，只要人们由此申明自己的思想，或者对人们关于一句话所理解的东西作出说明。在**数学家**那里就是这种情况。

§104 通过分析先天地或者后天地被给予的概念进行的分析定义

所有被给予的概念，无论是先天地还是后天地被给予的，都能够仅仅通过**分析**来定义。因为人们只要逐渐地弄清楚被给予的概念的特征，就能够使它们清晰。如果一个被给予的概念的**所有**特征都弄清楚了，这个概念就成为**完备地**清晰的，如果它也不包含过多的特征，它就同时是精确的，由此就产生出概念的定义。

※ ※ ※

附释 既然人们不能通过实验来确定是否通过完备的分析穷尽了一个被给予的概念的所有特征，那么一切分析的定义都可以被视为不可靠的。

§105 阐明和描述

因此，并非所有概念都**能够**被定义，但也并非所有概念都**可以**被定义。

有向某些概念的定义的接近；这部分地是**阐明**（expositiones），部分地是**描述**（descriptiones）。

阐明一个概念，就在于相互连贯地（逐渐地）介绍其特征，只要这些特征是通过分析找到的。 〔143〕

描述是阐明一个概念，这是就它并不精确而言的。

※ ※ ※

附释 1 我们能够阐明的，要么是一个**概念**，要么是**经验**。前者通过分析进行，后者通过综合进行。

附释 2 因此，阐明只发生在**被给予的**概念上，由此而使这些概念变得清晰，它由此而与**申明**相区别，申明是被制成的概念的一个清晰表象。

既然使分析完备并非总是可能，且既然总而言之一种分析在完备之前必然先是不完备的，所以，就连一种不完备的阐明，作为一个定义的部分，也是对一个概念的一种真正的和可用的展示。定义在这里始终只是我们必须尝试达到的逻辑完善性的理念。

附释 3 描述只发生在经验性地被给予的概念上。它没有明确的规则，只包含着定义的材料。

§106 名义定义和实在定义

纯然**名称上的解释**或者**名义定义**可以被理解为这样的定义，它们包含着人们随意地想给予某个名称的意义，因而仅仅标出其对象的逻辑本质，或者仅仅用做把该对象与其他客体区分开来。与此相反，**实际的解释**或者**实在定义**是这样的定义，它们足以按照客体的内在规定来认识它，因为它们是从内在特征来阐述对象的可能性的。

※ ※ ※

附释 1 如果一个概念内在地足以区别事物，则它就也是外在地确定的，但如果它内在地不充足，则它毕竟能够**在某种**

关系中，亦即在把被定义者与其他东西进行比较时，是外在地充足的。然而，**不受限制的**外在充分性离开内在充分性是不可能的。

〔144〕 **附释 2** 经验对象只允许名义解释。对被给予的知性概念的名义定义取自一个属性，与此相反，实在定义则取自事物的本质，取自可能性的第一根据。因此，实在定义包含着任何时候都应归于事物的东西——事物的实在本质。纯然**否定的**定义也不能叫做实在定义，因为否定的特征也许能够与肯定的特征同样好地用做一个事物与另一个事物的区分，但却不能用做按照事物的内在可能性对事物的认识。

在道德事物中，必须永远寻找实在定义，我们的一切努力都必须是指向这里的。在数学中有实在定义，因为一个随意概念的定义始终是实在的。

附释 3 如果一个定义给出借以具体地阐释先天对象的概念，则它就是**发生学的**；所有数学定义都是这类东西。

§107 定义的主要要求

属于一个一般定义的完善性之根本的和普遍的要求，可以在量、质、关系和样式四个要素中来考察：

1. 在**量**上，就定义的范围而言，定义和被定义者必须是**代换概念**（conceptus reciproci），因此定义既不能比被定义者**更宽**，也不能比它**更狭**。

2. 在**质**上，定义必须是一个**周详的**且**精确的**概念。

3. 在**关系**上，定义必须不是**同义反复的**，也就是说，被定义者的特征必须作为被定义者的**知识根据**而与被定义者有别；最后

4. 在**样式**上，特征必须是**必然的**，因而不是一些通过经

验附加的特征。

※　※　※

附释　定义应当是由属概念和种差概念（genus und differentia specifica）构成，这个条件只就**比较**中的名义定义而言有效，但对**推导**中的实在定义无效。〔145〕

§ 108　检验定义的规则

在检验定义时，应当完成四个行动；也就是说，要研究定义

1. 作为一个命题来看，是否**真实**；
2. 作为一个概念，是否**清晰**；
3. 作为一个清晰的概念，是否也**周详**；最后
4. 作为一个周详的概念，是否同时**确定**，亦即是否与事物本身相符。

§ 109　下定义的规则

在下定义时，也要完成的恰恰就是检验定义需要的四个行动。因此，为了这个目的：1. 要寻找真的命题；2. 要寻找其谓词并未已经以事物的概念为前提条件的命题；3. 搜集命题的更多谓词，并把它们与事物本身的概念进行比较，看它们是否相符；最后 4. 看一看是否没有一个特征在另一个特征之中或者隶属于另一个特征。

※　※　※

附释 1　无须提醒也不言而喻，这些规则仅仅适用于分析的定义。既然人们在这里不能确定分析是否完备，则人们也就只可以把定义当做尝试提出来，并仅仅这样使用它，就好像它

不是定义似的。在这个限制之下，人们毕竟可以把它当做一个清晰的和真实的概念来使用，并从它的特征中得出绎理。也就是说，我将能够说：被定义者的概念应归于什么，定义也就应归于什么，但当然不能反过来说，因为定义并不穷尽整个被定义者。

附释2 在解释时使用被定义者的概念，或者在定义时以被定义者为根据，叫做**循环**解释（circulus in definiendo）。

〔146〕

二、通过概念的逻辑划分来促成知识的完善性

§110 逻辑划分的概念

每一个概念都**在自身之下**包含着一种杂多，这是就杂多相一致而言的，但也是就杂多不相同而言的。如果包含在一个概念之下的一切可能的东西彼此对立，亦即彼此不同，则就这些东西而言对该概念的规定就叫做**对该概念的逻辑划分**。较高的概念叫做**被划分的概念**（divisum），较低的概念则叫做**划分支**（membra dividentia）。

※ ※ ※

附释1 因此，**分解**一个概念与**划分**一个概念大不相同。在分解概念时，我看到的是在它**里面**包含的东西（通过分析），在划分概念时，我观察的是在它**之下**包含的东西。在这里，我划分的是概念的范围，而不是概念本身。因此，说划分就是对概念的分解，就大错特错了，毋宁说，划分支在自身中包含的，多于被划分的概念。

附释2 我们从较低的概念上升到较高的概念，然后我们又能够从较高的概念下降到较低的概念——都是通过划分。

§111 逻辑划分的普遍规则

在一个概念的任何划分中，都应关注：

1. 各划分支互相排斥或者互相对立；此外

2. 它们同属一个较高的概念（conceptum communem）；最后

3. 所有划分支合起来构成被划分的概念的范围，或者与它相等。

※　　※　　※

附释 各划分支必须通过矛盾对立，而不是通过纯然的对立彼此分开。〔147〕

§112 同位划分和次划分

在不同方面对一个概念进行的不同划分，叫做**同位划分**，对划分支进行的划分，则被称为**次划分**（subdivisio）。

※　　※　　※

附释 1 次划分可以无限进行下去，但相对而言它却是有限的。同位划分特别是在经验概念那里也无限进行；因为谁能够穷尽概念的一切关系呢？

附释 2 人们也可以把**同位划分**称为按照同一个对象的诸概念的差异进行的划分，就像把**次划分**称为对诸观点本身的划分一样。

§113 二分法和多分法

分为两个支的划分叫做**二分法**；但如果它多于两个支，就被称为**多分法**。

※　　※　　※

附释 1　所有的多分法都是经验性的，二分法是惟一出自先天原则的划分，因而是惟一**原始的**划分。因为划分支应当是彼此对立的，任何 A 的对立面都无非是－A。

附释 2　多分法在逻辑学中不能教授，因为这需要**对象的知识**。但二分法只需要**矛盾律**，无须**在内容上**认识人们想要划分的概念。多分法需要**直观**；要么是先天直观，如在数学中（例如划分圆锥曲线）那样，要么是经验性直观，如在自然描述中那样。不过，出自先天**综合原则**的划分有**三分法**，亦即：
〔148〕1. 作为条件的概念；2. 有条件者；3. 后者从前者推导出来。

§114　对方法的不同划分

特别地就讨论和处理科学知识时的**方法**本身而言，它有不同的主要种类，我们在这里可以按照如下划分予以说明。

§115　1. 科学的方法和通俗的方法

科学的或者**学院派的**方法与**通俗的**方法的区别在于，前者是从根据命题和基础命题出发的，与此相反，后者是从**司空见惯的**和有趣的东西出发的。前者关涉**缜密**，因而远离一切异样的东西，后者以**消遣**为目的。

※　　※　　※

附释　因此，这两种方法是按照**种类**，而不是按照纯然的讲授区别开来的，因此，方法中的通俗性是某种不同于讲授中的通俗性的东西。

§ 116　2. 系统的方法和残缺的方法

系统的方法与**残缺的**或者**散漫的**方法相对立。如果人们按照一种方法思维，然后也在讲授中表述这种方法，并且清晰地说明从一个命题到另一个命题的过渡，则就是系统地处理了一种知识。与此相反，如果人们固然按照一种方法思维，但并不有条理地安排讲授，则这样一种方法就可以被称为**散漫的**。

※　　　　※　　　　※

附释　**系统的**讲授与**残缺的**讲授对立，就像**有条理的**讲授与**嘈杂的**讲授对立。也就是说，有条理地思维的人，可能系统地或者残缺地讲授。外表残缺，但就自身而言却有条理的讲授，是**警句式的**。 〔149〕

§ 117　3. 分析的方法或者综合的方法

分析的方法与**综合的**方法相对立。前者从有条件的东西和有根据的东西开始，前进到原则（a principiatis ad prilcipia），与此相反，后者从原则到结果，或者从简单的东西到复合的东西。人们可以把前者称为**回溯的**方法，把后者称为**前进的**方法。

※　　　　※　　　　※

附释　分析的方法通常也叫做发明的方法。对于通俗性的目的来说，分析的方法更合适，但对于科学地和系统地处理知识来说，则综合的方法更为合适。

§ 118　4. 三段论的方法——列表的方法

三段论的方法是在一连串推理中讲授一门科学所遵循的

方法。

把一个已经就绪的学术大厦展示在其整体联系中所遵循的方法叫做**列表的**方法。

§119　5. 传授的方法和诘问的方法

如果某人仅仅教授，方法就是**传授的**，如果他也发问，方法就是**诘问的**。后一种方法又可以划分为**对话的**或者**苏格拉底式的**方法和**问答教授的**方法，依问题是对**知性**提出的，还是仅仅对**记忆**提出的而定。

※　　　※　　　※

附释　人们只能通过**苏格拉底式的对话**来以诘问的方式进
〔150〕行教授，在这种对话中，两个人都必须发问并互相回答，以至于看起来就连学生自己也是老师似的。也就是说，苏格拉底式对话就是通过诘问，通过老师使学生认识到学生自己的理性原则，增强学生对此的注意力来进行教授。但人们不能通过普通的**问答教授法**来进行教授，而只能盘问以传授的方式教授过的东西。因此，问答教授的方法也只适用于经验性的知识和历史的知识，与此相反，对话的方法适用于理性的知识。

§120　沉思

可以把沉思理解为反复思考或者一种有条理的思维。沉思必须伴随着一切阅读和学习，对此，人们先作出一些暂时性的研究，然后再使自己的思想井然有序，或者按照一种方法把自己的思想结合起来，是有必要的。

伊曼努尔·康德的
自然地理学

［应作者的要求根据其手稿］

弗里德里希·特奥多尔·林克博士编［并部分修订］

李秋零　译

第一部

编者前言 〔153〕

自然地理学对于承担修订它的人来说，除了要求在游记专业博览群书之外，还要求对自然描述、物理学和化学有非常精确的知识，甚至在诸多方面还要求有数学知识，以及一种训练有素的哲学眼光。

本著的作者，我的可敬的老师和朋友，不仅对于国内读书界，而且对于国外读书界，就上述知识和科学而言都声名卓著，以至于我本来不可以接受这项工作，或者不应当哪怕是斗胆承担这项工作，来展示这位先于许多其他人，甚至是惟一有使命提供一本这类著作的人物。遗憾！他并没有更早地做这件事，我却不得不成为他过去在这方面笔记的编者。

他所选择和建议的自然地理学讲授方法就在于对象的本性，因此也已经或多或少有所偏离地被其他人遵循，这部分地也是借助于按照他的授课笔记而进入读书界的抄本。但除了这种方法之外，尤其是内容丰富多彩、新颖、完备和对材料的合乎目的的安排，必然使一本这类著作出类拔萃，如果它现在还应当走红的话。

如果其他方面的情况允许**康德**重新修订并且亲自编纂他的这部著作，他肯定也会满足所有这些要求的。经他事先知道，并且应他的要求，只要事情如明摆着的那样允许，我尽可能少 〔154〕损害他所独有的东西，而多半只是在每一节的附释中补充根据新的研究形态变化了的东西；这是本著要到读书界手中，一般而言惟一还必须做的事情。

然而，无论这项工作就自身而言已经是多么困难，对我来说更为困难的却必定是我在其他地方的职务工作，我差不多两年的患病以及我居住地和工作范围的更换，更有甚者，书商福尔摩的非法做法在作者先生那里唤起越来越急切的愿望，要看到他的著作尽可能快地真正出版，因此，我由此而被越来越牢地捆绑在明年的春季博览会上，但整体、其处理和安排却不得不如我自己所清楚地知道，也许比其他一些人更清楚地知道的那样，获得了一种嘈杂的外观——如我使用的这个表述。

但是，当我从关于由我的朋友**耶舍**照管的康德逻辑学版本的公开判断中得知，人们宁可期望得到我们老师的原汁原味的著作时，而且既然上述福尔摩先生恰恰如此强烈地强调，我也许不提供，甚或如他预设的那样，会不可能提供**康德**自己的自然地理学，所以，我相信必须在这部著作中完全撤出我必须还做的那份工作，因此这部著作的后半部分，除了若干必要的文献注释，就无须我的附释而出版，据此完全是仅仅属于其作者。

但这样一来，对康德手稿的简短拟定的新旁注的利用就搁浅了，我迄今只要可行，就把它们编织进我的附释，本来，只要我少被规定的期限和各种各样的牵扯所限制和阻碍一些，读书界将除了康德的另一些与此相关的敏锐评注之外，应当获得它们，来作为本著的一个特殊附录。

对于这部著作可能有的第二版来说，但愿它可以在更有利的情况下出版，那时一切都应当更合乎目的地结合成一个整
〔155〕体，它在这种情况下将更为清晰地带有独特的东西自身的踪迹，因为我准备完全撤出我的附释，它们由于上述情况而不能提供我十分愿意提供的东西，而且我准备把康德的旁注以一种尽可能自然而然的方式，不用外来的附加，与正文结合起来。按照我自己的愿望，这部著作本来现在就已经必须以一个更好的形象出版，但福尔摩先生轻率的勤勉，使得甚至不可能哪怕

只是现在就立刻找到另一位不那么积压大量工作的学者，让他在这种情况下从我接手这部著作的修订和编纂。

我在这里还必须提到福尔摩先生同样重视的一个情况。**康德**曾经公开说，他的自然地理学笔记丢失了。他以前对我和他的其他朋友都说过这话。但大约两年前，他委托耶舍博士先生和我修订和整理他那可观地增多的文件和手稿。在做这件工作时，与**康德**自己的猜测相反，出现了这门自然地理学的几乎三重的、由他在不同时间里编写的笔记，这个版本就出自这些笔记。为纠正这一点就说这么多，而且我希望，它足以使读书界为评判当前这部著作有一个满意的观点。

不过，我最后只再说明这一点，即：特别是本著的自然描述或者自然史部分几乎需要完全改写，每一个哪怕只是按照我们时代的标准对事情有一种很常见的知识的人，都必然看出这一点。但是，如果我胆敢这样做，我就会像许多喜欢挑剔的人一样，尤其是按照上面所说的，自己跟自己过不去！我期望内行的法官们来裁定，在一个可能有的未来版本中，一般而言对于整体来说，特别而言对于它的这个部分来说，可以做些什么。我固然相信自己不是一窍不通，然而，我太爱我的写作的宁静了，以至于我不应当无须决定性的理由就把它奉献给无聊而且烦人的议论。

林克

于 1802 年春季博览会

〔156〕

导　论

§1

对于我们的全部知识来说，我们要首先把我们的目光指向它们的源泉或者起源，但除此之外也要注意整理它们的蓝图或者形式，亦即可以怎样整理这些知识，因为若不然，我们就不能在出现我们恰恰需要它们的情况时把它们从记忆中召回。据此，还在我们获得它们本身之前，我们就必须把它们仿佛是划分成某些专业了。

§2

至于我们的知识的源泉和起源，我们全都要么是从**纯粹理性**要么是从**经验**汲取知识的，此外，甚至理性也在指导着经验。

我们的理性给予我们纯粹的理性知识；但我们却是通过感官获得经验知识的。不过，由于我们的感官并不超出世界，所以我们的经验知识也只是延伸到当前世界。

然而，就像我们有双重的感官亦即**外部**感官和**内部**感官一样，我们也能够按照这两种感官把世界视为经验知识的总和。作为**外部感官对象**的世界是**自然**，作为**内部感官对象**的世界则是**灵魂**或者**人**。

〔157〕 对**自然**和**人**的经验共同构成**世界知识**。**人类学**教给我们**对人的知识**，我们把**对自然的知识**归于**自然地理学**。当然，严格

意义上的**经验**是不存在的，而是只存在**知觉**，它们合起来构成**经验**。我们在这里采用的，实际上也只是作为知觉意义上的常见表述。

因此，自然地理学是世界知识的**第一个**部分。它属于一个理念，人们可以把这个理念称为**世界知识的入门**。在这个入门中的授课似乎还很有缺陷。尽管如此，恰恰是它，人们在生活的所有哪怕仅仅可能的关系中能够大加利用。据此，有必要把它作为人们能够通过经验来完备和纠正的知识予以介绍。

我们通过一门课以及仿佛对一切给予我们一个预概念的这类总概览，预先推定我们此后将在世界上拥有的未来经验。对于游历很广的人，人们说，他看过世界。但是，认识世界所需要的却多于仅仅看世界。谁想从自己的旅游中得到收益，他就必须事先就为自己的旅游拟订一个计划，但不是仅仅把世界视为一个外部感官的对象。

世界知识的**另一个**部分包括**对人的知识**。与人的交往扩展着我们的知识。尽管如此，有必要为所有这类未来经验给出一种预习，做这件事的是**人类学**。从人类学出发，我们熟悉在人里面**实用的**东西，而**不是**思辨的东西。人在这里不是**在生理学上**考察的，让人们区分现象的源泉，而是**在宇宙论上**考察的。①

对于人们应当如何运用自己已经获得的知识，如何依据自 〔158〕
己的知性以及自己身处其中的关系来有益地利用这些知识，或者给予我们的知识以**实践的成分**，还很缺乏一种指导。而这就是**世界知识**。

世界是我们的熟巧的游戏在其上进行的基底和舞台。它是

① 参见康德《实用人类学》前言，第 2 版，哥尼斯贝格，1800 年，8 开本。

我们的知识在其上获得和运用的地基。但为了**知性说应当**发生的事情**能够**得到实施，人们必须了解主体的性状，没有主体，前者就是不可能的。

但除此之外，我们也必须在**整体**上认识我们的经验的对象，以使我们的知识不是构成**集合体**，而是构成一个**体系**；因为在体系中，**整体**先于部分，与此相反，在集合体中则是**部分**在先。

在我们心中产生一种联结的所有科学都是这种情况，例如**百科全书**，在它里面整体才显示在联系中。理念是**建筑术的**，它创造科学。例如，谁想建造一座房子，他就首先形成整体的一个理念，然后从中推导出所有的部分。因此，就连我们现在的准备也是一个**关于世界知识的理念**。也就是说，我们在这里同样形成一个**建筑术概念**，这是一个让杂多从整体中推导出来的概念。

整体在这里就是世界，是我们在其上获得一切经验的舞台。与人交往和旅游扩展着我们的一切知识的范围。与人交往教我们认识人，但要达到这个终极目的，需要许多时间。但是，如果我们已经通过一个指南做好准备，则我们就有了一个整体，有了教我们认识人的知识的总和。现在，我们就能够为形成的任何经验分配其部门及其在该部门中的位置。通过旅游，人们扩展着自己对外部世界的知识，但是，如果不是已经通过传授获得某种预练习，这就用处不大。据此，如果有人就这或者那说，**他认识世界**，那么，人们就把这理解成他认识**人**和**自然**。

〔159〕

§ 3

我们的认识自感官开始。感官给予我们质料，理智只是给予质料一个合适的形式。因此，一切知识的根据就在感官中，在经验中，后者要么是我们自己的经验，要么是一个他人的经验。

我们也许只应当处理我们自己的经验，但是，由于这种经验不足以认识一切，因为人就时间而言只经历时间的一个部分，因而在其中能自己经验的很少，但就空间而言，即便他去旅游，也毕竟不能自己观察和知觉很多东西，所以，我们也必然使用他人的经验。然而，他人的经验必须是可靠的，并且作为他人的经验，要偏爱书面写下的经验甚于纯然口头表述的经验。

据此，我们通过信息扩展着我们的知识，就好像我们自己经历过整个过去的世界。我们通过关于遥远的外国的信息扩展着我们对当前时代的知识，就好像我们生活在那些国家。

但要注意的是：任何他人的经验传达给我们，要么是通过**讲述**，要么是通过**描述**。前者是一种**历史**，后者是一种**地理学**。对地球上一个个别地方的描述叫做**地方志**。——此外有：**地区志**，即对一个地区及其特性的描述。——**山脉志**，即对这座或者那座山脉的描述。——**水文志**，即对水域的描述。

附释　也就是说，这里说的是世界知识，据此也说的是对整个地球的描述。因此，**地理学**这个名称无非是在常用的意义上采用的。

§4

说到整理的蓝图，我们必须给我们所有的知识指定其特有的位置。但是，我们能够给我们的经验知识指定一个位置，要么是在**概念**之下，要么是按照它们实际上能够被发现的**时间和空间**。

按照概念对知识进行划分，是**逻辑的**划分，但按照时间和空间的划分则是**自然的**划分。通过前者，我们获得一个**自然体**
〔160〕**系**（Systema naturae），例如**林耐**的自然体系，与此相反，通过后者我们获得一种**地理学的自然描述**。

例如，如果我说：牛种被归在四足动物的类下，或者被归在有分蹄的四足动物的属下，那么，这就是我在我的大脑中的一种划分，因而是一种逻辑划分。自然体系仿佛是整体的一个档案柜，在其中我把所有事物、每一个事物都放进其特别应归入的格子，尽管它们在地球上是处于不同的、相距甚远的地区。

与此相反，根据自然划分，事物恰恰是按照它们在地球上所占的位置来考察的。但是，地理学的自然描述指明在地球上实际上能够找到那些事物的位置。例如，蜥蜴和鳄鱼在根本上是同一种动物。鳄鱼只是一种巨型的蜥蜴罢了。但是，前者和后者在地球上所处的地方却不同。鳄鱼生活在尼罗河里，蜥蜴则生活在陆地上，也与我们同在。总而言之，我们在这里考察的是自然的物体、地球自身和实际上遇到事物的地区。但是，在自然的体系中，问的不是出生地，而是类似的形象。

然而，人们可以把迄今所撰写的自然体系更正确地称为自然的集合体，因为一个体系已经以整体的理念为前提条件，从这理念中推导出事物的杂多性。真正说来，我们还根本没有一个自然体系。在现存的所谓这类体系中，事物仅仅是被归在一起，彼此排在一块。

但是，我们也能够把二者，即历史和地理学，均等地称为一种描述，但区别是，前者是按照**时间**的描述，后者是按照**空间**的描述。

因此，历史和地理学在时间和空间方面扩展着我们的知识。历史涉及就时间而言前后相继地发生的事件。地理学则涉及就空间而言同时发生的现象。后者按照研究的不同对象，又获得不同的名称。据此，它时而叫做自然地理学、数学地理学、政治地理学，时而叫做道德地理学、神学地理学、文学地理学或者商业地理学。① 〔161〕

在不同的时代里发生的事情，是真正的历史学，其历史无非是一种连续的地理学，因此，如果人们不知道在什么地方发生了某件事情，或者这种事情有什么性状，这就是最大的历史

① 法布里在他的《地理学》第 3 页还列举出一种产品地理学。人们发现他在上书中以常见的方式来定义地理学的常见划分。但是，正是这些定义，人们不能把对我们所有地理学著作，尤其是关于政治地理学的著作长期未令行家满意的整理归给它们。对此更多的陈述见另一处地方。此外，政治地理学还被划分为**古代的**、**中古的**和**近代的**。

就后者来说参见：

马奈特的**《希腊人和罗马人的地理学》**，纽伦堡，8 开本，新版 1799 年。

丹维尔的**《古代和中古的地理学》**，8 开本，纽伦堡，1782 年。关于古代地理学有一个新版本，1800 年。

蒙特尔的**《比较地理学》**，译自法文，8 开本，温特图尔，1785 年。

已知有大量较新的涉及政治地理学的作品，特别是**毕兴**的、**布鲁恩斯**的、**艾伯林**的、**哈特曼**的、**伽特勒**的、**伽斯帕里**的、**坎茨勒**的和**法布里**的。还请参见**克罗姆**：**《欧洲的产品》**，德绍，1782 年。第 2 版，第 1 卷，莱比锡，1784 年。附有产品地图。

冯·**布莱滕鲍赫**：**《世界最主要的民族的起源、分布和语言介绍》**，附有一地图，莱比锡，1794 年，8 开本。

冯·**布莱滕鲍赫**：**《古代和近代世界各国的宗教状态》**，附有地图，莱比锡，1794 年，8 开本。

数学地理学的文献参见下面。

我们几乎还完全没有按照其他上述观点对地理学的处理。

学不完备之一。

因此，历史学知识在空间和时间上与地理学不同。前者如上所说，是关于前后相继的事件的一种信息，并与时间相关。但后者是关于在空间中并行发生的事件的一种信息。历史是一种讲述，但地理学是一种描述。因此，我们固然也有一种**自然描述**，但却没有**自然历史**。

也就是说，这后一种称谓如许多人使用的那样，是完全不〔162〕正确的。但是，由于我们通常在仅仅拥有名称的时候，也相信随它一起拥有事物，所以，没有人想到真正提供这样一种自然历史。

自然的历史包含着地理学的杂多性，也就是说，就像在不同的时代里有过的那样，但并不是如在同一个的时代里那样，因为这会正是自然描述。与此相反，如果有人讲授整个自然的性状，如其历经所有时代的性状那样，则他就在提供一种真正的自然历史，而且惟有在这种情况下才提供。例如，如果有人考虑狗的不同种族如何从一个祖源产生，以及它们由于国家、气候、繁衍的不同而历经一切时代发生了什么变化，则这就是一部狗的自然历史，而且人们能够关于自然的每一个个别部分提供这样一部自然历史，例如关于植物等等。[①]然而，它却有麻烦之处，即人们必须通过实验猜测它，多于人们应当能够关于所有的东西给出一种精确的信息。因为自然历史一点也不比世界本身年轻，但我们却不能保证我们的信息的可靠性，就连写作艺术诞生以来也不能。而与人们通常在历史中关于这一点给我们证明的时间段相比，有怎样一个巨大的、也许大得无边的时间段在历史的彼岸！

① 例如参见 Ch. F. 路德维希精美的《人类自然历史大纲》，附有铜版画，莱比锡，1796 年，8 开本。

但是，真正的哲学是要经历一切时代来追踪一个事物的差异和多样性的。如果人们能够驯服草原上的野马，则这会是很持久耐用的马。人们觉察到，驴和马出自一个祖源，且那种野马就是祖源马，因为它的耳朵长。此外，绵羊也与山羊相似，只是培育的方式在这里造成了差异。葡萄以及诸如此类的东西也是这样。

据此，如果人们以注意自然经历一切时代承受了什么样的变化的方式来审视自然的状态，那么，这种行事方法就会给出一种真正的自然历史。

因此，地理学这个名称表示一种自然描述，确切地说是对整个地球的自然描述。地理学和历史学填满了我们的知识的全 〔163〕
部范围；也就是说，地理学填满了空间的全部范围，而历史学则填满了时间的全部范围。

通常，我们假定一种古老的地理学和一种新的地理学，因为地理学在所有的时代里都存在。但是，历史学和地理学，哪个更早？地理学是历史学的根据，因为事件毕竟必须与某种东西相关。历史处在某种不断的进步中；但是，就连事物也在变化，并在某些时代给出一种完全不同的地理学。因此，地理学是基底。如果我们有一种古老的历史，则我们当然就必须也有一种古老的地理学。

我们极为熟悉当前时代的地理学。它除了用于其他更为切近的目的之外，也用于凭借历史解释古代的地理学。然而，我们常见的学院地理学是很有缺陷的，尽管再也没有比恰恰这种地理学更能使健全的人类知性澄明的了。因为既然普通的知性与经验相关，则对于它来说，就没有可能离开地理学知识而以一种只是在某种意义上可观的方式来扩展自己。对于许多人来说，报纸上的信息是某种很无所谓的东西。其原因在于他们不能把每个信息归在它自己的位置上。他们对陆地、海洋和整个地表没有观感。而毕竟，如果那里关于乘船航行到北冰洋报道了什么，这就是一件极其令人感兴趣的事情，因为现在当然很难再希望有的发现，或者哪怕只是穿越北冰洋的可能性，都必然会在整个欧洲导致最重要的变化。很难有一个民族，在其中理解力如此普遍地延伸，一直延伸到最低下的民众阶层，而在英吉利民族那里就是这种情况。其原因就是报纸，阅读报纸以对整个地表的一个开阔的概念为前提条件，若不然，报纸上包含的所有消息对我们来说就是无关紧要的，因为我们不知道怎么运用它们。秘鲁人如此单纯，他们把递给他们的一切都塞到嘴里，因为他们不能够合乎目的地运用它们。那些由于找不到一段话对自己有用而不懂得利用报纸消息的人，与这些可怜的秘鲁人即便不是处在同一情况中，至少也处在一种很相似的情况中。

〔164〕

§5

因此，**自然地理学**是一个**自然的总纲**，而且由于它不仅构成历史的根据，而且也构成其余一切可能的地理学的根据，所以后者中的每一个的主要成分都必须同样简短地予以探讨。据此，属于此列的有：

1. **数学地理学**，其中讨论地球的形状、大小和运动，以及地球与它身处其中的太阳系的关系。

2. **道德地理学**，其中按照不同地区谈到人们的不同道德和个性。例如在中国，特别是在日本，弑父是最可怕的犯罪，其惩罚是不仅以极残酷的方式把罪犯本人折磨死，而且也处死他全家，并把与他住在同一条街的所有邻居监禁起来。因为人们相信，这样一种恶习不可能一下子产生，而是逐渐产生的，因此邻居们已经能够预先发现并且向当局告发。与此相反，在拉普兰，儿子用一条鹿筋勒死自己在狩猎时受伤的父亲，则被视为一种杰出的爱的义务，因此父亲也总是把它托付给自己最疼爱的儿子。

3. **政治地理学**。如果一个公民社会的第一原理是一个普遍的法律以及在违反法律时不可抗拒的强制力，但法律同样与土地和居民的性状相关，那么，政治地理学就同样属于此列，因为它完全是根据自然地理学的。倘若在俄罗斯江河都向南流，这就会对整个国家都极为有利，但它们却都只是流向北冰洋。在波斯，较长时间有两位君主，其一驻扎在伊斯帕汗，另一驻扎在坎大哈。他们不能彼此征服，因为阻止他们的是横亘在中间的克尔曼荒漠，它比有些海还要大。

4. **商业地理学**。如果地球上的一个国家富产另一个国家必然完全短缺的东西，那么，凭借全世界的贸易，就将保持一〔165〕种同样的状态。因此，这里必须指出，为什么以及因何一个国家富产另一个国家必然短缺的东西。贸易比任何东西都更能使人文雅，并且建立人们彼此之间的相识。①

5. **神学地理学**。既然神学原则根据土地的差异多半经历了很根本的变化，所以，也必须对此给出最必要的说明。例如，人们只需把东方的基督宗教与西方的基督宗教及其在这里以及那里更精细的差别加以比较。这一点更为强烈地在根本上积淀为不同宗教的原理。参见 H. E. G. **保罗**：**《回忆录》**，第 1 卷，莱比锡，1971 年，第 129 页；以及冯·**布莱滕鲍赫**上述第二部著作。

除此之外，这里必须注意自然在年轻和年老之间的区别中的偏离，此外还有每个国家独有的东西。例如动物，但并不是

① 法布里在其《地理学》第 4 页提供了这样一种商业地理学或者贸易地理学的纲要。

本地的动物，除非它们在不同的国家里也性状不同。其中夜莺长时间在意大利都不如在北方地区鸣叫得那么响亮了。在荒无人烟的岛屿上，狗根本不吠叫。还有植物、石头、草、山脉等等，这里都必须谈到。

这种研究的用途是很广泛的。它用于合乎目的地整理我们的知识，用于我们自己的娱乐，并为社交谈天提供丰富的材料。

§6

在我们实际上过渡到探讨自然地理学本身之前，我们必须按照已经先给出的暂时性说明使我们必不可少地对数学地理学形成一个预概念，因为我们将在那种探讨中经常需要它。据此，我们在这里谈及地球的形状、大小和运动，以及它与其余的宇宙体系的关系。

数学的预概念 〔166〕

§7

因此，首先就地球的形状而言，它是差不多类球形的，或者如牛顿从向心法则和引力法则出发更精确地规定的那样，是一个回转椭球，这个主张也再次通过重复的观察和测量得到证实。①

但在这里，人们介绍地球的形象，就好像它完全为水所包围似的，因此是它的一个流体的形状。山在这里没有造成区别，因为山甚至在地影中都无法察觉，最高的山几乎不到地球直径的 1/1900。② 对地球的圆形形状的证明如下：

1. 太阳并不在任何地方都在同一时间升起和落下，这是在地球如人们长时间所相信的那样是一个平面的情况下必然会发生的。然而，由此只能得出，地球自东向西是圆的。但是，

2. 就连极高度和中天高度也并非在所有的地方都是同样的。如果向南旅行 15 里，则北极星低一度，而如果我们向北旅行同样远，则北极星高一度，直到最后在极地它甚至升到顶点。由此我们有充分的理由也推论到地球自北向南的圆形。

① 参见伽斯帕里上述著作，第 73 页及以下。
② 博德说，“这在比例上几乎不到给一个直径为一尺的地球仪罩上的纸的厚度”。《对世界体系的一般考察》，柏林，1801 年，8 开本，第 5 页。也就是说，地球的直径计 1 720 地理里，每地理里按照中等规模折合 3 811 8/15 巴黎尺。与此相反，我们地球最高的山钦博腊索山仅高 3 567 巴黎尺，不足一地理里。

3. 在月食时的地影始终是圆的，确切地说在地球的所有位置上看。

4. 甚至在一望无际地眺望辽阔的海洋时，人们首先只看到客体的最顶尖的部位，逐渐地才看到其下面的部分。

〔167〕 5. 人们环球旅行到所有的地区，如果地球不具有圆的性状，这是不可能的。①

地球的上述回转椭球的形状来自于，所有朝向极地的物质，都按照重力和离心力的法则聚集向赤道，并在赤道旁堆积起来，而如果地球完全是由水环绕的，就也会发生这样的事，确切地说是由于，在极地附近根本没有运动，而在赤道却发生着最强烈的运动，因此，贯通两极的截面（地轴）要小于赤道。**牛顿**已经证明，每一个自由运动的物体都必然采取这种形状。

但是，如果地球的形状是一个回转椭球，那么也就有像我们一样头上有天脚下有地的对跖人。普通的意见——似乎这些住在我们下面脚对着我们的人必然掉下去——是粗鄙的，因为按照从地球的吸引产生的重力法则，在地球上的一切都必然向地球的中心运动，以至于就连最小的微粒也不能脱离它。如果一个物体能够穿过地球掉到地球的另一面，即相反的一面，那么，它就会不是朝下，而是又朝上。因为一个升得与它掉得同样多的物体，不是在下，而是在上。任何物体都只是掉到中心，它必须由此再上升。但驱使它直到中心的力量，也会继续驱使它，不是它的重量又驱使它返回。人们可以把这与钟摆学

① 法布里在上书第 10 页及以下提供了如人们通常所说的这些环球旅行的一个相当精确的一览表。几乎每一部自然地理学都为地球的圆形性状提供更多的根据。

说相比较。

由于除了山以外，迄今已知的陆地几乎都处在地球的一个半球，确切地说是北半球，而水则主要处在相反的半球，所以人们曾猜测，即便在南方也必然有比如今已发现的多得多的陆地，确切地说是出自这个理由，即若不然，人们就不能说明地球何以能够保持其平衡。据说有人猜测，人们把地球设想得像 〔168〕 一条船，为了平衡一边载重不可以超过另一边。但这只是对于漂移的物体才要求的。如果人们要假定，地球使自己的运转遵循在自身之外的一个点，那么，当然就会有必要假定这样一种平衡，但在地球上，一切都有自己向着中心的重力。在这里，一切部分都相互吸引，一个物体吸引着另一个物体，甚至，其质量越大，其吸引力就越强。既然地球拥有比处在它上面的一切物体都远远更大的质量，所以它必然也最强烈地吸引着所有其他物体，由此就得出所有物体对着地球的重力。

地球除了吸引还必须有的旋转，是所有物体如果不是受到在地球的影响中无比强大的重力的阻止就会被地球甩出去的一种力量。在两极，物体拥有其完全的重量，因为在那里离心力恰恰最弱。与此相反，离心力在赤道最强，因此在那里重力的区别也变得最显著。如果我们要假定，地球是一个真实的球体，而不是回转椭球，而且在地表上任何地方都没有水，而在某个地方有一座山，那么，这座山无论在什么地方，都必定会逐渐地移近赤道，直到它最终处在赤道上。或者，如果在同样的情况下地球上有两座这样的山，那么，二者就会相互平衡。据此，离心力能够把物质日益移近赤道。尽管运动很小，但它既然不停地发生，就绝不是没有影响的。总而言之，就像最小的力量无论多么小，我们都不可把它视为完全无足轻重的一样，它必然通过其重复的和多方面的表现而最终达到和产生某个量。最小的昆虫在其跳跃时撞回地球；然而，昆虫的质量与整个地球的质量是什么比例，昆虫的撞击与由这种撞击所产生的地球运动也就是什么比例。因此，如果有人相信，由于更多的物质从地球的一边移向另一边，地球的两极会被移动，则人们切不可对此反感。

〔169〕 这样，地球上的陆地也就不会为了平衡而相互成比例地处在两个半球了。原因就是：地球不是一个完全的球体，而是扁平的，或者是一个回转椭球，每一个流质的物体一旦合乎规则地运动，都将成为一个回转椭球。

据此，地球在赤道上隆起，或者高于两极约 4.5 德里至 6 德里。因此，我们在赤道上有一座高达近 6 里的山。与这座山相比，其余所有的山和陆地都不足千分之一，因为最可观的山的山脚只有半里，与此相反，那座山绵延在整个赤道上。因此，如果地球的全部陆地不能使那座山移离自己的位置，那么，地球的轴也不可能移动，而是保持不变为同一个轴。由于这一切，地球的这种形态和扁率是相互作用的离心力和吸引力的 个完全自然的结果。

§8

地球的大小按周长计为 5 400 里，因此可以算出它的直径为 1 720 里。但是，如果假定 1 里是 1 度的 $\frac{1}{15}$，但每个圆无论大小都有 360 度，其每 1 度都能分为 15 份，则我就能给予每个球，哪怕是最小的球，以一个 5 400 里的度量，因为如果我通过 1 度的 $\frac{1}{15}$，因而用 15 来乘最小的圆的 360 度，则我得到的积就是 5 400。所以，如果我仅仅知道地球的周长为 5 400 里，每 1 里是 1 度的 $\frac{1}{15}$，则我就等于什么也不知道。因此，这里所指的里的度量必须更为精确地予以规定。

在萨克森有两种里，1 警察里合 30 000 英尺，而 1 地理里合 2 000 莱茵丈或者 24 000 英尺。1 几何步，即¼德里的1/1 000，合 5 尺，或者按照最新的算法合 6 莱茵尺。换句话说：地球的 1 度的1/60是地球的 1 分。这样 1 分的1/1 000就是 1 几何步。如果 1 地理里合 24 000 英尺，而这样的里每 15 里为 1 度，则地球的 1 分的大小合¼里，有 6 000 英尺长。因此，这 1 分的1/1 000有 6 尺长，而这就是几何步。按照较早的测量，1 地理里只有 20 000 英尺，因而地球的¼里或者 1 分也只有 5 000 尺，而几何步则只有 5 尺。 〔170〕

1 **克拉弗特**和 1 **巴黎尺**是一回事，这在船员们那里叫做 1 **索**，而在山民的语言里叫做 1 **拉赫特**，合 6 尺或者 5 德累斯顿尺。

附释 考虑到新的法国度量衡，要说明的是，每个¼圆被分为 100 度。每 1 度包含 100 分，每 1 分包含 100 秒。通常的度与法国新度的比例是 60 比 54，或者 10 比 9，圆的旧分与新分的比例是 60 比 32.4，旧秒与新秒的比例是 1 比 0.324。参见冯·**扎赫**：**《一般地理现象》**，第 1 卷，第 91 页，在这本杰出的杂志中，就像关于数学地理学和物理地理学的其他对象一样，关于较早的和较新的地球测量和弧度测量也能发现许多极好的东西。对于上面关于地理里所说的，人们必须与之相比较的还有：**盖勒**的**《物理学词典》**，第Ⅲ卷，第 186 页及以下；以及**伽斯帕里**上述著作中的里表，第 80 页及以下。

§ 9

地球有一种自西向东的运动，因此产生在地球运动相反方向上，也就是说自东向西的太阳和星辰的升起。

星空的运动只是表面上的，因为由于我们没有感知到我们身处其上的地球的运动，我们就有了天空的一种表面上的运动，但却不知道是天还是地在运动。这种情况就如同一艘船停泊在开阔平静的海上，我身处其上的另一艘船受到海流的推动，则我不知道两艘船中哪一艘在运动，是前一艘船还是后一艘船。正是以同样的方式，我们也不知道是星空还是我们改变了自己的位置。地球并非静止不动，而恰恰地球是在运动着，这种证明必须以非凡的细腻来进行。

〔171〕如果地球根本没有运动，则在它上面也就没有任何圆圈是确定的。但既然它与此相反有两种运动，亦即一种是绕自己的轴的运动或者它的日运动，另一种是绕太阳的运动或者它的年运动，因此就产生出如下的点和线：

一、从地球绕自己的轴的运动产生出：

1. 两个根本没有运动而是固定的点，整个地球都围绕它们运动。这就叫做极，亦即南极和北极。但我通过两极设想画出的线，则可以叫做轴。据此，我们已经在我们通常什么也不区分的球面上有了两个点和一条线。但既然轴是在球体内部，所以它现在不进一步为我们说明任何东西。

2. 通过那两个点，即极，可以画一个圆，它把地球切为两半，而这就是子午线。而今，人们能够画出无限多的子午线，因为从两个点能够划出许多圆。但是，我现在怎样画出一个地方的子午线呢？——这个问题建立起一种新型的点，它们由每个观察者来规定，并不是固定不变的。

也就是说，在地球的中间，就像每一个球体或者圆面一样，我必须假定一个中心。我可以从这个中心经过我的立足点向我的头上方画一条线，并从这里又经过中心向下画一条线。这就是天顶点和天底点，它们是每一个人为自己并通过自己规定的。在这两个点之间只能画出一条线。在地球里面有一个点，在我上方同样有一个点。两个点限定着同一条线。因此，每个人都有他自己的顶点，因为每个人都能从中心向自己上方画一条线。据此，每个人也都能有自己的子午线。然而，许多地方拥有同一条子午线，例如哥尼斯贝格和好望角。

每条子午线都把地球分为两部分，东部和西部。但是，在同一条子午线上的那些地方却不是东西有别，而是南北有别，因为在这里，一个地方只能比另一个地方更靠南或者靠北。毕竟在每条子午线本身中必须又区分开两个部分，也就是说，就它是我们的地方的子午线，据此也是我们的对跖人的子午线而言。当太阳在我们这里造成中午时，它就处在我们的子午线里。与此相反，它在午夜时分处在我们的对跖人的子午线里。〔172〕

因此，围绕地球自西向东能够设想多少不同的立足点，就有多少子午线。

3. 通过地球的绕轴自转，还规定了一条线，这就是赤道，它与两极的距离同样远，但在赤道中地球的运动最强烈。因为离两极越近，圆圈就越小，因而运动也最小。与两极距离同等远的线同样把地球分为相等的两部分，亦即南半球和北半球。子午线能够有多条，但与两极距离相同的圆线却只有一条，因而它是由此规定的。地球由这条线产生的两半被称为半球。尽管如上所说，每条子午线也把地球分为两个半球，只不过这当然不是由自然规定的。在一条子午线上的地方按照南北来区分，但并不按照东西来区分。与此相反，在赤道上各地方是按照东西来区分，但并不按照南北来区分。因此，就像子午线用来区分东西，赤道用来区分南北。

每个圆圈有 360 度，赤道也是 360 度。这就为一个地方自东向西处于多少度提供了规定。但是，既然由于赤道是一个圆线，没有固定的开端，因而人们在它上面可以任意地选择，从而产生了真正说来应当从哪里开始数度数的问题，所以，人们也就真的任意地在赤道上假定一个原点，从它开始数赤道的度数。这个原点是通过画出一个经过耶罗岛的子午线来假定的，
〔173〕从它出发人们就把赤道划分成确定的度，确切地说是自西向东，因为地球的运动就是自西向东的运动。①

据此，我们有两条垂直相交的圆线。如果有两个地方，例如哥尼斯贝格和莫斯科，我想知道它们就自西向东的位置而言的位置区别，那么，我就画出两个城市的子午线，而且两个子午线都与赤道相交。据此，人们计算赤道上度数的区别。在这种情况下，两条子午线之间的弧线就使得两个地方自东向西的位置上的区别清晰可见。

子午线的所有度都是纬度，而赤道的所有度都是经度。但是，一个地方的纬度和经度指的是什么？——纬度是一个地方与赤道的距离，并且是在子午线上数出来的；但经度是一个地方与子午线的距离，而且是在赤道上数出来的，确切地说是自西向东数。它也被称为海的经度，因天空的形状千篇一律而难以查明。与此相反，纬度容易查明，因为在纬度变化时，天空的形状在任何时候都也变化，此外还因为它与极高度相等。但是，就像有两个半球一样，也有两种纬度，亦即北纬和南纬。最大可能的纬度为 90 度，而这就是极。在赤道上的地方根本没有纬度。

① 应当期望的是，有朝一日在规定本初子午线时达到一致。由于根本未受到自然限制的任性，别人也确定了另一条本初子午线。这样，除了上述子午线之外，还有：1. 格林威治子午线，东距耶罗岛子午线 17 度 41 分。2. 弗洛雷斯子午线，西距耶罗岛子午线 13 度 26 分 30 秒。

就经度而言还要说明的是，既然人们是从西开始数它的，任何地方都应当只有东经。例如，**费城**是东经 320 度，尽管这个城市离本初子午线只有 40 度，也就是说，如果我们从东出〔174〕
发回头数度数的话。与此相反，如果我们数东经，我们就必须从第 1 度开始，从它来数其余围绕整个地球的度数。因此，经度是一劳永逸地确定的，始终要么是纯然的东经，要么是纯然的西经。然而，人们经常偏离这一点，因为总是来回数整个数字，是很流行的。因此，人们也要么说费城是西经 40 度，要么说它是东经 320 度。

除了赤道之外，还有其他与它平行的圆线或者圆圈，其数字可以有很多。它们叫做日圈（circuli diurni）。通过这些黄纬圈，各地的位置的差异被规定下来，人们用气候的名称来表示它们。

处在同一个黄纬圈的各地，具有同一个纬度，就像处在同一条子午线的各地也有同一个经度一样，之所以如此，乃是因为前者离赤道同样远，而后者则离本初子午线同样远。

处在一个黄纬圈的各地，具有同样的（不言而喻是地理的、不是自然的）气候，与此相反，处在一个子午线的各地具有不同的气候，因为子午线穿过所有的黄纬圈。处在不同的半球，但却离赤道同样远的各地区，具有同样的气候。——处在一条子午线的各地，在同一个时间是中午。但处在一个黄纬圈的各地，虽然不在同一个时间是中午，但却有同样的日长，这又不能在相反的场合适用于具有同一条子午线的各地。在极高度和日高差等于零的赤道，日长在任何时候都是同样的，确切地说是 12 小时。但是，这样的日长和夜长对于赤道两旁朝向两极的地区来说，每年只发生两次，亦即 3 月 20 日和 9 月 23 日，当太阳正好处在赤道时。如果太阳由此在北半球越升越
高，白天就在北半球延长，并在南半球变短，就像反过来，当〔175〕

它在黄道上更接近南极时，亦是这种情况。

最长的白天对于北半球来说是6月21日，对于南半球来说是12月21日，就像最短的白天对于北半球来说是12月21日，而6月21日是南半球的最短的白天。例如在哥尼斯贝格，最长的白天计17小时4分钟，最短的白天6小时56分钟。在两极，白天持续半年，在南极从9月23日到3月20日，在北极从3月20日到9月23日，而且在那里同样有长达半年之久的夜，由于北极光等等尚可忍受。

古人们把地球分为各种气候，其方式是白天每增长1整小时，就开始一种新的气候。

这样，我们迄今只考虑并详细认识了地球绕自己的轴的运动。

二、地球的第二种运动就是它的年运转或者它绕太阳公转的运动。这里要说明的圆圈是地球的轨道或者**表面上的**太阳轨道。但是，地球是沿着一个圆圈运动的，这个圆圈的圆心就是太阳。倘若地球的轴与地球轨道形成一个直角，或者它总是与地球轨道垂直，那么，太阳就会也总是处在赤道上，并且会在任何时候都造成日夜等长，但也会取消整个地球的四季变换。不过，轴实际上并不是垂直于那个轨道，而是偏离这样一个位置$23\frac{1}{23}$度。①

① 人们还没有考虑黄道的偏离与磁极的偏离的复合。也许，这样一种复合的结果会对物理学本身来说成为重要的。参见**德·拉·兰德：《天文学手册》**，译自法文，莱比锡，1775年，8开本，第794节及以下。还有**盖勒的《物理学词典》**，莱比锡，1798年，8开本，第Ⅳ卷，第622页及以下。磁和电也许只是作为经度和纬度的产品而不同。最近，我也在谢林的思想中发现某种与这种意见相一致的东西。

如果地球按照上面所说以一个斜的方向对着太阳，则由此得出，一个半球也就必然比另一个半球离太阳更远，由此正产生出四季的变换。这里的运动具有特殊之处，即地球在围绕太阳运动时，轴在任何时候都是同一方向。轴就轨道而言的位置是同一位置。也就是说，轴终年保持平行，而且轴在其轨道平面上的斜度总是保持同样。倘若不是这种情况，太阳就会只对一个半球可见。12 月 21 日，地球在北方，因而是地球的北边由于斜的方向而离太阳更远，所以就是冬天。在这种情况下，太阳根本照不到北极，而北半球的绝大部分都缺少阳光，而且在还有白天的地方，它在这个时候也相对更短。 〔176〕

但是，当地球在 3 月 21 日正处在西方时，太阳位于赤道，而且所有地方的白天都同样长，就像夜也同样长，因为太阳同样照耀着两极。6 月 21 日左右，太阳照耀着北半球的绝大部分，而南极地区则处在阴影中，因此那里的白天比夜长，恰恰与前面就 12 月 21 日而言所说的相反。最后，在 9 月 21 日，太阳又处在赤道上，因而是每年第二次日夜等长。

据此，季节的区别基于地球在其轨道上的倾斜位置。如果地球更为倾斜，则在北方或者冬天就根本没有白天，在南方或者夏天就根本没有夜。

从地球围绕太阳的这种运动中产生如下圆：

1. **回归线**（Tropici），它通过这样一些点画出，在这些点上，太阳达到与赤道的最远距离，然后从这些点又逐渐地接近赤道。在每个半球上都有一条回归线，确切地说在离赤道 23 度 30 分的地方。它正构成黄道的斜度，少了它黄道就会落在赤道上，并由此取消四季的变换。据此，黄道的偏离为 23 度 30 分。 〔177〕 太阳于某一个时间处在两个回归线之间的每一个地方的顶点上，但它却从不处在回归线之外的一个地方的顶点上。在那里，它一直照到深井的底部，与此相反，在这里它只照到井壁上。

2. **极圈**，在距两极 23 度 30 分处画出，在每个半球都有一个极圈。在极圈内的所有地方每年都至少有一次没有日出和日落。

3. 最后，我们还必须提到一个圆圈，它既不是通过地球围绕自己的轴的运动，也不是通过它围绕太阳的运动，而是通过光学产生的。这就是地平线，它是一个距离天顶点和天底点同样远的圆圈。

§ 10

地带或者地球的圆带如下：

1. **热带**。它位于两个回归线之间。由于赤道把地球分为两个半球，所以人们也可以说有两个热带，亦即在每个半球都有一个。因此，有一个北热带和一个南热带。

2. **两个温带**。它们位于回归线和极圈之间，而且之所以这样叫，乃是因为大多数人和动物物种都能够在温带中部生存。不过在温带里更接近回归线的地方，经常比在赤道本身更热，因为太阳在这里更长时间处在顶点附近，而且白天比在赤道更长，在赤道始终日夜等长，因此夜有足够长的时间造成地球必要的冷却。

3. **两个寒带**位于两个半球的极圈和极之间。

地带与各地区白天的长度有关。也就是说，热带包括所有日夜差不多等长的地区（地方）。在热带的所有地方，太阳每年有两次处在其顶点。与此相反，温带包括所有白天即便最长也达不到 24 小时的地方。在处于温带的各地，太阳没有一次
〔178〕处在其顶点，但它们终年都有 24 小时一次的日夜轮替。最后，在寒带有这样的地方，那里最长的白天持续半年之久。因此，

越接近两极，最长的白天就越长。在两极地区可能有的居民以赤道为地平线，因此太阳有半年之久始终处在它们的地平线上。

§ 11

我们迄今谈的圆线和变化，都是地球围绕太阳的运动在地球上造成的。但是有更多的天体，它们在某方面对地球有一种较为接近的不可否认的影响，尽管这种影响目前并不是对所有这些天体都能够同等详细地予以阐明，而是对一个天体能够阐明的多于对另一个天体。这样一些相互之间处在一种较为接近的共同关系之中的天体的总和，人们称之为太阳系。但是，这样一个太阳系是由一个自己发光的天体和更多的不发光、从前者获得光的天体组成的。后者叫做行星，前者叫做太阳，或者就另一些与我们的太阳系不同的太阳系而言，叫做恒星。

固定不变，只是 25 天约 12 小时围绕自己的轴自转一次的太阳，位于我们星系的中心，并把自己的光如同散发到我们的地球上一样，也散发到所有以确定的或大或小的轨道围绕它运转因而被称做行星（彗星）的天体上。①

太阳的大小几乎是我们的地球的 150 万倍，其直径计 183 871.35里。至于它是一个比地球更坚实的还是更松散的物体，它就自身而言是一个发光体，还是它在自己周围散发的光和热从何处来到它这里，对此可能有许多种意见，就像对于它表面上既有黑的地方也有发光的地方一样，其中前者被称为太

① 真正说来，太阳并不处在其系统的中心，而只是差不多处在其中心。我们在以上所说的东西中也绝不否认太阳及其整个系统在宇宙体系中的移动。

阳黑子，而后者被称为太阳光斑。

〔179〕 属于我们太阳系的，就我们所知，有 7 个行星，其中**水星**以 800 万里的平均距离，**金星**以 1 500 万里的距离，**地球**以 2 400万里的距离，**火星**以 3 100 万里的距离，**木星**以 11 000 万里的距离，**土星**以 19 900 万里的距离，**天王星**以 40 000 万里的距离围绕太阳运转。

水星直径 608 里，或者约地球直径的⅓（参见**博德：《为 1803 年编写的天文学年鉴》**，柏林，1800 年，8 开本，第 XII 篇文章）。它围绕太阳公转的时间，因而就是它的年，计 87 天 23¼小时。阳光要达到它那里，只需要 3 分 8 秒钟。

金星的直径计 1615 里，但它围绕太阳的公转时间为 224 天 17 小时。太阳光在 5 分 52 秒钟之后到达它。与它最近的是

地球，以 365 天 5 小时 48 秒围绕太阳公转一次，用 8 分 7 秒接收到太阳光。在地球外侧且最接近地球的是

火星，它的直径只有 920 里，在 686 天 23 小时 30½分内完成其围绕太阳的公转，只是要 12 分 22 秒的时间才接收到太阳光。

木星直径 18920 里。木星的 1 年 11 倍于我们通常的年又 315 天 14 小时 27 分 11 秒。太阳光到达这个行星需要 42 分 13 秒的时间。

土星直径 17160 里，其年 29 倍于我们通常的年又 167 天 1 小时 51 分 11 秒。太阳光线到达它需要 1 小时 17 分 25 秒。自 1781 年才为我们所知的我们太阳系最后一颗行星是：

天王星。直径为 8 665 天文里，它的 1 年折合我们的 84 年又 8 天 18 小时 14 分，太阳光经 2 小时 36 分才到达它。

〔180〕 所有这些行星都与我们的地球一样，形状为回转椭球，只不过它们中的一些或更多或更少地扁平或者在极地凹陷罢了，然而这看起来并不总是像人们猜测的那样取决于至少为我们所

知或更慢或更快的自转，例如在**火星**上可见，其轴长与其直径的比例几乎是 15 比 16，因而比地球更为扁平，尽管如此它的体积却小得多，其绕轴自转也慢得多。

此外，我们不知道我们太阳系的第 8 颗或者更多的行星，并不是确实不再有别的行星的决定性证明。毋宁说，天王星与最近的恒星（也许离我们的太阳至少是地球轨道半径的200 000倍，或者是 4 万亿里远）的巨大距离使我们猜测，在它的外面还会有更多的行星。甚至有足够的理由说，或许在我们太阳系的已知界限之内，特别是在火星和木星之间，就有一颗尚未发现的行星。①

这些行星多数都有自己的卫星，这些卫星除了其自己的绕轴自转之外，不仅围绕自己的行星运转，而且还与行星一起同时围绕太阳运转。这类行星是：

1. **地球**有 1 颗卫星。
2. **木星**有 4 颗卫星。
3. **土星**有 7 颗卫星，而
4. **天王星**有 6 颗卫星。

就金星而言，至少尚未确凿无疑地看出它是否确实有这样一个伴星，但也不能以充足的理由断言，**水星**和**金星**必定没有 〔181〕
自己的卫星。此外，土星除了自己的卫星还有一个迄今尚未在别的行星上发现的环，它以超过 6 500 里的距离环绕土星，似乎同样是一个不发光的固体，有助于在那颗行星上加强太阳

① 巴勒莫的皮亚齐自称在 1801 年 1 月 1 日发现了一颗彗星，形状为一颗八等星，且没有显著雾状。但根据皮亚齐的观察，博德相信有理由把这颗误以为的彗星视为那颗假定位于火星和木星之间的行星。著名的天文学家冯·扎赫、奥利亚尼甚至皮亚齐都赞同他。参见《柏林豪德与施佩纳报》，1801 (57)。

光。至于是否像**赫舍尔**揣测的那样，天王星也有两个这样的环，确切地说不是相互交叉，而是同心的环，对此还必须等待证实。

在诸行星的所有这些伴星中，这里首先让我们感兴趣的只是我们地球的伴星，即月球。它像围绕太阳的诸行星一样，以一个椭圆形轨道围绕我们地球运转，因此时而以 48 020 里的距离更接近地球（近地点），时而离地球 54 680 里远（远地点）。在诸行星对太阳的位置上的这种差异叫做近日点和远日点，就地球而言，前者是地球半径的 23 852 倍，后者是地球半径的 24 667 倍。

月球围绕地球自西向东的公转需要 27 天 8 小时，尽管由于地球在这期间也在其围绕太阳的轨道上移动，从一次新月到另一次新月经过 29 天 13 小时。但是，它的绕轴自转的时间却与它真正绕地球公转的时间相等，由此自动得出，它永远只以同一个面对着我们，这似乎是所有卫星的一个普遍法则。

月球的直径仅有 468 里。它和我们的地球一样是不发光的固体，它同样从太阳获得自己的光。如果它位于太阳和地球之间，它就对我们藏匿起太阳光，而这就是**新月**。如果它沿着自己围绕地球的轨道逐渐地向东移动，则它对着我们的西面就被照亮，而在它转过自己的轨道 90 度之后，我们就看到**上弦月**。它离自己轨道的 180 度越近，它就越亮得多，直到它在 180 度上直对太阳，并且导致**满月**。在它继续进行的运转中，西边的光亮又逐渐地减弱，以至于它在自己轨道的 270 度上只有东半边还亮，如我们所说，它**处于下弦**。在这种情况下，它越是接
〔182〕近太阳，这种光也就越是减弱，直到它又处在太阳和地球之间。

月球的表面与我们地球的表面很相似，只不过在它上面没有海洋，或者没有如此之大的河流，与此相反，却有更大得多的山脉，所有这一切就让人猜测存在着许多火山。至于月球是

否有像我们这样的大气层，它是根本没有大气圈还是有一个更稀薄的大气圈，这还悬而未定；但后者是最有可能的。此外，如从前面所说的东西得出的那样，在它上面也没有像我们这样的四季变换，也没有日长和夜长的这样一种差异。

如果地球或多或少地出现在月球和太阳之间，并且由此夺去它的太阳光，就会产生月食，就像反过来，它在一种类似的情况中造成地球上的所谓日食一样。此外，如落潮和涨潮所证明的，月球对地球有一种不可否认的影响。但这种影响就其全部范围而言延伸多远，迄今与其说是可靠的洞识的事情，倒不如说是揣测和迷信的事情。然而，可靠的洞识有可能有朝一日通过原因而把揣测的一些主张提高到自明性。① 关于月球就说这么多。

除了这些主要的和次要的行星，还有数量无法确定的大量其他天体，它们以狭长的椭圆形轨道运动，经过我们的太阳系，叫做彗星。迄今大约有 93 颗彗星在其轨道上被计算出来。它们极有可能是由一种比行星的材料更精细的材料构成。它们自东向西以及反过来以所有可能的方向穿越诸行星轨道，潜入太阳的气层，然后又匆匆远离那里直到天王星的轨道之外。根据所有的观察和经验，地球绝没有理由担心与某一个彗星相撞。

附释 既然在这里关于数学地理学只需提供最必要的东 〔183〕

① 至于落潮和涨潮在大气层中是怎么一回事，以及它是由什么导致的，尚不能确定；不过，冯·洪堡先生提到曾在美洲观察它们，在他之前还有**弗兰西斯·鲍尔弗**。(《关于亚洲的历史等等的论文和杂文集》，W. 琼斯编，第Ⅳ卷，伦敦，1798 年，第 201 页及以下。)

西，所以，对于希望讲授得更精确的人来说，可以参考下面的相关著作一览表。

弗里德里希·马莱特：**《一般地理学或者数学地理学》**，L. Th. **勒尔**译自瑞典文，格赖夫斯瓦尔德，1774 年，8 开本。

瓦尔希的**《详尽数学地理学》**，第 2 版，格廷根，1794 年。

凯斯特讷的**《数学地理学的进一步阐述》**，格廷根，1795 年。

J. H. **福格特**：**《大众天文学教程》**，魏玛，1799 年。

J. E. **博德**：**《星空知识指南》**，柏林，1800 年，第 7 版，8 开本。

拉普拉斯：**《宇宙体系阐释》**，巴黎，1796 年，2 卷，8 开本。**豪夫**译自法文，美因河畔的法兰克福，1798 年，2 卷，8 开本。

与此相关的主要还有：

冯·**扎赫**：**《一般地理现象》**，魏玛，1798 年、1799 年。自 1800 年始由**伽斯帕里**和**贝尔图赫**续。

冯·**扎赫**：**《每月通讯》**，哥达，1800 年和 1801 年。

对自然地理学的探讨

§ 12

我们现在过渡到对自然地理学本身的探讨，它分为：

一、总论部分，其中我们按照其组成部分来研究地球和属于它的东西：水、空气和陆地。

二、特论部分，其中谈到特殊的产品和地球生物。

第一部分 〔184〕

第一卷
论水

§ 13

地球的表面被分为水和陆地。在这里，我们首先不谈论江、河和泉，而谈作为一切水域之母的海水，因为那些只是土壤的产物，并且源自海洋。不过，我们毕竟要先就一般而言的水作出一些说明。

§ 14

最普遍地存在的可滴的液体就是**水**。作为这样的液体，它在雨中从大气圈中落下来，渗入土壤，从土壤中流出河、池塘和湖，形成大洋，并构成几乎其余一切物体的组成部分。因此毫不奇怪，**泰勒士**就已经把水视为其他一切材料的本原。甚至后来，由于人们在蒸馏和其他实验时误以为从中离析出土，有人就相信看到这种意见得到了证实。这些实验的无效性通过揭露此时发生的错误而得到了充分的阐明。与此相反，其他实验却导向了很有可能的猜测，即水是由氢和氧组成的，确切地说是以一种混合组成的，这种混合在 100 份中包含 15 份氢和 85 份氧。最新的、用伽伐尼—伏打电池进行的实验在多大程度上可以用另一个实验的可靠性来教导我们，现在至少尚未确定。此外，人们相信能够以或然性来假定，水可以通过化学变化本身转化为大气层的空气。

按照温度，水对我们显示为三种形态，亦即冰、水和蒸汽。因此，无论人们有什么理由在一方面把水视为一种流质的物体，人们都毕竟能够以同样的理由断言它是一种固体。

〔185〕它直到列氏零度或者华氏 32 度都表现为这样一种固体，并且由以 60 度的角相交的晶体组成。

但是，如果附加上较大质量的热材料，那么，那种迄今的固体就对我们表现为液体或者水，但这种形态又在列氏 80 度或者华氏 212 度转换成一种蒸汽的形态，蒸汽甚至在天空最晴朗时也一直存在于大气层中，并且在其凝聚为露、霜、雾或者云时使空气阴暗而不怎么透明。

水很少或者说在其自然状态中从不是纯的，因为它不仅尤其是盐，而且也是许多其他材料的溶剂。人们也发现水作为雨或者雪而最不与其他材料相混合。井水和泉水不怎么纯，而其中硬水又比软水更不纯，因为硬水含有带土的中性盐。异质的掺入在矿泉水中最严重，就连海水也可以算在此列。惟有通过所谓的蒸馏，人们才获得完全纯的水，而这种水就自身而言是不会腐坏的，是一种完全透明的、无颜色的、无味道的、无气味的、不能点燃的、可滴的液体。

此处就说这么多。更多的可以查阅**拉瓦锡**、**吉尔塔讷**、**赫尔姆普施泰特**、**格伦**、**希尔德布兰德**、**胡博**、**格林**、**盖勒**和其他人的著名物理学和化学著作。在此参见**奥托**极好的**《一般地面水文地理学体系》**，柏林，1800 年，8 开本，第 8～50 页。而关于最新的伽伐尼—伏打试验，参见**福格特**的**《博物学最新状态汇编》**，第 2 卷，第 2 篇。

§ 15

普遍的水仿佛是一个大槽子或者一个深谷，存在于地球上的水都聚集在那里。陆地只不过是水上的隆起罢了。地球上水远远多于陆地，而且由于陆地被水环绕，陆地仿佛是构成了一个大岛。

人们把普遍的、环绕陆地的水称为**大洋**，就像把普遍的陆地称为**大陆**。后者是难以规定的，因为几乎不存在这样一个普遍的陆地，大洋几乎到处都像一个普遍的多岛海一样包围着它。 〔186〕

与这种意义上的大陆不同，人们以这个名称也称谓每一块具有可观广延的连贯陆地，人们正是由此把它与不怎么大的、被海包围的陆地或者岛屿区别开来。据此，如果人们想用那个名称命名一块在每个方向上约 450 德里的陆地（**参见菲利普的《新南瓦莱游》，载福斯特尔的《值得注意的新游记汇编》，第 1 卷，第 6 页**），则我们有后一种意义上的三个大陆。第一个由三个部分组成：欧洲、亚洲和非洲，第二个由美洲组成，第三个由新荷兰组成。但反过来，人们至少有同样多的理由把全部大陆称为一个**岛**。参见**狄奥尼修斯**的《多国志》，第 5 卷。

地球的表面面积为 900 多万平方里，海洋占 650 万平方里，陆地几乎还不到 250 万平方里。

人们把包围许多岛屿的水域称为**多岛海**，就像与此相反，把被陆地围绕的水域称为**内陆海**或者**陆间海**。——内陆海就水来说是什么，**岛屿**与陆地相关就是什么，因为前者以后者被水包围的同样方式被陆地包围。含盐的水被称为**海**；一些内陆海也含盐，而且尽管它们与大洋分离，它们却毕竟相互之间有一种联系，并且同样以海的名称命名。

大洋是地球上一切水域之母，因为它最初覆盖着地球，然后地球才从其母腹中露出来。大洋的划分部分地是随意的，但部分地也是依据自然的。在极地是**北冰洋**，再往下是**大西洋**，
〔187〕在亚洲和美洲之间是**太平洋**。延伸到陆地中并被陆地包围、但毕竟与海的一个部分相连的水域被称为**海湾**。因此，海湾无非是一边开放的陆间海，只不过它的长度大于宽度，因为如果它宽度大于长度，它就叫做**宽海湾**，尽管二者经常被相互混淆，因为海湾就陆地来说与**半岛**相对，半岛是延伸到水中、被水包围、但毕竟有一边与陆地相连的陆地。这样，意大利就是一个半岛，而亚得里亚海就是一个海湾。人们用小海湾这个名称来命名一个较小的宽海湾。**海峡**是两边都被陆地包围、但两端都与水相连的水域。**海峡**与陆地上的**地峡**相对，地峡就是一个狭长的、两边被水包围的地带。地中海可以有理由被称为大洋的一个海湾，因为它并未与大洋完全隔断。但是，既然直布罗陀海峡与这个海的大小相比很狭窄，它就被视为与大洋分开了。

最值得注意的海湾有：

Ⅰ. 在欧洲：

A. **地中海**，作为世界海洋的一个最大的海湾，在它里面除了**奥特朗托湾**之外，还有**亚得里亚海**，后者还包括更小的海湾：

a. **威尼斯湾**；

b. **热那亚湾**。然后

B. 西班牙北部和法国以西的**比斯开海**。

C. **波罗的海**以及两个小的海湾：

a. 深入瑞典的**波的尼亚湾**；

b. 瑞典和俄罗斯之间的**芬兰湾**。

D. **白海**，北冰洋在阿尔汉格尔附近的一个海湾。

Ⅱ. 在亚洲：

A. **阿拉伯湾**或者红海，亚洲对非洲的西部边界。

B. 波斯与阿拉伯半岛之间的**波斯湾**，幼发拉底河与底格里斯河注入其中。 〔188〕

C. 恒河的两个半岛之间的**孟加拉湾**。

D. 马六甲、暹罗和柬埔寨之间的**暹罗湾**。

E. 堪察加半岛和鞑靼之间的**品仁纳湾**。

Ⅲ. 在非洲：

A. 非洲西部位于几内亚附近的**几内亚湾**。

B. 的黎波里以北的**锡德拉湾**。

C. 突尼斯以东的**加贝斯湾**。

Ⅳ. 在美洲：

A. 佛罗里达以南的**墨西哥湾**。

B. 尤卡坦半岛以北的**坎佩切湾**。

C. 洪都拉斯半岛东南的**洪都拉斯湾**。

D. 巴拿马地峡以东的**达连湾**。

E. 巴拿马地峡以南的**巴拿马湾**。

F. 加利福尼亚和新墨西哥之间的**加利福尼亚湾**。

G. 新不列颠之间的**哈得孙湾**。

Ⅴ. 在澳大利亚，有位于北部的卡奔塔利亚湾。

最值得注意的海峡有：

Ⅰ. 在欧洲：

A. **直布罗陀海峡**，在荷兰人那里直截了当地叫做**海峡**，因此向地中海东部行驶的船员就被称为**海峡行者**。它固然有四里宽，但却让船员们觉得是挖掘出来的，因为两边的海岸高且陡峭。

B. 连接亚速海和黑海的**刻赤海峡**。

C. 连接黑海和马尔马拉海的**君士坦丁堡海峡**。

D. **达达尼尔海峡**是马尔马拉海和地中海之间的通道。

E. 法国和英国之间的**海峡**，径直就这么称呼，或者拉芒 〔189〕

什海峡，还有加来海峡。

F. **圣乔治海峡**。在荷兰人那里它也叫做英国和爱尔兰之间的颠倒海峡。

G. 西兰岛和瑞典之间的**松德海峡**（这个名称表示的就是不深）。

H. **小贝尔特海峡和大贝尔特海峡**，前者位于西兰岛和菲英岛之间，后者位于菲英岛和日德兰半岛之间。

Ⅱ. 在亚洲：

A. **巴布·厄耳·曼德海峡**，意为悲伤门或者流泪门，因为这里有许多船只遇难。它连接红海和印度洋。

B. **霍尔木兹海峡**，过去最著名的世界市场之一，联结波斯湾和阿拉伯海。

C. **马六甲海峡**，位于同名半岛和苏门答腊岛之间。

D. **巽他海峡**，位于苏门答腊岛和爪哇岛之间。因此也有巽他群岛和巽他海的名字。

人们还可以注意：**望加锡海峡**，位于婆罗洲和西里伯斯岛之间。

Ⅲ. 在非洲，只有非洲和马达加斯加岛之间的莫桑比克海峡。

Ⅳ. 在美洲，确切地说

1. 在北美

A. **戴维斯海峡**，邻格陵兰岛西海岸。前往这里捕鲱鱼的渔民叫做戴维斯行者。

B. 巴芬岛和拉布拉多半岛之间的**哈得孙海峡**。

C. **巴哈马海峡**，位于东佛罗里达和古巴岛之间。

2. 在南美

A. **麦哲伦海峡**，80 里长，位于火地岛和巴塔哥尼亚高原之间。

B. **勒美尔海峡**，位于火地岛和斯塔滕岛之间。 〔190〕

一些船只通过前者、另一些船只通过后者从大西洋进入南太平洋。

V. 在澳大利亚

新荷兰和新几内亚之间的**普罗维登斯海峡**。

§ 16

至于水的形象和形态，它如同无法度量的空间，真正说来根本没有形象，而毋宁说是给予陆地以形象。然而，既然人们已注意到，美洲、欧洲和大部分非洲的几乎所有河流都注入大西洋；此外，在美洲和亚洲之间只有一个小隔断；甚至，如果把巴黎选做立足点，人们将发觉几乎所有的陆地都像在一个惟一的半岛上；所以，可以或然地猜测，大西洋过去曾是一个大水池，里面的水在某种意义上拔掉了堤坝，并以这样的方式与其他水域连通起来。

人们事实上不无根据地假定，水仿佛是受到陆地的限制，因此有一个形象，我们将找机会在关于地球的古代状态的一章里更详细地谈这一点。如果把海岸与海床加以比较，人们就会发现，海床几乎总是视邻近的海岸而定，如果该海岸陡峭，则海床也陡峭，如果该海岸倾斜着下降，则海床也以相似的方向倾斜。因此，实际上情况的确是这样，这从船员们被假定为普遍的规则就可以看出，这个规则源自著名的航海家**丹皮尔**，即在海岸陡峭的地方，人们也能够轻而易举地登陆，与此相反，在海岸倾斜着下降的地方，人们也必须保持与海岸的某种距离。离陆地越远，海就越深，因为陆地是以逐渐的坡度向下倾斜的。由于海洋只是一个山谷，所以海底无非是陆地的一个延续，并且在海床的性状方面绝对与陆地形式相同，因为即便在

水中，人们也发现整段整段的山，以至于水有时在船的前部
〔191〕 20寻深，但在船的后部就有200～300寻深。即便海底的组成部分也与地面的组成部分非常相同。

水中的山顶如果平坦开阔且露出海面，就叫做**岛屿**。覆盖海岸，因而有碍船只靠岸的长长**沙滩**叫做**沙洲**或者**沙梁**。例如，科罗曼德尔海岸就由于前面的沙洲而没有任何可用的港口。**暗礁**是海中的浅滩，在它旁边有一个沙洲，从陆地开始延伸到海里，确切地说是在水下。从这一切出发可以猜测，在地球上曾发生一场巨大的变革，以至于现在的海床是由过去下沉的陆地构成的，而曾经是同样的力量，使得海床成为凹形，反之使陆地成为凸形，并给予陆地一个凸起的形状。

不过，在海床和陆地之间也有巨大的不同。因此，对于那些相信二者之间完全相像的人，不可去赞同他们。在海中有沙滩和土滩，例如从**英格兰**一直延伸到**日德兰半岛**的**多格滩**。它由一个两面陡峭的山丘组成，而且人们尽管如此仍能够在那里抛锚。这类情况在陆地上是不存在的。

在海中，久已不存在像地上的那样可观的山，而与此相反，在地上也不存在像水中的那样的平整。前面所述正是人们在世界上遇到如此少的海港的原因，也就是说，是因为极少有地方海岸是陡峭的，而海港则要求人们能够紧靠陆地，并躲避风暴和海浪，也在那里用任何锚都能探到海底。也就是说，也有污泥和飞沙，让锚陷入其中，或者海底是多石的，让锚索被挂住。人们最爱在海岸抛锚，而这就有**沙坝**，但如果海岸全都只有沙坝组成，像科罗曼德尔海岸那样，就是件糟糕的事了。但在这种情况下，惟有海底不是多石的，而是软的，海床才适宜于抛锚。除了一个良好的抛锚地之外，一个海港还需要人们
〔192〕 能够紧靠陆地，此外它内部是宽敞的，但对着海却有一个狭窄的开口，以便能够得到适当的防御，使海的喧嚣不致惊扰

船只。

在挪威，海港如此之多，以至于不能一次全列举。总而言之，人们在欧洲遇到最多的海港，这也许是贸易在这个大陆最为繁荣的一个主要原因。此外还要注意，在西方和南方多半是陡峭的海岸，在北方和东方陡峭的海岸则较少，这也许是因为水或者洋流在古代更高，从东向南流，而它所携带的土最初都沉淀在西面。

附释 1 **沙洲**多半产生在携带泥沙的河流注入海洋的地区，因为在这里，海洋挡住了河流，造成了泥沙在同一个地方的沉积。

附释 2 海床与陆地还在这一点上相像，即海床以同样的方式分层，常常包含着与邻近的陆地相同的地层。这甚至达到如此程度，以至于在相对而立、不那么被海水隔开的两岸，那些地层从一岸一直延伸到另一岸，这一点，但更多的是两岸相互啮合的形状——这种形状有充分的理由在江河那里更为容易发现——让人猜测是凭借涌入的海水而对陆地的一种强制的撕裂。

§17

谈到研究深度的方式，我们必须注意，这是通过一个固定在细缆绳上的锤进行的，荷兰人把这个锤称为测深锤，它重 30 磅。锤本身是一个宝塔糖的形状，底部卷曲。它必须比它固定在上面的缆绳更重，以便在它到达海底时人们能够得知。人们曾注意到，海洋的最大深度与离它不远的最高的山相同，如果从后者扣除大约⅔的话。因此，最大的深度就会是 2 000 莱茵丈。至于波罗的海不深，其原因在于邻近的波兰和普鲁士

是平坦的陆地。尽管人们不愿意假定，缆绳或者一般而言任何
〔193〕有重量的物体都可能被它自己的重量扯断，也仍然自行产生以这样的方式来测量深度的困难，因为人们会无法拿出这样一条长达一德里的缆绳，此外船虽然看起来静止不动，多半还是在走，在海底经常有与上面的海水方向截然相反的海流，人们以这样的方式获得的多半不是垂直的，而是倾斜的深度。

也就是说，常常在海洋的同一个地方有两个不同的海流，一个是来自陆地的海流，但另一个却似乎是月球通过落潮和涨潮引起的。据此，一个海流沿着海床前进，既不被风也不被障碍改变方向，但另一个海流却处在海洋的表面。

但是，人们也通过测深锤同时获知海底的性状，因为锤的凹面涂有油脂，沙、贝壳以及不管海床上有什么，都将附在锤上。这种方式的研究有助于其他船员能够既由此，也由已发现的海洋深度而在夜间知道自己朝向哪个海岸，他们在日间能够从海图上标出的岸和面对的岸的相同来知道这一点，但在夜间往往行驶得比白天能够瞭望到的空间更远。但是，由于海底变换自己的形状并不罕见，所以，人们并不是每次都能从中确定可靠地推论行驶了多远，而且正因为此，人们也必须求助于深度。例如，如果离岸 20 里的地方是沙质海底，离岸 40 里时海底还是这种性状，则人们就必须知道深度，以免在这种情况下弄错海岸的距离。如果现在比仅仅距离 20 里的地方更深，则人们就推论出，已经行驶得更远了。

附释 迄今测出的最大深度，是放下铅锤探不到底的深度，计有 4 680 尺。因此，这是一个几乎与崇山峻岭中的雪峰的高度相
〔194〕等的深度。但是，我们却不可以假定，海洋的深度在某些地方为了与我们最高的山媲美或者相似，也许深达 4 倍至 5 倍。

§ 18

为打捞沉下去的东西而借助一个木制的、底部用铁箍加固、因里面含有空气而水透入不能直达顶部的钟罩被缒下海里的潜水员，尽管也有一些实际用途，但更多地是用于猎奇。在这个钟罩的中部有一条链子，一个人可以用脚站在上面。使用潜水员，部分是为了采集在加利福尼亚、墨西哥海岸和锡兰所有的珍珠，部分是为了了解海底的性状。

人们使用钟罩达到如此程度，以至于能够把一个 12 人的团体缒入水下。人们以这种方式能够在水下逗留近两个小时，甚至可以阅读，只是不能说话，因为响声在这里无法忍受，所以真有一次，这样一个潜水人在另一个潜水人吹喇叭时死在海里。此时最大的麻烦并不那么产生自缺乏空气，而毋宁是产生自被封闭在这样一个钟罩中的人们自己的体味蒸发而使这空气有毒。据说这些潜水人中的一位能够想在水下呆多久就呆多久，但他有一次打捞抛到水里的金杯时，却没再浮出水面，大概被鲨鱼吞噬了，若不然他是会因鲨鱼的攻击而叫喊的。

人们也以把空酒桶固定在沉入水中的东西上，然后让空酒桶从水中升到高处的方式来把沉入水中的东西提到高处。潜水员通常也只是得到一个用烘干的牛皮制成的头罩，上面配一个长长的管子。

但是，人不能长时间呆在水中，乃是因为血液只是凭借肺才能到达通过一层隔膜与右心室隔离开来的左心室，从这里通过大主动脉流进其余的血管和静脉。这两个心室在子宫里是通 〔195〕
过一个叫做 foramen ovale［卵圆孔］的通道相互连接的。如果这能够保持下来，那种无能就可以轻而易举地取消。因此，孩子在子宫中也能够生存，尽管在那里同样处在水中。一些人用狗崽做过这种试验，狗崽一生下来就马上放进温牛奶中，它们也确实在里面坚持很长一段时间。

附释 关于潜水员和潜水罩，请查阅**盖勒**：《物理学词典》。也请参见**维恩申**的《关于人的宇宙论趣谈》，莱比锡，1798年，第2卷，第140～141页。

§ 19

至于海水的**颜色**，从远处并且总体上看，它似乎是发蓝的绿色，与此相反在玻璃杯中看，它是完全清澈的。淡水有一种较强的绿色，因此，人们例如在皮劳看到潟湖淡水与波罗的海海水如同被一条奇特的带子分开。一些海洋，例如红海、白海、黑海等等，并不像一些人伪称的那样，得名于它们所含的海水的颜色，而可能是得名于周围居民的衣着。也就是说，红海使用这个名称，是因为一种红沙或者珊瑚微光，而黑海则得名于位于海岸边的高山造成的阴影。甚至在这种情况下，那些称谓也不在于由其中所包含的材料所规定的海水颜色，而在于由外部的偶然环境所规定的海水颜色。

海水是透明的，这源自于盐，因此在含盐最多的地方，人们能够发现20英寻深的海底，而在南方诸岛，人们甚至发现乌龟在海底就像在一块绿色草地上爬行。

海水的透明是以如下方式产生的：光穿透诸微粒连续地前后排列的一个中间区域，如今被逐回穿过一个如**牛顿**所说的空的空间，或者更正确地说，当光不再被一个物体吸引时，它就又返回到它由以出发的物质，它被这物质所吸引更强于被根本
〔196〕没有引力的空的空间吸引。所以，物体就以这样的方式成为透明的；不过，一种物质若是可见的，就必然不是完全透明的，

因为若不然，所有光线都会穿过它而不被从它逐回到眼睛。现在，盐首先并且更大量地被水溶解，所以盐微粒连续地前后排列，而且海水以这样的方式成为透明的。

海水惟有在完全寂静的时候才有这种透明，因为在一些时候，它比河流和不流动的湖的水更寂静。但是，只要表面有一点儿运动，它就完全浑浊，因为在这种情况下，光线就不能毫无阻碍地前行。海水比河水更清澈，因为河水不仅带有许多很难沉淀的泥浆，而且在河流的表面上造成多半最强的泡沫，使得光线反射，河水由此当然变得不透明。此外，淡水含有分布在气泡中的许多空气，而这正是使得淡水不透明的东西。但是，盐驱走空气，并取代空气，以这样的方式就产生某种联系。就像打碎的玻璃不透明一样，尽管其每一个别的部分都是透明的。也就是说，是空气阻碍了淡水，但一旦人们用油或者别的液体物质重新使淡水有一种更精确的联系，它就将越来越透明。

既然盐使水在某种程度上成为一个连续体，所以，海水也必定是最透明的。但是，如果处在水下的人想向上看，他只需要从口中吐出一点油，油升到水面，并在那里仿佛给他打开一扇窗子。此外，在水下日光和月光一样。

在美洲和欧洲之间的大西洋的中部，有一条 200 里至 300 里的带子，它布满了一种挂着白色浆果的草，绿油油的，看起来如同一片草地，以至于如果一艘船要畅通无阻地扬帆通过，就需要一阵强风。西班牙人把这种草称为 Sargasso，Margasso [马尾藻]，也称为海香菜。佛得角群岛附近的拉尔诺德海有这种草，加利福尼亚海岸附近也有。人们在其他地方也发现这种草，但绝没有像在上述地方那样可观的量。由于无论是从西方 〔197〕
出发还是从东方出发，亦即从美洲海岸和欧洲海岸出发，都刮着同一种方向相反的风，于是就从两边产生在中部相遇的水流，并形成了一个漩涡，这样，两边的水流带来的那种草，就在漩涡中打转，并一同保存在这里。

一位中国航海家在非洲的尖端，即在好望角，一连三天清晨发现大海有一整条带子覆盖着浮石，但太阳升高后就不见了。这番叙述虽然尚未得到进一步的证实，但这样一种现象的根据和原因却不难揭示。浮石比水轻一些，但并不轻很多。在中午与此相反，水更轻，因为它被阳光晒热了，尤其是在那些阳光更强的地区。以这种方式，浮石相对更重而沉入海底。但在早上，在夜间，水又变冷，由此就变重，石头则变轻，因而就浮上来。

在其他海岸，漂浮着很多水生植物，例如在马拉巴尔海岸，航海家们据此把它也视为接近陆地的一个标志，因此它们在看到这些植物时就结账，而且在所有方面都如此精确，就好像它们确实登陆了似的。

附释 1 越深入海中，海的颜色就越暗。海发绿的外观似乎是反照晴天的一个结果。此外，如果颜色不是来自这类偶然的情景，那么，它就是基于一种本质性的差异或者处在海水中的材料。

附释 2 透明无非是一个物体使光透过的能力，而且这种能力似乎更多的是该物体的内部形状的特性，而不是其质料的特性，因为在这里也完全取决于同质的密度和以此为根据的光线折射。我们在这里注意到，海水的透明完全取决于其重量；在大多数情况下，海水折射阳光太多，以至于阳光不能透入
〔198〕 45 英寻深以上很多，所以，在海平面以下的一个更大的深度必然如此昏暗，就像在另一个根本不为太阳所照耀的地方一样。

§ 20

在一些地方，水有时显得火红、闪闪发光，以至于被它照到的船员看起来像被火花覆盖。当人们用显微镜研究这样的水时，就发现，亮光源自某些很像萤火虫，并且和萤火虫一样在黑暗中发光的蠕虫。但是，水的这种发光也部分地源自鱼的沉积物，源自生产的鱼精或者鱼子。也有大量的昆虫在这里发光，例如顶灯虫。此外，在马鲁古群岛，海水在温暖的季节里也在夜间有一种发白的颜色，就好像全都是由牛奶构成的。

附释 **福斯特尔**在其富有教益的《**关于自然地理学对象的说明**》（柏林，1783 年，8 开本）第 52 页和其他地方就他从自己的经验得知的而言，谈到海水有三种发光。也就是说，他区分了**电磁发光**、**磷发光**和**由活的海洋动物引起的发光**。第一种发光多半由船尾在海上拖出火红的带子。磷发光似乎主要是腐烂的动物尸体的一种产物，借助于摩擦，因为海水一旦完全平静，磷光就消失了。第三种发光，而且是最美的发光，源自大量迅速地交叉游动的、胶状的、小山丘般的小动物。但是，也有所谓的海荨麻或者海蜇从其触须发出相当可观的光，尽管它们其余的身体是暗的。还请参见**盖勒**的《**物理学词典**》，词条“**海洋**”。还有一些人自称在波罗的海察觉到水的一种特殊的光泽，尤其是在秋季，它在黑暗中看起来就像是淡蓝色的电火花，是突如其来带着湿润气候的东风或者东北风的预兆，但同时也预示着一个丰收的渔季。参见**格伦**的《**物理学编年史**》，第 II 卷，第 3 部分。文章：《**论水流**》。

§ 21

就海水的盐分而言，我们注意到，大洋仿佛是一个巨大无
〔199〕比的盐库，海水通常是含盐很高的，除非是在携带着淡水的相当大的河流注入海洋的地方，例如拉普拉塔河，在它的入海口足有 30 里宽。

因此，咸水的差异中的程度基于淡水的注入。如果一个海洋蒸发少于淡水的注入，它就含盐较少。就波罗的海而言，淡水的注入就大于其蒸发，所以波罗的海也就含盐较少。地中海含盐量就很可观。在里海，蒸发大于淡水的注入，所以这个海的盐味就更重。死海的蒸发如此之重，以至于它在夏季有若干里宽都干涸了，使得人们能够走进它相当远，而因此它也含盐量高。我们也注意到，通常在温度很热或者很冷的地方，水必然含盐量最高。

海水在最热的地区含盐量最高，其原因在于强烈无比的蒸发，水由此挥发了，盐却留下来了。但在最冷的地区，这却是由于流入的河水冻成了巨大的浮冰，漂浮在同样大的陆地周围。

附释 关于海水的含盐量的报道，相差很大。在地中海，人们说发现每磅含盐 1 罗特，在别的海有 2 罗特、3 罗特、4 罗特等等。一些人假定了一个规律，即海水的含盐量在赤道最高，越接近极地越低。但是，那种含盐量根本不是在同一个地方总是相同。**帕格斯**对此作出的评论见**法布里**的**《地理学》**，第 393 页。还有，水在深处通常比在表面含盐量高，例如在君士坦丁堡海峡，前者与后者的比例是 72 比 62。还请参见**奥托**的**《一般地面水文地理学体系》**，柏林，1800 年，8 开本，第 383 页

及以下。

§22

这样一种含盐量既存在于大洋，也存在于陆间海，其中有在俄罗斯沿伏尔加河朝着阿尔汉格尔斯克方向以及在新建的垦殖区萨拉托夫附近可见的湖。它在一些时间里被盐覆盖，如同在冬天被冰覆盖，以至于人们可以在它上面行走和驾车。〔200〕

此外，属于此列的还有沥青湖或者死海，这真正说来只有约旦河，它的河岸被扩展了，因为约旦河注入这个海，并与它方向相同。当这个湖在夏季其岸边干涸时，湖中腐臭的水就散发出一种如此强烈的怪味，以至于从它上面飞过的鸟就会落下来死掉。这种情况源自于一种看起来与石煤相似的沥青。

从经验得知的最高程度的含盐量是14罗特水含1罗特盐。如果再加进更多的盐，它就会落到底部，不再溶解在水中。

附释1 **乔治**在其《**对俄罗斯帝国的自然史的、物理学的和地理学的描述**》中，提到许多这类盐湖，它们常常突然改变自己的本性，然后，多半是在一次干涸之后，而且极可能是在随后由风引起的沉积物飘走之后，又只含有淡水。——盐碱草原。

附释2 **贝格曼**声称水含盐的饱和达30%的盐（参见氏著《**世界之描述**》，第362页），但他预设，为溶解一定量的盐需要500倍这么多的水。然而，人们发现，一般而言200倍这么多的水就够了，而且，总的来说热水并不比冷水溶解的多很多。

附释3 就沥青湖而言，人们说曾察觉沥青湖中的水有这样一种重量或者密度，以至于没有任何活的物体会在其中下沉，而且把这归之于水中的盐严重饱和。

§ 23

盐的基础在于一种钙化的土或者矿碱和存在于一种极特殊的酸即硝酸中的盐精。有三种酸：硫酸、硝酸和食用盐酸，或者也是矿物酸、动物酸和植物酸，就像有三种发酵，即葡萄酒发酵、腐烂发酵和醋发酵。在食盐中，除了酸之外，还有 Al-
〔201〕cali fixum［固体碱］或者海水所包含的钙土。在此请参见上述著作和其他化学著作中更确定的说明。

食盐有三种：海盐、岩盐和泉盐。盐既存在于水中，也存在于陆地，而且在陆地上就存在于泉和矿井中。如果我们要研究水含盐的原因，我们就必须首先问：什么是源始的水，是淡水还是咸水？如果人们用哲学的目光来考察整件事情，则单纯的水就是更早的水，此后通过添加才能从单纯的水中产生复合的水；但淡水就是单纯的水，而实际上事情看来也确实如此。在河流注入海洋的地方，就有沙，而沙要么是石化的，要么是沉积的。

但是，海水何以是含盐的？人们相信，这是凭借逐渐地从带有少量食盐的植物和生长物冲刷盐而造成的；河流在此之后把盐搬运到海里，盐就以这种方式在那里积聚起来。但在这种情况下，即便一般而言以这种方式能够成为可能，世界也必须存在过千百万年，而且河流必须同样是含盐的，因为正是它们把盐运走的。

与此相反，海向陆地提供盐，比陆地向海提供盐更早。在炎热的气候里，一切铁，甚至口袋里的表都生锈。这源自于盐，盐升入空气，并凭借雨又从空气中落到农田和植物上。

许多人都相信，在海里有盐山，它们被水溶解。但在这种情况下，山越被溶解，水就必然含盐越多。与此相反，发生的却是相反的情况，盐矿还是产生自从前有过的海，但这海后来流干了，却把盐留下了。

如果大洋的盐从前是在地上并且是被海水冲刷走的，那么，人们就必然还在所有的矿井中遇到盐。当然，盐看来最初源自于海水，并且是水的一个源始的组成部分，水在地球的最初状态中溶解了盐，因为在地球内部，同样还有大量的盐，除 〔202〕
了大型盐矿，还有火山来证明这一点，火山喷出大量的石灰岩、盐和灰。这固然不是食盐，而是碱盐，但毕竟总有某种碱盐是食盐的基础。

附释 盐怎样促成肥沃，这是不可否认的。人们在农田上觉察到这一点。如果让一块农田闲置若干年，则它至少与人们按通常的方式给它施肥的情况下收成同样多，这是在雨中落下的盐促成的。**哈雷**认为，所有的东西，包括淡水，都包含着一些精细的盐微粒，这些微粒被河流留在海里，而且惟有淡水或者真正的水成分才又蒸发，并在雨中重新落下。但这样的话，要使海水的含盐量哪怕只是河水的 2 倍，就需要 2 500 年。在河水中，人们根本不能通过味觉感知其中的盐，哪怕是一丁点儿也不行，而是至多通过实验从中提取出来盐。海水一般而言含盐量是河水的 50 倍，因此，要使海水含盐量达到其目前的程度，就需要 50 倍的时间，即 125 000 年。——在波斯海岸，频繁的雨在雨水停留和咸水从高处一起冲刷而至的地方留下了一层干硬的表皮，地面的青草遮掩了它。——最重要的盐矿在加利西亚的**博赫尼亚**和**维利奇卡**。通过在所谓的硝酸中的铅分解，淡水中的盐微粒沉淀下来。此外，看来既然水曾经覆盖所有的陆地，它也就滤走了陆地的盐。此后，海水就保持着它曾经包含的盐，我们避开被**利希藤贝格**证明为伪的问题：**海水现**

在还从哪里获得它的盐呢？

§ 24

由于淡水在长时间海上航行时既会腐坏，也会甚至干掉，并且在前一种情况下会造成很大的损害，因为它由于生出长长的蠕虫而是船员们的一种真正的灾祸，成为晕船的原因，所以，人们早就已经想到：如何能够使海水淡化？这个发明在许多学者想过之后，最终实现了。

〔203〕但最大的困难是，为此目的船就必须携带许多石煤。如果不是商船，而是仅仅旨在发现，那么，这始终是可能的，只是反过来不行。

人们通过蒸馏来使海水淡化，为此总是需要三种东西，亦即**蒸馏锅**，让蒸汽升到高处并因冷而凝聚、成为水而滴落下来的**冷却塔**，然后是蒸馏的水流入其中的**容器**。

在自然中，蒸馏就是以这种方式进行的，因为河水是以同样的方式从海水蒸馏的。太阳就是火，大洋就是蒸馏锅，但最上面的区域或者大气层就是冷却塔，蒸汽上升到那里聚集成云。最后，地球就是水流入其中的容器。但是，由于也有一些挥发的盐一起上升到高处，所以毫不奇怪，我们没有完全纯的水。

海水的苦味来自钙，因为海水的所有产品都是含钙的，而当这种钙与某种盐结合时，就从中产生所说的苦味。

后来，不仅在英国，而且在法国，人们都发明了另一种更合目的的方法，来使海水完全淡化。但是，最后还要注意另一种从海水中提取盐的方式。也就是说，人们在海滨挖一个槽子或者池子，让海水流入其中，海水被炎日蒸发，盐就留了下来，尤其在法国就是这样做的。既然以这种方式获得的盐是脏的，就必须对它进行净化。在这种情况下，它就叫做海湾盐，加的斯的西班牙海湾盐与哈雷盐相似。热那亚盐也是白的，但有点酸，这源自土地。北方各国不制盐，因为水含盐程度不那么高。在北冰洋，人们也不制盐，尽管水含盐量足够，因为制盐需要空气性状比那里的更热。

附释 1　关于海水的蒸馏谈过了。人们起初——我在这里不谈古人的试验——主要是做人工实验，最终又回到完全简单 〔204〕 的程序。但除了蒸馏，人们也曾尝试其他手段来使海水脱盐。属于此列的有：1. **过滤**。人们把若干容器叠放，让海水流过装填沙的底部。但这时总留有那种水的苦味。2. **冰冻**。在淡水转化为冰时，盐微粒就留下来了。不过，此时也还总是留有一些苦味，而且水转化为冰无论是自然的还是人工的，都并非到处并且在所要求的程度上可行。3. **腐化**。在这种情况下，人们让水在有盖的容器中腐化，然后要么通过蒸馏要么通过投入沙砾来净化它，但这种方法同样很少去除苦味。参见**盖勒**上引书，词条“海洋”。

附释 2　一些海岸地区的居民既没有河水也没有足够的雨水，就用自然的海水来应付。习惯使然。

附释 3　海水除了其咸味之外还具有的苦味，从前人们把它归之于含有土脂或者山脂，然后从土脂或者山脂的存在推论到海床的石煤层。但新的实验证明不是这种情况，而是在盐结晶后，海水还留下一种浓稠的碱液，其中有盐酸、苦土、芒硝和亚硒成分（参见**盖勒**上引书），它们在蒸馏时全都留下来，以至于用这种方式就能够从海水中获得真正的淡水。在这里，尤其是在里海，有一种如**格梅林**注意到的那种源自石油的苦味。这样，人们也在所谓的死海找到许多沥青，因此死海的海水也有一种强烈的苦味。

§ 25

海洋空气的差异是以这样的方式引人注目和可以察觉的，即在海上得了坏血病的人，只可以登上陆地，多半由此治愈。与此相反，海洋空气对于在别处得病的人却是有益的，而且许多人惟有通过航海才痊愈。因此，就连**林耐**也设想开办一个海上疗养院。

海水中的盐的用途是多方面的，而且是绝对大的。它部分
〔205〕地蒸发，落到农田上，使农田肥沃。正是由于它的这种性质，它也能够承载更大的货船和更大的动物，它们若在淡水中是会沉下去的。人在海水中比在河水中更能游泳，如**布罗德里克**将军，当他在西班牙人和英国人之间的最后一战中因着火而失去了自己的船时，就能够游泳整整 1 小时。他用嘴衔着自己的文件，一个水兵拿着他的衣服，而获得营救。

咸水浴有益于健康，但是，海水并不像一些人认为的那样，是防腐的保藏剂，因为就像人们在一次海洋大潮漫过苏门答腊岛的时候察觉的那样，海水在陆上停留 14 天之后，由于缺乏运动而变得如此恶臭，以至于荷兰人的城堡两度死绝，因而最后也不得不完全离开这个岛。

由于咸水更重，所以海水的水压也很大。**马尔西格利**伯爵与其说是一个将军，倒不如说是一个自然研究者，他事先把一个环固定在一个酒瓶上，使它能够垂直下沉，然后把它沉入海中 300 英寻深。海水的压力推动封住酒瓶口的软木塞深入酒瓶，甚至从软木塞旁且也通过软木塞渗进少量的水，这水是淡水，因为盐微粒不能一起渗透。这样一个 7 000 立方尺的水柱，哪怕 1 立方尺只重 4 磅，也会是一个十足的水压机。

还要注意的是，盐对于生命来说并不是必要的，因为许多

民族，例如加勒比人，就完全不用盐而存活。

附释 含盐的海水在其重量方面的区别能够走多远，尤其是从死海的水可以最清楚地看出，死海的水与普通水的比重是 5 比 4。通常，普通海水和雨水之间的这个比例在**穆森布罗克**看来只是 1030 比 1000。在离岸近的地方，海水又较大洋深处更轻，因为这里与来自河流和小溪的水混合更严重。

§ 26

对于“既然天天有河流大量注入，海水为什么未升得更高”这个问题，人们陷入了古人陈述过的意见，即各海洋有一 〔206〕 种地下的联系，水通过这些地下渠道又返回了。古人们总是相信，水的循环必然是在地下进行的；然而自从把数学运用于物理学以来，人们发现，那种循环是在地球之上进行的，确切地说是凭借蒸馏，只不过它对我们来说当然不可见罢了。也就是说，人们学会认识到，海水的蒸发远远超过河流每日的注入，因为狭窄的河流相对于蒸发所涉及的大洋的辽阔，只带来很少的水。与此相反，大洋如果为了维持自己不是还有别的来源，单凭河流的注入就必然变小和减退。垂直落回海洋上的雨和雪就属于此列，以至于大洋在根本上所蒸发的与它沿着其他途径所获得的增添一样多。

在整个世界海中，通过河流的注入与蒸发相等，因为河流所给予的不能多于它们通过海洋的蒸发间接或者直接得到的。但是，由于一些海洋被与大洋隔断，与大洋没有联系，例如里海，但一些海盆又小，例如波罗的海，尽管如此又接纳许多可观的河流，所以，这类海洋就可能比大洋高。但另一方面，既然又有一些海洋，虽然与世界海有联系，并且具有较大的海湾，但却根本不接纳或者只接纳很少的河流，因而对它们来说蒸发就大于注入，所以，这类海洋就比大洋低。例如，地中海就是这样一个海。如果筑墙堵住直布罗陀海峡，使得大西洋不能注入地中海，那么，地中海就必定会由于因面积大而肯定蒸发很强烈，并由于河流注入少而逐渐干涸；海盆会越来越小，尽管不会完全干涸，而是当河流带来的水恰恰等于又蒸发的水的时候就会停止。据此，它会永远保持在这个高度上。但现
〔207〕在，不断地有水从大洋流入地中海，来弥补蒸发造成的较大损失，但毕竟不是如此之多，不足以使地中海维持在与大洋的同等高度上。

红海应当高于地中海，而大西洋应当高于太平洋。苏伊士和巴拿马的地峡把那些高度不等的海洋彼此隔断。但是，既然大西洋和太平洋相距根本不远而仍然相遇，西班牙人为阐明克服上述地峡的不可能性而提供的原因就会更多的是政治的，而不是物理学的，而且阻碍在这个地方连通两个海洋，应当只是为了由此更多地打动英国人和其余海上强国，让他们安然无恙地占据自己的这些陆地。然而，大西洋可能还是比太平洋高一些，因为有普遍的水流自东向西，它确实会积聚在大西洋。

附释 人们起初作出所有的海洋在地下彼此相通的猜测，这是很自然的。例如，单是伏尔加河就每天给里海运送 216 亿立方尺的水，而且人们至少可以指望恩巴河、乌拉尔河等等注入，指望雨雪两倍这么多。但在这里，既没有海洋高度的增长，也没有可见的流出。不过，这个海洋的蒸发据**格梅林**的说明（**《俄罗斯游记》**，第 III 部分）——尽管其他人并不完全赞同——恰恰如同那种注入一样强。在地中海，几乎完全是同样的情况。也就是说，地中海仅仅按照来自大西洋和尼罗河的注入就必须每年增长 26 尺。但是，地中海的蒸发每年仅仅约 30

寸，这单是上面落下的雨就足以弥补。此外还有其他现象，使人在此推论多于纯然的蒸发的东西。毋宁说人们被迫在这里想到水在更深处的流出，与其在表面上的注入相反，由此关于相对涌流的学说就得到了说明，就像这种学说又拓宽了对那些现象的解释一样。——根据法国最新的观察和计算，红海确实比地中海高若干尺。

§ 27

〔208〕

海水的运动有三种，亦即：

1. 浪，风是其原因；
2. 海流；
3. 落潮和涨潮。

首先就浪而言，可以发现，水在浪中并不前进，而是始终停留在同一个地方，只是保持晃动，因为风并未强得足以一下子使这样大量的水运动起来。惟有在风持续更长时间的情况下，这才是可能的。由此就能够解释，何以潜水员在起风两三个小时后在深处还感受不到风的丝毫作用。

确实，看起来浪的运动是前移的，因为后面的浪逐渐地增强；然而，这只是一种颠簸的、振荡的、时而升起时而下落的运动。如果把谷糠撒在水上，并扔进一块石头激起浪，人们就可以相信这一点；在这种情况下人们看到，谷糠在浪运动中总是待在一个地方。

人们也可以从测量在海上经过的距离的方式来阐明这一点。因为在人们按照纬度朝着赤道或者两极旅行时，除了把天象与在行程中度过的时间加以比较来**推算**，还有一种测算里程的方式，它的依据恰恰是水在海中停留不动。也就是说，人们抛出一个木板，它也叫做计程器，它的一端固定在一条缆绳上，人们从放开缆绳的长度以及离开木板的时间，来判断走过的距离。因此，如果水不停留在一个地方，木板就会一起漂浮，据此，如果没有一个能够由以出发的固定的点，人们也就根本不能以这种方式来确定走过的距离。**安森**将军测算过自己的旅行，比他应当到达的时间迟三个星期到达岛上，因为一个海流迎他而来，把他的计程器向后推移了。但他却相信是自己离开了计程器。

〔209〕 浪要么是**长的**，要么是**短的**，要么是**往回打的**浪。第一种是最好的浪，特别在比斯开海可以看到。但中间一种由于使船、酒桶、其他货物甚至船员受到颠簸运动而是很危险的。最后，往回打的浪出现在有浅滩的地方；也就是说，水是由风吹动的，而且由于浪撞到礁石，它们就又往回打。

长的浪从不出现在陡峭的海岸，而是出现在平坦的海岸，确切地说是出现在海中，而不是出现在离海岸近的地方。海底通常是平静的。也就是说，浪运动通常只是发生在水面上。但是，在海洋不够深的地方，例如在波罗的海，风就能够推动水直到海底，由此产生短的浪或者往回打的浪。

这样的浪能够造成激浪。如果一个浪爆裂，就产生激浪，而爆裂则是风处在侧翼而浪受阻的结果。

海越狭窄就越不深。因此，在这些海里的浪就也没有自由运动，而是被打断。人们根据浪短来识别沙滩。所有的礁石都有冷空气和雾。这种情况很难解释；但在根本上，这和浪短是同一个原因。也就是说，它在于海床。在深海发生一种地窖热效，它在地上在70尺的深度可以发现，而且按照法国的观察即便在最深的地方也始终是相同的。它按照华氏温度为25½度。现在，既然下面的水比上面的更冷，那么，风就必然把这样的礁石上的水从下往上带，这里水不深，因而风在这里能够推动水直到底部。由于水在上面温度高于水在下面的地窖热效，则在这里，当那种较冷的水向上走的时候，空气的温度也必然变冷。

人们无法精确地知道浪的真正的和最大的高度；不过一些人断言，它们从未高过 24 尺，这个尺度被分为两个部分，对于波峰和波谷来说有一个超过海平面或者低于海平面 12 尺的隆起或者低凹。

借谈论浪运动的机会，人们也可以提及水的那种由帆船劈 〔210〕
开水面时产生的运动。人们在 500 步远就能认出船留下的这条路径，而且这对于水手来说是很有用的，因为他能够从留下的凹陷得知自己被风吹离直的航道多远。

附释 就海水的温度而言，它比首先是在陆地上方的大气层的温度耐久得多，而且和后者一样长时间不变换，这一点已经由此得出，即它根据许多试验和经验只在华氏 26 度和 68 度之间游移，而且只有在最冷的地带才在这些点之下。在最热的气候里，水总是在温度上落后于空气，哪怕是在水面上，因此就有清凉的海风。气温和水温在温带更为一致，只不过在这里水温常常被一场强风或者风暴提高，如人们通常在普鲁士和库尔兰海岸，尤其是在从瑞典海岸吹来北风时所觉察到的那样。因此，在需要的情况下，甚至与海的接近也在邻近的陆地造成一种更说得过去的温度，哪怕只是一段短暂的时间。

§ 28

如果一场风暴持续很久，而且由于它使水在海床上运动，那么，浪的运动就由下向上继续进行，尽管风暴早就已经停止。而这种对船员们来说很危险的运动，被他们称为空海。在有风时，浪的运动对船来说并不那么轻易有害，因为它在此时仿佛是一起被推动的。但如果风停了，与此相反运动仍继续，则船就像是一个球，因为它不能继续移动，而是必须始终像在一个地方颠簸，此时在船里和在船旁一切都挣脱了束缚，一切都乱了套。

因此，空海是先有风之后的浪运动。人们假定，如果给海浇上油，就能使它在这样的情况下平静下来，而且确实，油能〔211〕够止住轻微的水运动。如果海水完全平静，那么，如上所说，由于海水透明，人们就能够发现水下海床上的某些东西。但是，一旦表面哪怕只是有些运动，海床上就浑浊黑暗，就好像布上了云。在这样一种情况下，潜水员就利用油的优势。他们为此目的多半是口含油下去的。也就是说，如果他们让油流出去，油就浮到高处，使浪状运动的平面的一个部分平坦，于是在这个地方就产生了一个窗子，他们就由此在海底获得光线。但是，在这样一些情况下和为这样一个目的可行和足够的东西，在另一些情况下就可能不适用。如**穆森布罗克**讲述的那样，装载油的船只遭遇到空海。它们互相撞碎，油倾泻到海上，尽管如此海却不平静。

另一种浪运动在于涌。海中间的水有一种钟摆的运动，亦即振荡的运动，也就是说，此时海水以同样的时间升起，又以同样的时间下落。但快到陆地时，浪往回打，就像钟摆的绳被缩短了一样。据此，当一个浪从陆地返回时，另一个浪就升到高处，因而返回的浪就与升起的浪合并在一起，于是两个浪就继续倾泻到陆地上。

涌的原因如下。海岸边的浪不能与其他浪同样运动，因为它们受到陆地的阻挡。于是，另一个浪就迎上了第一个浪；所以第二个浪就已经更高，但第三个浪又迎上了第二个浪，因而它就更高，而以这种方式继续进行，直到最终，最后的浪压力最强，把所有的浪都驱回，这时运动又重新开始。水手们把这类浪如上所说称为涌。

在几内亚，最大的浪是七级浪或者八级浪，水手们如果不想连同其小船被吞没，就必须等待其转变。也许，罗马人称为 fluctum decumanum［十级浪］的浪是最大的浪。

附释 1 关于海洋的浪运动，进一步可以查阅：**盖勒**，上引书，词条“浪和海洋”。**奥托**的**《一般地面水文地理学体系》**，第 486 页及以下。在地中海，浪不容易升高到 8 尺以上，但在波罗的海，浪却常常升得更高。浪运动很少深及 15 尺以上，因此东印度的采珠人甚至在船因猛烈的浪打而害怕触礁的时候，也敢于潜到海下。 〔212〕

附释 2 **亚里士多德**、**普林尼**等古人就已经提到油作为一种平息浪的手段，而**富兰克林**本人亦在我们的时代里为此事辩护。然而，直到现在，关于这种手段的可用性，总的来说尚未作出可靠的结论，例如，人们可以从**扎赫**的**《一般地理现象》**看出这一点，第Ⅱ卷，第 516 页，参见第 575 页。

附释 3 在罗马人那里，实际上十级浪被视为最大的浪，如奥维德：《变形记》，Ⅺ，530；《哀歌》，Ⅰ，2，49；西利乌斯·伊塔利库斯：ⅩⅣ，124 所证明。

附释 4 我在这里还不可以完全默不作声地跳过一个特殊的现象，我指的是所谓的海市蜃楼。直到最近，人们才真正开始谈论这个对象，尽管还一直没有以它能够引起的注意来谈论。这种海市蜃楼就在于城市和乡村以及其他这类事物显现在海面上，显得是从海面上升起的。它是一种特殊的海浪运动，还是邻近的海岸的特有本性，还是一种大气层的特有性状在个别地，还是这些情况共同地导致产生这种现象，尚有待阐明。迷信在这里有多么活跃，这是可以设想的。法国人，尤其是**蒙热**，在埃及发现了陆地上的相似现象，或者倒景。关于海市蜃楼更详尽的东西，个别文章的作者散见于**伽斯帕里**和**贝尔图赫**的**《一般地理现象》**，1800年。

§29

水的第二种运动是由海流引起的。要寻找海流的原因：

1. 在于大洋自东向西的普遍运动。这种运动源自地球自西向东的绕轴自转，因为由此水仿佛是被甩回去了。

2. 在于蒸发。

〔213〕 3. 在于风。

4. 在于落潮和涨潮；关于后者应当在后面专门讨论。

§30

在我们已经于上面借蒸发之际看到，与大洋有一种联系的各海洋由于其中的一些海盆小并且有河流的强劲注入，因而这些海洋蒸发较少，但另一些海洋海盆大而注入较小，因而蒸发更强，据此前者比大洋高，后者却比大洋低之后，在这些陆间海与大洋相通凭借的海峡中，就必然不断地可以发现一种并非由风引起的水流，通过它要么水从海洋注入大洋，也就是说它更高的话，要么反过来，大洋的水注入海洋，如果海洋更低。

如果人们了解注入这样一个陆间海的河流的数目和质量，连同这个陆间海的面积，那么，人们就已经能够从中大致得出水流必然采取什么方向，是从陆间海流入大洋，还是反过来从大洋流入陆间海。人们只是在联结地中海和大洋的直布罗陀海峡，此外在联结波罗的海与北海的松德海峡和两个贝尔特海峡觉察这样的水流。

除了上面的水流，通常还有另一种位于下面海底的水流，而且在每一个海峡都可以遇到。这种下面的水流总是与上面的水流相反。**毕丰**在其自然史中想完全摒弃这种现象，因为他觉得这是不可理解的。然而经验教导我们，事实上就是这种情况。也就是说，如果人们把一个小船置于松德海峡，在它上面固定一根绳。绳的另一端固定在一个里面放若干铁球的酒桶上。当酒桶达到某个深度时，人们就看到，小船如何被牵动与上面的水流完全相反。

在直布罗陀海峡，上面的水流流入而下面的水流流出。在松德海峡则情况相反。原因在于：地中海比大洋低，大洋形成上面的水流。与此相反，波罗的海比北海高，因为水在波罗的 〔214〕
海的增添比蒸发更为可观，所以上面的水流流出。现在，又由于地中海里的水正因为蒸发的缘故而含盐量更高，因而在比重上也比大洋里的水更重，所以下面的水流就从地中海流入大洋；但与此相反，由于波罗的海的水更轻，北海的水就通过下面的水流灌入波罗的海。

据此，下面的水流是通过水的压力产生的。地中海里的水柱由于含盐量高于大洋的水柱而更重，所以较重的水就通过压力而将较轻的水挤回去。在波罗的海，出自同样的原因而情况相反。

因此，如果在一个陆间海中蒸发大于注入，则上面的水流流入而下面的水流流出。但如果淡水的注入更大，就出现相反的情况。按照这个尺度，就可以评判所有海洋的水的交流。

附释 1 处在两条回归线之间的那种普遍的自东向西的水流，除了上述原因，似乎也以月球的运转以及这里几乎不断吹着的东风为其根据，而且恰恰这种水流又是人们顺流从美洲到马鲁古群岛旅行比逆流从马鲁古群岛到美洲更快的原因。较早的自然研究者们提到的第二个普遍的水流，亦即从两极流向赤道的水流，可能没有根据。如果它确实存在，则同样可以从赤道上海洋的强烈蒸发得到解释，由此位于赤道的比重更重的水就会从下面流走，在上面给较轻的、从两极灌入的水腾出位置。但是，单是地球的绕轴自转就已经必定会阻止这类水流。

附释 2　除了直布罗陀海峡和厄勒海峡之外，人们只是在色雷斯的博斯普鲁斯海峡还觉察到上下对流。在公海上是否也有这类对流，尚未确定，只不过即便那里确实有对流，毕竟彼此也有若干距离。

§ 31

如果持续时间长的风吹向一个地带，则由它们引起的水流
〔215〕也流向一个地带。但在太平洋有一个水流，它在海岸旁采取另一个方向，而在巽他群岛风变换方向，夏季自西向北，冬季自北向西。在马鲁古群岛的水流是很强烈的。

处在陆地之间的海洋，常常有很危险的水流。例如卡特加特海峡，那里水流不知不觉地就把船只推向海岸。因此，船员们对水流的知识也很感兴趣。在地中海，无论是在海中间还是在海岸旁，也都有一种水流，它们在直布罗陀海峡向东流向法国和西班牙，此外又环绕亚得里亚海湾，流向西亚海岸，又沿非洲海岸流动。由于黑海更高，水从黑海流入地中海。由于从非洲一边，除了尼罗河可能是个例外，没有河流注入，而从相反的一边却有许多河流注入，所以水就与之对抗，并且必定在非洲海岸逗留。但一旦进行起来，水就也保持着自己的流程，不断地向前流动。

这种水流最著名的是墨西哥湾流，它从墨西哥海湾出发，

流过巴哈马群岛和佛罗里达之间，然后从北美海岸转向东北，逐渐地达到挪威海岸，并由此向西北流向格陵兰岛。这个海流的第一原因只能在东风中寻找，东风把水积聚在墨西哥海湾里，并以这种方式仿佛是强迫水溢出流向这边。

这类水流如上所说，给船员们造成了某些障碍，但从另一方面来说，它们也是很有益的，这一点后面再谈。

§ 32

两个水流的结果就是涡流或者海漩涡。在墨西拿，一条向南的水流和一条向北的水流相对，而且一条水流靠这边，另一条水流靠另一边。两条这样的相对水流就造成了所谓的**死水**，例如前面已提到的草海。其原因是两种相反的风。但是，海把 〔216〕
一切不与它做同样的运动，并且不能跟随水流的东西都抛到更平静的一边。

最值得注意的涡流是：**法鲁角**旁、西西里岛和卡拉布里亚之间的**大漩涡**，埃维亚岛和维奥提亚海岸之间的**涡旋**和挪威海岸北纬 68 度以下的**大旋流**。

这些海涡流固然吞噬过小舟，但却没有吞噬过大船，而是船甚至使漩涡无序。但是，如果船只在大旋流中遇难，这就是因为风随时变换，而且是因为船只撞上了礁石和搁浅了。

附释　这些**海涡流**或者**漩涡**在于海洋在其特殊的位置上的圆形的、螺旋形的、漏斗形的运动，其原因如同基于落潮和涨潮，基于海底的凹陷等等，同样经常地基于存在于水下的礁石，无须人们因此就把关于深穴的叙述，例如潜水员科拉·佩西在大漩涡下面发现的（参见**基尔希**：《地下世界》，第 I 卷，第 97 页），视为某种不仅仅是传说的东西。对这里列举的三个漩涡，落潮和涨潮都有极显著的影响，只不过每一个的地理位置在此造成了一种变化而已。参见**盖勒**，上引书，词条“**漩涡**”。

§ 33

在整个世界体系中绝没有完全的平静，而是物体在任何时候都力图相互接近，或者相互吸引，这是**牛顿**证明的。[①] 正是牛顿阐明了，物体的重量无非是整个物体，而非仅仅中心所造成的一种吸引。尽管月球的吸引只在我们地球上的少数物体那里可以觉察到，因为地球比月球离它们更近，但是，这种吸引毕竟现实地表现出来，并且对流体物质来说，亦即对水来说引人注目。

〔217〕如果月球的吸引在地球朝着它的一面只是与在地球中心和背对它的一面同样强，那么，地球海洋里的水就会到处同样高。然而，由于地球朝着月球的一面比地球的中心离月球更近，中心又比背对月球的一面更近，所以，月球对前者的影响就比对中心的影响更强，对中心的影响又比对背对的一面的影响更大。因此，水在朝着月球的一面就升高，而由于它被月球吸引，所以它就地球而言就变轻了。

现在，被地球的中心同样强地吸引向地球各面的水，力图与朝着的一面的水获得平衡。既然各面的水比上部的水更重，所以，上部的水的较小质量就将与背对月球的一面上的水的较

①《自然哲学的数学原理》。还请参见伊·康德：《若干短篇论文集》，F. T. 林克编，哥尼斯贝格，1800 年，8 开本，第 7 页及以下，此外参见盖勒上引书，词条“静止与惰性”。

大质量同样重量，因为水在这一面受月球吸引较少，所以水就向上边的那面上涨，但中间一面则减退。然而，地球的中心又受月球的吸引多于其背对月球的一面，所以中心将离开水，或者换句话说也一样，水将离开中心，向另一面上涨。

现在，由于月球在表面上以 24 小时围绕地球运转，所以月球就以自己吸引上涨的水，因而在每一个地方水都每天两次上涨和下落。但由于月球因自己围绕地球的运动每天比前一天晚升起$\frac{3}{4}$小时，或者精确地说 49 分钟，直到它又以一个月环绕地球，所以上涨也必然每天迟到 3 刻钟。但是，水也由于量大而不能在月球的吸引最初发生作用时就聚集起来，所以也毫不奇怪，这种上涨是在月球升起 3 个小时后才最强。

涨潮应当在月球处在中天时达到最大高度；如果它停留在中天，则也会是这种情况，但由于它在水能够聚集之前就移动 〔218〕
了，所以水由此而在其汇聚上受到阻碍。

在辽阔的大洋上涨潮小，因为大的水域由于其较大的联系而不能如此轻易地积聚，所以涨潮也在太平洋的岛屿上只有 6 尺，与此相反，在布里斯托尔有 20 尺高。在有大的海湾的地方，也有大的涨潮。与大洋隔断的海洋，罕有落潮和涨潮。

此外，尽管太阳离地球比月球更远，因为月球离地球只有地球半径的约 60 倍，太阳却离地球有地球半径的 23 000 倍至 24 000倍，但是，由于它有至少大 10 000 000 倍的质量，在地球上也从它这方面表现出一种明显的吸引。在新月时太阳与月球处在同一个天域，或者与它会合，以及在满月时它们彼此反相或者相互距离 180 度，二者的吸引必然联合起来发挥作用，因此在这个时刻将发生水的最大上涨以及降到最低。在反相时之所以出现这种情况，乃是因为无论在地球朝着月球的一面还是在其背对月球的一面，水都同样高地上涨。与此相反，在半月时，太阳将在水由于月球的吸引而下落的地方表现出它的吸引，因而月球的影响由此被减小，并在第一次和最后一次半月时出现水的最小上涨和下落。

现在，既然**牛顿**已经计算出月球如果独自吸引地球的水会使水升高10尺，而太阳在同样的情况下会使水升高2尺，所以，水在月球和太阳会合和反相时必然上涨和下落高或者深12尺，与此相反，在弦月时它们相距90度，水只上涨和下落8尺。在大海上，这是缓慢地和逐渐地发生的，但在有陆地对抗的海湾，水必定自然而然地以一种剧烈的方式涌入。然而我们却发现，最大的涨潮是在会合和反相之后3天才发生。

〔219〕 经验证实了所有这一切，证明月球的运转确实是叫做涨潮的水上升和被称为落潮的水下降的原因。新月和满月时的涨潮叫做大潮，但两次半月时的涨潮则叫做死潮或者平潮。不过，水即便在最强的涨潮时真正说来也只是升高到6尺的高度。

但在好多地方，是在离此不远的地方涨潮的时候落潮。于是，在离汉堡只有15里的赫尔果兰岛涨潮时，在汉堡却落潮。其原因在于，涨潮常常因周围陆地的性状而被推迟，以至于它不能准时出现，但在每一个特殊的地方，落潮和涨潮都在一个确定的时间发生。伦敦把无论是来自苏格兰还是来自法国的船都能够随着涨潮驶入并且随着落潮驶出视为一项大的特权。但是，这样的事情之所以能够得到适当的解释，乃是因为出自两个海洋的涨潮同时如同注入一个渠道。

河流中的落潮比涨潮持续更久，因为河流中的水障碍很大。死海、里海和波罗的海没有涨潮，因为它们被与大洋隔断，且自身面积太小。在威尼斯倒是有涨潮，但只是很微不足道。

月球的吸引与它自身一样古老，而且正是一种如同重力的力量，所以它一直透入中心。据此，水在落潮和涨潮时的运动也一直抵达海底，因此产生浪所不能造成的影响。它是地球上的最大变化的首要原因，而且一些河流和漩涡如同已经说明的，就是落潮和涨潮的结果。人们从埃维亚出发能够察觉的涡旋就是落潮和涨潮的结果，因为它总是取决于月球的位置。它在某些时候变得不平静，它的波浪运动强烈，汹涌澎湃，而且浪打浪，但却没有丝毫的风。这种现象与落潮和涨潮的巨大不相像使得自然研究者们长时间不能揭示它的真正原因，甚至按照一个著名的传说，亚里士多德跳进了涡旋，因为他认为涡旋 〔220〕
的那种运动的原因深奥莫测。

附释 根据**普鲁塔克**的报道，**马西林的皮提亚斯**是已经把落潮和涨潮追溯到月球运动的第一人，而且如果不是在某物如此的纯然感知和某物必定如此而不能有它的证明之间有一种如此巨大的区别，那么，是**牛顿**才阐明了这种见解的真理性，就会足以令人称奇了。但在这里，这种证明基于引力的概念。关于这个对象，还请参见**《自然哲学的数学原理》**，**伊萨克·牛顿**著，**莱苏尔**和**雅克威尔**注，第III卷，日内瓦，1760年，4开本，其中有**丹尼尔·贝努利**、**迈克劳林**和**欧拉**的更为详尽的研究。此外，盖勒的上引书，词条“落潮和涨潮”。**胡博**的**《自然学说讲义》**，第Ⅲ卷，莱比锡，1794年。关于涡旋中的特别的、与落潮和涨潮有关的运动，参见**法布里**的**《地理学》**，第410页及以下。

§ 34

除了穿透整个空的空间的这种引力，在我们的地球上除了光的作用，就察觉不到一种外来力量的影响了。光似乎只是以太的一种颤动，就像声音源自空气的颤动一样。惟一的太阳在这方面造成了一种明显的变化，因为月光比阳光弱300 000

倍，因此，由于月球不仅吞噬了许多它从太阳获得的光，而且也把这些光的一个可观的部分反射回去和分散开来，因此月光无论怎么强烈地集中，也不产生丝毫的热。但是，太阳和其他天体的这种力量的影响可能只是达到地球的表面。

附释1 如果自然研究者们还对某种东西不确定，那么，这就是光的本性和本质。关于光，要达到自明性，就必须证明我们是否必须追溯到一种独特的材料，或者它是热材料的一种纯然的变态，还是其他材料的一种偶性、一种作用等等。然而，在本节中讲述的欧拉假说几乎完全失去了其威望，与此相
〔221〕反，牛顿的假说却通过最新的化学研究，就光是人们应当视为与热材料不同的某种物质的东西而言，表现为最有可能的假说。这方面更为详尽的东西，人们可以在盖勒上引书的词条“光”以及补卷中的同一词条中找到。

但是，热材料本身能否被假定为某种物质的东西，或者在它这方面是否需要一种动力学的解释方式，这却是一个绝对待定的问题。据我所知在这方面的最新研究是格廷根学者**迈尔**先生作出的，对此，可以查阅当地的《**学术通告**》，1801年度第84期。要是这门自然地理学的可敬的创始人还能让人知道他从自然形而上学到物理学的过渡该有多好！我确切地知道，即便关于这个对象，人们也会在那里发现许多敏锐的评论。

但是，按照**赫舍尔**的最新评论，太阳向我们不仅发送光射线，而且发送热射线。参见**博德**的《**1803年天文学年鉴**》。**格伦**的《**物理学杂志**》，由**吉尔伯特**继续，等等。但特别是**赫舍尔**：《**关于太阳射线的本性的研究**》，**哈丁**译自英文，8开本，1801年。

电和磁表现为外部的、作为相近的或者与光材料或多或少相结合的力量的类似结果，但关于它们的本质性状，至今还没

有提出任何决定性的东西，尽管与此相关的先期工作如此杰出。关于它们，且不说最近的物理学手册和部头较大的著作，我们在经常援引的**吉尔伯特**的《**编年史**》和**福格特**的《**汇编**》中发现了往往最新的报告。

附释 2 至于阳光和月光的区别，则按照不同的预设而同样是各不相同。真正说来，满月在晴夜里的照耀比地球得益于太阳的照耀不受任何阻碍时小 90 000 倍。但这只适用于**被反射的**阳光。阳光与月光相比，在**兰贝特**看来强 277 000 倍，在**布盖**看来强 300 000 倍，在**欧拉**看来甚至强 374 000 倍。参见**福格特**的《**大众天文学教程**》，魏玛，1799 年，8 开本，§ 196。

§ 35

现在，在我们的考察中继之而起的是冰洋的奇观。冰洋有两个，即北极的北冰洋和南极的南冰洋。但是，冰并不是在寒带才形成，而是经常直到纬度的 50 度也看到。

属于此列的首先是浮冰，它被发现时既可以是分离的大块，因而叫做冰块或者冰山，也可以是广袤而连贯的块体，它 〔222〕被称为冰原。在戴维斯海峡，捕鲸的渔民就有机会观察到这种冰。冰块常常露出水面 60 英尺至 120 英尺，多半延伸到水下 500 尺的深度。总的来说人们假定，这样一种冰块至多有八分之一露出水面。

由于冰在融化时通常是以管状或者块状裂开的，所以这些冰块在远处看就像是大城市，而始终笼罩在它们上面，并仿佛是构成了它们的势力范围的云雾（云雾产生自这些冰山的强烈蒸发，因而可以用做从远处就已经认出这些冰块的一种可靠的征兆），则更进一步妨碍着揭示和察觉这种光学欺骗。尽管船只只是为了捕捞鲸才进入这些地区，因而通常只是在夏季的半年在这里逗留，毕竟也许有可能某个船只在这些地区的长夜里四处漂流。如果船员们未察觉那种欺骗，真的把这种显象视为其亲眼所见的东西，那么，倘若不是如上所说始终笼罩在冰山上的云雾通过其非同寻常的寒冷警告船员们，船只的遇难就会是一个不可避免的后果。

说到冰原，它们是如此之大，以至于鼓满帆经过它们，也需要 24 小时；因此，它们有时几乎有真正的普鲁士王国那么大。在两个这样的冰原之间，有时也有像直布罗陀海峡那样的通道，由于它们只是缓慢地移动，或者根本不移动，人们就能够驾船经由这通道来穿越它们。在冰原的海湾，船只可以就像在一个港口那样抛锚停泊，然后人们去捕鱼狩猎。在它们上面，也有船员们最后求助的大的池塘，在里面可以找到淡水，甚至有形形色色的动物也不罕见，例如海狗、白熊和诸如此类
〔223〕为了捕鱼而来到这里的动物。如果这些冰原与它们有时停靠的陆地分离，则这样一些动物在察觉之前就被从陆地运走了，以这样方式，就有外来的动物被置于他乡了。

但是，这样一种冰很快分裂成上千块，就像一块被迅速冷却或者因尖端折断而如此受震动以至于碎裂的玻璃。因此，人们在踏上冰原时也随身携带舢板。

在这些冰原上最有害的东西是，它们甚至经常因炸裂而阻断航行。如果在邻近陆地的浅滩或者沙滩上有这样一个冰块落下脚来，则它就也阻挡别的冰，以至于冰积聚起来，碰撞在一起。

这样的冰原上的冰是蓝色的，并且应当是持久不化的。围绕其最外端，有一种刃棱，它由一种更为坚硬的冰构成，但在其他人看来，更可能是由一种通过海水的拍打侵蚀而成、尽管并不因此而变得松脆的冰构成，船只要想免于撞碎，就必须对它们大加小心。

但是，这样一种冰究竟是哪里来的，由什么构成的？既然含盐的水不能结冰，则人们很容易看出，如人们通常所说的，这必定是从邻近的陆地的河流中带给那些海洋的结冰的淡水。这种水开始结冰，并且由于它多半一直延伸到陆地，所以其余的水就与这种冰有了联系，而且它以这种方式就有一种可观的增长。

但更正确的是对这件事情的较新介绍，据此浮冰确实是海水的一个产品。的确，这种冰在融化时只提供淡水，但毫无疑问，通过某种化学程序，盐在结冰时从海水分离，就像水虽然缓慢，但毕竟在深湖里也能结冰。据此，以这种方式产生的浮冰在冬天里还一直获得比其在夏天里由于融化而蒙受的损失更强劲的增长，此外，由于它常常一连数年停留在同一个地方，则它常常保持如此之大的范围，就更不足为奇了。

这些冰块如上所说，常常一直达到海底，此外，由于它们 〔224〕
有时从下面被水冲刷，以至于倒塌，并把在它们之间航行的船只压入海底，尽管这些船只有时被重新找到，而且船员们也能够用自己的舢板自救到冰山上，所以，人们毕竟在这些海洋里不能保持确定的通道。

这些海洋的另一个奇观是漂木。它在这里是由从东北流向西南的一个海流带到哈得孙湾、戴维斯海峡以及周围其他地方的。这种漂木满是木蛀虫，而且没有迹象表明它不久前还是立在地表的。

北冰洋的所有海岸都不长树木，例如在新地岛甚至连本地的灌木都没有，但尽管如此，所有这些海岸和陆地都不缺木材，因为洋流在某种程度上给它们送来了木材。其中有很多种木材，甚至有仅仅在较热的气候中生长的木材。在许多地区，漂木因源源不断而堆积如山，以至于当地居民以此来做贸易；甚至漂木经常被冰如此挤压，以至于着起火来燃烧。

然而，这些地区的居民并不用木材来烧火，因为它在整体上毕竟总是奇缺，而是用海狗的油脂来烧火。与此相反，他们把木材用于其窝棚的支柱，然后再蒙上兽皮；此外，他们把木材用于其运输工具的骨架，这些运输工具同样被蒙上兽皮；最后，他们把木材用于其船桨的柄。

但是，这种木材究竟是从哪里或者哪些地区来的？它绝不可能来自西伯利亚及其周围地区，因为那里根本没有树木，除了一些顶多有 6 指粗的。在这些北方地区看不到的木蛀虫也证明了这一点。因此，它是出自美洲的一个尚未为人知的或者沉没了的地区，因为甚至在我们的大陆，人们也发现许多沉没了的森林，经常是许多森林相互叠压。在这里，例如首先是一层云杉林，然后是沙，上面是一层云杉林，然后是淤泥。此外，
〔225〕这种木材的虫蛀也是一个迹象，说明它必定是很久以来就沉没了。

人们注意到，这种木材是来自热带的，因为从北冰洋流出一个东北方向的海流；它使得在海岸出现一个相反方向的海流，而这个自南向北的流向必定把木材运到这里。海水的流向在中间是自北向南，在海岸则是自南向北。

在南冰洋，人们同样发现了这类漂木，例如在麦哲伦海峡，那里在来自欧洲的船只停泊的马尔维纳斯群岛或称福克兰群岛上，有一个供给来自上述海峡的木材的货栈。

还要说明的是，这两个靠近极地的冰洋也许会没有冰，因为自东北向西南的海流把冰带到了人们现在遇到它的那些地区。

附释 1 在我们地球的两个半球，无论是在北半球还是在南半球，都有一个冰洋，就像南半球的温度一般而言不仅不比北半球更热，而是与此相反毋宁说比它更冷。上述这种情况特别要求我们予以注意。这是一个几乎被所有的旅行者证实了的说明，即在南半球各地比在北半球处于同样纬度的各地荒凉得

多。在北纬 60 度，有时还有华氏 70 度到 80 度的炎热，与此相反，在相同的南纬从未超出冰点 5 度。这种现象的可能原因是：首先，太阳在黄道带北方几宫比在南方几宫多停留 8 天之久；但其次，南半球所包含的陆地比北半球少得多。但陆地释放出高得多的空气温度，与此相反，空气温度在水那里则保持稳定，通常只是从华氏 26 度到 68 度变换。恰恰那种情况也是人们在南半球比北半球纬度更低的地方就已经发现浮冰的原因。但总的来说，人们在纬度 40 度左右就已经发现个别冰块，由此开始朝着极地纬度越高则团块越增加。

附释 2 浮冰之产生得益于含盐的海水，而非得益于江河的淡水，就像在水冻结成冰时从水分离出盐成分：由于在因此 〔226〕
而进行的试验中残留的、不结冰的海水含盐量增长，这一点就更为可能了。

附释 3 除了这些冰块和冰原在自己周围散发的浓重云雾和令人瞩目的冷，它们也通过一种明亮的反光来使船员们注意它们，人们把这种反光称为冰原反光。

附释 4 我们前面在§31 谈过所谓的湾流，正是这种湾流携带着漂木。所有也在这一节关于漂木谈到的当初的假说，都不得不让位于较新的经验和研究。根据这些经验和研究，漂木是由路易斯安那、佛罗里达、西印度群岛和墨西哥海湾周围地区的河流成堆地带进那些海流的，此外也还有好多出自不同的针叶树、出自桦树和椴树的东西，也有清楚地显示出自西印度群岛的东西，出自巴西红木和巴西木的东西。它通过那些洋流进入北方的海洋，并在这里散落到格陵兰岛海岸、斯匹次卑尔根群岛海岸和其他海岸，甚至爱尔兰、苏格兰、离这些陆地不远的岛屿、挪威和冰岛。甚至西伯利亚和堪察加海岸也由西北美，甚至由西伯利亚自己的各地区以同样的方式供给木材。最近，人们开始怀疑南半球有类似的世界经济。

〔227〕

第二卷

论陆地

§ 36

人们把**陆地**这个词理解为一切突出于海平面的东西，尽管人们也把沙滩理解在内，随后由于更多的水中物质的沉积而由沙滩产生岛屿。

一般而言的陆地被划分为大陆和岛屿，尽管大陆无非是大的岛屿，关于其边界人们只有一个模糊的观念罢了。

人们察觉到，陆地致力于相互连贯，因此在一个半球有更多的陆地，在另一个半球则与此相反，有更多的水，除此之外，甚至在大洋中间几乎根本没有岛屿，或者至少根本没有可观的岛屿。

附释 按照矿物监督**福格特**的**《实践山脉学》**（魏玛，1797年，第2版，8开本，第3页及以下），人们也按照其产生及由此形成的性状来把陆地划分为**前山脉**、**成层岩山**、**火山**和**水浸陆地**。我们下面还将进一步回到这种划分，然后更详细地谈论它们借助于其被觉察到的不同而提供诱因的现象。对此，以及对于陆地的内部解构，与学者们关于这个对象众说纷纭一样，更多的东西参见冯·**贝洛丁根**的**《从物理学和矿物学来看古代和近代的火山》**，2卷本，1791年8月。——**米特帕赫**：**《自然地理学》**，维也纳，1789年，8开本。——冯·**沙彭蒂尔**：**《关于矿床等等的考察》**，莱比锡，4开本。

§ 37 〔228〕

但是，人们在陆地上发现：

1. 其规模和内部为我们所知的陆地；
2. 我们只是部分地了解的陆地；
3. 人们仅仅了解其海岸的陆地；
4. 人们确实看到过却又找不到的陆地；
5. 古人已知但现在又失踪的陆地；
6. 最后，人们只是猜测其实存的陆地。

欧洲属于**最先说的那一种**。但亚洲却属于第二种陆地，在亚洲，人们例如对于空旷的鞑靼、大喇嘛的驻地所在的大小布哈拉、里海和咸海旁边的各地、麦加和麦地那所在的整个沙特阿拉伯，以及由于按照穆罕默德教徒们的看法，神圣的空气会被非穆罕默德教的欧洲人毒化，所以非穆罕默德教的欧洲人根本不可以到达的地方，人们都所知甚少。

关于亚洲的西藏，更精确的知识会是最重要的知识之一。通过这种知识，我们会获得所有历史的钥匙。这是最高的陆地，也可能比任何别的陆地都更早地有人居住，甚至可能是一切文化和科学的发源地。尤其是印度人的学问就以相当的确定性源自西藏，就像反过来我们的一切艺术似乎都源自印度斯坦一样，例如农耕、数字、下棋等等。人们相信，亚伯拉罕就居住在印度斯坦边界。我要说的是，人类的艺术和科学的这样一个发祥地，很值得花费力气作出更为仔细的研究。

古代研究者们感兴趣的另一个对象，会是对埃及的更精确的知识。总的来说，非洲值得作出最仔细的研究，而且似乎古人们对于非洲的内陆知道的比我们还多，因为他们更多的是沿陆路旅行。甚至这块大陆的许多海岸至今尚不为欧洲人所知，而它的中央则完全在我们的视野之外。惟有对于埃及我们了解得更精确一些，但毕竟也是绝对地少。

这样，人们也就有理由在非洲假定一个可观的湖，尼日尔河在它的东河道中消失在这个湖中，而不是像人们通常相信的〔229〕那样，在它的西河道中消失。此外，人们在这个大陆既发现了最大最美的动物，也发现了最好的植物。虽然胆小的葡萄牙人据他们自己说占领了非洲最美的内陆，那里有野蛮人或者食人族，甚至把人养肥了杀吃。然而，我们不可以如此轻易地相信这类传说，因为经验教导我们，那些人只是屠杀他们活生生地制伏的战俘，确切地说是极为隆重地屠杀。

非洲地图上陆地和地方的名称数目很可观；但是，如果相信有一个名称的地方就也必定有一个实物，那就会大错特错。人们关于陆地没有进一步的了解，就说这是食人族居住的，但按照人的本性这类食人族至少不多，或者也许更为正确地说，根本没有食人族。

非洲内部就像月球上的陆地一样不为我们所知，其原因在于我们更甚于在于非洲人，因为我们通过黑人贸易使自己变得如此胆怯。非洲海岸虽然已有欧洲人造访，但他们的旅行却是很残暴的，因为他们每年都从这里把 6 万至 7 万黑人劫往美洲。这就使得甚至直到最近，这块大陆为欧洲人所知，从海岸到内陆几乎不到 30 里。

此外，美洲也属于这些还很不为我们所知的陆地，它与俄罗斯为邻的北部差不多就和没发现一样，而在其南半部分，特别是在巴西海岸，同样还有许多未知的地区。它多半是吓退进一步研究的山，尽管它们恰恰构成了真正的基础，而且是人们在陆地上遇到的第一个事物，因此人们可以不无理由地猜测，位于这些山前邻近水的地方的陆地，就是被水冲刷而在山旁沉积下来的。但是，人们只是停留在非洲海岸和其他陆地的最外边的边界，其原因似乎一方面必须到大多数航海的终极目的亦即贪欲中去寻找，但另一方面必须到海岸的不肥沃中去寻找。

如果不是西班牙人如此成功地从陆地边缘向秘鲁这个美洲天堂挺进，它也许会由于其贫瘠的海岸而永不被更精确地发现。总而言之，南美洲还可以在很大程度上刺激我们的求知欲，并扩展我们对世界的经验。〔230〕

属于长时间来人们只知道其海岸的陆地的，是人们关于南半球的海岸所察觉的陆地，**冯·洛登**首先在一幅于柏林完成的地图上把它标出。这正是人们还猜测有许多陆地的地方，自此之后也确实发现了一些，但毕竟只有较小的可能再在这里找到更多的陆地。在几乎和欧洲一样大的新荷兰，有很野蛮的居民，他们就连像其他野蛮人那样接受玩具和红布也不愿意。要达到对内陆的更精确的认识，如果欧洲人的发明精神不为这一目的找到其他手段，该是多么困难！总的来说，南半球的各民族处在人类的最低阶段，他们感兴趣的东西，无非是最感性的享受。北方的野蛮人尽管住在靠极地更远的地方，却表现出远远多的才能和机智。

属于人们过去知道，后来却仿佛又消失或者变得不为人知的陆地的，是古格陵兰岛的一个部分，那里在选举玛格丽塔女王时代还有各种各样的城市和两座修道院，其主教在使玛格丽塔获得丹麦、挪威和瑞典三个北方王冠的这次选举中尚在。然而，这块陆地由于北方战争和玛格丽塔对航行到这里的商人施加的强制而几乎完全被人遗忘了。

然后，属于此列的还有所罗门群岛，不过这些岛屿似乎并不可观。也许，今天的乔治岛是其中之一。人们现在再也找不到这些岛屿，其原因首先是西班牙人从美洲到亚洲的菲律宾群岛的航程过去经过南半球和北半球，但现在却只经过北半球。
但其次，也是因为当人们察觉那些岛屿时，船员们不能精确地〔231〕

确定那些地点的位置。

在我们的时代为了发现新陆地而从事的航行中，以探究亚洲是否与美洲相连贯为意图而进行的航行是最重要的。俄罗斯政府的一次光荣的行动，就是朝堪察加半岛的东北并绕那里的俄罗斯尖端进行试验。但是，英国人朝美洲的西南做过类似的航行，更不用说西班牙人、法国人和英国人的最新发现旅行了。

人们使一直达到极地的旅行变得困难，因为即便是对于一次可能的穿越来说，毕竟由于在这样一种情况下不再会有确定的地区，而一切航海规则都必然在此终止。我们通常把对我们来说朝着最近的极地的地区称为北方。但在那里，甚至极地也会在顶点，而不再在地平线。但是，由于惟有通过北方才能规定其余的地区，而真正的北点在那里却没有了，所以在这种情况下，也不再能发觉其余的地区是这样的了。

新大陆的发现扩展着人在地球方面的知识，并促进着联系。但这方面最主要的目的是人的求知欲，尽管有人们通过这类发现而拥有的享受方面的小小好处。也确实有许多旅行仅仅出自求知欲，而并非由于经济的原则进行的，例如为确定地球的形状而安排的旅行。

最重要的、但长时间希望落空的发现，大概会是在北方穿越北冰洋的发现。由此我们会获得一大启发，世界在这种情况下会对我们完全开放。最早以此为目的的尝试指向东北和新地岛，后来的尝试则指向哈得孙湾地区的西北，而最近因此而安排的尝试则径直指向北方。**恩格尔**总督完全专注于可能穿越北
〔232〕冰洋的研究。斯匹次卑尔根群岛以东应当是深海。这也与猜测一致，因为主要只是在海岸临近的地方，才塞满了冰，并且阻断任何可设想的穿行。

附释 1 欧洲当然可以被视为一个完全已知的陆地，或者视为这样一个大陆，因为我们对于欧洲不仅像对于非洲那样了解它的整个外部边界，而且了解其内陆，至少是基本上了解。然而，即便是就它而言，直到此刻某些地理学启蒙对于我们来说依然是不小的需求。

附释 2 除了我们上面提到的我们关于亚洲还很无知的东西，这里属于此列的还有：这个大陆上俄罗斯领地的至少五分之一，连同卡尔梅克。关于中国，即便是按照最新的游记，我们确知的也不到一半。这也或多或少适用于日本，适用于印度这一边的许多地区，几乎适用于印度另一边的全部。阿拉伯已知的几乎不能假定为其十二分之一。甚至，我们根本不了解亚洲的北海岸和东海岸：以至于亚洲的已知部分可能几乎不到这整个大陆的四分之三。关于西藏，我们特别是通过如下著作获得许多启蒙：**乔治**：**《藏语词典》**，罗马，1762 年，4 开本；**塞缪尔·特纳**：**《出使西藏大喇嘛宫廷记》**，伦敦，1800 年，8 开本；以及关于阿瓦和印度通过在加尔各答出版并在伦敦翻印的**《亚洲研究》**和**迈克尔·塞姆斯**：**《出使阿瓦王国记》**，伦敦，1800 年。多亏**乔治**、**西维尔斯**、**帕拉斯**、**赖乃格斯**，我们扩展了我们对俄罗斯亚洲部分及其邻近地区的知识。关于阿拉伯，最杰出的东西是**尼布尔**提供给我们的：**《对阿拉伯的描述》**，哥本哈根，1722 年，4 开本；**《游记》**，哥本哈根，1774，2 卷，4 开本。关于波斯，**瓦尔**杰出地把最著名的东西综合在他的**《古代和近代的西亚和中亚》**，第 1 卷，莱比锡，1795 年，8 开本。**马戛尔尼**到中国的旅行几乎根本没有扩展我们对这个国家的知识，而只是使得神话般的传说广为流传。与西藏和印度的科学、宗教和文化状态相关，这里还值得说明的是如下著作：**圣巴托罗缪的鲍利努斯修士**：**《萨姆索达姆语法》**，罗马，1790 年；**《婆罗门教礼仪、神话和民事体系》**，罗马，

1791 年，4 开本。**施托伊德林：《宗教史、道德史和教会史汇编》**，第 1 卷，第 1 册，第 88 页及以下。

附释 3 关于埃及，我们的知识新近通过**诺尔登、尼布**
〔233〕**尔、沃尔内、布鲁斯、索尼尼、布朗**等人，特别也是通过法国人在这个国家的逗留而得到扩展。**哈特曼**在他的**《非洲的地理描述和历史》**（第 1 卷，汉堡，1799 年，8 开本）中很合目的地利用了所有这些信息。努比亚和阿比西尼亚如果不说**布鲁斯**的信息，对我们来说就是很陌生的国土。这在更高的程度上适用于莫诺莫塔帕、赞盖巴和纳塔尔。从海角出发，人们只是偶尔一直抵达回归线。从象河直到本格拉，人们几乎还不知道海岸。这一点也适用于布兰科角和怒恩角之间的海岸。在几内亚，人们从海岸尚未深入 20 里，如果把**芒戈·帕克**在根本上并不像人们本应当期望的那样令人满意的旅程排除在外的话。摩洛哥南部各地区，还有突尼斯、的黎波里、阿尔及尔和拜尔凯差不多完全未被认识。对于**霍内曼**来说，可以期待很多东西。伦敦的非洲协会通过他以及将来通过其他人将提供的东西，商人和地理研究者们的法国—非洲会所将提供的东西，都在于此。除了**芒戈·帕克**和英国—非洲协会使人得知的东西之外，**勒瓦杨、勒穆普利尔**和**巴罗**提供了最新的消息。总的来说，我们不能自诩对这个重要的大陆知道得多于五分之一。**布鲁恩斯**在他的**《非洲地理描述》**中和**哈特曼**在他的**《论艾德利西的地理学》**一著中搜集了许多美妙的东西，并从中得出了结论。**伦内尔**的**《北非地图》**（伦敦，1798 年）是敏锐的联想能力的一个杰出的成果。参见冯·**扎赫：《一般地理现象》**，第 III 卷，第 53 页和缩小了的地图，以及第 II 卷，第 158 页，还有**芒戈·帕克**的旅程。

附释 4 关于我们通常的非洲地图上的大量名称，人们不要感到惊奇。它们出自**艾德利西**或者所谓的努比亚地理学家，出自非洲人**莱奥**，出自从内陆出来的商人和考察队的或多或少得到证实的消息。

附释 5 关于美洲，我们已知的几乎不到五分之三。南美洲的南部地区，亦即南美洲的差不多一半，几乎完全不为我们所知。这也适用于纬度高于 60 度的北美洲，以及适用于位于 40 度和 60 度之间的地带的一个可观部分。但愿我们通过**冯·洪堡**将更精确地认识南美洲的一个可观部分。参见**冯·扎赫**：**《每月通讯》**，第 II 卷，第 82 页和第 403 页及以下。迄今我们对第五大陆的了解超出海岸不多，即便是对于海岸也不是完全 〔234〕
了解。所有在这里被发现的东西可能局限于整个大陆的约四十分之一。

附释 6 这一节请参见**施普伦格**的**《地理发现的历史》**，哈勒，1783 年，8 开本；**福斯特尔**的**《北方发现的历史》**，法兰克福，1784 年，8 开本；以及**伽斯帕里**的完备的**《最新地理学手册》**，魏玛，1797 年，第 1 卷，第 13 页及以下。此外，有多少东西已为古人所知，我们现在却根本不了解，例如俄斐，或者我们所知极少，例如印度北部。不过，在 9 世纪上半叶就已经被发现的格陵兰，必定是在后来的时代里又发现的。是否存在古代所谓的亚特兰提斯，以及在古代有关这个对象的陈述中什么可能是真实的，如今已无法确定。就连美洲也极可能在 11 世纪初就已经被发现。参见**吉尔塔讷**：**《论康德关于自然历史的原则》**，第 147 页及以下。而**布阿希**不无根据地猜测，在日本和加利福尼亚之间，还有许多岛屿待发现。参见**《国家科学与艺术研究院论文集》**，第 IV 卷，论共和国，第 I 册。

§ 38

陆地要么有人居住，要么无人居住。如果是后者，它们就叫做荒漠。不过，这个词必须有限制地使用。因为一些地区，例如美洲秘鲁周围各地，在那里人们虽然只是偶尔看到个别的人群游荡，但它们真正说来构成了美洲的天堂，它们无人居住仅仅是由于人们的任性，并非大自然注定它们如此。在这种情况下，这些地区就叫做真正的荒野。与此相反，在另一些地方，发现一种红色的、不能收获或者只能种草的沙子，是一种铁沫，这些地方则叫做草原，因为在它上面除了牧草什么也不长。

荒漠真正说来就是看起来由大自然注定如此，并且使得人们不能在这里居住的地方。它们是：

1. **沙漠**，其中只能发现飞沙。在亚洲，属于此列的有蒙古和卡尔梅克之间的戈壁荒漠或者沙漠，此外就是所谓的盐
〔235〕漠，它把波斯分成两个部分，一个以伊斯帕汗为首都，另一个以坎大哈为首都，以及阿拉伯的叙利亚荒漠和小布哈拉与西藏之间的察奈荒漠或者大沙海（参见冯·**扎赫**的《**一般地理现象**》第1卷第1部分中的中国地图）。

非洲最值得注意的荒漠是大西洋、摩洛哥、尼日利亚和塞内冈比亚之间的撒哈拉荒漠，它可能是所有荒漠中最大的荒漠，因为它的范围达60 000平方里。在美洲，根本没有这样可观的荒漠。

由于种子因为沙的缘故不能足够深地进入土中，所以它就与沙一起被风吹动，因此在这样的地上就不能生长任何东西。在所有这类荒漠里，人们在任何地方都既看不到河流也看不到水，与此相反，在其周围或者附近发源的河流汲走了荒漠所有的水。甚至，如果有山与它邻近，并且有一些河流从它蜿蜒流出，则这些河流就将从一面转向另一面，确切地说离开荒漠。由此就产生了荒漠中的极度缺水，而且即便是努力在荒漠的地下掘井，人们也发觉，在这种井水中同样也有盐，它似乎就是

飞沙的一个组成部分。

从遥远的、富水的陆地把水引进荒漠的努力也是徒劳的，因为引水的水渠会坍塌，而且由于极度炎热，蝗虫和鸟儿成群结队蜂拥而来，落入水中而使水变臭。

由于任何时候河流都是离开荒漠，把其流程指向较低的一边，所以这些荒漠必定是自然隆起的地区，并且由于如果在这里能发现某座山，雨水就会从山上流下，渗入土中，并且不会不出现在一条河流或者一个源泉中，所以，荒漠必定是平坦的，并且没有山，因而是一个隆起的平原。但是反过来，一旦有一个隆起的平原，我们就断定，它是一个荒漠。沙漠总是为 〔236〕
山所包围，但却被一个居于中间的山谷与山分离开来。

2. 极度的寒冷使创造性的大自然的一切作品都窒息，因而使得陆地不可居住，与此相反，炎热则绝不做这样的事情，因为在最炎热的地方也发现有最肥沃的地区，特别是例如孟加拉，那是所有陆地中最优秀的陆地。在纬度的 70 度，甚至更早的时候植物就不足了，而越过 75 度，人们所发现的就不过是鹿和苔藓了，鹿仅仅靠苔藓就长得很肥，尽管苔藓没有汁液。

然而，既然我们注意到，人以动物为食比以植物为食更多和更强烈，从而特别是动物，似乎就是被创造成人的食物的，所以，很可能严酷的寒冷（就冷和热一样有其极点，并且看起来围绕极点来运动而言，由此气候某段时间被改变，因为例如极冷的两个点并不停留在一个地方）并不阻止人在这个地区和极为不同的地区居住，因为人到处都找到自己的食物，就像鹿在最寒冷的地区、在新地岛和斯匹次卑尔根群岛都能够存在和生活一样。因此，人是为整个地球创造的，而且正是由于人的身体由大自然如此构造，以至于他通过适应每一种气候而即便是气候极为不同也能够居住，也许部分地产生出不同的民族个性。

3. **草原**。这是既找不到森林也找不到水域，但除此之外多半有肥沃的土地的地区。草原也必定与荒漠一样是高原，但如我们所看到，它们并不像荒漠那样被山脉包围，而是被围在两条河之间。在草原上生长着甜瓜、最美的花朵、樱桃和各种鲜美的果实，但所有这些都毕竟如通常那样仅仅生长在矮小的灌木、亚灌木和草茎上。由此看出，对于树木的生长来说，必
〔237〕须有来自泉脉的蒸汽升起，而不单单是靠雨。森林为人和动物提供安全和保护伞；因此，在没有森林的地方，人和动物也就远离而去。关于这样的草原，我们列举的是位于德涅斯特河和多瑙河之间的比萨拉比亚草原，位于第聂伯河和德涅斯特河之间的奥卡科维亚草原，位于第聂伯河和顿河之间的克里米亚草原、阿斯特拉罕草原等等。

附释 1 当上面谈到冷的极点时，这绝不应当等于是说，冷可以被视为某种实证的东西。

附释 2 人们并不总是足够精确地把草原与荒漠区别开来，就像对这些名称的规定和由它们标示的地区的本性常常很不相同一样。例如，许多通常仅仅适用于荒漠的东西，也适用于阿斯特拉罕草原，就像人们又可以把通常的草原与盐碱草原区别开来一样。例如，从**赖乃格斯**的《**高加索描述**》（第 1 卷，第 161 页）中可以看出，在刚刚提到的草原上有湖和飞沙，作者把后者视为盐湖的一个必然要求，因为如果强风把飞沙从这类干涸的湖中吹走，并带到其他淡水湖或者沼泽里，这些湖或者沼泽就变得含盐，而前一些湖则会变淡。

§ 39

如我们已经在别处说明的，岛屿无非是其尖顶冒出海面的

山。大的岛屿更邻近大陆，而且海岸多半与陆地走向平行。最大的岛屿是：

在欧洲：

大不列颠和爱尔兰岛，合起来 6 083 平方里。

在亚洲：

婆罗洲，14 520 平方里。

苏门答腊岛，8 062 平方里。

在非洲：

马达加斯加岛，10 500 平方里。

在美洲：

古巴岛，6 000 平方里。

多明戈岛，5 000 平方里。

澳大利亚多半是由很可观的岛屿组成的。

在陆地造成大的海湾的地方，多半有一个岛群，例如马尔 〔238〕
代夫和菲律宾群岛。人们注意到：

1. 山的走向是一条绵延不断的链条，而且在这里看不到突然的和忽高忽低的山，而是山逐渐地增高和降低；

2. 如**达尔林普尔**所说，最可观的岛屿邻近陆地，而且在太平洋中，就像一般而言在所有的海洋里一样，岛屿是从海水的作用中产生的，因此通常也在它以这种方式获得增长的一面是陡峭的，但在另一面却很平坦。据此，很容易看出为什么最大的岛屿都邻近陆地的原因，也就是说，是因为在大陆上和邻近大陆的地方有最高的山。而这些山在这种情况下也就首先能够冒出海平面。

附释 岛屿据上所说无非是山，而尽管一些山是以与岛屿同样的方式产生的，但毕竟岛屿的产生原因更多。因为许多岛屿是通过火山爆发产生的，如1783年6月在冰岛附近产生的所谓新岛，大西洋和地中海中的许多岛屿，也许还有冰岛本身；另一些是通过水冲决而形成的，例如西西里岛、赫耳果兰岛、地中海和爱琴海的许多岛屿，还有另外一些是通过海洋泛滥产生的，例如许多河流入海口附近的岛屿，可能还有菲律宾的一些岛屿；除此之外，最后也有一些岛屿无非是珊瑚制品，确切地说是所谓的珊瑚虫和附石植物的产品。许多以这种方式产生的岛屿在南海已为我们所知，我们尚不知道的这类岛屿的数目可能大得多。参见**福斯特尔**在其**《环球游记》**中的说明，柏林，1783年，第126页。**法布里**在其**《地理学》**中很详尽地列举了这类岛屿和前一类岛屿，第41页及以下。作为岛屿的一个独特的种类，值得顺便注意的还有所谓的浮岛，它们由一种含泥炭的、混杂有树根的基础组成，几乎只见于陆地湖中，例如在东普鲁士的盖尔道恩附近的巴姆丁湖中，在蒂沃利的巴尼湖或者索尔法塔拉湖中，以及在瑞典的拉兰根湖中。这些岛屿的持存都很困难，取决于许多偶然的情况。

〔239〕

§ 40

洲滩无非是被水掩盖的岛屿，而冒出来的洲滩就是岛屿，或者换句话说，洲滩就是水下在海底上的隆起。因此，凡是在有这类洲滩的地方，也都有浅滩。在洲滩中，人们把石滩与沙滩区别开来。但是，浅滩对于船只来说有时是有害的，有时是有用的。前一种情况是在船只由于浅滩而不得不停下的时候出现，而后一种情况则是在船只能够把浅滩用于抛锚的时候出现，因为对于一个好的抛锚地来说要求有：

1. 锚的缆绳能够达到海底，而且船只不被它夺去其一切运动，因此，缆索能够获得一种斜的位置，而且还不是太深；此外，缆索不是太斜，而且船只不因抛甩而蒙受伤害，所以，水位必须不太低，也就是说，水深大约 10～12 英寻。

2. 海底本身既不是泥，也不是布满小石头，或者完全由流沙组成，相反，它要么是粗砂的，要么是黏土的，因为在前面第一种和后一种情况下，锚都陷得太深，以至于它根本不能或者要费很大劲才能再提到高处；但在第二种情况下，缆绳在小石头上磨坏，船只就会听凭于海浪和风暴了。

在欧洲，**多格滩**是最大的洲滩，那里渔业兴隆。最值得注意的石滩是：泰尔努瓦尔附近的石滩，它有 100 里长，而且在那里也有大规模的鳕鱼捕捞（总的来说，几乎在所有的洲滩上都有活跃的渔业，因为鱼并不喜欢在海底逗留，这既是因为在海底很暗，也是因为在高处有一种温和的窖热，以至于人们只须抛出钓钩并马上起竿，就能钓上最好的鱼）。那个洲滩在可观的距离上就可以察觉，因为海浪从岩石上打回，陷入无序。在它上面，也有很冷的雾。其原因如果不是上面已经提到的普 〔240〕
遍原因，就不知道了。

此外，马尔代夫诸岛坐落于其上的石滩也属于此列，这些岛屿的数目多达数千，因此马尔代夫国王可以称之为**千岛之主**。这些岛屿之间的海峡根本不能通行。

这些岛屿中最主要的是：马累岛。

最著名的沙滩是位于英国海岸的**沙丘**。单是它们的形状就已经说明，它们产生自海流的作用。

最后，人们把**莱登**称为沙滩，它位于港口之旁，充当港口的屏障。

我们也要注意所谓的牡蛎礁、珊瑚礁和贝克礁，在后者上面有最兴隆的采珠业。这类洲滩最优秀的位于红海。

§ 41

就陆地的自然资质来说，应当特别注意三个部分：

1. 陆脊，
2. 盆地，
3. 平原。

陆脊是陆地最高的地区所在的地方。它通常是山的地基，但人们也经常发现它与山没有更精确的联系。区分这些陆脊的一个普遍标识是，在它们上面有河流向所有的地区扩散或者分散。人们注意到，这类陆脊致力于把陆地分为盆地并包围起来。特别是在政治疆界与自然疆界一致的地方，更要注意这一点。波希米亚就是这类陆地。它从四周包围着它的山获得它的所有的水，而这水又通过一个渠道即易北河流出，以至于如果这个排泄出口被堵塞，波希米亚就必定成为一个水池。易北河仿佛是一个从在波希米亚发源的河流的各种各样根系中产生的
〔241〕树干。也可以猜测，在古老的时代里，还在形形色色的可以被视为逾越自然疆界的一种后果的战争产生之前，自然疆界与政治疆界会合得更好。

所有的陆地似乎最初都曾是盆地，后来水从那里注入大洋。海湾同样是盆地，其一个部分下沉了。大洋是这些盆地中最大的，它为非洲、美洲和一系列如法国著名地理学家**布阿希**所觉察在水下从美洲一直延伸到非洲的山所包围。所谓的撒哈拉荒漠就是有我们这块大陆般大小的平原。所有的沙漠都是这类平原，就像这些平原反过来多半是荒漠。

附释 陆脊或者地脊通常位于陆地的中央，陆地从它们出发向海洋逐渐地越降越低。人们把这种降低称为山谷或者斜坡，而且它们的性状产生自河流的走向。平原或者台地或者高原在根本上无非是这样一种山脊，这是就它仅仅由一种隆起构成，但不是由真正的山脉构成而言的。著名的陆脊和高原是：

在欧洲是瑞士阿尔卑斯山。

在亚洲主要是西藏地区。

在美洲是赤道和朝向西海岸的地带。

但是，人们以极大的可能性猜测，不仅在非洲内陆，大约在北纬 10 度到 15 度，而且在北美，甚至在欧洲，大约在顿河和伏尔加河发源的地区，还有另一些相似的陆脊和高原。

§ 42

山是突出地球表面的隆起。它们大概是通过在地球表面上发生的许多断裂产生的。即便如今在高加索山脉仍显露出许多由黏土性物质构成的山，但它们由于大自然多半臻于成熟而不能达到其他已从其流体状态过渡到其当前状态的山那样的 〔242〕
坚硬。

山要么是由顽石构成的，叫做**石山**，要么是由土和沙构成的，叫做**沙山**。

如果许多山处在一起，人们就称之为**山脉**。但是，如果这个山脉的走向是一条连绵的线，不管是直的还是弯曲的，它就叫做**山系**。但是，这样一个山系是由一个主干和若干分支组成的。山的主干就是许多山处在一起的地方。而分支则是仅仅产生自这条线并且采取了别的方向的山。

瑞士似乎是欧洲所有山的真正主干。在瑞典，仿佛是一道山系环绕着整个陆地，许多分支从它出发，在它们之间，河流在从山系和陆脊流下并从侧面的众山获得更多增添之后，注入芬兰湾。另一道山系从菲尼斯特雷角一直延伸到比利牛斯山脉，从那里延伸到阿尔卑斯山，并继续延伸。另一道山系围绕着半个美洲。还有另一道山系包围着俄罗斯的一大部分和北冰洋。总的来说，人们从未见到一座石山孤零零地独处，而总是看到许多石山在一起。这些石山朝着海洋越来越低，而且在一个大岛上，任何时候如果它长大于宽，人们都可以遇到在最长的地方绵延的山系，例如特别是在苏门答腊；或者如果长宽恰恰相等，则在中间有山的一个主干，其分支沿四面八方向海洋延伸。位于这些不同的石山上的土，似乎只是偶然地来到这里，因为人们在它们中间发现了树木、贝壳和其他种类的事物。

附释　欧洲之外的大陆上的山脉的联系还很不为我们所知。但知道最多的是在亚洲。说到欧洲本身，则部分地已在前面提到，即人们在这里可以假定两个山系或者山脉的两个主干，一个是在瑞士，另一个在顿河、伏尔加河和第聂伯河发源的地方。前者位于莱茵河、罗讷河、阿勒河和阿迪杰河的源泉
〔243〕的范围之内，据此形成了阿尔卑斯山的中心，阿尔卑斯山一方面向南朝着地中海，然后沿地中海向东，随后向南转向作为亚平宁山脉，延伸过意大利；另一方面向北在汝拉山脉和孚日山脉转向莱茵河左侧，在塞文山脉、比利牛斯山脉和后者的一些支脉中，一直延伸到大西洋。阿尔卑斯山脉的另一个北方分支形成了黑森林、菲希特尔山脉、图林根森林山脉，最终进入这个山系的最北尖端，即哈茨山。余脉从菲系特尔山脉出发，是波希米亚森林、埃尔茨山脉、苏台德山脉、梅伦山脉和喀尔巴阡山脉。最后，阿尔卑斯山脉的一个东方山带经过德国南部，然后分成三个分支，其中一个向东北接近喀尔巴阡山脉，另一

个在东南，沿着亚得里亚海，通过希腊，一直延伸到摩里亚半岛的最南尖端，罗多彼山脉、潘盖翁山脉和黑姆斯山脉又是它的支脉。第三个分支同样一直延伸到喀尔巴阡山脉附近。

欧洲山脉的第二个核心耸立在北方，在俄罗斯和瑞典之间，然后在这块陆地和挪威之间延伸的塞沃山脉，它正是此前所说围绕瑞典的山脉。第二个分支在南方顿河和伏尔加河之间转向高加索山脉。第三个分支转向东北，以乌拉尔山脉之名作为亚洲和欧洲的边界。最后在西方，还有一个分支逼近喀尔巴阡山脉，它与其说由山脉构成，毋宁说是处在一个陆脊上，这类陆脊就是那个山脉主干本身。

关于山脉的联系，流行的主要有如下作者：**布阿希，《科学院论文集》**，巴黎，1752 年；**伽特勒，《地理学概论》**，格廷根，1778 年，2 部分，导论；以及**法布里，《地理学》**，第 95 页及以下。

§ 43

如下的考察就山而言特别值得注意：

1. 山上面上层的空气据说由于稀薄而呼吸不顺畅。然而，过去的巴黎科学院的多名成员在秘鲁和地球最高的山上逗留了 3 个星期之久，尽管那里的空气比在巴黎稀薄一倍，以至于它只使水银柱升高 14 秒，而在巴黎则升高到 28 秒。自此之后，〔244〕人们相信已经看出，呼吸困难既在于人们在想到返程时感到的不安，也在于因肺的诸多运动和绷紧而受到侵袭的肌肉的结构。至于呼吸困难与其说源自空气的稀薄，毋宁说源自疲劳，人们也说是由此得出的，即人们看到毕竟必须由空气来承载的鹰还飞过最高的山。较稀薄的空气毋宁说是振作的一个源泉。

2. 据说围绕山以及在山上居住的人们十分强壮和勇敢，

并且力图以所有的方式来捍卫自己的自由。然而，这大概主要是因为在这类地区很容易以少数人来防御大部队，此外是因为山在其顶峰是无人居住和不可居住的，即便在山谷里能指望的财产也不多，因此没有人如此轻易地渴望在这样的地区居住。这类山地的居民也不断地迁来迁去。以植物为生的民族最为自由，因为他们到处都能找到这样的植物。从马和马奶取得食物的民族，如鞑靼人，仅次于他们。但以家畜和真正的养畜业为生的民族较少自由。最后，在所有的奴隶中最大的奴隶是从事耕种的民族，因为他们并不是到处都发现适于耕种的土地。

据此，看来山区居民的特殊个性并不是那么在于这里占支配地位的空气的独特性状。但是，苏格兰山民与英国人和苏格兰平原地区居民的明显区别乃是因为后者被教育得十分懦弱。

3. 据说山区的空气是乡愁，特别是瑞士人乡愁的原因，因为瑞士人如果来到别的国家，特别是在听到其民族歌曲时，就变得郁郁寡欢，甚至当人们不允许他们返回故乡时因此而
〔245〕死。然而，这部分地源自人们关于心灵安宁所形成的观念，这种安宁就像在居民生活在更多的平等之中的所有国家里一样，也特别地在瑞士赋予人们以生命，人们也相信惟有在这里，而不能在其祖国之外的任何地方发现这种安宁。这种乡愁的另一个根据在于同一些人因养家糊口而必须花费更大的力气。这也是波莫瑞人和威斯特法伦人的乡愁的原因。据说在任何一个国家自杀都没有像在瑞士这样司空见惯，尽管自杀通常更多地侵袭富人；与此相反，瑞士人多半很穷。然而，人们说已经注意到，瑞士的自杀者主要只是到过他乡并且已经能够品味他乡愉悦的人，而且他们之所以剥夺自己的生命，正是因为他们在自己的祖国必定缺少那种娱乐。在他们自己身上的这种变化也是他们都一致地不能保证在其返乡时像他们离开时那样重新找到自己的祖国的原因。因此，他们把自己的主体的变化视为客体

的变化，因为他们不能察觉自己主体的变化。

瑞士人的乡愁是意识到不可能时的一种渴望或者一种追求。根本不抱有任何希望，在任何时候都胜于抱有一种不确定的希望；因为在前一种情况下，人们就不再怀有任何渴望，而是致力于使人们不能再有任何希望的处境成为心灵独有的。但正因为此，再也没有比意识到不可能达到目的时竭尽全力而更让人难受了。乡愁特别出现在糟糕的、很少被大自然惠顾的地区；因为生活越简单，心灵和欲望的冲动就越强。不满意随着后者而增长，特别是当人们忆及一种更好的生活方式，或者看到在别的地方要好得多的时候。家庭越贫寒，大自然强加给家庭的断念越重要，家庭的亲密性就越大。与此相反，越是像在奢侈时出现的那样惦记着自己的利益，人们就越少联系。〔246〕

4. 如果把海洋的高度假定为整个地球表面的高度，那么，就很容易借助三角学找到山的高度。然而，如果山离海洋很远，那么，由于可能混入许多错误，要找出山的高度就不那么容易了。

因此，如果说人们察觉到，空气的密度随着其对地球的高度而递减，因为它在高处并不像在低处那样被这样一个空气质量所压迫，据此在 70 尺的高度上空气的密度减低一格，那么，**贝努利**就已经开始通过本是一种发现空气的密度和重量的仪器的气压计来估算山的高度。不过人们后来发现，空气的密度和重量并不按照一个确定的法则减低，以至于即便把上面的空气置于下面的空气的位置，使其承受同样的重压，它也会并不获得后者那样的密度。虽然**马里奥特**认为，当空气在弹性力量上获得增长时，它就在密度上失去同样多，因为地球的转化为云雾并在处在下方的空气中逗留的各部分，具有一种更强的引力，并更多地保持对空气分子的强制。但可以看出的是，即便这个法则也不适当。这就是使得建立在此上面的对山的测量变得很不可靠的困难。最好的方法是在同一时间着手观察山的高度和海洋的岸，并通过对它们的相互比较来得出山的高度。

5. 特内里费岛上的皮库山是最著名的山之一。它的高度据一些人说计 12 420 尺，据另一些人说计 10 452 尺。它把自己的影子投得比切线还远，也就是说，超过 15 里，而这一地区的空气因影子的反照而有一种很昏暗的外观。

6. 一系列山几乎任何时候都与另一系列山相对。人们把最前面的山脉称为前山脉，它们通常是由无序地堆在一起的石
〔247〕头构成的。随后的山系叫做中山脉，最后第三个系列叫做主山脉。中山脉多半是含金属的，而主山脉几乎仅仅是由石头构成的。但另一方面，它们是以同样的方式延伸的。

7. 孤立的山总是有一种比整个山脉更可怕的外观，因为最前面的山系最低，而随后较高的山系由于被它们所遮掩而不能看到。

附释 1　一些旅行者对他们据说在高山上所患的憋闷感大加描述。确实，较高的地方的空气密度降低，而且那种感觉的一小部分产生于此，也永远有其正确性。但是，这种方式的经验，在一个或者只是少数几个小时里、一遍或者数遍得出，对此并不决定任何东西，因为在这样的情况下罕见的印象和景观的巨大也不容置疑地，也许极强烈地能够激起那种不安。此外，山地空气比同样情况下平原地区的空气更纯且更有利于健康，这是通过经验多方证实了的。但是，既然在这里作用因是多种的，则剩下的事情始终是还要查明，空气更为稀薄在这件事上起了什么作用。

附释 2　如果一种不可否认的、多方证实的经验是山区居民以勇敢著称，则这很少可以算到空气的账上。只须想一想高加索及其居民，山区大多贫瘠的土地迫使住在这里的人们极为

努力地为自己谋取生活的必需品。生活必需品的匮乏和由此产生的争端和战争迫使那些人们几乎仅仅并且不间断地保持体力活动。这就使得他们强壮彪悍。但是，其愿望和需求的有限性，以及做什么全凭自己的感觉，与前者相结合就提供了自信和勇敢。

附释 3　如果人们想假定，惟有瑞士人患有乡愁，自从他们的交往不再仅仅局限于他们的山地和山谷以来，这样说他们也更多的是考虑到过去的时代而不是与现在相关，那么，人们就会大错特错。相反，土地越贫瘠，维持生活越麻烦，习俗越远离奢侈，在其背井离乡的居民那里对故乡的渴望就越强。拉罗什夫人在伦敦居留期间结识了一位有教养的年轻冰岛人。不 〔248〕
列颠王国的那个首都的娱乐和消遣越是喧嚣，他对自己贫穷的祖国的渴念就越是热切。对于作为非欧洲人或者所谓的野蛮人被引入我们大陆的极为感性的享受中间的所有人来说，返回其故乡的愿望都极为强烈。甚至对于那位作为黑奴被掠夺来、在荷兰因其学问而著名的**船长**，也很可能是对其故乡的思念而使他在欧洲不见了的。

需求在贫瘠的地区驱使人们相互接近，即便这种需求不再是急需，但它一旦成为流行的，就以至高的力量起作用，而且比任何别的偏好都更强烈。这是自然的怎样睿智的安排啊！没有这种安排，那些荒凉的地区很快就会被完全抛弃，至多是船难之后的紧急避难地。

附释 4　第一位用气压计来测量高度的，是 17 世纪中叶的**帕斯卡**。**马里奥特**和**波义耳**在 20 余年后提出以前者的名义而著称的法则，即空气的密度与它所承受的压力成正比。按照他的说明，气压计应当在 63 尺的高度降低约一格。据他说，**哈雷**和**朔伊希策**从事过这类试验。**霍莱波**和**德·拉·希尔**自称观察过，在水银柱降低一格的情况下需要升高几乎 75 尺。由于迄今的规则如此经常地被认为有缺陷，**布盖**相信必须考虑空气的特殊弹性，根据它，不同的空气种类在热和密度相同的情况下仍然提供不同的阻抗。**贝努利**提出压力同空气分子内在运动速度的平方一样与空间成反比的定理。**卡西尼**假定，空气的密度与压力的平方成正比。我们要感谢**德·卢克**和**利希藤贝格**对这个对象的最新研究，以及特别是不知疲倦的**索绪尔**与此相关的检验性试验。这方面更详细的东西参见**盖勒**，同上书，词条“**用气压计测量高度**”。迄今借助气压计来测量高度的结果如此不同，其原因大概在于，空气的密度在同一个地方以及在同样的温度下并不与气压计的读数成比例。据此，就需要通过直接的测重、最好是借助格斯特尔空气磅来确定现有的密度。

〔249〕

§ 44

山上的空气比山下地区的空气冷得多，以至于常年不化的冰雪就是极高的山的标志。

在约四分之一里及以上的高度，不再有气候的变换，而一直是冬天。由此可以看出，热的质量并不真正由阳光产生，而毋宁说是通过由阳光来刺激地热产生的。这样一种地热似乎是地球特有的，因为在人们迄今挖掘到、而且太阳不能透射到的深度上，还总是发现是热的。热以电物质传递给弹簧的同样方式传递给空气。它似乎是按照 Cubus diametrorum ［直径的立方］散播的，并且是一种精细敏感的物质，这种物质进入一切物体之中，并与电物质极为一致，只不过通过后一种物质，作用是在它陷入一种颤抖运动时产生，但火或者热的作用则是在它从一个分子传递给另一个分子并且转移到它里面而产生。

佩罗特察觉，如果云雾不改变其形状和形式，就是暖和的。华氏温度计用 212 度表示水的沸点的热，在 96 度以下表示血的热的程度，以 70 度表示最高的夏热。

至于空气和高山的冷产生自地热的缺乏，这得自于，在夏天极高的山上，上面的雪保持不变，但下面的雪却融化了。在所谓的热带，高山耸立，其山顶上有常年不化的冰。因此，在那些地区的热不可能像它们被描述的那样强，甚至连像在温带内部最长的白天里那么强也不可能，因为太阳在后者这里在地平线上停留要比在热带更长，在热带夜始终是 12 小时长，因此在那里也能够冷却得比温带更早，在温带夜在夏季里绝对地短。但除此之外，夏季里的炎热并不直接源自太阳射线这一点，也由于热甚至在最长的夜里也从不完全消失而得到了 〔250〕
说明。

最大的热并不发生在中午，而是中午后不久才发生，尽管太阳在此时已经比前一个时刻作用有所减弱。然而，保存真正的中午的热与它在此后获得的增长相结合，形成了最大可能的热。因此，就连全年最炎热的时间也不是二至点期间，尽管太阳在此时凭借其垂直降下的射线作用最强。毋宁说，最炎热的时间是在二至点之后，当前此已经在地球激起的热还通过后来的、尽管较小的热得到加强时才到来。但是，在有冰雪的地方，未能保存特别可感觉的热，相反，在这样的地方，热只是就其作为太阳的一种作用才存在。

冷也是这种情况，冷不是在午夜，而是在太阳升起的时间最强，因为这是一天离由太阳射线激起的地热最远的时刻。

林耐认为，天堂可能就坐落在热带的一个岛上，因为所有其余的陆地都曾被原始的海洋淹没。他的根据是，因为在当时的高山上可以发现所有不同的气候，亦即在海岸边是热带，在山区中部是温带，在山顶上面是寒带，因此在那里所有的动物和植物物种也能够保存下来。他由此得出对这种假说的一种证明，即如他所断言，在瑞典海岸水越来越低，因此也必定降低到如此程度，而且除此之外将以如此方式降低，以至于再也看不到水。既然热带的陆脊位置最高，则它也必定在水开始降低时最先凸显。

雪从约12 000尺的高度降落下来。因此，如果知道雪在一个陆地什么时候融化，人们也就大致能够推论该处山的高度。

但是，高山上冷，也不是因为从周围地区反射的光线不能
〔251〕落在它们上面。因为秘鲁的基多地区的性状使它有一切理由被视为一座山，它海拔近8 500尺，并且位于两个山系之间，因而可以被视为一个既宽又高的山谷。尽管在这里光线被从非常多的地区反射过来，并且落在这个地方，但在它里面，仍然比在下面更深的、虽然紧挨着它的地区冷得多，因此其居民的肤色也是白的。

附释 我们特别地把热视为任何物体扩张的条件。在任何地方都不完全没有热。在没有热的地方，就会不能产生组织；这时就会完全取缔一切有机体。而且由于不存在严格意义上无机的物体，所以我们在假定一种到处都存在的对自己的热的完全缺乏——如果我们要把热视为纯然由外部造就的东西，这种缺乏就会出现——之时，就会发现自己必须假定一种理性和经验与之抵触的虚无主义。因此，惟有热像光一样是某种积极的东西，而冷则像阴影一样纯然是前者表面上的缺乏的名称。但这样一来，就十分可能有一种从外部造成的更大的刺激，或者较少是造成的刺激，而这种刺激特别是凭借阳光产生的，则是完全不可否认的。至于为了这个最终目的，是否像**赫舍尔**相信已发现的那样，有一种特殊的光线从太阳出发作用于其余的天体，以及光是否又由其他光线或者被**产生**，或者仅仅像热那样被**激起**，我们必须留待对事情的更确切的知识。关于热的可激

起性，人可以自己使自己信服，不仅是通过自己的肢体在最严寒的冬季里互相摩擦，借此甚至使冻僵的人起死回生，而且也通过我们夏天处身于其中的比较说得过去的状态，尽管此时也曾在短时间里温度降低到一种在初春会一直迫使我们注意房间供暖的程度。参见**希尔德布兰德**：**《化学百科全书》**，埃尔兰根，1799 年，8 开本，第 85 页及以下；**谢林**的**《物理学杂志》**。

据此，**希尔德布兰德**正确地注意到，我们其实对于任何物体都不应当说它是热的或者冷的，而是只说它比较热或者比较冷，因为在这里一切都基于与另一个物体的关系。所以，从严寒的冬季旷野中走出的人觉得一个房间很舒服，甚至十分温暖，而另一位自一小时以来一直在该房间中的人却觉得非常冷。

§ 45 〔252〕

在热带，雪在 2 200 寻的高度融化，除此之外是在 12 000 尺的高度融化，最后在极地也许从未在地球表面上融化。因此，雪可能是从离地球同样远的云层降下来的。所以，处在这样的山上的某人，就能够实验雪的性状。也很有可能夏季的雨多半出自雪，尽管有时是出自雨云，因为在上部区域总是同一种气候占上风，所以就连冰雹似乎也是雪，其上面的外皮融化掉了。

由于高山上的雪从不融化，一些人就认为雪和世界一样古老。但人们发现，雪是分成许多特殊的层堆积起来的，其中第一层最松，随后的就越来越坚硬。甚至人们能够可靠地认出雪的逐年增长，就像人们能够借助显微镜察觉到鱼鳞的增加而判断鱼的年龄，或者从鹿角来判断鹿的年龄一样。但是，雪被地热所融化并流下来。甚至有这样的事情，即位于山顶下面的雪蒸发，而且这种蒸汽就在其余的雪粒中间飞散。由此看出，雪也逐渐地从高山消失，另一些雪则取而代之。

常常有这样的事情，即除了其他诱因，雪也被空气随时带有并落在雪上的灰尘彼此分开，并使其崩塌，然后在不到一分钟的时间里整个整个的村庄都被雪掩埋。很多以这种方式被掩埋的人常常很久以后才又被发现，根据他们的样子人们本应当判断，他们是涂了防腐材料的。由于这种干雪多半是仅仅由一层薄薄的外皮封固的，所以这层外皮就可能因为一个很小的偶然，例如倘若一只鸟落在上面，而被打破，然后整个雪体就由于山势的倾斜滚滚而下。这类从山的高处崩落的雪体就叫做**雪**
〔253〕**崩**。但人们在这里也把仅仅以轻雪覆盖下部地区地面的**尘状雪崩**与以块状**滚动的雪崩**区别开来，后者掩埋和摧毁房子、树木，简而言之掩埋和摧毁阻挡其前进的一切。当一个雪粒附在另一个雪粒上并被带动时，就会有更多的雪粒与它相结合，这些雪粒最终在落到地上之前，就增长成一个可观的堆块。

前一种雪崩之所以是糟糕的，乃是因为人们不能轻易地避开它们。但后一种雪崩，人们如果足够及时地觉察它们，有时倒是能够避免它们。为此目的，人们在瑞士也发现各种各样的布置，例如栽上尖形的、向一边弯曲的木头。

有时，水从这类高山注入一个自身位置很高，因而其中也是冰天雪地的山谷。但是，水在流下来时就结冰了。由此就产生出**冰墙**或者**冰瀑**。在它们下面，有持续不断的水，往往极大的河流，例如特别是莱茵河，就是从它发源的。这类冰瀑往往有 20 尺厚，其内部有很大的空洞，里面漆黑一片。

但一般来说，在瑞士的山地发现的冰叫做**冰川冰**。这些冰川常常有特殊的形状和形态，就好像海浪在不平静的状态中被一下子突然冻结了。

最后，还可以发现可怕的冰山形象是一块蛋糕，它们是由水从崇山峻岭流入位于它们之间的山谷而产生的。

热既可以用化学方式激起，也就是说，如果人们把一种物质加给另一种物质的话，也可以用机械方式激起，如果两个物体相互摩擦的话。以同样的方式，人们也可以借助一种化学程序产生冷，确切地说，是以自然仅仅在极北地区、而且在那里也还一直足够罕见地造成冷的程度产生冷，也就是说，人们以让水银受到锤击的方式来使它冻结。

亚琛的康体矿泉水很热，如果要烧开它，就必须在火上放与它是冷水同样长的时间，而如果要它在空气中再冷却，则必〔254〕须比通常烧开的水时间长得多，大约直到 15 小时。因此，这里出现的是化学原因，或者是热的一个发酵原则，热通过空气获得营养，并由此促进发酵。也许，冰川的冰亦是类似的情况，它仿佛自身有一个冷的原则。因此，如果它要在水中溶解，它就比任何别的冰需要更长的时间，因为它在这种情况下还总是部分地冻结。冰川的冰也尤其硬，而且瑞士的冰山像斯匹次卑尔根的冰山一样有一种淡蓝色的外观，不过后者毕竟没有前者那样坚硬。

如果人们把一块这种冰川冰带到山谷，即便把它放在水中半天，它也不顾水温而不化。这大概是因为处于这种冰中的特殊组成部分，就像瑞士的一位地球物理学家**郎汉斯**从融化而变成水的冰川冰中在渗入土中时提取出一种酒精，它自身带有一种敏感的酸，但一旦把它烧开，这种酸就马上又消失了。

人们夏季可以在田野中间铺设冰原，只要人们分层取冰，并在它们之间撒上盐，然后覆盖上土。此后当太阳使冰融化时，盐在这种情况下就与水有更紧密的结合，并马上就又形成新的冰。

在这里，我们同时注意到土崩，它们是在河流通过其流下而从土位于其上的岩石把土冲刷走而产生的。但有时有这样的山，它们的高度使它们本来可能是被常年不化的雪所覆盖的，例如特内里费岛上的山顶；然而，人们在它们上面却从来没有或者只是偶尔发现冰和雪。但这是由于从所有这类山升起的浓烟和火，它们如此驱走雪并且以这样一种驱赶使雪加速下降，以至于雪就连融化的足够时间也没有。从埃特纳山的高处，人们极舒适地尽情眺望世界，不仅望到墨西拿城，而且望到整个地区和西西里岛。这类山上的纯净空气也使得人们能够从这里
〔255〕观看比能够设想的还更壮观和更美得多的星空。但这样的地区的居民多半像埃特纳山附近的居民一样对这样的刺激无动于衷。

附释 冰山和冰川在根本上是同一种东西；其中最可观的就在瑞士和蒂罗尔，以及在斯匹次卑尔根。人们把宾登的伯尔尼纳山上的冰川视为最大的冰川，它方圆近1里，宽¼里，高6 000尺。如果从下面某个地方融化一片冰，则这些冰川就常常以雷鸣般的响声裂出又宽又深的裂缝，这对于不熟悉这一地区的游人来说往往是危险的，因为它们有时被一层轻薄的雪壳所掩盖，并以这种方式而变得无法察觉。但这些冰川的冰的出众之处不仅是它的颜色，而且也是它的透明和坚硬，后者甚至使它适宜于用来雕刻。但它的透明似乎是其各部分紧密联系的一个结果，因而是它的坚固和坚硬的一个结果。

§ 46

雷雨云多半是最低的云。因此，人们在很高的山上不用担心任何雷雨，而且看到闪电在自己脚下上下闪烁。大概是由于在所有的云中都包含有电，云喜欢聚集在山周围，所谓的皮拉

图斯山就得名于 Mons Pileatus [戴帽子的山]，因为它的山顶是圆锥形的，而云就仿佛构成了帽子的其余部分。两个英国人在其家乡攀登一座恰恰当时被雷雨云笼罩的山。当他们要取道这雷雨云时，两人中的一位窒息了，大概是由于云中所包含的蒸汽。雷雨在高山上之所以显得更为可怕，应当是因为人们既在头上也在脚下觉察到蓝天。如果人们在这类山上放上一枪，则其响声不会大过折断一根棍子。很久之后，当它从所有的角落和区域折射并造成百倍的回声时，却以可怕的声响折返。

（人们在许许多多的游记和杂志中都发现有对这样一些在极高的山顶下观察到的雷雨的描述，特别是在 O. C. R. **措尔纳先生**的**《地球及其居民每周谈》**上。） 〔256〕

§ 47

山穴仅仅存在于石头山上，而且山穴既有自然的也有人工的。人们尤其可以把所谓的矿井列入后者。如果在这些山穴中地层是水平延伸的，则它们就叫做洞穴，但若是垂直方向就叫做井穴。在洞穴中可以发现石料和大理石石材，在英国有岩盐和石煤。它们往往如此之大，以至于能装进整座整座的城市。在英国，石煤矿一直延伸到海底，以至于最大的战舰都在它们上面航行。但是，那些石煤矿是用由同一种质料构成的大柱子来支撑的。人们特别是在昔日波兰的维利奇卡发现岩盐。最后要注意的是，在长度上，至少就洞穴而言，即使人们像在维利奇卡那样走上 1 里远，而且两边的边界都是确定的，也找不到尽头。洞穴被划分为**主洞穴**和**支洞穴**。所有洞穴都在前者中相会，而且它们全都属于国家主权；其他洞穴是私人财产。在井穴中，人们发现了金属。井穴的尽头人们随时可以找到，因为它们的走向是圆锥形的。

在自然的山穴中，要注意的是瑞士的马丁山穴，其中在夏季光线径直照进山穴里；另一个要注意的是皮拉图斯山上的山穴，等等。由于常常仅由一阵带有蒸汽的风就造成寒冷，所以毫不奇怪，在这些山穴中都很冷，因为其中吹着常年不断的风。在它们之外，还要注意著名的鲍曼山穴，这是因为滴水成石。据说人们在它里面时而看到一位修士站在洗礼盆旁，旁边站着许多信众，时而看到某种别的东西。在这个山穴中，有一种方解石。由于落下的水滴马上溶解了石头，水滴在水蒸发之后就石化，通常多半是像冰一样形成管状。大理石也是这种情况。也就是说，如果在大理石产生时有矿精加入，它就使得大
〔257〕理石的颜色更深，且每一个人都按照自己的想象时而觉察到这种东西，时而觉察到那种东西。

还要注意一种特殊的山穴，在它里面侵蚀出许多名字，如今就高悬在石头上方。这看来明显以一种凭借篆刻从石头中抠出的物质为前提条件，这种物质由于天长日久而变硬，人们有理由从中推论出石头的生长。

在喀尔巴阡山脉有一个山穴，在其中人们发现一种与地球表面上完全相反的气候，以至于当地球表面开始冬天时，洞穴中的温度却变暖，当上面滴水成冰时，山穴中却草木生长，甚至变得如此之暖，以至于野生动物都跑到其中。与此相反，当地球表面温暖时，山穴中却开始转冷，直到在上面变得最暖的时候下面结成冰柱，这些冰柱的规模就像一棵圣诞树，因此匈牙利人也用它们来给自己的饮料保冷。但为了这一目的，最好是用湿毛巾把装饮料的罐子包起来并悬在风中，因为后一种做法不仅保冷，而且在尚未冷的时候也比较保险。但人们不可难以置信地由此得出结论，说在一端变冷的时候，另一端过渡到热的状态。这个普遍的公式的真理性在某种意义上会获得确定

性，只要人们能够证明，在一个地方变暖的时候，在相反的地方事实上变得更冷。——在一间变热了的铁匠铺里，温度计却表示冷，而一块热铁在人们将其一端插入冷水时，另一端变得更热。在夏季，人们把水埋在地下若干尺深处，然后在上面烧起大火，水就会突然并且严重变冷。据此，被置于某种别的东西之上的火，似乎使处在它下面的东西变冷，与此相反，被置于某种别的东西下面的火，则使这东西变热。经验似乎同样证实了上面援引的命题。

就这些山穴中的空气来说，这里有大量的蒸汽，它们有些对健康有害，有些对健康有益。人们在一些山穴中也发现一种 〔258〕
很暖的空气，它是由偶然裸露并被流动的空气风化的一层含硫砾石产生的。我们所拥有的大部分硫都是从这种砾石获得的。据**德梅洛**说，当人们进入矿山时，那里的空气是冷的，然后热度就增长，使得人们最终相信下面必定有火。然而，如果炎热应当是以同样的比例增长，那么，由于这里深度不大，它在中心就必须强上数千倍。在属于哈尔茨山脉的拉莫尔斯山，是同样的热，与此相反山上的一个泉却是如此冷，以至于人们不能把脚伸进泉水。这种极冷是水流过石膏和石头的一个结果。上引作者也说明，他所说的矿山里的炎热是在打出了使含硫砾石裸露的矿井时才产生的。

最有害的蒸汽是所谓的瘴气，它单独来看是致命的，但掺入其他物质却又是有益于健康的，甚至是有益于健康的矿泉水的所有成分中最好的成分。一只飞过充满瘴气的山穴的鸟，以及过于接近这种山穴的人，瞬间就死亡。这种瘴气也经常存在于旧井中，人们多年前在立陶宛挖掘这样一个井时得到过这种教训。为了谨慎，人们必须把一个火把投入井中；如果火把熄灭，那就是确实存在瘴气的一个迹象，与此相反，如果火把继续燃烧，则井里没有瘴气。

附释 山穴是凹洞，多半在石灰岩山脉中，带有或大或小的穹顶和过道。这样的山穴的产生时而基于水的冲刷，时而基于地下火的喷发。地球上这种山穴的数目是非常巨大的，尽管并非都同样值得注意。最值得注意的，除了哈尔茨山脉的**鲍曼山穴**，还有苏格兰北部斯莱茵斯附近的**钟乳石山穴**、斯塔法岛的**芬格尔山穴**、**安蒂帕罗斯岛**上的山穴（参见**林克**：**《东方游记新编》**，第Ⅰ卷，第 83 页及以下）、**坎迪亚岛**或者**拉伯林斯岛**上的山穴（参见上引书，第 24 页及以下），以及意大利距那不勒斯不远的因其有害的和热的蒸汽而著名的**洪斯格洛特山**
〔259〕**穴**。关于本节提到的在这样的山穴壁上刻的铭文的产物，此外有拉伯林斯岛提供证明（参见上引游记，第 25 页）。喀尔巴阡山脉的山穴是所谓的**斯泽利萨山穴**。瘴气也有一个法文名字：Mofette。

§ 48

尽管由彼得堡科学院派往西伯利亚的**马林**教授在离极圈 3 度的地方看到掘一口井，其中土层完全冻结，人们通过频繁的观察仍然发现，在 300 尺的山穴中以及在世界所有地区更大的深度上，都能像在巴黎气象台的地窖中那样遇到这样一种温和的地窖热，虽然这种普遍的观察受到所援引的特殊经验的限制。现在，如果我们由此推论在地球中绝对可以遇到某种热，那么就产生这种热从何而来的问题。

它绝不可能是由太阳产生的，因为由太阳激起的炎热被继白天之后的夜以及被继夏天之后的冬天完全消除。但是，当地球因围绕自己的轴运转，而且赤道上的各部分必须比极地的各部分运行长得多的路程并感受到大得多的离心力，而获得一个椭球的形状后，赤道上的各部分在重量上就减低，尽管如牛顿已证明的那样，在所说的那条线上的离心力只不过是重力的 $\frac{1}{228}$。但是，要使物质保持同一种重量，它在赤道上就必须比在极地隆起更多，以便它在那里能够与在极地的物质保持平衡。但据此，它就必须曾经处在一种流体状态，因为有极大的可能性来驳斥地球直接如其现在这样产生的意见。但是，如果它曾经是流体的，则它的各部分就必须有一种自然的热，因为若不然，它们就不会是流体的并且保持相互结合。但是，在这些部分凝聚得更密时，其中最炽热的部分大概就沉落到中心，因此我们在地球的中心虽然不可以预设任何真正的火，但却大可以预设另一种炽热的物质，例如流体的金属或者某种类似的东西，因为真正的火不能离开空气的加入而保持自己。〔260〕

但是，在我们更仔细地研究地球的内部之前，我们必须进一步了解两种重大的现象，亦即地震和火山。

§ 49

有深处于地球之中的空穴；有时地震就表明了这一点，而且既然地震常常波及整个大陆，那些空穴就必定很深。地震有时多时少的迹象先行，但这些迹象惟有地震频发地区的居民才能觉察到。这些迹象如下：

1. 人开始头晕。这不可能是源自地球的摇晃，因为没有这样的状态在地震之前先行，而大概是从地球升起的某些蒸汽的结果。

2. 空气寂静得可怕。

3. 所有的动物都事先不安。这些动物总的来说有一种比开化了的人更精致的嗅觉，甚至，就连野蛮人在这方面也超过开化了的人。

4. 家鼠和野鼠，以及

5．在海岸边一切爬虫都离开自己的洞穴，爬到外面。

6．最后，在高空中出现某种类型的曳光。

这些征兆表明，空气发生了某种变化。

地震与某种气候并没有更密切的关系，但它们特别在山脉与海岸平行延伸的地方肆虐。

但是，地震的原因应当更多地在地球表面寻找，还是应当深入到地球内部去寻找？对此，地理学家们尚未完全取得一致。一些人用黄铁矿来解释它们的产生。也就是说，如果人们把铁屑与硫混在一起并埋起来，这个团块就会热起来，而且突然窜出火来。但在地球中并不存在铁。一切硫都是从黄铁矿熔炼出来的，而黄铁矿是通过空气加热的。但是，人们要如何从〔261〕中解释地震的联系和产生呢？在茨维考，一个煤矿自百年来就已经在燃烧，可能还要燃烧数百年。这样一种燃烧进行得何等缓慢，与此相反，地震又是何等迅速。因此，地震的原因将不应当再在地球表面寻找，而是应当到地球更深的地方寻找。

我们的地球曾是流体的；人们几乎找不到任何物体不自身带有其昔日流体的标志。所有的石头、我们的骨头本身最初都是流体的；树木是从一种流体的汁液产生的。但是，每一个流体的物体都是首先在表面上变硬的。据此，就连地球的外壳也是首先变得坚硬，并且越来越深入到其中心。

但是，地球也确实通体坚硬了吗？或者它在其内部仍是流体的？在地球中间还有一个软的团块，这至少不是完全不可能。甚至可以假定，如果地球是完全坚硬的，它也就会不再可以居住。因为从地球内部升起蒸汽，它们使土地变得肥沃。如果地球是坚硬的，那么，在它上面除了太阳和月球会造成的变化，就不会出现任何别的变化。但是，既然我们的天气相当没有规则，因而似乎不是取决于太阳和月球的，所以，其原因必然就在我们脚下。就地震本身来说我们觉察到：

首先，一种摇晃的运动。这在多层的房子里，在高塔和山上特别明显，因为这些对象在摇晃时摆幅大。如果摇晃持续时间长，它们就在其内部各部分中被动摇并且坍塌。在这样的情况下，地球就仿佛被它下面的一种物质弄得鼓胀，而且由于这是朝一侧进行的，所以人们就说，地震守着一条特殊的线，人们从吊灯的运动和椅子的翻倒，即向哪一边翻倒，以及根据其他对更大物件的留意来判断这一点。此时，海洋同样会发生一种摇晃，它与落潮和涨潮毫无相近之处，确切地说，是由于海底在一边变低了，那里的水也就下降，而且由于在另一边变高了，水也同样下降，以便达到一种平衡。但是，这种现象惟有在大的水域才可察觉。如果地震沿长度穿过城市的街道，则整条整条的街道都被摧毁，因为房子是从一边朝另一边摇晃，而且一遍又一遍地相互碰撞。与此相反，如果它沿宽度穿过街道，则房子就由于一致运动而得以保全。〔262〕

但**其次**，就连仅仅在某个间隔被感知、通常持续不超过一秒钟的撞击，也可以觉察到。这类撞击由于是自下而上、确切地说是局部发生的，而且由于对它们来说不像摇晃那样有压力和反压力，就比前一种地震更为危险、更具摧毁性得多。甚至在海洋上，这类撞击也更可怕，而且对于船员们来说，此时显得他们被抛到了海底一般。平原并不像多山地区那样遭受地震的危险，因而人们在波兰和普鲁士从未对此有所察觉。

此外，地震也逐渐地沿着一条不间断的线波及遥远的地方，以至于在短时间内从里斯本一直达到马提尼克岛。值得注意的是，地震采取的是一条与山脉的走向几乎相同的路径。

附释 1　看起来，人随着自己精神文化的每一进步，都在自己感官的某种敏锐方面经受一种更明显的减弱，而且前者也不可能有别的结果，因为人越是仅仅生活在一个抽象冥想和沉思的世界里，就越是缺乏其感性器官的练习。毫不奇怪，在我们不能察觉船和鸟的时候，水手就看到了船，猎手就看到了鸟。但更有甚者，人们仅仅凭借感觉，甚至仅仅凭借嗅觉就把金属彼此区分开来，对此我们拥有可信的资料。的确，在我们有教养的阶层，还总是有一些人仅仅通过嗅觉就感受到某些动物的在场；而且，有多少人常常在晴空万里的时候就已经觉察到暴风雨的来临或者空气带电成分的增多？因此，鉴于动物明
〔263〕显更为敏锐的感官，如果它们，特别是它们中的一些也更为强烈地感受到我们无法察觉的地震来临的征兆，我们就不要感到奇怪了。

附释 2 黄铁矿岩层，有时还有大量积聚起来强行开辟一条出路的水，似乎是地震的最根本的原因。假定地震时大气层的一种直接作用，如一些物理学家看起来在做的那样，这以比我们迄今拥有的更多的明晰确定的经验为前提条件。但今后肯定会有更多的经验！作为地震来临的迹象，人们也还算上井水和泉水变浑浊，一种细微的蒸汽从土中冒出，笼罩着脚，走起路来就产生一种感觉，好像被拖后腿似的。甚至在离地震的真正现场很远的地方，在地震没有达到或者至少没有察觉地震的地方，也有人们必然在事后算在那个自然事件账上的现象。例如，1755 年，在里斯本爆发剧烈地震的时候，在普鲁士的一些地区出现了新泉。关于地震这一节，参见**康德**的**《1755 年的地震中诸多值得注意的事件的历史和自然描述》**，哥尼斯贝格，1756 年，4 开本；以及载**康德**的**《杂文集》**，哈勒，1799 年，第 1 卷，第 521 页及以下。

附释 3 最离奇的是起因于地震的海水摇晃的原因和根据，因为海水常常在之间的陆地丝毫感觉不到地震的时候晃动不已。这种现象也在上引著作中更详细地给予说明。

§ 50

人们可以把火山视为火穴，通过其穴口喷出与之相应的当量。

最长久并且在最古老的时代就已知的火山，仿佛是其余一切火山之父，是埃特纳火山。它在垂直高度上高于海平面12 000尺。因此，它的最高峰覆盖着雪，而它的底部则达若干里。在它的边上，通过各种各样的喷发产生了另外一些小山，但它们仍然都在大小上超过了维苏威火山，而且它们每一个都有自己的火山口。然而，它并不在任何时候都喷火，而是有若干世纪之久一直平静。就罗马人的历史所及，人们就已有埃特纳火山喷发的信息。

与此相反，维苏威火山过去是一座秀丽的、有森林覆盖的山。自罗马建城以来，它在不早于韦斯巴芗时代喷发过火，关于这次爆发**普林尼**给我们留下了详细的报导（《**书信集**》，6，16），而且在这次爆发中，在本世纪才又在地下深处发现的城市赫库兰尼姆、庞贝和斯塔比奥均被掩埋。然而，维苏威火山也许曾经在更古老的时代里就喷发过火，尤其是，既然它在上面提到的那次喷发之后又平静了 500 年，并且长出了植被。 〔264〕

当这座山要开始喷发时，人们在那不勒斯及其附近就听到地下有粗重的噼啪声和隆隆声，就像一辆车的声音。此后从它的火山口冒出蒸汽柱，在白天看起来像烟柱，而在夜间看起来像火柱，但通常如**普林尼**所报导应当形同一棵树，也就是说，烟在开始时像一个柱子那样上升，然后被空气挤压向四面八方。随后，维苏威火山喷发出不计其数的火山灰，继而是许多大石头，其中也有浮石。屡屡也从它同时流出大量的热水；最后，流出来所谓的熔岩，一种溶化了的并且往往是金属类的物质，据说那不勒斯金匠甚至有时能够从中提炼出金。

在大多数情况下，这种熔岩以一种粥状的浓度出现，但有时它也如此易流动，以至于在短时间里就流数里之远。最终它变硬，甚至在那不勒斯能够被用做铺路。然而，埃特纳火山和维苏威火山的熔岩在某种程度上是彼此有别的。

维苏威火山的喷发多半只向南边和西边；而且由于一些葡萄要长得好就要求一种多石的土地，所以人们在它的北边和东边发现最好的葡萄，其中也有所谓的基督泪酒葡萄。如果维苏威火山不是离海这么近，它就会造成比它现在确实造成的更大得多的损害。

关于维苏威火山的喷发，我们的最初消息如上所说，出自赫库兰尼姆城被它的火山灰所覆盖，但可能同时也被地震所深
〔265〕埋的时代。人们在一次发掘时又发现了这座城市和其他两座上面提到的城市，并在这些城市中发现了许多家用器具，其中也有一些绘画，其颜色多半还保存完好，只不过人们在这些画上不能发现任何光和阴影。这些绘画中有许多都是以湿墙画风格或者用石膏化的石灰石画成的。人们在这里很少发现书，而且既然书是写在苇草之上并且卷成筒子，也完全被火山灰覆盖，所以必须非常小心谨慎地把它们展开，因此，哪怕只是要把几寸书展开，一位修士就往往必须用上三个星期之久。这是一项绝对适合修士来做的工作。值得注意的还有，古人给予书的名称主要取自苇草、韧皮和树皮。

既然人们现在也发现了圆形露天剧场，并且在里面没有看到任何人，就像人们总的来说在赫库兰尼姆没有找到任何人一样，因而可能是全都及时逃离，甚至带走了所有的老人和孩子，所以人们猜测，它们当时恰恰不在圆形露天剧场，就像人们发现古代著作中也这样说。

在人们甚至一直继续挖掘到城市下面，亦即不是穿过熔岩，而是从熔岩一边挖掘之后，人们发现了一个更为古老得多的熔岩层。这是一个清晰的证明，看起来维苏威火山必定过去喷发过火。

但是，由于维苏威火山多半是在埃特纳火山停止喷发的时候开始喷发的，所以两座山必定相互之间也许有联系。

冰岛更多地属于美洲而不是属于欧洲，而且它的一半处于温带，而另一半则处于寒带，它上面的海克拉火山喷发出大量的火山灰和水，水产生自它上面的数量惊人的雪。但是，据说人们在它上面没有察觉熔岩。

美洲的科托帕希火山属于科迪勒拉山脉，在其喷发方面遵守某些间歇期。因此，人们把它和所有这类火山视为只有一个口子的石灰窑。由于火借助其弹性把空气逐出，它离了空气也就不能继续燃烧；但这又把空气逼入，于是火又重新活跃 〔266〕
起来。

火山从不完全独处，而是多半与其他更多的火山相联系。人们既在热带也在寒带发现了火山，尽管在寒带不像在热带那样频繁。

既然人们在一些山上发现大的山穴，并且在山穴下面还发现有烟，则这些山必定过去喷发过火，但在后来的时间里燃尽了，也把整座整座的岛屿燃尽了。在一般而言科隆附近和莱茵河畔的山脉上，人们觉察到环形山的痕迹。在很多的这些环形山上都有水洞，这里过去不是水，而是喷发出火，将来也可能喷发火。就连在黑森也有很多环形山，人们在那里像在莱茵河畔一样大量出售凝灰岩，人们用它可以在水下砌墙。但这种石头无非就是意大利人所说的“Tuff”。

在一次爆发之前，通常山上的一切都仿佛沸腾了。火山的烟应当是带电的，因为它像雷雨云一样造成闪电，甚至常常有骤雨伴随喷发。

从埃特纳火山流出的熔岩，在质量上大约等于4座相当于维苏威火山的山。在夜间，它像火一样发红，而当它冷却时，它就达到一种石头的坚硬，因此人们能够用它来修建教堂。然而，如果有新的熔岩袭入这样一座教堂，这座教堂就将溶化殆尽。熔岩流经常洞穿迎面而立的障碍，特别是当人们为它开辟道路的时候。土不易固着在熔岩上，尽管有火山灰的山下地区很肥沃并且长有树木，其直径达80寸。

但是，土是如何来到较老的熔岩上的呢？土是逐渐地生成的，因为在极平滑的石头上发生过这种事。空气首先把尘土携带到上面，然后在那里类似的成分越聚越多，直到最终由此产生一个真正的土层，但这必定持续很久。**布莱登**看到尚未覆盖任何土的熔岩，并由此推论出，它必定还很年轻，尽管它是自布匿战争以来就流出的。

〔267〕如果人们在卡塔尼亚掘一口井，则人们就要穿过五六个被土覆盖的熔岩层，人们相信，为此就需要16 000年。

摩西说明了人类的年龄，但并未说明地球的年龄。地球可能早数千年之久就已经形成，也就是说，人们不可以被摩西的那种说明所限制，不给物理学根据留下空间。在上帝那里，像一天那样的时间用于创造太多，而用于形成地球则太少。

在秘鲁，有许多火山和很多因土而有植被的熔岩层，继之而起的又是新的荒芜。

附释1 关于维苏威火山和其他火山，除了**哈密尔顿**的报导之外，也可以查阅**德农的《别致的旅游》**，或者其在哥达出版的德文摘录，以及关于赫库兰尼姆和在那里发现的古迹的更多名著。关于莱茵河畔的山脉，除了更多的其他著作，参见**G.福斯特尔关于下莱茵河的观点**等。

附释 2 地球比按照**摩西**的说明看起来所有的年龄更老，这自身有很多重大的可能性根据，甚至如人类的年龄，这一点从法国人新近在登德拉发现的两个黄道带似乎就可以得到无可辩驳的说明。参见冯·**扎赫**：**《每月通讯》**，第 II 卷，第 493 页及以下。与此相反，好多自然研究者虽然能够清楚地看出，与应当从必须一切全靠自己的人出发来解释的相比，我们处在一个更高的文化阶段，却还一直喜欢停留在老的风格之中！

附释 3 我在这里还附上一些与本节有关的说明，主要是引自**《物理学和岩性学的团体旅游》，西普·布莱斯拉克**著，由**庞莫瑞尔将军从意大利文翻译，**巴黎，1801 年，2 卷。

斯塔比奥不是被维苏威火山的火山灰所掩埋，而是甚至按照**普林尼**的报导，被苏拉摧毁。——维苏威火山并不喷发真正的火焰，而是如**普林尼**所称，在根本上是火红的石头。——火山凝灰岩不是出自一种淤泥的流出，而是出自过去喷发过的火山。——阿皮乌斯用浓稠的熔岩来铺设其军用道路，由此一座强大的军营从塞萨一直延伸到罗什蒙非纳。——在维苏威火山的不同地方，人们都发现了带有明显的珊瑚化石的凝灰岩块。这清晰地证明了维苏威火山是在海下开始燃烧的。但是，人们在喷发出的火山物质中也发现了如果在黑暗中摩擦就发出微红 〔268〕
或者白色的光的物质。

§ 51

如果我们问地震产生的原因，则一些物理学家认为，它们可以从化学根据推导出来。也就是说，他们认为，由空气风化的含硫砾石和随后落在上面的雨就是这种现象的真正原因。但是，既然含硫砾石只是在少数地层中遇到，但地震却通过如此辽阔的陆地传向更遥远的地方，所以地震也许可以更多地从力学原因推导出来。

那不勒斯及其附近的噼啪声和隆隆声就像是风，因而也许会是穿透所有地下空穴并在地球表面寻找一个出路的蒸汽。空气可能严重受挤压，由此获得一种带电性状。人们甚至计算出，被另一个计为地球半径1/7的气柱压迫的空气，会获得与金相同的密度。但这里产生的困难是，大气层在这种情况下是否会被地下的蒸汽增大？不过，它似乎所承受的损耗与它所获得的增长一样大，因为含硫蒸汽将吞噬大量的空气。此外，许多空气事关人、动物和植物的发汗，而且人们注意到，空气在人的重量上占有一个很大的份额。

人们也发现空气像水一样如此被异质的物质所充满，以至于不知道真正说来应当把什么样的分量归于空气。而且也很可能出现在我们的头顶的一切过去都曾在我们的脚下。我们甚至在海洋中发现火山，只不过这些火山由于烟很难穿透水而不那么明显罢了。以这种方式，只是在几年前，就在安的列斯群岛产生了两座岛，而且由此可以推论出所有岛屿，至少是很多岛屿的产生方式。既然人们经常在海上察觉的烟使人除了据说时
〔269〕而浮上水面的浮石，还可以揣测海中存在很多火山，所以，人们也就必须想到作为其根据的力学原因。

地球似乎是首先从上面完善的，但在其内部却久久未达到成熟，以至于还有一些部分被引向地球的中心；一些分子下沉，另一些分子上升；甚至，看起来就好像地球一旦达到其全部完成，就会不再适宜居住似的，因为在只有太阳和月球对地球的影响的情况下，由于可能缺少气候的变化，所有种类的生物都难以继续繁衍。

在地球内部的这种混沌状态中，必然在地球臻于成熟的厚重外壳之下有许多空穴和通道，空气被锁定在里面，而且看来正是这种空气在通过火山寻找出路，并通过其力量携出大量的

物质。似乎就是它引起了地震，因为这种空气与火山有一种极为可能的联系，人们注意到，当一场地震停止时，埃特纳火山就开始喷发。但人们不能反过来说，在有火山的地方，就必定也有地震。地震和喷发交替进行；后者清空地下的火，对远方的地区是有益的，尽管它们将离得最近的地区夷为平地。

由于人们从未能够揭示火山物质从中抛出的深处，所以，地球的外壳绝对是厚重的。

如果我们假定，地球的外壳到处都是同样厚的，那么，我们同时就看到了地震在海洋不像在邻近的海岬那样剧烈的原因。也就是说，在海洋，被封锁的空气除了到处都同样厚的地壳还必须抬起大量的水，因此就转向不能产生同样强烈的阻抗的地方。

火是在山顶爆发的。那里不存在山借以产生的喷发原因。山是由在水中产生的地层构成的，因而山必然是通过爆发产生 〔270〕
的。在水蒸气和地下混沌的物质停止喷发时，这类山就抛出一种燃烧的物质。

在意大利，人们发现一种从火山的喷发产生的火山灰山。在高加索山脉，人们还发现仿佛是从地球流涌出的山。人们还遇到一些岛屿，在其中人们发现了与通常的岛屿完全不同的地层，例如一层沙，然后是一层蓝色的陶土。因此，这样的岛屿必定是以一种类似的方式产生的。所以，我们就居住在可怕的废墟上。

§ 52

如果就一个物体而言既衡量其形状也衡量其结构，那么，人们就必须也研究其由以复合而成的混合料或者部分。因此，我们想借此机会：

1. 衡量石头各部分的联系；

2. 但也衡量各地层本身。

因为一般而言要注意的是，在地震或者其他破坏不造成变化的地方，物质就以某种秩序上下堆积，尽管如此这种秩序并不是在所有陆地都相同。如果每一块陆地都探究自己的地基，就会产生一门 Geographia subterranea［地下地理学］，一位法国人也确实在这方面作出了最佳的尝试。

地球一般而言绝不可以被视为混杂物质的垃圾堆或者团块，而是它分位置和层次展开，泉源的可能性就基于位置和层次。因为如果地球只是彼此混杂的物质的一个垃圾堆，那么，就不会有任何泉源。事实上有由这里混杂的物质构成的岛屿，因此在这些岛屿上也找不到任何泉源，例如阿森松岛。

几乎到处，我们这个天体都覆盖着一种由腐烂的植物产生的所谓熟土，它自罗马人的时代、大约从 2 世纪开始，就增长约 6 尺，这从一个矿山的非金属性石头被分离出来所抛向的地

〔271〕方就可以看出。但是，既然构成熟土的一个部分的庄稼每年被收割并被人消费，因而也不能腐烂，所以熟土在我们这里就必定不断减少，这样的事情，在山体滑坡时，亦即在位于那里的耕地下沉时就看得出来。

在熟土或者腐殖土之后是生土，它通常很薄，然后是陶土，它必定曾是腐殖土，就像钙质土一样，它似乎是一种海洋动物土，因为在所有的石灰石中都有碱性的东西，它源自古代的贝壳类动物。

在这些土层之后是各种各样的沙层：砾沙、飞沙、泉沙和流沙，然后是一个原土层。这些地层上下堆叠，厚度不同；但一个地方的一个土层具有什么样的厚度，该厚度就一直延伸到该地层延伸到的地方。人们把各层的厚度称为地层，但在矿井中特称为矿层。如果一个地层具有某些产物，则别的地层就没

有这些产品，因此在地层形成时必须发生过巨变。

地层不是水平的，而是与陆地表面一样。也就是说，陆地是倾斜的，使得水得以穿通。如果在一个地方一个地层深200尺，则该地层在白天就离得远了。

石山以一个普遍的名称被称为岩山，尽管岩是石的一个特殊种类，就像我们用来铺楼梯和阶梯的石头，首先是由某些发光的部分或者晶石，然后是由某种板岩，人们称之为云母，最后是由松软的树心构成的。

岩山多半处在陆脊上，陆脊就是山脉的部分，在这里诸山的尖顶仿佛会聚成一群，也继续一直延伸到陆脊下，直到最终消失在各地层中。

山里的地层要么是完全地，要么是矿层状排列的。群山的通道是山中的裂缝，它们一直延伸到一个永恒的深渊，也就是说，它们在另一边没有缺口，并且是垂直的。它们要么是空的，要么为一种物质所充满。多数情况下在它们里面流涌出石头的汁液，这汁液随后变硬，并转变为金属。因此，人们也在〔272〕
这些脉岩里发现极珍贵的金属，如金和银。在这些通道的上方和下面，有其余的不含矿石的脉岩（脉岩就叫做石头，山主要由它构成）。但是，金属，特别是金和银并不是直接地，而是凭借一种精细的材料以及来自两方面的一种叫做**脉壁带**的物质与其余的粗糙脉岩相联系，后者位于通道上方的被称为**顶层**，位于通道下方的被称为**底层**。但脉岩从上面最接近通道的部分叫做通道的**顶盖**，与此相反，在下面最接近通道的部分则叫做通道的**巷底**。但是，这种通道常常是沿着一条直线穿过其他山，因此，其方向在想象中延长的通道叫做**走向**，但它朝地球穿过山的方向则叫做它的**下落**。山的走向往往被打断。

在成层岩中，石头的层次是这样排列的，它们是水平的或者与地平线成45度角，而且有一个在成层岩中被置换的裂缝，作为山两边的开端和终点。它们多半围绕着脉岩，几乎根本不包含金属，而且如果在它们里面还有某种金属，则取决于包含在脉岩中的层次。例如，如果脉岩中有金，则在成层岩中也可能发现某种东西。通常在成层岩上才有熟土，继而是钙质土，此后是蓝黑色的板岩，此外有大理石，后者无非是能够磨光的钙质土。最后，人们遇到石煤层，然后遇到一种红土。在这些成层岩的板岩中，人们看到蕨类植物、鱼等等极为清晰的印痕，而上面的板岩就像一个大池塘。

古代世界的许多遗迹表明，成层岩早在世界有人居住的时代里就已经从当时尚为流体的脉岩的流下来的物质中产生，而且后者在此之前存在很久了。这一点也还由此得到证实，即下面的地层并没有很久的时间是流体的，而且上面的地层必定事
〔273〕先变硬了，因为下面的地层在压力大的一边变薄了，而在另一边则变厚了。

在**戈特哈德**发现一个地区很常见的石头在另一个地区根本见不到之后，他最终揭示，地球物质的种类是划分为界的，最大的部分是金属类的，中间的、被前一个部分包围的界由泥灰岩构成，然后是最后的界，就连普鲁士也处在它内部，是砂岩类的。

附释 如果一个物体是彻底完善的，它的各部分有一个永恒的和固定的位置，那么，这些部分，从而甚至整个物体也就在其内部是不能变化的。但现在，既然在地球上发生了它自身的如此花样繁多的变化，这些变化被错误地从太阳和月球的影响推导出来，所以人们就揣测，地球在其内部尚未臻于完善。由于磁针在地球的每个点上都指向北方，所以其原因必须在地球内部或者中心来寻找。但由于磁针每年在大多数情况下偏离北方⅔度（1766 年磁针在但泽直指北方，但现在却偏离了 12

度），所以人们推论，其原因是变化的，因此在地球内部尚未一切臻于完善。

泉和井的历史

§53　论泉和井的原因

关于泉的原因，在现时代的自然研究者们那里流行的意见是：它们是从渗入地球的地层并在一个低的地方流出来的雨水和雪水产生的。

也就是说，地球最上面的外壳是由不同物质的地层构成的，这些地层呈树叶状叠放在一起，其后有更多的地层。雨水通过沙、砾石、松土这些不太密的地层渗入，一直达到一个紧固的、黏土的基底，在这里它不能继续向下降；然后，它继续沿着它所停留的地层的斜坡缓缓流动，造成不同的脉络，并在一个低的地方冒出来，由此就产生一眼泉；即使一段时间不下〔274〕雨，泉也长期维持，因为水只是缓慢地从泉流出，但却从一大片邻近的陆地获得逐渐的注入，而且太阳也未使土中的湿气变干。

这就是**马里奥特**、**哈雷**和其他更多的人的意见。对其不利的困难是：雨在一块干燥的土地上渗透不超过 2 尺，但在掘井时常常发现超过 100 尺深的泉脉。但对此的回答是：

首先，通过地隙和裂缝，水在连绵雨之后渗入煤井约 250 尺，渗入矿井约 1 600 尺深。

其次，如果人们假定一个倾斜的黏土层 ab，它在 a 处露出地面，而且在它上面有一座山，那么，落在它上面的雨水就通过所形成的微细脉络沿 ab 方向向山流去，因此如果在山的最高峰掘一口井 cd，就发现这里的泉脉，但它们不能够从落在山上的雨水，而是要从落在山之外的平原上，并且在通过山继续延伸的倾斜地层上急速流过的雨水推导出来。众所周知，往往能够在高山上发现泉源，例如在海角旁的断层山、平顶山等等。但人们在仔细地研究时发现，毕竟山的一个部分比在山上发源的泉位置更高。

其三，一些泉在极其干旱时也毫不减弱地继续流淌。这是因为地层深的缘故，这些地层一旦吸满了水，就长久地保持湿润，因为它们幅员辽阔却只给泉源提供一小部分。

与此相反，用来证实这种意见的是：在很少下雨的阿拉伯，十分干旱的沙漠里也有一些小的泉源，大多数泉源在很少下雨的一年里水量普遍减少，甚至完全干涸，等等。

〔275〕因此，**笛卡尔**是这样解释井的起源的。他说：在山的内部有开阔的空穴，其中因许多通向海洋的通道而有海水，海水凭借地下的热而转化为蒸汽，而当蒸汽涌入地球的最上层时，它就形成了不断涌流的泉。某位耶稣会士和**佩罗特**用实例证实了**笛卡尔**的这种意见，但我们按照我们的假说也能够毫无困难地解释这种意见。

§ 54 特殊种类的泉和井

一些井是周期性涌流的。它们中的一些可以通过雪的融化，另一些可以通过水力学的例子，还有一些看起来可以通过月球的作用得到解释，冰岛的许多与落潮和涨潮保持同步的泉都属于后者。第一种的实例在瑞士、意大利、法国和其他地方常见，此外在帕德博恩主教管区有博尔德泉，它每隔 6 小时就消失，然后以一声咆哮重现。有甜水泉，如在托莱多，它上面甜似糖，下面却有些酸。在德国，有数百酸井，这些井包含有 Crocum Martis [战神番红色染料]。有一些是苦的，许多是咸的，还有许多含有铁元素或者其他矿物质，有一些带有金。在匈牙利的诺伊索尔，在萨克森和冰岛，都有一些泉，它们滴出一种硫酸盐湿气，这种湿气含铜，带有所谓的解水，人们用它能把铁转化为铜。一些泉把置于上面的物体石化。秘鲁瓜纳巴利卡的一眼热井注入邻近的田地，并转化为石头。一些泉在有光接近时就着火。也有一些井，在其水上面漂浮着油或者石油，它由于散发出的可燃蒸汽而仿佛是招来火。在巴格达，每天都汲出约 100 000 磅石油。也有一些很冷的井，它们具有这种冷的属性，要么是由于它们由以获得注入的泉脉很深，因而不能被太阳加热，要么是由于水在石膏上流淌。含矿的山区极 〔276〕 多的井都有很热的水，比德国、匈牙利、意大利等等的热水浴还热。在冰岛，有不同的温井，其中有一个叫做盖瑟的井同时喷水很高，放一块肉在里面半个小时就煮熟。在日本有类似的事情。所有这些水，例如在卡尔斯巴登，要冷却到人的肉体能忍受的程度，都必须等若干小时。尽管它如此热，要它烧开，却必须把它置在火上与通常的冷水同样长的时间。原因在于矿物质成分，它们通过矿物质成分吸收空气，凭借它变热、同时变重。

河流的历史

§ 55　论河流的起源

河流产生自把自己的水汇合起来的溪流，溪流产生自泉源，而泉源最终产生自雨和雪。

如果计算一条河流在一年里注入海洋的水量，那么，就会发现落到将自己的水提供到河槽中去的那块陆地地面的雨水和雪水的量，大得足以不仅维持溪流和由它们产生的江河，而且足以构成露水、植物的生长和又从陆地蒸发的水。这一点由此得到证实，即在长期干旱之后水也减少；在很少下雨的地方，如阿拉伯，也很少产生河流；常年下雨的多山地区，如阿比西尼亚，在秘鲁有科迪勒拉等等，也包含着最为可观的河流的泉源。因此，当然有海水和河水的一种循环，但不是人们通常想象的那种，亦即不是从海洋在陆地下面一直流进陆地的空穴，再从这里流进海洋，而是通过从海洋升起的蒸汽，仿佛是凭借一种蒸馏，因为它们被转变为云、雨和雪，并落到陆地的地面。

〔277〕

§56 论河流的运动和斜坡

由于要使一条河流持续其入海的流程，陆地就必须有从该河流的泉源直到海洋的一道不间断的斜坡，所以值得注意的是，陆地在如此大的距离上，像例如南美洲就亚马孙河的长度而言，约 800 里之遥有一道整齐划一的斜坡，直到海洋。因为如果它时而有大的弯曲和凹陷，河流就会沿途形成很多辽阔的湖。

所有的河流并不具有同样陡峭的斜坡。从亚马孙河发源的科迪勒拉山脉，产生了许多注入太平洋的湍急溪流。最后的斜坡比最初的斜坡陡得多。流经巴黎的塞纳河在 6 000 尺远只有 1 尺的落差，但卢瓦尔河却 3 倍于它。**瓦伦**和**屈恩**的失误。

一条河的速度应当在其流程的整个长度上增长，但由于它在邻近自己的出海口时变得更宽，而且其斜坡在这里也几乎不再有，所以它在这里流动比任何地方都更慢。

§57 河流的一些特殊的奇观

大河的方向通常都与其源泉所在的最高山脉的方向成直

角，因为这条路径是由此到海洋的最短路径。不过，如果两侧同时有两个山系，至少有两个陆脊，则河流就取道二者之间的谷地，从两侧发源的溪流都注入这谷地。它们在邻近其发源的地方都有比邻近出海口时更高的河岸。它们也有少许弯曲，而且河岸在构成一个凹角（Angle rentrant）时比在构成一个凸角（Angle saillant）时更高。例如，河岸 a 比对岸 b 高，河岸 c 比河岸 d 高。这是由于谷地的本性，谷地在两个倾斜度不同的高地之间，在邻近最陡峭的高地时最深。

河流逐渐地摧毁较高的河岸，把冲刷下来的土和沙卸在较低的河岸，一条河的河床频繁改变，原因就在于此。因此，人 〔278〕
们常常建起防波堤，但它也屡屡只是让河流更加紊乱。人们时而在莱茵河、在基洪河和其他河流发现干涸的河床。对于后者来说，它借以注入里海的各支流现在已淤塞，它几乎是独自流入咸海。

§58 论地球上最可观的河流

流程最长的河流是尼罗河、尼日尔河、塞内加尔河、发源于蒙古边界并流入北冰洋的叶尼塞河、黄河、亚马孙河、锡尔弗河、圣劳伦修斯河和密西西比河。此外属于此列的还有多瑙河、奥比河和恒河。

§59 对一条河造成河床的方式的说明

对于大多数河流来说，人们都发现，它们的河床常常比位于两侧的陆地高很多，尤其是在邻近出海口的地方，例如莱茵河、波河等等。有时，人们看到它们通过狭窄的隘口畅流在高高的两岸之间，两岸像墙一样从两边围着它们。亚马孙河在离其源头不远的地方就是这样，以及罗讷河在从瑞士流到法国时，等等。

人们很容易猜出，在尚未完全形成的地球的最初状态中，水从山脉注入山谷，因此水不仅达到海洋，而且也浩瀚无垠地淹没了陆地，因为沿途的许多起伏迫使河流经常注满大的谷地和分成许多支流。然而，既然水在遇到最陡的斜坡的地方也流动最快，所以必然时而有一股比别的地方流动更快的水。水在这种原初状态中必然携带大量溶解了的泥浆，它不可能沿着其
〔279〕激流的方向置放这种泥浆，而是把它置放在边上；因此，它就一直把两侧的地面抬高，直到河岸高得足以容纳所有的水，这样，河流就形成了自己的河床。

在河流冲倒陡峭的高地或者以湍急的速度流下一块地面的地区，它一直在改造这块地面，并把撕扯下的泥浆携带到低的地区，直到它完全得到一种缓和的速度。因此，人们在所有河流发源地附近都看到它们在高高的河岸之间流动。

有时，河岸就像陡峭的墙，例如在罗讷河从瑞士转向法国的时候，以及在亚马孙河发源地附近。所以，大多数河流在大多数地方都无法通航，除非是在地面多岩石、不那么容易被河流改造的地区。

关于地球被河流改变，要进一步说些相关的东西。

§ 60　论瀑布和河流的其他运动

莱茵河有各种瀑布。**沙夫豪森**的瀑布垂直高达 75 尺。意大利的**韦利诺**瀑布从垂直 200 尺的高度落下。世界上最高的瀑布是南美洲的**波哥大河**的瀑布，垂直 1 200 尺落下。然而，北美洲的**尼亚加拉河**的瀑布仍然是最可怕的瀑布，因为这条河非常宽，垂直 150 尺落下。

瀑布的特殊现象只出现在河流流经多岩石的地面的地方，人们在**尼罗河**的瀑布上也看到这一点。西鞑靼的**通古斯卡河**流过一条半里地远的倾斜的、多岩石的河段，其咆哮声 5 里地外都能听见。**底格里斯河**和**尼日尔河**有同样的情况。

关于一段时间在地下流动、然后又重新出现的河流，要注意的是**瓜迪亚纳河**，它如人们所说，之所以具有这种属性，乃是因为它只在深谷中流动。**格雷塔河**是约克郡的一条河，它确实在地下流半里远。

一些河流在到达海洋之前就干涸了。例如，莱茵河在离莱 〔280〕
顿不远的卡特韦克处的支流，中国属鞑靼的**霍托姆尼河**，以及波斯和沙特阿拉伯的许多河流。

一些流程很远的河流，例如**亚马孙河**、**塞内加尔河**，在离海若干里的地方有落潮和涨潮。一些河流的运动在它注入的海洋里很远还能察觉，例如**亚马孙河**。不过，没有一条河像关于多瑙河在黑海中，关于罗讷河在日内瓦湖，关于莱茵河在博登湖中所说的那样，在海中有其特别明显的水流，尽管河流使海水在离海岸很远的地方还是淡的，尤其是**亚马孙河**和 40 里宽的**拉普拉塔河**。最后，也还有一些河流穿海而过。

§61 论河流的泛滥

一些河流特别是在其入海口附近，在特定的时间漫上岸，淹没周围比河床更低的陆地。原因是河流发源的山区的雨和融化的雪。

在所有这样的河流中，**尼罗河**是最重要的。它在六月初就涨水，并完全淹没埃及，不过居民们通过用不同的渠道以及加高渠道来把水引导到田地里，而获益良多。埃及在此时就是一个海洋，城市和村庄就是海中的岛屿。在九月初，尼罗河又退回到自己的河岸内。

这种泛滥的原因是此时在埃及山区下的雨。部分地还有北风，它正吹向**尼罗河**的入海口，把河水逼回去。在泛滥时鼠疫中止，尽管它在一年的其余时间里肆虐。如果水只上升 12 尺高，就要担心物价上涨了，如果上升 16 尺高，那就是丰衣足食，18 尺或者 20 尺就太多了。从前，**尼罗河**应当淹没陆地比
〔281〕现在更深，因为陆地已经通过泥浆淤积而升高。既然在热带是在特定的时间雨季到来，所以毫不奇怪，河流是在某些时间保持泛滥，例如尼罗河、印度河和恒河。

§ 62　论水或者河流所携带的物质

由于水的源泉要么携带铁分子，要么携带松动的土和盐粒子，以及其他矿物质，所以一条河的水比另一条河的水轻，就毫不奇怪了。通常，注入大河的小河的水比大河重。**内卡河**的水比**莱茵河**水**更重**，同样，在**美因兹**汇入莱茵河的**美因河**、在**科布伦茨**汇入莱茵河的**摩泽尔河**，水都比莱茵河水更重，人们也可以把容器按入水中来认识这一点。原因在于混杂着土和其他成分在一条小河中流淌的水，一旦注入一条宽阔的河床，就更容易使它携带的物质沉淀。但另一方面，不同的水的混合也能促成其各自携带的物质沉淀。泰晤士河的水因在漫长的入海流程中保持最好，且即使发臭也自己净化而著名。也许这是因为隐秘的煤精，煤精含有硫，硫通常也使葡萄酒能长期贮放。

不同的河流带有金砂，在欧洲有莱茵河、罗讷河。这些河连同帕克托鲁斯河和底格里斯河，均尤其因此而著名。在几内亚的黄金海岸，现在从溪流中采集金砂，尤其是在暴雨后。它从何而来，以及它如何被分离。

第三卷 〔282〕

大气层

§63 大气圈的历史

大气圈的压力相当于地球被 32 莱茵尺高的海水所覆盖的重量。由于空气是通过压在它上面的负担而紧缩的，所以，它越接近中心，就必定越密；甚至，如果它的压缩一直进行下去，它就会在一个 7 德里的深度上超过水的重量；但在一个不到地球半径⅓的深度上，它就会比金子更密了。如果加上地下的加热，空气的密度会大大加强地震时地球的震动。

人们把大气层分成几个区域，最下面的区域从海面一直到雪在夏季不再融化的高度。这第一个区域并非在地球的所有地区都同样高。在赤道的热带，雪不再融化的山的高度不低于¾德里；在温带开始的地方只有半德里，在阿尔卑斯山只有¼德里，而在极地差不多等于海平面。

第二个区域在第一个区域的终点开始，一直到云上升的最大高度。这后一个区域的高度在地球的任何地方都不能完全确定。云时而高，时而低。一般而言，它们似乎不会升高到海平面以上 1 德里之外。如果人们想把这第二个区域一直延伸到发 〔283〕
光的气象，例如北极光、流星等等产生的地方，则就会需要许多德里来规定它的高度了。

最后一个区域开始于第二个区域终止的地方，一直达到大气圈的边界。人们用曙光的高度来规定大气圈，它被认为高达

9.5 德里。

空气有以下属性：

其一，它是湿润的。虽然所有的空气都有湿气，但如果这种湿气被分配到它们的间隙中，它们就是明朗的，被认为是干燥的。在一些地区，空气过度地含有潮湿的蒸汽，就像在沼泽地区和森林地区，例如在巴拿马地峡的北部地区。

其二，它是很干燥的，如在波斯、阿拉伯和上埃及，那里人们必须通过房间里的人工喷泉或者喷洒水来使空气湿润，若不然，空气就会对肺有害。

其三，它含有盐；例如硝酸，人们用为此而准备的土把它从空气中吸出来。因此，波斯和海角附近被盐覆盖的田地大概是从雨水在含盐的土地上冲刷出来并带到较低的田地上的东西中得到它们的盐的。也许还有些食盐精，因而就有亚速尔群岛的防腐空气。此外有从空气中生出的墙硝。它也时而多少不等地保持着含油，甚至含矿物质的成分。海洋空气具有与陆地空气不同的属性。

其四，一些空气是很纯净的；因此，在波斯、阿拉伯和迦勒底就有宁静明朗的星光，它也许使这些地区的天文学变得更容易，尤其是因为人们在这里整个六月露宿在房顶上。

其五，一些空气因其有益于健康，另一些空气因其有害于健康而著称。所有林木茂密和多泥泞的地区都由于其静止的湿气而有害于健康，并造成发烧。例如，**弗吉尼亚**在殖民初期就
〔284〕是这样；尤其是当极度的炎热与这种湿气相结合的时候，如在**贝卢港**。如果溢出的海水在陆地的水洼中腐坏，像在苏门答腊那样，或者也有扬起的河水，像在暹罗那样，这水就造成疾病和发烧。论地方病（鼠疫、麻风和黄热病）和原初的接触性传染病，如小儿天花和维纳斯瘟疫。

其六，一些地方的空气似乎不能容忍某些寄生虫和动物。

在奥格斯堡、马耳他和坎贾就没有老鼠；在戈佐岛、伊维萨岛没有毒蛇，在冰岛根本没有有毒的动物，在符滕堡的艾恩西德尔猎舍没有老鼠。**科尔布**报导说，欧洲人在来到海角时失去了他们通常在其船上或衣服上带来的寄生虫，并且永不重获它们。与此相反，霍屯督人由于其令人作呕的生活方式而有大量的寄生虫。

人们极为可能地用蒸汽的白色微光来解释空气的蓝颜色，在空的空间的黑色背景上就看到这种微光，而它之所以是蓝颜色，乃是因为在黑色上面薄薄地涂上白色，就造成蓝色。

§64 论一般的风

风对空气来说，就是海流对海洋来说所是的东西。它也和海洋一样很受陆地和山的方向限制。就像两股相反的海流造成海漩涡，两股在不同的方向上相互作用的风也造成旋风。

持久的风的最重要的原因如下：

其一，如果一个气域比别的气域受热更多，例如陆地上的气域比海上的受热更多，那么，它就对后者退让，因为它比那较冷的空气轻，而这就在受热的位置上产生风，而且只要该地的受热优势在持续，风也就持续不停。

其二，如果一个气域逐渐地变冷，则它就缩小，失去其张力，并为热空气腾出位置，使其朝它流动。当初秋极北的空气 〔285〕开始变冷时，南方的空气就向北流动，只要热的增加还在持续，而此后它又返回。

其三，在发生持续时间不久的骤雨时，从土中冒出的含硫蒸汽和含矿物质蒸汽削弱空气的弹性或者陷入骚动，就是不相同的、相互撞击的风的原因，这些风最初相互阻抗并造成风停，然后就激烈地相互施压，并造成可怖的大暴雨和山呼海啸的风暴。此外，激烈的阵雨或者冰雹亦造成可能很猛烈的风。

海员们关于风所做的划分如下：他们采用四个主方位：**北、东、南、西**。然后，他们把地平线每道包含在两个主方位之间的弧线划分为两个相等的部分。它们叫做：**北东、南东、北西、南西**。字母是这么排列的，北和南总是首先出现。然后，它们把这些划分为四分之一弧，而且他们总是把他们最邻近的主方位置于上述称谓之前：**北北东、东北东、东南东、南南西、西南西、西北西、北北西**。第四个序列的风是通过他们把上述弧再等分、保留上述称谓并仅仅指出它们最接近哪个主方位而产生的，而这是借助于介词“向”。例如：**西北西向西、东北东向东**。所有这些划分就构成 23 种风。

§65　按照其潮湿、干燥、热、冷和有益于健康等属性对风的划分

晚风在大多数地区都是潮湿的，且也在全世界都是潮湿的，除非它们掠过焦枯的地面，如在波斯掠过阿拉伯的晚风。

若有掠过或近或远的海洋的西风，则它永远是潮湿的。与此相反，东风即便来自更辽阔的海洋，也多半是干燥的。

〔286〕在**菲律宾群岛**，每年有两种季风占支配地位，**东北风**支配着秋季和冬季诸月，然后是**西南风**支配着其余的时间。东北风即便吹过南海，也是干燥的。类似的情况在东印度和西印度可以发现，例如在**新卡塔赫纳**地区。

吹过大西洋并且通常只造成潮湿天气的西南风，却据说导致晴朗和干燥的天气。与此相反，惟有西风是潮湿的。这种情况也发生在太平洋上，那里东风提供晴朗的天气，但吹过海洋

的西风却是多雨的。原因应当在如下情况中得到解释。

如果风携带的空气比人体更冷，则人就**觉得冷**。但如果它携带的空气比人体热，则**风的速度越快**，就越**使人热**。这样的热风时而可以在热带遇到，如埃及的**沙漠风**，尤其波斯、阿拉伯和叙利亚的**萨米尔风**是最令人讨厌的风。它们吹来时带着一阵炎热，就好像是来自一个火炉。这种**萨米尔风**看起来略呈红色。主要是在六月至八月刮着这种风，特别是在波斯湾可察觉到它。波斯人认为，它是从一种被称做**格尔巴萨摩亚**、常常生长在克尔曼荒漠的野草获得其有毒的属性的，因为掠过这种野草的风带走了它的花粉。但是，似乎更为接近真理的是，由于所有这些地区，特别是在其土地中，都含有许多石油，波斯风携带的盐粒子的酸就与这些含油的气体一起沸腾，变热，并造成红的颜色。萨米尔风如果强烈，能迅速致人于死地。关于以色列人的暴死和辛那赫里布的军队的意见。

在阿拉伯，此外在埃及沙漠中，也有把旅行者埋在沙中的风。因此，就产生出未经涂防腐香料的木乃伊。

来自高山顶上的风都是冷的；因此，甚至在几内亚，来自坐落在大陆内部的山脉的东北风（特雷诺风）很干很冷，其风势相互对立，先是造成风停，然后就是骤雨、阵雨和雷雨。雷〔287〕雨主要产生自两股风的对立，这两个风把带有不同电的云混杂在一起，因而在雷雨之后常常风发生变化，而雷雨通常是顶着风来临的。

在**印度海**或者**埃塞俄比亚海**，在两个半年里有两种交替的风前后相继，它们在相互接替的时候首先造成风停，继而造成从所有地方绕着罗盘无序地乱刮一气，但最后是造成风暴、阵雨和雷雨，它们如果顶多刮半个小时，就叫做龙卷风；但如果刮上数个小时，甚至数天，就叫做乱风。

在离**塞拉利昂**海岸朝西不远的地方，有一个人们称之为

“龙卷风之地”的地方，那里占支配地位的是与风暴、几乎下个不停的雨和雷雨交替的风停。

在**墨西哥湾**，在西北风交替的时候，一种低矮的乌云升到地平面数度以上；人们把这种云称为**北云**；然后开始从西北方刮起狂风，人们称之为**北风**。所有低云都推进速度极快，惟有北云安静，直到风暴过去。由于在这种被称为北风的风之前，通常有温和的西南风，之后有寂静的空气先行，所以人们可以看出，相对流动的气流先是相互阻挡，然后在上面的空气中造成旋转，它们在那里把蒸汽驱赶到一起成为浓密的云，由此产生北云，而且此处聚集起来的空气在下面剧烈爆发。云本身由于处在这种漩涡的中心而必然静止。如果风突然转向南方，则灾祸最大。这些风是十二月和六月特有的。当在这个地区主要吹西南风的时候，在六月、七月和八月常见的南风就占支配地位，但北方空气的回流却有时与它们相对抗。

在这同一个海和在周围海岸的飓风驱动着看起来像唧泵抽水一样的云，而不像北风那样造成一种低矮的云。它们的颜色是可怖的：1. 淡淡的火红色；2. 赤铜色；3. 黑色。风首先是来自东南方，然后是风停，然后是西南风。

〔288〕在海角，占支配地位的是飓风，它似乎是从被称为牛眼的云中突然产生的。人们误认为这种云并不比牛眼大。它其实比整头牛都更大，并且主要散布在平顶山上。它在继北风之后刮南风时产生，原因如已上述；不过，人们也必须一并考虑风撞上的山脉。

这也适用于其他骤然的风暴。它们多半在前山脉、海峡地区以及有许多岛屿的地方占支配地位，而且在风更强烈地变换的时候，如在秋季和春季，更多于在其他任何一个季节。

在**中国海**和**日本海**，占支配地位的是台风，它们通常产生自从海上突然升起的蒸汽；因为海洋在原地汹涌澎湃，空气充满了含硫的蒸汽，而天空看起来是铜色的。**中国海**在冬天比一个接壤的海洋更暖，而这似乎加强了上述原因。台风停留在一处地方，并不向前推进。

海龙卷与台风有很大的类似性。中国海和红海常常有这种气象。人们看到，水在一个地方仿佛煮开了，最终升起 1 尺高。烟雾升腾，嘶嘶咆哮，然后似乎是云在这些地方降落，通过管子形成一个喇叭或者小号的形状。水在这管子中升到高处，在这管子外落下来。受到侵袭的船只被夺去船帆，随风漂流。

§ 66　风的速度

微风并不快过人的行走；相当强的风如马在奔跑。狂风把树木连根拔起，风速每秒 24 尺。也有风速达到每秒 60 尺的风暴。这种风暴甚至吹倒它们遇到的房子。

§ 67　论信风 〔289〕

整年多半时间都为一个地带所特有的风，叫做**信风**。

在两个**回归线**之间，当人们离开陆地时，几乎总是刮着一种环绕整个地球的**东风**。这种风不是产生自由于地球自西向东转动而滞后并且在相反方向上对抗的空气，而是产生自逐渐地自东向西由太阳环绕地球造成的升温；因为如上所说，空气总是流向从太阳受热最多的地区；所以，它必然总是追随着太阳的表面行程。航海家从东印度到欧洲能比从欧洲到东印度快得多，因为它们在后一种情况下无论是在埃塞俄比亚海还是在印度海都有普遍的东风。

这些航海家们在其从海角到欧洲的旅行中必须小心不要经

过**圣埃伦娜岛**，因为一旦他们经过该岛，他们就不能又到欧洲了，因为一股强烈的东风推动着他们继续向前，而且他们必须在**阿森松岛**找到龟和水。

这适用于所有位于回归线之间的海洋：**大西洋**、**埃塞俄比亚海**、**太平洋**和**印度洋**。然而，越是远离赤道而接近回归线，这种东风就越是在一个来自南方和北方的次方向上偏离，也就是说，视人们处身于南半球还是北半球而定；在前者它是东南风，在后者它是东北风。这些风也扩展到回归线外面一些，但不容易越过纬度30度，那里开始一种西信风，它一直到50度都占支配地位。因此，人们要从英国去美洲的话，就接近回归线，并在那里遇到东风，但返程却在北纬40度和50度之间借助西风走近路。

信风属于这种普遍的东风的结果，并且是在一个地带不断
〔290〕地占支配地位的风，即便它并不具有出自东方的方向。例如，在**秘鲁**海岸就是一种不断的南风占支配地位，它沿着**智利**海岸一直刮到**巴拿马**，其原因是邻近南极的空气向赤道流动，但普遍的东风却被科迪勒拉山脉阻碍而不能在此起作用。

在几内亚海岸，是一种几乎不断的西风，因为几内亚上方的空气比海上的空气受热更多，因而后者就被迫向它上面流动，确切地说是沿着从西南向东北的倾斜方向，因为非洲大陆的大部分路程都是朝向后一地区的，然后海岸的方向使风完全成为西风。

§68　论海风和陆风

热带的所有陆地在其海岸都有风的交替，即白天风从海洋刮向陆地，夜间风从陆地刮向海洋。因为白天太阳使陆地受热多于水，因而未在此程度上受热的海洋空气就比陆地空气更

密，并逼迫后者让位。所以，海风强度的增长也一直达到12点或者中午1点之后，从这时起越来越弱，晚上则干脆停息。但此后，海洋空气比处在受热地面之上的陆地空气冷却更快；因此前者就紧缩，并给后者让位，所以从这时起就是陆风吹到海上。

这些风在热带的所有岛屿上、墨西哥湾、巴西、非洲海岸和东印度海岸都可遇到。它们是特别有益的，不仅是使这些陆地凉爽，而且有利于许多岛屿之间的航行。

§69 论季风或者周期风

在整个热带，整片整片的陆地从赤道向北或者向南延伸，在邻近的海洋上每年占支配地位的都是交替的风，即**季风**，或者如英国人（用一个表示季节的印第安词）称谓的那样叫 〔291〕
Monsuns，亦即四月到九月刮西南风，其余的月份里刮东北风。这种情况发生在**孟加拉湾**、**波斯海**、**阿拉伯海**、**爱琴海**、**菲律宾群岛**、**墨西哥湾**和其他地方。在南半球，同样发生西风的交替，只不过在上述月份里占支配地位的是西北风，在其余月份里是西南风。

§70 季风的原因

在我解释季风的原因的时候，我也给出所有不断的、周期性的风和大多数变化的风的普遍理论。我说的即是，从赤道吹向两极之一的风，在它运动过一段距离后，就获得一个向西的次方向。例如在我们北半球，南风必定逐渐地转变为西南风，而在赤道南侧，从赤道吹向南极的风必定成为东北风。因为既然地球是绕轴自转的，则它的表面的各部分离赤道越近，所划出的黄纬圈就越大，离极地越近，划出的黄纬圈就越小，而覆盖地球的空气在无风的情况下，到处都与地球表面它居于其上的那个部分有同样的运动。因此，赤道上的空气自西向东的运动就比回归线上的空气更快，而回归线上的空气则比极圈之间的空气快得多，等等。

但是，这一点就自身而言还根本不造成风，因为地球表面上的空气并没有改变自己的位置。但一旦赤道上的空气向两极之一，例如向北极运动，则这首先就造成南风。然而，这种向北流动的空气毕竟因地球的自转而有一种自西向东的摆动，这种摆动比它在远离赤道时达到的所有黄纬圈都更快；因此，它在自己所到达的地方之上都以其自西向东的加速度继续运动，从而通过与向南方向的复合而造成一种西南风。

〔292〕出自同样的理由，从赤道空气向南极的运动中产生出一种西南风。与此相反，如果空气从一个远离赤道的地区向赤道涌流，则这在我们的半球首先是北风。但是，既然它是从地球的这样一些地区出发的，在这里，它由于所处的小黄纬圈而自西向东的速度小于地球表面的那些离赤道更近、它向之运动的部分，所以，它就将由于不具有像它到达的地方那样强的自西向东运动而滞后，因而显得是自东向西运动，这与北方的方向相结合，在我们的半球就造成一种东北风，因此在我们的半球，北风越接近赤道，就越转变成东北风，而在南半球，则是南风出自同样的理由转变成东南风。

由此出发，首先就能够解释赤道上的普遍的风，因为在这里，特别是在昼夜相等的时候，空气比别的地方更加浓厚。因此，极地和位于极地与赤道之间的其他地区的空气就流向赤道，北风正因为此而转变为东北风，南风转变为东南风。这些风也在回归线之间、每一种在各自的半球可以遇到；然而在赤道上，它们由于成直角相遇，就转化为纯然的东风。现在，既然从三月到九月，太阳在我们的半球使热带受热最多，所以，在这里和邻近这里的陆地就将变得极热，而邻近赤道的空气就将占领位于这种变得稀薄的空气上方的位置；因此就将产生南风，南风由于前述法则的缘故而转变成西南风；然而，在其余的月份里，太阳是在南半球做这件事，因此，北半球的空气将涌流过来并造成西北风。在这些季风相互交替的时间里，占统治地位的将是风停和飓风。

§71　还有一些风的交替法则 〔293〕

在我们的北半球，风在由北转向东北时，通常以这种方式从左到右划出完整的圆，亦即转向东，然后转向南，再后转向西。然而，以相反的方式从北转向西等等的风，通常几乎从不划出完整的圆。

在南半球，太阳的行程是从右向左，这个圆也就反过来，如**邓·乌罗阿**在太平洋发现的那样。

这个法则似乎是源自太阳的行程，因为北风自然而然地转变为东北风，但当南方的空气终于抵抗它的时候，它就完全成为东风；然后，空气就开始从南方退却，并通过与东风的结合而首先成为东南风，然后是完全的南风，再后按照上面原因的法则成为西南风，最后由于北方空气的抗阻完全成为西风。

风在一个极和赤道之间的中央最有变化。无论是在热带以及邻近的地区，还是在寒带以及邻近的地带，风都稳定得多。

通常，风在空气的不同高度上都各不相同，但它们据此却造成风停，然后突然造成风暴或者较低区域的变化的风。

§72 论雨和其他气象

在热带雨最多；这里也下较大的雨滴，雨更为猛烈。在埃塞俄比亚山脉和科迪勒拉山脉，几乎总是在下雨。西南风在热带和位于北半球的邻近地区的各部分里造成持续的雨，使得河流上涨。

〔294〕在**塞拉利昂**和几内亚海岸的其他一些地区，雨以很大的雨滴落下来，并且产生热。黑人们逃避雨像逃避火，而穿着被雨淋湿的衣服睡觉是致命的，因为这样的衣服如果湿着放在一边，短时间内就会腐烂。

在一些陆地根本不下雨，在另一些陆地很少下雨。**利马**所在的**秘鲁**较低部分完全没有雨；因此，这里的房顶是平的，上面撒上灰，以便吸收露水，因为这里吹着稳定的南风，南风对于他们来说就相当于我们这里的北风。在**上埃及**从不下雨。与此相反，在**基多**每天至少下半个小时之久的雨。在埃及的上部，7 年下一次雨就像是一个奇迹。在荒凉的阿拉伯，雨水同样稀少。

§73 论天气与气候和季节的联系

所有的陆地，甚至寒带，离海洋越近，在冬天的空气或者天气就越温和，海洋以其辽阔的广延而从不结冰，从不像陆地那样炎热。所以，**北角**在冬天不比**拉普兰**的南部更冷，而在**挪威**海岸比内地暖和得多。

一个大陆的东部陆地比其他常常位置更靠北的陆地的冬天更为严酷得多。如在**中国**的比**那不勒斯**更靠南的部分，在冬天如此之冷，以至于冰天雪地。在**北美**，在法国的纬度上有像瑞典北部那样严酷的冬天。

在同样的纬度上，南半球比北半球冷。在这里，即便是在仲夏，也如上面已提醒的那样，在与英国相同的极纬度上，漂浮着从不融化的冰原。

即便在欧洲，在许多陆地上过去也比现在冷。**台伯河**在奥古斯都皇帝时代冬天通常结冰，现在却从不结冰。**罗讷河**在尤利乌斯·凯撒时代冰结得能让人把货物运到对岸，但现在却没听说这件事。黑海在君士坦丁·科普罗尼慕斯时代结冰很厚。古 〔295〕
人给我们描述的莱茵河畔的德国和法国就像我们今天的西伯利亚。

这大概是由于当时有许多森林覆盖着这些陆地的大部分，雪在森林里很晚才融化，以至于因此而刮着寒冷的风。现在，森林大部分被砍伐，与此相反，在美洲北部和亚洲还有无边无际的森林，这可能是在这种陆地寒冷的众多原因之一；毕竟有时土地的性状与此大有关系，特别是像在**中国**和**西伯利亚**。

在热带位于北半球的部分，冬天是在本来的夏季月份里，但仅仅存在于雨季，因为太阳在这时确实最接近它们，此时有一种很湿热的空气，例如在美洲的卡塔赫纳周围地区和在几内亚。其余的时间叫做好季节或者旱季。

尤其在波斯，在较中间的部分，在叙利亚和小亚细亚，冬天的寒冷往往是很强烈的。在恒河这边的半岛上，在马拉巴海岸雨季来到比科罗曼德尔海岸早若干星期，因为把这座半岛分为两半的高止山脉在一段时间里挡住了西南风驱赶来的云，使其不能到达半岛的东侧，所以人们在这里可以在两三天的旅游中从冬天到夏天。

在南半球和 Zonae torridae［干旱带］部分，这一切是反过来的。在南大洋即便是在正值夏天的时候也寒冷，其原因毫无疑问来自从南极地区漂浮到这些海洋的巨大冰块（参见上文第 225 页和第 294 页）。

〔296〕

第四卷

地球曾经经历并且还在经历的巨大变化的历史

§ 74　论还在继续的逐渐变化

地球的形状还一直在变化，确切地说主要由于以下原因：

1. **由于地震**。地震使一些位于海边的地带下沉，使岛屿升起来。虽然不大可能，**莫罗**却认为山绝大多数都是由此产生的。但有一些肯定起源于此。

2. **由于河流和雨水**。雨水把土从山上和陆地的高处冲下，把泥浆携带到大的溪流中，溪流再把它携带到河流中。河流最初时而使它在自己的流程中沉淀，形成自己的渠道，现在却继续带着它，把它到处沉淀在自己的入海口的海岸上，尤其是河流有时淹没它入海口附近的陆地，并造成新的陆地。这是经由许多实例得到证实的事变。

尼罗河以它的**泥浆**造成了整个**三角洲**，甚至按照最早的作家们的见证造成了整个**下埃及**，因为这里从前是一个海湾；但它还在这样做。**达米埃塔**现在离岸 8 里，1243 年它曾是一个海港。**富阿市**在 300 年前位于尼罗河的入海口，现在离入海口
〔297〕 5 里，位于陆地上。甚至自 40 年以来，海洋从**罗塞塔市**后退了半里之遥。现在，人们可以清楚地看到，下埃及的所有陆地都是尼罗河的一个创造。

同样的事情，在**密西西比河**和**亚马孙河**、在**恒河**等都可以觉察到。由此，大陆越来越低，而雨水在陆地失去其斜坡之后

就不再带给河流那么多东西了，而是在土中干涸，在水洼中蒸发。河流的入海口经常充满了泥浆，并由此失去其可通航性，以至于在大河的入海口形成新的岛屿和洲滩。

3. **由于海洋**。海洋在多数陆地都逐渐地从海岸后退。它虽然在一些海岸增加了某种东西，但在另一些海岸和大多数地方则与此相反，是又造成了某种东西。在格陵兰岛的东部，陆地每年收获 2～3 寻。**塞尔秀斯**在**北波的尼亚湾**发现，海洋在 10 年里低了 4½英寸。因此，许多过去的良港现在却只能接受小船。荷兰和英国的沙梁以及普鲁士的沙洲，毫无疑问是由海洋堆积的沙丘，但海洋现在却绝对达不到像它们那样的高度了。人们可以判断，由海洋把河流带来的泥浆沉淀在海岸来解释这一点是否充足，或者地球内部是否自许多个世纪以来一直在逐渐地成为固体，从而海底越陷越深，因为海床被加深，并且从海岸退缩。海洋有时也侵袭陆地。

人们判断，许多海峡是逐渐地由冲决一个地峡的海洋加工而成的；例如**加来海峡**。**锡兰**过去也应当是与大陆相连的，如果不是地震也对此有份的话；至少英国过去有的猛兽，除了这块陆地与法国相连之外，几乎不能以别的方式来理解。**多拉德湾**是弗里斯兰的一个海，它就是通过海洋的侵入产生的。**叙德湖**过去多半是有人居住的陆地，但曾被海洋淹没。 〔298〕

4. **由于风和冰冻**。风常常把沙从高山吹向低的地区，或者反过来。在**布列塔尼**，这样的沙潮淹没过陆地的一个可观的部分，以至于所有教堂的尖顶也只是从过去有人居住的村庄露出来。但在其他陆地，风把沙吹到海洋里，并造成浅滩，也甚至造成新的陆地。

雨水保持在山缝中，在山缝中结冰，冰冻常常把可观的部分从山上劈开。这些部分滚落到山谷中，常常造成很大的破坏。这些变化不具有大的重要性。

5. **由于人**。人给海洋和河流筑堤坝，借此造成干燥的陆地，如在**波河**、**莱茵河**和其他河流的入海口可以看到的那样。人使沼泽变得干燥，砍伐森林，借此大大地改变天气。

§75 地球在最古老的时代经受的变化的遗迹

A. 海洋曾经覆盖整个地球的证据

在地球的所有地方，甚至在高山的山顶，人们都发现有大堆的海洋贝壳和当年海底的其他遗迹。在法国的**图赖讷**有一片陆地，包括 9 平方法里，那里在一薄层土下面发现一层海贝壳，有 3 尺厚。在世界上的所有的山上，在所有的岛屿上，人们都发现了这种贝壳层，而它足以证明，海洋曾覆盖所有的陆地；惟有在科迪勒拉山脉，人们尚未发现贝壳层。但是，由于科迪勒拉山脉是所有山中最陡峭的山，所以，被雨水和激流从山脉冲下的泥浆，早就以人们也到处都找得到的一层很厚的黏土掩盖了贝壳层。

〔299〕**拉卢贝**在其关于**暹罗**的描述中把这些贝壳归于猴子，是它们纯然为了消磨时间，就像它们在海角所做的，把贝壳带到了高山顶上，或者如另一位认为的，人们在欧洲的山上发现的亚洲贝壳，是军队携带的，如十字军东征带往迦南的那样，这是可笑的。

但是，也发现其他海洋动物石化，或者在构成山脉的岩石中间到处也留下印痕。其中有常见的蛇舌，或者石化的鲨鱼牙、独角鲸的盘角、鲸的骨骼、石化的海洋昆虫的部分，犹太石、Asteroiden、Petunkeln 等必须被归于此列。

此外，在山脉的形状中可以找到海洋过去在陆地上驻留的证据。在两个山系之间蜿蜒的山谷与一条河流的河道或者一条海流的渠道相似。两侧的高地像河流的两岸那样平行延伸，以至于一岸的凸角与另一岸的凹角相对。这就证明，落潮和涨潮在曾覆盖整个地球的无边无际的海洋上与现在一样造成海流，这些海流在两个山系之间为自己侵蚀和准备好渠道。

§ 76

B. 海洋常常转变为陆地、且陆地又转变为海洋的证据

首先，考察构成地球的上层外壳的各地层是必要的。人们发现了不同的地层，有各种各样的物质，如黏土、细沙、钙土、粗沙、贝壳等等，仿佛是树叶状层层叠叠。这类地层要么是水平的，要么倾斜的，而就它们延伸开来而言，具有相同的厚度。

现在，人们常常在前几层下面发现一层海底，人们凭借被掩埋的海洋植物和贝壳就可以辨认。这一层经常是由一种白垩土构成，白垩土无非就是贝壳砾石，然后经常跟着是一个掩埋 〔300〕
着植物、树木的地层，时而在几层交替之后是海底。

这些地层并不是按照其比重的比例上下堆叠的。在**佛兰德**、**弗里斯兰**和其他地方，人们首先发现了海洋过去驻留的痕迹，之下 40～50 尺深是整片整片的被掩埋树木的森林。它们的根无论是在这里还是在**吕讷堡**都是朝西北，而树梢朝东南。在**摩德纳**及周围 4 里处，人们发现在最上面的地壳之下 14 尺处有一个古代城市的石子路，然后是一个坚硬的土层，在28～40 尺深的一个白垩层中有贝壳，然后在 60 尺的深度时而是白垩，时而是土生植物。1464 年，在伯尔尼州从一个 100 码深的矿井中挖出一个有 40 具人体骨骼的船。在**乌里**，人们在一块很深的岩石下面发现一把刀，此外时而在矿井中发现整具的人体骨骼。在**英国**，人们在地下发现被砍削的树木。

岩石毫无疑问过去是软的。在瑞典，人们不久前在一个若

干码深的矿井中发现一只蟾蜍趴在一块岩石中，它还活着，尽管眼瞎且没有感觉。在西伯利亚，人们在页岩山中发现有石化的鱼的池塘、有许多印第安植物的印痕，时而有象牙，此外还有象骨。

§ 77

C. 地球的理论，或者地球古代历史的根据

朔伊希策和其他许多物理学家把古代变化的这些遗迹归于《圣经》中所说的大洪水；然而，这场大洪水在地球上只有一段极短的时间，根本不能造成这样一些变化。堆起极大的贝壳洲滩、高高的土层，甚至还有岩石，像大洪水那样短的时间是不够的。

但有时，人们在地球中发现陆地和海底交替的地层。常常像在**摩德纳**地区，一个贝壳层下面有一个包含陆地产品的地
〔301〕层，而在这个地层下面人们又发现海洋的残余，以至于可以看出，陆地成海和海又成陆地的这种变化经常是前后相继的。此外，大洪水似乎只是这些变化中的一次普遍的变化，亦即所有陆地变成海，而海又变成陆地。

但是，有无可辩驳的征兆，说明地球的若干地带要么此前要么此后都确实发生过这种情况，在这样一些变化的状态中流逝过许多岁月。至于许多岛屿甚至所有岛屿都必定曾与大陆相连，所有位于其间的陆地都转变成海底，这从岛屿上的动物来看就是可信的。因为如果人们不想断言是上帝在每座远离陆地的岛屿上，例如在亚速尔群岛、拉德罗内斯群岛上特意创造了陆地动物的话，就无法理解它们是如何过来的，尤其是有害的动物。

如今要问，所有这些变化的原因是什么。**莫罗**相信，地震

在地球的最初年代里是普遍的；有一些山连同贝壳从海中升起，在别的地方海底深陷，海洋的盐被燃烧物质的灰烬吸尽，最终一切都被置于一种静止状态。如今，虽然不可否认，在秘鲁可以遇到整座整座的山是从地震中升起的；但它们以一种可以辨识的方式与其他山有区别。地层在这里并不像在别处那样有序；在堆积起山来的地下火的这样一种肆虐中，贝壳和兽骨安然无恙，这也是不可信的。此外，许多印第安海洋产品和陆地产品是如何来到这一地区的？

伯内特把最初的地球想象为扁平的，没有海和山。在最上面的外壳之下，聚集着大量的水。地球的赤道并不向黄道倾斜，而毋宁是与它重叠。最上面的外壳塌陷，并造成山、海底和陆地。然而，由此并不能解释逐渐地发生的巨变。

伍德沃德相信，大洪水溶解了地球的所有物质，金属、石头、土等等，但这些物质逐渐地下沉，由此产生包含着许多异 〔302〕
类物体的各地层。但是，并不按照比重排列的各地层的位置却是陆地地层和海洋地层的交替，它们表明，变化不是仅仅一次性地，而是常常交替地发生的，而这些概念也驳斥了所有固态物体的那种与理性相悖的溶解。

惠斯顿生活在彗星显著出现的时代。他也解释地球的创造、地球在原罪之后的最初腐坏、大洪水和通过彗星对一切的末日审判。按照他的见解，地球在开始甚至是一颗彗星，大气层使地球上是黑暗的；但由于它使自己洁净，就有了光，最后太阳和星星被创造，或者毋宁说才被看到。地球内部的水被一个土质的外壳所覆盖，没有海，因而也没有雨和虹。一个彗星的彗尾触及地球，而此时它就失去了其最初的出产能力。另一颗彗星以其蒸汽圈触及地球，由此就产生 40 天的雨。地下的水冒出来；山脉产生了，并且为海洋准备好了海底。最后，水退回地球的空穴。除了这种见解中的任意性和其余的错误，它根本没有解释在漫长的时间里前后相继并相互交替的海洋成陆地以及反过来的变化。

莱布尼茨在其《原理》中相信，地球过去曾燃烧，其外壳被变成玻璃，所有的沙子都是这种玻璃的碎块，土质的黏合就是从这种玻璃研碎的玻璃分子的粉尘。地球的这种玻璃状外壳此后被打碎，随后为海洋产生出其海床和山脉，海洋吸收了燃尽的土的盐，而这就是海洋含盐的原因。

林耐认为，既然整个地球最初被海洋覆盖，上帝就是只把一个岛置于赤道上，它升高为一个山脉，但上帝此后按照与不同的高度相符合的不同热冷把不同种类的动物和植物置于其上。这座岛每年都通过海洋的冲刷获得新的陆地，就像人们在
〔303〕哥得兰岛、代尔兰等地觉察的那样，而所有的陆地在此后的许多个世纪里都通过海洋的增添而产生。但是，这种从海洋中生成的陆地本来必须是平坦的，就像所有以这种方式产生的陆地；然而，人们却发现地球的所有陆地都充满了高山。

毕丰认为，海流在最初覆盖着整个地球的辽阔水域上占支配地位，它们造成了不平坦和山脉，而海洋逐渐地以一种他不能充分解释的方式退缩，并使这些高地变干。

§ 78　地球古代历史的缜密解释方式的尝试

1. 无疑，地球就其整个团块而言曾是流体的，因为它的形状就自身而言是由它的所有分子的旋转规定的，而且人们也直到挖掘到的最大深度都发现层层堆叠的地层，它们只能在一个浑浊混杂的团块的沉积物中发现。

2. 无疑，一切过去都必定曾是海底，而地面亦不是一下子，而是逐渐地产生的，确切地说曾多次回归海底，此外，这要由长的周期来保证。

3. 山脉离赤道越近就越高。

4. 地球在最上面的外壳之下到处都是空的，甚至在海底之下亦是如此，必定发生过经常的和普遍的塌陷，就像现在还有一些塌陷单独发生。

5. 在最深的塌陷发生的地方，海洋就退向那里，并使沉淀物变干。

6. 塌陷在热带比在别的地方发生得更频繁，因此热带有最多的山脉、最辽阔的海洋、最多的岛屿和陆地尖端。

7. 陆地有时下沉，但在长时间之后，由于海底更深地沉陷到处在它下面的空穴之中，就又变得无水和干燥。

§ 79 〔304〕

从所有这些得出如下结论：

地球在开始时是一个完全流体的团块，是空气、土、水等等所有元素都混杂在其中的一种混沌。它取得的形状是在两极扁平的似球体；它开始变硬，确切地说是首先在表面，空气和水由于轻而从地球内部来到这层硬壳之下。硬壳沉陷，于是一切都被水覆盖。当时在所有的谷地都产生了海洋贝类，然而地球还不安静。地球内部一而再、再而三地把混杂在它里面的土分离，土上升到最上面的外壳之下，那里的空穴变得更宽大。现在，由于地球的塌陷造成最深的谷地的地区负担水最多，它们就下沉，水就离开许多抬高的部分；那时产生干燥的陆地，过去的海底通过溪流和雨水的作用而在大部分地方被一层肥沃的土壤封盖。这持续了很长时间，而人则越来越多地散布；不过，出自已经援引的理由，地下的空穴越来越宽广，最终，地球最上面的穹顶突然陷落，这就是水淹没一切的大洪水。然而随之，海底又下降，使一些陆地变干燥，这持续下去，以至于时而这个、时而那个过去处于海底的地带变成为陆地。每一次，从如今升高的地面倾泻下来的水都淹没低的地区，并以它从高的地区冲刷下来的物质地层覆盖它们。

这种巨变在一些地区持续更多个世纪，因为干燥的陆地在其穹顶由于处在其下面的空穴不再坚固而塌陷并被海洋覆盖，但在海水长时间驻留之后由于海底陷得更深而又裸露。而事实上，人们例如在弗里斯兰、在吕讷堡发现地下森林如此倾倒，以至于可以看出，是朝向西北方的海洋把它们冲倒并且又退回的。因此就导致绝大多数塌陷都发生在赤道附近，因为这里必
〔305〕定产生最宽广的空穴，这样的事情从地球自转的法则出发很容易得到解释。

由此也可以看出，由于通过时而产生的山改变了地球绕轴自转的力量上的相等，地球的轴发生了变化，事先处于炎热气候的东西被置于温带或者寒带，所以在我们这里就有印第安的动物、贝壳和植物的残余，就像先前干燥的陆地频繁被淹没和先前处于海底的陆地裸露也导致这种情况。

难道不是由于在大洪水之后曾被水覆盖的海底变成了干燥的陆地，陆地的大部分盐分被水洗净，由此就会产生海洋的盐分和陆地的不肥沃吗？

附录 〔306〕

论航海

§ 80 论船

一条船的承载是按照货载量计算的。一个货载量计 2 吨，一吨计 2 000 磅。人们按照船能够装水的重量的一半来估算一条船能够承载的货物的重量。例如，如果一条船能承载 500 吨，每吨合 2 000 磅，则它就能承载 250 个货载量。最大的东印度公司货船有 800 个货载量；当年最大的葡萄牙大帆船一直达到 1 200 个货载量。人们还注意到，通常在航海事情上没有经验的印度人发明了一种叫做飞艇的运输工具，它被认为是世界上最快的船。其切面一边是直的，另一边是曲的，它在侧面装有舷外浮筒，以免被风吹翻。

§ 81 论航海艺术

人们驶船傍着风甚于完全凭借风，这出自两个原因，既是因为船在风径直在它后面时仿佛是在逃避风，亦是因为一个帆截取另一个帆的风。

一个船员必须了解海岸的全景、海洋在所有地方的所有深度、锚地的性状、礁石、在一个区域占支配地位的激浪、不断 〔307〕
的风、季风、风暴等等，但尤其是：

1. 他应当随时精确地知道方位；这是凭借罗盘做到的，如果人们同时考虑到磁针的偏移；只不过人们必须通过观测天象来试图纠正自己的观察，而这常常也是可能做到的。

2. 他必须知道，他在一个辽阔的海洋上以一种给定的风只可以一直驶向什么区域，以便到达渴望的地点。在他继续行驶时他将抵达的区域，并不总是船必须采取的航向。这惟有在他出发和驶向的两个地点处在一个黄纬圈或者子午圈上的时候才会发生；因为如果例如某人想从葡萄牙驶向亚马孙河的入海口，并首先寻找这个入海口所在的地区，那么，他就会发现，从葡萄牙到巴西的最短线路并不总是以同样的角度与子午圈相交，因而并不总是指向一个地区。因此，如果他应当一直驶向这条曲线的开端所指向的地区，他就会永远不能到达他想去的地方。但是，如果两个地点既在同一个黄纬圈之外也在同一个子午圈之外，人们就不可以沿从一个地点到另一个地点能够划出的最短线路行驶；因为一条船必须几乎在每个小时都改变自己的运动方向，而这是不可能的。所以，人们就寻找船只在一直行驶时虽然不是驶过最短的路程，但毕竟抵达目的地的那个航向。如果两个地点恰恰位于一个黄纬圈，这条线路就是黄纬圈本身，但如果两个地点位于子午圈和黄纬圈之外，则它就是等角航线。这条航线是用在地图上以 32 条以同样的角度与所有的子午圈相交的曲线画成的罗经花来表示的。人们如何使用罗经花，如何能够找出从任何一个地点到另一个地点的等角航线，应当详尽地予以指出。

3. 他必须知道任何一个地点的经度和纬度。前者是最难

〔308〕找出的。人们为此利用日食和月食，星星被月亮遮蔽，星星因月亮而变暗；但即便有这一切，仍然有无法避免的重大错误。

4. 他必须估算自己的路程，而这是凭借计程绳和一个正确的沙漏进行的。他也必须考虑在一段漫长的行程之后发现和纠正海流可能给他造成的错误。

5. 在这方面，还要注意海洋的日志与在陆地记录的东西

的一种明显的偏离。如果一个人从东向西驶过整个世界，则他就失去 1 天，或者比在家待着的人少数 1 天，而从西向东环行的人，就收获同样多；因为如果前者向西行驶 30 度，他就来到人们比在他由以出发的地方少数 2 小时的地方，因此他就逐渐地失去 24 个小时，但如果他从西向东航行同样远，太阳就早 2 小时来到他的头顶，这样他就逐渐地获得 1 天。当葡萄牙人在**澳门**过星期天的时候，西班牙人则在马尼拉过星期六，因为后者是从东向西行驶，前者则是从西向东行驶。**马格兰**起初是从东向西环绕世界航行的。当葡萄牙人对西班牙人在西方的发现不满时，他请求教皇，他可以敉平争端，因而此人划出了著名的势力范围分界线，由它向东的所有发现应归于葡萄牙人，向西则归于西班牙人。这个分界线是从佛得角群岛向东 270 里划出的。

第二部

第二部分 对地面自身所包含的东西的特殊考察 〔311〕

第一卷
论人

§1 不同地带人的体态和肤色的区分

如果我们从寒带的居民开始，则我们就发现，他们的肤色接近热带居民特有的肤色。萨莫耶特人、丹麦和瑞典的拉普人、格陵兰人，以及在美洲的寒带居住的人，都有一种棕色的面孔和一头黑发。在这里，极度的寒冷似乎与极度的炎热造成相同的东西。他们也像热带的人一样有很稀松的胡须。他们的身体在生长上与树木的生长相似。他们个子小，腿短，面部宽而扁平，有一张大嘴。

在温带与他们住得最近的人（卡尔梅克人以及与他们的祖源相近的各民族除外）是金黄色的或者浅褐色的发色和肤色，身材更高大。在经过德国、环绕整个地球的平行线以及这边和那边若干度上，也许是陆地上最高大和最漂亮的人。在蒙古的北部，在克什米尔、格鲁吉亚、明格列利亚、切尔卡西亚，直到美洲英国殖民地，人们都是金黄肤色，体态匀称，蓝眼睛。〔312〕
向南越远，就越是肤色深褐，体态瘦削，身材矮小，直到在热带转化为印度黄种人的形态或者摩尔人的形态。

人们可以说，只是在非洲和新几内亚才有真正的黑人。不仅仅是仿佛烟熏火燎的黑肤色，而且黑色的浓密卷发、宽脸膛、扁鼻子、撅起的嘴唇，都构成黑人的特征，此外还有粗笨高大的骨骼。在亚洲，这些黑肤色人既没有深黑色，也没有浓密的卷发，除非他们出身于从非洲来的人。在美洲，没有作为民族的黑肤色人，他们脸色是铜色的，头发是平滑的；但有一些大的家族起源于非洲的黑奴。

在非洲，人们把这样一些出身于古摩尔人的褐色人称为**摩尔人**。但真正的黑肤色人是**黑人**。上面提到的这些摩尔人早就沿柏贝拉海岸一直蔓延到塞内加尔。与此相反，由此出发直到冈比亚都是最黑的摩尔人，但也是世界上最漂亮的摩尔人，尤其是**沃洛夫人**。**富利人**是黑褐色的。在黄金海岸他们就没有这么黑，而长着很厚的香肠状嘴唇。从孔戈和安哥拉到内格罗角的人则少一些。霍屯督人只是黑褐色的，但他们除此之外毕竟有相当摩尔人的形态。在另一边，亦即在东边，卡菲尔人并不是真正的黑人，此外还有阿比西尼亚人。

§2　关于人的黑肤色的一些值得注意的现象

1. 黑人除了其阴茎和肚脐周围的一个环是黑色的之外，都**生来是白色的**。黑色在第一个月就从这些部分而布满全身。

2. 如果一个黑人**烧灼自己**，则该部位就成为白色。就连久病不愈也使黑人相当白；但这样一个由于疾病而变白的身体在死后却比其过去黑得多。

〔313〕3. 在热带居住的欧洲人在许多代之后也不成为黑人，而是保持着其欧洲人的形态和肤色。佛得角据说在200年间转变成黑人的葡萄牙人是混血儿。

4. 黑人只要不与白人混血，甚至在弗吉尼亚历经多代也依然是黑人。

5. 白人与黑肤色人杂交，生出混血儿。混血儿与白人生的孩子，在西班牙属美洲叫做**三代混血儿**，这些人与白人的婚生孩子叫做**四代混血儿**，后者与白人的孩子叫做**五代混血儿**，五代混血儿与白人生的孩子甚至又叫做白人。但是，如果例如一个**三代混血儿**又与**混血儿**结婚，生出的就是返祖儿。

附释 对此，就像对康德的自然地理学的这第二部分的许多其他东西一样，参见**齐默尔曼**的**《动物的历史》**和**吉尔塔讷**的**《论康德关于自然历史的原则》**。

6. 在科迪勒拉，居民们看起来与欧洲人相似。在埃塞俄比亚，甚至经常在赤道上，居民们看起来只是棕色的。

7. 时而，有一些所谓的白肤色摩尔人或者白化病人，他们是由黑肤色父母生的。他们在形态上是摩尔人的，头发卷曲、雪白、浓密，肤色灰白，只能在月光下视物。

8. 摩尔人，此外热带的所有居民都皮肤厚，人们责打他们时，也就不是用荆条，而是用劈开的竹子鞭打他们，以便血流出来，而不是淤积在厚厚的皮下。

§3 关于这种肤色的原因的种种意见

一些人想象，含是摩尔人的祖先，被上帝用黑肤色来惩罚，这种黑肤色就遗传给其后代。但人们却举不出理由来说明，为什么黑肤色比白肤色更适于是诅咒的标志。

许多物理学家相信，黑肤色来自表皮和它所浸染的黑色物质。另一些人还从 Corpore reticulari［网格状身体］推导出它。由于人的肤色通过黄肤色、棕肤色和深棕肤色等各种色调最终在热带成为黑肤色的，所以就可以看出，气候的炎热是其原因。但确定无疑的是，这需要一个长长的世代序列，使它得 〔314〕

以形成并成为遗传的。

看起来，在皮下疏通血液和血清的血管干涸，造成胡须的缺乏和又短又卷曲的头发，而由于通过表皮照进 Corpore reticulari［网格状身体］的干涸通道的光被吞噬，由此就产生黑肤色的外观。

但是，像肤色这样一种偶然的事情如何能够形成，却是不易解释的。不过，人们毕竟从其他实例看出，确实在自然界有许多事情是这样进行的。从食物、空气和培育的不同就可以解释，为什么一些鸡成为完全白色的，而如果在同样的父母所生的许多小鸡中只挑选白色的，并把它们放在一起，人们最终就得到一个白色的、不易发生别的转变的品种。英国马和在干燥的地面培育的阿拉伯马或者西班牙马岂不是如此退化，以至于最终生出长相完全不同的马驹子吗？所有从欧洲带到非洲的狗都变得又哑又秃，随后也生出这样的狗崽。这类变化也发生在羊、牛和其他动物物种身上。摩尔人有时生出白孩子，此事的发生和有时出现一只白渡鸦、一只白乌鸦或者白乌鸫一样。

是地带的炎热，而不是一个特殊的祖源应为此负责，这可以由此看出，即在同一个陆地上，居住在其较平坦部分的人比生活在高地的人黑得多。所以在塞内加尔，人们就比在几内亚更黑，而在孔戈和安哥拉又比在上埃塞俄比亚或者阿比尼西亚更黑。

附释 同样是前面引用的吉尔塔讷的书对此作出了最好的介绍。

〔315〕

§4 按照人的其余天生属性对整个地面上的人的思考

居住在孟加拉子午圈以东的所有东方民族，都有些卡尔梅克体态。这种体态就其最大的完善而言是这样的：上宽下窄的扁平脸，几乎根本没有高耸于脸的鼻子，很小的眼睛，十分浓密的眉毛，黑头发，薄而稀疏的发束而没有胡须，腿短而股粗。具有这种体态的有东方的鞑靼人、中国人、东京人、若开人、勃固人、暹罗人、日本人等等，尽管他们有时装饰自己。

不考虑关于某些体态的起源的迷信意见，人们能够以一些可靠性来说明的无非是以下东西：也就是说，在科罗曼德尔海岸的这个梅里亚布尔地区，有许多人腿很粗，一些理性的旅行者从水的性状推导出这一点，就像同样应当从凝灰岩所带的水推导出蒂罗尔和萨尔茨堡的甲状腺肿大一样。巴塔哥尼亚的巨人，至少作为巨人民族，是虚构的。具有这种性质的也许还有嘴唇红大的民族，据说居住在塞内加尔河畔，嘴巴前面挂一块布，不言不语地做事。

普林尼所说的独眼的、驼背的、独脚的人，没有嘴巴的人，侏儒民族诸如此类，亦属于此列。

新荷兰海岸的居民半闭着眼，不把头转到背后就看不到远方。他们由于总是飞进眼里的许多蚊蝇而习惯了这样做。一些居民，如塞拉利昂的摩尔人和属中国管辖的蒙古人，散发着一种恶心的气味。

在霍屯督人中间，许多妇女如**科尔贝**所报导，在耻骨上挂一块生牛皮，来部分地遮盖她们的生殖器官，而且她们据说有时把生殖器官切割掉。**卢多尔夫**关于许多埃及（埃塞俄比亚）妇女报导过同样的事情（参见**勒瓦杨**的《**游记**》）。福莫萨、婆罗洲内部等等佩戴一小根猴子性器官的人，**吕契科夫**在他的 〔316〕
《奥伦堡地志》内也在土库曼人中间遇到过，似乎不是完全虚构的。

在热带，人在所有部分上都成熟更早，但未达到温带的完善性。人类就其最大的完善性而言在于白人种族。黄皮肤的印第安人的才能已经较小。黑人就低得多，而最低的是一部分美洲部落。

摩尔人和回归线之间的其他民族通常能够令人吃惊地奔跑。无论是他们，还是其他野蛮人，也都比其他文明民族更强壮，这源自于他们自小就被允许自由运动。在欧洲人用望远镜能够发现一条船的同样距离上，霍屯督人用肉眼就能发现它。

最热地带的妇女们从 9 岁或者 10 岁起就已经生孩子，在 25 岁之前就终止了。

邓·乌罗阿察觉，在美洲的卡塔赫纳和周围地区，人们很早就聪明起来，但他们在理智上却并不以同样的程度继续成长。最热地带的所有居民都特别懒惰。在一些人那里，这种懒惰还由于管治和强制而有所缓和。如果一个印第安人看到一个欧洲人向某处走去，他就想：此人要做某件事；如果此人返回，他就想，此人做过了他的事情；但如果他第三次看到此人继续走，他就想，此人头脑不正常，因为毕竟欧洲人仅仅为了娱乐而散步，这事没有一个印第安人去做，或者哪怕是能够想象这件事。印第安人在这方面也犹豫不决，二者以同样的程度为住得很靠北的各民族所特有。其精神的疲倦要靠烧酒、烟草、鸦片和其他烈性的东西来唤醒。从恐惧中产生迷信，尤其是在巫术方面，此外还有吃醋。恐惧使他们在有国王的时候成为奴性的臣民，在他们心中造成对国王的偶像崇拜，就像懒惰使他们宁可在森林里游荡和忍受饥馑，也不愿遵从其主人的命令去工作。

〔317〕 **孟德斯鸠**完全正确地判断，正是使得印第安人和黑人如此惧怕死亡的那种娇嫩，常常使他们比惧怕死亡还更加惧怕欧洲人能够经受的许多东西。几内亚黑奴在据说被迫成为奴隶时跳水溺死。印度妇女自焚。加勒比人稍有机会就自杀。秘鲁人在敌人面前颤抖，而在被带去处死时却视死亡为无物。但是，被

唤醒的想象力也使其经常敢做某事；而激情则转瞬即逝，犹豫不决再次占据其旧有的位置。奥斯加克人、萨莫耶特人、塞姆尔加人、拉普人、格陵兰人和戴维斯海峡的海岸居民在犹豫不决、懒惰、迷信和喜欢烈性饮料方面与他们很相似，吃醋除外，因为他们的气候对淫欲没有那么强的诱惑。

过于弱的出汗和过于强的出汗一样，都造成浓稠的、黏糊糊的血液，而无论是极度的寒冷还是极度的炎热都使得由于体液的干涸而动物性运动的血管和神经变得僵硬和不柔韧。

在山区，人们坚韧、活泼、勇敢，热爱自由和其祖国。

如果追问各种各样附着于一个民族的体态和体质的原因，则人们只可以注意动物一旦被转移到别的气候时，其无论是在形象上还是在行为方式上的蜕化，在这时，另外的空气、食物等等使得它们的后代与它们不相像。一只松鼠在这里是棕色的，在西伯利亚就是灰色的。一只欧洲狗在几内亚成为畸形的，连同其后代都成为秃的。迁往西班牙的北方民族不仅遗留下身体长久不像其原来那样高大和强壮的后代，而且他们的气质也蜕化成与一个挪威人或者丹麦人的气质很不相似。温带，尤其是温带中间部分的居民比世界上人的任何其他种属身材都更漂亮、更勤劳、更诙谐、在其情欲方面更节制、更有理智。所以，这些民族在所有的时代里都教导，并用武器强制其他民族。罗马人、希腊人、古代北方民族、成吉思汗、土耳其人、〔318〕
塔梅尔兰、哥伦布大发现之后的欧洲人，都因其艺术和武器而使南方各国目瞪口呆。

尽管一个民族在长时间之后蜕化为它所迁往的那种气候的体质，也毕竟此后很久仍可以发现其过去的居留地的痕迹。西班牙人还有阿拉伯人和古摩尔人的血统的痕迹。鞑靼人的体态散布在中国和东印度的一个部分。

§5 论人自己在自己的形象上造成的变化

大多数东方民族对大耳朵有一种特殊的乐趣。暹罗、若开的人，亚马孙河畔的一些野蛮人，以及摩尔人，在耳朵上挂上这样一些重物，使耳朵变得特别长。尤其是在若开和暹罗，这种事情如此流行，以至于挂重物的洞如此之大，使人们能把几个指头并排插入，耳垂垂到肩上。暹罗人、东京人和其他一些人用一种黑色的油漆把牙染黑。马拉巴人、胡茶辣人、阿拉伯人、孟加拉人戴鼻环，但新荷兰人则戴一个木质的塞子穿透鼻子。非洲加蓬河畔的黑人在耳朵和鼻子上各戴一个环，通过一个下环相交成一个洞，以便插入舌头。一些美洲人在皮肤上弄出许多这样的洞，以便插上五颜六色的羽毛。

霍屯督人把自己孩子的鼻子压宽，而另一些民族，例如加勒比人，用一个平板使额头变宽。亚马孙河畔的一个民族用一个带子强使孩子的脑袋长成宝塔糖的样子。中国女人总是硬拉自己的眼皮，以便让它变小。她们少女的脚被用带子和小鞋强制，不得大于一个 4 岁孩子的脚。

霍屯督人把自己的儿子在 8 岁时阉掉一个睾丸。土耳其人让他们的黑宦官去除一切男性标志。美洲的一个民族把他们的
〔319〕孩子的头压到肩部如此之低，以至于他们看起来没有脖子。①

§6 人的不同食物的比较

奥斯加克人、海上拉普人、格陵兰人以鲜鱼或者干鱼为

①除了上述齐默尔曼和吉尔塔讷的作品，还请参见康德自己的《论人的种族》和维恩什的《宇宙论沉思》。

生。一杯鱼油对于格陵兰人来说就是琼浆玉液。起初住在南方较远一些的人、加拿大人、美洲海岸的人，靠狩猎养家糊口。所有蒙古的和卡尔梅克的鞑靼人都没有农业，而是靠畜牧业为生，尤其是靠马和马奶；拉普人靠鹿为生；摩尔人和印度人靠大米为生。美洲人主要靠玉米或者土耳其小麦为生。一些在非洲荒漠到处迁徙的黑肤色人靠蝗虫为生。

§7　人在其鉴赏方面的彼此偏离

我在这里把鉴赏理解为对普遍使感官满意的东西的判断。触及我们的感官的东西的完美或者不完美。人们将从人的鉴赏的偏离看出，在我们这里极其多的东西都基于成见。

1. **眼睛的判断**。中国人讨厌大眼睛。他要求一个完美的人有四方的大脸、宽耳朵、很宽的额头、大腹便便以及嗓门粗。霍屯督女人即便看过欧洲妇女的所有服饰，在她们和她们的情人的眼中，毕竟仍是用红粉笔给自己画出 6 道纹特别美，两道画在眼睛上面，两道画在脸颊上面，一道画在鼻子上面，一道画在下巴上面。阿拉伯人用图案给自己的皮肤刺身，他们把一种蓝颜色蚀入其中。人们可以预见其余为了看起来美而对自然体态的扭曲。

2. **听觉的判断**。如果把欧洲人的音乐与土耳其人、中国人、非洲人的音乐进行比较，则差异非常引人注目。中国人尽〔320〕管在音乐上花费很多力气，却毕竟不喜欢我们的音乐。

3. **味觉的判断**。在中国，在整个几内亚，狗是最美味的佳肴之一。在这里，人们什么都出售，直至耗子和蛇。在苏门答腊、暹罗、若开和大部分印度地区，人们不怎么喜欢肉，但一道必须事先已经发臭的鱼却是主餐。格陵兰人喜欢鱼油味道甚于一切。嚼蒌叶加上槟榔果和少许钙盐，是所有住在回归线之间的东印度人的最大享受。霍屯督人不懂对味觉的任何娇惯。在不得已时，踩过的鞋底都能够为他们提供一道相当可以忍受的菜肴。

4. **嗅觉的判断**。魔粪或者臭树脂是所有南部波斯人和住得离他们近的印度人的享受。所有的食物，甚至面包，都用它加香料，而水本身就发出这种气味。对于霍屯督人来说，牛粪是酷爱的气味，此外还有很多印度人。他们的羊皮如果用于取悦女人，就绝对必须发出这种气味。一位传教士感到奇怪的是，中国人一旦看到一只耗子，就把它在指间搓碎，香甜地嗅它。然而我要反问：为什么现在麝香令我们作呕，而50年前每个人都觉得它气味美？岂是别人在我们的鉴赏方面的判断能够像时间造成的那样改变它那么多！

第二卷 〔321〕

动物界

第一章

有蹄动物

甲、有一个蹄瓣的动物，或者单瓣蹄动物

一、马

出自柏贝拉的马有长而纤细的颈，鬃毛稀疏，多半是灰色的，4 尺 8 寸高。西班牙马有长而粗的颈，鬃毛更硬，胸更宽，头更大一些，性如烈火，是世界上最好的骑乘马。智利的马有西班牙血统（因为在美洲过去根本没有马），比西班牙马更大胆、快捷得多；因此在智利有大胆的骑马打猎。英国马源自阿拉伯品种，有足足 4 尺 10 寸高，但骑起来不像西班牙马那样舒适。它们通常跑起来相当安全快捷，而且马头弯曲。丹麦马很强壮，颈和肩肥壮，镇静且易训练，是良好的拉车马。西班牙牡马和意大利牝马所生的那不勒斯马是良好的赛马，但性情狡黠，而且很大胆。

阿拉伯马能够耐饥耐渴，它们就其纯种而言是按照系谱学来记载的。在交配时，埃米尔的书记官提供一个盖章的证书，而马驹也由一份证书来证明。它们只在夜间吃草，在最迅捷的奔驰中，如果骑手坠马就突然停下。

波斯马是继它们之后最好的马。哥萨克野马耐久且迅捷。〔322〕
人们在马驹身上可以看出，交配的牡马是不是一匹好种马。

最热地带和最冷地带的马差得多；高地的马比肥沃的低地的马更好。厄兰马是所有马中最矮小和最灵活的。

二、斑马

它不是因自己的过错而被误称为森林驴，因为它是在自然的形态、颜色和速度上最美的马，只不过耳朵有点长。在非洲，时而在阿比西尼亚，在孔戈河畔，直到海角都有。莫卧儿王朝曾以 2 000 杜卡特购买过一匹。东印度公司曾送给日本天皇一对，获得 160 000 帝国塔勒。

它毛发平滑，有白色的和栗褐色的交替带状花纹，从背上开始，在腹下会合；在褐色与白色花纹会合的地方，产生一个黄色的箍圈。在大腿和头周围，同样有这些弯带。

三、驴

母驴在交配之后必须马上揍一顿，否则它就把精液马上又流出来了。驴皮和马皮在土耳其和波斯通过硝处埋和挤入芥子被加工成具有各种各样颜色的粒面皮革。在所有的驴骡中，由公驴和母马所生的品种如今用得最多，并且大于公马和母驴所生。驴骡的耳、头、腰和尾巴来自父亲，但毛发和大小来自母亲。因此，它只不过是长着马毛的大驴。

在爱琴海的一些岛上以及在利比亚荒漠里有野驴。它比家驴更苗条、更敏捷。由它所生的驴骡是最强壮的。

〔323〕

乙、双瓣蹄动物

它们全都有角，猪除外

一、牛类

普通的牛在寒冷潮湿的地方最好。荷兰人从丹麦引进了个大瘦削的奶牛，它们在荷兰人这里产双倍的奶，尤其是由外地公牛和荷兰本地奶牛所生的品种。

非洲牛通常在背上两个肩胛骨之间有一个凸起。在阿比西尼亚，牛非常高大，像骆驼，而且非常价廉物美。象牛在毛皮、颜色，甚至在大小上都与大象相同。它尤其存在于阿比西尼亚。霍屯督奶牛惟有在人们吹牛角引起它们母性的时候才产奶。波斯奶牛惟有在它们看到其牛犊在旁边时才产奶，因此牛犊就被制成标本保存起来。爱达姆奶酪、吕内堡奶酪、阿伯丁奶酪、兰开斯特奶酪、切斯特奶酪、瑞士奶酪和巴马奶酪是最好的。

英国人从牛的直肠剥下一层皮，把它制成模型，在其中逐渐地把金和银捶打成薄片。人们惟有在英国才了解这个秘密。

爱尔兰牛没有角，本身也矮小。几内亚牛的肉是海绵状的，这与其他很热的地方一样，这种肉外表看起来一大块，重量却很轻。

出自柏贝拉的牛在牛毛、牛角和其余体型上与欧洲牛形象大为不同。

水牛的角长又黑，是野生的，在亚洲、埃及、希腊和匈牙利则是家养的。它们能够被驯服。

波兰和普鲁士的野牛著称于世。在非洲塞内加尔河畔也有野牛。

二、绵羊类 〔324〕

在爱尔兰有许多长 4 只角的绵羊。西班牙绵羊的羊毛最纤细，英国绵羊次之。在爱尔兰、西伯利亚和拉普兰，绵羊被积雪覆盖，互相吃对方的羊毛。在几内亚，人长羊毛而羊羔长头发。

在英国，绵羊是西班牙种（如今在法国也已经经常如此），人们小心翼翼地防止退化。人们经常从西班牙购买公羊，大约要付 100 帝国塔勒。阿拉伯宽尾绵羊的羊尾虽然十分短，但却约有 1 尺宽，重达 40 磅。羊尾全是脂肪，而公羊不长角。与此相反，阿拉伯长尾绵羊的羊尾长达 3 尺，人们把它装在马车下面用它拉车。叙利亚绵羊长有耳垂，几乎垂到地上。

三、山羊类

安纳托利亚的**安哥拉山羊**的羊毛纤细且发光，被用于纺织。非洲的**驼山羊**高达 4½ 尺，可以戴上笼头，或骑乘或驮物。它从矿山驮出白银，晚上之后不再工作，甚至怎么打也只是呻吟。驼山羊毛是小波斯山羊、土耳其山羊、阿拉伯山羊和安哥拉山羊的毛。人们最喜欢把驼山羊毛与绵羊毛混纺。土耳其人严禁把这类山羊带出国。哥尔多瓦皮革就是用山羊皮制成的。

北山羊有 2 尺长，长有结节状的双角。结节显示着年龄。特别是在瑞士山脉和萨尔茨堡可以遇到北山羊，是所有山羊中最能跳跃的，作为这样的山羊栖息在山的最高处，即便被引诱或者捕获到平地也绝不脱去其野性。

岩羚羊长有钩状的、向后弯的角，可以驯养。非洲羚羊是其一个品种。

麝山羊大多不长角，生存在中国、波斯和非洲，长有一个
〔325〕麝囊或者脐袋。人们可以用一个勺从中取麝香。但人们用动物的血给麝香掺假。

牛黄羊几乎如一只山羊，因人们称之为牛黄的胃结石而得名。在其他山羊品种中，我们只谈几内亚的浅黄色的小山羊。它比一只家兔大不多，却能很快地跳过 12 尺高的墙。

独角山羊是**施泰勒**在堪察加发现的。长颈山羊或者驼豹长有长长的颈，有一峰骆驼那么大，像一只豹子那样有斑点。此外，它长有向前弯曲的角。

四

A. 长有坚固的分叉角的反刍动物

1. 鹿类

鹿在春天二月至五月脱去角。鹿相互之间用角争斗，折断角，经常如此纠缠在一起，以至于在战场上被捕获。发情期在九月，持续 6 个星期。在这个时候，鹿毛颜色更深，但其肉却发臭，不可食用。鹿角 20 节、30 节长，甚至有 66 节长，如普鲁士弗里德里希国王打死的那只鹿，虽然十分罕见。阉骟的幼鹿不长角。

2. 狍

仿佛是鹿的一个侏儒类，角更短。不完全阉骟的雄狍长出灌木状的角，有时像假发一样卷曲。

3. 苏里南小鹿

甚至没有一只小兔子那么大。其用金子镶嵌的脚爪被用于装烟丝。

B. 长有掌状角的反刍动物 〔326〕

驼鹿

人们在欧洲、亚洲和美洲的北部地区发现有驼鹿。霍屯督人用一棵向后弯曲突然弹起的树上的套索来捕捉驼鹿。驼鹿的腿非常强壮。

C. 长有混合角的反刍动物

1. 黇鹿

黇鹿长着平的角冠，比雄狍大一些，比鹿小一些。

2. 驯鹿

长有掌状角冠。雌鹿同样有角，尽管小一些。有野驯鹿和已驯化的驯鹿。它们构成了拉普兰的整个经济。在冬天，它们用蹄子刨出苔藓，作为其雪下的惟一食物。

属于**双瓣蹄**动物的，还有一个不长角的品种，亦即**猪类**。**猪**不反刍，但却有约 6 个乳房，比反刍动物多。猪的脂肪不是在肉中，而毋宁是在皮下。公猪如果能够，就会吞噬幼崽，有时也吞噬其他动物，甚至吞噬摇篮中的婴儿，后一点同样适用于母猪。橡实对于猪来说是最好的饲料。人们根据长在舌头下部的黑色囊疱来辨认囊猪。在荒郊里，家猪与野猪相互交配。因此，人们常常发现长有白斑的野猪，尽管野猪通常都是黑色的。——**艾立安**关于野猪要把一个海盗诱骗到第勒尼安海岸的故事。

偷猪贼把燃烧的硫黄绑在猪鼻子下面。在黑森林，猪被用
〔327〕若干抹上硫黄的棍棒从泥坑中逐出。**布赖萨赫**的农民把游过莱茵河的猪的后腿抬起，让它们淹死。野公猪很厉害。

在**中国**，猪是美味佳肴。家猪即便被带出欧洲，在热带也变成黑的。

3. 墨西哥麝猪

墨西哥麝猪在背上靠近尾巴的地方，有一个裂口，其中经由不同的通道含有一种真正的、味道浓烈的麝香。

一些马鲁古岛屿上，尤其是布鲁岛上的疣猪或者猪鹿个子矮小，长着平滑的猪毛和一条猪尾巴，从上颚长出两颗牙，看起来构成一个半圆。

丙、三瓣蹄动物

犀牛

这种动物的有皱褶的厚皮通常没有毛。它在鼻子上有一个

就其身体的比例而言的小角，就自身而言比牛大得多，生活在沼泽中。这些动物中的较年长者有两只角，一只在鼻子后，另一只在鼻子上。犀牛用舌头舔食别的动物的肉。此外，它有一个像耳垂一样向下翻卷的上嘴唇。

丁、四瓣蹄动物

河马

河马前看像一头牛，后看像一头猪，有一个马头和一张牛嘴，深棕色，脚很肥大，每一个都方圆达 3 英尺。此外，它从宽阔的鼻孔里向外喷水，像犀牛一样肥大，也差不多像犀牛一样高。它有 4 颗从颚部向外伸出的牙齿，大小与牛角相似。它们由于其颜色比象牙的颜色更持久，被认为比象牙更好。此 〔328〕外，这种动物的皮在大多数部位都刀枪不入。总的来说，河马重达 30 公担，嘶鸣以某种方式像马。

戊、五瓣蹄动物

象

象和上面提到的动物一样无毛，和它们一样生活在沼泽中，是最大的陆地动物。皮是灰色的。黑象和白象很罕见。

象能够通过位于皮下的一个肉层使自己的皮肤起皱，使它能够以此捕捉苍蝇。人在额头有一层类似的多腱肉皮。象也有一个短尾巴，分布着蓬乱的长毛，人们把它们用做烟斗的清洁工具。象有 15 英尺以上高，像刚刚提到的那两种动物一样有一对小眼睛。它的鼻子是重要的工具。它用鼻子，就像用一只手那样扯下食物，把食物送到嘴里。它用鼻子汲水，让水流进嘴里。它用鼻子嗅水，而且只是在把水搅混之后才喝。它举起一个人，把人放在自己背上，以此进行战斗。印度人用刀刃来装备它。象在游泳且嘴巴在水下时，它也像使用潜水管一样使用鼻子。它游泳如此之棒，以至于一艘十桨船也不能摆脱它。从上颚长出两颗极大的牙，每一颗都有10拃长和4拃粗，有些象牙重达3公担。它用这两颗牙争斗，把树木连根铲起；但它在这时也常常折断象牙，或者很早就失去它们，因此在印度森林里发现有如此之多的象牙。雄性的阴茎像一个人那么长。最粗大的周长达2.5英尺。它的脚趾可以被视为一个4次分割的马蹄。它前肢的蹄子到处都有半英尺宽。与此相反，后肢的蹄子是椭圆的，有半英尺长，1英尺宽。它的耳朵可以被视为两
〔329〕个大皮鼓。象不耐寒。在非洲，象高不过12尺，但在亚洲却高达18英尺。如果象闯进烟地，它们就会醉，并且疯狂地胡闹。但是，如果它们夜间陷入一个黑人村庄，它们就踩塌村庄里的房屋，像踩碎核桃壳一般。在不受刺激时，象不做任何破坏。

象的皮肤几乎是不可穿透的，但有许多裂口和裂缝，不过它们通过一种分泌出来的黏液又长平了。它被用**铁制的**球击中眼睛和耳朵之间，很容易训练和聪明，因此它在东印度是最有用的动物之一。它奔跑比马快得多。人们如果想杀死它，就用深深的陷阱捕获它，或者人们如果想驯化它，就用母象把它诱入迷宫。黑人食用象肉。

第二章

有趾动物

甲、单趾动物

属于此类的，有白色的美洲食蚁兽，但除此之外，它与其

他食蚁兽完全一致。

乙、双趾动物

骆驼

1. **巴克特里亚**骆驼在背上有两个长毛的隆起，在肚子下面也有两个。它是最强壮和最高大的骆驼。它的驼峰真正说来不是肌肉的隆起，而只是硬皮部位覆盖着浓密的长毛。它很少喝水，负重直达 10 公担，这是在它屈膝卧倒在地之后给它加上的。它满负荷白天行走 10 里。它也学跳舞。用它在春天 3 天里脱落的驼毛，可织成漂亮的衣料。

2. **单峰骆驼**只有一个背部隆起和腹部隆起，比刚才描述的那种动物矮小和行走迅速，在叙利亚和阿拉伯安家，在膝部 〔330〕
有硬垫。它在一天之内不知疲倦地行走 40 法里或者大约 30 德里，可以耐渴直到 5 天。

3. **小邮驼**差不多与上述骆驼走得同样快。但骑起来更为舒服。

4. **秘鲁羊驼**有驴一般大，是因其毛和肉而培育出来的。

丙、三趾动物

A. 树懒动物

1. 瘦小的、**灰白色的树懒动物**有一张笑脸，白色浓密的毛，臃肿的腰身，攀到树上，但惊人地慢，并且仅仅凭借其叫声来救自己。如果它开始一次急行军，则它一天之内至多走过 50 步。

2. **马克格拉夫树懒动物**是其中的一种。伪装起来的懒猴有一颗狗头，而且是双趾的。

B. 食蚁兽

1. **大食蚁兽**有一个很长且尖的嘴巴，舌头是圆的，能够伸出1.5尺长。用这种活的胶杆，它把蚂蚁从蚁穴中粘出，但它却没有牙。

2. **中型的灰黄食蚁兽**和上面描述过的单趾食蚁兽在食物上与大食蚁兽一致。

丁、四趾动物

A. 有甲动物

1. **福莫萨的有甲食蚁兽**有多鳞的甲，它能够缩回甲内躲避一切袭击。此外，它生活如上述食蚁兽。

2. **福莫萨小魔鬼**或者**东方的鳞甲鼠妇**与食蚁兽的生活方
〔331〕式一样，但却有一副漂亮的胸铠，它在里面躲避一切猛兽。这些动物中的一些有6尺长，没有枪弹能够穿透它们的铠甲。属于此类的还有生活在印度最外端的**美洲鼠妇**。它的甲壳闪闪发光。它守在水里，并登上陆地。

B. 猪仔小兔

属于此类的有被从美洲带到欧洲的**豚鼠**、**巴西灌木鼠**、**苏里南家兔**和**爪哇亚兔**。它们都发出一种咕咕的声音。

戊、五趾动物

在这些动物中，人理所应当占据第一等级，但人的理性使人高过各动物种类太多了。

A. 兔类

兔类没有敏锐的视觉，但却有更好的听觉，可爱而又胆小。这些动物几乎都是 4 个或者 5 个星期交配一次，给其幼崽哺乳不超过 3 天或者 6 天，遇到追捕是蜷缩起来，在其驻扎之前刨洞，而且如果被赶出来就再寻找它。森林兔比田野兔更强壮。在北方和阿尔卑斯山有白兔。黑兔很罕见。有时，人们也遇到过长着一个掌状角的角兔。**家兔**是侏儒兔。它们在西班牙很常见。狐狸、鼬和鸡貂对它们造成严重蹂躏。

B. 啮齿动物

松鼠收集坚果和水果，冬天在北方成为灰色的；因此就有灰鼠毛皮。有条纹的美洲松鼠有 7 道白色带纹沿纵向贯穿全身。

跳松鼠或者**飞松鼠**比普通松鼠小。其侧面的皮肤延长到固定在足部的皮毛，它就是借此飞翔的。在俄罗斯，此外以一些变化在弗吉尼亚有这种松鼠。〔332〕

土拨鼠比家兔大。它整天在睡或吃。**睡鼠**（lorex）有一只小松鼠大小。仓鼠在树根下面做穴，它把许多果实积攒在那里。很好闻的水鼠和一只鼹鼠一般大，有一张很好闻的毛皮和肾。

C. 鼠类

属于此类的是普通的家鼠。在鼠类中雌性少于雄性。成窝的鼠仔，以及预防其破坏的方式。**水鼠**、**田鼠**和**家鼠**等等已知。**苏里南埃涅阿斯**长着常常的环状尾巴，攀到母亲背上的幼崽用自己的尾巴与母亲的尾巴缠在一起，就能够得到安全。**山鼠**就像松鼠一般越过水面。

美洲负鼠约 31 寸长。雌负鼠用腹部下面的袋子携带幼崽。

雌负鼠仰天躺倒，装载上各种各样的食物，然后带回鼠穴。

D. 鼹鼠类

鼹鼠在土中只捕食蚯蚓，并非眼盲。

E. 四足鸟类

蝙蝠、飞猫和飞鼠，所有这些动物都在足上有钩。东印度的飞狗。在新西班牙，有极大的飞狗。

F. 鼬类

仓鼬有一种难闻的气味。**银鼬**是一种白色的鼬。**鸡貂**有一
〔333〕个小袋子，内含和其他鼬一样发臭的汁液。**貂**好闻；而这是为什么？是**松貂**还是**石貂**。**紫貂**是一种西伯利亚和拉普兰动物。**獴**，即**法老鼠**，像猫一样大，但长得像鼩鼱，毁坏鳄鱼蛋，捕食老鼠和乌龟。

G. 有刺动物

1. 普通的**猪刺猬**有耳朵，长着 1.5 寸长的刺。它们在松软低洼的地方把泥土翻开。

2. **豪猪**。一个脑袋上长一束刺的品种。

3. 另一个长着下垂的猪耳朵的品种有像脱光的羽管一样的刺，它通过摇动自己弹性的毛皮，能够把这些刺射向自己的敌人，确切地说，射出 3 步远，深入肌肉。著名的**豪猪粪石**就来自它。在这种动物的胆中生成的这种石头大约直径为 1 寸，微红色且布满血管，被用金子镶嵌，以便此后浸入水中，它使水有一种清血的力量。这样一颗粪石有时售价 200 帝国塔勒。粪石比同等重量的金子贵 10 倍。它呈深灰色，并不像前者那样沉在水下。猴粪石呈浅绿色，同样贵重。此外在尼科巴群岛

的鸽子胃中也有。在牛、马、岩羚羊，尤其是粪石山羊的胃中，同样产生这样的球，它们呈叶状层层组合，就像一头洋葱，而在其中心是某种未被消化的草和毛发。

H. 狗类

就像人通过其照管和保养大大改变水果品种和植物品种，人也对一些家畜，尤其是对狗这样做。因此，一些驯化的狗如果野放就也退化。相当拥有其自然的自由的**牧羊犬**，似乎是**祖源狗**。**农家狗**、**灵缇**、**冰岛狗**、**丹麦狗**以及人们骑乘的**大鞑靼狗**都来自它。**猎犬**、**警犬**、**猎獾狗**、**长毛垂耳狗**、**短毛大猎犬**和英国**哈巴狗**等等。 〔334〕

从两个品种杂交产生但也到此为止的**变种**；属于此类的有**博洛尼亚小犬**，它源自小长卷毛狗和西班牙长毛垂耳狗。**狮子狗**真正说来产生自斗牛狗。非洲狗，尤其是在几内亚，不会吠叫。在海角地区有野狗，它们在成群猎食时甚至与狮子打架，但却不惹人，而是甚至从它们的猎物中还给人留下一些。黑人相信，我们的狗在吠叫时能说话。狗有时发疯。如果它们达到最大程度的疯狂，它们咬伤的伤口，甚至它们的唾液和它们呼吸的气味，都是一种如此速效的毒药，以至于能够使人畏水、疯狂，甚至致人死地。

I. 狼类

在英国，狼类已被灭绝；在北方，它们是白色的。属于此类的有**亚洲胡狼**。这种狼据说仿佛是狮子的警犬，因为当人们听到这种狼嗥叫时，狮子也就不远了。它有斗牛狗一般大小，像老虎一样残暴。**斯堪特狼**是黑色的，比我们这里的狼更长、更残暴。——**沙狐**。——**鬣狗**。

K. 狐类

红狐在尾巴上、在耳朵和足部是黑色的，除此之外在腹部是花白毛，看起来略呈红色。**十字狐**从嘴巴开始，沿额头、背部和尾巴有一条黑纹，与越过肩和前腿的另一条黑纹相交。**蓝狐**的毛是灰烬色的或者蓝灰色的。**黑狐**的毛皮价值很高。**棕狐**同样价值很高。**白狐**根本没有持久的毛。**美洲银狐**。所有狐狸都发臭。但它们在尾巴开始的地方却有一处硬毛，其下有一个〔335〕小腺，分泌出一种蓝堇菜的气味。——**臭狐**在尾巴下有一个囊，人们兑水服用其几滴液体。

L. 亚狐

其中有毛皮好闻的西班牙**獛猫**。**麝猫**在屁股下面有一个袋，3 寸长，3 寸宽，其中包含着一种油质的、好闻的体液。人们把它置入一个笼子，天天用一个小勺从它提取这种体液。如果这种动物有这种体液过多，它就得忍受疼痛。人们在非洲和亚洲用陷阱像捕捉鸡貂一样捕捉它。獾在其冬穴中不吃不喝地睡眠。

M. 猫类

土耳其人对家猫评价很高。他们眼中的明星更强地聚焦于家猫甚于另一种动物，并且也更强地扩张。**虎猫**在所有的动物眼中都是暴怒的，并且眦出它们的眼珠来。它差不多是所有动物中最残暴的动物。

N. 猞猁类

猞猁的背是红色的或者黑色的。它从树上跳到动物身上。它的爪的伤口很难愈合。

O. 豹

豹类动物比英国狗大，咆哮起来像狮子，有黑色的、长得像马掌似的斑，其肉鲜美。它的头长得像猫头。**猫豹**在大小上与猫没多大差别。——**狮豹**。——**美洲豹**。——**荒漠猞猁**。**美洲貘**。

P. 虎类

虎有黄色的斑，周围在明黄色的底子上长着黑色的毛。它跳跃比任何一种猛兽都快，并且能攀援；大小如同一岁的牛犊，比前述猛兽都更残暴。最大的虎有黑色的斑。——**虎狼**。**鬣狗**。

Q. 狮类 〔336〕

雄狮有鬃毛，雌狮没有；狮子的额头有皱纹，脸像人脸，眼睛深陷，舌头多刺，就像长着猫爪，狮子用它就能够舔下动物的肉。它能够把自己十分锋利的爪子缩回，以免行走时在地上磨损。它从背部到地的身高是 4⅓ 尺。狮子袭击动物，不使用任何诡计，也不使用特别的速度。如果它不甩尾巴和摇动鬃毛，则它就是快活的，人们可以安全地从它身边经过。通常，窘困时的惟一办法就是卧倒在地。值得注意的是，它根本不伤害女人。一个实例是查理二世治下的一位女人，她在伦敦的陶尔清扫狮园。另一个实例是奥尔良公爵夫人，娘家是普法尔茨伯爵。黑人的女人们经常用棍棒逐走狮子。它们对于黑肤色人比对于白肤色人更危险。但是，一旦狮子舔到血，它就也在瞬间撕碎动物或者人。它一击就咬死一头牛。在美洲找不到狮子。它不能耐寒冷，在我们这里不断地发抖。它的粗壮的骨头只有狭小的骨髓管，而**科尔贝**保证，如果骨髓在太阳下晒干，骨头就会如此坚硬，以至于人们能够用它打出火来。它并不怕鸡叫，但也许怕蛇和火。

R. 熊类

熊用击打和危险的搂抱来杀死自己的敌人。它是蜂蜜大盗，攀援到树上，团成一团滚下来。在冬天有 2 个月它不吃任何东西。在波兰，人们教熊跳舞。斯匹次卑尔根的白熊有一个狗一般的头。一些熊有 6 尺高、14 尺长。它们善游泳，甚至在冰块上直达挪威。

S. 狼獾

这些动物呈灰黑色或者全黑。在大小上，它们与狗相似，
〔337〕不知饱足，因为其肠子是直的，所以它们也像狼和狮子一样迅速排出污秽。

T. 猿类

猿类被划分为**无尾猿**、**短尾猿**或者**狒狒**和**长尾猿**或者**长尾猴**。

1. 无尾猿

猩猩，即**林中人**，其中非洲最大的猩猩被称为 **Pongos**。在孔戈，此外在爪哇、婆罗洲和苏门答腊可以发现它们，它们总是直立行走，有 6 英尺高。如果把它们带到人中间，它们很喜欢烈性饮料，把它们的床铺得整整齐齐，并盖上自己。雌性有月经，并且十分多愁善感。爪哇人关于猩猩起源的意见。还有一个较小的品种，英国人把它称为黑猩猩，它大不过一个 3 岁的孩子，但与人有许多相似之处。它们成群结队地出没，并打死森林中的黑人。

属于**无尾猿**的，还有**锡兰**的猿和长着一根与猪相似的尾巴的**马诺梅特猿**。——**长臂猿**是一种好心肠的动物，多半栖息在树上。

2. 长尾猿或者长尾猴

一些长尾猿有胡须。**有须长尾猴**有一种白色的卷发，很会模仿人。此外，属于此类的有**黑色的、光滑的长尾猴**，它们凭借自己的尾巴到处悬挂着。人们伪称它们相互间会正儿八经地奏长尾猴音乐。另一些长尾猿也有胡须，如**黄皮麝猴**。这种麝猴个子小，气味好闻，而且温顺。

3. 狒狒

狒狒长着狗一般的头，能够很快地双足行走。它们偷窃田地和园子。美洲人都相信，这些猿只要愿意就能说话，它们不这样做，只是为了不被强迫劳动。它们用尾巴捕捉贝类，或者用石头砸开贝类。人们还可以把**小怀猴**或者**血猴**算做此类，它 〔338〕
们较大的品种具有小松鼠的颜色和大小，但也很固执、很娇嫩，以至于如果从那里把它们带往欧洲，它们多半就在途中死去，即使把它们分别干干净净地裹在棉花里。

第三章

鳍羽足动物

甲、水獭类

A. 河獭

河獭掘穴从河岸一直到邻近的森林；靠鱼为生；但在冬天是在表层结冰的池塘中。——路德对林獭与游蛇的混淆。

B. 后足呈鳍羽状的海獭

它们在所有的毛皮中拥有最美的黑色。甚至在堪察加，一张毛皮也价值 37 塔勒。人们在堪察加海峡的浮冰上捕捉它们。它们喜欢梳理自己，非常疼爱自己的幼崽，被人用乱棒打死。把它们卖往中国的贸易很兴盛。

乙、海狸类

海狸长着蛋形的、有鳞的尾巴。它们在加拿大朝哈得孙湾的地方很常见。它们给一条小溪筑坝，在草地上造成一个池塘。它们用自己的牙齿砍伐树木，拖曳 3～10 尺长的木头，在水上把它带回住处，冬天吃其树皮。在筑坝时，它们的尾巴首先是充当拖斗或者独轮车，它们把胶料堆在尾巴上，运到目的
〔339〕地；然后充当抹刀，它们用尾巴把胶料挤压和甩到树木上。人们也食用海狸。海狸香（castoreum）并不是由海狸的睾丸构成，而是处在位于其腹部的特殊麝袋中。——**穴居海狸**。

丙、怪足海洋动物

A. 海牛

海牛也叫做**海狗**，有一张狗一般的大嘴，后足拖在身后，不能交替移动。在安的列斯群岛，一些海牛长达 20 尺。最小的海牛是北冰洋的海牛，它们在冰原上成千上万地被杀死。在淡水也有银色的海牛。——**海豹**。——鱼油。

B. 海象

海象在额部有两个吹孔，也叫海牛，有长且突出的牙齿，被加工处理。有些牙齿 2 尺多长，8 寸粗。它们用这些牙齿像用钩一样登上冰原。

C. 海熊

海熊比陆地熊大，前肢像砍断的残臂，但其中却隐藏着脚趾，在离堪察加不远的地方被捕获。它们成群地抗御侵袭，并在自己的同伴退缩时咬它们。它们整个夏天不吃任何东西。——海豹类。

D. 海狮

海狮居住在美洲和堪察加。形象与海熊一致，只是大得多。人们只是在它睡眠时攻击它。它脾气很不好，很少疼爱自己的幼崽。罕有海熊害怕它。

第四章 〔340〕

卵生四足动物

两栖动物

A. 鳄鱼

鳄鱼尤其属于此类，通常居住在河里和陆地上。它有鳞、有甲，20 多尺长，在冈比亚河里甚至长达 30 尺。说它动双颚是错误的。它与别的动物一样只动下颚，没有舌头，把鹅蛋一样的卵产在沙子里。——**大蜥蜴**。——**壁虎**。——**河马**。

B. 鼍

鼍通常与鳄鱼混淆，也很像鳄鱼，只是它的尾巴不同，而且有一个麝袋，因此它也发出一种麝味。它在非洲和美洲可以遇到，不像鳄鱼那样野性和强盗一般。在美洲，它们被称为 Kaymans。它们的卵如何被鸟毁坏以及它们如何被捕获。

C. 龟

最大的龟类被在东印度的不同地区发现。单是蛋就可以让30个人吃饱。龟爬上陆地，产下多达250颗卵，其每一个都像球大。它们的心分3瓣。其肉味美。人们有时从它们获得2公担多肉来腌制。

〔341〕

第五章

第1节　海洋动物

A. 鲸以及其他与其类似的动物

人们把鲸划分成真正的**鲸**、**鳍鲸**、**逆戟鲸**、**锯鳐**或者**齿鲸**、**北方海盗鲸**、**抹香鲸**以及**独角鲸**。**格陵兰**鲸的头构成身长的⅓。它比**鳍鲸**肥壮得多，鳍鲸在背上有一个鳍，也比**北方海盗鲸**大得多，后者只有一个吹孔。它逗留在直到斯匹次卑尔根和新地岛的北方地区，与此相反，北方海盗鲸在**北角**的高度游弋，而鳍鲸则向南方游弋更远。它以一种水生昆虫为食物，这种昆虫大小如蜘蛛，富含油脂。但鳍鲸和北方海盗鲸却吞噬整吨整吨的**鲱鱼**。这些动物没有牙，却有由鲸须构成的**胡须**，鲸须最长者长达2寻。抹香鲸在下颚有**牙**。它的头占身体的一半。它的咽喉狭小，有吹孔，它从这些吹孔中喷水，血是热的。不获取空气，它们就不能长时间在水下坚持。它们**胎生出**幼崽，并给幼崽哺乳。格陵兰鲸被用大鱼叉射中，并用长矛完全杀死。目前，它比过去**胆小多了**；它逃避到浮冰中去；因此，现在捕鲸是在浮冰中进行的。它有一种像虾米一样的虱子。在一种被称为Grampus的北方海盗鲸的胃里，找到了**灰色的龙涎香**。其他人报导说龙涎香在抹香鲸的胆囊中。一些人认为抹香鲸就是吞噬约拿者。

抹香鲸的脑就是所谓的 Sperma ceti［鲸脑油］。**逆戟鲸**为了舌头的缘故而杀死鲸。**锯鳐**突出的牙齿像一把锯那样布满锯齿。**独角鲸**从上颚顶部伸出一颗直牙，长达 4 尺，比象牙还坚硬。这后几种 〔342〕
鲸都是卵生。——捕杀鲸最厉害的地方在戴维斯海峡和斯匹次卑尔根群岛。在麦哲伦海峡也有鲸。——墨龙。——Sepia octopodia［八爪乌贼］。——温血。

B. 海牛

这种动物在美洲岛屿和堪察加附近的千岛群岛可以遇到，重达 30 公担。它的皮肤不长毛，有裂纹，像一棵老橡树，从不潜到水下，背部总是拱出水面，尽管在不断进食时几乎总是把头沉在水下。它在人们不追逐它的时候总是温顺的。它有两臂，看上去像人臂，有尾巴，看上去像鱼尾。它的肉也很出色，不长蛆。它的脂肪熔化后超过所有的黄油。它是胎生并哺乳的。

C. 鲨鱼或者海狼

这些动物最大的品种叫做 Lamia。它们有 20 尺长，有 3 排牙齿相邻，比任何一种陆地动物都更贪吃得多。整个整个的人裹在船帆中，都被它们连同压舱石一块吞下去。从船上掉落下去的一切，斧、锤和帽子，都在它们的胃中找到位置。鲨鱼的嘴巴在吻下有 1 尺长；因此，如果它们要劫夺某种东西，就必须向侧面歪倒。在几内亚海岸，一个掉到海里的人要惧怕来自淹死的危险，并不像要惧怕来自鲨鱼的危险那样多。它把大块的肉从鲸身上撕下，被用带着铁链的钩子捕获和杀死。在它被带到船上之前，尾巴先被砍掉；否则它会用**尾巴**把人的胳膊和腿打碎。一些鱼在它的胃里性交。舟鰤戏弄它就像燕子戏弄猫头鹰。——Squalus maximus［巨鲨］、狗鲨。——鲨鱼或者 Cachelot。——对鲨鱼的惧怕。——在桑威奇岛。

D. 锤头双髻鲨

锤头双髻鲨在大小、强壮和贪婪上与鲨鱼相似，但头朝两边看上去像一把锤子。

〔343〕

E. 外套鱼

外套鱼是一种尤其对美洲海岸的采珠人很危险的大虹，因为它们把采珠人裹在其展得很开的皮肤中，就像裹在外套中那样，压死并吃掉。

F. 黑鱼、剑鱼、海豚、鲟鱼、鲇鱼和其他更多的鱼是肉食鱼

海豚是一种很正直和迅捷的鱼，但**剑鱼**却是一种金黄色的海豚，而且是其余海豚中最迅捷的海豚。**白鲸**是鲟鱼的一种，其鱼卵用来制作鱼子酱。它们作为大鱼也有很多鱼卵，有时重达整整1公担。

G. 鲛鳙

鲛鳙包裹在一层坚硬的、不可穿透的皮肤中。是一种虹，20～25寸长，15～18寸宽，3寸厚，仿佛有腿的残余，上面有钩，头上有角，有一个鞭子一般带钩的尾巴。

海上奇观

鱼人、鱼美人

在所有四大洲都遇到过。喜好虚构的想象力使其成为鱼人。不过，这种动物与人只有很少相似之处。它那能被人称为人头或者鱼头的头部，有大耳朵、塌鼻子和宽嘴巴，长在像鲽鱼那样背部罩着一张宽厚毛皮的身体上。它的前肢或者肉质鳍

羽是某种与人相似的东西。这种动物在胸部有两个乳头，有一个肉尾巴。由于其脂肪，人们也称它为水猪。

另一些值得注意的鱼

A. 电鱼

电鱼也被称为**致抖鱼**、魟电鳗，在印度洋可以遇到，除了尾巴几乎是圆的，就像充了气。它除了眼睛之外还有两个孔，〔344〕它能够用像眼睑那样的皮肤把这两个孔闭上。如果人们直接或者用一根长棍，甚至用钓线或者桨触及它，则它就使胳膊完全无感觉。但如果它死了，就不会这样了。一些人说，如果人们闭住呼吸，它就不能这样强烈了。它可食用。在埃塞俄比亚，人们用它退烧。它的这种力量的原因未知。它以此捕鱼。——Gymnotus electricus［电鳗］，即**致抖鳗**。

B. 水母

水母是透明的，像全是黏液，几乎在所有的海里都有。其中的一个品种叫做海荨麻，因为如果它们在被触及时激起一种火辣辣的感觉。

C. 墨鱼

墨鱼看上去很古怪，有两个臂，有一个墨袋，用来给追捕者把水搞混。——喷墨鱼。

D. 鼓气鱼

鼓气鱼在海角被发现，把自己鼓胀成圆的，像一个球，不适宜于食用，因为它有毒。

E. 飞鱼

飞鱼只存在于回归线之间。它们以一种鳍羽飞翔，但只飞鳍羽还湿着时那么久。它们的形象和大小如鲱鱼，常常落在船上，并被肉食鱼和猛禽追捕。

F. 中国金鱼

中国金鱼由于优美的金色和其他颜色而为中国人钟爱。它是自然界最美的鱼，手指般长，从头到半身都是红的，其余的部分连同簇状结束的尾巴都是鲜亮的金色。雌性是白色的，尾巴是银色的。

G. 海怪、世界上最大的动物

这是一种海洋动物，其存在只以一种模糊的方式为人所
〔345〕知。**庞托皮丹**关于它报导说，船员们在挪威当发现他们抛出的测锤在同一个地方逐渐升高时就判断，海底有海怪。如果海怪浮出，就占据一个巨大的范围。它据说有巨大的尖角，像树一样耸立在它上面。有时，它突然沉进海里，此时任何船都不得靠近它，因为它激起的旋涡会使船沉没。据说在它上方容易捕鱼。一个幼年海怪曾卡在一条河里，并在那里毙命。海洋尚未披露它的所有奇观。如果海怪升上海面，则据说多得无法说的鱼从它身上滚落。它的形态未知。

论捕鱼的方式

在中国，人们用训练有素的鱼鹰捕鱼，人们把一个环套在鱼鹰的脖子上，以使它不能把鱼全部吞下去。鱼鹰尽其所能地把许多鱼衔上来。如果它们中的一个捕捉到一条大鱼，它就给其他鱼鹰发出信号，其他鱼鹰此时就来帮助把鱼拖走。这样一只鱼鹰价值不菲。如果它没有兴趣吃，则它就会被用棍棒逼着

吃。人们在这里也用另一种办法在月光下捕鱼，亦即用一艘舢板，在其侧面钉上涂漆的白板。因为在这种情况下，这些板子闪闪发光，像一片明亮的水，鱼就跳上来，并落进舢板，在早上就被发现。人们在这里也以把麦仙翁种子撒进水里而使鱼愚笨的方式捕鱼。

在特拉诺瓦大滩捕鳕鱼

绿色的或者白色的鳕鱼干本来叫做鳕鱼，被晾干或者腌制。干了的鳕鱼就叫做鳕鱼干。它是一种肉食鱼，它飞快地吞下从船上掉落的武器、缆绳和其他东西。但它能够扩张自己的胃，吐出不可消化的东西。在大滩上每年有多达 300 条船捕鱼，每条船捕获 25 000 鳕鱼干。一切都是用钓具进行的。鱼饵是一段鲱鱼，其次是鳕鱼胃中未被消化的食物。用这种钓具进行得非常快。这里周围鸟多得惊人，如食肝鸟、企鹅。它们 〔346〕 聚集在船周围，为了吃抛弃的肝。企鹅的翅膀秃钝，它虽然能以翅膀在水上噼噼啪啪地划行，但却不能飞。

捕鲱鱼

鲱鱼在春天从北角附近的北方地区来到奥尔卡达斯群岛。从这里，它们沿着苏格兰海岸迁移，夏天在雅茅斯，也可能在秋天直达南海和波罗的海。荷兰人仅此一项每年的收益在扣除所有开销之后至少是 600～700 万帝国塔勒。另一位荷兰作家计算为一般而言 2 500 万帝国塔勒的收入，开支为 800 万帝国塔勒，国家获利 1 700 万帝国塔勒；因为人们也必须考虑到国家从中得到的好处，即如此之多的人靠在船队的工作养家糊口。英国人自 1750 年以来也驾船捕鲱鱼，但不那么有利可图，因为他们不知道窍门。——鲱鱼的迁移，因小水生物 **Ath** 引起。——过去在贝尔根，如今在戈森堡。——大量的鲱鱼，让人们在瑞典炼制鱼油。——鲱鱼的剖面。——荷兰人只腌制他们在一个白天捕到的鲱鱼，不保存它们过夜。——**鳀鱼**。——**捕鲑鱼**。

第2节　贝壳动物

A. 紫螺

提尔紫是地中海的一种海螺的血，曾惊人地昂贵。它据说是在一只狗身上发现的，狗吃了这种海螺，其嘴巴变成漂亮的颜色。在新西班牙有这样一种海螺，但它们只含有2～3滴这样的体液，起初是绿色的，然后是火红的。人们很早就也有罗兰紫。

〔347〕

B. 珠贝

波斯湾巴士拉和加利福尼亚的珠贝滩产最美的珍珠；科摩林角的锡兰的珍珠是最大的；此外新西班牙产大珍珠，但质地差、不成熟。珠贝如果不十分圆，就不能被拧下来。许多陆地在其河流中都有珠贝。采珠人在采集珠贝时以不同的方式进行，或者借助带有玻璃眼镜的皮套，上面有一根管子一直通到水面上，或者借助一个罩，或者光身子。他们最初容易得咯血病。波斯国王在1633年用140万磅购买一颗珍珠。波斯采珠业年收入是50万杜卡特，但现在停歇了。在医学上，它们并不比蟹壳和蛋壳更有用。——所有海生物的壳都是由它们自己分泌的黏液产生的，而且是石灰质的。——人工珍珠。

C. 牡蛎

牡蛎常常如此牢固地附着在礁石上，以至于它们看起来与礁石就是一体。一些牡蛎非常大。在哥本哈根，人们展示一个重达 2 罗特的牡蛎壳。它在闭上的时候以非同一般的力量闭紧，并且迅速地繁殖。荷兰海岸的实例。人们也看到牡蛎可以说在树上生长。牡蛎在涨潮的时候当树没入水下时附着在树的枝杈上并停留在那里。——猿头蛤石，重达 1 公担多。——科尔切斯特和赫尔斯泰因牡蛎。——贝壳。

D. 海枣螺

海枣螺是枣核形的微长海螺。它们是在亚得里亚海安科纳发现的，被封闭在一块坚石中，而且必须事先用锤子把坚石砸碎，然后发现海螺在里面还是活的。这种石头是多孔的，幼螺钻进石头的孔洞中，并通过其运动如此磨损石头，以至于它们总是有张开的空间。有时孔洞堵塞了，但水毕竟能够通过海绵状的石头渗进来。**凯斯勒**在亚得里亚海坚硬的大理石中发现了活 〔348〕
的海螺。它们的肉和体液发光，就像大多数牡蛎刚被打开时在黑暗中那样。

E. 帽贝

帽贝真正说来是长着一个柄的插孔螺，这个柄就是该动物的舌。它们用这样的舌附着在生在岸边的树上，而且由于舌表现为一个脖子，而某些从一个簇中伸出的鬈发表现为一个幼鹅的尾巴，于是就产生了虚构的故事，说苏格兰的赤鹅就产生自这种海螺，但人们不知道它们是在哪里孵化的。但人们现在知道，这些鹅是在最北方的岛屿上孵化的。

F. 海螺的丝

一些海螺用自己的舌头附着在岩石上，并编织某种东西，人们用它就像用生丝一样织成塔兰托手套和雷焦手套、内衣等等。惟有 Pinna marina［海贻贝］分泌出许多更精细的丝，古人的海丝就是用它制成的。人们在巴勒莫还用它制成漂亮的衣料。

G. 鹦鹉螺

鹦鹉螺是一种在其内部与墨鱼有相似之处的螺。当它想到水面时，它就事先将水从其螺壳的小室中排出。然后它上升到高处，倒出它的水，并在它自己的“船”上朝着上方。它伸展自己的两条腿，在两腿之间有一层嫩皮，就像一篷帆，它把两臂插入水中，用以划桨，并用尾巴掌舵。如果它看见有某种可怕的东西，它就让自己的小室充满水，并沉入深处。

H. 贝币

几乎在非洲、孟加拉和印度的其他部分的所有海岸上，一些种类的贝壳都被当做现钱。尤其是在马尔代夫群岛，采集到像手指上最小一节那样小的贝壳，人们在东印度称其为 Kauris，在非洲称其为 Bolis，它们是英国人从马尔代夫取来的，然后用于购买小件商品。

〔349〕

第六章

一些值得注意的昆虫

一、益虫

A. 胭脂虫

这种所有颜色中最昂贵的红颜色，来自一种红色的蟢虫，它在新西班牙和一些岛屿上窝在仙人掌树上，被用刷子刷下来，然后晾干，研成碎末。仙人掌的果实是一种火红的、味道鲜美的无花果。人们把这种碎末称做胭脂红。但是，它常常不十分纯。**胭脂红晶粒**或者**紫晶粒**。它是一种树叶因昆虫蜇伤而产生的瘘或者赘瘤。胭脂红在阿拉伯语中真正说来叫做小虫，而胭脂红真正提供的是红颜色。胭脂红也被用于医学。

如果再加上骨螺和紫螺，则人们就看出，所有用于涂染最珍贵的衣料的红颜色都出自动物界。——草莓株上的 Coccus Polonicus [波兰胭脂虫]。——虫漆胶蚧虫。

B. 论无花果小蜂传粉早熟法

在希腊诸岛，人们利用某些姬蜂蜇刺无花果，使其更早并且完全成熟。原因已说明。

（参见**图尔内封**：《黎凡特游记》，第 1 卷。）

C. 可食蝗虫

在非洲，不同的民族炒食大蝗虫。在通肯，人们腌制蝗虫以备来日。经历过此事的卢多尔夫让人把 1693 年严重危害德国的大蝗虫像虾一样烹制来吃，把它们用醋和胡椒制成密封罐头，甚至用它们来款待法兰克福市议会。

蜜蜂。——**蚕**。

二、害虫 〔350〕

A. 塔兰托毒蜘蛛

阿普利亚的这种毒蜘蛛最毒。被它蜇刺的人时而哭，时而笑，时而跳舞，时而悲伤。这样一个人不能忍受黑色和灰色。人们用音乐来治疗他，尤其是吉他、双簧管、小号和小提琴，特别是在人们找对了音调和最合适的旋律的时候，他借此而跳舞、发汗，最终被治愈。人们必须让有些人来年再次跳舞。被蝎子蜇刺的人也喜爱音乐，特别是风笛和鼓。

此外，在几内亚也有极其大的蜘蛛，差不多像一只拳头。

B. 神经虫

在东印度和非洲，人们有时在小腿肚长一种寄生虫，它最终在那里侵蚀得如此厉害，以至于长成1尺多长。它有一根丝线那么粗，直到有一根吉他弦那么粗。这种寄生虫位于皮下，导致一种肿瘤（vena Medinensis）。人们试图小心翼翼地抽出它，把头缠在一根小棍上，并以这种方式逐渐地慢慢把它卷出来。如果虫扯断了，通常就导致死亡。

C. 沙蚤

这种蚤在西印度钻进人的皮肤，而且如果人们不把它位于其中的整个疱疣挖掉，就导致冷坏疽，因为毒与身体的其他体液混为一体。

D. 还有另外一些害虫

在孔戈，整群整群的蚂蚁在迁徙，它们把一头奶牛或者一个病人整个吃掉。Cemehens是美洲卡塔赫纳的一种蛀虫，它们如此勤奋，以至于它们一旦来到一家杂货店下面，一夜之间
〔351〕就完全摧毁它。Loge是美洲的一种小蝽虫，如果人们把它揿死在肉上，它就会留下致命的毒。如果它落在皮肤上，人们就把它吹掉。千足红毛毛虫有40只脚，嘴有毒，是印第安各地的一种巨大的痛苦。病媒蚊是东印度的一个特殊品种的蚊子，此外在巴拿马地峡的较低地区也有。在拉普兰，最大的烦恼是来自牛虻的烦恼。——安蒂亚的小蚂蚁。——Furia infernalis［冥府的复仇女神］。——长有坚固甲壳的非洲蚂蚁。——囊猪肉中的细粒棘球绦虫。——绵羊的旋转。

第七章

其他爬行动物

A. 蛇

在热带，有若干种类的蛇惊人地长。在离亚马孙河发源地不远的沼泽里，这样的蛇整个吞下一头狍子。在几内亚海岸东端的一个非洲王国惠达，一种很大的蛇是无害的，而是捕杀毒蛇和老鼠。它在那里被当做最高的神灵来崇拜。——毒蛇可食用。——有空的和可移动的牙齿。——蝰蛇。

B. 响尾蛇

响尾蛇是所有蛇中最有害的。它在自己的尾巴上有关节，这些关节在干燥的季节里爬行时咯咯作响。它行动缓慢，并且无所畏惧。所有人都相信，它有一种魔力，或者毋宁说一种使人头脑发昏或者甚至诱惑人的气雾，它喷出这气雾，并通过它迫使鸟、松鼠和其他动物进入它口中。至少，它行动太缓慢了，不可能以别的方式捕捉像它每天吃掉的这样一些迅捷的动物。它们吃野兽，此外也吃猪。

C. 游蛇 〔352〕

Cobra de capello［眼镜蛇］或者帽子蛇，因围在头和脖子上的皮肤而得名。据说在其脑袋里有著名的蛇石；但另一些人断言，这种东西无非是烘干并以某种方式加工的牛腿罢了。这完全取决于舌头。人们如何从伤口吸出蛇毒并把它再洗净。蛇石的形象如豆角，其中间是带白色的，其余部分则是天蓝色的。一些人伪称，印度的婆罗门用真正蛇石制造它，与蛇心、肝和牙以及某种土相混合。至少，有害动物的某些部分，例如帽子蛇的皮，通常对蛇咬伤甚至疗效甚好。

D. 蝎子

蝎子在意大利不比小手指更大，差不多是虾的形象，用它的带钩的尾巴击伤自己的敌人。人们使用揿死的蝎子，把它放在伤口上，重新吸出毒来。印度人在紧急情况下用烧灼被刺伤部位来医治有毒的伤口。在印度，蝎子要大得多。说如果人们把一个蝎子置于一个喷了烟草烟雾的杯子下，蝎子就用自己的尾巴自杀，这是有根据的。

E. 变色蜥蜴

变色蜥蜴是一种亚洲和非洲动物，相当像壁虎；但通常大得多。它以昆虫为食，而且它的舌头长达 8 寸，也就是说几乎是该动物整体的长度，它像食蚁兽那样用舌头捕捉飞虫和蚂蚁。一些物理学家报导说，它使自己的颜色依从彩色的对象，但它必须对自己施加一种强制。不过普遍的游记报导说，它们任意地，尤其是在它们确实高兴的时候迅速地相继改变自己的颜色，但不是根据对象。它们是按照自己的情绪改变自己的颜色。如果它们高兴，它们的颜色就是有花斑的。

F. 蝾螈

蝾螈烧不死是由于它吐出并从所有的汗腺排出的浓稠的黏
〔353〕液，它用这黏液使它被置于其上的煤相当一段时间冒蒸气。不过它毕竟最终被烧死。在世界的所有地方人们都伪称，壁虎是蛇的敌人，并且通过现身来警告人有蛇。

第八章

鸟界

A. 鸵鸟和食火鸡

二者主要是亚洲和非洲鸟。它们把头昂得比马还高，有翅膀，但却不能用翅膀飞，跑得比马还快。它们只在夜间孵蛋，在尾巴上有漂亮的羽毛，并在背上有一个驼峰状的隆起。食火鸡在别的地方像鸵鸟，但在头上有一种带软骨的皮肤。它没有羽但有毛，在脚上有蹄。它吞食铁，甚至吞食燃烧的煤，但并不消化铁。

B. 兀鹰

兀鹰是所有飞行动物中最大的，但在美洲罕见。从它一个翅膀的终端量到另一个翅膀的终端，宽达 6 尺。它能把内脏从一头公牛身上撕下来，但爪却像鸡爪。它把野味叼进自己的鹰巢，而且常常有婴儿；但繁殖不快。

C. 蜂鸟

蜂鸟是一种美洲鸟。它是所有鸟中最小的，不足一只甲虫大。它有最漂亮的羽毛，通常装扮出所有可能的颜色。它从花中吸吮汁液。在西印度有一种蜘蛛，它结一种比我们这里的蜘蛛的网更厚实、更牢固得多的蜘蛛网；在其中蜂鸟被捕获就像一只蚊子。

D. 极乐鸟 〔354〕

极乐鸟只是由于人们有过的成见才被说得好像没有爪。但为了更好地养活它，它的爪被切掉了。

E. 金鸡

金鸡由于其金色的羽毛和其他漂亮的色彩可以被视为世界上最秀丽的鸟，从中国人那里得到很高的评价。

F. 鹈鹕

鹈鹕身躯大如绵羊，头小，嘴长1尺半，头上有一个装一桶水的袋子，用这个袋子到1里远取水，连同鱼饲养它的幼鸟。至于鹈鹕据说用自己的血饲养其幼鸟，则和关于凤凰的虚构故事属于同一类。

G. 鸟类的一些奇观

热带的鸟更漂亮，更色彩斑斓，但鸣叫更差。一些鸟把自己的鸟巢搭在高悬于水上的极细的树枝上，以此来避开猿猴的跟踪。咕咕鸟把蛋产在篱雀的巢里，不照料自己的幼鸟。一些鸟有翅不能飞，例如鸵鸟、食火鸡和企鹅。人们利用某些鸟捕鱼，如鱼鹰；利用另一些鸟猎捕四足的野味，尤其是出自切尔卡西亚的鹰。人们通过把一块肉插在一个野兽标本的头上并用轮子牵动它来教会它这样做。之后，它们就习惯于把爪抓进奔跑的野兽的皮肤，用嘴撕扯和使其不知所措。另一些鸟被训练来捕鸟，如冰岛的鹰等等。关于驯鹰。关于捕捉鹭鸶。这些鹰被交给一个站岗的士兵历经数昼夜托在手上，使它们不能睡觉，由此它们就完全改变了自己的本性。在中国，在几内亚海岸，在波托贝洛，人们借助把头插进一个空葫芦的泳者来捕捉野鹅和野鸭。

〔355〕鸟由于把吃下去未消化的种子又排出而移植许多果实，因而槲寄生也落在橡树上，并在那里生长，此外也落在椴树和榛子树上。大洋上的一些岛屿给鸟，特别是以鱼为生的鸟充当栖息地，以至于一些岛屿被鸟粪覆盖若干寸厚；此外就是在智利

海岸、非洲海岸、奥尔卡达斯群岛和别的地方。一些鸟如果被发现远飞离陆地，就预示着风暴；如碎石鹰，海鹰的一种，通常也习惯于把乌龟从高处摔到岩石上，埃斯库鲁斯就是被这样杀死的。在意大利，此外在英国和东鞑靼，人们没有发现任何鹤。鸽邮至今在摩德纳和阿勒颇还有。过去在哈勒姆、济里克泽、哥特鲁伊登山等等被围困时使用过，此外莱登的**约拿·杜奥萨鸽**。

论鸟的越冬

人们通常想象，冬天里那些在我们的北方气候里不能找到其食物的鸟迁徙到较暖的地带和远方的气候中。然而，云雀、凤头麦鸡等等在春天暖和几日时就迅速出现，而在开始变冷时就又消失。这证明，它们在冬天也还逗留在这里。鹌鹑据说也迁徙越过地中海，如在那不勒斯附近的卡普里岛上，主教在那里的大部分收入都来自鹌鹑的迁徙，而有时在地中海鹌鹑就落在船上。然而，这些鸟虽然是改变其逗留地的漂鸟，但却不是到远方，甚至越过海洋的候鸟。它们的飞行低且时间不长。但是，经常有鸟因风和雾而流落到海上，迷失方向，或者死去，或者逃生到船上。人们在离摩德纳 100 英里的地方在船上捕捉到一只雀鹰，它看上去极其虚弱。特内里费王储送给莱尔马公爵一只鹰，它从安达卢西亚返回特内里费，并带着公爵的戒指半死不活地落下来。不过，别的孱弱的鸟对一只如此强壮的猛禽要说什么！为什么鹤不从法国飞往英国呢？极多的鸟在冬天 〔356〕
隐藏在地下，像獾或者蚂蚁那样不吃不喝。

燕子藏身在水里。**鹤**、**鹅**、**鸭**等等有时被发现在波兰偏僻的泥沼里和其他国家不结冰的沼泽里。在普鲁士，人们也在冬天里从波罗的海捞出一只鹤，它在室内又活过来了。

第三卷

植物界

一、值得注意的树

树在热带木材更重、更高大、更多汁。北方的树较松软、低矮、无力，但无论是家畜还是人，在前一些地区按照外观的比例都比后一种地区轻得多。

A. 给人提供面包的树

在印度的许多地方，此外在拉德罗内斯群岛，长着一种结出大捆的面粉状果实的树，这些果实能够当做面包来食用，叫做面包果。生在摩鹿加群岛的西谷椰子树，看上去像棕榈树。它有一种可食用的树髓。这种树髓被用水捣碎、榨汁并滤清。其黏性的成分沉底，人们用它做成的面包相当差，但粥却较好。这种粥拌着杏仁露一起吃，对红痢疾疗效甚好。——**色列普粉**。

B. 棕榈类的很有用的树

棕榈树类别不同。它们的共同点是，它们都没有真正的枝杈，而是叶子宽大，长在树干上，树干包裹着鳞状的树皮。从一种棕榈树中提取出像桦木汁那样的树汁，经过发酵就成棕榈
〔357〕酒。要把它与帕尔玛岛上的棕榈香槟酒区别开来。**椰子树**属于棕榈类。它的叶子像其他棕榈树的，用于遮盖房子。椰子**皮**用于编织，叶子本身用作容器，其中所含的椰汁是很好的饮料。

马尔代夫椰子下面分叉，比其他椰子更贵。——棕榈酒。——槭树。——糖槭树。

C. 中国的油树

这种油树结荚果，有 3 个坚果状的果仁，像豌豆般大，裹着油皮，油皮本身富含油脂。人们捣碎果仁，把它煮熟，榨出油脂，加上亚麻油和蜡，制成漂亮的蜡烛。

D. 中国的蜡树

在这种树的叶子上悬着小虫，不比跳蚤更大。它们做巢，但比蜂巢小得多。蜡比蜂蜡更硬、更有光泽、更贵。人们收集那种小虫的卵，将其置于别的树上。

E. 无患子树

在墨西哥人们遇到一种结坚果的树，其外壳有一种起泡沫的汁液，用于洗涤很好。

F. 一种提供饮水的树

这种树是神奇的树，据说它总是像被云遮盖，从它的叶子上滴水，这水被收集在蓄水池中，在那些地区常见的缺水时供人畜饮用。这种树的树干有 2 英寻粗，40 尺高，但枝杈据说覆盖 120 尺方圆。

但在**普遍的游记**中据目击者说，它只在夜间供水，确切地说每夜 20 000 桶水。

大多数旅游者，其中就有**勒梅尔**，保证说，在一个山谷中有许多这样的树比邻而生。这个山谷有大片的森林环绕，周围的山投下其阴影，由此水雾就以这种方式变得浓密，并 〔358〕
形成滴水的云；在圣托马斯岛也有这类树，但只在中午供水。

G. 棉花树

这些树结一种苹果状的果实，其内部分成小室，里面长着绒毛。塞巴毛是另一种树的几乎丝状的细毛，只不过它几乎不可加工。

H. 漆树

这种树在中国以及在摩鹿加群岛被发现。它以桦树提供桦木汁的同样方式提供漆。人们把贝壳插进划开的树皮里，用它收集漆。漆在木头上变坚硬，像木头本身一样硬。然后，在上面再刷一道特殊的油漆。

I. 硬木

也有一种木头，它如此坚硬，以至于人们用它制作锚和刀剑。

K. 好闻的木头

黄色的檀香木源自檀香树，在印度多半被找来用于皮货。它也被捣成浆，被印度人用来涂身求凉爽。

L. 彩木

属于此类的主要是巴西红木或者巴西木。这种木头的核心用于饰红。

洋苏木，其内核有一种蓝颜色。——各种染草。——散沫花。——红根草，埃及人和摩尔人用做胭脂。——东印度红木。——漆木。

M. 香胶树

麦加香膏是最美味的香膏，但现在弄不到了。它在阿拉伯是从香胶树采集的。如果它是新鲜的，则它的气味会导致流鼻血。每年都用它向大苏丹进贡。托卢香膏是从墨西哥运去的，并且最接近麦加香膏。它是白色的或者金黄色的。秘鲁香膏是 〔359〕
微黑的。苦配巴香膏是流体的和白色的。

N. 橡胶树

从**龙树**及其刻口流出所谓的**龙血树脂**，是红色的。它在印度的许多地区都有收获。与此相反，**黄蓍树胶**是一种白色的如小虫般蜿蜒流出的树胶。

藤黄从一种与酸橙树相像的树流出。

阿拉伯树胶从一种埃及或者阿拉伯黑刺李流出。

塞内加尔树胶与它很一致：有一种清爽的力量，被人像冰糖一样吸吮。它也被用于丝织品，以使它们发光。

珂巴树胶从划破了的墨西哥**珂巴树**渗出。

O. 各种树脂树

婆罗洲的**樟树**通过发汗产樟脑，樟脑用铺在下面的布来收集。在日本，它是从樟树的锯末中蒸馏出来的，但较差。它也可以从桂皮树的根蒸馏出来。**安息香**或者**甜树脂**从锡兰和暹罗的一种划破的树流出，很好闻。

甘露在卡拉布里亚从一种白蜡树的叶子和划破的树干渗出。

最好的**松脂精**来自希俄斯的云杉和落叶松。**乳香**是明亮的和柠檬色的。普通的乳香是从云杉和冷杉获得的。——**合成橡胶**。

P. 各种药用树

桉树皮是离亚马孙河不远的地方以及南美的一种树的树皮。它是退烧的特效药；但必须与金鸡纳树根或者金鸡纳树皮区别开来。**檫木**是佛罗里达的一种树的树根。**愈疮木**（Gum-
〔360〕mi oder Res*in*a Guajaci）用于性病，尤其是痛风病。人们可以把**香胶树**和**橡胶树**部分地也归入药用植物。**苦木**。——**科伦坡树**。

Q. 一些果实可爱的树

香蕉是草本植物，结的果实如黄瓜，它们从树干长出，确切地说结成一团，约40个至50个。非洲和东印度的**可乐树**结一种栗子状的苦果，价值很昂贵。它有点苦，但在捣碎之后却使所有的饮料很受欢迎。在塞拉利昂，人们用50颗这样的坚果就能够买一个漂亮的少女，10颗就是给大领主的礼物了。**可可树**18～20尺高，长4～5个树干。果实像一个甜瓜，悬挂在树干和枝杈上。在其隔层中有许多像杏仁的坚果。**可可**止血、性冷。伊斯帕尼亚的印第安人用它捣碎在水里做饮料。**阿月浑子果**是坚果，被置于糖中，但嫩果被置于醋中，在波斯被用于佐餐。

海枣是一种棕榈树的像扁桃的果实，它们像葡萄一样大团大团地生长在树干上。

仅仅用可可烹制的水相当难喝，而且性冷，因此，某位第一次喝它的西班牙人说：这与其是给人喝的还不如是给牛喝的。但是，人们在西班牙加上糖、胡椒、香草和龙涎香，由此而使这种饮料性热，更好喝。

有阿拉伯**咖啡树**、地中海东咖啡树，此外在美洲有苏里南咖啡树、马提尼克咖啡树等等，在东印度有爪哇咖啡树。它是一种无论考虑到叶子，还是就果实的外观而言都与樱桃树相像的树。干了的果实被轧压，因为在这种情况下，像一个豆角的果核就分成两半。地中海东咖啡甚至在阿拉伯比马提尼克咖啡更贵，而犹太人把许多马提尼克咖啡运往土耳其。——**莲**。——**芭蕉**。——**槟榔**。——**扁桃树**。

R. 各种调料树

丁香树像梨树，丁香是它的果实。

肉豆蔻树像苹果树。被一种人们称之为食果鸟的鸟吞下并 〔361〕
且又排出的那些坚果，价值更高。两种树都只能在安波那岛和班达岛上遇到。在其余的摩鹿加岛屿上，它们已经灭绝。

锡兰岛上的肉桂树。幼树的树皮被剥下来，就是肉桂。果实并不含有许多好闻的油，但却含有许多脂肪。一滴油就价值两个格罗申，在舌头滴上少许几滴，就把虾打发了。

S. 树的其他奇观

在东鞑靼，亦即在卡尔梅克鞑靼，几乎根本遇不到树，而是只有可怜的灌木，因此这一片的鞑靼人也只住帐篷。被荷兰人称为 Mangellaer 的**红树**，从根部长到高处，然后弯曲，又长进土里，在那里扎下根，又长到高处，等等。

巴尼亚树从其枝杈仿佛是垂下绳索或者坚韧的树枝，它们又在土里扎下根，并由此覆盖一整片地方，以至于人们不能通过。如果它长在水边，它就一直长到水里，此时枝杈就悬挂在它身上。有一种木头或者灌木，生长在意大利的一些地方，按照**凯斯勒**和**温图里**的说法既不能燃烧，也不能熔化，哪怕是置于凹镜的焦点。它在外观上像橡木，但软一些，看上去微红，容易砍削、折断，在水中下沉。总的来说，人们在它上面既没有发现沙也没有发现某种矿物质。一些人称它为 Larix。人们在安达卢西亚的塞维利亚也发现了它。——**石棉**。

伊斯帕尼亚的一种树如此有毒，以至于在它的树荫下睡觉就是致命的。它所结的水果是一种剧毒，加勒比人用它淬自己的箭。

非洲和印度的**加拉巴木**结一种果实，切开后就是很好的锅，去除颈就是很好的餐具。

〔362〕**槟榔果**像阿月浑子果和海枣那样葡萄状地生长，被用做印度人不断咀嚼的**蒌叶**。**马钱子**（Nuces vomicae）是锡兰岛上一种像酸橙的果实中的果核。它杀死天生没有视力的一切。用橡树的槲寄生的小浆果制成黏鸟胶。——爪哇和婆罗洲的毒树是见血封喉蟒树。它孤零零地伫立在荒凉的地方。人们只可以接近它到一箭之地。尽管如此，它的沥青状的汁液却是治疗有毒动物咬伤的药剂。

二、其他植物

A. 茶

中国的茶灌木的叶子在初春采摘下来，制成贡茶；二级茶和三级茶就依次较差。人们把一级茶放在太阳下晒干，用手搓卷。二级茶被放在开水上面的平锅中加热，直到它完全蜷缩。三级茶是在煤火上面炒制的。最好的茶出现在北方各省，因此俄罗斯人最喜欢携带茶。日本人在饮茶之前把茶弄成细末。——**砖茶**。

B. 匍匐调料植物

胡椒作为一种匍匐植物沿架子或者树一直爬到18尺的高处。它长得像茶藨子。主要在苏门答腊岛和其他东印度地区可以遇到。**长胡椒**长在一种灌木上，更贵。白胡椒不是自然的，而是在海水中腌渍并在太阳下晒干。——几内亚胡椒和锡兰胡椒。

荜澄茄同样产自爪哇和摩鹿加群岛。这种果实长成葡萄状。

小豆蔻是一种芦苇状灌木的果实。

C. 蒌叶

蒌叶是一种匍匐植物的叶子，除了槟榔果和生石灰，所有印度人不断地吸吮蒌叶。这种美食有一种收敛的味道，把口水 〔363〕
染成红的，把牙齿染成黑色的或者深灰的。在秘鲁，人们使用这种叶子加一点土来吸吮。

D. 香草

香草和前者一样是一种匍匐植物。墨西哥的野蛮人秘密地种植香草。它长在无法攀登的山上。它不需要植入土中，而只需要被绑在一棵树上，它从树汲取汁液，然后也把根扎入土中。香草充满一种有香味的和浓稠的汁液，其中有小颗粒。它是巧克力的杰出配料。

E. 管状茎秆植物

竹子是特别值得注意的，它是印度最有用的植物之一。它长得像最高大的树那样高，在幼小时有一个可食用的核。不劈开时可以用做柱子，但劈开后用做板子和地板等等，里面蒙着的一层竹衣用做纸。在秘鲁有一种竹子，直径 1 尺半，外皮 1 寸半厚。它在满月时充满了水，但在新月时里面却很少水或者没有水。

甘蔗如今在两部分印度和非洲都可以遇到。用食糖的泡沫制成混糖。这种东西被用牛血或者蛋白质洗掉。——糖蜜。——塔菲亚酒。——朗姆酒。——混糖真正说来是生糖。

F. 菠萝

这种漂亮的美洲果实大约长在像洋蓟这样的树干上。其形状如冷杉球果状，大小如甜瓜。其气味出色，味道似乎让人猜想到各种各样的调料。

G. 各种根

大黄来自中国和中国属鞑靼。**金鸡纳树根**是一种收敛和清血的药。人们也把它煮熟密封后带往欧洲。**人参**是最贵的药
〔364〕物，数百鞑靼人在中国属鞑靼不辞艰辛地寻挖人参。据说它使灰发转变为黑发。人们把它切成片，浇上开水。它赋予人新的生机，服用过强的剂量，就造成热病或者发狂。某种山羊据说喜欢人参草，因此其血被视为很有利于健康。**姜**在马拉巴海岸最好。

三、植物的其他奇观

波斯的植物**臭胶树**产臭树脂或者魔粪。人们从根部切下一小片，除去渗出的汁液，此外天天用一片。在印度的许多地方人们在就餐时都用它。甚至面包也必定在用此物之后味道好，满大街都是这种气味；这是其最受欢迎的气味。

鸦片收获自某种罂粟，其顶端被划成十字，然后从中流出这种浓稠的汁液。工人们在从事这项工作时会头晕。鸦片的作用。内装 6 盎司生鸦片的一小管可以消除红痢疾。Bang 是一种大麻，其叶子被榨汁，汁液被印度人用来替代鸦片。

美洲的**卡塔赫纳小豆**。早上食用少许，此后很长时间一点东西也不吃。然后整天没有任何毒物能够伤害人。

敏感的植物（Planta sensitiva）如果被触及，就收拢其枝叶，就好像它们有感觉。

Bejuken 是木质的藤，生在美洲的一种草场里，印第安人使用它，就像我们使用我们的麻绳。

葡萄

葡萄如果移植到别的地方，就变化很大。卡纳林香槟酒来源自莱茵河葡萄，此外还有卡普葡萄酒。马得拉葡萄是从干迪亚移植到马得拉的。在热带没有葡萄。人们在那里用稻子做烈性饮料，美洲人则用玉米做烈性饮料。稻子要长得好就需要很 〔365〕
湿润，以及稻田长时间有水。但是，玉米或者土耳其小麦却像芦苇一样长到 10 尺高。

附录：一些尚属此列的说明

在种种色叶中，值得注意的是 Anil，从它划破的叶子中挤出靛蓝来。它生长在马拉巴海岸。

弗里济亚石是像那不勒斯的一种石头那样的团块，但真正说来却是由缠在一起的有色树根和土构成的团块，其中有菌种。这种菌种非常细微，却毕竟在其中十分常见。人们如果愿意，就能够从中获得蘑菇。只要在上面浇上温水，羊肚菌在 6 天后就成熟。这些**羊肚菌**也相当大。

最后，我还想起关于**基尔希**提到过的植物的重演性发生的虚构。在化学开始繁荣、人们进行各种各样的 curiosa chemica experimenta［细致的化学实验］的时候，出现了这种意见。植物的生长、各种盐的模仿性凝结和结晶为这种虚构提供了诱因。在香槟酒和勃艮第葡萄酒中溶解的氨盐呈现为葡萄；但它在水中也是如此。

如果把水银溶解在硝酸中，特别是也把银溶解在硝酸中，然后把这些溶液混合起来，在文火上烘干至三分之一，就制成了狄安娜之树；此时它呈现为一棵有树干和枝杈的树。

斯堪特树是阿斯特拉恰附近的一种海绵状植物，据在德累斯顿看到过这种植物的**凯斯勒**说，它可以接受任何形状。由于它曾被压成羊羔的形状，无学识的人就相信，它长得像羊羔。因此，说它吃掉自己周围的草，说狼追逐它，这是错误的。

第四卷 〔366〕

矿物界

一、金属

1. 金

金在秘鲁和美洲的其他部分常常要么是挖掘出，要么是从自山间奔流而下的湍急溪流所冲刷的土中淘出。人们在世界的所有地方都发现金。许多河流，特别是几内亚的河流，在暴雨之后都有金粉。因为雨通过其自山间渗出而淘出金粉，并把它连同其他泥浆一起带进河里。出自马达加斯加的金因其坚韧和易熔而著名。当人们用水银把它从它与之混杂的沙中淘出的时候，人们就以用牛皮压制汞合金的方式把它分离。巴西的**平托白金**是一种白色的、但很难熔化的金。人们伪称在匈牙利发现的葡萄中的金核，是裹着一种金黄色果汁的果核；此外还有在葡萄酒中显示的、长在葡萄藤上的金。匈牙利富含金银矿。在克雷姆尼察采的金是最好的。

2. 银

银在世界的许多地方都有。在美洲的波托西和拉普拉塔河畔的矿山里银最常见。人们在那里发现没有脉壁带的团块银矿石，就好像它们是熔化出来的。人们在那里还发现了已经死去多年的印第安人的尸骨，上面已经长出银。在亚洲几乎没有银，因此在中国以银易金有巨利；因为在这里金银的比价是 14 比 1，而在那里的比价是 11 比 1。

3. 铜

〔367〕铜要么出自矿石，要么出自解水。**法伦**铜矿是最著名的铜矿之一。**日本**铜极多。铜水是溶解在硫酸盐水中的铜，通过沉淀从中提炼出铜来，如在匈牙利的**诺伊索尔**。黄铜是铜与杂硅锌合炼而成。杂硅锌在波兰很常见，是一种半金属。

4. 锡

在英国和马六甲有最好的品种。中国和邻近地区的“白铜”是一种白色的锡或者白色的铜，但掺有杂硅锌，由此它就变得可拉长。人们用它制作白铜盒。——**铜锌合金**。——**杂铜**。——**曼海姆金**。

5. 铁

铁到处都是。只不过一种铁矿石比别的铁矿石含量更丰富罢了。铁矿石在经过熔炉高热之前，不那么受磁石吸引。人们在所有的植物中、木头中都发现铁，甚至在人的血液里，在肉和骨头中都发现有铁分子。秘鲁人在西班牙人到达之前对铁一无所知，用铜来制作他们的斧、凿等等。在非洲，在塞内加尔和几内亚，有欧洲人最繁茂的铁条交易，一个黑人的价值按照铁条来计算。

半金属

1. 水银

在弗留利的伊德里亚矿山，水银最常见，有时采集得十分纯。它多半处于朱砂中。伊德里亚和西班牙的阿尔马登矿工患上严重的颤抖和口渴病。如果把他们带到澡堂，就从他们的身体上掉出小水银球。老鼠在这里患上痉挛病并死去。一些工人被它如此渗透，以至于在他们的口中放一个铜币或者他们用手指摩擦它就变成白的。用小麦面团防备渴死。

2. 锑

锑是微黑的，看上去像铅。性脆，用它做的枪弹有毒。

3. 铋 〔368〕

铋很脆，淡黄色。

4. 锌

锌是淡蓝色的，是一种铅矿石，但更硬。在熔炼铅矿石时附着在戈斯拉尔熔炉上，被频繁地刮掉。

5. 杂硅锌

杂硅锌属于一种锌；通过把它加在铜里而制成黄铜。

6. 白坤

白坤半是一种金属，半是一种盐，因为它在水中完全溶解。**钴**和**雌黄**是其中的品种。

可燃金属和其他液态的、可燃的、被采掘出的东西

1. 石脑油

石脑油是白色的。招火焰。在巴格达和巴库亦即在波斯的代尔本从地下流出。

（参见赖乃格斯的《高加索描述》，多处。）

2. 石油

石油是红色的或者深色的。不招火焰。

3. 沥青柏油

沥青柏油与前者很像。但更浓稠、更黏糊；很臭。也被称为魔粪。

4. 琥珀

琥珀似乎是从变硬了的石脑油或者石油产生的。**凯斯勒**报导说，意大利在许多挖掘出琥珀的地方也流出石油；海盐可能导致它的硬化，此外是一种细柔的土。

5. 龙涎香

龙涎香起初是流体的，也常常这样从海中捕出，特别是在
〔369〕中国和日本海岸。但在鲸的胃中，它被发现是硬的。灰色的龙涎香是最美的，并被掺入米粉。

6. 煤精

煤精是一种黑色的琥珀，可以打磨得很漂亮。浮在水面上，在英国的康沃尔以及在符滕堡可以找到。

7. 沥青

沥青（Asphaltum）似乎是一种变硬的沥青柏油，溶解后存在于海水中，特别是在死海中。

8. 石煤

石煤被误视为浸透石油的木头，尽管有时能够发现这一点。它毋宁是被石油或者土等等渗透的板岩。它们在英国的纽卡斯尔最常见，但人们处处都发现它们。煤精与它们的区别仅仅在于，煤精不是以一种石质的实体为基础，而是以一种石质的土为基础。

9. 硫

硫是 14 份硫酸和 1 份可燃物的混合。多半从黄铁矿中获得。人们也在火山喷发时发现生成的纯硫。黄铁矿在古人那里被称为 Piretes，含铁，硬，用钢打的出火。也有黄铜矿和白铁矿，但它们与黄铁矿不同。如果黄铁矿风化，硫就冒出来。

沥青和树脂。——泥炭藓及其生长。——索尔韦湾沼地。

二、盐

有各种盐，要么是酸性的，要么是碱性的，要么是中性的。属于前者的有硫酸盐，它要么是含铜的和蓝色的，要么是含铁的和绿色的。

除了硫酸之外，明矾是一种泥灰岩；在索尔法塔拉煮硫酸盐和明矾，确切地说是仅仅靠地热在铅锅中煮。

矿性盐和**碱性盐**罕被发现。 〔370〕

埃及的氨盐不属于矿物界，而是由于在埃及少盐，人们燃烧掺有秸秆的动物干粪便。其炭黑掺上食盐就制成氨盐。人们在索尔法塔拉也这样做。

中性盐真正说来就是食盐。它从海水或者盐泉或者盐矿获得，在地球上的许多地方都可遇到。在**克拉科**（维利奇卡），有最著名的食盐。硝在自然中不是自己产生的，而是附加了碱，因此，在墙上结碱的地方，必定是渗进了碱性盐（获得硝的新方式）。——**钠**。——来自植物的**苏打盐**；——海岸的**苏打盐**。——欧洲的大盐山。七堡区。——西藏的**硼砂**。

三、石头

所有石头过去都曾是流体的。人们不仅在坚硬的岩石中发现异类物品，而且甚至在一些自然博物馆标本室的水晶中发现成束的鹿毛、一滴水和其他物品。人们也看到钟乳石的产生，而充满了细微的土质成分和一种含盐成分的水就充当了使碎裂的石头重新长在一起的石乳。如果这种石乳充满了许多盐分子，则它就造成水晶或者各种各样有棱有角地长在一起的石头。在石乳石化并且充满矿物质之后，也就从中产生了宝石。人们知道，迄今在石灰石块中还产生出燧石，以至于石化是逐渐地在内部开始的。以这种方式，首先是一种含盐的水结成细腻的淤泥，然后通过盐分子的增多而逐渐地转变为砾石。

1. 宝石

它们总的来说必定耐锉，在光泽或者透明上，在颜色上有某种优越之处。

〔371〕 **金刚石**是所有宝石中最坚硬的；只能用它自己的粉末来打磨；它是最重的宝石。说它在山羊血中溶解，是虚构的故事。1 格令金刚石价值 6～10 塔勒，过去的价值如重量的双倍□□①，例如一块 18 格令的金刚石价值 600 塔勒。它的重量为 4½ 克拉。克拉是马克的 $\frac{1}{24}$，合 4 格令。

佛罗伦萨金刚石重达 139.5 克拉。皮特卖给法国公爵摄政王的著名金刚石重达 142 克拉。国王奥古斯都付给他 80 万塔勒。打磨掉的部分价值 3.6 万塔勒。在莫卧儿王朝的藏宝中，有一块重达 279 克拉的金刚石。金刚石在东印度和西印度可以遇到；但最多的地方是在恒河这边的半岛上绵延的加特山脉。它们如砾石一般处在一个红沙和黄沙的地层上。在格尔孔达王国，金刚石层上面有一个矿物层，看上去含有铁。对于维萨布

① 原文此处缺失。——译者注。

尔来说同样是这种情况，总的来说金刚石就处在作为母土的红土中，如燧石处在白垩中一般。在巴西，近来频频发现金刚石，因为它们过去被视为砾石。几乎与金刚石价值相同的是**红宝石**，它在重量和光泽上几乎与金刚石相同，只不过是红色的和透明的。如果它是鲜红色的，则它就叫做红宝石；如果它是黄红色的，则它叫做锆石。——加长的、凝结的、混杂的石头。——关于宝石的打磨。——蔷薇石、板石和厚石。——印度人如何保藏金刚石并裹在棉花中出售。——金刚石可被烧毁；不是在坩埚中。——红宝石变软。——金刚石末。金刚砂。——17 克拉合 1 个杜卡特的重量。1 克拉合 4 格令。——葡萄牙金刚石重达 11$\frac{2}{9}$盎司，俄罗斯金刚石重达 194$\frac{3}{4}$克拉。

蓝宝石是一种淡蓝色的石头，透明，坚硬，与上述宝石同样有价值。绿宝石特别绿。它越硬，在价格上也就越昂贵。在赖谢瑙修道院里，还有查理大帝的大绿宝石。它比一本大开本的书还大，2 寸厚，重达 28 磅。每磅计 5 万古尔登，因此它 〔372〕
共计 140 万古尔登。

紫晶是透明的和紫色的，这种颜色泛微红。

黄晶是黄色的，或者是金黄色，或者是淡黄色。它不像紫晶那样坚硬。

绿松石是一种蓝中泛绿的石头。它也在法国以动物骨头的形象被发现，它在那里因浸沤而获得自己的颜色。

蛋白石有一种半透明的奶白色，但这种颜色在靠近光线时泛出各种各样的颜色。

橄榄石是透明的，金色；如果它的颜色泛出淡绿，则它就叫做**绿玉髓**，泛出海绿色，则叫做**绿柱石**。

红黄色的红宝石叫做**锆石**，但一些锆石却是灰黄色的、蜂蜜色的，半透明或者完全透明。

2. 半宝石

半宝石不像宝石那样坚硬，但比普通的石头硬。

水晶在瑞士山脉结成有棱有角的晶体，往往很大。

光玉髓很硬，红色，半透明。如果它是肉色的，它就叫做**肉红玉髓**。

玛瑙是杂色的，有时是白色的。

玉髓是杂色的，几乎不是半透明的。

缟玛瑙是一种有白色或者黑色的纹的玛瑙。

缠丝玛瑙有白色的和黄色的纹或者点。

天青石是蓝色的，带有白斑，零星地含有金。人们用它制作**佛青**，佛青是一种蓝色颜料，像金子那样贵。——**电气石**。——**玛瑙**。——**碧玉**。——**拉长石**。——**斑岩**。——**花岗岩**。

3. 马赛克工艺品或者佛罗伦萨工艺

Opus Musivum（马赛克工艺）是用浇铸在薄板上并被切成针一样的销钉的不同颜色的玻璃铸件在一个煅烧过的大理石、橡胶、蛋白和油的面团中拼合而成，以至于仿佛由此点绘
〔373〕出了肖像。在这样一个2平方尺的作品中，有200万个这样的小销钉。人们在此之后把它磨光得像一面镜子。在一块80平方尺的马赛克上，8个手艺人要工作2年。在罗马的彼得大教堂，马赛克很常见。佛罗伦萨工艺是以这种方式用宝石来拼合。

4. 其他石类

雪花石膏玻璃是用透明的、常常很大的板子拼合的，即便在大火中也不熔化。

碧玉在硬度上像燧石，但是杂色的。

石棉是一种含水的石头，它经过敲打和洗涤可以纺织；烧不坏的亚麻墙和同样的纸就来自石棉。

石绒是石棉的一种，有更直、更易弯曲的纤维。

大理石在火中粉碎为石灰。它要么是同一种颜色，要么是有斑点和脉纹的。**佛罗伦萨石**是一种大理石。人们用它烧石膏。

石英充满岩石的裂纹，毫无疑问是产生自一种用盐浸泡过的带有石分子的水。

蛇纹岩在淡绿的底子上有斑点。

斑岩很硬，是红色的，但有颗粒状的斑点，有时也有其他颜色。**板岩**。——**滑石**。——**钟乳石**。——**滑石品种**。——所谓的海泡石，一种烟斗陶土。

5. 还有一些别的石类和土类

浮石是一种燃尽的石煤，它是沥青煤的最好品种，因此在火山地区最常发现。

墨西哥海绵石。它是一种很松软的石头，在墨西哥湾的岩石上有。人们让水渗过它，并伪称水在此之后很有利于健康。它卖得很贵。

博洛尼亚石小，灰白色，表面不平，有含硫的成分，不坚固，但比按其大小比例有的会更重。它在意大利的不同地区被发现，常常有核桃般大。经过煅烧，它获得了在白天吸收光的〔374〕性能。一种火光的闪亮就已经给予它力量，但月光不行。它有一种含硫的气味。**鲍尔杜因**通过英国白垩和碱精的组合来仿造它。人们经常挖掘出并非大自然而是人塑造的石头，例如石制的斧头、武器和箭等等。此外，在瑞士的某个地方挖掘出了一大堆石制的骰子，标着从一到六的符号。

四、土

在各种土中，值得一说的是利姆诺斯、马耳他和利格尼茨的**塑土**（terra sigillatae）。它们都有点油腻，紧黏在舌头上，被用于斑疹伤寒和泻肚。

棕土是出自温布拉或者意大利的斯波莱托的一种棕色的白垩。

鹰石，通常也叫做**响石**，它们在中间有一种咯咯作响的石头。

有散发气味的石头或者**堇菜石**，此外有臭石。近代发现了一种有特殊属性的石头，它吸引灰烬就像磁石吸引铁。

五、石化

大多数河水含有柔和的石化成分。罗马皇帝弗兰西斯一世让人从塞尔维亚多瑙河桥拔出一根桩，人们发现，它虽然自图拉真时代就立在那里了，但石化深入木头仍几乎不到一指宽。如果所有的水都有一种相同的石化力量，则人们就会能够通过这类比较观察推论到我们这个星球的古代了。石化最常见的是在石灰石、大理石、砂岩、板岩、凝灰岩和燧石中。人们发现石化的动物或者其部分。如在瑞士，过去曾从山里拖出一条石化船连同许多人。人们在土里发现鹿角、象牙等等；但有时也
〔375〕发现原本不为我们所知的很大动物的牙齿。人们发现鸟巢连同其卵已石化；同样还有蛇和龟。石化的海洋动物。蛇舌是鲨鱼的牙齿。在德国的含铜页岩中，人们发现鱼的精确印痕。人们发现海象的牙齿。菊石是石化的鹦鹉螺。我略过贝壳类海洋动物，人们在石化的海洋动物中发现了它们的非常多的种类。石

化的木头是常见的。在一种泥灰岩中石化的树根叫做石灰华或者钙华。印出的树叶、果实、扁桃、海枣、李子等等。最罕见的是黎巴嫩山里的一个甜瓜，在其中人们还能清晰地看出所有的瓜子、格层和瓜皮。也有其起源不为我们所知的石化，如所谓的箭石，一些人认为它是海枣螺，另一些人认为它是海胆的刺。犹太石就属于此类，它看上去像橄榄。龟石，即 Buffoniten 是小块半圆的淡灰色石头，一些人认为它是鲨鱼的臼齿。

六、矿物的起源

地球就我们在它里面通过挖掘所能达到的而言，是由地层构成的，这些地层时而水平地一个坐落在另一个上面，时而向一个或者另一个地区倾斜着延伸，但有时在这里那里断裂。这些地层无非是在普遍而又经常重复的泛滥剧变中通过各种各样的泥浆的沉积而产生的。有各种各样的石头和板岩、大理石和岩石、土等等的地层。塑造它们的水在亚得里亚海的海底也还先后形成石层，毫无疑问通过不同物质的组合形成许多矿物和石头的众多种类，它们在地球内部的黄铁矿、酸性硫酸盐物质等等中产生，似乎是通过含砷物质、酸性的和含硫的蒸汽的蒸发，通过与一种精细的金属土的组合，而逐渐地在石中生出，并且还在继续产生。通常，一类矿石在一种作为其母体的石头或者岩石中，而不在任何上面或者下面的地层中，因为这个地层也许恰如其分地吸引和统一了所有这些蒸汽。因此，想迅速 〔376〕
并且突然地完成这样一些产生的人，通常在他们要用其元素组合成例如金这样的金属时，都是在欺骗自己。人们虽然造成了假宝石，但它们缺乏硬度和物质的精确结合。

〔377〕

第三部分　按照地理顺序对所有陆地最重要的自然奇观的扼要考察

第一个大陆
亚洲

中国

在这个大国的北部，冬天的寒冷强过欧洲相同的平行处。这个国家毫无疑问是全世界人口最多且最开化的国家。人们在中国统计出如此之多的居民，相当于其余世界的一大部分的总和。几乎每个省都有运河相通，由此又有较小的运河通向各城市，更小的运河通向各村庄。在所有这些运河上都有桥，桥上有一些带护栏的桥垛，这些桥最中间的部分的高度使得载货的船能够扬帆通过。从广东直达北京的大运河就长度而言在世界上无以媲美。人们用吊车把船从一个运河中吊到另一个运河中，或者吊过瀑布，而不是像在我们这里那样用船闸。中国的长城算上所有的弯曲，长达 300 德里，厚 4 寻，高 5 寻，或者如其他人报导的那样，厚 5 尺，高 10 尺。它越过惊人的高山，借助拱垛越过河流。它已经耸立 1800 年。中国的城市就地基能承受而言，都是齐整的，建成四方形，并被两条主道分成 4
〔378〕个部分，以至于 4 个城门恰恰指向 4 个方位。北京城的城墙差不多 100 尺高。南京的瓷塔高达 200 尺，分为 9 层，耸立了 400 年之久，由瓷构成，是东方最美的建筑。

民族习俗和个性

中国人视之为美的人，高大肥胖，小眼睛，宽额头，短鼻子，大耳朵，如果是男人就有粗犷的声音和大胡子。人们用小钳子拔胡须，只留下一束。学者们从不剪其左手的指甲，以示其行业。

中国人性情极为不动声色。他藏在大山背后，试图探究别人的心灵。对于他们来说，再也没有比勃然大怒更可鄙的了。他们极为艺术地作伪。他们能够把一块撕下的丝料如此漂亮地重织在一起，以至于最精细的商人也不能发现；他们用铜丝把打碎的瓷器如此缝合，以至于没有人最初觉察到破裂。中国人在被牵涉到欺诈时并不羞愧，除非他由此被人看出有些笨拙。

中国人有报复心，但能够忍耐到合适的机会。没有人进行决斗。他非常乐意游戏。胆怯，很勤奋，很恭顺，客套得过分；执著地崇拜旧习俗，在来世方面尽可能地无所谓。中国少女因童年的裹足而脚大不过 3 岁孩子。睫毛低垂，从不露手，此外白皙且足够美。

饮食

在中国，一切都是可吃的，直到狗、猫、蛇等等。一切可吃的东西都按照重量出售；因此，他们用沙灌满鸡的膆子。一头死猪如果更重，也就比活猪更值钱。因此就有把活猪毒死、〔379〕
把它扔到水里之后再捞上来的欺诈。人们不用叉子，而是用两根乌檀木筷子。中国人也不用调羹。他们不是像其他东方民族那样坐在地上，而是坐在椅子上。每个人在宴席上都有其自己的小桌子。在他们那里所有的饮料都是热饮，甚至酒也是，而饭菜却是冷的。在宴席上，某个人敲打节拍，然后所有人都同时举起自己的杯子饮或者做出饮的样子。当他们开始把某种东西送到口中时，以及他们应当停止时，要由主人给出信号。所有这些都默默地进行 3 个小时之久。在饮宴和正餐后的点心之间，人们在花园里散步。这时来了戏子演逗乐的滑稽剧。他们手中拿着鹌鹑，以便把它们当做手笼来取暖。鞑靼人在这里也用马奶做烧酒，并把它置于阉羊肉上蒸馏，它由此获得一种强烈的但令人恶心的味道。

礼仪

在中国没有人骂人或者诅咒。当他通报时，当他拜访时，他所说的一切，他应当做什么手势和说什么言辞，主人在此时说什么和做什么，这一切都在官方编纂的礼记中予以规定，一个字也不得偏离。人们知道应当如何客气地拒绝某种东西，而在适当的时候则迁就。没有人必须在问候时脱帽，这被视为不礼貌。

农耕、果子和手工作坊

山丘被整成梯田。粪便被从城里沿水道运出，和水施到干燥的农田里。每块地，哪怕是极小一块地，都被利用。上面已说过油树。关于蜡树，人们说一种像蚊蝇那样的昆虫不仅蜇透树叶，而且一直蜇透树皮直到核心或者树干，从中滴出像雪一样的白蜡。茶树。竹子，他们用竹子制作几乎所有器具，甚至小船。竹子的外皮被制成刷清漆的纸，薄而光滑，但易被虫
〔380〕蛀。因此，他们的书必须誊写。一种柔韧的中国芦苇，人们用它编织锚索，这种锚索不像用麻制成的那样容易腐烂。漆树，中国人用它的漆给自己家里的一切东西上漆。**人参**，因其像一个人的下体那样分成两个枝杈。皇帝每年都派上万鞑靼人到中国属鞑靼去为他搜集人参。其余的他们可以出售。人参极其昂贵。蚕在南方各省不用照管而在桑树上吐丝结茧。丝料尤其是

织上龙作为装饰。他们的墨或者中国墨水是用灯灰制成的，人们用麝香使它很好闻。皇帝每年都有一次公开耕地。

科学、语言和律法

他们的天文学虽然古老，而且在传教士到达之前许多世纪在北京都有一个天文台。然而，他们的历法却是大错特错的。对日月食的预报几乎达不到天，不像在我们这里达到分钟。但是，他们从表格出发作出这种预报，所以人们就无法理解，他们的学者怎么可能相信，月亮或者太阳在日月食的时候是被龙吞噬，他们试图用击鼓来从龙那里夺回其猎物。但是，也可能这是从蒙昧时代流传下来的一种古老的迷信，中国人作为古老习俗的固执崇拜者还保持着它，尽管他们看出了它的愚昧。数学和其他科学的知识替代奇迹服务于福音的布道。中国语言只有 330 个单音节词，它们都不变格变位，但不同的音调、送气和组合构成 53 000 个词。他们的书写符号所指并不是音调，而是事物本身，有时它们也包含更多的概念。例如，**“先生，早上好！”**就是用一个字符表述的。交趾支那和东京的居民也许理解中国人的文字，但不理解他们的语言。一位学者至少必须能够书写和认识 2 万个字。他们用针灸或者用热铜片烧灸来治疗许多疾病。一些皇帝和其他人长期受关于长生不老药的怪 〔381〕
念头拖累。印刷术是这样的：人们把一本誊写好的书的书页贴在一个长木板上，把字刻进木头。中国人有 gradus academicos [学位]。进士的候选人通常由皇帝自己考试遴选。最重要的官职就由他们担任。由于他们的所有档案都被他们 2 000 年前的某位皇帝焚烧干净，所以他们的古代历史几乎仅仅由口授构成。他们的第一项律法是孩子对父母的顺从。如果一个儿子打父亲，则整个国家都为之震动。所有的邻居都被审问。他本人则被判处凌迟成上万片。他的房子以及该房子所处的街道被摧毁且不再重建。第二项律法是对上司的顺从和恭敬。

第三项律法涉及礼貌和礼仪。

偷盗和通奸被处以笞刑。每个人在中国都有抛弃、勒死或者溺死对自己成为累赘的孩子的自由。之所以如此，乃是因为国家人口众多得要促成婚嫁。他们尽管勤劳，每年却在这个或者那个省饿死数千饥民。在北京，每天都出一份邸报，上面公布官员们的可嘉或者应罚行为连同对他们的奖赏或者惩罚。

宗教

宗教在这里受到相当冷淡的对待。许多人不信任何神；另一些接受一种宗教的人也不多参与。佛教是人数最多的教派。他们把佛理解为成为肉身的神祇，这个神祇现在尤其是驻在西藏巴兰特拉的大喇嘛身上，并在他身上受崇拜，但在他死后又转到另一个喇嘛身上。佛的鞑靼祭司被称为**喇嘛**，中国祭司则被称为**和尚**。天主教传教士是这样描述与佛相关的信条的，从它们可以看出，这必定无非是一种蜕化为大异教的基督教。据说他们在神祇中确定三个位格，而第二个位格立法，并为人类
〔382〕流血。据说大喇嘛也主持一种用面包和酒的圣事。人们也崇敬**孔夫子**这个中国的苏格拉底。这里也有一些犹太人，他们就像基督降生前马拉巴海岸的犹太人，已经不怎么知道犹太教。佛教相信灵魂转世。在他们中间有一种意见，认为无是万物的起源和终点，因此有一段时间无感觉并放弃一切工作是虔敬的思想。

婚姻

人们凭父母缔结姻缘，用不着双方见面。姑娘得不到嫁妆，反而为此被出售。谁钱多，就随意买多少女人。老鳏夫或者老光棍在中国人那里是罕见的事情。男人如果愿意失去聘

金，就可以在接触女人之前把她送回去；但女人不能这样做。

出口商品

属于此列的主要是红茶、星罗茶、水银、金鸡纳树根、大黄、芦苇和加工过的丝、铜锭、樟脑、扇子、绘画、漆货、瓷器、西谷米、天青石以及白铜。印度燕窝是与海燕相像的鸟的窝，这些鸟用海的泡沫与在它们嘴里生成的汁液混合而筑成那些窝。它们是白色透明的，被用在汤里，有一种芳香的味道。

（英国人自**马戛尔尼**的团体旅行以来的最新报导使我们在许多事情上从一个不同于迄今传教士的报导的方面了解了中国。但是，即便在那些信息中，还无疑存在着重大的夸张，但这毕竟不是英国人的错。）

东京

东京[①]过去属于中国。它在中国的西南，离中国最近。这里的炎热在白天最长的月份里更甚于在赤道。在这里，热带列举过的季风是有规则的，亦即从四月底到八月底吹西南风，而 〔383〕
接着就是雨，从八月到十月是常见的台风，特别是在新月和满月前后交替吹西南风和东北风。从十一月到四月是东北风和干燥的天气。涨潮和落潮在这里与其他地方的不同。涨潮持续 12 个小时，落潮也同样。从新月到上弦，同样从满月到下弦涨大潮。其余的时间是小潮。在大潮时，水随着月亮升起开始上涨，而在小潮时则随着月落开始。如果雨在该来时未来，则人们就由于饥困而卖掉自己的孩子、老婆，甚至自己。国家人口众多。居民们是黄肤色，长得匀称，脸部扁平，相信有白牙

① 河内的旧称。——译者注。

齿是一种特权，因此 12 岁或者 13 岁就把牙齿染黑。槟榔很流行，和在印度其他地方一样。他们在贸易上比中国人诚实，也出售丝料和漆器、印度燕窝和麝香等等。

他们在宗教和法令上与中国人有许多共同之处。

交趾支那

在国王的军队中，就像在东京的军队中一样，对最适合肉搏战的士兵的测试是这样进行的，人们让能够吃米最多最快的人来担当此任，因为人们认为这些人是最勇敢的。这个民族是冷静的和有节制的。腐鱼是他们的最美佳肴。他们固执、不忠实、偷窃成性、不公正并且很自私。国家贫穷。人们用女人向船员们交换金子，而女人们很渴望这种交易。

暹罗与其他部分地向这个帝国纳贡的国家

马六甲半岛盛产胡椒。首都马六甲曾因著名的马六甲海峡
〔384〕而是东方最富有的城市之一。因此，马来语到处都很流行。

在暹罗王国，马纳姆河也造成其规律性的泛滥，确切地说是在夏季。白象（他们拥有白象很少多过一头）被用金碗来服侍，据说某个王子的灵魂驻留在它里面；除它之外一头黑象也很受重视。暹罗王宫是亚洲所有黑色王宫中最富丽堂皇的。房子建在 6 根竹柱上，由于泛滥而离地 13 尺，且每个人当时在门前都有一条小船。暹罗人在危险时怯懦，通常却无忧无虑，冷静，吃东西很快，但懒于把某事做得完善，对谦恭的人固执而对固执的人谦恭，通常能控制自己的情绪。他们个子小，但很匀称，宽宽的黑脸，尖额头和下巴；他们的黑眼睛小，鼻子短，耳朵大；他们努力地使指甲长得很长，一些人用铜箍上指

甲。他们很不爱喋喋不休。

他们也多礼节。实例：他们带着其国王给法国国王的信而不愿意住宿在最下面一层。

喜食腐烂发臭的鱼是他们与交趾支那人的共同之处。Ballachare 是吃捣碎的鱼的必备品，这种鱼腌制很差，而且腐烂了。他们把 Ballachare 用做酱油。他们用半腐烂的小虾做同样一道菜，这些虾被捣得像芥末那样细。

可可果油如果放一段时间，对于欧洲人来说令人作呕；但他们吃起来在任何时候都胃口很好。他们同一般来说在热带印度各地一样，吃肉不多，欧洲人在那里也同样戒了肉。但是，他们最爱吃的东西却是内脏。他们在贸易上很诚实。他们也使用上文所说的贝币，人们在这里称它们为摩尔人牙，是角状贝壳，用以代替硬币。600～800 贝币合 1 芬尼。这里的人们很善于制金箔。在绘画上，他们像中国人那样画惊人的、纯然不可能的事物。

暹罗的土地由于江河泛滥而覆盖着厚厚一层黏土，人们在这里很难找到一块燧石。在他们的植物中，我只说在东方如此 〔385〕
著名的 **Aleoholz**，它除此之外也叫做天堂木、Kalambak 木、Aquila 木，是在暹罗，此外在交趾支那发现的。它的质量如此不同，以至于 1 磅有时要付 3 塔勒，有时要付 1 000 塔勒。人们把它用于寺庙中的香火。

葡萄牙人把在中国也有的暹罗生锡称做 Calin，人们给它加上杂硅锌矿，由此制成白铜。

它们的科学差劲。要说的是，这里的医生们用一种轻柔的按摩和和抚摩治愈许多疾病。通常，如果发生未知的疾病，他们就想象病人因巫术而在胃里有一整张鹿皮或者一块 10 磅重的肉，他们承诺用医术排除它。

占星术士被重金聘请；如果他们预言不中，则痛揍一顿就是他们的酬报。在讼案中，如果证明不大可能，人们就可能通过火刑验罪或者水刑验罪来阐明自己的清白，就像过去在我们这里那样。祭司也大声念咒让被告服下催吐药丸；谁服下去呕吐，谁就是清白的。在战争中，他们是差劲的勇士。在与勃固的战争中，两军试图尽可能久地相互回避。如果他们偶然相遇，他们就互相朝头上方射击，如果某人偶然中弹，就说他咎由自取，因为他来得太近了。每年的泛滥使战争终结。他们有大量的男女修行寺院，比在葡萄牙的修道院还要多。男修行者被称做**和尚**。他们教导说，世界上的一切，无论是有生命的还是无生命的，都有一个灵魂，灵魂从一个身体转到另一个身体。他们甚至伪称自己回忆起这种转世。人们焚化死者，连同其最好的财产，经常还有女人，为的是此人在来世又找到它们，因为按照他们的见解，他们在死后被置于天堂或者地狱。他们拒斥神的佑护，但却教导说，有一种命定的必然性赏善罚恶。他们不愿意流血，不从植物中榨汁，不杀死任何牲口，只在它自己死亡的时候才吃它。因此就有他们与勃固人的温和战
〔386〕争。和尚靠布施为生，他们亲切热情且有德性。人们在他们这里并不真是崇拜一个至高的存在者，而是崇拜索莫纳·卡达姆，即一个过去的和尚，他据说生活在极其幸福的状态中，如他们所相信的，人们在多次通常转入别的身体之后也将达到这种状态，因为他们的灵魂与世界灵魂相混合，作为一颗火星留在天国。但据说索莫纳·卡达姆因其极为神圣而已经达到。无神论者被判处永远转世到其他身体。

无动于衷在他们这里是最大的幸福。他们的尸体被焚化。

勃固

勃固现在属于阿瓦。落潮和涨潮在勃固河和阿瓦河邻近其

入海口的地方异常猛烈。国王称自己为**白象之主**，这和暹罗国王一样。

除了火刑验罪和水刑验罪，人们也让被告咀嚼生米，威胁他，如果他有罪就必定噎死。与霍屯督人的类似之处，因为霍屯督人就是如此粗暴地对待晦气的人的，他们抚摩这些人的手和脚，把这些人抛来抛去，以至于旁观者就已经恐惧不安，而这是一幕悲惨的戏剧。最严厉的惩罚在这里和在其他邻近国家一样，是供象消遣。勃固和尚被誉为世界上最慈善的人。他们靠逐屋乞讨来的食物为生，并把自己不用的东西施给穷人，他们为生活在那里的一切行善，不分宗教。他们相信，神喜欢宗教的区别，认为所有使人行善和富有爱心的宗教都是好的。他们极力敉平人们中间的一切争执。

女人们喜欢与欧洲人接近，而如果她们从欧洲人那里受孕，就有点自负。她们的衣着有伤风化。总的来说，这个民族相当体态健美和善意，尽管不勇敢。

若开 〔387〕

这个国家的居民给他们的孩子在额头上置一个铅片，以便把他们的额头压宽。他们认为这是一种特殊的美，他们眼睛小，使自己耳朵大，因为通过把有时候越来越粗大的羊皮球塞进打出的孔中，耳朵一直垂到肩上。他们极其自私。他们和其他印度人一样，要等到鱼发臭才把它拿到市场上。要使一个女人作为处女而得到一个男人是困难的。如果她们有证据说明自己已经与一个男人有染，则这就是缔结婚姻的一个重要推荐。人们在这里和在前面提到的国家里一样焚化尸体。人们从这个国家带出宝石。通常在野生状态很狂野的野牛，在这里被驯化得很适合驮载和其他工作。

阿萨姆

阿萨姆在若开和勃固的北边。就该国出产的东西而言，它是亚洲最好的国家之一，有最好的虫漆，有金和银。居民们制作一种很好的火药，据说火药也是在这里发明的。死者连同其所有的家具，也许还有动物一起埋葬，以便它们在来世仍为死者服务。北部居民看上去很美，只不过他们患有甲状腺肿。狗肉是宴客的主菜。盐仅仅人工从某种生在静水中的草里提取，他们从它的灰烬中洗出盐。古代德国人据说在这之前以同样的方式获取盐。

印度斯坦

直到英国人的政治制度在那些地区引起了如此强劲的革命的近代，大莫卧儿王朝一直是这个大国的统治者，从鞑靼山脉直到科摩林角，即恒河这边的半岛的最尖端，从波斯直到若开和阿萨姆。在上述半岛上，虽然有许多国王和王公在
〔388〕统治，但自从伟大的奥朗则布征服了他们以来，他们都向莫卧儿王朝纳贡，但如今也部分地向英国人纳贡，甚至把他们的许多大庄园都并入了东印度公司的庄园。半岛的居民出自摩尔人和阿拉伯人血统，因为在250年前，这些人在这里站稳了脚跟，并到处散布开来。所以，有时形象与非洲的摩尔人相似。

1. 恒河这边的半岛

在这里，与总的来说在热带的北部一样，占支配地位的是季风的交替。然而在不定的月份里，在交替风完全到达之前，

有可怕的飓风与暴风雨相混合，它们造成残酷无情的破坏，面对它们没有一个人能够站立得住。陆风和海风也每天交替。海风从中午吹到午夜，而陆风则在其余时间里吹。雨季在马拉巴海岸六月底才开始，一直持续到十月底。与此相反，在科罗曼德尔雨季迟 6 个星期才开始，同样持续的时间比这还要多 4 个星期。西海岸比东海岸河流更多。河流都很小，因为它们多半被引出，被引到稻田里，此外是因为它们并不汇合而形成大的河流。

在科摩林角有珍珠滩，那里尤其是荷兰人在采集。

在科钦国王治下，数千家犹太人生活在马拉巴海岸，他们也许是在尼布甲尼撒时代来到这里的，而且很少知道先知和基督。

在格尔孔达和维萨布尔，有著名的金刚石矿井，人们有意地填上了它们中的一些最丰富的，为的是这种宝石不会过于常见。在加特山脉，住着一些从未臣服莫卧儿王朝的君主。

在坎贝湾，有世界上最快的涨潮，据说甚至一匹马也不能逃脱。

2. 孟加拉 〔389〕

孟加拉总的来说有很伟大的艺人。他们的画布超越了一切可能的精致。在制作彩色玻璃、丝料、砌墙的好灰浆、各种各样的好药材和中国工艺品方面，他们都很著名。

3. 克什米尔

克什米尔位于山脉旁，有着像欧洲最宜人的国家那样温暖的空气，也有着这样的肤色和能力的居民、这样的果子，被视为一座地上天堂。

（在这里，**康德**的原始手稿有一处空白，根据我在这里按照在前言中说明的理由而奉为法则的几乎不改真本原样的精确性，我现在不能填补它。我再一次重申：本来**康德**可以还在若干年前就以完全不同的方式提供这一切；我也会没有那些理由而同样以不同的方式行事，但这样做是不行的，而康德又以一种我不能违抗的急切善意要求我编纂他的自然地理学。——**编者附释**。）

摩鹿加群岛

这些岛屿处在特尔纳特岛、蒂多雷岛和巴占岛三个国王治下，他们都是穆罕默德教徒。他们把国家主权转让给荷兰人，且没有一个荷兰人能够不经其同胞的同意而被惩罚。他们也与荷兰人签订了一个条约，荷兰人支付某份可观的年金，把他们所有岛屿上的肉豆蔻树和丁香树砍光，安波那岛和班达岛除外，荷兰人为了保护自己的贸易时可以安置军营。摩鹿加群岛的居民懒惰、胆小、盛气凌人、奸诈、说谎成性、以阴险的方式复仇，并不视卖淫为罪恶。在这里，与在印度大陆一样，可可树或者其他棕榈树到处都是。树叶是他们的桌布，也是他们
〔390〕的盘子，可可壳也用做盘子。掏空的竹筒是他们的喝水容器。西谷米是他们的面包。丁香树仅仅在安波那岛被容许，而肉豆蔻树仅仅在班达岛被容许。**舒尔茨**关于特尔纳特岛的居民写到，他们在战斗中是勇士，但有一种永恒的复仇欲，此外肤色很黑，长头发。安波那岛及其附属岛屿的土地通常是最好的土地，但除此之外，这些岛屿是贫瘠的，不值得荷兰人花费金钱，如果把调料除外的话。丁香树就像梨树，如同肉豆蔻树像苹果树一样。

西里伯斯岛或者望加锡

西里伯斯岛或者该岛的北部属于特尔纳特国王。但望加锡，即南部，则直接处在荷兰人的保护之下。那里有金砂、沉香木、檀香木和各种染料木。居民们用溶化在水中的鸦片喷湿他们的烟草，或者把大头针针头大小的鸦片放进烟斗里，由此他们在战斗中就变得勇敢起来。望加锡人似乎是住在孟加拉湾彼岸的惟一一个好战的民族。他们像瑞士人那样被招募到别的宫廷充当卫兵。望加锡人肤色微黑，鼻子扁平，确切地说是在童年压成这样的。他们的字母与阿拉伯字母相像，如同他们自己也可能源自阿拉伯民族一样。他们显得气质高贵，容易动气且暴躁，不奴性地臣服。他们是穆罕默德教徒。他们用吹管射箭。

巽他群岛

婆罗洲

婆罗洲是所有已知岛屿中最大的岛屿之一。在泛滥之后从地里升起的蒸汽，然后留下来的害虫的恶臭，继炎热之后突如其来的冷风，使这个岛屿成为一块不利于健康的陆地。季风吹拂，南海岸从十月直到四月是西风，伴有多雨，从这时起直到十月是东风和干燥的天气。不过，罕有一天不下阵雨，因为每〔391〕
天还有陆风和海风的交替。北海岸尚无人迹。24 小时只涨潮一次，确切地说是在白天，因为夜间陆风强劲地阻止涨潮。海岸的居民是穆罕默德教徒，陆地内部住着异教徒。后者也和望加锡人一样用吹管射箭。他们也配备一种刺刀。婆罗洲的居民是黑肤色，但有长发。陆地内部的异教徒用蓝颜色文身，拔掉自己的门牙，安上金牙。人们在这里购进金锭和金砂，此外有龙血树脂、猴子和牛黄、最佳的樟脑、燕窝、黑胡椒和白胡椒；后者由于是自己落下并在太阳下晒干的，所以更好。这里也有金刚石以及猩猩。这里也流行关于据说吞食月亮的龙的说法。婆罗洲的居民们相信，所有的疾病都来自一个恶的精灵，他们向这个精灵献祭牺牲以及一条小船，并让小船沿河而下。

爪哇

在这座岛上，有五位国王统治。在班特姆国王的国土上，建造起巴达维亚城。马塔兰国王是最强大的。从十一月直到三月，占支配地位的是西风和潮湿的天气，与此相反，从五月直到十月则是东风和干燥的天气。荷兰人在爪哇岛上的所有可观的城市里都把守住要塞，并且给除巨港君主之外的所有君主都提供卫兵，为的是让他们保持安分。

占统治地位的宗教是穆罕默德教。陆地内部则是异教徒。

爪哇人是黄肤色，宽脸膛，两颚突出，鼻子扁平，偷窃成性，固执且奴性十足，时而暴躁，时而怯懦。欧洲人如果想在自己的奴隶那里逼问出供词，就把一根劈开的棍子架在他们的脖子上，而且他们必须说：“**黑约翰，如果我有罪，我就把自己的脖子拧断！**”通常，如果他们有罪，他们是下不了决心这
〔392〕样说的；或者，欧洲人给他一堆干米来咀嚼，并且让他想到如果说谎就将噎死；因为在这种情况下，这种想象常常能榨取真情。或者，他们给他一根棍子，一手指长，嘟嘟囔囔地说着某种东西，并且让他想到，这根棍子如果在有罪之人那里待一段时间，就会变长一指宽。此人就相信这一点，并把它截短一点。人们在爪哇发现有许多胡椒、甘蔗和小豆蔻，这种调料长在一种管状的树上。这里虽然有葡萄，但人们不会用它酿葡萄酒。此外还有荜澄茄，一种像胡椒植株的匍匐植物。罗望子

果，即一种像栗子树那样的结长角果的树、安息香和槟榔果。这里有猩猩，尽管很少，有犀牛，有 25 尺长吞食整个人的蛇。一些人讲述，人们从这样一条蛇的肚子里掏出一个孩子还活着。东方蠊属于陆地上的大祸害，它是一种什么都吃的甲壳虫，在睡梦中咬伤人，而且恶臭。

苏门答腊

此岛不利于健康。气候通常从极其炎热突然转变到酷冷。在海岸上，有海水蒸发之后的泥潭和沼泽，造成不利于健康的、发臭的雾。外来人的死亡如此常见，以至于人们几乎失去了对它的一切恐惧。阿钦是这个岛上的王国之一，在岛的北端。这里在潮湿的季风时下的雨惊人地大。苏门答腊的居民微黑，脸扁平，鼻子小，他们把牙齿染黑，用发臭的油涂身。他们在海岸边的是穆罕默德教徒，在内地的是异教徒。他们除了槟榔还大量地使用鸦片和 Bang。最重要的陆地产品是胡椒，其次是大米，再次是甘蔗。这里从溪流中淘出很多金子，比亚洲其他任何地方都更多。

他们的 Prönen 在两侧都有作为舷外桨架的外框，风暴时上面坐两个人，确切地说是坐在相反的一侧，以防翻船。

尼科巴群岛和安达曼群岛 〔393〕

这两个群岛位于苏门答腊岛北边。居民个子高大，体型匀称，肤色深黄。他们有一种果实，被他们用做面包，因为他们没有别的粮食。他们也不吃很多肉。人们错误地指责，说他们吃人肉。一般而言，所有旅行者中间最有理性的人都认为给许多未知民族捏造的这种残暴是不真实的，**丹皮尔**亦属于此列。

巴布亚陆地

尚未完全搞清这是不是一座岛。海岸的居民黑肤色，仅仅靠鱼为生。他们的宗教据说是崇拜一种有绿纹和红纹的小石头。新荷兰是**丹皮尔**在南纬 18 度发现的。居民是黑肤色的，像黑人一样长着浓密卷曲的头发，几乎同样丑，不能大睁眼睛，是地球上最贫穷的一个民族。

这个海洋的其他岛屿

爪哇附近东边的巴厘岛也叫**小爪哇**。居民几乎都是偶像崇拜者。他们比爪哇的居民更白，忠实可靠、勤劳、勇敢，尤其是他们的女人都很有理性、勤快、心肠好。因此，中国人喜欢找这样的女人做老婆或者在爪哇做女奴，但也喜欢爪哇男人做奴隶。这里流行一种恶俗，即女人必须随死去的男人自焚。当 1691 年巴厘君主去世时，他的 400 个女人中有 270 个被用匕首捅倒，然后她们放飞手中拿的鸽子，并高喊：**“皇帝，我们来啦!”**，最后她们被焚化。

惟有在索洛岛、帝汶岛和一些邻近的岛屿上，才发现真正的檀香树，既有白檀香树，也有黄檀香树，还有红檀香树。

〔394〕

锡兰

锡兰位于离印度大陆仅 8 里处。如今荷兰人占据着海岸，锡兰皇帝则占据着内地。这块陆地的旧居民被称为**僧伽罗人**。他们是棕肤色，但不丑，果断、活泼且礼貌、温柔、节约，但说弥天大谎，大米是他们的主要食粮。他们的最重要树种有：1. **扇形棕榈**；长着巨大的叶片，如风扇般长在长柄上。居民们旅行时把它们顶在头上挡太阳和雨。每一个士兵都有这样一片树叶做帐篷。树直到它要变干的最后一年才结果实。2. **糖棕榈**，他们从其抽出的汁液中熬红糖。3. **肉桂树**只在这座岛上可以遇到；剥下下面第二层树皮就是肉桂。有许多种类的肉桂树。每棵树一旦被剥皮就死掉，而且它为被用于此目的就必须生长 6 年。全部杰出的味道就在从里面裹着树皮的那层柔皮上，其油脂在烘干时就渗入树皮。木头、树叶和果实虽然有一些气味，但很少。一种鸟被称为食肉桂果鸟，通过未被其消化的果核来传播这种树，就像在砍掉树之后长出新嫩枝。这些树的气味在海上老远就能闻到。人们从它们的根提炼樟脑。

这座岛有一大群象，居民们善于捕捉和驯化象。血刺猬在这里是旅途中的一种惊人的麻烦。此处内地的纸是由从扇形棕榈的树叶割出的伤痕构成的，而且人们是用石刀把字母划在叶面上。他们崇拜一个至高的神，但毕竟也敬拜圣徒和英雄的肖像。在亚当峰的山顶，据他们伪称，有他们的神即佛的足迹。他们敬拜这些足迹。人们发现一些宏伟的且很古老的庙宇，它们必定是在一个很强大的君主统治它的时代建起的。因为他们现在根本不知道修葺它们。丈夫在这里不吃醋。女人把自己的孩子抛弃掉或者送人，如果孩子按照她们的想象是在一个不幸 〔395〕
的时刻出生。蟒蛇吞噬整只鹿。人面蜘蛛大如拳头，有毛、发光和透明。其咬伤导致妄念。

马尔代夫群岛

“代夫”在居民们的语言中是“岛”，而“马尔”则是所有这些岛屿中最主要的岛，是国王的主要驻地。两个词组合成

"马尔代夫"。所有这些岛屿的范围超过200德里。它们分为13个环形岛或者岛群，亦分为13个省。每个环形岛都被一个浪花飞溅的特别石滩所包围，如果马尔代夫国王自称万岛之王，则这是一种亚洲式的夸大。大多数岛屿无人居住，除了树不产任何东西。另一些岛屿则是纯然的沙堆，在涨大潮时被淹在水下。这里没有河流，而只有泉水。在岛群之间延伸的水道只有四五个可以通航，而这由于湍急的水流和众多的礁石也非常危险。这里的炎热很温和。雨季从四月一直持续到九月，在这期间吹着西风。其余的月份吹东风，天气总是晴朗。马尔代夫人很美，尽管是橄榄色的；他们似乎源自于马拉巴人。人们在这里小心翼翼地把剪下的头发和指甲与其余同属于人的部分掩埋起来。主岛**马尔**处在所有这些岛屿的中央。这里有一种树，其木头非常轻，潜水员在海里把这些树的木板捆在沉没的物件上，他们以此捞出白色的、光滑的石头。这些石头经一段时间就变成黑的，然后用于建筑，也大可用于其他目的。

宗教是穆罕默德教。马尔代夫人除了在荣誉地位、出身和财富方面与自己完全相同的人，不与任何人一起吃饭。由于这很难查清，想款待外人的人通常把一张桌子连同吃食送到他们房子里。

〔396〕 蒌叶连同槟榔在这里也被无节制地使用。为医治在阳光下待久了产生的眼痛，他们吃煮熟了的鸡肝，如一些人自称亲身体验，这是有用的。这个民族很好色。国王的宫廷看上去相当豪华。马尔代夫可可果是从海中捞出来的，人们却不知道它们来自何处。这些可可果很珍贵，据说是药材。在这里，人们发现叫Bolis的小海螺，它们在印度被称为贝币，满满30～60船被主要运至孟加拉，在那里换成现金。它们在非洲也有效。居民们在工作上心灵手巧。

波斯

这块陆地尤其在其中部，在大不里士和设拉子等地区，冷热交替强烈。在这块陆地上有许多无人居住的荒漠，此外有在雨水干了之后结盐晶的盐漠。在波斯中部，没有可通航的河流，而且总的来说，世界上不容易有一块陆地邻近海洋却河流如此之少。从六月直到九月，天气总的来说是晴朗的。

在邻近地区的波斯湾，来自克尔曼荒漠的风热得灼人，而且是红色的。它不是别的，就是著名的萨米尔风。霍尔木兹岛结盐晶达 2 指厚，很炎热。

波斯血统很混杂，也就是说由阿拉伯人、鞑靼人和格鲁吉亚人而混杂，他们常常娶格鲁吉亚女人。因此在他们的形象上，除了橄榄色之外没有特殊的标志。袄教徒是古代民族的遗产。琐罗亚斯德是他们的先知。他们常常在南方各省可以遇到，并且崇拜火。波斯人诙谐乖巧。他们非常喜爱诗，甚至根本不懂波斯文的人也喜欢。少女在 8 岁就可嫁人，在 30 岁就不再嫁人了。在波斯，天文学很受尊重。国家向在这方面成就卓著的人赠送 200 万塔勒。由于他们到处都与医生一起被用于病人（他们毕竟与医生总是有意见分歧），所以他们有强大的 〔397〕
社会关系，由此能够轻易地得知秘密的事情。在波斯，一件光彩的事情就是，高贵的人士以各种各样的方式在老年时举办公开讲座，把自己的科学和经验传授给年轻人。至于宗教，它构成了穆罕默德教的一个教派，但土耳其人很仇视这个教派。不过，人们在他们的著作中常常发现关于天堂和地狱的概念，比在《古兰经》中所读到的纯粹得多。人们在这里讲一个优美的寓言，说的是三个孩子，其中之一童年就死去了，第二个是作为无神论者死去的，第三个是虔诚地死去的。另一个寓言说的是天使转变为人的肉身的尝试。按照他们的学说，好的作品是神恩的标志，但不配永福。据说灵魂在死后获得一种轻柔的气状身体。

亚当真正说来并不是因吃禁果犯罪的。之所以要劝阻他这样做，只是因为他不能像对其他食物那样食后排泄这种未成熟的食物。他被逐出天国，是为了不让他污秽天国。通常，他们在布道时的虔诚是很差劲的，因为好些人在抽烟，一些人在私下交谈等等。在这里，也常有苦行僧和托钵僧游荡。近波斯湾处，有所谓的约翰派基督徒，他们对基督一无所知，大肆宣扬洗礼，时常怀念约翰。这里从岩石中流出石油。设拉子酒据说是世界上最美味的。人们只是偷偷地喝酒，但却公开地陶醉于鸦片、Bang 和罂粟籽饮料。他们抽烟要过水。他们有很强烈需要的鸦片，是从罂粟植株 Hiltot 中通过刻入其顶部获得的。工人们此时患上经常性的头晕。在花拉子模有许多木乃伊，但纯然是沙漠干尸。珍珠采集带来 500 万塔勒。现在，人们让贝壳滩歇业了。人们从波斯带出的最佳商品之一就是丝。盦石是一种土，在锅里熬煮，沉淀在锅边。这里的海枣和阿月浑子很美。波斯人在其疗养上追随盖伦，并且相信他在这方面从基督那里学到很多。据说他把自己的堂弟菲利普派到基督那里，从
〔398〕基督那里受益匪浅。阿维森纳（伊本·西拿）是其最伟大的哲学家和医生（参见据**萨洛门**描述的阿拉伯和大鞑靼的当代国家）。

阿拉伯

这块陆地西邻红海，红海之所以看起来是红色的，乃是因为在海底有许多珊瑚树。风在这块陆地上几乎与我们在热带所说的一样。苏伊士是这块陆地的最佳城市之一；但穆哈被欧洲

人造访最多。

在麦地那有穆罕默德的墓。它是一个四角形的建筑，100 步长，30 步宽，建在 400 根柱子之上，在柱子上悬有 4 000 盏灯。墓本身用银栅栏围起来，而墙则四面八方都挂着镶有金刚石的珍贵布料，它们是穆罕默德教众王公的赠礼。麦加更靠南一些，克尔白天房就在麦加，它是一个骰子形的古老建筑，其房顶是红色的和白色的材料，墙却挂着锦缎，它在穆罕默德时代就已经被视为神圣。周围的广场用栅栏围起来。朝圣就是到这里。马斯喀特拥有阿拉伯最强大的海上君主。阿拉伯人绝大部分都住在帐篷中。麦加和麦地那的谢里夫有极高的声望。在阿拉伯，一般而言在穆罕默德教徒中间，偷盗是极招恨的，而且很罕见。

四处游荡的阿拉伯人分成部落，各部落有自己的酋长或者埃米尔。一些酋长向土耳其人进贡，但大多数酋长不进贡。

阿拉伯人中等个子，身材苗条，微黑，声音纤细，勇敢。他们喜欢用针在皮肤上刺点，然后把侵蚀性的颜色揉进去。许多人戴鼻环。他们正直、诚实、有爱心、行善。怎样才能为他们在水上和陆地上的抢劫辩护。他们在荒漠地区的井很少，使得旅行很困难。但骆驼的效力又使得旅行容易一些。阿拉伯语是东方有教养的语言。他们与土耳其人一样，把狗视为不洁净的，不敢接触狗。但灵缇和猎犬除外。

自然性状 〔399〕

这块陆地多半是沙质的和贫瘠的。正宗的海枣树真正说来家在波斯和阿拉伯。它要么是雄性的，要么是雌性的。前者开花不结果，后者结果不开花。**论其授粉**。雌树在其被授雄树的花粉之前不结果。雄树有一种角荚，在开裂时提供花粉。从海枣中熬出的糖浆用于代替黄油。咖啡树（参见上文）。芦荟，特别是索科特拉岛的。这里的芦荟最好，也最常见。阿拉伯香膏通过划开一种特殊的树而获得。它一开始如此强烈，会使一个人流鼻血。没药。摩什子是香膏子，是一种植物的种子。

阿拉伯荒漠锡恩的岩石，在荒漠中可以看到洞穴，摩西用杖击打就从中流出水来。希腊人占据西奈山修道院已经有1 000年。他们在这里拥有阿拉伯最好的园林。

宗教

在麦加出生的穆罕默德娶了富有的寡妇赫迪哲。他告诉赫迪哲自己在麦加的一个洞穴中与天使加百列的亲密交往。他指责犹太人和基督徒伪造《圣经》。他逐步地编纂自己的《古兰经》。阿里、奥斯曼和阿布伯克尔很快成为他的新皈依者。在这些人中，奥斯曼修订了《古兰经》。穆罕默德有爱心，善辩，漂亮。他的文笔如此杰出，以至于他为了证明自己的使命而经常援引自己文风的优美。

他坦承自己不能行任何奇迹。然而，人们却捏造他把月亮劈为两半，一条阉羊腿警告他不能吃它，因为它有毒。人们给他捏造出许多他不曾做的虚假旅行。他在赫迪哲死后娶了阿布伯克尔的一个女儿阿以莎。关于他穿越七层天的旅行。麦地那的民众开始追随他，他在受到麦加政府方面的迫害时逃往麦地
〔400〕那。他的这次逃亡构成了穆罕默德教徒的一种特殊的纪元，它开始于基督诞生之后722年。

他把自己的女儿法蒂玛许配给堂弟阿里。他命令在祷告时面朝麦加。他通过奇袭占领了麦加，并征服了大部分阿拉伯，死于他连同一条阉羊腿一起吃下的毒药。麦加地区是神圣的。渗泉。所有穆罕默德教徒都到此朝圣，或者至少应当派另一个人代替自己前往。

亚洲鞑靼

这一大片陆地被鞑靼人用一个共同的名称误称为鞑靼，这些鞑靼人是众部落中在某个时候使自己突出于众并强大起来的部落。——克里木。库班。明格列利亚。伊梅列季亚。格鲁吉亚。切尔卡西亚。达吉斯坦。列斯基人。

俄罗斯属地区

西伯利亚

居民是俄罗斯基督徒，但部分地也有来自布哈拉的穆罕默德教徒，部分地有各种各样的异教徒，而后者构成了最大的群体。穆罕默德教徒彬彬有礼，待人友好。他们是这块陆地惟一厌恶喝酒的人，因为就其余的人——无论是基督徒还是异教徒——来说，什么地方都没有一类人像在这里那样，酒兴在其身上表现出统治权。西伯利亚，尤其是在其南部，是一个好地方；它到处都是丰富的牧场和森林，盛产各种各样的粮食，但朝北去就减弱了，此外朝中国边界一方因懒惰而不种植。它有银、金、铜、铁、乳白玻璃和大理石等等。在额尔古纳斯克银矿里，平均每年产 15 普特银。尽管牧场有时很好，但毕竟有草长得稀稀拉拉的大草地或者荒漠，居民们把它们点燃，一烧数里远。

总的来说值得注意的是，在这些地方，以及如其他旅行者所保证，在蒙古属鞑靼，到处都是深达 3～4 尺即便在最炎热的夏天也不解冻的土地。**格梅林**在仲夏于一个比柏林更靠南的地带发现了这一点。在北方各省，似乎这种冰冻在深度上没有头。在雅库茨克，据说掘了一口井（必须记住，在西伯利亚的 〔401〕

北方各部分根本没有泉，因为土在地表以下很快地上冻了），然而这种土直到30尺深始终是上冻的，这种冻土没有头。在雅库特人土地上的尤干河附近有一些冰湖，那里仲夏在露天也结着厚冰。在叶尼塞斯克，格梅林在冬季居留时发现冷至华氏零下120度。水银柱似乎蒸发了，但并不凝固。在雅库茨克，人们可以把水果毫发无损地保存在地下室里，因为从不出现冰冻。关于西伯利亚的猛犸骨。

西伯利亚的民族个性

萨莫耶特人作为这块陆地最靠北的居民，个子小，矮胖，脸扁平，棕肤色，黑头发。他们的衣服在夏天是鱼皮制的，在冬天是兽皮制的。他们的房子只有一个房间，灶在房间的中央，上面有烟囱，在木头烧尽后，就用一块透明的冰盖在烟囱上，充当窗子。他们的食物是鲜鱼和干鱼。人们在这里像在西伯利亚北部其他地方一样，在积雪深厚的时候用长板出行。几乎所有的西伯利亚北部居民在抽烟时都吞咽烟草。

奥斯加克人以狩猎和捕鱼度日。但他们做事如此懒惰，以至于经常陷入大饥荒。他们用鲟皮制衣。在西伯利亚的所有居民中，大概通古斯人，尤其是科纳河的通古斯人，是最勤奋的居民。因为尽管他们没有农业，他们却毕竟相当精于制造各种各样的手工产品，而且勤于狩猎。与此相反，雅库特人几乎没
〔402〕有这么多的兴趣来打开他们捕捉松鼠的圈套。所有有马的鞑靼人都用其发酵了的奶制作一种醉人的饮料，或者也酿制烧酒。他们的所有思想和所有节庆，都无疑指向饮酒。如果有奶牛，人们也用牛奶制同样的饮料。要记住的是，在托博尔斯克附近和在波斯一样，如果旁边没有牛崽或者牛崽皮制的标本，奶牛是不出奶的。奇特的事还有，这里驯鹿在冬天里甚至知道刨开雪找出枯草。除了酗酒之外还流行淫乱，因此在所有的城市

里，如托博尔斯克、叶尼塞斯克、尼布楚、雅库茨克和其他城市，都流行性病，以至于在世界的任何地方都不像在这里那样看到那么多人没有鼻子。不过，最终似乎其体质如此适应这种情况，以至于他们极少因此丧命。

在这些地方，懒惰是惊人的。在尼布楚，一个人宁可让自己的房子倒塌也不去支撑它。没有任何薪酬能够打动他去工作，惟有暴力能做到。

宗教

如果排除这些地区的俄罗斯人和穆罕默德教徒，则其他民族除了魔鬼不与其他任何神灵打交道；因为尽管他们规定了至高的神，但这个神却住在天上，极其遥远。而魔鬼却在地上统治。所有的村庄都有它们的男女萨满，亦即巫师。这些萨满动作猛烈，做出狂暴的姿势，念念有词，然后他们伪称询问过魔鬼。格梅林经常让他们在面前表演巫术，但每次都揭穿他们的骗局。他在雅库茨克发现一个欺骗民众的女萨满。她装得好像把一把刀刺进身体，但最终，当他严密注视她的时候，下决心真的刺了进去，从网兜里掏出某种东西，切下一块在煤火上烤熟吃下去。她治了 6 天的伤。到处都有魔鬼的像。奥斯加克人的魔鬼奇形怪状，雅库特人的魔鬼是一个填实了的木偶。

堪察加半岛

这块陆地因俄罗斯人试图寻找北方的通道而著名。居民们
在狩猎和捕鱼方面比西伯利亚的其他居民更勤奋，看上去更顺 〔403〕
眼，穿着更好。他们从事射杀海獭和其他毛皮动物，捕猎海牛、海狮和海熊等海洋动物。

阿斯特拉罕鞑靼人

阿斯特拉罕鞑靼人也在俄罗斯治下。阿斯特拉罕的鞑靼郊区只是在冬天有鞑靼人居住，夏天他们就随地露宿。白鲸是一种鲟，鱼子酱就是它的卵，在它之外，此地还有小体鲟，这是一种更肥更味美的鱼，是在伏尔加捕捞的。人们在这里也种植葡萄，长势相当良好。这里从三月到九月根本不下雨。诺盖鞑靼人脸有皱且丑。在阿斯特拉罕东边，靠里海的地方，住着卡拉卡尔帕克人，亦即因黑帽夹而得名、部分地处在俄罗斯保护之下的鞑靼人。在阿斯特拉罕西边，可以看到切尔卡西亚鞑靼人。他们的国土是由此被购往土耳其和波斯诸国的美女的真正温床。国土很美，但人们从事畜牧业多于农业。天花接种就是从这里开始的，因为它保持着美。

穆罕默德教的自由鞑靼

乌兹别克表示这部分鞑靼的三个部分。

1. **大布哈拉**连同撒马尔罕城和布哈拉城，其中撒马尔罕城长时间是东方所有科学的总部。巴尔赫有一个特别的可汗。布哈拉人很开化，这块陆地的旧居民贸易繁荣。他们都处在大莫卧儿王朝的庇护之下，因此后者就拥有最佳的士兵。

2. **花拉子模**。这块陆地的居民很开化，并且是强悍的盗匪。

3. **土耳其斯坦**，土耳其人起源于此。里海西边是达吉斯坦鞑靼人，是所有鞑靼人中最丑陋的，且为大盗。

〔404〕

蒙古鞑靼人

他们住在大沙漠的西边和北边。沙漠边上的一座城市哈拉和林曾是世界上最大的征服者之一成吉思汗的驻节地。蒙古人由于其怪味而被中国人称为骚鞑子。在他们的土地上以及在卡尔梅克人的土地上没有任何树，而是只有灌木。因此，他们不是住在城市里，而是住在营地里。土地据说即便在夏天也上冻深达若干尺。人们靠畜牧为生，特别是靠马和草为生。

卡尔梅克人

卡尔梅克人居住在东鞑靼直到伊缪斯山脉的最高地区，并向东和向北扩散。他们自诩是古代蒙古人的真正后裔。他们的形象上面描述过。他们的最高统治者自称洪台吉。他的权力一直延伸到唐古特，尽管一些部落过去托庇于俄罗斯。在唐古特王国，还有一些古代蒙古人的科学的繁荣。在巴兰特拉，或者像另一些人称的那样，在布达拉，实施统治的是蒙古鞑靼人的最高大祭司，一个真正的教皇翻版。这种宗教的祭司从鞑靼的这个地区一直散布到中国海，他们叫做喇嘛；这种宗教似乎是一种蜕化为最盲目的异教的基督公教。他们断言，神有一个儿子，作为人来到世间，他在世间纯然是作为乞丐生活，但仅仅从事使人们得福。他最终被提升到天上。**格梅林**从一个喇嘛自身之口听到了这一点。他们也有这位救世主的一个母亲，他们给她制作了画像。人们在他们这里也看到十字架念珠。传教士们报导说，他们也在属神存在者身上规定了一种三重的东西，而且据说达赖喇嘛主持某种使用面包和葡萄酒的圣事，但却没有任何人享用面包和葡萄酒。这个喇嘛不死，按照他们的见解，他的灵魂很快托生一个与此前身体完全相似的身体。一些低级祭司也伪称被这种神灵附体，而中国人把这样一个人称做〔405〕
活佛。以上所述，亦即他们也称为父的大喇嘛是异教徒那里的真正教皇，而且也可以说在巴兰特拉有他的教皇领地，证实了上述猜测。至于一些旅游者伪称，这种信仰的追随者把喇嘛的粪便研成细末，盛在盒子里随身携带，撒在其食物上少许，这大概是纯然的诽谤。

内鞑靼或者满洲鞑靼

满洲人居住在城市里。科学和艺术在一定程度上得到他们的推进。这些鞑靼人征服了中国，在那里还有出自这个部族的皇帝在统治中国。他们很开化，并且务农耕。在他们的荒漠里长有人参。他们信达赖喇嘛的宗教。

从北冰洋寻求向印度通航的尝试

俄罗斯君主们自彼得一世时代以来就派船进行这项考察。有时他们沿亚洲北部海岸继续前进，但由于在那里很快就冻进冰里，所以就尝试在堪察加造船，并在东北找到航道。**贝林**船长搁浅在千岛群岛，但仍然有重大的发现，而且除此之外人们确信，亚洲和美洲不是连成一体的。

亚洲部分的土耳其

这块绵延很广的陆地在一切地区，如亚美尼亚的多山地区相当冷，但在海岸边的平原，如阿勒颇附近的平原则很热。在埃尔祖鲁姆，**图尔内封**在六月底还发现有 2 指厚的冰，且有时还下雪。因此在这个地区几乎根本看不到任何树。在黎巴嫩山，古代挺拔的雪松仅仅还有 16 棵从雪中生出。这块陆地的土地有些地方含盐，到处都是石油。在阿勒颇有一个盐谷，汇聚来的水在蒸发之后把盐留在那里。人们也在离死海若干里的地方发现田地上，此外有些地方在土里已经有一个盐层。占据这些地方的土耳其人真正说来是鞑靼血统，长得匀称，好客，对穷人和对旅行者在照顾食宿方面乐善好施。但他们行事相当懒惰，能够数小时之久坐在一起却不说话。妒忌是他们的占优势的恶习。他们虽然不应当饮酒，但却偷偷地喝。在他们那里没有贵族，没有决斗。他们对前定的信仰。他们绝不赌博。他们是所谓正信教派的穆罕默德教徒。对异端的什叶教徒波斯人的仇恨。在他们中间还有更多得多的教派，甚至有怀疑论者和无神论者。明格列利亚、格鲁吉亚和伊梅列季亚是美女的温床。明格列利亚多雨。这里的土地如此被浸软，以至于人们把谷物撒在不经耕犁的农田上，或者至多用木犁翻盖。格鲁吉亚人是差劲的基督徒，他们放荡不羁，偷盗成性，耽于饮酒。亚美尼亚人属于东方最大的商人。 〔406〕

〔407〕

第二个大陆

非洲

好望角

本来的居民是霍屯督人。这些人只有一种茨冈人的肤色，但像黑人一样有黑色的鬈发，以及一种稀疏的、同样卷曲的胡须。他们在孩子一出生之后就在上边压他们的鼻子，因此他们都有一个笨拙的、经过修饰的鼻子和香肠般的嘴唇。一些女人在耻骨上蒙一块自然的毛皮以覆盖其性器官，尽管她们还穿着一层羊皮。**泰维诺特**从许多摩尔女人和埃及女人那里发现了这一点（关于这个问题特别参见**勒瓦杨**的《首次非洲游记》）。她们变老，步履很快，天天用阉羊油涂抹自己的皮肤，为的是针对空气过度的干燥来保护汗腺。不过，人们看出这样做是出自让男人向女人献殷勤，乃是因为她们不仅天天用同样的油膏涂抹自己那从来不梳的头发，而且也涂抹自己那起初用奶牛粪（这一般而言是她们最爱闻的气味）使劲涂抹，并且天天用绵羊油和煤烟涂抹的羊皮。她们其余的饰物是戴在手臂上的象牙环和一根带有猫尾巴或者狐狸尾巴的小手杖，猫尾巴或者狐狸尾巴是用做手绢的。只有女人才在腿上缠着羊皮环。她们在头发上戴着玻璃和黄铜扣，在脖子上戴着铜环。在节日里，她们用红粉笔在眼睛、两颊、鼻子和下巴上画 6 道。

他们在战斗中装备的是若干手掷箭、一根用来抵挡的棍和一根长矛，而且只要他们的首领在吹哨子，他们就一直扮着奇
〔408〕
异的鬼脸进攻，逐个地时而出击，时而跳回。当首领停止吹哨

时，搏斗就停下来。他们能够以一种惊人的方式用手掷箭击中目标，确切地说，他们的眼睛不是径直对着目标，而是向上、向下或者向边上。他们有成堆的宗教行为，尽管他们从不真正关心他们称之为至上头人的神是什么。他们崇拜月亮，在一种金龟子面前跳舞，他们把金龟子当做一种神灵来崇拜。如果金龟子某个时候出现在一个村子里，则这就意味着鸿运到来，而如果它落在一个霍屯督人身上，则此人就是圣徒。他们也许相信一种死后的生活，但他们从不去想至福或者无福。他们似乎从犹太教接受了某种东西。按照他们的说法，第一个人叫做诺。他们不忌任何肉，无论是猪肉还是无鳞鱼。但他们从不讲别的原因，只是因为在霍屯督人这里风俗就是这样。霍屯督人有许多自然机智，在加工许多属于他们的家具的东西方面有许多技巧。他们为人正直，很贞洁，也好客，但他们的污秽却胜过一切。人们老远就已经闻出他们来。他们用相当厚的奶牛粪涂抹自己的新生婴儿，就这样把新生婴儿置在太阳下面。在他们这里，一切都必须有奶牛粪味。他们生虱子太多，吃虱子消磨时间。所有的霍屯督人从 9 岁起都必须被摘去一个睾丸。这种庆典和其他庆典是以两个最年长者把自己的小便洒遍全体聚会者来结束的，他们重重地涂抹这种圣水。夫妻成婚时也这样做。男孩在 18 岁时以许多礼仪被接纳到男人中间，并且如上面提到的那样被淋湿，他用油脂来把这种湿气涂抹在自己身上。此后，他不得再与任何女人有某种关系，可以揍女人们，甚至揍母亲，且不受指责。女人们必须操持全部家计。男人除了抽烟、酗酒和乘兴打猎之外什么也不做。他们的懒惰经常使他们陷入饥荒，以至于他们吃自己的鞋子或者手指上套的皮圈。在他们的可笑习惯中，特别是一个想再婚的寡妇必须让人断掉手指的一节。这从小拇指的第一节开始，而如果她多次婚嫁，就这样轮过所有手指。

〔409〕至于他们的食物，他们是内脏的最大喜好者。他们用蚁穴的土制成炒锅；他们的勺子是一个螺壳。他们在热石头之间炒菜。烧酒是他们最陶醉的饮料，他们因烧酒就像因抽烟一样几乎发疯。奶牛在这里没有牛崽在旁也不产奶。但他们在奶牛拒绝产奶的情况下用牛角吹醒奶牛的母性。他们通过在生公牛皮制的袋子中晃动牛奶来制黄油，生牛皮有毛的一边向外翻转。但是，他们把黄油只用来涂身。没有一个民族更顽固地坚持自己的习惯。人们还没有能够打动一个霍屯督人接受基督教信仰。如果他们生出双胞胎，而且一个是女婴，他们就把女婴活活埋掉。如果一个年老无力的人不再能寻找自己的食物，他们就把他藏匿起来，留给他些存货，然后让他饿死。他们有许多训练有素用于争斗的公牛。他们的茅舍像我们的干草堆，村子是茅舍围成一圈。中间是不加防范的牲畜。外面是公牛和狗。

陆地的自然性状

从五月到九月，这里阴雨连绵，刮西北风；但从九月到三月则情况相反。在水洼中的雨水干涸的地方就留下盐渍。甚至一个开口纳风的容器，也在底部积下水，而水就变成咸的。好的季风或者东南风高高掠过，而且有一种非凡的力量。这种风维护健康。在轮换的月份里很不利于健康。平顶山上的云被称为牛眼，上面描述过了。

陆地的物产

海角的水很美。它在被带到欧洲的时候也不失其纯净。人们发现有铁矿石，霍屯督人用它熔炼铁，并用石头锻造其工具。人们发现有朱砂和一些金。这里有大象，霍屯督人在短缺时把大象的粪便当烟抽。狮子、老虎和豹子，其肉味道鲜美。犀牛，其角如果掏空成酒杯则解毒。斑马、水牛、河马、豪猪、成群猎食但与人无涉的野狗。许多狒狒、胡狼、在被追逐时放出一种使人和动物昏厥的臭气的臭獾。大乌龟、致渴蛇、眼镜蛇、千足虫、北露脊鲸、海豚和剑鱼、鲨鱼、鼓气鱼、致抖鱼。这里也有 Gieleg 根，而且霍屯督人很嗜好它。葡萄酒味美。 〔410〕

纳塔尔

纳塔尔由卡菲尔人居住，部分被荷兰人购置。卡菲尔人与霍屯督人几乎没有相似之处。他们不像霍屯督人那样涂身，住陶土建的四四方方的房子，肤色很黑，头发长而光滑，种粮食，这是霍屯督人不做的事情。他们与海盗贸易。这里的动物和植物与在霍屯督人的土地上一样。

索法拉海岸

索法拉海岸因一座葡萄牙同名城市而得名。人们认为这海岸就是所罗门的俄斐，很有可能。人们在这里发现了象牙和金砂。莫桑比克属于葡萄牙人。在这海岸的上方，直到曼德海峡，土地属于马斯喀特的阿拉伯人和一些野蛮而好客的民族。

马达加斯加岛

这座岛被认为是所有已知岛屿中最大的。法国人统治着海岸的一个可观部分。居民部分是黑人血统，其人数据说达 160 万，部分是阿拉伯人血统。黑人高大、灵活。女人漂亮、乖顺。没有人关心一个姑娘在婚前行为如何，只要她在婚后忠

贞。在他们的战争中，胜利仅仅取决于首领的勇敢，首领的勇
〔411〕敢或者逃遁在民众中招致同样的行为。他们和该海岸的大多数非洲民族一样行割礼。此外，除了一只在他们放置最好的东西的篮子里饲养的蟋蟀外，他们没有别的任何神灵。他们把这称做他们的敖仑。这里的公牛都有油脂的隆背。这里的绵羊都有很宽的尾巴，全是油脂。这里有大量发光的飞虫，如果它们夜间落在一棵树上，就造成仿佛树在燃烧的外观。一种蛇极为迅速地钻进不小心的人的肛门，并致其于死地。人们在这里也发现一种巨大的海怪，如公牛般大小，长着鳄鱼的爪，但有鬃。在岛上，人们没有黄金，除非是它们通过贸易从阿拉伯人那里获得的。但在他们这里有各种各样的宝石。

莫诺莫塔帕

这个幅员辽阔的国家的皇帝统治着多个附属的国王。在内陆，人们遇到很富的金矿和银矿。居民们肤色黑、果断、步行迅捷。他们很热衷于巫术。葡萄牙人要让我们想象，在这个皇帝的士兵们中间也有亚马孙族军团，他们在左胸烙印，搏斗很勇敢。

孔戈、安哥拉和本格拉诸地

孔戈气候温和。从四月直到八月总是下雨，刮西北风，而从九月直到四月则是晴朗的天气，刮东南风。尽管在这后几个月里太阳在居民们头顶最高，这些风却毕竟非常冷。土地很肥沃。人们种一些品种的谷物、黄米和荚果。人们用木薯根做面包。这里也有香蕉、菠萝等。Ensetenbaum 与香蕉树是一回事。Mignaminga 据说在叶子和木头上有毒。不过，谁因它的叶子而中毒，木头则助他疗毒，反之亦然。传教士们报导说，

这里有一些鸟能发出音节清晰的声音，例如一种鸟据说相当清晰地说出**耶稣基督**的名字；另一些鸟的叫声听起来像野兽。人〔412〕们在这里捕猎大象，主要是为了它的尾巴，因为女人用它的刚毛装饰自己的脖子。在孔戈，有很贪食的蚂蚁，它们能吃掉一整头奶牛。就鱼而言，这里也有鱼美人。巨蛇 Embba 一口就吞掉一只绵羊。这些地方的居民们是全黑的，尽管也混杂许多黑白混血儿，尤其是在安哥拉和本格拉的葡萄牙占领区。本格拉的空气很不利于健康。欧洲人在这里失去其健康的肤色。宗教多半是基督教。这里的异教居民同样热衷于巫术。

马坦巴和安齐格人、查加人

安齐格人行割礼。据传教士们的报导，在他们那里有正常为此屠杀的肥奴的人肉在市场上出售。查加人是一个分布非常广的民族。他们肤色黑、勇敢、在脸上烙出线条。他们靠抢劫为生，不花费力气放出棕榈酒，而是砍倒树，就这样抽出汁液。女人们必须让人拔掉两颗上牙和两颗下牙。据人们说，他们杀死自己的孩子，而从别的地方抢来成人。他们据说是从塞拉利昂迁出的，但现在散布在一个 900 多里的地带上。马坦巴也多半由查加人居住。

非洲海岸

从加那利群岛到孔戈

加那利群岛

在**费鲁**岛上，有已经描述的神奇树。在**帕尔玛**岛上，出产棕榈香槟酒。不死树与巴西木相似，但不腐朽，无论是在土中

〔413〕还是在水中。在**特内里费**岛上可以发现Pico，此外有裹在山羊皮中的木乃伊。马德拉岛过去全是森林，但现在已被烧掉。马德拉葡萄是从坎贾移植过来的。Vino Tinto是红色的，不好。

从佛得角到冈比亚河

在塞内加尔河的北边，人们是摩尔血统，不是真正的黑人。但在南边，却是在世界上任何地方都没有如此黑的黑人，除了富利人。这里据说有一个民族，长着大红嘴唇，从不说话，嘴巴前面蒙一块布，默不做声地做生意。但在塞内加尔河的两边都流行穆罕默德教。在佛得角及其诸岛屿旁，马尾藻浮在深不可测的水面上。这些岛屿有与邻近陆地相同的居民。这里的大多数鸟都是黑皮肤，骨头同样是黑的。在塞内加尔河畔，炎热无法忍受。位于塞内加尔河畔的国家之一是富利，那里有漂亮、乖顺、深棕色的女人，留着长头发。这里勤劳的女人们把水含在嘴里，为的是防止唠叨。这里的蚂蚁建起锥形的蚁穴，上面蒙着一层固体的石膏，里面只有一个门户。住在冈比亚和塞内加尔河之间的沃洛夫人是最黑和最漂亮的黑人。他们偷东西很艺术。人们在他们这里必须留意脚甚于留意手。在这里，出售奴隶时极其恶劣地不讲信义。巴萨里国王经常纵火烧他自己的各个村子，只是为了捕捉奴隶来购置烧酒。父母出售自己的孩子，孩子也出售自己的父母。从冈比亚起，穆罕默德教就终止了，而异教就开始了。

冈比亚河入海口旁和沿几内亚海岸的陆地

在冈比亚河畔，人们鼻子扁平，据说孩子们是因为被母亲在劳动时背在背上而获得这种鼻子的。在这里，也有叮入皮肤的游蛇虫或者长蠕虫之患。沿上述海岸的所有异教居民都与蟋蟀或者巫术打交道。神汉在冈比亚河畔的这个地方制作符咒，他们称之为 Grisgris。因此，用于书写符咒的纸在这里就是一种很流行的商品。士兵们全身都佩戴符咒。头前头后、肩和胳膊都装饰着符咒。有些人甚至有一副完整的巫术胸铠，但这值很多钱。Mambo Jumbo 是一种外套，里面有一个穿衣服的稻草人或者一个布偶，用来吓妇女们。在塞拉利昂，仅仅在夏季的几个月里有雨和暴风雨。诸山脉以一种可怕的方式把雷声又挡了回去。这里的涨潮来自西方和西南方，并且总是又回到那里。塞拉利昂的居民们并不完全是黑人的黑，但有一种很难闻的气味。这里一般而言有四种棕榈类的树：海枣树、可可树、槟榔树和柏棕榈树或者酒树，后者提供极佳的棕榈汁。也就是说，人们砍下一根树枝，在砍断处悬挂一个瓶子。野兽在这个地方如人们保证的那样，只吃黑人而不吃欧洲人。这里也有一种被称做非洲猎豹的动物，大如猎犬，很凶猛，属豹类。这里的狮子很大，与在其他任何地方一样雄伟。这里的大象并不完全像在印度那样大。人们在这里发现大象从左向右转比从右向左转更容易，而黑人就利用这一点。这里有山羊，被称为羚羊，大小像一只幼鹿。非洲孔雀喜欢独处。Ochsensauger 如一只乌鸫般大小。渔夫鸟将其鸟巢挂在树的悬在水面上的细枝间。开口在任何时候都朝东。在这个海和沿这条海岸有鲨鱼、鼓气鱼、鸬鹚、Pantoufflier、锤头双髻鲨、海牛、Torpedo、乌龟、鳄鱼、河马、逆戟鲸或者北露脊鲸。人们在这里还必须记住，航海者在经过回归线或者赤道时与所有第一次越过它的人一起行海洋洗礼。受洗者必须发誓保持这种习俗。 〔414〕

夸夸海岸得名于这里的黑人总是挂在嘴边的“夸夸”这个词，它要说的无非是：**您的仆人**。这些人们把牙锉尖得像锥子。

〔415〕 **几内亚**海岸的黑人长得不令人讨厌，他们没有扁平的鼻子，并且自豪，但同时也很狡黠和偷盗成性。一些旅行者伪称看到过作为外地人来到这里的明黄色的人。在黄金海岸，人们指甲长得很长，为的是用它们挑起金砂。穆罕默德教的圣者说黑人贫穷的原因是：诺亚的三个儿子中一个是白人，第二个是摩尔人，第三个是黑人，前两个欺骗了第三个。但异教徒却说：上帝创造了黑人和白人，并让他们选择，白人要的是科学，而黑人要的却是黄金。海岸边的黑人如此训练女人，让她们引诱外来人，以便他们事后能够对外来人罚款。这里公开卖淫，妓女不得拒绝任何人的惠顾，哪怕后者只付一分钱。这里的黑人一般来说相信两个神，一个白神和一个黑神，他们称后者为 Demonio 或者 Diabro；据他们说，后者是恶的，不能提供任何粮食、鱼以及诸如此类的东西。白神则给欧洲人提供了一切。从塞拉利昂到贝宁湾，非洲海岸的所有黑人的主流宗教是对物神的迷信，用葡萄牙词说就是 Fetisso，亦即巫术。也就是说，按照那些人的见解，大神并不插手治理世界，而是把特殊的力量置在祭司或者巫师身上，使他们能够凭借咒语给任何一件事物传递一种魔力。因此，他们随身就带着这样一个物神，例如一条鸟大腿，一根鸟羽，一个装着粪便的兽角，他们相信它会保全自己的家人。发誓在他们这里就叫做制造物神。他们有物神树、物神鱼和物神鸟。他们咒骂说，物神要处死他们。他们对着物神发誓。因此，他们中几乎每一个人都拒绝某一种食物。他们行割礼，通过公共的捐税来供养他们的乞丐。他们的国王在家里做出一副可怜相，还比不上我们的修鞋匠。人们从所有阶层，甚至从仆人中选举国王；反过来，国王的女儿也经常嫁给奴隶。国王及王子耕自己的地，若不然他们就必
〔416〕 定会饿死。他不得不白白浪费和吞食大部分给自己的贡物。在一些省份，债主从最先遇到的那人那里拿走某种东西，让他去

找自己必须与之打官司的债户。

他们的战斗很可笑。他们弯着腰跑向敌人，或者干脆匍匐爬向敌人，开火，并且像猴子一样跑回去。被俘的国王被当做奴隶卖给欧洲人，从来不被赎回。他们活生生地割下其俘虏的下巴，然后用它就像也用头盖骨那样装饰自己。

夏季在这里以九月开始，持续六个月，此时占支配地位的就是极度的炎热。其余的时间，虽然太阳悬得最高，却由于不断的雨和雾而依然凉爽。黑人们很怕红色且咬皮肤的雨。在这里人们也说：过去冬天更冷一些，夏天更热一些。据说龙卷风现在也不像过去那样剧烈。

哈麦丹风是从一月持续到二月的刺骨的冷风。但它们是贝宁湾所特有的。大多数金砂都是人们在阿克西姆和杰法塔发现的。几内亚的盐煮出来的很白，但晒出来的就苦且酸。在地产中，状似土豆的甘薯在这些地方像在印度某些地方一样很流行。这里无论是牲畜还是人，体重都比按照外观可能判断的那样轻。这里人们喜欢狗肉。这里的狗都秃且哑。蛇长达 22 尺，人们在蛇肚子里发现一只完全长成的鹿。

在通常称做菲达的**惠达**王国里，黑人不像在黄金海岸那样黑。他们勤劳、彬彬有礼，是全世界最狡猾的小偷。富裕的女人在临死时想做的一件可笑的功德就是，她把自己的女奴遗赠为公共妓女，并且相信死后会得到酬报。父母通常把自己的子女卖为奴隶。多子女即多财产。这里的人们和在非洲别的地方一样行割礼。谈论死亡是大不敬。

惠达的大物神是一条追捕老鼠和毒蛇的大蛇。一条这样的蛇一次就吃一头猪，整个猪类都被吃光了。人们把其蛇窝当做神庙来献祭。少女被奉圣给大蛇，在此之后她们必须受到其丈夫的崇敬。他们怯懦，也有因债务而找最先遇到的那位的愚蠢习惯。 〔417〕

贝宁王国强大。**惠达**国王几乎是按照欧洲风格来设置他的王宫、他的器具和宴会。**阿达**国王。他派使者到法国。加布河畔的居民在其耳朵、鼻子、嘴唇上戴环；另一些人在下嘴唇上穿洞，把舌头伸进洞里。这个国家的国王在**博斯曼**时代推进锻造手工业。

埃及

这个国家因其下部肥沃的土地和极为炎热而很不利于健康，尤其是从当地夏季的第 50 天开始，因为被称做 Hamsin 或者 Chamsin 的南风吹来很热的空气。一旦尼罗河开始溢出，由上述情况所产生的流行病就突然停止。人们在开罗几乎到处都眼睛发炎。上面讨论过的尼罗河如果不是通过渠道引水，就不会那么宽阔地淹没土地。在尼罗河的众多支流中，只有两条通航，即杜姆亚特河和罗塞塔河。

这里的老居民只是黄肤色的，但越接近努比亚，就越变成棕色的。金字塔中最大的有一个正方形基底，其边长为 693 尺，斜高同样如此。探究它们的尝试。在古代的孟菲斯所处的地方西边的地下墓穴或者坟墓中，人们发现了木乃伊，其最好的是在抽空脑髓和掏空内脏之后用阿拉伯香膏和安息香涂抹，置入盐水中一段时间，然后内部用最好的草和有香味的东西充填而成的。一个这样的木乃伊价值 4 000 古尔登。对于第二等来说，使用的是较差的药料，而对于第三等来说就只是犹太沥青了。亚历山大里亚的一个犹太人曾把在黑死病中丧生的尸体制成木乃伊。在特内里费岛，人们也在坟墓中发现了木乃
〔418〕伊，是用保存很好的山羊皮裹的。在植物中，我们只留意古人的纸莎草，即一种芦苇，古埃及人从它提取自己的面包、自己的衣服，甚至纸。在开罗也有通过微燃的牛粪或者骆驼

粪的适度热来孵鸡蛋的炉炕。在老开罗有一个教堂墓地，科普特人相信，该墓地的死尸在耶稣受难节升到空中。科普特人在诵读福音时举止如何。鳄鱼是埃及最恶劣的敌人之一。獴并不掏吃其内脏，而是毁坏其卵。鹮是埃及独有的，很像鹤，只要越过边界就死掉；它吃光来自埃塞俄比亚的蝗虫。茨冈人据说原初起源自埃及的老居民，但在土耳其人胜利时再次退居荒漠，靠抢劫为生，最终大部分被灭绝和驱逐。这里的基督徒和在其他土耳其地方一样，不可以乘马，而是乘驴。

阿比西尼亚

在这块陆地的较低地区，沿红海海岸萨瓦金附近，炎热之剧烈闻所未闻，但在其他多山地区，则与意大利或者希腊一样温和。人们在这里的山上要么从未、要么很少看到雪。这里在六月、七月和八月的倾盆大雨，伴着可怕的雷声，使得尼罗河涨水。这块陆地像瑞士一样多山且起伏不平。这里的山奇形怪状，各种各样。这块陆地毫无疑问有贵金属，但居民们并不寻找，以免引起土耳其人的贪心。被从葡萄牙派到阿比西尼亚国王那里的**阿尔布奎克**为了削弱土耳其人的势力，建议让尼罗河改道，或者至少通过众多引向一旁的溪流使水如此减少，以至于在埃及的泛滥不能达到肥沃所必需的程度。因为一旦尼罗河离开阿比西尼亚，它就再也不接纳任何河流，而在埃塞俄比亚有许多河流都流不到海洋，这和在大鞑靼，此外在〔419〕
波斯一样，因为这些河流分成许多河汊消失在陆地中。这块陆地的植物中有大多数欧洲植物，我们只需记住 Asazan 草，如果它接触到蛇，就使蛇蠢笨，谁只要吃过它的根，就整天不怕蛇咬。埃塞俄比亚公牛个头比我们的大一半。这里的马大胆且漂亮。绵羊很常见，其羊尾约重 10 磅到 40 磅。这里叫做 Zekora 的斑马、驼豹或者长颈鹿，后者被**卢多尔夫**描述得如此之高，以至于一个中等个头的人只达到它的膝部，而某人骑在马上能够从它的肚子底下穿过。① 这块陆地有无数多的猴子，“狡猴之国”的称谓可能就是由此而来；希罗多德寓言说，这里可以发现太阳的餐桌每天早晨都在空地上摆着烤野味，民众相信这是自动上去的，它为把一个虚构的舒适秀丽的国家称为安乐国提供了诱因。在这里可以见到河马和鳄鱼等。在鸟类中我只注意皮皮鸟，它的这个名字来自它的叫声，它一旦发现一个人或者察觉一个野兽或者一条蛇就发出这种叫声，它恰恰把人引到它自己所处的地方。他们没有驯化的鹅。阿拉伯人当做童话来讲的关于他们的大鹏鸟的并为一些旅行者证实的东西，属于安乐国的奇闻异事。这里的蝗虫个大、有害，但吃起来有益于健康且味美。**卢多尔夫**断言，施洗者约翰以及以色列的儿子们在荒漠吃的就是这种东西。

阿比西尼亚人是阿拉伯人血统，机智，长得匀称，但肤色深黄，头发浓密卷曲，诚实，不好斗。在他们中间，也有一些白肤色的摩尔人；但居住在他们疆域里的卡菲尔人不仅丑陋，而且也像其余黑人那样奇形怪状且狡黠。

〔420〕此外，在他们中间也有阿拉伯人和犹太人。宗教是基督教，只是除了众多异教徒，土耳其人在其国家里对他们来说是很危险的。阿比西尼亚人虽然是基督徒，但却和科普特人一样给他们的孩子行割礼。关于祭司约翰。

①参见勒瓦杨的《非洲内陆游记》。这种动物的一架骨骼存放在海牙世袭总督的宏伟的自然博物馆里。——编者注。

非洲北海岸

居民们是古代居民阿拉伯人和汪达尔人的混血，因而与欧洲人特别不同。陆地的产品如同埃及。塞内加尔河畔的非洲内陆不为人知。

〔421〕 第三个大陆

欧洲

欧洲部分的土耳其

保加利亚

在把这块陆地与塞尔维亚分离开来的山旁，有一座温水浴场，离此 60 步则是一座冷水浴场。通常在这里有许多温水浴场。这里也有大鹰，其尾羽被整个土耳其和鞑靼的居民们用于箭矢。多瑙河入海口南边的多布罗加鞑靼人因其好客而著名，每一个旅行者都被村子里的人们热情邀请，与他们相亲相爱，分文不取地一连三天用蜂蜜、蛋和面包招待。

希腊

马其顿的**圣山**，山上有 22 座修道院。它在夏至时把自己的阴影一直投到利姆诺斯岛上。摩里亚半岛的冥河，其水冰死人，且如此有腐蚀性，连铁和铜都熔化。古代马其顿人的后裔**马尼人**直到今天也没有被土耳其人征服。在希腊诸岛中，**利姆诺斯岛**因其以许多仪式挖出的塑土而著称。在**内格罗山**附近，是著名的**埃夫里波斯海峡**。**米洛斯岛**由一种海绵状的、浸透水的岩石构成，下面有不断燃烧的火，以至于只要把手伸入岩石
〔422〕 的洞，到处都感觉得到。这座岛上的一些土地像烟囱一样冒烟。明矾和硫黄在这里很常见。空气不利于健康，但土地肥

沃。**安提帕罗斯岛**有漂亮的岩洞，洞中满是由透明的、晶体的大理石构成的漂亮造型。**坎迪亚岛**上的**伊达山**山脚下的**迷宫**值得注意；其中最主要的通道 12 000 尺长，没有向导很容易在里面迷路。**桑托林岛**是因地下火的剧烈爆发而从海底升起的。以同样的方式，还从在这里几乎深不可测的海洋里产生了邻近的 4 座岛。总的来说，希腊及其岛屿盛产无花果、葡萄干和葡萄酒。居民们已严重丧失其昔日的好个性。

匈牙利

这个国家在其土地内部满是矿石。解水、不同的矿山，尤其是克莱姆尼兹和塞姆尼兹的金矿。后者，特别是塞姆尼兹，产最纯的金，但现在二者都几乎收益不抵开支。热泉和致死的泉以及冰窟就是这方面的明证。在多瑙河形成沼泽的低地，空气很不利于健康。这个国家的葡萄酒是欧洲最好的。

意大利

这个国家在上部自西向东被一个叫做阿尔卑斯（这个词一般来说表示一座高山）的山系与法国和瑞士分开，在中间自北向南被亚平宁山脉割断。欧洲的水果品种多半都是从意大利移植的，而它们又都是从亚洲和希腊转到意大利的。来自伊庇鲁斯的杏、来自波斯的桃、来自米底的柠檬、来自迦太基的石榴（mala punica）。来自马其顿卡斯塔奈阿的栗子，来自亚历山大里亚、努米迪亚、希腊的最好的梨，来自亚美尼亚和大马士革的最好的李子。卢库鲁斯从本都带来了第一批樱桃。当亚历山 〔423〕
大征服波斯时，丝织的布料贵如黄金；此后，蚕被带到希腊。而这是与葡萄酒同时引进的。意大利过去比现在更林木茂密、更冷得多，或许也更人烟稀少。意大利的居民从那时起就血缘混杂，因此很难确定他们的个性。不过，他们妒忌、报复心强且秘密行事，但除此之外却机智、聪明且善于政治。

在萨伏依山脉，塞尼斯山是最著名的，山上有从瑞士到意大利的通道。1751 年，皮埃蒙特诸山之一成为一座喷火山。萨瓦人穷，却正直。在群山里，男人们每年带着牲畜和零碎家什出游，几乎都在同样的时间返回家中，这就是几乎所有女人在同样的时间里坐月子的原因。在萨伏依，到处可见非常大的甲状腺肿，尤其是在女人们中间。

皮埃蒙特很肥沃。罗凯莫隆山是罗曼区的阿尔卑斯山脉最高的山。放上一枪，在这些山顶上响声就如同一根棍子在折断时的。位于卢塞恩山谷以南的山脉，就是汉尼拔在上面开辟其道路的山脉，那道路至今还可以看到。在阿尔卑斯山最高处，人们发现了白兔、白山鹑和像在拉普兰那样的北方植物。Jumar 是一种由公牛和母马或者由公牛和母驴所生的动物，前者叫做 Baf。头和尾看起来像公牛的头和尾。但是，这种动物没有角，而是仅仅在耳旁本应长角的地方有隆起的部位；在其余的地方它像母亲，但没有驴骡那样大。它奔跑迅速，很强壮，但吃得很少。在意大利许多地方，从井中汲出的水上面漂着石油，尤其是在摩德纳。

在博洛尼亚，家中有著名的博洛尼亚石，它如果烧成石灰就摄取光。但直接的光对它作用太强，而且它在光中裂碎。关于海枣螺，即内中有一种海绵状石头的螺类，已经讨论。这里，我们只是还说明，它的体液在黑暗中如此发光，以至于人
〔424〕们能在旁边看书。蒙特菲亚斯科内的麝香葡萄酒是最好的。维苏威火山抛出的石头常常含有贵金属。那不勒斯的发汗浴是阿尼亚诺湖的拱顶房，内中有一个孔，从中冒出很热的蒸汽，充满拱顶房，使处在房中的动物身体发汗。索尔法塔拉是一座小

山谷，其中有蒸汽穴。这样一个洞口周围的石头总是处在运动中，而如果人们扔进去一把小石头，这些石头就被抛到 6 尺高。索尔法塔拉山谷和维苏威火山之间有一种共联性。这里的地面是空的，而且如果把石头扔进一个挖开的洞穴里，就回声如雷。

阿普利亚是沙质的，无泉，人畜都从自然的和人工的储水池喝水。这里很少下雨。葡萄酒有点咸，但西瓜很出众。关于塔兰托毒蜘蛛和 Tarantalotis，讨论过了。西西里和今天的卡拉布里亚之间被称为墨西拿通道的海峡因落潮和涨潮所造成的海流而值得注意。由意大利海岸所决定的北流是最强的海流，以至于船只甚至有强劲的狂风也不能逆向航行，就连横向航行也不行。在墨西拿港口前，从两个逆向而行的海流产生了一个漩涡，被称为卡里布迪斯。如果没有南风，它就不平静。马耳他全是岩石，只有半年能够为居民们提供粮食。

法国

这个国家的土地有三种：1. 巴黎、奥尔良和过去的诺曼底的一部分，进一步在这个地带上，土地据说全是沙，其中除了铁没有别的金属。包围着这个圆圈的，是另一个圆圈，属于它的是 2. 过去的香槟、皮卡第、图赖讷和诺曼底的一部分。这个圆圈所包含的无非是泥灰岩。最后，第三个部分包括这个国家的多山部分，延伸经过德国并进入英国，含有各种各样的采石场和金属。法国的葡萄酒：隐修士葡萄酒、芬蒂娜酒、邦达克酒、香槟酒和勃艮第酒都著名。7 个所谓的德尔菲纳特奇 〔425〕
迹久已被反驳。叉树长在朗格多克。其树干高达 4 尺。在树干的上面长出大量笔直的树枝，人们把它们修剪成三股叉，随后在热炉中完善。过去所谓的朗格多克王家运河长达 240 法里，

6 尺深的水，64 个闸体，其中一些有 2～4 道船闸。运河价值 1 300 万。在过去的朗格多克的一个地段有一口井，水热得能孵蛋，且不说这一点，这井的水在火上煮沸比普通的水更慢，尽管汲出的水保持这种温度达 8 小时之久。在克莱蒙地区，有一些石化的泉，其中一个形成了像模像样的石桥，下面流着一条小溪。人们把这个泉分成了众多支流，并多半剥夺了其石化的力量。饮之无害。

西班牙

这个国家只有 800 万居民。在摩尔人和哥特人时代，大概有这个人口的 4 倍多。修道院生活、移民印度、对犹太人和穆罕默德教徒的迫害和糟糕的经济是其原因。西班牙人几乎都瘦削，食用很多调料和热饮料与此有关。罕有哪里像这里有那么多的盲人。阿斯图里亚人因其哥特人血统而著名。他们的马好。在埃什特雷马杜拉的贝哈尔有两口井，其一很冷，另一则很热。安达卢西亚马胜过所有其他马。

葡萄牙

葡萄牙概算有 200 万居民。这里的人和在安达卢西亚的一样，习惯于中午睡觉，早上、晚上和夜间工作。葡萄牙人从巴西，主要是从在那里发现的金和宝石中，每年获得约 1 200 万塔勒。在埃什特雷拉山脉有一口湖，总是处在飞溅的运动中。

〔426〕

瑞典

瑞典缺粮食。人们学会用桦树皮和杉树皮，甚至用秸秆和根烤制面包。这里有银矿，尤其是铜矿和铁矿，也有一些金。国家只有 300 万居民。厄兰岛有小且活跃的马。特洛尔海坦是哥特易北河的一个三级瀑布。在拉普兰的南部搜集到一些粮食。牛虻是一种无法忍受的烦扰。长长的滑雪板，人们乘它追捕奔跑中的狼。驯鹿的用途。一些人拥有数千只驯鹿。拉普人棕色，黑头发，宽脸膛，面颊消瘦，下巴尖，既懒惰又怯懦。他们和这种气候中的其他民族一样都有占卜的鼓。

挪威
连同法罗群岛和冰岛

除了在山区的一些地方，这里的冬天尚可忍受，山区有时坠下压垮一切的巨大雪球。常常也有山体滑坡。就气候而言，东边与西边区别很大。常见海洋深入陆地直达 8 里形成的狭长海湾，其中一些被称为深槽，约 50～100 寻宽，但有 400 寻深。挪威海滩在多数地方都陡峭。人们在这里发现许多大理石和其他石类，有些金和银，更多的是铜和铁。大旋流产生自落潮和涨潮，只不过其运动与沿海岸的运动相反。据说那里根本没有漩涡，而只是海水高涨罢了。然而，许多人自称看到过这类漩涡，说它们就像倒放的圆锥，直径 3～4 寻，深达 2 寻。后者是在大潮时发生的。芬兰拉普人大多数靠捕鱼为生。

法罗群岛的冬天和夏天相当温和；它们全都由岩石构成，但上面有 1 尺厚的土。这些岛盛产绵羊和鹅。迪门岛有一种属性，即便是白绵羊被带到岛上，也长出全黑的羊毛。〔427〕

冰岛自东向西横贯着一系列山，其中有一些喷火，与此同时融化的雪引发可怕的湍急溪流，使山谷成为荒野。人们发觉，当雪和冰堵住这样一座山的山口时，火的喷发就临近了。有许多热泉，其中一些泉把水烧开了一般喷向高处，而住在这样一些泉旁边的人，则用悬在里面的壶来煮食物。这里的绵羊养殖是可观的。这些动物在冬天的任何气候下都从雪中为自己找出食物。

俄罗斯

这个国家的亚洲各地虽然在地理上与欧洲各地有别，如**格梅林**认为的那样，叶尼塞河可以构成自然边界，因为在这条河的东边，地面的整个形象都改变了，位于这里的整个地区都是多山的，也在那里发现别的植物和异样的动物，如麝类动物等等。在伏尔加河经常遇到的白鲸在每年河水上涨时都吞下大块石头来做压舱货，为的是停留在河底。小体鲟鱼和鲟鱼区别不大，只不过前者味道更加鲜美。在特罗伊茨科·谢尔盖耶夫斯克修道院，以及在基辅地区，有一些出自自然原因而不腐的尸体，人们错误地称之为殉道者。

第四个大陆 〔428〕

美洲

确切地说

一、南美洲

在一定程度上由众多岛屿构成的**斯塔滕岛**被勒美尔海峡与邻近的火地岛分开。这片小陆地由于其山的荒凉可怕的外观和终年的雨雪而具有世界上最可悲的形象。**安森勋爵**建议从南边绕斯塔滕岛航行。**巴塔哥尼亚人**之地或者**麦哲伦之地**是麦哲伦海峡旁边的一块大部分很平坦的陆地，据说是由巨人居住的，但我们现在知道，这不过是一个身材高大，但并非巨人般的民族。其中等身高据说达 7 尺。在锡尔弗河畔，有属于西班牙人的波托西富银矿。在**巴拉圭**，耶稣会士使居民们（野蛮人）过上了一种如此人性善良的生活，是他们在印第安任何别的地方都没有的。

智利有活跃且大胆的居民。某些妇女参与狩猎和战争，其机灵是异乎寻常的。这里的西班牙马更轻快矫健，更大胆。在智利还生活着一个土著民族，西班牙人至今尚未能征服他们。**秘鲁**在海岸旁没有收获，而且热得不能忍受。这里也几乎根本不下雨，所以引人注目的是，在 1720 年下了 40 天的雨，冲垮了一些城市和村庄。多山部分气候温和，土地肥沃。秘鲁人似乎严重丧失了其祖先的机灵。人们在这里还发现了用凿过的火 〔429〕成岩砌的宫殿的墙，尽管他们当时用来建筑的不是铁制工具，而仅仅是铜制工具。现在，这个民族的懒惰是惊人的。**据拉孔**

达明报导，人们在他们那里发现一种在奖惩方面的难以置信的漠然。这些印第安人的肤色是红铜色，他们没有胡须。秘鲁低地的土地经常由于地震而失去其出产能力。在**亚马孙河**两岸，科迪勒拉山脉前远一点的地方，土地非常肥沃，此外有一个湖，湖里的一种砾石像金刚石一样珍贵。想越过这些山自西向东旅行的人，迎面吹来十分强劲的、常常冷死人的东风。亚马孙河畔这块土地的居民们用一种如此速效的毒药来涂他们的箭矢，以至于动物哪怕只是受其轻伤，他们就几乎不看动物是否倒毙。肉无害。人们在这里看到河上的奇特摆渡，也就是说，在一条河上绷起某些品种自然生长的、被称为 Bejuken 的藤索，一匹马悬在一个环上，或者人悬在垫子上被拽过去。到秘鲁山脉去旅行，人们使用某些为此训练的驴子，它们即便在极其危险的地方也走得很熟巧和安全。在**波帕扬**，人们从土中淘出许多金末，这种土是被从山中奔腾而下的湍急小溪冲下来的。巴拿马地峡的波托韦洛是世界上最不利于健康的城市之一。但一般来说，这个地峡的低地惊人地潮湿，林木繁茂，因过度炎热而很不利于健康。分娩在波托韦洛几乎是致命的。这些海岸旁的蚊子惊人地折磨着旅行者。在卡塔赫纳，蝙蝠给人畜在睡梦中放血。西班牙属美洲的女人们几乎到处都抽烟。

在**伊斯帕尼奥拉岛**有一种树，结毒苹果，其树影是危险的，野蛮人在其果汁中浸他们的箭矢。这里的海牛被驯化，一些人因此把它视为古人的海豚。从墨西哥海湾吹来的陆地风极
〔430〕为舒适，因为人们可以借它逆着普遍的东风扬帆上百里。船员们借陆地风下海，借海风又返回。**沃尔特·罗利**在奥利诺科河追求发现的**圭亚那**大陆，在其内地更深处并不为人所知（**冯·洪堡**先生关于这个地区，特别是关于南美洲一大部分的评论，可望给我们带来丰富的新收获）。这块陆地有许多金砂，但据说金子几乎像石头一样在大街上随处可见的埃尔多拉多却是虚

构，同样，几乎所有印第安人都在谈论的奥利诺科的据说嘴巴长在胸部而耳朵长在肩上的人种，要么是虚构，要么使人预期一个民族，许多印第安人就属于这个民族，他们人为地伪装自己的头部。属于这块陆地的还有荷兰人的苏里南殖民地。这里的昆虫品种很多，通常很大。在这些昆虫中有变叶虫，亦即一种蝗虫，它在卷起来的树叶中长成，在落到地上之后就获得颜色和性状都像树叶的翅膀。这里的青蛙据说变成鱼。顶灯虫是一种蝇子，它在头上有一个在黑暗中发光很亮的囊，同样在这里安家落户。如果我们从这里继续下行到**巴西海岸**，那么，我们将发现这片海岸住着人数众多的葡萄牙人。巴西木是这块陆地最重要的植物之一，尽管这里还有其他更漂亮得多的产品，我们马上就要提到。在许多流浪在这块陆地内部的旷野之中的野蛮人民族中，塔帕若斯人是最著名的民族。他们没有神的概念，没有表示神的语词，赤裸行走，尽管不像加拿大人那样残酷地折磨被俘的敌人，却把他们吃掉。他们穿透自己的嘴唇，在洞中插上一种绿色的碧玉，但女人们并不这样做，她们把耳垂上的孔弄得很大。塔帕若斯人也在脸上粘羽毛，而女人们则用颜色涂脸。一个在战争中被俘的人最初受到很好的款待，甚至获得一个女人陪睡，但随后就被杀死并且吃掉，不过并不受折磨。人们对待所有的外人都很好。据说这里的蜂鸟叫声很美，但它在北美却不叫。在欧洲人到达之前，人们在这个地区 〔431〕
看不到任何牛，而现在牛却繁衍得如此之多，以至于据说每年都从巴拉圭出口近 40 000 张牛皮，尽管野放的狗起劲地把牛赶走。人们也说，过去在美洲不曾有任何欧洲的水果。但如今，在秘鲁及其所属各地有大片大片的苹果树和梨树林。巴西满地是蛇和猴子；此地的鹦鹉是最好的，惟独在东印度才有灰色的鹦鹉。从欧洲带来的猪在这里和在热带其余地区一样，猪肉味道鲜美，有利于健康。

木薯根块通常生吃有毒，尽管如此一些巴西人食用它却没有这种害处。许多仅仅在雨季才有水的地带毕竟在雨季后有大量的鱼，人们却不知道何以如此。烈火鸟在大小和野性上几乎与兀鹰一样；其爪更锋利。这里也有一种鸟，大小如一只卡利卡特鸡，像鸵鸟那样只能跑，但比灵缇还快。

巴拉圭这块陆地是著名的巴拉圭草的产地，巴拉圭草是一种树的叶子，晒干后用做一种浸剂，性能猛烈。关于这块陆地的大蛇，**蒙托伽神父**及其传教会散布了许多不真实的东西。人们说这块陆地的内地有一个海盗民族，住在南纬 44 度，据说源自一些处于查理国王治下的西班牙人。这块陆地的野兽是危险的食人兽。女人们刺脸，男人们则文脸。此处的西班牙占领地过去在某种程度上完全由耶稣会士统治。圣保罗共和国由不能使之婚配的叛民组成。它由于流氓恶棍的加入而越来越大。布宜诺斯艾利斯以南，美洲海岸完全无人居住，按照 1746 年作出的研究也不可居住，因为人们即便在夏天也感到相当冷。不过，据说在某条河在此造成的一座岛上，生活着欧洲人。

〔432〕 二、北美洲

埃利斯船长 **1746** 年在哈得孙湾的海洋上遇到的**爱斯基摩人**，随和且聪明。他们像在西伯利亚一样乘狗，只不过那里的狗不叫。他们在旅行时携带一满囊鱼油，喝起来津津有味。南边一点的爱斯基摩人高一些，但法国人把他们描述得脸部奇丑，在道德上野蛮且狡黠。他们经常在旅行时陷入饥荒，以至于他们发现自己被迫吃掉自己的女人和孩子。他们像格陵兰人一样制作自己蒙着海狗皮的轻舟，穿用这种动物的鳔缝制的衬衫，等等。他们难以禁忌的烧酒，对他们很有害。父母在年老时，就筹办一次宴席，让自己的孩子掐死自己，但绝不亲手致死。越过北纬 **67** 度，在美洲就再也见不到人。

被归给法属以及英属**加拿大**的各地，就其气候态势而言，在冬天很冷。东北风带来阴冷的空气和严寒。向西走得越远，该地就越冷。最西边的印第安人住在湖边，但湖边尚无欧洲人。印第安人的肤色是一种肮脏的红色，尤其是除了头部和眉毛之外没有体毛，而大多数人又自己把眉毛拔掉。这些野蛮人的动物般属性格外突出，他们在比人们视力所及更远的距离上嗅出火，因此也受不了麝香味，而是只导向可食的东西。

他们在回忆到过的地方这方面的想象力，以及在觉察人畜的踪迹方面的细致，大得令人无法理解。在所有这些部族中，人们能够对付阿耳冈昆人和休伦人的语言，这二者纯洁且坚决。所有这些民族都只有他们自己选出的首领。这里的女人们对政务有很大的影响，但只有至高治权的迹象。易洛魁人构成最大的、仿佛占统治地位的部族；但总的来说，这里的各民族 〔433〕
逐渐地越来越弱。他们没有刑事法庭。如果某人杀死了另一个人，则人们几乎不知道谁应当来惩罚罪行。通常，这是由其自己的家族来执行的。最大的困难是逃避死者家族的复仇。一个家族必须通过俘虏来补充逝者方面的损失。为了报复，偷盗者被洗劫一空，惟有怯懦者和女巫被杀死和烧死。他们的宗教很混乱。阿耳冈昆人把最高的精神称为大兔子，把其敌人称为大虎。再也没有比他们的解梦更残暴的东西了。如果某人梦见自己打了某人，则他就肯定杀死此人。梦节。一个私人的梦常常会引起战争。在战争中，他们很注意保护自己人，通常只是通过突袭和埋伏来相互格斗，使用击打头部的武器，并且绝望地自卫。俘虏虽然被捆绑起来，但最初对待很好，并且不知道是该被杀掉还是为补偿未亡人的损失而被接纳入家族。如果决定的是前者，则屠戮对象就唱自己的丧歌，人们用常常持续若干天的刑罚撕碎他，这时此人全无感觉，还嘲笑自己的刽子手；最后人们把他煮熟吃掉。这样的事情之发生，更多的是出自通过复仇献祭来宽慰亡者精神的欲望，而不是出自胃口。在格斗中被杀死的人从不被吃掉；孩子们，甚至女人们都为这样的泰然自若做好了准备。这些野蛮人的友谊泽被很广。和平节杖或者和平烟斗在所有这些民族中都通用，真正说来就是一个烟斗，常常配有一些装饰物，双方的首领用它抽烟。人们在这些民族中间就教育孩子而言看到对独立性的巨大偏好，孩子们仅仅被父母用语词和轻声责骂来惩罚，例如往其脸上洒水。这似乎就是尽管欧洲人常常选择自己的生活方式，但没有一个印第安人想到接受这种生活方式的原因。进一步，在这块大陆的西部，各民族少为人知。一些人在孩子幼年时把其头放在两堆胶料之间压宽，并叫做扁头。因此，在阿耳冈昆人中间，由于他
〔434〕们人工给予头的形状而被称为圆头。了解最西边的印第安人的法国人报导，在他们中间听人谈到西边的一片大海，而从堪察加出发的俄国人的游记证明，美洲离堪察加不远，很可能是由不太大的海峡和一些岛屿与西伯利亚的楚科奇半岛隔开。这块大陆上的**英属殖民地**很兴旺。在**弗吉尼亚**，冬天只有 3 个月长，相当寒冷，反之夏天则很舒服。这里有野生的葡萄，但还没有听说酿出什么好酒来。一种树以乳浆的方式产蜂蜜。流出的树汁 3 磅可产 1 磅糖，就像 Jaggeri 是从可可汁煮出来并在印度提纯。**宾夕法尼亚**和**马里兰**在大多数地产上都彼此一致。这里的森林里有大量的木头，许多野味大多与欧洲的不同。**卡罗来纳**和**佐治亚**位于最南部，也产丝，此外有在中国长的野草。一些人说在这里发现了茶树和人参。

如果人们沿劳伦斯河而上，从其入海口出发到法属加拿大，则人们在两侧最初看到的是相当荒凉的土地。在魁北克，再远一些到安大略和伊利湖，有世界上最优秀的土地。如此溯密西西比河而上的人，将发现一块很肥沃且林木茂密的、在冬天很冷的陆地上的风俗几乎相似的各民族。所有这些民族自欧

洲人到来之后都严重减员。人们在所有这些民族都发现，铜的应用在他们这里比铁的应用古老得多。在相邻的佛罗里达，居民们很果敢，他们向太阳献祭他们的头生。这块陆地有大珍珠。

美洲诸岛

弗利布斯蒂人起初是海盗，定居在**圣克里斯多夫岛**和**多米尼克岛**，其中后一座岛如今处在英国人的占领下。西班牙属美洲的大部分都有许多西班牙马，常常也有野化了的狗。在多明戈二者都有，并且有在想饮水时制造大响动以吓退猛兽的习惯。〔435〕在这里充当奴隶的黑人人数很多，常常很危险。来自塞内加尔的黑人是最机智的，来自马达加斯加的黑人无法约束，而来自莫诺莫塔帕的黑人则很快死掉，多半很愚蠢，但很会阉割艺术，在这方面很高傲。一些黑人喜欢吃狗，被狗对着吠叫。他们对死亡很漠然，特别是塞拉利昂的黑人常常为无足轻重的原因而自杀。**加勒比人**民族主要散布在安的列斯群岛，在圣文森特和多米尼克落户。他们强壮而高大，把身体涂成红色，在嘴唇上刺许多孔，插上小管、玻璃球和小石头。他们的额头几乎完全像一块木板那样平，仿佛是压出来的。他们的神色似乎是多愁善感的。这些人的 Carakolla 或者白铁般的头饰是由纯的、漂亮的未知金属制成的，他们也把它戴在鼻子上和下唇上。

他们不喜欢叫做食人肉者，不能理解人们何以喜欢金子胜过玻璃。他们从不吃盐，懒惰，不能忍受任何强制力和严厉，有固执的怪念头，而且骄慢异常。从未有他们中的一个人皈依基督宗教。他们不能给自己的复仇设置任何界限，他们不知道天意。他们的酋长必须在战争和奔跑与游泳中来锻炼。他们很少使用盾牌，而是使用用 Manschinellenbaumes 的树汁喂毒的尖端为空的箭矢和木棒。

北冰洋诸陆地

尽管北冰洋诸陆地部分地属于另外两个大陆，但我们却想为与美洲相比较而在这里简短地捎带着说一说。北冰洋的所有民族在这一点上是一致的，即他们几乎都没有胡须。不过，埃利斯在哈得孙湾及其相连的各海遇到过爱斯基摩各民族，他们的脸上胡须很浓密。楚科奇人是所有西伯利亚人中最东北部的人，是北冰洋的一个勇敢的民族，热情好客；他们的营生像在这些地区一般而言那样，是捕鱼和狩猎。新地岛和斯匹次卑尔
〔436〕根群岛等等无人居住，但人们不可相信，它们像在**海姆斯凯尔克**率领下在那里过冬的荷兰人据说发现的那样完全不可居住。据**米勒**教授报导，几乎每年都有一些俄罗斯人为狩猎而在那些地区过冬。在斯匹次卑尔根群岛的鸟类中，我只提及长着闪闪发光的金色羽毛的翠鸟。这里的鲸是欧洲人最多捕猎的动物，尽管过去也曾从海象那里因其牙齿而获得过巨大利润。进一步向西，拉普人脸部极丑，但并不像人们描述的那样个子矮小。1735 年，人们在巴黎看到一个高达 7 莱茵尺的巨人，它就是出生于拉普兰。巫术或者毋宁说妖术欺骗在这里几乎与在西伯利亚别无二致，但越来越被革除。一些旅行者发现，这里的马在夏季被从所有的村子里放到野地，让其自由自在地度过这个季节，因为来自一个村落的马自动地处在一个特殊的地区，不与其他马混杂，在冬天也自动地回到马厩。格陵兰人住在其南部尖端并不比斯德哥尔摩纬度更高、但一直向北延伸到未知的远方的陆地上。这块陆地的东边比西边更温暖，与这个地带的自然相悖，有相当高的树。在这个地带上向西走得越远，人们

就越觉得该地区冷。在哈得孙海峡附近，人们看到厚度从 15 尺直到 1 800 尺的冰山。由于风几乎吹不动它们，它们也许会在那里数世纪之久，直到它们被运动到温带，在那里融化。在斯匹次卑尔根群岛的高山旁矗立在陆地上的冰山，与这些冰山和阿尔卑斯山的冰川极为相似，这就能够给优雅的考察提供诱因。这里还需要说明的只是，北冰洋的水与世界上任何一个海的水一样含盐，一样重，例如在新地岛附近。人们在哈得孙海峡看到海中漂着数量无法形容的木头。某位作家把这种木头直到在市场上还被虫蛀这一点视为这种木头必定来自温带的最可靠证明，这种事在寒带的木头上不会发生。

伊曼努尔·康德的

教育学

弗里德里希·特奥多尔·林克博士编

李秋零　译

〔439〕 编者前言

按照一个较早的规定，过去在哥尼斯贝格大学一直必须，确切地说是每次轮流由一位哲学教授给大学生讲授教育学。这样，有时也就遇上了康德教授先生的系列讲座，他在此时以他昔日的同事、教会监理会成员 D. 伯克编的**《教育艺术教程》**为基础，但无论是在研究的进程上还是在原理上都并不精确地遵循它。

以下关于教育学的评论的产生就归功于这种情况。如果那些讲座的时间不像事实上那样分配得如此紧凑，而康德以这种方式找到理由进一步就这个对象展开，而且书面上更为详细的话，它们大概会更为有趣，并在好多方面更为详细。

教育学新近通过多个有功之士，特别是诸如佩斯塔罗齐和奥利菲尔，选取了一个有趣的新方向，我们可以祝福下一代有了这个新方向，不亚于可以祝福他们长了痘瘢，尽管二者还都必须经历各种各样的责难，而且这些责难当然时而冒充得很博学，时而冒充得很高贵，但毕竟没有因此而特别坚实。康德也在这方面了解当时的新理念，对它们作出过反复的思考，比他的同时代人看得更远，这当然是不言而喻的，而且也可以从这些草拟的评论看出，尽管这些评论并不是出自刻意的选择。

关于我附加的注释，我没有什么要说的；它们不言自明。

〔440〕 在书商福尔摩随意对我的康德自然地理学版本作出低级的攻击之后，编纂这样一些手稿不可能再是我的一件惬意的工作。既然我能够平静地、心满意足地和积极地生活在我的本来就不狭隘的活动范围里，我为什么就应当丢人现眼地去满足非

我分内的要求，让自己蒙受不合时宜的评判呢？最好，我把自己闲暇的时刻献给我可以相信凭借行家们的赞同使我已获得并且还能够获得一些成就的研究。

我们祖国的文学除了其真正博学的分支，恰恰没有上演任何诱人的剧情，而到处都跳出来的党争，与含沙射影的争论和甚至我们较好的头脑也时而参与的那些不受欢迎的口舌之争相结合，并不特别让人想参与。让自己撞出肿包，以便能够连本带息还给自己的对手，并且由此获得某种扛鼎之权，在它的重压下他们误以为自己升为文学的独裁，这样的乐趣，我把它留给别人。唉，这种纸糊的辉煌是要倒霉的！但即便他们变得更好，事情就成别的样子了吗？

林克

于 1803 年春季博览会

〔441〕导　论

人是惟一必须受教育的造物。也就是说，我们把教育理解为照管（供养、抚养）、训诫（管教）和连同塑造在内的教导。据此，人是婴儿、——是幼童、——是学生。

动物一旦拥有力量，不管是什么样的力量，就合乎规则地，亦即以不致损害自己的方式使用自己的力量。这确实是值得惊赞的，例如人们发觉，刚刚破壳而出、尚未睁开眼睛的雏燕，却仍然知道让自己的粪便落到鸟巢外。因此，动物不需要照管，至多需要食物、温暖和引导，或者某种保护。大概多数动物都需要喂养，但不需要照管。也就是说，人们把照管理解为父母的预防措施，即让孩子不有害地使用自己的力量。例如，如果动物像孩子们所做的那样一来到世上就啼哭，就肯定会成为被它的哭声引来的狼或者其他野兽的猎物。

训诫或者管教把动物性改变成人性。动物通过其本能就已经是其一切；一种外在的理性已经为它安排好一切。但人却使用自己的理性。他没有本能，必须自己给自己制订其行为的计划。但由于他不是马上就能够这样做，而是生蛮地来到世上，所以必须有别人来为他做这件事。

人类应当通过自己的努力，把人性的全部自然禀赋逐渐地从自身中发挥出来。一个世代教育另一个世代。人们在这方面可以在一个生蛮的状态中，也可以在一个完善的、发达的状态中寻找第一开端。如果后一种状态被假定为先前和最初就存在
〔442〕的，那么，人必定是后来又野蛮化并堕入生蛮之中了。

训诫防止人由于自己动物性的动机而偏离其规定，即人

性。例如，它必须限制人，使其不野蛮地、不假思索地陷入危险。因此，管教是纯然消极的，也就是说，是从人身上去除野性的行动。与此相反，教导则是教育的积极部分。

野性就是不取决于法则。训诫把人置于人性的法则之下，开始让人感受到法则的强制。但此事必须及早进行。例如，人们把孩子送到学校，一开始并非已经意在他们在那里学点什么，而是意在他们能够习惯于静静地坐着，严格遵守事先给他们规定的东西，以便他们不会在将来每有一个念头，就真的并且马上去实施。

但是，人天生对自由有一种如此强烈的趋向，以至于他只要有一段时间习惯于自由，就将为它牺牲一切。正因为此，训诫也必须如上所说，及早投入运用，因为如果不这样做，到后来就难以改变人了。他在这种情况下就任性而为。人们在各野蛮民族那里也看到这一点：尽管他们较长时间地服务于欧洲人，却从来不习惯于后者的生活方式。但在他们这里，这却不像卢梭和其他人认为的那样，是一种对自由的高贵趋向，而是动物在某种程度上尚未在自身发展出人性时的某种生蛮性。因此，必须及早使人习惯于服从理性的规定。如果人们让他在幼年时任意而为，没有任何东西抵制他，则他就将终生保持着某种野性。而在幼年时受到过多的母亲温存保护的人，也是无可救药的，因为他们一旦进入世界的事务之中，从此就越来越多地从四面八方受到抵制，并到处都受到打击。

这在大人物的教育中是一种常见的错误，由于他们注定要做统治者，所以在幼年时，人们也就从未真正地抵制他们。人由于其对自由的趋向，磨砺其生蛮性是必要的；与此相反，动物由于其本能，就不需要这种磨砺。〔443〕

人需要照管和塑造。塑造本身包含着管教和教导。就人们所知，没有任何动物需要这些东西。因为除了鸟学习其鸣啭，没有任何动物从长者那里学习某种东西。鸟是由长者教会鸣啭的，就像在学校里一样，长者倾其全力为幼鸟领唱，而幼鸟则努力从其小喉咙中发出同样的音调，这看起来很感人。为了证明鸟不是出自本能鸣啭，而确实是学来的，值得费力气做个实验，把金丝雀的卵取走一半，把麻雀卵放进去，或者也可以把幼麻雀与幼金丝雀调换。如果人们把这些麻雀置入一个听不到外面麻雀叫的房间里，它们就学习金丝雀的鸣啭，人们就得到了会鸣啭的麻雀。事实上这也是很值得惊赞的，即每一个鸟类都世世代代保持着某种主要的鸣啭，而鸣啭的传统大概是世界上最忠实的传统了。①

人惟有通过教育才能成为人。除了教育从他身上所造就的东西，他什么也不是。应当注意的是，人惟有通过人，通过同样是受过教育的人来受教育。因此，就连在一些人那里对训诫和教导的欠缺，也使得他们成为受其管教者的糟糕教育者。一旦一个更高品类的存在者关心我们的教育，人们就会看到，人能够成为什么。但既然教育一方面是教给人某些东西，另一方面也只是在他那里发展出某些东西，则人们就不可能知道，在
〔444〕他那里自然禀赋能够做到哪一步。假若在这里至少通过大人物

①康德在这里关于麻雀所说的，在某种程度上还可以进一步扩展，也扩展到其他动物。有人自称觉察到，例如很小就被捕获的狮子，就从来也不完全像较大的、后来才被剥夺自由的狮子那样吼叫。但在这里还必须首先弄清，这有多少要算在改变了的生活方式的账上，这种生活方式对一种尚未完成的有机组织、对一个尚未完全长成的动物不可能没有影响。这里关于麻雀所说的话，也只是有限制地有效。人们从未能把它的鸣啭视为一个真正的金丝雀的鸣啭。Naturam furca expellas，et tamen usque recurrit.［你可以砍掉大自然的枝杈，尽管如此它也时常恢复如故。］即便是对一个鸟类的变种来说，也出现显著的差异。参见吉尔塔讷，第 341 页。

们的支持，通过众人的联合力量做一项实验，它也就会已经给我们作出说明，人究竟能够做到什么程度。但是，对于思辨的头脑来说一个重要的，如同对于博爱主义者来说一个悲哀的发现，就是看到大人物们多半总是只关心自己，而不是以使自然向着完善更趋近一步的方式参与教育的重要实验。

没有人在幼年被疏于管教，在成年时却会自己看出自己或在训诫方面或在培养（人们可以这样称谓教导）方面被疏忽过。未受培养的人是生蛮的，未受训诫的人是野性的。训诫的耽搁是一种比培养的耽搁更大的弊端，因为培养还可以后来继续弥补；但野性却无法去除，训诫中的失误是无法补救的。也许，教育将越来越好，每一个后来世代都将向着人性的完善更趋近一步；因为在教育背后，隐藏着人类本性的完善性的重大秘密。从现在起，这种事有可能发生。因为对于什么真正说来属于良好的教育，人们现在才开始有了正确的判断和清晰的认识。设想人的本性将通过教育而发展得越来越好，而且人们能够使教育有一种合乎人性的形式，这是令人陶醉的。这为我们展示了未来更加幸福的人类的前景。

一种教育理论的草案是一个美好的理想，即便我们不能马上实现它，也无损于此。即便在实施它时出现重重障碍，人们也不必马上就把理念视为幻想，败坏它的名声，把它当做一个美好的梦。

一个理念无非是关于一种在经验中尚不存在的完善性的概念。例如，一个完善的、按照正义的规则治理的共和国的理念。它因此就是不可能的吗？我们的理念首先必须是正确的，然后它才根本不是不可能的，无论有多少障碍还在阻碍它的实施。例如，即便每一个人都说谎，说真话就会因此而是一种纯 〔445〕
然的奇怪念头吗？一种把人里面的所有自然禀赋都发展出来的教育的理念，当然是真实的。

就现在的教育来说，人并未完全达到自己存在的目的。因为人们的生活是多么的不同啊！惟有当他们按照一模一样的原理行动，而且这些原理必定成为他们的另一种本性时，他们中间的齐一性才能出现。我们可以制订一种更合乎目的的教育的计划，并且把这种教育的使用说明传给能够逐步地实现它的后代。以报春花为例：如果人们用根移栽它，所得到的都只是同一种颜色；但与此相反，如果人们播种它们的种子，所得到的就完全不同，是极为不同的颜色。因此，自然毕竟把胚芽置于它们里面，而要把它们里面的这些胚芽发展出来，则仅仅取决于恰如其分的播种和培植。就人来说也是这样！

在人性中有许多胚芽，而现在，把自然禀赋均衡地发展出来，把人性从其胚芽展开，使得人达到其规定，这是我们的事情。动物是自动地满足这种规定的，并不了解它。人必须首先去追求达到它，但如果他对自己的规定连一个概念都没有，这就不可能发生。对于个人来说，达到规定也是完全不可能的。如果我们假定人的第一对夫妇是确实教化了的，则我们毕竟想看一看，他们是如何教育自己的孩子的。第一对父母已经给孩子们提供榜样，孩子们仿效他们，这样就发展出一些自然禀赋。所有人并非都能以这种方式来教化，因为多半这一切只是让孩子看到榜样的偶然情况。过去，人们甚至对人类本性能够达到的完善性根本没有一个概念。我们自己也根本没有弄清楚这个概念。但有一点是肯定的，即并非单个的人就对其孩子的全部塑造而言能够使他们达到自己的规定。应当做成这件事的不是单个的人，而是人类①。

①单个的人将永远不能完全摆脱弱点，甚至不能完全改正其错误，但就他来说，特别是就人性来说，毕竟能够变得越来越好。甚至通常对人的一种误以为的恶化的抱怨，也是人性在善上的进步的一个证明，因为它只能是法和道德上更为严格的原理的一个结果。——编者注。

教育是一门艺术，其实施必须经过许多世代才能够完善。〔446〕每一世代都配备有前一世代的知识，能够越来越多地实现均衡且合目的地发展人的一切自然禀赋，就这样把整个人类导向其规定的教育。——天意希望人自己从自身中产生善，于是就对人说："到世上去吧，——造物主就能够这样与人说话！——我为你配备了一切向善的禀赋。发展它们就靠你了，所以你自己是否幸福就取决于你本人。"

人应当首先发展其向善的禀赋；天意并未把它们已经现成地置于人里面；那是纯然的禀赋，并没有道德性的区别。使自己更善，培养自己，如果自己是恶的就在自己这里产生道德性，这就是人应当做的。但是，人们如果对此有深思熟虑，就会发现这是很难的。因此，教育就是能够交托给人的最大的问题和最困难的问题。因为洞识取决于教育，而教育又取决于洞识。所以，教育也只能循序渐进，惟有通过一个世代把自己的经验和知识传给下一个世代，这个世代又附加上某种东西并且这样传给下一个世代，才能产生出关于教育方式的正确概念。因此，这个概念以什么样的伟大文化和经验为前提条件呢？据此，它也只能很晚产生，而且我们自己也尚未完全弄清它。个别的教育是否应当仿效人性在普遍上通过其各个世代的那种教化呢？

可以把人的两种发明视为最困难的，亦即统治艺术和教育艺术的发明，毕竟人们甚至在它们的理念上也还有争执。

但是，我们从哪儿开始发展人的禀赋呢？我们是应当从生
蛮状态开始，还是应当从教化了的状态开始？设想一种出自生〔447〕
蛮的发展是困难的（因此第一个人的概念也是如此困难），而且我们看到，就出自这样一种状态的发展而言，人们毕竟总是又堕回生蛮，然后才又重新从那种状态上升。即便是在很开化的民族那里，我们也在他们记下来留给我们的最早信息中发现

与生蛮的严重接近，——而书写不是已经需要很多文化吗？所以考虑到开化的人，人们可以把书写艺术的开端称为世界的开端。

由于自然禀赋的发展在人这里不是自行发生的，所以一切教育都是一门艺术。——自然没有为此给人置入任何本能。——无论这门艺术的起源还是它的进展，都要么是**机械性的**，没有计划按照给定的情况安排的，要么是**裁决性的**。所谓机械性的，是指教育艺术仅仅在出现使我们经验到某种东西对人有害或者有用的偶然机会时产生。一切仅仅机械性地产生的教育艺术，都必定带有非常多的错误和缺陷，因为它们不以任何计划为根据。因此，教育艺术或者教育学如果要如此发展人类本性，使之达到其规定，就必须成为裁决性的。受过教育的父母是孩子们塑造自己的榜样，受到敬重。但如果孩子们应当变得更好，教育学就必须成为一项研究，否则就不能对它有任何指望，而且一个在教育上败坏的人通常还去教育别的人。教育艺术中的机械论必须转化为科学，否则它就永远不会成为一种连贯的努力，而一个世代就可能毁掉另一个世代已经建立的东西。

教育艺术的一个原则应特别为那些制订教育计划的人士所牢记，它就是：孩子们受教育，应当不仅适合人类当前的状态，而且适合人类未来更好的状态，亦即适合人性的理念及其整个规定。这个原则极为重要。父母教育自己的孩子，通常只是让他们适应当前的世界，哪怕它是个堕落的世界。但他们应当把孩子教育得更好，以便由此产生一个未来的更好状态。但在这里有两个障碍：

〔448〕 1. 父母通常只关心自己的孩子在世界上生活好；2. 君侯们只把自己的臣民视为达成自己种种意图的工具。

父母们关心家，君侯们关心国。二者都不以世界福祉和人性被规定要达到且也有相应禀赋的那种完善性为最终目的。但一种教育计划必须被设计成世界主义的。而在这种情况下，世界福祉就是一种在我们的私人福祉上有害于我们的理念吗？断然不是！因为虽然看起来人们由于它而必须牺牲某种东西，但人们毕竟仍然通过它总是也促进着自己的当前状态的福祉。而在这种情况下，将有多么美妙的结果伴随着它啊！好的教育正是世界上一切善从中产生的东西。处在人里面的胚芽必然得到越来越多的发展。因为恶的根据在人的自然禀赋中是找不到的。恶的原因仅仅是本性没有置于规则之下。在人里面只有向善的胚芽。①

但是，世界的更好状态从何而来呢？是来自君侯们，还是来自臣民们？也就是说，是臣民们先改善自己，并在半途中迎合一个好的政府？如果这种状态应当由君侯们来建立，则王子们的教育就必须先改善，这种教育长期以来还一直有重大的错误，即人们在王子们幼年时不违拗他们。但是，一棵孤零零地长在旷野的树，长得歪曲并且枝杈四伸；与此相反，一棵长在森林中央的树，则由于它旁边的树都违拗它，却长得笔直，并寻获自己上方的空气和阳光。对于君侯们来说也是这样。毕竟，他们受某个出自臣民阶层的人教育，总是比受其同类教育更好。因此，惟有在他们受的教育是更优秀的教育的情况下，我们才可以指望善来自上面！所以，这里主要取决于私人的努力，而不像**巴泽多**和其他人认为的那样，取决于君侯们的赞助。因为经验表明，为了达成其自己的目的，君侯们的意图首 〔449〕
先并不那么是世界的福祉，而毋宁只是其国家的繁荣。但是，如果他们为此提供资金，则也必须任由他们为此预先制订计

①参见下文以及康德：《论恶的原则与善的原则的共居或论人的理性中的根本恶》，载其《纯然理性界限内的宗教》，第 3 页及以下。——编者注。

划。在事关人类精神的教化、人类知识的扩展的一切事情上都是如此。权力和金钱并不成就事情，至多是使事情变得容易。但是，如果国家经济不是仅仅事先为国库纳税，它们就能够成就事情了。而且学术机构迄今也没做，要它们来做，其迹象从未像现在这样渺茫。

据此，学校的设置也应当仅仅取决于最开明的行家们的判断。一切培养都是从私人开始，并由此传播开来。那些有更广泛偏好的人，关心世界的福祉，而且能够具有一个未来更好的状态的理念，只是通过他们的努力，人类本性才有可能逐渐逼近其目的。毕竟还有些大人物，有时仿佛只将其民众视为自然界的一部分，因而只关注他们的繁衍。人们在这种情况下至多还要求技能，但也只是为了能够把臣民更好地当做工具用于自己的种种意图。私人当然必须首先关注自然目的，但此后也必须关注人性的发展，关注使自己不仅有技能，而且也是有道德的，而最难的是，他们要力求使其后代比他们自己推进得更远。

因此，就教育而言：1. 人必须受到**训诫**。训诫就是力求防止动物性给人性带来损害，无论是在个别的人身上还是在社会性的人身上。因此，训诫就纯然是对野性的驯服。

2. 人必须受到**培养**。培养包括教诲和教导。它是造就技能。技能就是拥有一种足以达成所有任意目的的能力。因此，它根本不规定任何目的，而是把它事后委诸各种情景。

一些技能在所有场合都是好的，例如读和写；另一些技能
〔450〕只是为了一些目的，例如音乐，为的是让我们招人喜爱。由于目的众多，技能在某种意义上是无限的。

3. 人们还必须关注使人也成为聪明的，适应人类社会，招人喜爱且有影响。这就需要某种人们称之为**文明化**的培养。为此就要求风度、乖巧和某种使人能够把所有人都用于自己的

目的的聪明。它遵循的是每一个时代的易变的鉴赏。在几十年前，人们还在交往中喜爱讲究礼仪。

4. 人们必须关注**道德化**。人应当不仅为达成各种各样的目的而有技能，而且还获得只选择完全好的目的的意念。好的目的就是必然为每个人所认同的目的，是能够也同时是任何人的目的的目的。

※ ※ ※

人要么是仅仅被驯服，被调教，被机械地教导，要么被真正地启蒙。人们驯服狗和马，而且也能驯服人（这个词来自英文，来自 to dress，**给……穿衣**。因此也有 Dreβkammer，即布道人更衣的地方，而不是 Trostkammer）。

但是，驯服尚无济于事，而是关键首先在于让孩子们学习**思维**。这旨在一切行动由之产生的原则。因此人们看到，对一种真正的教育来说，要做很多事情。但通常在私人教育中，第四项，即最重要的一项，还很少得到实施，因为人们在根本上是这样教育孩子的，即把道德化留给布道人。但如此极为重要的，却不是从小就教会孩子们厌恶恶习，其根据不仅是上帝禁止它，而是它自身就是值得厌恶的。[1]若不然，他们很容易想到自己总是能够作恶的，此外如果上帝没有禁止，恶习亦是允许的，因此上帝大有可能制造一次例外。上帝是最神圣的存在者，而且只希望好的东西，并且要求我们履践德性，乃是因为 〔451〕
德性的内在价值，而不是因为他的要求。

我们生活在训诫、培养和文明化的时代，但还远远不是道德化的时代。就人们现在的状态而言，可以说国家的幸运是与人们的不幸同时增长的。还有的问题是：我们在生蛮状态中，

①参见下文。

在我们还没有所有这些文化时，是不是比在我们现在的状态中更为幸福？因为在没有使人们变得有道德和睿智的时候，怎么能使他们幸福呢？恶在量上并未被减少。

人们在能够建立标准学校之前，必须先建立实验学校。教育和教导必须不是纯然机械性的，而是基于原则的。然而它也不可以是纯然理性思考的，同时却以某种方式是机械设置。在奥地利，多半只有按照一个计划设立的标准学校，这种计划受到过许多有根据的反对，人们特别可以指责它是盲目的机械设置。那时所有其他学校都必须依循这些标准学校，而且人们甚至拒绝提拔未曾在这些学校就读的人。这样一些规定就表明，政府是多么关心这件事，而在这样一种强制下，根本不可能产生什么好的结果。

虽然，人们都认为实验对于教育来说并无必要，人们从理性出发就已经能够判断某种东西将是好的还是不好的。但是，人们在这一点上大错特错了，而且经验表明，就我们的尝试来说，经常出现与人们预期的截然相反的结果。因此人们看到，既然问题在于实验，则没有一个人类世代能够展示一个完全的教育计划。惟一在这里首开先河的实验学校就是德绍学院。人们必须给予它这种荣誉，尽管它有许多让人们能够指摘它的错误；这是人们从尝试中所得出的一切结论都有的错误，即为此还总是需要新的尝试。它以某种方式是惟一让教师有自由按照自己的方法和计划来工作的学校，在这里，教师们无论是相互之间还是与德国的所有学者之间都有联系。

※　　※　　※

〔452〕 教育包括**照料**和**塑造**。塑造是：1. **否定性的**，即纯然防止错误的训诫；2. **肯定性的**，即教导和引导，就此而言属于培养。**引导**是在将所学的东西付诸实施时的引领。由此产生出仅仅是一个教师的**传授者**和是一个向导的**家庭导师**之间的区

别。前者仅仅为学校而教育，后者则为生活而教育。

对于幼童来说，第一个阶段就是必须表现出恭顺和一种被动的服从的阶段；第二个阶段则是人们已经让他运用，但毕竟是在法则之下运用思考和自己的自由的阶段。在第一个阶段是一种机械性的强制，在第二个阶段则是一种道德的强制。

教育要么是一种**私人**教育，要么是一种**公共**教育。后者仅仅涉及传授，而且这种传授可以始终是公共的。种种规定的实施则被留给前者。一种完备的公共教育是把教导和道德塑造这二者结合起来的教育。它的目的是：提升一种好的私人教育。做这件事的学校，人们称之为教育机构。这样的机构可能不多，其中幼童的数量可能不大，因为它们学费昂贵，单是建立它们就已经要花很多钱。它们的情况，如同贫民院和养老院。为此所需要的建筑，负责人、看管人和佣工的薪酬就已经用去为此提供的经费的一半，无疑，如果把这些钱送到穷人的家里，他们就会得到更好得多的供应。因此，除了富人家的孩子，其他孩子也很难分享这样的机构。

这样的公共机构的目的是：完善家庭教育。惟有当父母们或者在教育上协助他们的其他人都受过良好的教育时，公共机构的花费才可以免去。在它们里面应当进行尝试，并塑造主体，这样就应当从它们里面产生一种良好的家庭教育。

私人教育要么是父母们自己进行，要么由于父母们有时对此没有时间、能力，甚或根本没有兴趣，而由其他雇来的辅助者进行。但对于通过这些辅助者进行的教育来说，有一种很难 〔453〕
以处理的情况，即权威是在父母和这些家庭导师之间分享的。孩子应当遵循家庭导师的规定，然后又要遵从父母的怪念头。对于这样一种教育来说，父母有必要把其全部权威转交给家庭导师。

但是，私人教育在多大程度上会比公共教育优越，或者后者在多大程度上会比前者优越？一般来说，不仅在一个公民的技能方面，而且在一个公民的性格方面，公共教育都显得比家庭教育更优越。后者不仅经常产生出家族缺陷，而且还使其流传下去。

但是，教育究竟应当持续多久呢？直到大自然规定人自己引领自己的时候；性本能此时在他这里已经发达；此时他自己能够做父亲并且应当自己去教育；大约直到 16 岁。在这个时间之后，人们也许还能使用培养的辅助手段，实施一种隐蔽的训诫，但不能再实施任何正规的教育。

幼童的恭顺要么是肯定性的，即他必须做给他规定的事情，因为他不能自己判断，纯然的模仿能力还在他身上延续；要么是否定性的，即如果他希望别人又应当做某种让他喜欢的事情，他就必须做别人希望的事情。对于前者来说出现惩罚，对于后者来说出现的则是，人们不做他希望的事情；他在这里尽管已经能够思维，却仍取决于自己的愉悦。

教育最大的问题之一就是：人们怎样才能把服从于法则的强制与运用自己自由的能力结合起来？因为强制是必需的！有了强制，我怎么培育出自由呢？我应当让我的幼童习惯于忍受对其自由的一种强制，并且应当同时引导他自己去正确地运用自己的自由。否则，一切都是纯然的机械作用，离开了教育的人就不知道如何运用自己的自由。他必须尽早感受到社会的不可避免的阻抗，以便认识到为了独立而养活自己、匮乏和挣钱的艰辛。

〔454〕这里必须注意以下几点：1. 让孩子从小就在一切事情上自由（在他伤害自己的事情上例外，比如他抓一把无鞘的刀），只要这样做不妨碍别人的自由；例如，如果他喊叫，或者大声嬉戏，这就烦扰了别人。2. 必须向孩子指出，惟有通过让别人也达到自己的目的，他才能达到他自己的目的，例如，如果

他不做人们希望的事情，人们就不让他快乐，他应当学习等等。3. 必须向他证明，施加给他一种强制把他引向运用他自己的自由，培养他，是为了他有朝一日能够是自由的，也就是说，可以不依赖别人的照料。最后这一点是最迟做的。因为对于孩子们来说，观察到比如人们今后必须为自己的生计操心，是很晚才有的事情。他们认为，就像在父母家中，他们总是能得到吃的喝的，无须为此操心。没有那种观察，特别是富有父母的孩子和君侯子孙，就会像奥塔希提岛的居民，终生都是孩子。在这里，公共教育有其极明显的优势，因为人们在此学会衡量自己的力量，学会让别人的权利来限制自己。这里没有任何人享有特权，因为人们到处都感受到阻抗，因为人们惟有通过以成就而出众才使自己引人注意。它提供了未来公民的最佳样板。

但是，这里还必须考虑其中存在的一个困难，即预先给予性知识，以便在进入婚龄之前就已经预防恶习。不过，下面还要对这一点进一步讨论。

〔455〕

正 文

教育学或者教育的学说要么是**自然的**，要么是**实践的**。**自然的**教育是人与动物共有的教育，或者就是养育。**实践的**或者**道德的**教育是人受到塑造的教育，为的是他能够像一个自由行动的存在者那样生活（人们把所有与自由相关的东西都称为**实践的**）。它是达成人格性的教育，是一个自由行动的存在者的教育，这个存在者能够自养，在社会中是一个成员，但独立地有一种内在的价值。

据此，构成它的是：1. 在技能方面的**校园的—机械的**塑造，因而是**讲授的**（传授者）；2. 在聪明方面的**实用的**塑造（家庭导师）；3. 在德性方面的**道德的**塑造。

人需要**校园的**塑造或者教导，以便有技能达成自己的所有目的。它给人提供其自己作为个人方面的一种价值。但通过达到**聪明的**塑造，他被塑造成公民，这样他就获得一种公共的价值。这里他既学会为了他自己的意图而驾驭公民社会，亦学会适应公民社会。最后，通过**道德的**教育，他获得在整个人类方面的一种价值。

校园的教育是最早的和第一位的教育。因为所有的聪明都以技能为前提条件。聪明是把自己的技能正确地带给人的能力。道德的塑造就其基于人应当自己认出的原理之上而言，是最迟的塑造；但就它仅仅基于普通的人类理智而言，它必须一开始就受到注意，甚至在自然的塑造时就马上受到注意，因为若不然，错误就容易扎下根来，此后一切教育艺术都对这些错误无可奈何。在技能和聪明方面，一切都必须按照年龄进行。

要有孩童的技能，孩童的聪明和乖顺，而不是成年人的那种狡猾，后者就像成人的一种幼稚思维方式一样不适宜。

论自然的教育

〔456〕

尽管作为家庭导师而承担教育的人并不那么早就接手照管孩子，以至于也可能为他们的自然教育操心，但知道在教育中自始至终都必须注意的所有东西，毕竟是有益的。即便作为家庭导师只与较大的孩子打交道，毕竟可能发生的事情是，家中有新的孩子出生，而如果他表现好，就总是有资格成为父母信赖的人，即便在自然教育方面也向他咨询，因为他往往是这家中惟一有学问的人。所以，对一个家庭导师来说，这方面的知识也是必要的。

自然的教育真正说来只是喂养，或者由父母，或者由保姆，或者由护理员进行。大自然给孩子们规定的营养就是母乳。说孩子连同母乳吮入意念，如人们经常听人说的那样："你连同母奶吃下了这个！"是一种纯然的成见。① 母亲自己哺乳，这对于母亲和孩子来说都是最有益的。不过，生病这种极端情况却是例外。从前人们相信，母亲分娩后乳清一样的初乳对孩子有害，母亲在能够哺乳孩子之前必须把它挤掉。但是，卢梭首先使医生们注意，这种初乳是否也能对孩子有益，因为毕竟大自然不做无用之事。而且人们也确实发现，这种初乳能够最有效地清除新生儿的那种被医生们称之为 Miconium 的胎

①特殊的恶习也许与特殊的疾病一样，很少会遗传给孩子，尽管这方面有种种意见还很流行；但是，在生殖和最初哺育的中途无论对前者还是对后者的一种更大的易感性，却似乎并不包含任何与理性相悖的东西。——编者注。

粪，因此对孩子们极为有益。

人们提出了问题：是否同样能够用动物的奶哺养孩子？人
〔457〕乳与动物的奶很不同。所有食草的、靠植物为生的动物的奶，如果加入某种酸，例如酒石酸、柠檬酸或者特别是牛犊胃中人称凝乳酶的酸，就很快凝结。但人乳并不凝结。不过，如果母亲或者乳母有一些日子只吃植物性食物，则她们的乳汁就像牛奶等等一样凝结；但只要她们又吃肉一段时间，乳汁就也又完好如初。人们由此推论，母亲或者乳母在哺乳期间最好吃肉，而且这对孩子最为有益。因为当孩子吐乳时，人们就看到乳凝结了。因此，孩子胃中的酸必然比其他酸更促使乳凝结，因为若不然，人乳绝不可能凝结。所以，如果给孩子喂已经自行凝结的奶，情况会更糟糕得多！但是，事情并不仅仅在于这一点，人们在其他民族那里可以看出。例如住在森林中的通古斯人几乎只吃肉，是强壮和健康的人。但所有这样的民族都寿命不长，而且人们稍一用劲就能举起一个高大的、已长成的青年，据说人们看不出其体重之轻。与此相反，瑞典人，尤其是印度诸民族，几乎根本不吃肉，但这里的人们却也生长得很好。因此，事情看来只在于乳母的发育，最适合她的食物就是最好的食物。

这里的问题是，在母乳终止后，有什么可以喂养孩子。自一段时间以来，人们尝试使用各种各样的面粉糊。但一开始就用这样的食物喂孩子并不好。必须特别注意，不要喂孩子任何刺激性的东西，如葡萄酒、调料和盐等等。但奇怪的是，孩子们对所有这类东西很贪食！原因在于，这类东西对他们尚迟钝的感觉来说造成一种刺激和振奋，使他们很惬意。俄罗斯的孩子们当然从他们痛饮烧酒的母亲那里也得到了这类东西，而且人们发现，俄罗斯人都是健康的、强壮的。当然，经受住这一点的人，必定有好的体质；但也有许多本来能够活下去的人因此死掉。因为对神经的这样一种过早刺激产生许多紊乱。①甚至必须小心防止孩子接触过热的食物和饮料，因为这些东西也造成虚弱。 〔458〕

此外要注意，一定不要让孩子穿得很暖，因为孩子的血液温度本来就已经比成人的血液温度高得多。孩子们的血液温度高达华氏 110 度，而成人的血液只达到 96 度。年长的人感到适宜的温度，却使孩子窒息。一般来说，凉爽的习惯使人强壮。穿得、盖得过暖，习惯于过热的饮料，即便对成人来说也不好。因此，孩子也该睡凉爽的硬床。冷水浴也是好事。②不可以为了刺激孩子的食欲而使用兴奋剂，毋宁说，食欲必须始终只是活动和忙碌的结果。此外，不可以让孩子习惯于某种东西，以至于成为其必需。即便是好的东西，也一定不要人为地都使之成为习惯。

襁褓在生蛮民族那里根本没有出现。例如，美洲的野蛮民族为其幼儿挖坑，在坑里撒上腐木的粉末，以便孩子的尿和赃物吸收于其中，因而孩子躺在其中可以很干燥，他们还给孩子覆盖上树叶；但除此之外，他们让孩子自由地使用自己的肢体。我们把孩子包裹得像木乃伊，为的只是我们可以不担心孩子长扭曲，这也只是方便了我们，而且尽管如此，却往往恰恰因为襁褓而使孩子长扭曲。这对于孩子来说甚至是可怕的，他们此时陷入某种绝望，因为他们根本不能使用自己的肢体。此时，人们以为单凭呼唤就能够平息孩子的哭叫。但是，且把一个大人包裹起来，看一看他是否也会哭叫，并陷入恐惧和绝望。

①施勒策尔先生已经很缜密地阐述俄罗斯人由于过度使用烧酒而会遭遇什么样的可怕结果。——编者注。

②至于这里所说的东西取决于条件，必须有保留地理解和运用，这一点可以从最专业的医生们最近对此所说的话得到解释。——编者注。

〔459〕一般来说，人们必须注意：最初的教育必须只是否定性的，也就是说，人们一定不要在自然的预备之上还添加一种新的预备，而是只可以不干扰自然。如果在教育上允许人为的话，则它也仅仅是锻炼上的人为罢了。——因此，必须抛弃襁褓。如果人们在此时想保持一些小心，则一种上面系有皮带的盒子是这方面最合乎目的的。意大利人使用这种盒子，把它称为 arcuccio。孩子一直待在这个盒子里，甚至放在它里面哺乳。这样做甚至可以防止，母亲即便夜间在哺乳时入睡，也不会把孩子压死。① 但在我们这里，许多孩子都以这种方式丧生。因此，这种预防措施比襁褓好，因为孩子们在这里毕竟有更多的自由，而且亦防止了长扭曲；与此相反，孩子们常常因为襁褓而长得歪斜。

初期教育的另一个习惯是摇动。其最简易的方式就是一些农民所使用的那种。也就是说，他们用绳子把摇篮挂在房梁上，因此只需一推，摇篮就自动地晃来晃去。但摇动一般来说没有益处。因为晃来晃去是对孩子有害的。人们甚至在大人身上也发现，摇晃产生一种使人呕吐的运动和眩晕。人们想以此来使孩子昏晕而不哭叫。但哭叫对孩子却是有益的。他们一从无空气可享的母体中出来，就呼吸到第一口空气。由此改变的血液流动在他们身上造成一种疼痛的感觉。但通过哭叫，孩子越来越展开其身体的内在成分和管道。孩子一哭叫，人们就像乳母习惯的那样马上过来帮忙，给他唱点什么等等，这是很有害的。这通常是孩子的最初的败坏，因为如果他发现自己一喊叫，一切都随之而来，则他就一再地重复这样做。

人们说普通人的孩子比高贵人的孩子被惯坏得多，这是有

① 如果我没有记错，人们可以在**福斯特**的**《健康问答手册》**的较早版本中找到这种托架的图片，这本书特别是在出最后一版之后据说家家都有。

道理的。因为普通人与自己的孩子玩耍就像猿猴。他们给孩子唱歌，拥抱、亲吻他们，与他们一起跳舞。因此，他们认为，孩子一哭叫就跑过去与他玩等等，对孩子有好处。但孩子却哭叫得愈加频繁。如果人们与此相反，不把孩子的哭叫放在心上，则他们最终就会停止哭叫。因为没有任何造物会乐意做无用功。但人们若是让他们习惯于渴望自己的一切兴致都得到满足，则事后再制伏其意志就太晚了。而如果任其哭叫，则他们自己也会厌烦。但如果在其幼年满足其一切兴致，就会由此败坏其心灵和道德。 〔460〕

当然，孩子对道德尚无概念，但由此却会如此败坏其自然禀赋，以至于事后要把败坏的东西变好，就必须运用严厉的惩罚。后来，当人们想让孩子戒除会有人应其要求跑来的习惯时，孩子就在哭叫中表达一种总是惟有成人才能有的极度愤怒，只不过没有力量把它付诸行动罢了。一直以来，他们只须呼唤，一切都随之而来，因此他们完全是在独裁地实行统治。如果这种统治终止，他们自然要恼羞成怒。因为即便是大人掌握过一段权力，立即失去权力也让他难以适应。

孩子们在最初的时间里，大约在前三个月，不能真正地看东西。他们虽然对光有感觉，但却不能把对象彼此区分。人们可以给自己证明这一点；当把某种闪光的东西放在他们面前时，他们并不以眼睛跟随它。[①] 与视觉一起，还有笑和哭的能

①就孩子们来说，听觉似乎比视觉作用更强，而且可以说更积极。甚至对感官的最佳使用也以某种培养为前提条件，因此就有这样的事情，即许多孩子，甚至成年人虽有眼而不看，虽有耳而不听。原因大概仅仅在于缺乏注意，而培养越不足，这种缺乏就越严重。随着最初唤醒注意而为培养奠定了基础，但培养此后却成为注意的条件。这本来是值得进一步阐述的主题，只是在这里却无法进行。——编者注。

力。当孩子处在这种状态时，他的哭叫就带有反应，尽管这种反应还不是想要的那么清晰。此后它就总是指有什么东西伤害
〔461〕它了。**卢梭**说：当人们打一个只有约 6 个月大的孩子的手时，他就像手被烧到一样哭叫。他实际上已经把这与伤害的概念结合起来了。父母们通常对制伏孩子们的意志谈论很多。如果不先败坏其意志，就不可以制伏其意志。如果顺从孩子们的独裁意志，这就是最初的败坏，因为他们通过其哭叫就能够强求到一切。以后再让其改好就极为困难，而且几乎永不会成功。①人们也许能够让孩子安静，但他怒火中烧，怀着更多的内在愤怒。人们由此而使孩子习惯于掩饰和心里做事。例如，如果父母在用荆条打过孩子之后还要求他们吻自己的手，那就是很奇怪的。人们由此使孩子们习惯于掩饰和伪装。因为荆条毕竟不是什么可以致谢的美好礼物，而且人们能够轻易地想到，孩子在吻手时是什么心情。

人们为教孩子走路，通常使用**牵引带**和**学步车**。要教孩子走路，这毕竟是异乎寻常的，就好像某人缺少教导就不会走路似的。牵引带特别有害。一位作家曾经抱怨过胸部狭窄，他把它仅仅归咎于牵引带。因为当孩子什么都抓，什么都从地上捡起时，他就使自己胸部被牵引带勒紧了。但胸部由于还是软的，于是就被挤压成平的，此后也就保持着这种样子。孩子们用这类辅助工具学走路，也并不像他们自己学走路那样保险。最好是让他们在地上爬来爬去，直到他们逐渐地自己开始走路。为了谨慎，人们可以在房间里铺上羊毛垫子，以免他们抠起什么碎片，摔倒时地面也不那么硬。

人们通常说，孩子们摔得很重。但除了孩子们从来不可能

①参见**霍斯蒂格**：**《应当让孩子哭叫吗?》**，哥达，1798 年。

摔得很重，一旦摔倒也不会对他们造成伤害。他们只是在学习更好地掌握平衡，注意在摔倒时别伤着。人们通常给他们戴上 〔462〕向前突出很远的所谓护帽，使孩子摔倒时绝不会伤着脸。但在孩子有自然器械的地方使用人为的器械，这同样是一种否定性的教育。在这里，自然的工具就是手，孩子在摔倒时就已经把手前伸。使用人为的工具越多，人就越依赖器械。

一般来说，在开始时越少使用器械，让孩子们越多自己学习越好，他们在这种情况下会更全面得多地学到很多东西。例如，孩子自己学书写就是很有可能的。因为毕竟是某人一度发明了书写，而且这发明也不是那么巨大。例如，人们只要在孩子想吃面包时说：你能把面包画出来吗？孩子就会画出一个蛋状的图形。此后人们只要对他说，如今不知道这表现的是面包还是一块石头，则他以后就会尝试标出 B，等等。这样，孩子就会逐渐地发明他自己的 ABC，以后他只要把它与其他符合代换就可以了。①

一些孩子来到世上就有某些残疾。人们有没有办法再治好这种有缺陷的、仿佛是制作坏了的体形呢？通过许多知识渊博的作家们的努力，已澄清束胸在这里无济于事，而只是把疾患搞得更糟，因为它们阻碍血液和体液的循环以及身体内外部分的极为必要的伸张。如果让孩子自由，则他还锻炼自己的躯体，而一个穿着束胸的人，如果脱下它，就比一个从未穿过的

①人们太容易错误地理解大人物说的话，而且经常是有意的。这一点特别为康德所遇到。因此，我在这里只是说明，他在这里绝不是希望人们让每一个孩子都自己发明其自己的字母，而是由此只是暗示，在阅读和书写上孩子是怎样行事的，确切地说是分析地行事的，在更大的年龄上甚至根本意识不到这一点，亦即孩子们在某些情况下会怎样行事。此外我期望，这里不可以想到**佩斯塔罗齐**和**奥利菲尔**。——编者注。

〔463〕人更虚弱得多。对于那些生得歪斜的人，也许可以在肌肉更强壮的一侧置更多重物来帮助他。但这也是很危险的，因为哪个人能够确定平衡呢？最好是让孩子自己练习，并选取一种姿势，尽管这种姿势对他来说是辛苦的，因为一切机械在这里都无济于事。

所有这类人为的措施之所以更为有害，乃是因为它们都与自然在一个有机的理性存在者身上的目的背道而驰，按照这个目的，这个存在者必须保持学习运用自己的力量的自由。人们在教育时应当只防止孩子变得虚弱。但锻炼是虚弱的反面。如果要让孩子习惯于所有事情，就要冒太多的风险。俄罗斯人的教育在这一点上走得很远。但因此而夭亡的孩子也多得难以置信。嗜好是一种通过经常重复同样的享受或者行动而成为必然的享受或者行动。最容易让孩子们上瘾、因此必须少给孩子们的东西，就是刺激性的东西，例如烟草、烧酒和热饮料。事后戒除这种东西很难，而且一开始就很痛苦，因为通过频繁的享受，我们身体的功能发生了一种变化。

但是，一个人的嗜好越多，他就越不自由、不独立。对人来说和对所有其他动物来说一样：早期如何习惯，后来就也在他这里保持为某种倾向。因此，人们必须防止孩子习惯于什么东西；必须不让他产生任何嗜好。

许多父母想让自己的孩子习惯于一切。但这是无益的。因为一般而言的人类本性、部分地也是个别主体的本性，并不能习惯于一切，许多孩子在学习期都是这样。例如，他们希望孩子能够在任何时候睡觉和起床，或者在他们要求的时候进食。但如果人们应当经受住这一点，就需要一种特殊的生活方式，一种强壮体魄、因此把前者败坏的东西再改善的生活方式。人们毕竟在自然中也发现许多定期性的东西。动物也有其特定的
〔464〕睡觉时间。人也应当习惯于某个时间，以免身体的功能被扰

乱。① 至于另一件事情，即孩子应当能够在任何时候进食，人们在这里也许不能以动物为榜样。因为例如所有食草动物，由于摄取到的营养很少，吃对于它们来说就是一件例行的事务。但对人来说，总是在特定时间进食是很有益的。于是，许多父母希望自己的孩子能够承受严寒、恶臭和各种各样的噪声等等。但他们不对任何东西上瘾的话，这就是根本没有必要的。为此，把孩子置于不同的状态中，是很有助益的。

硬的床铺比软的床铺更多地有益于健康。一般来说，硬式教育很有助于强壮体魄。但我们所说的硬式教育只是防止安逸。能证实这种主张的显著实例并不缺乏，只不过人们不注意它们，或者更准确地说，不愿意注意它们罢了。

至于心灵的塑造，人们确实也能够以某种方式称之为自然的，就此主要应注意的是，训诫不是奴役性的，而是孩子必须始终感受到自己的自由，只是他不要妨碍别人的自由；因此他必须受到阻抗。许多父母拒绝其孩子的一切要求，为的是由此锻炼孩子们的耐心，并据此而要求孩子们具有比他们自己还多的耐心。但这是苛刻的。人们尽可以给孩子对他有助益的东西，然后对他说：你该有的都有了！但绝对必要的是，这一点也是不可反悔的。只是别理孩子的哭叫，在他们想靠哭叫强要某种东西时不顺从他们，但他们友好地请求的东西，若对他们有助益就给他们。由此孩子就也习惯于坦率，而既然他不以自己的哭叫烦扰人，每个人也就又对他友好。天意似乎确实赋予

①这种习惯肯定对于作为机器的人有其巨大的好处，但我们不可忘记有时候也需要例外。即便是与自然生命相关，这些例外也如**胡弗兰德**很美地描述过的那样，有它们的用处，但即使假定我们因严格的习惯而寿命更长，但这种更长的寿命归根结底毕竟会显得只是一种严守秩序的生命，也就是说，只是一种植物的生长。——编者注。

〔465〕孩子们以友好的表情，以使他们能够赢得人们的好感。再也没有比为了制伏孩子的固执而进行一种嘲弄的、奴役性的训诫更有害了。

通常，人们对孩子喊：呸，你羞不羞，怎么是这样！但就最初的教育而言，这类事情根本不应当发生。孩子对羞耻和得体还没有任何概念，他没有什么好羞耻的，也不应当感到羞耻，只会由此而变得畏首畏尾。他会在别人的目光下不知所措，并且喜欢避开别的人。由此就产生拘谨和一种负面的隐瞒。他不再敢请求，而他本来是应当能够提出一切请求的；他隐瞒自己的意念，并且总是表现得与其实际所是不同，其实他必须可以坦率地说出一切。他不是总在父母身边，而是回避他们，投入惟命是从的家佣的怀抱。

但是，荒嬉和无休止的爱抚比那种嘲弄的教育好不了什么。它使孩子变得固执己见，变得虚伪，而且由于它暴露了父母的弱点，就使父母在孩子的眼中失去必要的敬重。但如果人们这样教育他，使他靠哭叫不能有任何建树，则他就变得自由而不莽撞，谦虚而不畏首畏尾。**放肆**（dreist）本来应当写作**dräust**，因为它源自**dräuen**，即**威胁**。人们无法承受一个放肆的人。许多人就有这样的放肆的表情，使得人们总是不得不担心他们的粗野，就像人们在另一些人的表情上马上就能看出他们不会对人说粗话。只要与某种善意相结合，人们就总是能够看起来是坦率的。人们常说高贵的人们看起来像足了王侯。但这无非是他们从幼年起就养成的某种放肆的眼神，因为他们没有受到过阻抗。

所有这些都还可以算做否定性的塑造。因为人的许多弱点之所以产生，常常不是因为人们没有教给他什么，而是因为还给他造成了虚假的印象。例如，乳母带给孩子对蜘蛛和蟾蜍等等的恐惧。孩子们肯定要像抓其他东西一样抓蜘蛛，但由于乳母一旦看到蜘蛛就通过表情表现出自己的厌恶，这就通过某种同感影响到孩子。许多人终生都保持着这种恐惧，并且在这方 〔466〕面始终是孩子般的。因为蜘蛛虽然对飞虫来说是危险的，而且其咬伤对飞虫来说是有毒的，但它们对人却无害。而蟾蜍亦是一种无辜的动物，与一只漂亮的绿青蛙或者某种别的动物一样。

※　　※　　※

自然的教育的肯定性部分是**培养**。与培养相关，人不同于动物。培养尤其在于其心灵力量的锻炼。因此，父母必须给自己的孩子提供这方面的机会。这里首要的和最重要的规则是，尽可能地不使用工具。如一开始就不使用牵引带和学步车，让孩子在地上爬来爬去，直到他自己学会走路，在这种情况下他将走得更安全。也就是说，工具只会毁掉自然的能力。人们使用绳子来测量距离，但靠目测也能够做得同样好；人们使用钟表来确定时间，但靠太阳的位置也能做到这一点；人们使用罗盘来在森林里测知方位，但从白天太阳的位置和夜间星辰的位置也能知道。甚至可以说，人们为了在水上行进，可以不用船而是游泳。著名的**富兰克林**奇怪的是，既然游泳如此惬意并且有用，却并非每个人都学习游泳。他也提出了人们自己就能够学习游泳的一种简便方式。在一条站在河底至少头露出水面的小河里放上一个蛋。现在试图去抓蛋。由于俯下身去，脚就抬高了，而为了水不进入嘴里，头就已经仰起，而这样，就有了游泳必需的正确姿势。现在，只需让手动起来，就是在游泳了。——关键仅仅在于培养自然的技能。传授往往就是这样，孩子经常自己就富于创造性，或者自己发明器械。

就自然的教育而言，因而在身体方面，应当注意的东西要么与随意运动的使用相关，要么与感觉器官的使用相关。就前者来说，关键在于使孩子总是自助。这就需要强壮、技能、灵 〔467〕

巧、安全；例如，有人能够在狭窄的山径上、在面对一个深渊的陡峭高处、在一个摇晃的支架上行走。如果一个人不能这样做，则他也就不完全是他所能是。自从德绍的博爱学院在这方面率先垂范以来，也在其他机构里对孩子们进行过这类尝试。很值得惊赞的是，读到瑞士人自幼就已经习惯于在山上行走，以及他们获得这样的能力，以至于在极狭窄的山径上稳健地行走，并跳过他们根据目测就已经知道自己完全能够越过的山涧。但是，大多数人害怕想象中的坠落，而且这种恐惧仿佛使肢体麻痹，以至于这样一种行走对他们来说是与危险相联系的。这种恐惧通常随年龄而增长，而且人们发现，它在脑力劳动者那里尤为普遍。

用孩子做这样一些尝试确实并不很危险。因为孩子们的体重相对于他们的强壮来说比其他人轻得多，因此也摔得不那么重。此外，他们的骨头也不像成人时那么脆且易折。孩子们也自己尝试运用自己的力量。例如，人们经常看到他们攀援，却没有任何意图。奔跑是一种有益于健康的运动，强健体魄。跳远、举重、负重、抛掷、投标、摔跤、赛跑和所有这类锻炼都很好。跳舞就其是艺术性的而言，对真正的孩子来说似乎还早。

投掷方面的锻炼，一方面要投得远，另一方面也要投得准，也有锻炼感官，特别是锻炼眼力的目的。球类游戏是最好的儿童游戏之一，因为它也还需要有益于健康的奔跑。一般来说，在锻炼技能之外也还附带锻炼感官的游戏就是最好的，例如锻炼眼力准确地判断距离、大小和比例，根据周围景物借助太阳找出一些地方的方位等等，所有这些都是好的锻炼。位置想象力也是某种很有好处的东西，它指的是把一切在人们确实
〔468〕见到过它们的地方想象出来的能力，例如通过记住之前经过的树而走出森林的游戏。还有 memoria localis［位置记忆力］，

即例如不仅知道在哪本书里读到过某种东西，而且知道它在书中的什么地方。音乐家就是这样把琴键记在脑子里，可以不再去先张望它们。孩子们听觉的培养同样需要，以便通过听觉而知道某种东西远还是近，以及在哪边。

孩子们的盲牛游戏在希腊人那里已为人所知，他们称之为μυ ϊνδα。一般来说，儿童游戏是很普遍的。德国的儿童游戏在英国和法国等国也都能发现。其根据在于孩子们的某种自然冲动。例如在玩盲牛游戏时，看一看他们在缺少一种感官时如何能够自助。陀螺是一种特别的游戏；但这样一些儿童游戏却给成人提供进一步反思的素材，有时也提供重大发明的诱因。**谢格奈**就写过一篇关于陀螺的论文，而陀螺还给一位英国船长提供机遇，发明了一面用来能够在船上测量星辰高度的镜子。

孩子们喜欢制造噪声的器械，例如小鼓、小号以及诸如此类的东西。但这样的东西不合适，因为他们会因此而烦扰别人。但如果他们学习自己切削一根管子，使之能够吹奏，这类情况就会好一些。

荡秋千也是一种好运动；甚至成人也用它来促进健康，只不过孩子们玩时需要照管，因为这种运动会变得很快。放风筝同样是一种无可指责的游戏。它培养让风筝升得相当高时视风而定达到某个位置的技能。

为了这些游戏，孩童放弃了其他需要，就这样逐渐地学会也短缺某种别的东西等等。尤其是，他由此习惯于持续地活动，但正因为此，它在这里不可以是纯然的游戏，而必须是有意图和终极目的的游戏。因为他的身体越是以这种方式得到增强和锻炼，他就越是能够抵御娇惯的不良后果。就连体操也只 〔469〕
应当操控自然，因而不可以造成强制的优美。必须首先出现的是训诫，而不是传授。但这里要注意的是，人们在培养孩子们的身体时，也是在为社会塑造他们。**卢梭**说：“你们不先有一个顽童，就永远塑造不出一个能干的人！”一个活泼的孩童成为一个优秀的人，要比一个冒失的小男孩成为一个行事聪明的青年更有可能。孩子只需在社交中不烦人，但他必须也不阿谀奉承。他必须对别人的邀请亲切而不勉强，坦率而不鲁莽。办法就是：只要不败坏任何东西，不要给他关于规矩的概念，这些概念只会使他畏首畏尾怕见人，或者在另一方面不让他有想引起注意的念头。没有比孩子早熟的庄重或者冒失的自负更可笑的了。在后一种情况里，我们必须更多地让孩子感受到他的弱点，但毕竟也不能让他过度感受到我们的优势和控制，以便他虽然是从自己出发完善自己的，但却只是在社会中，虽然在社会中世界对他足够大，但必须也对别人足够大。

《项狄传》中的**托比**把一个长时间烦扰他的飞虫赶出窗外，对它说：“滚开，你这可恶的动物，世界对我和你来说足够大了！”每个人都可以使这成为自己的座右铭。我们不可以相互烦扰，世界对我们所有人来说都足够大。

※　　※　　※

我们现在谈灵魂的培养，人们在某种意义上也可以把它称为自然的。但是，人们必须把自然和自由彼此区分。为自由立法，与塑造自然是完全不同的事情。身体和灵魂的自然毕竟在这一点上是一致的，即人们试图对其两方面的塑造来防止败坏，艺术对前者就像对后者一样还有帮助。因此在某种意义上，人们同样能够把灵魂的塑造与身体的塑造一样称为自然的。

但是，精神的自然塑造在这一点上有别于道德塑造，即后者仅仅以自由为目标，前者则仅仅以自然为目标。一个人可能
〔470〕受到了很好的自然培养，他可能有一个很有教化的精神，但在道德上没有培养好，毕竟是一个恶的造物。

但是，**自然的**培养必须与**实践的**培养区别开来，后者是**实**

用的或者**道德的**。在后一种情况里，它是**道德化**，不是**培养**。

我们把精神的**自然**培养分为**自由的**培养和**校园的**培养。**自由的**培养仿佛只是一种游戏，与此相反，**校园的**培养则构成一种事务；**自由的**培养是在孩童这里必须始终注意的；但就**校园的**培养而言，孩童则被视为处在强制之下。人们可以在游戏中忙，人们把这称为在休闲中忙；但人们也可以在强制中忙，而人们把这称为工作。校园的塑造对于孩子来说应当是工作，而自由的塑造则应当是游戏。

人们已经设计各种不同的教育计划，以便尝试哪种方法对于教育来说是最好的，这也是很值得称赞的。此外，人们也想到让孩子们像在游戏中那样学习一切。在某一期《哥廷根杂志》上，**利希藤贝格**批评了让人们试图以游戏的方式从因为必须有朝一日进入忙碌的生活而毕竟应当尽早地习惯于事务的孩童们那里得出一切的那种妄念。这种做法造成一种完全颠倒的结果。孩子应当游戏，应当有休息的时间，但他也必须学习工作。其技能的培养当然也像精神的培养一样是有益的，但两种方式的培养必须在不同的时间里进行。人如此偏好于无所事事，这对他来说本来就是一种特殊的不幸。一个人越是游手好闲，就越是难以下决心去工作。

就工作而言，忙碌并非本身就是惬意的，人们从事它乃是由于别的意图。与此相反，游戏中的忙碌却自身就是惬意的，不再有别的任何目的。如果去散步，则散步本身就是目的，而且走得越远，它就越使我们惬意。但如果我们去某个地方，则位于某个地方的学会或者别的什么东西就是我们此行的目的，而我们就喜欢选择最短的路径。纸牌游戏也是这样。看到一些 〔471〕
有理性的人能够经常坐数小时之久，在那里洗牌，确实令人奇怪。它说明，人要不再是孩子并不容易。因为那种游戏比孩子们的球戏好到哪里去了？并不是要成年人恰恰骑在竹杖上，但他们毕竟骑在别的木马上。

孩子们学习工作，这是最为重要的。人是惟一必须工作的动物。他必须先做许多准备，才能使自己为其生计而享受某种东西。问题是：上天如果为我们准备妥当了一切，使我们可以根本不工作，它对我们的照管就更仁慈了吗？答案无疑是否定的。因为人要求事务，甚至是一些带有某种强制的事务。① 认为亚当和夏娃只要待在伊甸园里，就会除了一起坐一坐、唱一唱田园牧歌和观赏大自然的美，不做任何事情，这种想法是同样错误的。毫无疑问，无聊同样会折磨他们，就像在类似的境地里折磨其他人那样。

人必须以这样一种方式来充实，即他以根本感觉不到自己的方式，脑子里充满了他眼前的目的，对他来说最好的休息就
〔472〕是工作之后的休息。因此，孩子必须习惯于工作。而除了在学校里，还应当在什么别的地方来培养对工作的偏好呢？学校是

①大多数人肯定需要一种职业或者职务的特定忙碌，而且不乏这样的实例，即人们通常所说的退了休的人，与他们之前从事其特定工作时满意且健康相比，变得不满意，甚至生病，这不是因为缺少事务，而是因为他们现在所要做的事情不再有特定的时间，一切都仅仅取决于他们的喜好。其根据依我看来在于，一种特定的职务工作或者职业工作把我们置于许多关系之中，因而也给我们的生活带来许多变换，这些变换不管是惬意的还是不惬意的——只要它们并不在压倒性的程度上是不惬意的——都强化我们的力量，并由此而更多地保持我们的清醒以及我们的善良意志。尤其是，当人们必须有所成就时，通常也成就更多；这样人们就能在每天结束时为自己结账，看自己是不是无所事事、毫无用处地活着，而这种思想就具有某种绝对振奋人的东西，而且依我说是锻炼人的东西。没有任何真正的职业或者职务的人，当然能够做他有力量和有意愿做的一切；但正因为此，选择对他来说就变得如此困难，常常是在他决定做这件工作或者那件工作之前，日子就流逝了。——编者注。

一种强制性的培养。让孩子习惯于把一切都视为游戏，是极其有害的。他必须有时间休息，但也必须有一段时间在工作。尽管孩子并非马上就看出这种强制有什么用，但他将来毕竟会觉察到它的巨大好处。一般来说，如果总是想回答孩子们的问题：这有什么用？那有什么用？就只会纵容他们的好奇心。教育必须是强制性的，但不可以因此而是奴役性的。

至于心灵力量的自由培养，则必须注意让它总是在进步。真正说来，它必须关乎高等力量。低等力量总是附带得到培养，但只是考虑到高等力量；例如，机智就是考虑到知性来培养的。这里的重要规则是：没有一种心灵力量是单独培养的，而是必须每一种都仅仅与别的心灵力量相关来培养；例如想象力的培养就是为了知性。

低等力量独自没有价值，例如一个博闻强记却没有任何判断力的人。在这种情况下，这样一个人就是一个活字典。帕纳塞斯的这样一些载重驴子也是必要的，尽管他们自己不能提供任何聪颖的东西，毕竟在搬运材料，以便其他人能够从中造就出某种好的东西。——机智如果不加上判断力，所提供是就全然是瞎闹。知性是对普遍的东西的认识。判断力是把普遍的东西运用于特殊的东西。理性则是看出普遍的东西与特殊的东西的联结的能力。这种自由的培养从童年开始一直进行到年轻人结束一切教育为止。例如，当年轻人举出一条普遍规则时，人们可以让他从包裹这条规则的历史、传说中举出其事例，从诗人们那里举出已经表达这条规则的段落，这样就给他以机会来锻炼自己的机智和记忆力等等。

“tantum scimus，quantum memoria tenemus”［我们记住多少，就知道多少］这条格言当然有其正确性，因此记忆力的培养是很必要的。所有的事物都是这样的，即知性先跟随感性印象，而记忆力则必须保存这些印象。例如，对语言来说就是

〔473〕这种情况。人们可以要么通过死记硬背，要么通过交往来学习语言，而后者对于活的语言来说是最好的方法。学单词确实是必要的，但最好是在让孩子学词汇时，让这些词汇在人们自幼就读的作者那里出现。年轻人必须掌握某个定额的词汇。人们也最好通过某种机制来学习地理学。记忆力尤其喜爱这种机制，而在大量事例中它也是很有用的。对于历史来说，迄今尚未发明出任何相当适合的机制；人们虽然尝试过表格，但看来也不怎么行得通。① 不过，历史是一种在判断中锻炼知性的杰出手段。记忆是很必要的，但对纯然的锻炼来说就根本不适用，例如，让人把讲演背得滚瓜烂熟。它充其量也就有助于提高胆量，而除此之外，背诵只是成人们的事情。② 这也包括人们纯然为了一场未来的考试或者考虑到 futuram oblivionem［以后的遗忘］而学习的一切东西。人们必须仅仅让记忆力去处理那些我们在意记住并且与现实生活有关的事物。孩子们读小说最为有害，因为孩子们除了在读小说的时刻，小说有助于他们消遣之外，对小说没有任何进一步的利用。读小说削弱记忆力。因为想记住小说并向别人复述，这是很可笑的。因此，必须从孩子们手中拿走一切小说。他们在读小说时，就在小说中为自己塑造一部新小说，因为他们以不同的方式给自己想出种种境遇，浮想联翩却又毫无思想地坐在那里。

①**施勒策尔**的历史年表也有这个最终目的。甚至**佩斯塔罗齐**的理念与方法，似乎在某种意义上也是旨在这样一种机制。——编者注

②当然，有许多明智且有见识的人如表现出来的那样不能背诵；但毫无疑问，人们更容易记住必须诵读、或者至少能够诵读的东西，至于要尽早并且成功地奠定这方面的基础，则由最近的阅读法得到了证明。参见**奥利菲尔**的《**论好的教学方法的特性和价值**》，莱比锡，1802 年，及其《**教授阅读和正确书写的艺术**》，德绍，1801 年。

分心是绝不可以接受的，至少在学校里是这样，因为分心最终造成这方面的某种倾向，造成某种习惯。就连最好的才能，在心不在焉的人那里也会被毁掉。即便孩子们在娱乐时分心，他们毕竟很快集中精神；但如果他们在脑子里有坏念头，人们就看到他们最为分心，因为这时他们就在想怎样才能掩藏这些念头，或者使它们重归于好。他们在这时听一切东西都是半心半意，答非所问，不知道自己在读什么，等等。 〔474〕

必须及早培养记忆力，但也必须同时立刻培养知性。

培养记忆力要：1. 通过记住故事中的名字；2. 通过阅读和书写；但前者还要求用脑子练习，而不是通过一个一个字母地费力阅读；3. 通过语言，在孩子能够读点什么之前，必须首先让他们听语言。然后，一种合目的地安排的所谓 orbis pictus［世界图解］就有了很好的用场，而人们可以从植物采集，从一般而言的矿物学和自然描述开始。对这些对象形成一个概观，就为绘画和模型制作提供了推动，而后者又需要数学。最早的科学课最好与地理学相关，包括数理地理学和自然地理学。然后由铜版画和地图解说的游记就导向政治地理学。从地球表面的当代状况，再返回到过去的状况，达到古代的地理学和历史学等等。

但在孩子这里，人们在教学中必须力求逐渐地把知识与能力结合起来。在所有的科学中，看来数学是唯一最好地满足这一最终目的的这类科学。此外，知识和言说也必须结合起来（滔滔不绝、措辞优雅和能言善辩）。但即便是孩子，也必须学会清晰地把知识与纯然的意见和信念区别开来。这样，人们预备的就是一种正确的知性和一种**正确的**而非精细的或者纤巧的鉴赏。这种鉴赏必须首先是感官的鉴赏，尤其是眼睛的鉴赏，但最终是理念的鉴赏。

在培养知性的一切东西里面，都必须有规则。把规则也抽

〔475〕出来，以便知性不仅机械地而且借助对一个规则的意识来行事，这是很有助益的。

把规则变成某种定式，就这样把它交付给记忆力，也是很好的。如果我们记住了规则，即便忘记了运用，我们也毕竟很快又找到路径。这里的问题是：规则应当首先抽象地先行吗？规则应当在人们完成应用之后才学习？或者规则和应用应当同步进行？惟有后者是值得推荐的。在别的场合，直到人们达到规则之前，应用是不可靠的。但是，规则有时也必须归类，因为如果它们不相互联系，人们就记不住它们。因此，就语言来说，语法必须总是在某种事情上先行。

※　　※　　※

但是，我们现在必须也对教育的整体目的及其实现方式给出一个系统的概念。

1. **对心灵力量的普遍培养**，与其特殊培养有别。它关涉技能和完善，不是给学童特别在某方面传授什么东西，而是强化其心灵力量。它：

a. 要么是**自然的**。在这里，一切都基于练习和训诫，孩子们可以不学习任何准则。它对于学生来说是**被动的**，学生必须服从另一个人的引导。别的人为他思考。

b. 要么是**道德的**。它在这种情况下不是基于训诫，而是基于准则。如果人们要把它建立在前例、威胁和惩罚等等之上，则一切都被败坏了。它在这种情况下就纯然是训诫。人们必须注意，让幼童行事好乃是出自准则，而不是出自习惯，他不仅做好事，而且是因为好才那样做。因为行动的全部道德价值就在于善的准则。自然的教育就在这一点上与道德的教育相区别，即前者对于幼童来说是被动的，而后者则是能动的。他必须在任何时候都看出行动的根据以及行动被义务概念所引导。

2. **对心灵力量的特殊培养**。出现在这里的是对认识能力、感官、想象力、记忆力、注意力的强度和机智的培养，因而关涉知性的**低等力量**。关于感官例如眼力的培养，上面谈过了。〔476〕至于想象力的培养，则要注意以下的东西。孩子们有极强的想象力，而且它根本不需要先通过童话来更多地振奋和扩展。毋宁说，它必须得到约束，被置于规则之下，但也必须不使它变得完全无所作为。

地图自身就有某种东西吸引所有的孩子，哪怕是很小的孩子。他们在对所有别的东西都感到厌烦时，毕竟还学习人们使用地图干什么。而这就是孩子们的一种好娱乐，在这里他们的想象力不可能信马由缰，而是必须仿佛坚守某种图形。对于孩子们来说，确实可以从地理学开始。同时可以结合动物和植物等等的形状；这必然使地理学变得生动活泼。但历史学却必须晚一些再跟进。

至于注意力的加强，则要注意的是，注意力必须得到普遍的加强。我们的思想僵持在一个客体上，这与其说是一种才能，倒不如说是我们的内感官的一种弱点，因为它在这种情况下不会拐弯，不能根据喜好来运用。分心是所有教育的敌人。但记忆力则基于注意力。

但是，就高等的知性力量而言，这里出现的是对知性、判断力和理性的培养。人们一开始在某种意义上也可以被动地通过为规则援引例证，或者反过来为个别事例找出规则来塑造知性。判断力表明对知性如何加以运用。要理解人们所学或者所说的东西，而不是不加理解地复述，就需要这种运用。有多少人读到和听到某种东西，哪怕自己相信也不去理解它！这就包括图画和事物。

人们通过理性看出根据。但必须考虑到，这里说的是一种还受到引导的理性。因此，它并非必须总是要推理，而且对它来说，也不必过多地去猜度超出概念的东西。这里还不是思辨理性，而是对所发生的事情按照其原因和结果来进行反思。它是一种就其事务和安排而言的实践理性。

〔477〕心灵力量最好这样来培养，即让人自己去做他想做到的一切事情，例如，让他把学过的语法规则马上投入使用。如果有人能够自己制作一幅地图，他对这地图就理解得最好。理解以制作为最重大的辅助手段。对于仿佛是从自身学到的东西，人们就学得最全面，记得最牢。不过，只有少数人有能力这样做。人们称其为自学者（αυτοδιδακτοι）。

就对理性的完善来说，人们必须以苏格拉底的方式进行。也就是说，**苏格拉底**称自己为其听众的知识的助产士，在其由柏拉图在某种程度上为我们保存下来的对话中提供了榜样，即在年长的人们那里，人们自己就能够从其自己的理性中引出好多东西。孩子们在许多事情上不需要使用理性。他们不必对一切都推理。对于应当使他们受到良好教育的东西，他们不需要知道其根据；但一旦涉及义务，就必须使他们知道根据。不过一般来说，人们必须注意不是把理性知识灌输给他们，而是从他们里面引出理性知识。苏格拉底式的方法应当在问答式方法中构成规则。它当然有点慢，而且要安排得在把知识从一个人里面引出时让别的人也学到某种东西，是件困难的事情。机械问答的方法对于许多科学来说也是好的；例如，对于启示宗教的宣讲来说。与此相反，对于普遍的宗教来说，人们就必须使用苏格拉底式的方法。因为就必须历史地学习的东西而言，机械问答的方法最为合适。

这里也包括愉快或者不快的情感的塑造。它必须是否定性的，但情感本身不得娇惯。对人来说，安逸的倾向比生活的一切恶习都更为有害。因此，让孩子们自幼就学会工作，是极其重要的。孩子只要没有被娇惯坏，实际上都喜欢与劳累相联结的娱乐和需要种种力量的忙碌。就他们所享受的东西而言，必须使他们不贪吃，不让他们挑食。通常，母亲在这方面纵容自己的孩子，一般而言娇惯他们。但人们毕竟注意到，孩子们，尤其是儿子，爱父亲甚于母亲。这也许是因为母亲害怕孩子会受伤害，而根本不让他们乱跳乱跑等等。与此相反，父亲责骂他们，甚至在他们顽皮时责打他们，却时而带他们到田野上，让他们在那里真正童稚般地奔跑、游戏和欢乐。① 〔478〕

人们相信，可以通过让孩子长时间地等待某种东西来锻炼其耐心。这其实没有必要。但是，他们在生病以及诸如此类的事情上是需要耐心的。耐心是双重的。它要么在于放弃所有的希望，要么在于鼓起新的勇气。只要人们还要求可能的东西，前一种耐心就是不必要的，而只要人们渴求正当的东西，就可以一直有后一种耐心。但在生病时，绝望将加重病情，就像鼓足勇气能改善病情。不过，与自己的自然状态和道德状态相关还能够鼓起勇气的人，也不会放弃希望。

一定不要让孩子们变得畏首畏尾。这种情况尤其是因人们严词责骂他们并且经常羞辱他们而发生。属于此类的，特别是许多父母的叫喊："呸，你羞不羞!"根本看不出来，孩子在例如吃手以及诸如此类的事情上真正说来有什么可羞的。人们可以对他们说："这不该做，这不合礼仪"，但绝不能对他们喊："呸，你羞不羞!"——除非是在他们撒谎时。自然给予人羞耻感，使人一旦撒谎就暴露出来。因此，如果父母在孩子撒谎之外绝口不对孩子谈羞耻，孩子就会终生记住这种涉及撒谎的羞

①在我看来，一个更切近的根据在于，父亲更少有与其孩子们戏耍，因此其爱的证明也获得了一种更大的价值。尤其是，父亲们也通常更多地注重遵循其诫命，很少表现出其在迁就方面的弱点，这样就产生了某种敬重，它是信赖和爱的最牢固的基础。但是，这已经以某种注意力为前提条件，而且正因为此，孩子们在最初的岁月里，尤其是儿子，更多地依赖于母亲。——编者注。

愧。但如果不停地让他们羞愧，就会造成一种此后不可改变地附着在他们身上的畏缩心态。

如上所说，一定不要压抑孩子们的意志，而只是以让它顺〔479〕从自然障碍的方式来驾驭它。开始时，孩子当然必须盲目地服从。让孩子通过自己的哭叫发号施令，让强者服从弱者，这是不自然的。因此，即便是在孩子们最幼的时候，也必须绝不迁就其哭叫，绝不让他们借此强求什么。通常，父母们都忽视这一点，想通过在以后的时间里再拒绝孩子的一切请求，来使他们重新变好。但是，仅仅为了对他们做出阻抗，让他们作为较弱的一方感受到长者的优势，就毫无理由地拒绝他们期待于父母的慈爱的东西，这是颠倒行事。

如果人们满足孩子的意志，孩子就被娇纵，而如果人们完全与他们的意志和心愿作对，则对他们的教育就是完全错误的。前者通常发生在他们是父母的一个玩具时，尤其是在他们开始学说话时。但从娇纵中，产生出对整个人生的一种极大损害。在与孩子们的意志作对时，人们虽然同时阻止孩子表达自己的不满，而不满是当然要发生的，但他们却在内心里愤愤不平。他们还没有学会此时行事应当遵循的方式。——因此，人们在孩子自幼就必须遵循的规则是：如果孩子哭叫，并且人们相信他们受到了某种伤害，就过来帮助他们，但如果他们只是出自不满而哭叫，那就不理他们。此后，同样的做法也必须不间断地执行。孩子在这种情况下遇到的阻抗是完全自然的，真正说来是否定性的，因为人们只是不迁就他。与此相反，一些孩子只要坚持请求，就从父母那里得到他们所要求的一切。如果人们让孩子通过哭叫得到一切，他们就变得狡诈，但如果他们通过请求得到一切，他们就变得温和。因此，如果没有相反的做法的明显理由，人们就必须满足孩子的请求。但如果找到不满足他们的理由，则人们必须也不为一再的请求所打动。任何一个拒绝性的回答都必须是不可撤销的。在这种情况下，它首先具有的效果是，人们不可以常常拒绝。①

假定有一种人们只能极为罕见地设想的情况，即在孩子这里有固执的自然禀赋，那么，最好的做法就是：如果他不做让我们喜悦的事，我们就也不做让他喜悦的事。——对意志的压抑造成一种奴役性的思维方式，与此相反，自然的阻抗造成可驾驭性。 〔480〕

道德的培养必须建立在准则上，而不是建立在训诫上。后者是阻碍坏习惯，前者则是塑造思维方式。必须注意让孩子习惯于按照准则，而不是按照某些动机行动。通过训诫，所剩下的只是一种毕竟也随着年龄的增长而消失的不良习惯。孩子应当学会按照他自己看出其正当性的准则行动。人们很容易看出，在小孩子那里很难做到这一点，因此道德塑造也要求父母和教师这方面有大多数的见识。②

①世上有少数真坏的人，也就是说，他们是出自原理坏的。但与此相反，有许多人丧失了品质，或者更正确地说，他们从未有品质，而大多数毛病都是由此产生的。据此，一切教育学的主要任务就是把孩子塑造成一种遵循法的概念的品质，而不是遵循荣誉的概念的品质，因为后者排斥品质。这种塑造的基础就是榜样，而在这里，有什么榜样比已经在父母的软弱顺从中也显示给孩子的那种缺乏自己的态度、缺乏自己的品质的榜样更有害呢？孩子无品质的根源正在于此。——编者注。

②我在前面已经暗示，这些准则不能是荣誉的准则，而必须是法的准则，因为前者很能与无品质共存，后者却不能。此外，荣誉是某种完全约定俗成的东西，在某种意义上必须是学到的，而为此就需要经验。因此，沿着这条途径，只是很晚才能设想品质的塑造，或者毋宁说，它很晚才是可能的。与此相反，法的观念深深地植根于每个孩子、哪怕是最娇气的孩子的灵魂之中，因此，人们不要对孩子喊叫：“呸，你羞不羞！”最好是一再把他带回到这个问题：“这也是正当的吗？”——编者注。

如果孩子例如撒谎，则人们一定不要惩罚他，而是对他轻蔑，告诉他以后会不相信他，等等。但如果孩子做了坏事人们就惩罚它，做了好事人们就奖励他，则他就为了得到好处而做好事。以后，如果他进入一个并不如此行事、可能做好事而得不到奖励、做坏事而不受惩罚的世界里，他就会变成一个只关
〔481〕心自己怎样才能在世上过得好的人，为善为恶，全看他认为那事对自己最有好处。

准则必须从人自身产生。就道德培养来说，人们应当尝试尽早给予孩子们关于善恶的概念。如果想确立道德性，人们就必须不惩罚。道德性是某种如此神圣和崇高的东西，以至于不可以如此抛弃它，把它与训诫置于同一档次。道德教育的最初努力是确立一种品质。品质在于按照准则行动的能力。最初是学校的准则，然后是人性的准则。最初，孩子服从法则，准则也是法则，但却是主观的法则；它们产生自人自己的知性。但对学校法则的任何触犯都不得不受惩罚，尽管惩罚必须总是与触犯相当。

如果人们要给孩子塑造一种品质，则关键多半在于让他们注意到，在所有事情上都有必须极严格地遵循的某个计划、某些法则。例如，给他们规定睡觉、工作和娱乐的时间，此后也必须不延长或者缩短。在无所谓的事情上，可以让孩子们选择，只是他们一旦使什么成为法则，事后就必须一直遵循。——但对孩子们来说，人们必须塑造的不是一个公民的品质，而是一个孩子的品质。

不给自己设定某些规则的人是不可靠的，人们常常不知道如何适应他们，而且人们绝不能正确地知道如何与他们相处。虽然人们常常指责一直按照规则行动的人，例如按照钟表给每个行动都确定某个时间的人，但这种指责往往是不公道的，而且这种准确尽管看起来有些迂腐，却是一种有助于品质的

素质。

一个孩子，特别是学生，其品质首先需要服从。这种服从是双重的，首先是服从一个领导的**绝对的意志**，其次是服从一个领导的**被承认有理性和好的意志**。服从可以派生自强制，在这种情况下它就是**绝对的**，或者派生自信赖，这时它就是另一种服从。这种**自愿的**服从很重要；但那种绝对的服从也极为必要，因为它使得孩子为遵守那些他将来作为公民即便不喜欢也必须遵守的法则做好了准备。〔482〕

因此，孩子们必须处在某种必然性的法则之下。但这种法则必须是一种普遍的法则，在学校里要特别注意这一点。教师一定不要在众多孩子中间表现出偏爱，特别对一个孩子表现出对优点的喜爱。因为若不然，法则就不再是普遍的了。一旦孩子看出不是所有其他人也都必须遵从同样的法则，他就会变得反叛。

人们总是在说，所有的东西都必须以这种方式介绍给孩子们，要使得他们出自偏好来做这些事。在许多情况下，这当然是好的，但人们也必须把许多东西作为义务规定给他们。这在今后对整个人生都有很大的益处。因为对于公共捐税、对于职务工作以及在许多别的情况下，只是义务，而不是偏好在引导着我们。假定孩子也看不出义务，这样做也毕竟好一些，而某种东西是他作为孩子的义务，这他毕竟清楚地看出来了，但要看出某种东西是他作为人的义务，就要难一些。如果它能够也看出后一点，服从就会更为完善，但这要随着年龄的增长才有可能。

一个孩子对禁令的所有触犯都是服从的短缺，而且这种触犯招致惩罚。即便是对禁令的不小心触犯，惩罚也并非没有必要。这种惩罚要么是**自然的**，要么是**道德的**。

道德的惩罚是指人们伤害受尊敬和被喜爱的偏好，这些偏好是道德性的辅助手段，例如，人们使孩子感到羞愧，冷淡漠然地对待他。因此，这种惩罚方式是最佳的方式，因为它有助于道德性；例如，当一个孩子撒谎时，轻蔑的一瞥就足够是惩罚了，而且是最合目的的惩罚。

自然的惩罚要么在于拒绝所渴求的东西，要么在于施加惩罚。前一种方式与道德的惩罚相近，是否定性的。后一种惩罚则必须谨慎施行，以免产生 indoles servilis [奴性的孩子]。付给孩子奖励的做法也不可行，他们将由此变得自私，并由此产生一种 indoles mercennaria [功利性的孩子]。

〔483〕此外，服从要么是孩子的服从，要么是**成长中的**少年的服从。就对服从的触犯而言，产生的是惩罚。这种惩罚要么是一种真正**自然的**惩罚，它是人自己通过自己的行为招致的，例如孩子如果吃得太多就生病，而且这种惩罚是最好的惩罚，因为人终生都经受它，不仅仅是作为孩子；要么惩罚是**人为的**。受重视和被喜爱的偏好是如此安排惩戒、使其持久有效的一种可靠手段。自然的惩罚必须只是道德的惩罚不足时的补充。如果道德的惩罚完全没用，人们在这种情况下进展到自然的惩罚，则由后者毕竟再也塑造不出好的品质。但起初，自然的强制必须弥补孩子思虑的缺乏。

带有愤怒征兆的惩罚产生错误的效果。孩子们在这种情况下把它视为另一个人情绪的后果，而把自己视为其情绪的对象。一般来说，对孩子施加惩罚必须始终谨慎，要让他们看到惩罚的最终目的仅仅是他们的改善。让孩子在受惩罚时道谢、亲吻手等诸如此类的做法是愚蠢的，并使孩子们成为奴性的。如果自然的惩罚经常被重复，则他们造就的就是一个执拗的人，而如果父母们因为孩子的固执而惩罚他们，则只会使他们越来越固执。——不过，固执的人也不总是最坏的人，而是经常易于向善意的想法让步。

成长中的少年的服从与孩子的服从不同。它在于对义务的规则的遵从。出自义务做某件事情就叫做服从理性。对孩子们谈论义务，那是白费工夫。他们最终是把义务视为某种触犯了就要挨鞭子的东西。① 孩子可能由纯然的本能来引导，但他一旦长大，义务概念就必须出现。就连羞耻也一定不要用于孩子，而是到少年才用。也就是说，它只有在荣誉概念已经植根的时候才能找到位置。 〔484〕

确立孩子品质的第二个主要方面是诚实。诚实是一种品质的基本特征和本质。一个撒谎的人根本没有任何品质，而如果他有某种优点，这种东西也仅仅来自于他的性情。好多孩子有一种撒谎的倾向，这常常必须从一种生动的想象力得出。父亲的事情就是注意让孩子戒除这种倾向；因为母亲们通常认为这是一件无关痛痒的事情；她们甚至经常把这看做其孩子的优秀禀赋和能力的一种讨她们自己喜欢的证明。这里就是使用羞耻的地方了，因为孩子在这里已经很好地理解它。如果我们撒谎，羞愧就把我们暴露出来，但它并不总是撒谎的证明。人们常常为别人指责我们有过的无耻行径脸红。在任何条件下，都

①如果我问孩子，他自己所做的这件事或者那件事是否正当，则他将回答我，确切地说多半回答：是的。如果这是某种不正当的事情，并且我继续问：你应当做这件事吗？他的回答肯定是：不！如果人们进一步信赖这种意识，孩子就逐渐地在某种意义上自己形成了义务概念，不可以就这个概念对他喋喋不休。但是，在这样的情况下还需要鞭子的人，要么是一个坏的教育者，要么他就是在与一个已经败坏的孩子打交道，他也许是自己使这孩子败坏的，而且恰恰是通过他的殴打。不过，如果以这种方式教育孩子，人们就必须把他主要只归因于他自己的行动及其正当性，至多在他的玩伴或者其他人的很引人注目的、对孩子来说变得可以觉察的行动上允许例外，因为一种相反的做法很容易会导致挑剔欲和恶意中伤。——编者注。

一定不要试图通过惩罚来强求孩子说真话，他们的谎言必定马上给他们招来后患，在这种情况下他们就因后患而受到了惩罚。撤除尊重是对谎言的惟一合乎目的的惩罚。

惩罚也可以划分为**否定性的**惩罚和**肯定性的**惩罚，其中前者可用于懒惰或者不合道德之事，例如撒谎、不听话和难以相处。但肯定性的惩罚适用于恶意的不满。但人们首先要防止对孩子耿耿于怀。

孩子品质的第三个特征必须是**合群**。他必须也能够与别人保持友谊，并非总是自己独处。有些教师在学校里有悖于此；

〔485〕这是很不正当的。孩子们应当为生活的最甜蜜享受做好准备。教师偏爱孩子们中的某一个，必须不是因为其才能，而只是因为他的品质，因为若不然，就会产生与友谊相悖的妒忌。

孩子们也必须心胸坦荡，这样他们的目光就会像太阳一样明朗。惟有快乐的心才能感受到对好的东西的愉悦。使人阴沉的宗教是错误的；因为人必须以欢快的心来事奉上帝，而不是出自强制。一定不要把快乐的心总是严厉地束缚在学校的强制之中，因为在这种情况下，它将很快垂头丧气。如果它有自由，它就又复原。有助于此的是孩子有自由、孩子力争比别人做得更好的某些游戏。在这种情况下，心情将又变得开朗。

许多人设想，自己的童年是其一生的最美好、最惬意的时光。其实并非如此。那是最艰辛的岁月，因为人们那时候处在管教之下；罕能有一个真正的朋友，更罕能有自由。贺拉斯就说过：Multa tulit fecitque puer，sudavit et alsit [孩子负担和做事许多，流汗又受冻]。

※　　※　　※

孩子们必须只在与其年龄相当的事情上受教导。许多父母为自己的孩子能够很早就说话老练而高兴。但这样的孩子通常没有出息。一个孩子必须像一个孩子那样聪明。他不可成为一个盲目的模仿者。一个满口老练的道德箴言的孩子，完全超出了他的年龄的规定，他是在模仿。他应当只具有一个孩子的知性，不应当让人看着太早熟。一个这样的孩子绝不会成为一个具有见识和开朗理智的人。同样不堪忍受的是，一个孩子已经要参与一切时髦，例如要美发，要戴手工鬈发，甚至随身携带一个烟盒。他由此获得一种不适宜于一个孩子的矫揉造作的本质。有教养的社交对他来说是一种负担，而最终他将完全缺乏一个男人的气概。但正因为此，人们也必须尽早遏制他的虚荣心，或者更为正确地说，不诱使他变得虚荣。但如果人们很早就已经对孩子喋喋不休，说他们怎么漂亮，这件服饰或者那件服饰对他们来说如何可爱，或者许诺把这些东西作为奖励给他们，就会诱使孩子变得虚荣。服饰根本不适合孩子。他们必须 〔486〕
只是作为生活必需品来接受自己干净而简陋的衣着。但是，就连父母也一定不要太在意服饰，不要照镜子，因为在这里和在其他方面一样，榜样的力量是无穷的，它巩固好的教诲，或者把它消除。

论实践的教育

属于实践教育的有：1. 技能；2. 善于处世；3. 道德性。就**技能**来说必须注意的是，它是精湛的，而不是短暂的。一定不要做出好像了解毕竟事后做不到的事情的假象。技能中必须有精湛，它逐渐地成为思维方式的习惯。它是一个人的品质的本质。技能属于才能。

就**善于处世**而言，它在于把我们的技能用于人身上的艺术，也就是说，如何能把人们用于自己的目的。这需要各种各样的东西。真正说来，它在人身上是最后出现的东西；但按照价值，它居第二位。

当孩子应当善于处世的时候，他就必须掩饰自己，使自己看不透，但又能够洞察别人。他尤其必须在品质方面掩饰自己。外在表现的艺术就是礼仪。人们必须拥有这门艺术。洞察别人是困难的，但人们必须懂得这门艺术，并且反过来使自己看不透。这需要隐瞒，亦即克制自己的缺点，且需要外在的表现。隐瞒并不总是作伪，有时是允许的，但它毕竟接近于虚伪。掩饰是一种迫不得已的手段。善于处世就需要人们处变不惊；但也必须不过于漫不经心。因此，人们必须不激烈，但毕竟要积极肯干。积极是与激烈有别的。一个积极的人(strenuus)是有兴趣去欲求的人。这属于对冲动的节制。善于处世属于性情。

道德性有益于品质。Sustine et abstine［忍耐并且克制］，是为一种睿智的节制所做的准备。如果想塑造一种好品质，人
〔487〕们就必须先去除激情。人必须在事关自己的偏好时养成这样的习惯，即不使自己的偏好成为激情，而是必须学会在被拒绝时缺少某种东西。Sustine 意味着：忍受和习惯承受！

要想学会缺乏某种东西，就要求有勇气和偏好。人们必须习惯拒绝性的回答和阻抗等等。

同感属于性情。必须防止孩子有一种急切的、感伤的同感。同感实际上是一种敏感性，它只与这样一种敏感的品质相一致。它与同情还有区别，是一种对事情仅仅唉声叹气的弊病。人们应当给孩子们一点零花钱，使他们能够为穷困潦倒的人做好事，这样就会看出他们是否有同情心；但如果他们总是只拿父母的钱慷慨，就不要这样做了。

格言“festina lente”［要快而不急］暗示着一种持久的活动，其间人们必须抓紧，以便学习很多东西，亦即 festina。但人们也必须刨根问底地学习，因此在每件事上都需要时间，亦即 lente。现在问题是：哪个应当优先，是人们应当有渊博的

知识面，还是知识面较小，但却精湛。较好的是知道得少，但却对这少数东西知道得精湛，胜似知道得多却肤浅，因为人们在后一种情况下毕竟最终觉察到肤浅的东西。但是，孩子并不知道自己为运用这种或者那种知识会处于什么境遇，因此最好是对于一切都知道某种缜密的东西，因为若不然，他就以其肤浅地学来的知识欺骗和迷惑他人。

最后就是品质的确立。品质就在于要做某事的坚定决心，然后在于这决心的付诸实施。贺拉斯说：Vir propositi tenax [坚守计划的人]，而这就是一种好品质！例如，如果我向某人许诺过某种东西，我就必须信守它，即便它会给我带来伤害。因为一个决心做某事但不做的人，可能对自己再也不信任，例如某人决心一直早起学习，或者做这件事或者那件事，或者去散步，而在春天以早晨太冷，可能对自己有伤害，在夏天又说 〔488〕
如此适宜于睡觉，而睡觉使他感觉惬意来原谅自己，并且就这样日复一日地推迟自己的决定，最终他将不再信任他自己。

有悖于道德的东西，被从这样的决心中排除。对于一个恶人来说，品质是很坏的，但在这里，尽管他实行自己的决心并且坚定不移而毕竟令人满意，其品质也已经叫做顽固，不过，若是这种品质能表现在好事上就好了。

对于一再推延实施自己的决定的某人，别抱什么希望。所谓未来的皈依就是这种性质。因为一直堕落地生活并且想在一瞬间皈依的人，不可能达到这一点，因为毕竟不可能马上发生一件奇迹，使他一下子就成为那个终生操守良好、一直思想正派的人。正因为此，对朝圣、苦修和斋戒也就没有什么可期待的；因为看不出朝圣以及其他做法能够有助于把一个堕落的人立刻变成一个高贵的人。

如果有人在白天斋戒，而在夜里则再次吃下那么多东西，或者强加给自己的身体以一种对灵魂的改变不可能有任何助益的赎罪，这可以说是正派和改善吗？

为了在孩子身上确立一种道德品质，我们必须注意以下的东西：

人们必须尽可能多地通过榜样和规定教给孩子们他们应当履行的义务。孩子应当履行的义务毕竟只是对自己和对他人的一些寻常的义务。因此，这些义务必须从事物的本性得出。所以在这里，我们要更详细地加以考察：

1. 对自身的义务。这些义务并不在于让自己衣着光鲜，饮宴丰盛等等，尽管一切都必须洁净；并不在于力图满足自己的欲望和偏好，因为人们相反必须很有度和节制；而是在于，人在内心有某种尊严，这种尊严使他比一切造物都更高贵，而他的义务就是不在他自己的人格中否认人性的这种尊严。

〔489〕但是，如果我们例如酗酒、犯下违背自然的罪行，做出种种无节制的事情，这一切都使得人堕落得禽兽不如，那么，我们就否定了人性的尊严。此外，如果一个人对他人卑躬屈膝，总是阿谀奉承，为的是通过一种如此无尊严的举动来如他误以为的那样献媚，则这也是有悖人性尊严的。

人的尊严也可以让孩子在自身就已经注意到，例如至少与人性不相容的肮脏。但孩子实际上也会由于撒谎而贬低自己的人性尊严，因为他毕竟已经能够思维并且向别人传达自己的思想了。撒谎使人成为普遍鄙视的对象，并且是一种使人丧失尊重和可信的手段，而这些东西本来是每个人都应当拥有的。

2. 对他人的义务。必须尽早教给孩子对人的权利的敬畏和尊重，而且必须注意让他付诸实行；例如，如果一个孩子遇到另一个更穷的孩子，并傲慢地把后者从路上或者自己身边推开，给他一击等等，则人们一定不要说："别这样做，这让别人疼；要有同情心嘛！这是一个穷孩子"等等，而是必须反过来同样傲慢和明显地对待他自己，因为他的举动有悖人性的权利。真正说来，孩子们还根本没有慷慨之心。这一点例如可以从如下事情看出来：如果父母吩咐自己的孩子，要他把自己的黄油面包分一半给另一个孩子，但他并不因此而在事后又从父母那里得到更多的，则孩子要么根本不去这样做，要么就是很罕见地且不情愿地去这样做。人们本来就不可以对孩子大谈慷慨，因为他还没有任何东西可供支配。

许多人，如**克鲁戈特**，都完全忽视或者错误地解释了道德的这个部分，它包含着对自身的义务的学说。但如上所说，对自身的义务在于，人要在他自己的人格中保持人性的尊严。如果他眼前有人性的理念，他就会自责。他在自己的理念中有一个原型，他把自己与之相比较。当岁月增长，对性的偏好开始萌动时，就到了关键性的时刻，这时惟有人的尊严能够约束少年人。但必须尽早给少年人以提示，如何能够面对这件事或者那件事而把持住自己。① 〔490〕

我们的学校几乎无一例外地缺少某种很能促进把孩子们塑造得正派的东西，亦即一种法权问答手册。它必须包含在日常生活中发生的通俗事例，而且期间总是不期而遇这样的问题：某种东西是正当的还是不正当的。例如，如果某人今天本来应向其债权人还钱，却被一个穷困潦倒的人的样子所打动，把自己所欠而且现在本应归还的钱额给了他，那么，这是不是正当的？不是！这是不正当的，因为当我想行善时，我必须是自由的。而当我把钱给穷人时，我是在做一件值得称赞的事；但如果我还我的债，则我是在做一件有责任去做的事。此外，是否允许事急撒谎呢？不允许！想不出任何情况让它值得原谅，在孩子们面前最是如此，否则，孩子们就会把每一件小事都视为

①这种尊严的最早情感就是羞耻，因此，Pudor primus virtutis honos［羞耻是德性的第一荣誉］。参见**贺拉斯：《讽刺诗集》**，Ⅰ，6，82。——编者注。

急事，并且允许自己经常撒谎。如果现在已经有这样一本书，人们就能够大加利用，每天安排一小时让孩子们了解人的法权这一上帝在尘世最珍贵的东西，并把它牢记在心。①

至于行善的责任，它只是一种不完全的责任。一定不要把孩子的心变得柔软，使他被别人的命运所感染，而毋宁说使它勇敢。他心中充满的不应是情感，而应是义务的理念。许多人实际上变得心肠硬，乃是因为他们此前曾经富有同情心，却常常发现自己受骗。想让一个孩子理解行动的可嘉奖之处是徒劳的。神职人员经常在这一点上犯错，即他们把行善的功德想象
〔491〕成某种值得酬报的事情。②且不想我们就上帝而言所能做的从未超出我们的责任，对穷人行善也只不过是我们的义务。因为人在富裕上的不平等毕竟只是来自于偶然的境遇。因此，如果我拥有某种财富，我所要感谢的也只是我自己或者我的前辈幸运地抓住了这些境遇，而对整体的考虑毕竟始终是这种考虑。

如果人们让孩子注意按照别人的价值来评价自己，就会激起妒忌。毋宁说，他应当按照自己的理性的概念来评价自己。因此，谦卑真正说来无非就是把自己的价值与道德完善进行比较。例如，基督宗教不是教人谦卑，而毋宁是使人谦卑，因为按照它，人必须把自己与完善的最高榜样相比较。认为谦卑就是评价自己比别人低，这是大错特错的。——“看哪，这孩子竟然这样做!”以及诸如此类的东西，这类喊叫只会产生一种

①我们现在已不再缺法权和义务的问答手册，且在这些手册中有好多是很适用的。在好多学校里，确实已经考虑到教导的这个必要的部分。但是，要完全实现康德的美好理念，还有许多事情要做。——编者注。

②而当他们把这种东西与其余一切所谓值得嘉奖的东西一样描述为要求奖赏的一种根据的时候，他们就使得这种错误更加严重了。——编者注。

极卑鄙的思维方式。如果人按照别人来评价自己的价值，则他就力图要么把自己抬高到别人之上，要么贬低别人的价值。但后者就是妒忌。在这种情况下，人们就总是力图捏造别人的消亡；因为如果那人不存在，他也就不能与那人比较了，他就是最好的了。这种极不恰当的竞争精神激起的只是妒忌。竞争还能有所助益的事例，是使某人相信一件事的可行性，例如我要求孩子学习某个课程，并向他指出，别人能够做到这一点。

绝对不要让一个孩子羞辱别的孩子。必须力争避免一切建立在幸运优越之上的骄傲。但同时，人们也必须力争使孩子们确立率直的性情。它是对自身的一种谦虚的信赖。它使人能够恰如其分地展示自己的所有才能。必须把它与鲁莽区分开来，〔492〕后者在于对别人的判断漠不关心。

人的一切欲望要么是形式的（自由和能力），要么是质料的（与一个客体相关），是妄念或者享受的欲望，最后，要么把二者作为幸福的要素，与其纯然的延续相关。

前一种欲望是求名欲、统治欲和占有欲；第二种欲望是对性（肉欲）、事物（生活舒适）或者社交（对消遣的鉴赏）的享受。最后，第三种欲望是对生活、对健康、对安逸（在未来，无忧无虑）的爱。

但是，恶习要么是邪恶的恶习，要么是卑鄙的恶习，要么是狭隘的恶习。属于第一种的有妒忌、忘恩负义和幸灾乐祸；属于第二种的有不公、不忠实（虚伪）和流氓气质，无论是在浪费财产，还是在浪费健康（无节制）和荣誉方面。第三种恶习是无情、吝啬和惰性（懦弱）。

德性要么是**功绩**的德行，要么纯然是**尽责**的德行，要么是**无辜**的德行。属于第一种的有大度（在于既对报复也对安逸和占有欲的自我克服）、慈善和自制。属于第二种的有正派、中规中矩和温和；最后，属于第三种的是真诚、庄重和知足。

但是，人就本性来说在道德上是善还是恶呢？都不是，因为他就本性来说根本不是一个道德存在者；他只是在自己的理性提高到义务和法则的概念上时，才成为一个道德存在者。在这里人们可以说，他自身原初就具有向着一切恶习的诱惑，因为他有刺激着他的偏好和本能，尽管理性驱使他走向反面。因此，他只能通过德性，因而从自我强制出发成为道德上善的，尽管他没有诱惑就能够是无辜的。

恶习多半产生自文明状态对自然施暴，而我们作为人的规定毕竟是从作为动物的生蛮自然状态中走出来。完善的艺术又成为自然。

就教育来说，一切都基于人们到处都树立正确的根据，并
〔493〕使它们能为孩子们理解和接受。孩子们必须学会以对丑恶和愚蠢的憎恶来取代对仇恨的憎恶；以内在的厌恶取代对人和神的惩罚的外在厌恶，以自知之明和内在尊严取代人们的意见，——以行动和行为的内在价值取代言辞和心情激动，以知性取代情感，——以好心情的欢快和虔敬取代忧郁的、怯懦的和阴沉的虔诚。

但是，人们首先必须也保护他们，绝不能让他们过分看重merita fortunae［幸运的价值］。

※　　※　　※

就孩子们在宗教方面的教育而言，问题首先是：尽早地教给孩子们宗教概念，这是否可行？对此，在教育学中有许多争论。宗教概念总是以一些神学为前提条件。那么，对于尚不了解世界、尚不了解自身的年轻人来说，能够教给他们一种神学吗？尚不了解义务的年轻人，能够理解对上帝的一种直接义务吗？可以肯定无疑的是，如果这是可行的，即孩子们不旁观崇拜最高存在者的任何行动，甚至连上帝的名称也不听，那么，

首先把他们引导向各种目的和适宜于人的东西，磨砺他们的判断力，教他们认识自然作品的秩序和美，然后再加上对世界大厦的更广泛的知识，在此之后才让他们知道一个最高的存在者、一个立法者，这是符合事物的秩序的。但是，由于这按照我们目前的状况是不可能的，所以，如果人们想晚一些才就上帝而言教给他们某些东西，则他们毕竟会听到称呼上帝，旁观对上帝的所谓事奉，这会给他们要么造成漠然，要么造成颠倒的概念，例如对上帝力量的恐惧。但是，既然这里担忧的是，这些东西会在孩子们的想象中扎下根，所以为了避免这些东西，人们就必须力争早些教给他们宗教概念。毕竟这必须不是死记硬背的事情，不是纯然的模仿，不仅仅是猴子的作品，相反，人们选取的路径必须永远是符合自然的。孩子们即便没有关于义务、责任、好的举止或者坏的举止的抽象概念，也将看 〔494〕
出存在着一种义务法则，规定他们的不应当是舒适、用处以及诸如此类的东西，而应当是某种不以人的情绪为转移的普遍的东西。但教师自己必须要形成这个概念。

人们必须首先把一切归因于自然，但此后把自然本身归因于上帝，例如首先一切都着眼于各物种的保存及其平衡，但宏观上同时也着眼于人，是为了人使自身幸福。

上帝的概念最好可以先与养育我们的父亲的概念相类比来阐明，这样就可以很有利地指出人们如同在一个家庭中那样的统一性。

但宗教究竟是什么呢？宗教就是我们心中的法则，这是就法则通过我们之上的一位立法者和法官得以强调而言的；宗教是一种被运用于对上帝的知识的道德。如果不把宗教与道德性结合起来，宗教就纯然成为邀宠。唱诗、祈祷、去教堂应当只给予人改善的新力量、新勇气，或者是一颗被义务表象所振奋的心的表现。它们只是善功的准备，但本身还不是善功，人们只能通过成为一个更好的人来取悦最高的存在者，舍此别无他途。

人们必须首先从孩子自身具有的法则开始。人如果有恶习，则对他自己来说就是值得鄙视的。这是在他自己心中有根据的，他并非因为上帝禁止恶才是值得鄙视的。因为没有必要立法者同时也是法则的始创者。所以，一个君侯可以在自己的国土上禁止偷窃，并不因此就可以被称为偷窃禁令的始创者。由此人就学会看出，惟有他的善行才使他配享幸福。神的法则必须同时表现为自然法则，因为它不是任意的。所以，宗教属于一切道德性。

但是，一定不要从神学开始。纯然建立在神学之上的宗教，绝不可能包含某种道德的东西。人们在它这里只是一方面
〔495〕有恐惧，另一方面有求取回报的意图和意念，而这就只是提供一种迷信的崇拜。因此，道德性必须先行，神学跟随其后，而这就叫做宗教。

我们心中的法则叫做良知。良知真正说来就是使我们的行动与这种法则吻合。如果人们不把良知设想为在我们之上架起其崇高席位，但也在我们心中架起一个法官席位的上帝的代表，良知的谴责就将没有效果。如果宗教不附加给道德良知，则它就没有效果。没有道德良知的宗教就是迷信的事奉。人们在例如赞美上帝，颂扬他的力量、他的智慧时，是想事奉上帝，没有想到要履行神的法则，甚至根本没有去了解他的力量、智慧等等并且探究它们。这些颂扬是这样一些人们的良知的一种鸦片，是其良知可以在上面安心睡大觉的软垫。

孩子们不能掌握所有的宗教概念，但尽管如此，人们必须教给他们一些宗教概念；只是这些宗教概念必须更多的是否定性的，而不是肯定性的。——让孩子们嘟嘟囔囔地诵读信式没有任何用处，只会造成对虔敬的一种颠倒的概念。对上帝的真

正崇敬在于按照上帝的意志行动，而人们必须教给孩子们这样做。在孩子们那里，和在自己这里一样，人们必须注意不能常常滥用上帝的名称。如果人们在祈福时，哪怕是怀着虔诚的意图使用这一名称，也同样是一种滥用。上帝的概念应当使人在每次说出其名称时充满敬畏，因此人应当少用它，绝不可轻率。孩子必须学会感受对上帝的敬畏，作为对生命和整个世界之主的敬畏；其次作为对人类的护佑者的敬畏，最后第三点是作为对人类的法官的敬畏。据说，**牛顿**每当说出上帝的名称时，都要停顿一会儿，加以反思。

通过对上帝和义务概念的结合起来的澄清，孩子就学会更好地尊敬神对造物的护佑，并由此而避免如此经常在折磨小动物时表现出来的破坏和残忍倾向。同时，人们也应当指导年轻人揭示恶中的善，例如猛兽、昆虫就是洁净和勤奋的榜样。恶 〔496〕
的人激励人走向法则。捕捉蠕虫的鸟是园子的保护者，等等。

因此，人们必须教给孩子们一些关于最高存在者的概念，以便他们在看到别人祈祷等等的时候能够知道这是在向谁祈祷，以及为什么祈祷。但是，这些概念必须为数不多，而且如上所说，只是否定性的。不过，人们必须从幼年起就教给他们这些概念，但同时要注意，让他们不要按照人们的宗教教规来评价人们，因为尽管各宗教不同，却毕竟到处都有宗教的统一性。

※　　※　　※

作为结束，我们在这里还想作出一些说明，它们尤其应为年轻人在进入青春期时所遵循。在这个时期，青年人开始作出某些他此前不能作出的区分。也就是说，首先就是性的区别。自然在这里蒙上了某种神秘的面纱，就好像这件事是某种对人来说不完全体面的事情，仅仅是人里面的动物性需求似的。但是，自然曾力求把这件事与所有种类的道德结合起来，哪怕这种道德只是可能的。[①] 甚至野蛮民族在这方面的行事也有某种羞耻和矜持。孩子们有时向成年人就此提出好奇的问题，例如孩子是从哪里来的。但是，当人们要么向他们作出毫无意义的无理回答，要么以"这是小孩子问题"的回答打发他们时，他们也很容易得到满足。

在青年人身上，这些偏好的发展是机械性的，它们的发展与所有的本能都是一样的，也不知道一个对象。因此，不可能
〔497〕让青年人在这里保持无知和与无知相结合的纯真。沉默只会使人让事情变得更糟糕。人们在我们先辈的教育上就看到这种情况。就近代的教育而言，人们正确地认定，必须直言不讳地、清晰明确地与青年人谈论这件事。这当然是一个须讲究策略的问题，因为人们并不乐意把它视为一种公开谈论的对象。不过，只要严肃认真地谈论它，并且理解其偏好，一切都会变好。[②]

①**西塞罗**与此相关已经作出的说明很妙：Principio corporis nostri magnam natura ipsa videtur habuisse rationem：quae formam nostram reliquamque figuram，in qua esset species honesta，eam posuit in promptu：quae partes autem corporis，ad naturae necessitatem datae，adspectum essent deformem habiturae atque turpem，eas contexit atque abdidit. Hanc naturae tam diligentem fabricam imitata est hominum verecundia［在我们身体的原则上，自然显得有重大的安排：它把我们的体形和仪表堂堂的脸所在的其他体位露出来，却把身体的那些为自然需要而被赋予的、看起来形象丑陋不雅的部分聚在一起，遮盖起来。人的害羞就是在模仿自然的如此精心的设计］云云。我很乐意在这里抄下这整段妙言，但篇幅禁止我这样做，据此我不得不请每个人自己去查阅**《论责任》**，第 1 卷，第 35 节。——编者注。

②对此特别请参见**萨尔茨曼：《论年轻人的隐秘过错》**。——编者注。

13 岁或者 14 岁通常是青年人发展出对性的偏好的时刻（如果它更早出现，则必定是孩子受到引诱和坏榜样的败坏）。这时他们的判断力也已经得到教化，而自然在这时也已经使他们预先做好了准备，能够与他们谈这件事了。

没有什么比那种指向自身的肉欲更削弱人的精神和肉体了，而且它完全违背人的自然。但即便是这种肉欲，人们也不必向年轻人隐瞒。必须向他阐明它的全部丑恶，告诉他，他由此将使自己对类的繁衍无用，身体的力量将由此遭到极度的破坏，他将由此而招致早衰，其精神将大受损害，等等。①

人们可以通过持续的忙碌、通过不给卧床睡觉超过必需的时间来规避这方面的诱惑。必须通过那些忙碌来把这方面的想法从意识中排除掉，因为哪怕对象只是停留在幻想中，它也毕竟在侵蚀着生命力。如果把自己的偏好指向异性，则人们毕竟还总是遇到一些阻抗，但如果把它指向自身，则人们随时都能满足它。生理效果是绝对有害的，但道德性方面的后果要远为严重。人们在这里逾越了自然的界限，而且偏好不受阻碍地蔓延，因为没有发生实际的满足。已成年的年轻人的教师提出的 〔498〕
问题是：是否允许一个年轻人与异性发生关系？二者必择其一的话，则后者当然要好一些。就前者而言，他的行动有悖自然，而就后者而言则不然。自然召唤他一旦成熟就成为男人，并因此而繁衍自己的物种；但人在一个文明国家中必然有的种种需求却使他尚未总是能够教育自己的孩子。因此，他在这里有违公民秩序。所以最好是年轻人等到自己能够正式结婚，这甚至也是义务。他在这时的行动就不仅像一个好人，而且像一

①除了上面引用的书，请参见**迪索：《卡姆佩对整个学校体制和教育体制的修正》**。——编者注。

个好公民。①

年轻人要尽早学会对异性心怀中规中矩的敬重，反过来通过无邪的行为赢得异性的敬重，并就这样来争取幸福婚姻的重奖。

年轻人在进入社会的时刻开始作出的第二个区分，在于对等级的差别和人的不平等的认识。作为孩子，根本不要让他注意到这些东西。甚至一次也不要允许他去支使佣人。如果他看到父母支使佣人，则顶多可以对他说："我们给他们面包，为此他们服从我们，你没有给他们面包，因此他们也可以不服从你"。只要父母不自己把这种妄念教给孩子们，他们对此也一无所知。必须对年轻人指出，人的不平等是在一个人力争获得对别人的优势时产生的一种安排。人在公民不平等中的平等意识可以逐渐地教给他。

一定要使年轻人注意，他要绝对地、而非依据他人来评价自己。在根本不构成人的价值的事情上高估别人，就是虚荣心〔499〕作怪。此外，人们也必须向他指出在一切事情上要有良知，而且他也不要在这方面仅仅追求表现，而要确实如此。必须使他注意，他在自己深思熟虑有一个决定的时候，绝不要使它成为空洞的决定；必须宁可不做决定，让事情悬置；——注意对外部境遇知足，在工作中任劳任怨；sustine et abstine［忍耐并且克制］；——注意在娱乐中知足。如果有人不仅要求娱乐，而且也在工作时愿意任劳任怨，那么，他就成为共同体的一个有用成员，而且避开了无聊。

此外，必须提示年轻人要轻松愉快和有好心情。心情的轻

①但是，就连感性偏好在异性那里的不明确满足也损害健康，激发想象力，干扰合目的的活动，并销蚀道德性。与此相反，年轻人和少女情窦未开的爱的纯洁意义保护着纯真，升华着灵魂，是改善的动力。

松愉快源自无所自责；——要心绪如一。人们可以通过锻炼来达到这一点，即总是能够使自己成为社交的愉快参与者。

要把许多东西总是视同义务。一个行动必然对我有价值，不是因为它合乎我的偏好，而是因为我由此履行了我的义务。

要对别人有仁爱之心，然后要有世界公民的胸怀。在我们的灵魂中有某种东西，即我们关切的是：1. 我们自己；2. 我们与之共同成长的别人；然后必须是 3. 还有对世界福祉的关切。必须让孩子们知道这种关切，以便他们使自己的灵魂热衷于此。他们必须对世界的福祉感到快乐，即使这不是他们的祖国的好处或者他们自己的收益。

要让他对生活愉悦的享受评价不高。这样一来，对死亡的幼稚恐惧就将消除。必须向年轻人指出，享受并不提供预期许诺的东西。

最后，要知道每天对自己做总结的必要性，以便在生命终结时，能够就自己生命的价值作出估价。

中德人名对照表

阿布伯克尔	Abubekr	阿尔布奎克	Albuquerque
阿尔凯西劳	Arkesilaus	阿里	Ali
阿皮乌斯	Appius	阿维森纳	Avicenna
阿以莎	Aischa	艾伯林	Ebeling
爱比克泰德	Epiktet	艾德利西	Edrisi
艾立安	Älian	奥利菲尔	Olivier
奥利亚尼	Oriani	奥斯曼	Osman
奥托	Otto	奥维德	Ovid
埃利斯	Ellis	埃斯库鲁斯	Äschylus
安森	Anson	安托尼	Antonin
奥朗则布	Aurengzeb	巴尔迪利	Bardili
巴罗	Barrow	巴泽多	Basedow
鲍尔杜因	Balduin	鲍尔弗	Balfour
保罗	Paulus	鲍姆嘉登	Baumgarten
贝尔图赫	Bertuch	贝格曼	Bergmann
贝林	Bering	贝洛丁根	Beroldingen
贝努利	Bernoulli	彼得一世	Peter der Erste
伯克	Bock	博德	Bode
伯内特	Burnet	博斯曼	Bosmann
波义耳	Boyle	布阿希	Buache

毕丰	Büffon	毕达哥拉斯	Pythagoras
毕兴	Büsching	柏拉图	Plato
布盖	Bouguer	布莱登	Brydone
布莱斯拉克	Breislak	布莱滕鲍赫	Breitenbauch
布朗	Browne	布罗德里克	Brodrick
布鲁恩斯	Bruns	布鲁斯	Bruce
成吉思汗	Dschingischan	恩披里柯	Empiricus
恩格尔	Engel	达兰贝尔	D'Alembert
达尔林普尔	Dalrymple	丹皮尔	Dampier
丹维尔	D'Anville	德·拉·兰德	de la Lande
德·拉·希尔	de la Hire	德·卢克	de Luc
德梅洛	de Merou	德农	De Non
狄奥尼修斯	Dionysius	第谷	Tycho
笛卡尔	Descartes	迪索	Tissot
法布里	Fabri	菲莱基德	Pherekydes
菲利普	Philipp	封德耐尔	Fontenelle
伏打	Volta	福尔摩	Vollmer
福格特	Voigt	富兰克林	Franklin
弗兰西斯一世	Franz Ⅰ	福斯特	Faust
福斯特尔	Forster	伽伐尼	Galvani
伽特勒	Gatterer	伽斯帕里	Gaspari
格林	Grimm	格伦	Gren
盖勒	Gehler	盖伦	Galen
格梅林	Gmelin	格斯特尔	Gerstner
戈特哈德	Gotthard	哈丁	Harding
哈雷	Halley	哈密尔顿	Hamilton
哈特曼	Hartmann	海姆斯凯尔克	Heemskerk
汉尼拔	Hannibal	含	Ham

赫尔姆普施泰特	Hermbstädt	豪夫	Hauff
贺拉斯	Horatius	赫迪哲	Chadijia
洪堡	Humboldt	赫舍尔	Herschel
霍姆	Home	霍莱波	Horrebow
霍斯蒂格	Horstig	霍内曼	Hornemann
胡弗兰德	Hufeland	胡博	Hube
吉尔伯特	Gilbert	惠斯顿	Whiston
基尔希	Kircher	吉尔塔讷	Girtanner
君士坦丁	Constantin	卡达姆	Cadam
卡尔涅阿德	Karneades	卡姆佩	Campe
卡西尼	Cassini	凯斯勒	Keyβler
凯斯特讷	Kästner	坎茨勒	Canzler
科尔贝	Kolbe	科尔布	Kolb
克雷安特	Kleanth	克罗姆	Crome
克鲁戈特	Crugott	克鲁修斯	Crusius
克吕西波	Chrysippus	克塞诺芬尼	Xenophanes
拉孔达明	Lacondamine	拉卢贝	La Loubère
拉罗什	La Roche	拉普拉斯	La Place
拉瓦锡	Lavoisier	莱奥	Leo
莱布尼茨	Leibniz	赖乃格斯	Reineggs
莱苏尔	Le Sueur	兰贝特	Lambert
郎汉斯	Langhanns	勒尔	Röhl
勒梅尔	Le Maire	勒穆普利尔	Lemprière
勒瓦扬	Le Vaillant	利希藤贝格	Lichtenberg
林克	Rink	林耐	Linnäus
洛登	Rhoden	洛克	Locke
罗利	Raleigh	罗伊施	Reusch
路德	Luther	卢多尔夫	Ludolph

卢库鲁斯	Lucullus	卢梭	Rousseau
路易十六	Ludwig XIV	吕契科夫	Rytschkow
伦内尔	Rennell	马尔西格利	Marsigli
马格兰	Magellan	玛格丽塔	Margaretha
马莱特	Mallet	马勒布朗士	Malebranche
马里奥特	Mariotte	马林	Mallin
马奈特	Mannert	迈尔	Mayer
马戛尔尼	Macartney	迈克劳林	Mac-Laurin
迈耶尔	Meier	孟德斯鸠	Montesquieu
蒙热	Monge	蒙特尔	Mentelle
蒙托伽	Montoga	米勒	Müller
米特帕赫	Mitterpacher	莫罗	Moro
摩西	Mose	穆罕默德	Mahomet
穆森布罗克	Musschenbroek	尼布尔	Niebuhr
尼布甲尼撒	Nebukadnezar	牛顿	Newton
诺尔登	Norden	诺亚	Noah
欧拉	Euler	帕格斯	Pages
帕克	Park	帕拉斯	Pallas
帕斯卡	Pascal	庞莫瑞尔	Pommereul
庞托皮丹	Pontoppidan	培根	Baco
佩罗特	Perrault	佩斯塔罗齐	Pestalozzi
佩西	Pesce	皮浪	Pyrrho
皮特	Pitt	皮提亚斯	Pytheas
皮亚齐	Piazzi	普林尼	Plinius
普鲁塔克	Plutarch	齐默尔曼	Zimmermann
乔治	Georgi	琼斯	Jones
屈恩	Kühn	塞尔秀斯	Celsius
塞姆斯	Symes	萨尔茨曼	Salzmann

萨洛门	Salomon	塞涅卡	Seneca
莎夫茨伯利	Shaftesbury	沙彭蒂尔	Charpentier
施勒策尔	Schlözer	施普伦格	Sprengel
施泰勒	Steller	施托伊德林	Stäudlin
朔伊希策	Scheuchzer	舒尔茨	Schulz
斯彪西波	Speusippus	所罗门	Salomo
琐罗亚斯德	Zoroaster	索尼尼	Sonnini
索绪尔	Saussure	苏格拉底	Sokrates
苏拉	Sulla	塔梅尔兰	Tamerlan
泰勒士	Thales	泰维诺特	Thevenot
特纳	Turner	图尔内封	Tournefort
图拉真	Trajan	瓦尔	Wahl
瓦尔希	Walch	瓦伦	Varen
温图里	Venturi	维恩申	Wünschen
维恩什	Wünsch	维吉尔	Virgil
韦斯巴芗	Vespasian	沃尔夫	Wolff
沃尔内	Volney	伍德沃德	Woodward
乌罗阿	Ulloa	希尔德布兰德	Hildebrand
希罗多德	Herodot	西塞罗	Cicero
西维尔斯	Sievers	谢格奈	Segner
辛那赫里布	Sanherib	休谟	Hume
雅各布	Jacob	雅克威尔	Jacquier
亚历山大	Alexander	亚里士多德	Aristoteles
耶舍	Jäsche	伊壁鸠鲁	Epikur
伊本·西拿	Ibn Sina	约拿	Jonas
扎赫	Zach	芝诺	Zeno
措尔讷	Zöllner		

后　记

本卷包括康德的三部讲稿，由康德的学生整理在其生前出版。整理者不仅分别撰写了前言，而且在个别地方还加上了注释。

在这三部讲稿中，尤其难以翻译的是《自然地理学》，这不仅因为它涉及地理学、植物学、动物学和矿物学等知识领域，而且还因为它反映的是 18 世纪欧洲人的知识水平。康德在《实用人类学》中曾言："一座大城市，是一个国家的中心，该国的政府机关就驻守在那里，它拥有一所大学（为了扶植科学），同时还有便于海上贸易的位置，这位置既有助于通过河流与该国内陆交往，又有助于与语言风俗不同的遥远邻国交往，——这样一座城市，例如普列格河畔的哥尼斯贝格，就可以被视为一个既扩展人类知识，又扩展世界知识的适宜之地，在此即便不去旅游也能获得这些知识。"（《康德著作全集》第 7 卷，115 页，北京，中国人民大学出版社，2008）的确如此。一生罕有离开哥尼斯贝格的康德，其自然地理学知识，尤其是关于欧洲以外世界的自然地理学知识，有很多来自于非专业人士的游记，甚至来自于道听途说，因而在文中使用了大量生僻的地名、动植物名称，给翻译造成了极大的困难。对于一些在各种词典中根本找不到的名称，德文版编者未加注释，其他使用拉丁字母的语种干脆照抄，而日文版用音译的方式，并加注"不明"。对于这些术语，勉强翻译成汉字对读者毫无助益，只会增添新的麻烦。因此，译者对这些无法查找的术语一律保持原文，一方面这并不妨碍读者的理解，另一方面也给高明之士指教我留下了机会。

至此，《康德著作全集》的翻译工作已全部结束。如果从项目启动的2000年初算起，到现在，已经正好10年了。当时，正是在业师苗力田先生一次次的督促乃至催逼下，我才最终下了翻译《康德著作全集》的决心。遗憾的是，就在先生刚刚为《全集》撰写了序言，第1卷的翻译工作顺利进行之际，先生却于2000年5月28日突然与世长辞。在先生的书桌上，还摊开着他正在审读的第1卷译稿。时至今日，《康德著作全集》终于翻译完毕，不久即可全部面世，我也终于可以告慰先生在天的英灵了。

感谢时任中国人民大学副校长、曾兼任中国人民大学出版社社长的杜厚文先生，时任中国人民大学科研处处长、现任中国人民大学出版社社长的贺耀敏先生，时任中国人民大学出版社社长的王霁先生，时任中国人民大学出版社总编辑的杨耕先生，时任中国人民大学出版社副总编辑、现任总编辑的周蔚华先生，正是在他们的大力支持下，《康德著作全集》的翻译从立项到出版，可谓是一帆风顺。

感谢在这10年里先后与我合作的责任编辑李艳辉、杨宗元、李静韬三位女士。她们都是中国人民大学哲学系毕业的博士，不仅在哲学领域有着深厚的学养，而且还有丰富的文字编辑经验。作为译稿的第一读者和出版的最后把关者，她们严格地审读了《全集》的每一个词句，提出了诸多宝贵的修改意见，不仅使《全集》的翻译避免了一些不应有的错误，而且也增色很多。

感谢一直在以各种方式关注着《全集》的翻译和出版的学界师长和朋友们，尤其要感谢那些不吝指出错误的朋友们，这里恕我不一一具名了。这最后一卷附有一个勘误表，其中的一些就出自朋友们的指正。

感谢中国宋庆龄基金会博宥基金中国人民大学博宥社会科学研究基金、中国人民大学长安科学研究基金对《康德著作全集》汉译的支持。

李秋零

2010年2月22日

于中国人民大学佛教与宗教学理论研究所

《康德著作全集》勘误表*

卷/页码/行	误	正
1/57/倒 4—5	我们也就无法承认他们的这一小小的要求了。	所以我们也可以承认他们的这一小小要求。
1/486/倒 11	Hally	Halley
1/486/倒 10	Harts? cker	Hartsöcker
2/200/倒 1—2/201/2	如果人们把两个事物进行比较，一个自身是无，另一个则是万物惟有通过它才存在的东西，那么，在量上的差别就必然是不可测量的。	如果人们把事物进行比较，其中一些就自身来说是无，但另一事物则是万物惟有通过它才存在的东西，那么，在质上的差别就必然是不可测量的。
3/4/7	tu	ut
3/14/注 1	向心	核心
3/27/12	这样，	这样，例如
3/30/14	即数学部分	作为数学知识
3/32/倒 9	谓词	为此
3/33/5	综合	综合的可能性
3/55/倒 7	客体	主体
3/56/倒 2	所以就是	所以时间就是
3/81/12	对象	概念
3/129/7	凭借时间规定就成为可能，时间规定	凭借先验的时间规定就成为可能，先验的时间规定
3/131/10	图像	纯粹图像
3/133/3	时间概念	时间总和

续前表

卷/页码/行	误	正
3/382/倒1	漏译注释	因此，最实在的存在者的这个理想虽然是一个纯然的表象，却首先**被实在化**，也就是说被当做客体，然后**被实体化**，最后通过理性向着统一性之完成的自然进步，如我们马上要引证的那样，甚至**被人格化**；因为经验的范导性统一并不基于显像自身（惟独感性），而是基于其杂多通过**知性**（在一个统觉中）的联结，因而最高实在性的统一和一切事物无一例外的可规定性（可能性）似乎就在一个最高的知性中，从而在一个**理智**中。
4/目录6/倒1	基础	初始根据
4/目录7/1	基础	初始根据
4/7/8	或者	和
4/8/14	不过分	过分
4/11/15	不在	不再
4/14/倒7	即数学部分	作为数学知识
4/33/倒9	所以就是	所以时间就是
4/53/13	对象	概念
4/93/倒3	凭借时间规定就成为可能，时间规定	凭借先验的时间规定就成为可能，先验的时间规定
4/96/1	图像	纯粹图像
4/97/倒7	时间概念	时间总和
4/230/倒6	实在论者	唯心论者

续前表

卷/页码/行	误	正
4/237/15	后	前
4/239/9	先于	先验
4/271/倒 3	在某个地方	究竟
4/551/2	基础	初始根据
4/570/2	基础	初始根据
6/191/4	判断力	道德判断力
6/301/14	作品的保障	劳动的付出

* 本勘误表所指错误见于 2010 年以前首印的各卷《康德著作全集》中，2010 年重印的《康德著作全集》已对上述错误加以更正。

图书在版编目（CIP）数据

康德著作全集：典藏本/（德）康德（Kant，I.）著；李秋零主编. —北京：中国人民大学出版社，2013.6
ISBN 978-7-300-17542-3

Ⅰ.①康… Ⅱ.①康… ②李… Ⅲ.①康德，I.（1724～1804）-全集 Ⅳ.①B516.31-53

中国版本图书馆 CIP 数据核字（2013）第 117305 号

"十五"国家重点图书出版规划项目
北京市社会科学理论著作出版基金重点资助项目
康德著作全集（典藏本）
李秋零 主编
Kangde Zhuzuo Quanji

出版发行	中国人民大学出版社		
社　　址	北京中关村大街 31 号	**邮政编码**	100080
电　　话	010－62511242（总编室）		010－62511398（质管部）
	010－82501766（邮购部）		010－62514148（门市部）
	010－62515195（发行公司）		010－62515275（盗版举报）
网　　址	http://www.crup.com.cn http://www.ttrnet.com（人大教研网）		
经　　销	新华书店		
印　　刷	北京雅昌艺术印刷有限公司		
规　　格	148 mm× 210 mm　32 开本	**版　　次**	2013 年 6 月第 1 版
印　　张	141.625 插页 36	**印　　次**	2023 年 2 月第 7 次印刷
字　　数	3 426 000	**定　　价**	1280.00 元（全九卷）